八閩文庫

八閩文庫

專題彙編

第二種

福建民間契約文書

厦門大學民間歷史文獻研究中心 編
鄭振滿 主編

28

海峽出版發行集團
THE STRAITS PUBLISHING & DISTRIBUTING GROUP
福建人民出版社

本册目録

第七卷　永泰縣嵩口鎮漈頭村契約文書（一）

第七卷 永泰縣嵩口鎮漈頭村契約文書（一）

本卷主編 張澤宇 岳沁之

本卷簡介

漈頭村位於永泰縣嵩口鎮筆架山麓以東的山谷中，東通佳洋村，西鄰三峰村，南近月洲村，北與長慶鎮尾洋村交界。自北向南流經該村的漈頭溪，將聚落分爲東、西兩個部分，並在村南二公里處形成了高二十餘米的瀑布，最後至月洲村匯入大樟溪。在當地方言中，「漈」即瀑布之意，村名也由此而來。

明清時期，當地屬永福縣中和鄉感應里二十九都，民國時期屬永泰縣南區，現屬永泰縣嵩口鎮。轄區面積三十五平方公里，分爲十個村民小組，户籍人口七百餘人。現有耕地三百九十畝，果園四百五十二畝。山地總面積七千零一十七畝，其中林地五千四百一十七畝，生態林一千零三十畝，山林經濟是該村主要的生計來源。從霞拔、東洋等地前往嵩口、月洲多取道此地，因而商業歷來較爲發達，一度客賈雲集。

漈頭原爲明代的屯田區，歷史上曾有魏、吴、蔡、曾等多姓聚居。目前，當地居民以陳、林兩姓爲主，另有少數曾姓村民。據族譜記載，陳、林二姓均於清初自泉州府永春縣遷來，至乾隆年間陸續在本地置産建屋，入籍定居，逐漸取代了該村的原有居民，發展爲當地的主要家族。

漈頭林氏家族的始遷祖永盛，於康熙年間從永春蓬壺遷居永泰佳洋，生子伯齊。乾隆年間，伯齊子獻寶由佳洋遷往漈頭。獻寶生四子，於乾隆五十二年（一七八七）分家析産，形成福、壽、康、寧四房。福房景登亦有四子，分爲文、行、忠、信四房。文房珍傑生一子禮基，禮基又派分義、行、慈、孝、愛、敬六房。

其傳承世系如圖一所示。

漈頭陳氏家族的始遷祖伯成，於康熙年間从永春嵩魁遷居永泰。其孫文教生三子，於乾隆四十五年（一七八〇）分家析産，形成日、月、星三房。星房龍章之孫賢國有四子，派分爲顔、曾、孔、孟四房；賢國弟壽國有三子，派分爲竹、松、梅三房。孟房詩焕有二子，派分爲勤、儉二房。其傳承世系如圖二所示。

自二〇一六年以來，厦門大學歷史系師生多次到漈頭村調查，收集到各類契約二千餘件，此外還有大量族譜、鬮書、祭簿、賬簿、人情簿等歷史文獻。這些契約文書主要來自漈頭村的七户村民，其中年代最早的爲明萬曆四十三年（一六一五），最晚爲一九八六年。本卷依據「歸户」和「歸物」的原則，將各户契約文書分别編爲一帙，每帙之中則按原有包裹狀態編排。各户中的散件和簿册，一律依據文類和年代順序，收録於本帙篇末。

第一帙爲林明釵户契約文書，包括各類契約九百餘件。林明釵爲漈頭林氏第十二世慈房族人，所收藏契約包括整個林氏家族的公契。這些公契原來分爲乾、坤二箱，並在包契紙上注有編號，涉及林氏家族的共有山林、寨堡及祠堂。乾隆五十二年（一七八七），林氏四大房首次分家，原本指定由福房保存公契，後傳給信房珍謨，再轉交文房保管。光緒年間，禮基派下六房分家時，這些公契交由慈房收藏。在歷次分家鬮書中，對這批公契的保存狀態都有詳細的記載，並要求保管者在族人取用時不得推諉藏匿。

第二帙爲林明潘户契約文書，包括契約三百餘件，另有鬮書二册。林明潘亦爲漈頭林氏第十二世慈房族人，所收藏契約包含《乾隆五十八年蔡孟發等立賣丁米契》等公契，反映了林氏家族在當地入籍定居的過程。此外，該户保存的嘉慶十二年（一八〇七）《忠房鬮書》和道光二十二年（一八四二）《宙房鬮書》，反映了林氏家族的早期發展歷程。

第三帙爲林睦標户契約文書，主要是鬮書、賬簿、祭簿、人情簿等歷史文獻。林睦標爲漈頭林氏第十三世慈房族人，保存了其高祖林聯傳（茂利號）及林明潘之曾祖林珠傳、祖父林步熙所立的賬簿，集中反映了清末至民國時期永泰山區的商業傳統與鄉村經濟生活。該户保存的乾隆五十二年（一七八七）《福房鬮書》、光緒六年（一八八〇）《慈房鬮書》，與林明潘户所藏《忠房鬮書》、《宙房鬮書》，共同構成了漈頭林氏家族百餘年間分家析産的系統資料。該户收藏的各種祭簿和人情簿，則記録了當地歷史上的禮儀活動與人際網絡。

第四帙爲陳在成户契約文書，包括各種契約一百餘件，另有光緒三十四年（一九〇八）《竹房鬮書》、《松房鬮書》和民國三十六年（一九四七）人情簿。陳在成爲漈頭陳氏第十八世竹房後裔，所收藏契約文書都來自祖傳。該户保存的各種會社股份交易契約，反映了漈頭歷史上的會社組織與宗教儀式活動。

第五帙爲陳在啓户契約文書，包括契約二百餘件，另有多種鬮書和賬簿。陳在啓爲漈頭陳氏第十八世萃國後裔，所收藏契約文書基本上來自祖傳，包括其曾祖陳詩雅所立的多部賬簿。其中乾隆四十五年（一七八〇）的《星房鬮書簿》，爲漈頭陳氏家族首次分家析産的歷史記録。該户保存了許多交易會社股份的契約和清末民國時期的賬簿，反映了當地傳統社會經濟形態。

第六帙爲陳樟東户契約文書，包括少量契約和三種鬮書。陳樟東爲漈頭陳氏第十九世儉房後裔，所收藏契約文書都來自祖傳。其中光緒八年（一八八二）《孟四房鬮書》和民國十年（一九二一）《勤房鬮書》、《儉房鬮書》，可反映晚清至民國時期陳氏家族的分化與整合過程。

第七帙爲陳坤亮户契約文書，僅有四件田契，涉及兩筆田産。陳坤亮爲漈頭陳氏第十八世月房後裔，所收藏契約來自祖傳。

由於漈頭村地處山區，較少受到外部因素的干擾，各户契約文書保存完好，具有較强的系統性。我們在收集和整理過程中，主要依據契約文書的原始保存狀態，盡可能保留其原有的「歸户性」和「歸物性」。各户收藏的契約文書，通常都有各種包契紙，詳細注明相關契約的數量及涉及的人、事、物、時。我們可以依據這些包契紙，重新找到相關契約，重建文獻的原有系統。在契約文書的流傳過程中，通常因分家繼承而有「公契」和「私契」之别，前者由若干家户輪流保管，後者僅在家户内部父子相承。有些家户同時保存了「公契」和「私契」，很容易引起混淆，需要追溯分家析産的過程并重新梳理。漈頭林氏和陳氏家族都保存了歷代的分家鬮書，對各種財産和契約的歸屬都有明確記録，可據以區分「公契」和「私契」，并考察其流傳過程與保藏情況。

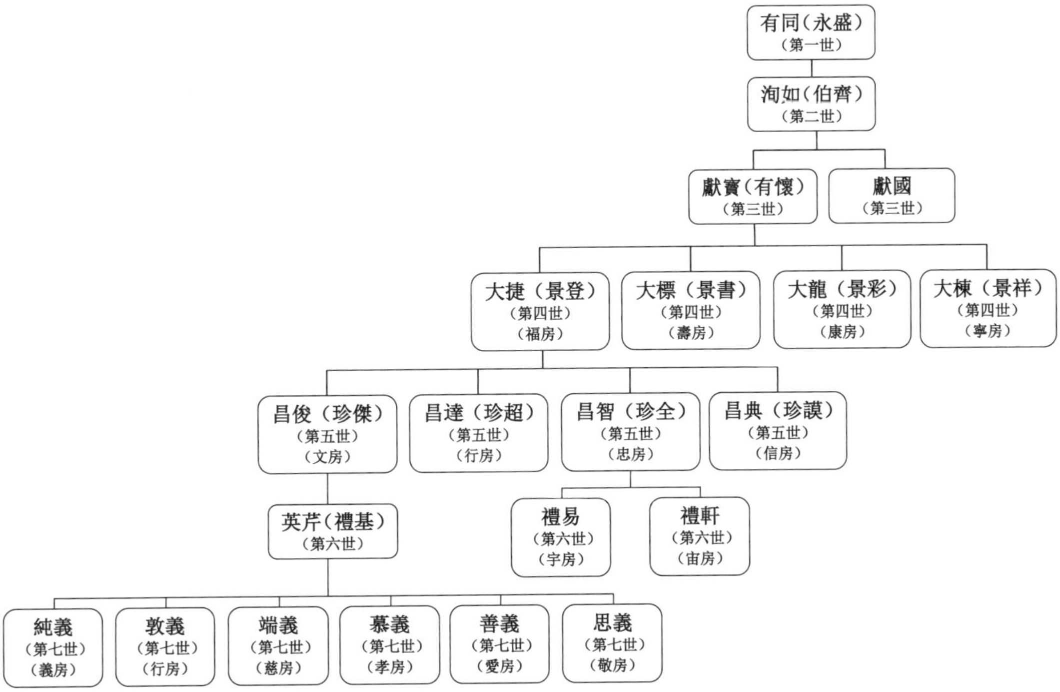

圖一　漈頭林氏譜系圖

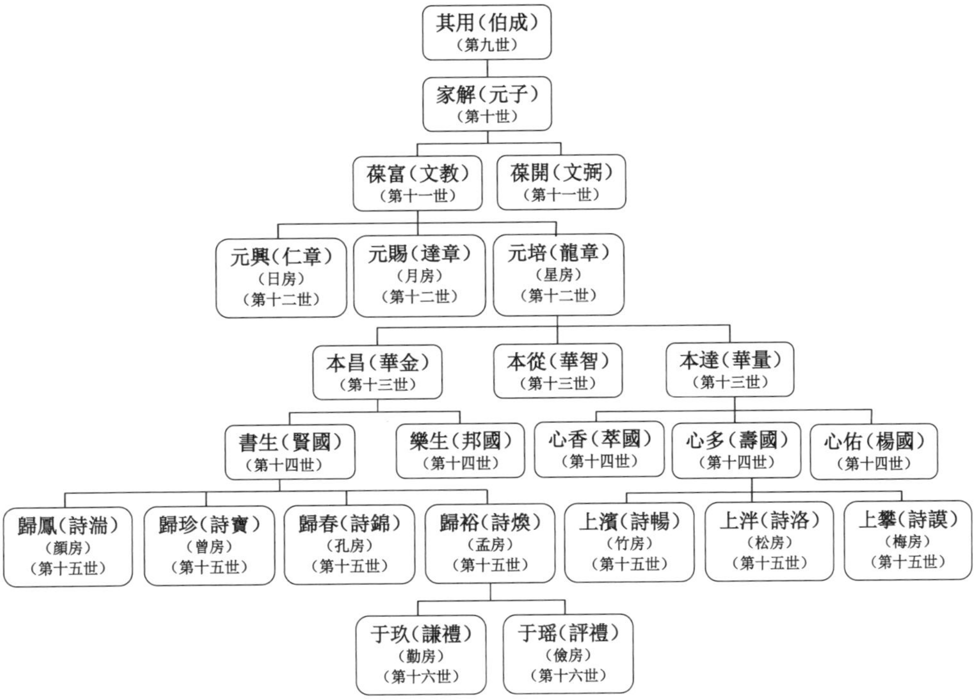

圖二　漈頭陳氏譜系圖

第一帙 林明叙户

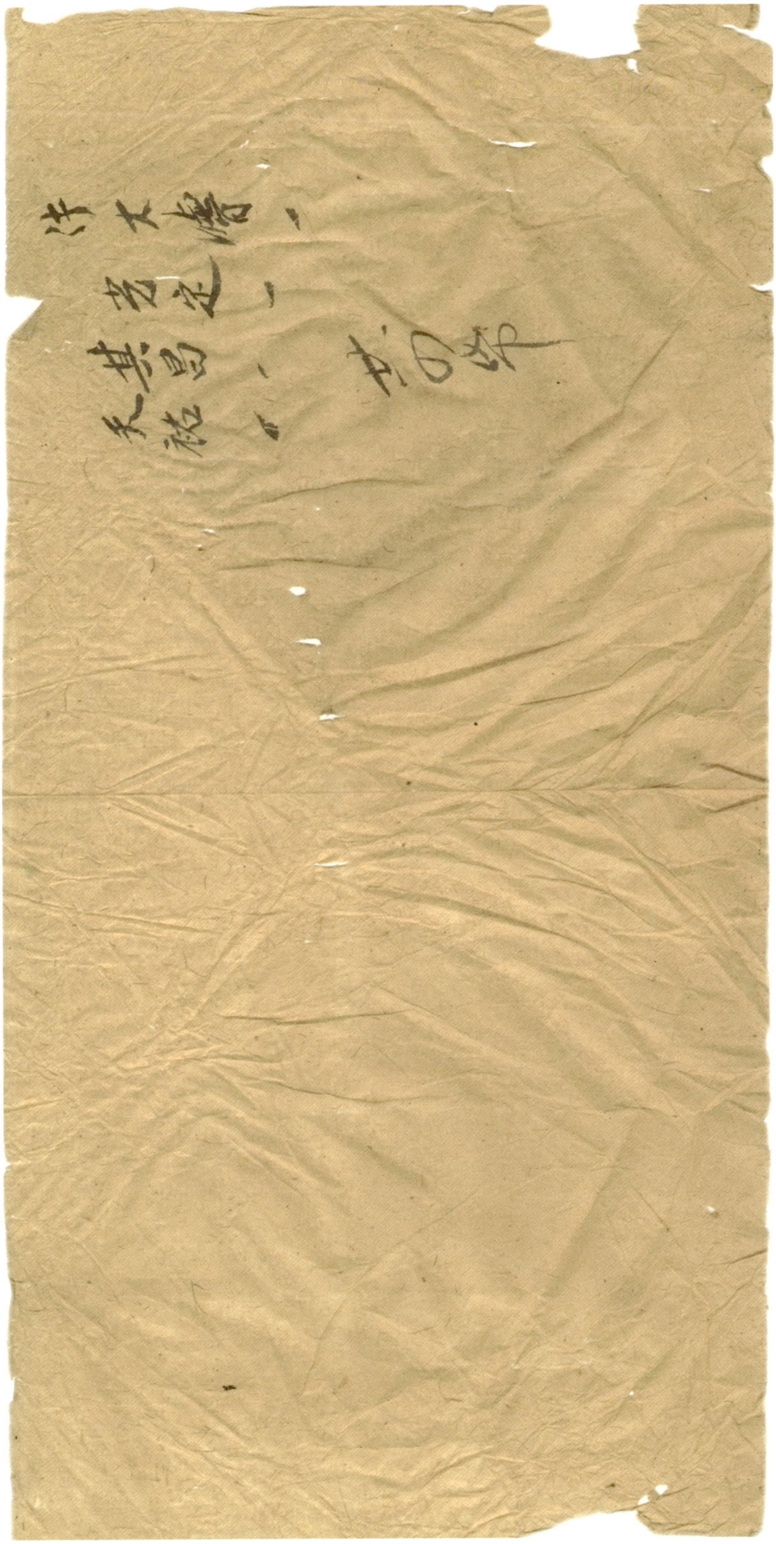

7-1-1-1　包契紙

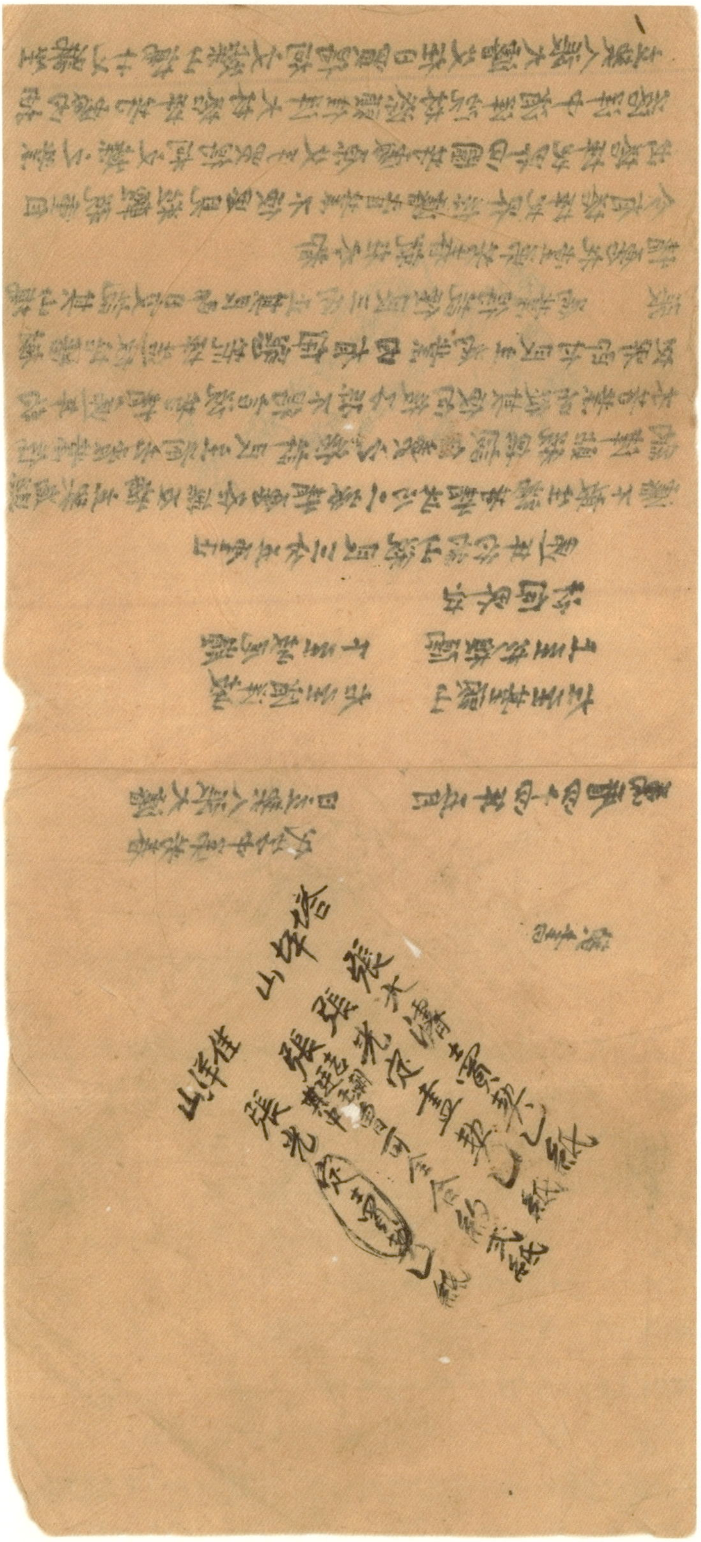

7-1-1-2　包契紙

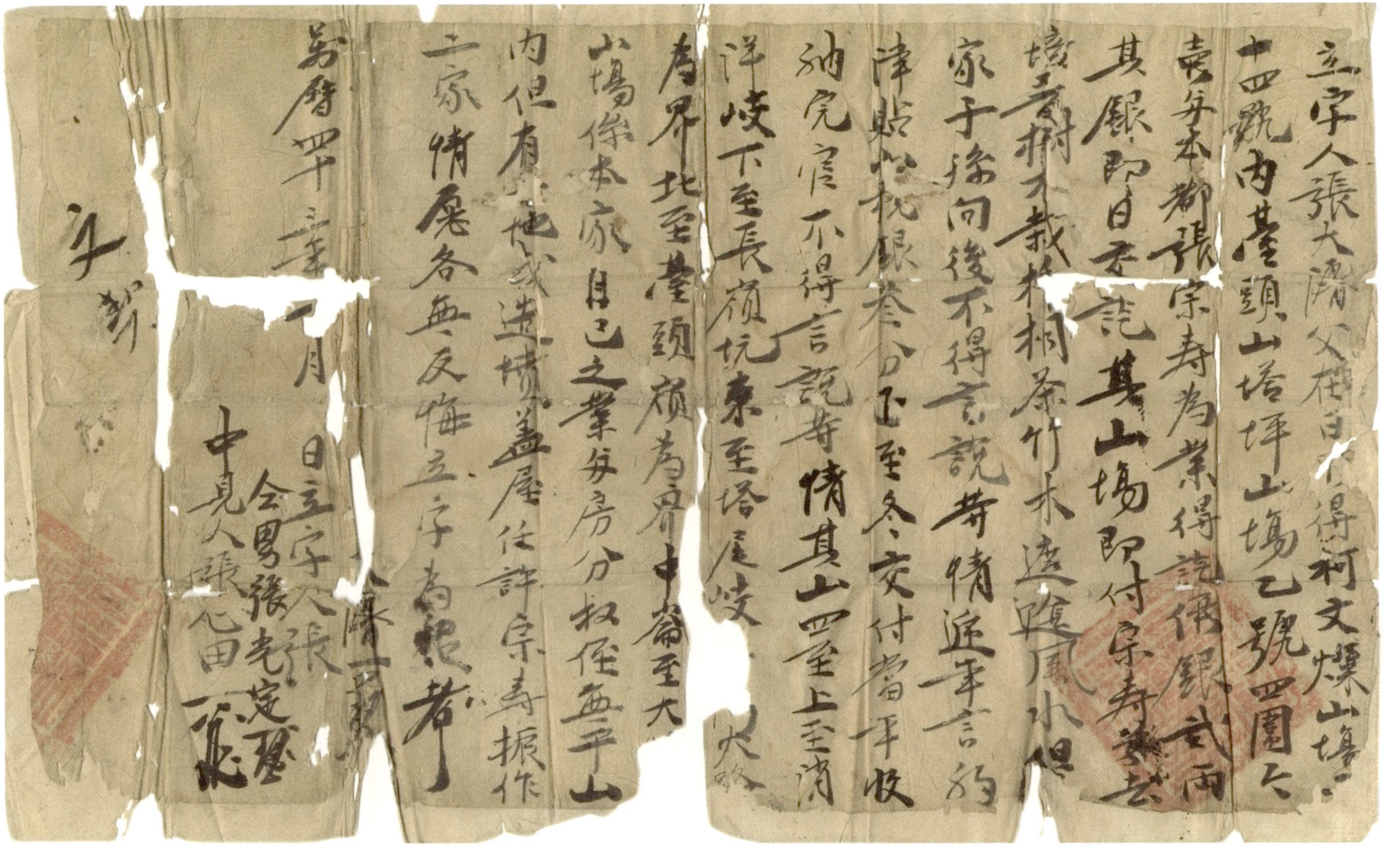
立字人張大濬父在日[illegible]得柯文爕山場壹
十四號內臺頭山塔坪山場乙號四圍[illegible]
賣與本都張宗壽為業得訖價銀貳兩
其銀即日交訖其山場即付宗壽[illegible]
墘上蓄樹木栽杉桐茶竹木遮蔭風水但
家子孫向後不得言說异情延年言約
津貼粮銀叁分正至冬交付當年收
納完官不得言說异情其山四至上至[illegible]
洋岐下至長嶺坑東至塔尾岐[illegible]
為界北至臺頭嶺為界中崙至大
山場係本家自己之業與房分叔侄無干
內但有地或造墳蓋屋任許宗壽振作
二家情愿各無反悔立字為照者
萬曆四十三年[illegible]月　日立字人張[illegible]
全男張光定
中見人張仁田

7-1-1-3　明萬曆四十三年□月張大濬等立賣山場字（紅契）

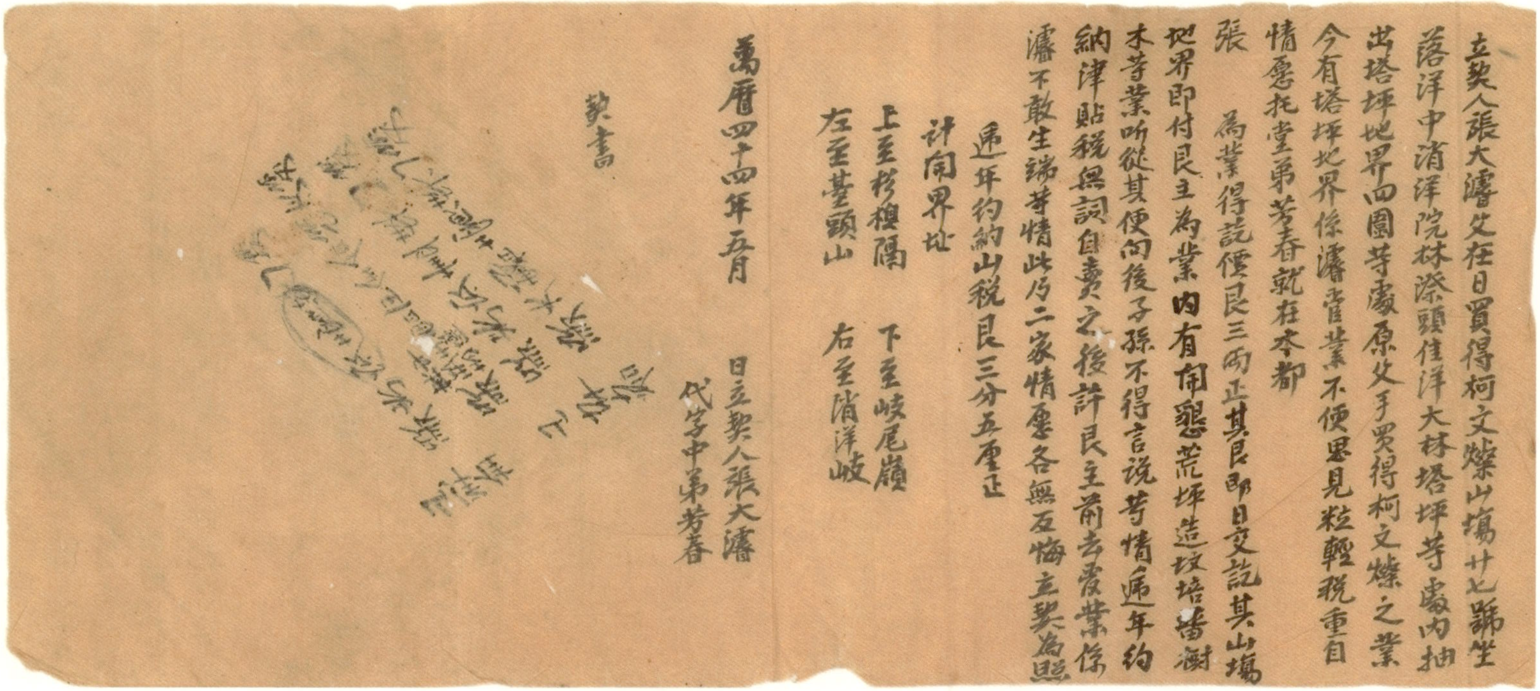
立契人張大濬父在日買得柯文燦山場廿七都坐
落洋中消洋院林嶐頭佳洋大林塔坪等處內抽
出塔坪地界四圍等處原父手買得柯文燦之業
今有塔坪地界係濬管業不便思見粒輕稅重自
情愿托堂弟芳春就在本都
張　為業得訖價艮三兩正其艮即日交訖其山場
地界即付艮主為業內有開懇荒坪造坟培蓄樹
木等業聽從其便向後子孫不得言說等情遞年約
納津貼稅糧詞自賣之後許艮主前去管業係
濬不敢生端等情此乃二家情愿各無反悔立契為照
遞年約納山稅艮三分五厘正
計開界址
上至杉樹隔　下至岐尾嶺
左至堂頭山　右至消洋岐
萬曆四十四年五月　日立契人張大濬
代字中弟芳春
契書

7-1-1-4　明萬曆四十四年五月張大濬立賣山場契（抄契）

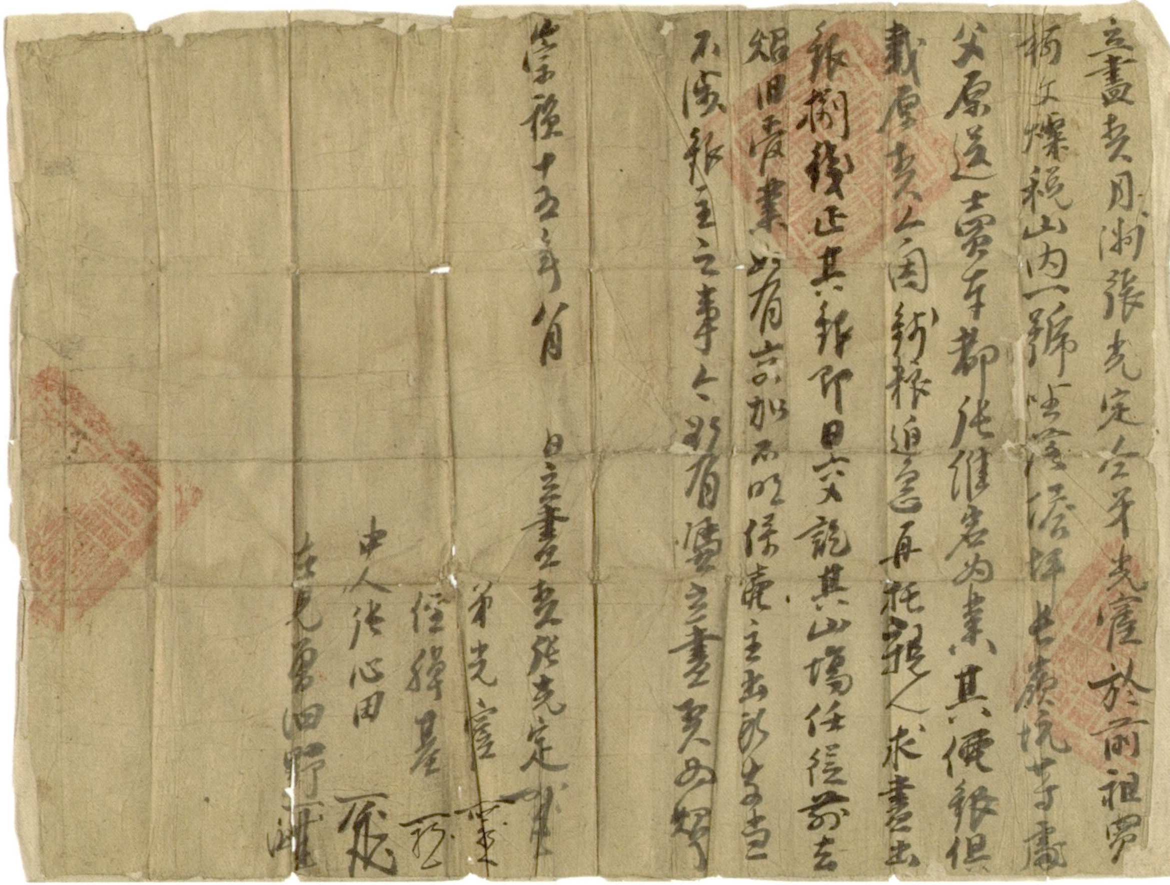

7-1-1-5　明崇禎十五年八月張光定等立盡稅山契（紅契）

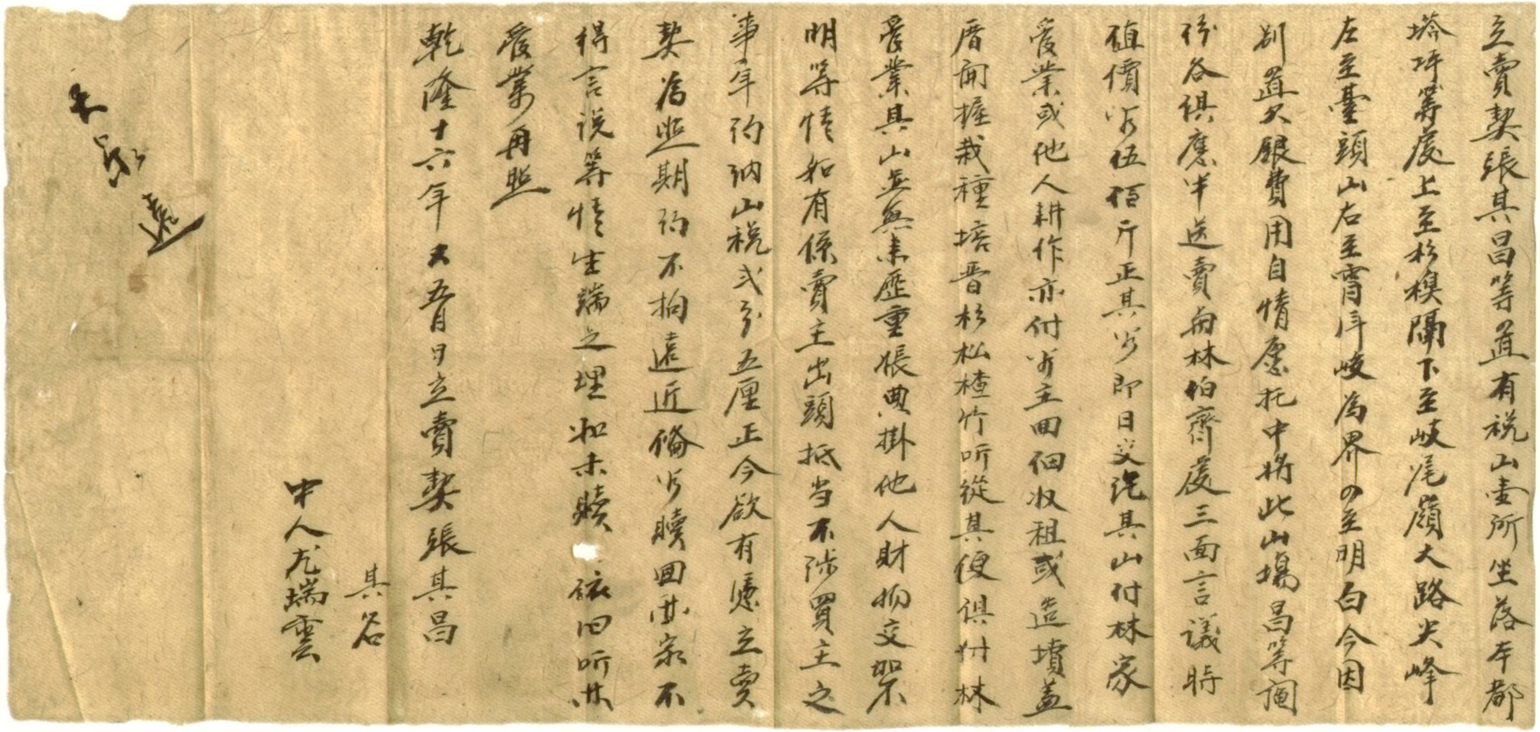
立賣契張其昌等兹有稅山壹所坐落本都
塔坪等處上至杉模隔下至岐尾嶺大路尖峰
左至壟頭山右至霄岭峽為界四至明白今因
別置乏銀費用自情愿托中將此山場昌等闔
份各俱愿半送賣與林伯齊處三面言議時
值價錢伍拾斤正其錢即日交訖其山付林家
管業或他人耕作亦付錢主佃收租或造墳蓋
厝開墾栽種培晉杉松槎竹聽從其便俱付林
管業其山並無來歷重張典掛他人財物交罣不
明等情如有係賣主出頭抵当不涉買主之
事年納山稅貳分五厘正今欲有憑立賣
契為照期約不拘遠近備錢贖回世家不
得言說等情生端之理如未贖依回聽林
管業再照
乾隆十六年閏五月日立賣契張其昌
其名
中人尤瑞雲

7-1-1-6　清乾隆十六年閏五月張其昌立賣稅山契

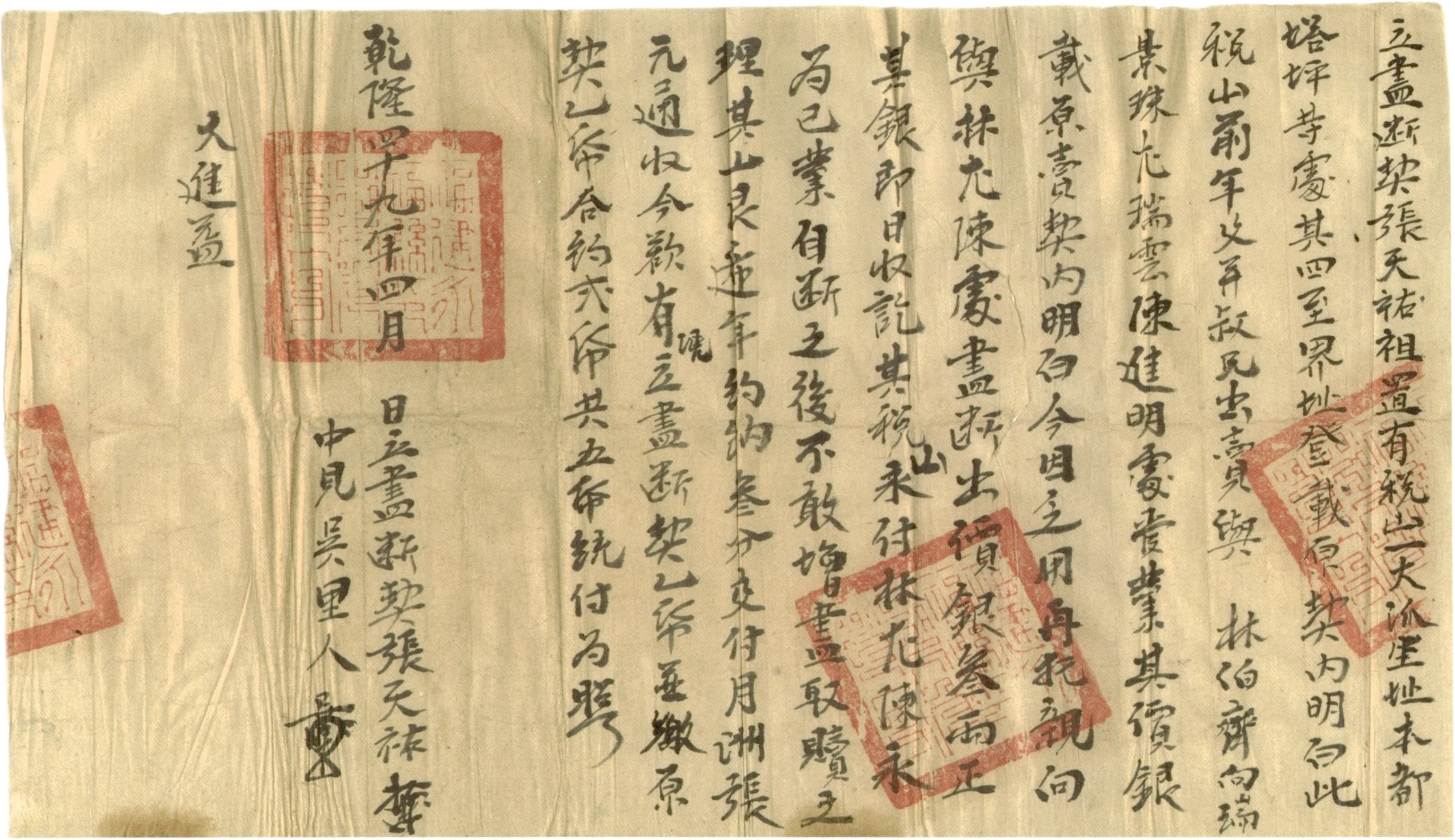
立盡斷契張天祐祖置有稅山一大派坐址本都
塔坪寺處其四至界址載在契內明白此
稅山前年父手叔兄出賣與　林伯齊向瑞
景珠尤瑞雲陳進明處賣業其價銀
載原賣契內明白今因乏用再托親向
與林尤陳處盡斷出價銀叄兩正
其銀即日收訖其稅山來付林尤陳永
為已業自斷之後不敢增盡取贖之
理其山艮逐年約納叄分交付月洲張
元通收今欲有憑立盡斷契山係並繳原
契山係合約式係共五係統付為照
乾隆四十九年四月　日立盡斷契張天祐　押
中見吳里人　押
大進益

7-1-1-7　清乾隆四十九年四月張天祐立盡斷稅山契（紅契）

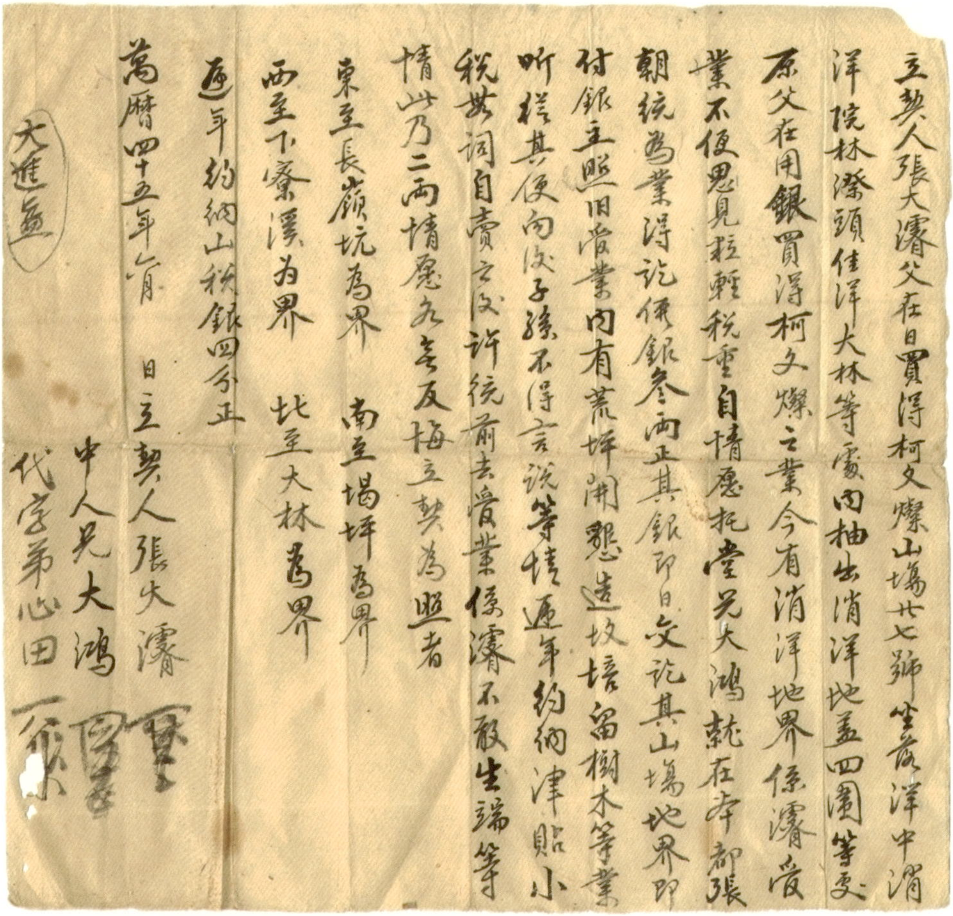
立契人張大濬父在日買得柯文爍山場廿七號坐落洋中消
洋院林磜頭佳洋大林等處内抽出消洋地盖四圍等處
原父在用銀買得柯文爍之業今有消洋地界係濬受
業不便思見粒輕稅重自情愿托堂兄大鴻就在本都張
朝統為業得訖價銀叁兩正其銀即日交訖其山場地界即
付銀主照旧管業内有荒坪開懇造坟培留樹木等業
听從其便向後子孫不得言說等情逐年約納津貼小
稅共詞自賣之後許統前去管業係濬不敢生端等
情此乃二兩情愿各無反悔立契為照者
東至長嶺坑為界　南至塌坪為界
西至下磜溪為界　北至大林為界
逐年約納山稅銀四分正
萬曆四十五年六月　日立契人張大濬（押）
中人兄大鴻（押）
代字弟心田（押）
大進益

7-1-2-1　明萬曆四十五年六月張大濬立賣山場契

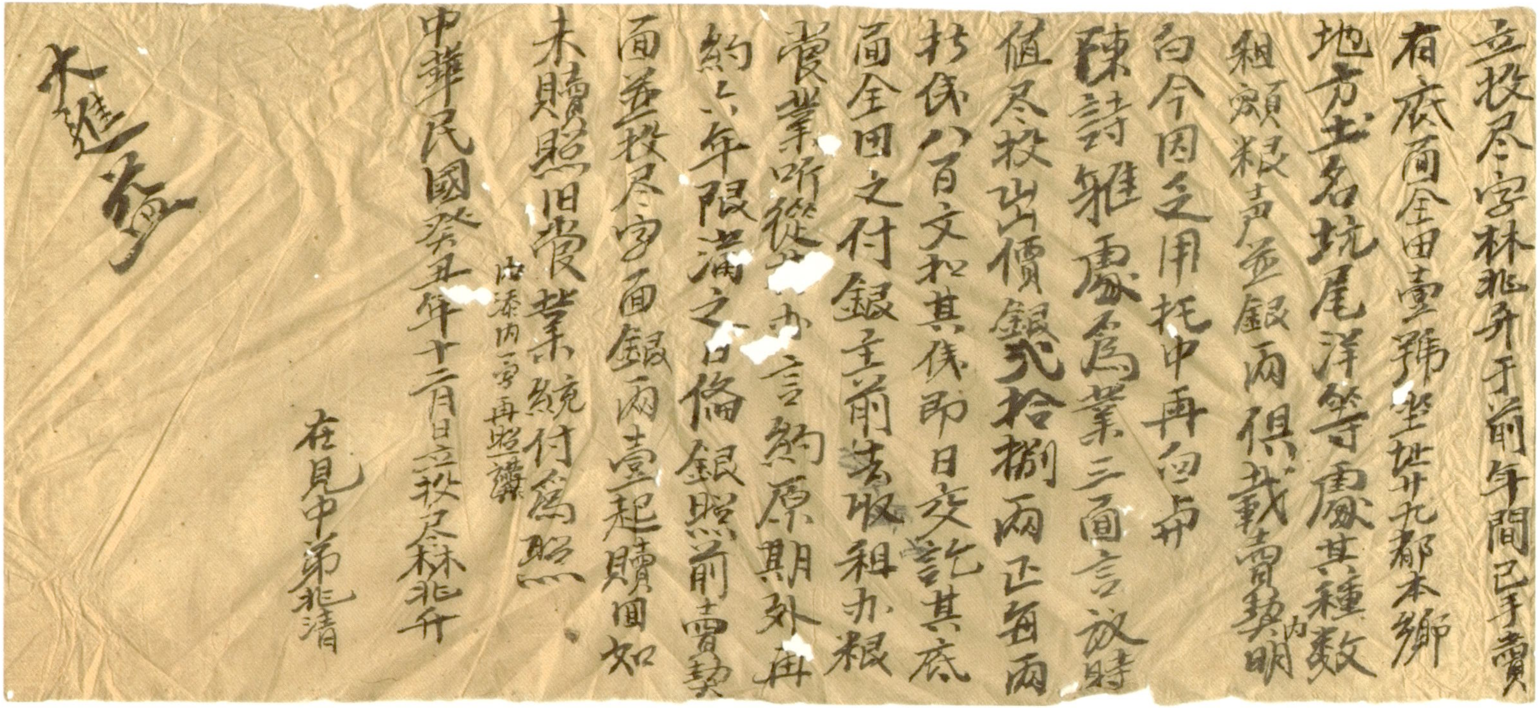
立投尽字林兆升，于前年間已手賣
有底面全田壹號，坐址廿九都本鄉
地方土名坑尾洋等處，其種數
租額粮声並銀兩俱載賣契内明
白，今因乏用，托中再向[illegible]
陳詩雅處為業，三面言議時
値尽投出價銀弍拾捌兩正，其銀兩
折錢八百文，和其錢即日交訖，其底
面全田之付銀主前去收租办粮
管業，听從[illegible]亦言約，原期外再
約六年，限滿之日備銀照前賣契
面並投尽字面銀兩壹起贖回，如
未贖，照旧管業，統付為照。
内添内字再照
中華民國癸丑年十二月　日立投尽林兆升
在見中弟兆清
大進元亨

7-1-2-2　民國二年十二月林兆升立投盡底面全田字

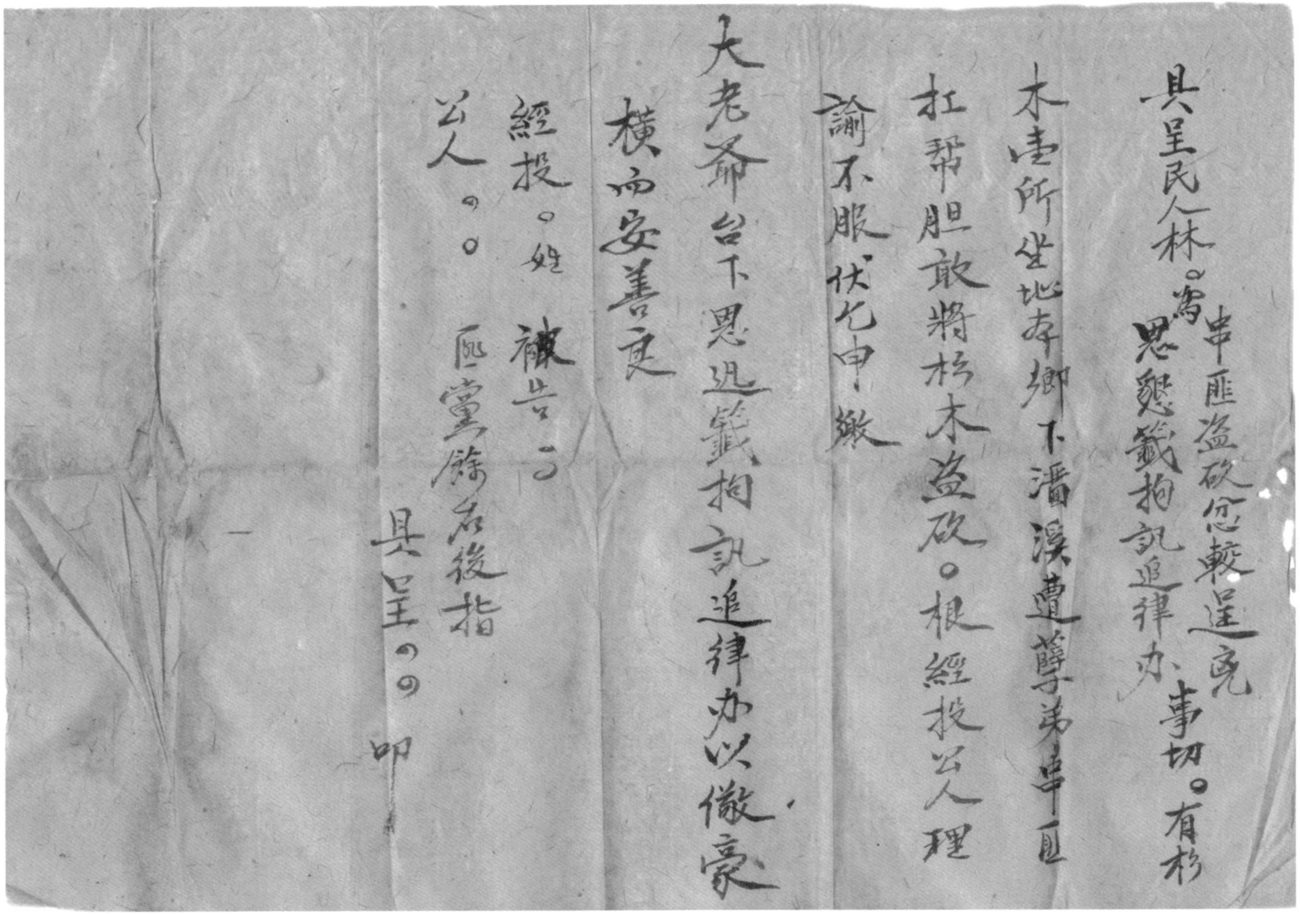
具呈民人林○為串匪盜砍㑹較逞兇
恩懇籤拘訊追律办事切○有杉
木埕所坐地本鄉下潘溪遭孽弟串匪
扛帮胆敢將杉木盜砍○根經投公人理
諭不服伏乞申繳
大老爺台下恩迅籤拘訊追律办以儆豪
横而安善良
經投○姓　被告○
公人○○　匪黨餘名後指
具呈○○
叩

7-1-2-3　林氏立具呈狀（年代不詳，草狀）

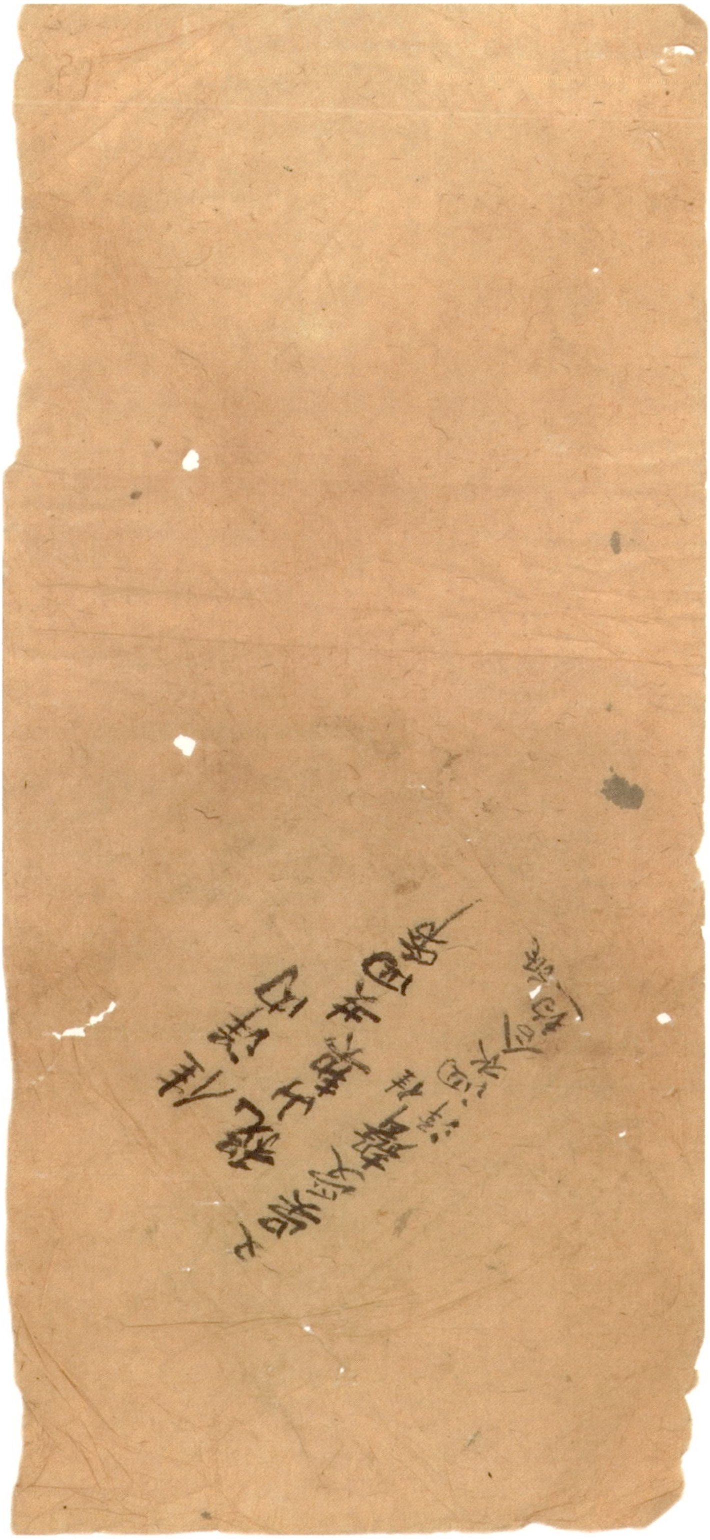

7-1-3-1　包契紙

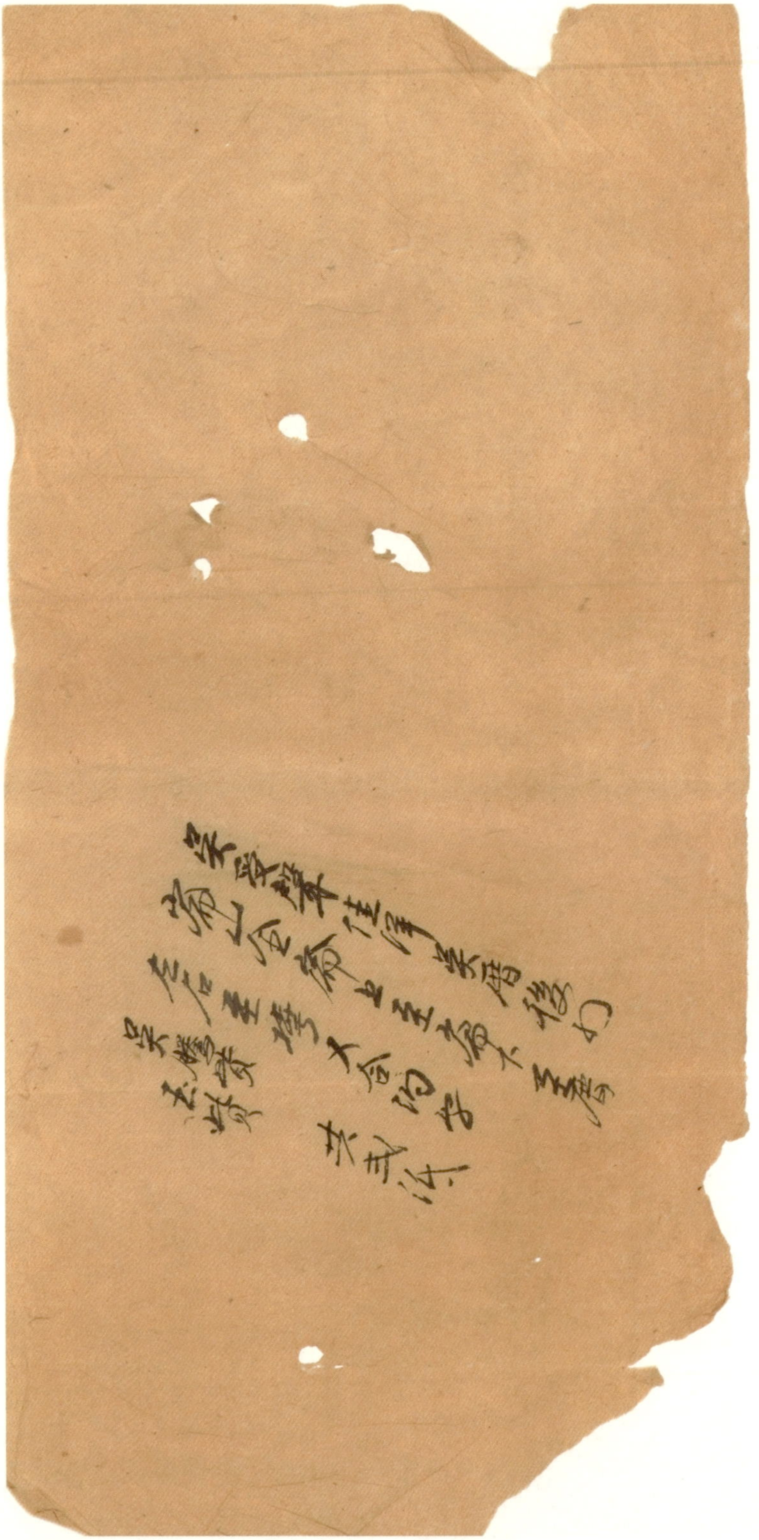

7-1-3-2 包契紙

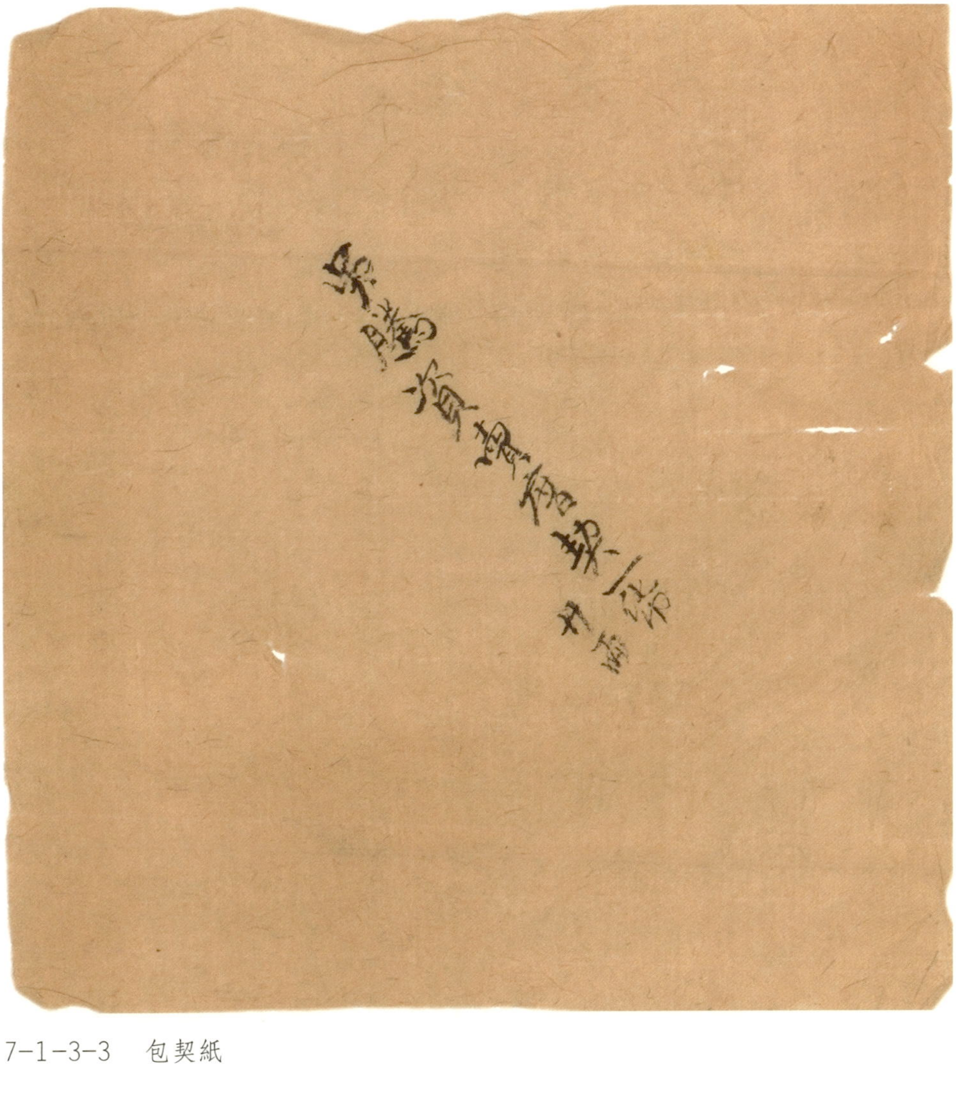

7-1-3-3　包契紙

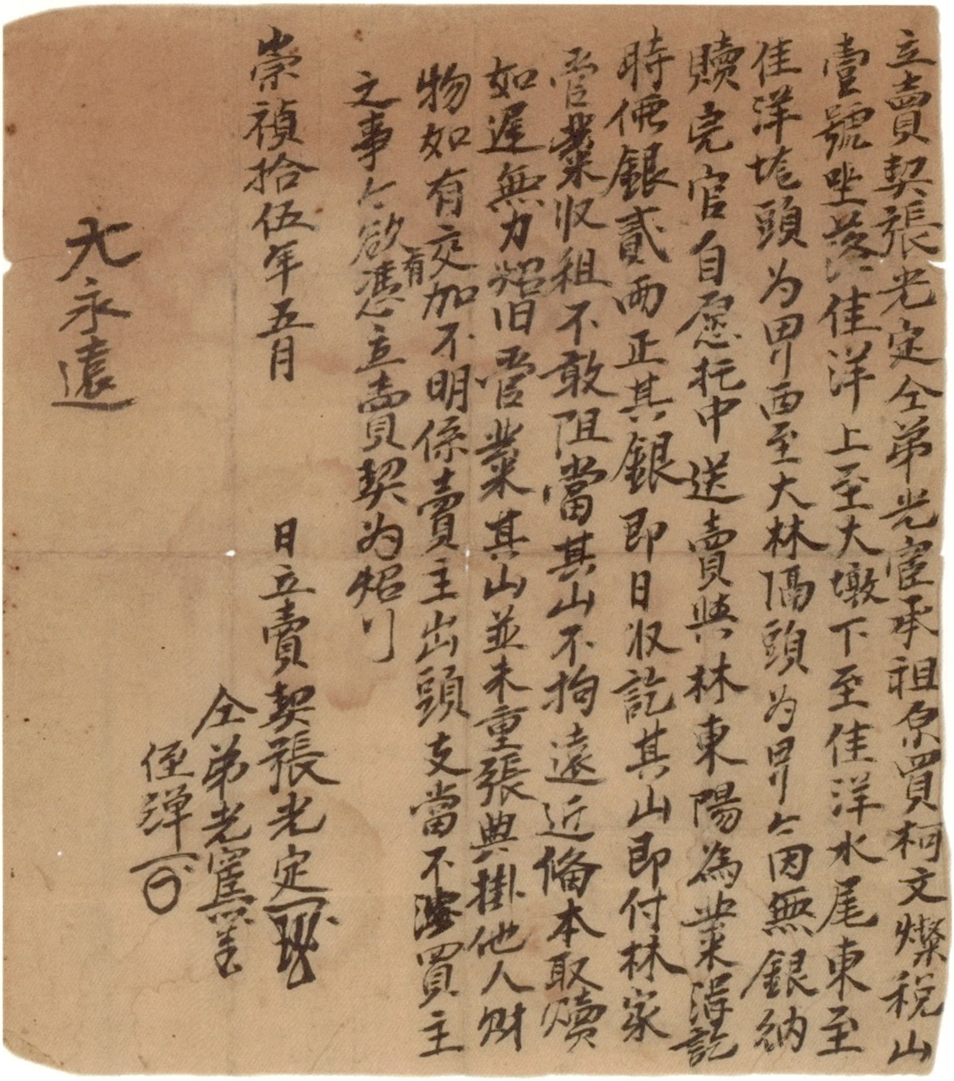
立賣契張光定仝弟光寔承祖京買柯文燦稅山
壹號坐落佳洋上至大墩下至佳洋水尾東至
佳洋堘頭為界西至大林隔頭為界今因無銀納
贖完官自愿托中送賣與林東陽為業憑記
時價銀貳兩正其銀即日收訖其山即付林家
管業收租不敢阻當其山不拘遠近備本取贖
如遲無力照旧管業其山並未重張典掛他人財
物如有交加不明係賣主出頭支當不涉買主
之事今欲有憑立賣契為照
崇禎拾伍年五月　日立賣契張光定
仝弟光寔
侄瑋
大永遠

7-1-3-4　明崇禎十五年五月張光定等立賣稅山契

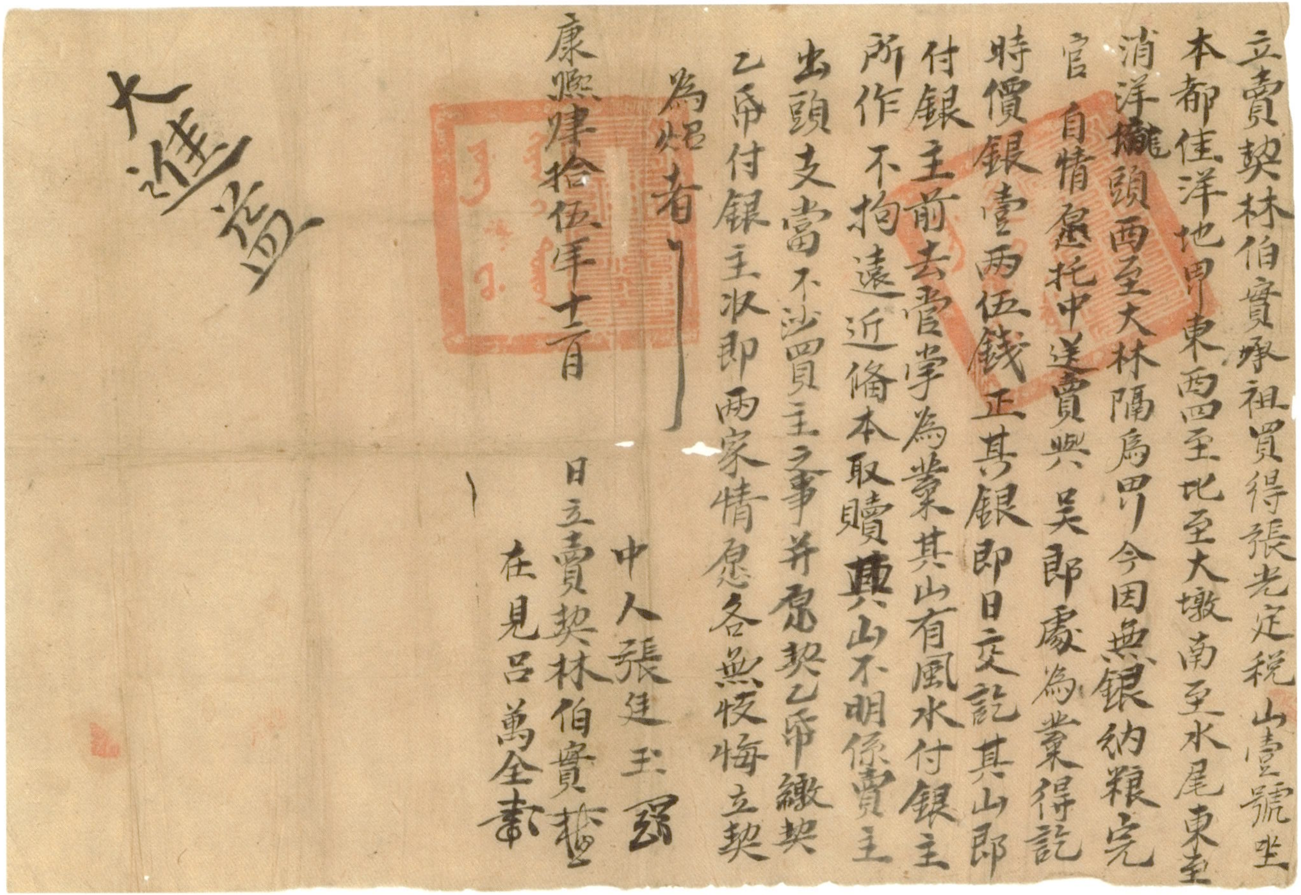

立賣契林伯實承祖買得張光定稅山壹號坐
本都佳洋地甲東西四至北至大墩南至水尾東至
消洋漈頭西至大林隔爲界今因無銀納粮完
官自情愿托中送賣與吳郎處爲業得訖
時價銀壹兩伍錢正其銀即日交訖其山即
付銀主前去管掌爲業其山有風水付銀主
所作不拘遠近備本取贖其山不明係賣主
出頭支當不涉買主之事并無重契乙帋繳契
乙帋付銀主收即兩家情愿各無反悔立契
爲照者
康熙肆拾伍年十二月　日立賣契林伯實（押）
中人張廷玉（押）
在見呂萬全（押）
大進登

7-1-3-5　清康熙四十五年十二月林伯實立賣稅山契（紅契）

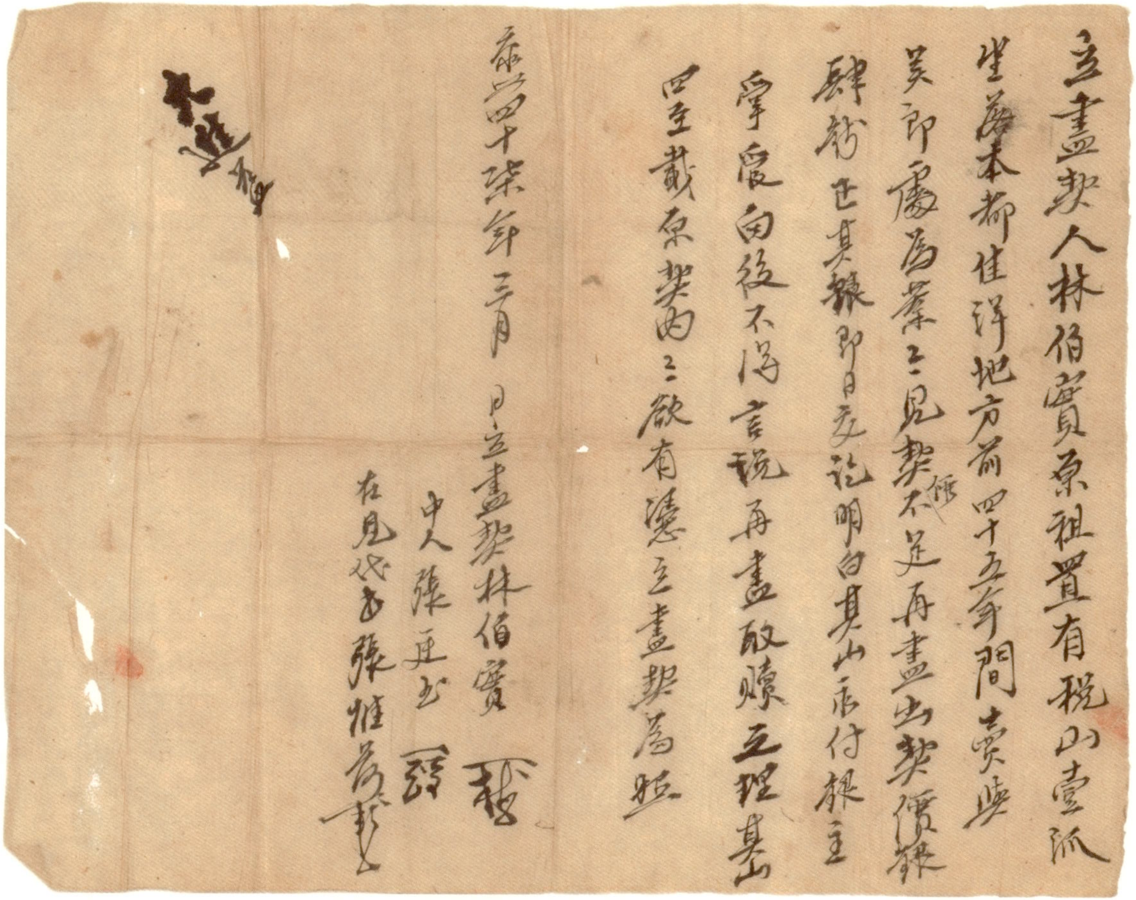
立盡契人林伯實原祖置有稅山壹派
坐落本都佳洋地方前四十五年間賣與
吳郎處為業已見契俻不足再盡出契價銀
肆錢正其銀即日交訖明白其山永付銀主
掌管自後不得言說再盡取贖立理基山
四至載原契內今欲有憑立盡契為照
康熙四十柒年三月　日立盡契林伯實（押）
中人張廷玉（押）
在見代書張惟為（押）

7-1-3-6　清康熙四十七年三月林伯實立盡稅山契

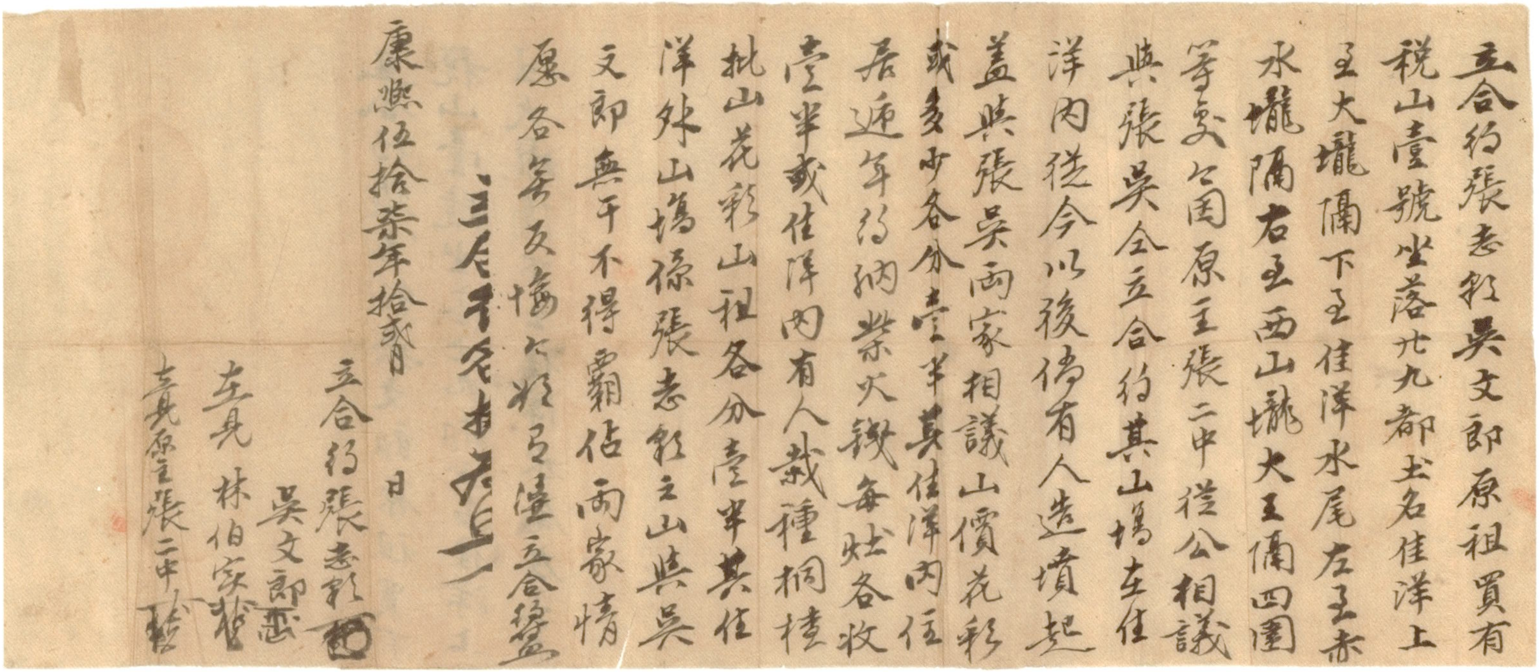

立合約張志朝、吳文郎原祖買有
税山壹號，坐落廿九都土名佳洋上
至大壠隔，下至佳洋水尾，左至赤
水壠隔，右至西山壠大王隔，四圍
等處。今同原主張二中從公相議，
與張、吳仝立合約，其山場在佳
洋內，從今以後，倘有人造墳起
蓋，與張、吳兩家相議山價花利，
或多或少，各分壹半。其佳洋內住
居，逓年約納柴火鐵，每灶各收
壹半。或佳洋內有人栽種桐桂
杉山，花利山租各分壹半。其佳
洋外山場係張志朝之山，與吳
文郎無干，不得霸佔。兩家情
愿，各無反悔，今欲有憑，立合約

三合各執存照一

康熙伍拾柒年拾貳月　日

立合約　張志朝（押）
吳文郎（押）
在見　林伯宗（押）
在見原主張二中（押）

7-1-3-7　清康熙五十七年十二月張志朝等立合約

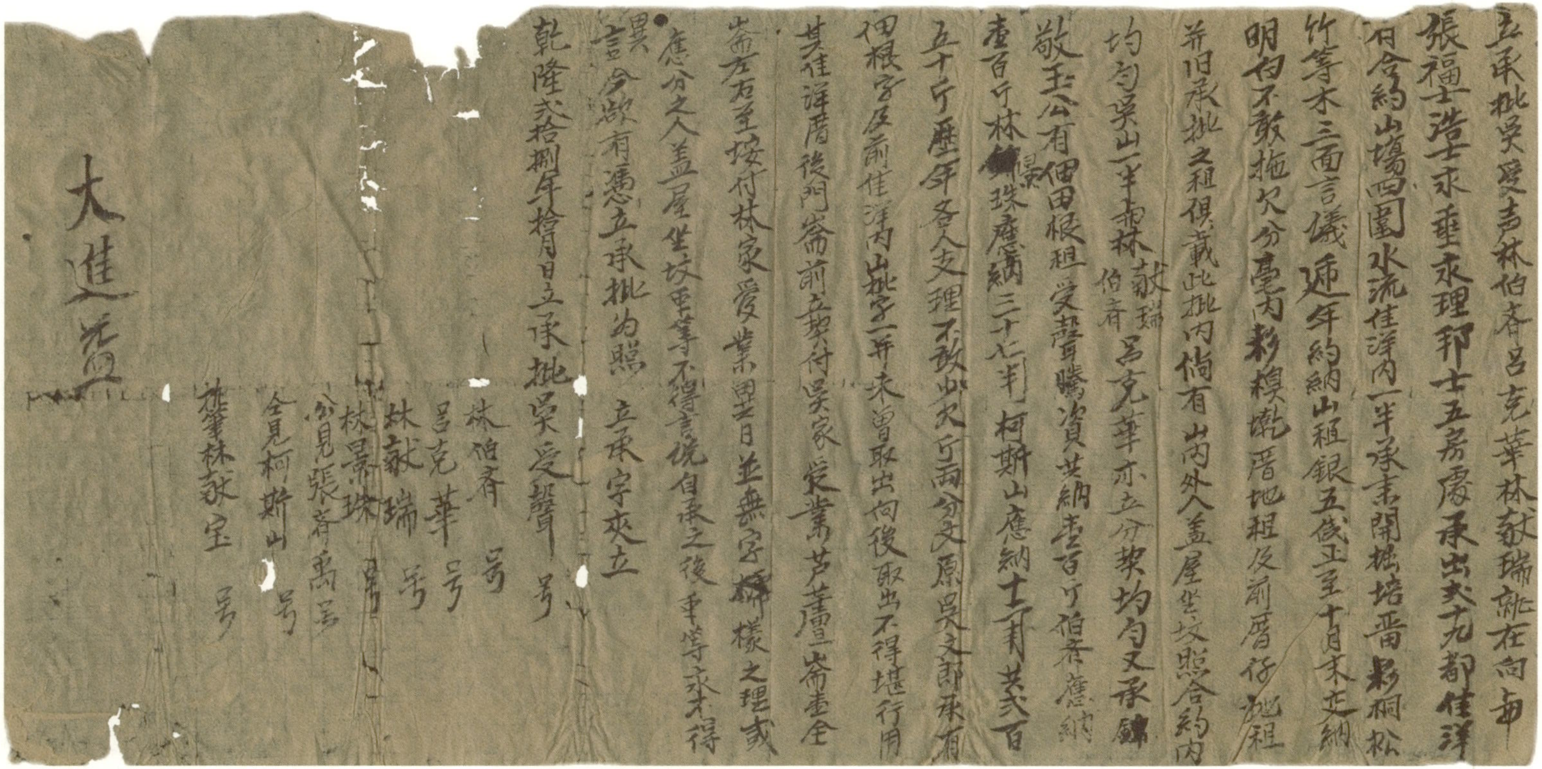

立承批吳受声林伯斉呂克華林欽瑞就在向南
張福士、浩士求垂求理邦士五房處承出本九都佳洋
仔合約山場四圍水流佳洋內一半承來開墾培畨杉桐松
竹等木三面言議逓年約納山租銀五錢正至十月末交納
明白不敢拖欠分毫內杉模桃厝地租及前厝仔地租
并旧承批之租俱載此批內倘有山內外人盖屋坟照合約內
均匀吳山一半林欽瑞伯斉呂克華亦立分契均匀又承歸
敬玉公有佃田根租受聲賣賸資共納壹百斤伯斉應納
壹百斤林景珠應納三十七斤半柯斯山應納十一斤共弍百
五十斤歷年各人支理不敢少欠斤兩分文原吳之邦承有
佃根字及前佳洋內山批字一并未曾取出向後取出不得堪行用
其佳洋厝後門崙前立契付吳家崇業芦蓋豐崙壹全
崙左右至埃付林家受業田廿月並無字據樣之理或
應分之人盖屋坟墓等不得言說自承之後爭等求不得
吳
言今欲有憑立承批為照　立承字交立
乾隆弍拾捌年拾月日立承批吳受聲　号
林伯斉　号
呂克華　号
林欽瑞　号
林景珠　号
公見張斉禹　号
全見柯斯山　号
代筆林欽宝　号
大進益

7-1-3-8　清乾隆二十八年十月吳受聲等立承批山場字

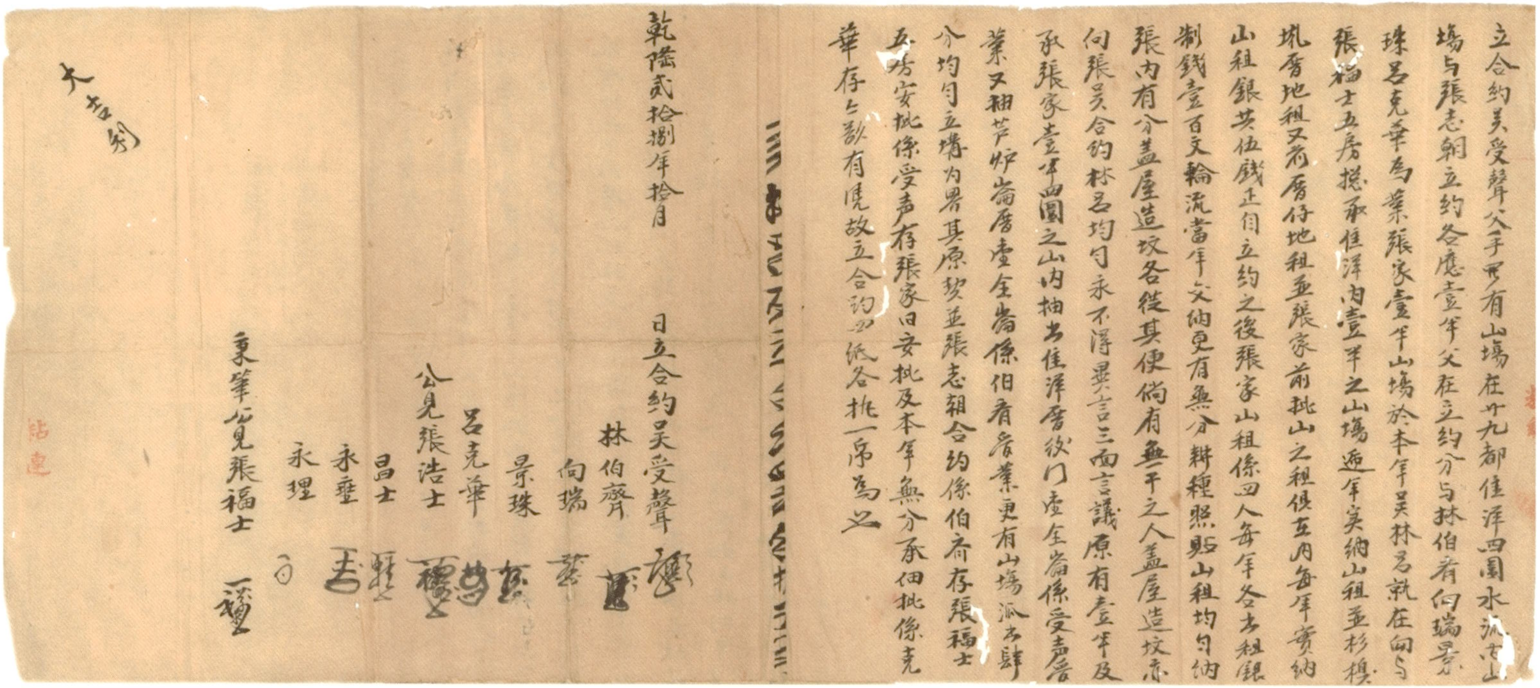

立合約吳受聲父手置有山場在廿九都佳洋四圍水流[illegible]山
場与張志朝立約各處壹半父在立約分与林伯齊向瑞景
珠呂克華爲業張家壹半山場於本年吳林呂執在向与
張福士五房揔承佳洋內壹半之山場逓年實納山租並杉模
坵厝地租又有厝仔地租並張家前批山之租俱在內每年實納
山租銀共伍錢正自立約之後張家山租係四人每年各出租銀
制錢壹百文輪流當年交納更有無分耕種照貼山租均匀納
張內有分蓋屋造坟各從其便倘有無干之人蓋屋造坟亦
向張吳合約林呂均匀永不得異言三面言議原有壹半及
承張家壹半四圍之山內抽出佳洋厝後门壹全崙係受聲
業又细芦炉崙厝壹全崙係伯齊業更有山場派出肆
分均匀立墳內界其原契並張志朝合約係伯齊存張福士
五房安批係受聲存張家旧安批及本年無分承佃批係克
華存　今欲有憑故立合約四紙各執一紙爲照

乾隆貳拾捌年拾月　日立合約吳受聲（押）
林伯齊（押）
向瑞（押）
景珠（押）
呂克華（押）
公見張浩士（押）
昌士（押）
永璽（押）
永理（押）
秉筆公見張福士（押）

大吉利

7-1-3-9　清乾隆二十八年十月吳受聲等立合約

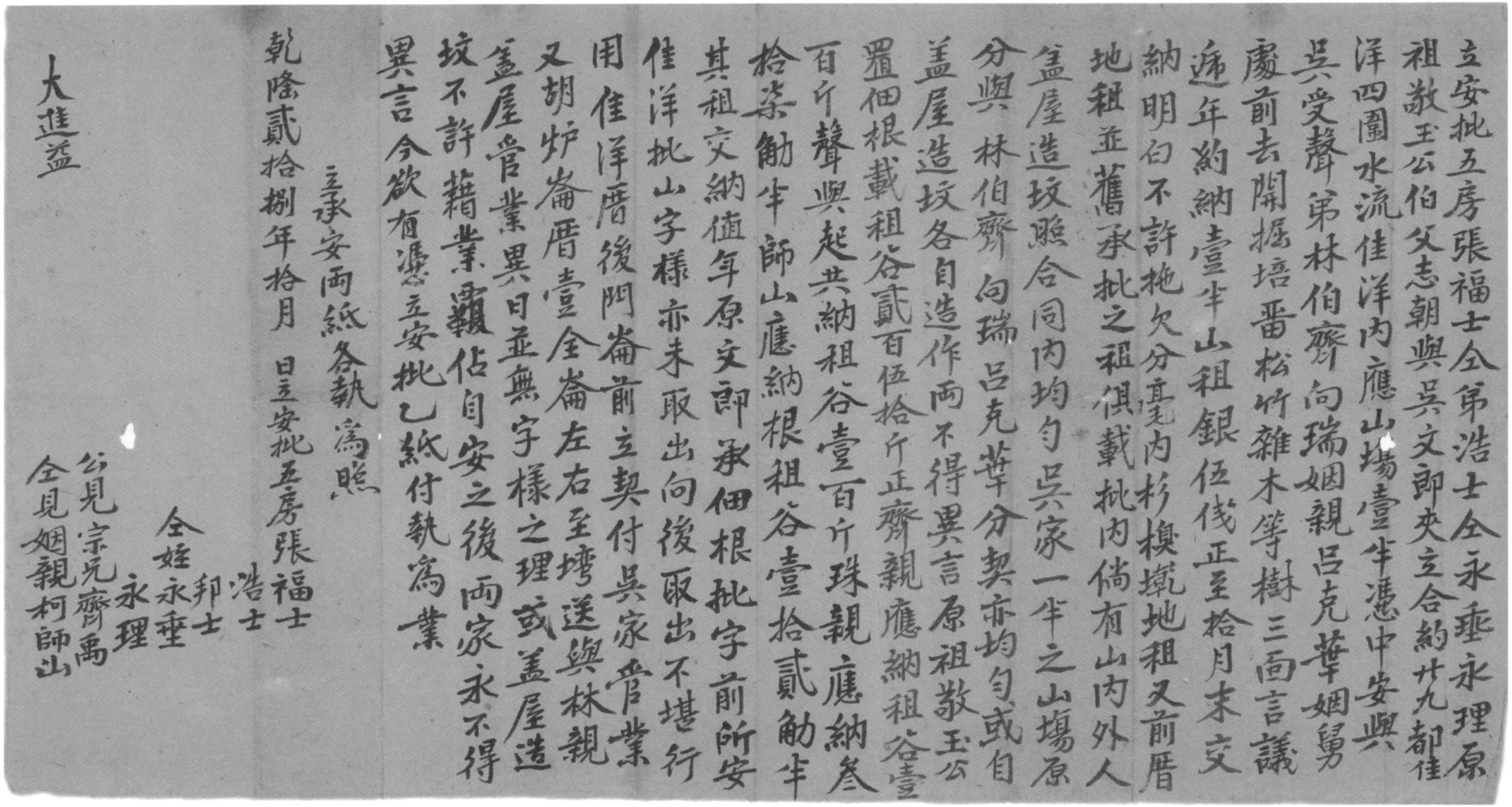
立安批五房張福士仝弟浩士仝永垂永理原
祖敬玉公伯父志朝與吳文郎夾立合約廿九都佳
洋四圍水流佳洋内應山場壹半憑中安與
吳受聲弟林伯齊向瑞姻親呂克華姻舅
處前去開掘培蕃松竹雜木等樹三面言議
逓年約納壹半山租銀伍錢正至拾月末交
納明白不許拖欠分毫内杉模壙地租又前厝
地租並舊承批之租俱載批内倘有山内外人
盖屋造坟照合同内均匀吳家一半之山場原
分與林伯齊向瑞呂克華分契亦均匀或自
盖屋造坟各自造作兩不得異言原祖敬玉公
置佃根載租谷貳百伍拾斤正齊親應納租谷壹
百斤聲與起共納租谷壹百斤珠親應納叁
拾柒觔半師山應納根租谷壹拾貳觔半
其祖文納值年原文郎承佃根批字前所安
佳洋批山字様亦未取出向後取出不堪行
用佳洋厝後門崙前立契付吳家管業
又胡炉崙厝壹仝崙左右至塆送與林親
盖屋管業異日並無字様之理或盖屋造
坟不許藉業霸佔自安之後兩家永不得
異言今欲有憑立安批乙紙付執爲業

立安兩紙各執爲照

乾隆貳拾捌年拾月 日立安批五房張福士
浩士
邦士
仝姪永垂
永理
公見宗兄齊禹
仝見姻親柯師山

大進益

7-1-3-10　清乾隆二十八年十月張福士等立安批山場字

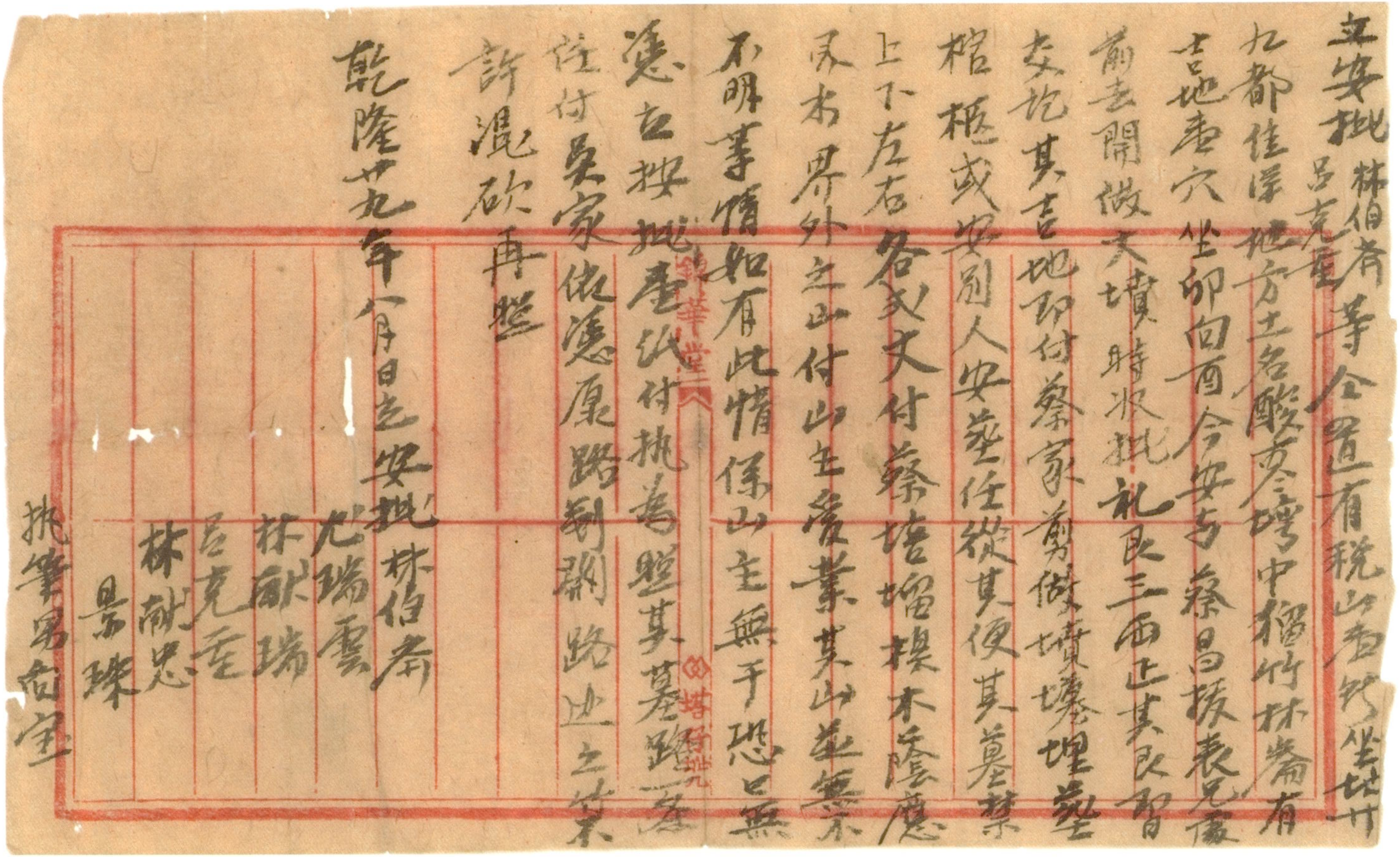

立安批林伯齊、呂克奎等今置有税山壹所，坐址廿九都佳洋地方，土名酸枣塆中榴竹林崙，有吉地壹穴，坐卯向酉，今安与蔡昌援衷兄處前去開做大墳，時収批礼銀三兩正，其銀即交訖，其吉地即付蔡家剪做墳壙埋葬棺柩，或安別人安葬，任從其便，其墓禁上下左右各丈文付蔡培增樹木蔭庇，界外之山付山主管業，其山並無不明等情，如有此情，係山主無干，恐口無憑，立安批壹紙付執為照，其墓路往付吳家依原路剝路出之，不許混砍再照。

乾隆廿九年八月　日立安批林伯齊

尤瑞雲

林献瑞

呂克奎

林献忠

景琛

批筆男　宝

7-1-3-11　清乾隆二十九年八月林伯齊等立安批吉地字

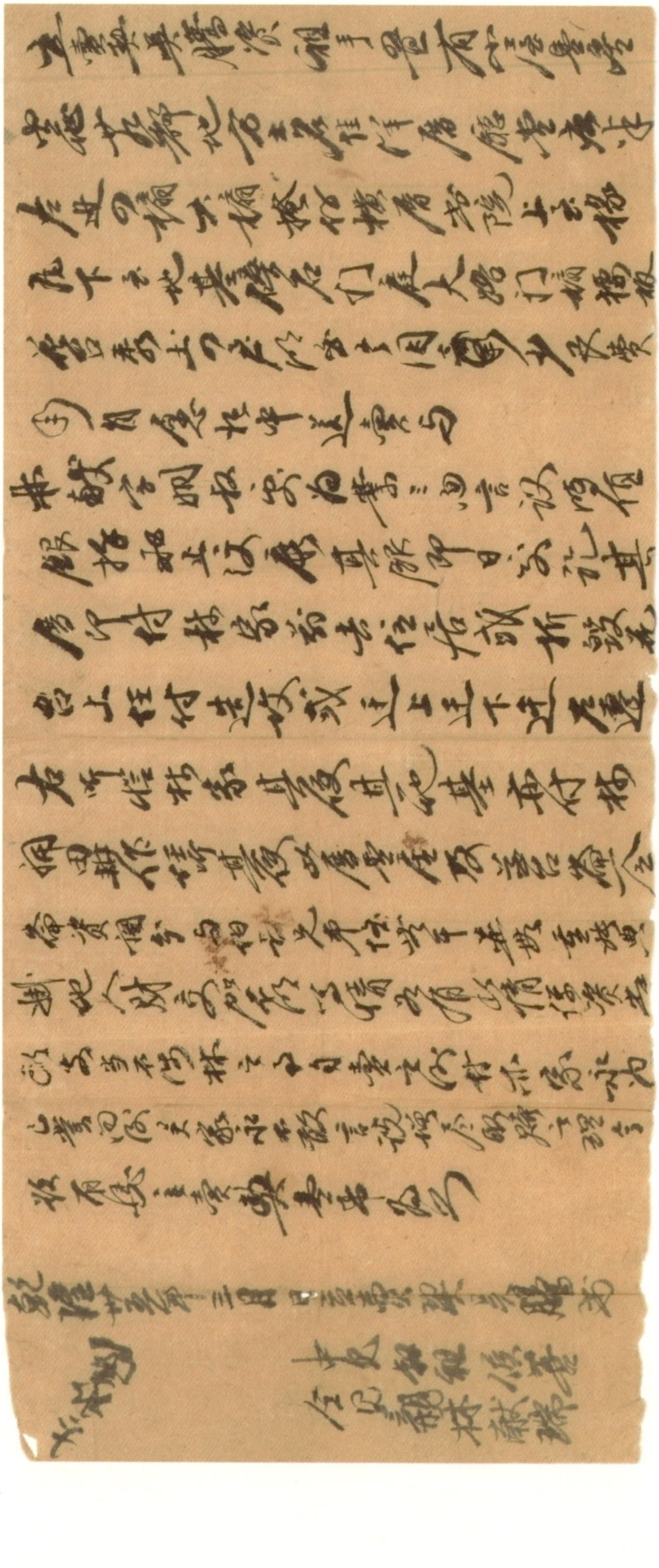

7-1-3-12　清乾隆三十五年三月吴騰資立賣厝契（草契）

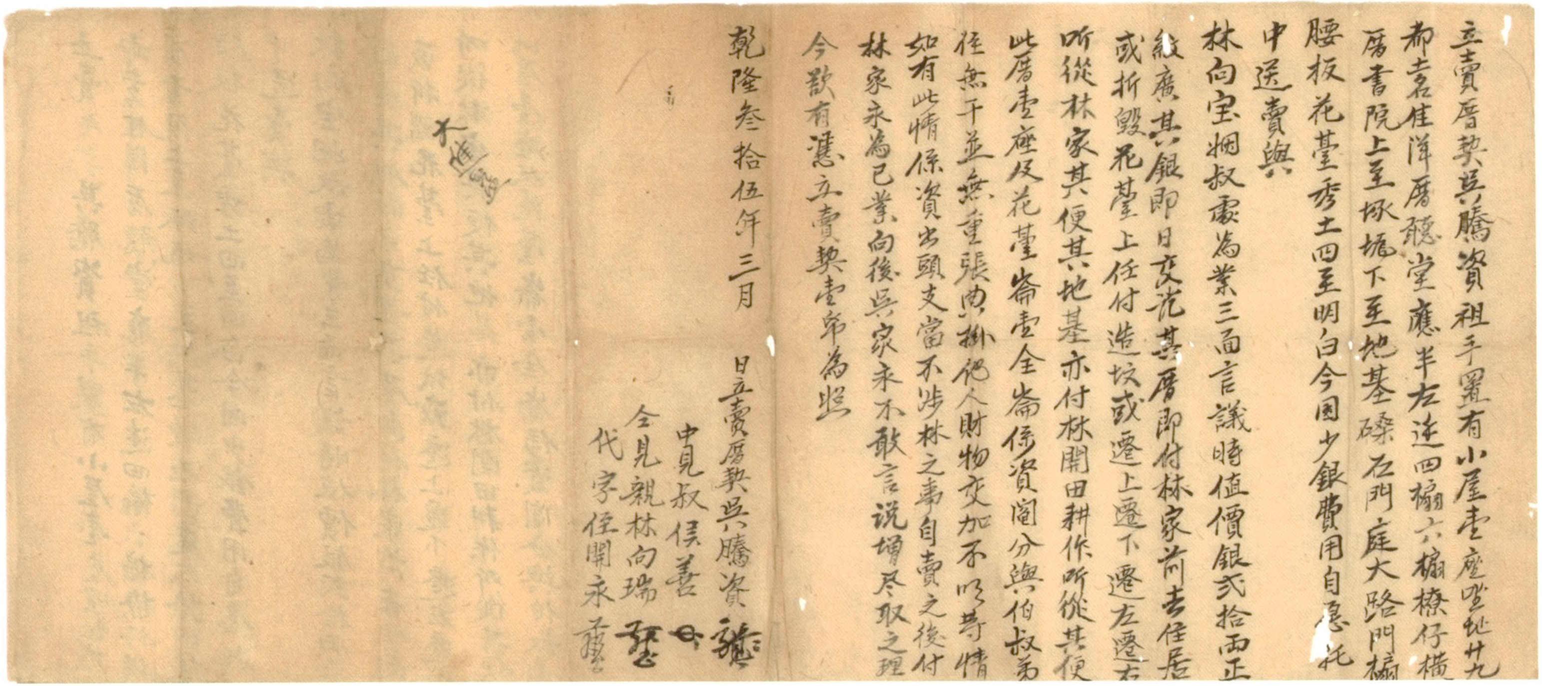
立賣厝契吴騰資祖手置有小屋壹座坐址廿九
都嵩佳洋厝後堂應半左邊四扇六扇橑仔横
厝書院上至墘墘下至地基磉石門庭大路門扇
腰板花臺秀土四至明白今因乏銀費用自愿托
中送賣與
林向宗烟叔處為業三面言議時值價銀弍拾兩正
紋廣其銀即日交訖其厝即付林家前去任居
或折毁花臺上任付造墳或遷上遷下遷左遷右
听從林家其便其地基亦付林閣田耕作听從其便
此厝壹座及花臺崙壹全崙係資阄分與伯叔弟
侄無干並無重張典掛他人財物交加不明等情
如有此情係資出頭支當不涉林之事自賣之後付
林家永為己業向後吴家永不敢言説增尽取之理
今歡有憑立賣契壹帋為照

乾隆叁拾伍年三月　日立賣厝契吴騰資（押）
中見叔　侯善（押）
全見親　林向瑞（押）
代字侄　開永（押）

7-1-3-13　清乾隆三十五年三月吴騰資立賣厝契

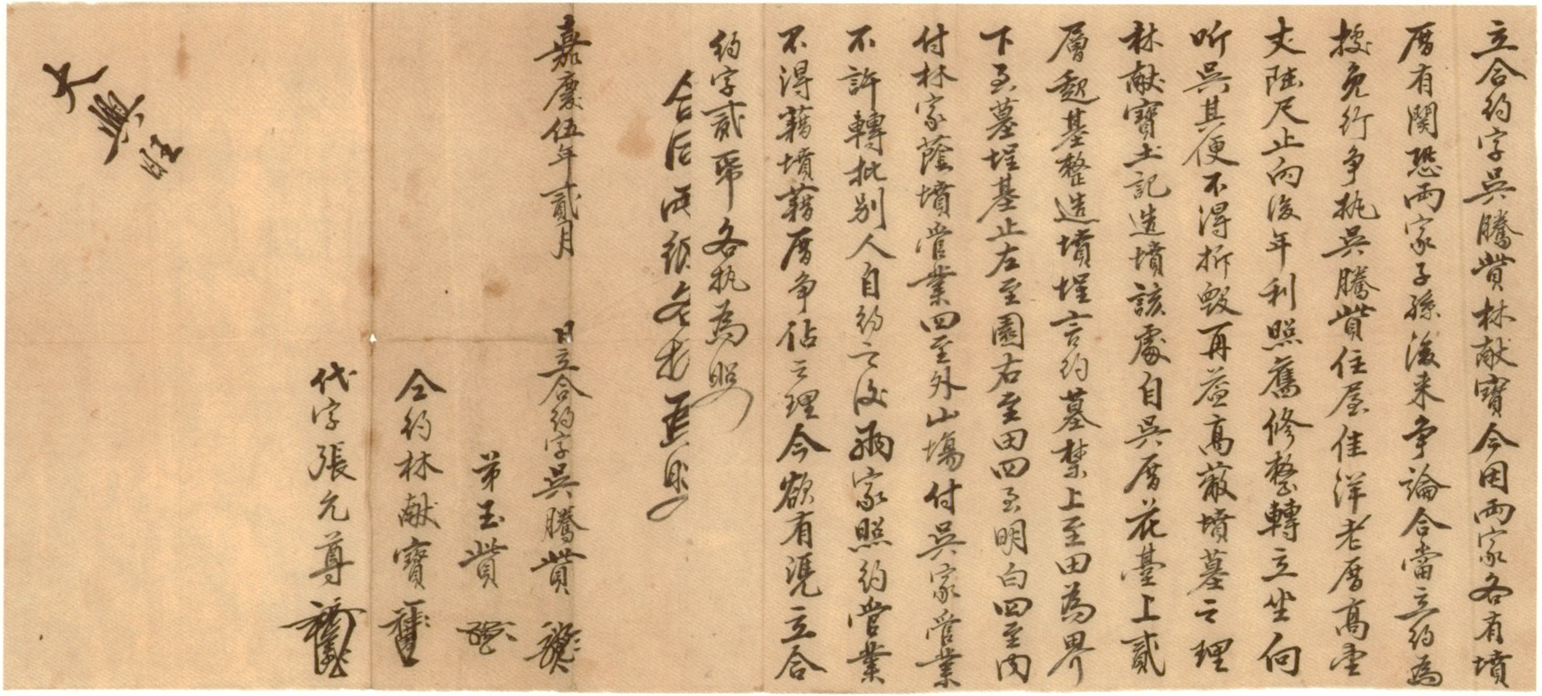

立合約字吳騰貲、林献寶，今因兩家各有墳
厝有関，恐兩家子孫後來爭論，合當立約爲
據，免行爭執。吳騰貲住厝佳洋老厝高壹
丈陆尺，上向後年利照舊修整，轉立坐向
听吳其便，不得拆毀再蓋高蔽墳墓之理。
林献寶土記造墳，該處自吳厝花臺上貳
層起基整造墳埕，言約墓禁上至田爲界，
下至墓埕基止，左至園，右至田，四至明白。四至內
付林家蔭墳管業，四至外山塲付吳家管業，
不許轉批別人。自約之後，兩家照約管業，
不得藉墳藉厝爭佔之理。今欲有憑，立合
約字貳帋，各執爲照。

合同兩紙各執正照

嘉慶伍年貳月　日立合約字吳騰貲（押）
弟玉貲（押）
仝約林献寶（押）
代字張允尊（押）

大吉

7-1-3-14　清嘉慶五年二月吳騰資等立合約字

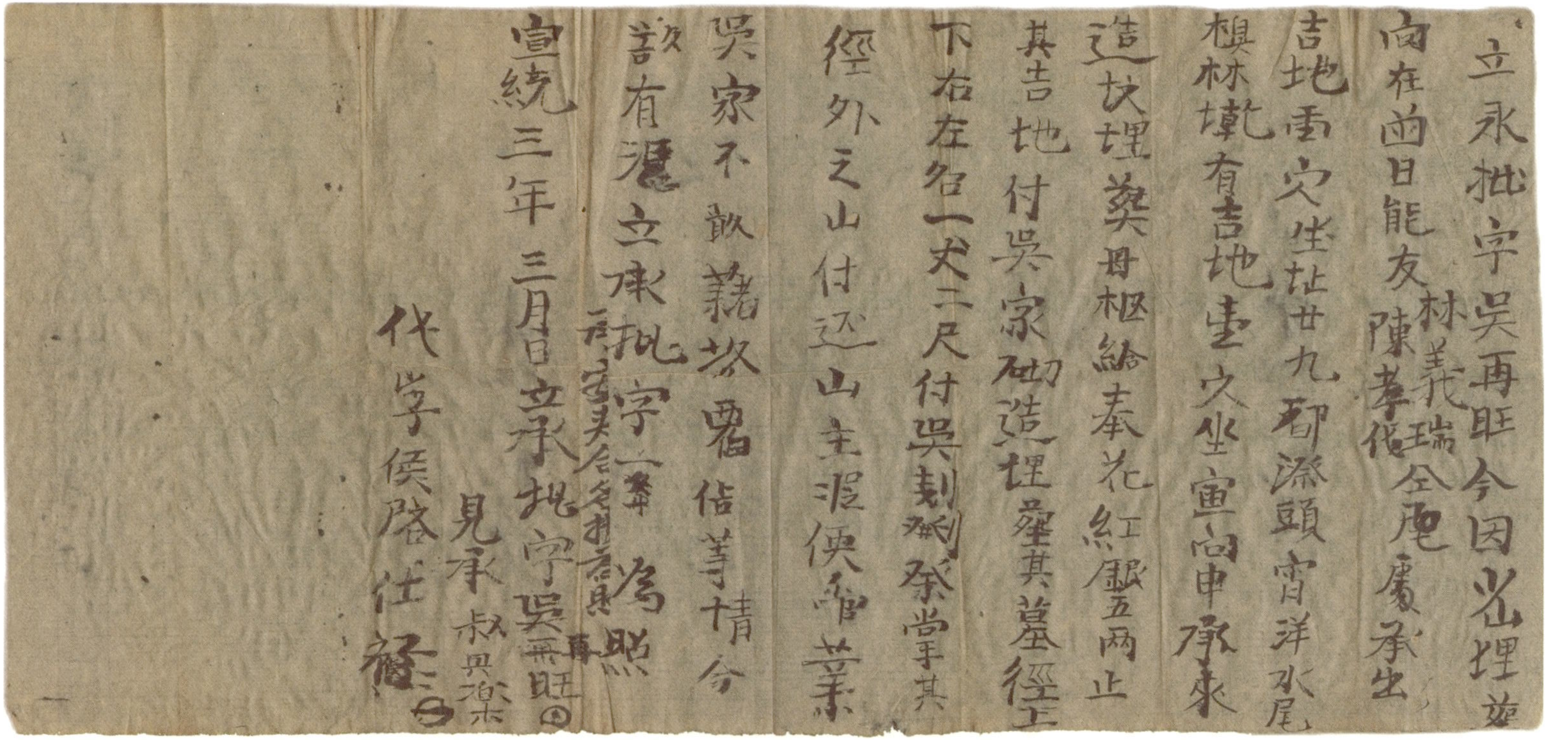
立永批字吳再旺今因岀山埋葬
向在尚日能友林義瑞陳孝從仝庵處承出
吉地壹穴坐址廿九都漈頭宵洋水尾
樸林墘有吉地壹穴坐寅向申承來
造坟埋葬母柩給奉花紅銀五兩正
其吉地付吳家砌造坟埋葬其墓徑上
下右左各一丈二尺付吳刻碑祭掌手其
徑外之山付還山主混便管業
吳家不敢藉故需索等情今
欲有憑立永批字一紙為照
宣統三年三月日立承批字吳再旺
見承叔吳樂
代字侯啓仕

7-1-3-15 清宣統三年三月吴再旺立承批吉地字

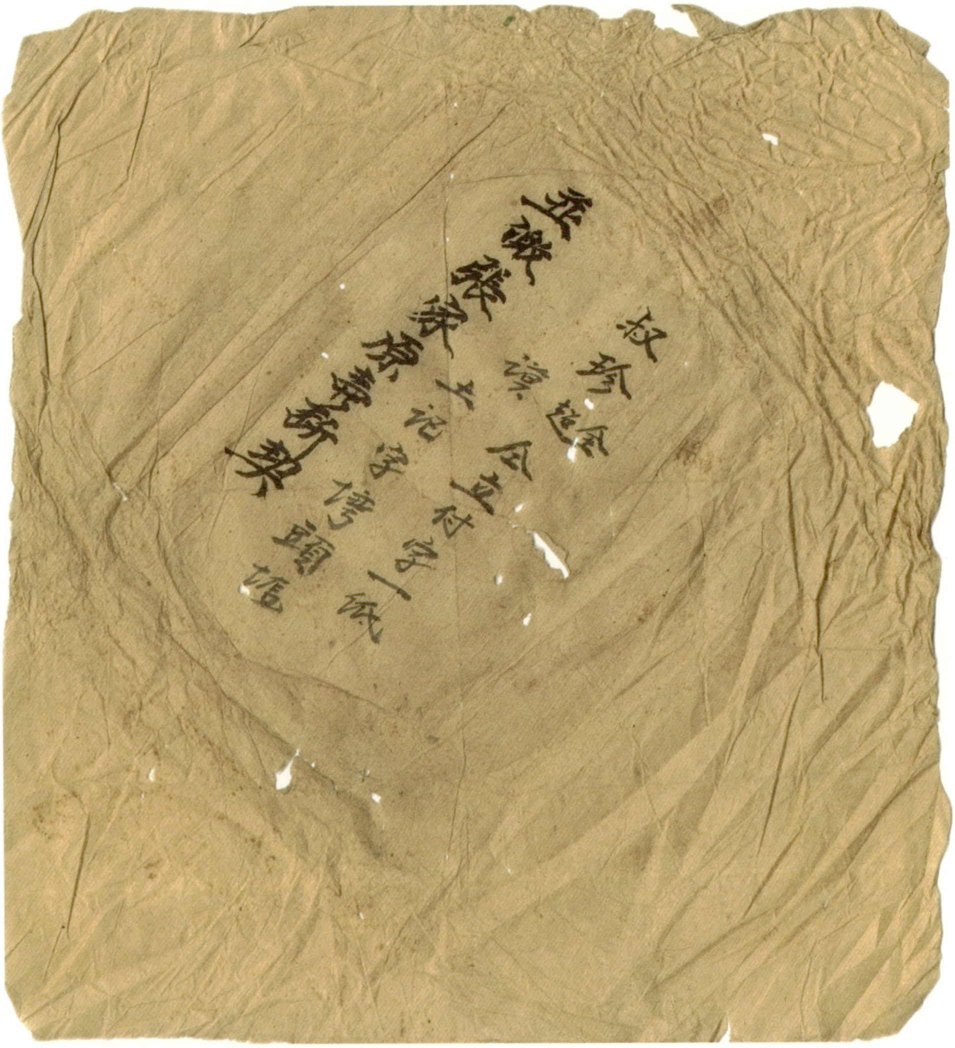

7-1-4-1　包契紙

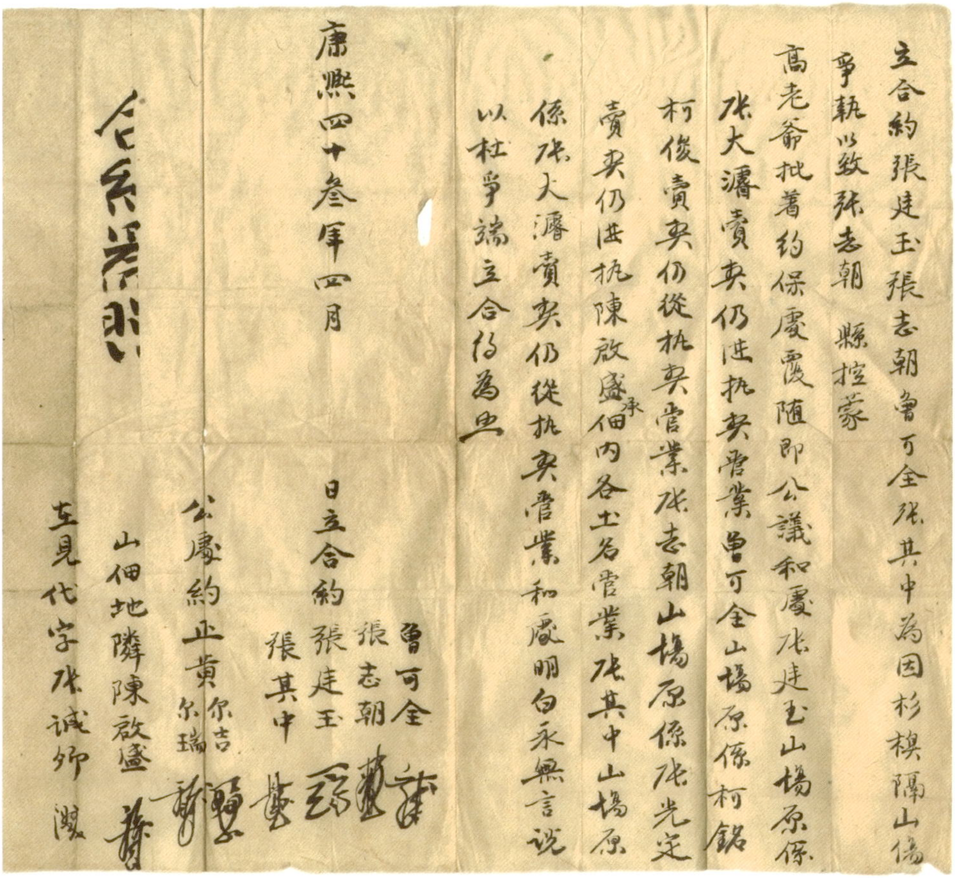
立合約張廷玉張志朝曾可全张其中為因杉模隔山場
爭執以致張志朝 縣控蒙
高老爺批着約保處覆隨即公議和處张廷玉山場原係
张大潛賣契仍從執契管業曾可全山場原係林銘
林俊賣契仍從執契管業张志朝山場原係张光定
賣契仍從執契陳啟盛承佃內各立名管業张其中山場原
係张大潛賣契仍從執契管業和處明白永無言説
以杜爭端立合約為照

康熙四十叁年四月 日立合約張廷玉 張志朝 曾可全
張其中
公處約正黄尔吉 尔瑞
山佃地隣陳啟盛
在見代字张诚卿

合約為照

7-1-4-2　清康熙四十三年四月張廷玉等立合約（一）

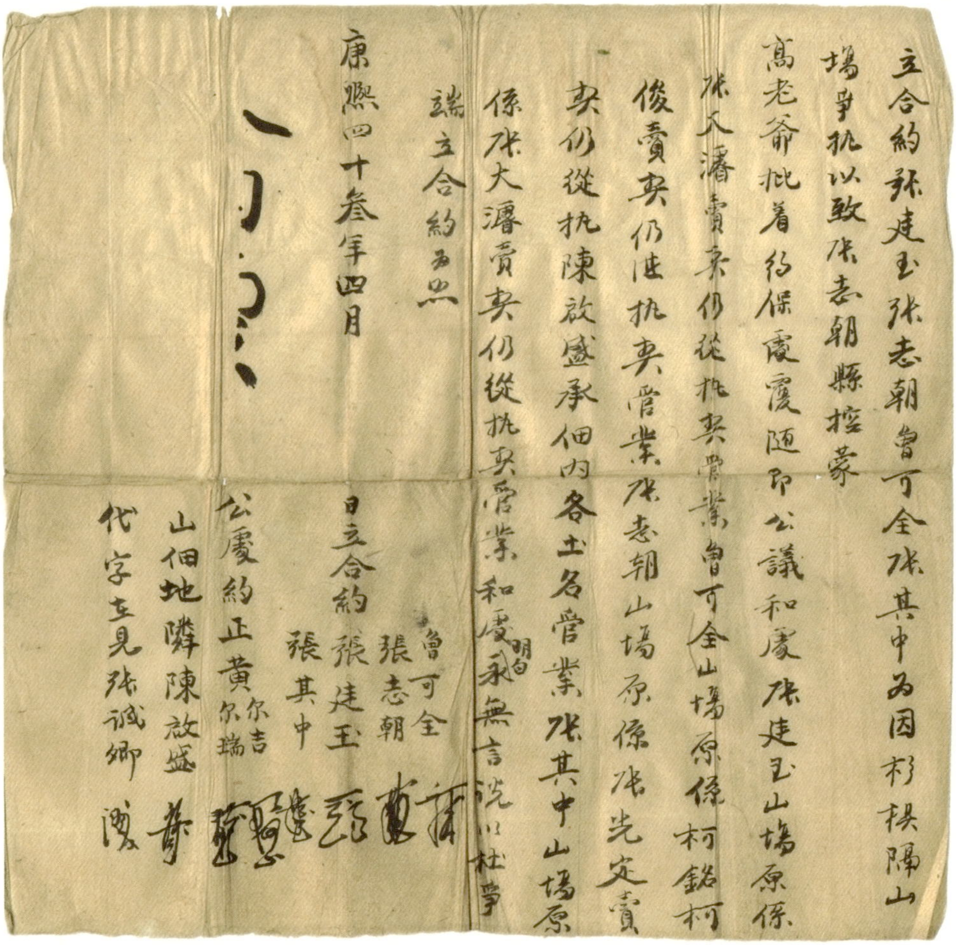

立合約張建玉、張志朝、曾可全、張其中，爲因杉楳陽山
場爭執，以致張志朝縣控，蒙
高老爺批着約保處覆。隨即公議和處：張建玉山場原係
張大潘賣契，仍從執契管業；曾可全山場原係柯銘柯
俊賣契，仍從執契管業；張志朝山場原係張先定賣
契，仍從執陳啟盛承佃內各立名管業；張其中山場原
係張大潘賣契，仍從執契管業。和處明白，永無言說。以杜爭
端，立合約爲照。

康熙四十叁年四月 日立合約 張建玉 張其中 張志朝 曾可全

公處約正 黃爾吉 黃爾瑞

山佃地隣 陳啟盛

代字在見 張誠卿

7-1-4-3　清康熙四十三年四月張廷玉等立合約（二）

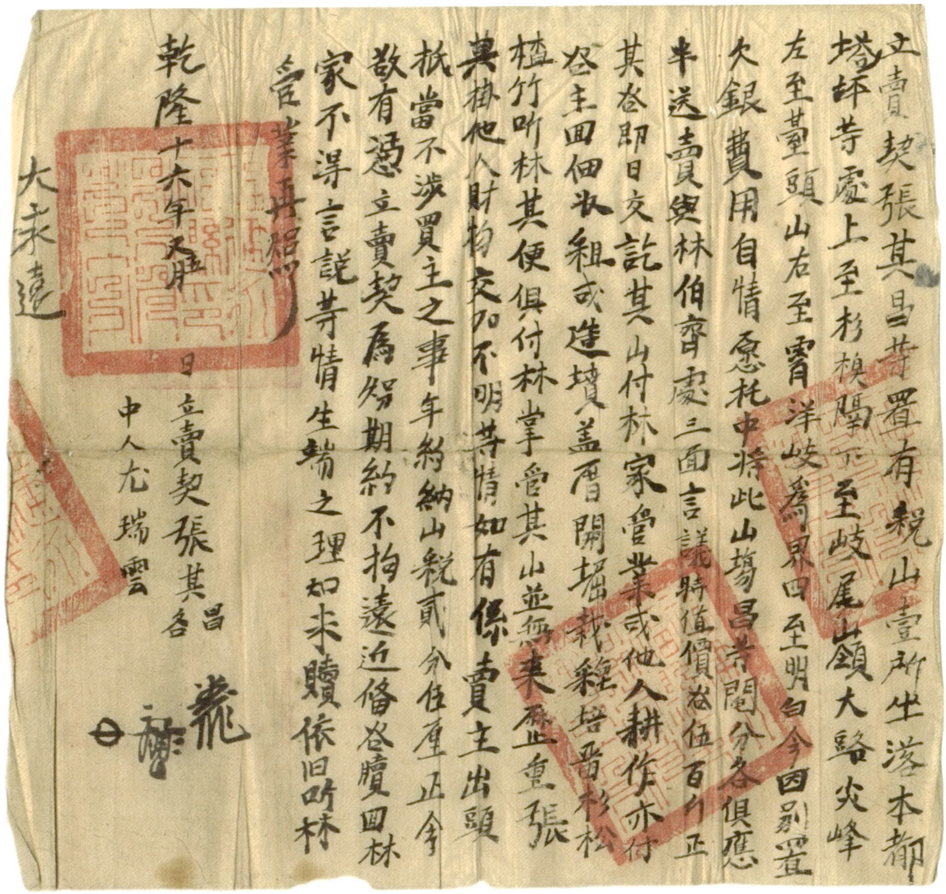
立賣契張其昌等置有稅山壹所坐落本都
塔坪等處上至杉模隔下至岐尾山嶺大路尖峰
左至墓頭山右至霄洋岐為界四至明白今因別置
欠銀費用自情愿托中將此山場昌等閤分各俱應
半送賣與林伯齊處三面言議時值價銀伍百文正
其銀即日交訖其山付林家管業或他人耕作亦付
銀主回佃收租或進墳蓋厝開掘栽種培蓄杉松
植竹聽林其便俱付林掌管其山並無來歷重張
典掛他人財物交加不明等情如有係賣主出頭
抵當不涉買主之事年約納山稅貳分任厘正今
欲有憑立賣契為照期約不拘遠近備銀贖回林
家不得言說等情生端之理如未贖依旧聽林
管業再照
乾隆十六年閏五月　日立賣契張其昌各
中人尤瑞雲
大永遠

7-1-4-4　清乾隆十六年閏五月張其昌等立賣稅山契（紅契）

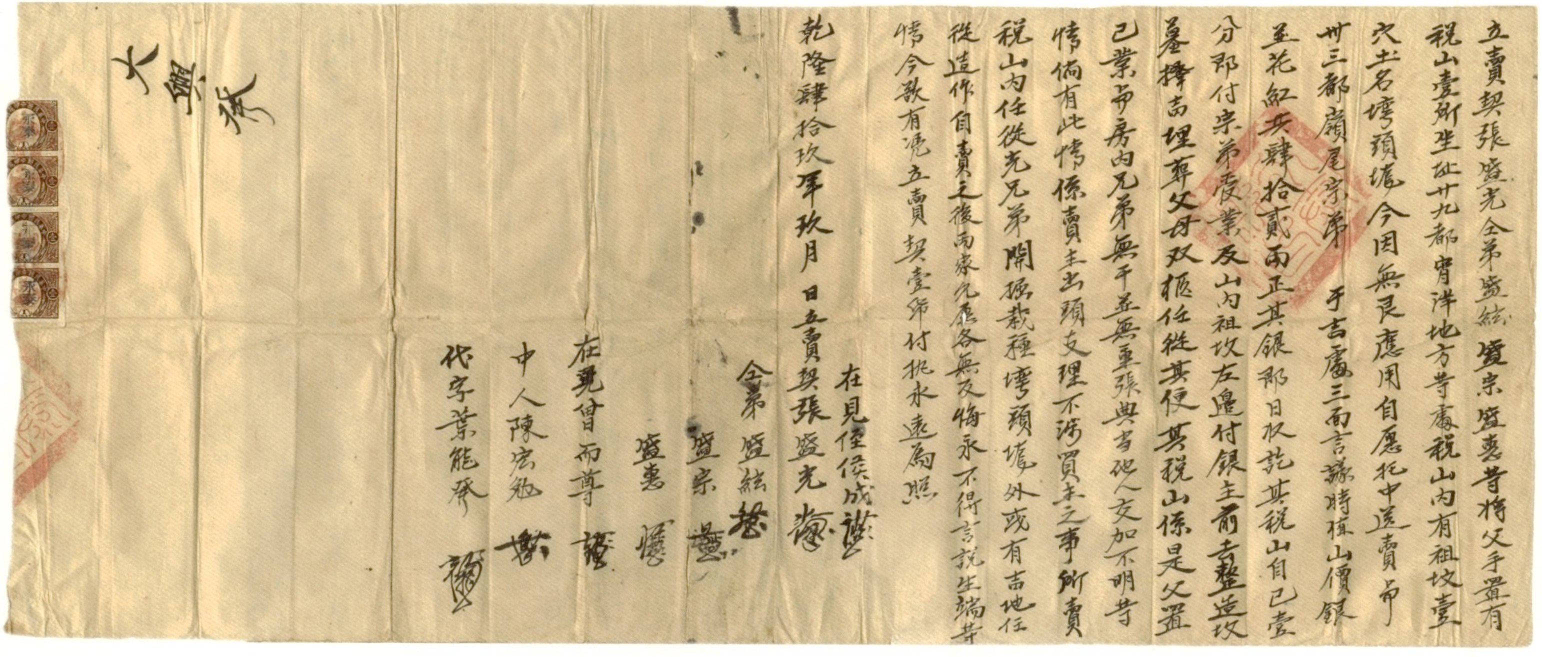

立賣契張盛光仝弟盛絃 盛宗 盛惠等將父手置有
稅山壹所坐址廿九都霄洋地方等處稅山內有祖坟壹
穴土名墰頭壚今因無艮應用自愿托中送賣吊
卅三都嶺尾宗弟　手言處三面言議時值山價銀
孟花紅共肆拾貳兩正其銀即日收訖其稅山自己壹
分即付宗弟管業及山內祖坟左邊付銀主前去整造坟
墓擇吉埋葬父母双柩任從其便其稅山係是父置
己業并房內兄弟無干並無重張典當他人交加不明等
情倘有此情係賣主出頭支理不涉買主之事所賣
稅山內任從光兄弟開掘栽種墰頭壚外或有吉地任
從造作自賣之後兩家允愿各無反悔永不得言說生端等
情今欲有憑立賣契壹紙付執永遠為照

在見侄侯成（押）

乾隆肆拾玖年玖月　日立賣契張盛光（押）

仝弟盛絃（押）

盛宗（押）

盛惠（押）

在見曾而尊（押）

中人陳宏勉（押）

代字葉能承（押）

大興發

7-1-4-5　清乾隆四十九年九月張盛光等立賣祖墳契（紅契）

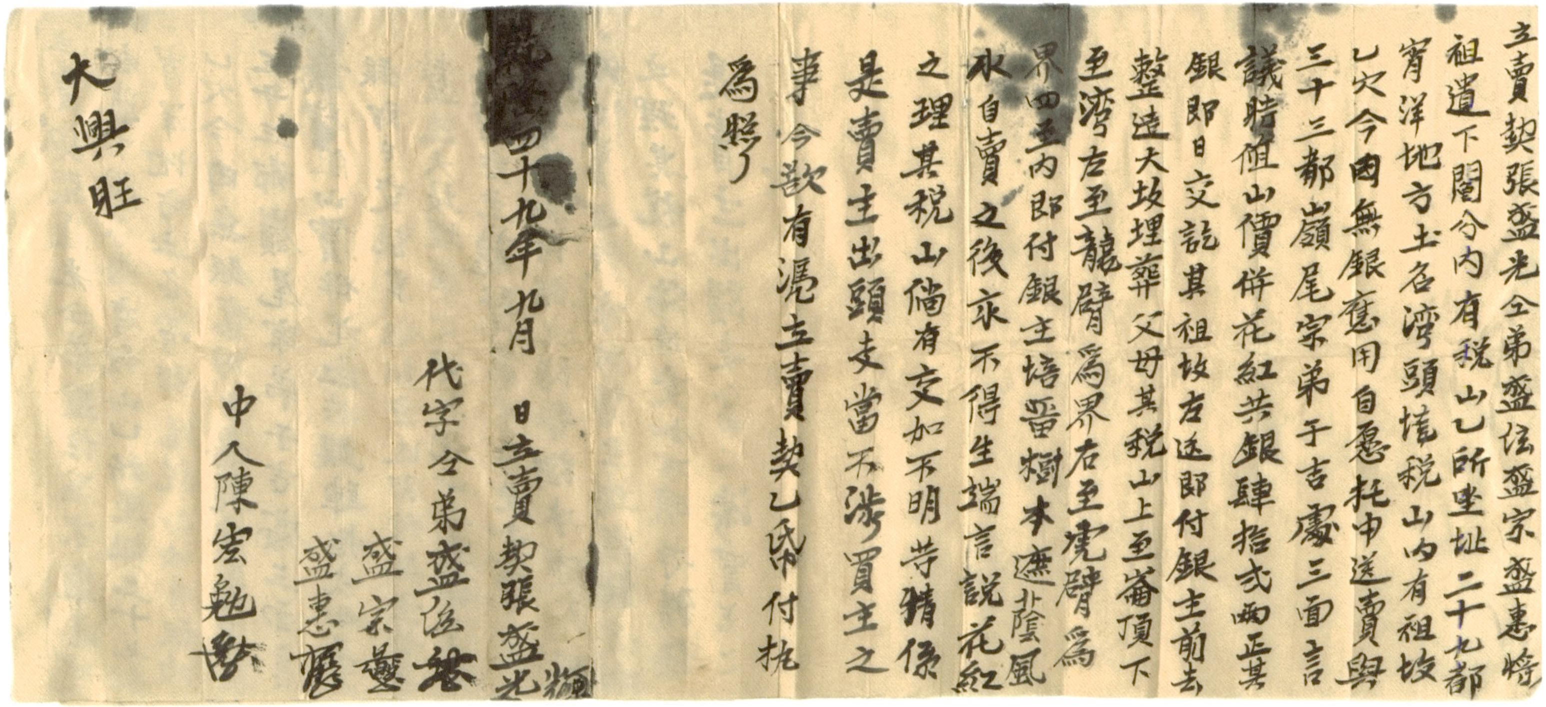
立賣契張盛光仝弟盛信盛宗盛惠等
祖遺下閣今内有税山乙所坐址二十九都
宵洋地方土名潭頭墘税山内有祖坟
乙穴今因無銀應用自愿托中送賣與
三十三都嶺尾宗弟于吉處三面言
議時值山價併花紅共銀肆拾式两正其
銀即日交訖其祖坟右邊即付銀主前去
整造大坟埋葬父母其税山上至崙頂下
至潭右至龍臂爲界右至虎臂爲
界四至内即付銀主培蔭樹木遮北陰風
水自賣之後永不得生端言說花紅
之理其税山倘有交加不明等情係
是賣主出頭支當不涉買主之
事今欲有憑立賣契乙紙付執
爲照
乾隆四十九年九月　日立賣契張盛光
代字仝弟盛信
盛宗
盛惠
中人陳宏勉
大興旺

7-1-4-6　清乾隆四十九年九月張盛光等立賣祖墳契

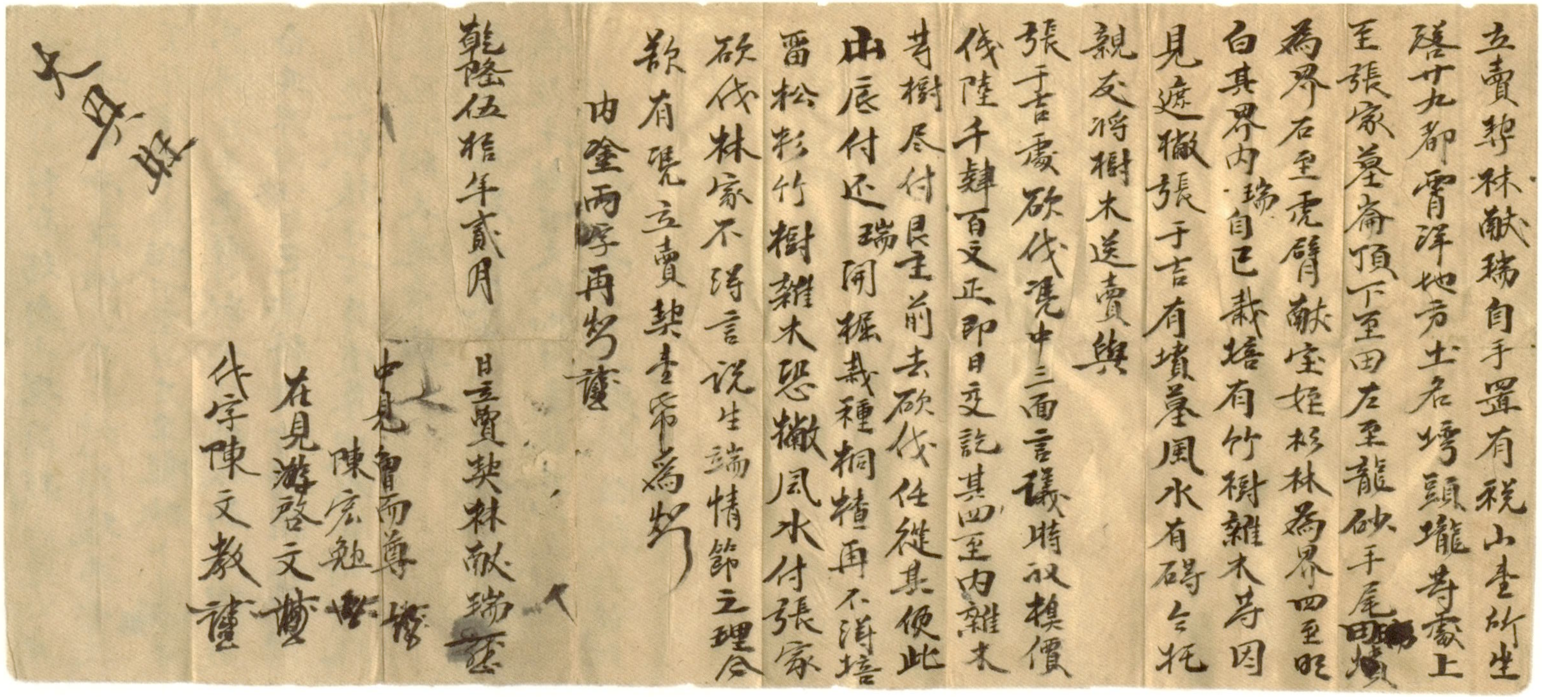

立賣契林献瑞自手置有税山壹所坐
落廿九都霄洋地方土名塆頭壠苛處上
至張家墓崙頂下至田左至龍砂手尾田墘
為界右至虎臂献宅姪杉林為界四至明
白其界内瑞自己栽培有竹樹雜木苛因
見遮撤張于吉有墳墓風水有碍台托
親友將樹木送賣與
張于吉處砍伐憑中三面言議時值價
錢陸千肆百文正即日交訖其四至内雜木
苛樹盡付艮主前去砍伐任從其便此
山底付还瑞開掘栽種桐植再不許培
留松杉竹樹雜木恐撤風水付張家
砍伐林家不得言説生端情節立理合
歉有憑立賣契壹帋為照
内塗兩字再照

乾隆伍拾年貳月　日立賣契林献瑞
中見曾而尊
陳宏勉
在見游啟文
代字陳文教

大吉旺

7-1-4-7　清乾隆五十年二月林献瑞立賣竹樹雜木契

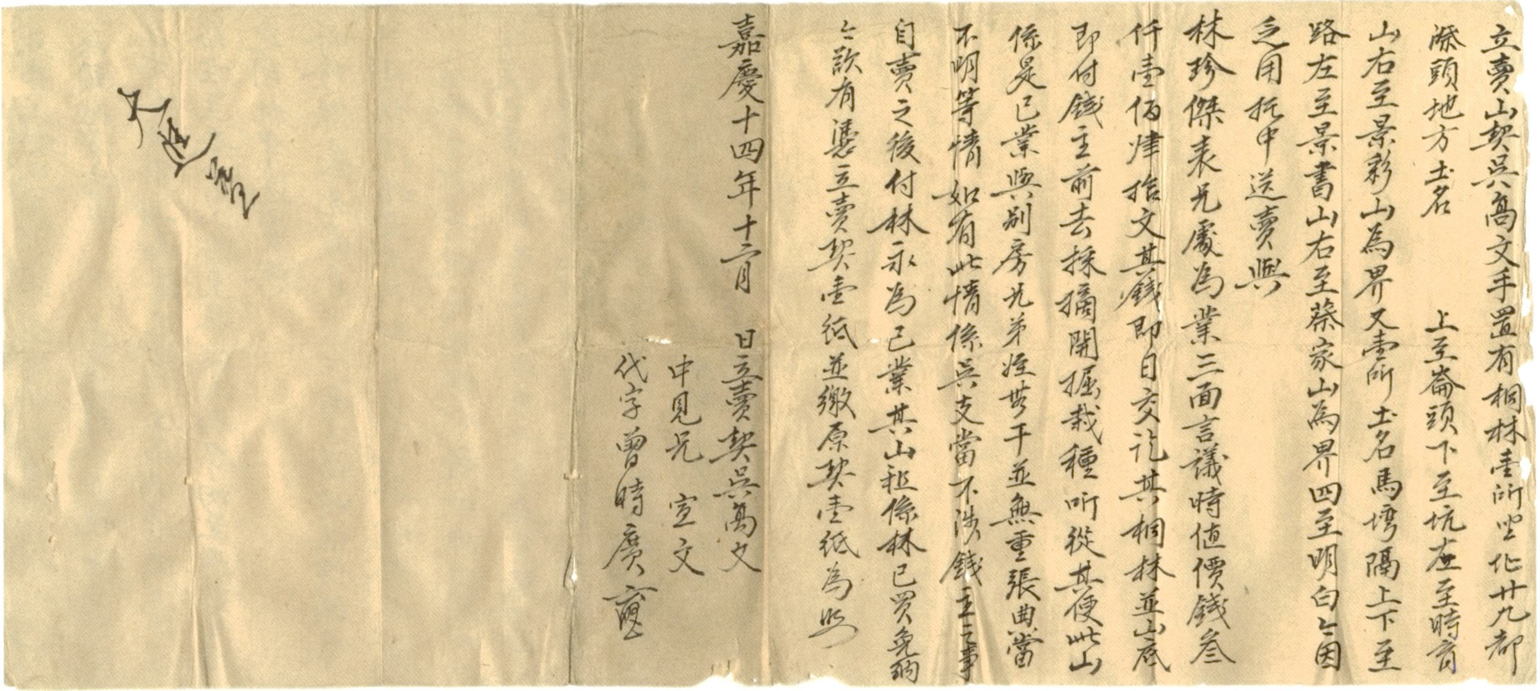

立賣山契吳高文手置有桐林壹所坐化廿九都
漈頭地方土名　上至崙頭下至坑左至時賓
山右至景彩山為界又壹所土名馬墩隔上下至
路左至景書山右至蔡家山為界四至明白今因
乏用托中送賣與
林珍傑表兄處為業三面言議時值價錢叁
仟壹佰肆拾文其錢即日交訖其桐林並山底
即付錢主前去採摘開掘栽種听從其便此山
係是己業與别房兄弟姪等干並無重張典當
不明等情如有此情係吳支當不涉錢主之事
自賣之後付林永為己業其山租係林己買免納
之款有憑立賣契壹紙並繳原契壹紙為照

嘉慶十四年十二月　日立賣契吳高文
中見兄　宣文
代字曾時廣（押）

7-1-4-8　清嘉慶十四年十二月吳高文立賣桐林山底契

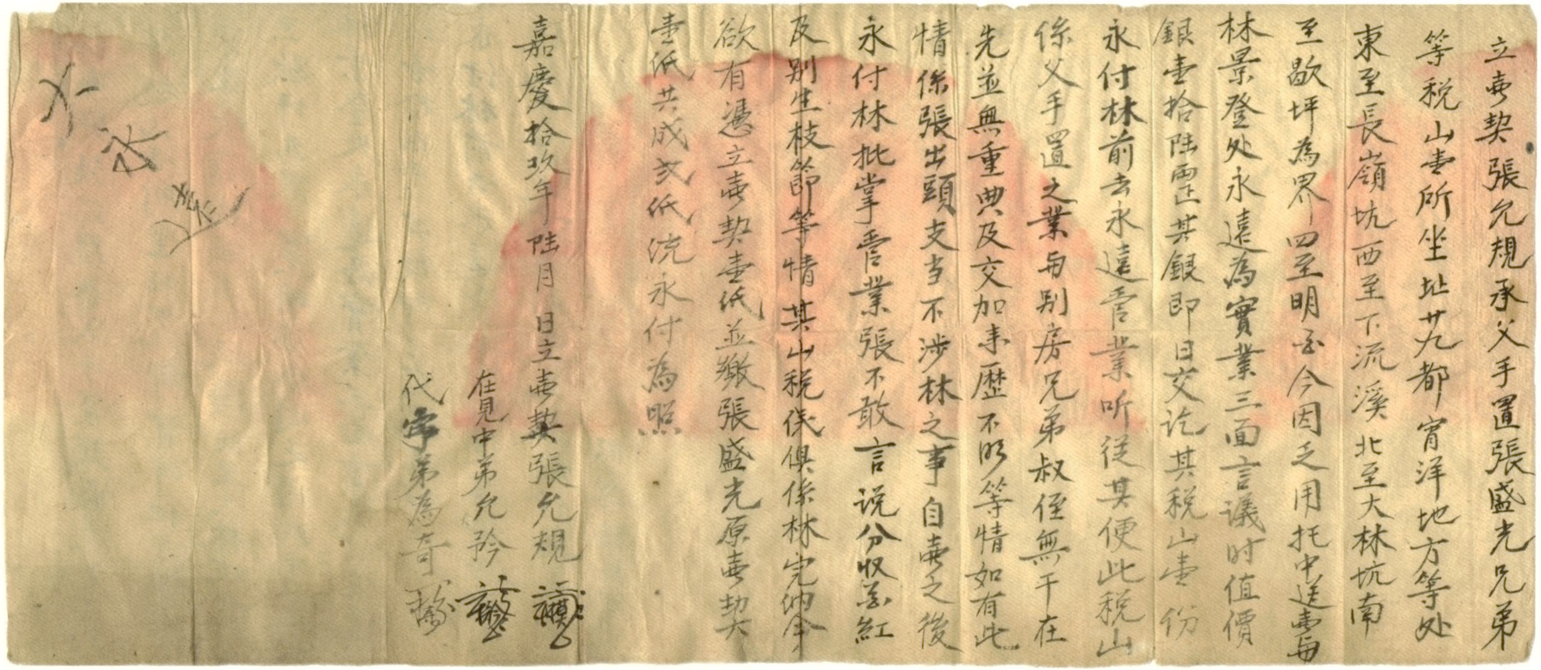
立賣契張允規承父手置張盛光兄弟
等稅山壹所坐址廿九都宵洋地方等处
東至長嶺坑西至下流溪北至大林坑南
至歐坪為界，四至明白。今因乏用，托中送賣與
林景登处永遠為實業，三面言議時值價
銀壹拾陸兩正，其銀即日交訖，其稅山壹所
永付林前去永遠管業，聽從其便。此稅山
係父手置之業，與別房兄弟叔侄無干，在
先並無重典及交加來歷不明等情，如有此
情，係張出頭支當，不涉林之事。自賣之後
永付林批掌管業，張不敢言説分收墓紅
及別生枝節等情。其山稅係林完納，今
欲有憑，立賣契壹紙，並繳張盛光原賣契大
壹紙，共成弍紙，統永付為照。
嘉慶拾玖年陸月　日立賣契張允規（押）
在見中弟允玠（押）
代字弟為奇（押）

7-1-4-9　清嘉慶十九年六月張允規立賣稅山契

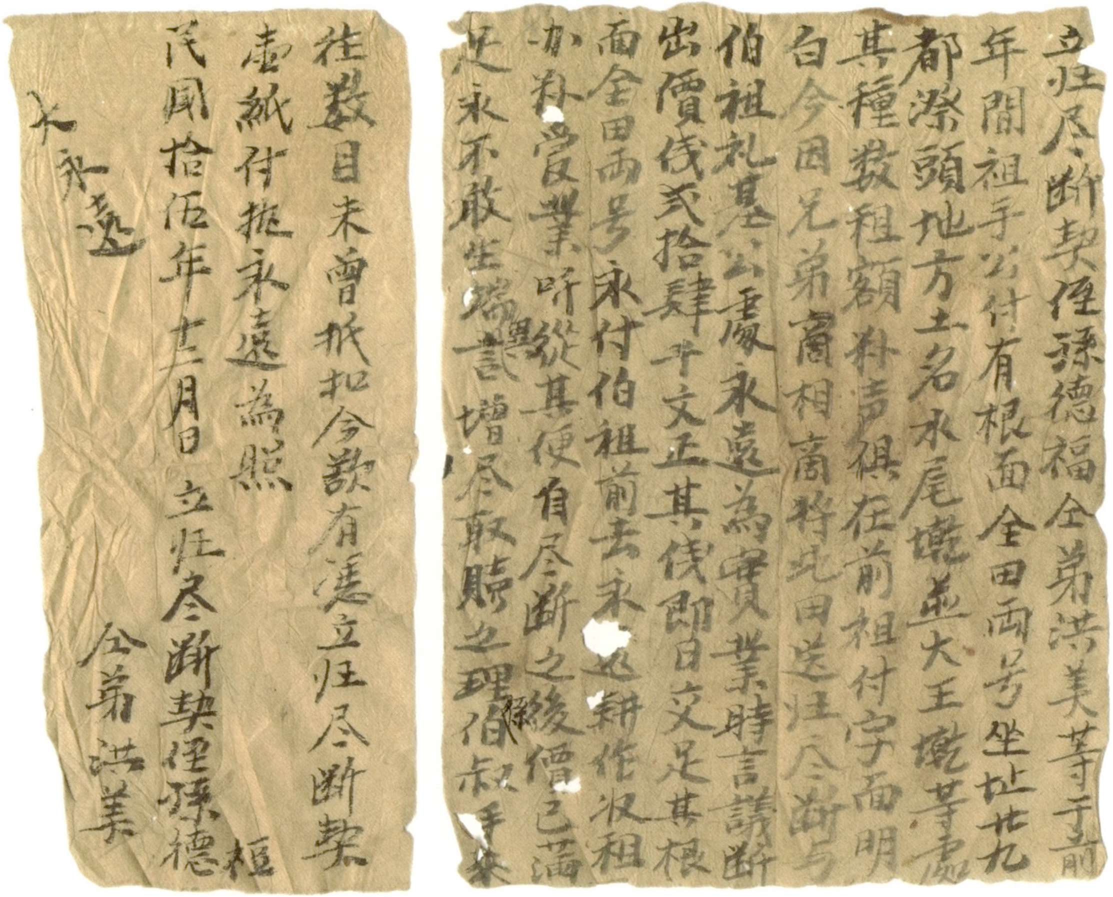
立歸盡斷契侄孫德福仝弟洪美等，于前
年間祖手分付有根面全田兩號，坐址廿九
都漈頭地方，土名水尾墘並大王墘等處，
其種穀租額料声俱在前祖付字面明
白。今因兄弟商相商，將此田送歸盡斷與
伯祖礼墓公處永遠為實業。時言議斷
出價錢弍拾肆千文正，其錢即日交足，其根
面全田兩號永付伯祖前去永遠耕作收租
办粮管業，聽從其便。自盡斷之後，價已滿
足，永不敢生端異言增盡取贖之理。伯叔手來
往數目未曾抵扣。今欲有憑，立歸盡斷契
壹紙付執，永遠為照。
民國拾伍年十二月　日　立歸盡斷契侄孫德福
仝弟洪美
永遠

7-1-4-10　民國十五年十二月林德福等立歸盡斷根面全田契

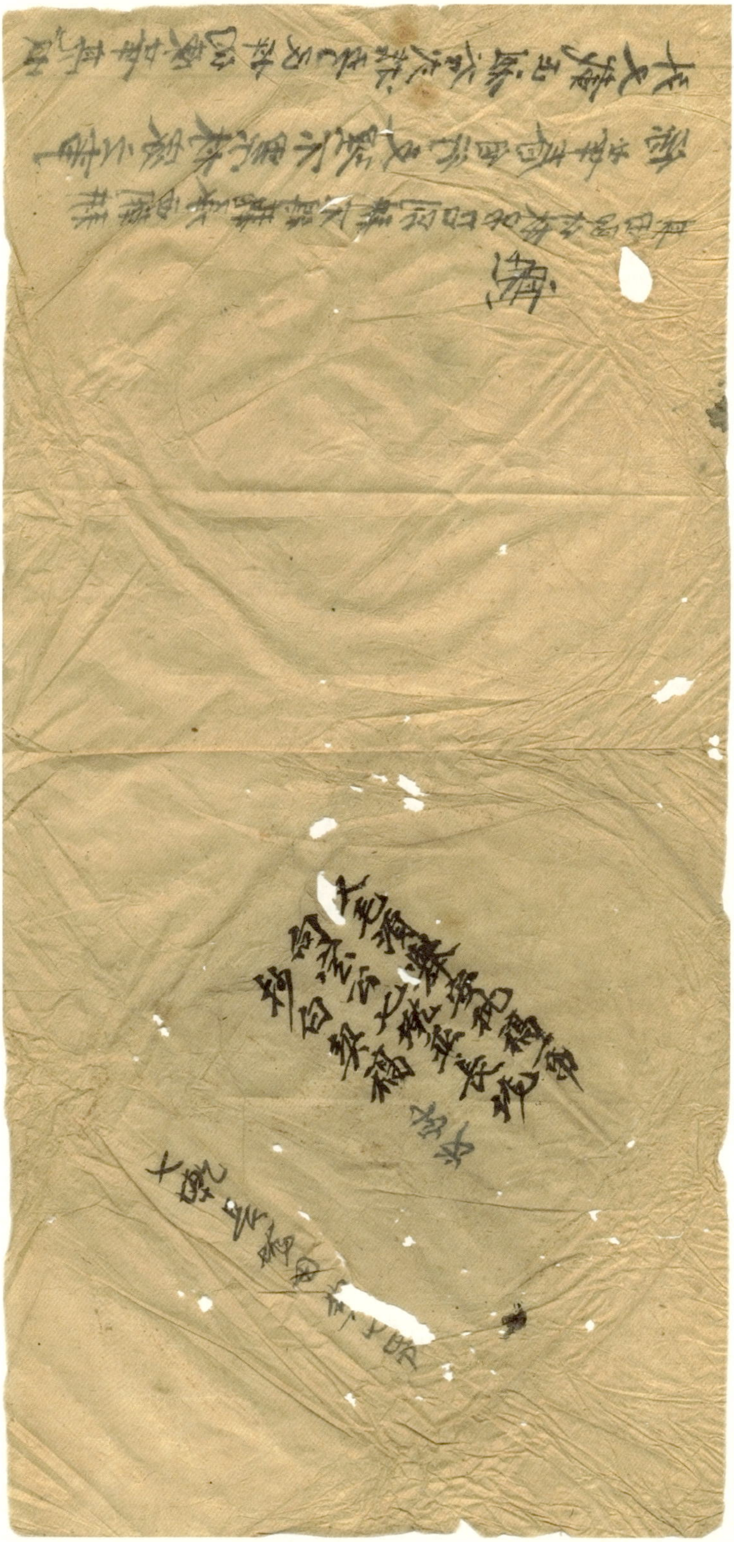

7-1-5-1　包契紙

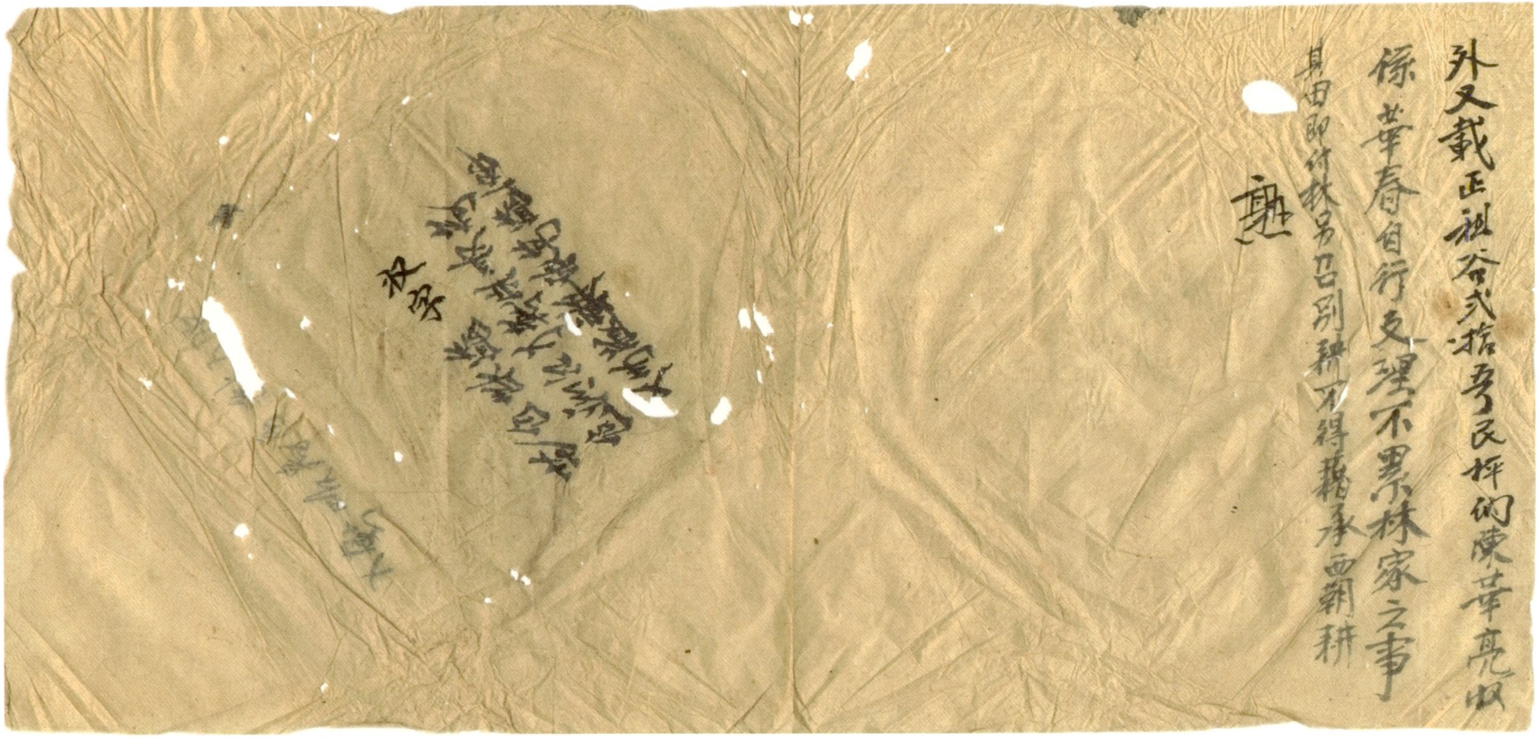

外又載正租谷弍拾亇民秤的陳華亮收
係華春自行支理，不累林家之事
其田即付林另召别耕，不得藉承霸耕
照

7-1-5-2　包契紙

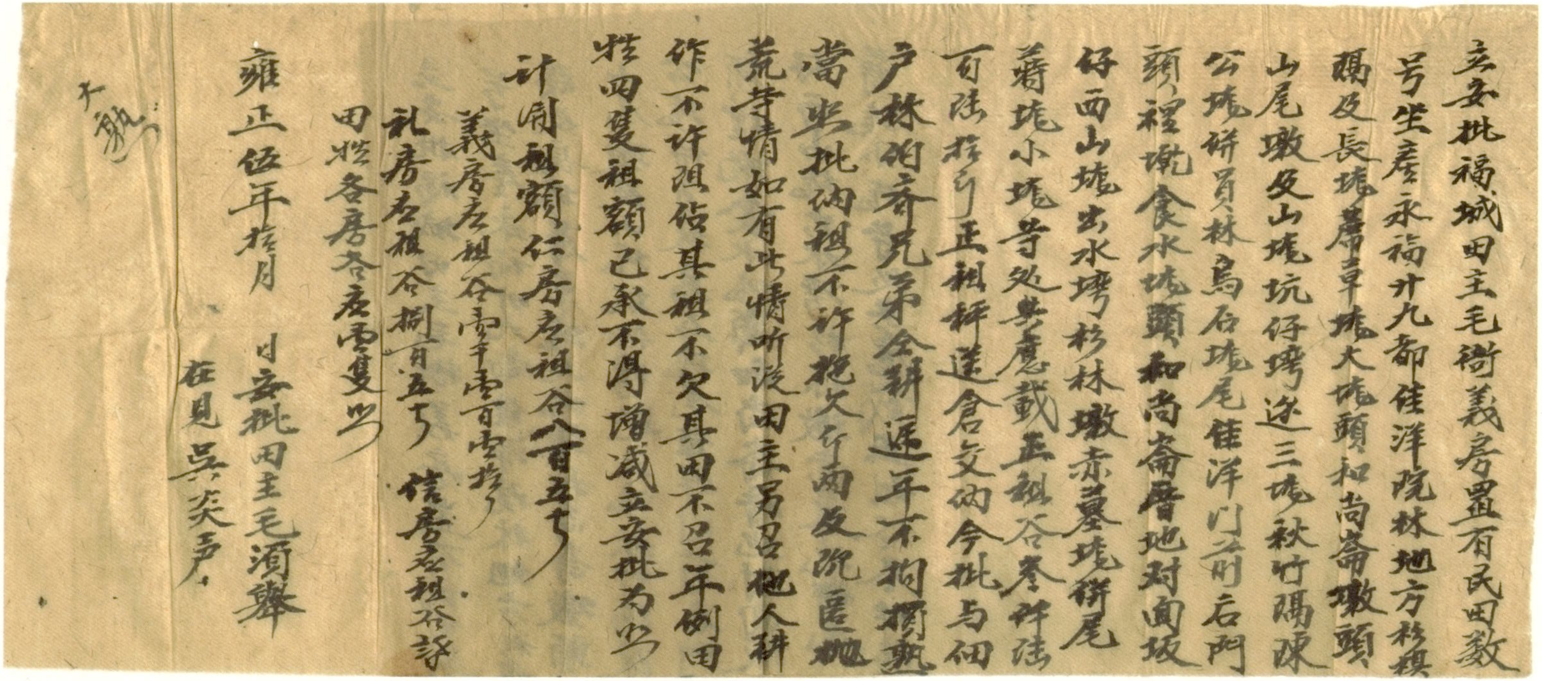
立安批福城田主毛衙義房置有民田数
号坐落永福廿九都佳洋院林地方杉模
踊及長坑墓草塆大塆頭和尚斋墩頭
山尾墩又山塆坑仔塆逆三塆秋竹踊陳
公塆併員林烏石塆尾佳洋門前后門
頭禮垅食水塆頭和尚斋曆地对面坂
仔西山塆出水塆杉林墩赤墓塆併尾
蒋塆小塆等処共應載正租谷叁拾陆
百陆拾斤正租秤送倉交納今批与佃
户林欲斉兄弟全耕逐年不拘丰熟
當此批納租不許拖欠斤两及混匿抛
荒等情如有此情听從田主另召他人耕
作不許阻佔其租不欠其田不召年例田
牲四隻租額已承不得增减立安批为照
計開租額仁房应租谷八百五十斤
義房应租谷壹千壹百壹拾斤　信房应租谷
礼房应租谷捌百五十斤
田牲各房各应壹隻照
雍正伍年拾月　日安批田主毛須舉
在見吴□□
大熟

7-1-5-3　清雍正五年十月毛須舉立安批民田字

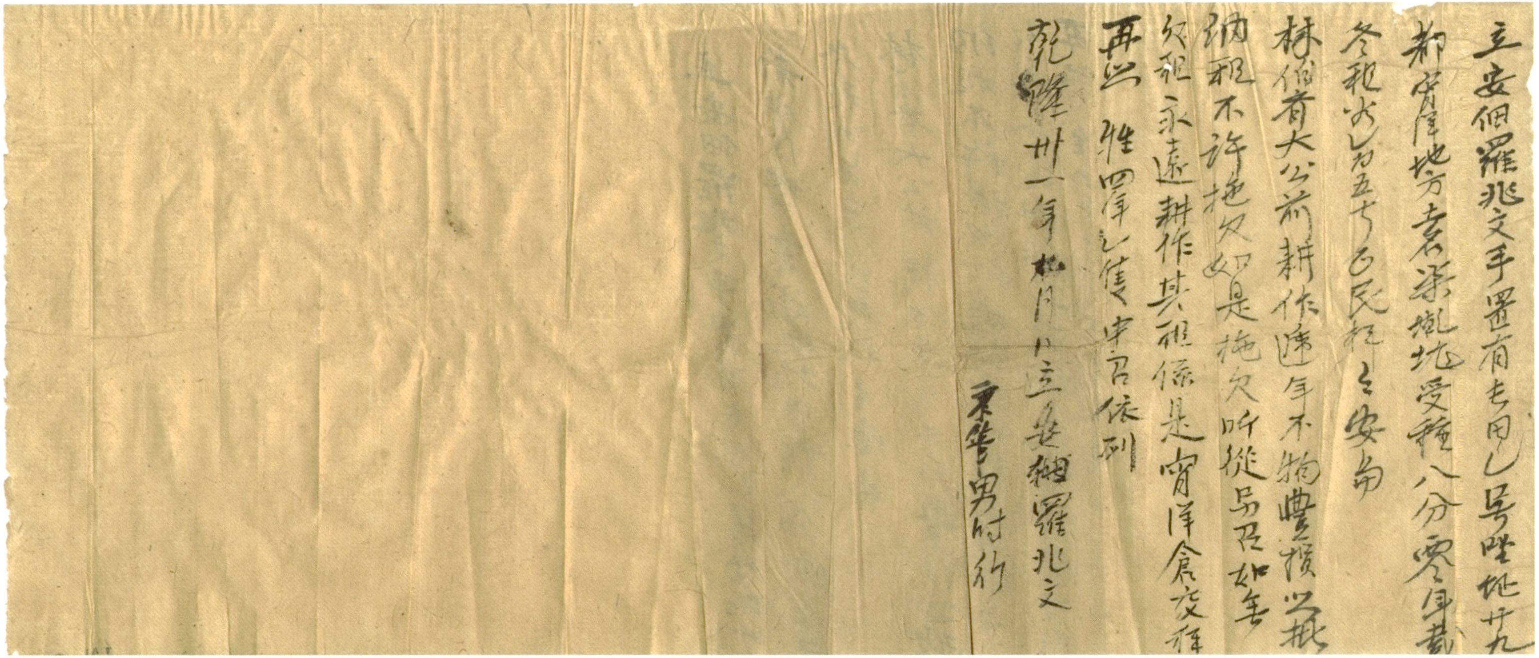
立安佃羅兆文，手置有屯田乙号，坐址廿九
都嵩洋地方，土名溪墘坵，受種八分零，年載
冬租谷乙石五斗正，民租今安為
林俗首大公前耕作，逐年不論豐歉，照批
納租，不許拖欠。如是拖欠，听從另召別佃
收租，永遠耕作。其租係是宵洋倉交租
再照。惟恐無憑，立字為照。
乾隆卅一年九月　日立安佃羅兆文
秉筆男付行

7-1-5-4　清乾隆三十一年九月羅兆文立安佃屯田字

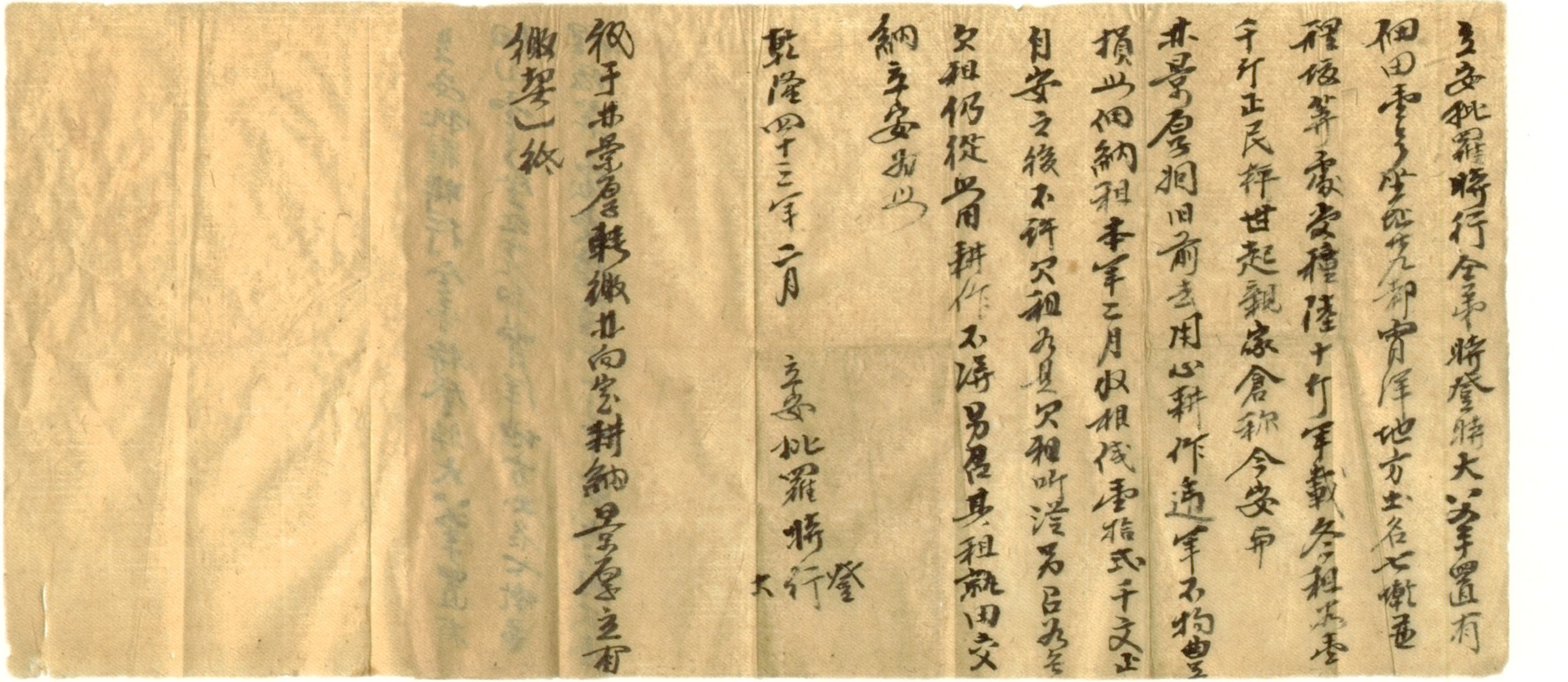

7-1-5-5　清乾隆四十三年二月羅時行等立安批佃田字

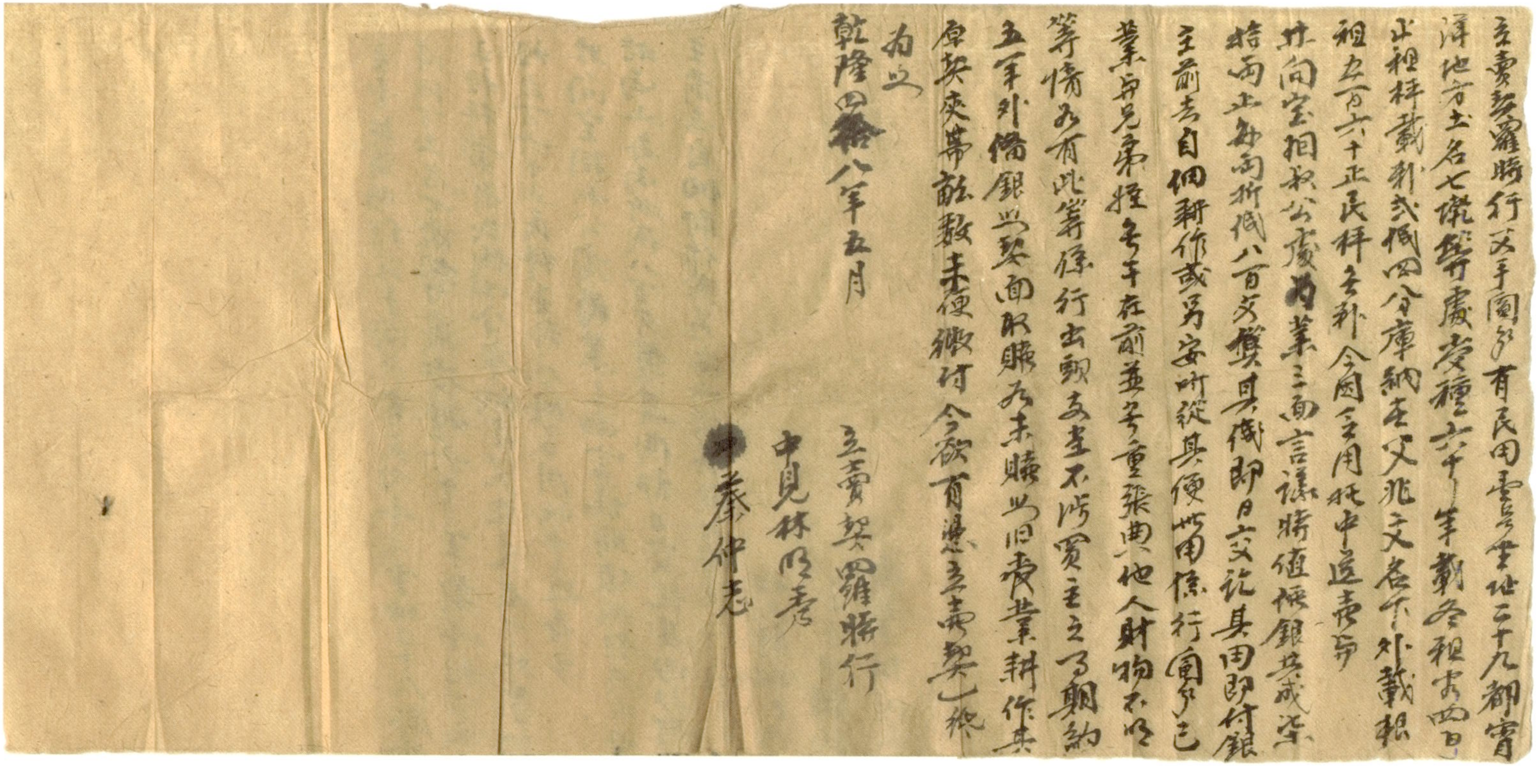

立賣契羅時行父手闔分有民田壹号坐址二十九都甯
洋地方土名七坑䃁等處受種六斗一半載劉各租穀四百
正租拜載刹貳佰四分庫納壹文兆文各不外載根
租五百六十斤民拜乏銷今因乏用託中送賣与
林向宗相叔公處為業三面言議時值價銀共成洋
錢兩正每兩折錢八百文其錢即日交訖其田即付銀
主前去自佃耕作或另安所從其便此田係行闔分己
業与兄弟姪無干在前並無重張典與他人財物不明
等情及有此等係行出頭支當不涉買主之事朝納
五年外備銀照契面取贖為未贖照旧聽業耕作其
原契交帶缺數未便繳付今欲有憑立賣契一紙
為照
乾隆四拾八年五月
立賣契羅時行
中見林明秀
秦仲志

7-1-5-6 清乾隆四十八年五月羅時行立賣民田契

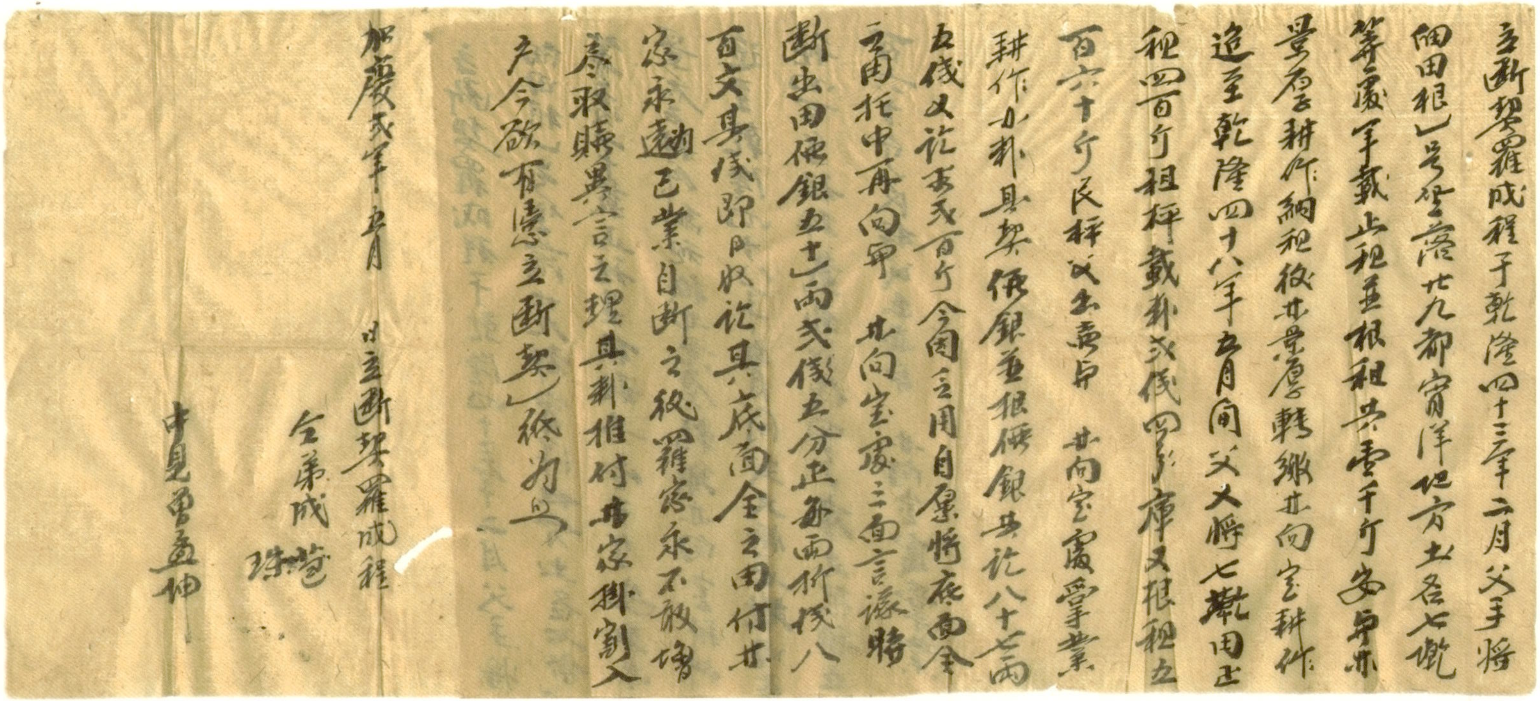

7-1-5-7　清嘉慶二年五月羅成程等立斷佃田根契

立盡斷田根字吳宣文、珠文、豪文等，有緣
叔履人手于乾隆年間出賣有佃田根一号，坐址
芃和清洋地方，土名長坑，安種廿[illegible]年[illegible]，正祖參
石零十斤正，祖坪前叔手出賣與林向宣處為
業，其價銀叁兩，原賣字內並盡據字內明白。今因
堂弟仙海出外多年未曾歸家，不幸堂姪與
智身故，棺木無出，不論年限未滿，今抽出長坑田
一号，托親送斷與
林向宣處，盡斷出價銀捌兩正，其銀即日收訖。
其佃根永付林家永遠管業，此田係叔已業，與
兄等自斷之後，即足心休，永不得異言盡贖之理。
今欲有憑，立盡斷田根字為照，永遠存照。

道光拾年十一月　日立盡斷田根字吳宣文
仝弟　珠文
豪文
在見中陳華標
仝見中林礼傳
代字姪　其孝

7-1-5-8　清道光十年十一月吴宣文等立盡斷佃田根字

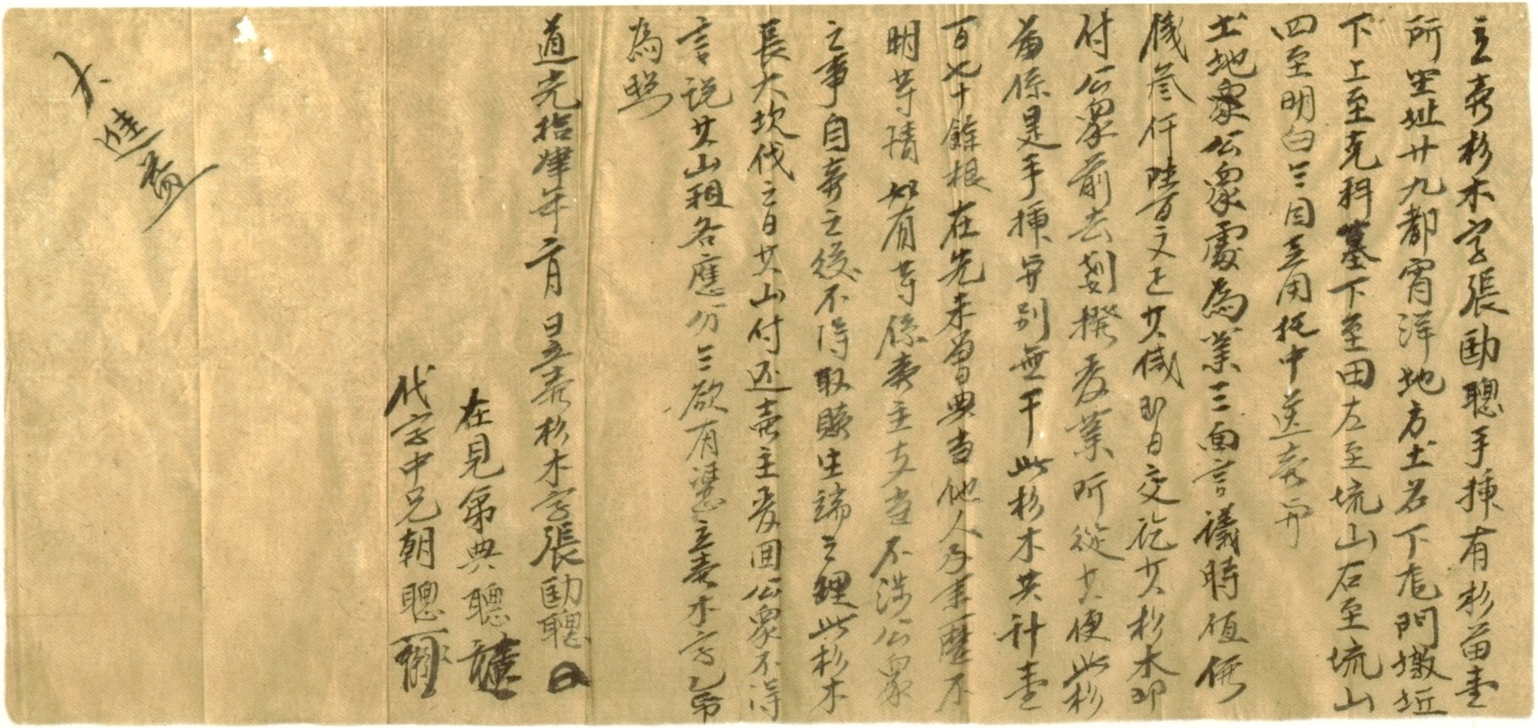

立賣杉木字張勛聰手揀有杉苗壹
所坐址廿九都霄洋地方土名下庵門墩坵
下上至尧科墓下至田左至坑山右至坑山
四至明白三面托中送賣與
本地象公衆處為業三面言議時值價
錢叁仟陸百文足其錢即日交訖其杉木即
付公衆前去刻攢為業聽從其便此杉
苗係是手揀分別無干此杉木共計壹
百七十餘根在先未曾與他人乃重疊不
明等情如有等係賣主支當不涉公衆
之事自賣之後不得取贖生端之理此杉木
長大砍伐之日其山付還賣主管回公衆不得
言說其山租各應分三股有憑立賣木字壹紙
為照

道光拾肆年二月　日立賣杉木字張勛聰（押）
在見弟典聰（押）
代字中兄朝聰（押）

7-1-5-9　清道光十四年二月張勛聰立賣杉木字

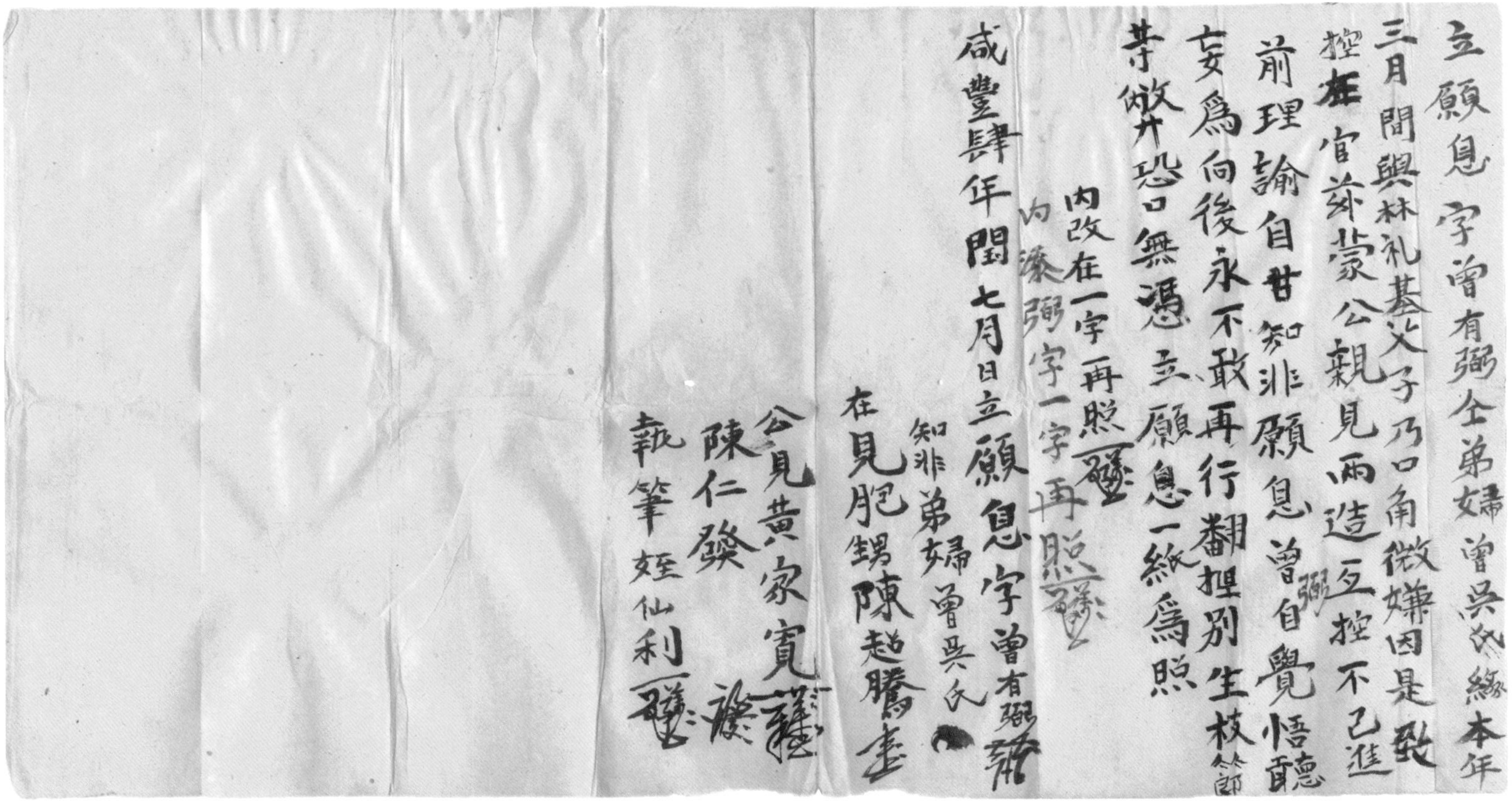

7-1-5-10　清咸豐四年閏七月曾有弼等立願息字

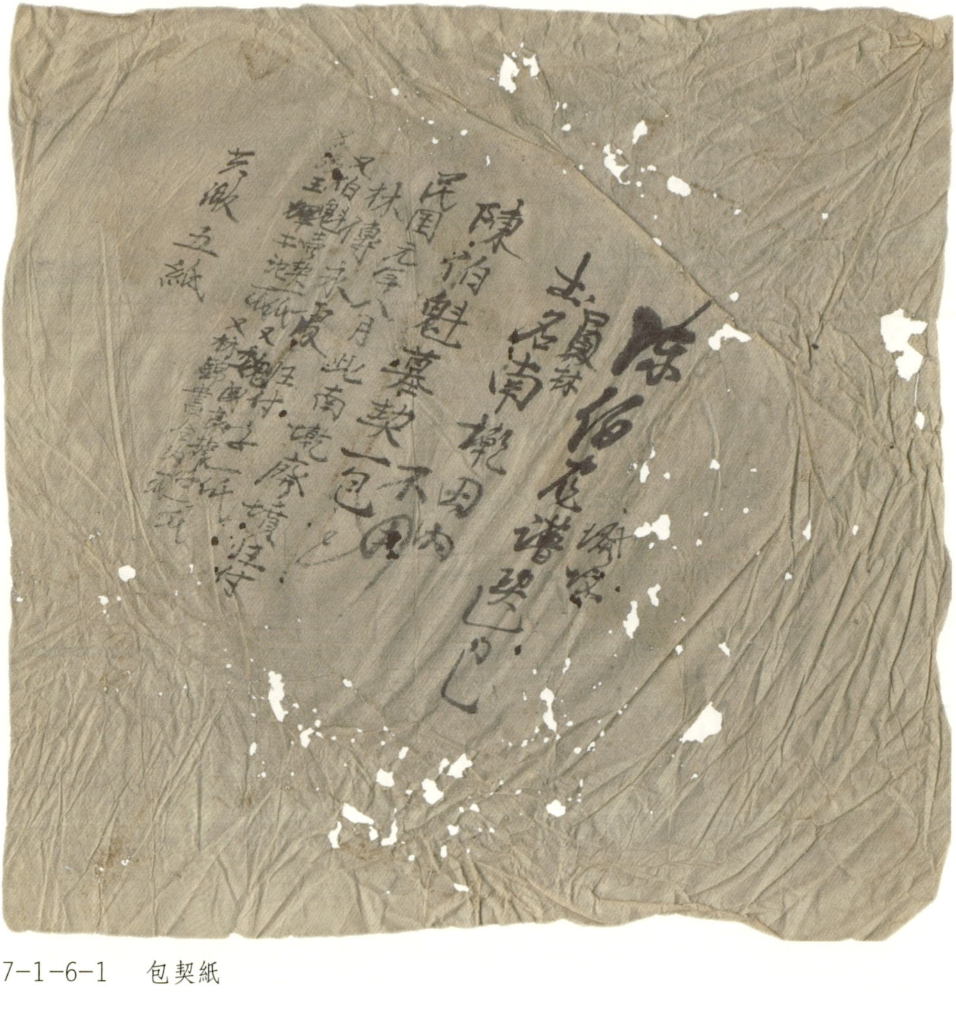

7-1-6-1　包契紙

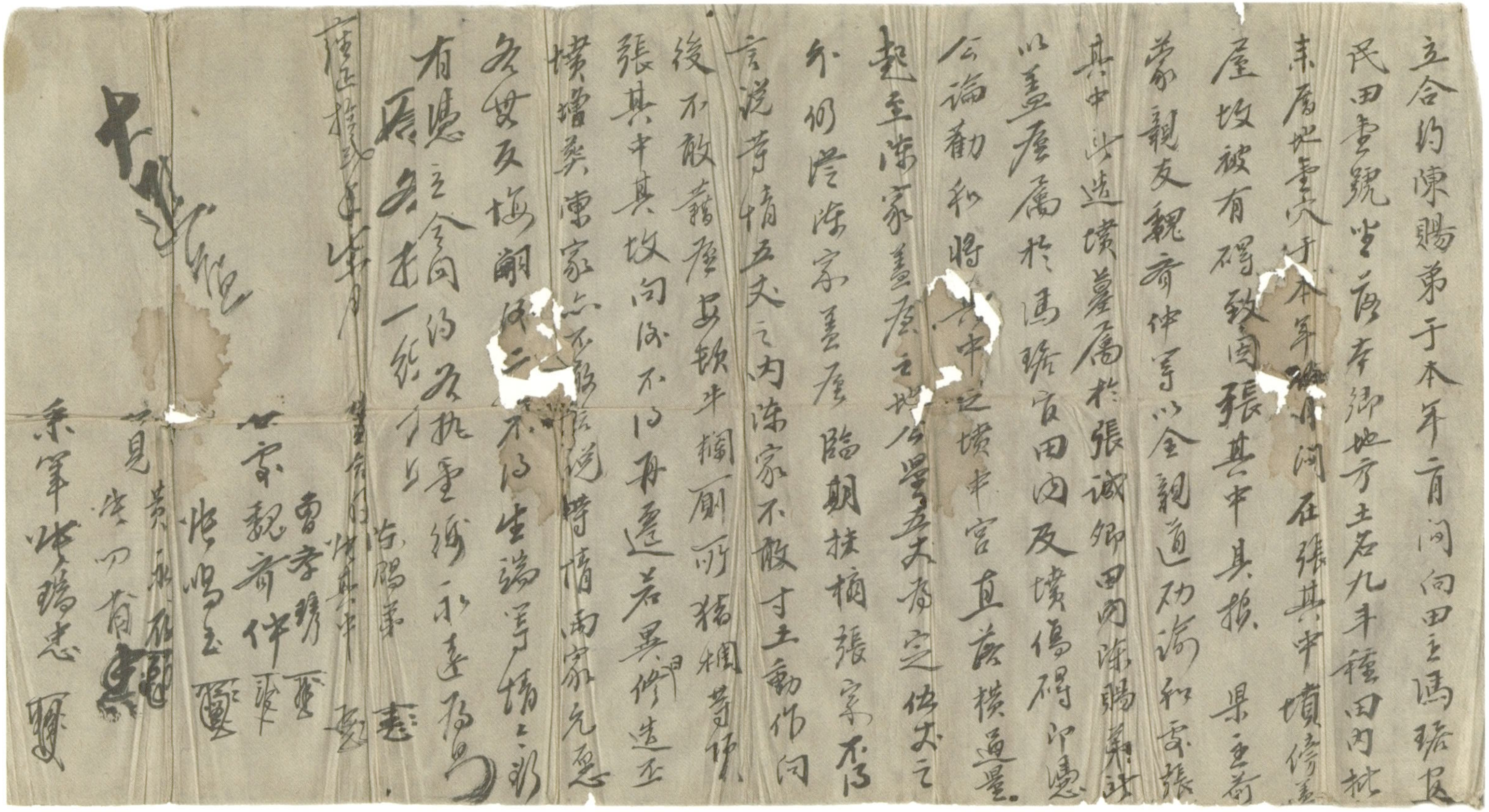
立合約陳賜弟于本年六月間向田主馮瑶良
民田壹號，坐落本鄉地方，土名九斗種田内扦
未葬地壹穴，于本年[illegible]月間在張其中墳傍盖
屋，坡被有碍，致同張其中具控，[illegible]
蒙親友親齊仲等以全親誼勸諭和處，張
其中出造墳臺，屬於張誠卿田内，陳賜弟許
以盖屋，屬於馮瑶官田内，及墳傍碍[illegible]邊
公論勸和，將[illegible]中之墳[illegible]直落橫過量，
起至陳家盖屋之地，公量五丈為定，此丈之
外，仍從陳家盖屋，臨朝扶楠，張家不得
言說等情；五丈之内，陳家不敢寸土動作，向
後不敢藉屋安頓牛欄、廁所、豬欄等項；
張其中其坟向從不得再遷，若異修造，[illegible]
墳壙與陳家亦不得言說等情。兩家允愿，
各毋反悔，翻[illegible]不得生端等情。今欲
有憑，立合同約為執，[illegible]永遠存照，
[illegible]各[illegible]一紙[illegible]。
雍正拾貳年七月　日立合約　陳賜弟
張其中
依口代書　曾孝璿
在家親齊仲
張鳴玉
見　黄永[illegible]
陳[illegible]
秉筆　林瑞忠

7-1-6-2　清雍正十二年七月陳賜弟等立合約

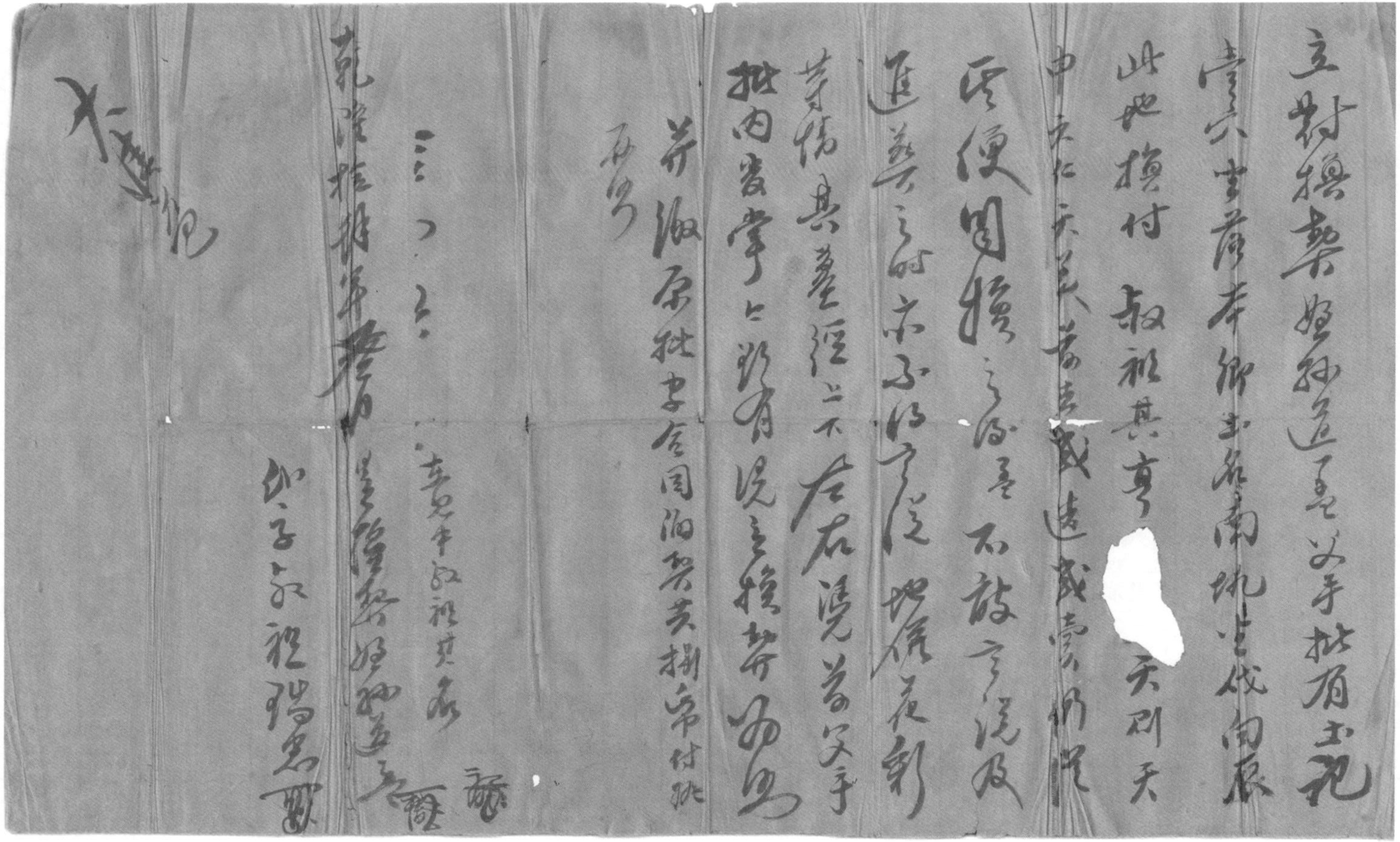

7-1-6-3　清乾隆十四年三月張道孟立對換土記契

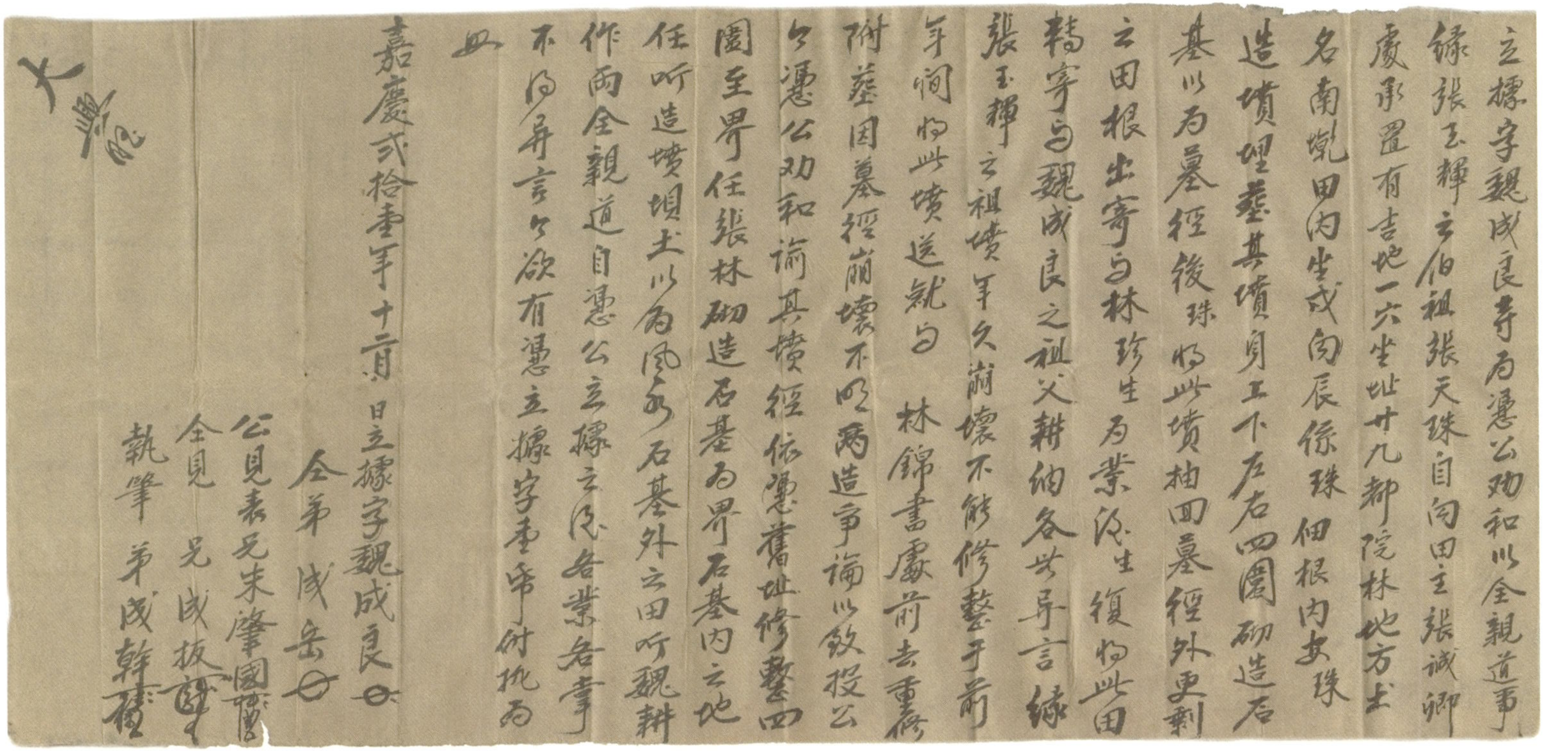

立據字魏成良等爲憑公劝和以全親道事
緣張玉輝之伯祖張天珠自向田主張誠卿
處承買有吉地一穴坐址廿九都院林地方土
名南墘田內坐戌向辰係珠佃根內安珠
造墳埋塟其墳身上下左右四圍砌造石
基以爲墓經後珠將此墳柚田墓經外更剩
之田根出寄與林珍生爲業復生復將此田
轉寄與魏成良之祖父耕納各無异言緣
張玉輝之祖墳年久崩壞不能修整于前
年間將此墳送就與　林錦書處前去重修
附塟因墓經崩壞不明兩造爭論以致投公
勺憑公劝和諭其墳經依憑舊址修整四
圍至界任張林砌造石基爲界石基內之地
任听造墳塡土以爲風水石基外之田听魏耕
作兩全親道自憑公立據之後各業各掌
不得再言欠欲有憑立據字壹帋付執爲
照

嘉慶貳拾壹年十二月　日立據字魏成良（押）
仝弟　成岳（押）
公見表兄朱肇國（押）
仝見　兄　成拔（押）
執筆　弟　成韓（押）

7-1-6-4　清嘉慶二十一年十二月魏成良等立據字（一）

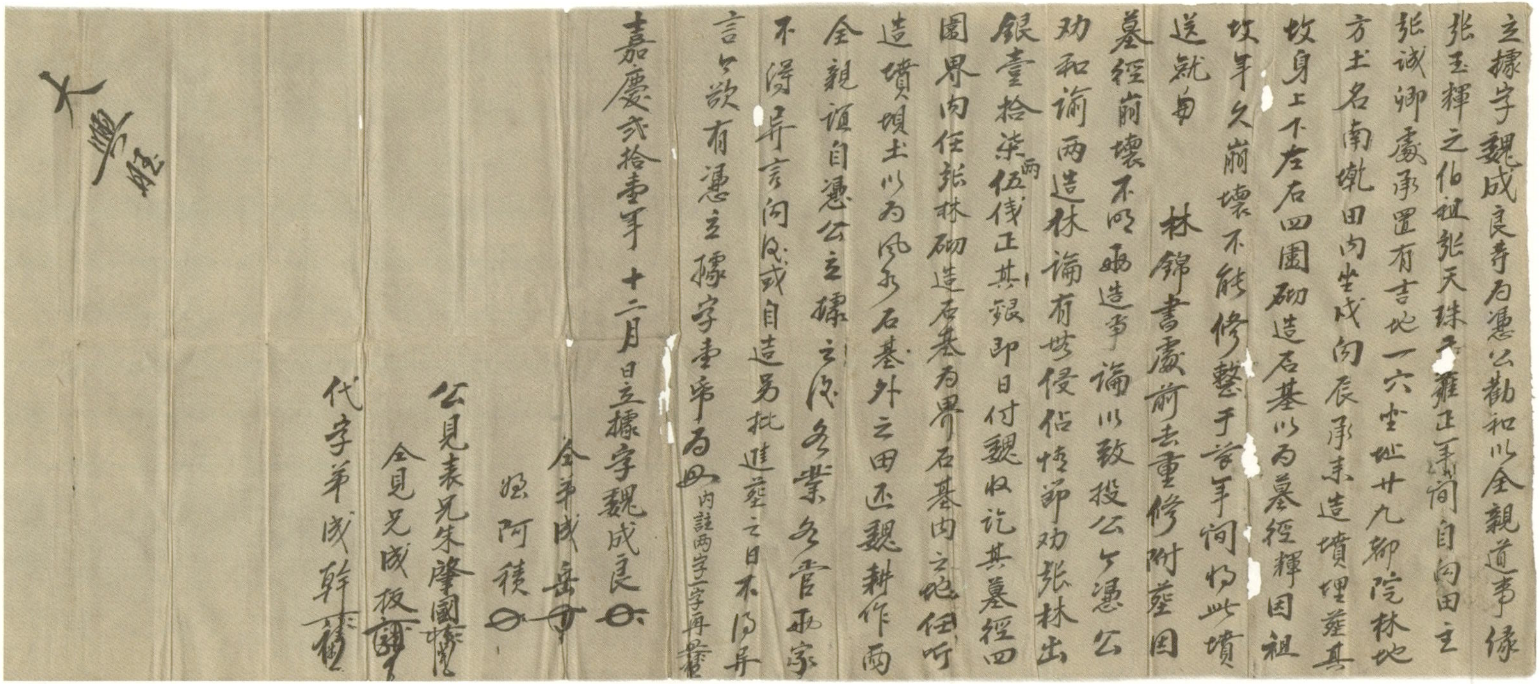

立據字魏成良等爲憑公勸和以全親道事緣
張玉輝之伯祖張天珠於雍正年間自向田主
張誠卿處承買有吉地一穴坐址廿九都陀林地
方土名南坑田內坐戌向辰承去造墳埋葬其
妣身上下左右四圍砌造石基以爲墓經輝因祖
妣年久崩壞不能修整于前年間將此墳
送就母　林錦書處前去重修附葬因
墓經崩壞不明與造事論以致投公憑公
劝和諭兩造林論有世侵佔情節劝張林出
銀壹拾柒兩伍錢正其銀即日付魏收訖其墓經四
園界內任張林砌造石基爲界石基內之地任听
造墳埧土以爲風水石基外之田还魏耕作兩
全親誼自憑公立據之後各業各管兩家
不得异言向說或自造易批進塟之日不得异
言之欲有憑立據字壹帋爲照　内註兩字一字再批

嘉慶貳拾壹年十二月　日立據字魏成良（押）
仝弟成岳（押）
姪阿積（押）
公見表兄朱肇國（押）
仝見兄成枚（押）
代字弟成幹（押）

7-1-6-5　清嘉慶二十一年十二月魏成良等立據字（二）

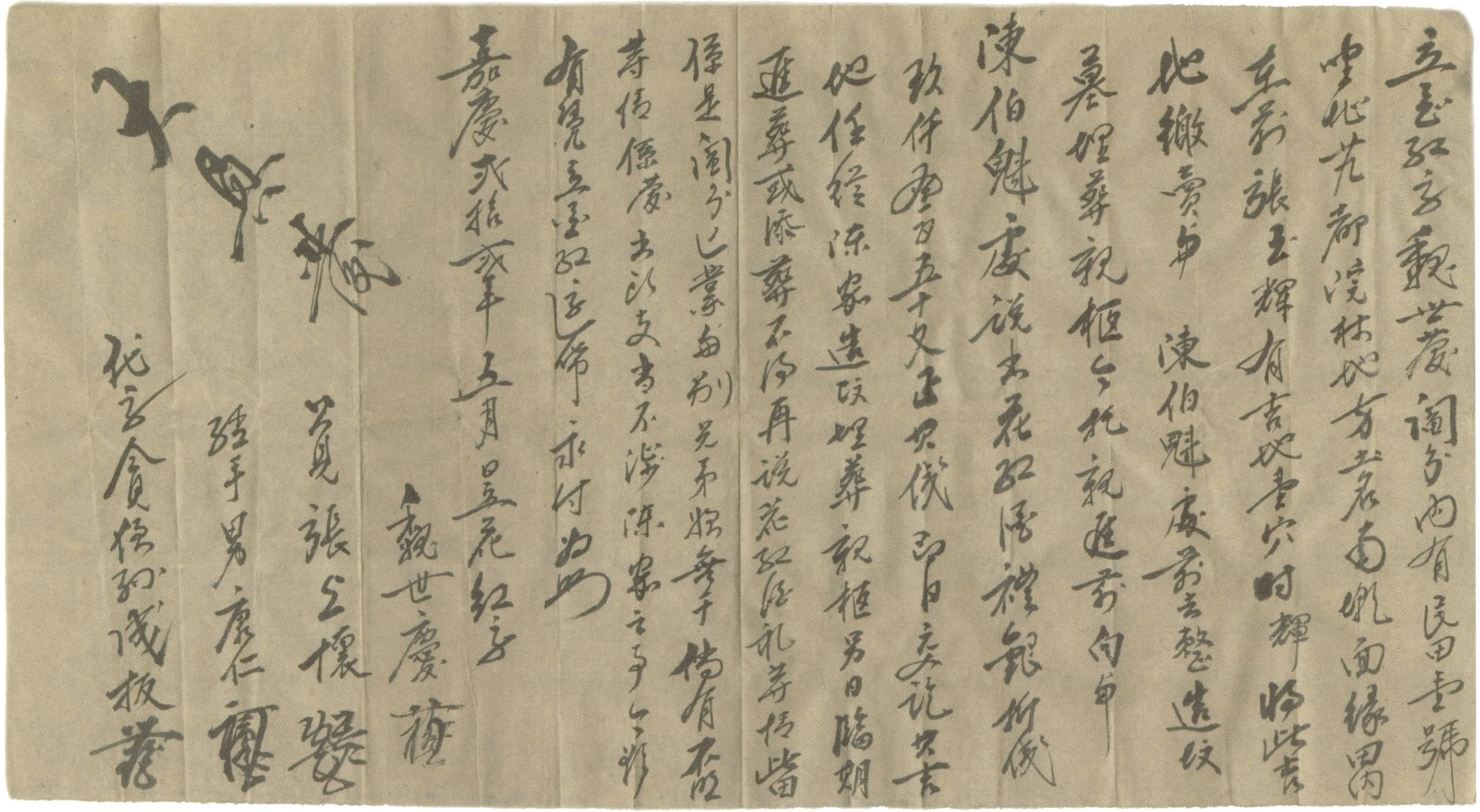

立花紅字魏世慶，因分內有民田壹號，
坐址廿九都浣林地方，土名南帆面緣內，
與親張玉輝有吉地壹穴，時輝將此吉
地繳賣與　陳伯魁、慶家去整造坟
墓，埋葬親柩，今托親進前向與
陳伯魁、慶說出花紅、謝禮銀折錢
玖仟柒百五十文正，其錢即日交訖，其吉
地任從陳家造坟埋葬親柩，另日臨期
進葬，或添葬，不得再說花紅、謝禮等情，此
係是闔分已業，與別兄弟叔侄無干，倘有不明
等情，係慶出頭支當，不涉陳家之事，今欲
有憑，立花紅字一紙，付為照。
嘉慶貳拾貳年五月　日立花紅字　魏世慶（押）
見　張文懷（押）
場手男　庚仁（押）
代字　俞信和錢拔（押）
大吉

7-1-6-6　清嘉慶二十二年五月魏世慶立花紅字

立花彩字張玉輝祖手于雍正年間批有土記
壹穴坐址廿九都菖林地方土名南墈田內坐
戌向辰乙改乾巽因本穴不合亡命未曾埋
葬于旧年號賣與
陳伯魁前去整造大坟埋葬親柩其地價花
紅俱已收訖特值進葬托親再向
陳處本日即收花紅禮銀番弍員正向後
張家永不敢生端異言等情乜欲有憑立
花紅字乙佈爲照
嘉慶弍拾弍年拾月　日立花紅字張玉輝（押）
在見林友程（押）

7-1-6-7　清嘉慶二十二年十月張玉輝立花紅字

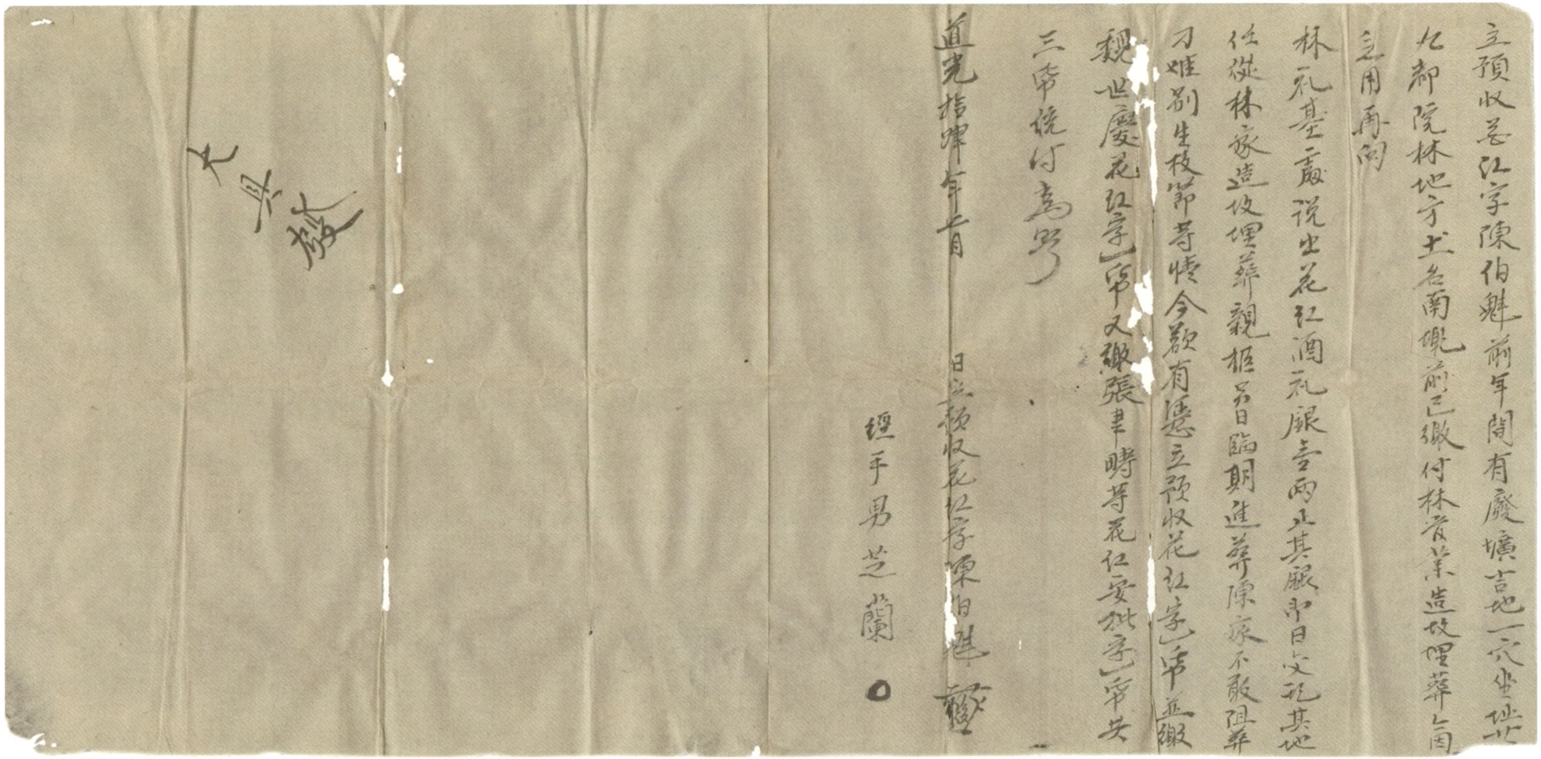

立預收花紅字陳伯魁，前年間有廢壙吉地一穴，坐址
九都院林地方，土名南墘，前已繳付林家葉造坟埋葬。今因
乏用，再向
林家基處說出花紅酒禮銀壹兩正，其銀即日交訖，其地
任從林家造坟埋葬親柩，另日臨期進葬，陳家不敢阻葬
刁難別生枝節等情。今欲有憑，立預收花紅字一帋，並繳
親世廢花紅字一帋，又繳張聿時等花紅安批字一帋，共
三帋，統付為照。

道光拾肆年七月　日　立預收花紅字陳伯魁（押）

經手男芝蘭（押）

大吉

7-1-6-8　清道光十四年七月陳伯魁立預收花紅字

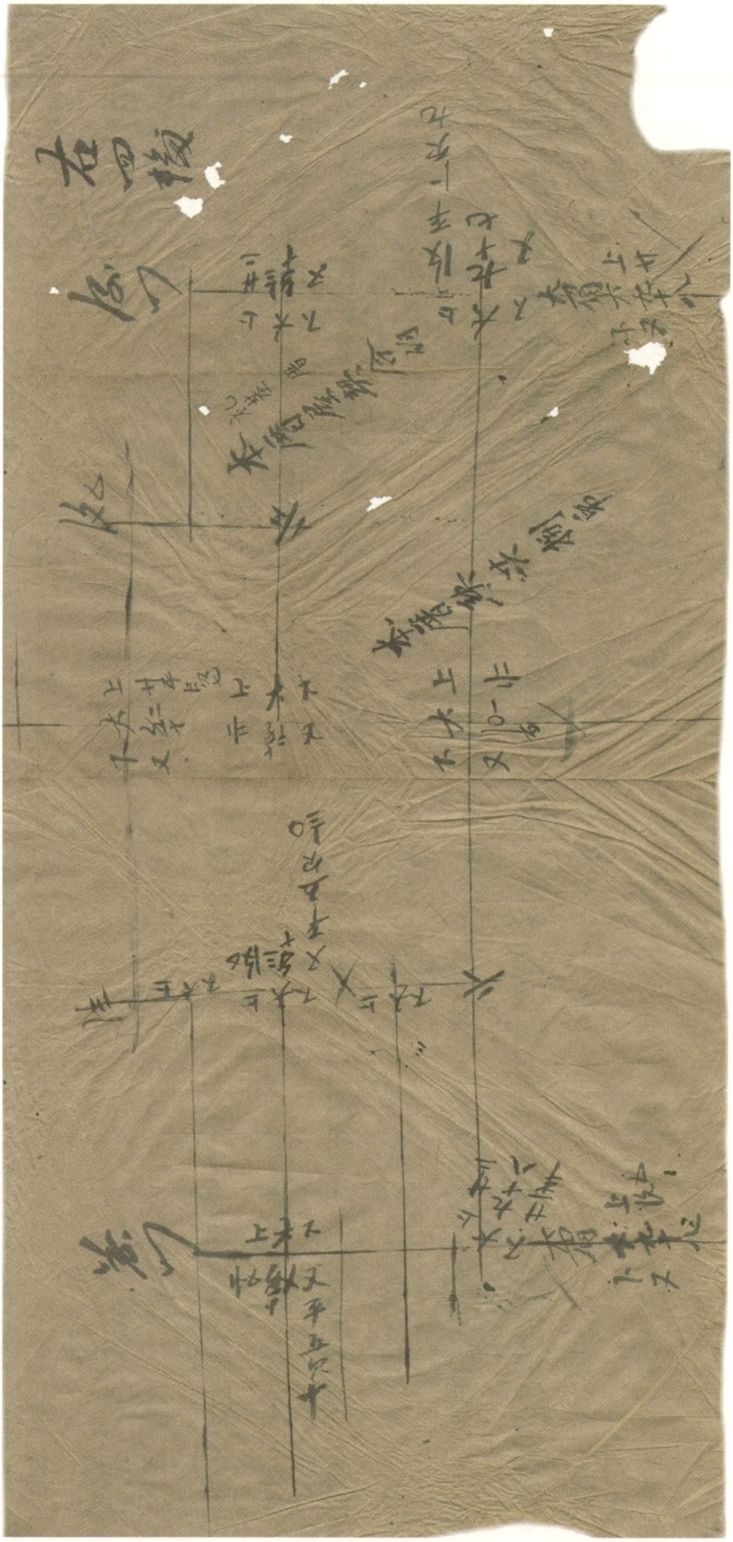

7-1-7-1 包契紙

立兑契魏子憲手置有屯田壹號坐址本鄉漈
頭地方土名对面洋等處共載畝數弍拾玖畝
五分內抽出租弍仟弍百觔其粮納在林鏞下今
另掛魏子憲名下今因田租照管不便憑中兑
與
蔡天生兄邊爲業三面言議時收價銀玖拾捌
兩正其銀即日交訖其田即付前去耕作办粮
此田係自己物業與別房兄弟無涉並無来
歷不明如有此等係憲出頭支当不涉蔡家之
事其田約有贖無盡今欲有憑立兑契乙紙并其
由帖并林家原契盡契撤字共拾紙統交付
兄收執

乾隆叁年拾弍月　日立兑契魏子憲押

在見曾李彥押

朱君頂押

中人魏良閣押

代字仝中楊毛公陟押

蔡光昭親手録[illegible]

大吉

7-1-7-2　清乾隆三年十二月魏子憲立兑屯田契（紅契）

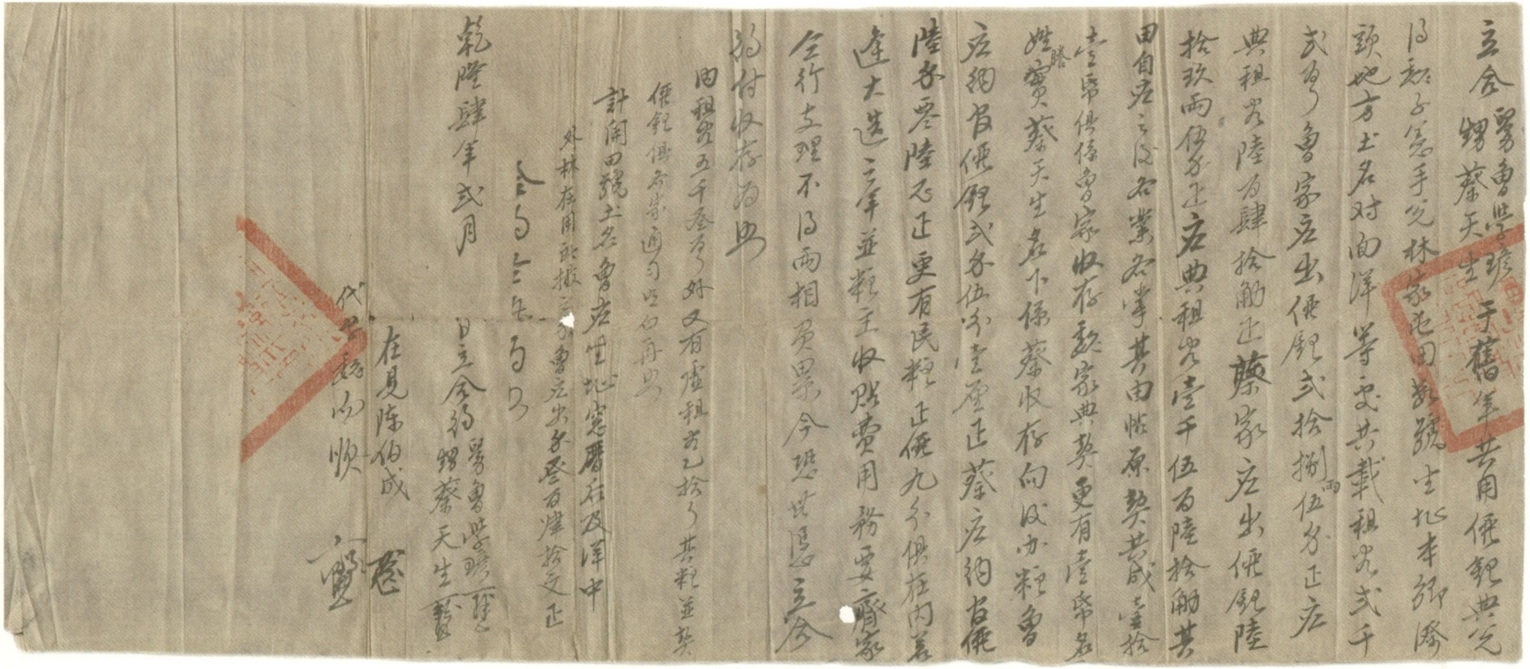

立合約曾學瑹蔡天生，于舊年間價銀典
得邱子瑩手內林家北田號坐北本鄉隘
頭地方土名對面洋等處共載租穀弍千
弍百斤，曾家應出價銀弍拾捌兩伍分正，應
典租穀陸百肆拾斛正；蔡家應出價銀陸
拾玖兩伍分正，應典租穀壹千伍百陸拾斛。其
田自應之後，各業各掌。其田帖原契共貳紙，壹拾
壹紙係付曾家收存，蔡家典契更有壹紙，各
姓賸實蔡天生應下係蔡收存，向收辦糧曾
應納官價銀弍兩伍分壹厘正，蔡應納官價
陸兩叁錢正，更有民糧正價九分俱在內。若
逢大造之年，並糧主收附費用，務要齊家
公行支理，不得兩相推諉。今恐無憑，立合
約付收存為照。
田租穀五千叁百斤外，又有瘦租穀乙拾斤，其糧並契
價銀係各家通行收回再照。
計開田號土名曾應坐北宅厝左及洋中
外林應開取撥之曾應出[illegible]叁百肆拾斤正
合同合約為照
乾隆肆年弍月　　日立合約　曾學瑹　蔡天生
在見　陳伯成
代字　[illegible]

7-1-7-3　清乾隆四年二月曾學瑹等立合約（紅契）

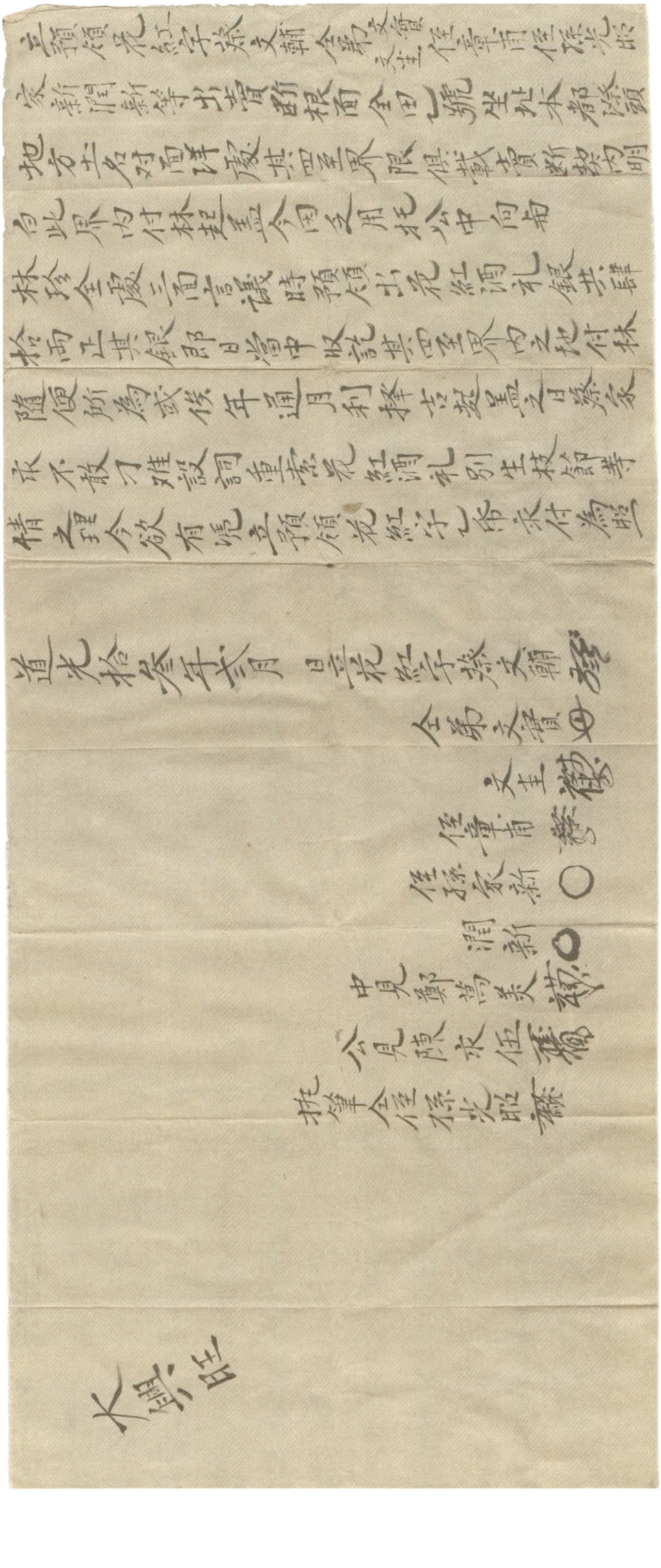

立預領花紅字蔡文輔仝弟文寶文主侄孝甫侄孫光昭
家新潤新等，出有買斷根面全田一號，坐址本都漈頭
地方土名对面洋處，其田至界限俱載賣斷契內明
白，此界內付林起呈全自己用，托公中向前
林珍全處三面言議，時預領出花紅酒礼銀肆
拾兩正，其銀即日當中收訖，其田至界內之任付林
隨便所為，或係年通月利，擇吉起呈，立日蔡家
永不敢刁難，設詞重索花紅酒礼，別生枝節等
情之理，今欲有憑，立預領花紅字一帋，永付為照。

道光拾叁年二月　日立預領花紅字蔡文輔（押）
仝弟文寶（押）
文主（押）
侄孝甫（押）
侄孫家新〇
潤新〇
中見鄭萬美（押）
公見陳求伍（押）
執筆仝侄孫光昭（押）

大興旺

7-1-7-4　清道光十三年二月蔡文輔等立預領花紅字

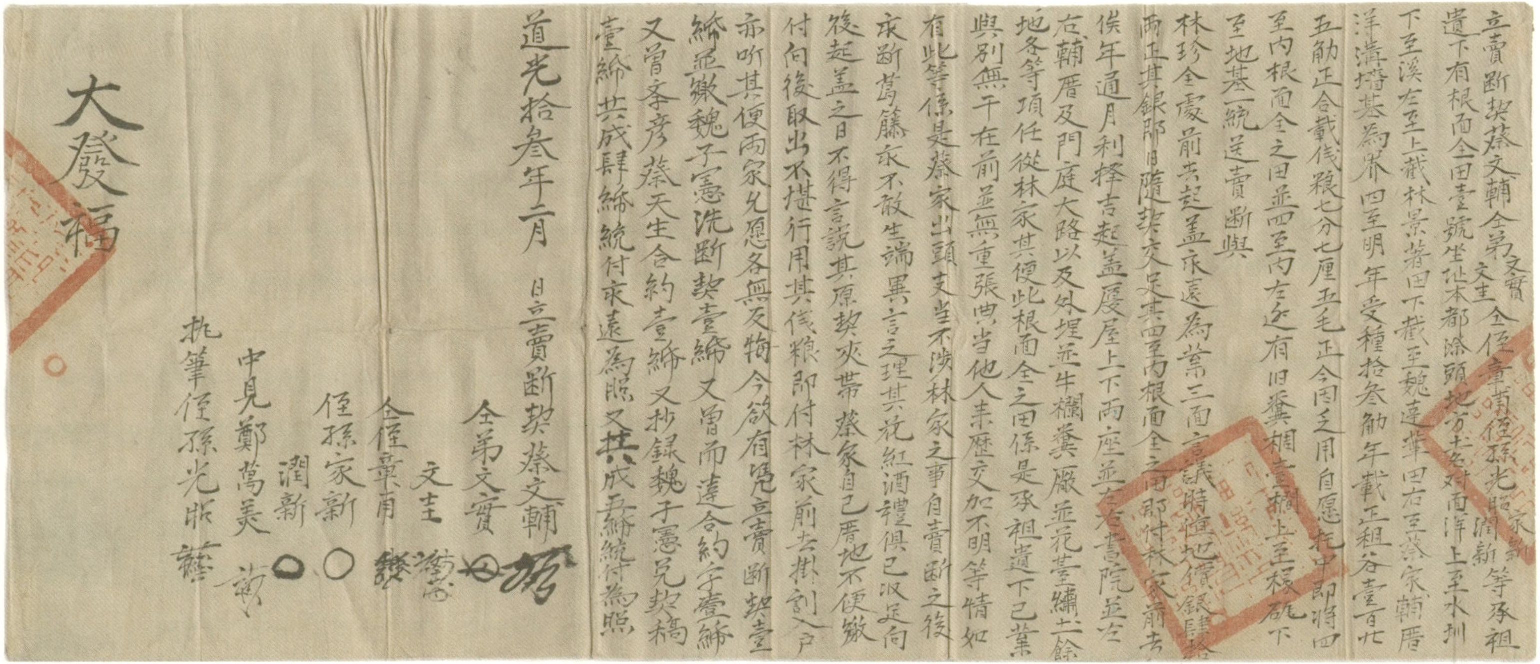

7-1-7-5　清道光十三年二月蔡文輔等立賣斷根面全田契（紅契）

立息訟字曾時鸞仝弟時育等，因旧年林在对
面洋起蓋之時，混控在　官，今親友見两造互控
不已，向前調處，力劝林礼易出銀壹拾两正付曾収
訖，仍听林家照原地起蓋，造作完成，向後曾家不
敢仍生枝節及翻控等情。今欲有凭，立息字一帋
為照。內改原字乙字再照。

道光拾肆年肆月　日立息訟字曾時鸞

仝弟時育

仝姪習顏

公親吳宣文

仝表姪林礼墻

代筆弟時隆

7-1-7-6　清道光十四年四月曾時鸞等立息訟字

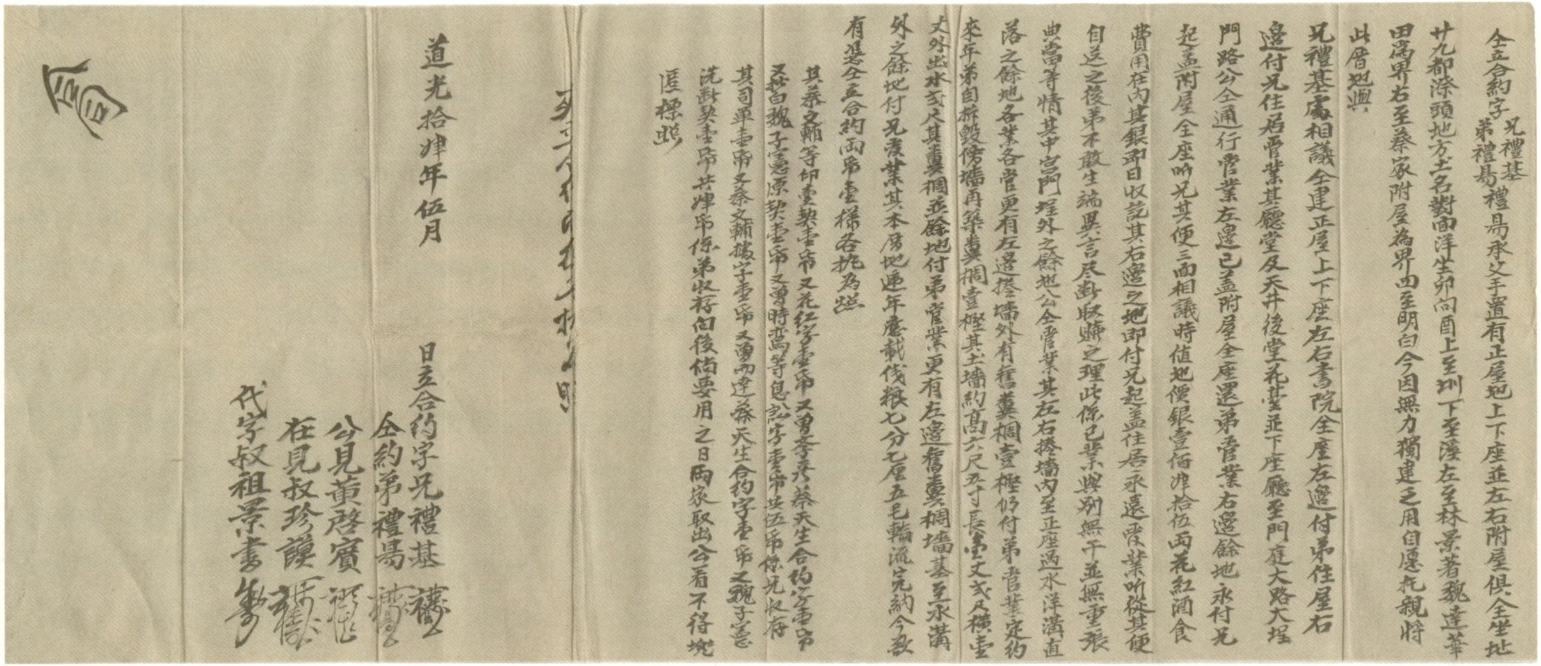

7-1-7-7　清道光十四年五月林禮基等立合約字

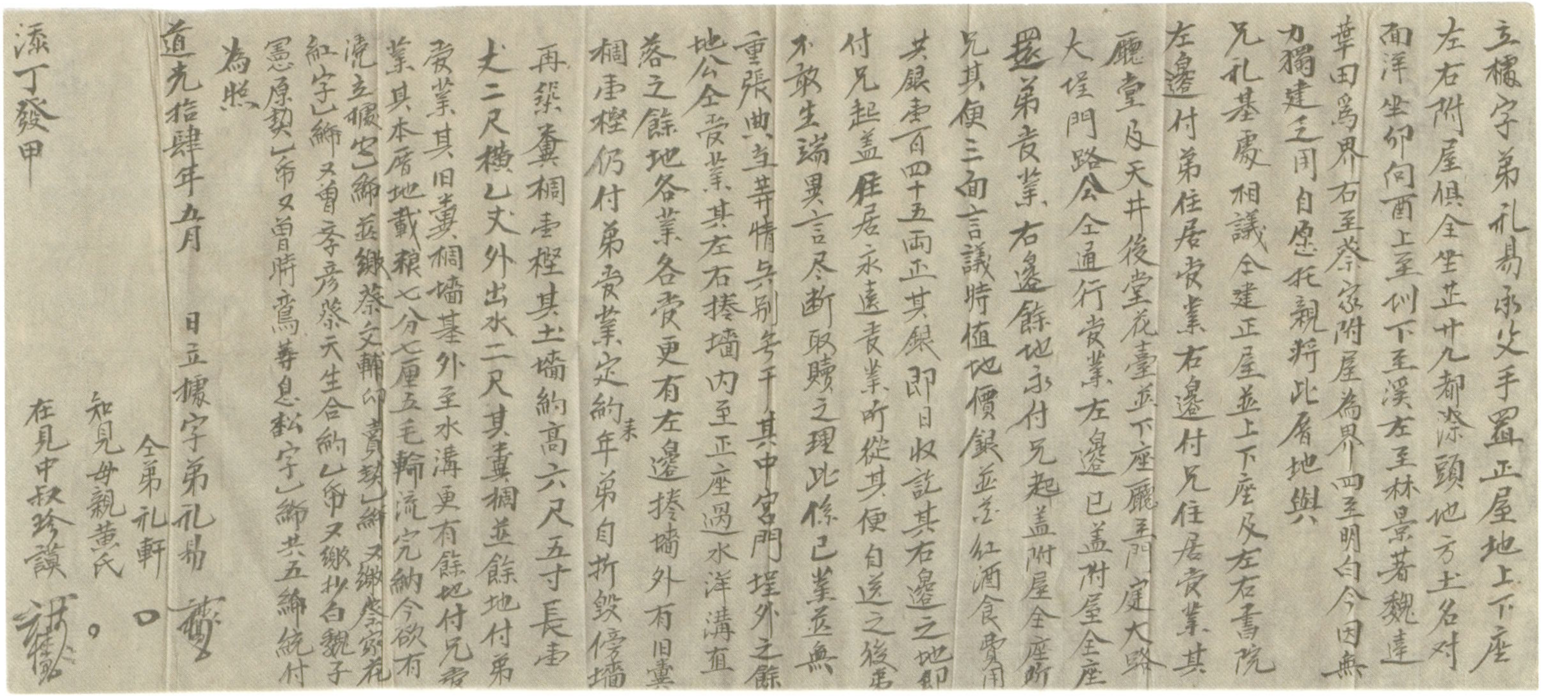

立據字弟礼易仝侄文手置正屋地上下座
左右附屋俱仝坐並廿九都漈頭地方土名对
面洋坐卯向酉上至圳下至溪左至林景著魏達
華田爲界右至蔡家附屋爲界，四至明白，今因無
力獨建，今同自愿托親將此屋地與
兄礼基處相議，仝建正屋並上下座及左右書院
左邊付弟住居管業，右邊付兄住居管業，其
廳堂及天井後堂花臺並下座廳至門庭大路
大埕門路公仝通行管業。左邊已蓋附屋仝座
歸弟管業，右邊餘地永付兄起蓋附屋仝座，所
兄其便三面言議時值地價銀並及紅酒食費用
共銀壹百四十五兩正，其銀即日收訖，其右邊之地即
付兄起蓋居住，永遠管業，聽從其便，自送之後，弟
不敢生端異言，尽断取贖之理，此係已業並無
重張典，並無情弊，另别各干。其中宮門埕外之餘
地公仝管業。其左右摏墻内至正座過水洋溝直
落之餘地各業各管，更有左邊摏墻外有旧糞
桶壹座仍付弟管業，定約未年弟自折毀傍墻
再築糞桶壹座，其土墻約高六尺五寸，長壹
丈二尺，横乙丈外出水二尺，其糞桶並餘地付弟
管業，其旧糞桶墻基外至水溝更有餘地付兄管
業。其本屋地載粮七分七厘五毛，輸流完納，今欲有
憑，立據字乙紙並繳蔡交輸印賣契乙紙，又繳蔡家花
紅字乙紙，又曾孝彥、蔡天生合約乙帋，又繳抄白魏子
憲原契乙帋，又曾將鶯、蔡息松字乙紙，共五紙統付
為照。

道光拾肆年五月　日立據字弟礼易（押）
仝弟礼軒（押）
知見母親黃氏（押）
在見中叔玲讓（押）

添丁發甲

7-1-7-8　清道光十四年五月林礼易等立據字

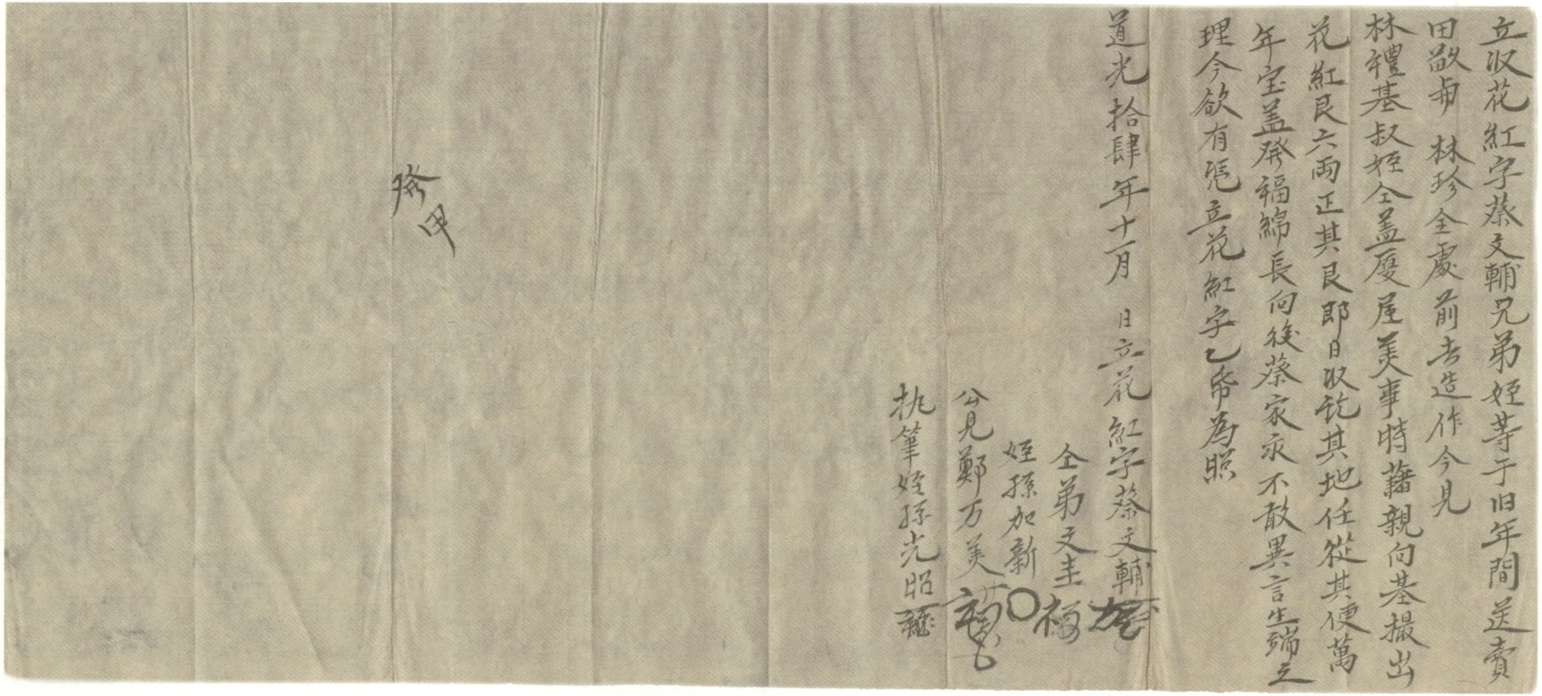
立收花紅字蔡文輔兄弟姪等于旧年間送賣
田畝布　林珍全處前去造作今見
林禮基叔姪仝蓋厦屋美事特藉親向基撮出
花紅艮六两正其艮即日收訖其地任從其便萬
年宜蓋蔡福綿長向後蔡家永不敢異言生端之
理今欲有憑立花紅字一紙為照
道光拾肆年十一月　日立花紅字蔡文輔（押）
仝弟文圭（押）福
姪孫加新
公見鄭万美（押）
執筆姪孫光昭（押）
蔡甲

7-1-7-9　清道光十四年十一月蔡文輔等立收花紅字

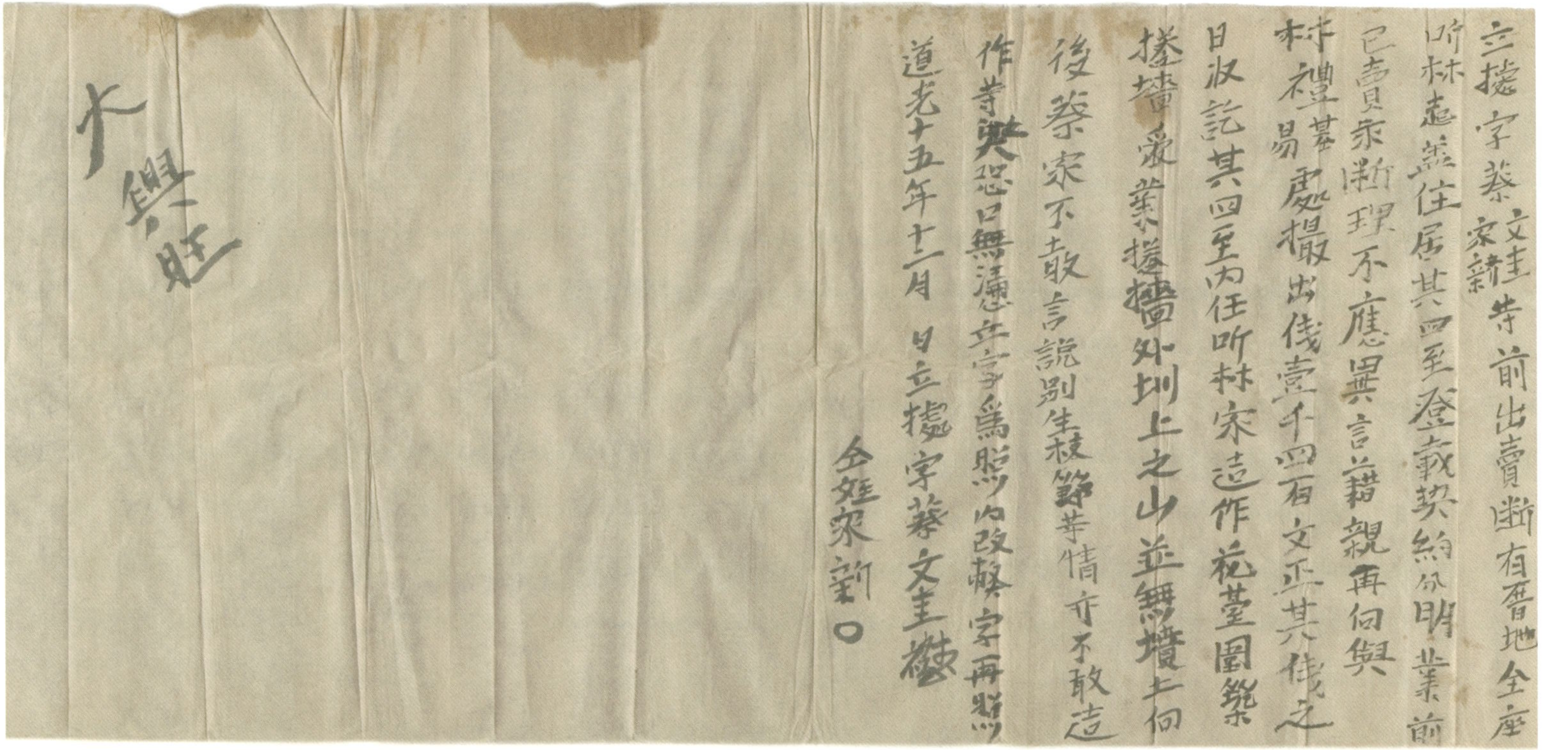

立據字蔡文圭、家新等，前出賣斷有厝地全座
听林志蕊住居，其四至登載契約分明，業前
已賣杂斷，理不應異言，藉親再向與
林禮基易處撮出錢壹千四百文正，其錢之
日收訖。其四至內任听林家造作花園、築
搭墻圍業。據墻外圳上之山，並無墳上，向
後蔡家不敢言說別生枝節等情，亦不敢造
作等弊。恐口無憑，立字為照。內改數字再照。
道光十五年十二月　日立據字蔡文圭（押）
仝姪家新（押）

大興旺

7-1-7-10　清道光十五年十二月蔡文圭等立據字

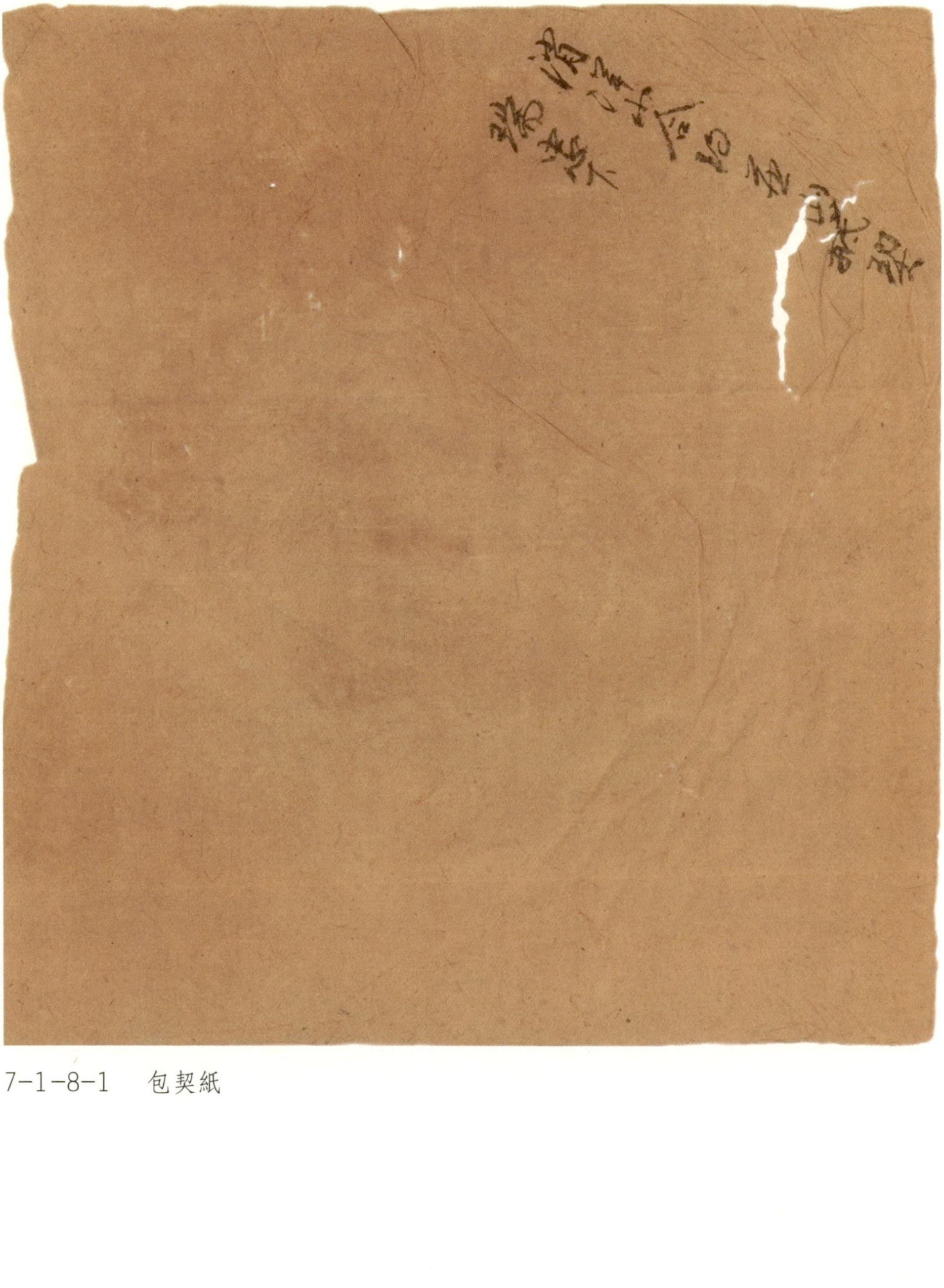

7-1-8-1　包契紙

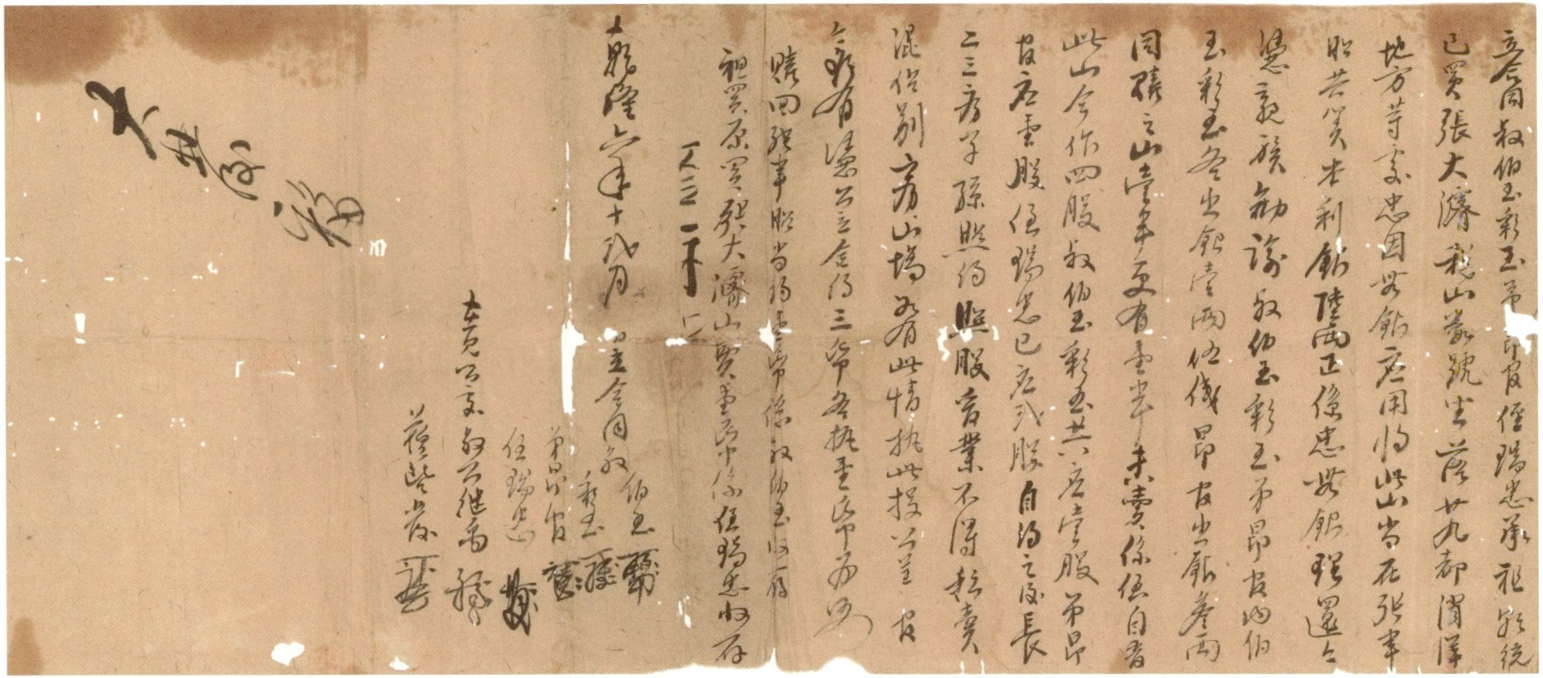

7-1-8-2　清乾隆六年十二月張伯玉等立合同

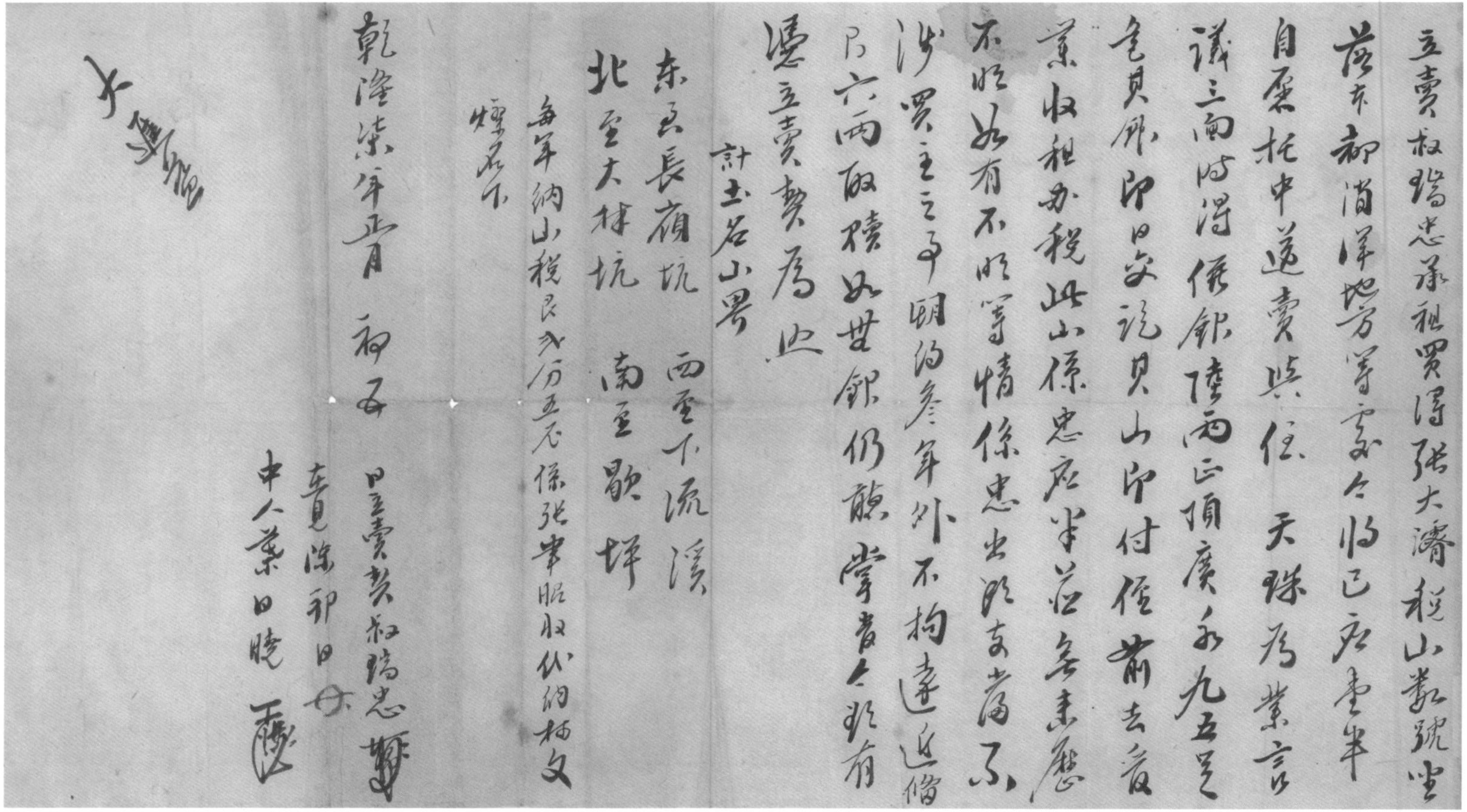
立賣叔瑞忠承祖買得張大濟稅山數號坐
落本都消洋地方
自愿托中送賣與侄　天珠為業言
議三面時得價銀陸兩正頂廣平九五兌
足其銀即日交訖其山即付侄前去管
業收租办稅此山係忠應分之業未曾
不明如有不明等情係忠出頭支當不
涉買主之事明約叁年外不拘遠近備
得六兩取贖如無銀仍聽管業今欲有
憑立賣契為照
計土名山界
東至長嶺坑　　西至下流溪
北至大林坑　　南至歇坪
每年納山稅艮弍分五厘係張肇昭收代納栖文
糧存下
乾隆柒年正月　　日　立賣契叔瑞忠
在見侄邦日
中人葉日曉

7-1-8-3　清乾隆七年正月張瑞忠立賣稅山契

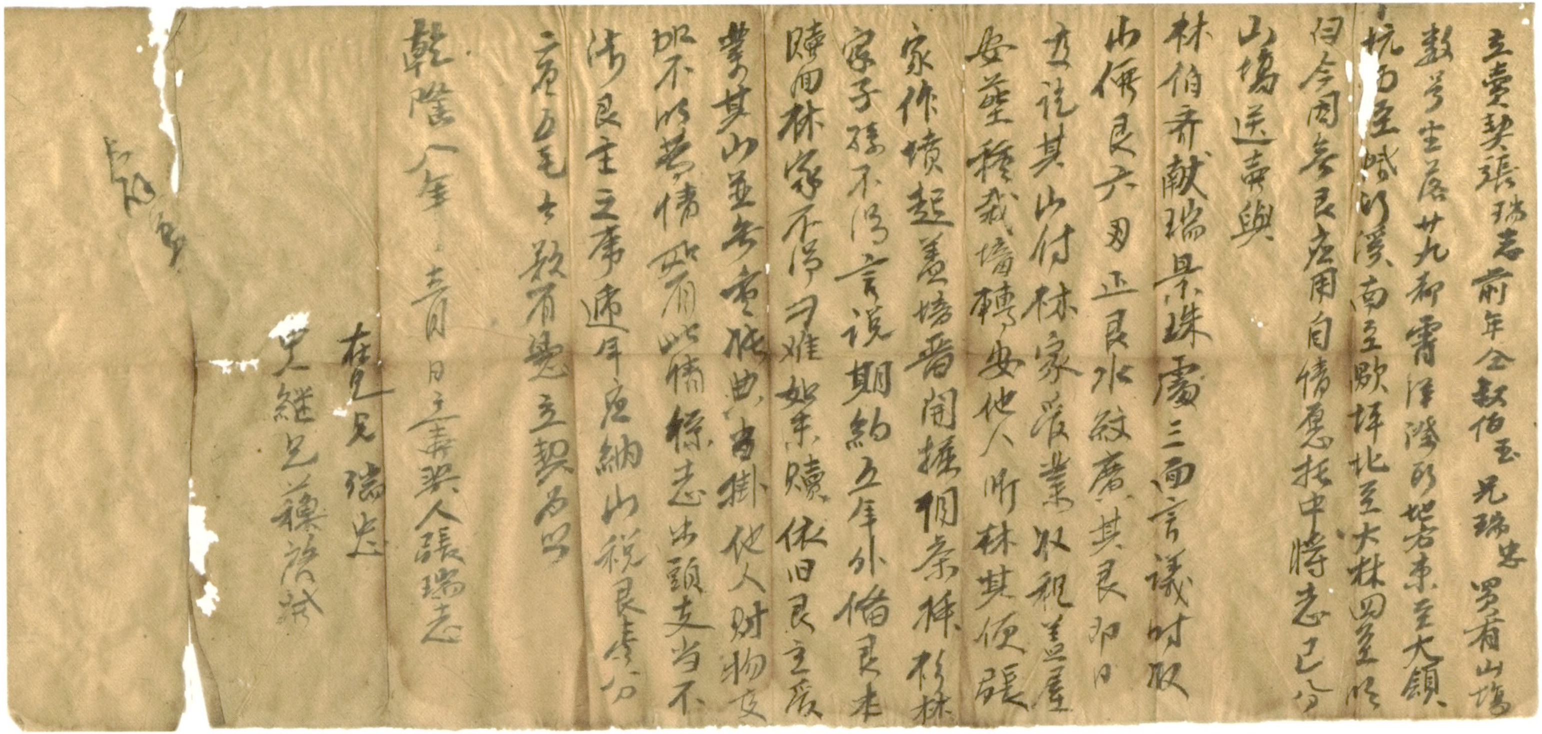

立賣契張瑞志，前年仝叔伯玉、兄瑞忠，另有山場
數号，坐落廿九都霄洋漈，所[illegible]東至大嶺、
[illegible]坑，西至[illegible]溪，南至歇坪，北至大林，四至明
白。今因無銀應用，自情愿托中将志己分
山場送賣與
林伯齊、献瑞、景珠處，三面言議時取
出價銀六兩正，銀水紋廣，其銀即日
交訖。其山付林家管業，收租蓋厝、
安葬、種栽、[illegible]轉安他人，聽林其便。其
家作墳，起蓋墳[illegible]開[illegible]杉株，
家子孫不得言說。期約五年外，備銀來
贖，而林家不得刁難。如年未贖，依旧銀主管
業。其山並無重張典掛他人財物交
加，不明等情，如有此情，係志出頭支當，不
涉銀主之事。遞年應納山稅銀壹分
[illegible]，今欲有憑，立契為照。

乾隆八年三月　日立賣契人張瑞志
在見兄瑞忠
[illegible]繼兄藻[illegible]

7-1-8-4　清乾隆八年三月張瑞志立賣山場契

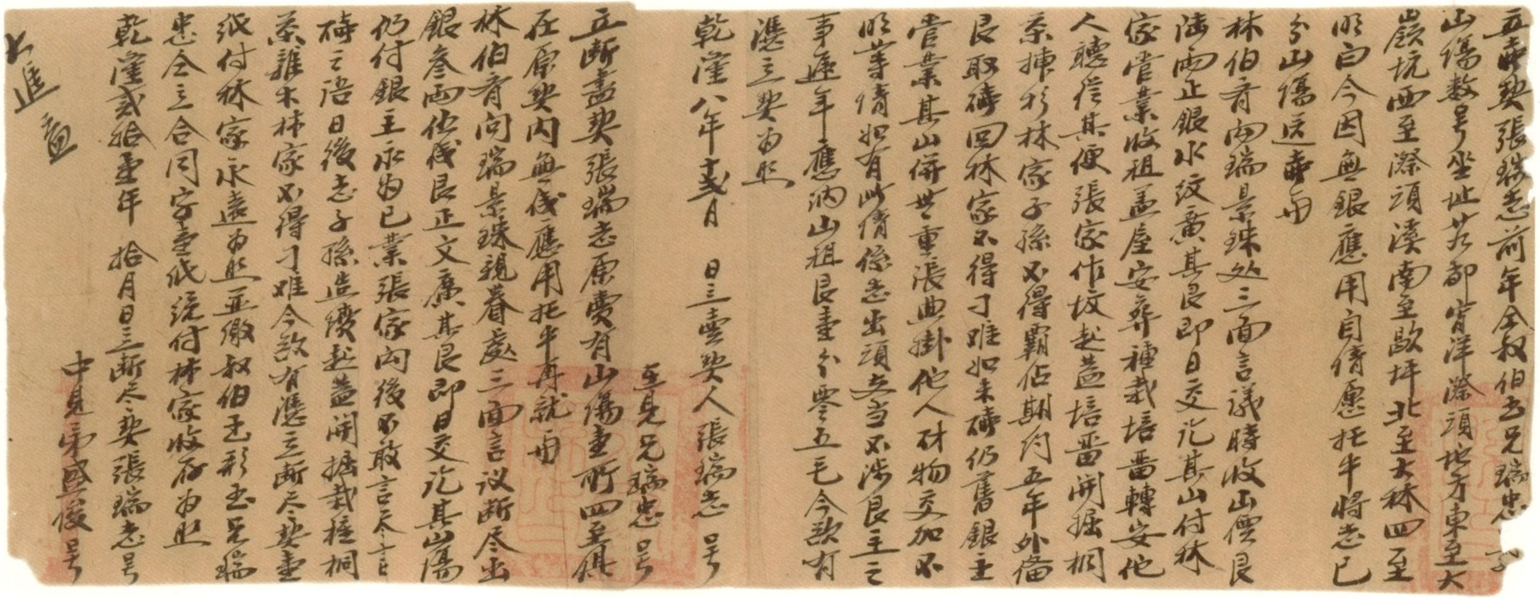

7-1-8-5　清乾隆八年十二月張瑞志立賣山場契（紅契）

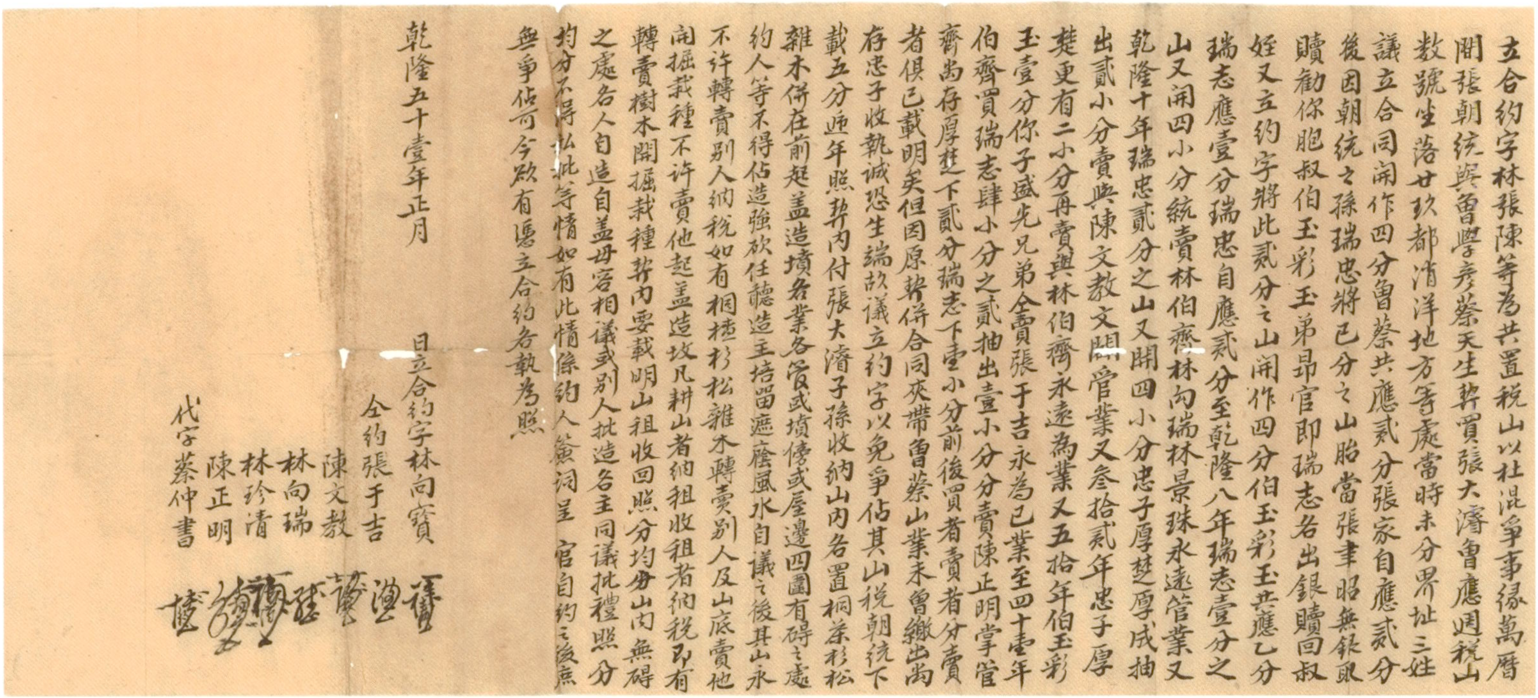
立合約字林張陳等為共置稅山以杜混爭事緣萬曆
間張朝统與曾學彥蔡天生等買張大濟曾應週稅山
数號坐落廿玖都消洋地方等處當時未分界址三姓
議立合同鬮作四分曾蔡共應貳分張家自應貳分
後因朝统之孫瑞忠將己分之山胎當張聿昭無銀取
贖勸你胞叔伯玉彩玉弟昂官即瑞志名出銀贖回叔
姪又立約字將此貳分之山鬮作四分伯玉彩玉共應乙分
瑞志應壹分瑞忠自應貳分至乾隆八年瑞志壹分之
山又鬮四小分統賣林伯齊林向瑞林景珠永遠管業又
乾隆十年瑞忠貳分之山又鬮四小分忠子厚楚厚成抽
出貳小分賣與陳文教文鬮管業又叁拾貳年忠子厚
楚更有二小分再賣與林伯齊永遠為業又五拾年伯玉彩
玉壹分你子盛先兄弟全賣張于吉永為己業至四十壹年
伯齊買瑞志肆小分之貳抽出壹小分分賣陳正明掌管
齊尚存厚楚下貳分瑞志下壹小分前後買者賣者分賣
者俱已載明矣但因原契併合同夾帶曾蔡山業未曾繳出尚
存忠子收執誠恐生端故議立約字以免爭佔其山稅朝统下
載五分逓年照契內付張大濟子孫收納山內各置桐茶杉松
雜木併在前起蓋造墳各業各管或墳傍或屋邊四圍有碍之處
約人等不得佔造強砍任聽造主培留遮蔭風水自議之後其山永
不許轉賣別人納稅如有桐樹杉松雜木轉賣別人及山底賣他
開掘栽種不許賣他起蓋造坟凡耕山者納租收租者納稅即有
轉賣樹木開掘栽種契內要載明山租收回照分均分山內無碍
之處各人自造自蓋毋容相議或別人批造各主同議批禮照分
均分不得私批等情如有此情係約人簽詞呈　官自約之後庶
無爭佔今欲有憑立合約各執為照

乾隆五十壹年正月　　日立合約字林向寶

仝約張于吉
陳文教
林向瑞
林珍清
陳正明
代字蔡仲書

7-1-8-6　清乾隆五十一年正月林向寶等立合約字（一）

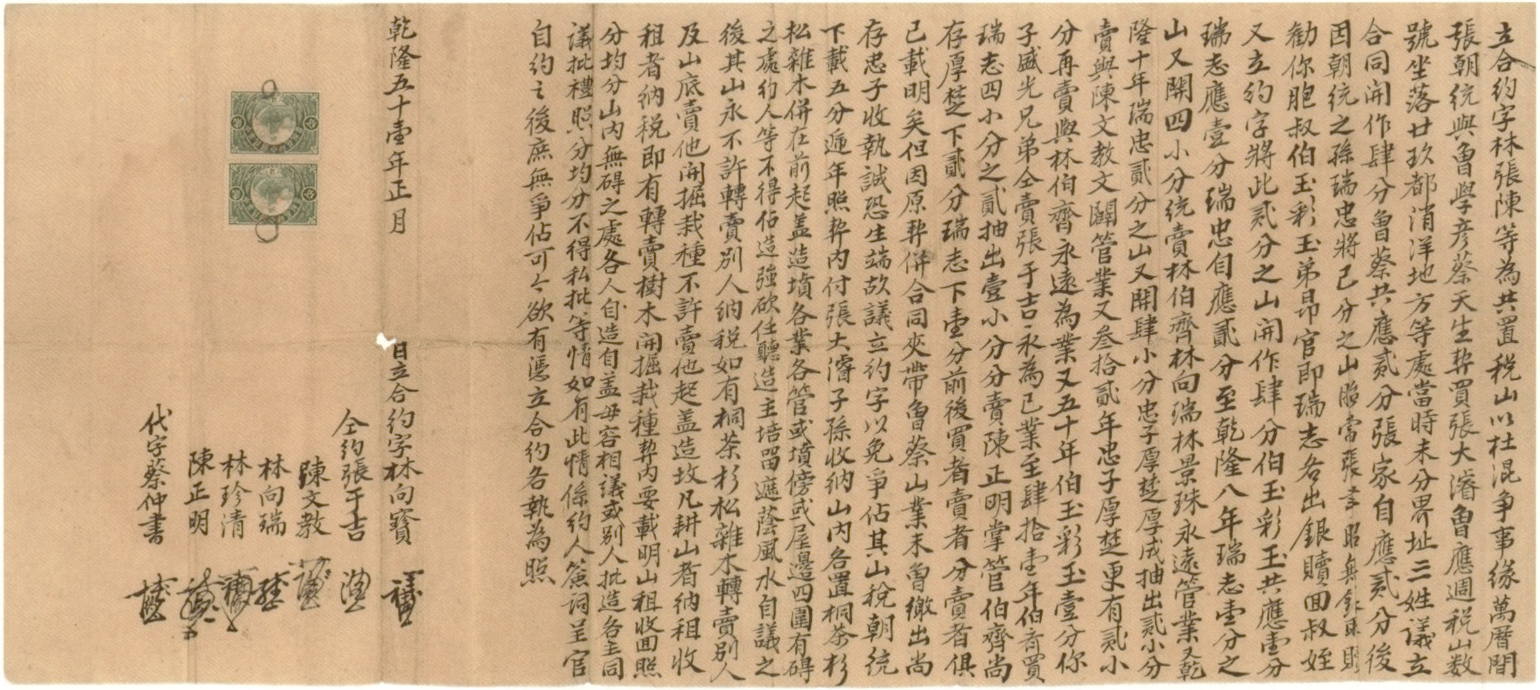
立合約字林張陳等為共置稅山以杜混爭事緣萬曆間張朝侁與魯學彥蔡天生等買張大濬魯應週稅山數號坐落廿玖都消洋地方等處當時未分界址三姓議立合同鬮作肆分魯蔡共應貳分張家自應貳分後因朝侁之孫瑞忠將己分之山賠當張圭昭無錢贖勸你胞叔伯玉彩玉弟昂官即瑞志各出銀贖回叔姪又立約字將此貳分之山鬮作肆分伯玉彩玉共應壹分瑞志應壹分瑞忠自應貳分至乾隆八年瑞志壹分之山又鬮四小分侁賣林伯齊林向瑞林景珠永遠管業乾隆十年瑞忠貳分之山又鬮肆小分忠子厚楚厚成抽出貳小分賣與陳文敎文闢管業又叁拾貳年忠子厚楚更有貳小分再賣與林伯齊永遠為業又五十年伯玉彩玉壹分你子盛光兄弟仝賣張于吉〻永為己業至肆拾壹年伯齊買瑞志四小分之貳抽出壹小分分賣陳正明掌管伯齊尚存厚楚下貳分瑞志下壹分前後買者賣者分賣者俱已載明矣但因原鬮合同夾帶魯蔡山業未曾繳出尚存忠子收執誠恐生端故議立約字以免爭佔其山稅朝侁下載五分遞年照鬮內付張大濬子孫收納山內各置桐茶杉松雜木併在前起蓋造墳各業各管或墳傍或屋邊四圍有碍之處約人等不得佔造強砍任聽造主培留遮蔭風水自議之後其山永不許轉賣別人納稅如有桐茶杉松雜木轉賣別人及山底賣他鬮掘栽種不許賣他起蓋造坟凡耕山者納租收租者納稅即有轉賣樹木鬮掘栽種鬮內要載明山租收回照分均分山內無碍之處各人自造自蓋毋容相議或別人批造各主同議批禮照分均分不得私批等情如有此情係約人僉詞呈官自約之後庶無爭佔可〻欲有憑立合約各執為照

乾隆五十壹年正月　日立合約字林向寶

仝約張于吉

陳文敎

林向瑞

林珍清

陳正明

代字蔡仲書

7-1-8-7　清乾隆五十一年正月林向寶等立合約字（二）

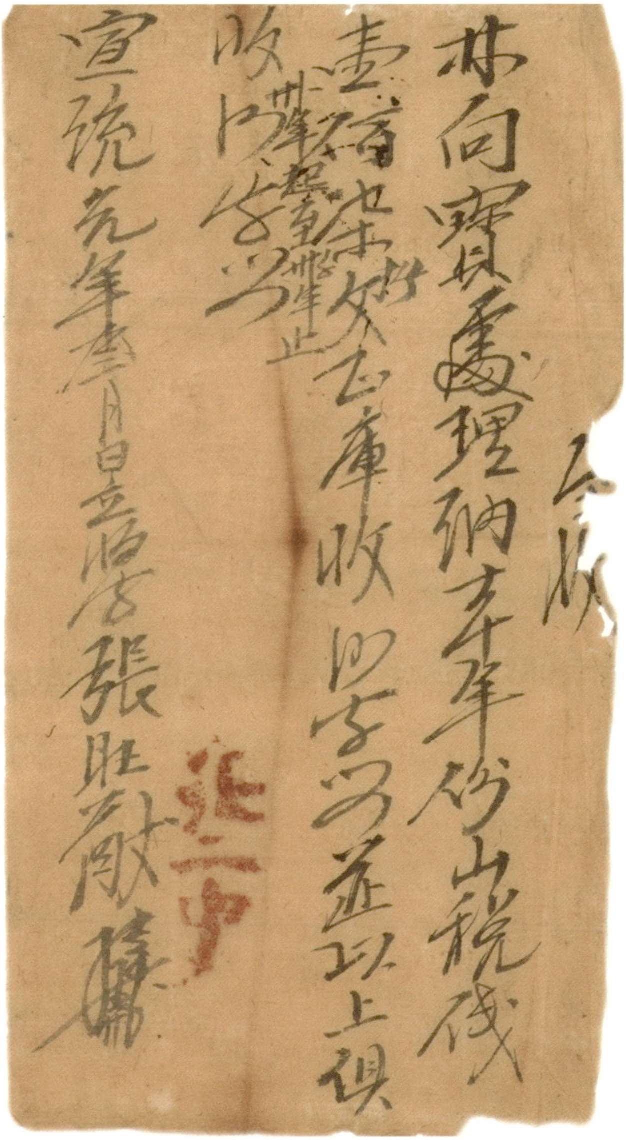
今收
林向寶處理納本年份山稅錢
壹[illegible]文正庫收四字號並以上俱
收[illegible]字號
宣統元年叁月　日立收字張旺猷 [illegible]

7-1-8-8　清宣統元年三月張旺猷立收山稅錢字

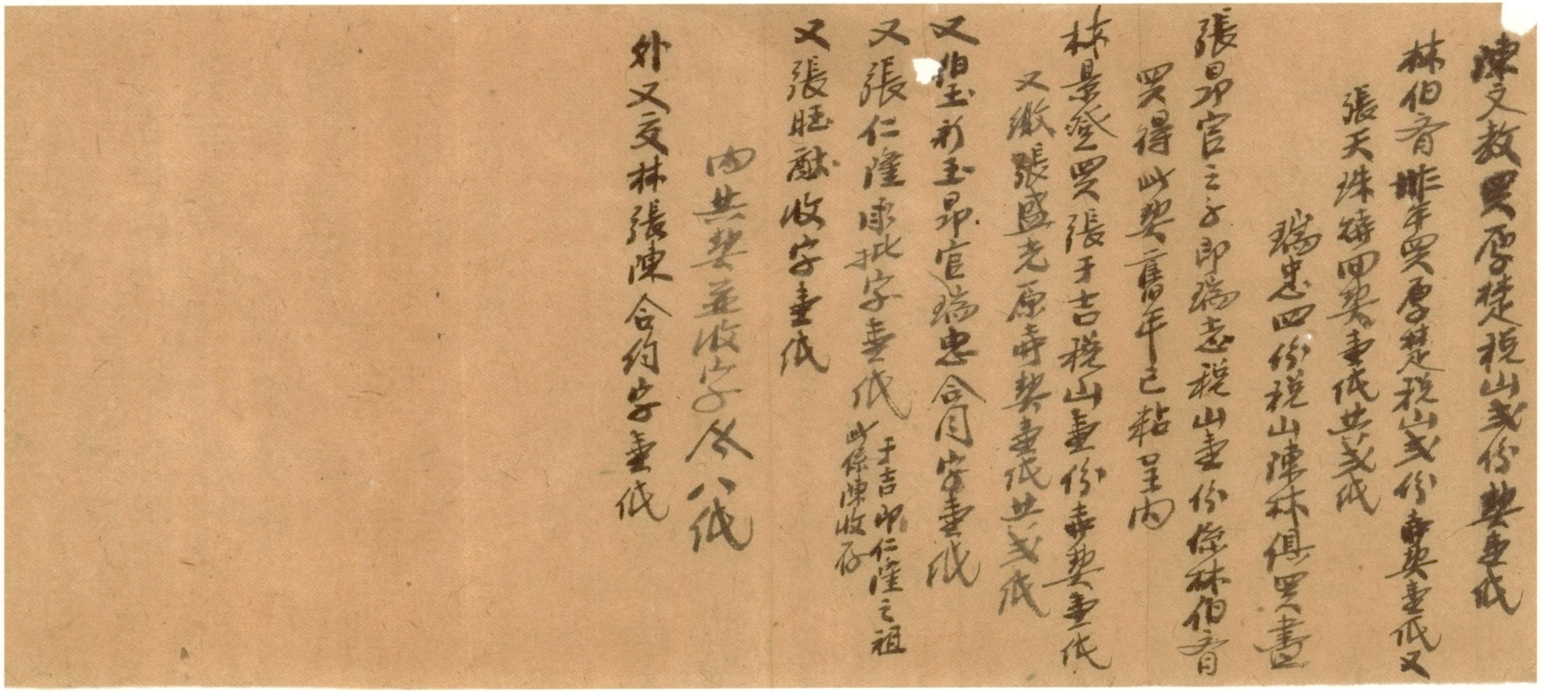
陳文教買廖楚稅山貳份契壹紙
林伯育鼎年買廖楚稅山貳份壹契壹紙又
張天珠繳田契壹紙共貳紙
瑞忠四份稅山陳林俱買壹
張昂官之子即瑞忠稅山壹份係林伯育
買得此契舊年已粘呈內
林景發買張于吉稅山壹份壹契壹紙
又繳張盛光原壽契壹紙共貳紙
又堂前玉昂官瑞忠合同字壹紙
又張仁隆承批字壹紙　于吉叔仁隆之祖　此係陳收存
又張旺獻收字壹紙
內共契並收字冬八紙
外又交林張陳合約字壹紙

7-1-8-9　林氏稅山契約清單（年代不詳）

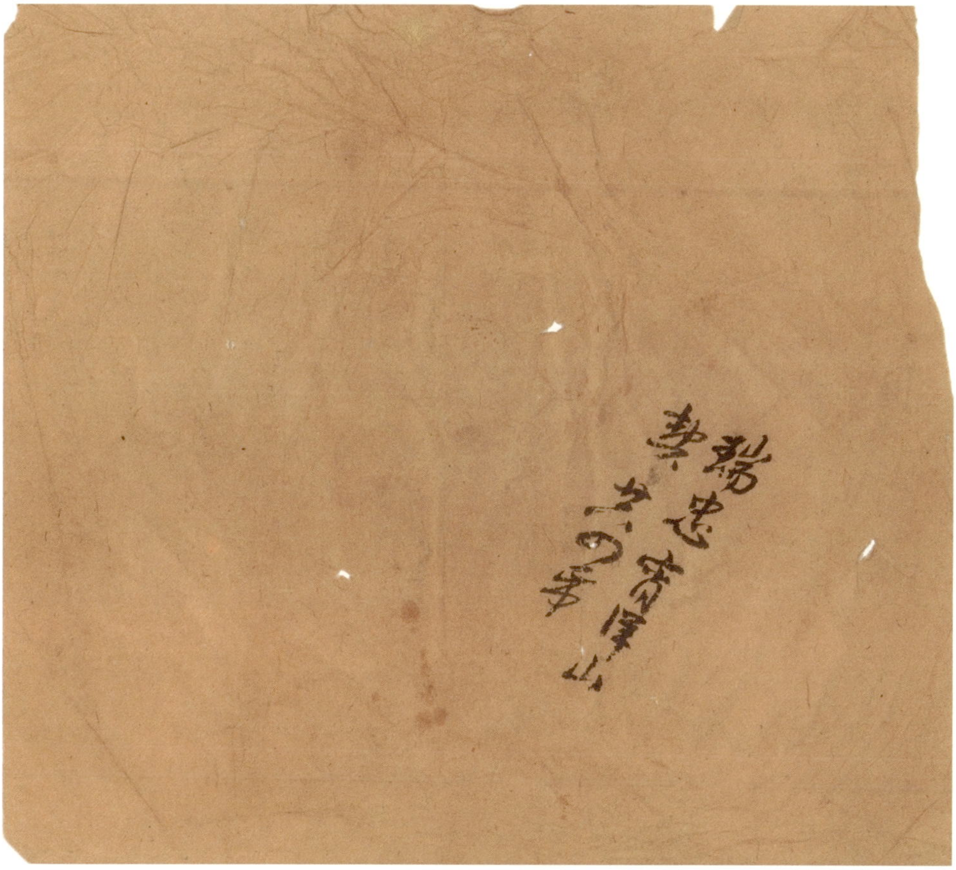
瑞忠官厝山
契共四紙

7-1-9-1　包契紙

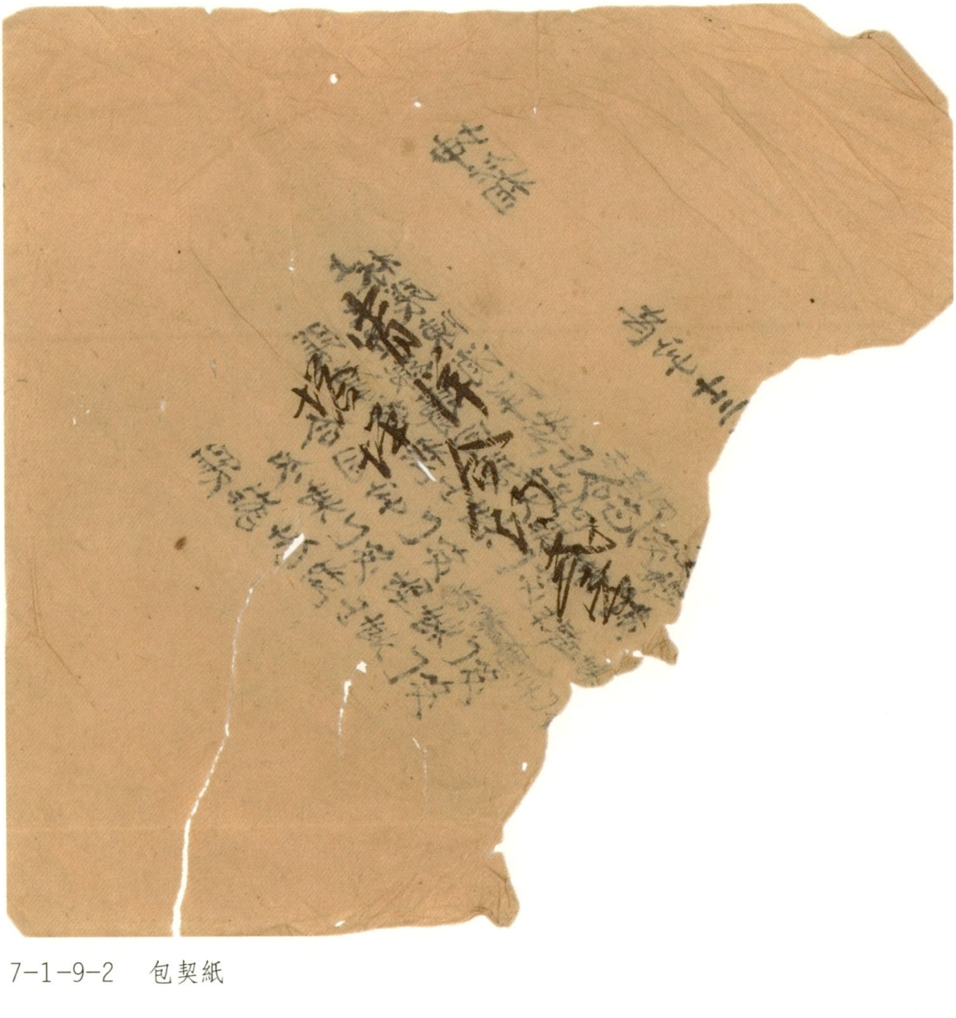

7-1-9-2　包契紙

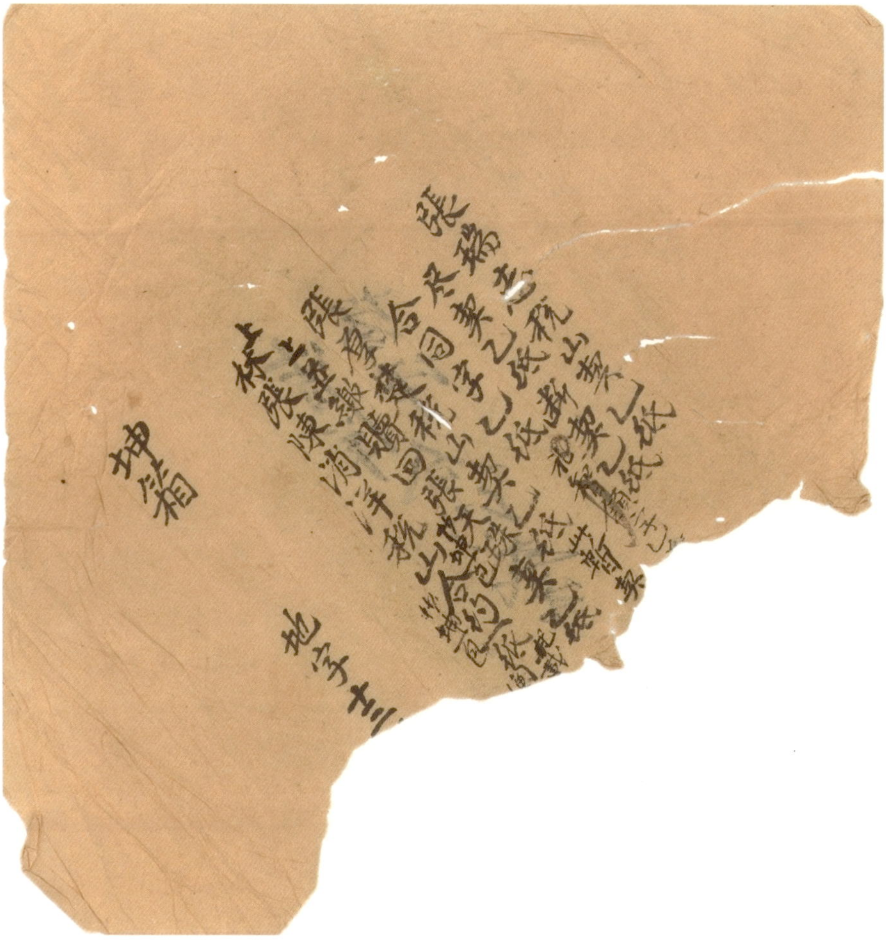
坤箱
地字十三

7-1-9-3　包契紙

立合同張瑞忠、曾學琼等，但瑞忠祖於嘉靖、萬曆、天
啓、崇禎年間買得張天濤税山數號，坐落消洋四
圍，又買曾應週等山場物業，係在消洋內等處。曾
海戶丁曾應週原買柯文爍山場，亦在消洋等處，
後曾家出賣過半，姑念親屬，與曾對半管業納税，
歷掌無異。至乾隆柒年，緣曾海戶丁曾又賢兄弟
將消洋山場賣在曾孝琼、蔡天生管業，又有毛公按此，
瑞忠柒年將曾家祖上賣契繳與曾蔡爲業，有契可
據。將此所繳之山，充出曾蔡亦有一半。但張瑞忠、張伯玉、
張昂弟亦有一半，原有張天濤、曾家有賣契可
據。自今以後，凡消洋際頭、佳洋長嶺坑、歇坪四圍
等處山場，或在張契內，或在曾蔡契內，統爲公衆通
仝掌管。向後張家不得藉有古契多山言説等情。倘
外人批種、造墳、起蓋，其山價、花彩、山租等項，張家應
半，曾蔡共應壹半。如張、曾、蔡三姓自種自造，不得
言説批扎。若有阻碍，不得私批，不得私造，空山無
碍。三姓相議，仝安以免爭執，要憑合同，壹業永無
異説。今欲有憑，公立合同弍帋，各執乙帋，永遠爲照。

其山税張家應納五分，曾蔡應納五分，共乙分，納在柯文爍名
下，係月洲張聿昭代收。倘外人侵佔山場，公仝出力，不得推托。
再照。

合同壹帋各執爲照

乾隆柒年拾貳月　日立合同　張瑞忠
曾學琼
張伯玉
張昂弟
蔡天生
花押弟孝琛

在見宗弟兆其昌

中人吳棠玉

[illegible]

7-1-9-4　清乾隆七年十二月張瑞忠等立合同（一）

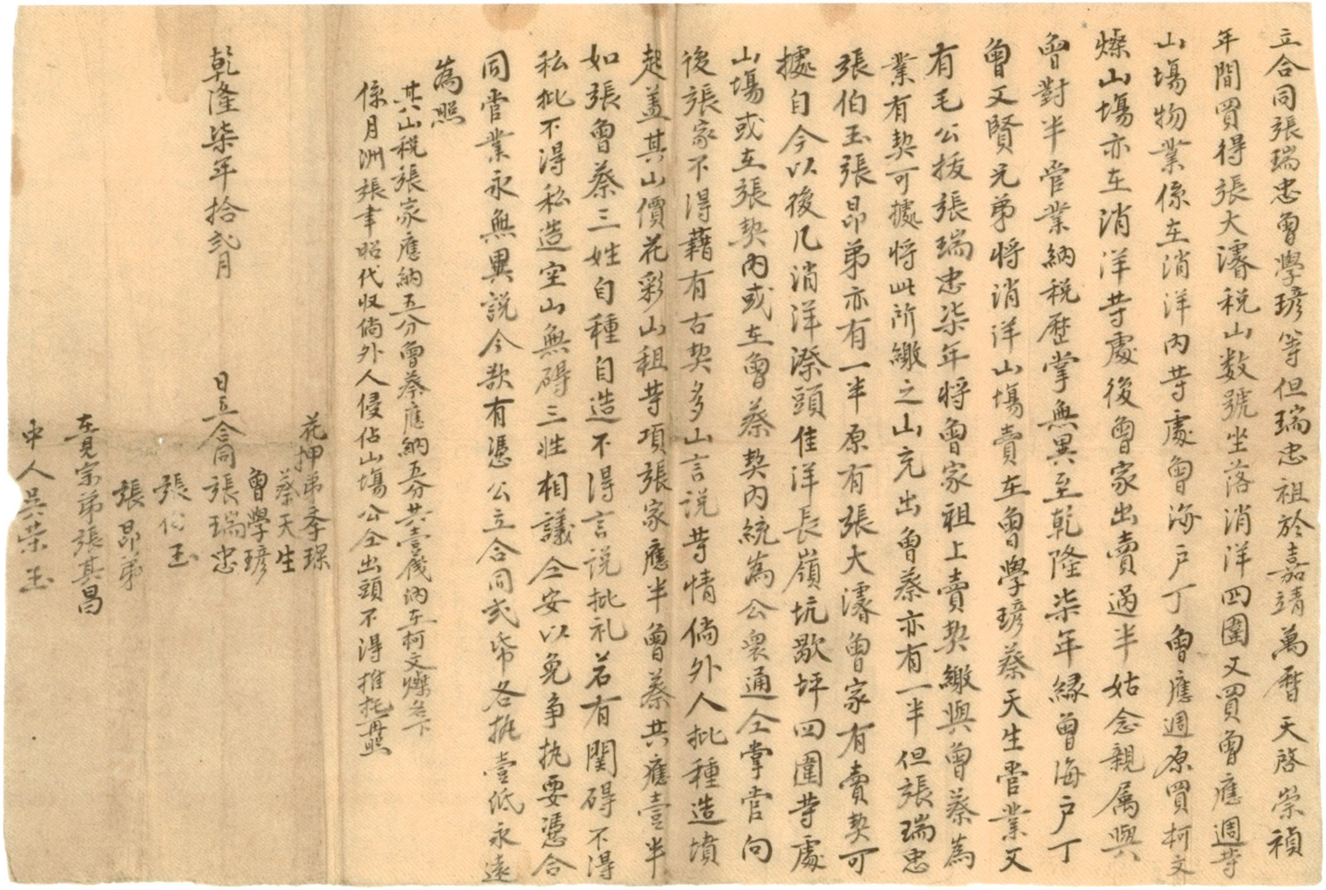

立合同張瑞忠曾學琇等，但瑞忠祖於嘉靖萬曆天啓崇禎
年間買得張大濤稅山數號，坐落消洋四園，又買曾應週等
山場物業，係在消洋内等處。曾海戶丁曾應週原買柯文
燦山場，亦在消洋等處。後曾家出賣過半，姑念親屬，與
曾對半管業納稅，歷掌無異。至乾隆柒年，緣曾海戶丁
曾文賢兄弟將消洋山場賣在曾學琇、蔡天生管業。又
有毛公坂張瑞忠柒年將曾家祖上賣契繳與曾蔡爲
業，有契可據。將此所繳之山，充出曾蔡亦有一半，但張瑞忠
張伯玉張昂弟亦有一半。原有張大濤曾家有賣契可
據。自今以後，凡消洋漈頭佳洋長嶺坑歇坪四園等處
山場，或在張契内，或在曾蔡契内，統爲公衆通仝掌管。向
後張家不得藉有古契，多山言説等情，倘外人批種造墳
起蓋其山價、花彩、山租等項，張家應半，曾蔡共應壹半。
如張曾蔡三姓自種自造，不得言説批札。若有閑碍，不得
私批，不得私造。空山無碍，三姓相議，仝安以免爭執。要憑合
同管業，永無異説。今欲有憑，公立合同式紙，各執壹紙永遠
爲照。

其山稅張家應納五分，曾蔡應納五分，共壹釐，内在柯文燦名下，
係月洲張聿昭代收，倘外人侵佔山場，公仝出頭，不得推托再照。

乾隆柒年拾弍月　日立合同　張瑞忠
曾學琇
蔡天生
花押弟季琛
張伯玉
張昂弟
在見宗弟張其昌
中人吳崇玉

7-1-9-5　清乾隆七年十二月張瑞忠等立合同（二）

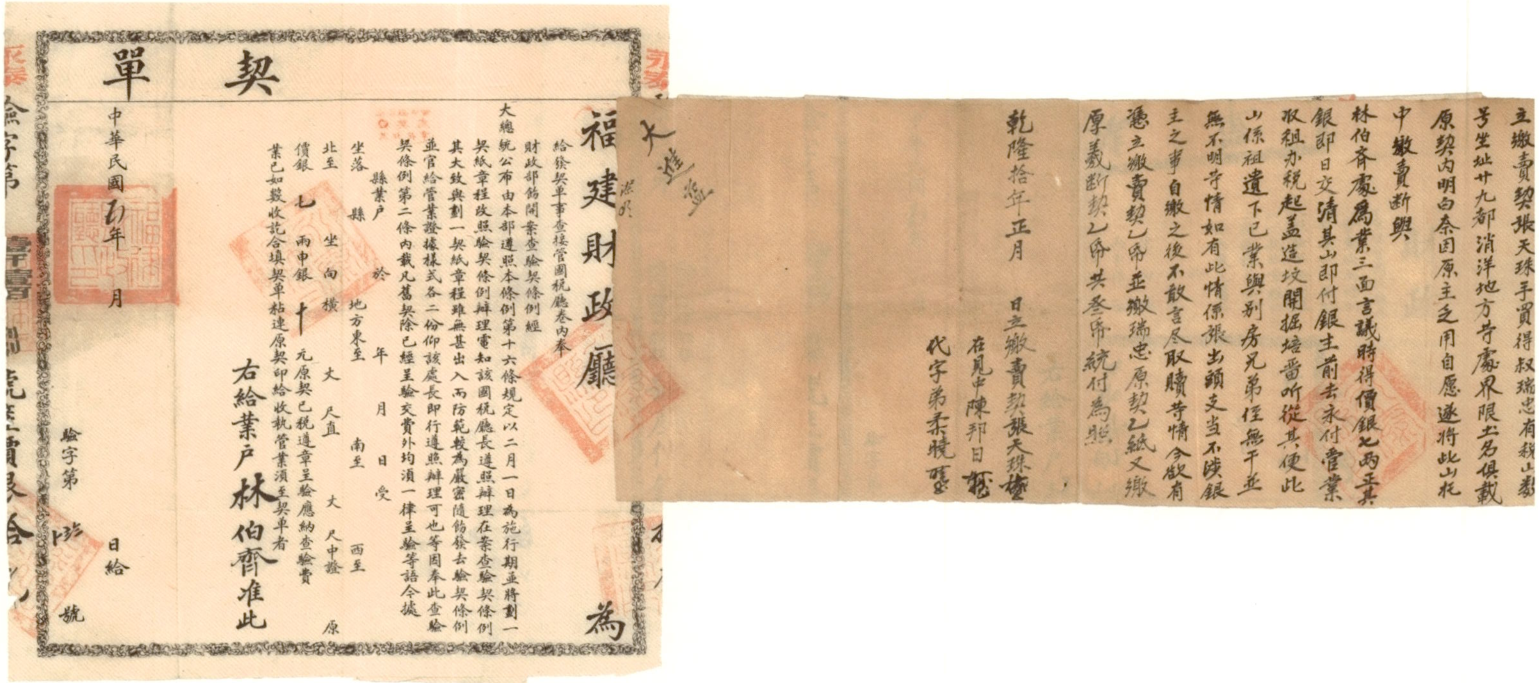

立缴賣契張天珠手買得叔瑞忠有稅山𡋡
号坐址廿九都消洋地方寺處界限土名俱載
原契内明白奈因原主乏用自愿遂將此山於
中缴賣斷與
林伯齊處爲業三面言議時得價銀七两正其
銀即日交清其山即付銀主前去永付管業
收租办稅起盖造坟開掘培番听從其便此
山係祖遺下已業與別房兄弟侄無干並
無不明等情如有此情係張出頭支当不涉銀
主之事自缴之後不敢言尽取贖等情今欲有
憑立缴賣契乙帋並缴瑞忠原契乙紙又缴
厚義斷契乙帋共叁帋統付爲照
乾隆拾年正月　日立缴賣契張天珠
在見中陳邦日
代字弟柔曉

契單

福建財政廳　為
給發契單事查接管國稅廳卷内奉
財政部飭開案查驗契條例經
大總統公布由本部遵照本條例第十六條規定以二月一日為施行期並將劃一
契紙章程改照驗契條例辦理電知該國稅廳長遵照辦理在案查驗契條例
其大致與劃一契紙章程雖無甚出入而防範較為嚴密隨飭發去驗契條例
並官給管業證據樣式各二份仰該處長即行遵照辦理可也等因奉此查驗
契條例第二條内載凡舊契除已經呈驗交費外均須一律呈驗等語合據
縣業户　於　年　月　日受
坐落　縣　地方東至　南至　西至
北至　坐　向　橫　丈　尺直　丈　尺中證　原
價銀七　兩中銀十　元原契已稅遵章呈驗應納查驗費
業已如數收訖合填契單粘連原契印給收執管業須至契單者
右給業户林伯齊准此
中華民國五年　月　日給
驗字第　號

7-1-9-6　清乾隆十年正月張天珠立缴賣稅山契（紅契）

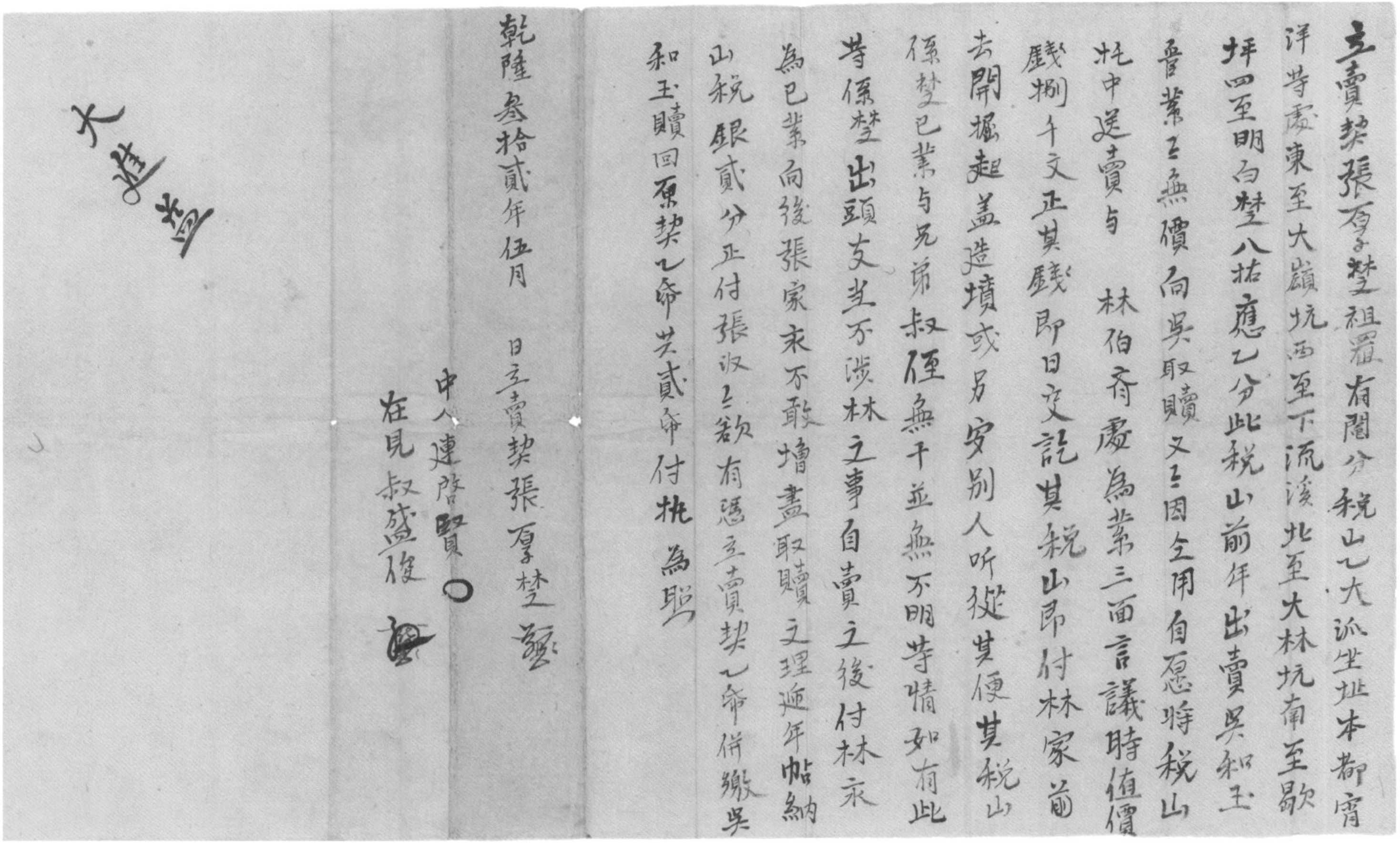

立賣契張厚楚祖置有鬮分稅山乙大派坐址本都甯
洋等處東至大嶺坑西至下流溪北至大林坑南至歇
坪四至明白楚八拈應乙分此稅山前年出賣吳和玉
疊業立無價向吳取贖又立因乏用自愿將稅山
托中送賣与 林伯齊處為業三面言議時值價
錢捌千文正其錢即日交訖其稅山即付林家前
去開掘起蓋造墳或另安別人听從其便其稅山
係楚已業与兄弟叔侄無干並無不明等情如有此
等係楚出頭支当不涉林立事自賣立後付林永
為已業向後張家永不敢增畫取贖之理延年帖納
山稅銀貳分正付張汲之欽有憑立賣契乙帋併繳吳
和玉贖回原契乙帋共貳帋付林為照

乾隆叁拾貳年伍月 日立賣契張厚楚（押）

中人連啓賢○

在見叔盛俊（押）

大吉

7-1-9-7 清乾隆三十二年五月張厚楚立賣稅山契

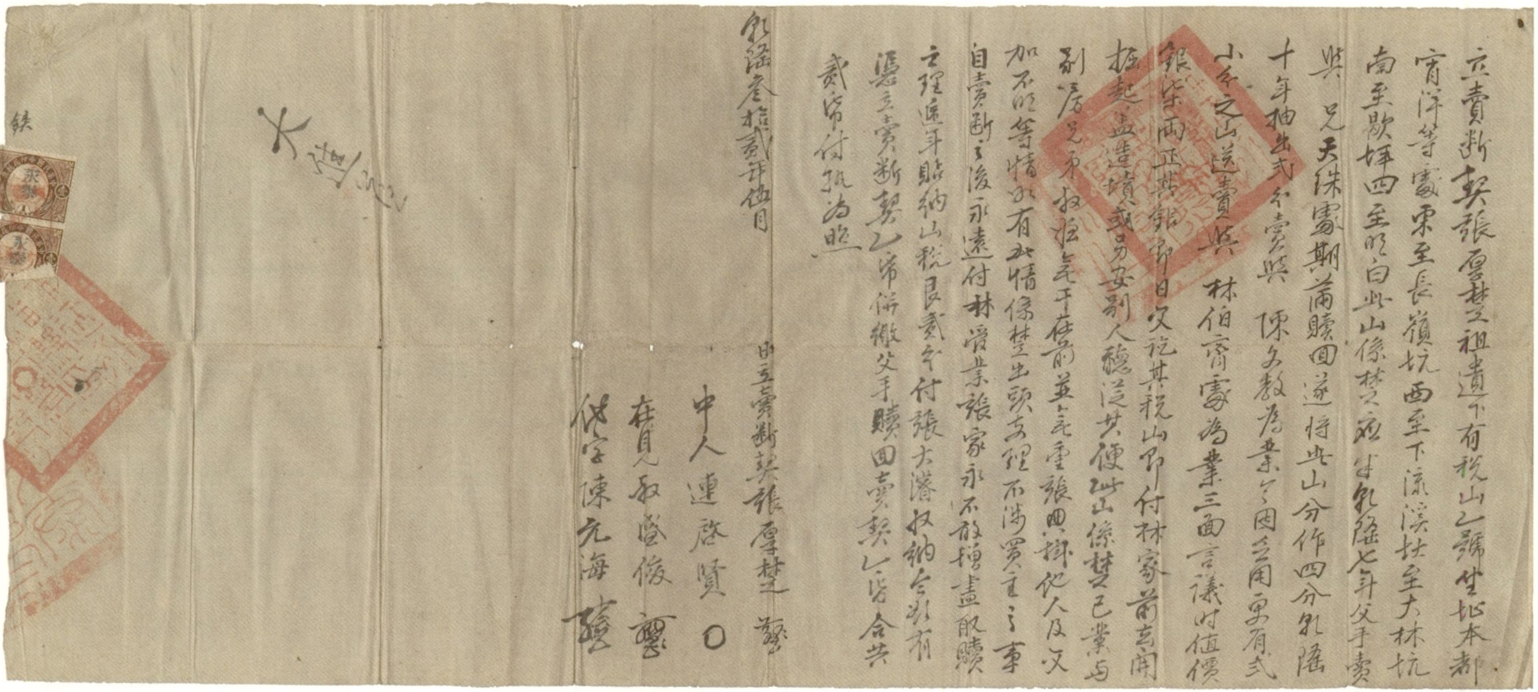
立賣斷契張厚楚之祖遺下有稅山乙號坐址本都
宵洋等處東至長嶺坑西至下流溪壯至大林坑
南至歇坪四至明白此山係楚之祖父于乾隆七年父手賣
與兄天珠處斯滿贖回遂將此山分作四分乾隆
十年抽出弍分賣與 陳名教為業今因乏用將有弍
分之山送賣與 林伯齊處為業三面言議時值價
銀柒兩正其銀即日交訖其稅山即付林家前去開
掘栽插盡造墳或另安別人聽從其便此山係楚己業与
別房兄弟叔侄無干在前並無重張典掛他人及交
加不明等情如有此情係楚出頭支理不涉買人之事
自賣斷之後永遠付林家管業張家永不敢增盡取贖
之理遞年貼納山稅艮弍分付張大潛收納今欲有
憑立賣斷契乙帋併繳父手贖回賣契乙帋合共
弍帋付執為照
乾隆叁拾弍年伍月 日
立賣斷契張厚楚（押）
中人 連啟賢（押）
在見叔 啟俊（押）
代字 陳允海（押）

7-1-9-8　清乾隆三十二年五月張厚楚立賣斷稅山契（紅契）

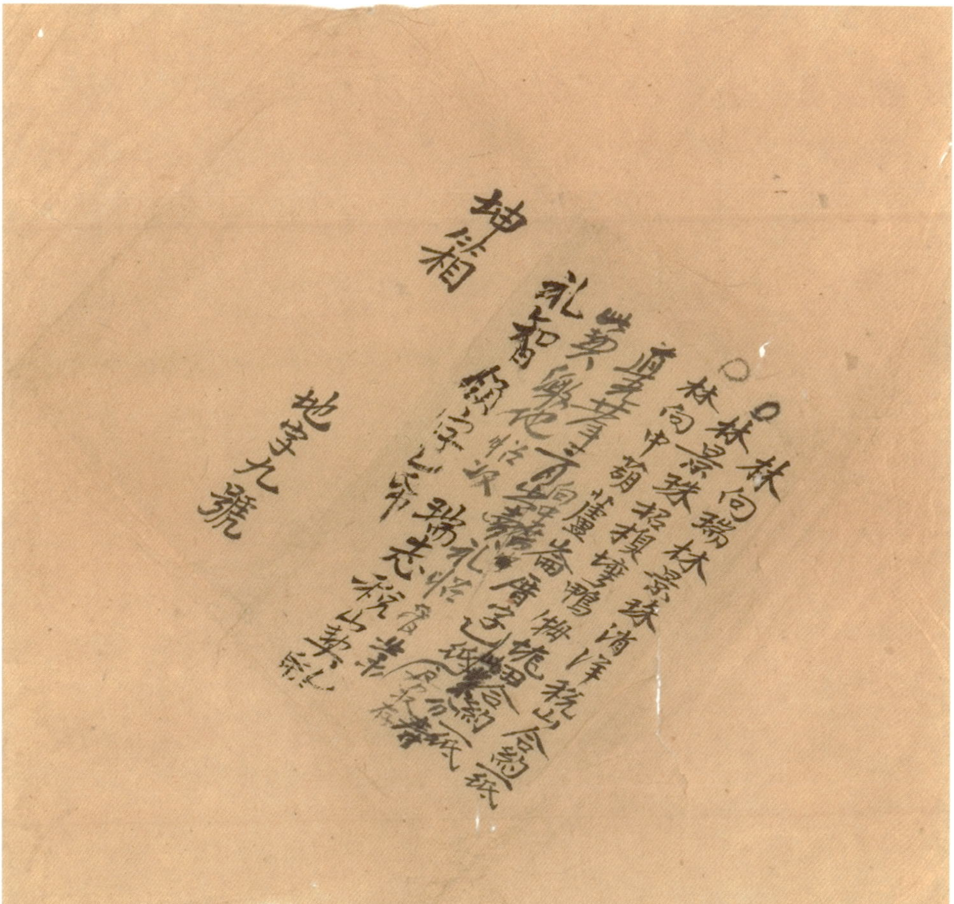

7-1-10-1　包契紙

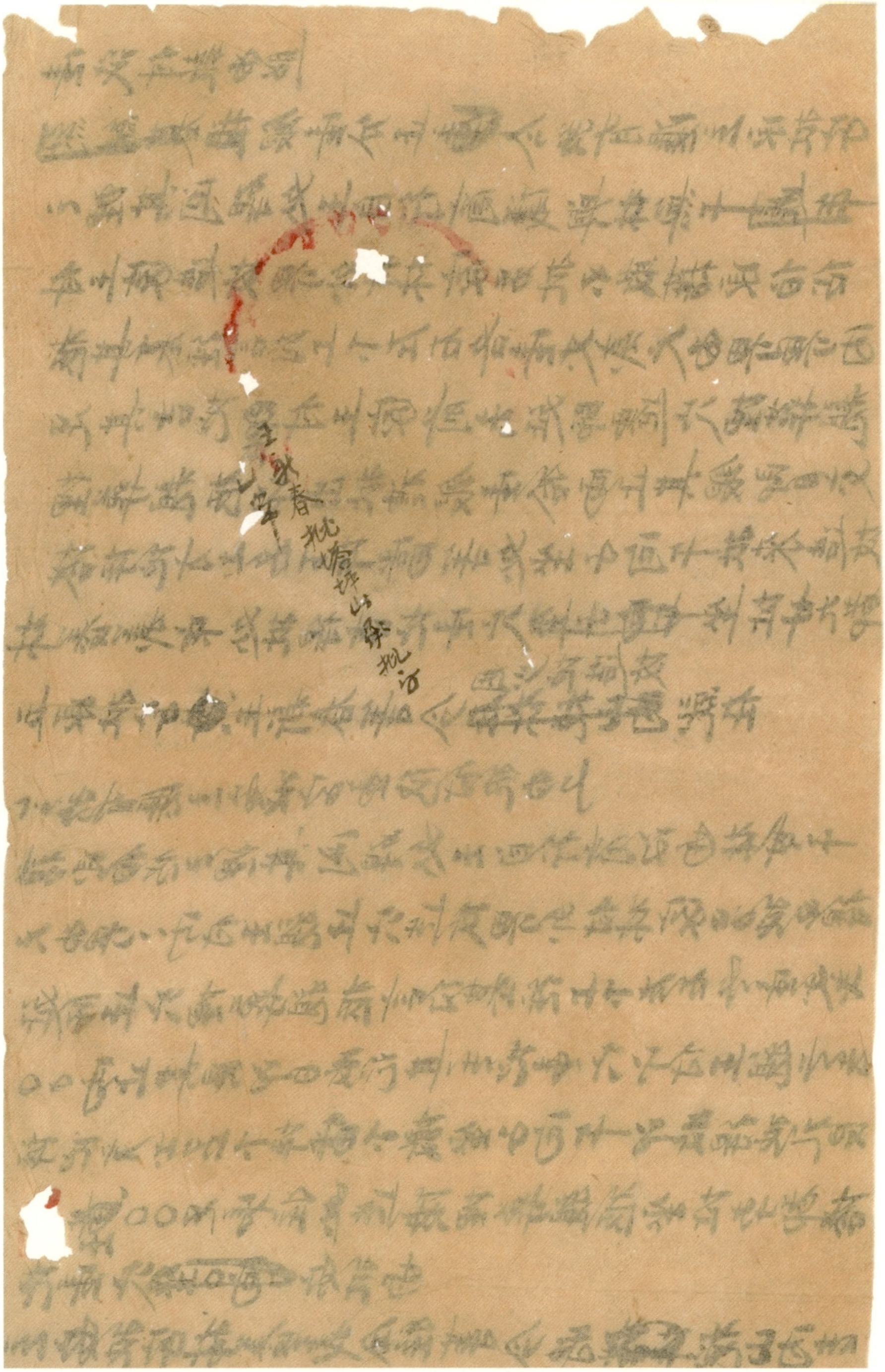

7-1-10-2 包契紙

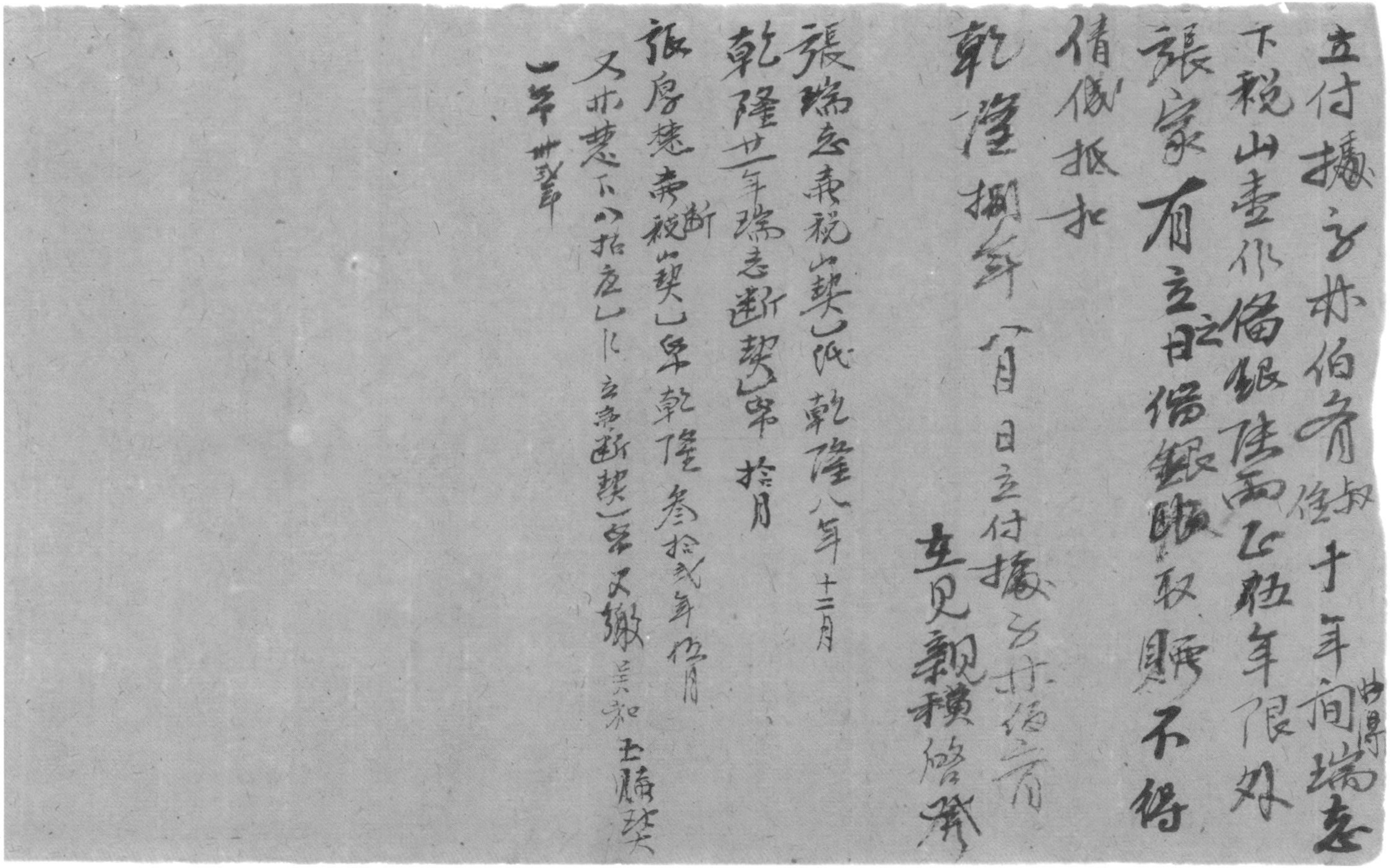
立付據字林伯齊侄叔于年間由得瑞志
下稅山壹作，備銀陸兩正。在年限外
張家有立日備銀贖取，贖不得
借儀抵扎。
乾隆捌年八月　日立付據字林伯齊
在見親積僧齊

張瑞志來稅山契一紙，乾隆八年十二月
乾隆廿一年瑞志斷契一紙，拾月
張房慈來稅山斷契一紙，乾隆叁拾貳年伍月
又林慈下八拾庄山仔立來斷契一紙，又繳吳和土隨契
一紙林[illegible]

7-1-10-3　清乾隆八年八月林伯齊立付據字

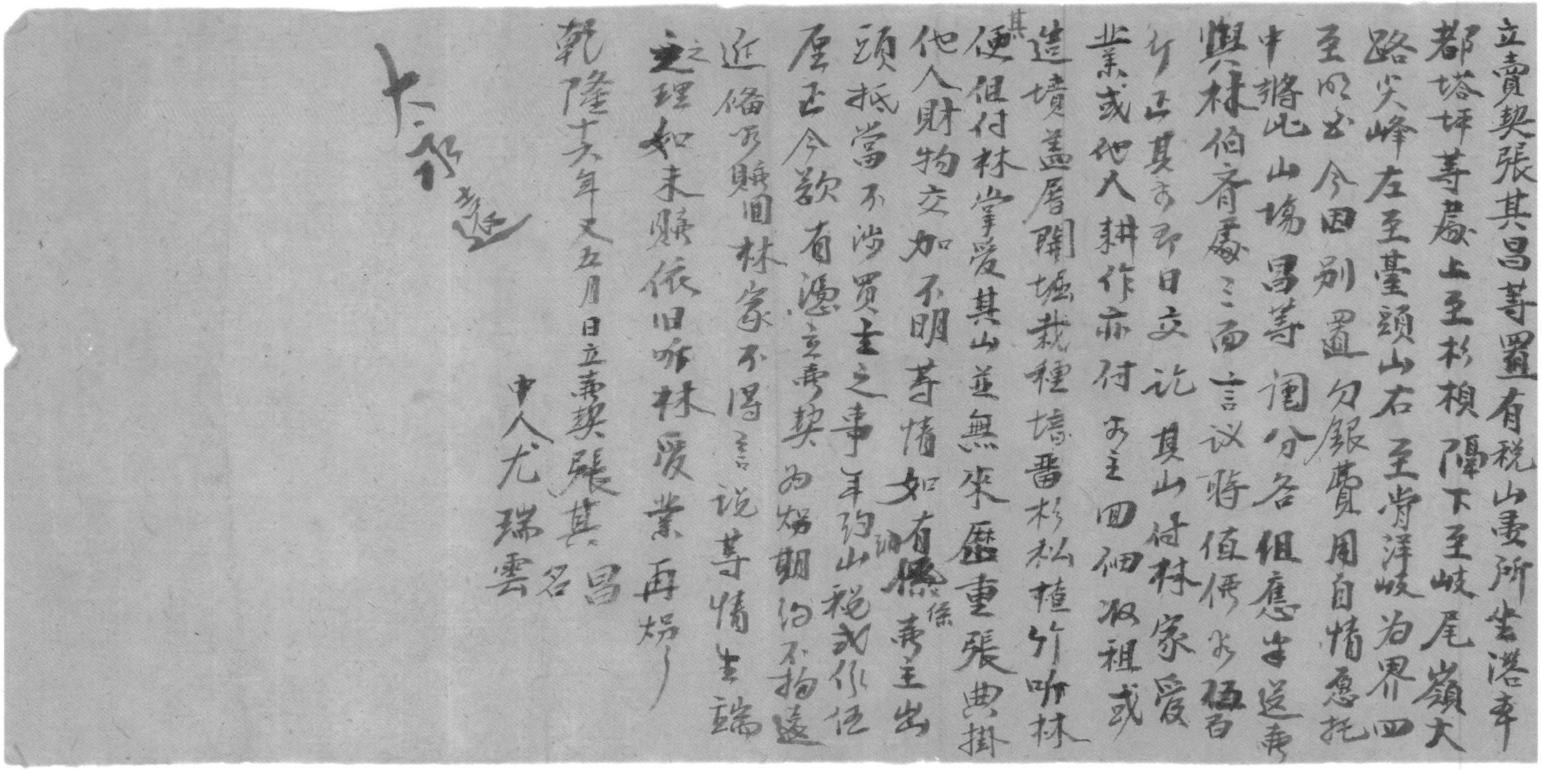
立賣契張其昌等置有稅山壹所坐落本
都塔坪等處上至杉樹隔下至岐尾嶺大
路尖峰左至臺頭山右至肖洋岐為界四
至明白今因別置乏銀費用自情愿托
中將此山場昌等閹分各租應出送賣
與林伯齊處三面言議時值價[illegible]兩
〇正其銀即日交訖其山付林家管
業或他人耕作亦付買主回佃收租或
造墳蓋屋開墾栽種培畨杉松植竹聽林
其便但付林掌管其山並無來歷重張典掛
他人財物交加不明等情如有來歷不明係賣主出
頭抵當不涉買主之事耳約山稅或作任
屋正今欲有憑立賣契為炤願約不拘遠
近備銀贖回林家不得言說等情生端
之理如未贖依旧聽林管業再炤
乾隆十六年閏五月日立賣契張其昌
名
中人尤瑞雲
大吉 遂

7-1-10-4　清乾隆十六年閏五月張其昌等立賣稅山契

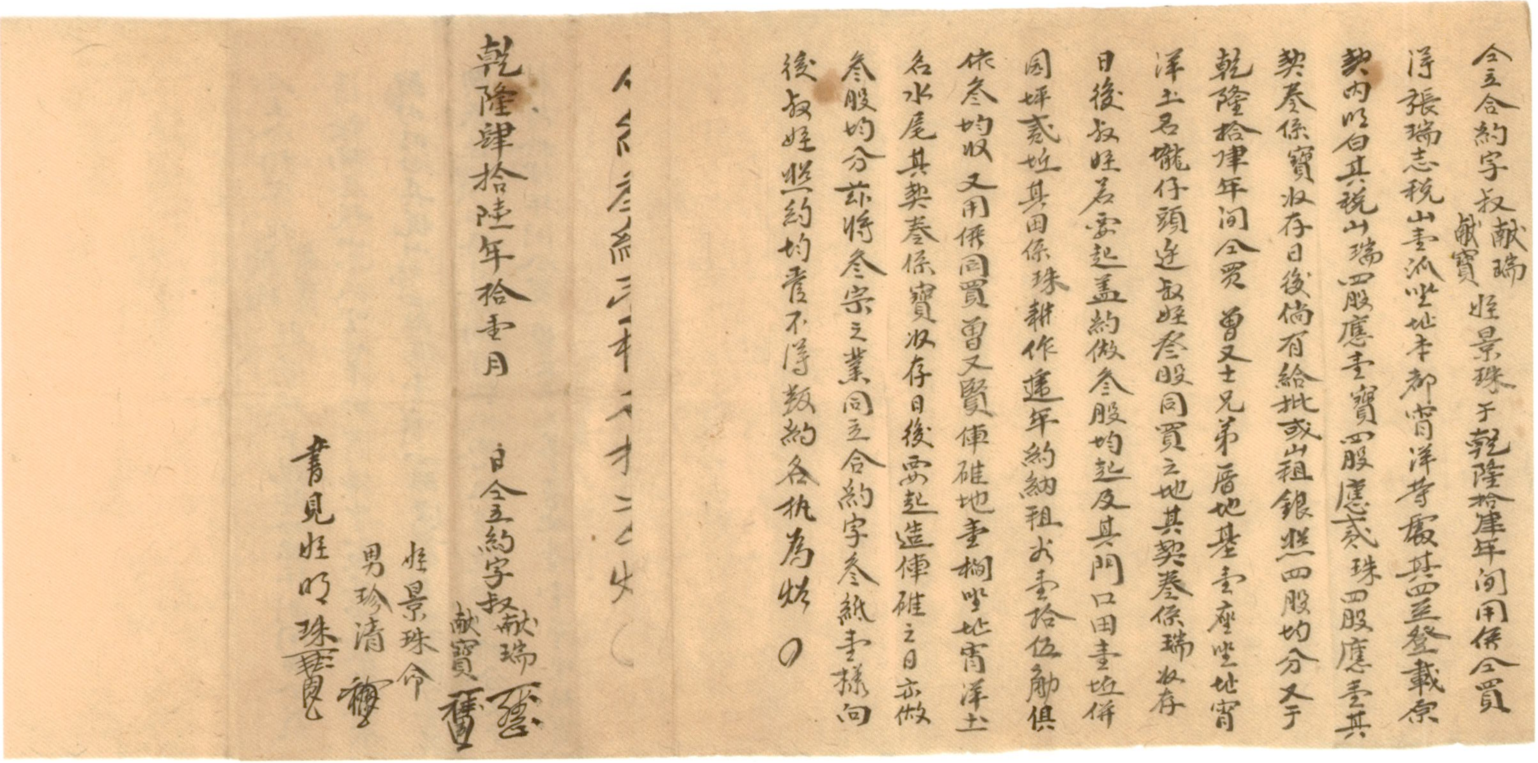

全立合約字叔獻瑞 獻寶 姪景珠 于乾隆拾肆年間用價仝買
得張瑞志税山壹派坐址本都宵洋等處其四至登載原
契内明白其税山瑞四股應壹 寶四股應貳 珠四股應壹其
契叁係寶收存日後倘有給批或山租銀照四股均分又于
乾隆拾肆年間仝買 曾文士兄弟厝地基壹座坐址宵
洋土名巃仔頭迸叔姪叁股同買之地其契叁係瑞收存
日後叔姪若要起蓋約做叁股均起及其門口田壹坵併
園坪貳坵其田係珠耕作逓年約納租穀壹拾伍觔俱
依叁均收 又用價同買曾文賢俥碓地壹掏坐址宵洋土
名水尾其契叁係寶收存日後要起造俥碓之日亦做
叁股均分亦將叁宗之業同立合約字叁紙壹樣向
後叔姪照約均管不得叛約各執為炤 ○

乾隆肆拾陸年拾壹月　日全立合約字叔獻瑞（押）
獻寶（押）
姪景珠（押）
男珍清（押）
書見姪明珠（押）

7-1-10-5　清乾隆四十六年十一月林獻瑞等立合約字

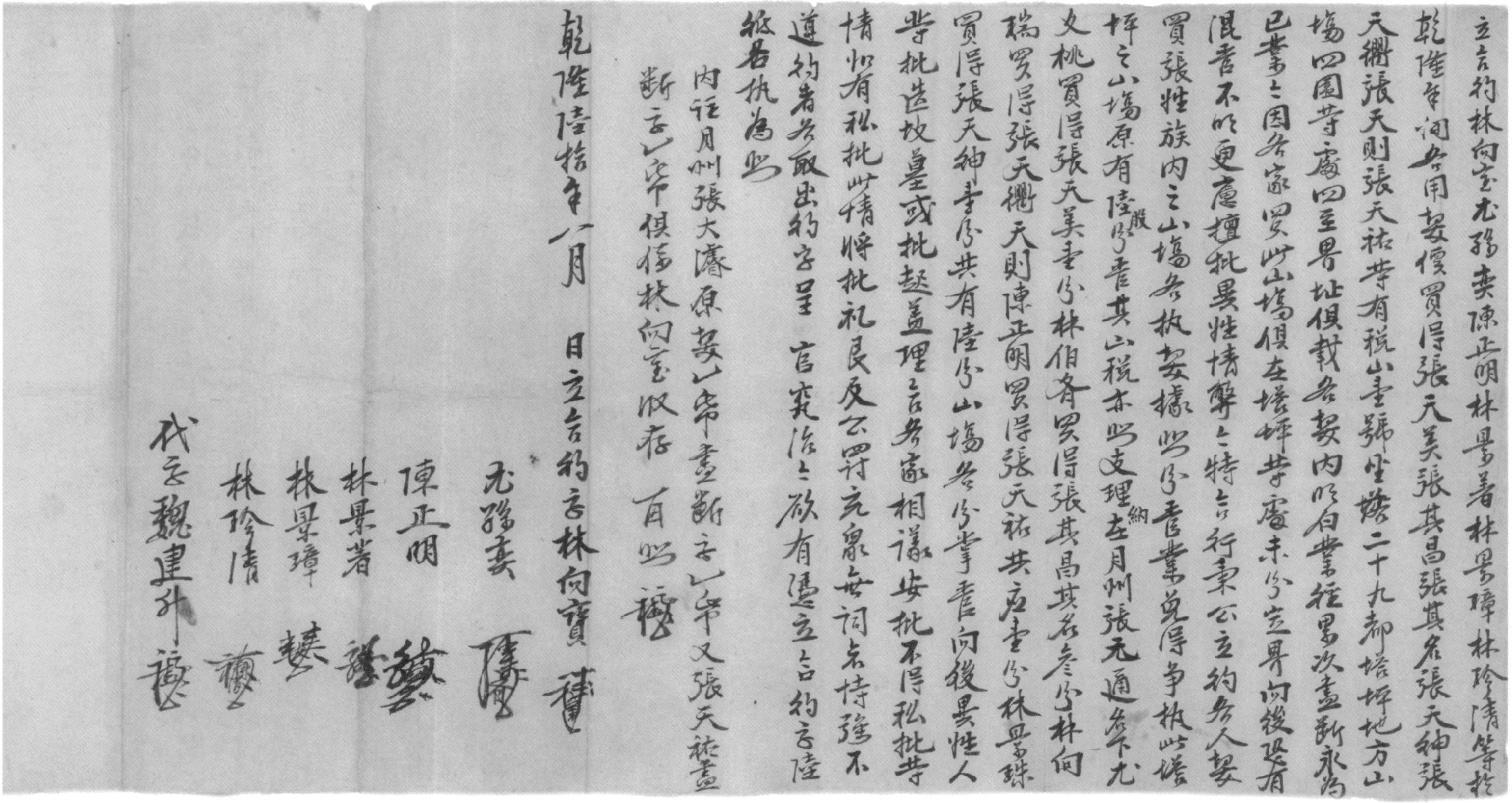

立合約林向寶尤務奕陳正明林畀著林畀璋林玲清等於
乾隆年間合用契價買得張天美張其昌張其名張天紳張
天欄張天則張天祐等有税山壹號坐落二十九都塔坪地方山
場四圍等處四至界址俱載各契內明白業經累次盡斷永為
己業。因各家買此山場俱在塔坪等處未分定界，向後恐有
混書不明，更慮擅批異姓情弊，特合行秉公立約。各人契
買張姓族內之山場各執契據照分管業，毋得爭執。此塔
坪之山場原有陸股，分壹其山税亦照支理，納在月州張元通名下。尤
文桃買得張天美壹分，林伯脊買得張其昌其名叁分，林向
瑞買得張天欄天則，陳正明買得張天祐共應壹分，林畀琛
買得張天紳壹分，共有陸分山場各分掌壹。向後異姓人
等批造坟墓或批起蓋埋葬，各家相議妥批，不得私批等
情。如有私批，此情將批札追及公罰充衆無詞，亦恃強不
遵約者，各赴出約字呈 官究治。欲有憑，立合約字陸
紙，各執為照。
內在月州張大濟原契山帋壹斷字山帋又張天祐壹
斷字山帋俱係林向寶收存 再照

乾隆陸拾年八月　日立合約字林向寶
尤務奕
陳正明
林畀著
林畀璋
林玲清
代字魏建升

7-1-10-6　清乾隆六十年八月林向寶等立合約字

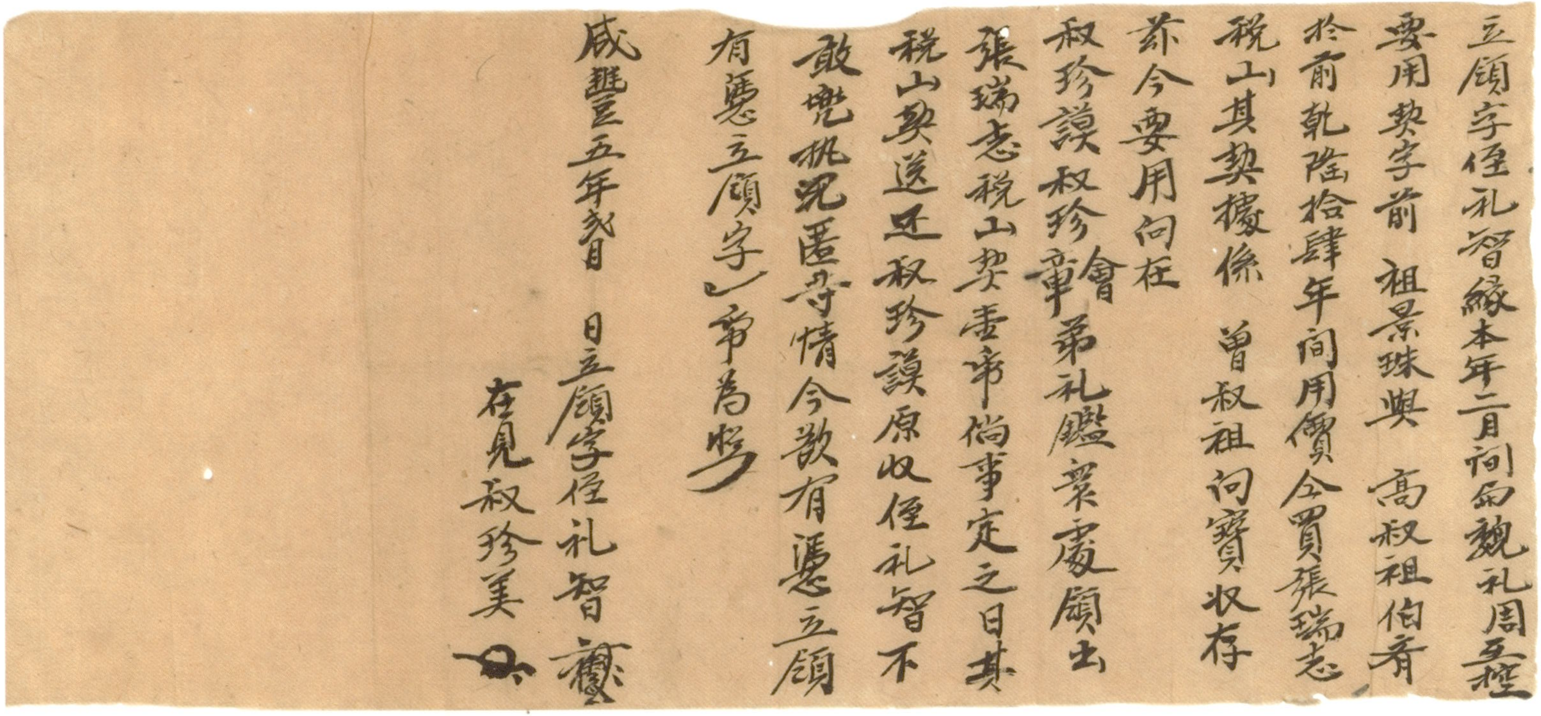
立領字侄礼智緣本年二月間向觀礼周叔
要用契字前　祖景珠與　高叔祖伯肴
於前乾隆拾肆年間用價金買張瑞志
稅山其契據係　曾叔祖向寶收存
茲今要用向在
叔珍謨叔珍會章弟礼鑑業處領出
張瑞志稅山契壹帋尚事定之日其
稅山契送還叔珍謨原收侄礼智不
敢兜批況匿等情今欲有憑立領
有憑立領字一帋爲炤
咸豐五年二月　日立領字侄礼智（押）
在見叔珍美（押）

7-1-10-7　清咸豐五年二月林礼智立領契字

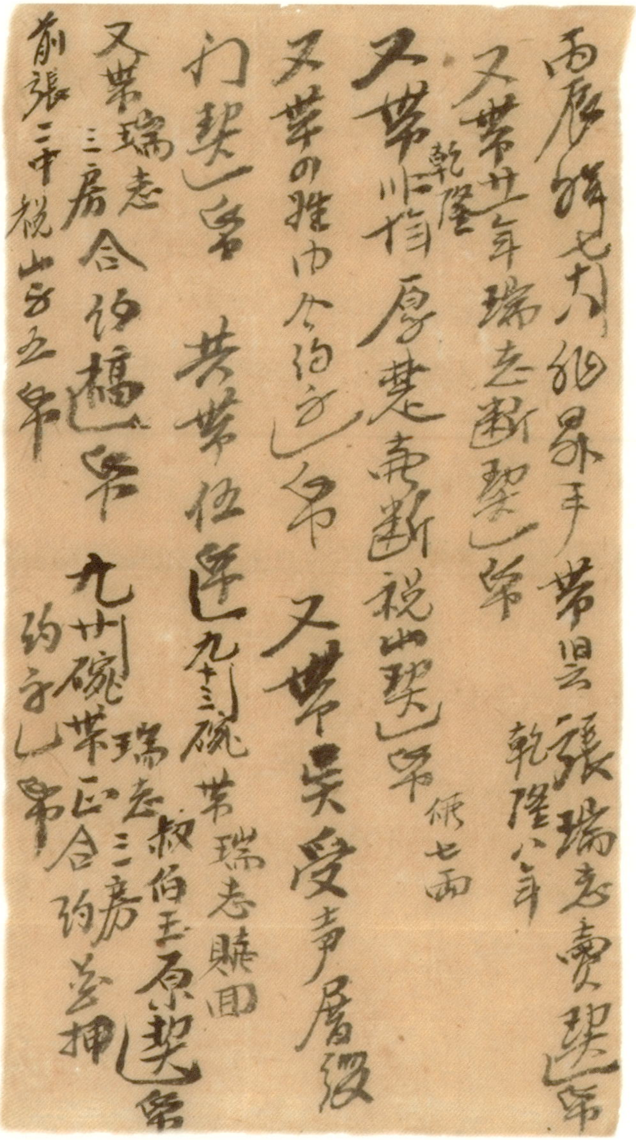

7-1-10-8　民國五年七月山場契約清單

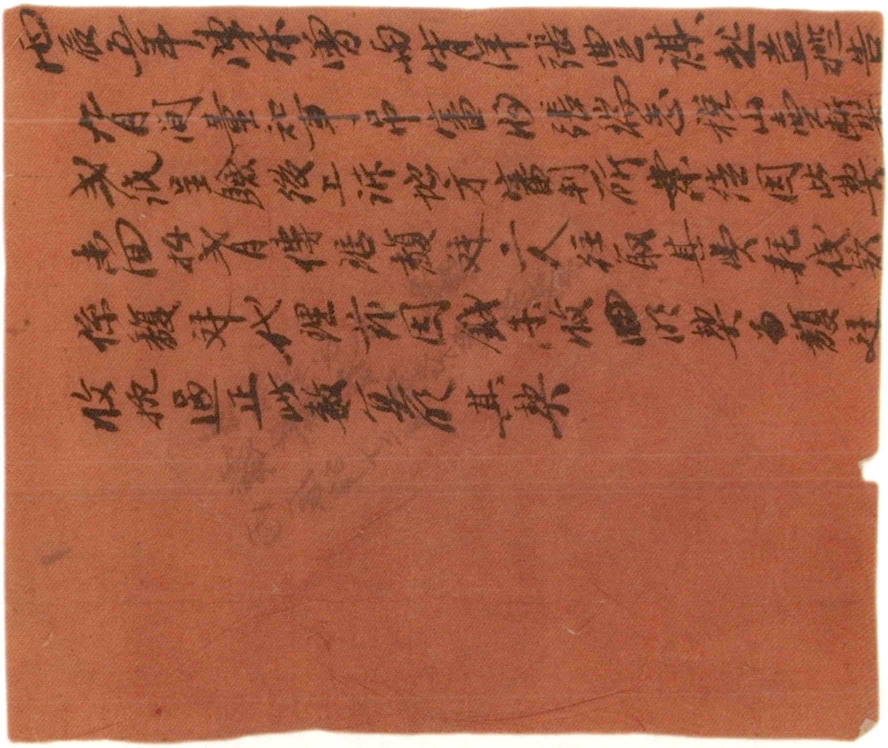

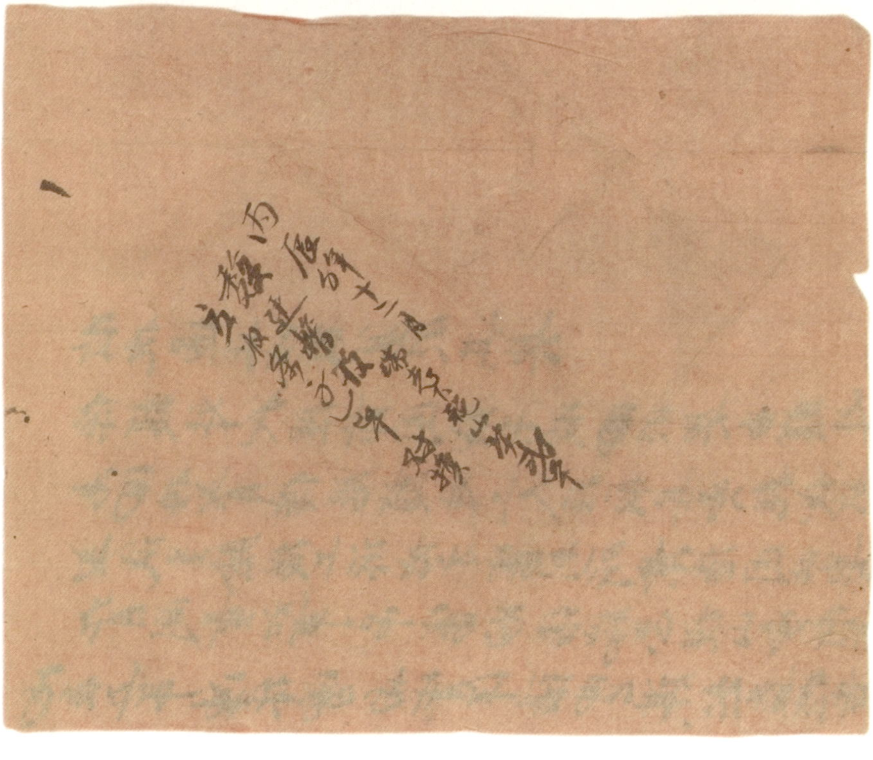

7-1-10-9　民國五年十二月林馥廷立收契字

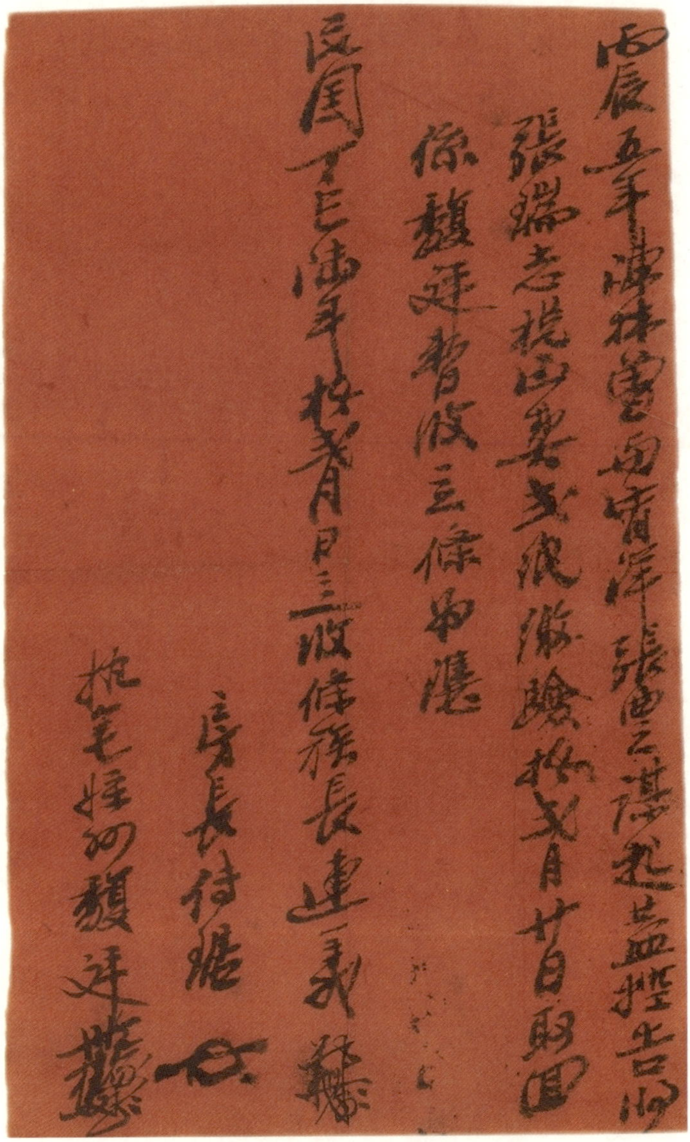

7-1-10-10　民國六年十二月林連義立收契條

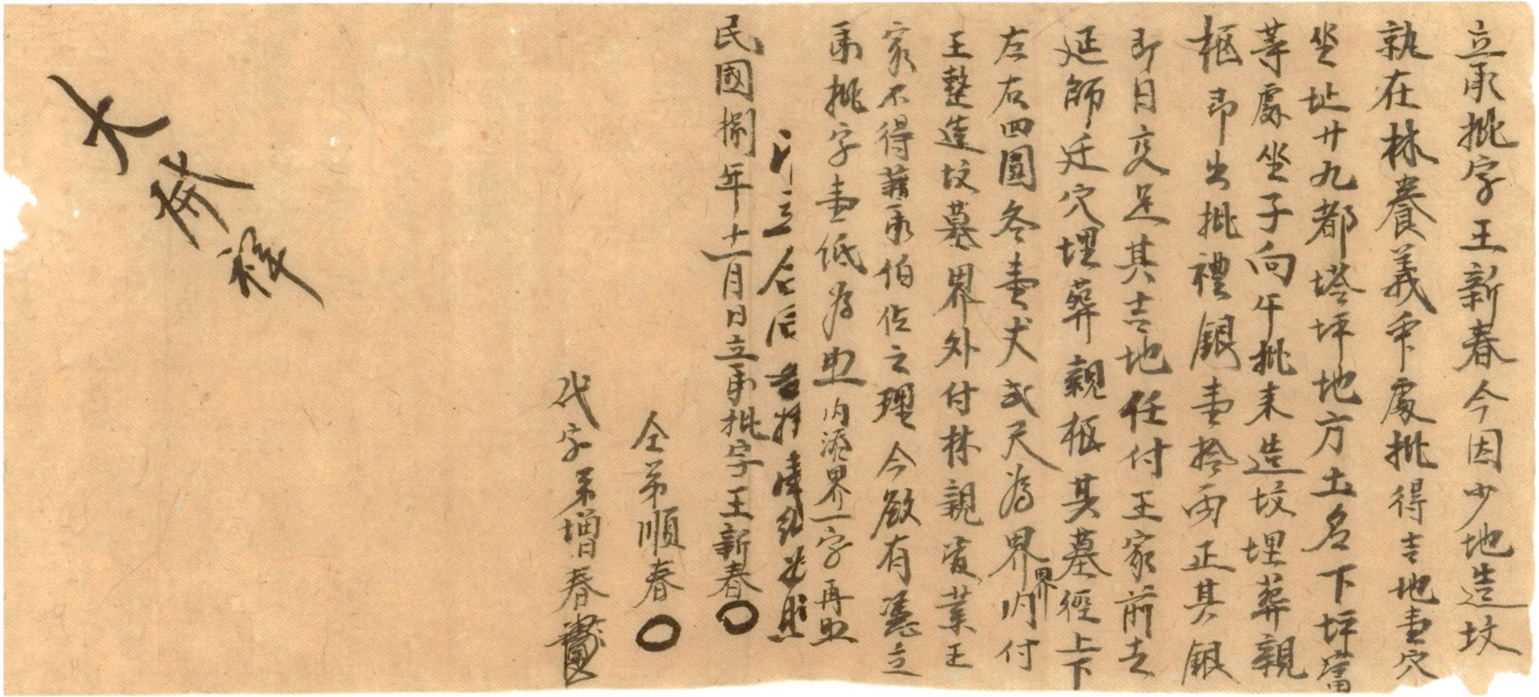

立承批字王新春今因少地造坟
執在林養義手處批得吉地壹穴
坐址廿九都塔坪地方土名下坪當
等處坐子向午批來造坟埋葬親
柩即出批禮銀壹拾兩正其銀
即日交足其吉地任付王家前去
延師廷穴埋葬親柩其墓經上下
左右四圍各壹丈式尺為界（界）內付
王整造坟墓界外付林親管業王
家不得藉承伯佐之理今欲有憑立
承批字壹紙為照　內添界一字再照
民國捌年十一月日立承批字王新春〇
仝弟順春〇
代字弟增春書
大發積

7-1-10-11　民國八年十一月王新春等立承批吉地字

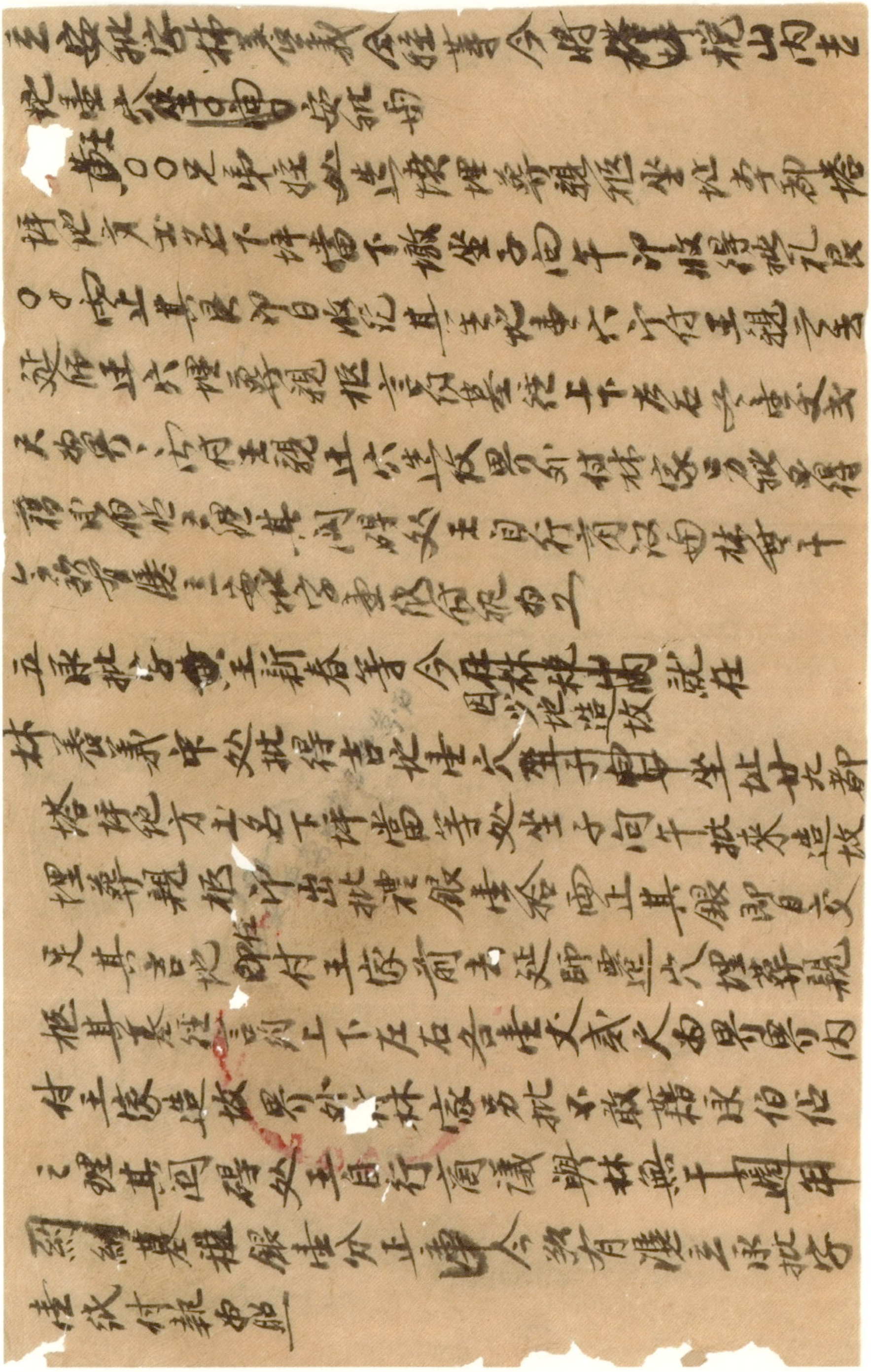

7-1-10-12　晚清民國林養義立安批吉地字（草契）

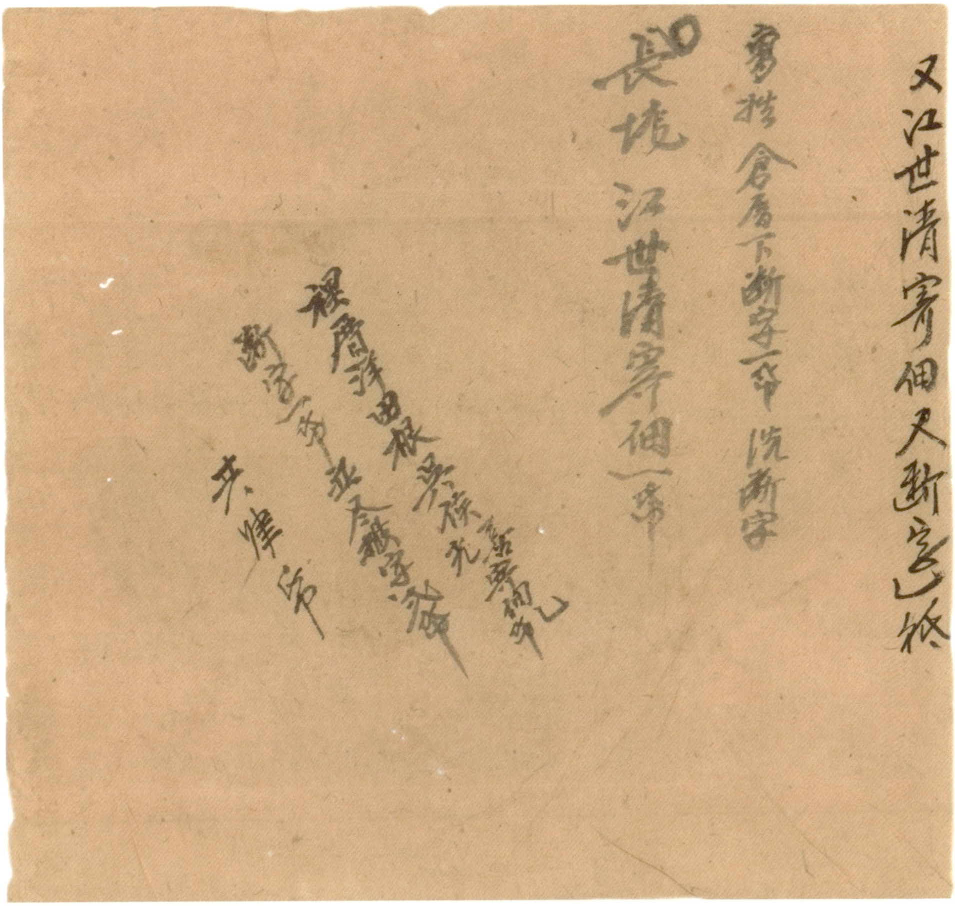
又江世清寄佃又斷字紙
舊推倉屑下斷字一帋 洗斷字
長坑 江世清寄佃一帋
祿唐洋田根契 祿先 寄佃一帋
斷字一帋 [illegible] 又斷字 [illegible]
共肆帋

7-1-11-1　包契紙

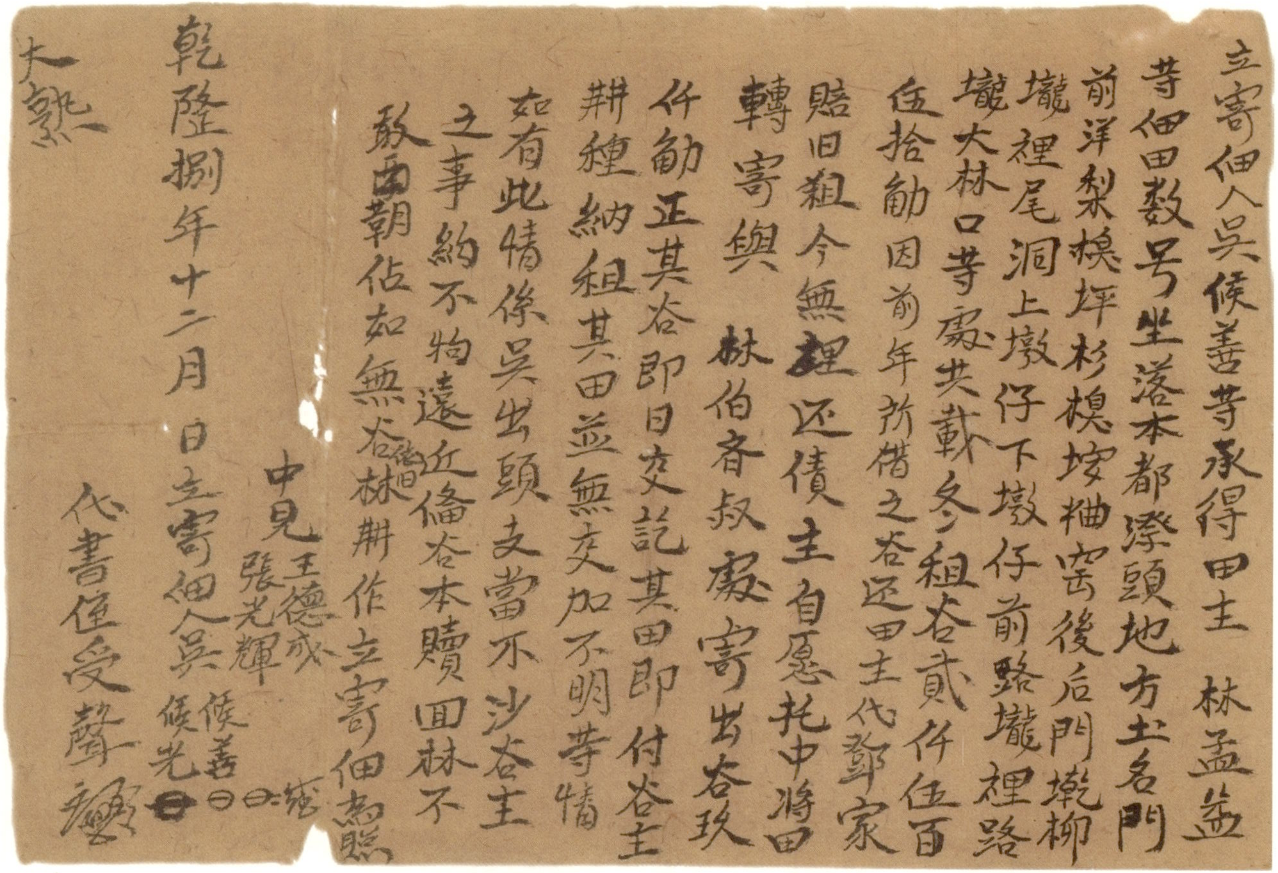

立寄佃人吳侯善等承得田主　林孟益
寺佃田數號坐落本都漈頭地方土名門
前洋梨模坪杉模垵柚窑後后門墘柳
壠裡尾洞上墩仔下墩仔前路壠裡路
壠大林口寺處共載冬租谷貳仟伍百
伍拾觔因前年所借之谷还田主代鄧家
賠旧租今無理还債主自愿托中將田
轉寄與　林伯爹叔處寄出谷玖
仟觔正其谷即日交訖其田即付谷主
耕種納租其田並無交加不明等情
如有此情係吳出頭支當不涉谷主
之事約不拘遠近備谷本贖回林不
敢[illegible]朝佔如無谷備佃林耕作立寄佃為照
中見　王德成　張光輝
乾隆捌年十二月　日立寄佃人吳侯善　侯光
代書侄受聲
大號

7-1-11-2　清乾隆八年十二月吳侯善等立寄佃田字

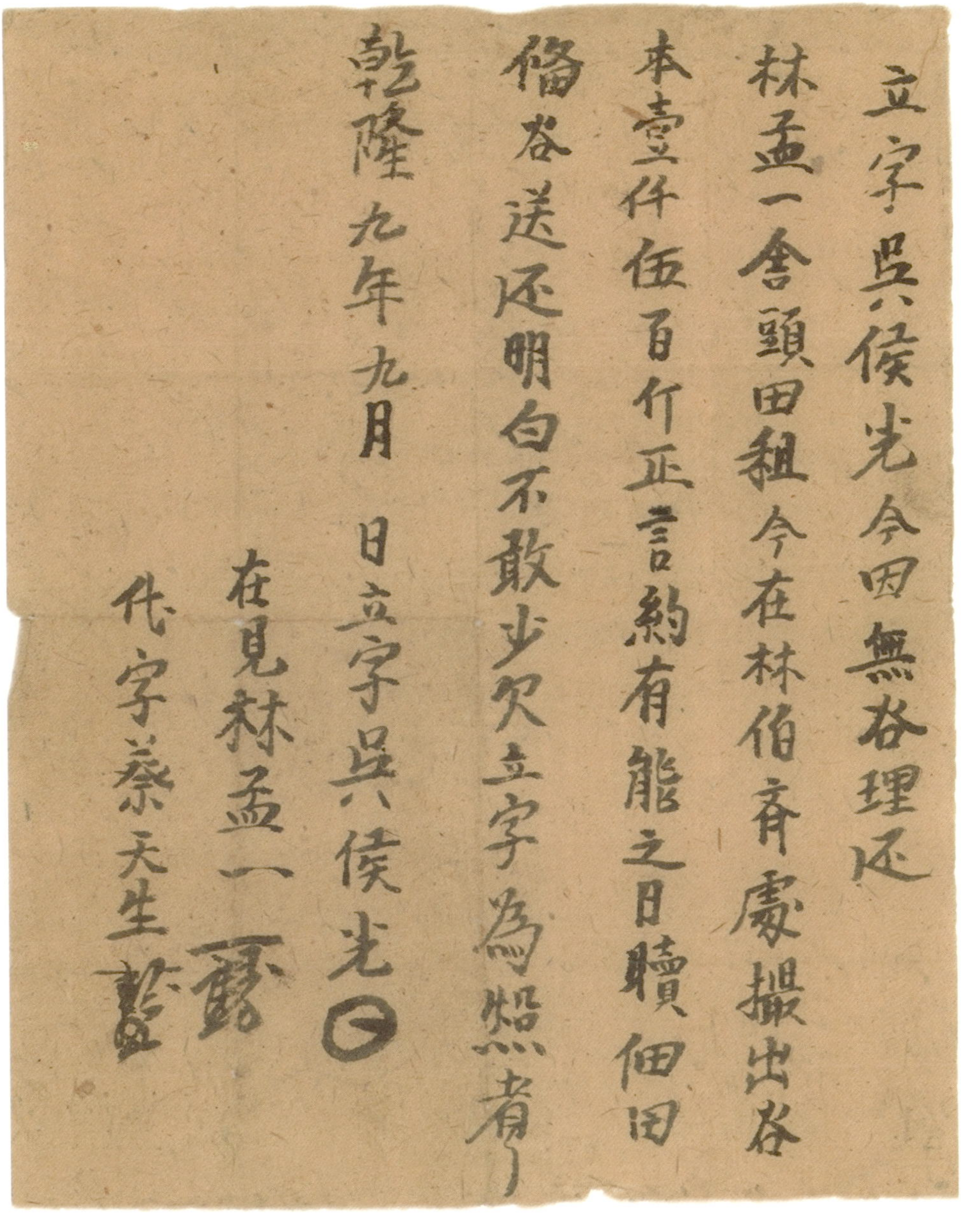
立字吴侯光今因無谷理还
林孟一舍頭田租今在林伯齊處撮出谷
本壹仟伍百斤正言約有能之日贖佃田
偹谷送还明白不敢少欠立字為照者
乾隆九年九月　日立字吴侯光〇
在見林孟一
代字蔡天生

7-1-11-3　清乾隆九年九月吴侯光立寄佃田撮穀字

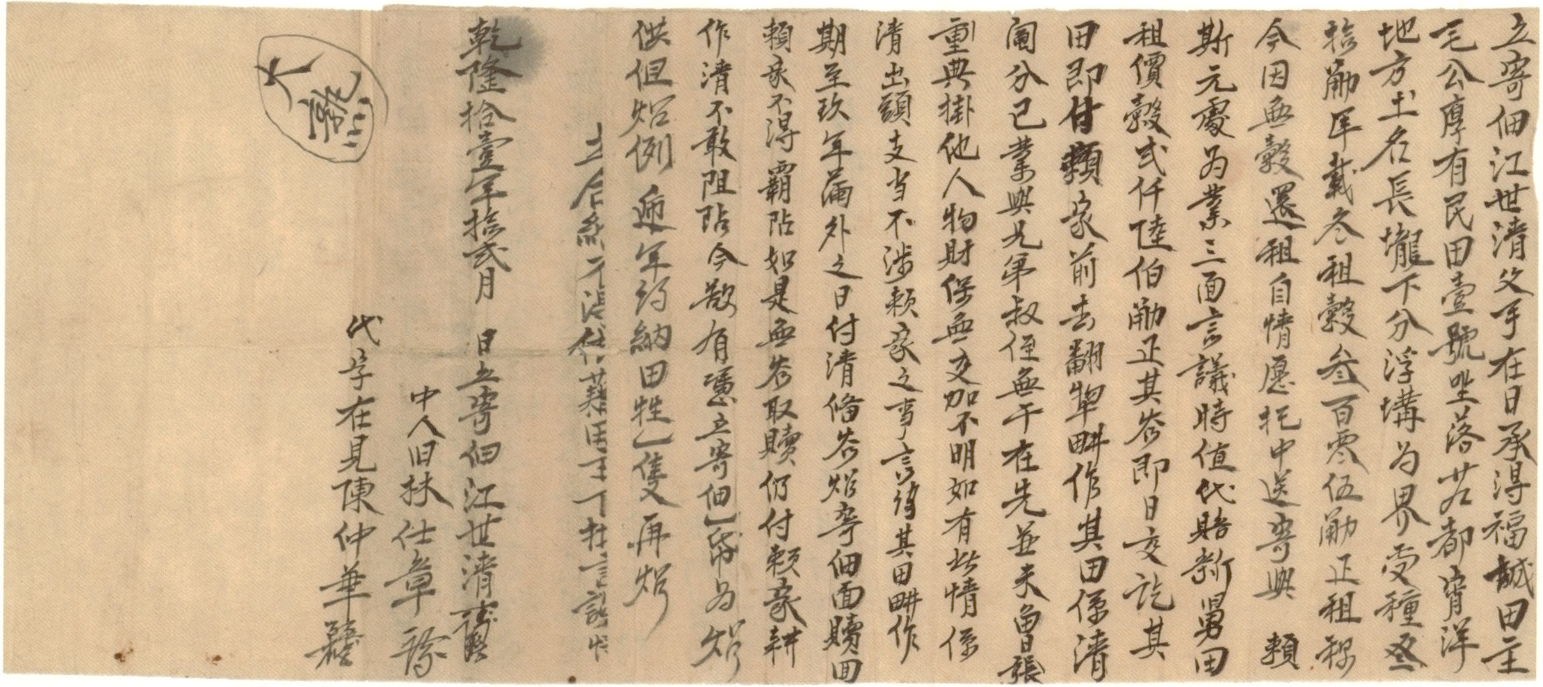
立寄佃江世清父手在日承得福臧田主
毛公厚有民田壹號坐落廿都資洋
地方土名長壠下分浮溝為界受種叁
粒廂年載冬租穀叁百零伍觔正租稅
今因無穀還租自情愿托中送寄與 賴
斯元處為業三面言議時值佃賠割男田
租價穀弍仟陸伯觔正其穀即日交訖其
田即付賴家前去翻犁耕作其田係清
鬮分己業與兄弟叔侄無干在先並未曾張
重典掛他人物財係無交加不明如有此情係
清出頭支当不涉賴家之事今言約其田耕作
期至玖年滿外之日付清備价寄佃面贖田
賴家不得霸阻如是無价取贖仍付賴家耕
作清不敢阻阻今欲有憑立寄佃田字為炤
但炤例遞年約納田牲一隻再炤
乾隆拾壹年拾弍月 日立寄佃江世清
中人旧林仕章
代字在見陳仲華

7-1-11-4　清乾隆十一年十二月江世清立寄佃民田字

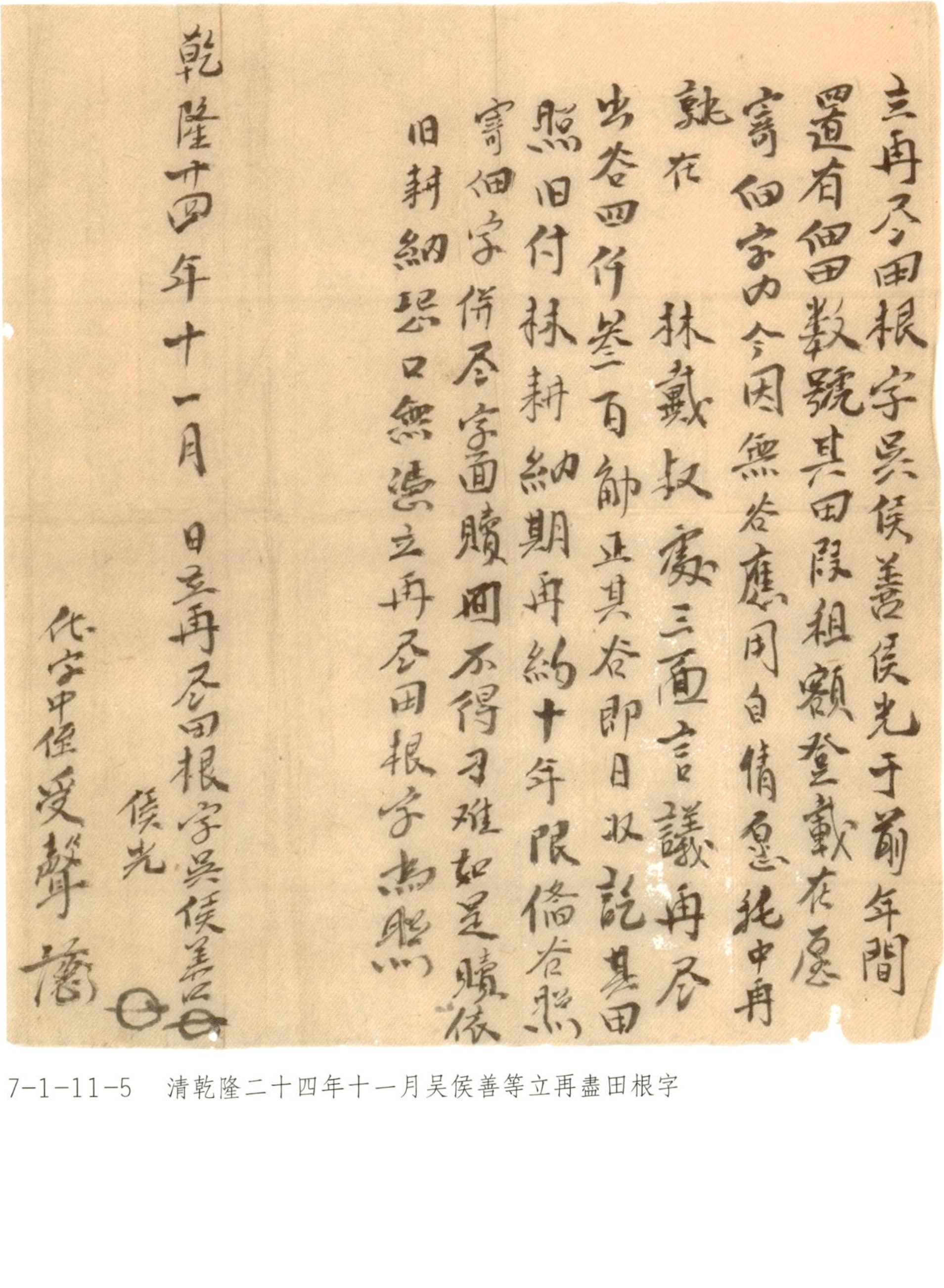

立再盡田根字吳侯善、侯光，于前年間置有佃田數號，其田段、租額登載在原寄佃字內。今因無銀應用，自情愿托中再就在林戴叔處三面言議，再盡出銀四仟叁百節正，其銀即日收訖。其田照旧付林耕納，期再約十年限，備銀照寄佃字併盡字面贖回，不得刁难。如是贖，依旧耕納。恐口無憑，立再盡田根字為照。

乾隆廿四年十一月 日立再盡田根字吳侯善（押）
侯光（押）
代字中保 受聲（押）

7-1-11-5　清乾隆二十四年十一月吴侯善等立再盡田根字

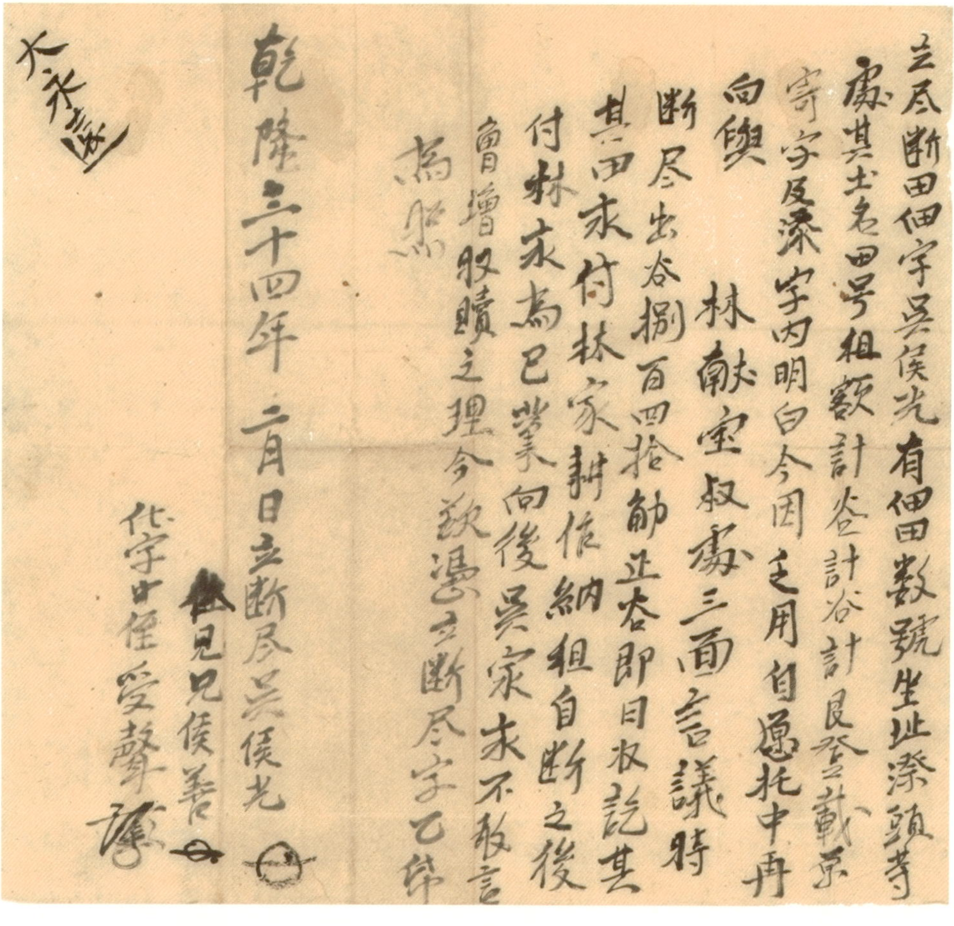
立盡斷佃田字吴侯光有佃田數號坐址漈頭寺
處其土名田号租額計谷計谷計艮叁拾載京
寄字及漈字内明白今因乏用自愿托中再
向與　林獻寶叔處三面言議特
斷盡出谷捌百四拾觔正谷即日收訖其
其田永付林家耕作納租自斷之後
付林家為己業向後吴家永不敢言
曾增收贖之理今欲憑立斷盡字乙紙
為照
乾隆三十四年　二月日立斷盡吴侯光
在見兄侯善
代字叔侄愛聲
大永遂

7-1-11-6　清乾隆三十四年二月吴侯光立盡斷佃田字

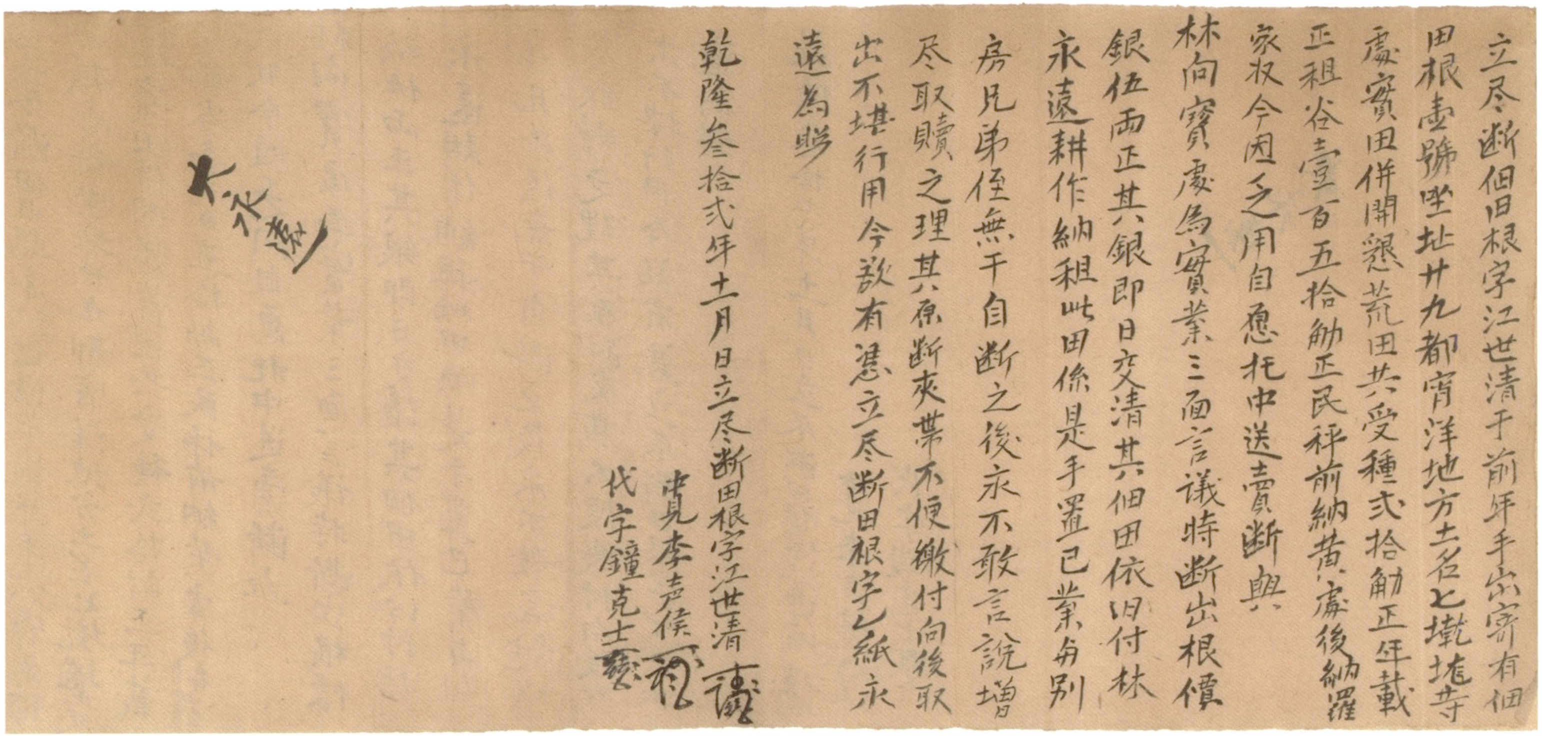
立盡斷佃田根字江世清于前年手出寄有佃
田根壹號坐址廿九都宵洋地方土名乜墘墘寺
處實田併開墾荒田共受種式拾觔正年載
正租谷壹百五拾觔正民秤前納黃唐後納羅
家收今因乏用自愿托中送賣斷與
林向寶處為實業三面言議時斷出根價
銀伍兩正其銀即日交清其佃田依旧付林
永遠耕作納租此田係是手置己業弟別
房兄弟侄無干自斷之後永不敢言說增
盡取贖之理其原斷來帶不便繳付向後取
出不堪行用今欲有憑立盡斷田根字乙紙永
遠為照
乾隆叁拾式年十一月日立盡斷田根字江世清
見李声侯
代字鐘克士
大永遠

7-1-11-7　清乾隆三十二年十一月江世清立盡斷佃田根字

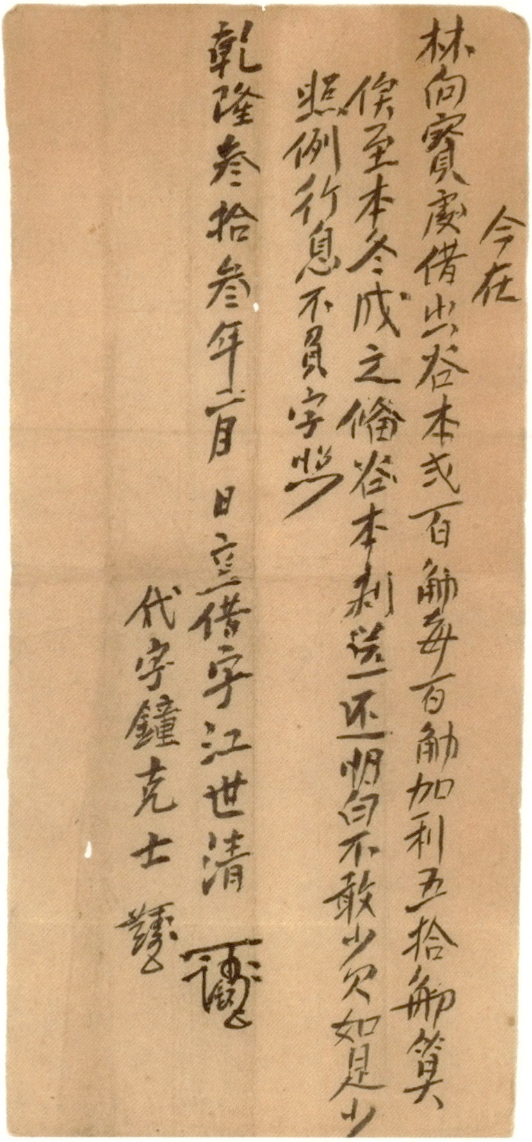

今在
林向寶處借出谷本弍百觔每百觔加利五拾觔算
俟至本冬成之俻谷本利送一還明白不敢少欠如是少
照例行息不負字照
乾隆叁拾叁年二月　日立借字江世清
代字鐘克士

7-1-11-8　清乾隆三十三年二月江世清立借穀字

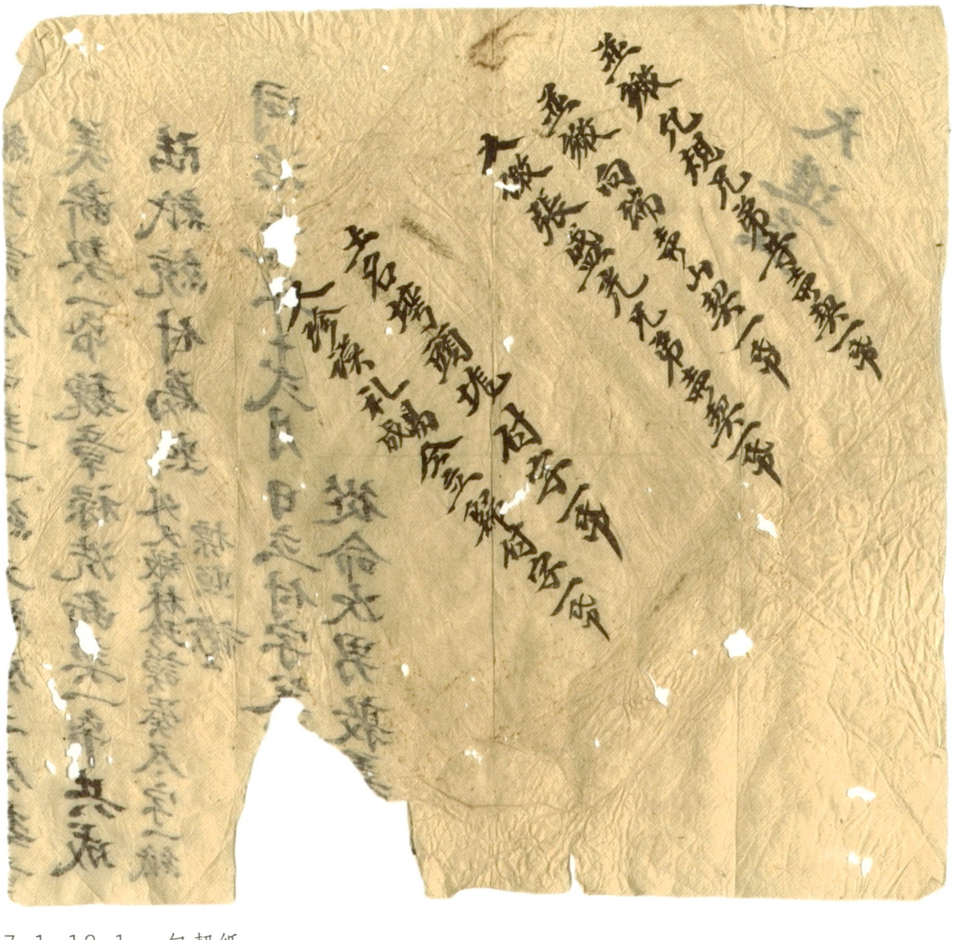

7-1-12-1　包契紙

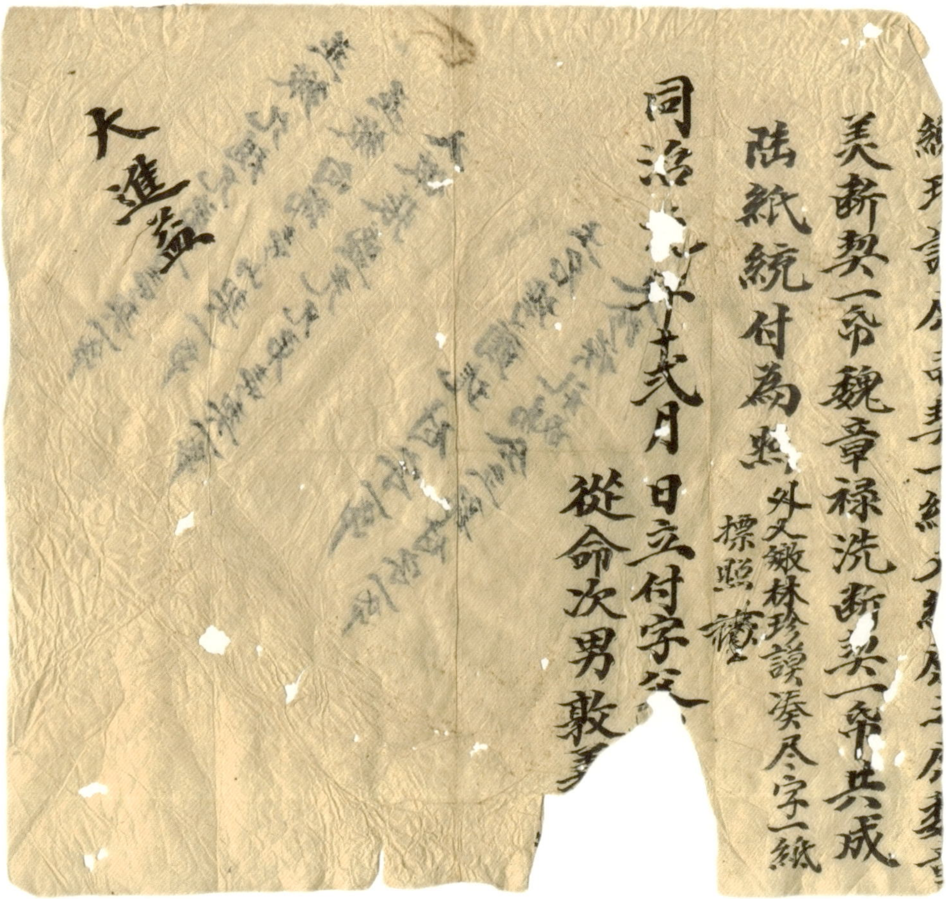
美斷契一帋魏章禄洗斷契一帋共成
陆紙統付為照　外又缴林珍謨凑尽字一紙
標照據
同治[illegible]年十弍月　日立付字父[illegible]
從命次男敦[illegible]
大進益

7-1-12-2　包契紙

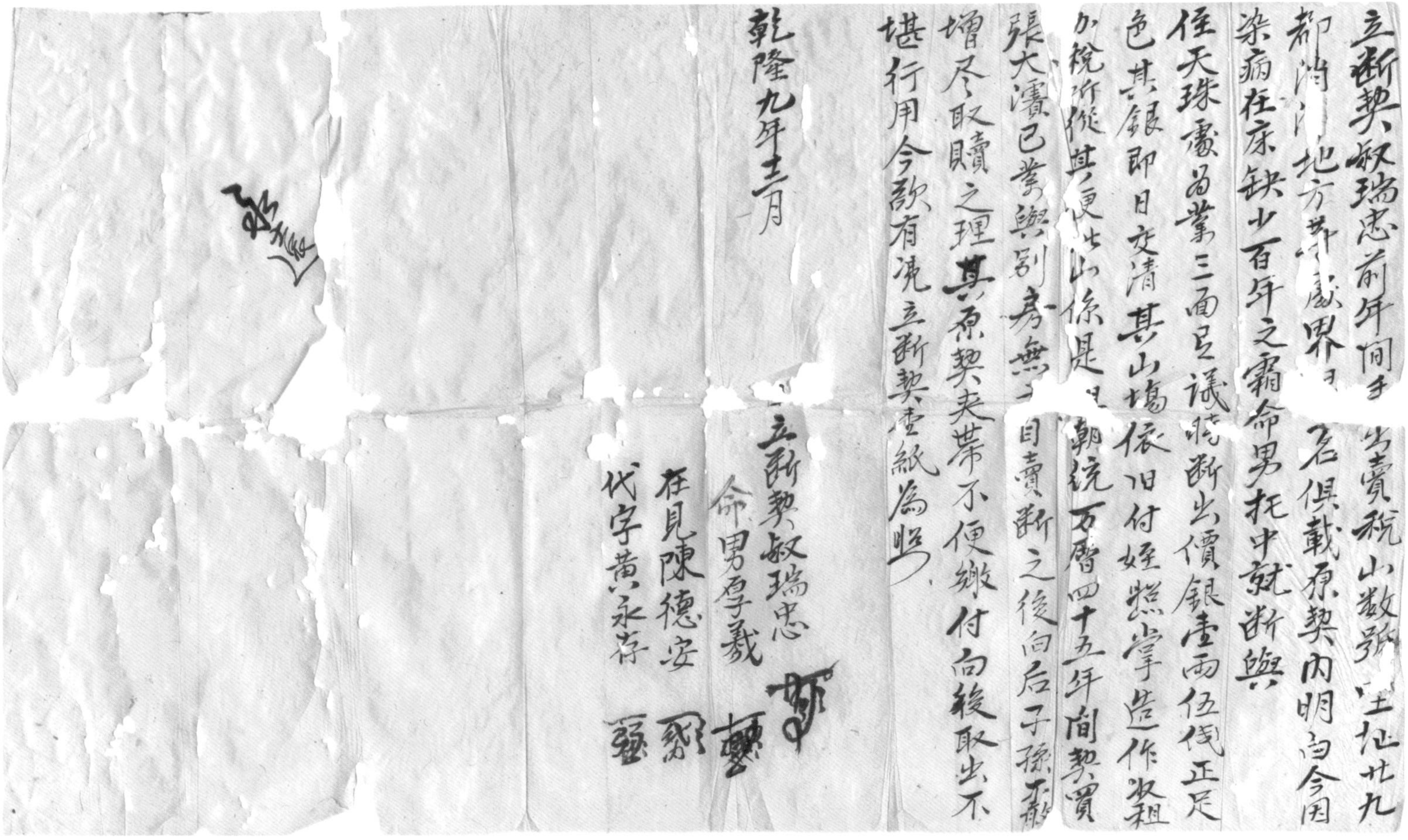

7-1-12-3　清乾隆九年十二月張瑞忠立斷稅山契

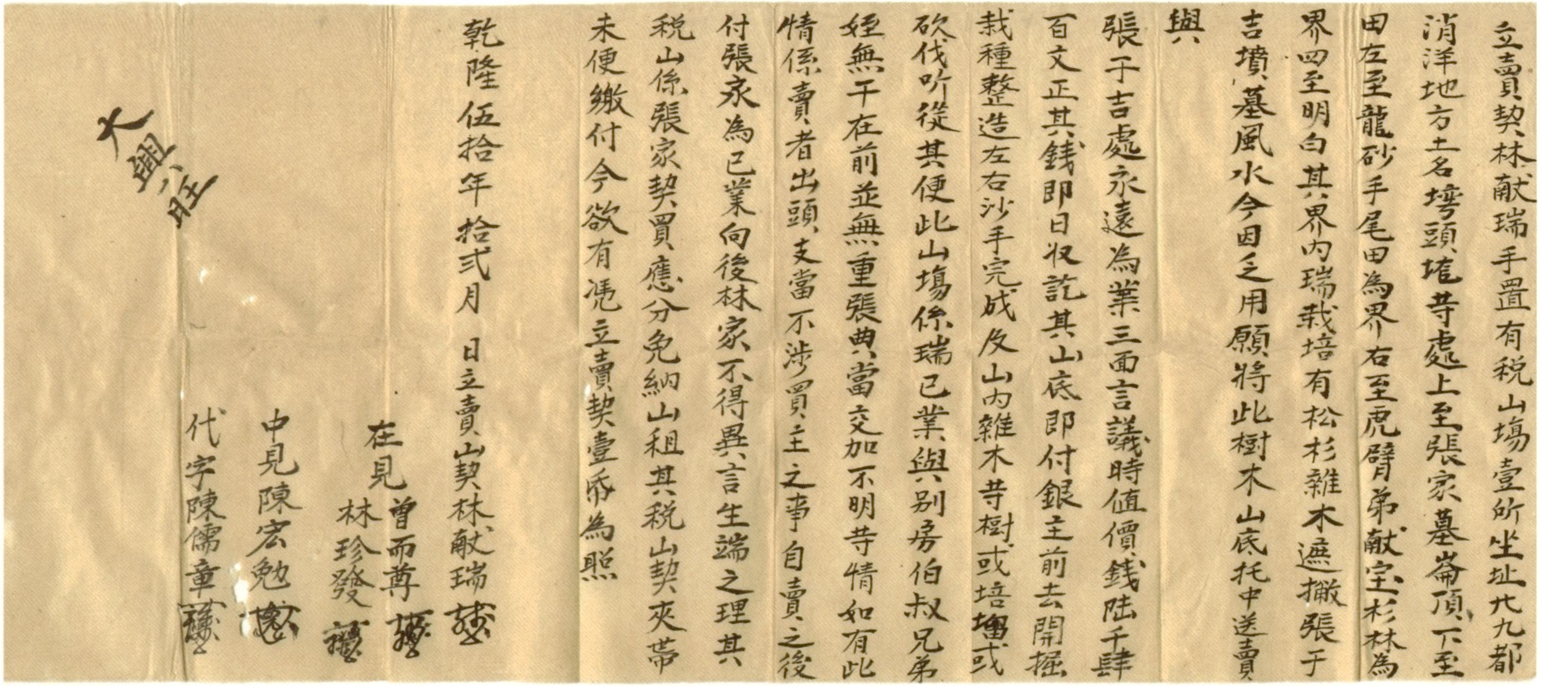
立賣契林献瑞手置有稅山場壹所坐址九都
消洋地方土名墱頭堀苛處上至張家墓崙頂下至
田左至龍砂手尾田為界右至虎臂弟献宝杉林為
界四至明白其界内瑞栽培有松杉雜木遮攔張于
吉墳墓風水今因乏用願將此樹木山底托中送賣
與
張于吉處永遠為業三面言議時值價錢陆千肆
百文正其錢即日收訖其山底即付銀主前去開掘
栽種整造左右沙手完成及山内雜木苛樹或培塘或
砍伐听從其便此山場係瑞已業與別房伯叔兄弟
姪無干在前並無重張典當交加不明苛情如有此
情係賣者出頭支當不涉買主之事自賣之後
付張家為己業向後林家不得異言生端之理其
稅山係張家契買應分免納山租其稅山契夾帶
未便繳付今欲有憑立賣契壹帋為照
乾隆伍拾年拾弍月　日立賣山契林献瑞
在見曾而尊
林珍發
中見陳宏勉
代字陳儒章

7-1-12-4　清乾隆五十年十二月林献瑞立賣稅山場契

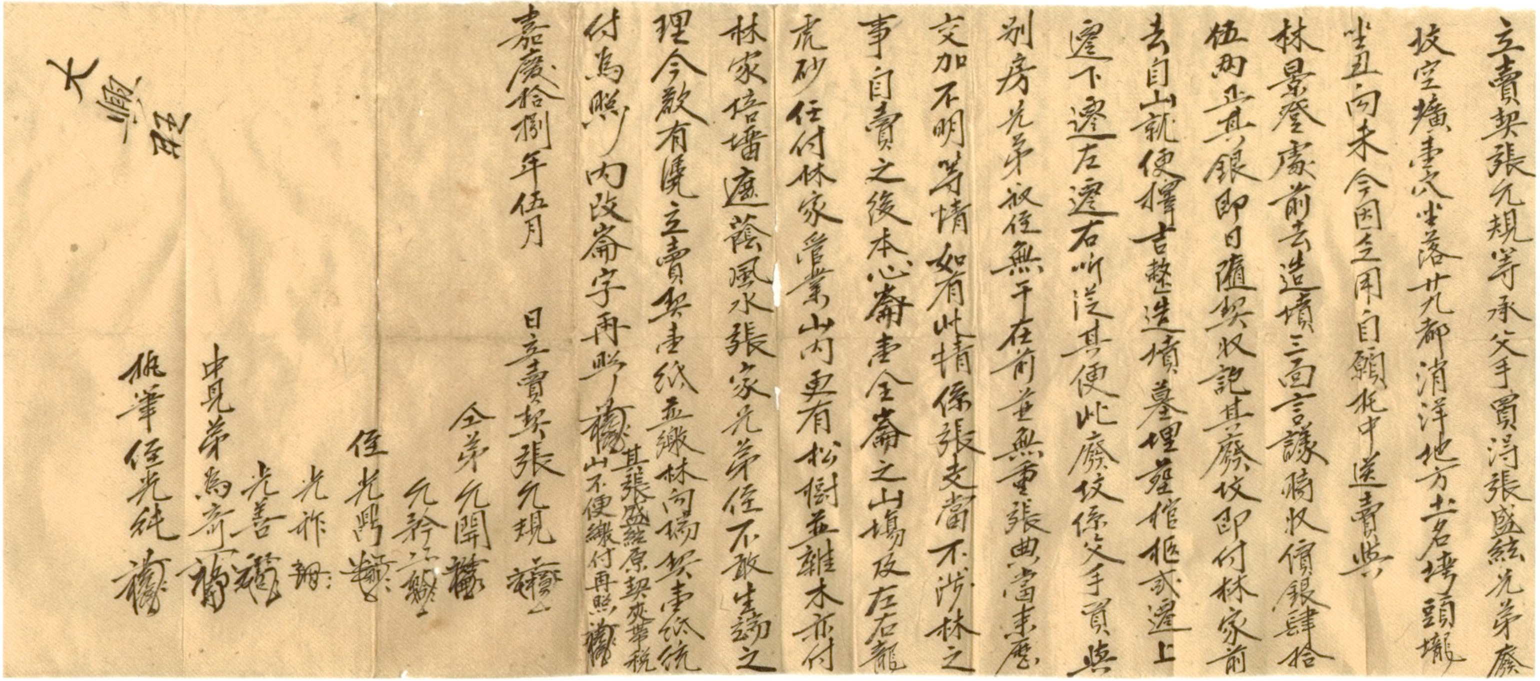
立賣契張允規等承父手買渴張盛紘兄弟廢
坟空壙壹穴，坐落廿九都消洋地方，土名墳頭壠，
坐丑向未。今因乏用，自願托中送賣與
林景登處前去造墳。三面言議時收價銀肆拾
伍兩正，其銀即日隨契收訖，其廢坟即付林家前
去自山就便擇吉整造墳墓，埋葬棺柩，或遷上
遷下，邊左邊右，聽從其便。此廢坟係父手買與
別房兄弟叔侄無干，在前並無重張典當來歷
交加不明等情，如有此情，係張支當，不涉林之
事。自賣之後，本心斋塚全斋之山場及左右龍
虎砂任付林家管業，山内更有松樹並雜木亦付
林家培墻遮蔭風水，張家兄弟侄不敢生端之
理。今欲有憑，立賣契壹紙，並繳林向易契壹紙，統（其張盛紘原契夾華稅山不便繳付，再照）
付為照。内改斋字再照。
嘉慶拾捌年伍月　日立賣契張允規（押）
仝弟允閏（押）
允矜（押）
侄光明（押）
光祚（押）
光善（押）
中見弟為亭（押）
依筆侄光純（押）
大吉

7-1-12-5　清嘉慶十八年五月張允規等立賣廢墳空壙契

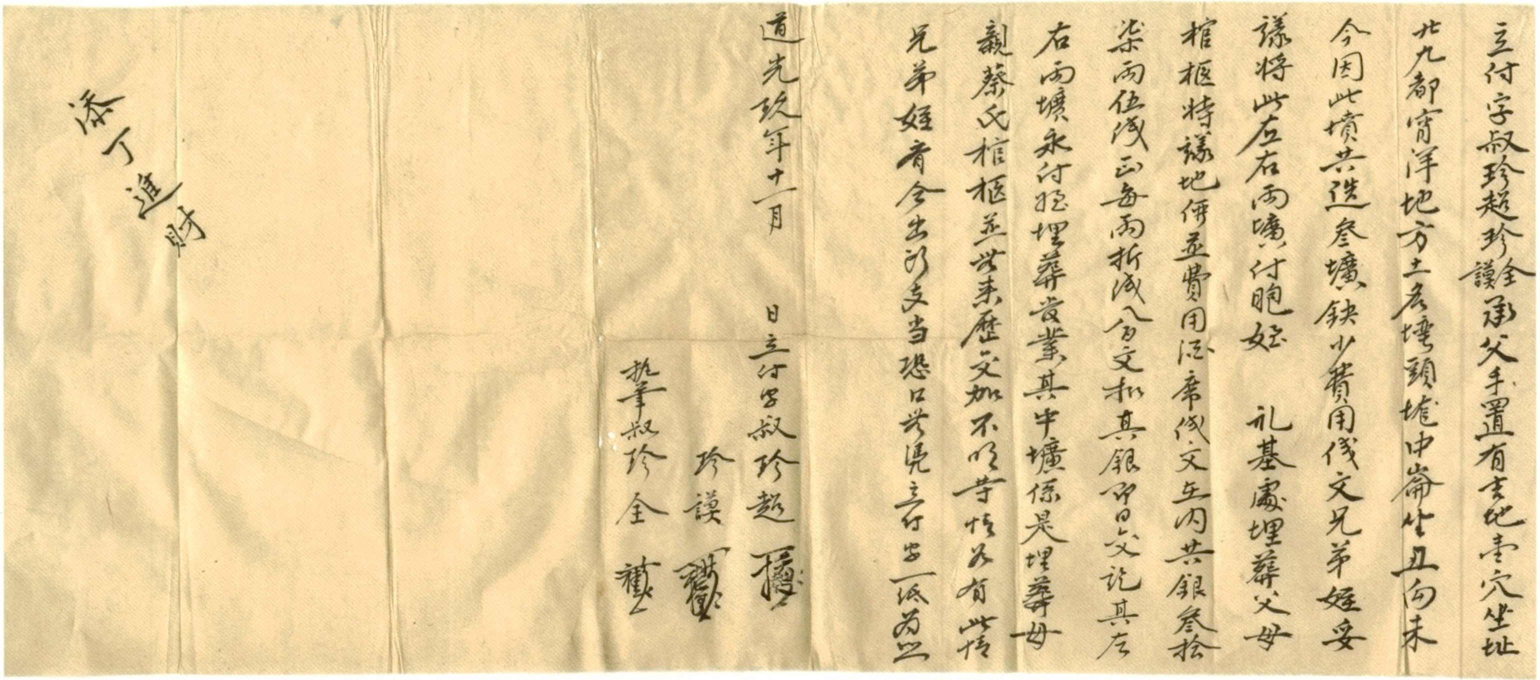
立付字叔珍超、珍謨、珍全承父手置有吉地壹穴，坐址
廿九都宵洋地方，土名壠頭墘中崙，坐丑向未。
今因此墳共造叁壙，缺少費用錢文，兄弟姪妥
議將此左右兩壙付胞姪　　礼基處埋葬父母
棺柩，特議地價並費用該席錢文，上內共銀叁拾
柒兩伍錢正，每兩折錢八百文，其銀即日全收訖，其左
右兩壙永付胞姪埋葬管業，其中壙係是埋葬母
親蔡氏棺柩，並無來歷交加不明等情，及有
兄弟姪胥今出行支當。恐口無憑，立付字一紙為照。
道光玖年十一月　　日立付字叔珍超
珍謨
執筆叔珍全
添丁進財

7-1-12-6　清道光九年十一月林珍超等立付吉地字

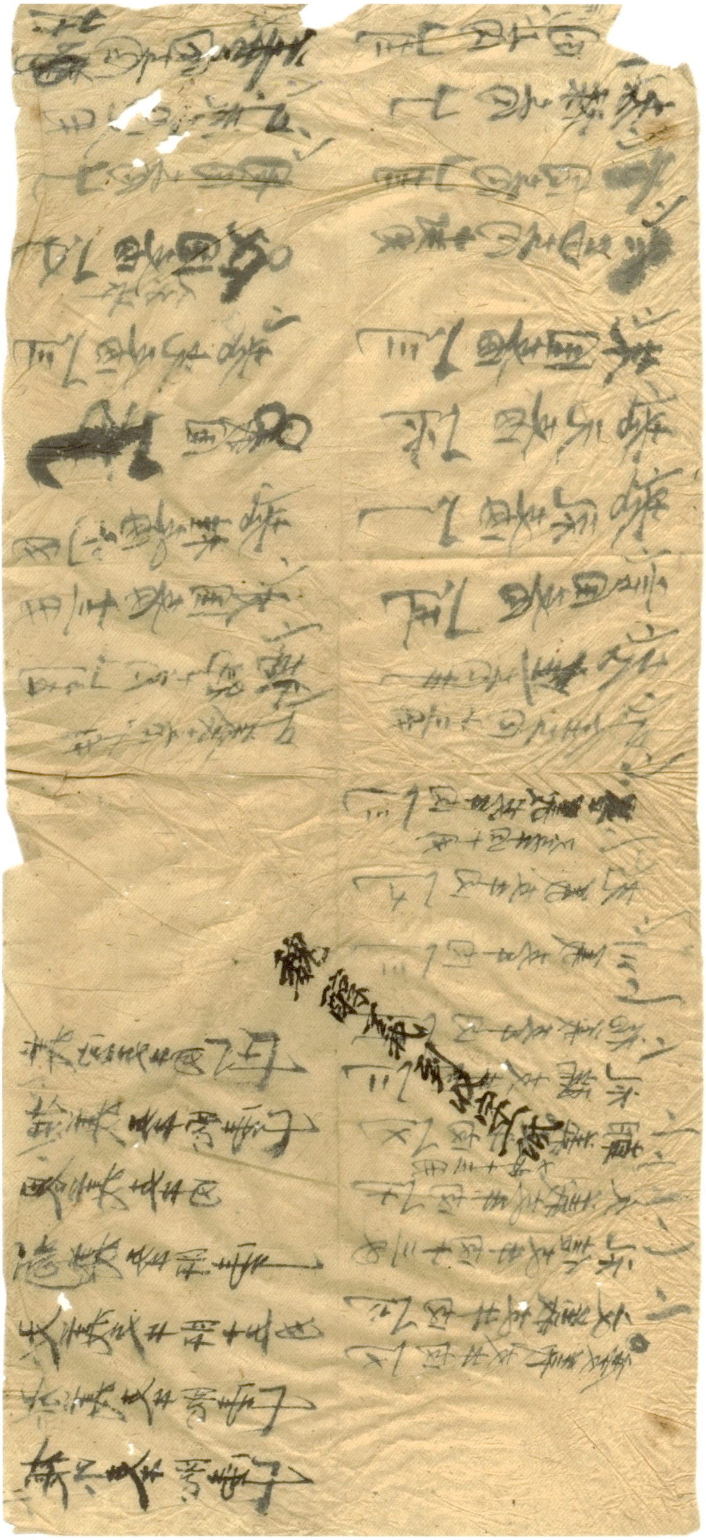

7-1-13-1　包契紙

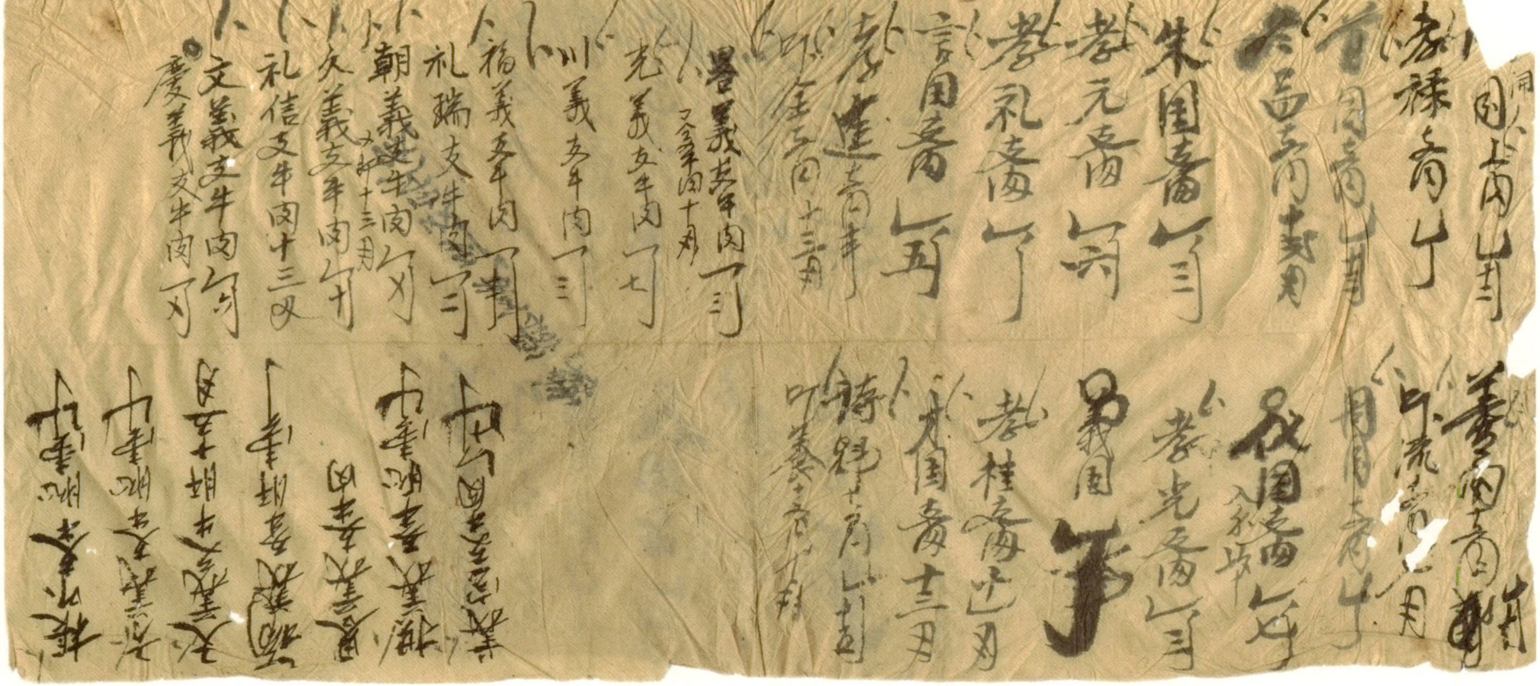

7-1-13-2　包契紙

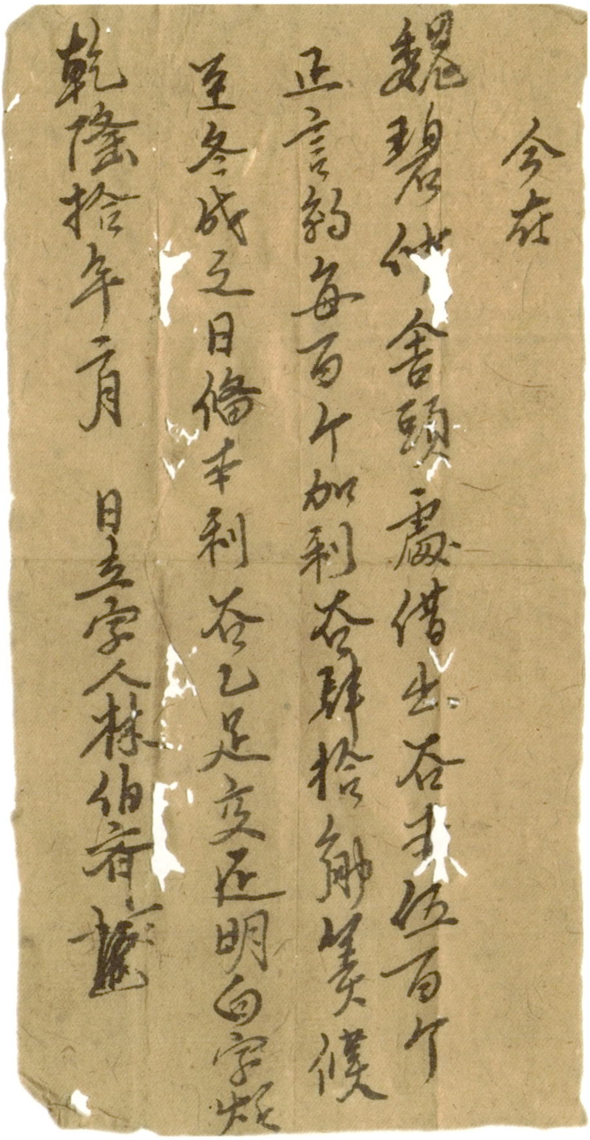
今在
魏碧房供舍頭處借出谷本伍百斤
正言約每百斤加利谷肆拾觔其限
至冬成之日備本利谷一足交還明白字照
乾隆拾年二月　日立字人林伯齊

7-1-13-3　清乾隆十年二月林伯齊立借穀字

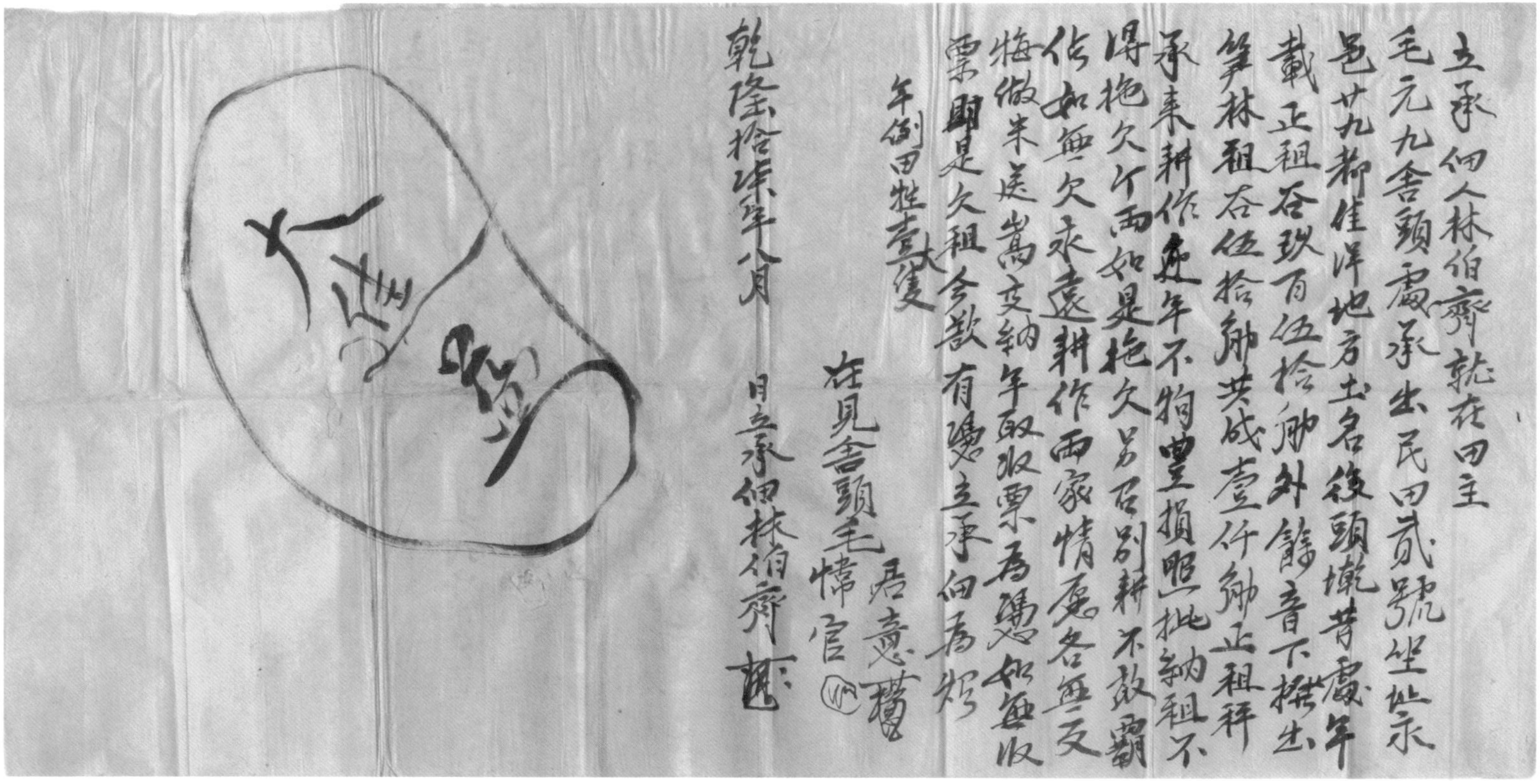
立承佃人林伯齊就在田主
毛元九舍頭處承出民田貳號坐址永
邑廿九都佳洋地方土名後頭壠并處年
載正租谷玖百伍拾觔外鐤音下搭出
筍林租谷伍拾觔共成壹仟觔正租秤
承來耕作盡年不拘豐損照批納租不
得拖欠斤兩如是拖欠另召別耕不敢霸
佔如無欠永遠耕作兩家情愿各無反
悔做米送嵩交納年敢收粟為憑恐無收
粟即是欠租今欲有憑立承佃為炤
年例田牲壹隻
在見舍頭毛居意　憶官
乾隆拾柒年八月　日立承佃林伯齊　批

7-1-13-4　清乾隆十七年八月林伯齊立承佃民田字

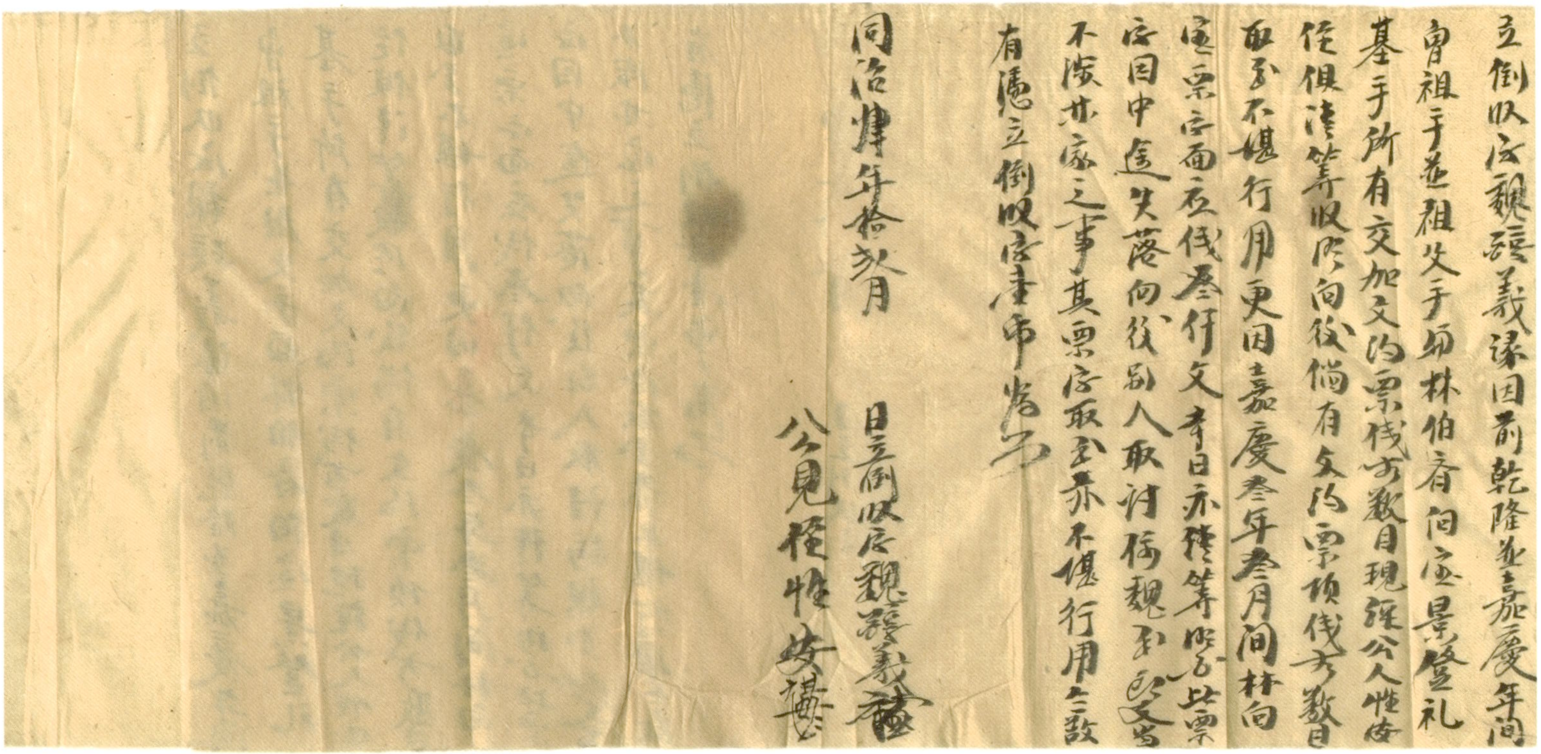

立倒收字魏醇義，緣因前乾隆並嘉慶年間
曾祖手並祖父手向林伯齊同侄景鑾礼
基手所有交加文約票錢，其數目現經公人帷安
從俱清算收訖，向後倘有文約票項錢，其數目
取去不堪行用。更因嘉慶叁年叁月間林向
通票字面去錢叁仟文，本日亦經算收訖，此票
字因中途失落，向後別人取討，係魏家自己支當，
不涉林家之事。其票字取出亦不堪行用。二款
有憑，立倒收字壹帋為照。

同治肆年拾貳月　日立倒收字魏醇義（押）
公見　程惟安（押）

7-1-13-5　清同治四年十二月魏醇義立倒收字

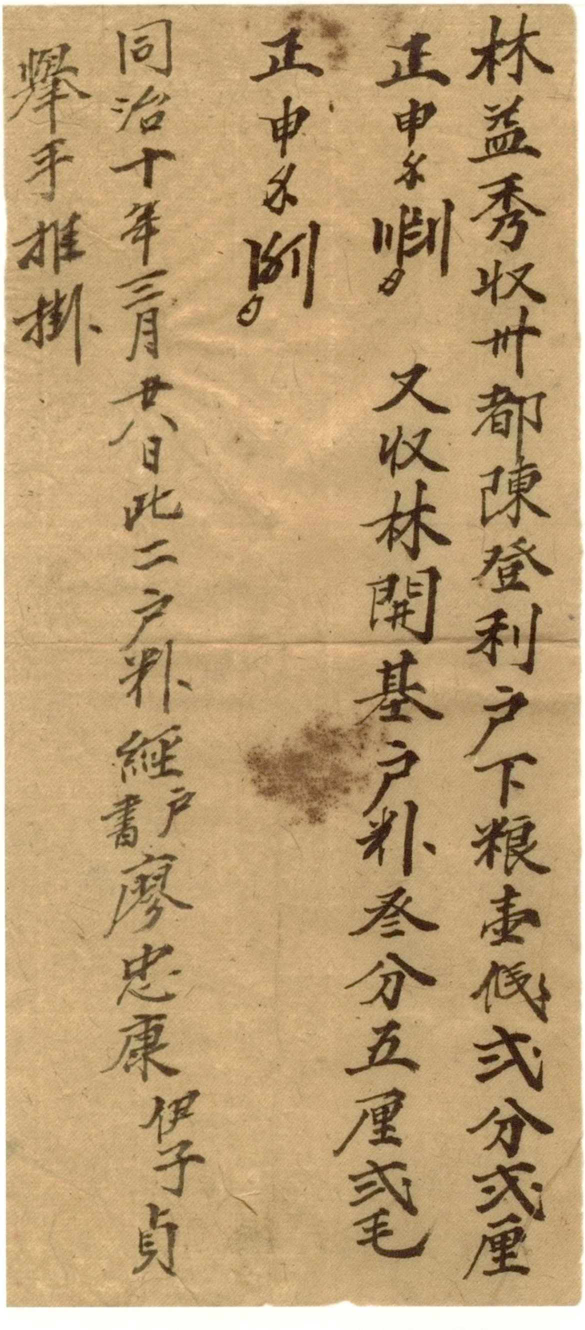
林益秀收卄都陳登利户下粮壹钱弍分弍厘
正申糸劄　又收林開基户粮叁分五厘弍毛
正申糸劄
同治十年三月廿八日比二户粮　經户書廖忠康　伊子貞
燦手推掛

7-1-13-6　清同治十年三月林益秀立推收糧字

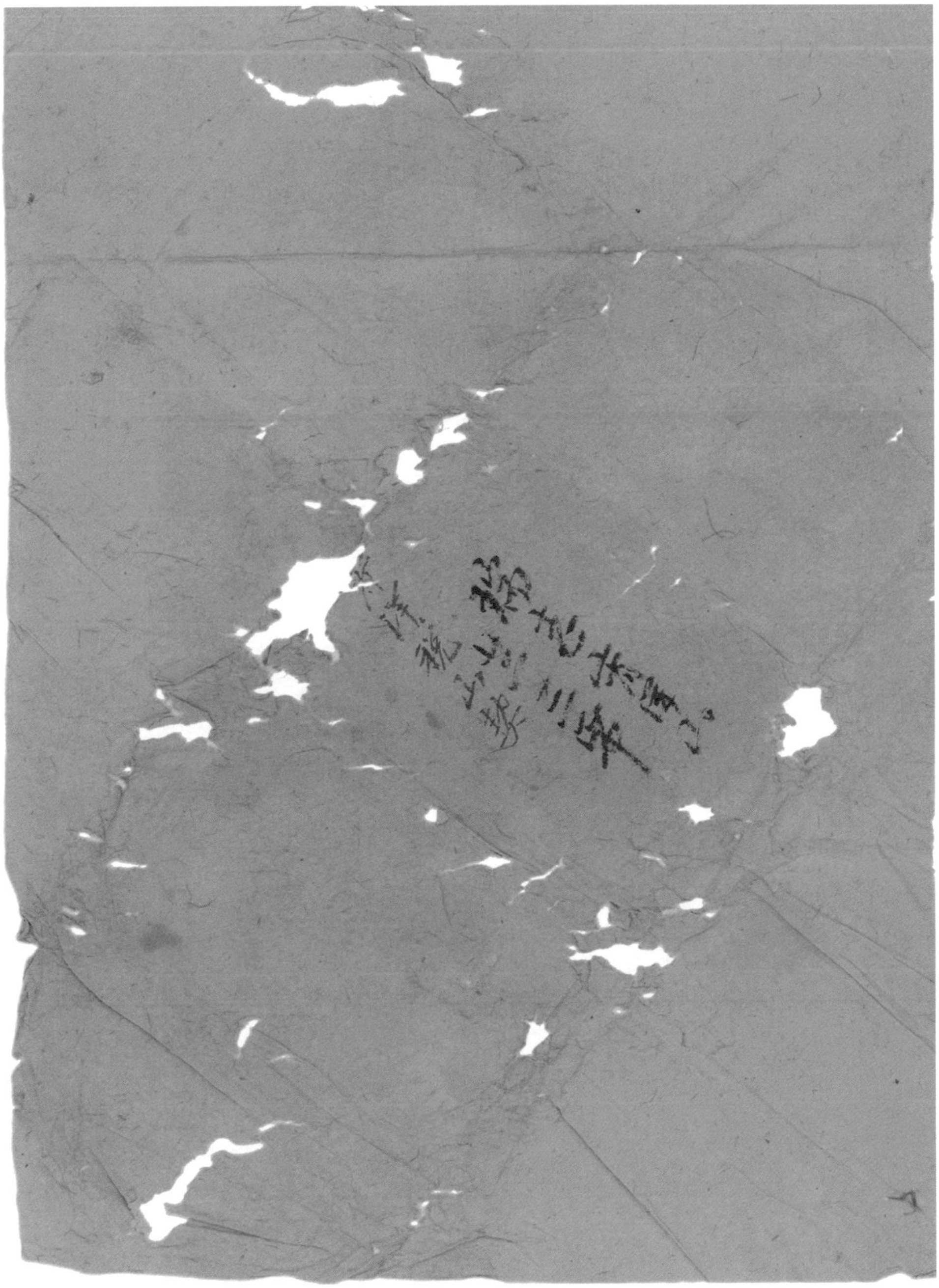

7-1-14-1　包契紙

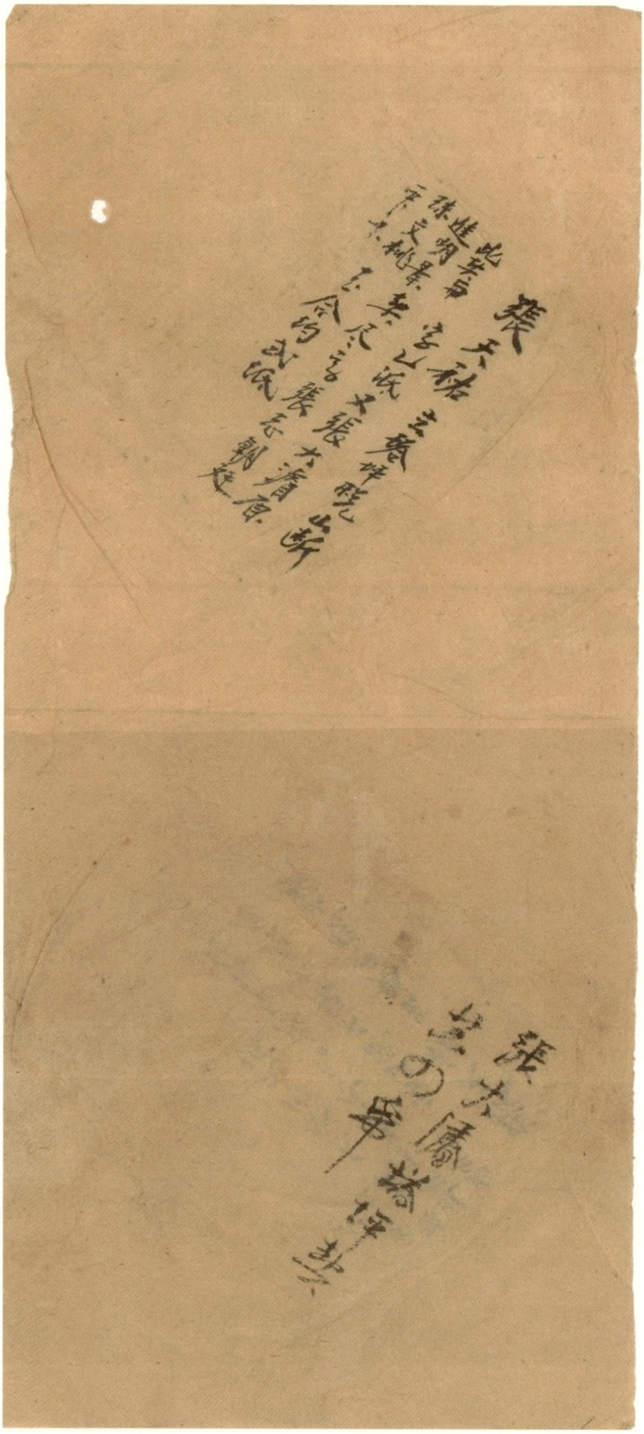

7-1-14-2　包契紙

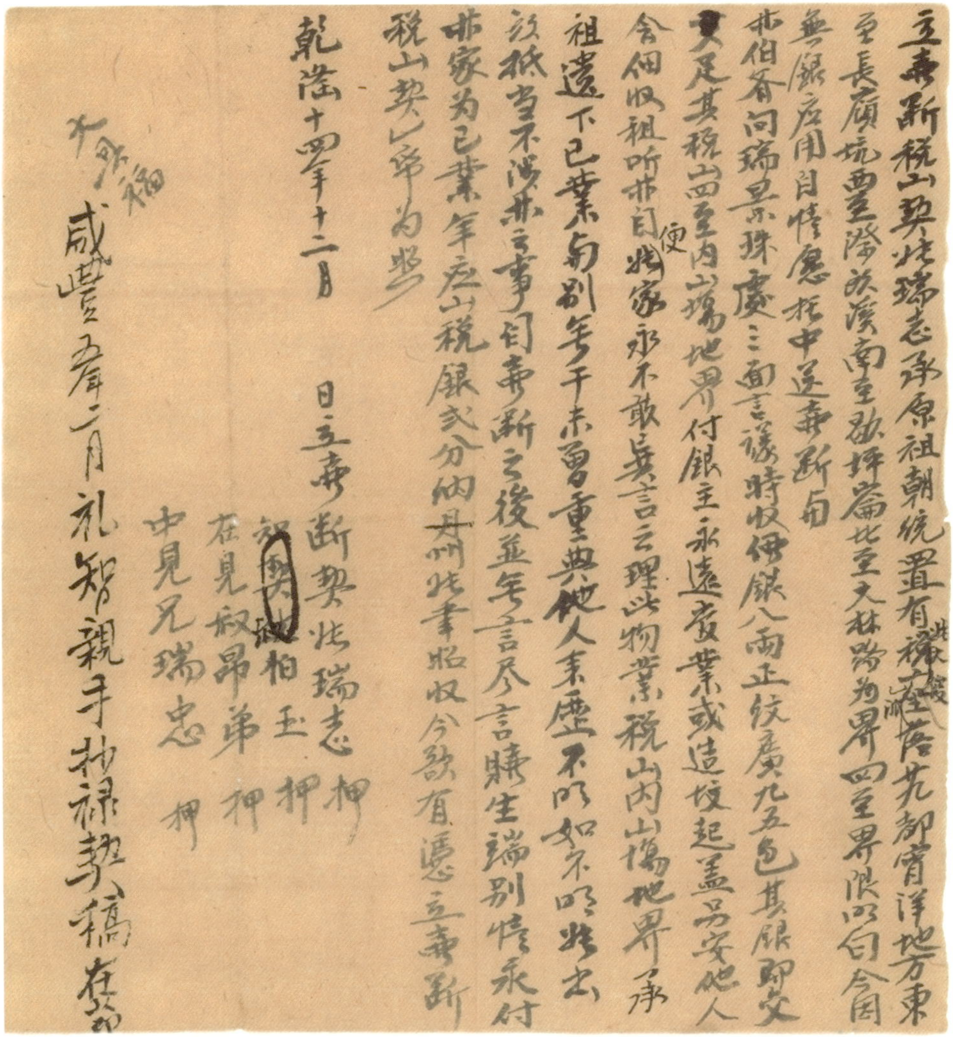
立賣斷稅山契人張瑞志承原祖朝僥置有稅山壹所，坐落土名鄧宵洋地方，東
至長演坑，西至漈頭溪，南至燉坪崙，北至大林路為界，四至界限明白，今因
無銀應用，自情愿托中送賣斷旬
叔伯爺同瑞景、珠慶三面言議，時收價銀八兩正，紋廣九五色。其銀即交
足，其稅山四至內山場地界付銀主永遠管業，或造坟起蓋另安他人
會佃收租，聽叔自便掌，張家永不敢異言云理。此物業稅山內山場地界承
祖遺下已業，與房別等干未曾重典他人，來歷不明。如不明，張志
出抵當，不涉叔之事。自賣斷之後，並無言尽言贖生端別情，永付
叔家為己業，年應山稅銀貳分，納丹州張書收。今欲有憑，立賣斷
稅山契一帋為照。
乾隆十四年十二月　日立賣斷契張瑞志　押
知見叔伯　玉　押
在見叔昂弟　押
中見兄瑞忠　押
大外福
咸豐五年二月礼智親手抄錄契稿存照

7-1-14-3　清乾隆十四年十二月張瑞志立賣斷稅山契

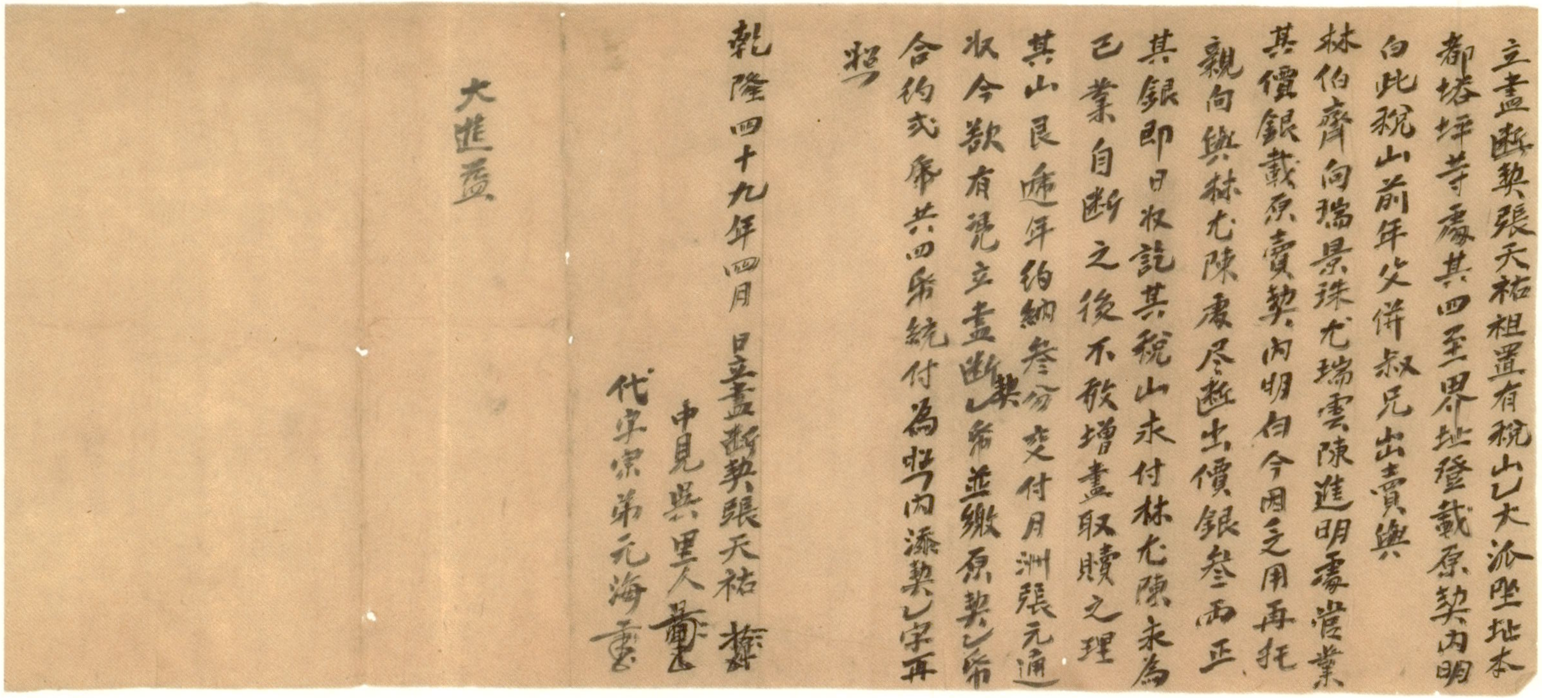

立盡斷契張天祐祖置有稅山乙大派坐址本
都塔坪等處其四至界址登載原契內明
白此稅山前年仝併叔兄出賣與
林伯齊向瑞景珠尤瑞雲陳進明處管業
其價銀載原賣契內明白今因乏用再托
親向與林尤陳處盡斷出價銀叁兩正
其銀即日收訖其稅山永付林尤陳永為
已業自斷之後不敢增盡取贖之理
其山艮遞年約納叁分交付月洲張元通
收今欲有憑立盡斷契乙帋並繳原契乙帋
合約式帋共四帋統付為照內添契乙字再
照

乾隆四十九年四月　日立盡斷契張天祐（押）
中見吳里人（押）
代字宗弟元海（押）

大進（押）

7-1-14-4　清乾隆四十九年四月張天祐立盡斷稅山契

7-1-15-1　包契紙

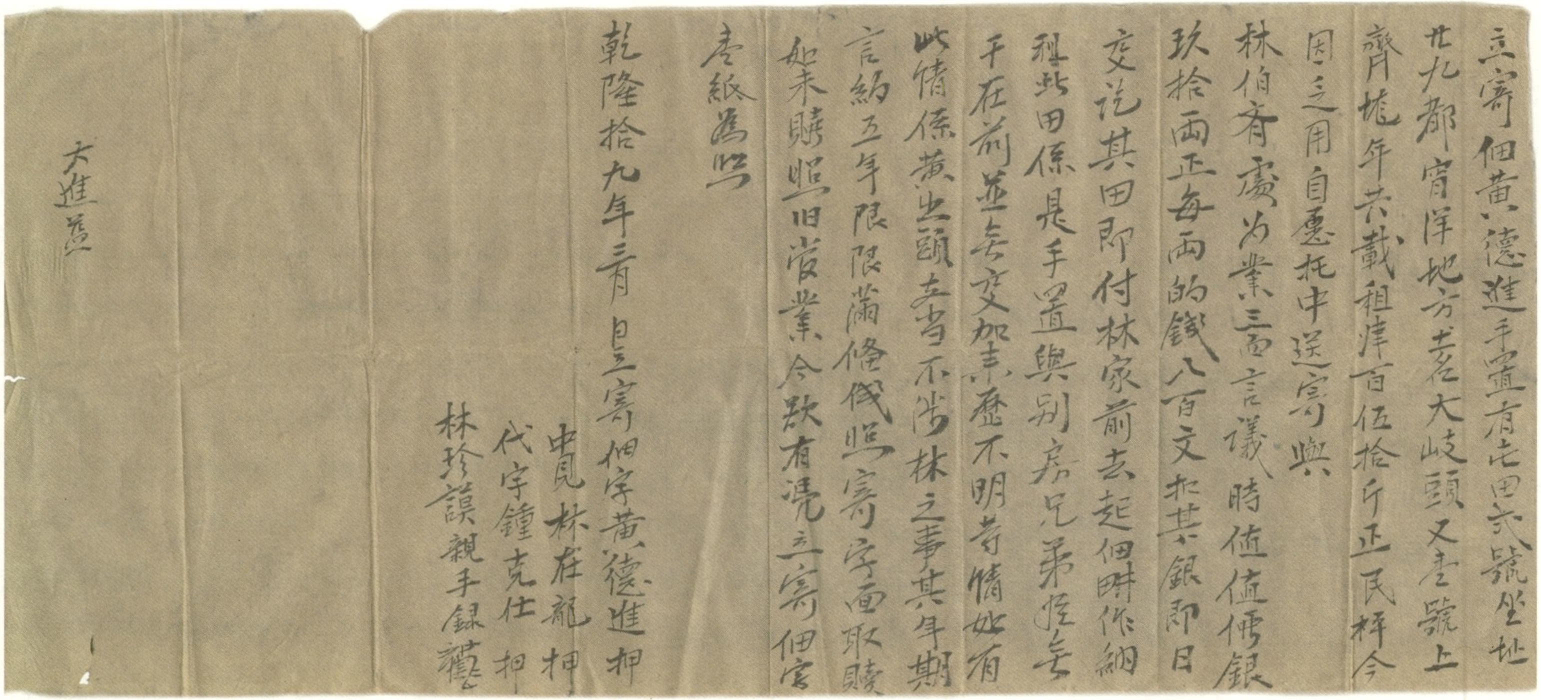
立寄佃黃德進手置有屯田弍號坐址
廿九都肖洋地方土名大岐頭又壹號上
齊坑年共載租津百伍拾斤正民杆今
因乏用自憑托中送寄與
林伯有處為業三面言議時值佃價銀
玖拾両正每両的錢八百文其銀即日
交訖其田即付林家前去起佃耕作納
租此田係是手置與別房兄弟侄無
干在前並無交加重疊不明等情如有
此情係黃出頭支當不涉林之事其年期
言約五年限限滿備錢照寄字面取贖
如未贖照旧掌業今欲有憑立寄佃字
壹紙為照
乾隆拾九年三月　日立寄佃字黃德進　押
中見林在龍　押
代字鍾克仕　押
林珍謨親手録
大進宜

7-1-15-2　清乾隆十九年三月黃德進立寄佃屯田字

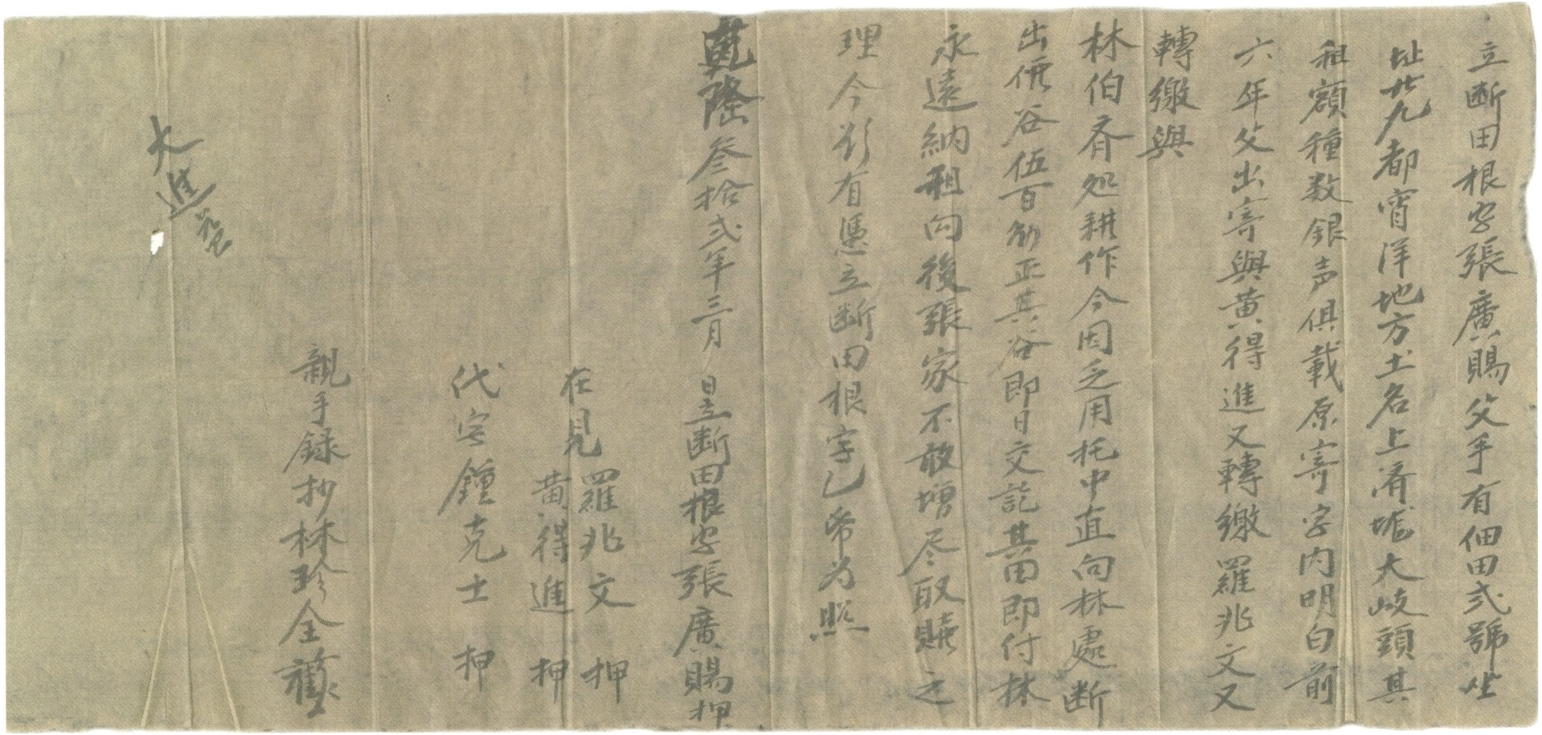

立斷田根字張廣賜父手有佃田弍號坐
址在九都寄洋地方土名上湖坑大坂頭其
租額種數銀苗俱載原字內明白前
六年父出賣與黃得進文轉繳羅兆文
轉繳與
林伯秀處耕作今因乏用托中直向林處斷
出佃價銀伍兩肆錢正其銀即日交訖其田即付林
永遠納租向後張家不敢增找取贖之
理今欲有憑立斷田根字一帋為照。

乾隆叁拾弍年三月　日立斷田根字張廣賜押

在見羅兆文押
黃得進押
代字魏先生押

親手繳契林秀全觀

大進觀

7-1-15-3　清乾隆三十二年三月張廣賜立斷佃田根字

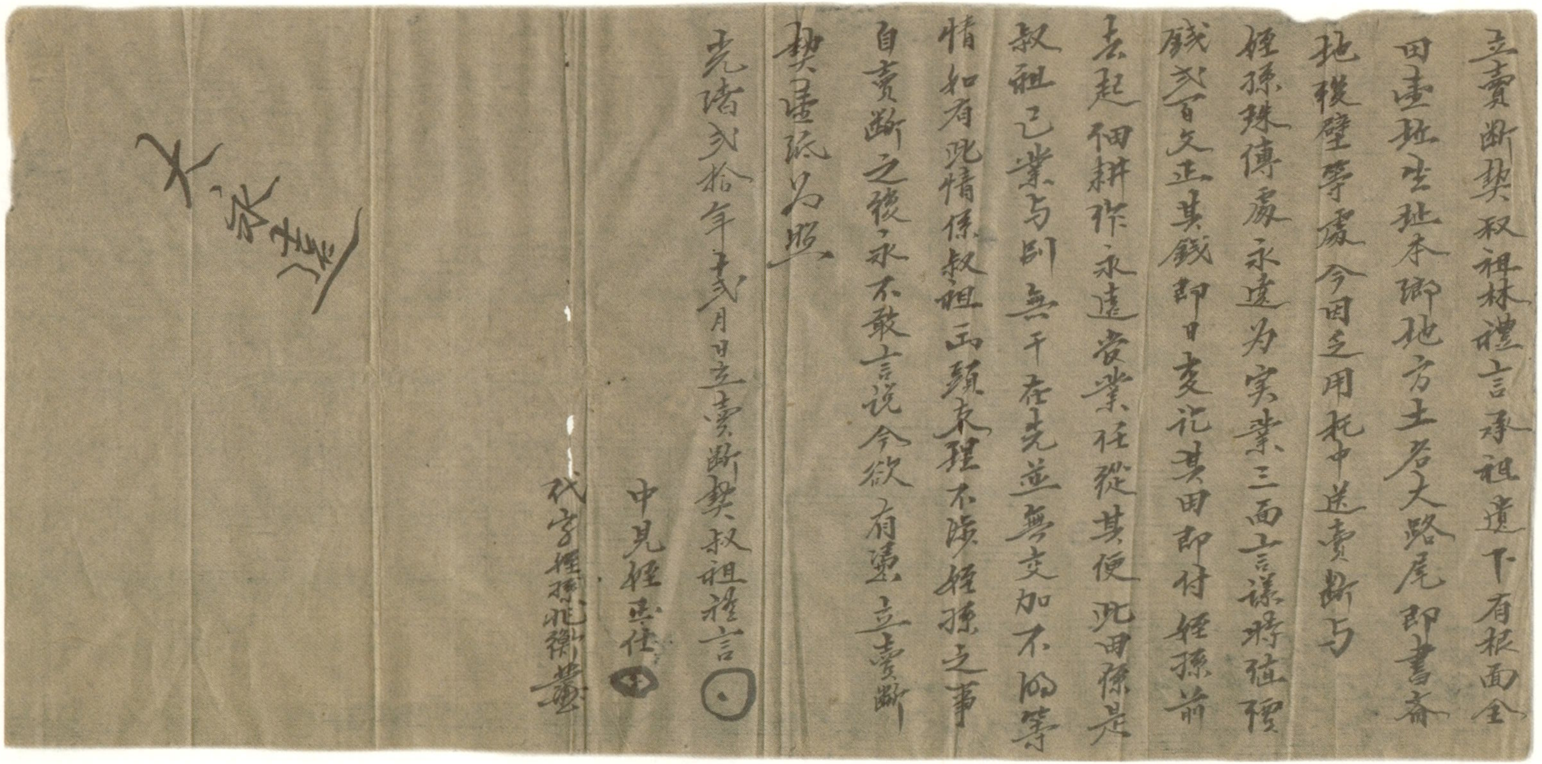

立賣斷契叔祖林禮言承祖遺下有根面全田壹坵，坐址本鄉地方，土名大路尾，即書齋地後壁等處。今因乏用，托中送賣斷與姪孫珠傳處永遠為實業。三面言議時值價錢弍百文正，其錢即日交訖，其田即付姪孫前去起佃耕作，永遠管業，任從其便。此田係是叔祖己業，與別無干，在先並無交加不明等情；如有此情，係叔祖出頭承理，不涉姪孫之事。自賣斷之後，永不敢言說。今欲有憑，立賣斷契為照。

光緒弍拾年十弍月　日立賣斷契叔祖禮言（押）

中見姪惠仕（押）

代字姪孫兆徽（押）

7-1-15-4　清光緒二十年十二月林禮言立賣斷根面全田契

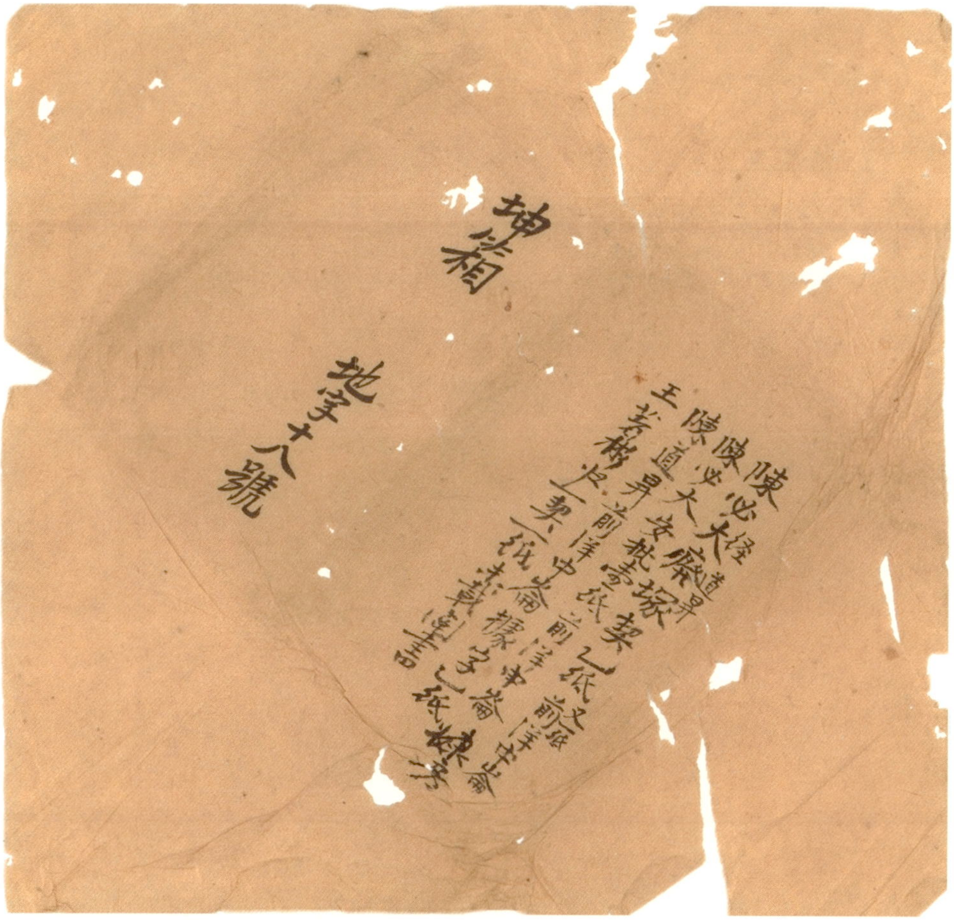

7-1-16-1　包契紙

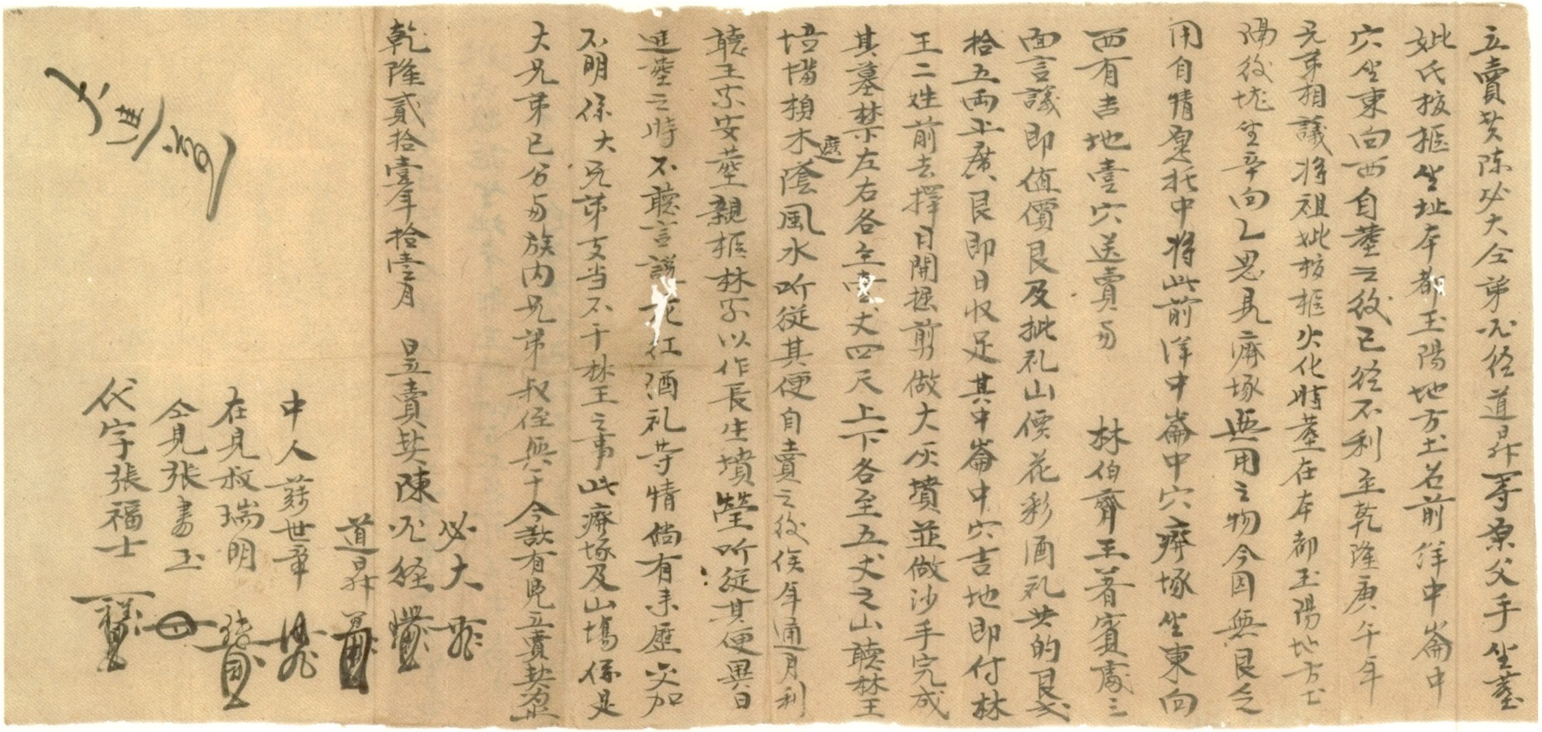

7-1-16-2　清乾隆二十一年十一月陳必大等立賣吉地契

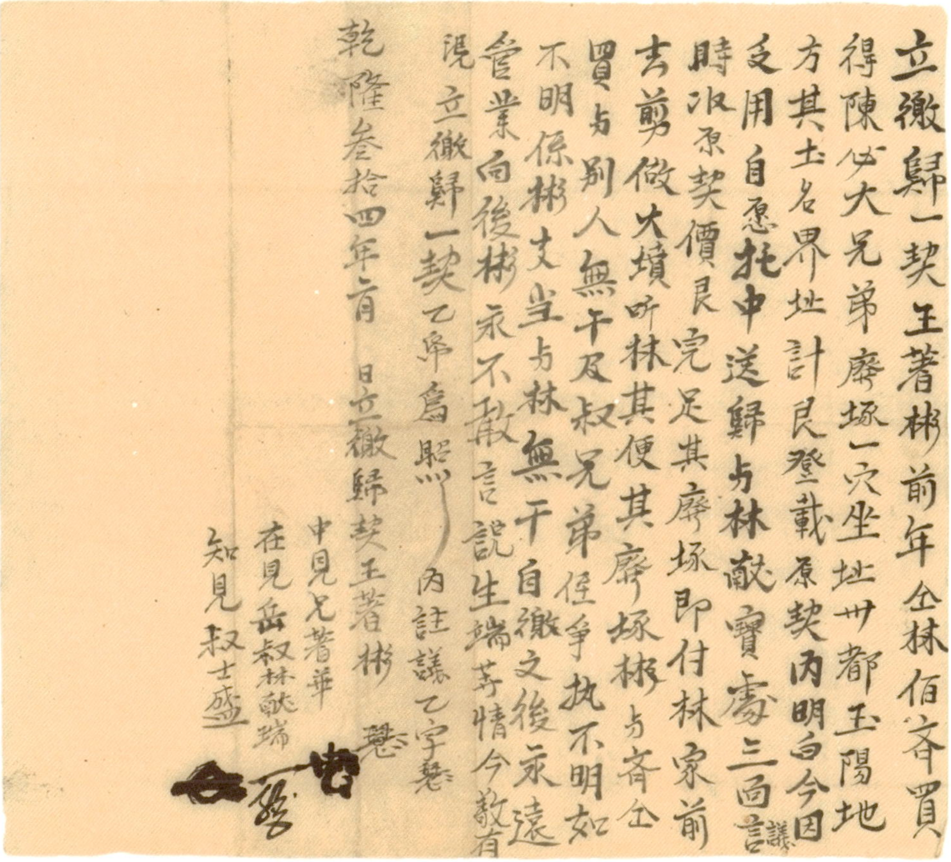
立繳歸一契王著彬前年仝林佰斉買
得陳𠂊大兄弟廢塚一穴坐址廿都玉陽地
方其土名界址計艮登載原契內明白今因
乏用自愿托中送歸与林猷寶處三面言議
時𠬋原契價艮完足其廢塚即付林家前
去剪做大墳听林其便其廢塚彬与斉仝
買与別人無干及叔兄弟侄爭執不明如
不明係彬支當与林無干自繳之後永遠
會業向後彬永不敢言說生端等情今欲有
憑立繳歸一契乙帋為照　內註議乙字
乾隆叁拾四年二月　日立繳歸契王著彬
中見兄著華
在見岳叔林猷端
知見叔士盛

7-1-16-3　清乾隆三十四年二月王著彬立繳歸廢冢契

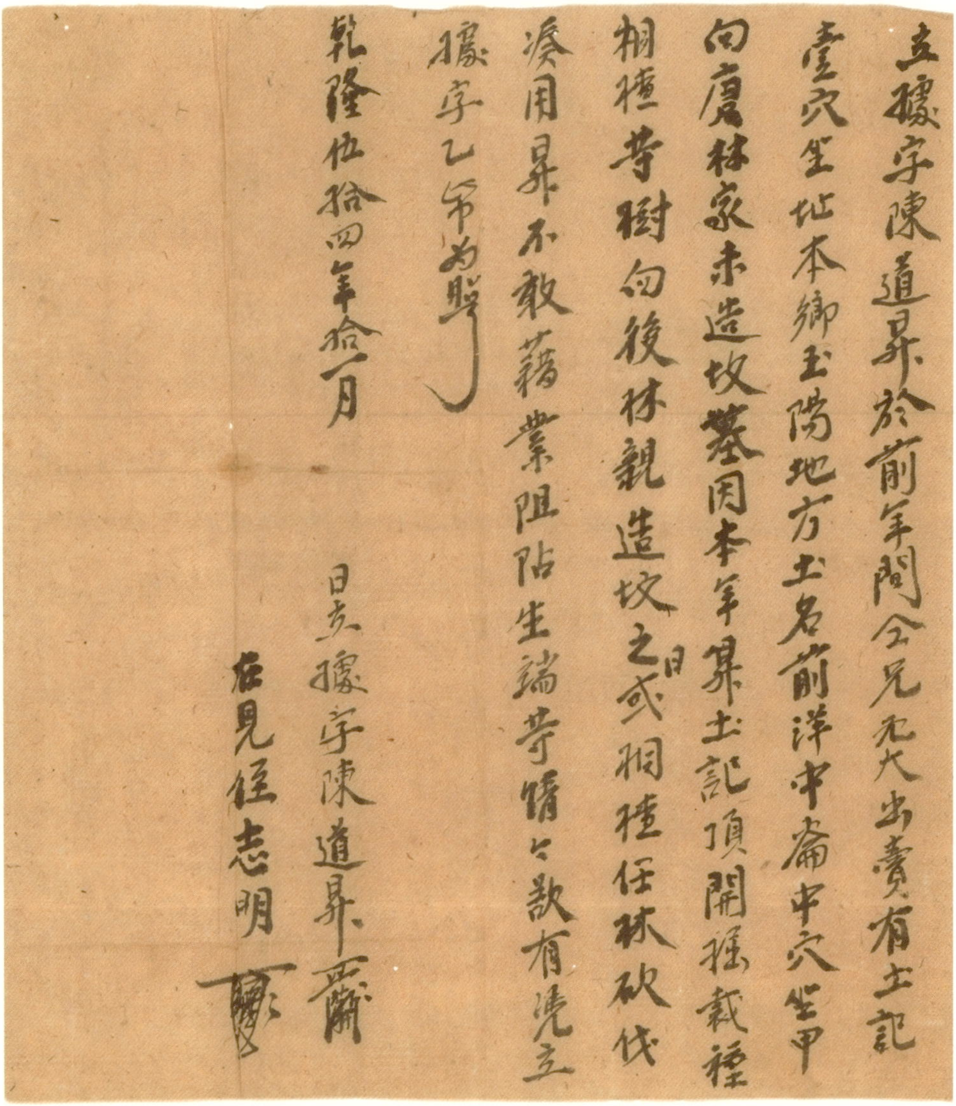

立據字陳道昇於前年間仝兄元大出賣有土記
壹穴坐址本鄉玉陽地方土名前洋中崙中穴坐甲
向庚林家未造坟墓因本年昇土記頂開掘栽種
桐樹等樹向後林親造坟之日或桐樹任林砍伐
湊用昇不敢藉業阻阽生端等情一款有憑立
據字乙帋為照
乾隆伍拾四年拾一月　日立據字陳道昇（押）
在見侄志明（押）

7-1-16-4　清乾隆五十四年十一月陳道昇立據字

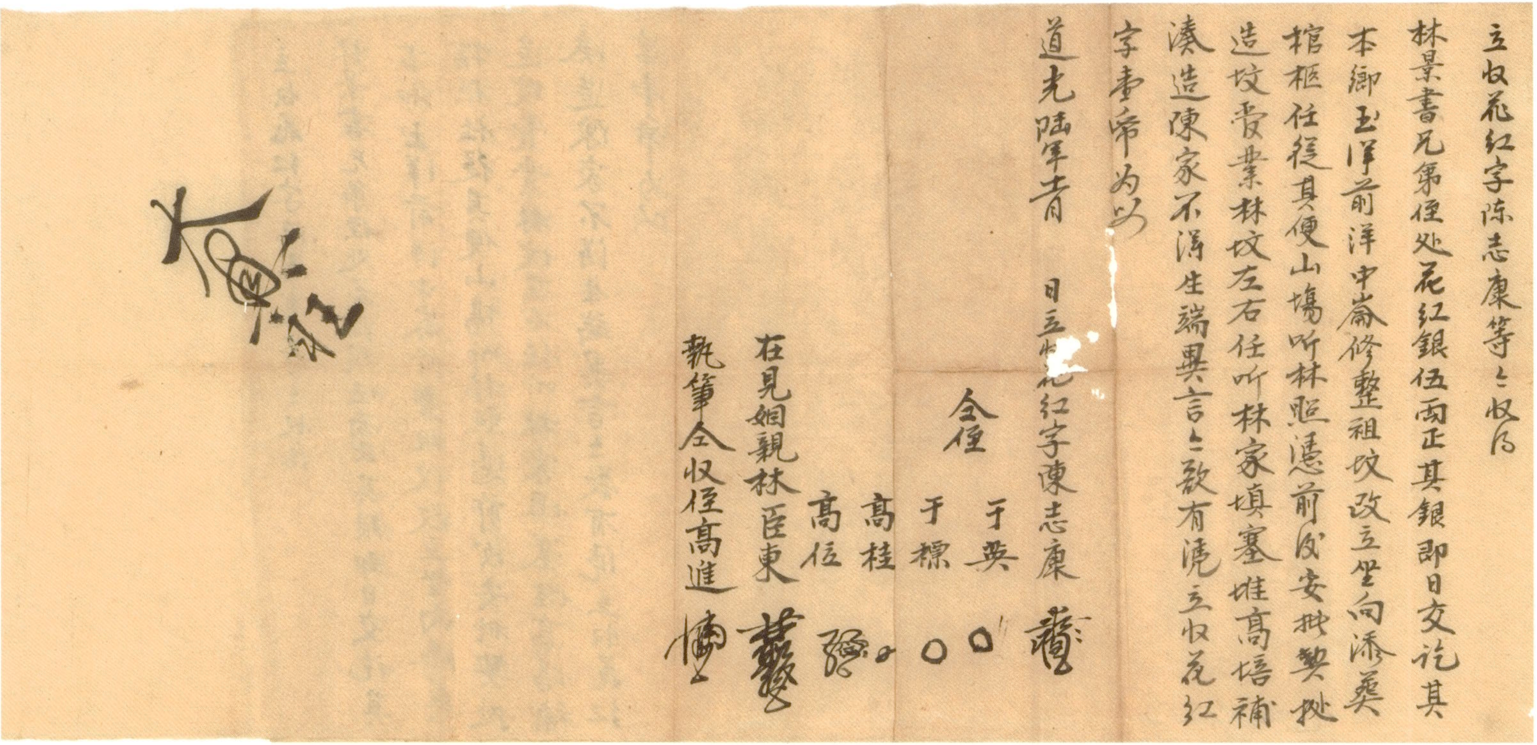
立收花紅字陳志康等今收到
林景書兄弟侄处花紅銀伍兩正其銀即日交訖其
本鄉玉洋前洋中崙修整祖坟改立坐向添葬
棺柩任從其便山塲所林照憑前安批契批
造坟壹業林坟左右任所林家填塞堆高培補
湊造陳家不得生端異言今欲有憑立收花紅
字壹帋为照
道光陸年十一月　日立收花紅字陳志康
仝侄　子英　子標　高桂　高位
在見姻親林臣東
執筆仝收侄高進

7-1-16-5　清道光六年十一月陳志康等立收花紅字

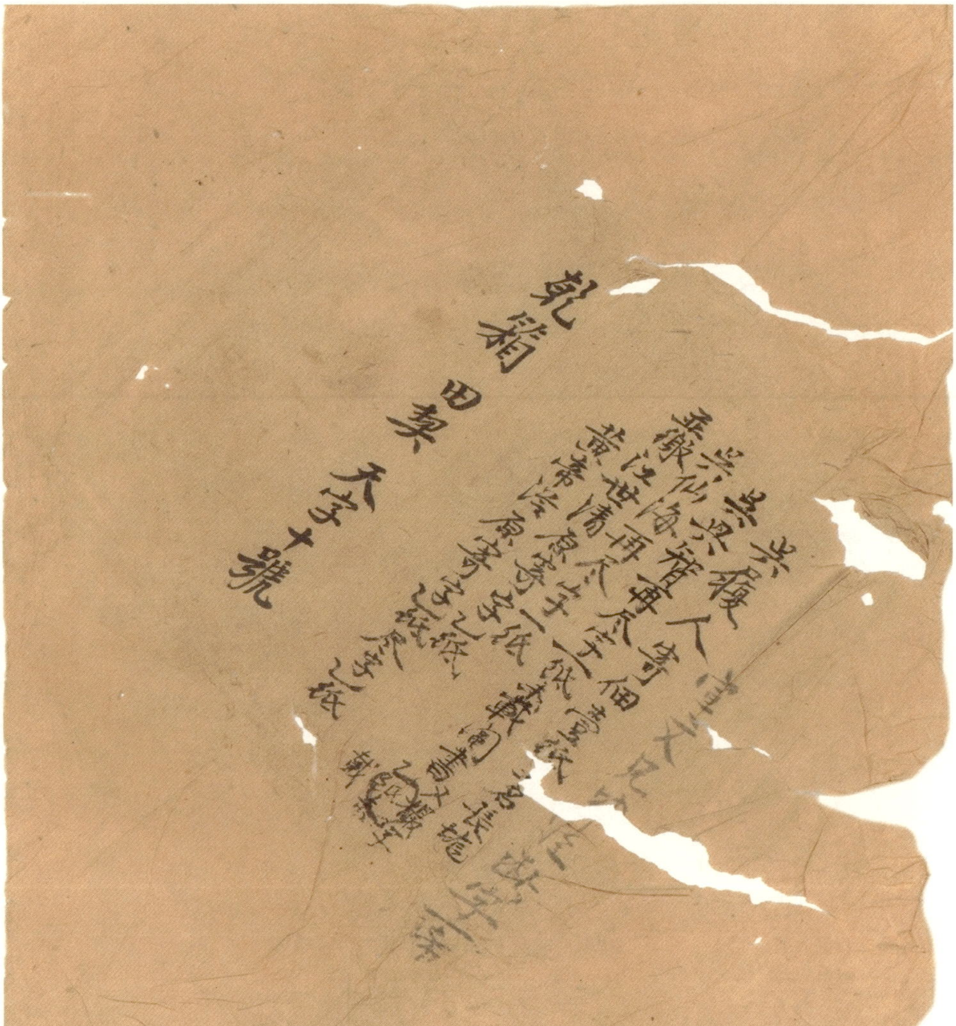

7-1-17-1　包契紙

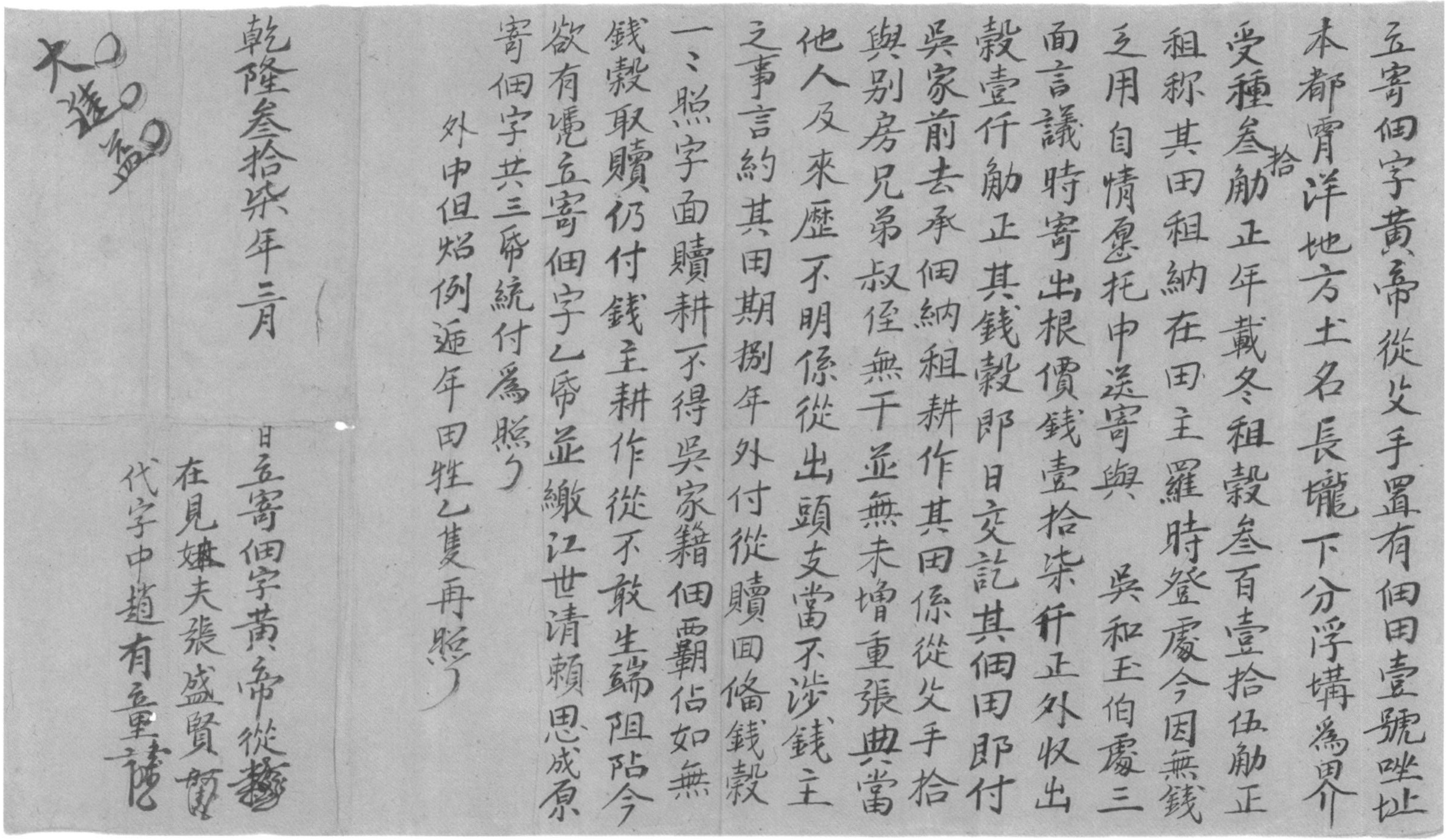

立寄佃字黄帝從父手置有佃田壹號坐址
本都霄洋地方土名長壠下分浮墘為界介
受種叁拾觔正年載冬租穀叁百壹拾伍觔正
租秤其田租納在田主羅時登處今因無錢
乏用自情愿托中送寄與　吳和玉伯處三
面言議時寄出根價錢壹拾柒千正外收出
穀壹仟觔正其錢穀即日交訖其佃田即付
吳家前去承佃納租耕作其田係從父手拾
與別房兄弟叔侄無干並無未增重張典當
他人及來歷不明係從出頭支當不涉錢主
之事言約其田期捌年外付從贖回倫錢穀
一一照字面贖耕不得吳家籍佃覇佔如無
錢穀取贖仍付錢主耕作從不敢生端阻阽今
欲有憑立寄佃字乙紙並繳江世清賴思成原
寄佃字共三紙統付為照
外中但炤例逓年田牲乙隻再照
乾隆叁拾柒年三月　日立寄佃字黄帝從
在見姊夫張盛賢
代字中趙有童
大進益

7-1-17-2　清乾隆三十七年三月黄帝從立寄佃田字

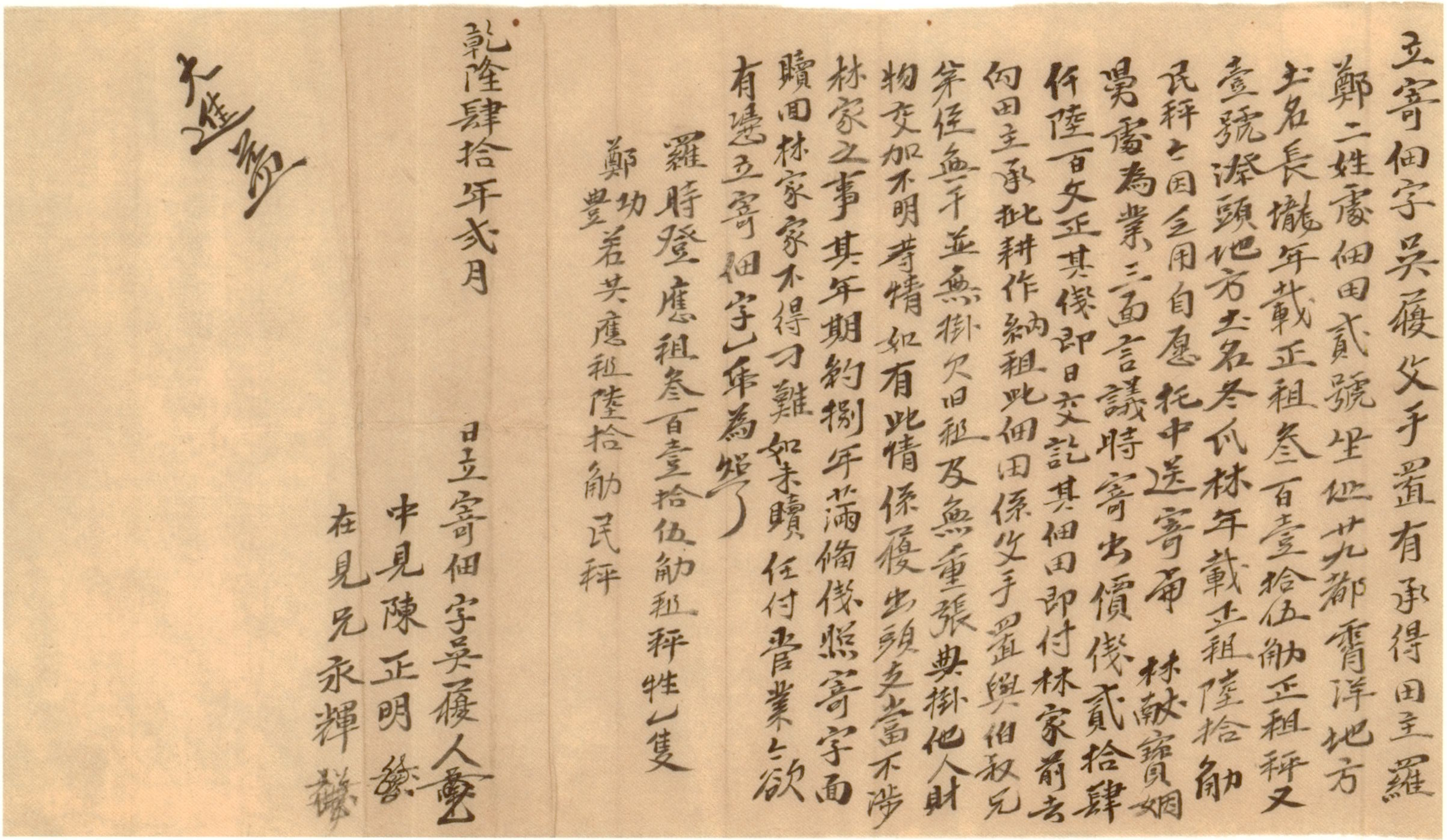
立寄佃字吳履父手置有承得田主羅
鄭二姓處佃田貳號坐址艽都霄洋地方
土名長墘年載正租叁百壹拾伍觔正租秤又
壹號溪頭地方土名冬瓜林年載正租陸拾觔
民秤今因乏用自愿托中送寄與林獻寶姻
叔處為業三面言議時寄出價銀貳拾肆
仟陸百文正其銀即日交訖其佃田即付林家前去
向田主承批耕作納租此佃田係父手置與伯叔兄
弟侄無干並無掛欠舊租及無重張典掛他人財
物交加不明等情如有此情係履出頭支當不涉
林家之事其年期約捌年滿備銀照寄字面
贖田林家不得刁難如未贖任付管業今欲
有憑立寄佃字一紙為照
羅時登應租叁百壹拾伍觔租秤牲一隻
鄭功豐若英應租陸拾觔民秤
乾隆肆拾年貳月　日立寄佃字吳履人（押）
中見陳正明（押）
在見兄永輝（押）
大進壹

7-1-17-3　清乾隆四十年二月吳履人立寄佃田字

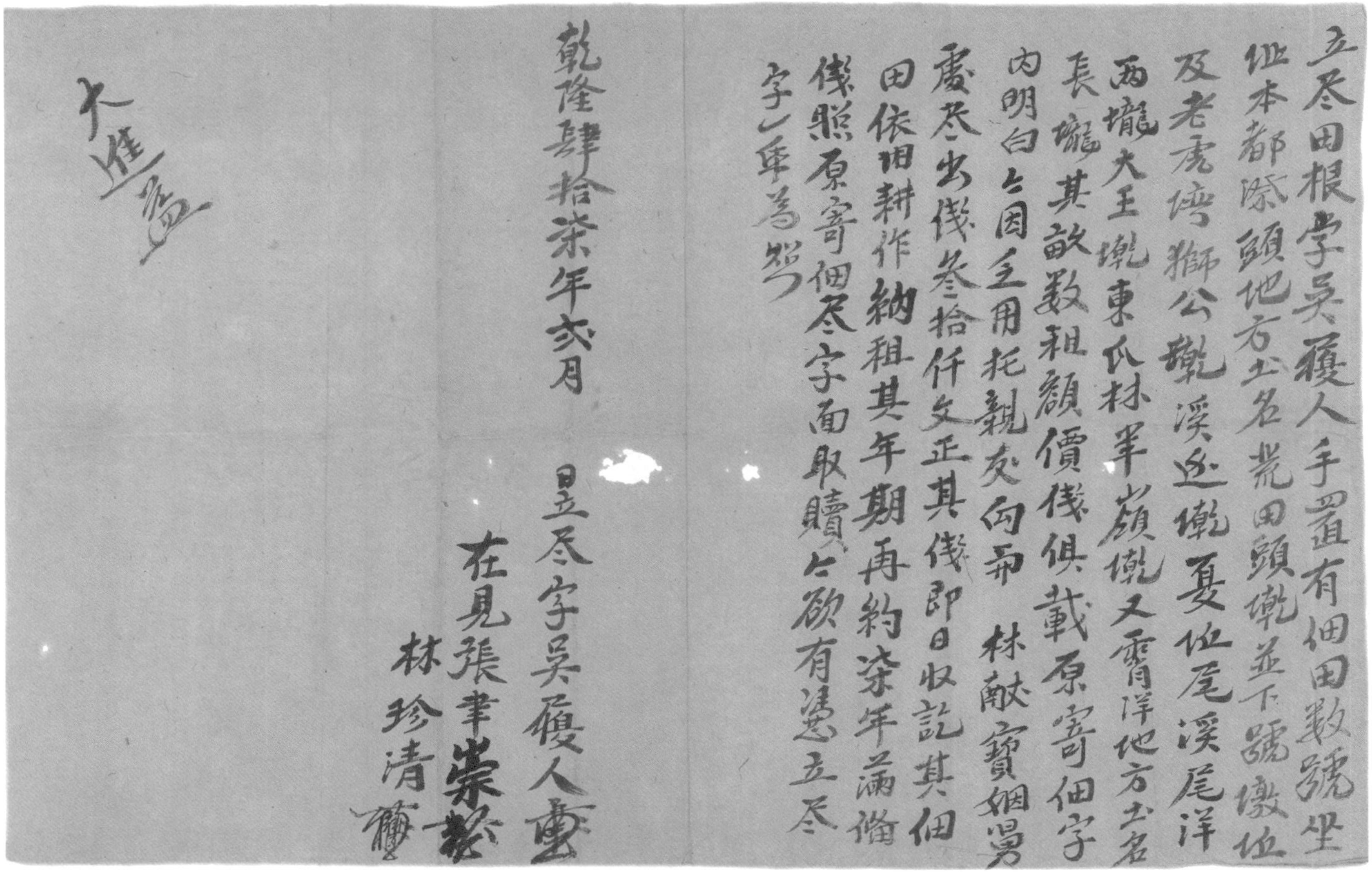
立盡田根字吴履人手置有佃田數號坐
址本都漈頭地方土名荒田頭墘並下號墩位
及老虎塆獅公墘溪近墘夏位尾溪尾洋
西壠大王墘東瓜林半嶺墘又霄洋地方土名
長壠其畝數租額價錢俱載原寄佃字
内明白今因乏用托親交向與　林猷寶姻舅
處盡出錢叁拾仟文正其錢即日收訖其佃
田依旧耕作納租其年期再約柒年滿備
錢照原寄佃盡字面取贖今欲有憑立盡
字一紙為照

乾隆肆拾柒年弍月　日立盡字吴履人（押）
在見張聿崇（押）
林珍清（押）

大進盈

7-1-17-4　清乾隆四十七年二月吴履人立盡佃田根字

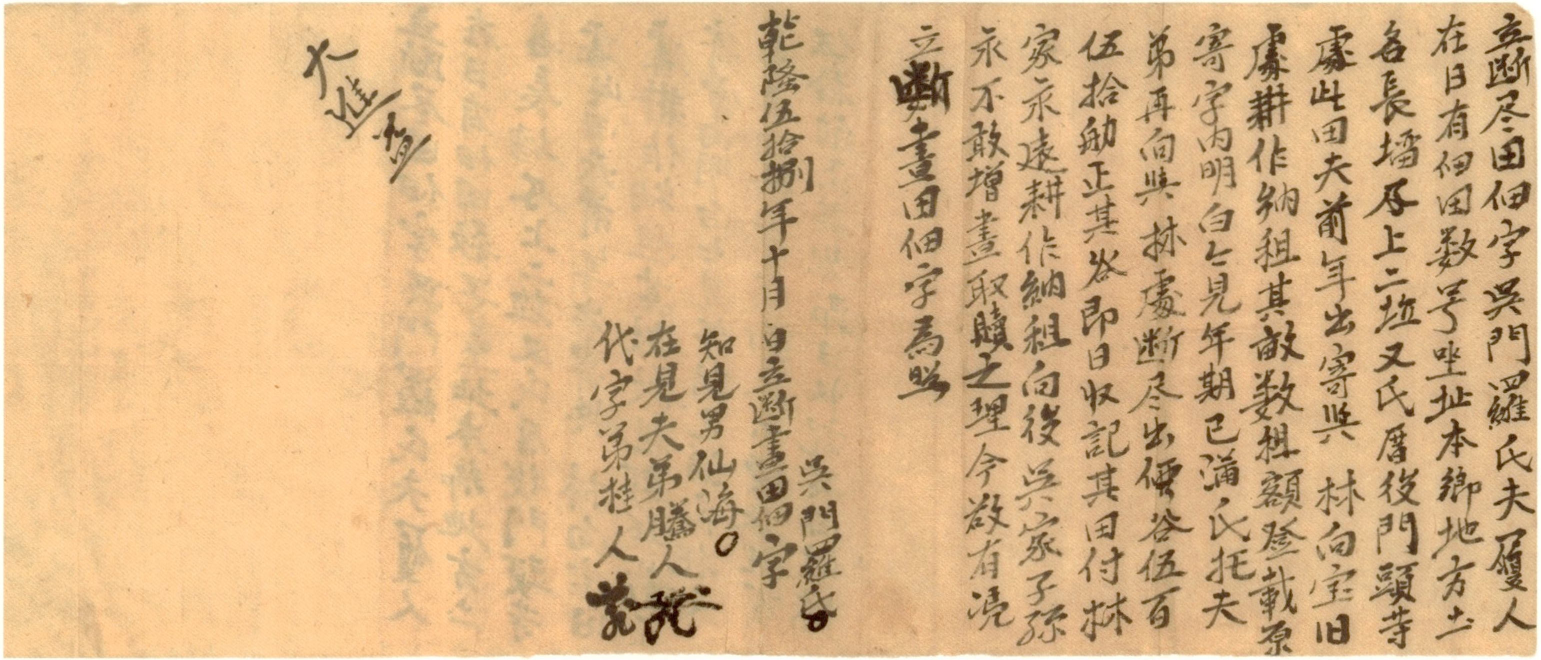
立斷盡田佃字吳門羅氏夫履人
在日有佃田數号坐址本鄉地方土
名長墙尽上二坵叉氏厝後門頭寺
處此田夫前年出寄與　林向宝旧
處耕作納租其畝數租額登載原
寄字內明白今見年期已滿氏托夫
弟再向與　林處斷盡出價谷伍百
伍拾觔正其谷即日收訖其田付林
家永遠耕作納租向後吳家子孫
永不敢增盡取贖之理今欲有憑
立斷盡田佃字為照
乾隆伍拾捌年十月　日立斷盡田佃字　吳門羅氏
知見男仙海〇
在見夫弟勝人
代字弟桂人
大進亨

7-1-17-5　清乾隆五十八年十月吴門羅氏立斷盡佃田字

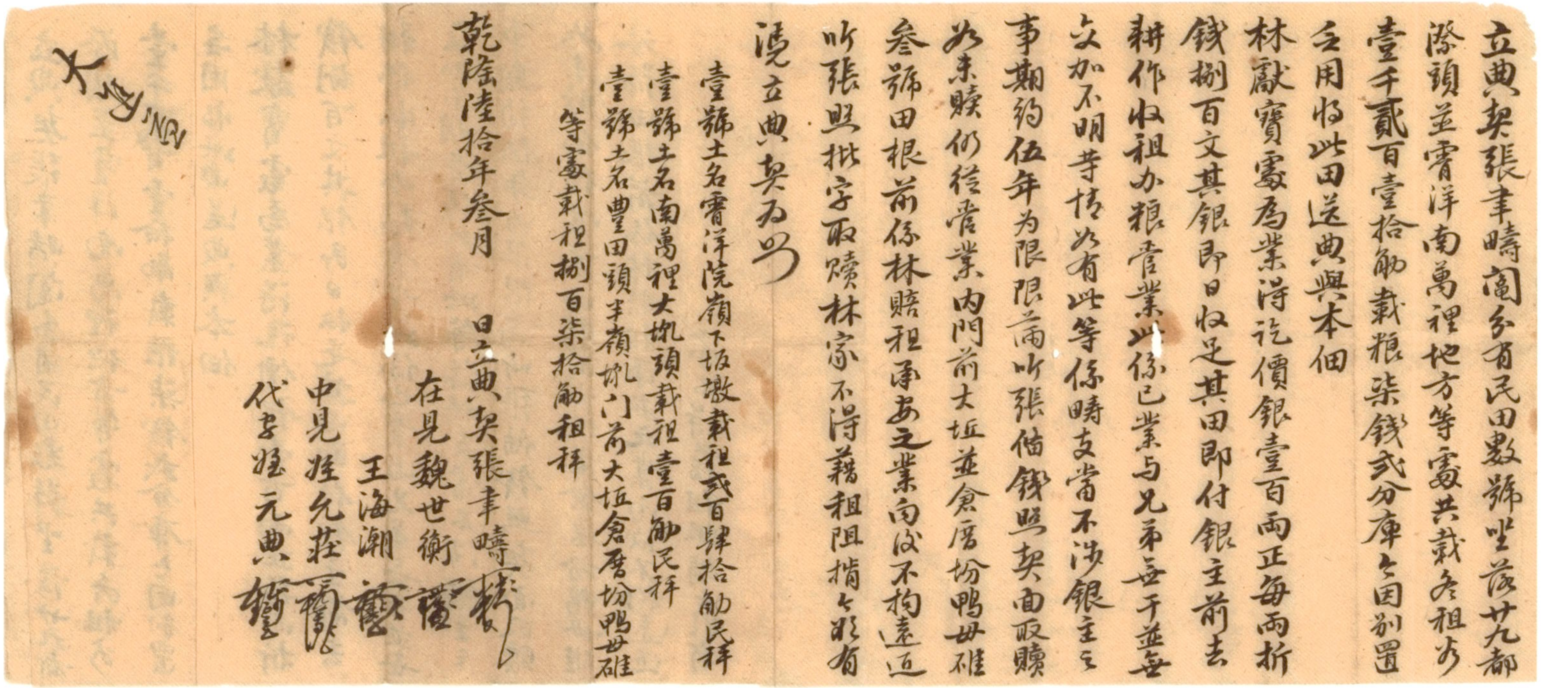
立典契張聿疇閹分有民田數號，坐落廿九都
漈頭並霄洋南萬裡地方等處，共載各租谷
壹千貳百壹拾觔，載粮柒錢弍分庫。今因別置
無用，將此田送典與本佃
林獻寶處為業，得訖價銀壹百兩正，每兩折
錢捌百文。其銀即日收足，其田即付銀主前去
耕作收租办粮，管業。此係已業，與兄弟無干，並無
交加不明等情。如有此等，係疇支當，不涉銀主之
事。期約伍年為限，限滿聽張備錢照契面取贖。
如未贖，仍從管業。內門前大坵並倉厝坋鴨母碓
叁號田根，前係林賠租承為之業，向以不拘遠近，
聽張照批字取贖，林家不得藉租阻措。今欲有
憑，立典契為照。
壹號土名霄洋院嶺下坂墩，載租弍百肆拾觔民秤
壹號土名南萬裡大坵頭，載租壹百觔民秤
壹號土名豐田頭聿嶺坵门前大坵倉厝坋鴨母碓
等處，載租捌百柒拾觔租秤
乾隆陸拾年叁月　日立典契張聿疇（押）
在見魏世衡（押）
王海潮（押）
中見姪允莊（押）
代字姪元典（押）

7-1-17-6　清乾隆六十年三月張聿疇立典民田契

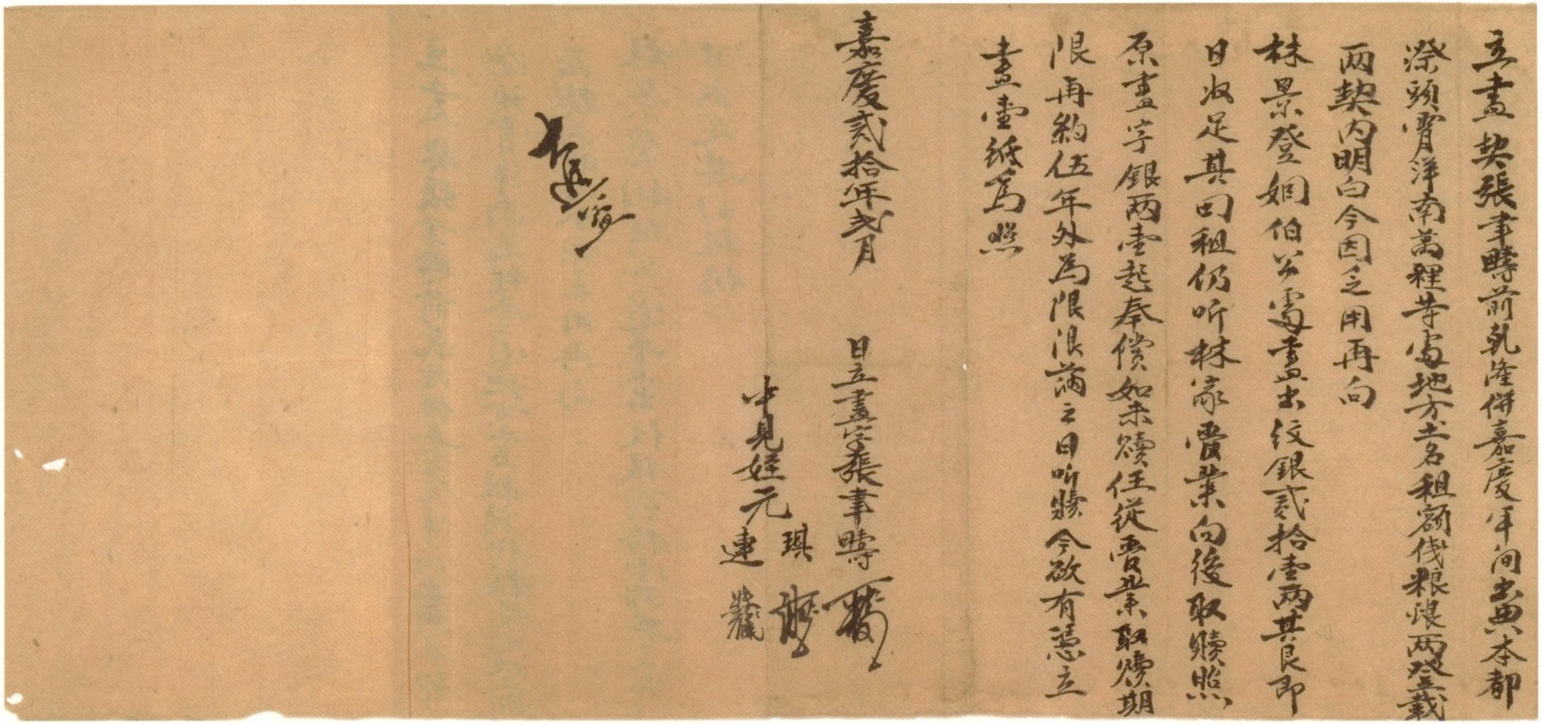
立盡契人張聿疇前乾隆併嘉慶年間出典本都
溪頭霄洋南萬程寺處地方土名租額伐粮銀兩及盡載
兩契內明白今因乏用再向
林景登姻伯家邊盡出紋銀貳拾壹兩其艮即
日收足其田租仍听林家管業向後取贖照
原盡字銀兩壹起奉償如未贖任從管業取贖期
限再約伍年外為限限滿之日听贖今欲有憑立
盡壹紙為照
嘉慶貳拾年貳月　日立盡字張聿疇
中見姪元琪
連

7-1-17-7　清嘉慶二十年二月張聿疇立盡田租契

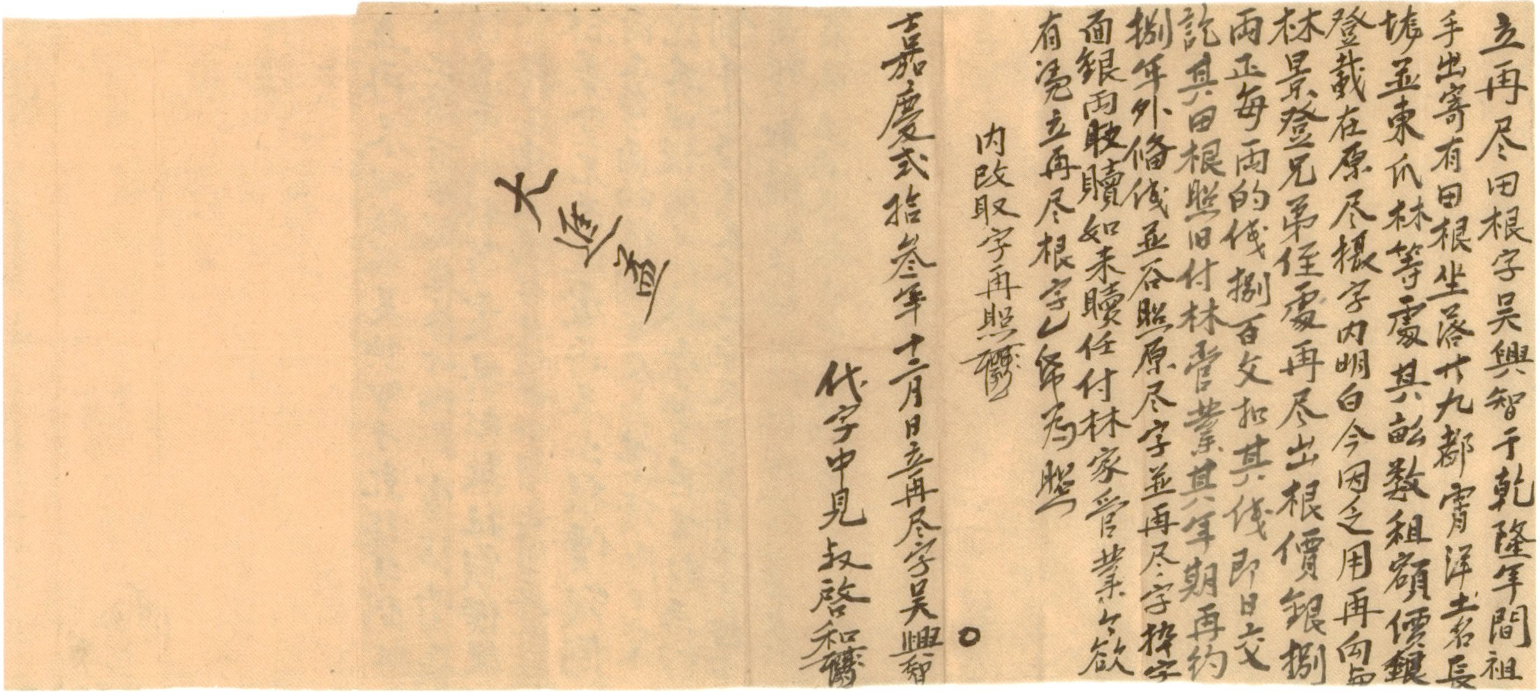
立再尽田根字吳興智于乾隆年間祖
手出寄有田根坐落廿九都霄洋土名長
墘，並東瓜林等處，其畝數、租額、價銀
登載在原尽根字內明白。今因乏用，再向與
林景登兄弟侄處再尽出根價銀捌
兩正，每兩的錢捌百文，扣其錢即日交
訖。其田根照旧付林管業。其年期再約
捌年外，備錢並谷照原尽字並再尽字
面銀兩取贖，如未贖，任付林家管業。今欲
有憑，立再尽根字乙紙為照。
內改取字再照
嘉慶貳拾叁年十二月日立再尽字吳興智
代字中見叔啓和
大吉昌

7-1-17-8　清嘉慶二十三年十二月吳興智立再盡田根字

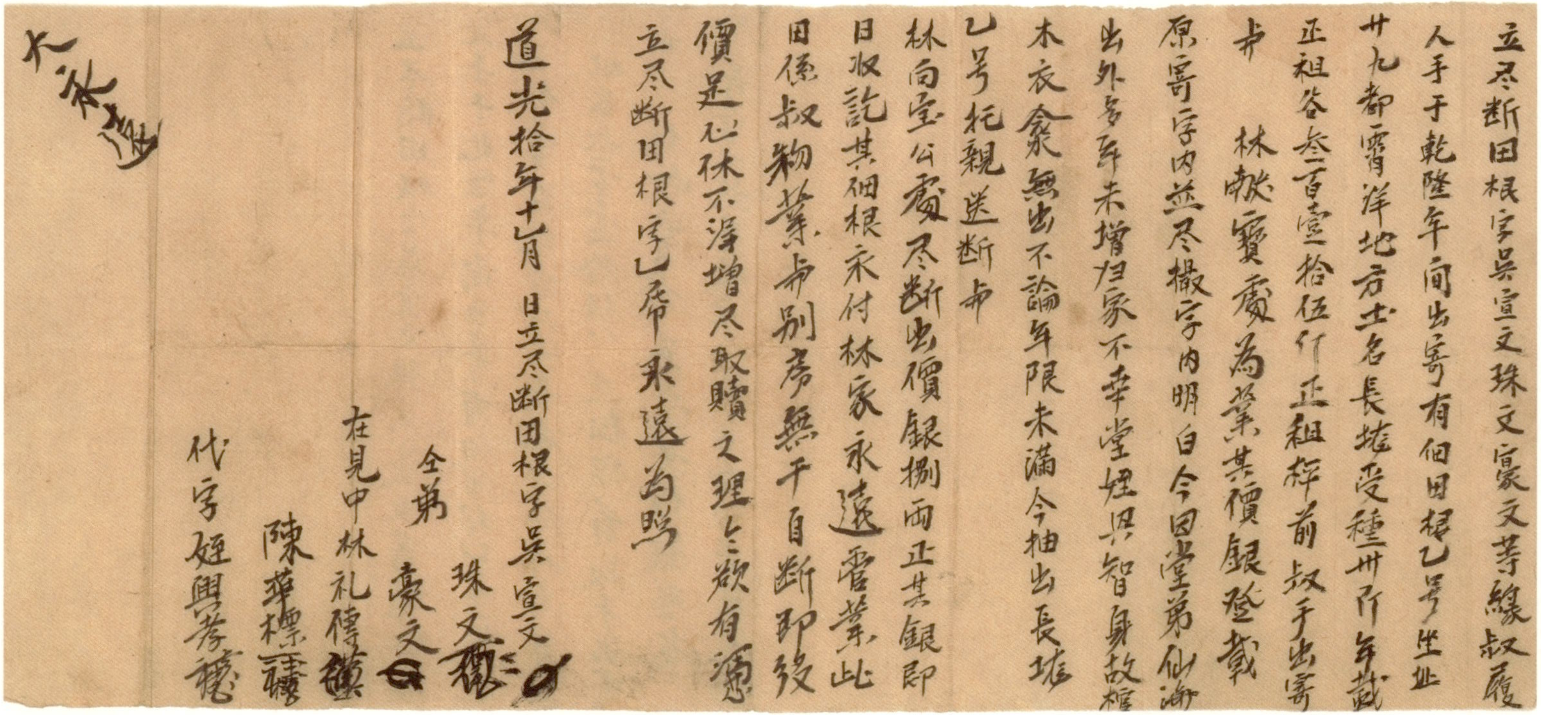
立盡斷田根字吳宣文珠文豪文等緣叔履
人手于乾隆年間出寄有佃田根乙号坐址
廿九都霄洋地方土名長培受種卅斤年載
正租谷叁百壹拾伍斤正租梓前叔手出寄
弟 林歎寶處為業其價銀登載
原寄字內並盡撤字內明白今因堂弟仙海
出外多年未增歸家不幸堂姪興智身故棺
木衣衾無出不論年限未滿今抽出長培
乙号托親送斷弟
林向堂公處盡斷出價銀捌兩正其銀即
日收訖其佃根永付林家永遠管業此
田係叔物業弟別房無干自斷即后
價足心休不得增盡取贖之理〻〻欲有憑
立盡斷田根字乙紙永遠為照
道光拾年十一月 日立盡斷田根字吳宣文
珠文
仝弟 豪文
在見中 林礼傳
陳華標
代字姪 興孝

7-1-17-9　清道光十年十一月吳宣文等立盡斷佃田根字

7-1-18-1　包契紙

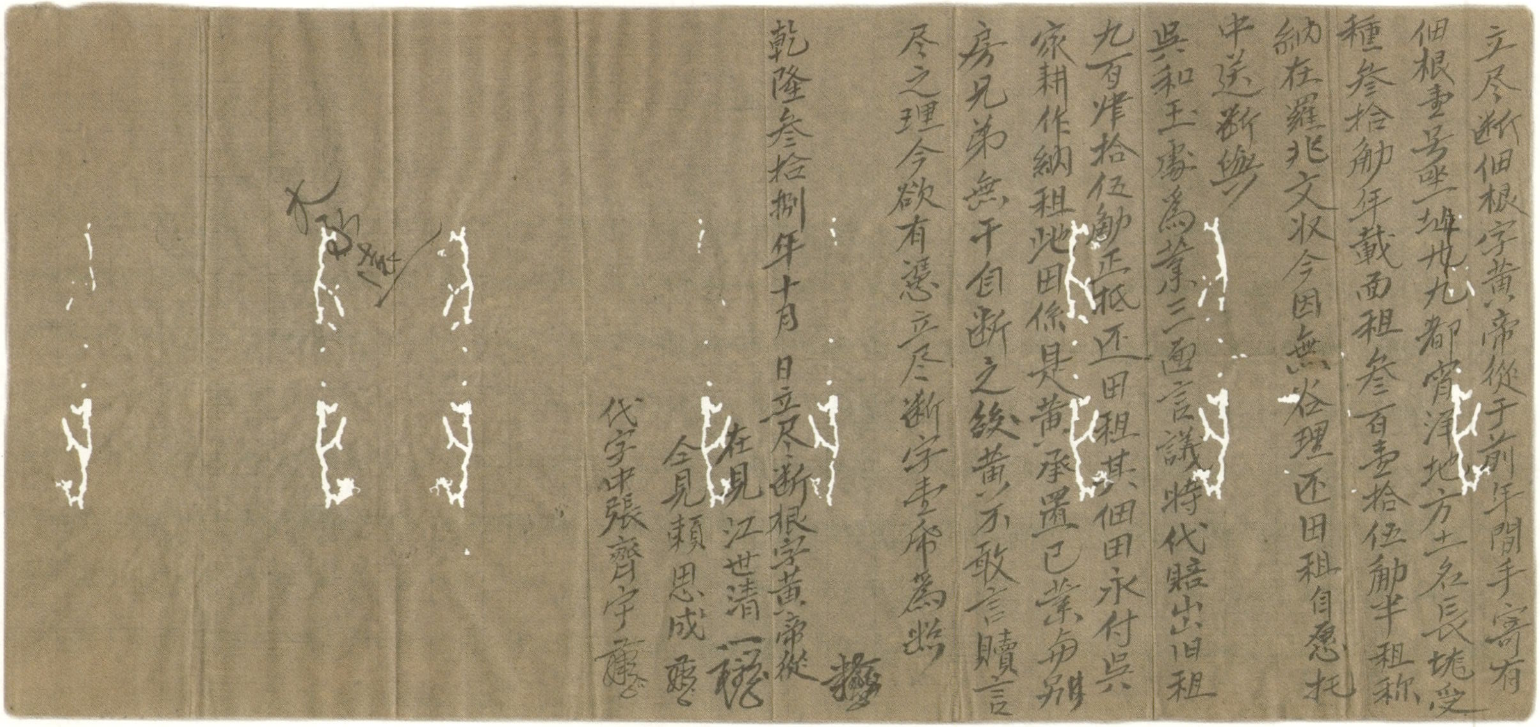
立尽断佃根字黄帝從于前年間手寄有
佃根壹号坐址九都宵洋地方土名長𫭼受
種叁拾觔年載面租叁百壹拾伍觔半租秤
納在羅兆文收今因無洛理还田租自愿托
中送断與
吳和玉處爲業三面言議特代賠出旧租
九百肆拾伍觔正抵还田租其佃田永付吳
家耕作納租此田係是黄承置已業弟朋
房兄弟無干自断之後黄不敢言贖言
尽之理今欲有憑立尽断字壹帋爲照
乾隆叁拾捌年十月　日立尽断根字黄帝從
在見　江世清
仝見　賴恩成
代字中　張齊宇

7-1-18-2　清乾隆三十八年十月黃帝從立盡斷佃根字

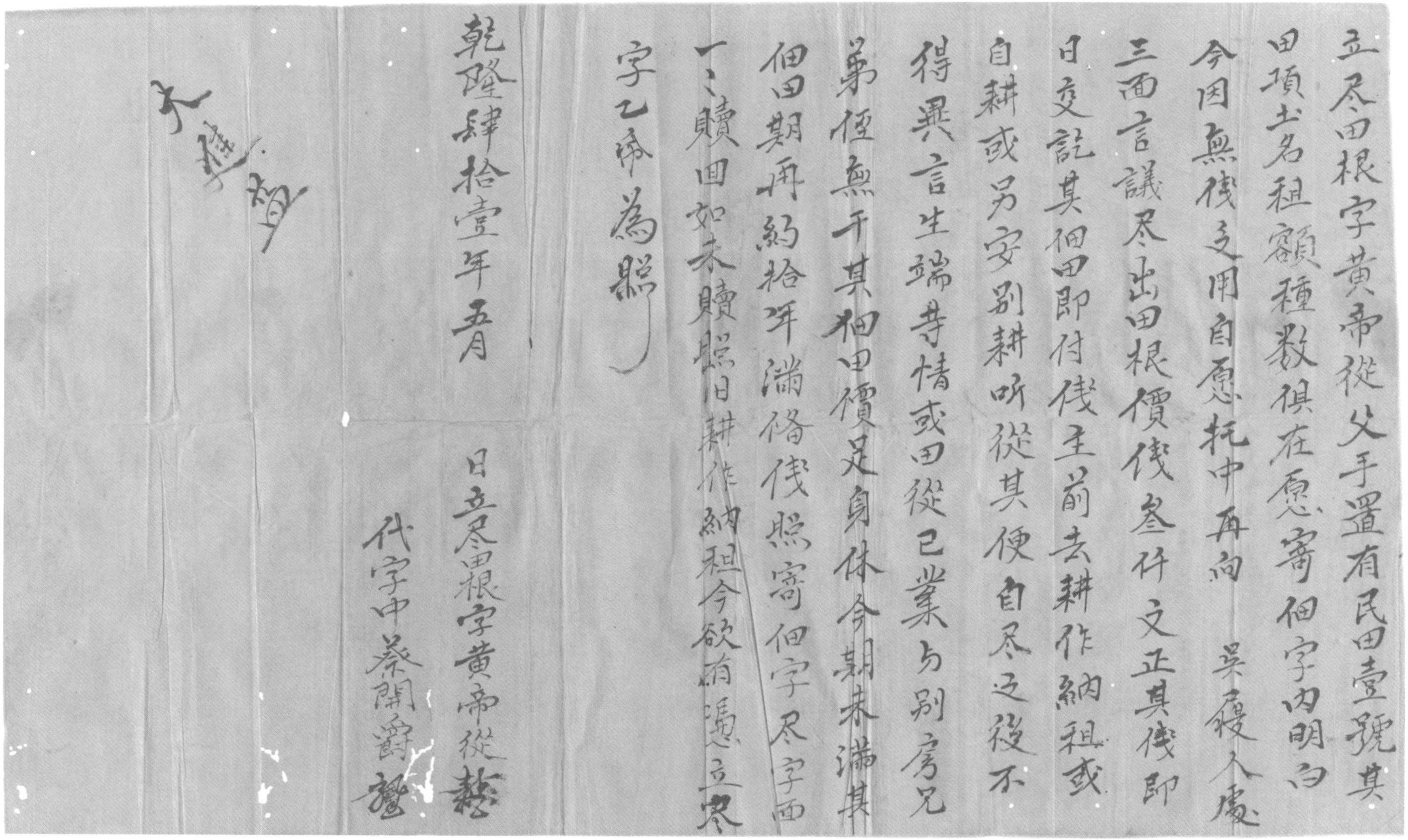
立盡田根字黃帝從父手置有民田壹號其
田項土名租額種数俱在愿寄佃字內明白
今因無錢支用自愿托中再向 吳渡人處
三面言議盡出田根價錢叁仟文正其錢即
日交訖其佃田即付錢主前去耕作納租或
自耕或另安别耕聽從其便自盡之後不
得異言生端等情或田從已業與別房兄
弟侄無干其佃田價足身休今期未滿其
佃田期再約拾年滿備錢照寄佃字盡字面
一一贖回如未贖照日耕作納租今欲有憑立盡
字乙紙為照
乾隆肆拾壹年五月 日立盡田根字黃帝從（押）
代字中 蔡開爵（押）
大[illegible]

7-1-18-3 清乾隆四十一年五月黃帝從立盡民田根字

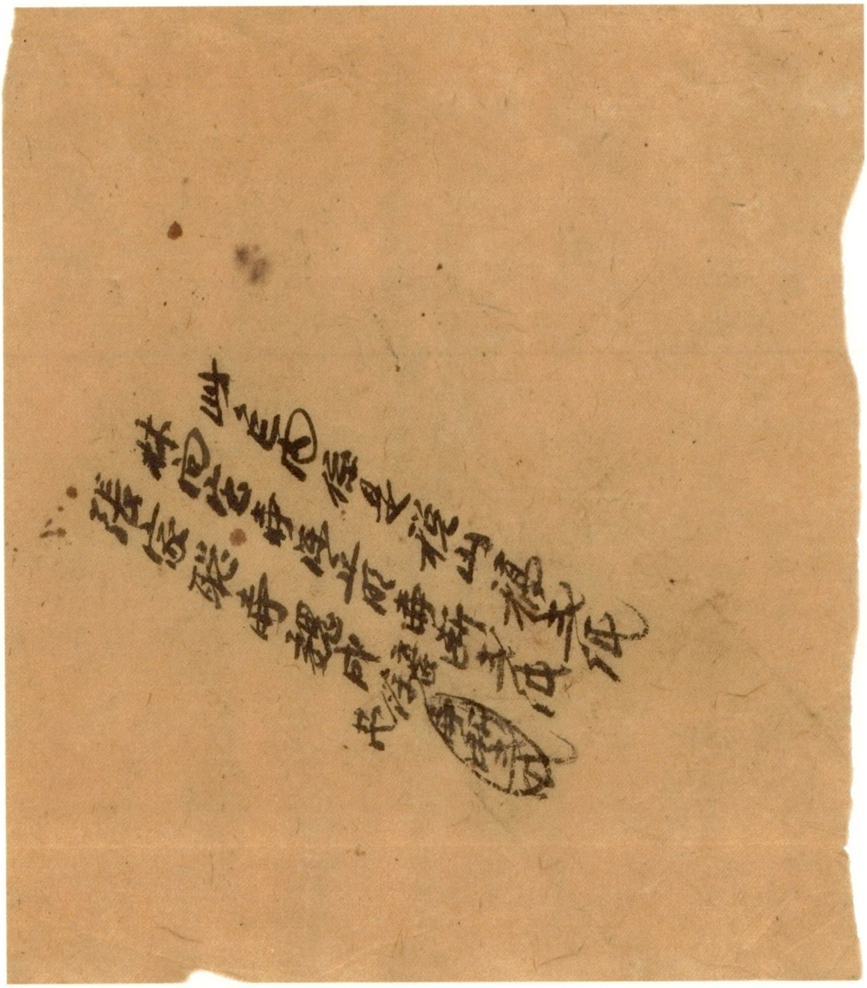

7-1-19-1　包契紙

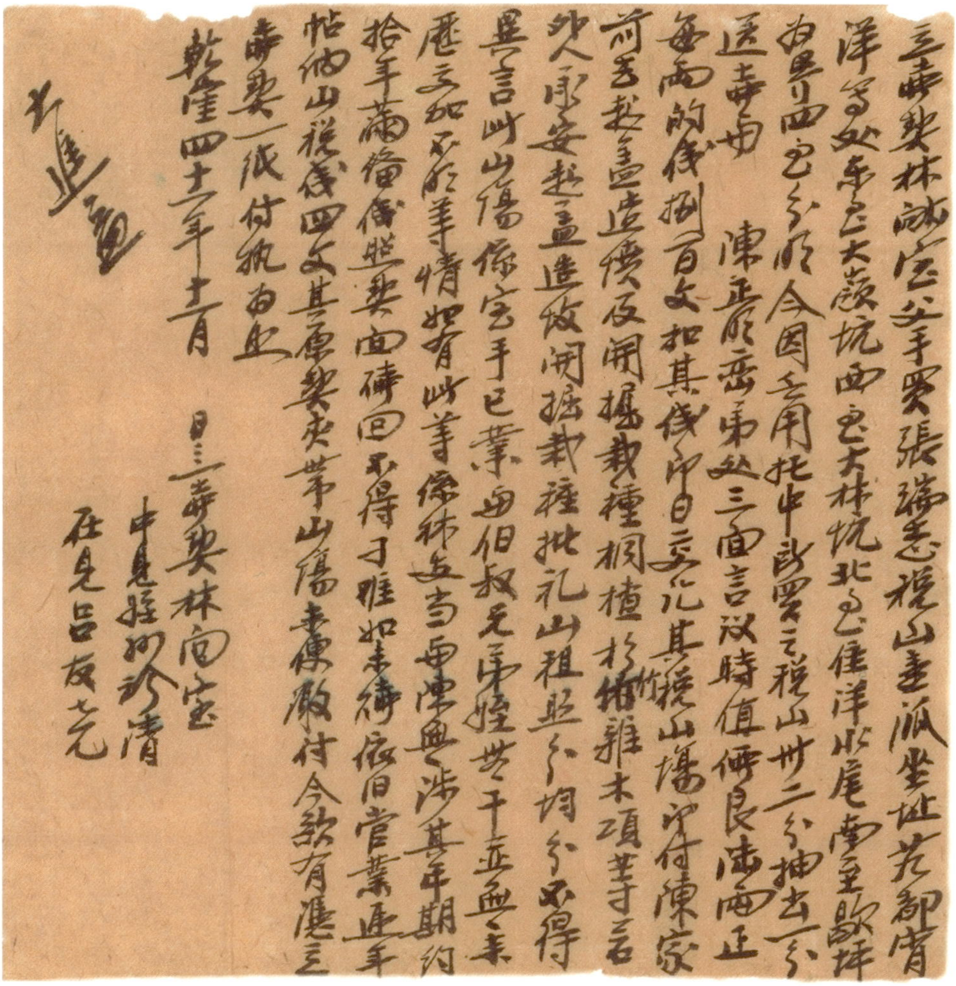
立賣契林献宝，今承父手買張瑞惠稅山壹派，坐址芹郁嶺洋，土名坐處東至大嶺坑，西至大林坑，北至隹洋水尾，南至歇坪為界，四至分明。今因乏用，托中出賣與稅山廿二分抽出一分送賣與
陳[illegible]岳弟处，三面言议時值價艮陆兩正，每兩均作捌百文，扣其錢即日交訖。其稅山場即付陳家前去起蓋造墳及開墾栽種桐植杉竹雜木項等，言外人承安起蓋造墳，開墾栽種，批礼山租照分均分，不得異言。此山場係宝手己業，與伯叔兄弟侄無干，並無來歷不明等情。如有此等，係林边支当，與陳無涉。其年期約拾年滿，備價照契面贖回，不得刁难；如未備，依旧管業。逐年帖納山稅錢四文。其原契未[illegible]山場未便繳付。今欲有憑，立賣契一紙付執為照。
乾隆四十一年十二月　日立賣契林献宝
中見程阿珍清
在見吕友光
[illegible]

7-1-19-2　清乾隆四十一年十二月林献宝立賣稅山契

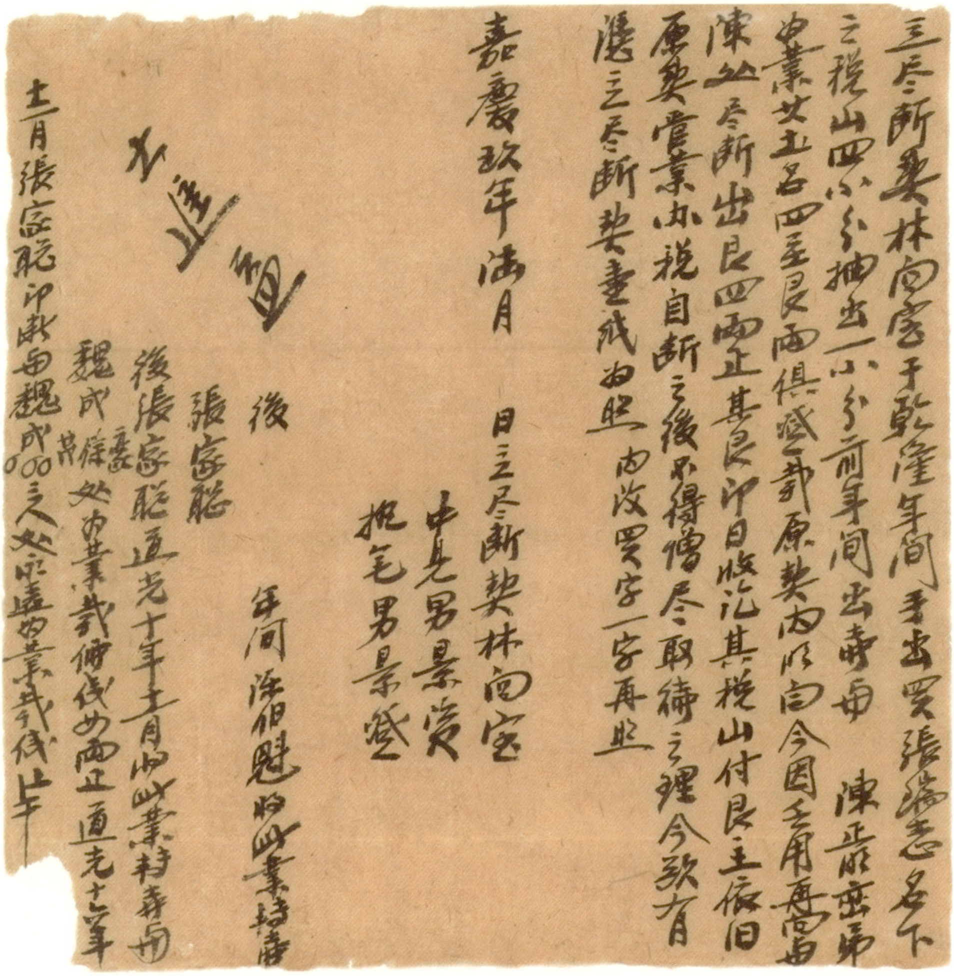

立盡斷契林向宝于乾隆年間手出買張嘉志名下之税山四小分抽出一小分前年間出賣與 陳亞亦弟兄業廿五名四至見兩俱登載原契内明白今因壬甲再當與 陳处盡斷出艮四兩正其艮即日收訖其税山付艮主依旧原契管業永税自斷之後不得借盡取續之理今欲有憑立盡斷契壹紙爲照 内改買字一字再照

嘉慶玖年陸月 日立盡斷契林向宝

中見男景資

執笔男景登

大進宝

後 年間陳伯魁將此業轉賣

張容聪

後張容聪道光十年十二月將此業轉賣與

魏成嘉崇係处内業貳佰錢女兩正 道光十六年

十二月張容聪即斷與魏成○○三人处一宗盡將業貳仟錢止年

7-1-19-3　清嘉慶九年六月林向宝立盡斷税山契

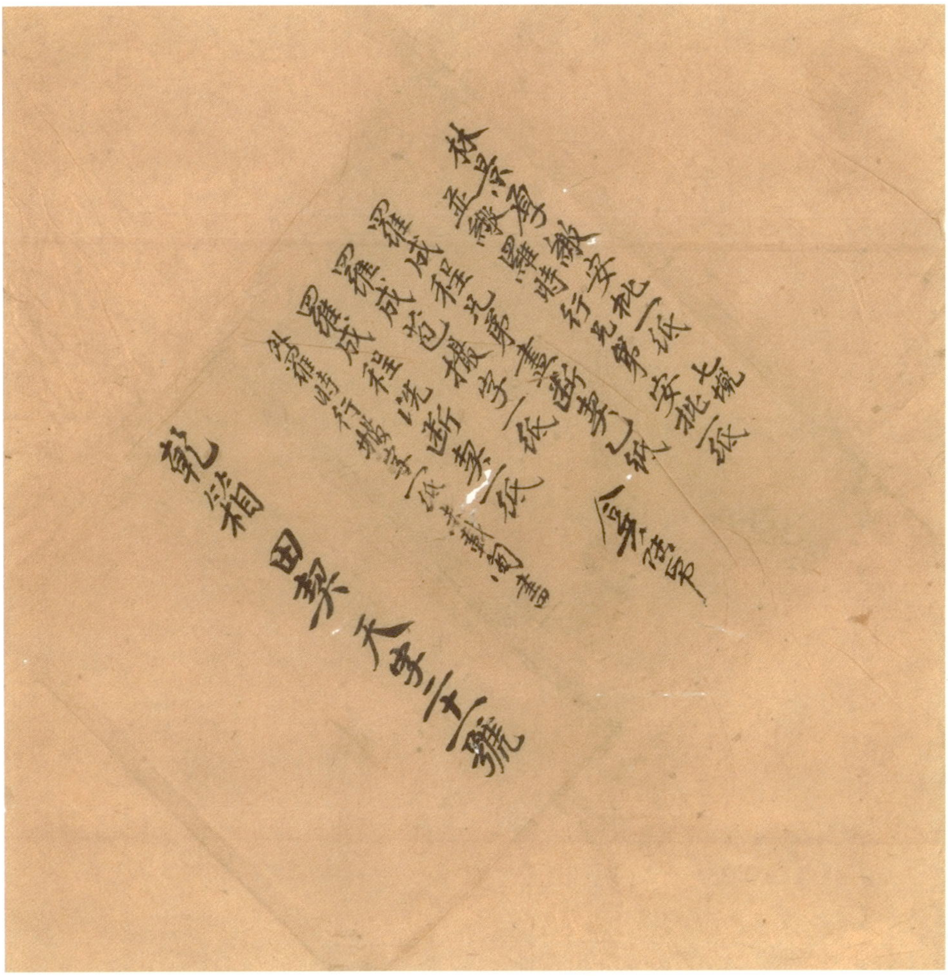

林長孝敷安杭一紙七號
孟聲暨時行兄弟安桃一紙
羅成程兄弟賣斷契一紙
羅成岱包撥字一紙
羅成程浣斷契一紙
外孫維時行撥字一紙 林新周書
合票陳冢
乾箱 田契 天字三十號

7-1-20-1 包契紙

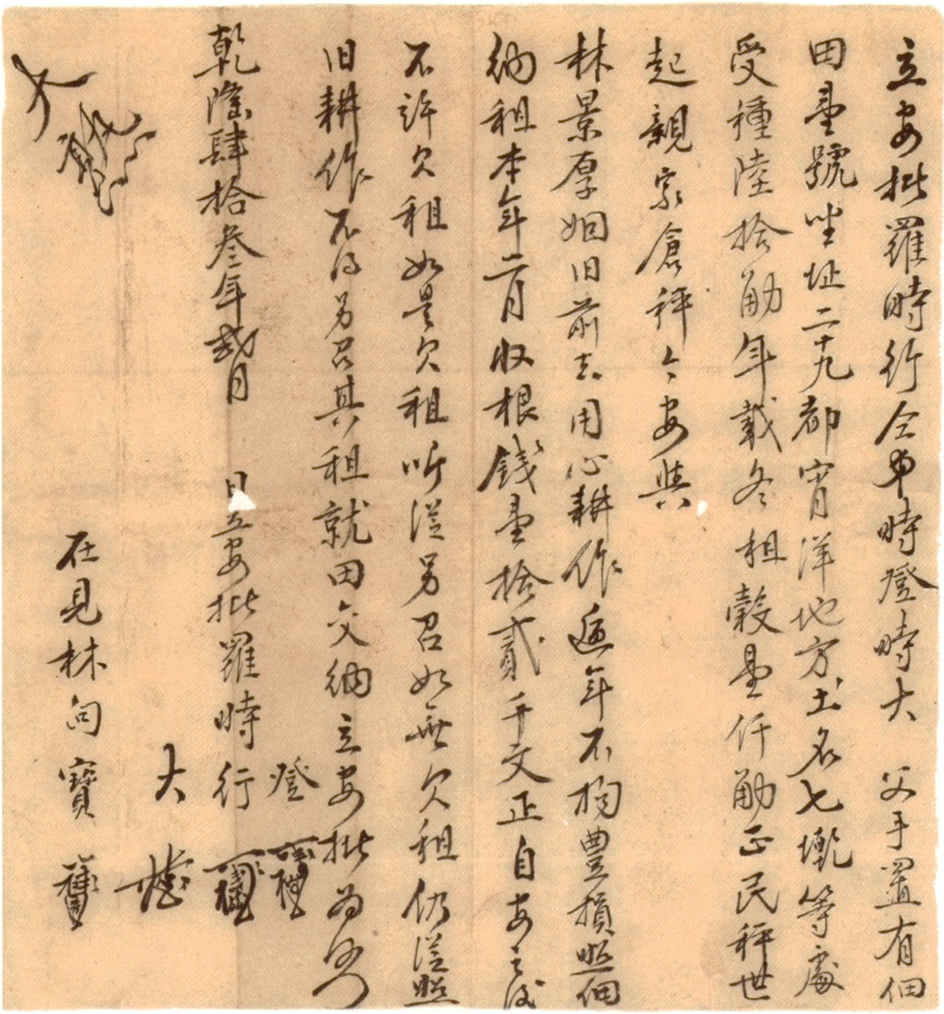
立安批羅時行仝弟時登時大　安手置有佃
田壹號坐址二十九都甯洋地方土名七墩等處
受種陸拾觔年載冬租穀壹仟觔正民秤世
起親家倉秤交安與
林景厚佃田前去用心耕作逐年不拘豐歉照佃
納租本年二月收根錢壹拾貳千文正自安後
不許欠租如是欠租聽從另召如無欠租仍從照
旧耕作不得另召其租就田交納立安批爲照
乾隆肆拾叁年貳月　日立安批羅時行　登［illegible］　大［illegible］
在見林向寶

7-1-20-2　清乾隆四十三年二月羅時行等立安批佃田字

立繳安批字侄景厚于本月間用價伐十六千文
手承得田主羅時行處佃田乙號坐址廿九都消洋
地方土名七壠受種六十斛年載冬租谷乙千斛民
秤今因金用將佃田送繳與　叔献宜處時収囬
田價伐完足其田即付叔前去耕作納租或另安他
人听叔其便此田手置與兄弟叔侄無干並無重張
典掛他人財物交加不明等情如有此等係侄支當與
叔無干自繳字之後付叔永為己業日後侄不敢言
説今欲有憑立繳安批字乙帋并繳羅時行安
執乙帋付執為照

乾隆四十三年二月　　日立繳安批字侄景厚
在見兄景彪

7-1-20-3　清乾隆四十三年二月林景厚立繳安批佃田字

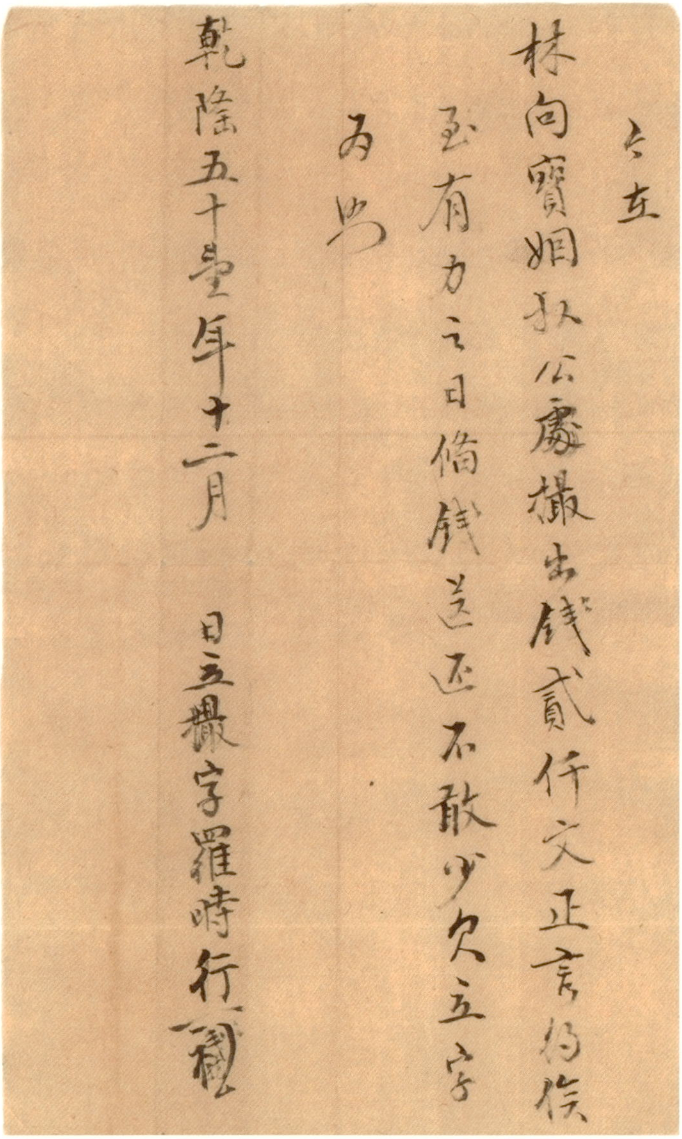
立
林向寶姻叔公處撮出錢貳仟文正言約俟
至有力之日備錢送還不敢少欠立字
為照
乾隆五十壹年十二月
日立撮字羅時行（押）

7-1-20-4　清乾隆五十一年十二月羅時行立撮字

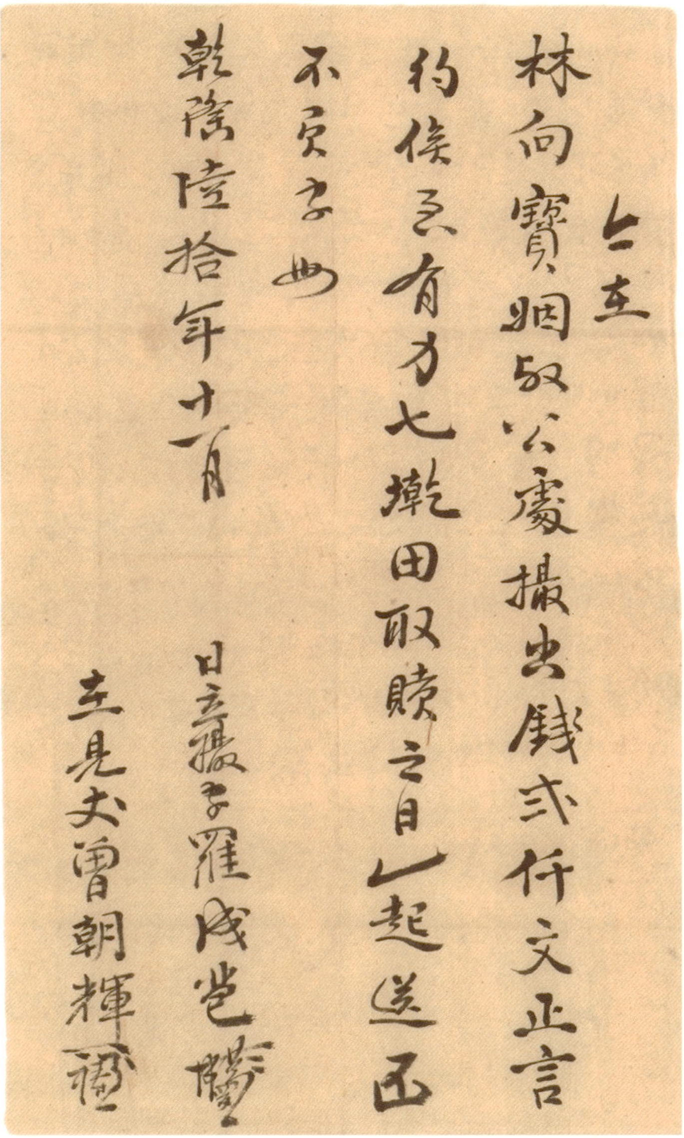
今立
林向寶姻叔公處撮出錢弍仟文正言
約俟至有力七歲田取贖之日一起送還
不負字也
乾隆陸拾年十一月　日立撮字羅成芑（押）
在見夫曾朝輝（押）

7-1-20-5　清乾隆六十年十一月羅成芑立撮字

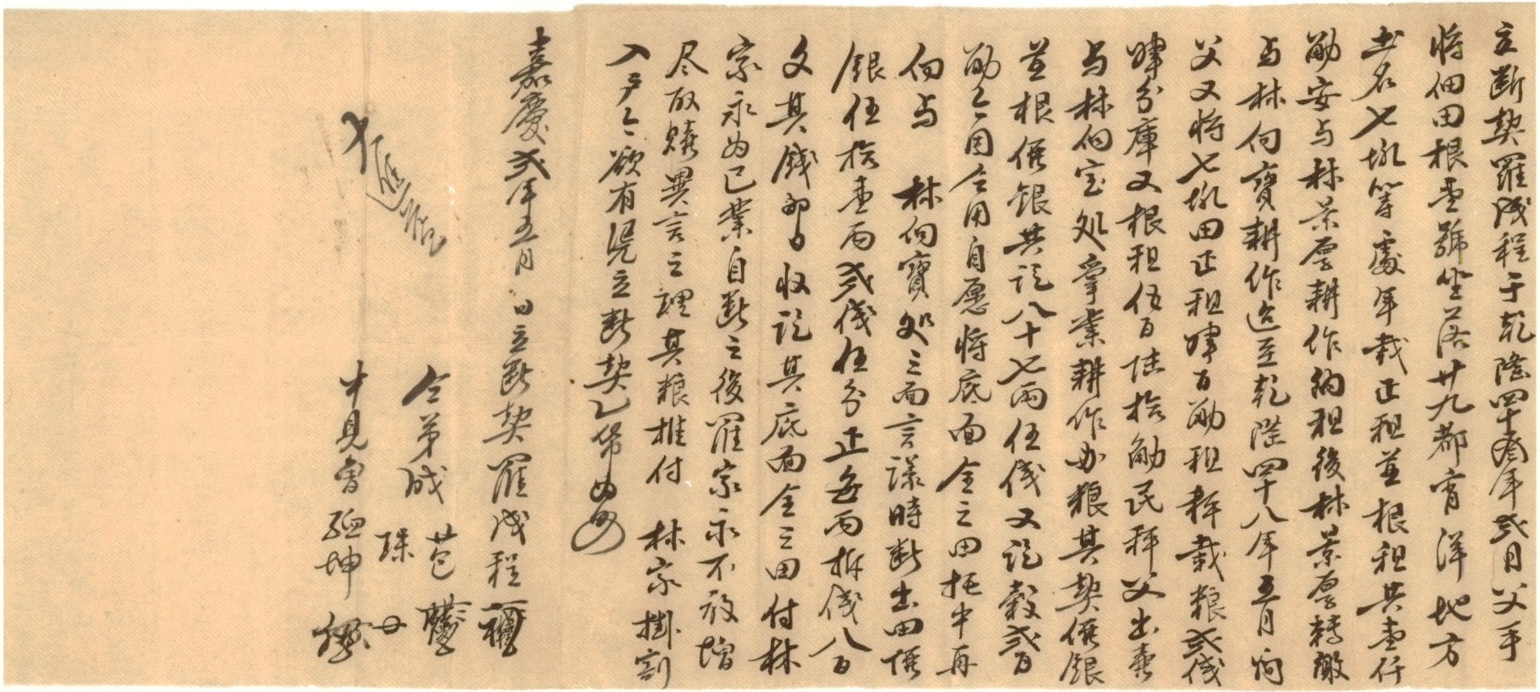

7-1-20-6　清嘉慶二年五月羅成程等立斷佃田根契

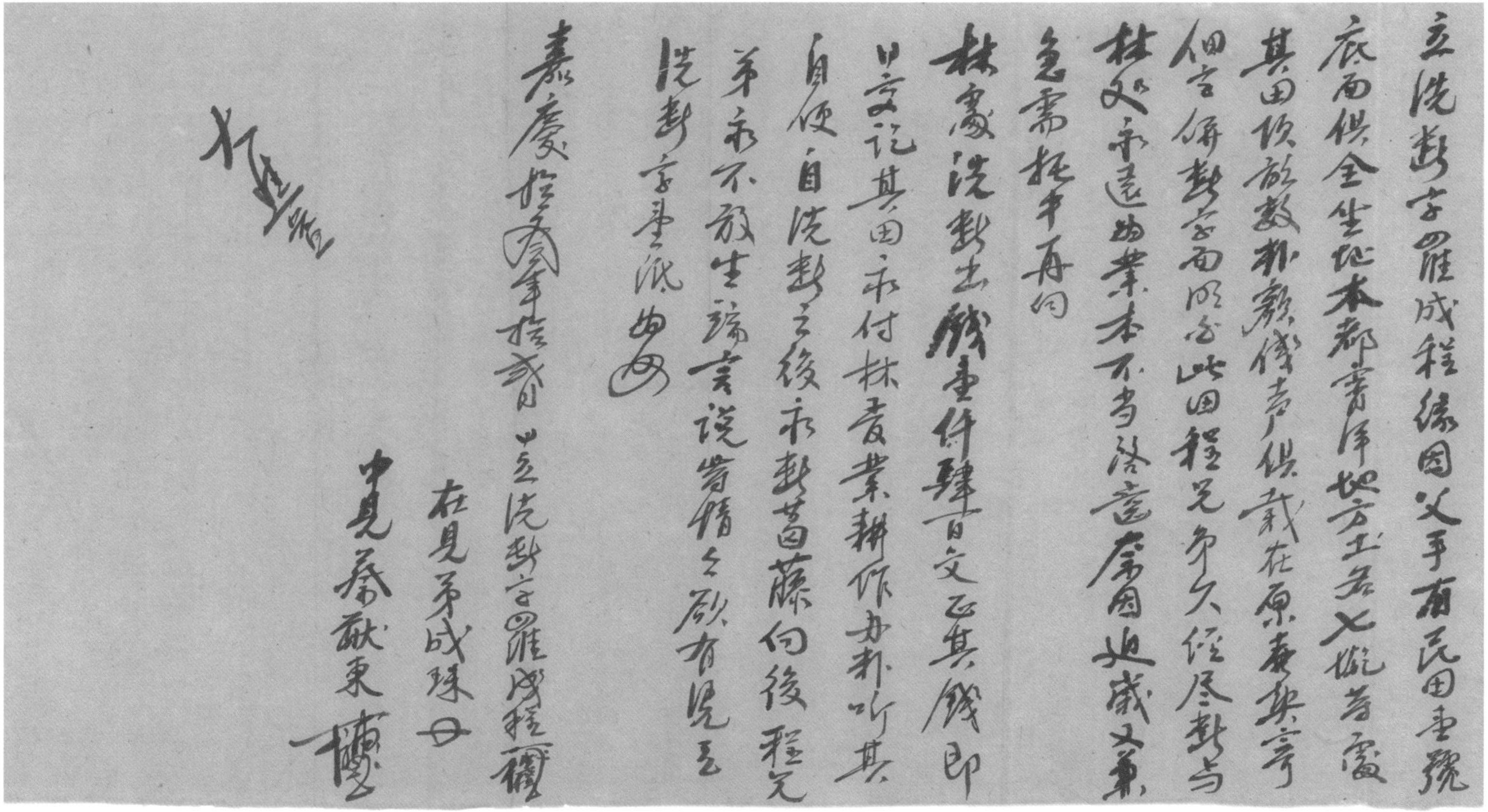
立洗斷字羅成程，緣因父手有民田壹號，
底面俱全，坐址本都，土名七㙮荅霞，
其田坵畝數目，都載徹戶供載，在原契字
佃字俱載字內明白。此田程兄弟久經盡斷与
林处永遠為業，本不當啓齒，今因迫歲乏用，
急需，托中再向
林處洗斷出錢壹仟肆百文正，其錢即
日親訖，其田永付林處業耕作，毋得卟其
自便。自洗斷之後，永斷葛藤，向後程兄
弟永不敢生端言說嘗情。今欲有憑，立
洗斷字壹紙為照。
嘉慶拾叁年拾貳月　日立洗斷字羅成程（押）
在見弟成球（押）
中見蔡獻東（押）

7-1-20-7　清嘉慶十三年十二月羅成程立洗斷民田字

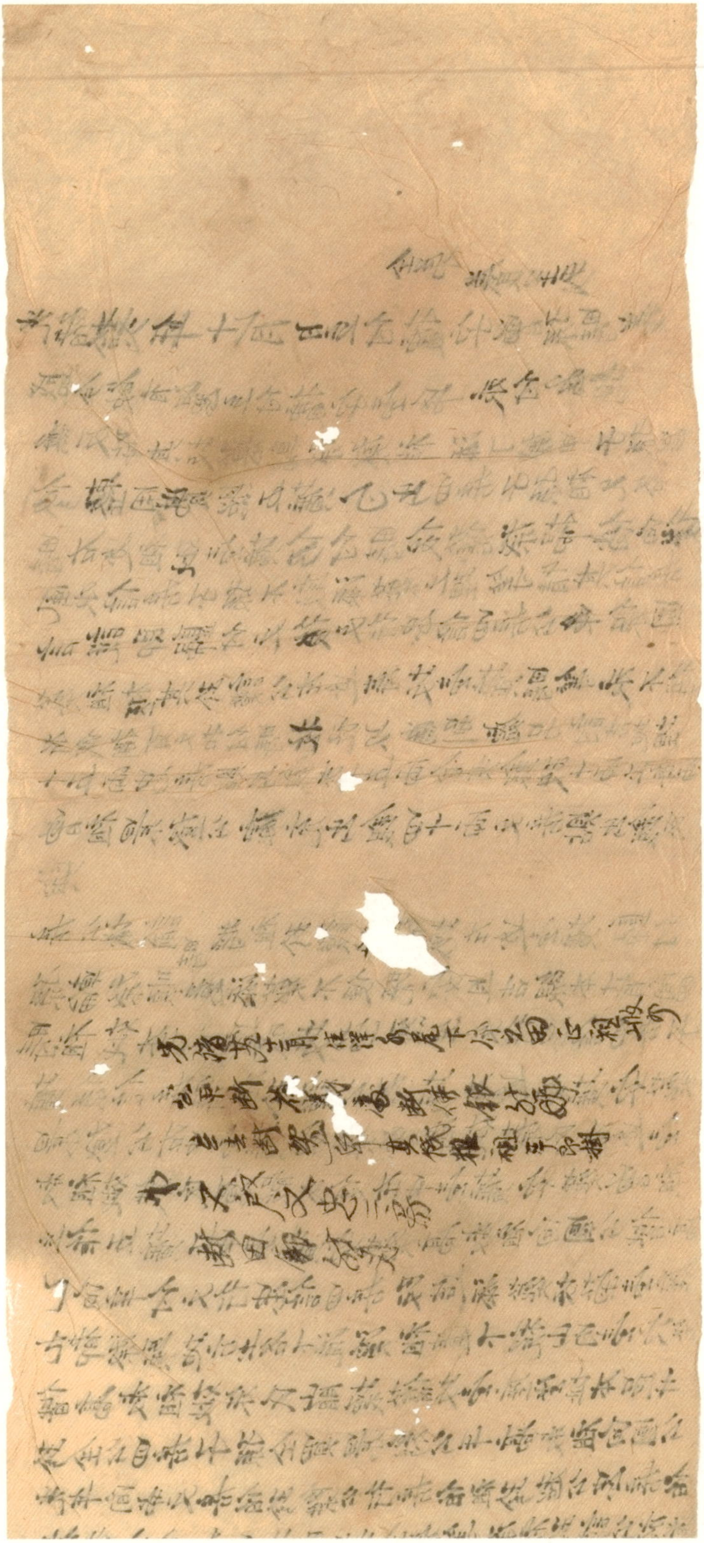

7-1-21-1　包契紙

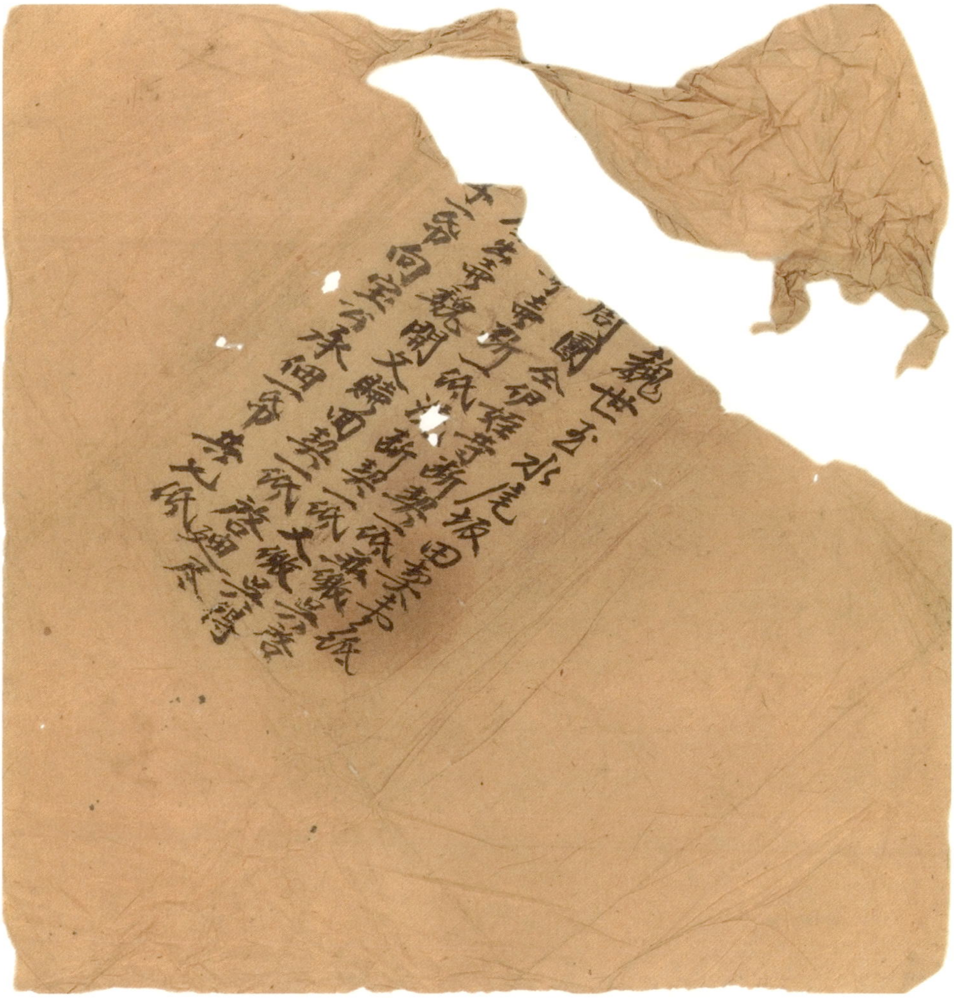

7-1-21-2　包契紙

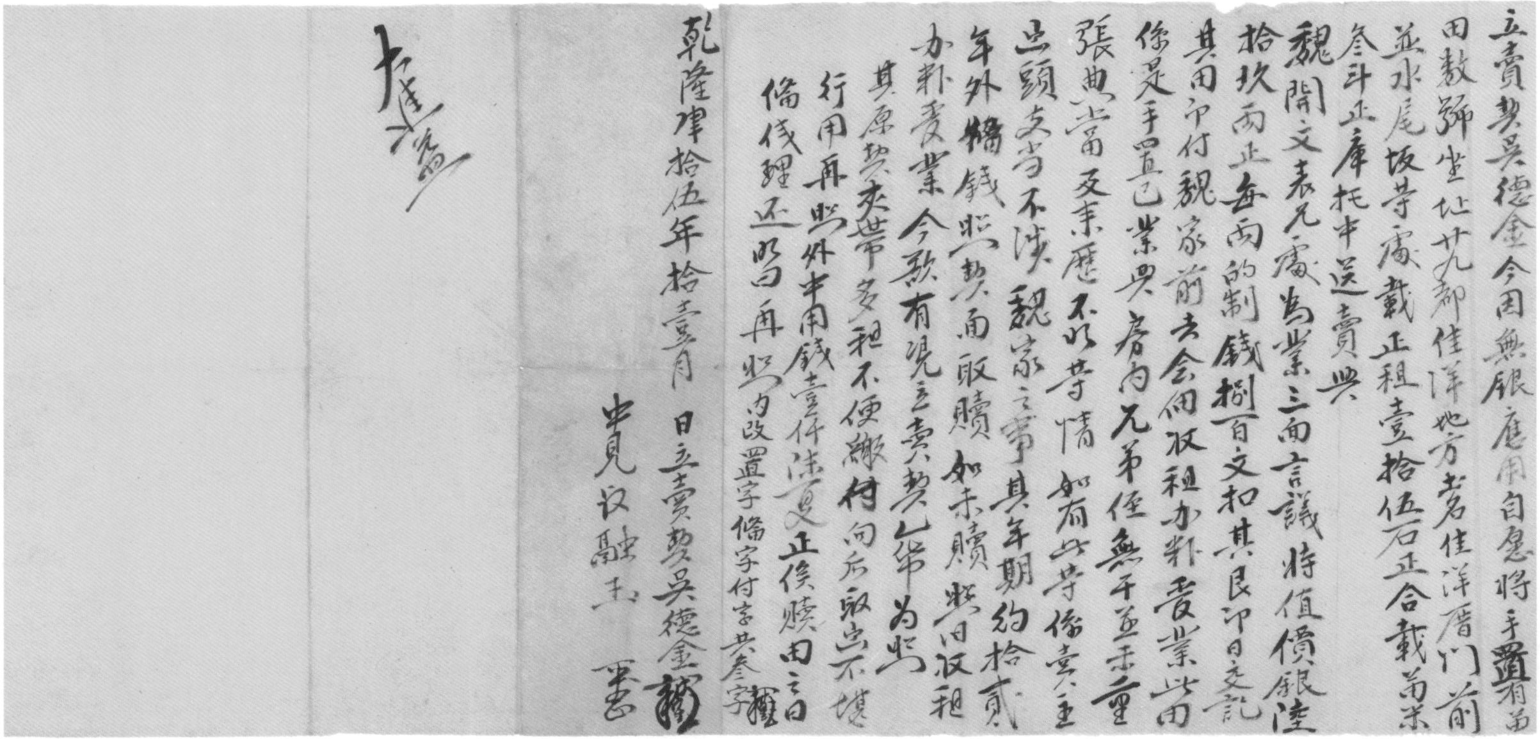
立賣契吳德金，今因無銀應用，自愿將手置有苗
田數號，坐址廿九都佳洋地方，土名佳洋厝門前
並水尾坂等處，載正租壹拾伍石正，合載苗米
叁斗正，今托中送賣與
親閣文表兄處為業，三面言議，時值價銀陸
拾玖兩正，每兩的制錢捌百文扣，其艮即日交訖。
其田即付親家前去會佃收租办粮管業。此苗
係是手置己業，與房內兄弟侄無干，並未重
張典當，交来歷不明等情，如有此等，係壹人自
出頭支当，不涉親家之事。其年期約拾貳
年外，備錢照契面取贖，如未贖，照舊收租
办粮管業。今欲有憑，立賣契一紙為照。
其原契夾帶多租，不便繳付，向后取出不堪
行用。再照。外中用錢壹仟陆百正，候贖田之日
備錢理还。又照。再照，内改置字、備字、付字共叁字（押）
乾隆肆拾伍年拾壹月　日立賣契吳德金（押）
中見叔駐玉（押）

7-1-21-3　清乾隆四十五年十一月吳德金立賣苗田契

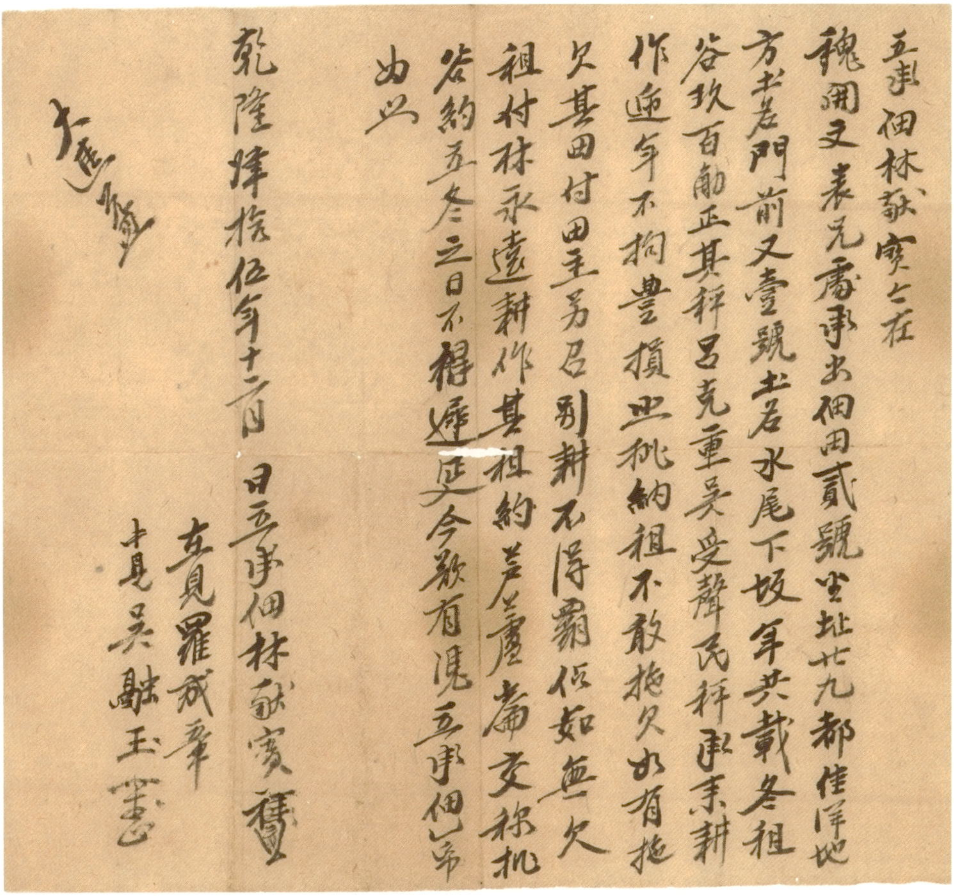
立承佃林獻寶今在
魏開文表兄弟手出佃田貳號坐址廿九都佳洋地
方土名門前又壹號土名永尾下坂年共載冬租
谷玖百觔正其秤另免重吳受聲氏秤承來耕
作逐年不拘豐損照秕納租不敢拖欠如有拖
欠其田付田主另召別耕不得霸佔如無欠
租付林永遠耕作其租約芒廣齊交秤扎
谷約立冬三日不得遲延今欲有憑立承佃字
為照
大進天發
乾隆肆拾伍年十二月　日立承佃林獻寶（押）
在見羅成章
代書吳融玉（押）

7-1-21-4　清乾隆四十五年十二月林獻寶立承佃田字

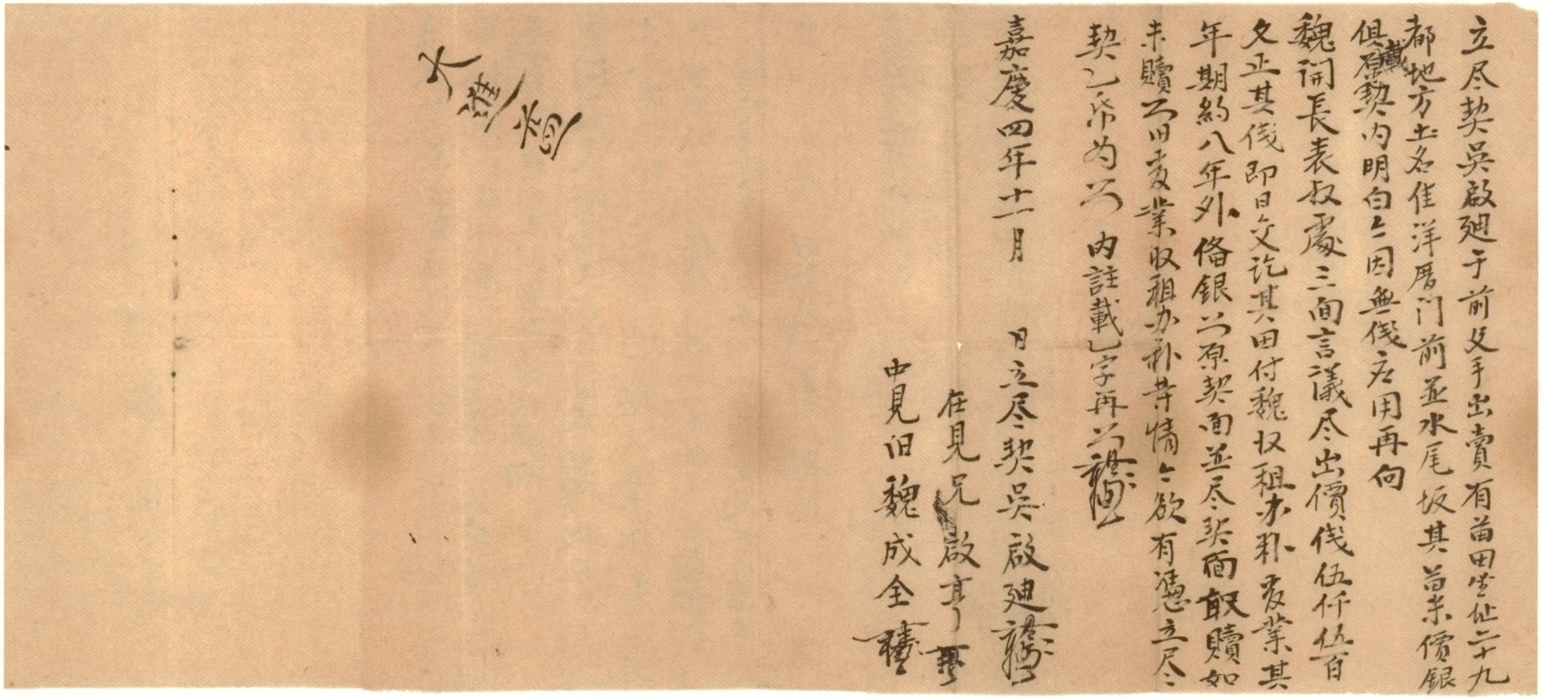
立盡契吳啟廸于前父手出賣有苗田坐址二十九
都地方土名佳洋厝门前並水尾坂其苗米價銀
俱載契內明白因無錢应用再向
魏詞長表叔處三面言議盡出價錢伍仟伍百
文正其錢即日交訖其田付魏权租承耕管業其
年期約八年外备銀照原契面並盡契面取贖如
未贖其田当業权租办耕并情願欲有憑立盡
契一帋為照 内註載一字再照
嘉慶四年十一月 日立盡契吳啟廸
在見兄啟吉
中見旧魏成全

7-1-21-5　清嘉慶四年十一月吳啓迪立盡苗田契

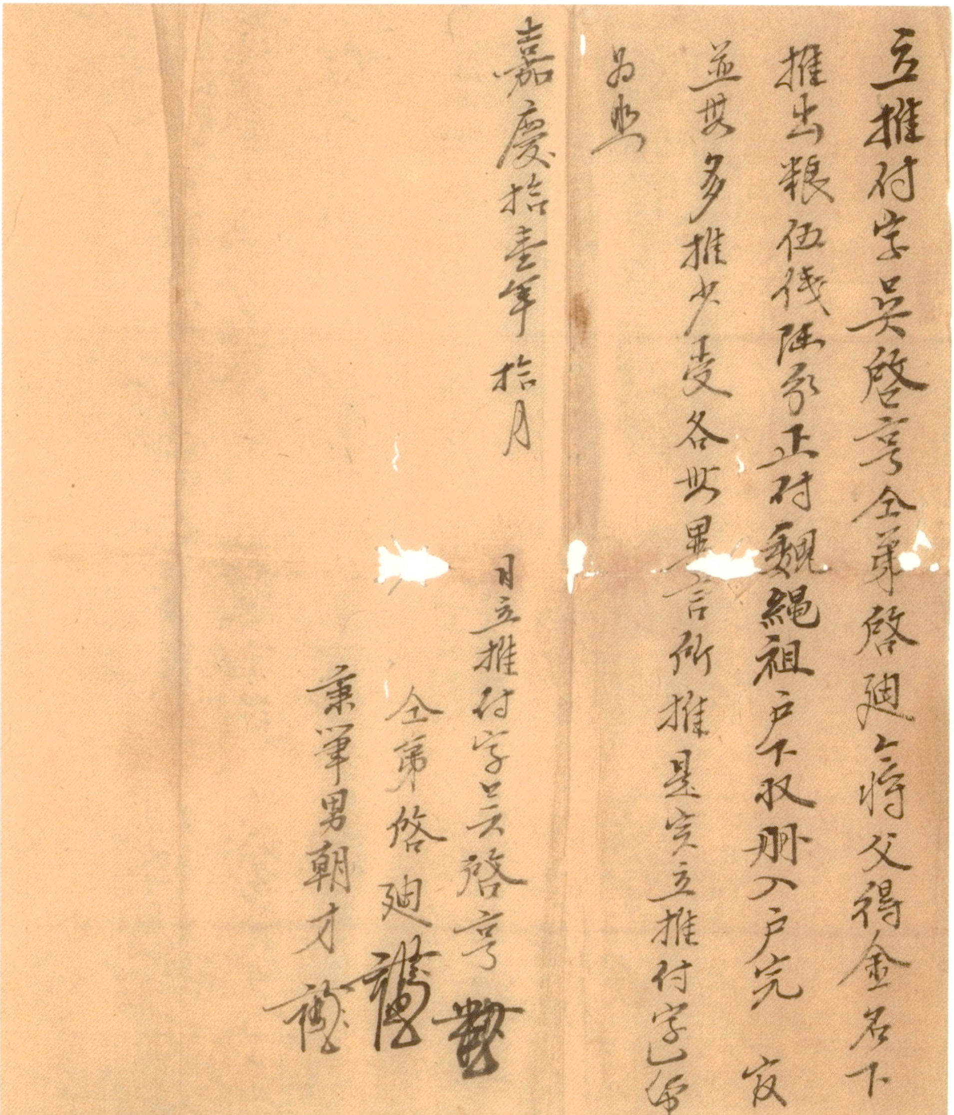

立推付字吳啓亨仝弟啓廻，將父得金名下推出粮伍錢陸分正付親縄祖户下收册入户完納，並無多推少受，各無異言。所推是實，立推付字乙紙爲照。

嘉慶拾壹年拾月　日立推付字吳啓亨（押）

仝弟啓廻（押）

秉筆男朝才（押）

7-1-21-6　清嘉慶十一年十月吳啓亨等立推付字

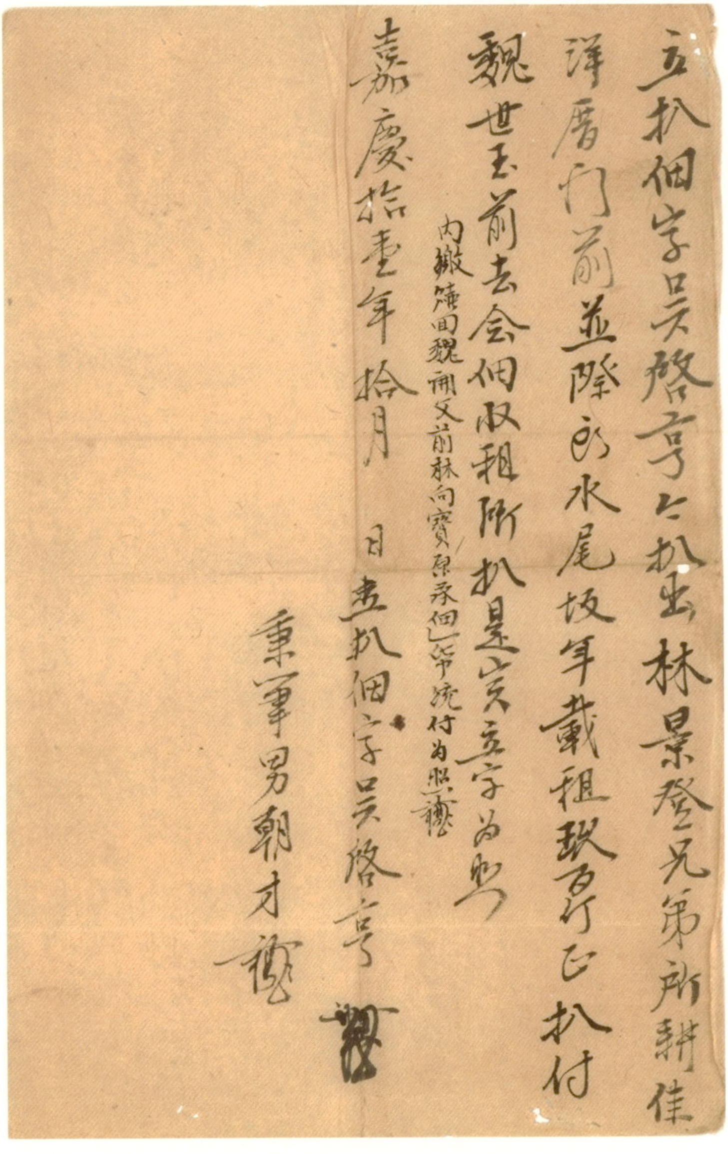
立扒佃字吴啓亨今扒出林景登兄弟所耕佳洋厝門前並際頭水尾坂年載租穀百斤正扒付魏世玉前去會佃收租所扒是實立字為照
內繳簿田魏補又前林向賓原承佃字并流付為照（押）
嘉慶拾壹年拾月　日立扒佃字吴啓亨（押）
秉筆男朝才（押）

7-1-21-7　清嘉慶十一年十月吴啓亨立扒佃字

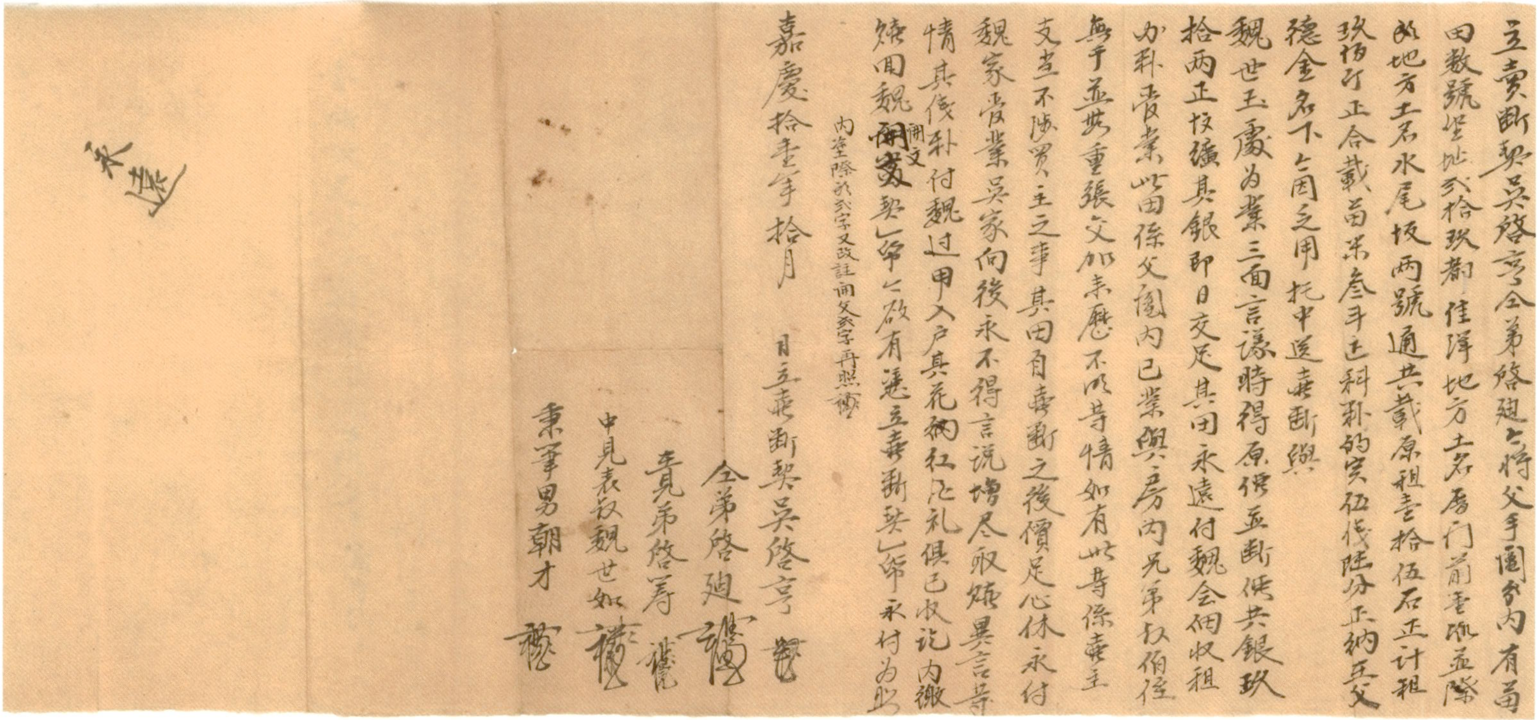
立賣斷契吳啓亨仝弟啓廸、啓將，父手鬮分內有苗
田數號，坐址卄拾玖都佳洋地方，土名唐門前壹坵，並隣
段地方土名水尾坂兩號，通共載原租壹拾伍石正，計租
玖擔斤正，合載苗米叁斗正，科耕物實伍錢陸分正，納吳文
德金名下。今因乏用，托中送賣斷與
魏世玉處為業，三面言議，時得原價並斷價共銀玖
拾兩正，收領其銀，即日交足。其田永遠付魏全佃收租
办科。吳業此田係父鬮內已業，與房內兄弟叔伯侄
無干，並無重張文加來歷不明等情，如有此等，係賣主
支当，不涉買主之事。其田自賣斷之後，價足心休，永付
魏家為業，吳家向後永不得言說增尽取贖異言等
情。其錢粮付魏過甲入户，其花紅化礼俱已收訖，內繳
贖田魏開文契一帋。今欲有憑，立賣斷契一帋，永付為照。
内塗除弍字，又改註開文叁字，再照。
嘉慶拾壹年拾月　日立賣斷契吳啓亨（押）
仝弟啓廸（押）
見弟啓壽（押）
中見表叔魏世如（押）
秉筆男朝才（押）
永遠

7-1-21-8　清嘉慶十一年十月吳啓亨等立賣斷苗田契

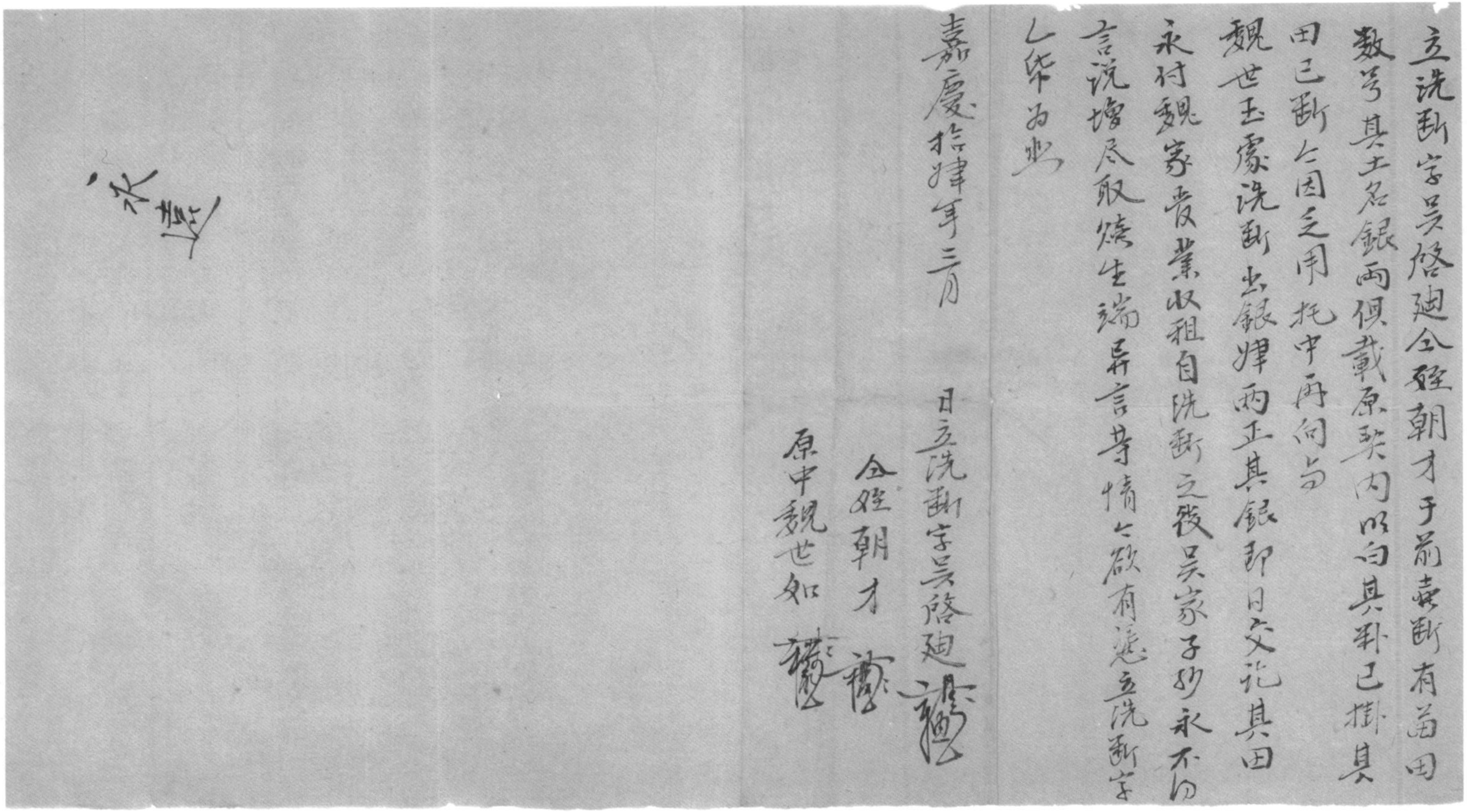
立洗斷字吳啓廸仝侄朝才于前賣斷有苗田
數號其土名銀兩俱載原契內明白其糧已掛其
田已斷今因乏用托中再向與
親世玉處洗斷出銀肆兩正其銀即日交訖其田
永付親家管業收租自洗斷之後吳家子孫永不得
言洗增盡取贖生端異言等情今欲有憑立洗斷字
一紙爲照

嘉慶拾肆年三月　日立洗斷字吳啓廸（押）
仝侄朝才（押）
原中親世如（押）

永遠

7-1-21-9　清嘉慶十四年三月吳啓迪等立洗斷苗田字

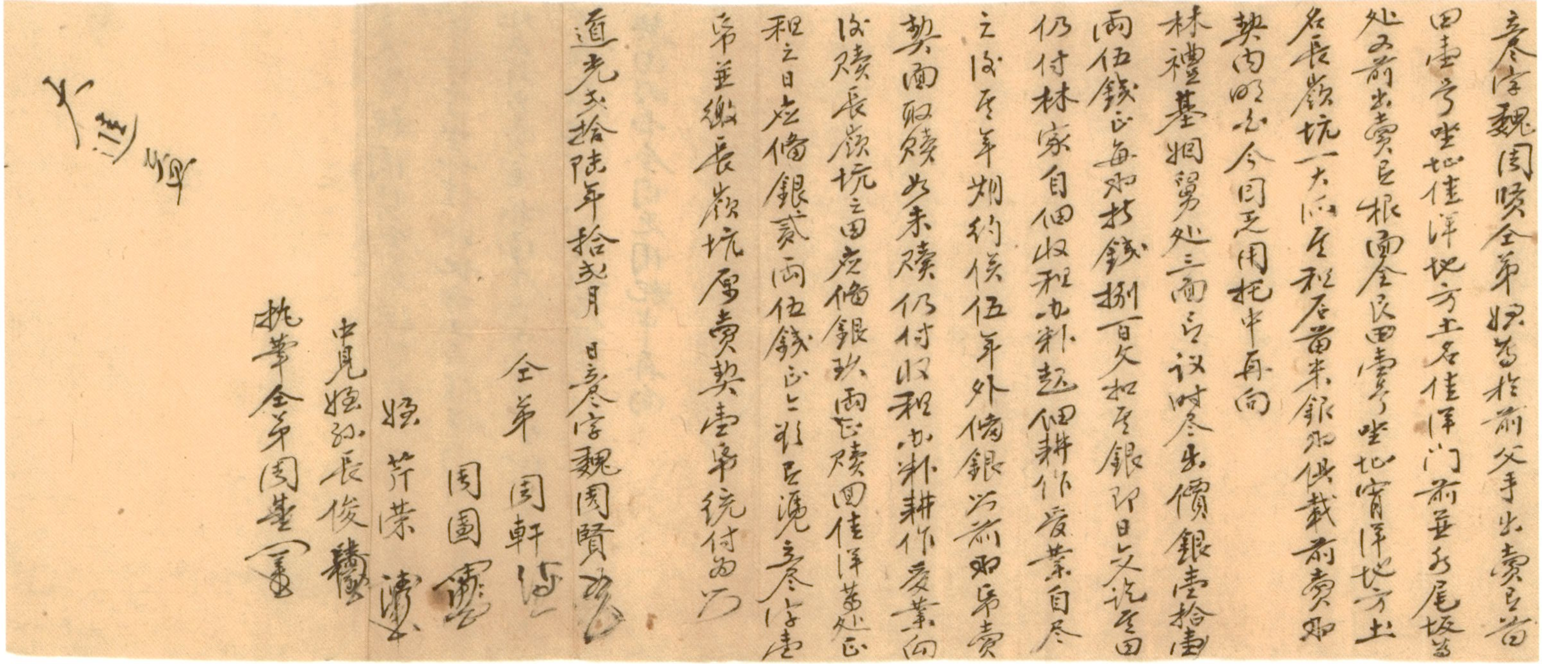

立盡字魏周賢仝弟炳旦，前父手出賣苗田壹号，坐址佳洋地方，土名佳洋门前並尾坵苗处，又前出賣苗根兩仝苗田壹号，坐址宵洋地方，土名長嶺坑一大坵，其租石苗米錢糧俱載前賣明契內明白。今因乏用，托中再向林禮基處三面言议，時值盡價銀壹拾壹兩伍錢正，每兩扣錢捌百文扣，其銀即日交訖，其田仍付林家自佃收租，耕作管業自盡之後，其年期約俟伍年外，備銀照前賣契兩取贖，如未贖，仍付收租耕作管業。向後贖長嶺坑之田，應備銀玖兩正，贖回佳洋苗處正租之日，應備銀貳兩伍錢正，其租立盡字壹帋並繳長嶺坑原賣契壹帋，統付為照。

道光貳拾陸年拾貳月　日立盡字魏周賢（押）
仝弟　周軒（押）
周園（押）
芹棠（押）
中見叔　長俊（押）
執筆仝弟周基（押）

7-1-21-10　清道光二十六年十二月魏周賢等立盡苗田字

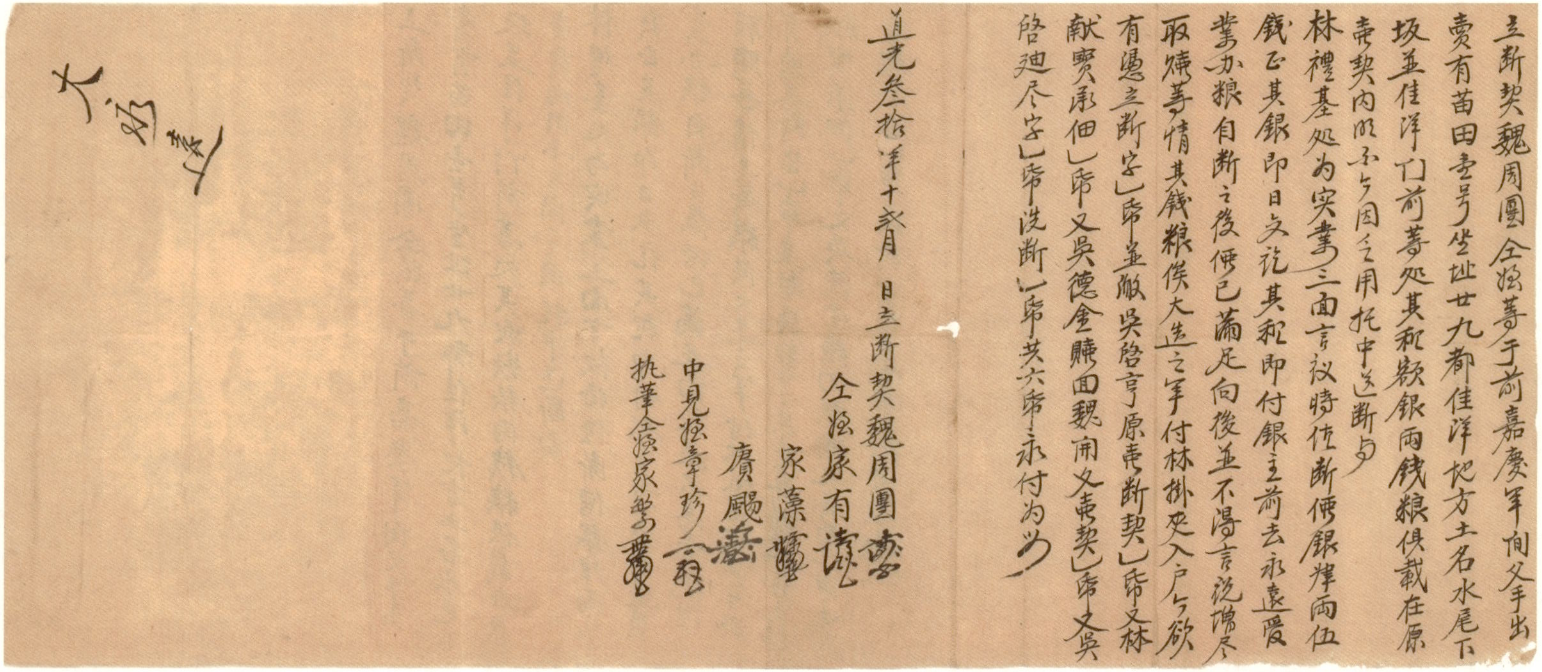
立斷契魏周團仝姪等于前嘉慶年间父手出
賣有苗田壹号坐址廿九都佳洋地方土名水尾下
坂並佳洋门前等処其租穀銀兩錢粮俱載在原
賣契内明白今因乏用托中送斷与
林禮基処為实業三面言议時值斷價銀肆兩伍
錢正其銀即日交訖其租即付銀主前去永遠管
業办粮自斷之後價已滿足向後並不得言说增尽
取贖等情其錢粮係大造之年付林掛是入户今欲
有憑立斷字一帋並缴吳啓亨原賣斷契一帋又林
獻寶承佃一帋又吳德金贖田契兩父賣契一帋又吳
啓廸尽字一帋洗斷一帋共六帋永付為照
道光叁拾年十二月　日立斷契魏周團
仝姪康有
家藻
賡颺
中見姪章珍
执筆仝姪家槃

7-1-21-11　清道光三十年十二月魏周團等立斷苗田契

立付據字信房曾孫疇義全弟等，承祖珍讓公於道
光年間，弟文房伯珍傑公、行房伯祖珍起公、忠房伯
珍全公四房子孫全買景彩公手高叔祖向國公
偕高叔祖妣朱氏山崩壞舊坟壹座，坐址本邑廿
九都漈頭地方，土名下流溪，祖遺下稅山內壹穴，坐
乙向辛，付文行忠信四房照造添葬坟塋壹座，
立作五壙，正中壹壙安葬高叔祖向國公偕高
叔祖妣朱氏骸骨，左中壹壙安葬曾祖
景登公，右中壹壙安葬曾祖妣蔡氏，左邊壹
壙係信房疇祖珍讓公坟壙，右邊壹壙安葬
疇祖妣李氏坟，□□年交行忠信四房子
孫輪祭順意，添葬不便，既安且吉，緣本十月間四
房公議諭，疇將祖珍讓公□壙左邊壹壙歸付
與
曾祖景登公廳房充出銀四十兩，文房貼出銀貳
十五兩，忠房貼出銀貳十五兩，合共銀玖十兩正，每兩
折錢捌百文，扣付疇收訖，以為別處另討吉地埋
葬祖妣。其珍讓公左邊壽坟壹壙，疇等永不得
言說，即歸付文行忠信四房公業，保固
風水，信房子孫不敢添葬之理等情。其信房
疇右邊祖妣壹壙，仍付疇依舊祭掃。倘向後
修整用費，照五壙勻出，四房子孫相允，各
無反悔。其坟墓輪祭，祥發添丁發甲，子孫昌
盛。今欲有憑，立付據字壹紙，永付為照。
光緒拾貳年十一月　日立付據字曾孫疇義
全弟　尝良　義

7-1-21-12　清光緒十二年十一月林疇義立付據字（草契）

7-1-22-1　包契紙

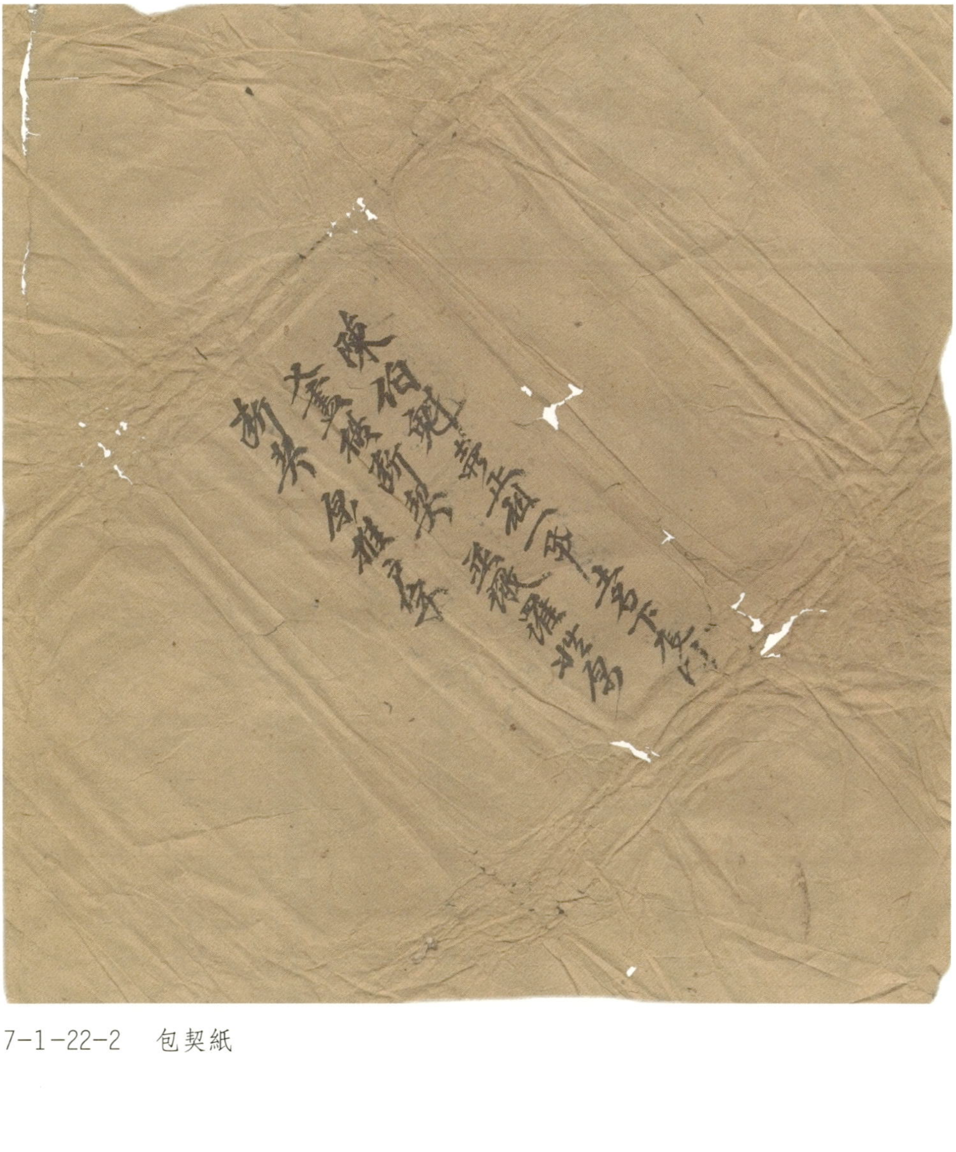

7-1-22-2　包契紙

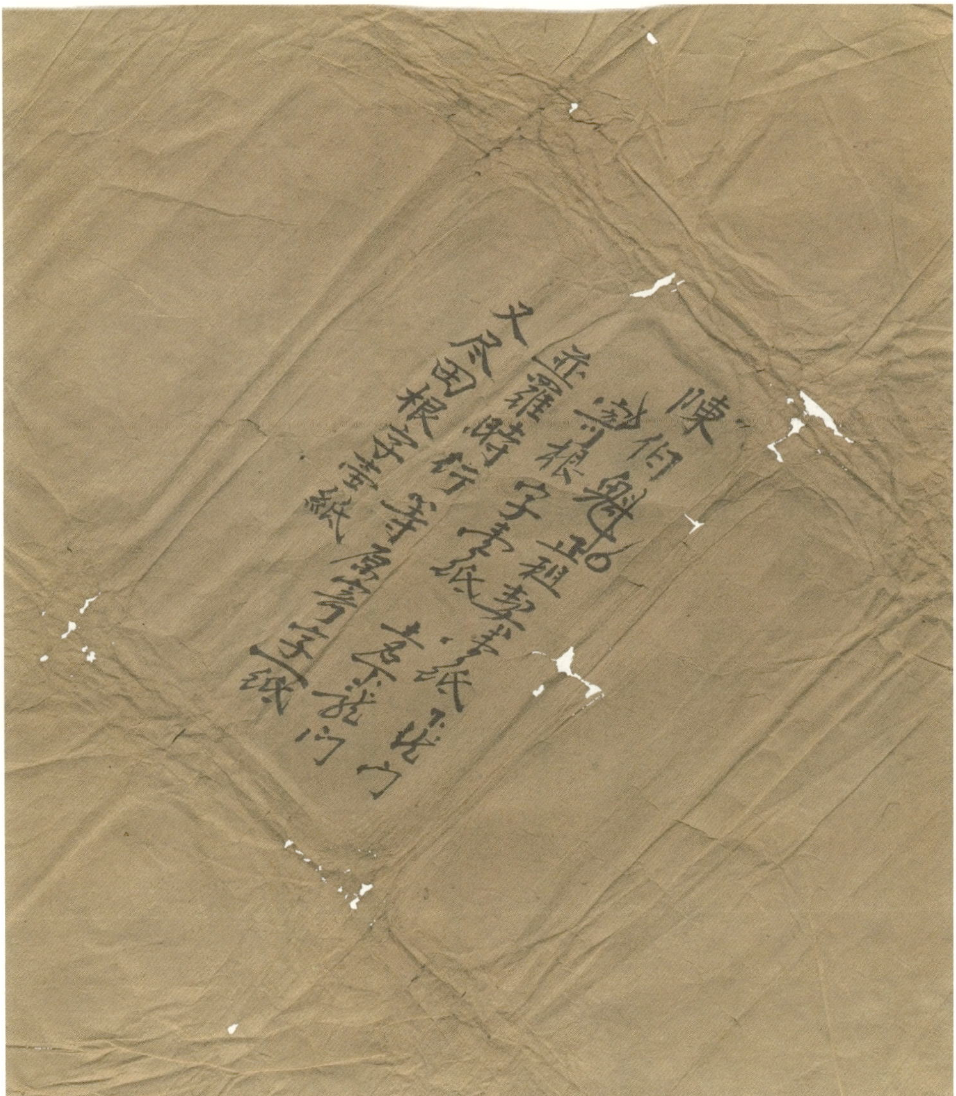

7-1-22-3　包契紙

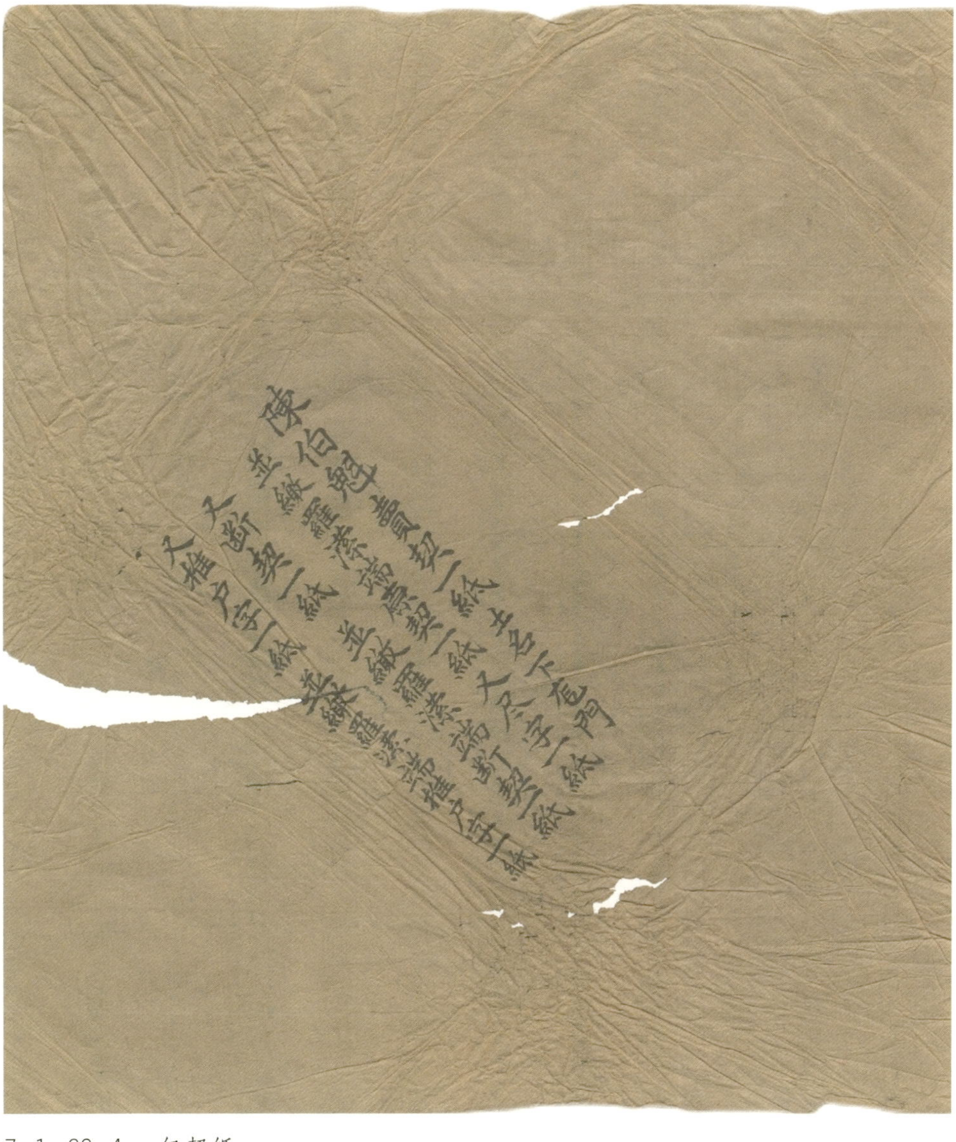
陳伯魁賣契一紙　土名下厝門
並緣羅漆諾賣契一紙　大尺字一紙
大斷契一紙　並緣羅漆諾斷契一紙
大權戶字一紙　並緣羅漆諾權戶字一紙

7-1-22-4　包契紙

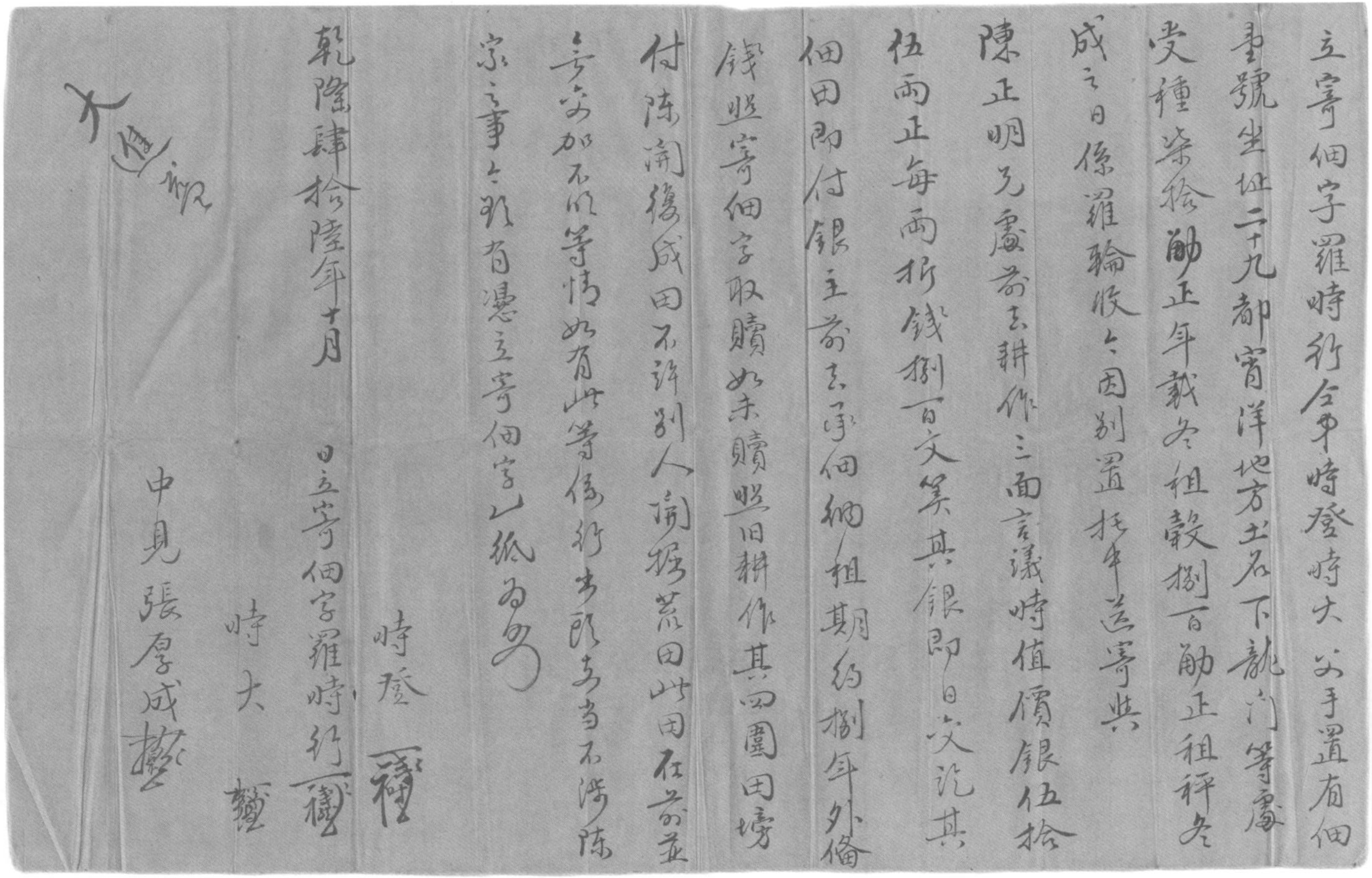

立寄佃字羅時行仝弟時登、時大，父手置有佃

壹號，坐址二十九都宵洋地方，土名下龍門等處，

受種柒拾觔正，年載冬租穀捌百觔正，租秤冬

成之日係羅輪收。今因別置，托中送寄與

陳正明兄處前去耕作。三面言議時值價銀伍拾

伍兩正，每兩折錢捌百文算，其銀即日交訖。其

佃田即付銀主前去寄佃，納租期約捌年外備

錢照寄佃字取贖，如未贖，照舊耕作。其四圍田塝

付陳開墾成田，不許別人開墾荒田。此田在前並

無交加不明等情，如有此等，係行出頭支當，不涉陳

家之事。今欲有憑，立寄佃字一紙為照。

乾隆肆拾陸年十月　日立寄佃字羅時行（押）

時登（押）

時大（押）

中見張厚成（押）

大進記

7-1-22-5　清乾隆四十六年十月羅時行等立寄佃田字

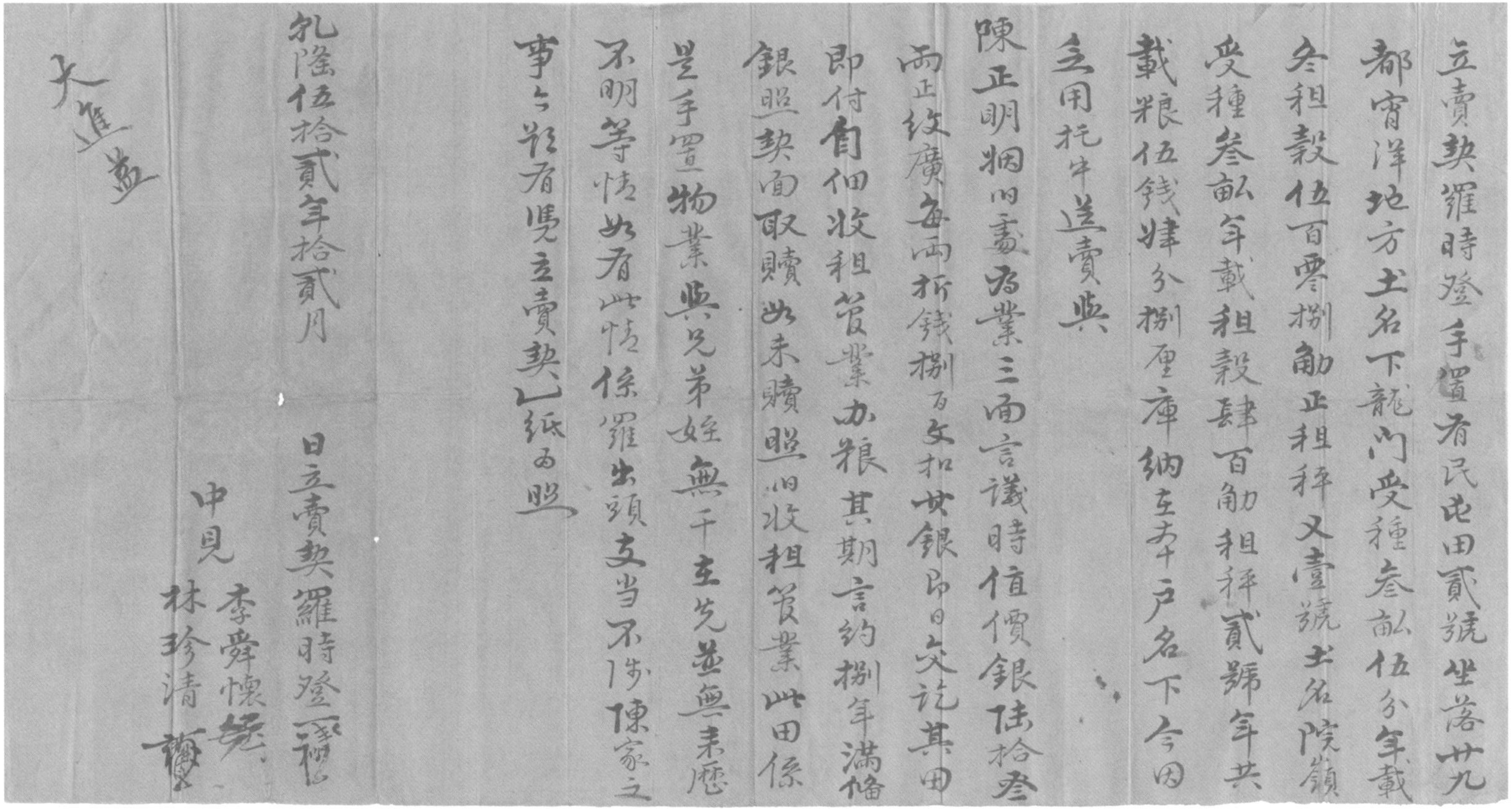

立賣契羅時登手置有民屯田貳號，坐落廿九都寄洋地方，土名下龍門，受種叁畝伍分，年載冬租穀伍百零捌觔正，租秤；又壹號土名陳嶺，受種叁畝，年載租穀肆百觔，租秤。貳號年共載粮伍錢肆分捌厘，庫納在李戶名下。今因乏用，托中送賣與陳正明姻叔處為業，三面言議時值價銀陸拾叁兩正，紋廣每兩折錢捌百文扣，其銀即日交訖，其田即付自佃收租管業、办粮。其期言約捌年滿，備銀照契面取贖；如未贖，照舊收租管業。此田係是手置物業，與兄弟姪無干，亦先並無來歷不明等情；如有此情，係羅出頭支当，不涉陳家之事。今欲有憑，立賣契一紙為照。

乾隆伍拾貳年拾貳月　日立賣契羅時登（押）

中見　李舜懷（押）

林珍清（押）

大進益

7-1-22-6　清乾隆五十二年十二月羅時登立賣民屯田契

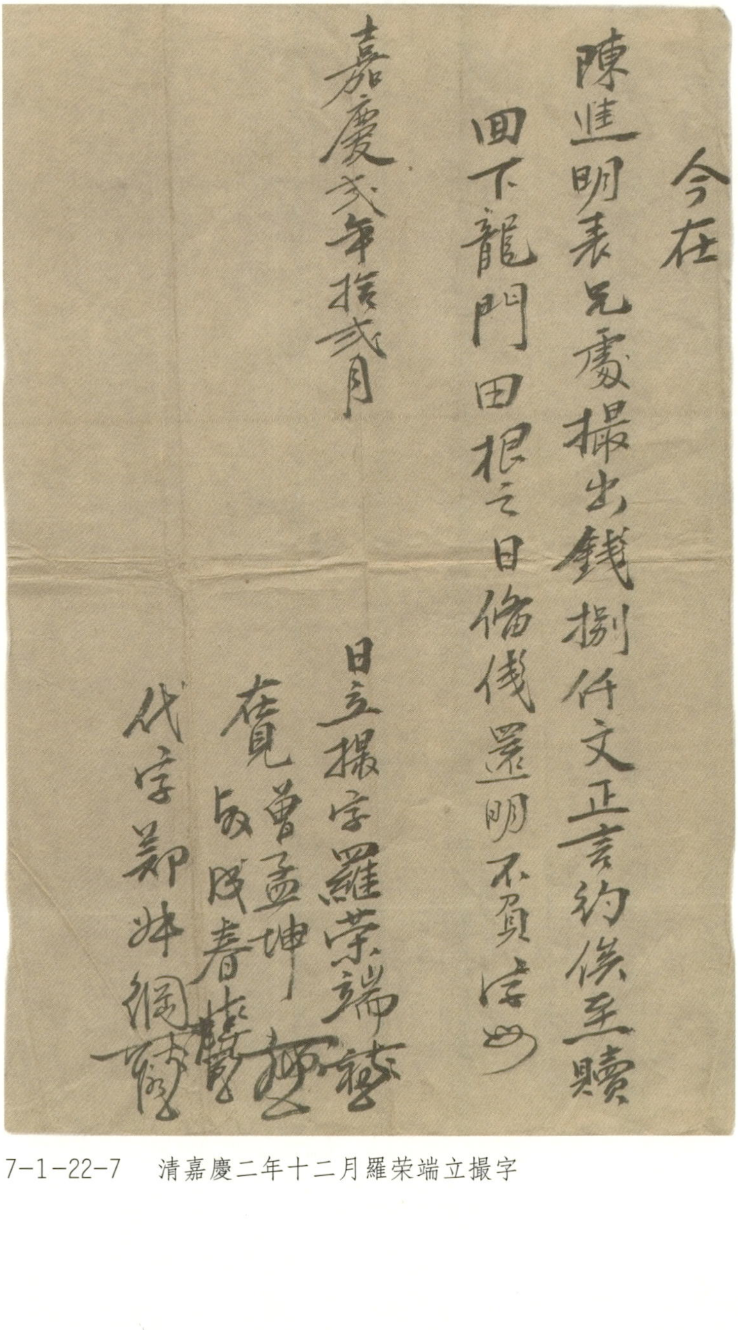

今在
陳進明表兄處撮出錢捌仟文正言約俟至贖
田下龍門田根之日備錢還明不負信也
日立撮字羅荣端
在見曾孟坤
与成春
代字鄭林綱
嘉慶戊午年拾弍月

7-1-22-7　清嘉慶二年十二月羅荣端立撮字

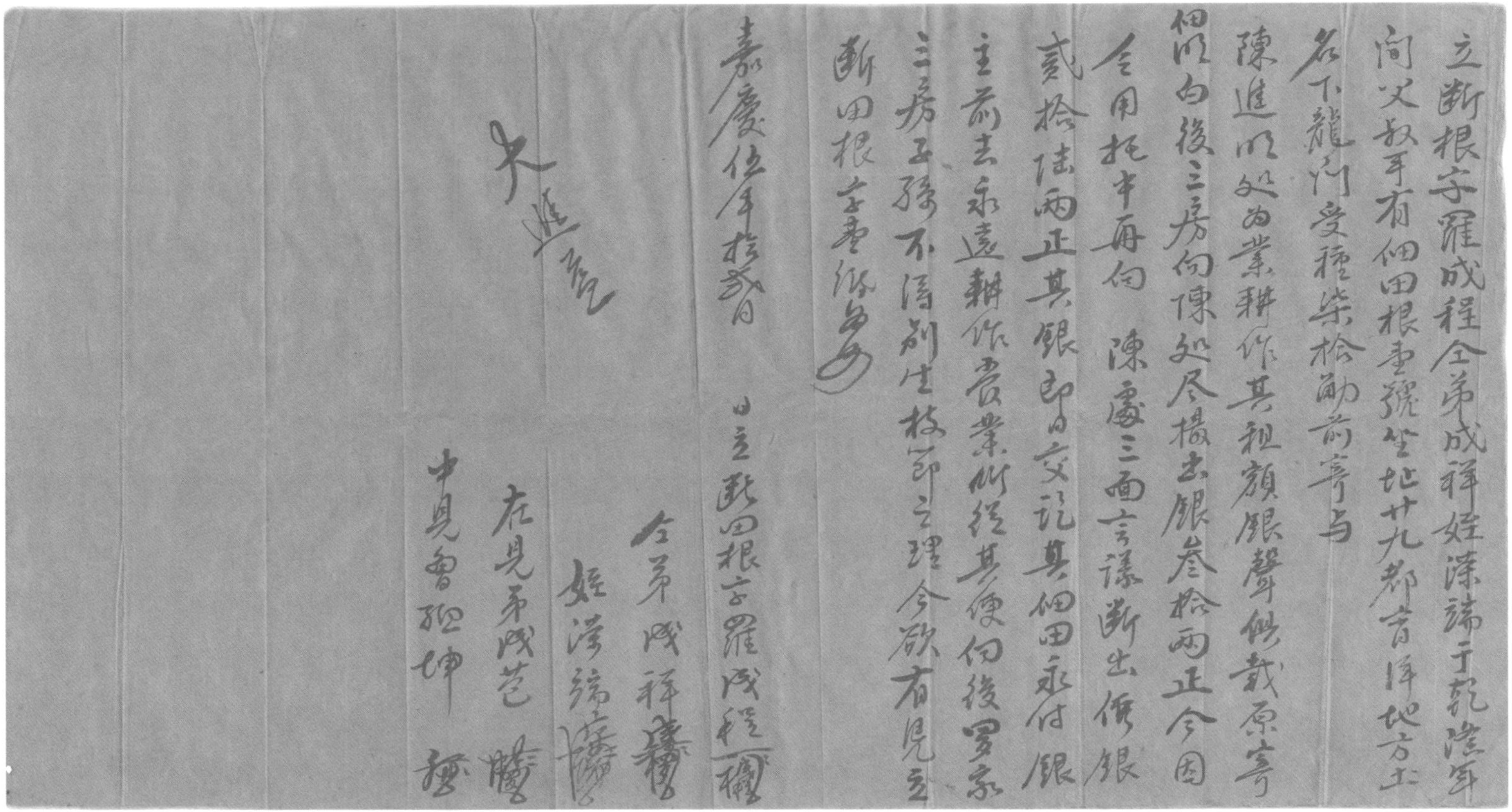

立斷根字羅成程仝弟成祥姪溁瑞，于乾隆年間父叔手有佃田根壹號，坐址廿九都首洋地方土名下龍门，受種柴拾觔，前寄與陳進明處為業耕作，其祖頂銀聲載原寄佃明白，後三房向陳處盡撮出銀叁拾两正。今因仝用，托中再向陳處三面言議斷出價銀貳拾陆两正，其銀即日交訖，其佃田永付銀主前去永遠耕作管業，所有其便，向後羅家三房子孫不得别生枝節之理。今欲有憑，立斷田根字壹紙為照。

嘉慶伍年拾贰月　日立斷田根字羅成程（押）

仝弟成祥（押）

姪溁瑞（押）

在見弟成芝（押）

中見曾昶坤（押）

大進足訖

7-1-22-8　清嘉慶五年十二月羅成程等立斷佃田根字

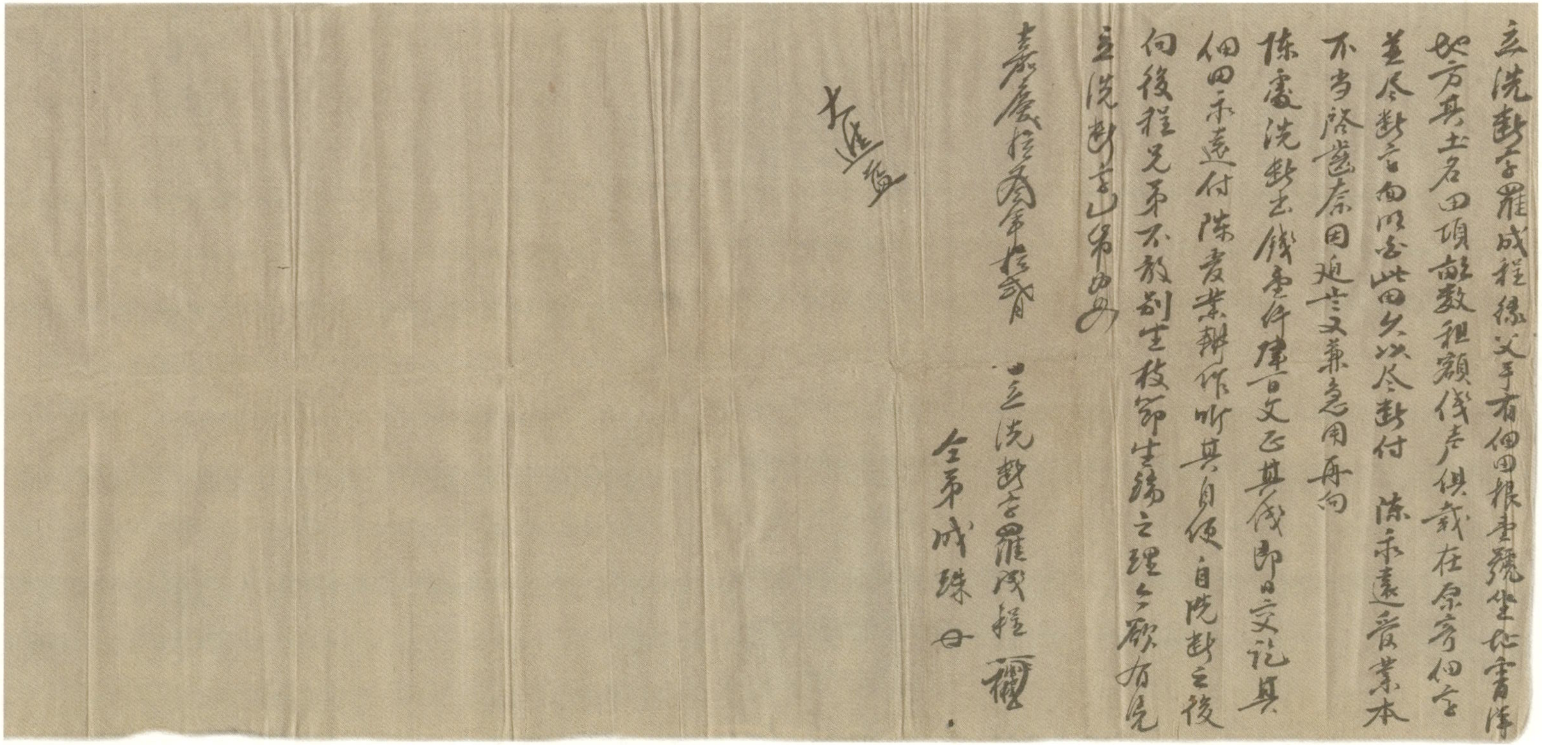
立洗斷字羅成程緣父手有佃田根壹號坐址審洋
地方其土名田頭畝數租額錢戶俱載在原旁佃字
並尽斷字內明白此田久以尽斷付 陳永遠管業本
不当除遊奈因廹無文兼急用再向
陳處洗斷出錢壹仟肆百文正其錢即日交訖其
佃田永遠付 陳處業耕作听其自便自洗斷之後
向後程兄弟不敢剳生枝節生端之理今欲有凭
立洗斷字□為照
嘉慶拾叁年拾貳月 日立洗斷字羅成程
仝弟成珠
大進筆

7-1-22-9　清嘉慶十三年十二月羅成程等立洗斷佃田根字

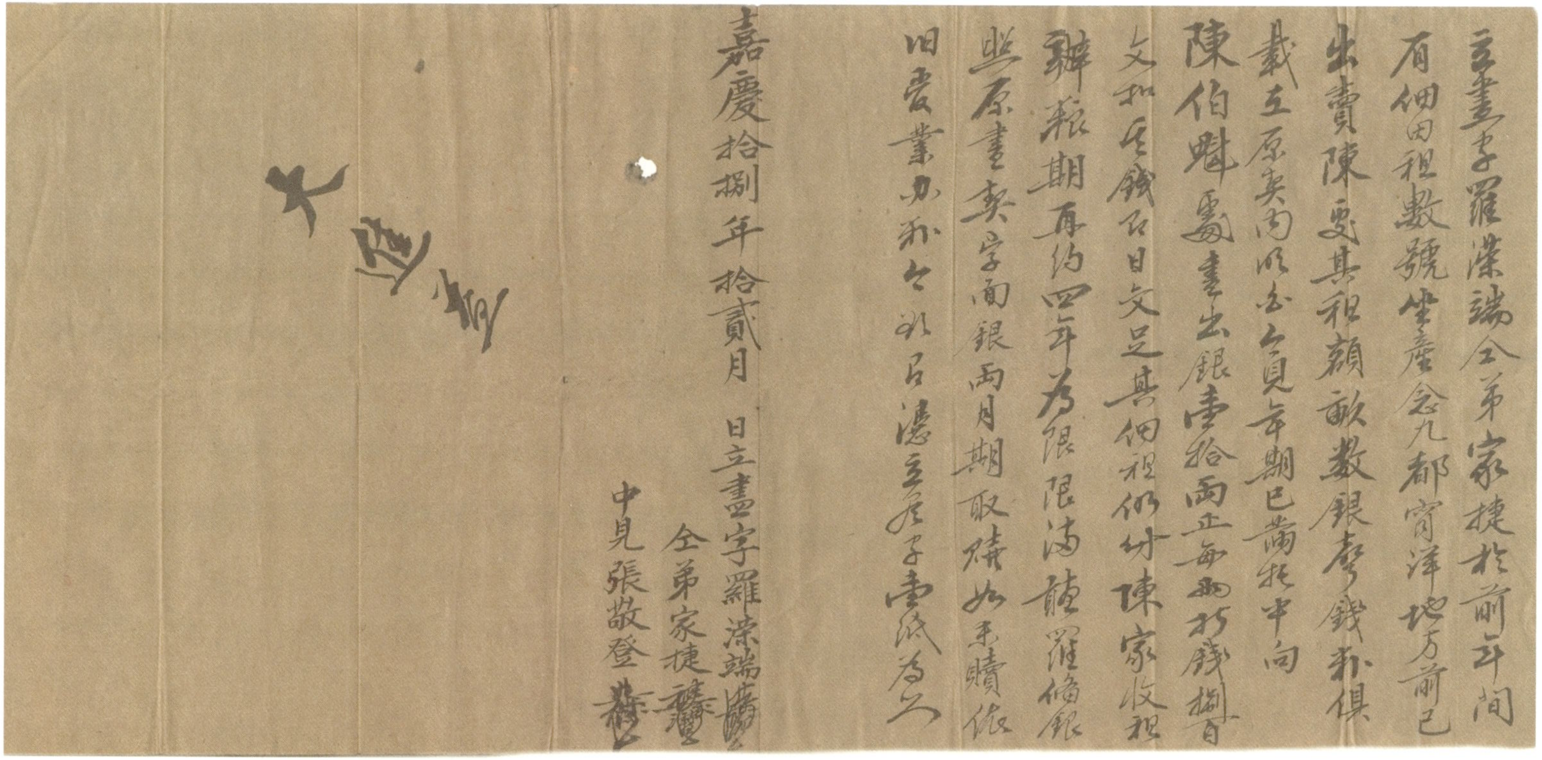

立盡字羅漈端仝弟家捷於前年間
有佃田租數號坐產念九都宵洋地方前已
出賣陳曼其租額畝數銀兩錢亦俱
載立原契內明白今見年期已滿託中向
陳伯䝼處盡出銀壹拾兩正每兩折錢捌百
文扣足錢仝日交足其佃租仍付陳家收租
辦粮期約四年為限限滿聽羅備銀
照原盡契字面銀兩月期取贖如未贖依
旧管業[illegible]憑立盡字壹紙為照

嘉慶拾捌年拾貳月　日立盡字羅漈端
仝弟家捷
中見張敬登

7-1-22-10　清嘉慶十八年十二月羅漈端等立盡佃田租字

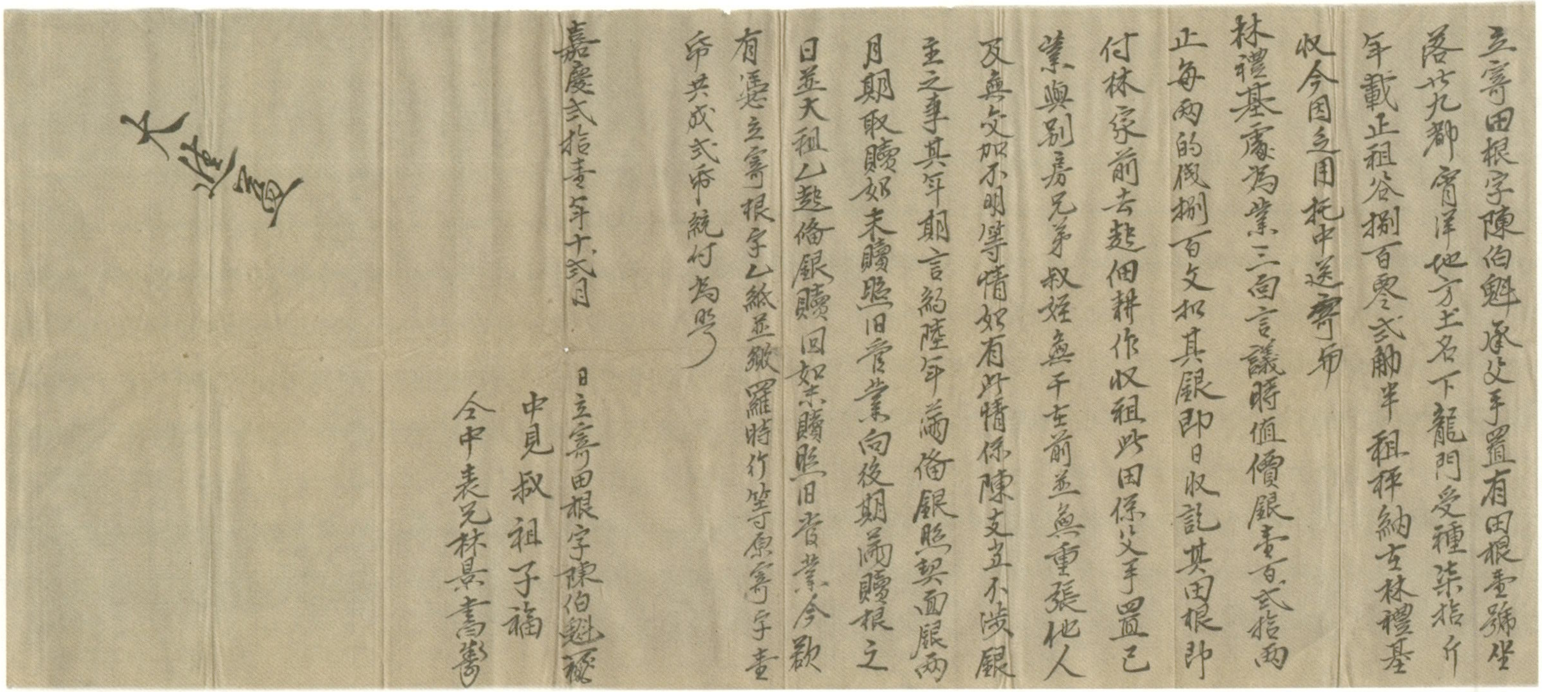
立寄田根字陳伯魁，承父手置有田根壹號，坐
落芹九都甯洋地方，土名下龍門，受種柒拾斤，
年載正租谷捌百零弍觔半，租秤納在林禮基
收。今因乏用，托中送寄與
林禮基處為業，三面言議時值價銀壹百弍拾兩
正，每兩的佛捌百文扣，其銀即日收訖，其田根即
付林家前去起佃耕作收租。此田係父手置己
業，與別房兄弟叔姪無干，在前並無重張他人
及無交加不明等情，如有此情，係陳支理，不涉銀
主之事。其年期言約陸年滿，備銀照契面銀兩
月期取贖，如未贖，照旧管業，向後期滿贖根之
日，並大租乙趕備銀贖回，如未贖，照旧管業。今欲
有憑，立寄根字乙紙，並繳羅時竹等原寄字壹
帋，共成弍帋，統付為照。

嘉慶弍拾壹年十弍月　日立寄田根字陳伯魁（押）
中見叔祖子福
仝中表兄林㬌書（押）

7-1-22-11　清嘉慶二十一年十二月陳伯魁立寄田根字

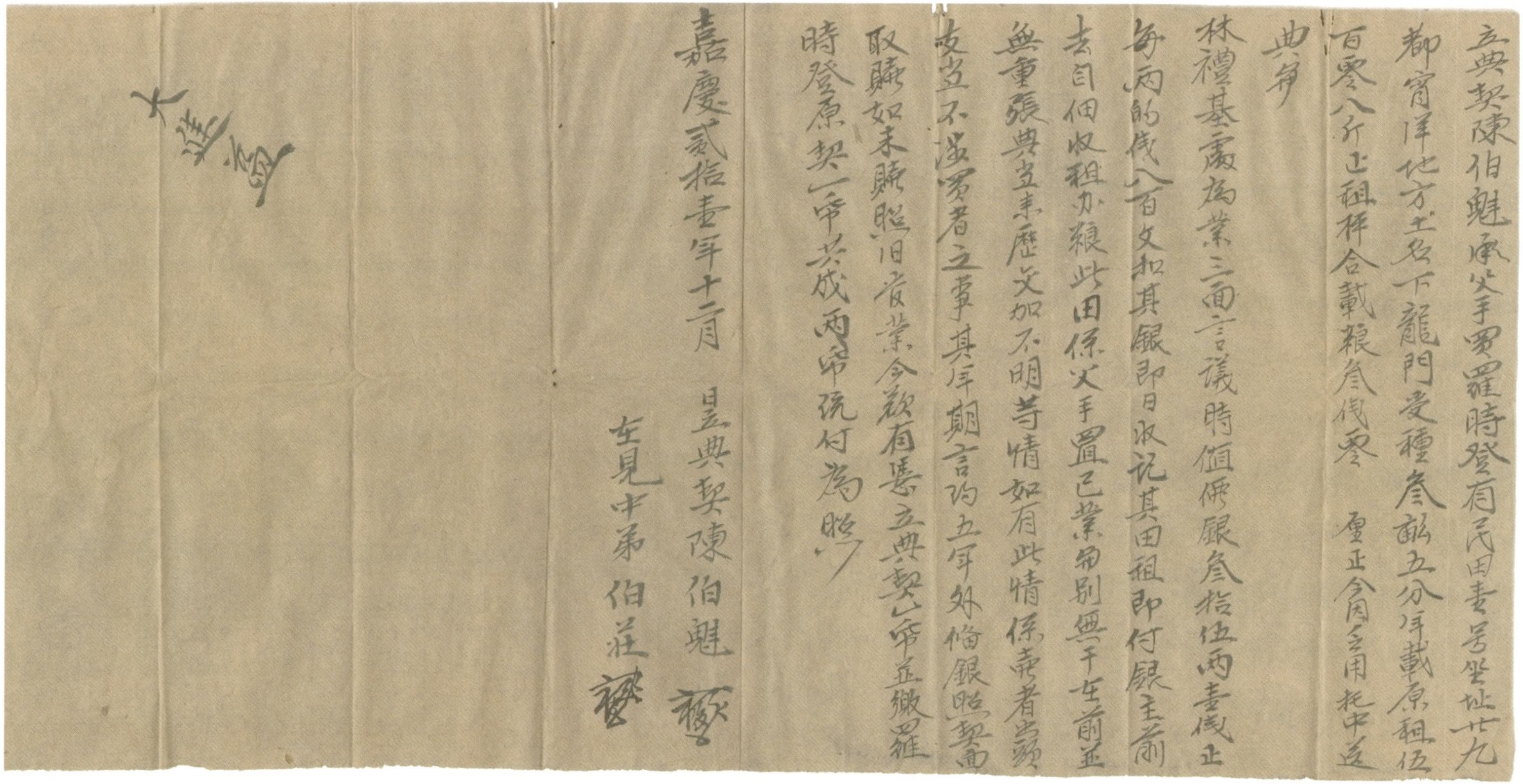

立典契陳伯魁承父手買羅時登有民田壹号坐址廿九
都宵洋地方土名下龍門受種叁畝五分年載原租伍
百零八斤正租秤合載粮叁伐零　厘正今因乏用托中送
典與
林禮基處爲業三面言議時值價銀叁拾伍兩壹錢正
每兩的伐八百文扣其銀即日收訖其田祖即付銀主前
去召佃收租办粮此田係父手置已業与别無干在前並
無重張典立未歷文加不明等情如有此情係魁者出頭
支當不涉買者之事其年期言約五年外備銀照契面
取贖如未贖照旧管業今欲有憑立典契一帋並繳羅
時登原契一帋共成兩帋流付爲照

嘉慶貳拾壹年十二月　日立典契陳伯魁（押）
在見中弟伯莊（押）

7-1-22-12　清嘉慶二十一年十二月陳伯魁立典民田契

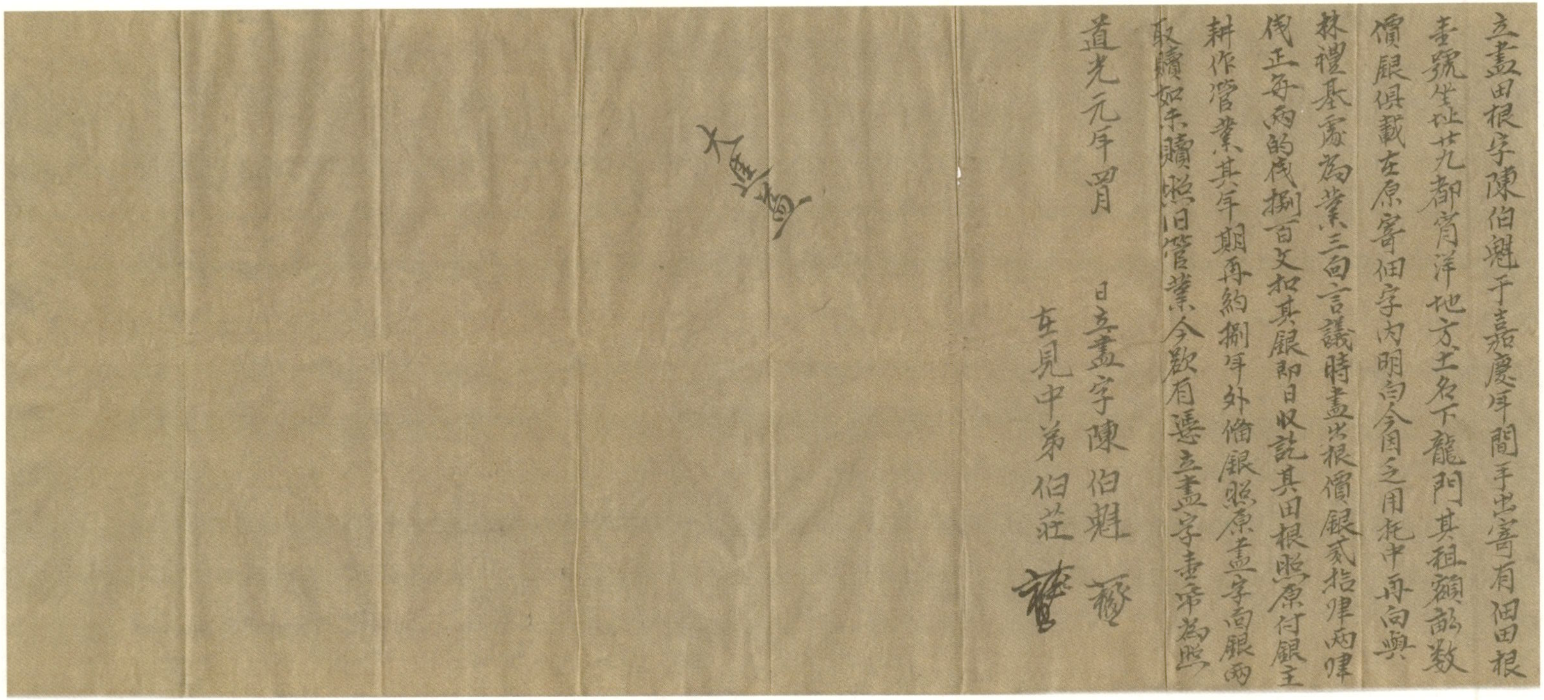
立盡田根字陳伯魁于嘉慶年間手出寄有佃田根
壹號坐址廿九都宵洋地方土名下龍門其租額畝數
價銀俱載在原寄佃字內明白今因乏用托中再向與
林禮基處為業三面言議時盡出根價銀貳拾肆兩肆
錢正每兩的錢捌百文扣其銀即日收訖其田根照原付銀主
耕作管業其年期再約捌年外備銀照原盡字面銀兩
取贖如未贖照旧管業今欲有憑立盡字壹帋為照
道光元年四月　日立盡字陳伯魁
在見中弟伯莊
大進寶

7-1-22-13　清道光元年四月陳伯魁立盡佃田根字

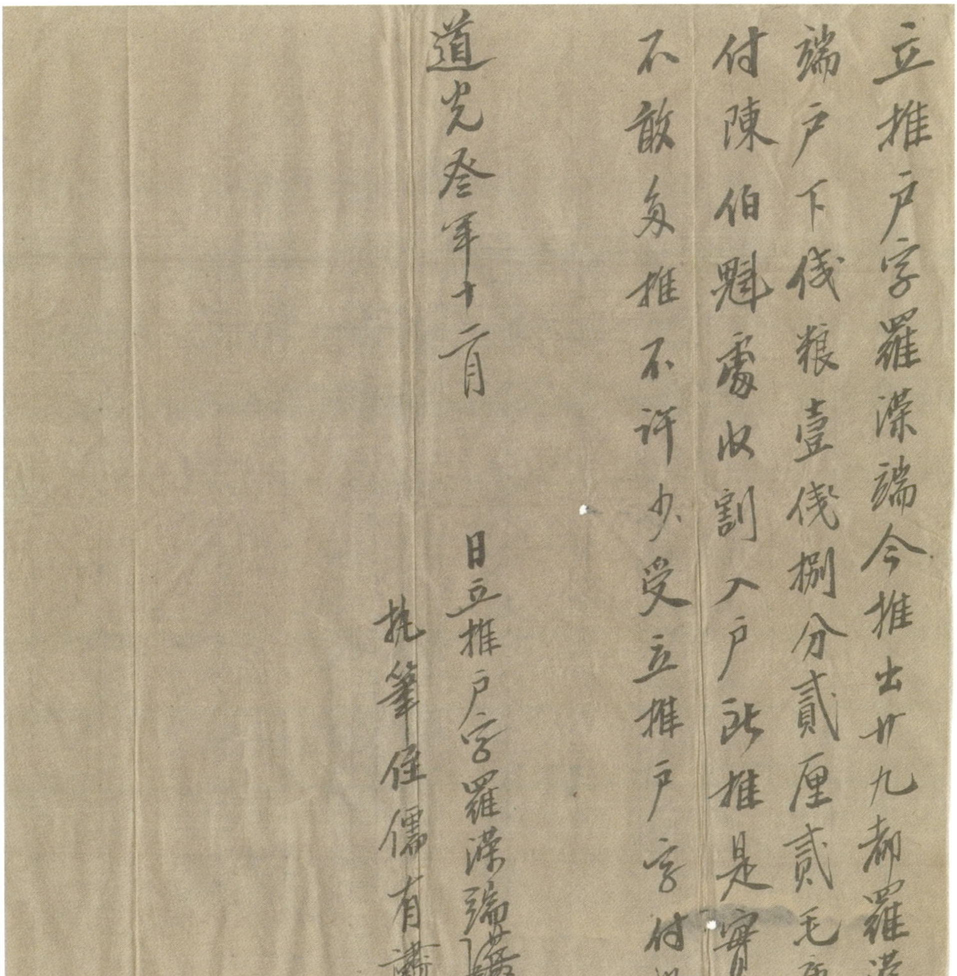
立推户字羅滐端，今推出廿九都羅滐端户下錢粮壹錢捌分貳厘貳毛，庫付陳伯魁處收割入户訖。推是實，不敢多推，不許少受。立推户字付照。

道光叁年十二月　日立推户字羅滐端（押）

執筆侄儒有（押）

7-1-22-14　清道光三年十二月羅滐端立推户字

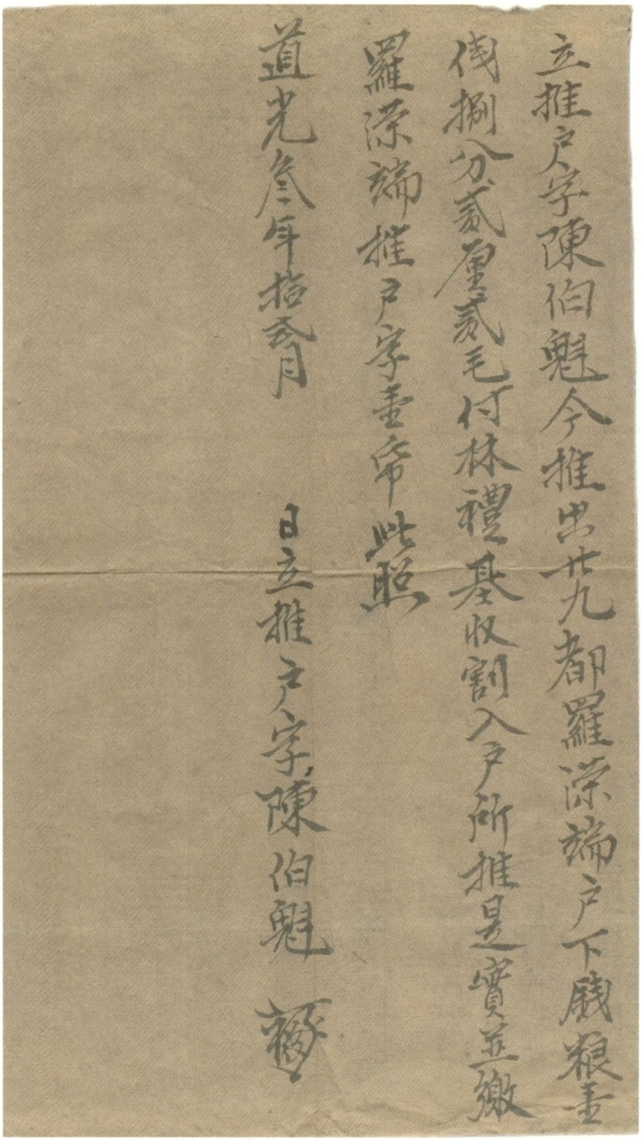

立推户字陳伯魁今推出廿九都羅深端户下民糧壹
錢捌分貳厘貳毛付林禮基收割入户所推是實並繳
羅深端推户字壹帋此照
道光叁年拾貳月　日立推户字陳伯魁（押）

7-1-22-15　清道光三年十二月陳伯魁立推户字

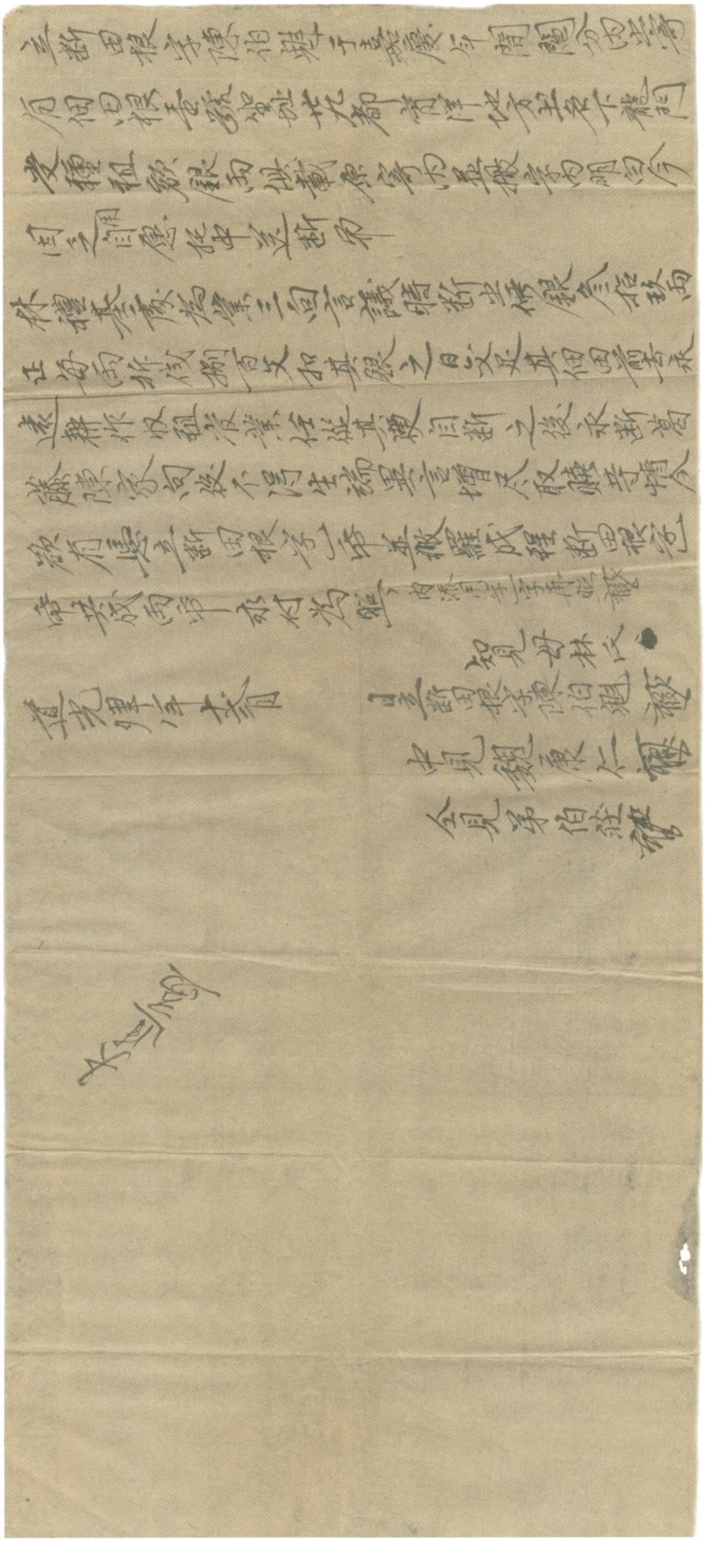

立斷田根字陳伯魁，于嘉慶年間闔分內出寄
有佃田根壹號，坐址廿九都前洋地方，土名下龍門
受種租穀、銀兩俱載原字內，並撥字內明白。今
因乏用，自愿托中送斷與
林禮基處為業，三面言議，時斷出價銀叁拾玖兩
正，每兩折錢捌百文，扣其銀之日交足。其佃田前去永
遠耕作收租管業，任從其便。自斷之後，永斷葛
藤，陳家向後不得生端異言增盡取贖等情。今
欲有憑，立斷田根字一帋，並撥羅成程斷田根字一
帋，共成兩帋，永付為照。內添用字一字，再照 押

知見母林氏

道光肆年十二月　日立斷田根字陳伯魁 押

中見魏康仁 押

仝見弟伯莊 押

大吉利

7-1-22-16　清道光四年十二月陳伯魁立斷佃田根字

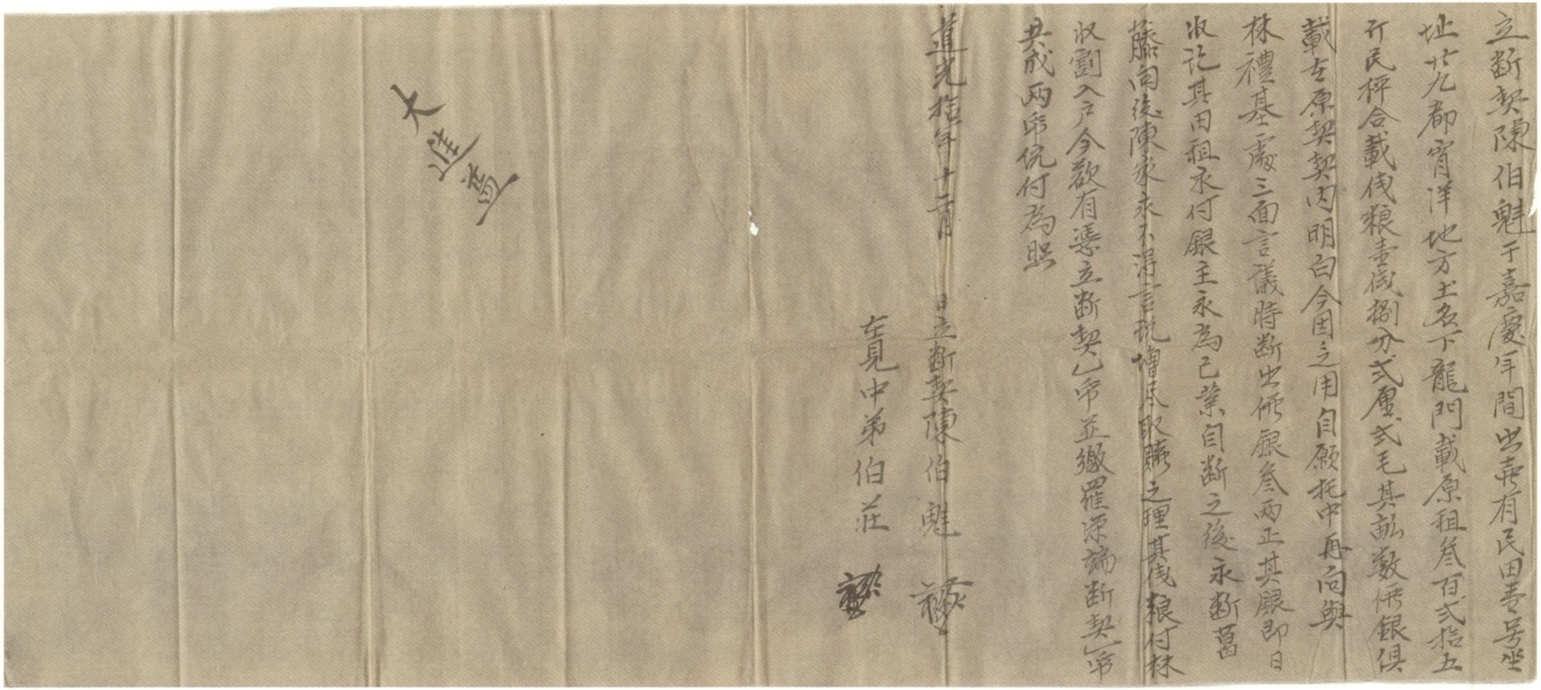
立斷契陳伯魁于嘉慶年間出𠓂有民田壹號坐
址廿九都宵洋地方土名下龍門載原租叁百弍拾五
斤民秤合載伐粮壹畝捌分弍厘弍毛其畝數俱
載在原契契內明白今因乏用自願托中再向與
林禮基處三面言議時斷出佛銀叁兩正其銀即日
收訖其田租永付銀主永為己業自斷之後永斷葛
藤向後陳家永不得言找增不取贖之理其伐粮付林
收割入戶今欲有憑立斷契乙帋並繳羅深端斷契乙帋
共貳兩帋仍付為照
道光拾年十二月 日立斷契陳伯魁
在見中弟伯莊

7-1-22-17　清道光十年十二月陳伯魁立斷民田契

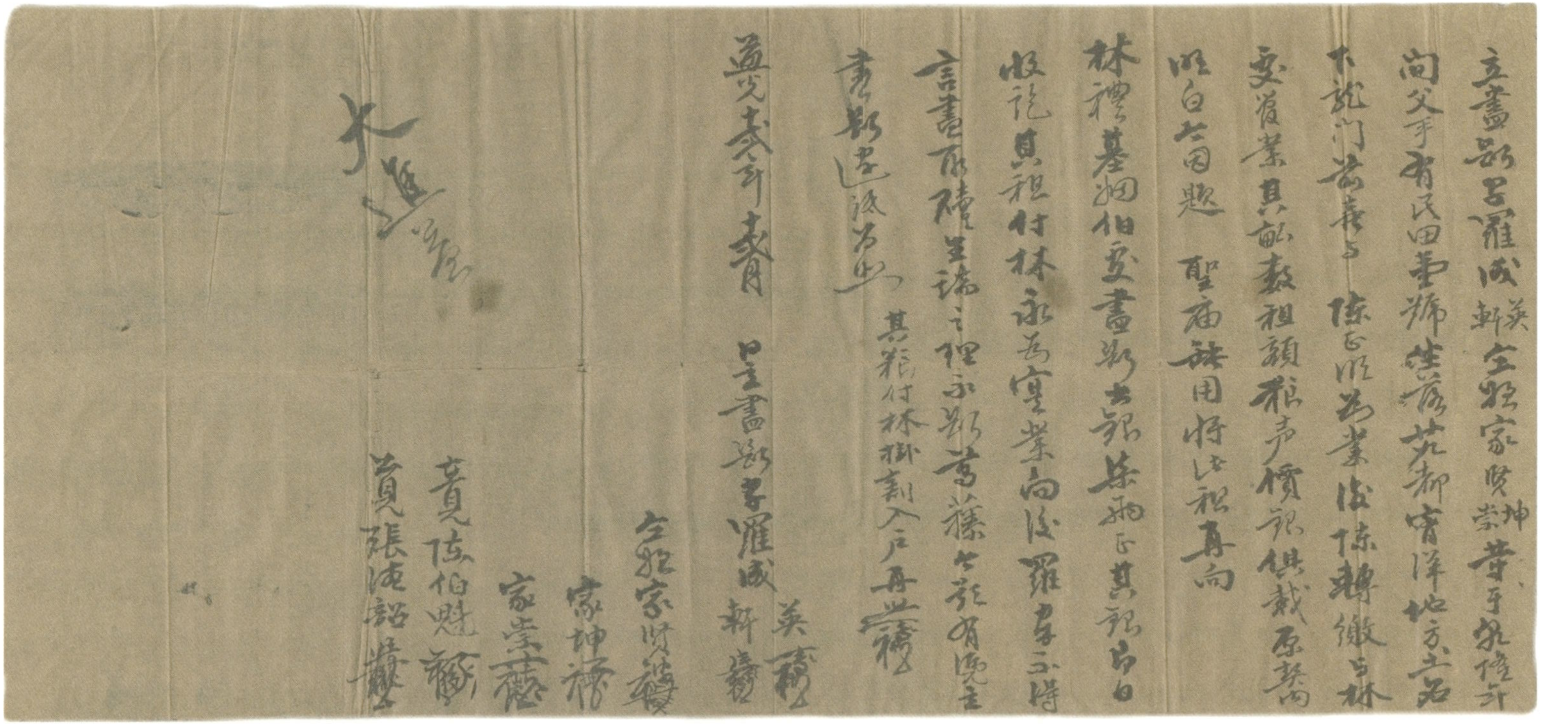
立盡斷字羅成英、軒，全姪家賢、崇、坤，并孫姪等
承父手有民田壹號，坐落本都窖洋地方，土名
下坑門前菴后，係林正炳為業，後係轉繳與林
變賣業，其畝數、租額、糧米、價銀俱載原契內
明白。今因懇
聖廟飭田將此租再向
林禮基、堂伯交盡斷出銀柒兩正，其銀即日
收訖，其租付林家為業，向後羅家子孫不得
言盡前價足盡之理，永斷葛藤，無敢有滋生
事斷退後爲照。　其糧付林撥割入户再無礙
道光壬辰年十二月　日立盡斷字羅成英（押）
軒（押）
全姪家賢（押）
家坤（押）
家崇（押）
在見陳伯魁（押）
在見張德韶（押）
大進之兄

7-1-22-18　清道光十二年十二月羅成英等立盡斷民田字

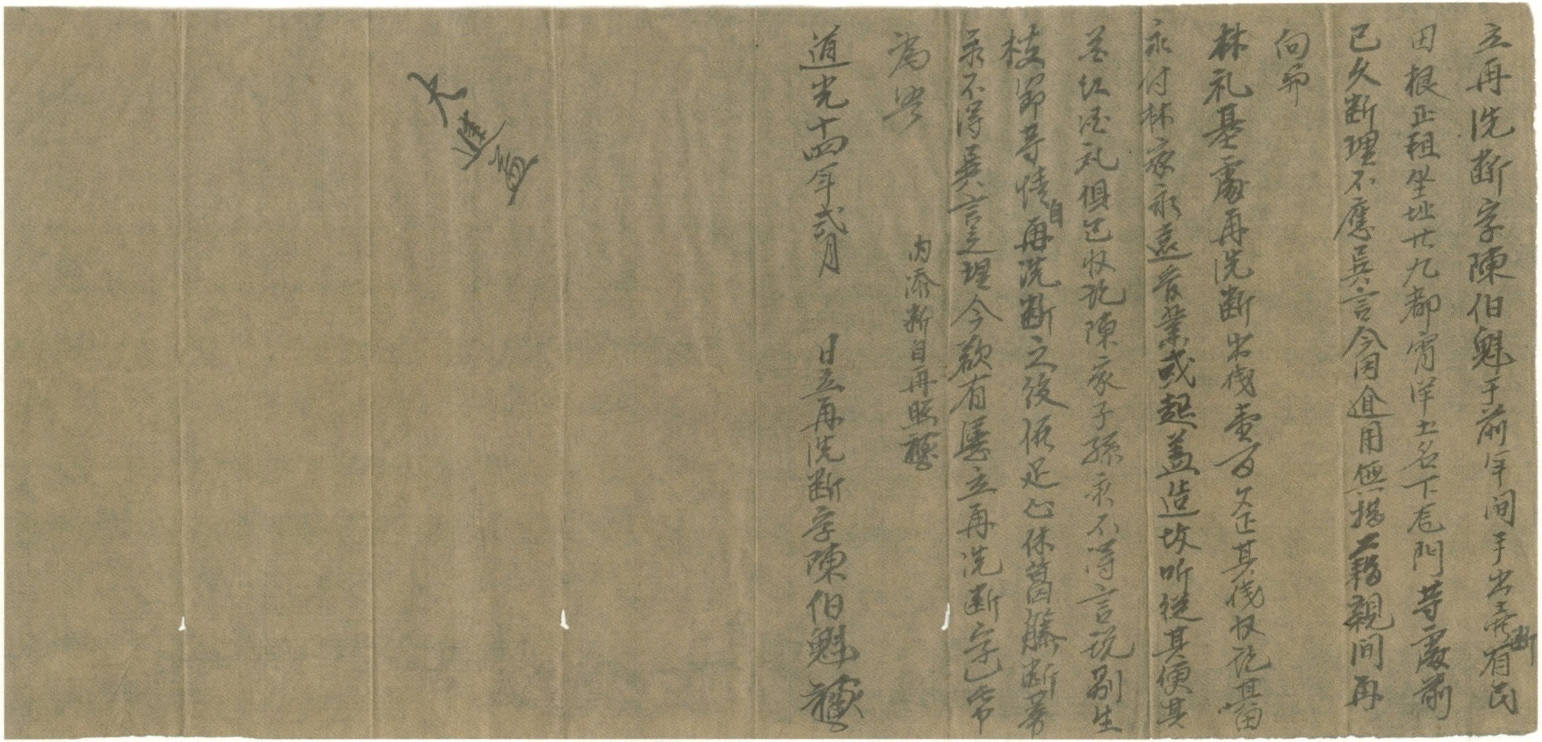
立再洗斷字陳伯魁，于前年間手出賣斷有民
田根正租，坐址廿九都甯洋土名下厝門，并處前
已久斷理，不應異言。今因進用無措，再托親向再
向郭
林礼基處再洗斷出價壹百文正，其價收訖。其田
永付林家永遠管業，或起蓋造坟，聽從其便，其
并汪礼俱足收訖，陳家子孫永不得言說別生
枝節等情。自再洗斷之後，依足心休，葛藤斷著，
永不得異言之理。今欲有憑，立再洗斷字乙帋
為照
內添斷自再照驗
道光十四年弍月　日立再洗斷字陳伯魁（押）

7-1-22-19　清道光十四年二月陳伯魁立再洗斷民田根字

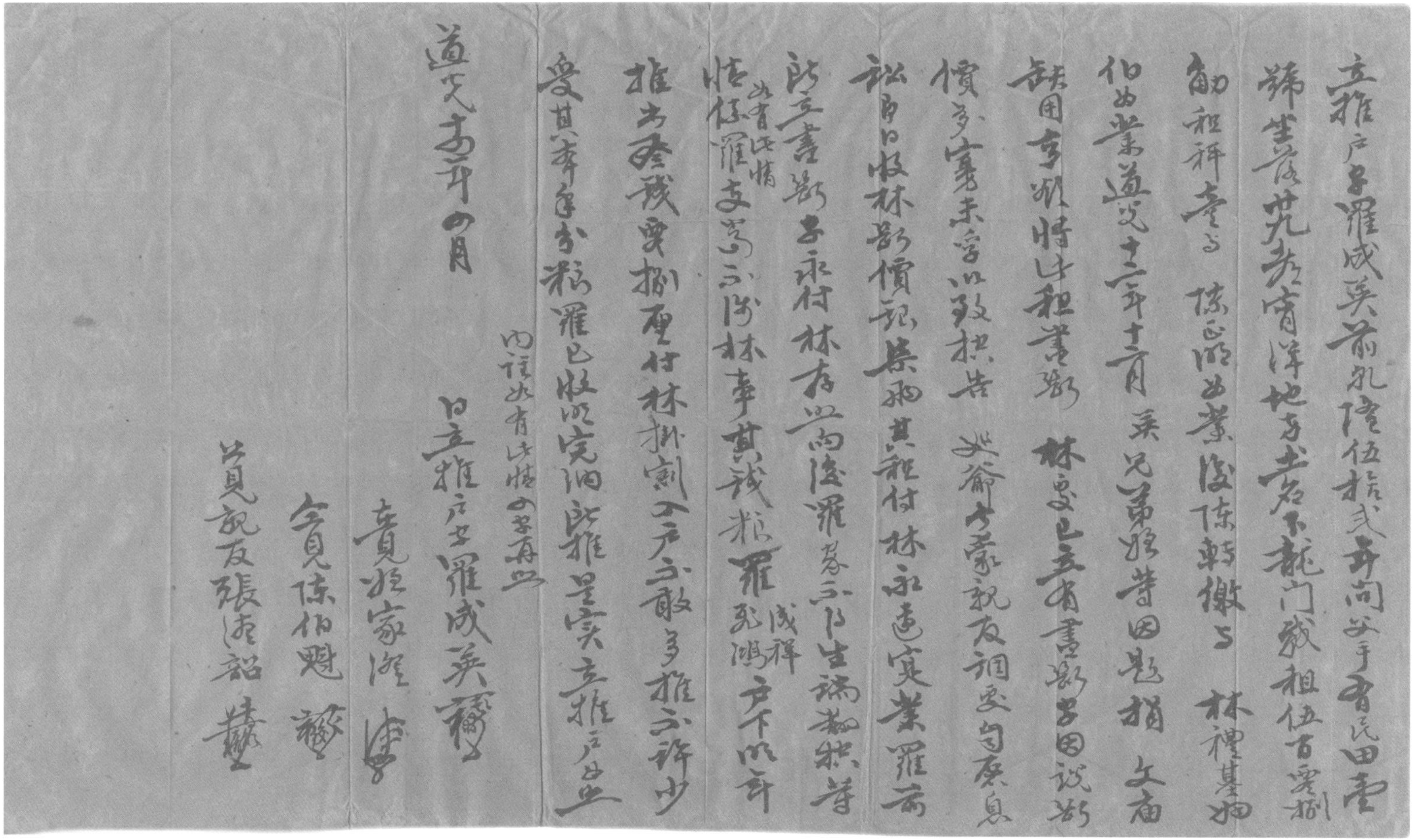
立推户字羅成英，前乾隆伍拾貳年間父手買民田壹
號，坐落本處洋地方，土名下龍门崁，租伍石零捌
斛，租秤壹石，係以為業，後係轉撤與 林禮基承
佃為業。道光十二年十二月，英兄弟將此田起推與 文廟
錢用，立出時將租業拆與 林要己立有書契，其田認契
價多寡未曾收致撰告。 然前母舅親友詞處，勸原息
訟，即日收林契價銀，其租付林永遠管業。羅前
所立書契并承付林，今出向後羅家子孫生端翻控等
如有任情
情，係羅支房等之附林奉其錢糧，羅家鴻 成祥 户下收許
推出參錢，要掛屢付林拆割，不户不敢多推，不許少
受。其本年分糧羅已收訖完納。所推是實，立推户字為照。
內注如有任情四字再照
道光十四年四月 日立推户字羅成英（押）
在見堂家泩（押）
為見陳伯魁（押）
見親友張淩詔（押）

7-1-22-20　清道光十四年四月羅成英立推户字

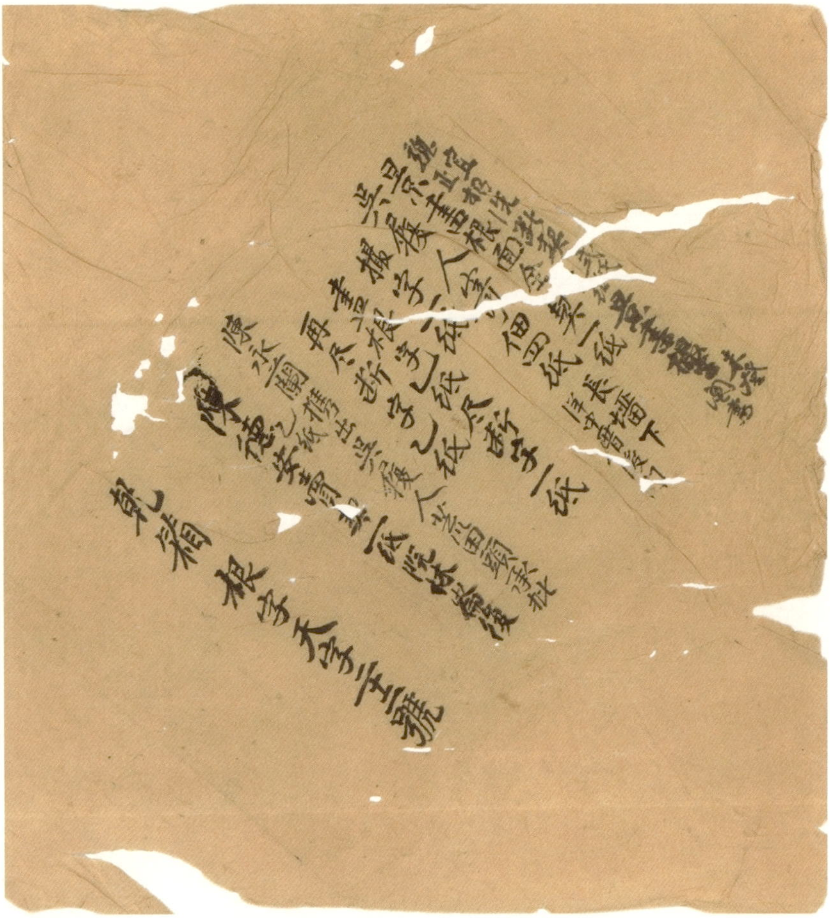

7-1-23-1　包契紙

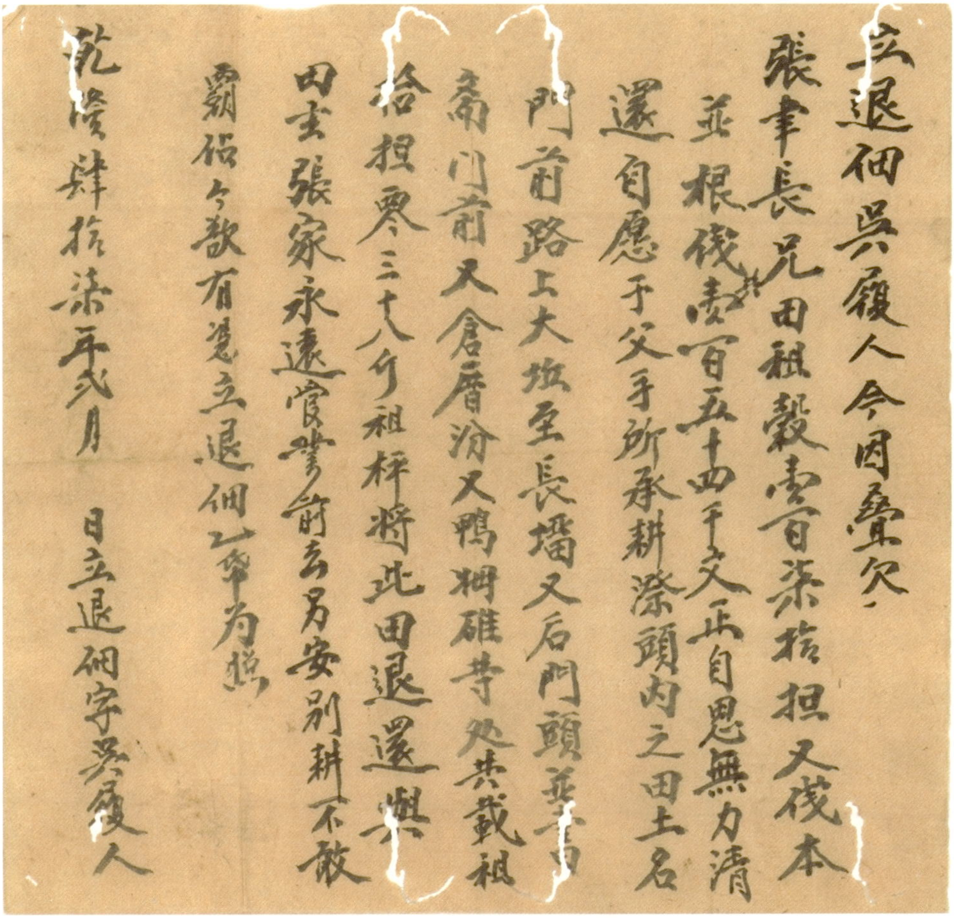
立退佃吳履人今因豐欠
張宅長兄田租穀壹百柒拾担又伐本
並根伐壹百五十四斤文正自思無力清
還自愿于父手所承耕滌頭内之田土名
門前路上大坵至長墙又后門頭並壹日
斎门前又倉厝洋又鴨𥝠碓寺処共載祖
拾担零三十八斤祖秤將此田退還與
田主張家永遠管業耕去另安別耕不敢
覇佃今欲有憑立退佃字為照
乾隆肆拾柒年弍月　日立退佃字吳履人

7-1-23-2　清乾隆四十七年二月吳履人立退佃田字

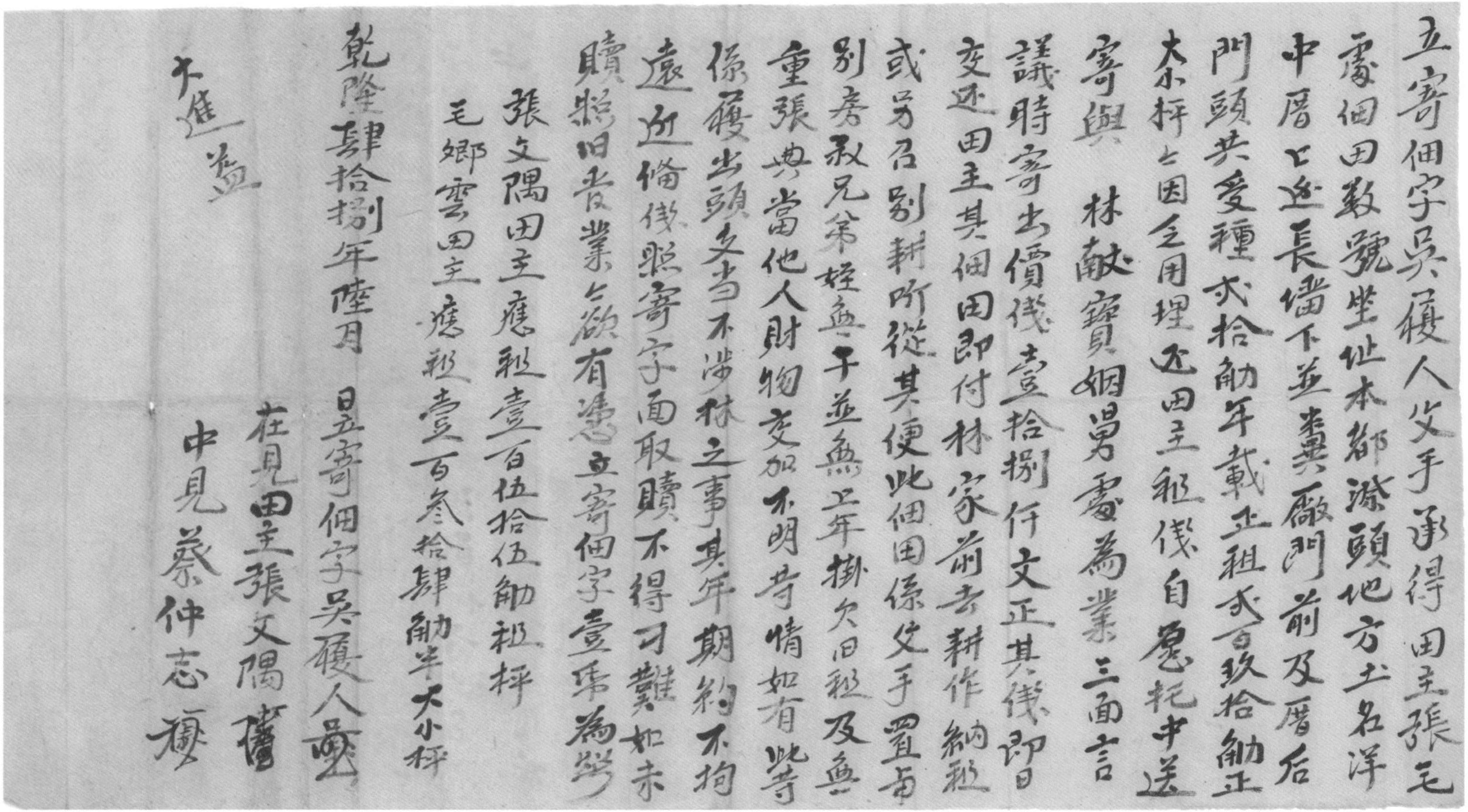
立寄佃字吳履人今手承得田主張毛
雲佃田數號坐址本鄉淤頭地方土名洋
中厝上近長墻下並糞廠門前及厝后
門頭共受種弍拾觔年載正租弍百玖拾觔正
大小秤々因乏用理近田主租价自愿托中送
寄與　林敵寶姻舅處為業三面言
議時寄出價价壹拾捌仟文正其价即日
交近田主其佃田即付林家前去耕作納租
或另召別耕聽從其便此佃田係文手置卓
別房叔兄弟姪無干並無上年掛欠舊租及無
重張典當他人財物交加不明等情如有此等
係履出頭支当不涉林之事其年期約不拘
遠近備价照寄字面取贖不得刁難如未
贖照舊管業々欲有憑立寄佃字壹紙為照
　張文隅田主應租壹百伍拾伍觔租秤
　毛卿雲田主應租壹百叁拾肆觔半大小秤
乾隆肆拾捌年陸月　日立寄佃字吳履人（押）
　在見田主張文隅（押）
　中見蔡仲志（押）
大進益

7-1-23-3　清乾隆四十八年六月吳履人立寄佃田字

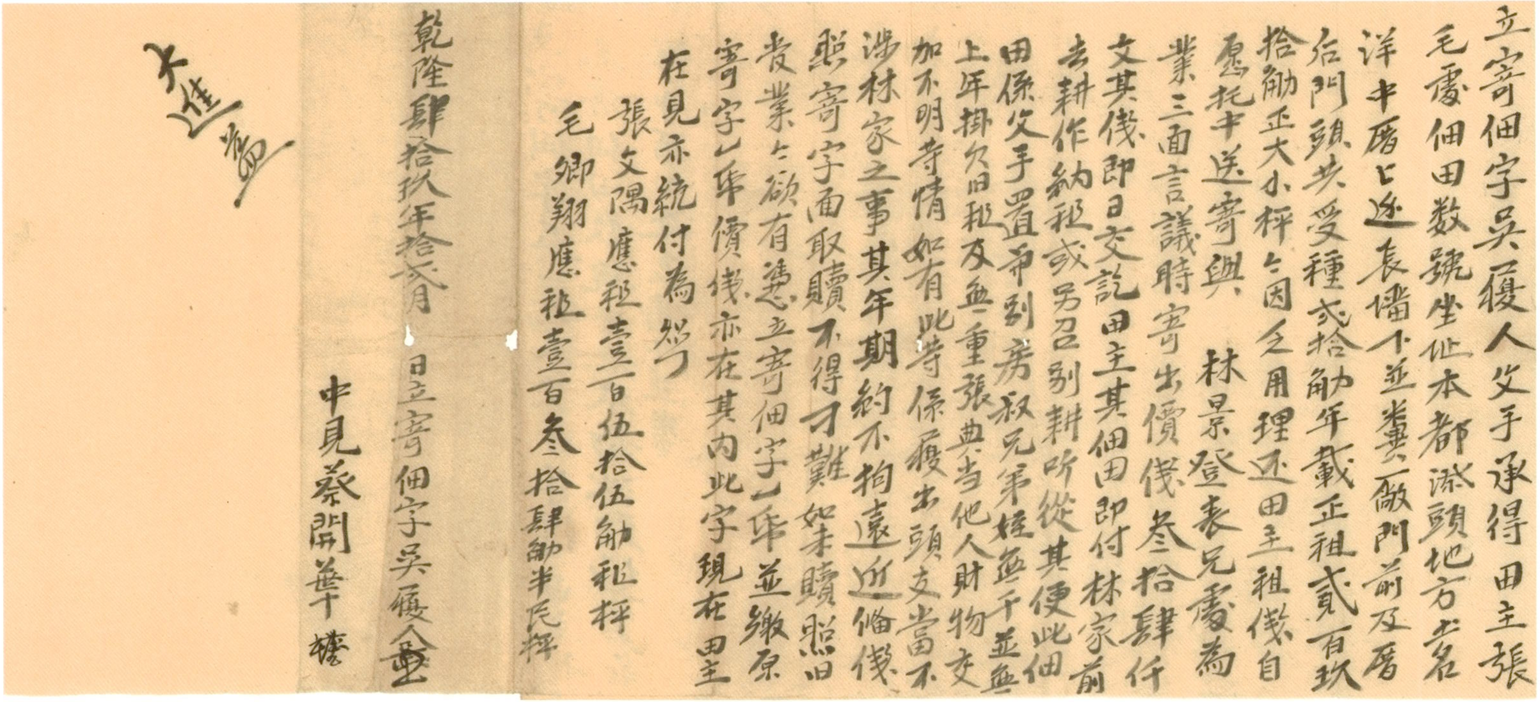
立寄佃字吳履人父手承得田主張
毛處佃田數號坐址本都漈頭地方土名
洋中厝上邊長墻下並業厰門前及厝
后門頭共受種弍拾觔年載正租貳百玖
拾觔正大小秤〻因乏用理還田主租價自
愿托中送寄與　林景登表兄處為
業三面言議時寄出價銀叁拾肆仟
文其銀即日交訖田主其佃田即付林家前
去耕作納租或另召別耕聽從其便此佃
田係父手置買弟到房叔兄弟侄无干並無
上年掛欠田租及無重張典当他人財物交
加不明等情如有此等係履出頭支當不
涉林家之事其年期約不拘遠近備銀
照寄字面取贖不得刁難如未贖照旧
管業〻欲有憑立寄佃字一紙並繳原
寄字一紙價銀亦在其内此字現在里
在見亦統付為炤
張文陽應租壹百伍拾伍觔租秤
毛鄉翔應租壹百叁拾肆觔半民秤
乾隆肆拾玖年拾弍月　日立寄佃字吳履人（押）
中見蔡開華（押）
大進壹

7-1-23-4　清乾隆四十九年十二月吳履人立寄佃田字

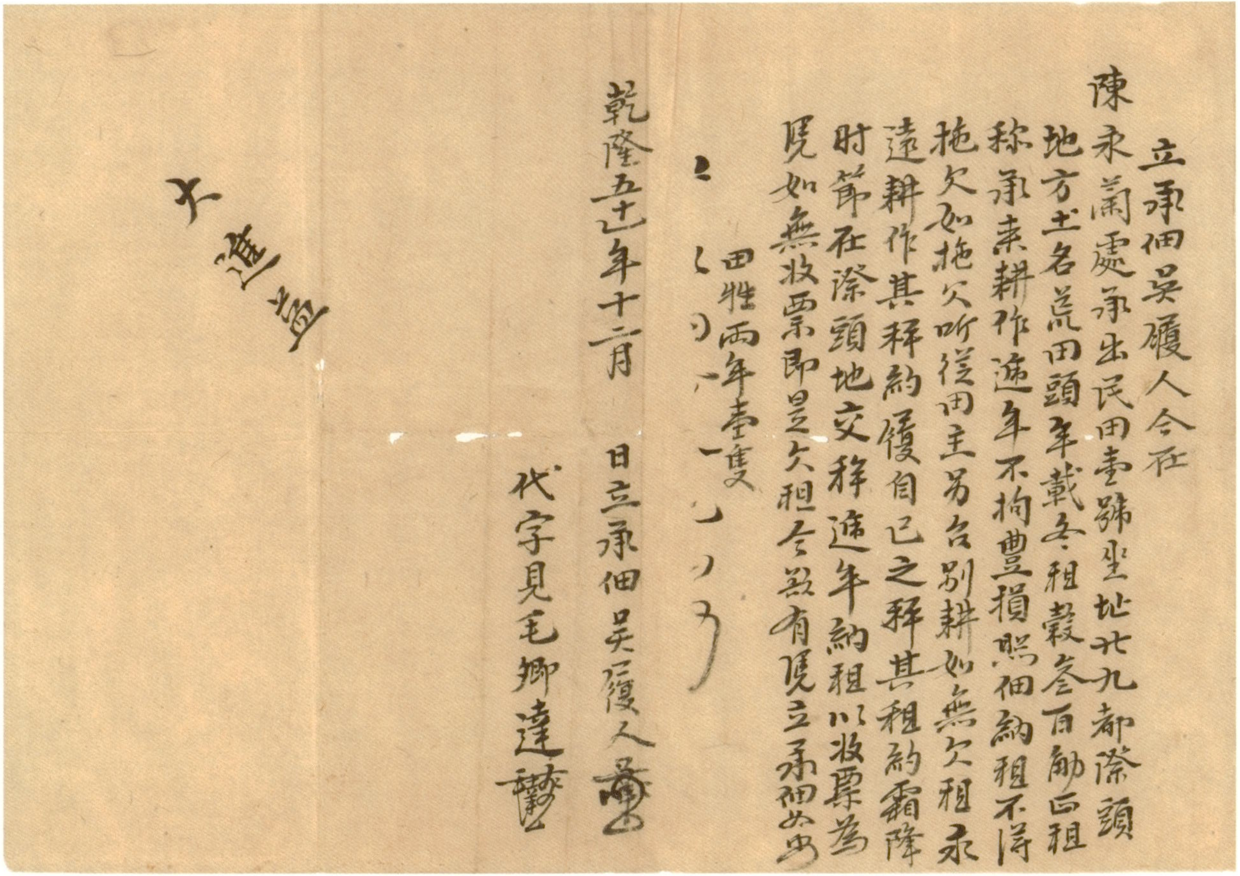

7-1-23-5　清乾隆五十一年十二月吳履人立承佃民田字

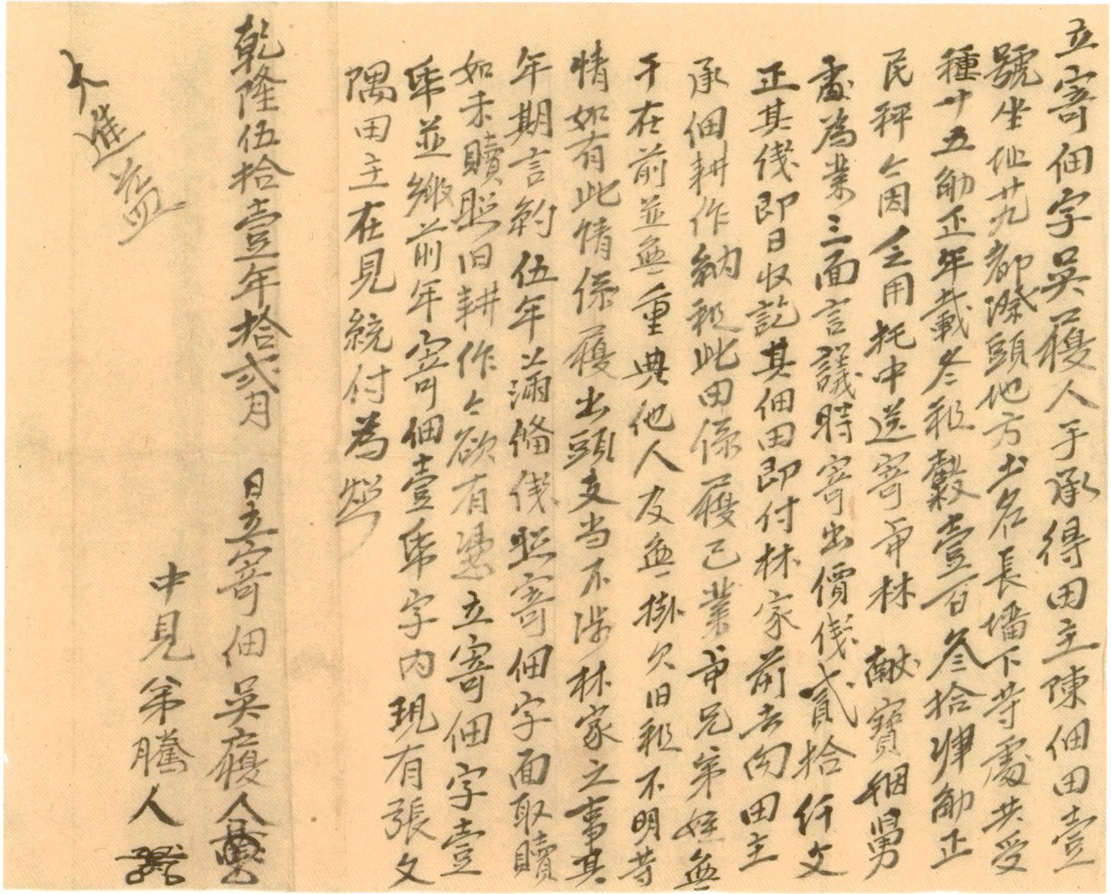
立寄佃字吴履人手承得田主陳佃田壹
號坐址九都漈頭地方土名長墻下等處共受
種十五斤正年載冬租穀壹百叁拾肆斤正
民秤今因乏用托中送寄與林敏寶佃舅
處為業三面言議時寄出價銭貳拾仟文
正其銭即日收訖其佃田即付林家前去向田主
承佃耕作納租此田係履己業與房兄弟侄無
干在前並無重典他人及無拖欠旧租不明等
情如有此情係履出頭支當不涉林家之事其
年期言約伍年滿備銭照寄佃字面取贖
如未贖照旧耕作恐口無憑立寄佃字壹
帋并繳前年寄佃壹帋字內現有張文
陽田主在見統付為照
乾隆伍拾壹年拾貳月　日立寄佃吴履人（押）
中見　弟　騰人（押）
大進益

7-1-23-6　清乾隆五十一年十二月吴履人立寄佃田字（一）

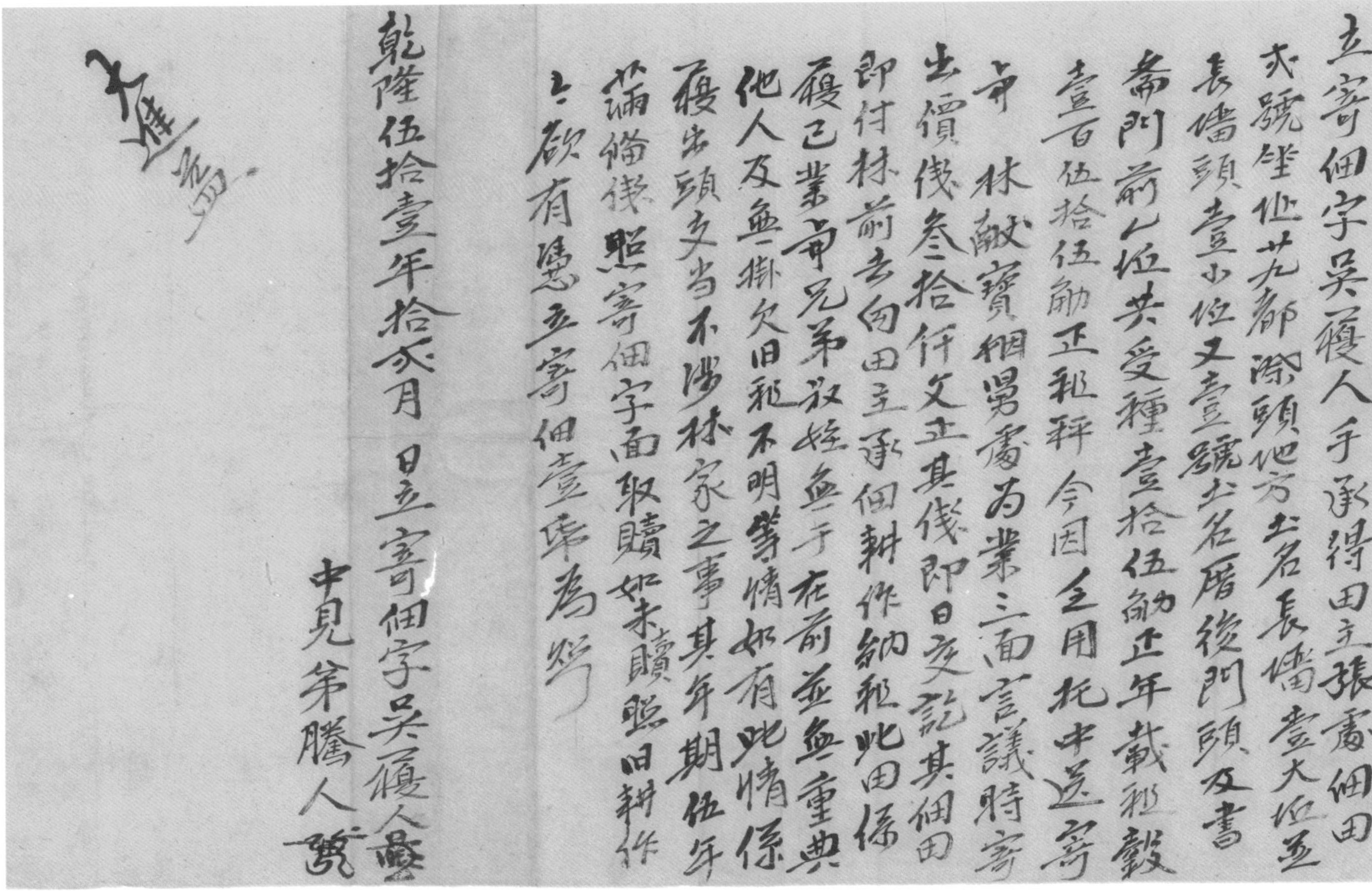
立寄佃字吳履人手承得田主張處佃田
弍號坐址廿九都涂頭地方土名長墻壹大坵並
長墻頭壹小坵又壹號土名厝後門頭及書
斋門前亇坵共受種壹拾伍觔正年載租穀
壹百伍拾伍觔正租秤　今因乏用托中送寄
弟　林猷寶佃畀處為業　三面言議時寄
出價錢叁拾仟文正其錢即日交訖其佃田
即付林前去向田主承佃耕作納租此田係
履己業弟兄叔姪無干在前並無重典
他人及無掛欠旧租不明等情如有此情係
履出頭支當不涉林家之事其年期伍年
蒲備錢照寄佃字面取贖如未贖照旧耕作
亇欲有憑立寄佃壹帋為照
乾隆伍拾壹年拾弍月　日立寄佃字吳履人（押）
中見弟　騰人（押）

7-1-23-7　清乾隆五十一年十二月吳履人立寄佃田字（二）

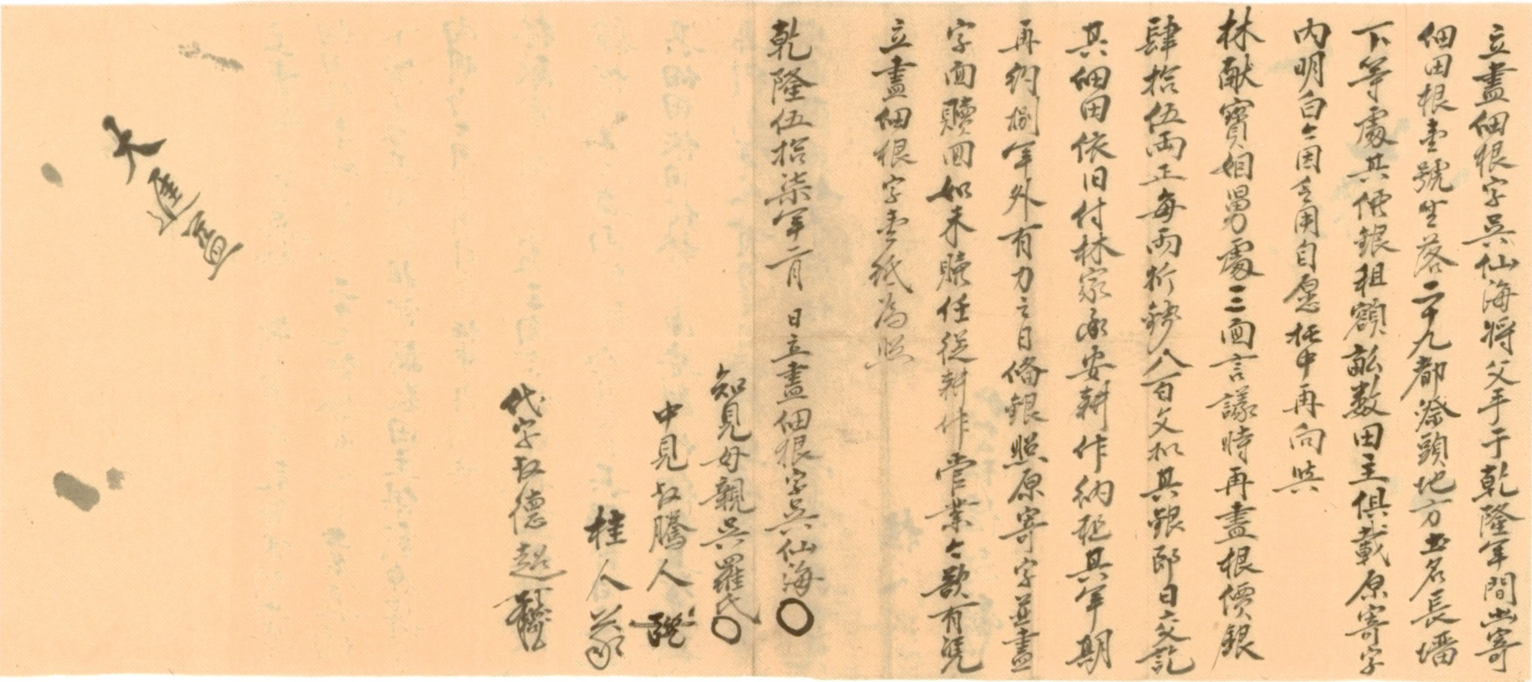
立盡佃根字吴仙海將父手于乾隆年間出寄
佃田根壹號坐落二十九都漈頭地方土名長壠
下等處其價銀租額畝數田主俱載原寄字
内明白今因乏用自愿托中再向與
林獻寶伯男處三面言議時再盡根價銀
肆拾伍兩五錢每兩折錢八百文其銀即日交訖
其佃田依旧付林家永安耕作納租其年期
再約捌年外有力之日備銀照原寄字並盡
字面贖回如未贖任從耕作管業今欲有憑
立盡佃根字壹紙為照
乾隆伍拾柒年二月　日立盡佃根字吴仙海
知見母親吴羅氏
中見林騰人
桂人
代字林德超

7-1-23-8　清乾隆五十七年二月吴仙海立盡佃田根字

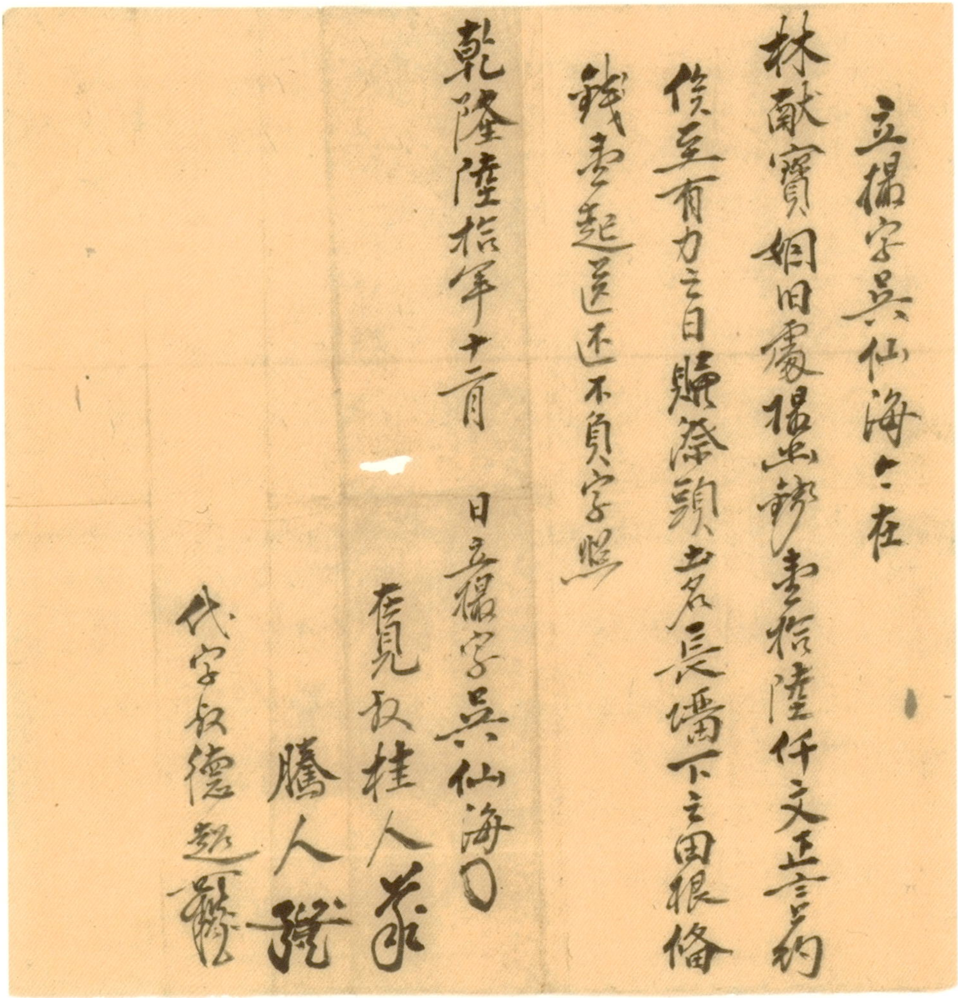
立撮字吳仙海今在
林献寶姻田處撮出錢壹佰陸仟文正言約
後至有力之日贖除頭去處長墻下之田根倫
錢壹起送还不負字照
乾隆陸拾年十二月　日立撮字吳仙海（押）
在見叔桂人（押）
騰人（押）
代字叔德魁（押）

7-1-23-9　清乾隆六十年十二月吴仙海立撮字

立賣契陳永蘭自己手置有民田租壹號，坐址廿六都
漈頭地方，土名長壩下坂，租谷五籮正，年載正租
谷壹佰拾肆斤正，又民科谷捌拾租，係
五籮正上下四至之田，於本年送賣與
林獻瓊為業，三面言議時值價銀貳拾捌兩
正，即日銀兩收訖，其田租即
付林宅收租管業，其田係是本村
已業，與伯叔兄弟侄無干，亦無重張典掛他人財物，及來歷不明
等情，如有此情，係賣主一力承當，不涉銀主之事
其年限言約貳拾年外，聽備辦原價取贖，如未贖者
仍准管業，其原契並上手契
立賣契壹紙為照。

嘉慶元年秋月 日立賣契陳永蘭（押）
全弟 永尊（押）
在見兄 永就（押）
中人 張允尊（押）
代字兄 永桃（押）

大進

7-1-23-10 清嘉慶元年九月陳永蘭等立賣民田租契

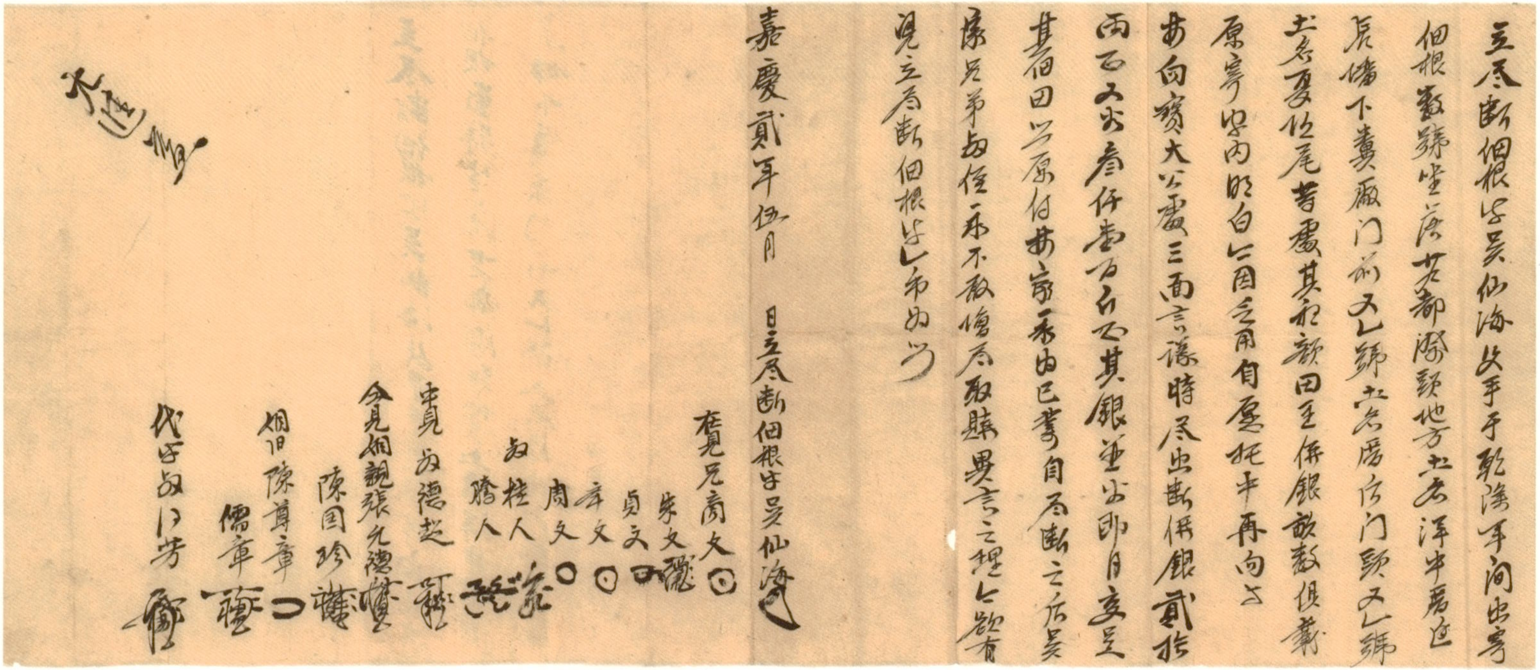

立盡斷佃根字吴仙海，先年于乾隆年間出賣
佃根數號，坐落廿都溪頭地方，土名洋中厝边
後墻下並厝門前大小號，土名厝后門頭大小號，
土名厚竹尾、苦處，其租額田至併銀數俱載
原字內明白。今因乏用，自愿托中再向與
本宗寶大公處，三面言議，時盡出斷佃銀貳拾
兩正，又出叁仟壹百文正。其銀並字即日交足，
其佃田照原付本家耕種，由巳業自為斷之，后吴
家兄弟叔侄一承不敢增盡取贖異言之理。今欲有
憑，立盡斷佃根字一紙為照。

嘉慶貳年伍月　日立盡斷佃根字吴仙海（押）

在見兄商文（押）
芳文（押）
貞文（押）
辛文（押）
周文（押）
為柱人
騰人（押）
中見戚德起（押）
全見姻親張允德（押）
陳国珍（押）
姻伯陳尊章（押）
儒章（押）
代字戚门芳（押）

大吉

7-1-23-11　清嘉慶二年五月吴仙海立盡斷佃根字

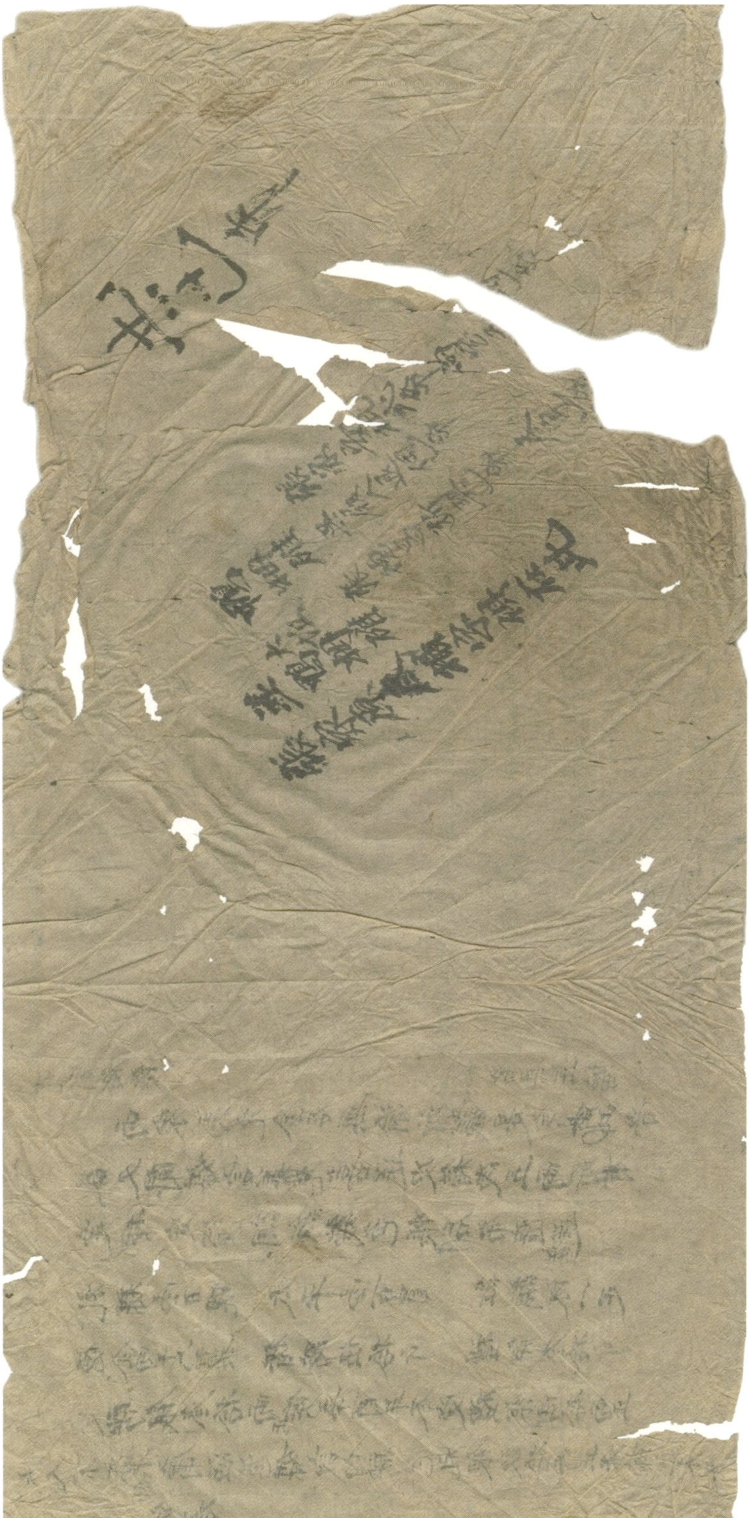

7-1-24-1　包契紙

伏承
大人不棄鄙庸陋憑媒議約聘全已礼銀玖拾兩正并茶已承又
交聘銀叁拾兩候辛酉年冬交禮銀陸拾兩正
德禽十六翼　豬蹄伍拾斤　禮餅叁拾斤
礼粿壹百塊　太平壹百員　紅綢絲一疋
定標定鐲綢綵幾色帳啟布隨送
外又聞媒言義允喜送皮箱裁五兩所有
兩家美允全后無渝所議是實此皆
名具正幅
光前裕後

7-1-24-2　包契紙

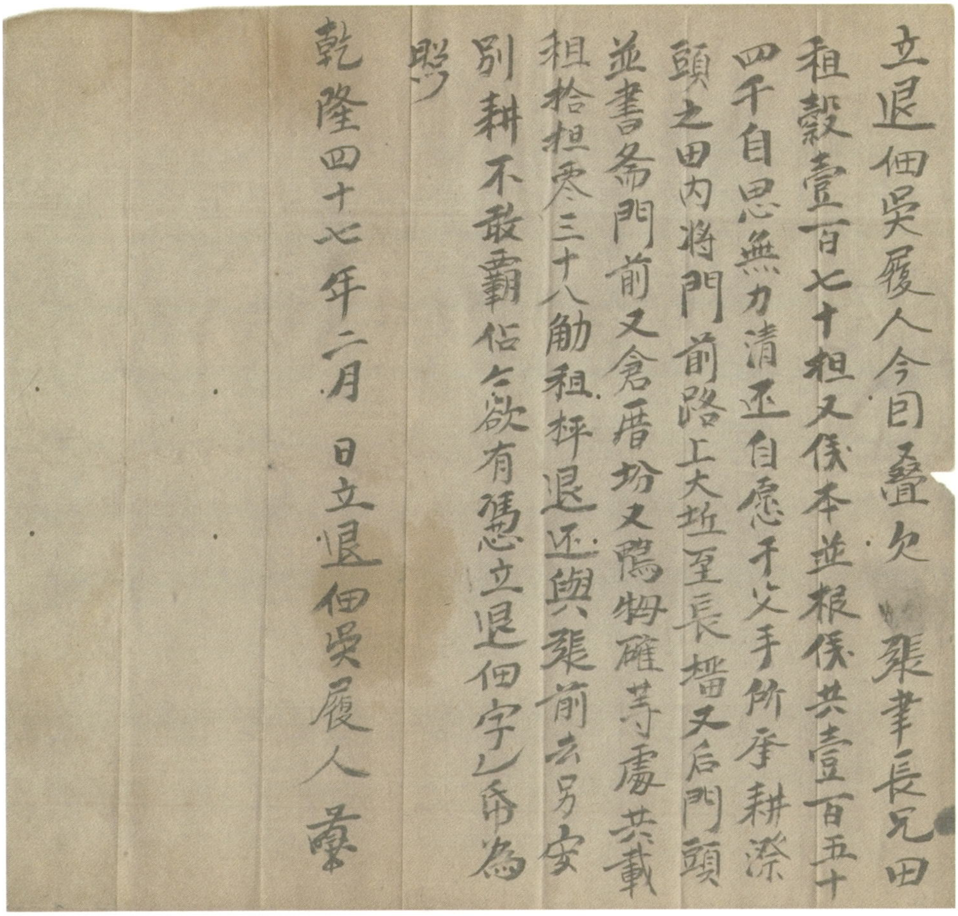
立退佃吴履人今因叠欠張丰長兄田
租穀壹百七十祖又係本並根係共壹百五十
四千自思無力清还自愿于父手所承耕漈
頭之田内將門前路上大坵至長擂又后門頭
並書斋門前又倉厝坊又碼牳碓等處共載
租拾担零三十八觔租秤退还與張前去另安
別耕不敢霸佔今欲有憑立退佃字乙紙為
照
乾隆四十七年二月　日立退佃吴履人（押）

7-1-24-3　清乾隆四十七年二月吴履人立退佃田字

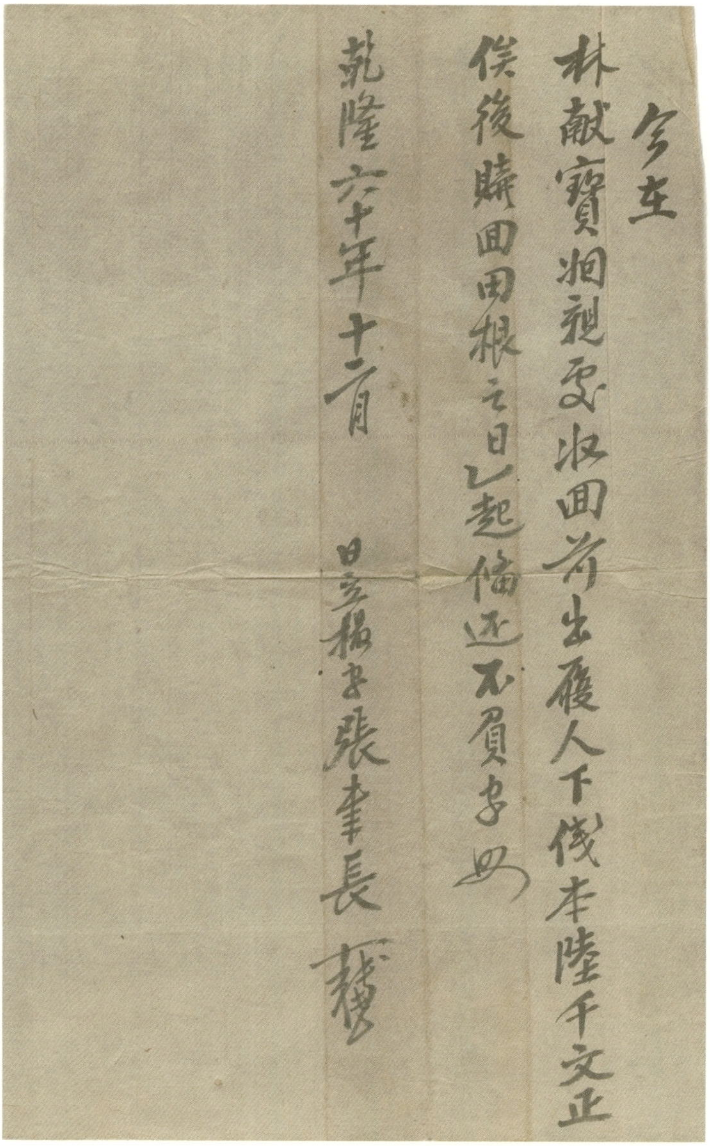
今在
林獻寶洄裡受收回前出撮人下錢本陸千文正
俟後贖回田根之日一起繳還不負字照
乾隆六十年十二月
日立撮字張韋長

7-1-24-4　清乾隆六十年十二月張韋長立撮字

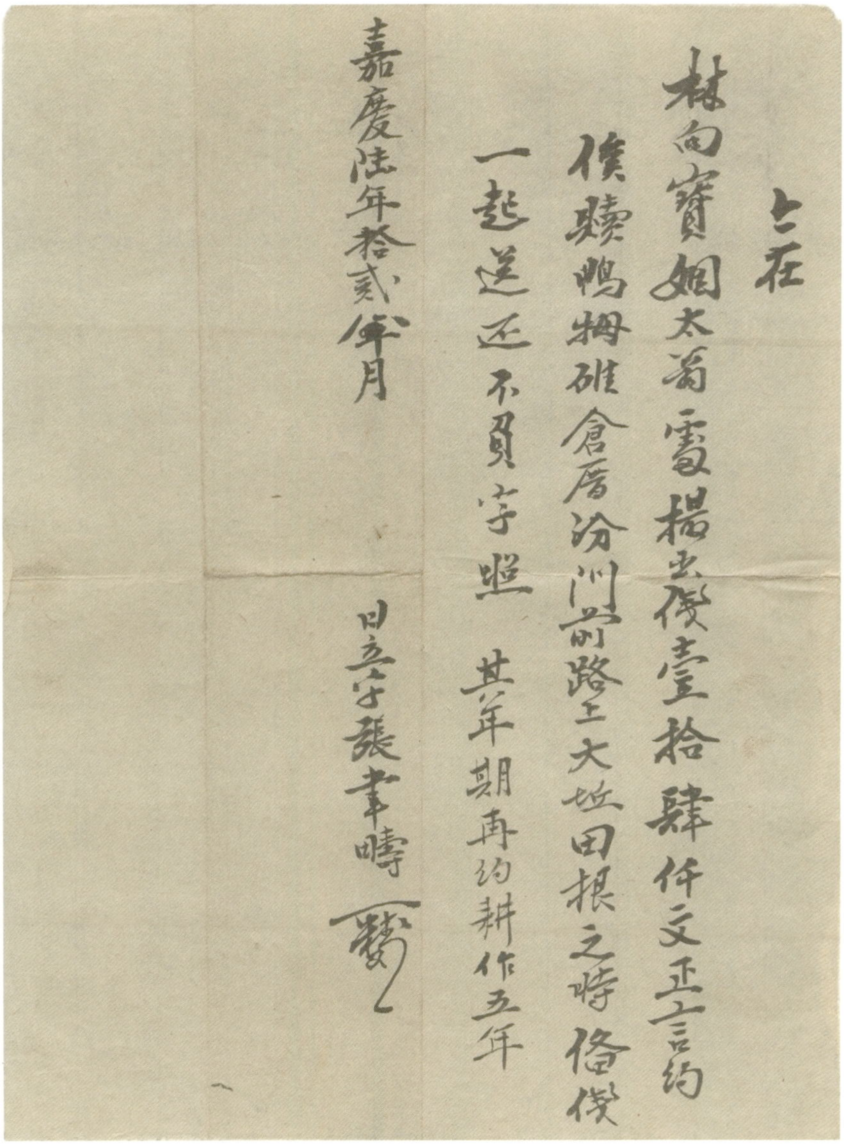
上在
林向寶姻太翁處撮出佛壹拾肆仟文正言約
候騎鴨栅碓倉厝汾洲前路上大坵田根之時備佛
一起送还不負字照　其年期再約耕作五年
嘉慶陸年拾貳月　日立字張聿疇

7-1-24-5　清嘉慶六年十二月張聿疇立撮字

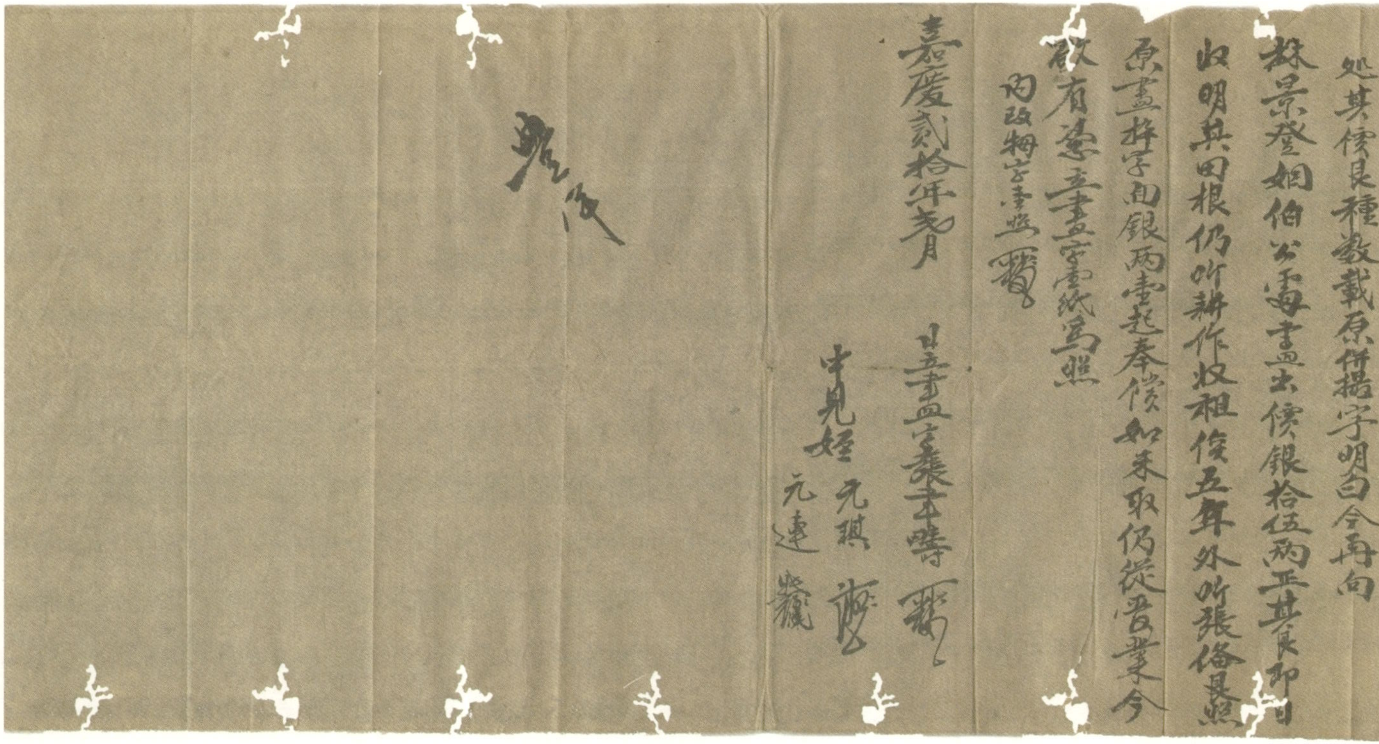
立盡字張聿疇，前父手出寄有田根叁號，坐
産本都添路地方，土名门前大坵倉層坵併鴨姆硿等
処，其價艮種數載原併据字明白。今再向
林景登姻伯公處盡出價銀拾伍兩正，其艮即日
收明，其田根仍听耕作收租。俟五年外听張備艮照
原盡并字面銀兩壹起奉價，如未取仍從管業。今
欲有憑，立盡字壹紙爲照。
内改梅字壹照
嘉慶貳拾年二月 日立盡字人張聿疇（押）
中見姪 允琪（押）
允連（押）

7-1-24-6　清嘉慶二十年二月張聿疇立盡田根字

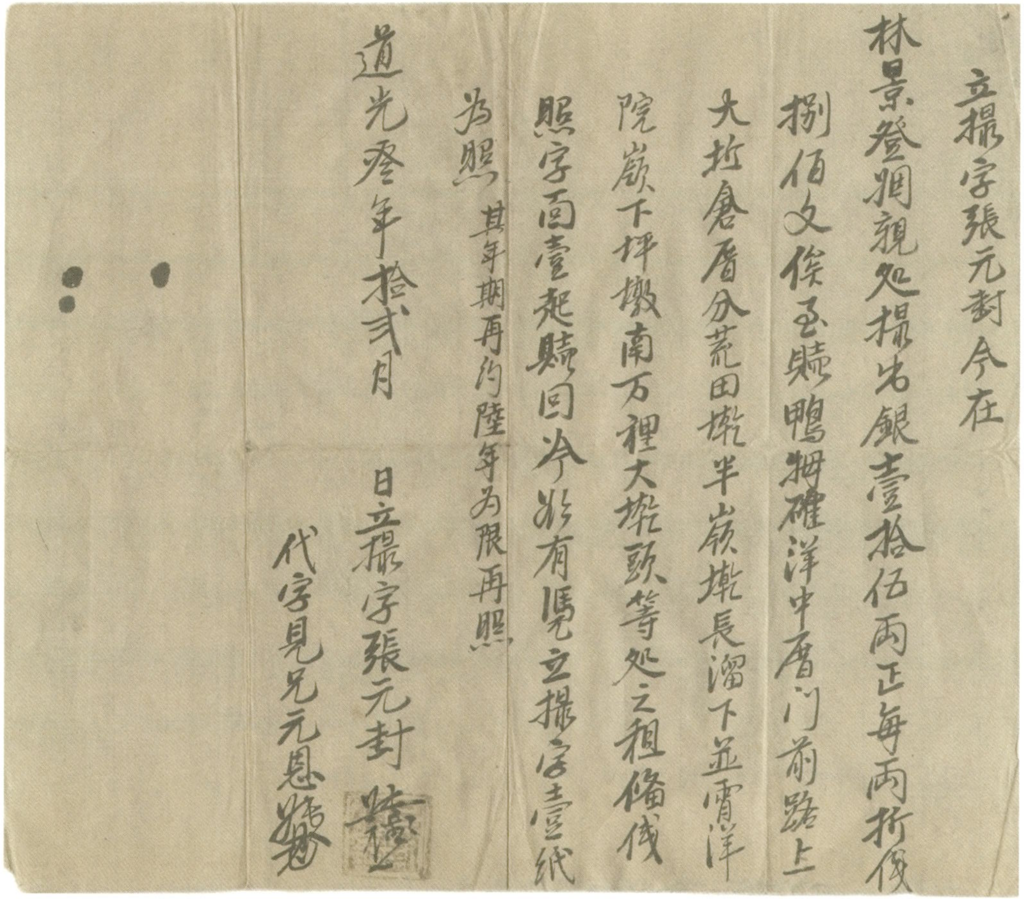

立撮字張元封今在
林景登姻親処撮出銀壹拾伍両正每両折係
捌佰文係丕騎鴨栅碓洋中厝门前路上
大坵倉厝分荒田墘半崁墘長溜下並霄洋
院嶺下坪墩南万裡大墘頭等処之租備伐
照字面壹起贖回，今欲有憑，立撮字壹紙
為照。其年期再约陸年為限，再照。
道光叁年拾弍月　日立撮字張元封（押）
代字見兄元恩（押）

7-1-24-7　清道光三年十二月張元封立撮字（一）

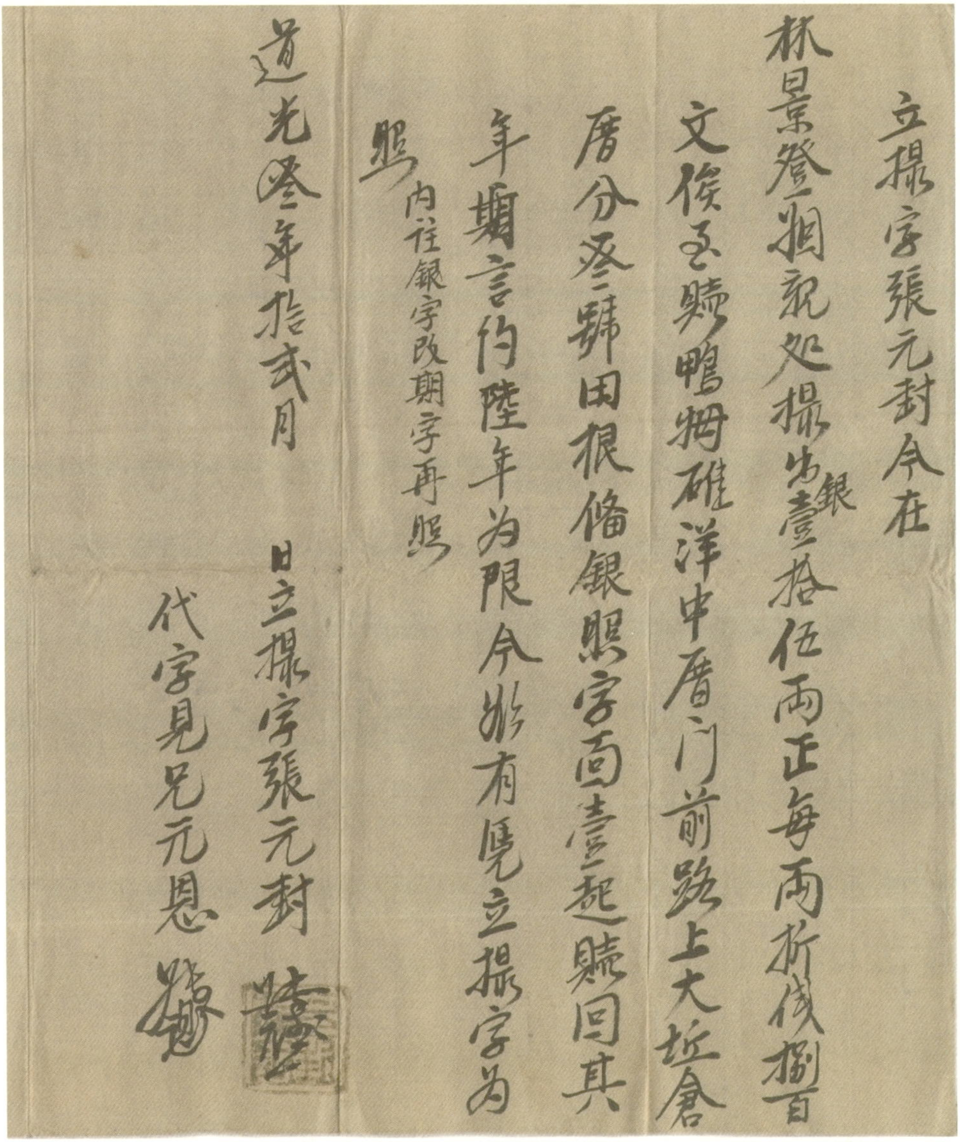
立撮字張元封今在
林景登猶祝処撮出銀壹拾伍両正每両折錢捌百
文俟至贖鴨姆碓洋中厝门前路上大坵倉
厝分叁肆田根備銀照字面壹起贖回其
年期言約陸年为限今欲有憑立撮字为
照 内注銀字改期字再照
道光叁年拾弍月　　日立撮字張元封（押）
代字見兄元恩（押）

7-1-24-8　清道光三年十二月張元封立撮字（二）

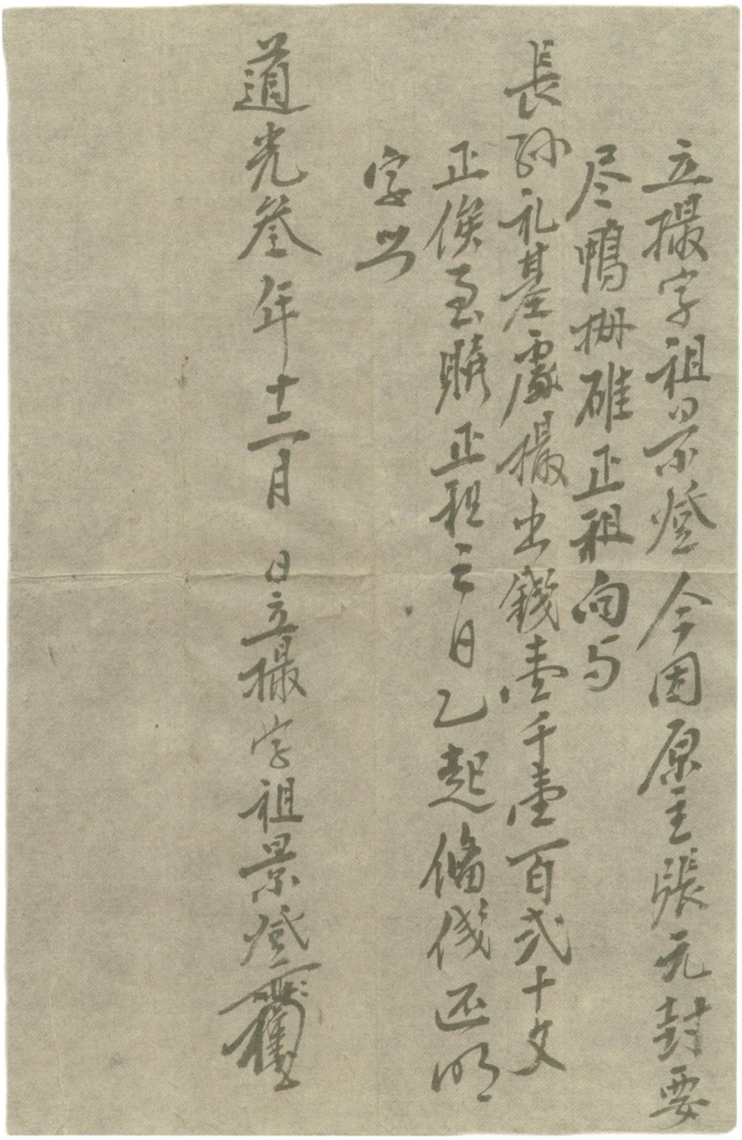

立撮字祖林景登今因原主張元封要
尽鴨栅碓正租向与
長弟礼基居處撮出錢壹千壹百弍十文
正傒至贖正租之日乙起備錢还明
字照
道光叁年十二月　日立撮字祖林景登（押）

7-1-24-9　清道光三年十二月林景登立撮字

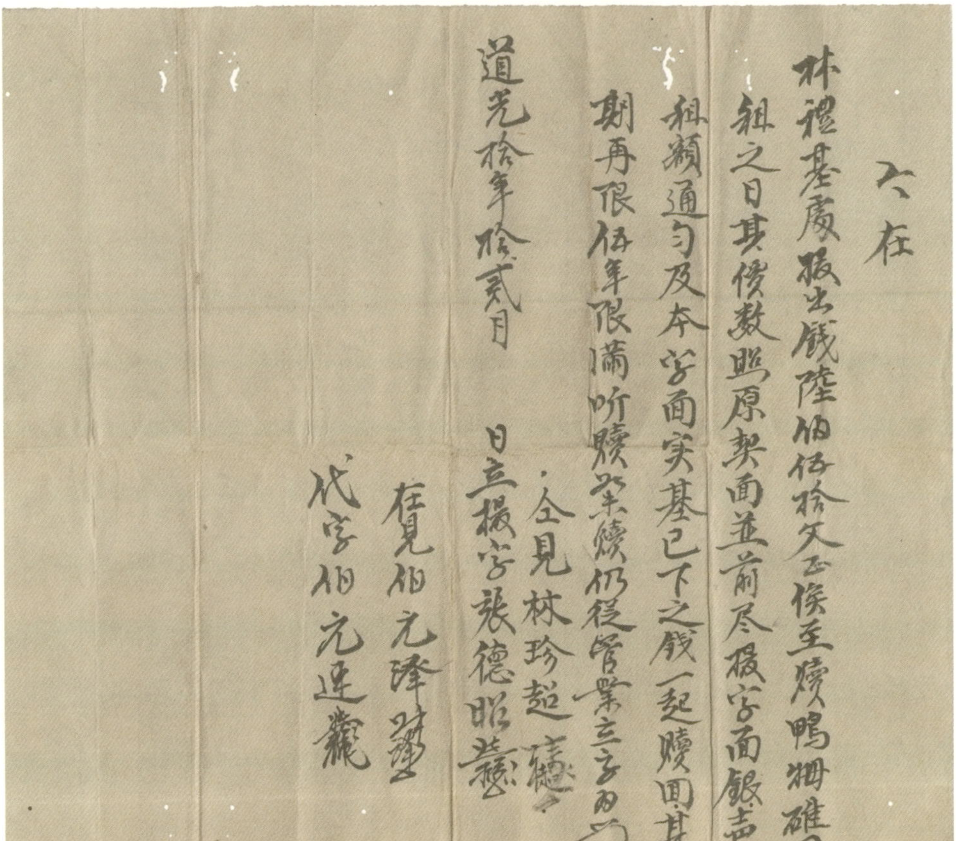

又在

林禮基處撥出錢陸佰伍拾文正，候至贖回鴨栅碓田

租之日其價數照原契面並前尽撥字面錢并

租額通匀及本字面实基已下之錢一起贖回，其

期再限伍年，限満听贖，如未贖，仍從管業，立字為照。

道光拾年拾貳月　日立撥字張德昭（押）

仝見林珍超（押）

在見伯元锋（押）

代字伯元遊（押）

7-1-24-10　清道光十年十二月張德昭立撥字（一）

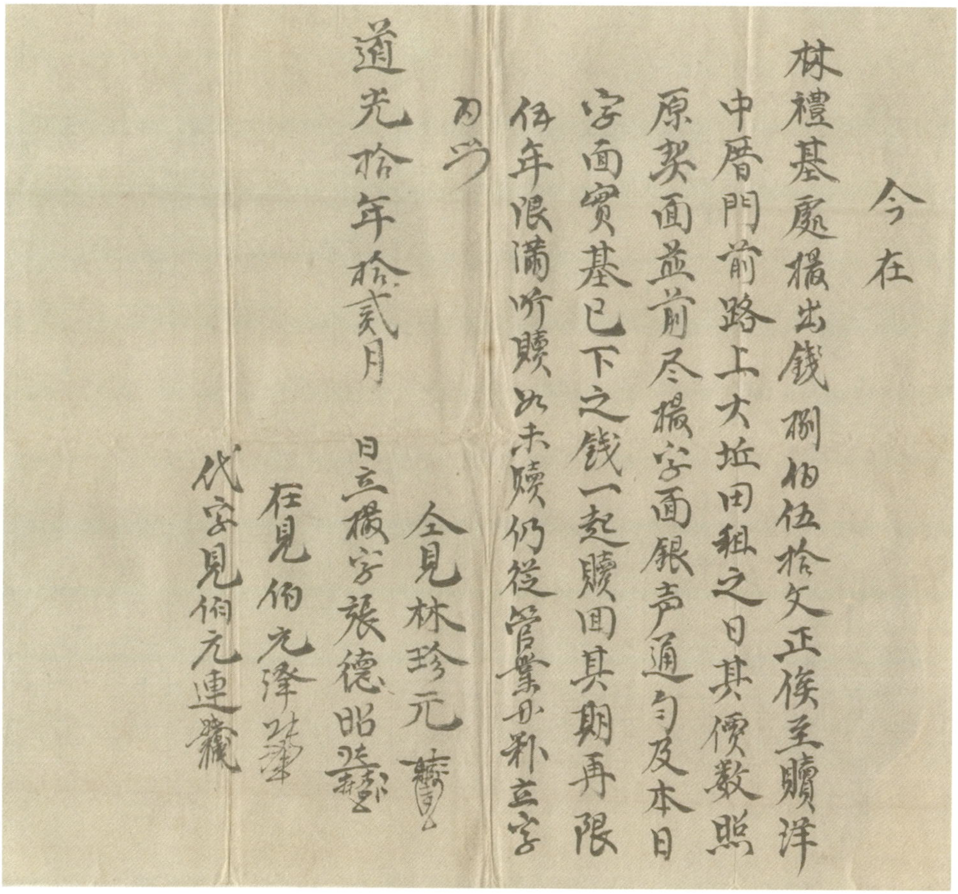

今在

林禮基處撮出錢捌佰伍拾文正，候至贖洋

中曆門前路上大坵田租之日，其價數照

原契面並前盡撮字面銀声通匀，及本日

字面實基已下之錢一起贖回。其期再限

伍年限滿所贖。如未贖，仍從管業，毋私。立字

為照

道光拾年拾貳月　日立撮字張德昭(押)

仝見林珍元(押)

在見伯元澤(押)

代字見伯元連(押)

7-1-24-11　清道光十年十二月張德昭立撮字（二）

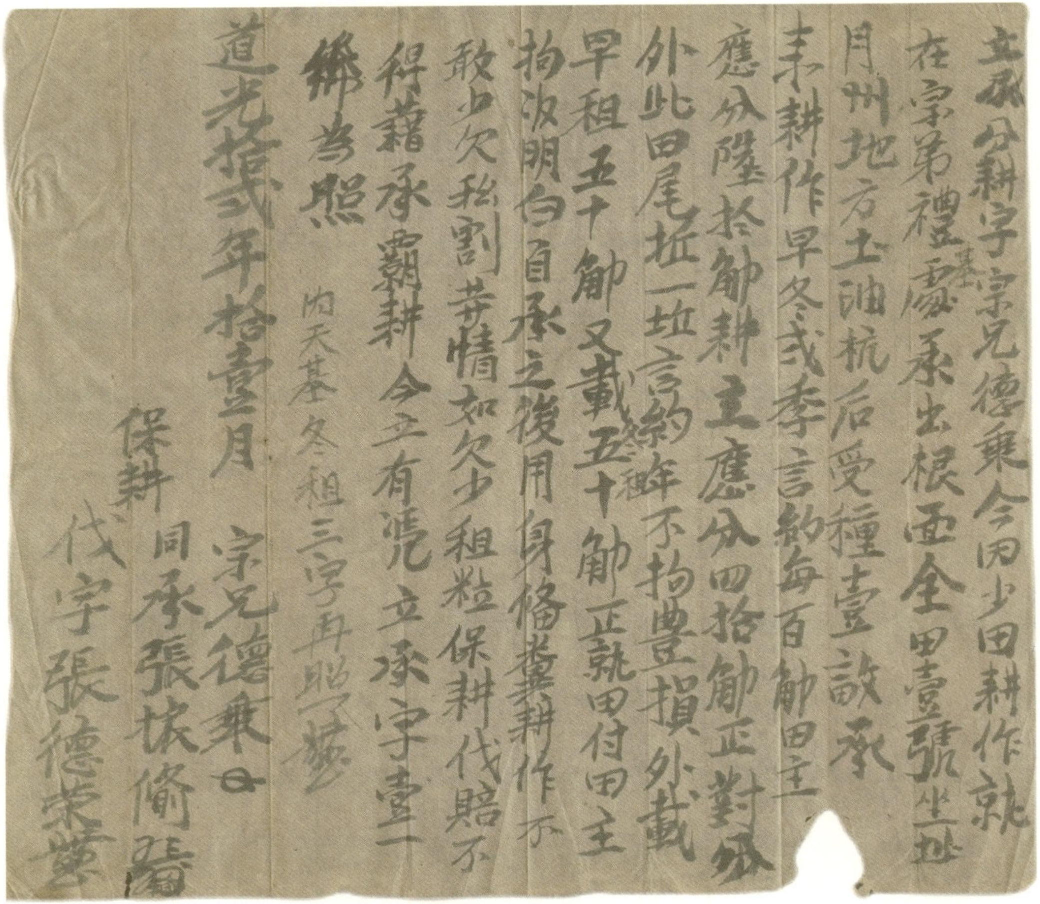
立承分耕字宗兄德乘，今因少田耕作，就
在宗弟禮基處承出根面全田壹號，坐址
月州地方土油杭后，受種壹畝，承
來耕作，早冬貳季言約每百觔田主一
應分隆拾觔，耕主應分四拾觔，正對分
外，此田尾坵一坵言約添逐年不拘豐損，外載
早租五十觔，又載五十觔，正就田付田主
拘收明白。自承之後，用身修葺耕作，不
敢少欠私割苐情，如欠少租粒，保耕代賠，不
得藉承霸耕。今立有憑，立承字壹一
紙為照。
內夭基冬租三字再照了號
道光拾貳年拾壹月　宗兄德乘（押）
保耕　同承張㭬僑（押）
代字張德榮（押）

7-1-24-12　清道光十二年十一月林德乘立承耕根面全田字

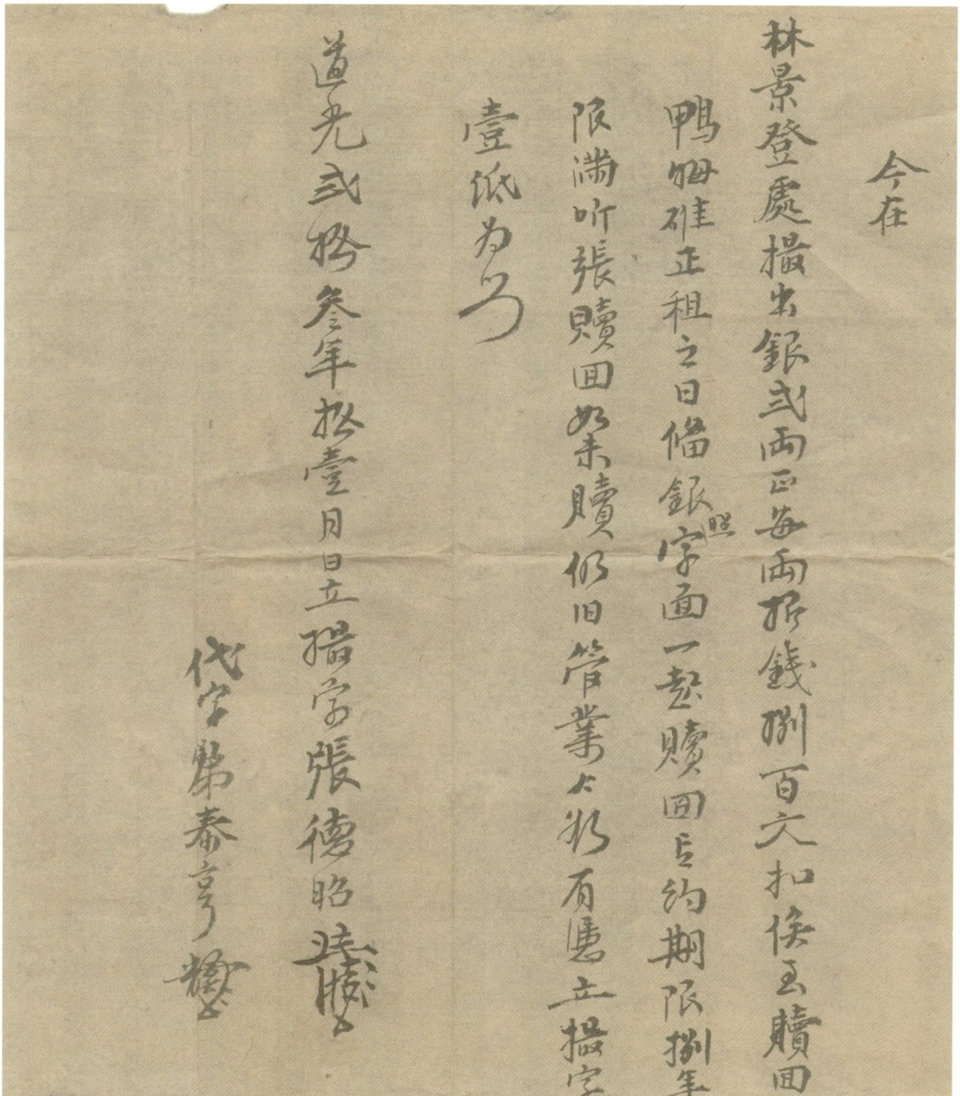
今在
林景登處撮出銀弍兩正每兩折錢捌百文扣候至贖回
鴨姆碓正租之日備銀照字面一槩贖回与約期限捌年
限滿听張贖回如未贖仍旧管業不得有悞立撮字
壹紙為照
道光弍拾叁年拾壹月日立撮字張德昭（押）
代字弟泰亨（押）

7-1-24-13　清道光二十三年十一月張德昭立撮字

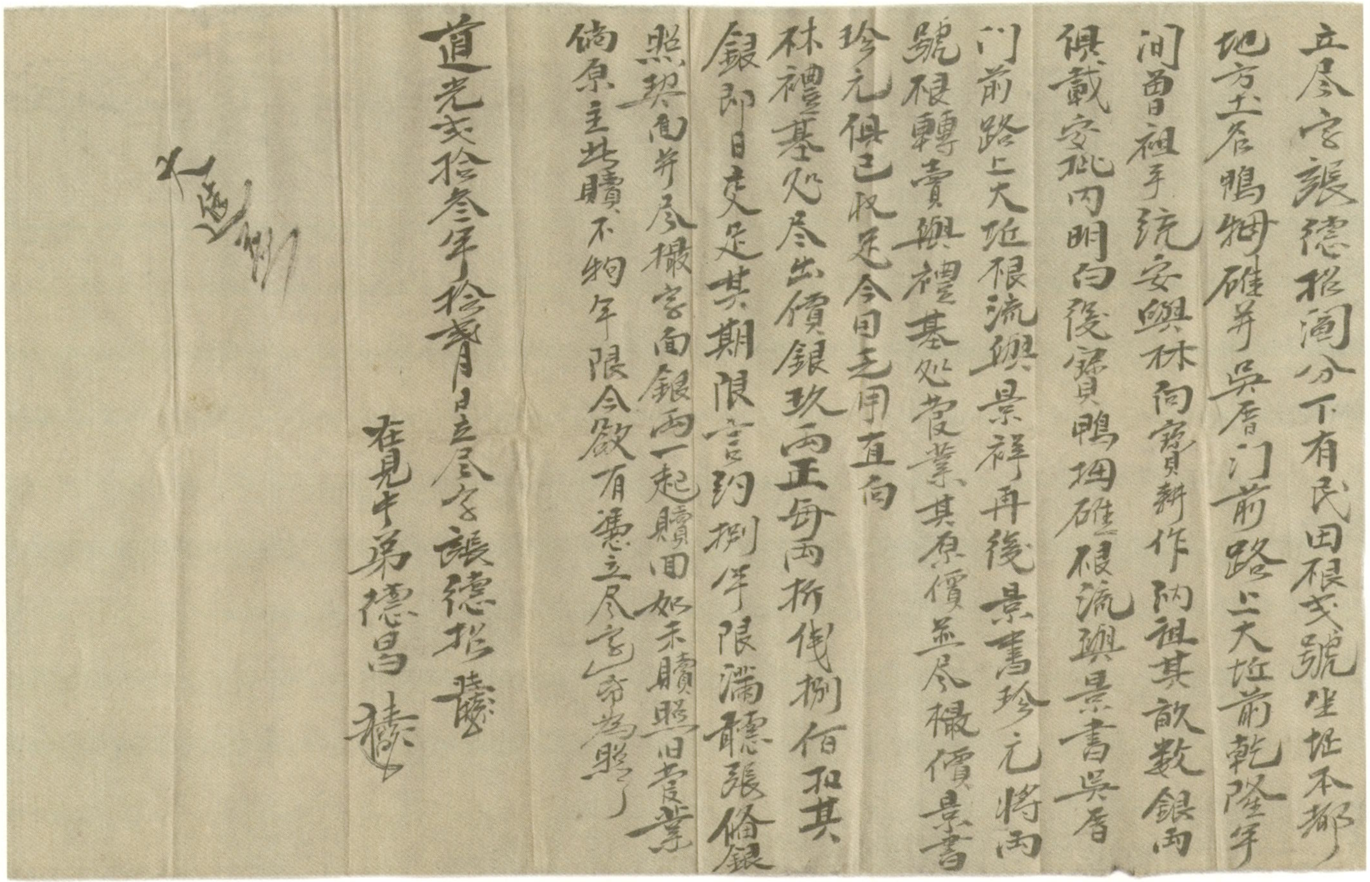
立盡字張德招承父分下有民田根弍號，坐址本鄉
地方土名鴨𡌅碓并吳厝门前路上大坵，前乾隆年
间曾祖手統安與林向實耕作，納租其畝數銀兩
俱載定批內明白。後實鴨𡌅碓根流與景書、吳厝
门前路上大坵根流與景祥。再後景書、珍元將兩
號根轉賣與禮基處管業，其原價並盡根價景書
珍元俱已收足，今因乏用，直向
林禮基處盡出價銀玖兩正，每兩折錢捌佰扣，其
銀即日交足，其期限言約捌年限滿，聽張備銀
照契面并盡根字面銀兩一起贖田，如未贖，照舊管業。
倘原主此贖，不拘年限，今欲有憑，立盡字為照。
道光弍拾叁年拾弍月　日立盡字張德招（押）
在見中弟德昌（押）
不過割

7-1-24-14　清道光二十三年十二月張德招立盡民田根字

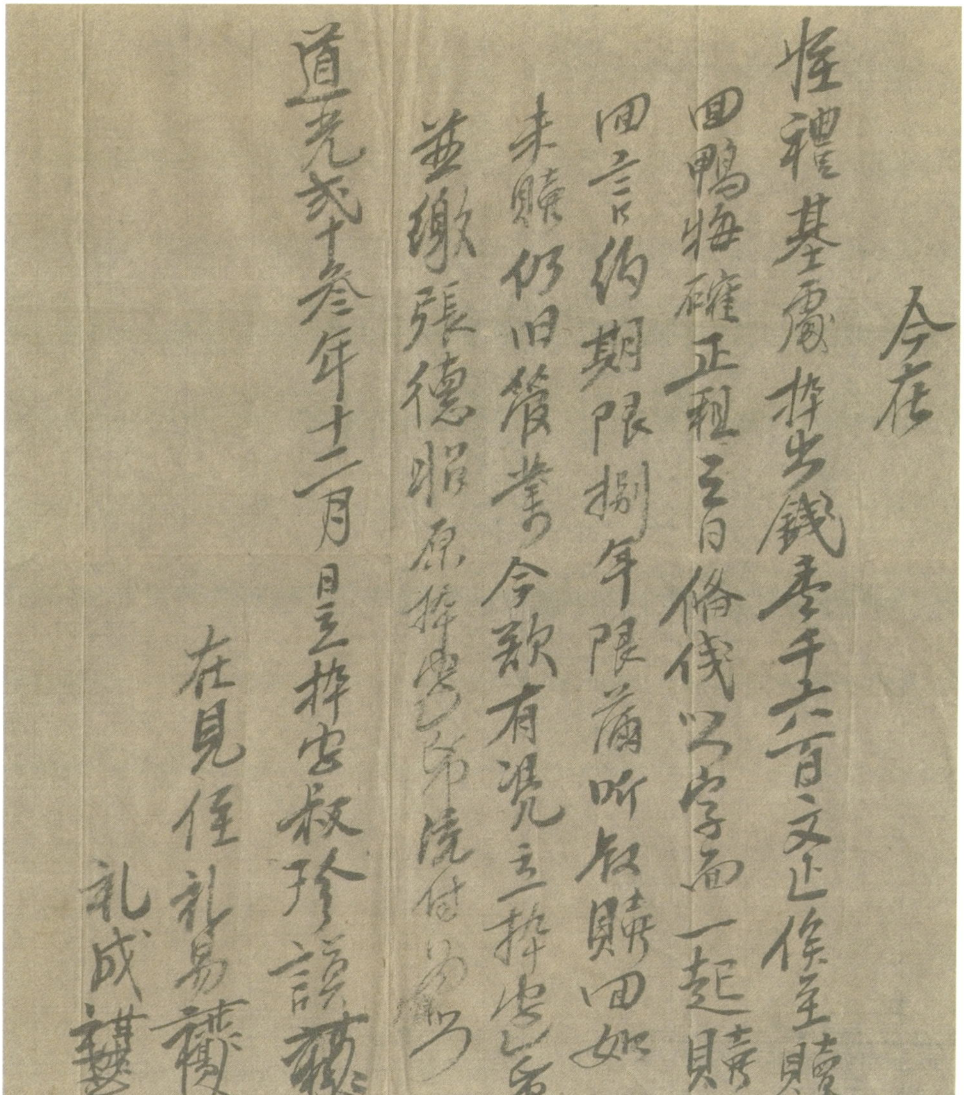

今在
侄禮基處撥出錢壹千六百文正係至贖
田鴨梅確正租三石脩伐以字面一起贖
回言約期限捌年限滿聽叔贖回如
未贖仍旧管業今欲有憑立撥字為
並繳張德昭原撥字為照付照
道光貳拾叁年十二月 日立撥字叔珍謨押
在見侄禮易押
禮成押

7-1-24-15　清道光二十三年十二月林珍謨立撥字

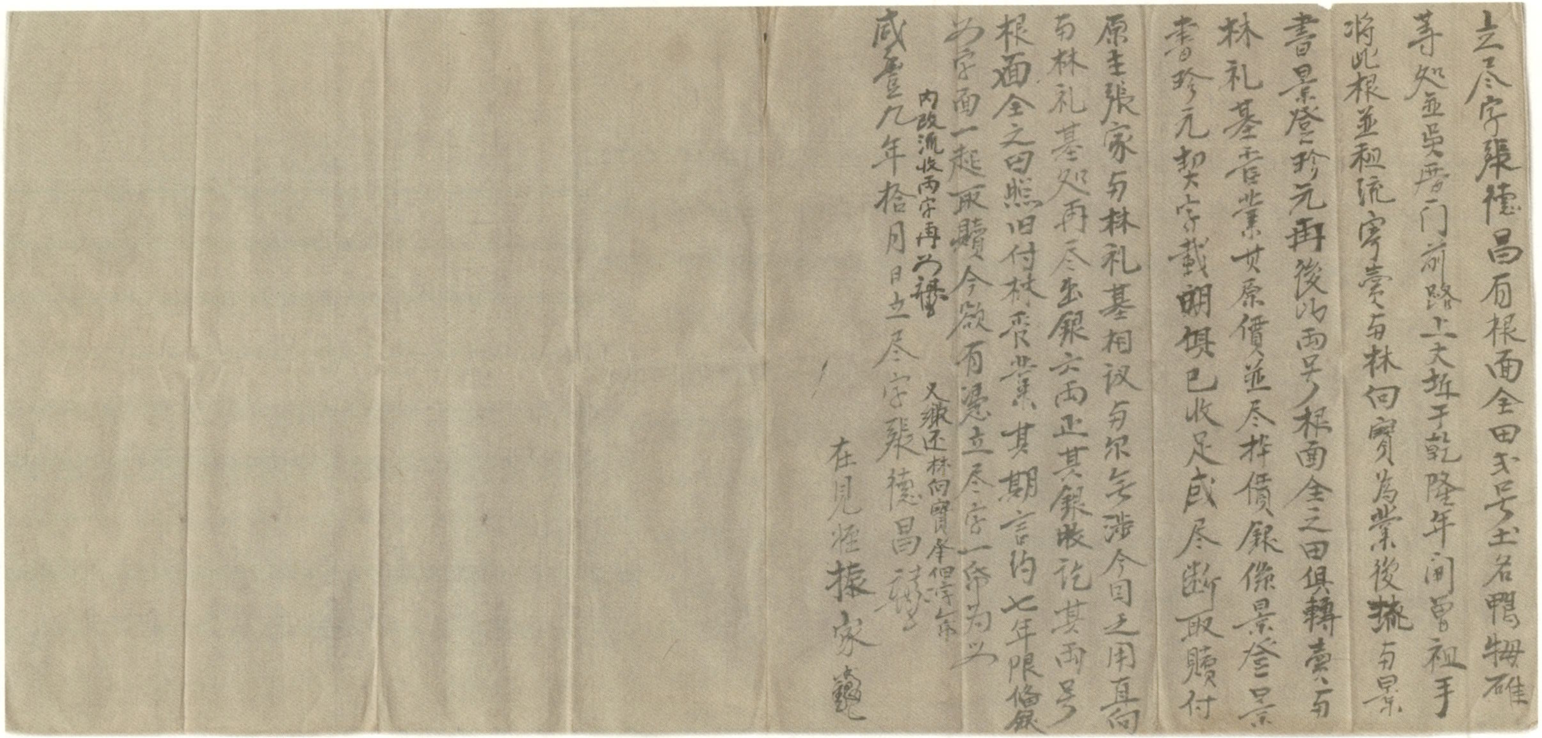

立盡字張德昌有根面全田弍号，土名鴨坳碓
壽坵並吳厝门前路上丈坵，于乾隆年间曾祖手
将此根並租流寄賣与林何寶為業，後找与景
書、景登、珍元，再後此两号根面全之田俱轉賣与
林礼基為業，其原價並盡找價銀係景登、景
書、珍元契字載明，俱已收足，盡斷取贖付
原主張家与林礼基相议，与尔無涉。今因乏用，直向
与林礼基处再盡出銀六两正，其銀收訖，其两号
根面全之田照旧付林管業，其期言约七年限滿備銀
將字面一起取贖。今欲有憑，立盡字一帋為照。
内改流收两字再照。
又張还林何寶本佃字一帋。
咸豐九年拾月　日立盡字張德昌（押）
在見堂侄振家（押）

7-1-24-16　清咸豐九年十月張德昌立盡根面全田字

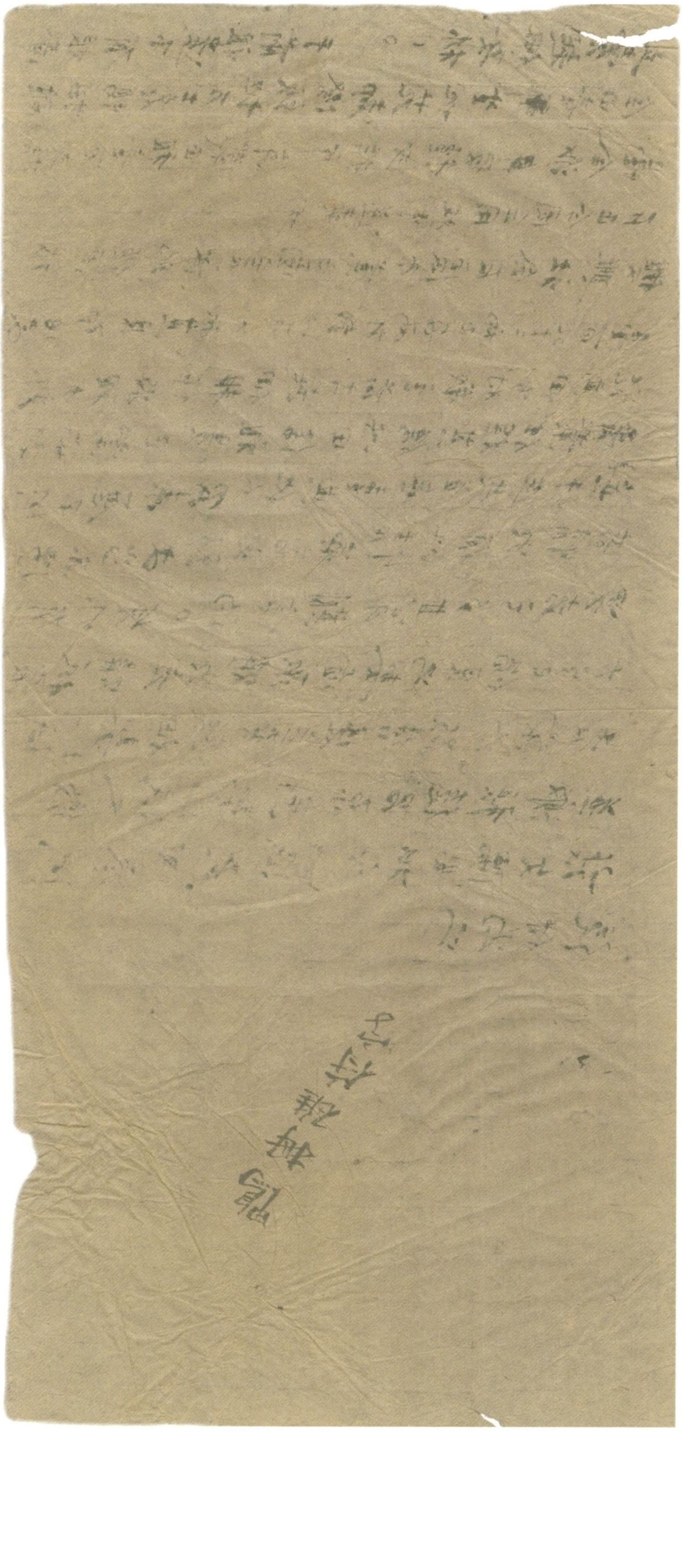

7-1-25-1　包契紙

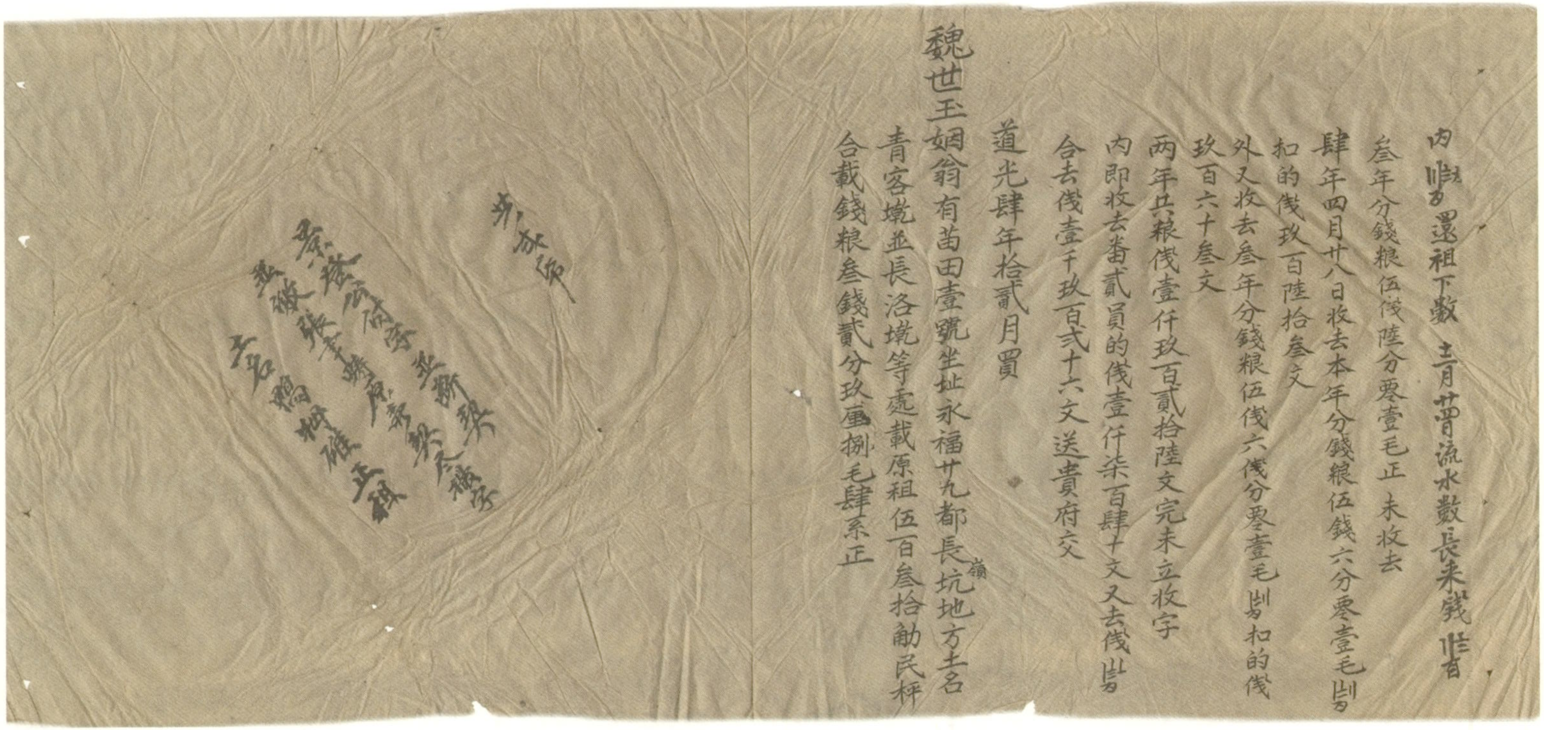
内嶺還祖下數　十二月廿四日流水數長來錢　㫖
叁年分錢粮伍伐陸分零壹毛正　未收去
肆年四月廿八日收去本年分錢粮伍錢六分零壹毛㫖
扣的伐玖百陸拾叁文
外又收去叁年分錢粮伍伐六伐分零壹毛㫖扣的伐
玖百六十叁文
兩年共粮伐壹仟玖百貳拾陸文完未立收字
内即收去畨貳員的伐壹仟柒百肆十文又去伐㫖
合去伐壹千玖百弍十六文送貴府交
道光肆年拾貳月買
魏世玉娴翁有苗田壹號坐址永福廿九都長(嶺)坑地方土名
青客墘並長洛墘等處載原祖伍百叁拾觔民秤
合載錢粮叁錢貳分玖厘捌毛肆系正

7-1-25-2　包契紙

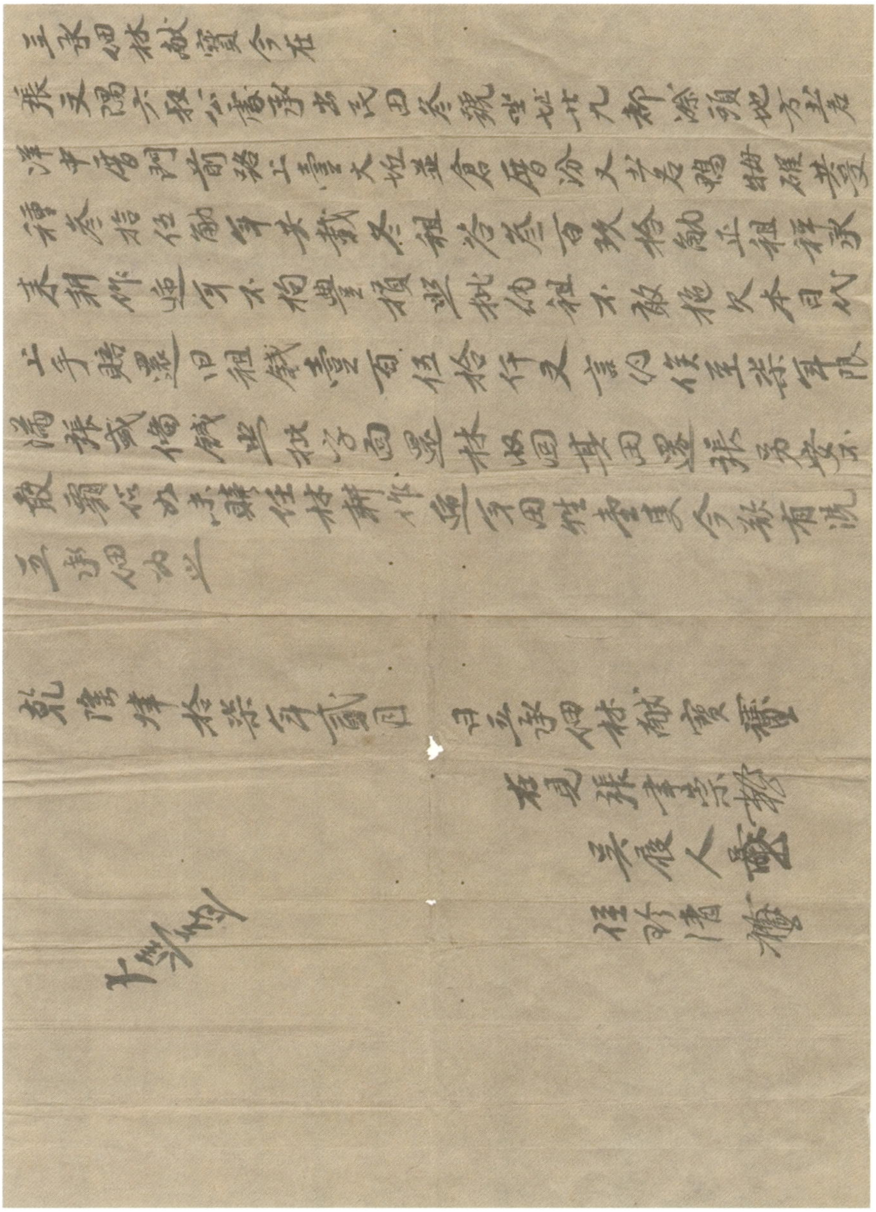
立承佃林獻寶今在
張天賜六股內承出民田壹號，坐址廿九都漈頭地方，土名
洋中厝門前路上壹大坵，並倉屋壹座，計大小三坵，受種
種子壹斗，載租谷壹百斤。今將承佃耕種，每年
成耕作造有年不拘豐歉，挑送納租，不敢拖欠。本田以
上手贌還佃租錢壹佰陸拾仟文，言約後至某年限
滿，張或備錢，照依字面還林，將田退還張家，永
不敢霸佔。如林要贌，任林耕作，退字回付。今欲有憑，
立承佃字為照。

乾隆肆拾柒年貳月　日立承佃林獻寶（押）
在見張秉彥（押）
吳應人（押）
代筆任所清（押）

大吉利

7-1-25-3　清乾隆四十七年二月林獻寶立承佃民田字

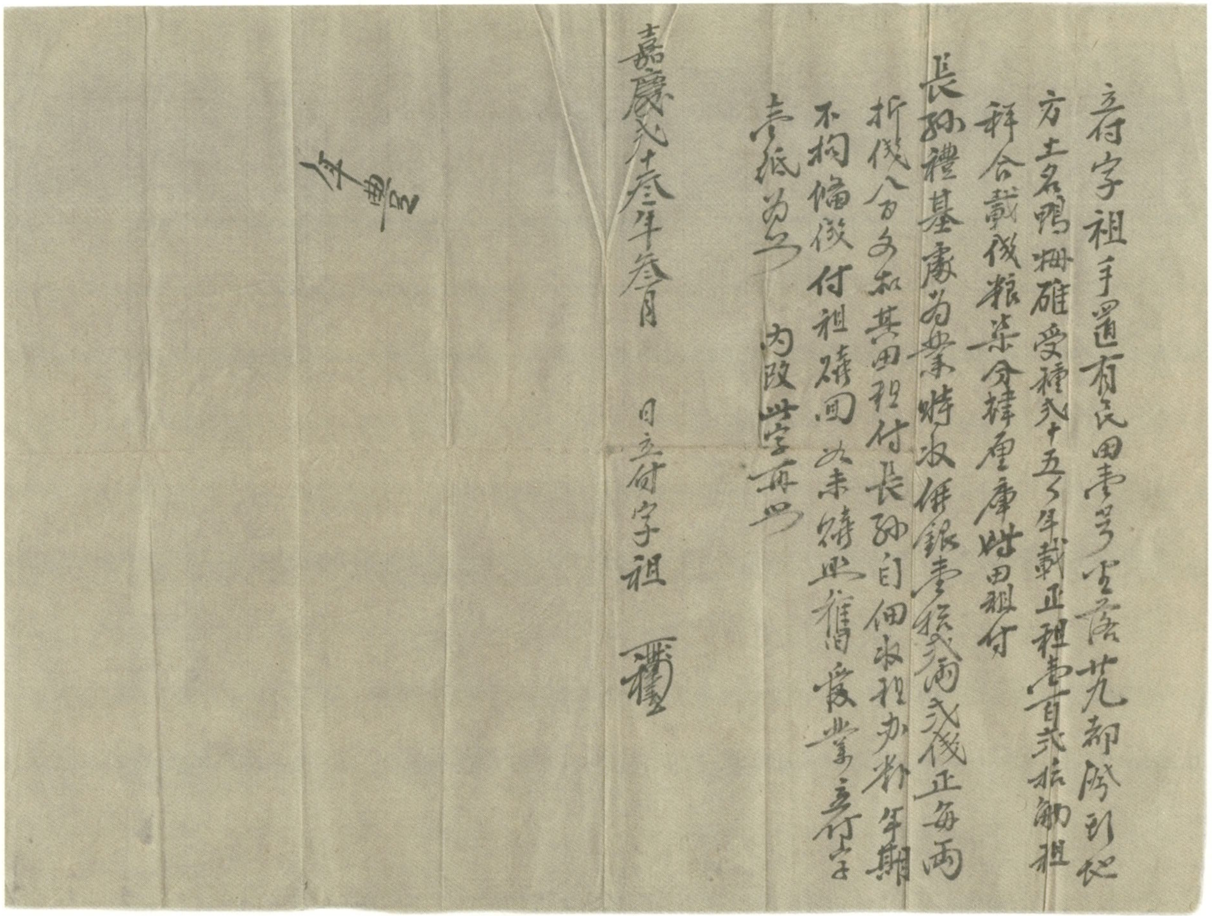

7-1-25-4　清嘉慶二十三年三月林景登立付田租字

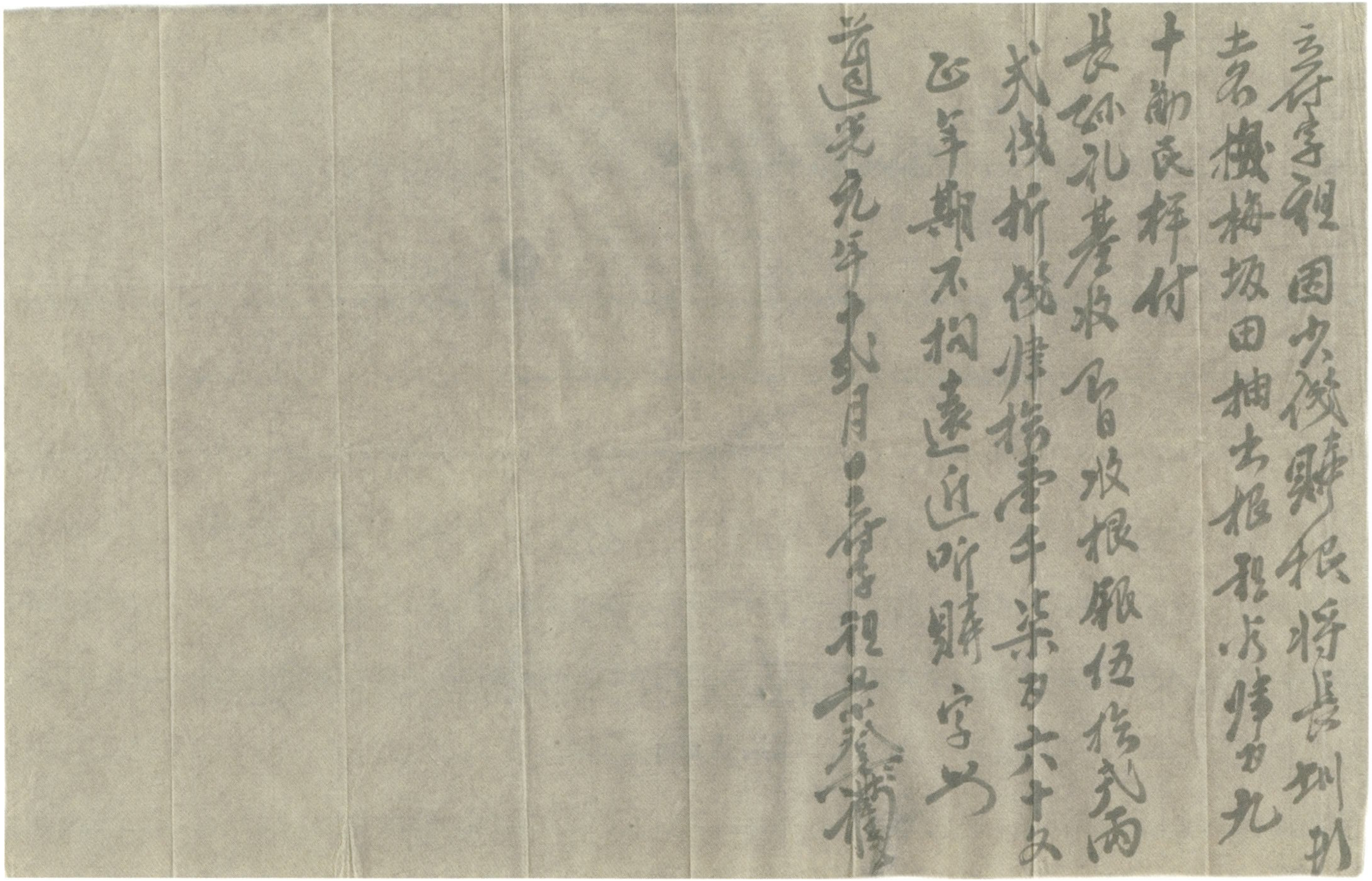

立付字祖因少錢費根將長圳扑墘檄梅坂田抽出根租米肆拾九十觔民秤付長孫礼基收，當日收根銀伍拾貳兩式錢折錢肆拾壹千柒百六十文正。年期不拘遠近听贖，字炤。

道光元年十二月　日立付字祖林景登

7-1-25-5　清道光元年十二月林景登立付根租字

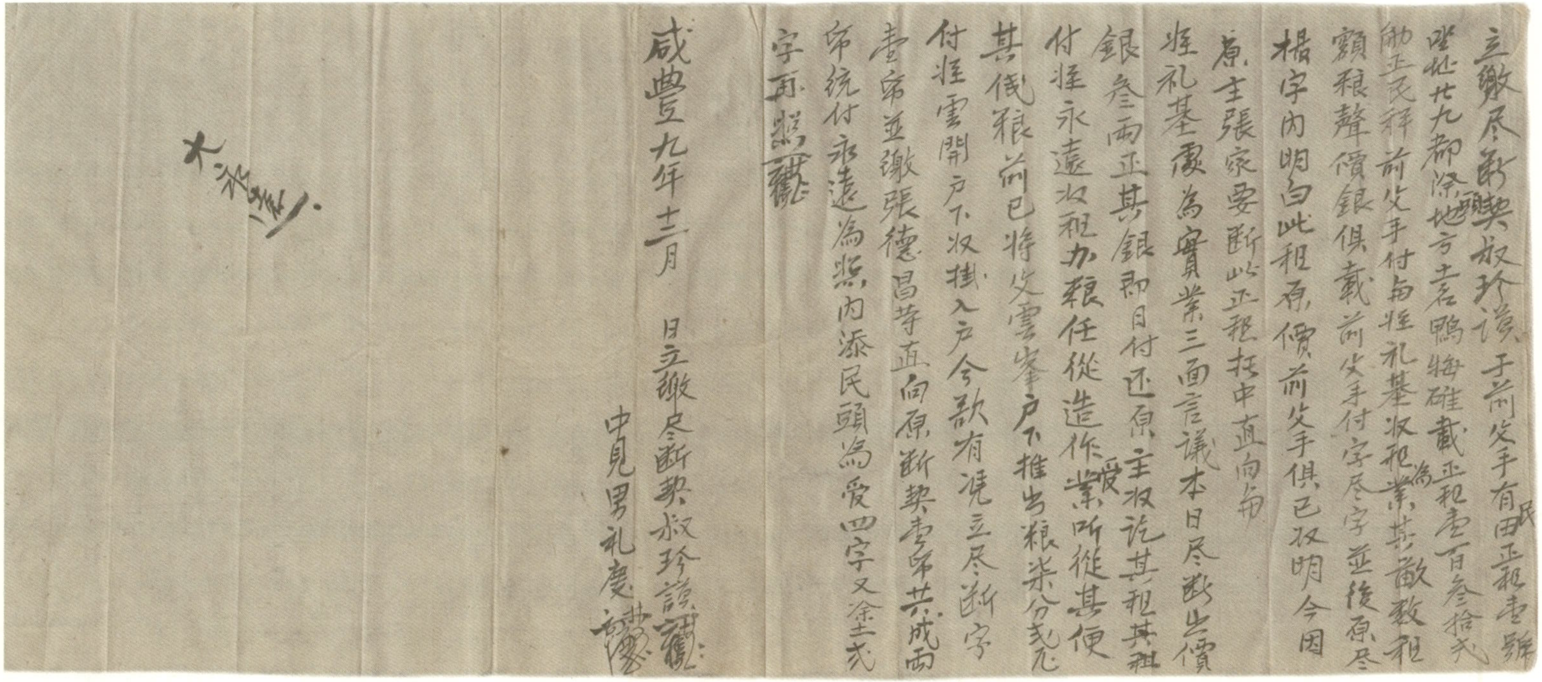
立繳盡斷契叔珍謨，于前父手有民田正租壹號，
坐址廿九都淡地方土名鴨母碓，載正租壹百叁拾弍
觔正，民科前父手付與侄礼基為收租業，其畝數租
額、粮聲、價銀俱載前父手付字、盡字並後原盡
根字內明白。此租原價前父手俱已收明，今因
原主張家要斷此正租，托中直向與
侄礼基處為實業，三面言議本日盡斷出價
銀叁兩正，其銀即日付还原主收訖，其租其
付侄永遠收租办粮，任從造作愛業，听從其便。
其粮前已將父雲峯戶下推出粮柒分弍几
付侄雲開戶下收掛入戶。今欲有凭，立盡斷字
壹帋，並繳張德昌等直向原斷契壹帋，共成兩
帋，統付永遠為照。內添民、頭、為、愛四字，又塗壹弍
字再照。
咸豐九年十二月　日立繳盡斷契叔珍謨（押）
中見男礼慶（押）

7-1-25-6　清咸豐九年十二月林珍謨立繳盡斷民田正租契

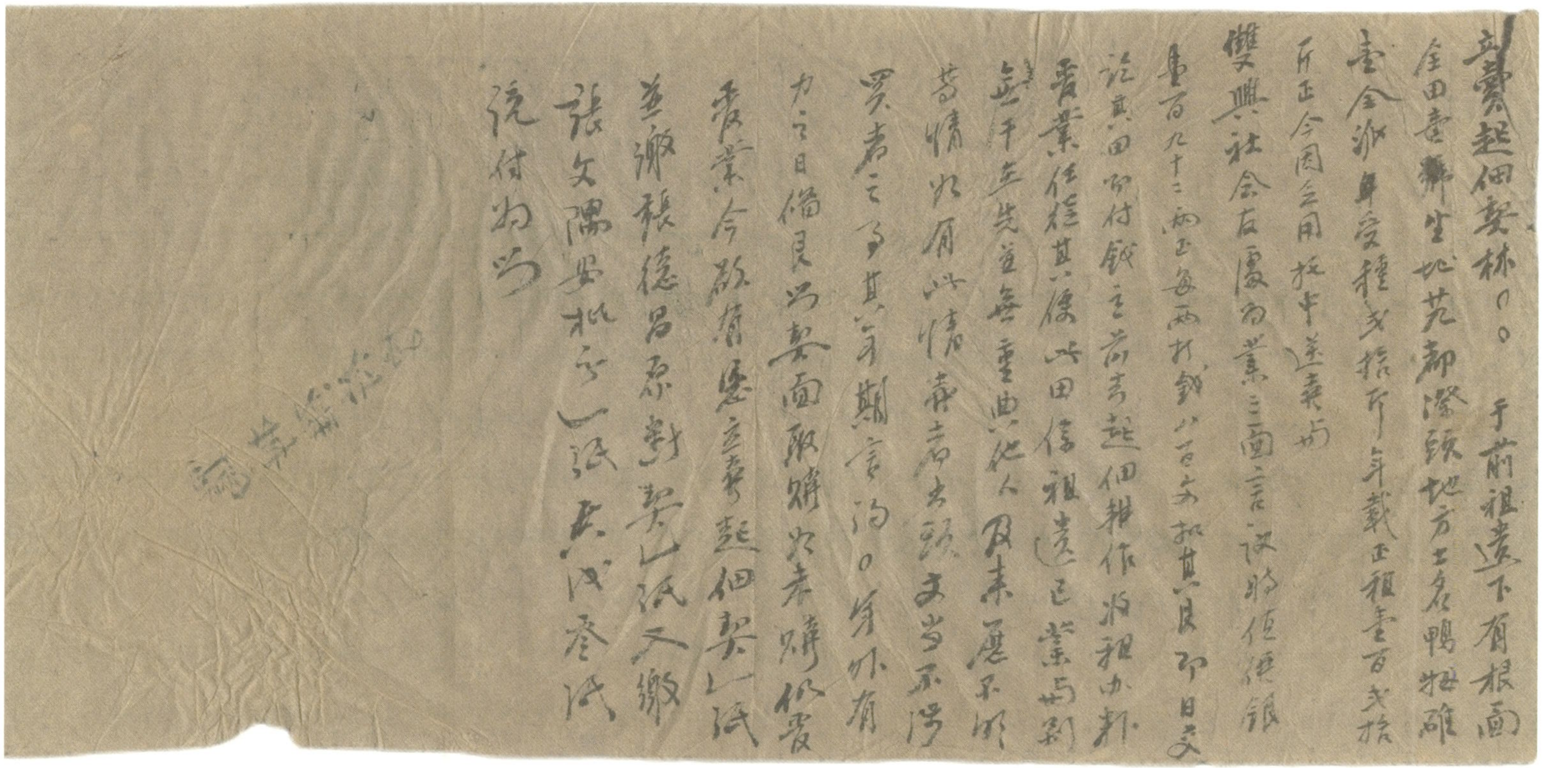
立賣起佃契林○○，手前祖遺下有根面
全田壹號，坐址本鄉漈頭地方，土名鴨母碓
壹全，派身受種貳拾斤，年載正租壹百弍拾
斤正。今因無用，托中送去與
雙興社會存處為業，三面言議時值價銀
壹百九十二兩正，每兩折錢八百文，其銀即日交
訖，其田即付錢主前去起佃耕作，將租交納
為業，任從其便。此田係祖遺己業，與別
無干，並無重典他人，及未歷不明
等情，如有此情，賣者出頭支當，不涉
買者之事。其業期言四〇年外，有
力之日，備足契面取贖，如未贖，仍買
賣業。今欲有憑，立賣起佃契一紙，
並繳張德呂原對契一紙，又繳
張文陽安批字一紙，共成參紙，
統付為照。

7-1-25-7　林氏立賣起佃根面全田契（年代不詳，草契）

7-1-26-1　包契紙

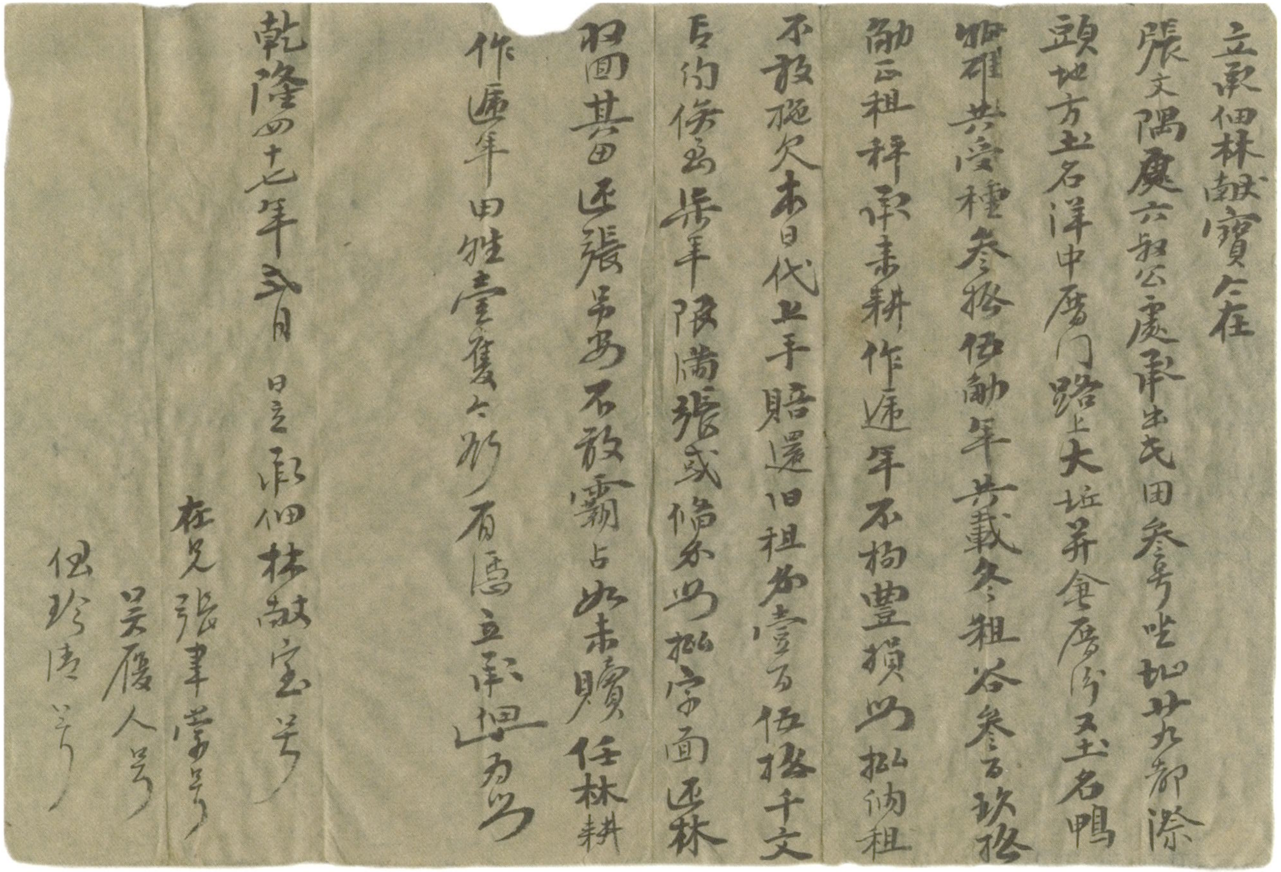
立承佃林獻寶今在
張文隅處承出屯田叁號，坐址廿九都漈
頭地方，土名洋中厝門路上大坵并倉厝后，又土名鴨
姆坪，共受種叁拾伍觔，年共載冬租谷叁石玖拾
觔正租秤。承去耕作，逐年不拘豐損，照批納租，
不敢拖欠。本日代出手賠還旧租銀壹百伍拾千文
正，約係至本年限滿，張或偹出照批字面還林
贖回其田還張，林不敢霸占；如未贖，任林耕
作逐年。田雉壹隻，七折。有憑，立承佃字為照。
乾隆四十七年二月　日立承佃林獻寶（押）
在見　張聿嘗（押）
吳履人（押）
伍玲清（押）

7-1-26-2　清乾隆四十七年二月林獻寶立承佃屯田字

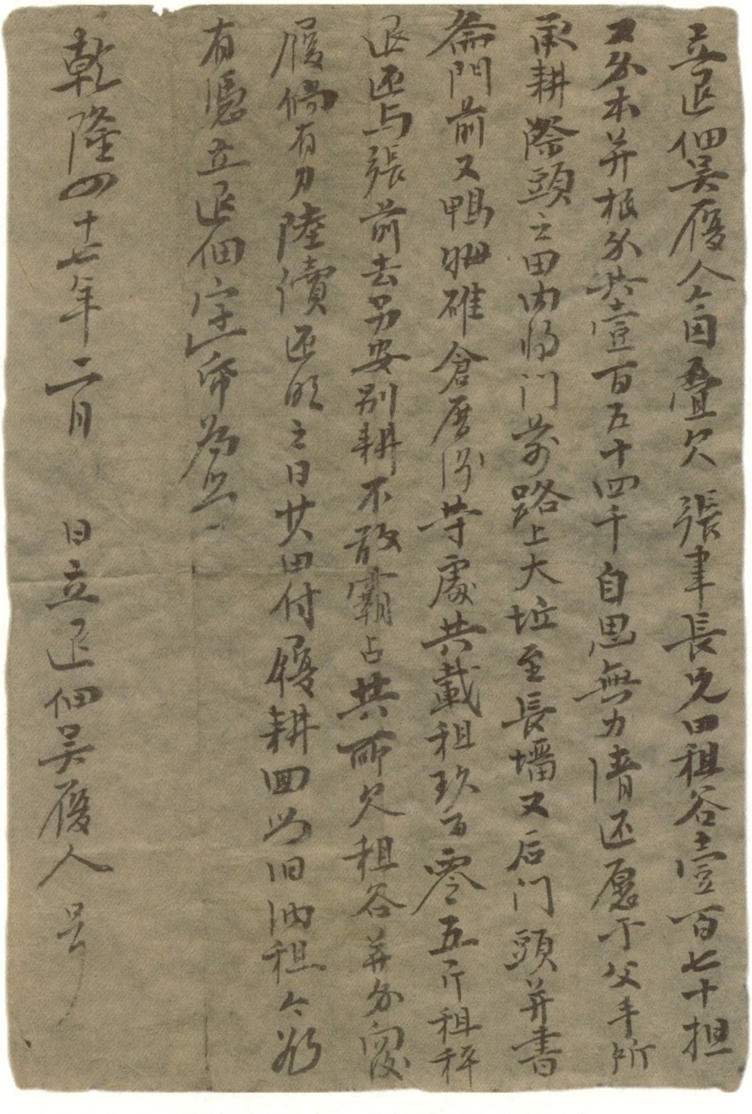
立退佃吴履人，今因叠欠張聿長兄田租谷壹百七十担
五分，本并利共壹百五十四千，自思無力償还，愿將父手所
承耕溪頭之田，内將门前路上大垅至長墙又后门頭并書
斋門前又鴨𡷊碓倉厝仔等處，共載租玖石零五斤，租秤
退还与張前去另安别耕，不敢霸占。其所欠租谷并分[illegible]
履備有力陸續还明之日，其田付履耕回，以旧納租[illegible]
有憑，立退佃字為照。
乾隆四十七年二月　日立退佃吴履人　号

7-1-26-3　清乾隆四十七年二月吴履人立退佃田字

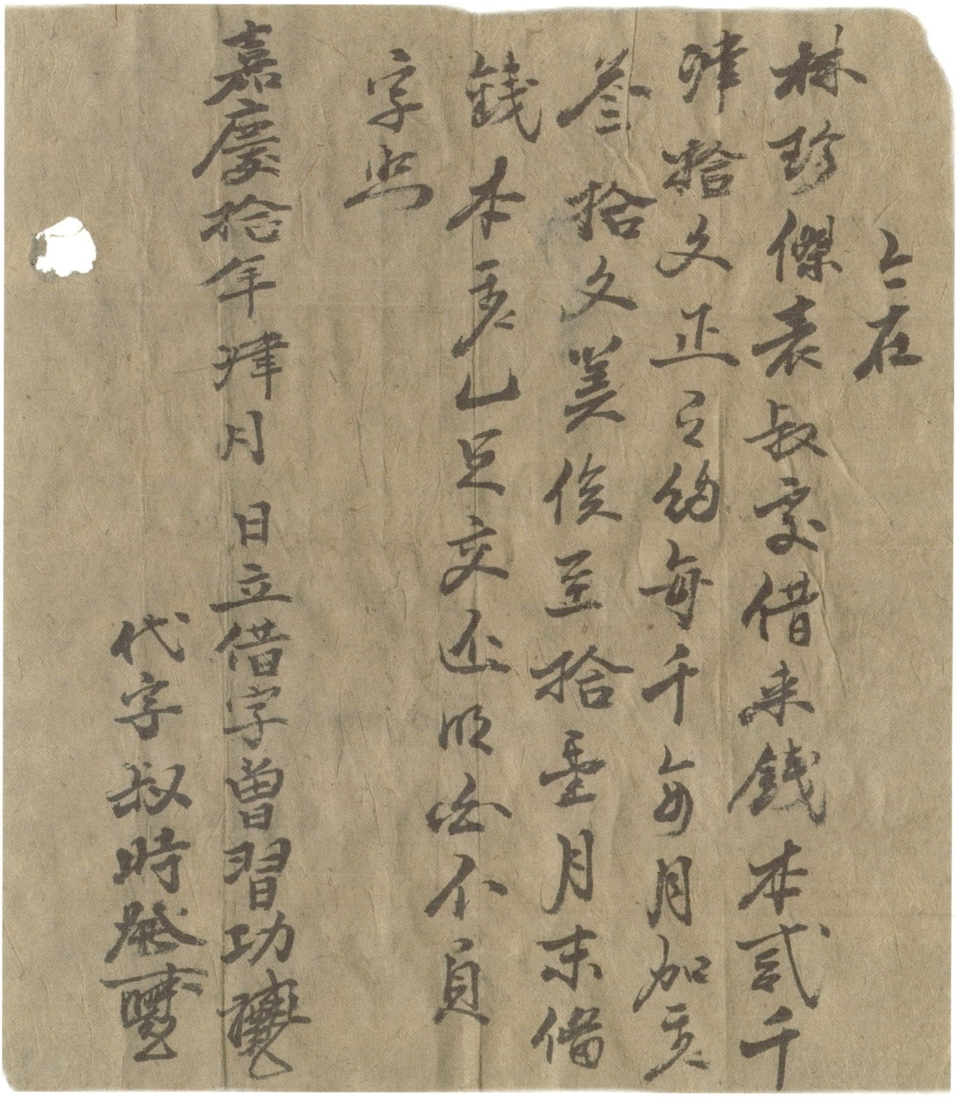

今在
林珍傑表叔處借來錢本貳千
肆拾文正，言約每千每月加息
叁拾文算，候至拾壹月末備
錢本息一足交還，明白不負，
字照。
嘉慶拾年肆月　日立借字曾習功（押）
代字叔時燦（押）

7-1-26-4　清嘉慶十年四月曾習功立借錢字

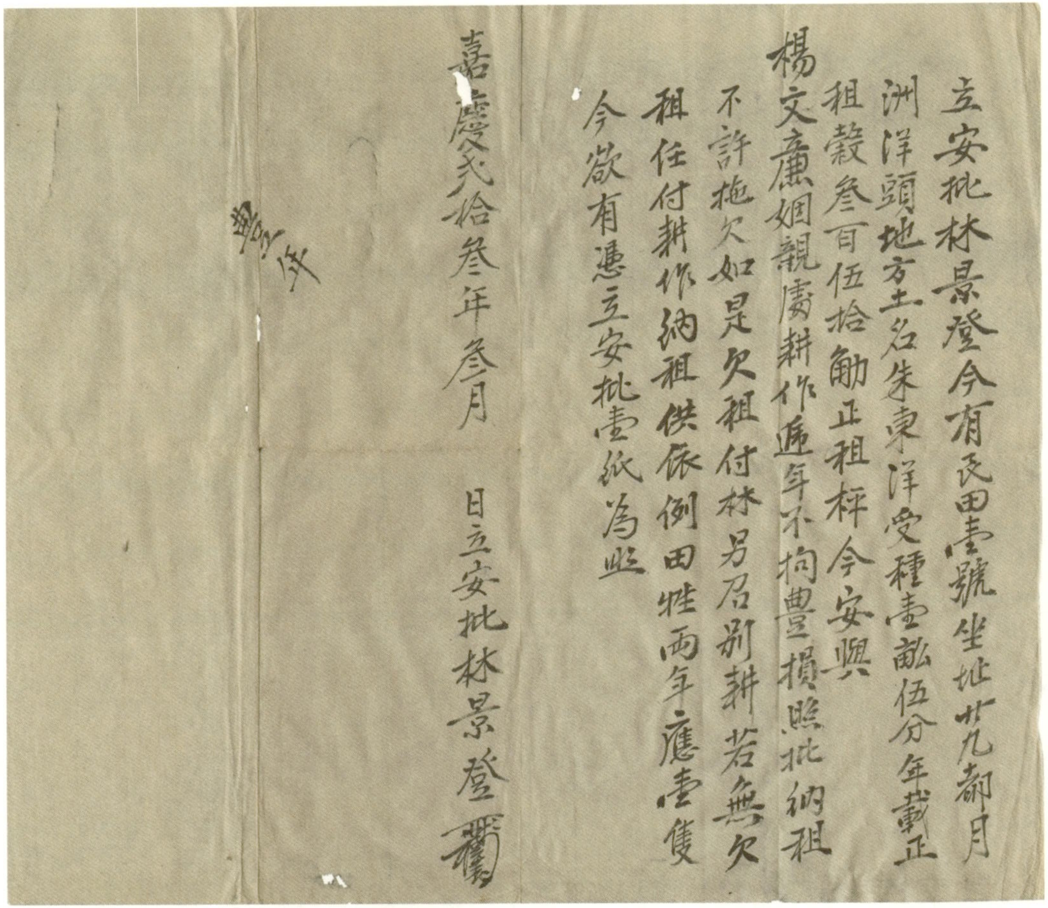

立安批林景登今有民田壹號坐址廿九都月
洲洋頭地方土名朱東洋受種壹畝伍分年載正
租穀叁百伍拾觔正租秤今安與
楊文廉姻親處耕作遞年不拘豐損照批納租
不許拖欠如是欠租付林另召别耕若無欠
租任付耕作納租供依倒田牲兩年應壹隻
今欲有憑立安批壹紙為照

嘉慶弍拾叁年叁月　日立安批林景登

豐俟

7-1-26-5　清嘉慶二十三年三月林景登立安批民田字

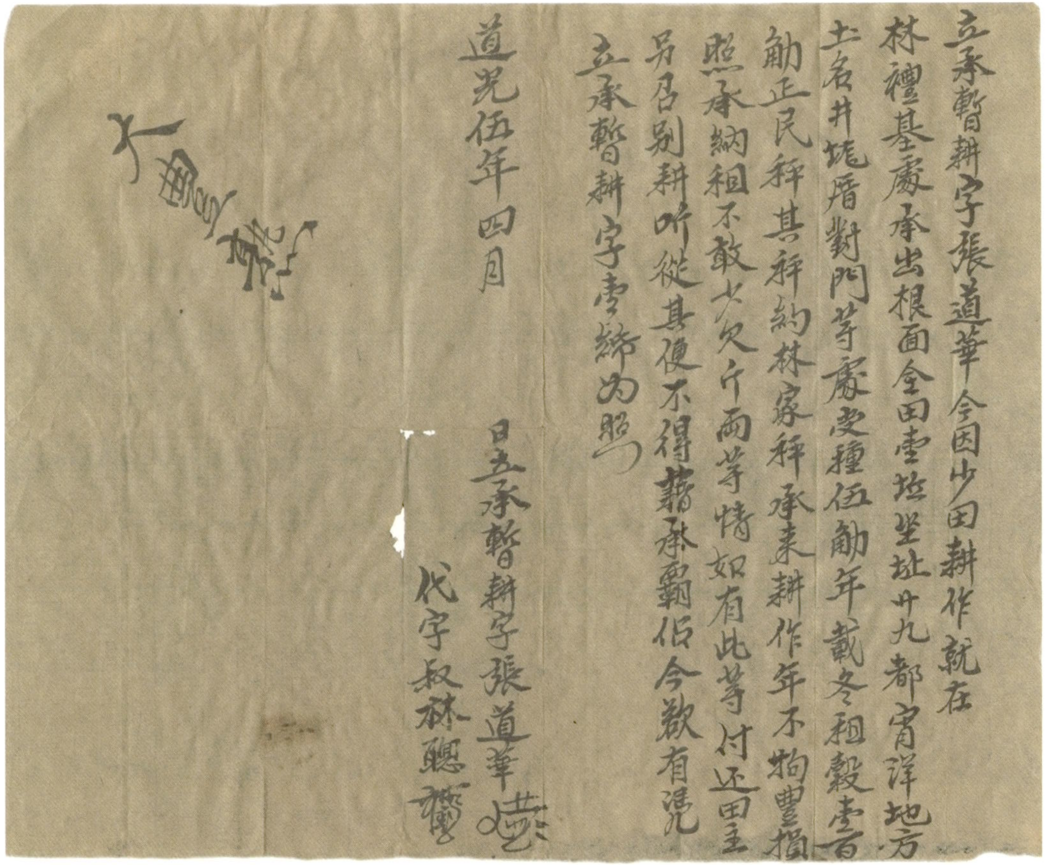

立承暫耕字張道華今因少田耕作就在
林禮基處承出根面全田壹坵坐址廿九都宵洋地方
土名井坵厝對門等處受種伍斛年載冬租穀壹石
斛正民秤其秤約林家秤承耒耕作年不拘豐損
照承納租不敢欠欠斤兩等情如有此等付还田主
另召別耕聽從其便不得藉承霸佔今欲有憑
立承暫耕字壹紙為照

日立承暫耕字張道華（押）
代字叔林聰（押）

道光伍年四月

[illegible]

7-1-26-6　清道光五年四月張道華立承暫耕根面全田字

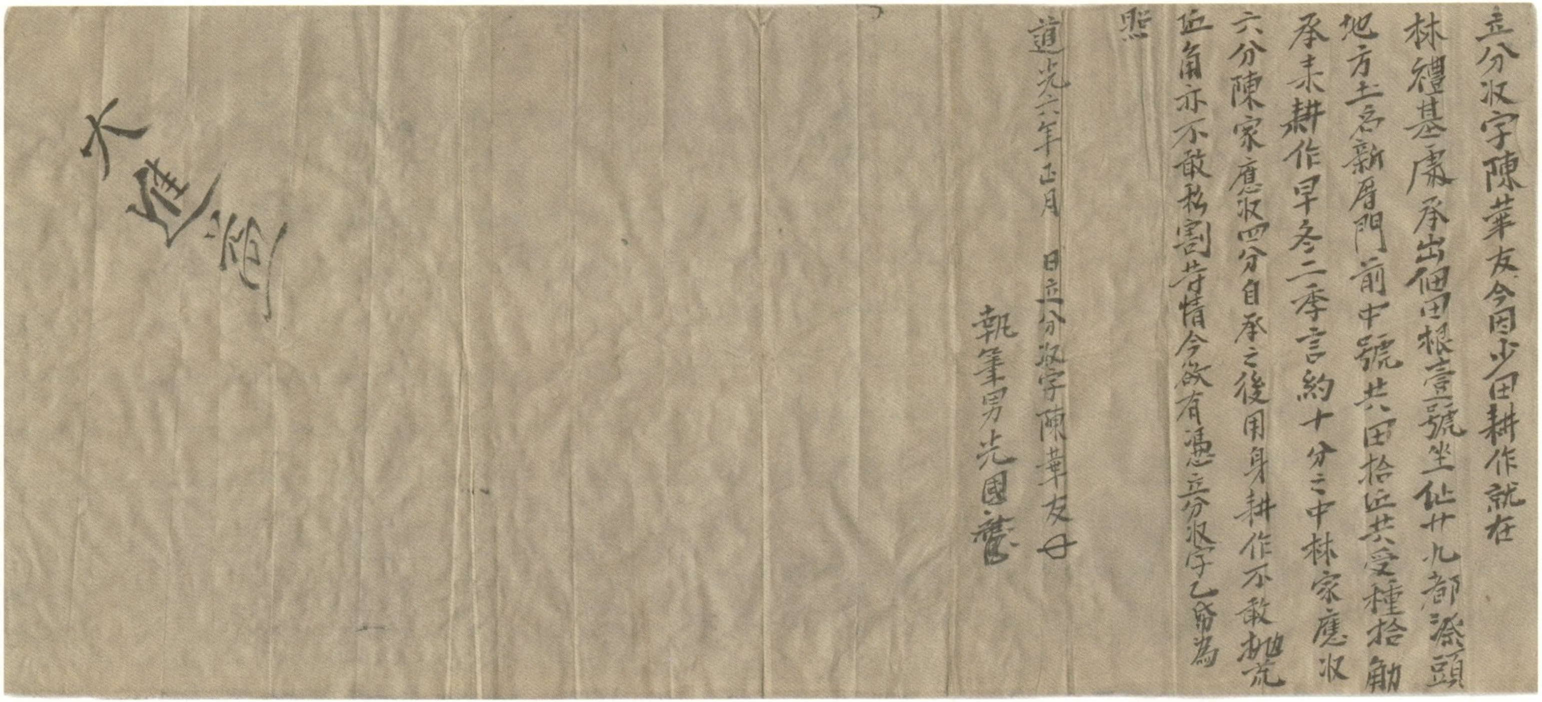
立分收字陳華友，今因少田耕作，就在
林禮基、康承出佃田根壹號，坐址廿九都溪頭
地方土名新厝門前中號，共田拾丘，共受種拾觔，
承來耕作早冬二季，言約十分之中林家應收
六分，陳家應收四分。自承之後，用身耕作，不敢拋荒
丘角，亦不敢私割等情。今欲有憑，立分收字乙紙為
照。
道光六年正月　日立分收字陳華友（押）
執筆男光團（押）

7-1-26-7　清道光六年正月陳華友立分收田租字

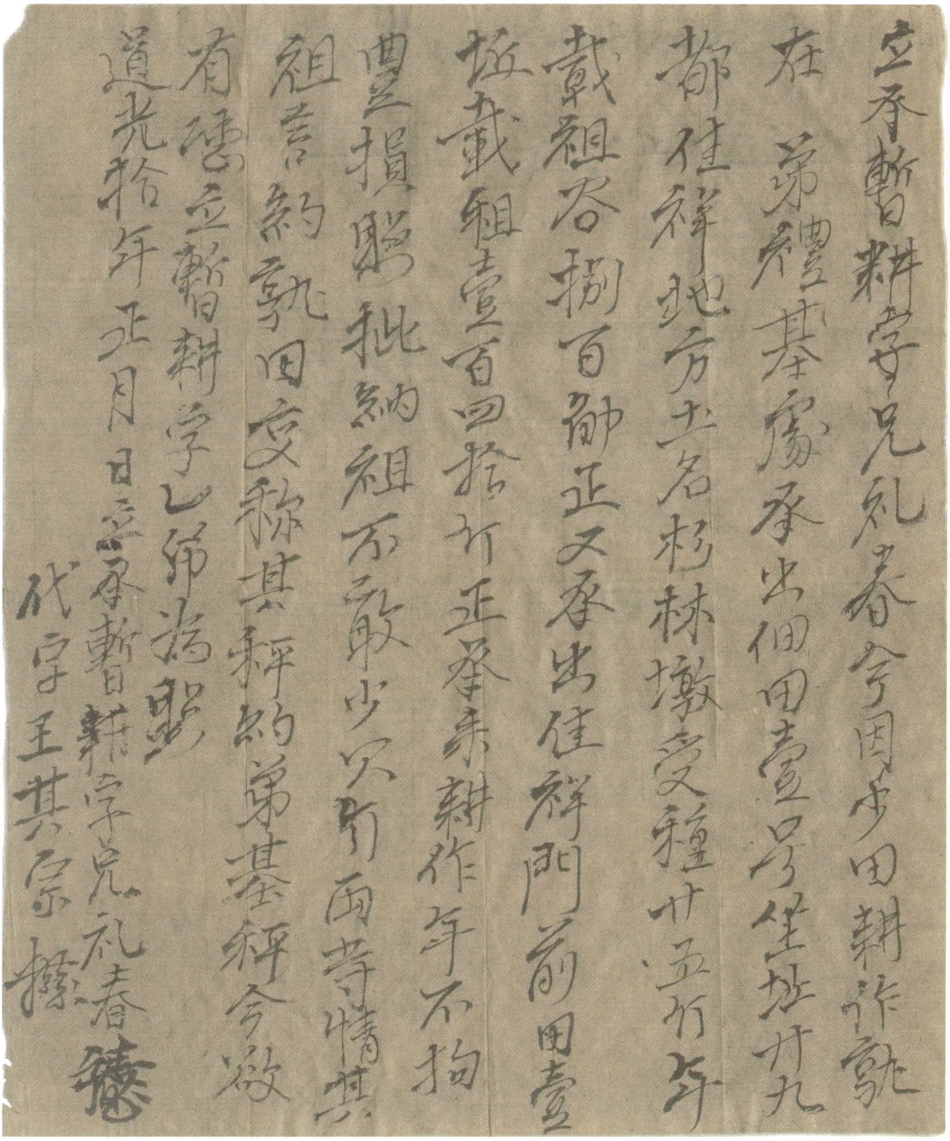
立承暫耕字兄礼春今因乏田耕作，就
在弟禮基處承出佃田壹号，坐址廿九
都住祥地方，土名杉林墩，受種廿五斤，年
載租谷捌百斛正；又承出住祥門前田壹
址，載租壹百四拾斤正。承来耕作，年不拘
豐損，照批納租，不敢少欠斤兩等情。其
租言約就田交称，其秤約弟基秤。今欲
有憑，立暫耕字乙纸爲照。
道光拾年正月　日立承暫耕字兄礼春（押）
代字王其宗撰

7-1-26-8　清道光十年正月林礼春立承暫耕佃田字

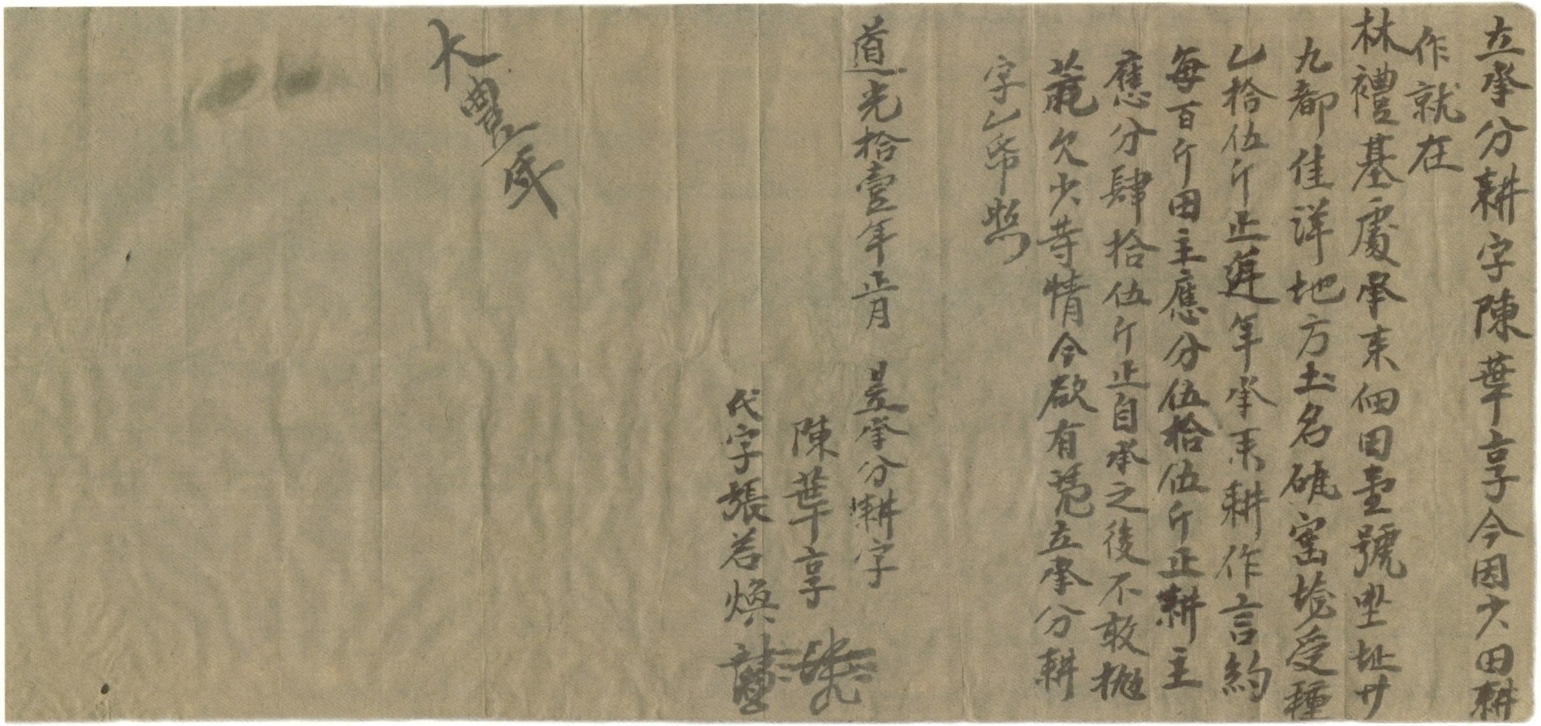
立承分耕字陳華享今因欠田耕
作就在
林禮基處承耒佃田壹號坐址廿
九都佳洋地方土名碓窟垅受種
山拾伍斤正遞年承耒耕作言約
每百斤田主應分伍拾伍斤正耕主
應分肆拾伍斤正自承之後不敢拋
荒欠少等情今欲有憑立承分耕
字山帋照
道光拾壹年正月　立承分耕字　陳華享
代字　張若煥
大豐收

7-1-26-9　清道光十一年正月陳華享立承分耕佃田字

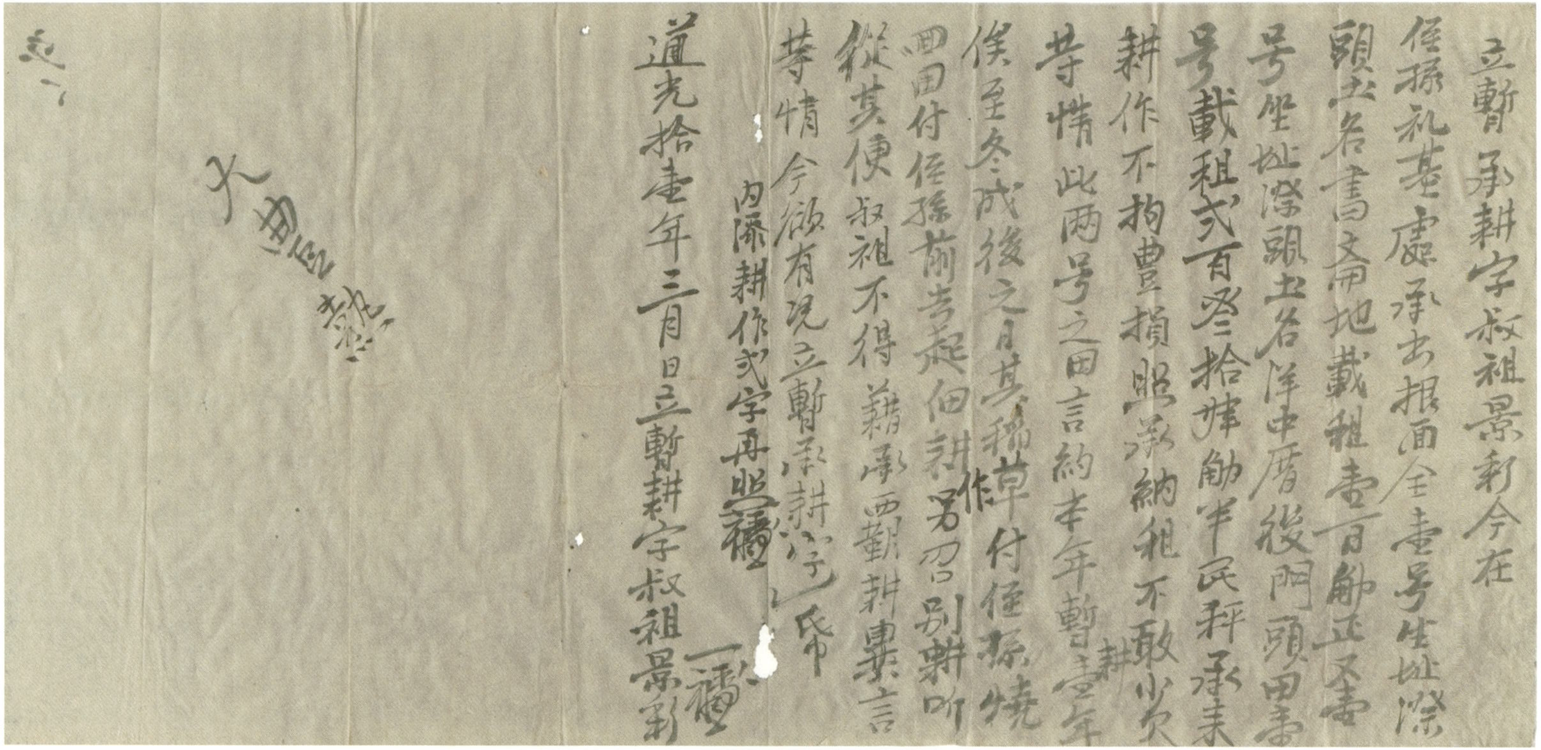
立暫承耕字叔祖景彩，今在
侄孫礼基處承出根面全壹号，坐址漈
頭土名書齋地，載租壹百觔正；又壹
号坐址漈頭土名洋中厝後門頭田壹
号，載租弍百叁拾肆觔半民秤。承耕
耕作，不拘豐損，照冡納租，不敢少欠。
其情此兩号之田，言約本年暫耕壹年，
候至冬成後之日，其田稻草付侄孫燒
田，田付侄孫前去起佃耕作，另召別耕，聽
從其便，叔祖不得藉端刁難耕業言
等情。今欲有憑，立暫承耕字一紙，
内添耕作弍字再照。
道光拾壹年三月　日立暫耕字叔祖景彩（押）

7-1-26-10　清道光十一年三月林景彩立暫承耕根面全田字

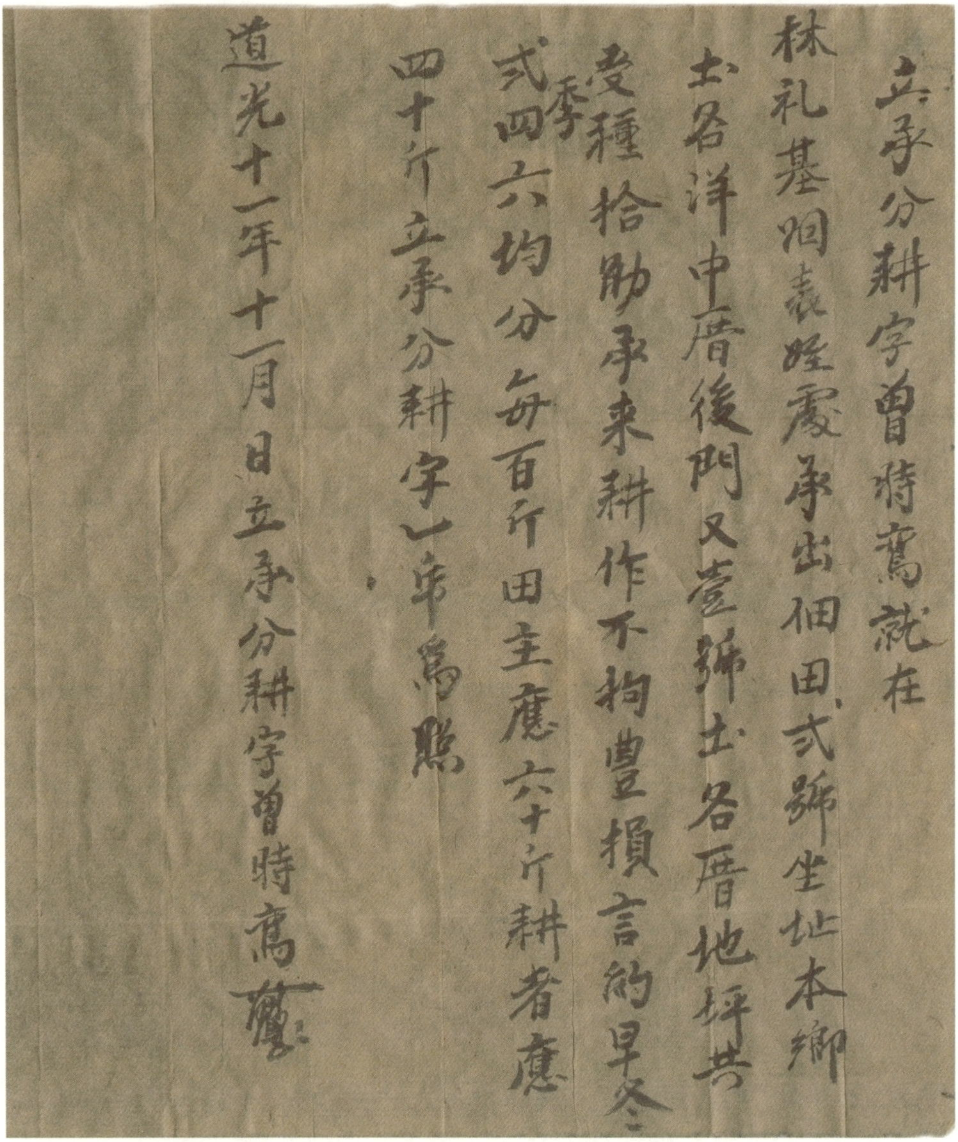
立承分耕字曾時鳶就在
林礼基姻袁姓處承出佃田式號坐址本鄉
土名洋中厝後門又壹號土名厝地坪共
受種拾勛承來耕作不拘豊損言約早冬
季式四六均分每百斤田主應六十斤耕者應
四十斤立承分耕字一帋為照
道光十一年十一月日立承分耕字曾時鳶（押）

7-1-26-11　清道光十一年十一月曾時鳶立承分耕佃田字

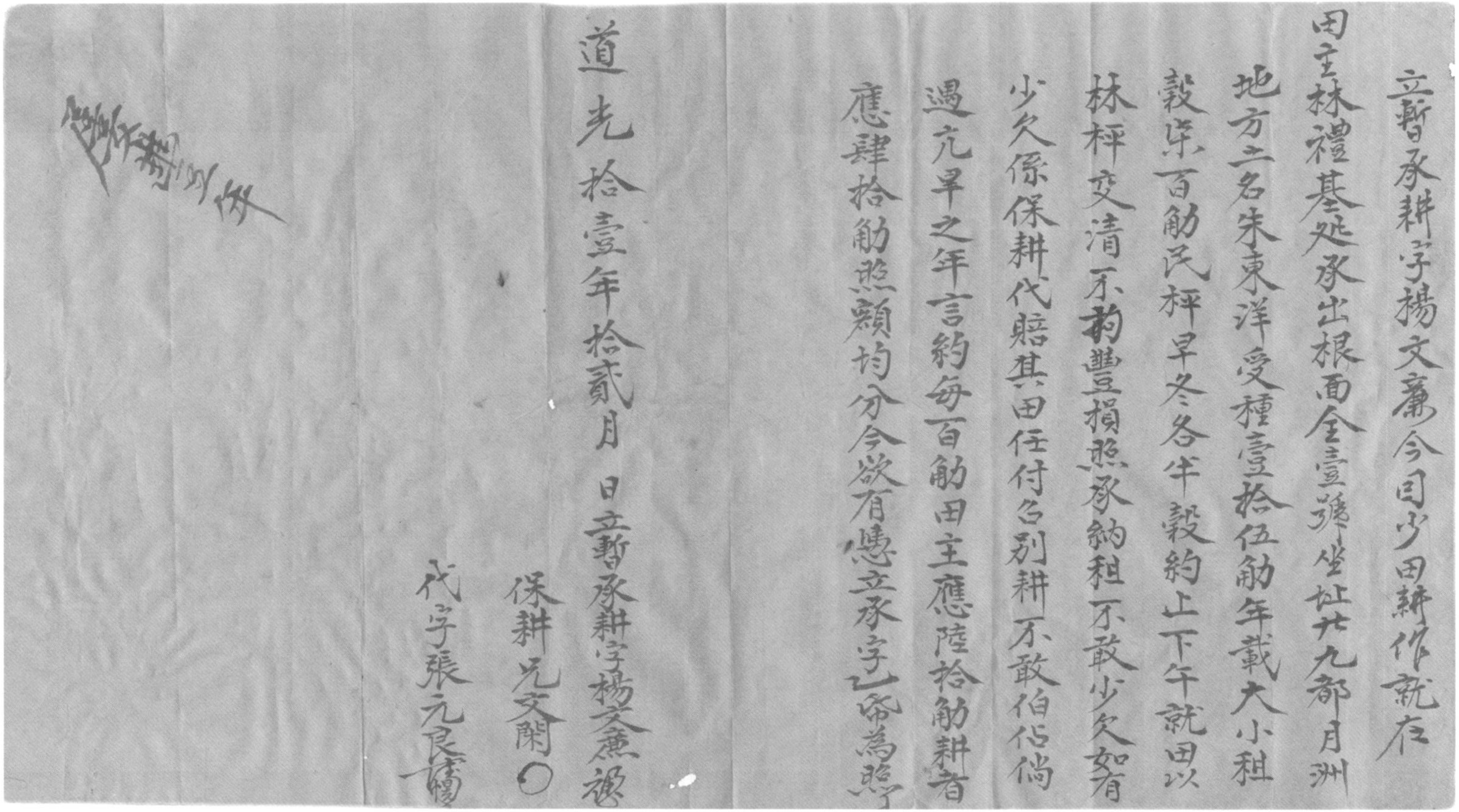
立暫承耕字楊文廉今因少田耕作就在
田主林禮基起承出根面全壹號坐址廿九都月洲
地方土名朱東洋受種壹拾伍觔年載大小租
穀涼百觔民秤早冬各半穀約上下午就田以
林秤交清不論豐損照承納租不敢少欠如有
少欠係保耕代賠其田任付召別耕不敢伯佔倘
遇亢旱之年言約每百觔田主應陸拾觔耕者
應肆拾觔照額均分今欲有憑立承字一紙為照
道光拾壹年拾貳月　日立暫承耕字楊文廉（押）
保耕元文開〇
代字張元良（押）

7-1-26-12　清道光十一年十二月楊文廉立暫承耕根面全田字

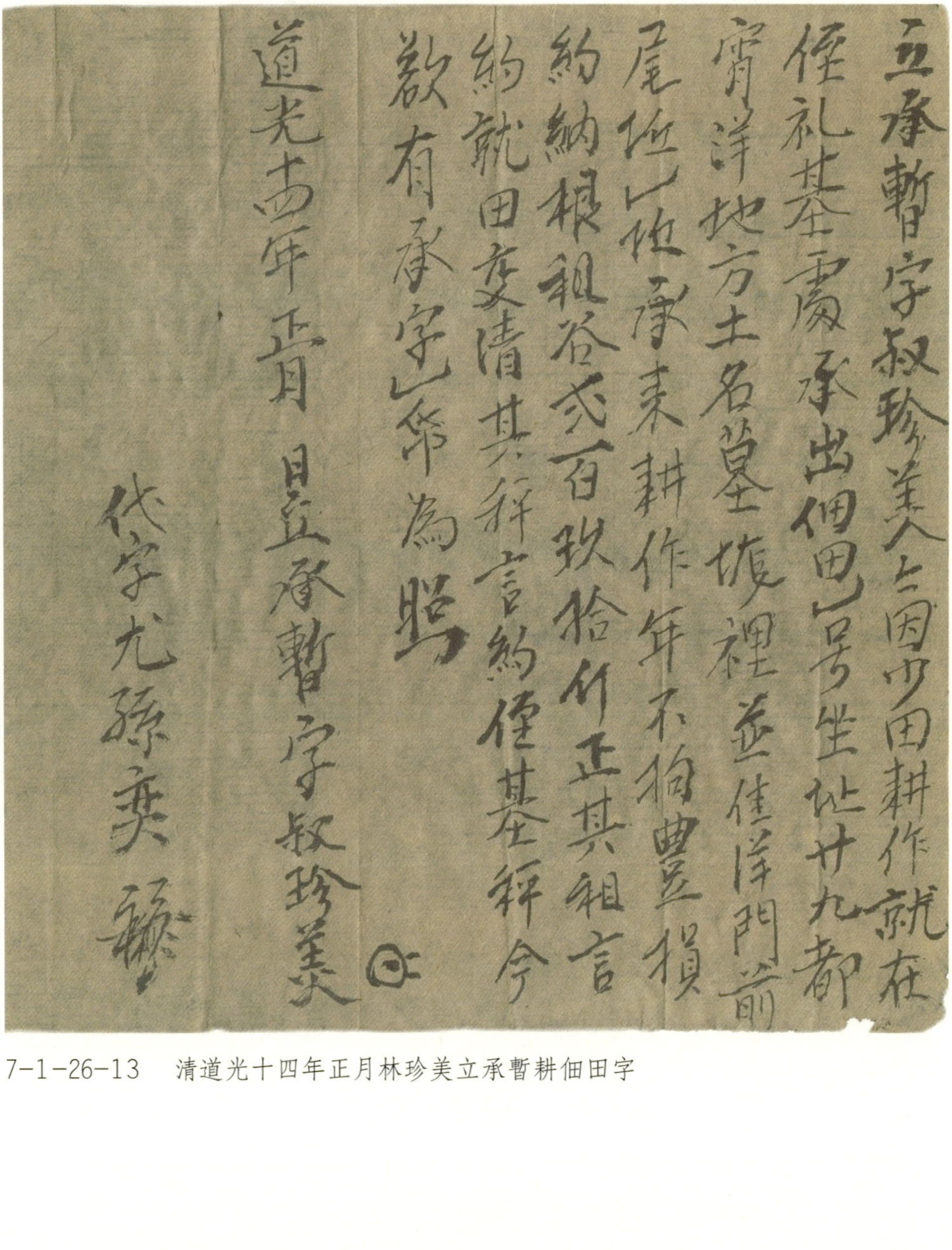
立承暫字叔珍美，今因少田耕作，就在
侄礼基處承出佃田一号，坐址廿九都
霄洋地方，土名墓墩裡，並佳洋門前
尾坵一坵，承来耕作，年不拘豐損，
約納根租谷弍百玖拾斤正，其租言
約就田交清，其秤言約侄基秤。今
欲有承，字一帋為照。
道光十四年正月　日立承暫字叔珍美
代字尤孫奕

7-1-26-13　清道光十四年正月林珍美立承暫耕佃田字

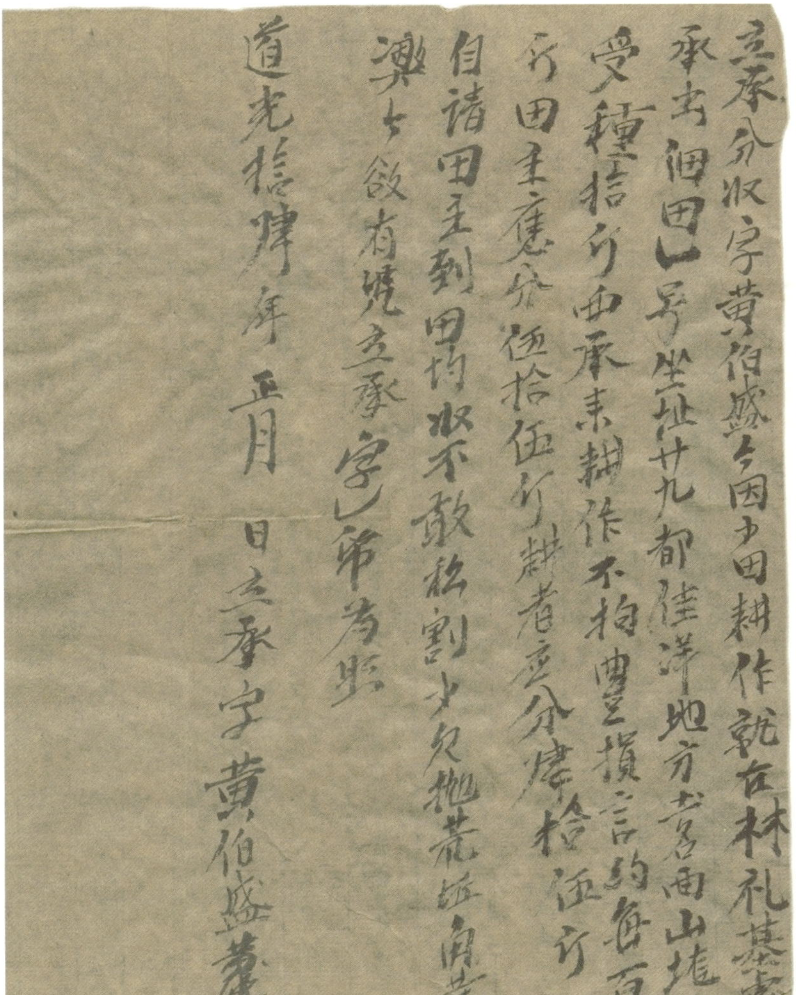

立承分收字黄伯盛今因少田耕作就在林礼基處
承出佃田乙号坐址廿九都陸洋地方土名西山垅
受種拾斤面承来耕作不拘豐歉言約每百
斤田主應分伍拾伍斤耕者應分肆拾伍斤
自請田主到田均收不敢私割少欠拋荒短內等
弊今欲有憑立承字乙帋為照
道光拾肆年正月　日立承字黄伯盛（押）

7-1-26-14　清道光十四年正月黃伯盛立承分收田租字

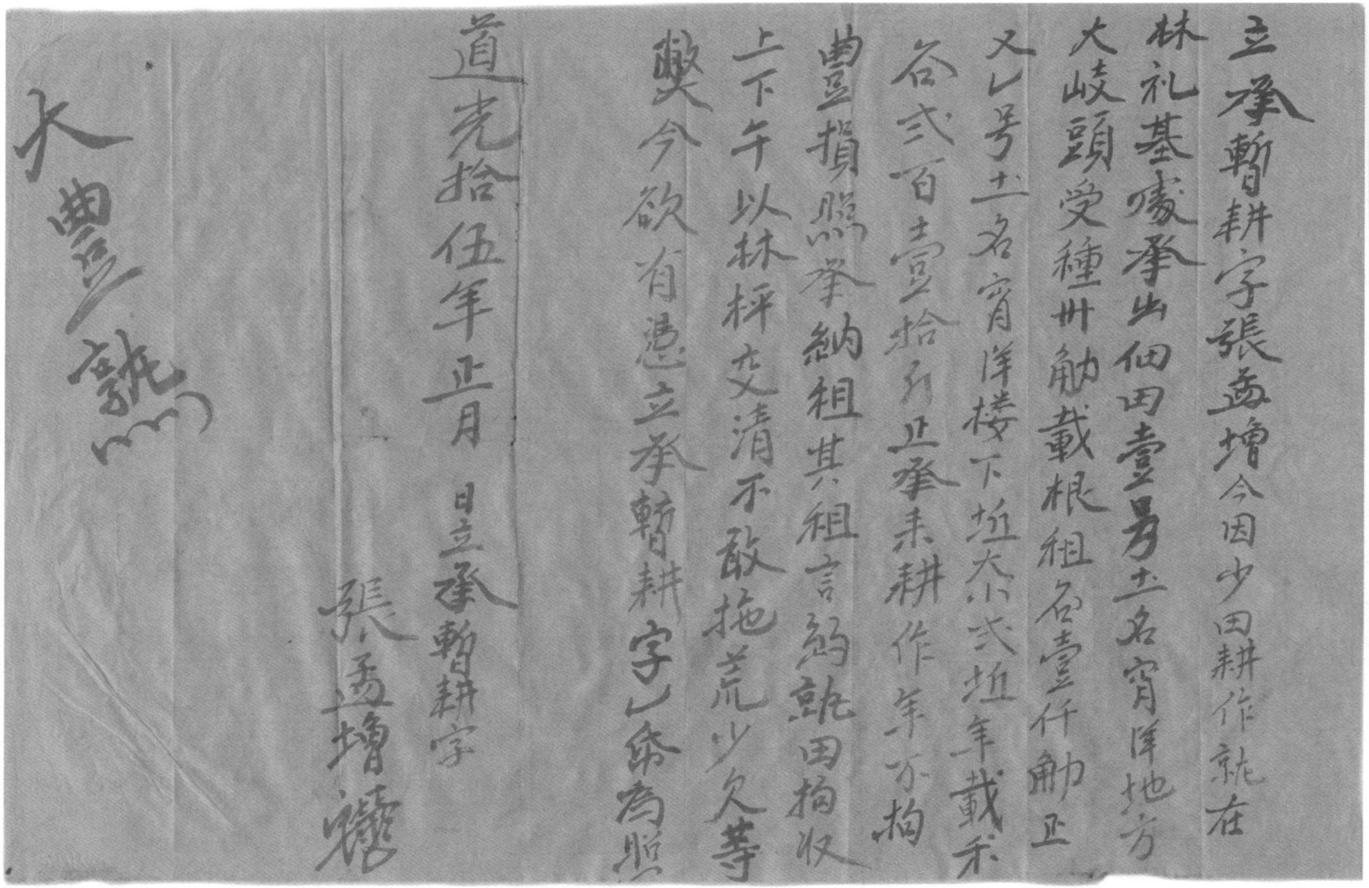

立承暫耕字張孟增今因少田耕作就在
林礼基處承出佃田壹号土名宵洋地方
大岐頭受種卅觔載根租谷壹仟觔正
又一号土名宵洋樓下坵大小弍坵年載禾
谷弍百壹拾斤正承来耕作年冬拘
豐損照斗納租其租言約就田拘收
上下午以林枰交清不敢拖荒少欠等
弊今欲有憑立承暫耕字一紙為照
道光拾伍年正月　日立承暫耕字
張孟增（押）
大豐號

7-1-26-15　清道光十五年正月張孟增立承暫耕佃田字

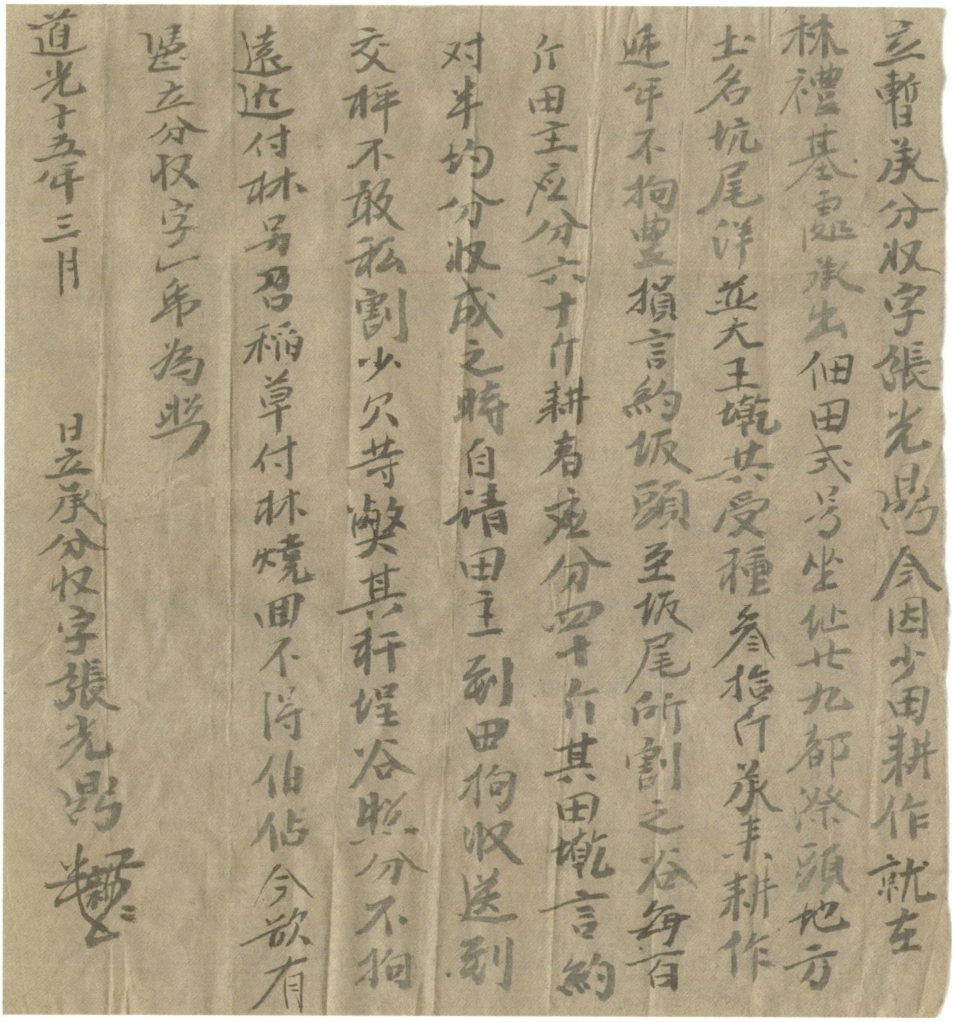
立暫承分收字張光鼎，今因少田耕作，就在
林禮基處贌出佃田弍号，坐址廿九都漈頭地方，
土名坑尾洋並大王墘，共受種叁拾斤，承去耕作。
逐年不拘豐損，言約坂頭至坂尾所割之谷，每百
斤田主應分六十斤，耕者應分四十斤，其田墘言約
对半均分。收成之時，自請田主到田拘收送到
交秤，不敢私割少欠等弊。其秆埕谷照分，不拘
遠近付林另召，稻草付林燒田，不得伯佔。今欲有
憑，立分收字一帋為照。
道光十五年三月　日立承分收字張光鼎（押）

7-1-26-16　清道光十五年三月張光鼎立暫承分收田租字

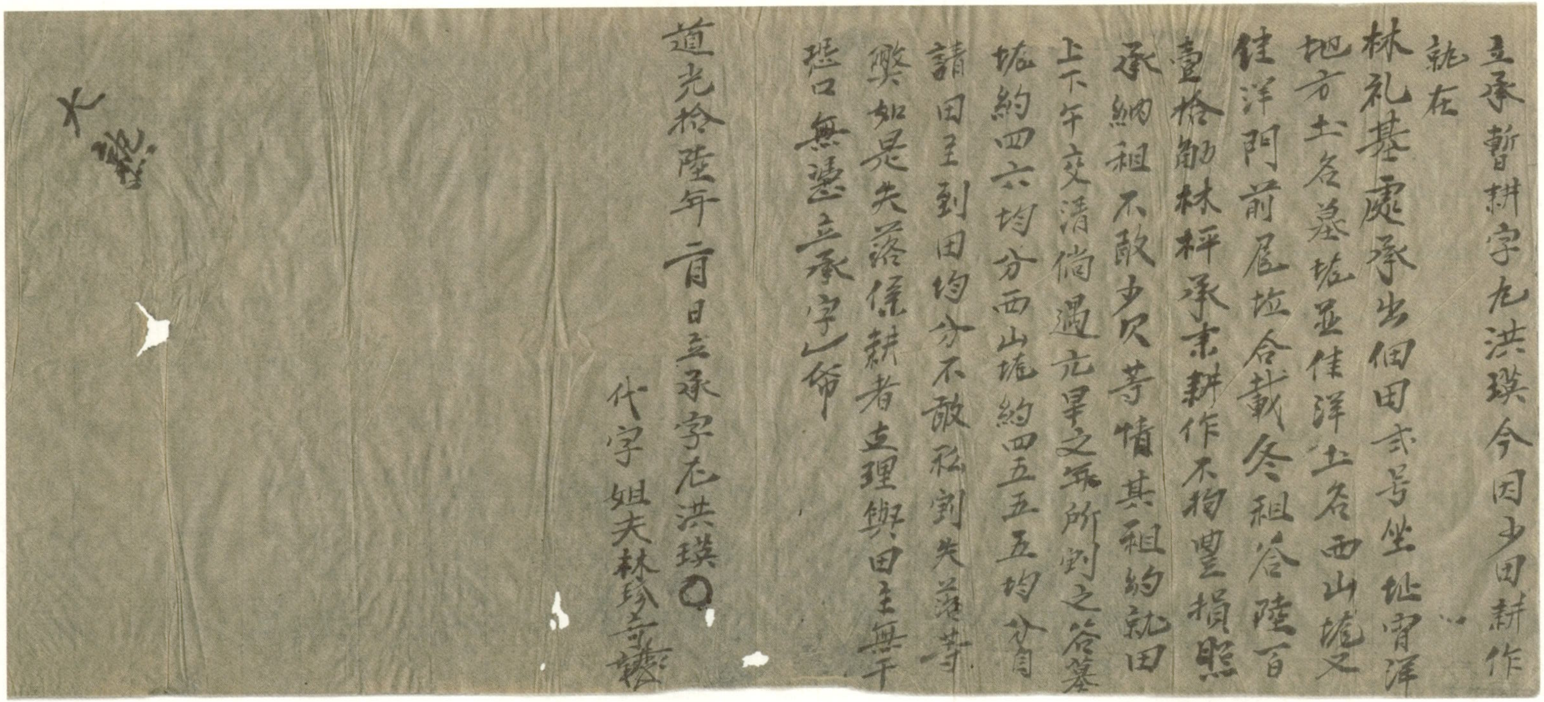

立承暫耕字尤洪瑛，今因乏田耕作，
就在
林礼基處承出佃田弍号，坐址宵洋
地方，土名墓坵，並佳洋，土名西山坵，又
鍾洋門前尾坵，合載冬租谷陸百
壹拾觔，林秤，承来耕作，不拘豐損，照
承納租，不敢少欠等情。其租約就田
上下午交清。倘遇亢旱之年，所割之谷，墓
坵約四六均分，西山坵約四五五五均分，有
請田主到田均分，不敢私割。失落等
弊，如是失落，係耕者支理，與田主無干。
恐口無憑，立承字一帋。

道光拾陸年二月　日立承字尤洪瑛○
代字　姐夫林珍奇

大發

7-1-26-17　清道光十六年二月尤洪瑛立承暫耕佃田字

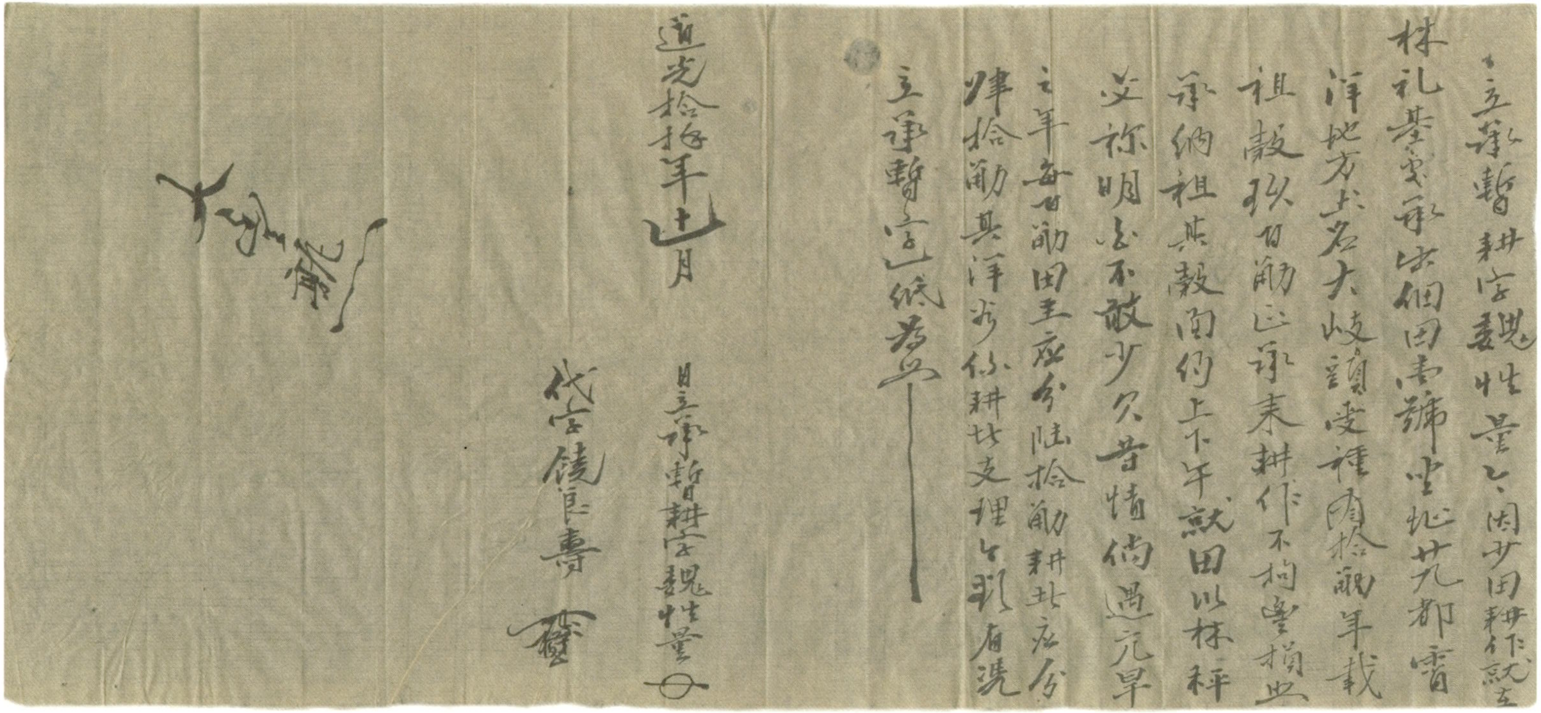
立承暫耕字魏性量，今因少田耕作，就在
林礼基處承出佃田壹號，坐址廿九都雷
洋地方，土名大岐頭，受種肆拾觔，年載
租穀拾伍觔正。承來耕作，不拘豐損，共
承納租共穀陸仍上下午駄田以林秤
交秤明白，不敢少欠。若倘遇亢旱
之年，每石觔田主應分陸拾觔，耕者應分
肆拾觔。其洋水係耕者支理。今欲有憑，
立承暫字一紙為照。

道光拾捌年十一月　日立承暫耕字魏性量（押）

代字饒良壽（押）

7-1-26-18　清道光十八年十一月魏性量立承暫耕佃田字

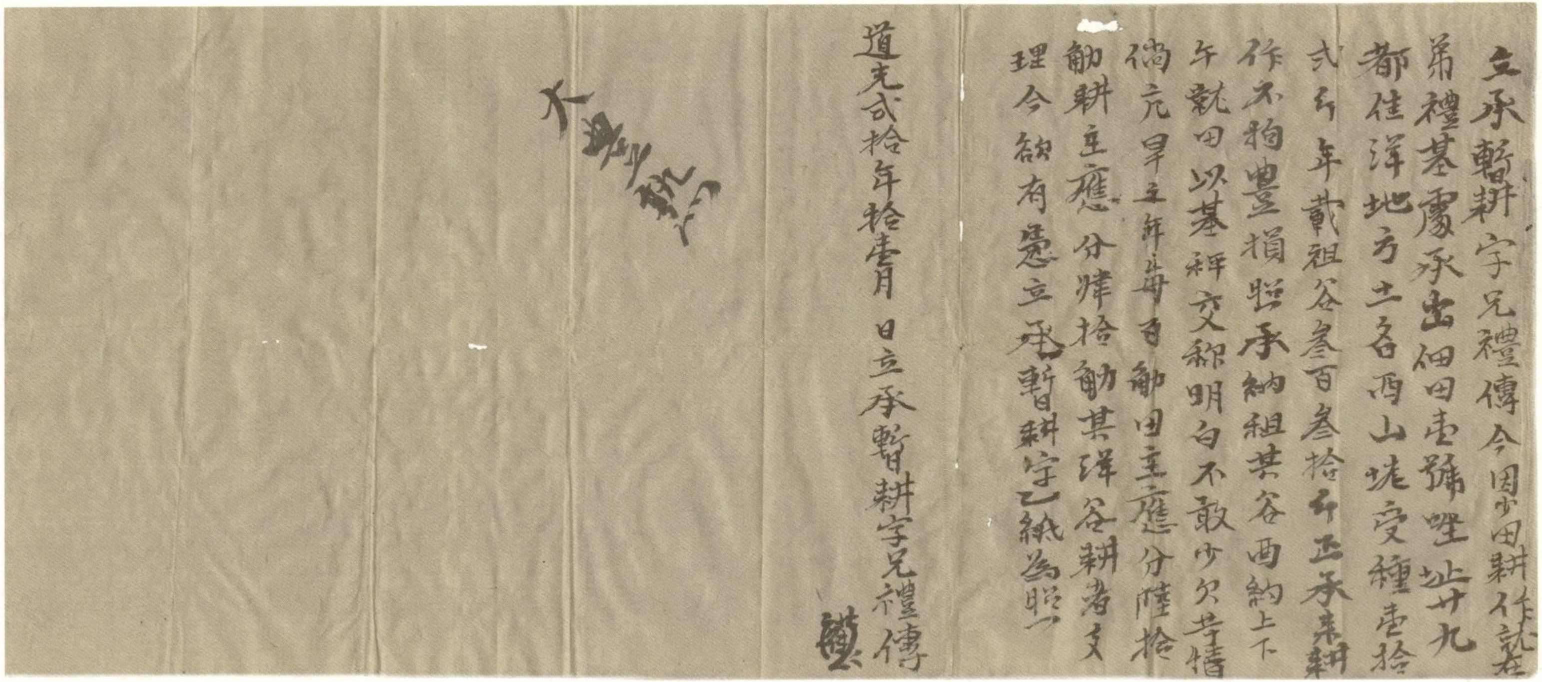
立承暫耕字兄禮傳，今因少田耕作，就在
弟禮基處承出佃田壹號，坐址廿九
都佳洋地方，土名西山垅，受種壹拾
弍斤，年載租谷叁百叁拾斤正，承來耕
作，不拘豐損，照承納租，其谷西約上下
午就田以基秤交稱明白，不敢少欠升合。
倘亢旱之年，每百觔田主應分陸拾
觔，耕主應分肆拾觔，其洋谷耕者交
理。今欲有憑，立承暫耕字乙紙為照。
道光弍拾年拾壹月　日立承暫耕字兄禮傳（押）

7-1-26-19　清道光二十年十一月林禮傳立承暫耕佃田字

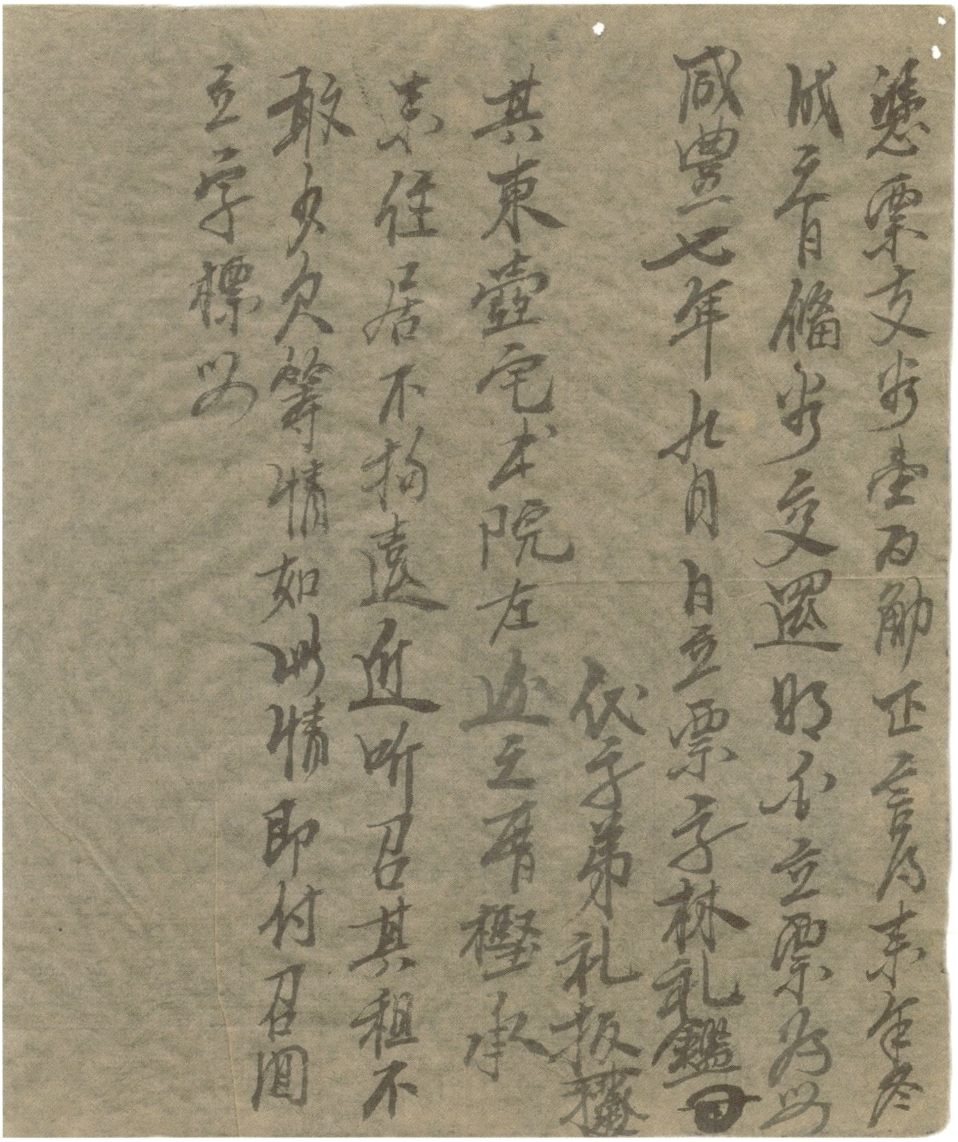

7-1-26-20　清咸豐七年九月林礼鑑立支穀憑票

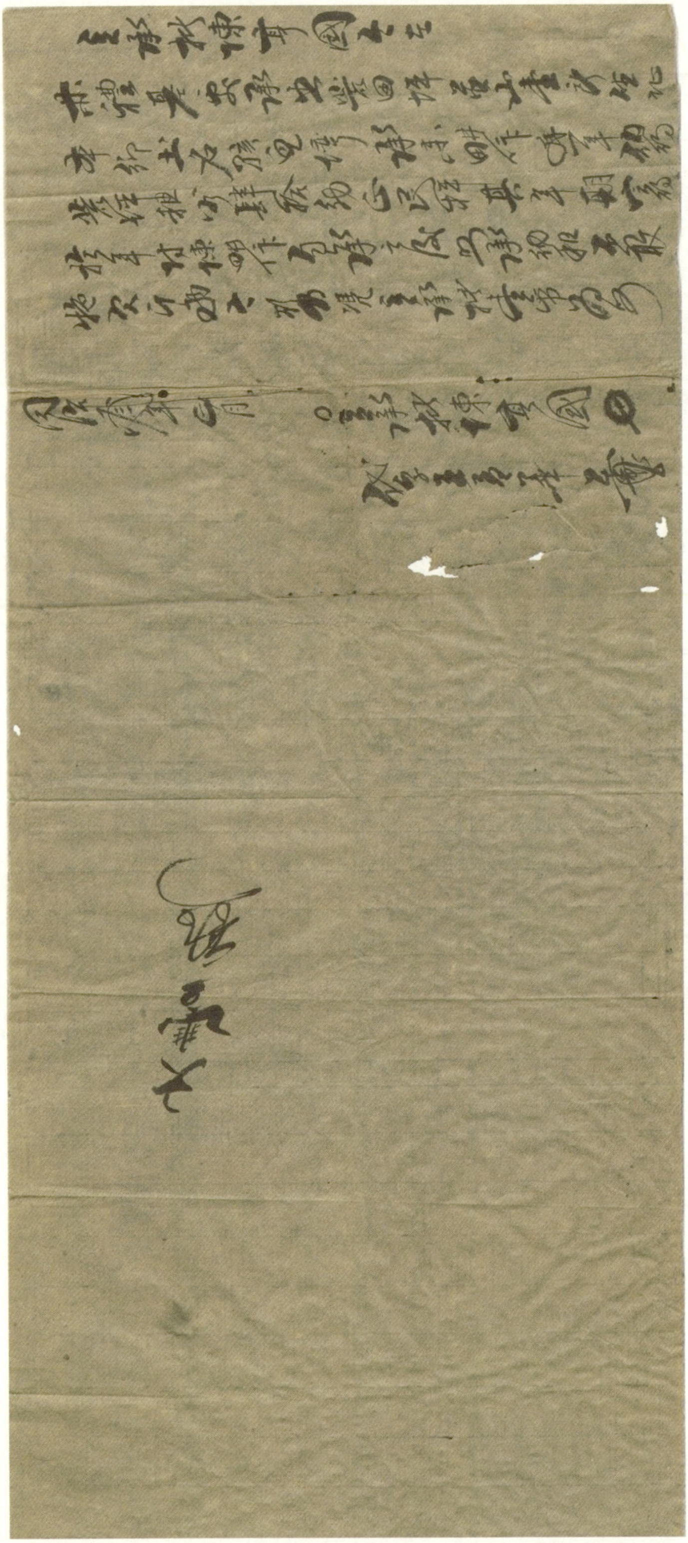

7-1-26-21　清同治三年正月陳亨國立承批荒田坪等字

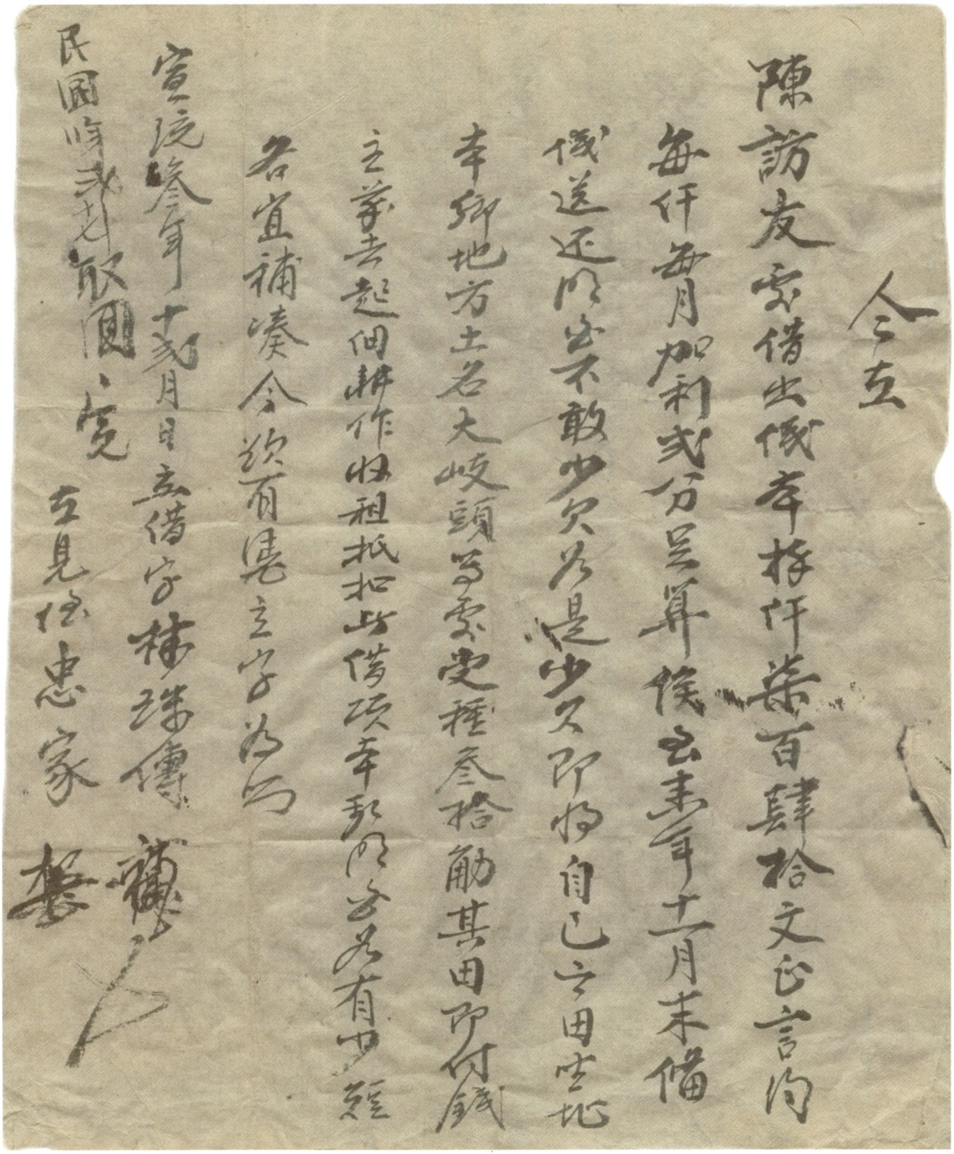

仝立
陳訪友處借出錢本捌仟叁百肆拾文正，言約每仟每月加利弍分足算，俟至来年十二月末備錢送还，不敢少欠。如是少欠，即將自己之田坐址本鄉地方土名大岐頭等處，受種叁拾觔，其田即付錢主掌去起佃耕作收租，抵扣此借項本利，如若有少短，各宜補湊。今欲有憑，立字為照。

宣統叁年十二月　日　立借字林珠傳（押）

民國肆年弍十七取回完

在見伯忠家（押）

7-1-26-22　清宣統三年十二月林珠傳立借錢字

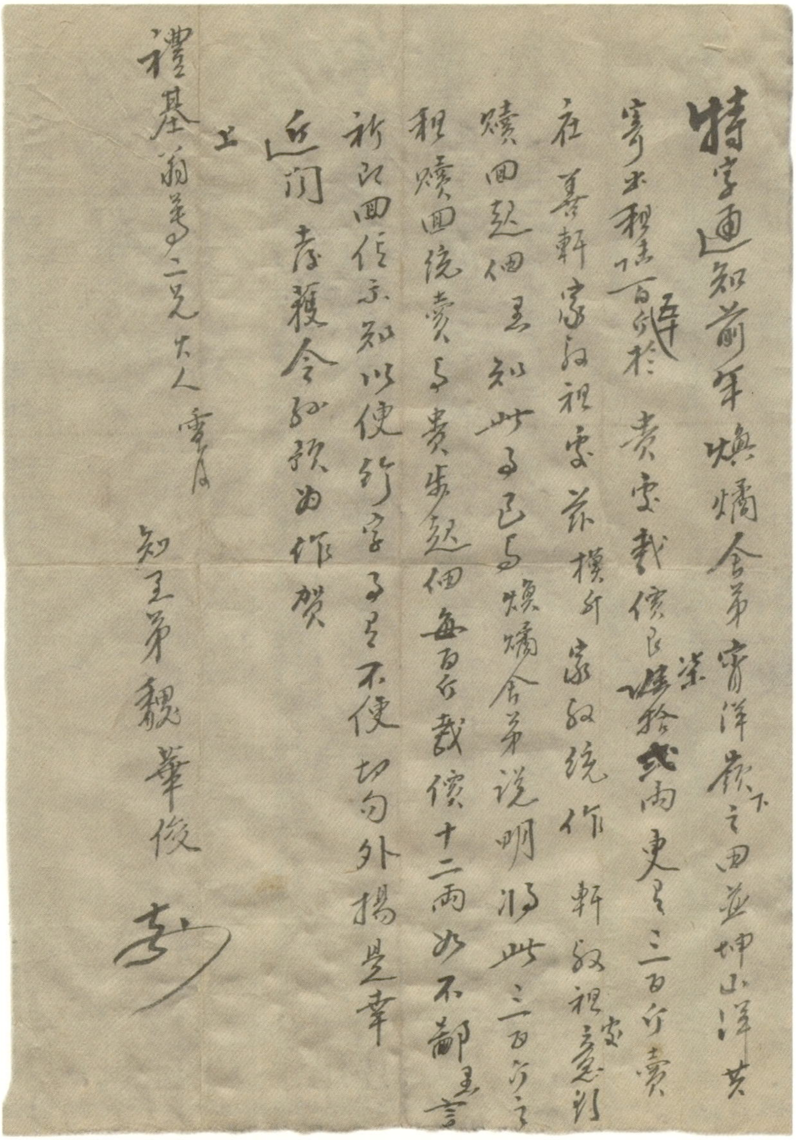

7-1-26-23　魏華俊致林禮基書信（年代不詳）

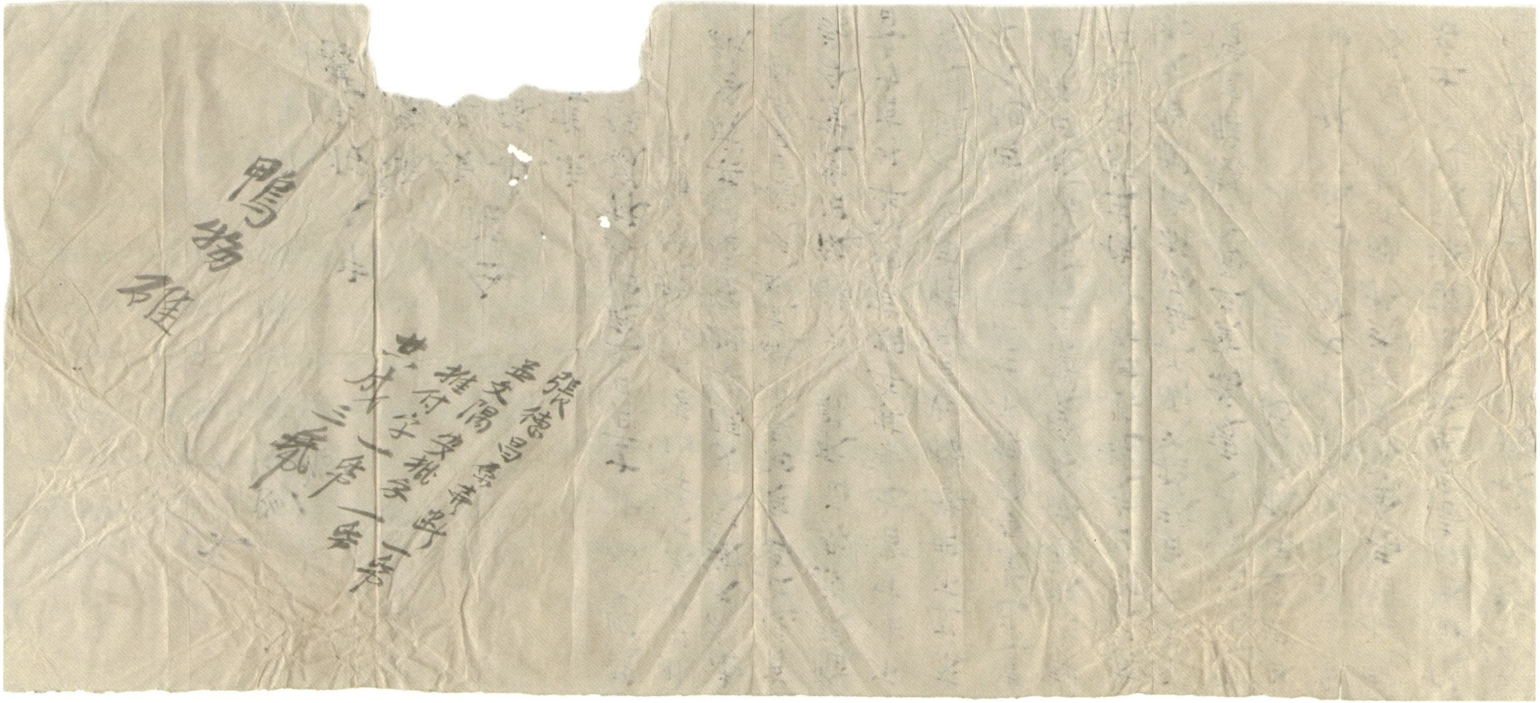

7-1-27-1　包契紙

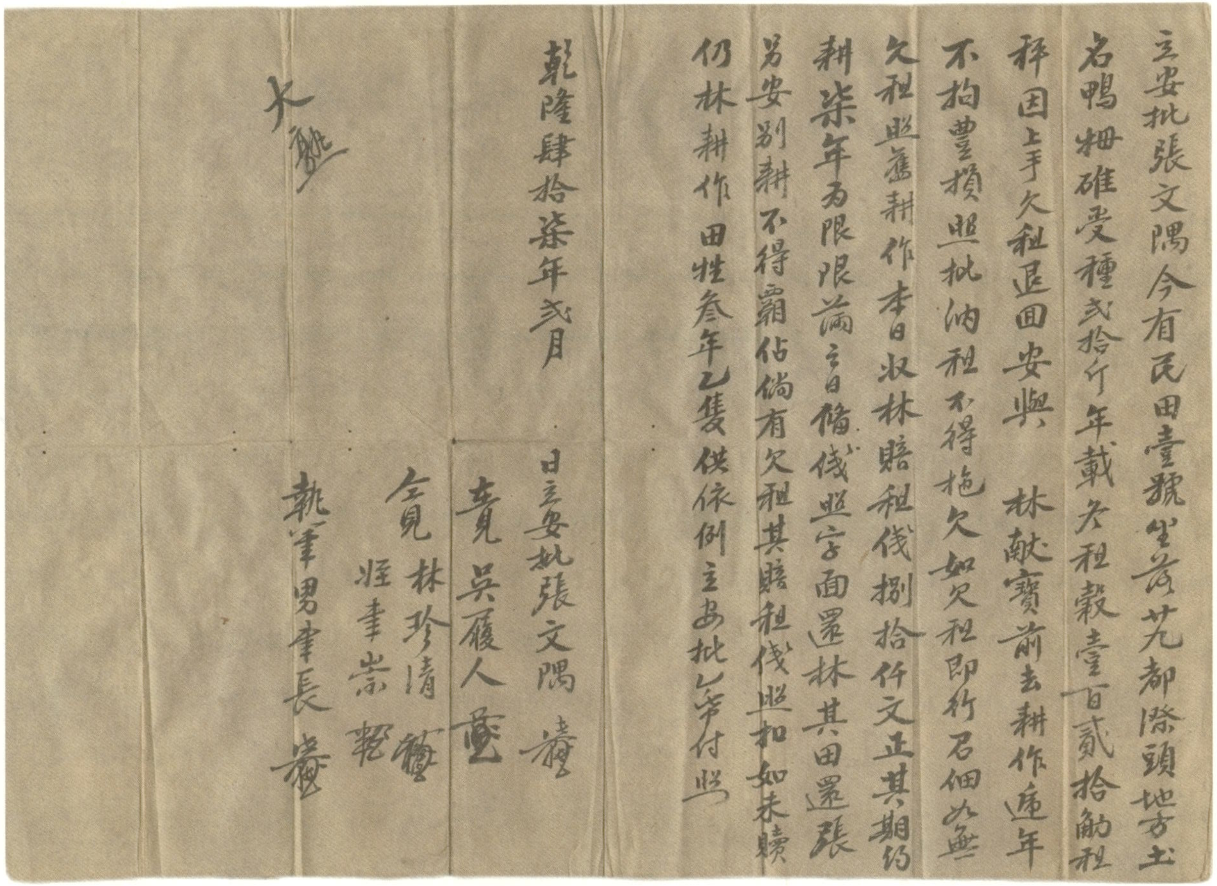
立安批張文隅今有民田壹號坐落廿九都際頭地方土
名鴨坶碓受種弍拾斤年載冬租穀壹百貳拾觔租
秤因上手欠租退田安與　林獻寶前去耕作逐年
不拘豐損照批納租不得拖欠如欠租即行召佃亦無
欠租照舊耕作本日收林賠租伐捌拾仟文正其期仍
耕柒年爲限限滿之日備伐照字面還林其田還張
另安別耕不得霸佔倘有欠租其賠租伐照扣如未贖
仍林耕作田牲叁年乙隻供依例立安批乙紙付照

乾隆肆拾柒年弍月　日立安批張文隅（押）
在見吳履人（押）
仝見林珍清（押）
　　涯聿崇（押）
執筆男聿長（押）

大吉

7-1-27-2　清乾隆四十七年二月張文隅立安批民田字

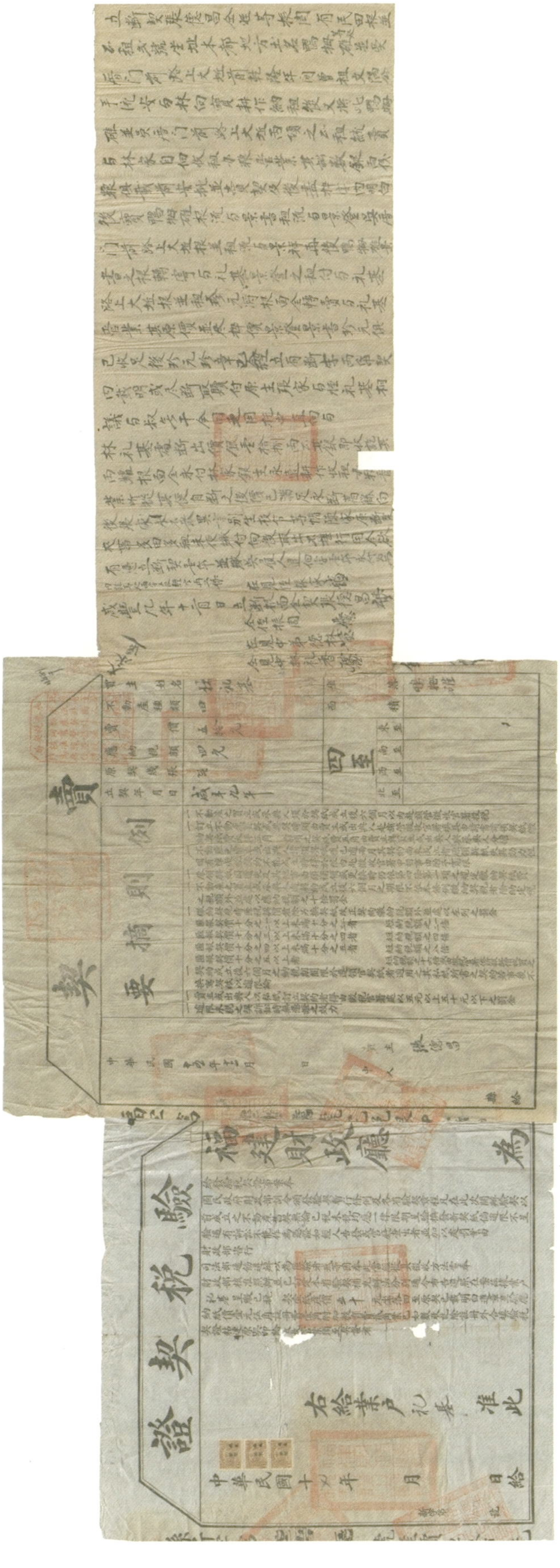

7-1-27-3　清咸豐九年十二月張德昌等立斷民田根並正租契（紅契）

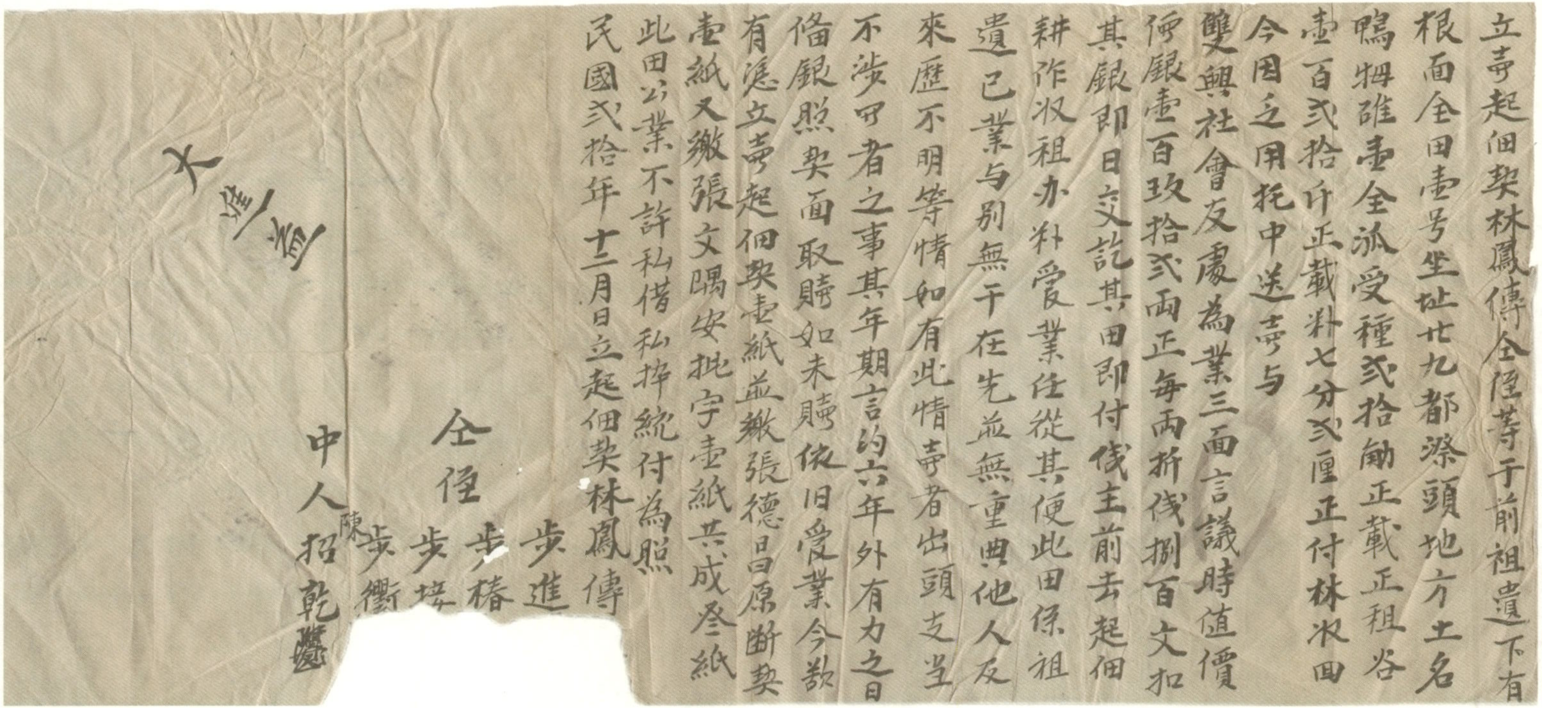
立賣起佃契林鳳傳仝侄等于前祖遺下有
根面全田壹号坐址廿九都滁頭地方土名
鴨母雖壹全派受種弍拾觔正載正租谷
壹百弍拾斤正載粮七分弍厘正付林收回
今因乏用托中送賣与
雙興社會友處為業三面言議時值價
佛銀壹百玖拾弍兩正每兩折錢捌百文扣
其銀即日交訖其田即付錢主前去起佃
耕作收租办粮管業任從其便此田係祖
遺己業与別無干在先並無重典他人及
來歷不明等情如有此情賣者出頭支當
不涉買者之事其年期言約六年外有力之日
備銀照契面取贖如未贖依旧管業今欲
有憑立賣起佃契壹紙並繳張德昌原斷契
壹紙又繳張文隅安批字壹紙共成叁紙
此田公業不許私借私押總付為照
民國弍拾年十二月日立起佃契林鳳傳
仝侄 步進
步椿
步垵
步衢
中人陳招乾
大進一壹

7-1-27-4　民國二十年十二月林鳳傳等立賣起佃根面全田契

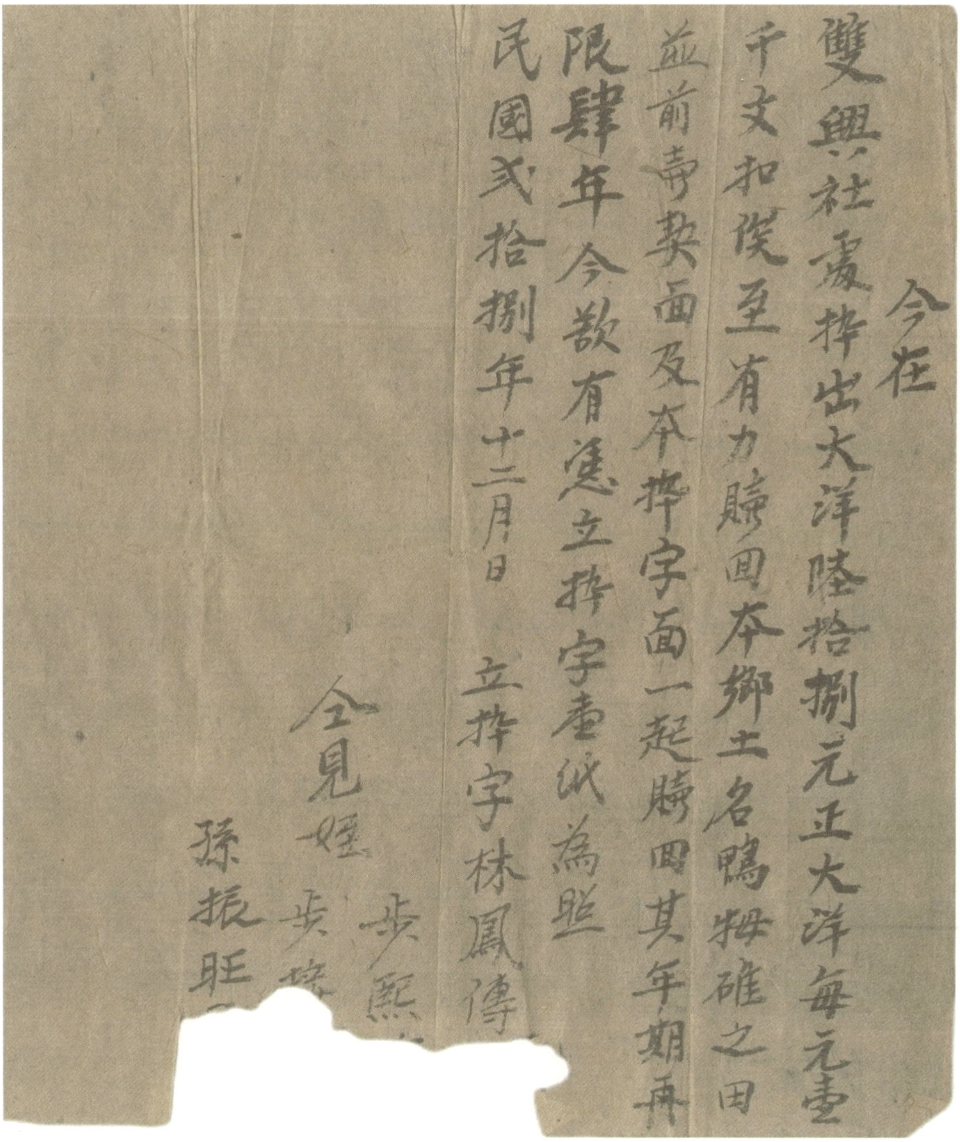

今在
雙興社處撮出大洋陸拾捌元正，大洋每元壹
千文扣，從至有力贖回本鄉土名鴨牳碓之田
並前壽契面及本撮字面一起贖回，其年期再
限肆年。今欵有憑，立撮字壹紙為照。
民國弍拾捌年十二月　日　立撮字林鳳傳
仝見姪　步熙
　　　　安[illegible]
孫振旺[illegible]

7-1-27-5　民國二十八年十二月林鳳傳立撮字

7-1-28-1　包契紙

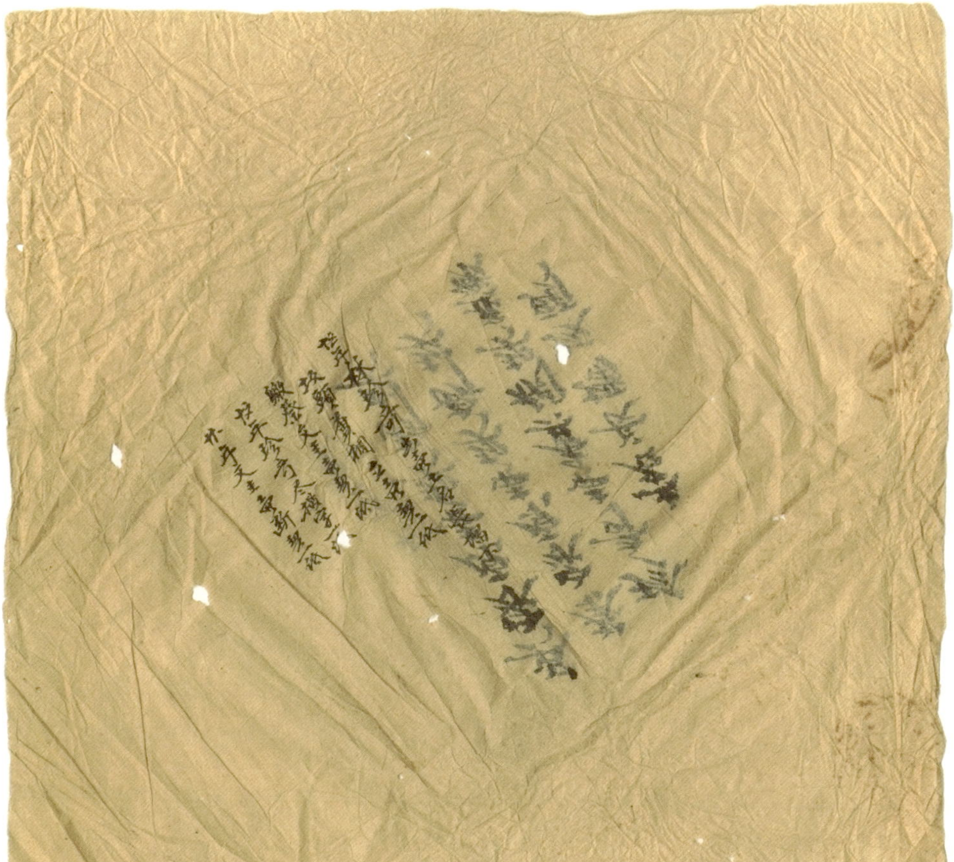

7-1-28-2　包契紙

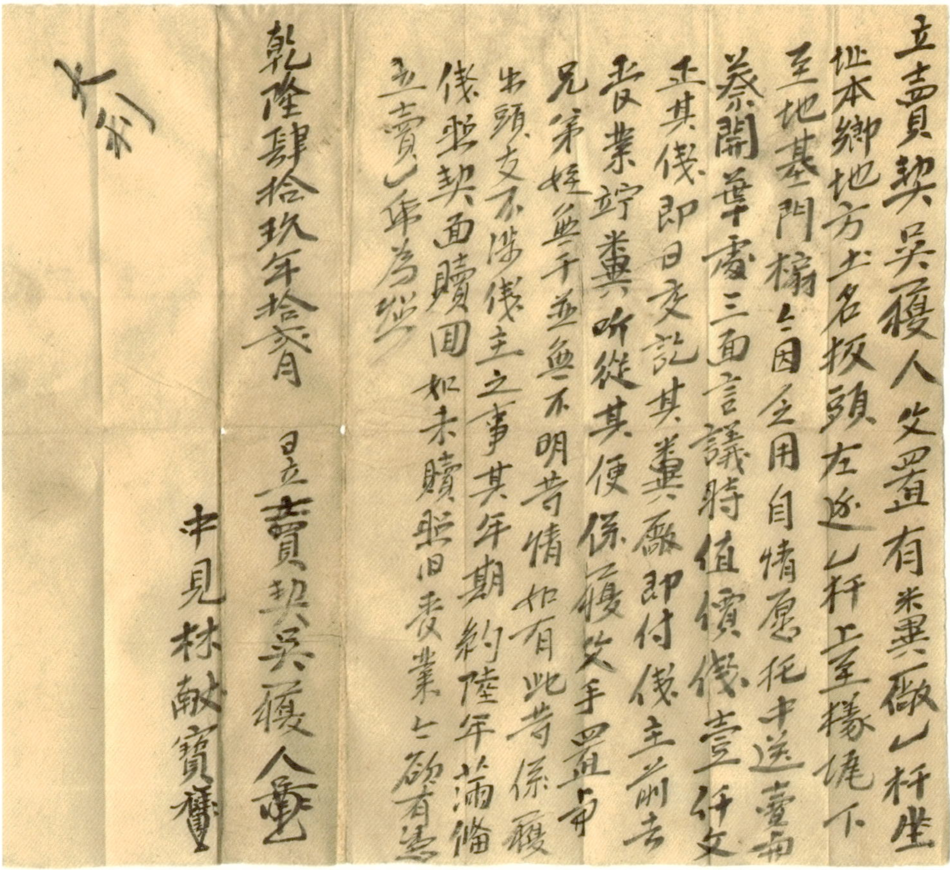
立賣契吴履人父置有糞廠乙杆坐
址本鄉地方土名坂頭左边乙杆上至橼墘下
至地基門槅乙因乏用自情愿托中送壹帋
叅閙草處三面言議時值價錢壹仟文
正其錢即日交訖其糞廠即付錢主前去
管業𡨚糞听從其便係履父手置并
兄弟姪無干並無不明等情如有此等係履
出頭支不涉錢主之事其年期約陸年滿備
錢照契面贖回如未贖照旧管業乙欲有憑
立賣乙帋爲照
乾隆肆拾玖年拾貳月　日立賣契吴履人（押）
中見林啟寶（押）
大利

7-1-28-3　清乾隆四十九年十二月吴履人立賣糞廠契

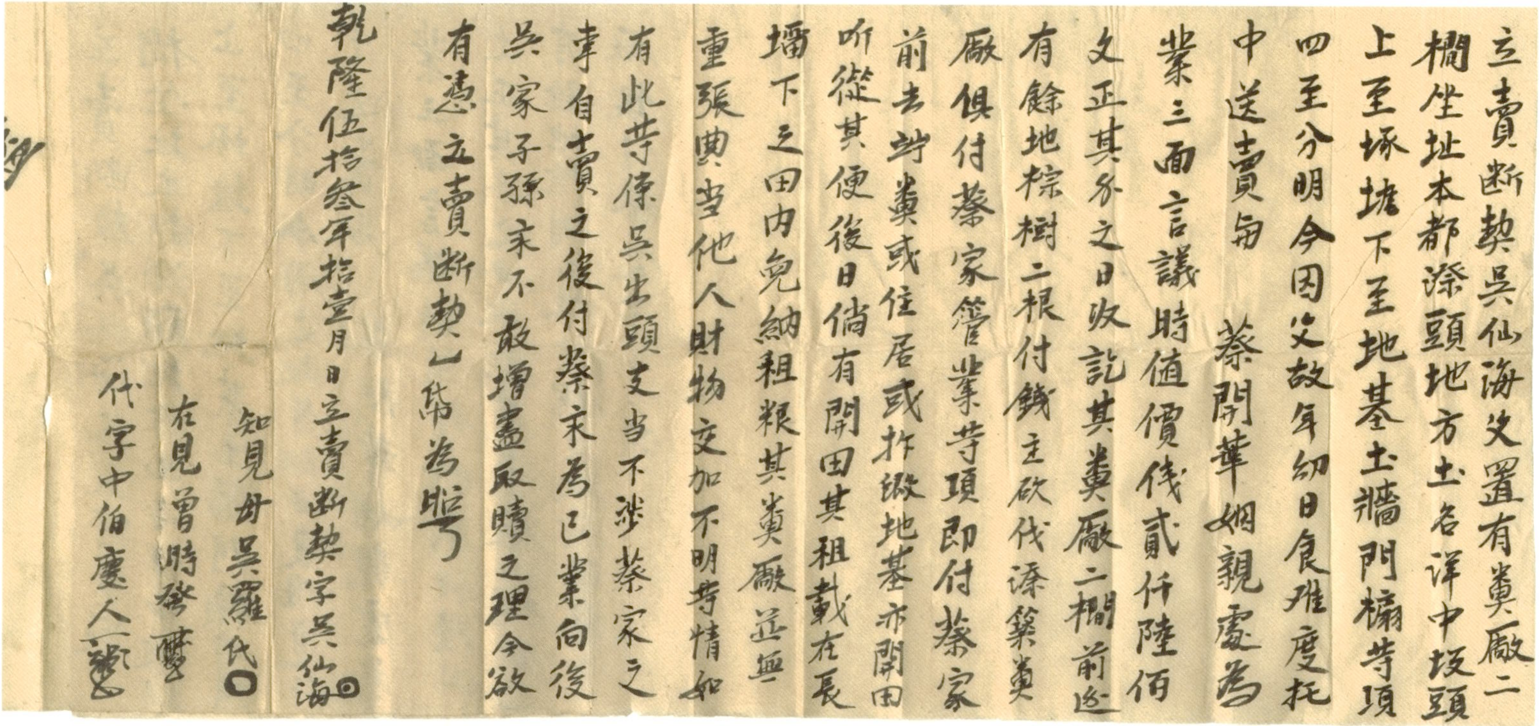
立賣斷契吳仙海父置有糞廠二
欄坐址本都漈頭地方土名洋中坂頭
上至坼堆下至地基土牆門欄等項
四至分明今因父故年幼日食难度托
中送賣與　蔡閉華姻親處為
業三面言議時値價錢貳仟陸佰
文正其今之日收訖其糞廠二欄前迄
有餘地棕樹二根付錢主砍伐漈築糞
廠俱付蔡家管業等項即付蔡家
前去對糞或住居或拆缴地基亦開田
听從其便後日倘有開田其祖載在長
墻下之田内免納租粮其糞廠並無
重張典当他人財物交加不明等情如
有此等係吳出頭支当不涉蔡家之
事自賣之後付蔡永為己業向後
吳家子孫永不敢增盡取贖之理今欲
有憑立賣斷契一帋為照
乾隆伍拾叁年拾壹月　日立賣斷契字吳仙海（押）
知見母吳羅氏（押）
在見曾時發（押）
代字中伯慶人（押）

7-1-28-4　清乾隆五十三年十一月吳仙海立賣斷糞廠契

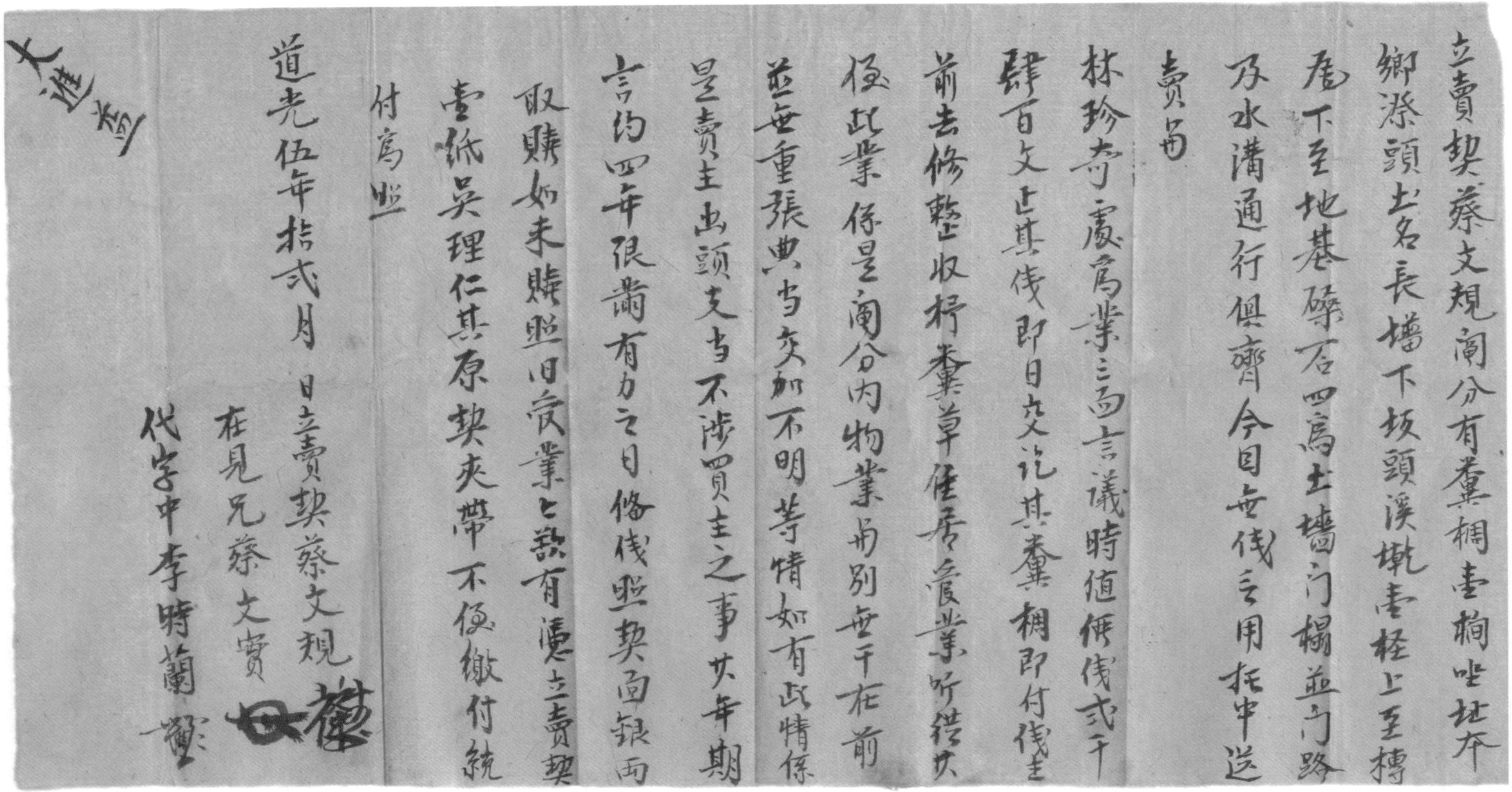
立賣契蔡文規鬮分有糞䈄壹𥫣坐址本
鄉溪頭土名長墻下坂頭溪墘壹柸上至摶
尾下至地基磜石四爲土墻門楣並門路
及水溝通行俱齊今因無錢乏用托中送
賣與
林珍奇處爲業三面言議時値價錢弍千
肆百文正其錢即日交訖其糞䈄即付錢主
前去修整收拾糞草任其管業所借其
係此業係是鬮分内物業與别無干在前
並無重張典當交加不明等情如有此情係
是賣主出頭支當不涉買主之事其年期
言約四年限滿有力之日備錢照契面銀兩
取贖如未贖照旧管業亡款有憑立賣契
壹紙吳理仁其原契夾帶不便繳付統
付爲照
道光伍年拾弍月 日立賣契蔡文規
在見兄蔡文賓
代字中李時蘭
大進豊

7-1-28-5　清道光五年十二月蔡文規立賣糞䈄契

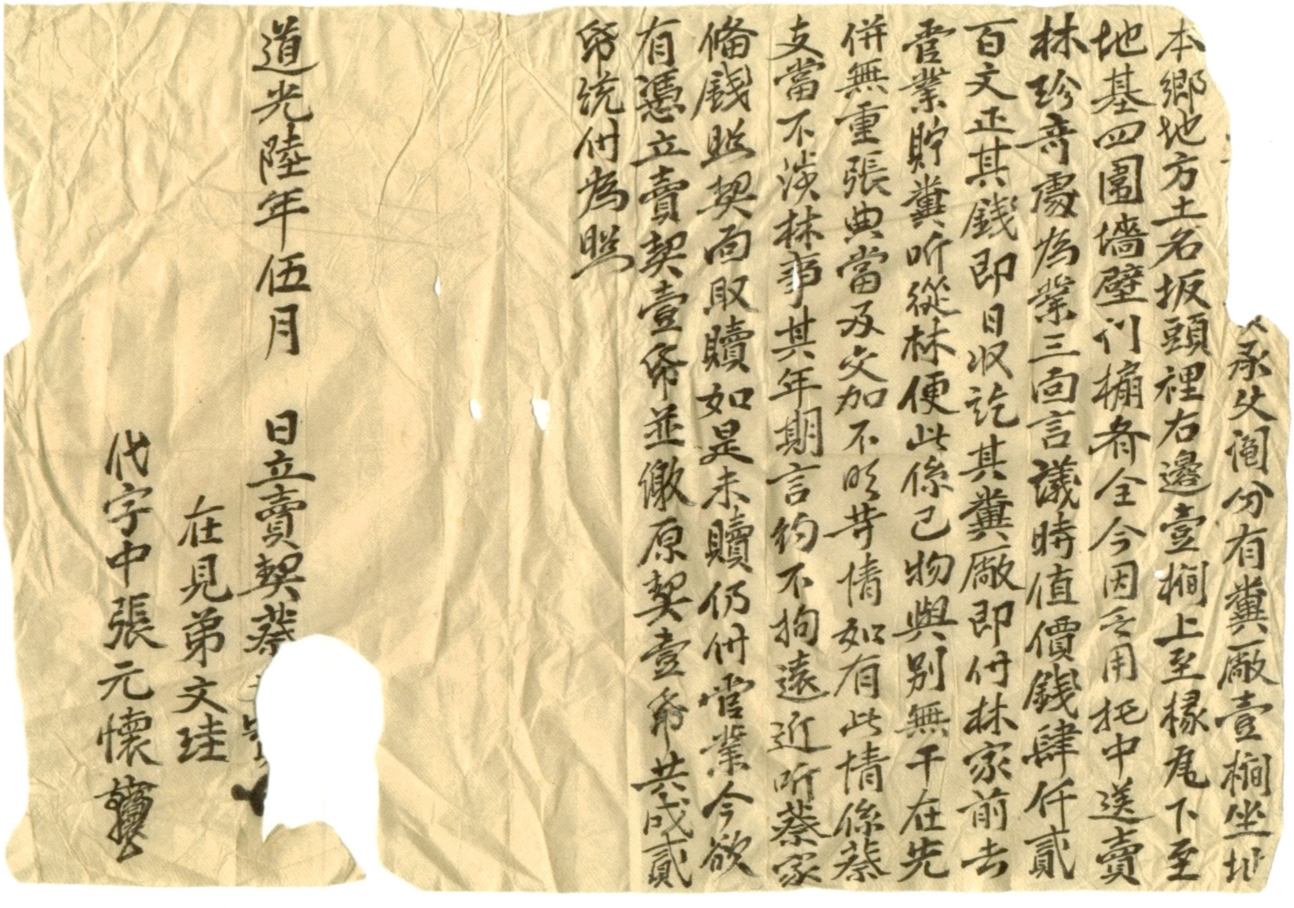

承父鬮分有糞廠壹橺坐址
本鄉地方土名坂頭裡右邊壹橺上至椽尾下至
地基四圍墻壁竹桶脊全今因乏用托中送賣
林珍奇處爲業三面言議時值價錢肆仟貳
百文正其錢即日收訖其糞廠即付林家前去
管業貯糞聽從林便此係己物與別無干在先
併無重張典當及交加不明等情如有此情係蔡
支當不涉林事其年期言約不拘遠近聽蔡家
備錢照契面取贖如是未贖仍付管業今欲
有憑立賣契壹紙並繳原契壹紙共成貳
紙付爲照

道光陸年伍月　日立賣契蔡[illegible]

在見弟文珪

代字中張元懷

7-1-28-6　清道光六年五月蔡文實立賣糞廠契

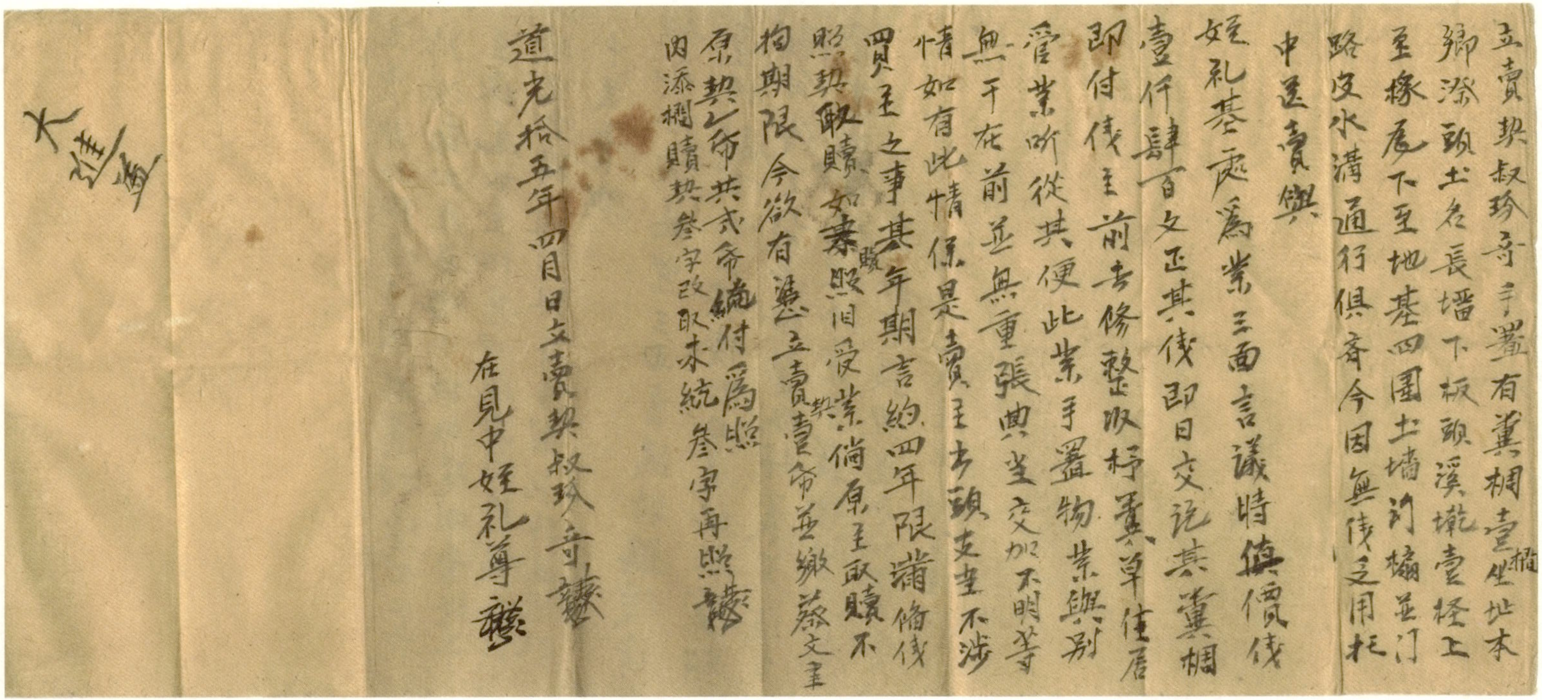
立賣契叔珍奇手置有糞桐壹坐址本
鄉漈頭土名長墻下板頭溪墘壹桎上
至椽下至地基四圍土墻門扇並门
路及水溝通行俱奇今因無錢乏用托
中送賣與
姪礼基處為業三面言議時值價錢
壹仟肆百文正其錢即日交訖其糞桐
即付錢主前去修整收拾糞草任居
管業聽從其便此業手置物業與別
無干在前並無重張典當交加不明等
情如有此情係是賣主出頭支當不涉
買主之事其年期言約四年限滿備錢
照契取贖如贖業照旧受業倘原主取贖不
拘期限今欲有憑立賣契壹帋並繳𦐕文契
原契乙帋共式帋繳付為照
內添搁贖契叁字改取木統叁字再照
道光拾五年四月日立賣契叔珍奇
在見中姪礼尊

7-1-28-7　清道光十五年四月林珍奇立賣糞桐契

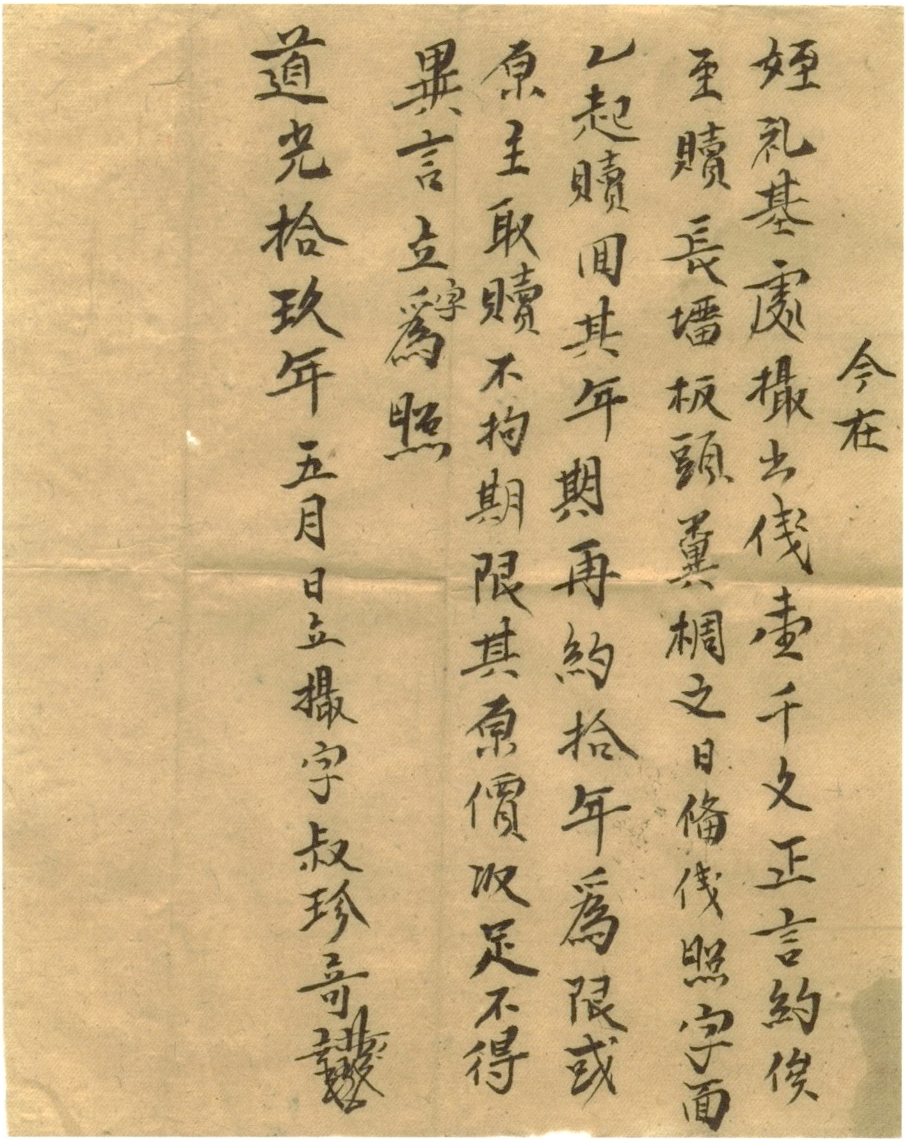
今在
姪礼基處撮出錢壹千文正言約俟
至贖長墻板頭菓桐之日備錢照字面
起贖回其年期再約拾年為限或
原主取贖不拘期限其原價收足不得
異言立字為照
道光拾玖年五月日立撮字叔珍奇（押）

7-1-28-8　清道光十九年五月林珍奇立撮字

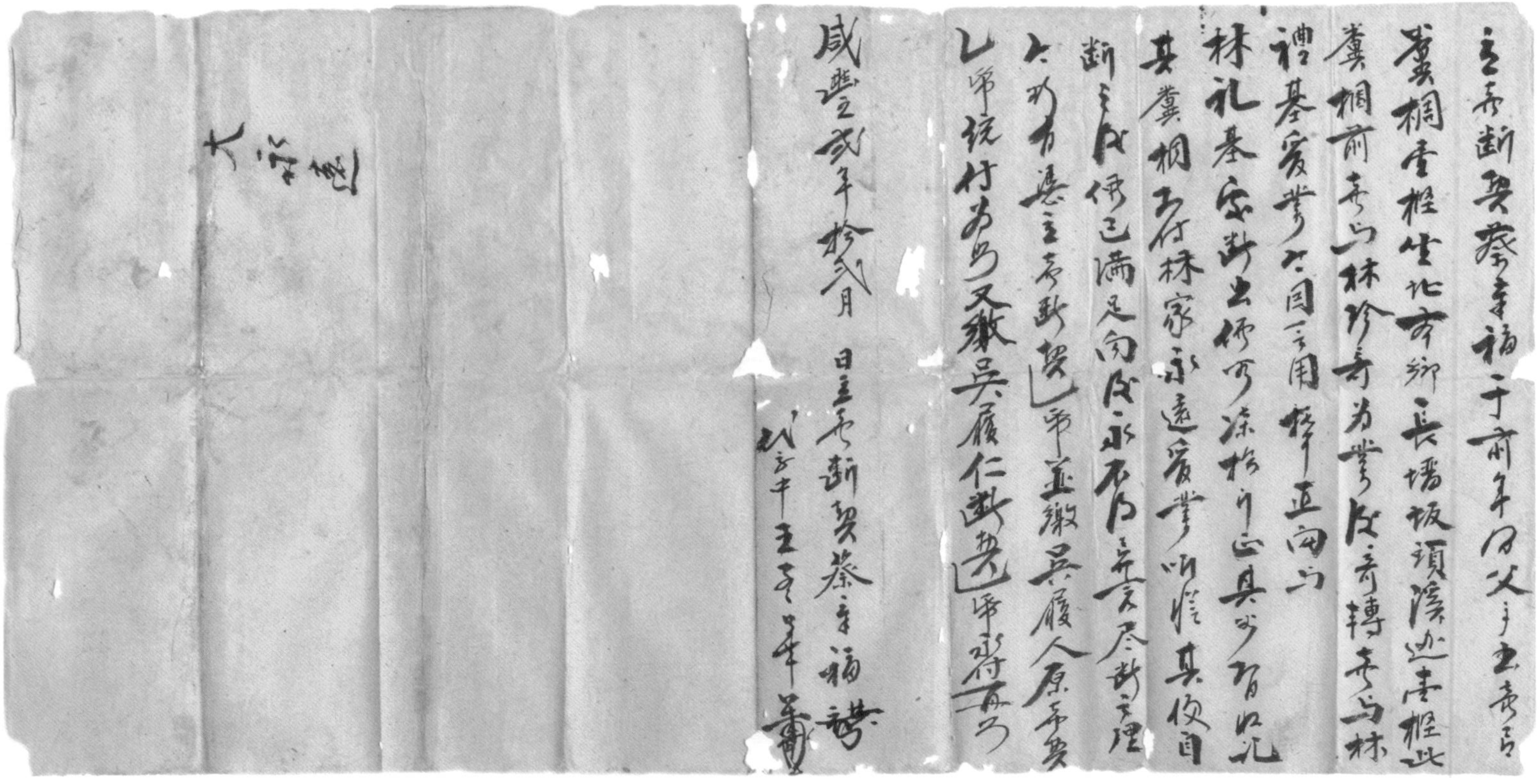

7-1-28-9　清咸豐二年十二月蔡章福立賣斷糞桐契

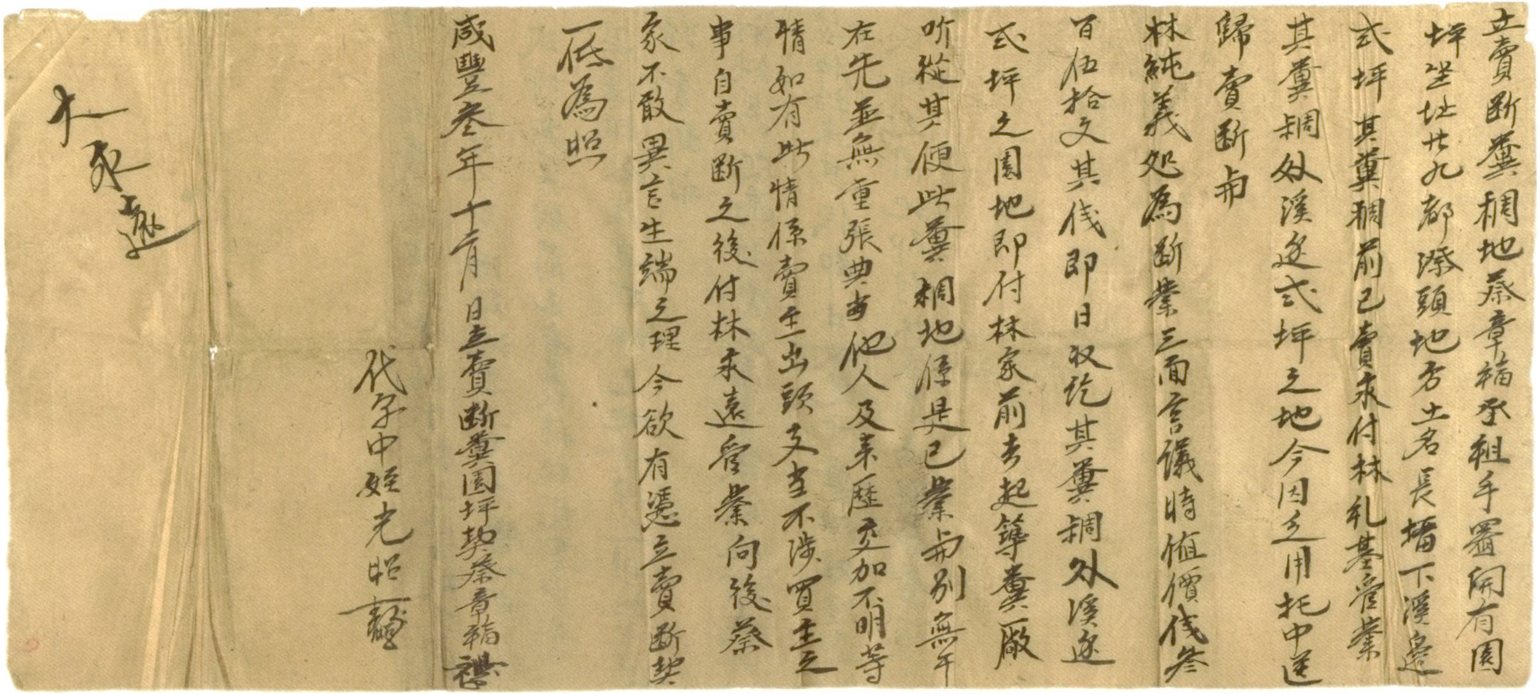
立賣斷糞𥳑地蔡章福承祖手置開有園
坪坐址廿九都溹頭地方土名長墙下溪邊
弍坪其糞𥳑前已賣來付林札基管業
其糞𥳑外溪邊弍坪之地今因乏用托中送
歸賣斷于
林純義処為斷業三面言議時值價錢叁
百伍拾文其錢即日收訖其糞𥳑外溪邊
弍坪之園地即付林家前去起築糞厰
听從其便此糞𥳑地係是己業于別無干
在先並無重張典當他人及來歷交加不明等
情如有此情係賣主出頭支当不涉買主之
事自賣斷之後付林永遠管業向後蔡
家不敢異言生端之理今欲有憑立賣斷契
壹紙為照
咸豐叁年十二月　日立賣斷糞園坪契蔡章福
代字中姪光昭

7-1-28-10　清咸豐三年十二月蔡章福立賣斷園坪契

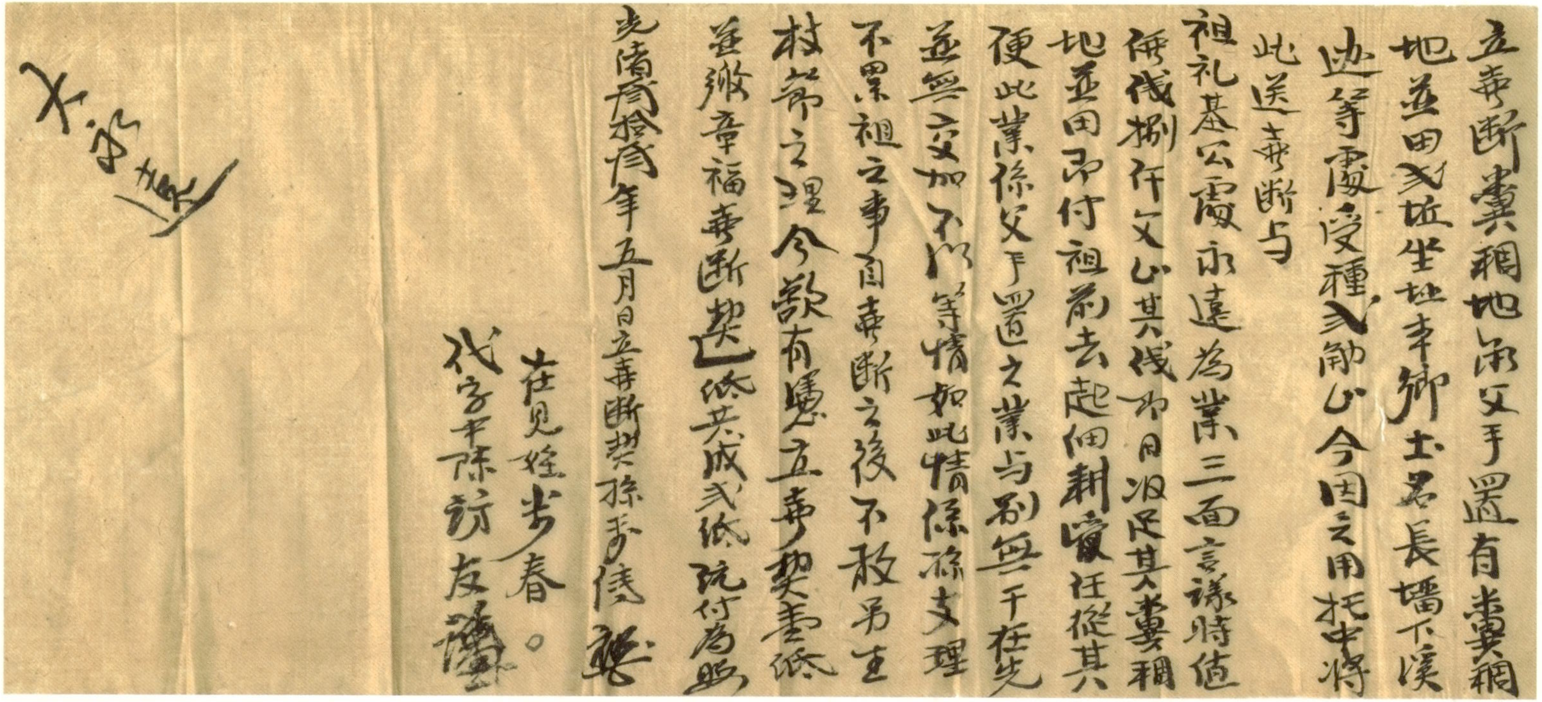
立賣斷糞稠地人父手置有糞稠
地并田弍坵坐址本鄉土名長墻下溪
邊等處受種弍斛正，今因乏用，托中將
此送賣斷与
祖礼基公處承遠為業，三面言議時值
價錢捌仟文正，其錢即日收足，其糞稠
地并田即付祖前去起佃耕管，任從其人
便。此業係父手置之業，与别無干，在先
并無交加不明等情，如此情係係支理，
不累祖之事，自賣斷之後不敢另生
枝節之理。今欲有憑，立賣斷契壹紙，
并繳章福賣斷契乙紙，共成弍紙，統付為照。
光緒叁拾叁年五月 日立賣斷契孫林利傳
在見姪 步春
代字中 陳訪友

7-1-28-11　清光緒三十三年五月林利傳立賣斷糞稠地契

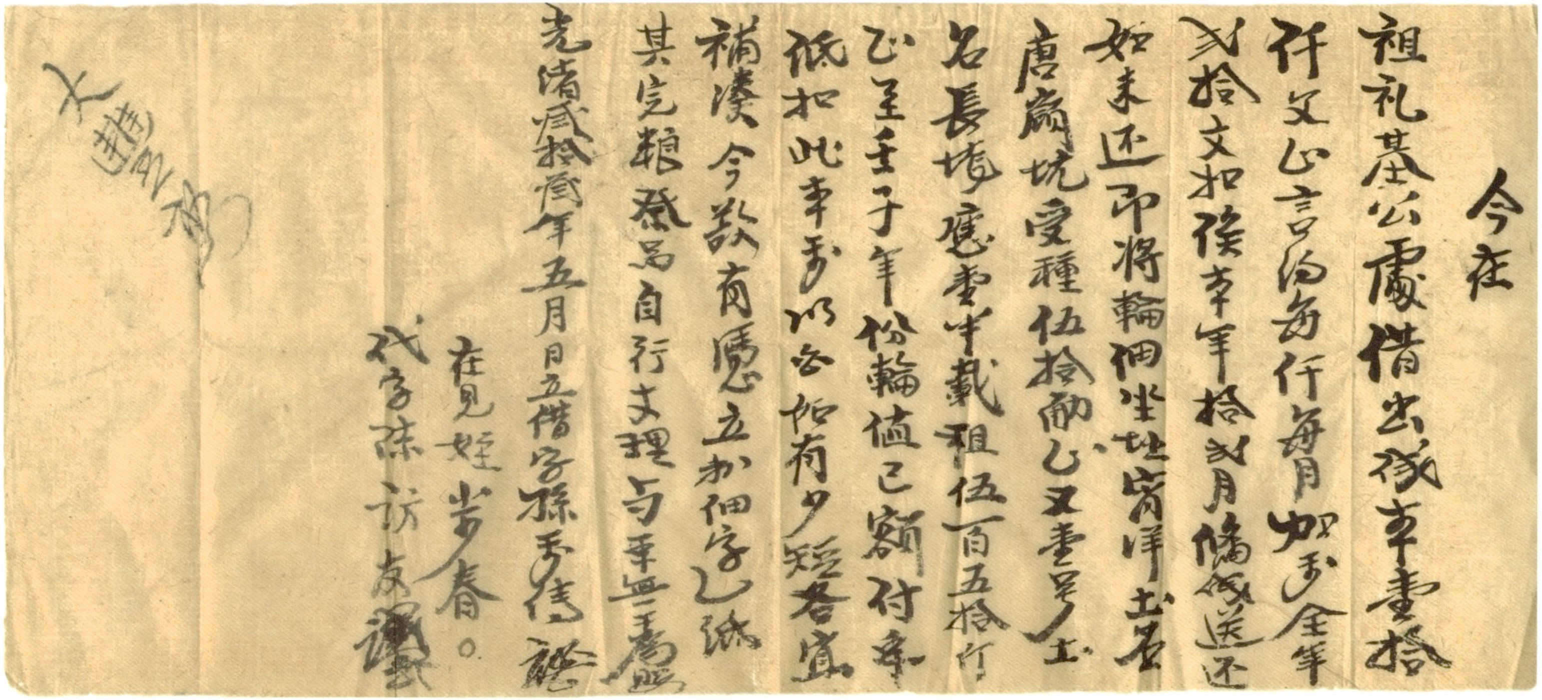

今在
祖礼基公處借出錢本壹拾
仟文正，言明每仟每月加弍分，全年
弍拾文，扣除本年拾弍月備錢送还。
如未还，即將輪佃坐址洋土名
唐斎坑受種伍拾斤正，又壹号土
名長墘壹半載租伍百五拾斤
正，至壬子年輪值己額付承
抵扣此本錢。以後倘有少短，各宜
補湊。今欲有憑，立承佃字乙紙。
其完粮系另自行支理，与本無干涉。
光緒叁拾叁年五月　日立借字孫利傳（押）
在見姪岩春○
代字孫訪友（押）

7-1-28-12　清光緒三十三年五月林利傳立借錢字

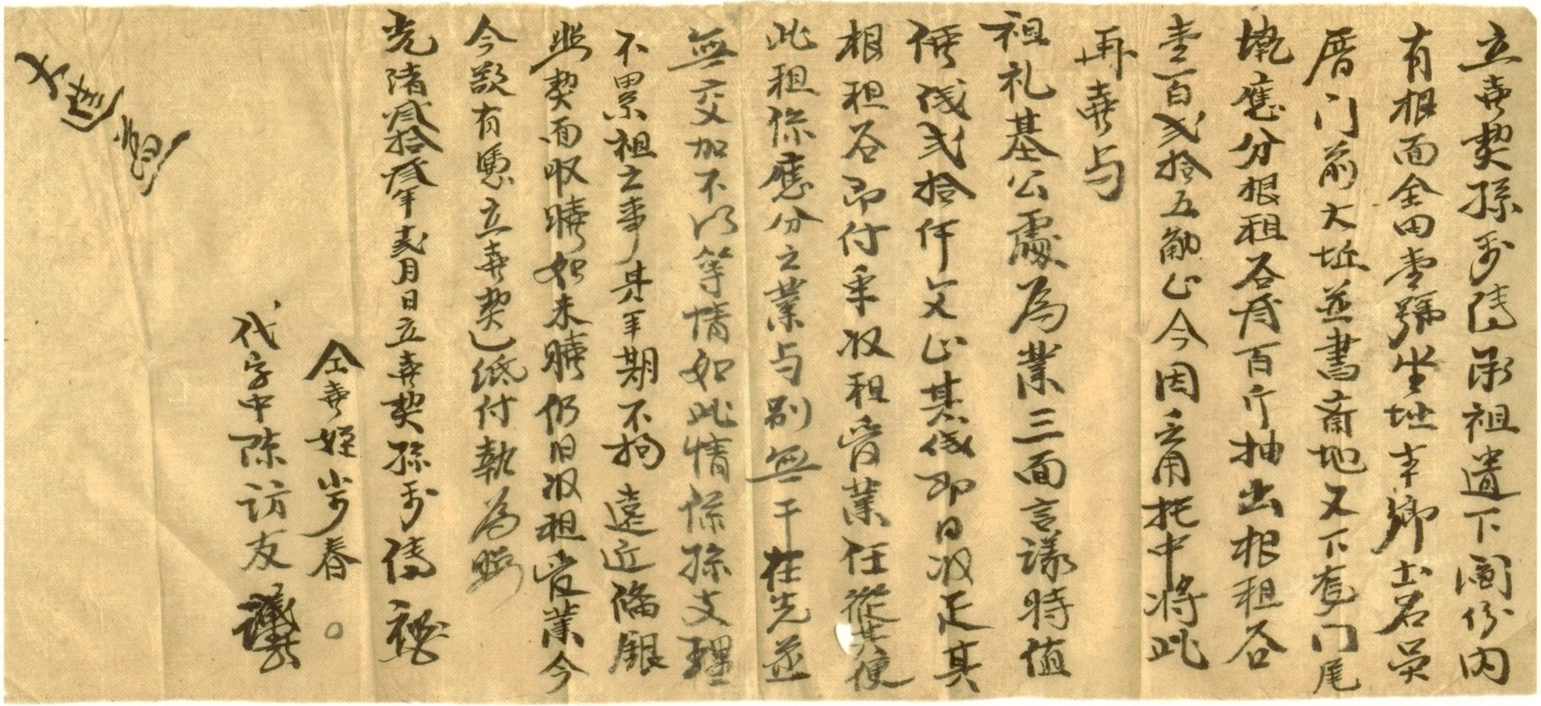

7-1-28-13　清光緒三十三年十二月林利傳等立賣根面全田契

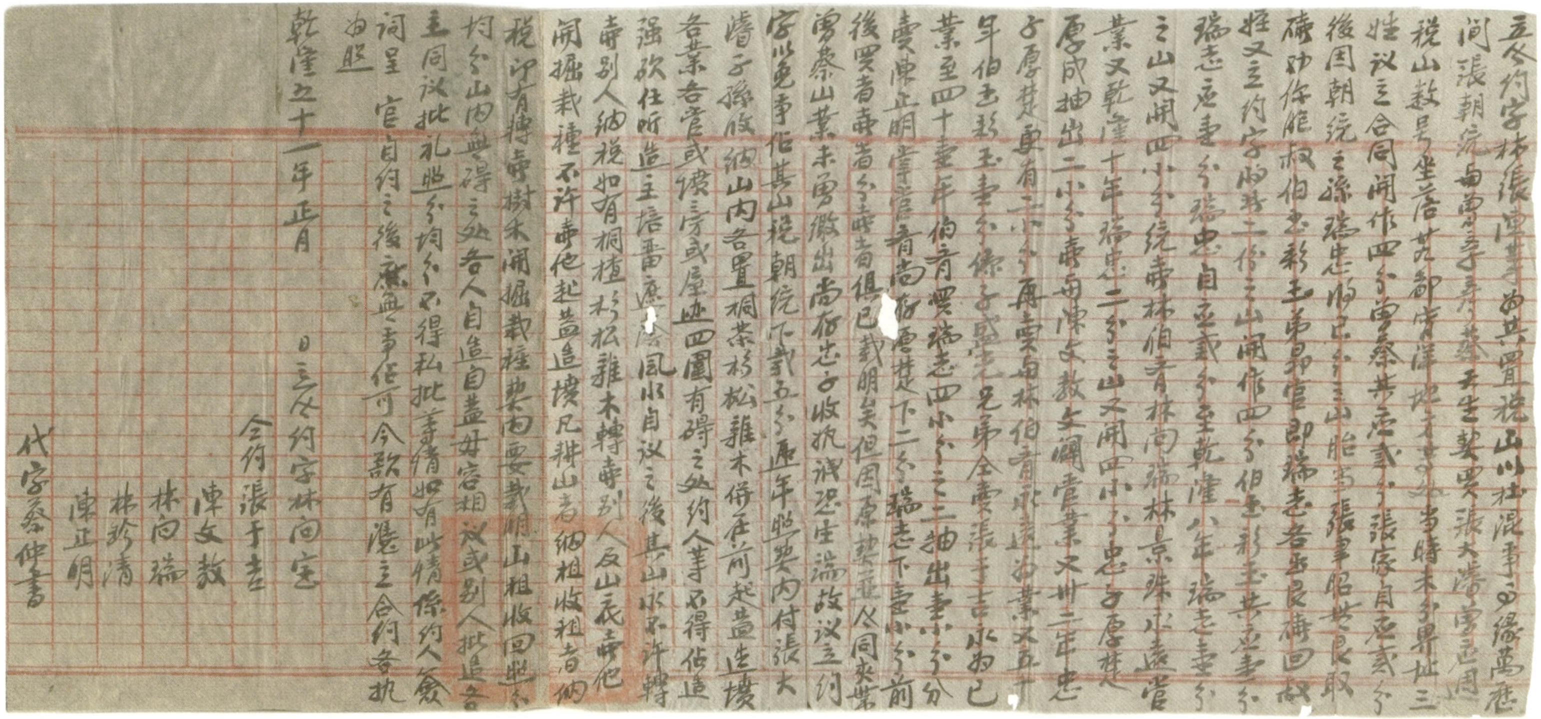

7-1-29-1　清乾隆五十一年正月林向宝等立合約字（紅契）

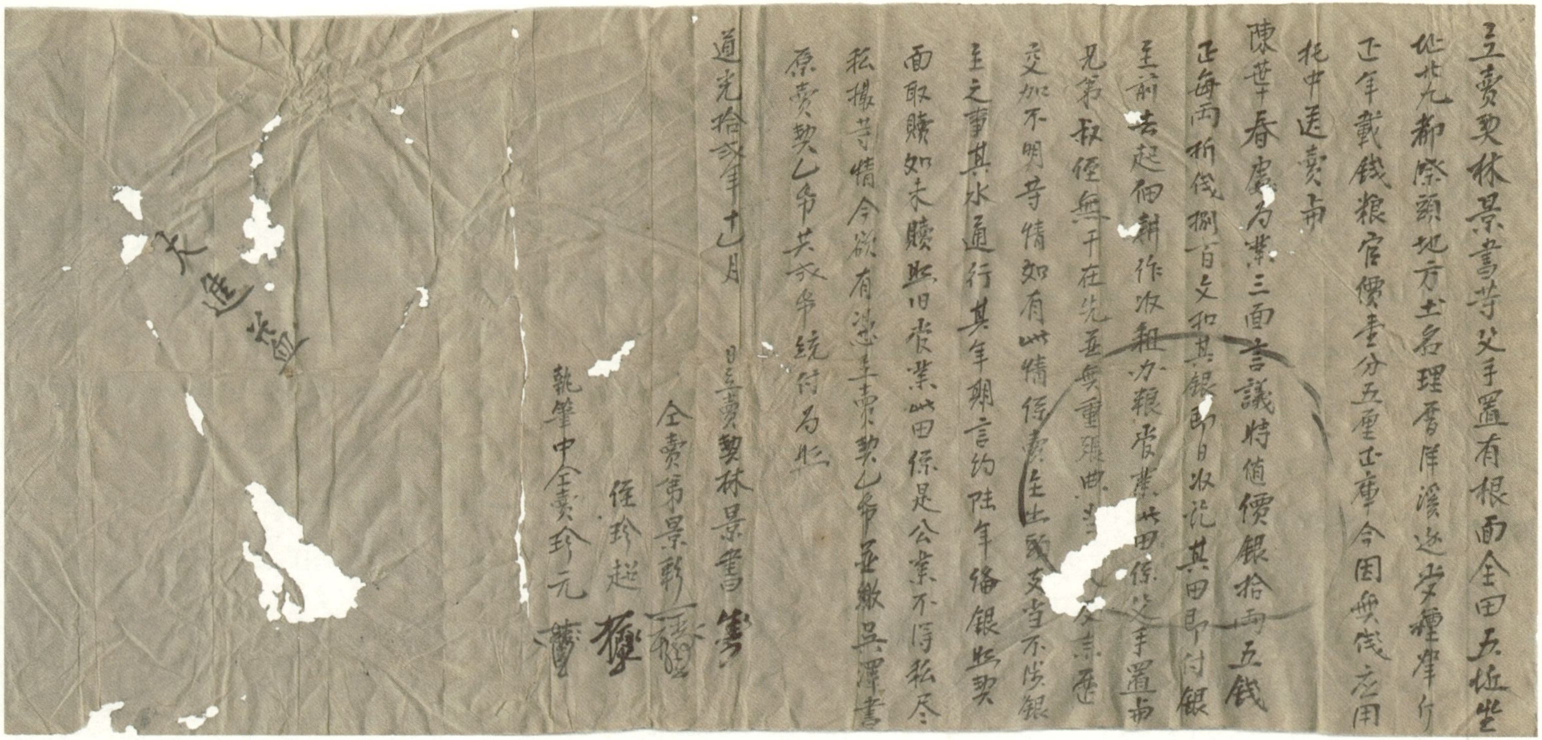

7-1-29-2　清道光十二年十一月林景書等立賣根面全田契（廢契）

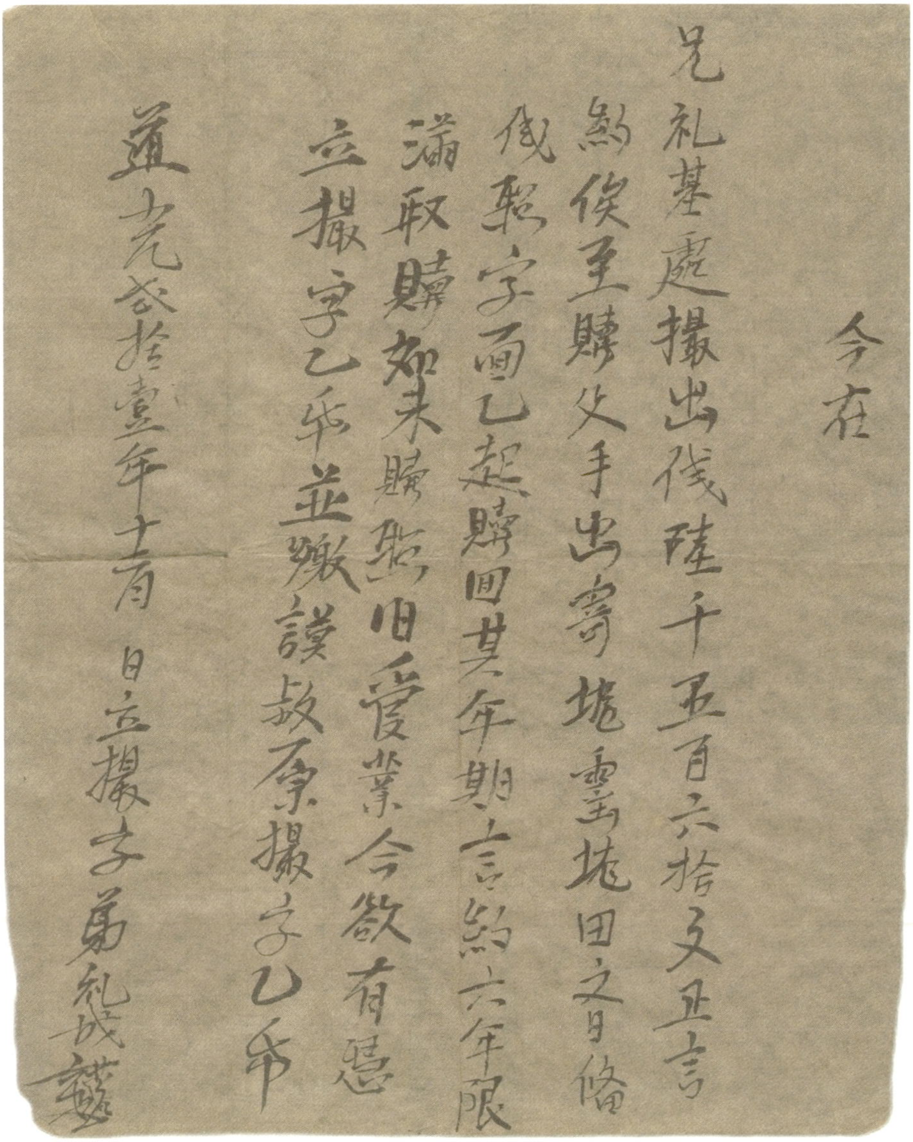
今在
兄礼基處撮出伐陸千五百六拾文正言
約俟至贖之手出寄塊壹坵田之日偹
錢契字面乙起贖回其年期言約六年限
滿取贖如未贖照旧管業合欲有憑
立撮字乙帋並繳讓故原撮字乙帋
道光式拾壹年十二月　日立撮字弟礼成（押）

7-1-29-3　清道光二十一年十二月林礼成立撮字

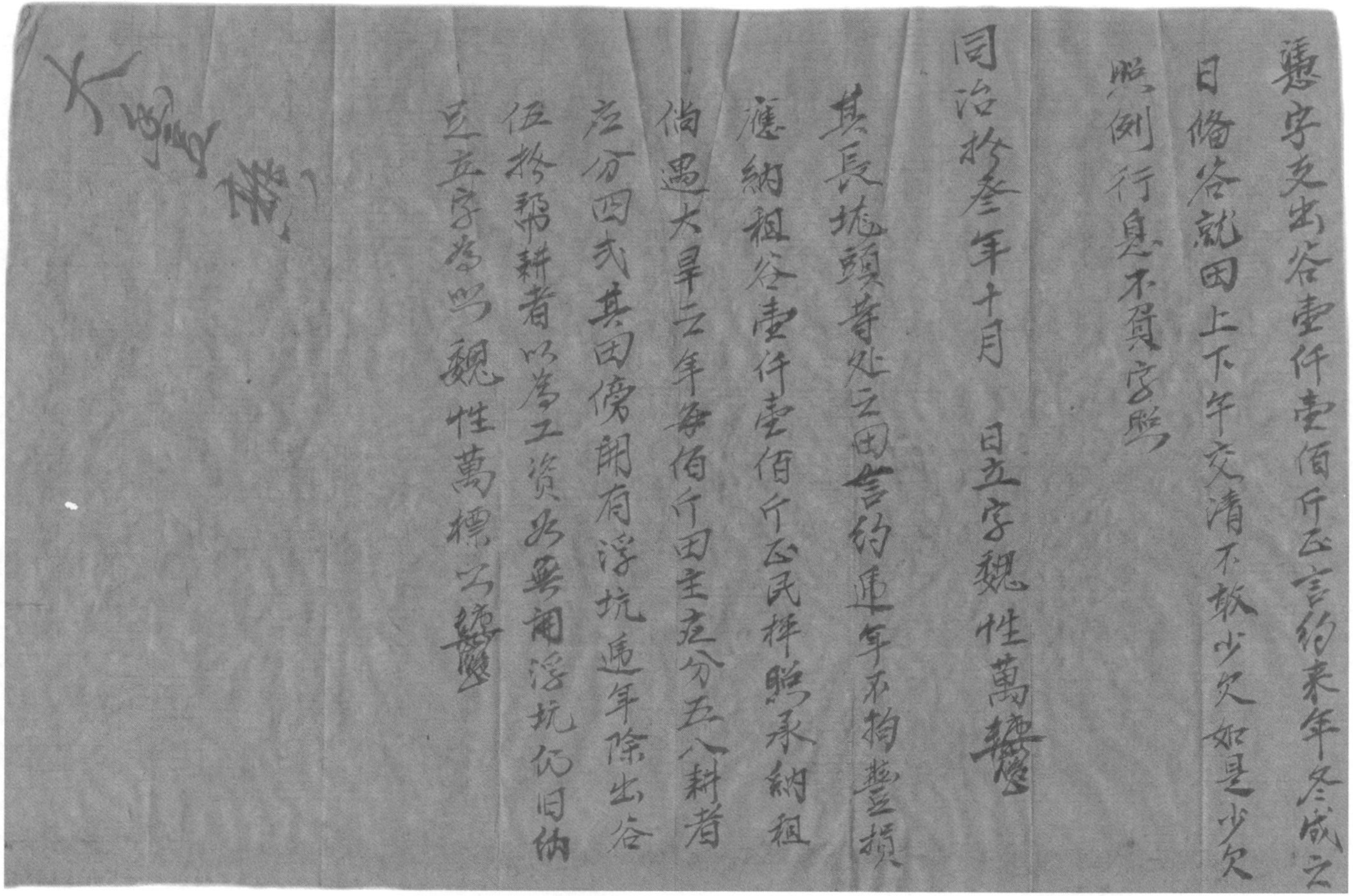
憑字支出谷壹仟壹佰斤正言約來年冬成之
日備谷就田上下午交清不敢少欠如是少欠
照例行息不負字照
同治拾叁年十月　日立字魏性萬（押）
其長坵頭等处之田言約逓年不拘豐損
應納租谷壹仟壹佰斤正民拌照承納租
倘遇大旱之年每佰斤田主应分五八耕者
应分四弍其田傍朋有浮坑逓年除出谷
伍拾觔耕者以為工資要補浮坑仍旧納
立字為照魏性萬標（押）

7-1-29-4　清同治十三年十月魏性萬立支穀憑字

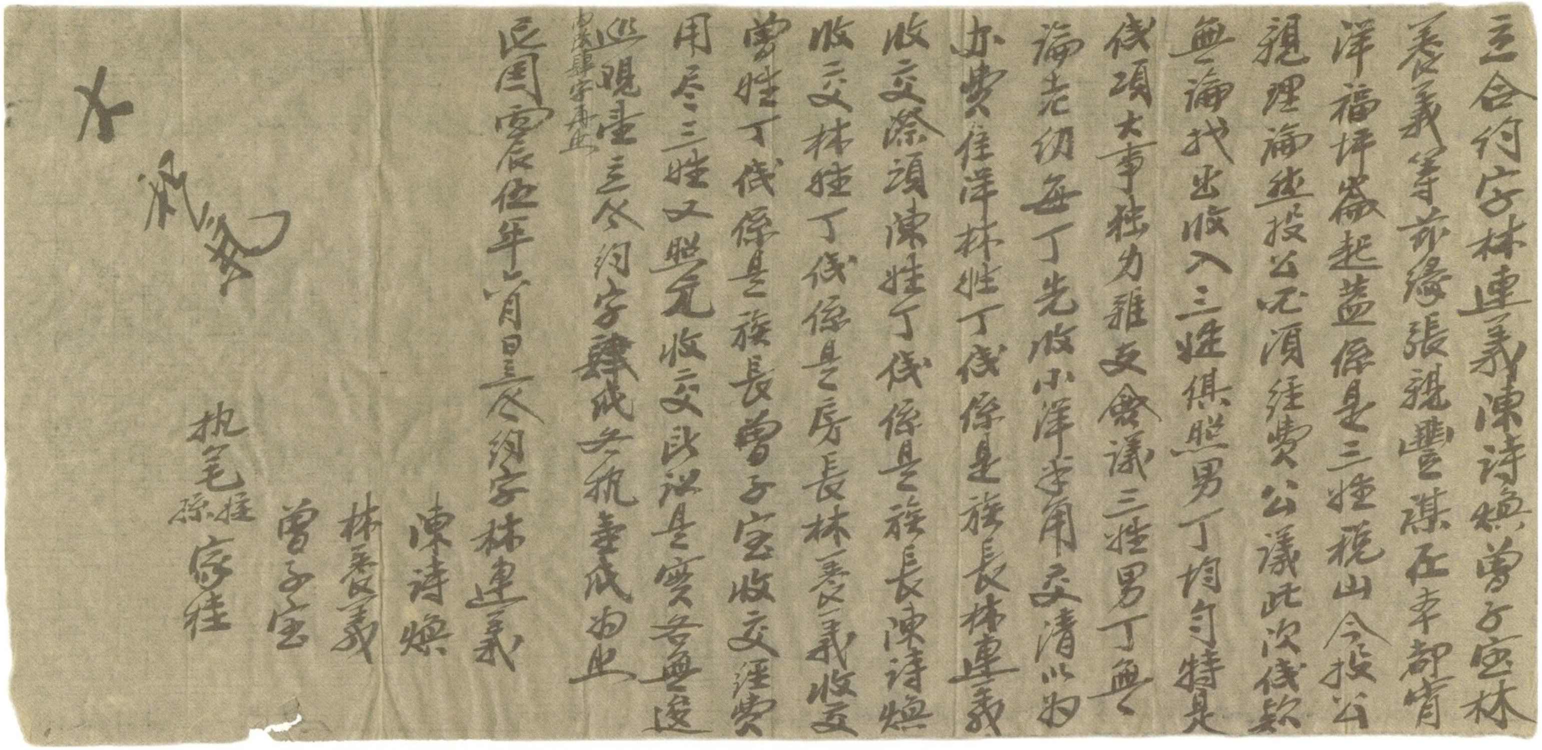
立合約字林連義陳詩煥曾子宦林
長義等茲緣張鴻豐謀在本都肯
洋福坪崙起蓋係是三姓坟山今投公
親理論並投公呢須經費公議此次錢款
無論找出收入三姓俱照男丁均勻特是
錢項大事独力難支會議三姓男丁無
論老幼每丁先收小洋半角交清以為
公費住洋林姓丁錢係是族長林連義
收交漈頭陳姓丁錢係是族長陳詩煥
收交林姓丁錢係是房長林長義收交
曾姓丁錢係是族長曾子宦收交經費
用盡三姓又照兌收交此係是實各無返
恐口無憑立合約字肆紙各執壹紙為照
內添肆字再照
民國丙辰伍年六月日立合約字林連義
陳詩煥
林長義
曾子宦
執筆孫侄家桂
大[illegible]

7-1-29-5　民國五年六月林連義等立合約字

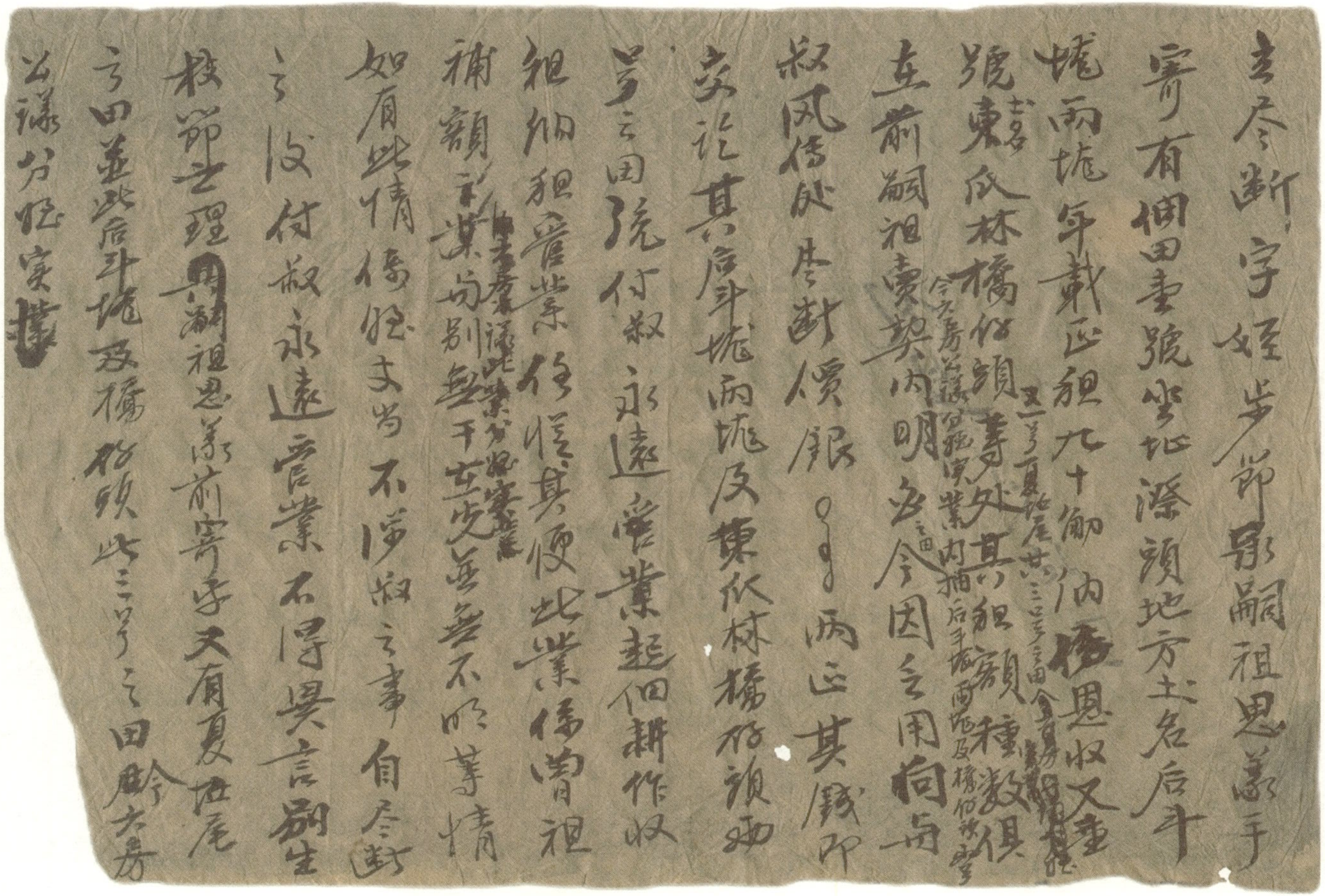

7-1-29-6　民國時期林步節立盡斷佃田字（草契）

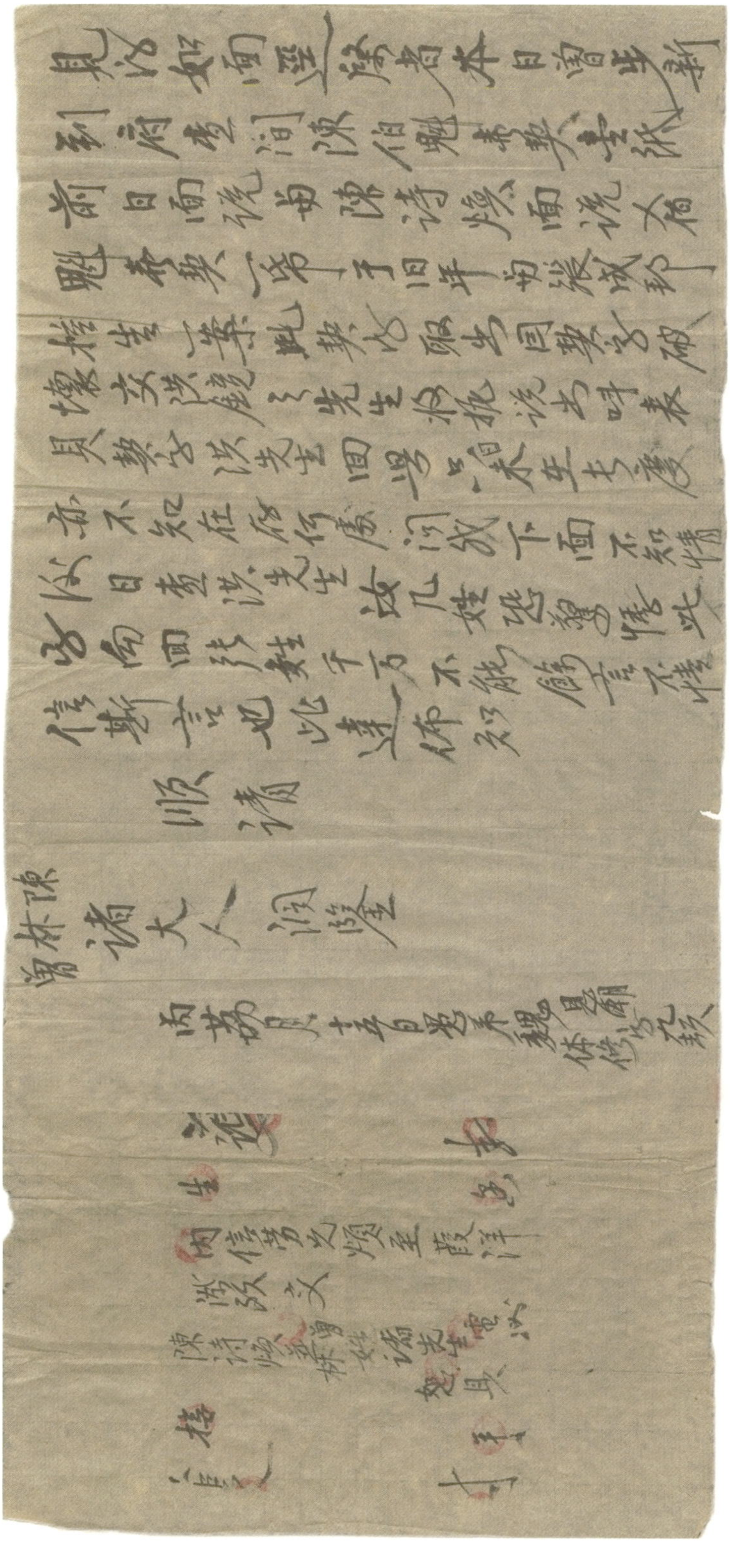

7-1-29-7　魏思潮等致陳林曾書信（年代不詳）

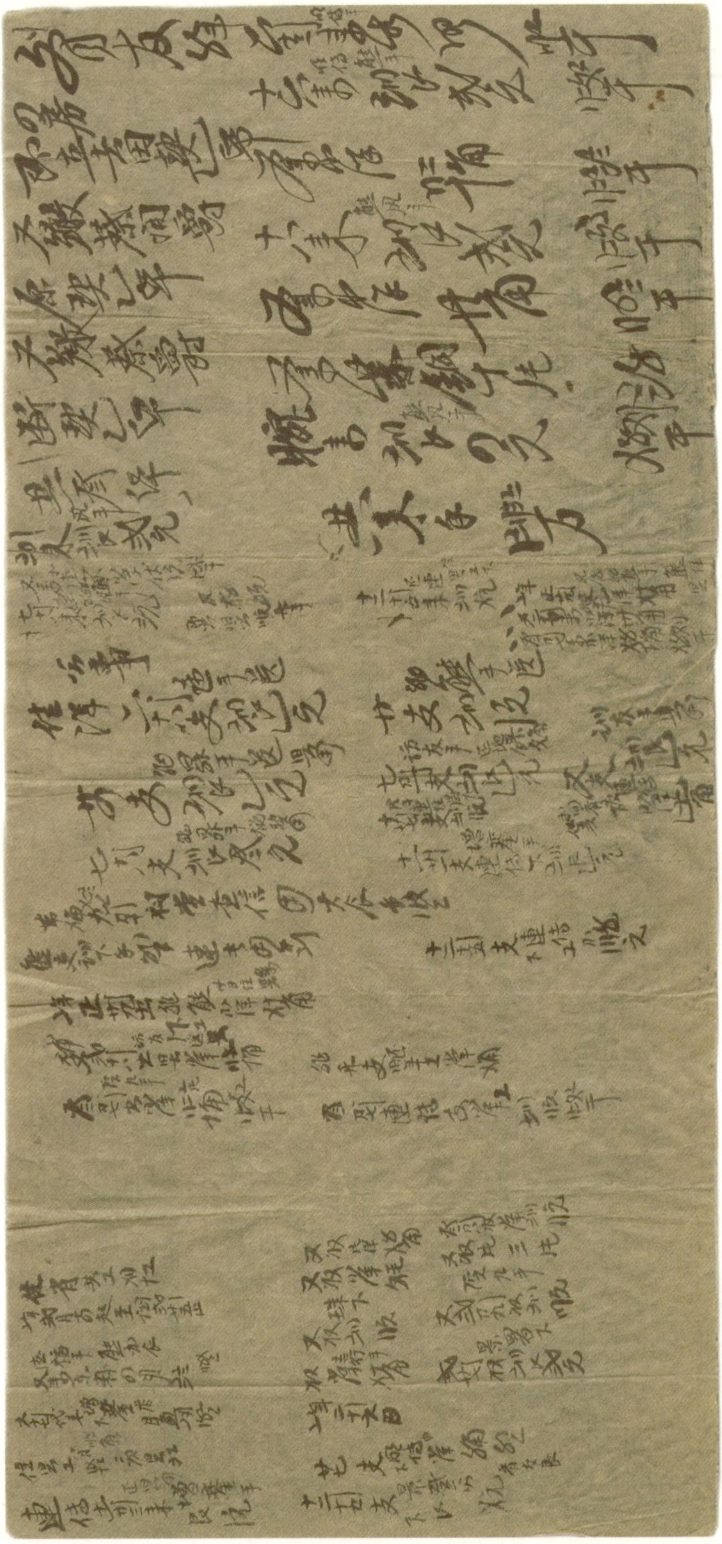

7-1-29-8 林氏收支賬單（年代不詳）

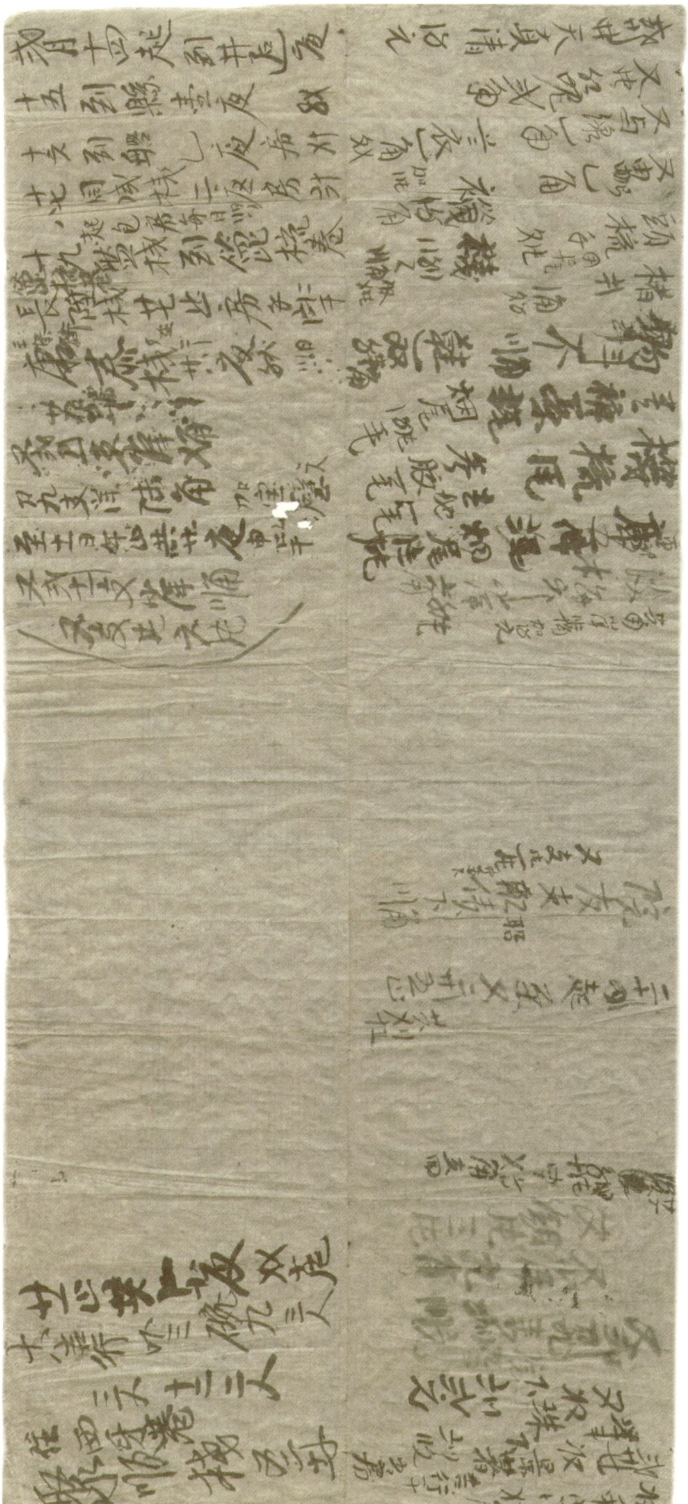

7-1-29-9　林氏收支賬單（年代不詳）

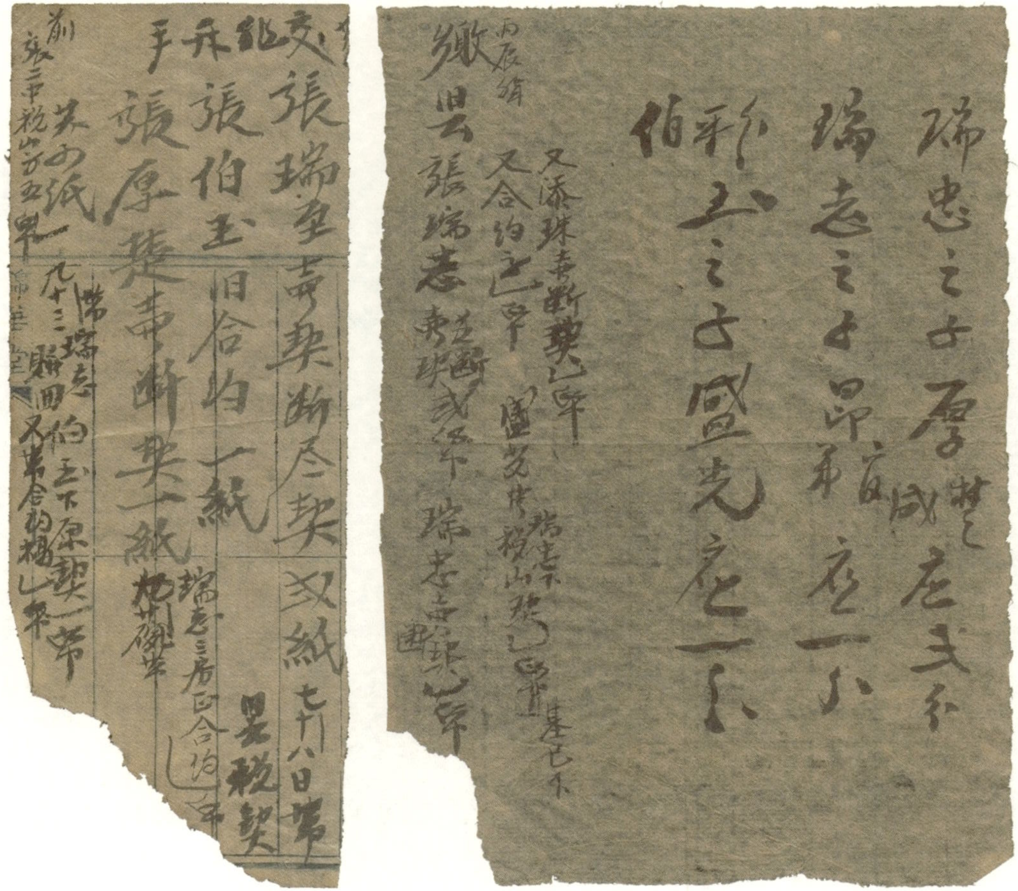

7-1-29-10　林氏山場契約清單（年代不詳）

7-1-30-1　包契紙

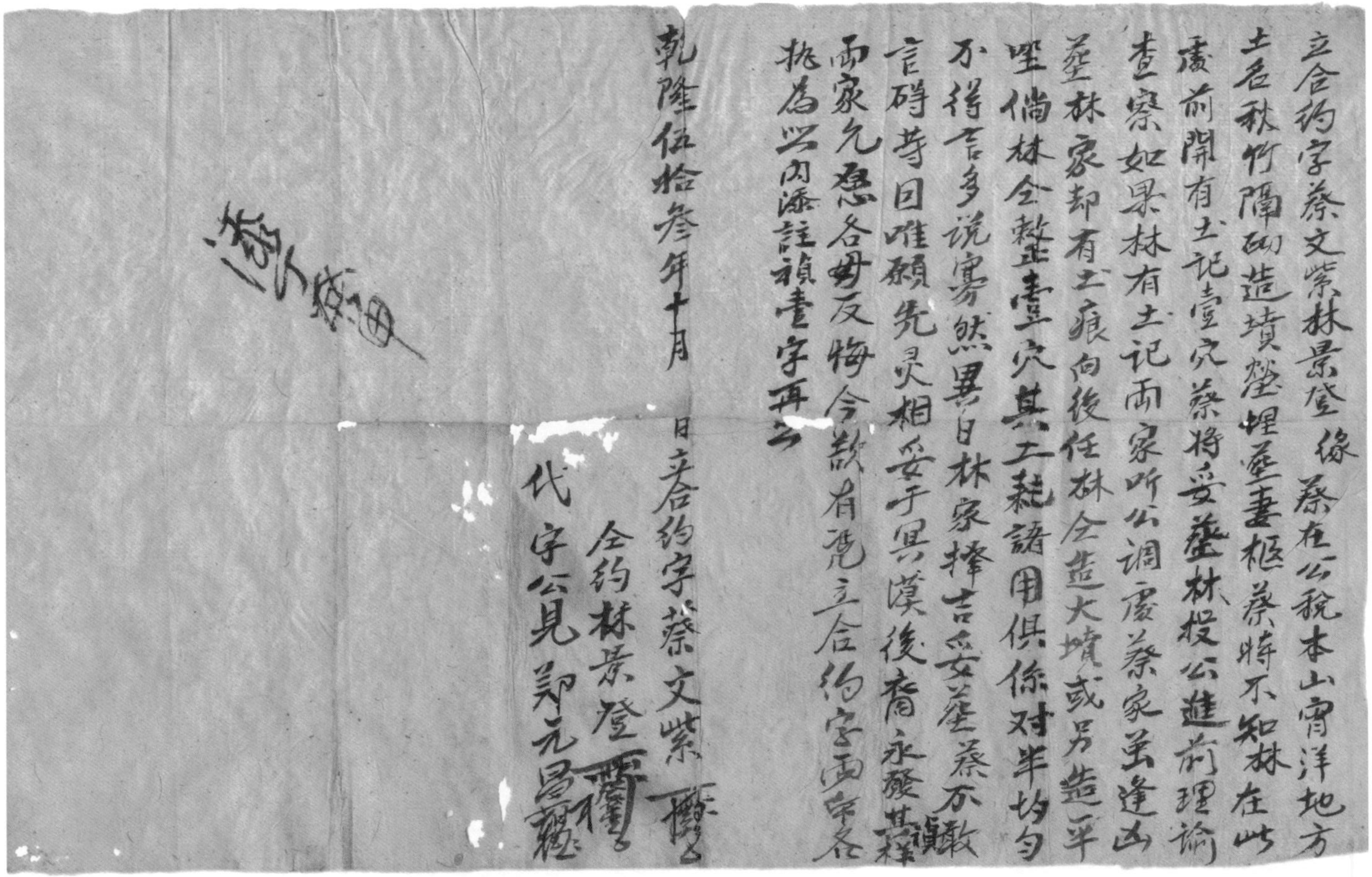
立合約字蔡文紫林景登，緣蔡在公稅本山宵洋地方
土名秋竹隔砌造墳塋埋塟妻柩，蔡將不知林在此
處前開有土記壹穴，蔡將安塟，林投公進前理論
查察，如果林有土記，両家听公調處，蔡家並逢山
塟林家，却有土痕向後，任林仝造大墳，或另造平
坐倘林仝塟壹穴，其工耗諸用俱係对半均匀，
不得言多說寡。然異日林家擇吉安塟，蔡不敢
言碍等因，唯願先灵相安于冥漢，後裔永發其禎祥。
両家允愿，各毋反悔，今欲有憑，立合約字両本各
執為照。内添註禎壹字再照。

乾隆伍拾叁年十月　日立合約字蔡文紫（押）
全約林景登（押）
代字公見鄭元昌（押）

7-1-30-2　清乾隆五十三年十月蔡文紫等立合約字

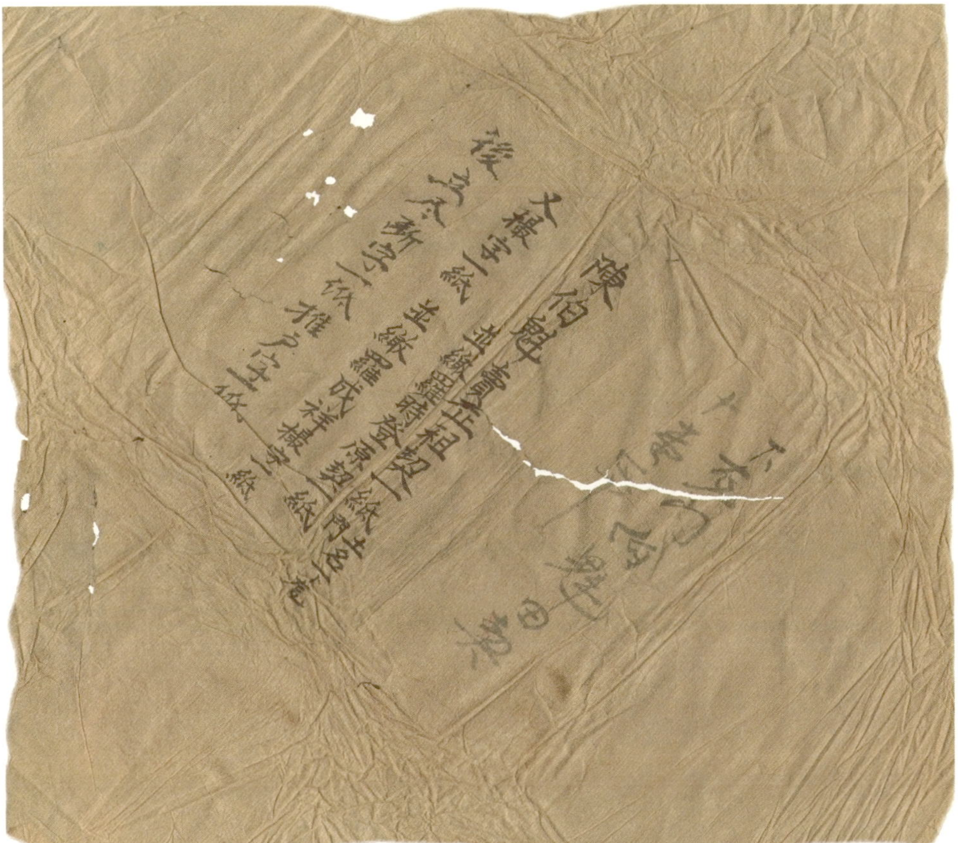

7-1-31-1　包契紙

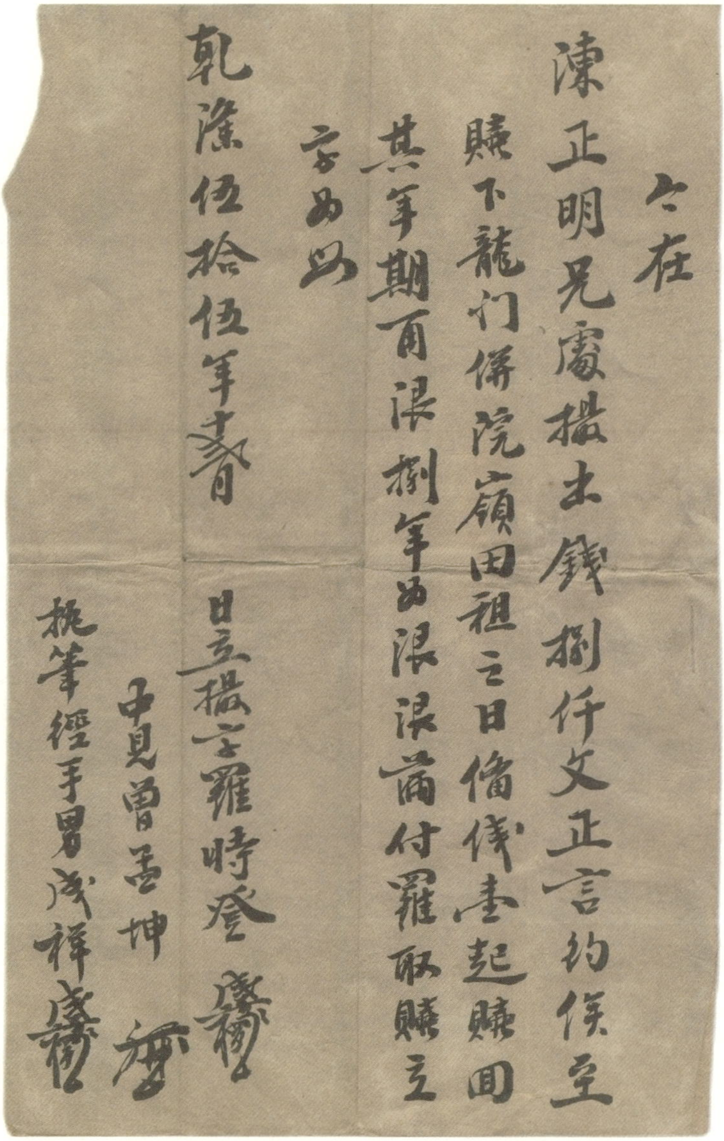

仝在
陳正明兄處撮出錢捌仟文正言約係至
贖下龍门洋院嶺田租之日備錢壹起贖回
其年期有限捌年為限限滿付羅取贖之
字為照
乾隆伍拾伍年十二月　日立撮字羅時登（押）
中見曾善坤（押）
執筆經手曾茂祥（押）

7-1-31-2　清乾隆五十五年十二月羅時登立撮字

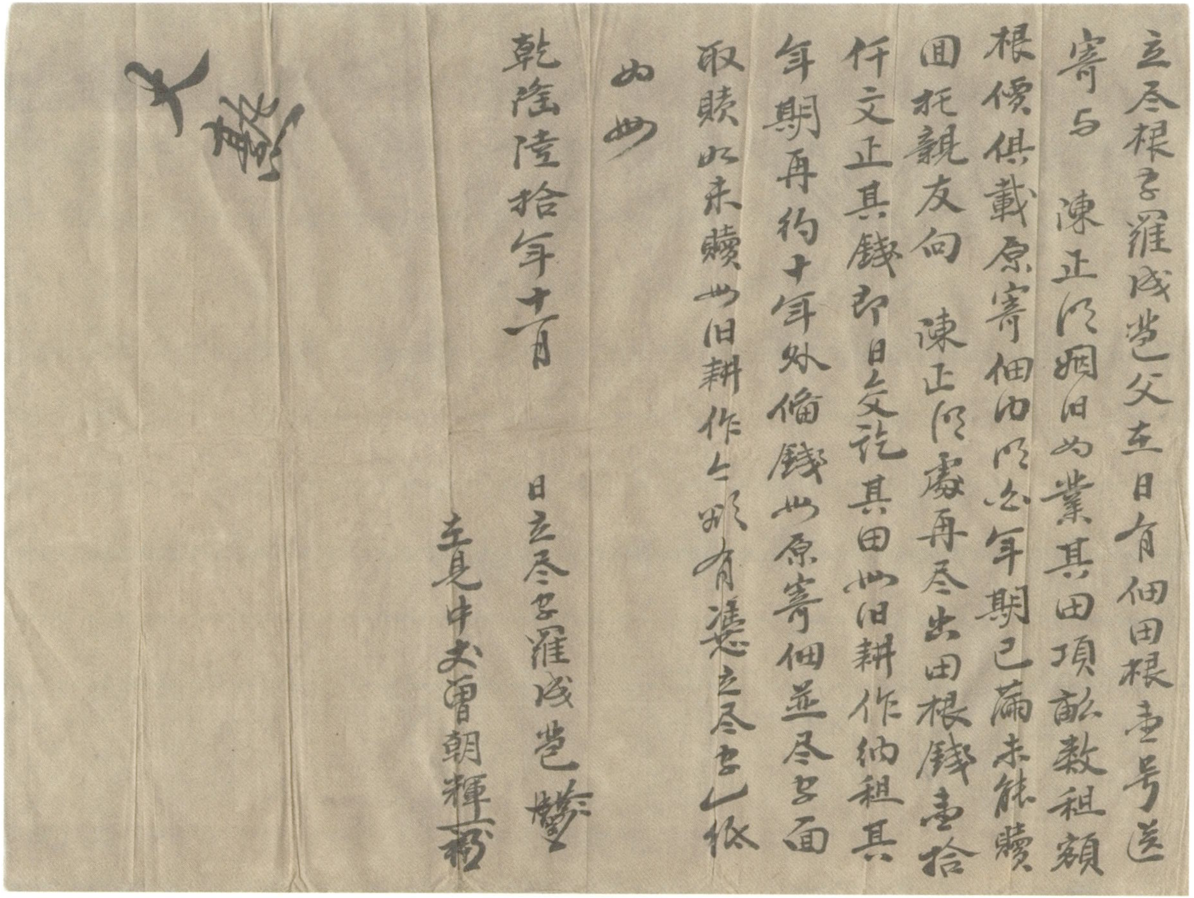
立盡根字羅成苞父在日有佃田根壹号送
寄与 陳正以佃田為業其田項畝數租額
根價俱載原寄佃内以今年期已滿未能贖
回托親友向 陳正以處再盡出田根錢壹拾
仟文正其錢即日交訖其田仍旧耕作納租其
年期再約十年外備錢照原寄佃並盡字面
取贖如未贖照旧耕作今欲有憑立盡字一紙
為照
乾隆陸拾年十一月
日立盡字羅成苞（押）
在見中人曾朝輝（押）
大發

7-1-31-3 清乾隆六十年十一月羅成苞立盡佃田根字

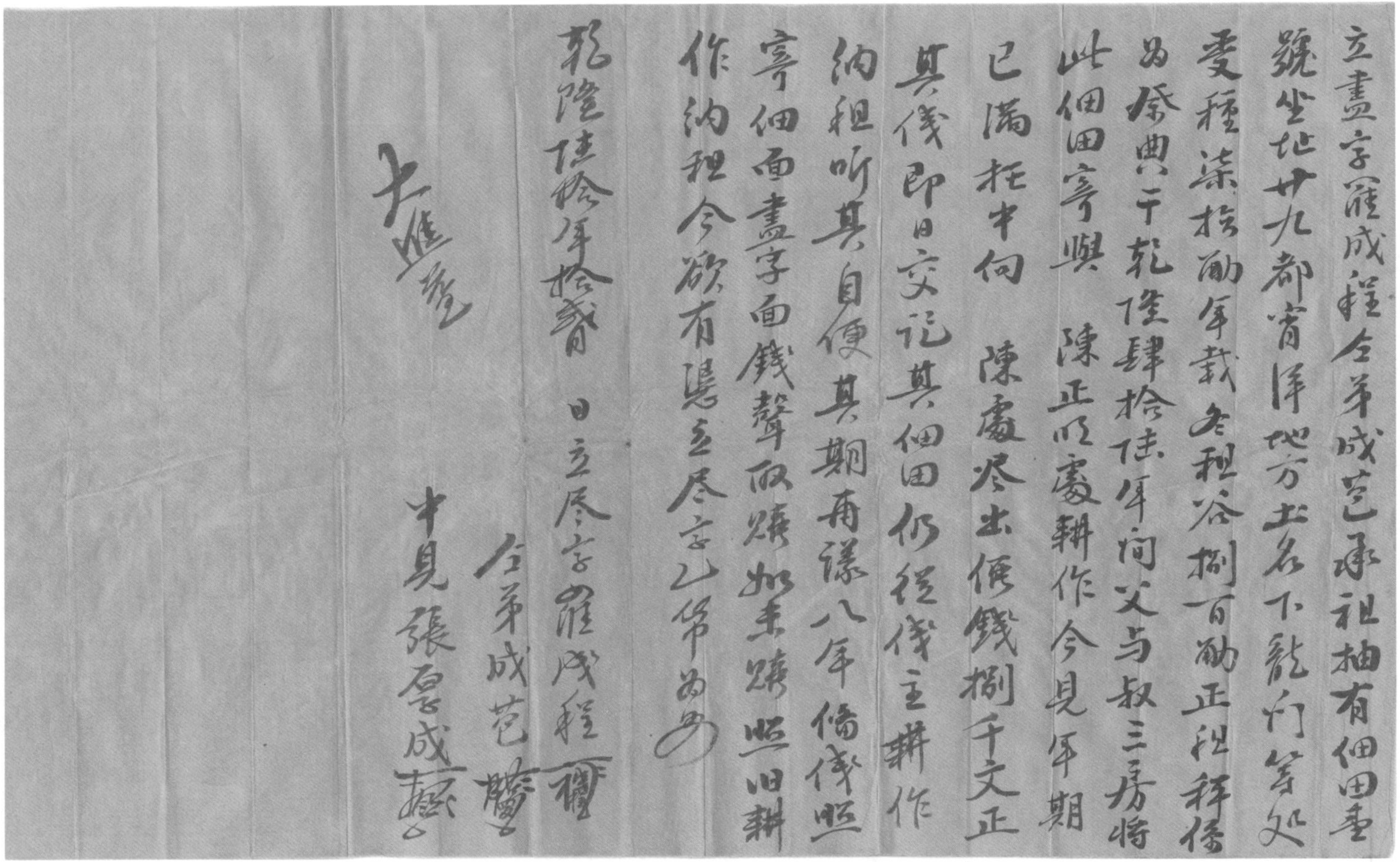

7-1-31-4　清乾隆六十年十二月羅成程等立盡佃田字

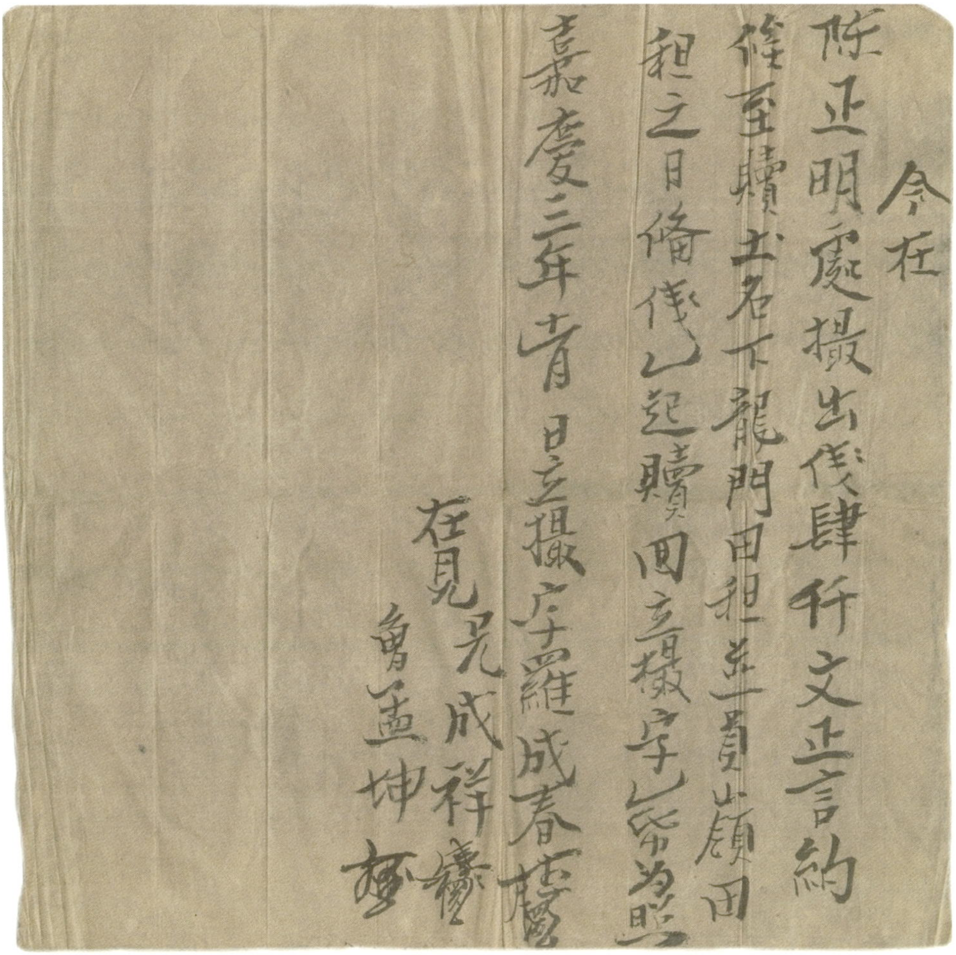
今在
陳正明處撮出伐肆仟文正言約
從至贖立名下龍門田租五員山頭田
租之日備伐山起贖回立撮字為照
嘉慶三年十一月 日立撮字羅成春（押）
在見兄成祥（押）
曾孟坤（押）

7-1-31-5　清嘉慶三年十一月羅成春立撮字

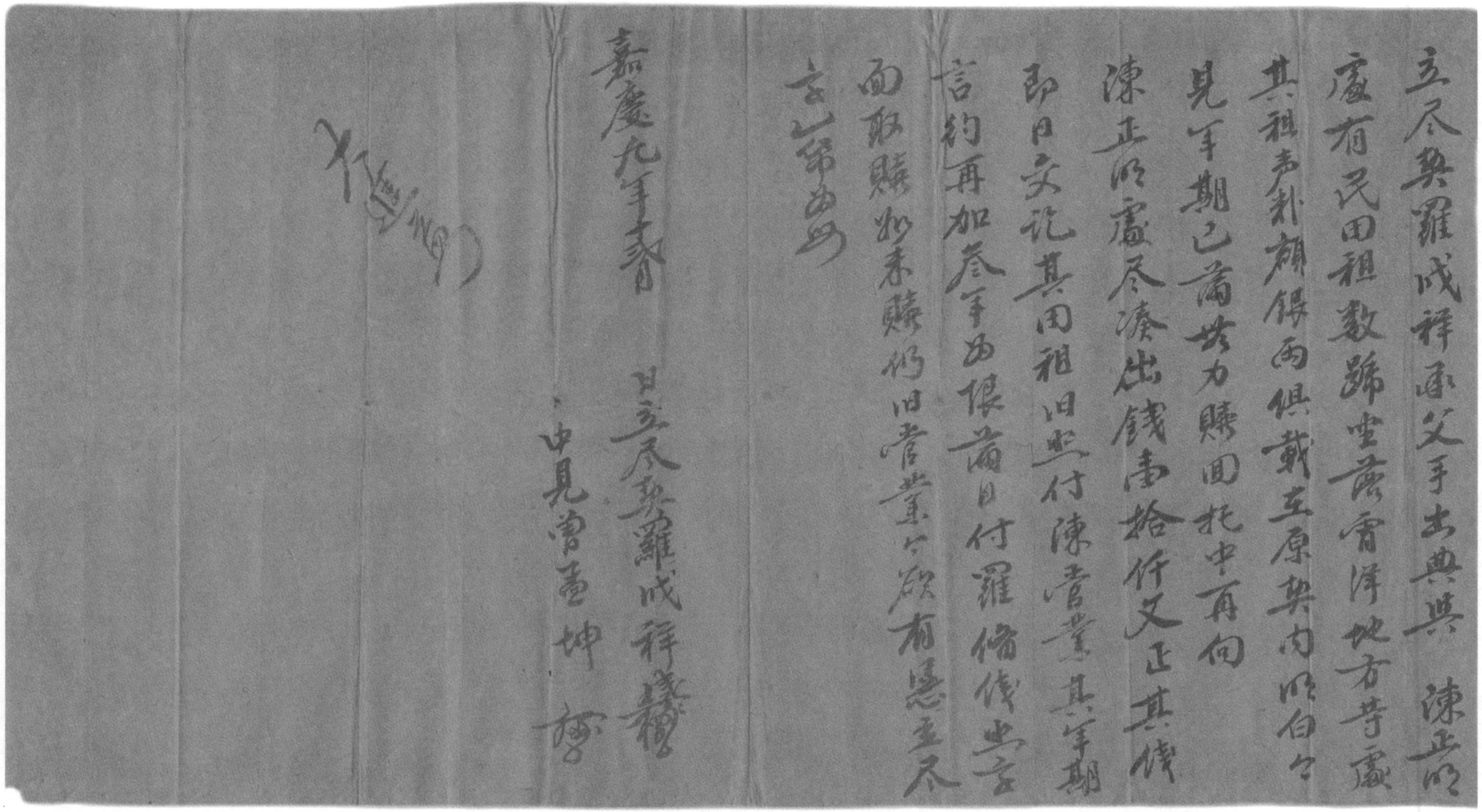

立盡契羅成祥承父手出典與陳正明
處有民田租數號坐落霄洋地方等處
其租聲剝額銀兩俱載在原契內明白今
見年期已滿無力贖回托中再向
陳正明處盡湊出錢壹拾仟文正其錢
即日交訖其田租旧照付陳管業其年期
言約再加叁年為限滿日付羅備錢照契
面取贖如未贖仍旧管業今欲有憑立盡
契一帋為照

嘉慶九年十二月 日立盡契羅成祥（押）
中見曾亞坤（押）

7-1-31-6　清嘉慶九年十二月羅成祥立盡民田租契

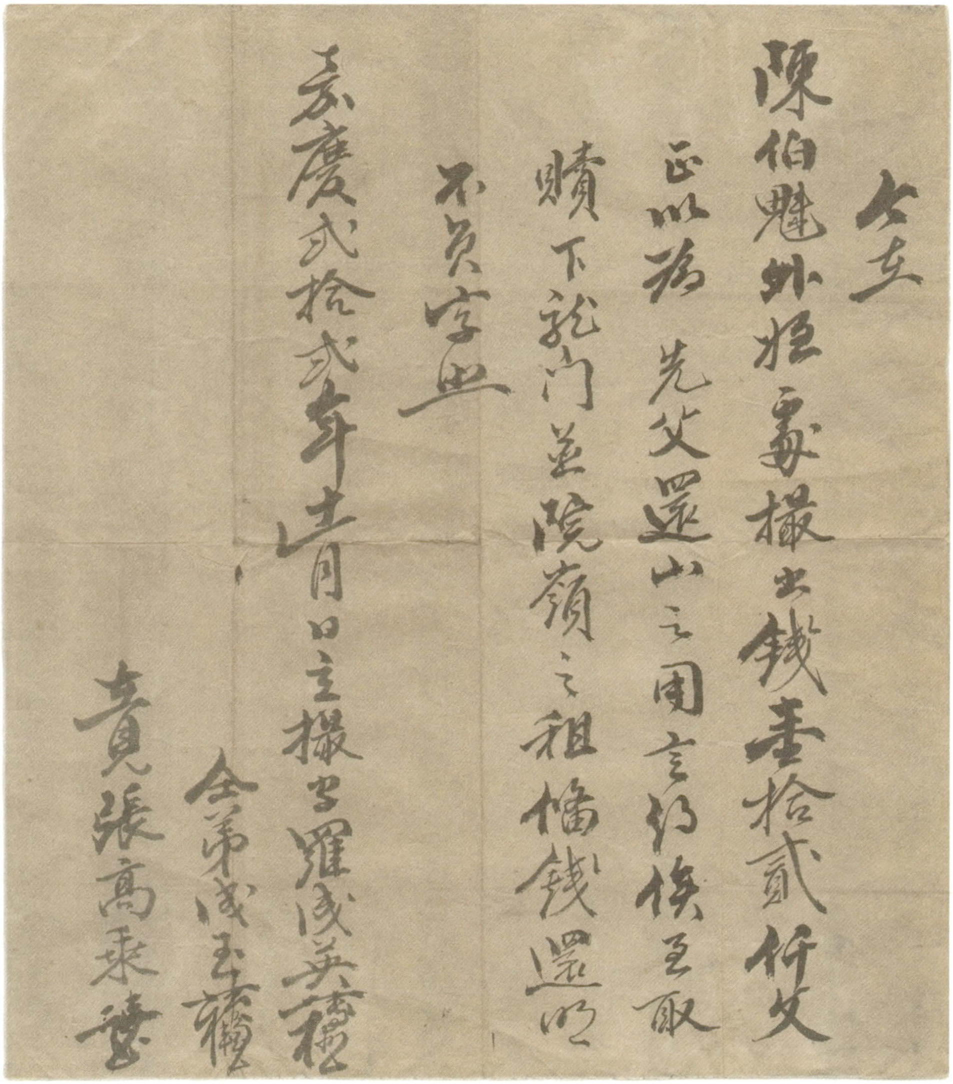
仝立
陳伯魁外姪等撮出錢壹拾貳仟文
正以為　先父遷山之用言約候至取
贖下龍門並院嶺之租備錢還明
不負字照
嘉慶貳拾貳年十一月　日立撮字羅成英（押）
仝弟成玉（押）
在見張高乘筆

7-1-31-7　清嘉慶二十二年十一月羅成英等立撮字

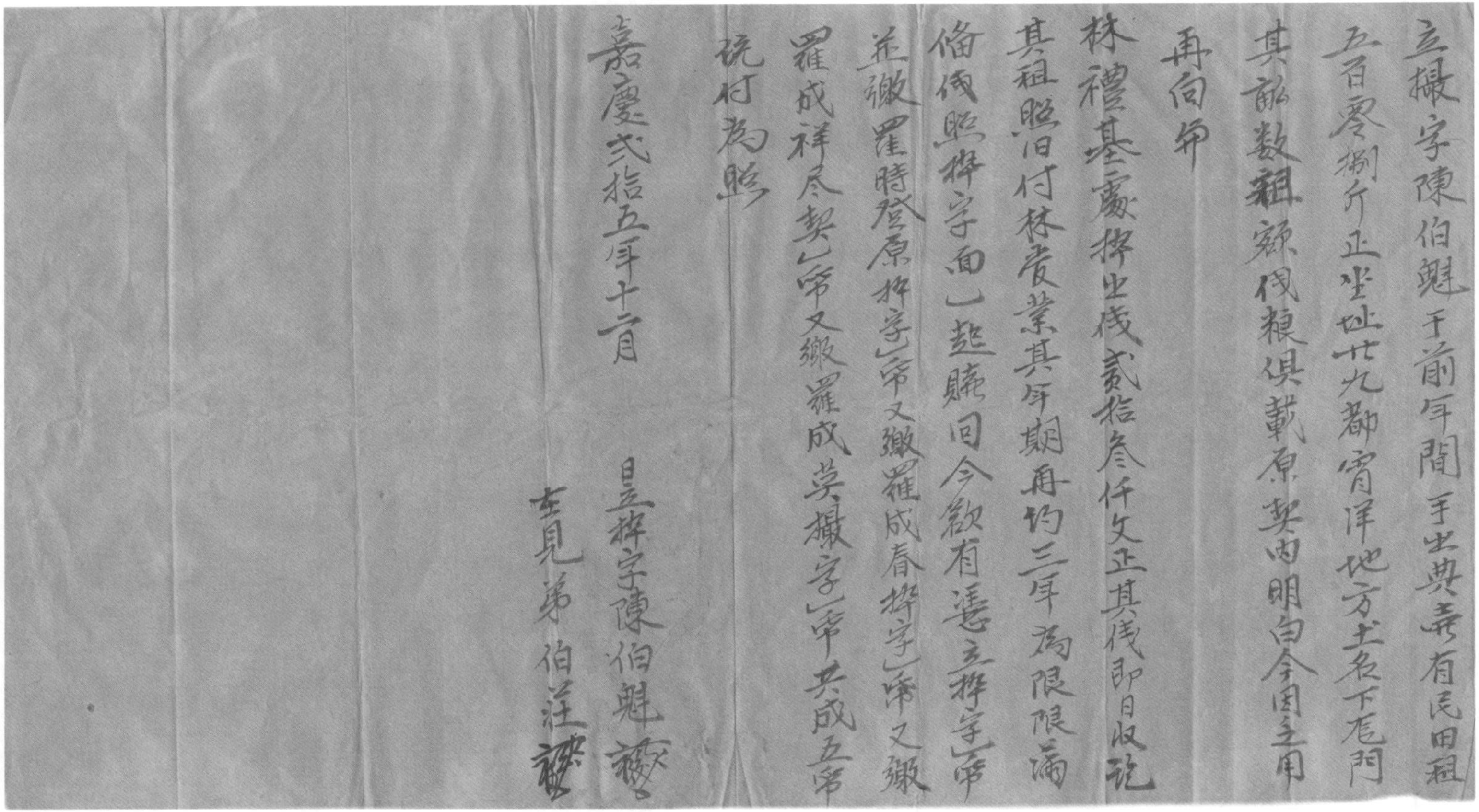

立撮字陳伯魁于前年間手出典壽有民田租
五百零捌斤正坐址廿九都宵洋地方土名下厝門
其畝數租額併粮俱載原契內明白今因乏用
再向弟
林禮基處撮出錢貳拾叁仟文正其錢即日收訖
其租照旧付林處業其年期再約三年為限限滿
備錢照撮字面一起贖回今欲有憑立撮字壹帋
並繳羅時登原撮字一帋又繳羅成春撮字一帋又繳
羅成祥尽契一帋又繳羅成英撮字一帋共成五帋
統付為照
嘉慶弍拾五年十二月　　日立撮字陳伯魁（押）
在見弟伯莊（押）

7-1-31-8　清嘉慶二十五年十二月陳伯魁立撮字

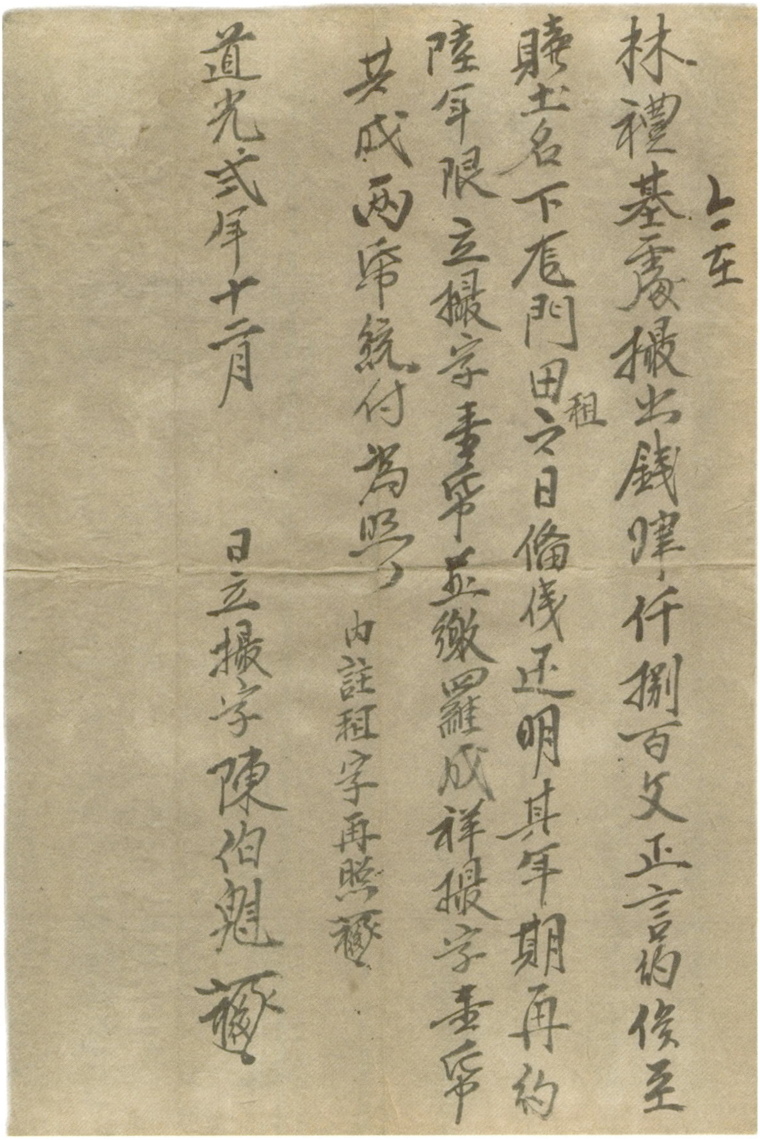
上左
林禮基處撥出錢肆仟捌百文正言約俟至
聽主名下厝門田租之日備錢還明其年期再約
陸年限立撥字壹紙並繳羅成祥撥字壹紙
共成兩紙統付為照
內註租字再照
道光弍年十二月　日立撥字陳伯魁

7-1-31-9　清道光二年十二月陳伯魁立撥字

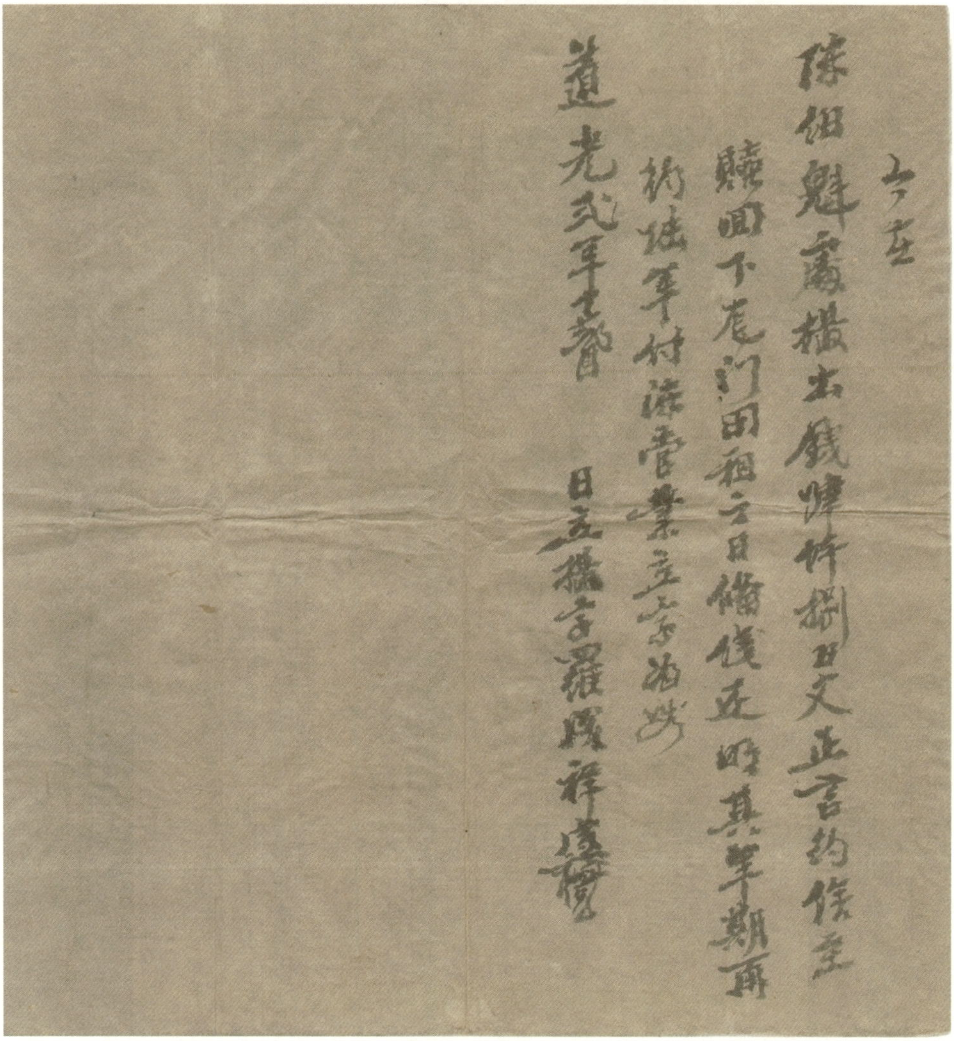

[illegible]

係佃魁壽撮出錢肆仟捌百文正言約係至
贖回下尾圳田租六日備錢还明其年期再
新[illegible]年付添壹業主等酒[illegible]
道光弍年十二月　日立撮字羅成祥（押）

7-1-31-10　清道光二年十二月羅成祥立撮字

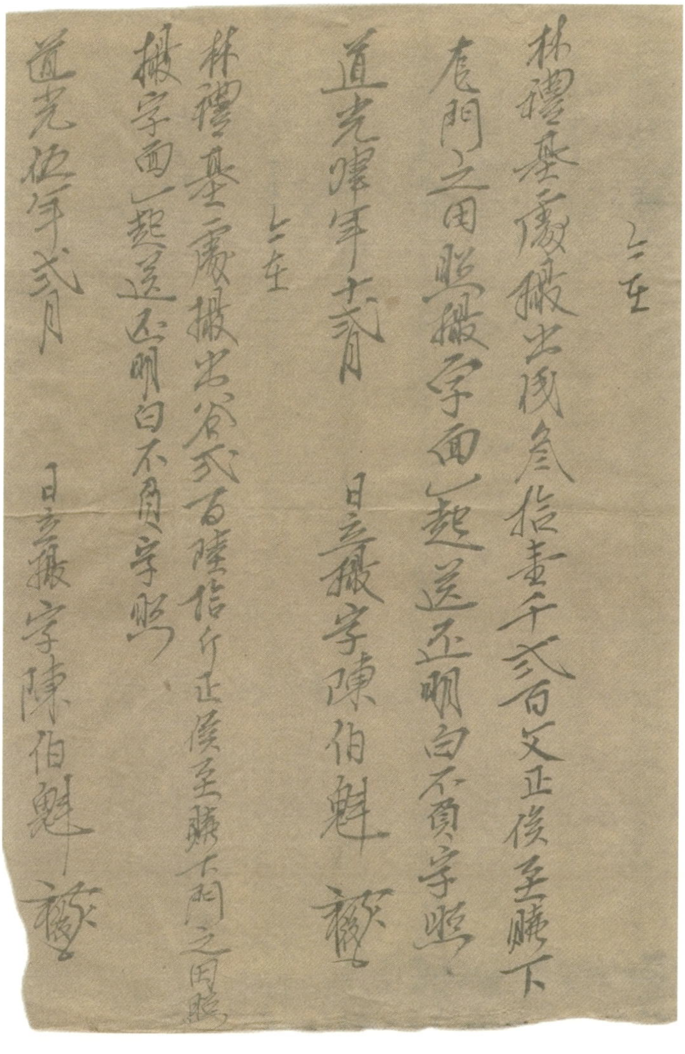
仝在

林禮基處撮出錢叁指壹仟弍百文正，俟至賧下

底門之田照撮字面一起送还明白，不負字照。

道光肆年十弍月　日立撮字陳伯魁（押）

仝在

林禮基處撮出谷弍百陸指斤正，俟至賧下門之田照

撮字面一起送还明白，不負字照。

道光伍年弍月　日立撮字陳伯魁（押）

7-1-31-11　清道光四年十二月陳伯魁立撮字

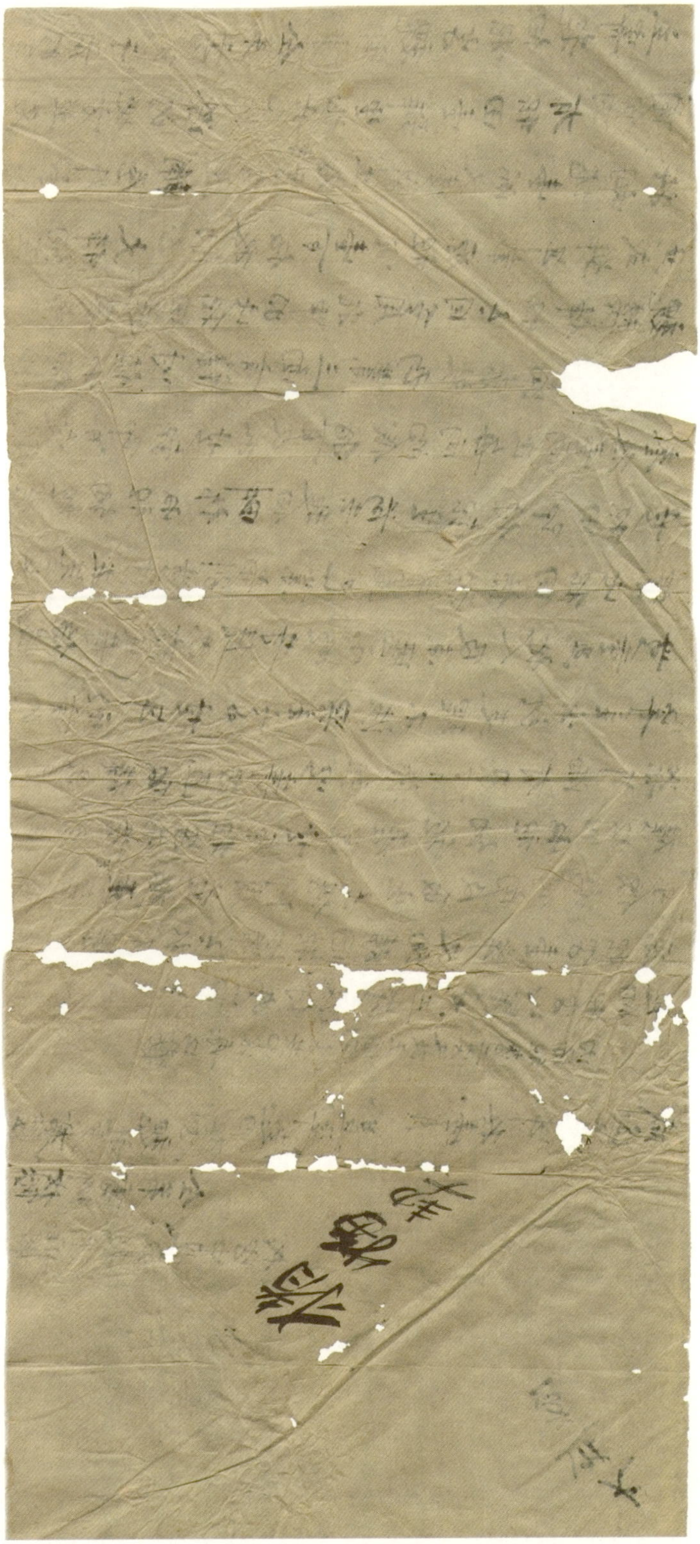

7-1-32-1　包契紙

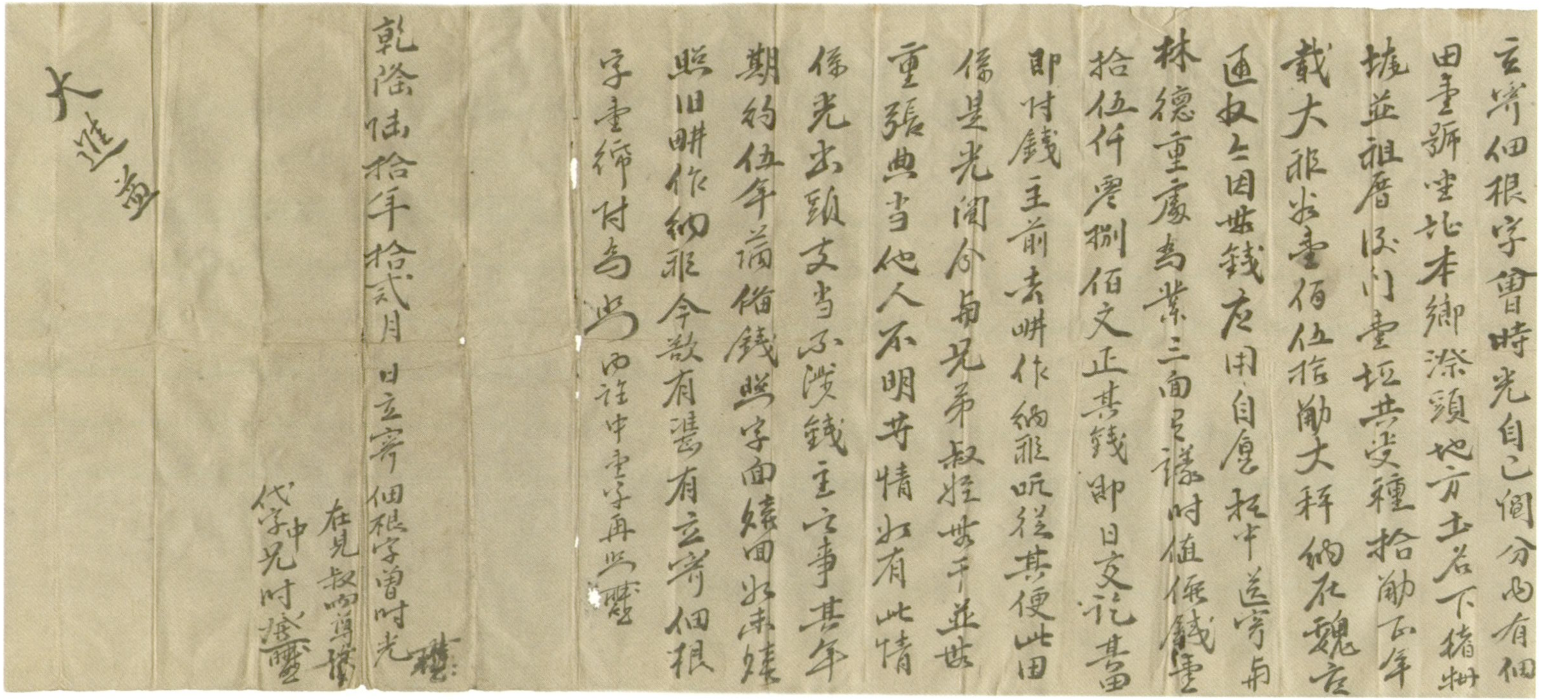

立寄佃根字曾時光自己閭分內有佃
田壹號坐址本鄉漈頭地方土名下稍坵
墘並祖厝门壹坵共受種拾觔正年
載大租谷壹佰伍拾觔大秤納在魏亡
通叔亼因無錢應用自愿托中送寄與
林德重處為業三面言議时值價錢壹
拾伍仟柒捌佰文正其錢即日交訖其田
即付錢主前去耕作納租听從其便此田
係是光鬮分與兄弟叔侄無干並無
重張典當他人不明等情如有此情
係光出頭支當不涉錢主之事其年
期約伍年滿備錢照字面贖回如未贖
照舊耕作納租今欲有憑立寄佃根
字壹紙付為照 內註中壹字再照

乾隆陆拾年拾貳月 日立寄佃根字曾时光
在見叔
代字中兄时

大進益

7-1-32-2 清乾隆六十年十二月曾時光立寄佃田根字

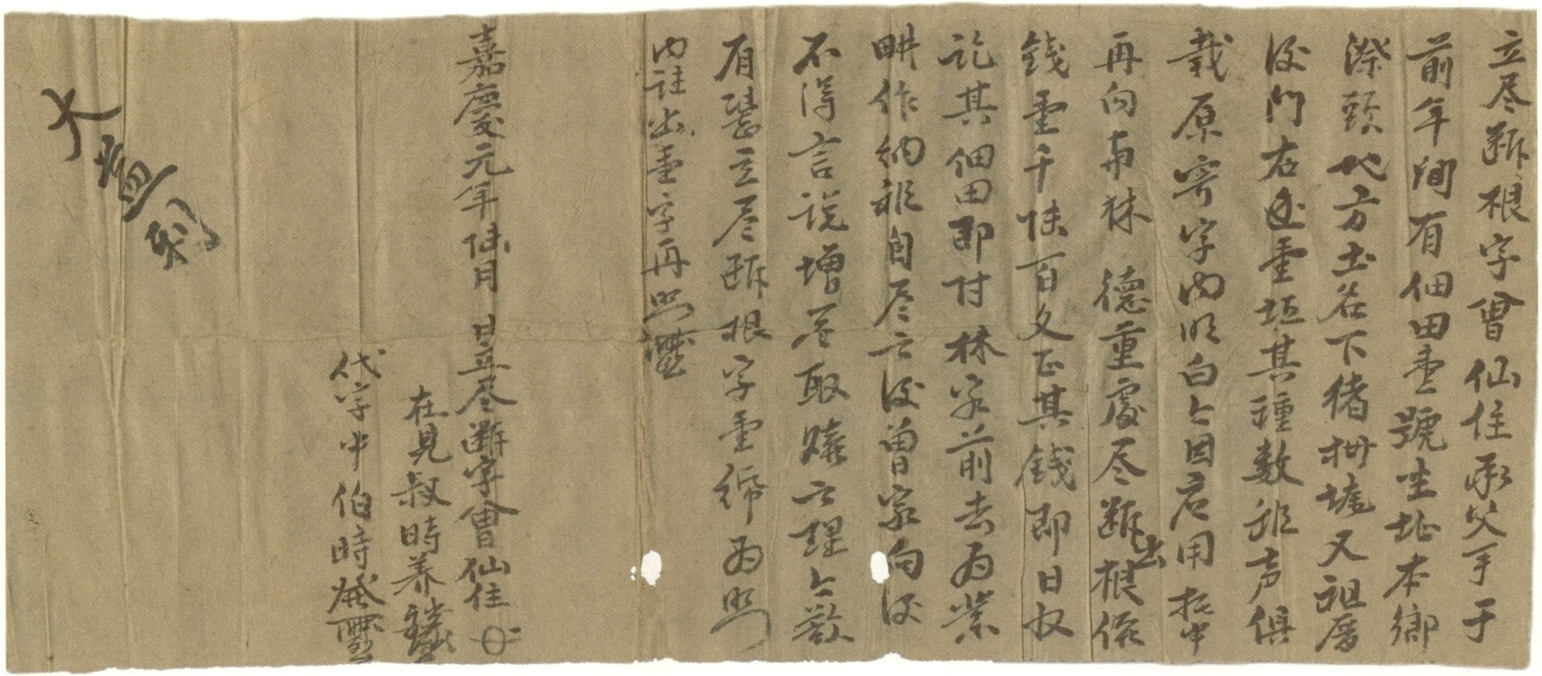
立盡斷根字曾仙住承父手于
前年間有佃田壹號坐址本鄉
深頭地方土名下猪坩墘又祖房
後門右邊壹坵其種數並声俱
載原字內明白今因居用於中
再向本林 德重處盡斷根佃
錢壹千陸百文正其錢即日收
訖其佃田即付林家前去爲業
耕作納租自盡之後曾家向後
不得言說增盡取贖之理今欲
有憑立盡斷根字壹紙爲照
內註出壹字再照
嘉慶元年陸月 日立盡斷字曾仙住
在見叔時养
代字中伯時成

7-1-32-3　清嘉慶元年六月曾仙住立盡斷佃田根字

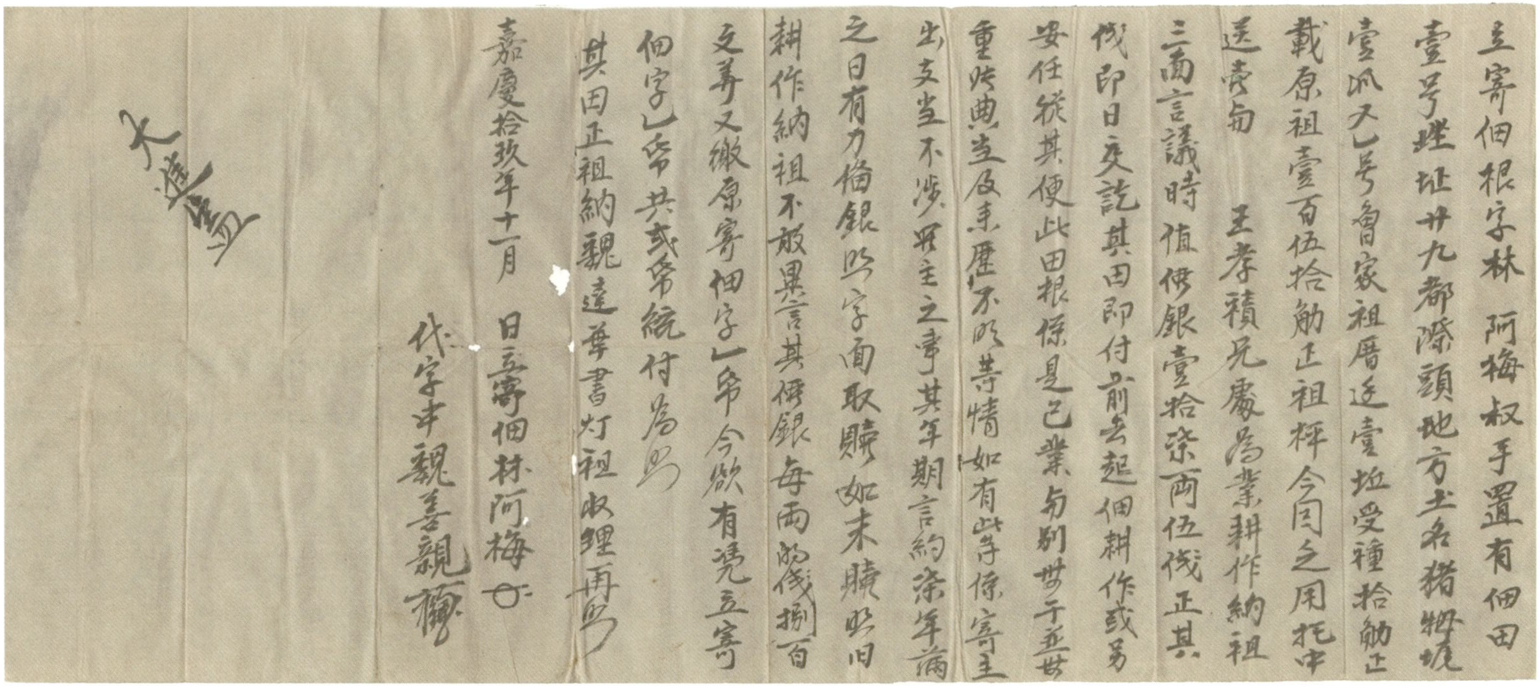
立寄佃根字林　阿梅叔手置有佃田
壹号址廿九都漈頭地方土名猪牳垅
壹坵又乙号會家祖厝边壹坵受種拾觔正
載原祖壹百伍拾觔正祖秤今因乏用托中
送壹甸　王孝積兄處為業耕作納祖
三面言議時值價銀壹拾柒兩伍錢正其
錢即日交訖其田即付前去起佃耕作或另
安任從其便此田根係是己業与别房無干並無
重張典當及來歷不明等情如有此等係寄主
出支當不涉受主之事其年期言約柒年滿
之日有力備銀照字面取贖如未贖照旧
耕作納祖不敢異言其價銀每兩照錢捌百
文算又繳原寄佃字乙帋今欲有憑立寄
佃字乙帋共貳帋繞付為照
其田正祖納親達華書灯租收理再照
嘉慶拾玖年十一月　日立寄佃林阿梅（押）
代字中親善親（押）
大進壹

7-1-32-4　清嘉慶十九年十一月林阿梅立寄佃田根字

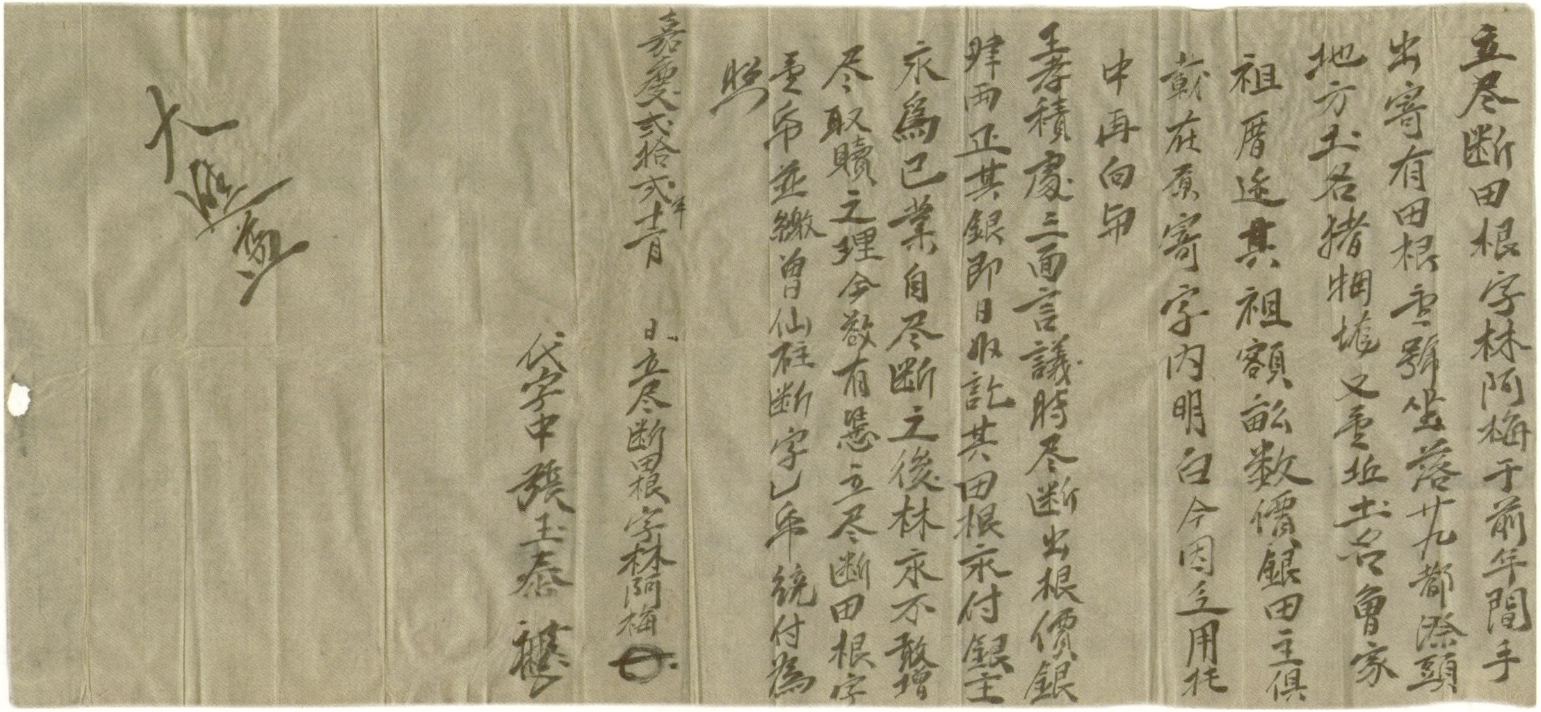
立盡斷田根字林阿梅，于前年間手
出寄有田根壹號，坐落廿九都潑頭
地方土名猪埔墘，又壹坵土名曾家
祖厝邊，其租額畝數價銀田主俱
載在原寄字內明白。今因乏用，托
中再向與
王壽積處三面言議，將盡斷出根價銀
肆兩正，其銀即日收訖，其田根永付銀主
永為己業。自盡斷之後，林永不敢增
盡取贖之理。今欲有憑，立盡斷田根字
壹帋，並繳曾仙程斷字乙帋，繳付為
照。
嘉慶式拾式年十二月　日立盡斷田根字林阿梅（押）
代字中　張玉泰（押）
大吉

7-1-32-5　清嘉慶二十二年十二月林阿梅立盡斷田根字

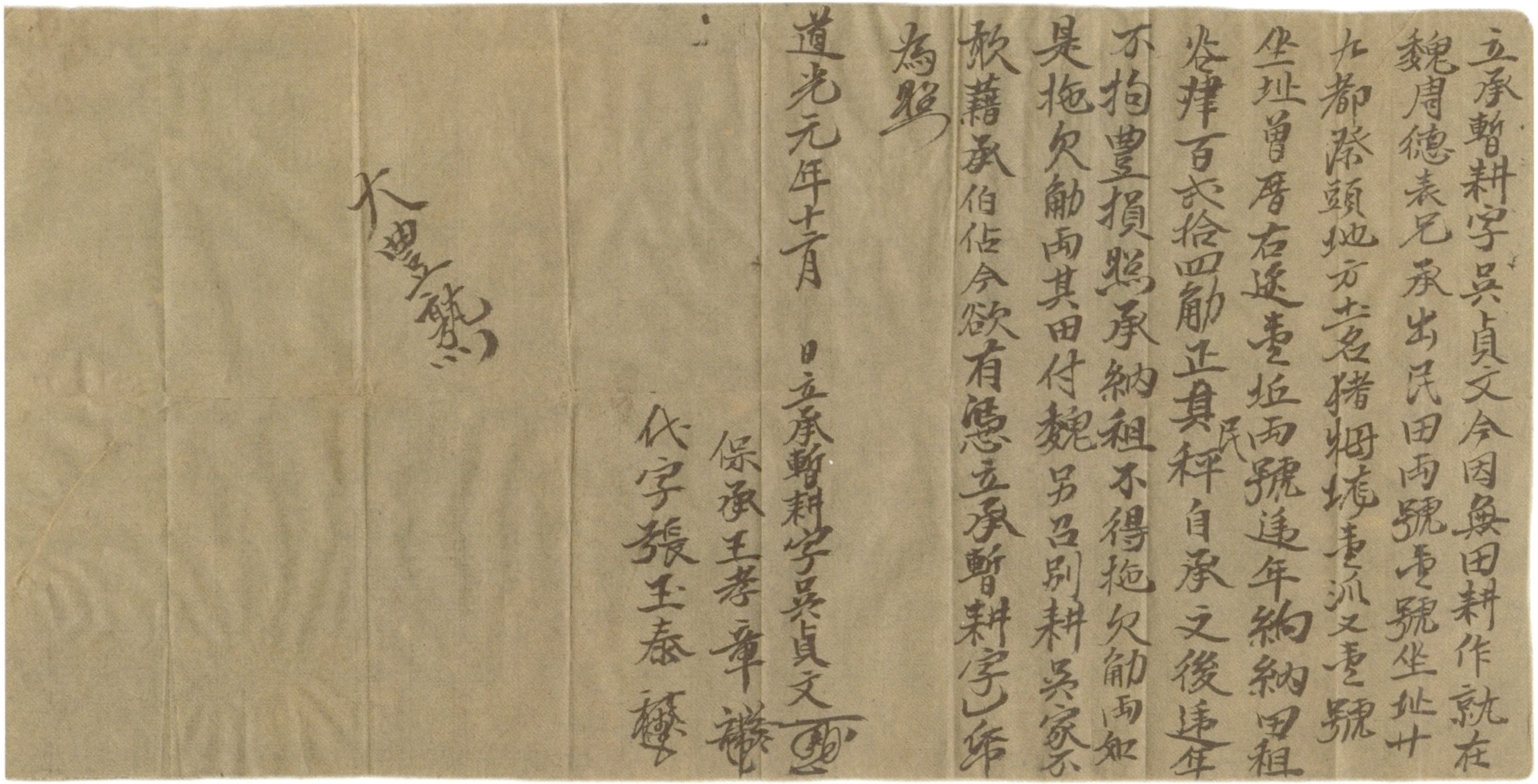

立承暫耕字吳貞文今因無田耕作就在
魏周德來兄承出民田兩號一號坐址十
九都漈頭地方土名芒塘坵上表洲又一號
坐址曾厝右邊上坵兩號通年約納田租
穀肆百貳拾四觔正其民秤自承之後遞年
不拘豐損照承納租不得拖欠倘有如
是拖欠升合其田付魏另召別耕吳家不
敢藉霸佃佔今欲有憑立承暫耕字乙紙
為照

道光元年十二月　日立承暫耕字吳貞文（押）

保承　王孝章（押）

代字　發王泰（押）

大與魏處

7-1-32-6　清道光元年十二月吳貞文立承暫耕民田字

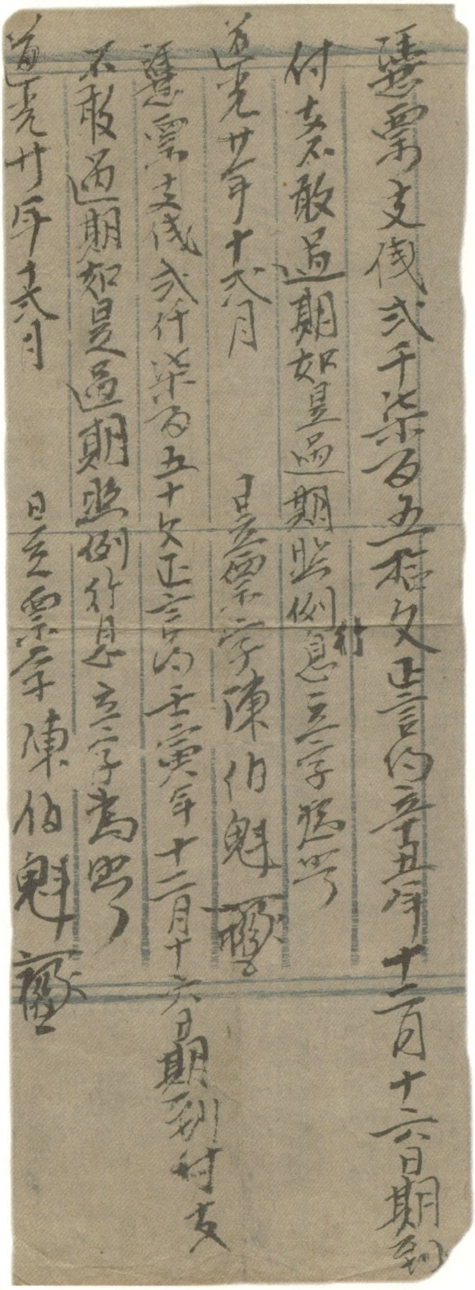
憑票支錢弍千柒百五拾文正，言約辛丑年十二月十六日期到
付支，不敢過期，如是過期，照例行息三字為照。
道光廿年十弍月　　日立票字陳伯魁（押）
憑票支錢弍仟柒百五十文正，言約壬寅年十二月十六日期到付支，
不敢過期，如是過期，照例行息三字為照。
道光廿年十弍月　　日立票字陳伯魁（押）

7-1-32-7　清道光二十年十二月陳伯魁立支錢憑票（一）

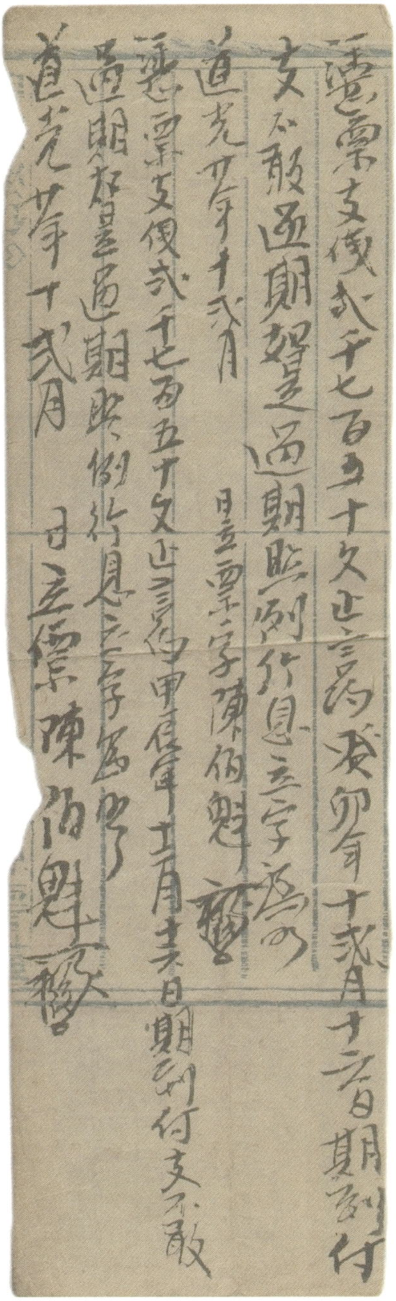

憑票支錢弍千七百五十文正言約癸卯年十弍月十二日期到付
支不敢過期如是過期照例行息立字爲照
道光廿年十弍月　日立票字陳伯魁（押）
憑票支錢弍千七百五十文正言約甲辰年十弍月十二日期到付支不敢
過期如是過期照例行息立字爲照
道光廿年十弍月　日立票陳伯魁（押）

7-1-32-8　清道光二十年十二月陳伯魁立支錢憑票（二）

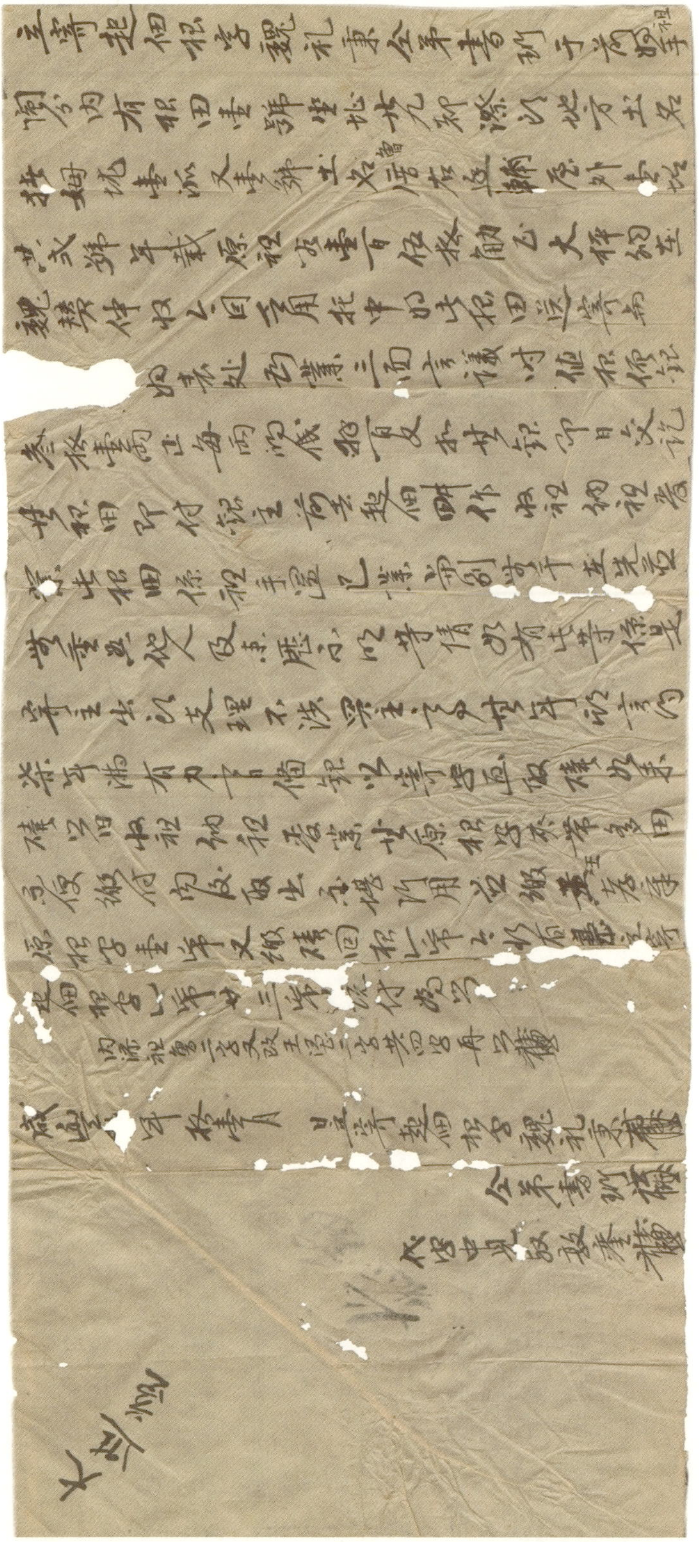

7-1-32-9 清咸豐□年十一月魏礼秉立寄起佃根田字

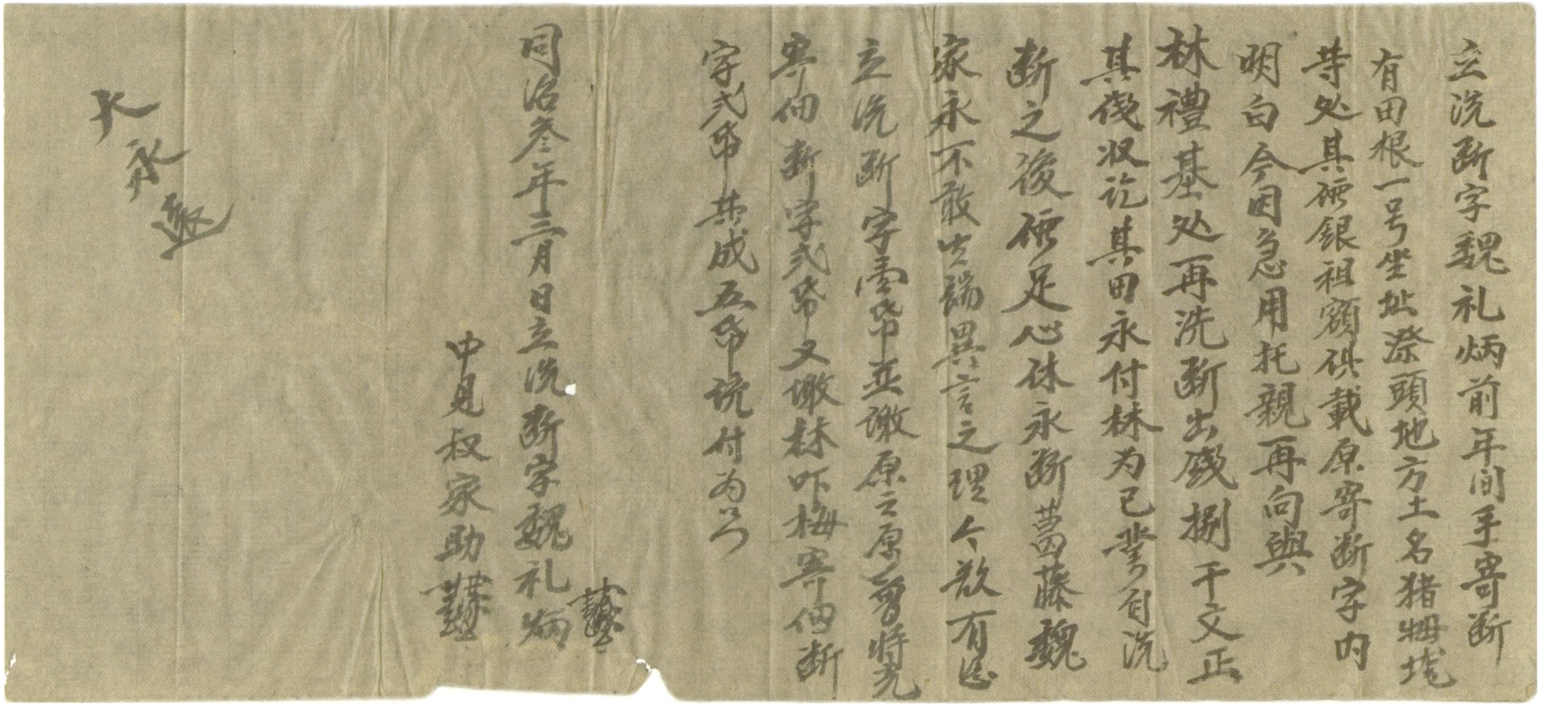
立洗斷字魏礼炳前年間手寄斷
有田根一号坐址漈頭地方土名猪栅垅
芋处其價銀祖額供載原寄斷字内
明白今因急用托親再向與
林禮基处再洗斷出錢捌千文正
其錢收訖其田永付林為己業管洗
斷之後價足心休永斷葛藤魏
家永不敢出端異言之理今欲有憑
立洗斷字壹帋并繳原立原寄特洗
寄佃斷字弍帋又繳林吓梅寄佃斷
字弍帋共成五帋統付為照
同治叁年三月　日立洗斷字魏礼炳
中見叔家助
大發達

7-1-32-10　清同治三年三月魏礼炳立洗斷田根字

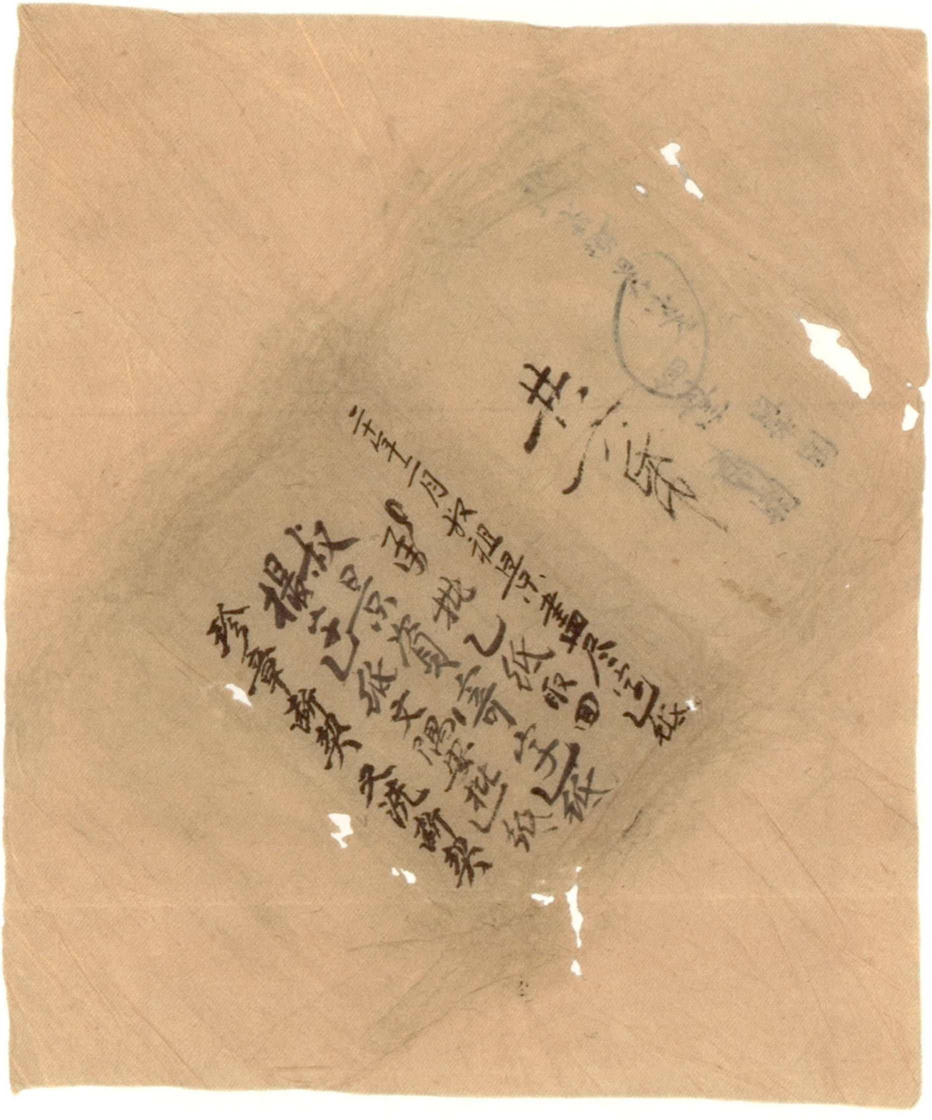

7-1-33-1　包契紙

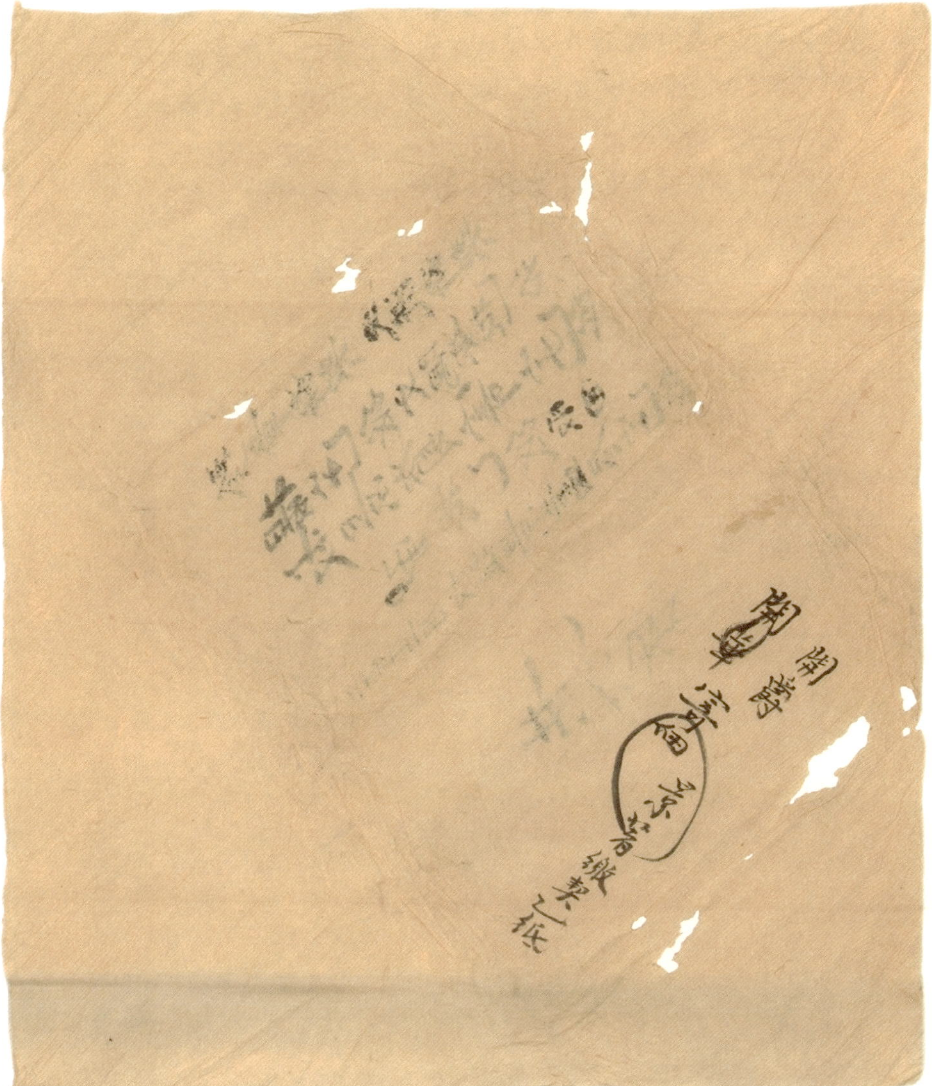

7-1-33-2　包契紙

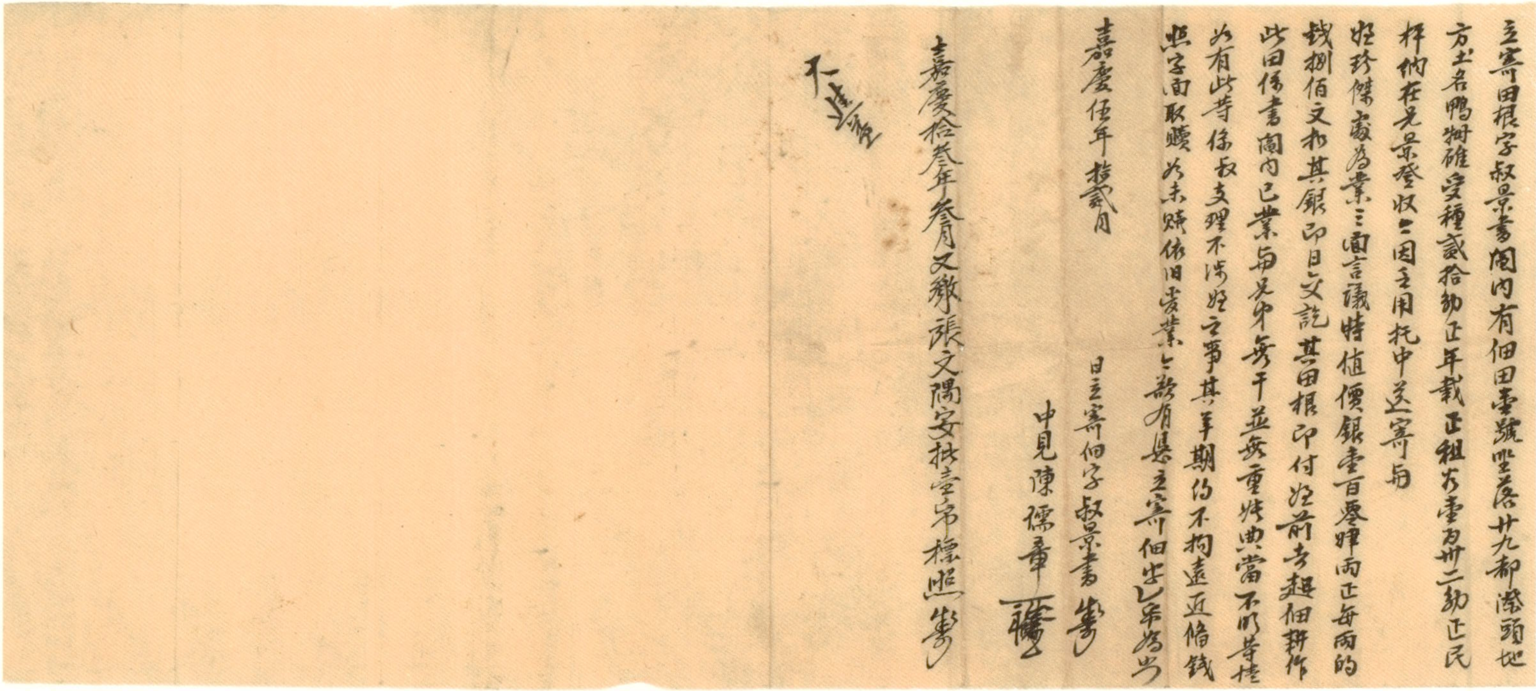
立寄田根字叔景書闔內有佃田壹號坐落廿九都潘頭地
方土名鴨梱碓受種貳拾勳正年載正租壹石卅二勳正民
秤納在兄景登收今因乏用托中送寄與
姪珍傑處為業三面言議時值價銀壹百零肆兩正每兩的
錢捌佰文外其銀即日交訖其田根即付姪前去起佃耕作
此田係書闔內己業與兄弟叔侄無干並無重張典當不明等情
如有此等係叔支理不涉姪之事其年期仍不拘遠近備錢
照字面取贖如未贖依舊管業今欲有憑立寄佃字一紙為照
日立寄佃字叔景書（押）
中見陳儒章（押）
嘉慶伍年拾貳月
嘉慶拾叁年叁月又繳張文陽安拔壹吊標照（押）
不[illegible]

7-1-33-3　清嘉慶五年十二月林景書立寄佃田根字

7-1-33-4　清嘉慶六年十二月林景書立撮字

立盡田根字叔祖景書鬮分有佃田壹號
坐址本都陳彭地方土名鴨蝌碓，其種數
租穀價銀俱載原盡據字內明白，今因要
主增盡，再向中
姪孫禮崑處盡出價銀捌兩正，每兩以錢捌
佰文扣，其錢即日交訖，其田照舊付姪孫
耕作收租當業，其年期言約伍年為限，限滿
備錢照原盡據字面取贖，如未贖照舊管業
亡說。有憑，立盡字乙紙為照。內注西字乙字，再照。
嘉慶貳拾年貳月　日立盡字叔祖景書（押）
中見　陳傑筆
大吉利

7-1-33-5　清嘉慶二十年二月林景書立盡田根字

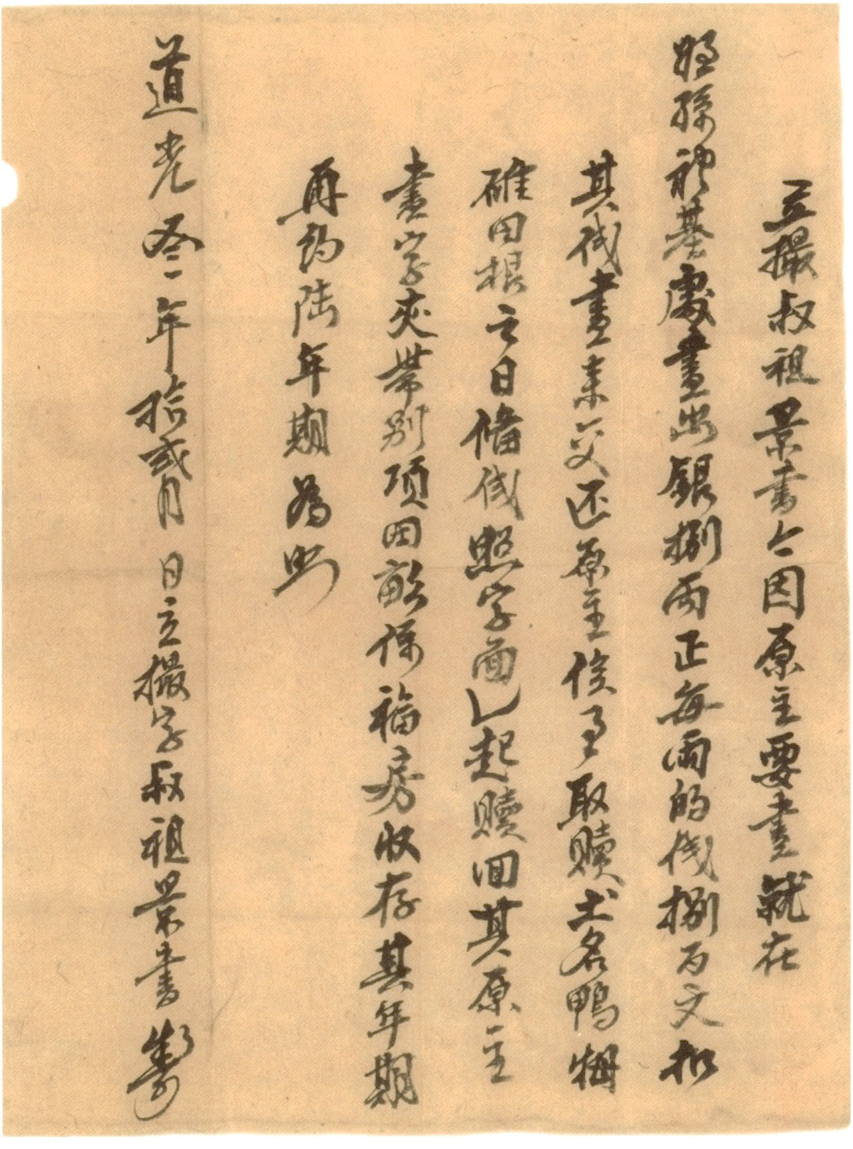

立撮叔祖景書，今因原主要盡，就在
將孫神墓處盡出銀捌兩正，每兩的錢捌百文，計
其錢壹千柒百文，還原主侄子取贖，土名鴨欄
碓田根之日，備錢照字面一起贖回，其原主
盡字夾帶別項田畝，係福房收存，其年期
再為陸年期為照。
道光叁年拾貳月 日立撮字叔祖景書（押）

7-1-33-6　清道光三年十二月林景書立撮字

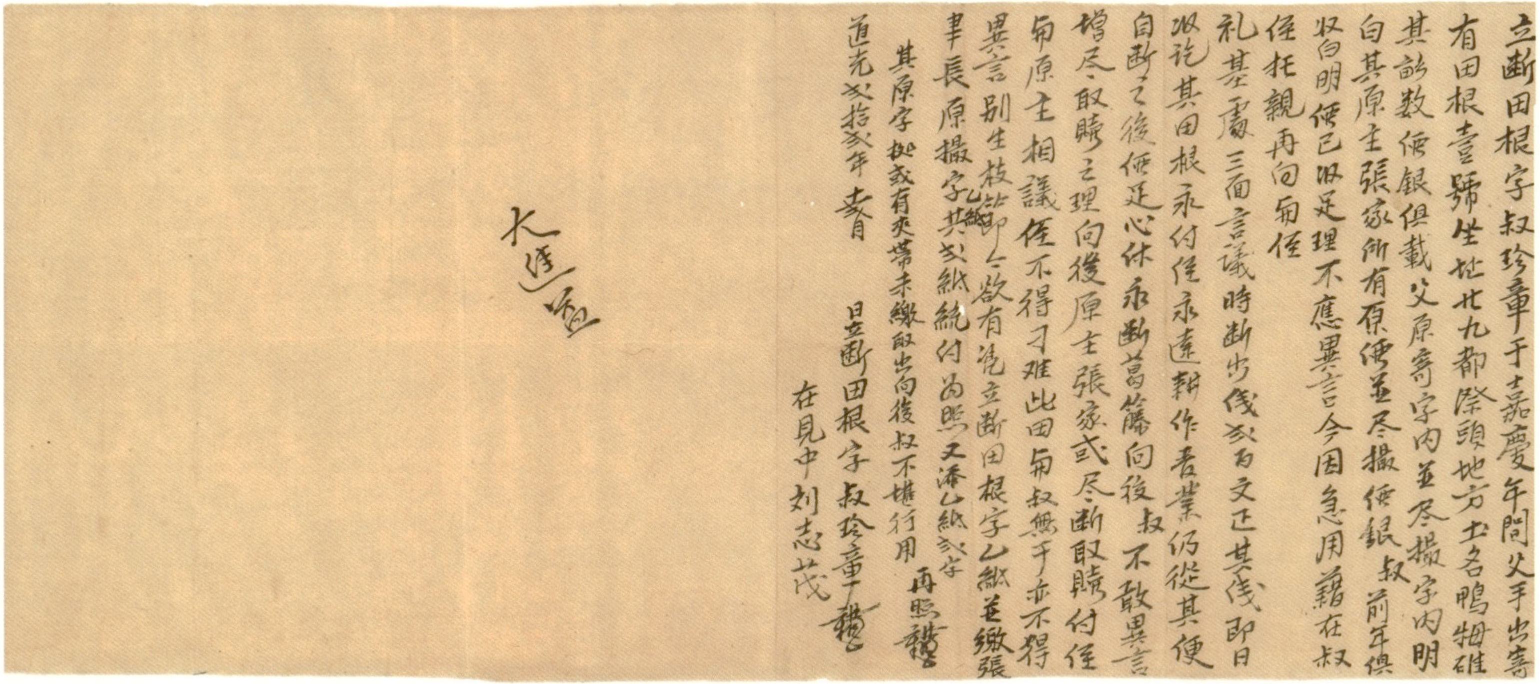
立斷田根字叔珍章，于嘉慶年間父手出寄有田根壹號，坐址廿九都際頭地方，土名鴨𣑥碓，其畝數價銀俱載父原寄字內，並盡撮字內明白。其原主張家所有原價並盡撮價銀，叔前年俱收回明，價已收足，理不應異言。今因急用，藉在叔侄托親再向侄礼基處三面言議，時斷出錢叁百文正，其錢即日收訖。其田根永付侄永遠耕作，耆業仍從其便。自斷之後，價足心休，永斷葛藤，向後叔不敢異言增盡取贖之理。向後原主張家贰盡斷取贖，付侄向原主相議，侄不得刁難。此田向叔無干，亦不得異言別生枝節。即今欲有憑，立斷田根字乙紙，並繳張車長原撮字乙紙，共叁紙，統付為照。又添乙紙叁字。再照。（押）
其原字批或有夾帶未繳，取出向後，叔不堪行用。
道光貳拾貳年十二月　日立斷田根字叔珍章（押）
在見中　刘志茂

7-1-33-7　清道光二十二年十二月林珍章立斷田根字

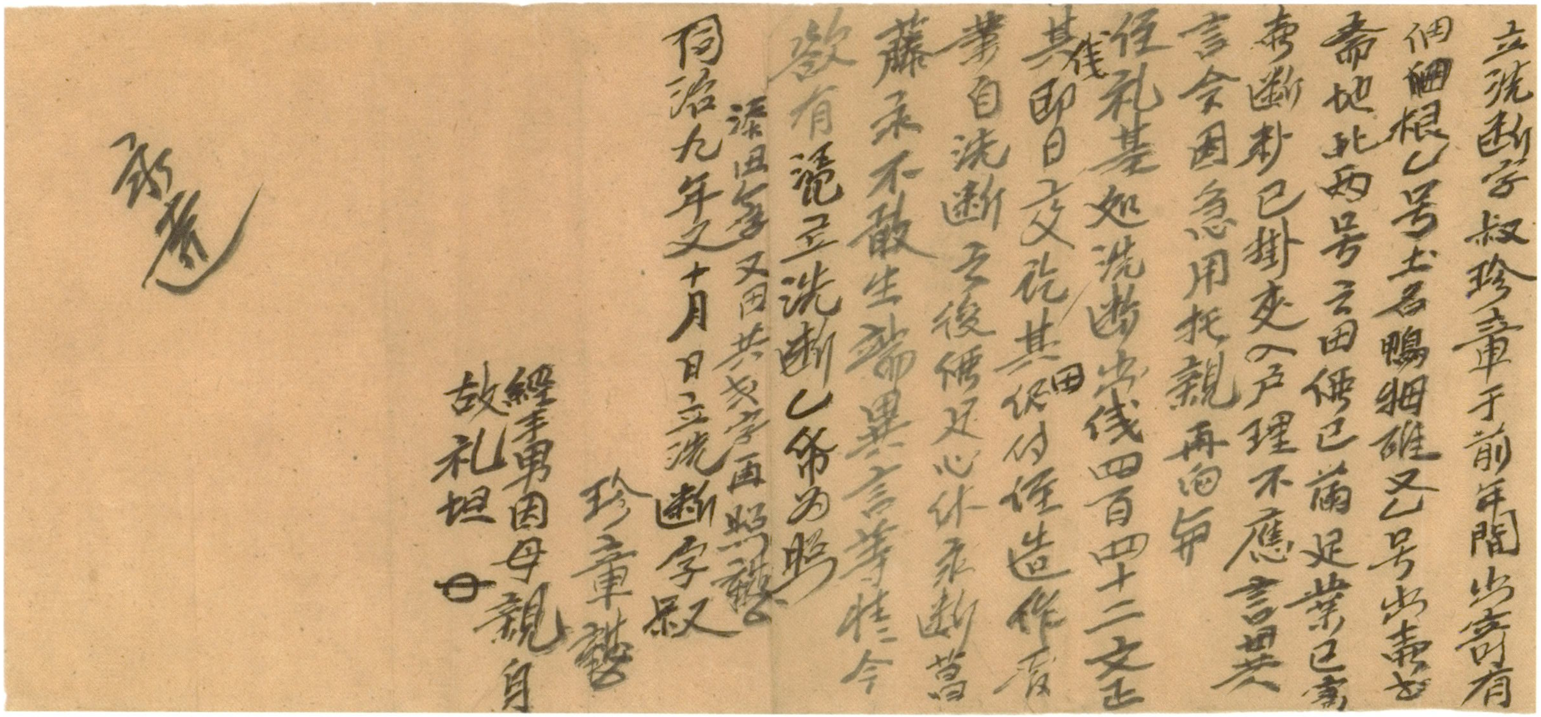

7-1-33-8　清同治九年閏十月林珍章立洗斷佃田根字

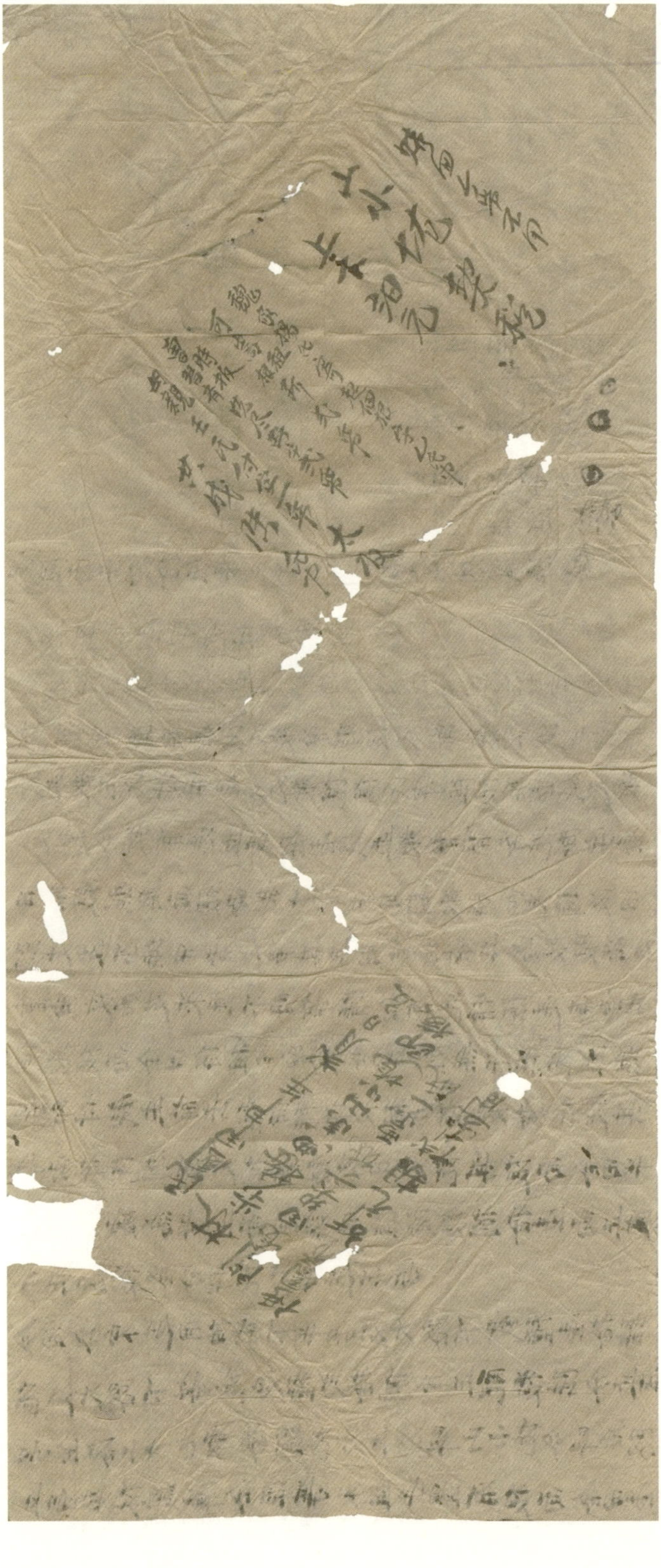

7-1-34-1　包契紙

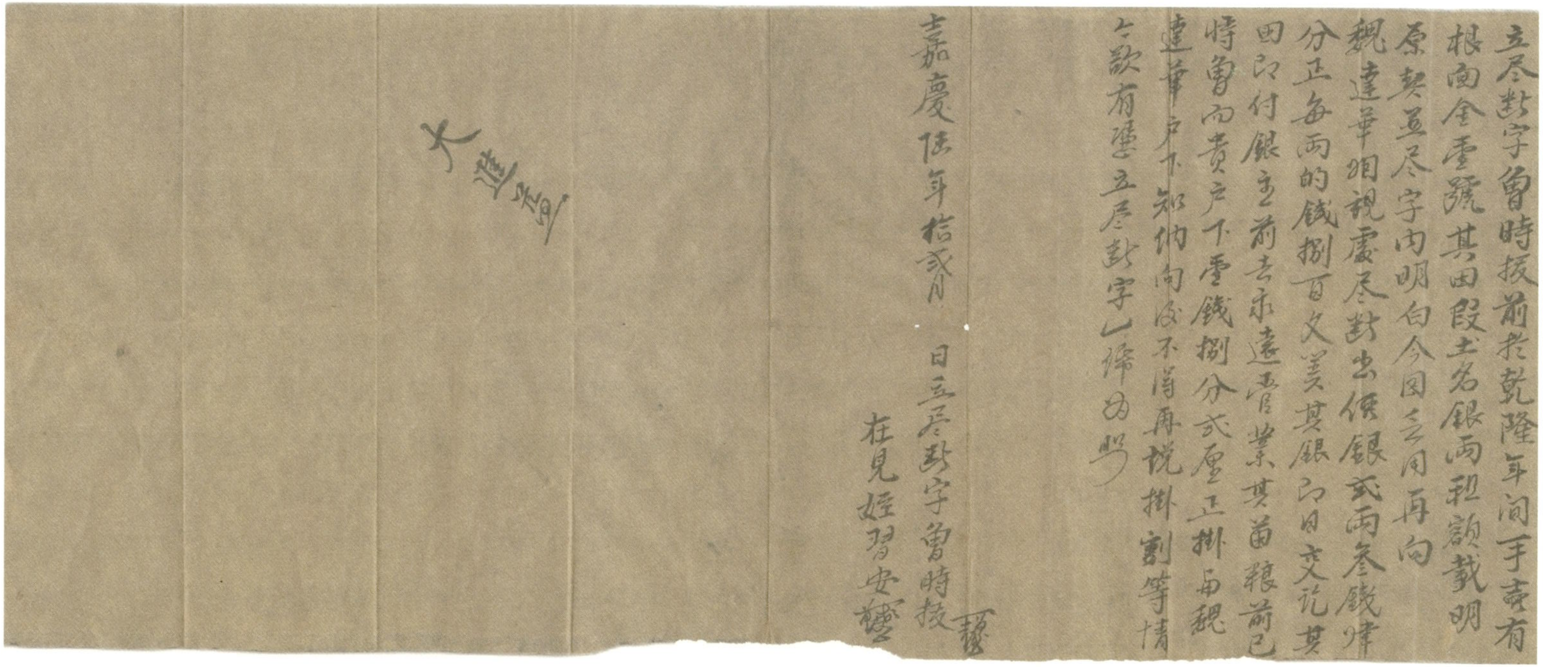

立盡斷字曾時抜前於乾隆年間手賣有
根面全壹號，其田段土名、銀兩、租額載明
原契並盡字內明白。今因乏用，再向
親達華佃觀處盡斷出價銀貳兩叁錢肆
分正，每兩的錢捌百文足。其銀即日交訖，其
田即付銀主前去永遠管業。其苗粮前已
時曾向貴户下壹錢捌分貳厘正掛與親
達華戶下知納，向後不得再說掛割等情。
今欲有憑，立盡斷字一紙為照。

嘉慶陸年拾貳月　日立盡斷字曾時抜（押）

在見姪習安（押）

7-1-34-2　清嘉慶六年十二月曾時拔立盡斷根面全田字

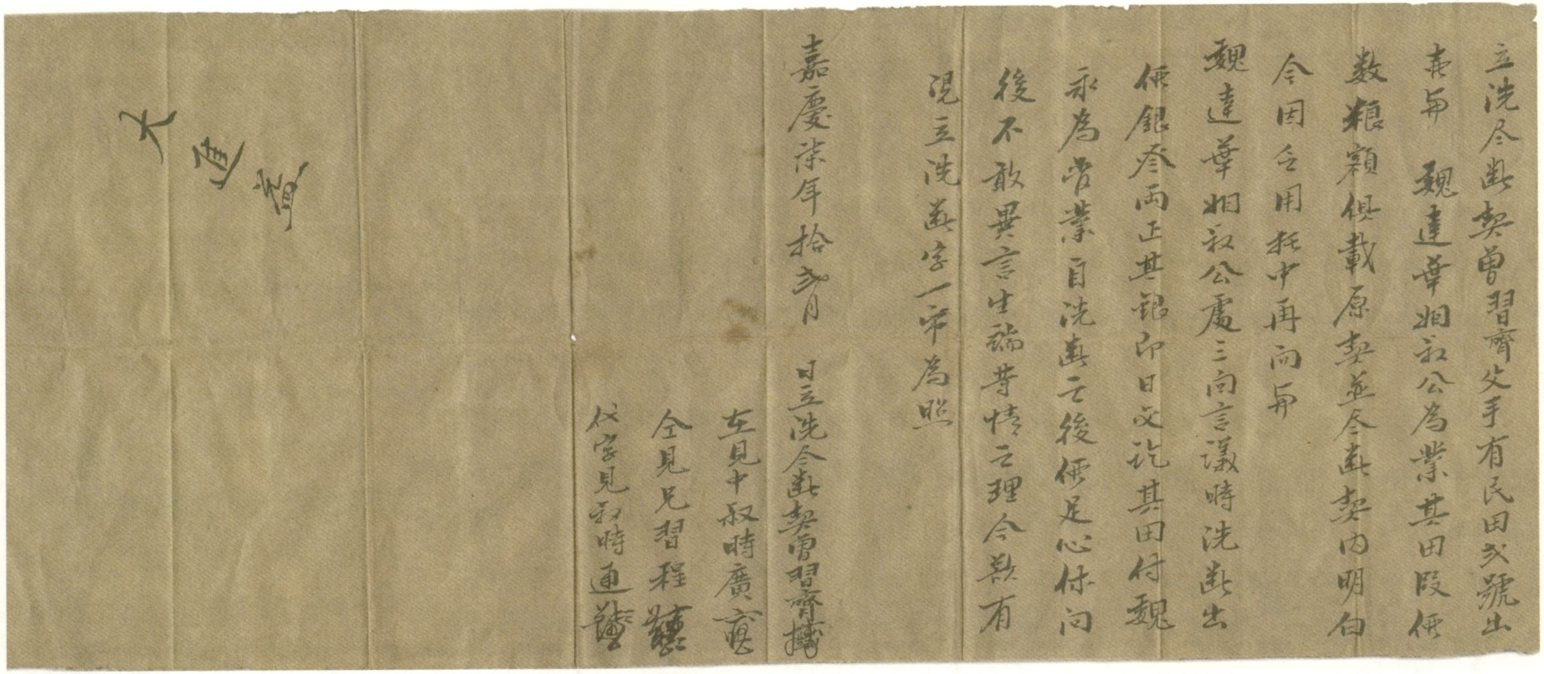
立洗盡斷契曾習齊父手有民田弍號出
賣與 魏達華湘叔公為業其田段俱
數糧額俱載原契并盡斷契內明白
今因乏用托中再向與
魏達華湘叔公處三面言議時洗斷出
價銀叁兩正其銀即日交訖其田付魏
永為管業自洗盡之後俱足心甘付问
後不敢異言生端等情之理今欲有
憑立洗盡字一帋為照
嘉慶柒年拾弍月　日立洗盡斷契曾習齊
在見中叔時廣
仝見兄習程
代字見叔時通

7-1-34-3　清嘉慶七年十二月曾習齊立洗盡斷民田契

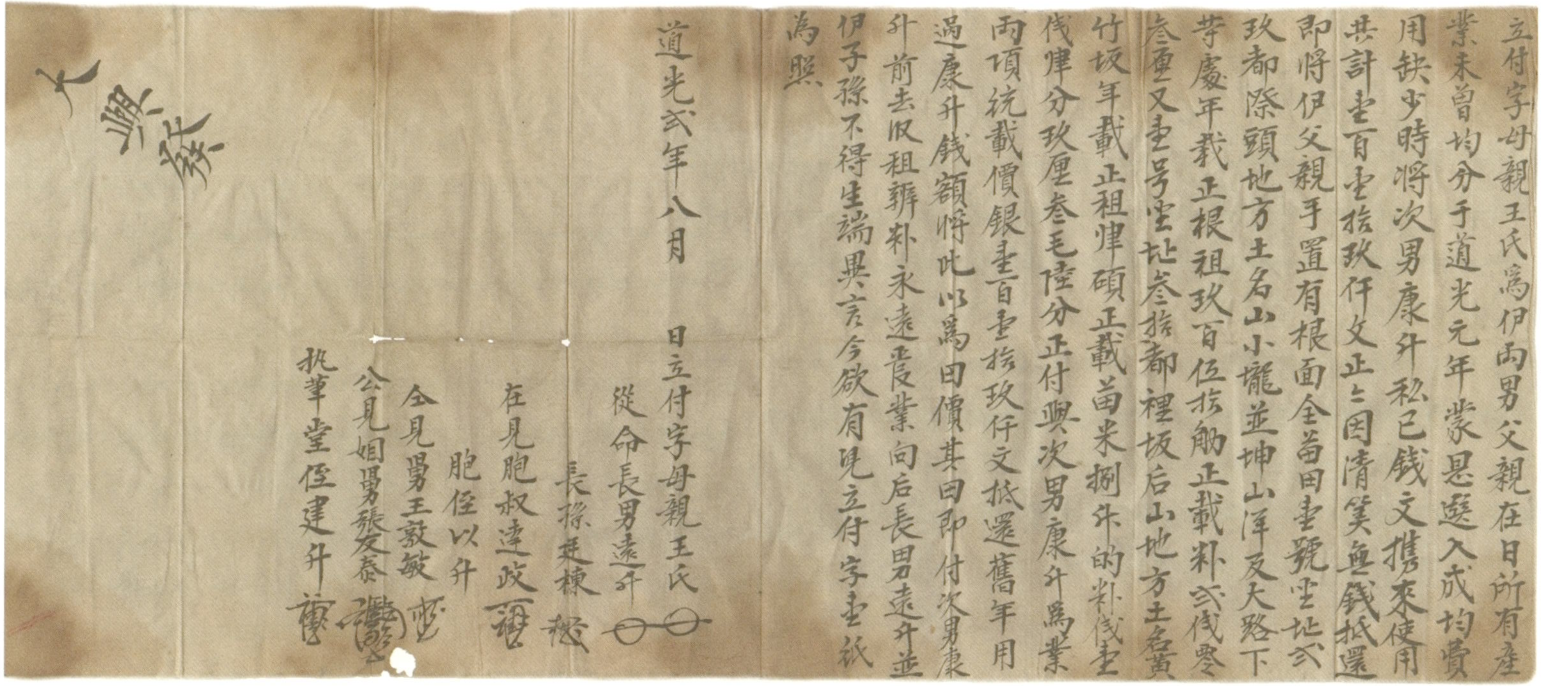

立付字母親王氏爲伊两男父親在日所有産
業未曾均分，于道光元年蒙恳邀入戚均貴
用缺少，時將次男康升私已錢文携來使用，
共計壹百壹拾玖仟文正。又因清算無錢抵還，
即將伊父親手置有根面全苗田壹號，坐址貳
玖都漈頭地方，土名山小壠並坤山洋及大路下
等處，年載正根租玖百伍拾觔正，載秆貳伐零
叁厘；又壹号坐址叁拾都裡坂后山地方，土名黄
竹坂，年載正租肆碩正，載苗米捌升的，秆伐壹
伐肆分玖厘叁毛陸分正，付與次男康升爲業。
两項統載價銀壹百壹拾玖仟文，抵還舊年用
過康升錢額，將此以爲回價。其田即付次男康
升前去收租辦秆，永遠管業。向后長男遠升並
伊子孫不得生端異言。今欲有憑，立付字壹紙
爲照。

道光貳年八月　日立付字母親王氏（押）
從命長男遠升（押）
長孫廷棟（押）
在見胞叔達政（押）
胞侄以升（押）
仝見舅王敦敏（押）
公見姻舅張友泰（押）
執筆堂侄建升（押）

大興發

7-1-34-4　清道光二年八月王氏立付根面全苗田字

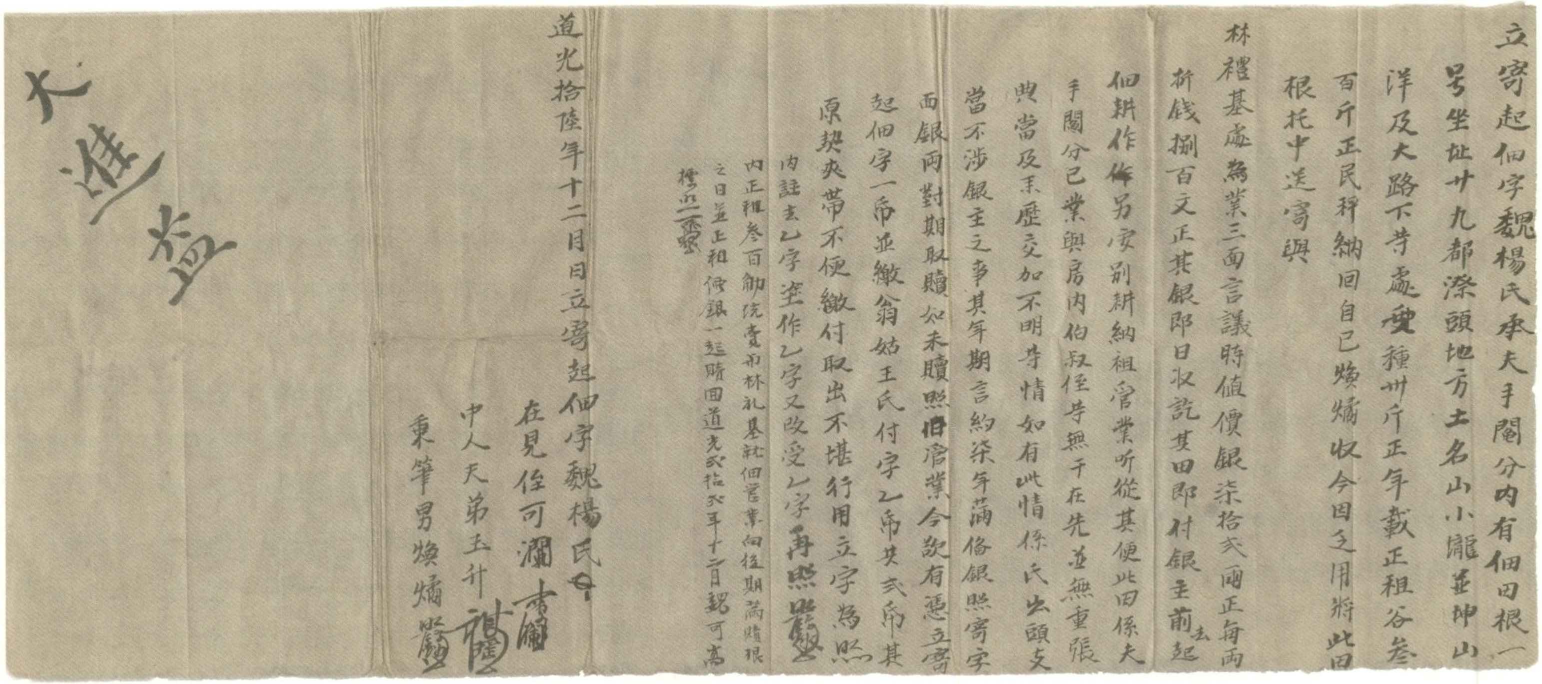
立寄起佃字魏楊氏承夫手閣分内有佃田根一
号坐址廿九都深頭地方土名山小壠並坤山
洋及大路下等處受種卅斤正年載正租谷叁
百斤正民秤納回自己煥熵收今因乏用將此田
根托中送寄與
林禮基處為業三面言議時值價銀柒拾弍兩正每兩
折錢捌百文正其銀即日收訖其田即付銀主前去起
佃耕作你另召别耕納租管業听從其便此田係夫
手閣分已業與房内伯叔侄等無干在先並無重張
典當及未歷交加不明等情如有此情係氏出頭支
當不涉銀主之事其年期言約柒年滿俻銀照寄字
面銀兩對期取贖如未贖照旧管業合欵有憑立寄
起佃字一帋並繳翁姑王氏付字乙帋共弍帋其
原契夾帶不便繳付取出不堪行用立字為照
内註去乙字塗作乙字又改受乙字再照
内正租叁百觔流賣帋林礼基耕佃管業向後期滿贖根
之日並正租佃銀一起贖回道光弍拾叁年十二月魏可高
標照一
道光拾陸年十二月日立寄起佃字魏楊氏
在見侄可瀾
中人天弟玉升
秉筆男煥熵
大進盈

7-1-34-5　清道光十六年十二月魏楊氏立寄起佃田根字

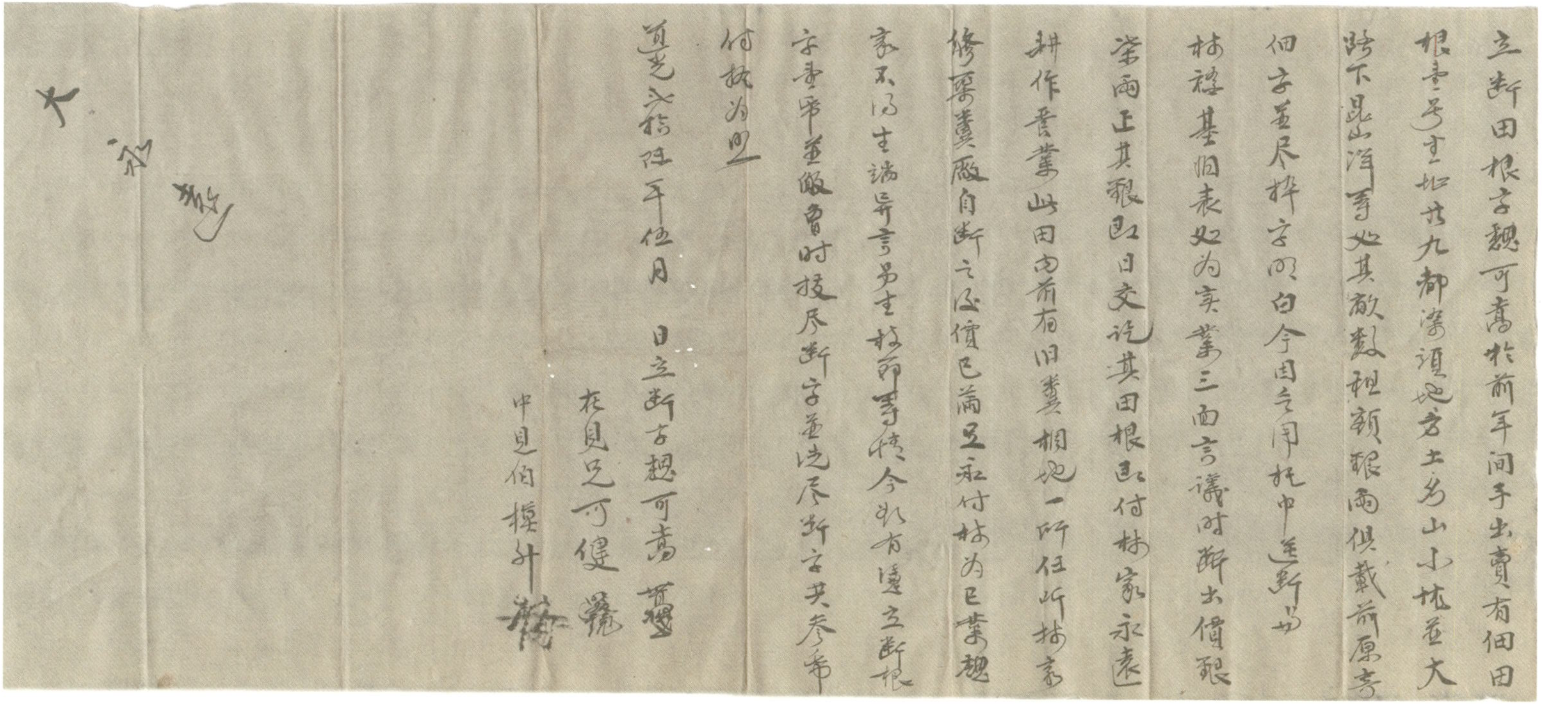
立斷田根字魏可嵩，於前年間手出賣有佃田
根壹号，坐址廿九都漈頭地方，土名山小坑並大
路下晶洋等处，其畝數租額、銀兩俱載前原字
佃字並尽拌字明白。今因乏用，托中送断与
林礎基伯表叔为实業，三面言議时断出價銀
柒兩正，其銀即日交訖，其田根即付林家永遠
耕作管業。此田向前有旧糞相地一所，任听林家
修築糞廒。自断之后，價已滿足，永付林为己業，魏
家不得生端異言，另生枝節等情。今欲有凴，立斷根
字壹帋，並繳會时按尽断字並送尽断字共叁帋，
付執为照。
道光弍拾陆年伍月　日立断字魏可嵩（押）
在見兄可健（押）
中見伯操升（押）
大家發

7-1-34-6　清道光二十六年五月魏可嵩立斷佃田根字

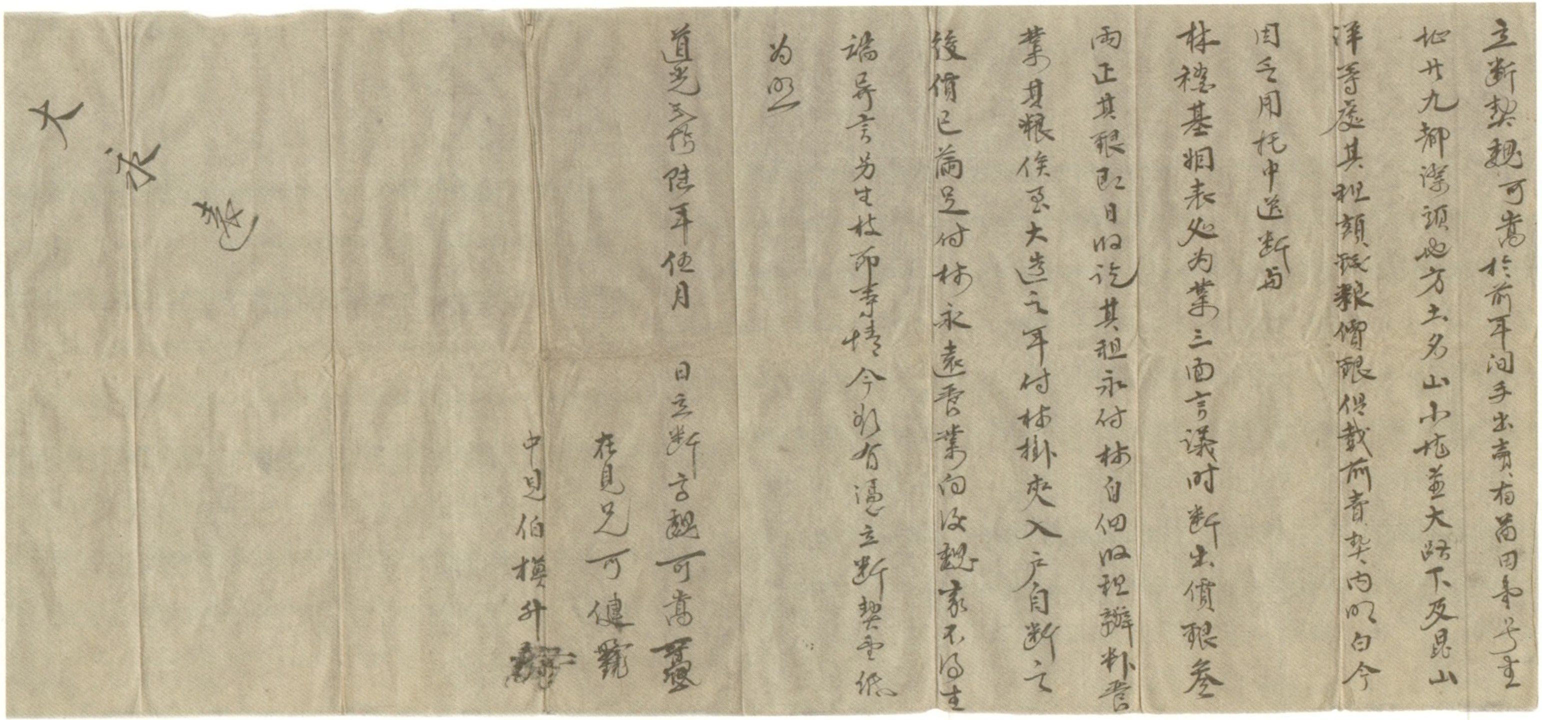
立斷契魏可嵩，於前年間手出青有苗田壹号，坐
址廿九都漈頭，地方土名山小坑並大路下及昆山
洋等處，其租額、糧額、價銀俱載前青契內明白。今
因乏用，托中送斷苗
林穗基泂表兄為業。三面言議時斷出價銀叁
兩正，其銀即日收訖，其租永付林自佃收租辦納當
業，其糧候至大造之年付林推收入户，自斷之
後，價已滿足，付林永遠管業，向後魏家不得生
端異言另生枝節等情。今欲有憑，立斷契壹紙
為照。
道光二拾陸年伍月　日立斷吉魏可嵩（押）
在見兄可傳（押）
中見伯模升（押）
大吉

7-1-34-7　清道光二十六年五月魏可嵩立斷苗田契

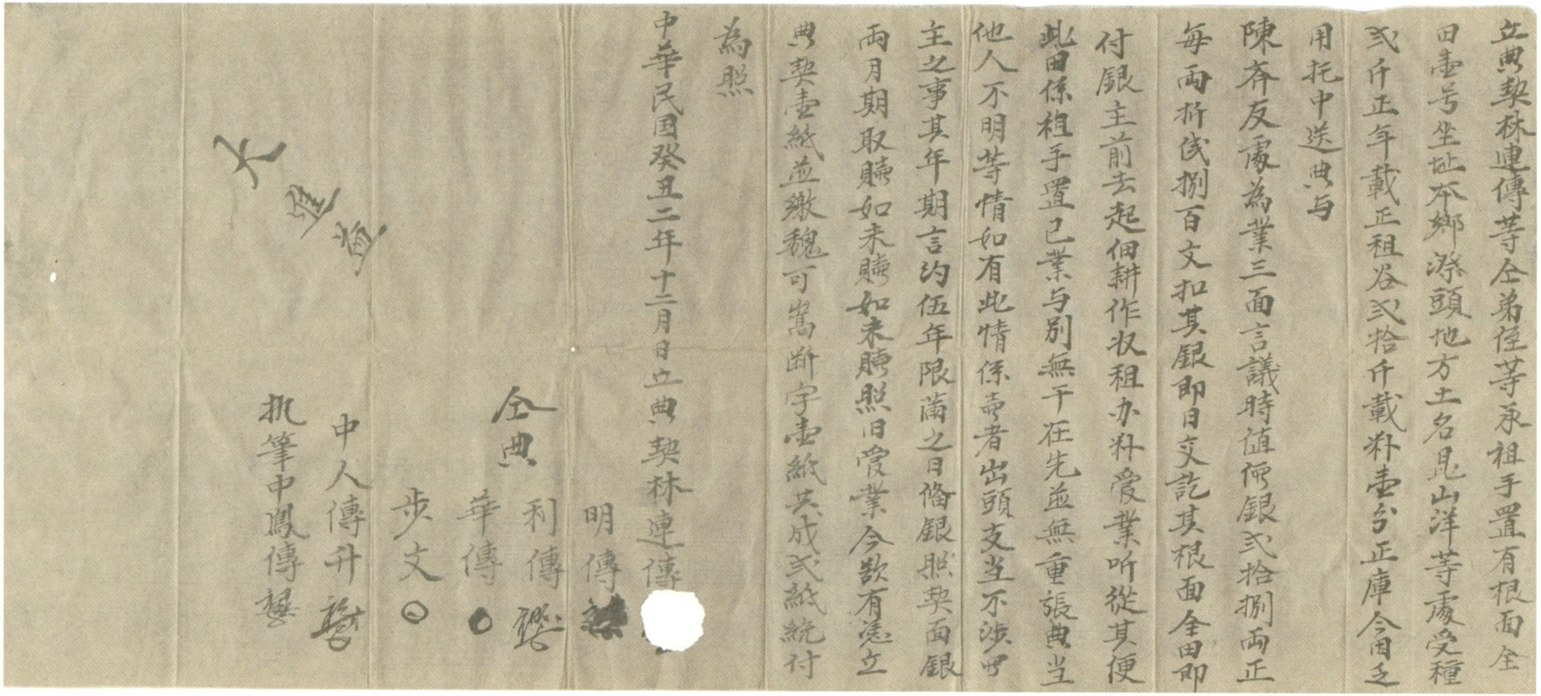
立典契林連傳等仝弟侄等承祖手置有根面全
田壹号坐址本鄉漈頭地方土名凥山洋等處受種
弍斤正年載正租谷弍拾斤載粁壹分正庫今因乏
用托中送典与
陳斉反處爲業三面言議時値價銀弍拾捌兩正
每兩折錢捌百文扣其銀即日交訖其根面全田即
付銀主前去起佃耕作收租办粁管業听從其便
此田係祖手置己業与別無干在先並無重張典当
他人不明等情如有此情係壹者出頭支当不涉銀
主之事其年期言約伍年限滿之日備銀照契面銀
兩月期取贖如未贖如未贖照舊管業今欲有憑立
典契壹紙並繳魏可嵩斷字壹紙共成弍紙繳付
爲照
中華民国癸丑二年十二月日立典契林連傳
明傳
利傳
華傳
步文
全典
中人傳升
執筆中鳳傳

7-1-34-8　民國二年十二月林連傳等立典根面全田契

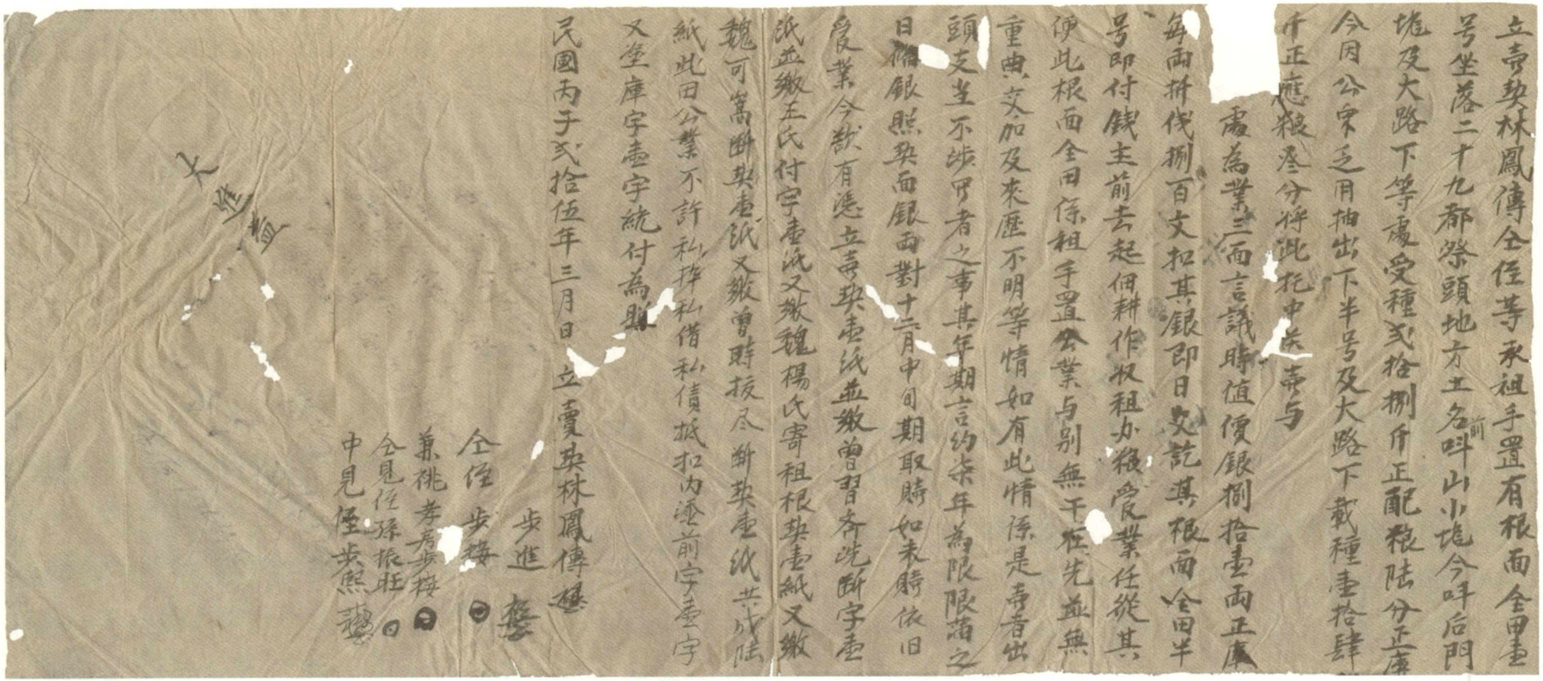
立賣契林鳳傳仝侄等承祖手置有根面全田壹
号坐落二十九都祭頭地方土名前𡋯山小堪今𡋯后門
墘及大路下等處受種弍拾捌斤正配粮陆分正庫
今因公眾乏用抽出下半号及大路下載種壹拾肆
斤正應粮叁分將此托中送賣与
處為業三面言議時值價銀捌拾壹兩正庫
每兩拼伐捌百文扣其銀即日交訖其根面全田半
号即付錢主前去起佃耕作收租办粮管業任從其
便此根面全田係祖手置公業与别無干在先並無
重典文加及來歷不明等情如有此情係是賣者出
頭支当不涉買者之事其年期言约柒年為限限滿之
日備銀照契面銀兩對十二月中旬期取贖如未贖依旧
管業今欲有憑立賣契壹紙並繳曾習齊洗斷字壹
紙並繳王氏付字壹紙又繳魏楊氏寄祖根契壹紙又繳
魏可富斷契壹紙又繳曾財梭尽斷契壹紙共成陆
紙此田公業不許私押私借私債扺扣內塗前字壹字
又坐庫字壹字統付為照
民國丙子弍拾伍年三月日立賣契林鳳傳
步進
仝侄 步梅
兼批孝考步梅
仝見侄孫振旺
中見侄 步熙

7-1-34-9　民國二十五年三月林鳳傳立賣根面全田契

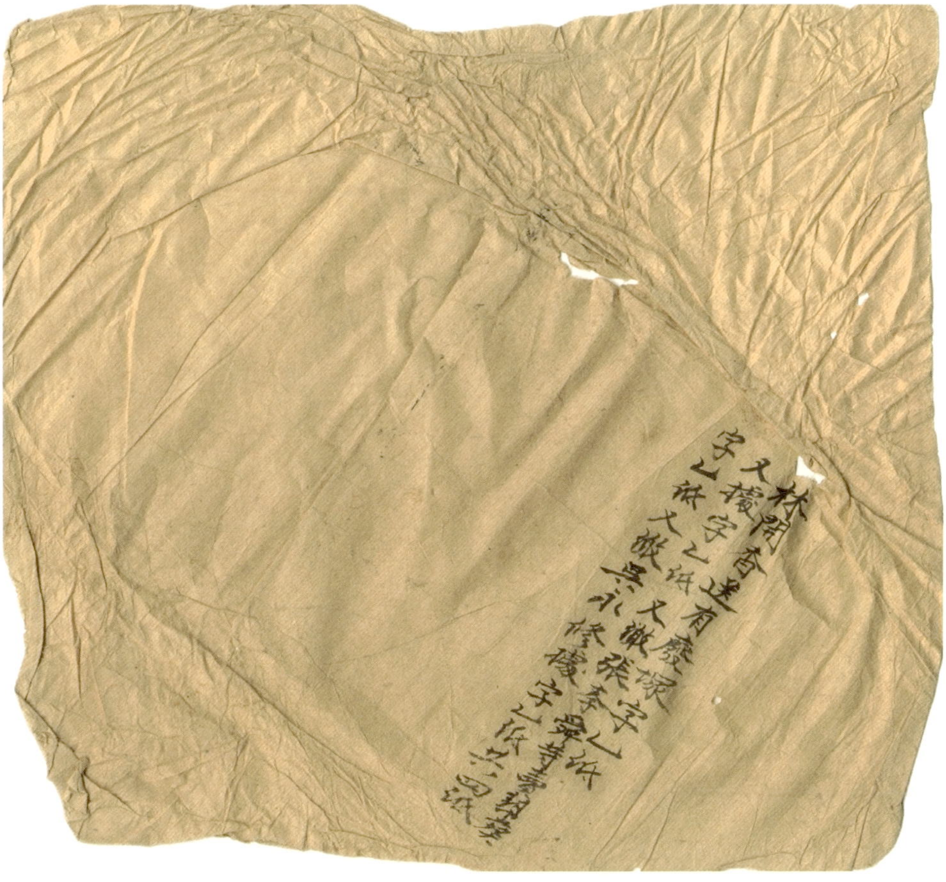

7-1-35-1　包契紙

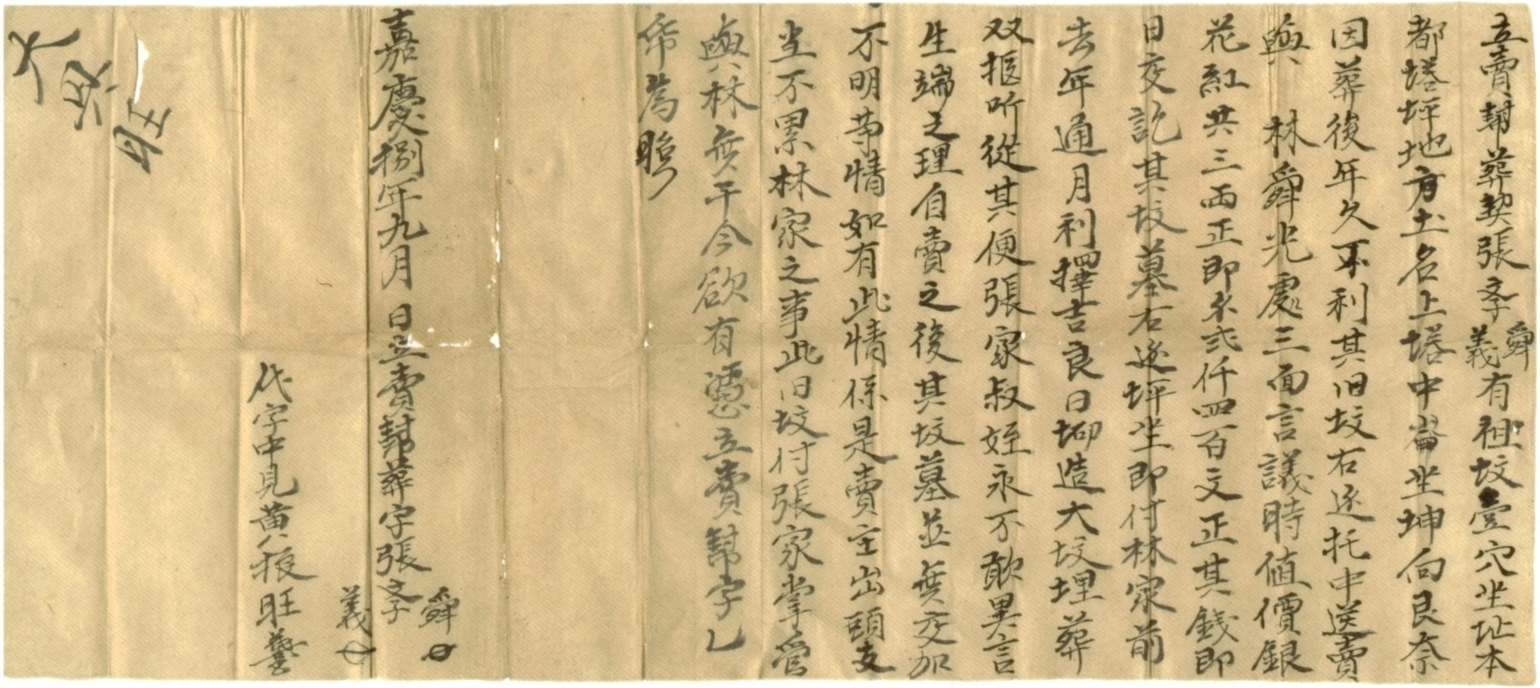
立賣幫葬契張孝舜義有祖坟壹穴坐址本
都塔坪地方土名上塔中崙坐坤向艮参
因葬後年久不利其旧坟右邊托中送賣
與林舜光處三面言議時值價銀
花紅共三两正即求弍仟四百文正其錢即
日交訖其坟墓右邊坪坐即付林家前
去年通月利擇吉良日䢖造大坟埋葬
叔姪听從其便張家叔姪永不敢異言
生端之理自賣之後其坟墓並無交加
不明等情如有此情係是賣主出頭支
當不累林家之事此旧坟付張家掌管
與林無干今欲有憑立賣幫字一
帋為照
嘉慶捌年九月 日立賣幫葬字張孝舜
義
代字中見黃根旺筆
大家旺

7-1-35-2　清嘉慶八年九月張孝舜等立賣幫葬契

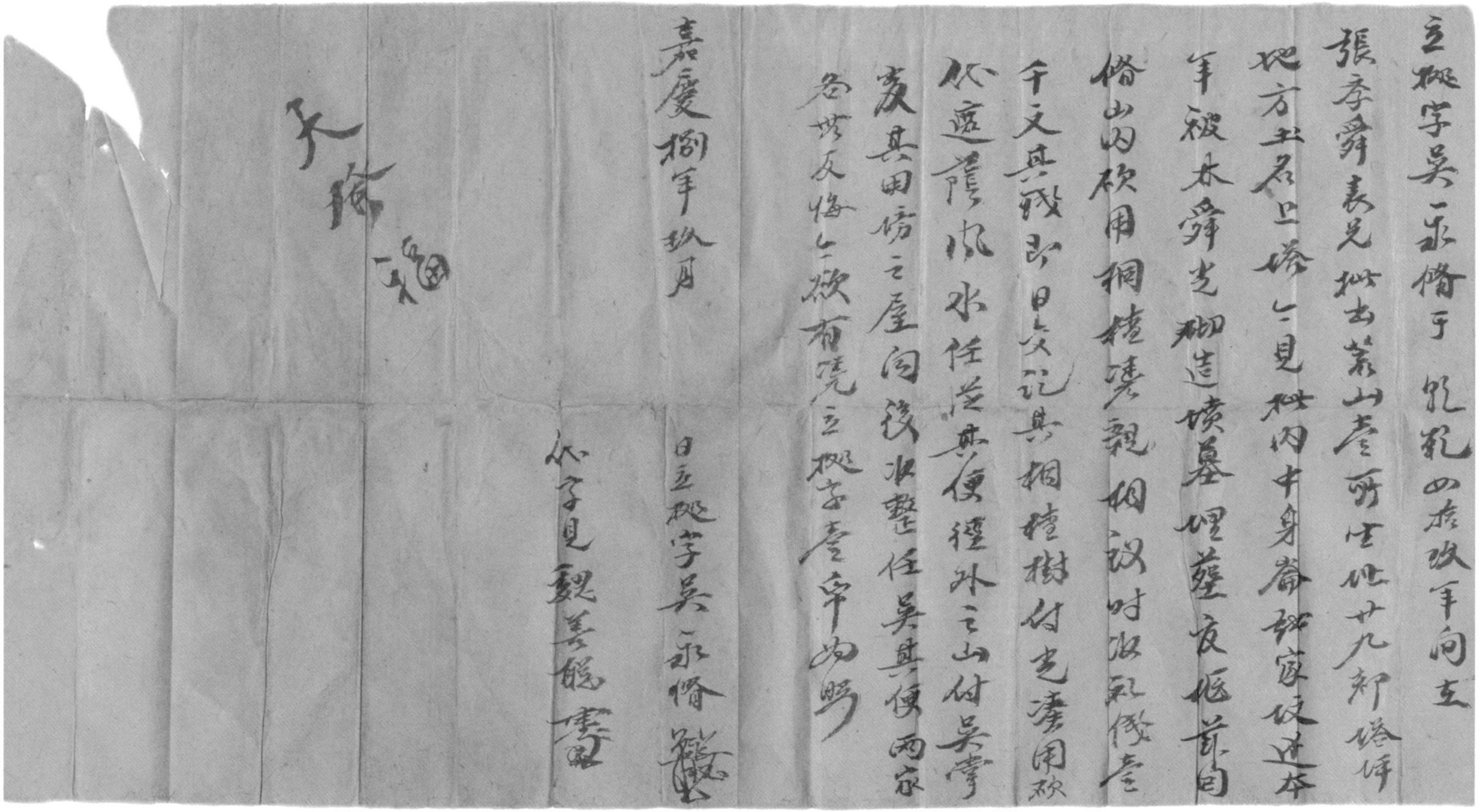
立據字吴永脩，于乾隆四拾玖年向立
張孝舜表兄批出叢山壹所，坐址廿九都猛坪
地方土名上塔，今見批內中身崙頭窟後進本
年被本舜光砌造墳墓埋葬，夜恐其日
脩山內砍用桐楂湊親，因議時價錢壹
千文，其錢即日交訖，其桐楂樹付光湊用，砍
伐遞讓休水，任從其便，經外之山付吴掌
管，其田傍之屋，向後收整，任吴其便，兩家
各甘反悔，今欲有憑，立據字壹紙為照。
嘉慶捌年玖月　日立據字吴永脩（押）
代字見魏美鯤書

7-1-35-3　清嘉慶八年九月吴永脩立桐楂據字

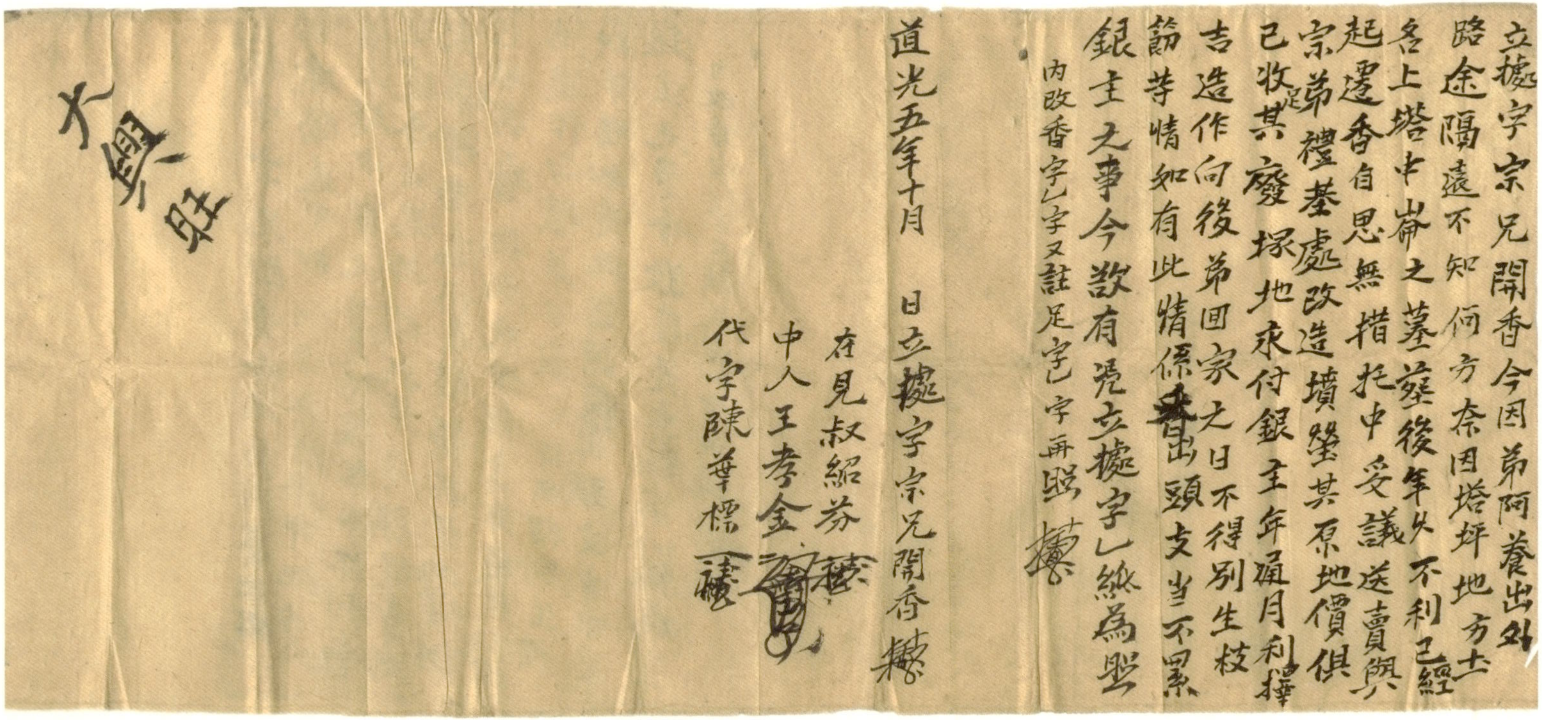

7-1-35-4　清道光五年十月林開香立墳塋據字

立送賣廢塚字宗兄開香仝父置有吉地壹
穴坐址永邑廿九都㙮坪地方土名上塔中
崙坐坤向艮上至龍身崙頂下至田左右龍
虎洑等處爲界四至分明奈以葬後不利已
經起遷今因貧窮無措自愿托中將此廢塚
送賣與
宗弟禮基處改造墳塋三面言議時值價
銀壹拾貳兩正其銀即日隨字交足其廢塚
地永付銀主年通月利擇吉造作或遷左遷
右改向聽從其便言約定造墳墓錦三壙中
壙左壙付買主埋葬親柩右壙付賣主埋葬
祖柩其祖柩不敢私葬候買主親柩出葬之日
壹仝齊葬在前並無來歷交加不明等情如
有此情係賣者出頭支當不涉買者之事自
賣之後兩家甘允各無反悔向後財丁兩利
當責雙仝其前此安批失落向後取出不堪行
用今欲有憑立送賣字壹帋並繳吳家脩擾
字壹帋又並繳張李舜等送字壹帋共成三
帋統付為照
內註王立共二字又改淤字一字
再照
道光伍年拾月
日立送賣字宗兄開香
在見叔紹芬
仝見張招禮
中人王孝金
代字陳儒章

大興旺

7-1-35-5　清道光五年十月林開香立送賣廢塚字

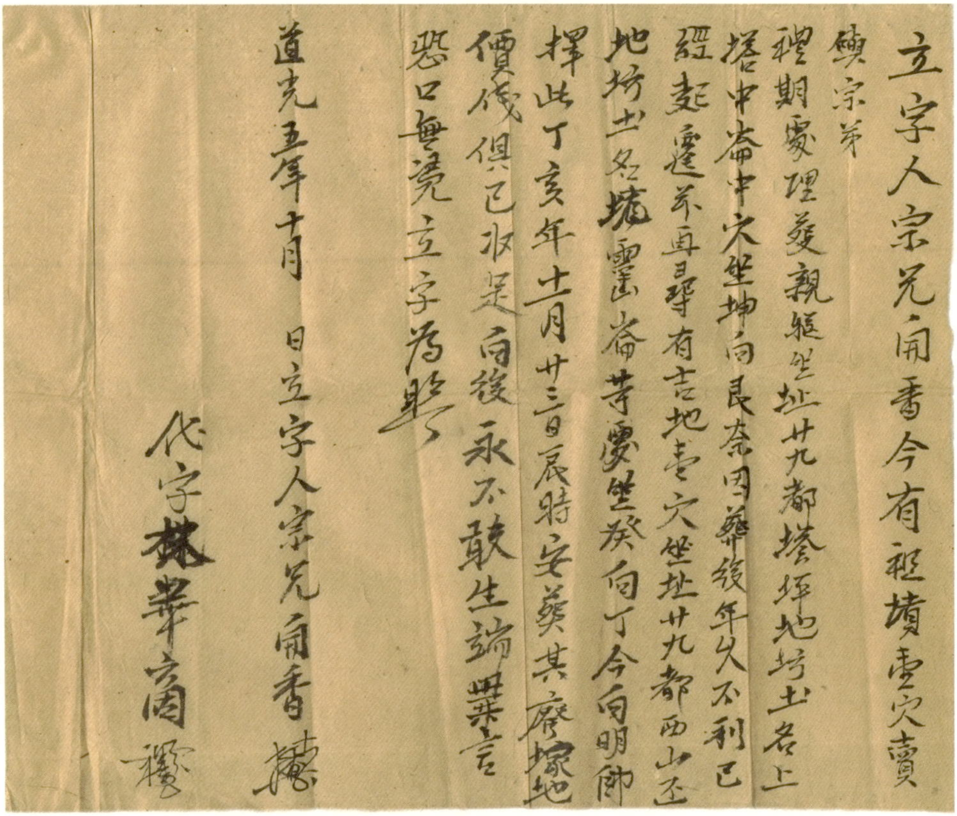

立字人宗兄開香今有祖墳壹穴賣
與宗弟
禮期處理葬親柩坐址廿九都塔坪地坊土名上
塔中崙中穴坐坤向艮，奈因葬後年久不利，已
經起遷葬，再目擇有吉地壹穴坐址廿九都西山丕
地坊土名壠靈山崙等處，坐癸向丁，今向明師
擇此丁亥年十一月廿三日辰時安葬，其廢壙地
價錢俱已收足，自後永不敢生端異言，
恐口無憑，立字為照。
道光五年十月　日立字人宗兄開香（押）
代字林華高（押）

7-1-35-6　清道光五年十月林開香立賣吉地字

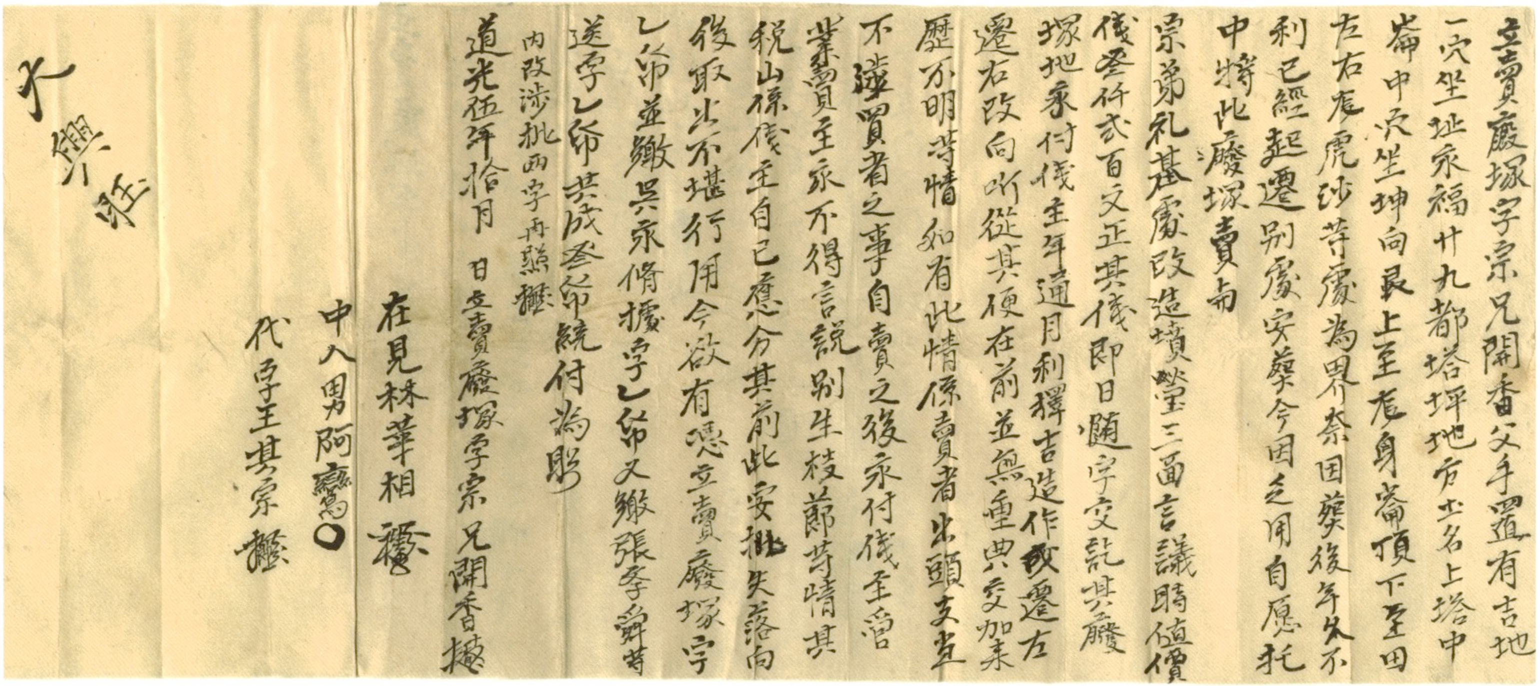
立賣廢塚字宗兄開香，父手置有吉地
一穴，坐址永福廿九都塔坪地方，土名上塔中
崙中穴，坐坤向艮，上至尾身崙頂，下至田，
左右尾虎沙等處為界。奈因葬後年久不
利，已經起遷別處安葬，今因乏用，自愿托
中將此廢塚賣與
宗弟礼基處改造墳塋。三面言議，時值價
錢叁仟貳百文正，其錢即日隨字交訖，其廢
塚地承付錢主，年通月利，擇吉造作，或遷左
遷右，改向听從其便。在前並無重典交加來
歷不明等情，如有此情，係賣者出頭支当，
不涉買者之事。自賣之後，永付錢主管
業，賣主永不得言說，别生枝節等情。其
稅山係錢主自己應分，其前此安推失落，向
後取出，不堪行用。今欲有憑，立賣廢塚字
乙紙，並繳吳永脩據字乙紙、又繳張李舜甫
送字乙紙，共成叁紙，統付為照。
内改涉、挑、丙字，再照。（押）
道光伍年拾月　日立賣廢塚字宗兄開香（押）
在見林華相（押）
中人周阿鸞○
代字王其宗（押）
大興旺

7-1-35-7　清道光五年十月林開香立賣廢塚字

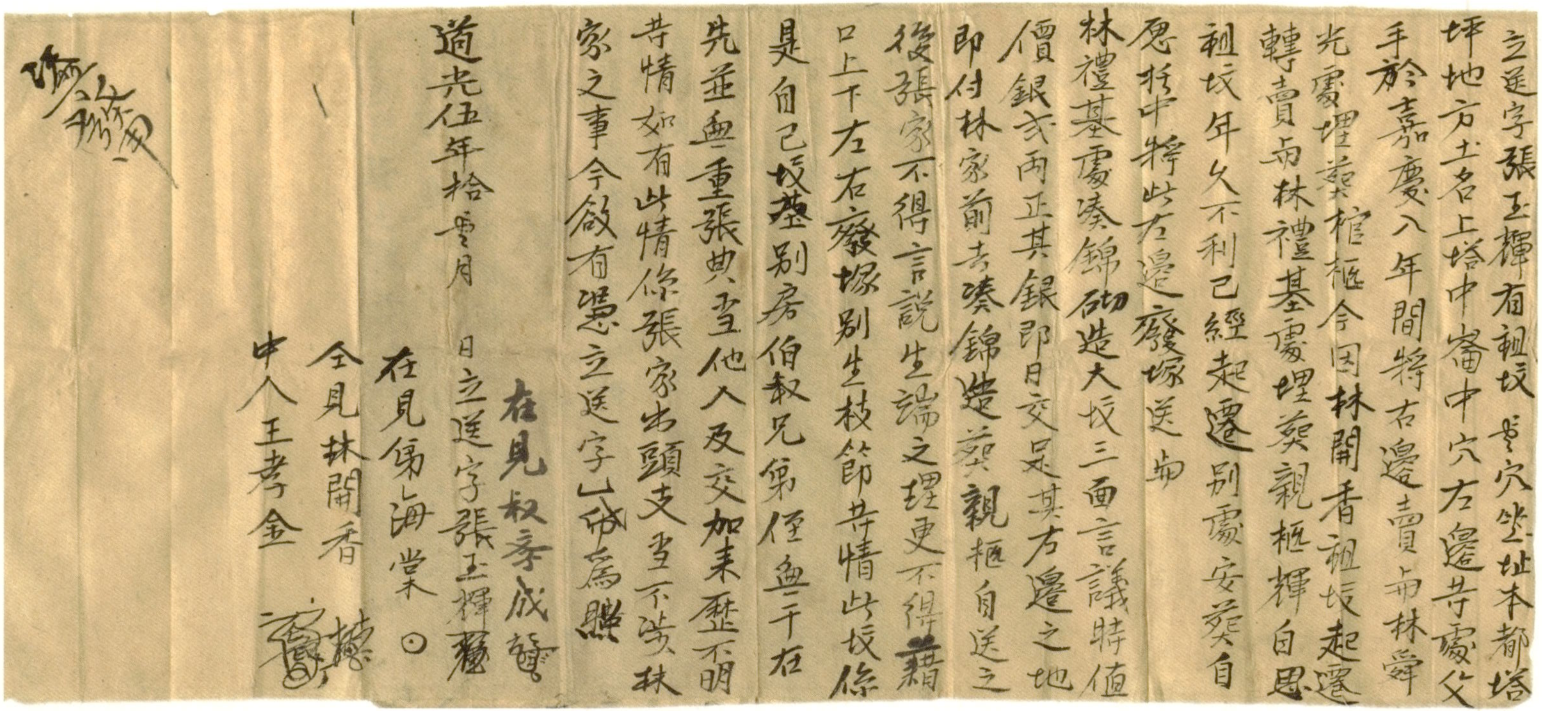

7-1-35-8　清道光五年十一月張玉輝立送廢塚字

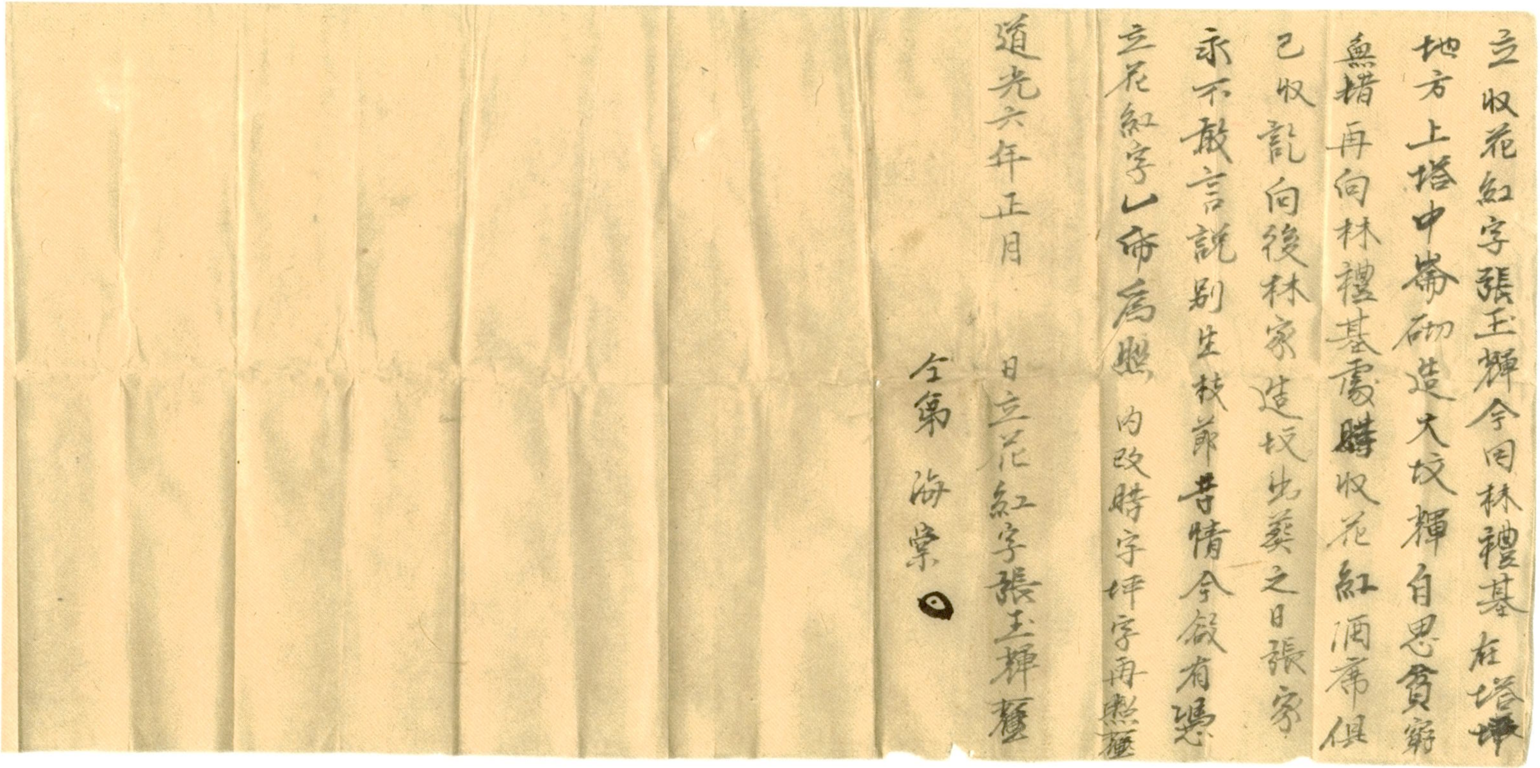

立收花紅字張王輝仝同林禮基在塔坪
地方上塔中𡺸砌造大坟，輝自思貧窮
無措，再向林禮基處賸收花紅酒席俱
已收訖。向後林家造坟出葬之日，張家
永不敢言說別生枝節。苛情今欲有憑，
立花紅字一紙為照。　內改時字坪字再照
道光六年正月　　日立花紅字張王輝（押）
仝弟　海棠（押）

7-1-35-9　清道光六年正月張玉輝等立收花紅字

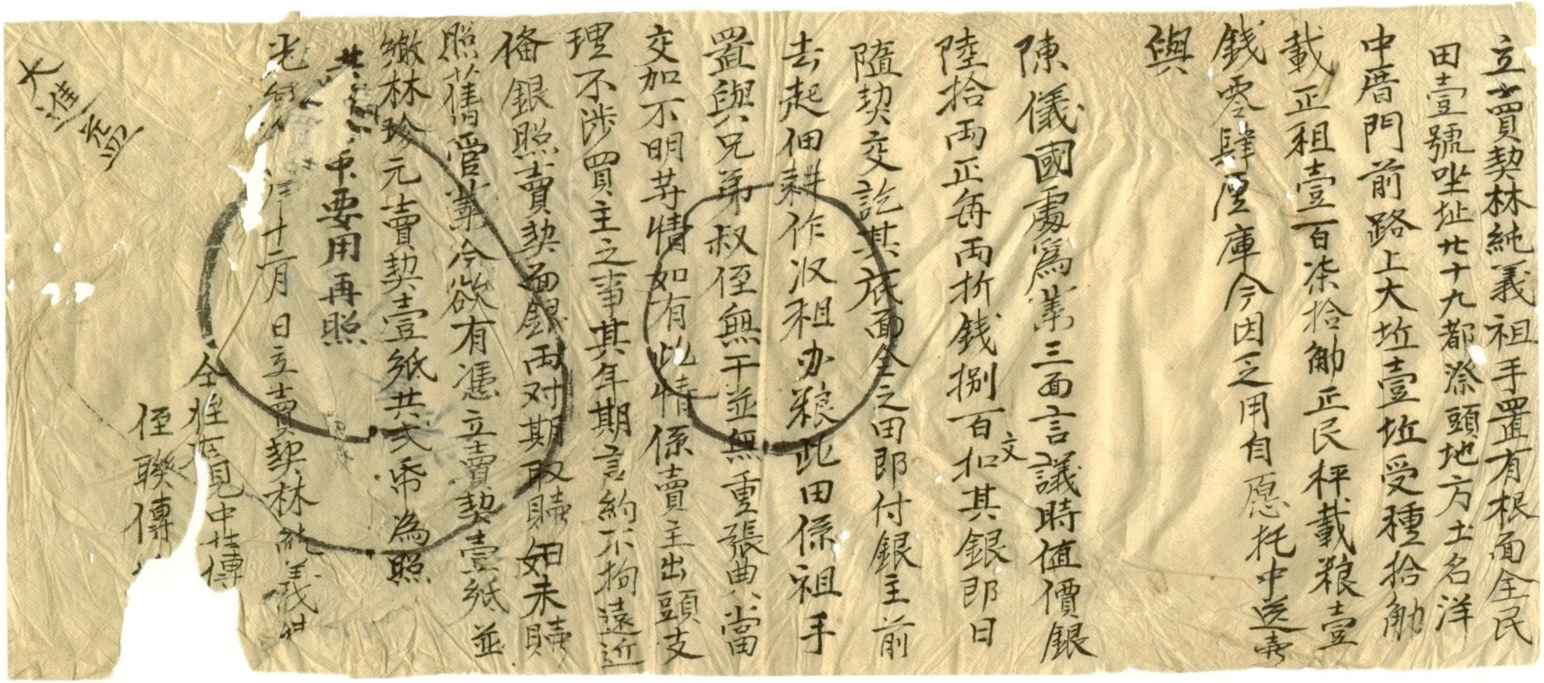

7-1-35-10　清光緒□□年十二月林純義立賣根面全民田契（廢契）

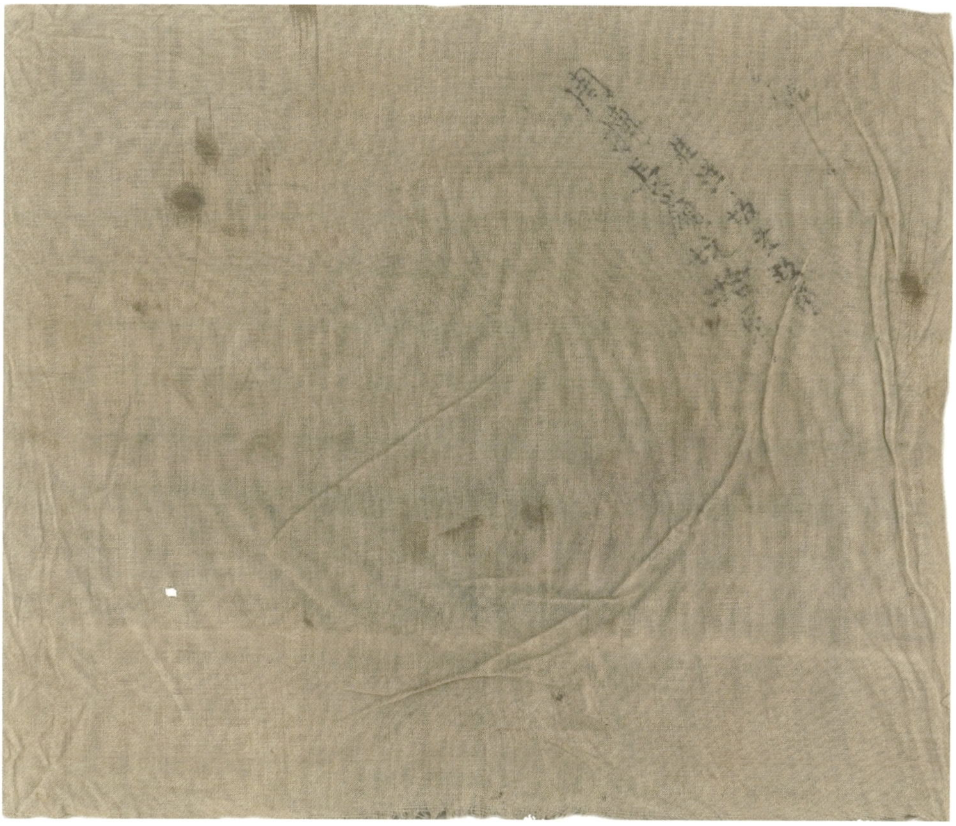

7-1-36-1　包契布

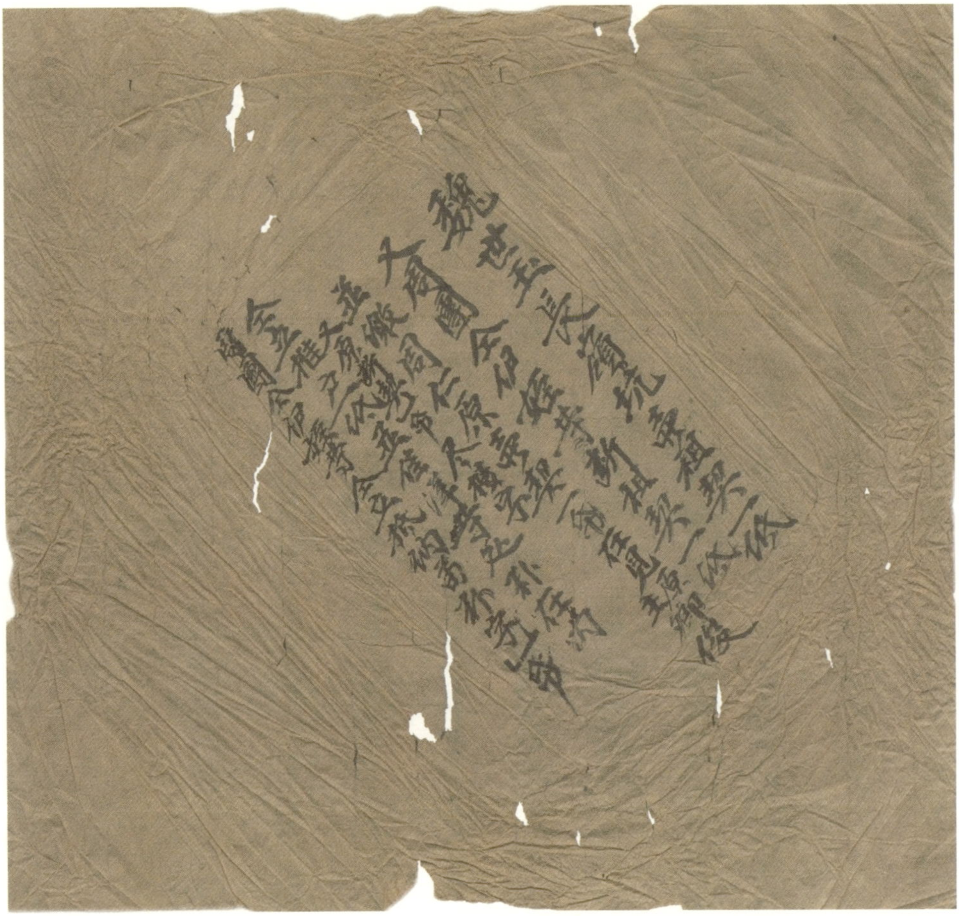

7-1-36-2　包契紙

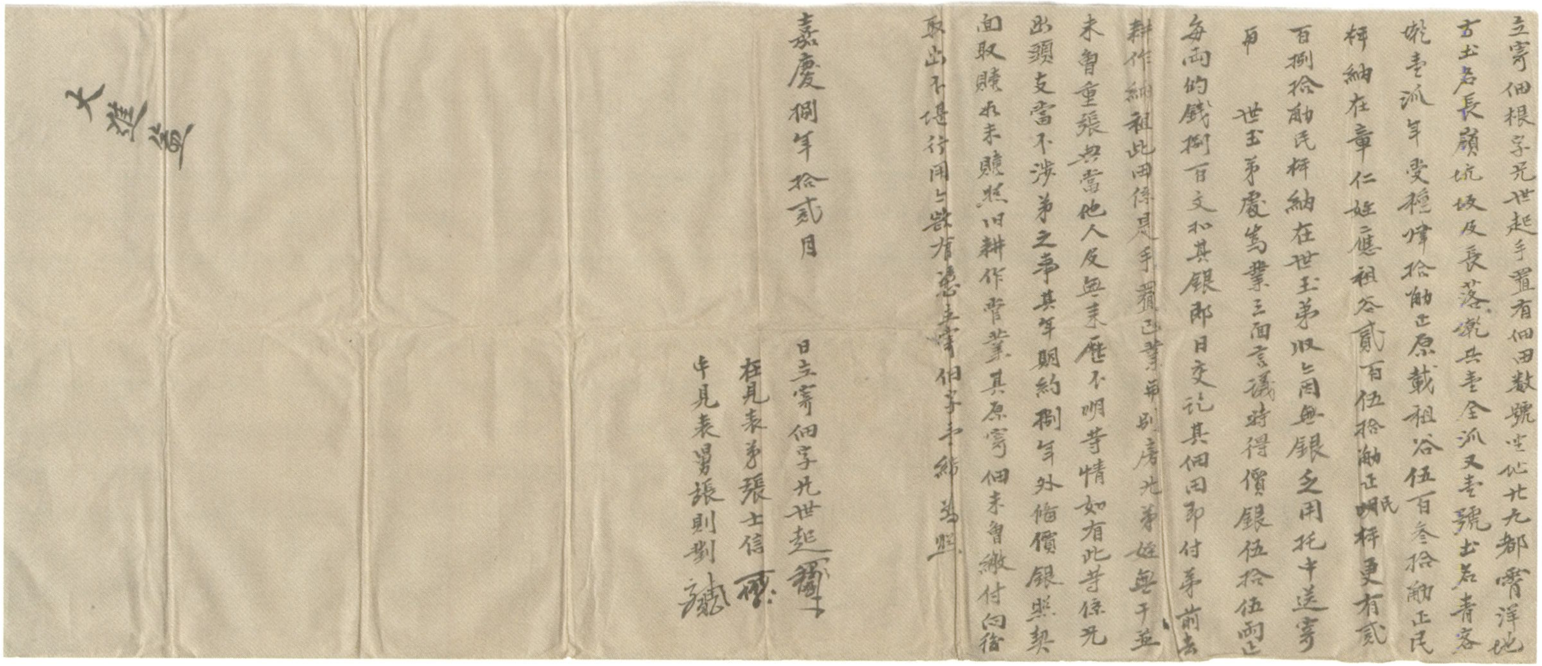
立寄佃根字兄世起手置有佃田數號坐址廿九都霄洋地
方土名長嶺坑坡及長落坑共壹全泒又壹號土名青洛
坑壹泒年受穀肆拾觔正原載租谷伍百叁拾觔正民
粹納在章仁姪應祖谷貳百伍拾觔正民粹更有貳
百捌拾觔民粹納在世玉弟收之因無銀急用托中送寄
與　世玉弟慶篤業三面言議時得價銀伍拾伍兩正
每兩的錢捌百文扣其銀即日交訖其佃田即付弟前去
耕作納祖此田係是手置己業弟以唐兄弟姪無干並
未曾重張典當他人及無來歷不明等情如有此等係兄
出頭支當不涉弟之事其年限約捌年外備價銀與契
面取贖如未贖照舊耕作管業其原寄佃未曾繳付伯後
取出不堪行用今欲有憑立寄佃字乙紙為照
嘉慶捌年拾貳月　日立寄佃字兄世起（押）
在見表弟張士信（押）
中見表舅張則劉（押）
大進益

7-1-36-3　清嘉慶八年十二月魏世起立寄佃田根字

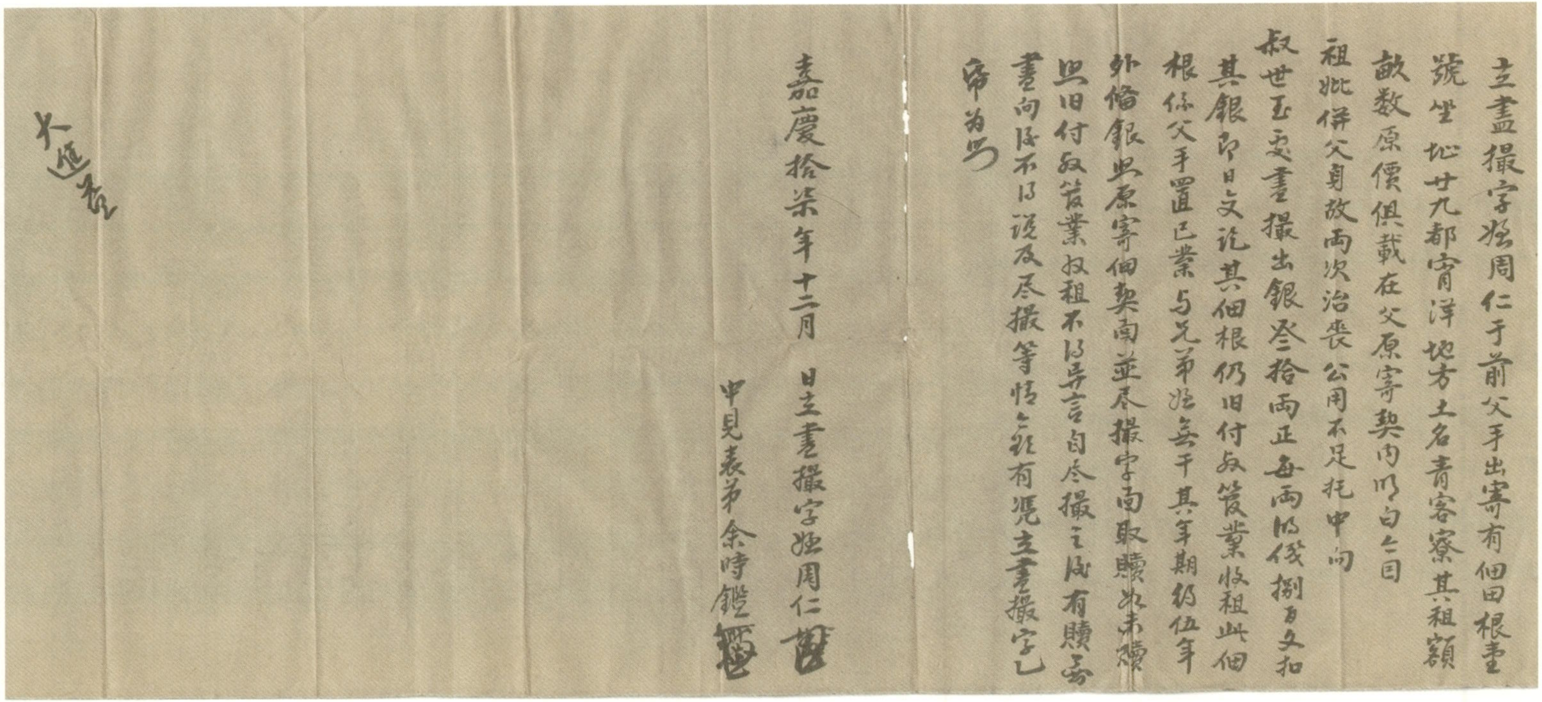
立盡撮字姪周仁于前父手出寄有佃田根壹
號坐址廿九都宵洋地方土名青客寮其租額
畝數原價俱載在父原寄契內明白今因
祖妣併父身故兩次治喪公用不足托中向
叔世玉處盡撮出銀叁拾兩正每兩收錢捌百文扣
其銀即日交訖其佃根仍旧付叔管業收租此佃
根係父手置已業与兄弟姪無干其年期約伍年
外備銀照原寄佃契面並盡撮字面取贖如未贖
照旧付叔管業收租不得异言自盡撮之後有贖無
盡向姪不得說及盡撮等情今欲有憑立盡撮字乙
帋為照

嘉慶拾柒年十二月　日立盡撮字姪周仁（押）
中見表弟余時鏗（押）

7-1-36-4　清嘉慶十七年十二月魏周仁立盡撮字

立賣契姪周仁承父手遺下有苗田壹号坐址
廿九都宵洋地方土名長嶺坑桃模坑內抽出原
租肆石叁斗弍斤正載苗米捌升陸合陸勺正庫係
叔自佃今因乏用托中就佃賣与
叔世玉处为業三面言議时值價銀弍拾伍兩正每
兩的錢捌百文扣其銀即日交訖其田即付叔自佃收
租办納管業此田係父手置已業与之弟叔姪無干並
無重張典当他人及來歷不明等情如有此等係姪自行
支当不累及叔之事其年期不拘遠近備銀照契面取贖
如未贖照旧管業其原契夾帶無租未便繳付向後取
出不堪行用今欲有憑立賣契一紙為照

嘉慶弍拾壹年十二月　日立賣契姪周仁（押）
中見叔世端（押）

奎照

7-1-36-5　清嘉慶二十一年十二月魏周仁立賣苗田契

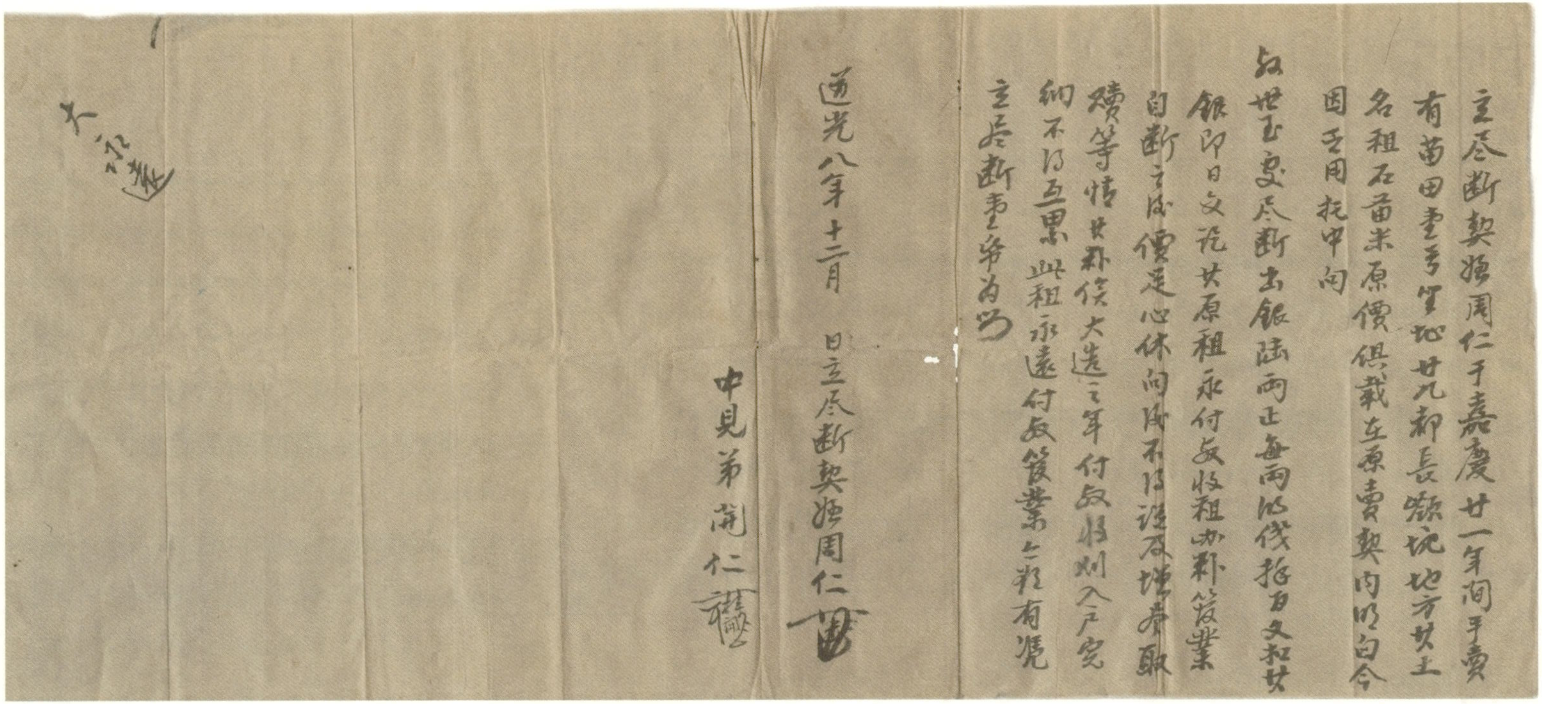
立盡斷契魏周仁于嘉慶廿一年間手買
有苗田壹号坐址廿九都長嶺坑地方其田土
名租石苗米原價俱載在原賣契內明白今
因乏用托中向
叔世玉處盡斷出銀陸兩正每兩以錢折百文扣其
銀即日交訖其原租永付叔收租收耕管業
自斷之後價足心休向後不得從及增找取
贖等情其耕佃大造之年付叔收割入戶完
納不得互異此租永遠付叔管業今欲有憑
立盡斷字爲照
道光八年十二月　日立盡斷契魏周仁（押）
中見弟開仁（押）

7-1-36-6　清道光八年十二月魏周仁立盡斷苗田契

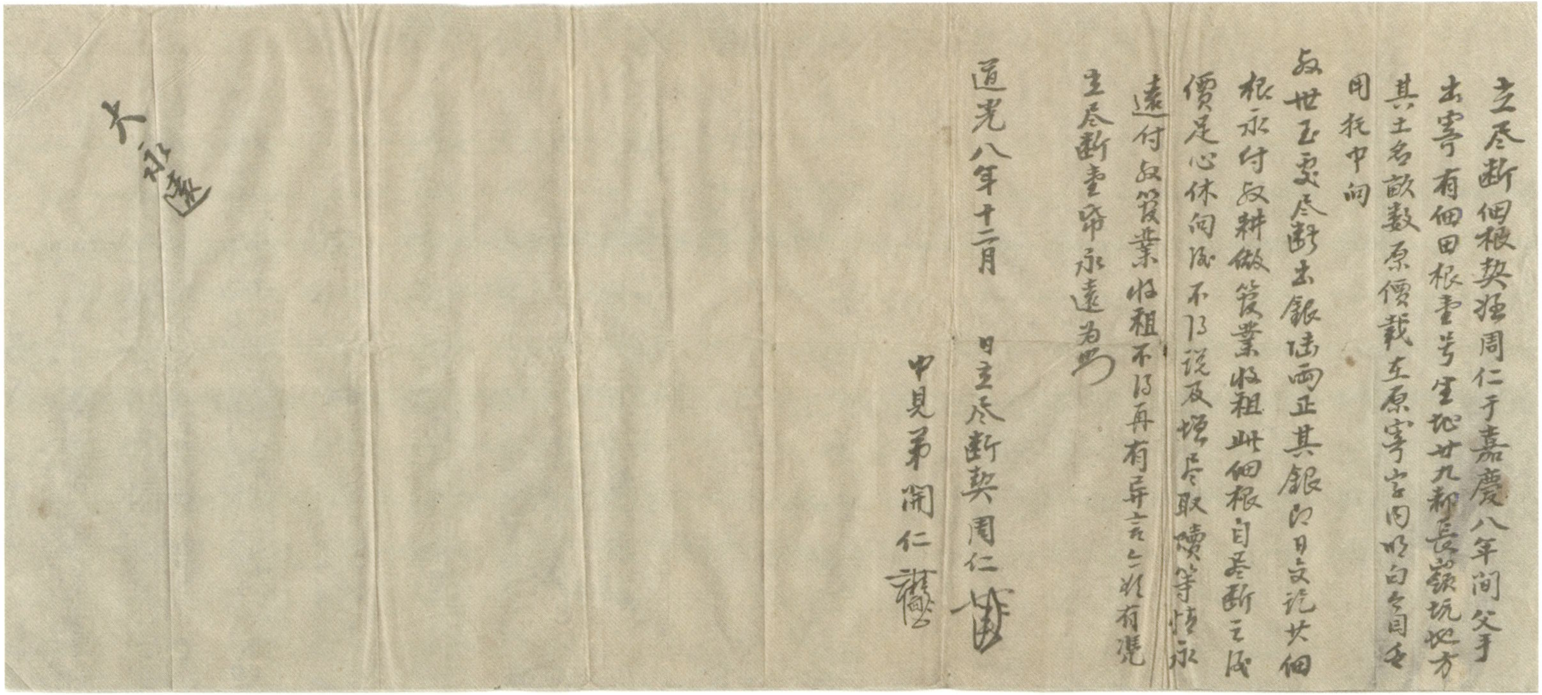
立盡斷佃根契姪周仁，于嘉慶八年間父手
出賣有佃田根壹号，坐址廿九都長嶺坑地方，
其土名畝數原價載在原賣字内明白，今因乏
用，托中向
叔世玉處盡斷出銀陸兩正，其銀即日交訖，其佃
根永付叔耕做管業收租。此佃根自盡斷之後，
價足心休，向後不得說及增盡取贖等情，永
遠付叔管業收租，不得再有異言生端。有憑，
立盡斷壹帋，永遠爲照。

道光八年十二月　日立盡斷契周仁（押）
中見弟淵仁（押）

[illegible]

7-1-36-7　清道光八年十二月魏周仁立盡斷佃根契

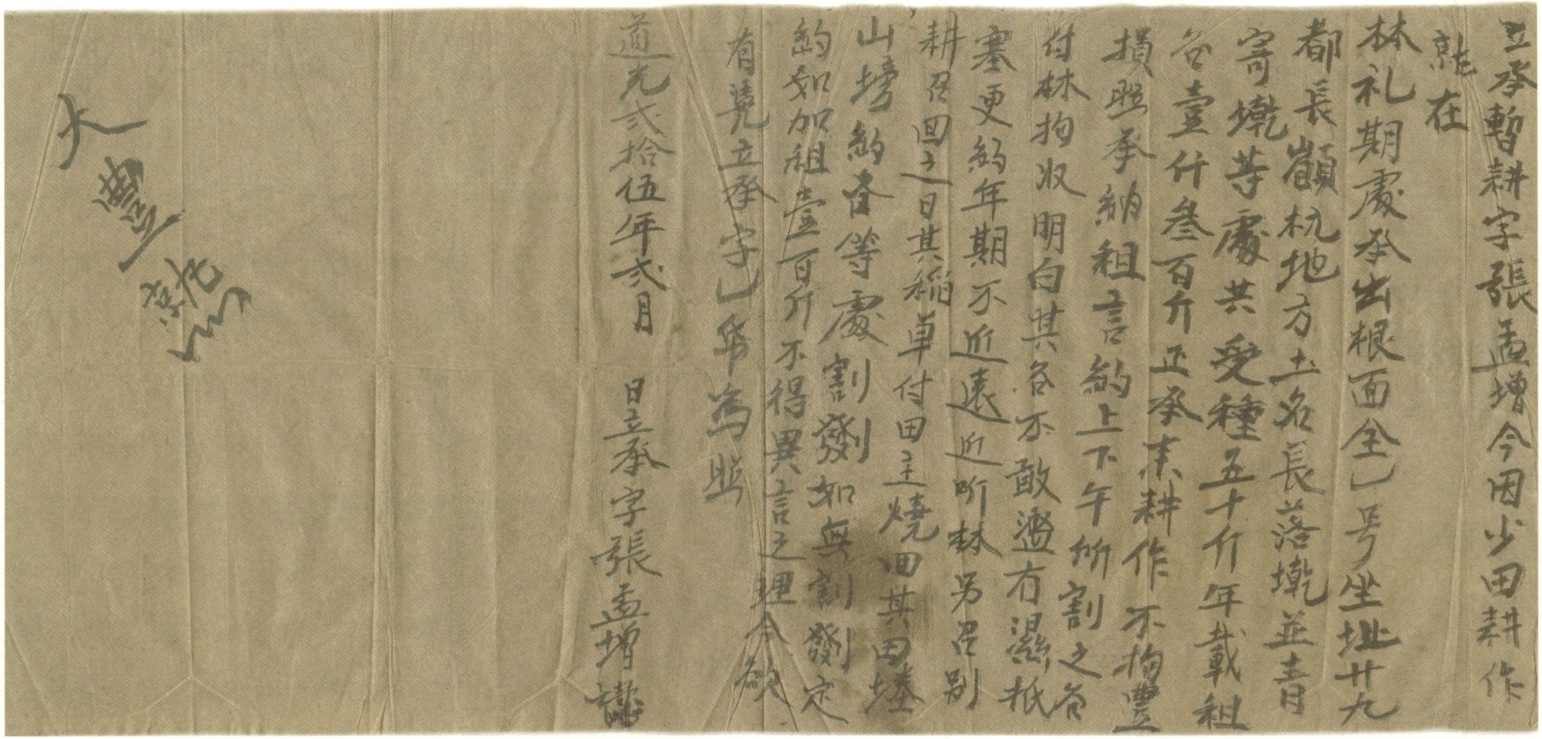
立承暫耕字張孟增今因少田耕作
就在
林礼期處承出根面全山号坐址廿九
都長嶺杭地方土名長落墘並青
寄墘等處共受種五十斤年載租
谷壹斤叁百斤正承來耕作不拘豐
損照季納租言約上下午所割之谷
付林拘收明白其各不敢濫有濕秕
塞更約年期不近遠近听林另召別
耕召回之日其稲草付田主燒田其田塍
山塝約合等處割劉如無割劉定
約如加租壹百斤不得異言之理今欲
有憑立承字山為照
道光弍拾伍年弍月　日立承字張孟增號

7-1-36-8　清道光二十五年二月張孟增立承暫耕根面全田字

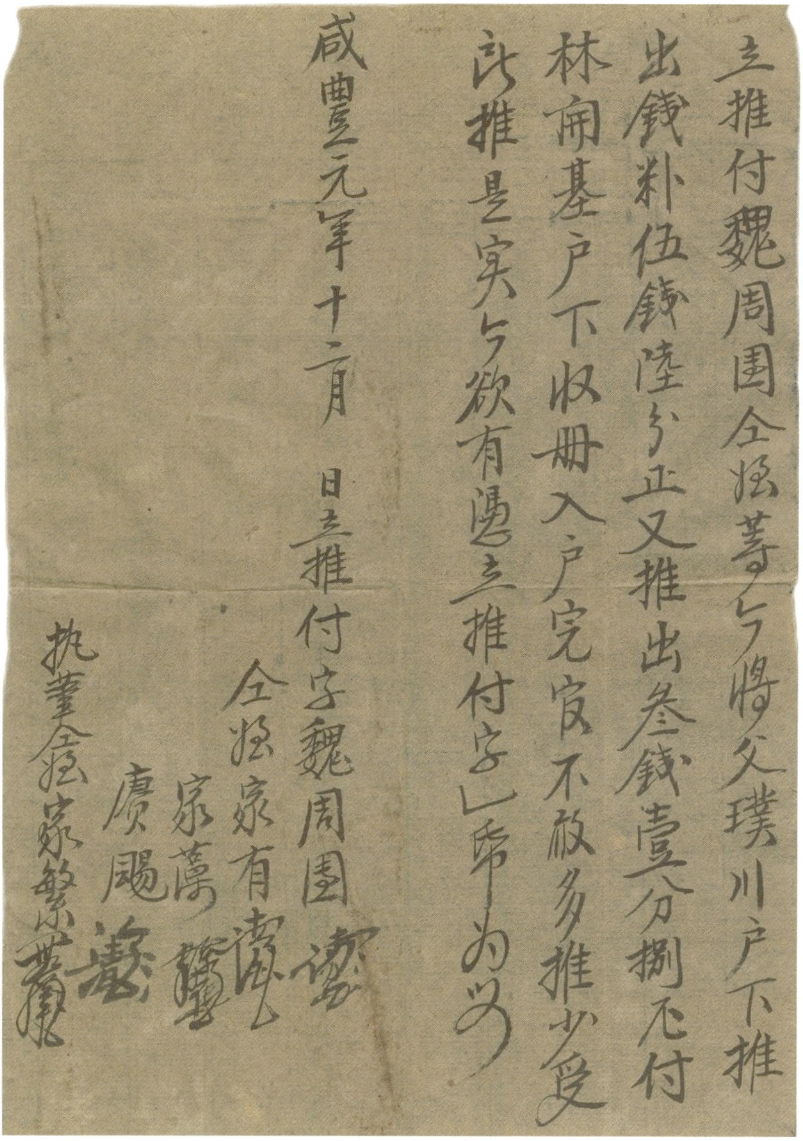
立推付魏周園仝姪等今將父璞川户下推
出錢拾伍錢陸分正又推出叁錢壹分捌厘付
林開基户下收册入户完官不敢多推少受
此推是實今欲有憑立推付字一紙爲照
咸豐元年十二月　日立推付字魏周園（押）
仝姪　家有（押）
家藩（押）
賡颺（押）
執筆仝姪　家繁（押）

7-1-36-9　清咸豐元年十二月魏周團等立推付字

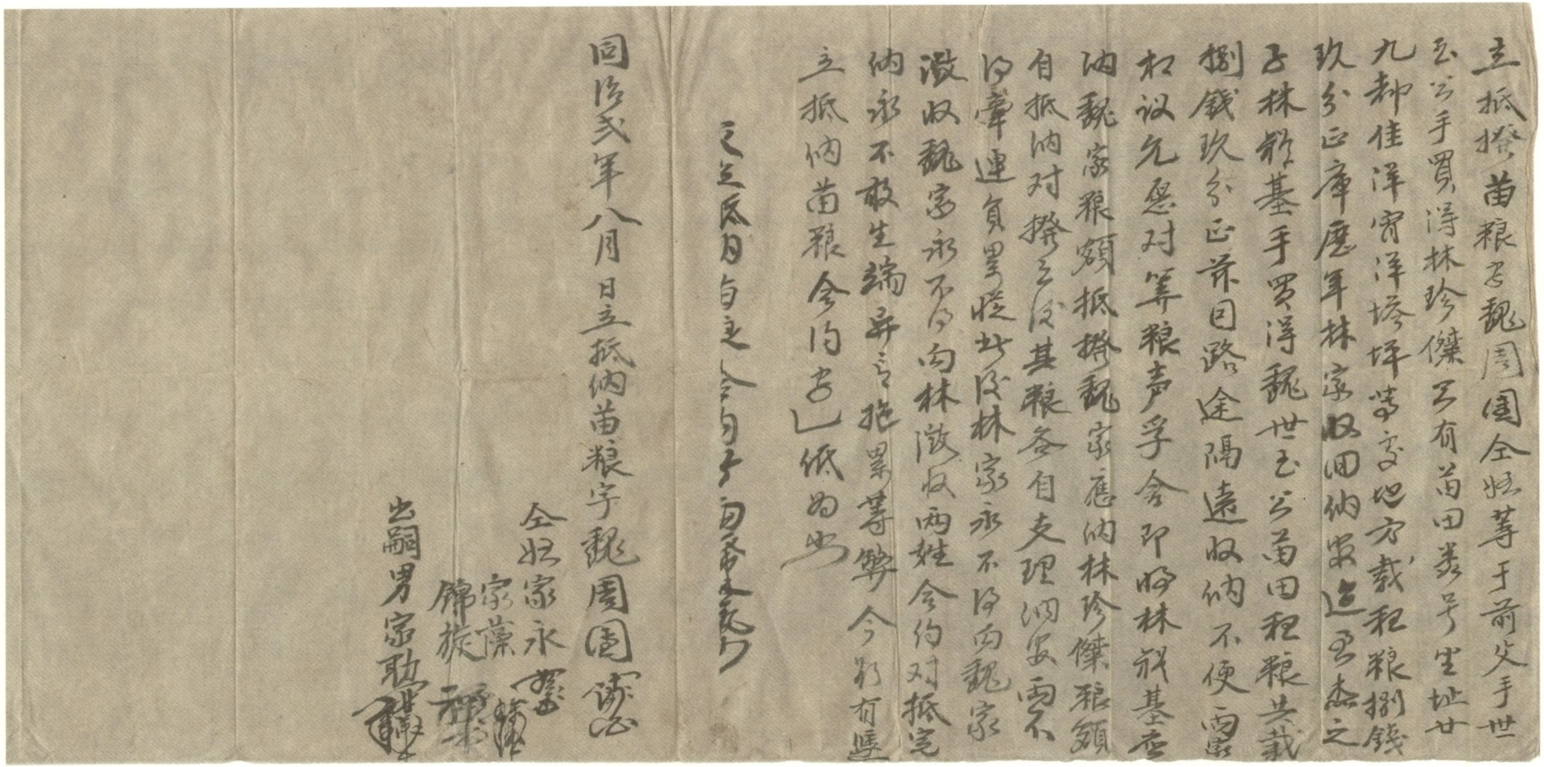

7-1-36-10　清同治二年八月魏周圍等立抵撥苗糧字

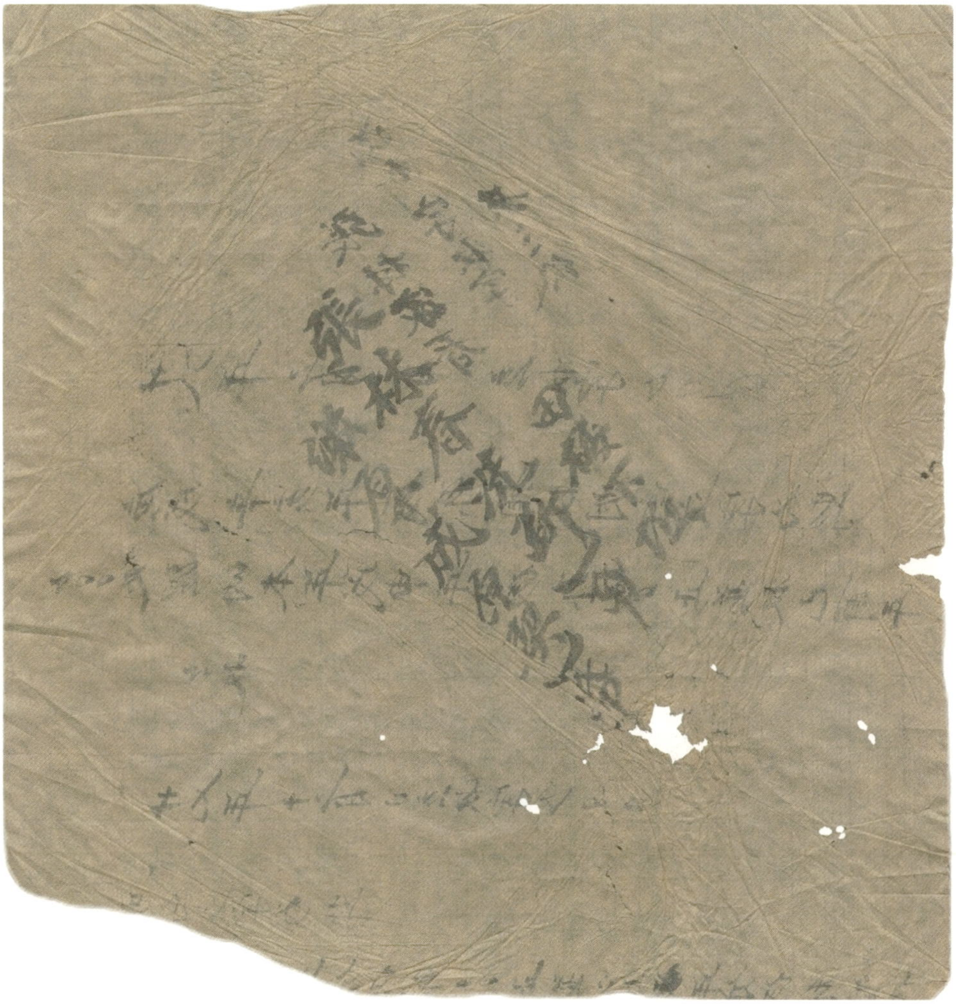

7-1-37-1　包契紙

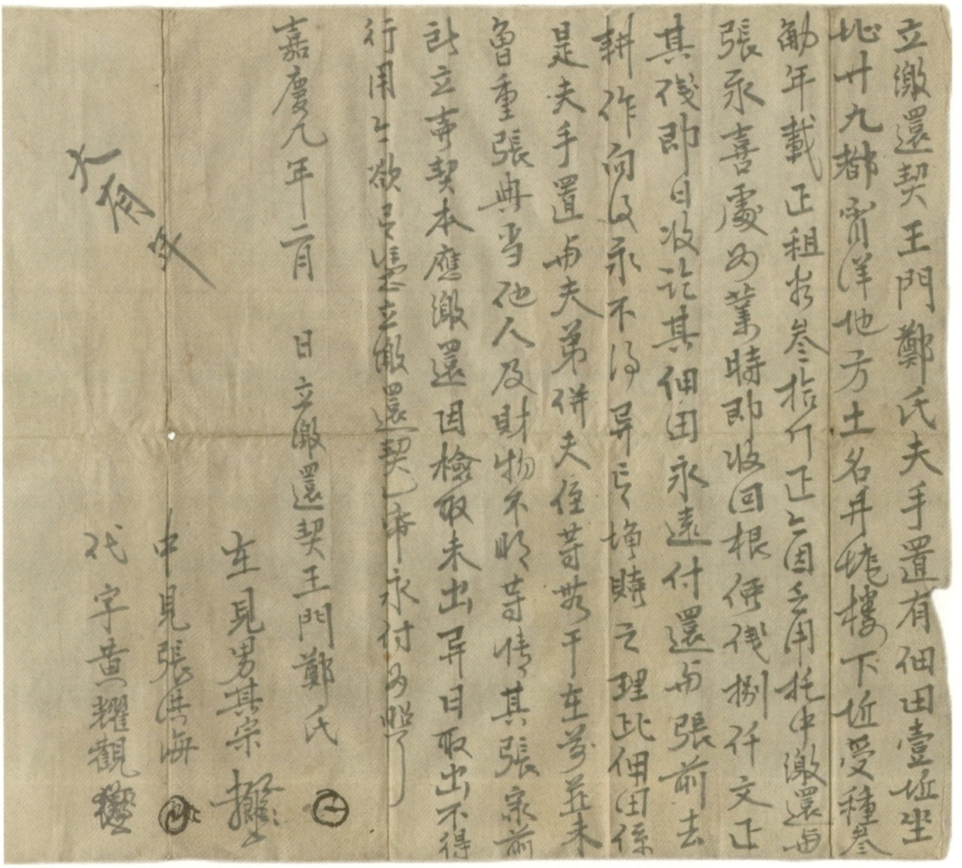
立繳還契王門鄭氏夫手置還有佃田壹坵坐
址廿九都宵洋地方土名井塘樓下坵受種叁
斛年載正租谷叁拾斤正今因乏用托中繳還與
張永喜處為業時即收回根佃價捌仟文正
其價即日收訖其佃田永遠付還與張前去
耕作向後永不得異言增賄之理此佃田係
是夫手置與夫弟併夫侄等干在等並未
曾重張典當他人及財物不明等情其張家前
訖立寺契本應繳還因檢取未出異日取出不得
行用今欲有憑立繳還契一帋永付為照
嘉慶九年二月　日立繳還契王門鄭氏
在見男其宗
中見張洪海
代字黃耀觀
大有年

7-1-37-2　清嘉慶九年二月王門鄭氏立繳還佃田契

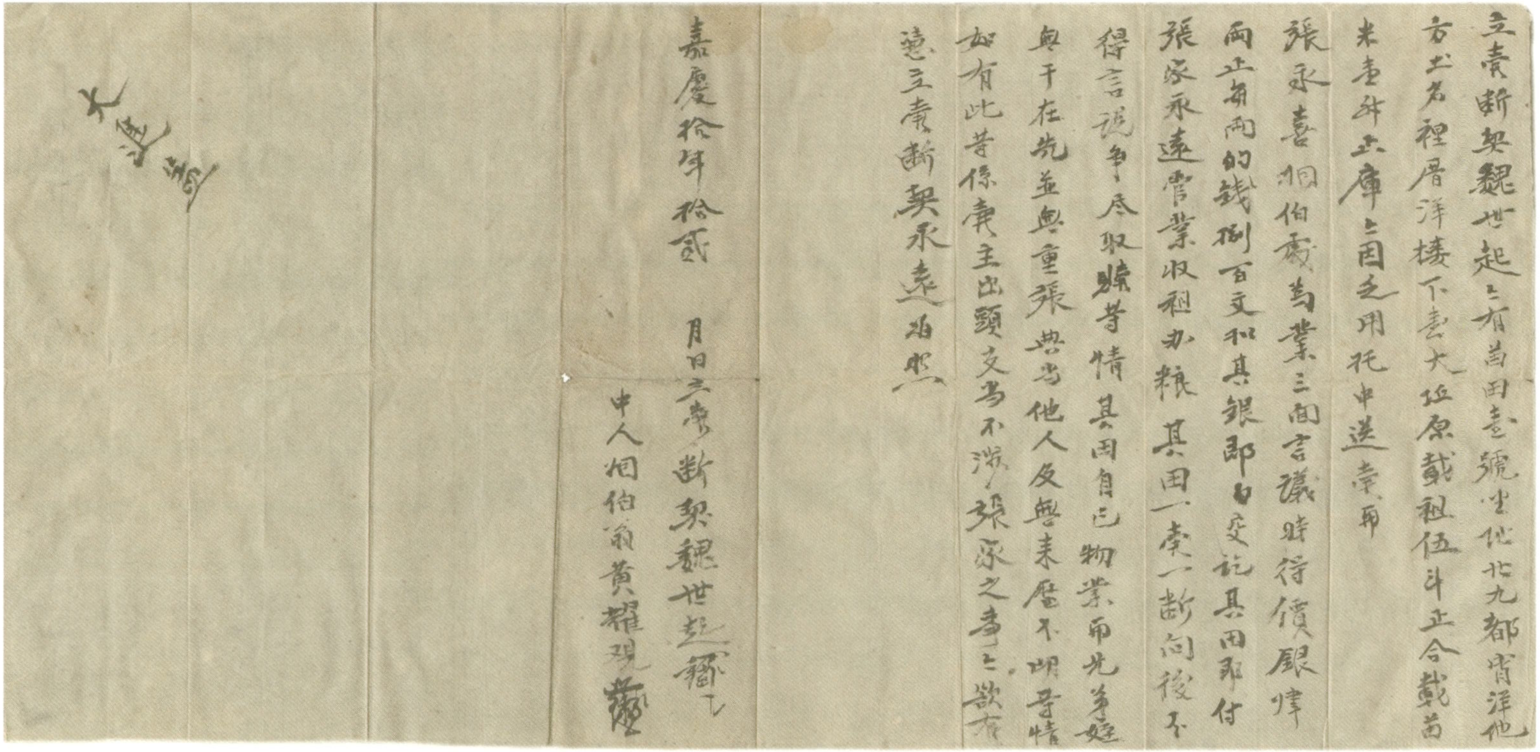

立賣斷契魏世起，有苗田壹號，坐址廿九都宵洋地
方，土名程厝洋揍下，壹大坵，原載租伍斗正，合載苗
米壹升正。今因乏用，托中送賣與
張永喜、炯伯處為業，三面言議，時得價銀肆
兩正，每兩的錢捌百文，其銀即日交訖，其田即付
張家永遠管業收租办粮。其田一賣一斷，向後不
得言說爭尽取贖等情。其田自己物業，与兄弟姪
無干，在先並無重張典當他人及與來歷不明等情。
如有此等，係賣主出頭支當，不涉張家之事。今欲有
憑，立賣斷契永遠為照。

嘉慶拾年拾貳　月日立賣斷契魏世起（押）
中人　炯伯翁黃耀現（押）

大通號

7-1-37-3　清嘉慶十年十二月魏世起立賣斷苗田契

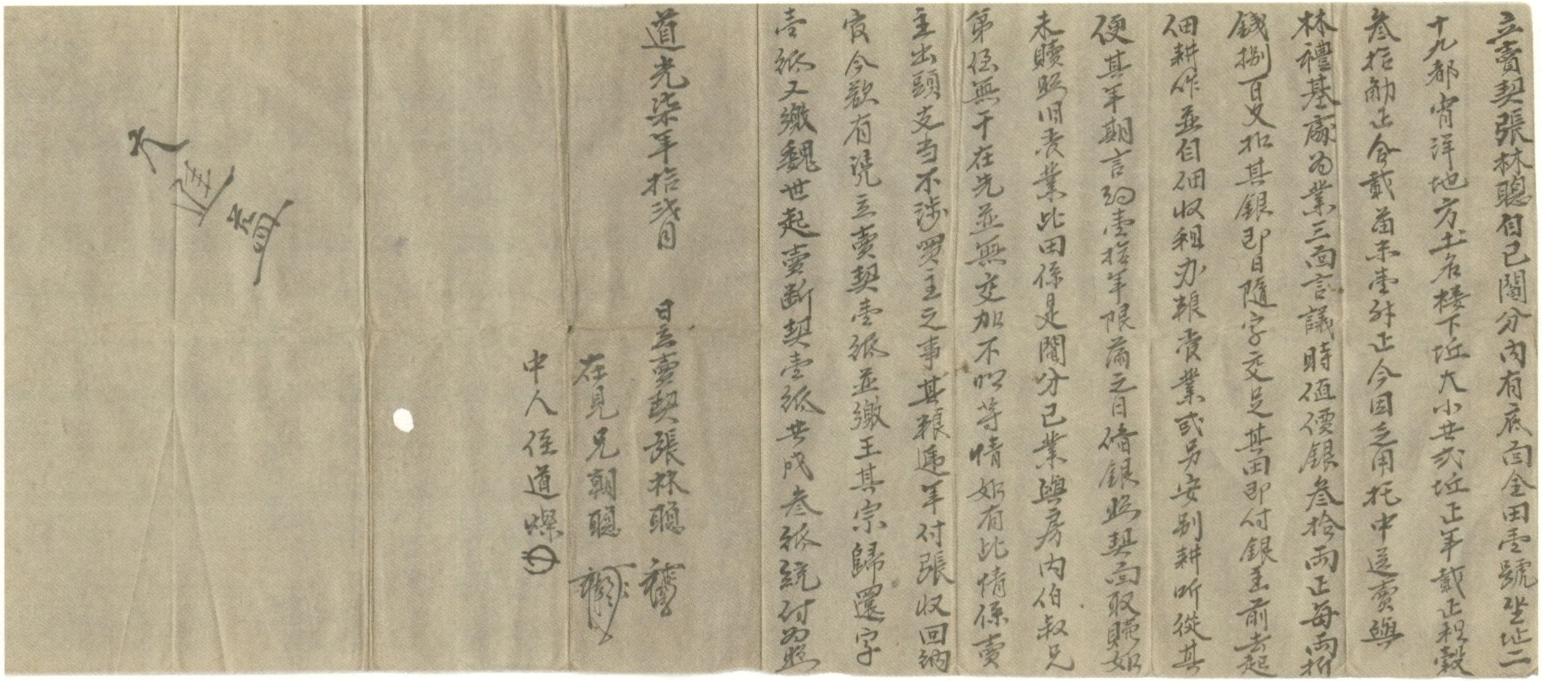

立賣契張林聰自己鬮分內有底面全田壹號坐址二
十九都宵洋地方土名樓下坵大小共式坵正，年載正租穀
叁拾觔正，今載苗米壹升正。今因乏用，托中送賣與
林禮基處爲業，三面言議，時值價銀叁拾兩正，每兩折
錢捌百文扣。其銀即日隨字交足，其田即付銀主前去起
佃耕作，並自佃收租，办粮爲業，或另安別耕，听從其
便。其年期言約壹拾年限滿之日，備銀照契面取贖，如
未贖，照旧爲業。此田係是鬮分己業，與房內伯叔兄
弟侄無干，在先並無交加不明等情，如有此情，係賣
主出頭支当，不涉買主之事。其粮逐年付張收回納
官。今欲有憑，立賣契壹紙，並繳王其宗歸還字
壹紙，又繳魏世起賣斷契壹紙，共成叁紙，統付爲照。

道光柒年拾弍月　日立賣契張林聰（押）
在見兄朝聰（押）
中人任道煉（押）

7-1-37-4　清道光七年十二月張林聰立賣底面全田契

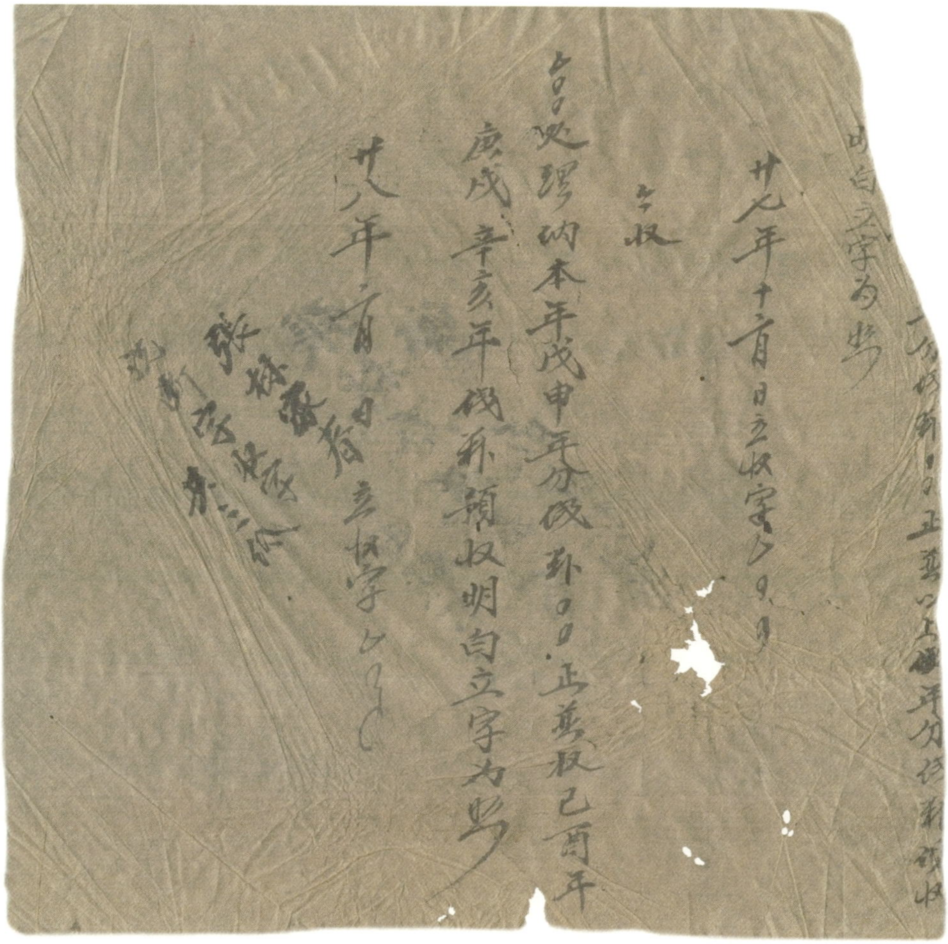
明白立字為照
廿七年十二月　日立收字
立收
合地理納本年戊申年分錢　正英收己酉年
庚戌、辛亥年錢新頭收明白立字為照
廿八年十二月　日　立收字

7-1-37-5　清道光二十七年十二月某氏立收字（草契）

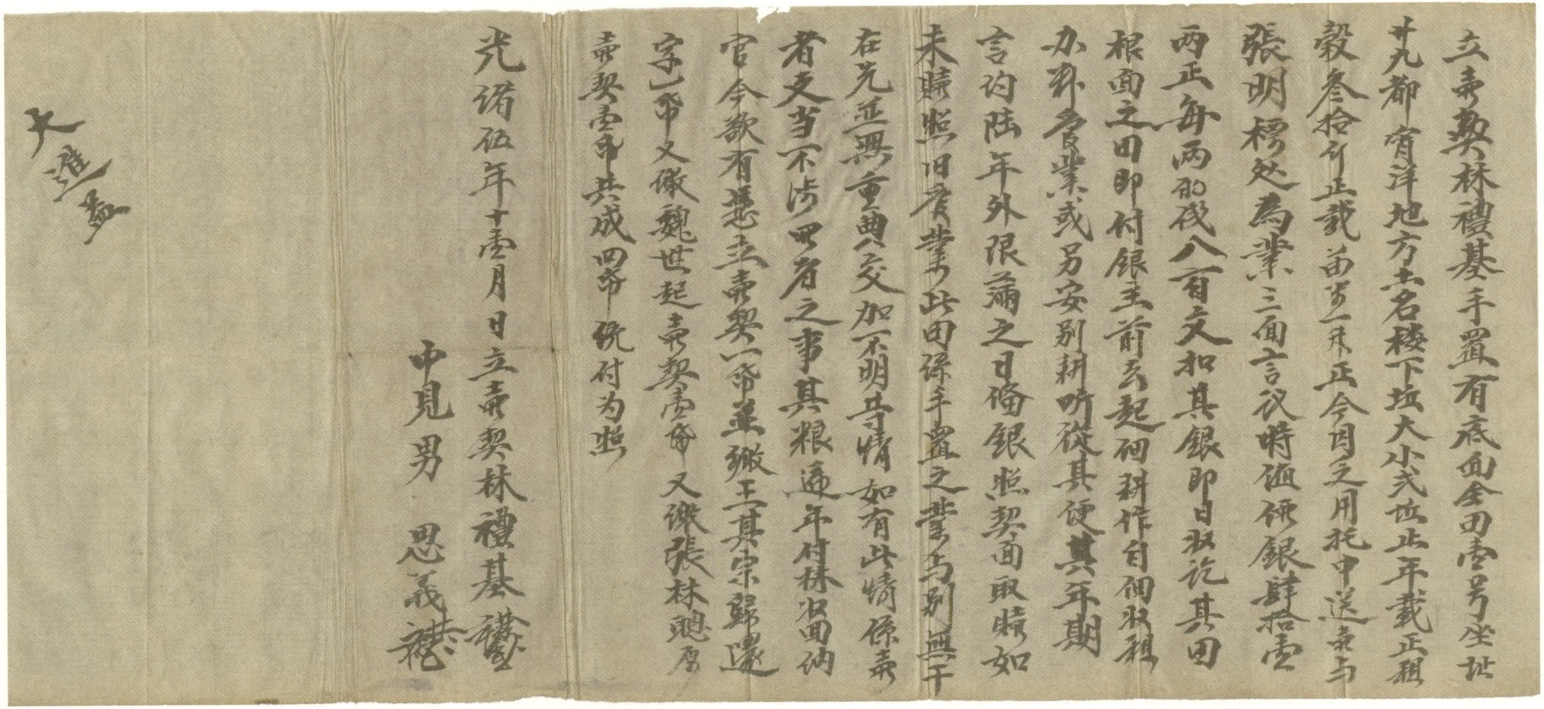
立賣契林禮基手置有底面全田壹号坐址
廿九都宵洋地方土名樓下垅大小弍坵正年載正租
穀叁拾斤正載苗米一禾正今因乏用托中送賣与
張明標处為業,三面言议時值價銀肆拾壹
两正每两加伐八百文,和其銀即日收訖,其田
根面之田即付銀主前去起佃耕作,自佃收租
办納管業,或另安別耕,听從其便。其年期
言約陆年外,限满之日備銀照契面取贖,如
未贖照旧管業。此田係手置之業,与別無干,
在先並無重典交加不明等情,如有此情,係賣
者支当,不涉買者之事。其粮逐年付林家田納
官。今欲有憑,立賣契一帋,並繳上一其宗歸還
字一帋,又繳魏世起賣契壹帋,又繳張林聰原
賣契壹帋,共成四帋,統付为照。

光緒伍年十壹月 日立賣契林禮基(押)

中見男 恩義(押)

大進益

7-1-37-6　清光緒五年十一月林禮基立賣底面全田契

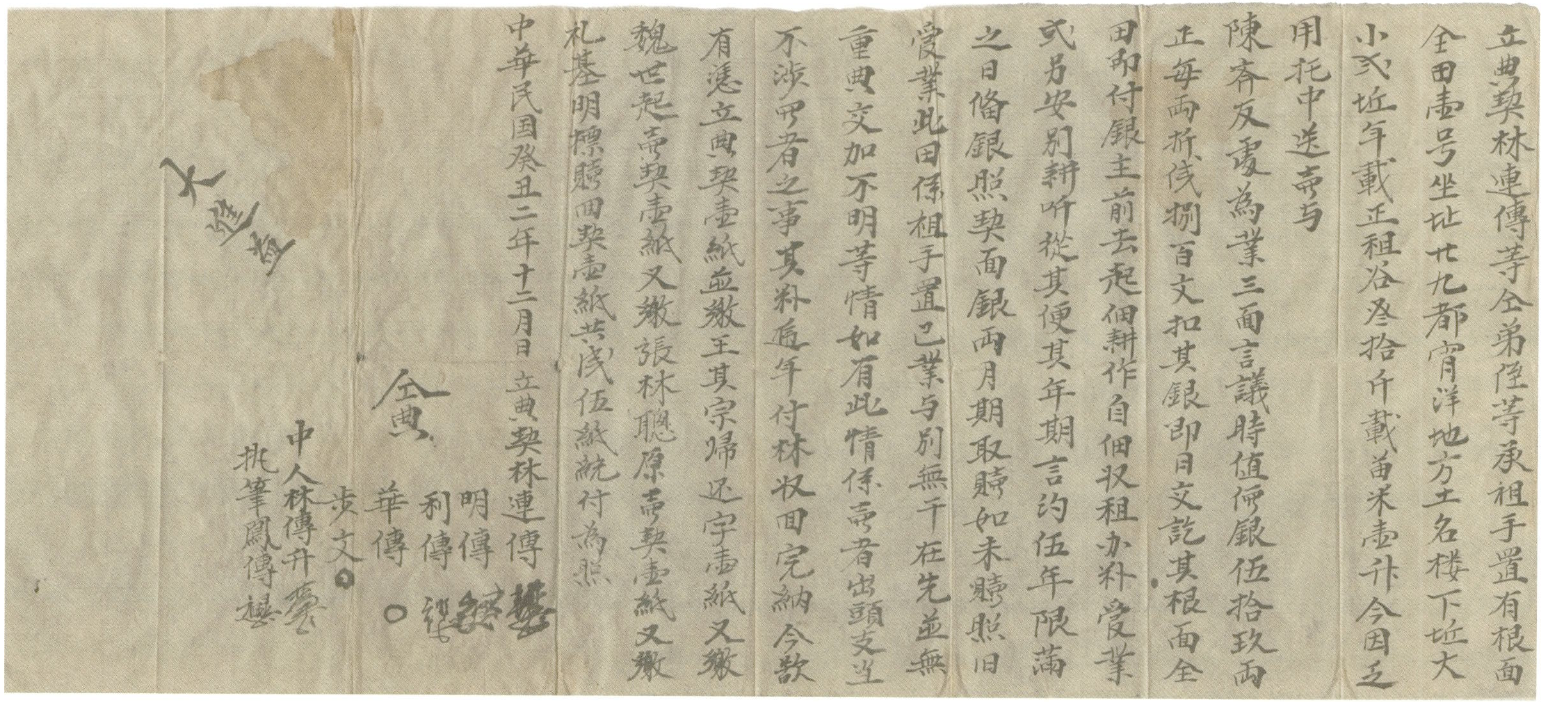

立典契林連傳等仝弟侄等承祖手置有根面
全田壹号坐址廿九都宵洋地方土名楼下址大
小弍坵年載正租谷叁拾斤載苗米壹升今因乏
用托中送与
陳斉反處為業三面言議時值價銀伍拾玖兩
正每兩折伐捌百文扣其銀即日交訖其根面全
田即付銀主前去起佃耕作自佃収租办納管業
弍比安別耕听從其便其年期言約伍年限滿
之日備銀照契面銀兩月期取贖如未贖照旧
管業此田係祖手置己業與別無干在先並無
重典文加不明等情如有此情係典者出頭支当
不涉受者之事其粮逐年付林収田完納今欲
有憑立典契壹紙並繳王其宗歸还字壹紙又繳
魏世起典契壹紙又繳張林聰原典契壹紙又繳
礼基明標贖田契壹紙共伍紙繳付為照
中華民国癸丑二年十二月日　立典契林連傳（押）
仝典　明傳　利傳　華傳　○　歩文○
中人林傳升（押）
批筆鳳傳（押）
大吉

7-1-37-7　民國二年十二月林連傳等立典根面全田契

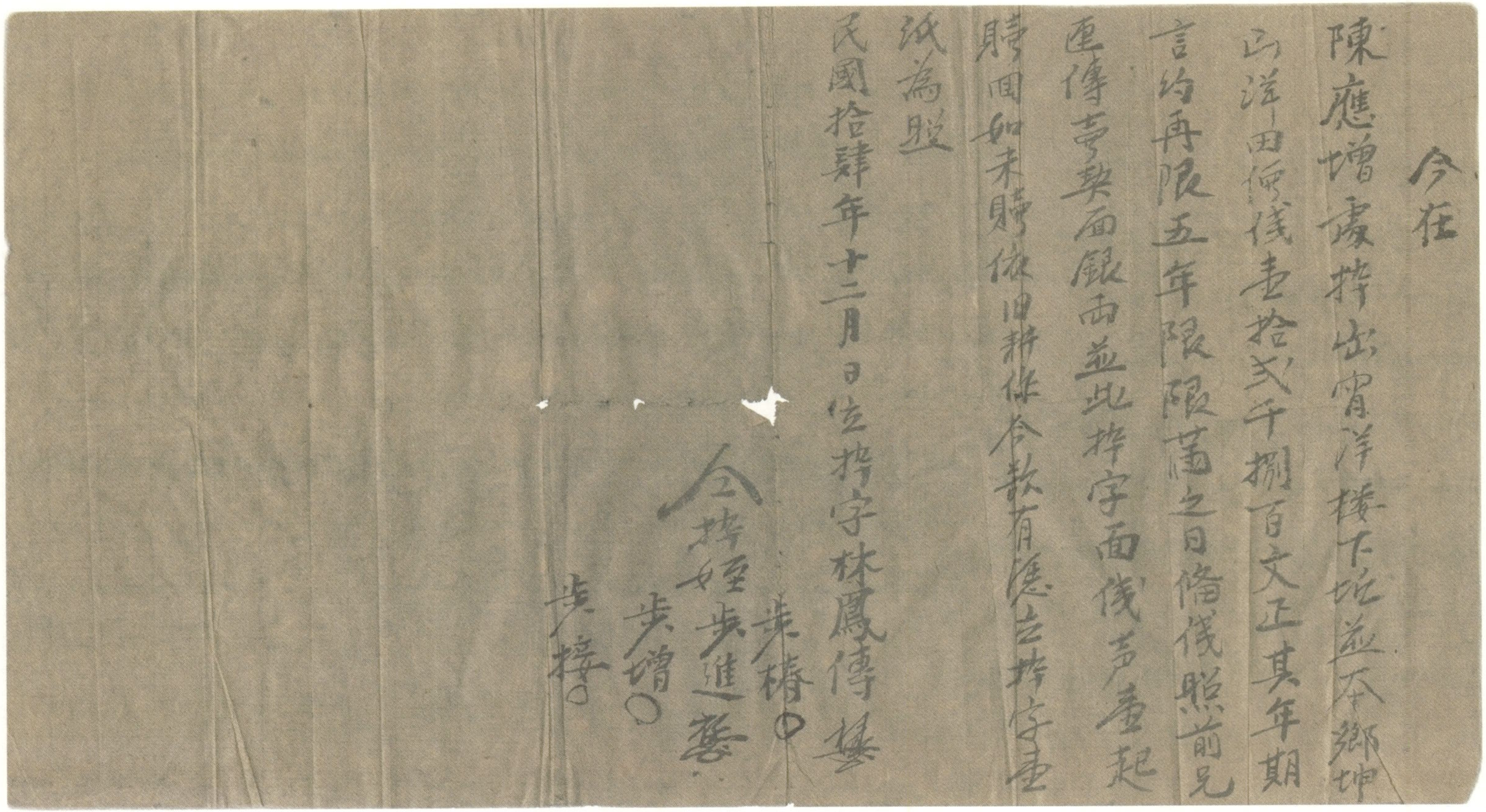

今在
陳應增處撦出宵洋樓下坵並本鄉坤
山洋田價錢壹拾弍千捌百文正，其年期
言约再限五年，限滿之日備錢照前兑
還傳声契面銀兩，並此撦字面錢声壹起
贖回，如未贖，依田耕作，今欲有憑，立撦字壹
紙為照。
民國拾肆年十二月　日立撦字林鳳傳（押）
仝撦侄　其椿〇
其進（押）
其增〇
其梓〇

7-1-37-8　民國十四年十二月林鳳傳等立撦字

7-1-38-1　包契紙

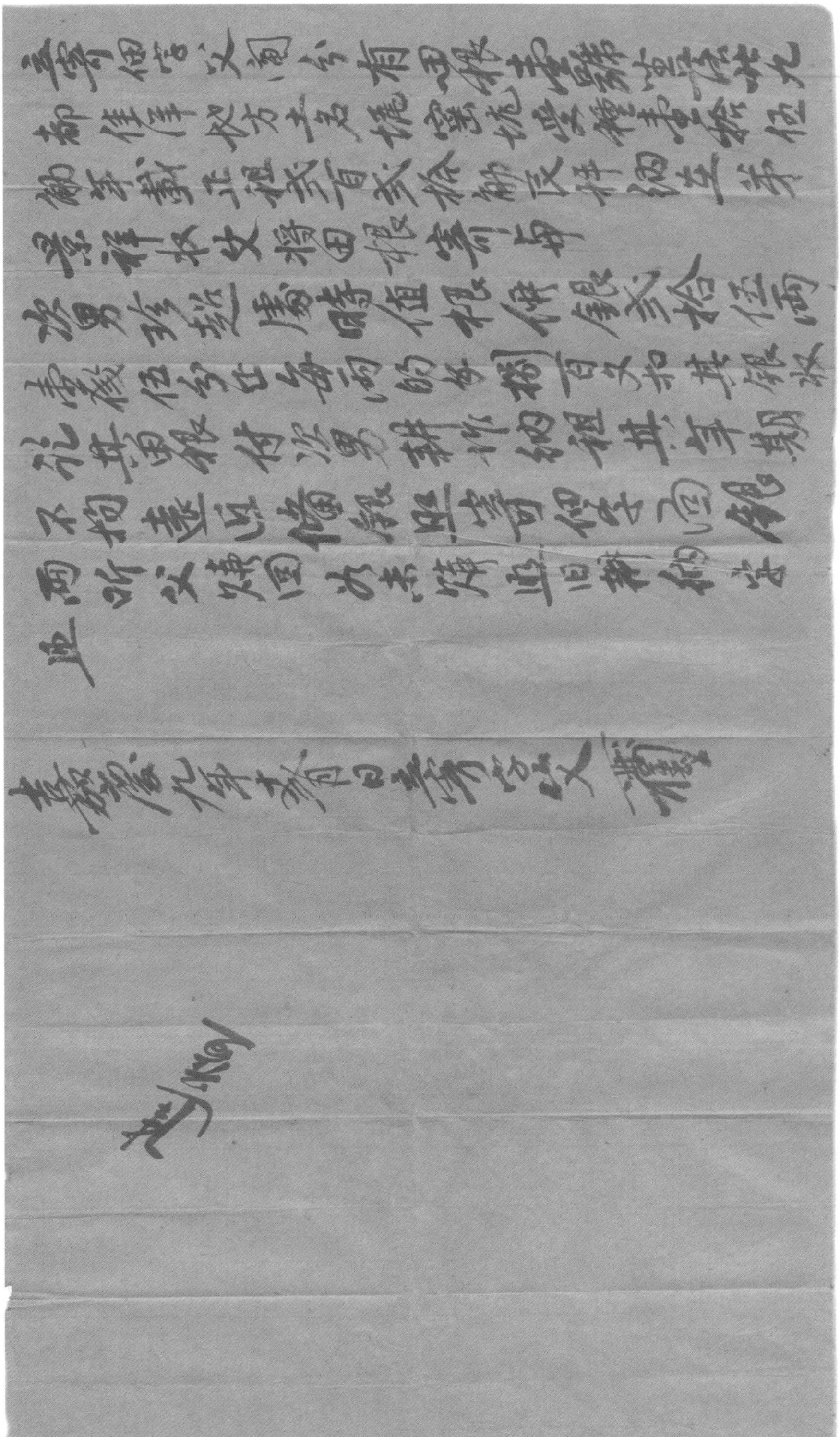
立寄佃字父閩，今有田根壹號，坐落廿九都佳洋坎方，土名塘窑坑，受種壹拾伍觔，年載正租弍百弍拾觔良秤，納左弟景祥收。父將田根寄與次男珍趙處，時值根價銀弍拾伍兩壹錢伍分正，每兩的每捌百文扣，其銀收訖。其田根付次男耕作納租，其年期不拘遠近，備銀照寄佃字面銀兩，聽父贖回，如未贖照舊耕納，字照。

嘉慶九年十二月日立寄字父閩

7-1-38-2　清嘉慶九年十二月林景登立寄佃田根字

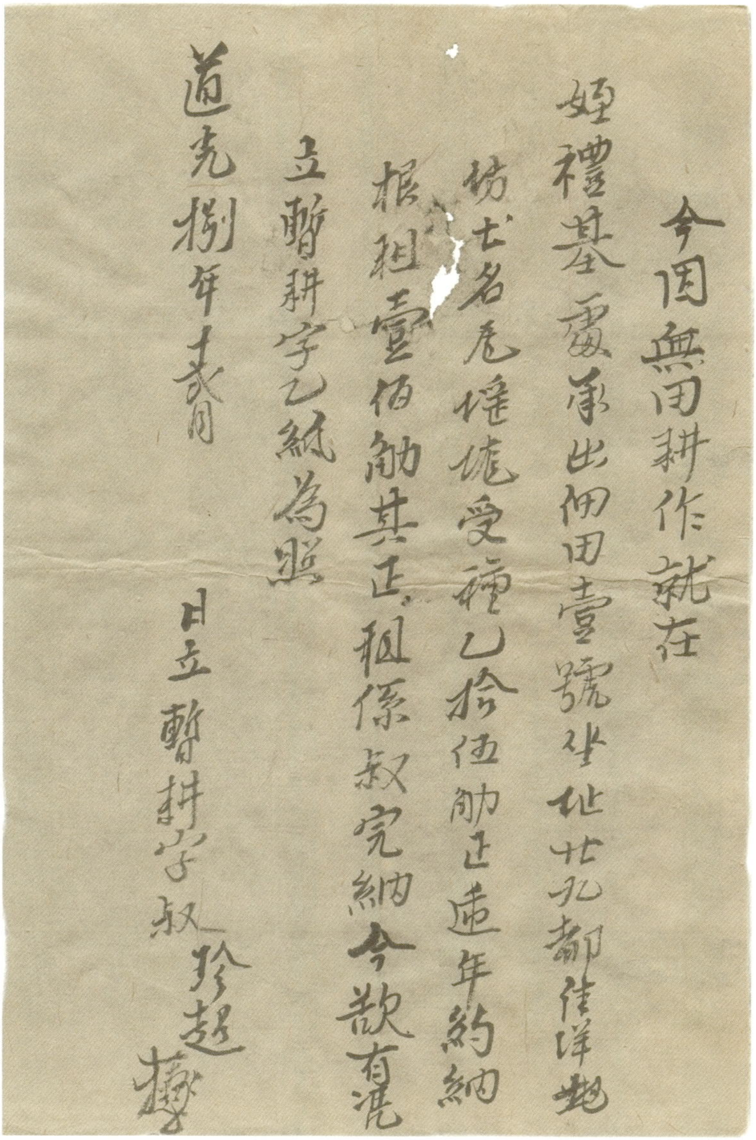
今因無田耕作就在
姪禮基處承出佃田壹號坐址廿九都佳洋地
坊土名尾堤墘受種乙拾伍觔正逓年約納
根租壹佰觔其正租係叔完納今欲有凭
立暫耕字乙紙為照
道光捌年十二月　　日立暫耕字叔　珍超（押）

7-1-38-3　清道光八年十二月林珍超立暫耕佃田字

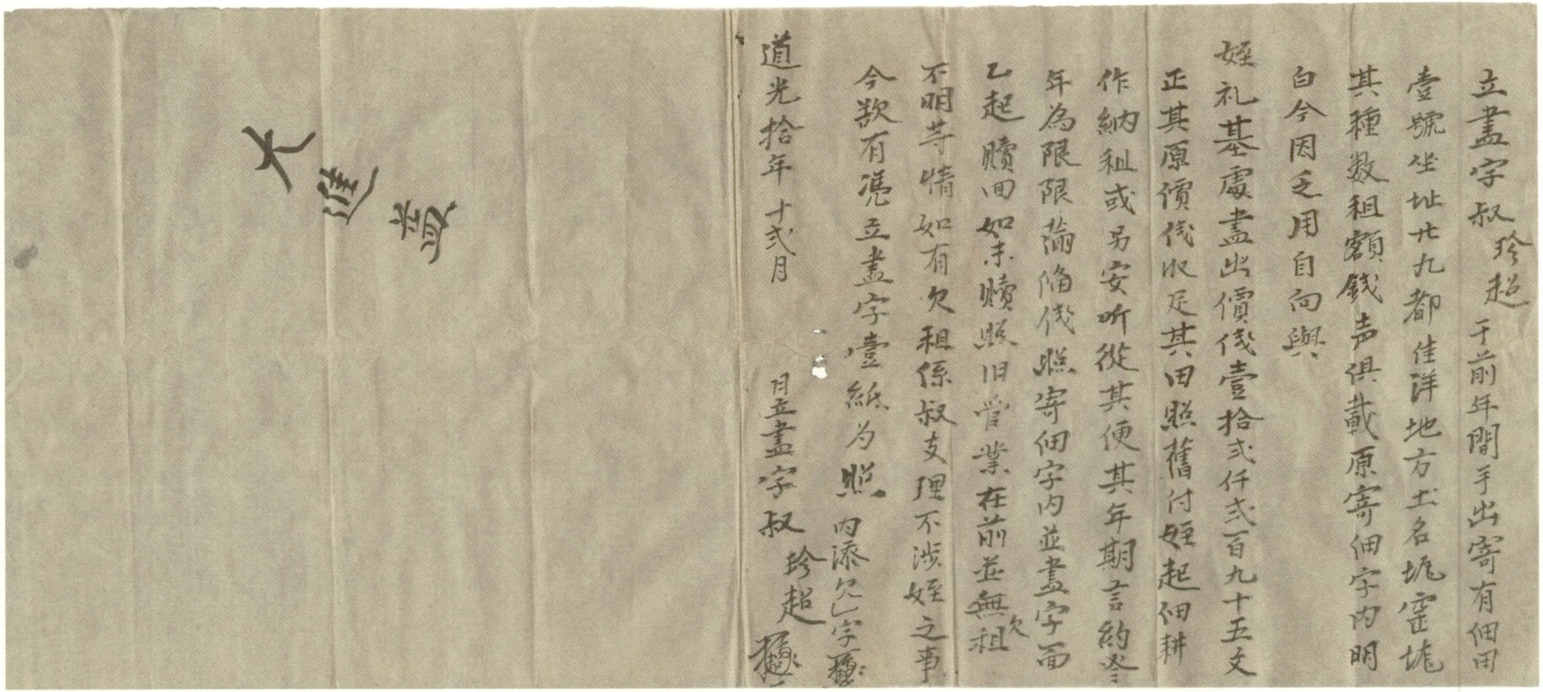
立盡字叔珍超于前年間手出寄有佃田
壹號坐址廿九都佳洋地方土名墘窑墘
其種數租額錢声俱載原寄佃字內明
白今因乏用自向與
姪礼基處盡出價錢壹拾弍仟弍百九十五文
正其原價錢收足其田照舊付姪起佃耕
作納租或另安听從其便其年期言約叁
年為限限滿備錢照寄佃字內並盡字面
乙起贖田如未贖照旧管業在前並無欠租
不明等情如有欠租係叔支理不涉姪之事
今欲有憑立盡字壹紙為照。内添欠乙字為
道光拾年十弍月　日立盡字叔珍超押

大進壹

7-1-38-4　清道光十年十二月林珍超立盡佃田字

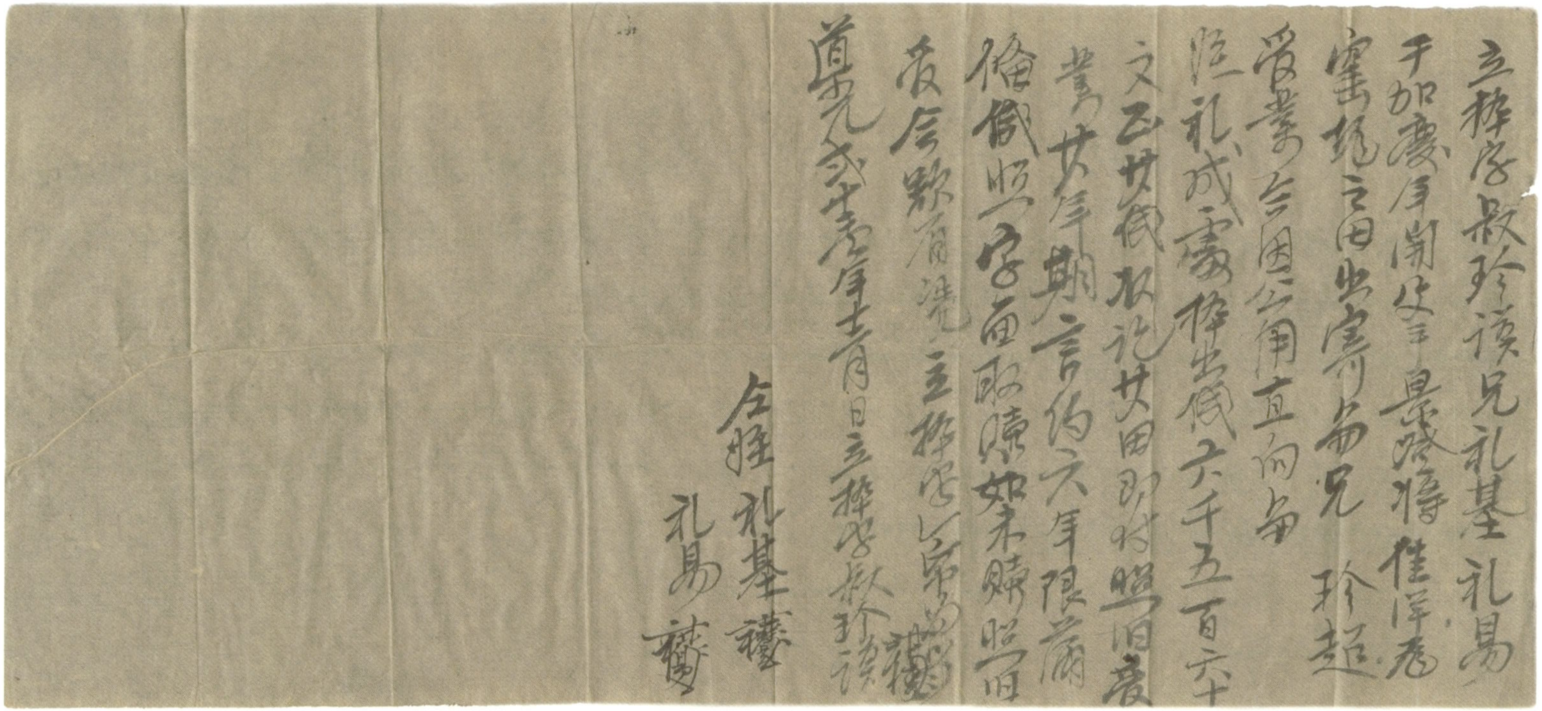
立撮字叔珍謨兄孔基孔昌
于加慶年間仕星路將佳洋尾
寔塊之田出寔典兄珍超
管業今因公用直向典
姪孔成處撮出錢六千五百六十
文正其錢收訖其田即時照舊管
業其年期言約六年限滿
備錢照字面取贖如未贖照舊
管會股有憑立撮字為照
道光貳拾壹年十二月　日立撮字叔珍謨
仝姪　孔基
　　　孔昌

7-1-38-5　清道光二十一年十二月林珍謨等立撮字

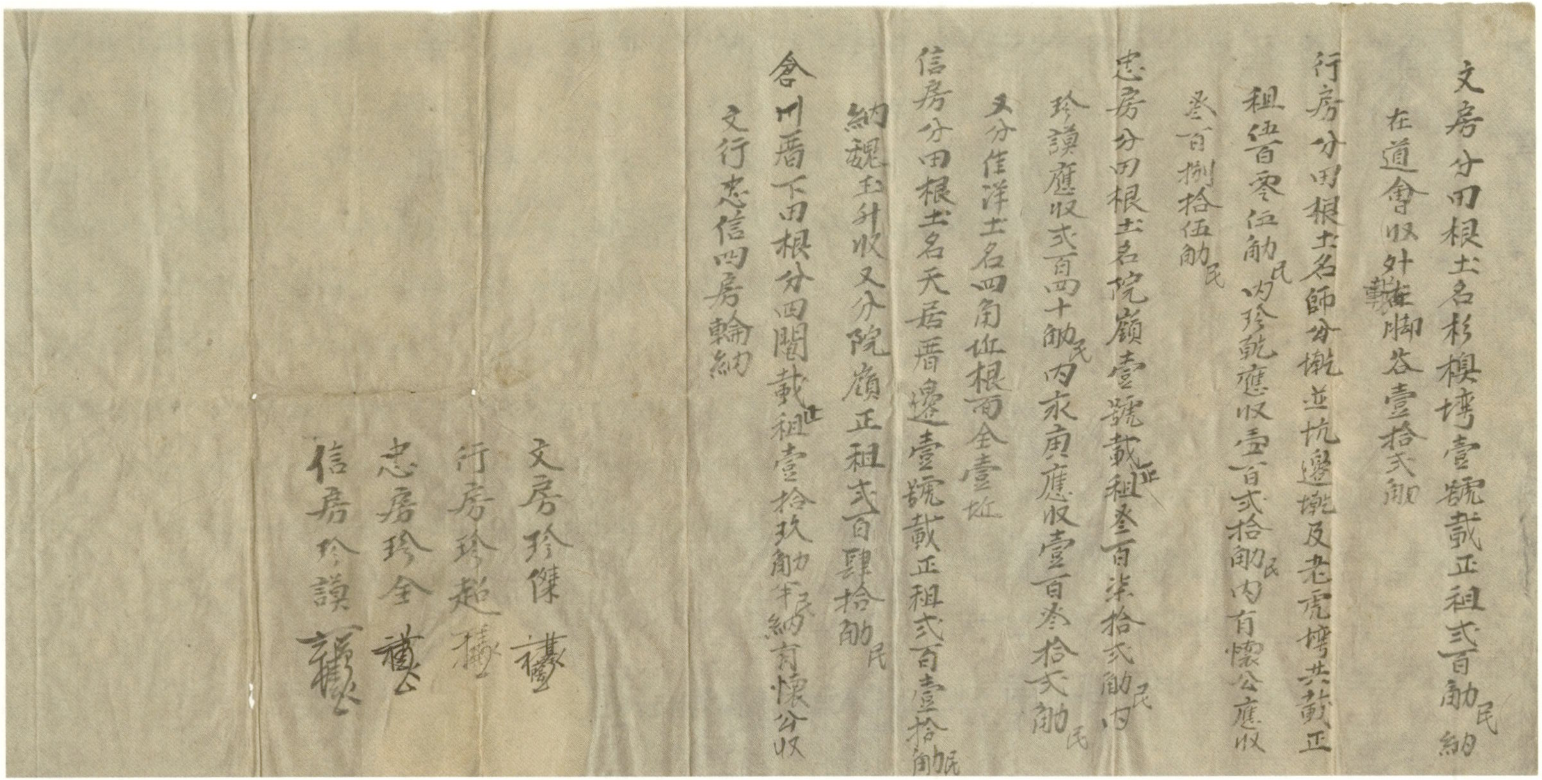
文房分田根土名杉模墘壹號載正租弍百觔民納
在道會收外執脚谷壹拾弍觔
行房分田根土名師分墘並坑邊墘及老虎墘共載正
租伍百零伍觔民 內珍乾應收壹百弍拾觔民 內有懷公應收
叁百捌拾伍觔民
忠房分田根土名院嶺壹號載租叁百柒拾弍觔民 內
珍謨應收弍百四十觔民 內永貞應收壹百叁拾弍觔民
又分作洋土名四角坵根□全壹坵
信房分田根土名天居厝邊壹號載正租弍百壹拾觔民
納硯玉升收又分院嶺正租弍百肆拾觔民
倉門厝下田根分四閹載租壹拾玖觔半民 納有懷分收
文行忠信四房輪納
文房珍傑（押）
行房珍超（押）
忠房珍全（押）
信房珍謨（押）

7-1-38-6　林氏文行忠信四房立分田根合約（年代不詳）

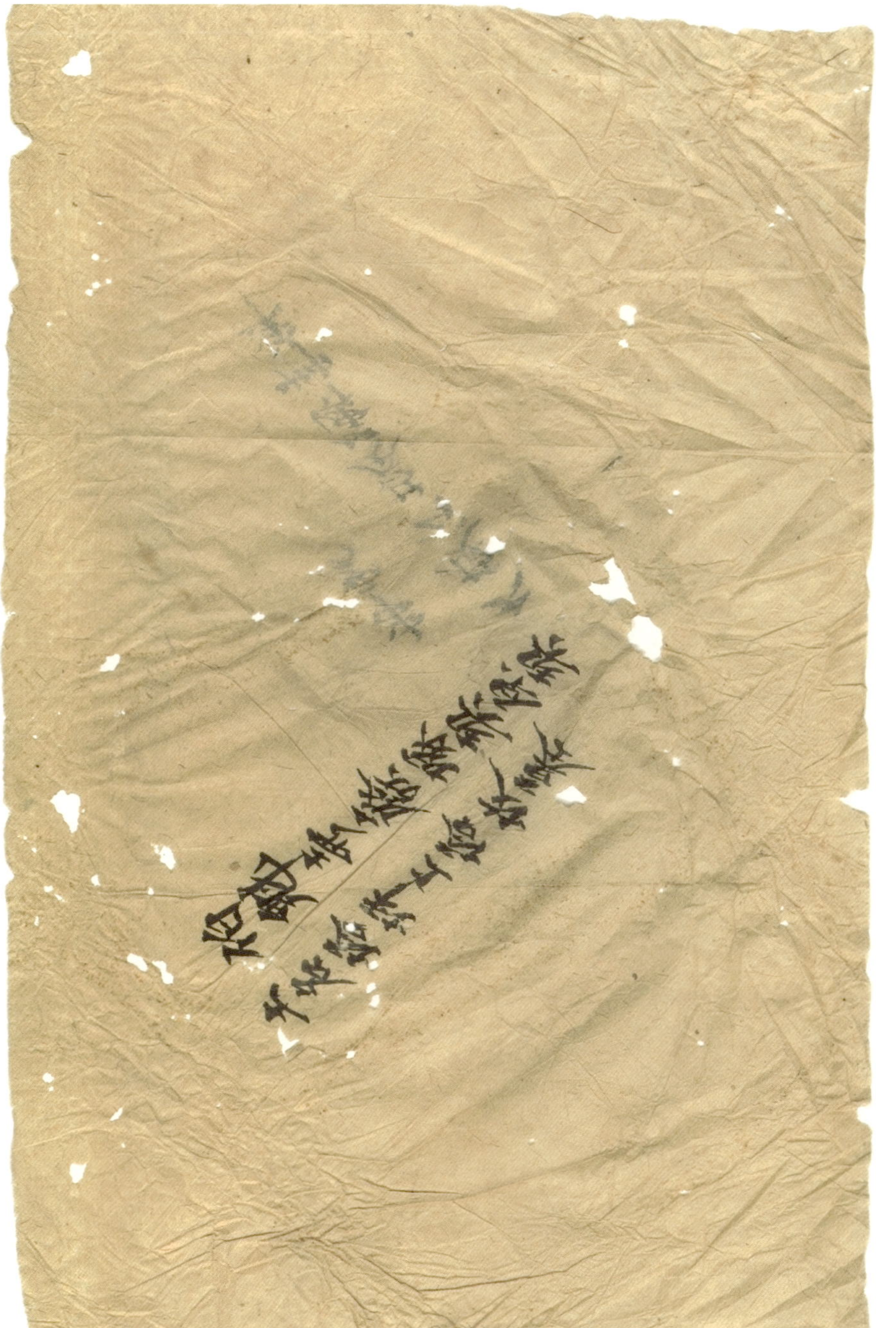

7-1-39-1　包契紙

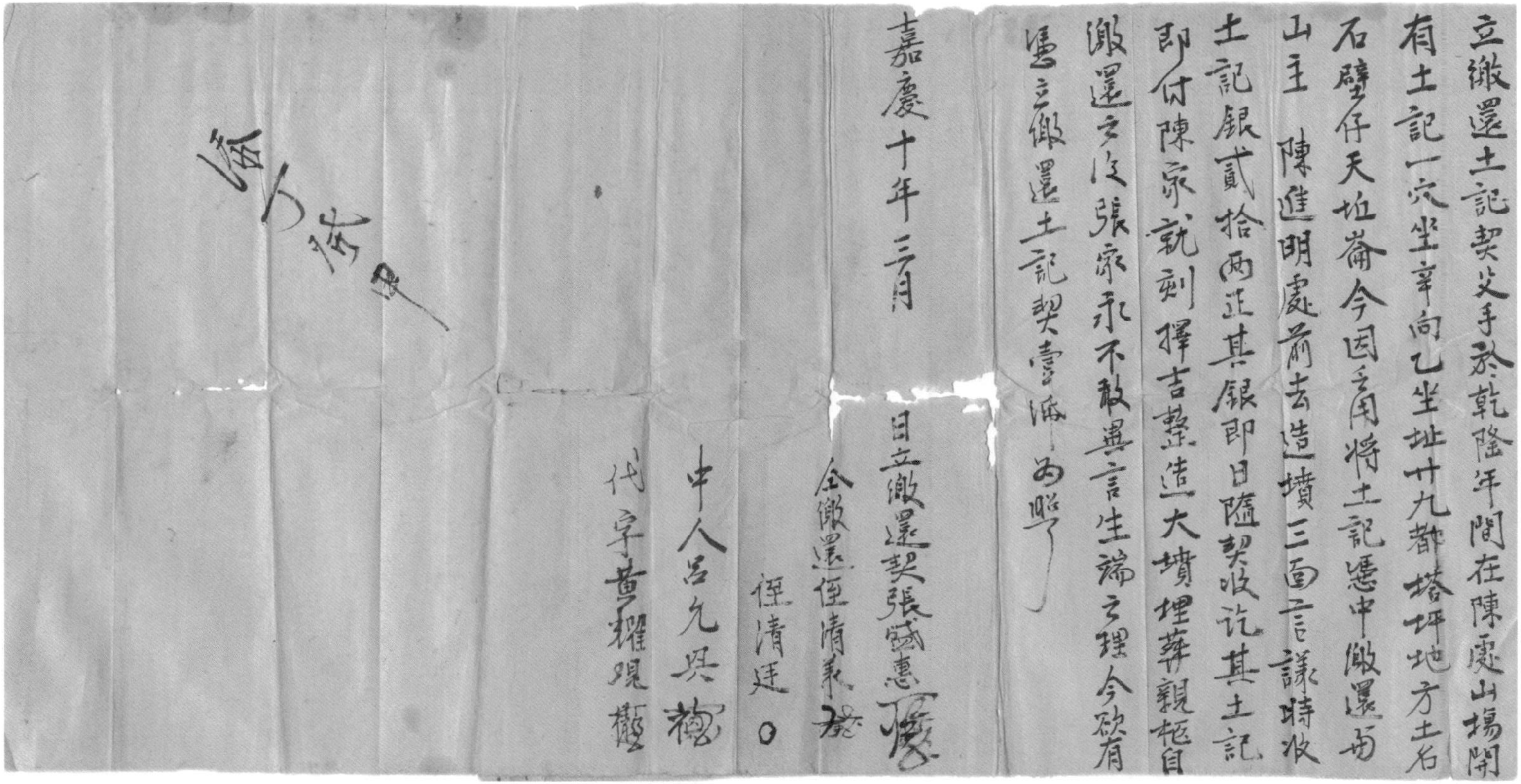
立缴還土記契父手於乾隆年間在陳處山場開
有土記一穴坐辛向乙坐址廿九都塔坪地方土名
石壁仔天垃崙今因乏用將土記憑中缴還與
山主 陳進明處前去造墳三面言議時收
土記銀貳拾兩正其銀即日隨契收訖其土記
即付陳家就剋擇吉整造大墳埋葬親柩自
缴還之後張家永不敢異言生端之理今欲有
憑立缴還土記契壹紙為照
嘉慶十年三月　日立缴還契張盛惠（押）
仝缴還侄清義（押）
侄清廷 ○
中人呂允興（押）
代字黄耀現（押）

7-1-39-2　清嘉慶十年三月張盛惠等立繳還土記契

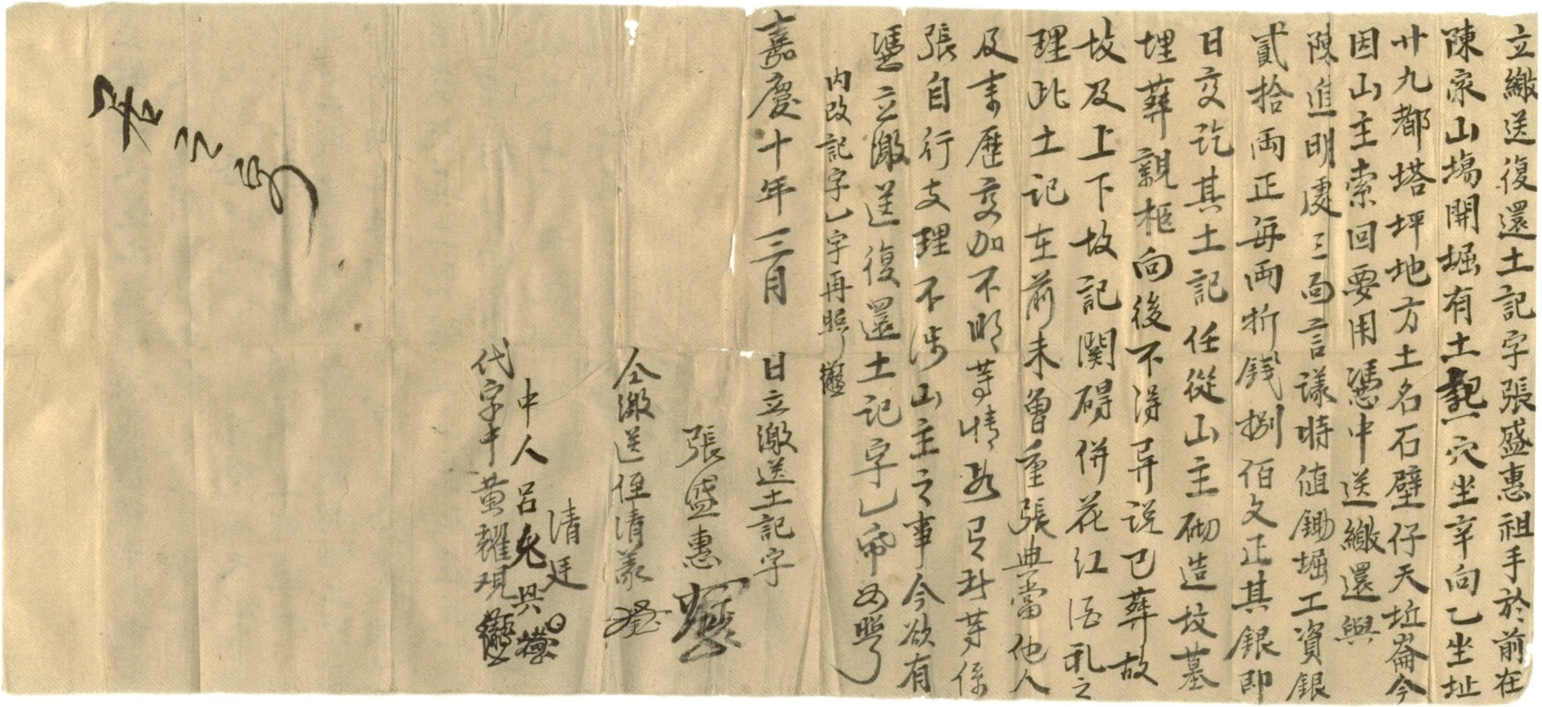
立繳送復還土記字張盛惠祖手於前在
陳家山場開掘有土龜一穴坐辛向乙坐址
廿九都塔坪地方土名石壁仔天垃裔今
因山主索回要用憑中送繳還與
陳進明處三面言議時值鋤掘工資銀
貳拾兩正每兩折錢捌佰文正其銀即
日交訖其土記任從山主砌造坟墓
埋葬親柩向後不得再說巳葬故
故及上下坟記關碍併花江汤乳之
理此土記在前未曾重張典當他人
及書歷交加不明等情此己卦等係
張自行支理不涉山主之事今欲有
憑立繳送復還土記字一帋為照
内改記字一字再照
嘉慶十年三月　日立繳送土記字　張盛惠
仝繳送侄清蒙
中人　呂清廷　光興
代字中　黃耀現

7-1-39-3　清嘉慶十年三月張盛惠等立繳送復還土記字

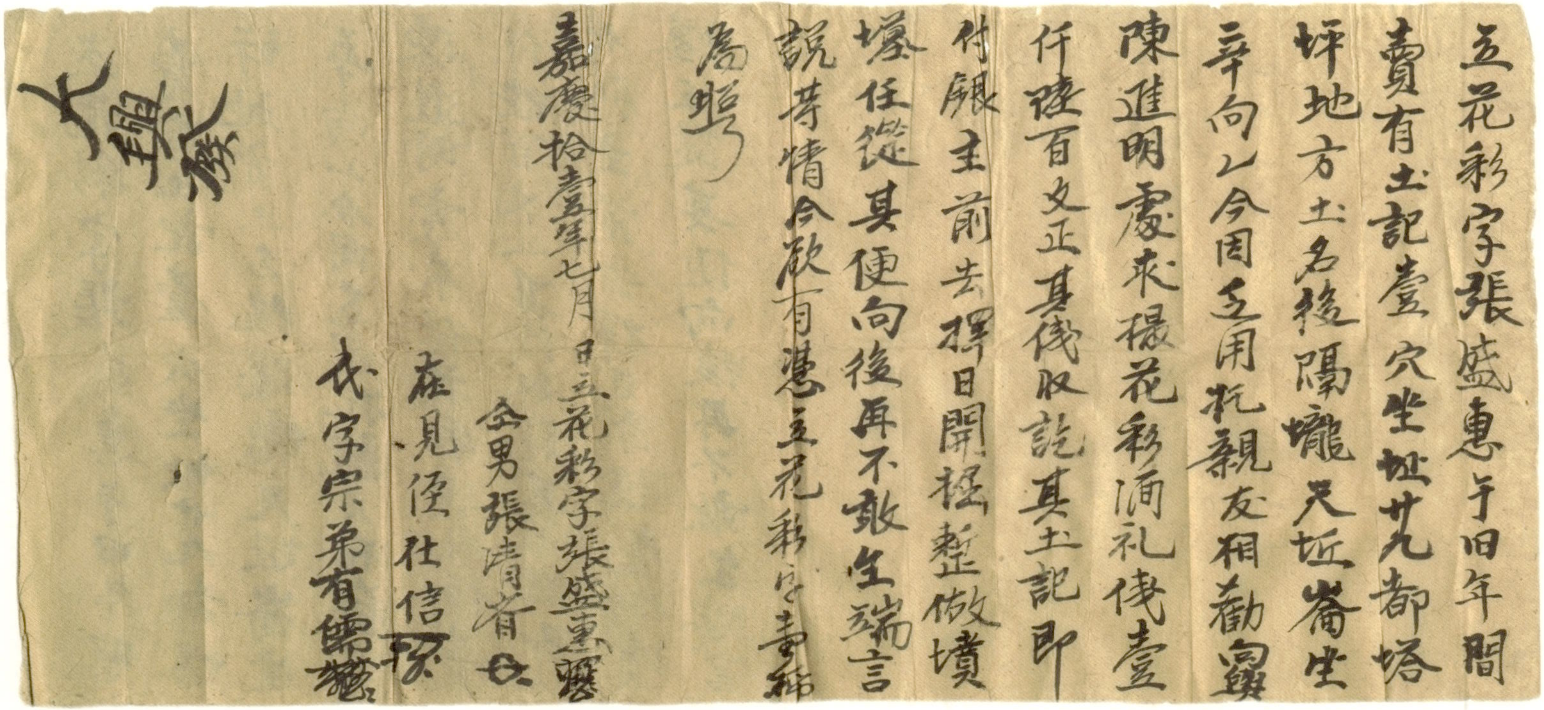
立花彩字張盛惠仝旧年間
賣有土記壹穴坐址廿九都塔
坪地方土名後陽壠又坵崙坐
辛向山今因乏用托親友相勸與
陳進明處求得花彩酒礼錢壹
仟陸百文正其錢收訖其土記即
付銀主前去擇日開掘整做墳
塋任從其便向後再不敢生端言
說等情今欲有憑立花彩字壹紙
為照

嘉慶拾壹年七月 日立花彩字張盛惠
仝男張清有
在見侄杜信
代字宗弟有儒

大吉

7-1-39-4 清嘉慶十一年七月張盛惠等立花彩字

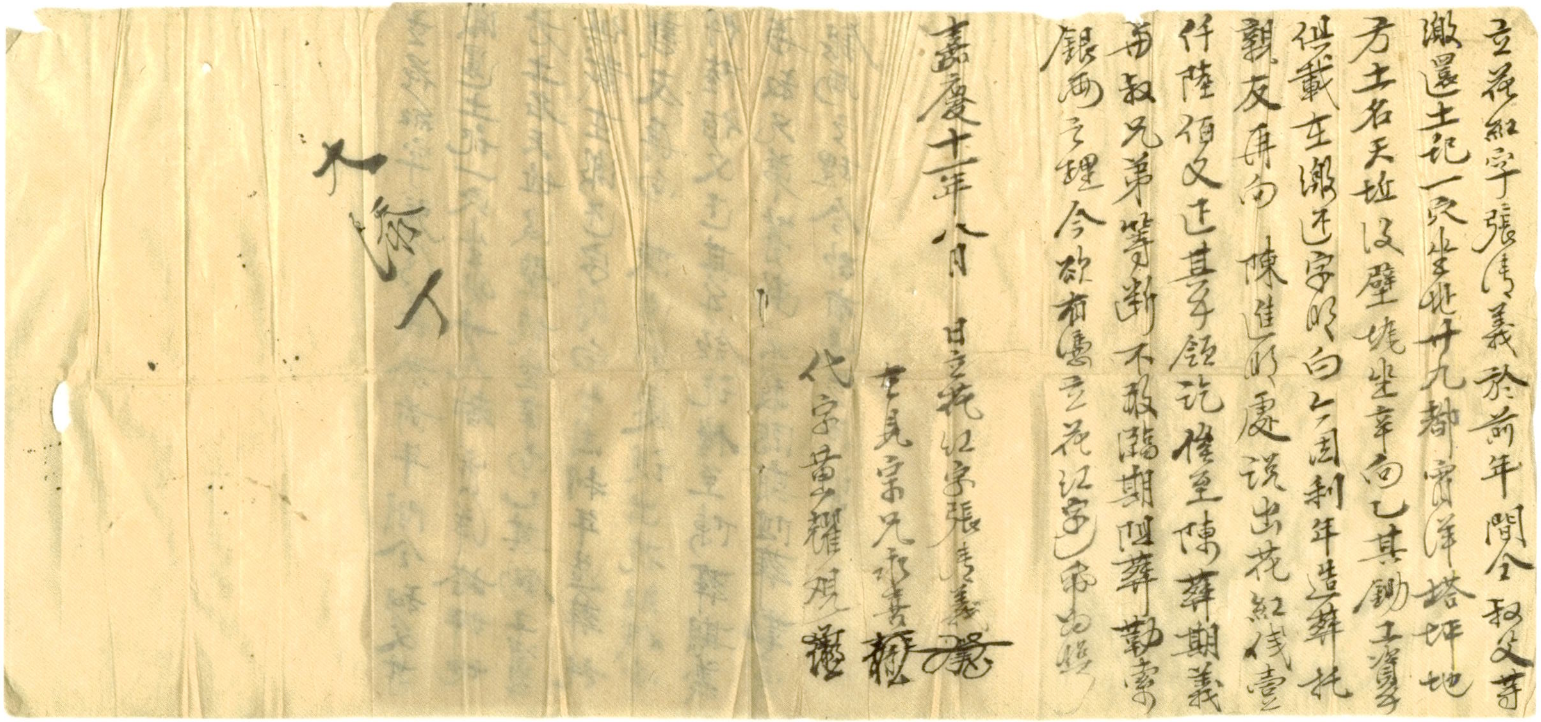

立花紅字張清義於前年間仝叔父等
徹還土化一穴坐址廿九都甯洋塔坪地
方土名天垅後壁塊坐辛向乙其鋤工資
俱載在徹還字明白今因利年造葬托
親友再向陳佳所處說出花紅錢壹
仟陸佰文足其手領訖任至陳葬期義
再叔兄弟等斷不敢臨期阻葬勒索
銀兩之理今欲有憑立花紅字永為照

嘉慶十一年八月　日立花紅字張清義（押）
在見宗兄邦書（押）
代字黄耀彩（押）

大發人

7-1-39-5　清嘉慶十一年八月張清義立花紅字

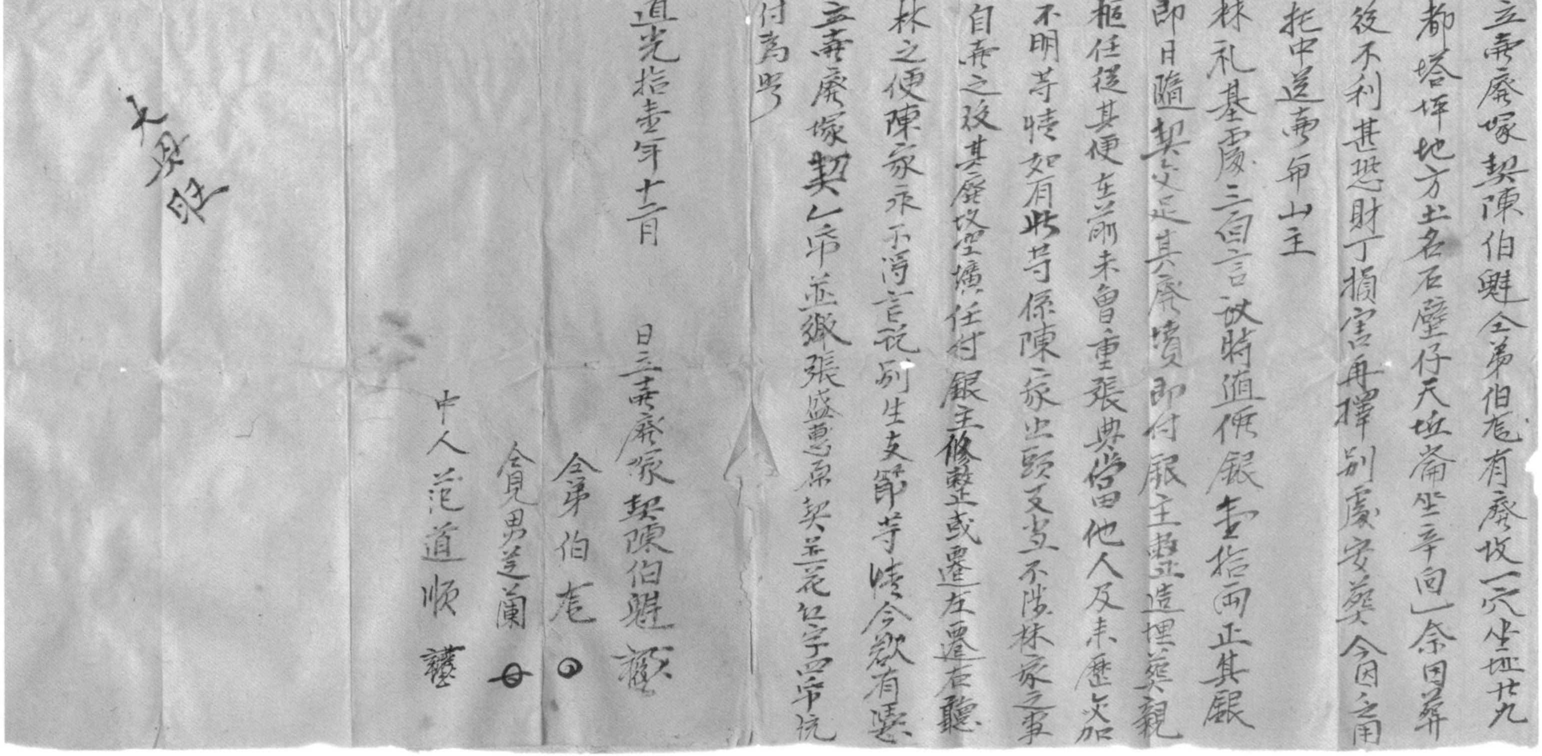
立賣廢塚契陳伯魁仝弟伯尨有廢坟一穴坐址廿九
都塔坪地方土名石壁仔天垴崙坐辛向乙余因葬
後不利甚悲財丁損害再擇别處安葬今因之甯
托中送賣與山主
林礼基處三面言議時值價銀壹拾兩正其銀
即日隨契交足其廢壙即付銀主整造埋葬親
柩任從其便在前未曾重張典當他人及未歷交加
不明等情如有此等係陳家出頭支當不涉林家之事
自賣之後其廢坟空壙任付銀主修整或遷左遷右聽
林之便陳家永不得言說刻生支節等情今欲有憑
立賣廢塚契乙帋并繳張盛惠原契并花紅字四帋沆
付為照

道光拾壹年十二月　日立賣廢塚契陳伯魁（押）
仝弟伯尨（押）
仝見男芝蘭（押）
中人范道順（押）

大吉照

7-1-39-6　清道光十一年十二月陳伯魁等立賣廢塚契

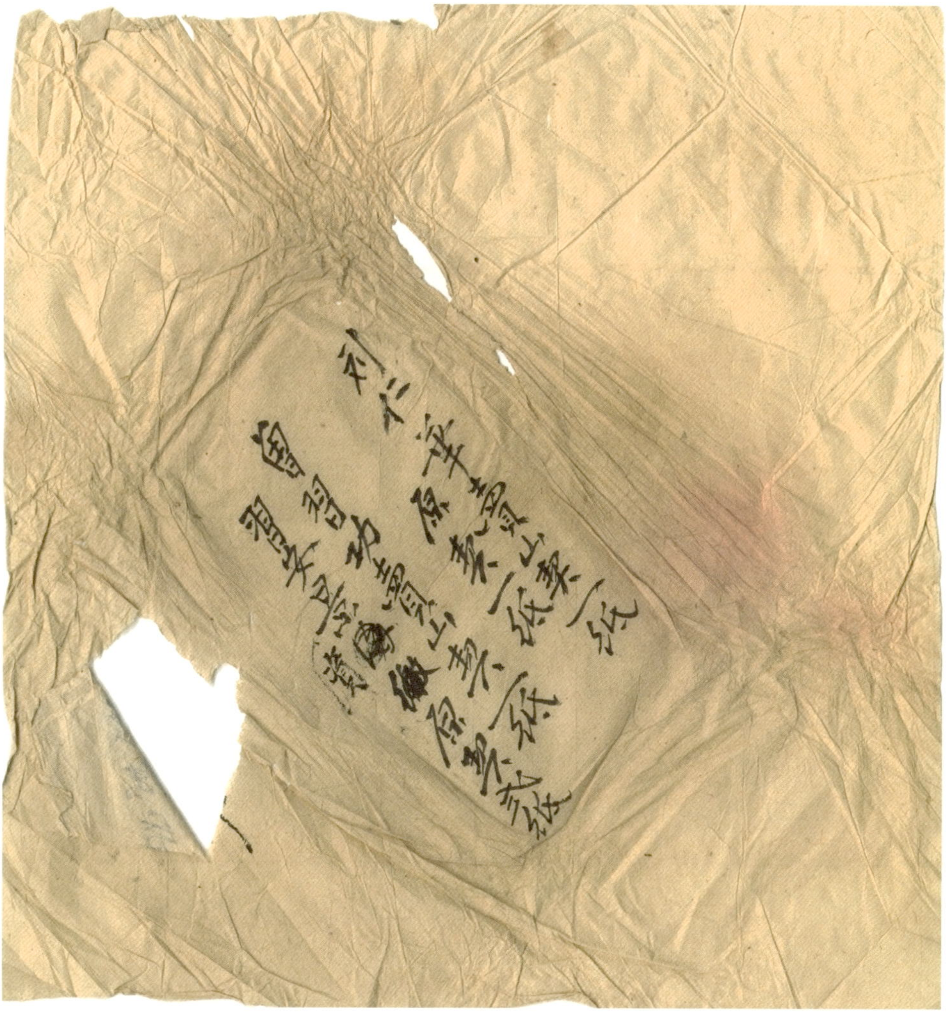

7-1-40-1　包契紙

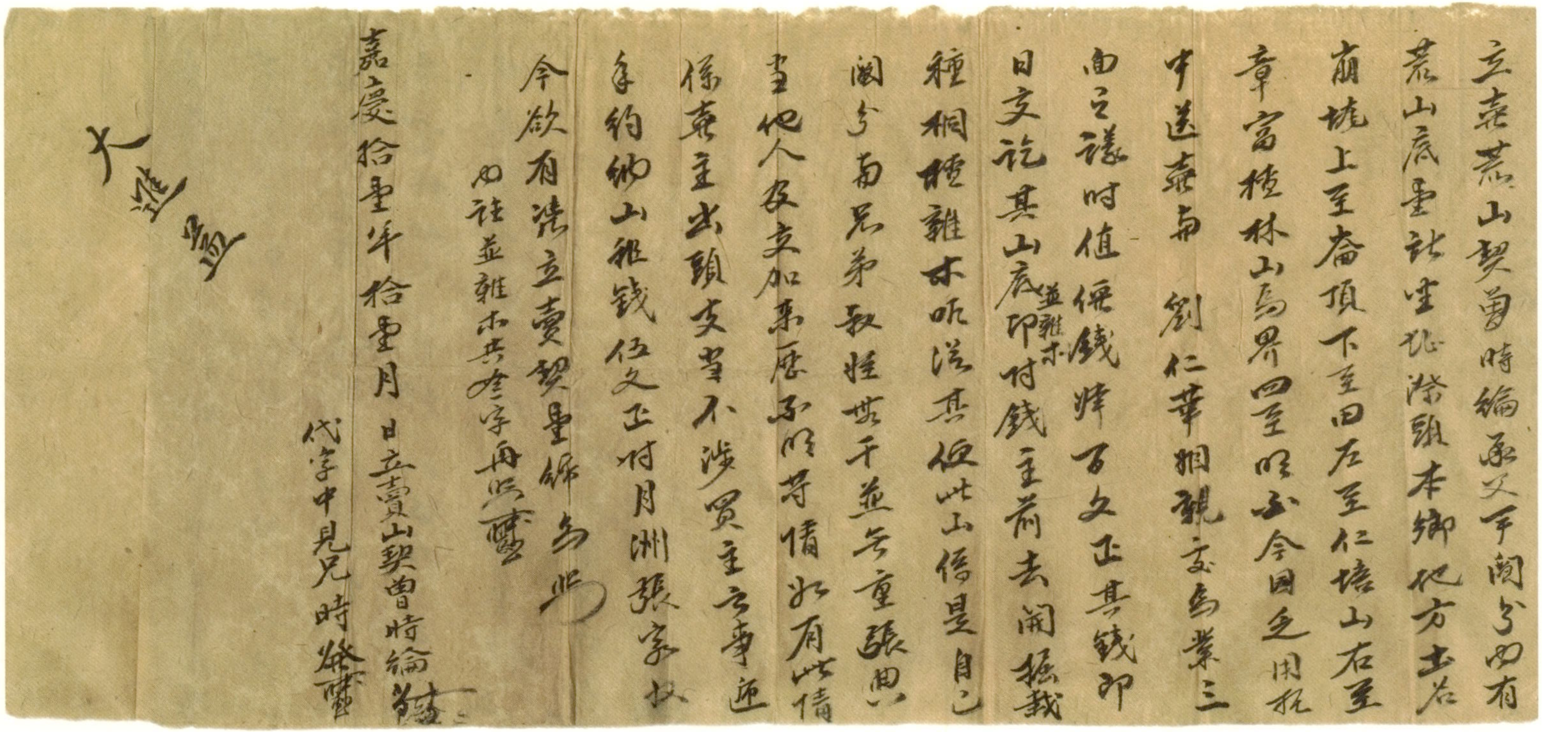

立賣荒山契曾時綸承父手闡分己有
荒山底壹處坐址游頭本鄉地方土名
崩墘上至崙頂下至田左至仁培山右至
章富桂林山為界四至明白今因乏用托
中送賣與 劉仁華相親家為業三
面言議時值價錢肆百文正其錢即
日交訖其山底（並雜木）即付錢主前去開掘栽
種桐樹雜木听從其便此山係是自己
闡分兄弟叔侄並干並無重張典
當他人及交加來歷不明等情如有此情
係賣主出頭支當不涉買主之事逆
手約納山租錢伍文正付月洲張家收
今欲有憑立賣契壹紙為照
內註並雜木共叁字再照
嘉慶拾壹年拾壹月 日立賣山契曾時綸
代字中見兄時燦
大進寶

7-1-40-2　清嘉慶十一年十一月曾時綸立賣荒山契

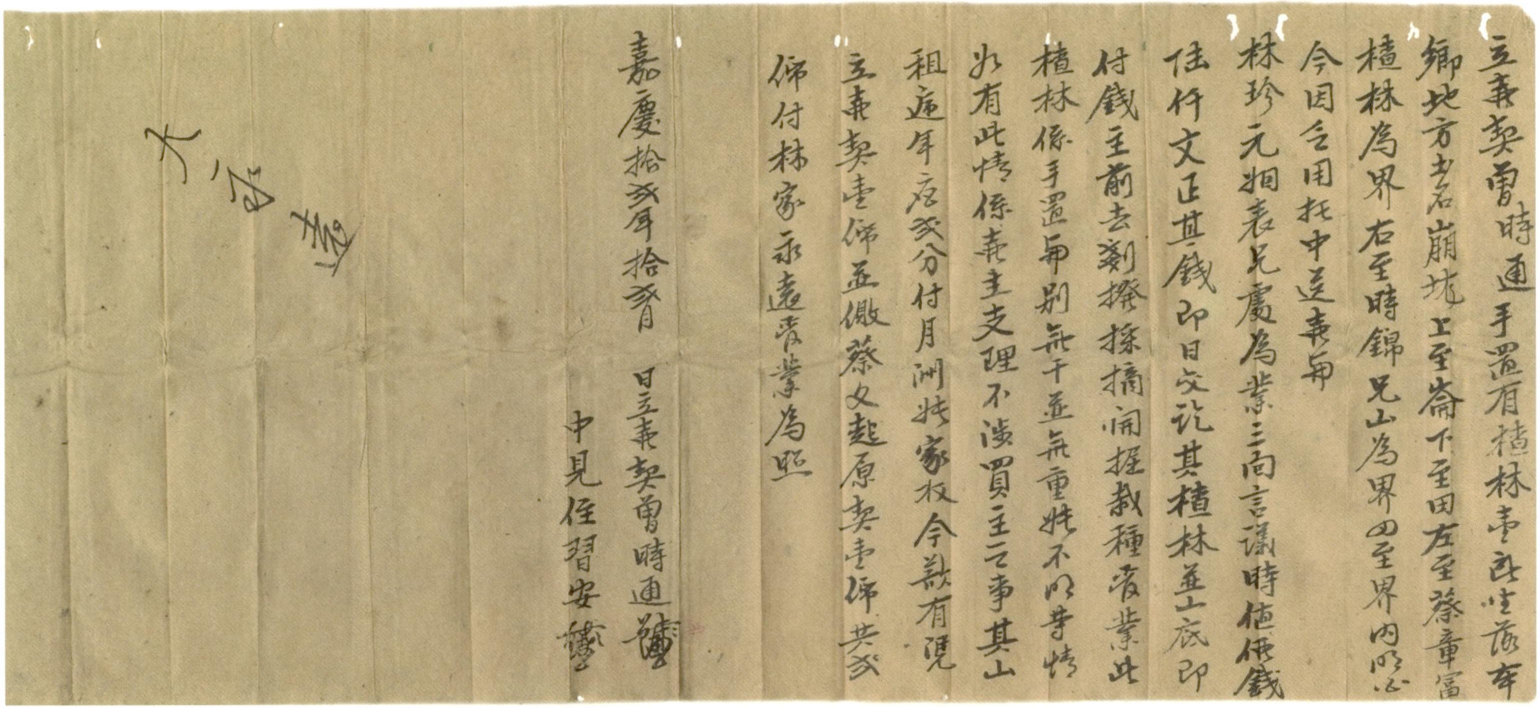

立賣契曾時通手置有楂林壹片坐落本
鄉地方土名崩坑上至崙下至田左至蔡章富
楂林為界右至時錦見山為界四至界内明白
今因乏用托中送賣與
林珍元姻表兄處為業三面言議時值價錢
伍仟文正其錢即日交訖其楂林並山底即
付錢主前去剗擦採摘開掘栽種管業此
楂林係手置與别無干並無重張不明等情
如有此情係賣主支理不涉買主之事其山
租逐年應貳分付月洲姓家收今欲有憑
立賣契壹紙並繳蔡文超原契壹紙共貳
紙付林家永遠管業為照
嘉慶拾貳年拾貳月　日立賣契曾時通（押）
中見侄習安（押）

7-1-40-3　清嘉慶十二年十二月曾時通立賣楂林契

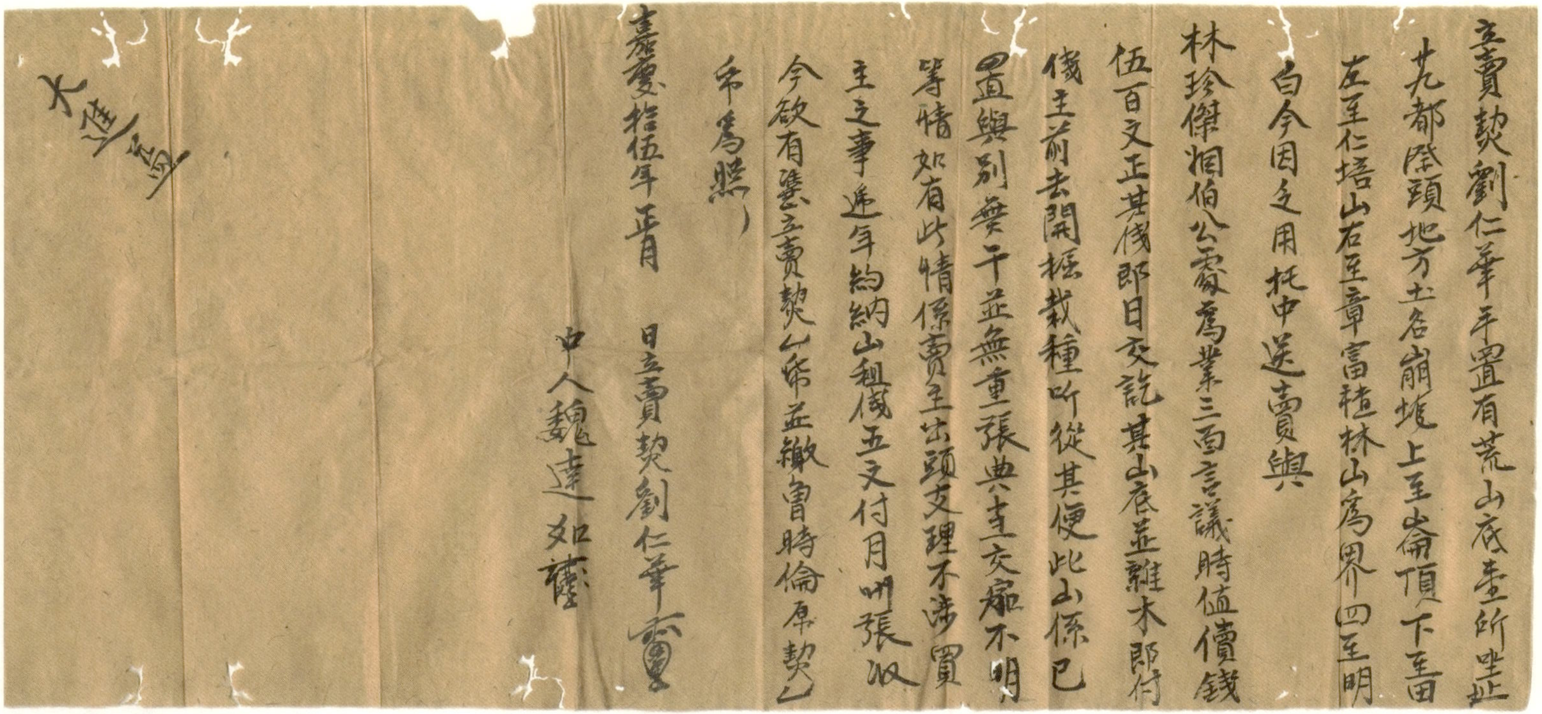
立賣契劉仁華，承置有荒山底壹所，坐址
九都際頭地方，土名崩坵，上至崙頂，下至田，
左至仁培山，右至章富植林山為界，四至明
白。今因乏用，托中送賣與
林珍傑、洞伯公處為業，三面言議時值價錢
伍百文正，其錢即日交訖，其山底並雜木即付
錢主前去開掘栽種，所從其便。此山係已
置與別無干，並無重張典賣交加不明
等情，如有此情，係賣主出頭支理，不涉買
主之事。逐年納山租錢五文，付月明張收。
今欲有憑，立賣契一紙，並繳會時倫原契一
紙為照。

嘉慶拾伍年正月　日立賣契劉仁華（押）

中人魏達如（押）

7-1-40-4　清嘉慶十五年正月劉仁華立賣荒山底契

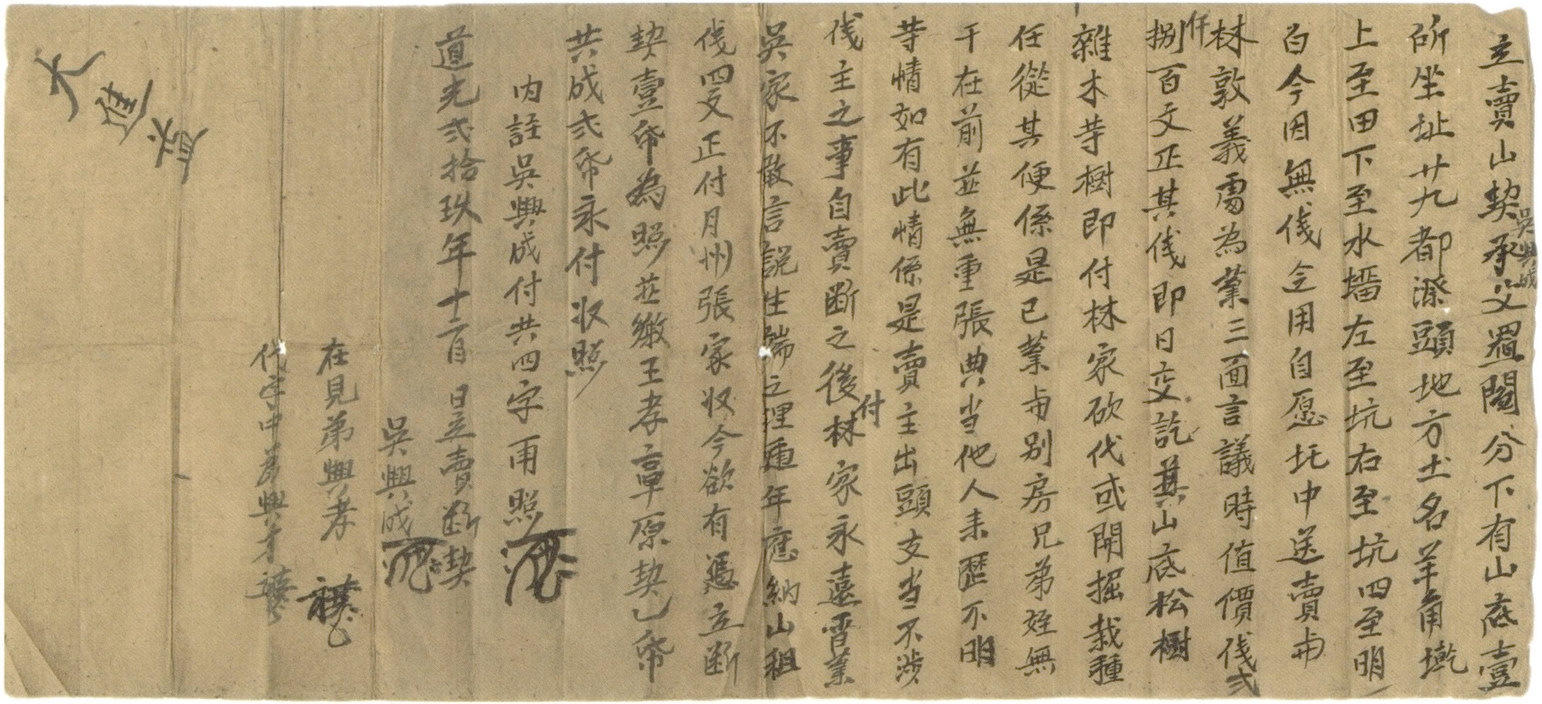
立賣山契吳興成承父遺鬮分下有山底壹
所坐址廿九都漈頭地方土名羊角墘
上至田下至水墻左至坑右至坑四至明
白今因無錢應用自愿托中送賣与
林敦義邊為業三面言議時值價錢弍仟
捌百文正其錢即日交訖其山底松樹
雜木等樹即付林家砍伐或開掘栽種
任從其便係是己業与別房兄弟姪無
干在前並無重張典当他人來歷不明
等情如有此情係是賣主出頭支当不涉
錢主之事自賣斷之後付林家永遠管業
吳家不敢言說生端立理逐年應納山租
錢四文正付月州張家收今欲有憑立斷
契壹紙為照並繳王孝章原契山紙
共成弍紙永付收照
內註吳興成付共四字再照
道光弍拾玖年十二月　日立賣斷契　吳興成
在見弟興孝
代字中房興才
大吉

7-1-40-5　清道光二十九年十二月吳興成立賣斷山底契

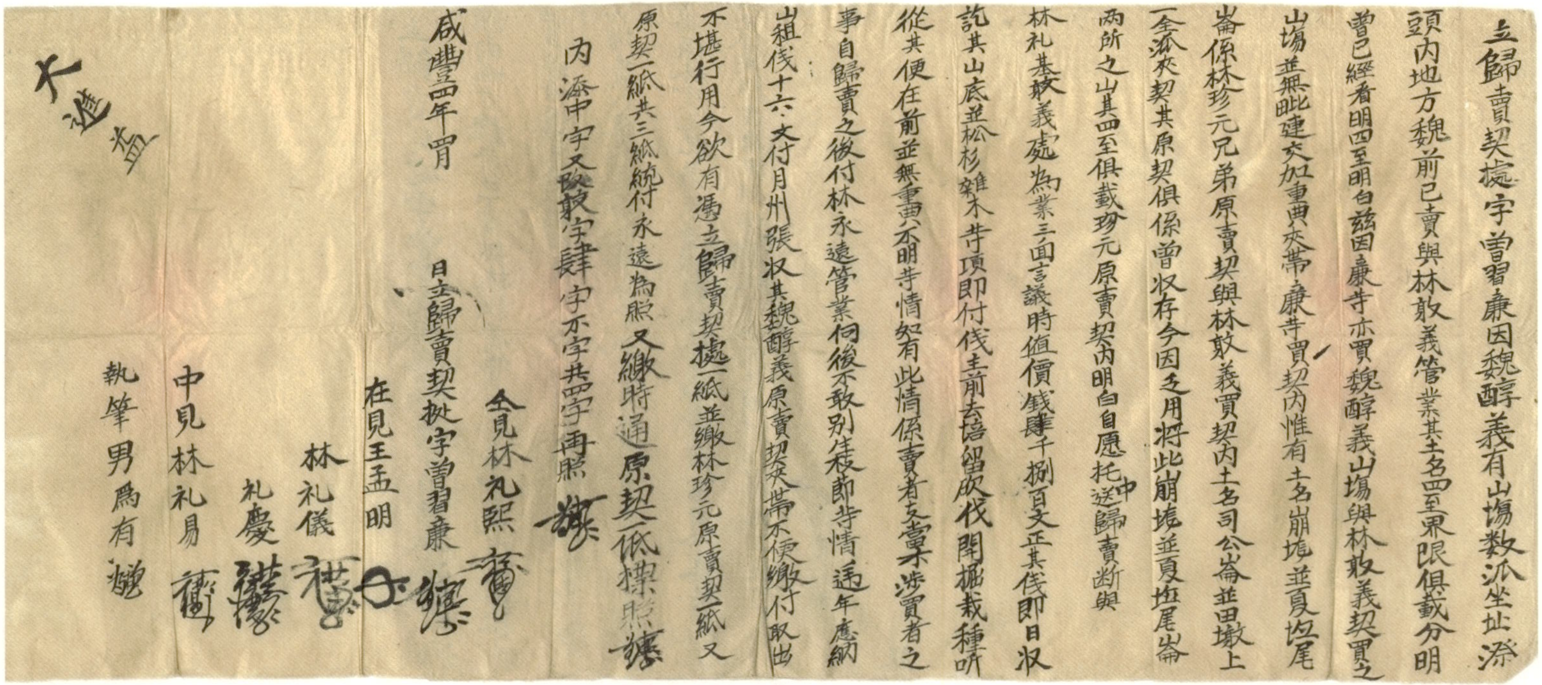

立歸賣契據字曾習廉因魏醇義有山場數坵坐址猕
頭內地方魏前已賣與林敢義管業其土名四至界限俱載分明
曾已經看明四至明白茲因廉等亦買魏醇義山場與林敢義契買之
山場並無毗連交加重典交帶廉等買契內惟有土名崩坭並夏坵尾
崙係林珍元兄弟原賣契與林敢義買契內土名司公崙並田墈上
一全添來契其原契俱係曾收存今因乏用將此崩坭並夏坵尾崙
兩所之山其四至俱載珍元原賣契內明白自愿托中送歸賣斷與
林礼恭敢義處為業三面言議時值價錢肆千捌百文正其錢即日收
訖其山底並松杉雜木等項即付錢主前去培留砍伐開掘栽種听
從其便在前並無重典不明等情如有此情係賣者支當不涉買者之
事自歸賣之後付林永遠管業向後不敢別生枝節等情 遞年應納
山租錢十六文付月州張收其魏醇義原賣契交帶不便繳付取出
不堪行用今欲有憑立歸賣契據一紙並繳林珍元原賣契一紙又
原契一紙共三紙繳付永遠為照 又繳時通原契一紙揉照 據
內添中字又改敢字肆字不字共四字再照 據

咸豐四年四月 日立歸賣契據字曾習廉
仝見林礼熙
在見王孟明
林礼儀
礼慶
中見林礼易
執筆男爲有

大進益

7-1-40-6　清咸豐四年四月曾習廉立歸賣山場契據字

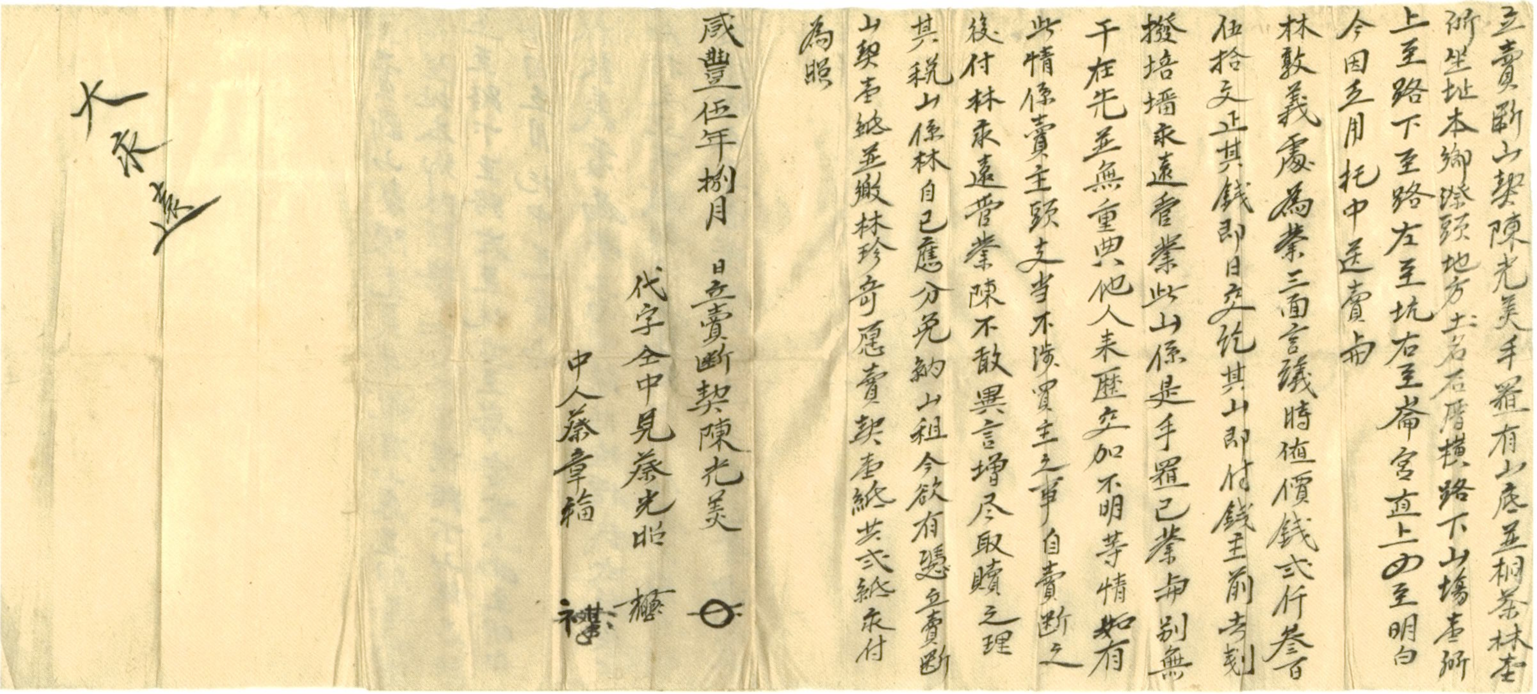
立賣斷山契陳光美手置有山底並桐茶林坐
所坐址本鄉漈頭地方土名石厝橫路下山墘壹所
上至路下至路左至坑右至崙宮直上田至明白
今因乏用托中送賣與
林敦義處爲業三面言議時值價錢弍仟叁百
伍拾文正其錢即日交訖其山即付錢主前去剗
撥培墻永遠管業此山係是手置己業與別無
干在先並無重典他人未歷交加不明等情如有
此情係賣主頭支當不涉買主之事自賣斷之
後付林家遠管業陳不敢異言增盡取贖之理
其稅山係林自己應分免納山租今欲有憑立賣斷
山契壹紙並繳林珍奇應賣契壹紙共弍紙永付
爲照

咸豐伍年捌月　日立賣斷契陳光美（押）
代字仝中見蔡光昭（押）
中人蔡章禧（押）

大[illegible]

7-1-40-7　清咸豐五年八月陳光美立賣斷山底等契

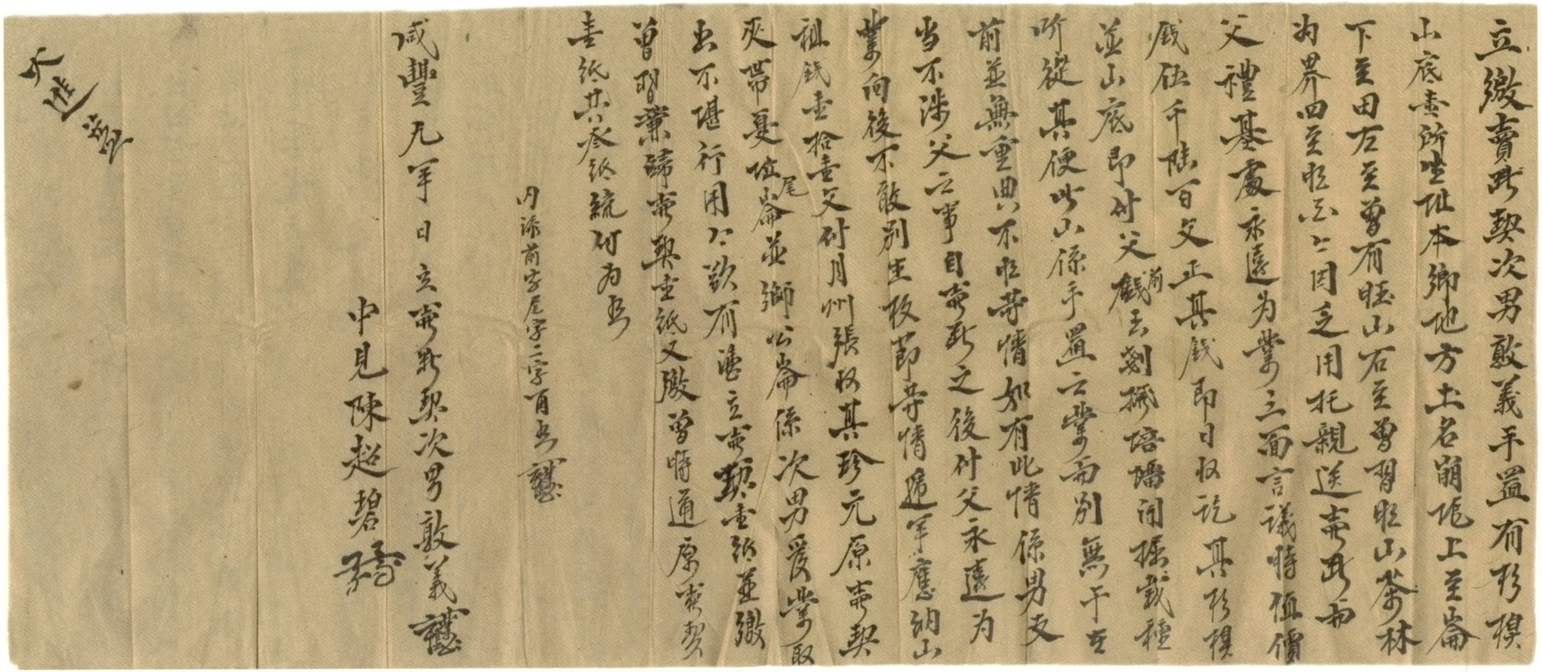

7-1-40-8　清咸豐九年林敦義立繳賣斷杉模山底契

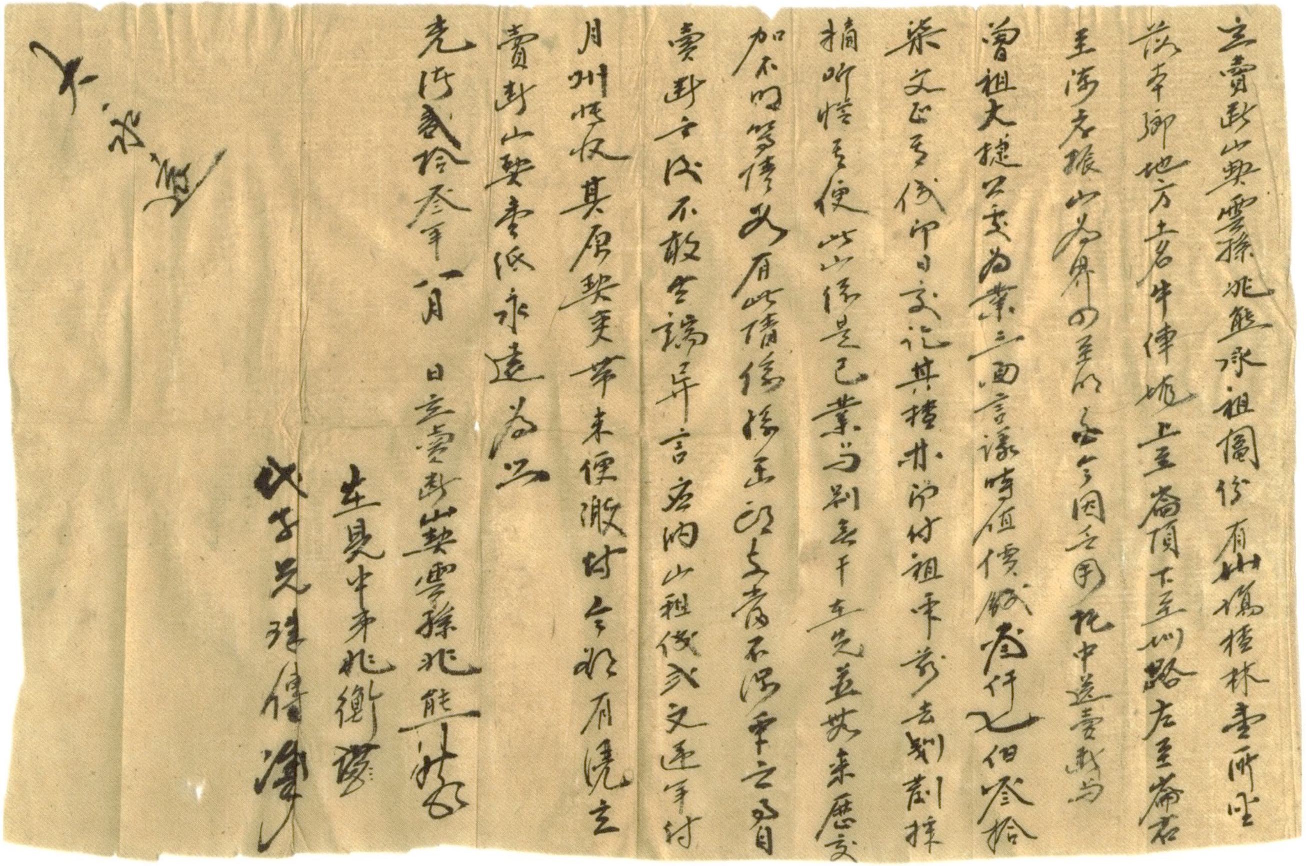
立賣斷山場雲孫兆熊承祖闔份有山場植林壹所坐
落本鄉地方土名牛俾坑上至嶺頂下至小路左至嵊右
至河左振山為界四至明白今因乏用托中送賣與
曾祖大捷公支為業三面言議時值價錢叁仟七佰叁拾
柒文正其錢即日交訖其植林聽付祖秉前去剷割採
摘所賣是使此山係是己業与别房兄弟無干并無來歷交
加不明等情如有此情係是賣主之事不涉買主之事自
賣斷之後不敢言贖并言找山租價錢文逐年付
月卅收其原契更第未便繳付今欲有憑立
賣斷山契壹紙永遠為照
光緒貳拾叁年八月　日立賣斷山契雲孫兆熊（押）
在見中弟兆衡（押）
代字兄瑋傳（押）

7-1-40-9　清光緒二十三年八月林兆熊立賣斷山場楂林契

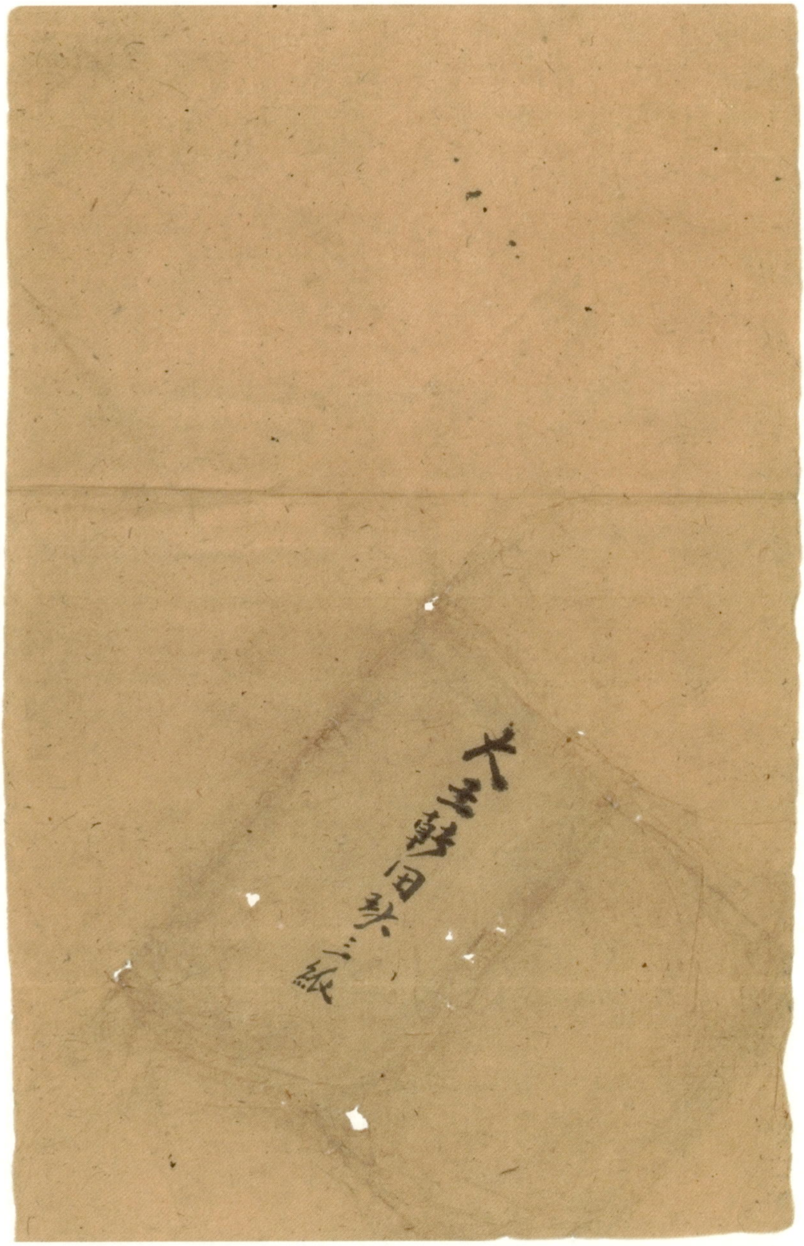

7-1-41-1　包契紙

魏智蘭滲頭大王乾田契三筆

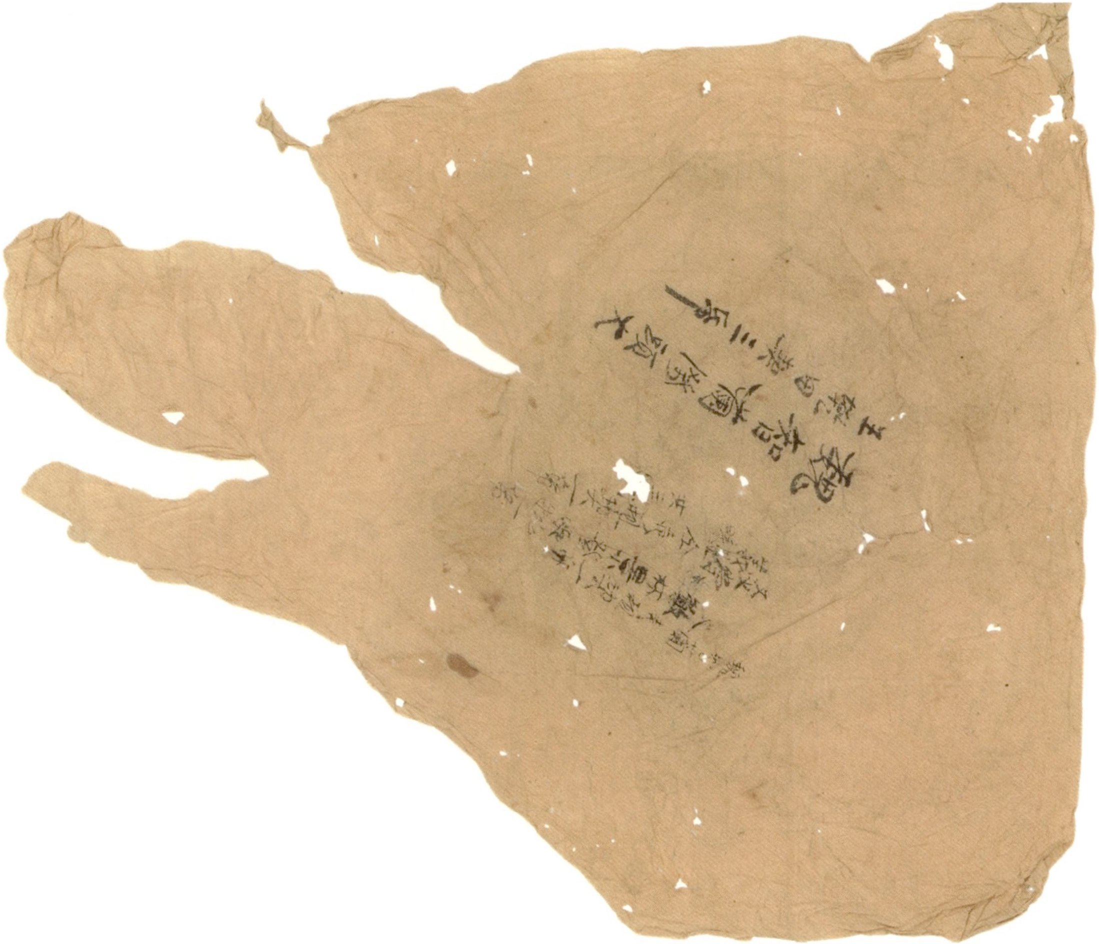

7-1-41-2　包契紙

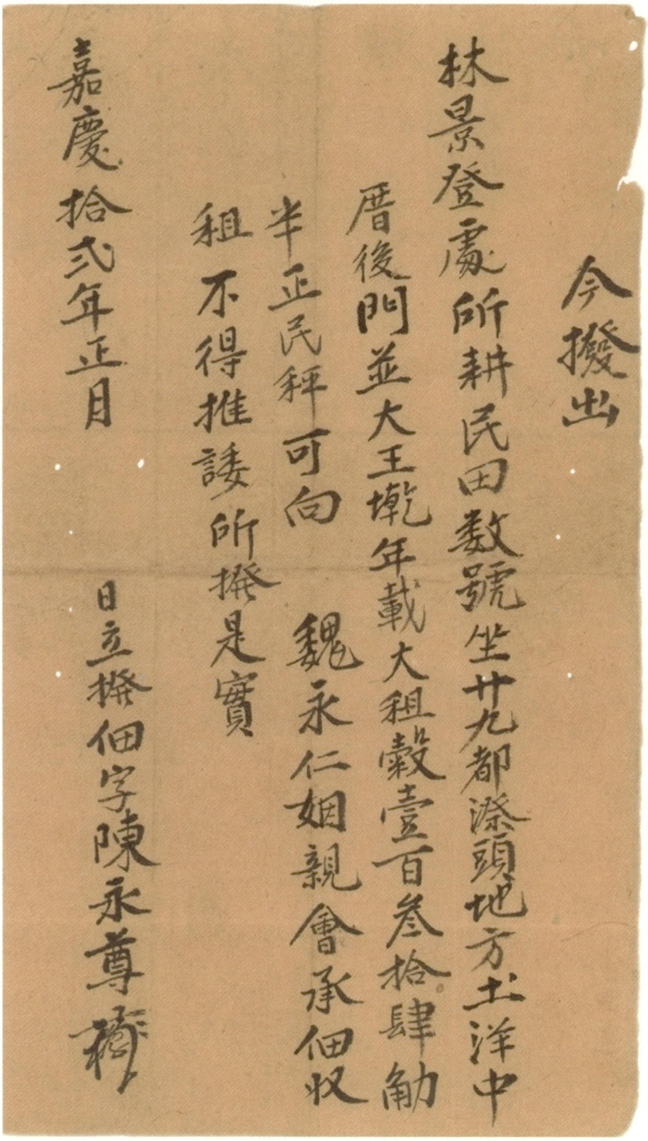
今撥出
林景登處所耕民田數號坐廿九都漈頭地方土洋中
厝後門並大王墘年載大租穀壹百叁拾肆觔
魏永仁姻親會承佃收
半正民秤可向
租不得推諉所撥是實
嘉慶拾弍年正月　日立撥佃字陳永尊（押）

7-1-41-3　清嘉慶十二年正月陳永尊立撥佃字

立承批林景登就在
魏永仁烟伯處承出民田壹號坐落九
都際頭地方土名洋中厝後门頭並大
王墘共受種茶觔年載正租壹百叁拾
肆觔半曾面貴民耕承耕作逐
年不拘豐損照批納租不得拖欠
如是欠租付魏另召别耕如無欠
租付林永遠耕作今欲有憑立承
批壹紙為照

嘉慶拾貳年叁月　日立承批林景登
彩禧
書
姪珍元

大進

7-1-41-4　清嘉慶十二年三月林景登等立承批民田字

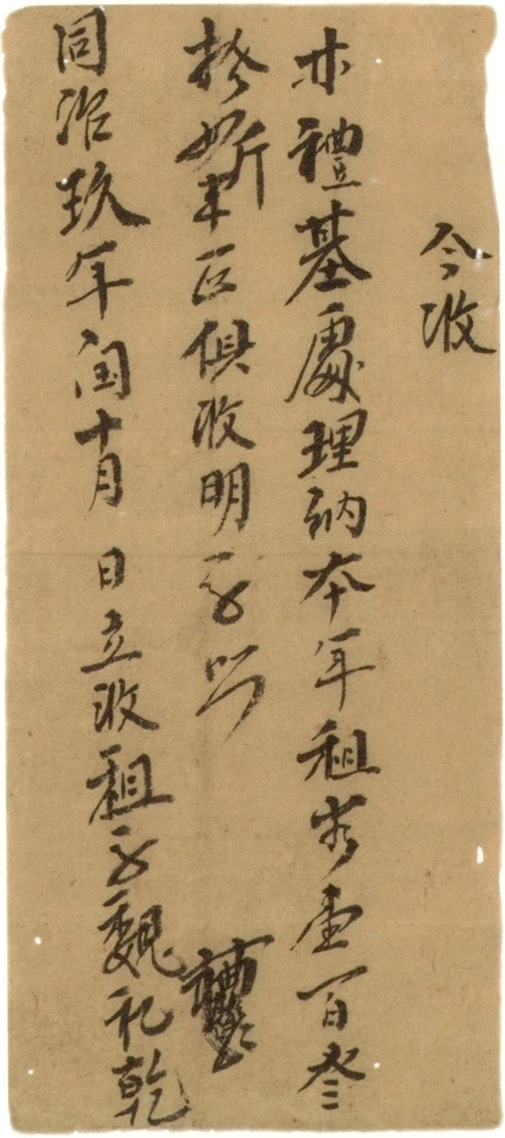

今收
赤禮基處理納本年租米壹百叁
拾斤半正俱收明字以
同治玖年閏十月　日立收租字魏礼乾

7-1-41-5　清同治九年閏十月魏礼乾立收租字

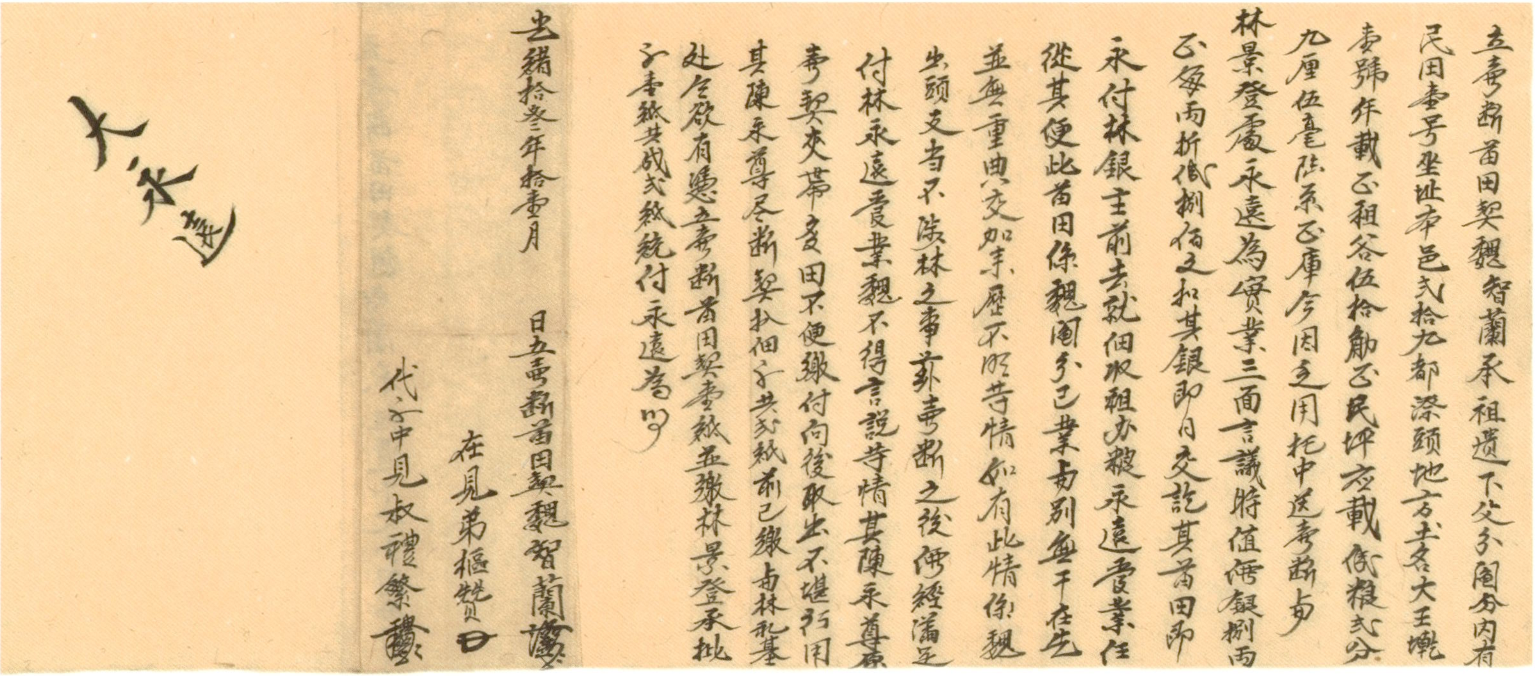

立賣斷苗田契魏智蘭承祖遺下父子分闔分內有
民田壹號坐址本邑弍拾九都潹頭地方土名大王墘
壹號作載正租谷伍拾觔正民坪應載價糧弍分
九厘伍毫陸系正庫今因乏用托中送賣斷與
林景登處永遠為實業三面言議時值價銀捌兩
正每兩折價捌佰文扣其銀即日交訖其苗田即
永付林銀主前去就佃收租辦糧永遠管業任
從其便此苗田係魏闔分己業與別無干在先
並無重典交加來歷不明等情如有此情係魏
出頭支當不涉林之事其賣斷之後價經滿足
付林永遠管業魏不得言說等情其陳承尊承
賣契夾帶貢田不便繳付向後取出不堪行用
其陳承尊尽斷契扣佃分共弍紙前已繳與林私基
处今欲有憑立賣斷苗田契壹紙並繳林景登承批
分壹紙共成弍紙統付永遠為照

光緒拾叁年拾壹月　日立賣斷苗田契魏智蘭（押）
在見弟樞贊（押）
代字中見叔禮繁（押）

大永遠

7-1-41-6　清光緒十三年十一月魏智蘭立賣斷苗田契

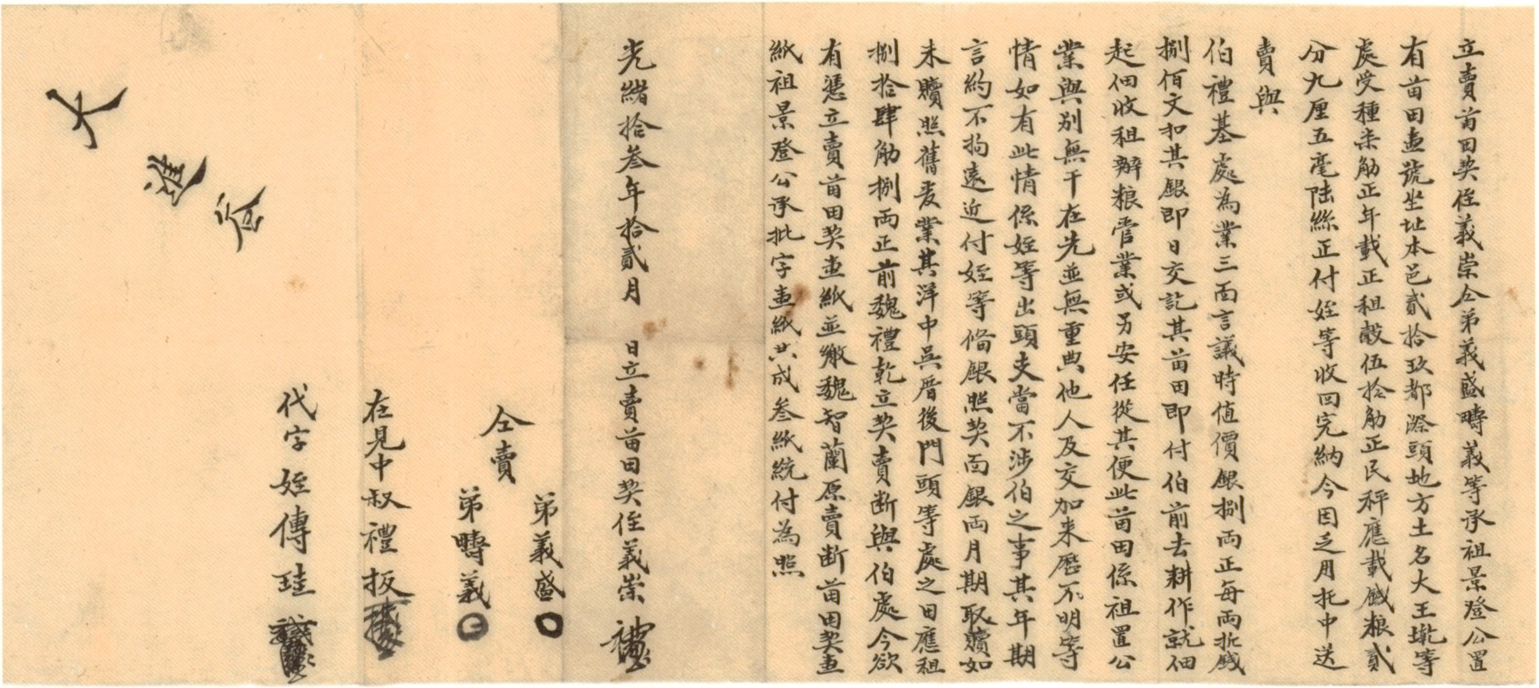
立賣苗田契侄義崇仝弟義盛疇義等承祖景登公置
有苗田壹號坐址本邑貳拾玖都滲頭地方土名大王墘等
處受種米柒觔正年載正租敵伍拾觔正民秤應載官粮貳
分九厘五毫陸絲正付侄等收回完納今因乏用托中送
賣與
伯禮基處為業三面言議時值價銀捌兩正每兩兆戲
捌佰文扣共銀即日交訖其苗田即付伯前去耕作就佃
起佃收租辦粮管業或另安佃任從其便此苗田係祖置公
業與別無干在先並無重典他人及交加未曆不明等
情如有此情係侄等出頭支當不涉伯之事其年期
言約不拘遠近付侄等備銀照契面銀兩月期取贖如
未贖照舊交業其洋中吳厝後門頭等處之田應祖
捌拾肆觔捌兩正前魏禮乾立契賣斷與伯處今欲
有憑立賣苗田契壹紙並繳魏智蘭原賣斷苗田契壹
紙祖景登公承批字壹紙共成叁紙統付為照

光緒拾叁年拾貳月　日立賣苗田契侄義崇（押）

仝賣　弟義盛（印）
　　　弟疇義（印）

在見中叔禮板（押）

代字侄傳珪（押）

7-1-41-7　清光緒十三年十二月林義崇等立賣苗田契

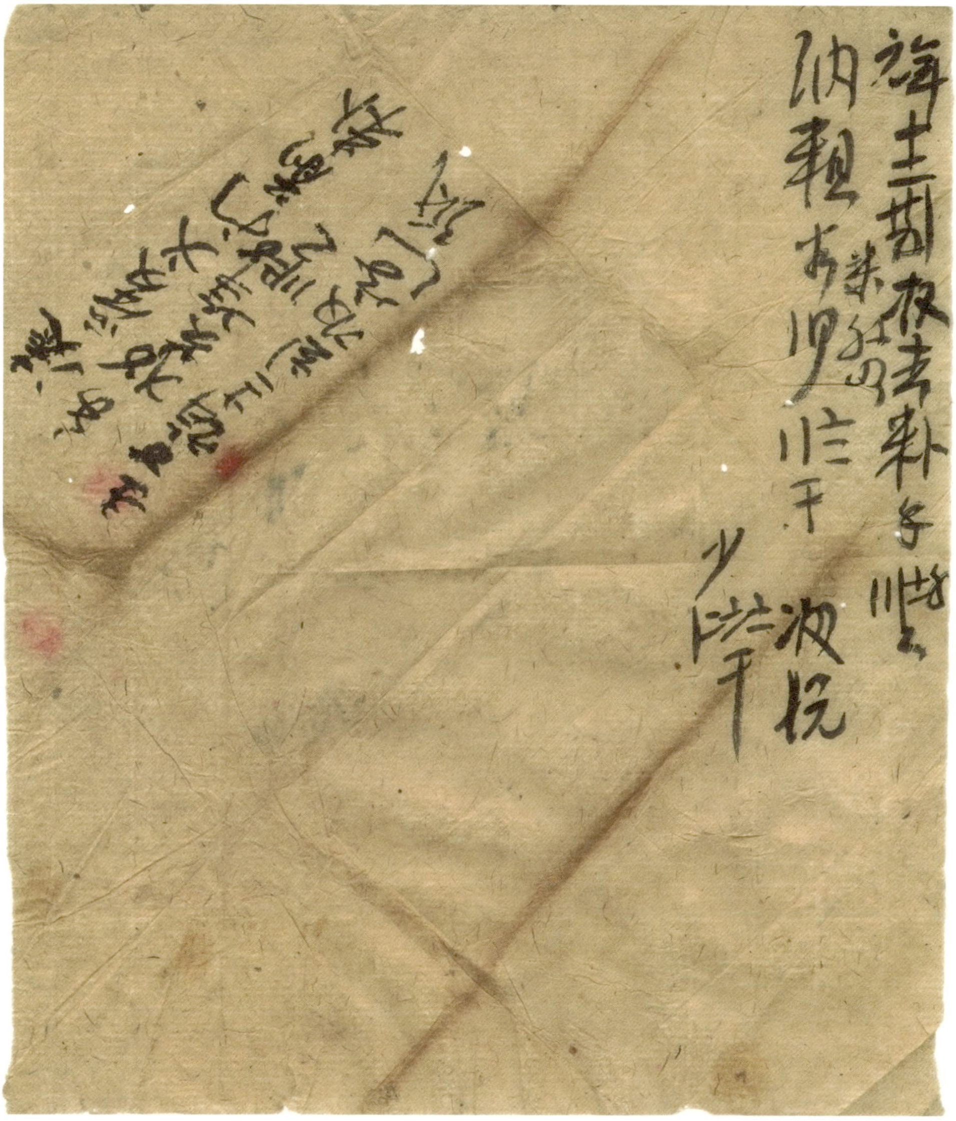

7-1-42-1　包契紙

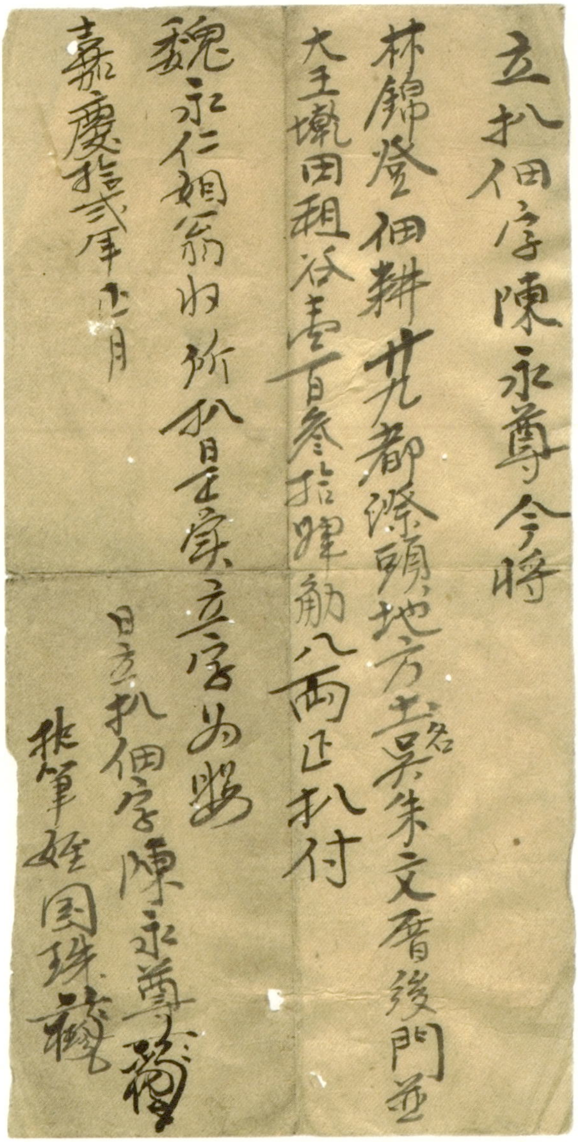
立扒佃字陳永尊今將
林錦登佃耕廿九都塗頭地方土名吳朱文厝後門並
大王墘田租谷壹百叁拾肆觔八兩正扒付
魏永仁姻翁收所扒是實立字為照
嘉慶拾貳年正月　日立扒佃字陳永尊（押）
執筆姪國珠（押）

7-1-42-2　清嘉慶十二年正月陳永尊立扒佃字

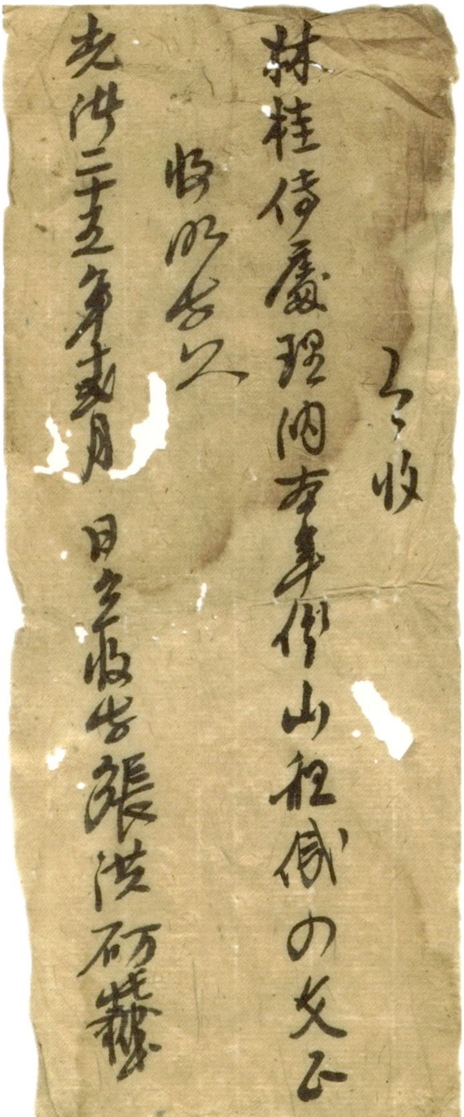
又收
林桂侍處理內本年份山租錢の文正
收明無欠
光緒二十五年十二月　日收字張洪礪

7-1-42-3　清光緒二十五年十二月張洪礪立收山租字

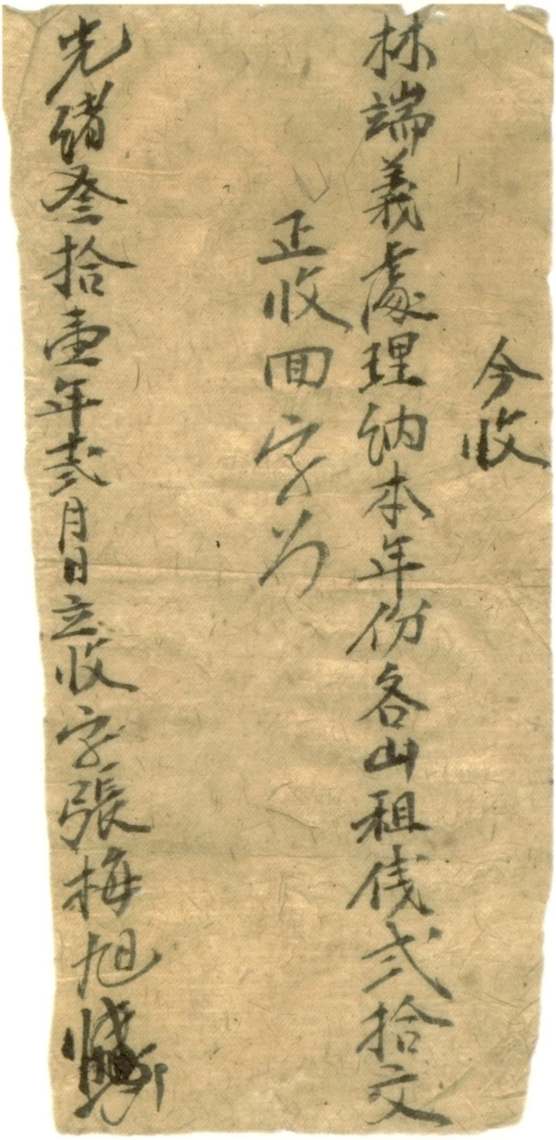
今收
林端義處理納本年份各山租錢弍拾文
正收回字爲
光緒叁拾壹年十二月日立收字張梅旭（押）

7-1-42-4　清光緒三十一年十二月張梅旭立收山租字

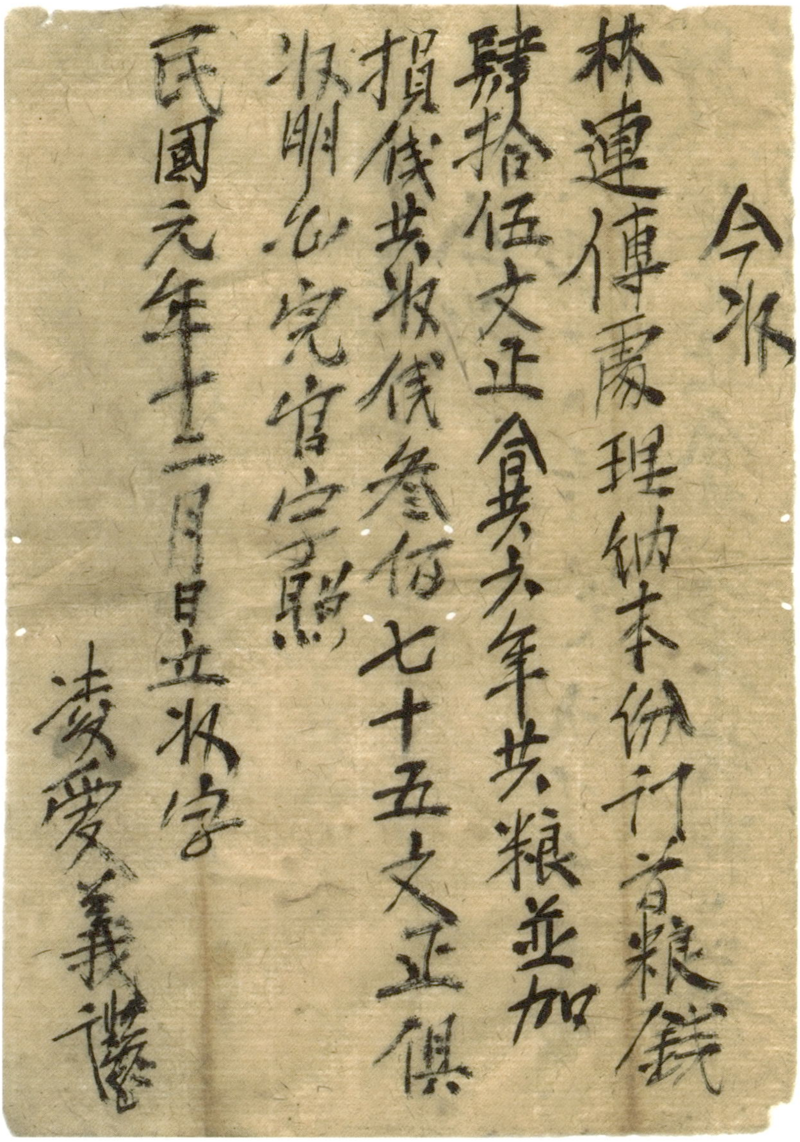
今收
林連傳處理納本份訂首粮錢
肆拾伍文正食其大年共粮並加
損錢共收錢叁佰七十五文正俱
收明以完官字照
民國元年十二月日立收字
凌愛義

7-1-42-5　民國元年十二月凌愛義立收糧錢字

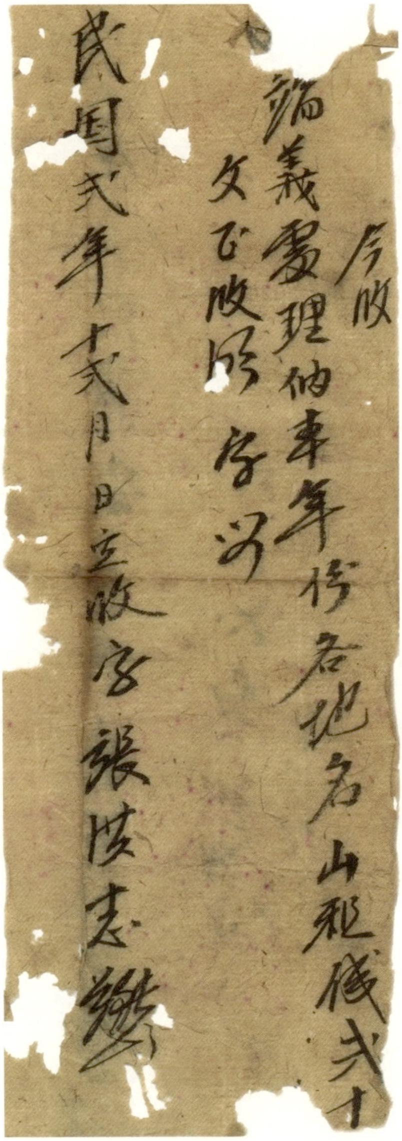
今收
錦義處理伯來年份各地名山租錢弍十
文正收明字照
民國弍年十弍月　日立收字張洪志

7-1-42-6　民國二年十二月張洪志立收山租字

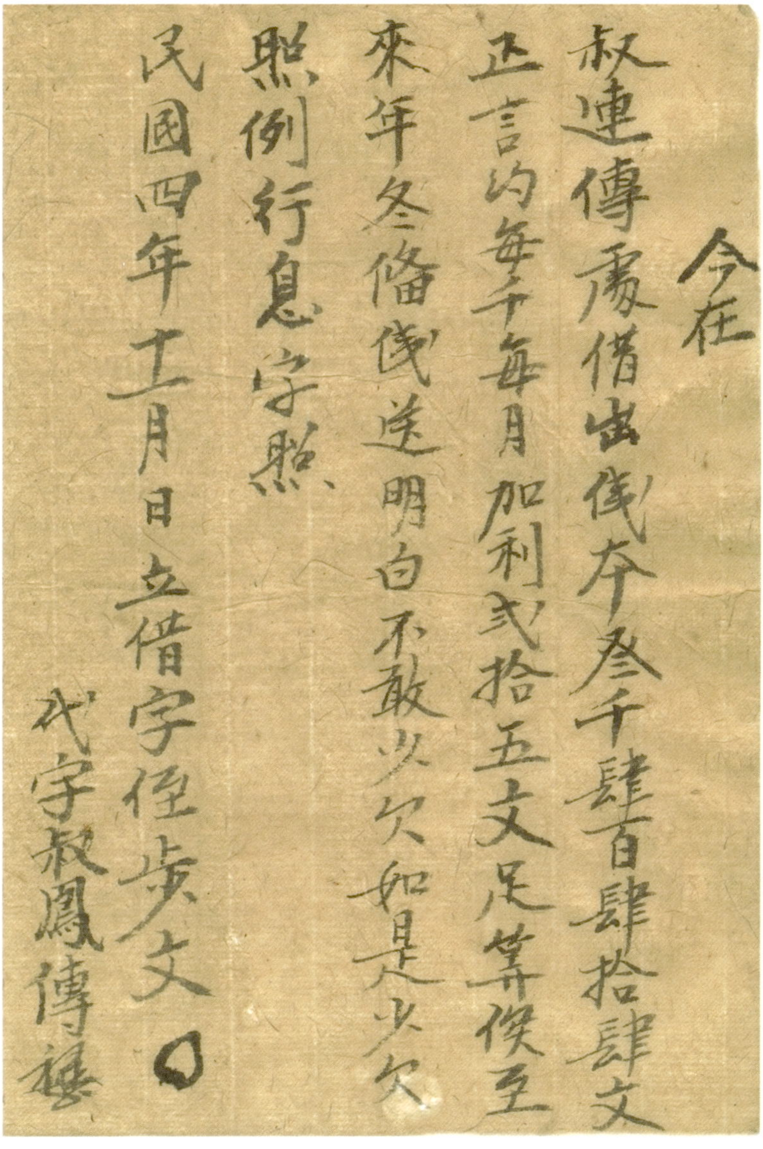

今在
叔連傳處借出錢本叁千肆百肆拾肆文
正言約每千每月加利弍拾五文足算俟至
來年冬備錢送明白不敢少欠如是少欠
照例行息字照、
民國四年十一月日立借字侄步文（押）
代字叔鳳傳據

7-1-42-7　民國四年十一月林步文立借錢字

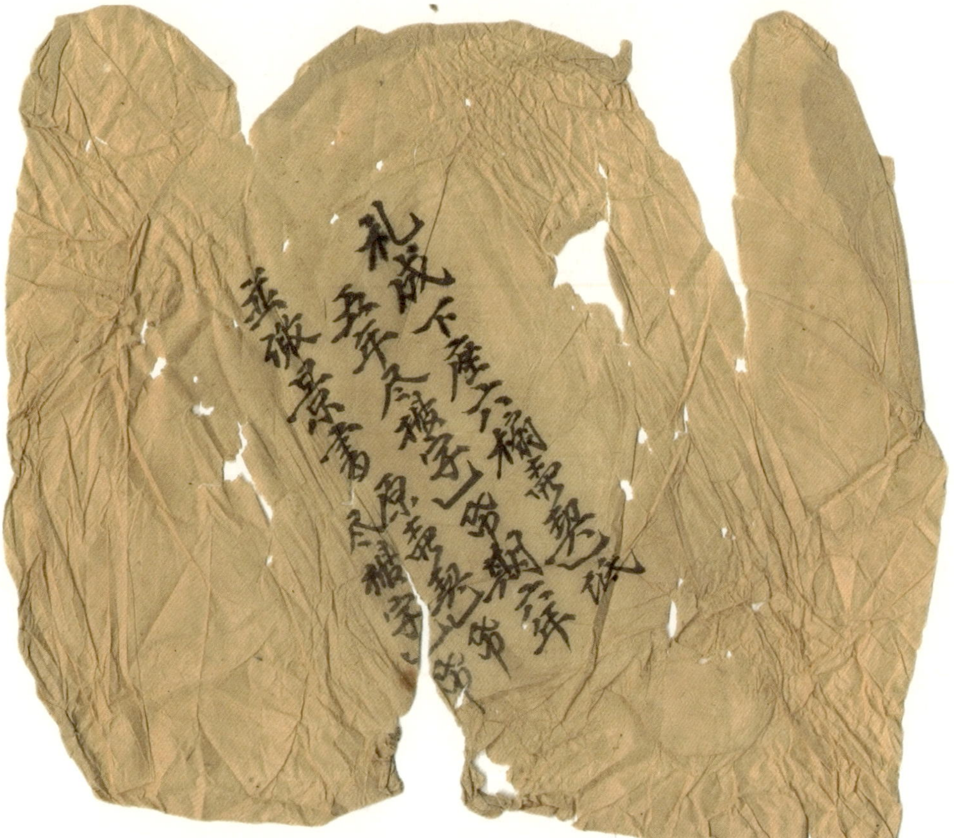

7-1-43-1　包契紙

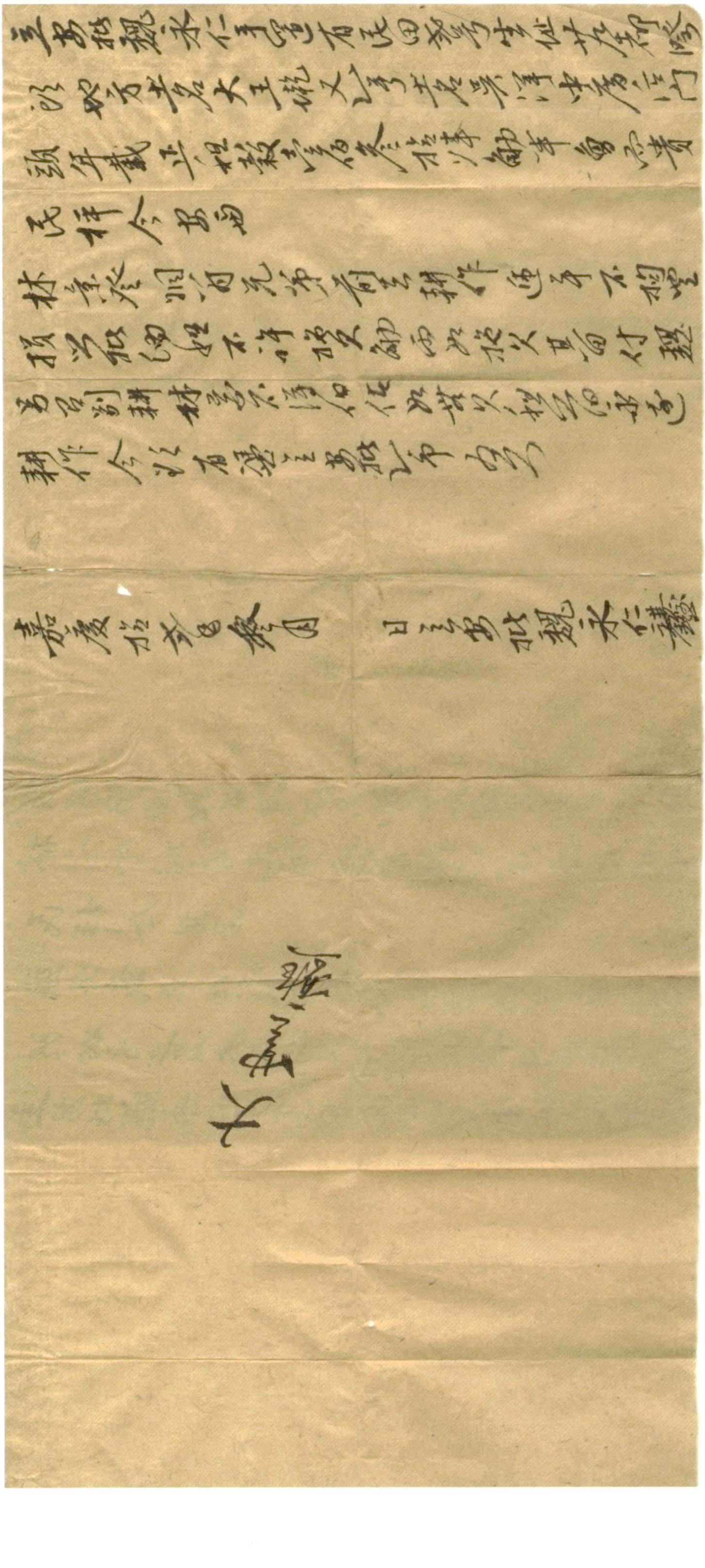

7-1-43-2　清嘉慶十二年三月魏永仁立安批民田字

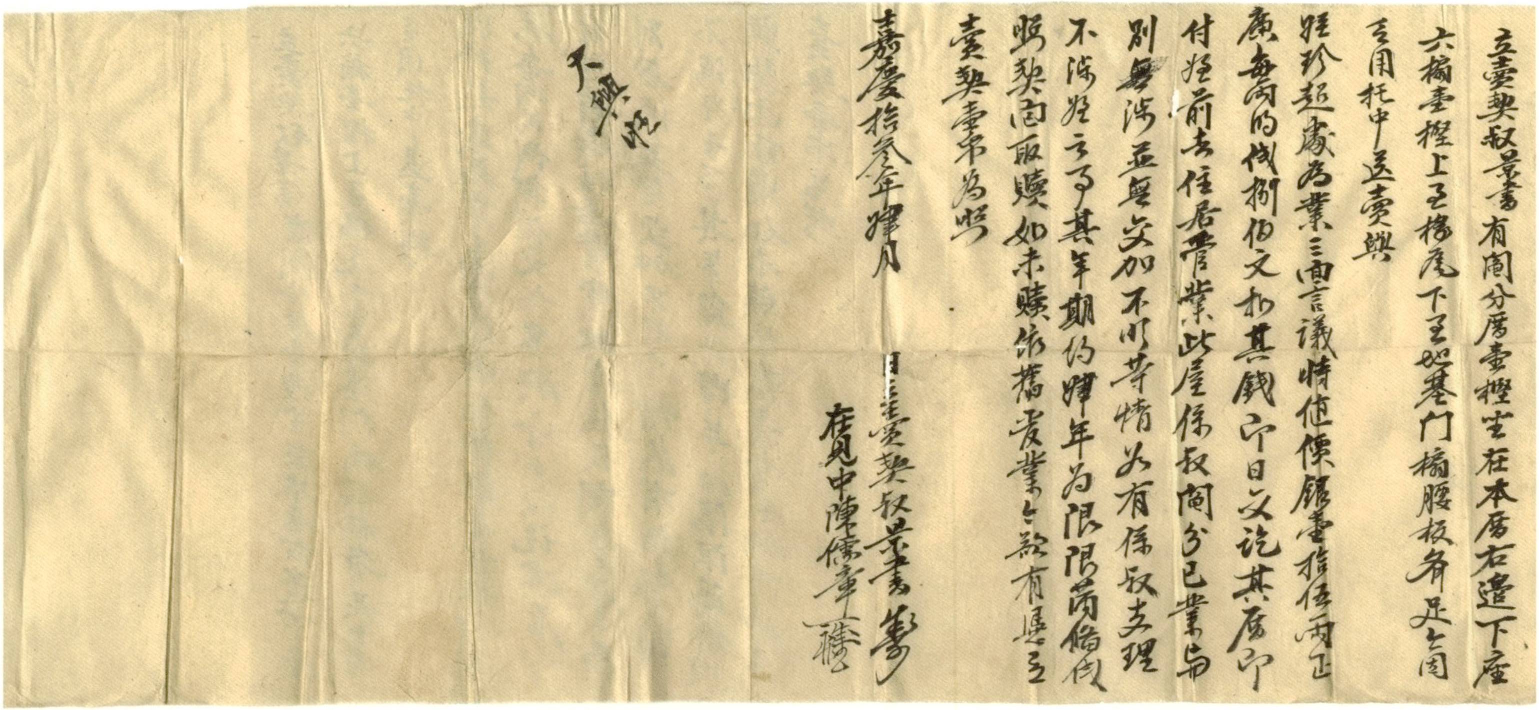
立賣契叔景書有鬮分厝壹㮕坐在本厝右邊下座
六扇壹㮕上至樓尾下至地基門扇腰板角片全
全用托中送賣與
姪珍超處為業三面言議時值價銀壹拾伍兩正
應無的錢捌佰文扣其錢即日交訖其厝即
付姪前去住居管業此厝係叔鬮分已業與
別無涉並無交加不明等情如有係叔支理
不涉姪之事其年期約肆年為限限滿備價
照契回取贖如未贖依舊管業二比有遵立
賣契壹帋為照
嘉慶拾叁年肆月　日立賣契叔景書（押）
在見中陳儒章（押）
天頭姪

7-1-43-3　清嘉慶十三年四月林景書立賣厝㮕契

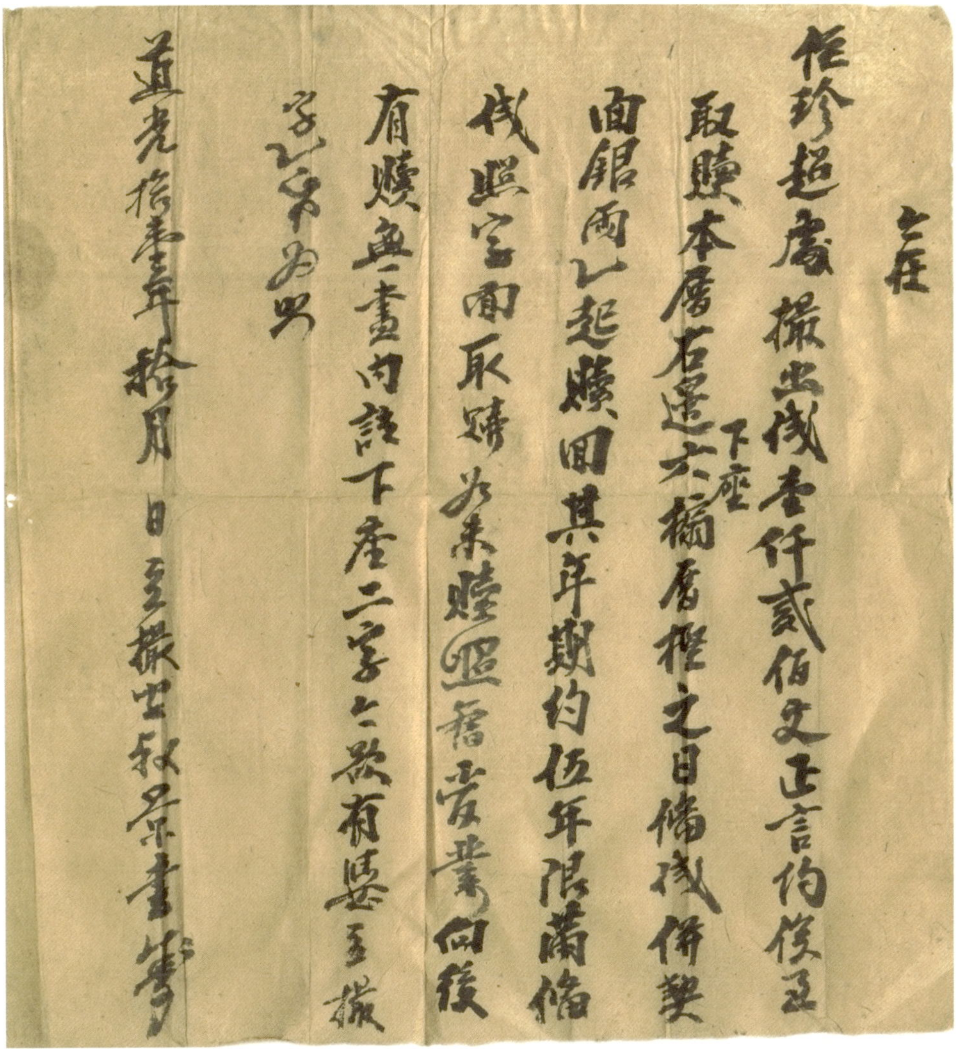
立撮

侄珍超處撮出錢壹仟貳佰文正言約俟至
取贖本處石邊大[下座]橋處程之日備錢併契
面銀兩〻起贖回其年期約伍年限滿備
錢照字面取贖 不得執留稱業向後
有贖無盡內該下座二字亦欺有憑立撮
字〻字為照
道光拾壹年拾月 日立撮出叔景書 筆

7-1-43-4　清道光十一年十月林景書立撮字

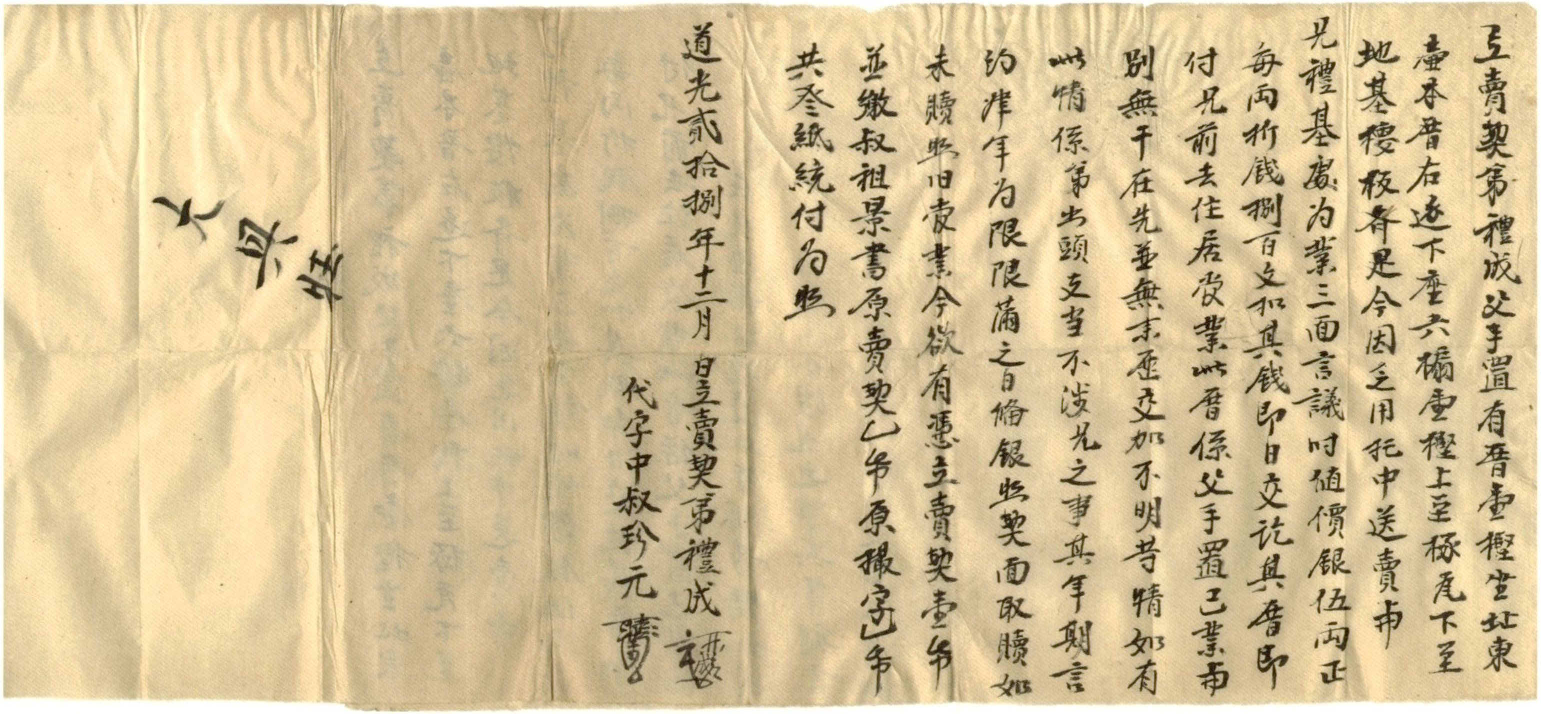

立賣契弟禮成，父手置有厝壹橔，坐址東
畬本厝右邊下座六欄壹橔，上至桷尾，下至
地基，櫌板脊是。今因乏用，托中送賣與
兄禮基處為業。三面言議，時值價銀伍兩正，
每兩折錢捌百文扣，其錢即日交訖，其厝即
付兄前去住居管業。此厝係父手置己業，與
別無干。在先並無來歷交加不明等情，如有
此情，係弟出頭支當，不涉兄之事。其年期言
約，準年為限，限滿之日，備銀照契面取贖，如
未贖，照舊管業。今欲有憑，立賣契壹紙，
並繳叔祖景書原賣契乙紙，原撥字乙紙，
共叁紙，統付為照。

道光貳拾捌年十二月　日立賣契弟禮成（押）
代字中叔玢元（押）

7-1-43-5　清道光二十八年十二月林禮成立賣厝橔契

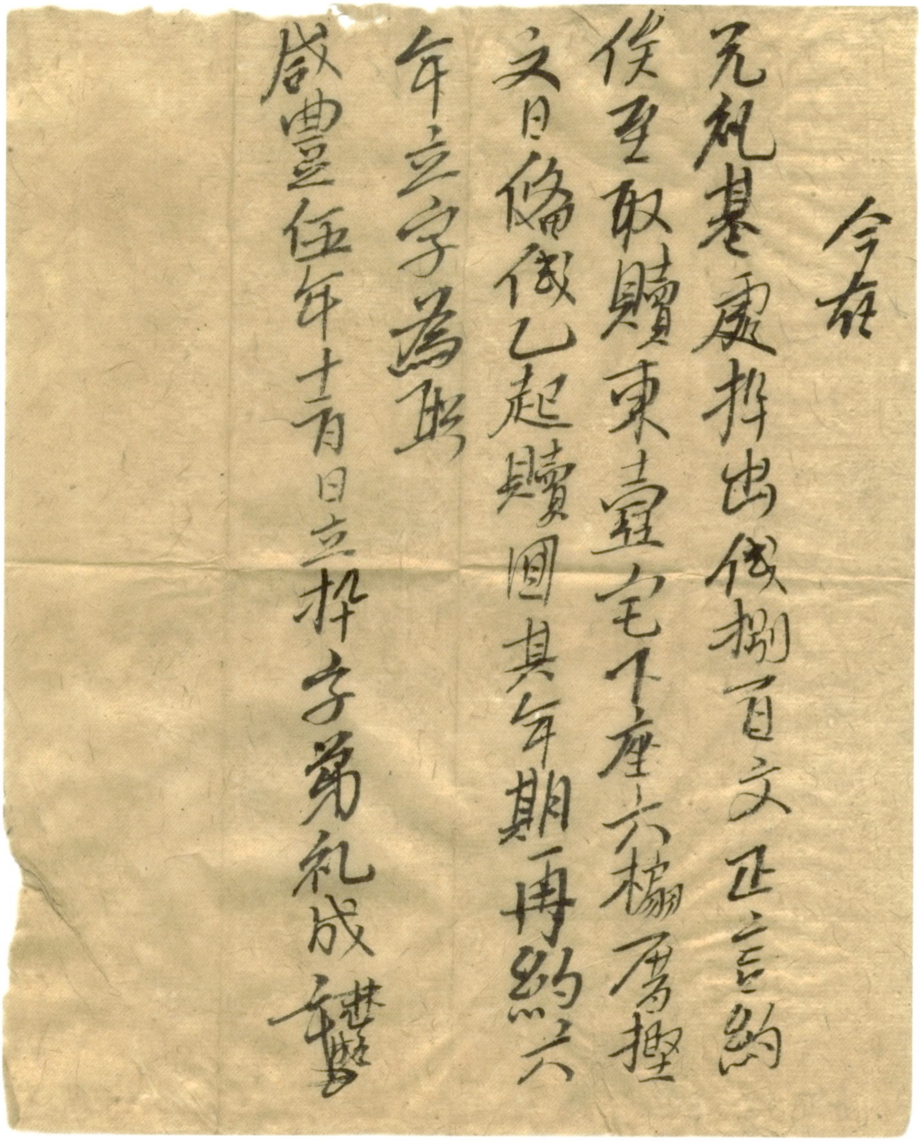
今在
兄札甚處撥出錢捌百文正言約
俟至取贖東壹宅下座六欄房摼
文日備錢乙起贖回其年期再約六
年立字爲照
咸豐伍年十二月日立撥字弟礼成（花押）

7-1-43-6　清咸豐五年十二月林礼成立撥字

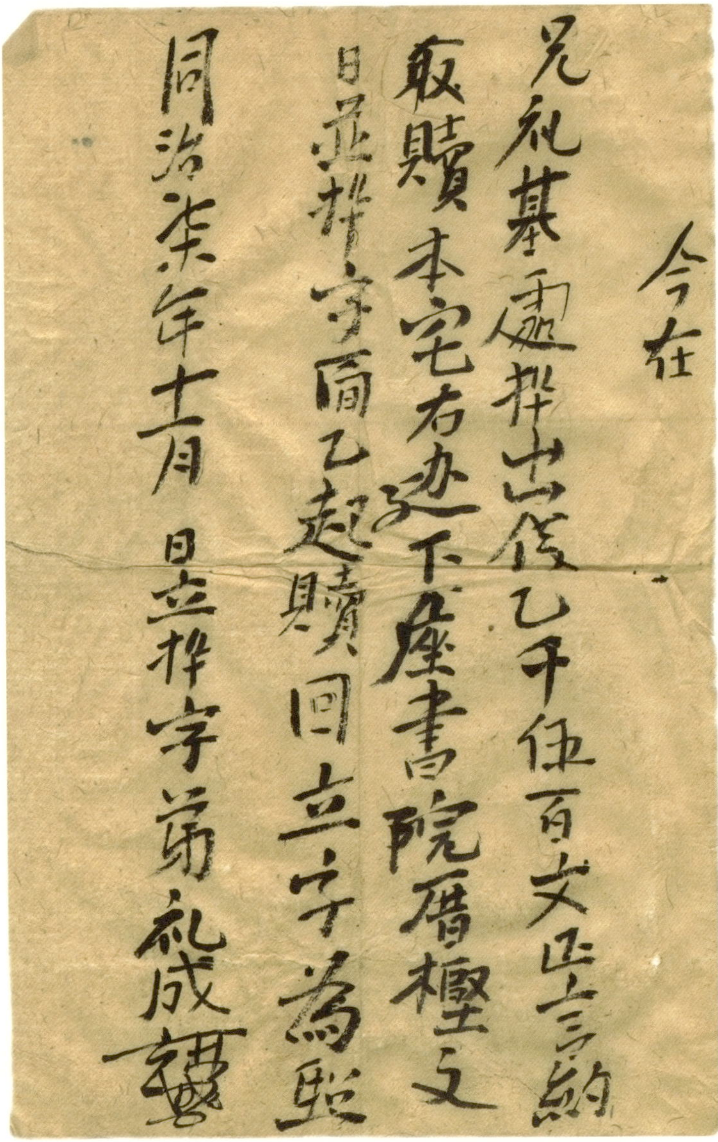
今在
兄礼基處撥出錢乙千伍百文正言約
取贖本宅右边下座書院厝樫文
日並撥字扁乙起贖回立字為照
同治柒年十一月　日立撥字弟礼成押

7-1-43-7　清同治七年十一月林礼成立撥字

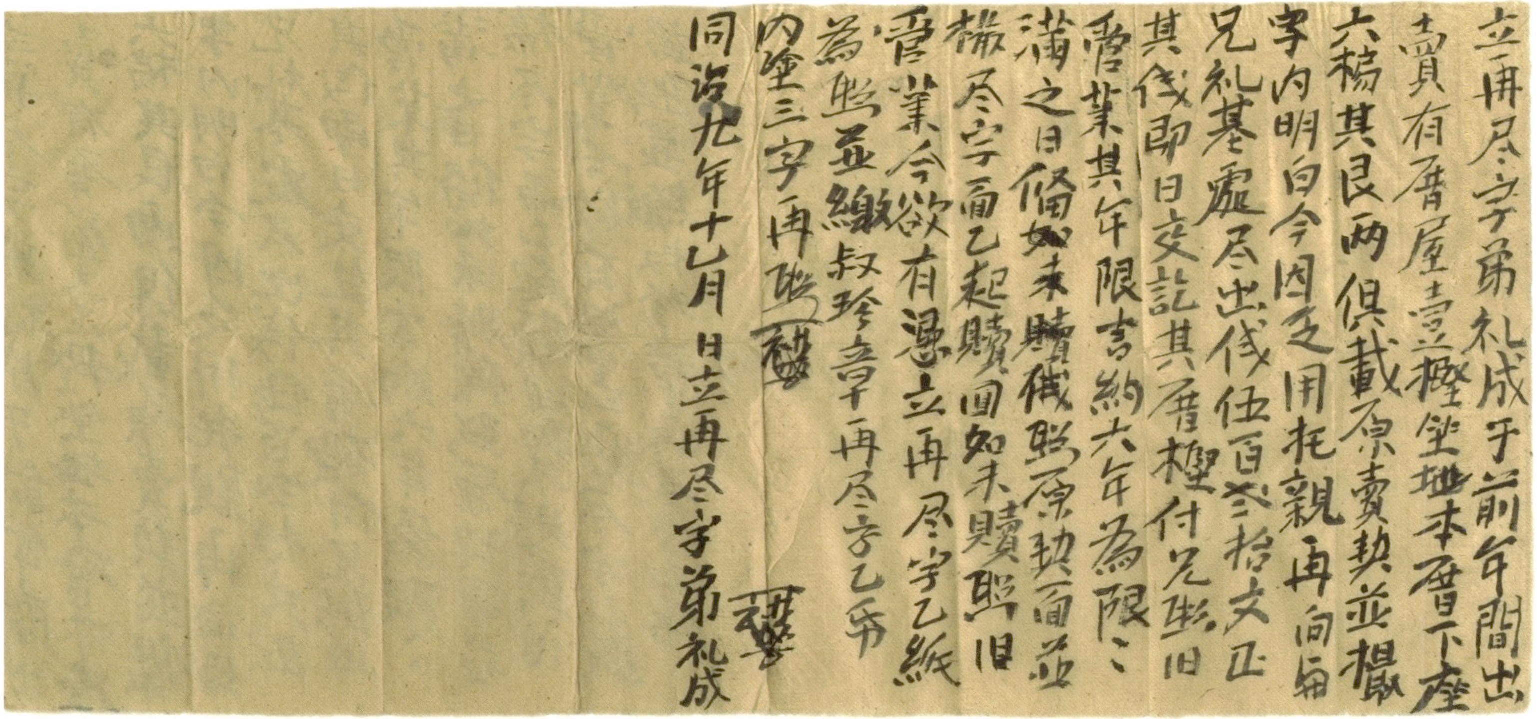

立再尽字弟礼成于前年間出
賣有厝屋壹樫坐址本厝下座
六稿其艮两俱載原賣契並櫶
字内明白今因乏用托親再向扇
兄礼基處尽出钱伍百叁拾文正
其钱即日交訖其厝樫付兄照旧
管業其年限言約六年為限、、
滿之日備如未贖備照原契面並
櫶尽字面乙起贖回如未贖照旧
管業今欲有憑立再尽字乙紙
為照並繳叔珍章再尽字乙帋
内塗三字再照（押）
同治九年十一月　日立再尽字弟礼成（押）

7-1-43-8　清同治九年十一月林礼成立再盡厝屋字

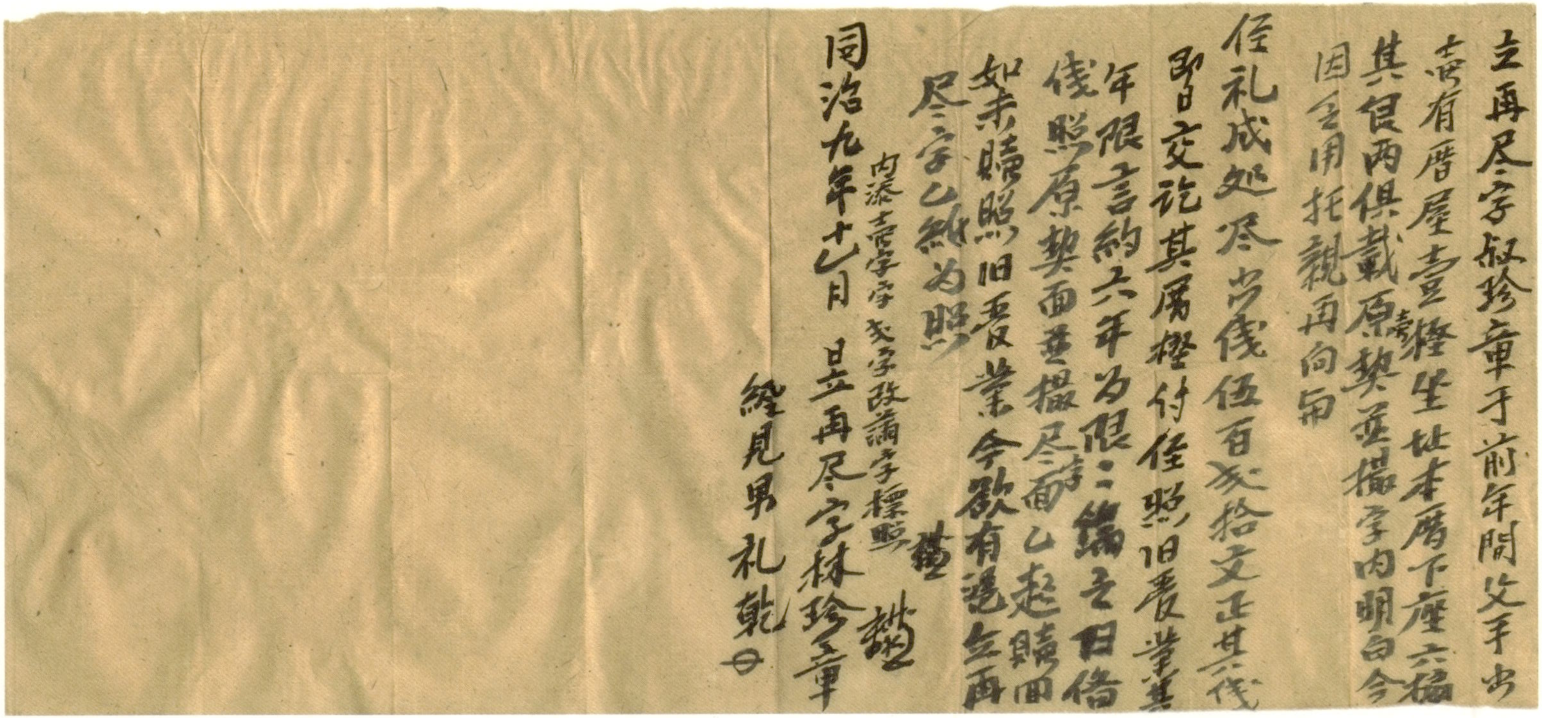

立再尽字叔珍章，于前年間父手出
賣有厝屋壹縫，坐址本厝下座六扇，
其銀兩俱載原契並撮字内明白，今
因乏用，托親再向
侄礼成处尽出錢伍百叁拾文正，其錢
即日交訖，其厝聽付侄照旧管業，其
年限言約六年為限，限滿之日，備
錢照原契面並撮尽字面一起贖回，
如未贖照旧管業，今欲有憑，立再
尽字乙紙為照。
内添壹字，改字改讀字樣照。
同治九年十一月　日立再尽字林珍章
經見男礼乾

7-1-43-9　清同治九年十一月林珍章立再盡厝屋字

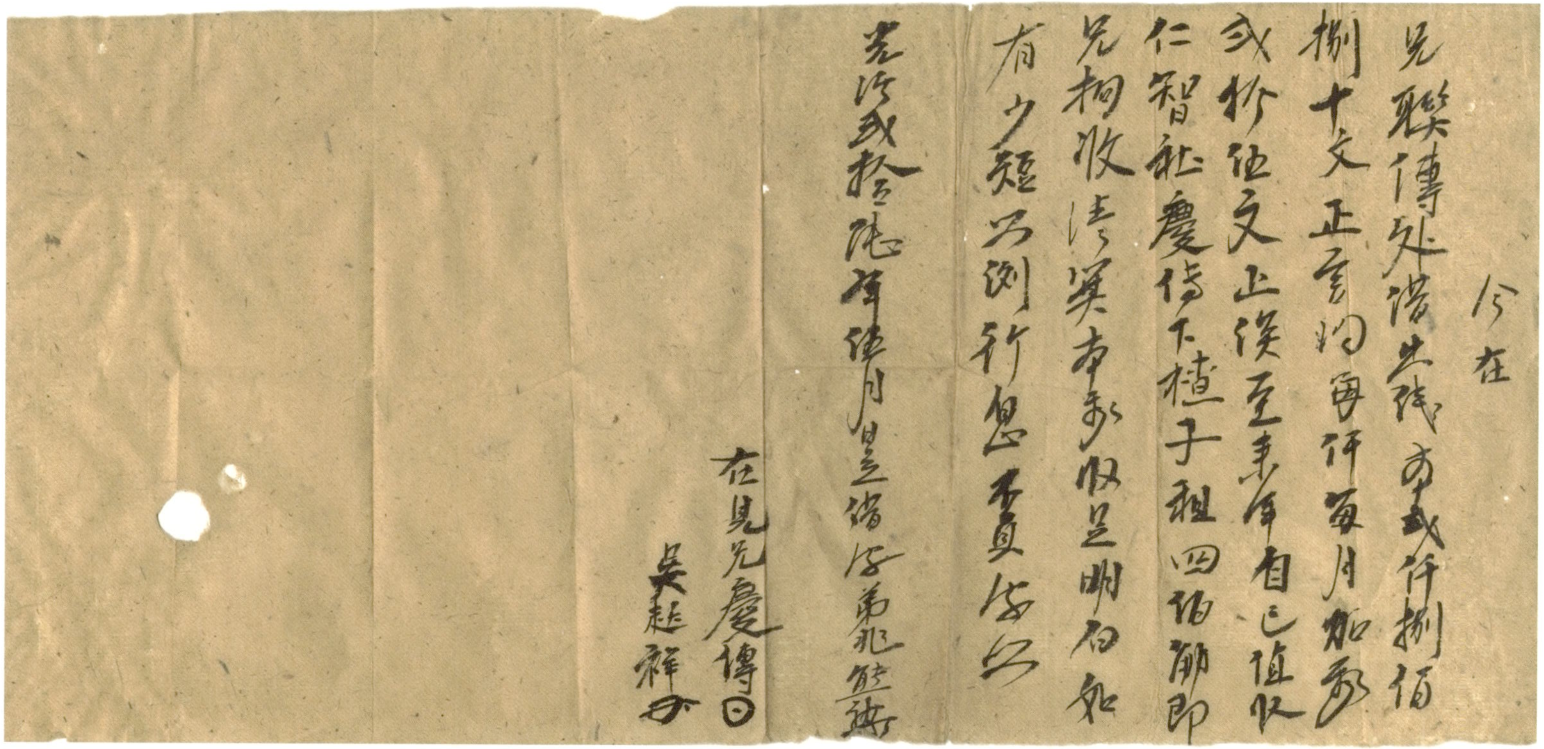

今在
兄聯傳處借出錢壹拾貳仟捌佰
捌十文正，言約每仟每月加貳
貳扸錢文，止從至來年自己領收
仁智社慶傳下植子租四佰觔，即
兄收清，其本利不是明白，兑
有少短，照例行息，不負，此照。
光緒貳拾陸年伍月　日立借字弟兆熊（押）
在見兄慶傳（押）
吳趙祥（押）

7-1-43-10　清光緒二十六年五月林兆熊立借錢字

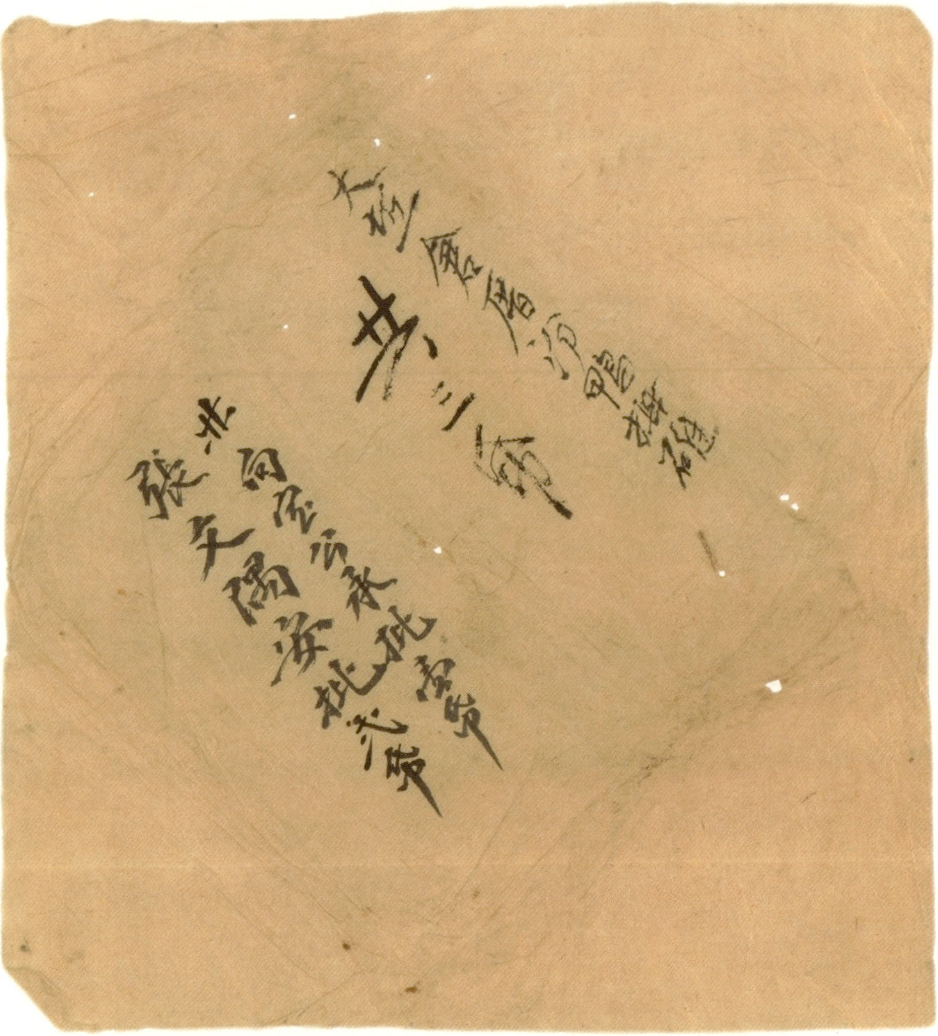

7-1-44-1　包契紙

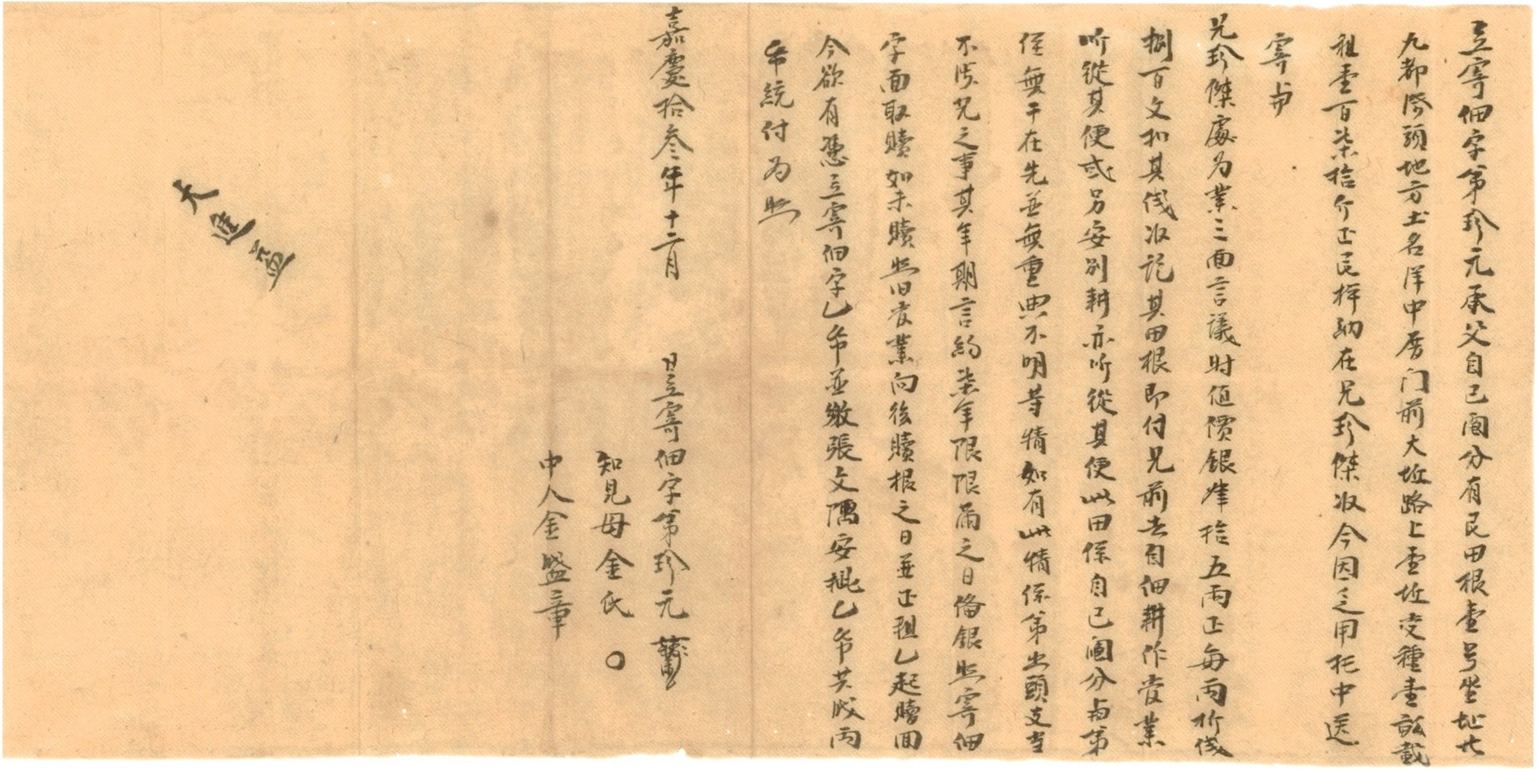
立寄佃字弟珍元承父自己園分有民田根壹号坐址七
九都漈頭地方土名岸中厝门前大坵路上壹坵受種壹畝載
租壹百柒拾觔正民粹助在兄珍傑收今因乏用托中送
寄与
兄珍傑處爲業三面言議时值價銀肆拾五両正每両作錢
捌百文扣其錢收訖其田根即付兄前去自佃耕作管業
听從其便或另安別耕亦听從其便此田係自己園分與弟
侄無干在先並無重典不明等情如有此情係弟出頭支当
不涉兄之事其年朔言約柒年限限滿之日備銀照寄佃
字面取贖如未贖照旧管業向後贖根之日並正租乙起贖回
今欲有憑立寄佃字乙紙並繳張文隱安批乙紙共叁紙両
紙統付為照

嘉慶拾叁年十二月　　立寄佃字弟珍元（押）

知見母金氏 ○

中人金盛章

大進盈

7-1-44-2　清嘉慶十三年十二月林珍元立寄佃民田根字

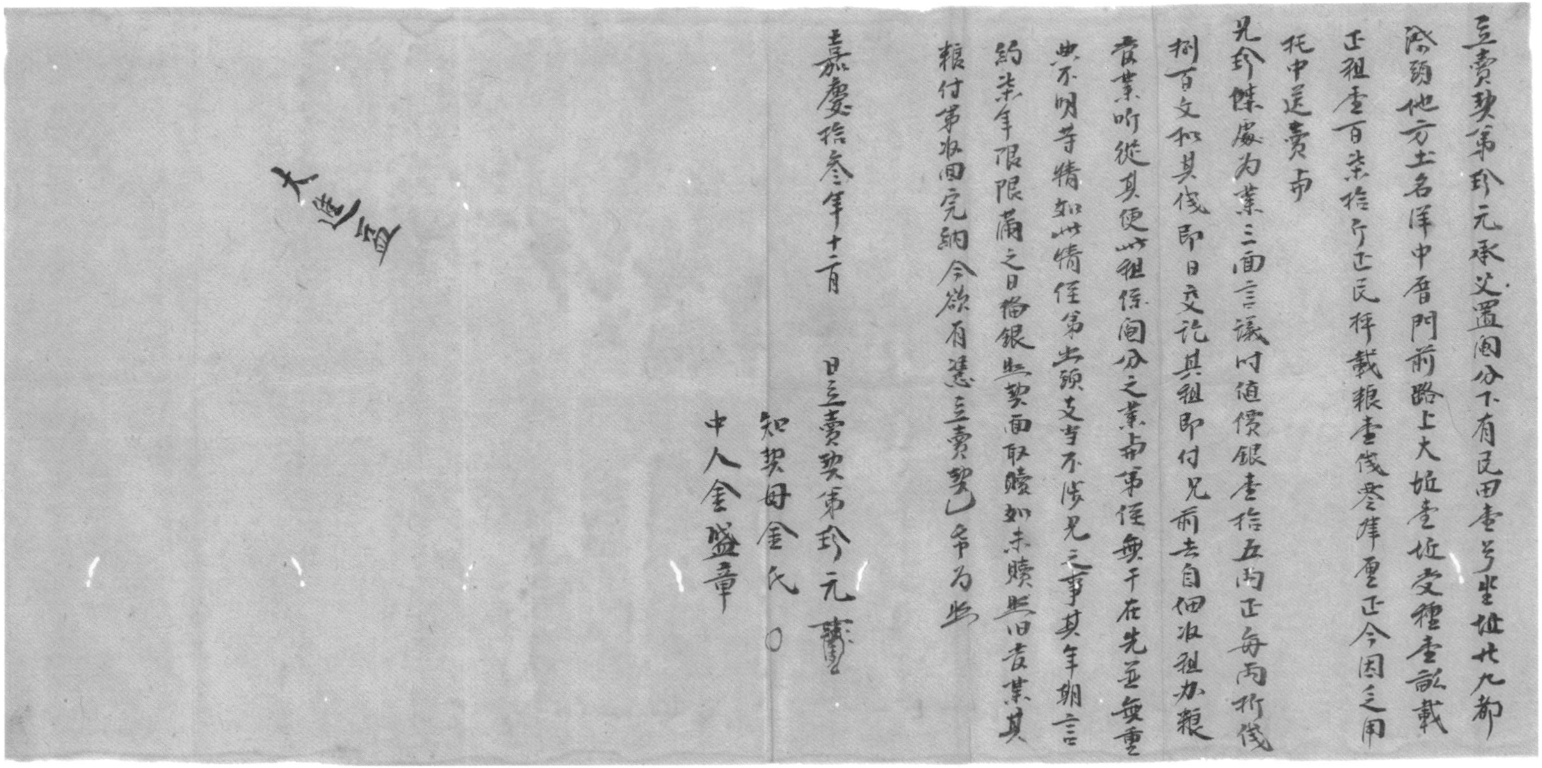
立賣契弟珍元承父置阄分下有民田壹號坐址廿九都
洋頭地方土名洋中厝門前路上大坵壹坵受種壹畝載
正租壹百柒拾斤正民秤載粮壹錢叁厘正今因乏用
托中送賣與
兄珍銖處為業三面言議時值價銀壹拾五兩正每兩折錢
捌百文扣其錢即日交訖其租即付兄前去自佃收租办粮
管業聽從其便此租係阄分之業與弟侄無干在先並無重
典不明等情如此情任弟出頭支当不涉兄之事其年朔言
約柒年限限滿之日備銀照契面取贖如未贖照舊管業其
粮付弟收回完納今欲有憑立賣契一紙為照
嘉慶拾叁年十二月　日立賣契弟珍元（押）
知契母金氏 ○
中人金盛章
大進益

7-1-44-3　清嘉慶十三年十二月林珍元立賣民田契

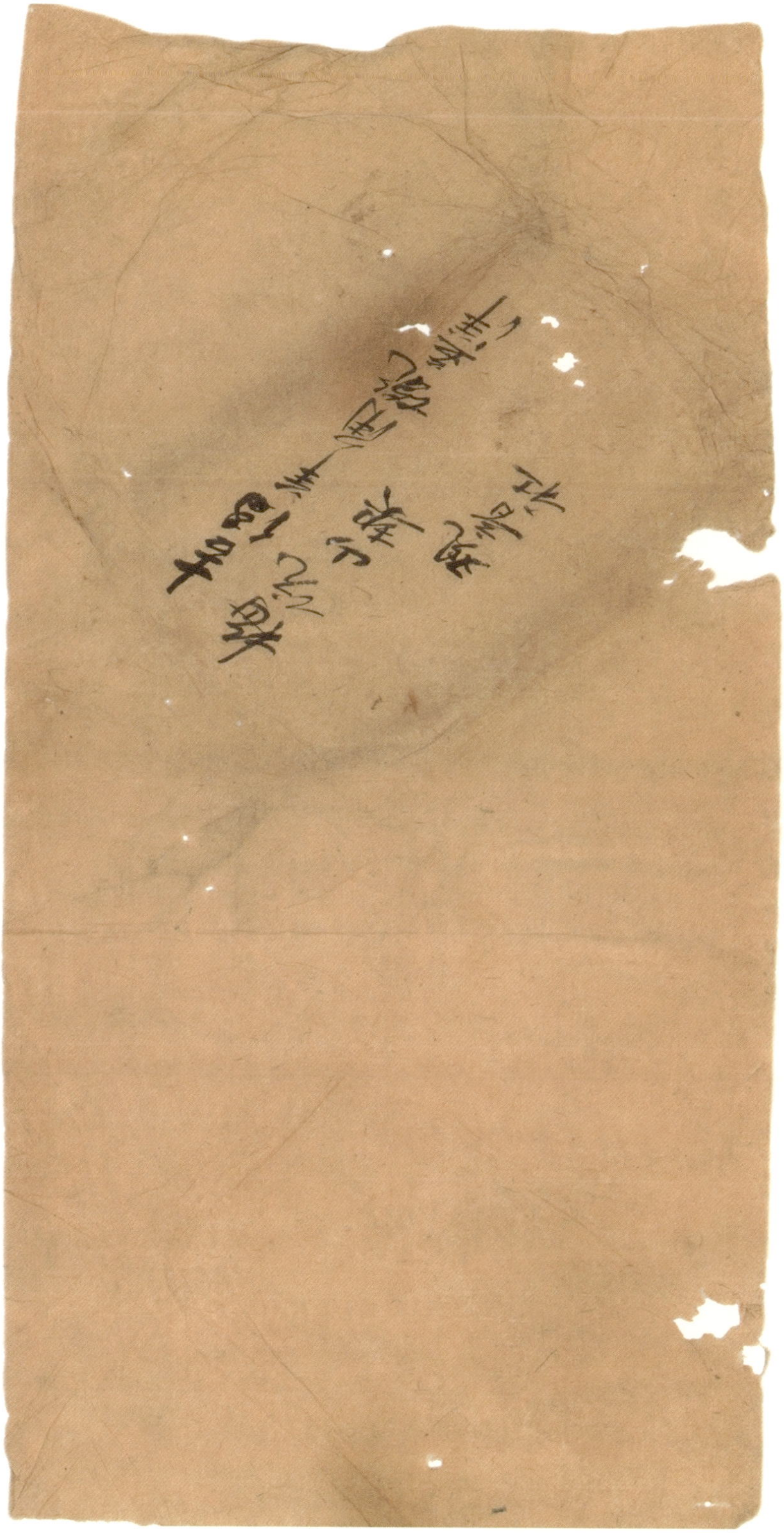

7-1-45-1　包契紙

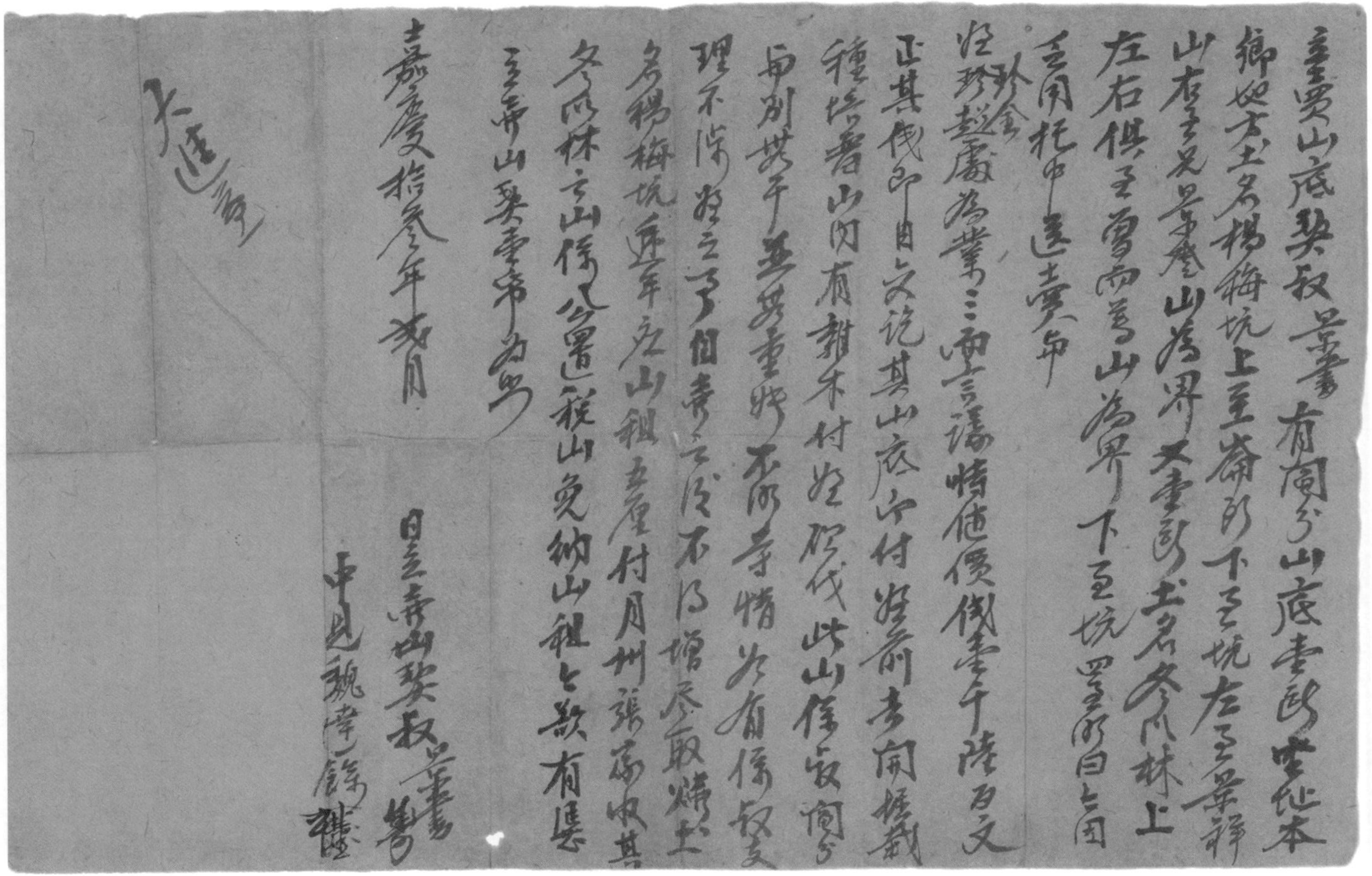
立賣山底契叔景書，有闔分山底壹所，坐址本鄉地方，土名楊梅坑，上至崙頂，下至坑，左至景祥山，右至兄景參山為界；又壹所，土名冬瓜林，上左右俱至曾家山為界，下至坑，四至明白。今因乏用，托中送立賣與姪孫金珍越處為業，三面言議，時值價錢壹千陸百文正。其錢即日交訖，其山底即付姪前去開墾栽種培養，山內有雜木付姪砍伐。此山係叔闔分，與別房兄弟無干，並無重張不明等情，如有係叔支理，不涉姪之事。自賣之後，不得增找取贖。其土名楊梅坑，每年應納山租五厘，付月洲張家收；其冬瓜林一處山係公置，遞稅山免納山租之款。有憑立賣山契壹紙為照。
嘉慶拾叁年二月　日立賣山契叔景書（押）
中見魏肇鐐（押）
大進三

7-1-45-2　清嘉慶十三年二月林景書立賣山底契

立賣山底契叔礼成，先年手置有山底乙所，坐址本
鄉地方土名楊梅坑，上至崙頭，下至坑，左至魏永
仁山，右至礼易山為界，四至明白。今因乏用，托中
送賣與
姪純義處為業，三面言議時值價錢捌百文，
正其錢即日交訖，其山底即付姪前去開掘
栽種，培養山內有雜木杉松，付姪砍伐，聽從
其便。此山係叔已業，與別無干，並無重張不
明等情，如有此情，係叔支當，不涉姪事。
自賣之後，付姪永遠管業，叔不敢異言。又
理遞年應納山租錢四文，付月卅張收，今欲有憑，
立賣山底契乙帋，並繳上手契乙帋，共貳帋，
為照。

道光貳拾捌年十二月　日立賣山契叔礼成（押）

中見魏同團

[illegible]

7-1-45-3　清道光二十八年十二月林礼成立賣山底契

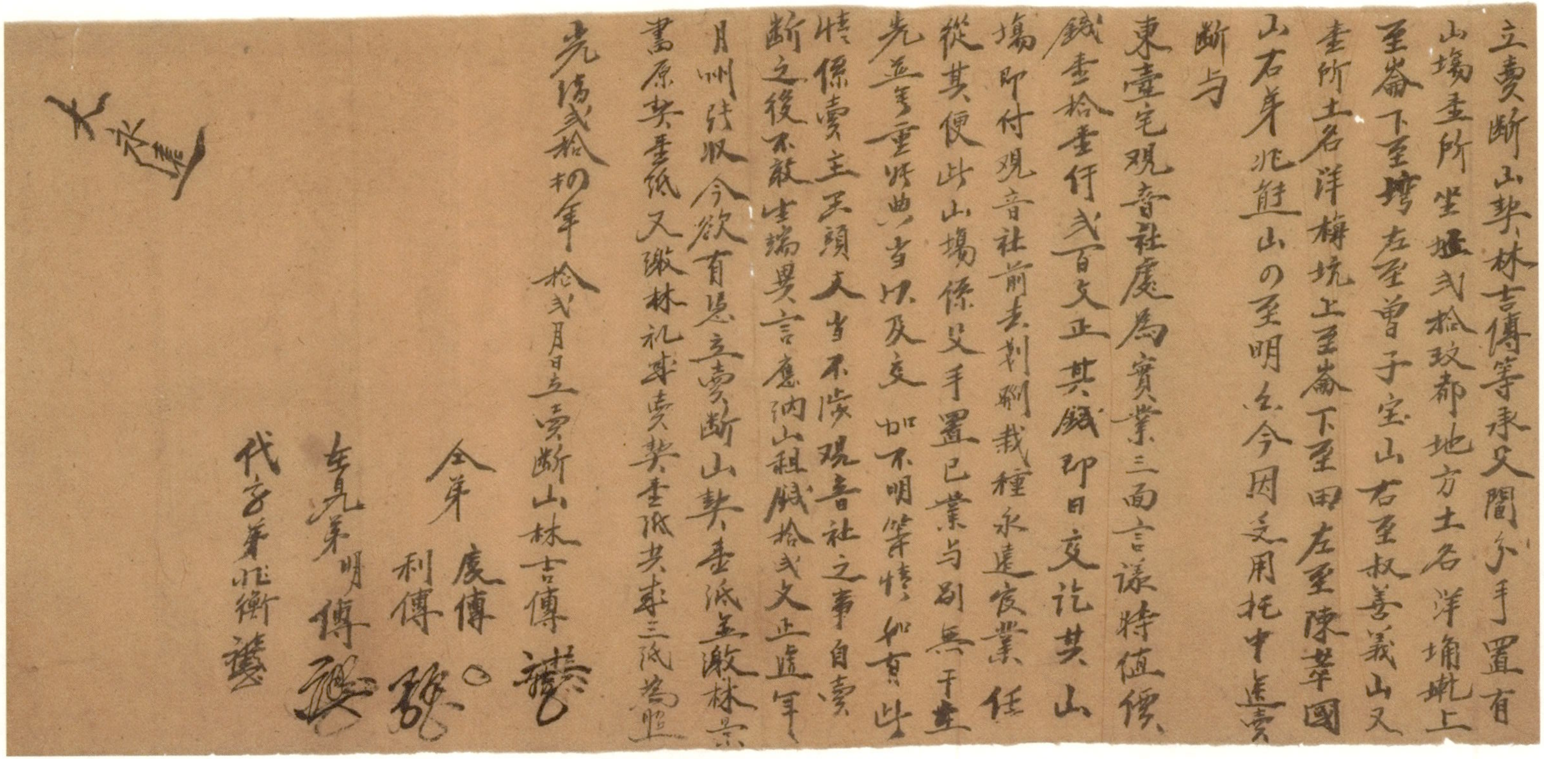
立賣斷山契人林吉傳等承父闇分手置有
山場壹所，坐址貳拾玖都地方，土名洋墻𡍼上
至崙，下至墘，左至曾子宅山，右至叔善義山。又
壹所，土名洋梅坑，上至崙，下至田，左至陳華國
山，右至兆挺山，四至明白。今因乏用，托中送賣
斷与
東壹宅觀音社處爲寶業，三面言議，時值價
錢壹拾壹仟貳百文正。其錢即日交訖，其山
場即付觀音社前去判割栽種，永遠管業，任
從其便。此山場係父手置己業，与別無干，盡
先並無重張典當以及交加不明等情。如有此
情，係賣主兄頭人當，不涉觀音社之事。自賣
斷之後，不敢生端異言，應納山租錢拾貳文正，遠年
月卅往收。今欲有憑，立賣斷山契壹紙，並繳林景
書原契壹紙，又繳林礼承賣契壹紙，共奉三紙爲照。
光緒貳拾肆年拾貳月　日立賣斷山林吉傳（押）
仝弟　慶傳○
　　　利傳（押）
在見弟明傳（押）
代字弟兆衡（押）

7-1-45-4　清光緒二十四年十二月林吉傳等立賣斷山場契

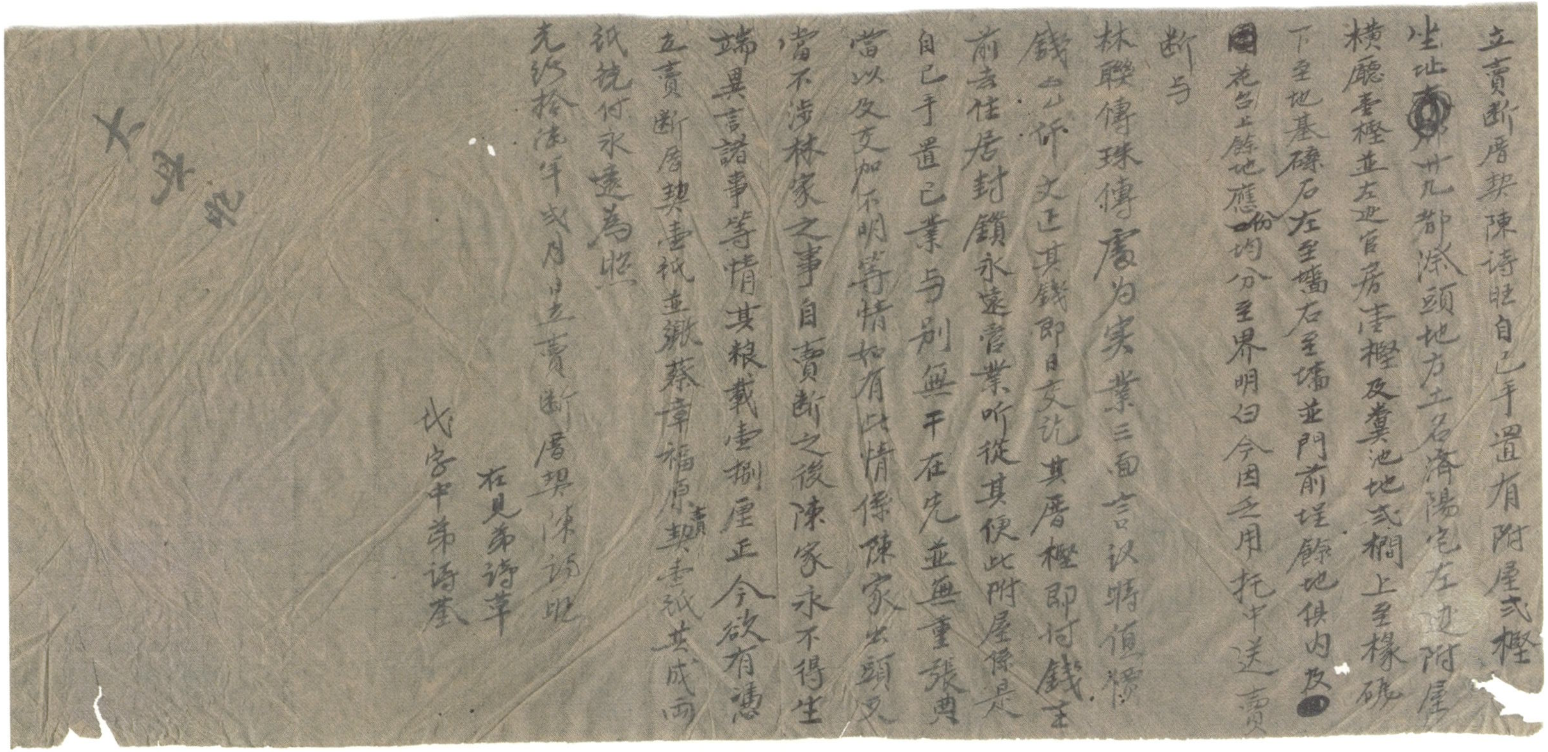

立賣斷厝契陳詩旺自己手置有附屋弍樘
坐址廿九都深頭地方土名濟陽宅左邊附屋
橫廳壹樘並左邊官房壹樘及糞池地弍桐上至椽瓦
下至地基磚石左至牆右至墻並門前埕餘地俱內及
花台上餘地應份均分至界明白今因乏用托中送賣
斷与
林聯傳珠傳處為實業三面言議時值價
錢□□□文正其錢即日交訖其厝樘即付錢主
前去住居封鎖永遠管業听從其便此附屋係是
自己手置己業与別無干在先並無重張典
當以及交加不明等情如有此情係陳家出頭見
當不涉林家之事自賣斷之後陳家永不得生
端異言諸事等情其粮載壹捌厘正今欲有憑
立賣斷厝契壹紙並繳蔡章福原賣契壹紙共成兩
紙執付永遠為照
光緒拾陸年弍月　日立賣斷厝契陳詩旺
在見弟詩華
代字中弟詩奎

7-1-105-2　清光緒十六年二月陳詩旺立賣斷厝契

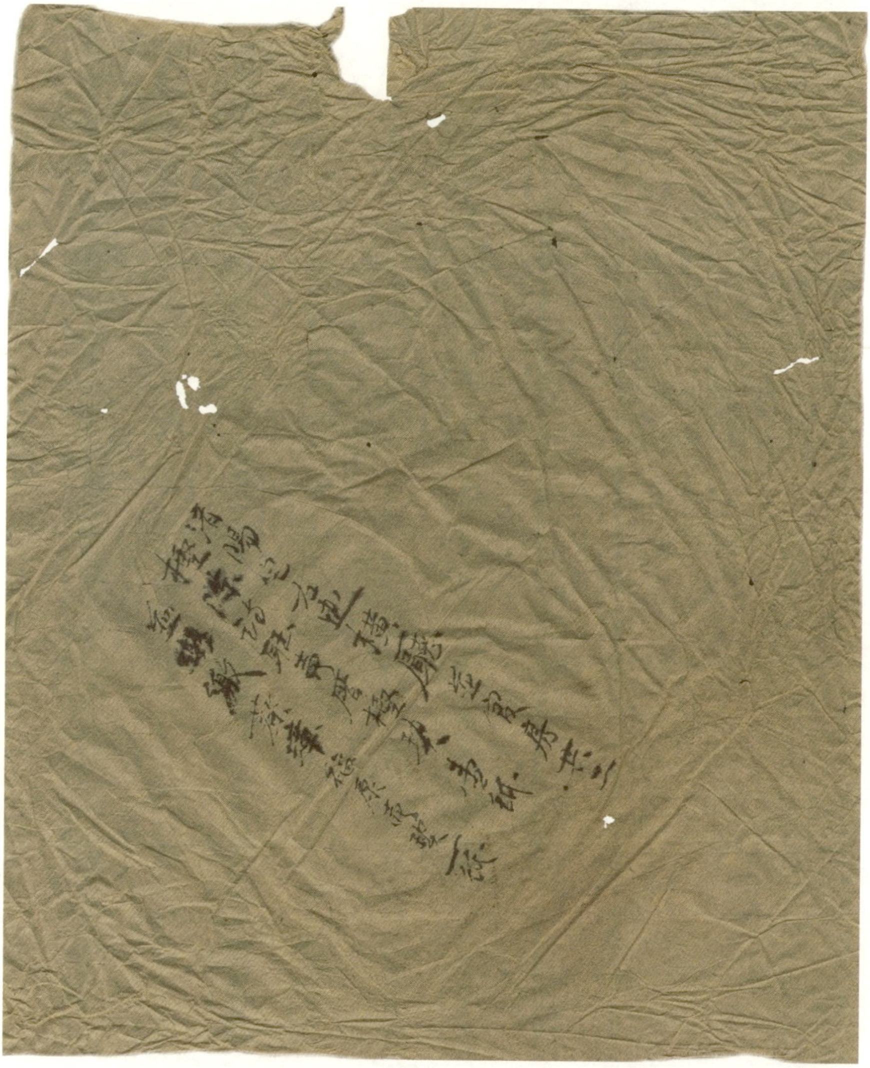

7-1-105-1　包契紙

立合據字林禮言林禮定林占義林義茂林輝義五房等於
光緒拾伍年拾壹月仝買回族姪意義歸還原祖來永始基厝
地壹座坐址永邑貳拾玖都佳陽本鄉水尾厝仔坐午向子又花
臺上土記壹穴坐丁向癸時意即立歸還厝契並繳原契付族衆
將地間田將土公建佳陽林氏宗祠任五房子孫照昭穆進豎
牌主香火安奉祖先春秋祭祀利益發祥即日裒多益寡言
祖永盛公派下出錢陸拾陸仟文正定祖鳳儀公派下出錢叁
拾捌仟文正占祖景珠公派下出錢貳佰陸拾仟文正茂祖景著公
派下出錢貳佰陸拾仟文正輝祖景雅公派下出錢壹拾壹仟文
正統共錢陸佰叁拾伍仟文正合衆建祠應用尚未完美厥後
照五房家道捐貲肯成堂構其厝地田公族管業其佳陽稅
山張光定賣契壹紙稅印林伯寶賣契壹紙畫契壹紙張志
朝吳文郎合約字壹紙共成肆紙俱交永盛子孫義崇收存
其意義歸還厝契壹紙稅印昌遲賣契壹紙稅印禮泰賣
契壹紙稅印契尾壹紙共成肆紙俱交景著子孫琨義收存公
用之日各宜向出立據之後毋得違規伏願承先啓後長發其祥今
欲有憑，立合據字伍紙各執壹紙永遠為照

光緒拾陸年正月　吉日立合據字林禮言〇

林禮定（押）
林占義
林義茂
林輝義
仝立據

在見陳平國
秉筆林傳珪

發越蕃昌

7-1-104-2　清光緒十六年正月林禮言等立合據字

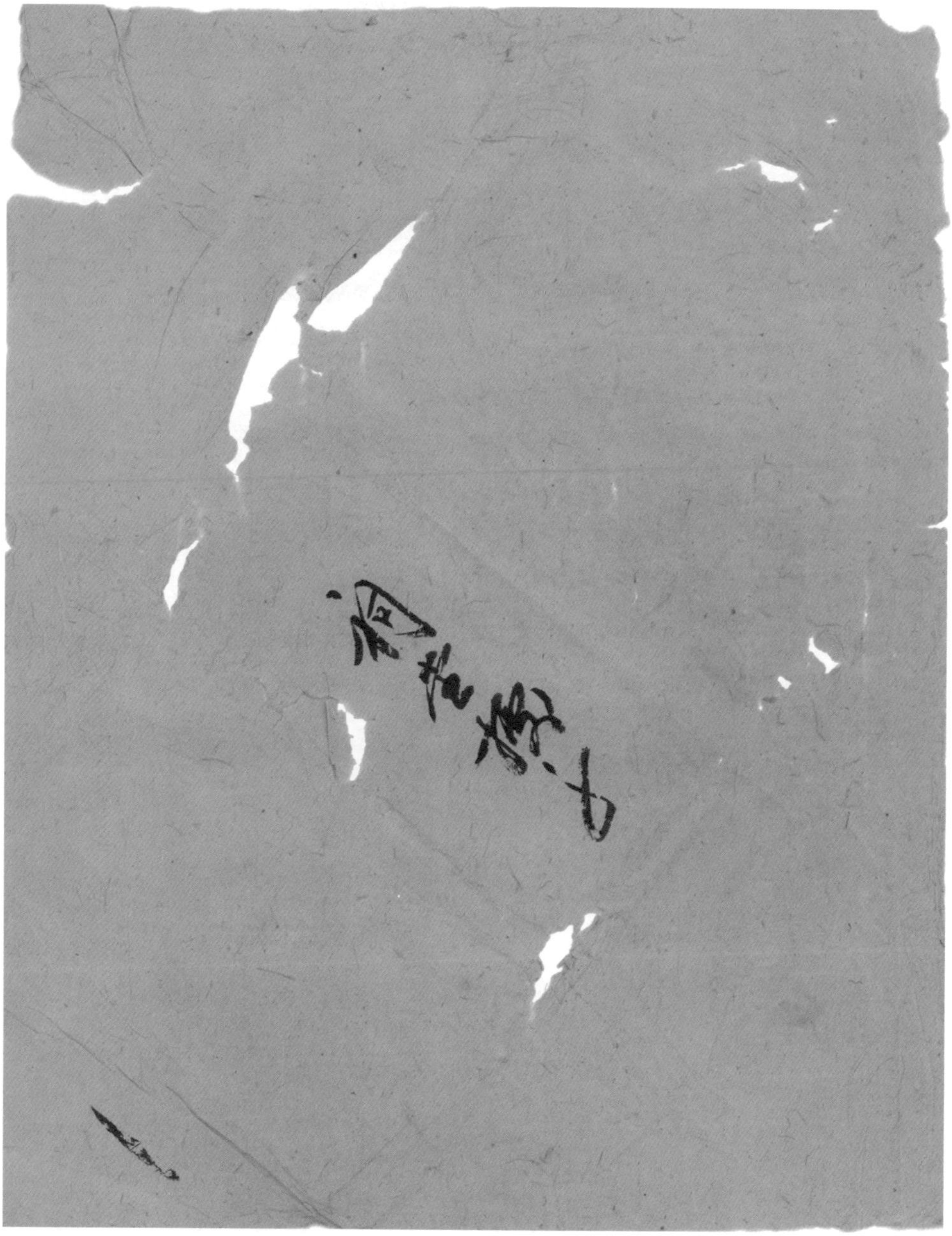

7-1-104-1　包契紙

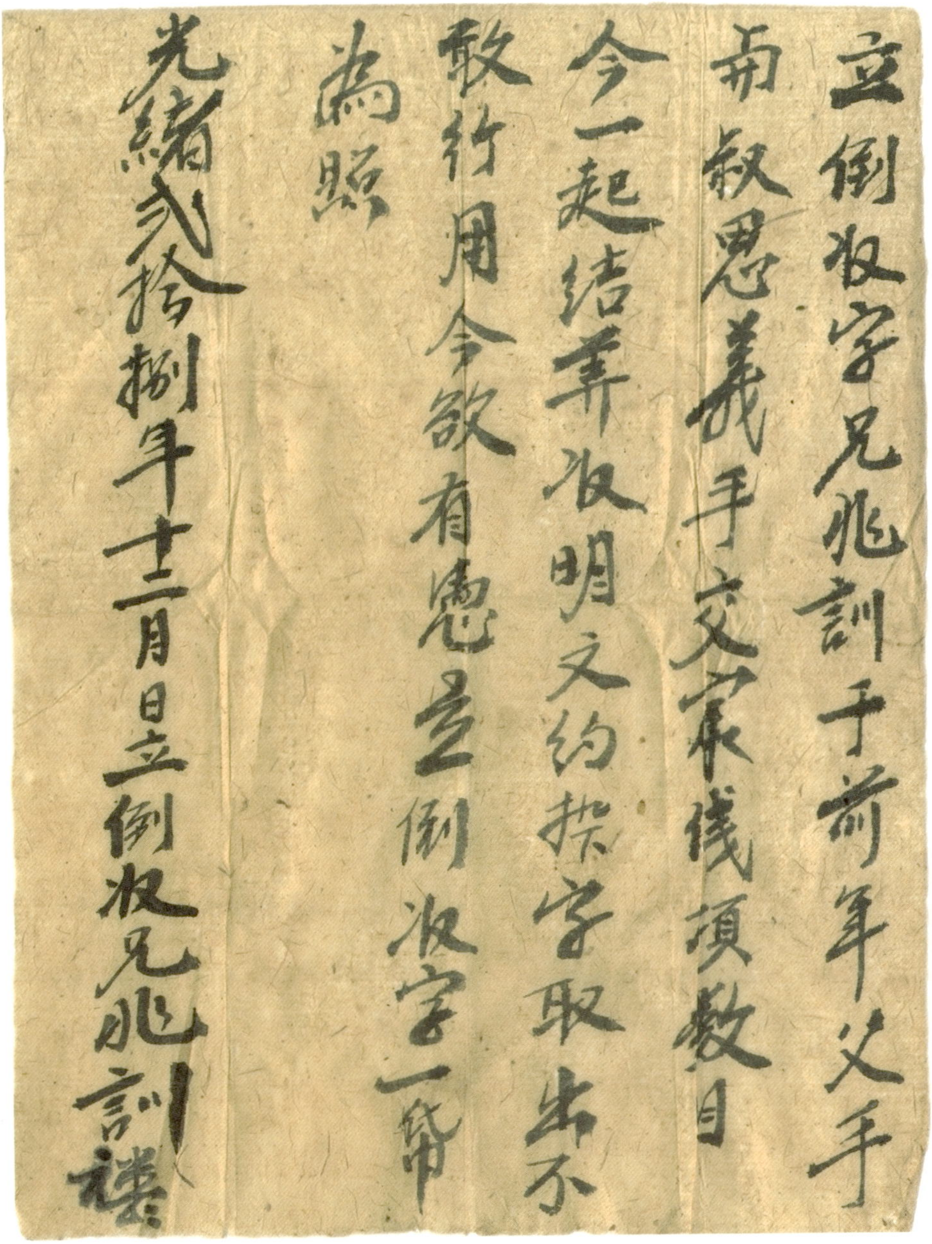
立倒收字兄兆訓手前年父手
弟叔恩義手文會錢項數目
今一起結算收明文約探字取出不
敢行用今欲有憑立倒收字一帋
為照
光緒貳拾捌年十二月日立倒收兄兆訓（押）

7-1-103-3　清光緒二十八年十二月林兆訓立倒收字

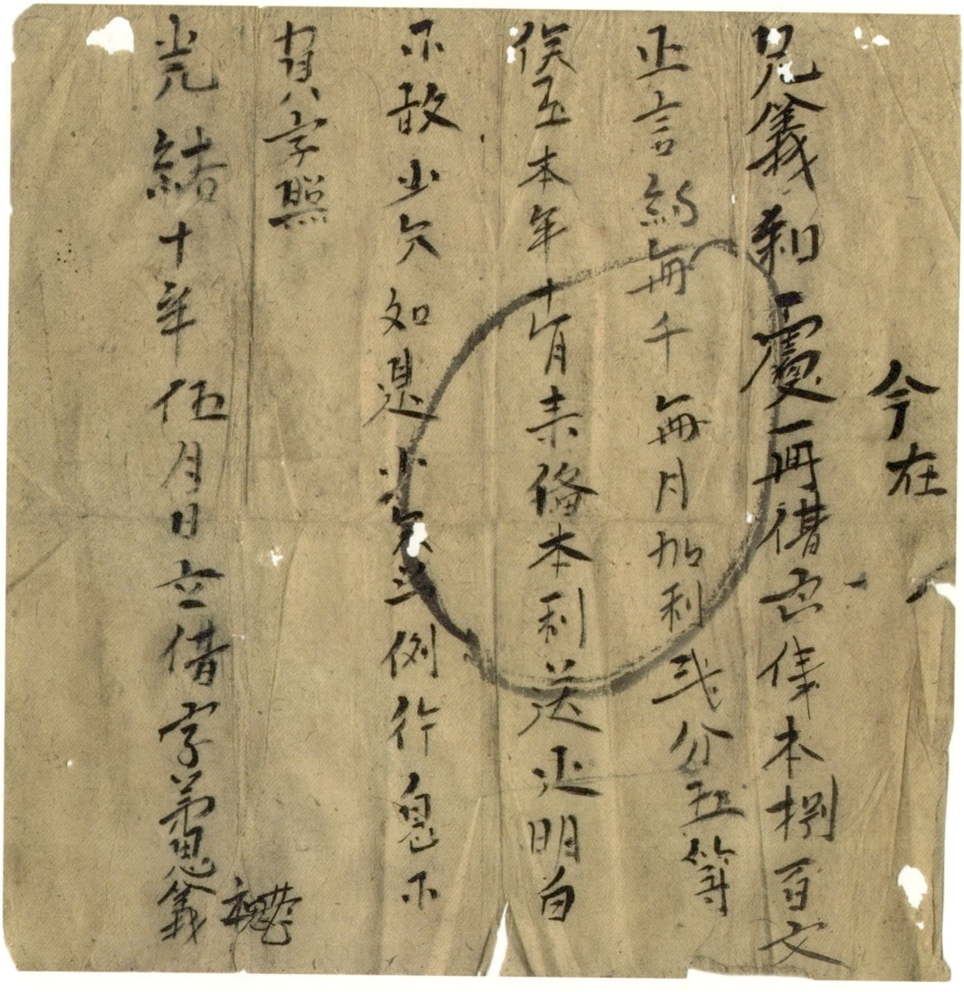
今在
兄義和處再借去錢本捌百文
正言約每千每月加利錢弍五筭
候至本年十二月來備本利送還明白
不敢少欠如是少欠例作息不
拘立字照
光緒十年伍月 日立借字思義

7-1-103-2　清光緒十年五月林思義立借錢字（廢契）

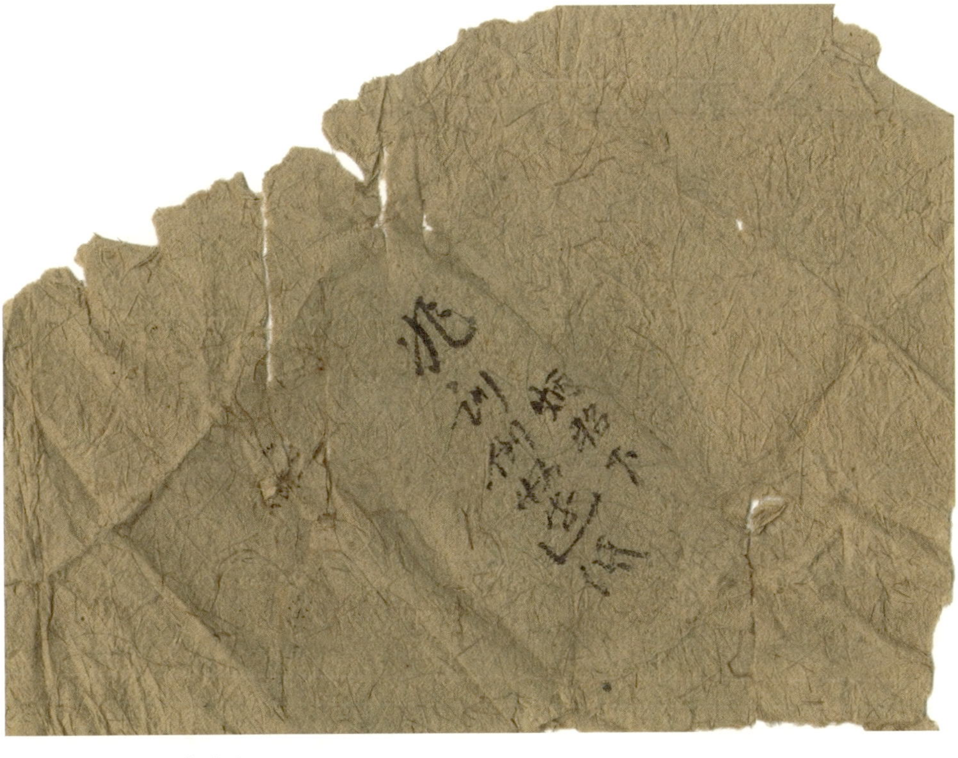

7-1-103-1　包契紙

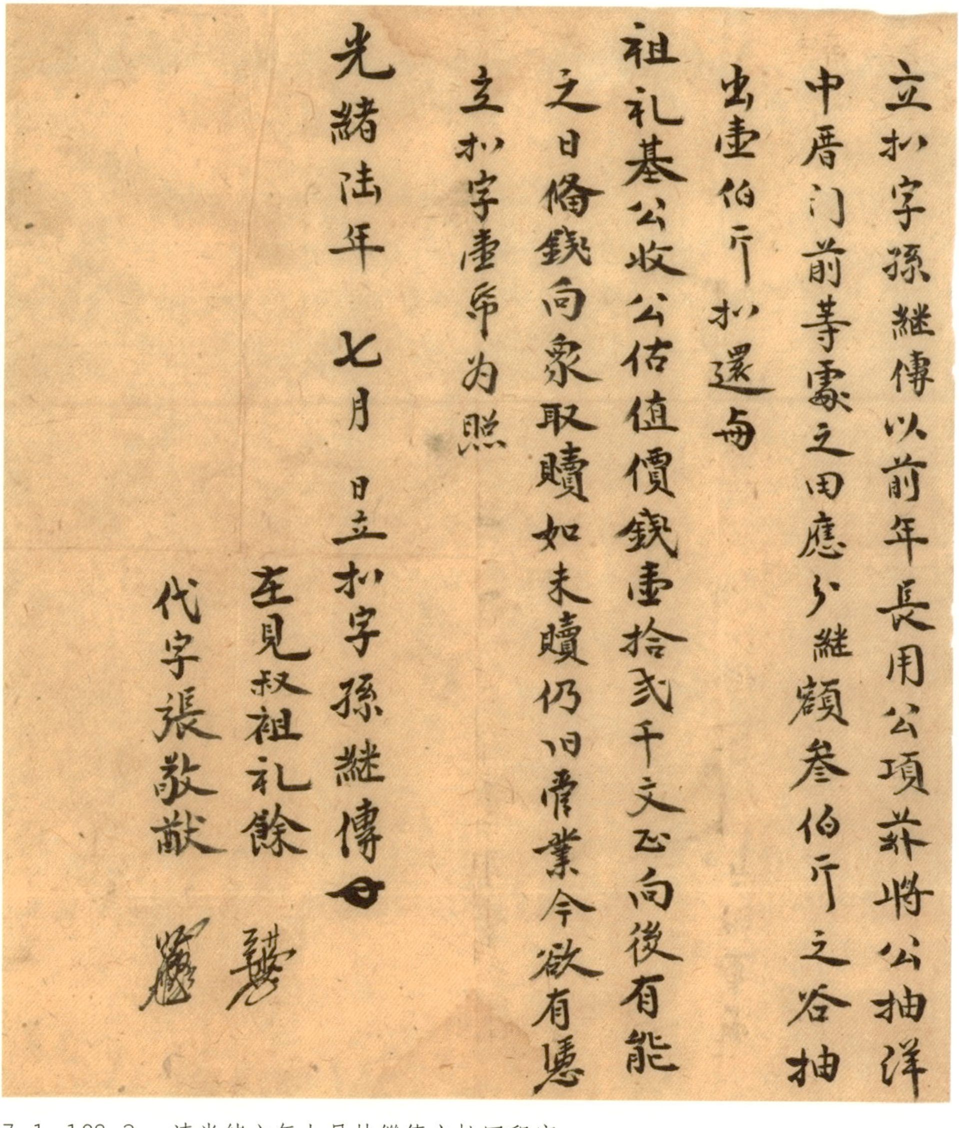
立扒字孫繼傳以前年長用公項并將公抽洋
中厝门前壽處之田應分繼額叁伯斤之谷抽
出壹伯斤扒還與
祖礼基公收公佑值價錢壹拾弍千文正向後有能
之日備錢向衆取贖如未贖仍旧管業今欲有憑
立扒字壹帋為照
光緒陸年　七月　日立扒字孫繼傳（押）
在見叔祖礼餘（押）
代字張敬猷（押）

7-1-102-3　清光緒六年七月林繼傳立扒田租字

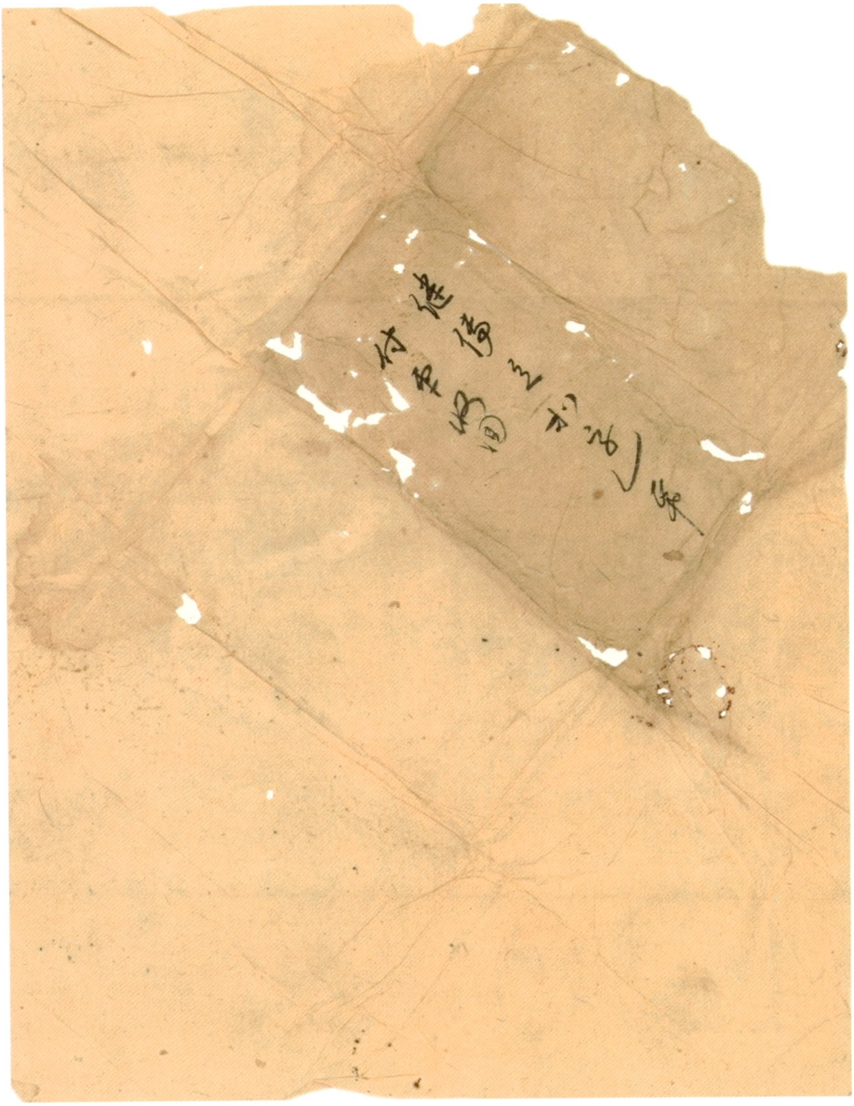

7-1-102-2　包契紙

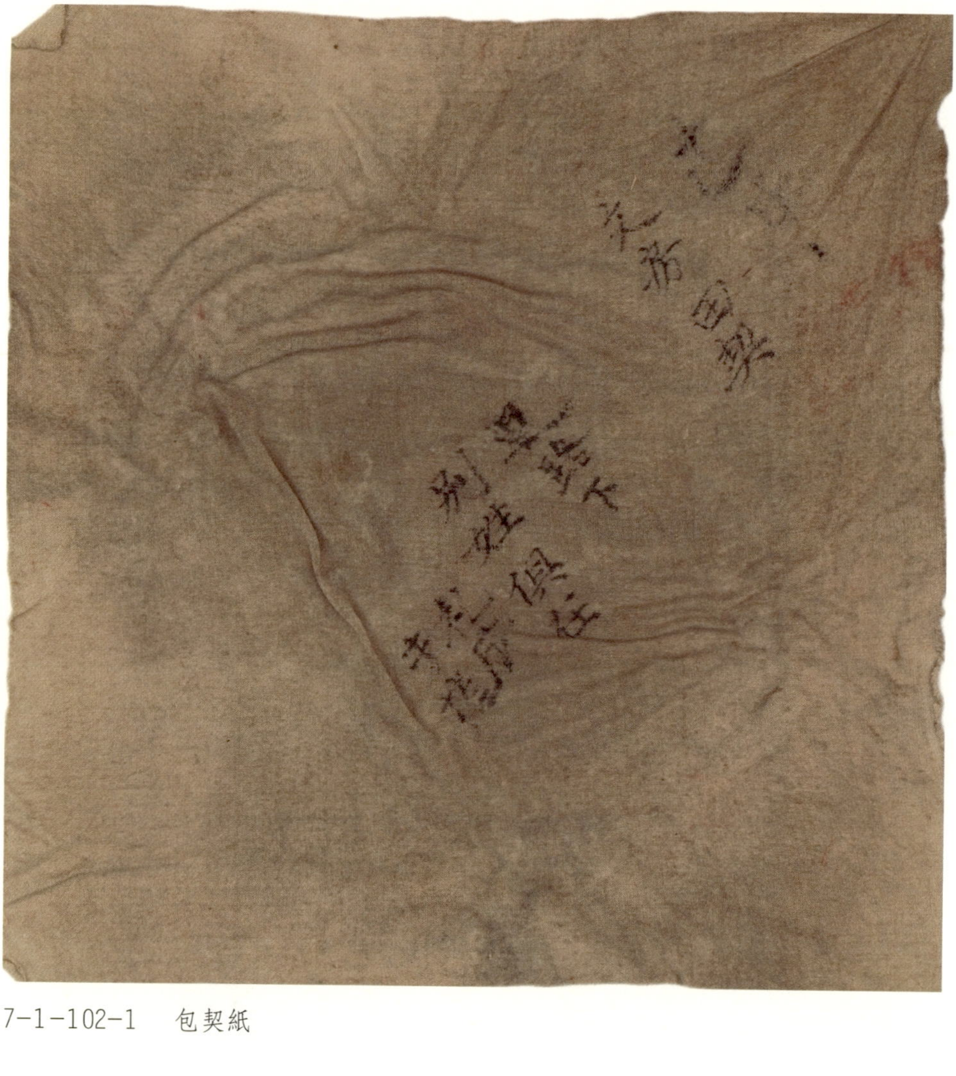

7-1-102-1　包契紙

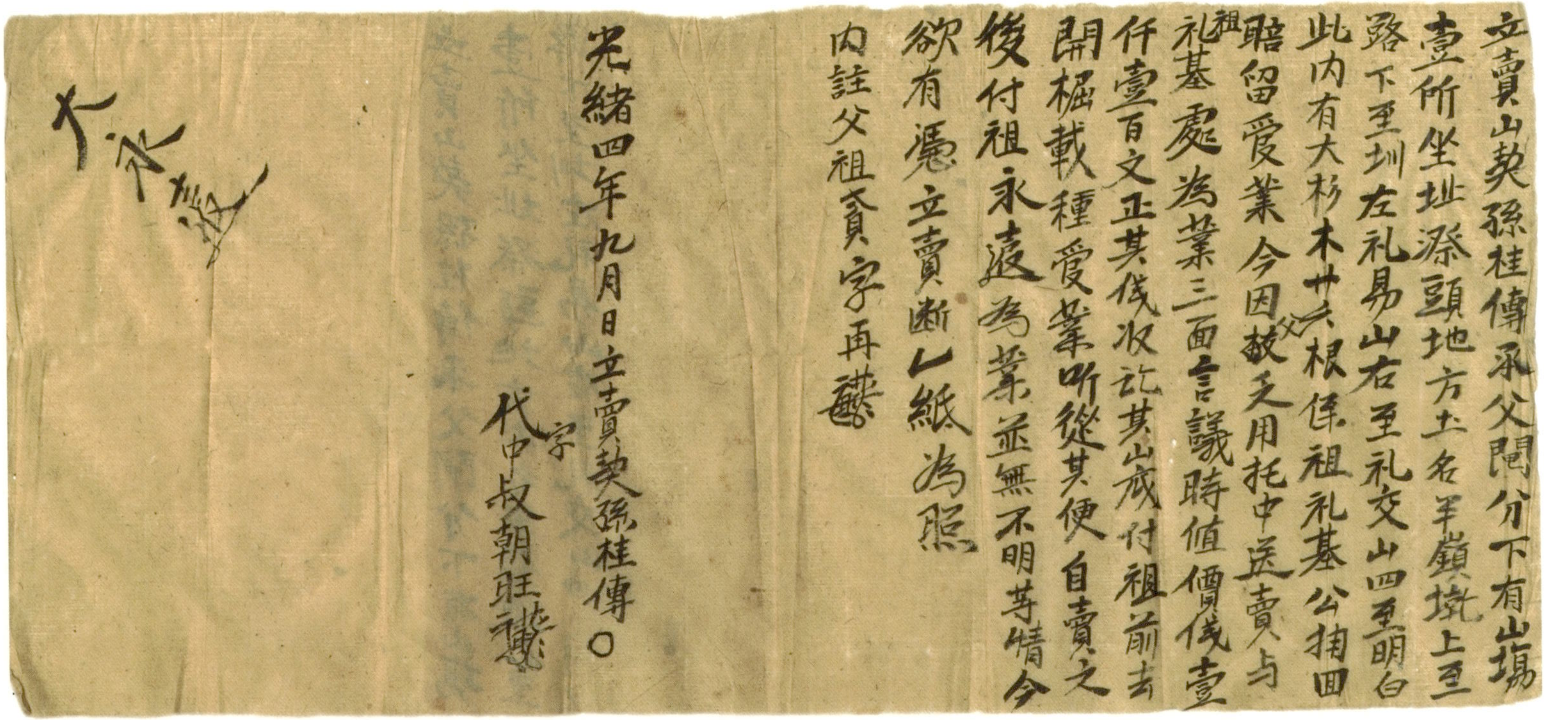

立賣山契孫桂傳承父鬮分下有山場
壹所坐址溕頭地方土名羊嶺坑上至
路下至圳左礼易山右至礼文山四至明白
此內有大杉木廿六根係祖礼基公抽回
貽留受業今因父故乏用托中送賣与
祖礼基處為業三面言議時值價錢壹
仟壹百文正其錢收訖其山成付祖前去
開掘栽種受業听從其便自賣之
後付祖永遠為業並無不明等情今
欲有憑立賣斷山紙為照
內註父祖貳字再照

光緒四年九月日立賣契孫桂傳〇
代字中叔朝旺押

大承發

7-1-101-3　清光緒四年九月林桂傳立賣山場契

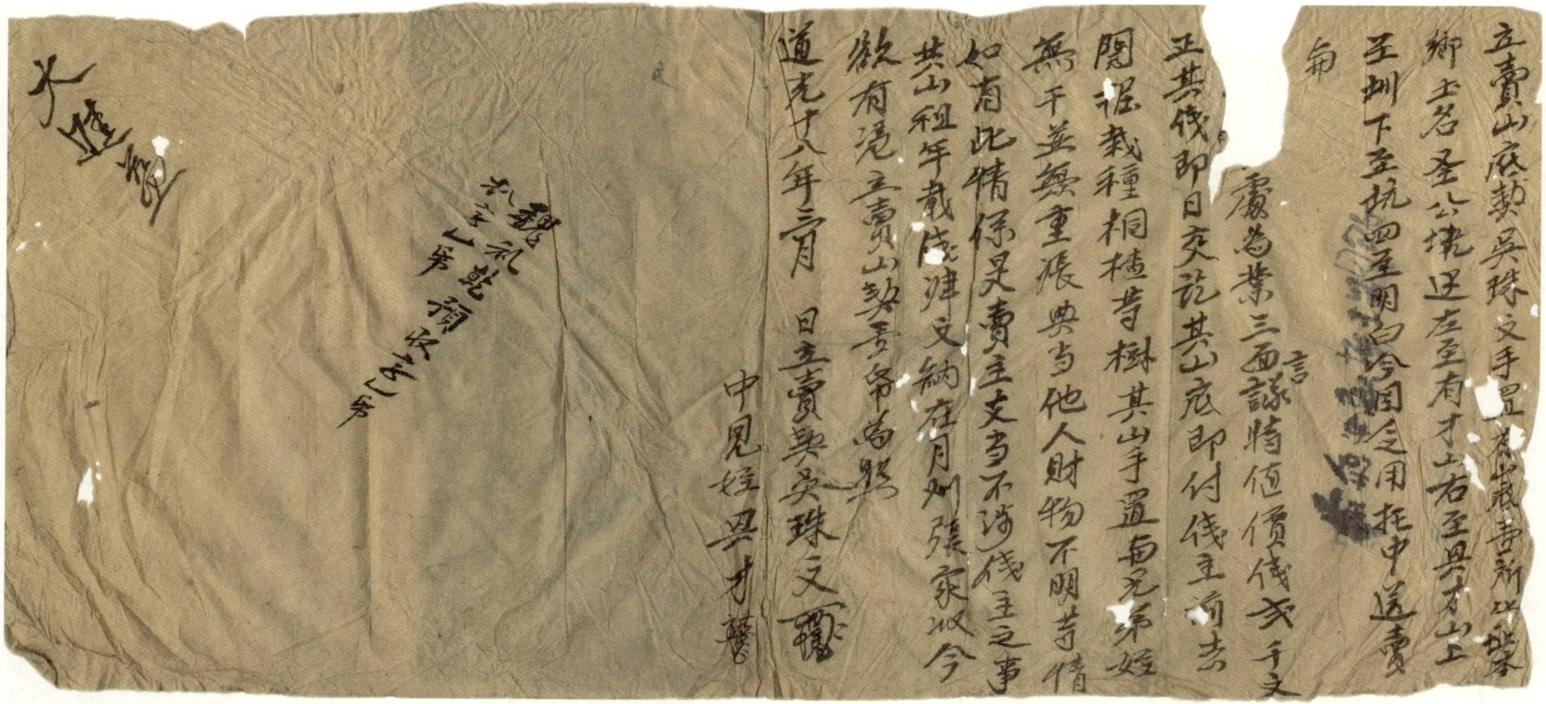

立賣山底契吴珠文，手置有山壹所，坐落本
鄉土名圣公坑，其山左至有才山，右至吴有才山，上
至圳，下至坑，四至明白，今因乏用，托中送賣
與
叔處為業，三面言議，特值價錢弍千文
正，其錢即日交訖，其山底即付錢主前去
開掘栽種桐樟等樹，其山手置，與兄弟侄
無干，並無重張典當他人財物，不明等情
如有此情，係是賣主支當，不涉錢主之事
其山租年載，依准文納，在月付張家收，今
欲有憑，立賣山契壹紙為照
道光十八年三月 日立賣契吴珠文（押）
中見侄吴有才（押）

7-1-101-2 清道光十八年三月吴珠文立賣山底契

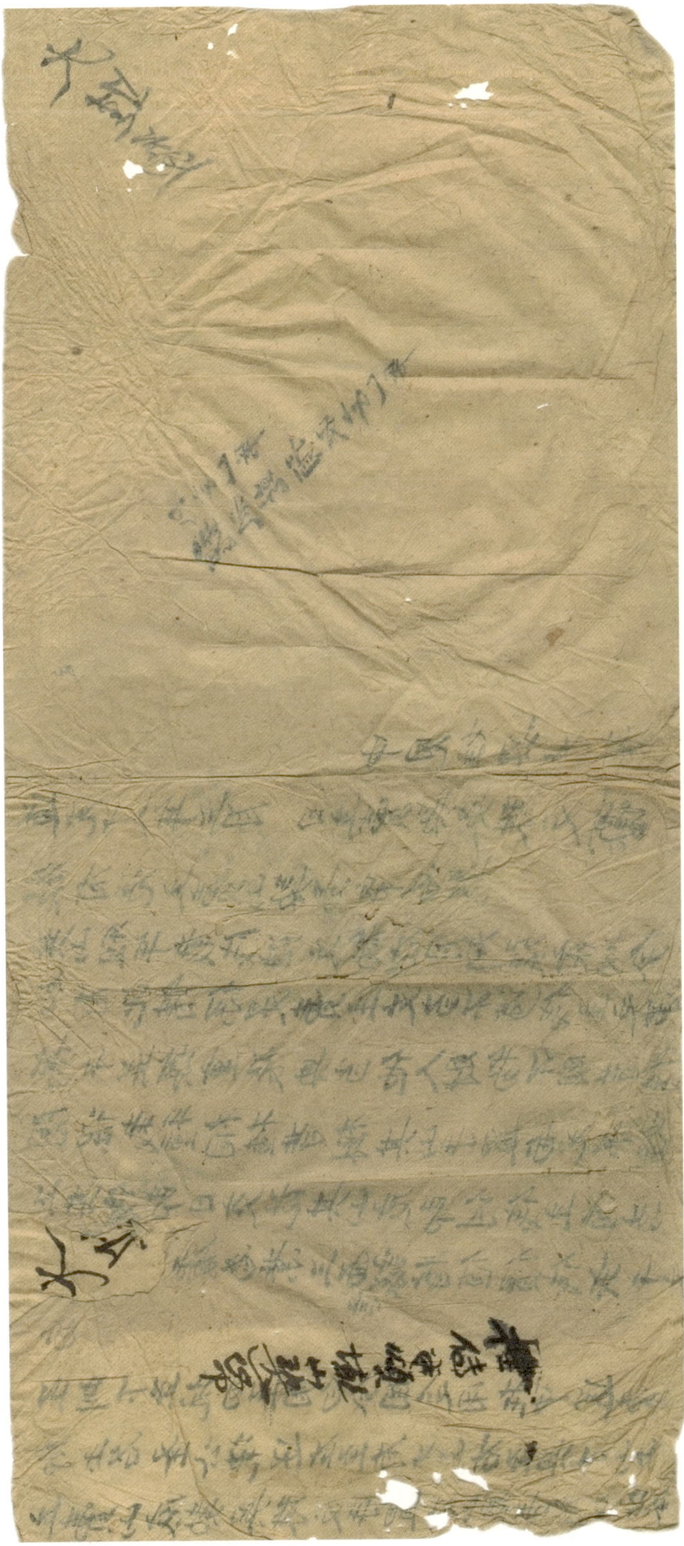

7-1-101-1　包契紙

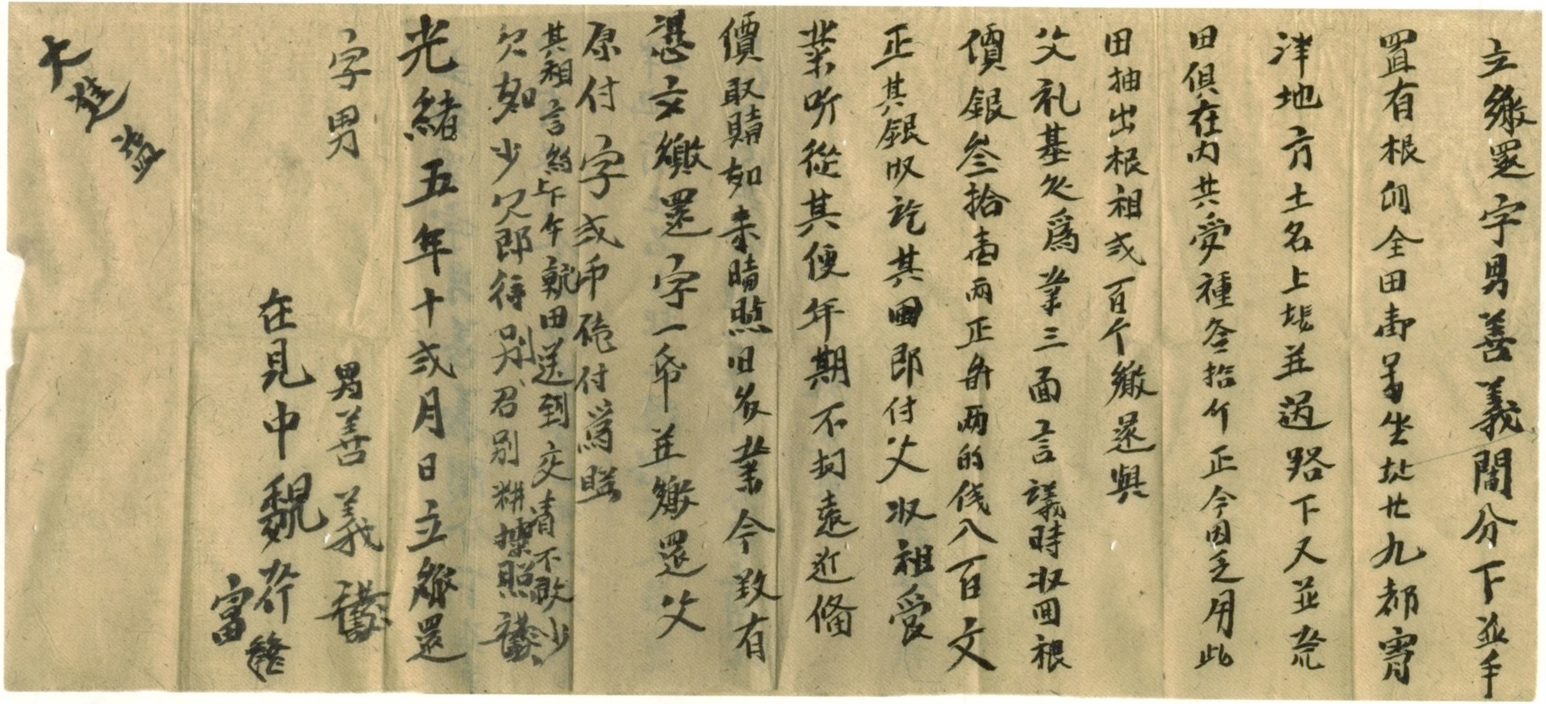

立繳還字男善義鬮分下並手
置有根面全田壹號坐址廿九都宵
洋地方土名上墘並過路下又並荒
田俱在內共受種叁拾伍正今因乏用此
田抽出根面貳百個繳還與
父親基允爲業三面言議時值田根
價銀叁拾壹兩正每兩的錢八百文
正其銀收訖其田即付父收租管
業聽從其便年期不拘遠近備
價取贖如壹晴照旧安業今致有
憑立繳還字一帋並繳還父
原付字貳帋纔付爲照
其相言約上午就田送到交清不敢少
欠如少欠即得別召別耕據照　繳
光緒五年十二月日立繳還
字男　男善義　繳
在見中親啓富　號
大進益

7-1-100-4　清光緒五年十二月林善義立繳還根面全田字

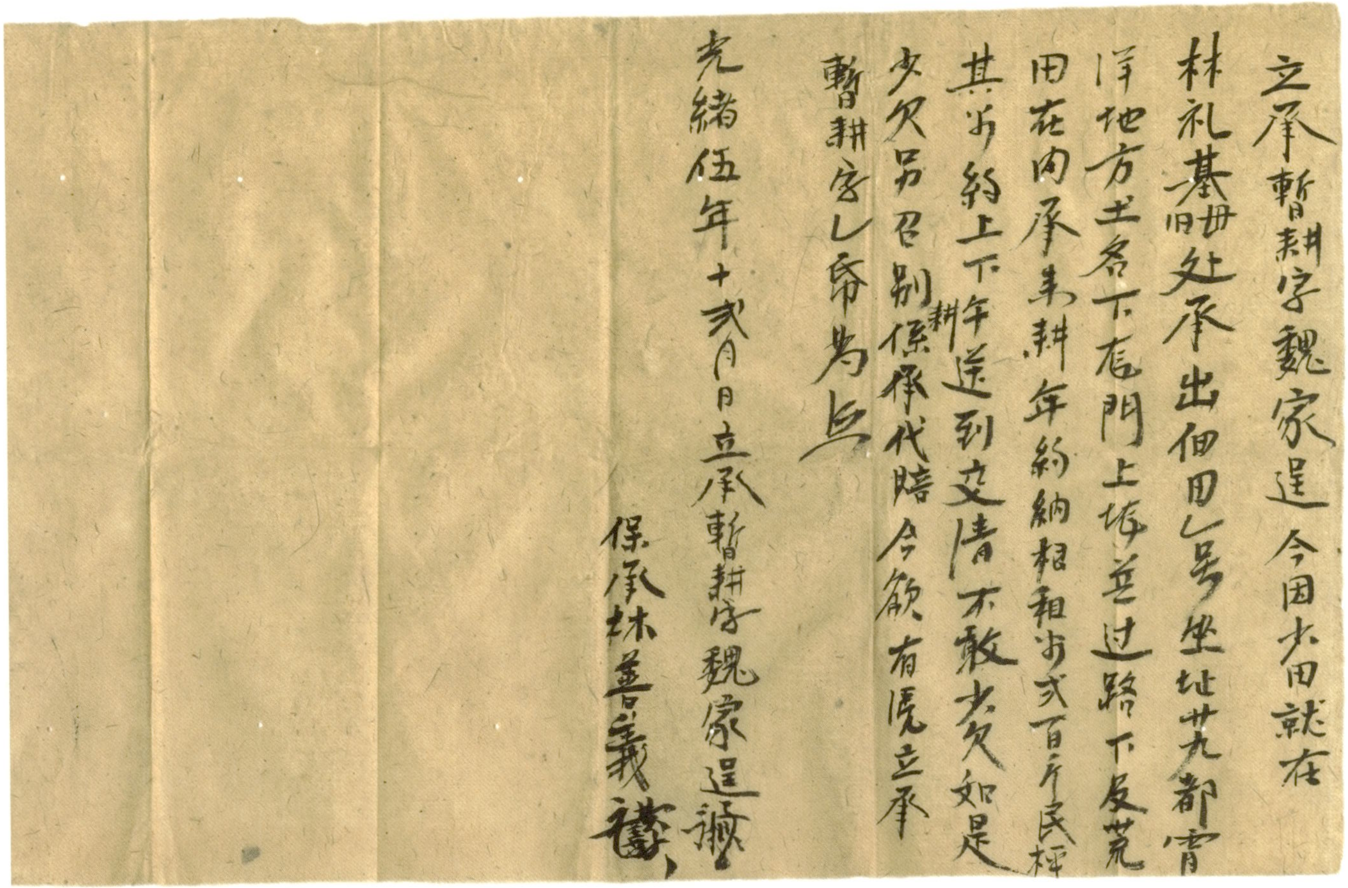
立承暫耕字魏家逞，今因少田，就在
林礼基旧册处承出佃田乙号，坐址廿九都霄
洋地方，土名下厝門上坪並过路下及荒
田在内，承来耕年約納租租折贰百斤民秤。
其折約上下年送到交清，不敢少欠，如是
少欠，另召别耕，係承代賠。今欲有憑，立承
暫耕字乙帋為照。
光緒伍年十贰月　日立承暫耕字魏家逞（押）
保承林善義（押）

7-1-100-3　清光緒五年十二月魏家逞立承暫耕佃田字

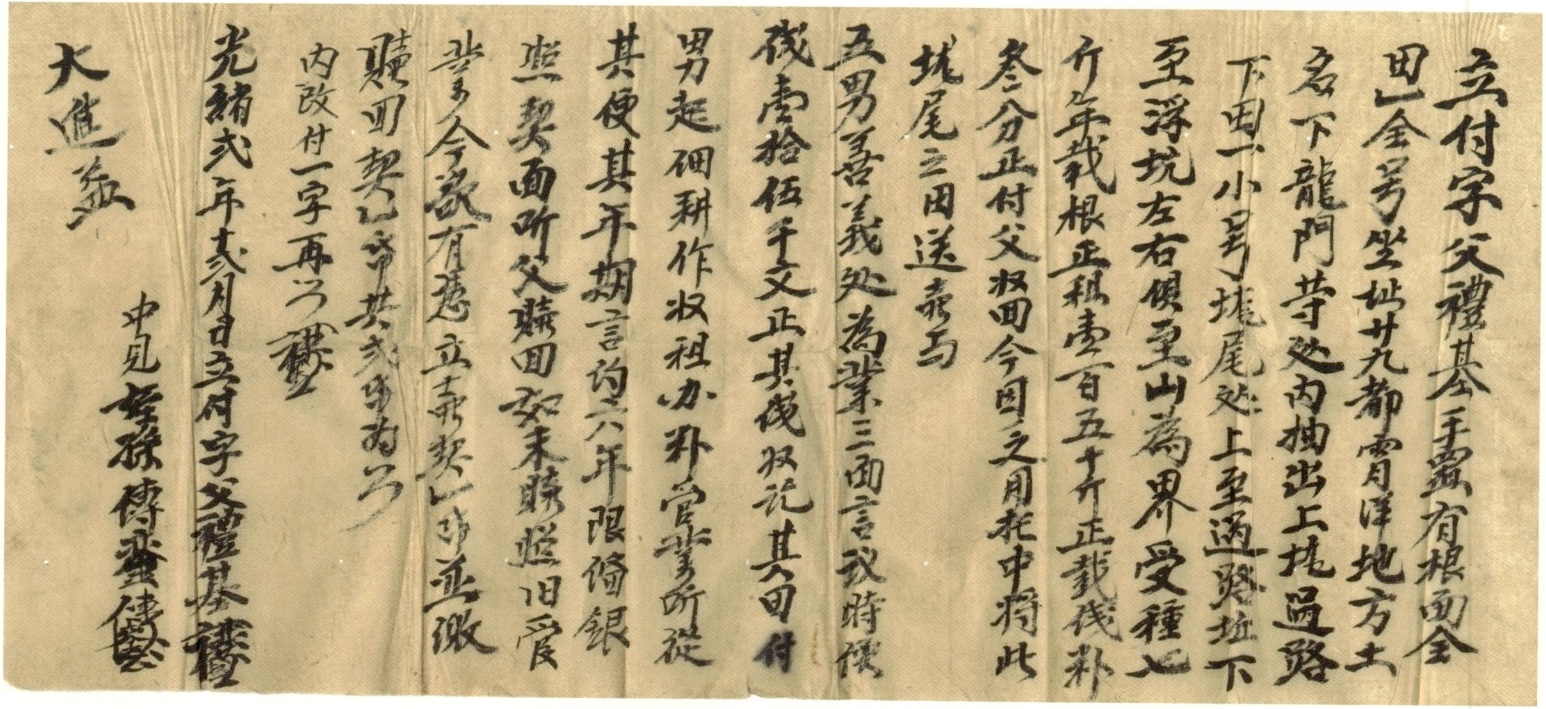
立付字父禮基今手置有根面全
田一全号坐址廿九都霄洋地方土
名下龍門苓处內抽出上扺邑路
下田一小号扺尾处上至通路址下
至浮坑左右俱至山為界受種
斤年載根正租壹百五十斤正載𥹋
叁分正付父收回今因之月在中將此
扺尾之田送與弟
五男喜義处為業三面言議將價
錢壹拾伍千文正其錢收訖其田付
男起佃耕作收租办納官業所從
其便其年期言約六年限備銀
照契面所父贖回安未贖照旧管
業今欲有憑立兹契一紙並繳
贖回契一紙共弍紙為照
內改付一字再照　禮
光緒弍年十二月　日立付字父禮基　禮
中見
大進益

7-1-100-2　清光緒二年十二月林禮基立付根面全田字

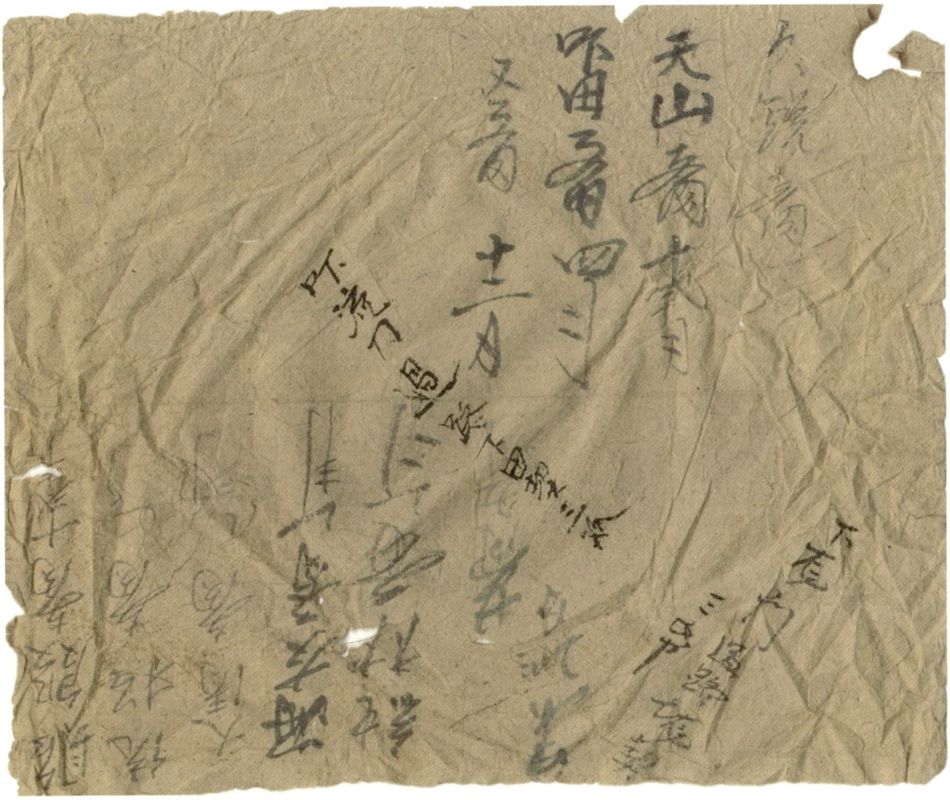

7-1-100-1　包契紙

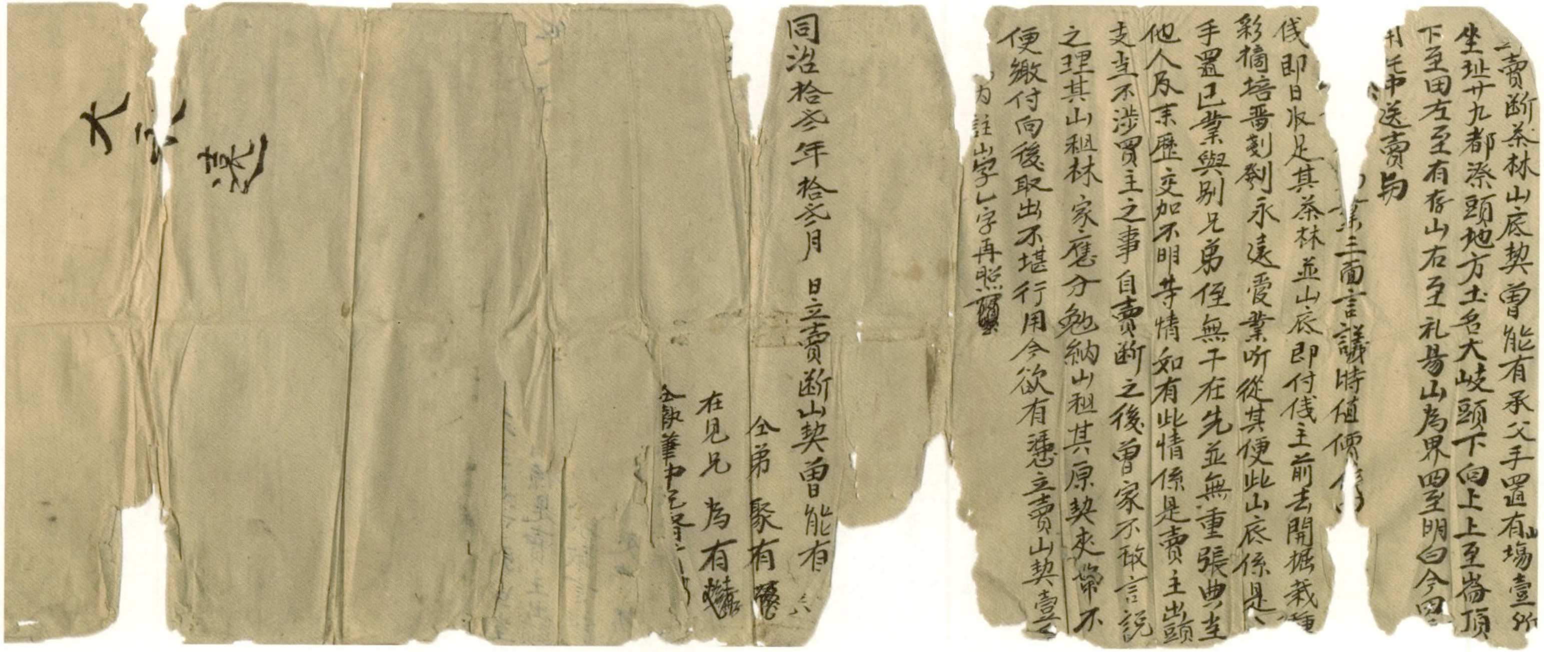
立賣斷茶林山底契曾能有承父手置有山場壹所
坐址廿九都漈頭地方土名大岐頭下向上上至嵛頂
下至田左至有春山右至礼昜山為界四至明白今因
乏用托中送賣與
[illegible]三面言議時値價[illegible]
伐即日收足其茶林並山底即付伐主前去開掘栽種
彩摘培蕃劉剉永遠管業听從其便此山底係是[illegible]
手置已業與別兄弟侄無干在先並無重張典当
他人及來歷交加不明等情如有此情係是賣主出頭
支当不涉買主之事自賣斷之後曾家不敢言說
之理其山租林家應分免納山租其原契夾帶不
便繳付向後取出不堪行用今欲有憑立賣山契壹紙
內註山字山字再照
同治拾叁年拾叁月 日立賣斷山契曾能有
仝弟 豚有
在見兄 為有
代筆中[illegible]

7-1-99-3 清同治十二年十二月曾能有等立賣斷茶林山底契

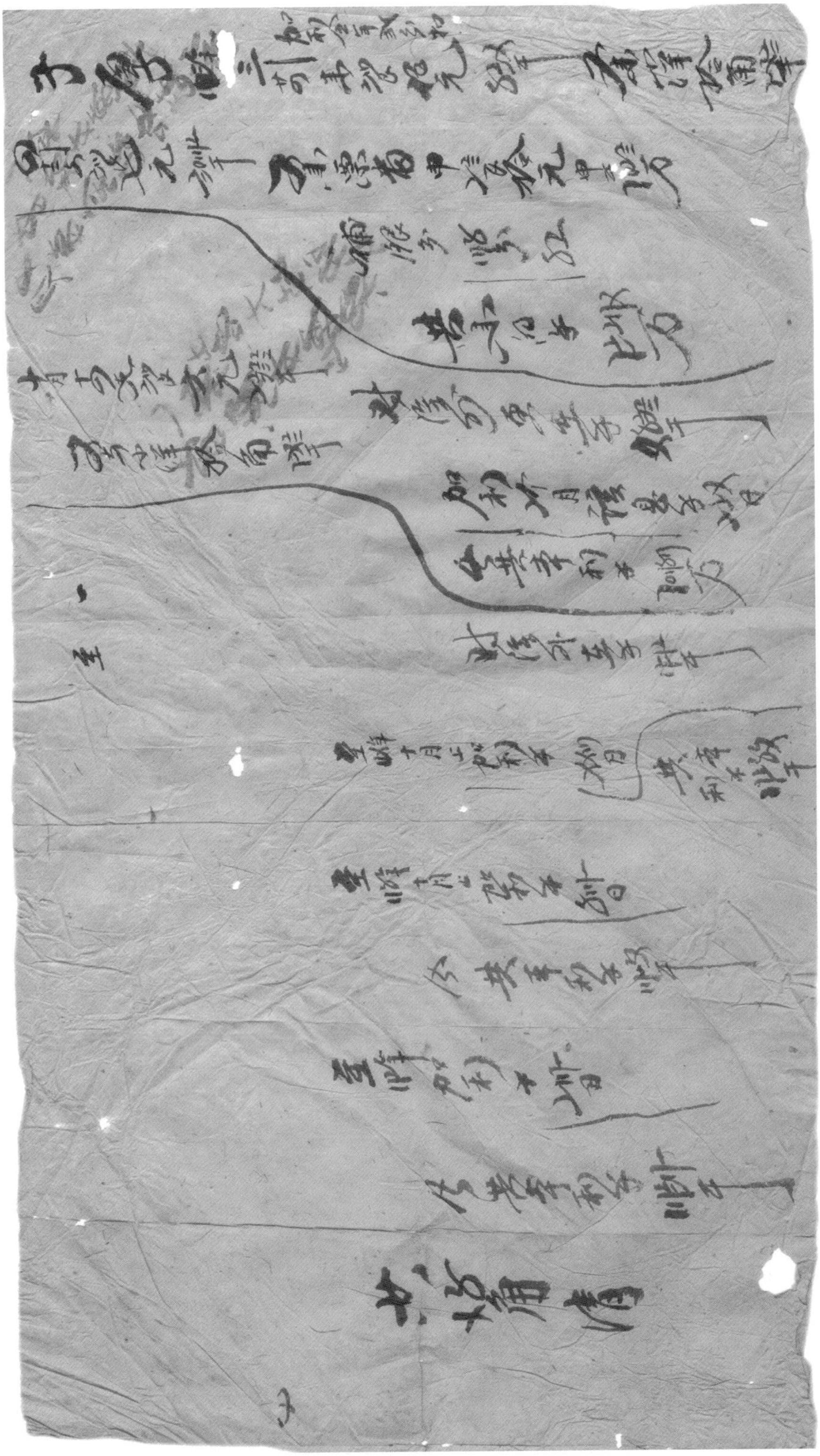

7-1-99-2　包契紙

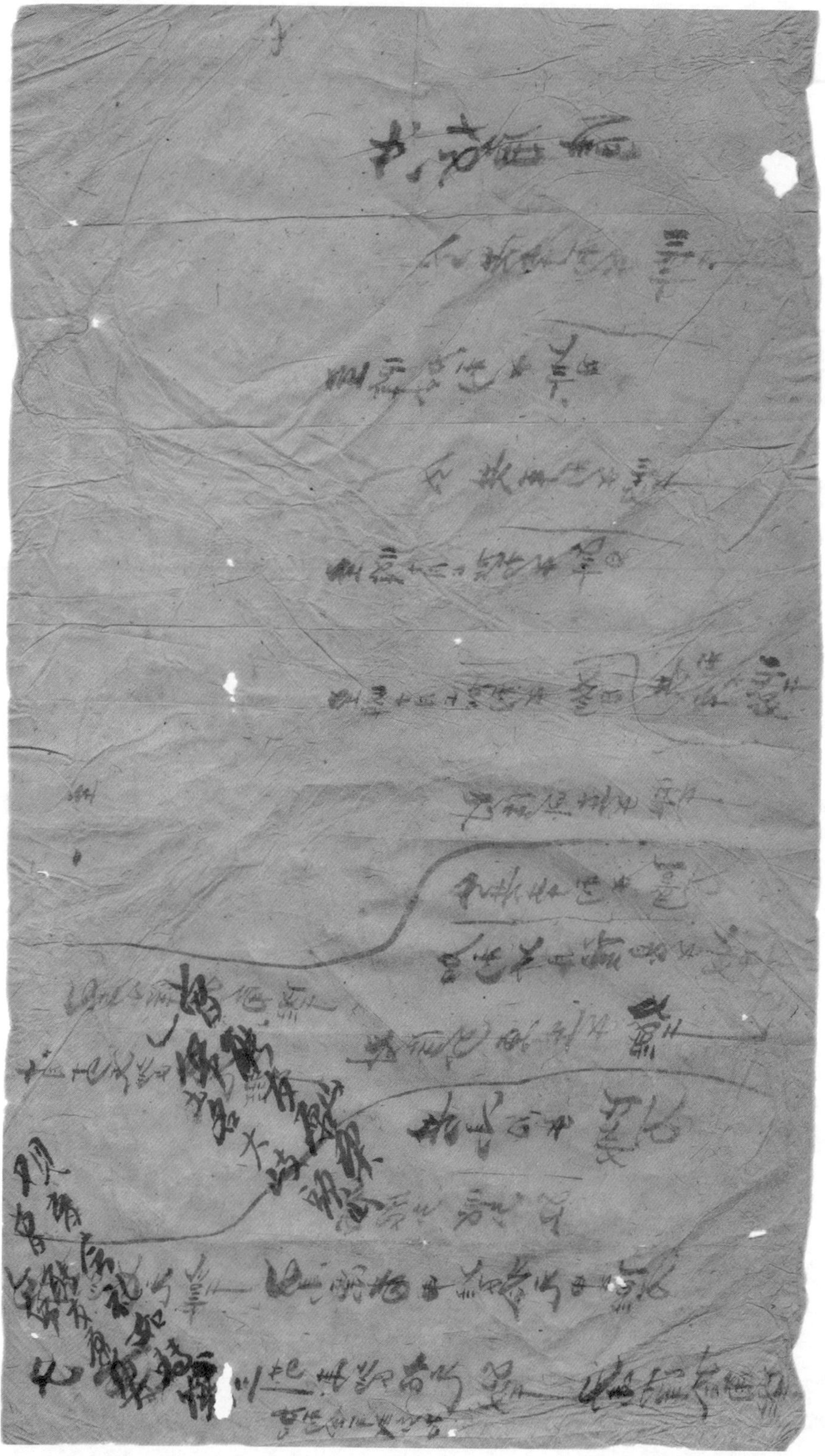

7-1-99-1　包契紙

立推户字陳登利，于本年十月間，已手置有
苗田租壹號，坐址芜都消洋地方，土名大坟頭，載
租貳百斤，民米載粮壹錢貳分貳厘正，本業
已斷，粮應隨苗過甲，即將卅三都登利户下
錢粮推出壹錢貳分貳厘正，掛入廿九都林益秀
户下完納，其粮不敢多推少受等弊。所推
是實，今欲有憑，立推户字壹紙，永遠為照。

同治拾年十月　日立推户字陳登利（押）

7-1-98-2　清同治十年十月陳登利立推户字

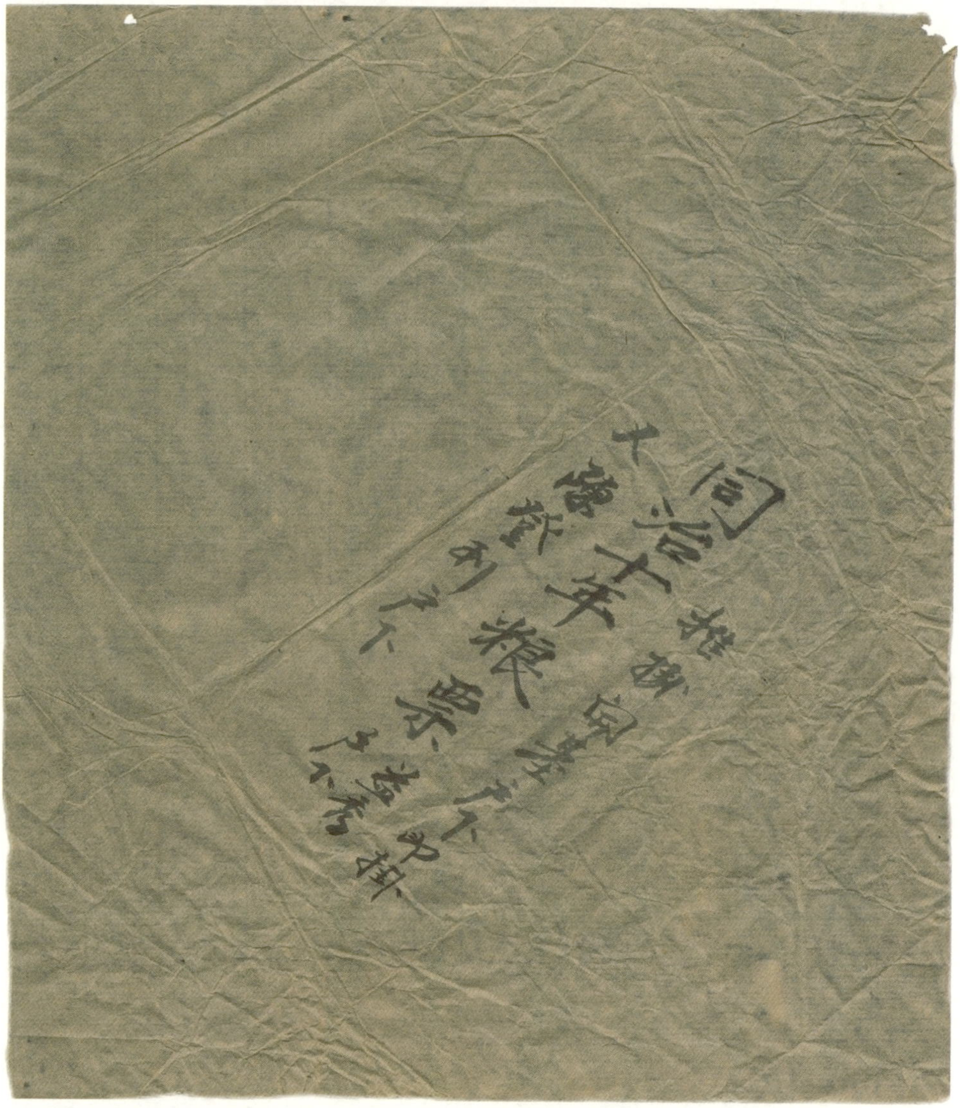

7-1-98-1　包契紙

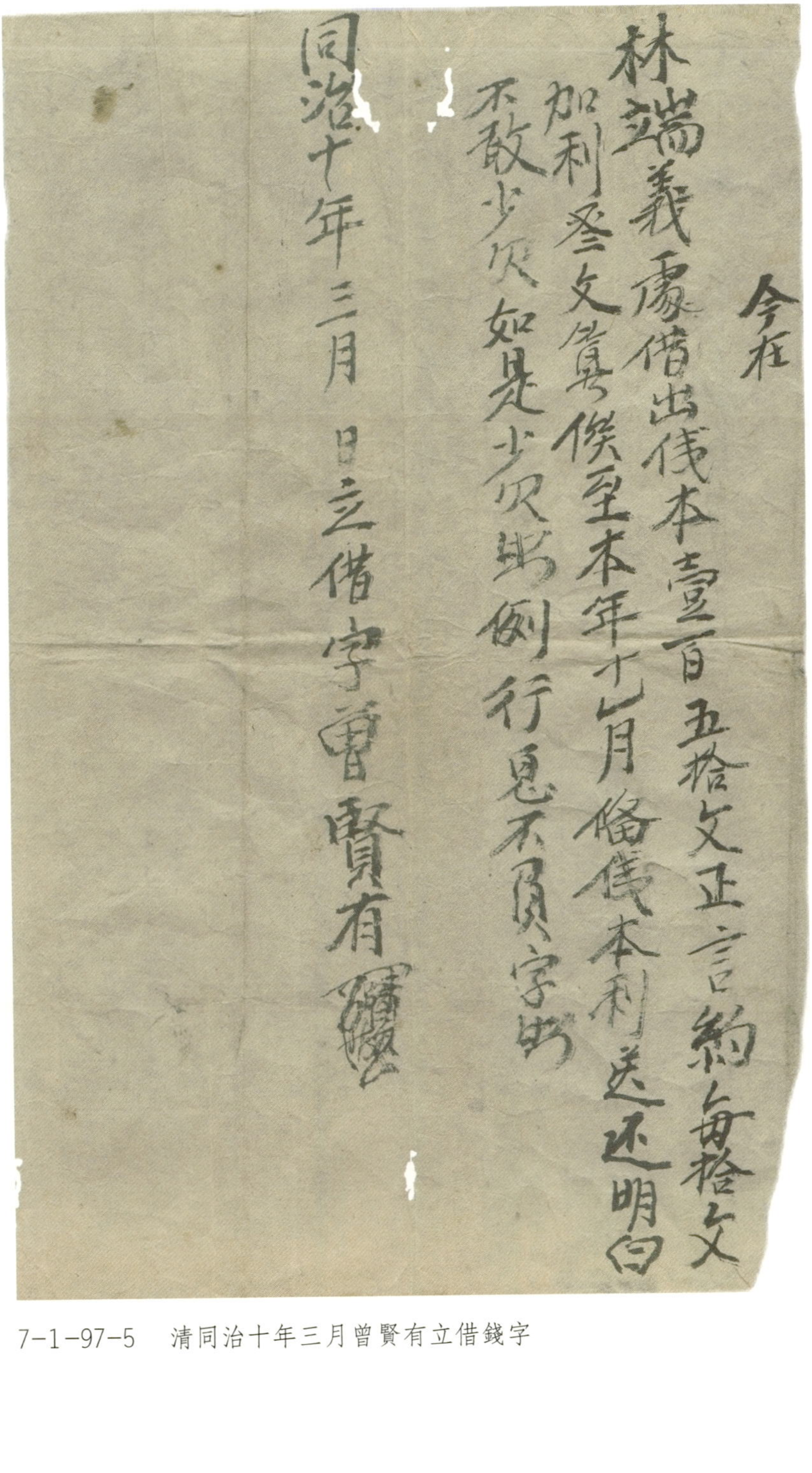

今在

林端義處借出錢本壹百五拾文正，言約每拾文

加利叁文算，候至本年十二月備錢本利送還明白，

不敢少欠，如是少欠照例行息，不負字照。

同治十年三月　日立借字曾賢有（押）

7-1-97-5　清同治十年三月曾賢有立借錢字

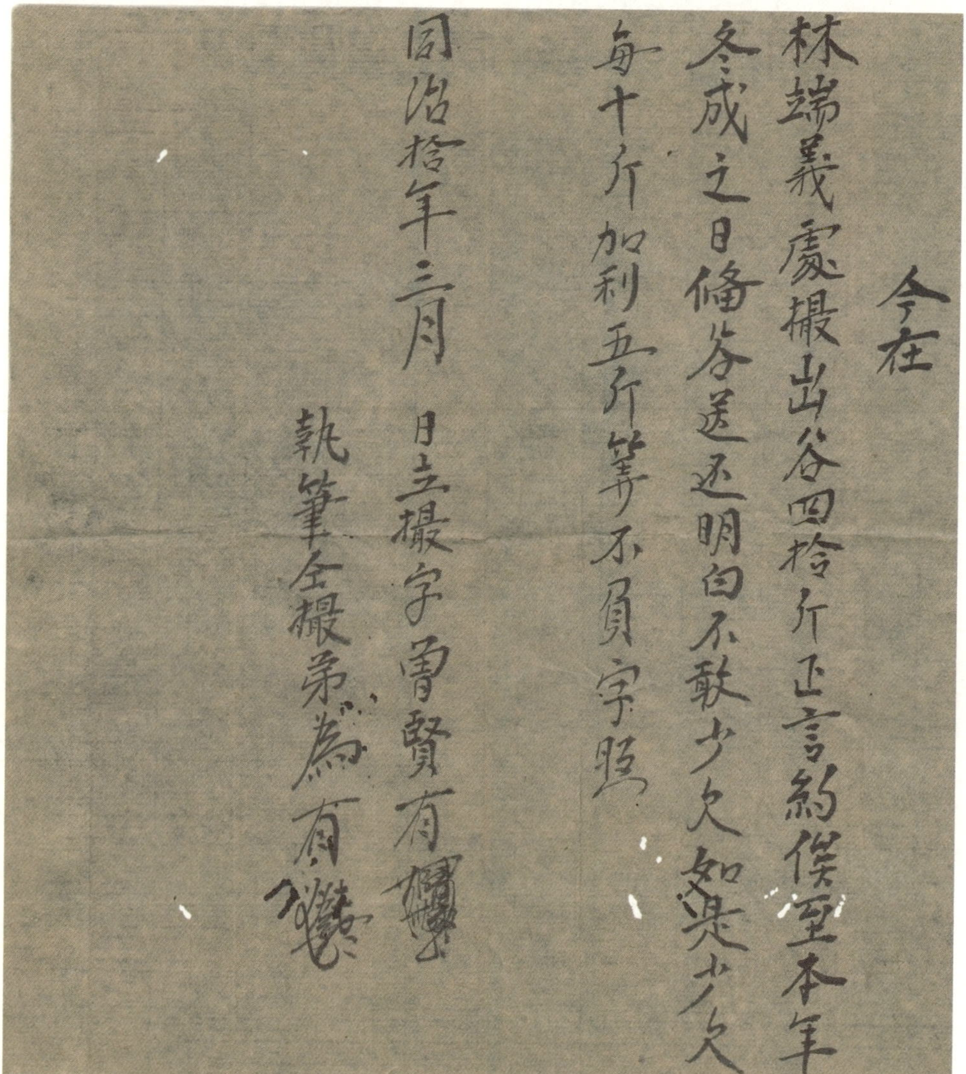

今在
林端義處撮出谷四拾斤正言約俟至本年
冬成之日備谷送还明白不敢少欠如是少欠
每十斤加利五斤算不負字照
同治拾年三月　　日立撮字曾賢有（押）
執筆仝撮弟爲有（押）

7-1-97-4　清同治十年三月曾賢有立撮字

立賣斷契曾賢有仝弟爲有等承祖遺自己鬮分下
有寨屋地壹棡坐址深頭本寨土名寨頭右边增下弟
肆棡寨地壹直內至林禮基寨壢外至曾家尾棡地
塲左至居中街路右至寨墻四圍至界明白其廳堂天井街
路寨門樓馬路衕並餘地公仝出入通行管業今因乏用托
中將此寨壢地送歸就賣斷与
林端義處相連湊蓋住居管業三面言議時值賣斷出
價錢壹拾弍仟文正其錢即日隨契収訖其寨壢地听林
隨便擇吉起蓋住居永遠管業此寨壢地係鬮分已業与
別無干在前並無重典交加不明等情如有此情係賣者
出頭支当不涉買者之事自賣斷之後一賣即斷價
已滿足永斷葛藤向後永不得異言尽贖別生枝節等
情今欲有憑立賣斷契乙紙永付为照

同治拾年正月　日立賣斷契曾賢有（押）

執筆仝弟爲有（押）

中見吳天禄（押）

大吉旺

7-1-97-3　清同治十年正月曾賢有立賣斷寨屋地契

7-1-97-2　包契紙

7-1-97-1　包契紙

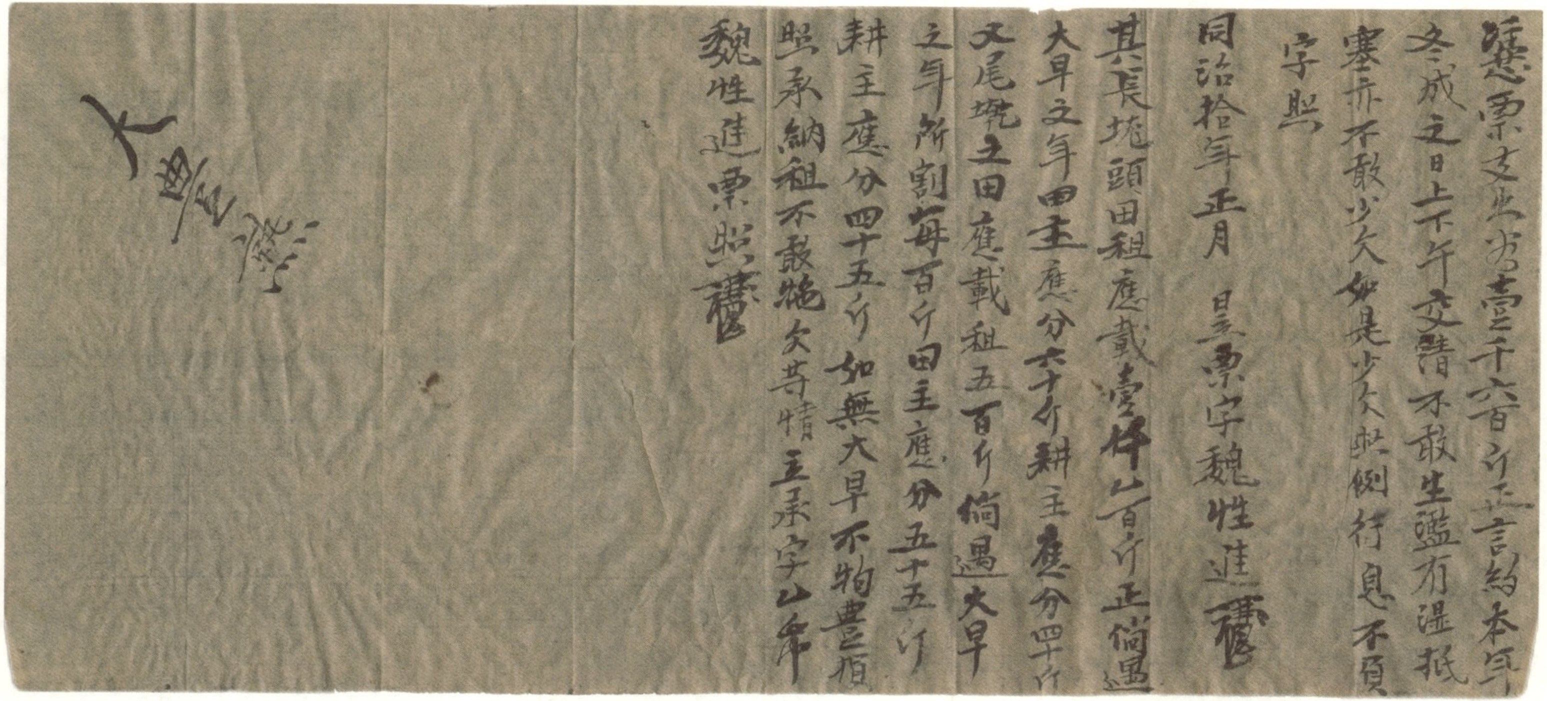

7-1-96-2　清同治十年正月魏性進立支穀憑票

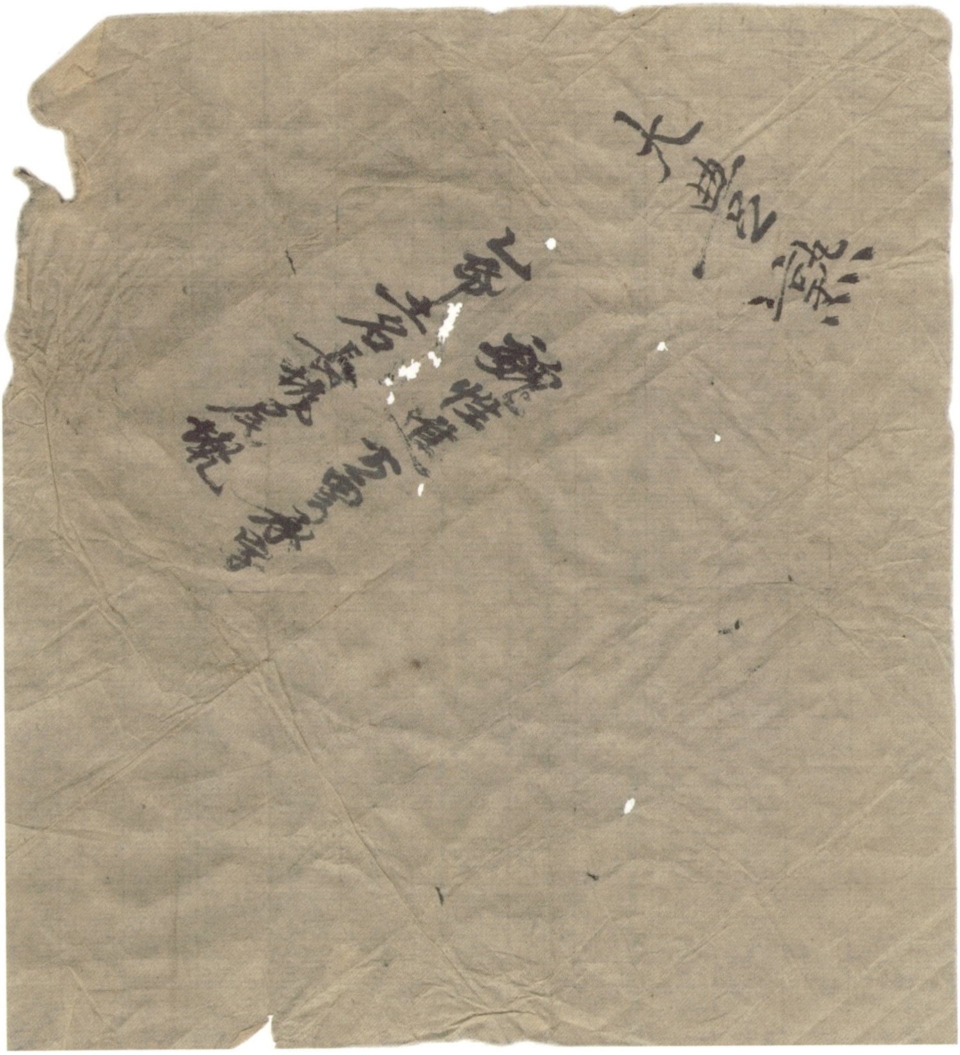

7-1-96-1　包契紙

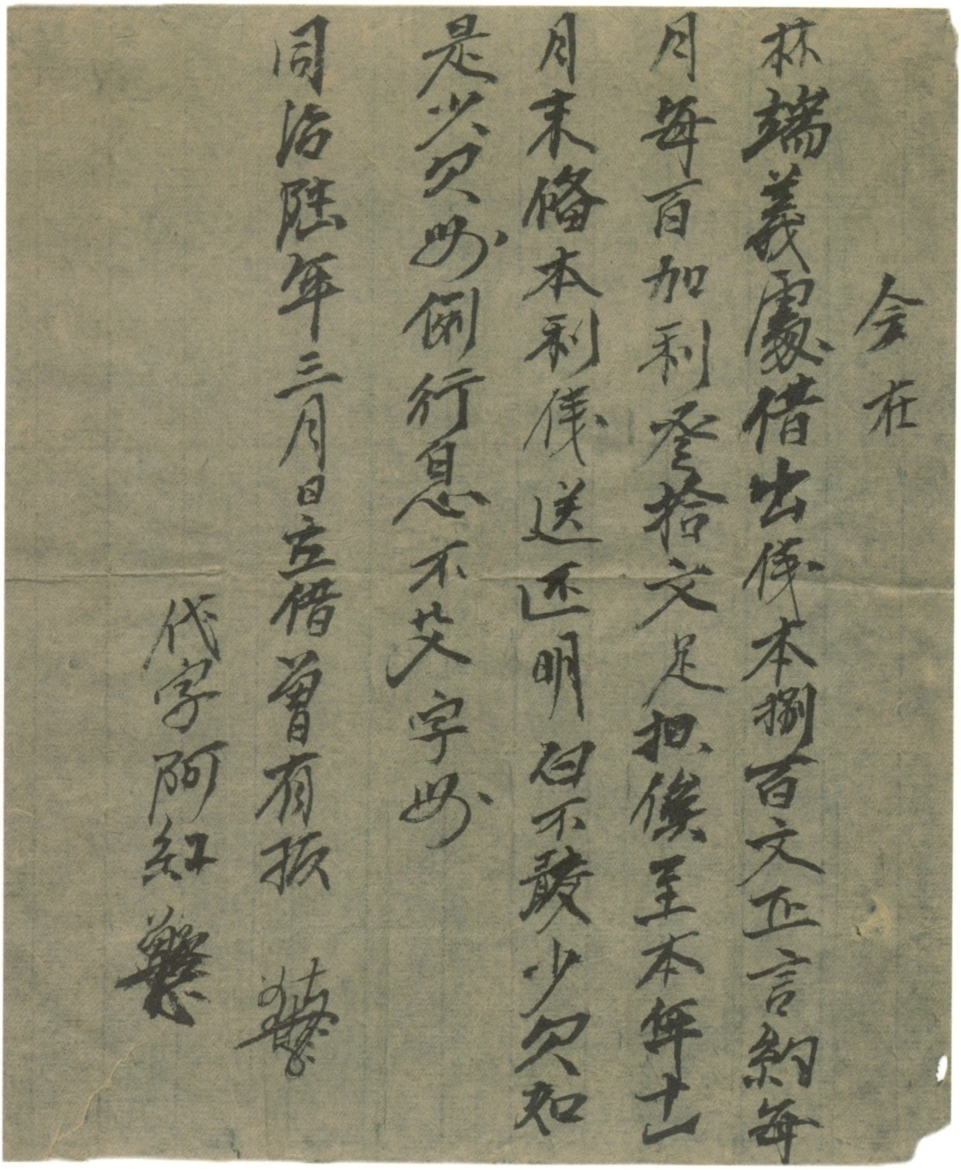

仝在

林瑞義處借出錢本捌百文正言約每

月每百加利叁拾文足扣係至本年十二

月末備本利錢送還明白不敢少欠如

是少欠此例行息不艾字此

同治陸年三月日立借曾有扳

代字阿紅

7-1-95-4　清同治六年三月曾有扳立借錢字

立賣斷山契曾有扳承祖遺鬮分下
有山底一所坐址本鄉土名東瓜林山上至崙
頂下至田左至兄有旺山右至有旺山又並鬮门
下山一所上至有旺山下至田左至路右至林
礼基山為界四至明白今因乏用托中送賣
斷與
林端義處為業三面言議時值價錢壹
仟伍百文正其錢即日交訖其山底並雜木
等樹即付錢主前去開掘翻無干栽
種播接繼掺任從其便此山係是鬮分已業
在先每刖無干並無重典他人及來歷交加不明等
情如有此情係賣主支當不涉買主之事
自賣斷之後價已滿足不敢異言盡贖
之理其稅山係林應分魁納山租其原斷
契夾帶不便繳付向後取出不堪行用今
欲有憑立賣斷山契一紙永付為照
內添接每刖無干共五字 再照

同治陸年二月 日立賣斷山契曾有扳

在見姪春成

中見兄有旺

代字叔紅

大進登

7-1-95-3　清同治六年二月曾有扳立賣斷山底契

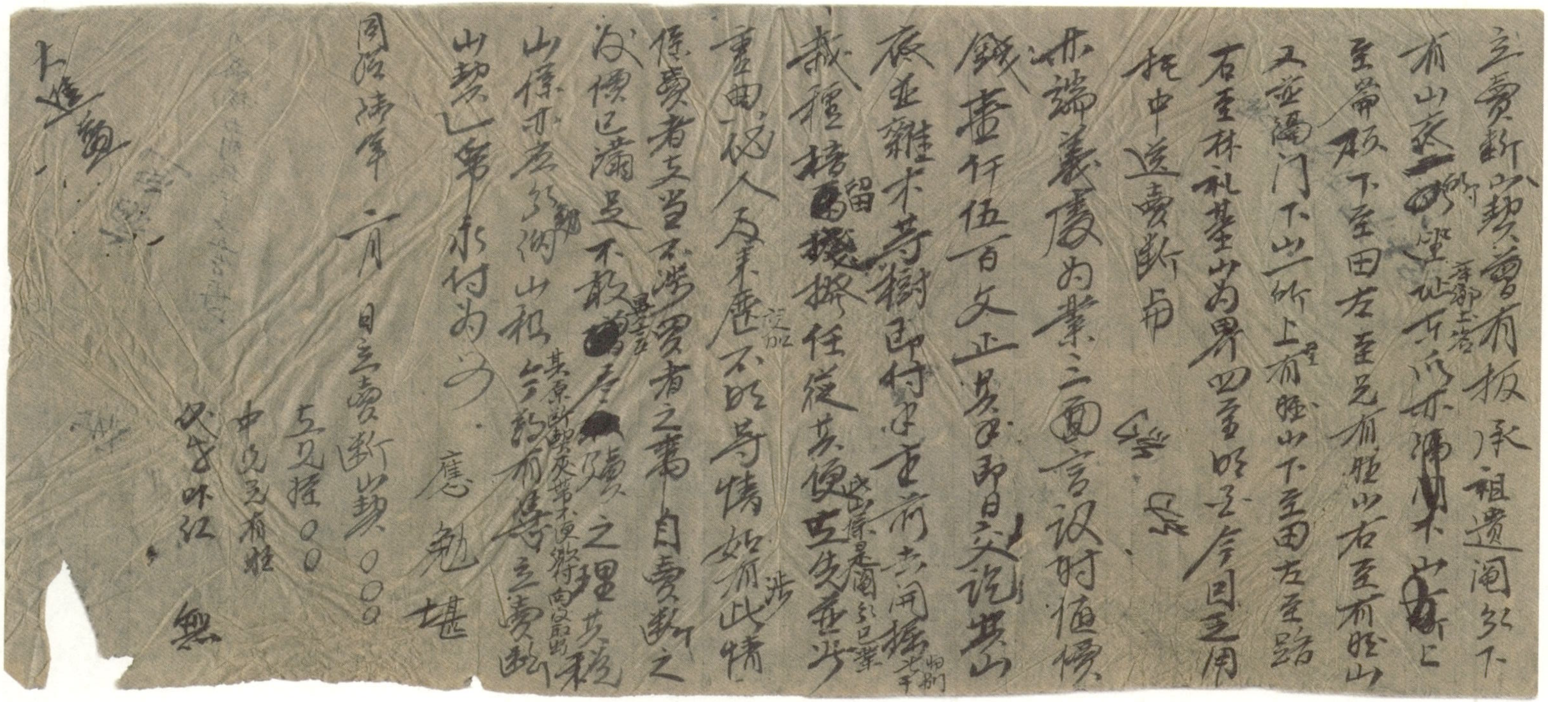

7-1-95-2　清同治六年二月曾有扳立賣斷山底契（草契）

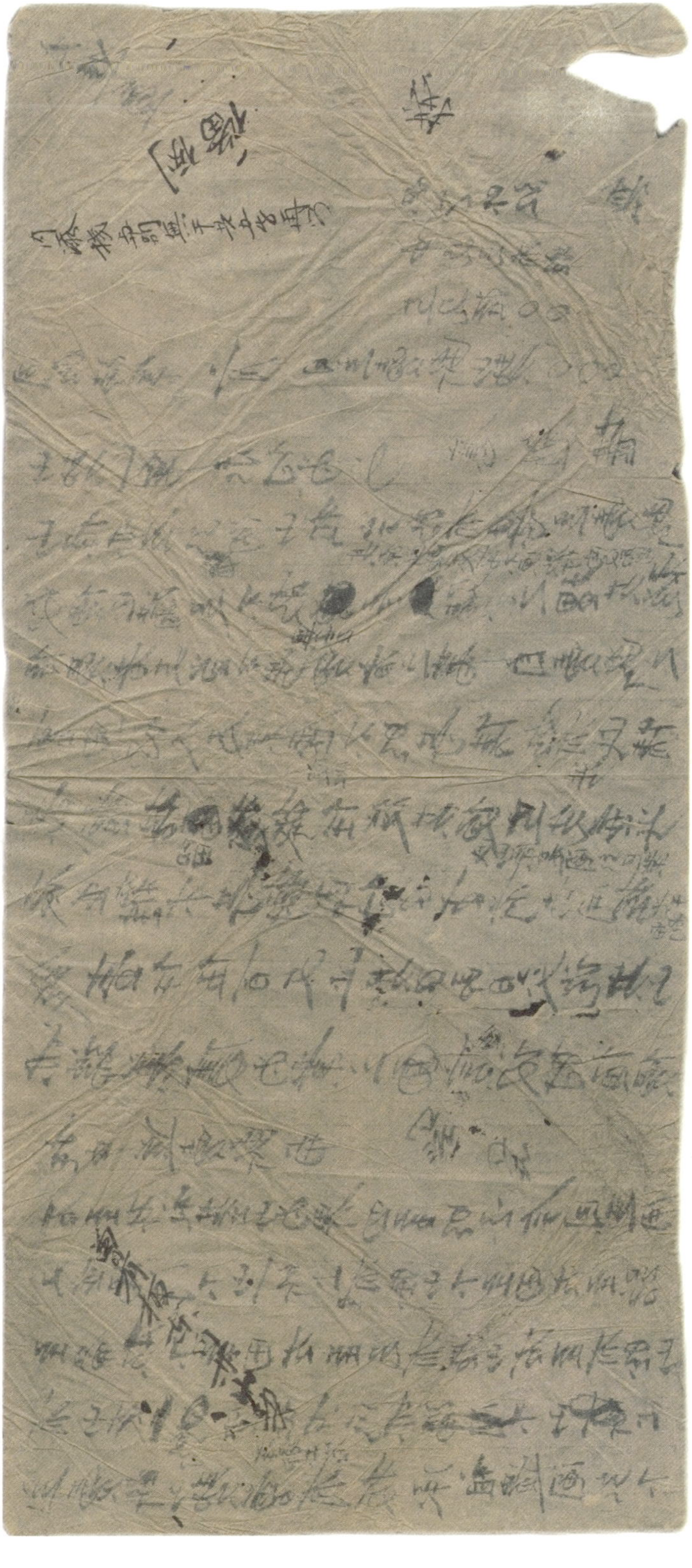

7-1-95-1　包契紙

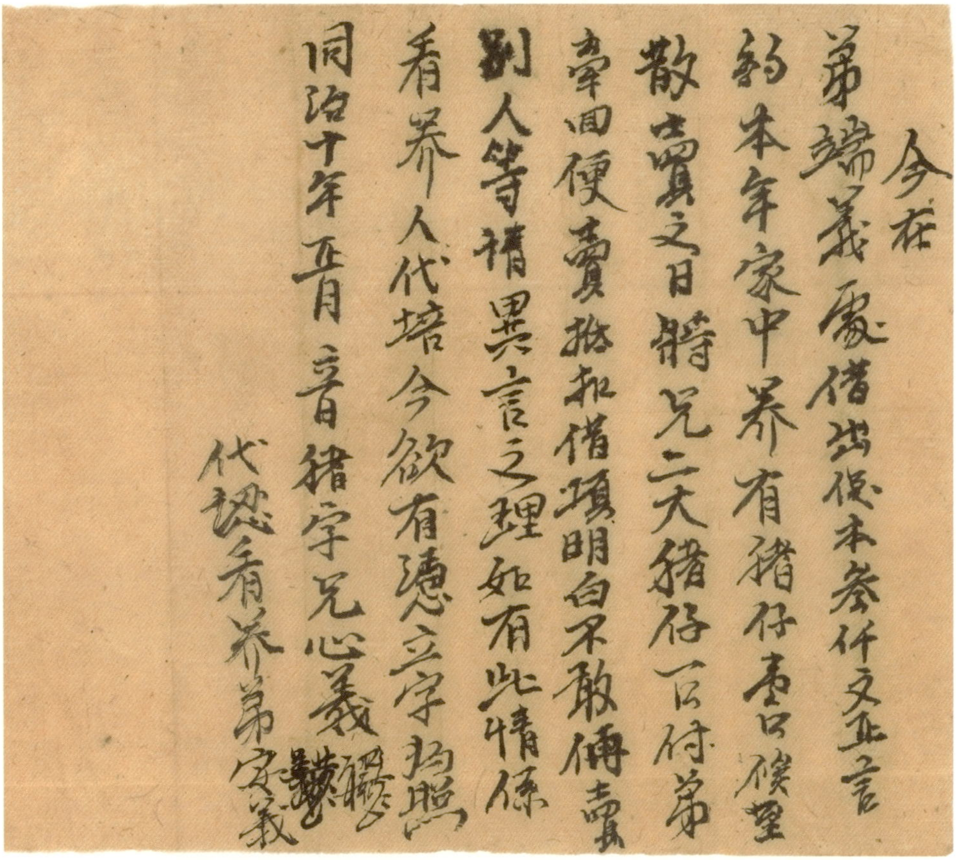

今在
弟端義處借出便本參仟文正言
約本年家中養有豬仔壹口候望
散賣之日將兄之大豬仔一口付弟
牽回便賣抵扣借項明白不敢傳賣
別人等情異言之理如有此情係
看養人代培今欲有憑立字為照
同治十年正月　日　立豬字兄心義（押）
代認看養弟安義

7-1-94-6　清同治十年正月林心義立猪字

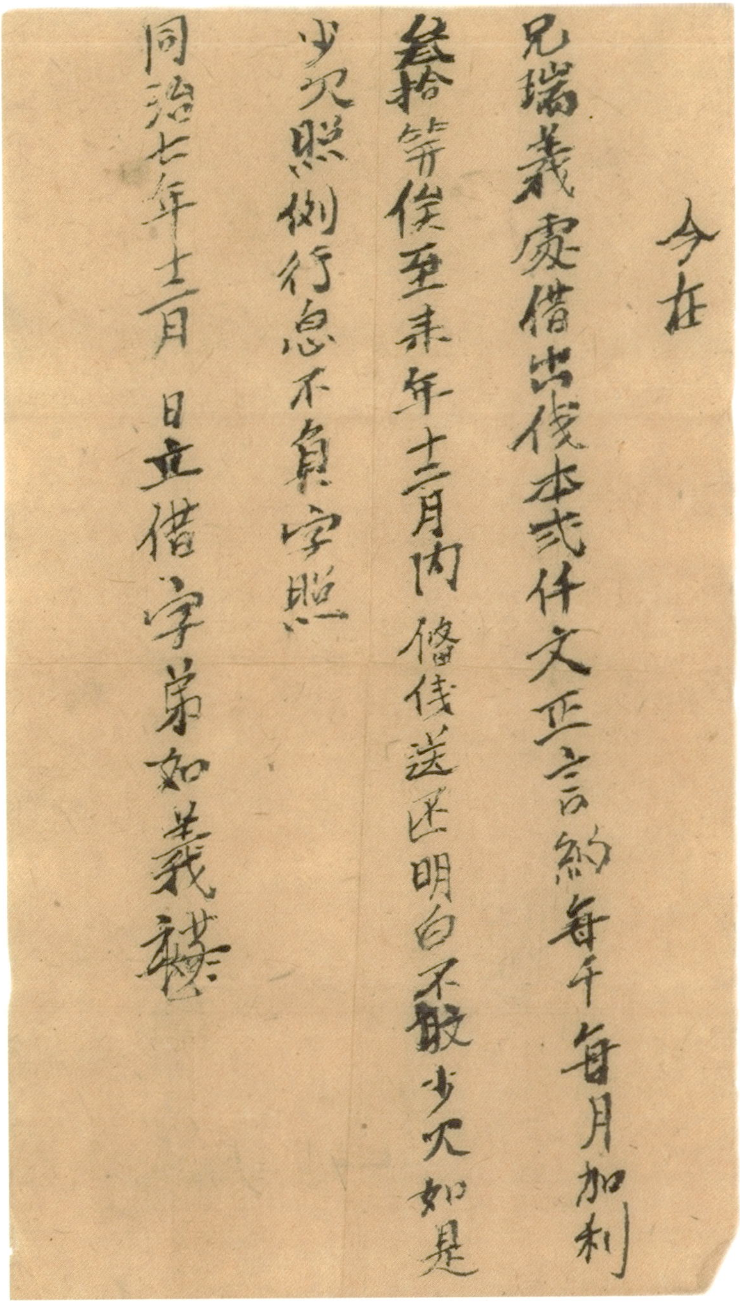
今在
兄瑞義處借出錢本弍仟文正言約每千每月加利
叁拾箬俟至來年十二月內備錢送還明白不敢少欠如是
少欠照例行息不負字照
同治七年十二月　日立借字弟如義

7-1-94-5　清同治七年十二月林如義立借錢字

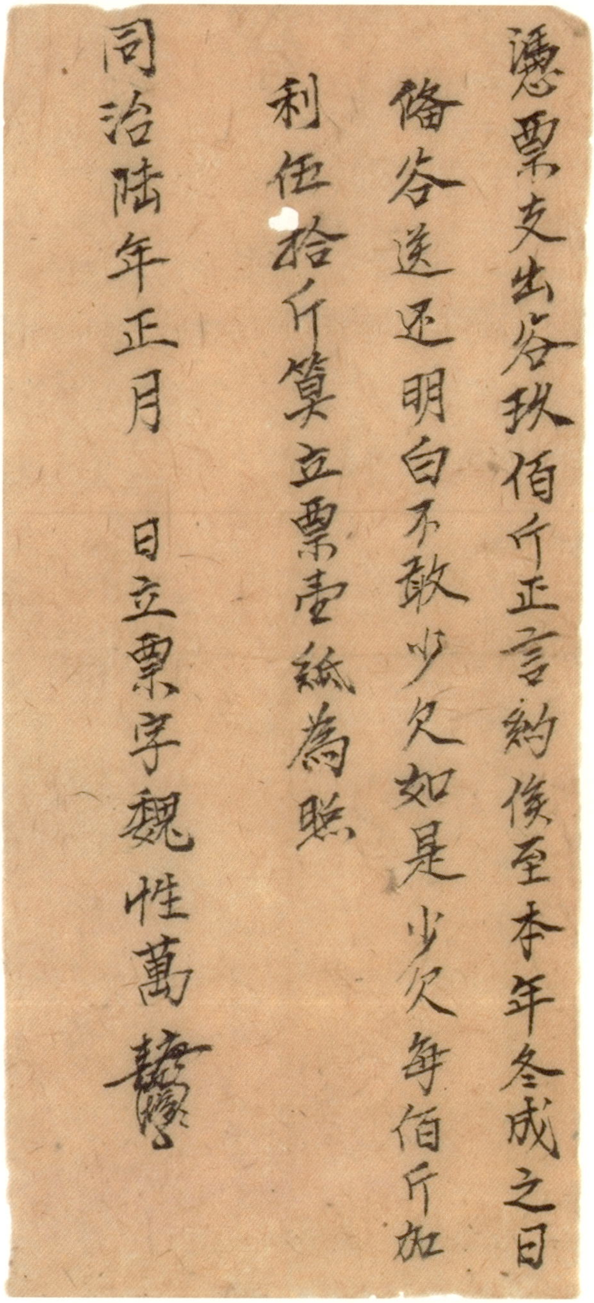

憑票支出谷玖佰斤正言約俟至本年冬成之日
備谷送还明白不敢少欠如是少欠每佰斤加
利伍拾斤算立票壹紙為照
同治陸年正月　　日立票字魏性萬

7-1-94-4　清同治六年正月魏性萬立支穀憑票

7-1-94-3　包契紙

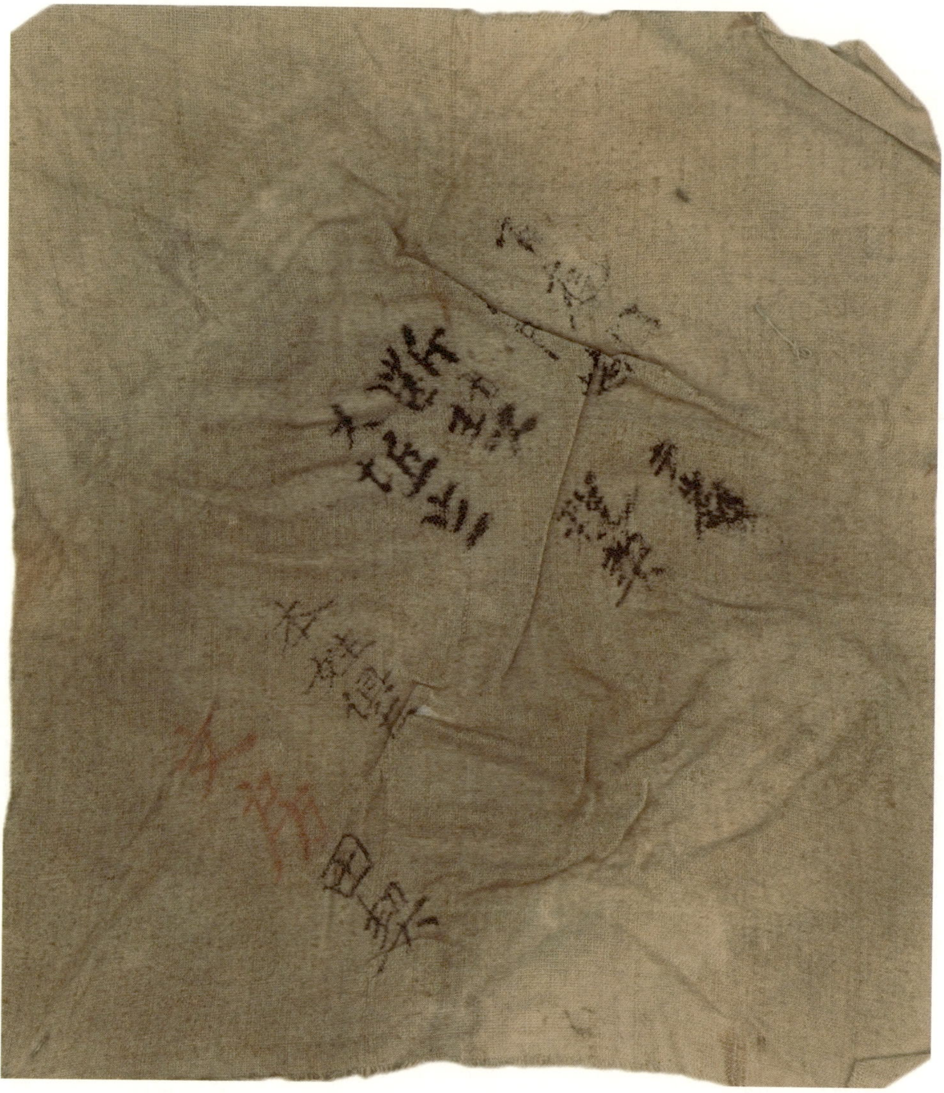

7-1-94-2　包契布

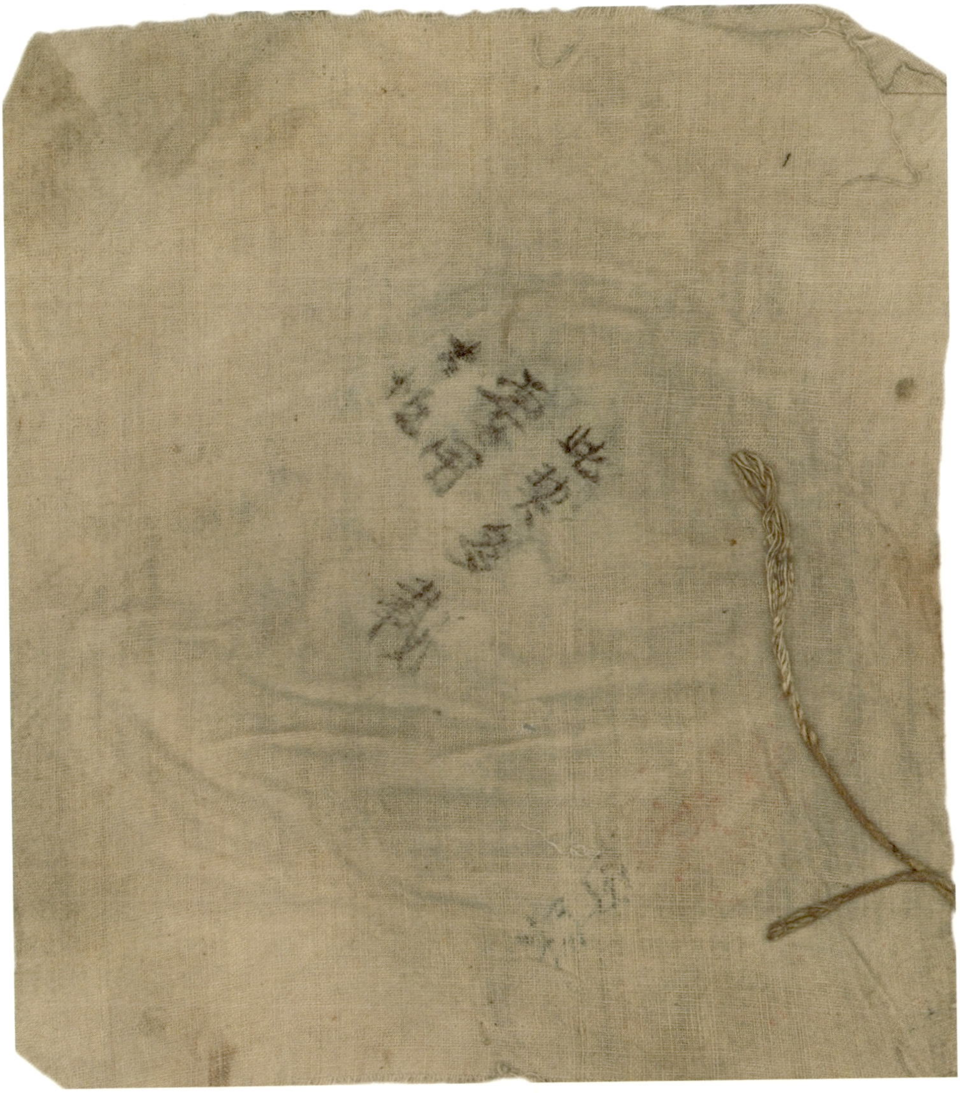

7-1-94-1　包契布

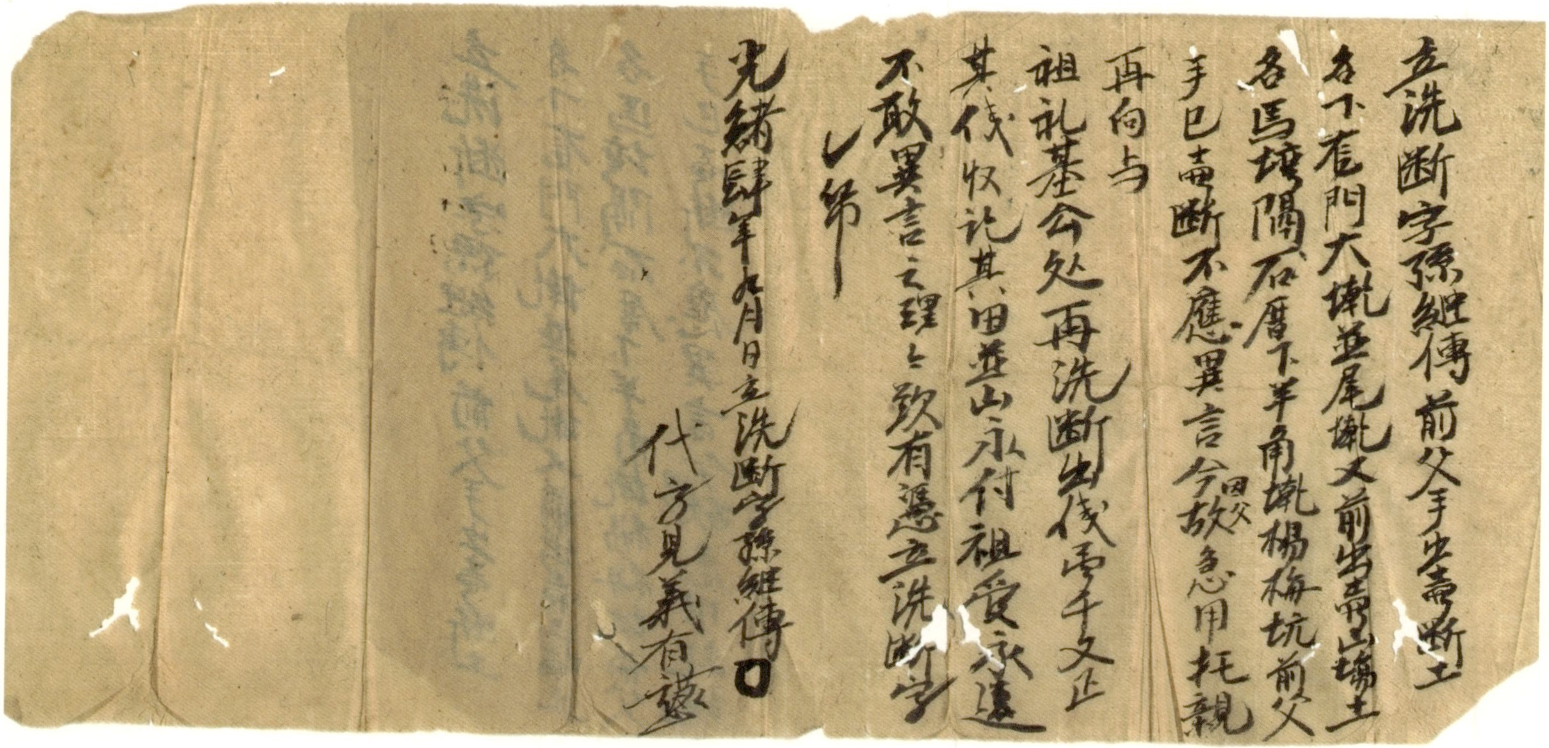
立洗斷字孫繼傳前父手出賣斷土
名下苍門大墘並尾墘又前出賣山場土
名馬墘隔石厝下羊角墘楊梅坑前父
手已賣斷不應異言今因父故急用托親
再向与
祖礼基公処再洗斷出伐[illegible]千文正
其伐收訖其田並山永付祖爰永遠
不敢異言之理、致有憑立洗斷字
乙紙

光緒肆年九月日立洗斷字孫繼傳 押
代字兄義有筆

7-1-93-4　清光緒四年九月林繼傳立洗斷田山字

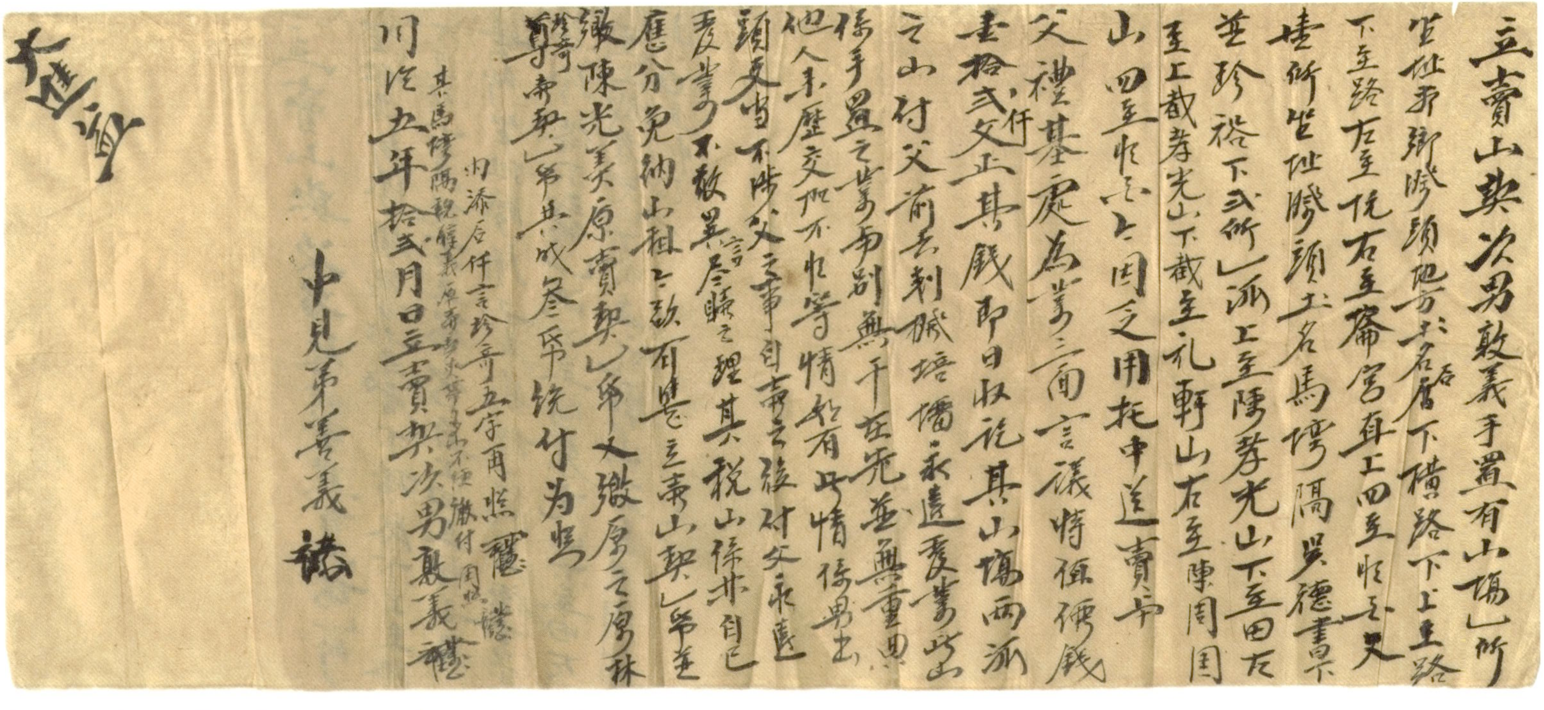

7-1-93-3　清同治五年十二月林敦義立賣山場契

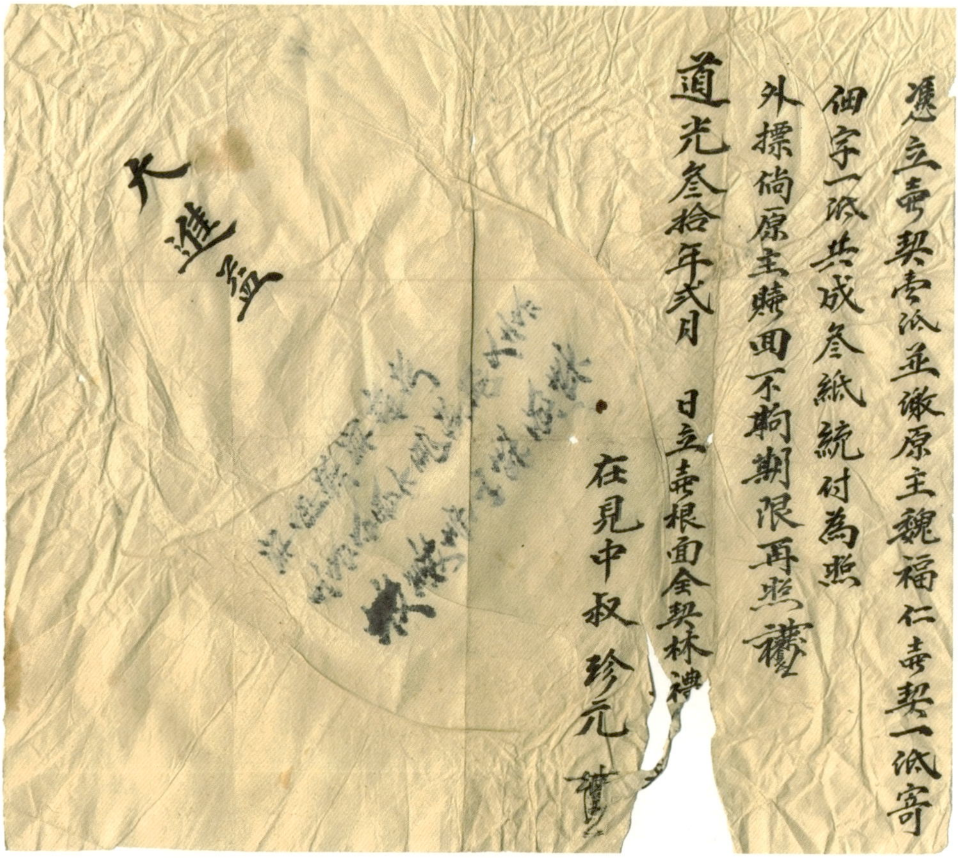

憑立壹契壹㕽並繳原主魏福仁壹契一㕽寄
佃字一㕽共成叁紙統付為照
外摽倘原主贖回不拘期限再照（押）
道光叁拾年弍月　日立壹根面全契林禮
在見中叔　珍元（押）
大進壹

7-1-93-2　包契紙

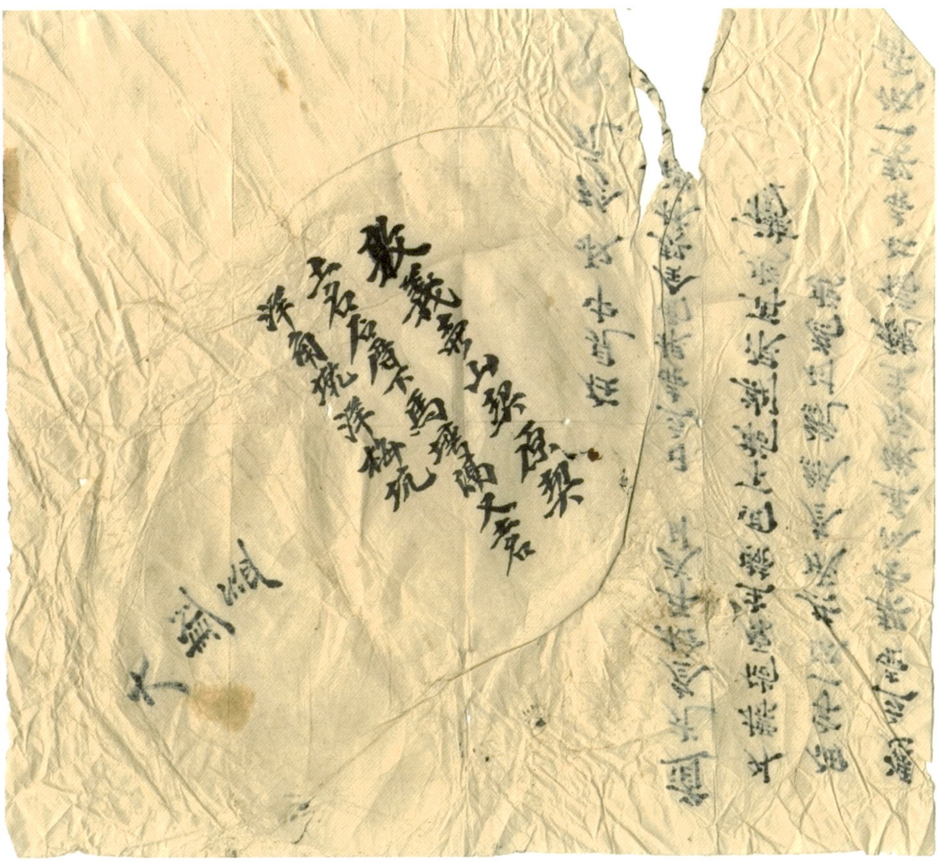
[illegible]義[illegible]山契原契
土名石磨下馬壠隔又壹
洋角坑洋梅坑

7-1-93-1　包契紙

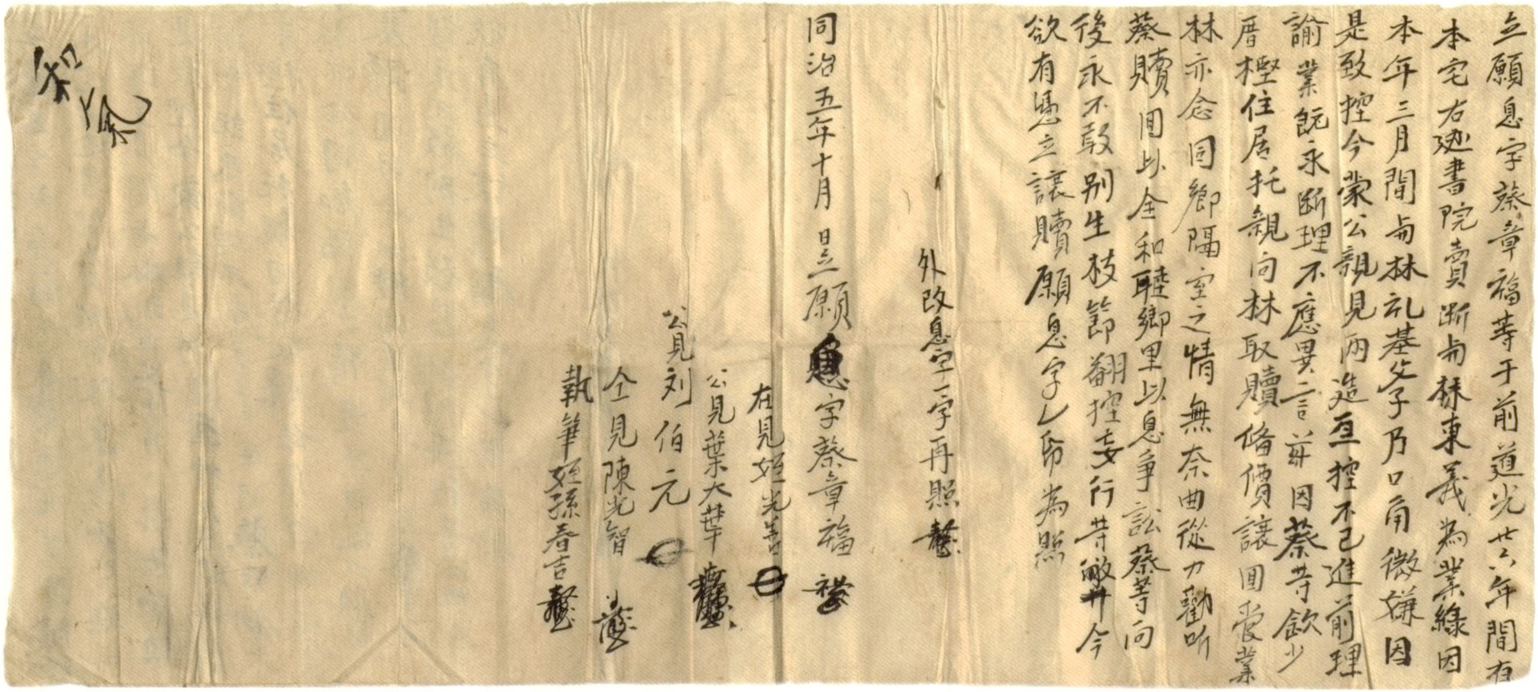

立願息字蔡章福等于前道光廿六年間有
本宅右邊書院賣斷與林東義為業緣因
本年三月間與林礼基父子乃口角微嫌因
是致控今蒙公親見兩造互控不已進前理
諭業既永斷理不應異言并因蔡等欲少
厝基住居托親向林取贖倫價讓回管業
林亦念同鄉隔室之情無奈曲從力勸听
蔡贖回此仝和睦鄉里以息爭訟蔡等向
後永不敢別生枝節翻控長行等弊今
欲有憑立讓贖願息字乙紙為照

外改息字二字再照

同治五年十月　日立願息字蔡章福

在見姪光基

公見葉大華

公見刘伯元

仝見陳光智

執筆姪孫春吉

7-1-92-2　清同治五年十月蔡章福立願息字

立賣息字契

[illegible]

7-1-92-1　包契紙

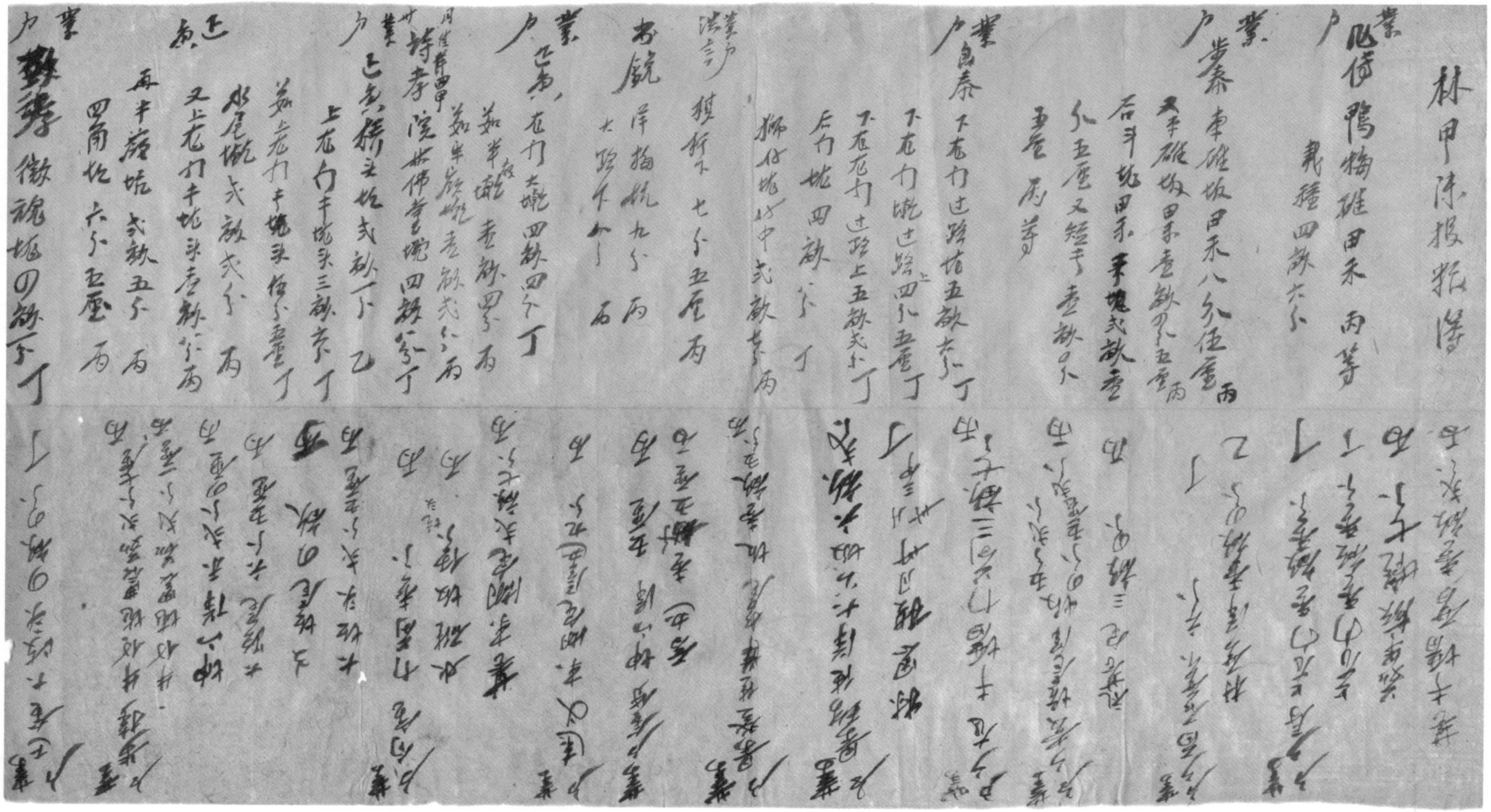

7-1-91-64　林甲陳報糧簿（年代不詳）

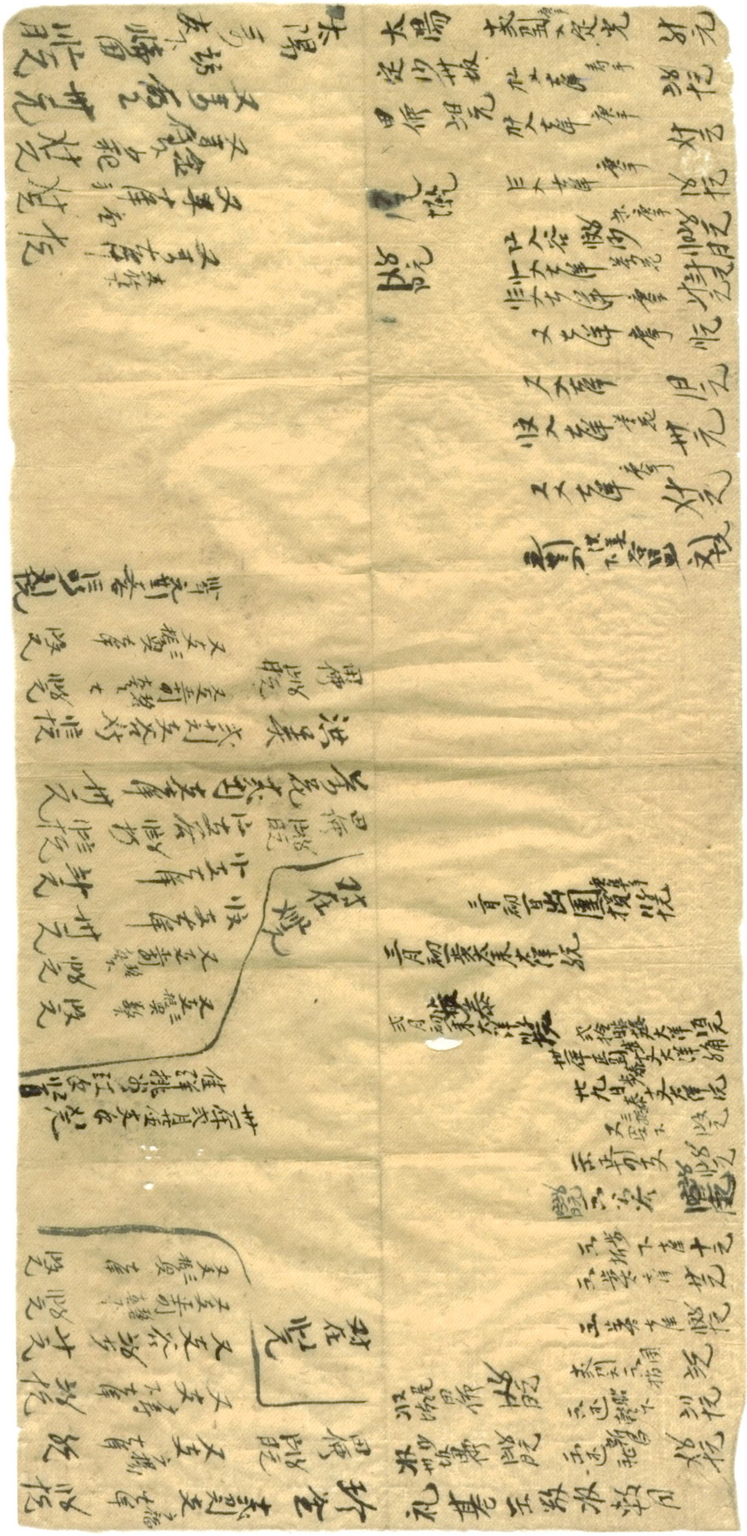

7-1-91-63　晚清民國禮基公收支賬

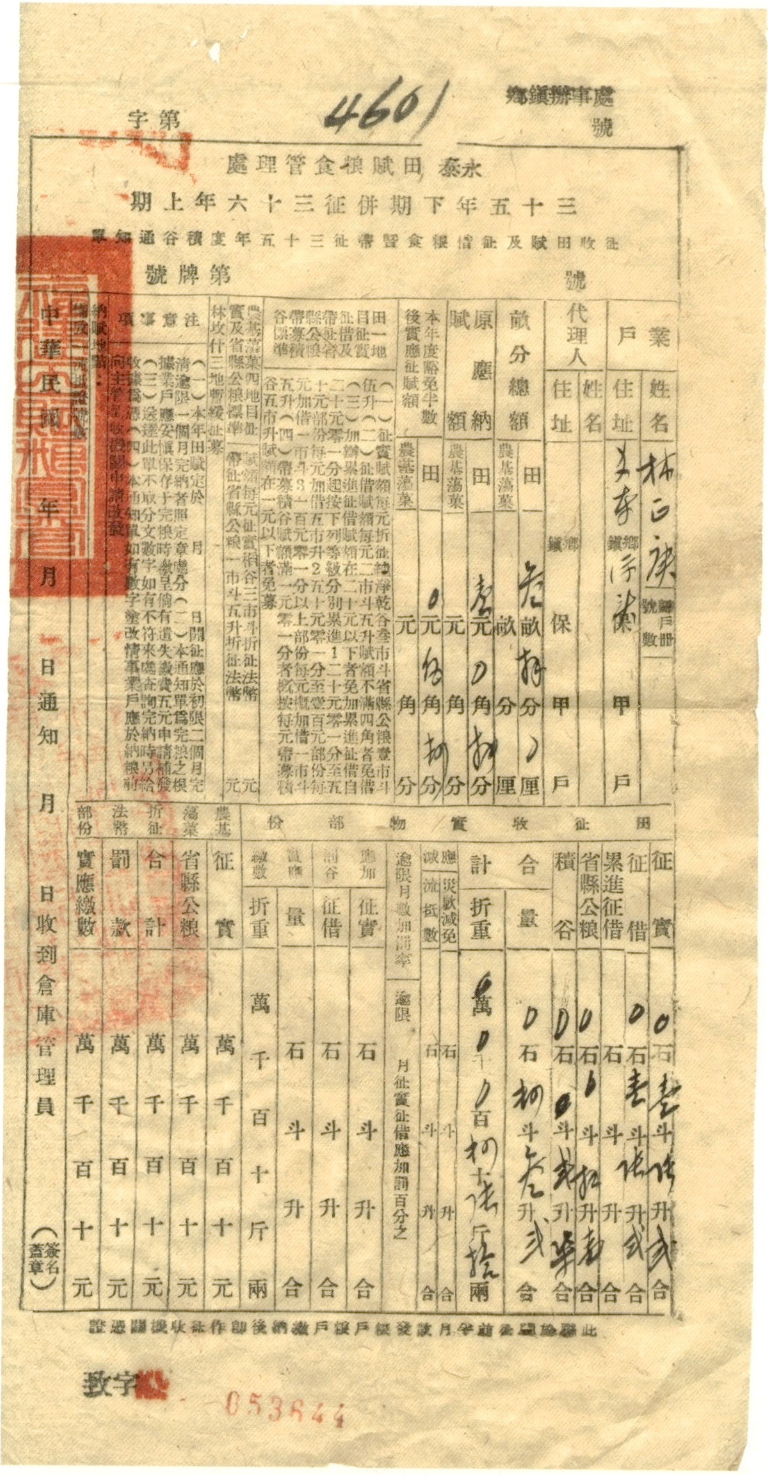
鄉鎮辦事處 4601 號

第 字

永泰田賦糧食管理處

三十五年下期併征三十六年上期

征收田賦及征借糧食暨帶征三十五年度積谷通知單

第 牌號

業戶 姓名 林正庚 住址 美李鄉鎮 保 甲 戶

代理人 姓名 住址 鄉鎮 保 甲 戶

畝分總額

原應納賦額

本年度豁免半數後實應征賦額

注意事項

中華民國 年 月 日通知 月 日收到倉庫管理員 （簽名蓋章）

田賦征收實物部份

致字 053644

7-1-91-62　民國三十六年林正庚户田賦通知單

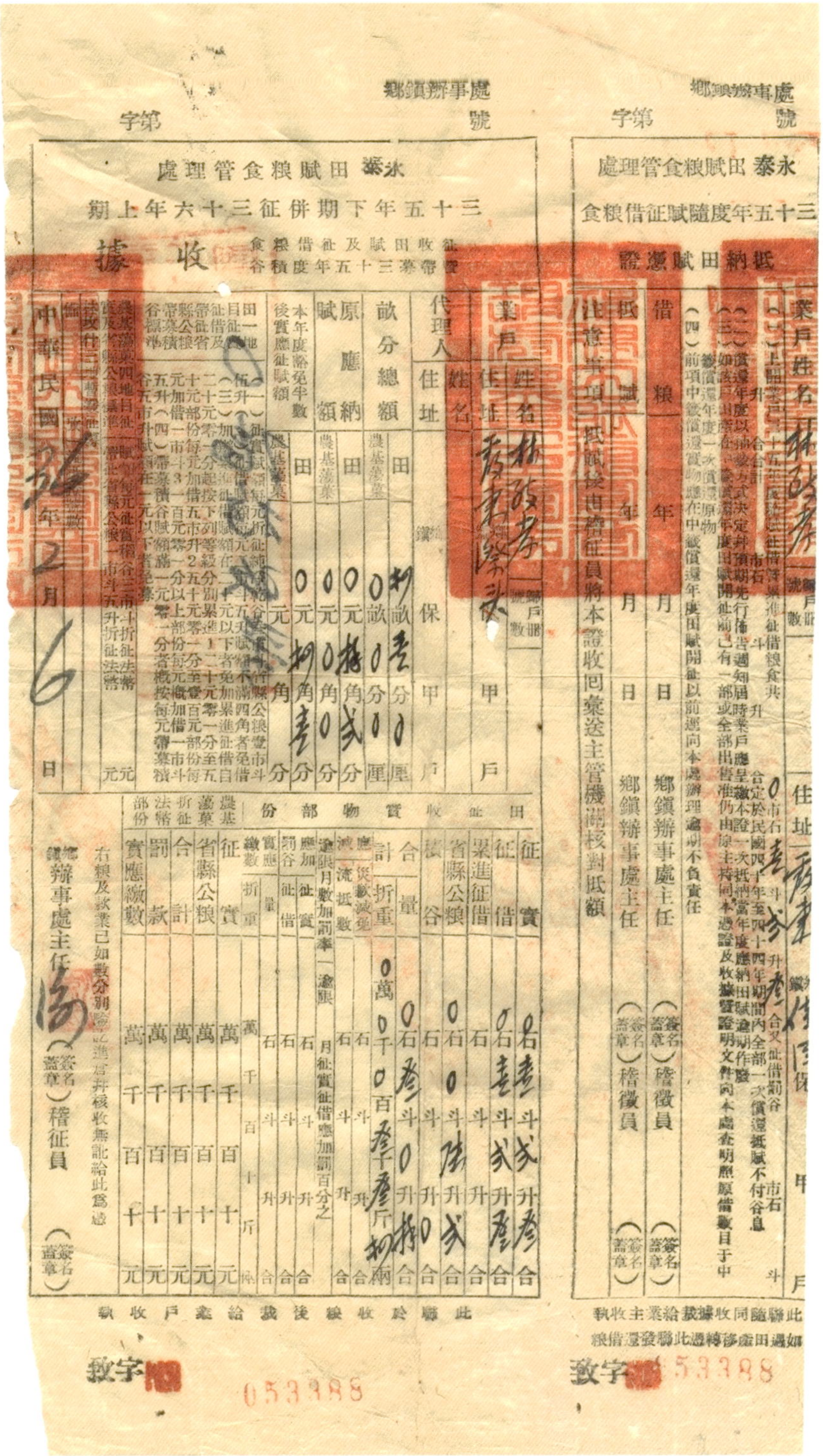

7-1-91-61　民國三十六年二月林致孝户田賦收據

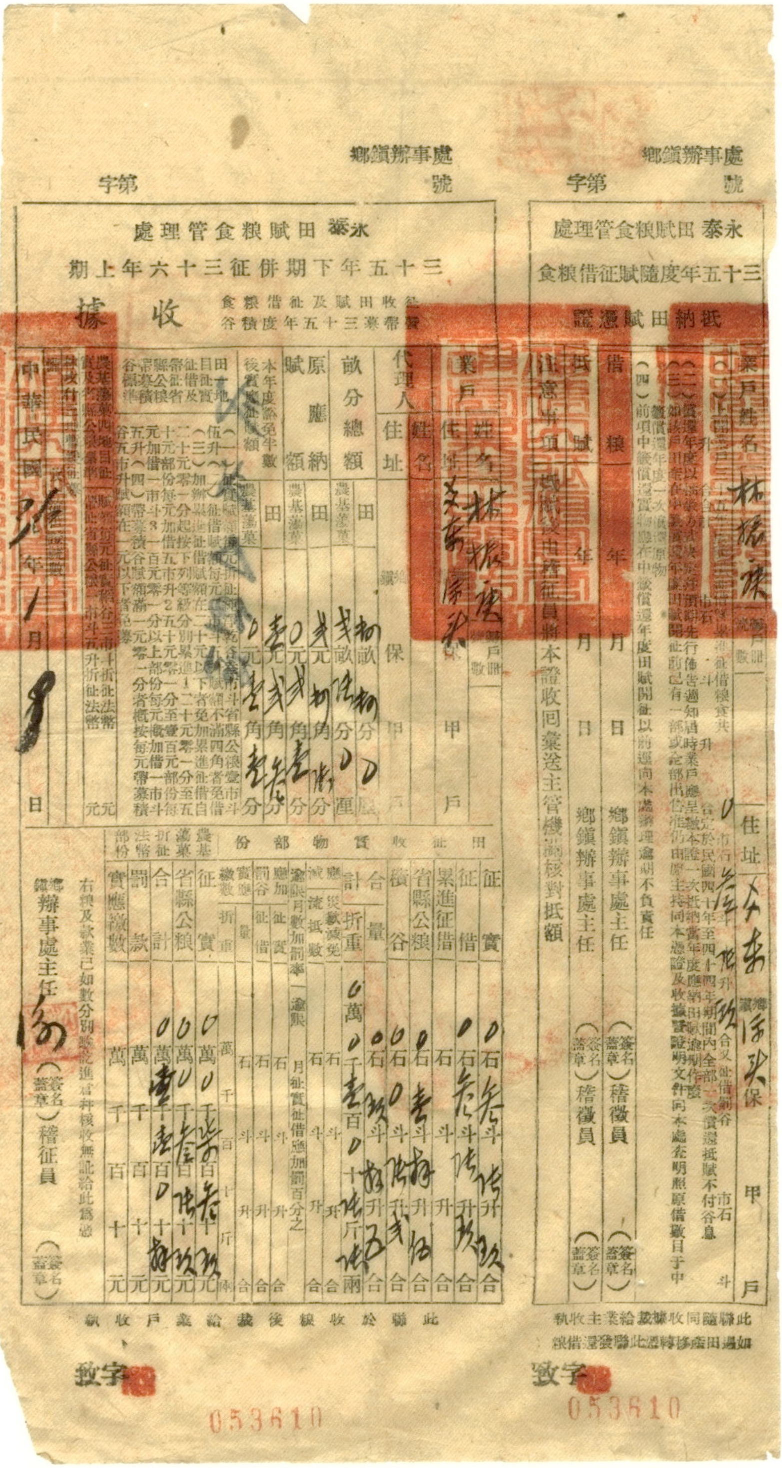
鄉鎮辦事處
字第　號
永泰田賦糧食管理處
三十五年度隨賦征借糧食
抵納田賦憑證
業戶姓名　林振庚
住址
鄉鎮辦事處主任
稽徵員
此聯隨同收據裁給業主收執
如遇田賦轉移此聯發還借粮
致字
053610

鄉鎮辦事處
字第　號
永泰田賦糧食管理處
三十五年下期併征三十六年上期
征收田賦及征借糧食
帶徵三十五年度積谷
收據
業戶　姓名　林振庚
代理人　姓名
住址
畝分總額
原應納賦額
中華民國卅六年一月　日
田征收實物部份
鄉鎮辦事處主任
稽征員
此聯於收糧後裁給業戶收執
致字
053610

7-1-91-60　民國三十六年一月林振庚户田賦收據

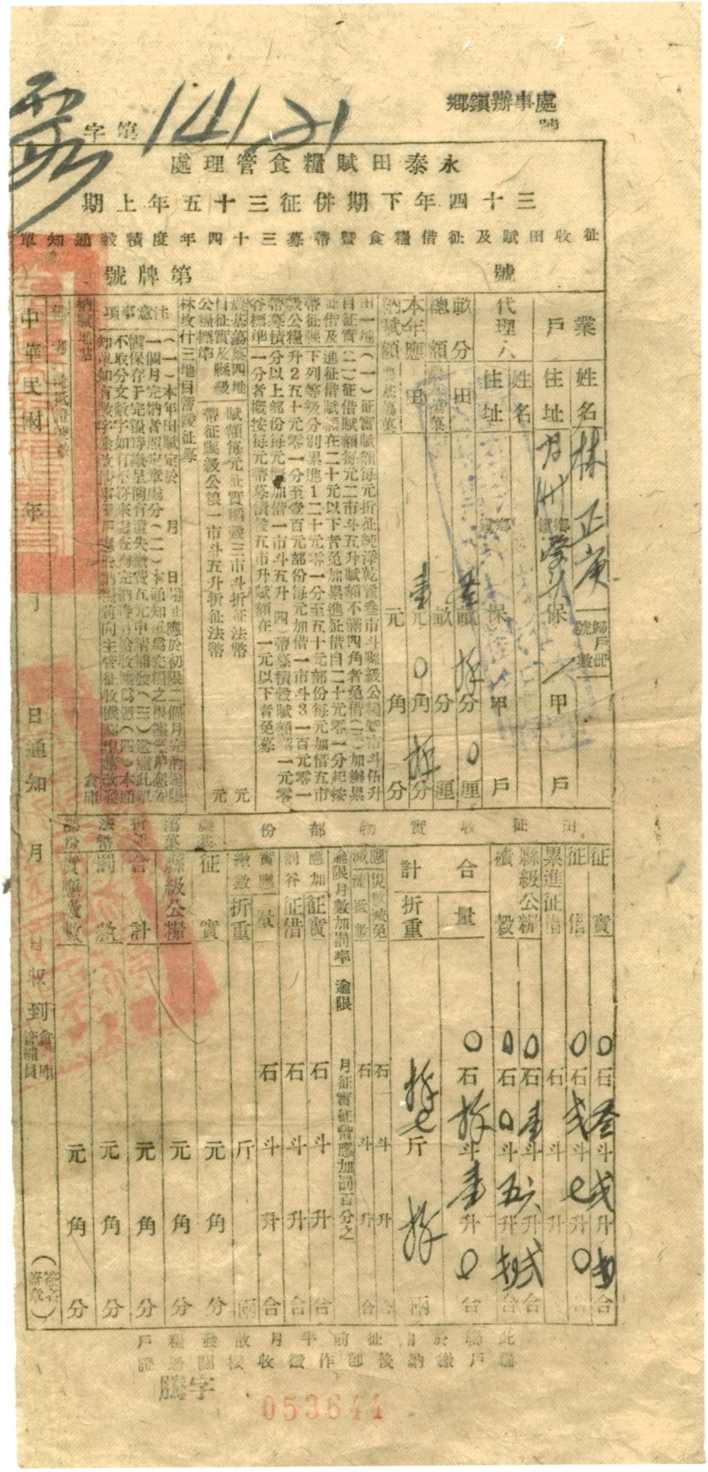

鄉鎮辦事處
號

第 141131 字

永泰田賦糧食管理處

三十四年下期併征三十五年上期

征收田賦及征借糧食暨帶募三十四年度積穀通知單

號　　　　第　　牌號

業戶　姓名　林正庚　歸戶冊號數　一
住址　方卅鄉（鎮）　保　一甲　戶

代理人　姓名
住址　鄉（鎮）　保　甲　戶

畝分總額　田　壹畝捌分○厘
地山蕩　畝　分　厘

本年應納賦額　田　壹元○角捌分
地山蕩　元　角　分

一、地目征實、征借及帶征縣級公糧、帶募積谷標準：（一）征實賦額每元折征純淨乾穀叁市斗（縣級公糧在內）[illegible]市斗伍升（二）征借賦額每元二市斗五升，賦額不滿四角者免借（三）加辦累進征借，賦額在二十元以下者免加累進征借，自二十元零一分起按下列等級分別累進：1二十元零一分至五十元部份每元加借一市斗五升，2五十元零一分至一百元部份每元加借一市斗，3一百元零一分以上部份每元加借一市斗五升（四）帶募積穀，賦額每一元一分者概按每元帶募積穀五市升，賦額在一元以下者免募

二、蕩地目征實及縣級公糧標準：賦額每元征實稻穀三市斗，折征法幣　元；帶征縣級公糧一市斗五升，折征法幣　元

三、林牧什地目暫緩征募

注意事項：（一）本年田賦定於　月　日開征，應於初限二個月完納，逾限一個月完納者照章處分（二）本通知單為完糧之根據，業戶應妥為保存，于完糧時繳呈，倘有遺失，繳費五元申請補發（三）此單[illegible]分文數字如有[illegible]不符，[illegible]（四）[illegible]本通知單如有塗改[illegible]須向主管征收機關申請改發

納稅者須攜帶證據

納賦地點　倉庫

中華民國　年　月　日通知
月　日收到　倉庫管理員（簽名蓋章）

田賦征收實物部份

征實	征借	累進征借	縣級公糧	積穀	合計 量	合計 折重	應災歉減免	減淤蕩	逾限月數加罰率	應加征實	罰谷征借	實應繳	折重
○石叁斗弍升○合	○石弍斗七升○合	石斗升合	○石叁斗五升弍合	○石○斗五升○合	○石捌斗叁升○合	捌拾斤捌兩	石斗升合	石斗升合	逾限　月征實征借應加罰百分之	石斗升合	石斗升合	石斗升合	斤兩

地蕩

征實	縣級公糧	合計	罰款	實應繳數
元角分	元角分	元角分	元角分	元角分

此縣於自征前半月故發糧戶
單戶繳納後即作徵收機關憑證

騰字　053644

7-1-91-59　民國三十五年林正庚户田賦通知單

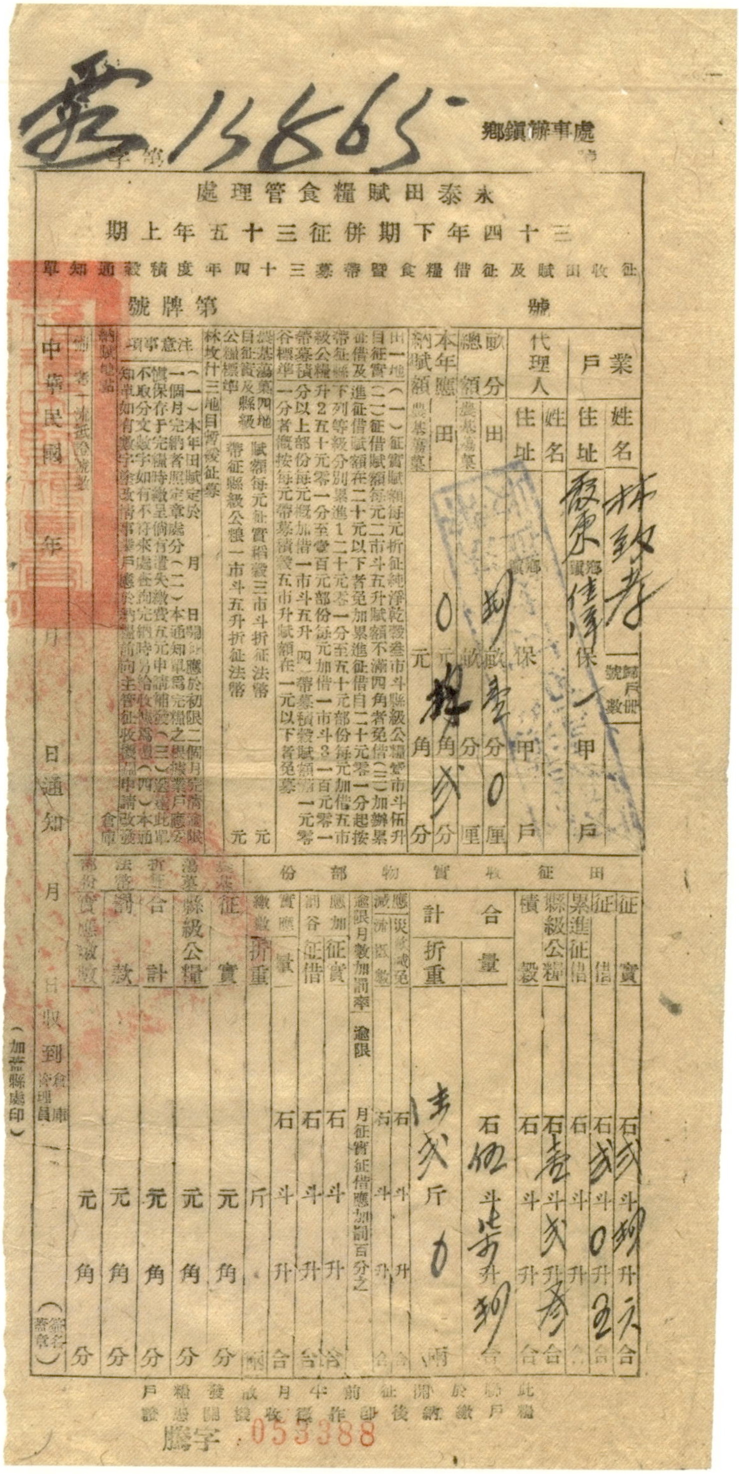
13865
鄉鎮辦事處 第　字
永泰田賦糧食管理處
三十四年下期併征三十五年上期
征收田賦及征借糧食暨帶募三十四年度積穀通知單
第　號　第　牌號
業戶 姓名 林致孝 住址 嵩東鄉（鎮）信保 一甲
代理人 姓名 住址
此聯於開征前半月發糧戶
糧戶繳納後即作收稅憑證
騰字 053388

7-1-91-58　民國三十五年林致孝户田賦通知單

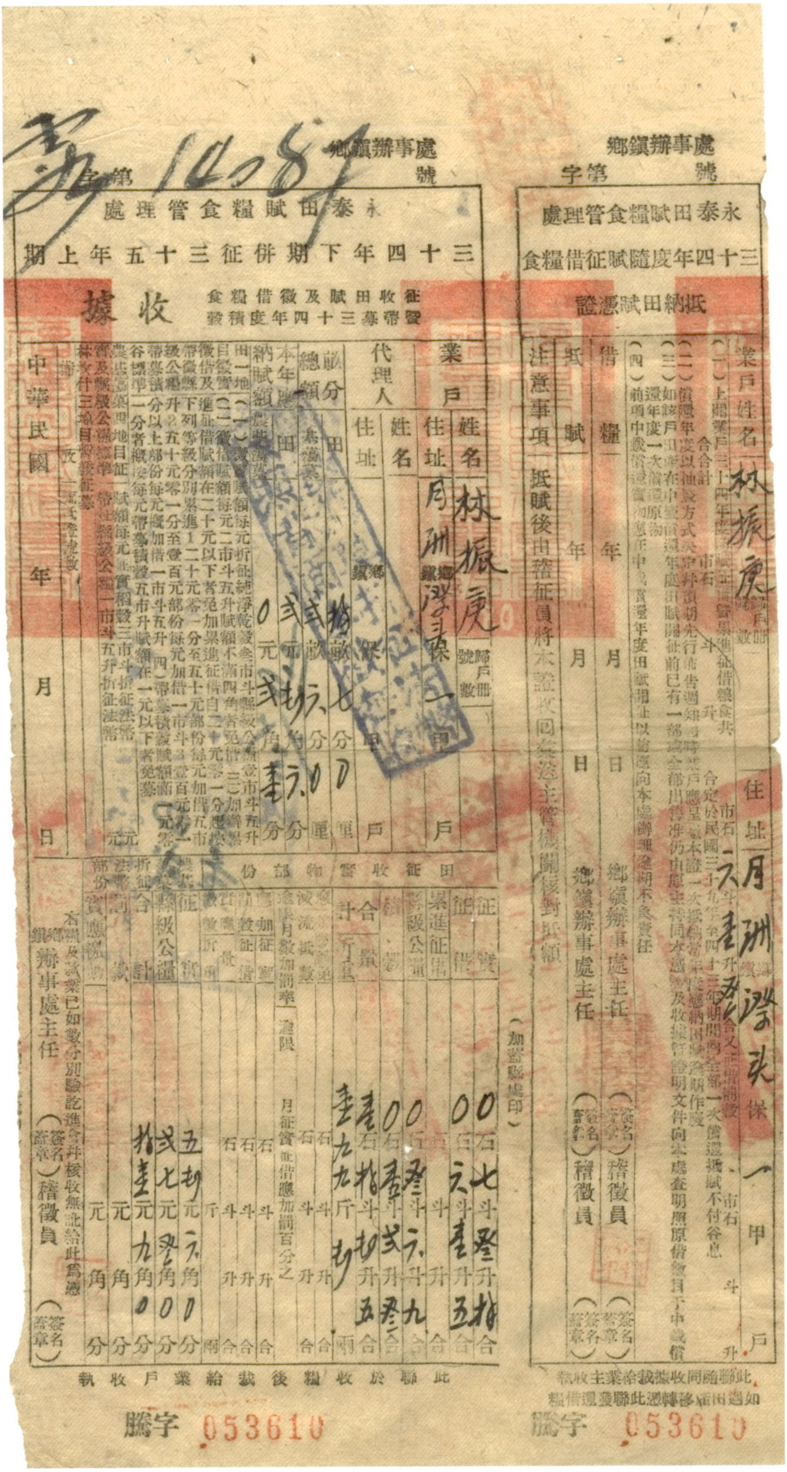

鄉鎮辦事處 字第10087號

永泰田賦糧食管理處

三十四年下期併征三十五年上期

征收田賦及徵借糧食暨帶募三十四年度積穀

收據

業戶 姓名 林振庚 住址 月洲澤头保 一 甲 戶

中華民國 年 月 日

此聯於收糧後裁給業戶收執

騰字 053610

鄉鎮辦事處 字第 號

永泰田賦糧食管理處

三十四年度隨賦征借糧食

抵納田賦憑證

業戶姓名 林振庚

住址 月洲澤头 保 一 甲 戶

注意事項 抵賦後由稽征員將本證收回送主管機關核對抵額

鄉鎮辦事處主任 稽徵員

騰字 053610

7-1-91-57 民國三十五年林振庚户田賦收據

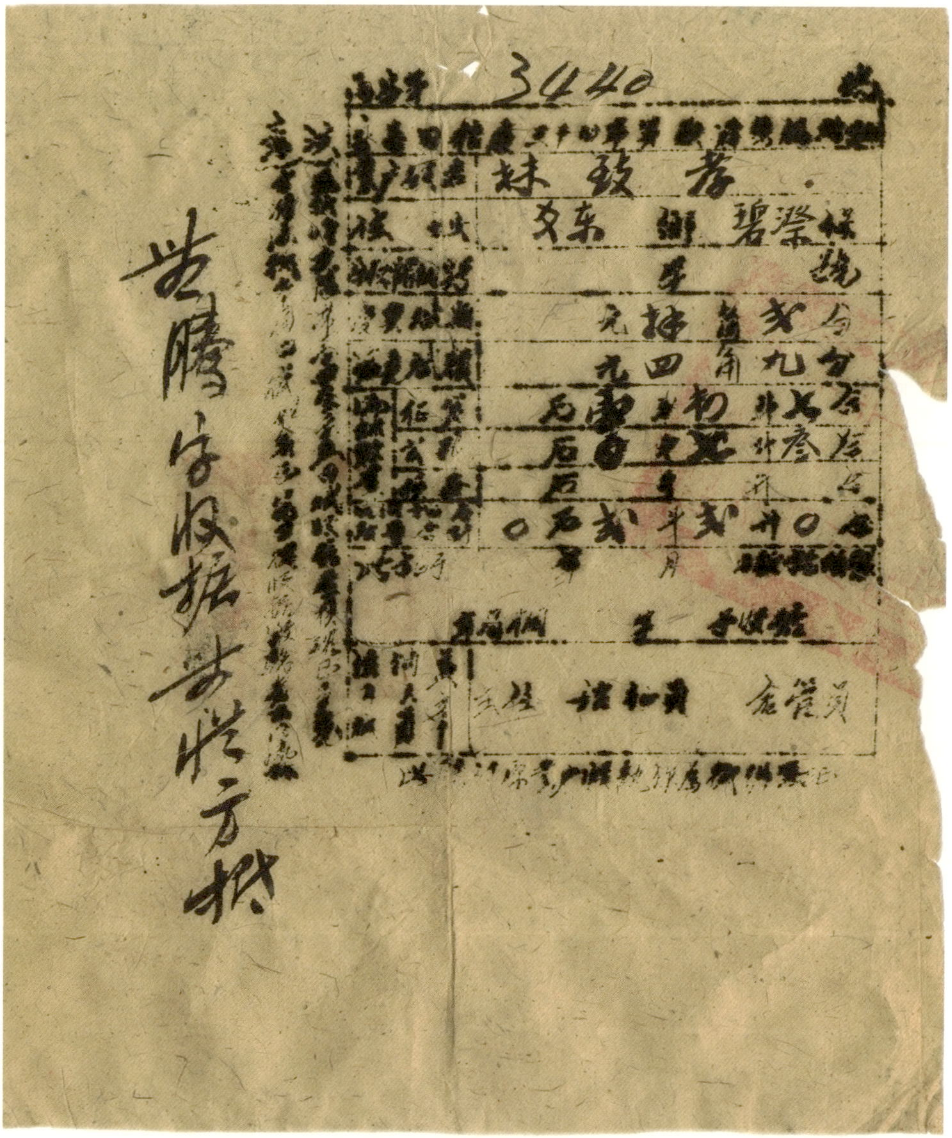

7-1-91-56　民國三十四年林致孝户田賦收據

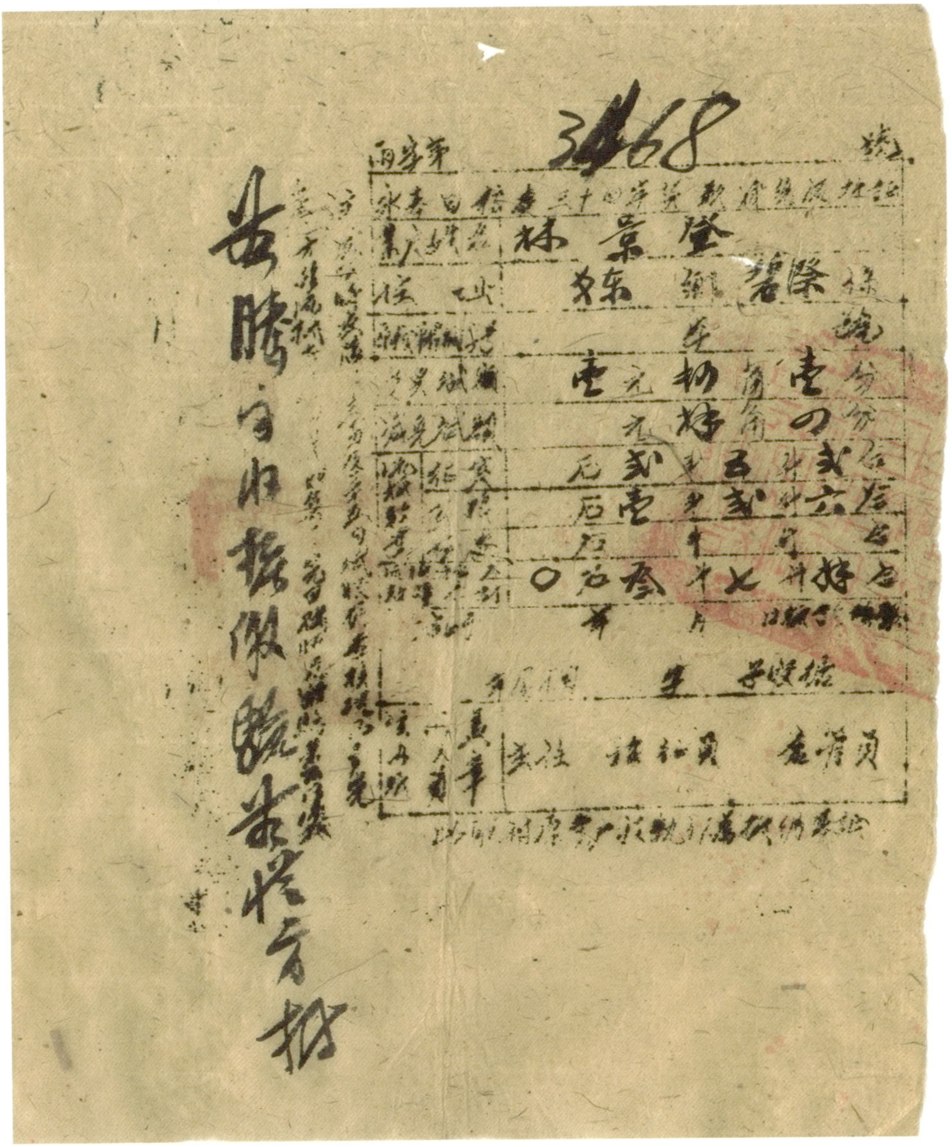

7-1-91-55　民國三十四年林景登户田賦收據

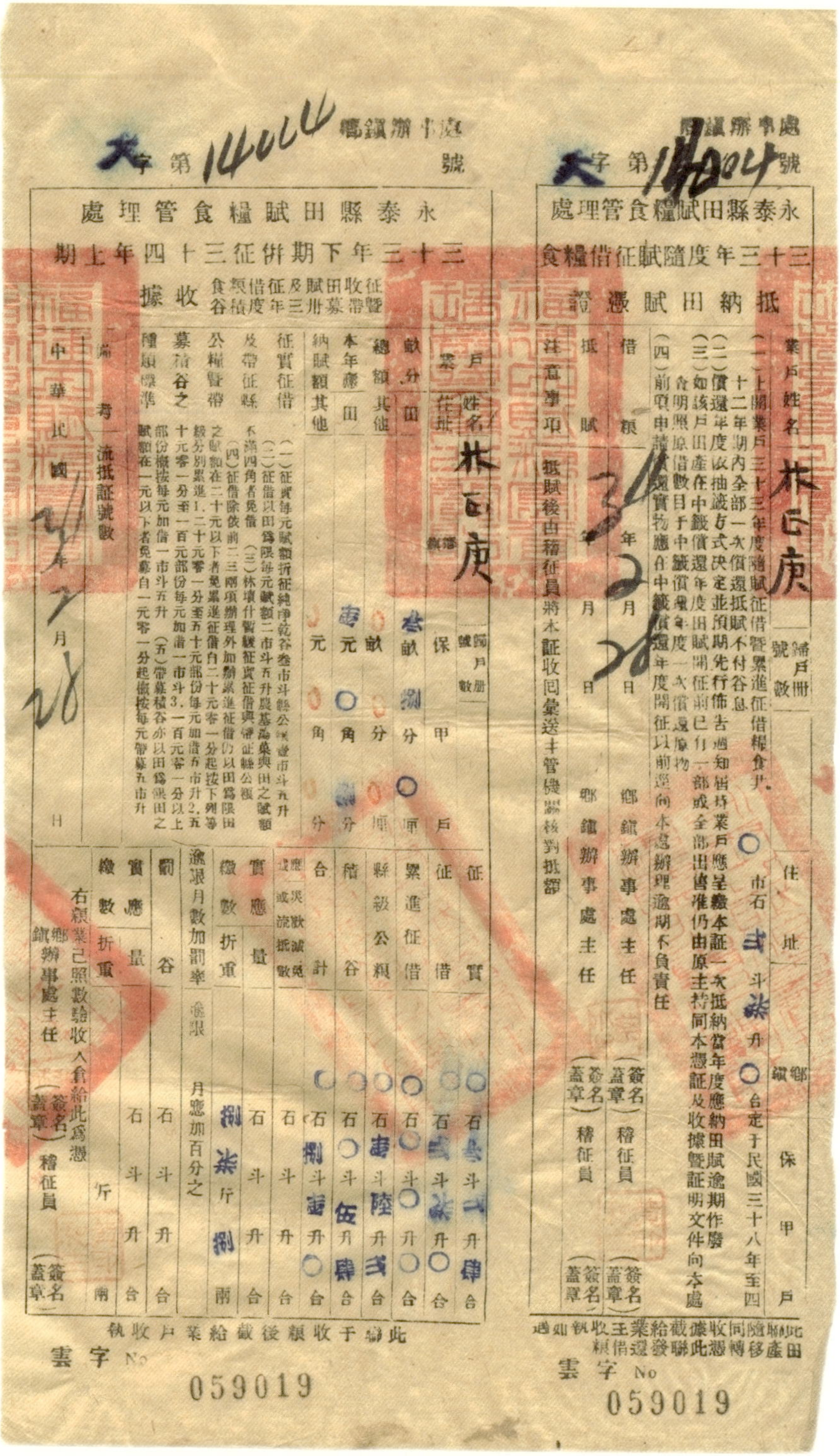
鄉鎮辦事處　大字第 14004 號

永泰縣田賦糧食管理處

三十三年度隨賦征借糧食

抵納田賦憑證

業戶姓名：林正庚　歸戶冊號數　住址　鄉鎮　保　甲　戶

（一）上開業戶三十三年度隨賦征借暨累進征借糧食共 市石 貳 斗 柒 升 〇 合定于民國三十八年至四十二年期內全部一次償還抵賦不付谷息

（二）償還年度以抽籤方式決定並預先行佈告通知屆時業戶應呈繳本証一次抵納當年度應納田賦逾期作廢

（三）如該戶田產在中籤償還年度田賦開征前已有一部或全部出售准仍由原主持同本憑証及收據暨証明文件向本處

（四）前項申請以現實物應在中籤償還年度開征以前逕向本處辦理逾期不負責任

借糧　34 年 2 月 28 日　鄉鎮辦事處主任（簽名蓋章）　稽征員（簽名蓋章）

抵賦　年　月　日　鄉鎮辦事處主任（簽名蓋章）　稽征員（簽名蓋章）

注意事項：抵賦後由稽征員將本証收回彙送主管機關核對抵銷

此聯隨同收據給業主收執如遇田產移轉憑此聯發還借糧

雲字 No 059019

鄉鎮辦事處　大字第 14004 號

永泰縣田賦糧食管理處

三十三年下期併征三十四年上期

征收田賦及征借糧食暨帶募卅三年度積谷收據

業戶姓名：林正庚　住址　歸戶冊號數

畝分田：柒畝捌分〇厘　保　甲　戶

總額其他：壹元〇角 分

本年應納賦額其他：元　角　分

征實征借及帶征縣公糧暨帶募積谷之種類標準：（一）征實每元賦額折征純淨乾谷叁市斗縣公糧壹市斗五升（二）征借以田賦限每元賦額二市斗升以基數為累進征借（三）休壤什賦暨征實征借與帶征縣公糧不滿四角者免借（四）征借除依前二三兩項辦理外加辦累進征借自二十元以下者免累進征借自二十元零一分起按下列等級分別累進……（五）帶募積谷亦以田賦為限……

征實：〇石 壹 斗 弍 升 肆 合

征借：〇石 貳 斗 柒 升 〇 合

累進征借：〇石 〇 斗 〇 升 〇 合

縣級公糧：〇石 壹 斗 陸 升 弍 合

借谷：〇石 〇 斗 伍 升 肆 合

合計：〇石 捌 斗 壹 升 〇 合

應納積谷：石 斗 升 合

逾限月數加罰率：逾限　月應加百分之

實應繳數量：石 斗 升 合　折重 斤 兩

罰谷：石 斗 升 合

右款業已照數驗收入倉給此為憑

鄉鎮辦事處主任（簽名蓋章）　稽征員（簽名蓋章）

備考：流抵証號數

中華民國 34 年 2 月 28 日

此聯于收穫後給業戶收執

雲字 No 059019

7-1-91-54　民國三十四年二月林正庚户田賦收據

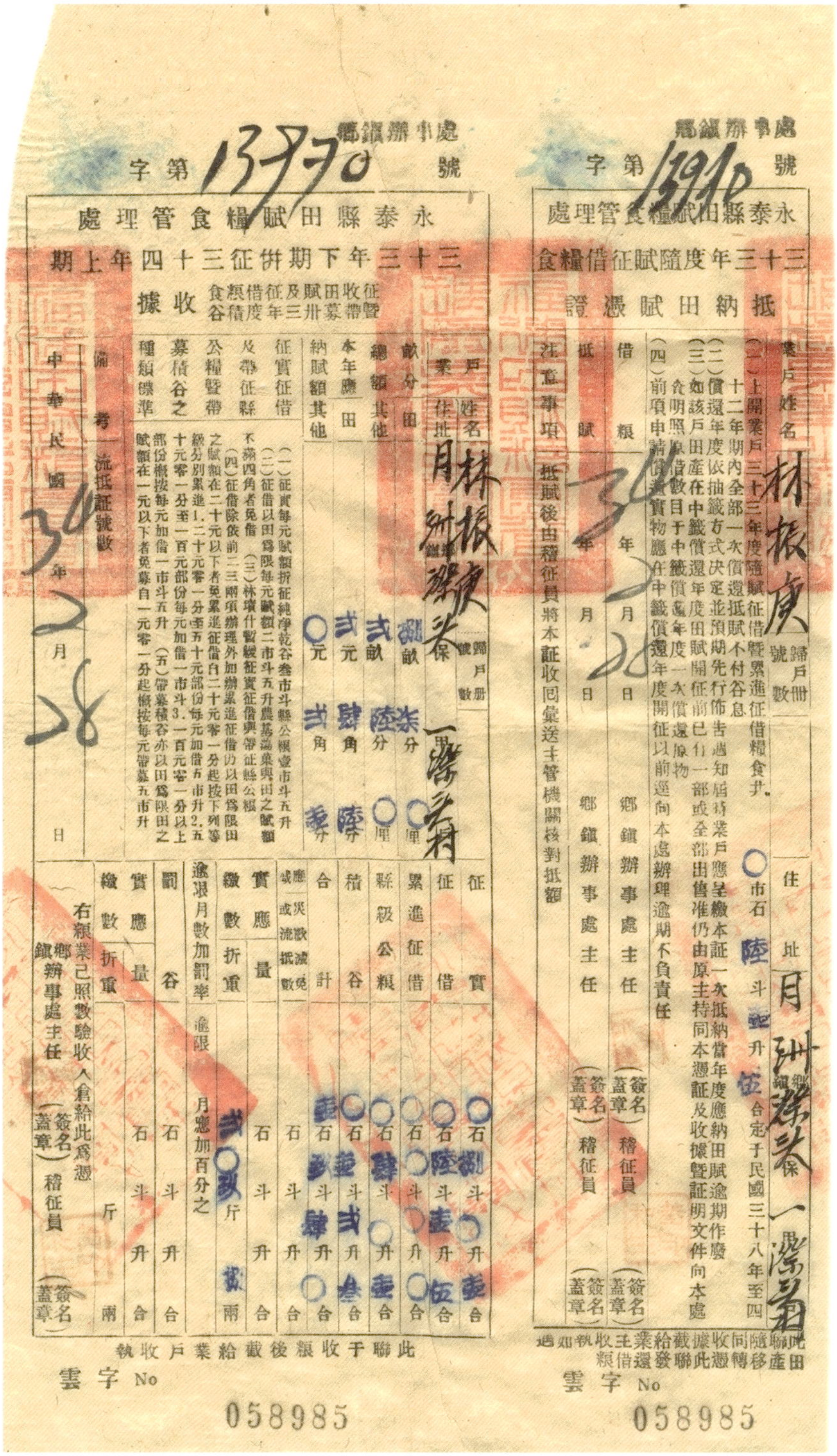
鄉鎮辦事處 字第13910號

永泰縣田賦糧食管理處

三十三年度隨賦征借糧食

抵納田賦憑證

業戶姓名：林振庚　歸戶册號數

（一）上開業戶三十三年度隨賦征借暨累進征借糧食廿十二年期內全部一次償還抵賦不付谷息

（二）償還年度依抽籤方式決定並預期先行佈告週知屆時業戶應呈繳本證一次抵納當年度應納田賦逾期作廢

（三）如該戶田產在中籤償還年度田賦開征前已行一部或全部出售准仍由原主持同本憑證及收據暨證明文件向本處

（四）前項申請償還實物應在中籤償還年度開征以前逕向本處辦理逾期不負責任

借糧：34年2月28日　鄉鎮辦事處主任（簽名蓋章）　稽征員（簽名蓋章）

抵賦：年月日　鄉鎮辦事處主任（簽名蓋章）　稽征員（簽名蓋章）

注意事項：抵賦後由稽征員將本證收回彙送主管機關核對抵額

住址：月洲鄉保一甲　○市石陸斗壹升伍合定于民國三十八年至四

此聯隨同收據截給業主收執如遇田產移轉此聯憑發還借糧

雲字No 058985

鄉鎮辦事處 字第13870號

永泰縣田賦糧食管理處

三十三年下期併征三十四年上期

征收田賦及征借糧食暨帶募卅三年度積谷收據

戶名：林振庚　業址：月洲鄉保一甲　歸戶册號數

畝分：捌畝○分○厘　田

總額其他：貳畝陸分○厘

本年應納田賦額：貳元肆角陸分

其他：○元貳角肆分

征實征借及帶征縣公糧暨帶募積谷之種類標準：

（一）征實每元賦額折征純淨乾谷叁市斗縣公糧壹市斗五升

（二）征借以田爲限每元賦額二市斗五升農募爲棄與田之賦額不滿四角者免借

（三）林壤什賦繳征實征借與帶征縣公糧

（四）征借除依前二三兩項辦理外加辦累進征借仍以田爲限田之賦額在二十元以下者免累進征借自二十元零一分起按下列等級分別累進1.二十元零一分至五十元部份每元加借五市升2.五十元零一分至一百元部份每元加借一市斗3.一百元零一分以上部份概按每元加借一市斗五升

（五）帶募積谷亦以田爲限田之賦額在一元以下者免募自一元零一分起概按每元帶募五市升

備考：流抵證號數

中華民國34年2月28日

征實	石斗升合
征借	石斗升合
累進征借	石斗升合
縣級公糧	石斗升合
積谷	石斗升合
合計	石斗升合
應減或災歉流抵減免數	石斗升合
實應繳數 量	石斗升合
實應繳數 折重	斤兩
逾限月數加罰率	逾限月應加百分之
罰谷	石斗升合
實應繳數 量	石斗升合
實應繳數 折重	斤兩

右糧業已照數驗收入倉給此爲憑

鄉鎮辦事處主任（簽名蓋章）　稽征員（簽名蓋章）

此聯于收糧後截給業戶收執

雲字No 058985

7-1-91-53　民國三十四年二月林振庚户田賦收據

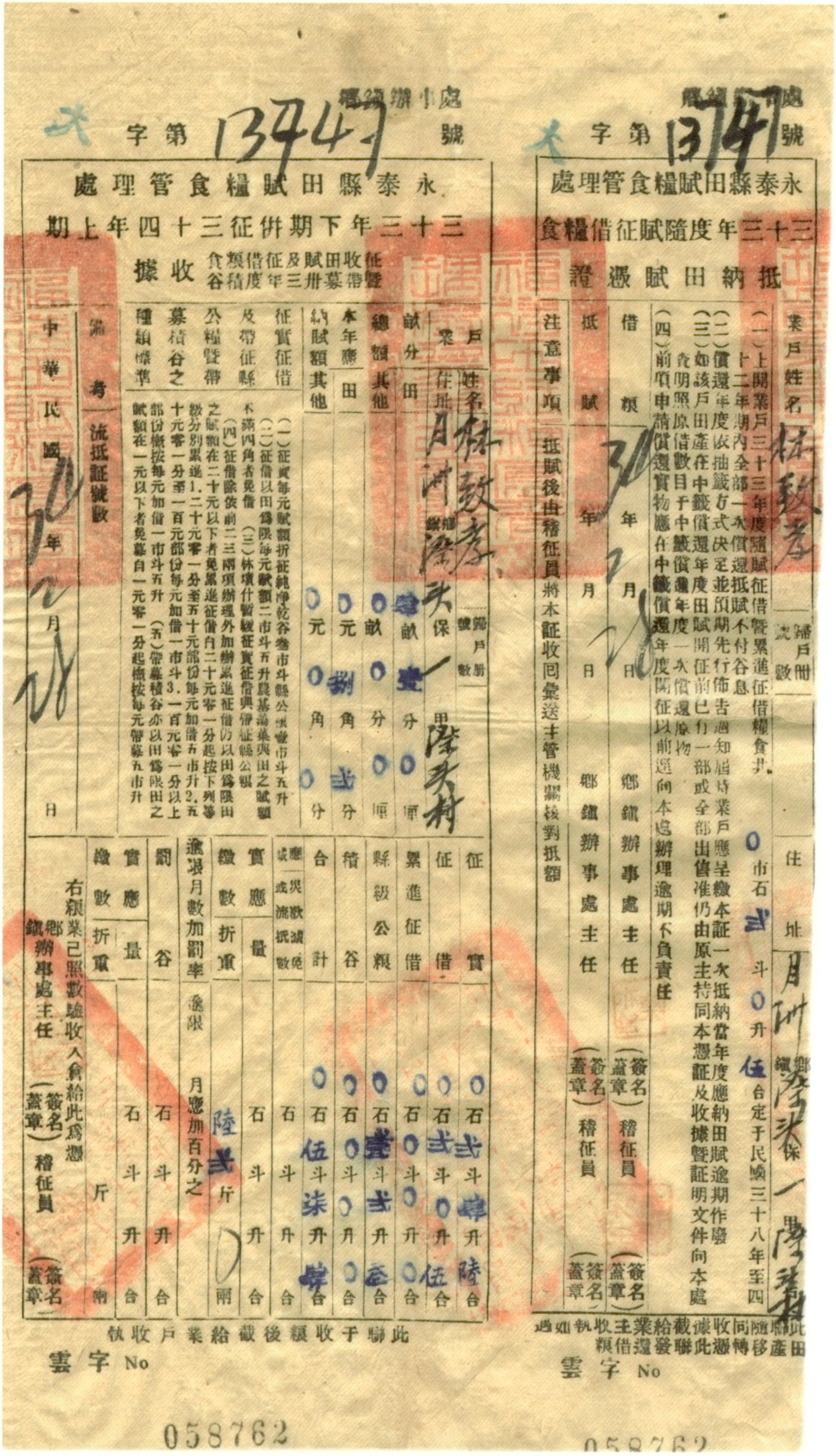

處中辦鄉 字第 13747 號

永泰縣田賦糧食管理處

三十三年度隨賦征借糧食抵納田賦憑證

業戶姓名：林致孝　歸戶冊號數：　住址：月洲鄉(鎮)漈頭保一甲漈頭村

(一)上開業戶三十三年度隨賦征借暨累進征借糧食共0市石貳斗0升伍合定于民國三十八年至四十二年期內全部一次償還抵賦不付谷息

(二)償還年度依抽籤方式決定並預期先行佈告通知屆時業戶應呈繳本証一次抵納當年度應納田賦逾期作廢

(三)如該戶田產在中籤償還年度田賦開征前已有一部或全部出售准仍由原主持同本憑證及收據暨證明文件向本處申明照原借數目于中籤償還年度一次償還原物

(四)前項申請償還實物應在中籤償還年度開征以前逕向本處辦理逾期不負責任

借糧　34年2月28日　鄉鎮辦事處主任(簽名蓋章)　稽征員(簽名蓋章)

抵賦　年　月　日　鄉鎮辦事處主任(簽名蓋章)　稽征員(簽名蓋章)

注意事項：抵賦後由稽征員將本証收回彙送主管機關核對抵額

此隨同收據截給業主收執如遇田產移轉憑此聯發還借糧

雲字No 058762

處中辦鄉 字第 13747 號

永泰縣田賦糧食管理處

三十三年下期併征三十四年上期

征收田賦及征借糧食暨帶募三十三年度積谷收據

戶　業　姓名：林致孝　住址：月洲鄉(鎮)漈頭保一甲漈頭村　歸戶冊號數：

	田	其他
畝分	肆畝壹分0厘	0畝0分0厘
總額		
本年應納賦額	0元捌角貳分	0元0角0分

征實征借及帶征縣公糧暨帶募積谷之種類標準：

(一)征實每元賦額折征純淨乾谷叁市斗縣公糧壹市斗五升
(二)征借以田為限每元賦額二市斗五升農基藕桑與田之賦額不滿四角者免借　(三)林壤什暫緩征實征借與帶征縣公糧
(四)征借除依前二三兩項辦理外加辦累進征借仍以田為限田之賦額在二十元以下者免累進征借自二十元零一分起按下列等級分別累進1.二十元零一分至五十元部份每元加借五市升2.五十元零一分至一百元部份每元加借一市斗3.一百元零一分以上部份概按每元加借一市斗五升　(五)帶募積谷亦以田為限田之賦額在一元以下者免募自一元零一分起概按每元帶募五市升

備考：流抵証號數

中華民國34年2月28日

項目	數量
征實	0石貳斗肆升陸合
征借	0石貳斗0升伍合
累進征借	0石0斗0升0合
縣級公糧	0石壹斗貳升叁合
積谷	0石0斗0升0合
合計	0石伍斗柒升肆合
應減災歉減免或流抵數	石斗升合
實應繳數 量	石斗升合
實應繳數 折重	陸貳斤0兩
逾限月數加罰率	逾限　月應加百分之
罰谷	石斗升合
實應繳數 量	石斗升合
實應繳數 折重	斤　兩

右糧業已照數驗收入倉給此為憑

鄉鎮辦事處主任(簽名蓋章)　稽征員(簽名蓋章)

此聯于收糧後截給業戶收執

雲字No 058762

7-1-91-52　民國三十四年二月林致孝户田賦收據

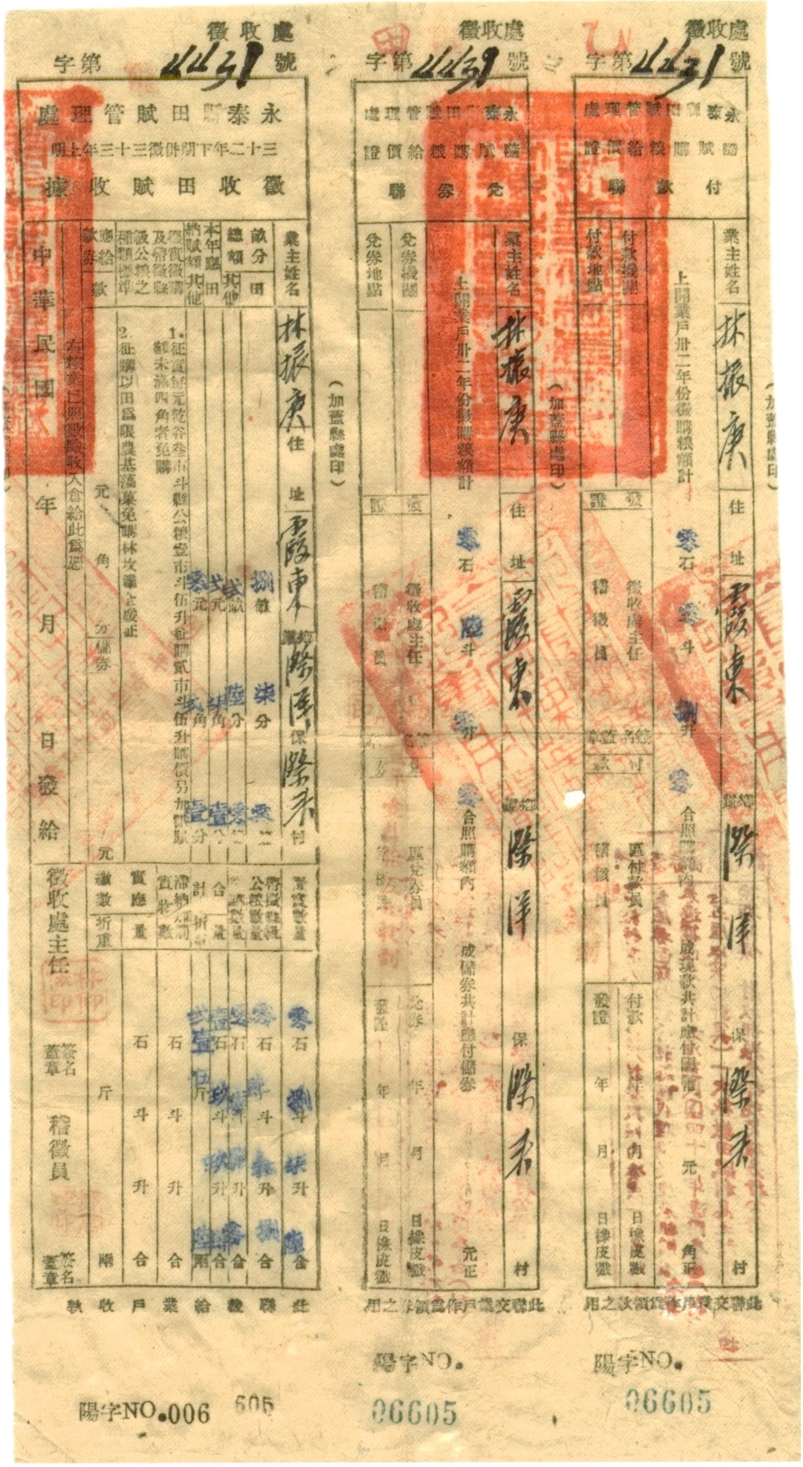
永泰縣田賦管理處
三十三年上期併徵三十二年下期
徵收田賦收據
業主姓名 林振庚

7-1-91-51　民國三十三年林振庚户田賦收據

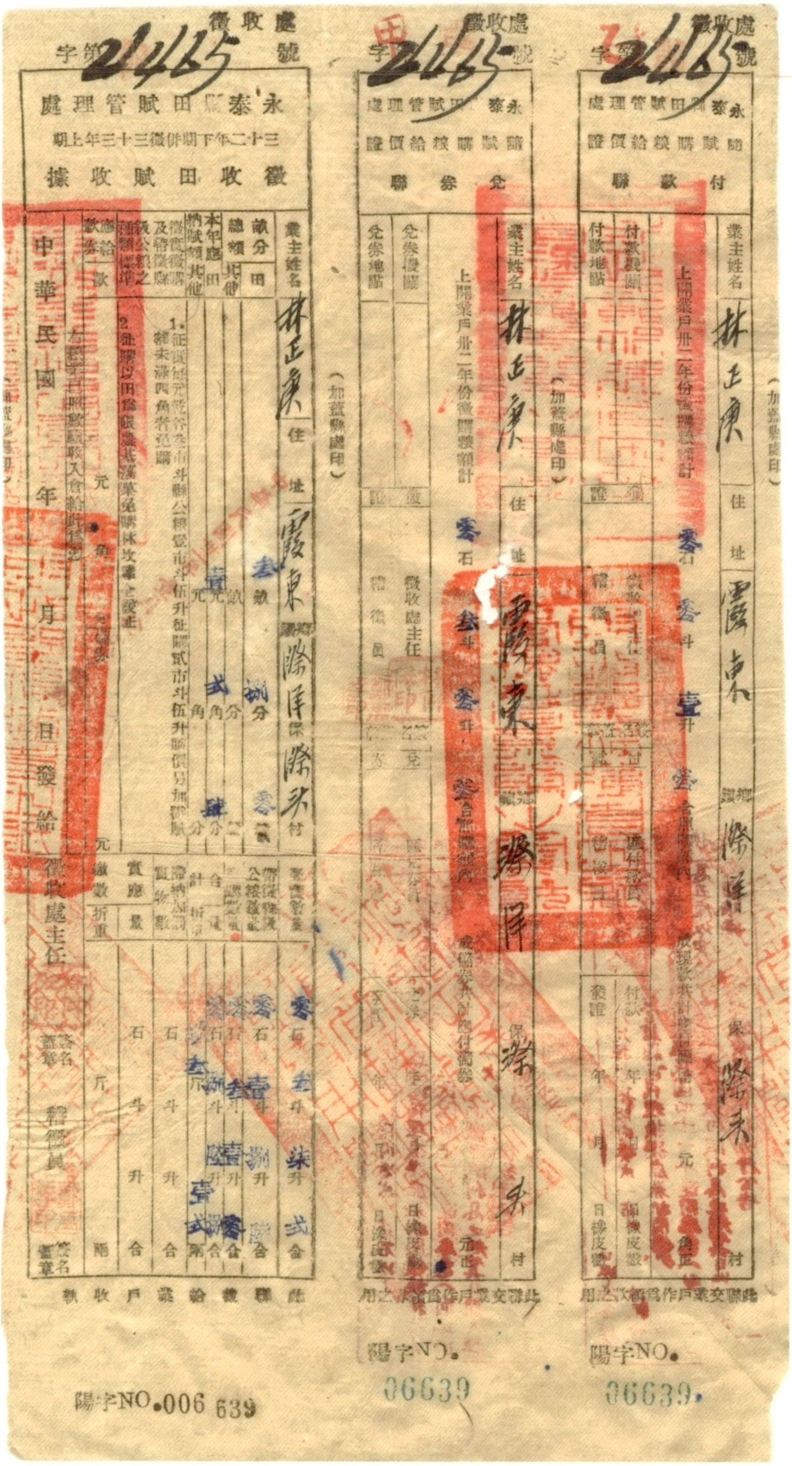
徵收處 第24465號

永泰縣田賦管理處

三十二年下期併徵三十三年上期

徵收田賦收據

業主姓名 林正庚

住址 霞東

陽字NO.006639

徵收處 第24465號

永泰縣田賦管理處

隨賦購糧給價證

兌券聯

業主姓名 林正庚

住址 霞東

陽字NO.06639

徵收處 第24465號

永泰縣田賦管理處

隨賦購糧給價證

付款聯

業主姓名 林正庚

住址 霞東

陽字NO.06639

7-1-91-50　民國三十三年林正庚户田賦收據

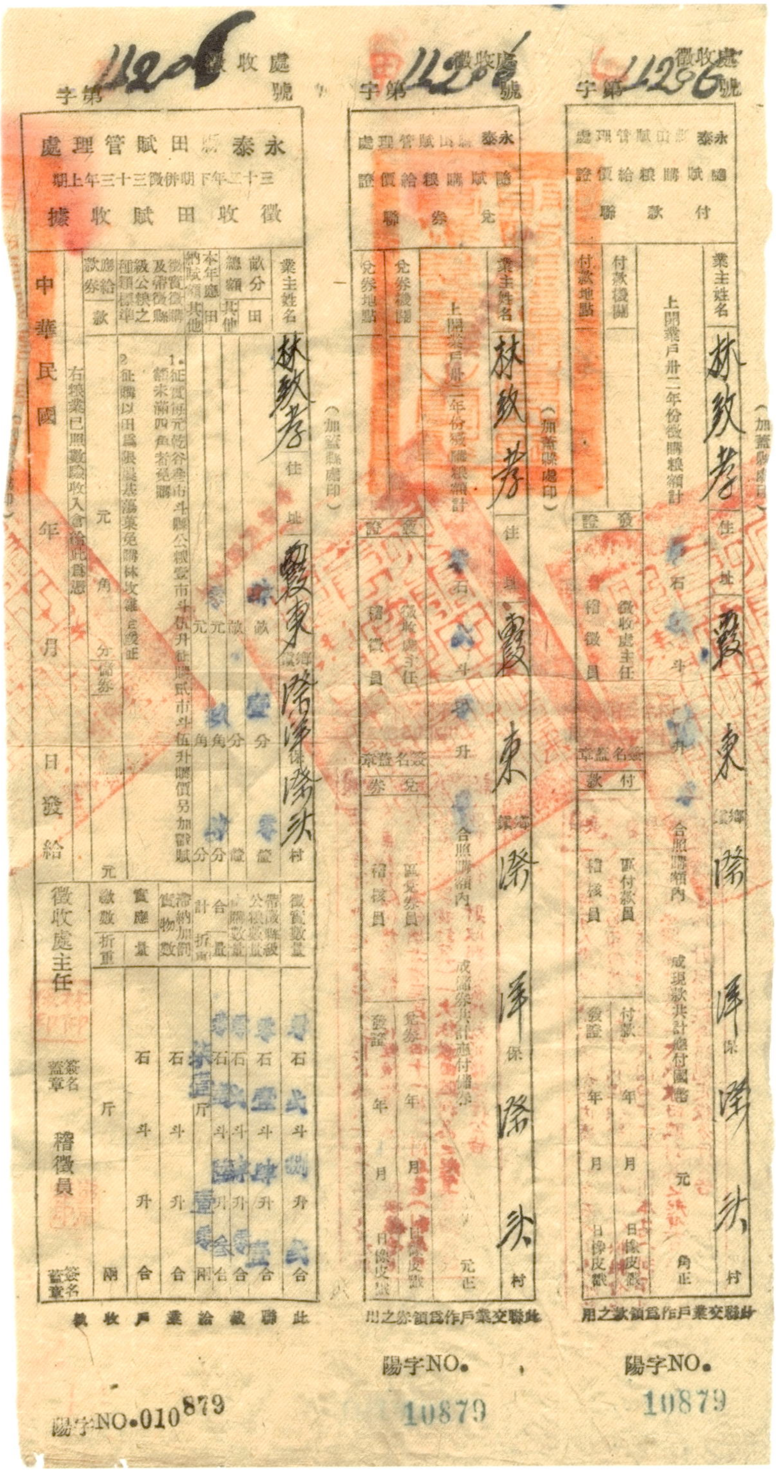
徵收處 第1120號 字

永泰縣田賦管理處

三十三年上期徵借併三十二年下期

徵收田賦收據

（加蓋縣處印）

業主姓名 林致孝 住址 霞東鄉 隆澤保 隆湫村

畝分 田 壹畝 壹分

總額 其他

本年應納稅額 田 其他 元 角 分

徵實徵借及省縣公糧之征額標準

1. 征實每元乾谷產市斗壹斗公糧壹市斗 ... 升征購賦市斗伍升購價另加征購

2. 征購以田為根據 ... 蕩葉免購 ...

中華民國 年 月 日發給

徵收處主任 簽名蓋章 稽徵員 簽名蓋章

此聯截給業戶收執

陽字NO.010879

徵收處 第1129號 字

永泰縣田賦管理處

賦購糧價給證

兌券聯

（加蓋縣處印）

業主姓名 林致孝 住址 霞東鄉 隆澤保 隆湫村

上開業戶卅二年份徵購糧額計 石 斗 升 合照購額內 成搭發糧食庫券共計應付價 元正

發證 徵收處主任 稽徵員 簽名蓋章

兌券 區兌券員 稽核員

兌券地點 兌券機關

兌券 年 月 日

發證 年 月 日

此聯交業戶作為領券之用

陽字NO. 10879

徵收處 第1129號 字

永泰縣田賦管理處

賦購糧價給證

付款聯

（加蓋縣處印）

業主姓名 林致孝 住址 霞東鄉 隆澤保 隆湫村

上開業戶卅二年份徵購糧額計 石 斗 升 合照購額內 成現款共計應付國幣 元 角正

發證 徵收處主任 稽徵員 簽名蓋章

付款 區付款員 稽核員

付款地點 付款機關

付款 年 月 日

發證 年 月 日

此聯交業戶作為領款之用

陽字NO. 10879

7-1-91-49　民國三十三年林致孝户田賦收據

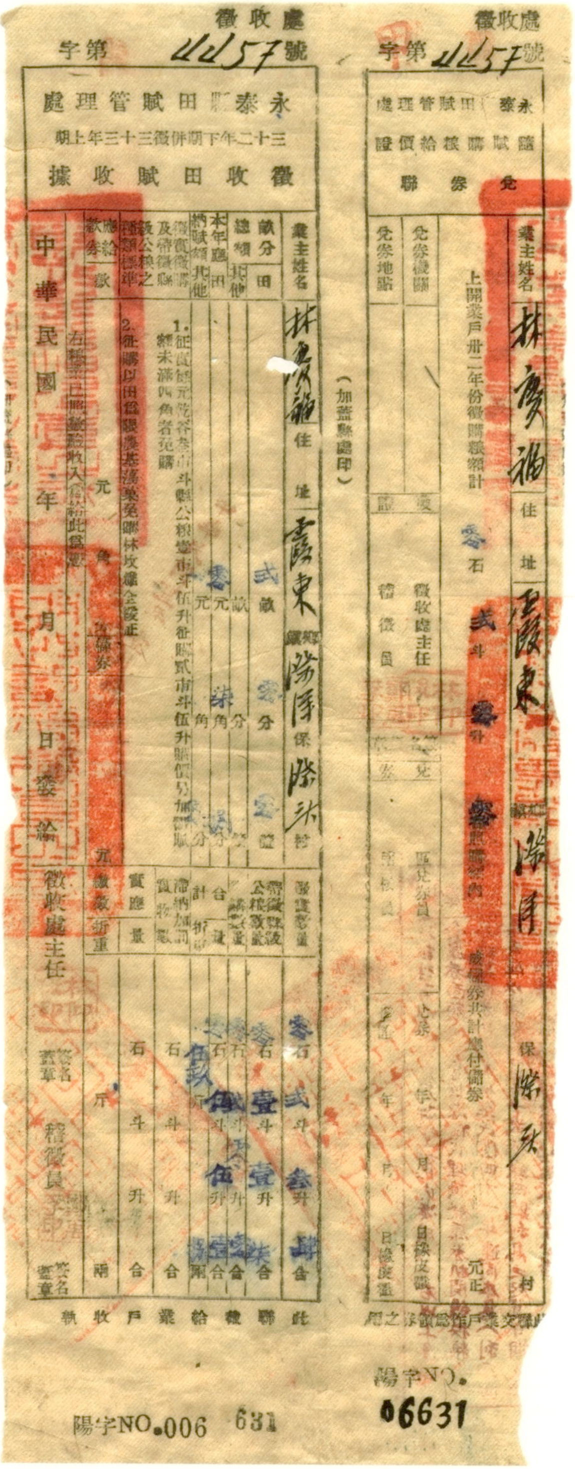

7-1-91-48　民國三十三年林慶福户田賦收據

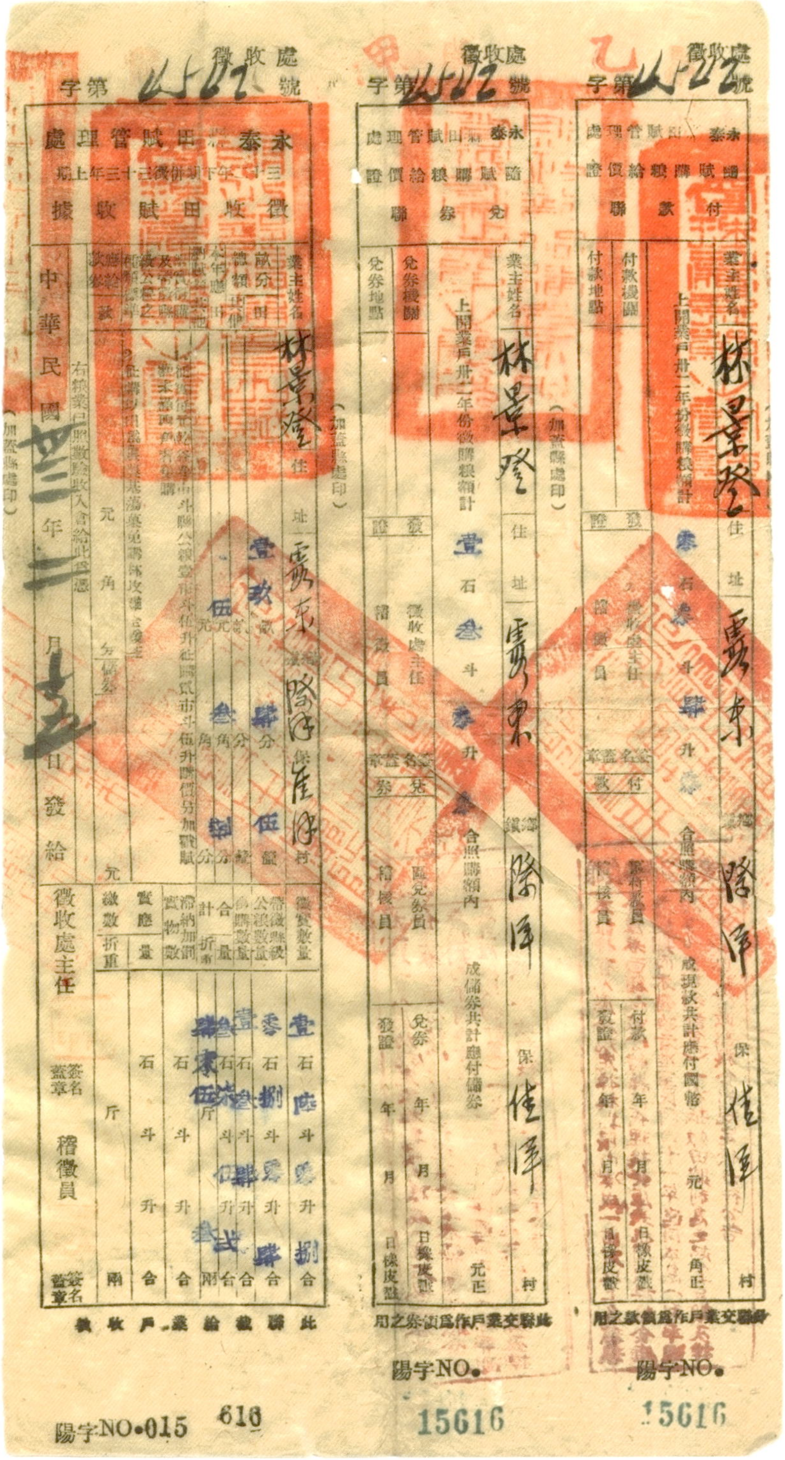

7-1-91-47　民國三十三年二月林景登户田賦收據

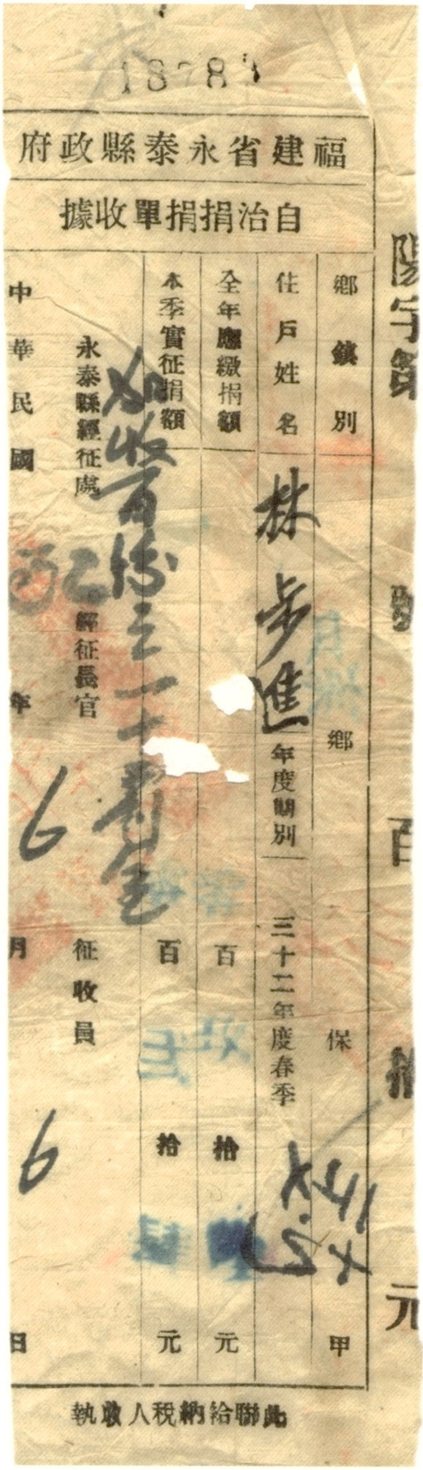

陽字第　號　百　拾　元

福建省永泰縣政府

自治捐捐單收據

鄉鎮別　鄉　保　甲

住戶姓名　林步進

年度期別　三十二年度春季

全年應繳捐額　百　拾　元

本季實征捐額　百　拾　元

永泰縣經征處　解征長官　征收員

中華民國　年　6月　6日

此聯給納稅人收執

7-1-91-46　民國三十二年六月林步進户自治捐捐單收據（二）

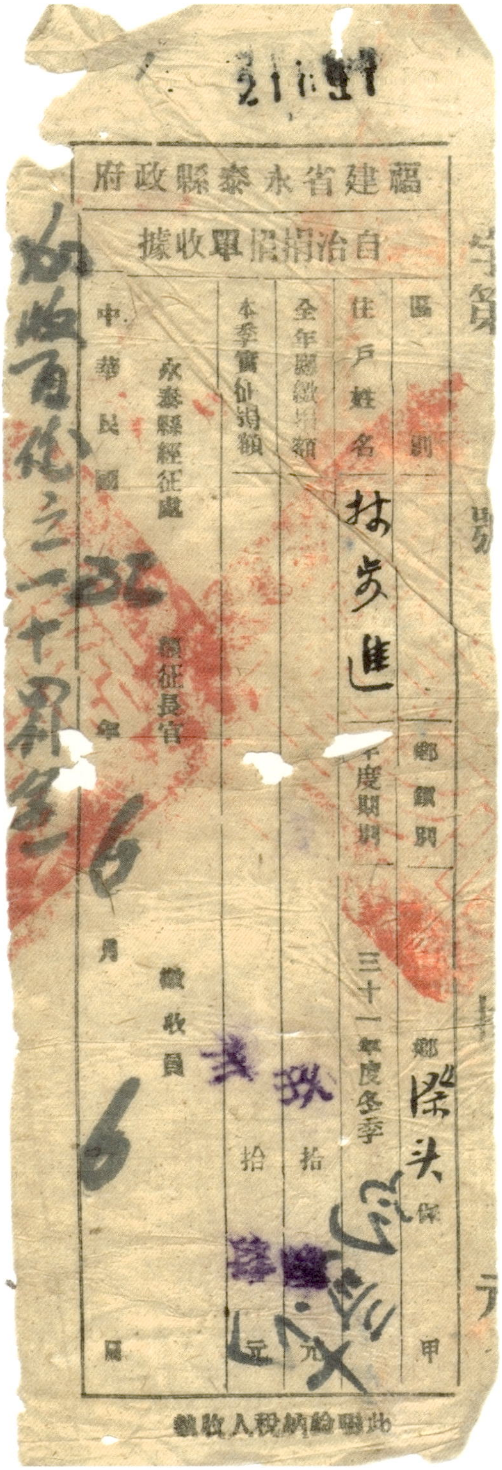
福建省永泰縣政府

自治捐捐單收據

區別	
住戶姓名	林步進
全年應繳捐額	拾 九
本季實付捐額	拾 元
鄉鎮別	鄉 際头 保 甲
年度期別	三十一年度冬季

永泰縣經征處

經征長官

徵收員

中華民國　年　月　日

此聯給納稅人收執

7-1-91-45　民國三十二年六月林步進户自治捐捐單收據（一）

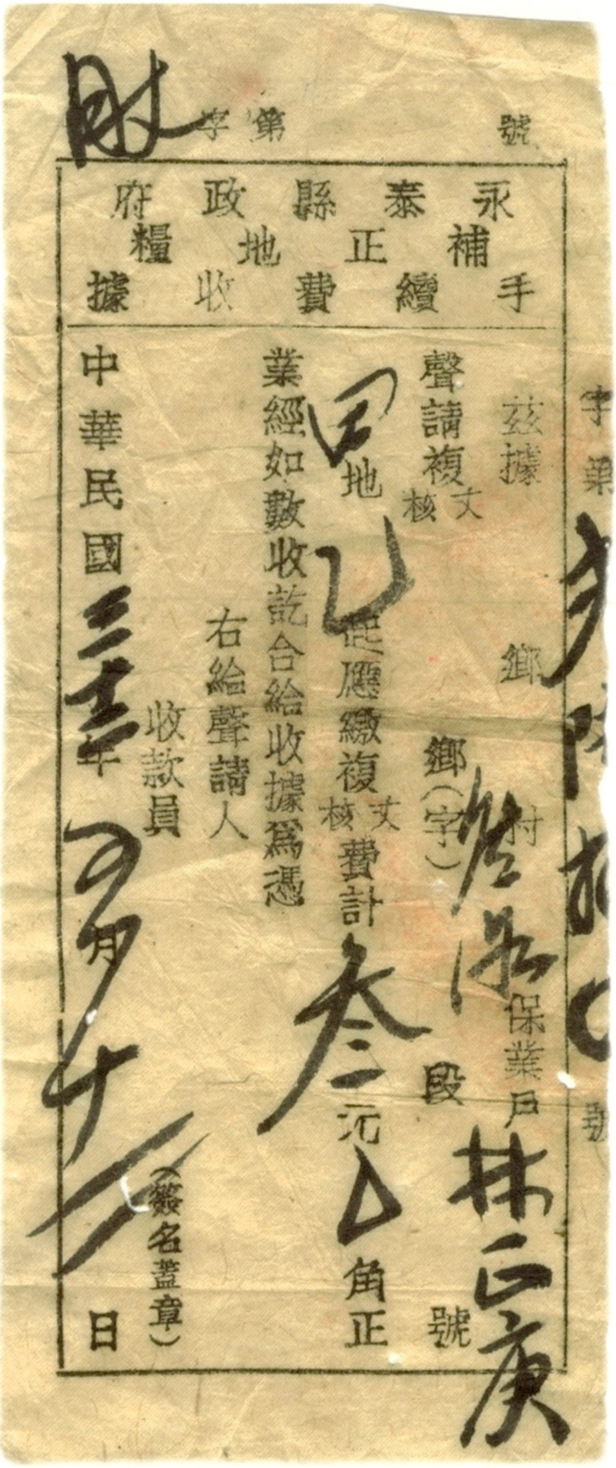

財字第　　號

永泰縣政府
補正地糧
手續費收據

茲據　　鄉　　鄉（字）　　村　　保業戶林正庚　　段　　號
聲請複文核田地乙坵經履勘複文核費計叁元△角正
業經如數收訖合給收據為憑
右給聲請人
收款員　　（簽名蓋章）
中華民國三十二年五月十二日

7-1-91-44　民國三十二年五月林正庚户補正地糧手續費收據

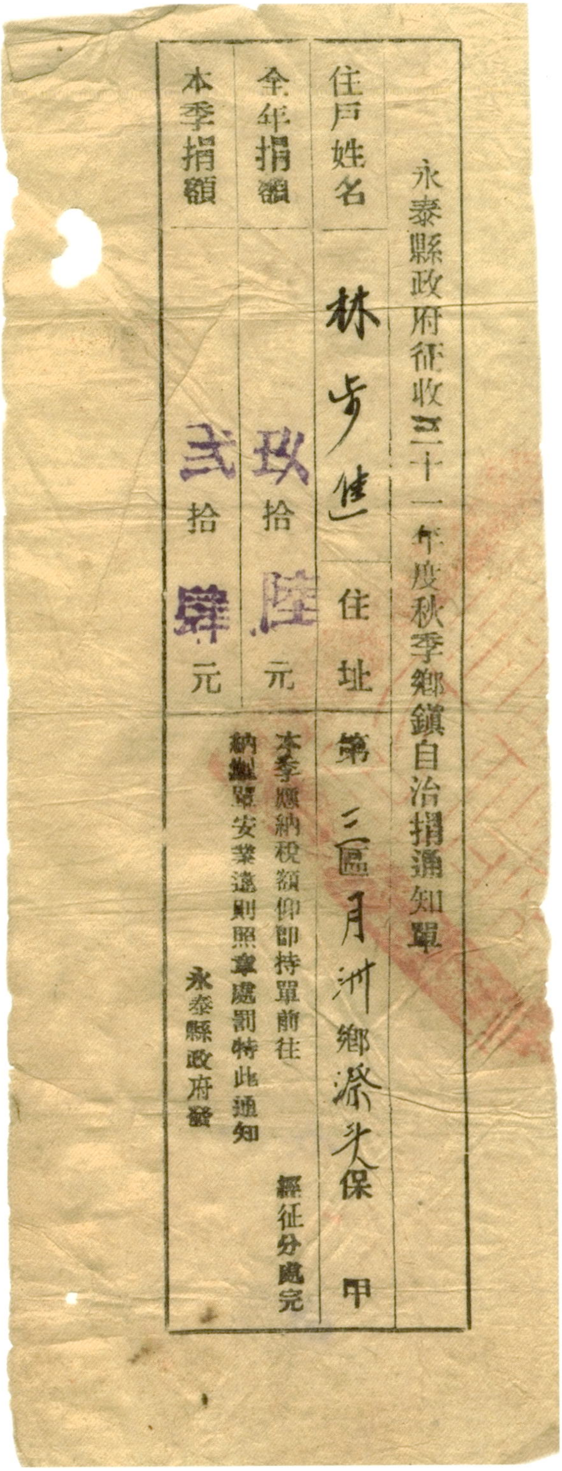

永泰縣政府征收三十一年度秋季鄉鎮自治捐通知單

住戶姓名 林步進 住址 第三區月洲鄉溪头保 甲

全年捐額 玖拾陸元

本季捐額 弍拾肆元

本季應納稅額仰即持單前往 經征分處完
納繳[illegible]安[illegible]違則照章處罰特此通知

永泰縣政府發

7-1-91-43　民國三十一年林步進户自治捐通知單

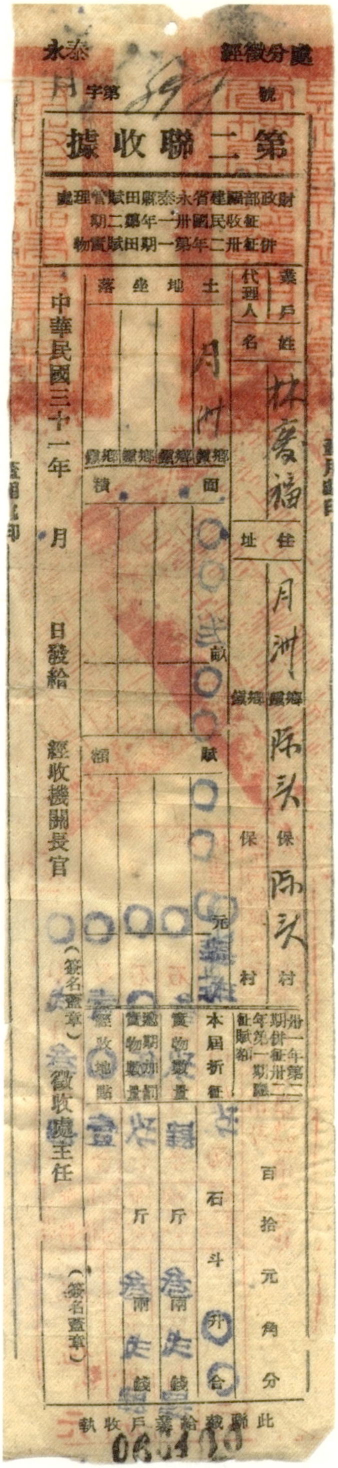
經徵分處 永泰

月字第 891 號

第二聯收據

財政部福建省永泰縣田賦管理處
征收民國卅一年第二期
併征卅二年第一期田賦實物

業戶姓名 代理人 林慶福

住址 月洲 鄉鎮 陈头 保 陈头 村

土地坐落 月洲 鄉鎮

面積 ○○貳畝

賦額 ○○○

卅一年第二期併征卅二年第一期征賦額 百 拾 元 角 分

本屆折徵 石 斗 升 合

實徵物數量 斤 兩 錢

逾期加徵實物數量 斤 兩 錢

經收地點

中華民國三十一年 月 日發給

經收機關長官（簽名蓋章）

徵收處主任（簽名蓋章）

此聯給業戶收執

06[illegible]120

7-1-91-42　民國三十一年林慶福户田賦徵實收據

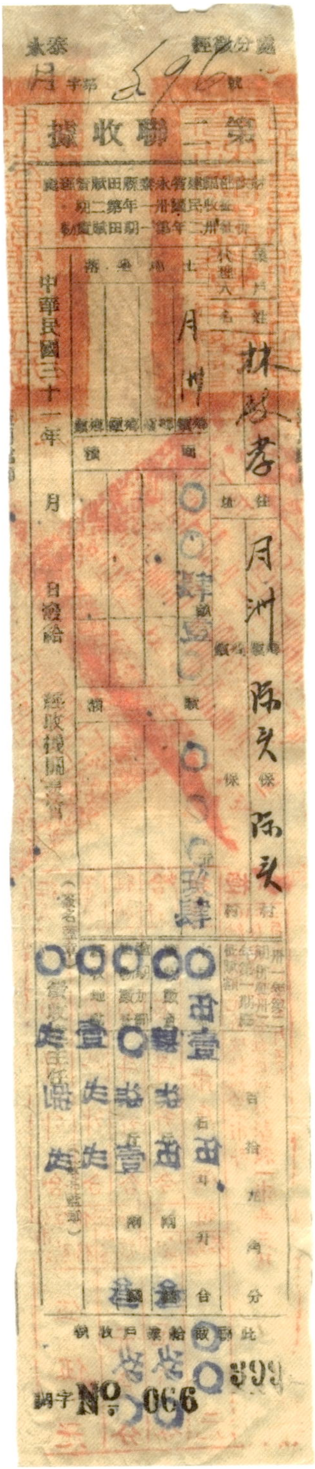
永泰經徵分處
月字第 596 號
第二聯收據
財政部福建省永泰縣田賦管理處
徵收民國卅一年第二期
併徵卅二年第一期田賦實物
林致孝
月洲
中華民國三十一年 月 日 經收機關蓋章
No. 066

7-1-91-41　民國三十一年林致孝户田賦徵實收據

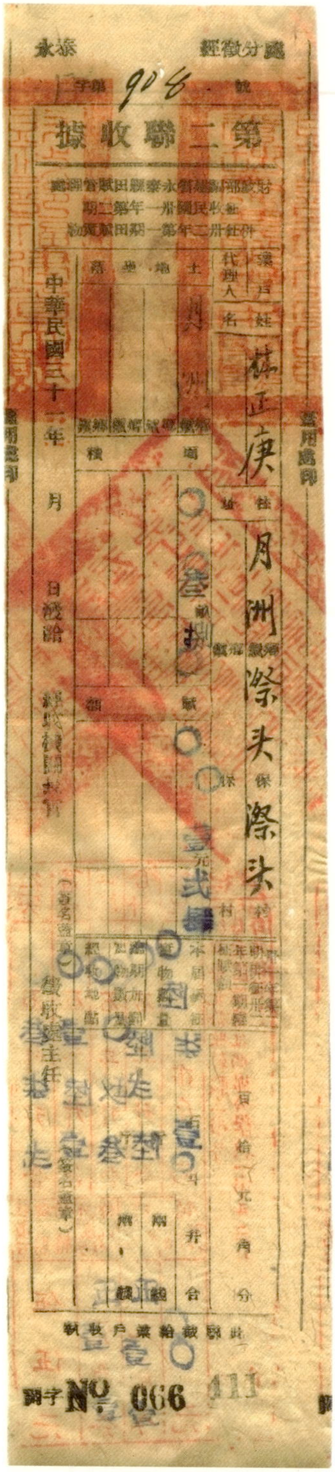
第二聯收據

中華民國三十一年 月 日發給

林正庚

月洲

漈头

漈头

No. 066

7-1-91-40 民國三十一年林正庚户田賦徵實收據

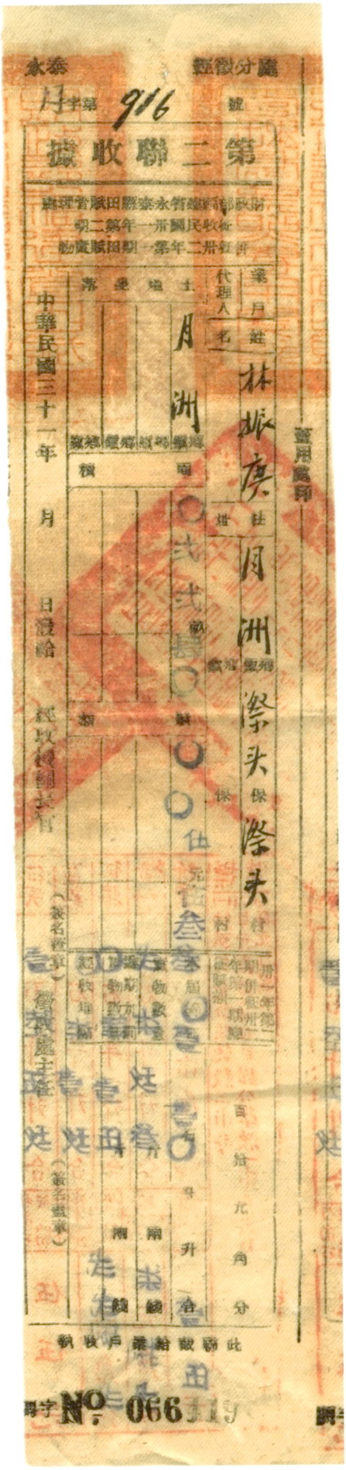

永泰縣分徵處

月字第916號

第二聯收據

財政部福建省永泰縣田賦管理處
征收民國卅一年第二期
併征卅二年第一期田賦實物

業戶姓名 林振庚
代理人名
土地坐落 月洲
住址 月洲 祭头保 祭头村

中華民國三十一年 月 日發給

經收員（簽名蓋章）

徵收處主任（簽名蓋章）

此聯截給業戶收執

No. 066[illegible]19

7-1-91-39　民國三十一年林振庚户田賦徵實收據

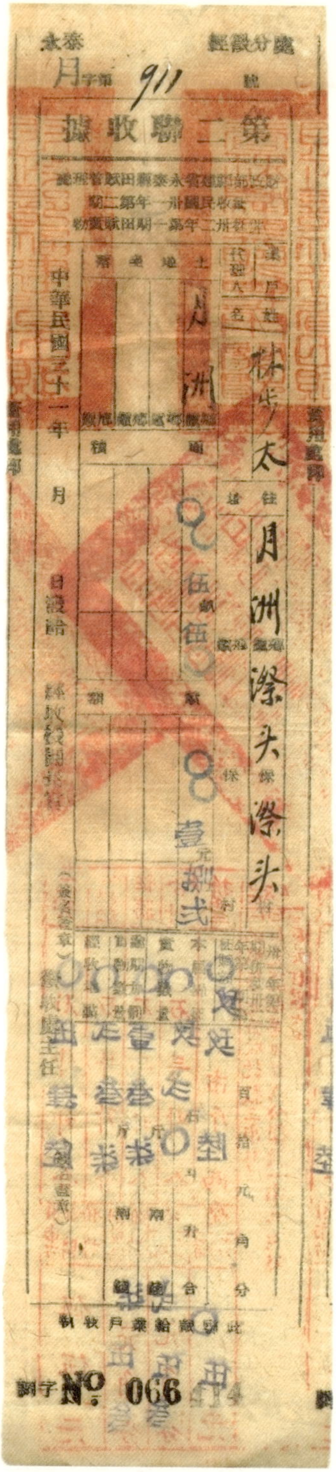
永泰經徵分處
月字第911號
第二聯收據
徵收民國卅一年第二期
卅二年第一期田賦實物
户名 林步太
住址 月洲漈头
土地坐落 月洲
中華民國三十一年 月 日發給
No. 066

7-1-91-38　民國三十一年林步太户田賦徵實收據

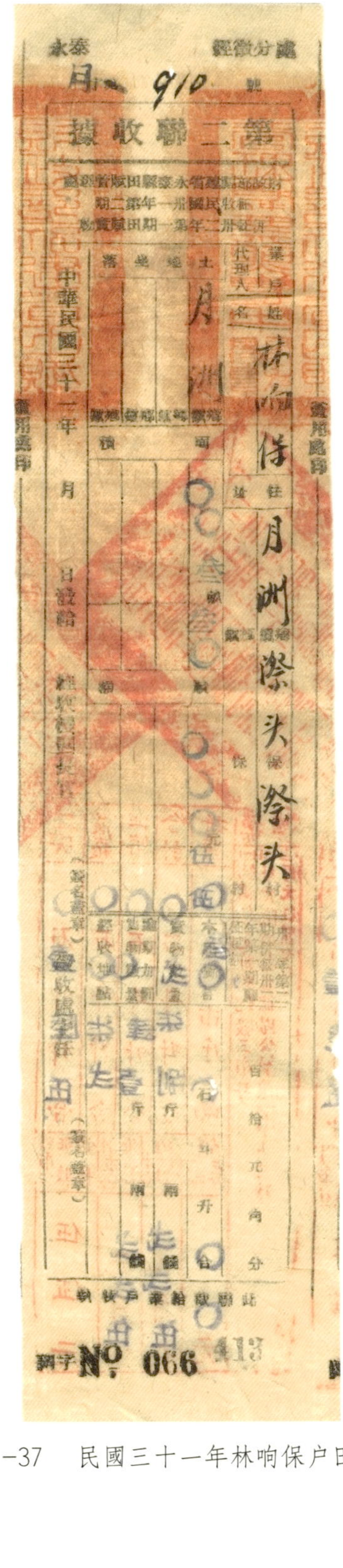
第二聯收據
業戶姓名 林响保
住址 月洲
漈头保 漈头村
土地坐落 月洲
中華民國三十一年 月 日發給
No. 066413

7-1-91-37　民國三十一年林响保户田賦徵實收據

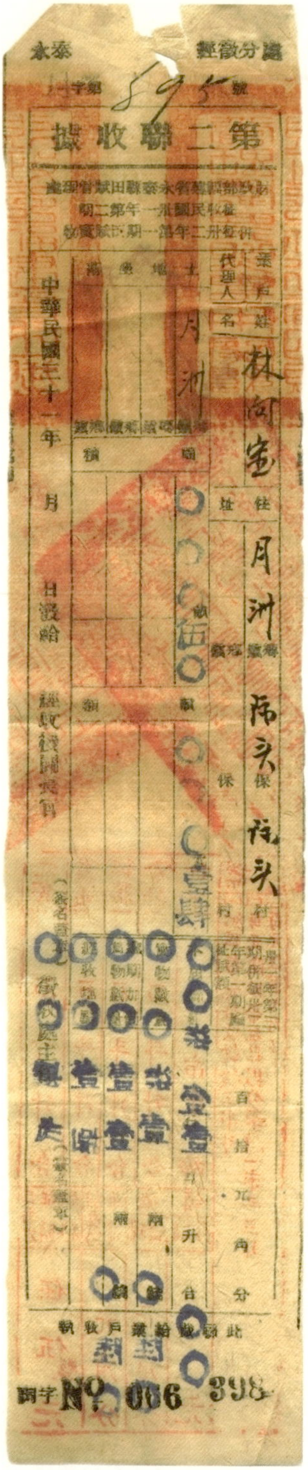
第二聯收據

業户姓名 林向宝

住址 月洲鄉 漈头保 漈头村

中華民國三十一年 月 日發給

No. 006398

7-1-91-36　民國三十一年林向宝户田賦徵實收據

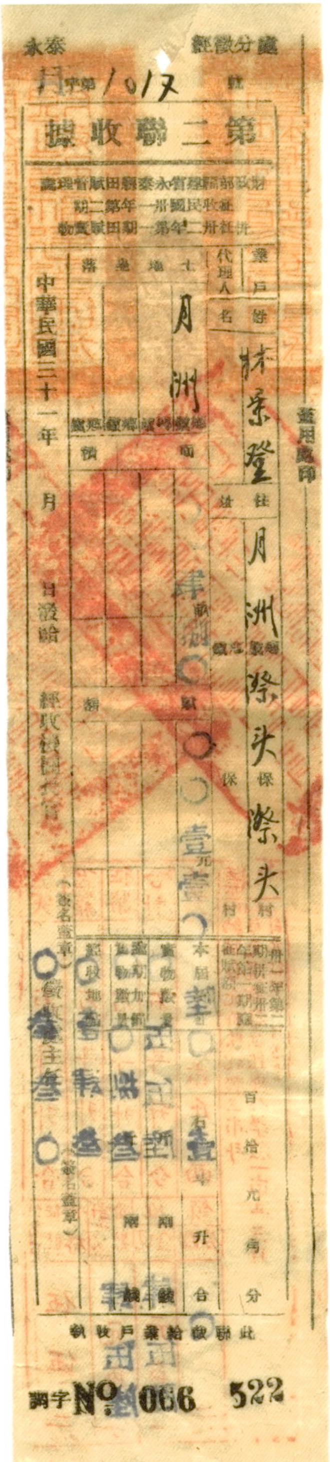

7-1-91-35　民國三十一年林景登户田賦徵實收據（二）

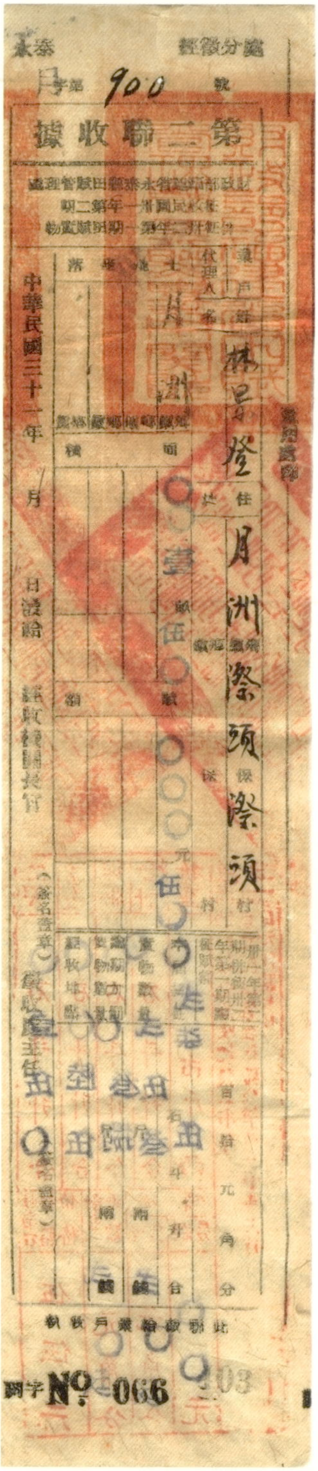

永泰 經徵分處

第 900 號

第二聯收據

財政部福建省永泰縣田賦管理處
徵收民國卅一年第二期
併徵卅二年第一期預借隨賦實物

業戶姓名 林景登

住址 月洲濚頭

中華民國三十一年 月 日發給

經收機關長官

No. 066

7-1-91-34　民國三十一年林景登户田賦徵實收據（一）

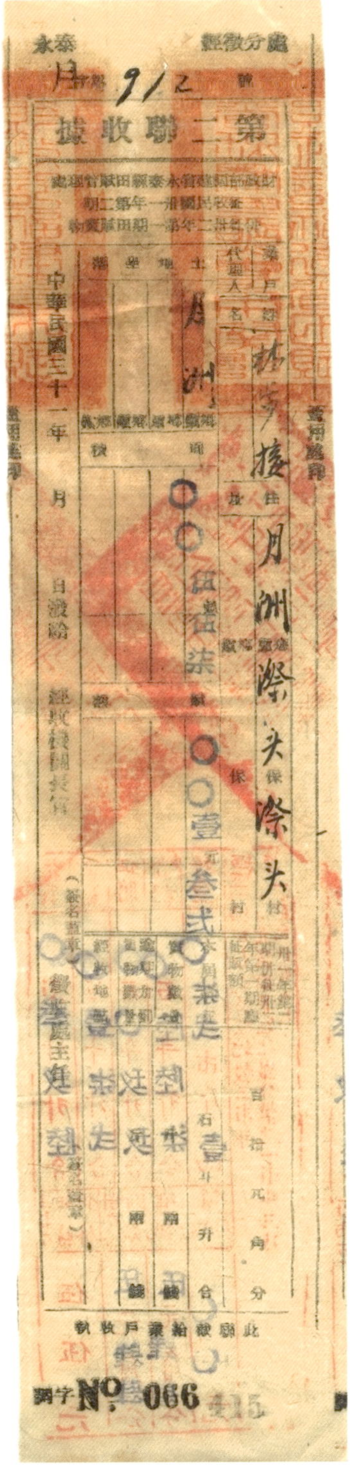
永泰 經徵分處

第二聯收據

財政部福建省永泰縣田賦管理處

業戶姓名 林步接

住址 月洲

中華民國三十一年 月 日

No 066

7-1-91-33　民國三十一年林步接户田賦徵實收據

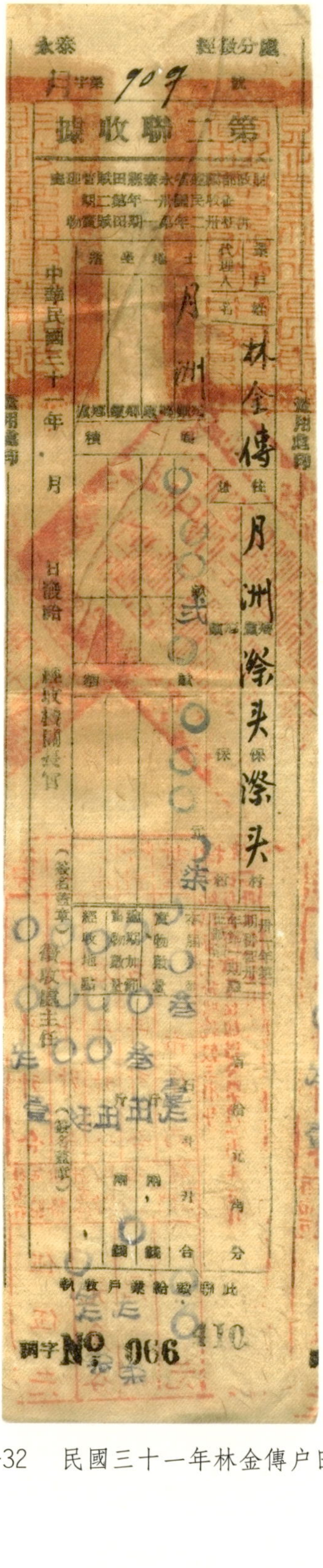
第二聯收據

財政部福建省永泰縣田賦管理處

徵收民國卅一年第二期

業戶姓名 林金傳

住址 月洲滦头

保 滦头

土地坐落 月洲

中華民國三十一年 月 日

經收機關長官

徵收處主任

調字 No 066

7-1-91-32　民國三十一年林金傳户田賦徵實收據

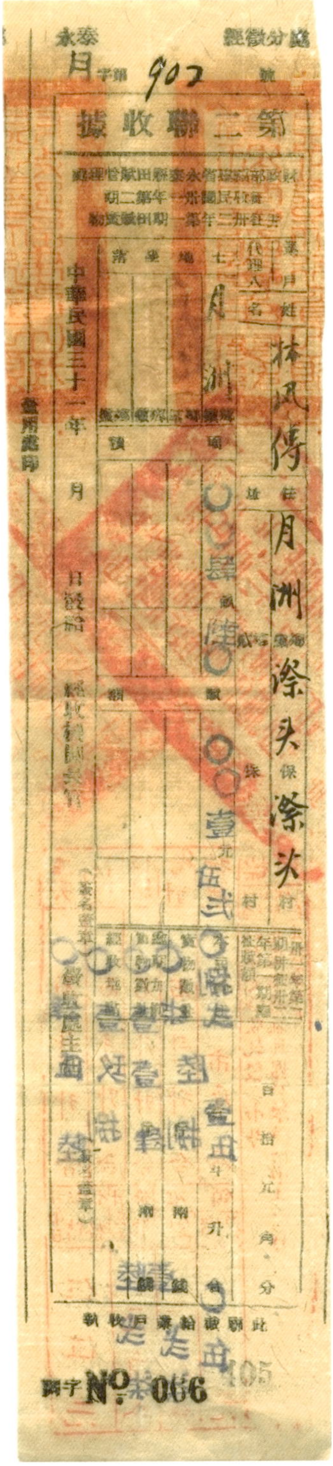
第二聯收據

財政部福建省永泰縣田賦管理處

業戶姓名　林风傳

住址　月洲　漈头保　漈头村

土地坐落　月洲

中華民國三十一年　月　日發給

經收員（簽名蓋章）

徵收處主任（簽名蓋章）

No 066

7-1-91-31　民國三十一年林風傳户田賦徵實收據

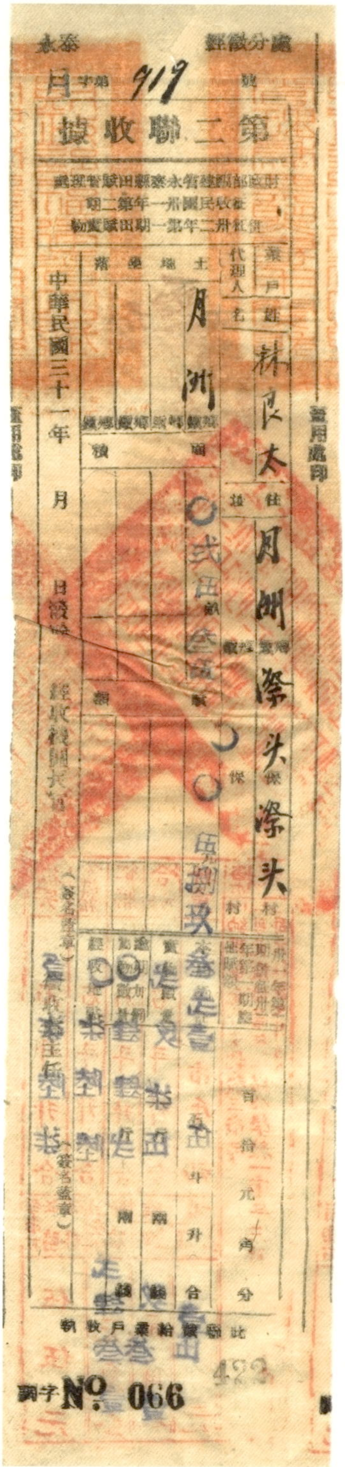
第二聯收據
第 919 號
財政部福建省永泰縣田賦管理處
徵收民國卅一年第二期
中華民國三十一年　月　日發給
業戶姓名　林良太
住址　月洲漈头保漈头村
土地坐落　月洲
№ 066

7-1-91-30　民國三十一年林良太户田賦徵實收據

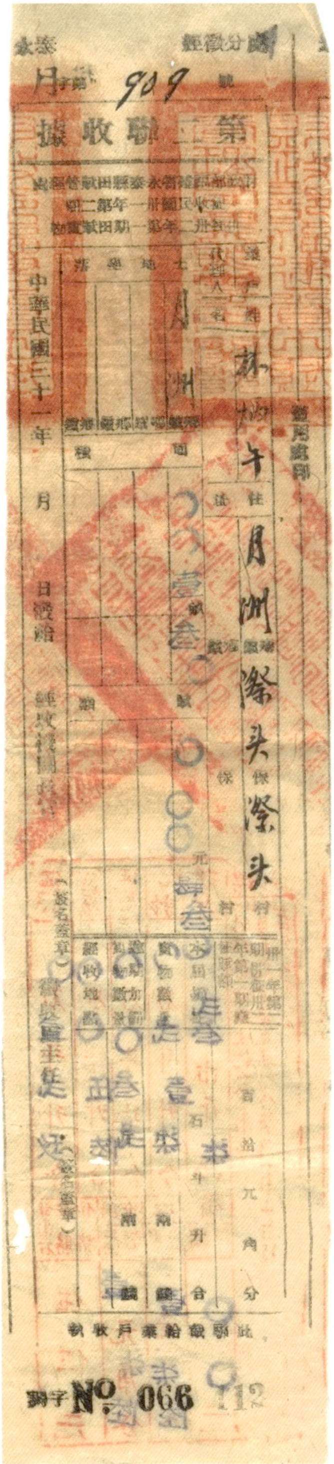
第二聯收據
業戶姓名：林炳午
住址：月洲 溪头保 溪头村
中華民國三十一年 月 日給
No. 066

7-1-91-29　民國三十一年林炳午户田賦徵實收據

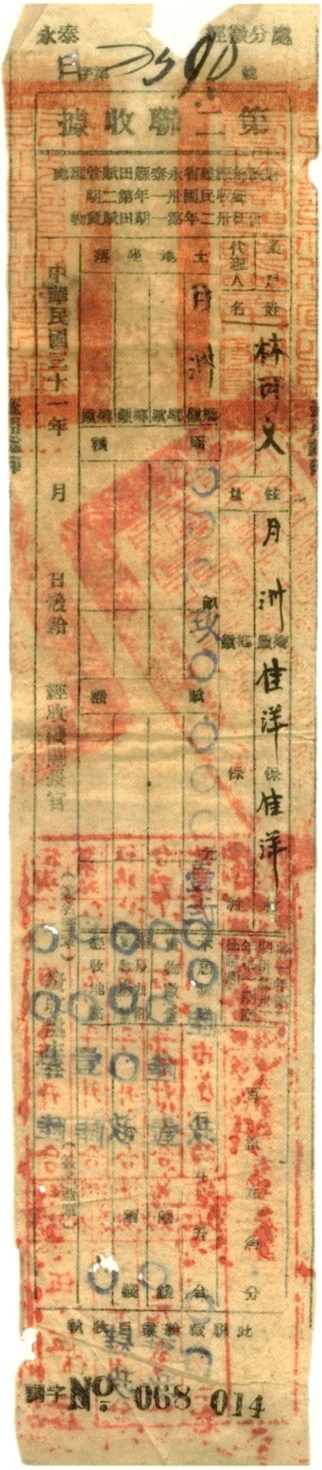

永泰 縣分徵經

第二聯收據

財政部福建省永泰縣田賦管理處

徵收民國卅一年第二期

帶征卅二年第一期田賦實物

業户姓名 林可文

中華民國三十一年　月　日經收給

調字 No. 068 014

7-1-91-28　民國三十一年林可义户田賦徵實收據

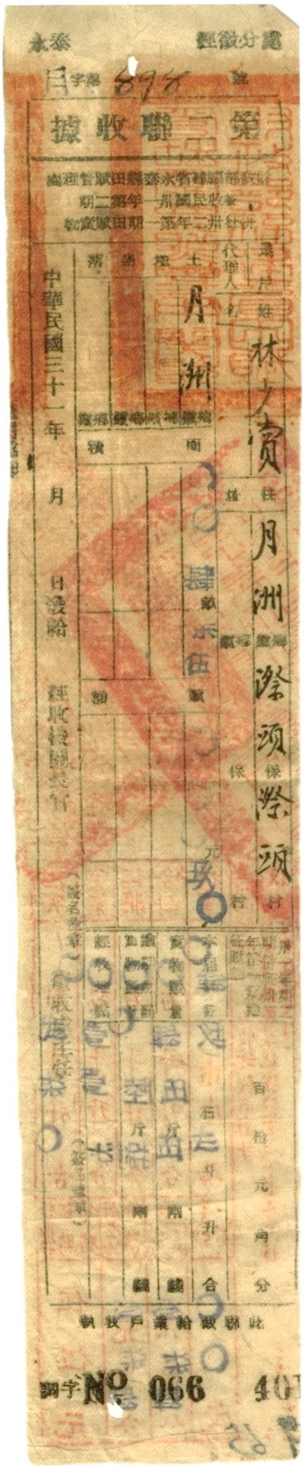
國分徵經　　泰永

字第 898 號

第二聯收據

財政部福建省永泰縣田賦管理處
奉發民國三十一年第二期
征收卅二年第一期田賦實物

業戶姓名 林少賞

住址 月洲

路頭鄉鎮 路頭保 村

中華民國三十一年　月　日發給

No 066

7-1-91-27　民國三十一年林少賞户田賦徵實收據

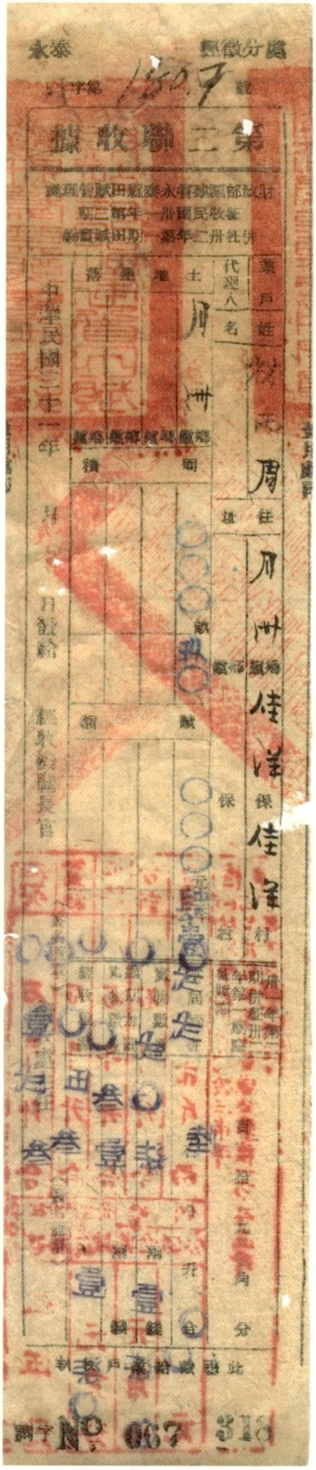
永泰縣徵分處
第二聯收據
財政部福建省永泰縣田賦管理處
徵收民國卅一年第二期
併社卅二年第一期田賦實物
中華民國三十一年　月　日發給
No 067318

7-1-91-26　民國三十一年林丙周户田賦徵實收據

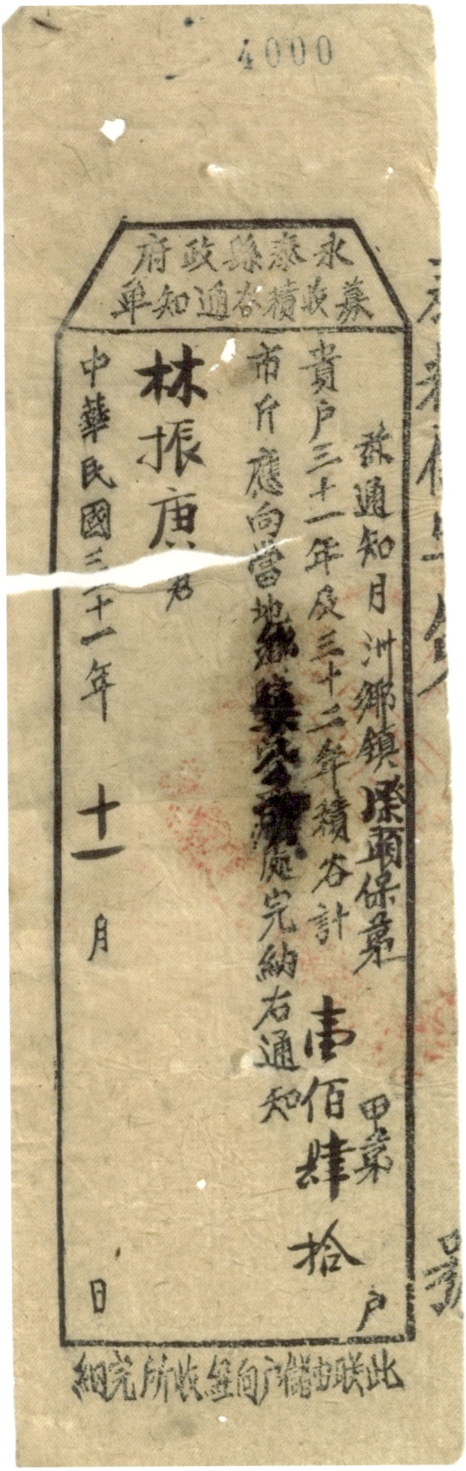
4000

永泰縣政府
募收積谷通知單

茲通知月洲鄉鎮[illegible]頭保第　甲第　户
貴户三十一年度三十二年積谷計壹佰肆拾
市斤應向當地鄉鎮[illegible]處完納右通知

林振庚

中華民國三十一年十一月　日

此聯由儲户向經收所完納

7-1-91-25　民國三十一年十一月林振庚户募收積穀通知單

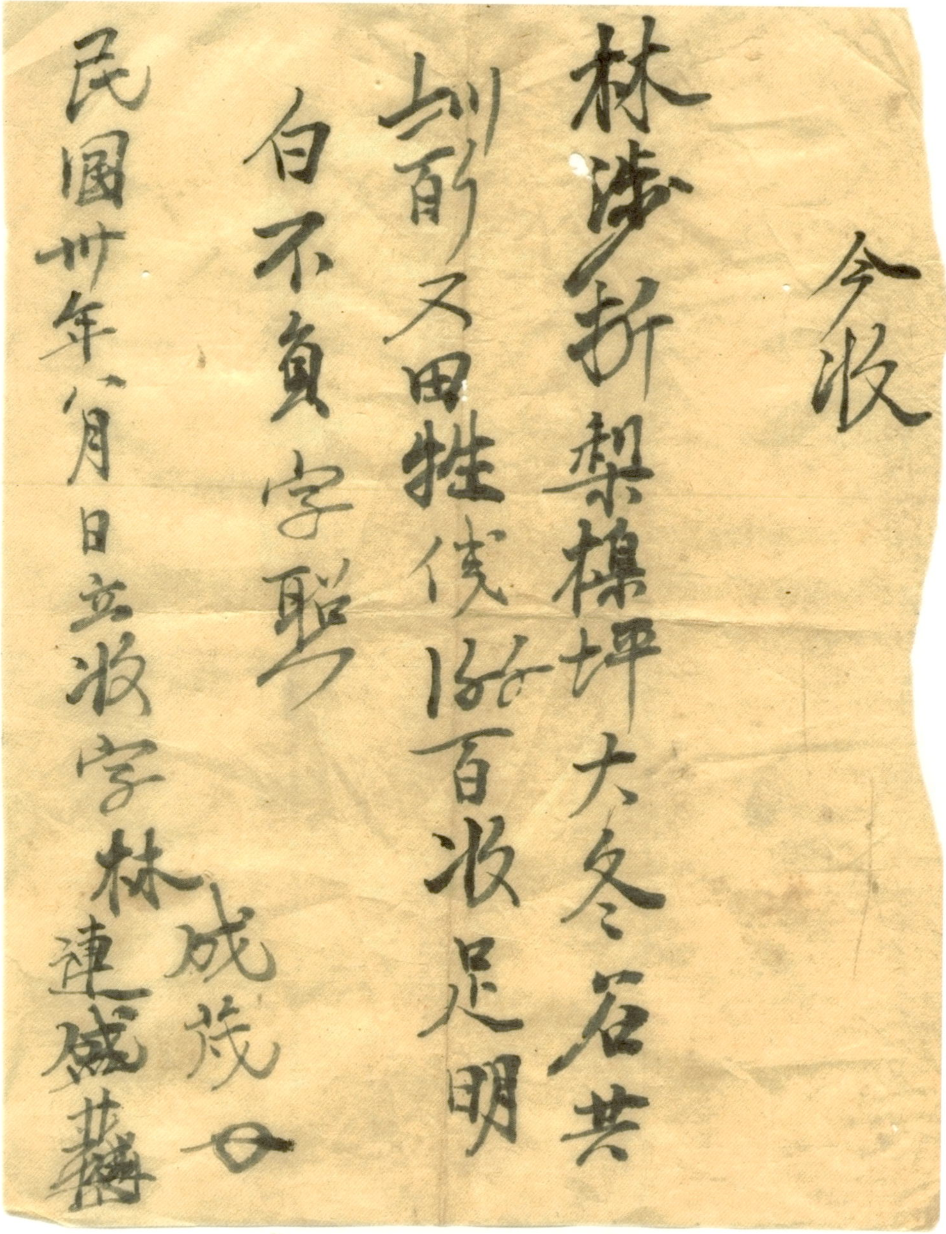

今收
林涉折架槕坪大冬谷共
圳所又田租俵陆百收足明
白不負字照
民國卅年八月日立收字林成茂（押）
林連盛

7-1-91-24　民國三十年八月林成茂等立收租字

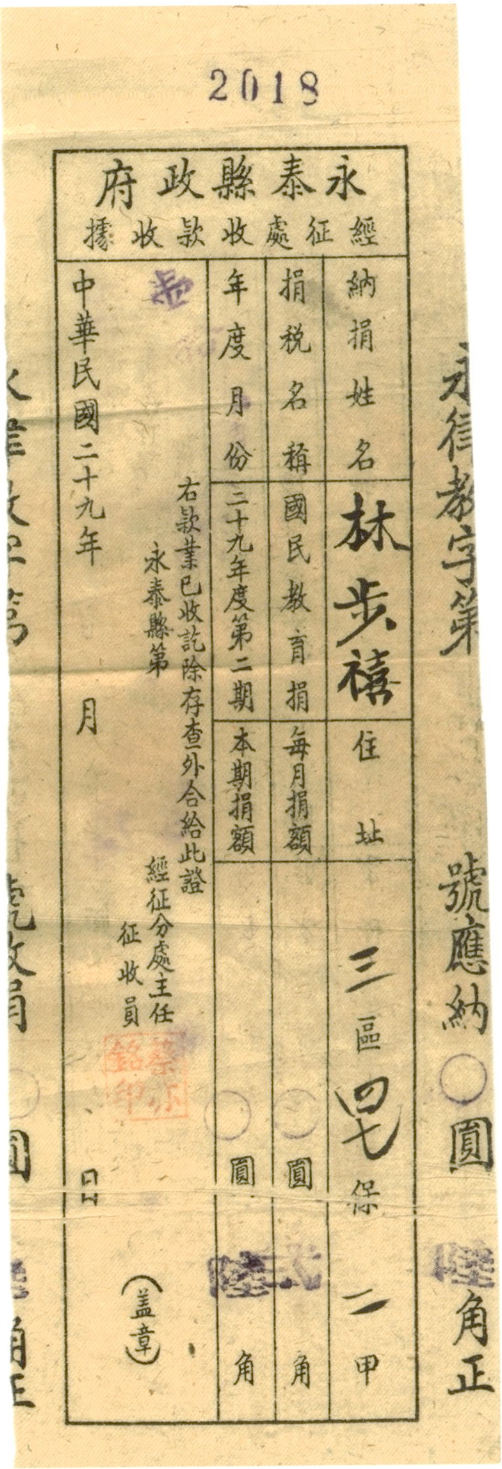

2018

永泰縣政府

經征處收款收據

永信教字第　號應納〇圓陸角正

納捐姓名	林步禧	住址	三區四七保二甲
捐稅名稱	國民教育捐	每月捐額	〇圓陸角
年度月份	二十九年度第二期	本期捐額	〇圓　角

右款業已收訖除存查外合給此證

永泰縣第　經征分處主任

征收員（盖章）

中華民國二十九年　月　日

7-1-91-23　民國二十九年林步禧户國民教育捐收據（二）

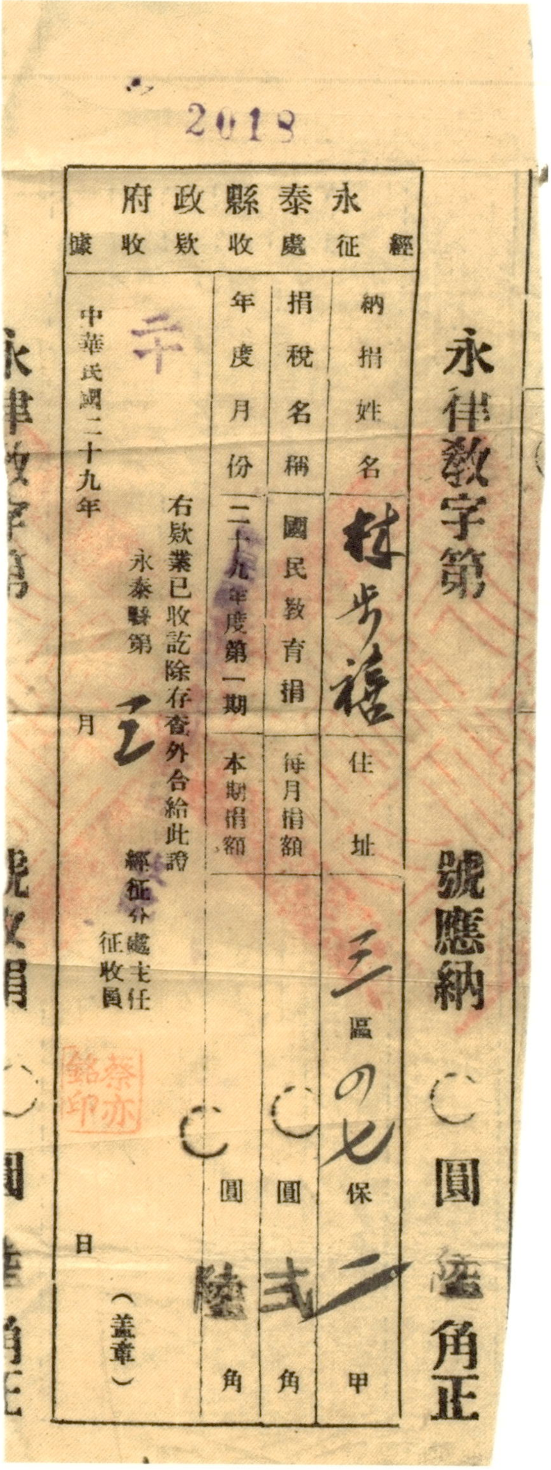

永泰縣政府
經征處收款收據

永律教字第 號應納 圓陸角正

納捐姓名：林步禧　住址：三區の七保二甲

捐稅名稱：國民教育捐　每月捐額： 圓弍角

年度月份：二十九年度第一期　本期捐額： 圓陸角

右欵業已收訖除存查外合給此證

永泰縣第 三 經征分處主任 征收員（蓋章）

中華民國二十九年 月 日

7-1-91-22　民國二十九年林步禧户國民教育捐收據（一）

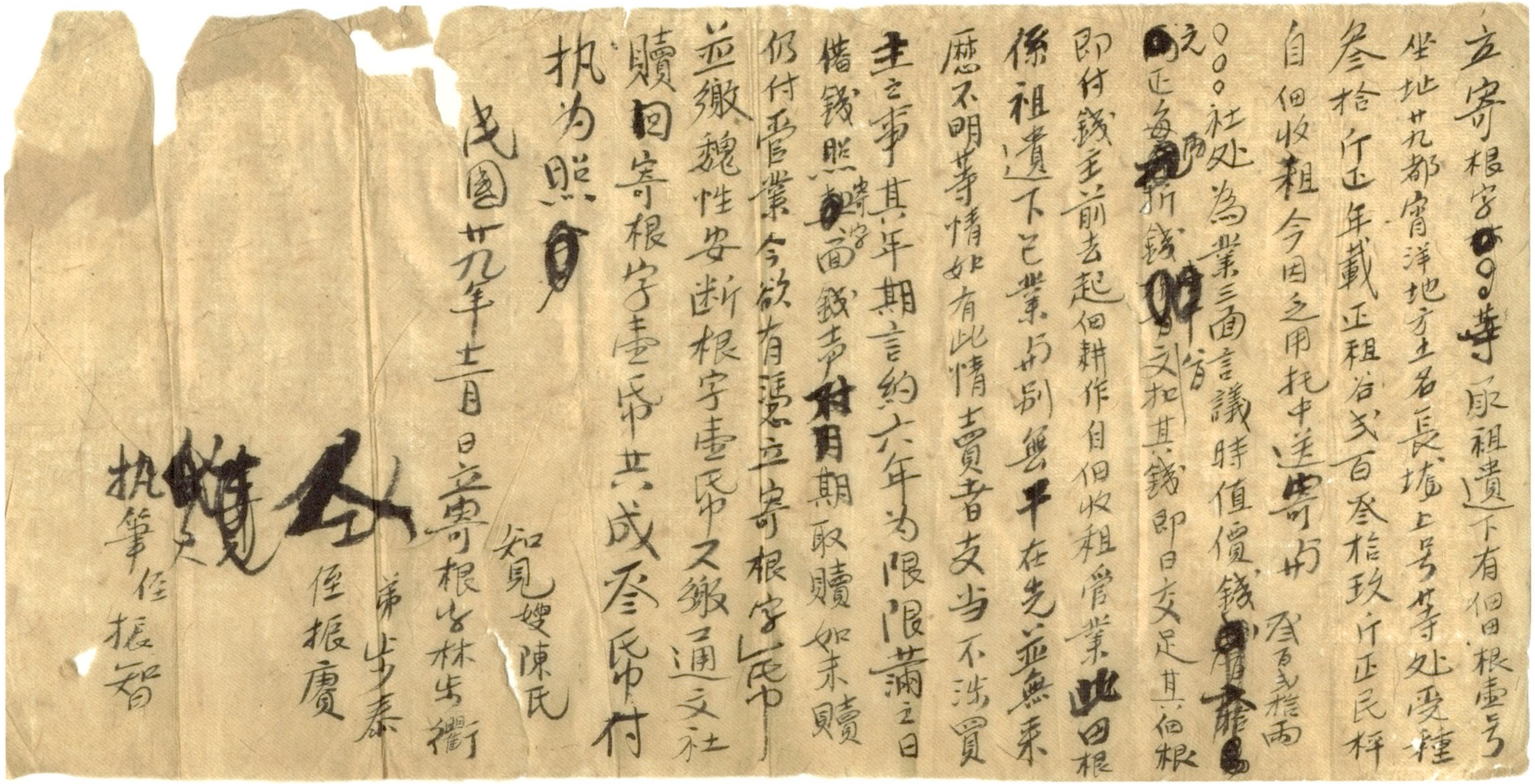
立寄根字□□□等，承祖遺下有佃田根壹号，
坐址廿九都霄洋地方，土名長墘上号等处，受種
叁拾斤正，年載正租谷弍百叁拾玖斤正，民秤
自佃收租。今因乏用，托中送寄与　　　叁百弍拾両
○○○社处為業，三面言議時值價錢
之正，每両折錢　　　文，扣其錢即日交足，其佃根
即付錢主前去起佃耕作，自佃收租管業。此田根
係祖遺下己業，与别無干，在先並無来
歷不明等情，如有此情，賣者支当，不涉買
主之事。其年期言約六年為限，限滿之日
借錢照面錢声　　月期取贖，如未贖
仍付管業。今欲有憑，立寄根字壹紙
並繳魏性安断根字壹紙，又繳通文社
贖回寄根字壹紙，共成叁紙，付
执為照。
民國廿九年十二月　日立寄根字林步衢
知見嫂陳氏
弟步泰
侄振賡
执筆侄振智

7-1-91-21　民國二十九年十二月林步衢立寄佃田根字

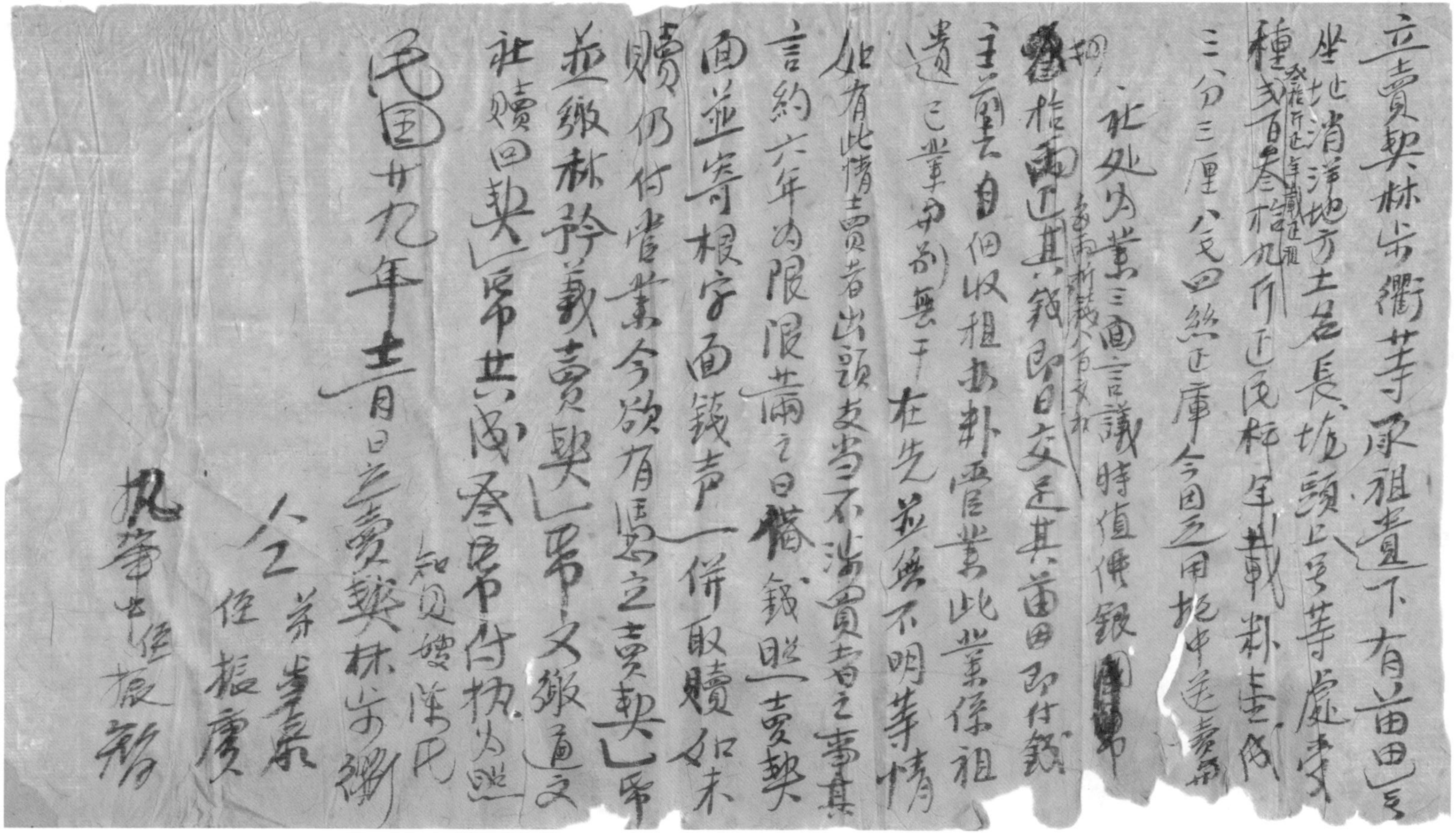
立賣契林步衢等承祖遺下有苗田乙号
坐址消洋地方土名長坑頭止号等處，受
種貳百叁拾九斤正，民粮年載
三分三厘八毛四絲正庫。今因乏用，托中送賣與
社处为業。三面言議，時值價銀國幣
叁拾元正。其钱即日交足，其苗田即付錢
主前去自佃收租，對粮管業。此業係祖
遺己業，與房親無干，在先並無不明等情。
如有此情，賣者出頭支當，不涉買者之事。其
言約六年為限，限滿之日，備钱照賣契
面並寄根字面钱声一併取贖。如未
贖，仍付管業。今欲有憑，立賣契一紙
並繳林聆義賣契一紙，又繳通交
社贖回契一紙，共成叁紙，付執為照。
民國廿九年十二月　日立賣契林步衢
知見嫂陳氏
仝弟步
侄振廣
代筆侄振

7-1-91-20　民國二十九年十二月林步衢等立賣苗田契

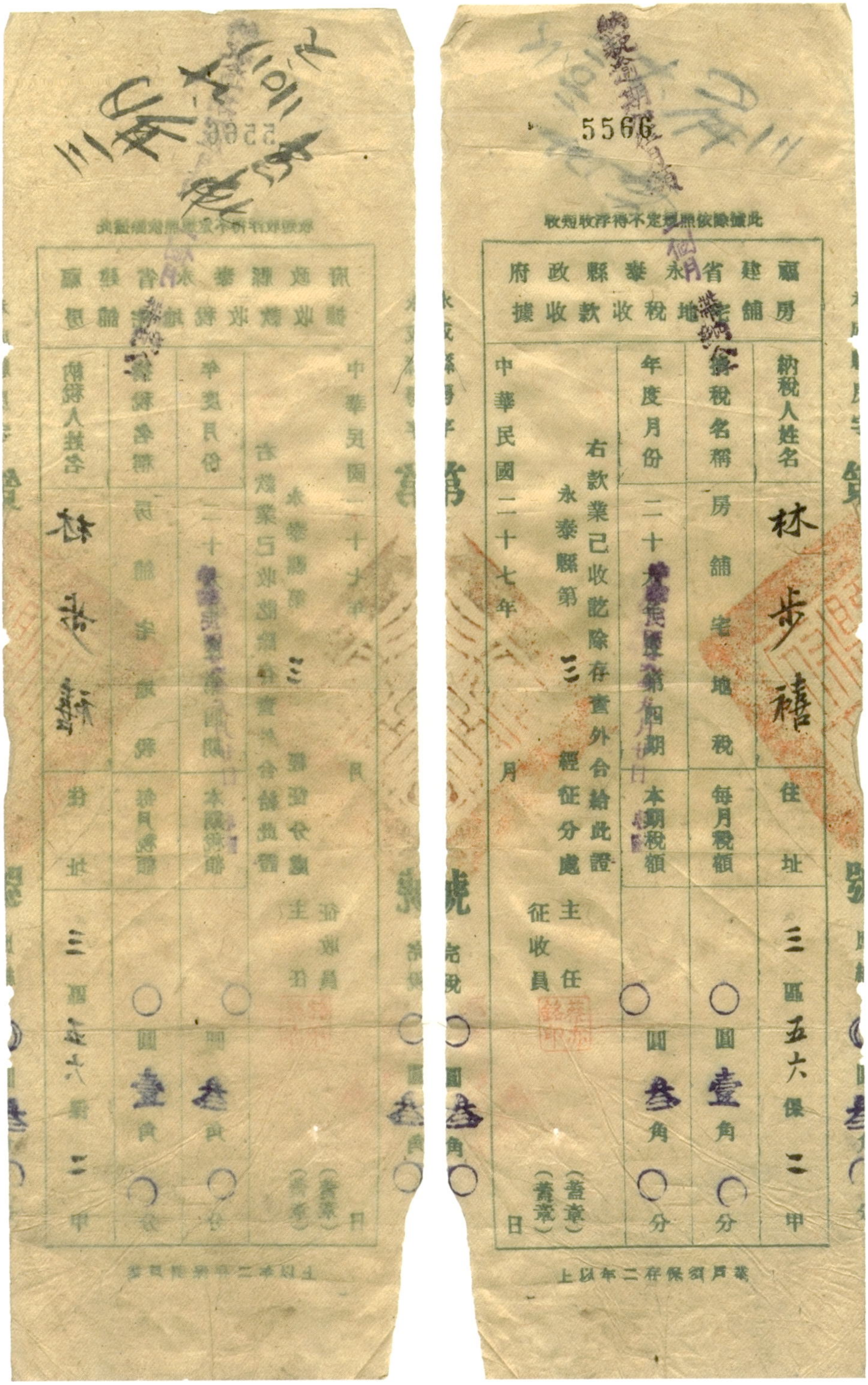
5566

此據除依照規定不得浮收

福建省永泰縣政府
房舖宅地稅收款收據

納稅人姓名	林步禧
住址	三區五六保二甲
稅名稱	房舖宅地稅
每月稅額	〇圓壹角〇分
年度月份	二十九年 期
本期稅額	〇圓叁角〇分

右款業已收訖除存查外合給此證

永泰縣第三經征分處　主任（蓋章）　征收員（蓋章）

中華民國二十七年　月　日

業戶須保存二年以上

7-1-91-19　民國二十九年九月林步禧户房鋪宅地稅收據

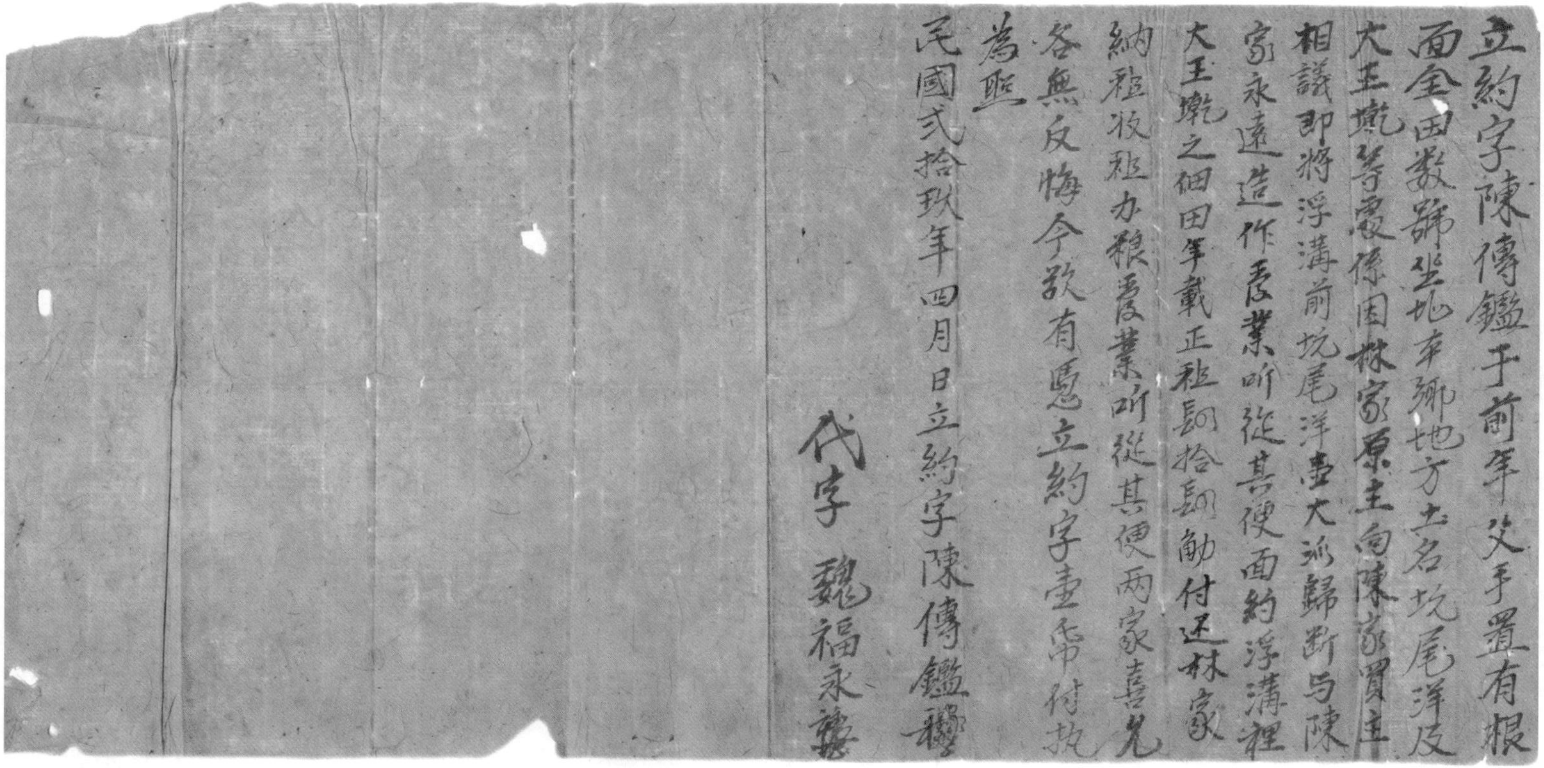

立約字陳傳鑑于前年父手置有根
面全田數號坐址本鄉地方土名坑尾洋皮
大王墘等處係因林家原主向陳家買主
相議即將浮溝前坑尾洋畫大派歸斷与陳
家永遠造作管業聽從其便面約浮溝裡
大王墘之佃田年載正租貳拾貳觔付还林家
納租收租办粮管業聽從其便兩家喜允
各無反悔今欲有憑立約字壹帋付執
為照
民國弍拾玖年四月日立約字陳傳鑑
代字　魏福永

7-1-91-18　民國二十九年四月陳傳鑑立約字

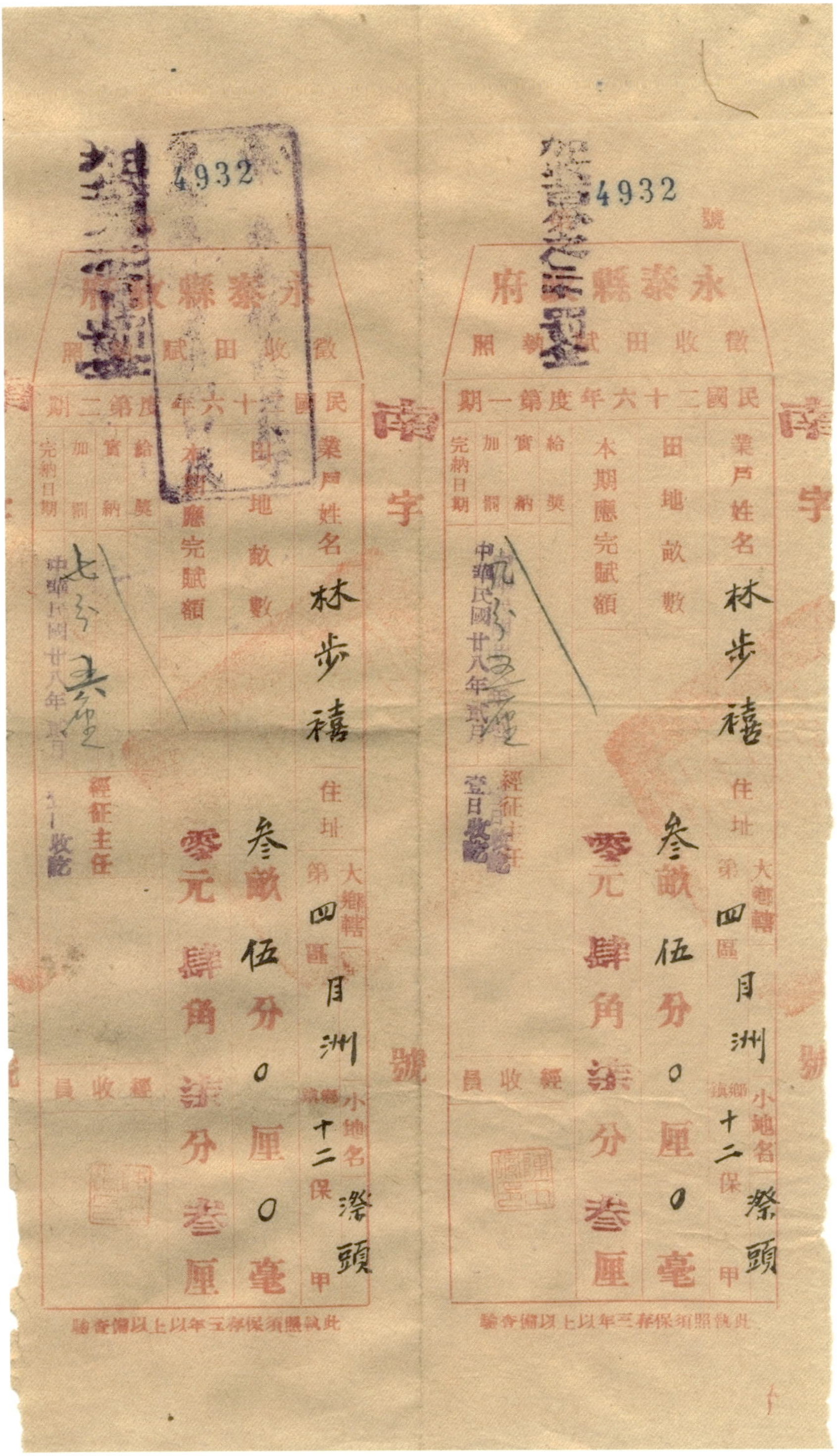
字 號

4932 號

永泰縣政府
徵收田賦執照
民國二十六年度第一期

業戶姓名：林步禧
住址：第四區 大鄉轄 月洲
小地名：溪頭
鄉鎮 十二 保 甲
田地畝數：叁畝伍分〇厘〇毫
本期應完賦額：零元肆角柒分叁厘
給獎
實納
加罰
完納日期：中華民國廿八年貳月壹日
經征主任 收訖
經收員

此執照須保存三年以上以備查驗

字 號

4932

永泰縣政府
徵收田賦執照
民國二十六年度第二期

業戶姓名：林步禧
住址：第四區 大鄉轄 月洲
小地名：溪頭
鄉鎮 十二 保 甲
田地畝數：叁畝伍分〇厘〇毫
本期應完賦額：零元肆角柒分叁厘
給獎
實納
加罰
完納日期：中華民國廿八年貳月　日
經征主任 收訖
經收員

此執照須保存三年以上以備查驗

7-1-91-17　民國二十八年二月林步禧户田賦執照

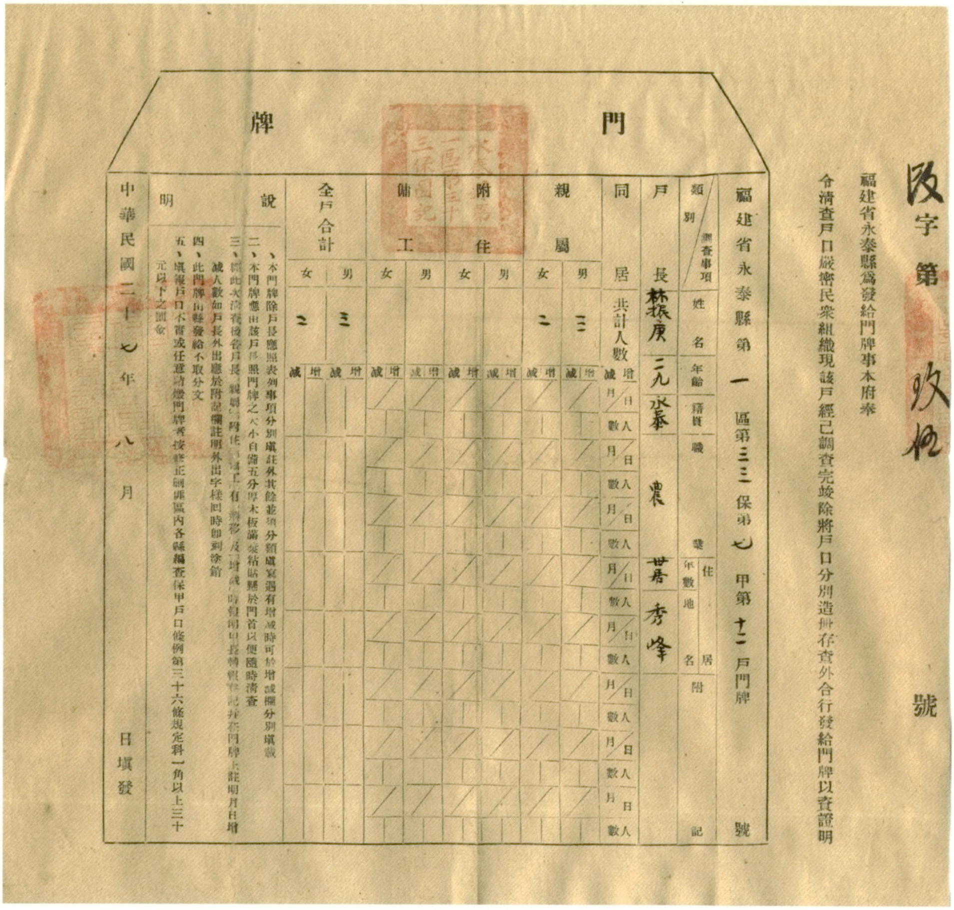

段字第 攻旭 號

福建省永泰縣爲發給門牌事本府奉

令清查戶口嚴密民衆組織現該戶經已調查完竣除將戶口分別造册存查外合行發給門牌以資證明

門牌

福建省永泰縣第一區第三三保第七甲第十二戶門牌 號

調查事項／類別	戶長
姓名	林振庚
年齡	二九
籍貫	永泰
職業	農
住居年數地名	世居秀峰
附記	

	同居共計人數	親屬 男	親屬 女	附住 男	附住 女	傭工 男	傭工 女	全戶合計 男	全戶合計 女
		三	二					三	二
增減	月日人數								

說明

一、本門牌除戶長應照表列事項分別填註外其餘並須分類填寫遇有增減時可於增減欄分別填載

二、本門牌應由該戶照門牌之大小自備五分厚木板滿漿粘貼懸於門首以便隨時清查

三、倘此次清查後各戶長、親屬、附住、傭工、有遷移及增減時須由甲長轉報登記并在門牌上註明月日增減人數如戶長外出應於附記欄註明外出字樣回時即刻塗銷

四、此門牌由縣發給不取分文

五、填報戶口不實或任意毀門牌者按修正剿匪區內各縣編查保甲戶口條例第三十六條規定科一角以上三十元以下之罰金

中華民國二十七年八月 日填發

7-1-91-16　民國二十七年八月林振庚户門牌

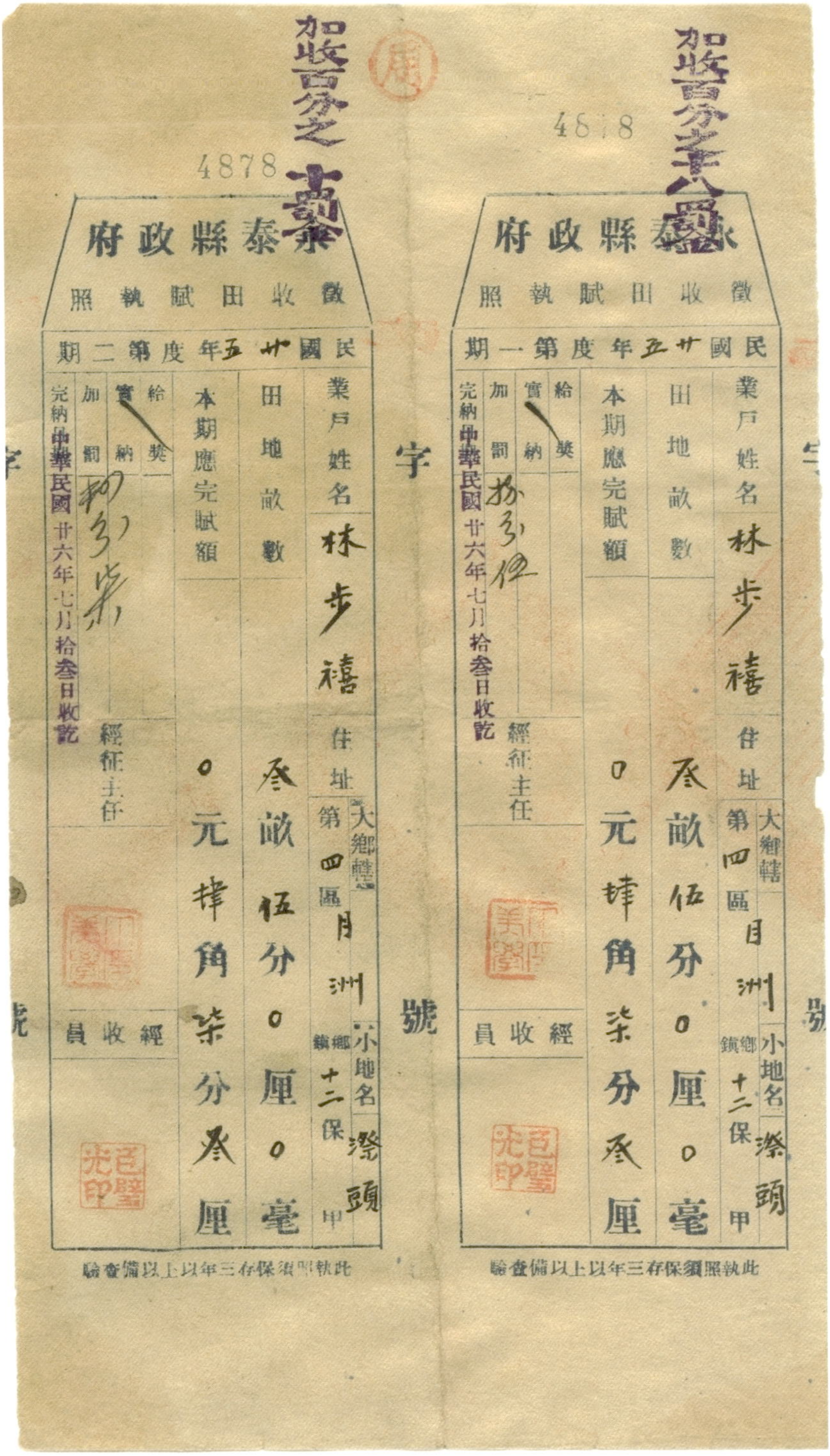

4878

永泰縣政府

徵收田賦執照

民國廿五年度第一期

業戶姓名：林步禧

住址：大鄉轄 第四區 月洲 鄉鎮 十二保 甲

小地名：漈頭

田地畝數：叁畝伍分〇厘〇毫

本期應完賦額：〇元肆角柒分叁厘

給獎　實納　加罰

完納：中華民國廿六年七月拾叁日收訖

經征主任

經收員

此執照須保存三年以上以備查驗

字　號

4878

永泰縣政府

徵收田賦執照

民國廿五年度第二期

業戶姓名：林步禧

住址：大鄉轄 第四區 月洲 鄉鎮 十二保 甲

小地名：漈頭

田地畝數：叁畝伍分〇厘〇毫

本期應完賦額：〇元肆角柒分叁厘

給獎　實納　加罰

完納：中華民國廿六年七月拾叁日收訖

經征主任

經收員

此執照須保存三年以上以備查驗

7-1-91-15　民國二十六年七月林步禧户田賦執照

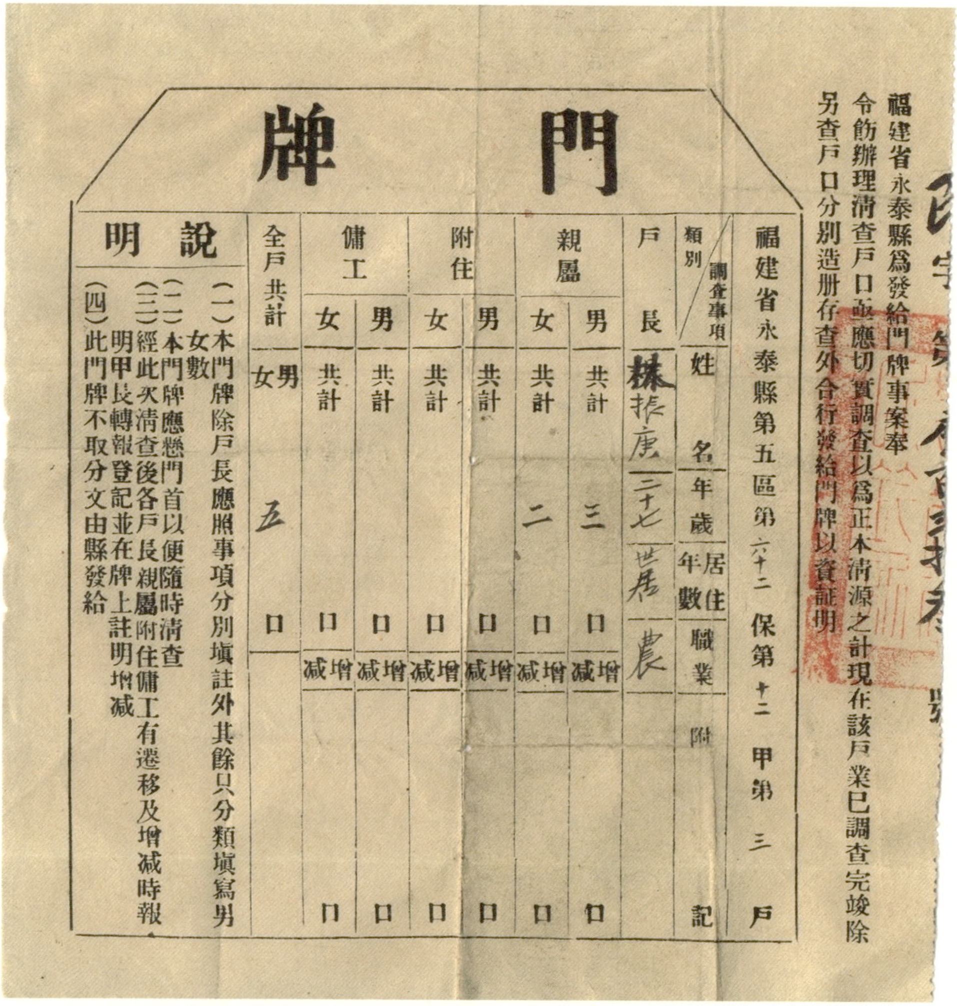

福建省永泰縣爲發給門牌事案奉
令飭辦理清查戶口亟應切實調查以爲正本清源之計現在該戶業已調查完竣除另查戶口分別造冊存查外合行發給門牌以資證明

門牌

福建省永泰縣第五區第六十二保第十二甲第三戶

調查事項／類別	戶長
姓名	林振庚
年歲	二十七
居住年數	世居
職業	農
附記	

	親屬 男	親屬 女	附住 男	附住 女	傭工 男	傭工 女	全戶共計 男女
共計	三口	二口	口	口	口	口	五口
增減	口	口	口	口	口	口	

說明

（一）本門牌除戶長應照事項分別填註外其餘只分類填寫男女數
（二）本門牌應懸門首以便隨時清查
（三）經此次清查後各戶長親屬附住傭工有遷移及增減時報明甲長轉報登記並在牌上註明增減
（四）此門牌不取分文由縣發給

7-1-91-14　民國二十五年林振庚户門牌

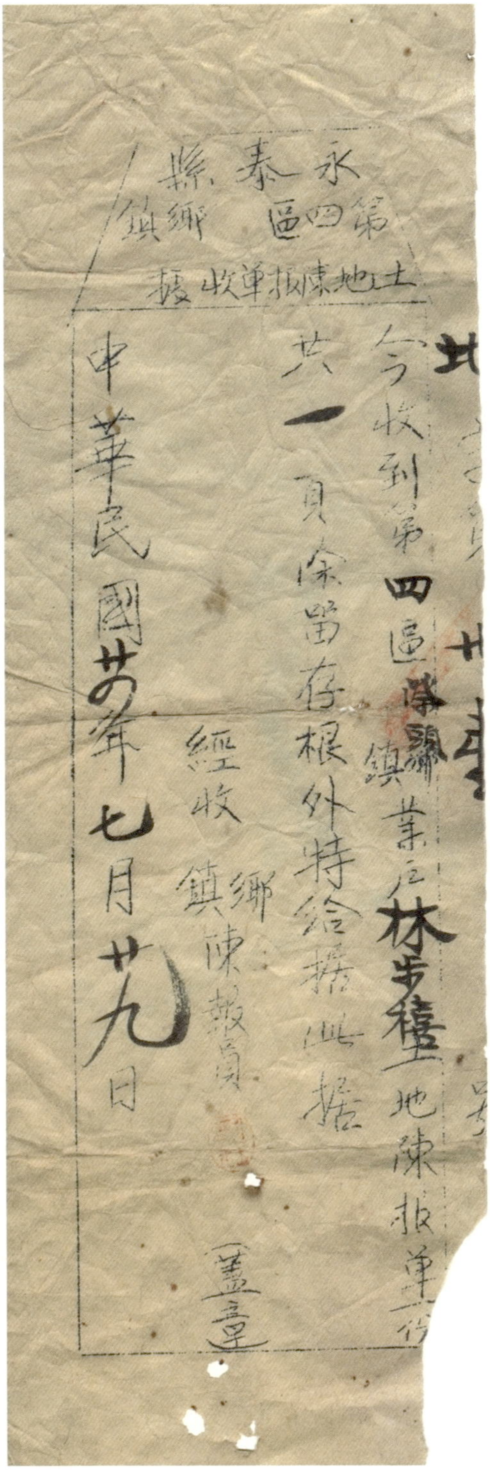
永泰縣
第四區　鄉鎮
土地陳報單收據

今收到第四區洋頭鄉鎮業户林步禧地陳報單一份
共一頁除留存根外特給收據此據
經收鄉鎮陳報員（蓋章）
中華民國廿四年七月廿九日

7-1-91-13　民國二十四年七月林步禧户土地陳報單收據

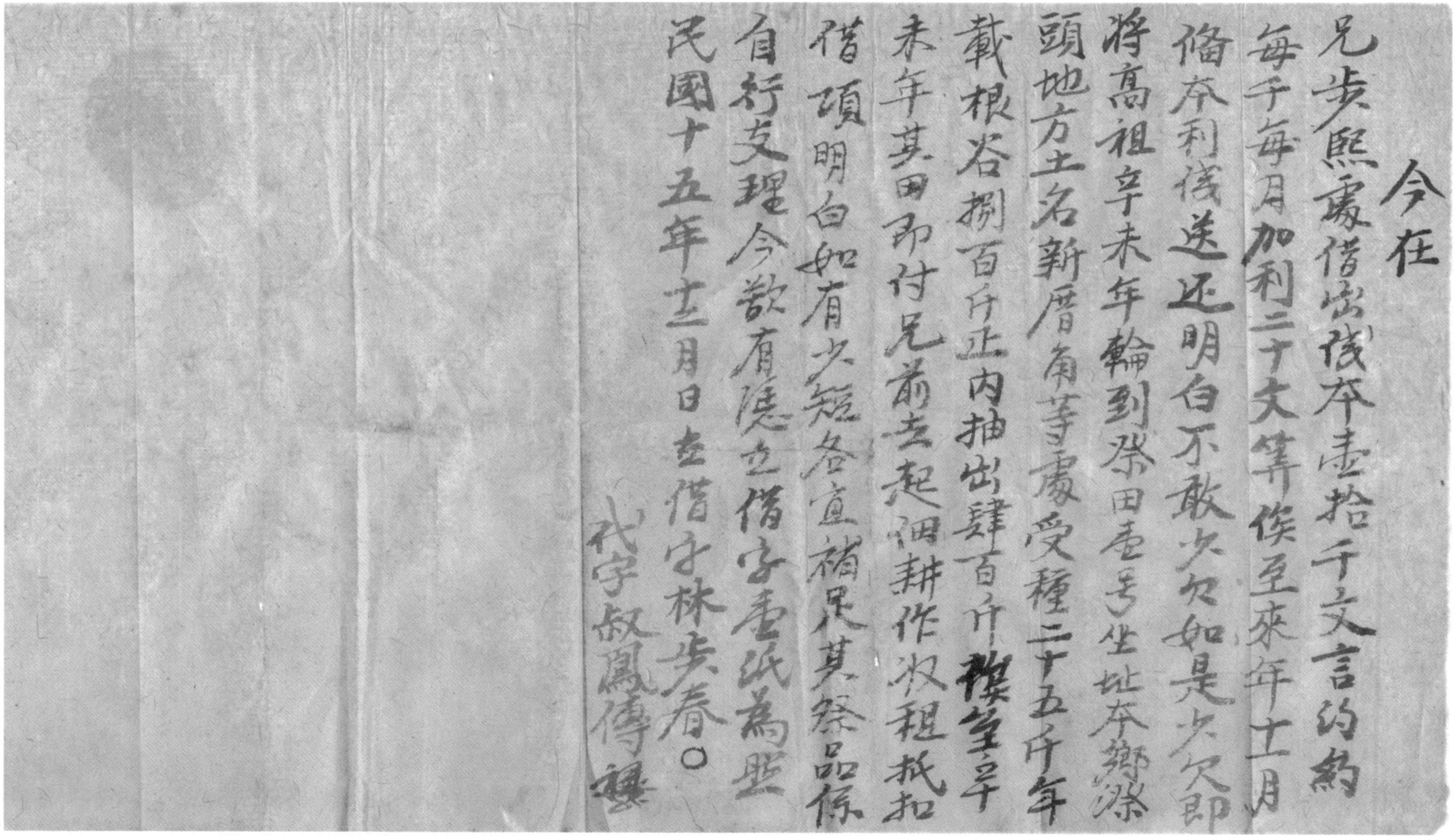
今在
兄步熙處借出錢本壹拾千文言約
每千每月加利二十文算俟至來年十二月
備本利錢送還明白不敢欠少如是欠少即
將高祖辛未年輪到祭田壹号坐址本鄉漈
頭地方土名新厝角等處受種二十五斤年
載根谷捌百斤正內抽出肆百斤撥坐辛
未年其田即付兄前去起佃耕作收租抵扣
借項明白如有少短各宜補足其祭品係
自行支理今欲有憑立借字壹紙爲照
民國十五年十二月　日立借字林步春〇
代字叔鳳傳（押）

7-1-91-12　民國十五年十二月林步春立借錢字

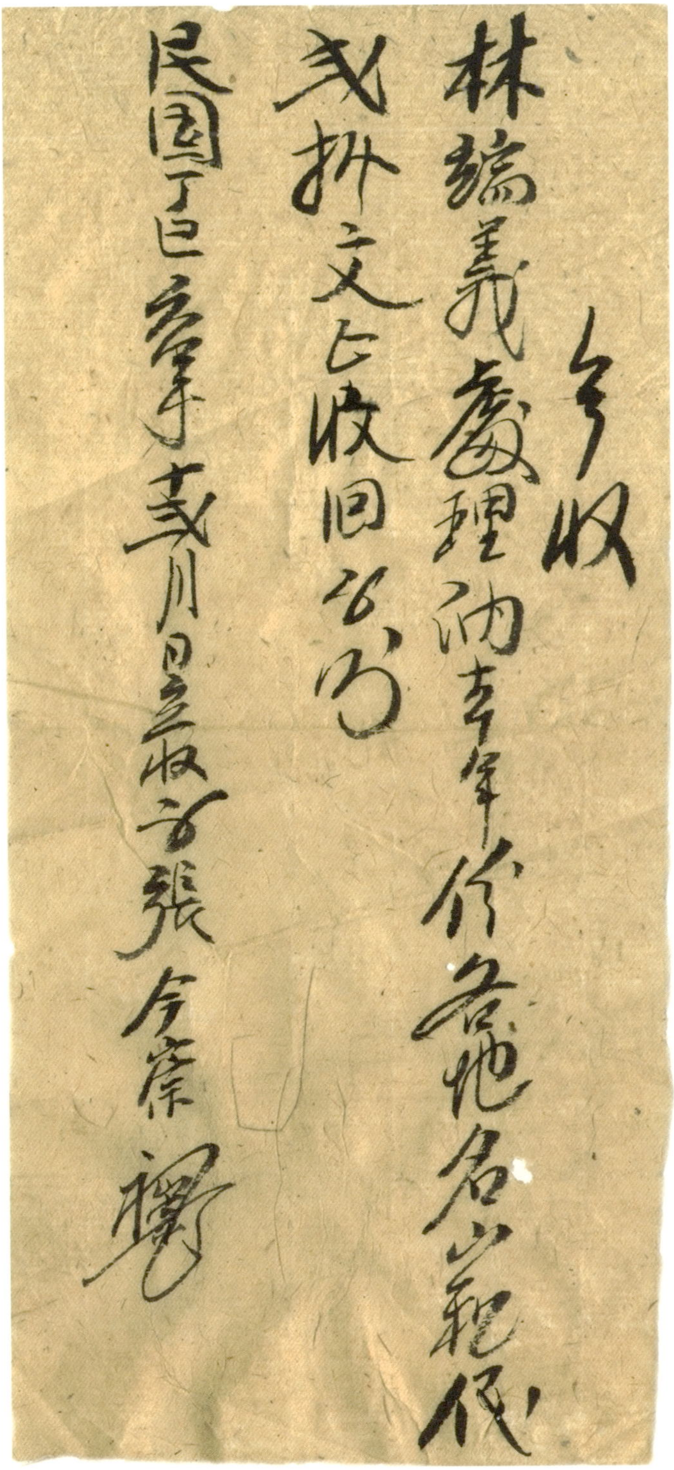

今收
林端義處理納本年份各地名山租錢
弍拾文正收回足訖
民国丁巳年十二月日立收字張今崇（押）

7-1-91-11　民國六年十二月張今崇立收山租字

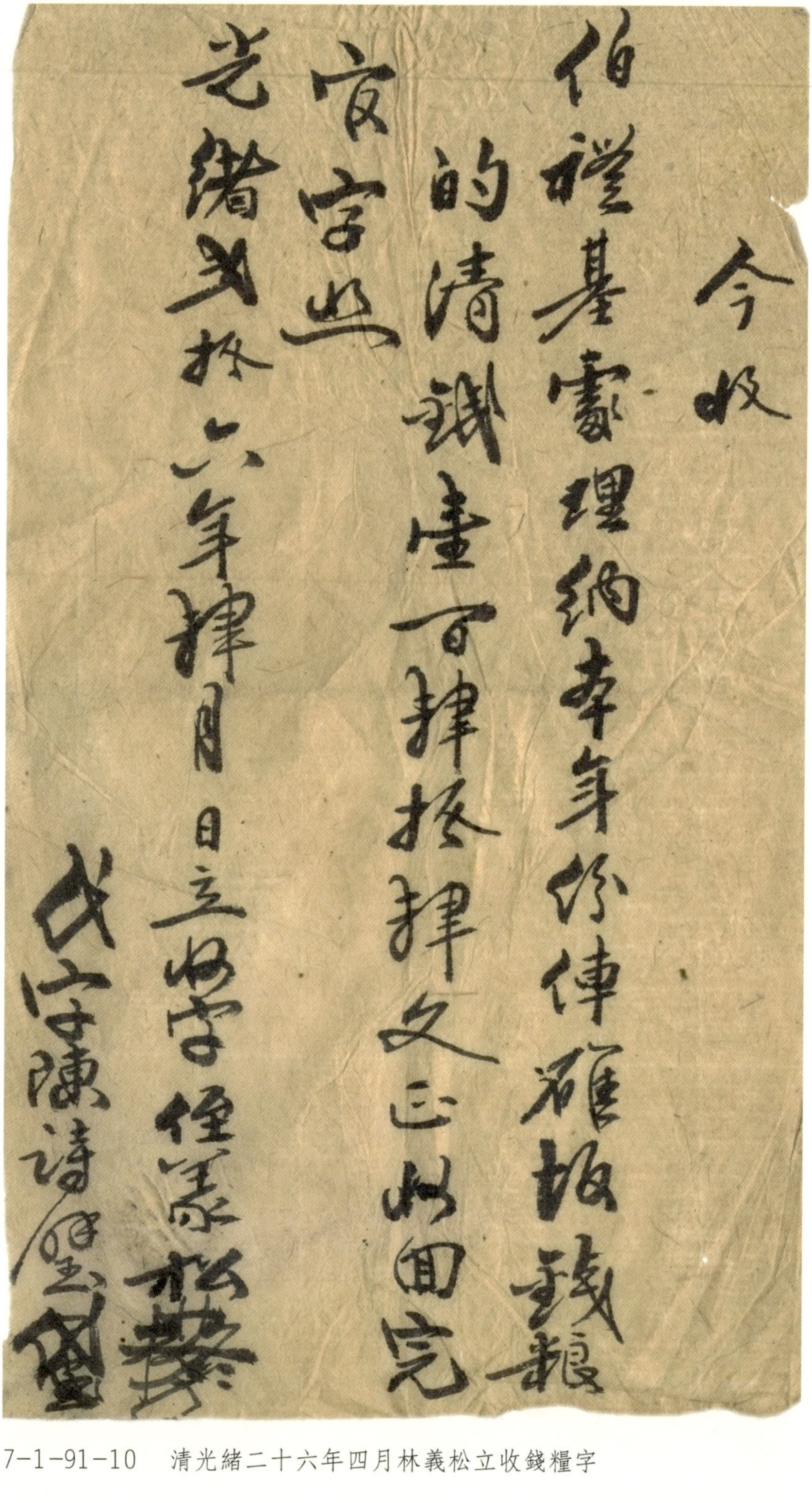
今收
伯禮基處理納本年份俾羅坂錢糧
的清錢壹百肆拾肆文正收回完
官字照
光緒弍拾六年肆月　日立收字侄義松（押）
代字陳詩（押）

7-1-91-10　清光緒二十六年四月林義松立收錢糧字

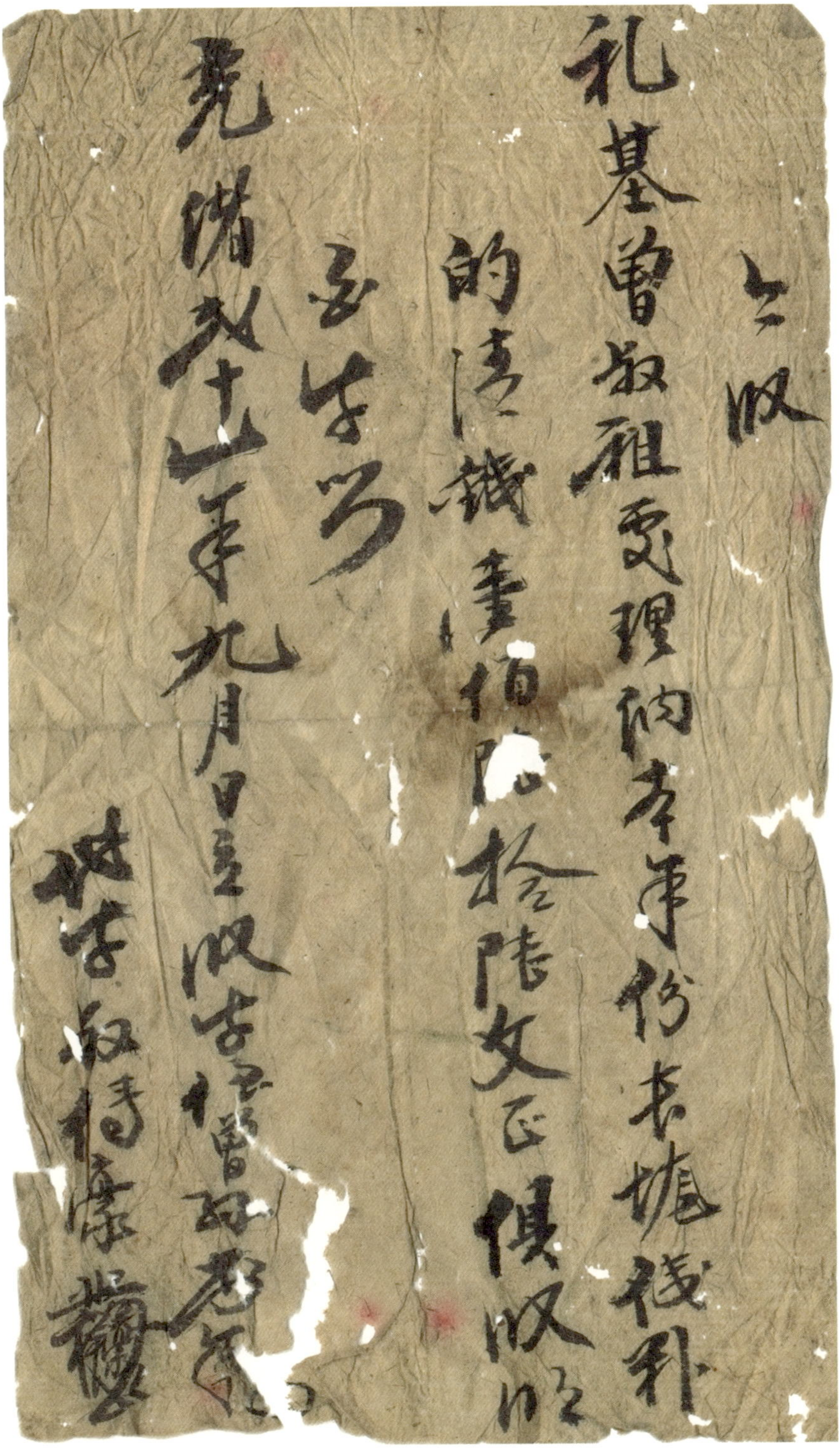
立收
礼基曾叔祖受理陶本年份[illegible]墘錢糧
的清錢壹佰陸拾陸文正，俱收明
足訖。
光緒貳拾壹年九月　日立收字曾孫[illegible]
[illegible]叔[illegible]

7-1-91-9　清光緒二十一年九月林書年立收錢糧字

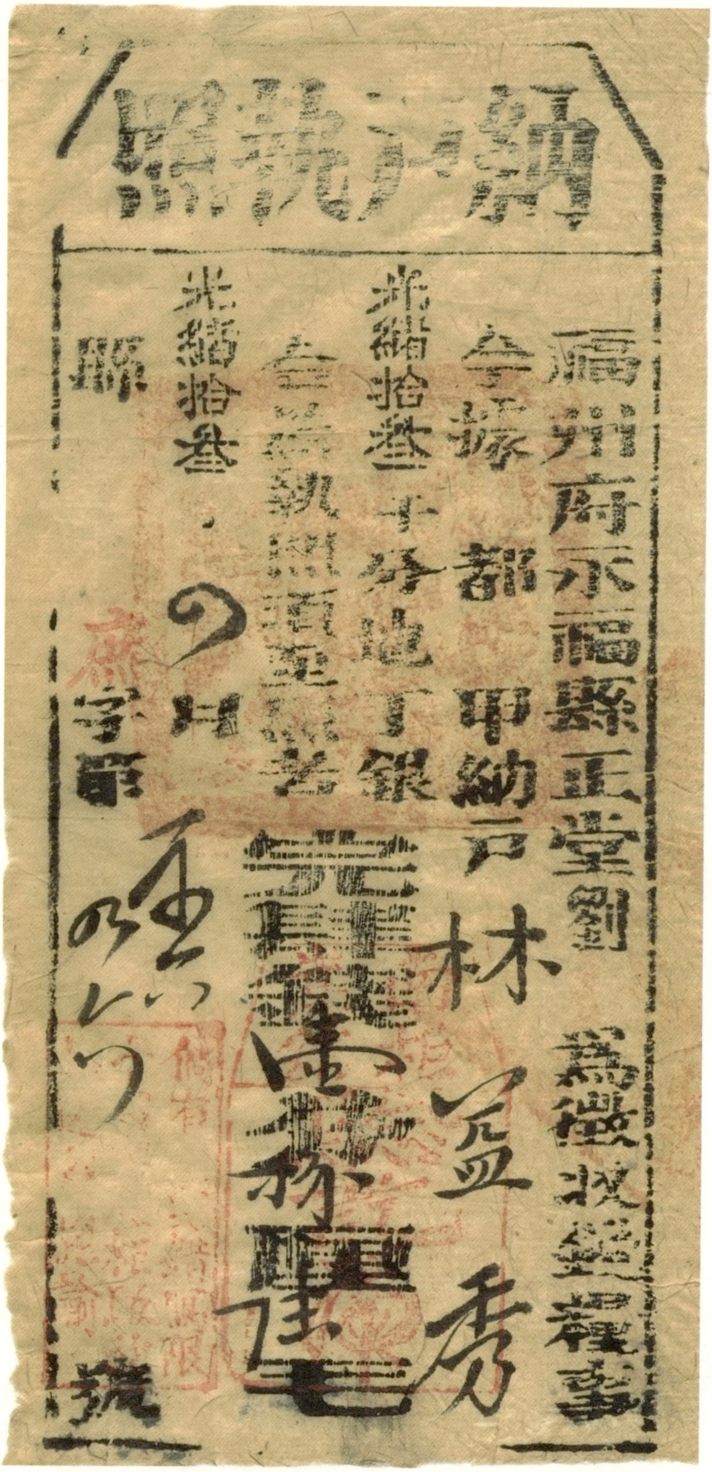
納戶執照

福州府永福縣正堂劉 為徵收錢糧事

今據 都 甲納戶 林益秀

光緒拾叁年分地丁銀

今給執照存查

光緒拾叁年 四月 日

縣 字 號

7-1-91-8　清光緒十三年四月林益秀户納稅執照

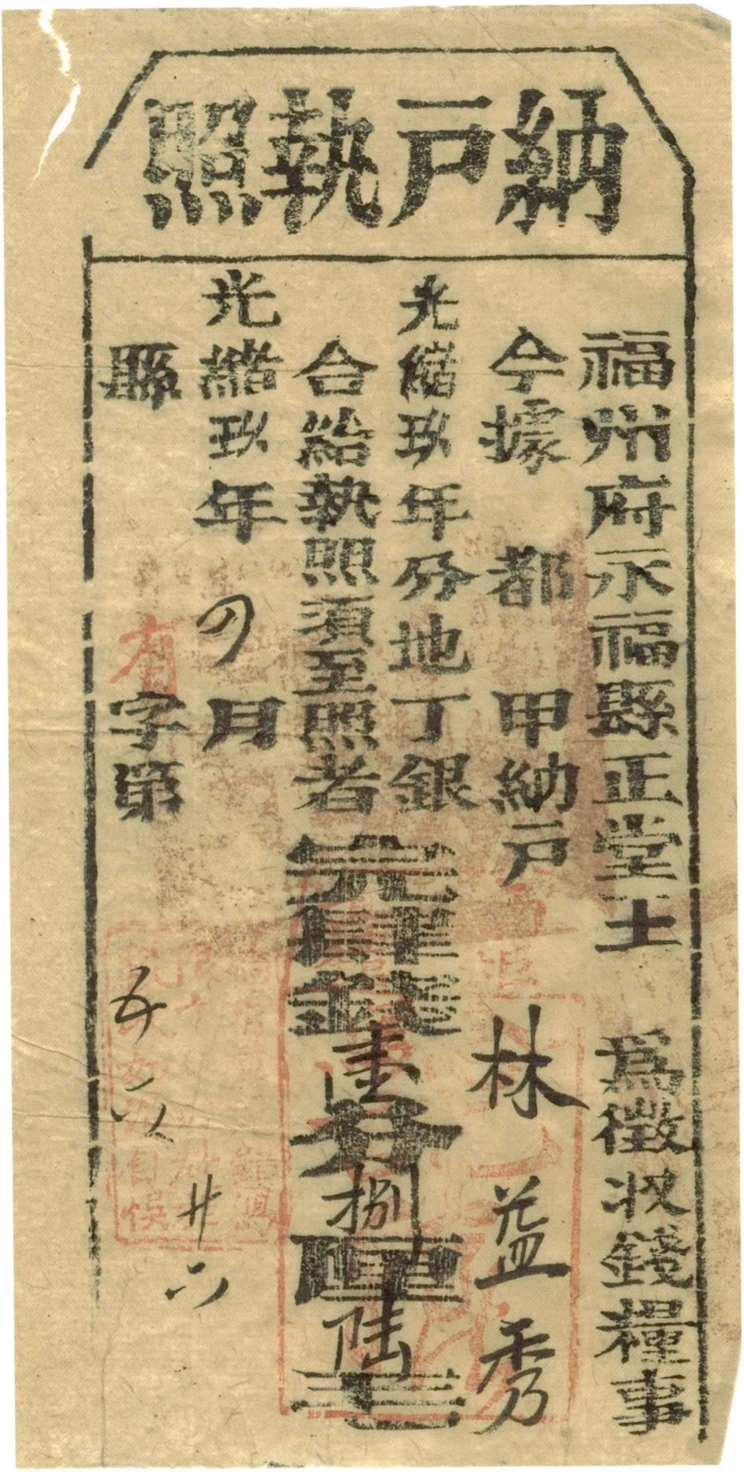

納戶執照

福州府永福縣正堂王　爲徵收錢糧事
今據　都　甲納戶林益秀
光緒玖年分地丁銀壹錢捌分陸釐
合給執照須至照者
光緒玖年四月
縣　字第　廿六

7-1-91-7　清光緒九年四月林益秀户納稅執照

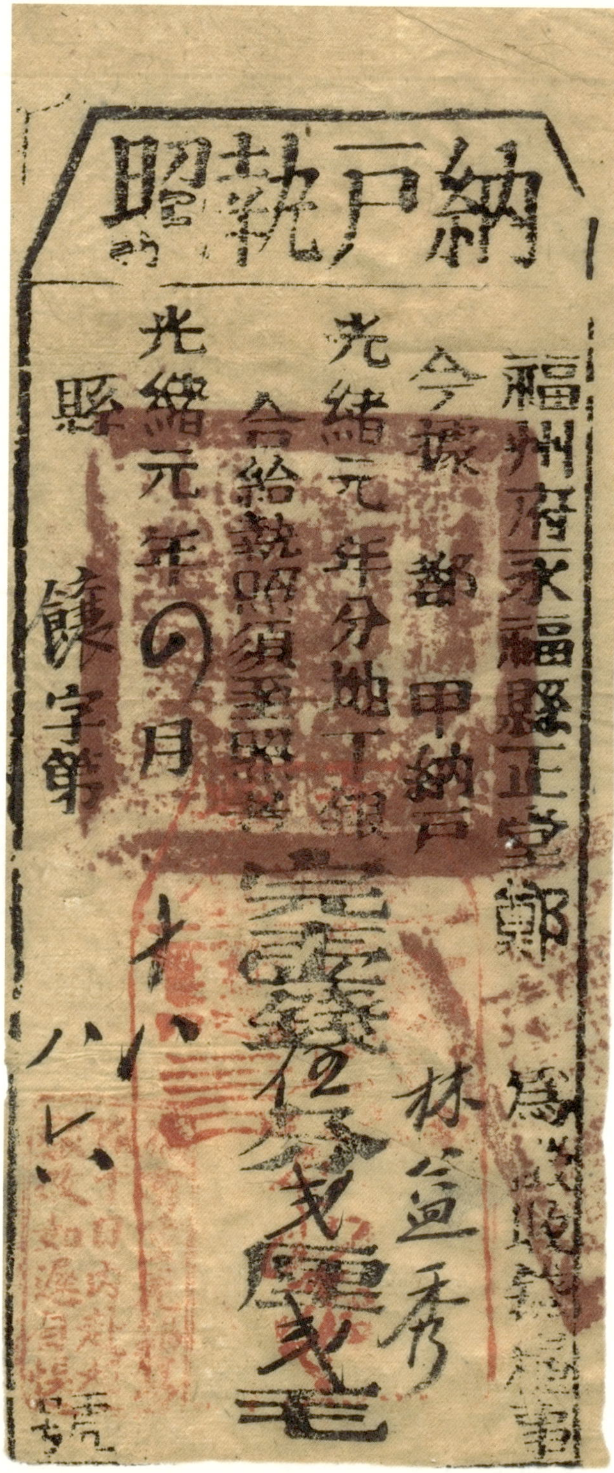
納戶執照

福州府永福縣正堂鄭　為徵收錢糧事

今據　都　甲納戶　林益秀

光緒元年分地丁銀　壹錢伍分弍厘弍毛

合給執照須至照者

光緒元年四月　十八

縣　鎮字第　八六　號

7-1-91-6　清光緒元年四月林益秀户納稅執照

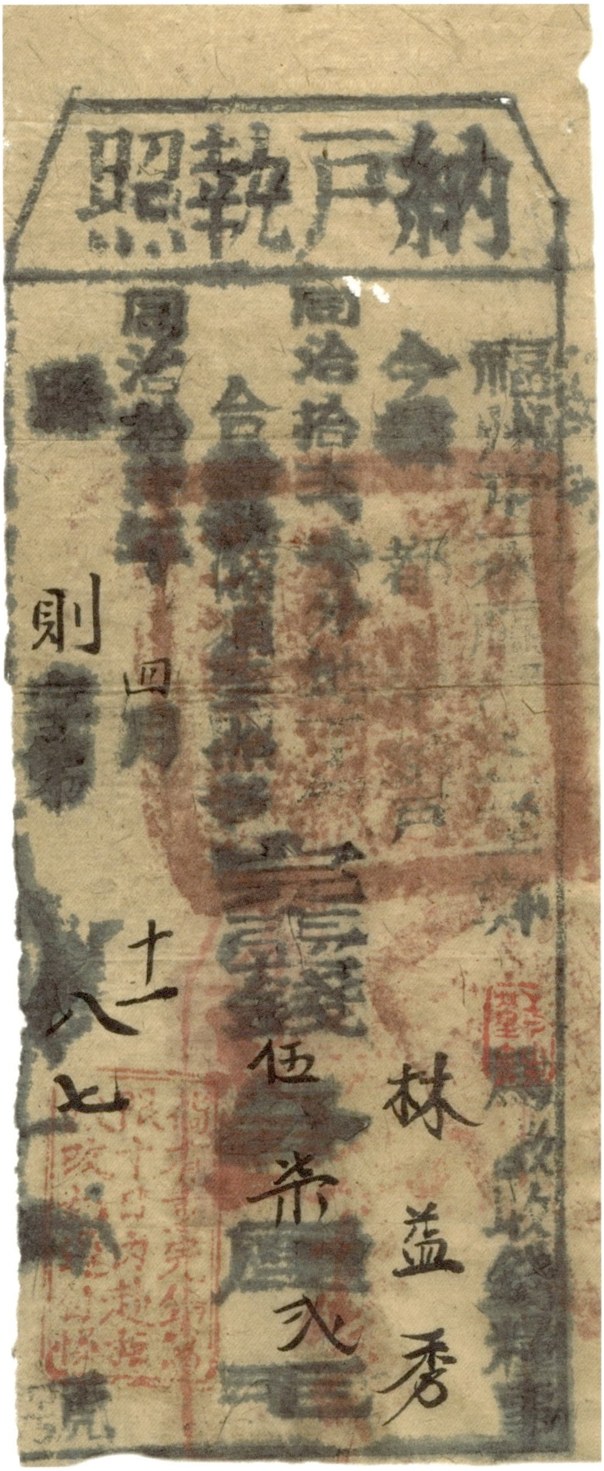

7-1-91-5　清同治十二年四月林益秀户納稅執照

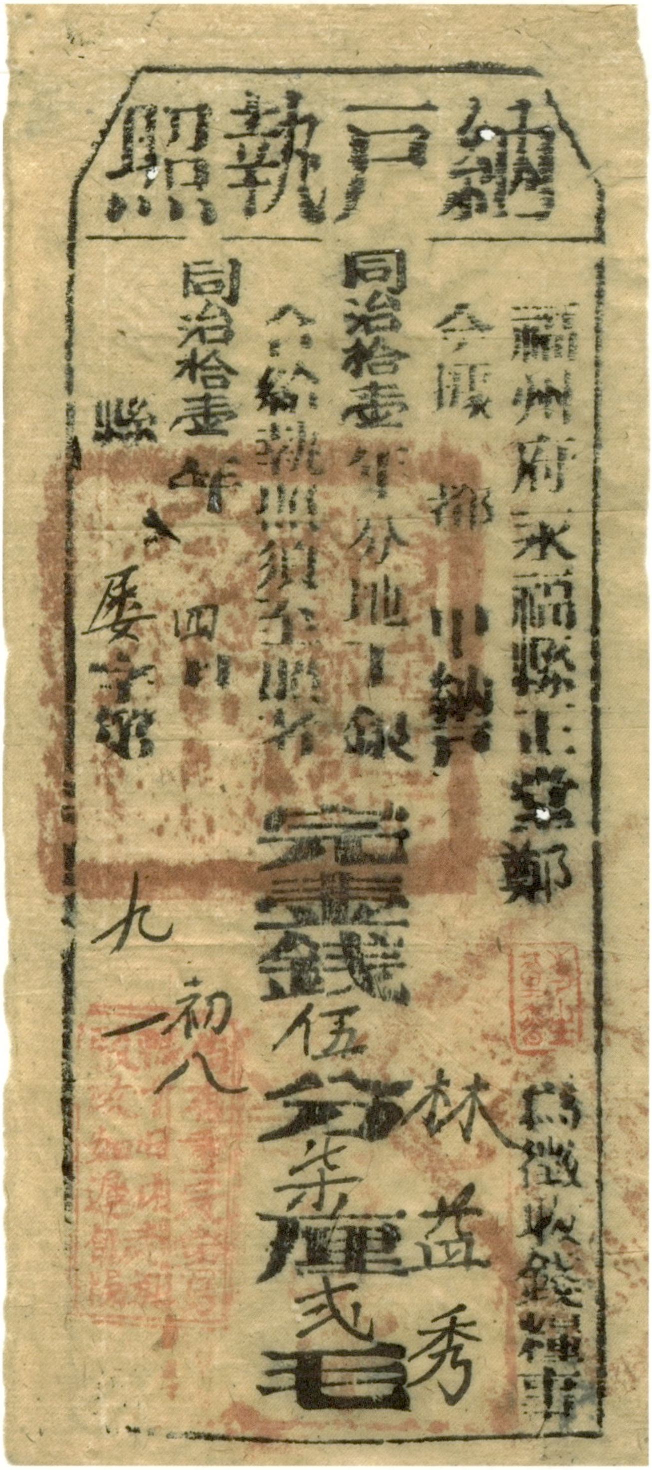
納戶執照
福州府永福縣正堂鄭為徵收錢糧事
今據　都　小納戶林益秀
同治拾壹年分地丁銀壹錢伍分柒厘弍毛
合給執照須至照者
同治拾壹年四月初八日
縣　屡字第九一號

7-1-91-4　清同治十一年四月林益秀户納税執照

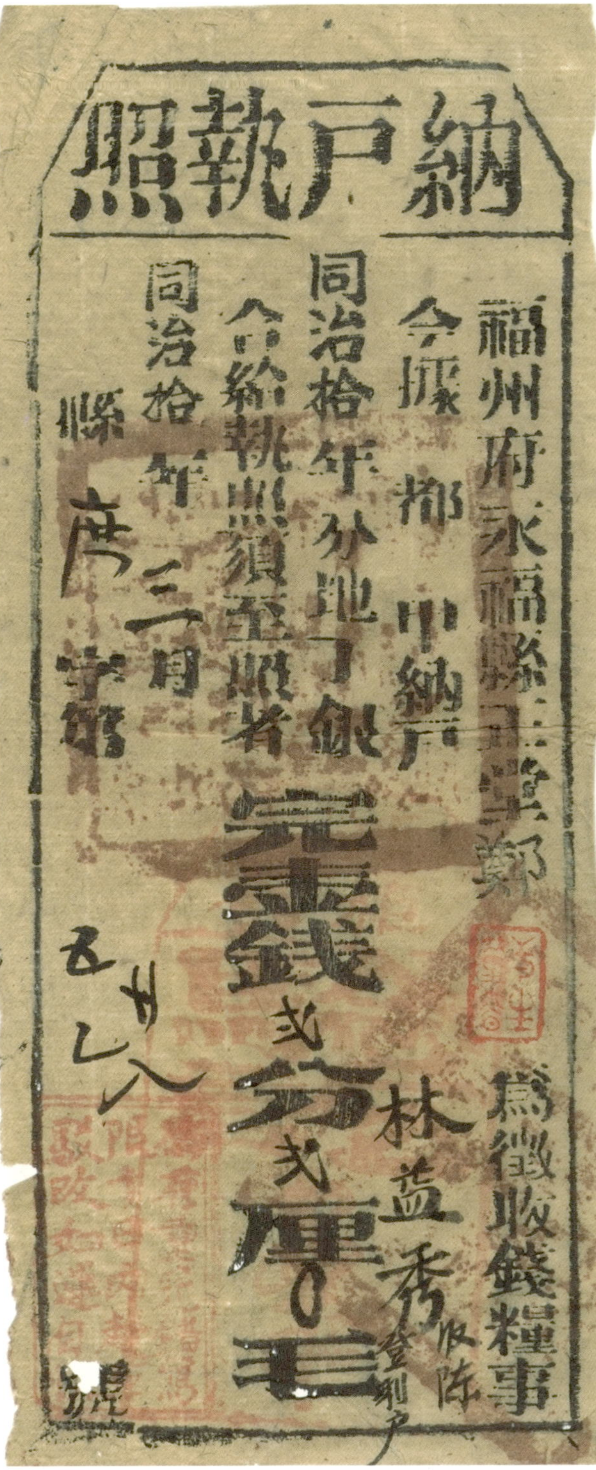
納戶執照

福州府永福縣正堂鄭　為徵收錢糧事

今據　都　甲納戶林益秀

同治拾年分地丁銀完錢貳分貳厘〇毛

合給執照須至照者

同治拾年三月　日

縣庚字第　號

五廿八

7-1-91-3　清同治十年三月林益秀户納税執照

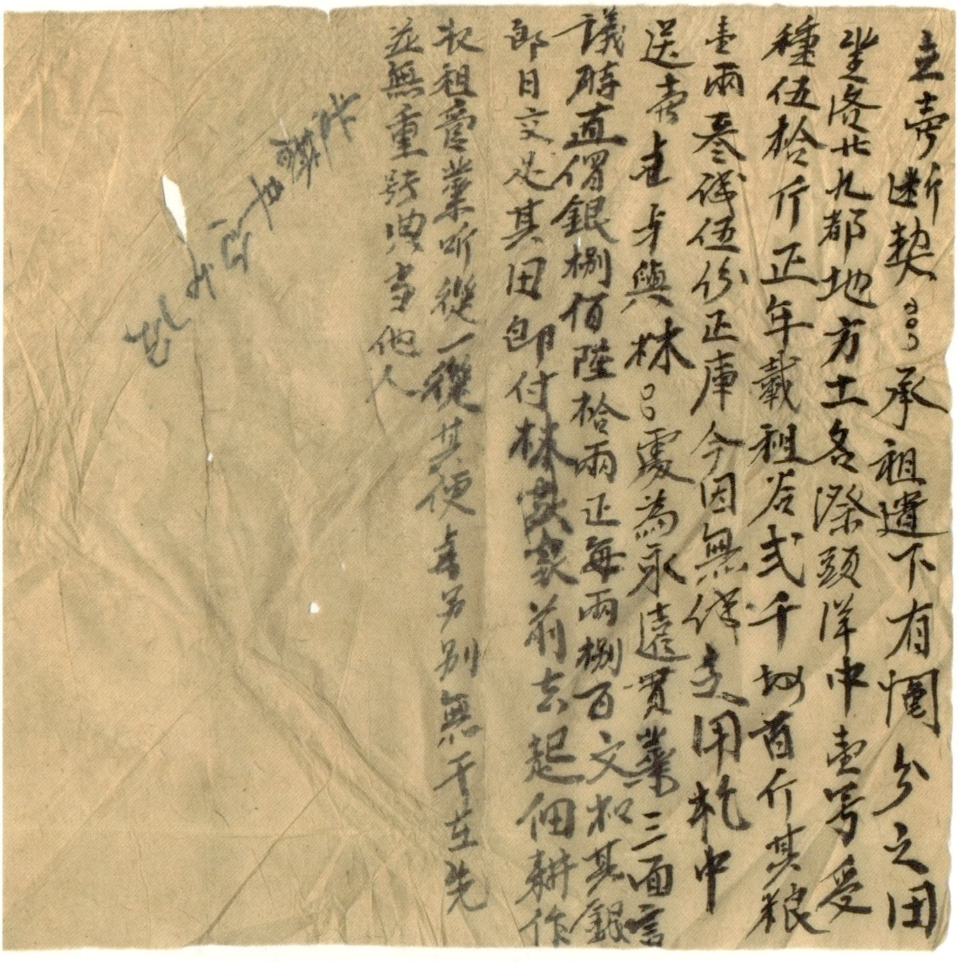

立賣斷契□□承祖遺下有鬮分之田
坐落廿九都地方土名漈頭洋中壹号受
種伍拾斤正年載租谷弍千捌百斤其粮
壹兩叁錢伍分正庫今因無錢乏用托中
送賣壹半與林□霞為永遠貫業三面言
議時直價銀捌佰陸拾兩正每兩捌百文扣其銀
即日交足其田即付林□□前去起佃耕作
叔祖置業听從一概其便賣另別無干至先
並無重複典當他人

7-1-91-2　包契紙

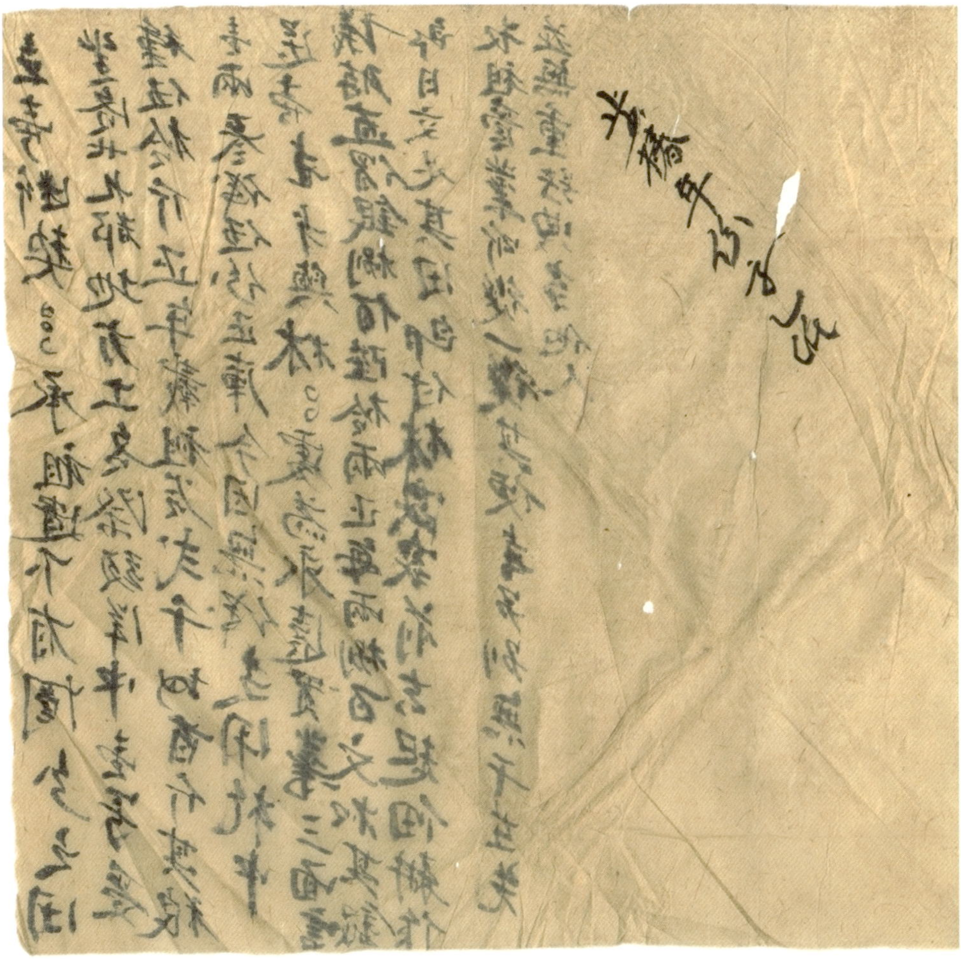

7-1-91-1　包契紙

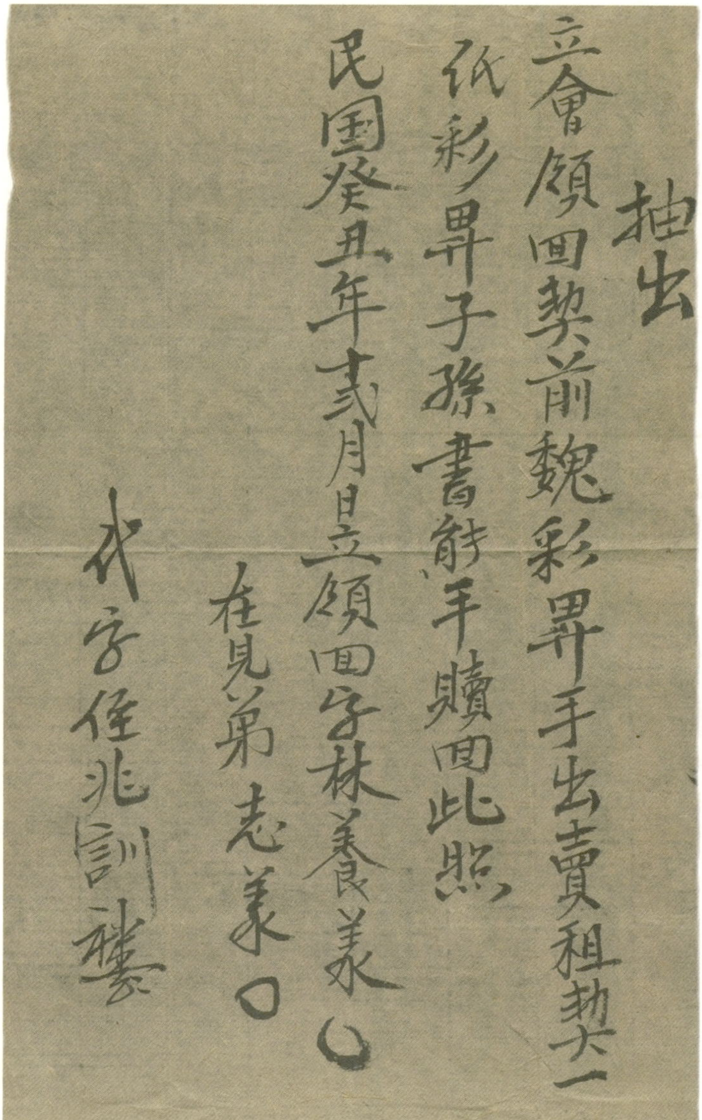

抽出

立會領回契前魏彩昇手出賣租契一

紙彩昇子孫書銷手贖回此照

民国癸丑年弍月 日立領回字林養義○

在見弟志義○

代字侄兆訓[illegible]

7-1-90-10　民國二年十二月林養義立領回字

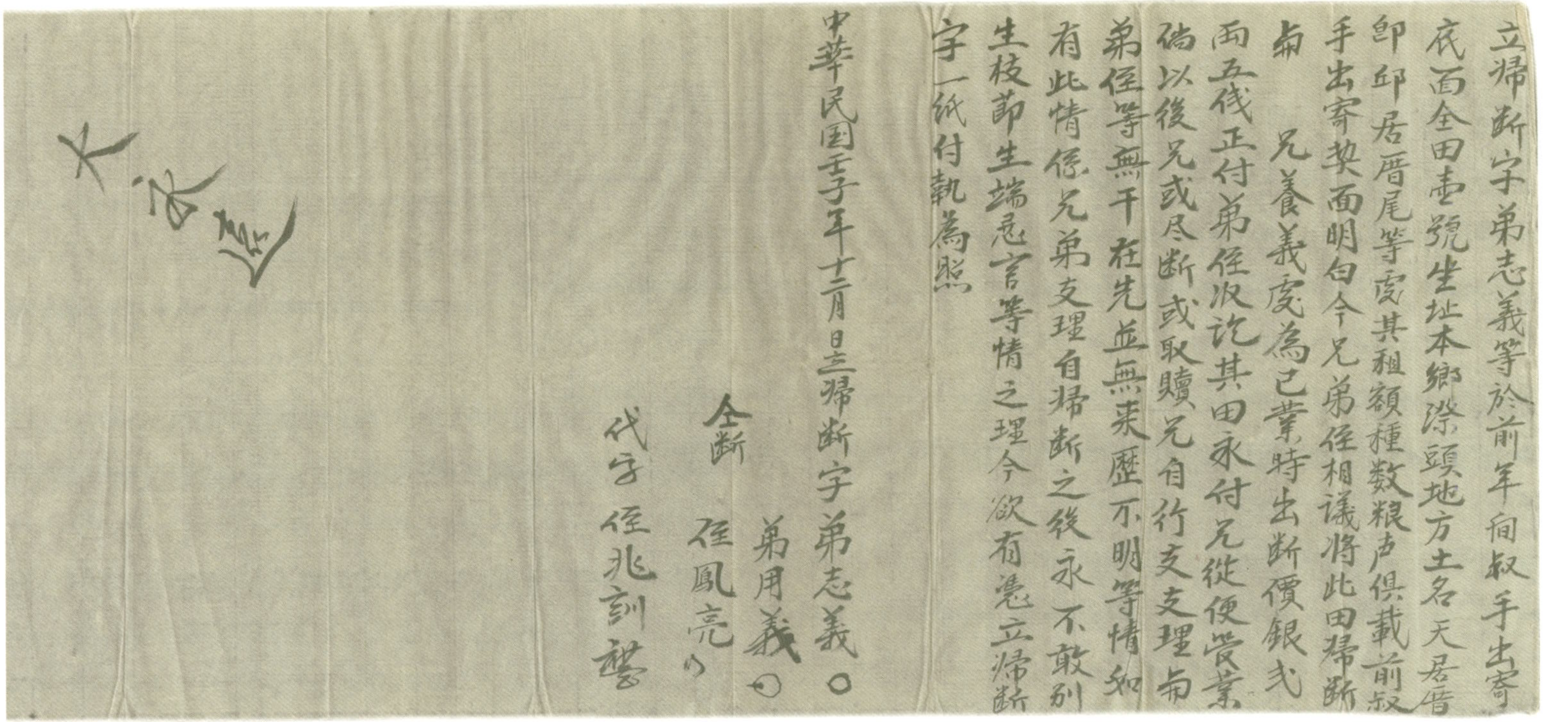
立歸断字弟志義等於前年甸叔手出寄
底面全田壹號坐址本鄉除頭地方土名天居厝
邱邱居厝尾等處其租額種數粮声俱載前叔
手出寄契面明白今兄弟侄相議將此田歸断
與
兄養義處為己業特出断價銀弍
両五錢正付弟侄收訖其田永付兄從便管業
倘以後兄或尽断或取贖兄自行支理與
弟侄等無干在先並無来歷不明等情如
有此情係兄弟支理自歸断之後永不敢別
生枝節生端悉言等情之理今欲有憑立歸断
字一紙付執為照

中華民国壬子年十二月　日立歸断字弟志義〇
弟用義〇
全断　侄鳳亮〇
代字　侄兆訓押

7-1-90-9　民國元年十二月林志義等立歸斷底面全田字

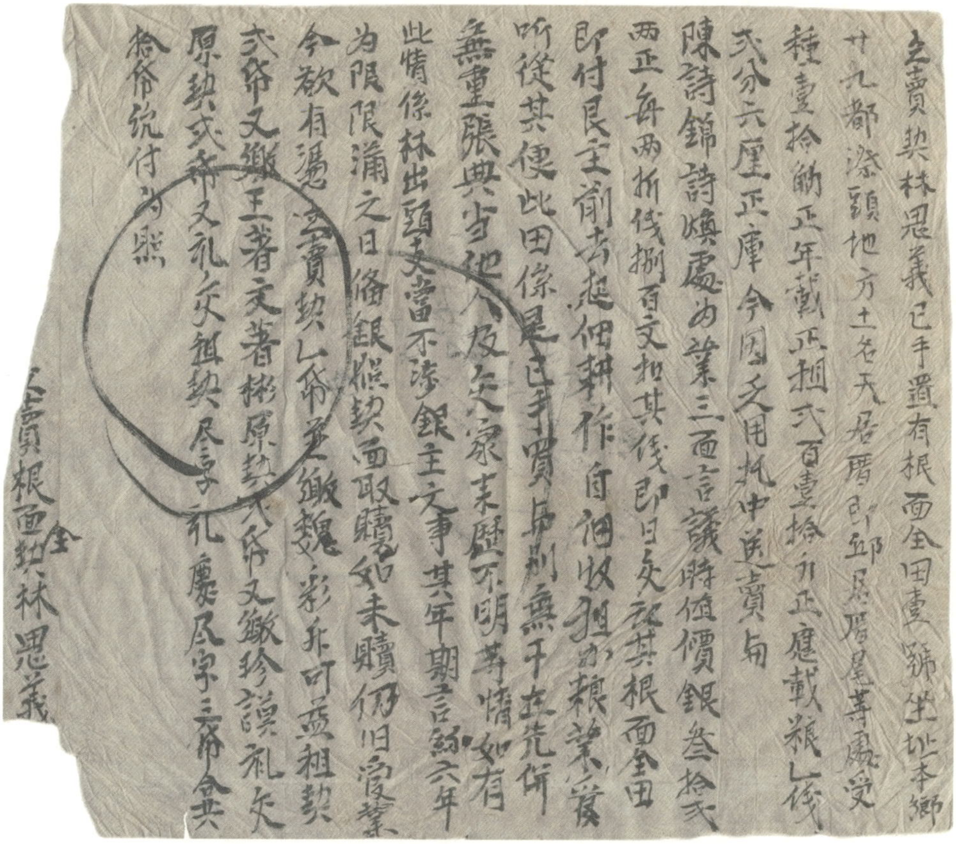
立賣契林思義己手置有根面全田壹號坐址本鄉
廿九都漈頭地方土名天居厝邊卽居厝基等處受
種壹拾觔正年載正租弍百壹拾斤正載糧八錢
弍分六厘正庫今因乏用托中送賣與
陳詩錦詩煥處爲業三面言議時値價銀叁拾弍
兩正每兩折錢捌百文扣其錢卽日交訖其根面全田
卽付銀主前去起佃耕作自抽收租納糧業受
听從其便此田係是己手買無干叔侄兄弟
無重張典當他人及之家某歷不明等情如有
此情係林出頭支當不涉銀主之事其年期言約六年
爲限限滿之日備銀照契面取贖如未贖仍旧受業
今欲有憑立賣契一紙並繳老契彩弁可並祖契
弍紙又繳王著文著彬原契弍紙又繳珍謨祁文
原契弍紙又祁文祖契盡字祁慶盡字三紙合共
拾紙付爲照

立賣根面全契林思義

7-1-90-8　清光緒年間林思義立賣根面全田契（廢契）

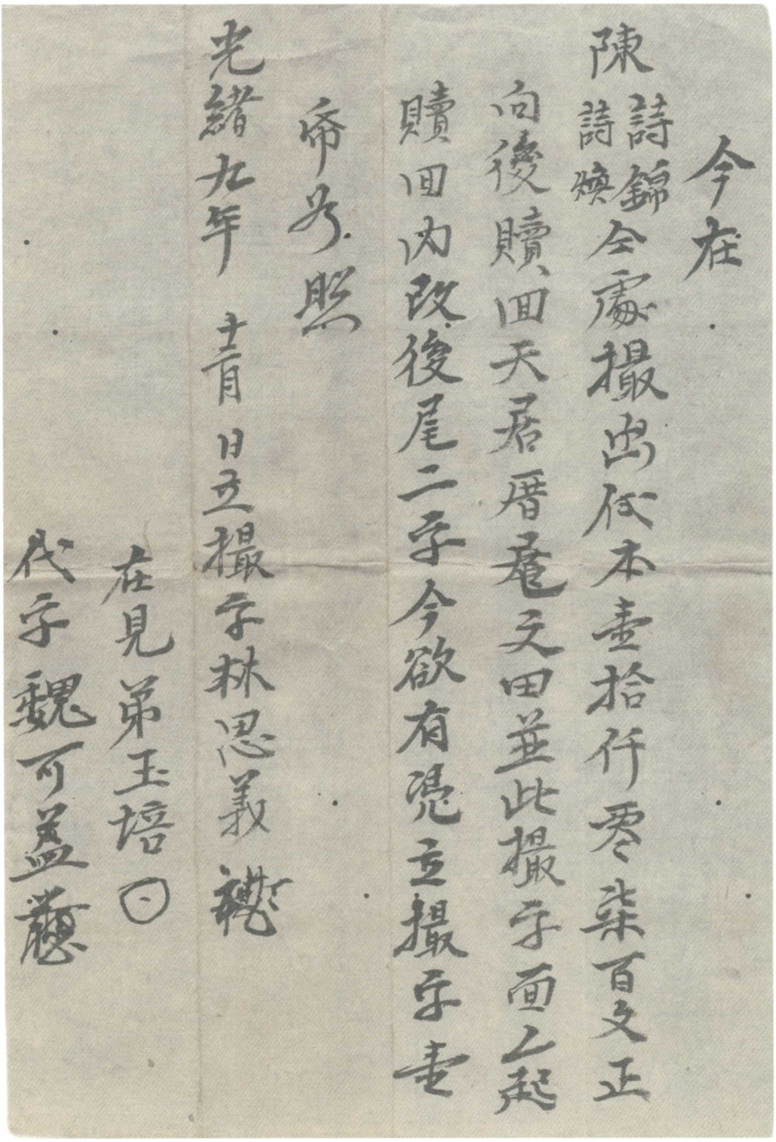
今在
陳詩錦
詩煥仝處撮出伍本壹拾仟零柒百文正
向後贖回天居厝庵交田並此撮字面乙起
贖回内改後尾二字今欲有憑立撮字壹
帋爲照
光緒九年十二月　日立撮字林思義（押）
在見弟玉培（押）
代字魏可益（押）

7-1-90-7　清光緒九年十二月林思義立撮字

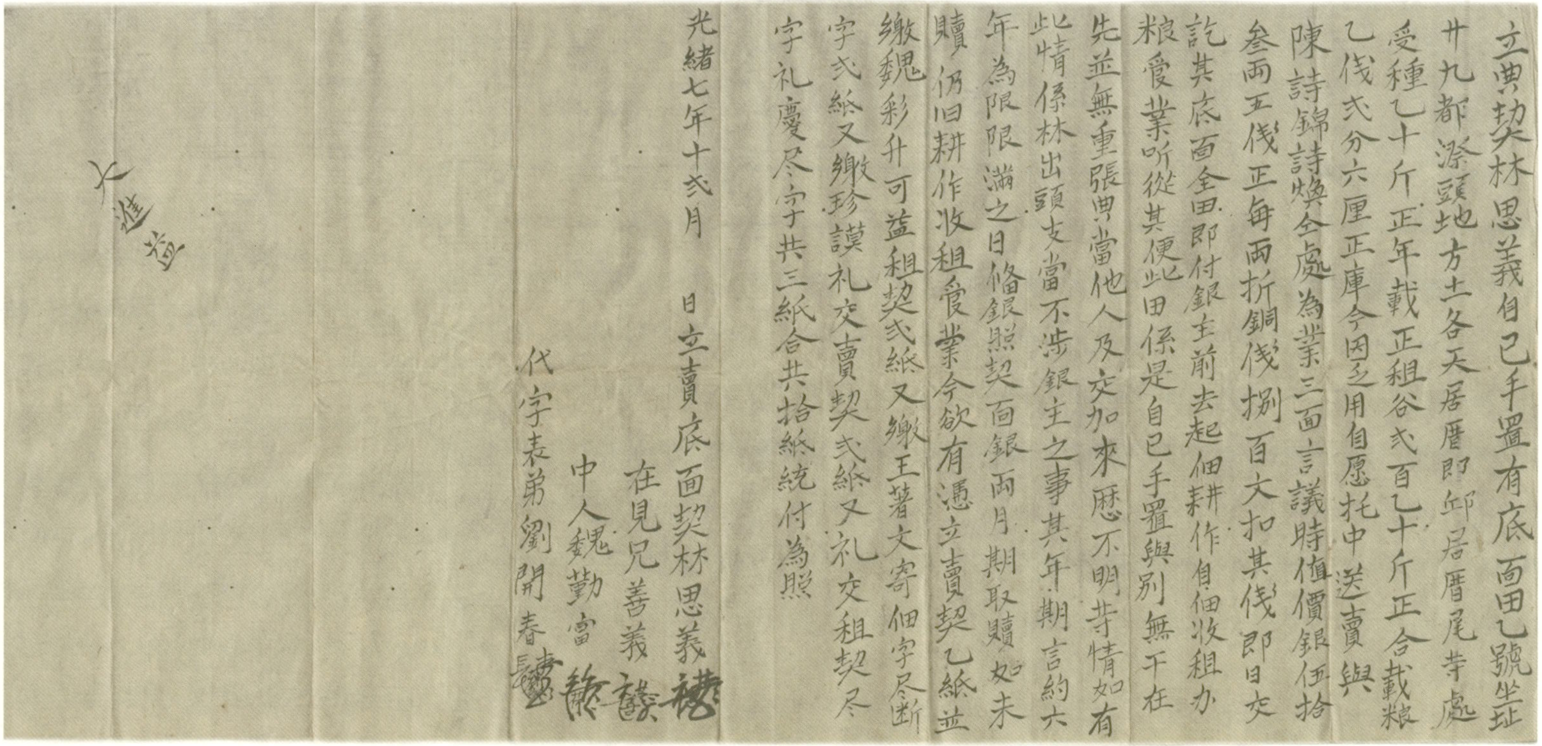
立典契林思義自己手置有底面田乙號坐址
廿九都漈頭地方土名天居厝即邱居厝尾等處
受種乙十斤正年載正租谷弍百乙十斤正合載粮
乙伐弍分六厘正庫今因乏用自愿托中送賣與
陳詩錦詩煥仝處為業三面言議時值價銀伍拾
叁兩五伐正每兩折銅伐捌百文扣其伐即日交
訖其底面全田即付銀主前去起佃耕作自佃收租办
粮管業听從其便此田係是自己手置與別無干在
先並無重張典當他人及交加來歷不明等情如有
此情係林出頭支當不涉銀主之事其年期言約六
年為限限滿之日備銀照契面銀兩月期取贖如未
贖仍旧耕作收租管業今欲有憑立賣契乙紙並
繳魏彩升可蓋租契弍紙又繳王著文寄佃字尽斷
字弍紙又繳珍謨礼交賣契弍紙又礼交租契尽
字礼慶尽字共三紙合共拾紙繞付為照

光緒七年十弍月　日立賣底面契林思義（押）
在見兄善義（押）
中人魏勤富（押）
代字表弟劉開春（押）

7-1-90-6　清光緒七年十二月林思義立典底面全田契

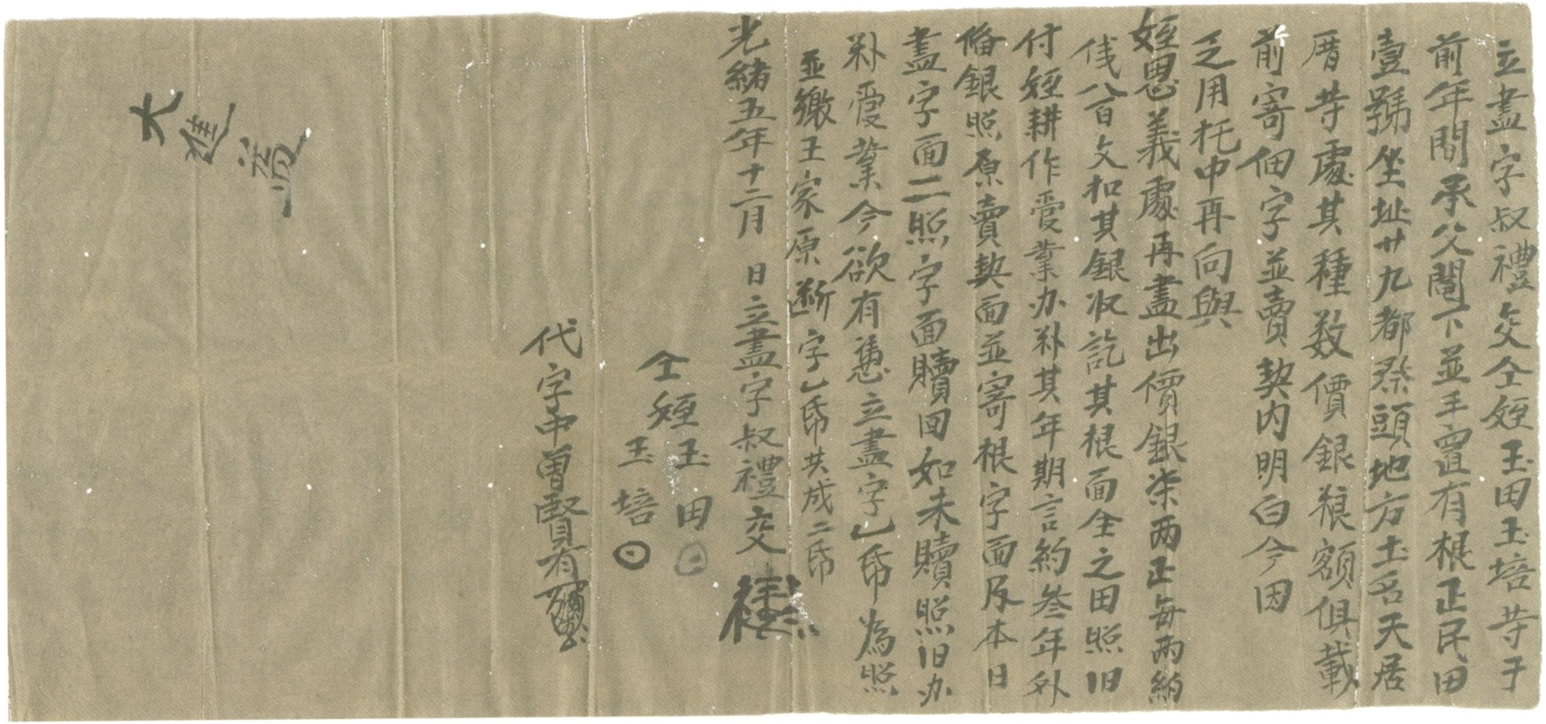

立盡字叔禮交仝姪玉田玉培等于
前年間承父闡下並手置有根正民田
壹號坐址廿九都孫頭地方土名天居
厝等處其種穀價銀粮額俱載
前寄佃字並賣契內明白今因
乏用托中再向與
姪恩義處再盡出價銀柒兩正每兩約
伐八百文扣其銀收訖其根面仝之田照旧
付姪耕作管業办納其年期言約叁年外
備銀照原賣契面並寄根字面及本日
盡字面二照字面贖回如未贖照旧办
納管業今欲有憑立盡字乙紙為照
並繳王家原斷字乙紙共成二紙
光緒五年十二月 日立盡字叔禮交(押)
仝姪玉田(押)
玉培(押)
代字中曾賢有(押)
大進益

7-1-90-5　清光緒五年十二月林禮交等立盡根正民田字

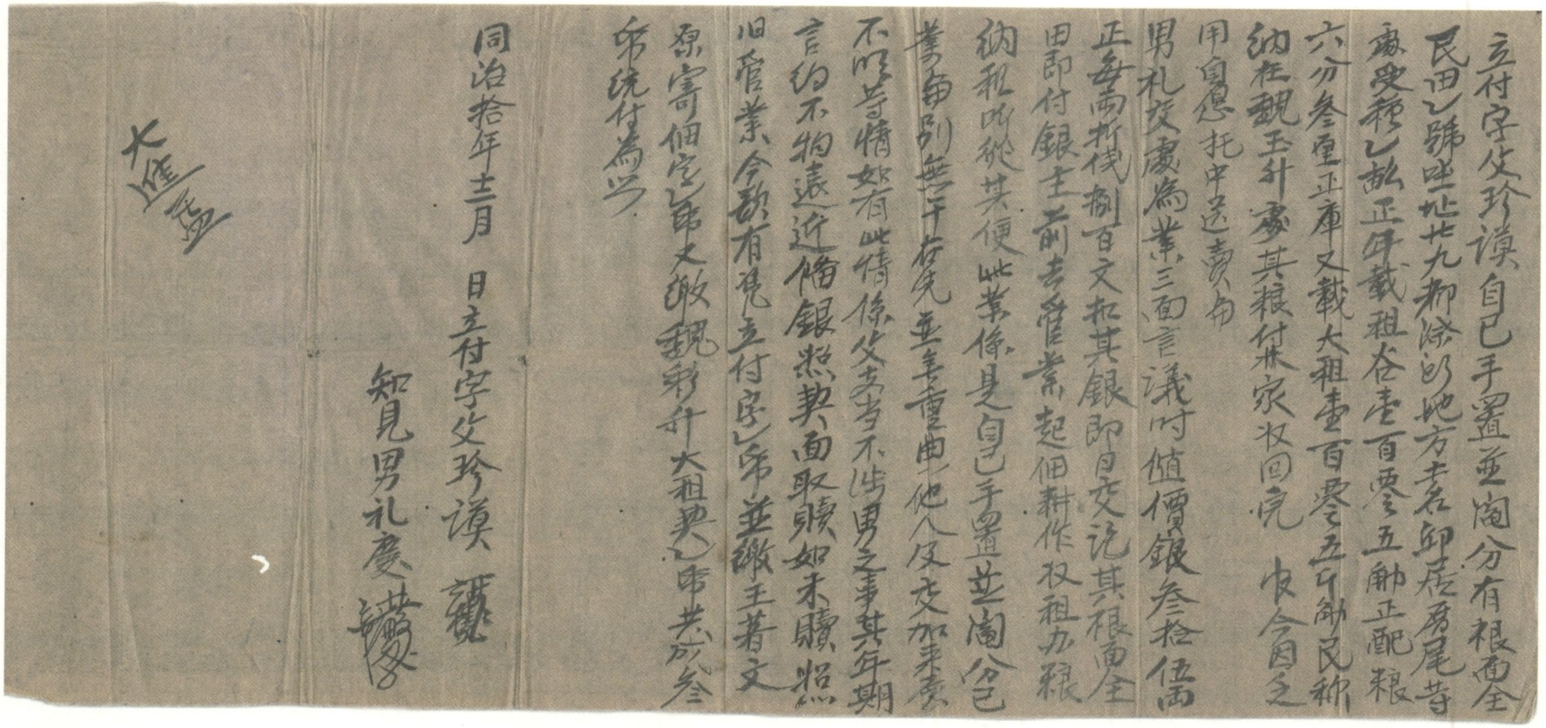
立付字父珍謨，自己手置並闔分有根面全
民田乙號，坐址廿九都淤洋地方，土名卯居房尾等
處，受種乙畝正，年載租谷壹百零五觔正，配糧
六分叁厘正，庫又載大租壹百零五斤觔，民秤
納在魏玉升處，其糧付業家收回完。今因乏
用，自愿托中送賣與
男礼慶處為業，三面言議，時值價銀叁拾伍兩
正，每兩折錢壹佰文，扣其銀即日交訖，其根面全
田即付銀主前去管業，起佃耕作，收租办糧，
納租所從其便。此業係是自己手置並闔分己
業，與別無干，在先並無重典他人及交加來歷
不明等情，如有此情，係父支當，不涉男之事。其年期
言約不拘遠近，備銀照契面取贖，如未贖，照
旧管業。今欲有憑，立付字乙帋，並繳王著文
原寄佃字乙帋，又繳魏彩升大租契乙帋，共成叁
帋，統付為照。
同治拾年十二月　日立付字父珍謨（押）
知見男礼慶（押）
大進（押）

7-1-90-4　清同治十年十二月林珍謨立付根面全民田字

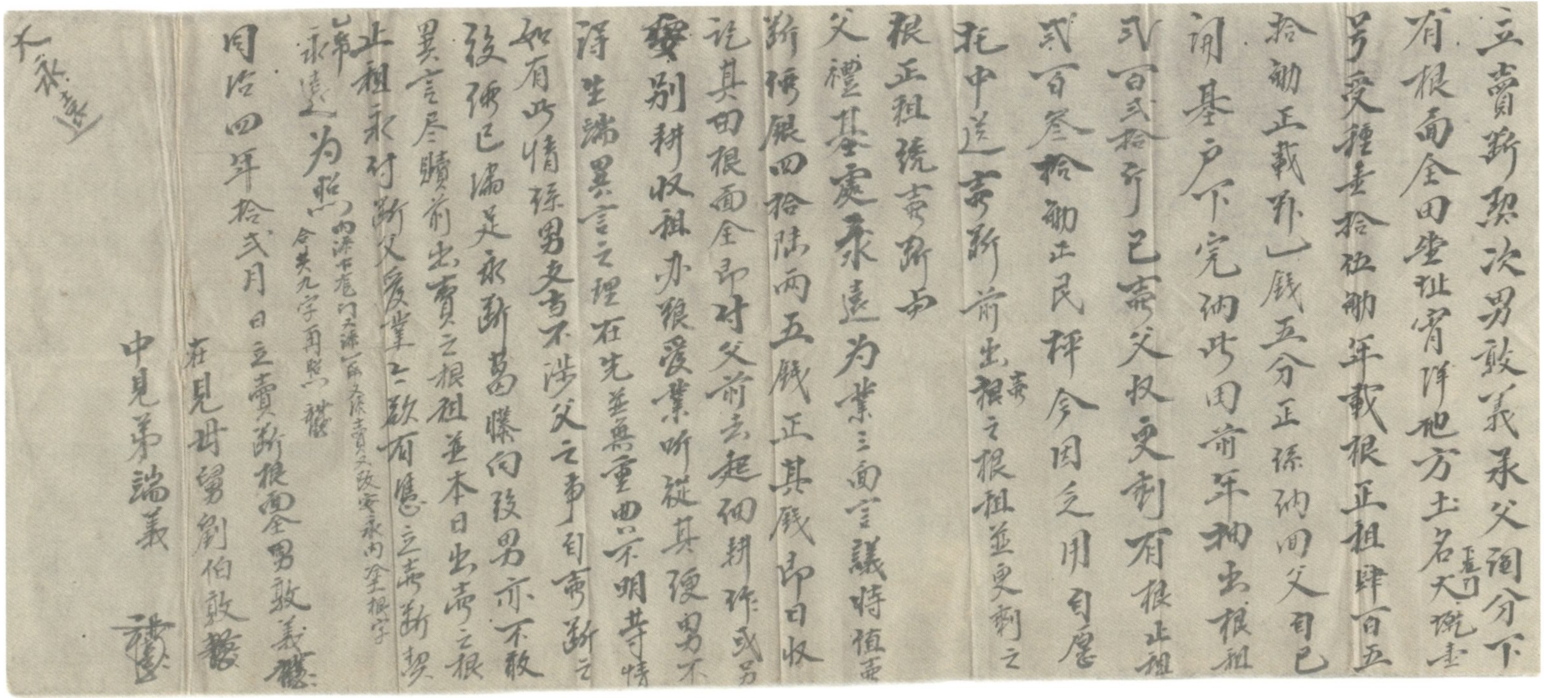
立賣斷契次男敦義承父阄分下
有根面全田坐址胥洋他方土名大坑垄壹
號受種壹拾柤糾年載根正祖肆百五
拾觔正載苗一錢五分正係納田父自己
洞基户下完納此田前年抽出根祖
弍百弍拾斤已賣父叔更剩有根正祖
弍百叁拾觔正民拜今因乏用自愿
托中送賣斷前出賣之根祖並更剩之
根正祖统賣斷與
父禮基處永遠為業三面言議時值賣
斷價銀四拾陸兩五錢正其錢即日收
訖其田根面全即付父前去起佃耕作或另
變別耕收租办粮受業听從其便男不
得生端異言之理在先並無重典不明等情
如有此情係男支當不涉父之事自賣斷之
後係已遍是永斷葛藤向後男亦不敢
異言尽贖前出賣之根祖並本日出賣之根
正祖永付斷父受業亡歇有憑立賣斷契
乙紙永遠為照 [illegible]
同治四年拾弍月　日立賣斷根面全男敦義
在見母舅劉伯敦
中見弟端義

7-1-90-3　清同治四年十二月林敦義立賣斷根面全田契

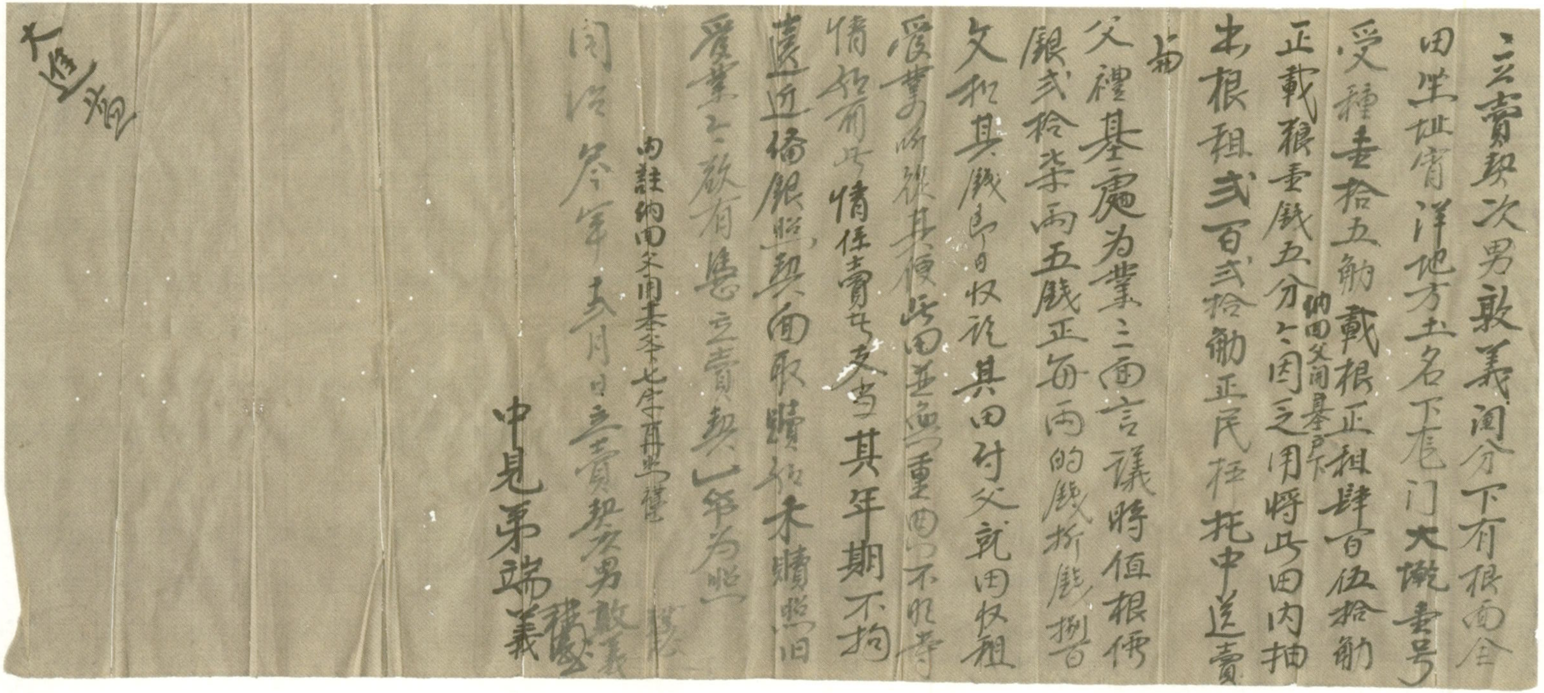

立賣契次男敦義，閩分下有根面全田坐址霄洋地方土名下厝门大墘壹号，受種壹拾五觔，載根正租肆百伍拾觔，正載粮壹錢五分（納田父閩基戶下）。今因乏用，將此田內抽出根租貳百貳拾觔正，民枉托中送賣與
父禮基處為業，三面言議，時值根價銀貳拾柒兩五錢正，每兩的錢折錢捌百文。其錢即日收訖，其田付父就田收租管業。此係其自此田並無重典他人不明等情，如有此情，任賣主支當，其年期不拘遠近，備銀照契面取贖，如未贖照舊管業。今欲有憑，立賣契一紙為照。

內註納田父閩基戶下粮七字再照

同治叁年十二月　日立賣契次男敦義（押）

中見弟端義（押）

大進[illegible]

7-1-90-2　清同治三年十二月林敦義立賣根面全田契

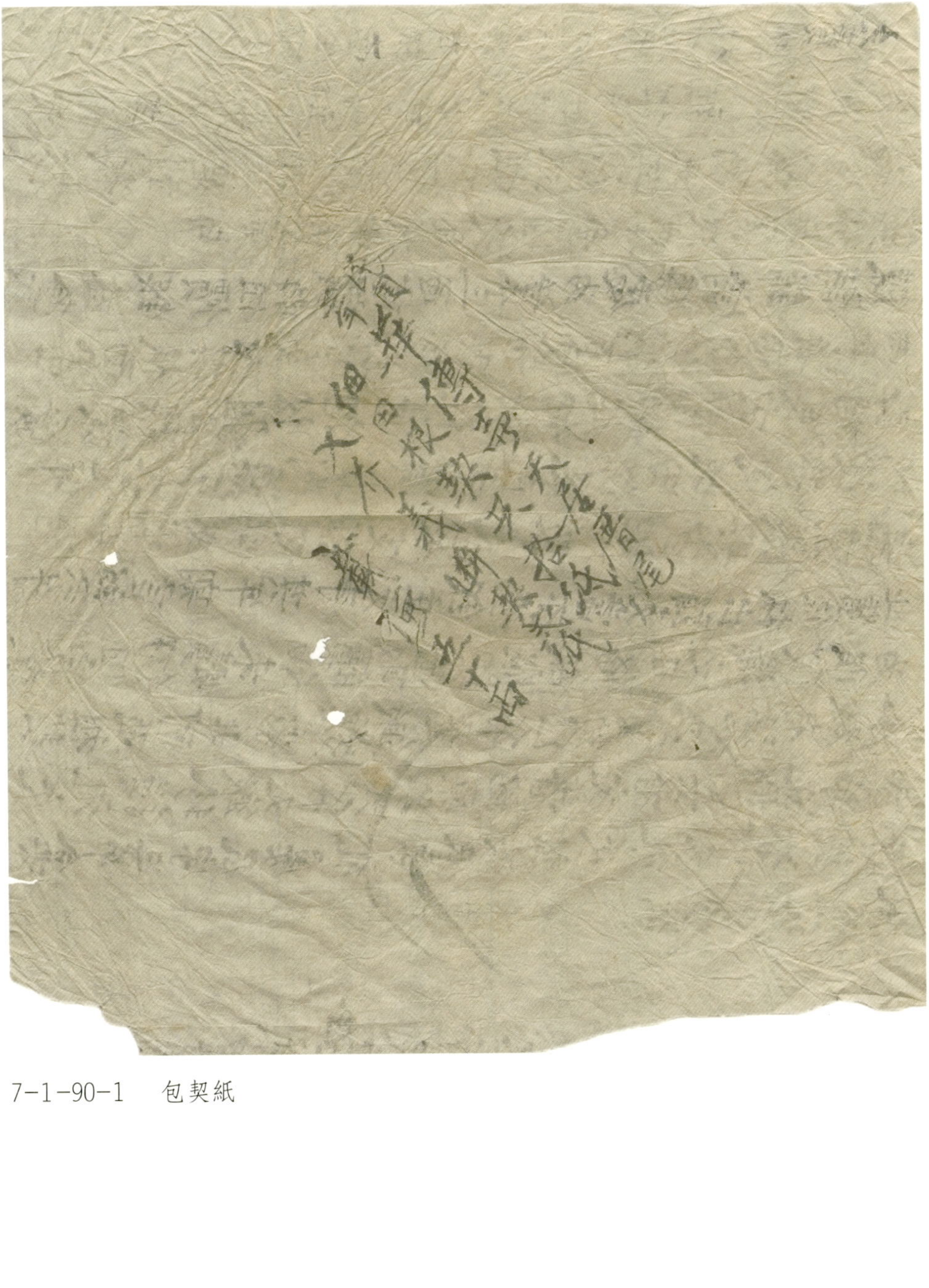

7-1-90-1　包契紙

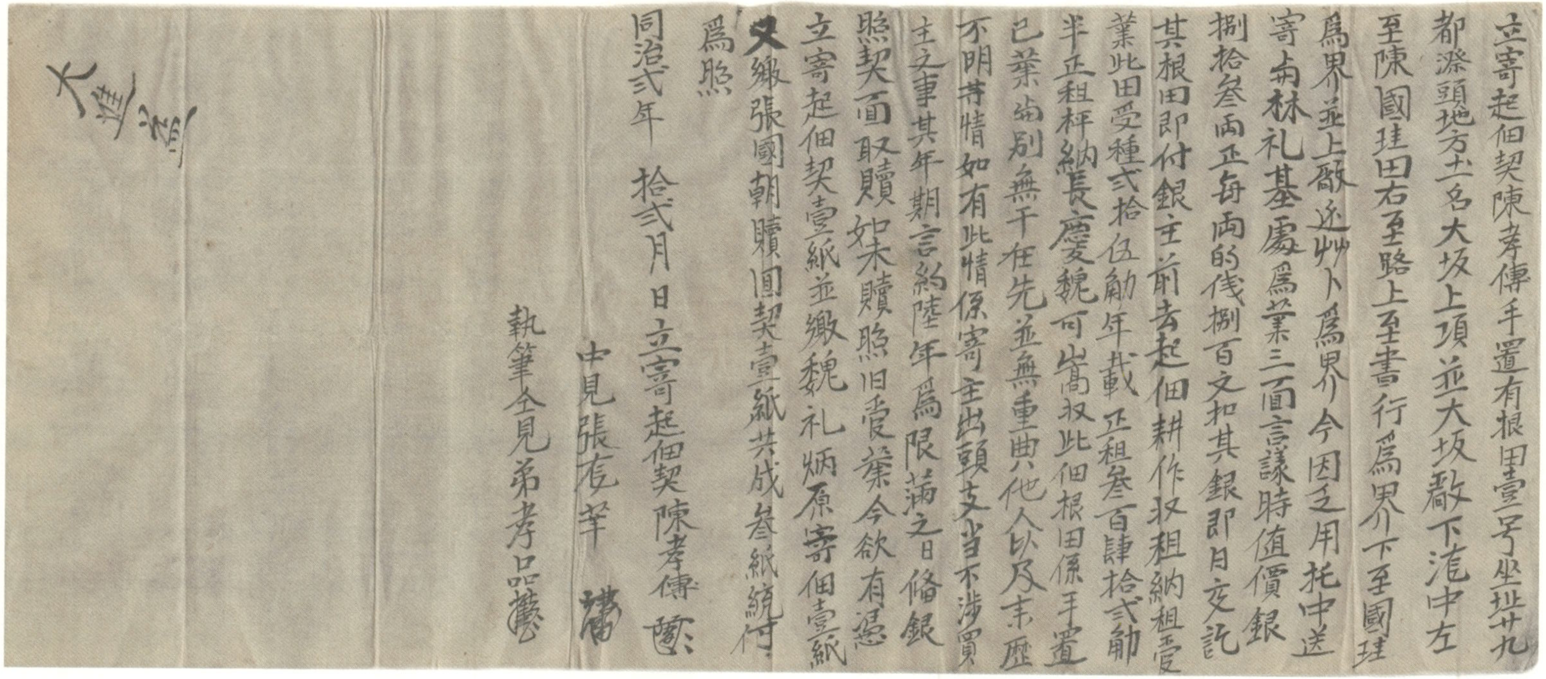
立寄起佃契陳孝傳手置有根田壹号坐址廿九
都漈頭地方土名大坂上項並大坂敞下滄中左
至陳國珪田右至路上至書行爲界下至國珪
爲界並上敞述坵爲界今因乏用托中送
寄𡊮林礼基處爲業三面言議時值價銀
捌拾叁兩正每兩的伐捌百文扣其銀即日交訖
其根田即付銀主前去起佃耕作収租納租壹
業此田受種弍拾伍觔年載正租叁百肆拾弍觔
半正租秤納長慶魏可嵩収此佃根田係手置
已業尚剔無干在先並無重典他人以及来歷
不明等情如有此情係寄主出頭支当不涉買
主之事其年期言約陸年爲限滿之日備銀
照契面取贖如未贖照旧管業今欲有憑
立寄起佃契壹紙並缴魏礼炳原寄佃壹紙
又缴張國朝贖回契壹紙共成叁紙繳付
爲照
同治弍年　拾弍月　日立寄起佃契陳孝傳（押）
中見張恆辛（押）
執筆仝見弟孝品（押）
大進

7-1-89-2　清同治二年十二月陳孝傳立寄起佃根田契

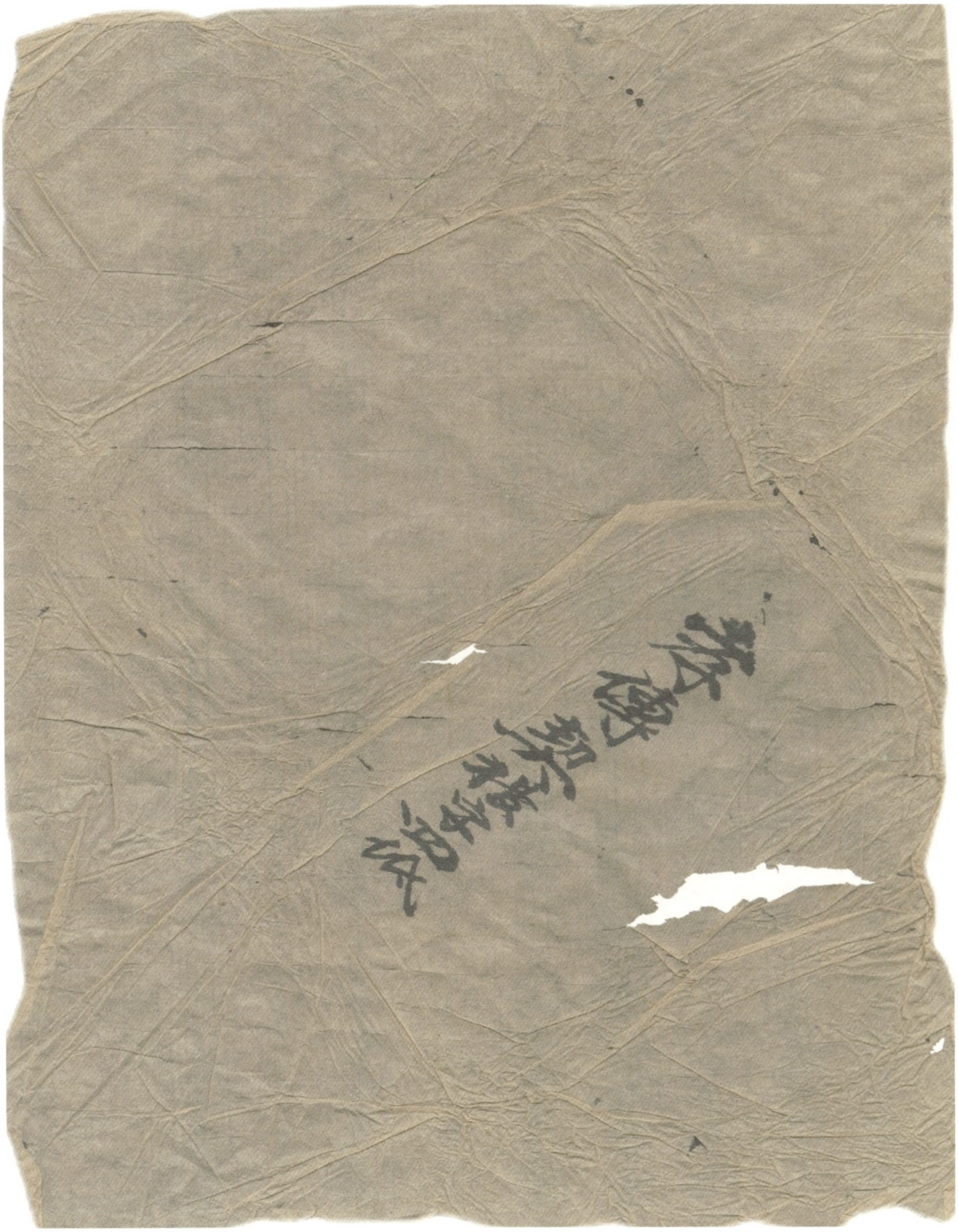

7-1-89-1　包契紙

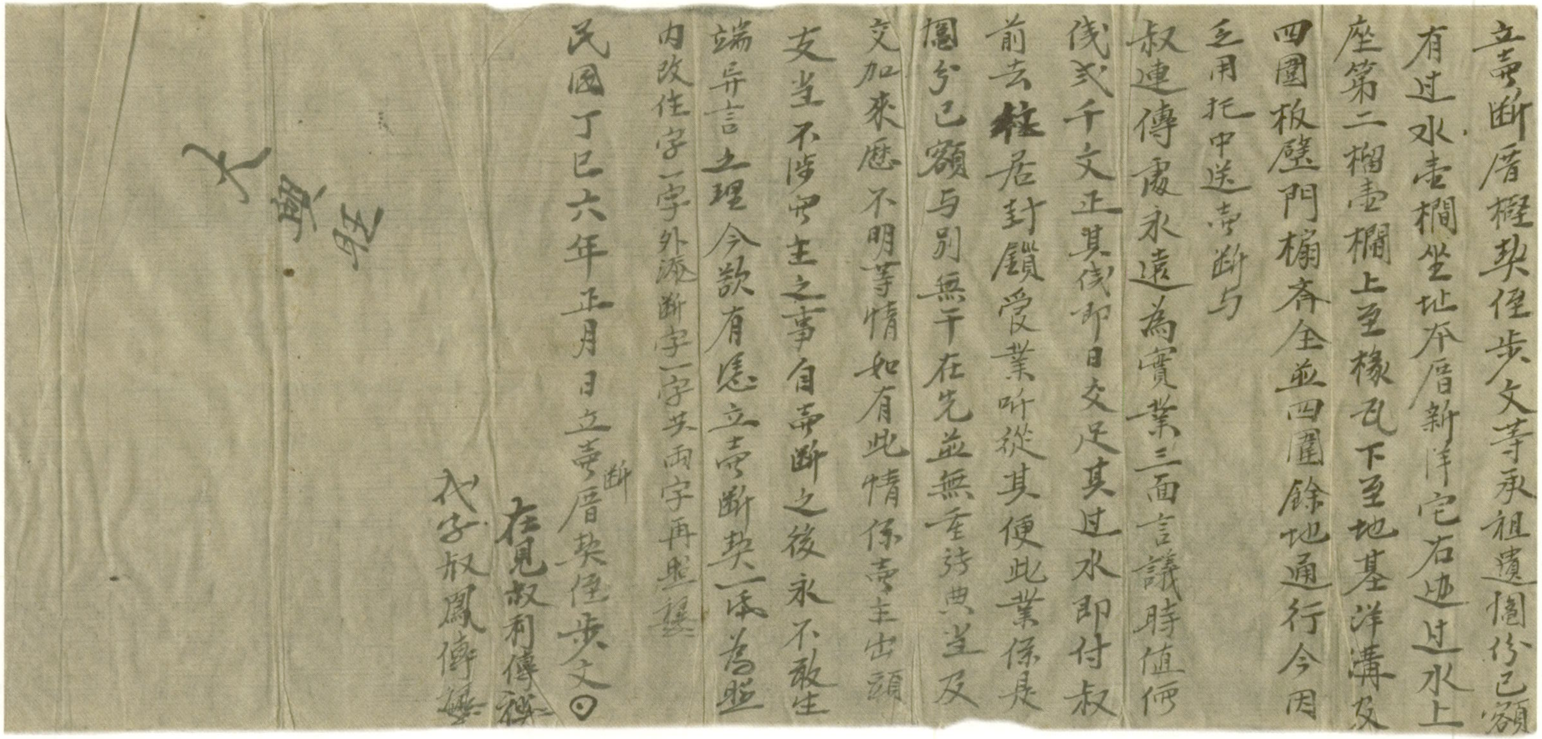
立賣斷厝樫契侄步文等承祖遺下鬮份已額
有过水壹棡坐址本厝新洋宅右边过水上
座第二榀壹棡上至椽瓦下至地基洋溝及
四圍板壁門槅齊全並四圍餘地通行今因
乏用托中送賣斷与
叔連傳處永遠為實業三面言議時值價
伐弍千文正其伐即日交足其过水即付叔
前去掌居封鎖受業听從其便此業係是
鬮分己額与别無干在先並無重诗典当及
交加來歷不明等情如有此情係賣主出頭
支当不涉買主之事自賣斷之後永不敢生
端异言生理今欲有憑立賣斷契一紙為照
内改住字一字外添斷字一字共兩字再照提
民國丁巳六年正月日立賣斷厝契侄步文（押）
在見叔利傳（押）
代字叔鳳傳（押）
大賣

7-1-88-10　民國六年正月林步文立賣斷厝樫契

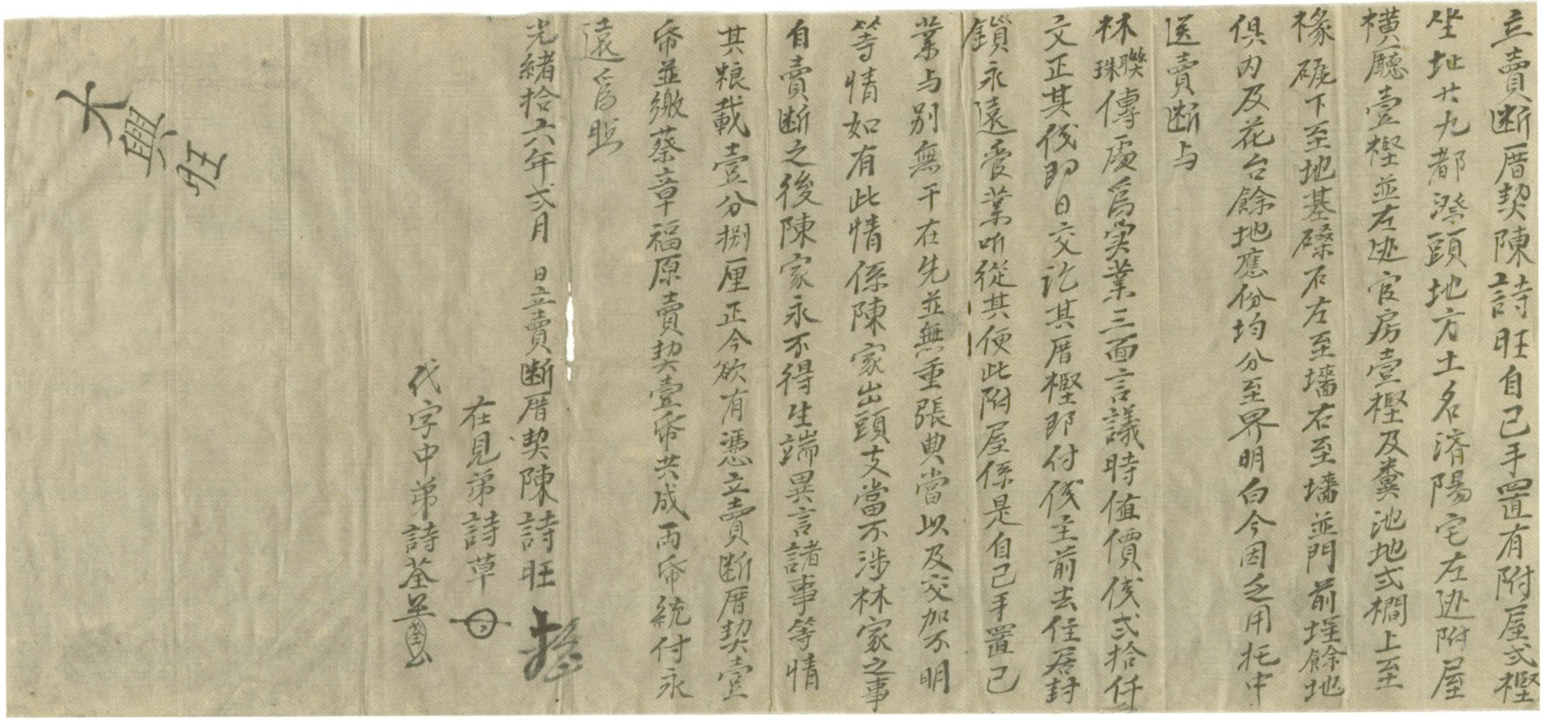

立賣斷厝契陳詩旺自己手置有附屋弍槛
坐址廿九都溪頭地方土名濟陽宅左边附屋
横廳壹槛並左边官房壹槛及糞池地弍欄上至
椽碗下至地基礫石左至墻右至墻並門前埕餘地
俱内及花台餘地應份均分至界明白今因乏用托中
送賣斷与
林璣珠傳慶爲實業三面言議時值價銭弍拾仟
文正其銭即日交訖其厝槛即付銭主前去住居對
鎖永遠管業听從其便此附屋係是自己手置已
業与别無干在先並無重張典當以及交加不明
等情如有此情係陳家出頭支當不涉林家之事
自賣斷之後陳家永不得生端異言諸事等情
其粮載壹分捌厘正今欲有憑立賣斷厝契壹
帋並繳蔡章福原賣契壹帋共成两帋統付永
遠爲照
光緒拾六年弍月　日立賣斷厝契陳詩旺（押）
在見弟詩草（押）
代字中弟詩荃（押）

大興旺

7-1-88-9　清光緒十六年二月陳詩旺立賣斷厝契

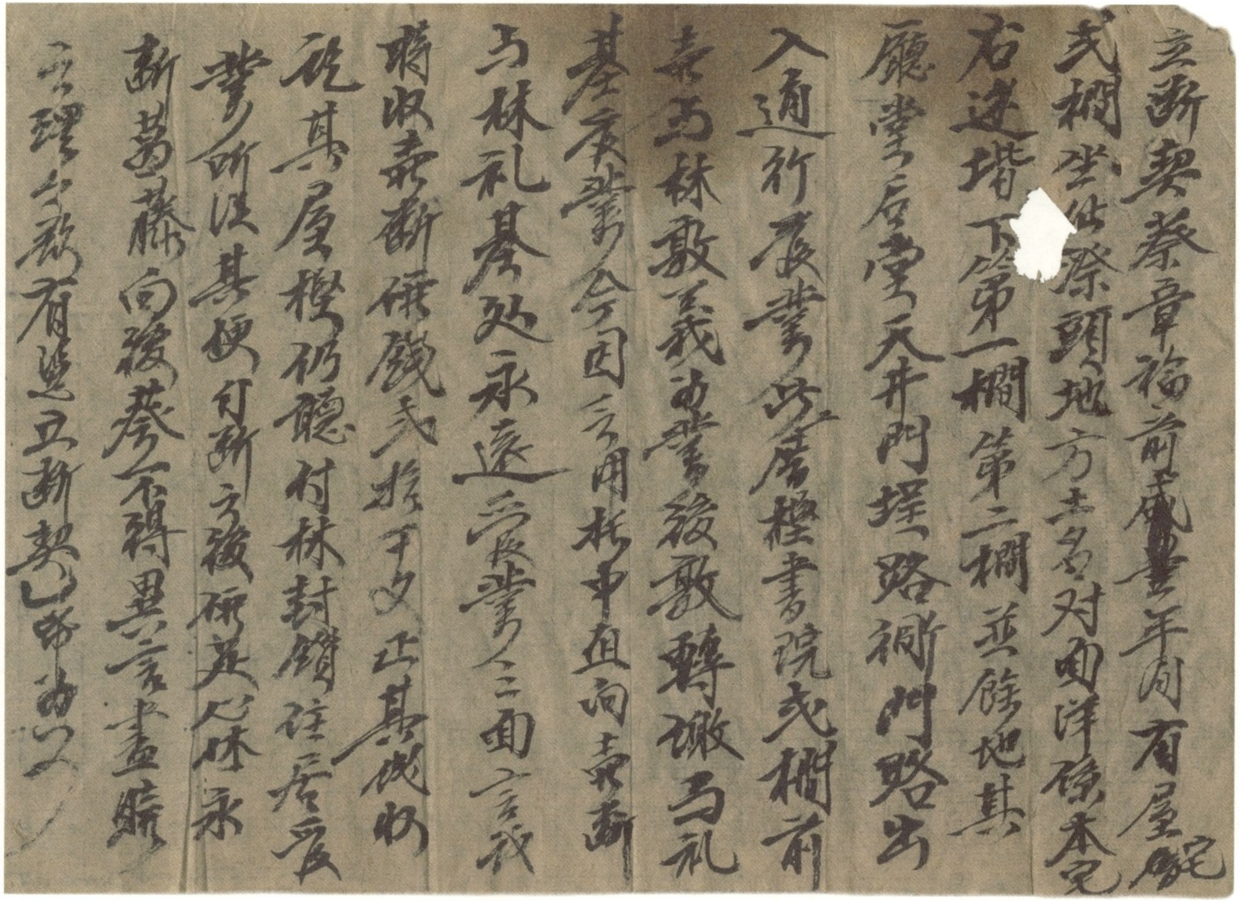

7-1-88-8　清道光至同治年間蔡章福立斷屋宅契

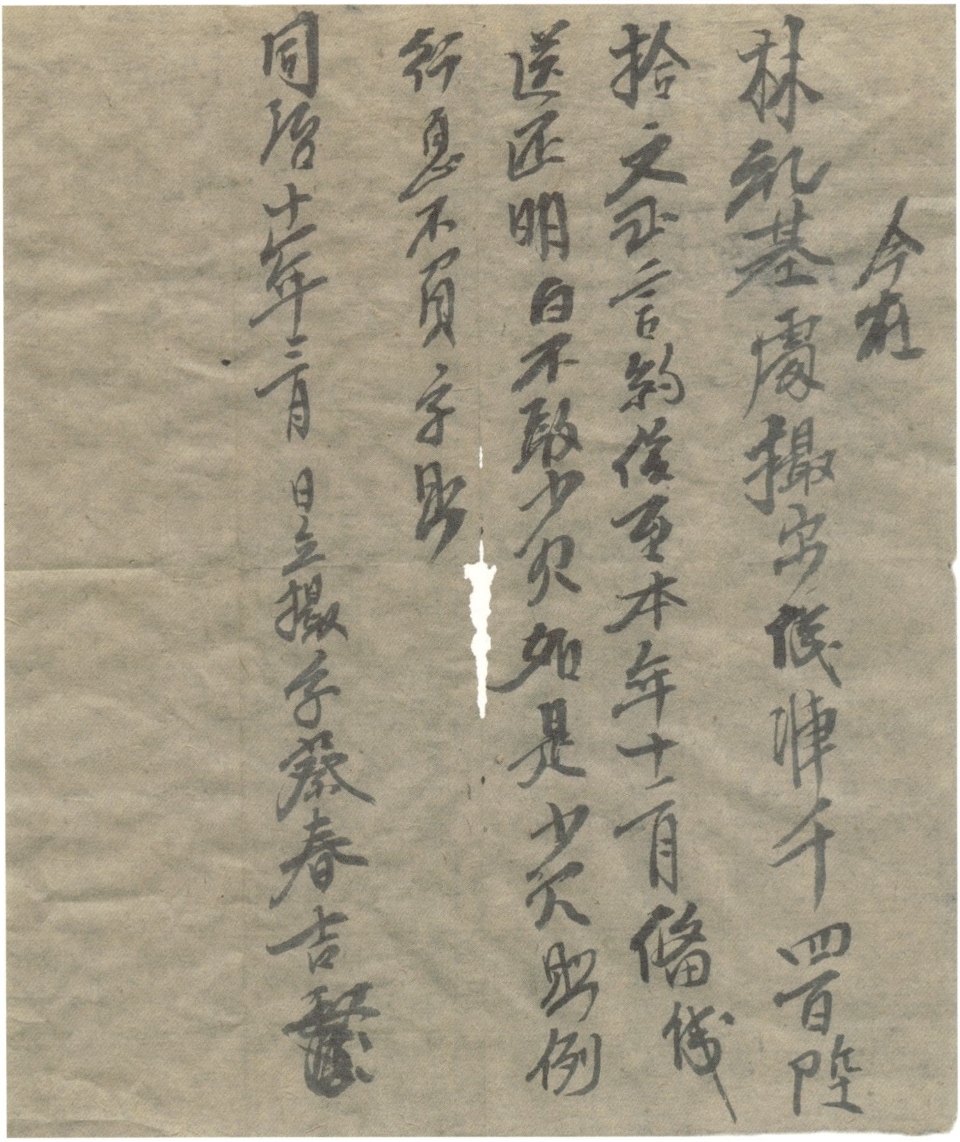
今在
林乳基處撮字錢肆千四百陸
拾文正，言約俟至本年十二月備錢
送還明白，不敢少欠，如是少欠照例
行息，不負字照。
同治十一年三月　日立撮字蔡春吉（押）

7-1-88-7　清同治十一年三月蔡春吉立撮字

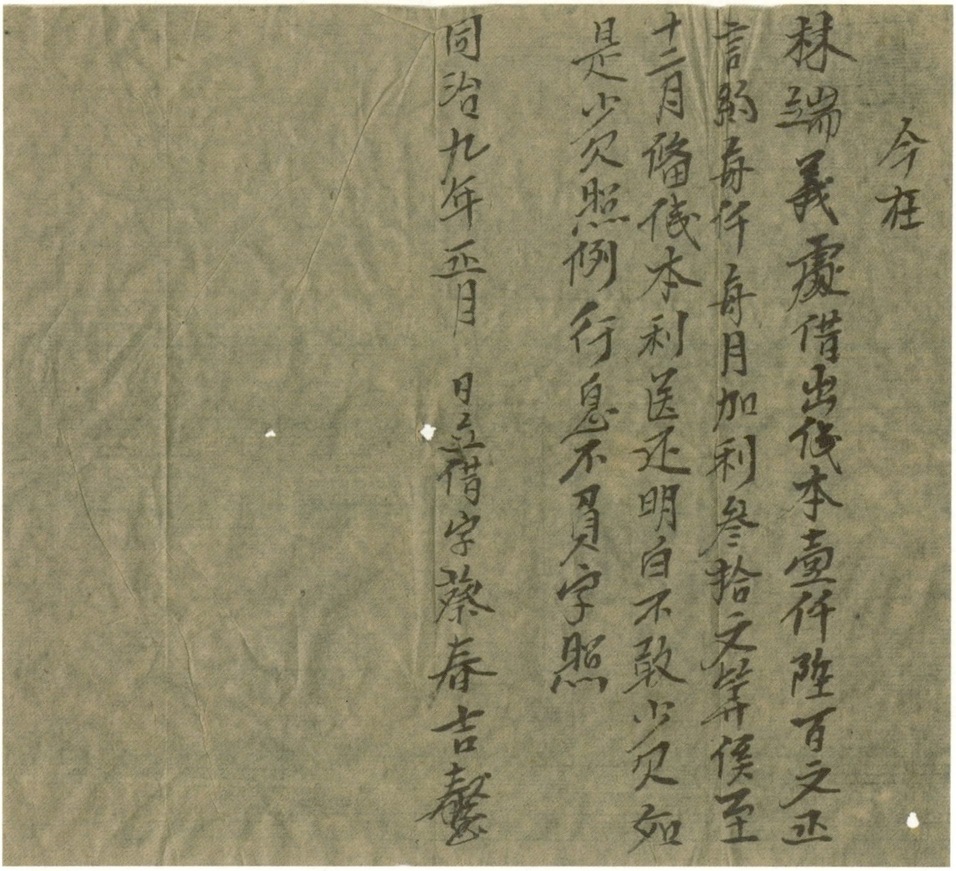

今在
林端義處借出錢本壹仟陸百文正
言約每仟每月加利叁拾文算俟至
十二月備錢本利送還明白不敢少欠如
是少欠照例行息不異字照
同治九年正月　日立借字蔡春吉（押）

7-1-88-6　清同治九年正月蔡春吉立借錢字

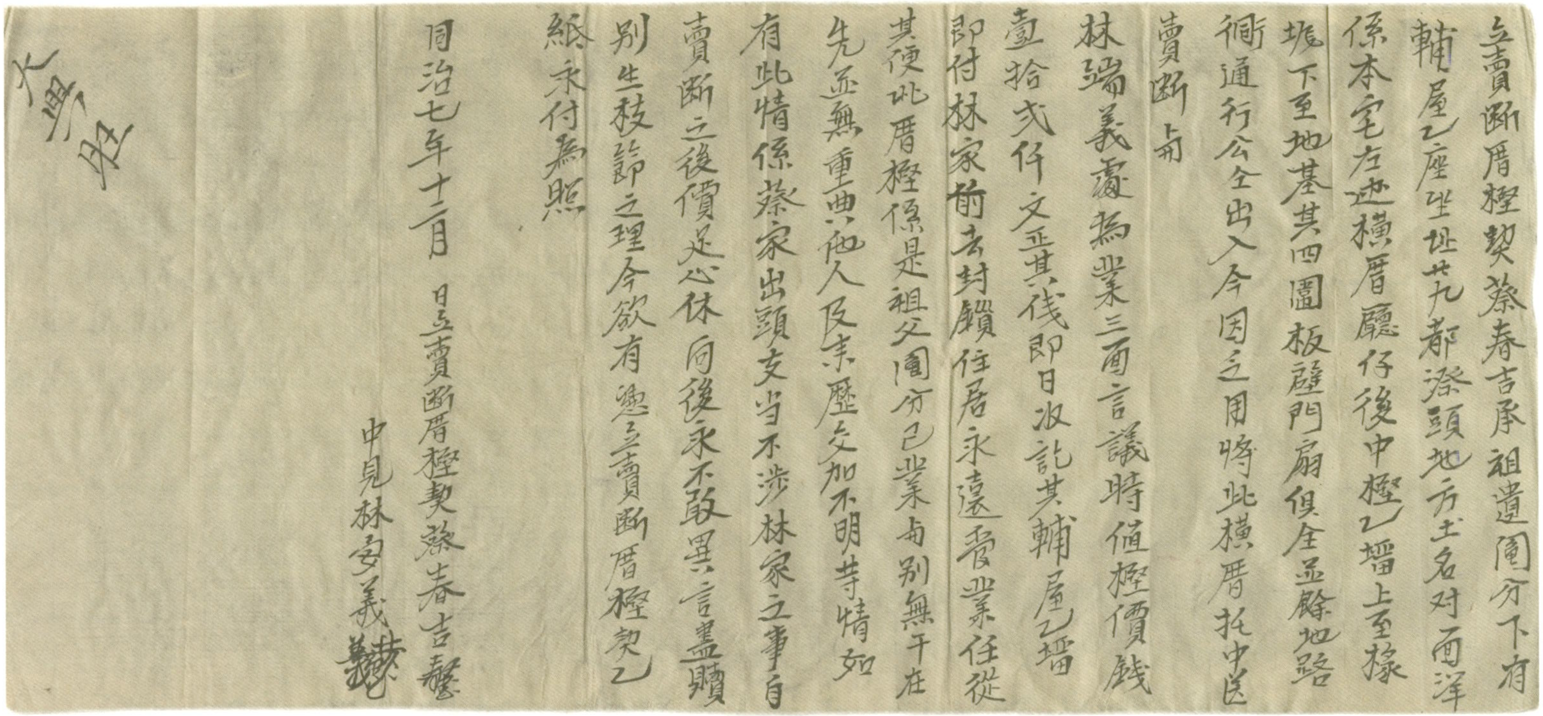
立賣斷厝樫契人蔡春吉承祖遺闔分下有
輔屋乙座坐址廿九都漈頭地方土名对面洋
係本宅左边横厝廳仔後中樫乙堵上至椽
坭下至地基其四圍板壁門扇俱全并餘地路
衕通行公仝出入今因乏用將此横厝托中送
賣斷與
林瑞義處爲業三面言議時值樫價錢
壹拾弍仟文正其錢即日收訖其輔屋乙堵
即付林家前去封鎖住居永遠管業任從
其便此厝樫係是祖父闔分己業與別無干在
先並無重典他人及未歷交加不明等情如
有此情係蔡家出頭支当不涉林家之事自
賣斷之後價足心休向後永不敢異言盡贖
別生枝節之理今欲有憑立賣斷厝樫契乙
紙永付爲照
同治七年十二月　日立賣斷厝樫契蔡春吉（押）
中見林安義（押）

7-1-88-5　清同治七年十二月蔡春吉立賣斷厝樫契

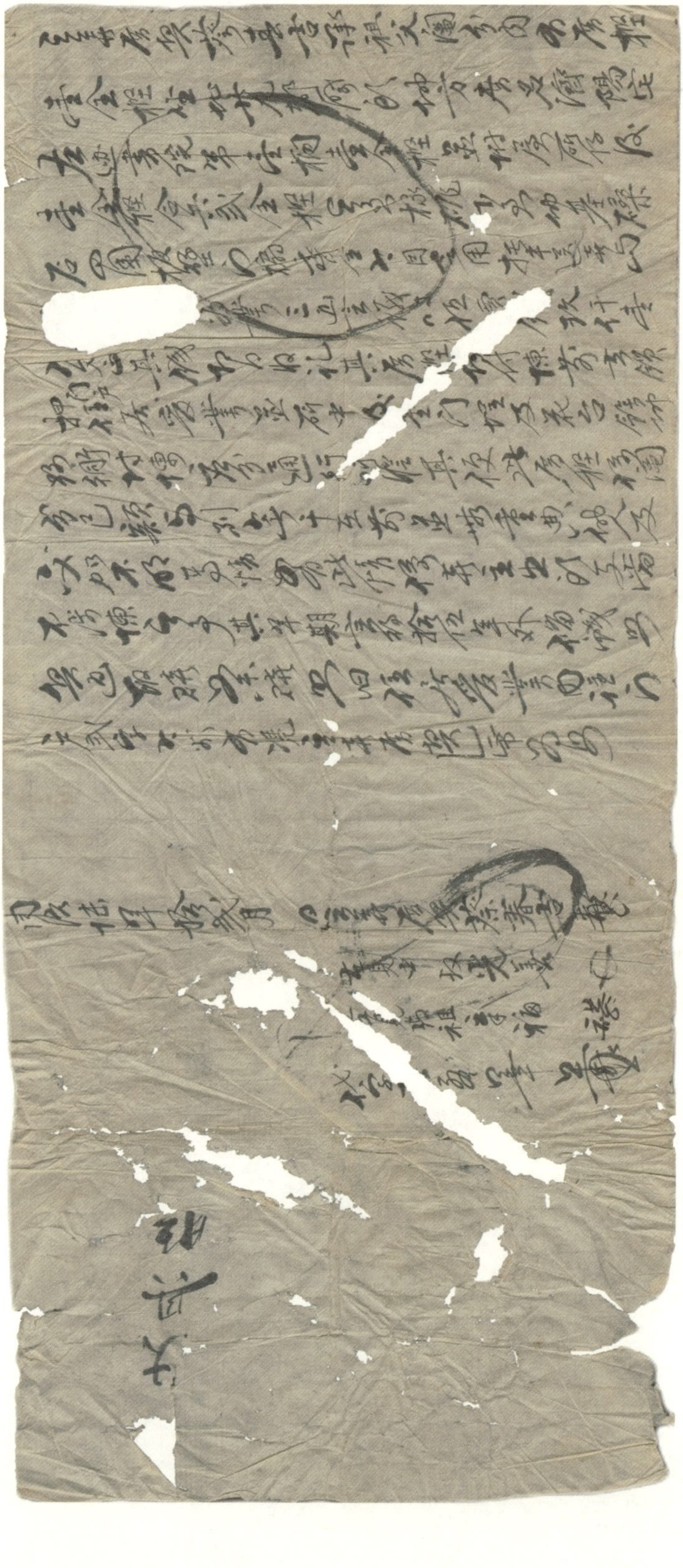

7-1-88-4　清同治六年十二月蔡春吉立賣厝契（廢契）

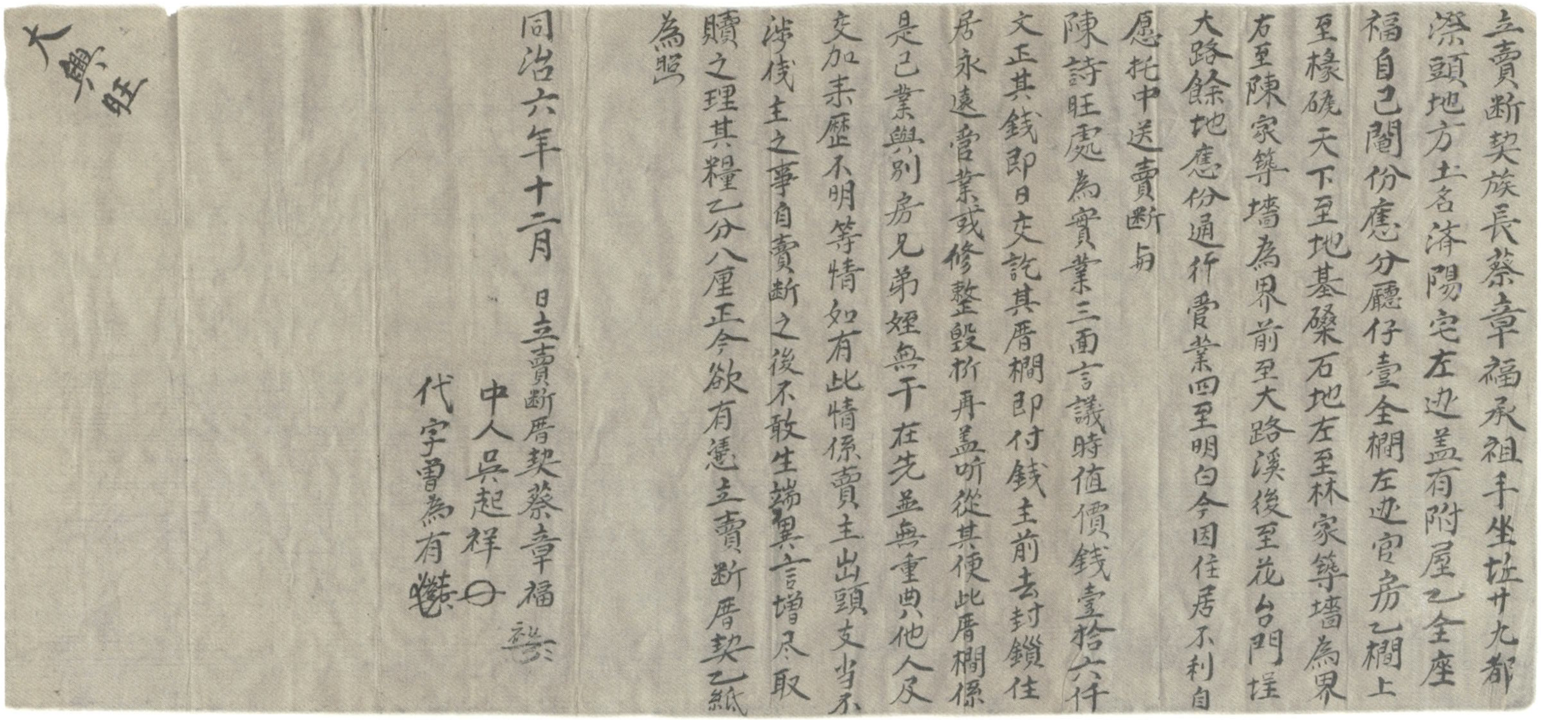
立賣斷契族長蔡章福承祖手坐址廿九都溁頭地方土名洚陽宅左边盖有附屋乙全座福自己閹份應分廳仔壹全𢂆左边官房乙𢂆上至椽碗天下至地基磉石地左至林家䈑墻為界右至陳家䈑墻為界前至大路溪後至花台門埕大路餘地應份通行賣業四至明白今因住居不利自愿托中送賣斷与
陳詩旺處為實業三面言議時值價錢壹拾六仟文正其錢即日交訖其厝𢂆即付錢主前去封鎖住居永遠管業或修整毀拆再盖听從其便此厝𢂆係是己業與別房兄弟姪無干在先並無重典他人及交加未歷不明等情如有此情係賣主出頭支当不涉錢主之事自賣斷之後不敢生端異言增尽取贖之理其糧乙分八厘正今欲有憑立賣斷厝契乙紙為照

同治六年十二月　日立賣斷厝契蔡章福（押）
中人吳起祥（押）
代字曾為有（押）

大興旺

7-1-88-3　清同治六年十二月蔡章福立賣斷厝契

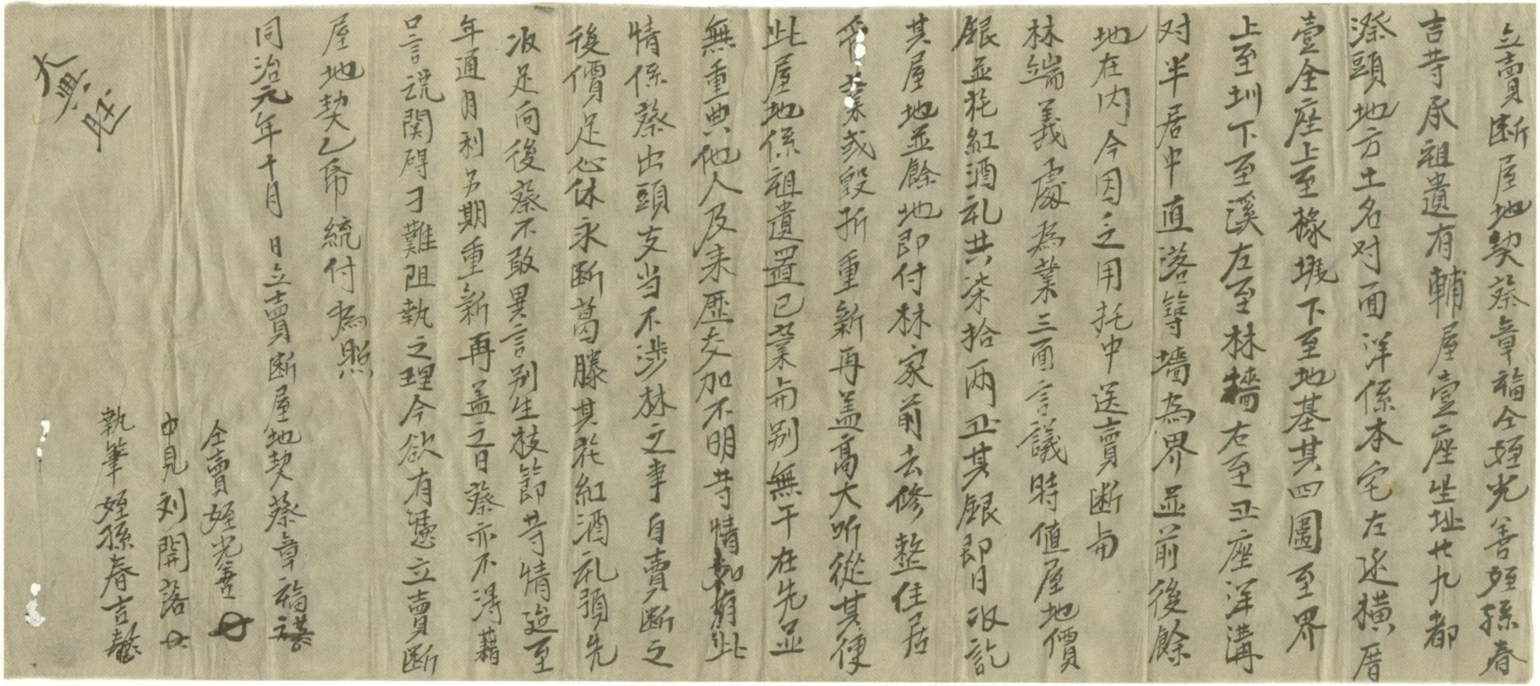
立賣斷屋地契蔡章福仝姪光善姪孫春
吉等承祖遺有輔屋壹座坐址廿九都
漈頭地方土名对面洋係本宅左逐横厝
壹全座上至椽堄下至地基其四圍至界
上至圳下至溪左至林橋右至丑座洋溝
对半居中直落等墻為界並前後餘
地在内今因乏用托中送賣斷與
林端義處為業三面言議時值屋地價
銀並花紅酒礼共柒拾兩正其銀即日收訖
其屋地並餘地即付林家前去修整住居
或業或毀折重新再蓋高大听從其便
此屋地係祖遺置已業與別房無干在先並
無重典他人及來歷交加不明等情如有此
情係蔡出頭支当不涉林之事自賣斷之
後價足心休永斷葛藤其花紅酒礼預先
收足向後蔡不敢異言別生枝節等情迨至
年通月利另期重新再蓋之日蔡亦不得藉
口言説閑碍刁難阻執之理今欲有憑立賣斷
屋地契乙帋統付為照
同治元年十月　日立賣斷屋地契蔡章福（押）
仝賣姪光善（押）
中見刘開落（押）
執筆姪孫春吉（押）
大興旺

7-1-88-2　清同治元年十月蔡章福等立賣斷屋地契

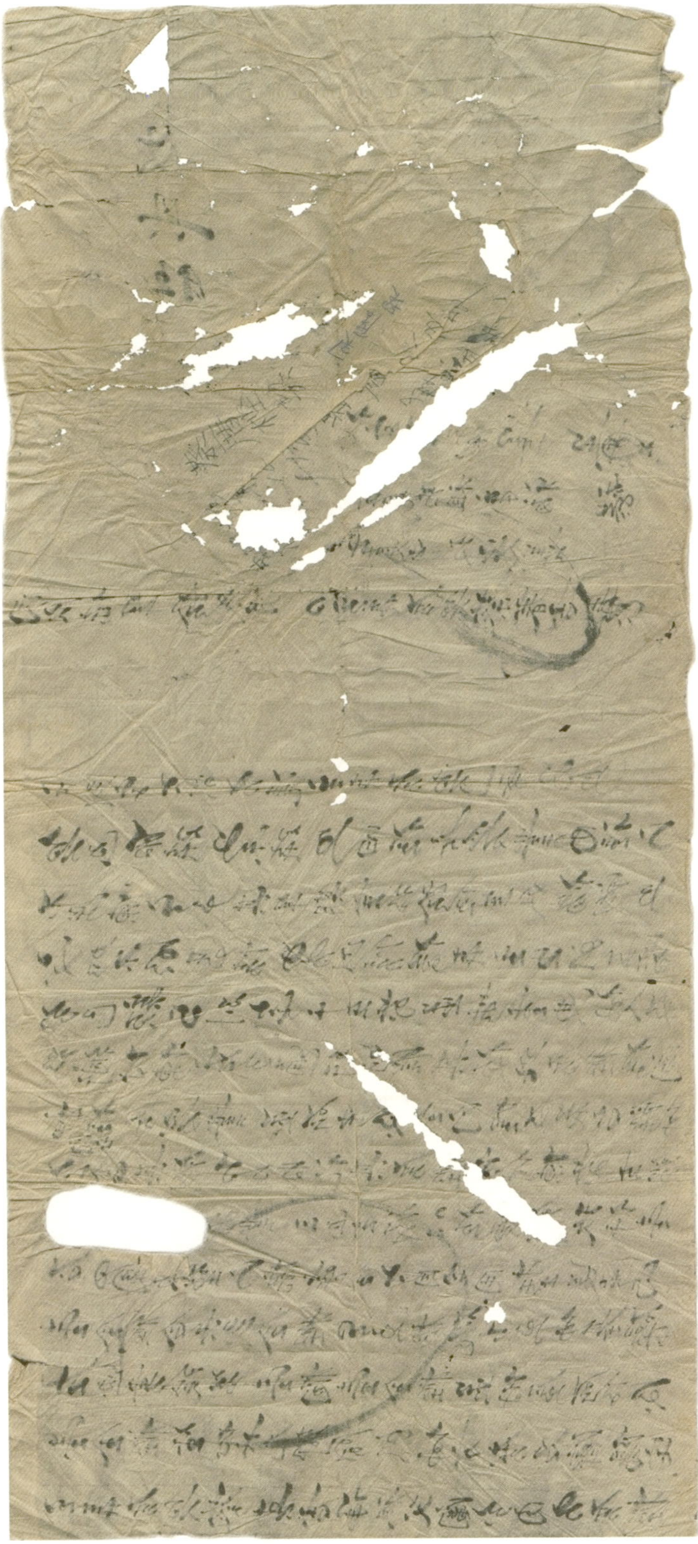

7-1-88-1　包契紙

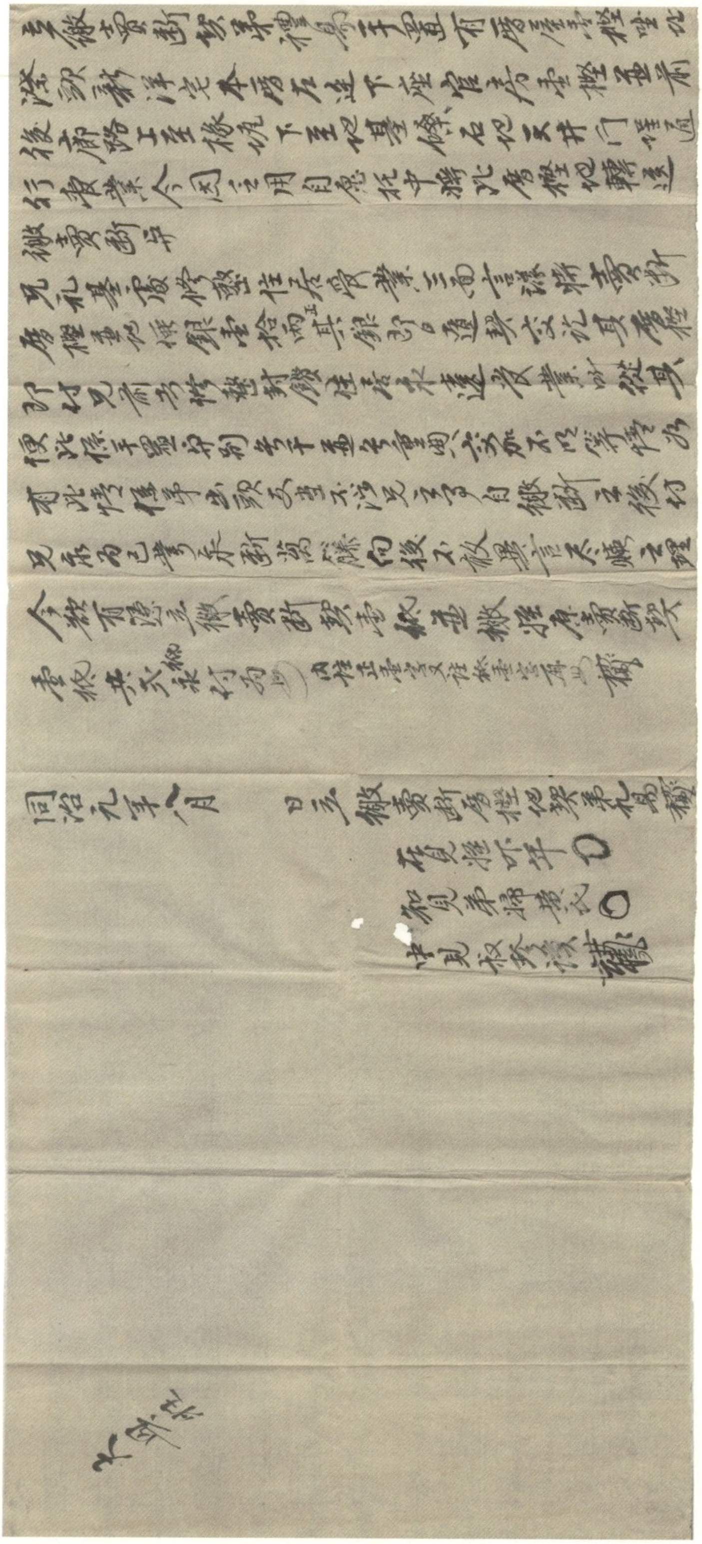

立繳賣斷契弟禮易，手置有厝屋壹橖，坐址
漈頭新洋宅本厝左邊下座官房壹橖並前
後廊路，上至椽桷，下至地基、條石、地天井門埕通
行衆業。今因乏用，自愿托中將此厝橖地轉送
繳賣斷與
兄禮基處修整住居管業。三面言議將賣斷
厝橖並地價銀壹拾兩正，其銀即日隨契交訖，其厝橖
即付兄前去修整封鎖，住居永遠管業，聽從其
便。此係弟置與别房兄弟並無重典、交加不明等情；如
有此情，係弟出頭支當，不涉兄之事。自繳斷之後，付
兄永為己業，永斷葛藤，向後不敢異言，尽贖之理。
今欲有憑，立繳賣斷契壹紙，並繳姪原賣斷契
壹紙，共貳紙，永付為炤。 内注正壹字，又注紙壹字，再照。

同治元年八月 日立繳賣斷厝橖地契弟禮易（押）
在見姪仰年（押）
知見弟婦黄氏（押）
中見叔珍談（押）

大吉[illegible]

7-1-87-4 清同治元年八月林禮易立繳賣斷厝屋契

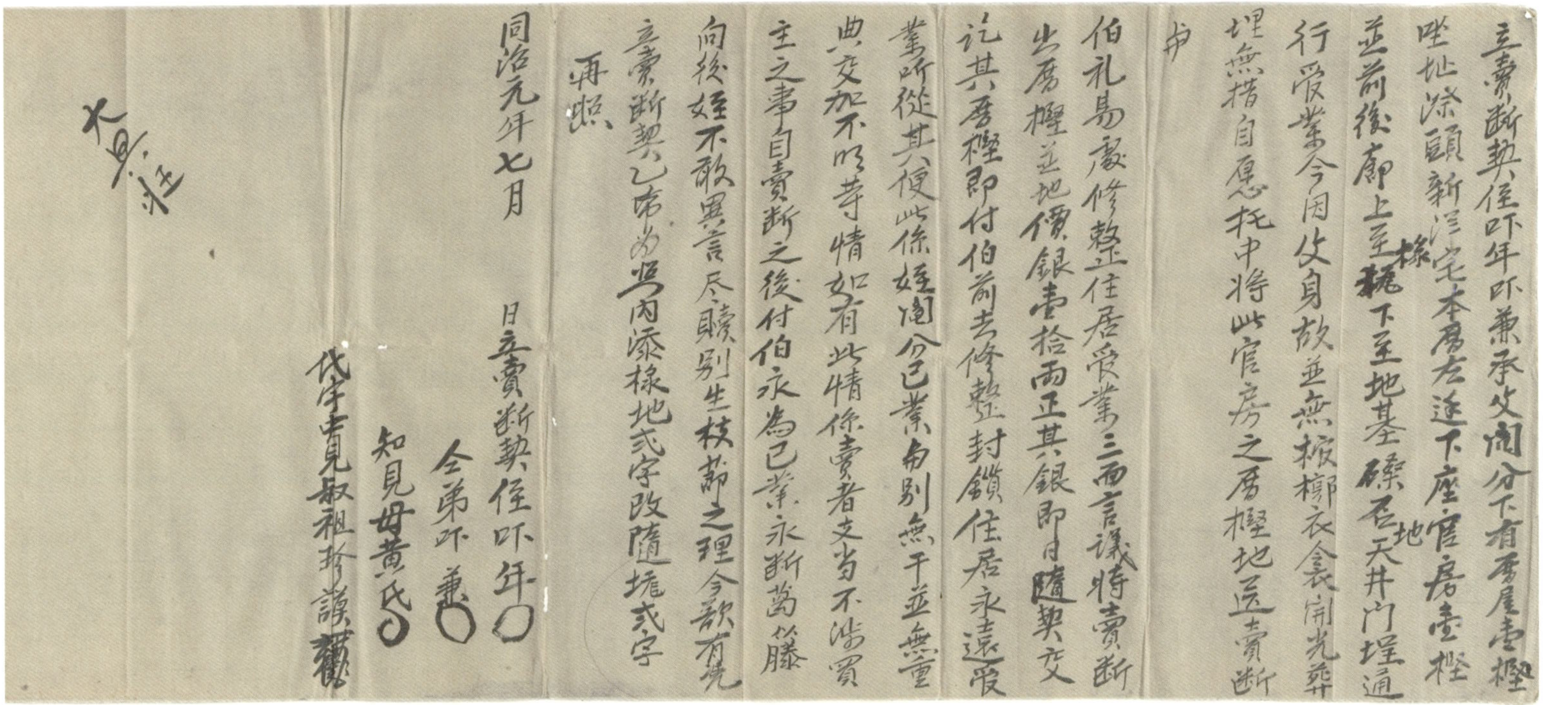
立賣斷契人侄吓年、吓兼承父阄分下有瓦屋壹橺，坐址涂頭新厝宅本房左边下座官房壹橺，并前後廊上至椽桷下至地基磉石地天井门埕通行受業。今因父身故，並無板槨衣衾用光葬埋，無措，自愿托中將此官房之房橺地送賣斷与
伯礼易處修整住居受業。三面言議，時賣斷出房橺並地價銀壹拾兩正，其銀即日隨契交訖，其房橺即付伯前去修整封鎖住居，永遠受業，聽從其便。此係侄阄分已業，与别無干，並無重典交加不明等情。如有此情，係賣者支当，不涉買主之事。自賣斷之後，付伯永為已業，永斷葛藤，向後侄不敢異言尽贖別生枝節之理。今欲有凭，立賣斷契乙帋為照。内添椽、地弍字，改隨、埦弍字，再照。

同治元年七月　日立賣斷契侄吓年（押）
仝弟吓兼（押）
知見母黃氏（押）
代字見叔祖玲讓（押）

大吉．桂

7-1-87-3　清同治元年七月林吓年等立賣斷厝屋契

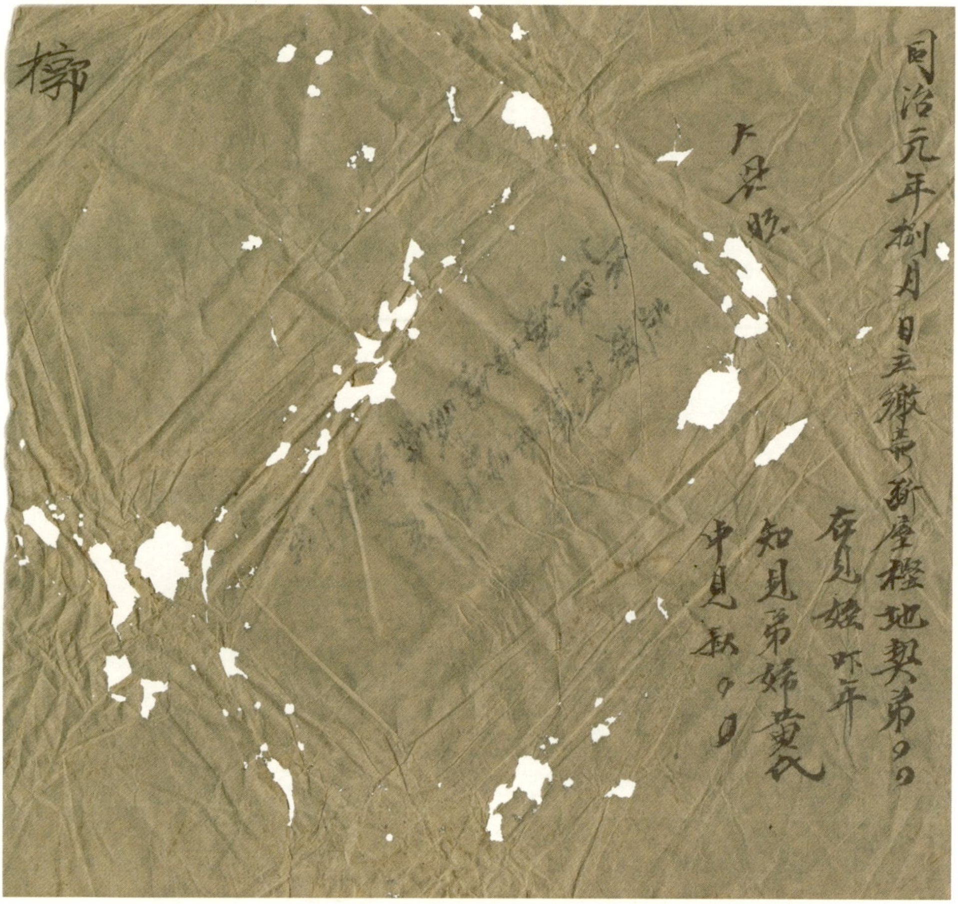

同治元年捌月 日立繳帋斷屋樫地契弟○○
在見嫂吓耳
知見弟婦黄氏
中見叔○○
大吉照
椰

7-1-87-2　包契紙

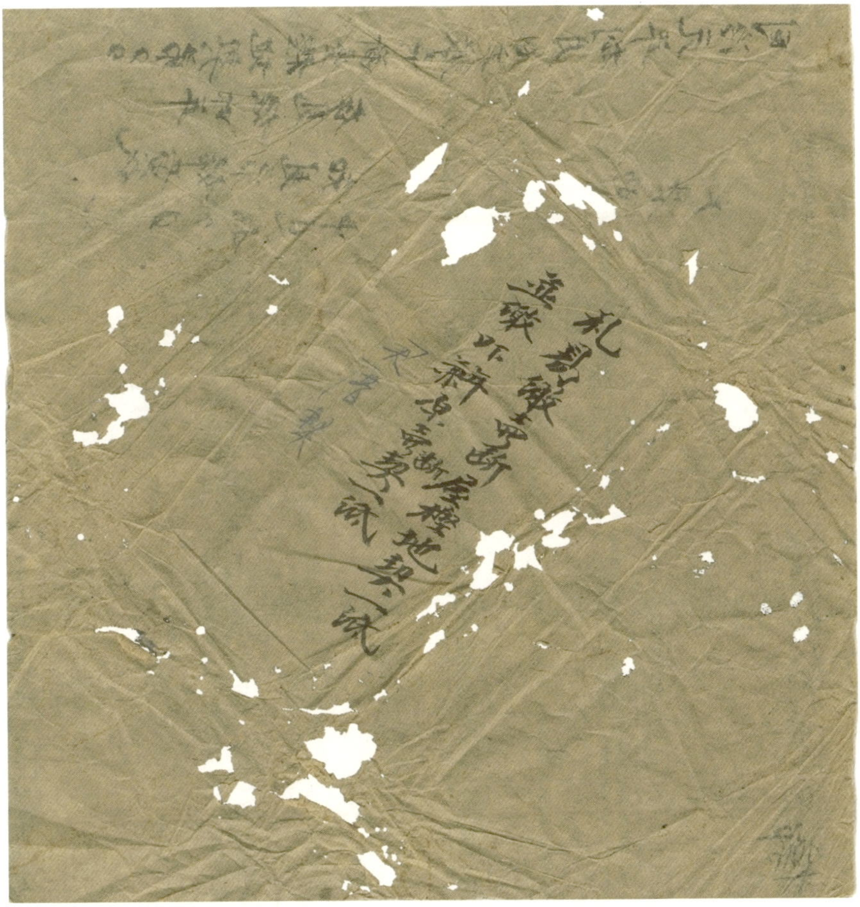

7-1-87-1　包契紙

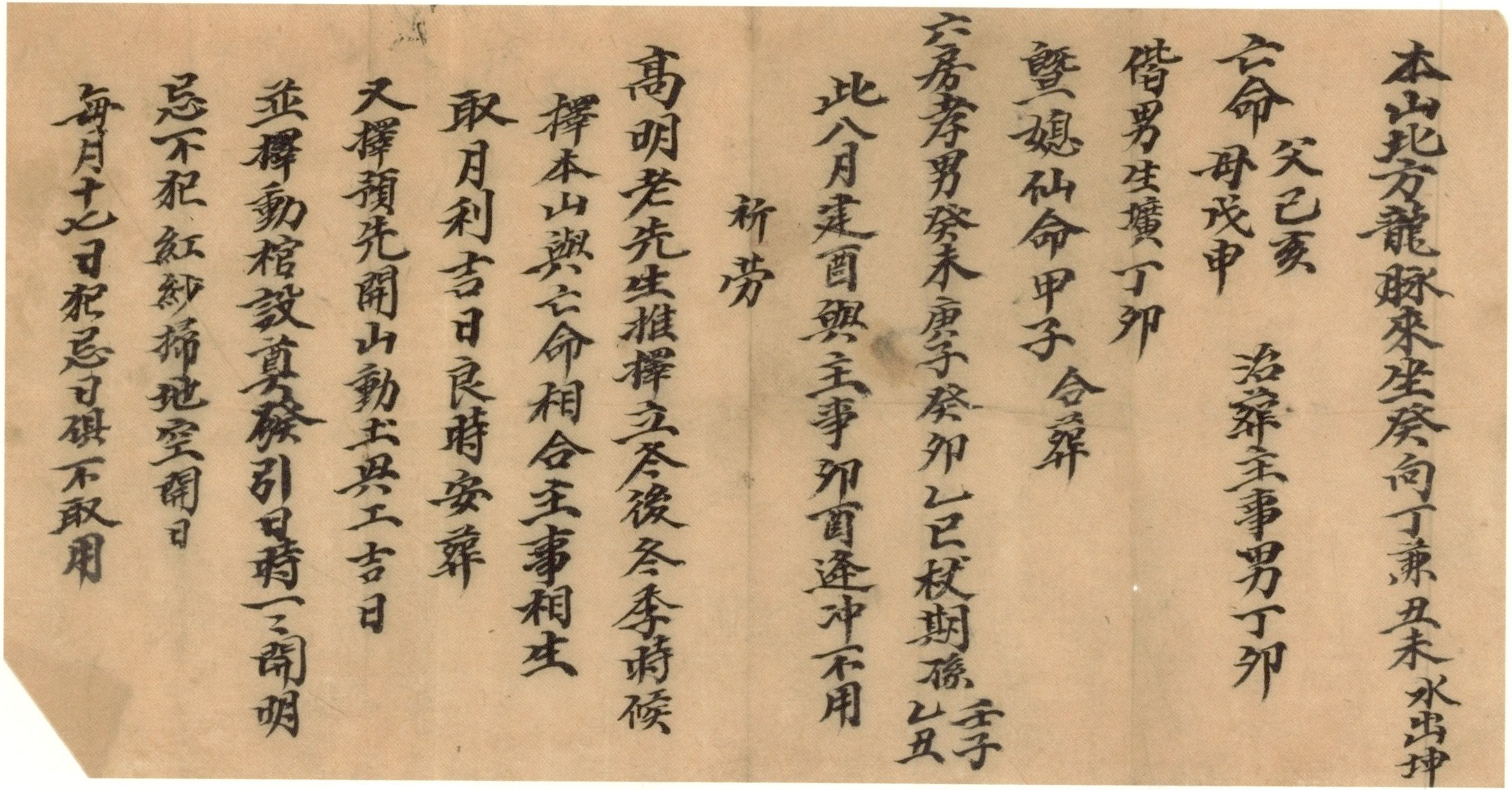
本山地方龍脉來坐癸向丁兼丑未　水出坤
亡命　父己亥　母戊申　治葬主事男丁卯
偕男生壙丁卯
暨媳仙命甲子　合葬
亡房孝男癸未庚子癸卯乙巳杖期孫乙丑　壬子
此八月建酉與主事卯酉逢冲不用
祈劳
高明老先生推擇立冬後冬季時候
擇本山與亡命相合主事相生
取月利吉日良時安葬
又擇預先開山動土興工吉日
並擇動棺設真發引日時一一開明
忌不犯　紅紗掃地空開日
每月十七日犯忌日俱不敢用

7-1-86-27　林氏安葬動土擇吉單（年代不詳）

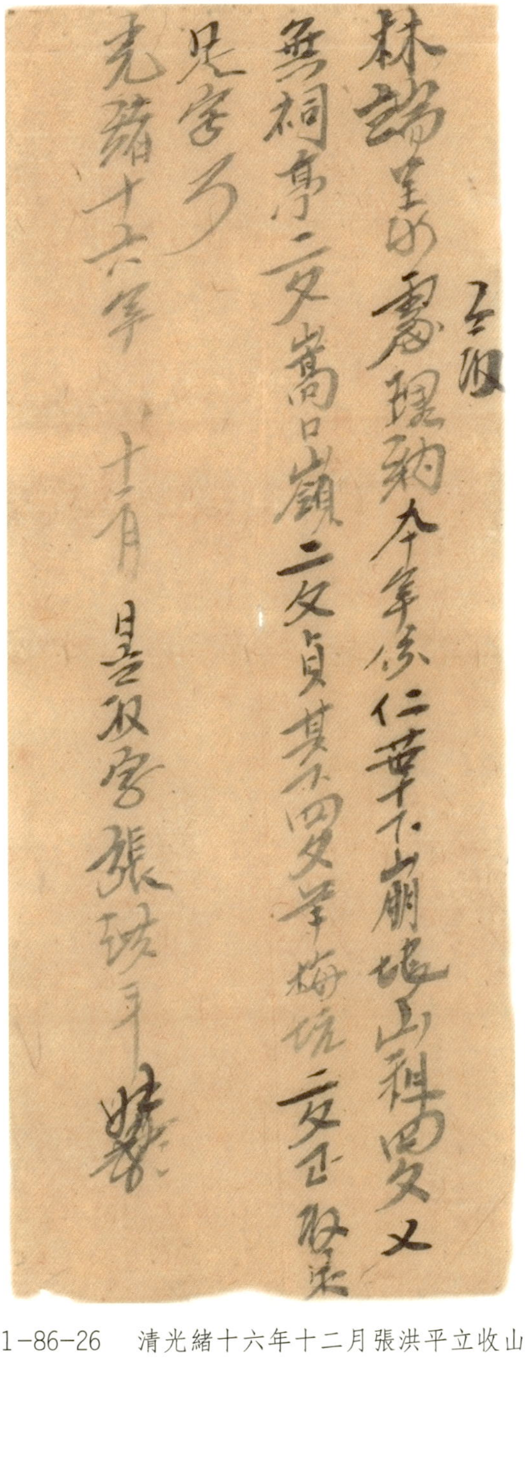

五汲
林端生收處理納本年份仁華下山崩坡山租四文又
無祠亭二文嵩口嶺二文貞其下四文羊梅坑二文正收訖
足字乃
光緒十六年 十二月 日立收字張洪平親

7-1-86-26　清光緒十六年十二月張洪平立收山租字

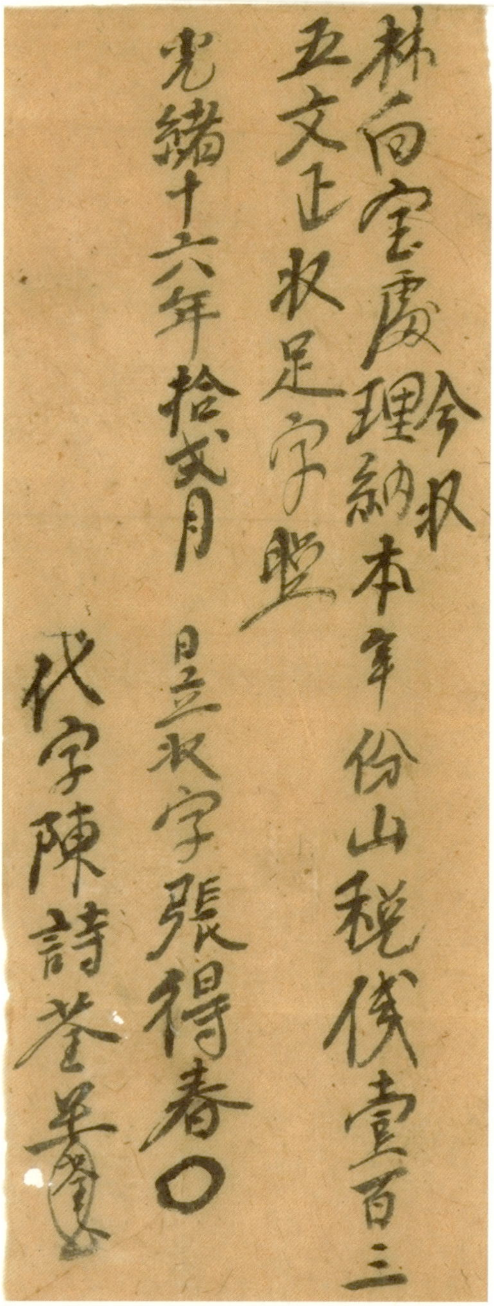
林向寶慶今收
理納本年份山稅錢壹百三
五文正收足字照
光緒十六年拾貳月　日立收字張得春〇
代字陳詩荃筆

7-1-86-25　清光緒十六年十二月張得春立收山稅字

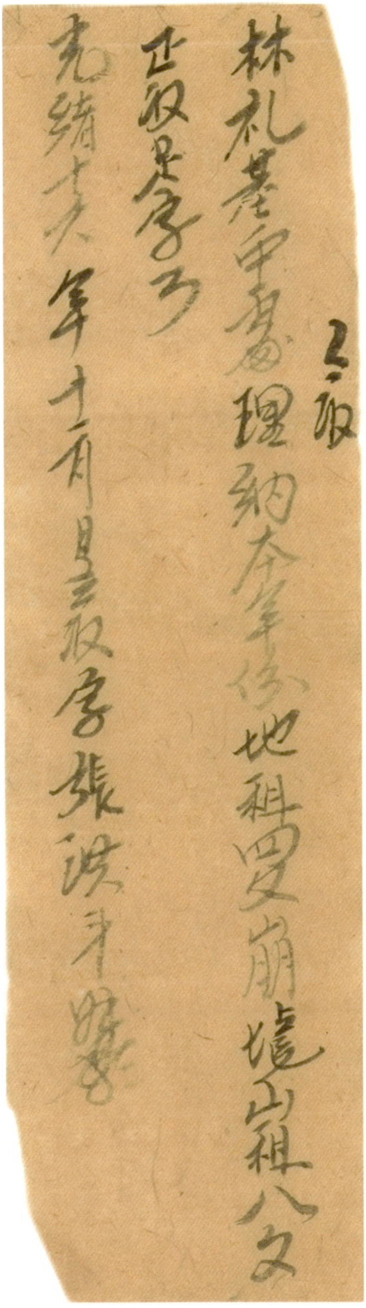

林礼基中處理納本年份地租四文崩墘山租八文　足收

正收是字乃

光緒十六年十一月　日立收字張洪斗親筆

7-1-86-24　清光緒十六年十一月張洪斗立收租字

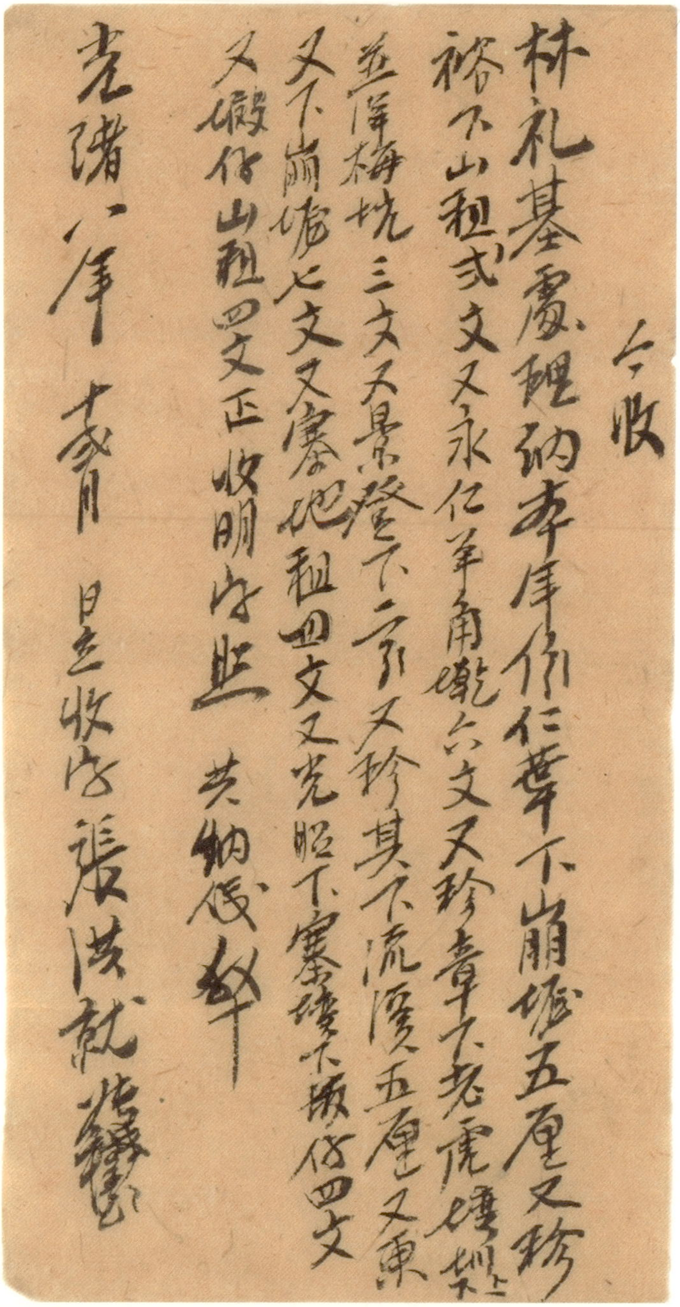

仝收

林礼基處理納本年伊仁葉下山崩墘五厘又珍

裕下山租弍文又永仁羊角墘六文又珍章下老虎墘坵上

並洋梅坑三文又景發下二分又珍其下流溪五厘又東

又下崩墘七文又寮地租四文又光照下寮墘下坂伊四文

又傲伊山租四文正收明存照　共納錢叁千

光緒八年十二月　日立收字張洪就（花押）

7-1-86-23　清光緒八年十二月張洪就立收山租字

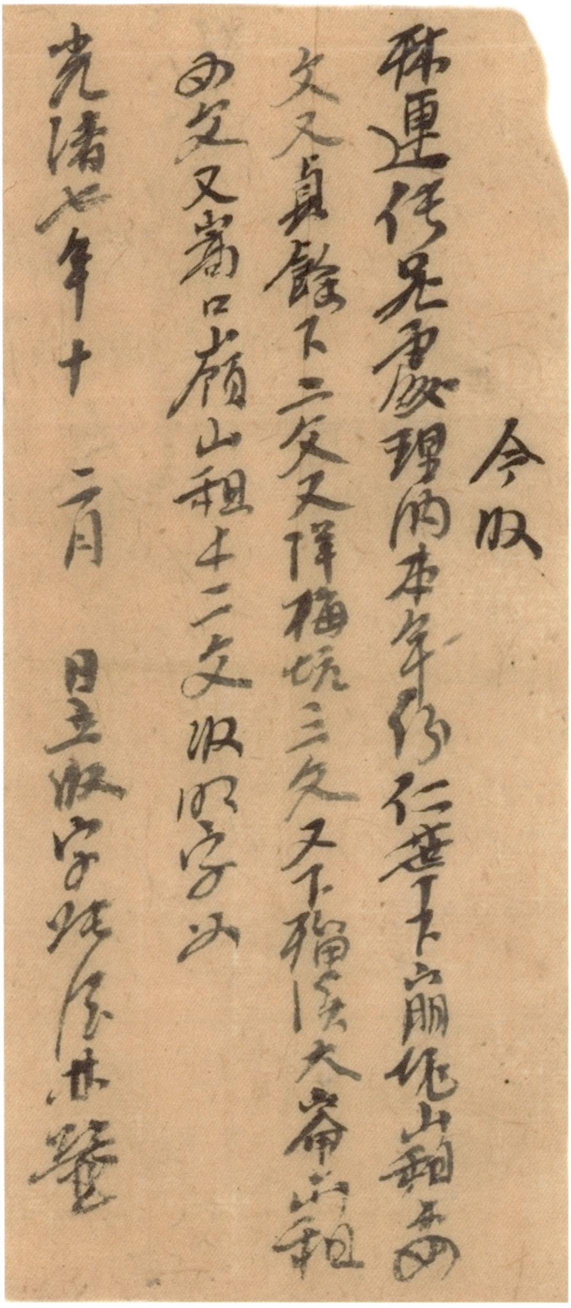
今收
林運佺兄處理兩本年份仁垄下下山崩坑山租五百
文又貞餘下二文又洋梅坑三文又下猫溪大崙山租
四文又嵩口嶺山租十二文收明字照
光緒七年十二月　日立收字張洪林筆

7-1-86-22　清光緒七年十二月張洪林立收山租字

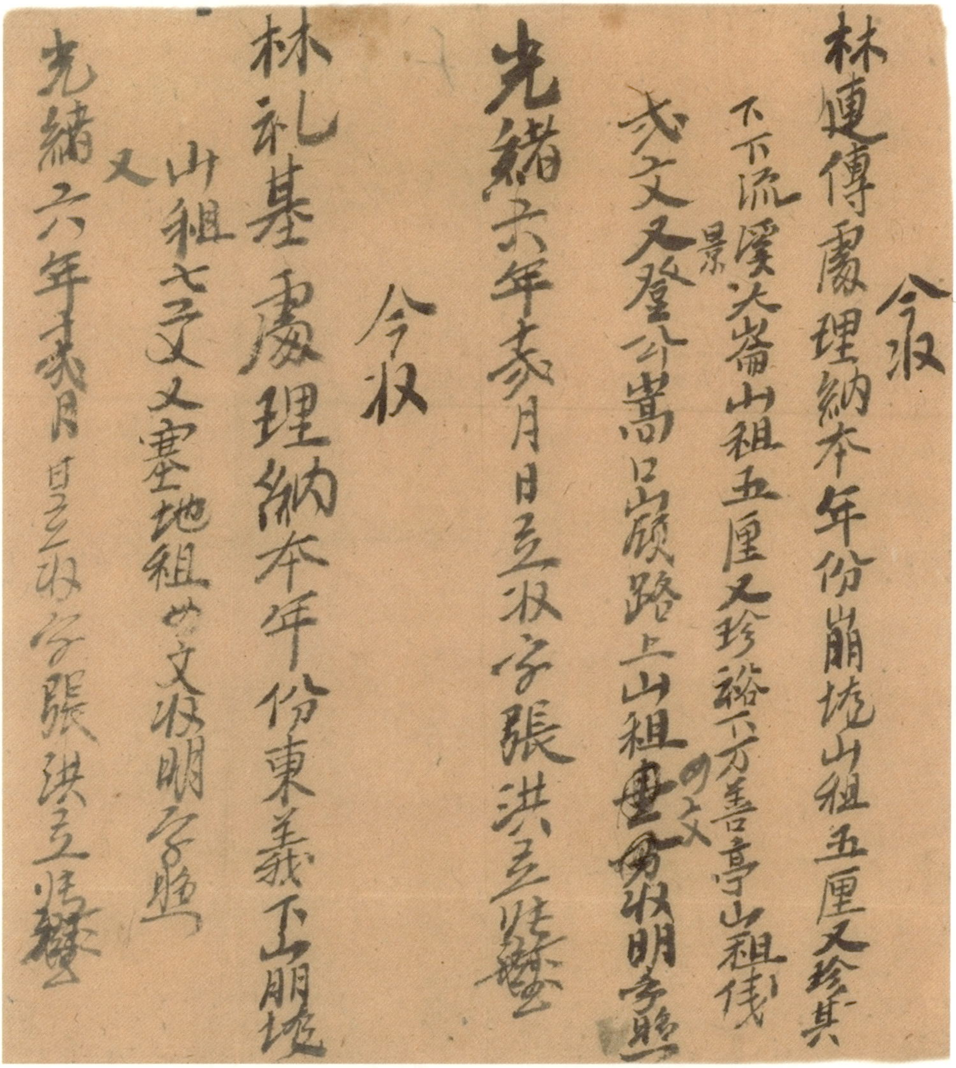

今收
林連傳處理納本年份崩垵山租五厘又珍其
下下流溪尖嵛山租五厘又珍裕六方善亭山租伐
景
弍文又登公嵩口嶺路上山租壹分四文收明字照
光緒六年叁月 日立收字張洪立號

今收
林礼基處理納本年份東義下山崩垵
山租七文又塞地租卅文收明字照
又
光緒六年拾貳月 日立收字張洪立號

7-1-86-21　清光緒六年十二月張洪立立收山租字

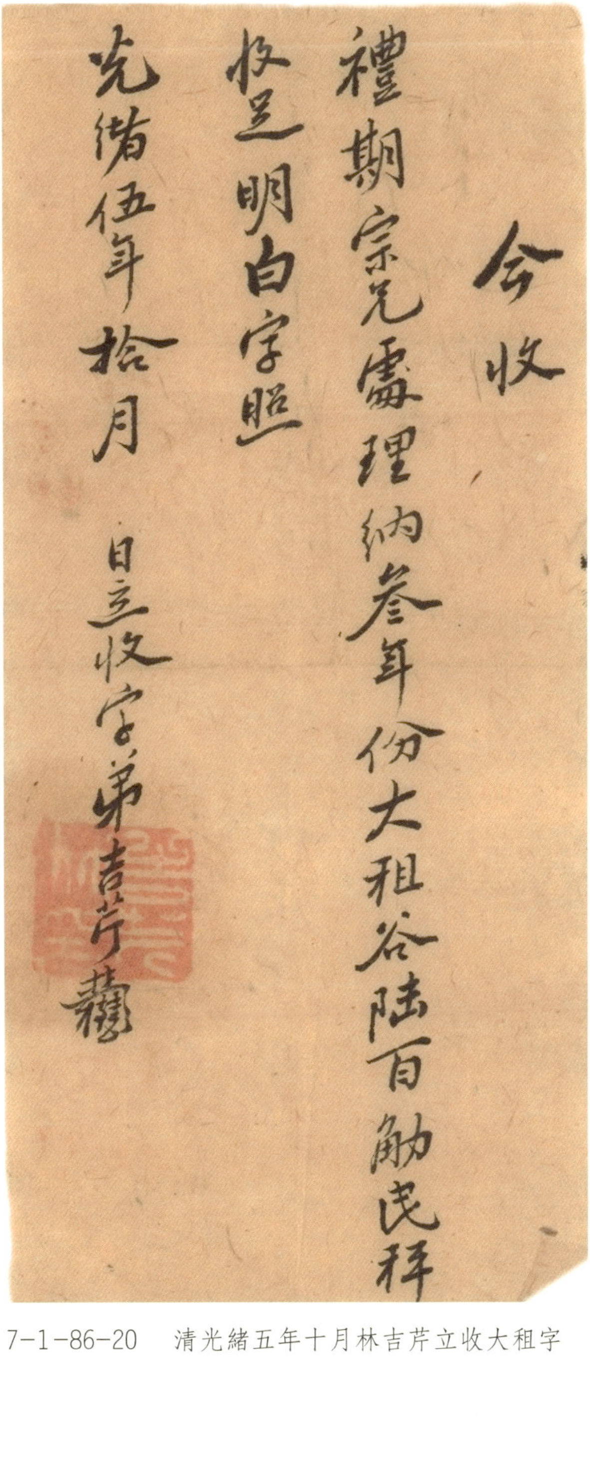
今收
禮期宗兄處理納叁年份大租谷陸百觔足秤
收足明白字照
光緒伍年拾月　日立收字弟吉芹

7-1-86-20　清光緒五年十月林吉芹立收大租字

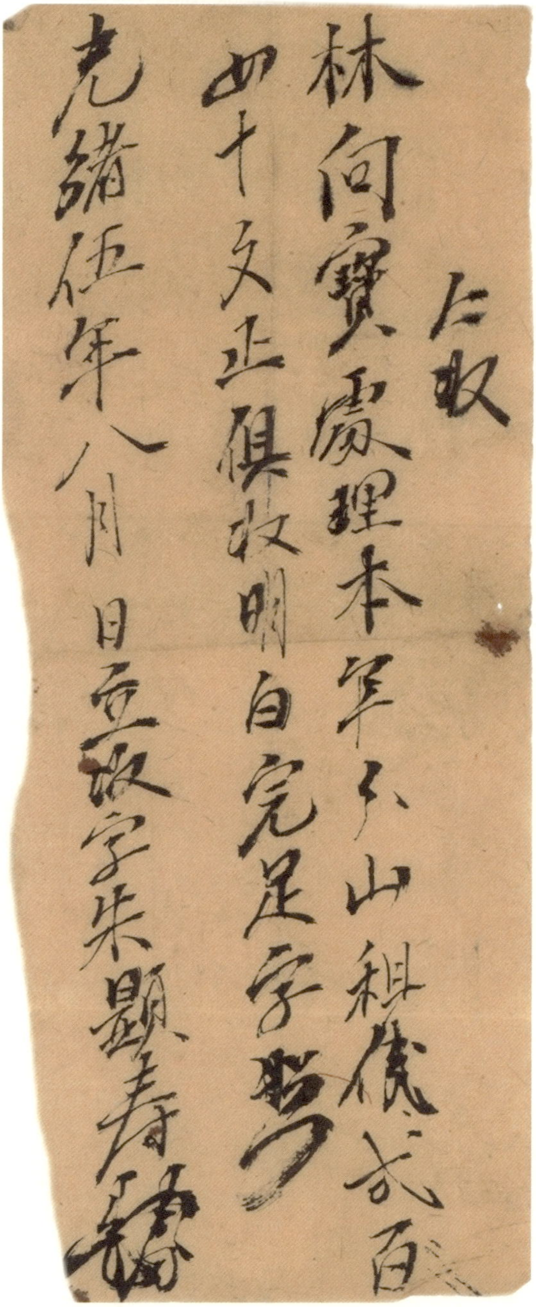
今收
林向寶處理本年分山租錢弍百
四十文正俱收明白完足字照
光緒伍年八月　日立收字朱顯壽（押）

7-1-86-19　清光緒五年八月朱顯壽立收山租字

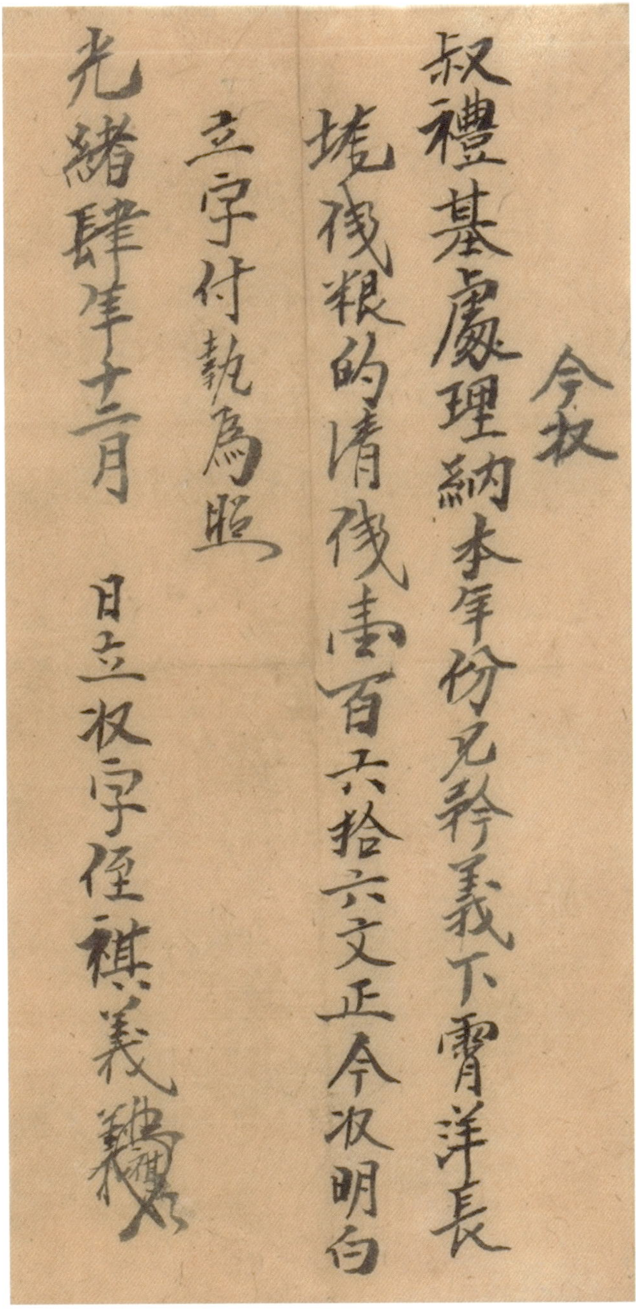
今收
叔禮基處理納本年份兄矜義下霄洋長
塊錢粮的清錢壹百六拾六文正今收明白
立字付執爲照
光緒肆年十二月　日立收字侄祺義（押）

7-1-86-18　清光緒四年十二月林祺義立收錢糧字

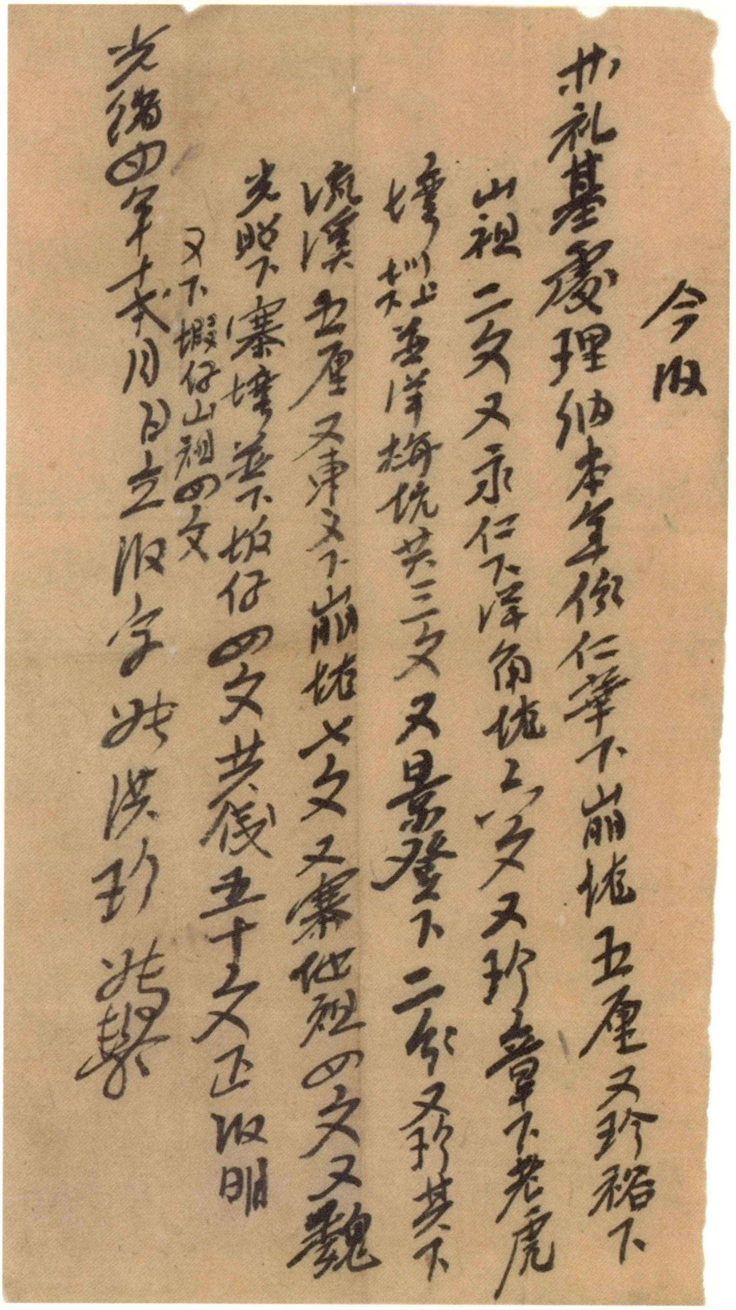

今收
卅禮基慶理納本年依仁華下崩墘五厘又珍稻下
山租二文又永仁下洋角墘二文又珍章下老虎
墘圳上杉蓋洋橋坑共三文又景登下二分又珍其下
流溪五厘又東又下崩墘乂文又寨仔垇四文又魏
光照下寨墘並下坂仔四文共錢五十文正收明
又下蝦仔山租四文
光緒四年十弍月日立收字張洪珍筆

7-1-86-17　清光緒四年十二月張洪珍立收山租字

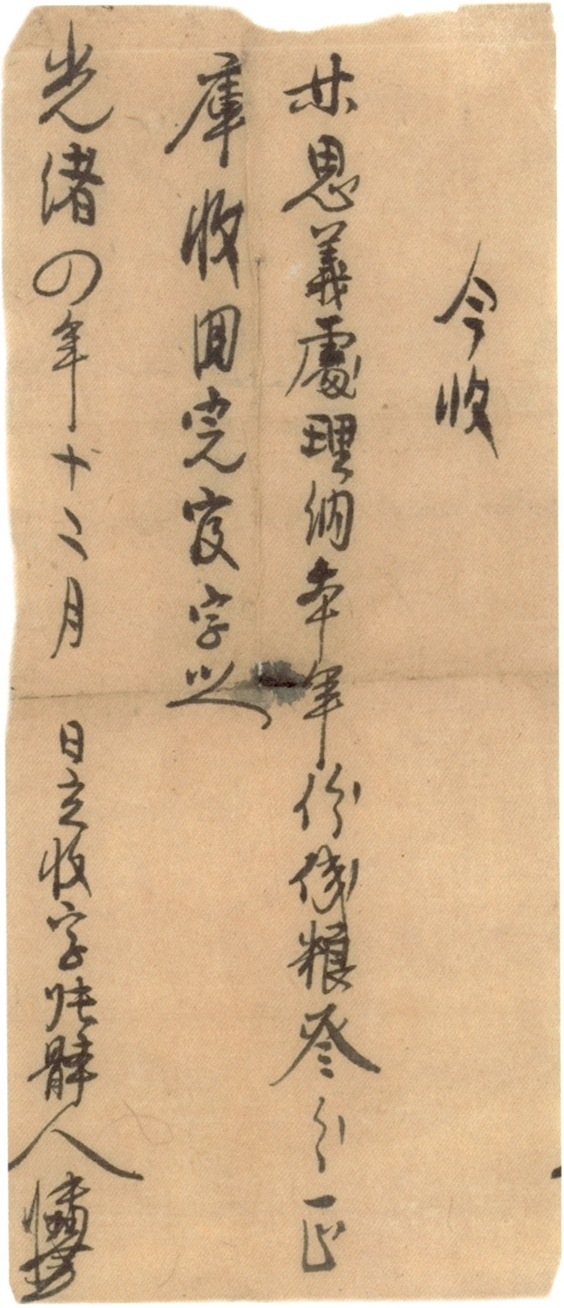

今收
廿思義處理納本年份錢糧叁分一正
庫收圓完足字以
光緒四年十二月 日立收字張體人（押）

7-1-86-16　清光緒四年十二月張體人立收錢糧字

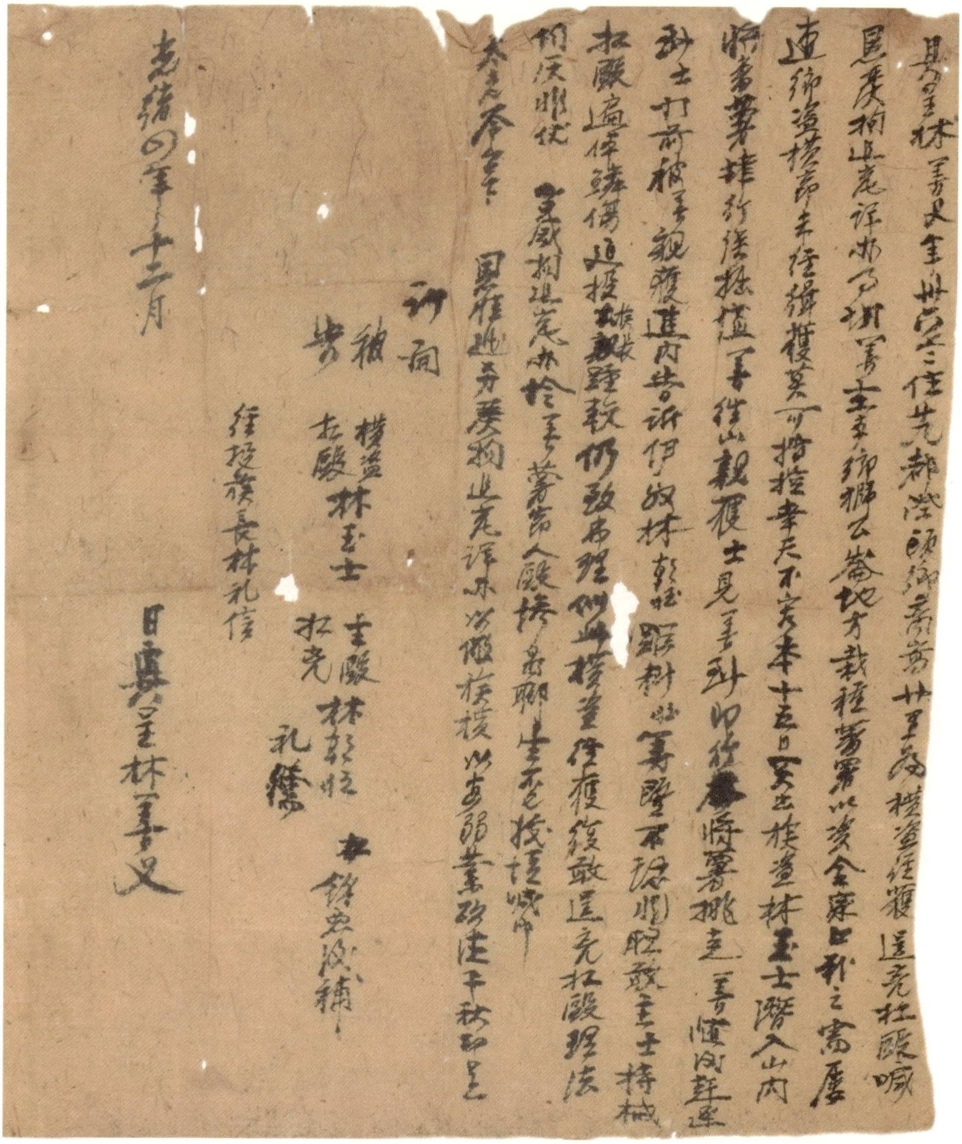

7-1-86-15 清光緒四年十二月林善义具呈狀

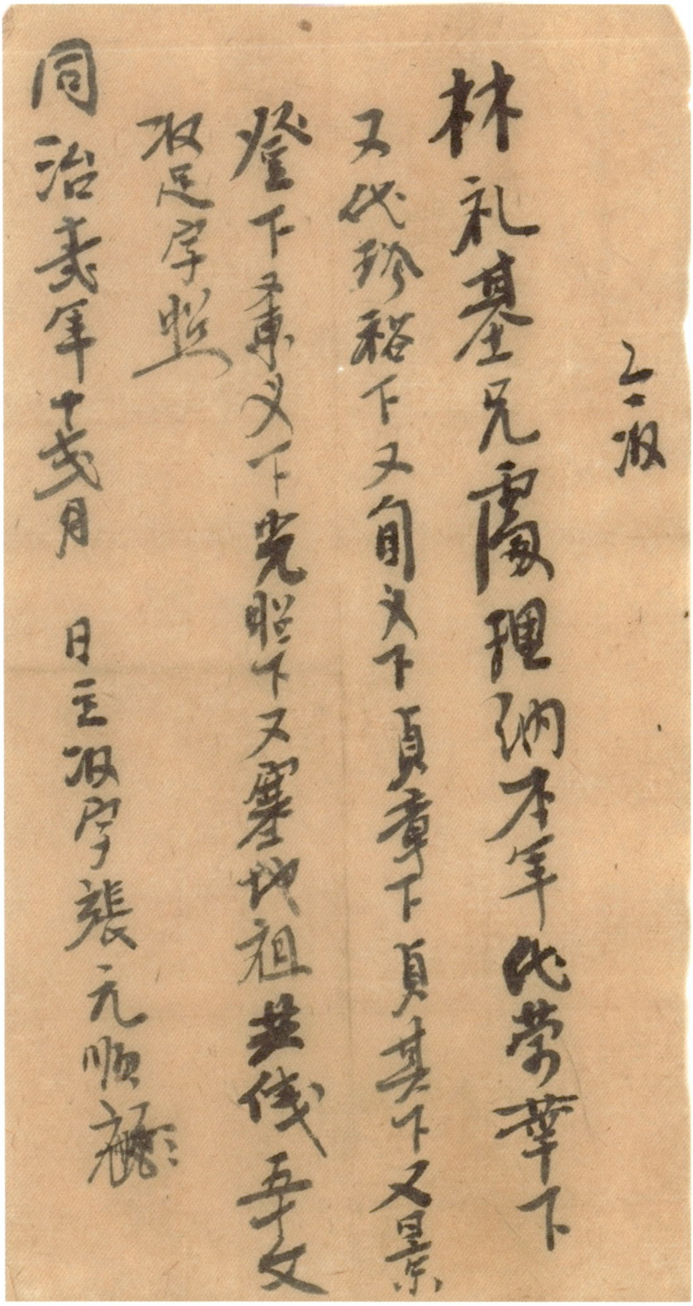
乙一收

林礼基兄處理納本年代管華下又代珍裕下又自文下貞章下貞其下又景登下秉義下光照下又寨地租並錢五千文收足字照

同治壬年十弍月　日立收字張元順親筆

7-1-86-14　清同治十二年十二月張元順立收寨地租字

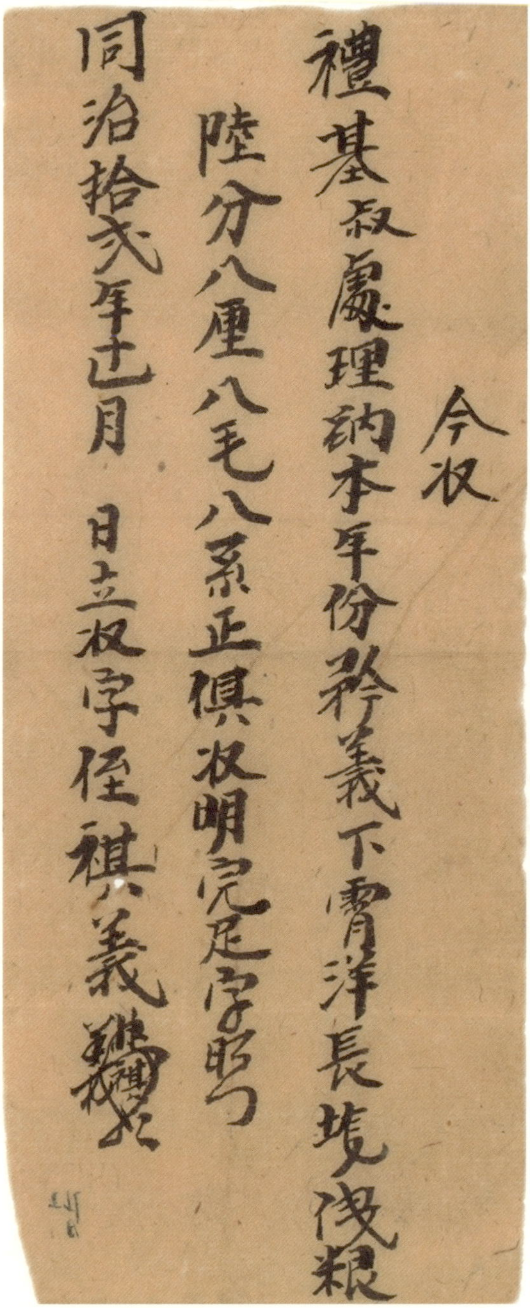
今收
禮基叔處理納本年份矜義下霄洋長境錢粮
陸分八厘八毛八系正俱收明完足字照
同治拾弍年十一月　日立收字侄祺義親筆

7-1-86-13　清同治十二年十一月林祺義立收錢糧字

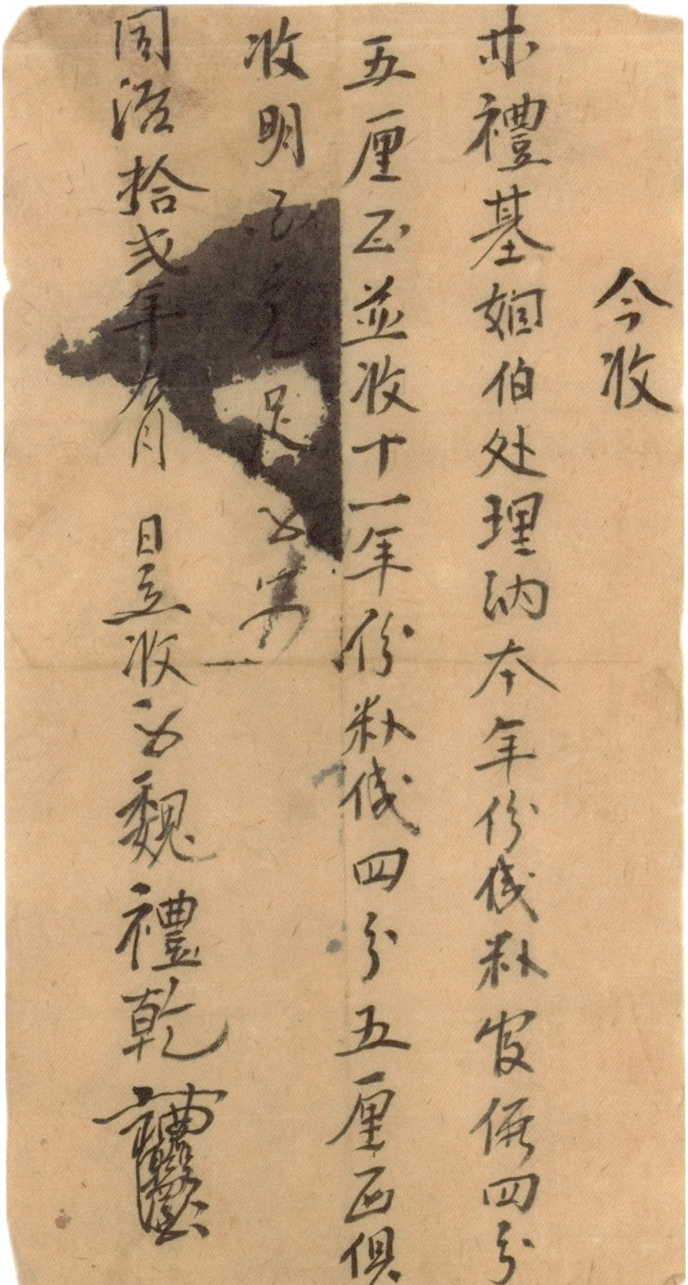
今收

叔禮基姻伯处理納本年份錢粮實係四分

五厘正並收十一年份粮錢四分五厘正俱

收明正完足是實

同治拾弍年九月　日立收字魏禮乾（押）

7-1-86-12　清同治十二年九月魏禮乾立收錢糧字

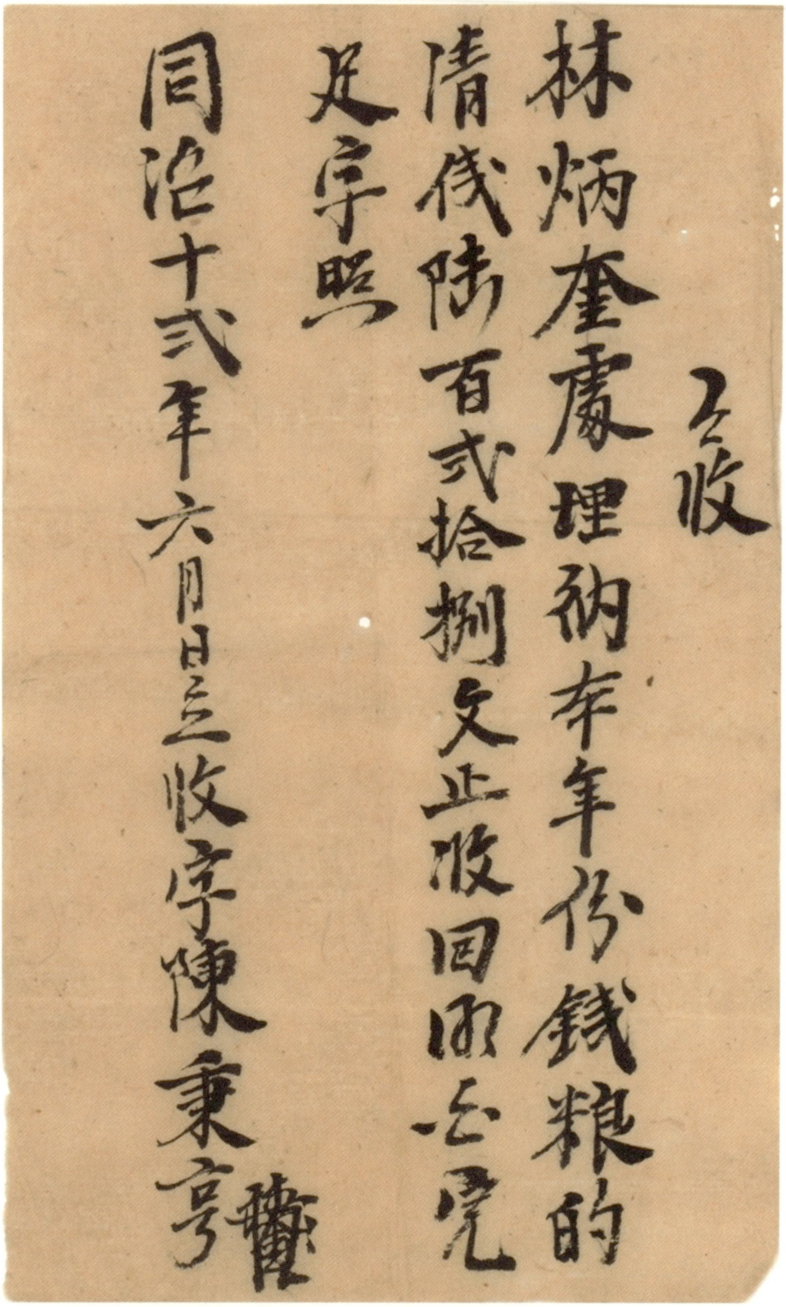
立收
林炳奎處理納本年份錢粮的
清錢陸百弍拾捌文正收回兩心完
足字照
同治十弍年六月　日立收字陳秉亨（押）

7-1-86-11　清同治十二年六月陳秉亨立收錢糧字

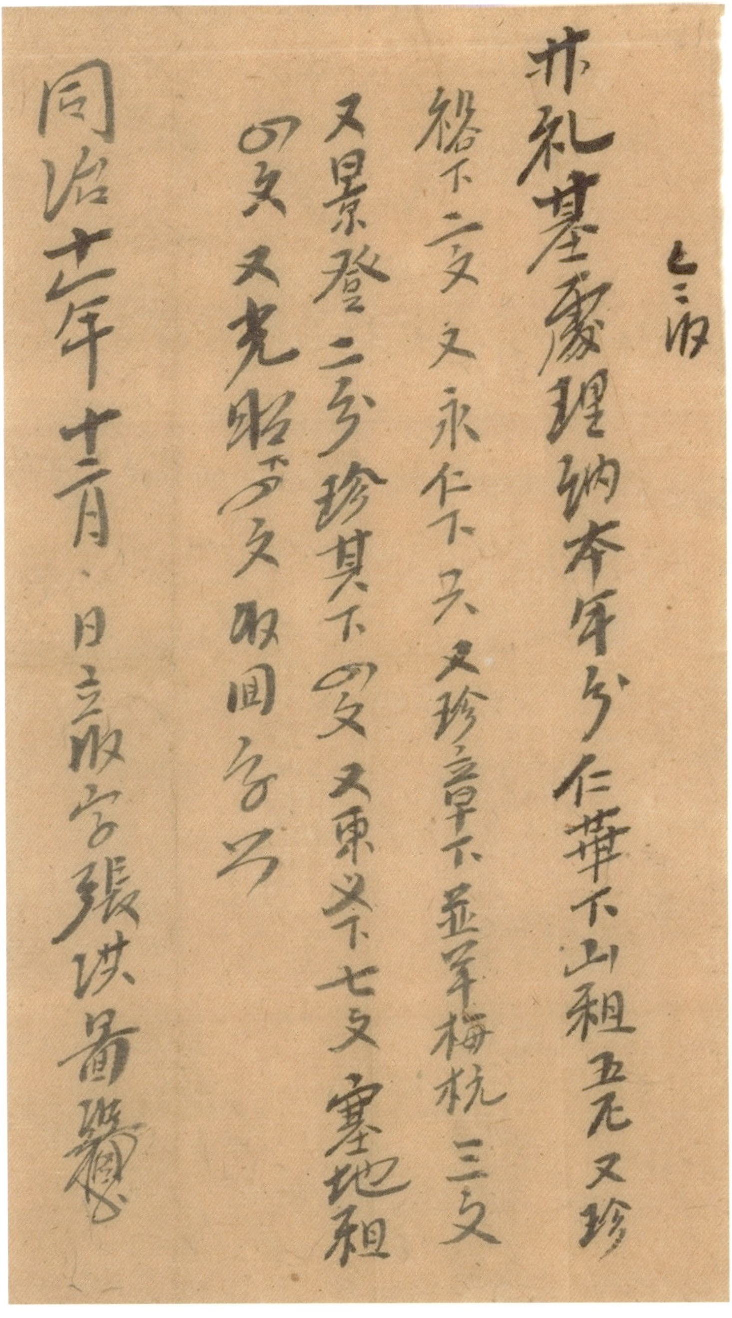

七三收

亦礼基處理納本年分仁華下山租五元又珍

樑下二文 又永仁下六文 又珍章下益羊梅杭 三文

又景登 二分 珍其下 四文 又東义下七文 塞地租

四文 又光照下四文 收回字照

同治十一年十二月　日立收字張洪畕

7-1-86-10　清同治十一年十二月張洪畕立收山租字

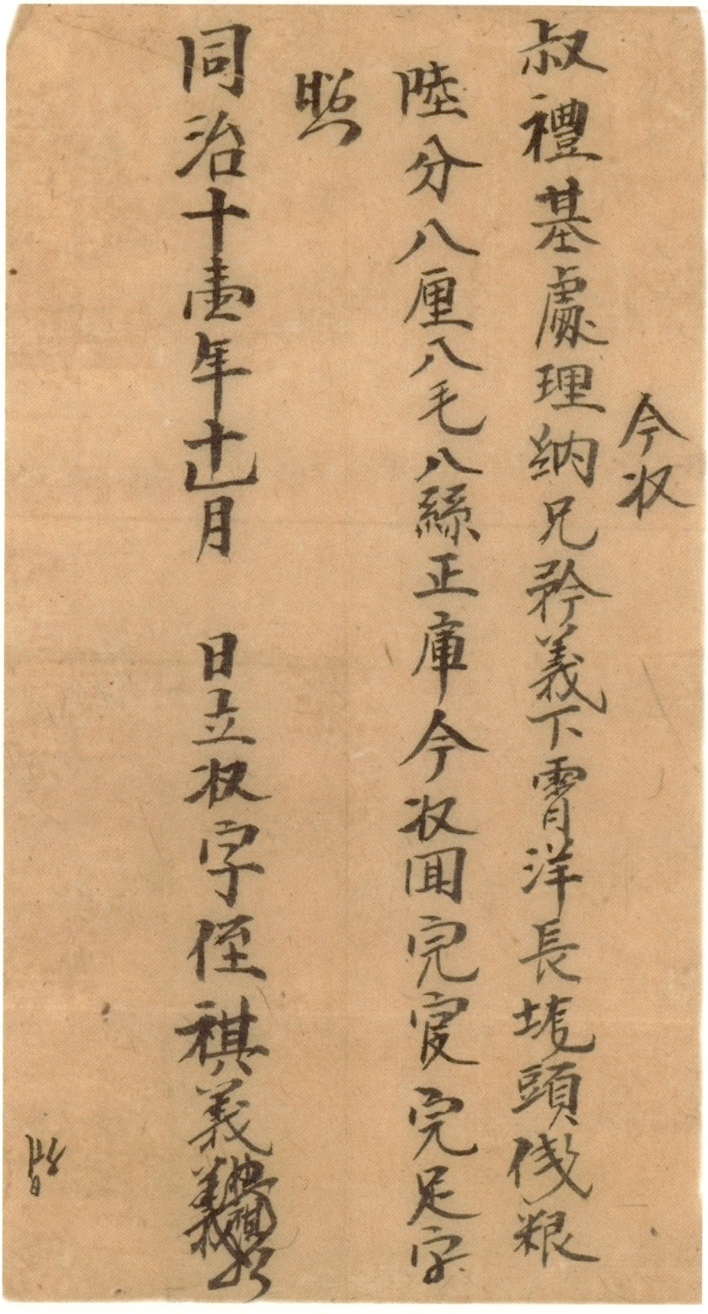
今收
叔禮基處理納兄矜義下霄洋長墘頭钱粮
陸分八厘八毛八絲正庫今收回完實完足字
照
同治十壹年十一月　日立收字侄祺義（押）
照

7-1-86-9　清同治十一年十一月林祺義立收錢糧字

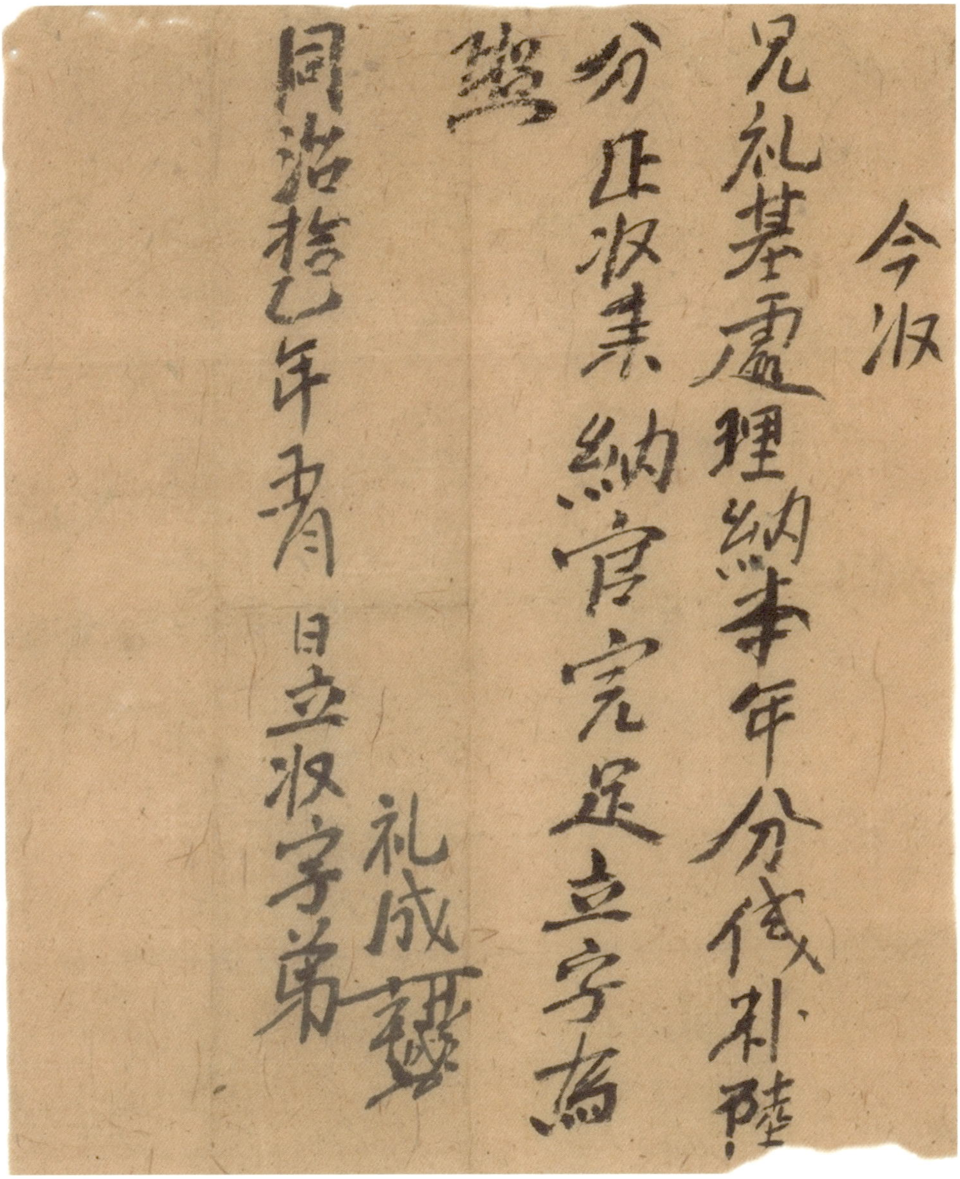

今收
兄礼基處理納本年分代补陸
分正收来納官完足立字為
照
同治拾乙年五月　日立收字弟礼成（押）

7-1-86-8　清同治十一年五月林礼成立收錢糧字

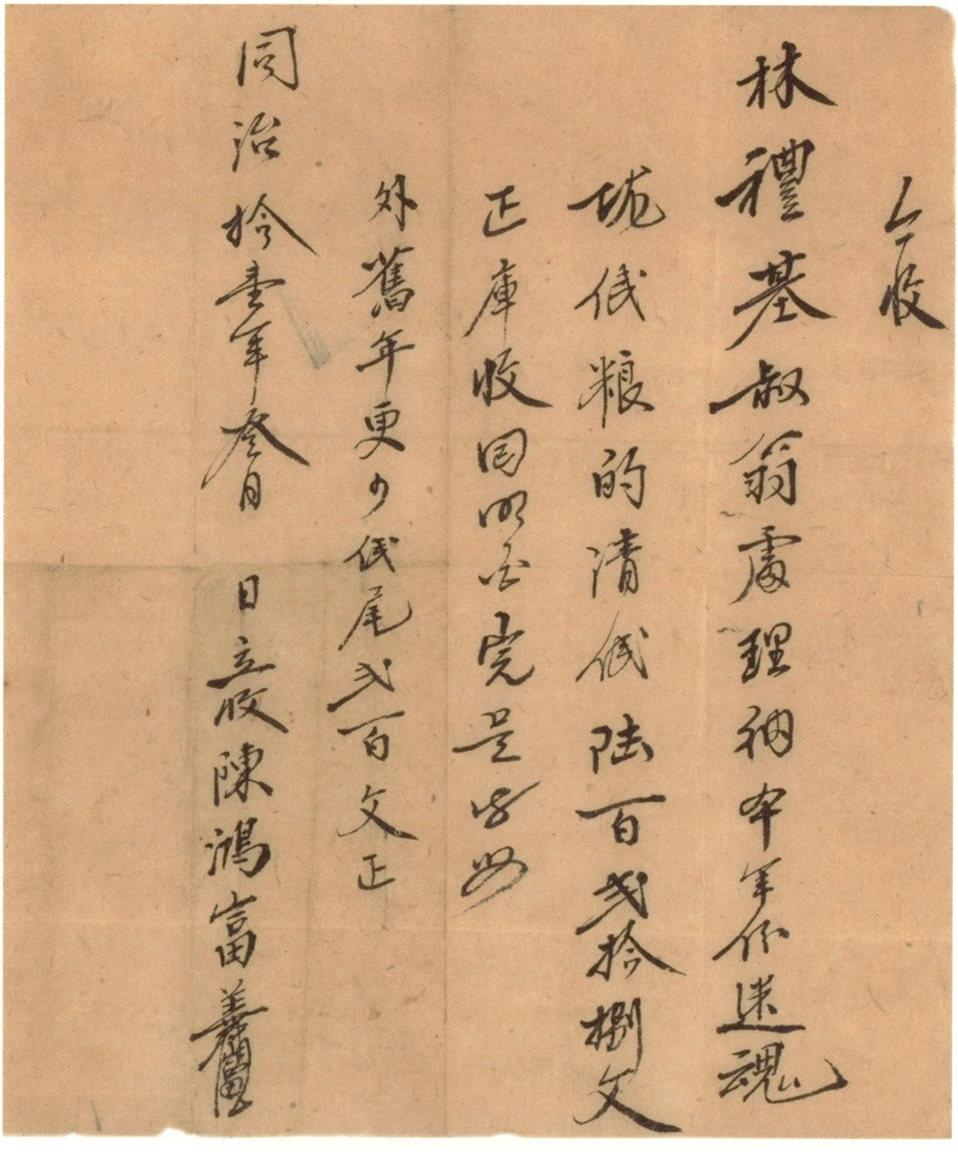
今收
林禮基叔翁處理納本年作迷魂
坵代糧的清代陸百弍拾捌文
正庫收回明白完足是照
外舊年更少代尾弍百文正
同治拾壹年叁月　日立收陳鴻富

7-1-86-7　清同治十一年三月陳鴻富立收錢糧字

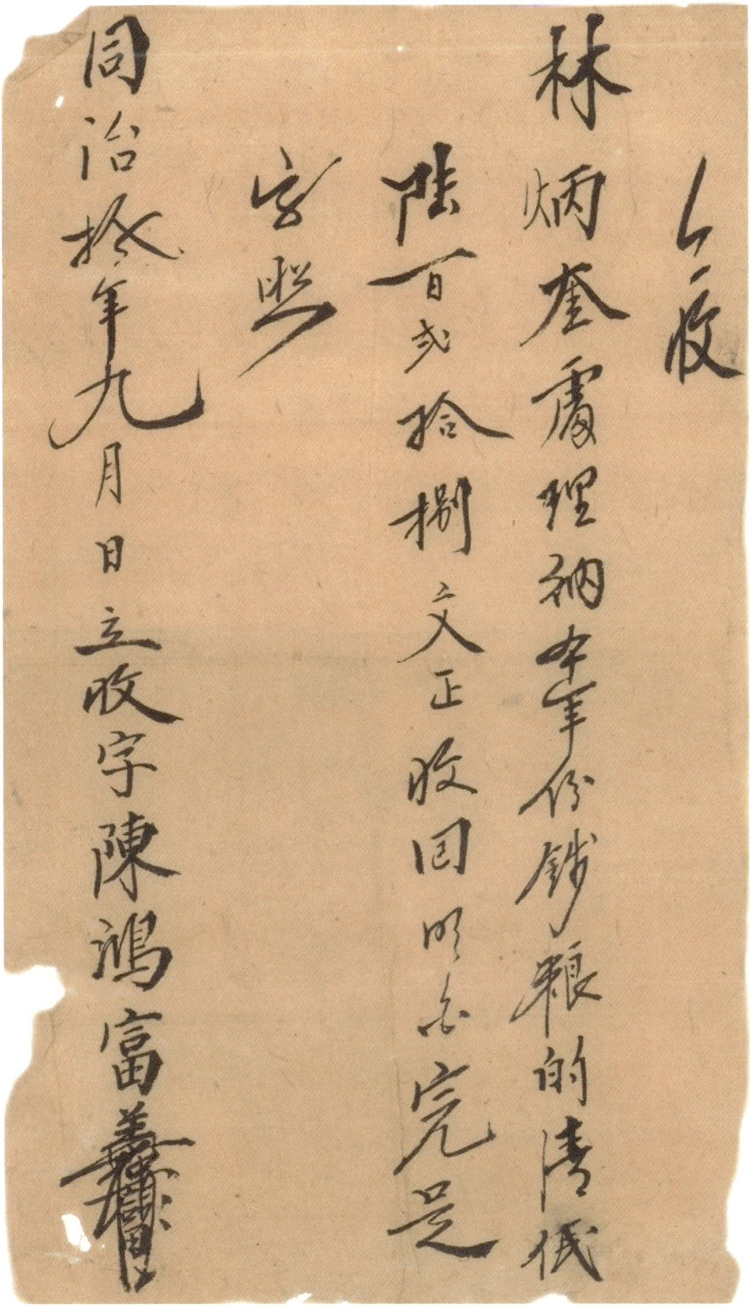

今收

林炳奎處理納本年份錢糧的清代

陆一百弍拾捌文正收囘明白完足

字照

同治拾年九月日立收字陳鴻富

7-1-86-6　清同治十年九月陳鴻富立收錢糧字

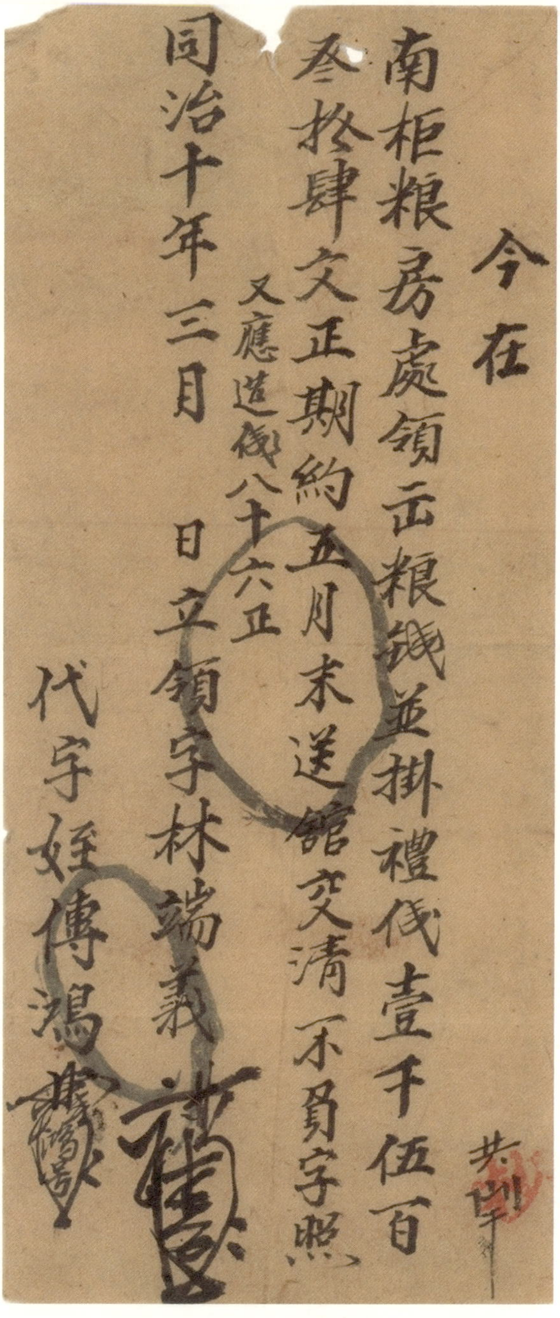

今在
南柜粮房處領正粮錢並掛禮錢壹千伍百
叁拾肆文正期約五月末送館交清不負字照
又應送錢八十六正
同治十年三月　　日立領字林端義（押）
代字侄傅鴻（押）

7-1-86-5　清同治十年三月林端義立領糧錢並掛禮錢字

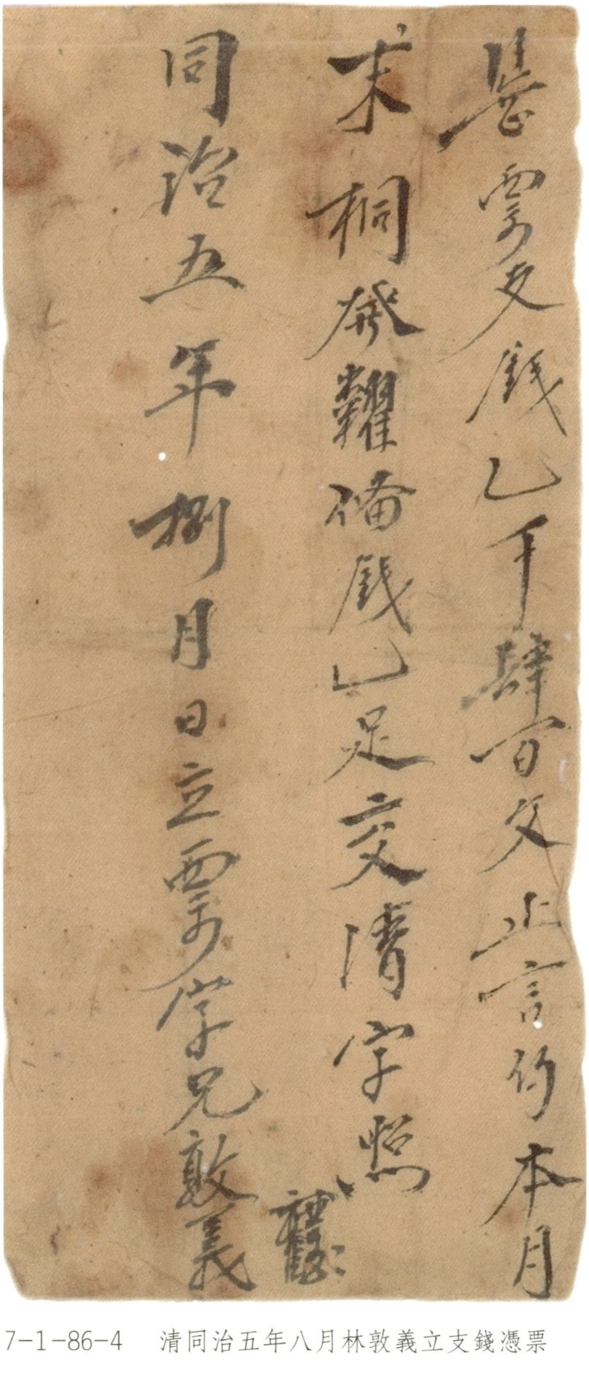
憑票支錢乙千肆百文正言約本月

末祠業糶稻錢乙足交清字照

同治五年捌月日立憑字兄敦義

7-1-86-4　清同治五年八月林敦義立支錢憑票

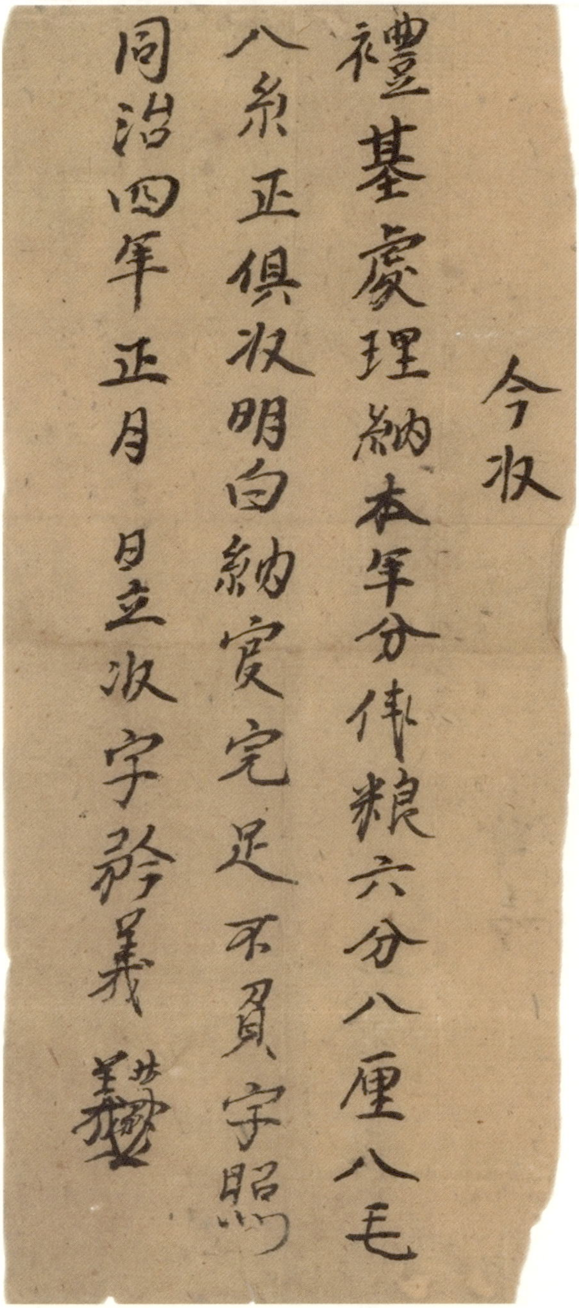

今收
禮基處理納本年分條粮六分八厘八毛
八系正俱收明白納實完足不負字照
同治四年正月　日立收字矜義

7-1-86-3　清同治四年正月林矜義立收錢糧字

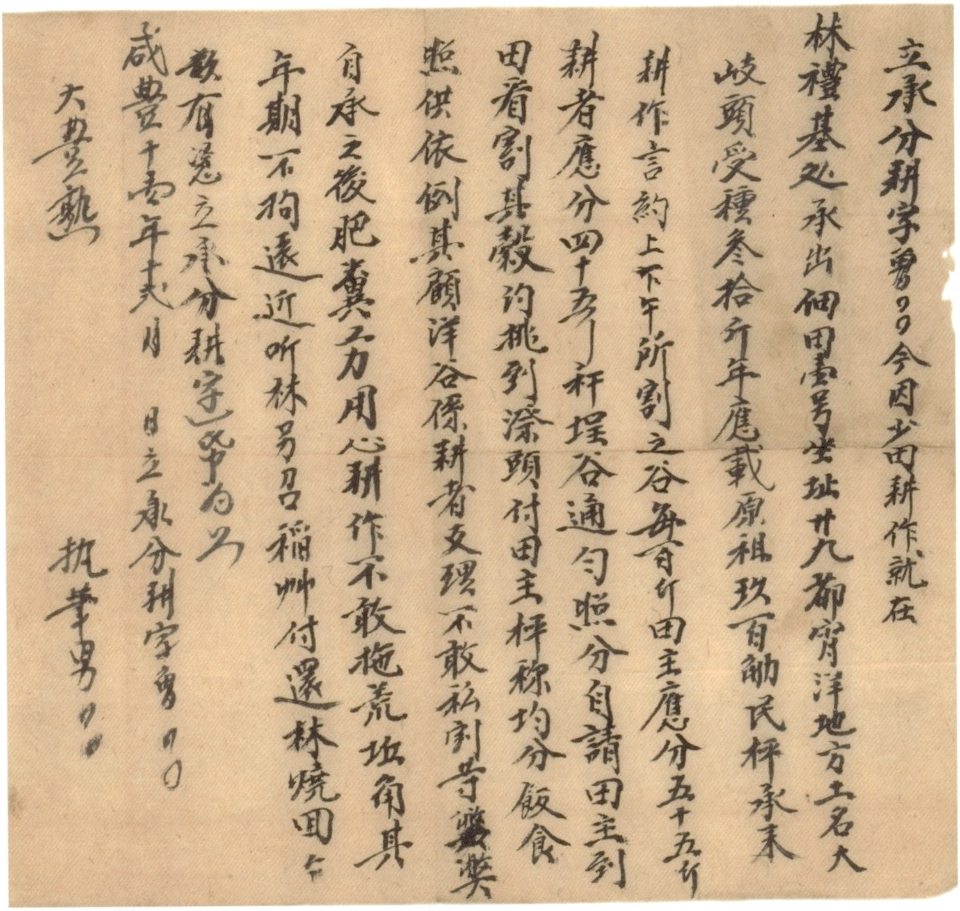

立承分耕字曾ㄇㄇ，今因乏田耕作，就在
林禮基邊承出佃田壹號，坐址廿九都宵洋地方，土名大
岐頭，受種叁拾斤，年應載原租玖百觔民秤。承來
耕作，言約上下年所割之谷，每百斤田主應分五十五斤，
耕者應分四十五斤，秤埕谷通匀照分。自請田主到
田看割，其穀約挑到涂頭，付田主秤称均分。飯食
照供依例，其顧洋谷係耕者支理，不敢私割等弊。
自承之後，肥糞工力用心耕作，不敢拋荒坵角。其
年期不拘遠近，聽林另召，稻田付還林燒田合。
欲有憑，立承分耕字一紙為照。

咸豐十壹年十弍月　日立承分耕字曾ㄇㄇ

執筆男ㄇㄇ

大收豐熟

7-1-86-2　清咸豐十一年十二月曾氏立承分耕佃田字（草契）

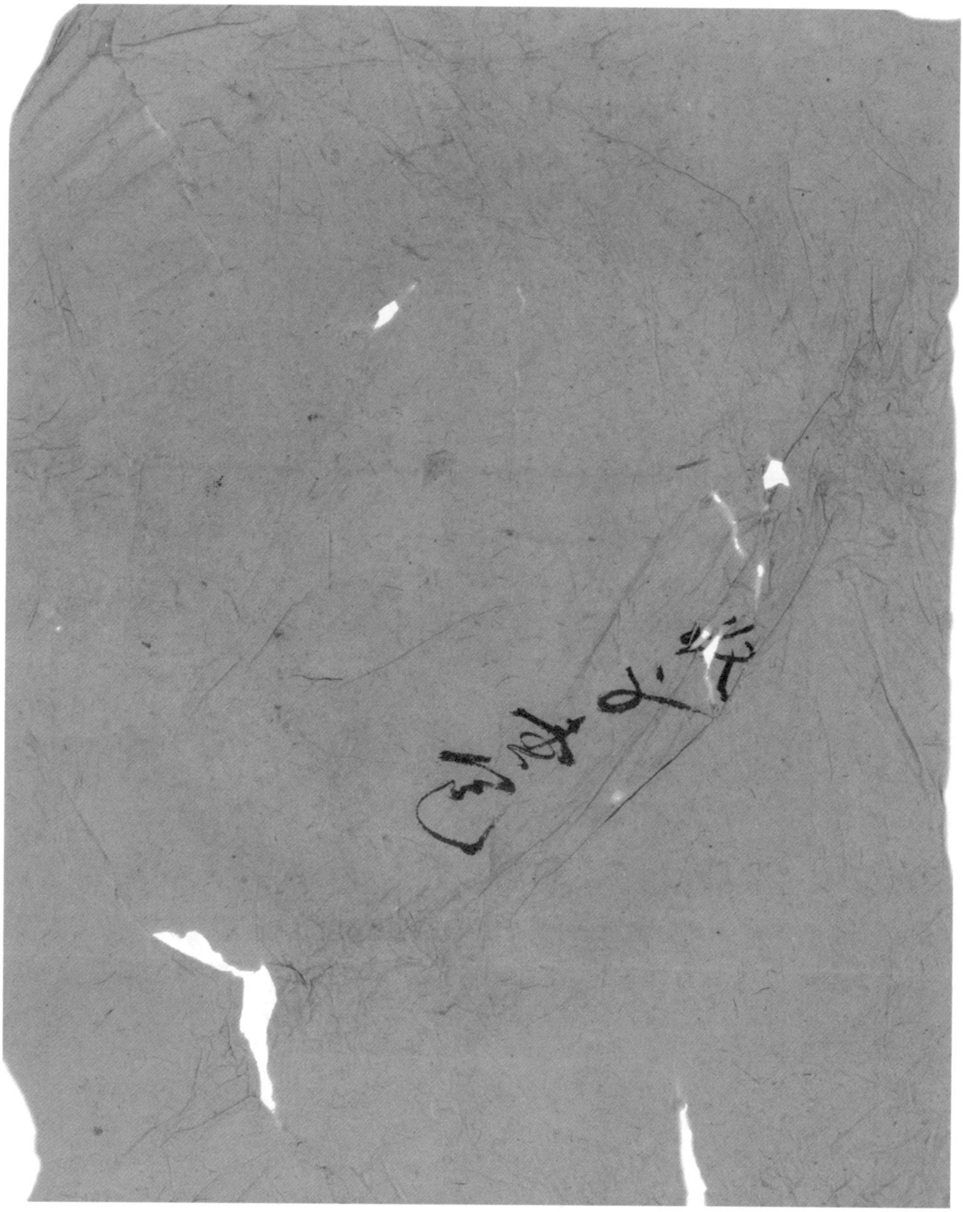

7-1-86-1　包契紙

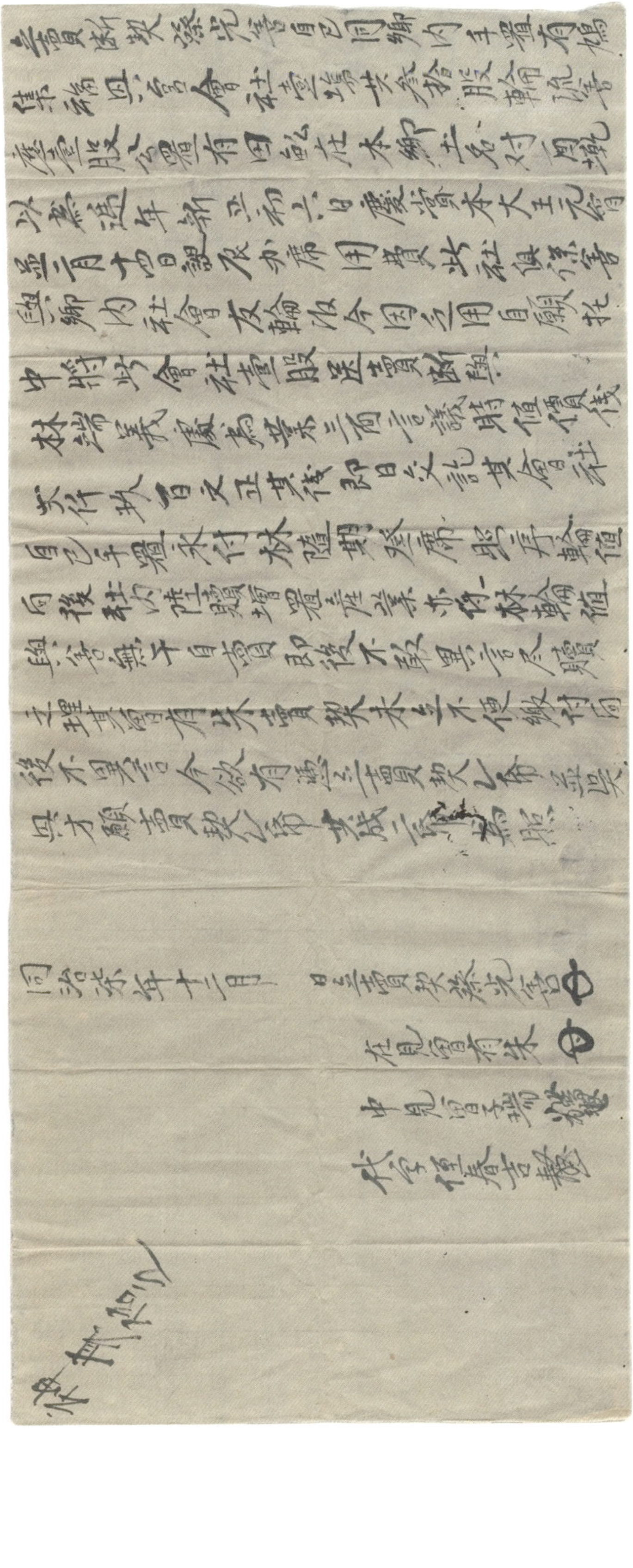

7-1-85-3　清同治七年十二月蔡光善立賣斷福興宮會社股契

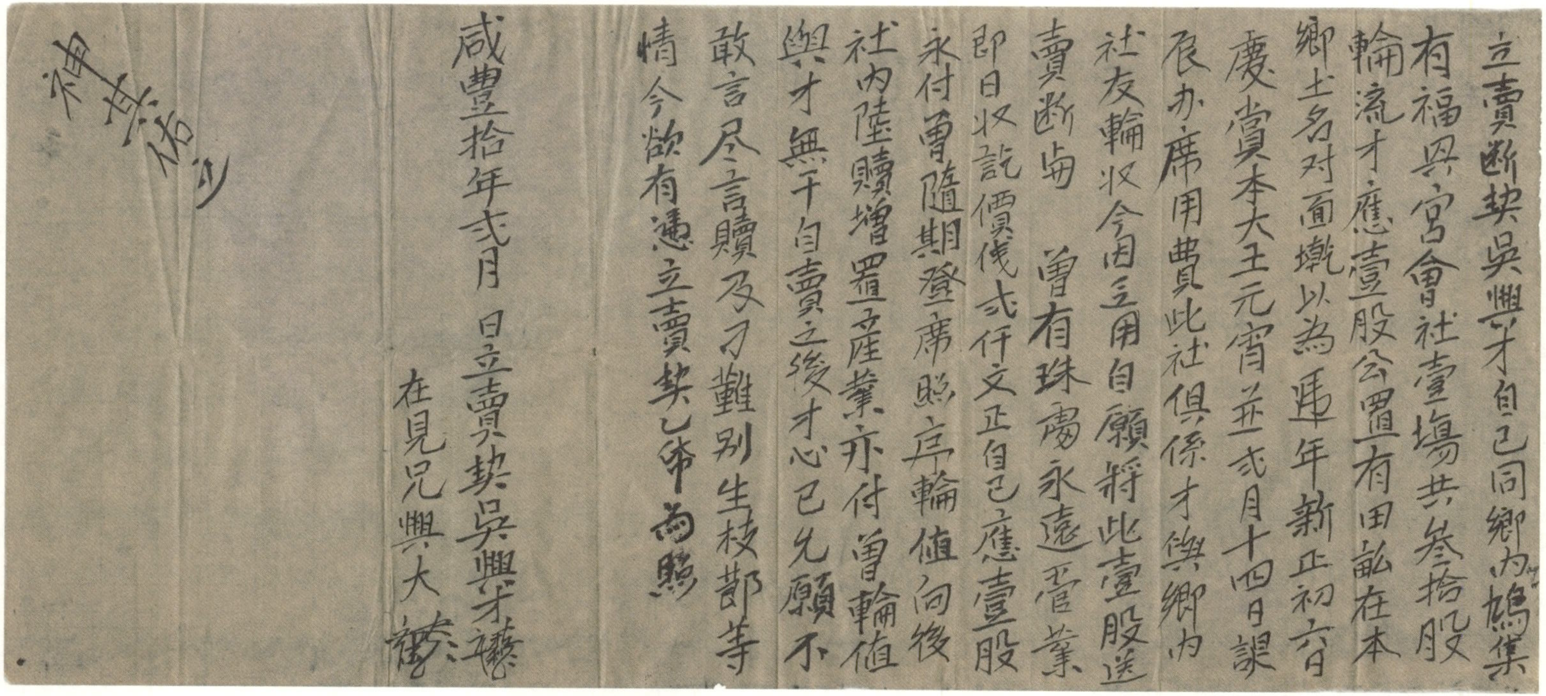
立賣斷契吳興才自己同鄉內鳩集
有福㒵宮會社壹塲共叁拾股
輪流才應壹股公置有田畝在本
鄉土名对面墩以為逓年新正初六
慶賞本大王元宵並弍月十四日謀
良办席用費此社俱係才與鄉內
社友輪収今因乏用自願將此壹股送
賣斷與　曾有珠禹永遠管業
即日収訖價錢弍仟文正自己應壹股
永付曾隨期登席照序輪值向後
社內陸續增置産業亦付曾輪值
與才無干自賣之後才心已允願不
敢言尽言贖及刁難別生枝節等
情今欲有憑立賣契乙帋為照
咸豐拾年弍月　日立賣契吳興才
在見兄興大
神共佑之

7-1-85-2　清咸豐十年二月吳興才立賣斷福㒵宮會社股契

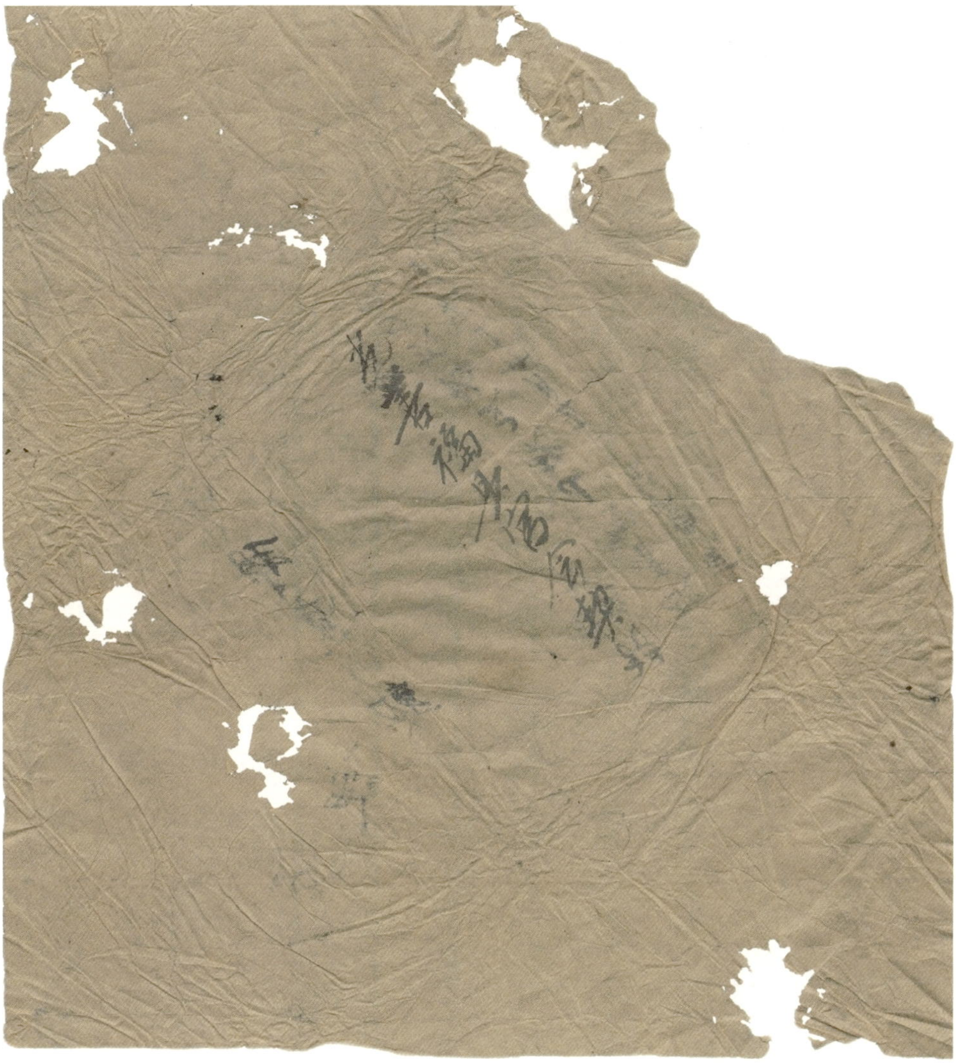

7-1-85-1　包契紙

7-1-84-6　張盛宗立賣斷厝地坪及承批苗田契（年代不詳，草契）

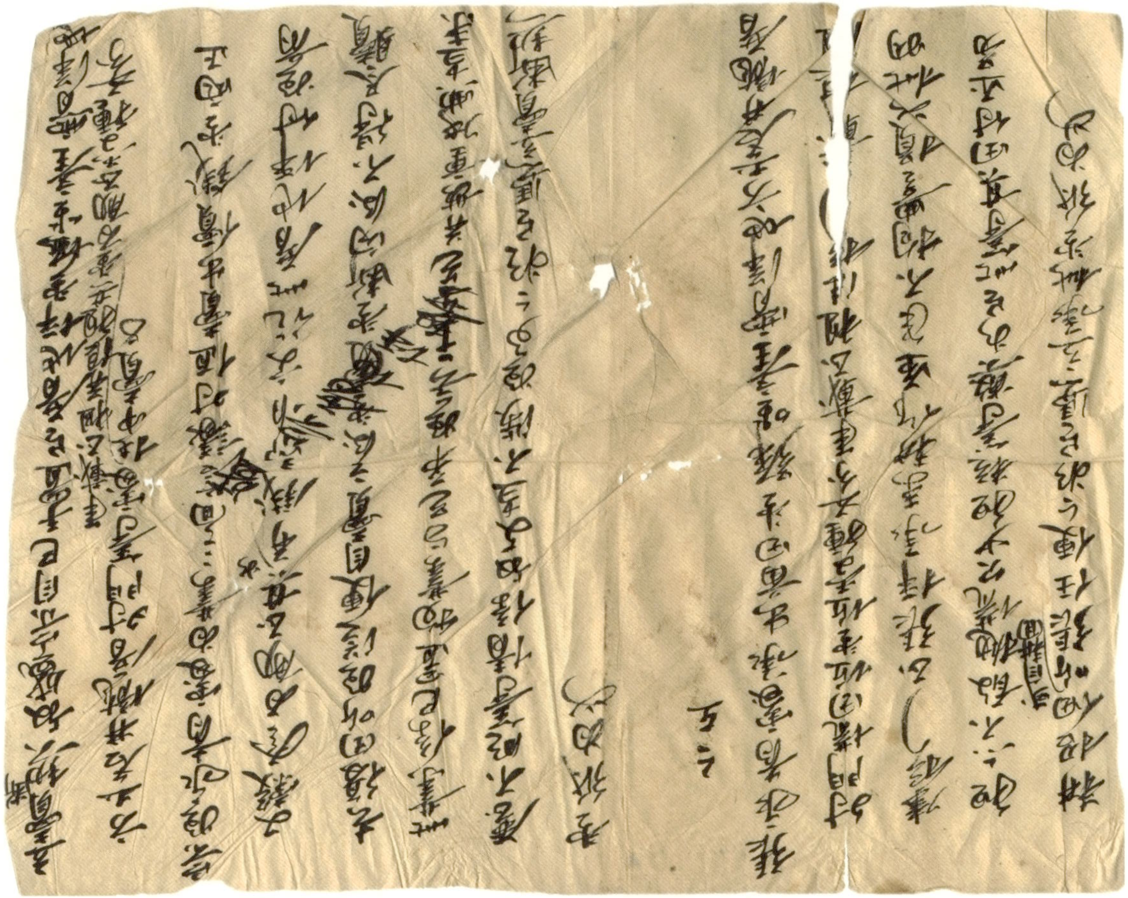

7-1-84-5　民國七年十二月林連傳等立盡根田字

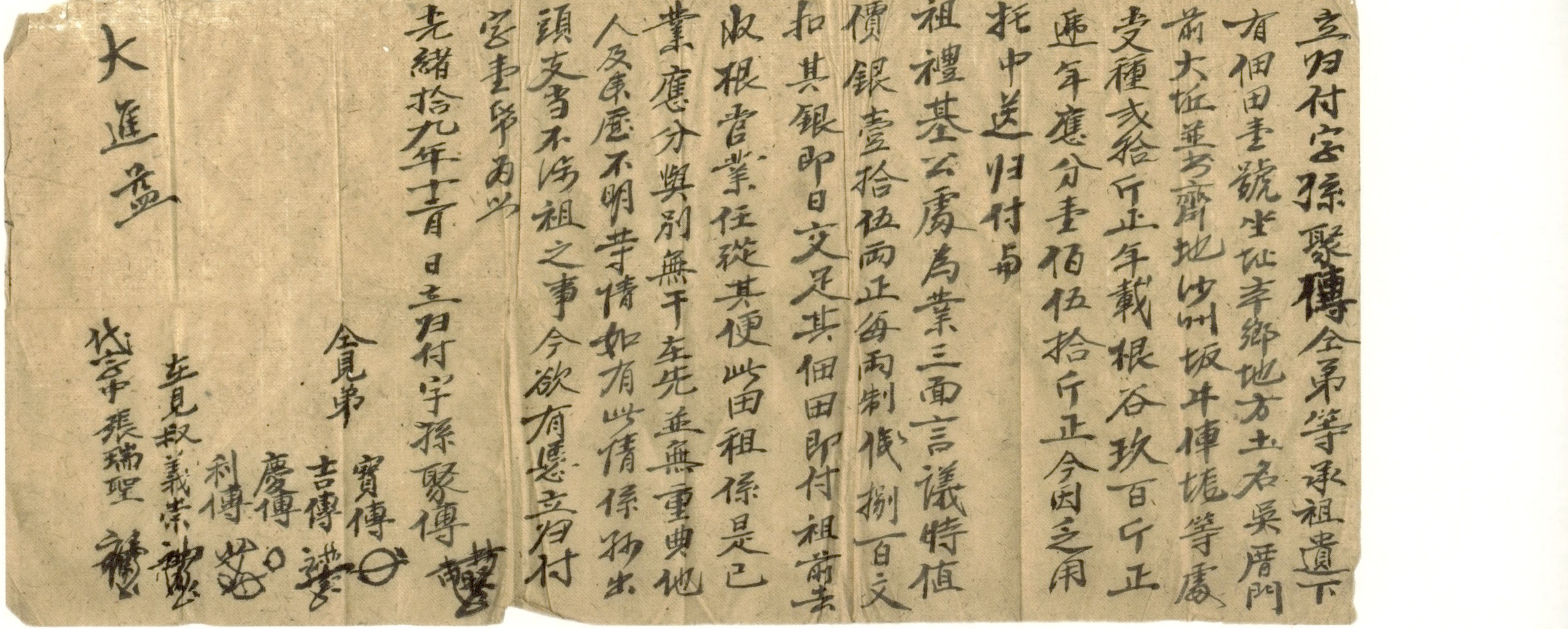

立归付字孫聚傳仝弟等承祖遺下
有佃田壹號坐址本鄉地方土名吳厝門
前大坵並书齋地沙州坂井俥墘等處
受種弍拾斤正年載根谷玖百斤正
逓年應分壹佰伍拾斤正今因乏用
托中送归付与
祖禮基公處為業三面言議特值
價銀壹拾伍両正每両制錢捌百文
扣其銀即日交足其佃田即付祖前去
收根管業任從其便此田祖係是己
業應分與別無干碍先並無重典他
人及來歷不明等情如有此情係孙出
頭支當不涉祖之事今欲有憑立归付
字壹帋為炤

光緒拾九年十二月 日立归付字孫聚傳（押）
仝見弟 寶傳（押） 吉傳（押） 慶傳（押） 利傳（押）
在見叔 義崇（押）
代字 張瑞聖（押）

大進盈

7-1-84-4 清光緒十九年十二月林聚傳等立歸付佃田字

立归付字孫融傳承祖遺下有佃田壹
號坐址本鄉地方土名吳厝门前大坵並
書齋地沙州坂牛俥㙮等處受種弍拾
斤正年載根步玖百斤正遞年應分壹百
伍拾斤正内抽出壹百壹拾斤正今因乏錢
之用托中送归付与
祖禮基公處為業三面言議時値價銀
玖仟文正其錢即日交訖其佃田即付祖
前去收根管業任從其便此田祖係是
己業應分与别人無干在先並無重張
典當他人及來歷不明等情为有此
情係融出頭支當不涉祖之事乞
欲有憑立归付字乙帋為照
光緒拾九年十二月日立归付字孫融傳
知契母江氏
在見伯義崇
代字中 張瑞聖

大進益

7-1-84-3　清光緒十九年十二月林融傳立歸付佃田字

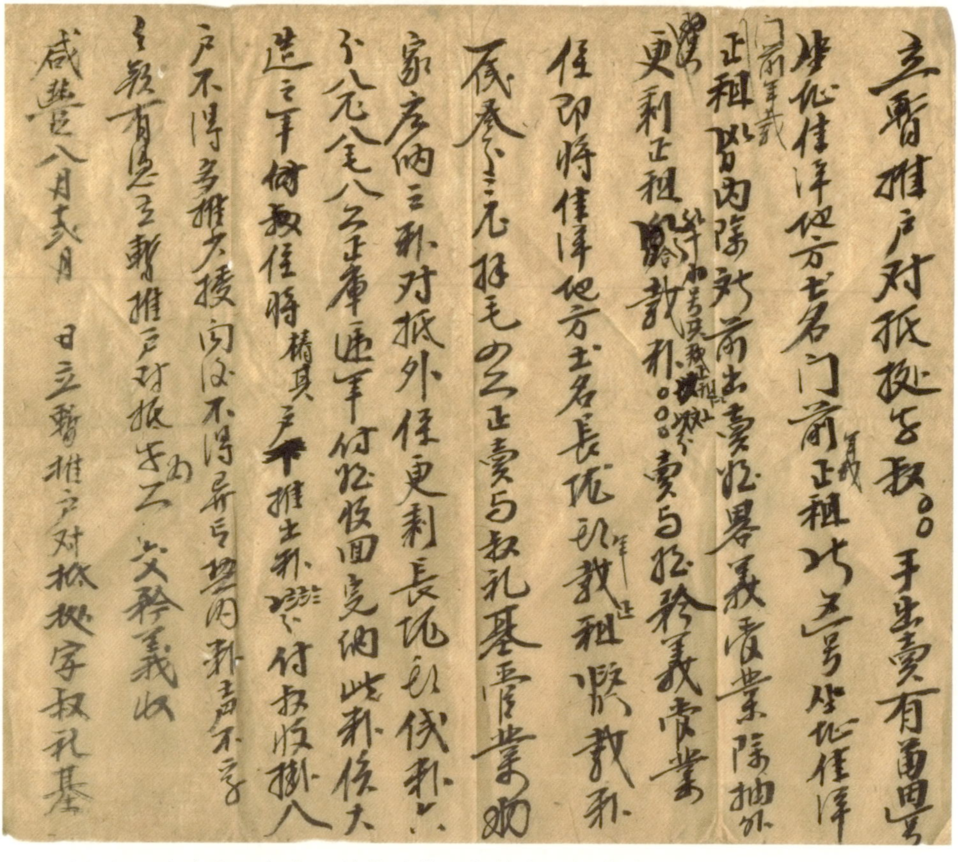

7-1-84-2　清咸豐八年十二月林礼基立暫推户對抵據字

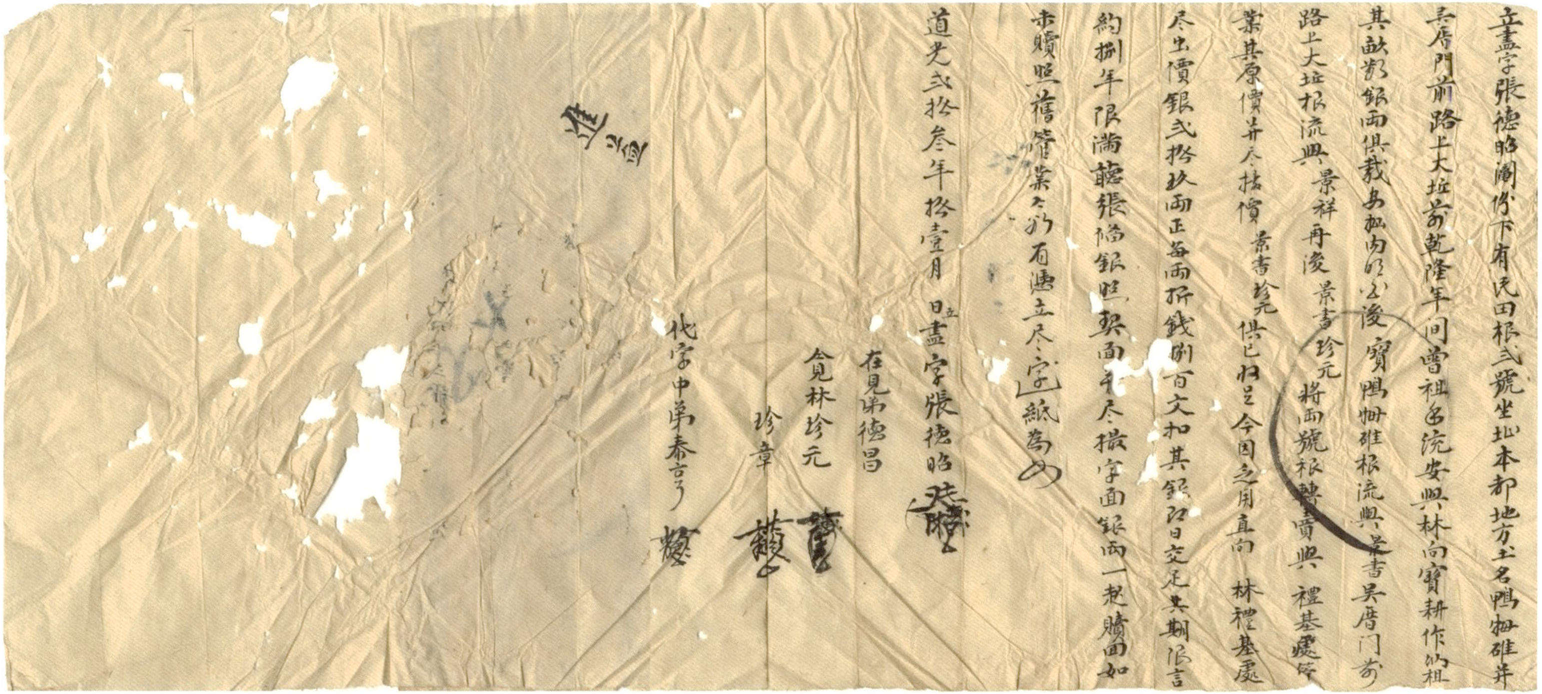
立盡字張德昭鬮份下有民田根弍號坐址本都地方土名鴨𡈼碓井
吳厝門前路上大垅前乾隆年间曾祖乡流安與林向寶耕作的租
其畝數銀兩俱載母契內明今後 寶鴨𡈼碓根流與景書吳厝门前
路上大垅根流與景祥再後景書珍元將兩號根賣與禮基處爲
業其原價并盡找價景書珍元俱已歸足今因乏用直向林禮基處
盡出價銀弍拾玖兩正每兩折錢捌百文扣其銀即日交足其期限言
約捌年限滿聽張備銀照契面并盡找字面銀兩一起贖回如
未贖照舊管業各無看悔立盡字紙爲照
道光弍拾叁年拾壹月 日立盡字張德昭
在見弟德昌
仝見林珍元
珍章
代字中弟泰言

7-1-84-1　清道光二十三年十一月張德昭立盡民田根字（廢契）

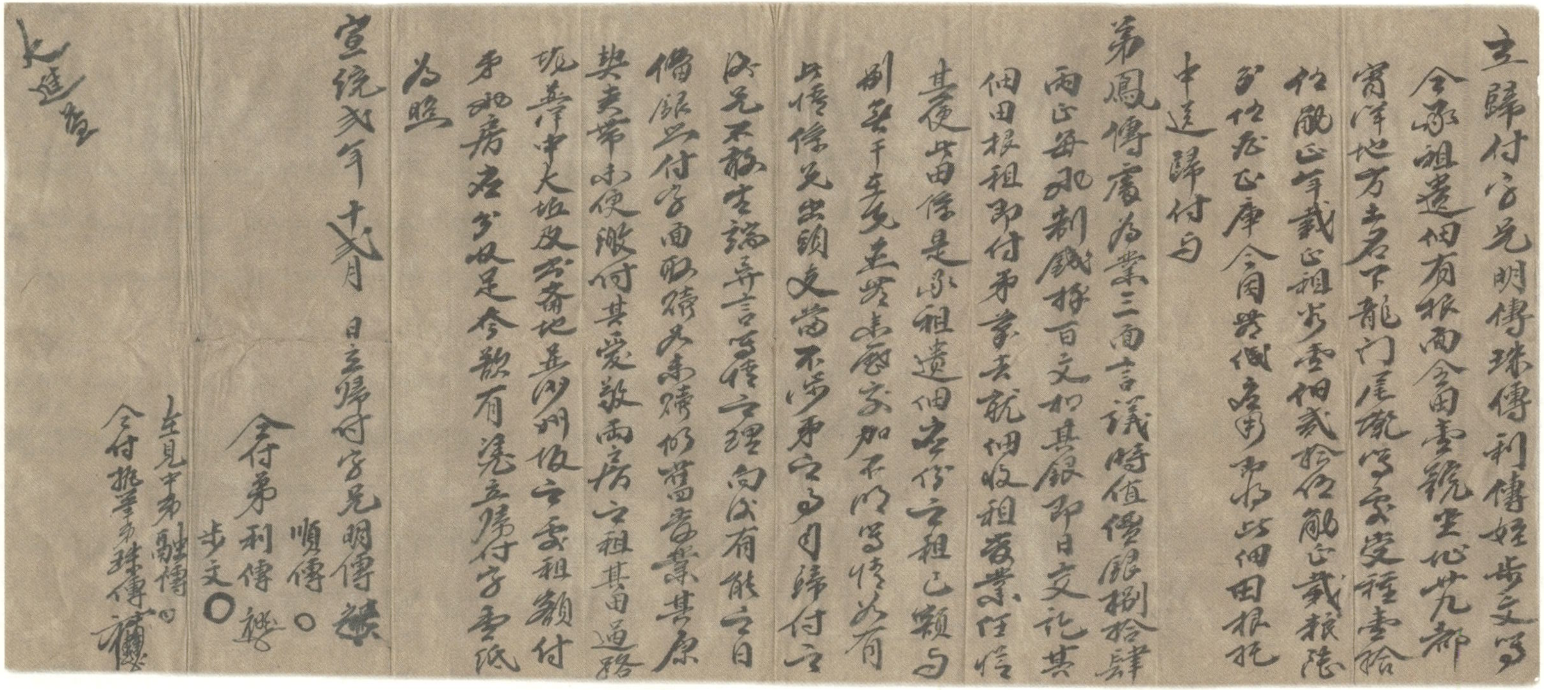
立歸付字兄明傳、球傳、利傳、姪步文等
今承祖遺佃有根面全田壹號，坐址九都
嵩洋地方，土名下龍門尾，[illegible]受種壹拾
伍觔正，年載正租[illegible]貳拾伍觔正，載根[illegible]
了外存正庫，今因無錢應用，將此田根托
中送歸付與
弟鳳傳處為業，三面言議時值價銀捌拾肆
兩正，每兩[illegible]制錢捌百文，加其銀即日交訖，其
佃田根租即付弟業主就佃收租管業，任從
其便。此田係是承祖遺佃，[illegible]之租已額與
別[illegible]干，[illegible]與房家加不[illegible]如有
此係兄出頭支當，不涉弟之事。自歸付之
後，兄不敢生端異言[illegible]之理，向後有能之日
備銀照付字面取贖，其來贖仍舊管業，其原
契未帶，未便繳付，其[illegible]散兩房之租，其田道路
[illegible]中大坵及[illegible]地[illegible]沙圳[illegible]之零租額付
弟[illegible]房[illegible]足[illegible]款。有憑，立歸付字壹紙
為照。
宣統貳年十二月　日立歸付字兄明傳（押）
順傳（押）
全付弟利傳（押）
姪步文（押）
在見中弟融傳（押）
全付執筆弟球傳（押）
大進[illegible]

7-1-83-4　清宣統二年十二月林明傳等立歸付根面全田字

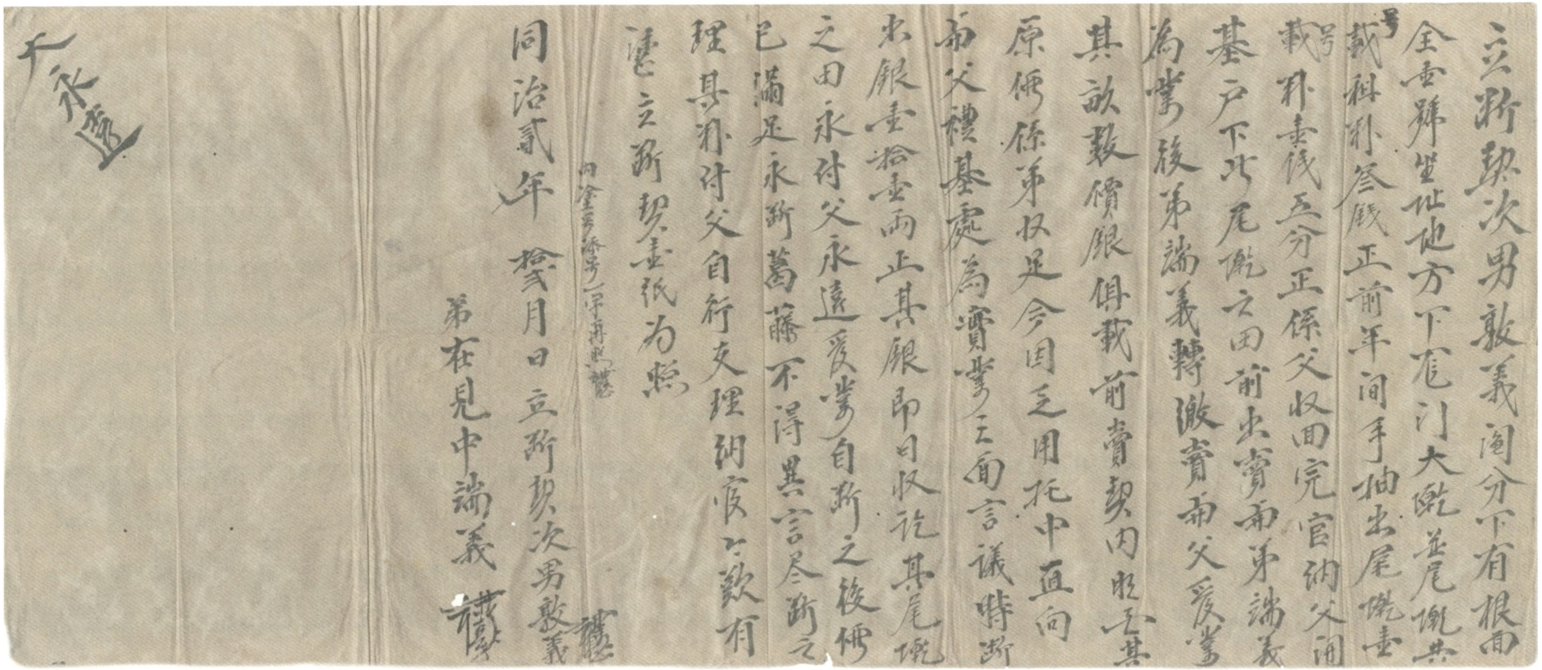
立斷契次男敦義阄分下有根面
全壹號，坐址地方下窖门大跄並尾墘共
載租粟叁戥正，前年間手抽出尾墘壹
號載粟壹戥五分正，係父收回完官納父阄
基户下，此尾墘之田前出賣弟弟端義
為業，後弟端義轉繳賣弟父爲業，
其畝數價銀俱載前賣契内明白。今其
原係弟收足，今因乏用，托中直向
弟父禮基處爲贖業之面言議，時斷
出銀壹拾壹兩正。其銀即日收訖，其尾墘
之田永付父永遠爲業，自斷之後，併
已滿足，永斷葛藤，不得異言盡斷之
理。其粟付父自行支理納官之款。有
憑，立斷契壹張為照。
内塗号添号一字再照[押]
同治貳年拾貳月 日 立斷契次男敦義[押]
弟在見中端義[押]
永遠

7-1-83-3　清同治二年十二月林敦義立斷根面全田契

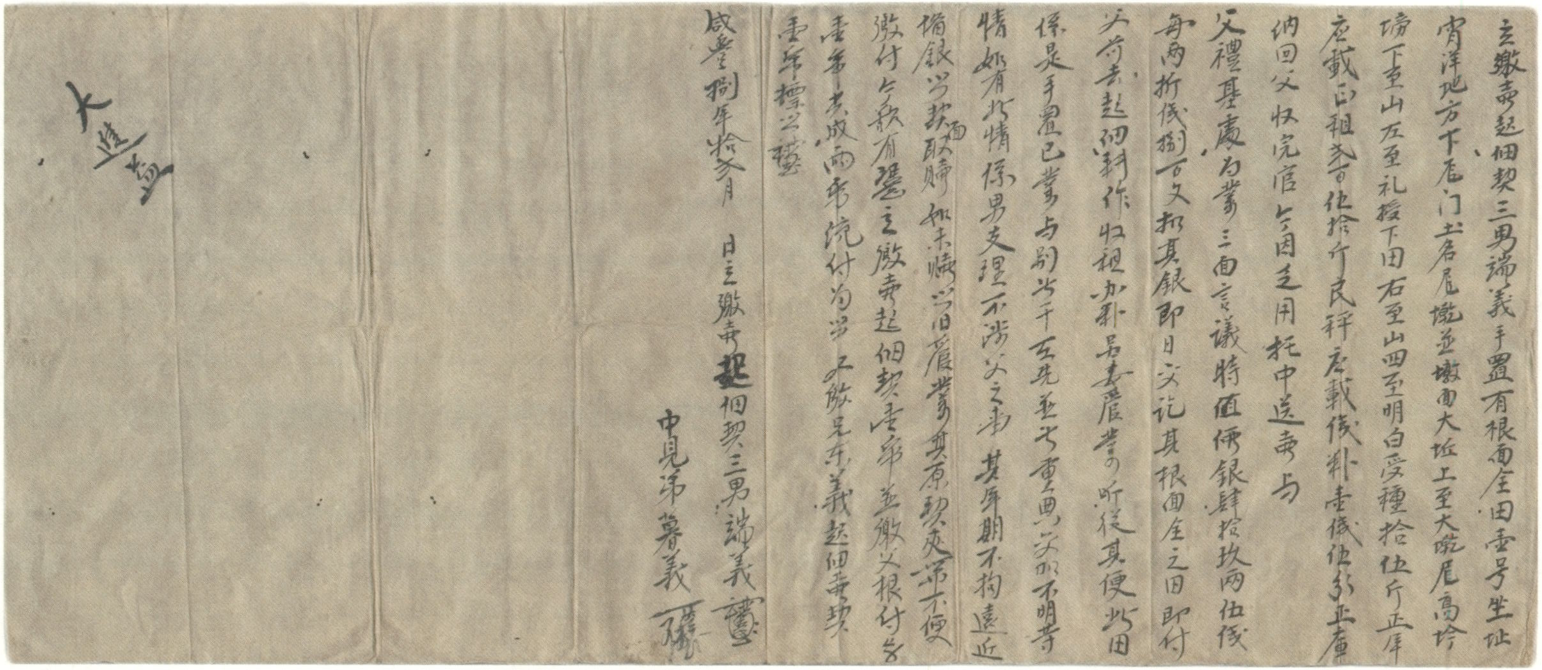

立繳賣起佃契三男端義，手置有根面全田壹号，坐址
宵洋地方下厝门，土名尾墘並墩面大垅，上至大垅尾高垮
墈，下至山，左至礼［□］下田，右至山，四至明白，受種拾伍斤正，年
應載正租谷伍拾斤，民秤應載錢糧壹錢伍分正，庫
納回父收完官。今因乏用，托中送賣與
父禮基處為業，三面言議時值價銀肆拾玖兩伍錢，
每兩折錢捌百文，扣其銀即日交訖，其根面全之田即付
父前去起佃耕作，收租办納，另去管業，聽從其便。此田
係是手置已業，與房内兄弟叔侄無干，亦無重典，如有不明等
情，如有此情，係男支理，不涉父之事。其年期不拘遠近，
備銀照依原價取贖，如未贖，照舊管業，其原契交帶不便
繳付，今欲有憑，立繳賣起佃契壹紙，並繳父根付為
壹紙。未成兩相情愿，付為照。又繳兄禾義起佃賣契
壹紙，標照。

咸豐捌年拾弍月　日立繳賣起佃契三男端義（押）
中見弟眷義（押）

大進益

7-1-83-2　清咸豐八年十二月林端義立繳賣起佃根面全田契

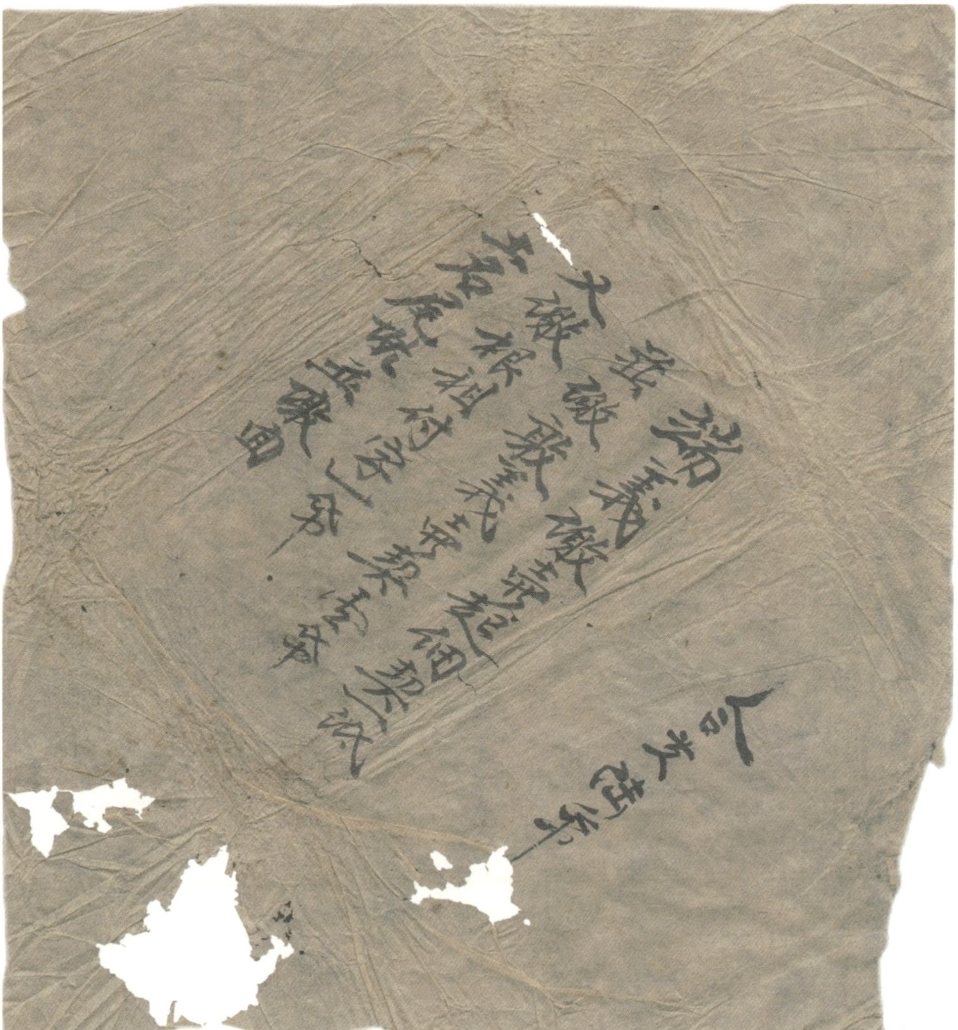

7-1-83-1　包契紙

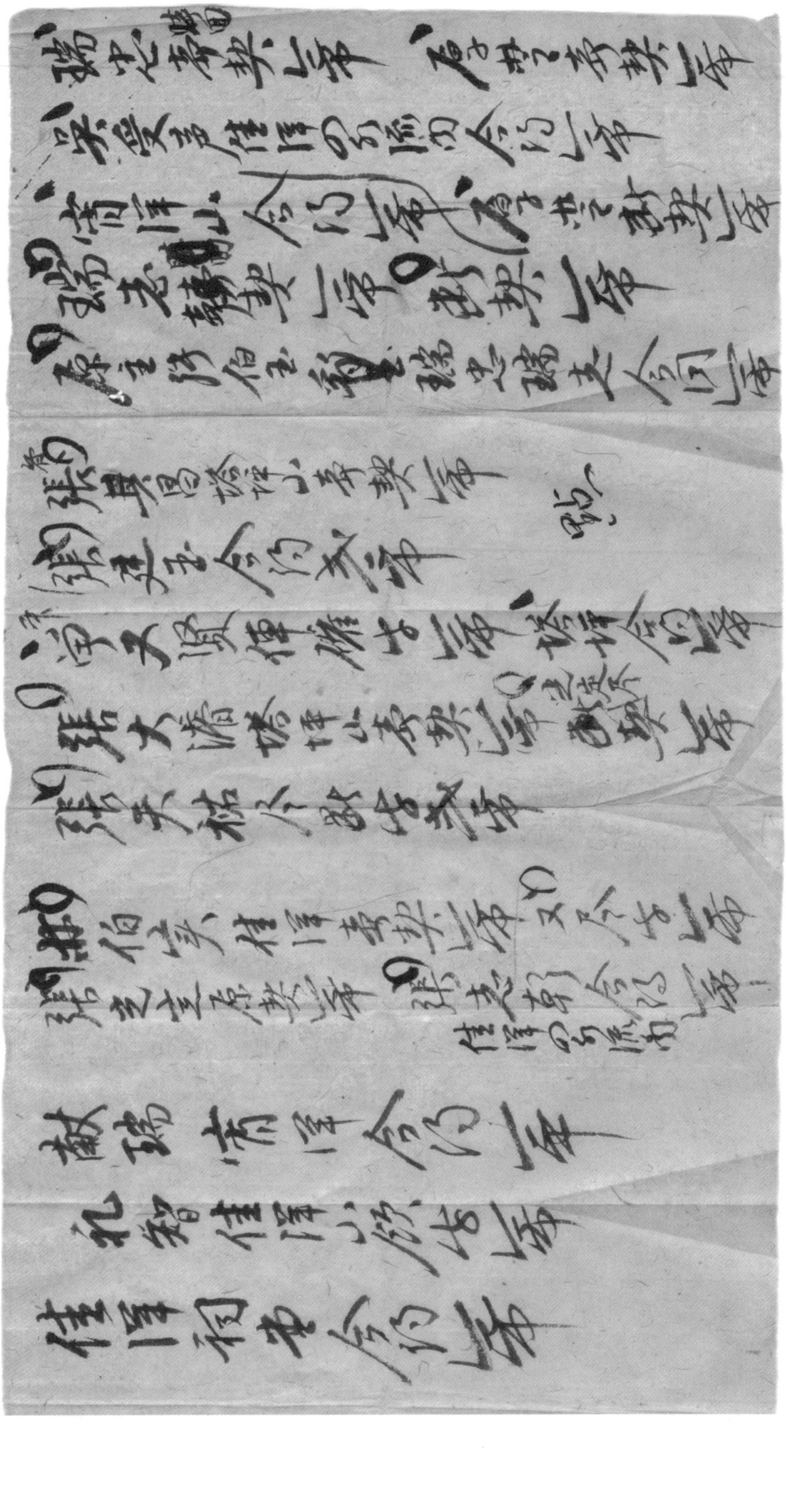

7-1-82-4　林氏契約清單（年代不詳）

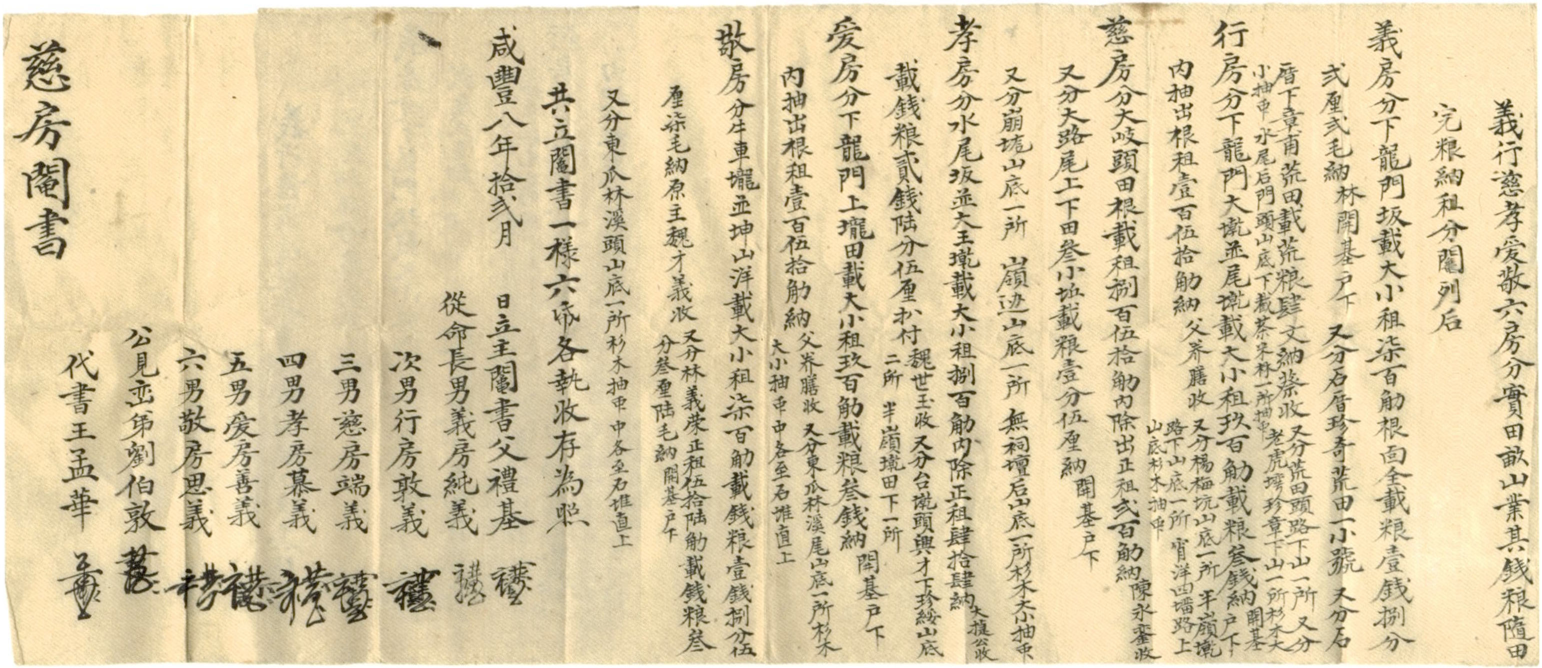

義行慈孝爱敬六房分實田畝山業其錢粮隨田
完粮納租分鬮列后
義房分下龍門坂載大小租柒百觔根面全載粮壹錢捌分
弍厘弍毛納 林開基戶下 又分石厝珍奇荒田一小號 又分石
厝下章甫荒田載荒粮肆文納蔡收 又分荒田頭路下山一所 又分小抽申 水尾后門頭山底下截蔡宋林一所抽申 老虎墿珍章下山一所杉木大
行房分下龍門大墘並尾墘載大小租玖百觔載粮叁錢納 林開基戶下
內抽出根租壹百伍拾觔納 父斧膳收 又分楊梅坑山底一所 半嶺墘路下山底一所 宵洋四墻路上 山底杉木抽申
慈房分大岐頭田根載租捌百伍拾觔內除出正租弍百觔納 陳永銮收
又分大路尾上下田叁小坵載粮壹分伍厘納 開基戶下
又分崩墟山底一所 嶺边山底一所 無祠壇后山底一所杉木大小抽申
孝房分水尾坂並大王墘載大小租捌百觔內除正租肆拾肆觔納 大撻公收
載錢粮貳錢陸分伍厘 并付 魏世玉收 又分台墘頭興才下珍綏山底二所 半嶺墘田下一所
爱房分下龍門上壠田載大小租玖百觔載粮叁錢納 開基戶下
內抽出根租壹百伍拾觔納 父斧膳收 又分東瓜林溪尾山底一所杉木大小抽申 中各至石堆直上
敬房分牛車壠並坤山洋載大小租柒百觔載錢粮壹錢捌分伍
厘柒毛納原主魏才義收 又分林義茂正租伍拾陸觔載錢粮叁分叁厘陸毛納 開基戶下
又分東瓜林溪頭山底一所杉木抽申 中各至石堆直上
共立鬮書一樣六本各執收存為照
咸豐八年拾弍月　日立主鬮書父禮基
從命長男義房純義
次男行房敦義
三男慈房端義
四男孝房慕義
五男爱房善義
六男敬房思義
公見並弟劉伯敦
代書王孟華
慈房鬮書

7-1-82-3　清咸豐八年十二月林氏慈房鬮書

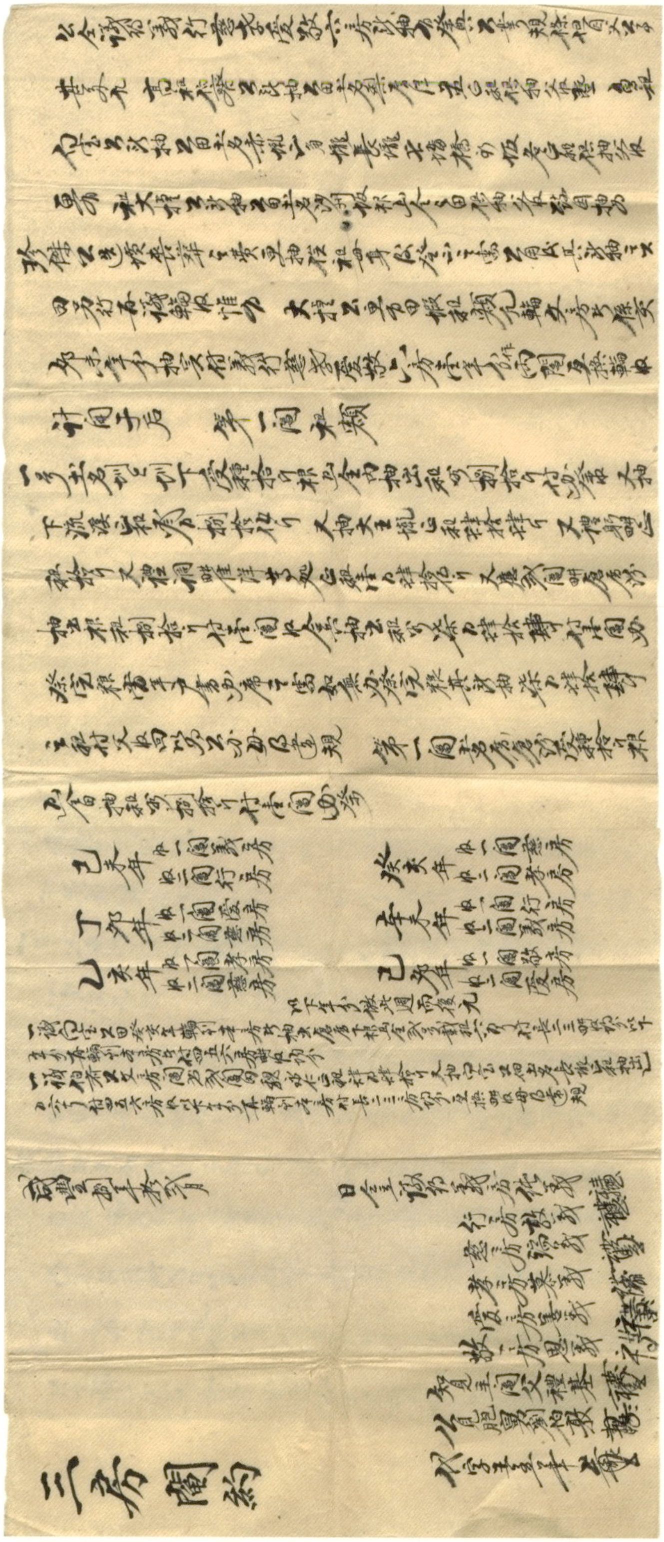

7-1-82-2　清咸豐八年十二月林氏三房鬮約

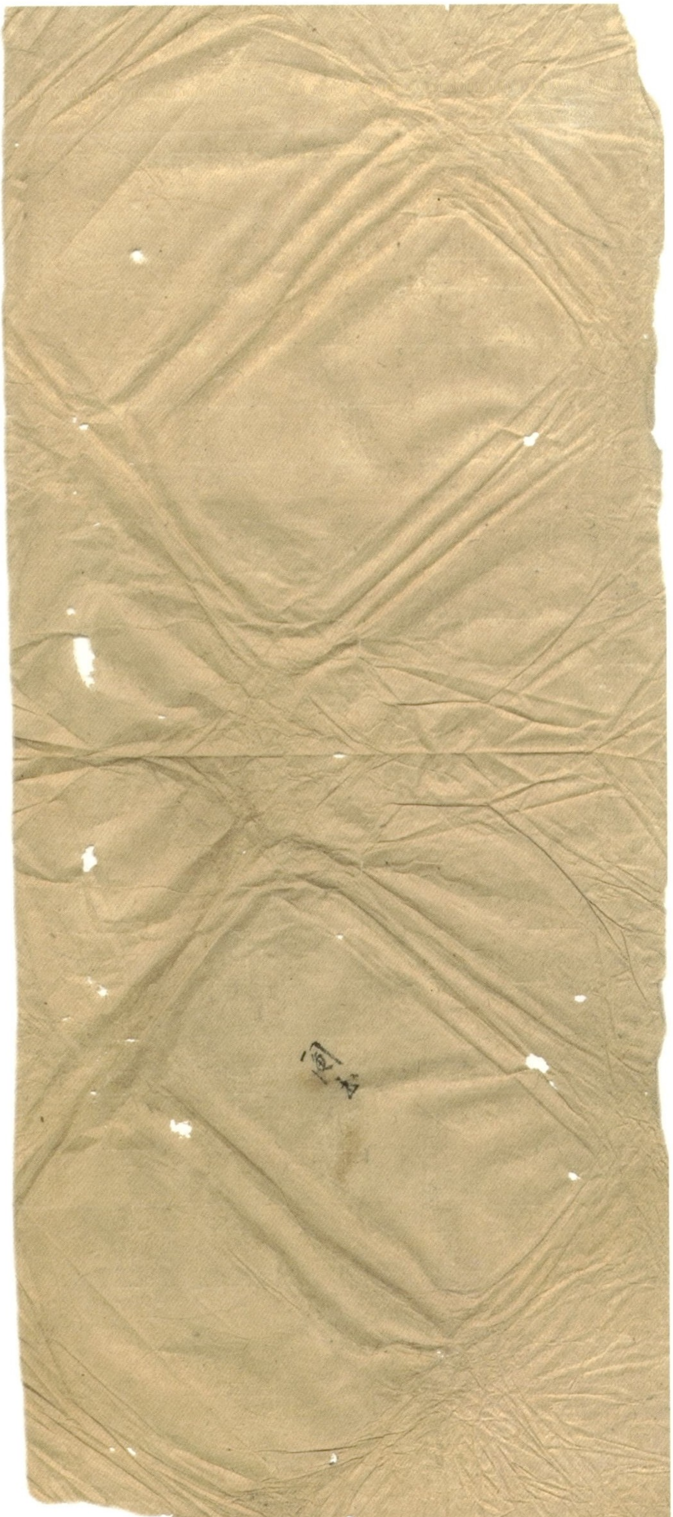

7-1-82-1　包契紙

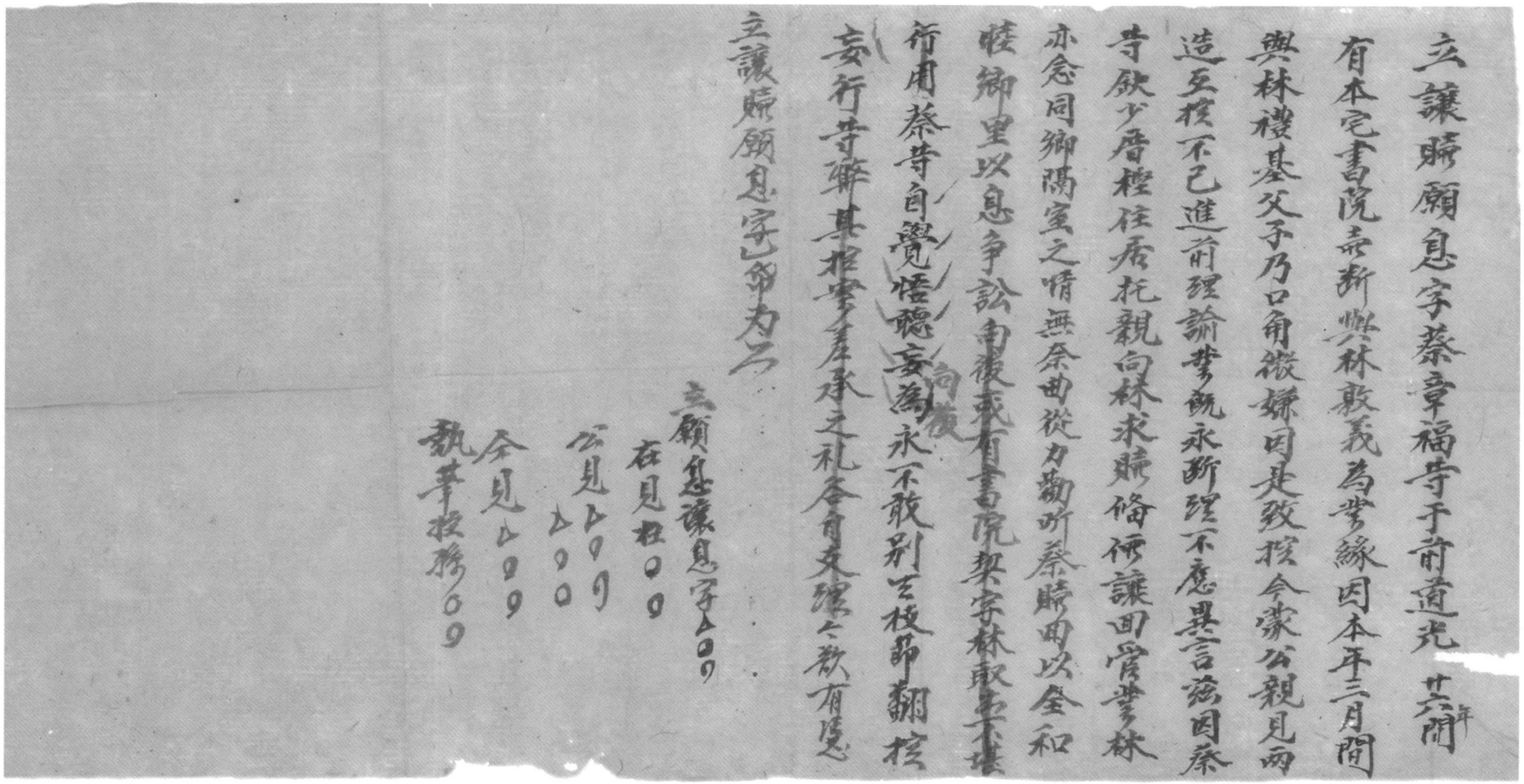

7-1-81-20　晚清時期蔡章福等立讓贖願息字（草契）

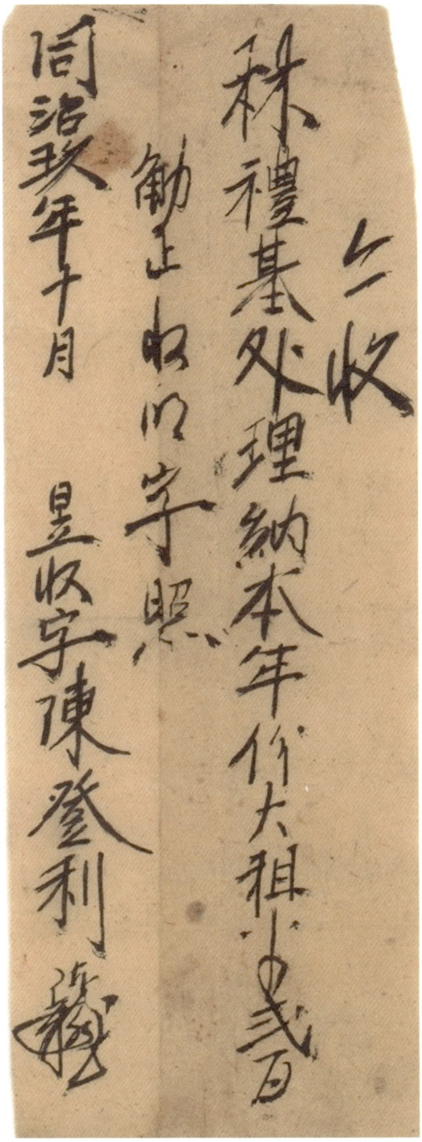
仝收
林禮基處理納本年份大租錢弍百
文正收明字照
同治玖年十月
呈收字陳登利

7-1-81-19　清同治九年十月陳登利立收大租字

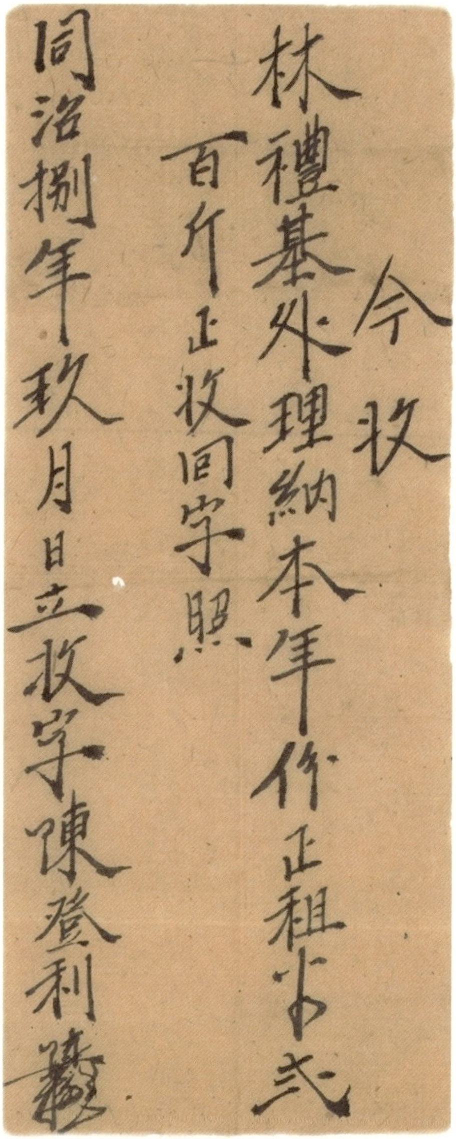

今收
林禮基外理納本年作正租米弍
百斤正收回字照
同治捌年秋月日立收字陳登利（押）

7-1-81-18　清同治八年九月陳登利立收正租字

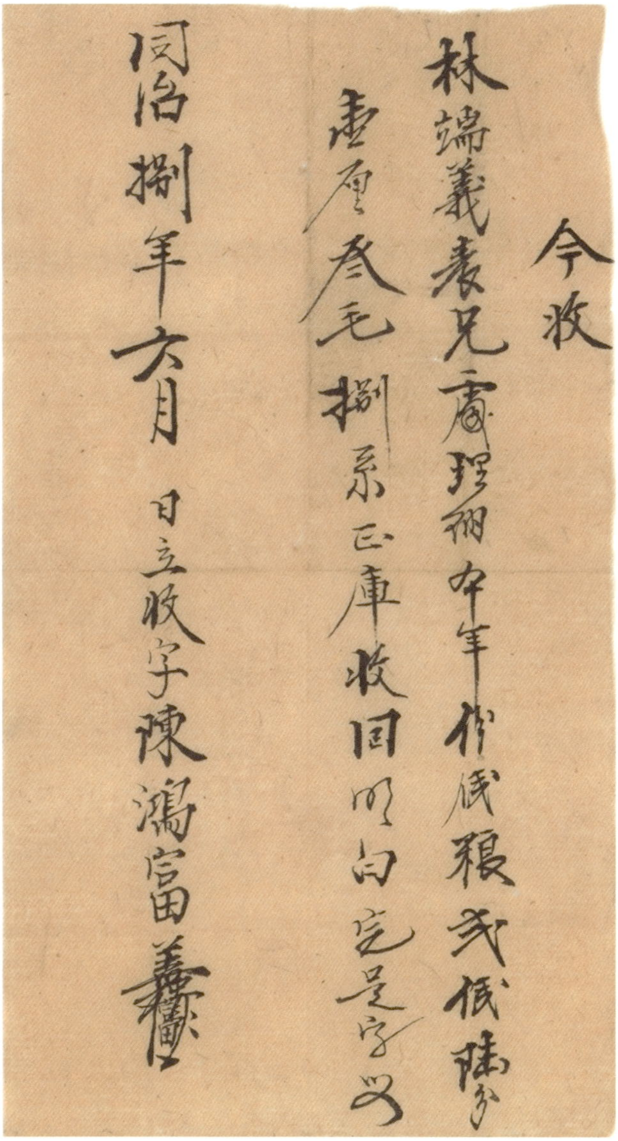
今收
林端義表兄處理細本年份錢粮貳錢陸分
壹厘叁毛捌系正庫收回明白完足是字以
同治捌年六月 日立收字陳鴻富（押）

7-1-81-17　清同治八年六月陳鴻富立收錢糧字

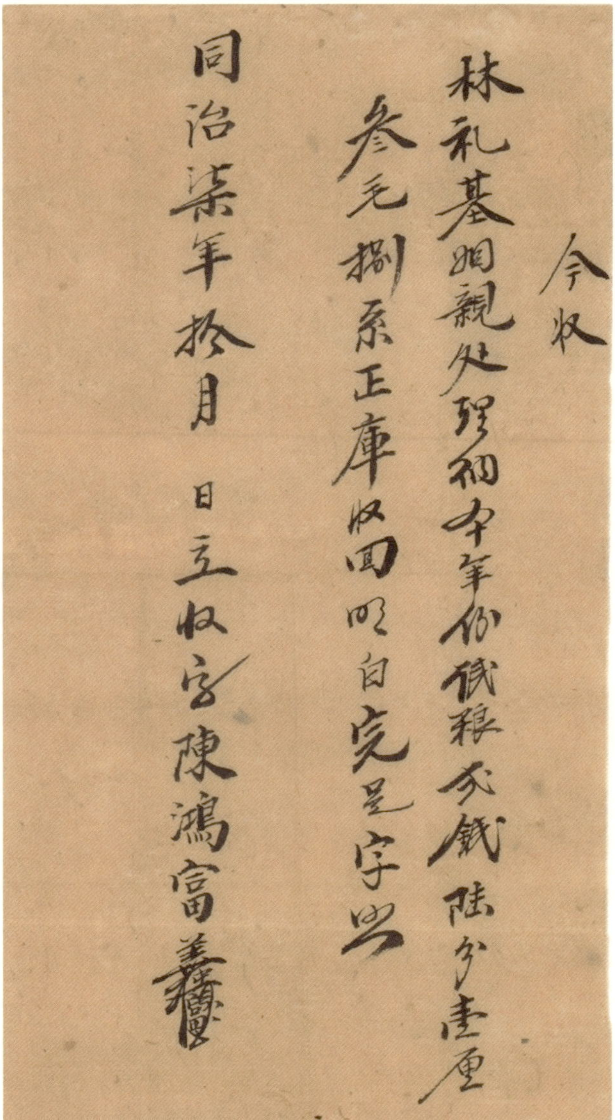
今收
林礼基姻親处理初本年份錢粮贰錢陆分壹厘
叁毛捌系正庫收回明白完足字照
同治柒年拾月　日立收字陳鴻富（押）

7-1-81-16　清同治七年十月陳鴻富立收錢糧字

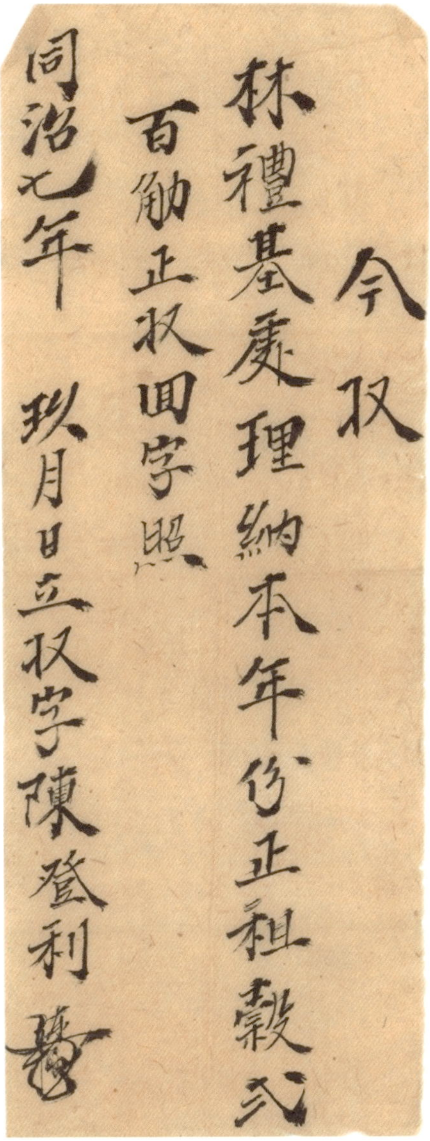
今收
林禮基處理納本年份正租穀弍
百觔正收回字照
同治七年 玖月日立收字陳登利（押）

7-1-81-15　清同治七年九月陳登利立收正租字

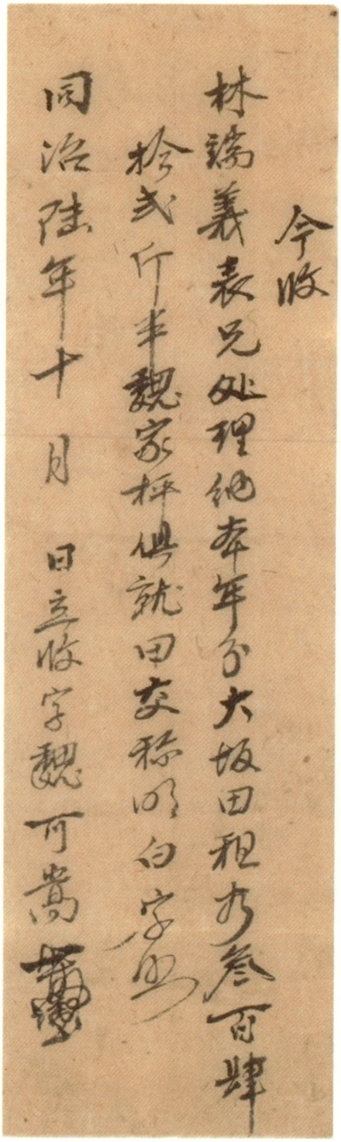

今收

林鍚義表兄处理绝本年分大坂田租折叁百肆

拾弍仟半魏家秤俱就田交称明白字照

同治陸年十月　日立收字魏可嵩（押）

7-1-81-14　清同治六年十月魏可嵩立收田租字

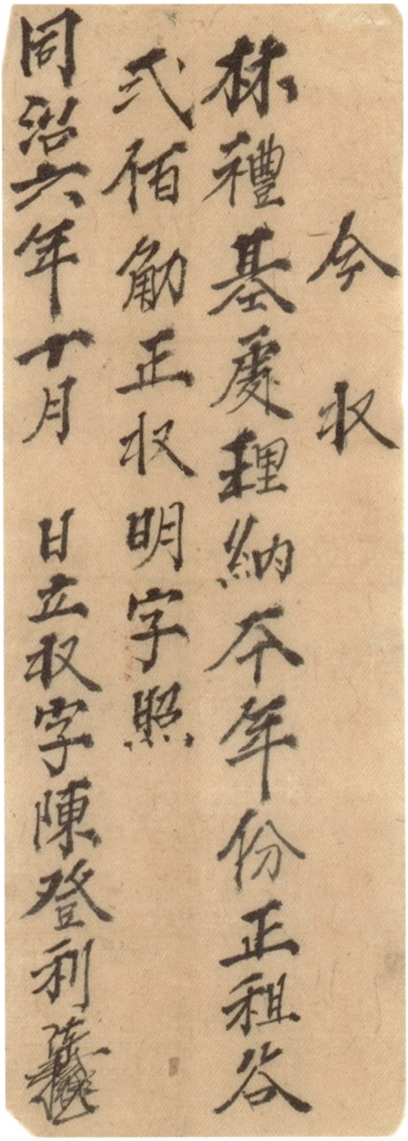

今收

林禮基處理納本年份正租谷

弍佰觔正收明字照

同治六年十月　日立收字陳登利（押）

7-1-81-13　清同治六年十月陳登利立收正租字

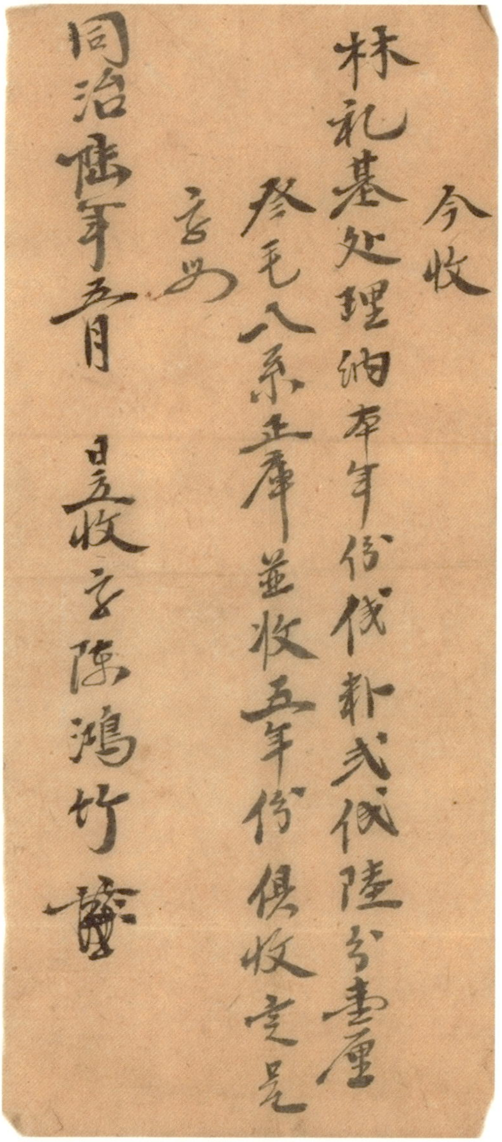

今收

林礼基处理纳本年份代钱弍钱陆分壹厘

癸毛八系五庠並收五年份俱收完足

立照

同治陆年五月　日立收字陳鴻竹（押）

7-1-81-12　清同治六年五月陳鴻竹立收錢糧字

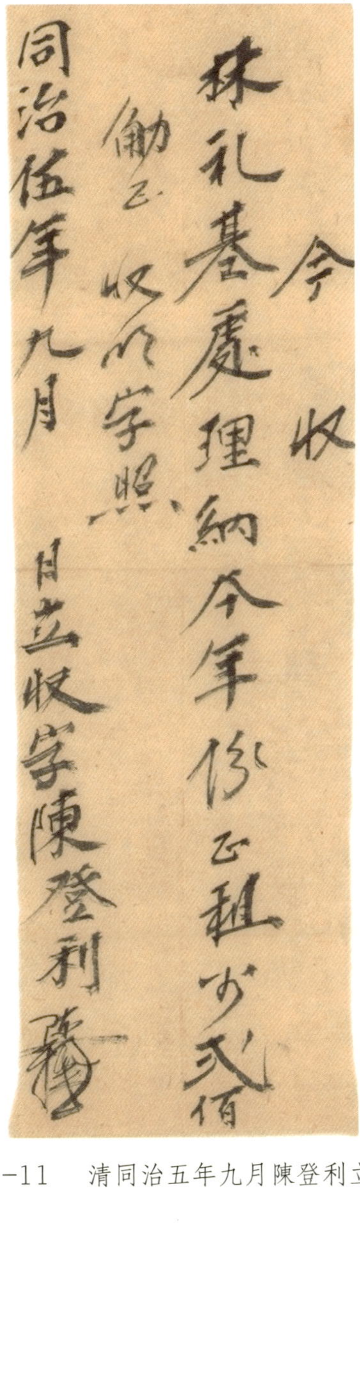
今收
林礼基處理納本年份正租谷弍佰
觔正，收訖字照。
同治伍年九月　日立收字陳登利（押）

7-1-81-11　清同治五年九月陳登利立收正租字

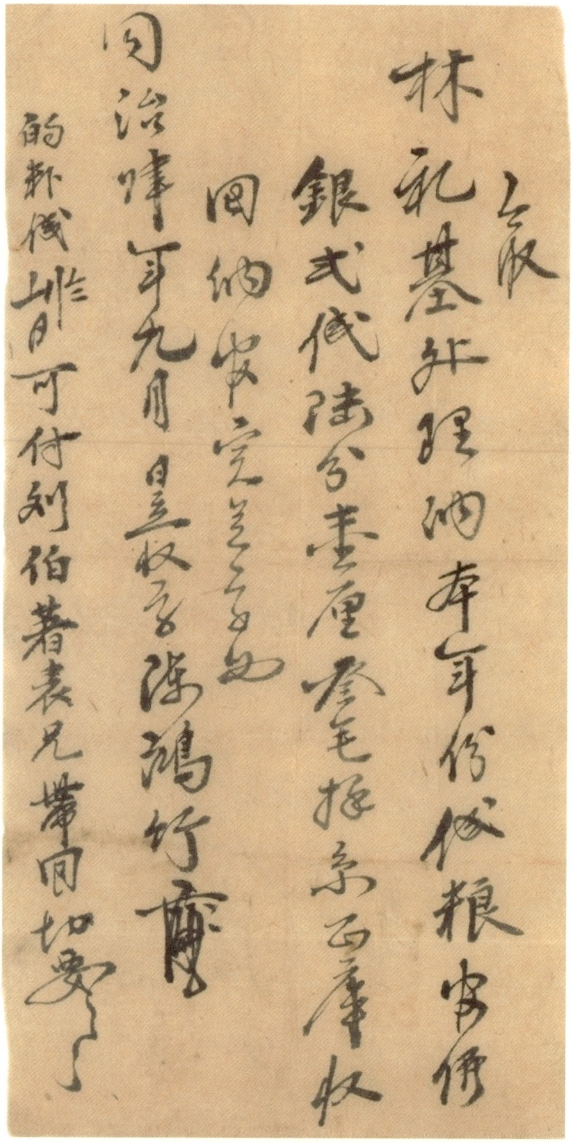
立收
林
礼基邊理納本年份粮米併
銀式伐陸分壹厘叁毛捌系正庫收
回納字完足的
同
治肆年九月 日立收字陳鴻竹
的批伐此月可付列伯著表兄帶回切要

7-1-81-10　清同治四年九月陳鴻竹立收錢糧字

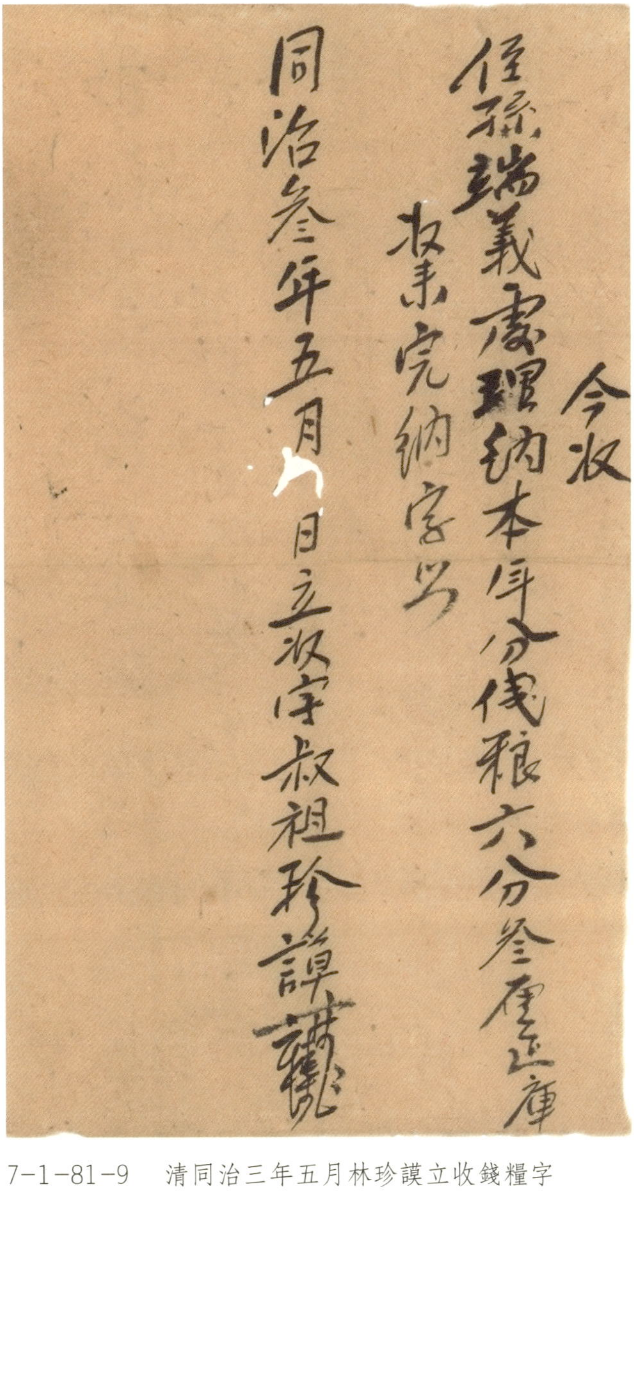
今收
侄孫瑞義處理納本年分錢粮六分叁厘正
收來完納字照
同治叁年五月八日立收字叔祖珍謨親

7-1-81-9　清同治三年五月林珍謨立收錢糧字

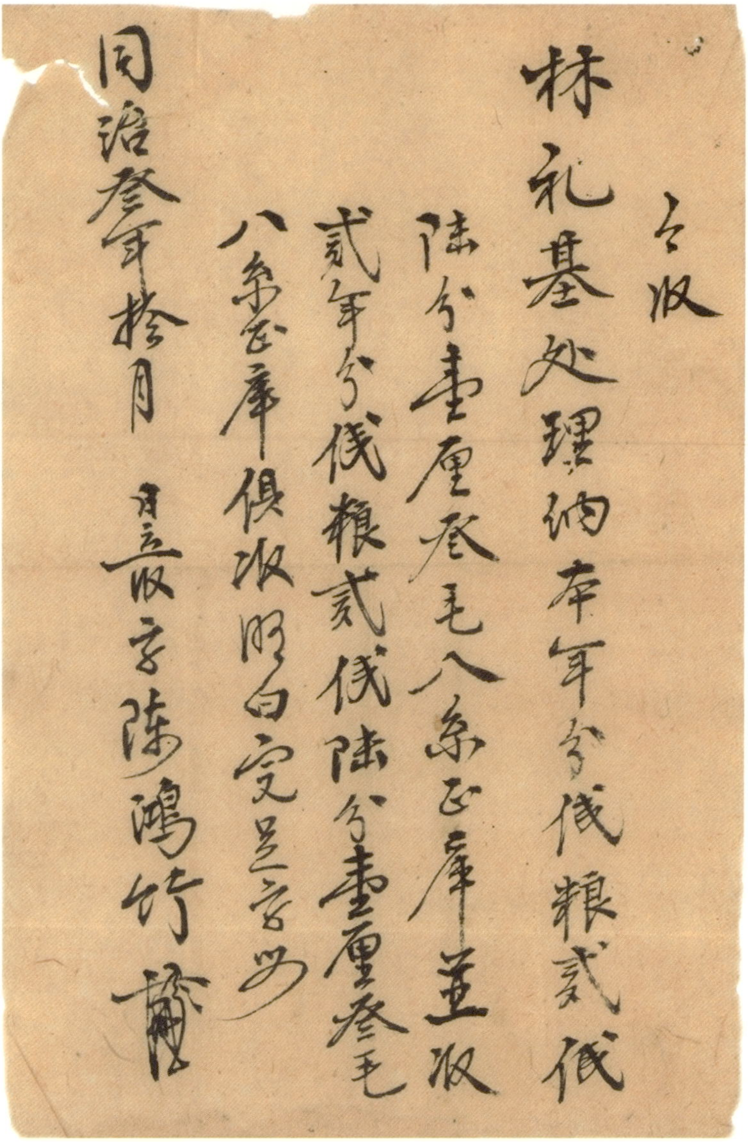

立收
林礼基处理納本年分錢粮贰錢
陸分壹厘叁毛八系正庫並收
贰年分錢粮贰錢陸分壹厘叁毛
八系正庫俱收明白交足字照
同治叁年拾月　立收字陳鴻竹（押）

7-1-81-8　清同治三年十月陳鴻竹立收錢糧字

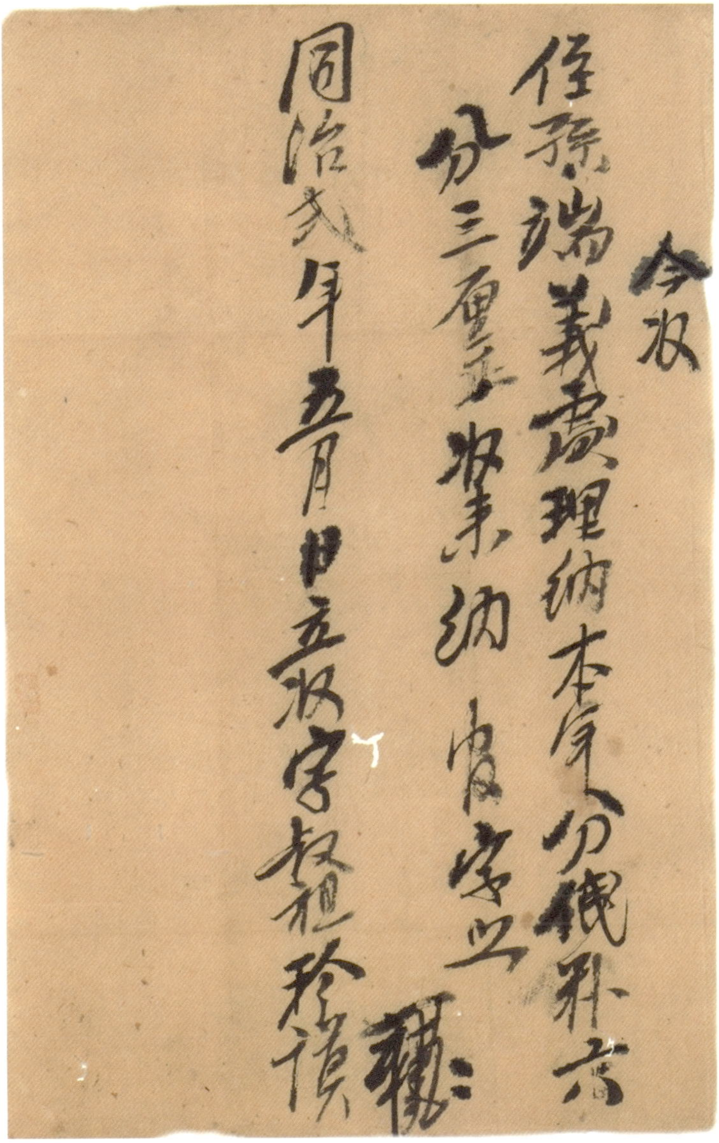
今收
侄孫端義處理納本家分錢糧六
分三厘正收業納收字照
親
同治弍年五月日立收字叔祖珍謨

7-1-81-7　清同治二年五月林珍謨立收錢糧字

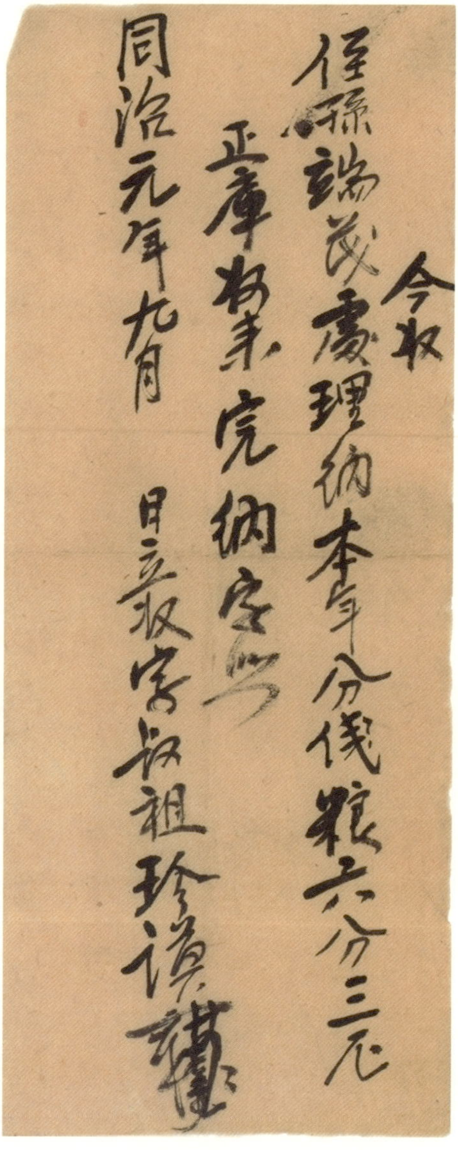

今收
侄孫端茂處理納本年分錢糧六分三厘
正庫務米完納字照
同治元年九月　日立收字叔祖珍謨（押）

7-1-81-6　清同治元年九月林珍謨立收錢糧字

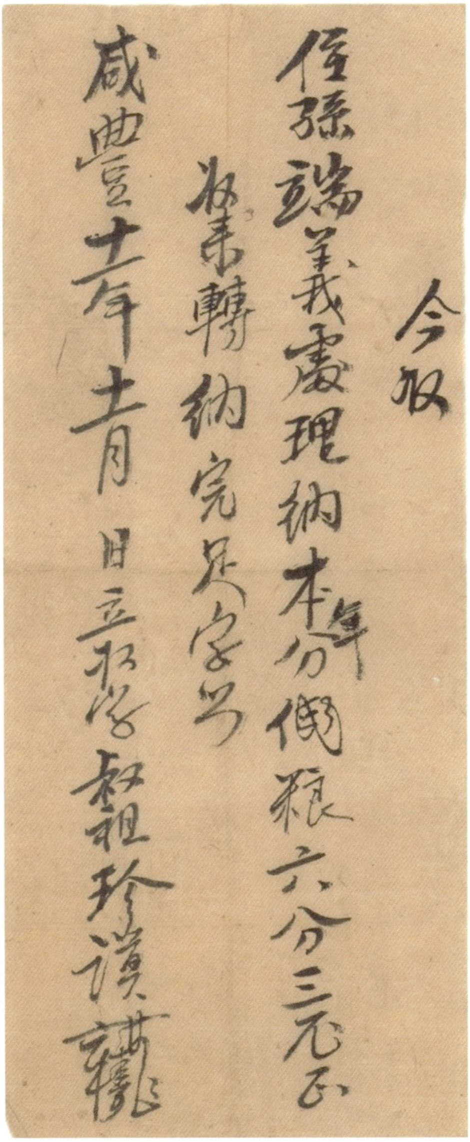
今收
侄孫端義處理納本年分錢粮六分三厘正
收来轉納完足字照
咸豐十一年十一月 日立收字叔祖珍謨親筆

7-1-81-5　清咸豐十一年十一月林珍謨立收錢糧字

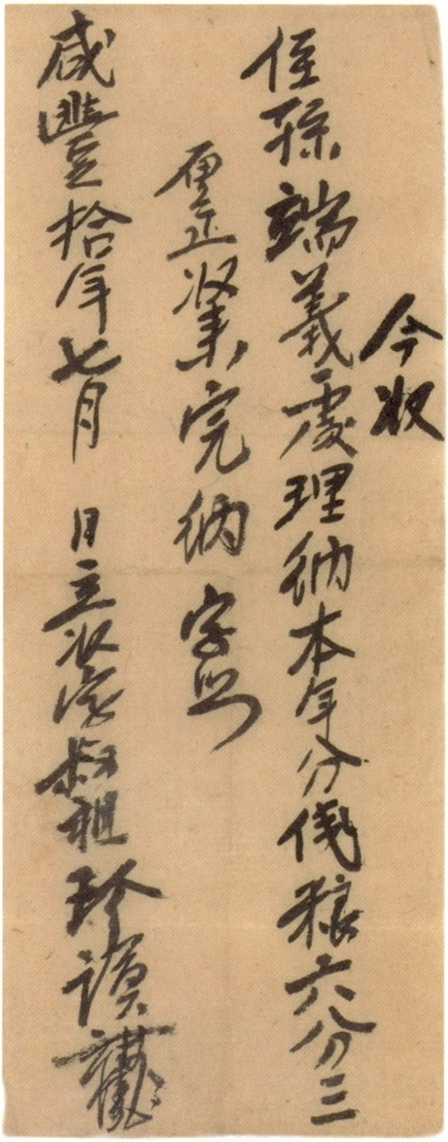
今收
侄孫端義處理納本年分錢糧六分三
厘正整完納字照
咸豐拾年七月　日立收字叔祖珍謨

7-1-81-4　清咸豐十年七月林珍謨立收錢糧字

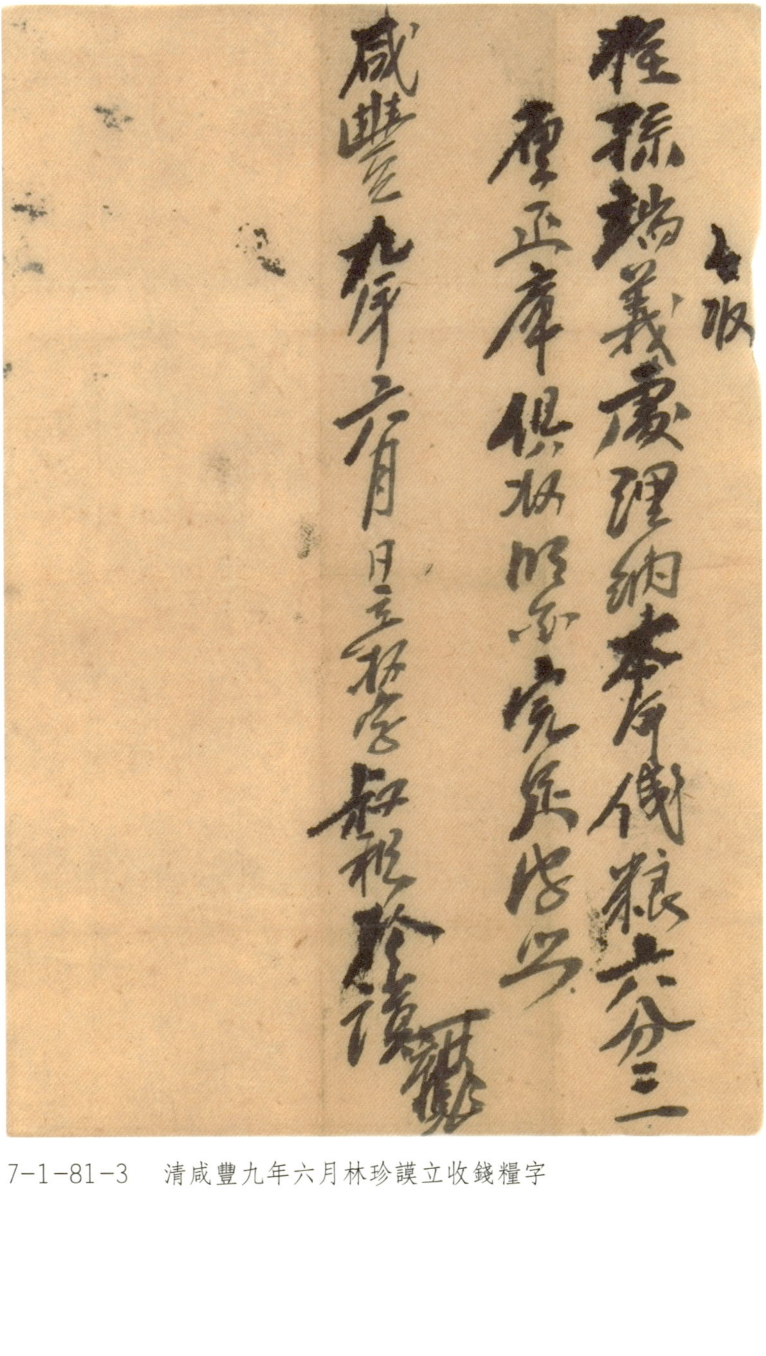
今收
程孫瑞義處理納本年錢糧六分三一
厘正庫俱收明完足訖
咸豐九年六月　日立收字林珍謨（押）

7-1-81-3　清咸豐九年六月林珍謨立收錢糧字

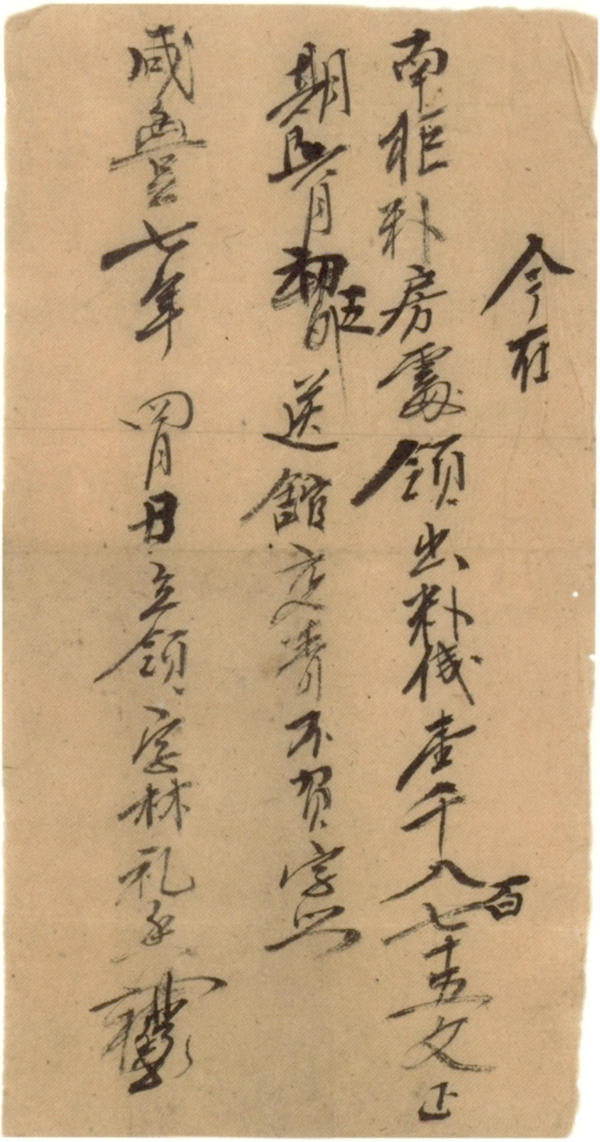
今在
南雁科房處領出糧錢壹千八百七拾文正
期及八月初旬送館交清不负字照
咸豐七年四月日立領字林礼香（押）

7-1-81-2　清咸豐七年四月林礼香立領糧錢字

7-1-81-1　包契紙

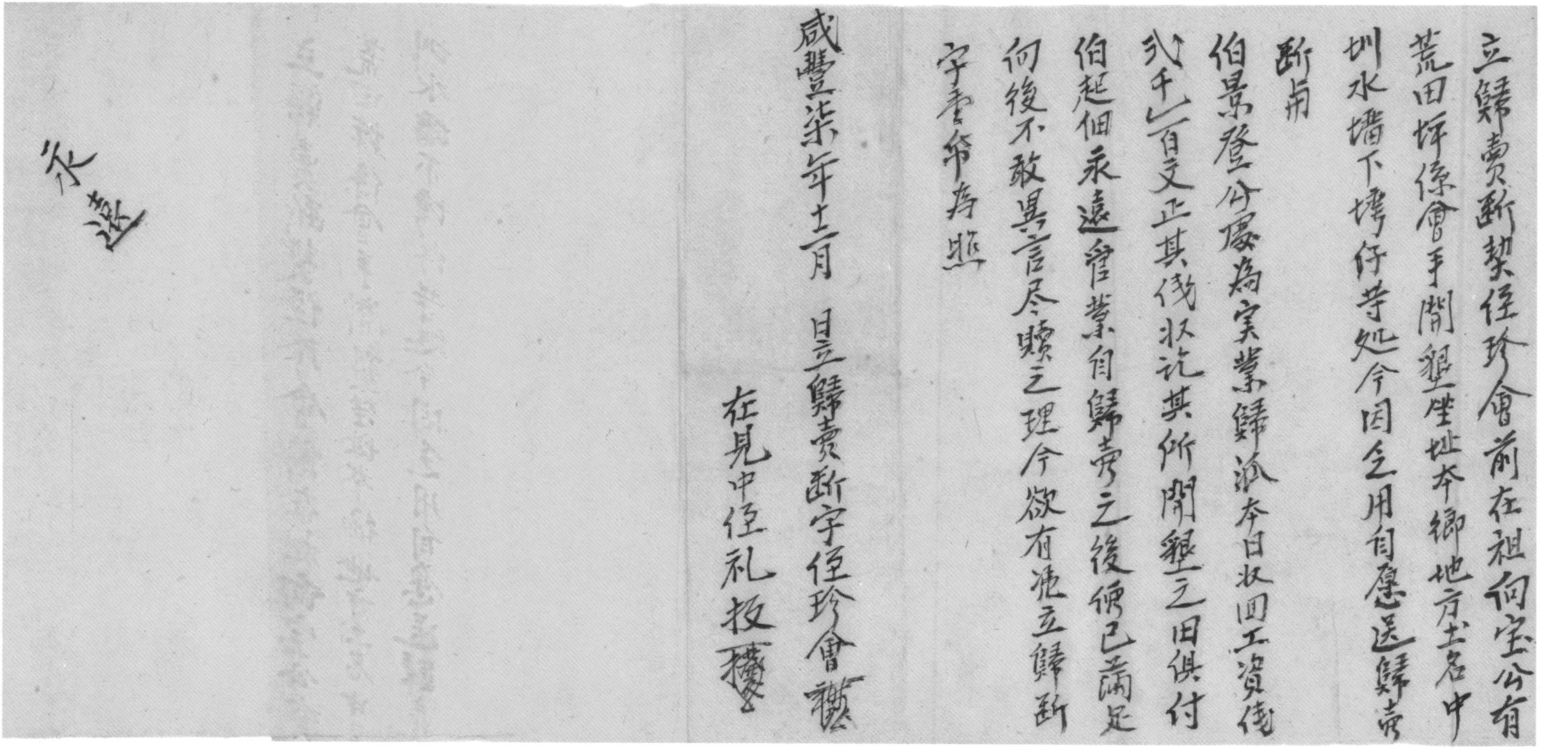
立歸賣斷契侄珍會前在祖向宝公有
荒田坪係會手開墾坐址本鄉地方土名中
圳水墻下墘仔等処今因乏用自愿送歸賣
斷與
伯景登公房為實業歸派本日收回工資銭
弍千一百文正其銭收訖其所開墾之田俱付
伯起佃永遠管業自歸賣之後便已滿足
向後不敢異言盡贖之理今欲有憑立歸斷
字壹紙為照
咸豐柒年十二月 日立歸賣斷字侄珍會（押）
在見中侄礼拔（押）
永遠

7-1-80-4　清咸豐七年十二月林珍會立歸賣斷荒田坪契

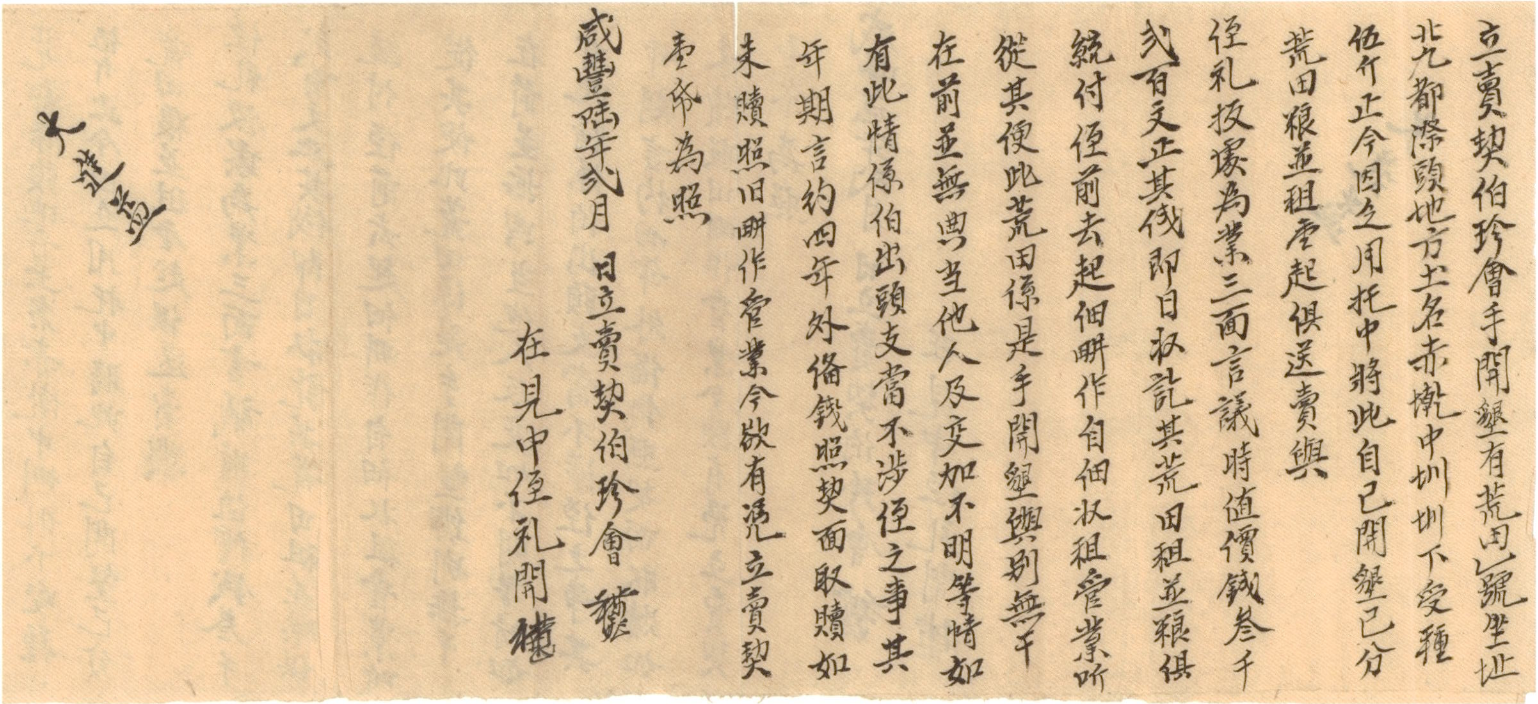
立賣契伯珍會手開墾有荒田一號坐址
北九都潀頭地方土名赤墘中圳圳下受種
伍亇正今因乏用托中將此自己開墾已分
荒田粮並租壹起俱送賣與
侄礼拔𤕤為業三面言議時值價錢叁千
弍百文正其錢即日收訖其荒田租並粮俱
統付侄前去起佃耕作自佃收租管業听
從其便此荒田係是手開墾與别無干
在前並無典当他人及交加不明等情如
有此情係伯出頭支當不涉侄之事其
年期言約四年外備錢照契面取贖如
未贖照旧耕作管業今欲有憑立賣契
壹帋為照
咸豐陆年弍月　日立賣契伯珍會（押）
在見中侄礼開（押）
大吉昌

7-1-80-3　清咸豐六年二月林珍會立賣荒田契

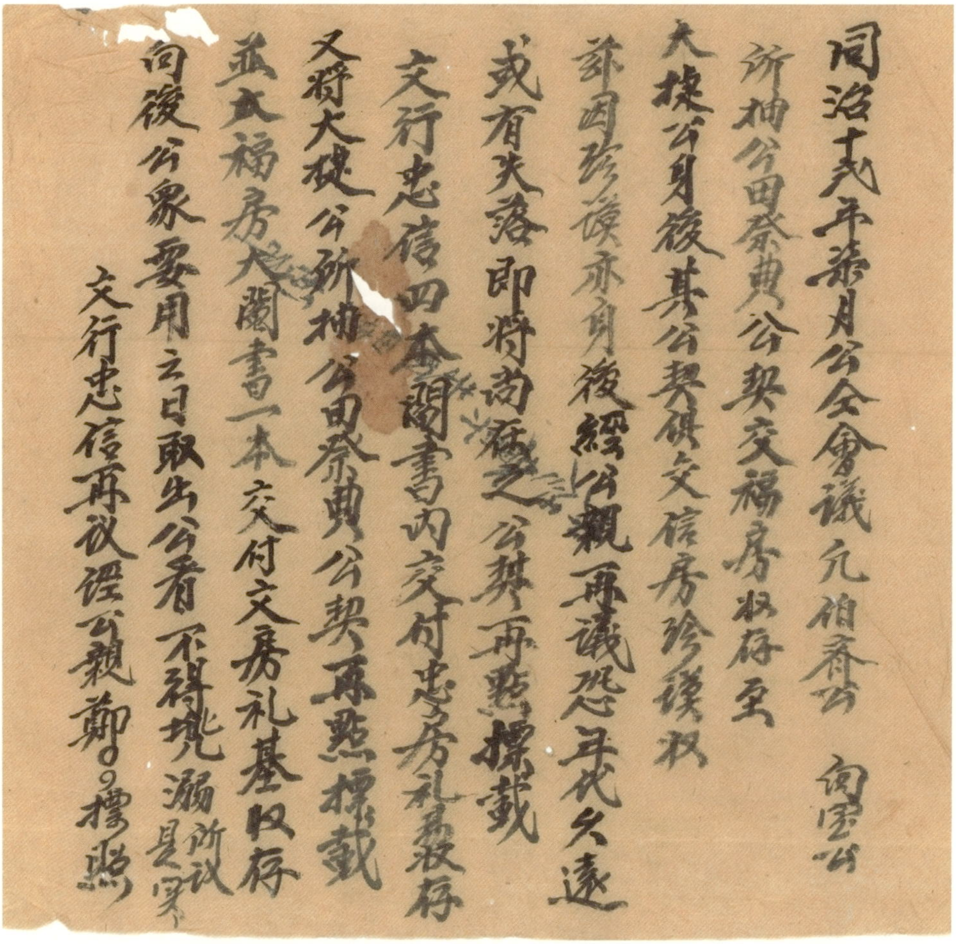
同治十二年叁月公仝會議允禎齊公　向宗公
祈柚公田祭典公契交福房收存至
大樣公身後其公契領交信房珍謹收
爺因珍謹亦身後經公親再議恐年代久遠
或有失落即將尚存之公契再點標載
交行忠信四本閹書內交付忠房礼嘉收存
又將大樣公祈柚公田祭典公契再點標載
並式福房大閹書一本交付文房礼基收存
向後公衆要用之日取出公看不得挑溺所議是實
文行忠信再議經公親鄭○○標點

7-1-80-2　包契紙

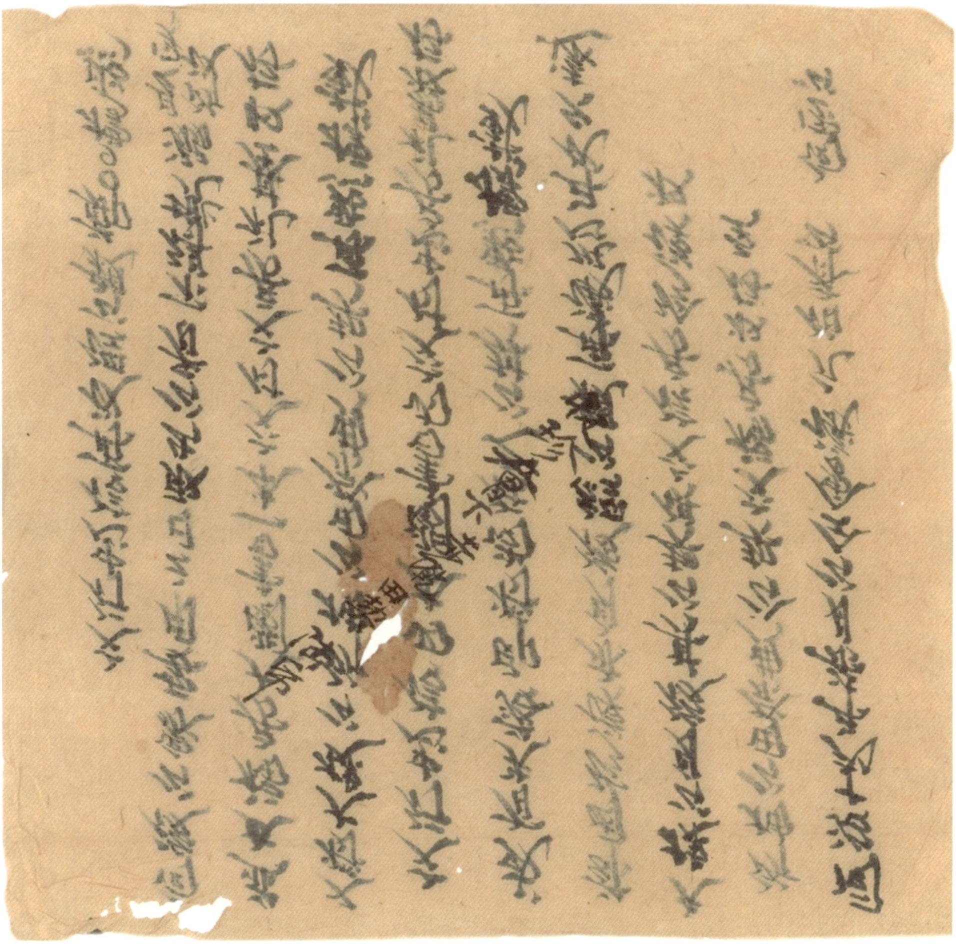

7-1-80-1　包契紙

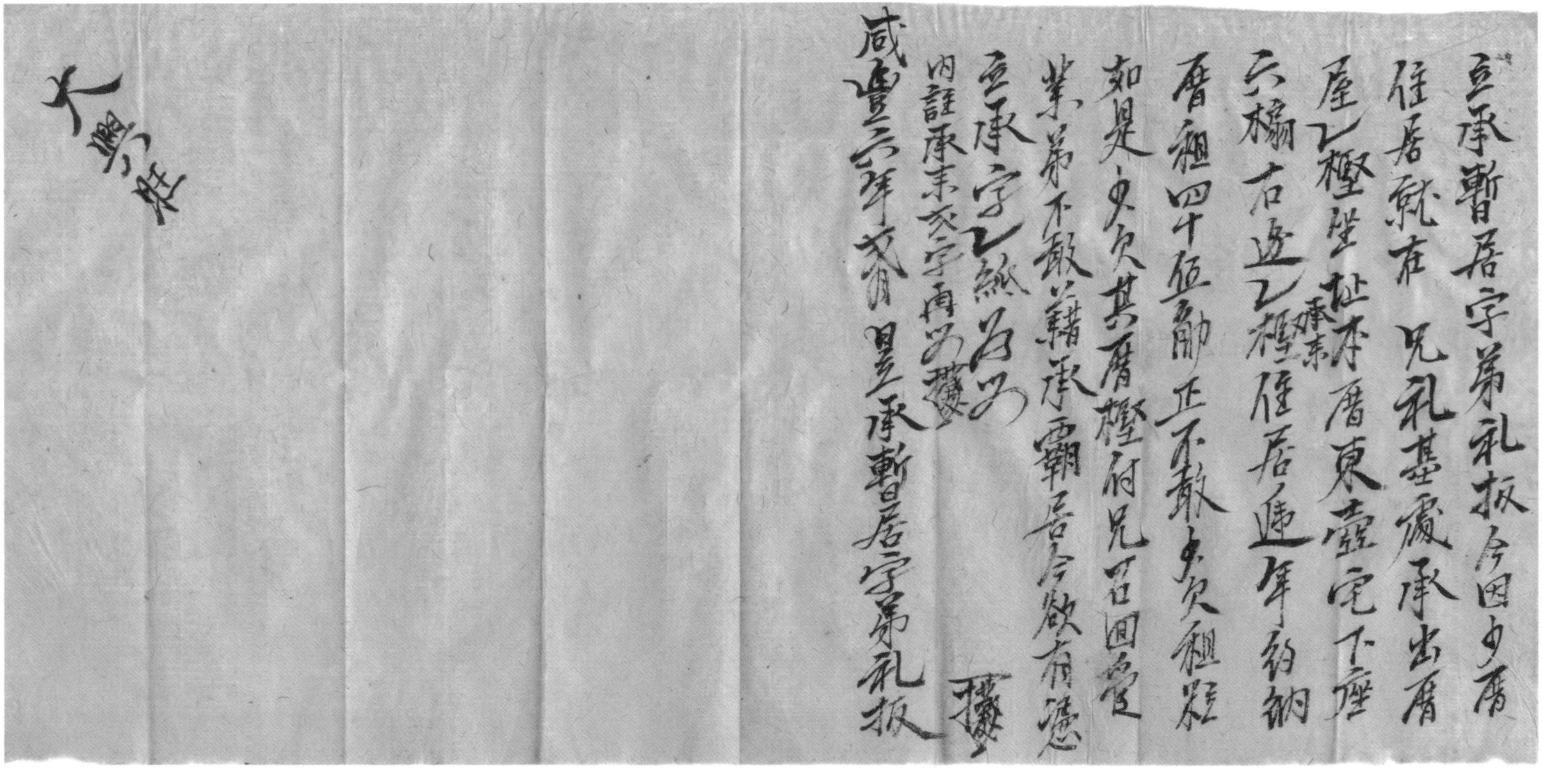

立承暫居字弟礼扳，今因乏屋
住居，就在兄礼基處承出屋
屋乙座，坐址本厝東壹宅下座
六榴右邊乙榴住居，逐年約納
厝租四十五郎正，不敢欠租，絲
如是欠其厝座付兄另回管
業，弟不敢藉承霸居，今欲有憑
立承字乙紙為照。
内註承來二字再照
咸豐六年二月　日　立承暫居字弟礼扳

7-1-79-2　清咸豐六年二月林礼扳立承暫居字

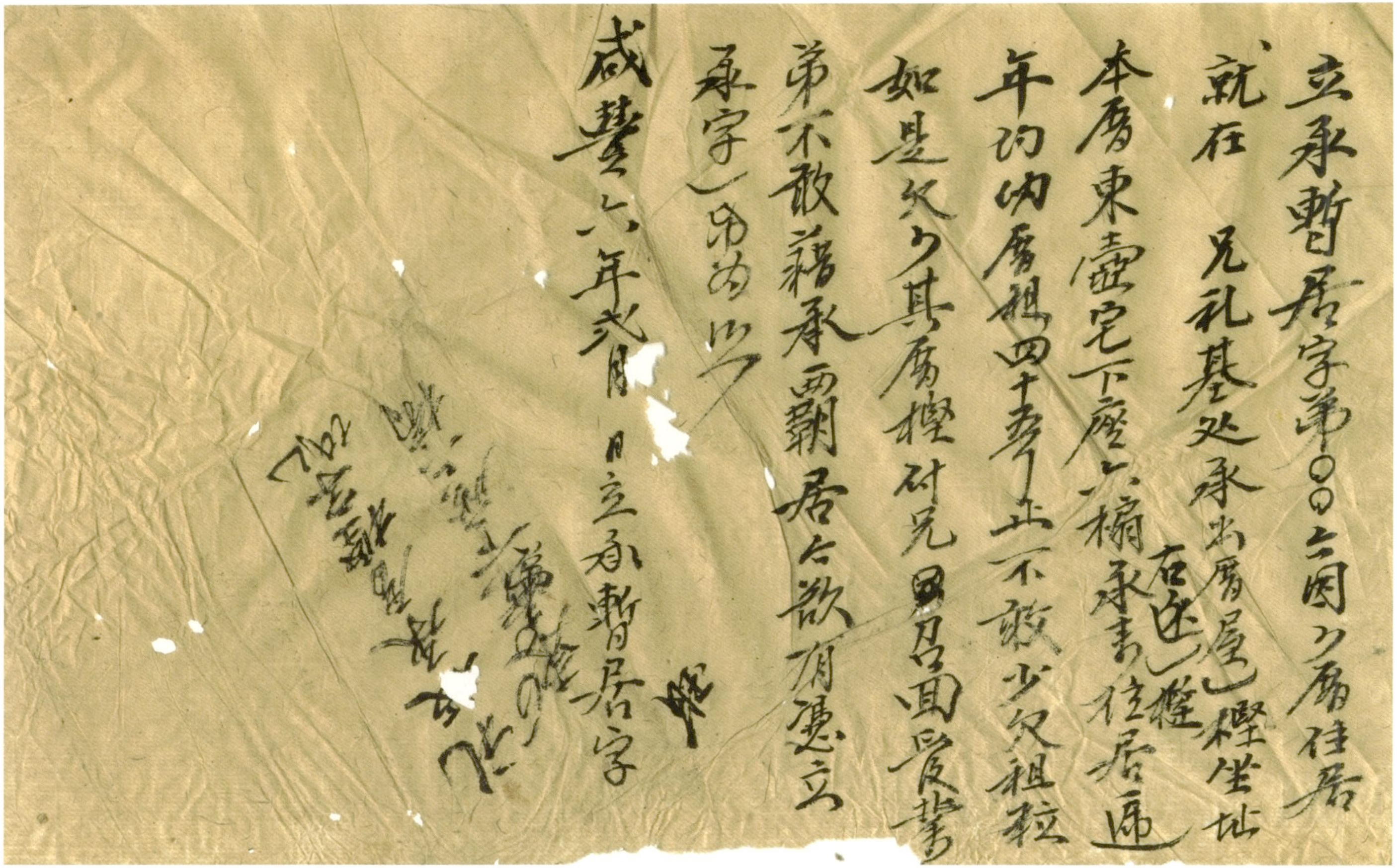

7-1-79-1　清咸豐六年二月林礼扳立承暫居字（草契）

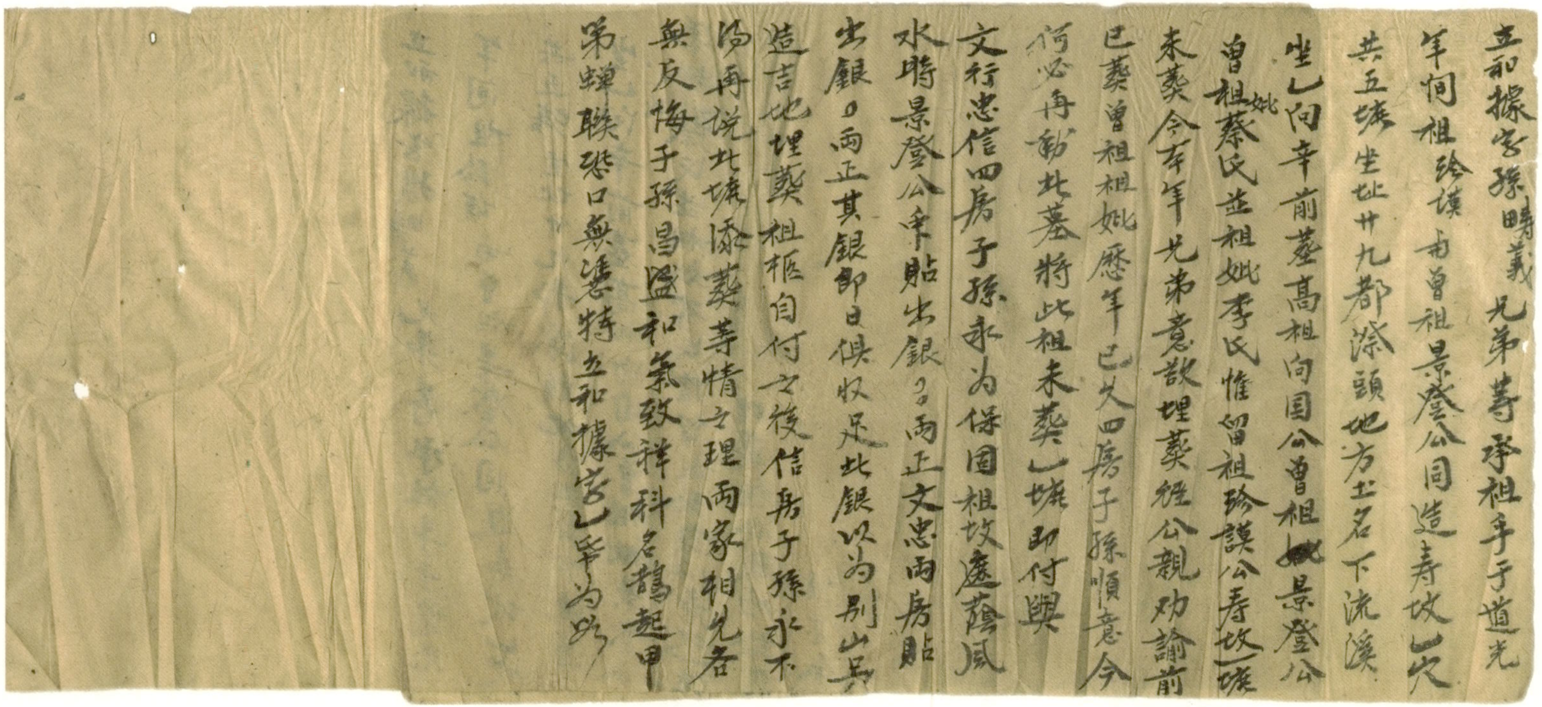

立和據字孫疇義兄弟等承祖手于道光
年間祖珍謨同曾祖景登公同造壽坟一穴
共五壙坐址廿九都漈頭地方土名下流溪
坐山向辛前墓高祖向国公曾祖景登公
曾祖妣蔡氏並祖妣李氏惟留祖珍謨公壽坟一壙
未葬今本年兄弟意欲埋葬經公親劝諭前
已葬曾祖祖妣歷年已久四房子孫順意今
何必再動此墓將此祖未葬山壙即付與
文行忠信四房子孫永為保固祖坟遮蔭風
水將景登公手貼出銀□□兩正文忠兩房貼
出銀□兩正其銀即日俱收足此銀以為別山另
造吉地埋葬祖柩自付之後信房子孫永不
得再說此壙漈葬等情之理兩家相允各
無反悔子孫昌盛和氣致祥科名鵲起甲
第蟬聯恐口無憑特立和據字一紙為照

7-1-78-6　晚清時期林疇義等立和據字（草契）

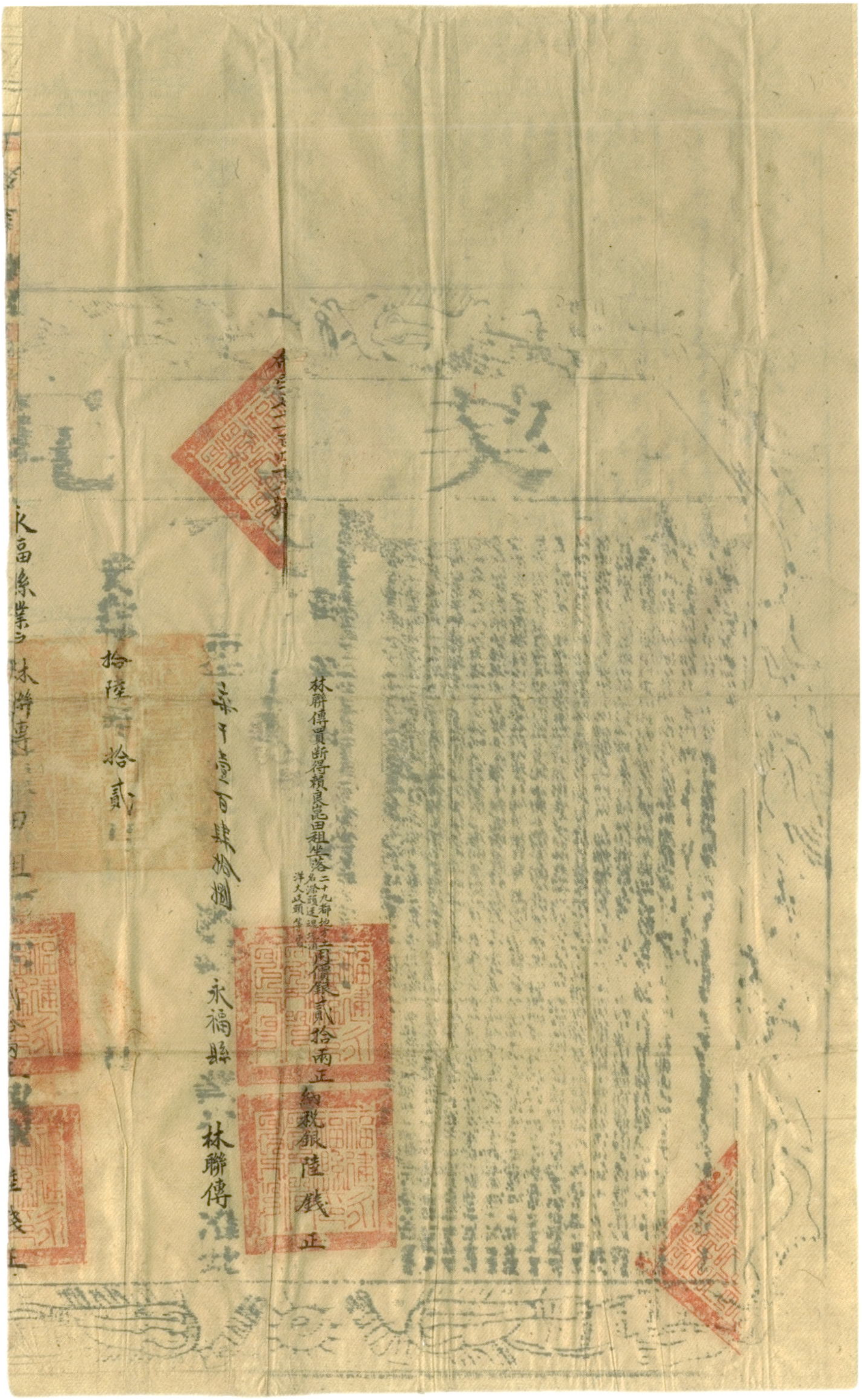

7-1-78-5　清光緒十六年十二月業户林聯傳契尾

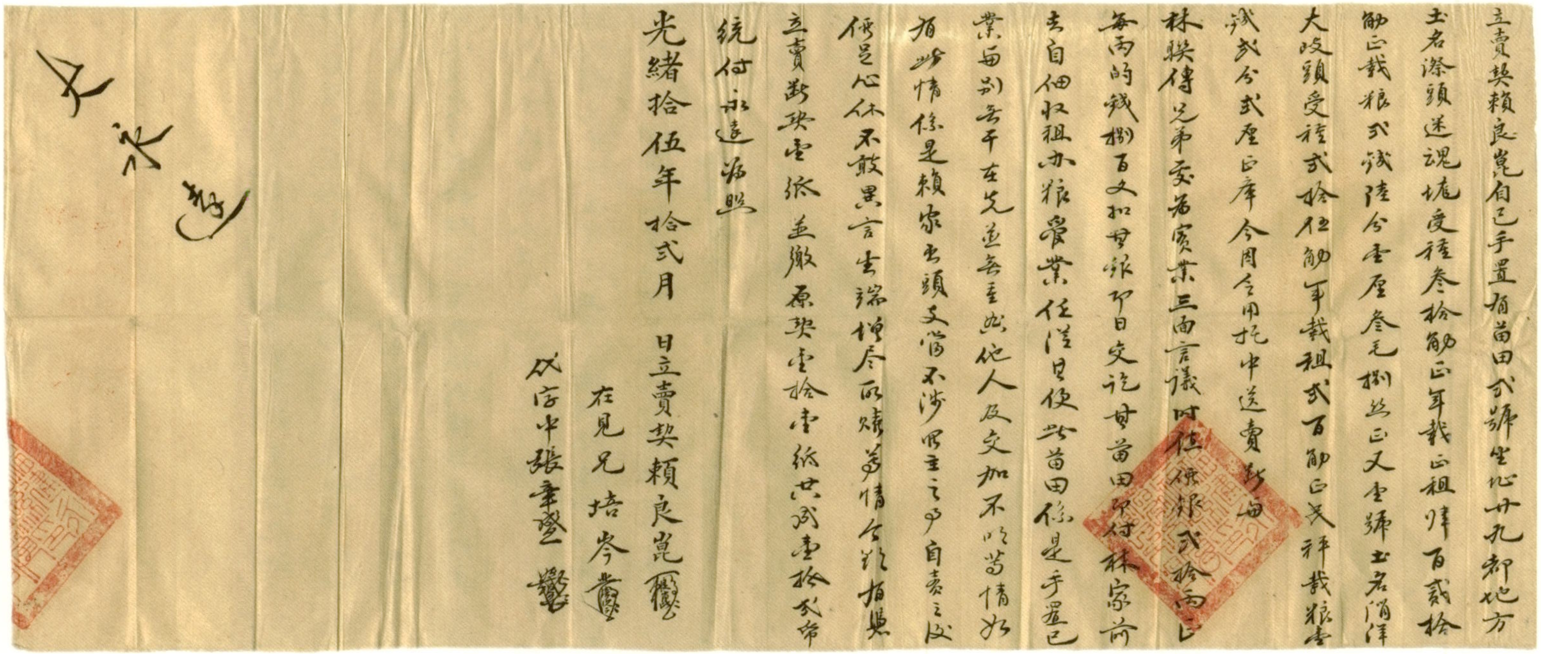

7-1-78-4　清光緒十五年十二月賴艮崑立賣苗田契（紅契）

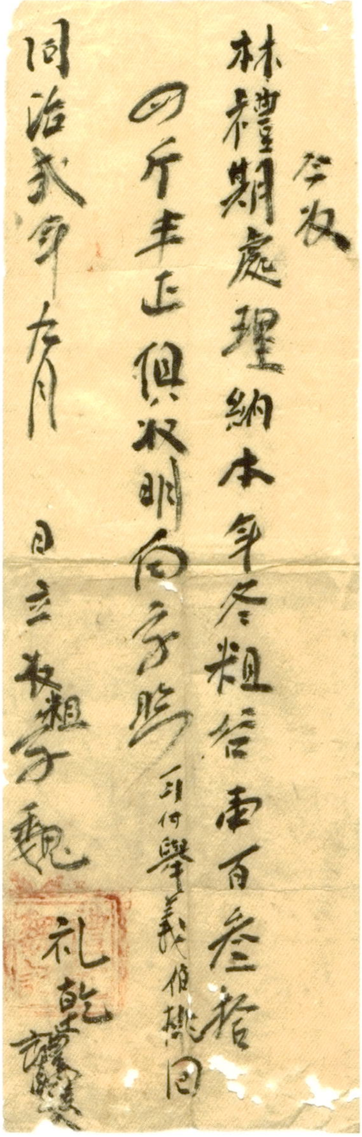
今收
林禮期處理納本年冬粗谷壹百叁拾
四斤半正俱收明白字照
一月付舉義伯挑回
同治貳年九月　日　立收粗字　魏礼乾

7-1-78-3　清同治二年九月魏礼乾立收冬租字

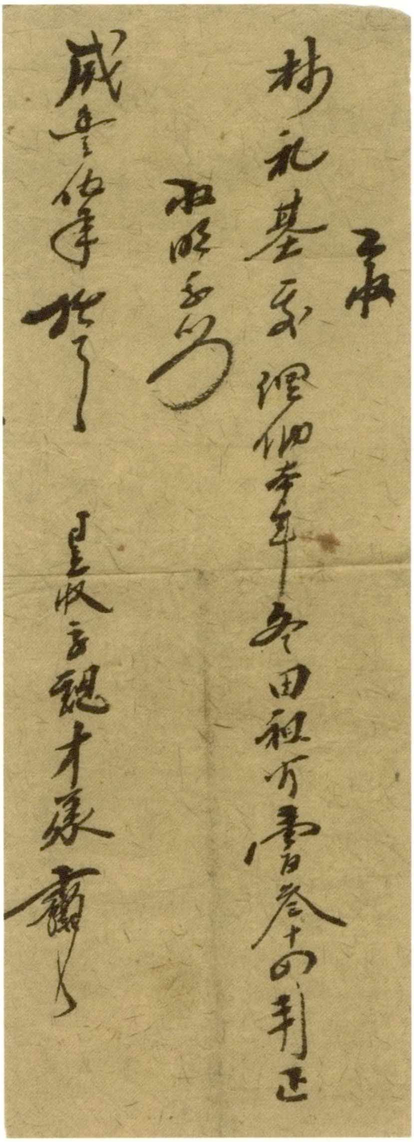

7-1-78-2　清咸豐五年十月魏才義立收冬田租字

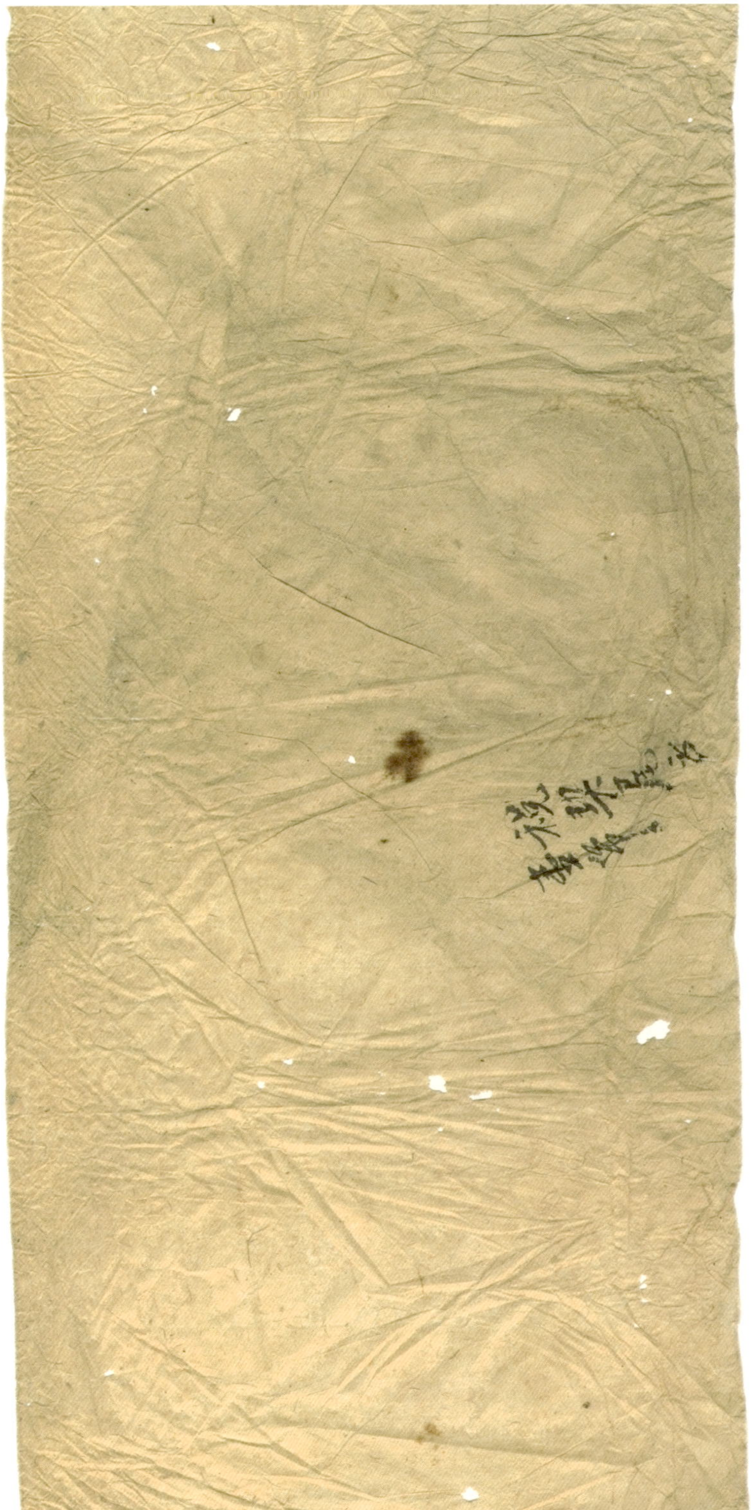

7-1-78-1　包契紙

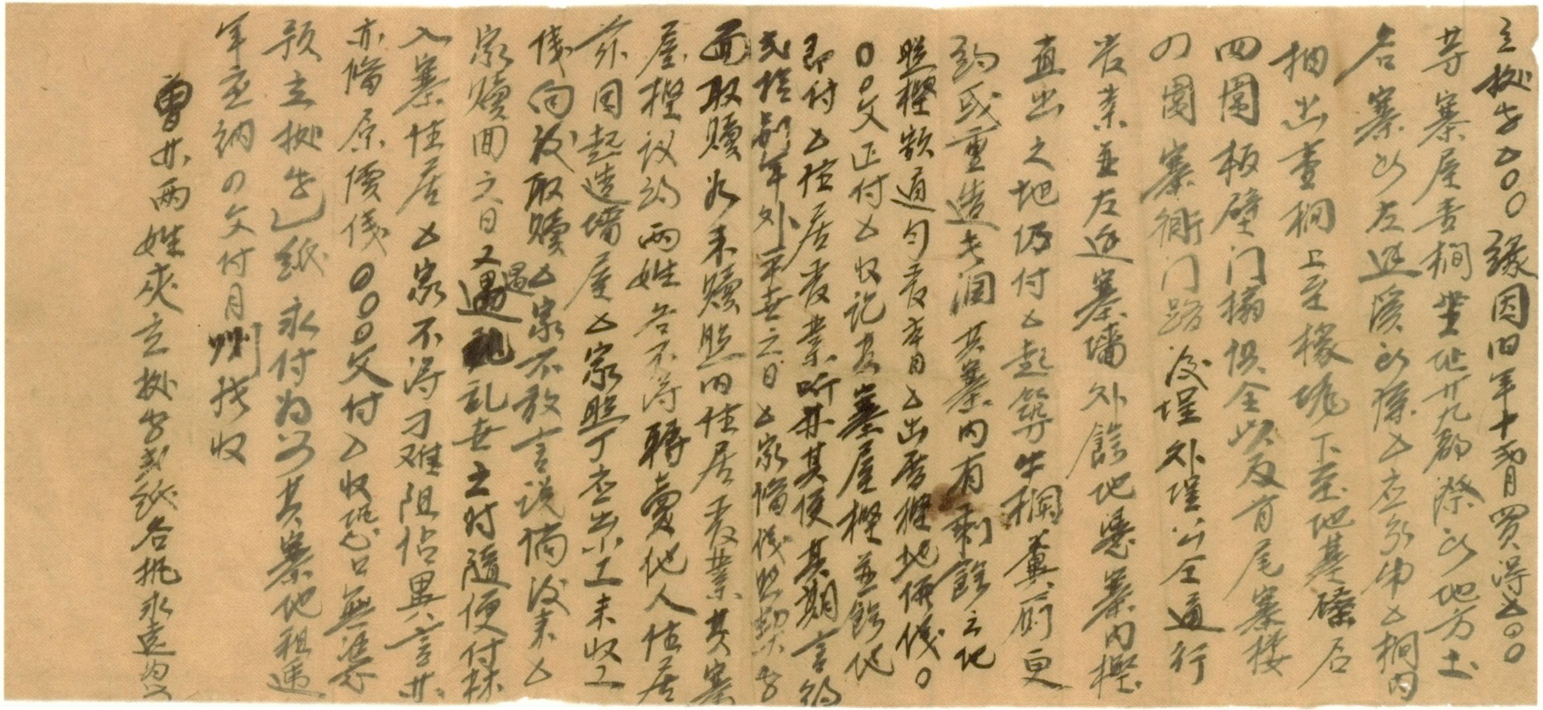

7-1-77-11　曾林兩姓仝立據字（年代不詳，草契）

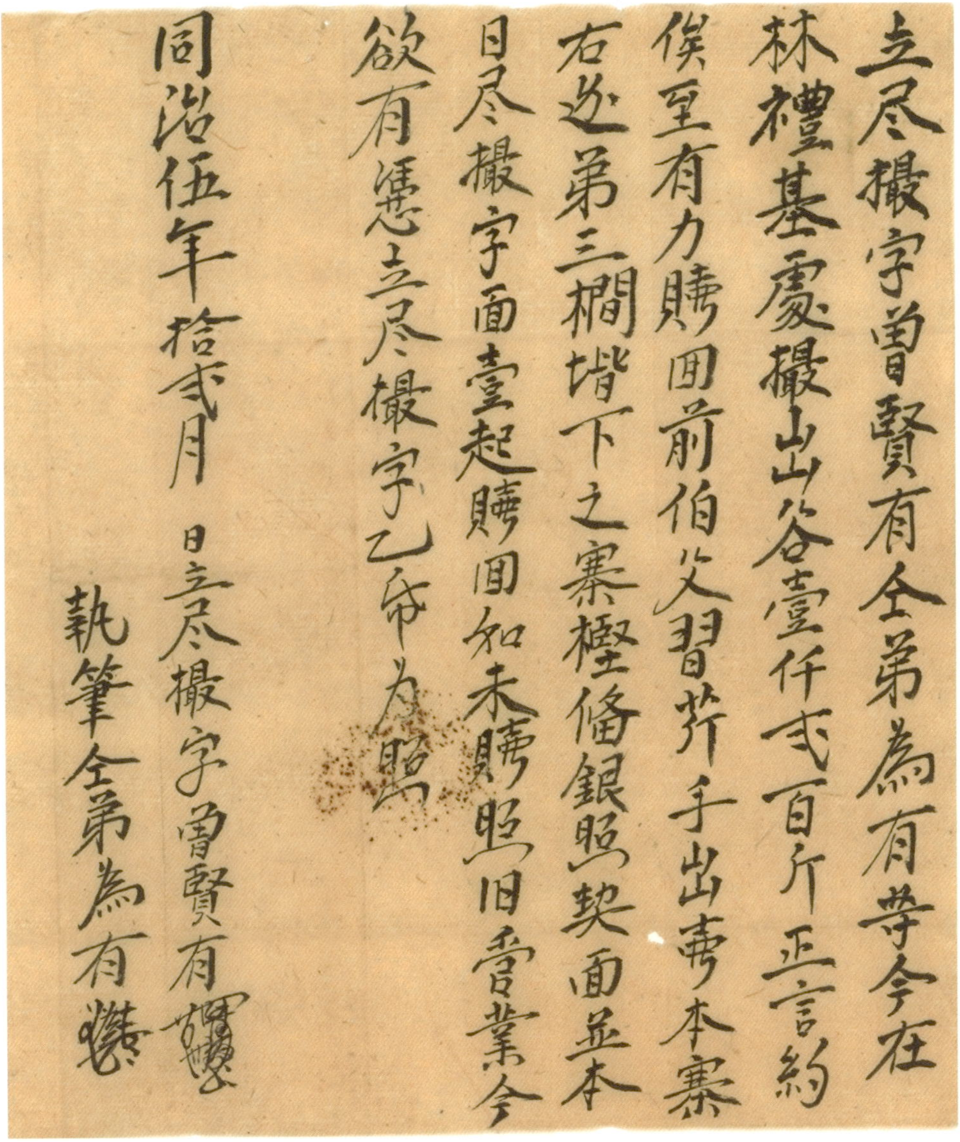
立尽撮字曾賢有仝弟為有等今在
林禮基處撮山谷壹仟弍百斤正言約
俟至有力贖回前伯父習芹手出賣本寨
右邊第三橺堦下之寨壂備銀照契面並本
日尽撮字面壹起贖回如未贖照旧管業今
欲有憑立尽撮字乙帋為照
同治伍年拾弍月　日立尽撮字曾賢有（押）
執筆仝弟為有（押）

7-1-77-10　清同治五年十二月曾賢有立撮字

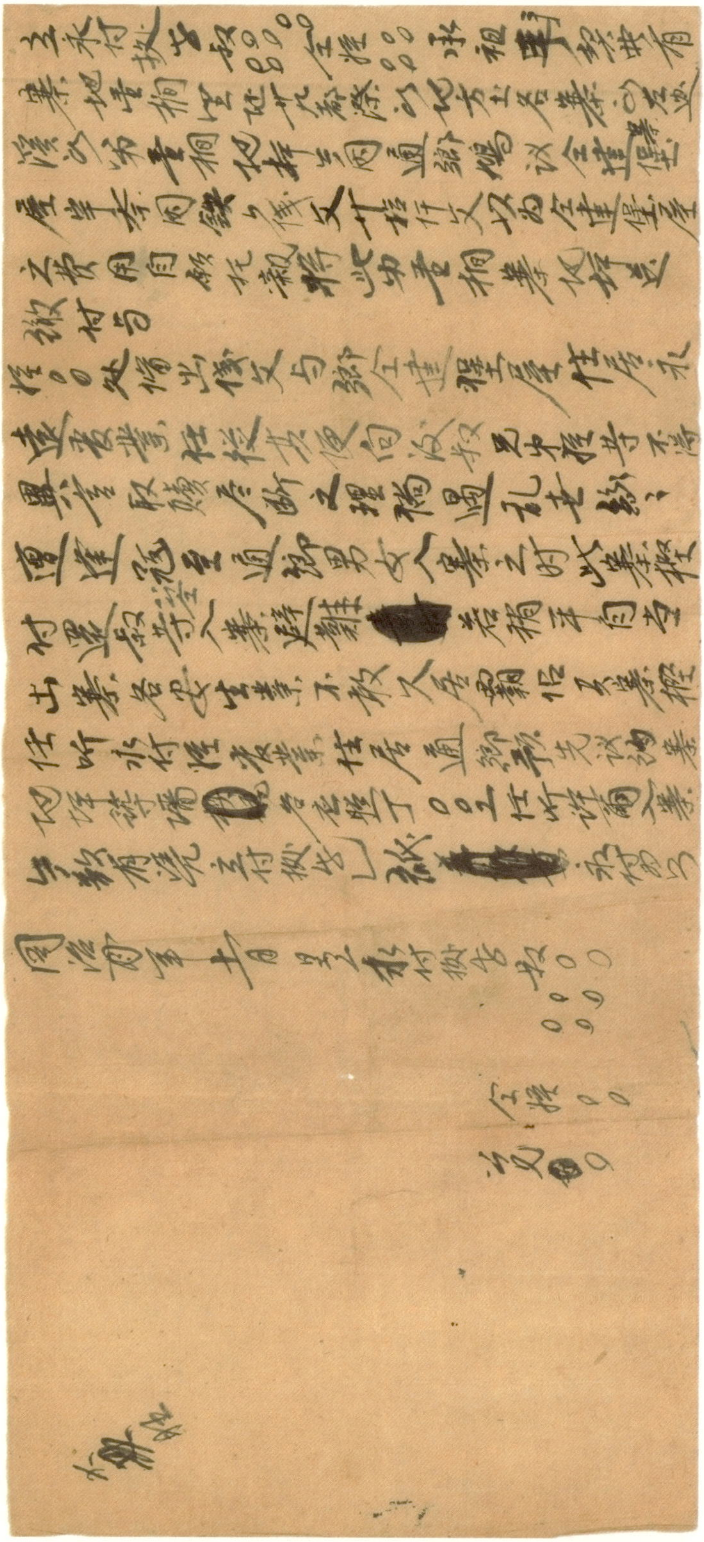

7-1-77-9　清同治三年十一月林珍謨立永付㨿字（草契）

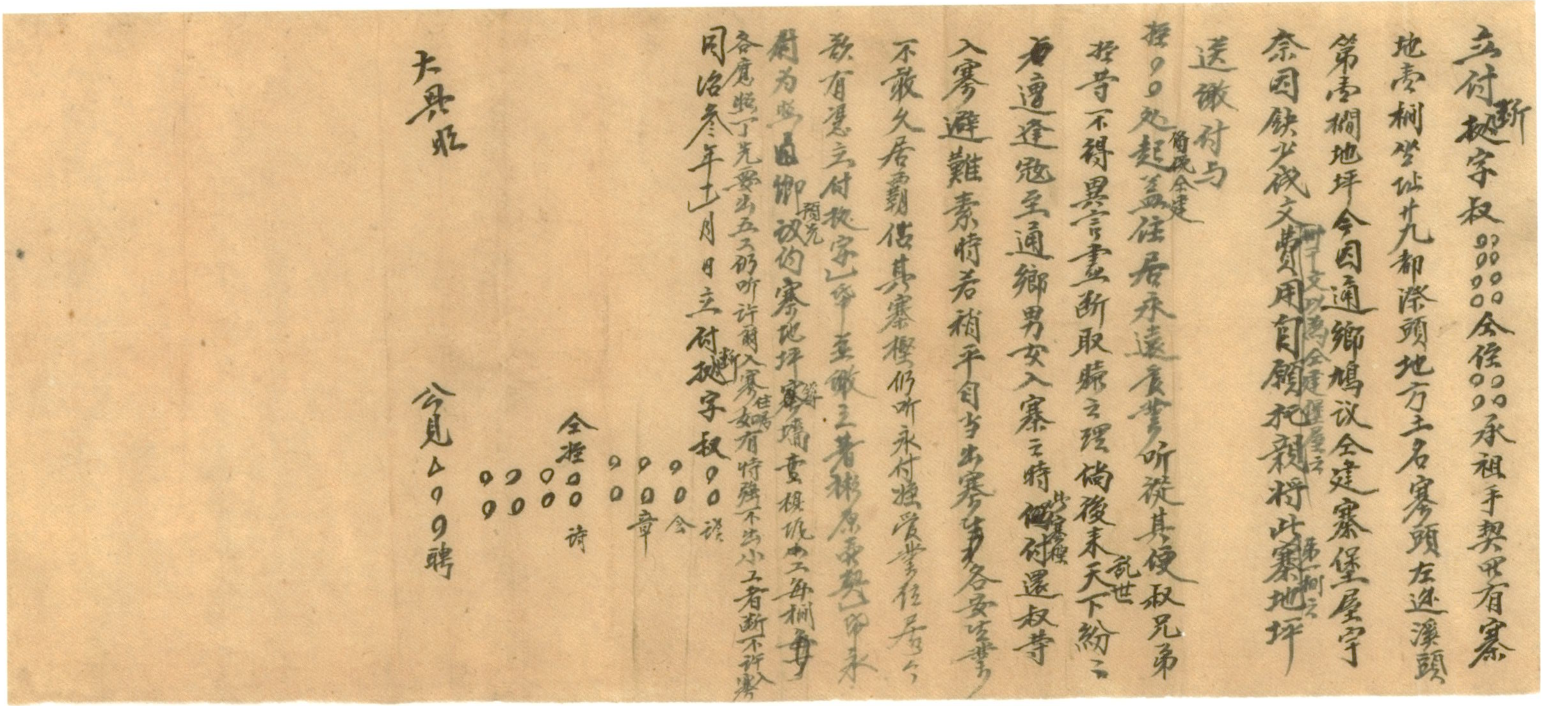

7-1-77-8　清同治三年十一月林珍謨立付斷據字（草契）

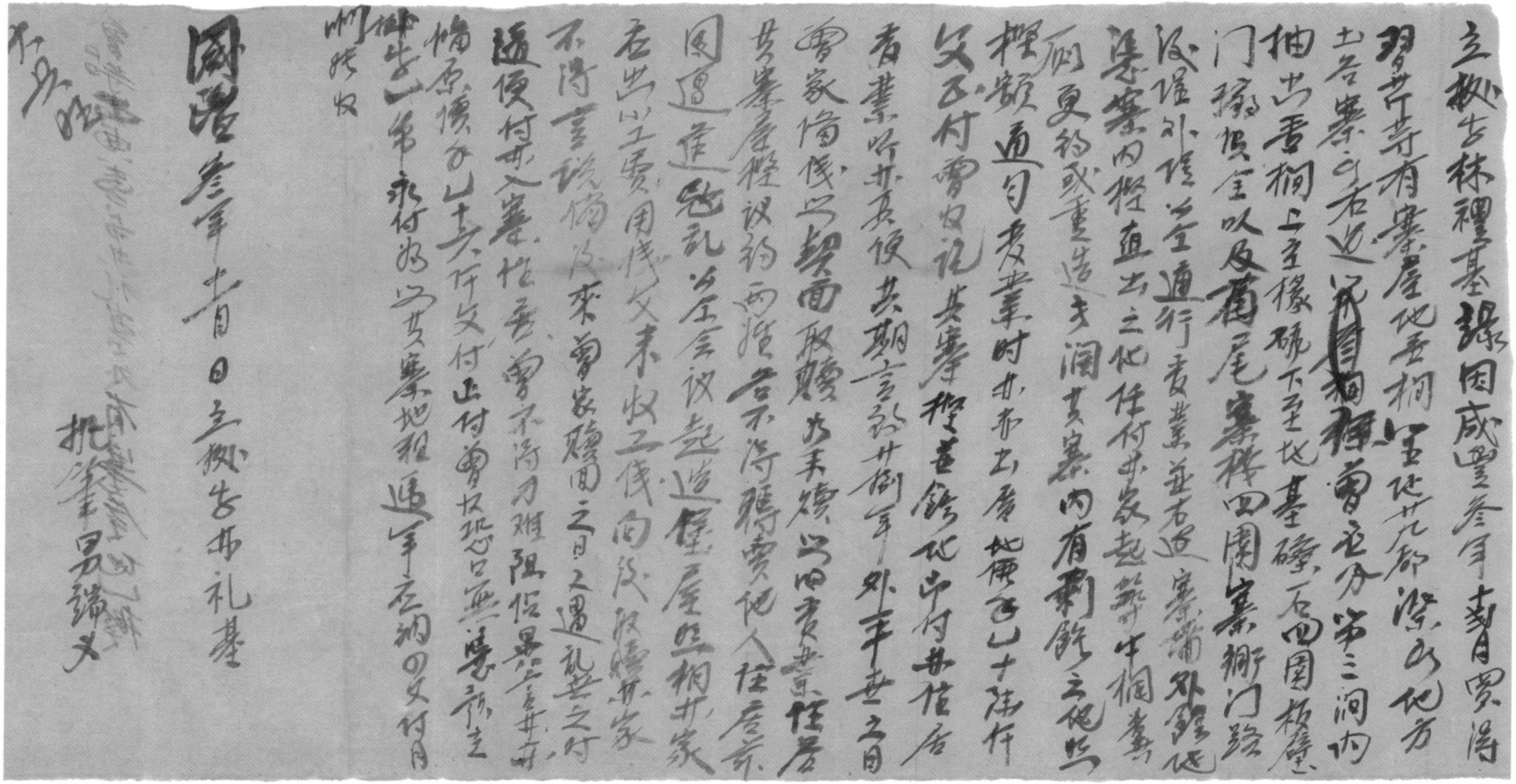

7-1-77-7　清同治三年十一月林礼基立據字（草契）

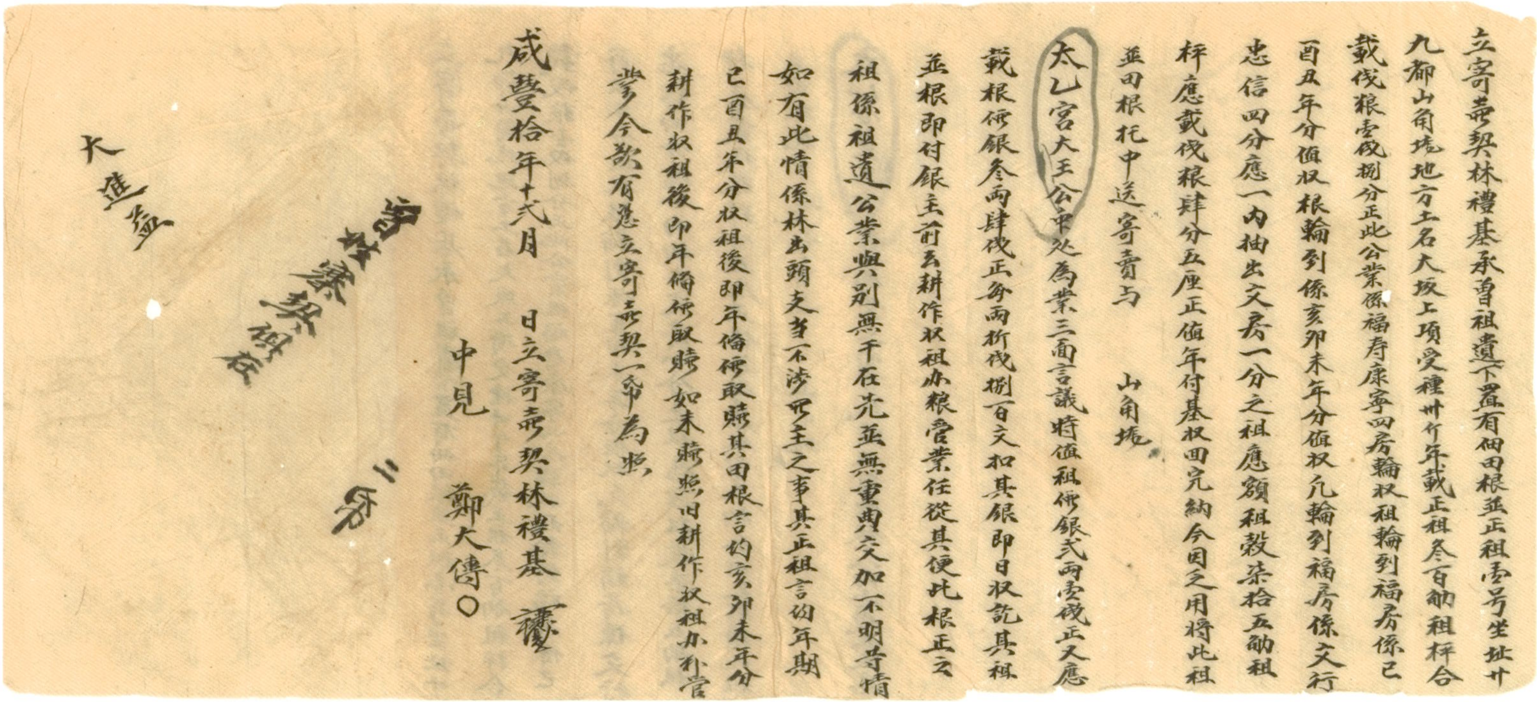
立寄賣契林禮基承曾祖遺下置有佃田根並正租壹号坐址廿
九都山角墘地方土名大坂上項受種卅斤年載正租叁百觔租杆合
載伐粮壹伐捌分正此公業係福寿康寧四房輪收租輪到福房係己
酉丑年分值收根輪到係亥卯未年分值收凡輪到福房係文行
忠信四分應一内抽出文房一分之租應額租穀柒拾五觔租
杆應載伐粮肆分五厘正值年付基收田完納今因乏用將此租
並田根托中送寄賣与　山角墘
太山宮大王公中处爲業三面言議時值租價銀弍兩壹錢正又應
載根價銀叁兩肆錢正每兩折錢捌百文扣其銀即日收訖其租
並根即付銀主前去耕作收租办粮管業任從其便此根正系
祖係祖遺公業與别無干在先並無重典交加不明等情
如有此情係林出頭支当不涉買主之事其正租言約年期
己酉丑年分收租後即年備價取贖其田根言约亥卯未年分
耕作收租後即年備價取贖如未贖照旧耕作收租办粮管
業今欲有憑立寄賣契一帋爲照
咸豐拾年十弍月　日立寄賣契林禮基（押）
中見　鄭大傳〇
二帋
大進益

7-1-77-6　清咸豐十年十二月林禮基立寄賣佃田根等契

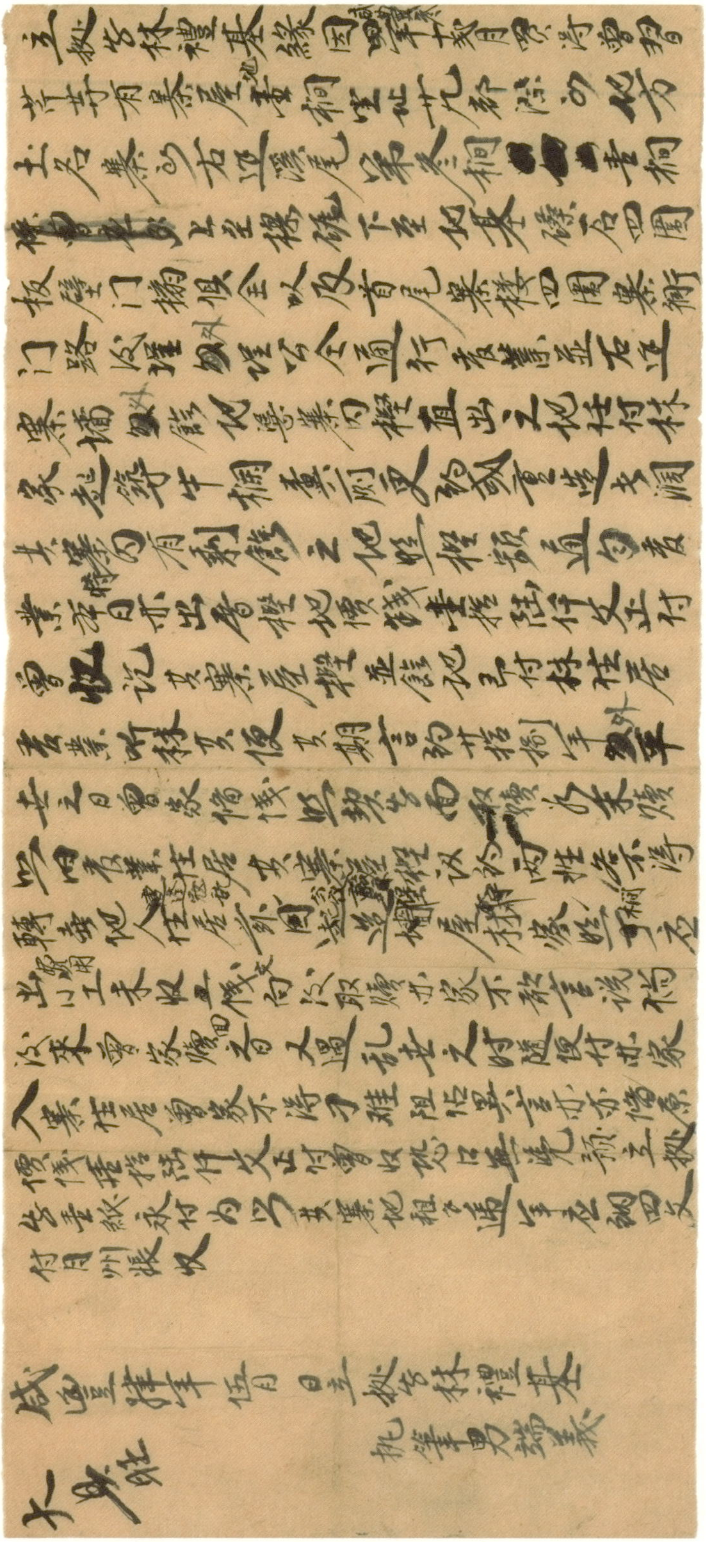

7-1-77-5　清咸豐四年五月林禮基立據字（草契）

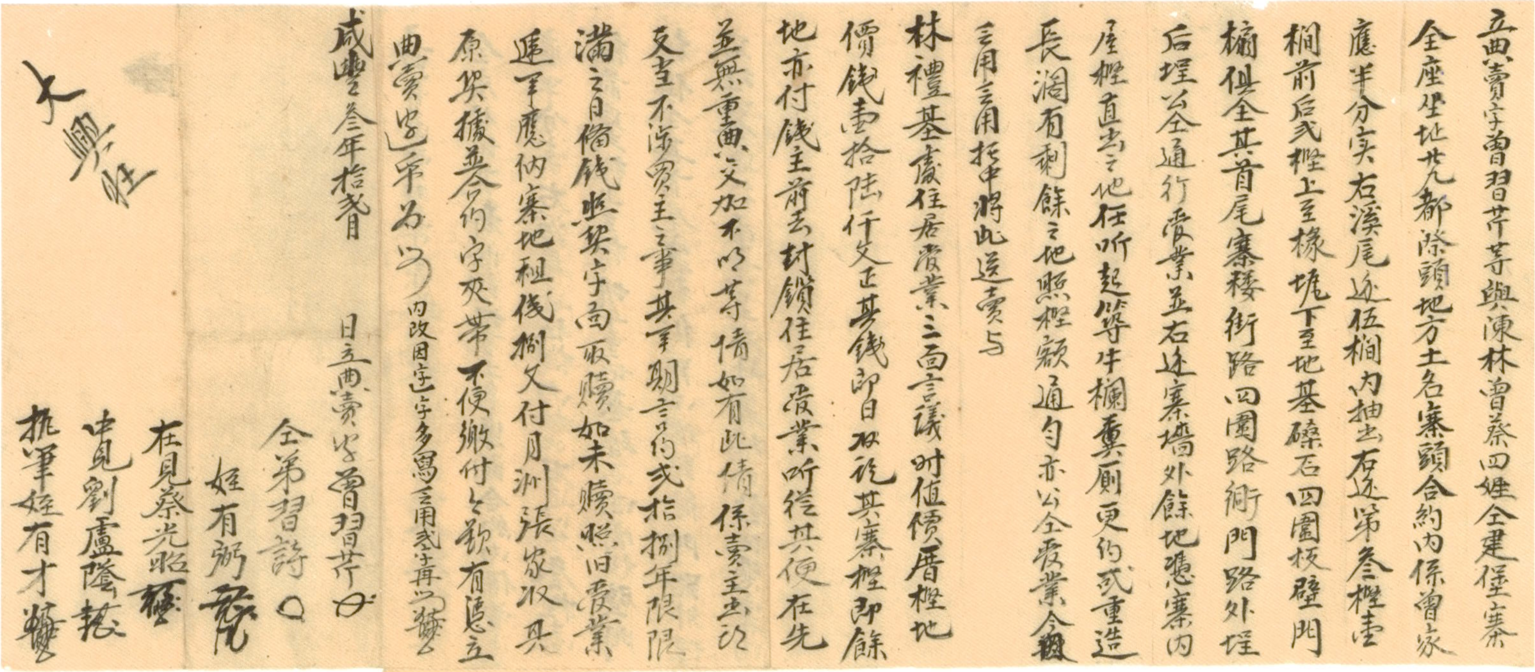

7—1—77—4　清咸豐三年十二月曾習芹等立典賣堡寨字

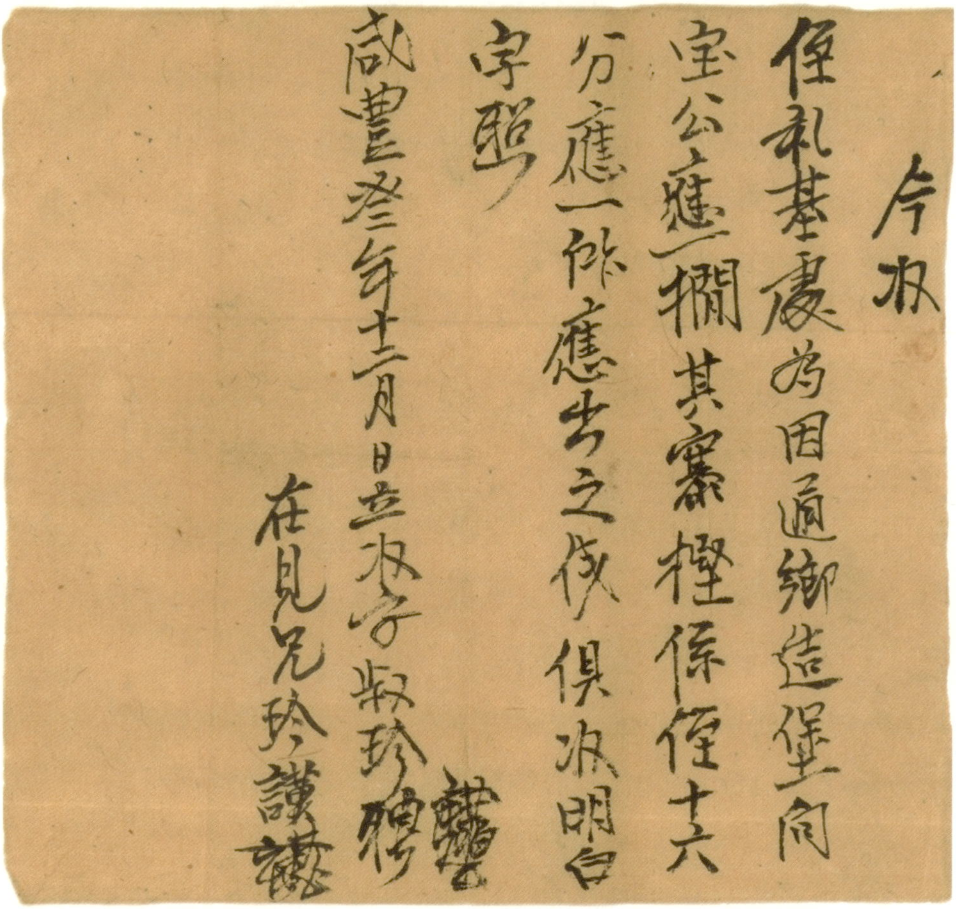
今收

侄礼基處為因通鄉造堡向

宗公應一欄其寨樫係侄十六

分應一份應出之錢俱收明白

字照

咸豐叁年十二月日立收字林珍聘（押）

在見兄玲讃（押）

7-1-77-3　清咸豐三年十二月林珍聘立收寨樫錢字

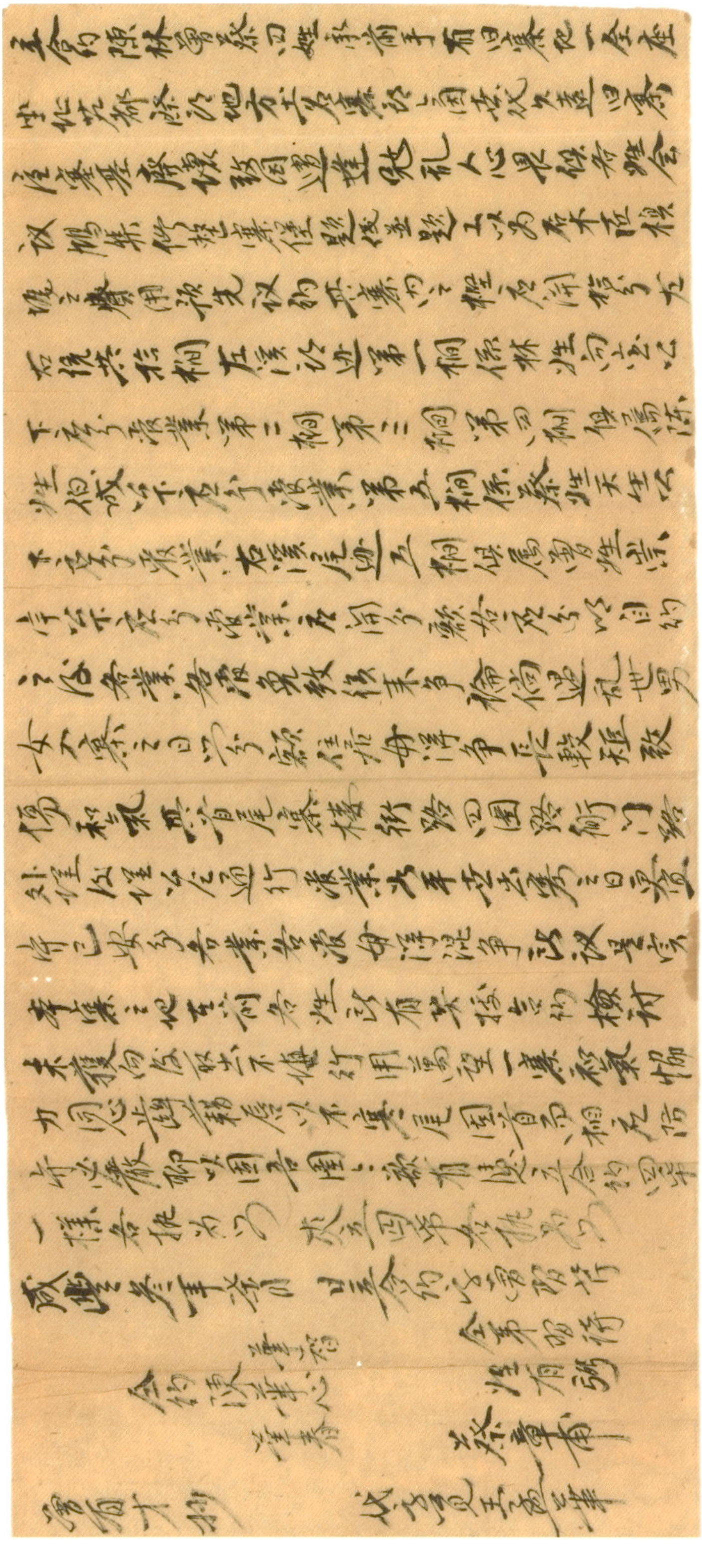

7-1-77-2　清咸豐三年七月陳林曾蔡四姓立合約字

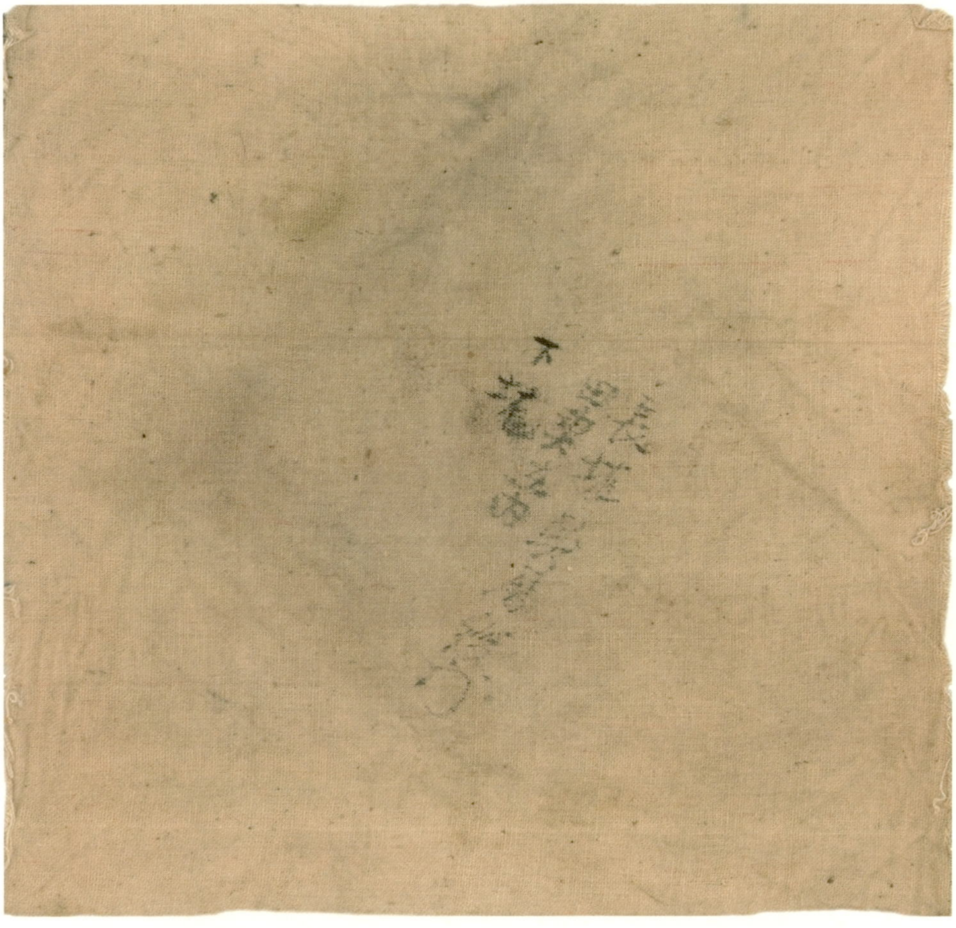

7-1-77-1　包契布

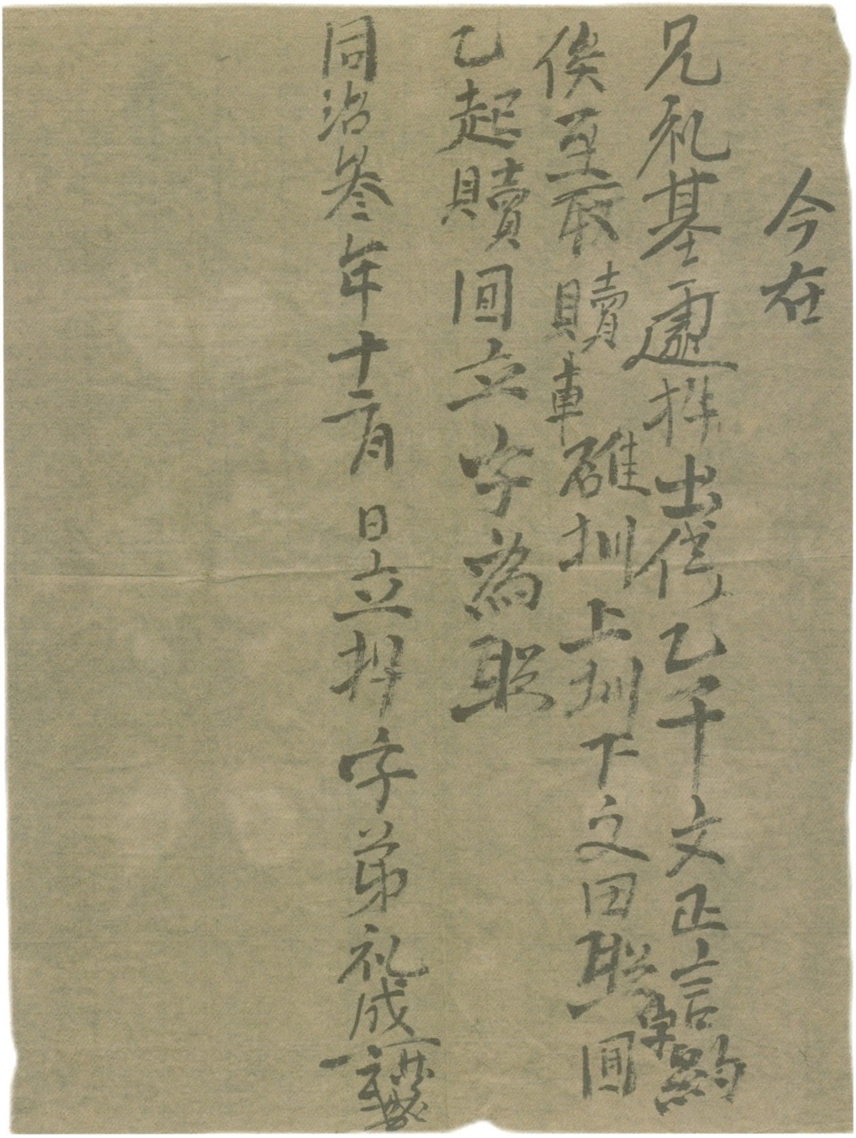
今在
兄礼基處撮出錢乙千文正言約
候至辰贖車雖抽上抽下文田聯字回
乙起贖回立字為照
同治叁年十二月　日立撮字弟礼成（押）

7-1-76-8　清同治三年十二月林礼成立撮字

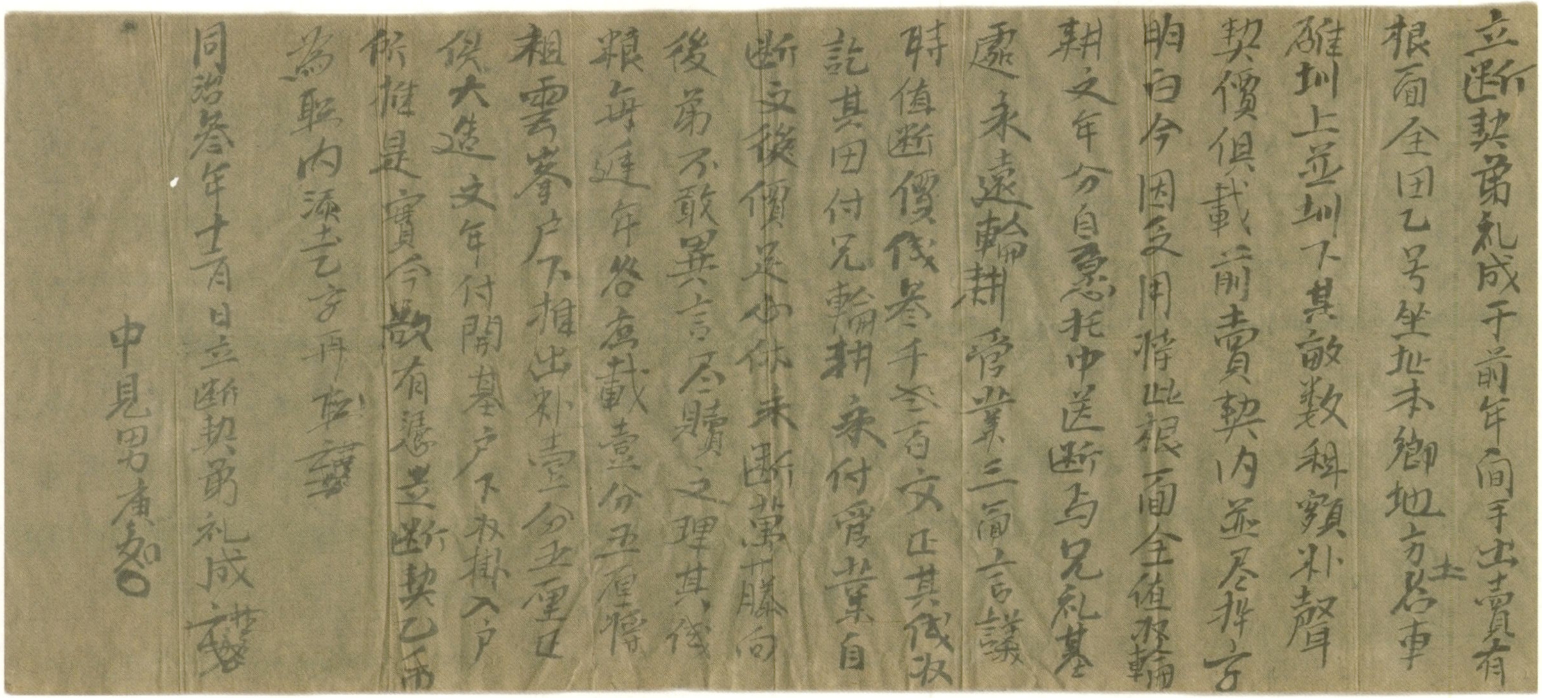

立斷契弟礼成，于前年面手出賣有
根面全田乙号，坐址本鄉地方，土名車
碓圳上並圳下，其畝數租額朴聲
契價俱載前賣契內，並及拼方
明白。今因乏用，将此根面全值孖輪
耕文年分，自愿托中送斷与兄礼基
處，永遠輪耕管業。三面言議
時值斷價錢叁千叁百文正，其錢收
訖，其田付兄輪耕永付管業，自
斷之後價足心休，永斷葛藤，向
後弟不敢異言，不贖之理。其錢
粮每逢年各应載壹分五厘，停
祖雲峯户下推出，补壹分五厘正，
係大進文年付開基户下，承掛入户，
所推是實。今欲有憑，立斷契乙紙
為照。內添壱字，再照。
同治叁年十二月　日立斷契弟礼成（押）
中見男庚知（押）

7-1-76-7　清同治三年十二月林礼成立斷根面全田契

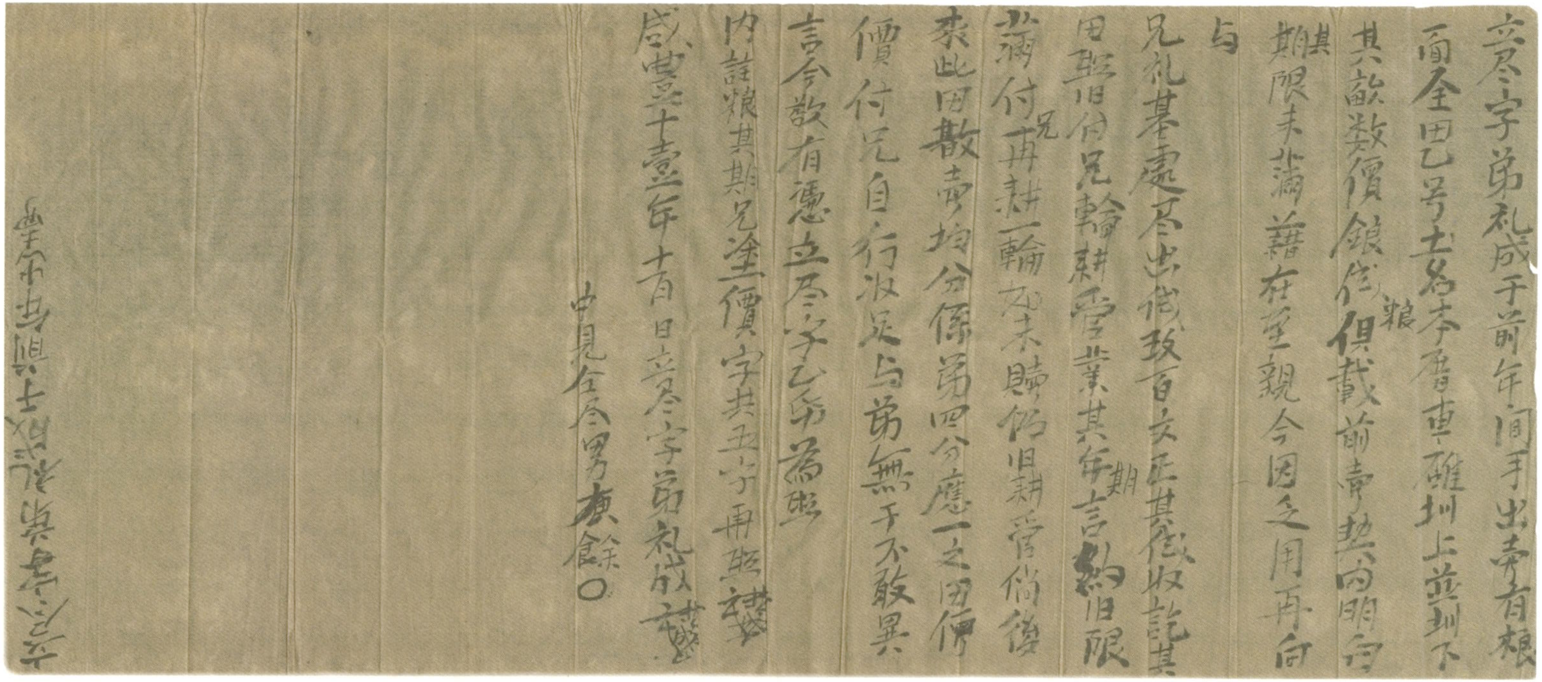
立盡字弟礼成于前年間手出賣有根
面全田乙号土名李厝東雖圳上並圳下
其畝數價銀佐粮俱載前賣契內明白
其期限未滿籍在至親今因乏用再向
与
兄礼基處盡出佛銀玖百文正其艮收訖其
田照旧付兄輪耕管業其年期言約旧限
滿付兄再耕一輪如未贖仍旧耕管倘後
來此田散賣均分係弟四分應一之田價
價付兄自行收足与弟無干不敢異
言今欲有憑立盡字乙紙為照
內註粮其期兄塗價字共五字再照
咸豐十壹年十一月日立盡字弟礼成
中見在父男 廣餘〇

7-1-76-6　清咸豐十一年十一月林礼成立盡根面全田字

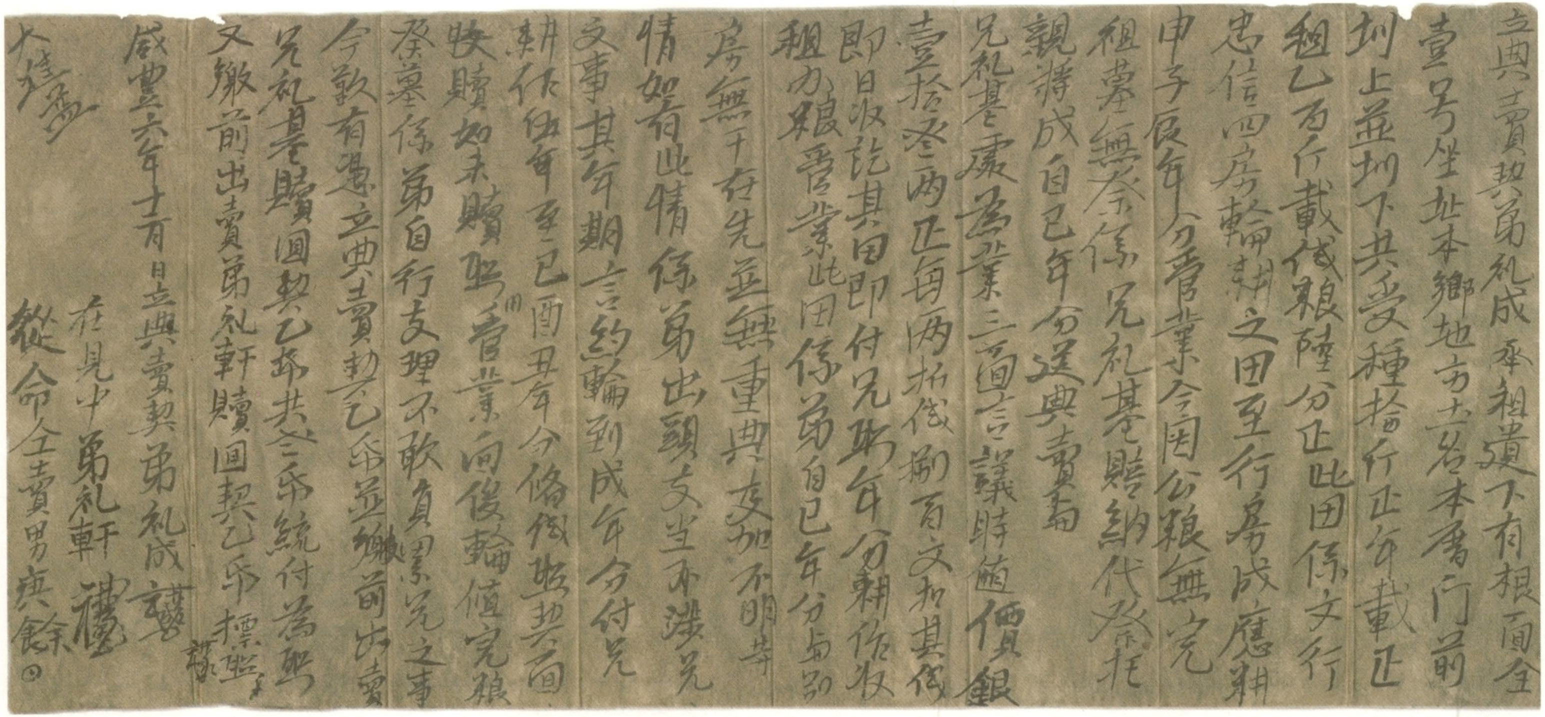

立典賣契弟礼成，承祖遺下有根面全
壹號，坐址本鄉地方土名本厝門前
圳上並圳下，共受種拾斤正，年載
租乙百斤，載錢糧陸分正。此田係文行、
忠信四房輪耕之田，至行房成應耕
申子辰年分管業。今因公糧無完，
祖墓無祭，係兄礼基賠納代祭，托
親將成自己年分送典賣與
兄礼基處為業。三面言議時值價銀
壹拾叁兩正，每兩折錢捌百文，其錢
即日收訖，其田即付兄耶年分耕作收
租，办納糧管業。此田係弟自己年分，與别
房無干，在先並無重典與支加不明等
情，如有此情，係弟出頭支當，不涉兄
之事。其年期言約輪到成年分付兄
耕作，伍年至巳酉丑年分，備錢照契面
取贖，如未贖，照田管業。向後輪值完糧
祭墓，係弟自行支理，不敢負累兄之事。
今欲有憑，立典賣契乙紙，並繳前出賣
兄礼基贖回契乙紙，共叁紙，統付為照。
又繳前出賣弟礼軒贖回契乙紙，標照。
咸豐六年十二月 日立典賣契弟礼成
在見中 弟礼軒
繼命仝賣男興餘
大吉昌

7-1-76-5　清咸豐六年十二月林礼成立典賣根面全田契

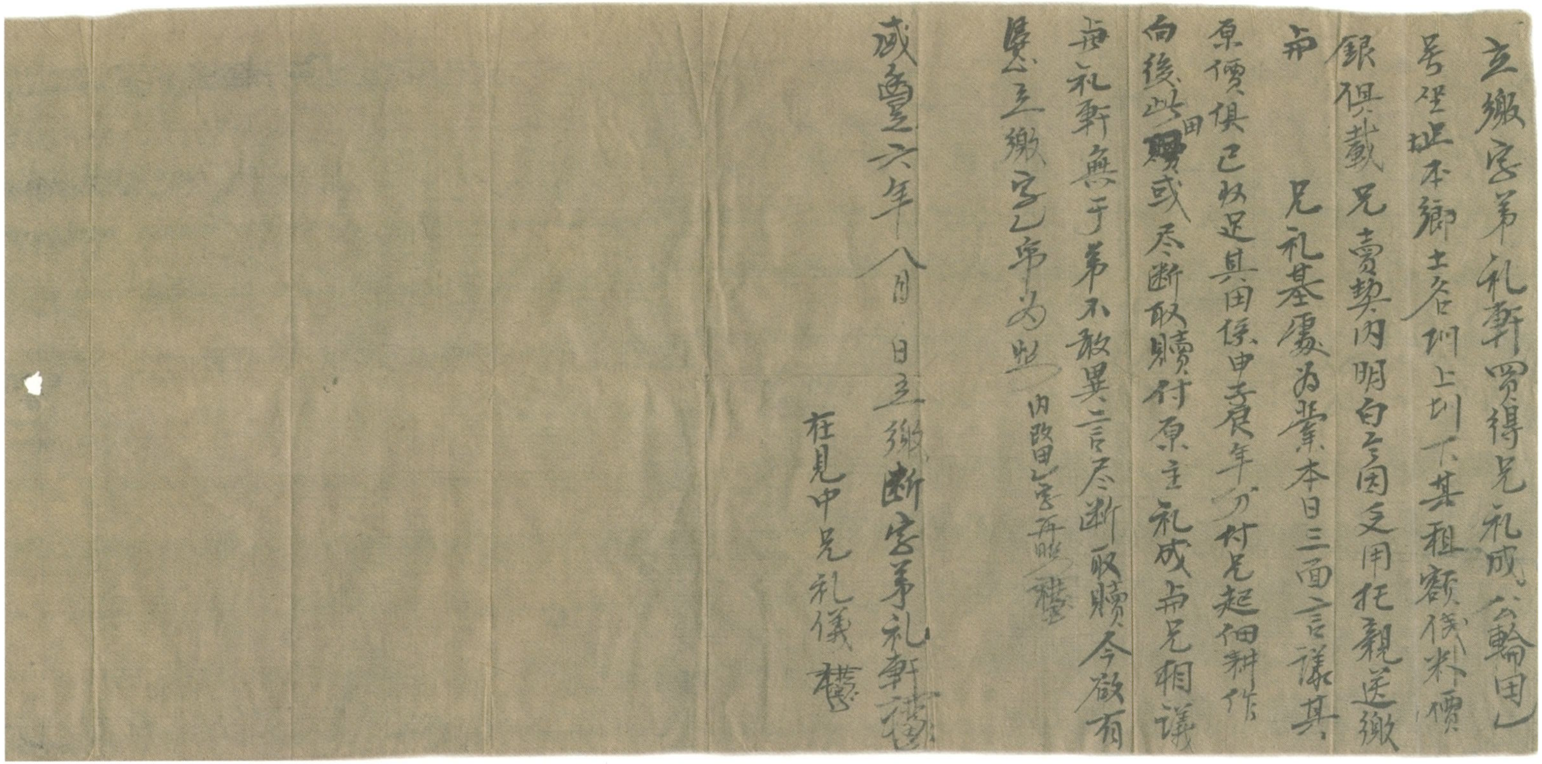
立繳字弟礼軒買得兄礼成公輪田
号坐址本鄉土名圳上圳下其租額併料價
銀俱載兄賣契內明白今因乏用托親送繳
弟
兄礼基處為業本日三面言議其
原價俱已收足其田係甲子年分付兄起佃耕作
向後此田或盡斷取贖付原主礼成弟兄相議
弟礼軒無干弟不敢異言盡斷取贖今欲有
憑立繳字乙帋為照 内路田字再照
咸豐六年八月 日立繳斷字弟礼軒
在見中兄礼儀

7-1-76-4　清咸豐六年八月林礼軒立繳公輪田字

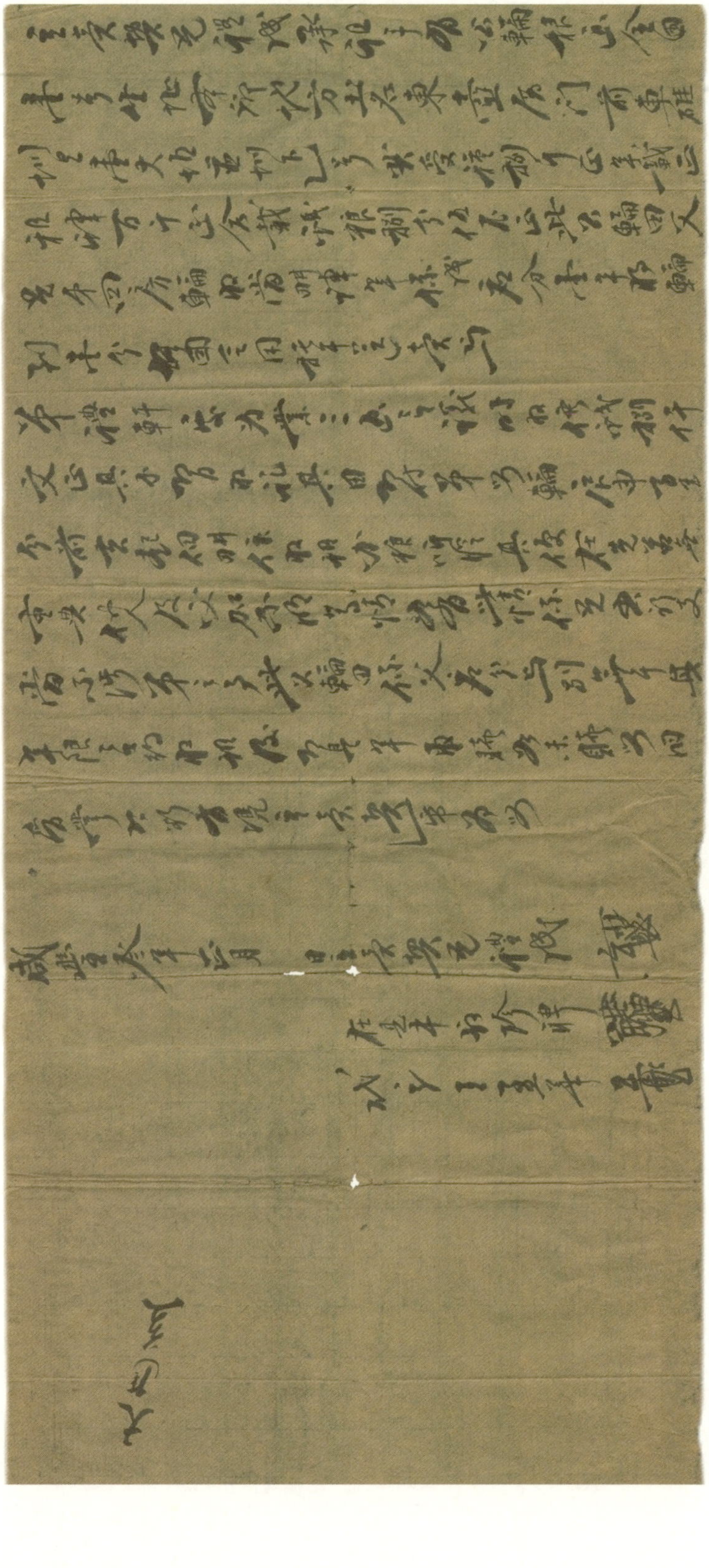

7-1-76-3　清咸豐三年正月林禮成立賣公輪根面全田契

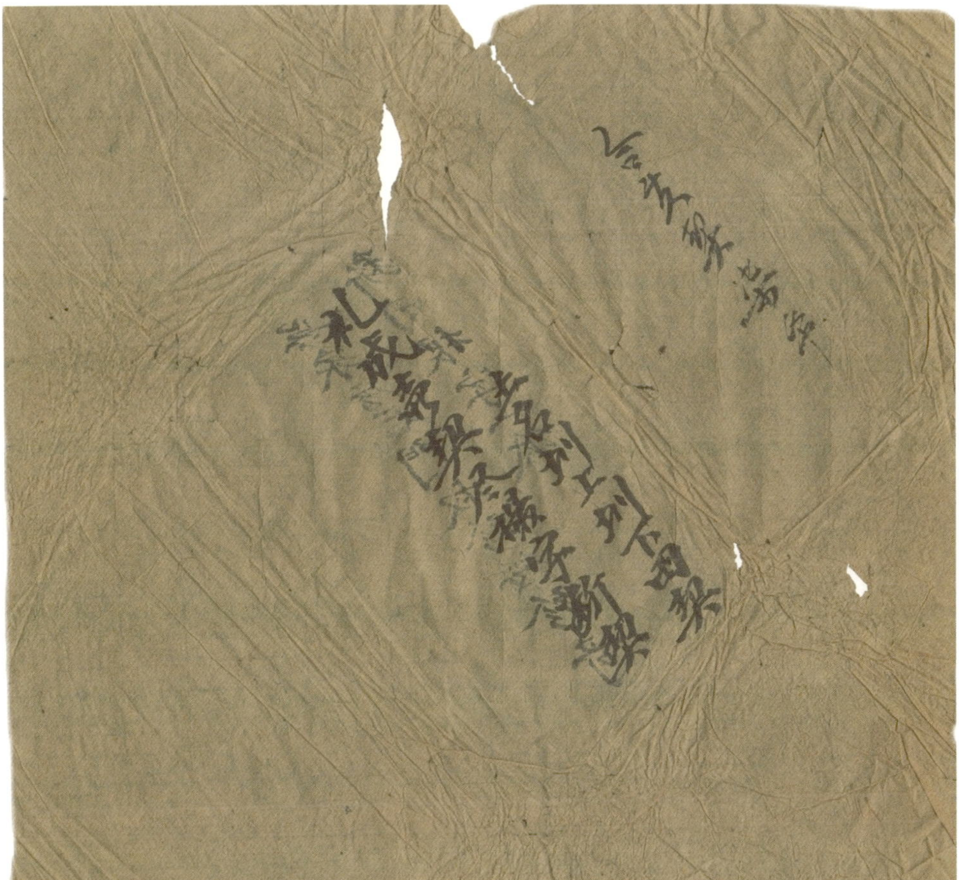

7-1-76-2　包契紙

7-1-76-1　包契紙

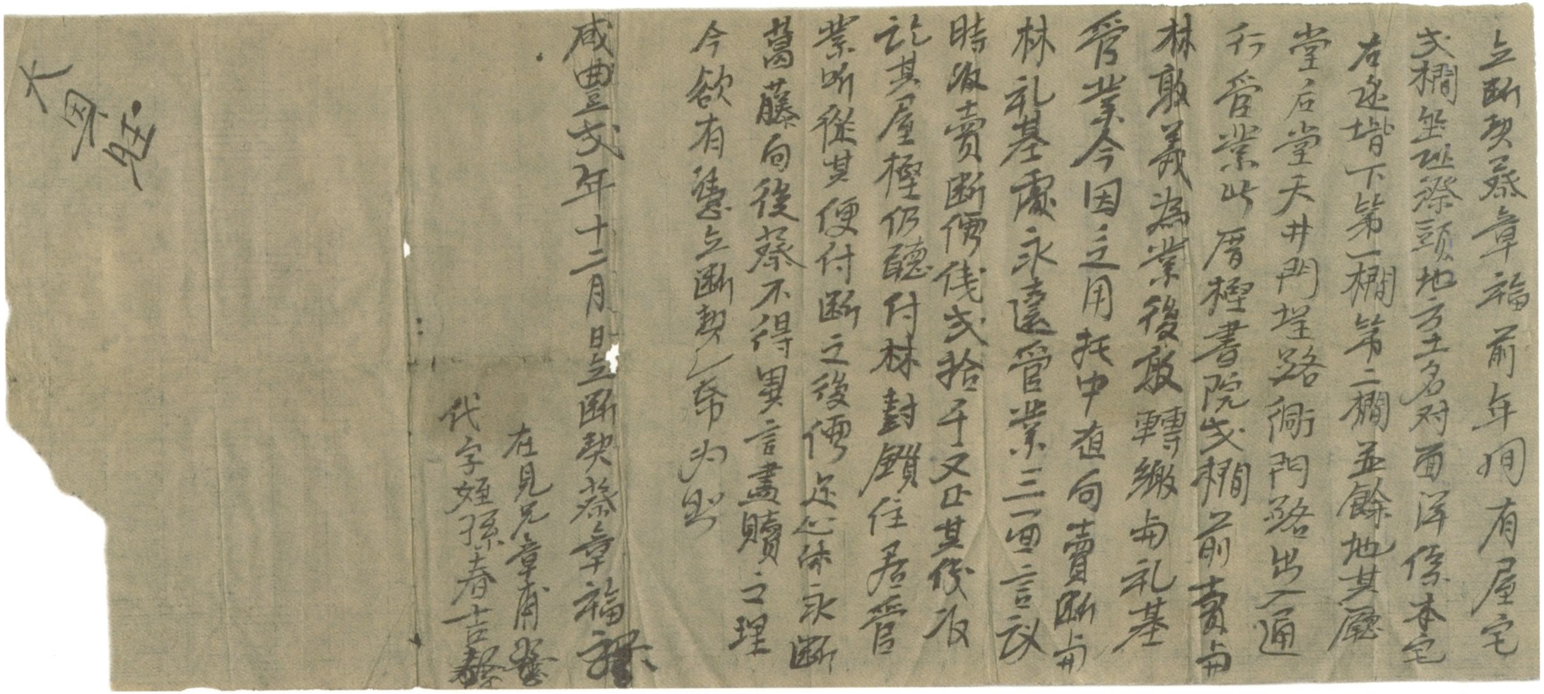
立断契蔡章福前年洞有屋宅
弍𣟄坐址蔡頭地方土名对面洋係本宅
左边墘下第一𣟄第二𣟄並餘地其屋
堂后堂天井門埕路衕門路出入通
行登業此屋經書院弍𣟄前賣与
林敢義為業後敢轉缴与礼基
管業今因乏用托中通向賣断与
林礼基處永遠管業三面言議
時價賣断價錢弍拾千文正其價收
訖其屋經仍聽付林封鎖住居管
業所從其便付断之後係遵依永断
葛藤向後蔡不得異言盡贖之理
今欲有憑立断契一紙為照
咸豐弍年十二月　日立断契蔡章福（押）
在見兄章甫（押）
代字姪孫春吉（押）
大吉旺

7-1-75-3　清咸豐二年十二月蔡章福立斷屋宅契

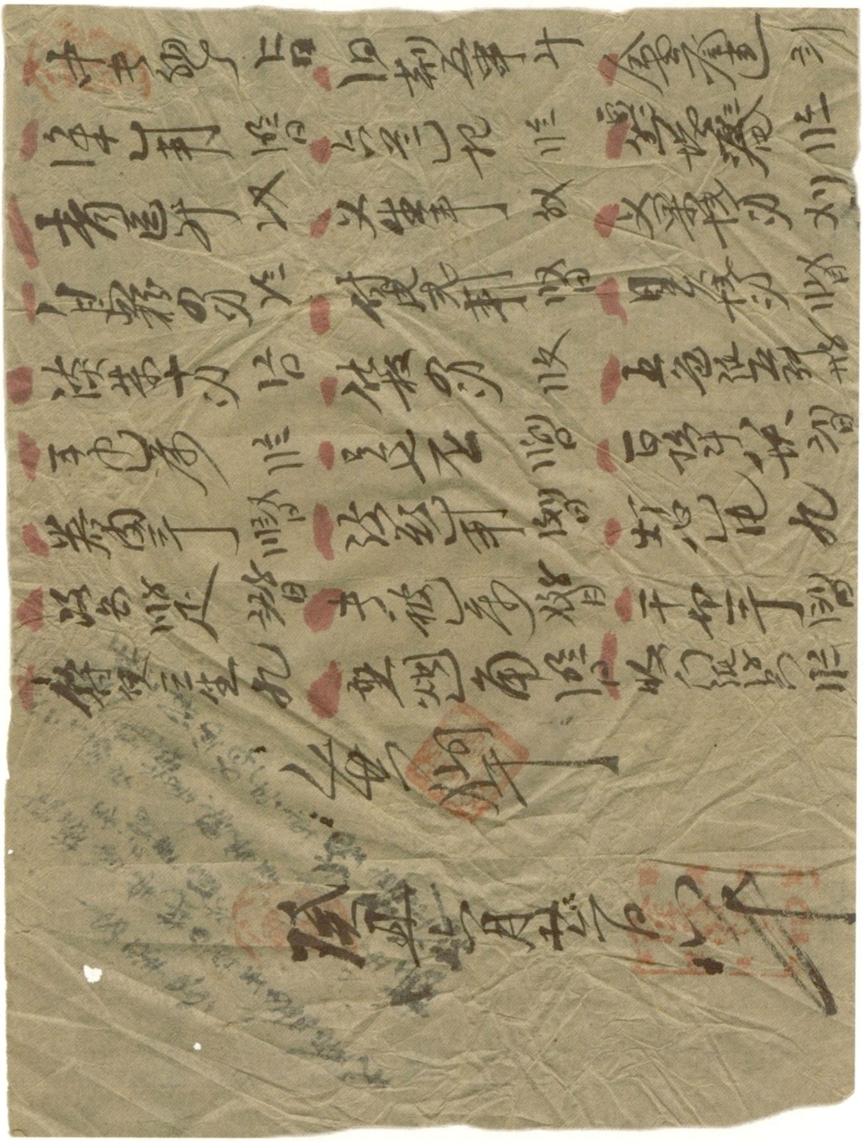

7-1-75-2　包契紙

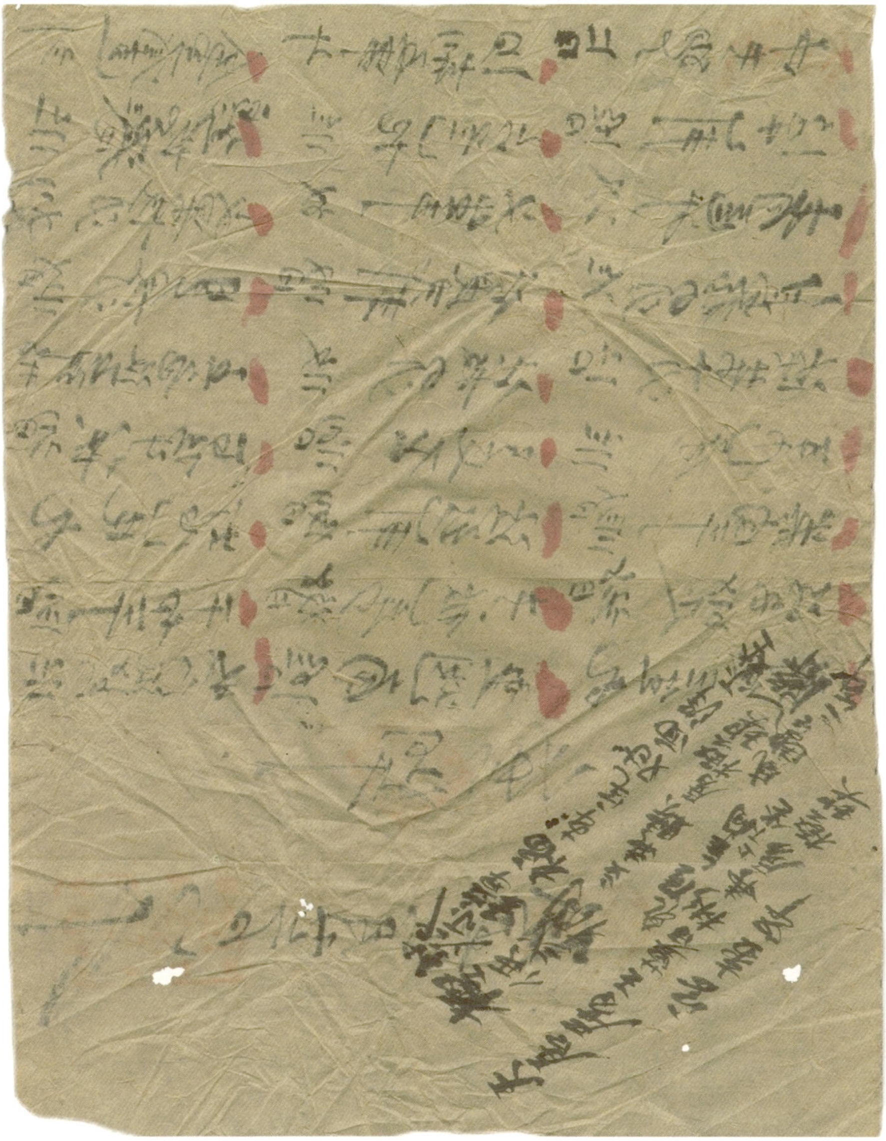

7-1-75-1　包契紙

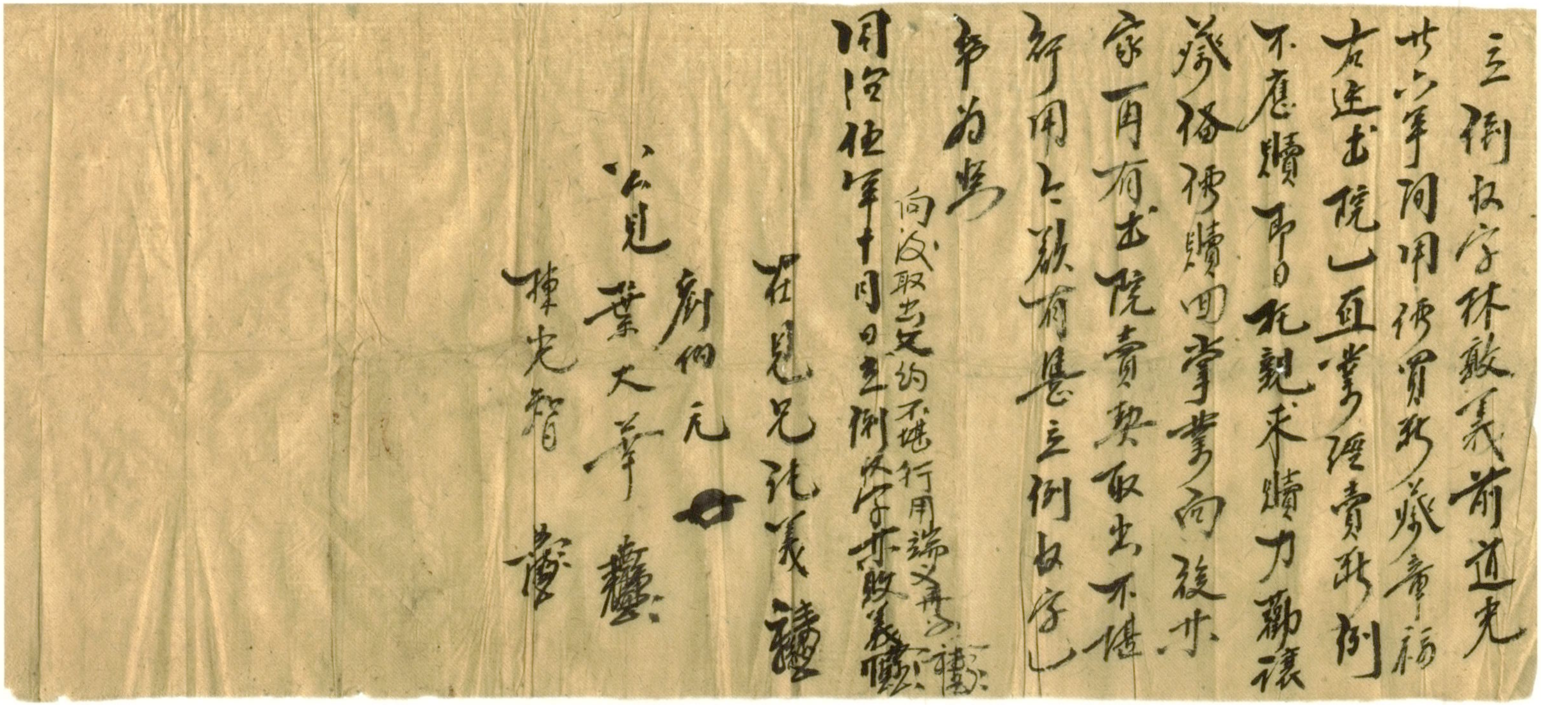

7-1-74-6　清同治五年十月林敦義立倒收字

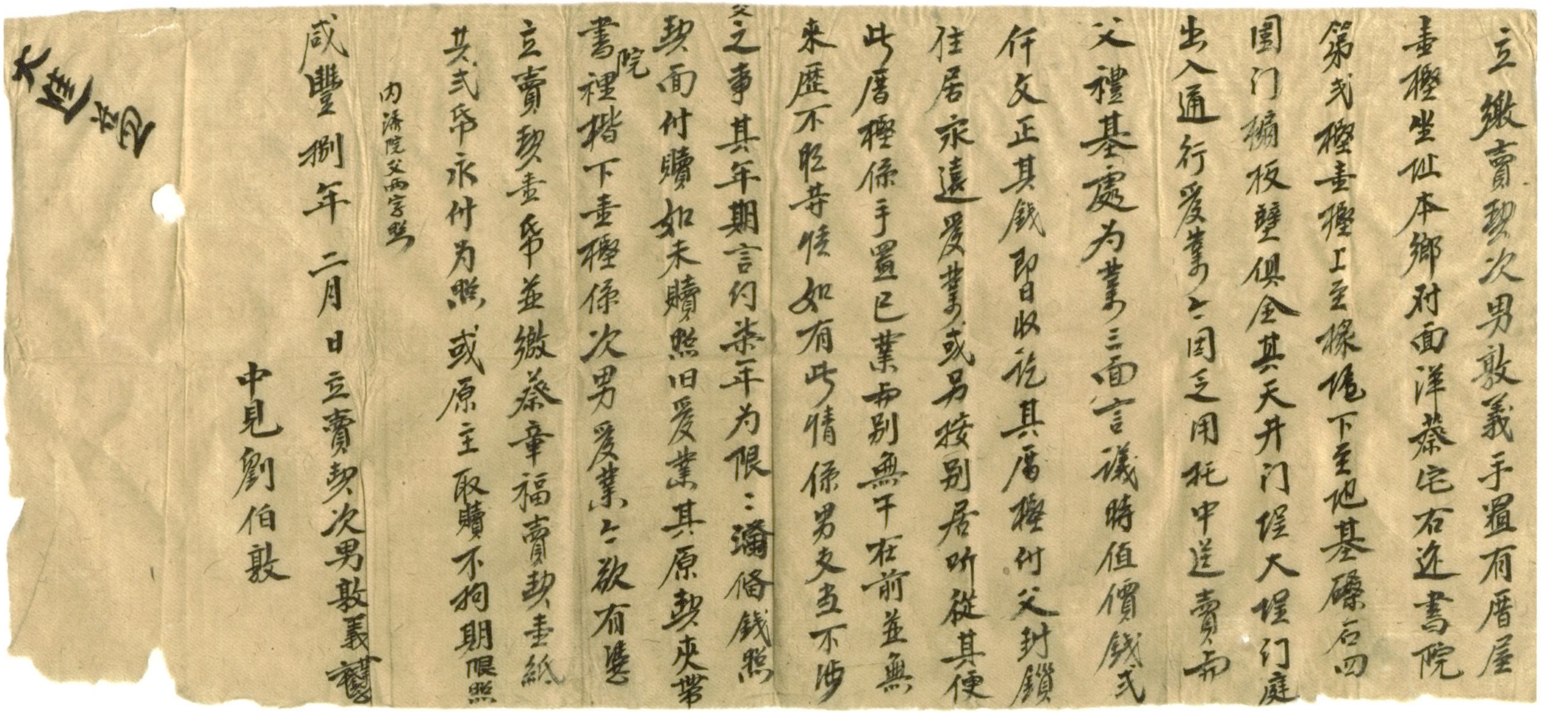
立繳賣契次男敦義手置有厝屋
壹座坐址本鄉對面洋蔡宅右邊書院
第弍座壹座工三椽俺下至地基磉石四
圍门摘板壁俱全其天井门埕大埕门庭
出入通行爰業亠亠因乏用托中送賣與
父禮基處為業三面言議時值價錢弍
仟文正其錢即日收訖其厝屋付父封鎖
住居永遠爰業或另接別居聽從其便
此厝屋係手置已業與別無干在前並無
來歷不明等情如有此情係男支當不涉
父之事其年期言約柒年為限〻滿備錢照
契面付贖如未贖照旧爰業其原契夾帶
書院裡揩下壹座係次男爰業〻欲有憑
立賣契壹紙并繳蔡章福賣契壹紙
共弍紙永付為照或原主取贖不拘期限照
內添院父兩字照
咸豐捌年二月日立賣契次男敦義（押）
中見劉伯敦
大吉昌

7-1-74-5　清咸豐八年二月林敦義立繳賣厝屋契

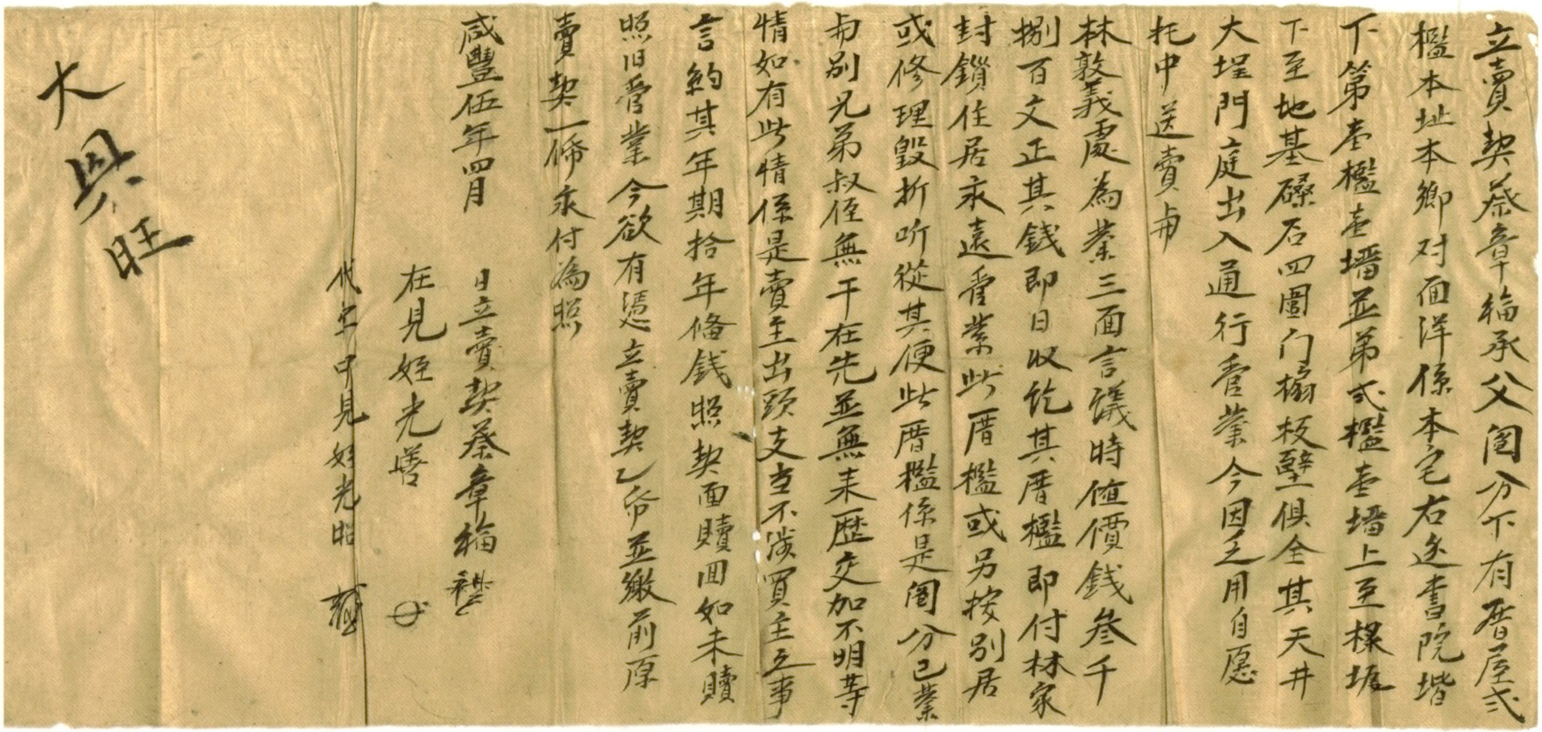
立賣契蔡章福承父閹分下有厝屋弍
楹本址本鄉对面洋係本宅右邊書院墻
下第叁楹壹墻並第弍楹壹墻上至棟堀
下至地基磉石四圍门扇板壁俱全其天井
大埕門庭出入通行管業今因乏用自愿
托中送賣本
林毅義處為業三面言議時值價钱叁千
捌百文正其钱即日收訖其厝楹即付林家
封鎖住居永遠管業此厝楹或另按别居
或修理毁折听從其便此厝楹係是閹分己業
与别兄弟叔侄無干在先並無来歷交加不明等
情如有此情係是賣主出頭支當不涉買主之事
言約其年期拾年備钱照契面贖回如未贖
照旧管業今欲有憑立賣契乙紙並繳前厚
賣契一帋永付為照

咸豐伍年四月　　日立賣契蔡章福
　　在見姪光瑞
　　代字中見姪光昭

大興旺

7-1-74-4　清咸豐五年四月蔡章福立賣厝屋契

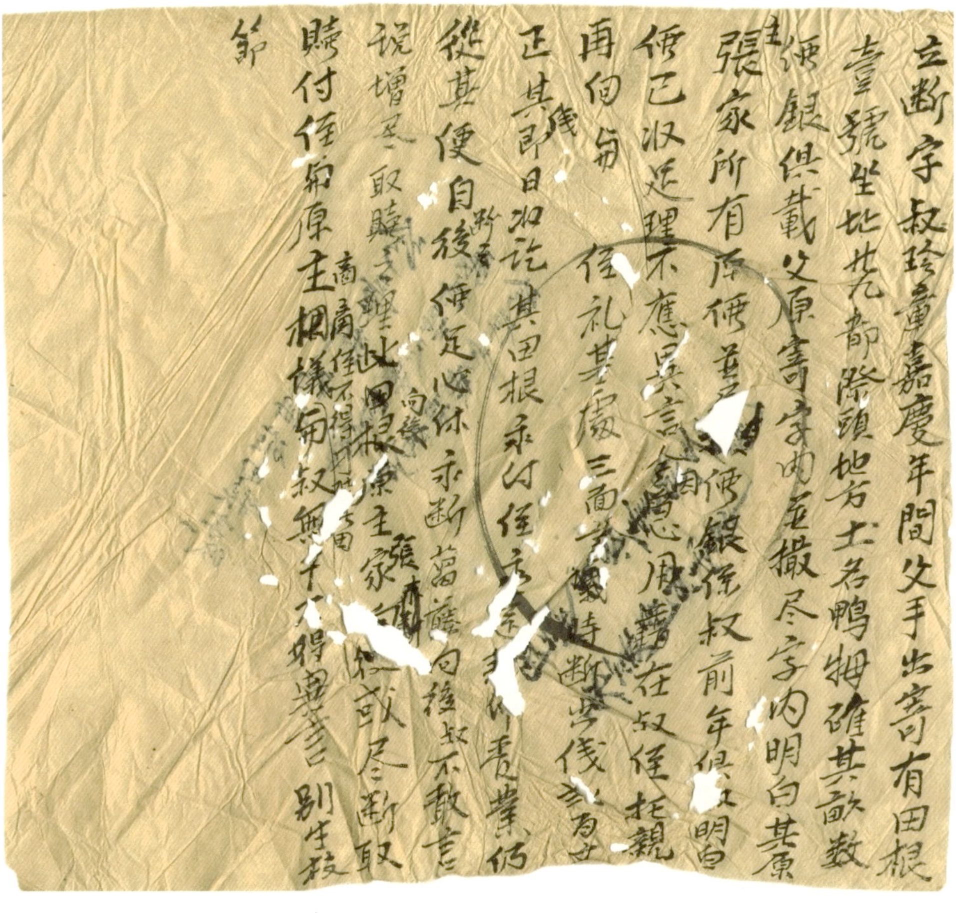
立斷字叔珍章嘉慶年間父手出寄有田根
壹號坐址廿九都際頭地方土名鴨姆確其畝數
併銀俱載父原寄字內並撤盡字內明白其原
張家所有原併並[illegible]併銀係叔前年俱已明白
併已收足理不應異言今因急用無在叔侄托親
再向前侄礼其處三面[illegible]時斷出價[illegible]為[illegible]
正其即日收訖其田根永付侄[illegible]青業仍
從其便自後併足心休永斷葛藤向後叔不敢言
說增找取贖[illegible]理此田根原主家[illegible]或盡斷取
贖付侄前原主個儀叔無干不得異言別生枝
節

7-1-74-3　清道光年間林珍章立斷田根字（草契）

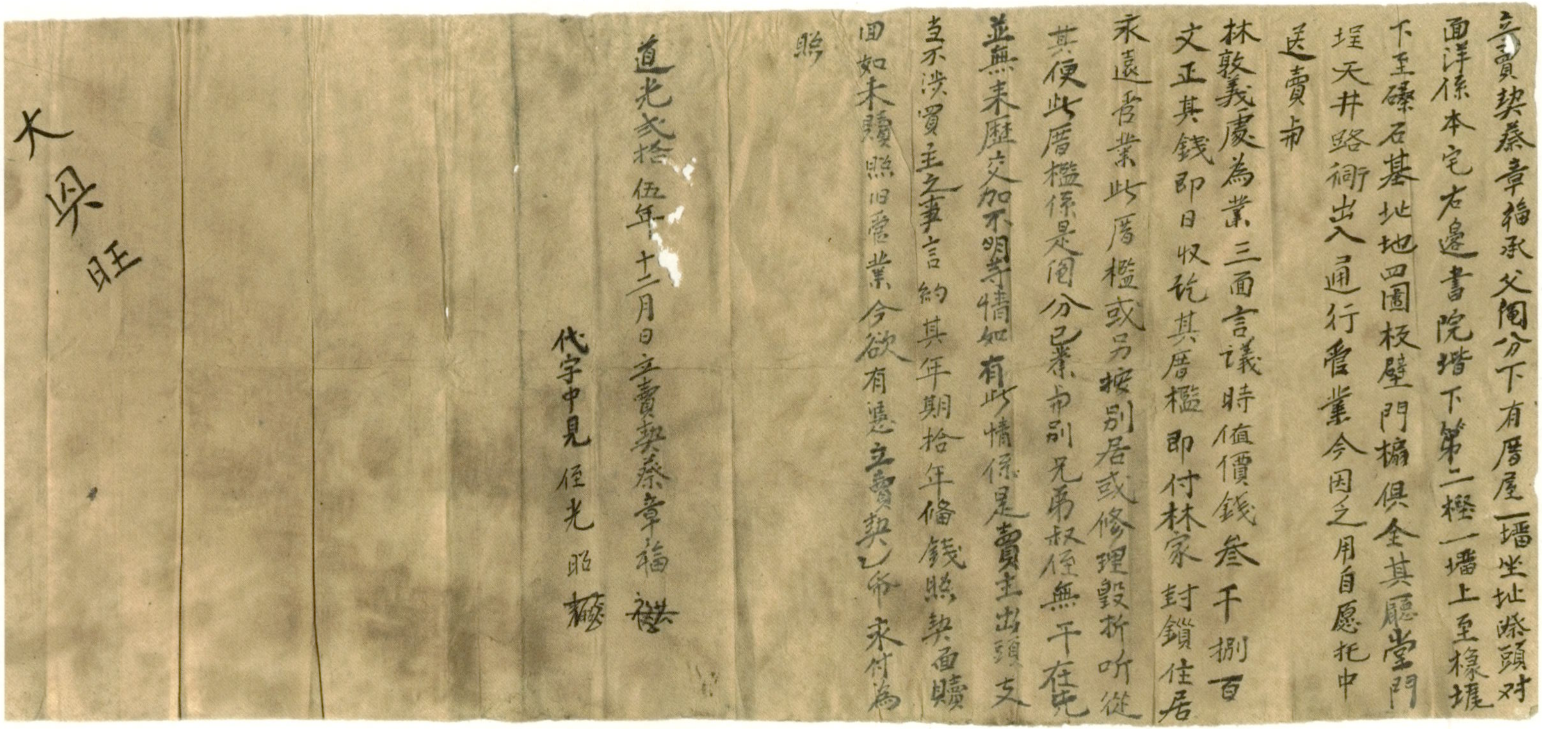

立賣契蔡章福承父阄分下有厝屋一墻坐址漈頭对
面洋係本宅右邊書院墘下第二橙一墻上至椽墘
下至礫石基址地四圍枋壁門扇俱全其廳堂門
埕天井路衕出入通行香業今因乏用自愿托中
送賣与
林敦義處為業三面言議時值價錢叁千捌百
文正其錢即日收訖其厝檻即付林家封鎖住居
永遠管業此厝檻或另按别居或修理毁拆听從
其便此厝檻係是阄分己業与别兄弟叔侄無干在先
並無來歷交加不明等情如有此情係是賣主出頭支
当不涉買主之事言約其年期拾年備錢照契面贖
回如未贖照旧管業今欲有憑立賣契乙紙永付為
照

道光貳拾伍年十二月日立賣契蔡章福（押）
代字中見侄光照（押）

大吉旺

7-1-74-2　清道光二十五年十二月蔡章福立賣厝屋契

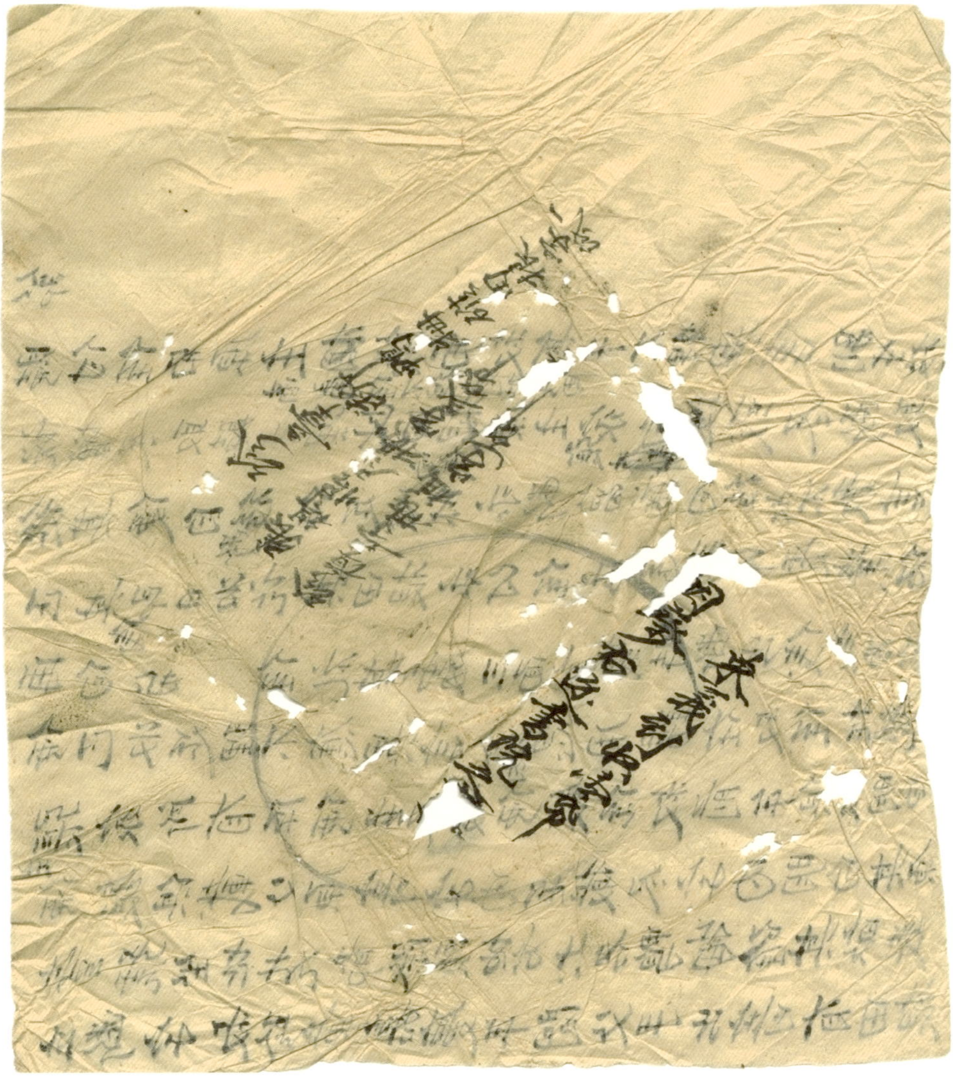

7-1-74-1　包契紙

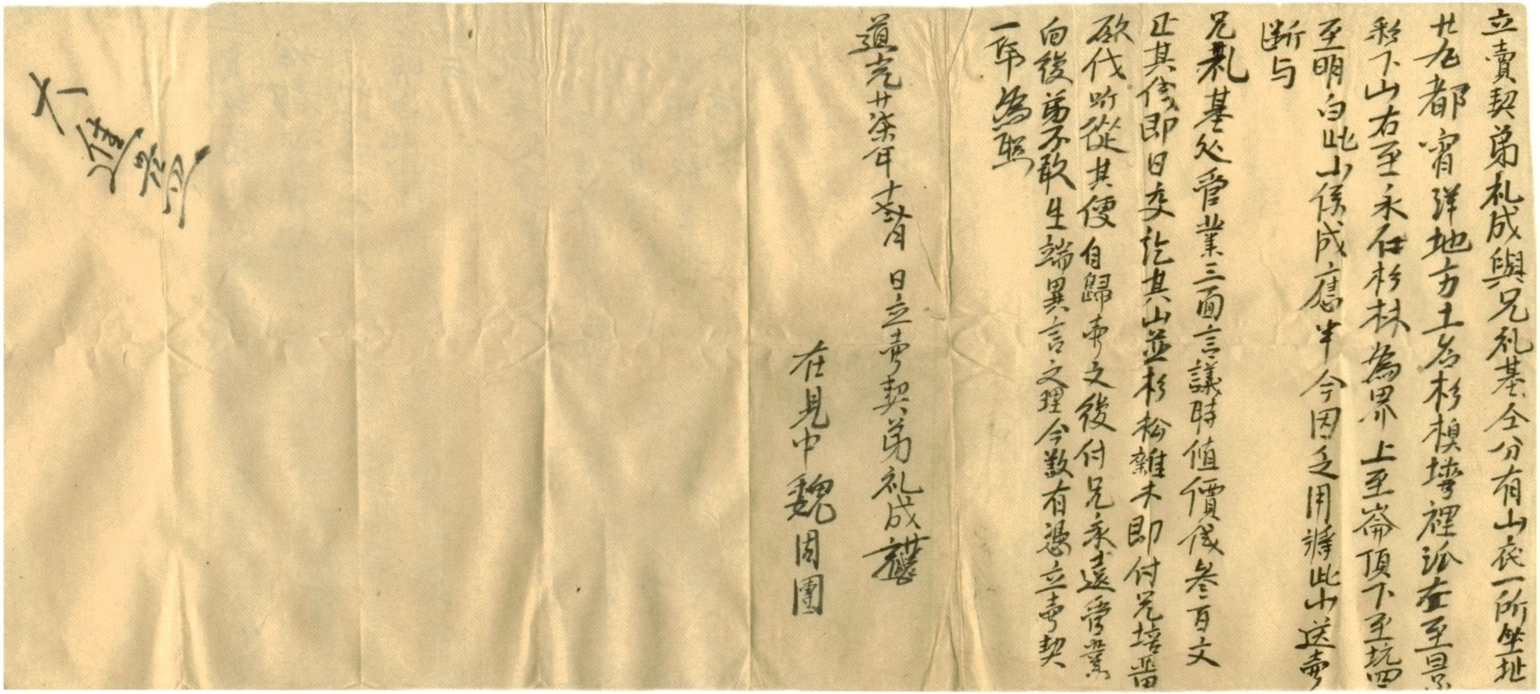

立賣契弟礼成與兄礼基仝分有山底一所坐址
廿七都宵洋地方土名杉模塆裡㘭坵至至景
彩下山右至禾仔杉林為界上至崙頂下至坑四
至明白此山係成應半今因乏用將此山送賣
斷与
兄礼基处當業三面言議時值價錢叁百文
正其錢即日交訖其山並杉松雜木即付兄培晋
砍伐听從其便自歸賣之後付兄永遠管業
向後弟不敢生端異言文理今欲有憑立賣契
一紙為照

道光廿柒年十弍月　日立賣契弟礼成（押）

在見中魏開園

7-1-73-3　清道光二十七年十二月林礼成立賣山底契

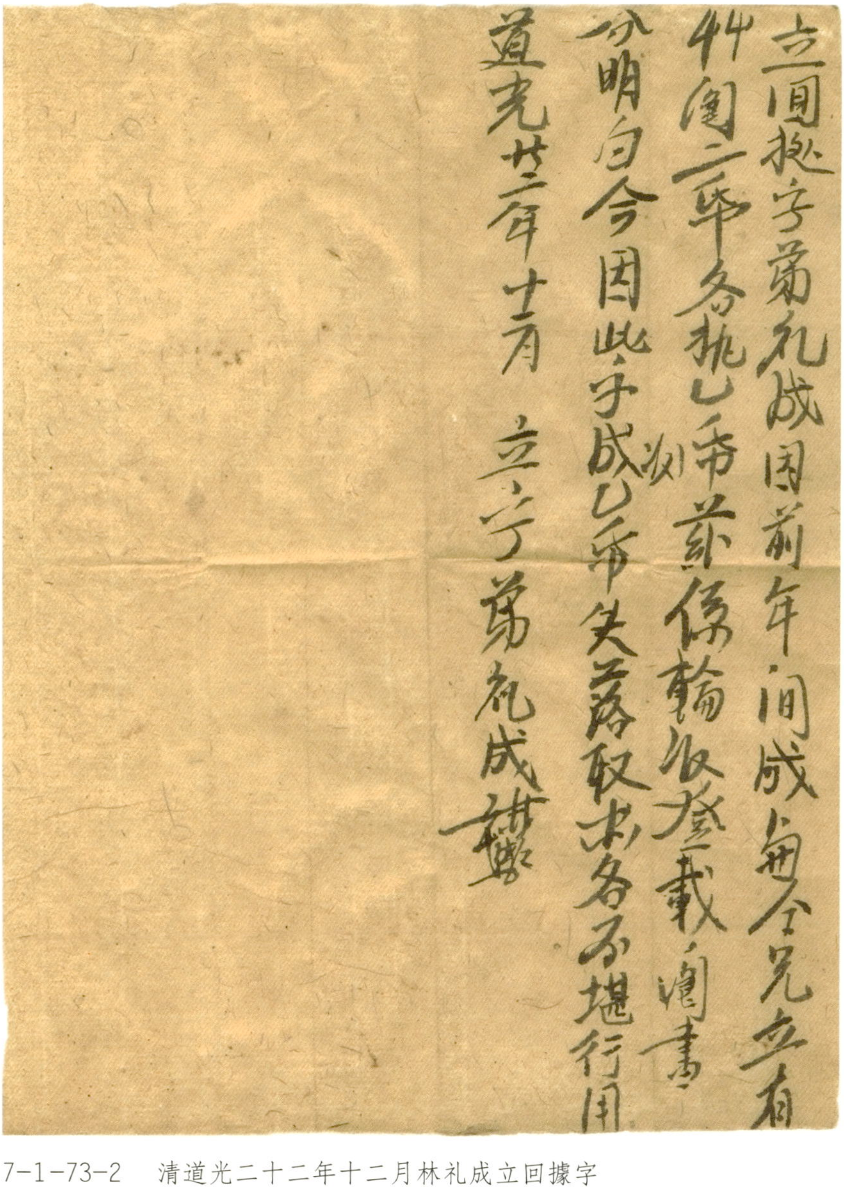

立回據字弟礼成因前年间成與今兄立有竹園二所各執乙所并係輪收登載阄書分明白今因此字成乙所失落取出各不堪行用

道光廿二年十二月　立回字弟礼成（押）

7-1-73-2　清道光二十二年十二月林礼成立回據字

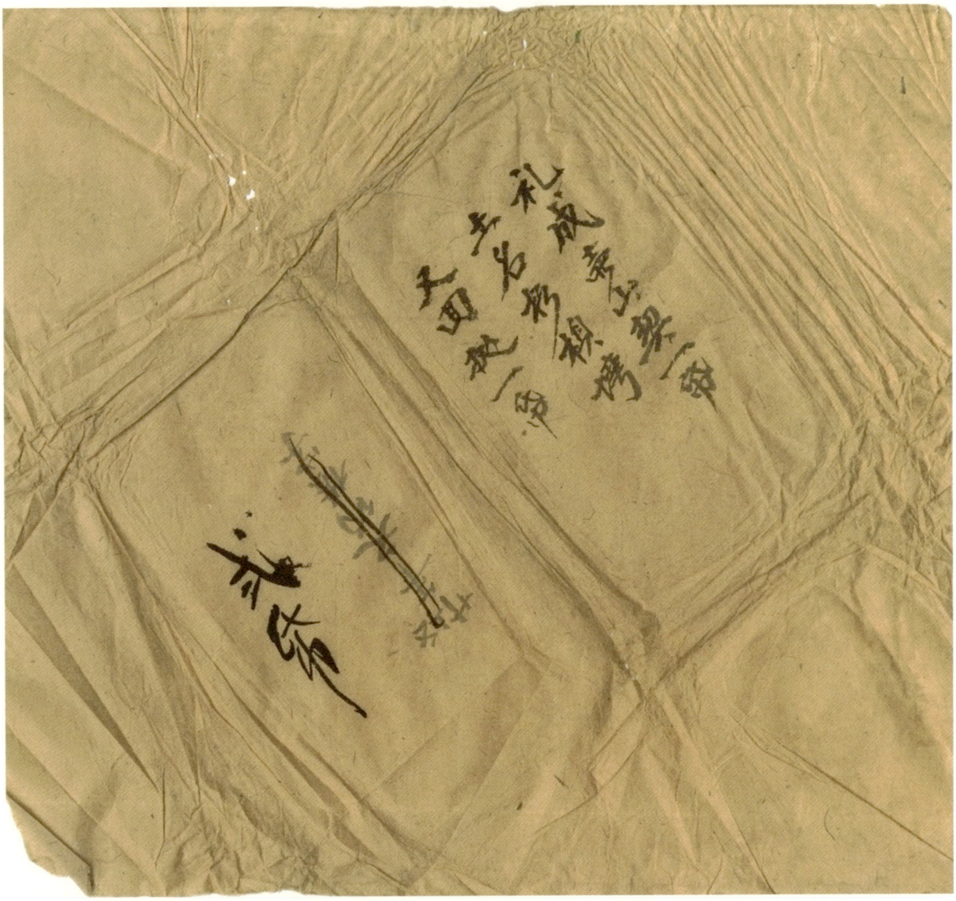

7-1-73-1　包契紙

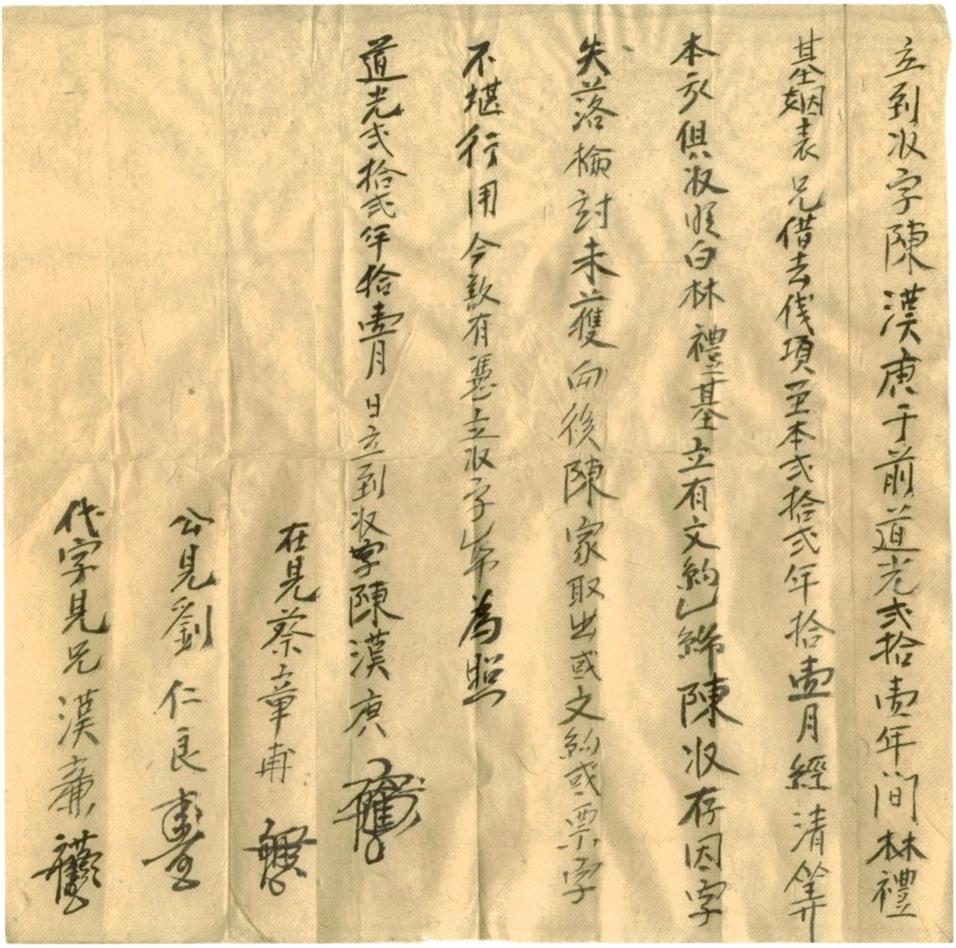

立到收字陳漢庚于前道光弍拾壹年間林禮
基烟表兄借去錢項至本弍拾弍年拾壹月經清筭
本交俱收明白林禮基立有文約乙紙陳收存因字
失落檢討未獲向後陳家取出或文約或票字
不堪行用今欲有憑立收字乙帋為照
道光弍拾弍年拾壹月　日立到收字陳漢庚（押）
在見蔡章甫（押）
公見劉仁良（押）
代字見兄漢廉（押）

7-1-72-3　清道光二十二年十一月陳漢庚立到收字

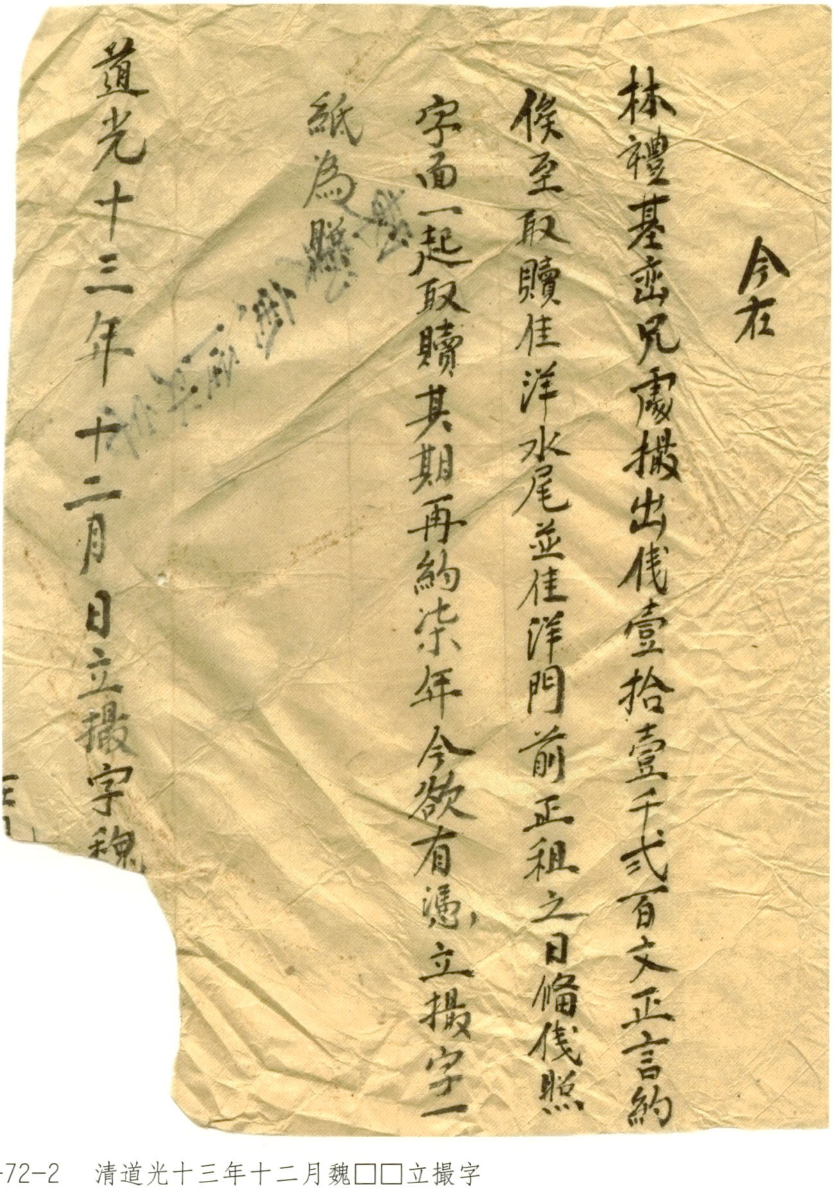

今在
林禮基岳兄處撥出伐壹拾壹千弍百文正言約
俟至取贖佳洋水尾並佳洋門前正租之日備伐照
字面一起取贖其期再約柒年今欲有憑立撮字一
紙為照
道光十三年十二月　日立撮字魏

7-1-72-2　清道光十三年十二月魏□□立撮字

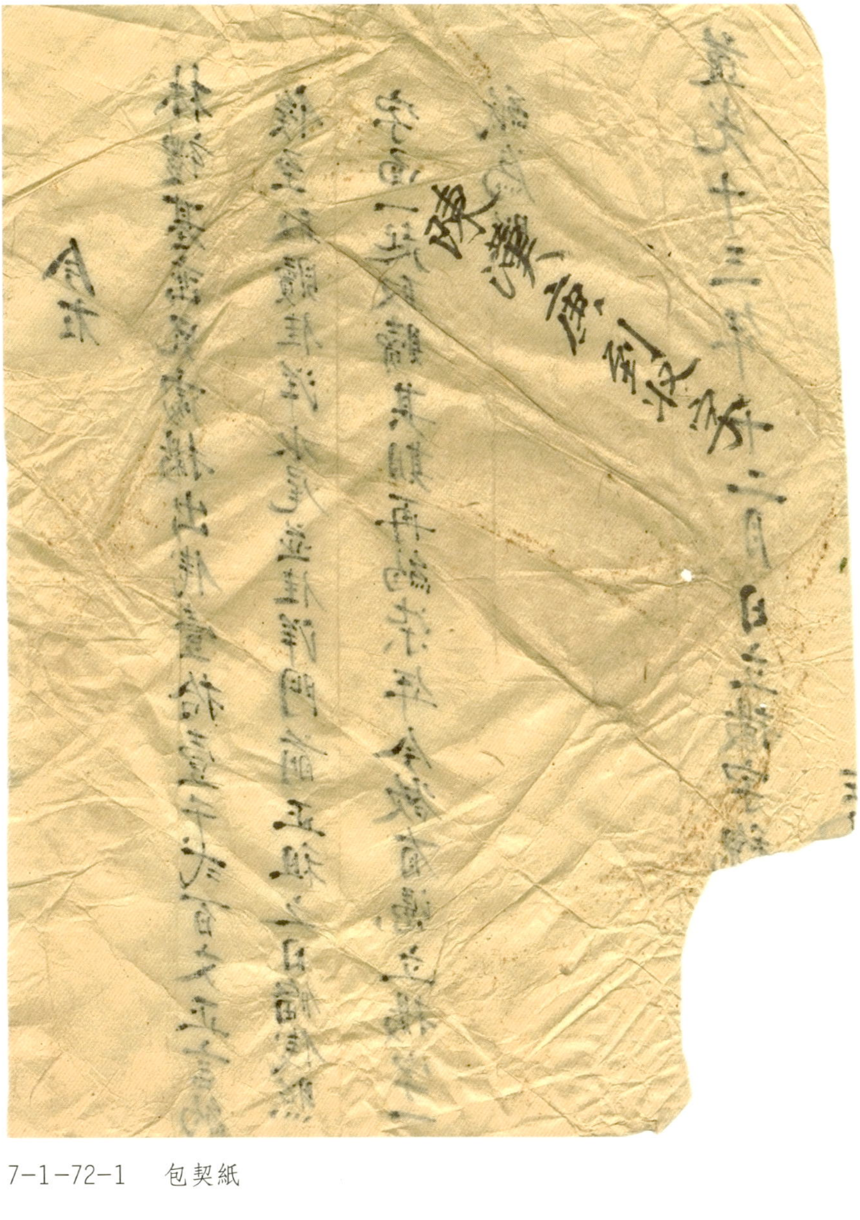

7-1-72-1　包契紙

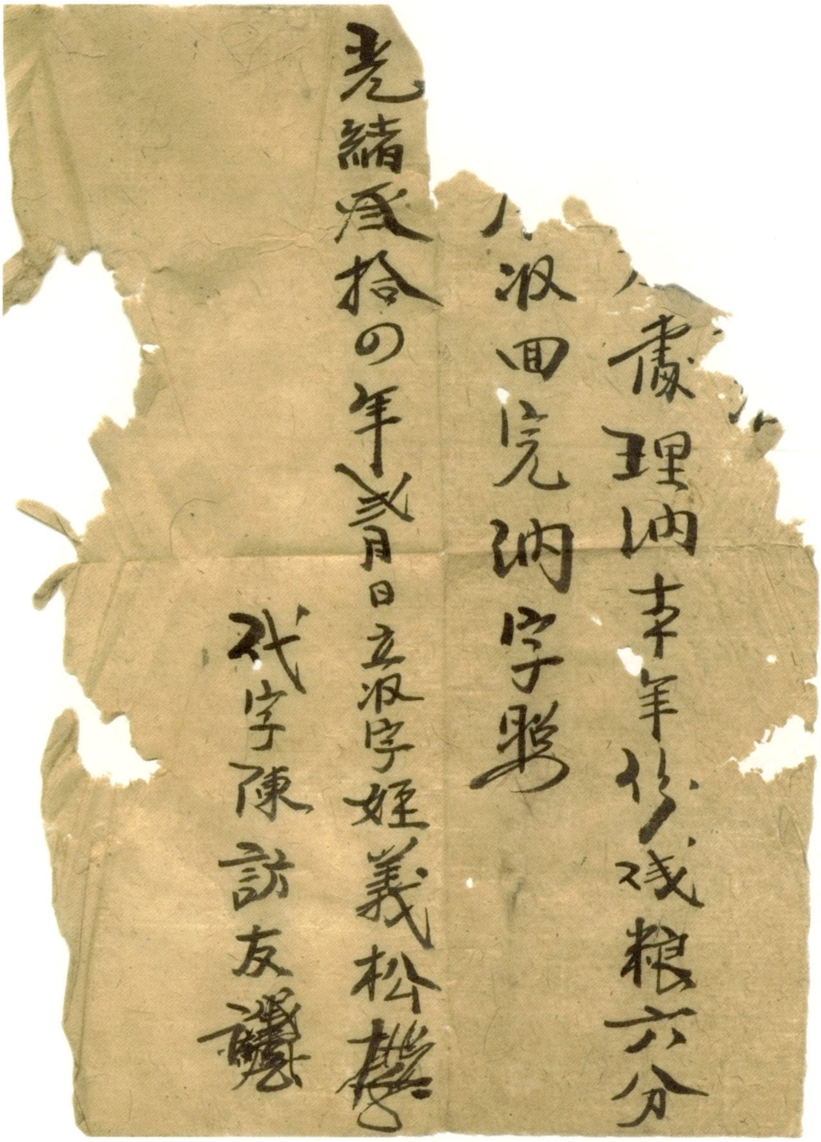

處理納本年分錢糧六分
收回完納字照
光緒叁拾四年二月日立收字姪義松（押）
代字陳訪友（押）

7-1-71-5　清光緒三十四年二月林義松立收錢糧字

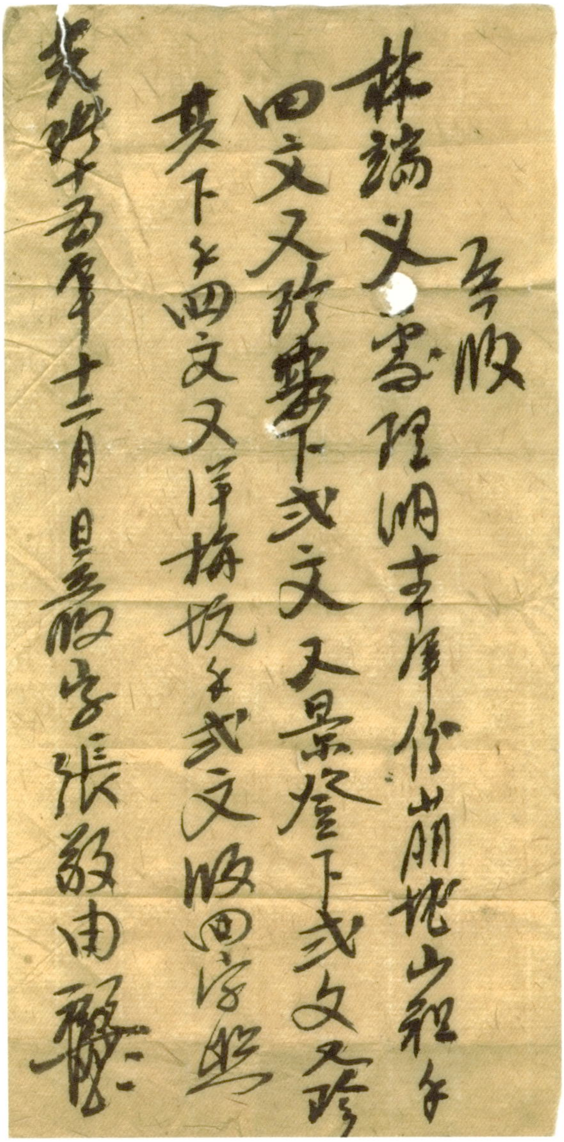

立收
林瑞文處理洞丰岸仔山崩坡山租錢
四文又珍寮下弍文又景登下弍文又珍
其下乙四文又岸梅坂乙弍文收回字照
光緒十五年十二月　日立收字張敬由親筆

7-1-71-4　清光緒十五年十二月張敬由立收山租字

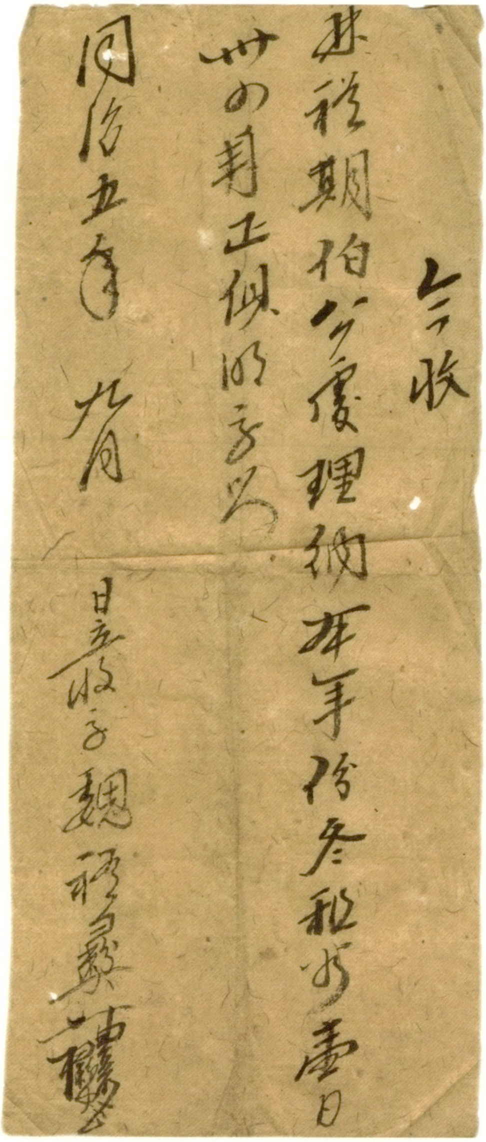

立收
林禄期伯分處理納本年份冬租壹百
卌四觔正係收字照
同治五年 九月 日立收字 魏禮彝（押）

7-1-71-3　清同治五年九月魏禮彝立收冬租字

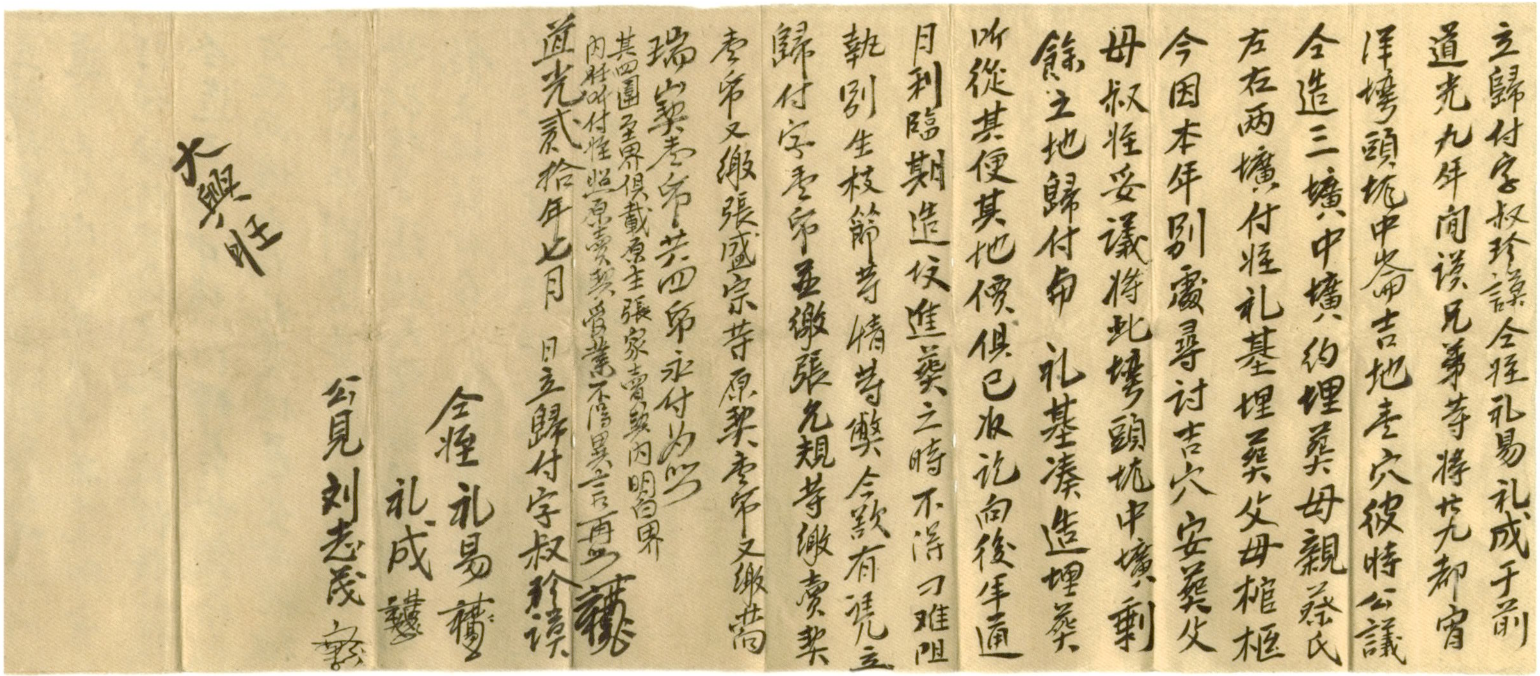
立歸付字叔珍謨仝侄礼易、礼成，于前
道光九年間謨兄弟等將廿九都宵
洋墘頭坵中岔吉地壹穴，彼時公議
仝造三壙，中壙約埋葬母親蔡氏，
左右兩壙付侄礼基埋葬父母棺柩。
今因本年別處尋討吉穴安葬父
母，叔侄妥議，將此墘頭坵中壙剩
餘之地歸付弟礼基湊造埋葬，
聽從其便，其地價俱已收訖，向後年通
月利臨期造作進葬之時，不得刁難阻
執，別生枝節等情等弊。今欲有憑，立
歸付字壹帋，並繳張允規等繳賣契
壹帋，又繳張盛宗等原契壹帋，又繳嵩
瑞山契壹帋，共四帋，永付爲照。
其四圍至界俱載原主張家賣契內明白，界
內財所付侄照原賣契管業，不得異言。再照。
道光貳拾年七月　日立歸付字叔珍謨（押）
仝侄　礼易（押）
礼成（押）
公見　刘志茂（押）
大興旺

7-1-71-2　清道光二十年七月林珍謨等立歸付吉地字

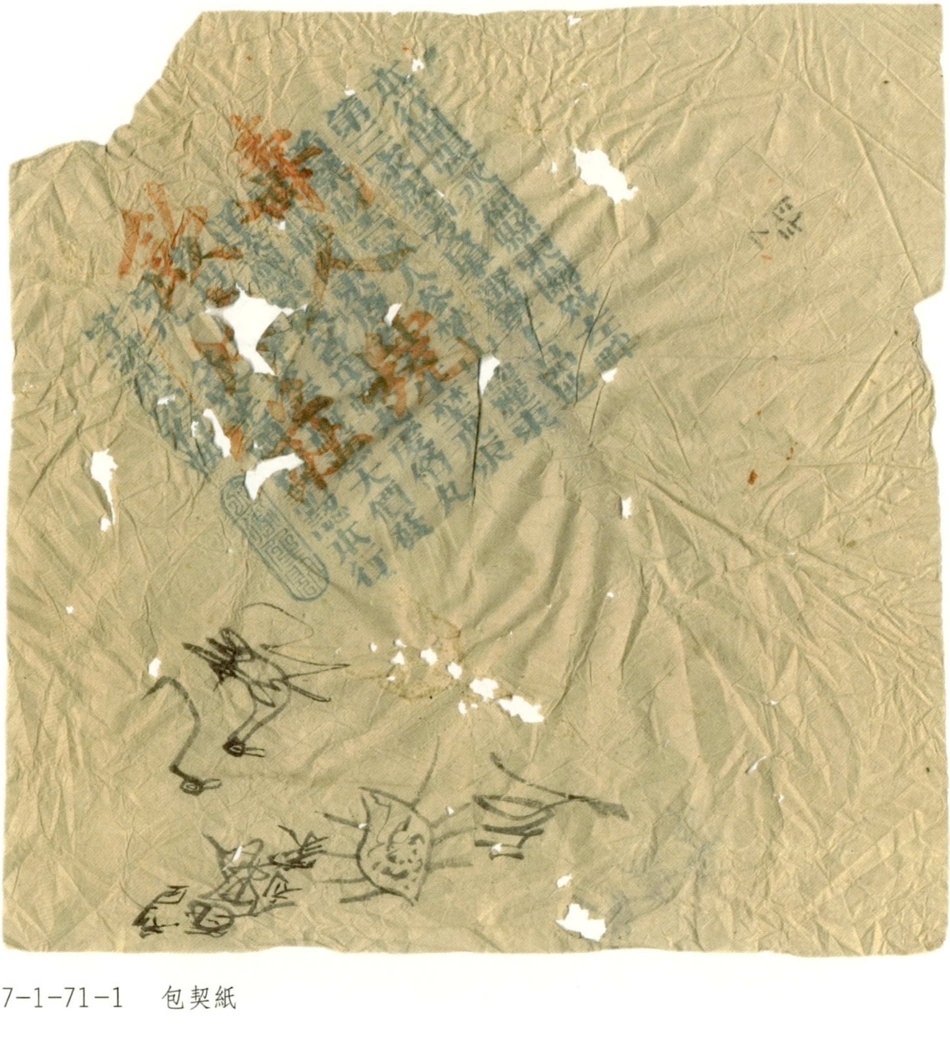

7-1-71-1　包契紙

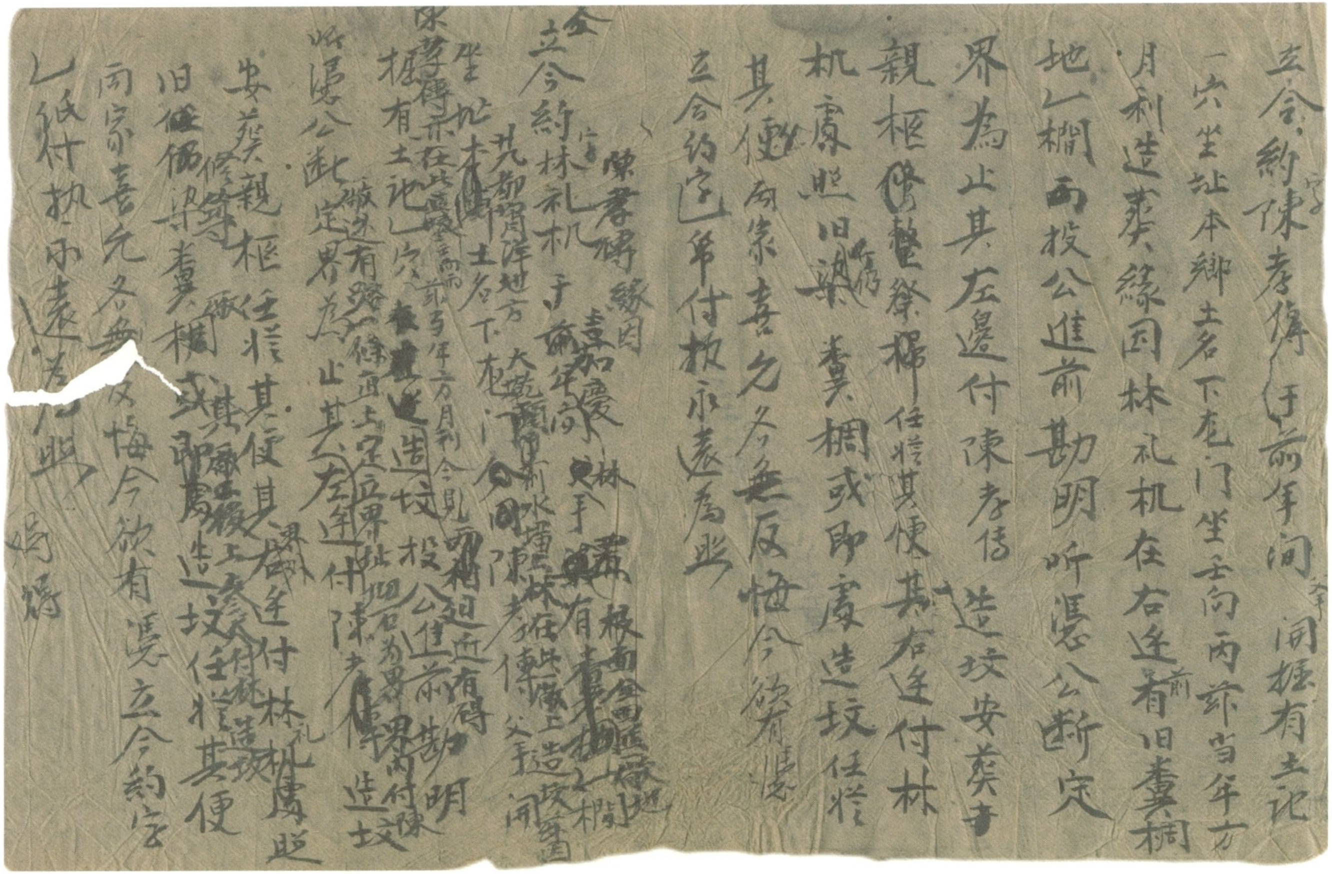
立合約字陳孝傳，于前年間同極有土地一穴，坐址本鄉土名下龍門，坐壬向丙，前當年方月利造葬。緣因林礼机在右邊有舊棗桐地一槽，兩投公進前勘明，所憑公斷定界為止。其左邊付陳孝傳造坟安葬，其親柩任從其便；其右邊付林礼机，處照舊棗桐，或即處造坟，任從其便。兩家喜允，各無反悔，今欲有憑，立合約字付執永遠為照。

7-1-70-6　清同治年間陳孝傳立合約字（草契）

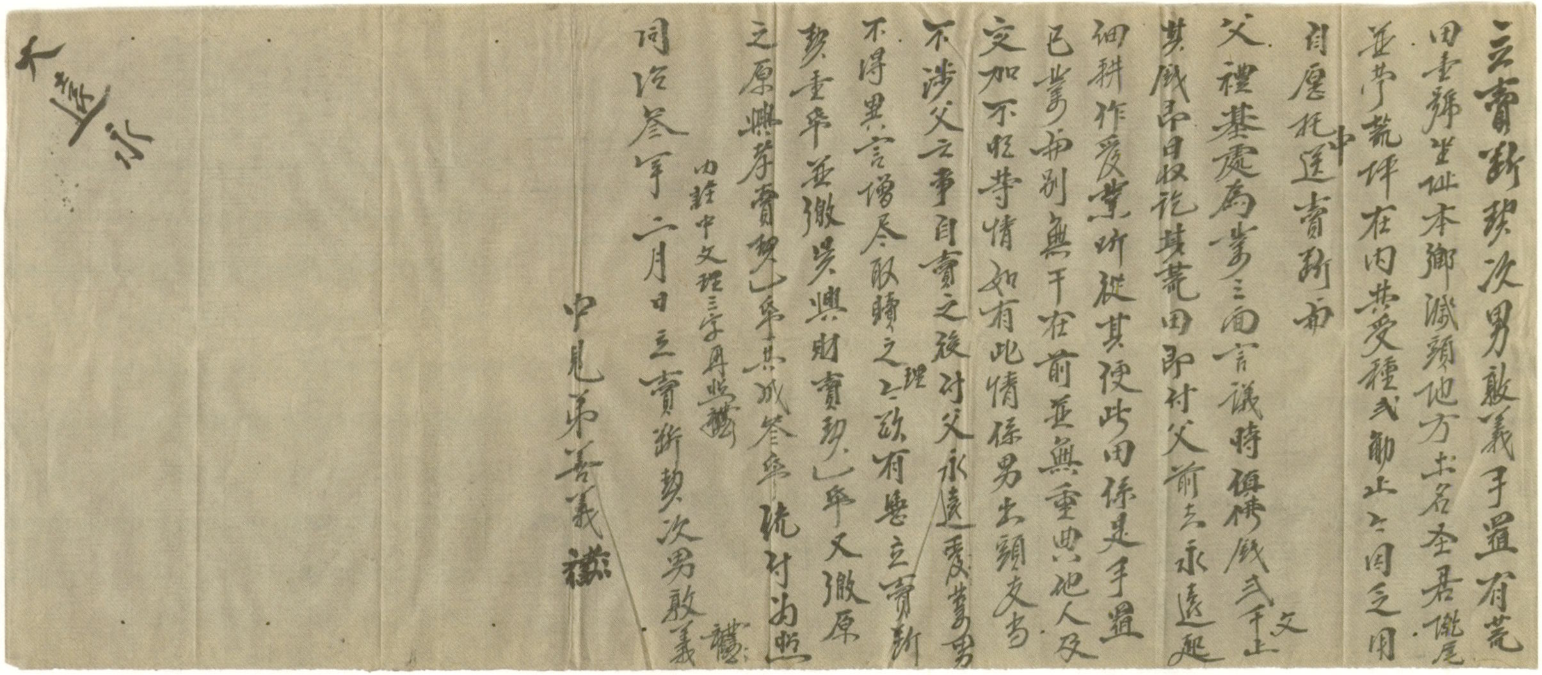
立賣斷契次男敦義，手置有荒
田壹號，坐址本鄉漈頭地方，土名全君隴尾，
並帶荒坪在内，共受種弍觔上下。因乏用，
自愿托中送賣斷与
父禮基處爲業。三面言議時值價錢弍千文上，
其錢即日收訖，其荒田即付父前去永遠起
佃耕作爱業，听從其便。此田係是手置
己業，与别無干，在前並無重典他人及
交加不明等情，如有此情，係男出頭支當，
不涉父之事。自賣之後，付父永遠爱業，男
不得異言增找取贖之理。今欲有憑，立賣斷
契壹紙，並繳吳興財賣契壹紙，又繳原
之原興茅賣契壹紙，共成叁紙，付爲照。
内註中文理三字再照。
同治叁年二月　日立賣斷契次男敦義
中見弟善義

7-1-70-5　清同治三年二月林敦義立賣斷荒田契

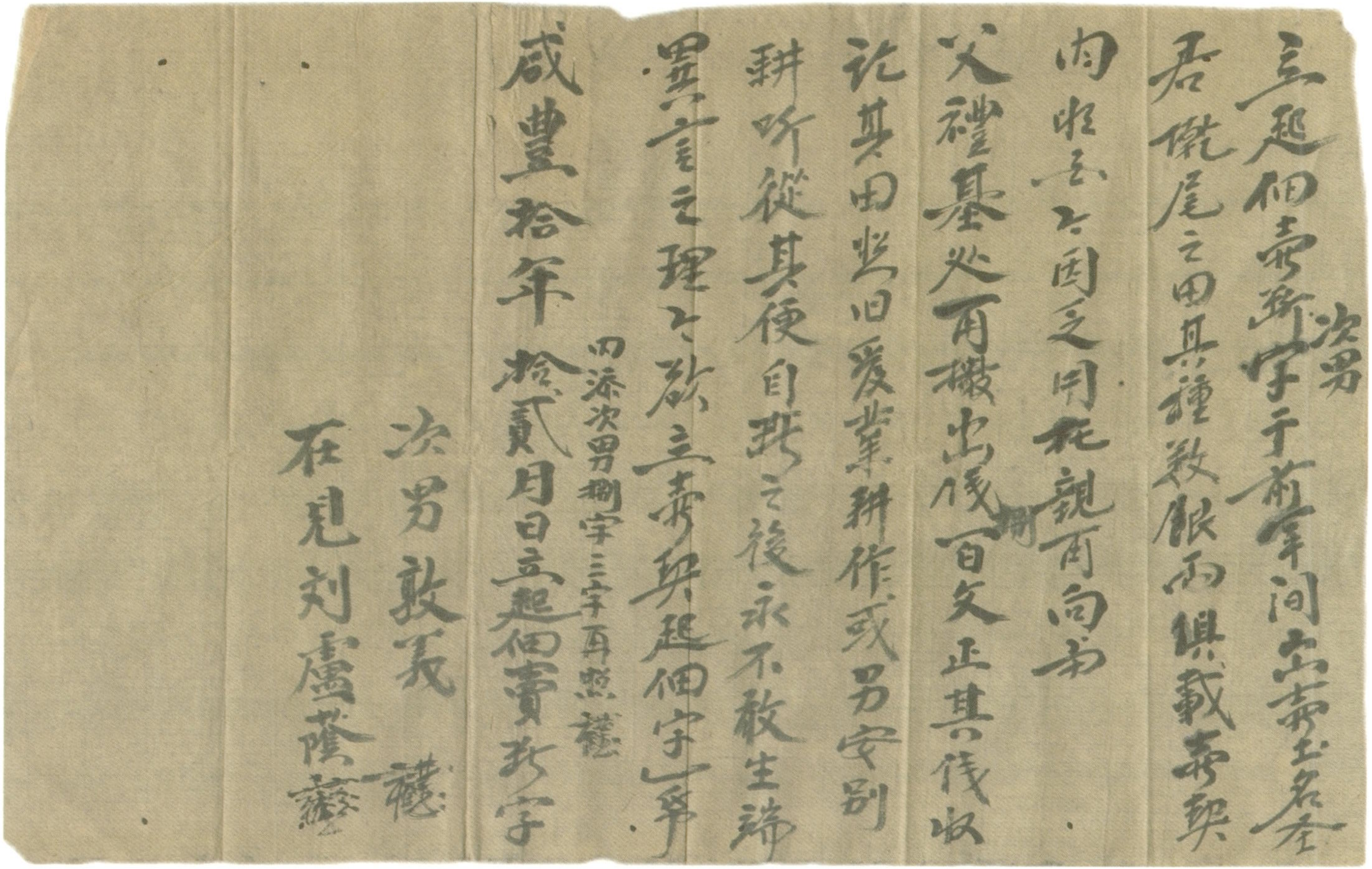

立起佃賣斷字次男于前年间出賣土名仝
吾僦尾之田其種數粮兩俱載賣契
内收去之因乏用托親再向
父禮基処再撥出錢捌百文正其錢收
訖其田照旧爰業耕作或男安别
耕听從其便自賣之後永不敢生端
異言之理今欲立賣起佃字一帋
内添次男捌字三字再照
咸豐拾年拾貳月日立起佃賣斷字
次男敦義
在見刘盧蔭

7-1-70-4　清咸豐十年十二月林敦義立起佃賣斷田字

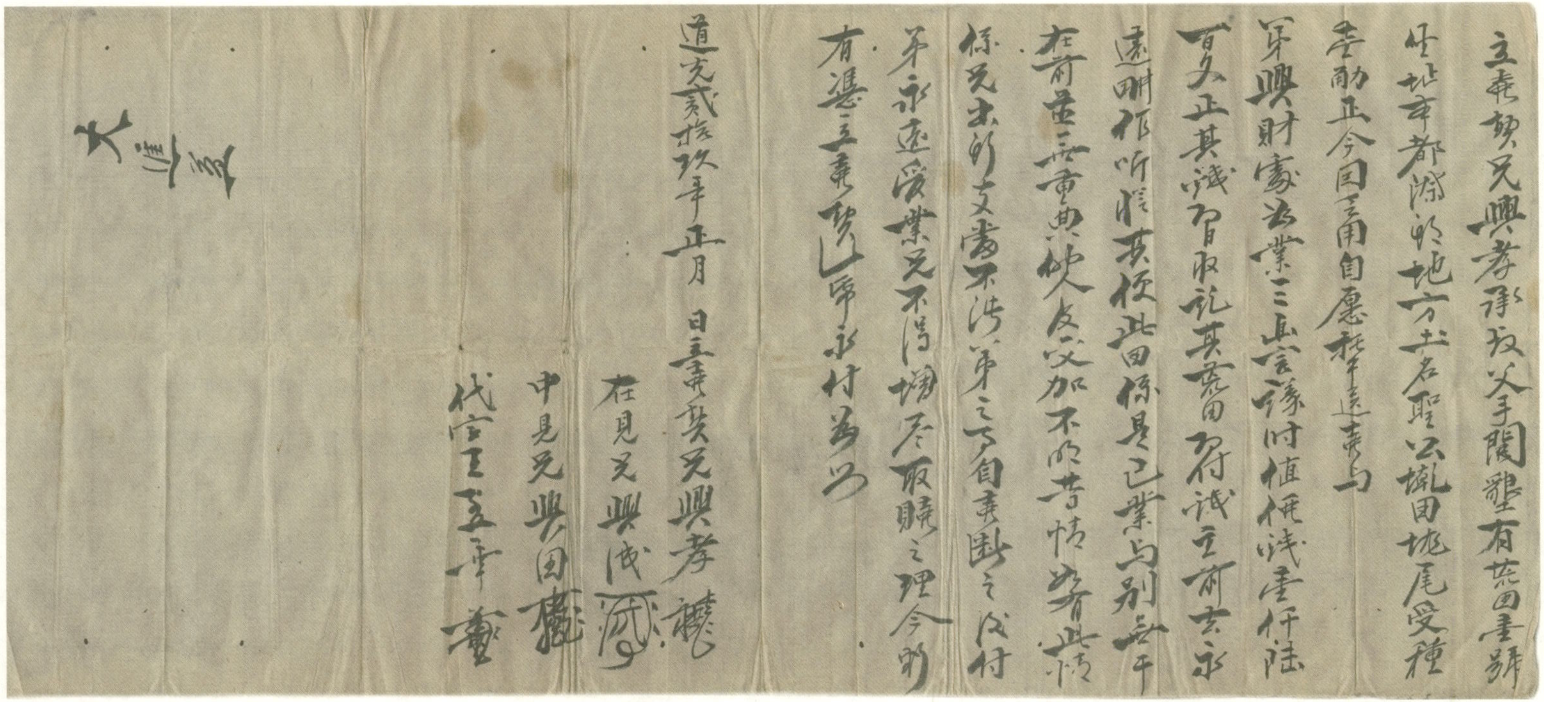
立賣契吴興孝承故父手闢墾有荒田壹號
坐址本都漈頭地方土名聖公墈田墘尾受種
壹畝正今因乏用自愿托中送賣與
吴興財處為業三面言議時值價錢壹仟陸
百文正其錢即日收訖其荒田聽錢主前去永
遠耕作收拾其依此田係是己業與別無干
在前並無重典倘有交加不明等情皆興孝
係兄出頭支當不涉弟之事自賣斷之后任
弟永遠管業兄不得增找取贖之理今欲
有憑立賣契一紙付與為照
道光貳拾玖年正月　日立賣契兄興孝
在見兄興
中見兄興田
代字王立平
大吉

7-1-70-3　清道光二十九年正月吴興孝立賣荒田契

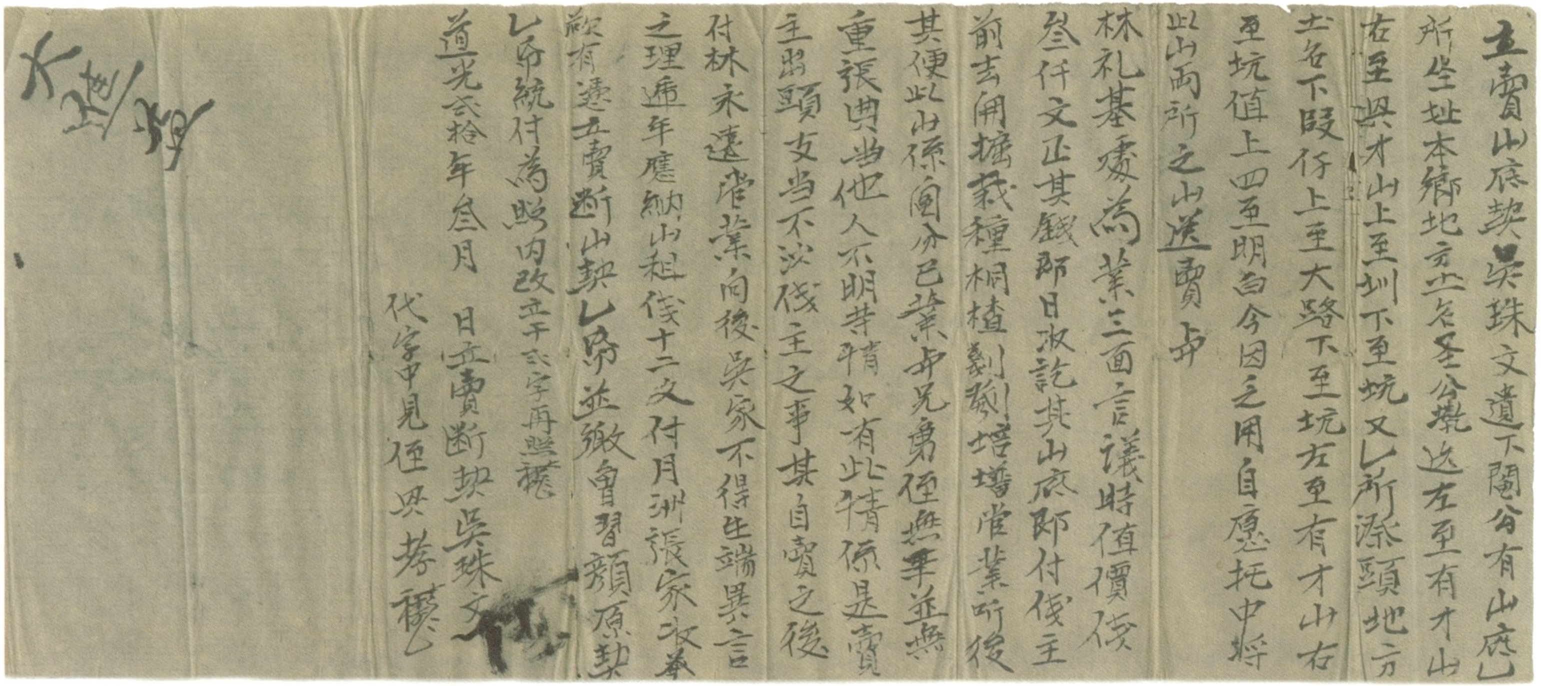

立賣山底契吳珠文，遺下閩谷有山底
所坐址本鄉地方土名圣分墘，迄左至有才山
右至吳才山，上至圳，下至坑，又乙所添頭地方
土名下畈仔，上至大路，下至坑，左至有才山，右
至坑值上，四至明白。今因乏用，自愿托中將
此山兩所之山送賣與
林礼基處為業，三面言議，時值價錢
叁仟文正，其錢即日收訖，其山底即付錢主
前去開墾栽種桐植，剗削培壋，管業崱後
其便。此山係自分己業，與兄弟侄無爭，並無
重張典當他人，不明等情，如有此情，係是賣
主出頭支当，不涉錢主之事。其自賣之後
付林永遠管業，向後吳家不得生端異言
之理。遞年應納山租錢十二文，付月洲張家收奉
欲有遠立賣斷山契乙帋，並繳會習顏原契
乙帋，統付為照。內改立千貳字再照。
道光貳拾年叁月　日立賣斷契吳珠文
代字中見侄吳芬穠

7-1-70-2　清道光二十年三月吳珠文立賣山底契

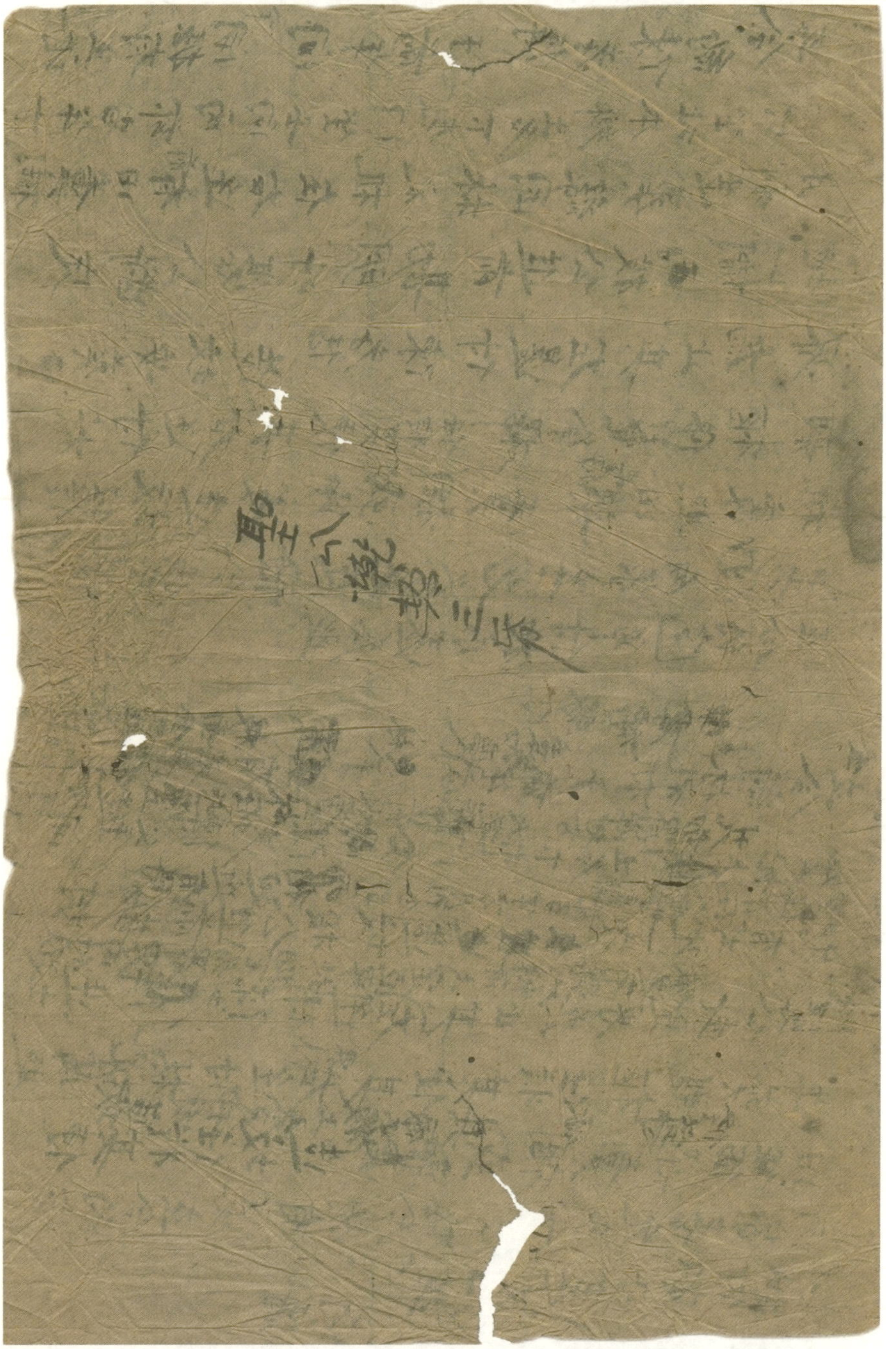

7-1-70-1　包契紙

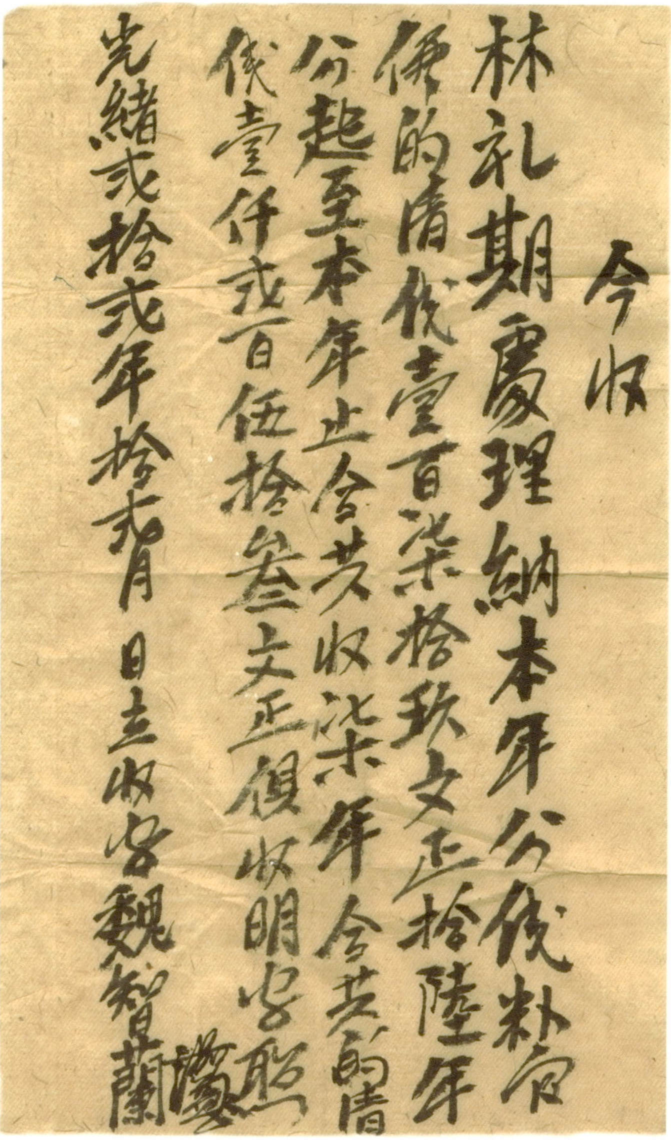
今收
林礼期處理納本年分錢粮
併的清錢壹百柒拾玖文正拾陸年
分起至本年止合共收柒年合共的清
錢壹仟弍百伍拾叁文正領收明字照
光緒弍拾弍年拾弍月　日立收字魏智蘭

7-1-69-6　清光緒二十二年十二月魏智蘭立收錢糧字

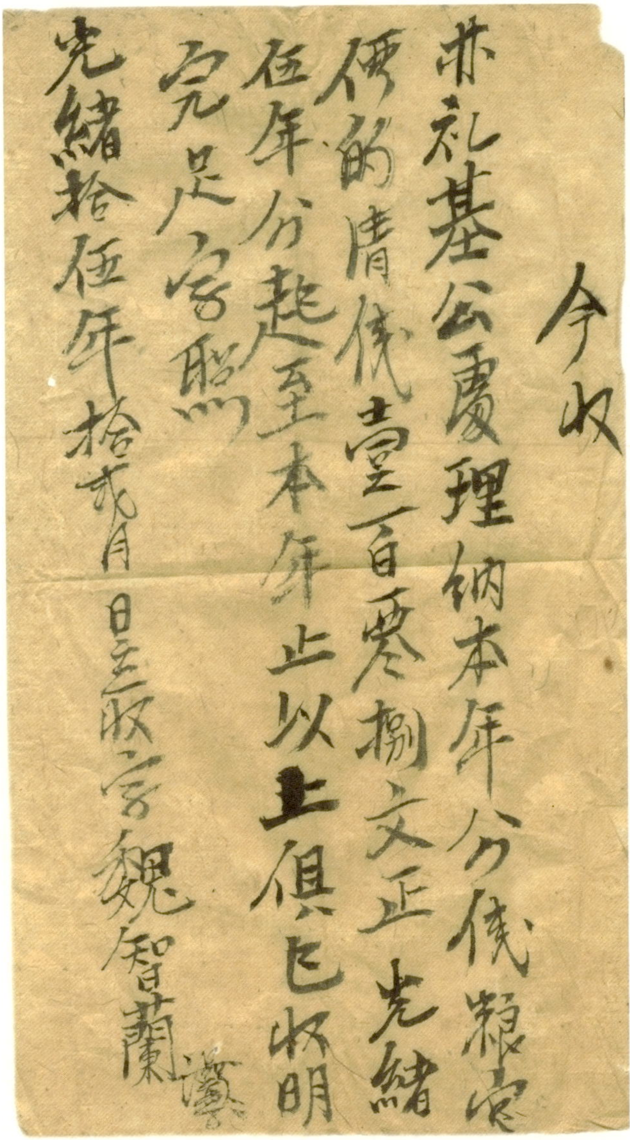

今收
林礼基公處理納本年分錢粮完
便的清錢壹百零捌文正 光緒
伍年分起至本年止以上俱已收明
完足人字照
光緒拾伍年拾貳月 日立收字魏智蘭（押）

7-1-69-5　清光緒十五年十二月魏智蘭立收錢糧字（二）

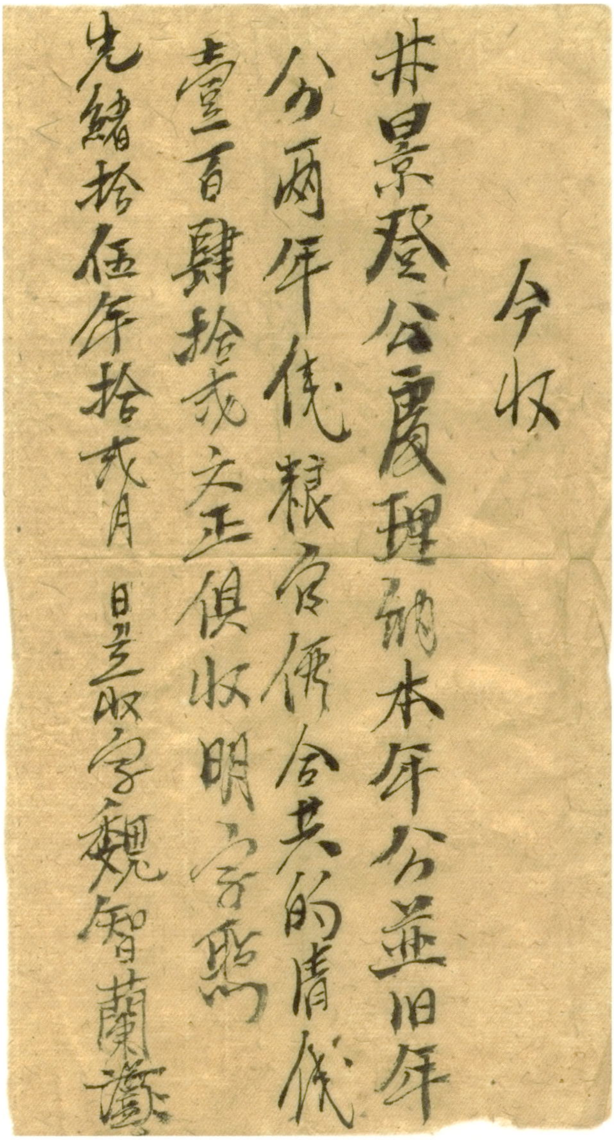
今收
井景登公慶理總本年分並旧年
分兩年錢粮谷價合共的清錢
壹百肆拾贰文正俱收明字照
光緒拾伍年拾贰月　日立收字魏智蘭

7-1-69-4　清光緒十五年十二月魏智蘭立收錢糧字（一）

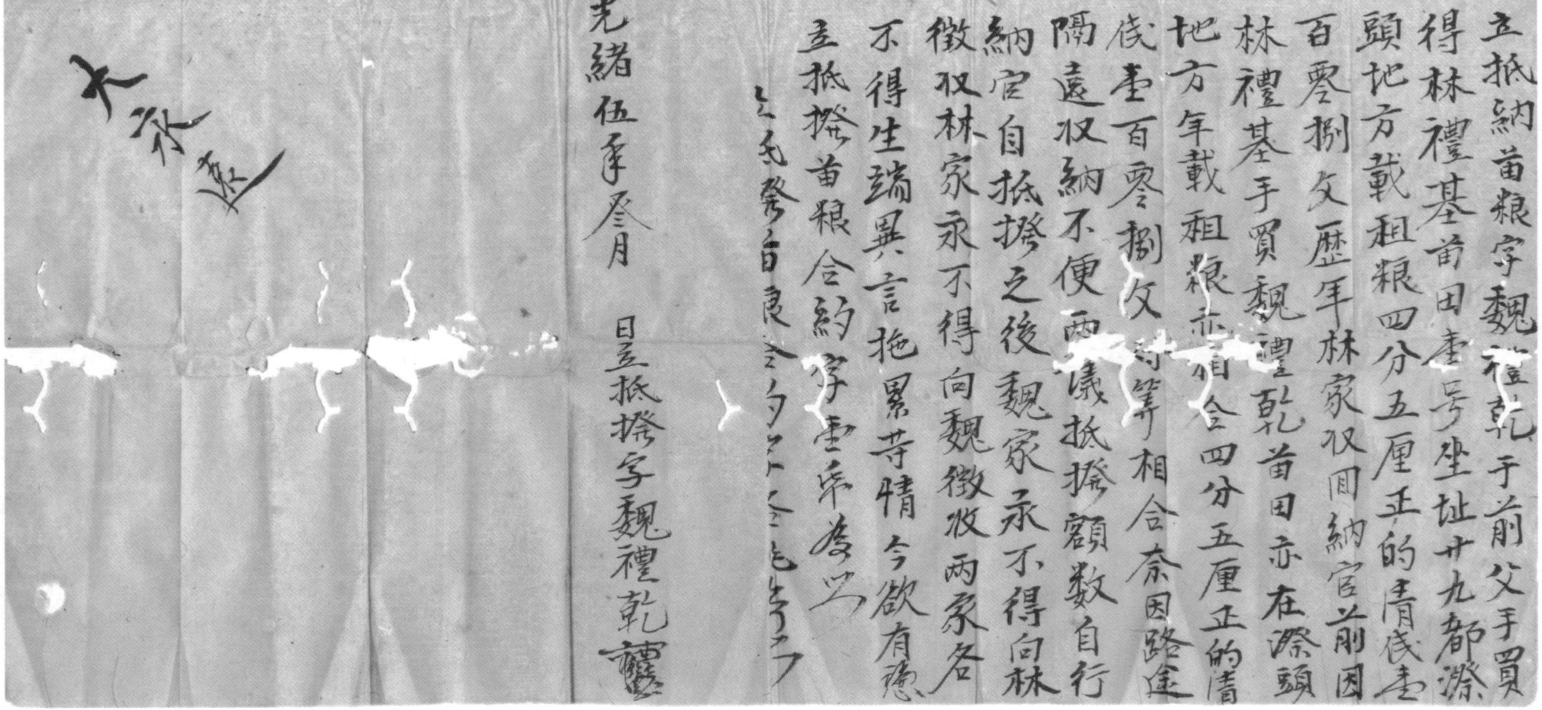
立抵納苗粮字魏禮乾，于前父手買
得林禮基苗田壹号，坐址廿九都漈
頭地方，載租粮四分五厘正，的青伐壹
百零捌文，歷年林家收回納官。前因
林禮基手買魏禮乾苗田，亦在漈頭
地方，年載租粮亦有[illegible]合四分五厘正，的清
伐壹百零捌文，[illegible]等相合，奈因路途
隔遠，收納不便，兩[illegible]議抵撥，額數自行
納官。自抵撥之後，魏家永不得向林
徵收，林家永不得向魏徵收，兩家各
不得生端異言拖累等情。今欲有憑，
立抵撥苗粮合約字壹紙為照。

光緒伍年叁月　　日立抵撥字魏禮乾（押）

7-1-69-3　清光緒五年三月魏禮乾立抵納苗糧字

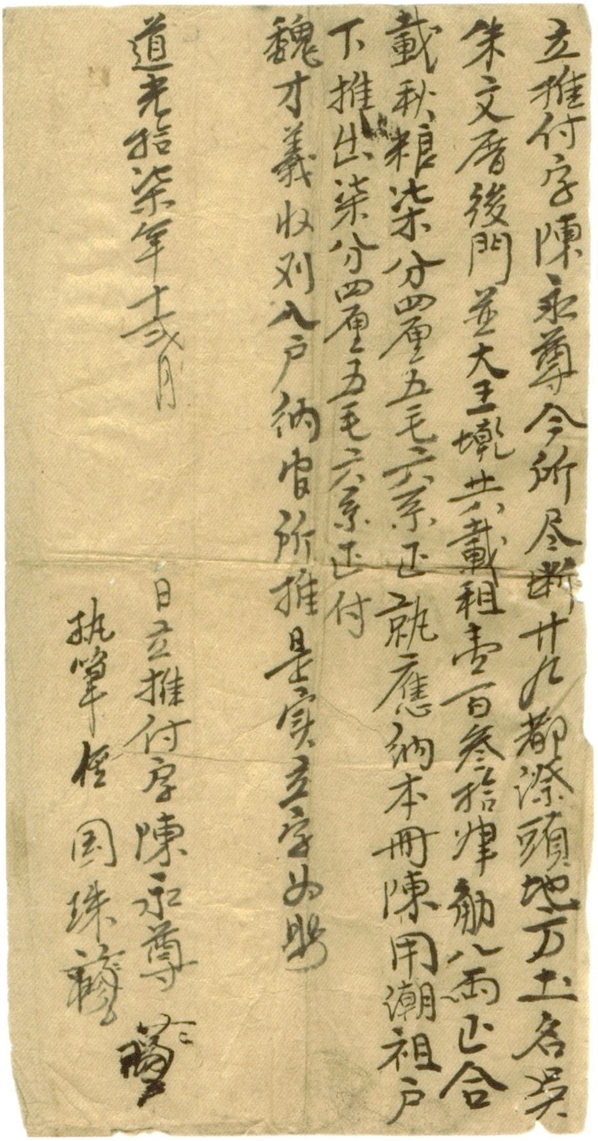
立推付字陳永尊今所盡斷廿九都滌頭地方土名吳
朱文居後門並大王墈共貳載租壹百叁拾肆觔八兩正合
載秋粮柒分四厘五毛六系正就應納本冊陳開潮祖戶
下推出柒分四厘五毛六系正付
魏才義收刈入戶納官所推是實立字為照
道光拾柒年十弍月　日立推付字陳永尊（押）
執筆侄　国珠（押）

7-1-69-2　清道光十七年十二月陳永尊立推付字

光緒廿三年七月收魏世寛户下推出大王墘田吳厝墘頭
粮七仔肉厝法毛　支房㨿善義户下收割入户完納
經户先生書林　明叔串票一紙

7-1-69-1　包契紙

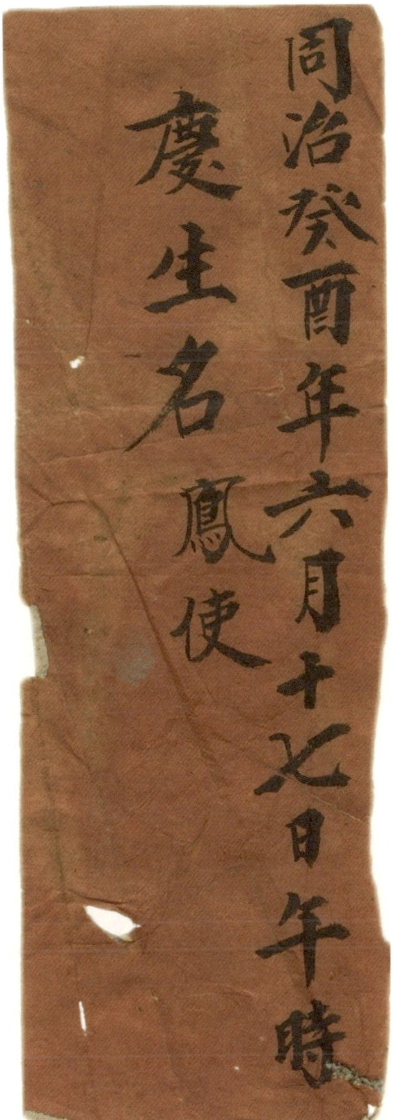
同治癸酉年六月十七日午時
慶生名鳳使

7-1-68-3　清同治十二年六月十七日林鳳使取名單

立承暫居字魏成準，就在
林禮基處承出厝屋壹全座，坐址廿九都宵
洋地方，土名冊桂樓樓梯樓，六扇五間，四圍板壁
門扇齊全，承住居，逐年約納厝租大錢壹百伍
拾觔正，林民秤，冬成交清，不敢拖欠觔兩，并
情其年期不拘，付林厝主另召別居，不得霸承
伯佔，毀砌板料等弊，召回之日不得拖欠厝租，並覓
拖租砌毀，保承代賠，立大票壹帋，親票向討
飯食足供，不得推委異言之理。其樓下廳還厝
主前已收貯磚墻等物，更剩餘之所係承者掌
支。其年期面約七年，限林或轉酬他人承者，
不得霸居。亡欲有憑，立承厝屋壹帋為照。
外又樓下圍坪租壹拾五觔。

道光拾柒年拾壹月　　日立承暫居字魏成準（押）
保承弟成茂（押）
代字張朝聰（押）

大興旺

7-1-68-2　清道光十七年十一月魏成準立承暫居字

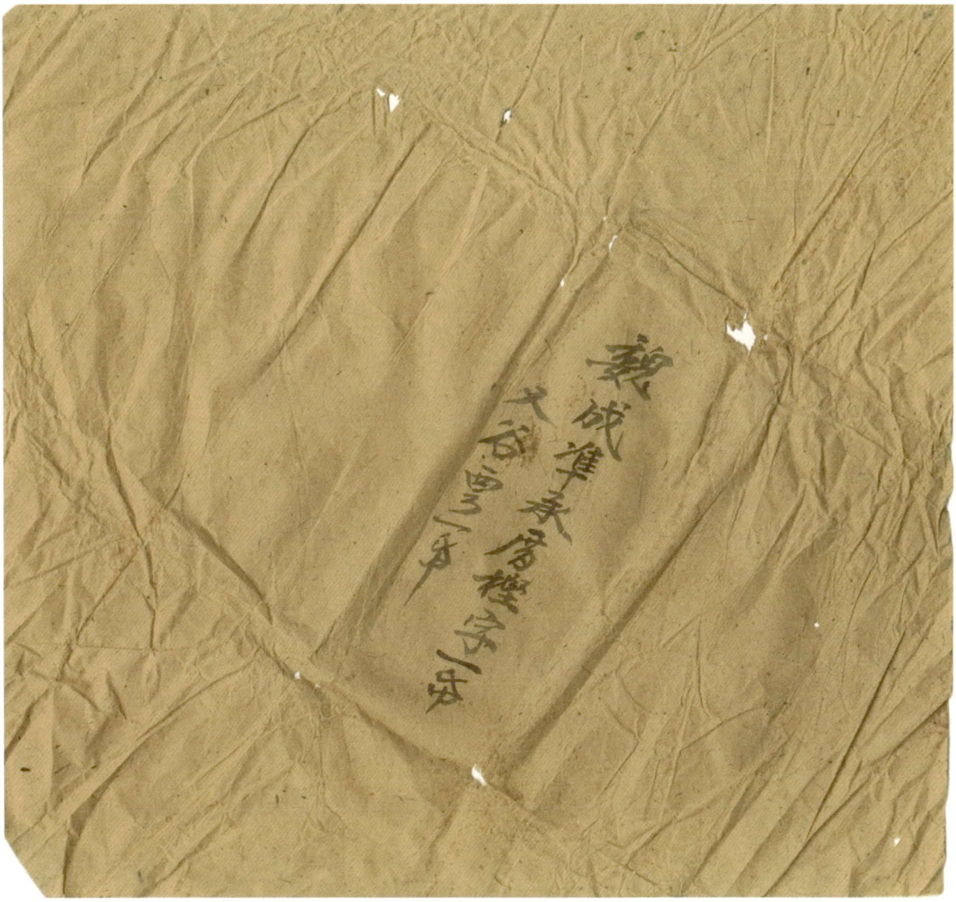

7-1-68-1　包契紙

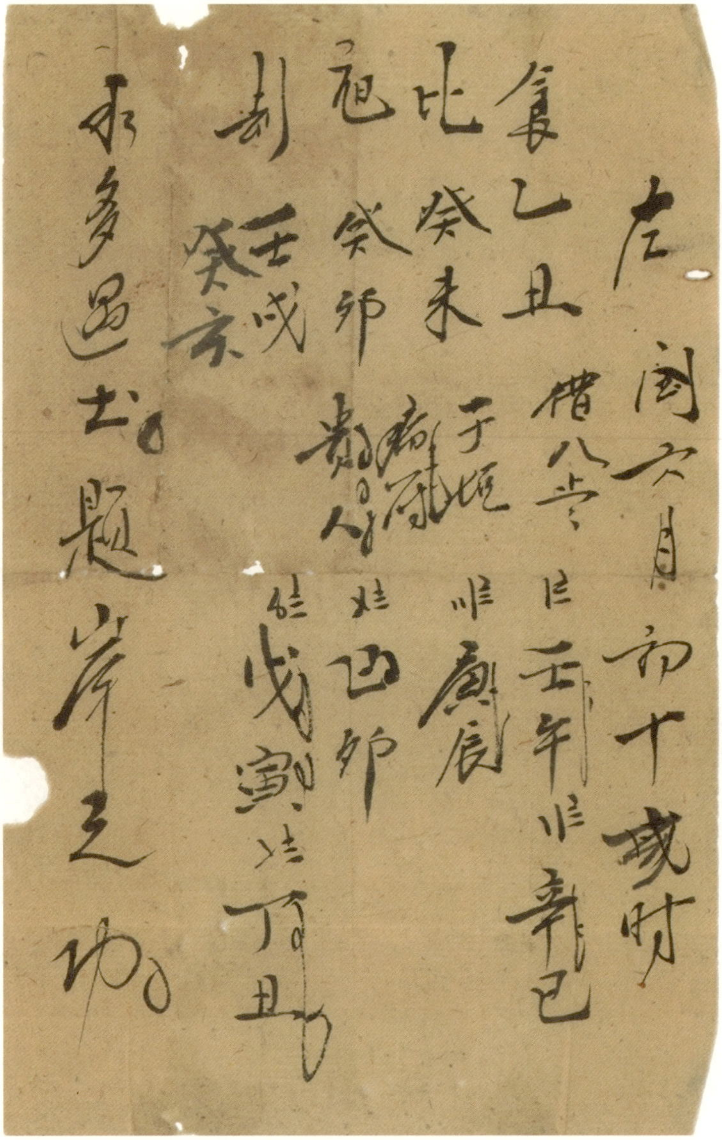
左 閏六月初十戌時
食 乙丑 偕八字 巳 壬午 非 辛巳
比 癸未 于姪 非 庚辰
[illegible] 癸卯 [illegible] 姓 乙卯
劫 壬戌 癸亥 貴人 姓 戊寅 姓 丁丑
永多過吉題 岸之功

7-1-67-15　林氏生辰八字單（年代不詳）

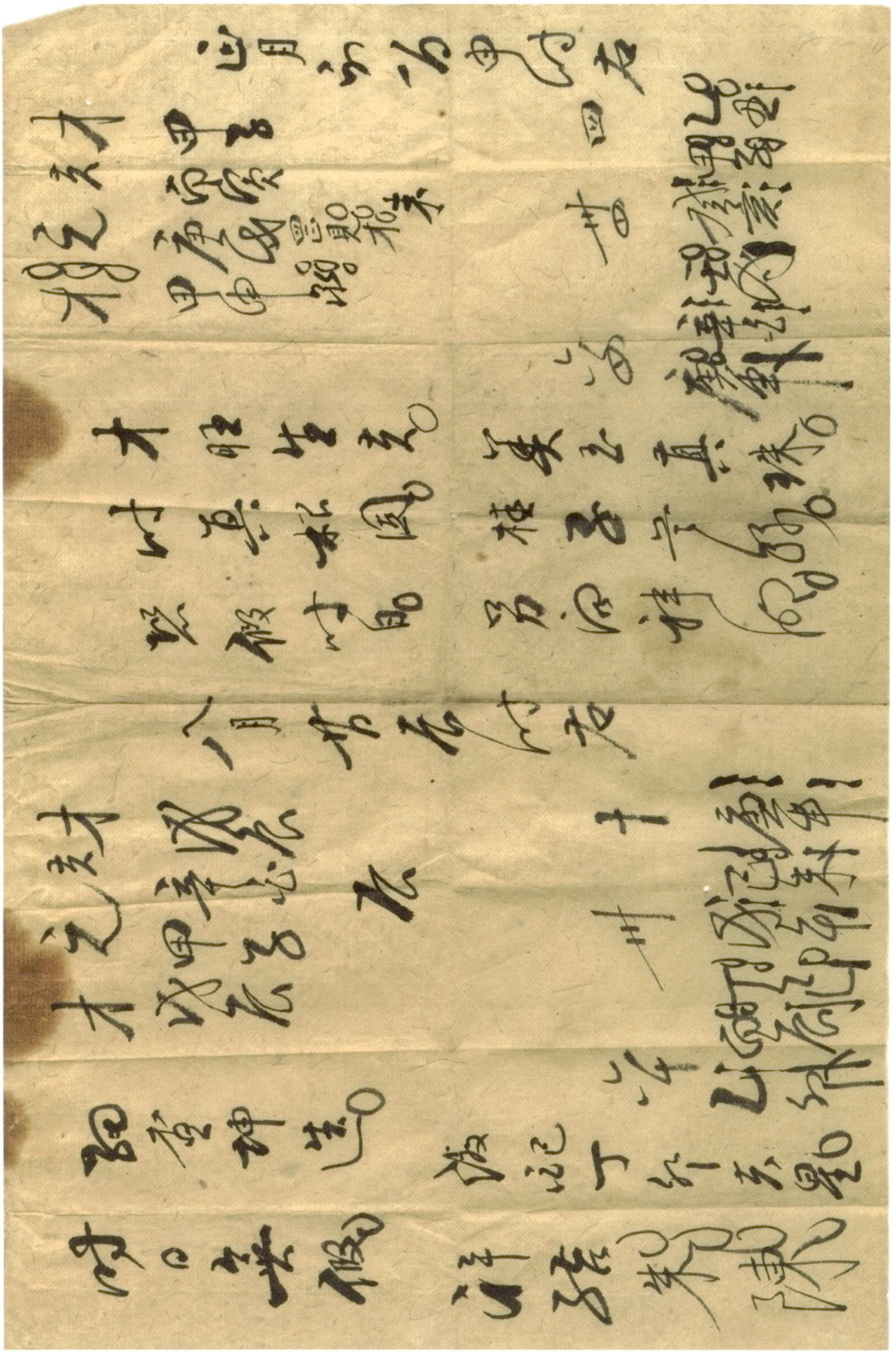

7-1-67-14　林氏生辰八字單（年代不詳）

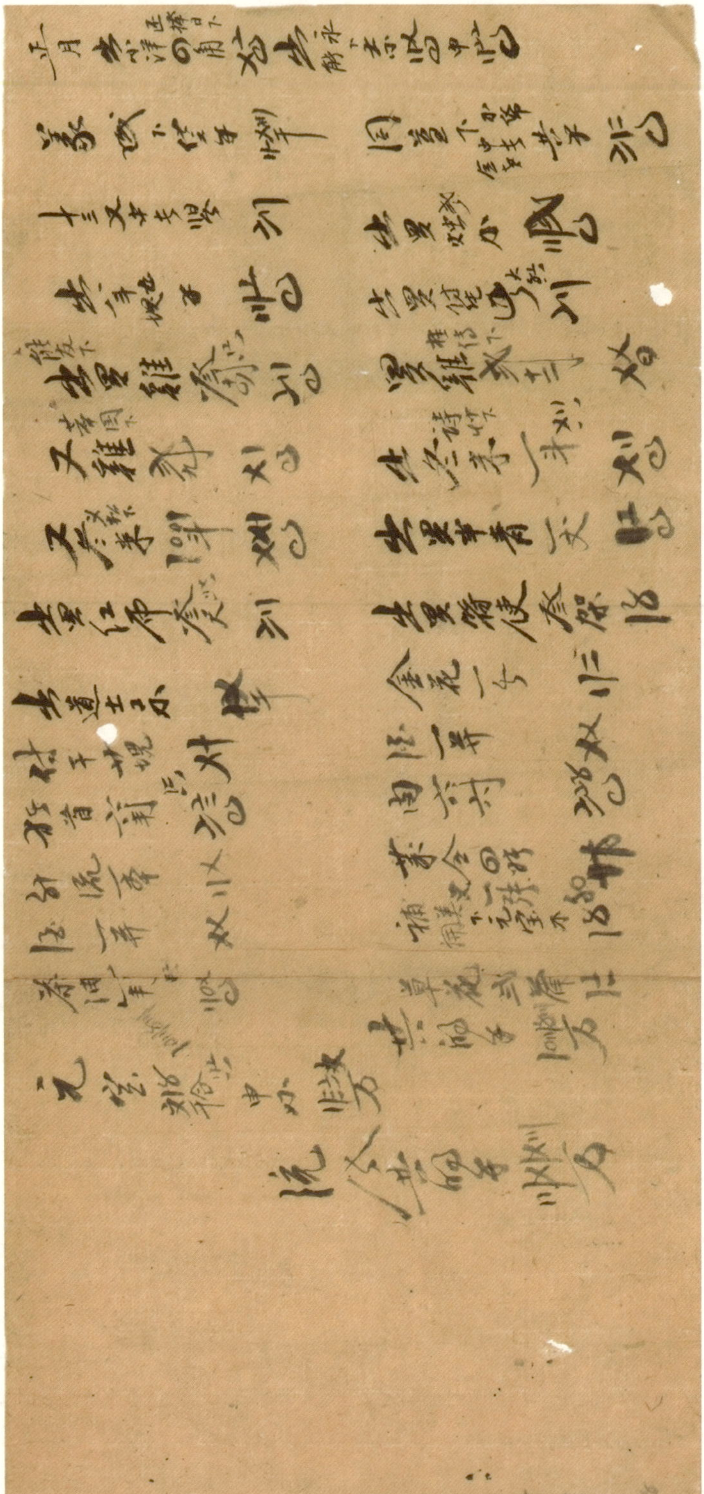

7-1-67-13　林氏祭祀賬單（年代不詳）

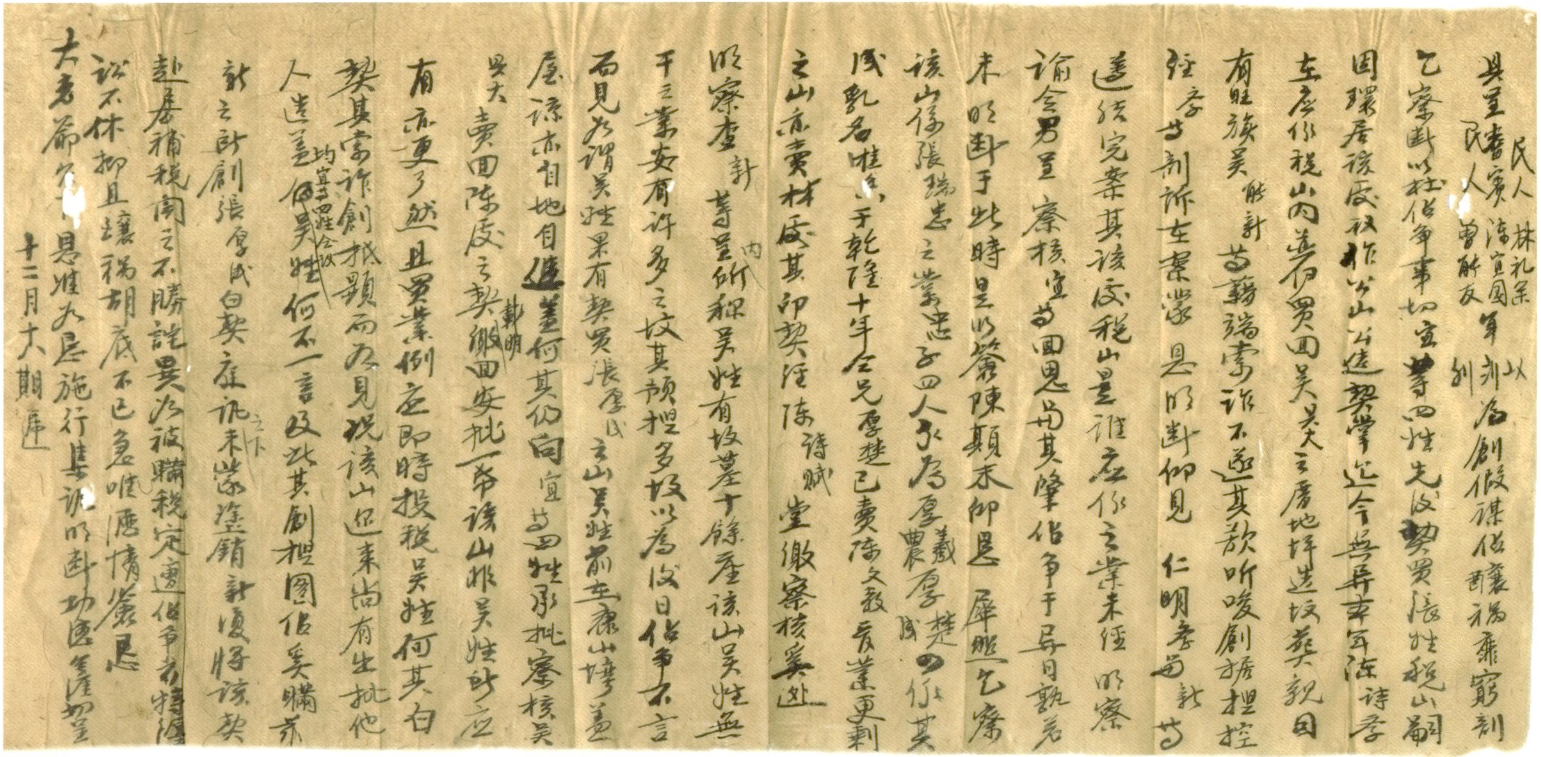

7-1-67-12　陳宜国等人具呈狀（年代不詳）

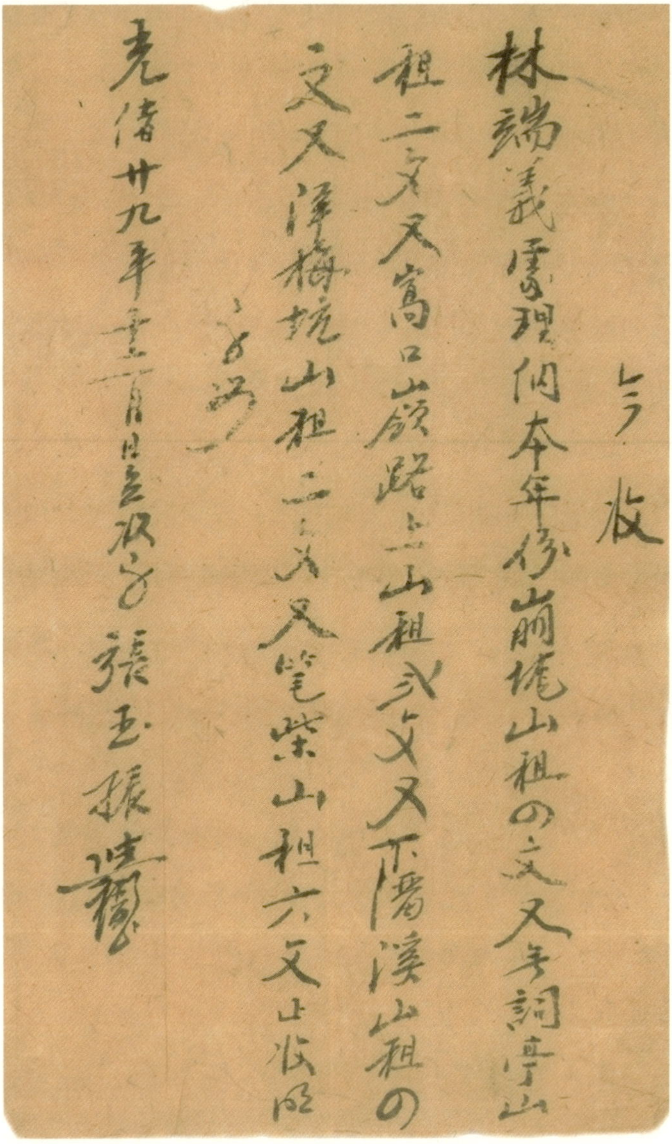

收

林端義處理伊本年份前墘山租〤文又午詞亭山租二文又嵩口山嶺路上山租弍文又下潘溪山租〤文又洋梅坑山租二文又筆柴山租六文止收的

光緒廿九年十二月　日立收字　張玉振（押）

7-1-67-11　清光緒二十九年十二月張玉振立收山租字

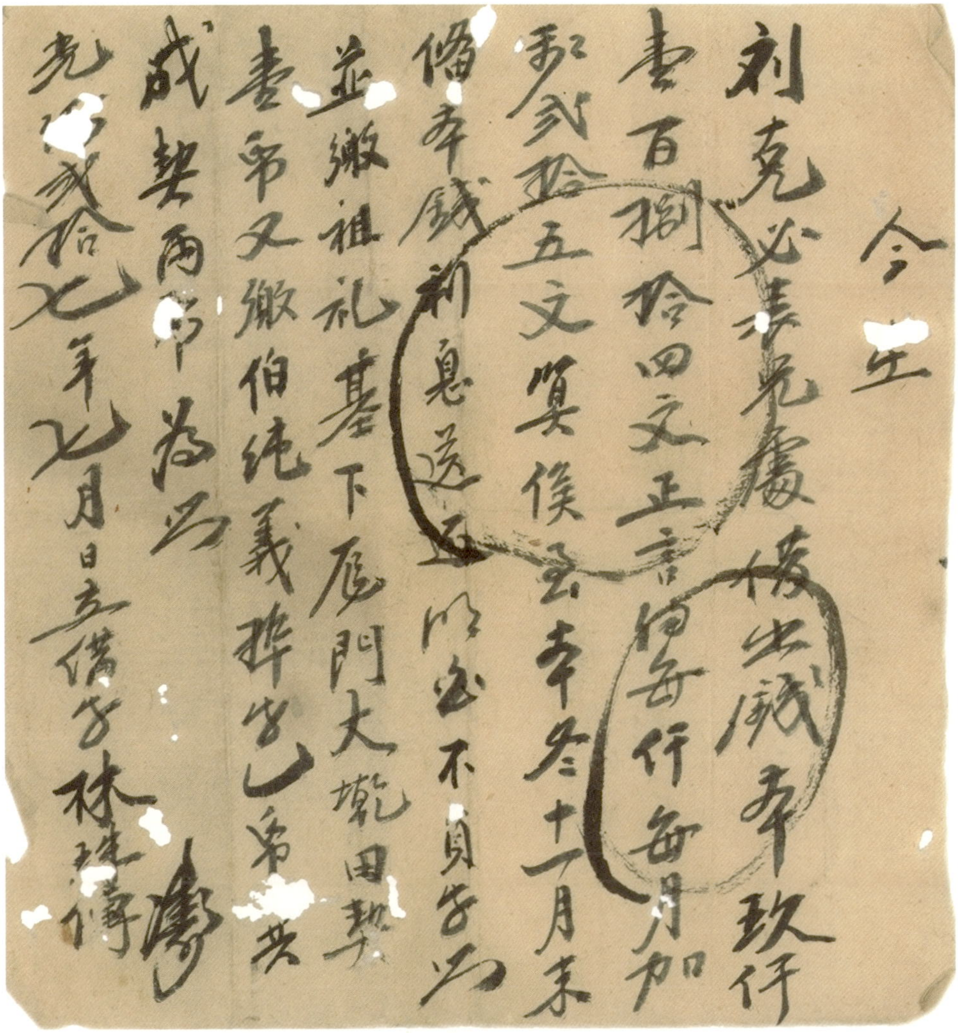
今立
刘克必表兄處借出錢本玖仟
壹百捌拾四文正言明每仟每月加
利貳拾五文算俟至本冬十一月末
將本錢利息送還明白不負字照
並繳祖社基下原門大墘田契
壹帋又繳伯純義擇字乙帋共
成契兩帋為照
光緒貳拾七年七月日立借字林珠傳

7-1-67-10　清光緒二十七年七月林珠傳立借錢字（廢契）

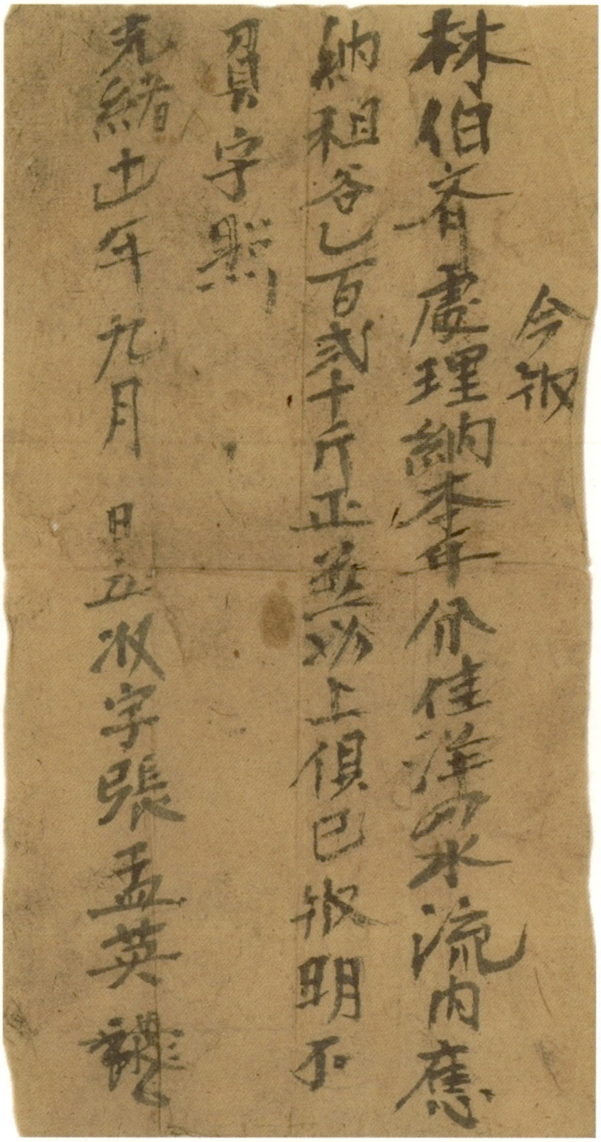
今收
林伯耆處理納本年份佳洋米流内應
納租谷乙百弍十斤正並改上俱已收明不
具字照
光緒十一年九月　日立收字張孟英親

7-1-67-9　清光緒十一年九月張孟英立收租字

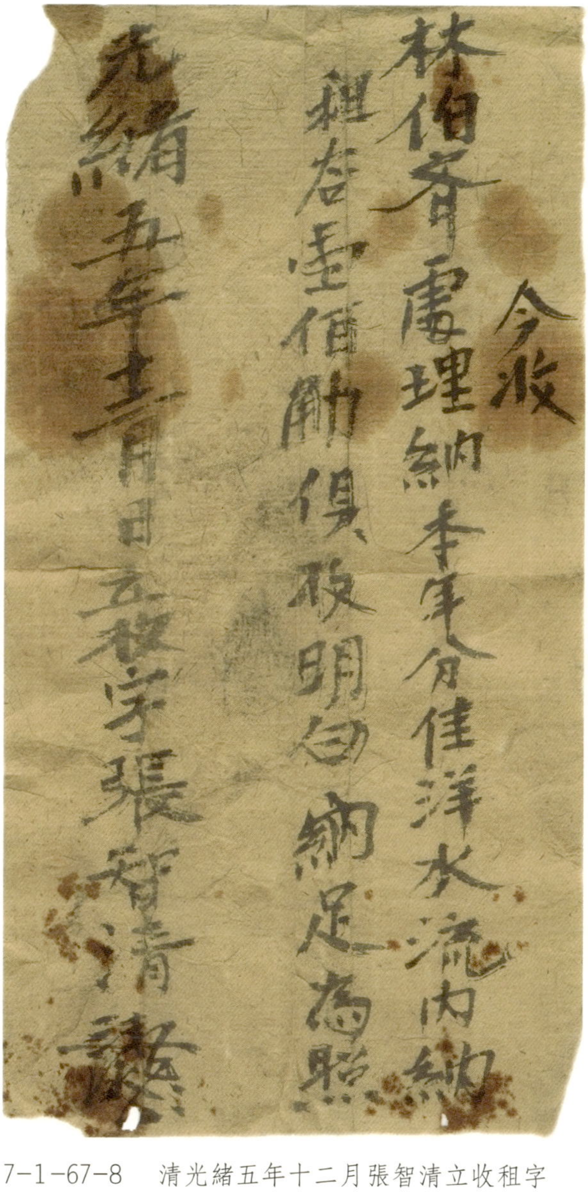

今收

林伯奇處理納本年分佳洋水流內納

租谷壹佰觔俱收明白納足爲照

光緒五年十二月　日立收字張智清[illegible]

7-1-67-8　清光緒五年十二月張智清立收租字

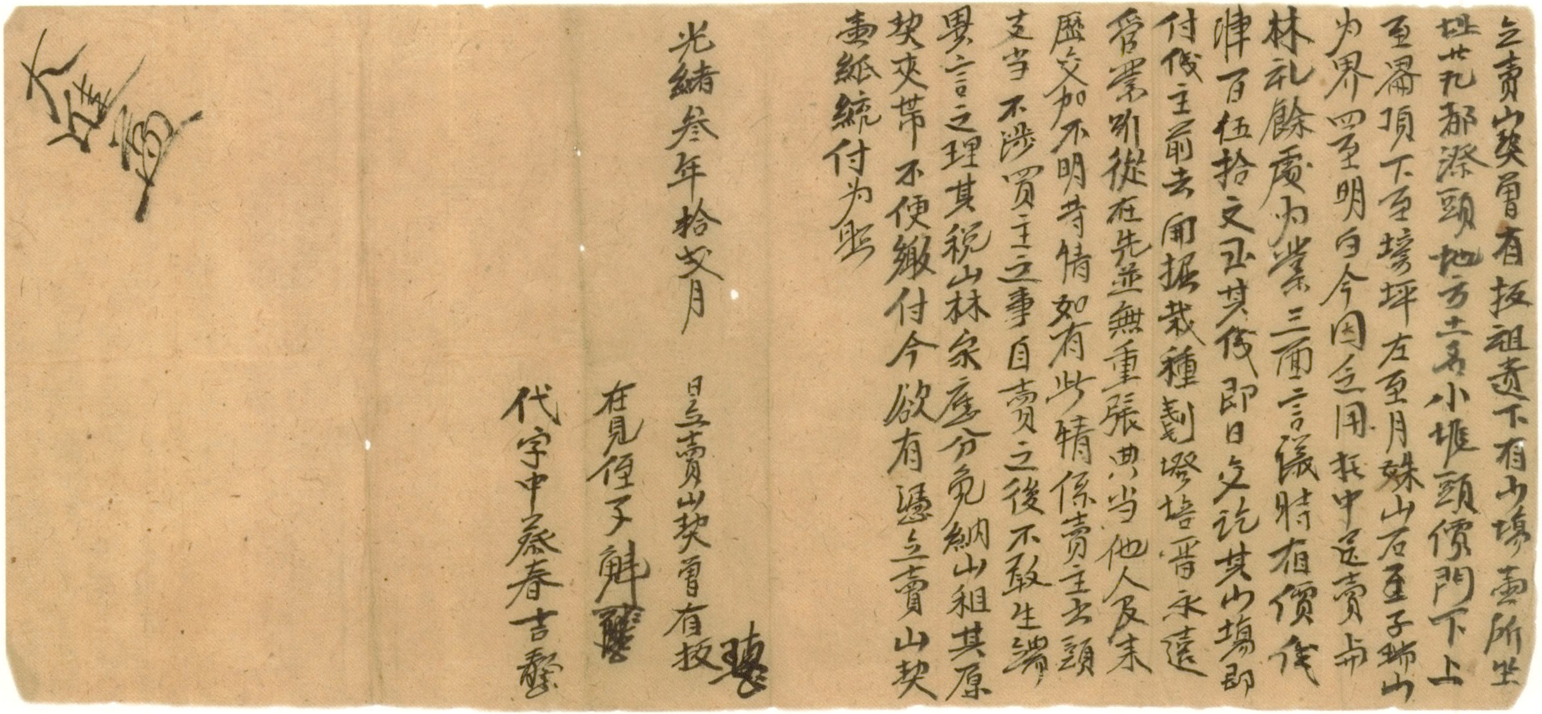

立賣山契曾有扳祖遺下有山場壹所坐
址本都漈頭地方土名小堆頭價門下上
至瀨項下至墘坪左至月妹山右至子垇山
為界四至明白今因乏用托中送賣與
林礼餘處為業三面言議時值價錢
肆百伍拾文正其錢即日交訖其山場即
付錢主前去開掘栽種劄堘培晋永遠
管業此從在先並無重張典當他人及未
歷交加不明等情如有此情係賣主出頭
支當不涉買主之事自賣之後不敢生端
異言之理其税山林係應分免納山租其原
契夾帶不便繳付今欲有憑立賣山契
壹紙繳付為照

光緒叁年拾弍月　日立賣山契曾有扳

在見侄子[illegible]

代字中蔡春吉

7-1-67-7　清光緒三年十二月曾有扳立賣山場契

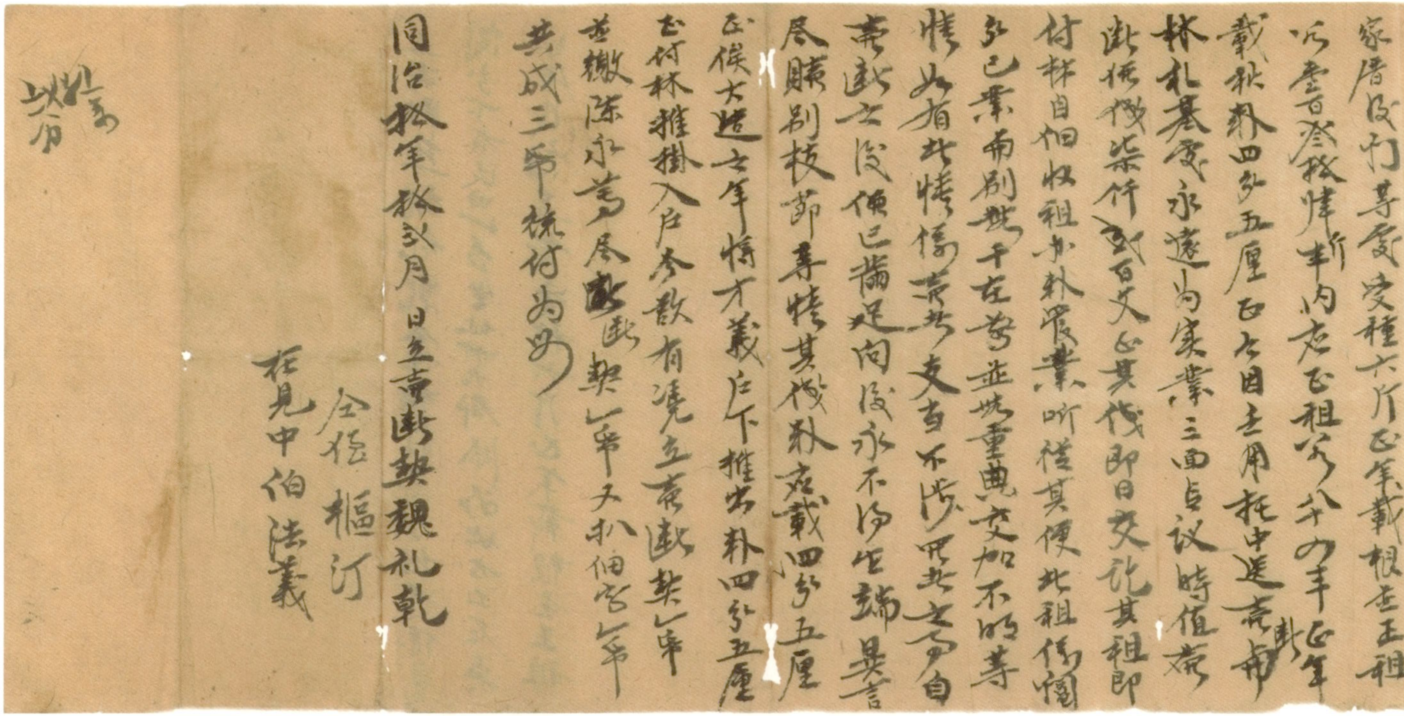

7-1-67-6　清同治十年十二月魏礼乾等立賣斷民田契

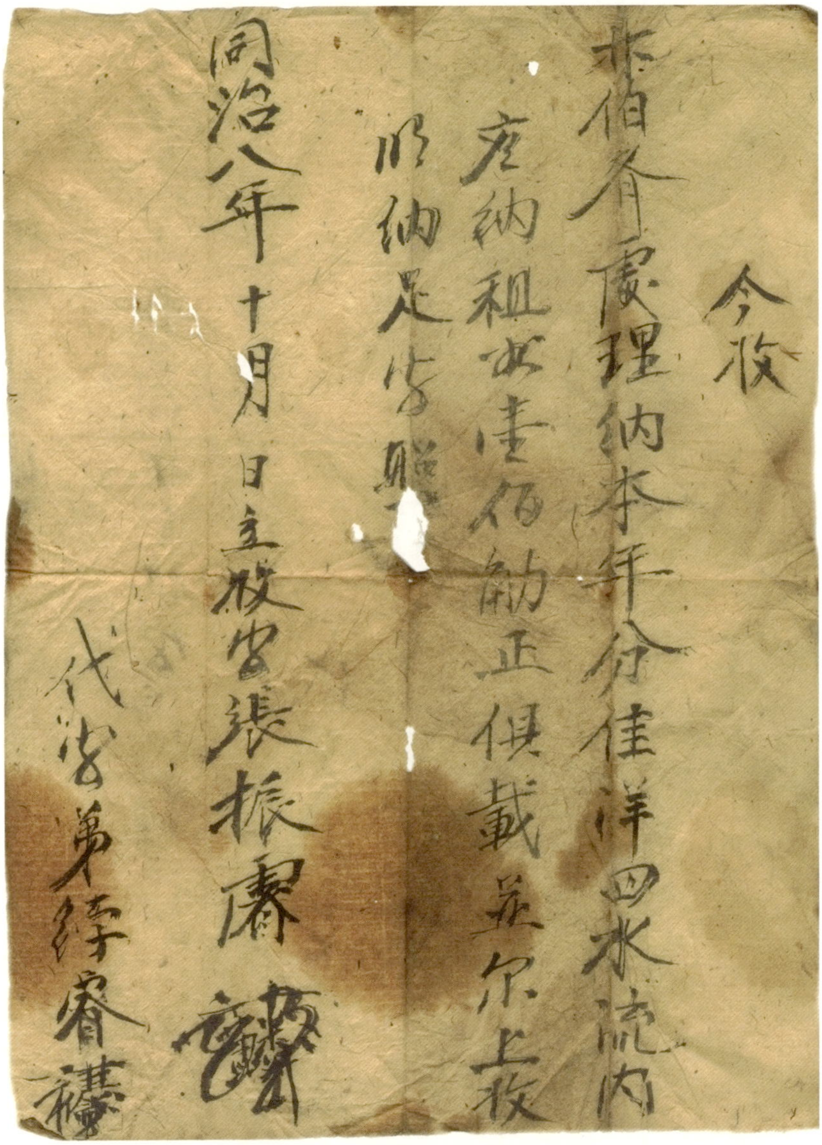
今收
本伯叔房理納本年分佳洋四水流內
庄納租谷壹佰觔正俱載並尔上收
明納足訖照
同治八年十月　日立收字張振睿
代字弟得睿

7-1-67-5　清同治八年十月張振睿立收租字

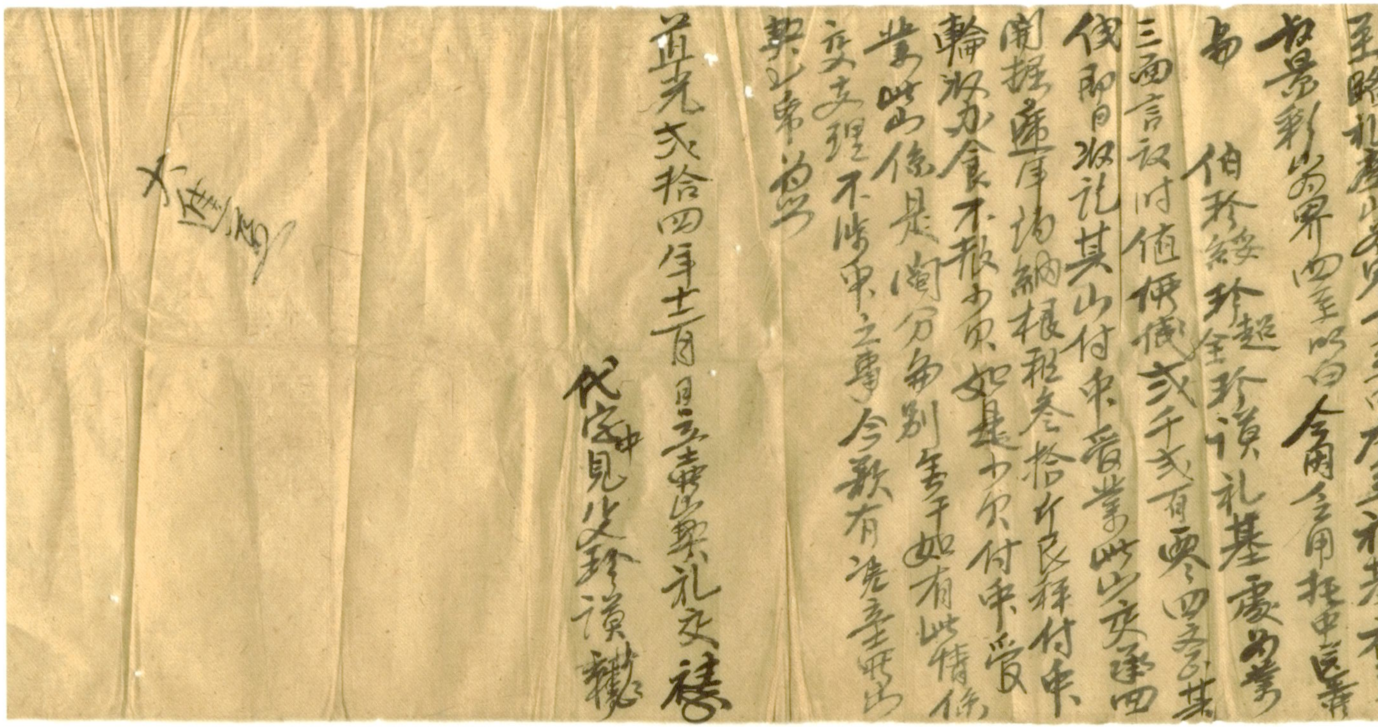
立賣山契人林礼交承父阄分有山場乙
所坐落土名茶林坑地方土名坐嶺坵上
至路礼基山為界下至田左至礼基右至
恭彰山為界四至明白今因乏用托中送与
為
伯秀綏珍起全珍謨礼基處為業
三面言議时值價錢弍千弍百文四至其
錢即日收訖其山付與買業出山交還四
開掘遷厝墳納根租叁拾斤良秤付與
輪收办食不敢少欠如是少欠付與買
業出山係是阄分物別房等如有此情係
交支理不涉买主之事今欲有凭立賣山
契乙紙為照
道光弍拾四年十二月 日立賣山契人林礼交
代字中見 堂珍謨

7-1-67-4　清道光二十四年十二月林礼交立賣山場契

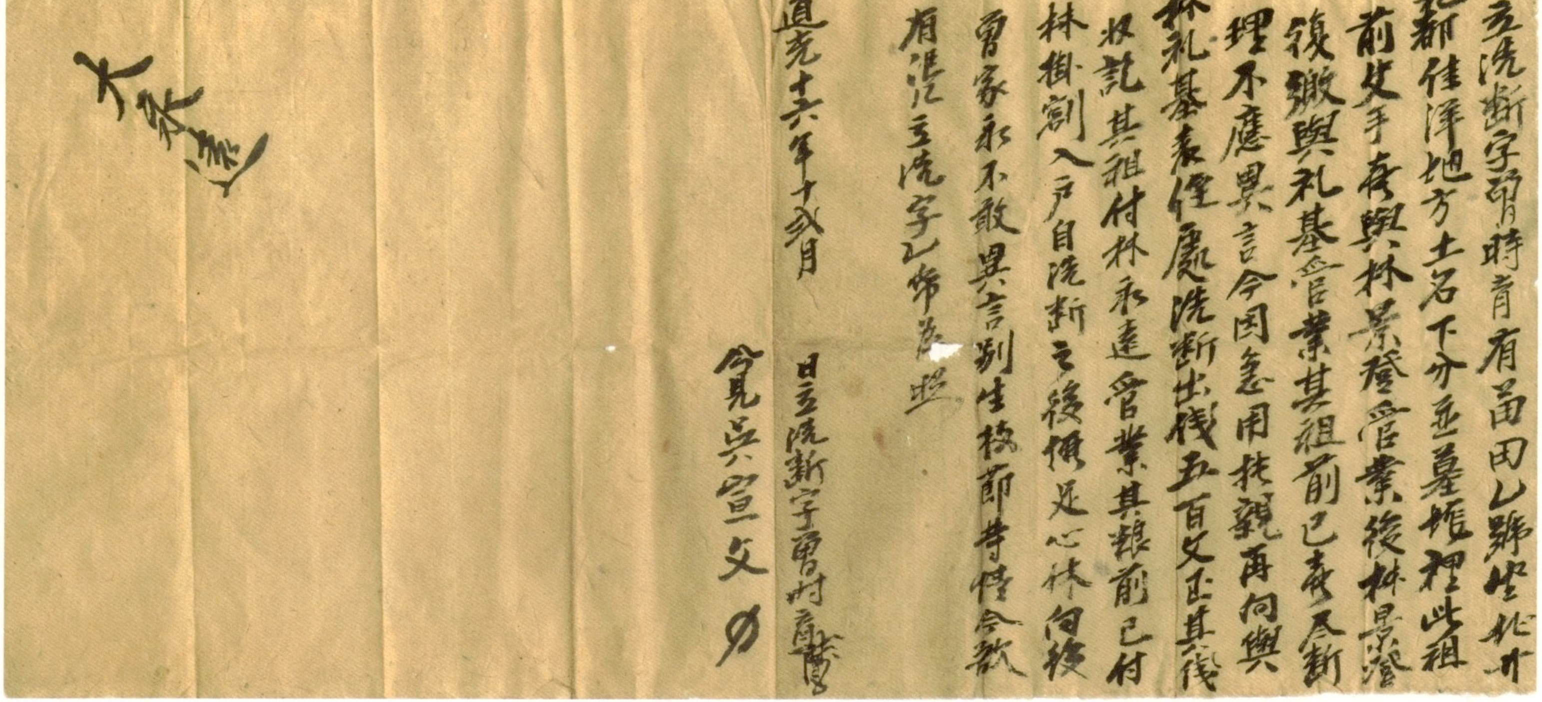
立洗斷字曾時育有苗田山場坐址於
紅新佳洋地方土名下分並墓樞裡此祖
前父手存與林景登管業後林景澄
復贌與礼基管業其祖前已找盡斷
理不應異言今因急用挽親再向與
林礼基表侄處洗斷出錢五百文正其錢
收訖其祖付林永遠管業其粮前已付
林掛割入戶自洗斷之後傾足心林向後
曾家永不敢異言別生枝節等情今欲
有憑立洗字一帋為照

道光十六年十弍月　日立洗斷字曾時育（押）

全見吳宣文（押）

7-1-67-3　清道光十六年十二月曾時育立洗斷苗田字

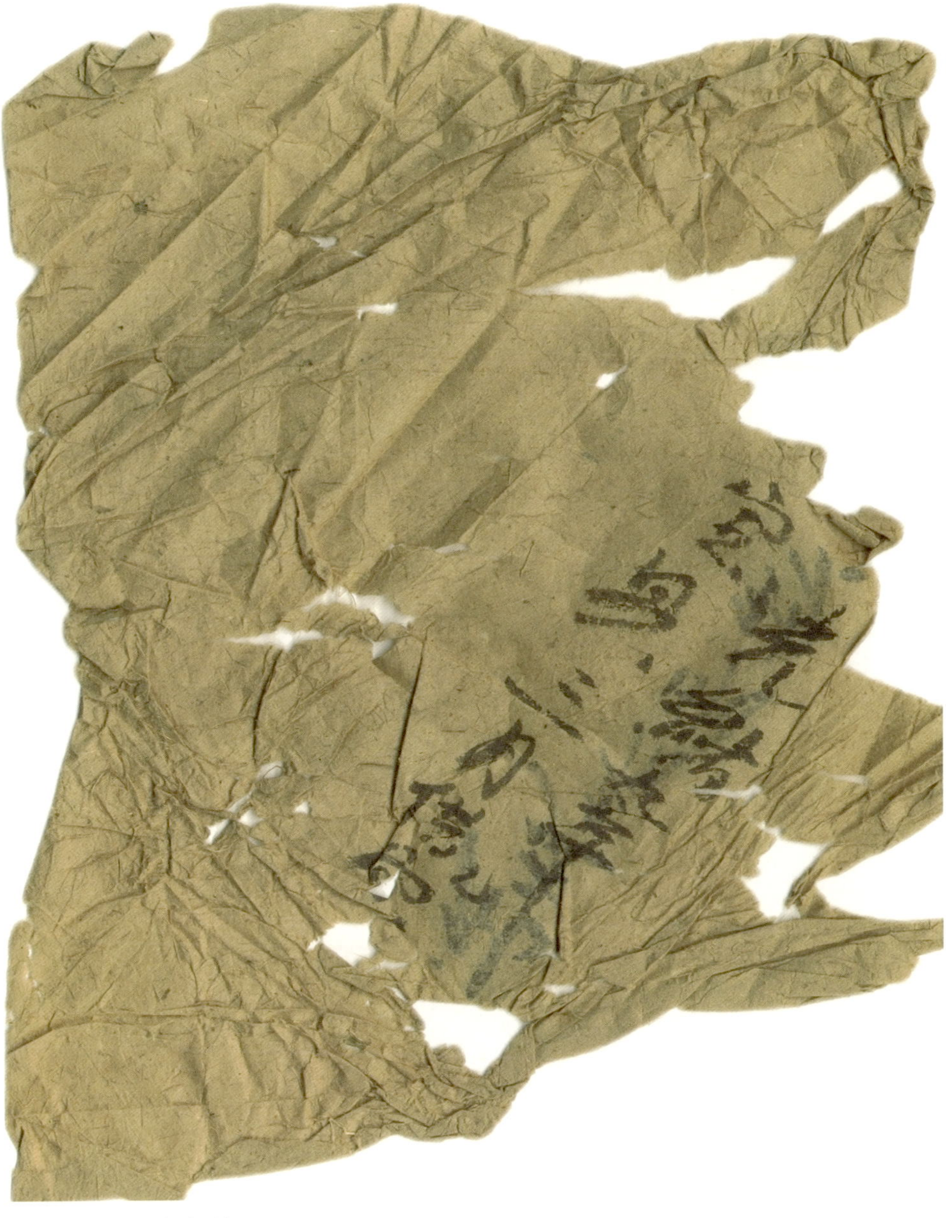

7-1-67-2　包契紙

7-1-67-1　包契紙

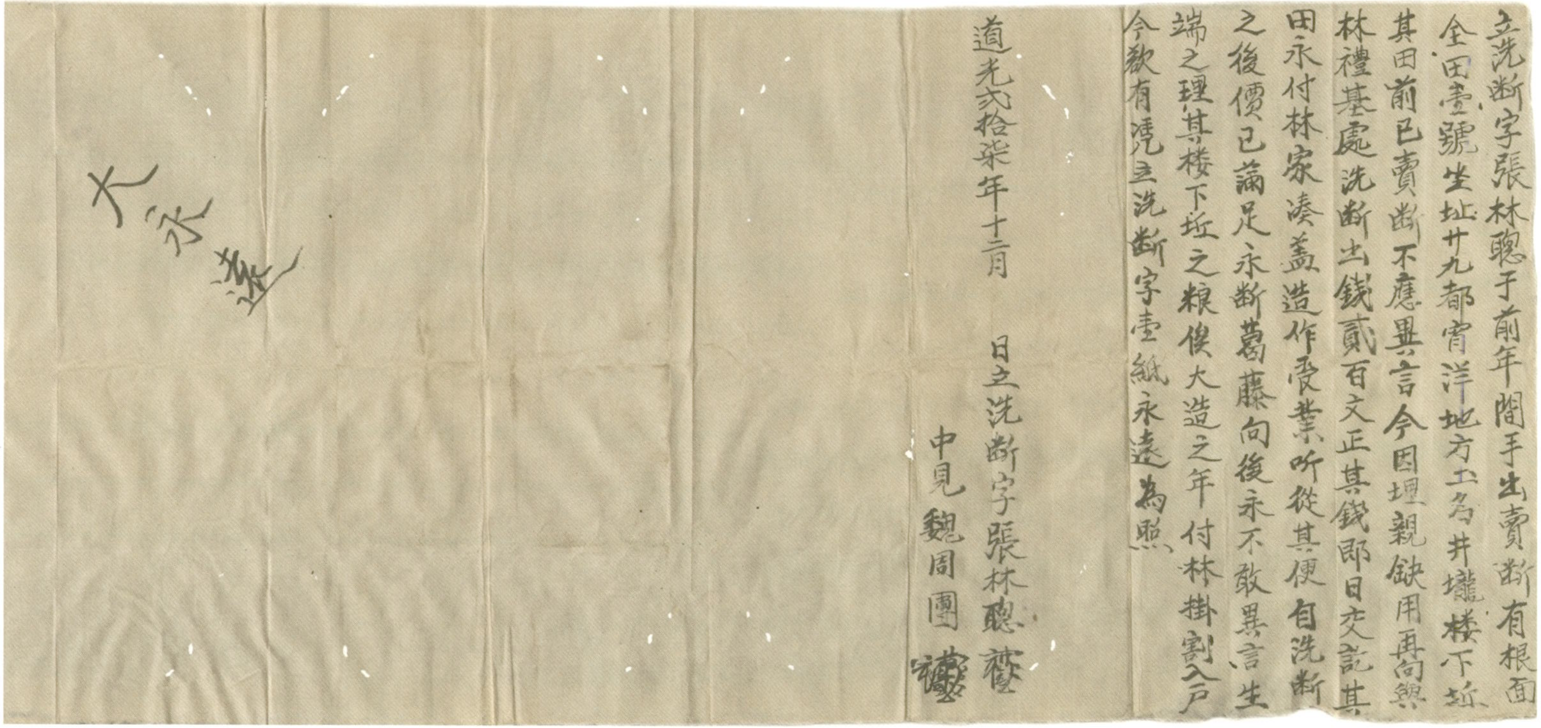
立洗斷字張林聰于前年閤手出賣斷有根面
全田壹號坐址廿九都甯洋地方土名井壠樓下垅
其田前已賣斷不應異言今因埋親缺用再向與
林禮基處洗斷出錢貳百文正其錢即日交訖其
田永付林家湊蓋造作風業听從其便自洗斷
之後價已滿足永斷葛藤向後永不敢異言生
端之理其樓下垅之粮俟大造之年付林掛割入戶
今欲有憑立洗斷字壹紙永遠為照

道光弍拾柒年十二月　日立洗斷字張林聰

中見　魏周團

大永遠

7-1-66-4　清道光二十七年十二月張林聰立洗斷根面全田字

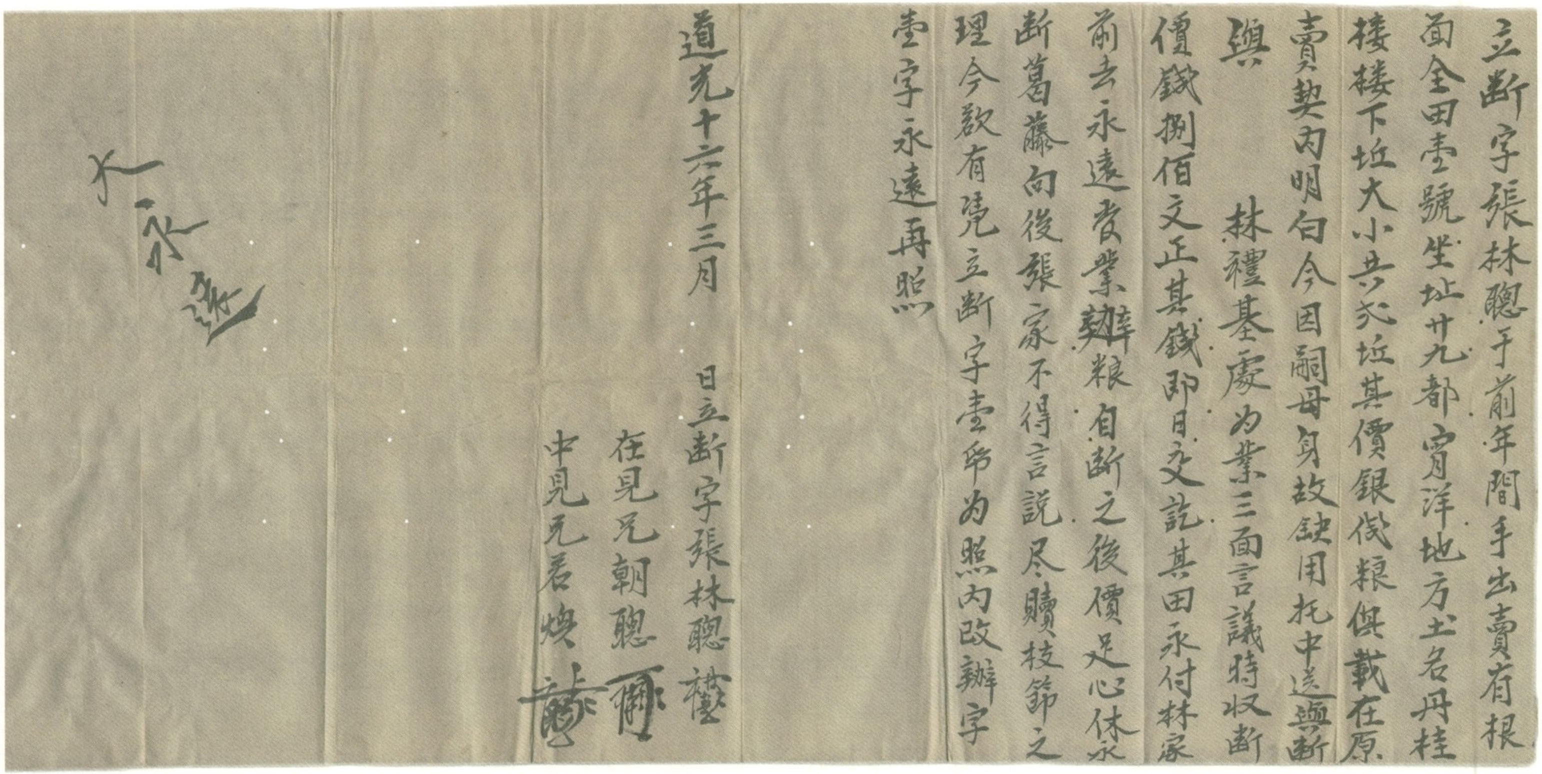

立斷字張林聰，于前年間手出賣有根
面全田壹號，坐址廿九都宵洋地方，土名丹桂
樓樓下坵大小共六坵，其價銀俵粮俱載在原
賣契內明白。今因嗣母身故，缺用，托中送與斷
與　林禮基、慶為業。三面言議，特收斷
價錢捌佰文正，其錢即日交訖，其田永付林家
前去永遠管業，辦粮自斷之後，價足心休，永
斷葛藤，向後張家不得言說，尽贖枝節之
理。今欲有憑，立斷字壹帋為照，內改辦字
壹字，永遠再照。

道光十六年三月　日立斷字張林聰（押）
在見兄朝聰（押）
中見兄君煥（押）

不永遠

7-1-66-3　清道光十六年三月張林聰立斷根面全田字

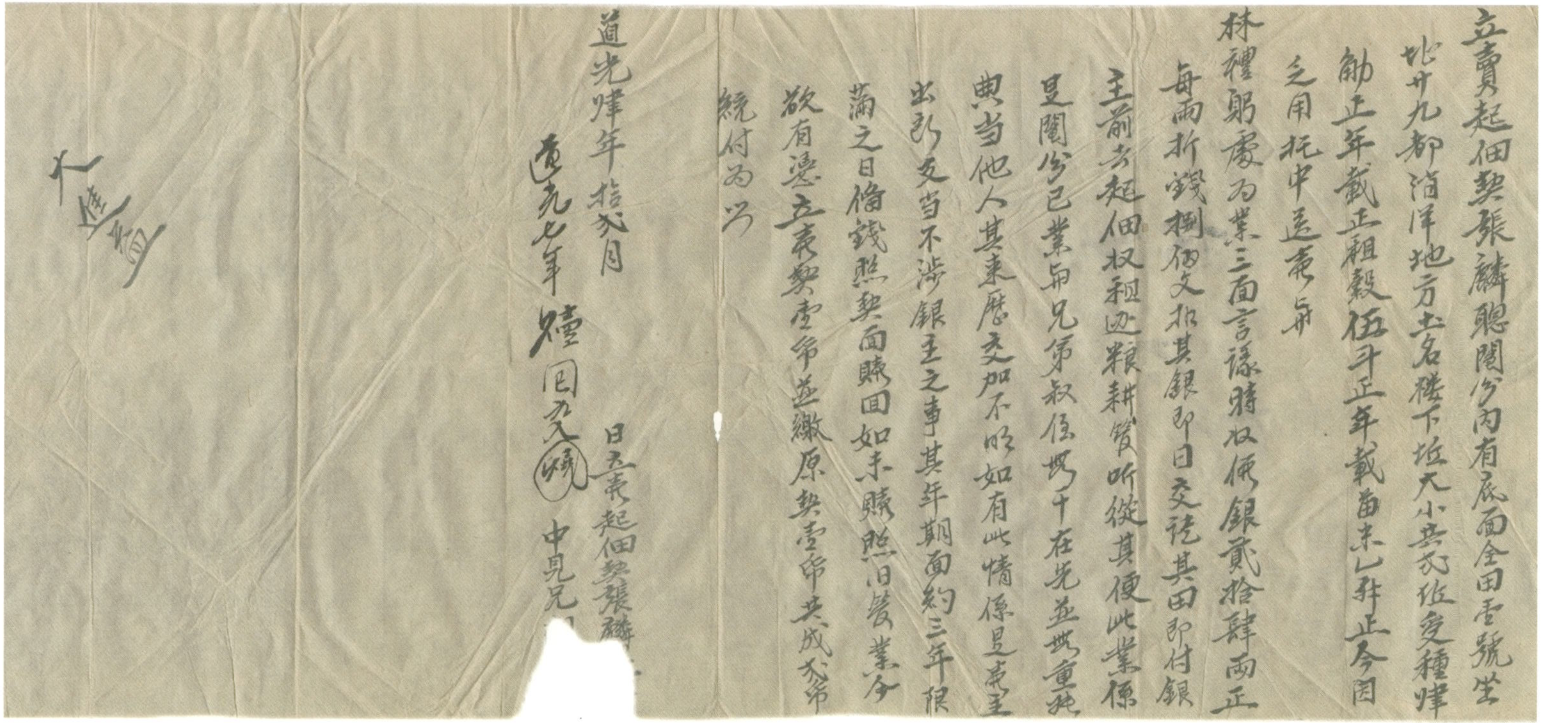
立賣起佃契張麟聰闔分內有底面全田壹號坐
址廿九都消洋地方土名磜下垅大小共弍坵受種肆
觔正年載正租穀伍斗正年載苗米山升正今因
乏用托中送賣與
林禮朗處為業三面言議時收價銀貳拾肆兩正
每兩折錢捌佰文扣其銀即日交訖其田即付銀
主前去起佃收租迎粮耕管听從其便此業係
是闔分已業與兄弟叔侄等無干在先並無重張
典当他人其來歷交加不明如有此情係是賣主
出頭支当不涉銀主之事其年期面約三年限
滿之日備錢照契面贖回如未贖照旧管業今
欲有憑立賣契壹帋並繳原契壹帋共成弍帋
統付為照
道光肆年拾弍月　日立賣起佃契張麟
中見兄
道光七年贖回乃交燒
大[illegible]賣

7-1-66-2　清道光四年十二月張麟聰立賣起佃底面全田契

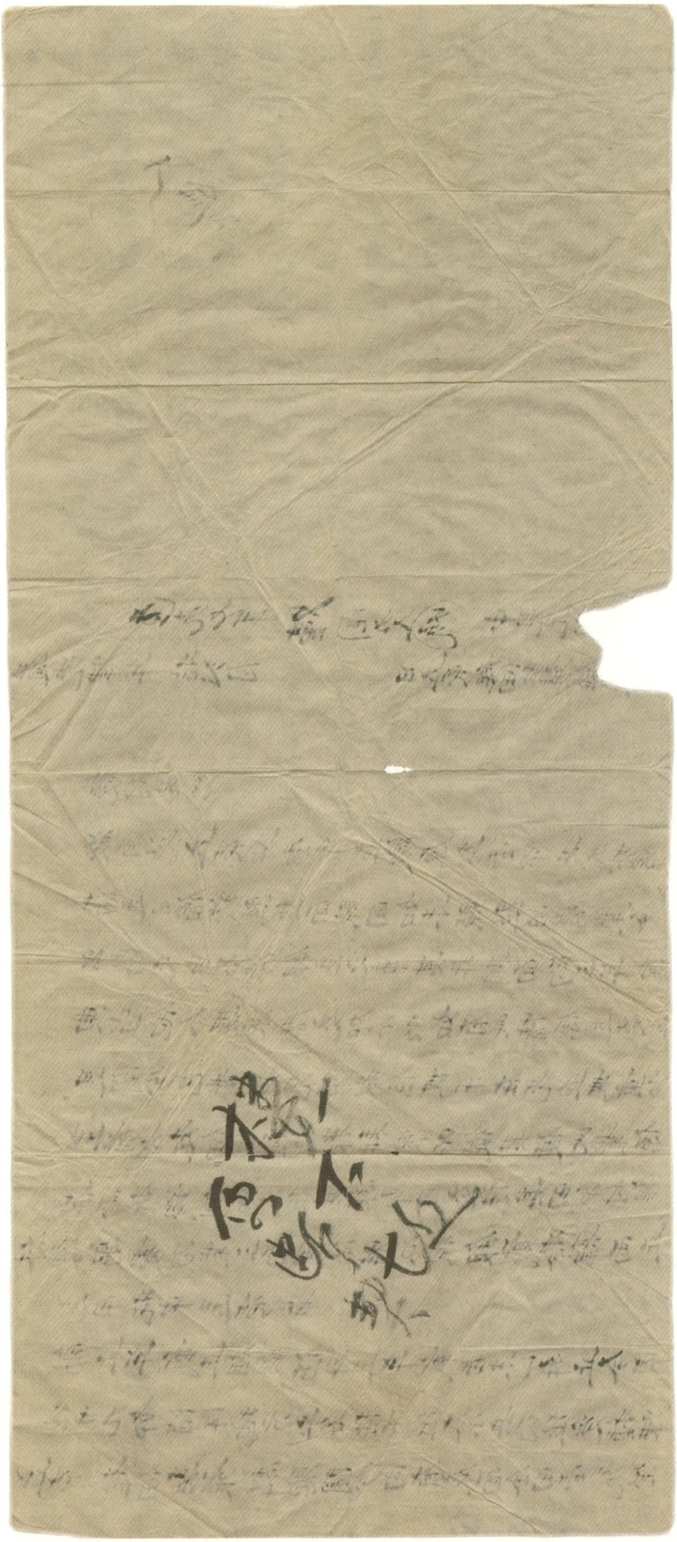

7-1-66-1 包契紙

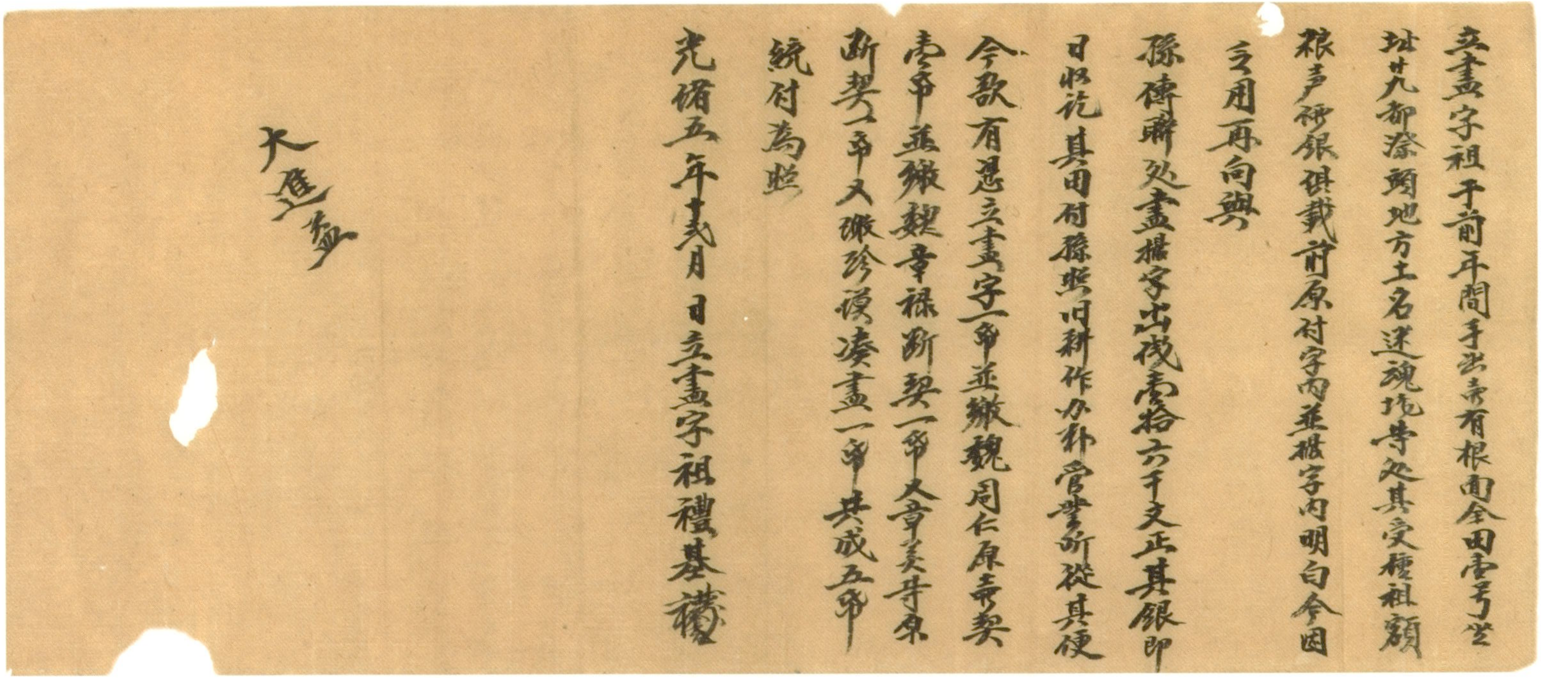

立盡字祖于前年間手出賣有根面全田壹号坐
址廿九都蓀頭地方土名迷魂坑寺处其受種祖額
粮声秒銀俱載前原討字內並根字內明白今因
乏用再向與
孫傳霖处盡根字出找壹拾六千文正其銀即
日收訖其田付孫些叩耕作办納管業所從其便
今欲有憑立盡字一帋並繳魏周仁原賣契
壹帋並繳魏章禄斷契一帋大章美寺原
斷契一帋又繳珍濱凑盡一帋共成五帋
繳付為照
光緒五年十二月　日立盡字祖禮基（押）

大進益

7-1-65-4　清光緒五年十二月林禮基立盡根面全田字

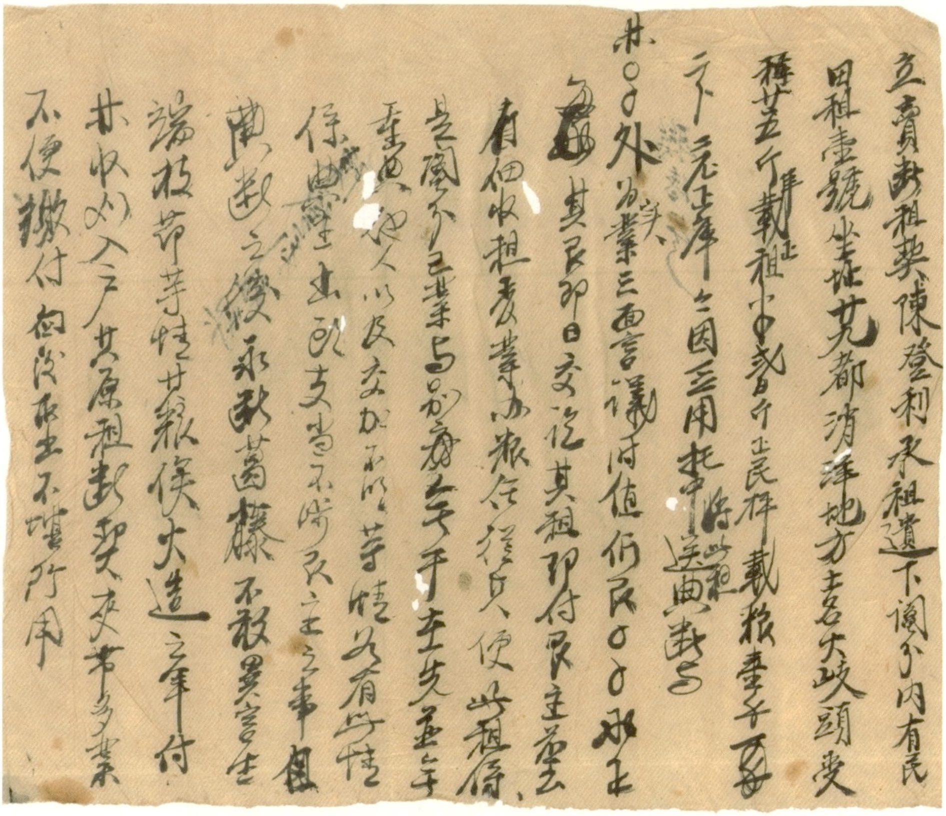

7-1-65-3　清同治年間陳登利立賣斷民田租契（草契）

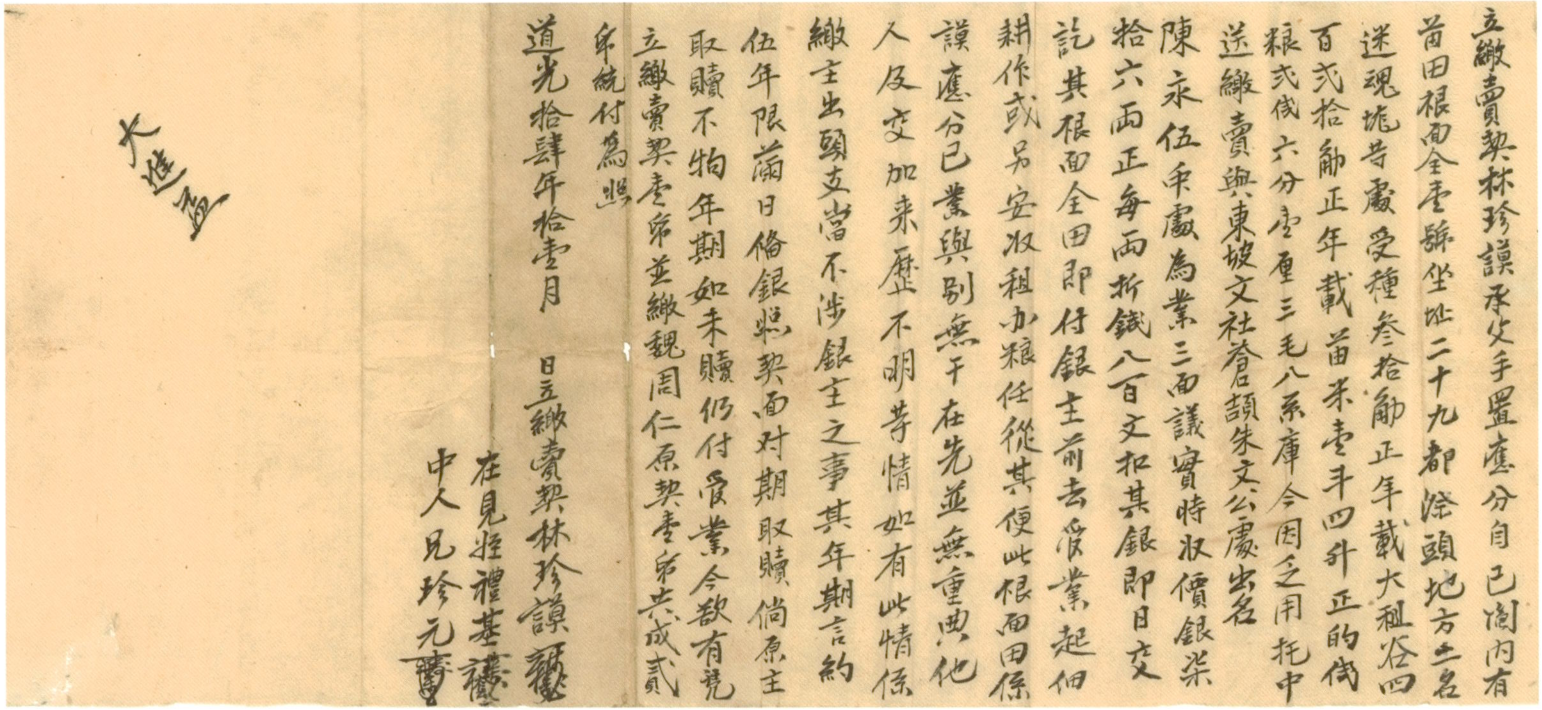

立繳賣契林珍謨承父手置產分自己阄内有
苗田根面全壹號坐址二十九都涂頭地方土名
迷魂坭等處受種叁拾觔正年載大租谷四
百弍拾觔正年載苗米壹斗四升正的伐
粮弍伐六分壹厘三毛八系庫今因乏用托中
送繳賣與東坡文社倉頡朱文公處出名
陳永伍承處為業三面議實時収價銀柒
拾六两正每两折錢八百文扣其銀即日交
訖其根面全田即付銀主前去管業起佃
耕作或另安収租办粮任從其便此根面田係
謨應分已業與別無干在先並無重典他
人及交加来歷不明等情如有此情係
繳主出頭支當不涉銀主之事其年期言約
伍年限滿日備銀照契面对期取贖倘原主
取贖不拘年期如未贖仍付管業今欲有憑
立繳賣契壹帋並繳覩周仁原契壹帋共成弍
帋統付為照
道光拾肆年拾壹月　日立繳賣契林珍謨
在見姪禮基
中人見珍元
大進益

7-1-65-2　清道光十四年十一月林珍謨立繳賣根面全苗田契

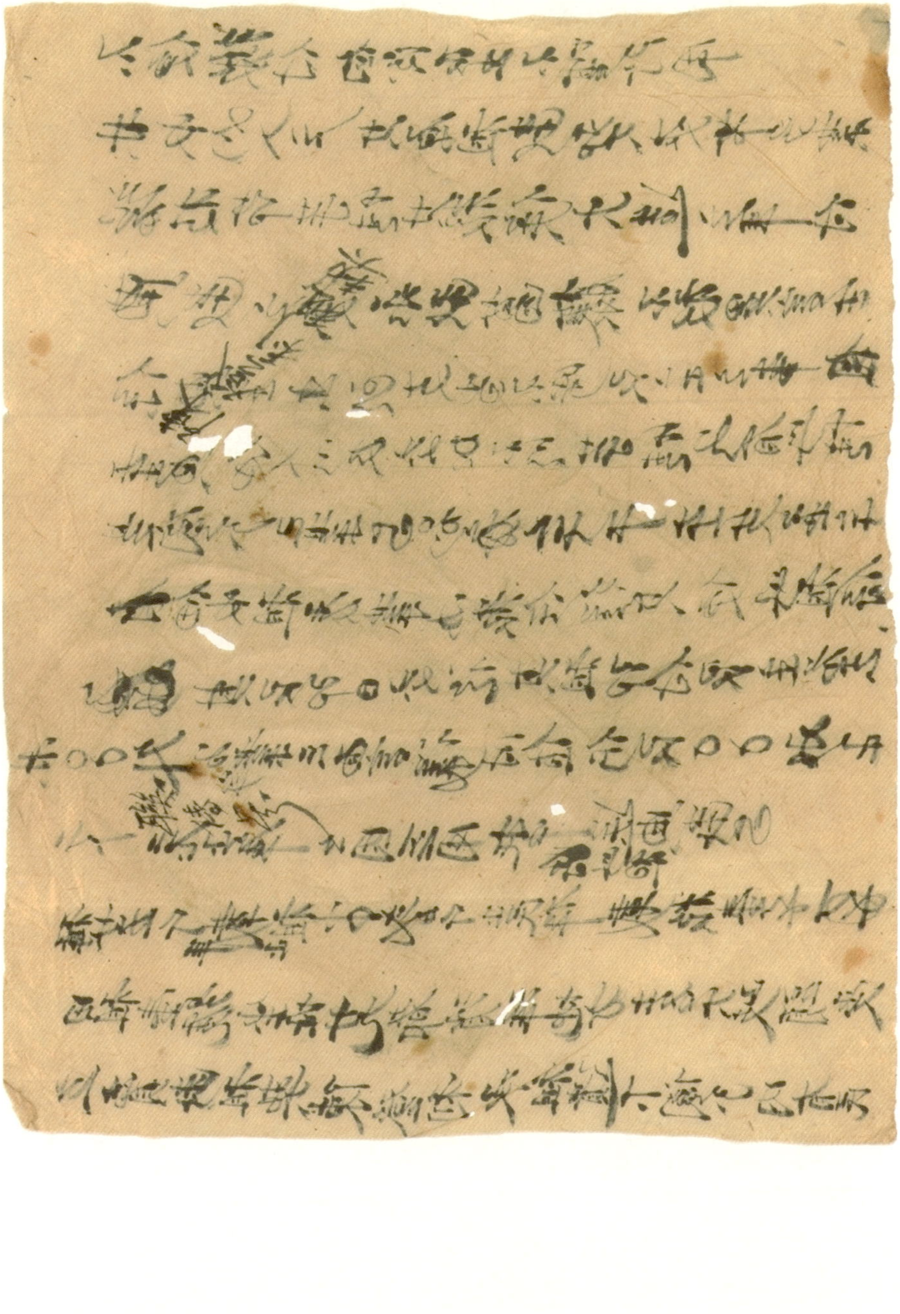

7-1-65-1　包契紙

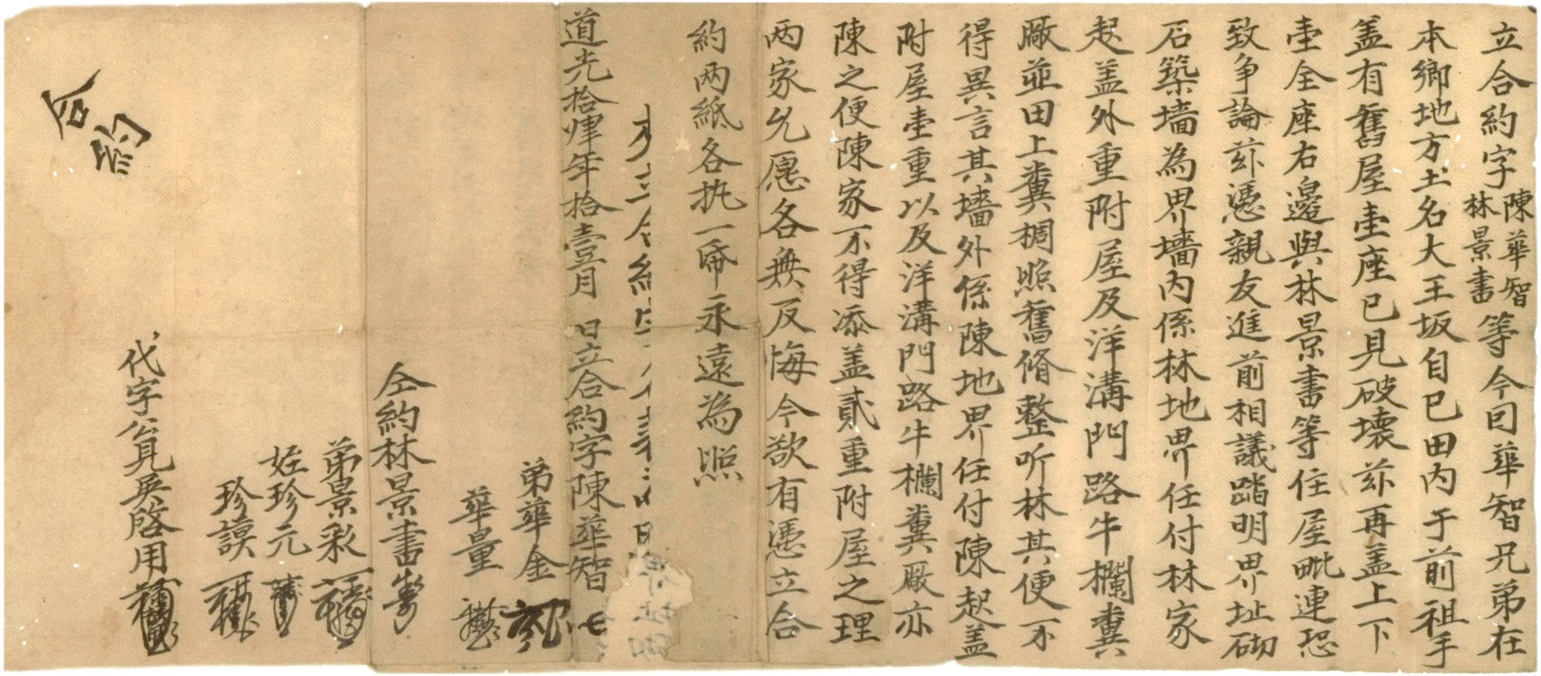

立合約字陳華智林景書等今因華智兄弟在
本鄉地方土名大王坂自己田內于前祖手
蓋有舊屋圭座已見破壞亦再蓋上下
圭全座右邊與林景書等住屋毗連恐
致爭論亦憑親友進前相議踏明界址砌
石築墻為界墻內係林地界任付林家
起蓋外重附屋及洋溝門路牛欄糞
廠並田上糞㘵照舊脩整听林其便不
得異言其墻外係陳地界任付陳起蓋
附屋圭重以及洋溝門路牛欄糞廠亦
陳之便陳家不得添蓋貳重附屋之理
兩家允愿各無反悔今欲有憑立合
約兩紙各執一紙永遠為照

道光拾肆年拾壹月　日立合約字陳華智
弟華金
華量
仝約林景書
弟景彩
姪珍元
珍謨
代字貢見吳啓用

合約

7-1-64-2　清道光十四年十一月陳華智等立合約字

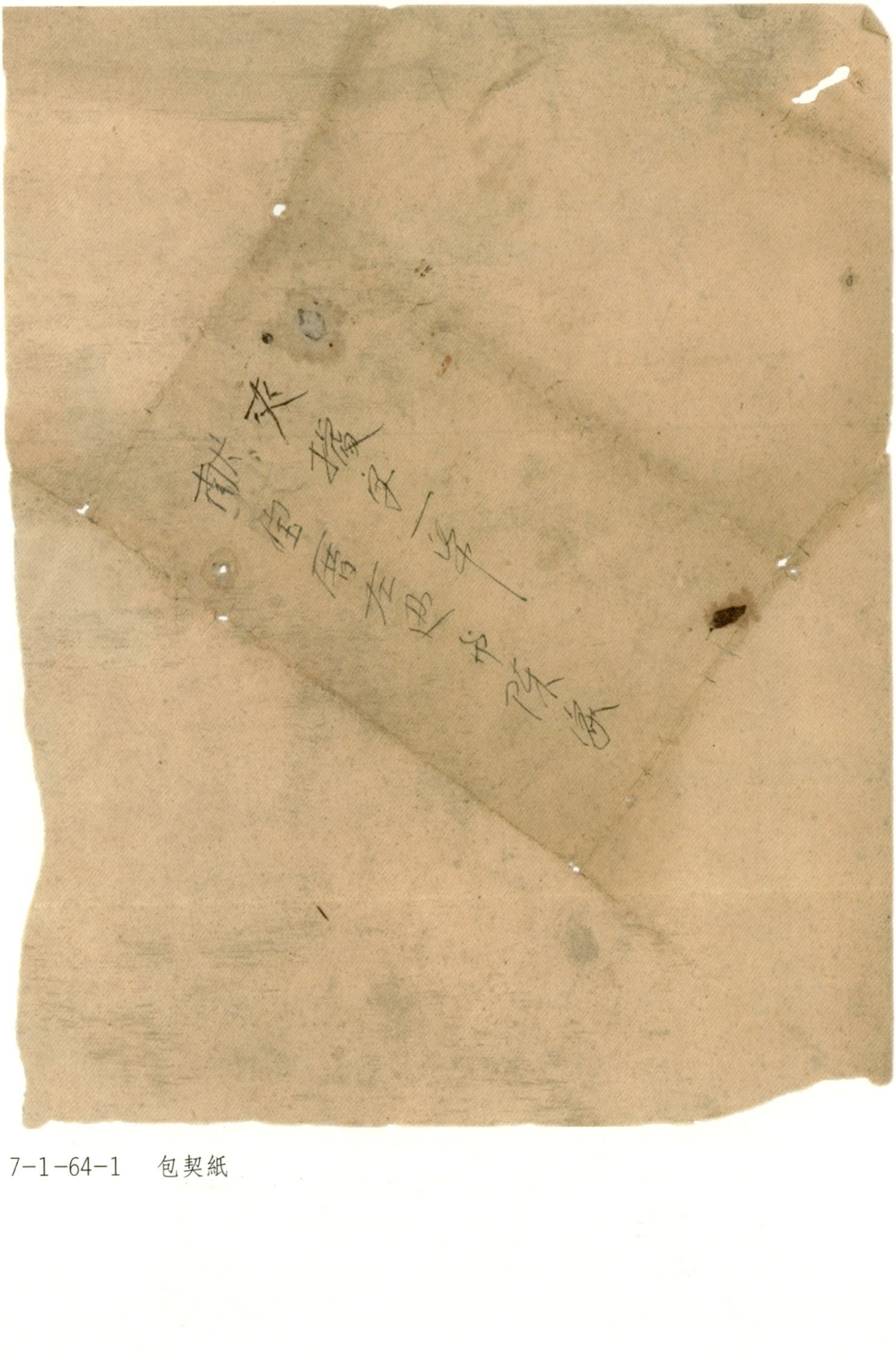

7-1-64-1　包契紙

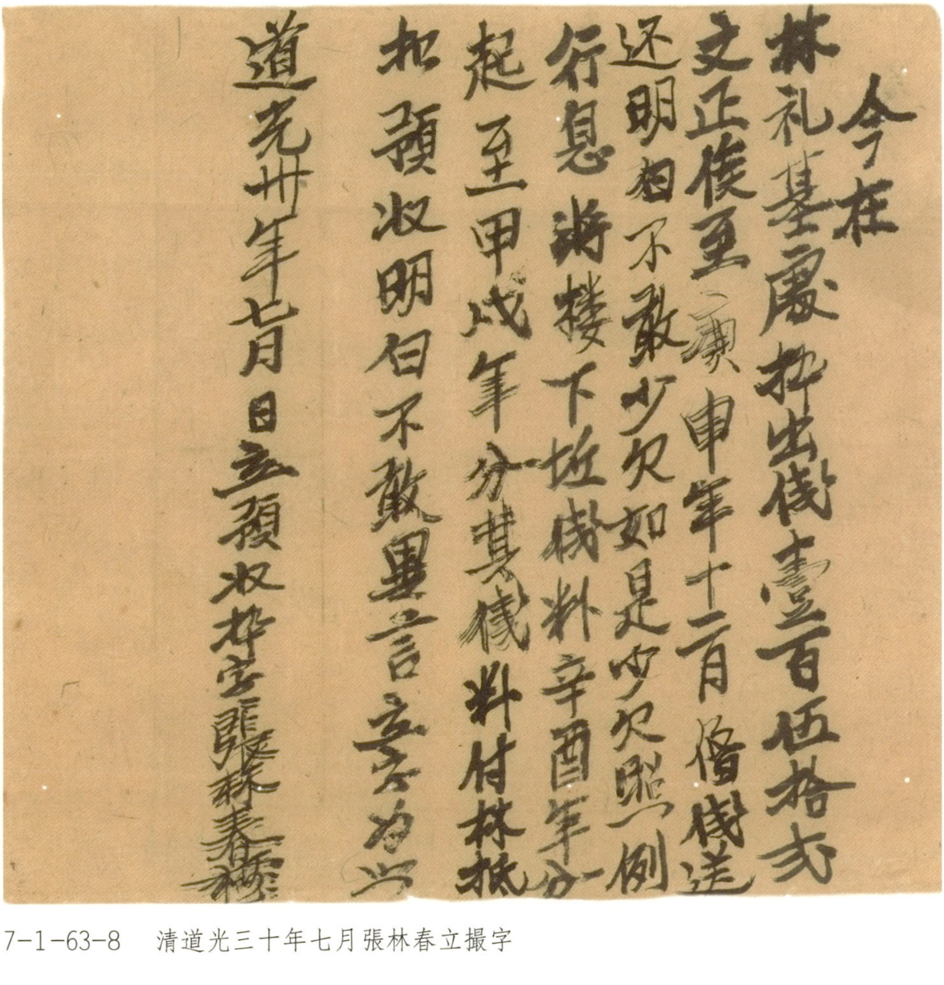
今在
林礼基處撥出錢壹百伍拾式
文正後至庚申年十二月備錢送
还明白不敢少欠如是少欠照例
行息游樓下坵錢料辛酉年分
起至甲戌年分其錢料付林抵
扣領收明白不敢異言立字為照
道光卅年七月　日立領收撥字張林春

7-1-63-8　清道光三十年七月張林春立撥字

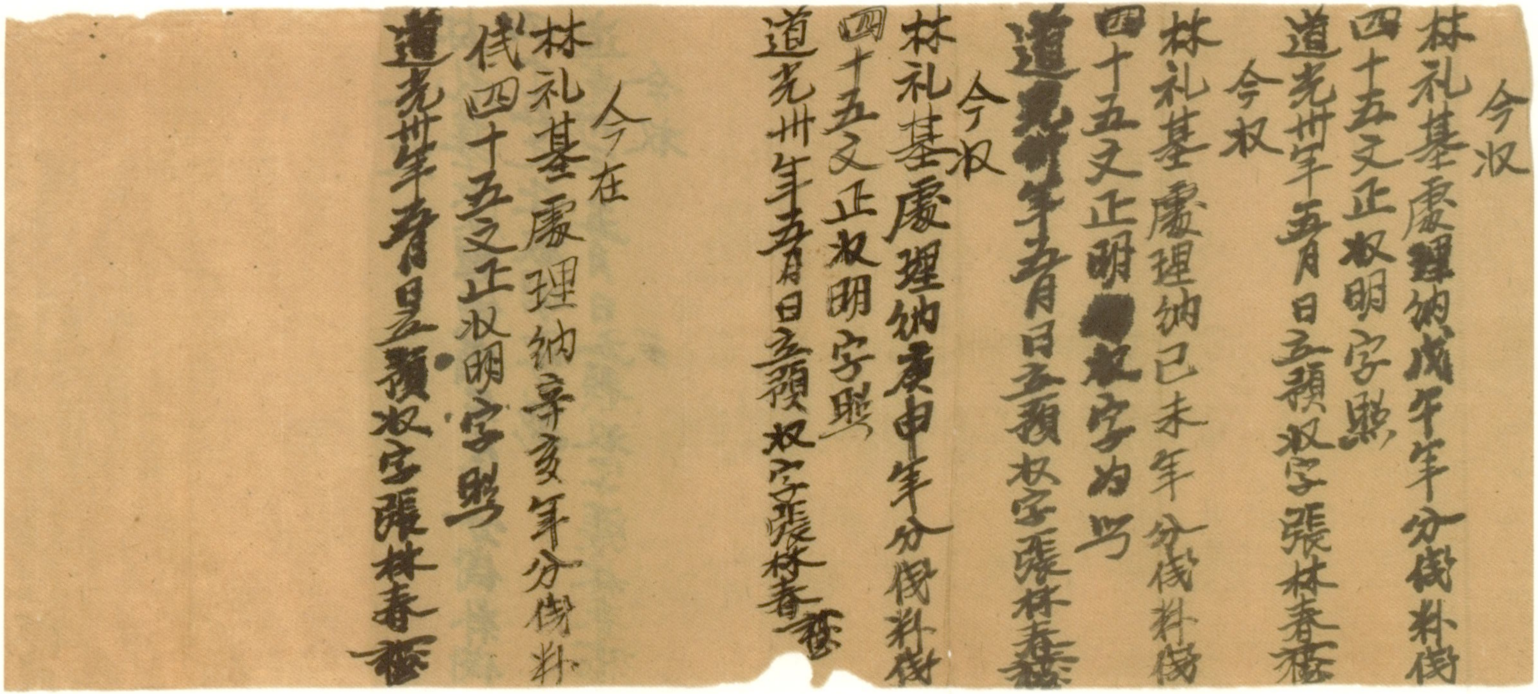
今收
林礼基處理納戊午年分錢糧錢
四十五文正收明字照
道光卅年五月日立預收字張林春押
今收
林礼基處理納己未年分錢糧錢
四十五文正明□收字为照
道光卅年五月日立預收字張林春押
今收
林礼基處理納庚申年分錢糧錢
四十五文正收明字照
道光卅年五月日立預收字張林春押
今在
林礼基處理納辛亥年分錢糧
錢四十五文正收明字照
道光卅年五月日立預收字張林春押

7-1-63-7　清道光三十年五月張林春立收錢糧字（二）

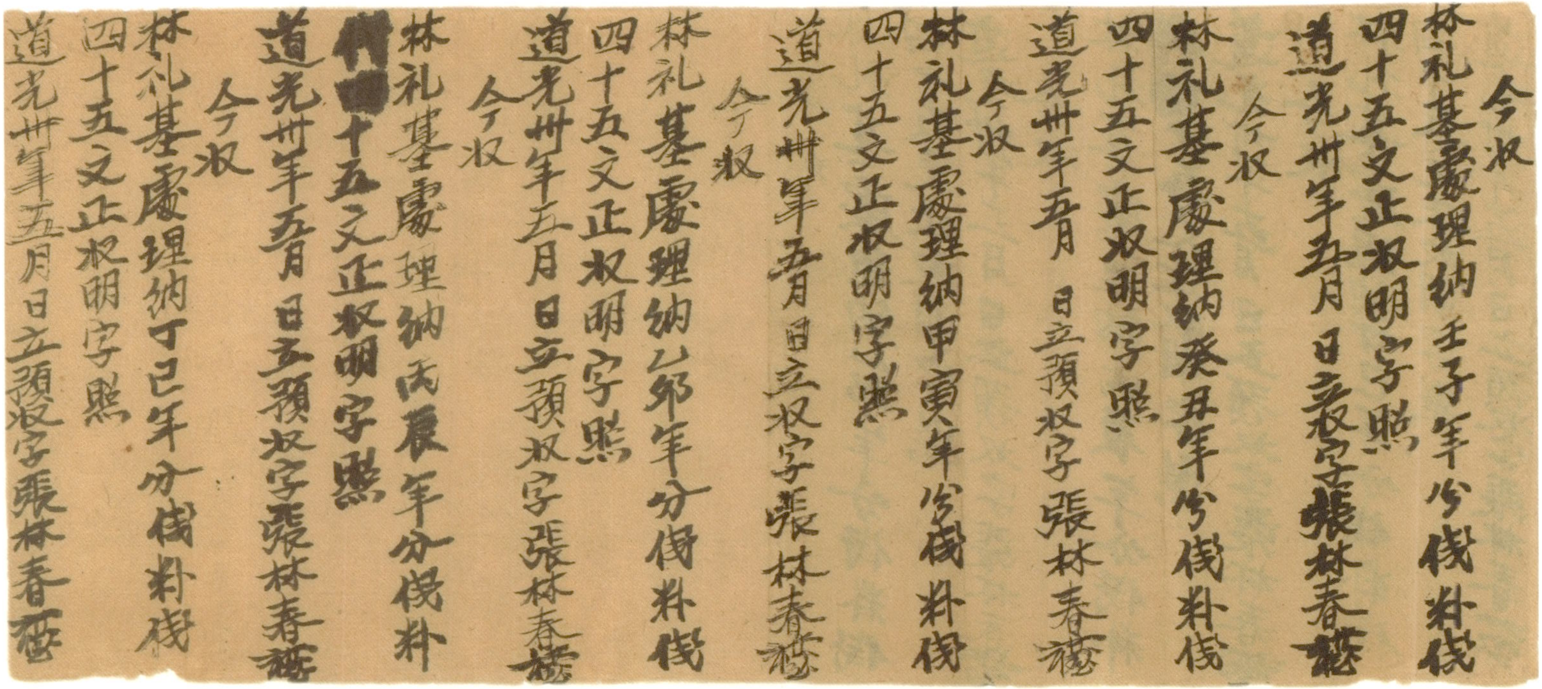

今收
林礼基處理納壬子年分錢料錢
四十五文正收明字照
道光卅年五月　日立收字張林春

今收
林礼基處理納癸丑年分錢料錢
四十五文正收明字照
道光卅年五月　日立領收字張林春

今收
林礼基處理納甲寅年分錢料錢
四十五文正收明字照
道光卅年五月　日立收字張林春

今收
林礼基處理納乙卯年分錢料錢
四十五文正收明字照
道光卅年五月　日立領收字張林春

今收
林礼基處理納丙辰年分錢料
四十五文正收明字照
道光卅年五月　日立領收字張林春

今收
林礼基處理納丁巳年分錢料錢
四十五文正收明字照
道光卅年五月日立領收字張林春

7-1-63-6　清道光三十年五月張林春立收錢糧字（一）

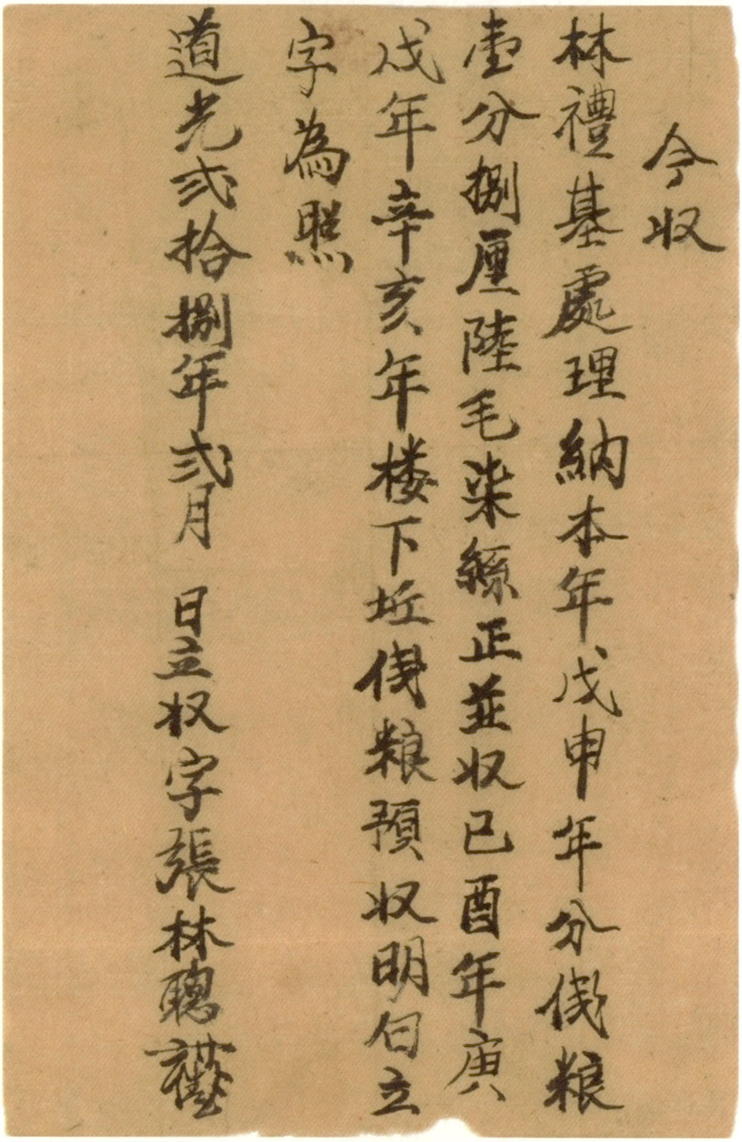
今收
林禮基處理納本年戊申年分錢粮
壹分捌厘陸毛柒絲正並收己酉年庚
戌年辛亥年樓下坵錢粮預收明白立
字為照
道光貳拾捌年貳月　日立收字張林聰(押)

7-1-63-5　清道光二十八年二月張林聰立收錢糧字

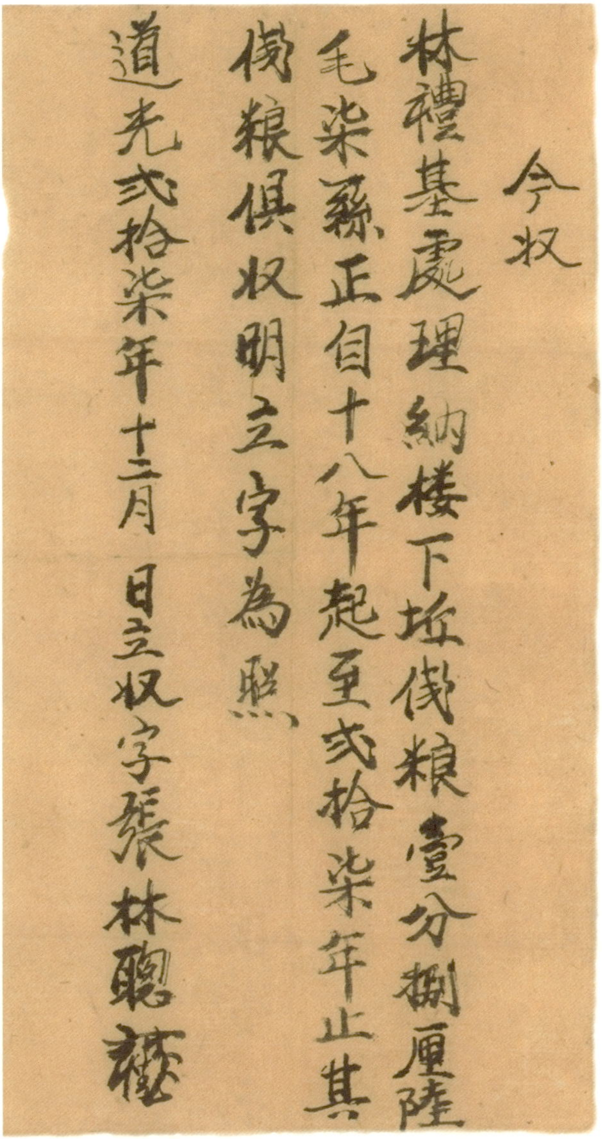
今收
林禮基處理納樓下坵伐粮壹分捌厘陸
毛柒絲正自十八年起至弍拾柒年止其
伐粮俱收明立字為照
道光弍拾柒年十二月 日立收字張林聰

7-1-63-4　清道光二十七年十二月張林聰立收錢糧字

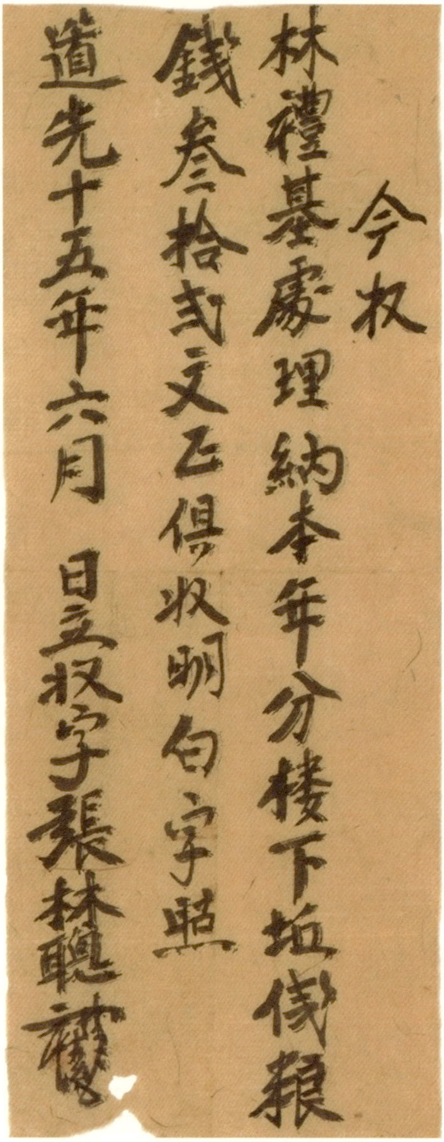
今收
林禮基處理納本年分樓下坵傢糧
錢叁拾弍文正俱收明白字照
道光十五年六月　日立收字張林聽

7-1-63-3　清道光十五年六月張林聰立收錢糧字

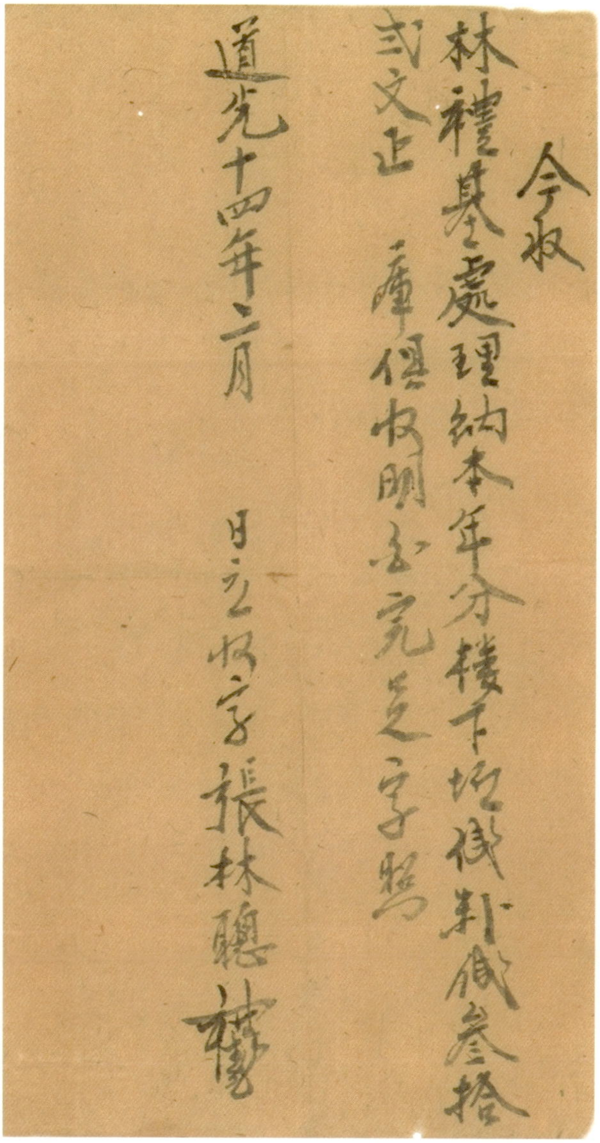
今收
林禮基處理納本年分錢糧下坵錢對錢叁拾
弍文正　庫俱收明白完足字照
道光十四年二月　日立收字　張林聽　押

7-1-63-2　清道光十四年二月張林聽立收錢糧字

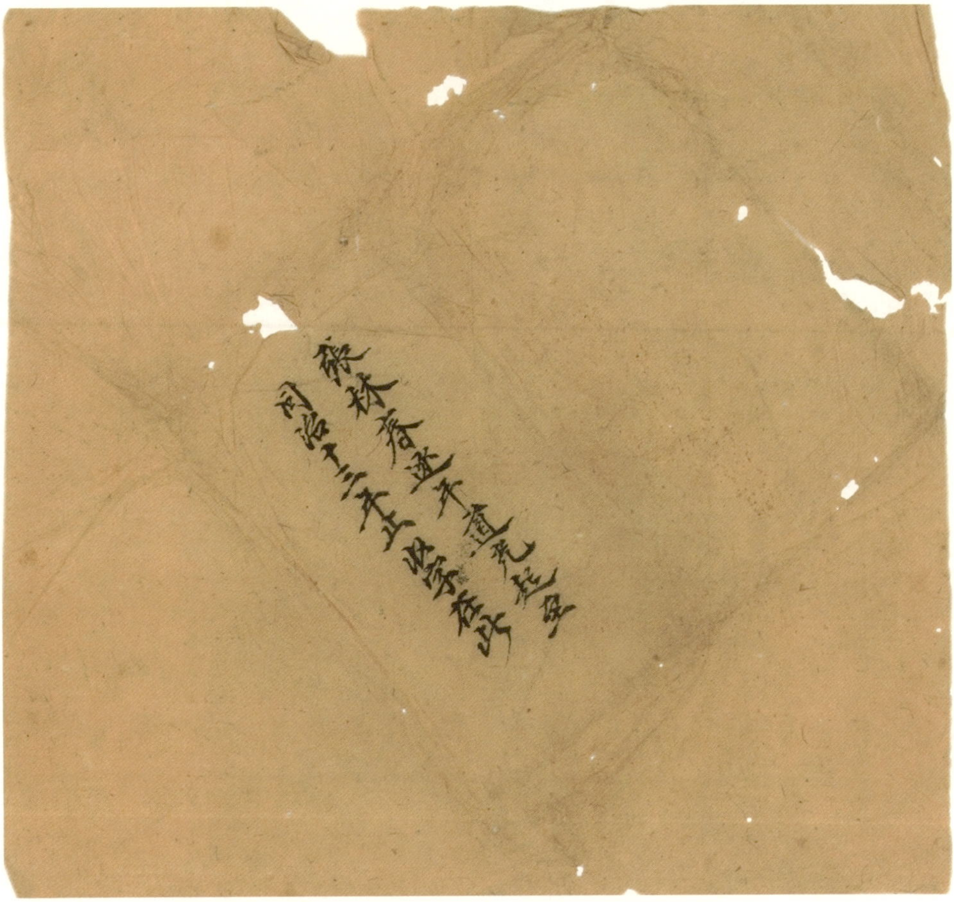

7-1-63-1　包契紙

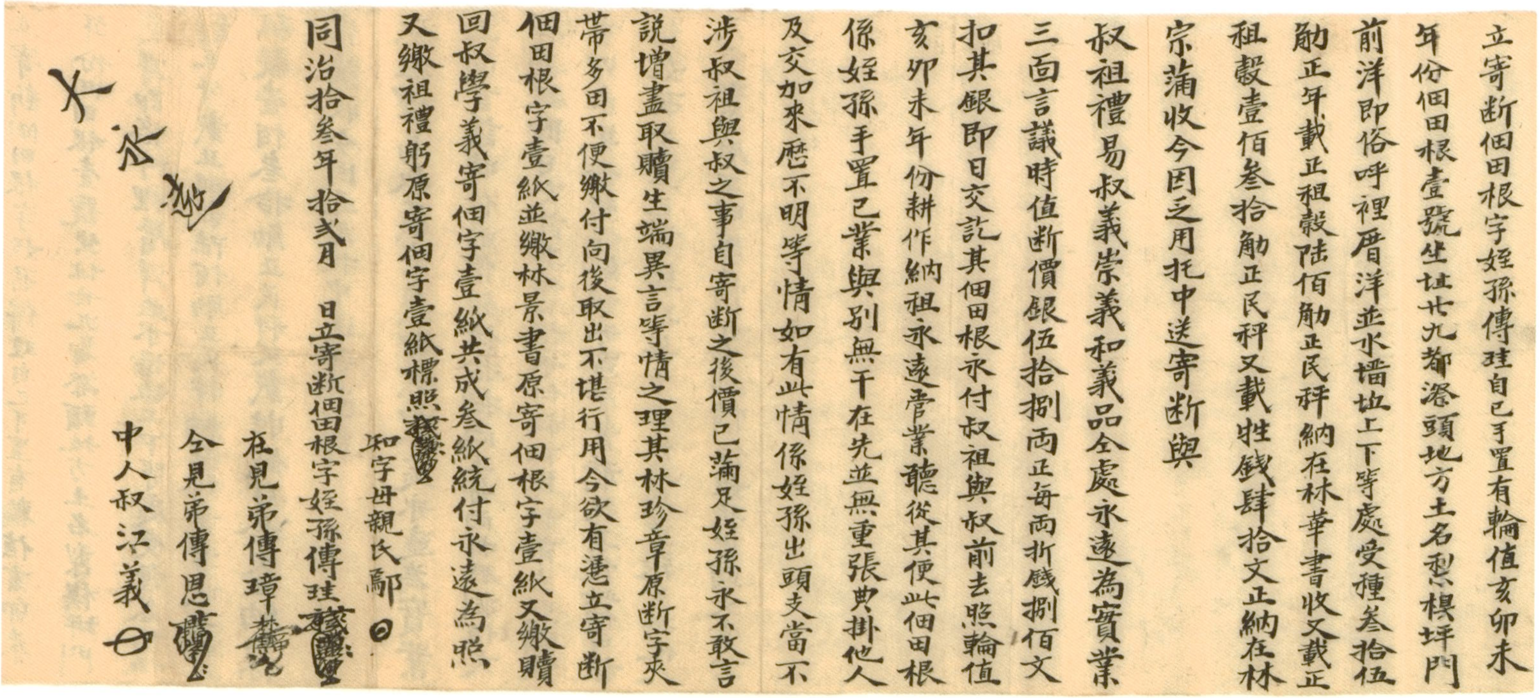
立寄斷佃田根字姪孫傳珪自己手置有輪值亥卯未
年份佃田根壹號坐址廿九都溶頭地方土名烮棋坪門
前洋即俗呼裡厝洋並水墻址上下等處受種叁拾伍
觔正年載正租穀陸佰觔正民秤納在林華書收又載正
租穀壹佰叁拾觔正民秤又載粧錢肆拾文正納在林
宗蒲收今因乏用托中送寄斷與
叔祖禮易叔義崇義和義品仝處永遠為實業
三面言議時值斷價銀伍拾捌両正每両折錢捌佰文
扣其銀即日交訖其佃田根永付叔祖與叔前去照輪值
亥卯未年份耕作納租永遠管業聽從其便此佃田根
係姪孫手置已業與別無干在先並無重張典掛他人
及交加來歷不明等情如有此情係姪孫出頭支當不
涉叔祖與叔之事自寄斷之後價已蒲足姪孫永不敢言
說增盡取贖生端異言等情之理其林珍章原斷字夾
帶多田不便繳付向後取出不堪行用今欲有憑立寄斷
佃田根字壹紙並繳林景書原寄佃根字壹紙又繳贖
回叔學義寄佃字壹紙共成叁紙統付永遠為照
又繳祖禮躬原寄佃字壹紙標照
知字母親氏鄢
同治拾叁年拾弍月　日立寄斷佃田根字姪孫傳珪
在見弟傳璋
仝見弟傳思
中人叔江義
大谷遂

7-1-62-5　清同治十三年十二月林傳珪立寄斷佃田根字

立寄佃字姪傳珪自己手置有值年輪收佃田壹號坐址廿九都
漈頭地方土名梨棋坪門前洋即呼裡厝洋受種叁拾伍觔年
載正租穀陸佰觔民秤納在林華書收又載正租穀壹佰叁
拾觔民秤又粧錢肆拾文正納在林宗滿收此佃田係值卯亥未年
份照次輪耕作納租今因乏用托中自愿送寄與
叔學義處為業三面言議時值價銀肆拾両正每両折錢
捌佰文扣其銀即日交訖其佃田即付叔前去凡值卯亥未年份
照次輪耕作納租管業任從其便此佃田係是自己手置之業與
別無干在先並無重張他人及交加不明等情如有此情係姪出
頭支當不涉叔之事其年期言約伍年限滿之日備銀照字面
取贖如未贖照舊耕作納租管業倘取贖之日並長增壹起
贖回今欲有憑立寄佃字壹紙並繳祖禮躬寄佃字壹紙又
繳林景書原寄佃字壹紙共成叁紙統付為照

知見母親鄢氏 ○

同治伍年拾貳月　日立寄佃字姪傳珪（押）

在見弟傳璋（押）

中人叔江義（印）

大進富

7-1-62-4　清同治五年十二月林傳珪立寄輪佃田字

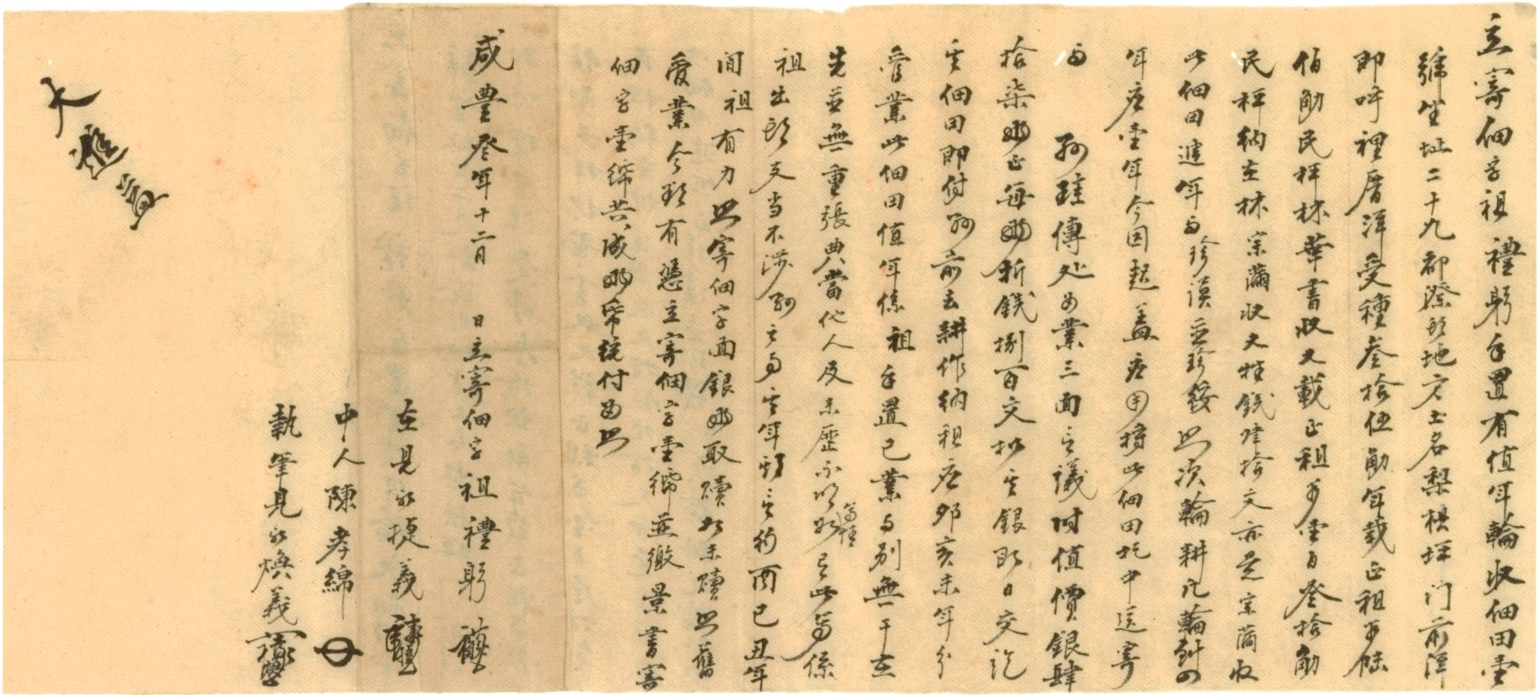

7-1-62-3　清咸豐三年十二月林禮躬立寄輸佃田字

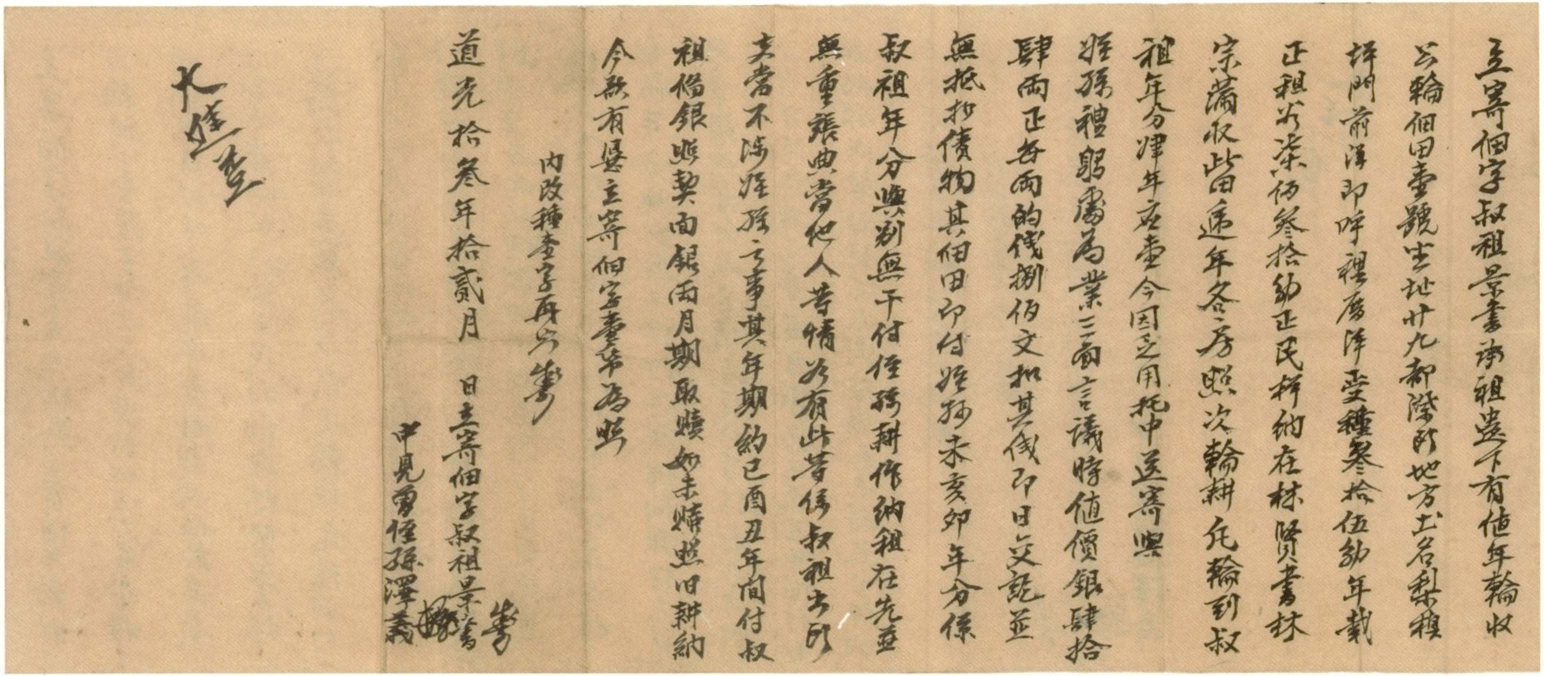

立寄佃字叔祖景書承祖遺下有值年輪收
公輪佃田壹號坐址廿九都漈頭地方土名梨稚
坪門前洋即呼禮房洋受種叁拾伍觔年載
正租谷柒佰叁拾觔正民秤納在林賢書林
宗滿叔皆逓年冬房照次輪耕凭輪到叔
祖年分津年應壹今因乏用托中送寄與
姪孫禮郎處爲業三面言議時值價銀肆拾
肆兩正其兩的錢捌佰文其錢即日交訖並
無抵折債物其佃田即付姪孫未交卯年分係
叔祖年分與別無干付姪孫耕作納租在先並
無重張典當他人等情如有此等係叔祖出爲
支當不涉姪孫之事其年期約已酉丑年間付叔
祖備銀照契面銀兩月期取贖如未贖照舊耕納
今欲有憑立寄佃字壹紙爲照
內改種壹字再照
道光拾叁年拾貳月　日立寄佃字叔祖景書（押）
中見胞姪孫澤義（押）
大佳至

7-1-62-2　清道光十三年十二月林景書立寄佃輪田字

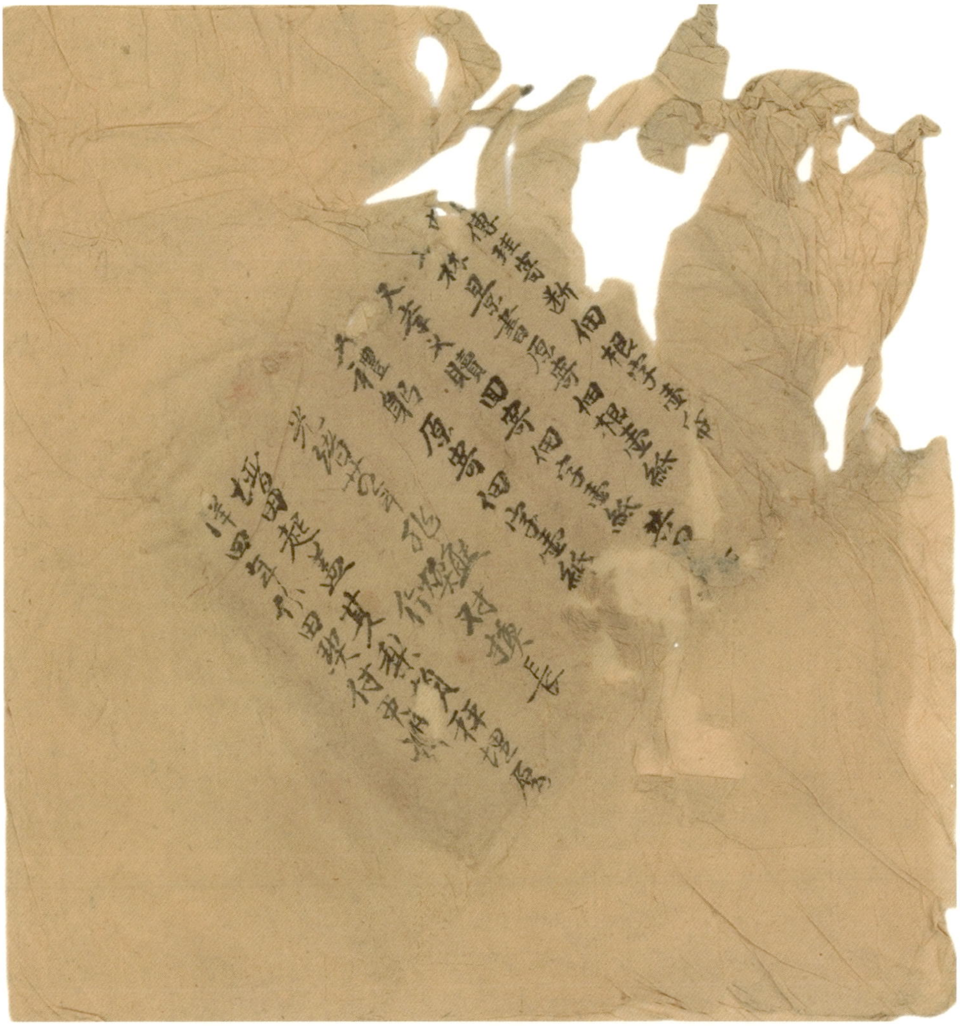

7-1-62-1　包契紙

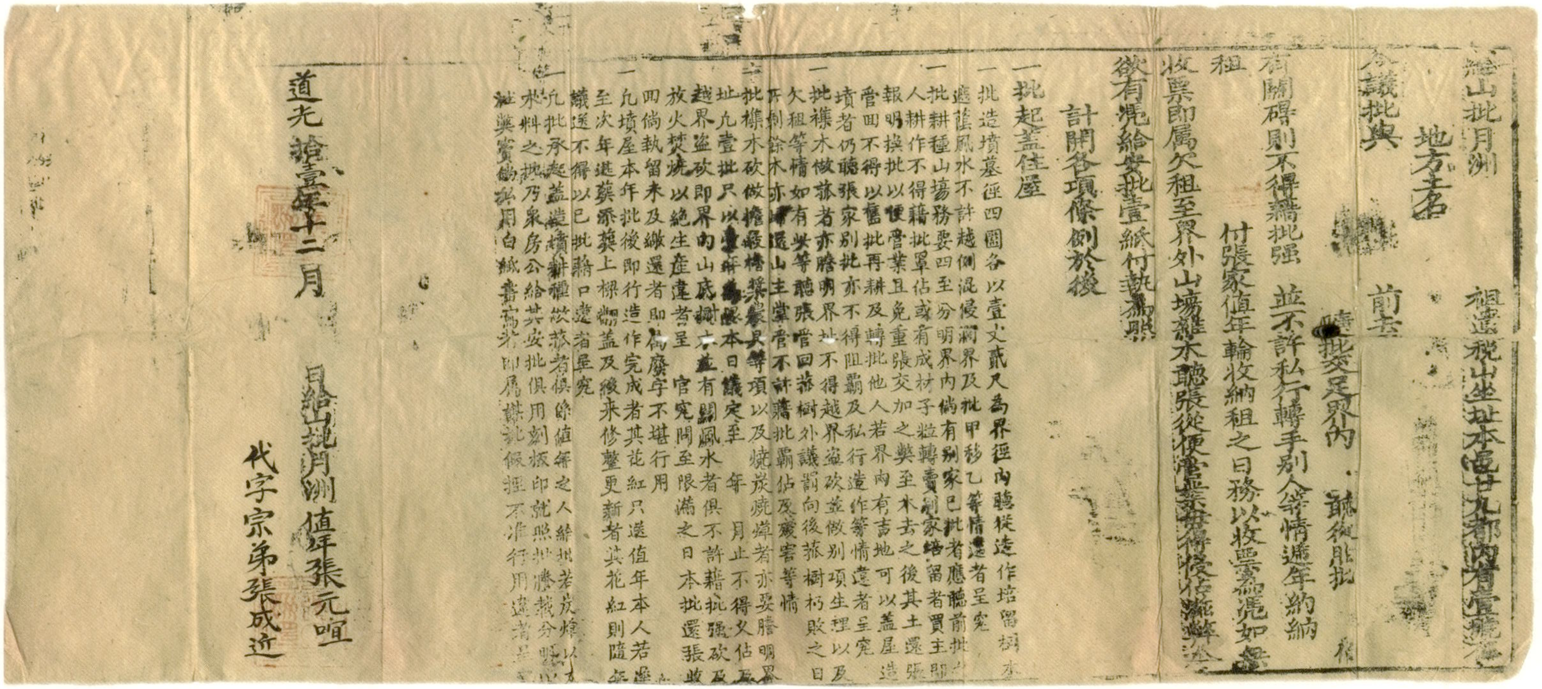

給山批月洲

祖遺稅山坐址本邑廿九都內有壹處

地方土名　前去

合議批與

憑批交足界內　聽從批批

並不許私行轉手別人等情遞年納納

付張家值年輪收納租之日務以收票為憑如

荷關碍則不得藉批強

租

收票即屬欠租至界外山場雜木聽張從便

欲有憑給發批壹紙付執為照

計開各項條例於後

一批起蓋住屋

一批造墳墓徑四圍各以壹丈貳尺為界徑內聽從造作培留樹木

遮蔭風水不許越側混侵溷界及批甲移乙等情違者呈究

一批耕種山場務要四至分明界內倘有別家已批者應聽前批

人耕作不得藉批單佔或有成材子粒轉賣別家留者買主明

報明換批以便管業且免重張交加之弊至木去之後其土還張

管回不得以舊批再耕及轉批他人若界內有吉地可以蓋屋造

墳者仍聽張家別批亦不得阻霸及私行遣作等情違者呈究

一批樵木做蒂者亦瞻明界址不得越界盜砍並做別項生理以及

欠租等情如有此等聽張嗆回蒂樹外議罰向後蒂樹朽敗之日

所剩餘木亦歸還山主掌管不許藉批霸佔及遺害等情

一批樵木砍做擔柴燒炭等項以及燒炭燒焯者亦要瞻明界

址凡壹批只以壹年為限本日議定至　年　月止不得久佔及

越界盜砍即界內山底樹木有關風水者俱不許藉批強砍及

放火焚燒以絕生產違者呈　官究問至限滿之日本批還張收

一四倘執留未及繳還者即將廢字不堪行用

一凡墳屋本年批後即行造作完成者其花紅只送值年本人若

至次年遲葬添葬上楣蓋及後來修整更新者其花紅則隨年

繳送不得以已批藉口違者呈究

一凡批承起蓋墳耕種砍蒂者俱係值年之人給批若炭燒以

木料之批乃眾房公給共安批俱用刻板印就照批騰裁分暇

社獎賞錢祇用白紙書寫者即屬謄批假捏不准行用違者

道光拾壹年十二月　日給山批月洲　值年張元喧

代字宗弟張成近

7-1-61-2　清道光十一年十二月張元喧立山批

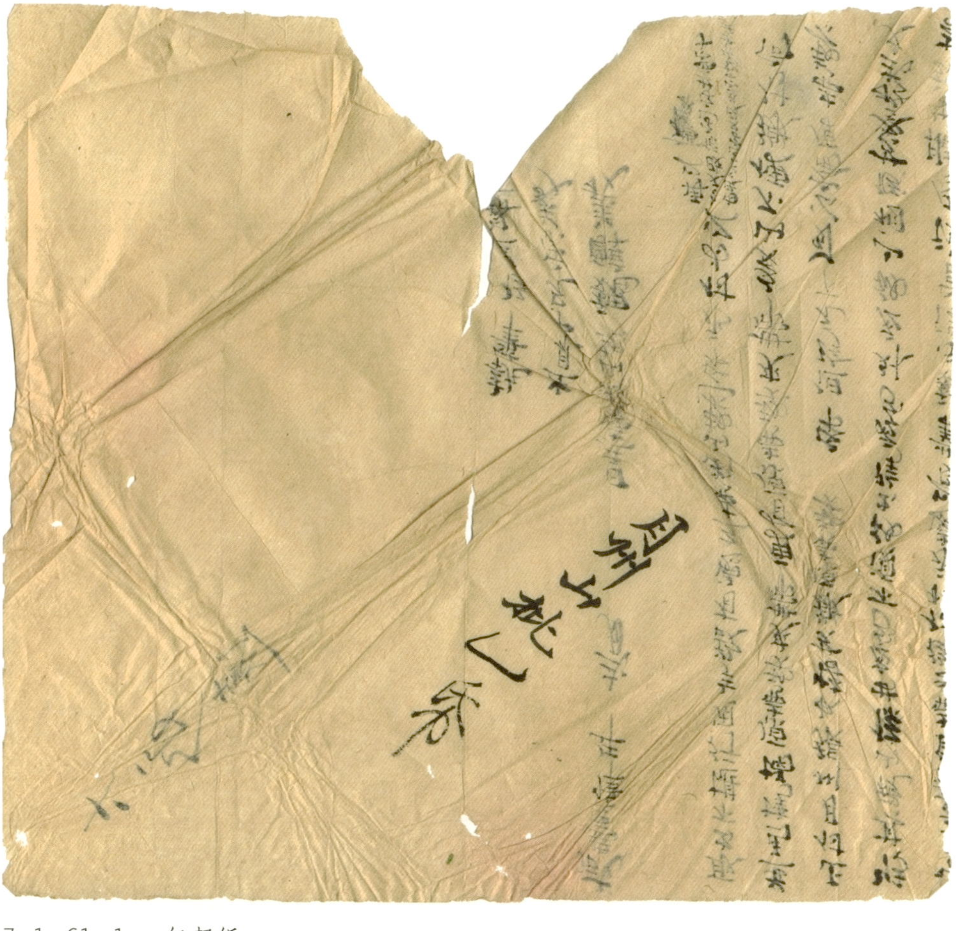

7-1-61-1　包契紙

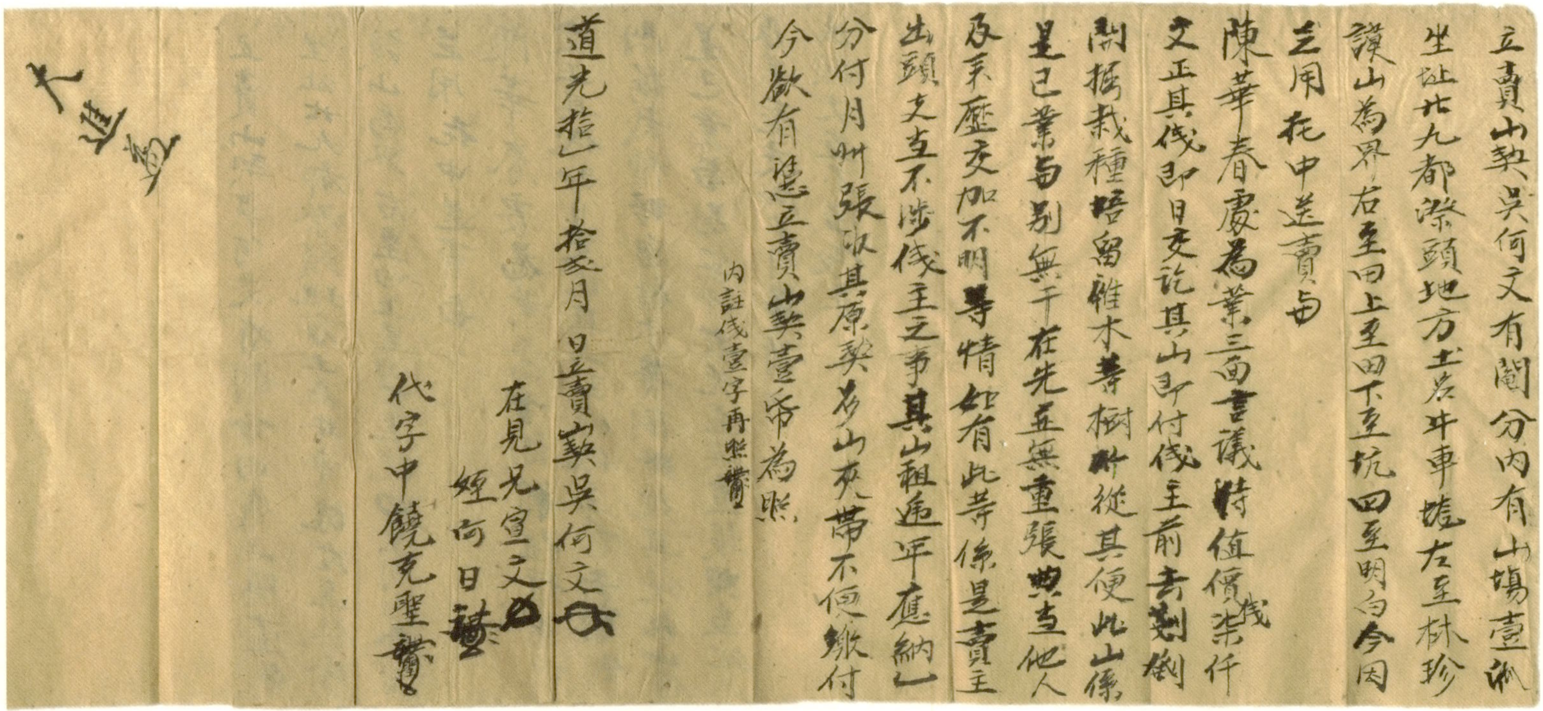
立賣山契吴何文有閫分内有山場壹派
坐址廿九都漈頭地方土名牛車墘左至林珍
讓山為界右至田上至田下至坑四至明白今因
乏用在中送賣與
陳華春處為業三面言議時值價錢柒仟
文正其錢即日交訖其山聽付錢主前去劉倒
開掘栽種培留雜木等樹聽從其便此山係
是己業與别無干在先並無重張典查他人
及未歷交加不明等情如有此等係是賣主
出頭支當不涉錢主之事其山租遞年應納一
分付月州張收其原契為山未帶不便繳付
今欲有憑立賣山契壹紙為照
内註錢壹字再照
道光拾一年拾弍月　日立賣山契吴何文（押）
在見兄宣之（押）
姪向日（押）
代字中饒克聖（押）

7-1-60-3　清道光十一年十二月吴何文立賣山場契

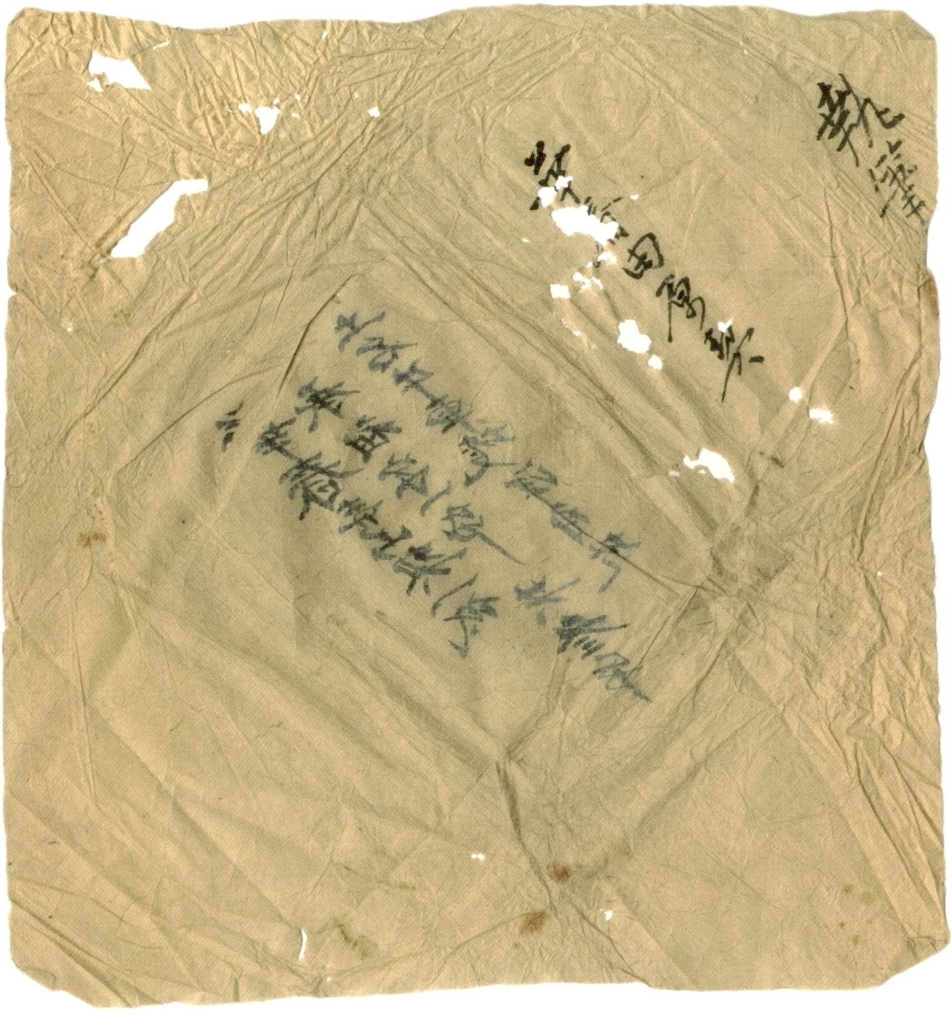

7-1-60-2　包契紙

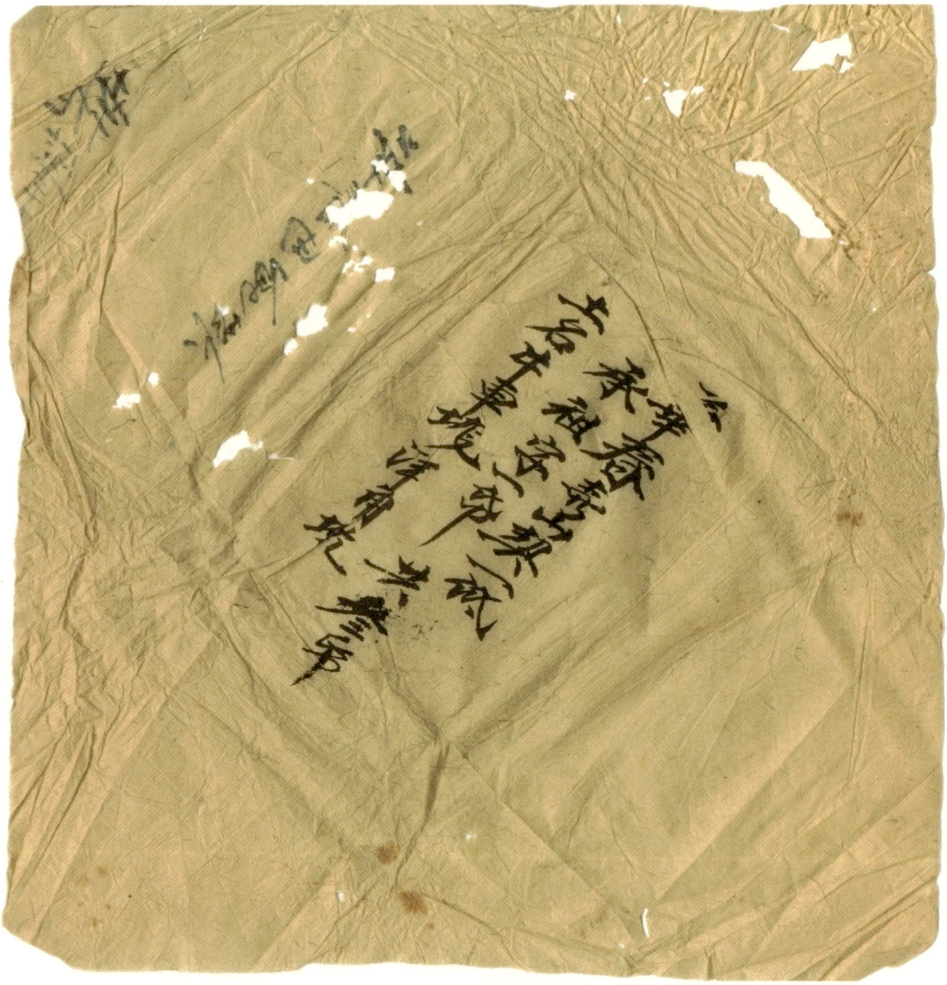

7-1-60-1　包契紙

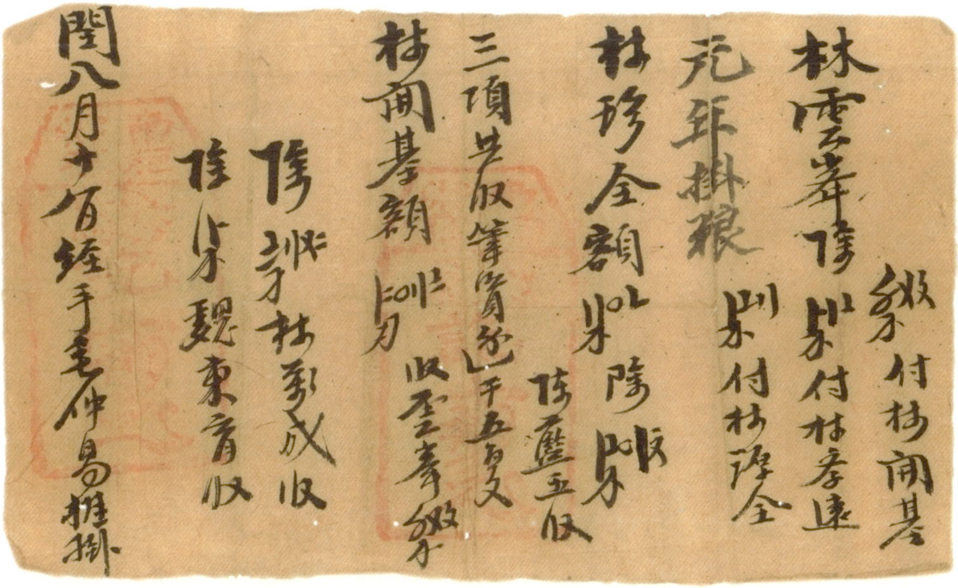

7-1-59-12　林雲峰等推掛錢糧字（年代不詳）

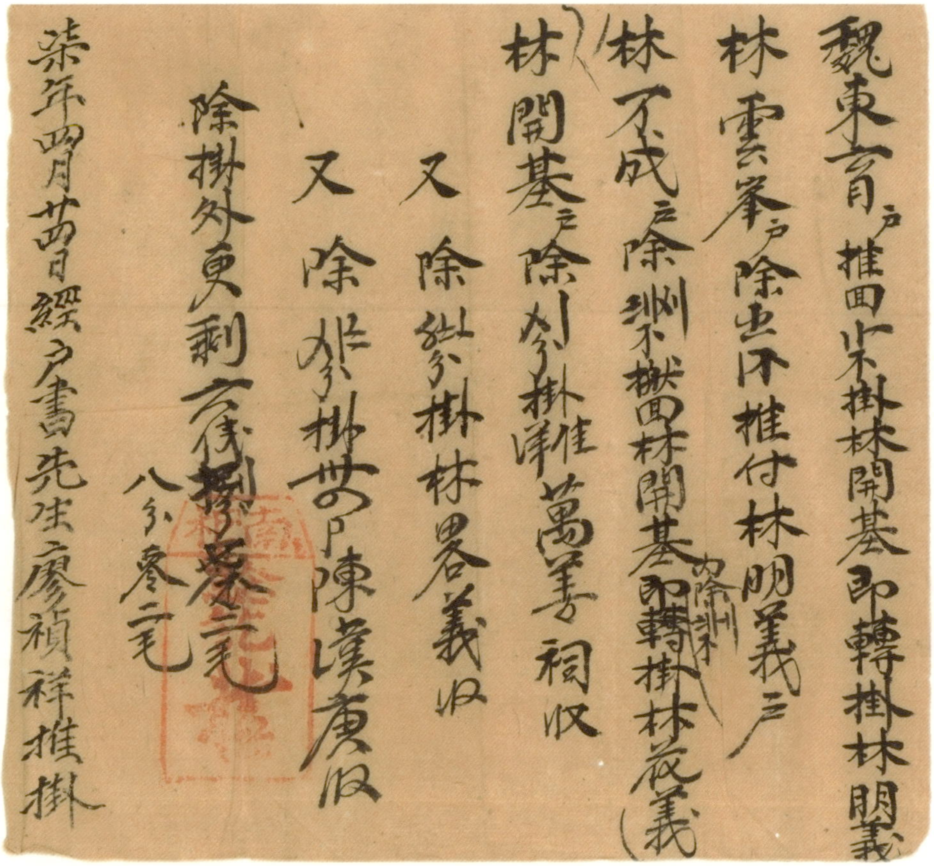
魏東育户推田米掛林開基即轉掛林明義
林雲峯户除出仍推付林明義三户
林不成三除糧米撥田林開基即轉掛林辰義
內除糧米
林開基三除糧米掛洋推萬善祠收
又除糧米掛林碁義收
又除糧米掛廿四户陳漢庚收
除掛外更剩一錢捌分叁毛
八分叁二毛
柒年四月廿四日經户書先生廖禎祥推掛

7-1-59-11　魏東育户等推掛錢糧字（年代不詳）

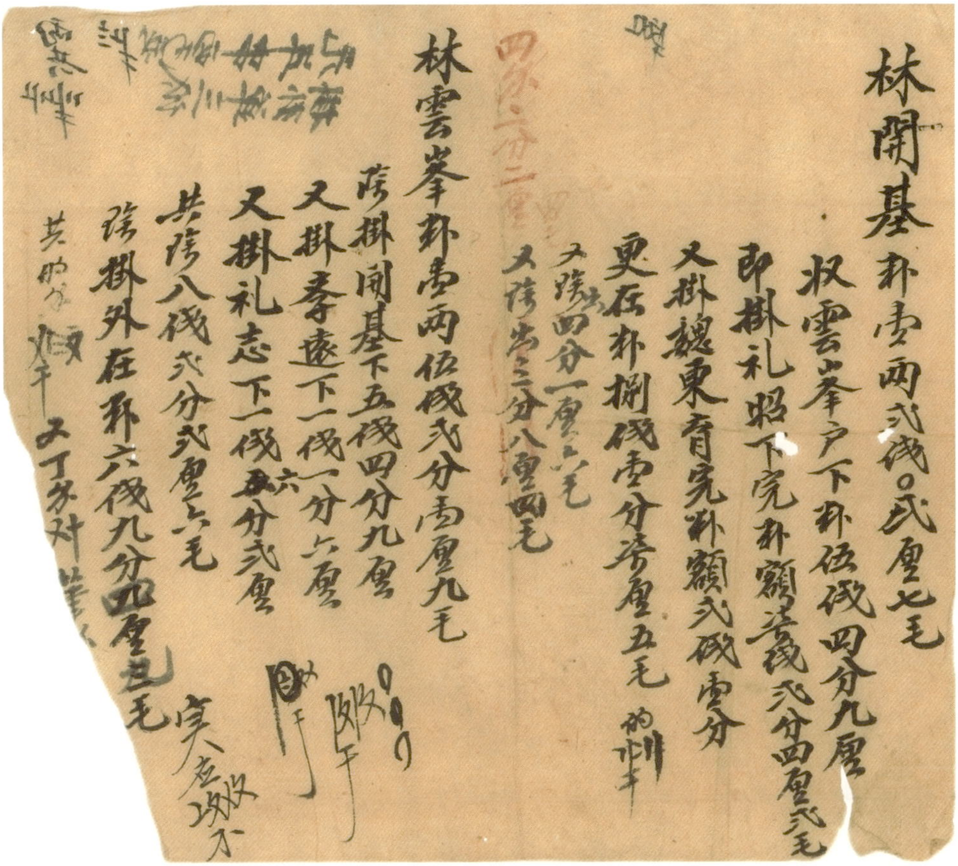
林開基推壹兩弍錢〇弍厘七毛
収雲峯戶下推伍錢四分九厘
即掛礼昭下完推額叁錢弍分四厘弍毛
又掛魏東育完推額弍錢壹分
更在推捌錢壹分叁厘五毛
又推四分一厘六毛
又推叁分八厘四毛
四錢一分二厘
林雲峯推壹兩伍錢弍分壹厘九毛
推掛開基下五錢四分九厘
又掛孝遠下一錢一分六厘
又掛礼志下一錢六分弍厘
共推八錢弍分弍厘六毛
推掛外在推六錢九分四厘五毛

7-1-59-10　清道光至同治年間林開基等推掛錢糧字

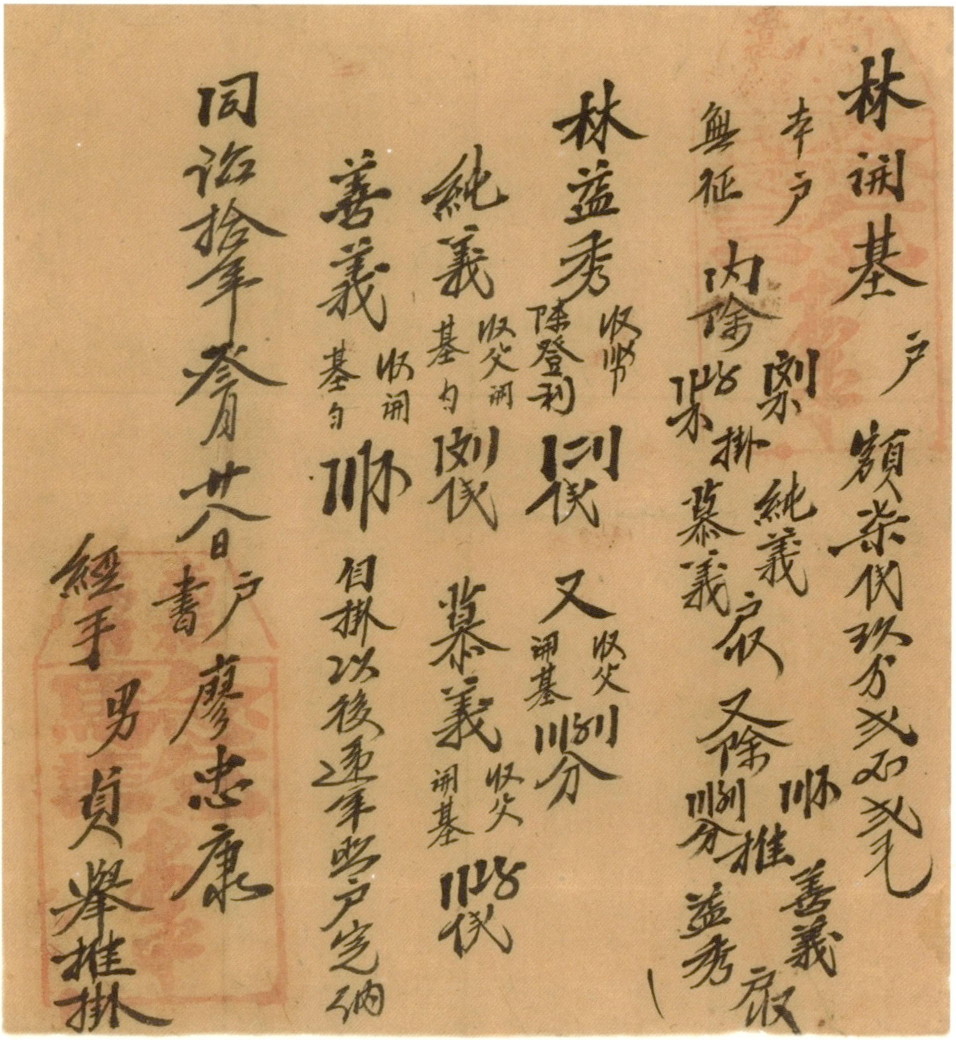
林開基户額[illegible]玖分弍石弍毛
本户無征內除[illegible]柴掛純義慕義[illegible]又除[illegible]分推善義益秀[illegible]
林益秀收帶陳登利[illegible]又收父開基[illegible]分
純義收父開基[illegible]慕義收父開基[illegible]
善義收開基[illegible]自掛以後逐年照户完納
同治拾年叁月廿八日書户廖忠康
經手男貞舉推掛

7-1-59-9　清同治十年三月二十八日林開基户推掛錢糧字

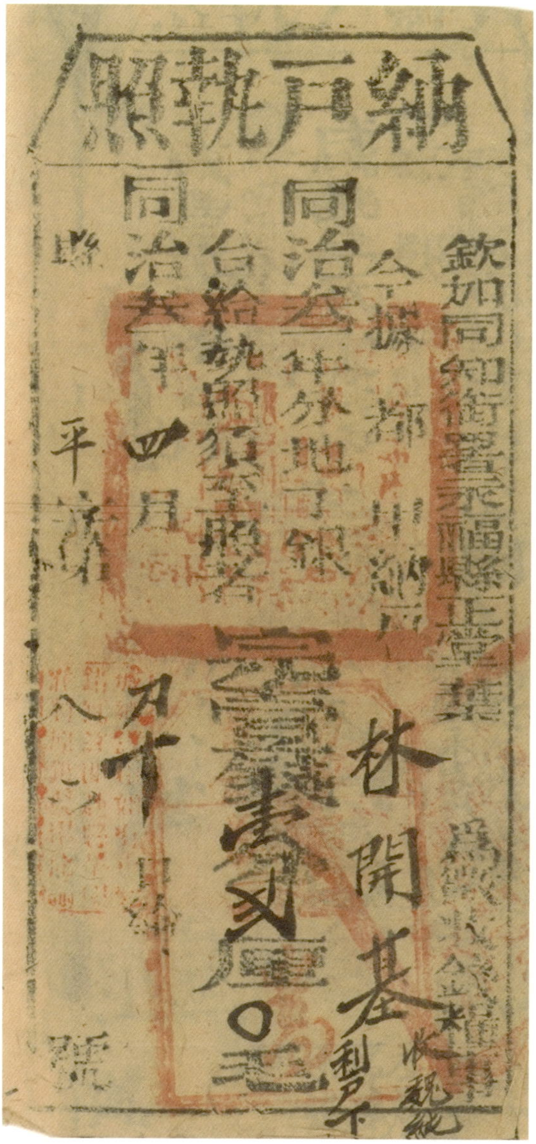

7-1-59-8　清同治三年四月林開基户納税執照

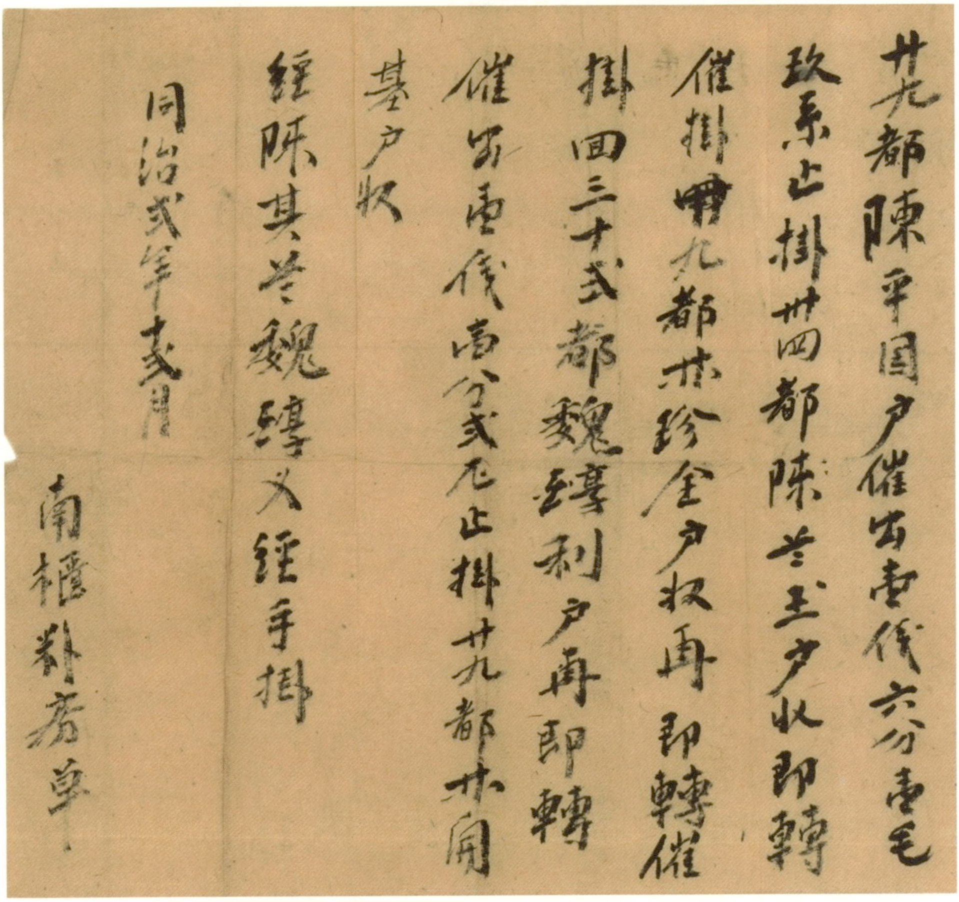

廿九都陳平国户催出壹錢六分壹毛
致系正掛廿四都陳芸玉户收即轉
催掛卅九都林珍全户收再即轉催
掛四三十式都魏鏬利户再即轉
催出壹錢壹分式厘正掛廿九都林開
基户收
經陎其芸魏鏬又經手掛
同治式年臘月
南櫃對房單

7–1–59–7　清同治二年十二月陳平国户推收錢糧字

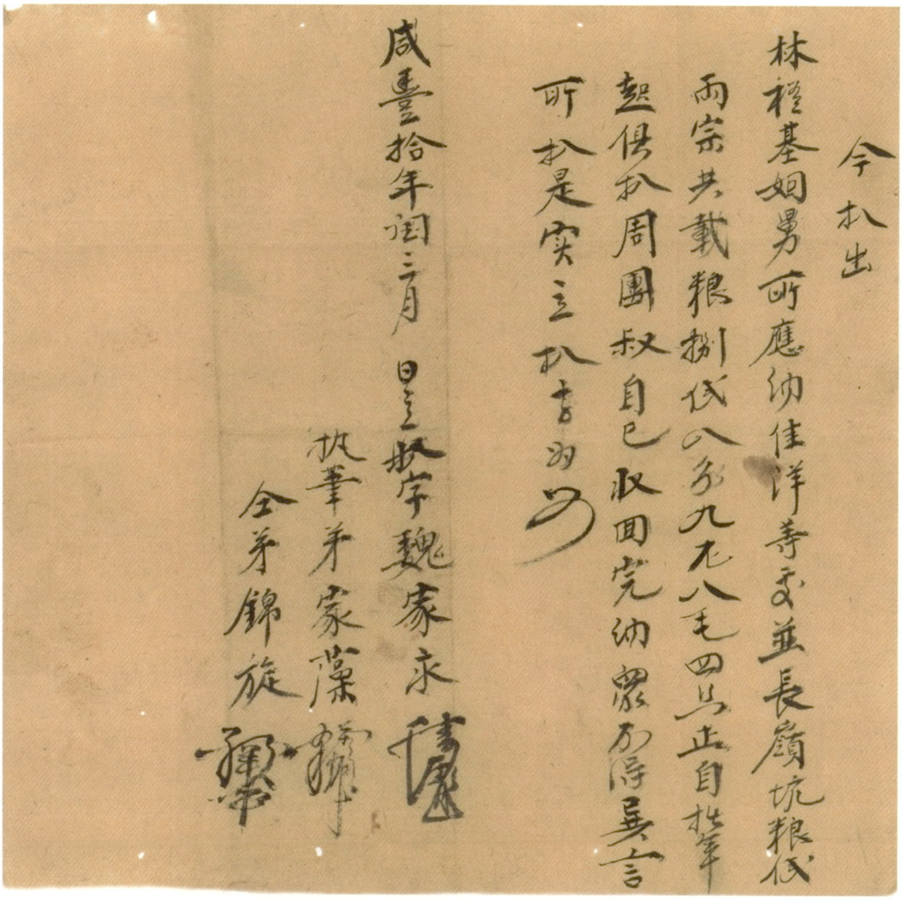

今扒出
林積基姻男所應納佳洋壽文並長嶺坑粮代
兩宗共載粮捌代八分九厘八毛四絲正自扯筆
趣佃扒周圍叔自己收回完納衆不得異言
所扒是實立扒字為照
咸豐拾年閏三月　日立扒字魏家永（押）
執筆弟家藻（押）
仝弟錦旋（押）

7-1-59-6　清咸豐十年閏三月魏家永立扒錢糧字

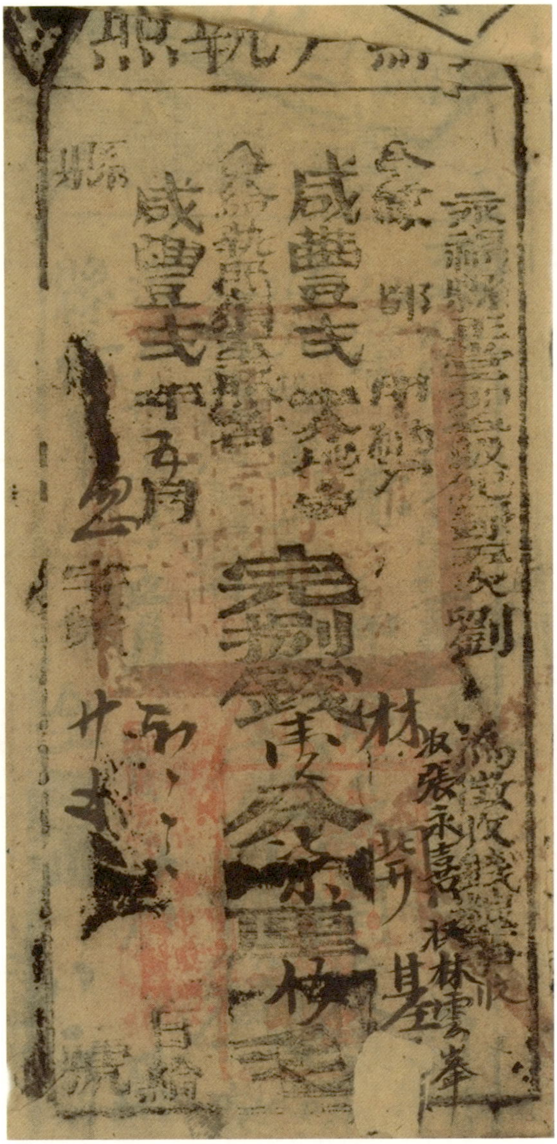

7-1-59-5　清咸豐二年五月林開基户納稅執照

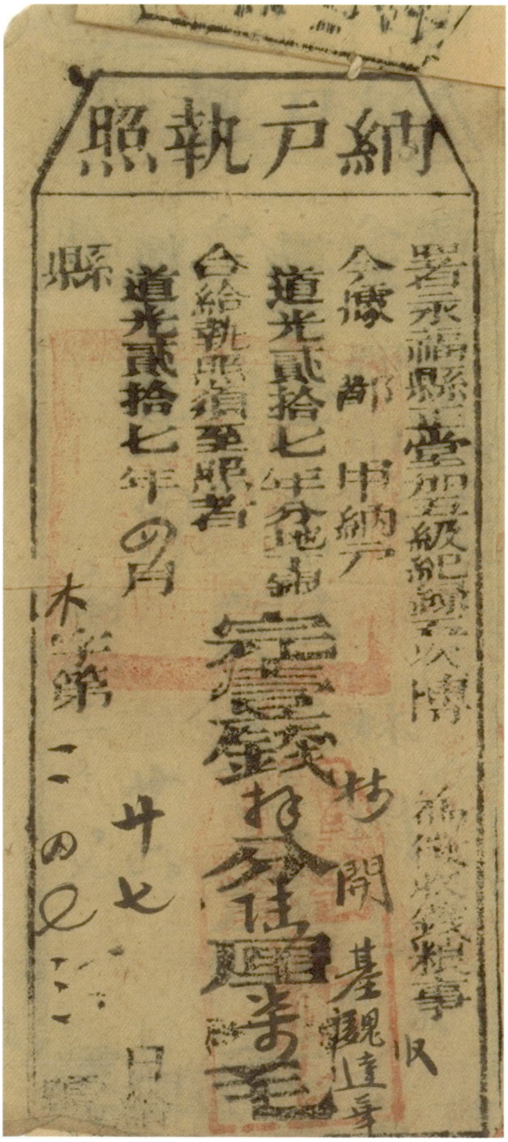
納戶執照

署永福縣正堂加五級紀錄五次陳　為徵收錢糧事

今據　都　甲納戶　開基　觀達手

道光貳拾七年分地丁錢　完壹錢[illegible]

合給執照須至照者

道光貳拾七年四月　廿七　日給

縣

[illegible]字第[illegible]號

7-1-59-4　清道光二十七年四月林開基户納税執照

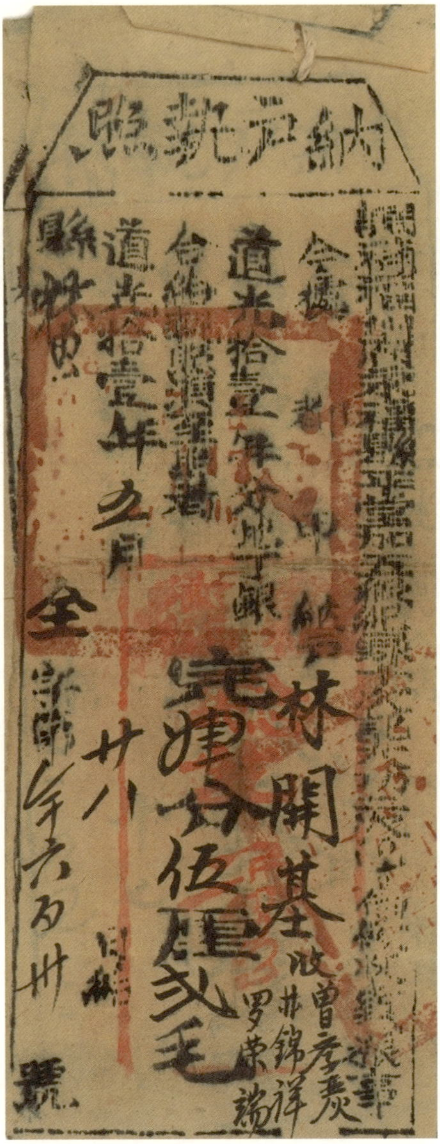

7-1-59-3　清道光十一年五月林開基户納税執照（二）

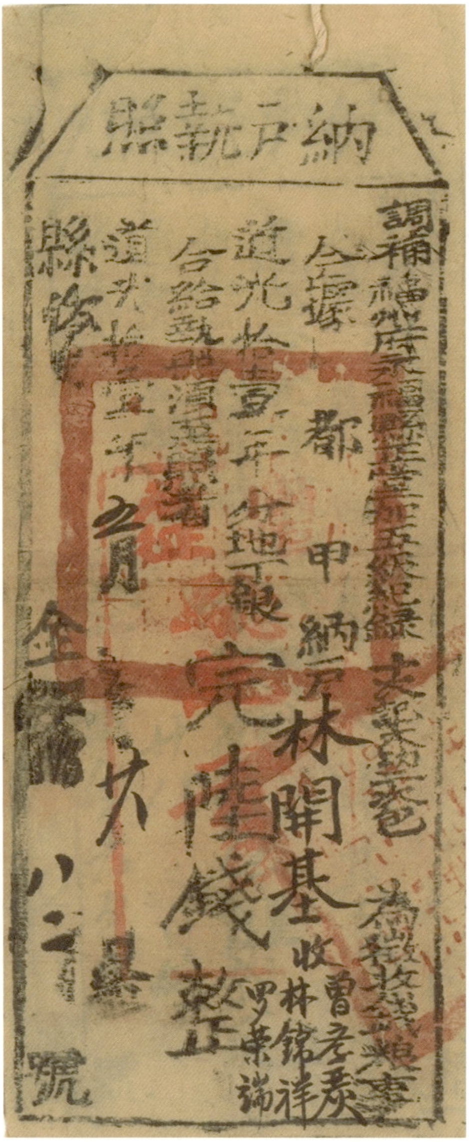

納戶執照

調福州府永福縣正堂……紀錄……為徵收錢糧事

今據　都　甲　納戶林開基

道光拾壹年分地丁銀　完陸錢

收　曾孝泰　林錦祥　羅業端

合給執照須至執照者

道光拾壹年五月廿六日給

縣給

金字　八之二號

7-1-59-2　清道光十一年五月林開基户納税執照（一）

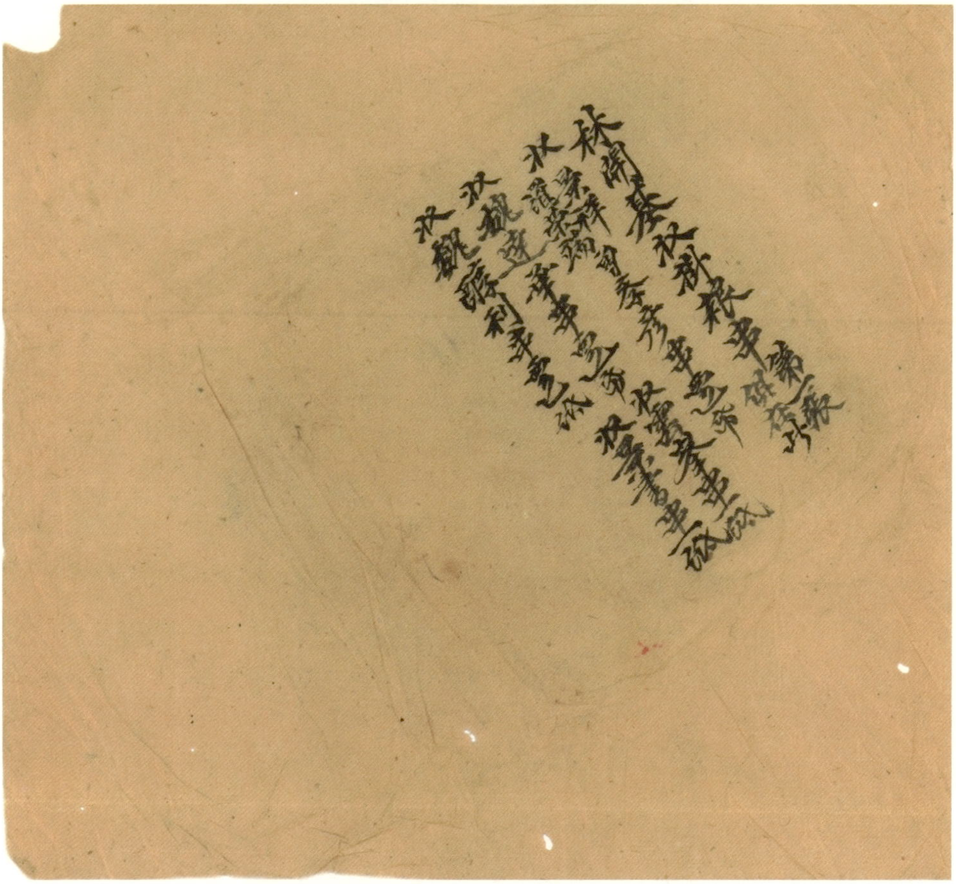

7-1-59-1　包契紙

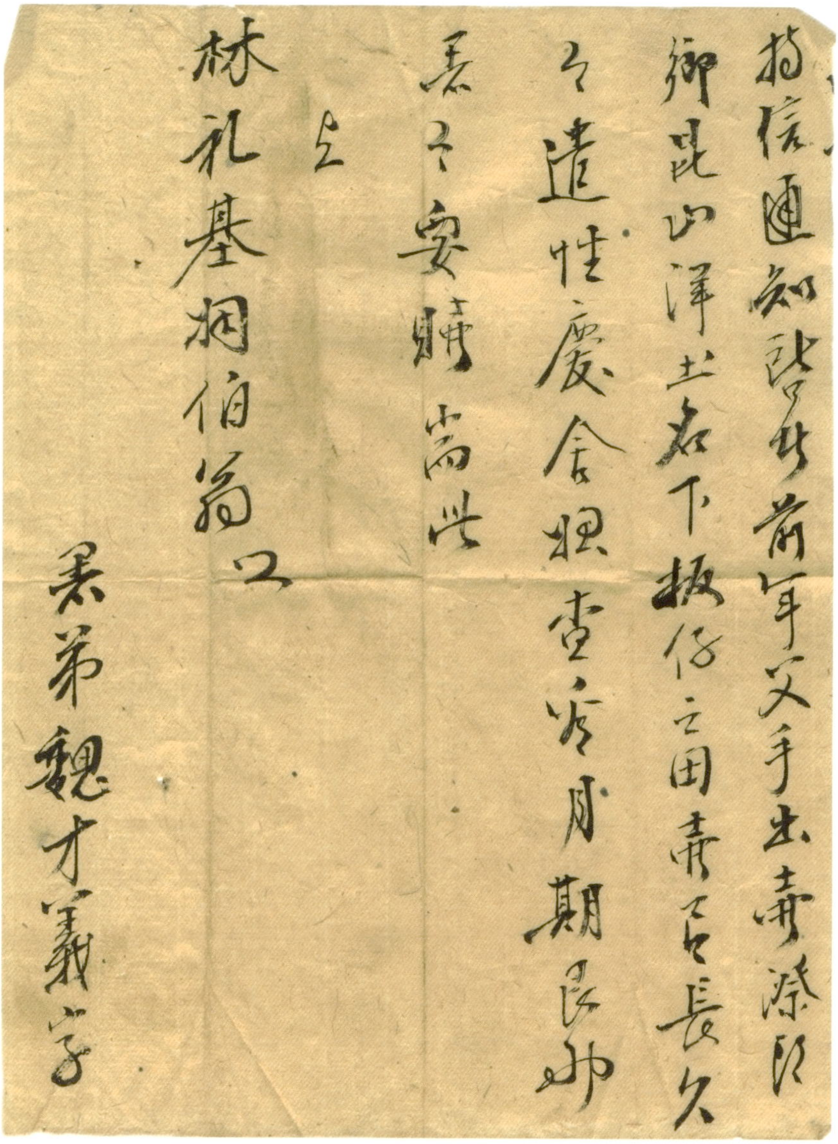

謹信通知啟者前年交手出壽添頭
鄉毘山洋土名下坂仔之田壽下〻長欠
〻遣性慶今想壹〻月期限也
恭〻安晴尚此
上
林礼基烟伯翁口
愚弟魏才義字

7-1-58-7　晚清民國魏才義致林礼基書信

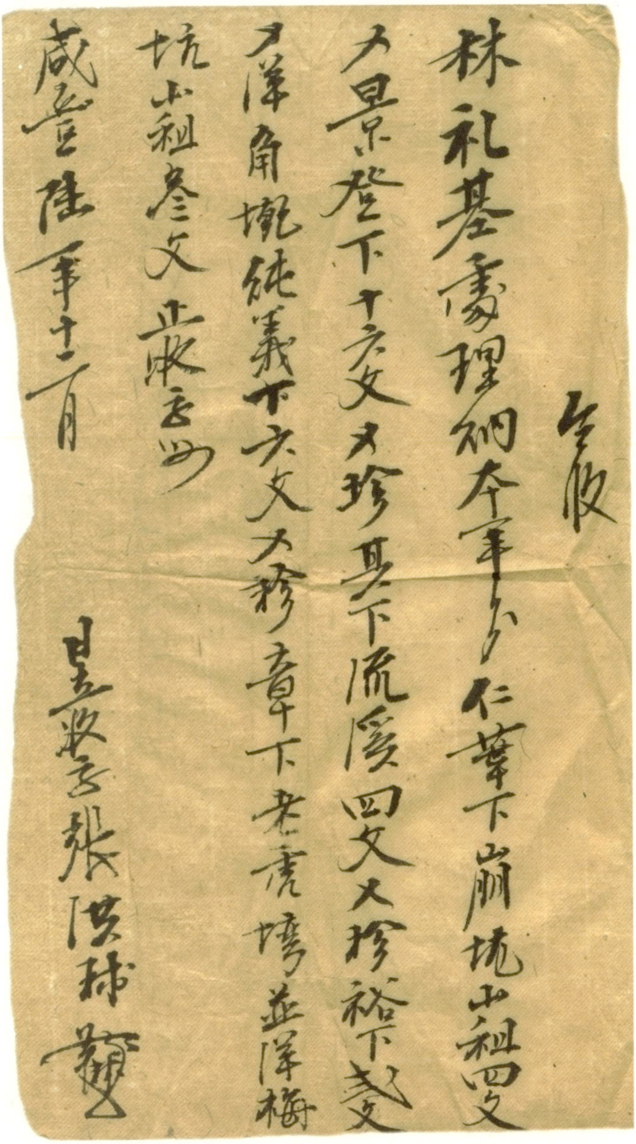

全收
林礼基處理納本年分仁華下崩坑山租四文
大景登下十六文大珍其下流溪四文大珍裕下叁文
大洋角墘純義下六文大珍章下老虎塆並洋梅
坑山租叁文收足也
咸豐陸年十二月
日立收字張洪林（押）

7-1-58-6　清咸豐六年十二月張洪林立收山租字

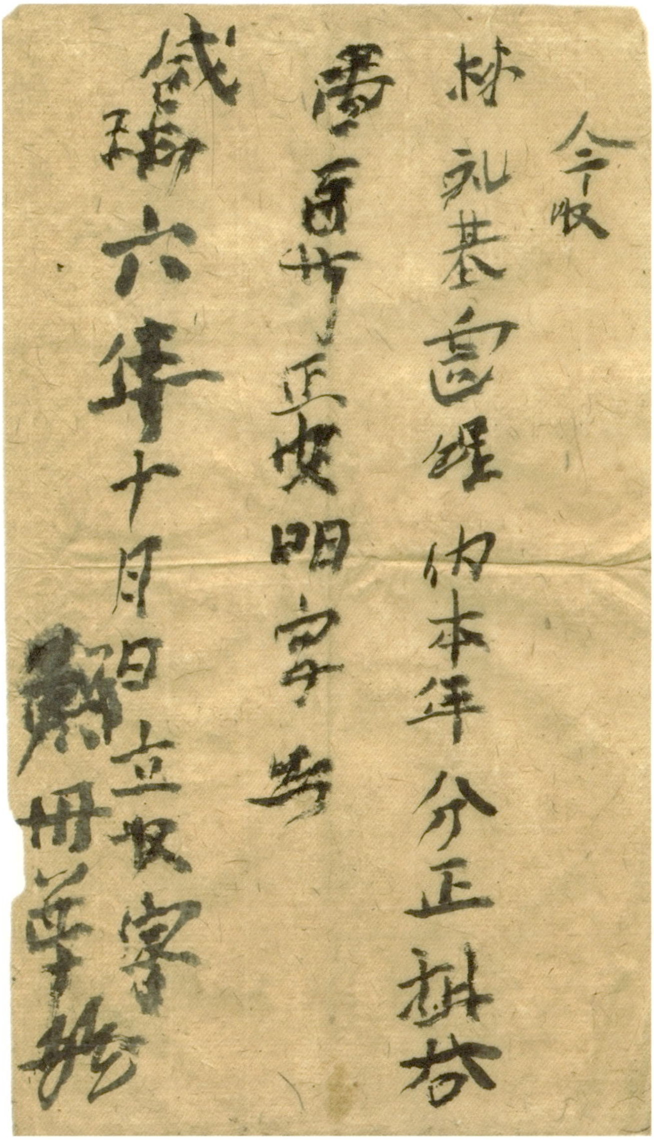

今收
林礼基邑經內本年分正租谷
壹百廿斤正，收明，字照。
咸豐六年十月　日立收字
蔡開華號

7-1-58-5　清咸豐六年十月蔡開華立收正租字

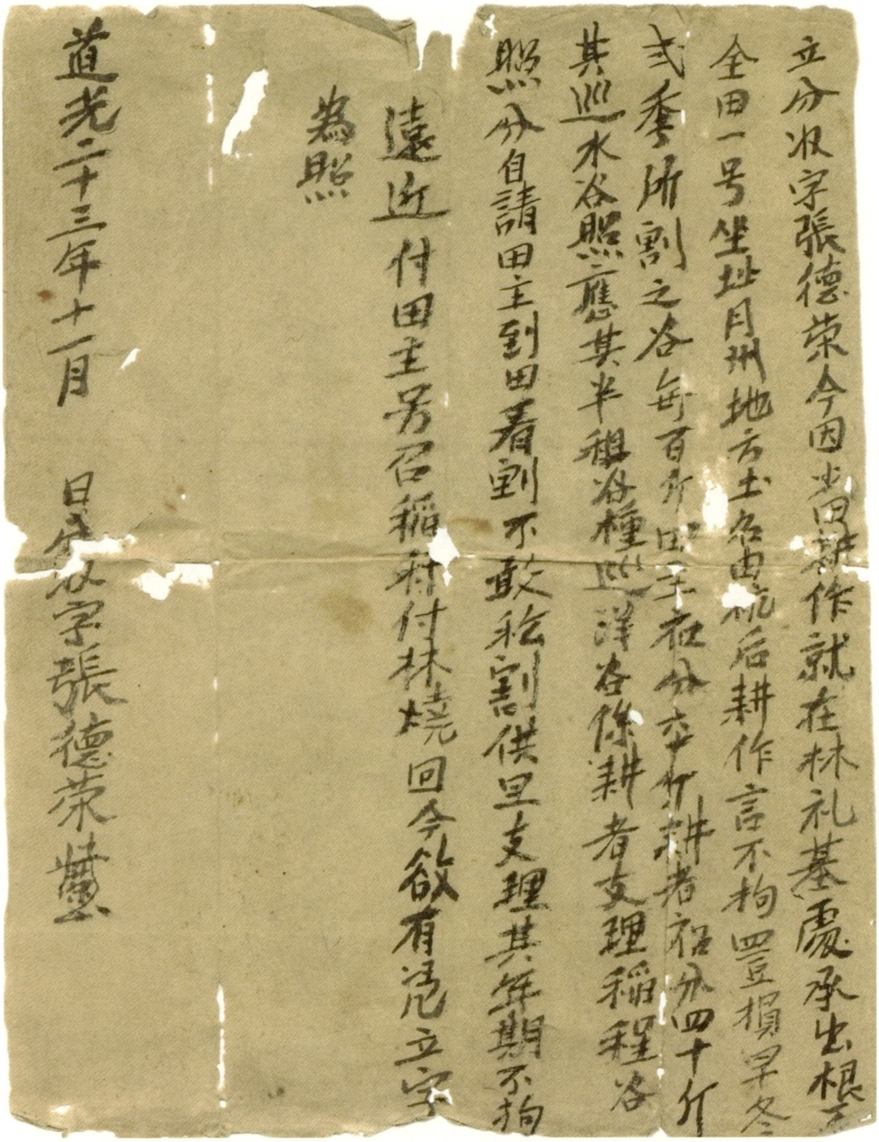
立分收字張德荣今因出田耕作就在林礼基處承出根面
全田一号坐址月洲地方土名曲坑后耕作言不拘豐豆損旱冬
式季所割之谷每百斤田主租分六十斤耕者租分四十斤
其巡水谷照應其半租谷種[illegible]洋谷係耕者支理稻程谷
照分自請田主到田看割不敢私割供旦支理其年期不拘
遠近付田主另召稲耕付林燒回今欲有憑立字
為照
道光二十三年十一月　日立收字張德荣押

7-1-58-4　清道光二十三年十一月張德荣立分收田租字

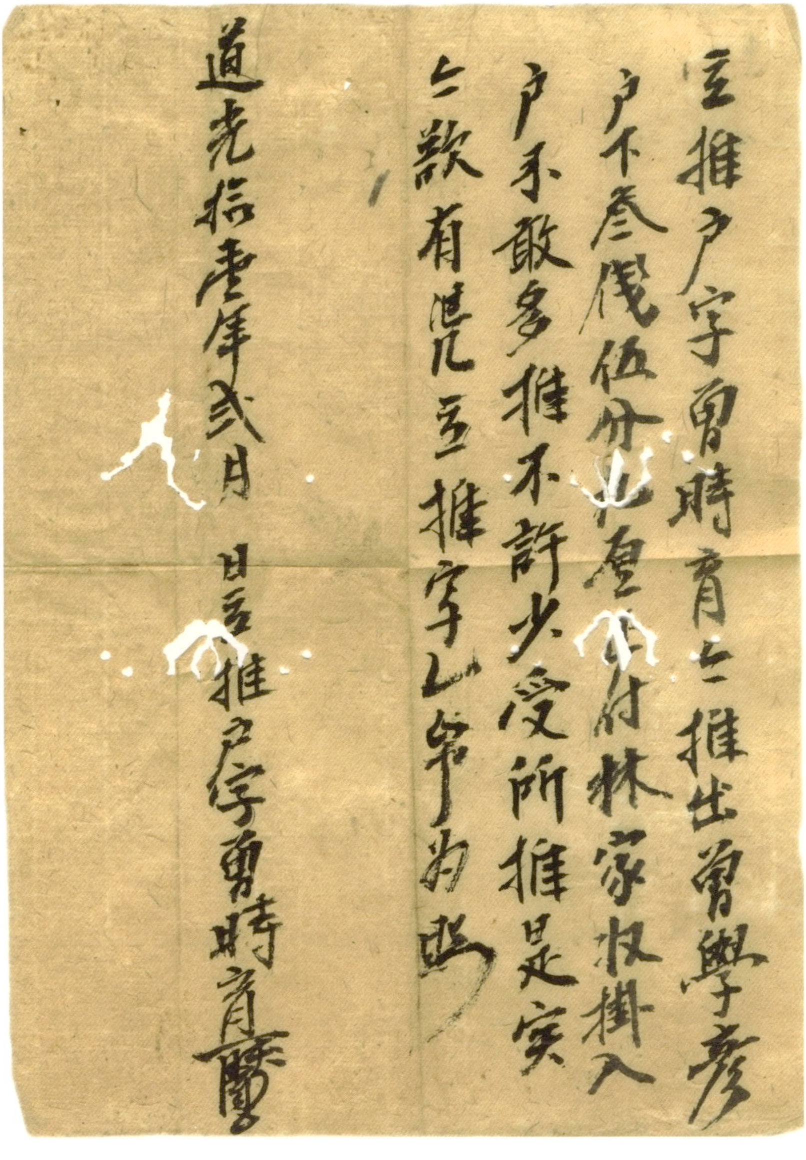

立推户字曾時育，今推出曾學彥户下叁錢伍分正，盡付林家收掛入户，不敢多推，不許少受，所推是實。今欲有憑，立推字乙紙為照。

道光拾壹年貳月　日立推户字曾時育（押）

7-1-58-3　清道光十一年二月曾時育立推户字

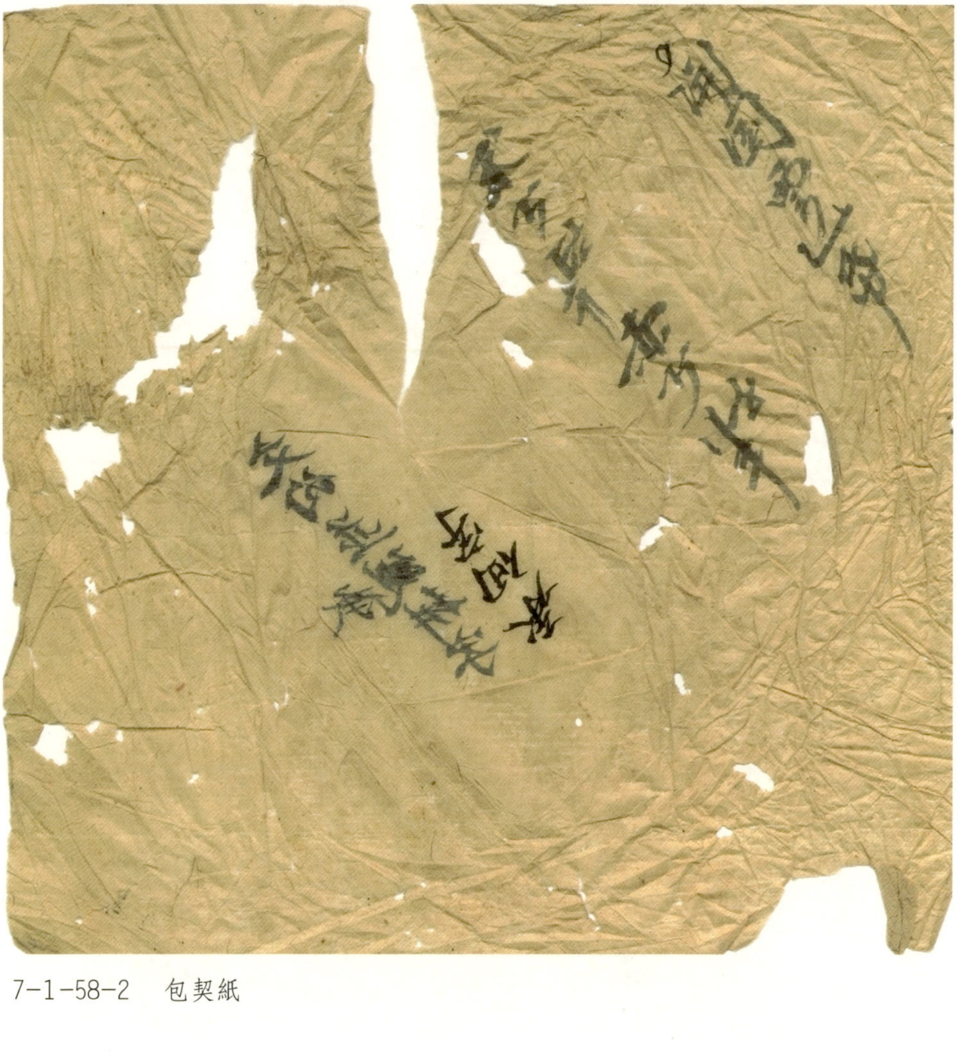

7-1-58-2　包契紙

7-1-58-1　包契紙

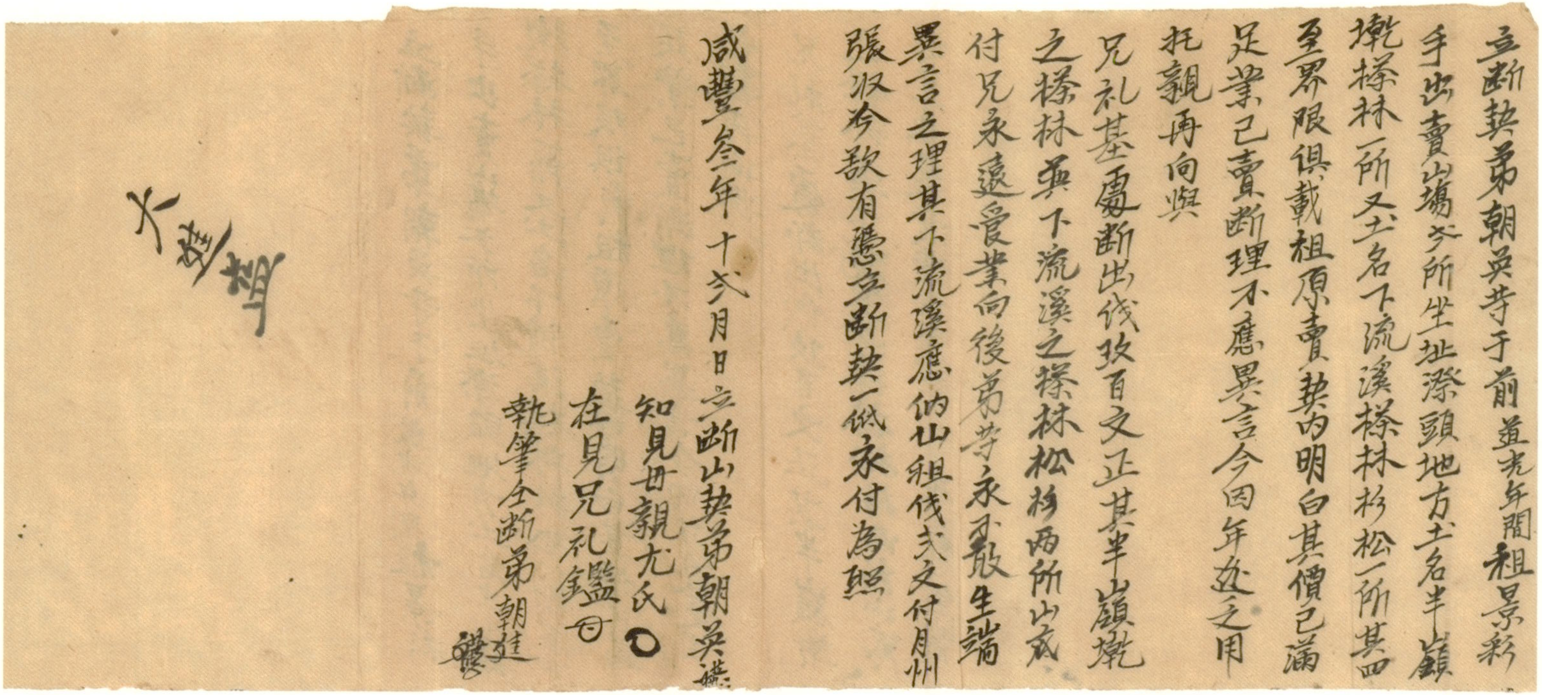
立斷契弟朝英等于前道光年間祖景彩
手出賣山場乙所坐址漈頭地方土名半嶺
墘㮼林一所又土名下流溪㮼林杉松一所其四
至界限俱載祖原賣契內明白其價已滿
足業已賣斷理不應異言今因年近之用
托親再向與
兄礼基處斷出伐玖百文正其半嶺墘
之㮼林并下流溪之㮼林松杉兩所山或
付兄永遠管業向後弟等永不敢生端
異言之理其下流溪應納山租伐弍文付月州
張收今欲有憑立斷契一紙永付為照

咸豐叁年十二月　日立斷山契弟朝英
知見母親尤氏
在見兄礼鑑
執筆仝斷弟朝廷

大發財

7-1-57-7　清咸豐三年十二月林朝英立斷山場等契

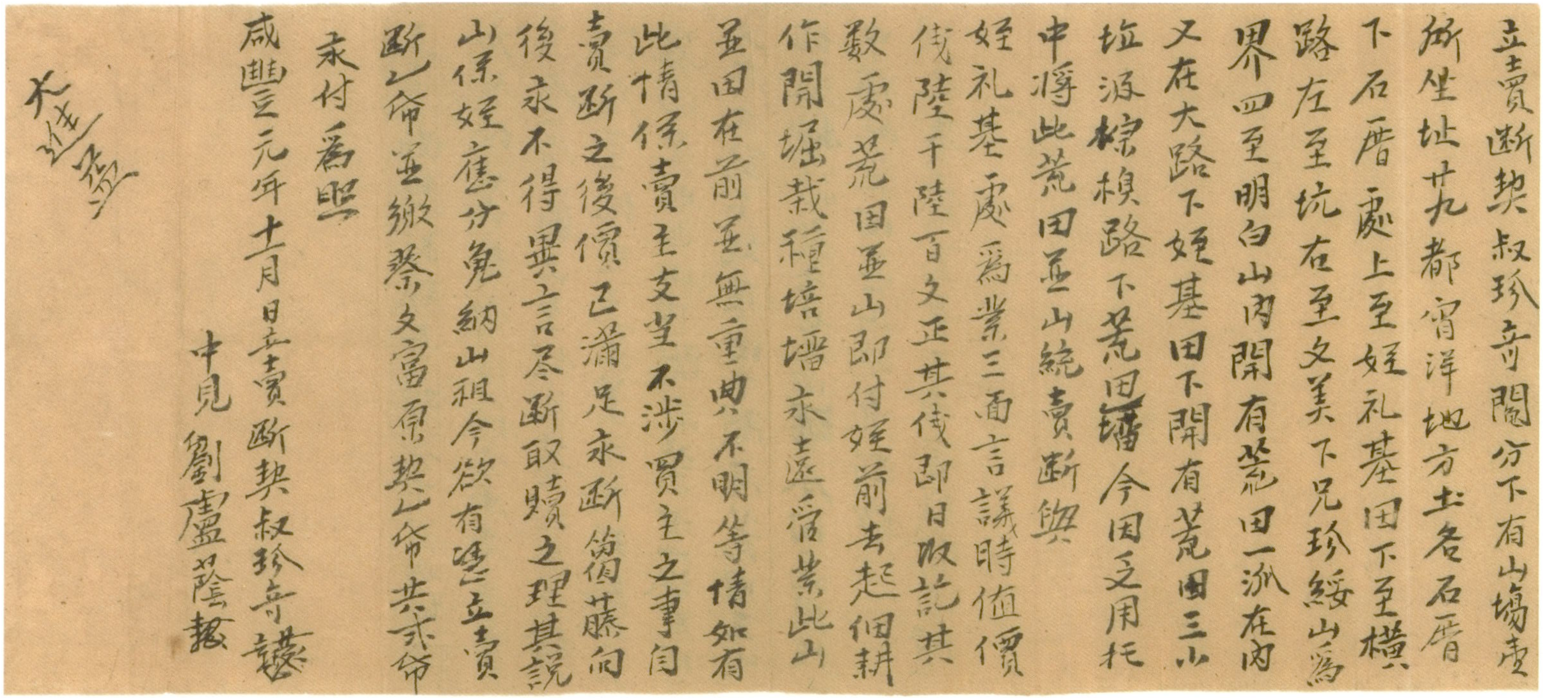
立賣斷契叔珍奇，閹分下有山塲壹
所，坐址廿九都甯洋地方，土名石曆
下石曆處，上至姪礼基田，下至横
路，左至坑，右至文美、下兄珍綏山為
界，四至明白。山內開有荒田一派在內，
又在大路下姪基田下開有荒田三小
坵，派棕模路下荒田壹墻。今因乏用，托
中將此荒田並山統賣斷與
姪礼基處為業。三面言議，時值價
伐陸千陸百文正，其伐即日收訖，其
數處荒田並山即付姪前去起佃耕
作，開墾栽種培墻，永遠管業。此山
並田在前並無重典、不明等情，如有
此情，係賣主支當，不涉買主之事。自
賣斷之後，價已滿足，永斷葛藤，向
後永不得異言、尽斷、取贖之理。其說
山係姪應分兔納山租，今欲有憑，立賣
斷山命並繳祭文富原契山命共貳命，
永付為照。
咸豐元年十一月　日立賣斷契叔珍奇（押）
中見　劉盧蔭（押）
大吉[illegible]

7-1-57-6　清咸豐元年十一月林珍奇立賣斷山場等契

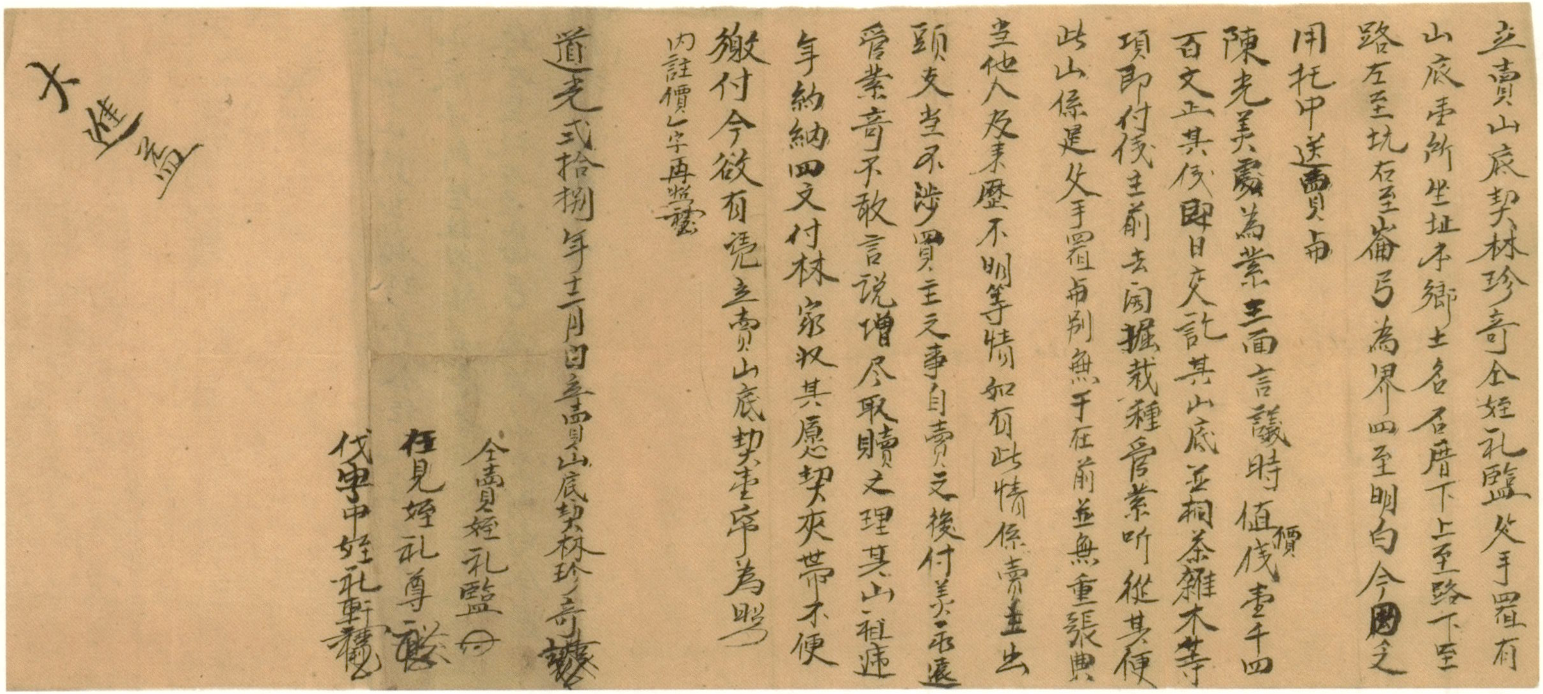

立賣山底契林珍奇仝姪孔臨父手置有
山底壹所坐址本鄉土名石厝下，上至路，下至
路，左至坑，右至崙弓為界，四至明白。今因乏
用，托中送賣與
陳光美處為業，三面言議，時值價錢壹千四
百文正，其錢即日交訖。其山底並桐茶雜木等
項即付錢主前去開掘栽種管業，听從其便。
此山係是父手置與別無干，在前並無重張典
當他人，及來歷不明等情；如有此情，係賣主出
頭支當，不涉買主之事。自賣之後，付美永遠
管業，奇不敢言說增盡取贖之理。其山租逐
年納錢四文付林家収，其應契夾帶不便
繳付。今欲有憑，立賣山底契壹紙為照。
内註價乙字再照。

道光貳拾捌年十二月　日立賣山底契林珍奇（押）
仝賣姪孔臨（押）
在見姪孔尊（押）
代筆中姪孔軒（押）

大進益

7-1-57-5　清道光二十八年十二月林珍奇等立賣山底契

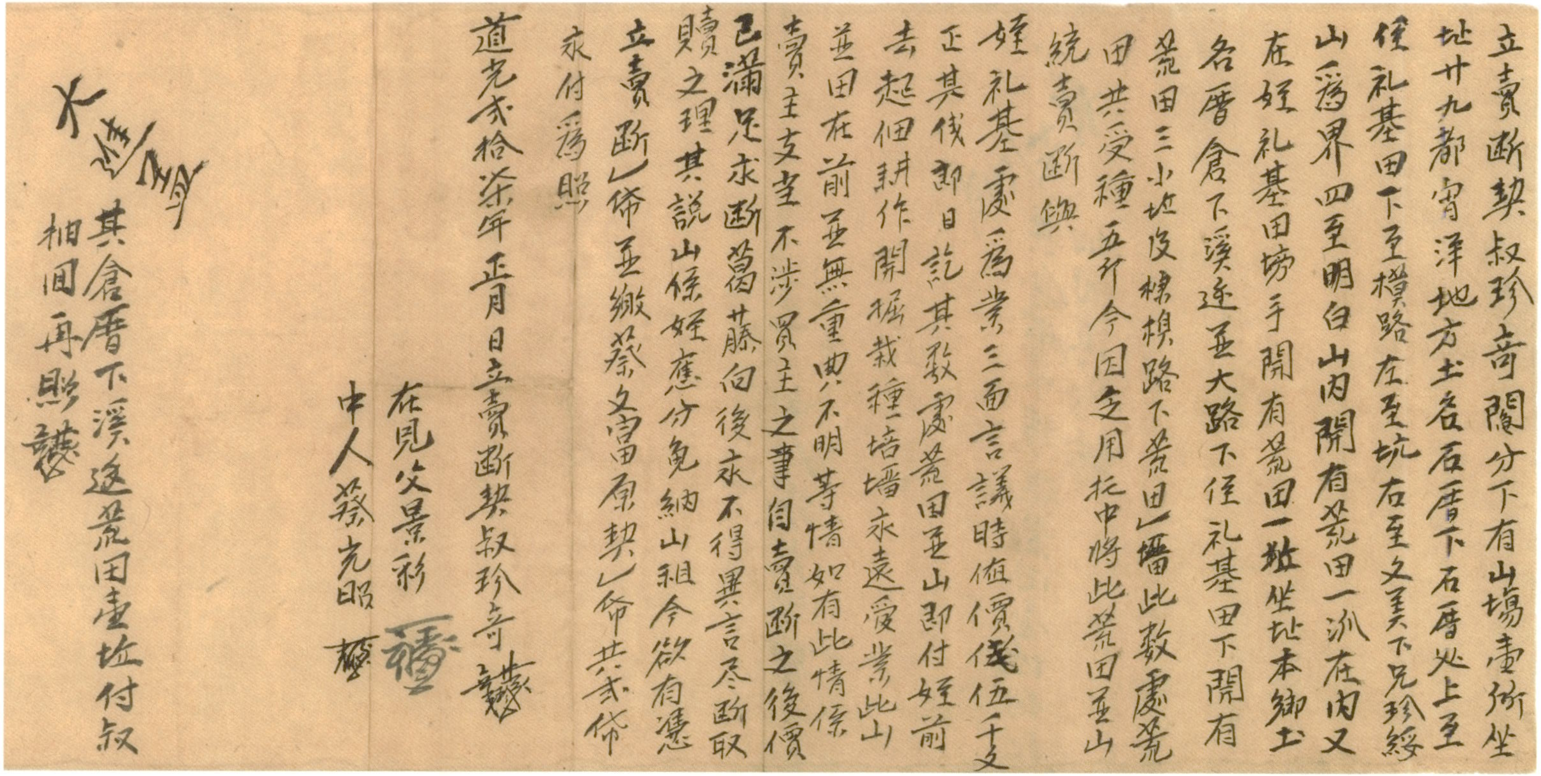
立賣斷契叔珍奇閹分下有山場壹所坐
址廿九都宵洋地方土名石厝下石厝処上至
侄礼基田下至横路左至坑右至文美下兄珍綏
山為界四至明白山内開有荒田一泒在内又
左侄礼基田坜手開有荒田一坵坐址本鄉土
名厝倉下溪边並大路下侄礼基田下開有
荒田三小坵没棣榠路下荒田乙墙此数處荒
田共受種五斤今因乏用托中將此荒田並山
統賣斷與
侄礼基處為業三面言議時值價錢伍千文
正其钱即日訖其数處荒田並山即付侄前
去起佃耕作開掘栽種培墻永遠受業此山
並田在前並無重典不明等情如有此情係
賣主支当不涉買主之事自賣斷之後價
已滿足永斷葛藤向後永不得異言叁斷取
贖之理其說山係侄應分免納山租今欲有憑
立賣斷乙係並繳蔡文當原契乙係共式係
永付為照
道光式拾柒年正月　日立賣斷契叔珍奇（押）
在見父景彩（押）
中人蔡光昭（押）
[illegible]　其倉厝下溪边荒田壹坵付叔
相回再照（押）

7-1-57-4　清道光二十七年正月林珍奇立賣斷山場等契

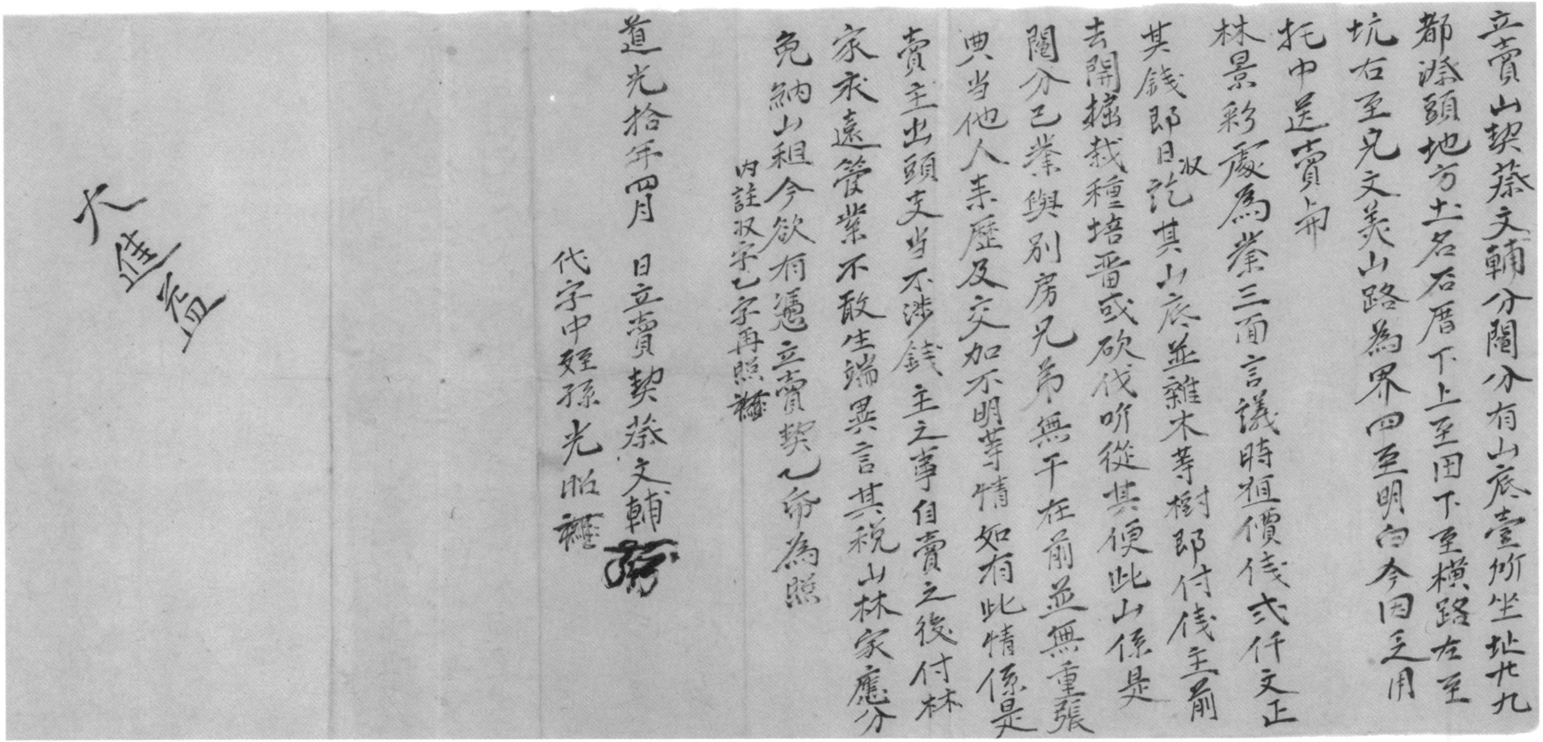

立賣山契蔡文輔分閹分有山底壹所坐址廿九
都漈頭地方土名石厝下上至田下至橫路左至
坑右至兄文美山路為界四至明白今因乏用
托中送賣與
林景彩處為業三面言議時值價錢弍仟文正
其錢即日收訖其山底並雜木等樹即付錢主前
去開掘栽種培晋或砍伐听從其便此山係是
閹分己業與別房兄弟無干在前並無重張
典当他人来歷及交加不明等情如有此情係是
賣主出頭支当不涉錢主之事自賣之後付林
家永遠管業不敢生端異言其稅山林家應分
免納山租今欲有憑立賣契乙紙為照
內註收字乙字再照
道光拾年四月　日立賣契蔡文輔
代字中姪孫光怡
大進壹

7-1-57-3　清道光十年四月蔡文輔立賣山底契

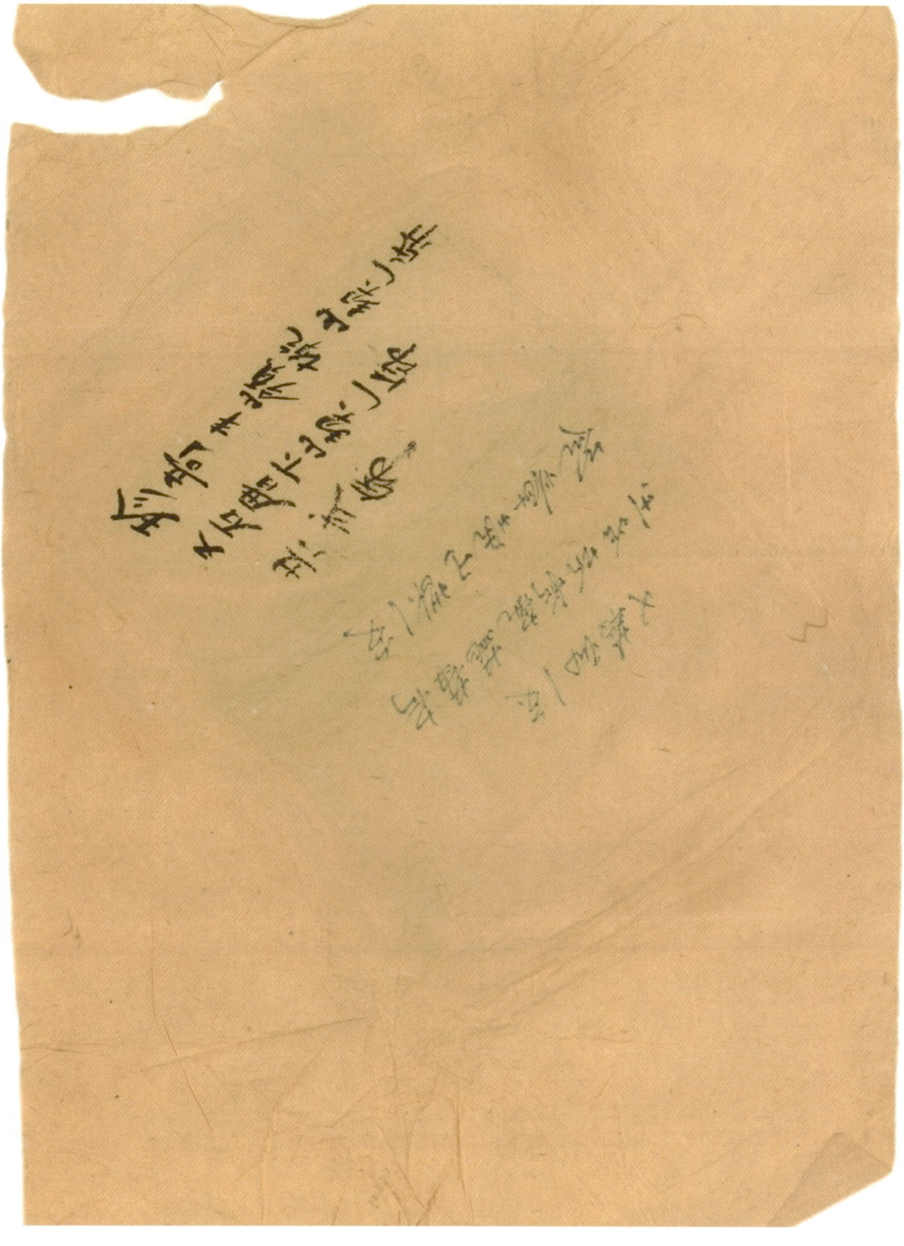

7-1-57-2　包契紙

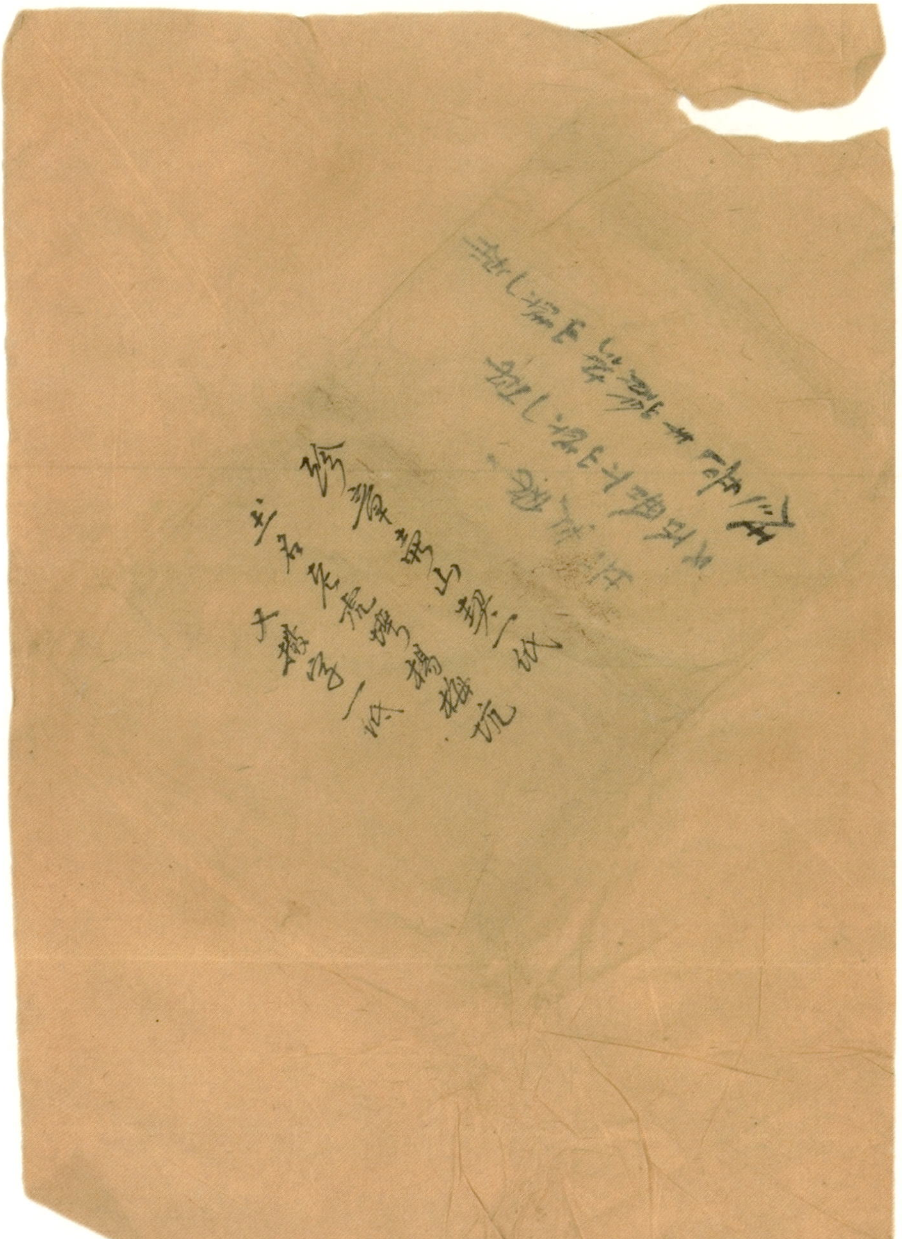

7-1-57-1　包契紙

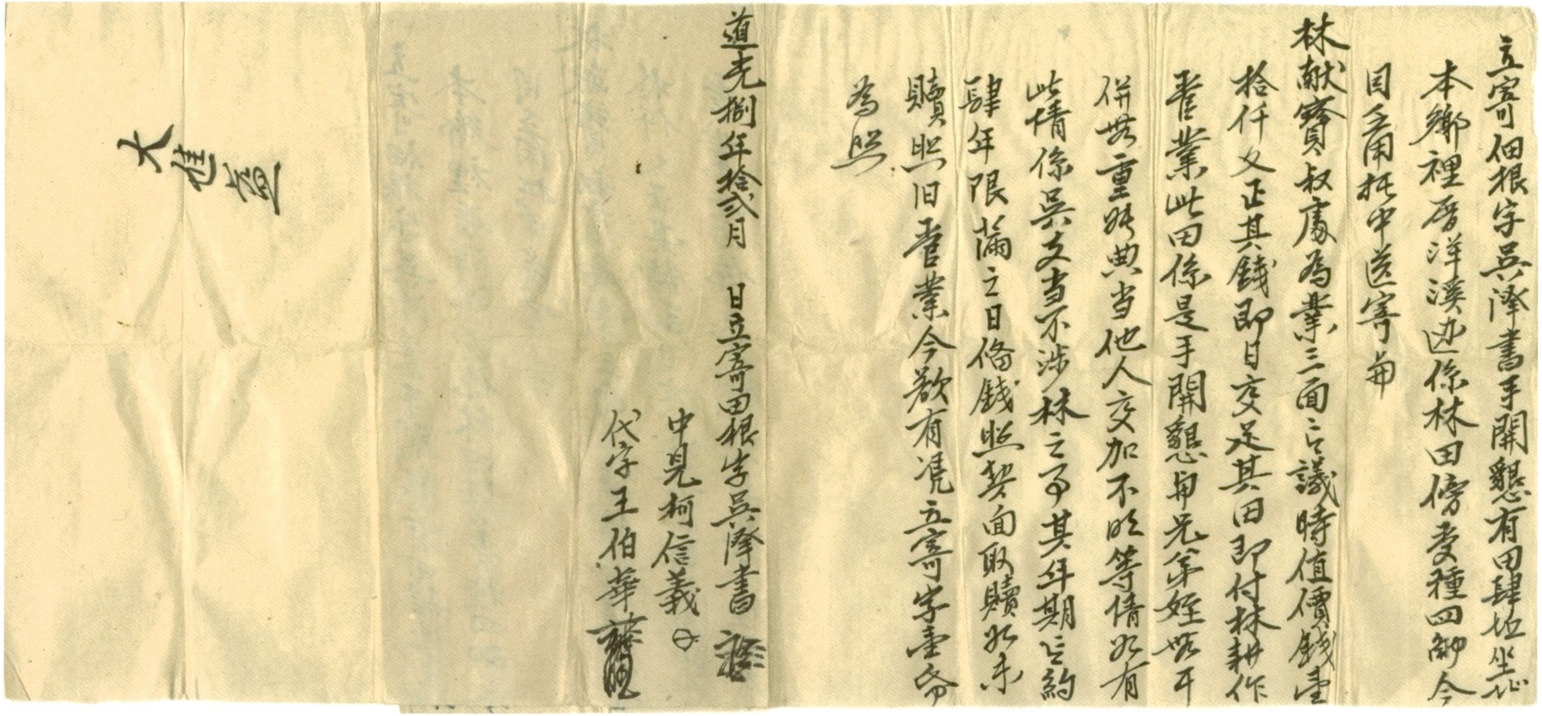
立寄佃根字吳澤書，手闢懇有田肆坵，坐在
本鄉裡厝洋溪邊，係林田傍麥種四斛。今
因乏用，托中送寄與
林献寶叔處為業。三面言議，時值價錢壹
拾仟文正。其錢即日交足，其田即付林耕作
管業。此田係是手闢懇，與先年姪烝干
併無重張典當他人，交加不明等情。如有
此情，係吳文書不涉林之事。其年期言約
肆年限滿之日，備錢照契面取贖，不得
贖，照旧管業。今欲有憑，立寄字壹紙
為照。
道光捌年拾貳月　日立寄田根字吳澤書（押）
中見柯信義（押）
代字王伯華（押）
大進益

7-1-56-2　清道光八年十二月吳澤書立寄佃田根字

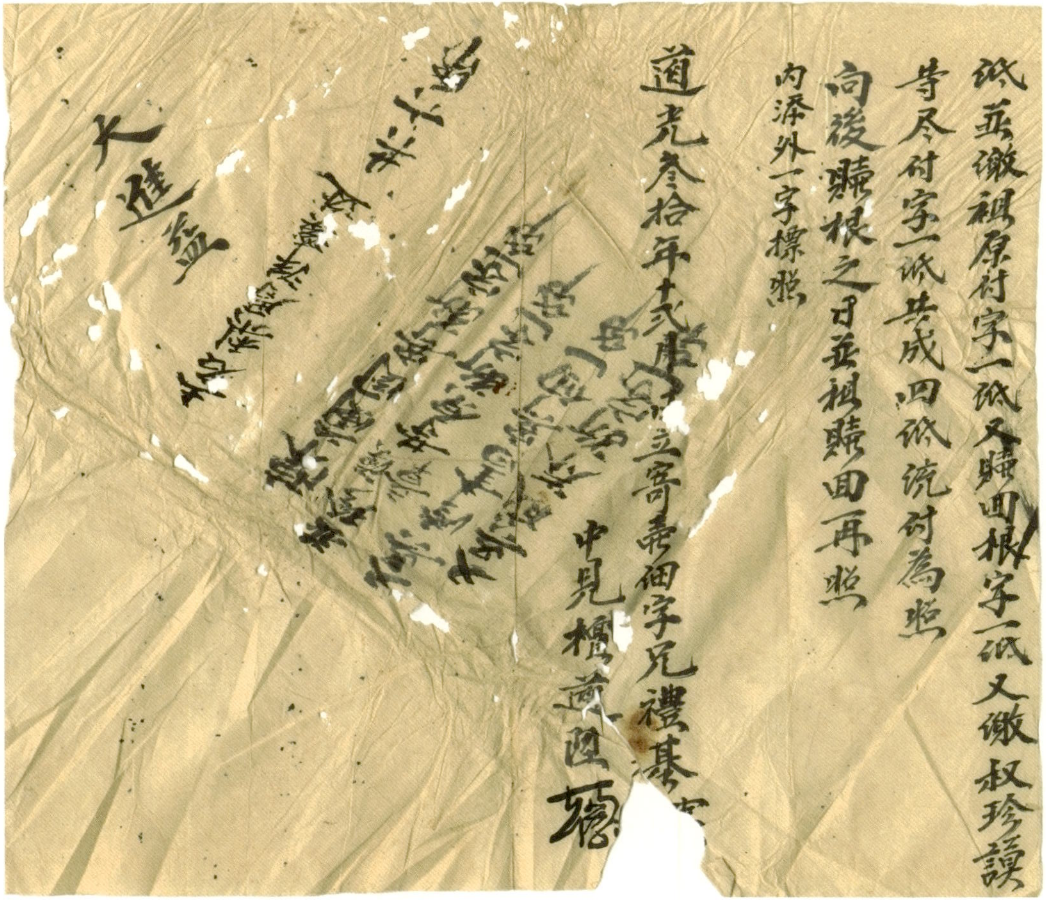
紙丞徽祖原討字一紙又贖田根字一紙又徽叔珍讓
等尽討字一紙共成四紙統討為照
向後贖根之日丞祖贖田再照
内添外一字標照
道光叁拾年十弍月　日立寄壽田字兄禮基

大進益

7-1-56-1　包契紙

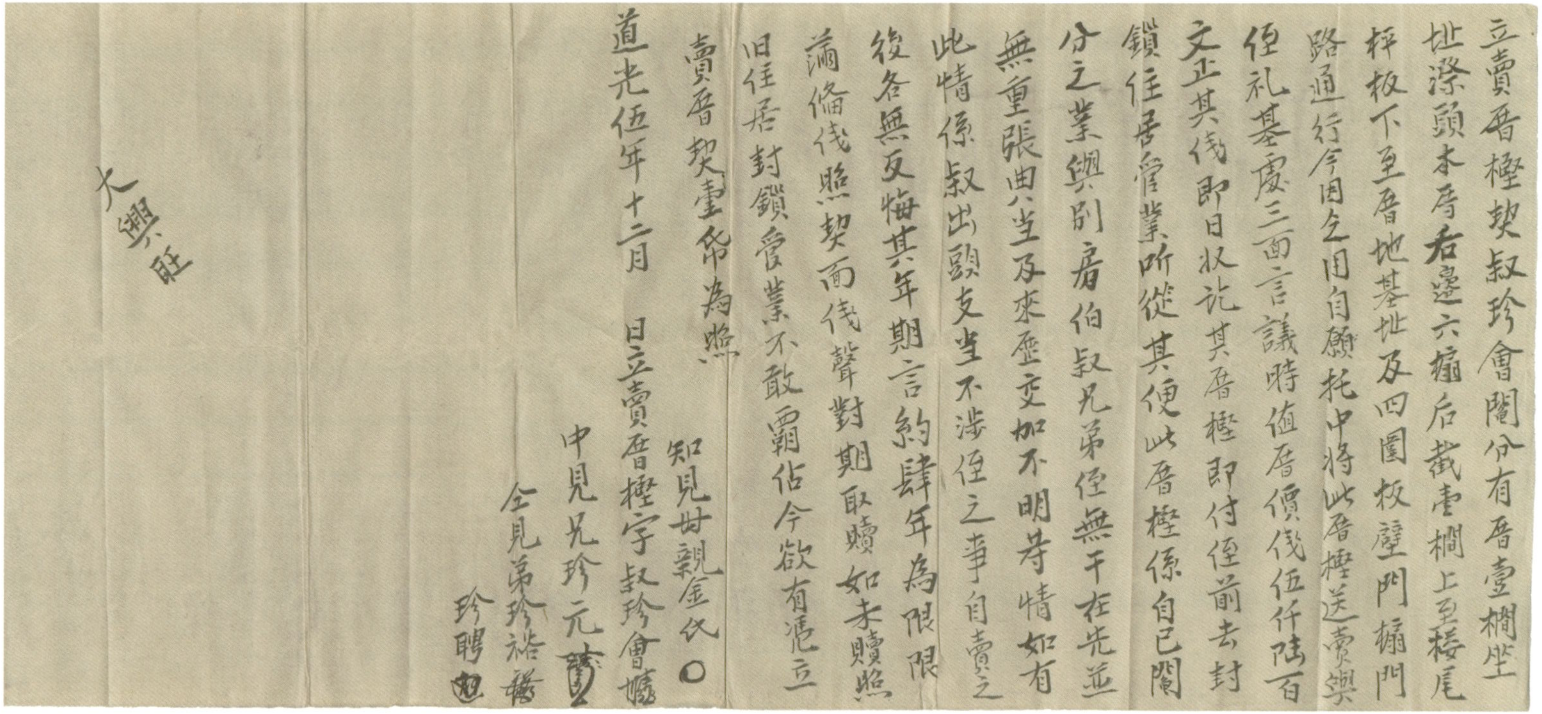
立賣厝樫契叔珍會鬮分有厝壹櫊坐
址溪頭本厝右邊六扇后截壹櫊上至樓尾
桁板下至厝地基址及四圍板壁門扇門
路通行今因乏用自願托中將此厝樫送賣與
侄礼基處三面言議時值厝價伐伍仟陸百
文正其伐即日收訖其厝樫即付侄前去封
鎖住居管業聽從其便此厝樫係自己鬮
分之業與別房伯叔兄弟侄無干在先並
無重張典當及來歷交加不明等情如有
此情係叔出頭支當不涉侄之事自賣之
後各無反悔其年期言約肆年為限限
滿備伐照契面伐聲對期取贖如未贖照
旧住居封鎖管業不敢霸佔今欲有憑立
賣厝契壹紙為照
知見母親金氏 ○
道光伍年十二月 日立賣厝樫字叔珍會號
中見兄珍元號
仝見弟珍裕號
珍聘押
大興莊

7-1-55-2 清道光五年十二月林珍會立賣厝樫契

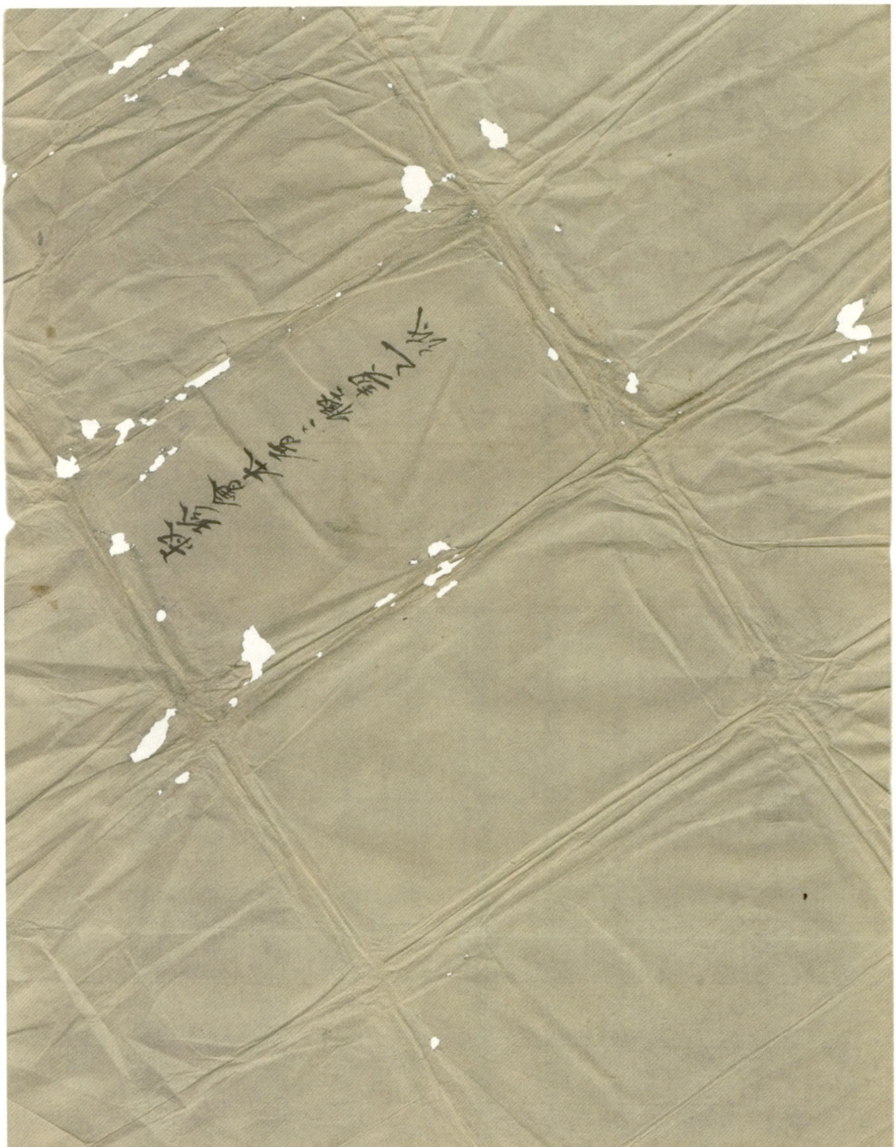

7-1-55-1　包契紙

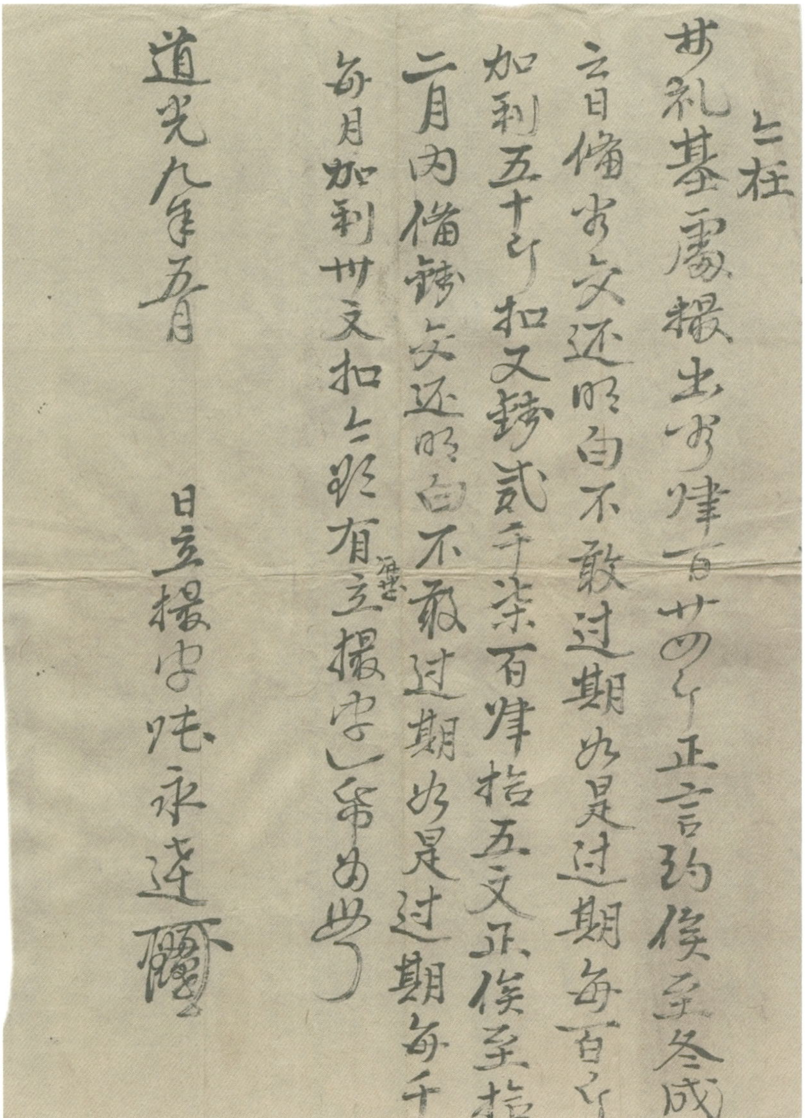
仝在
甘礼基處撮出穀肆百廿四斤正言約俟至冬成
之日備穀还明白不敢过期如是过期每百斤
加利五十斤扣文錢貳千柒百肆拾五文正俟至拾
二月内備錢还明白不敢过期如是过期每千
每月加利卅文扣之照有立撮字乙帋為照
道光九年五月　日立撮字人張永達（押）

7-1-54-5　清道光九年五月張永達立撮字

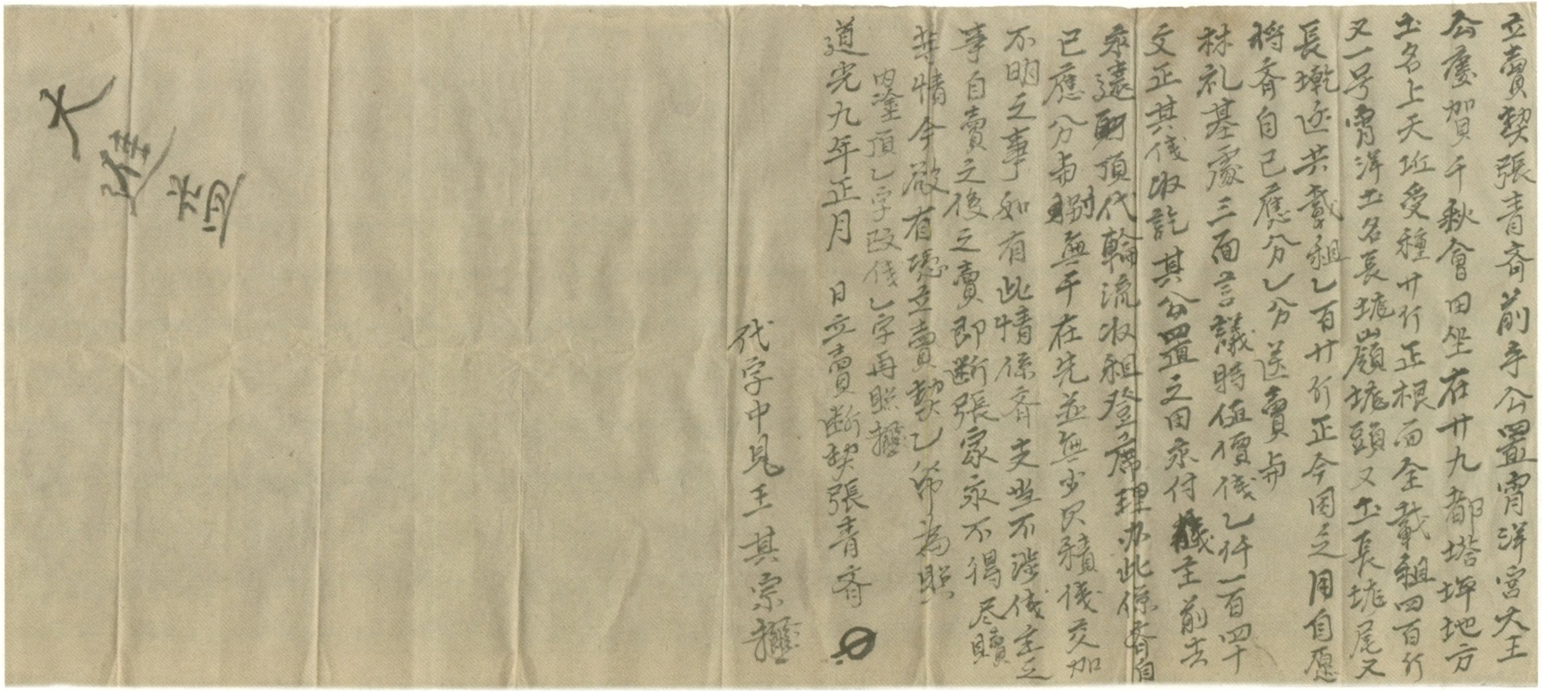

立賣契張青齊前手公置霄洋宮大王
公處賀千秋會田坐在廿九都塔坪地方
土名上天垃受種廿斤正，根面全載租四百斤
又一號霄洋土名長垅嶺垅頭又土長垅尾又
長墘迹共載租乙百廿斤正，今因乏用，自愿
將齊自己應分乙分送賣與
林禮基處，三面言議，時值價錢乙仟一百四十
文正，其錢收訖，其公置之田聽付錢主前去
永遠耕頂，代輪流收租，登席理辦，此係齊自
己應分份額，無干在先並無另只債錢交加
不明之事，如有此情，係齊支当，不涉錢主之
事。自賣之後，立賣即斷，張家永不得尽贖
其情今欲有憑，立賣斷契乙紙為照。
內塗頂乙字，改錢乙字，再照。押
道光九年正月　日立賣斷契張青齊（押）
代字中見王其宗押
大[illegible]

7-1-54-4　清道光九年正月張青齊立賣田契

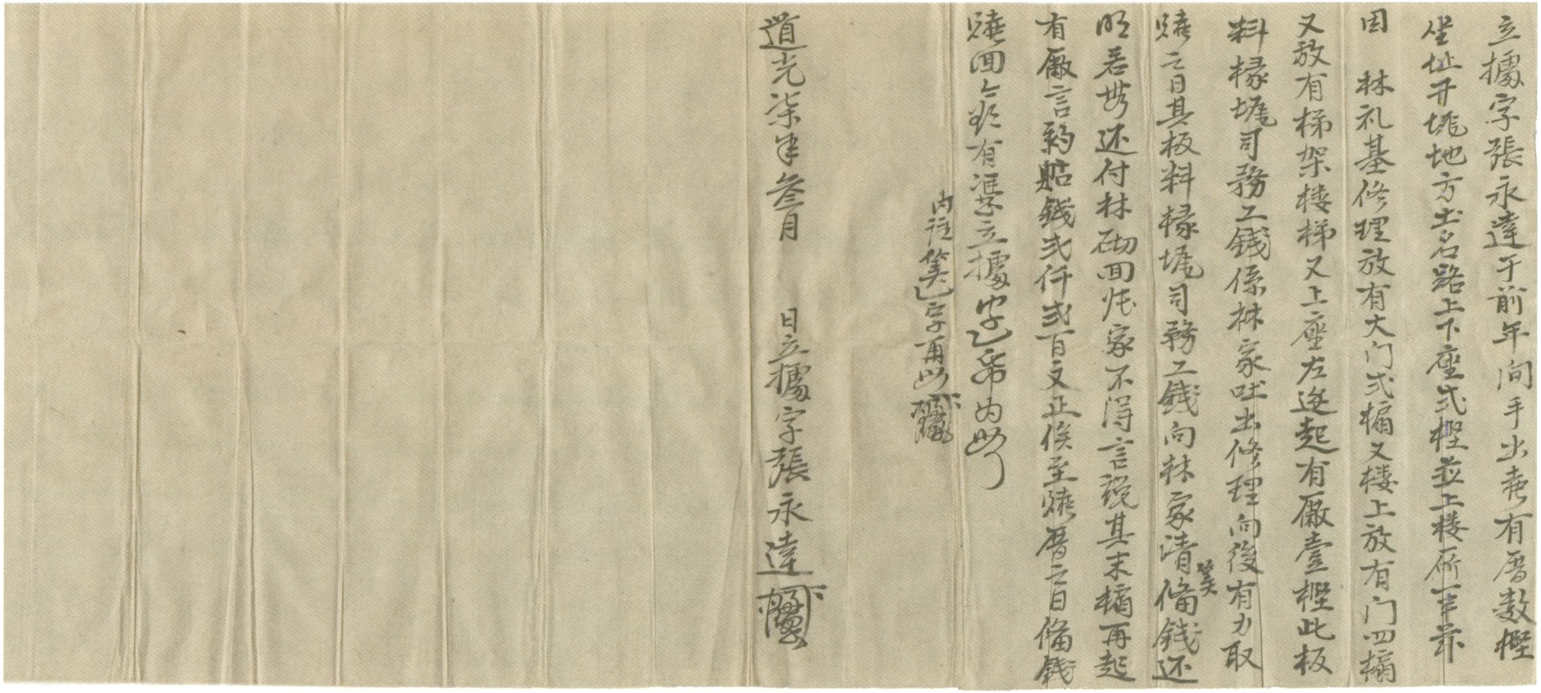
立據字張永達于前年向手出表有厝數椌
坐址千塊地方土名路上下座弍椌並上樓所一串𣎴
因林礼基修理放有大门弍桶又樓上放有门四桶
又放有梯架樓梯又上座左邊起有廠壹椌此板
料椽塊司務工錢係林家吐出修理向後有力取
續之日其板料椽塊司務工錢向林家清笑備錢还
明若其还付林硘田炰家不得言說其末摘再起
有廠言約貼錢弍仟弍百文正俟至續厝之日備錢
續回之故有憑立據字已弟由此门
內注笑字一个再照
道光柒年叁月　　日立據字張永達（押）

7-1-54-3　清道光七年三月張永達立據字

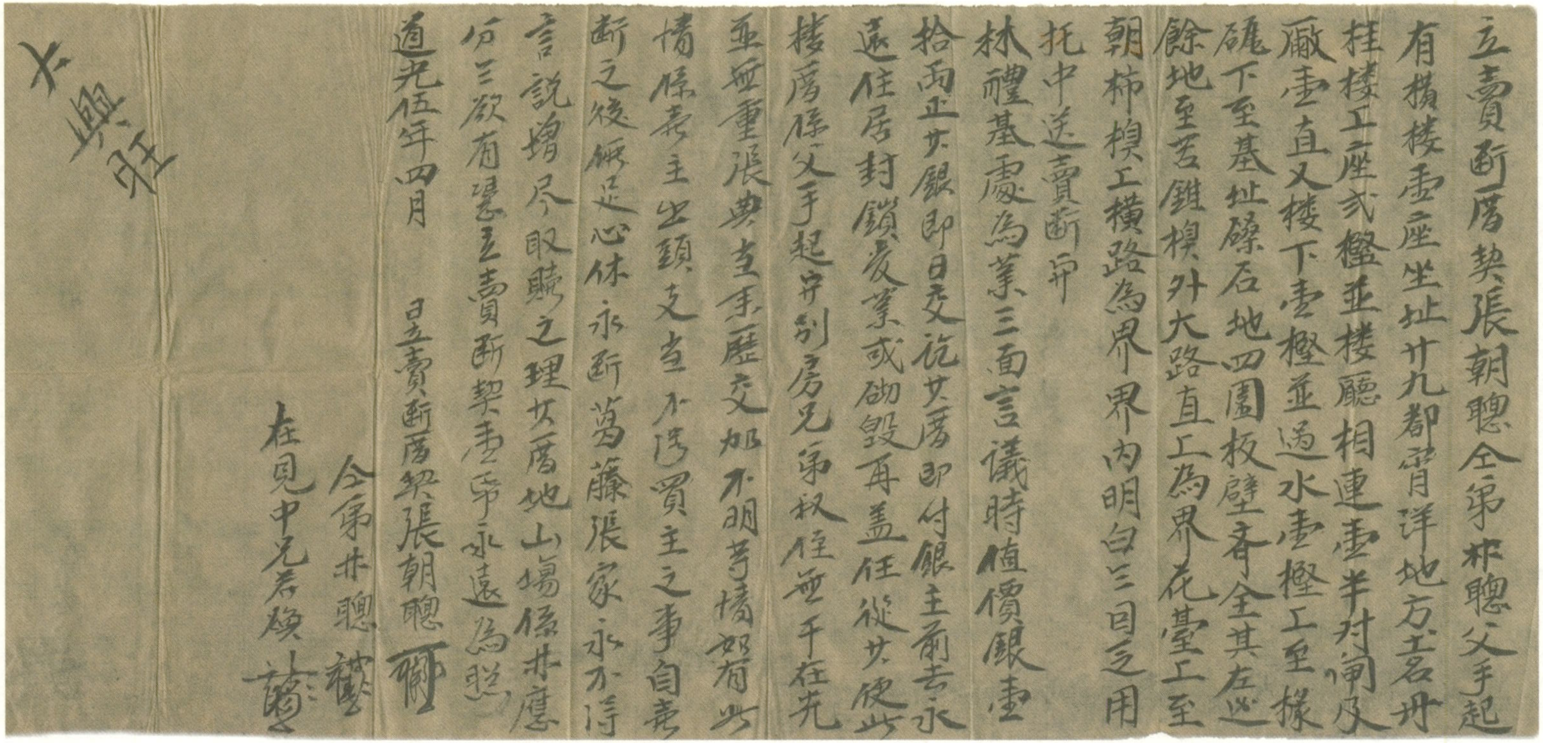

立賣斷厝契張朝聰仝弟𡉟聰父手起
有横樓壹座坐址廿九都霄洋地方土名垅
桂樓工座弍楹並樓廳相連壹半對開及
廠壹直又樓下壹楹並過水壹楹工至椽
礁下至基址礫石地四圍板壁壹全其左邊
餘地至茔鉗模外大路直上為界花臺上至
朝柿模工横路為界界内明白三日乏用
托中送賣斷厝
林禮基處為業三面言議時值價銀壹
拾兩正其銀即日交訖其厝即付銀主前去永
遠住居封鎖或業或砌毀再蓋任從其便此
樓厝係父手起厝别房兄弟叔侄無干在先
並無重張典當季歷交加不明等情如有此
情係賣主出頭支當不涉買主之事自賣
斷之後永斷心休永斷葛藤張家永不得
言說增尽取贖之理其厝地山場係𡉟塵
仍三叔有份立賣斷契壹帋永遠為照
道光伍年四月　日立賣斷厝契張朝聰（押）
仝弟𡉟聰（押）
在見中兄右焕（押）
大興莊

7-1-54-2　清道光五年四月張朝聰等立賣斷厝契

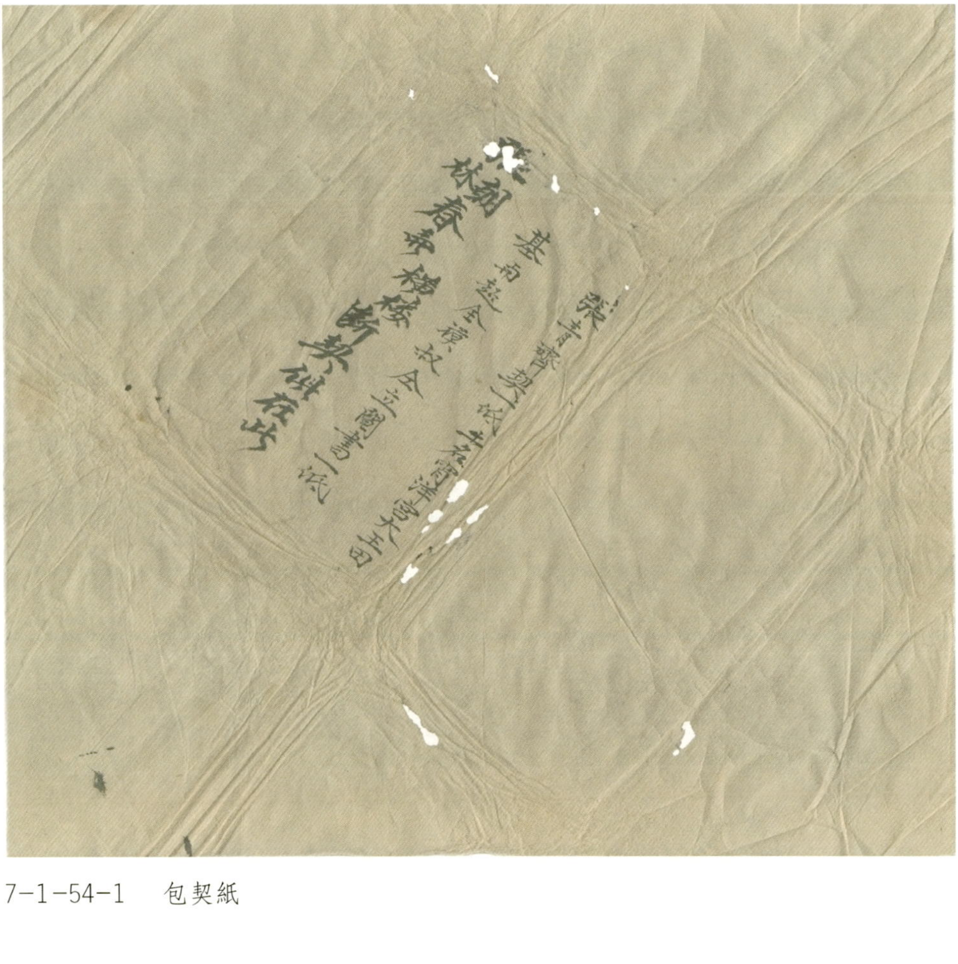

7-1-54-1　包契紙

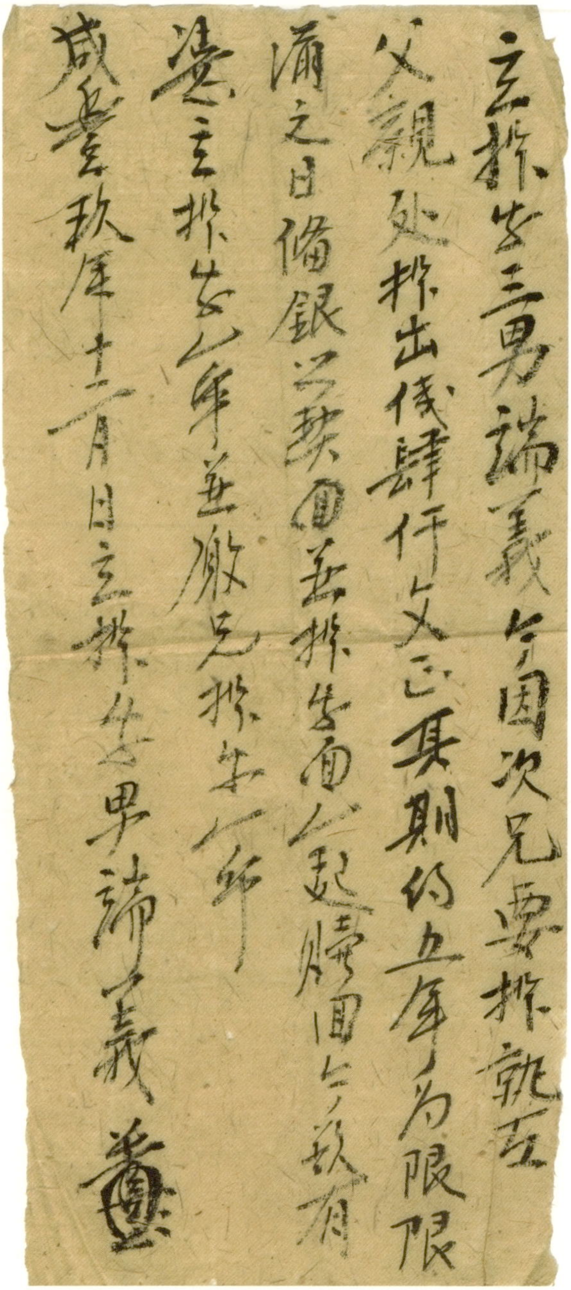

立撮字三男端義，今因次兄要撮，就在
父親處撮出錢肆仟文正，其期約五年為限，限
滿之日備銀送契回，並撮字當面一起贖回，不敢有
憑立撮字出年，並繳足撮字一紙。
咸豐玖年十二月　日立撮字三男端義（押）

7-1-53-12　清咸豐九年十二月林端義立撮字

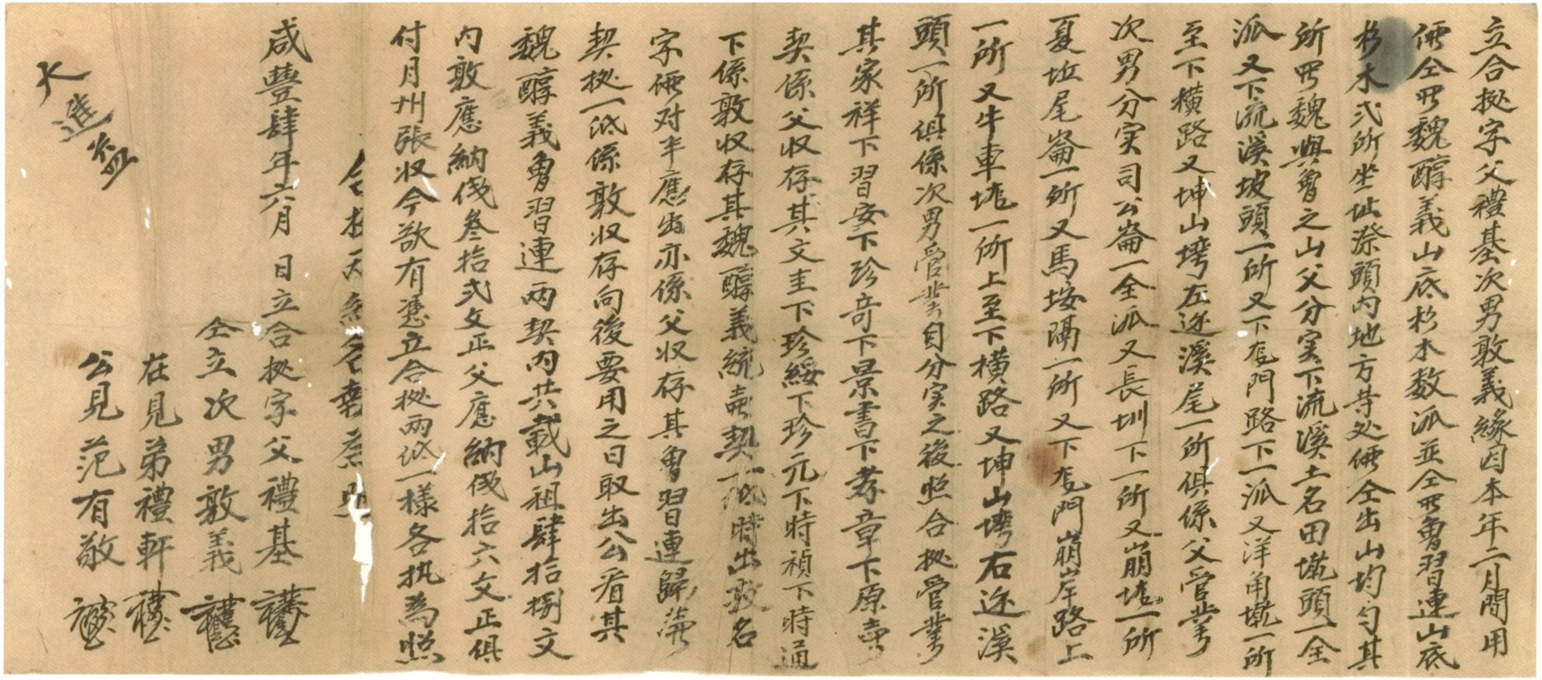
立合據字父禮基次男敦義緣因本年二月間用
價仝买魏醇義山底杉木數派並仝买曾習連山底
杉木弍所坐址𡵆頭內地方土名處價仝出山均勻其
所买魏興曾之山父分寔下流溪土名田墘頭一全
派又下流溪坡頭一所又下奄門路下一派又洋角墘一所
至下橫路又坤山墘左逐溪尾一所俱係父管業
次男分寔司公崙一全派又長圳下一所又崩墘一所
夏坵尾崙一所又馬垵隔一所又下奄門崩岸路上
一所又牛車墘一所上至下橫路又坤山墘右逐溪
頭一所俱係次男管業自分寔之後照合據管業
其家祥下習安下珍奇下景書下苏章下原壽
契係父收存其文主下珍綏下珍元下時禎下時通
下係敦收存其魏醇義號壽契一紙時出敦名
字價对半應出亦係父收存其曾習連歸業
契據一紙係敦收存向後要用之日取出公看其
魏醇義曾習連兩契內共載山租肆拾捌文
內敦應納伐叁拾弍文正父應納伐拾六文正俱
付月州張收今欲有憑立合據兩紙一樣各執為照
合[illegible]
咸豐肆年六月　日立合據字父禮基（押）
仝立次男敦義（押）
在見弟禮軒（押）
公見范有敬（押）
大進益

7-1-53-11　清咸豐四年六月林禮基等立山底杉木合據字

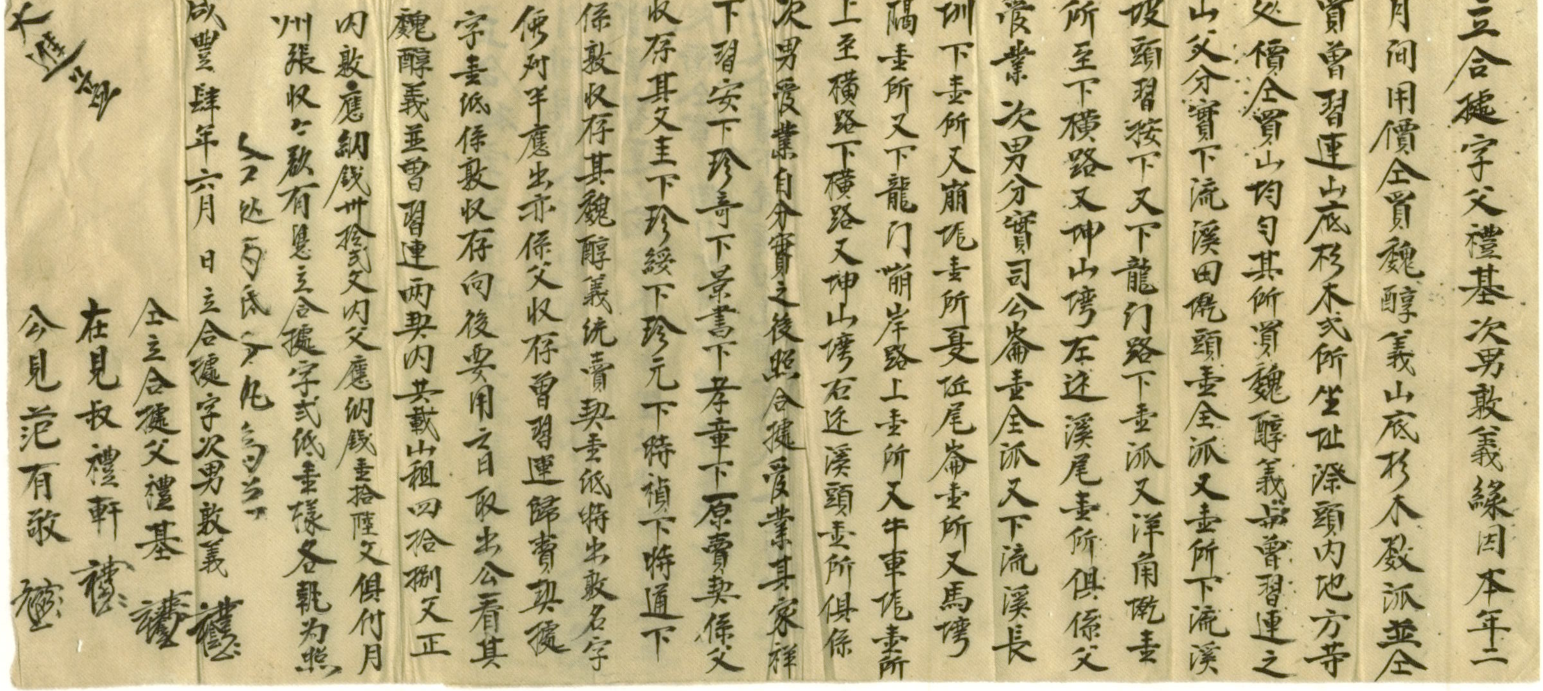
立合據字父禮基、次男敦義，緣因本年二
月間用價仝買魏醇義山底杉木，發派並仝
買曾習連山底杉木，式所坐址漈頭內地方，等
處價仝買山均分。其所買魏醇義、並曾習連之
山，父分實下流溪田傀頭壹全派，又壹所下流溪
坡頭習洝下，又下龍门路下壹派，又洋角磡壹
所，至下横路，又坤山墘左边溪尾壹所，俱係父
愛業。次男分實司公崙壹全派，又下流溪長
圳下壹所，又崩墘壹所，又垅尾崙壹所，又馬墘
隔壹所，又下龍门崩岸路上壹所，又牛車墘壹所，
上至横路下横路，又坤山墘右边溪頭壹所，俱係
次男愛業。自分實之後，照合據愛業其家祥
下習安、下珍奇、下景書、下孝華、下原賣契，係父
收存。其文圭、下珍綏、下珍元、下將禎、下將通下
係敦收存。其魏醇義統賣契壹紙，將出敦名字，
便对年應出，亦係父收存。曾習連歸賣契據
字壹紙，係敦收存，向後要用之日取出公看。其
魏醇義並曾習連兩契內共載山租四拾捌文正，
內敦應納錢卅貳文，內父應納錢壹拾陸文，俱付月
州張收。今欲有憑，立合據字式紙壹樣，各執為照。
[illegible]
咸豐肆年六月　日立合據字次男敦義（押）
仝立合據父禮基（押）
在見叔禮軒（押）
公見范有敬（押）
大進[illegible]

7-1-53-10　清咸豐四年六月林禮基等立合據字

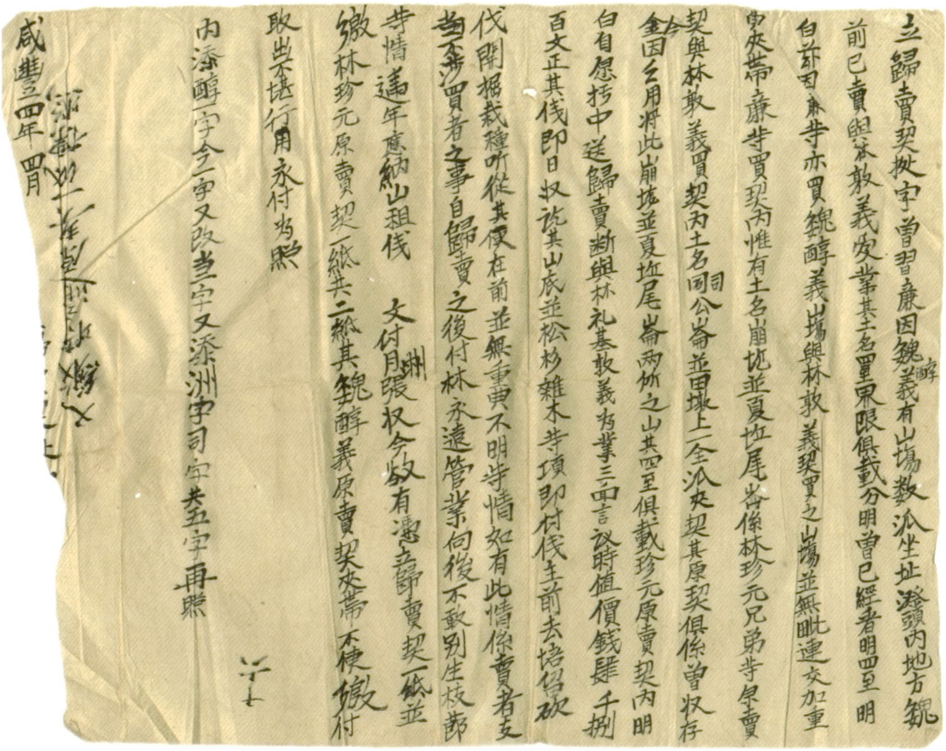
立歸賣契据字曾習廉因魏醇義有山場數派坐址溪頭内地方魏
前已賣與林敦義爲業其土名四至東限俱載分明曾已經看明四至明
白前因廉等亦買魏醇義山場與林敦義契買之山場並無比連交加重
典夾帶廉等買契内惟有土名崩坵並夏坵尾崙係林珍元兄弟等原賣
契與林敦義買契内土名同公崙並田墘上一全派夾契其原契俱係曾收存
今因乏用將此崩坵並夏坵尾崙兩所之山其四至俱載珍元原賣契内明
白自愿托中送歸賣斷與林礼基敦義爲業三面言議時值價錢肆千捌
百文正其錢即日收訖其山底並松杉雜木等項即付錢主前去培留砍
伐開掘栽種聽從其便在前並無重典不明等情如有此情係賣者支
當不涉買者之事自歸賣之後付林永遠管業向後不敢別生枝節
等情　遞年應納山租錢　又付[illegible]張收分文有憑立歸賣契一紙並
繳林珍元原賣契一紙共二紙其魏醇義原賣契夾帶不便繳付
取出不堪行用永付爲照
内添醇字今乙字又改三字又添洲字司字共五字再照
咸豐四年四月 [illegible]

7-1-53-9　清咸豐四年四月曾習廉立歸賣山場契據字

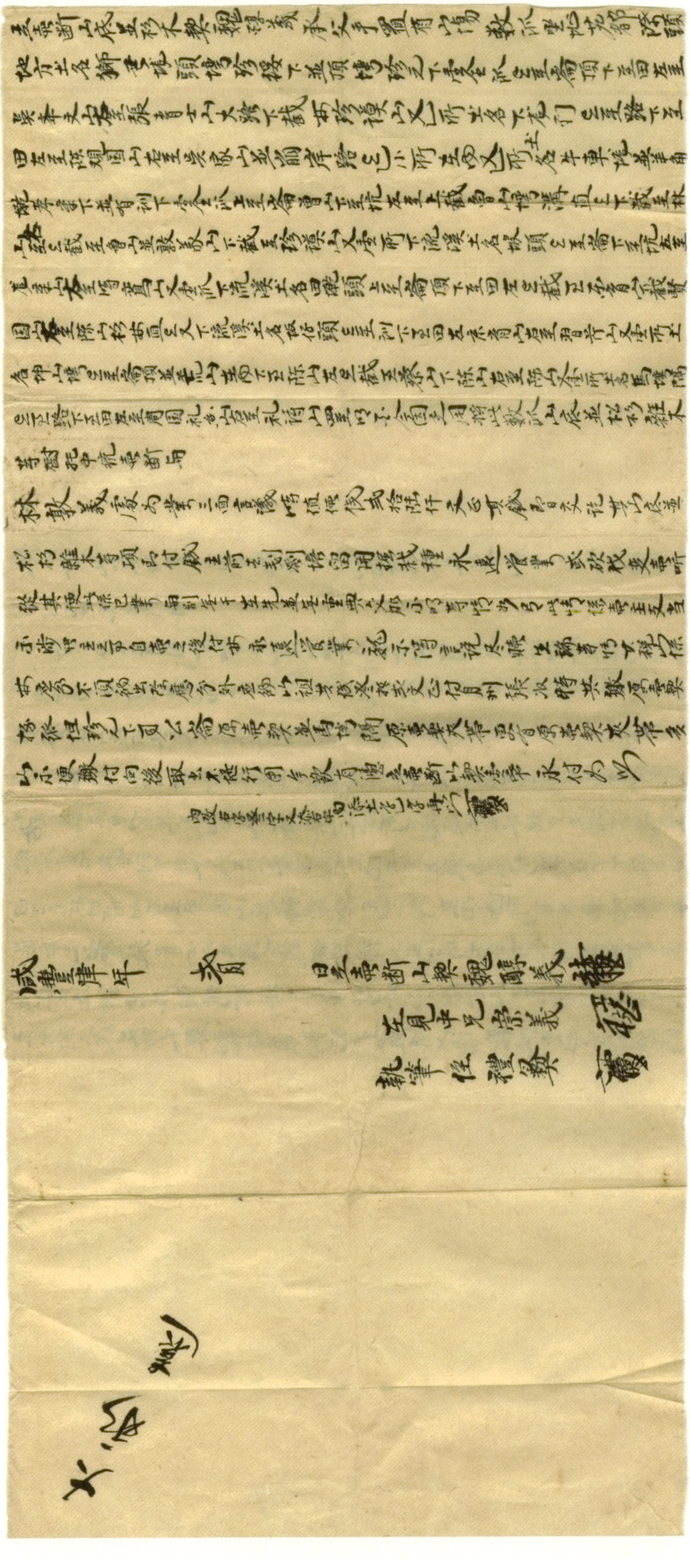
咸豐肆年　二月　日立賣斷山契魏醇義

在見中兄忠義

執筆侄禮彝

清咸豐四年二月魏醇義立賣斷山底等契

7-1-53-8

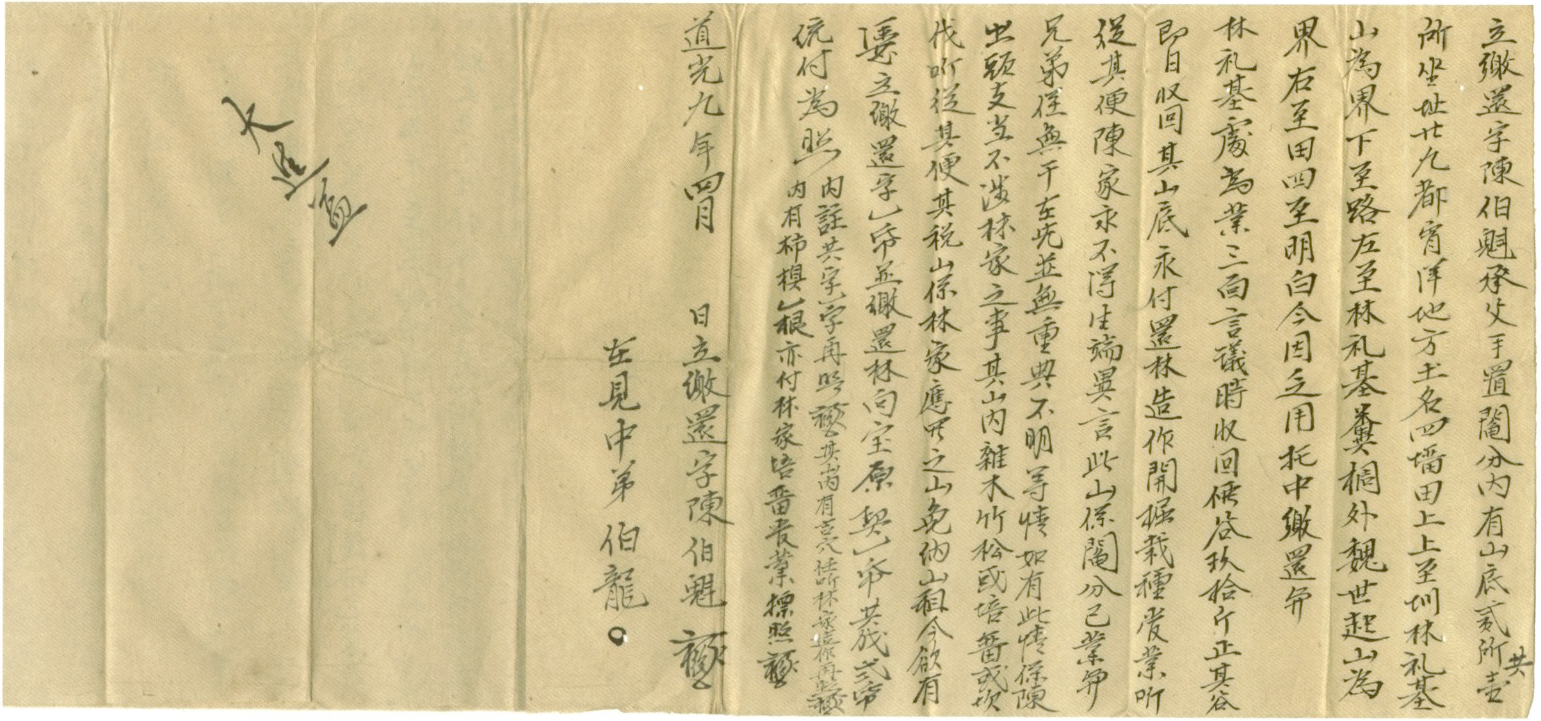
立繳還字陳伯魁承父手置鬮分內有山底貳所，共壹
所坐址廿九都宵洋地方土名四墻田上，上至圳林礼基
山為界，下至路，左至林礼基糞桶外覲世起山為
界，右至田，四至明白。今因乏用，托中繳還與
林礼基處為業，三面言議時收回佛銀玖拾斤正，其銀
即日收回，其山底永付還林造作開掘栽種管業，所
從其便，陳家永不得生端異言。此山係鬮分己業，與
兄弟侄無干，在先並無重典不明等情，如有此情，係陳
出頭支當，不涉林家之事。其山內雜木竹松或培畨或砍
伐，所從其便，其稅山係林家應界之山，免納山租。今欲有
憑，立繳還字山底並繳還林向宅原契一紙，共成式紙，
永付為照。內註共字再照。繳 共尚有壹穴，任听林家遷葬再照。繳
內有柿模山根亦付林家培畨管業，標照。繳
道光九年四月 日立繳還字陳伯魁 繳
在見中弟 伯龍 ○

7-1-53-7 清道光九年四月陳伯魁立繳還山底字

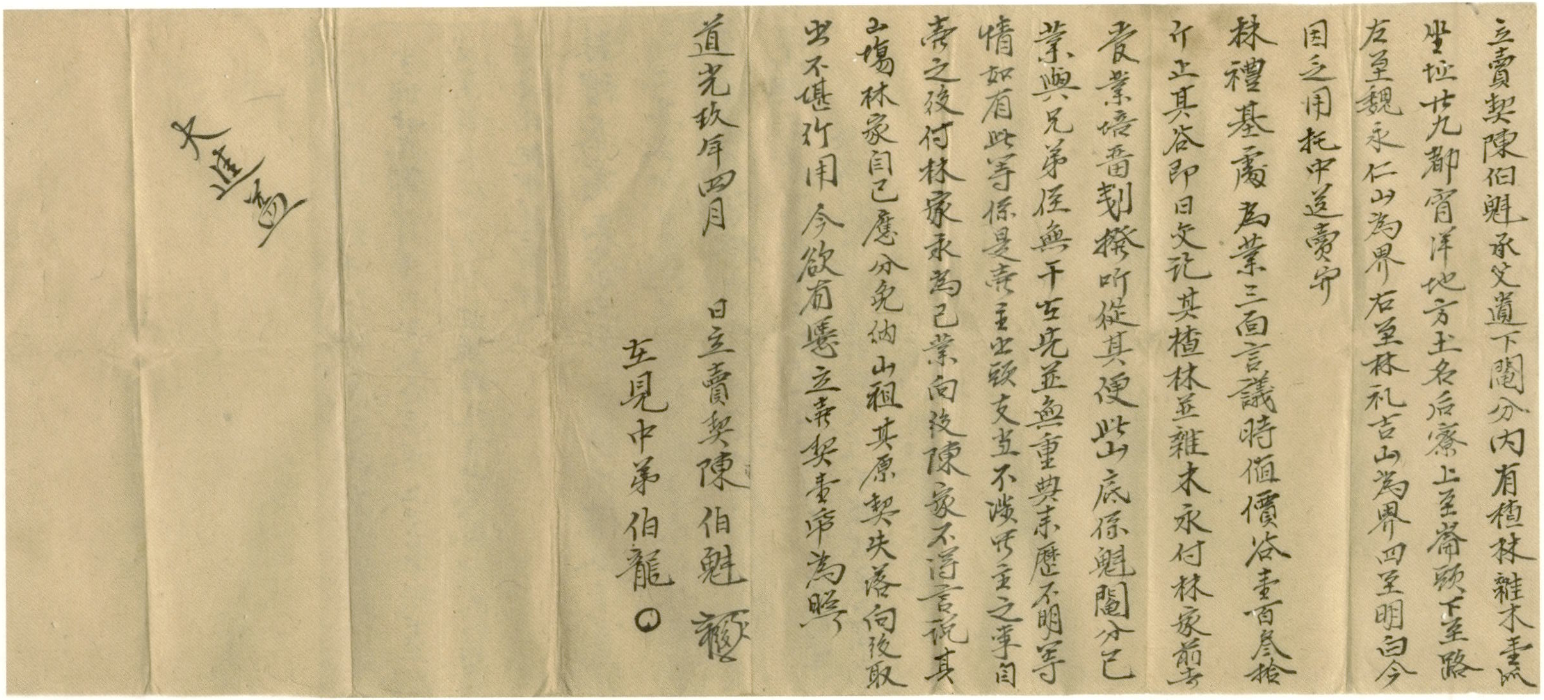
立賣契陳伯魁承父遺下鬮分內有楂林雜木壹所
坐址廿九都霄洋地方土名后寮上至崙頭下至路
左至觀永仁山為界右至林礼吉山為界四至明白今
因乏用託中送賣與
林禮基處為業三面言議時值價谷壹百叁拾
斤正其谷即日交訖其楂林並雜木永付林家前去
管業培番割撥聽從其便此山底係魁鬮分己
業與兄弟侄無干亦無重張典挂來歷不明等
情如有此等係是賣主出頭支當不涉買主之事自
賣之後付林家永為己業向後陳家不得言說其
山場林家自己應分免納山租其原契失落向後取
出不堪行用今欲有憑立賣契壹帋為照
道光玖年四月　日立賣契陳伯魁（押）
在見中弟伯龍（押）
大進寶

7-1-53-6　清道光九年四月陳伯魁立賣楂林雜木契

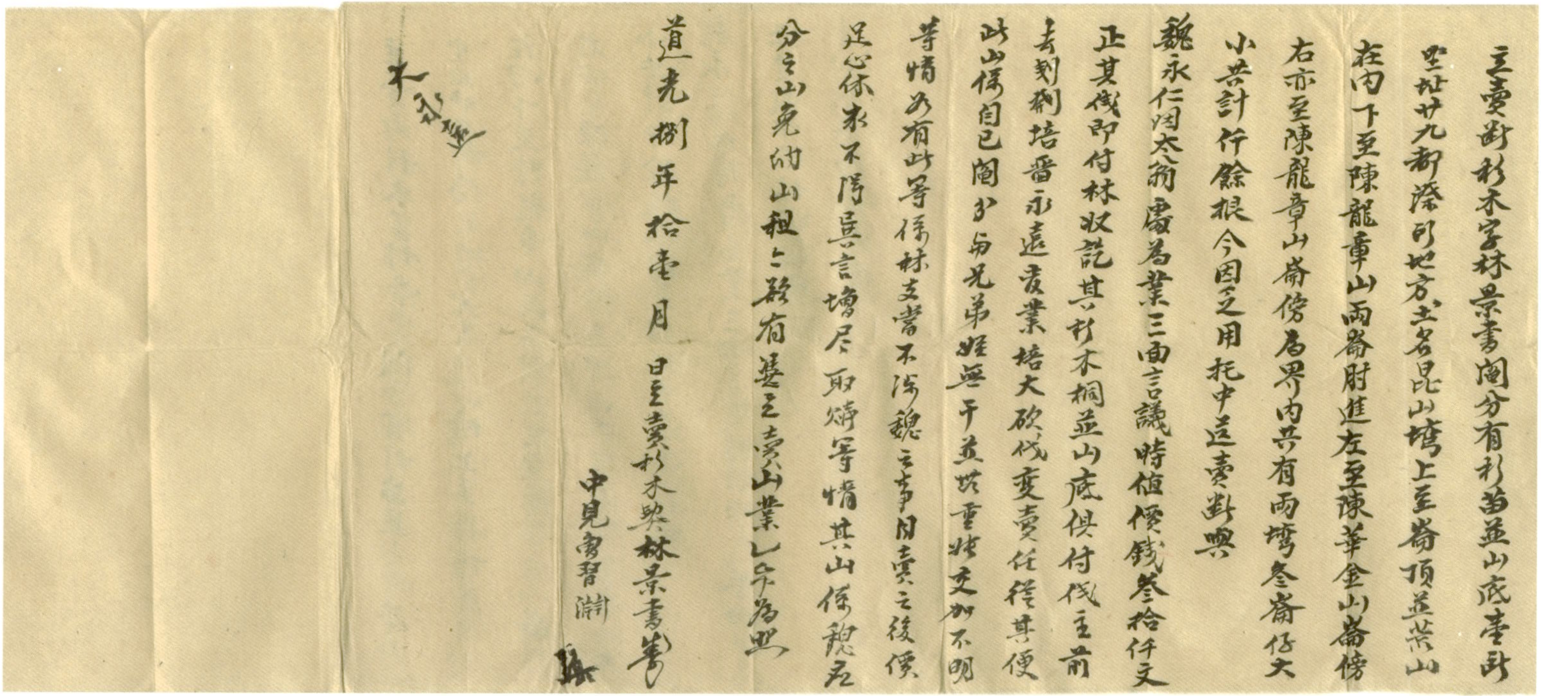
立賣斷杉木字林景書閹分有杉苗並山底壹片
坐址廿九都添門地方土名昆山塆上至嶺頂並荒山
在內下至陳龍章山兩嶺肘進左至陳華金山嶺傍
右亦至陳龍章山嶺傍爲界內共有兩塆叁嶺俱大
小共計仟餘根今因乏用托中送賣斷與
魏永仁因太翁處爲業三面言議時值價錢叁拾仟文
正其錢即付林收訖其杉木桐並山底俱付伐主前
去剃培晉永遠爲業培大砍伐變賣任從其便
此山係自己閹分與兄弟姪無干並非重張典加不明
等情如有此等係林支當不涉魏之事自賣之後便
足心休永不得異言增找取贖等情其山係魏兄
分之山免納山租之啟有憑立賣山業字爲照
道光捌年拾壹月　日立賣杉木契林景書（押）
中見　魏習瀟（押）
木分據

7-1-53-5　清道光八年十一月林景書立賣斷杉木字

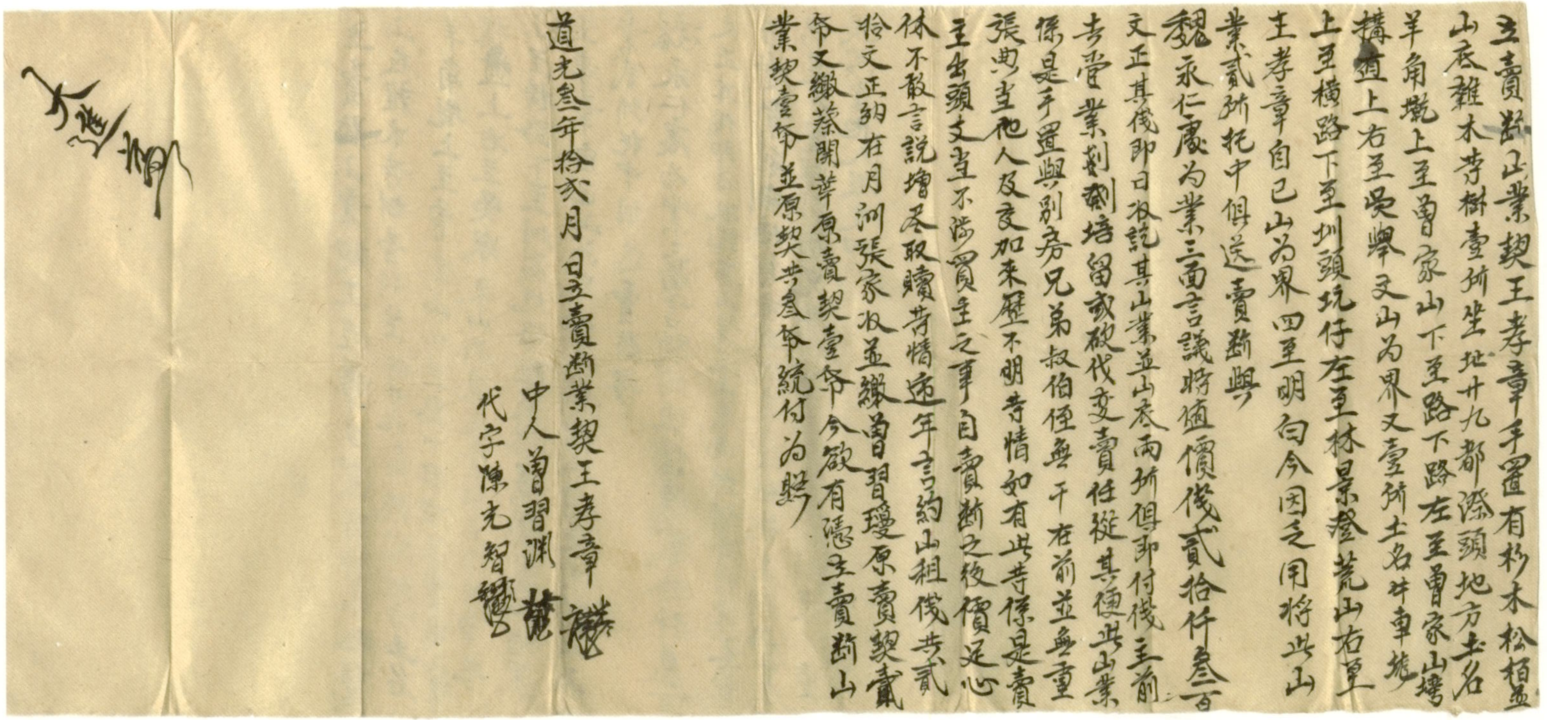
立賣斷山業契王孝章手置有杉木松栢盈
山底雜木苛樹壹所坐址廿九都漈頭地方土名
羊角墘上至曾家山下至路下路左至曾家山壋
構直上右至吳學文山為界又壹所土名牛車垅
上至橫路下至圳頭坑仔左至林景登荒山右至
主孝章自己山為界四至明白今因乏用將此山
業貳所托中俱送賣斷與
魏永仁處為業三面言議將值價錢貳拾仟叁百
文正其錢即日收訖其山業並山底兩所俱即付錢主前
去管業剗劉培留或砍伐變賣任從其便此山業
係是手置與別房兄弟叔伯侄無干在前並無重
張典當他人及交加來歷不明等情如有此等係是賣
主出頭支當不涉買主之事自賣斷之後價足心
休不敢言說增找取贖等情逐年言約山租錢共貳
拾文正約在月洲張家收並繳曾習璦原賣契貳
紙又繳蔡開華原賣契壹紙今欲有憑立賣斷山
業契壹紙並原契共叁紙統付為照
道光叁年拾式月　日立賣斷業契王孝章（押）
中人曾習淵（押）
代字陳光智（押）

7-1-53-4　清道光三年十二月王孝章立賣斷山業契

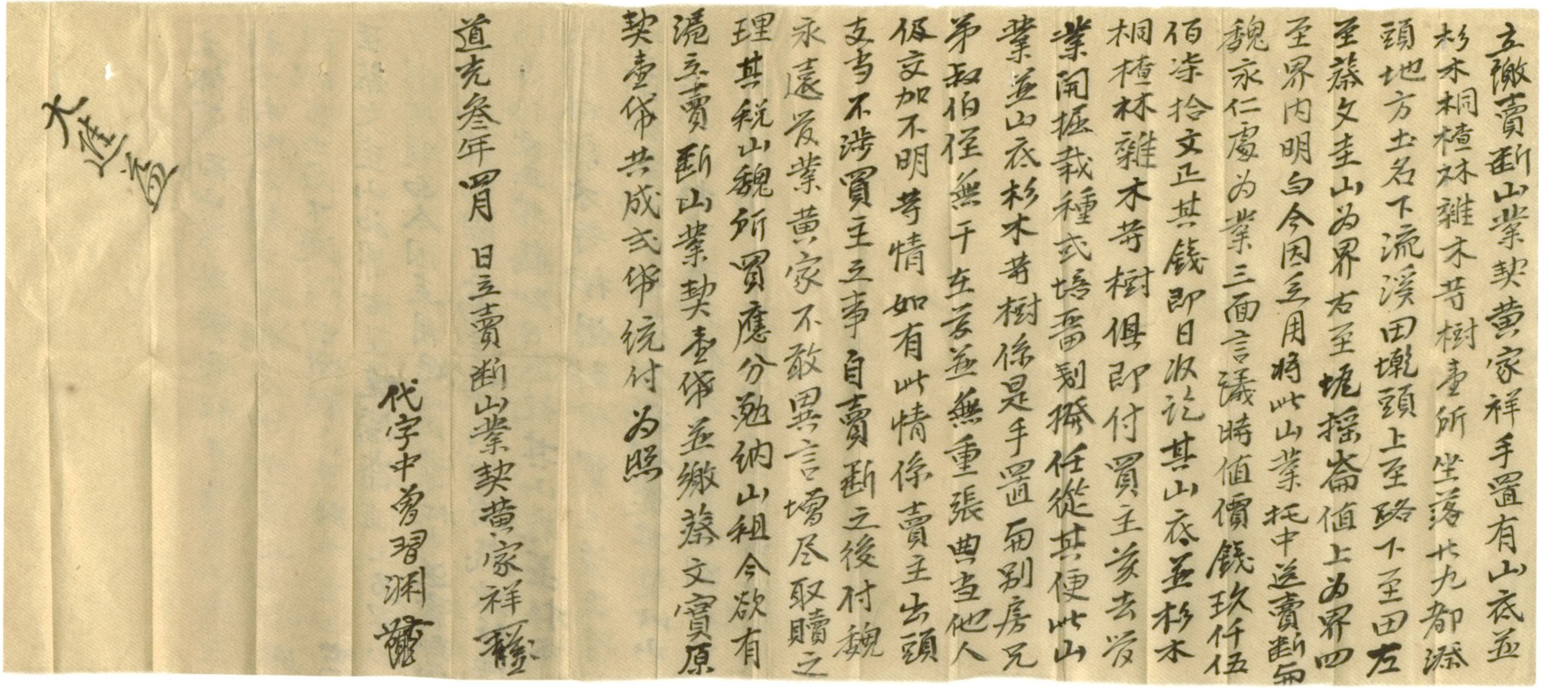

立繳賣斷山業契黃家祥手置有山底並
杉木桐植林雜木等樹壹所坐落廿九都溪
頭地方土名下流溪田墘頭上至路下至田左
至蔡文圭山為界右至墘採崙值上為界四
至界內明白今因乏用將此山業托中送賣斷與
魏永仁處為業三面言議時值價錢玖仟伍
佰柒拾文正其錢即日收訖其山底並杉木
桐植林雜木等樹俱即付買主前去管
業開掘栽種或蓄留砍伐任從其便此山
業並山底杉木等樹係是手置與別房兄
弟叔伯侄無干在前並無重張典當他人
仮交加不明等情如有此情係賣主出頭
支當不涉買主之事自賣斷之後付魏
永遠管業黃家不敢異言增盡取贖之
理其稅山魏所買應分勉納山租今欲有
憑立賣斷山業契壹紙並繳蔡文賓原
契壹紙共成式紙付為照

道光叁年四月　日立賣斷山業契黃家祥（押）

代字中曾習淵（押）

7-1-53-3　清道光三年四月黃家祥立繳賣斷山底等契

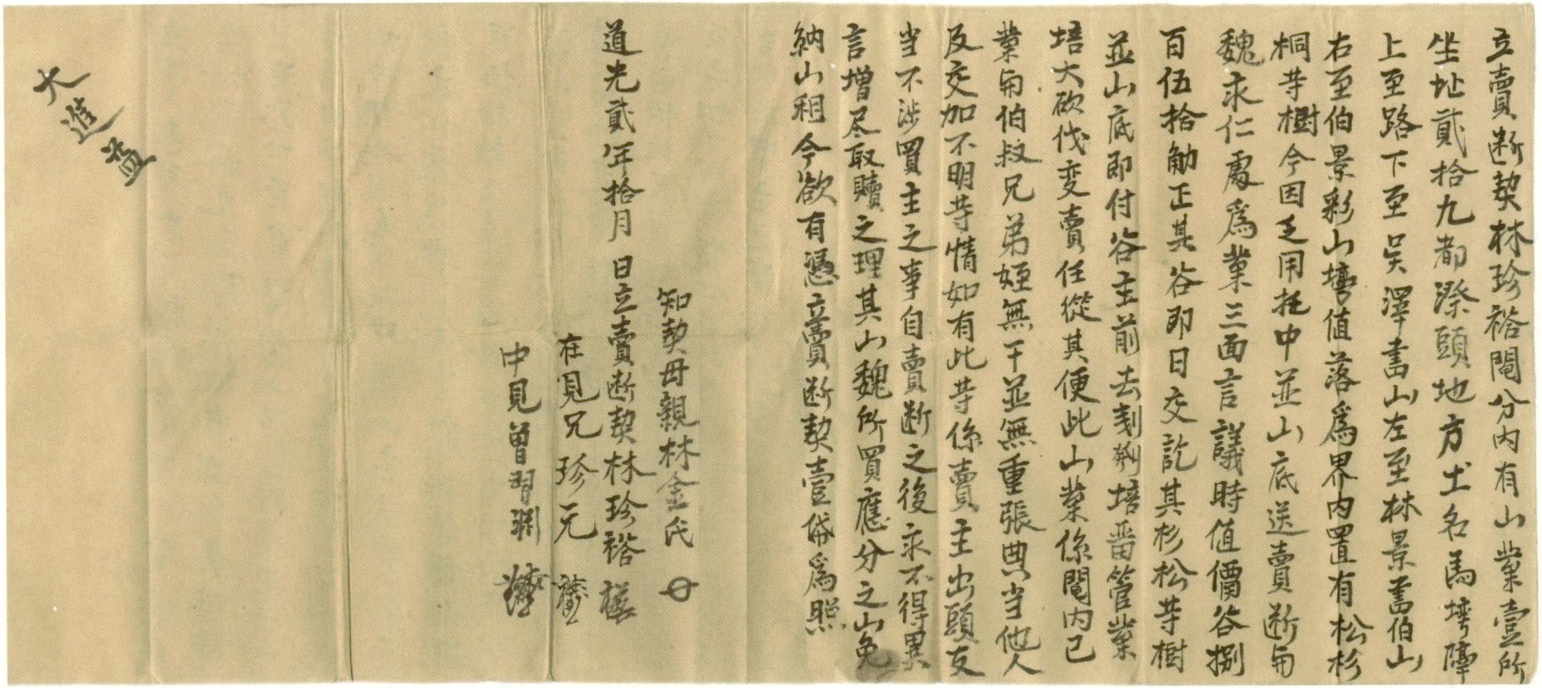

立賣斷契林珍裕閥分內有山業壹所
坐址貳拾九都漈頭地方土名馬墪嶂
上至路下至吴澤壽山左至林景壽伯山
右至伯景彩山墘值落爲界内置有松杉
桐茶樹今因乏用托中並山底送賣斷與
魏永仁處爲業三面言議時值價谷捌
百伍拾觔正其谷即日交訖其杉松茶樹
並山底即付谷主前去劄栽培畨管業
培大砍伐變賣任從其便此山業係閥内已
業與伯叔兄弟姪無干並無重張典当他人
及交加不明等情如有此等係賣主出頭支
当不涉買主之事自賣斷之後永不得異
言增找取贖之理其山魏所買應分之山免
納山租今欲有憑立賣斷契壹紙爲照

知契母親林金氏 〇
道光貳年拾月　日立賣斷契林珍裕（押）
在見兄珍元（押）
中見曾習渊（押）

大道壹

7-1-53-2　清道光二年十月林珍裕立賣斷山業契

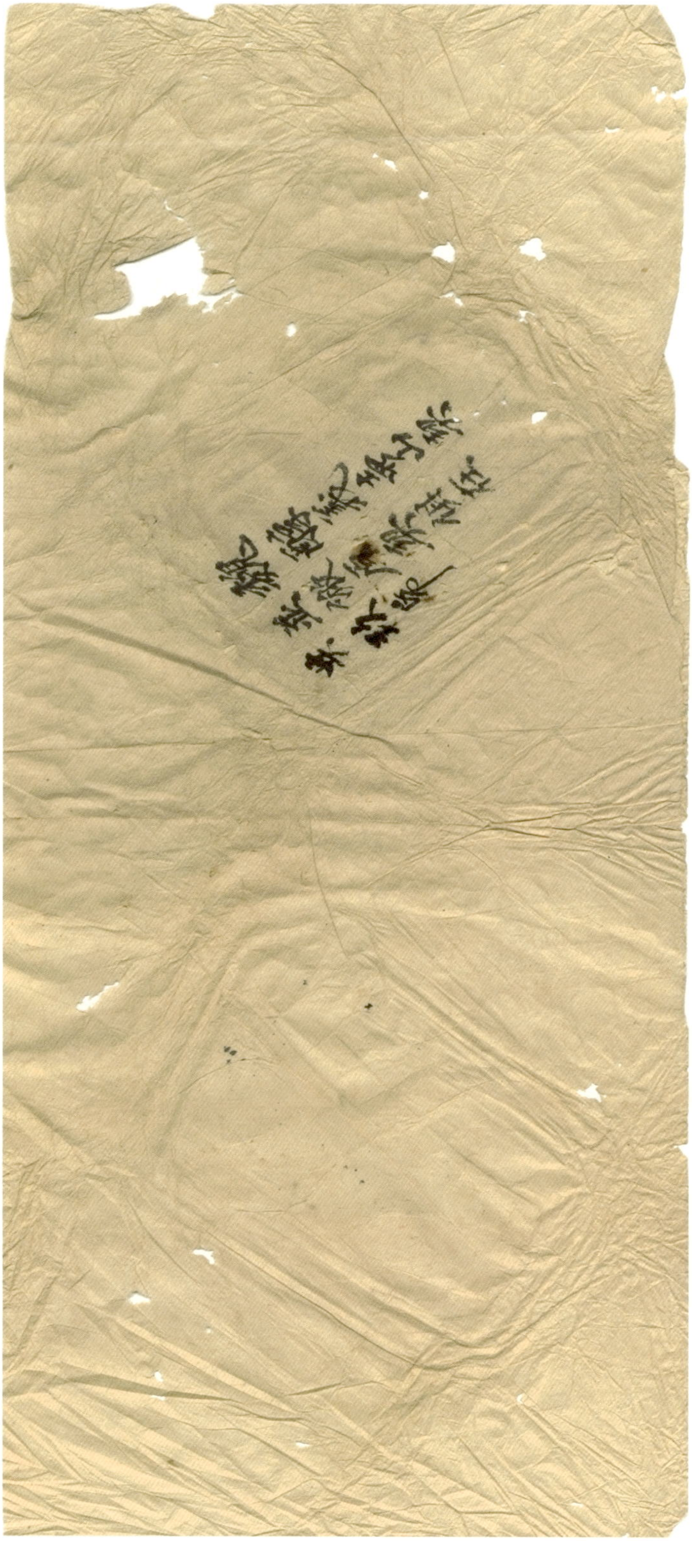

7-1-53-1　包契紙

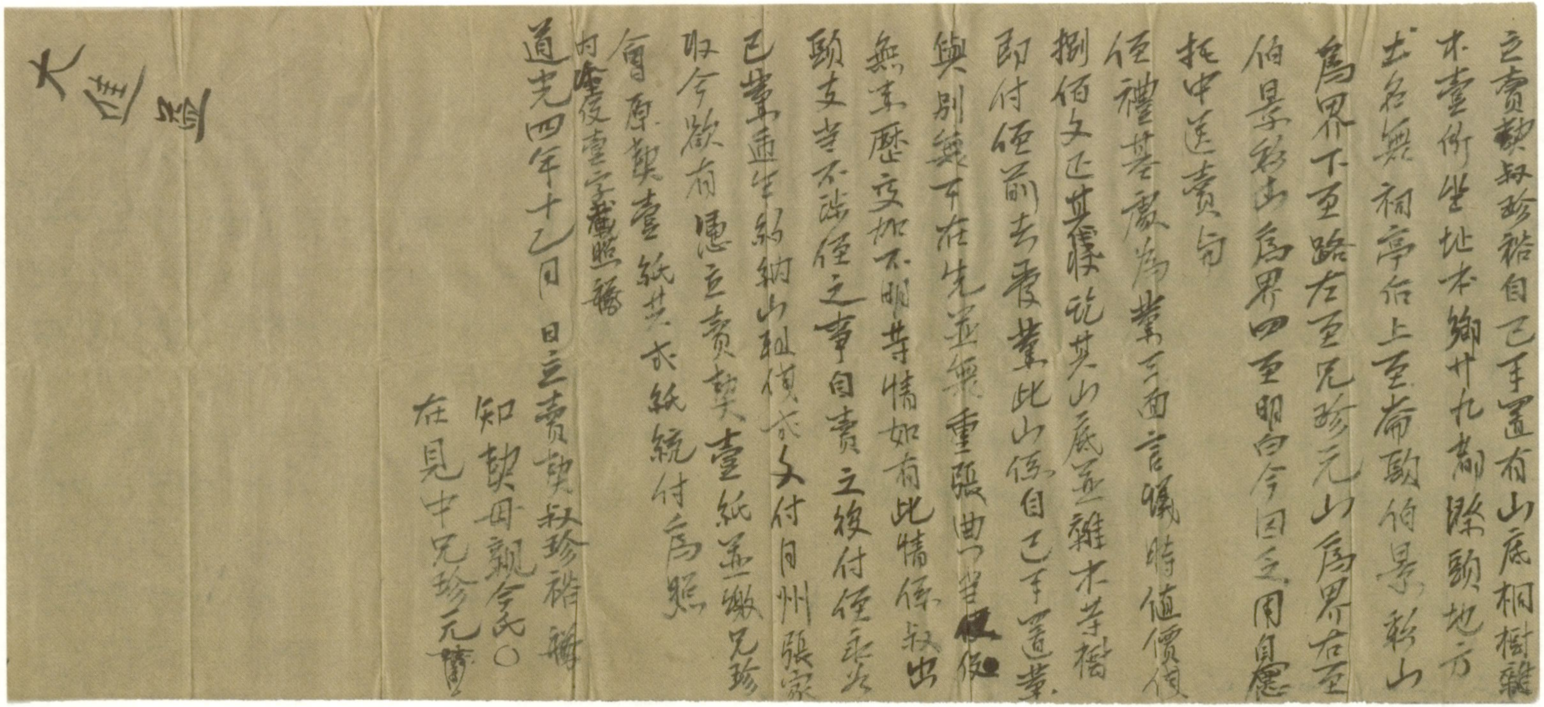

7-1-52-3　清道光四年十一月林珍裕立賣山底等契

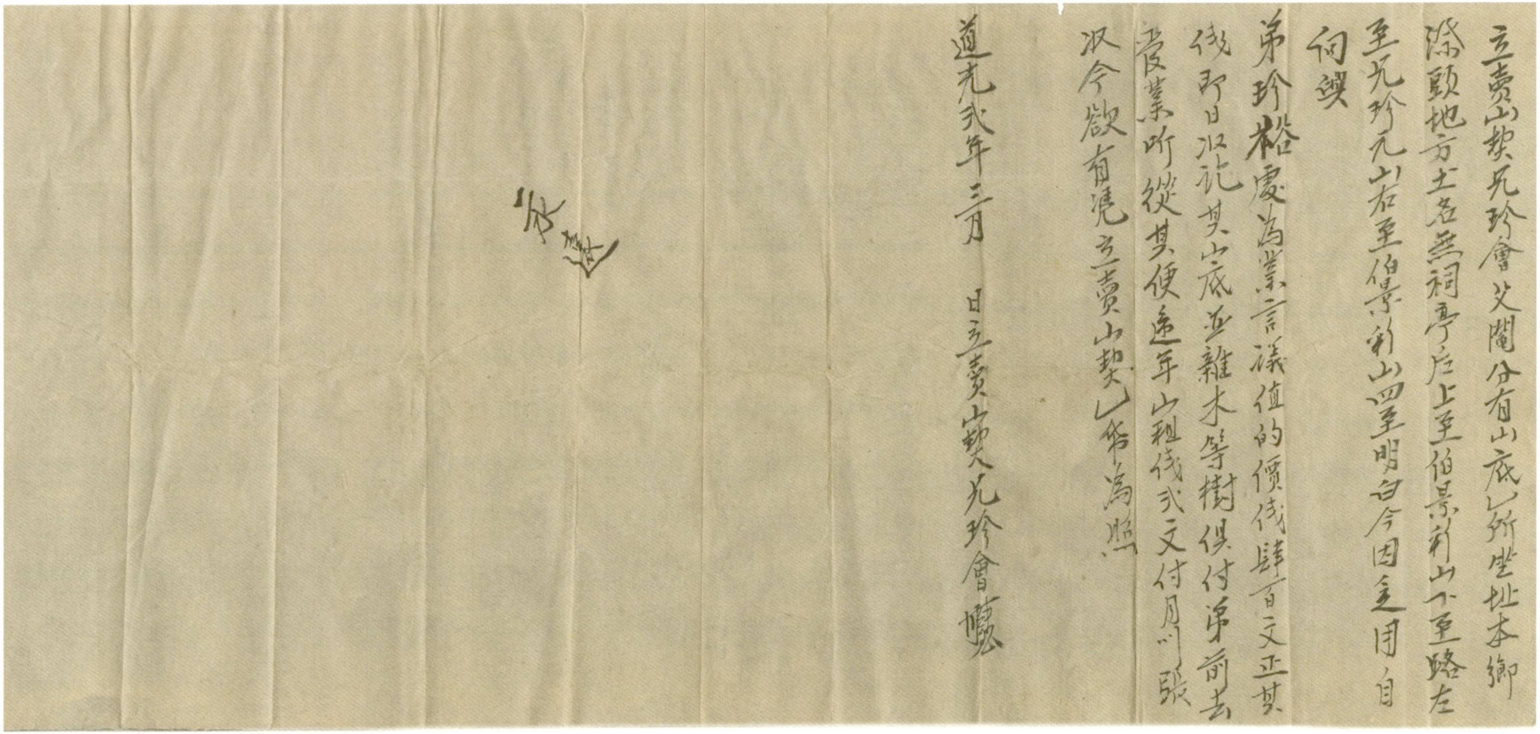
立賣山契兄珍會父闔分有山底一所坐址本鄉
溪頭地方土名無祠亭后上至伯景利山下至路左
至兄珍元山右至伯景利山四至明白今因乏用自
向與
弟珍裕處為業言議值的價錢肆百文正其
錢即日收訖其山底并雜木等樹俱付弟前去
管業聽從其便逐年山租錢貳文付月川張
收今欲有憑立賣山契一紙為照
道光貳年三月　日立賣山契兄珍會

7-1-52-2　清道光二年三月林珍會立賣山底契

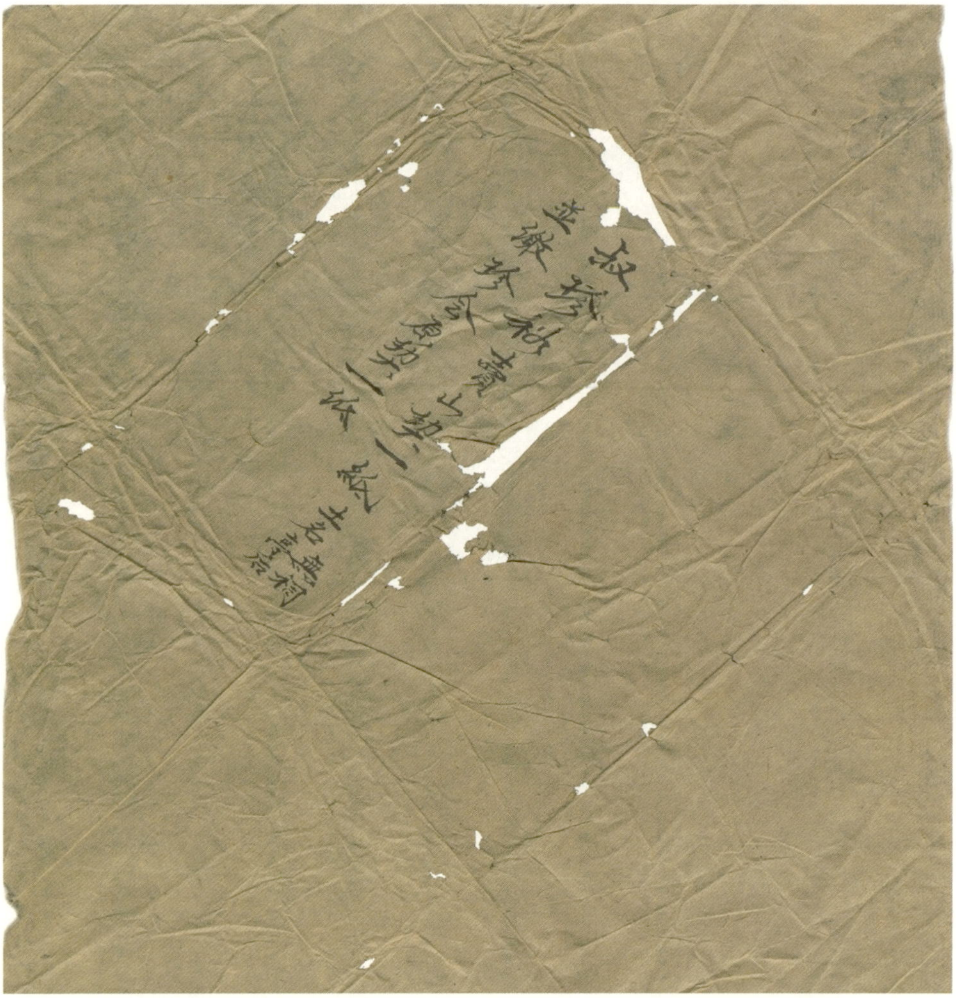
叔珍秋賣山契一紙
並繳珍公原契一紙
土名[illegible]

7-1-52-1　包契紙

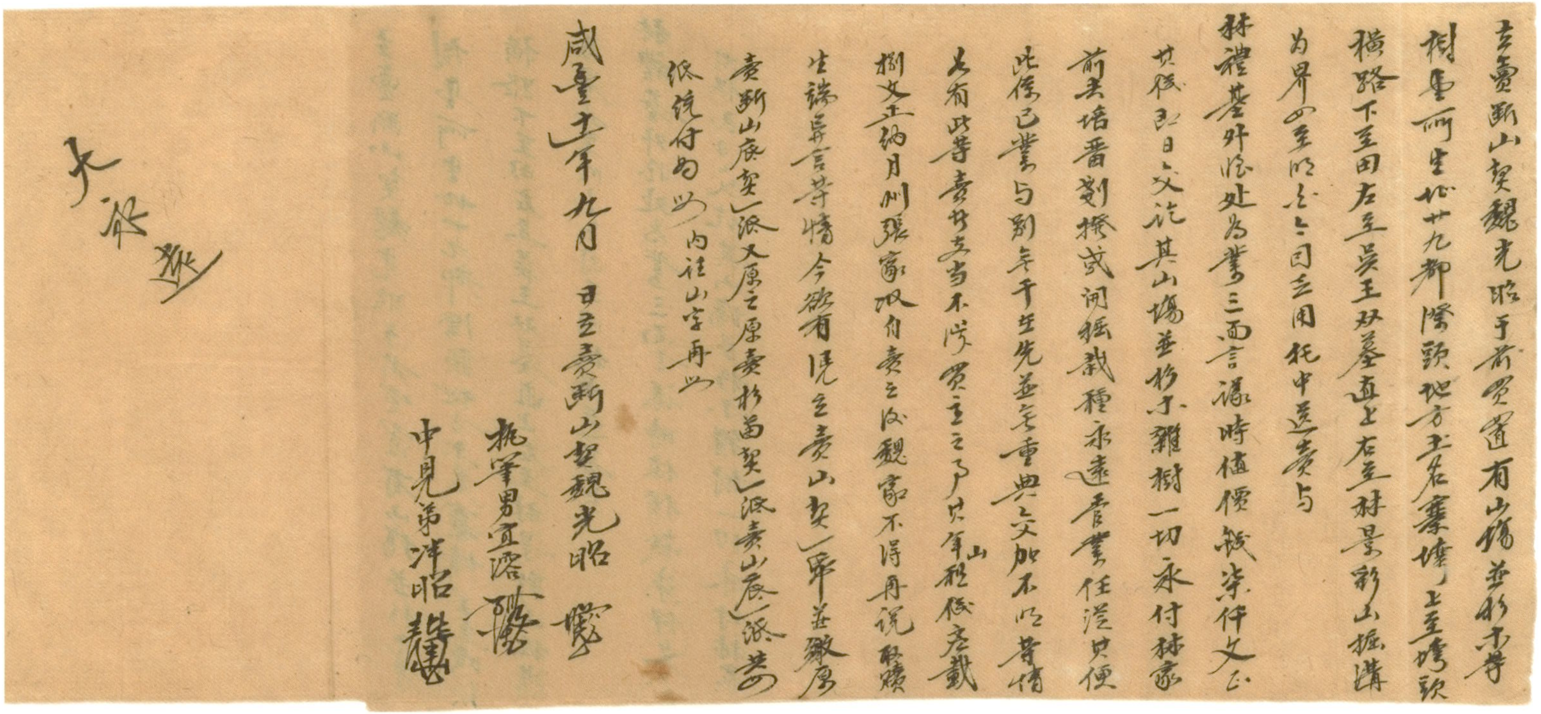
立賣斷山契魏光昭，手前買置有山場並杉木等
樹，坐址廿九都際頭地方，土名寨墘，上至墘頭
橫路，下至田，左至吳王双墓直上，右至林景彩山掘溝
為界，四至明白。今因乏用，托中送賣與
林禮基外塔处為業，三面言議，時值價錢柒仟文正，
其錢即日交訖。其山場並杉木、雜樹一切永付林家
前去培養，劉撥或開掘栽種，永遠管業，任從其便。
此係己業，與别無干，先並無重典交加不明等情，
如有此等，賣主出當，不涉買主之事。其年山租係庄戴
捌文正，納月川張家收。自賣之後，魏家不得再說贖
生端異言等情。今欲有憑，立賣山契一紙，並繳原
賣斷山底契一紙，又原之原賣杉苗契一紙，賣山底一紙，共
四紙繳付為照。內注山字再照。
咸豐十一年九月　日立賣斷山契魏光昭（押）
執筆男宜瑠（押）
中見弟洋昭（押）
大發

7-1-51-5　清咸豐十一年九月魏光昭立賣斷山場等契

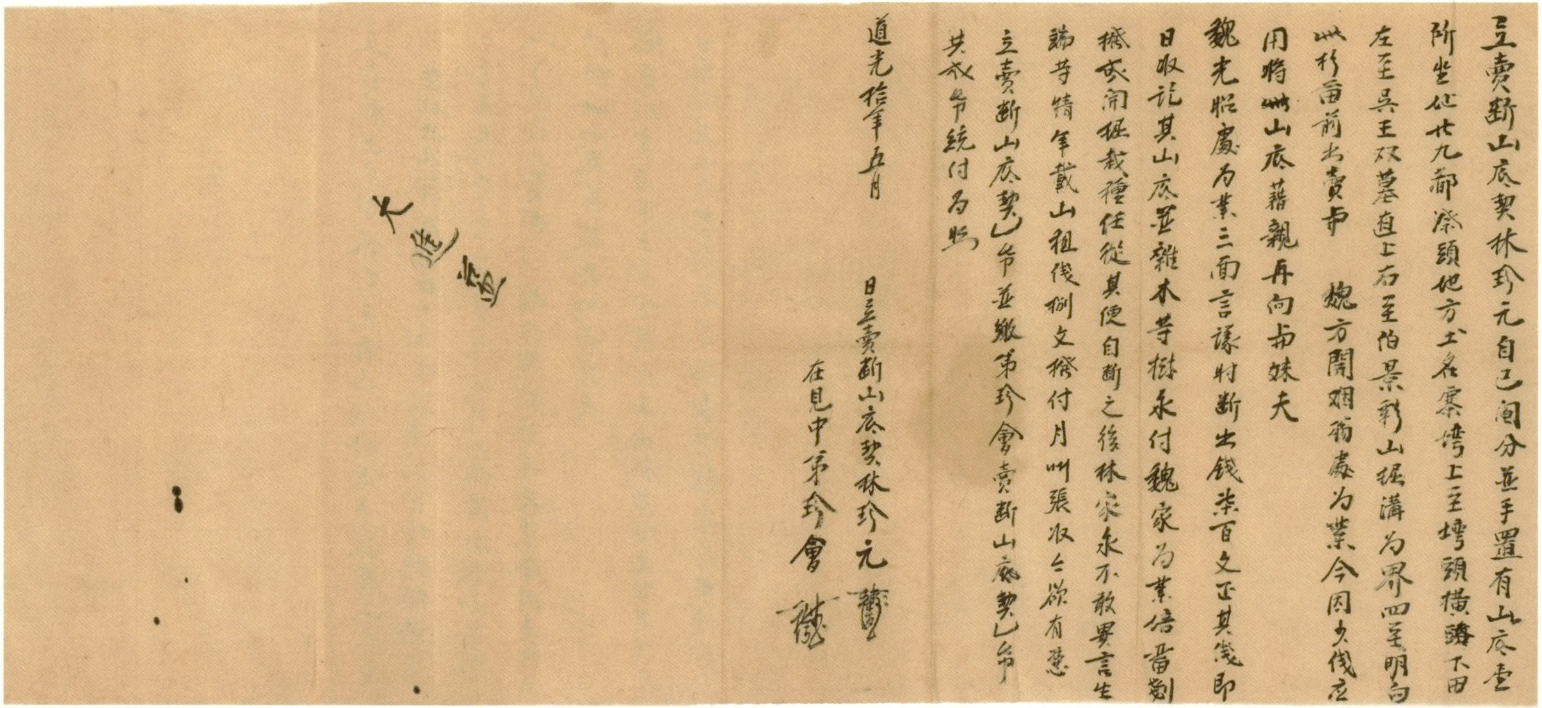
立賣斷山底契林珍元，自己阄分並手置有山底壹
所，坐址廿九都漈頭地方，土名寨塆，上至塆頭橫路，下田
左至吳王双墓，直上石至伯景彩山掘溝為界，四至明白。
此行甫前出賣中　魏方開姻爾為業，今因乏錢應
用，將此山底藉親再向甫妹夫
魏光照處為業，三面言議時斷出錢柒百文正，其錢即
日收訖。其山底並雜木等樹永付魏家為業，倍當劉
掘裁種任從其便，自斷之後，林家永不敢異言生
端。今將年載山祖代例文稅付月卅張收々欲有憑，
立賣斷山底契一帋，並繳弟珍會賣斷山底契一帋，
共叁帋統付為照。
道光拾年五月　日立賣斷山底契林珍元（押）
在見中弟珍會（押）

7-1-51-4　清道光十年五月林珍元立賣斷山底契

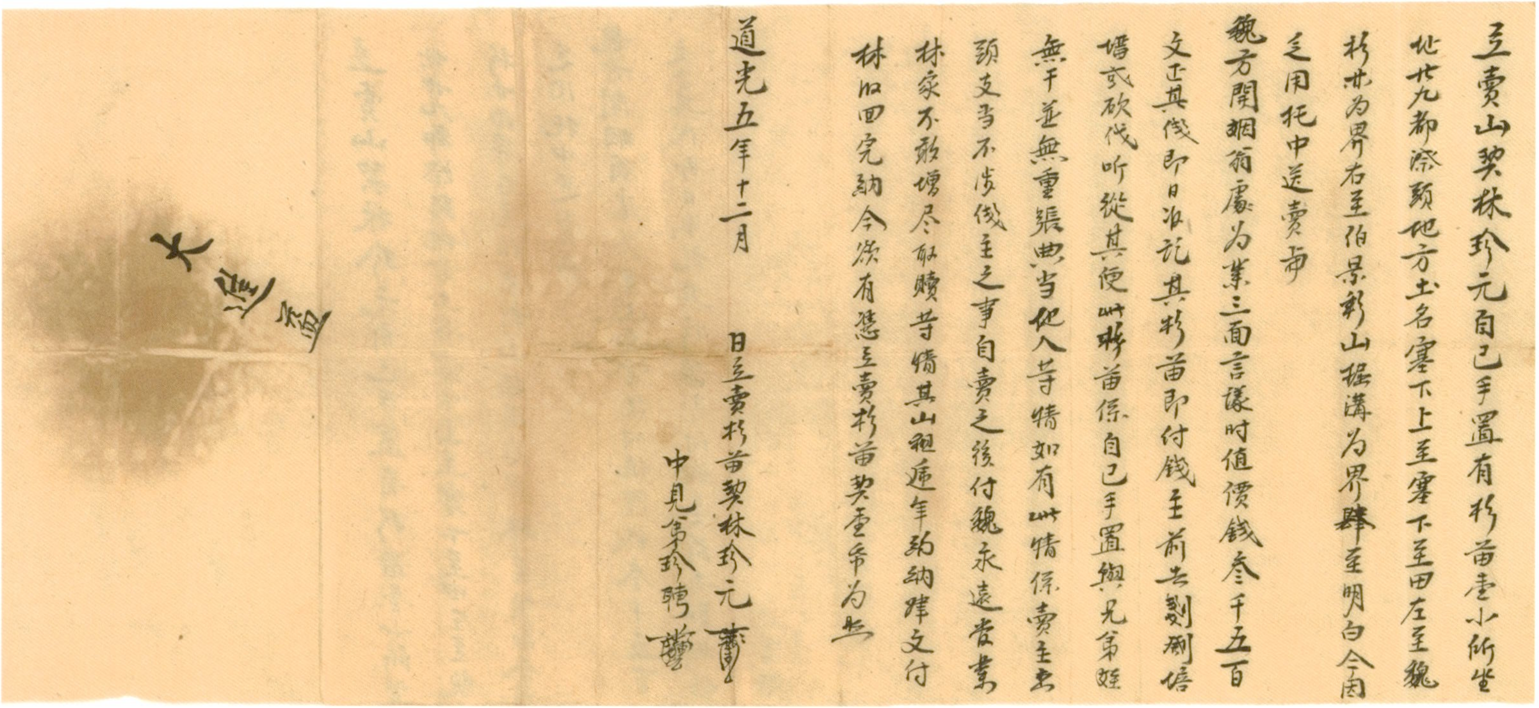
立賣山契林珍元自己手置有杉苗壹小所坐
址廿九都際頭他方土名窠下上至窠下至田左至魏
杉木為界右至伯景彩山坵溝為界肆至明白今因
乏用托中送賣與
魏方閑姻翁處為業三面言議时值價錢叁千五百
文正其錢即日收訖其杉苗即付錢主前去劉刷培
增或砍伐听從其便此杉苗係自己手置與兄弟姪
無干並無重張典當他人等情如有此情係賣主出
頭支當不涉錢主之事自賣之後付魏永遠管業
林家不敢增尽取贖等情其山祖遞年納納肆文付
林旧田完納今欲有憑立賣杉苗契壹帋為照

道光五年十二月　　日立賣杉苗契林珍元（押）
中見弟珍聘（押）

大進宝

7-1-51-3　清道光五年十二月林珍元立賣杉苗契

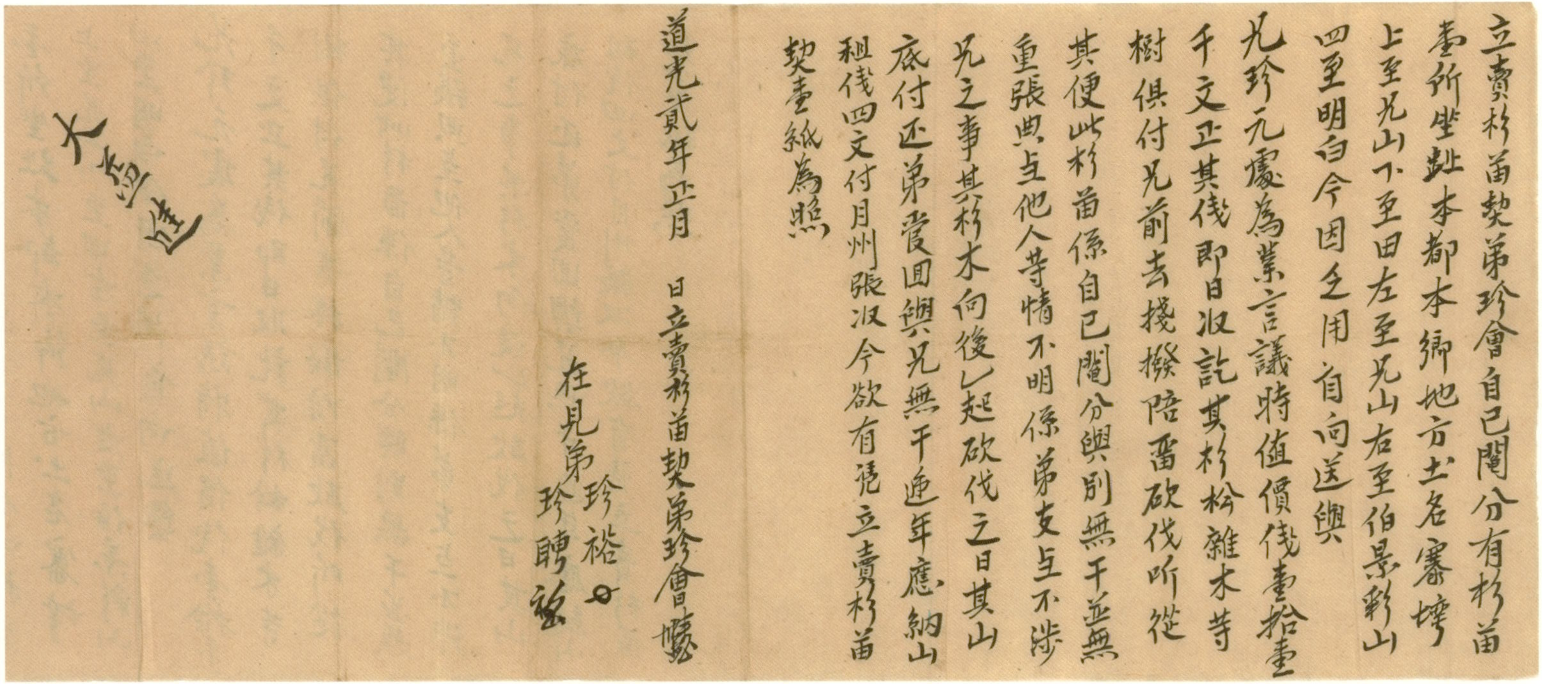
立賣杉苗契弟珍會自己鬮分有杉苗
壹所坐址本都本鄉地方土名寨墘
上至兄山下至田左至兄山右至伯景彩山
四至明白今因乏用自向送與
兄珍元處為業言議特值價錢壹拾壹
千文正其錢即日收訖其杉松雜木等
樹俱付兄前去攙掇陪蓄砍伐聽從
其便此杉苗係自己鬮分與別無干並無
重張典占他人等情不明係弟支占不涉
兄之事其杉木向後乜起砍伐之日其山
底付還弟管回與兄無干逐年應納山
租錢四文付月州張收今欲有憑立賣杉苗
契壹紙為照

道光貳年正月　日立賣杉苗契弟珍會（押）
在見弟珍裕（押）
珍聘（押）

大吉

7-1-51-2　清道光二年正月林珍會立賣杉苗契

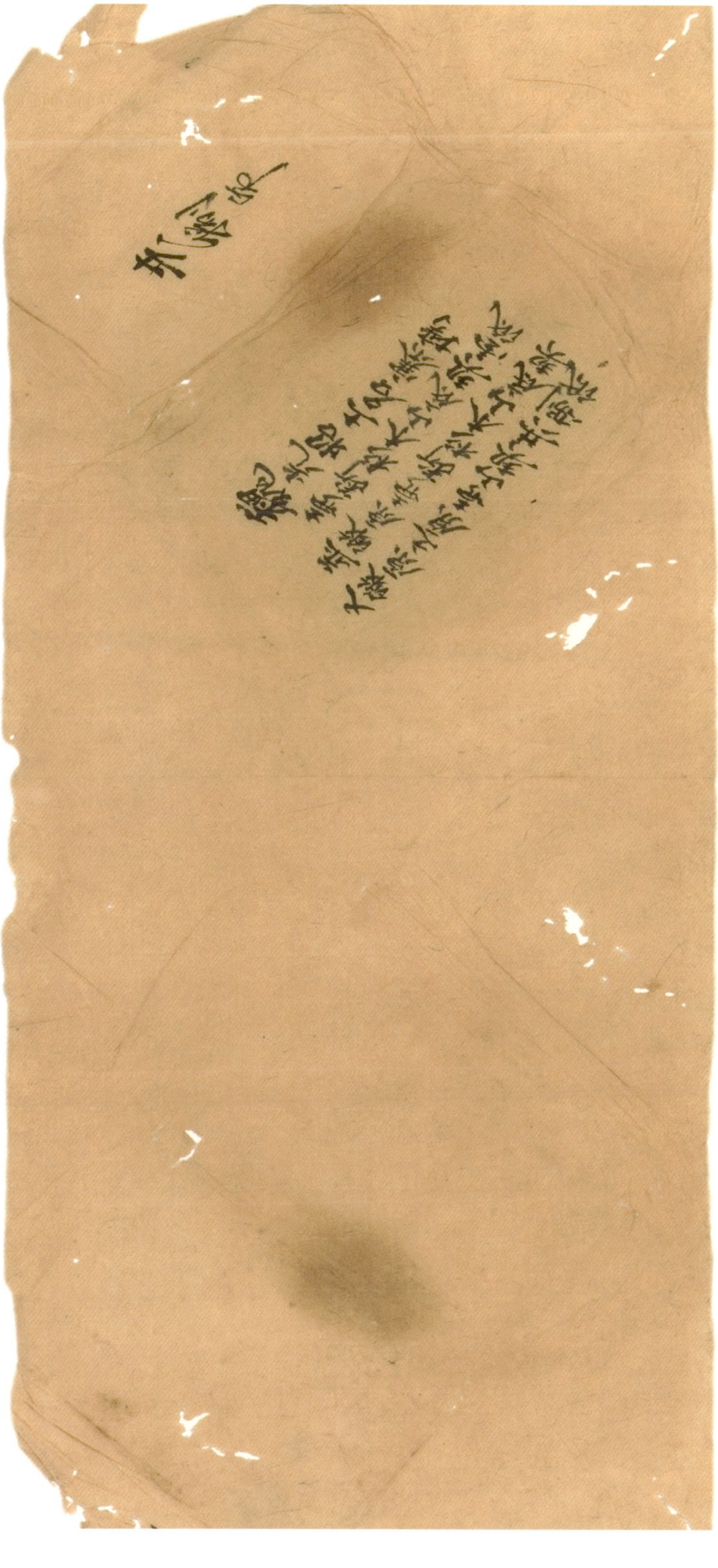

7-1-51-1　包契紙

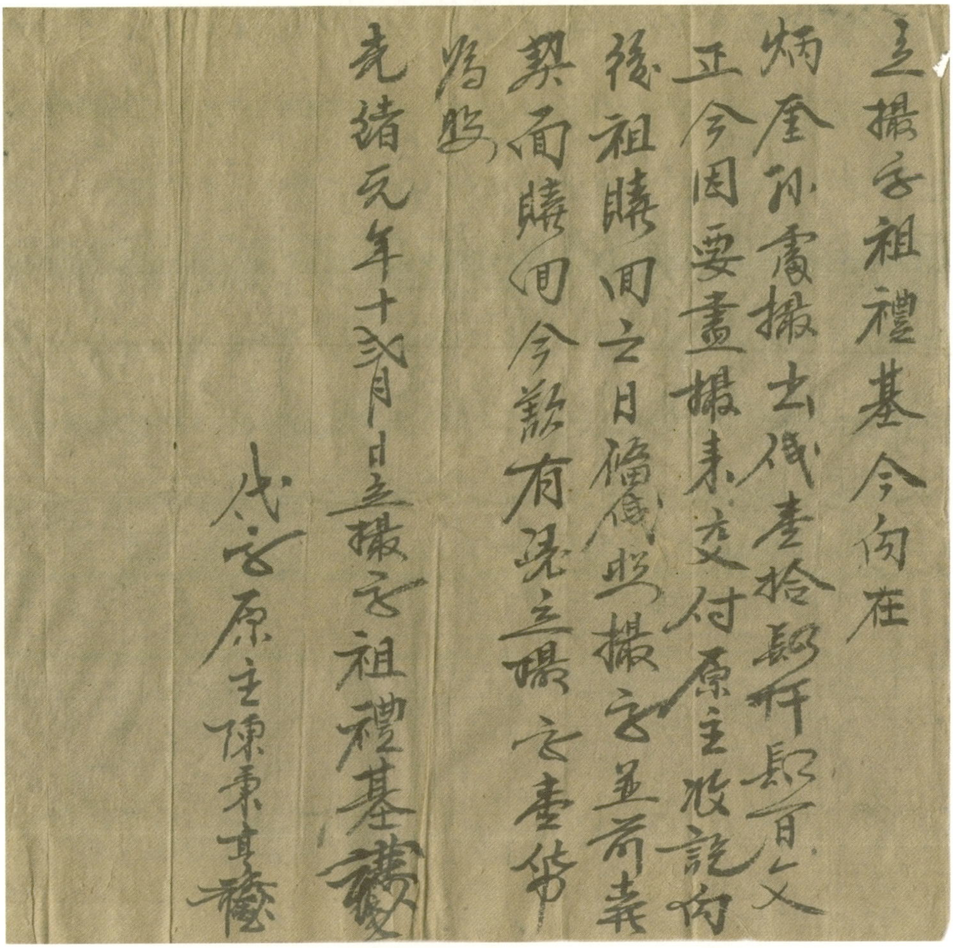
立撮字祖禮基今向在
炳厝邊處撮出錢壹拾貳仟貳百文
正，今因要盡撮来交付原主收訖，內
後祖贖回之日備錢照撮字並前典
契兩贖回，今欲有憑，立撮字壹紙
為照。
光緒元年十二月　日立撮字祖禮基（押）
代字原主陳秉直（押）

7-1-50-12　清光緒元年十二月林禮基立撮字

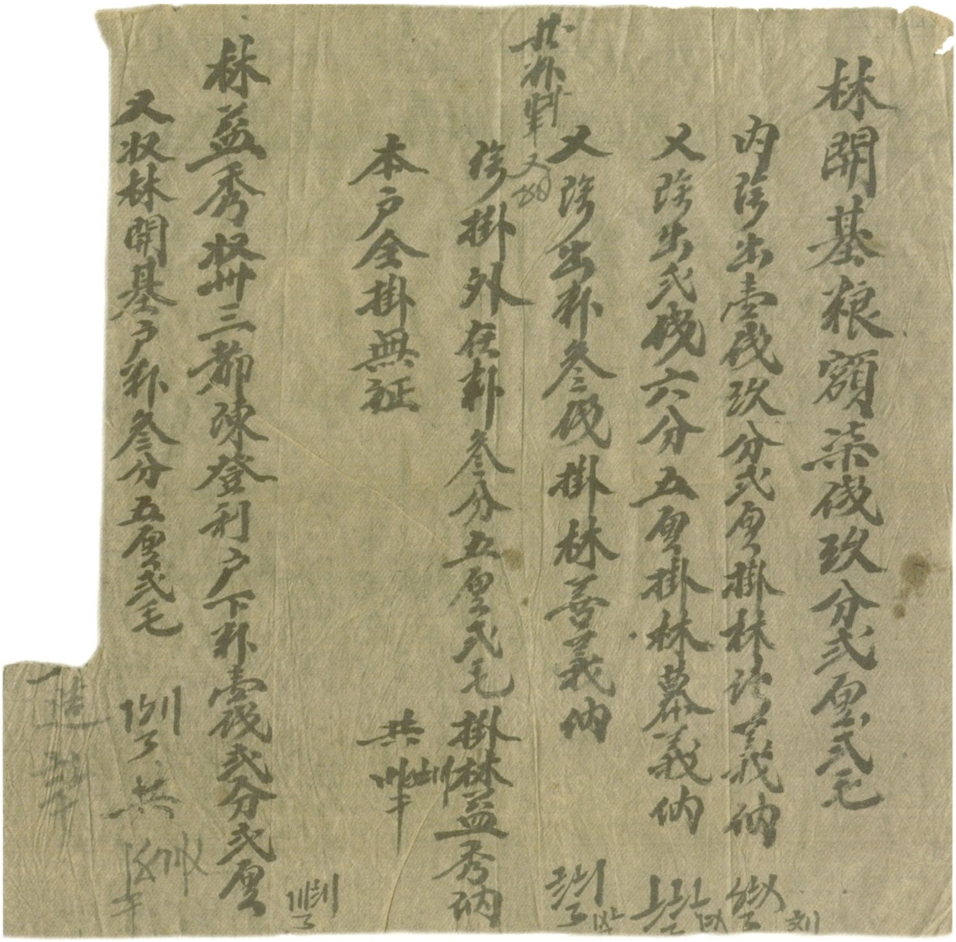
林開基粮額柒錢玖分弍厘弍毛
内除出壹錢玖分弍厘掛林德義納
又除出弍錢六分五厘掛林慕義納
又除出叁錢掛林善義納
除掛外存叁分五厘弍毛掛林益秀納
本戶全掛無征
林益秀收卅三都陳登利戶下粮壹錢弍分弍厘
又收林開基戶粮叁分五厘弍毛

7-1-50-11　清道光至同治年間林開基推掛錢糧字

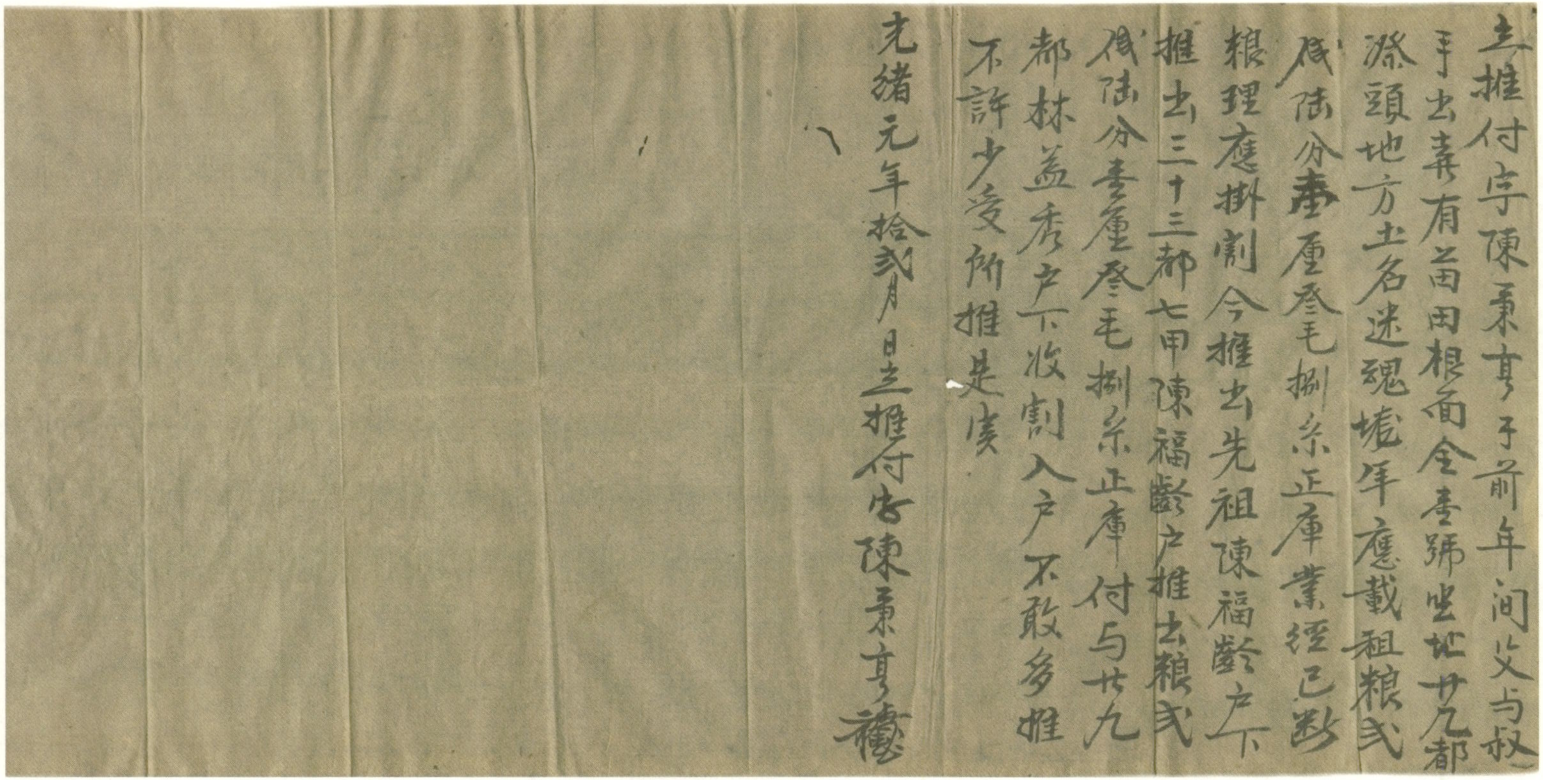

立推付字陳秉亨，于前年間父與叔
手出賣有苗田根面全壹號，坐址廿九都
漈頭地方，土名迷魂墘，年應載租粮式
錢陸分壹厘叁毛捌系正，庫業經已斷
粮理應掛割。今推出先祖陳福齡户下
推出三十三都七甲陳福齡户推出粮式
錢陸分壹厘叁毛捌系正，庫付與廿九
都林益秀户下收割入户，不敢多推，
不許少受，所推是实。
光緒元年拾貳月　日立推付字陳秉亨（押）

7-1-50-10　清光緒元年十二月陳秉亨立推付字

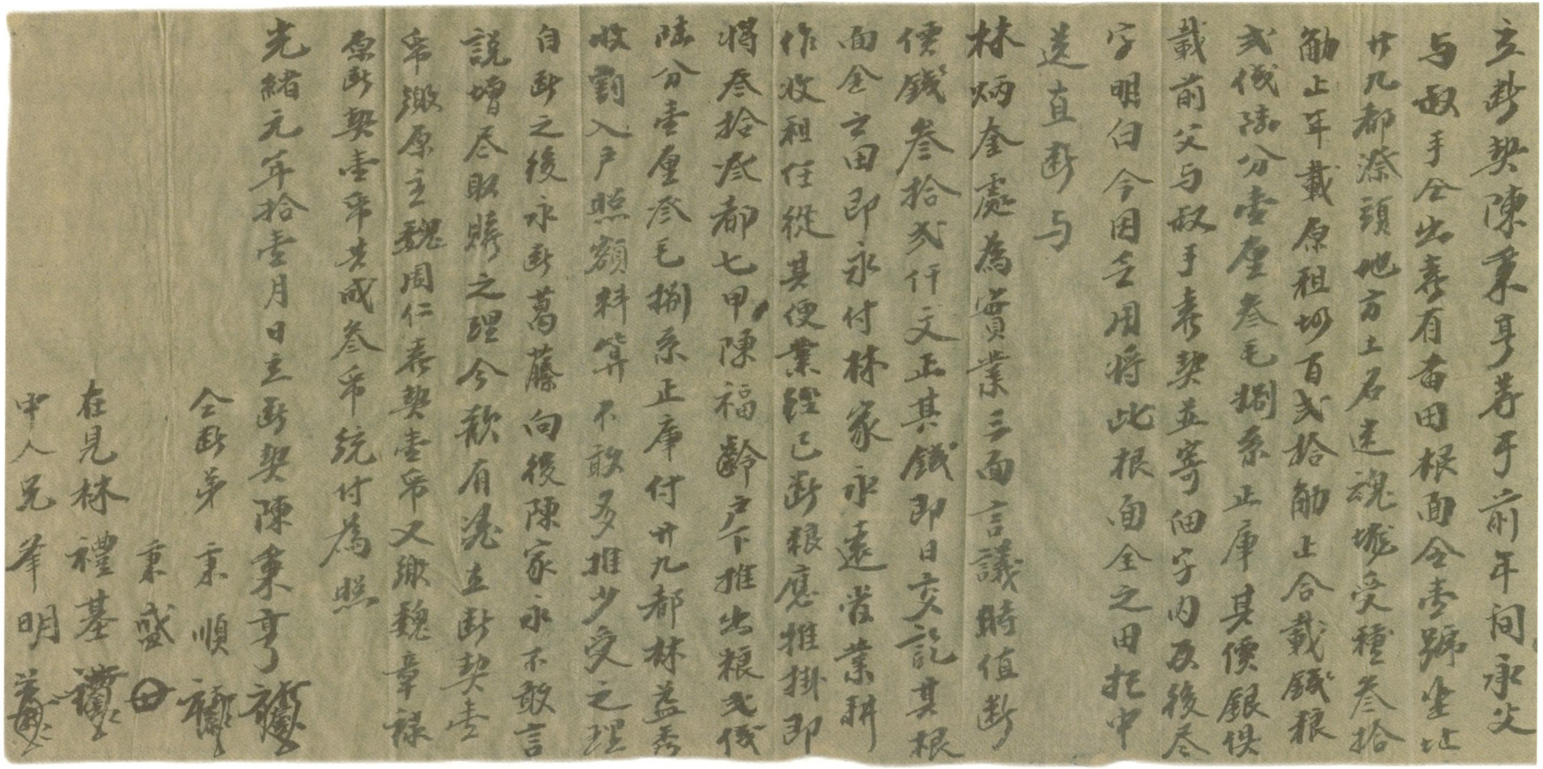

7-1-50-9　清光緒元年十一月陳秉亨等立斷根面全苗田契

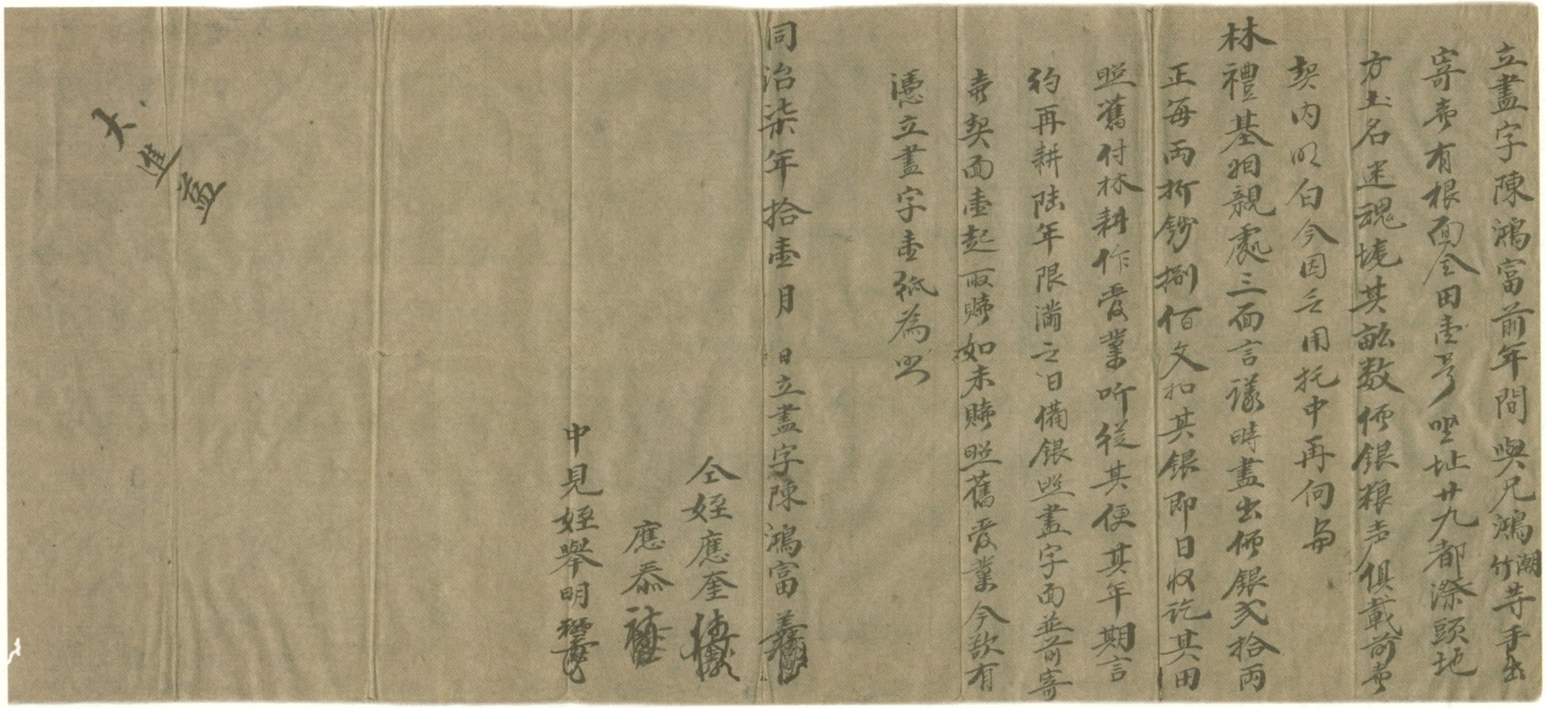
立盡字陳鴻富前年間與兄鴻竹、湖寺手出
寄壹有根面全田壹号，坐址廿九都漈頭地
方土名迷䃂墘，其畝數價銀糧声俱載前壹
契内明白。今因乏用，托中再向与
林禮基坰親處三面言議，時盡出價銀貳拾兩
正，每兩折鈔捌佰文扣，其銀即日收訖，其田
照舊付林耕作管業，听從其便。其年期言
約再耕陸年，限滿之日，備銀照盡字面並前寄
壹契面壹起取贖；如未贖，照舊管業。今欲有
憑，立盡字壹紙為照。
同治柒年拾壹月　日立盡字陳鴻富（押）
仝姪應奎（押）
應泰（押）
中見姪舉明（押）
大進壹

7-1-50-8　清同治七年十一月陳鴻富等立盡根面全田字

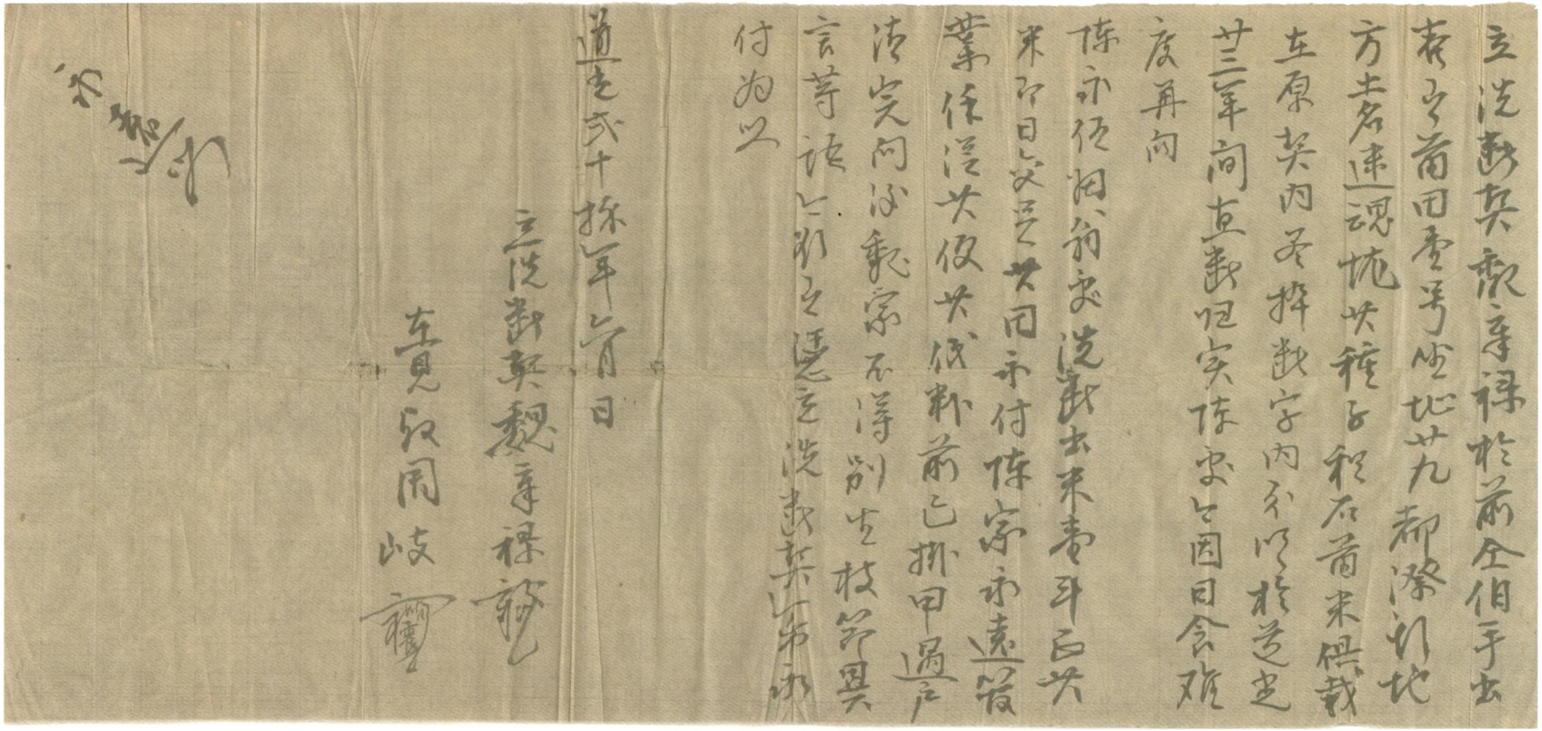

7-1-50-7　清道光二十八年六月魏章禄立洗斷苗田契

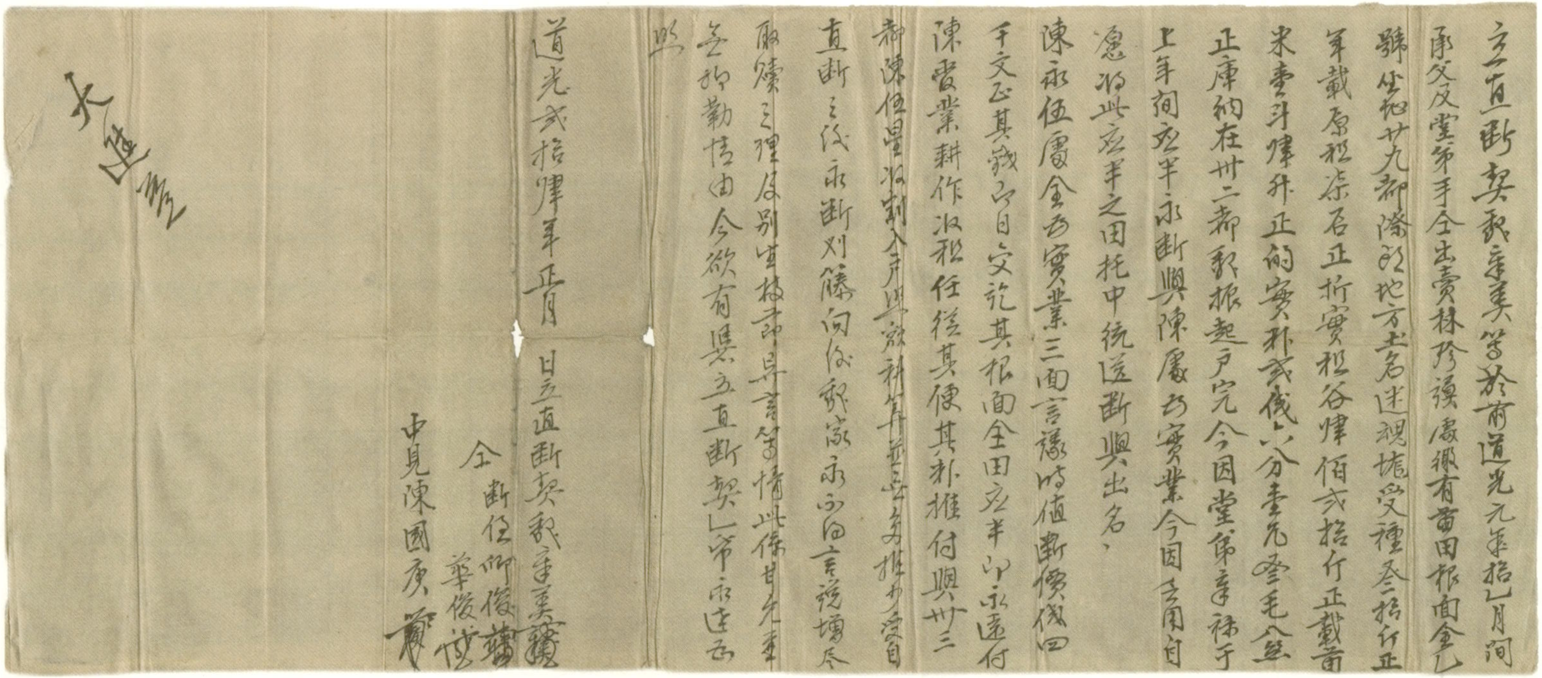
立直斷契魏章美等於前道光元年拾一月間
承父及堂弟手仝出賣林珍禛處鄉有苗田根面全乙
號坐址廿九都漈頭地方土名迷視垅受種叁拾斤正
年載原租米石正折實租谷肆佰弍拾斤正載苗
米壹斗肆升正的實折弍錢六分壹元叁毛八絲
正庫納在廿二都魏根起戶完今因堂弟章祿于
上年間應半永斷與陳處爲實業今因章用自
愿將此應半之田托中說送斷與出名
陳永伍處全爲實業三面言議時值斷價錢四
千文正其錢即日交訖其根面全田應半即永遠付
陳處業耕作收租任從其便其外推付與廿三
都陳伍量收割入戶與戶辦耕糧差不得推少受自
直斷之後永斷刈藤向後魏家永不敢言說增盡
取贖之理係別生枝節即是章等情此係甘允兩
無抑勒情由今欲有憑立直斷契一紙永遠爲
照
道光弍拾肆年正月　日立直斷契魏章美（押）
仝斷侄仰俊（押）
華俊（押）
中見陳國庚（押）
大吉利

7-1-50-6　清道光二十四年正月魏章美等立直斷根面全苗田契

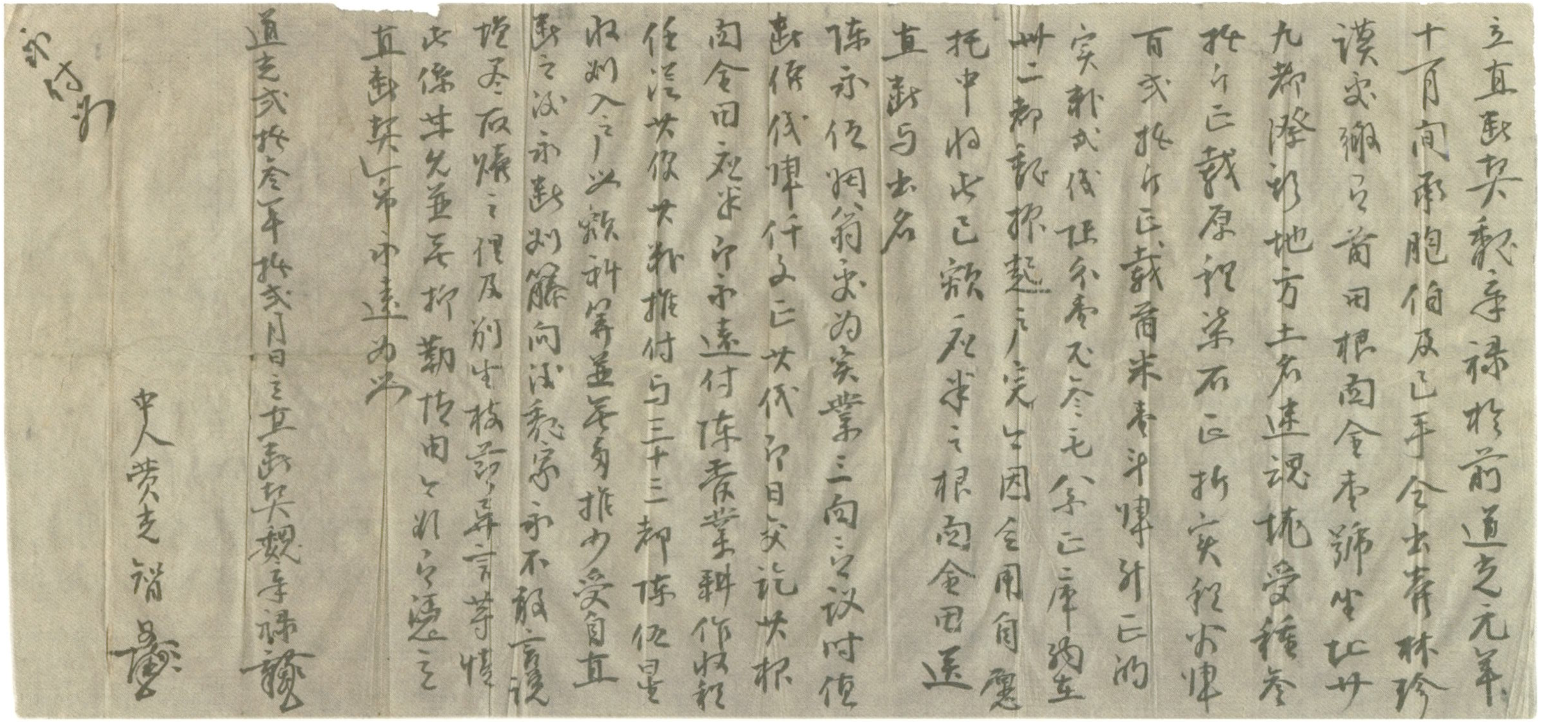

立直斷契魏章禄，於前道光元年
十月間承胞伯及己手仝出苗林珍
漢宗鄉之苗田根面全本號坐址廿
九都陞形地方土名連說坑受種叁
拾斤正，載原租柒石正，折實租谷肆
百弍拾斤正，載苗米壹斗肆升正，內
實新弍錢伍分壹叁毛八系正，二庫納在
卅二都郭振起戶完。今因全用自應
托中向出己欵，一取求之根面全田送
直斷與出名
陳永信向前承為實業，三面言議時值
斷價錢肆仟文正，其錢即日交訖，其根
面全田取米亦永遠付陳壹業耕作收租
任從其便，其稅推付與三十三都陳仕邑
收納入戶，以欵科算並無重推少受，自直
斷之後，永斷絲向，後魏家永不敢言贖
增添反悔之理，及別生枝節，異言等情
此係其先並無抑勒，恐口無憑，立
直斷契一紙永遠為照
道光弍拾叁年拾弍月日立直斷契魏章禄
中人黄之諧

7-1-50-5　清道光二十三年十二月魏章禄立直斷根面全苗田契

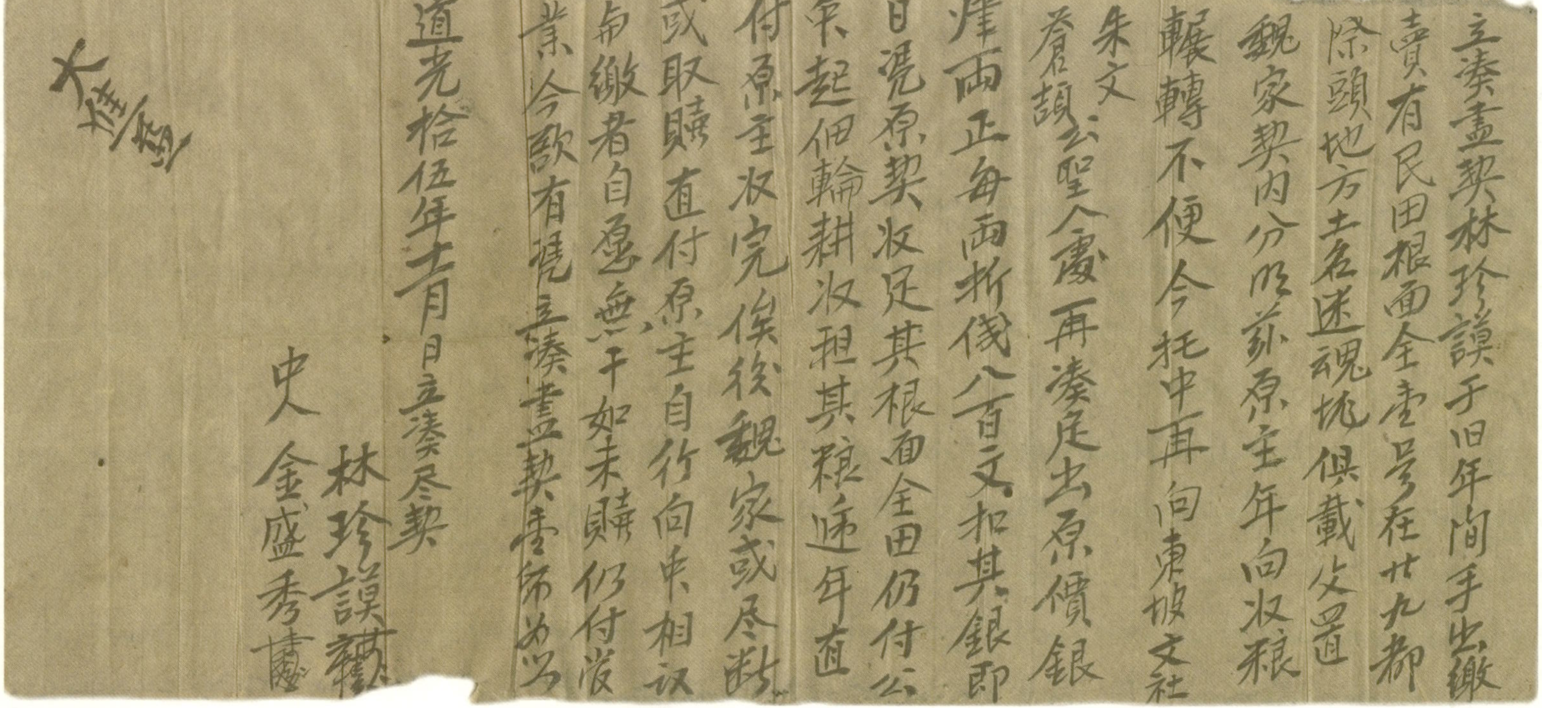
立湊盡契林珍謨，于旧年間手出繳
賣有民田根面全壹号，在廿九都
際頭地方，土名迷硯坑，俱載父置
魏家契內分明，前原主年向收粮
轆轉不便，今托中再向東坡文社
朱文
蒼顗公聖人處，再湊足出原價銀
肆兩正，每兩折錢八百文，扣其銀即
日隨原契收足，其根面全田仍付公
衆起佃輪耕收租，其粮遞年直
付原主收完，候後魏家或盡斷，
或取贖，直付原主自行向衆相議，
所繳者自愿無干。如未贖，仍付湲
業。今欲有憑，立湊盡契壹紙為照。
道光拾伍年十一月　日立湊尽契　林珍謨
史人　金盛秀

7-1-50-4　清道光十五年十一月林珍謨等立湊盡根面全民田契

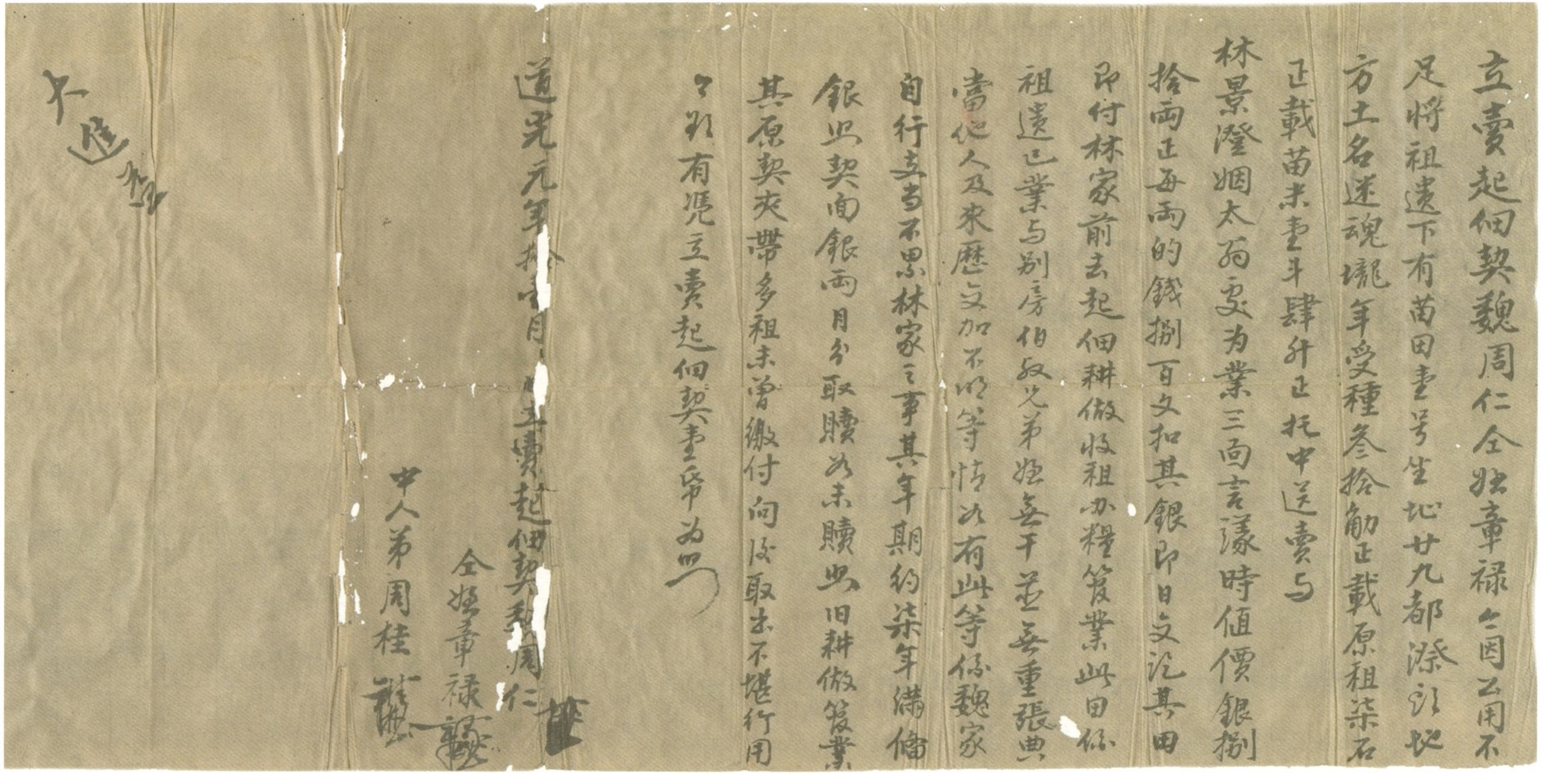

7-1-50-3　清道光元年十一月魏周仁等立賣起佃苗田契

7-1-50-2　包契紙

送溾垅上原契
玖弟在留

7-1-50-1　包契紙

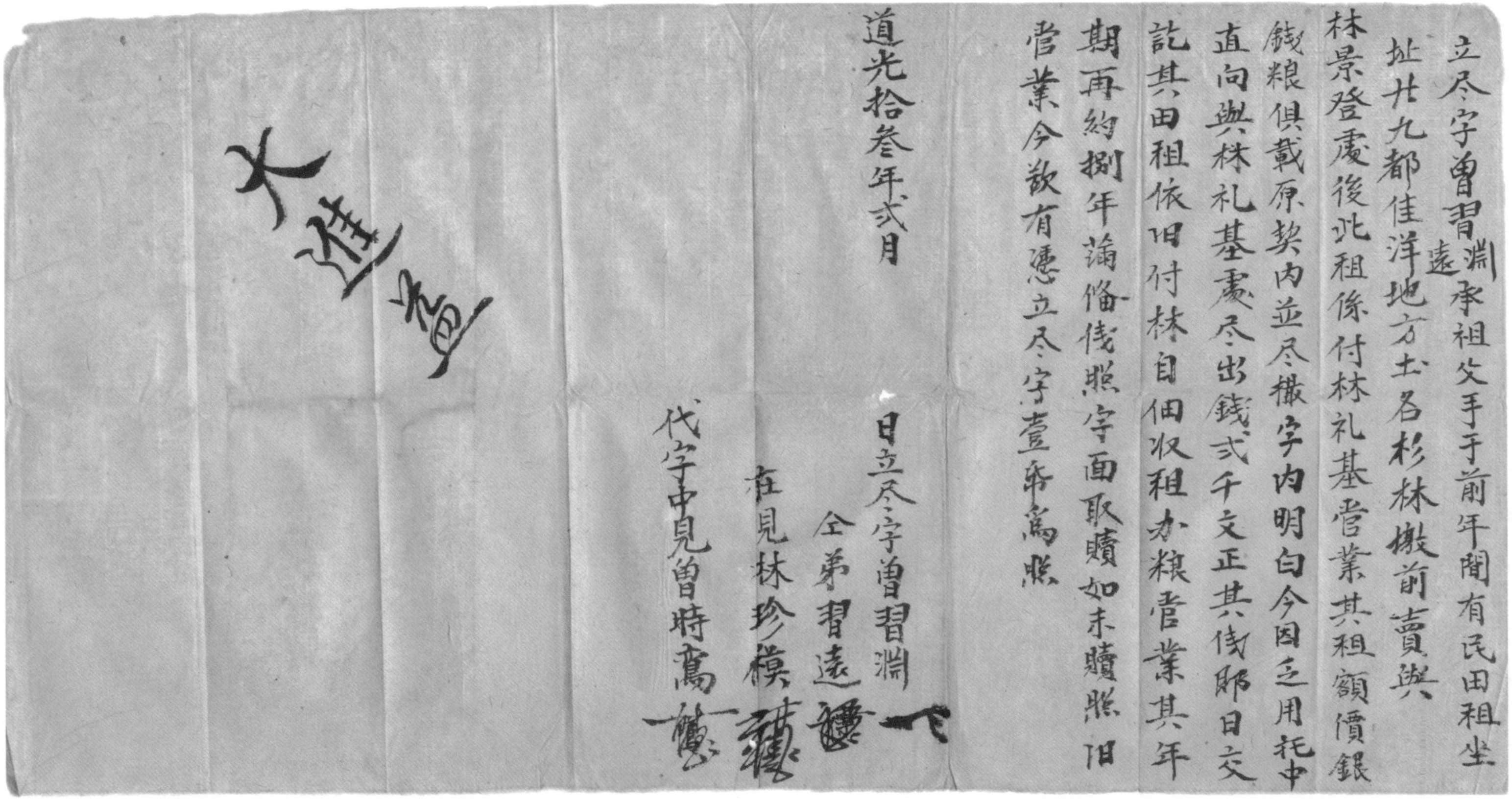

立尽字曾習淵、遠承祖父手于前年間有民田租坐
址廿九都佳洋地方土名杉林墩前賣與
林景登處，後此租係付林礼基管業，其租額價銀
錢粮俱載原契内，並尽撤字内明白。今因乏用，托中
直向與林礼基處尽出錢弍千文正，其錢即日交
訖，其田租依旧付林自佃收租办粮管業，其年
期再約捌年論備錢照字面取贖，如未贖，照旧
管業。今欲有憑，立尽字壹帋為照。

道光拾叁年弍月 日立尽字曾習淵（押）

仝弟習遠（押）

在見林珍模（押）

代字中見曾時高（押）

大進宝

7-1-49-4 清道光十三年二月曾習淵等立盡民田租字

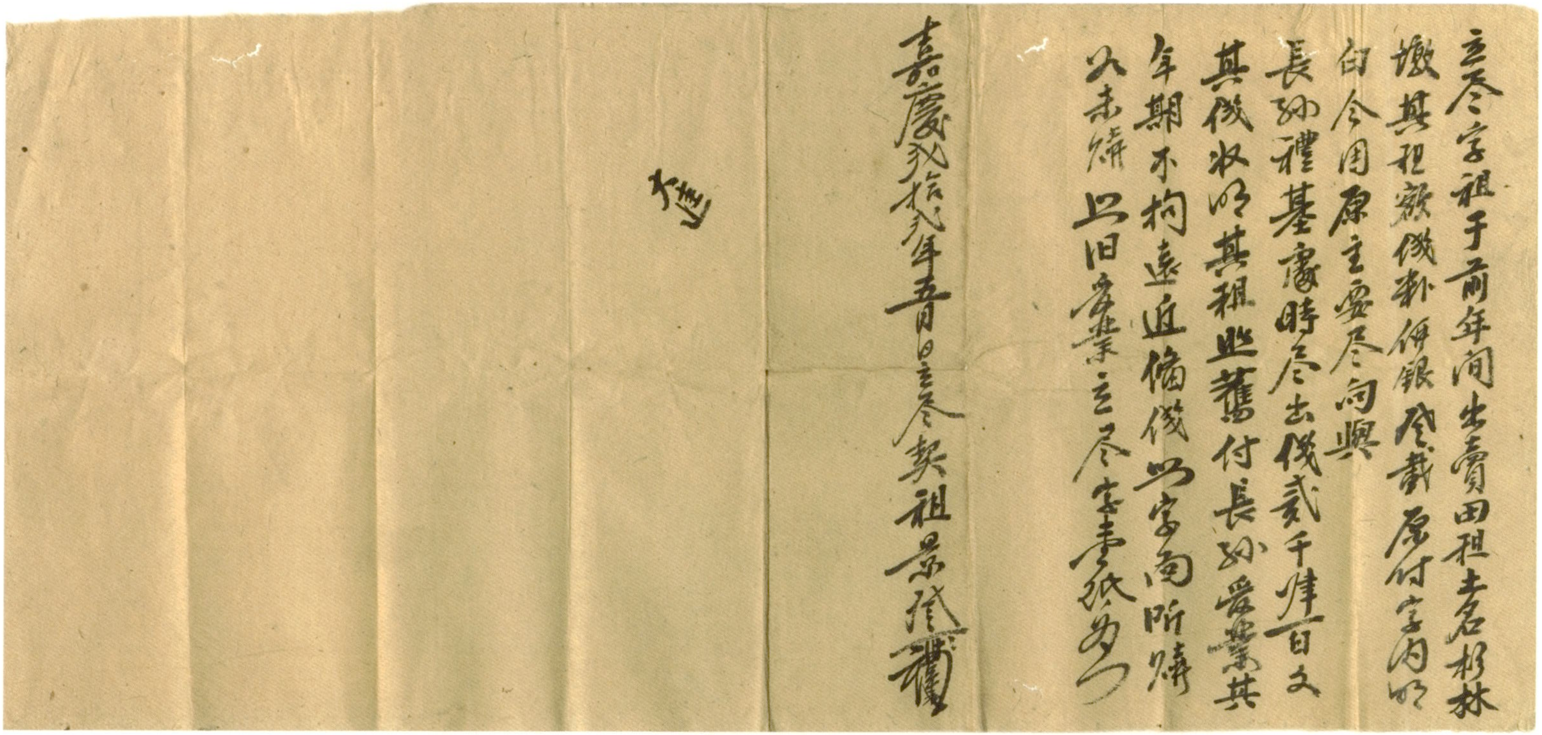

立盡字祖于前年間出賣田租土名杉林
墩其租穀價[illegible]仍銀[illegible]載原付字內明
白今因原主要盡向與
長孫禮基處時盡出價貳千肆百文
其價收明其租照舊付長孫管業其
年期不拘遠近備價照字面所贖
不得[illegible]上日處業立盡字紙為照
嘉慶貳拾貳年五月日立盡契祖景登
[illegible]

7-1-49-3　清嘉慶二十二年五月林景登立盡田租字

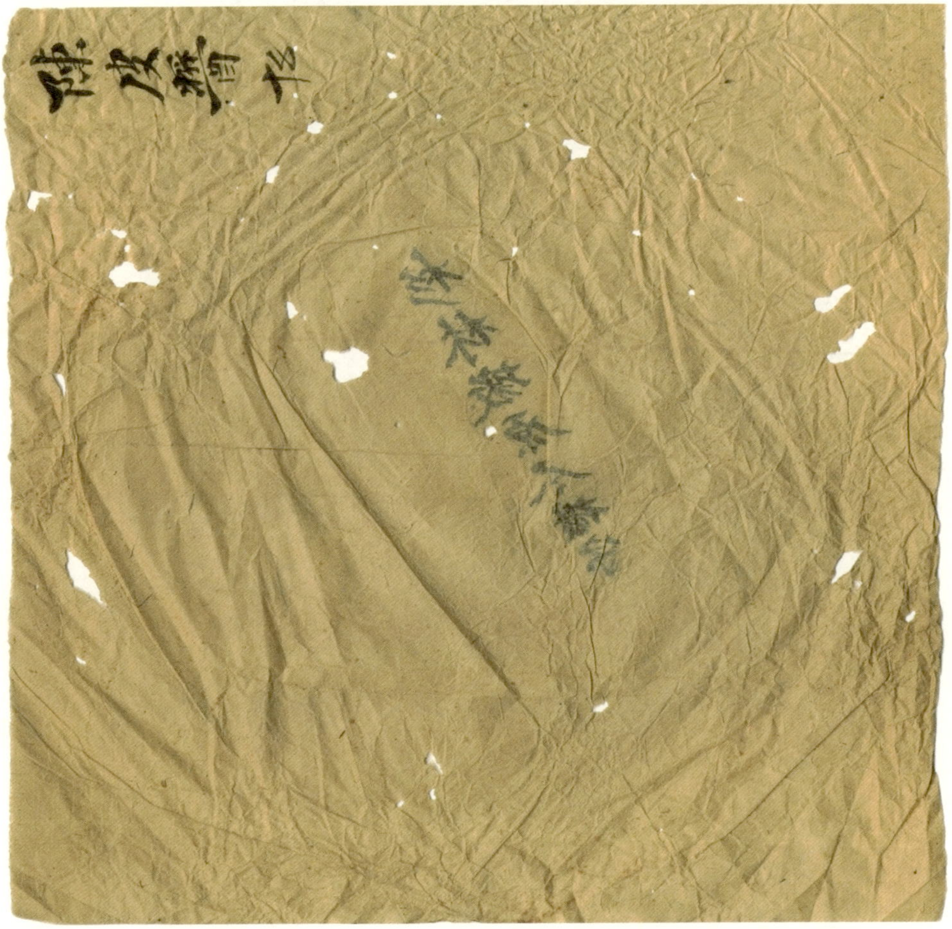

7-1-49-2　包契紙

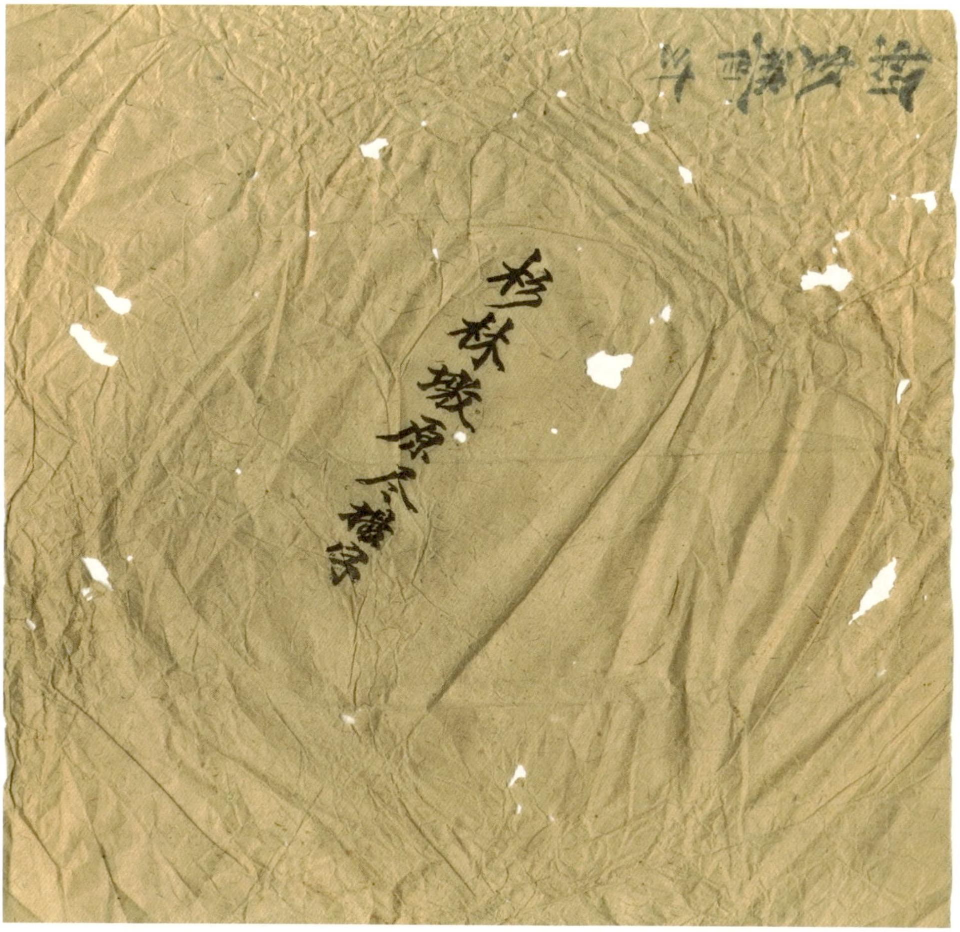

7-1-49-1　包契紙

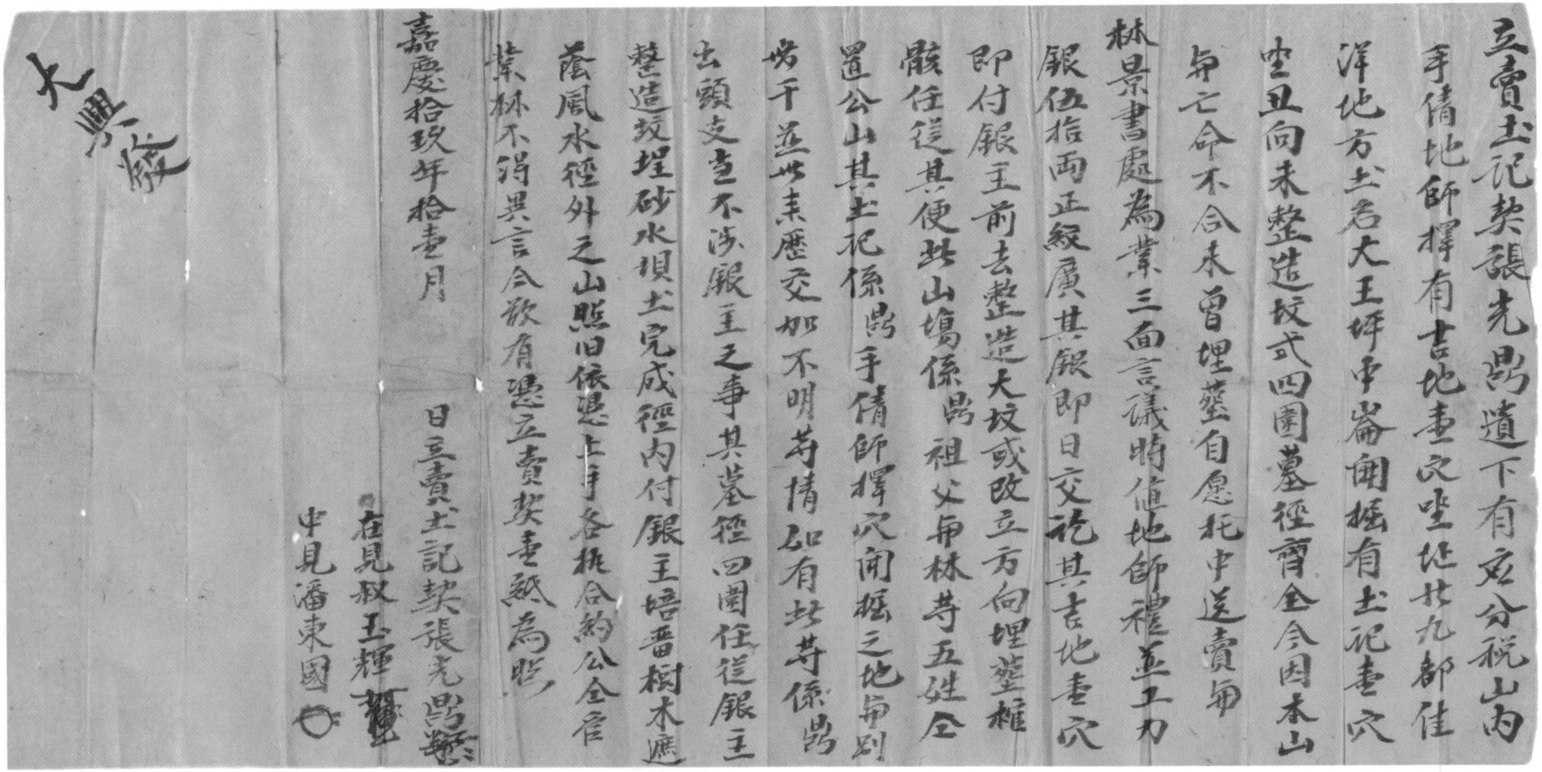

立賣土記契張光鼎遺下有衣分稅山內
手倩地師擇有吉地壹穴坐址廿九都住
洋地方土名大王坪中崙甪摇有土記壹穴
坐丑向未整造坟式四圍墓徑齊全今因本山
弟亡命不合未曾埋塟自愿托中送賣與
林景書處為業三面言議時值地師禮並工力
銀伍拾両正紋廣其銀即日交訖其吉地壹穴
即付銀主前去整造大坟或改立方向埋塟權
嚴任從其便此山塲係鼎祖父與林嵜五姓仝
置公山其土記係鼎手倩師擇穴開摇之地與别
房干並無來歷交加不明等情如有此等係鼎
出頭支當不涉銀主之事其墓徑四圍任從銀主
整造坟埕砂水俱土完成徑內付銀主培晋樹木遮
蔭風水徑外之山照旧依憑上手各執合約公仝管
業林不得異言今欲有憑立賣契壹紙為照
嘉慶拾玖年拾壹月　日立賣土記契張光鼎（押）
在見叔玉輝（押）
中見潘東國（押）
大興[illegible]

7-1-48-3　清嘉慶十九年十一月張光鼎立賣土記契

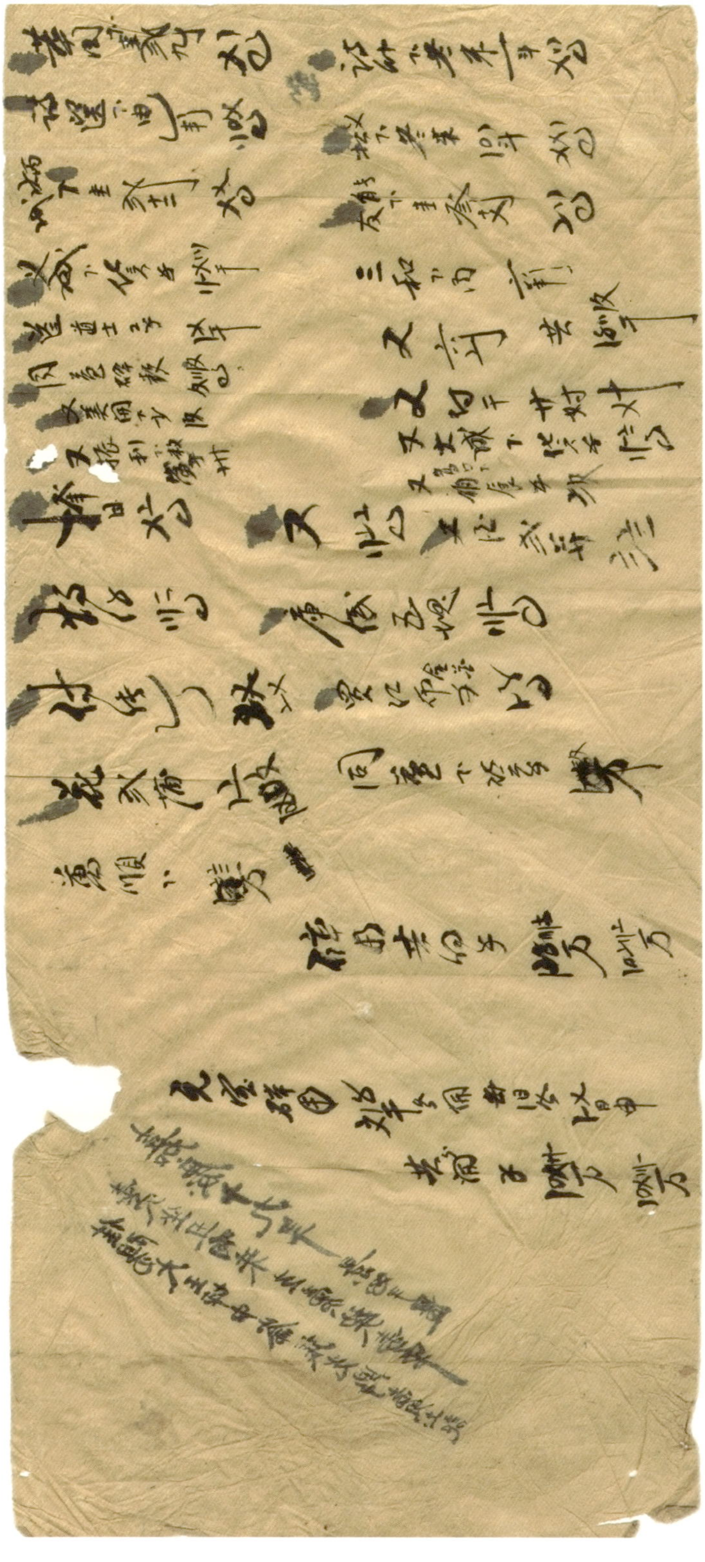

7-1-48-2　包契紙

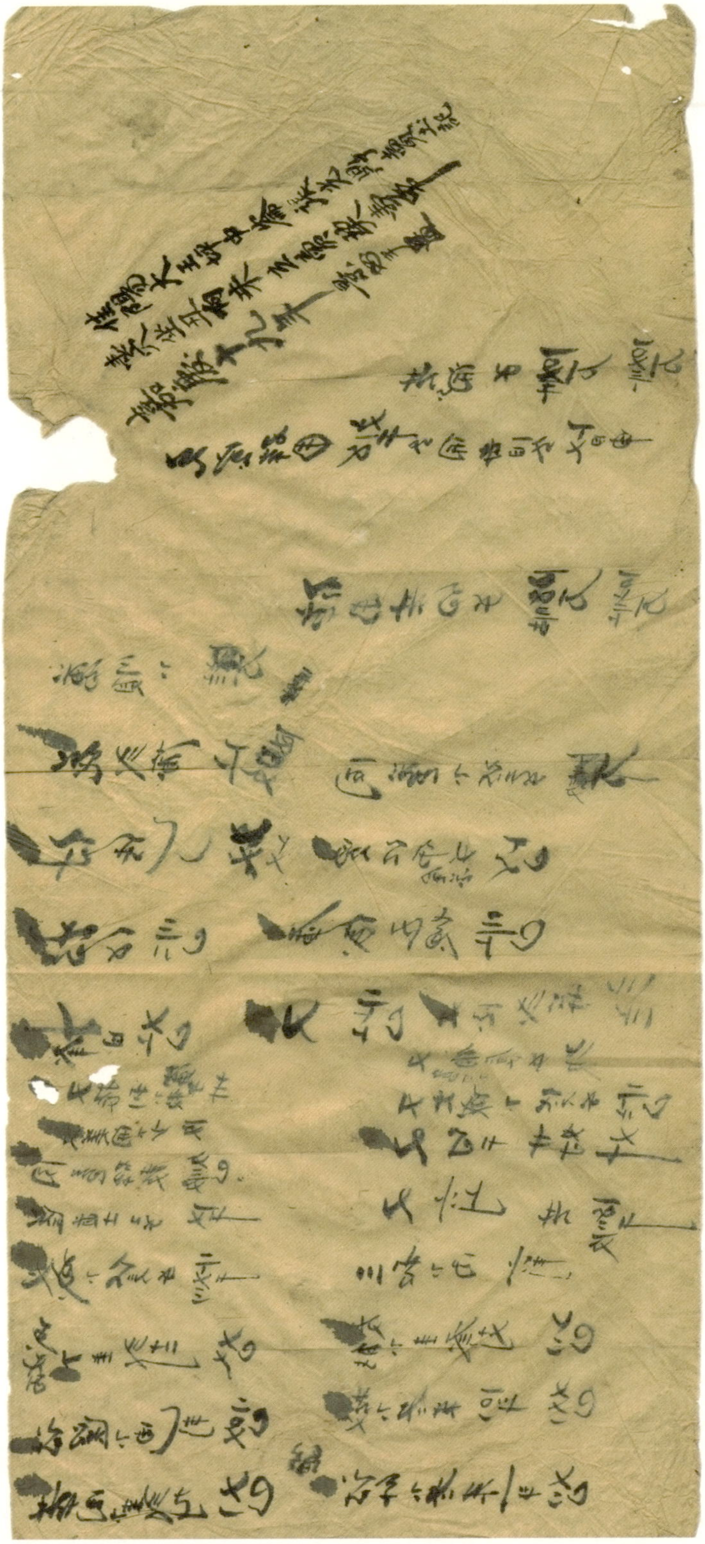

7-1-48-1　包契紙

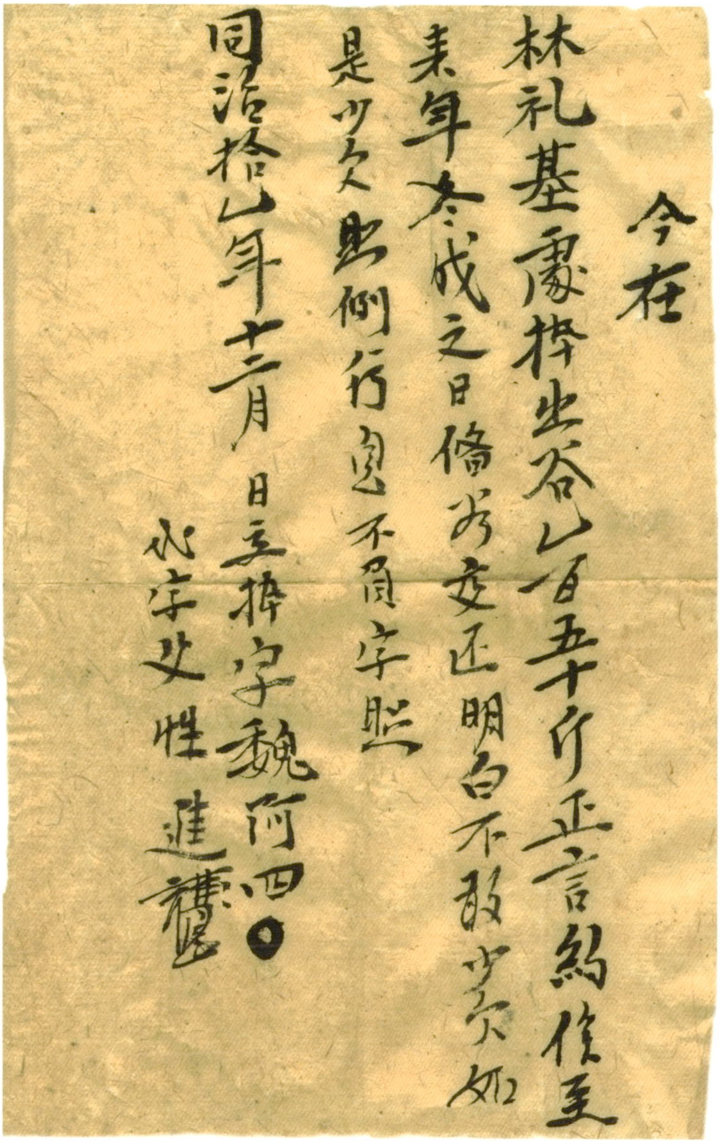

今在
林礼基處撮出谷乙百五十斤正言約係至
来年冬成之日備谷交还明白不敢少欠如
是少欠照例行息不負字照
同治拾乙年十二月　日立撮字魏阿四○
代字叔姓進禮

7-1-47-11　清同治十一年十二月魏阿四立撮字

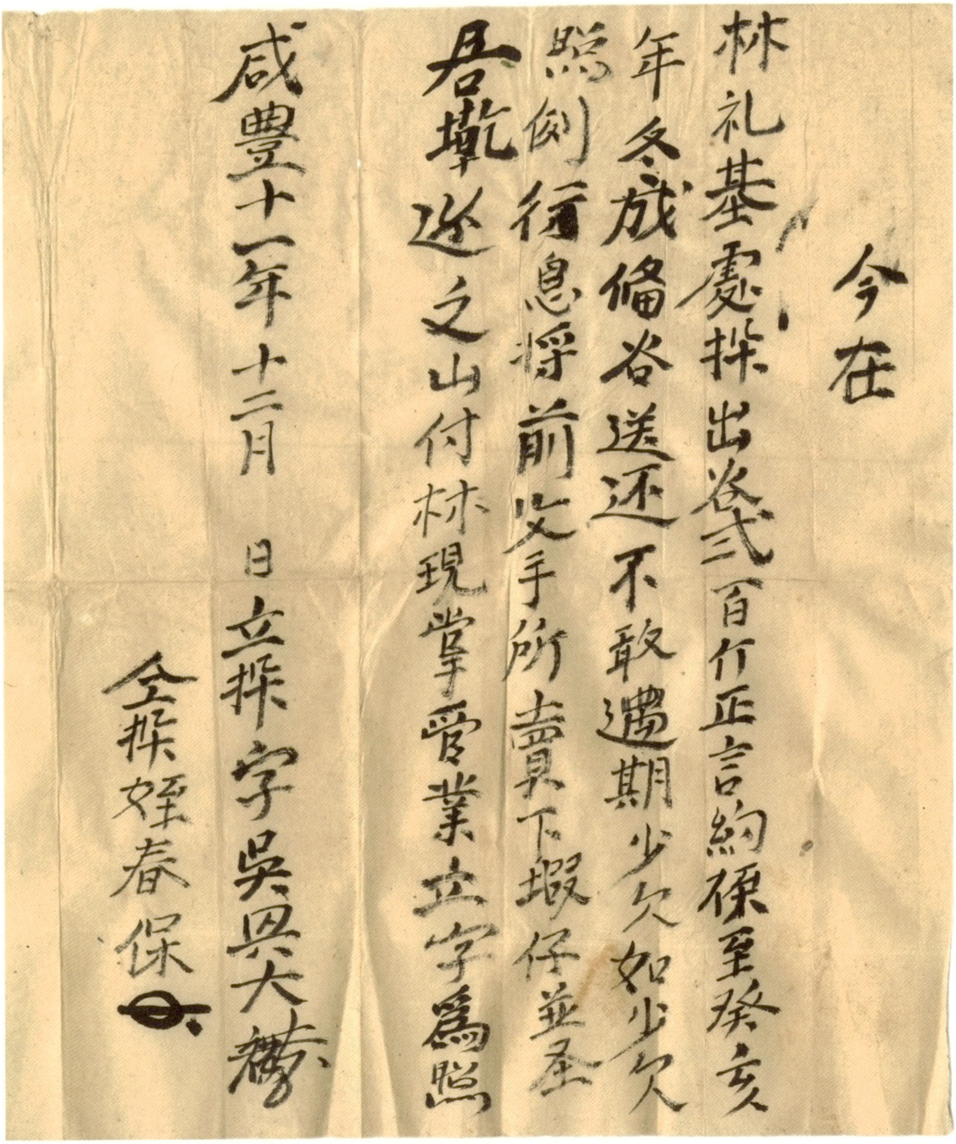
今在
林礼基處撮出谷弍百𠆤正言約俵至癸亥
年冬成備谷送还不敢遲期少欠如少欠
照例行息將前交手所賣下墩仔並丞
吞墘送之山付林現掌管業立字為照
咸豐十一年十二月　日立撮字吴㒷大等
全撮姪春保

7-1-47-10　清咸豐十一年十二月吴㒷大等立撮字

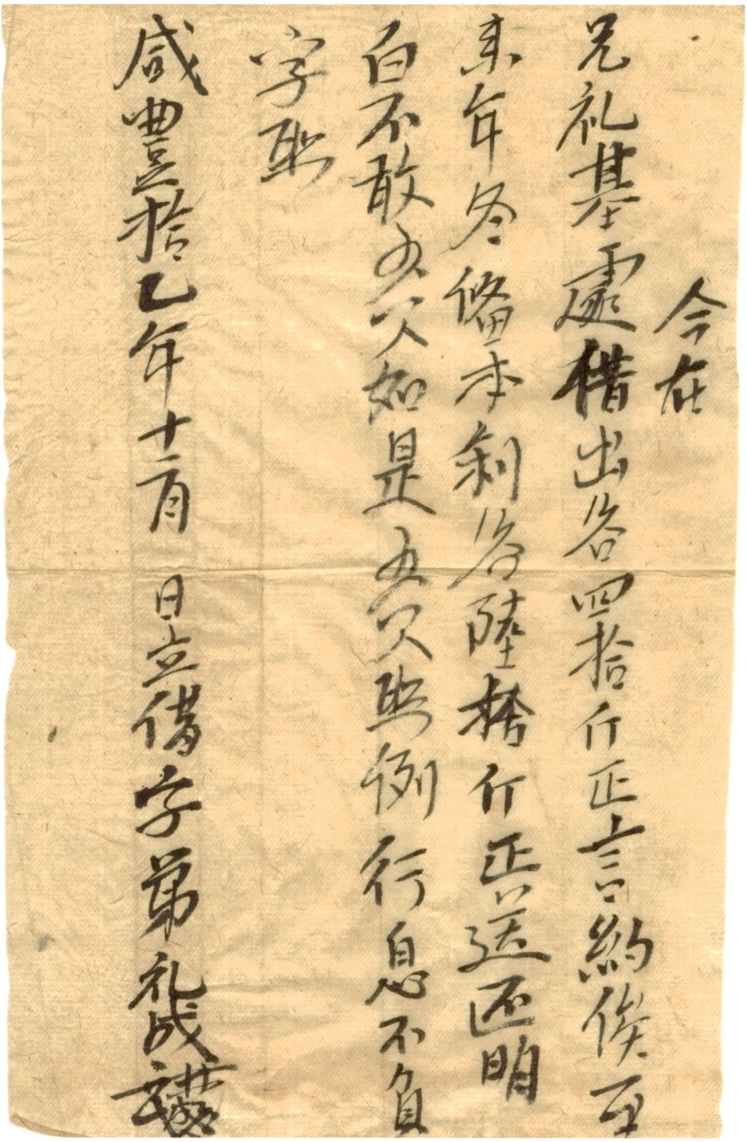

今在

兄礼基處借出谷四拾斤正言約候至

來年冬備本利谷陸拾斤正送還明

白不敢少欠如是少欠照例行息不負

字照

咸豐拾乙年十二月　日立借字弟礼成（押）

7-1-47-9　清咸豐十一年十二月林礼成立借穀字

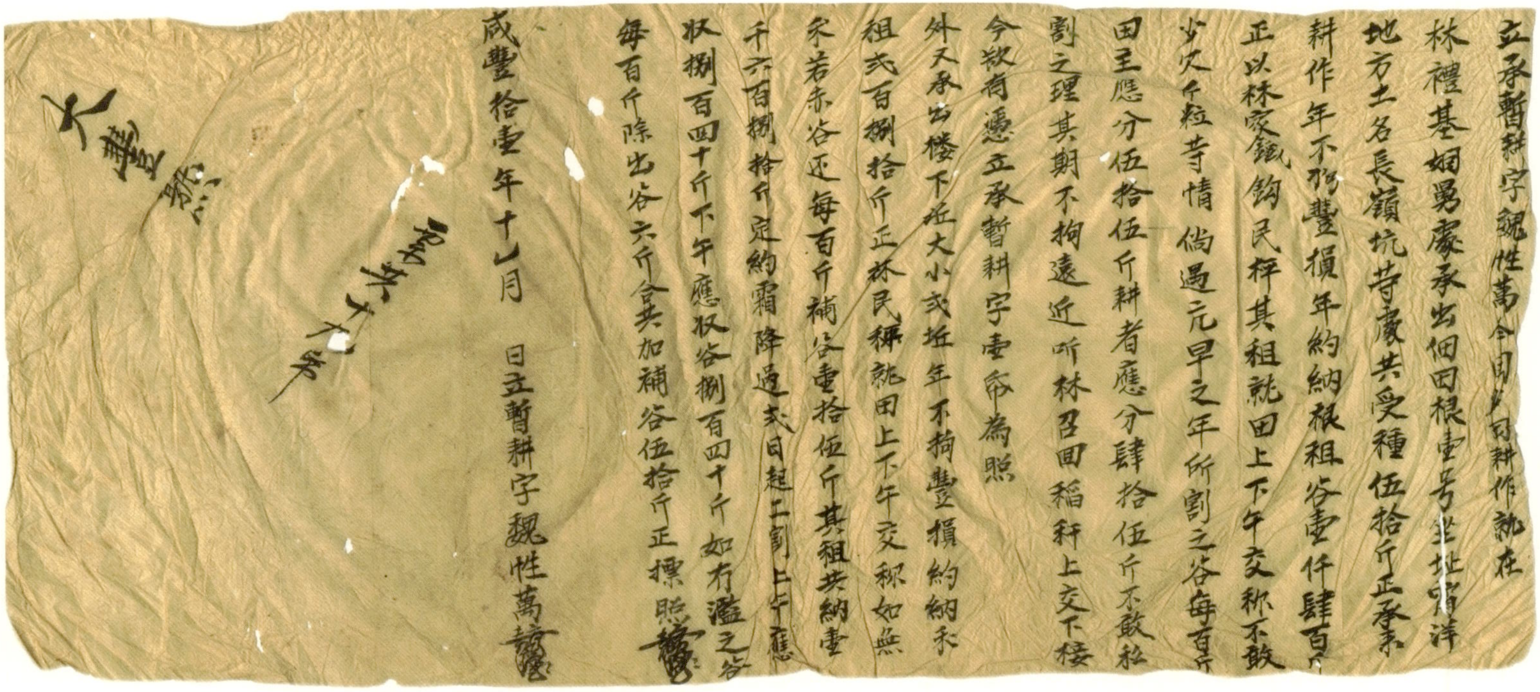

立承暫耕字魏性萬今因乏田耕作就在
林禮基姻舅處承出佃田根壹号坐址洋
地方土名長嶺坑苛處共受種伍拾斤正承來
耕作年不拘豐摃年約納根租谷壹仟肆百斤
正以林家鐵鈎民秤其租就田上下午交秤不敢
少欠斤粒苛情倘遇元旱之年所割之谷每百斤
田主應分伍拾伍斤耕者應分肆拾伍斤不敢私
割之理其田不拘遠近所林召回稲秤上交不接
今欲有憑立承暫耕字壹帋為照
外又承出樓下坵大小弍坵年不拘豐摃約納禾
租弍百捌拾斤正林民秤就田上下午交秤如無
禾若赤谷还每百斤補谷壹拾伍斤其租共納壹
千六百捌拾斤定約霜降過弍日起工割上午應
收捌百四十斤下午應收谷捌百四十斤如冇濫之谷
每百斤除出谷六斤合共加補谷伍拾斤正標照
咸豐拾壹年十一月　日立暫耕字魏性萬

7-1-47-8　清咸豐十一年十一月魏性萬立承暫耕佃田根字

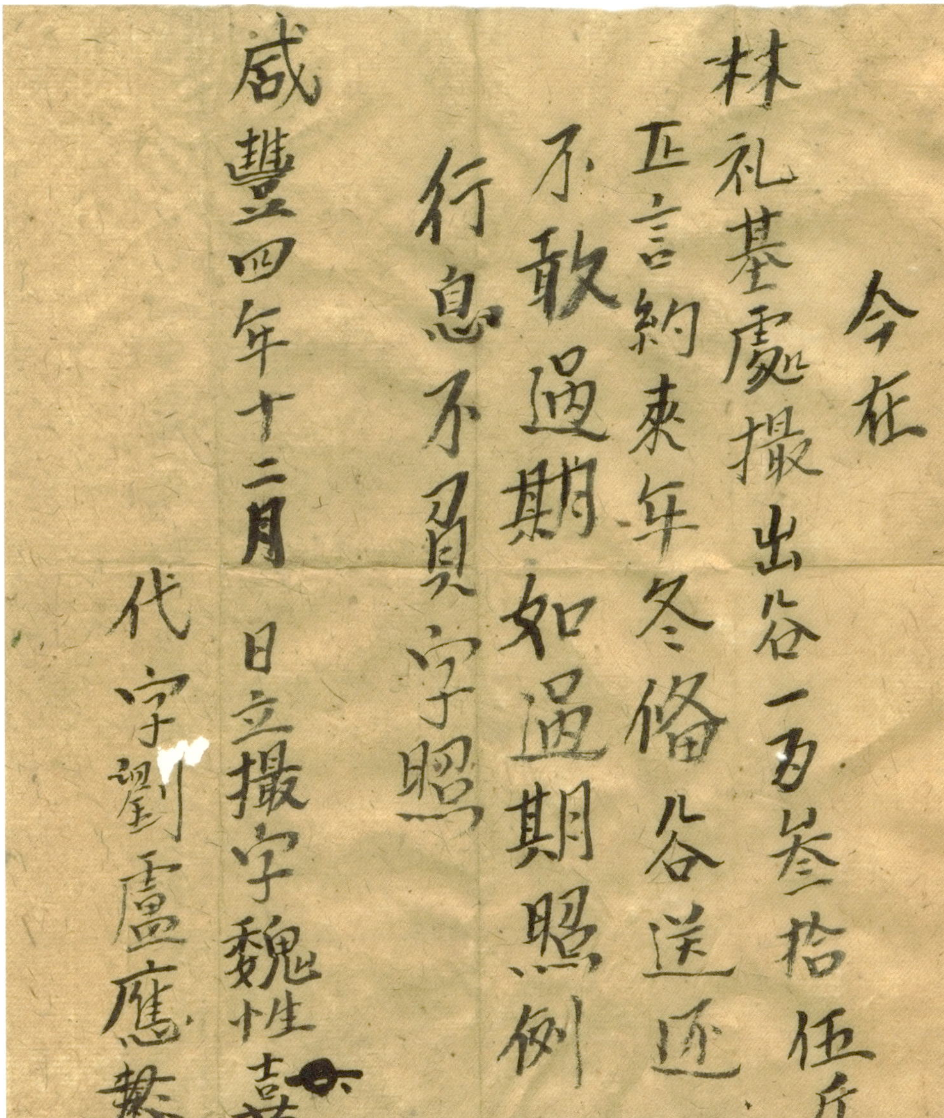
今在
林礼基處撮出谷一百叁拾伍斤
正言約來年冬備谷送還
不敢過期如過期照例
行息不負字照
咸豐四年十二月　日立撮字魏性喜
代字劉盧應懋

7-1-47-7　清咸豐四年十二月魏性喜立撮字

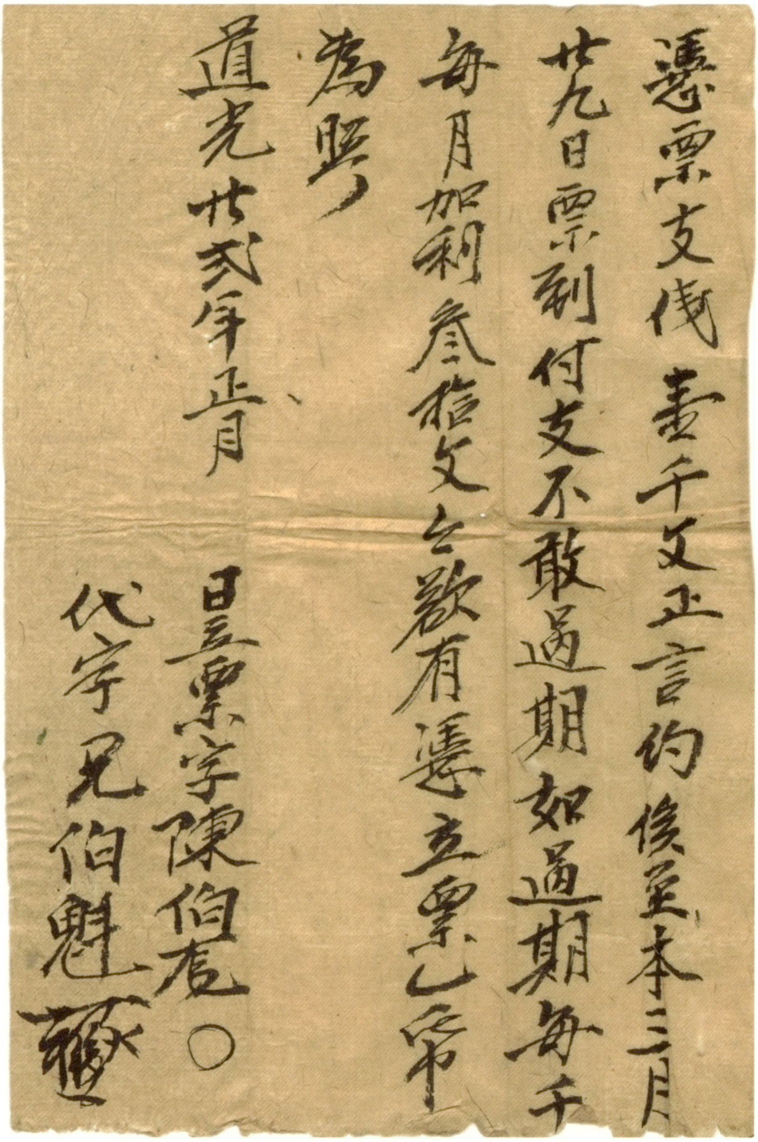

憑票支錢壹千文正，言約俟至本三月
廿九日票到付支，不敢過期，如過期每千
每月加利叁拾文正，欲有憑，立票乙帋
為照。
道光廿弍年正月　日
立票字陳伯龍 ○
代字兄伯魁

7-1-47-6　清道光二十二年正月陳伯龙立支錢憑票

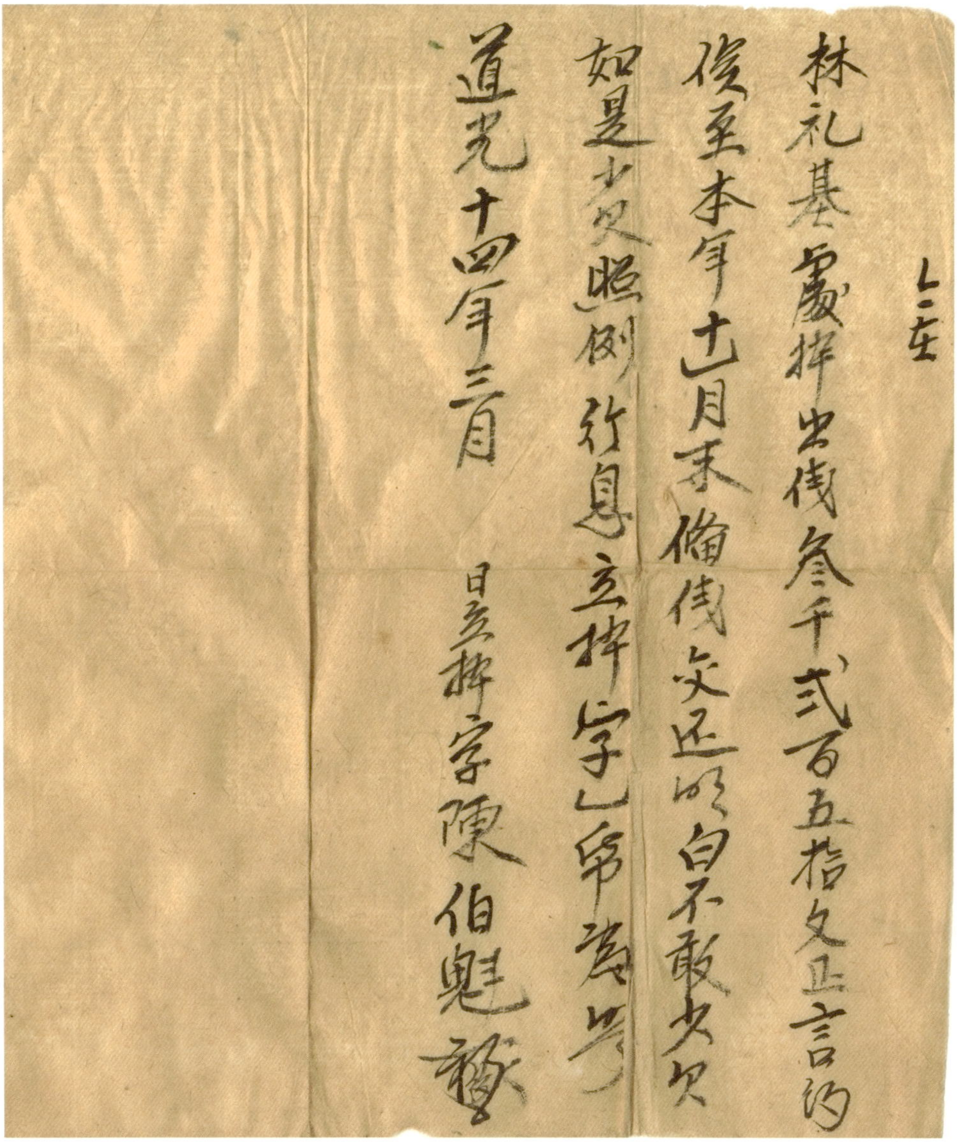
林礼基處撮出錢叁千弍百五拾文正言約
俟至本年十二月末備錢交還明白不敢少欠
如是少欠照例行息立撮字一紙為照
道光十四年三月　日立撮字陳伯魁（押）

7-1-47-5　清道光十四年三月陳伯魁立撮字

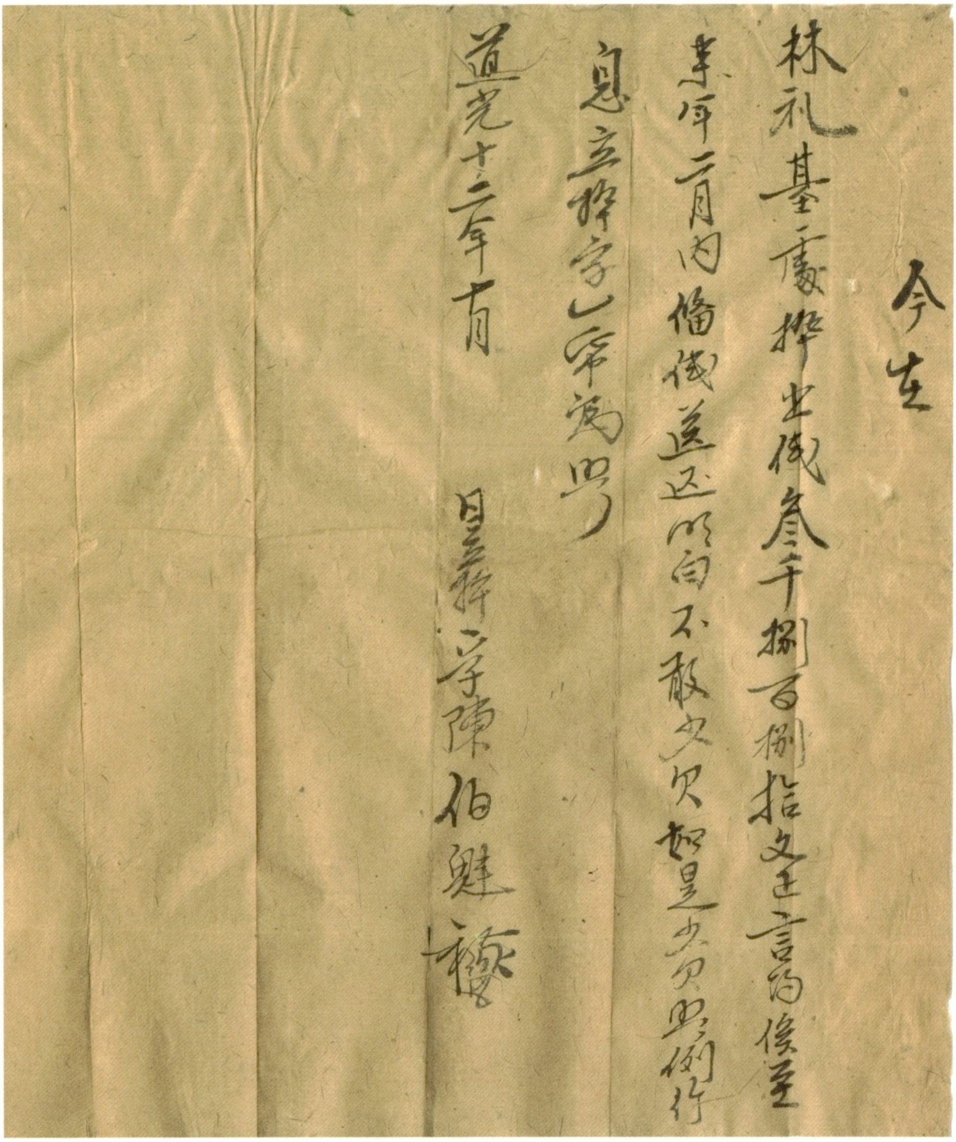
今立
林礼基處撮出錢叁千捌百捌拾文正言約俟至
來年二月內備錢送还明白不敢少欠如是少欠照例行
息立撮字一帋為照
道光十二年十月　日立撮字陳伯魁（押）

7-1-47-4　清道光十二年十月陳伯魁立撮字

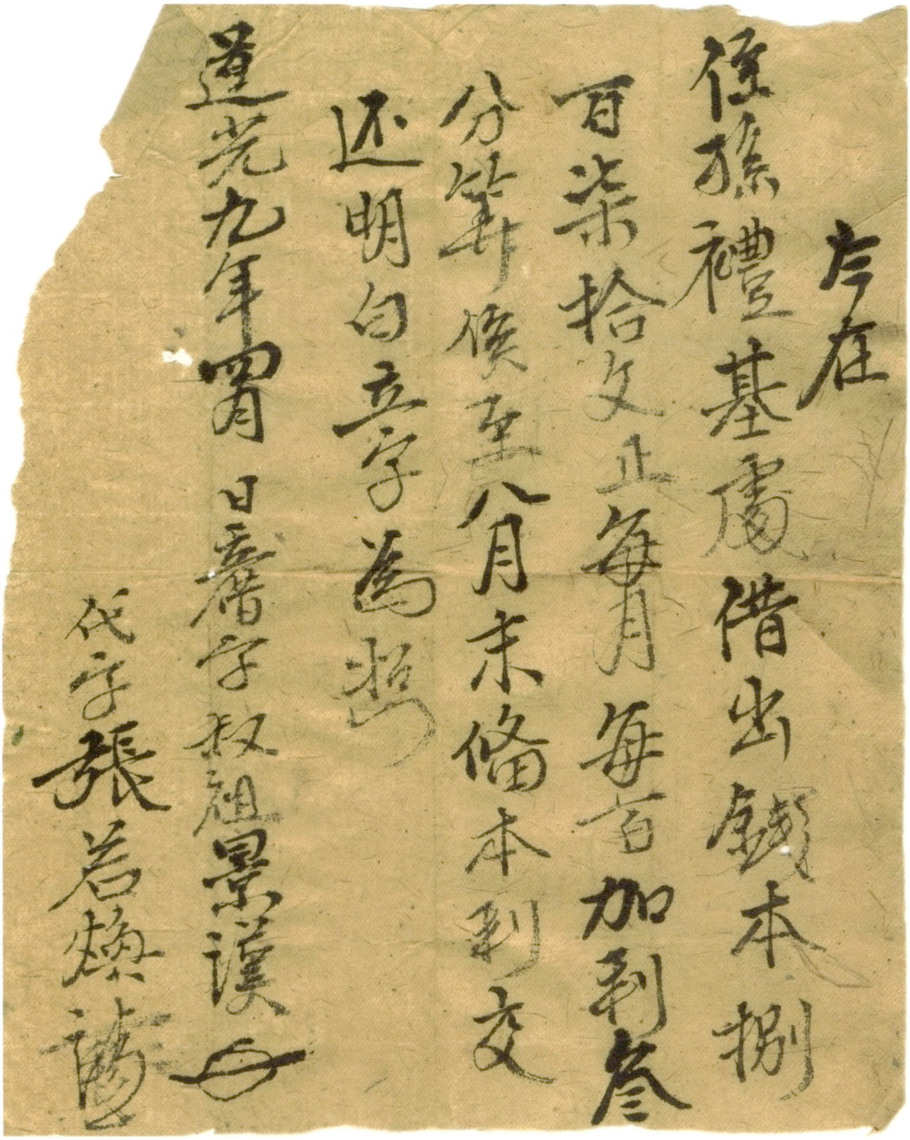
今在
侄孫禮基處借出錢本捌
百柒拾文正每月每百加利叁
分算候至八月末備本利交
還明白立字為照
道光九年四月 日立借字叔祖景漢
代字張若煥筆

7-1-47-3　清道光九年四月林景漢立借錢字

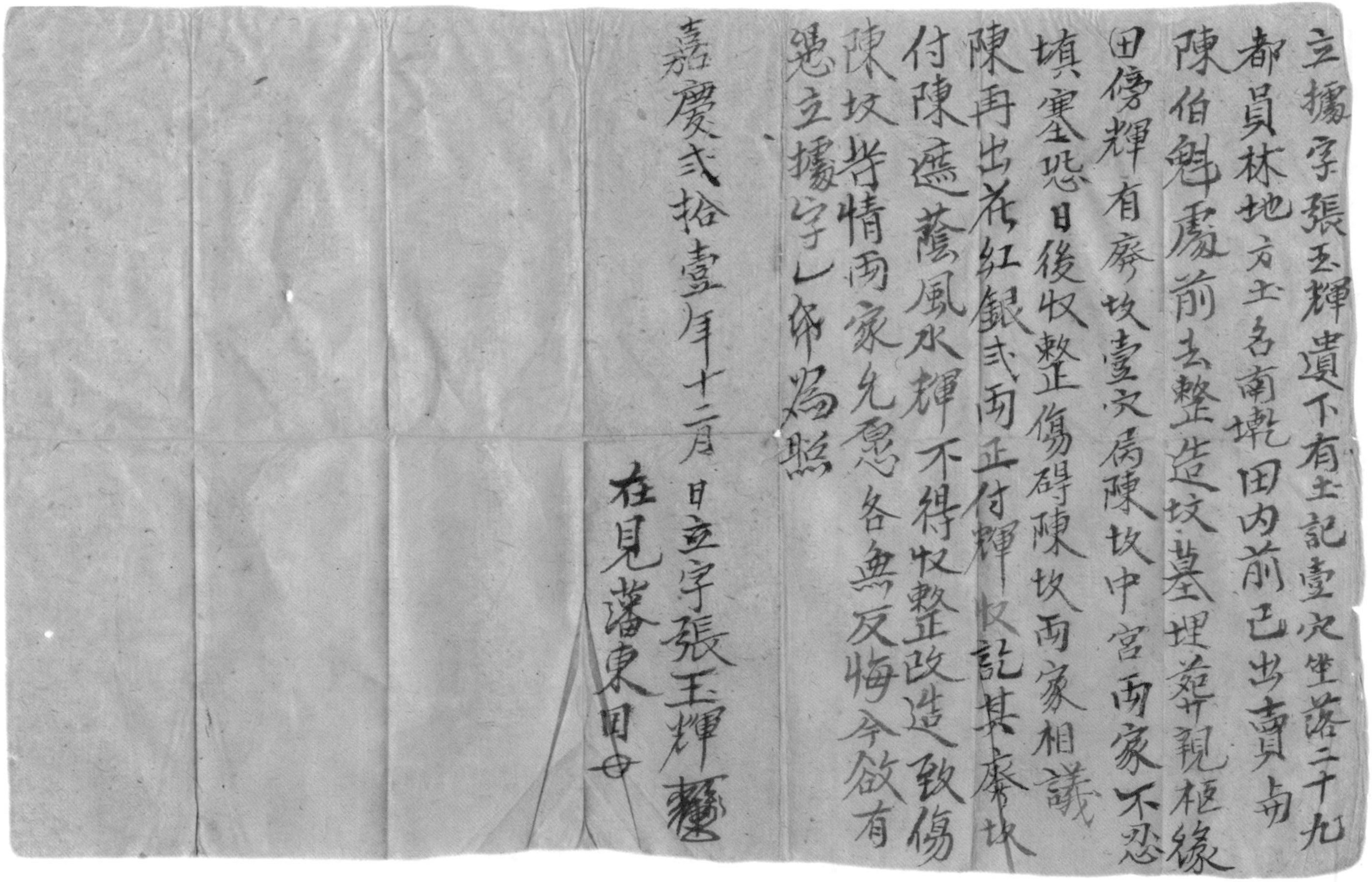
立據字張玉輝遺下有土記壹穴坐落二十九
都員林地方土名南坑田內前已出賣与
陳伯魁處前去整造坟墓埋葬親柩緣
田傍輝有麥坟壹穴係陳坟中宮两家不忍
填塞恐日後收整傷碍陳坟两家相議
陳再出花紅銀弍两正付輝收訖其麥坟
付陳遮蔭風水輝不得收整改造致傷
陳坟皆情两家允愿各無反悔今欲有
憑立據字乙帋為照
嘉慶弍拾壹年十二月　日立字張玉輝（押）
在見潘東田（押）

7-1-47-2　清嘉慶二十一年十二月張玉輝立據字

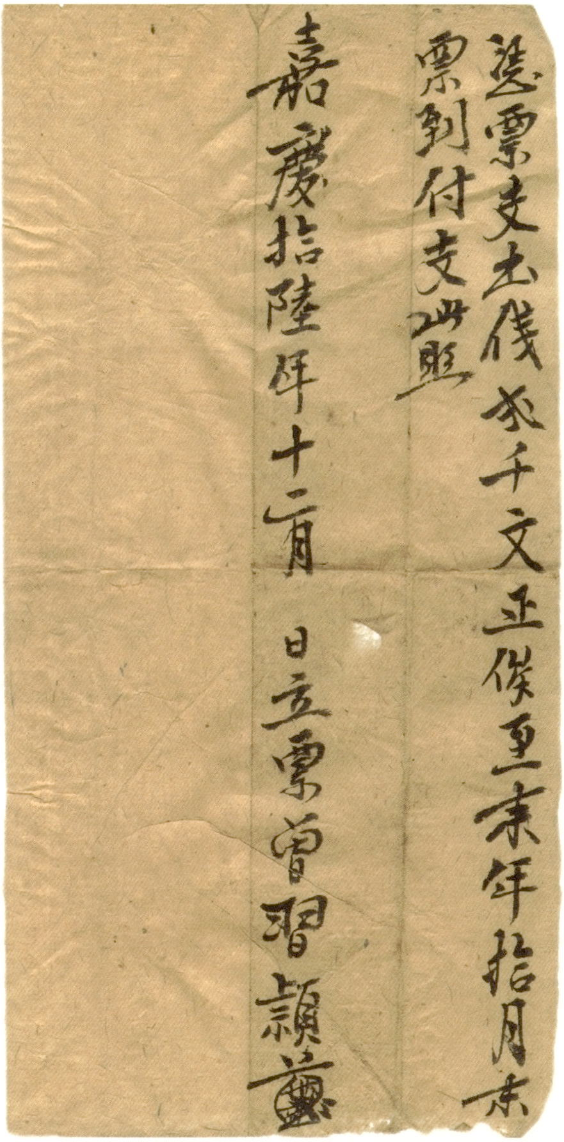
憑票支出錢叁千文正，係至來年拾月來票對付支，此照。
嘉慶拾陸年十二月　日立票曾習穎（押）

7-1-47-1　清嘉慶十六年十二月曾習穎立支錢憑票

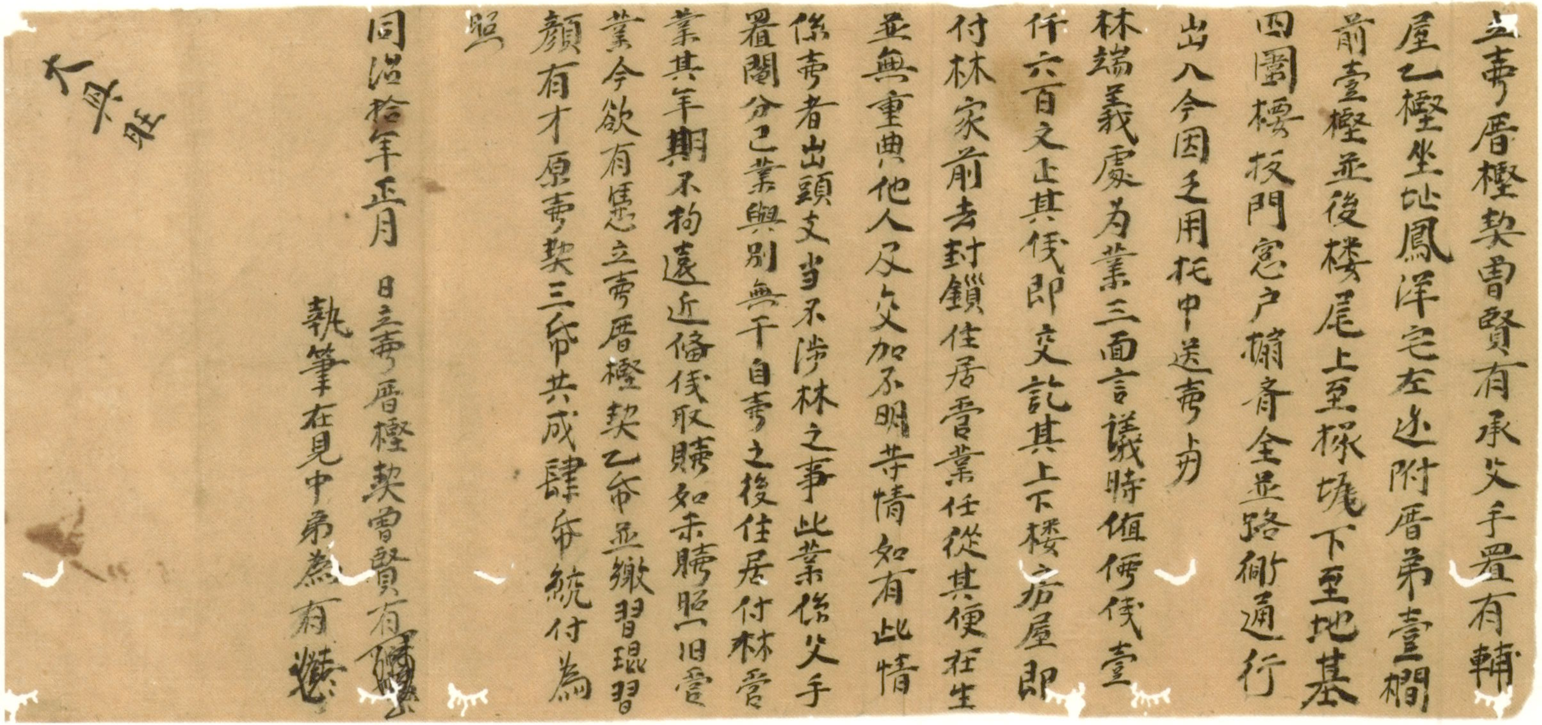

立賣厝樫契曾賢有承父手置有輔
屋乙樫坐址鳳洋宅左邊附厝弟壹榴
前壹樫並後樓尾上至椽塊下至地基
四圍樓板門窗户牖脊全並路衕通行
出入今因乏用托中送賣与
林端義處為業三面言議時值價錢壹
仟六百文正其錢即交訖其上下樓房屋即
付林家前去封鎖住居管業任從其便在生
並無重典他人及交加不明等情如有此情
係賣者出頭支當不涉林之事此業係父手
置閣分己業與別無干自賣之後住居付林管
業其年期不拘遠近備價取贖如未贖照旧管
業今欲有憑立賣厝樫契乙紙並繳習琨習
顏有才原賣契三紙共成肆紙繳付為
照

同治拾年正月　日立賣厝樫契曾賢有（押）
執筆在見中弟為有（押）

大吉旺

7-1-46-7　清同治十年正月曾賢有立賣厝樫契

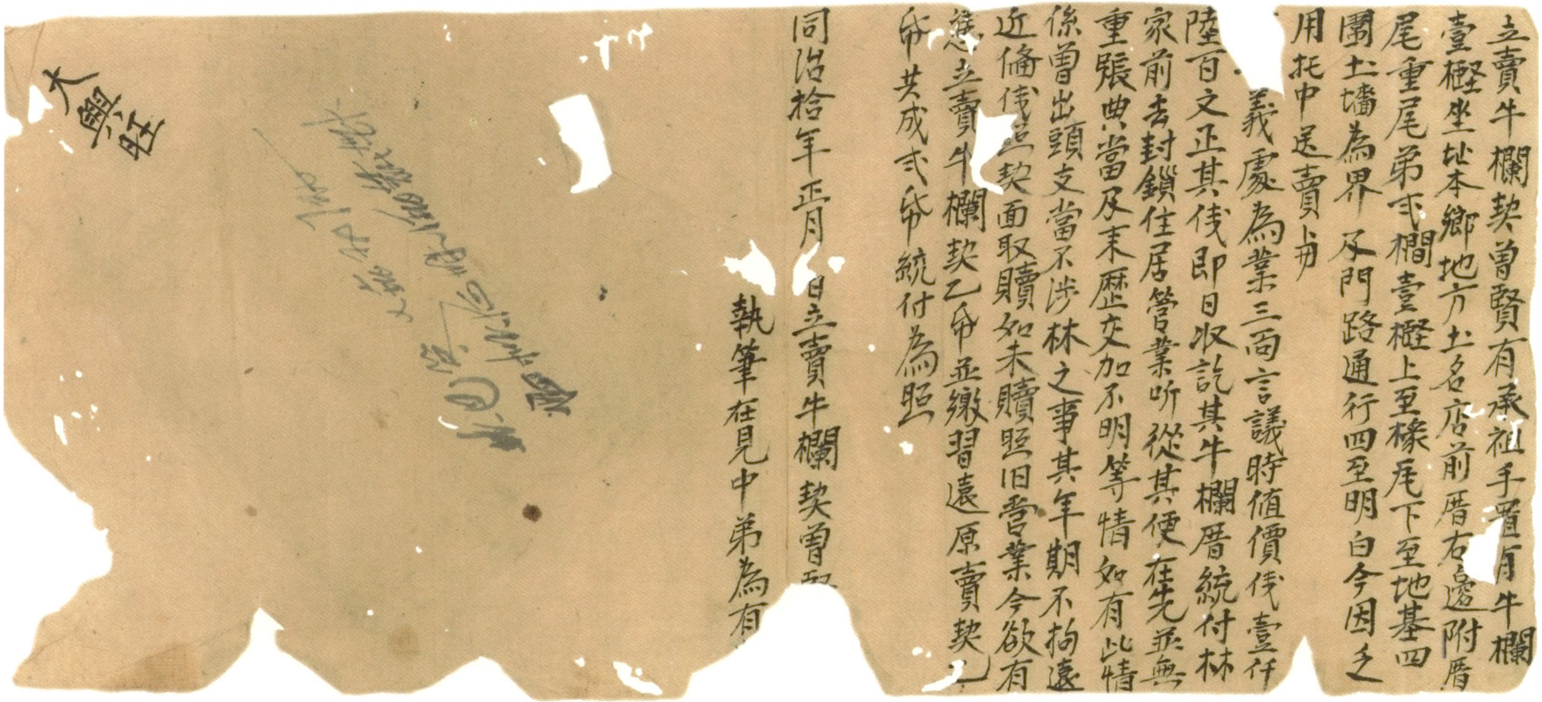
立賣牛欄契曾賢有承祖手置有牛欄
壹樬坐址本鄉地方土名店前厝右邊附厝
尾重尾弟弍欄壹樬上至椽尾下至地基四
圍土墻為界及門路通行四至明白今因乏
用托中送賣與
義處為業三面言議時值價伐壹仟
陸百文正其伐即日收訖其牛欄厝統付林
家前去封鎖住居管業听從其便在先並無
重張典當及來歷交加不明等情如有此情
係曾出頭支當不涉林之事其年限不拘遠
近備伐照契面取贖如未贖照旧管業今欲有
憑立賣牛欄契乙帋並缴習遠原賣契乙
帋共成弍帋統付為照
同治拾年正月　日立賣牛欄契曾賢有
執筆在見中弟為有
大興旺

7-1-46-6　清同治十年正月曾賢有立賣牛欄契

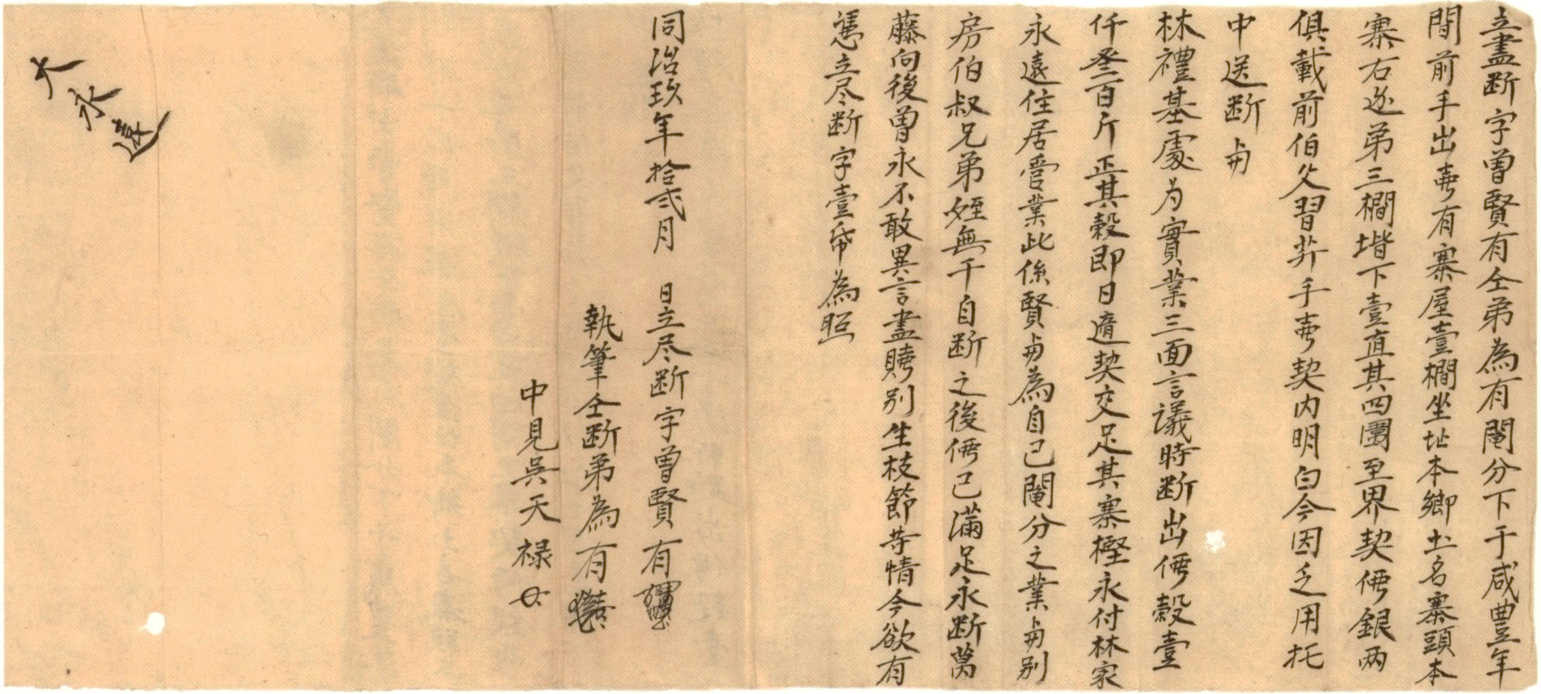
立盡斷字曾賢有仝弟為有鬮分下于咸豐三年
間前手出賣有寨屋壹櫊坐址本鄉土名寨頭本
寨右邊弟三櫊堦下壹直其四圍至界契價銀兩
俱載前伯父習芹手賣契內明白今因乏用托
中送斷與
林禮基處為實業三面言議時斷出價穀壹
仟叁百斤正其穀即日隨契交足其寨屋永付林家
永遠住居管業此係賢與為自己鬮分之業與別
房伯叔兄弟姪無干自斷之後價已滿足永斷葛
藤向後曾永不敢異言盡贖別生枝節等情今欲有
憑立盡斷字壹紙為照

同治玖年拾弍月 日立盡斷字曾賢有（押）
執筆仝斷弟為有（押）
中見吳天祿（押）

大永遠

7-1-46-5 清同治九年十二月曾賢有等立盡斷寨屋字

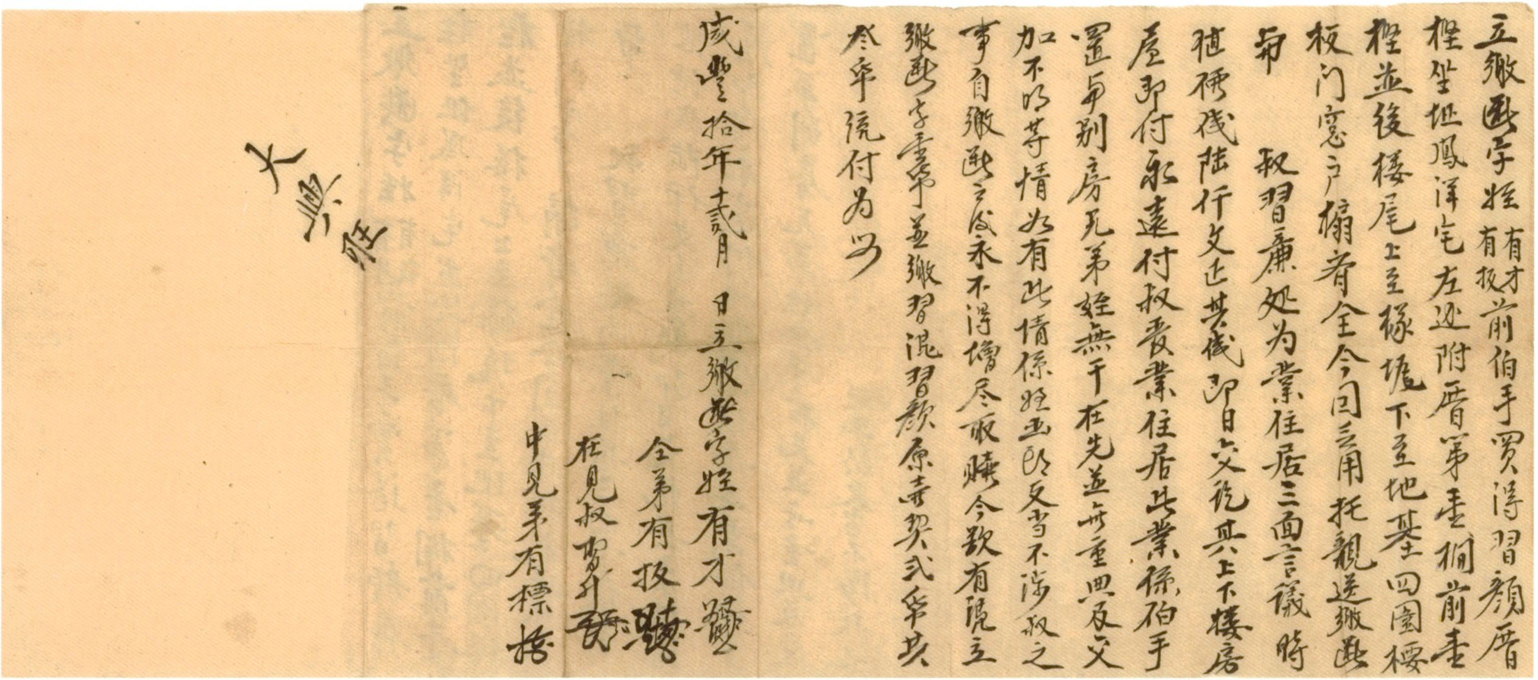
立繳斷字侄有才、有扱，前伯手買得習顏厝楃，坐址鳳洋宅左边附厝第壹間，前壹楃並後樓尾，上至椽瓦，下至地基，四圍楃板门窓户俱脊全。今因乏用，托親送繳斷與叔習廉处为業住居，三面言議，時值價錢陆仟文正，其錢即日交訖，其上下樓厝即付永遠付叔管業住居。此業係伯手置，與別房兄弟侄無干，在先並無重典交加不明等情，如有此情，係侄出明支當，不涉叔之事。自繳斷之后，永不得增尽取贖。今欲有憑，立繳斷字壹紙，並繳習混、習顏原契弍紙，共叁紙，付为照。
咸豐拾年十弍月　日立繳斷字侄　有才（押）
全弟　有扱（押）
在見叔　（押）
中見弟　有標（押）

7-1-46-4　清咸豐十年十二月曾有才等立繳斷厝楃字

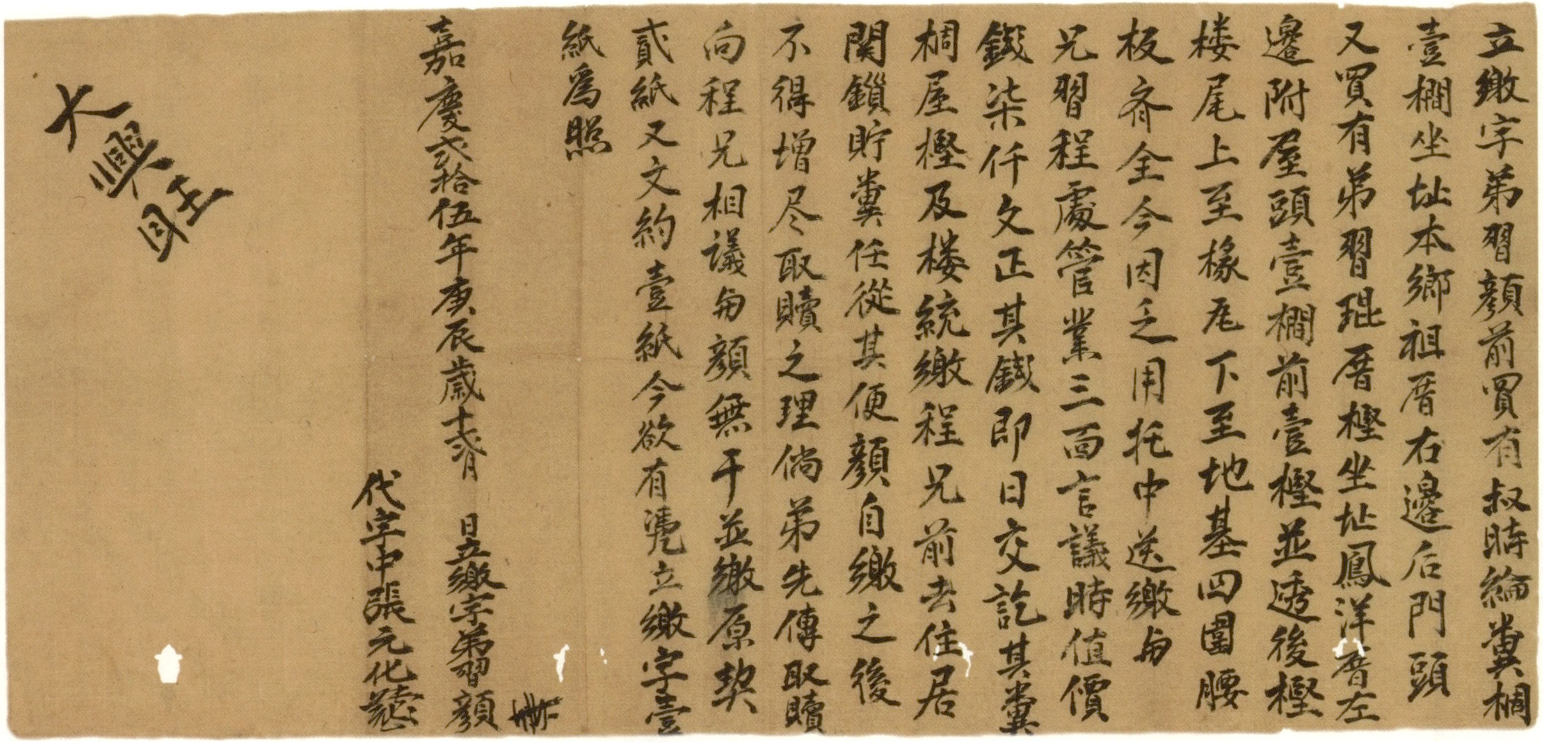
立繳字弟習顏前買有叔時綸糞桐
壹間坐址本鄉祖厝右邊后門頭
又買有弟習琨厝樫坐址鳳洋厝左
邊附屋頭壹間前壹樫並透後樫
樓尾上至椽瓦下至地基四圍腰
板俱全今因乏用托中送繳與
兄習程處管業三面言議時值價
錢柒仟文正其錢即日交訖其糞
桐屋樫及樓統繳程兄前去住居
關鎖貯糞任從其便顏自繳之後
不得增盡取贖之理倘弟先傳取贖
向程兄相議與顏無干並繳原契
貳紙又文約壹紙今欲有憑立繳字壹
紙為照

嘉慶貳拾伍年庚辰歲十二月　日立繳字弟習顏（押）
代字中張元化（押）

7-1-46-3　清嘉慶二十五年十二月曾習顏立繳糞桐厝樫字

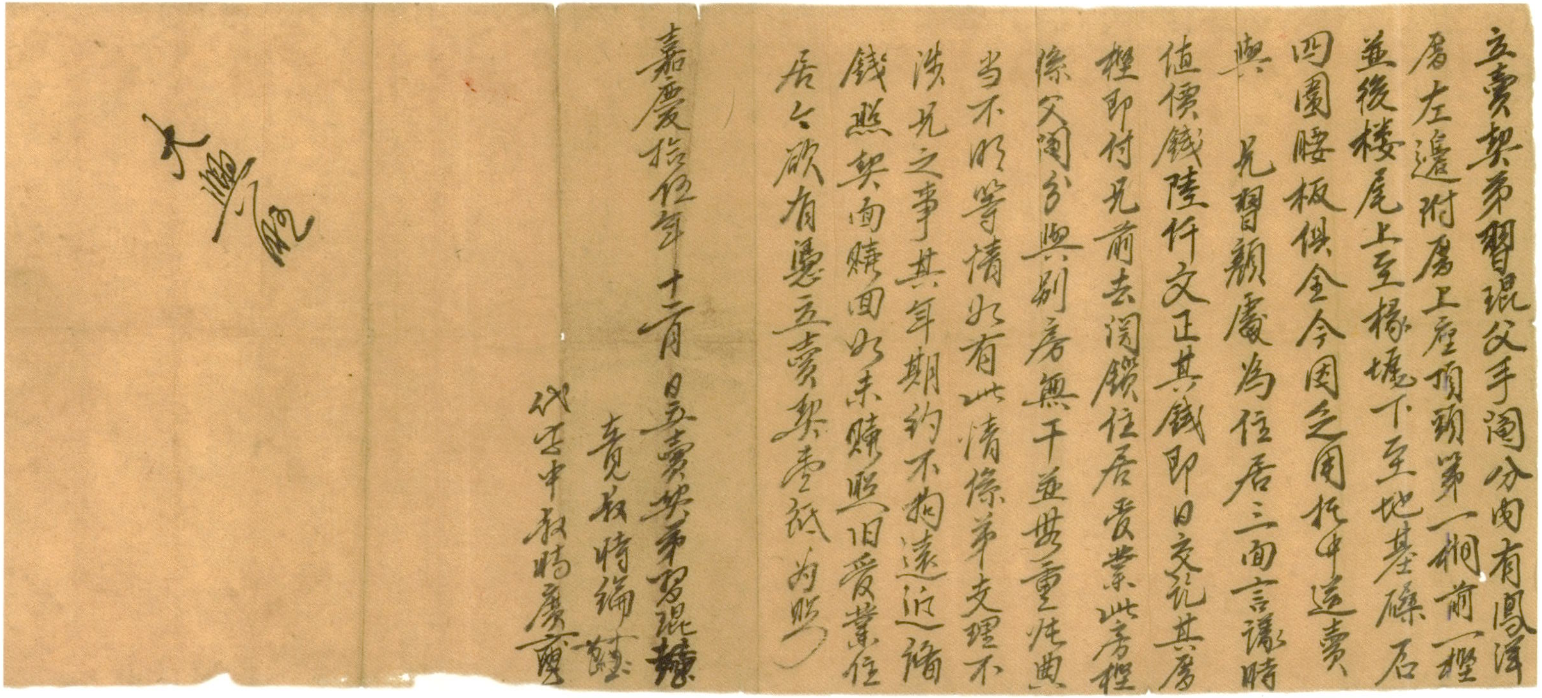
立賣契弟習琨父手闔分內有鳳洋
厝左邊附厝上座頂頭第一栂前一樫
並後樓尾上至椽墘下至地基磉石
四圍暌板俱全今因乏用托中送賣
與　兄習願處爲住居三面言議時
值價錢陸仟文正其錢即日交訖其厝
樫即付兄前去闔鎖住居管業此厝樫
係父闔分與別房無干並無重張典
当不明等情如有此情係弟支理不
涉兄之事其年期約不拘遠近備
錢照契面贖回如未贖照旧管業住
居今欲有憑立賣契壹紙爲照
嘉慶拾伍年十二月　日立賣契弟習琨(押)
貴見叔特端(押)
代字中叔晴廣(押)

7-1-46-2　清嘉慶十五年十二月曾習琨立賣厝樫契

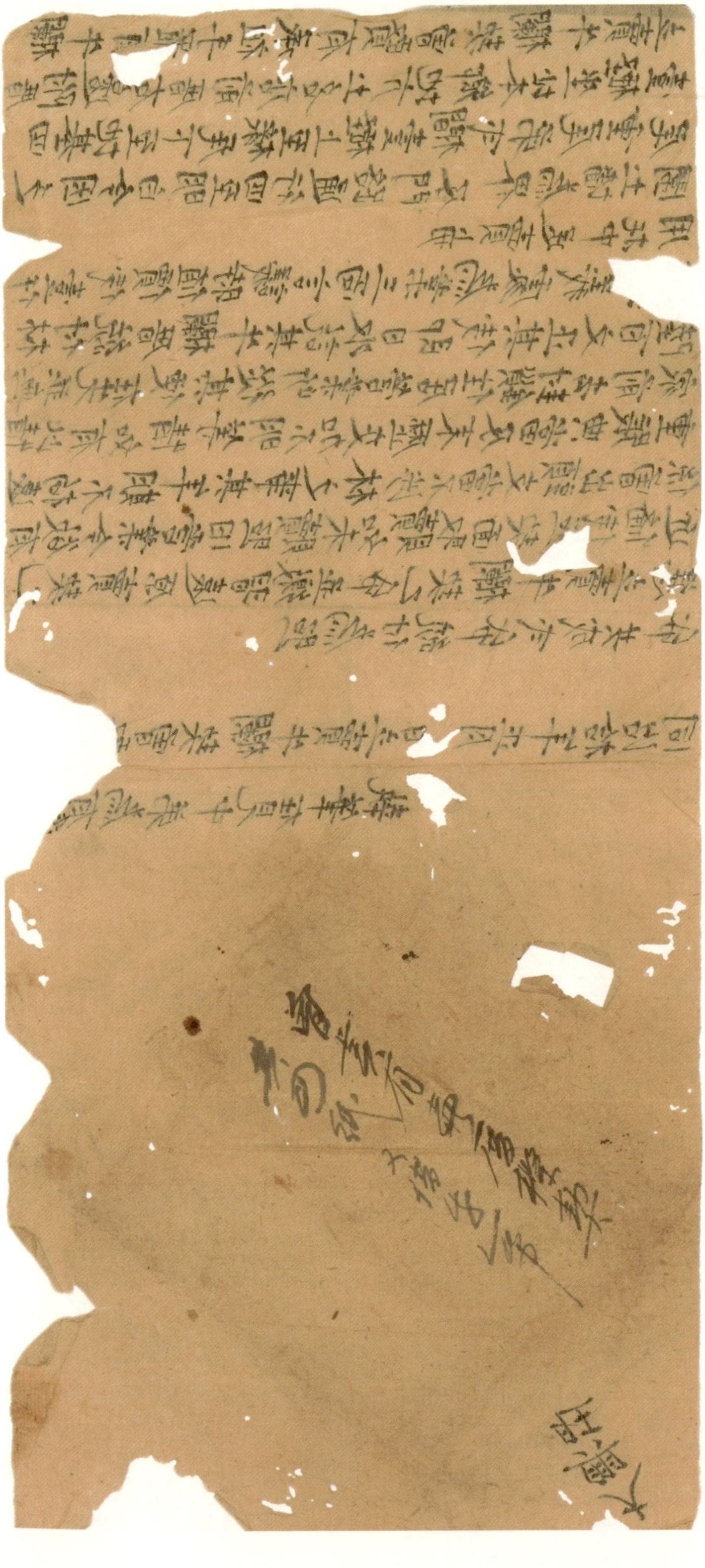

7-1-46-1　包契紙

第一帙　林明叙户

第七卷　永泰縣嵩口鎮漈頭村契約文書（二）

本卷主編　張澤宇　岳沁之

本册目録

第七卷　永泰縣嵩口鎮漈頭村契約文書（二）

第一帙　林明釵户

八閩文庫

專題彙編

第二種

福建民間契約文書

29

厦門大學民間歷史文獻研究中心 編

鄭振滿 主編

福建人民出版社

海峽出版發行集團

THE STRAITS PUBLISHING & DISTRIBUTING GROUP

八閩文庫

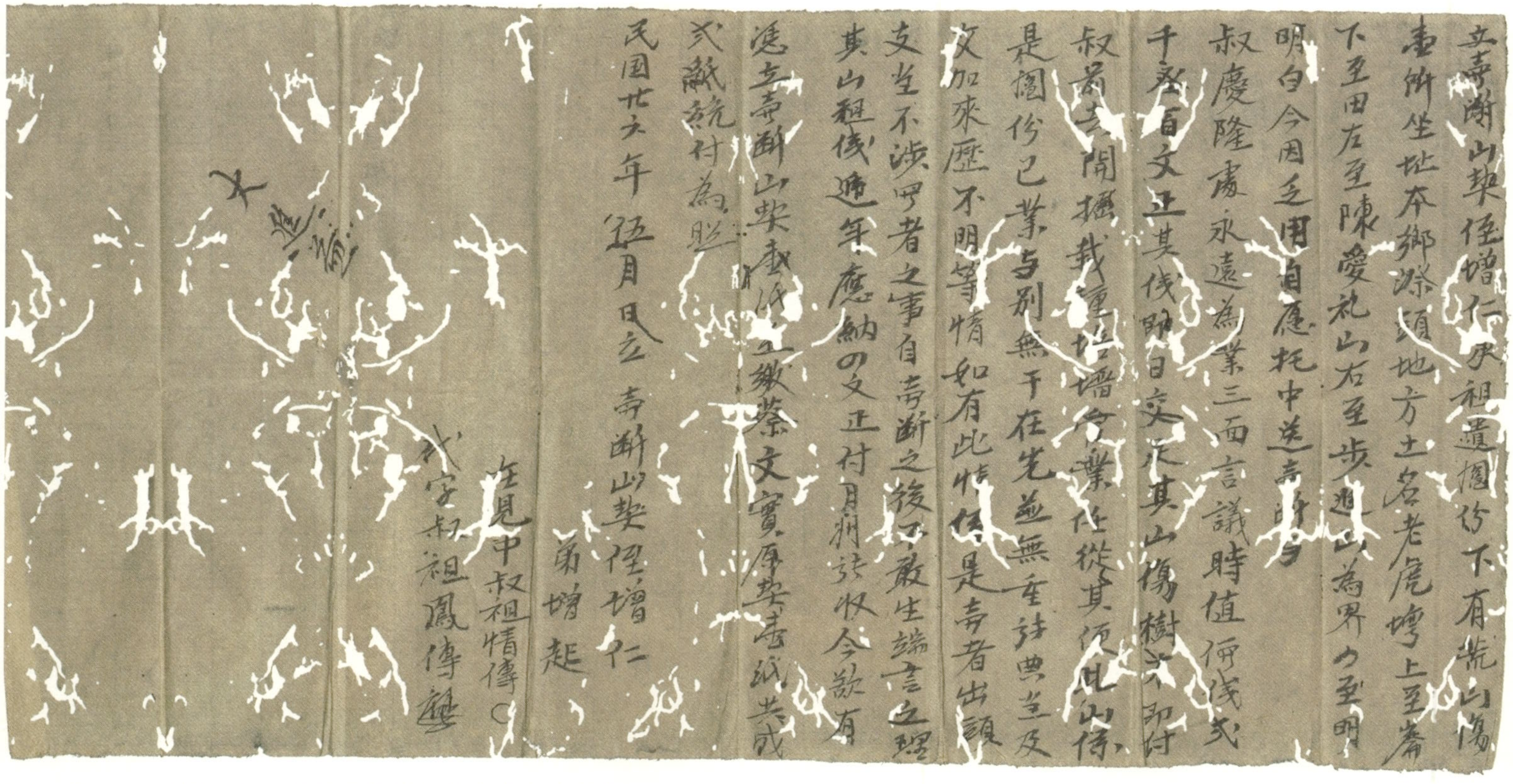
立賣斷山場契人林增仁仝侄祖遺鬮份下有荒山場
壹所坐址本鄉漈頭地方土名老虎墩上至崙
下至田左至陳愛札山右至步遥山為界四至明
明白今因乏用自愿托中送賣與
叔慶隆處永遠為業三面言議時值價錢式
千叁百文正其錢即日交足其山場樹木即付
叔前去開墾栽種增仁仝侄業任從其便此山係
是鬮份己業与別無干在先並無重張典當及
文加來歷不明等情如有此情係是賣者出頭
支当不涉买者之事自賣斷之後不敢生端言找贖
其山租錢逓年應納四文正付月捐完收今欲有
憑立賣斷山契壹紙並繳蔡文寶原契壹紙共式
式紙繳付為照
民国廿六年伍月日立　賣斷山契　侄增仁
弟增起
在見中叔祖情傳
代字叔祖鳳傳
大吉

7-2-28-7　民國二十六年五月林增仁等立賣斷山場契

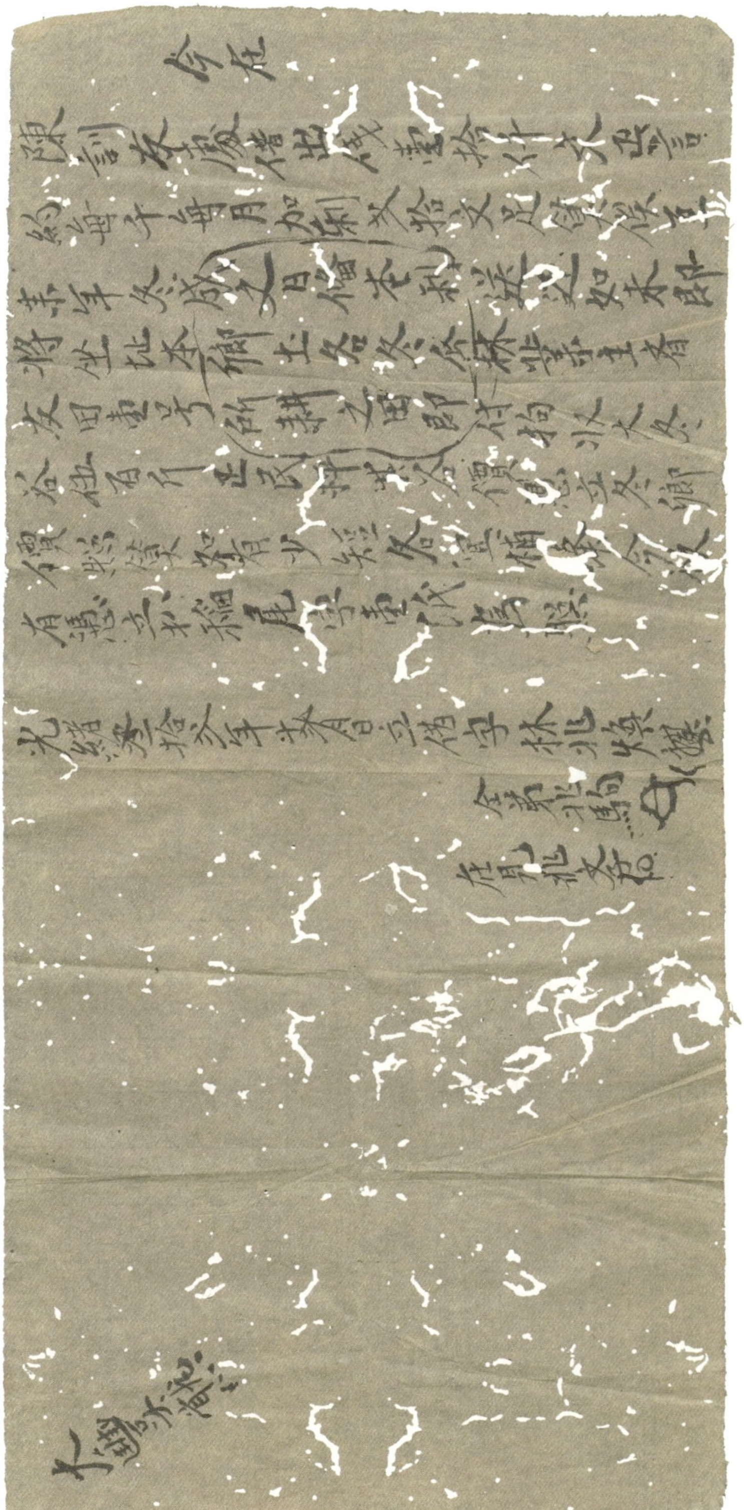

7-2-28-6　清光緒三十二年十二月林兆煥等立借錢字（廢契）

立[illegible]山契林兆祥自己手置有山塲[illegible]
弍拾九都漈頭地方土名東[illegible]林上至[illegible]下至坑
左至陳孝益山右至三月十六社山為界並買得
詩典下在內又壹所土名半嶺墘俗呼隔坵下
上至孝益山下至坑左至會社山右至叔義瑞
山為界又壹所土名亦在東[illegible]林田頭上至[illegible]下
[illegible]田[illegible]義友山右至曾子宝山為界俱四
至明白今因乏用托中送賣斷與
陳齊友處為業三面言議特值價錢壹拾仟
叁捌一百文正其錢即日交訖其山場並植松即
繞付銀主前去開掘栽劄株摘任從其便此
場係是[illegible]己手置己業與別無干[illegible]
[illegible]重張[illegible]當及來歷交加不明等情[illegible]有[illegible]
情係賣主出頭支當不涉買主之事自賣斷之後
永不敢生端异言之理其山祖自己應係免繳其原
契來帶未便繳付向後取出不堪行用今欲有憑立
賣斷山契壹紙並繳免兆煥賣契壹紙又繳鳳傳
[illegible]契壹[illegible]共成三紙繞付為照
光緒三十年十弍月日立賣斷山契林兆祥（押）
在見中兄兆煥（押）
大[illegible]

7-2-28-5　清光緒三十年十二月林兆祥立賣斷山場契

7-2-28-4　清光緒二十七年十二月林兆祥立賣斷山場契

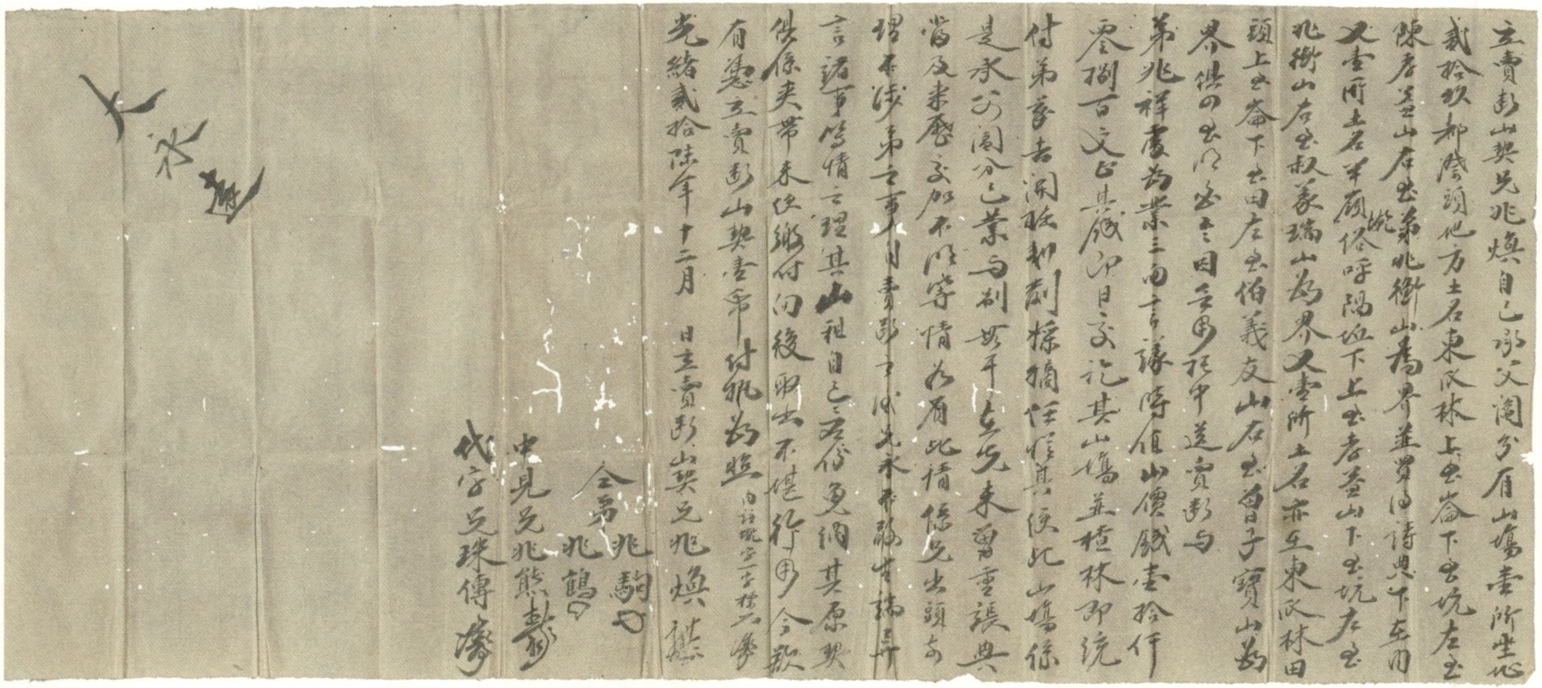

立賣斷山契兄兆煥自己承父鬮分有山場壹所坐[illegible]
貳拾玖都漈頭地方土名東坑林上出崙下出坑左出
陳府基山右出弟兆衡山爲界並買田請典下至田
又壹所土名半嶺坑塔呼隔坵下上出春基山下出坑左出
兆衡山右出叔家瑞山爲界又壹所土名亦在東坑林田
頭上出崙下出田左出伯義友山右出曾子寶山爲
界俱四至明白今因乏用托中送賣斷與
弟兆祥處爲業三面言議時值山價錢壹拾仟
零捌百文正其錢即日交訖其山場並植林即統
付弟邊前去開掘栽劄採摘任從其便此山場係
是承父鬮分己業與別房叔兄弟侄無干亦未曾重張典
當及未曾交加不明等情如有此情係兄出頭抵
擋不涉弟之事自賣斷之後兄永不敢言贖言找
言諸事皆情之理其山租自己之名兄納其原契
係係夾帶未繳付向後取出不堪行用今欲
有憑立賣斷山契壹紙付執爲照　內註坑字一字[illegible]
光緒貳拾陸年十二月　日立賣斷山契兄兆煥（押）
仝弟　兆駒（押）
　　　兆鶴（押）
中見兄兆熊（押）
代字兄珠傳（押）
大[illegible]

7-2-28-3　清光緒二十六年十二月林兆煥等立賣斷山場契

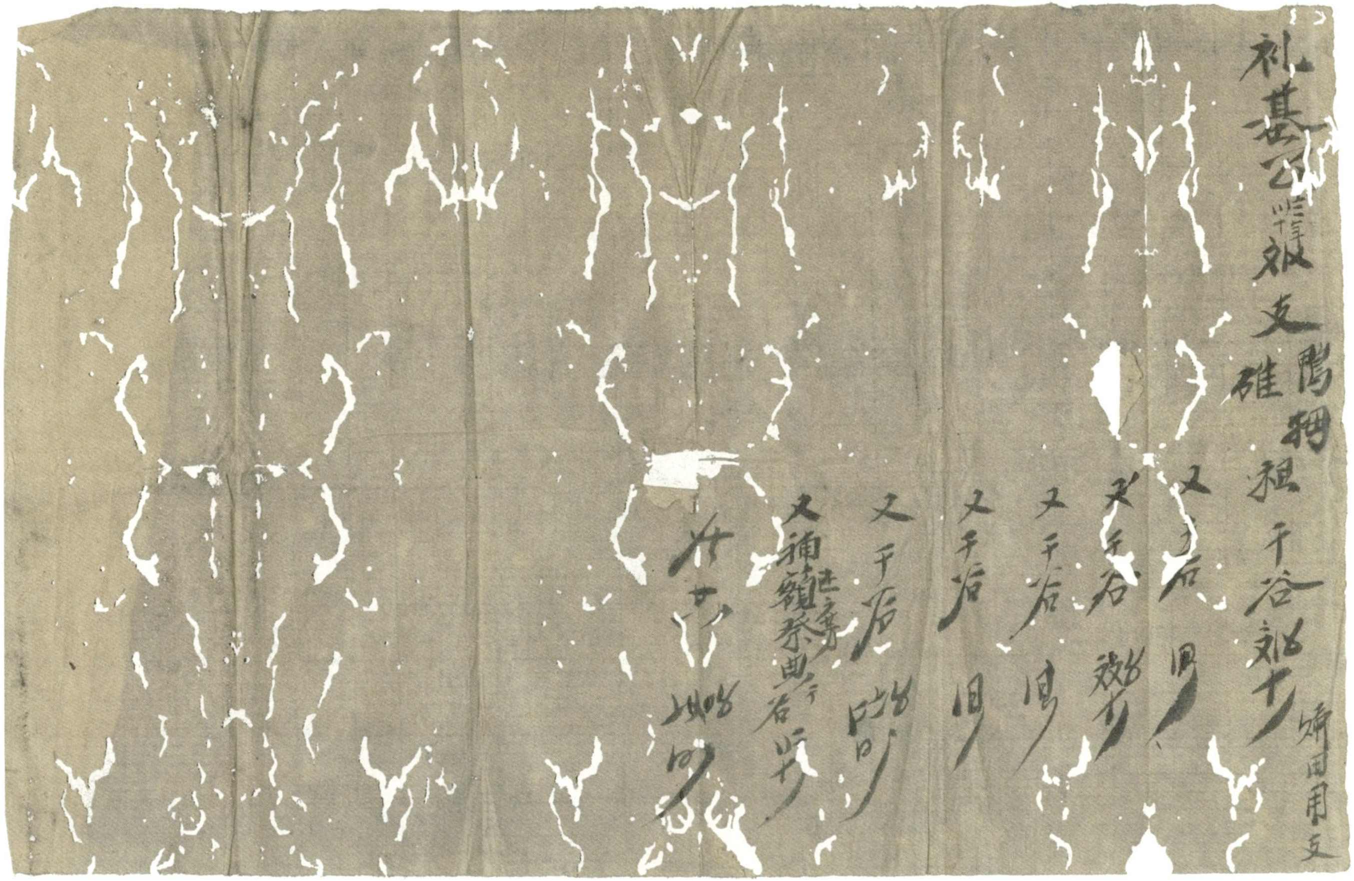

7-2-28-2　清咸豐同治年間禮基公收租單

7-2-28-1　包契紙

立合據字吳冬起、林兆熊等，今因林家在
本鄉滓頭地方土名長墻邊起盖住居，與吳
屋毗連，吳家出阻，茲經公親劝和息事，吳
唇左边第壹重附屋外吳園石砱下横量過
捌丈外付林家起盖住居，任從其便，捌丈內
餘地兩家不得起盖各等項迯傷風水以起
争端等情，其吳屋舊址向後或修整添盖高
大任吳之便，林家不敢異言，恐久無憑，立合
據兩帋，各执為照。內添並圍二字再照
光緒貳拾肆年閏叁月　日立合據字　吳冬起
仝弟　起祥
林兆熊
兆衛
仝弟　兆煥
在見　吳敬恒
林珉義
公見　朱高鳳
槐智興
代字　侯品經
大發祥

7-2-27-2　清光緒二十四年閏三月吳冬起等立合據字

7-2-27-1　包契紙

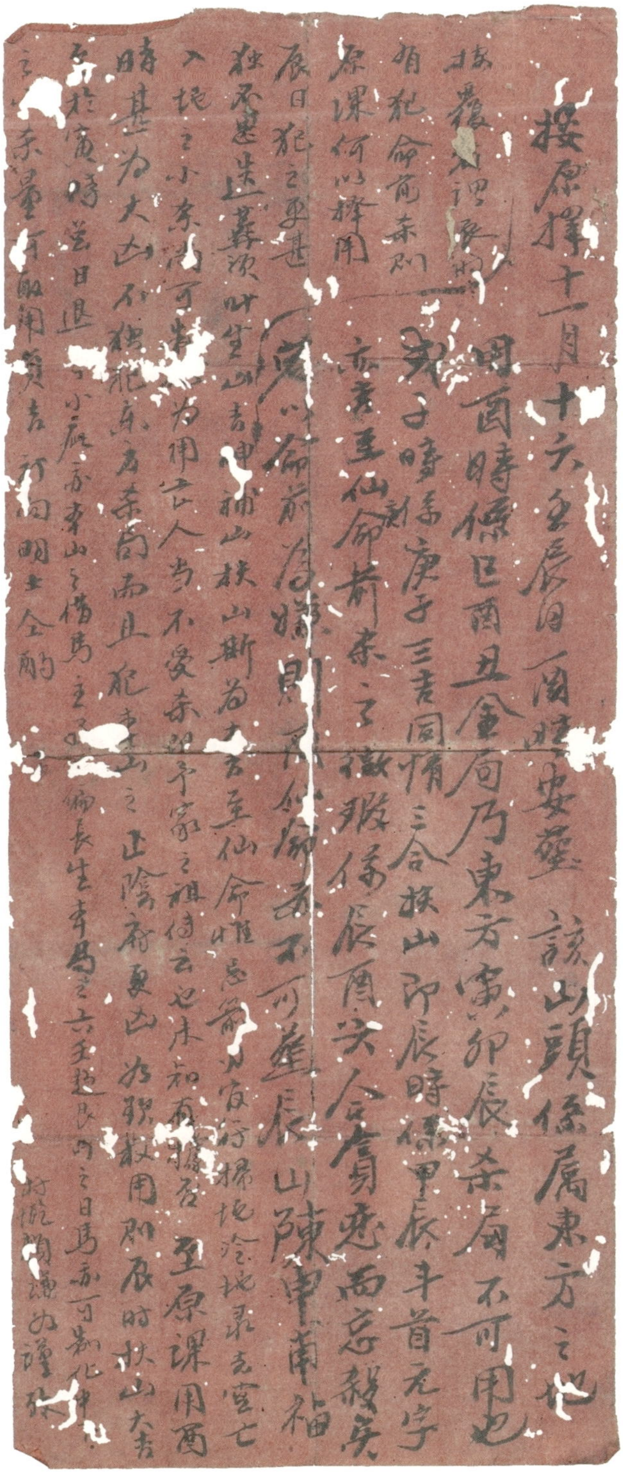

接原擇十一月十六壬辰日□酉時安葬　該山頭係屬東方之地

按羅經理氣□□
明犯命前來則
原課何以擇用

用酉時係巳酉丑金局乃東方寅卯辰氣局不可用也

戊子時新係庚子三吉同情三合扶山卯辰時係甲辰干首元字

亦屬至仙命前來之徵驗係辰酉六合貪合忘殺矣

辰日犯之惡甚

寅以命前為帶煞則辰[illegible]命前不可犯辰山陳寅申南福

獨不思是上葬須此坐山吉神補山扶山斯為大吉至仙命惟忌前□宜得歸地陰地最吉宜七

入地之小吉尚可幫為用吉人尚不受奈邪予家之祖侍云也未知有何禍否　至原課用酉

時甚為大凶不獨犯東方氣局而且犯本山之正陰府吏凶如欲救用則辰時扶山大吉

寄於寅時岂日退之小小康亦本山之備馬主之□偏長生本馬之六壬超辰时之日馬亦可制化冲

之來量有敢用頭吉於向明白合酌　□□明□兄謹稟

7-2-26-7　清光緒年間林祥生擇安葬吉課（二）

安葬吉日 新地坐巽向乾兼辰戌三分用丙辰丙戌分金
正体木 斗首六庚戌辰木運 化命丁酉 [illegible] 主祀男戊寅
移柩出攢用十一月十四庚寅日午時動吉 忌有犯人避吉
安葬大利宜用十一月十六壬辰日酉時進壙連手封門 [illegible] 吉 [illegible] 人
[illegible]
[illegible] 甲辰人 壬午 癸卯 壬戌 人
課取 年月通利于本山 大進之辰貴人堪
化人例忌俱吉 [illegible]
[illegible]
良月吉日 林祥生 [illegible]擇

7-2-26-6　清光緒年間林祥生擇安葬吉課（一）

7-2-26-5　清光緒十六年十二月業户林義崇契尾

7-2-26-4　清光緒十四年十一月張履亨等立給税山批

立賣廢墳字劉開茂仝兄開易開位承高祖瑞生公下
三房等緣曾祖建位公居長出名于乾隆三十七年十弍
月間向月州張聿道批買有吉地一穴坐址本邑二十九
都漈頭地方土名山角墘即今俗呼大极邊坐乙向辛騎
張立下批字付劉造葬高祖妣蘇氏山頭不合祭掃攸傷
旋即再擇將蘇氏迁葬別地發祥重新葬舊塋地棄為
廢墳拋延年久勢的廢置無用茲三房公議托中將此
廢墳一穴送賣与
漈頭林義崇廣義兄弟仝膺龍運相合三面言議聘價
錢並原批價花紅酒醴合共拾弍仟文正其錢即日交
訖其廢墳即付林家前去擇吉遷穴立向整造墳塋安
葬親柩堆砌土石培榴蔭樹造作足用究竣風水或修
理永遠管業听林其便并付林家造成墳塋外劉家
永不得動作亦不得言說滋事等情伏願地靈人傑長
發其祥今欲有憑立賣廢墳字乙紙并繳張聿道
下批字乙紙共成弍紙統付永遠為照

光緒拾肆年拾壹月　日立賣廢墳字長房劉開茂（押）
次房兄開易（押）
仝賣　三房兄開位 ○
在見叔伯科（押）
中人叔伯衢（押）
執筆侄清恭（押）

大發祥

7-2-26-3　清光緒十四年十一月劉開茂等立賣廢墳字（紅契）

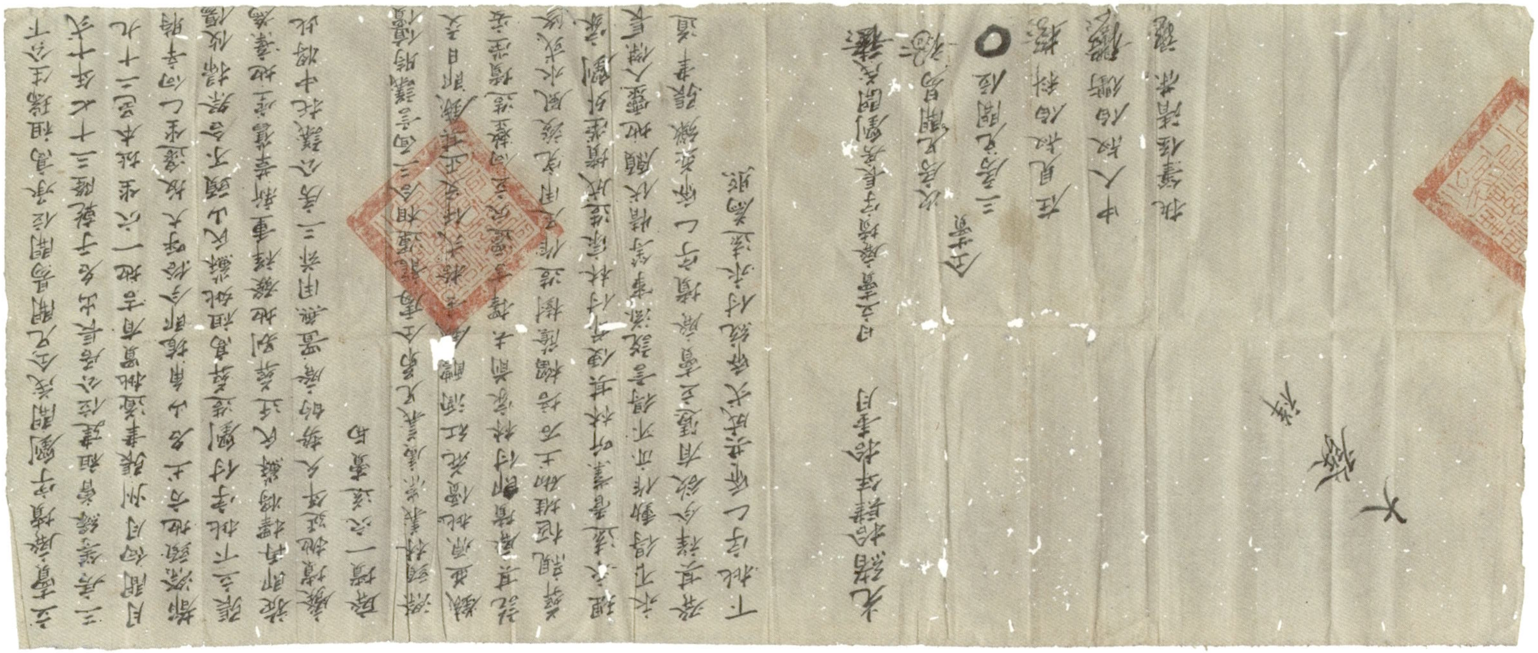

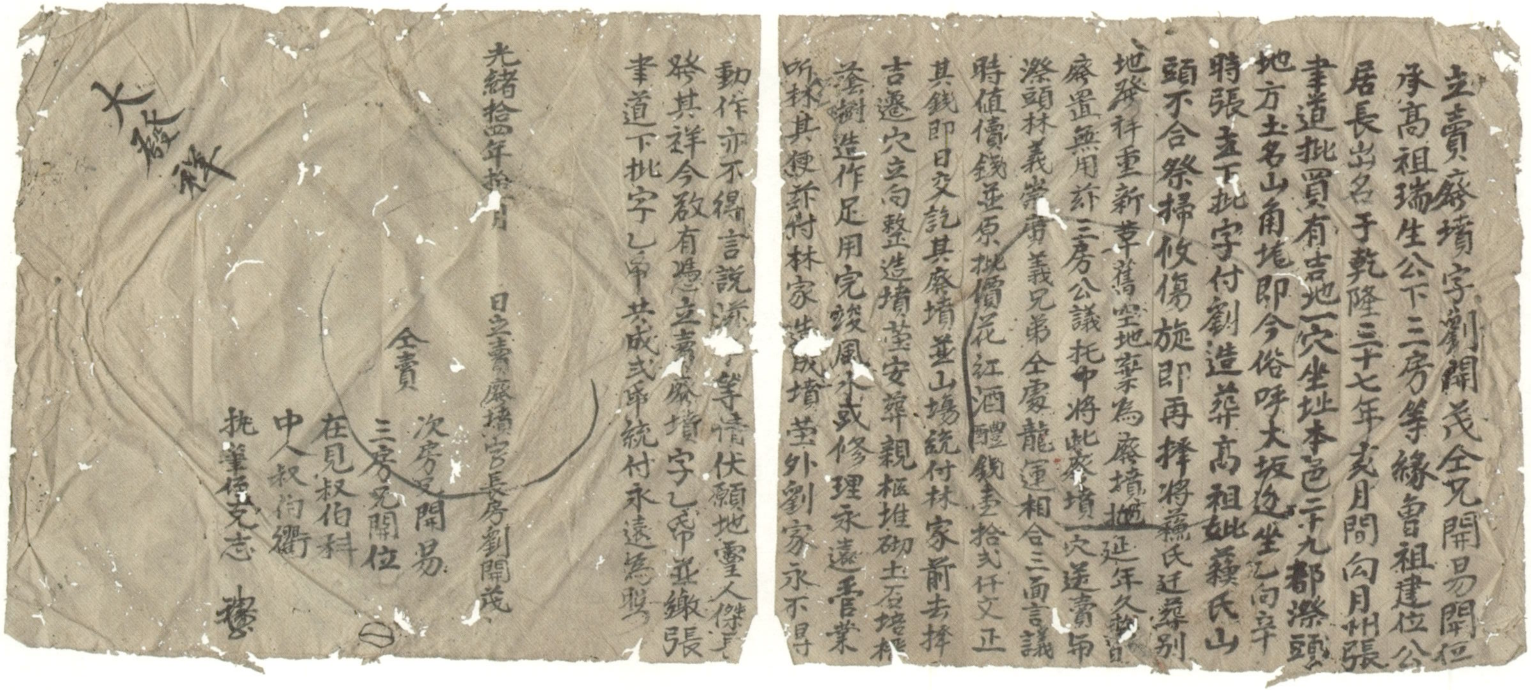
立賣廢墳字劉開茂仝兄開易開位
承高祖瑞生公下三房等緣曾祖建位公
居長出名于乾隆三十七年十月間向月州張
聿道批買有吉地一穴坐址本邑二十九都漈頭
地方土名山角垅即今俗呼大坂邊坐乙向辛
將張立下批字付劉造葬高祖妣蘇氏山
頭不合祭掃攸傷旋即再擇將蘇氏遷葬別
地發秆重新葺舊空地棄為廢墳地延年久勿目
廢置無用茲三房公議托中將此廢墳一穴送賣與
漈頭林義棠房義兄弟仝處龍運相合三面言議
時值價錢並原批價花紅酒醴錢壹拾弍仟文正
其錢即日交訖其廢墳並山場統付林家前去擇
吉遷穴立向整造墳塋安葬親柩堆砌土石培植
蔭樹造作足用完竣風水或修理永遠管業
听林其便茲村林家造成墳塋外劉家永不得
動作亦不得言說等情伏願地靈人傑長
發其祥今欲有憑立賣廢墳字乙紙並繳張
聿道下批字乙紙共成弍紙統付永遠為照
光緒拾四年拾一月　日立賣廢墳字長房劉開茂
仝賣　次房弟開易
三房弟開位
在見叔伯科
中人叔伯衢
批筆侄兄志
大發

7-2-26-2　清光緒十四年十一月劉開茂等立賣廢墳字（廢契）

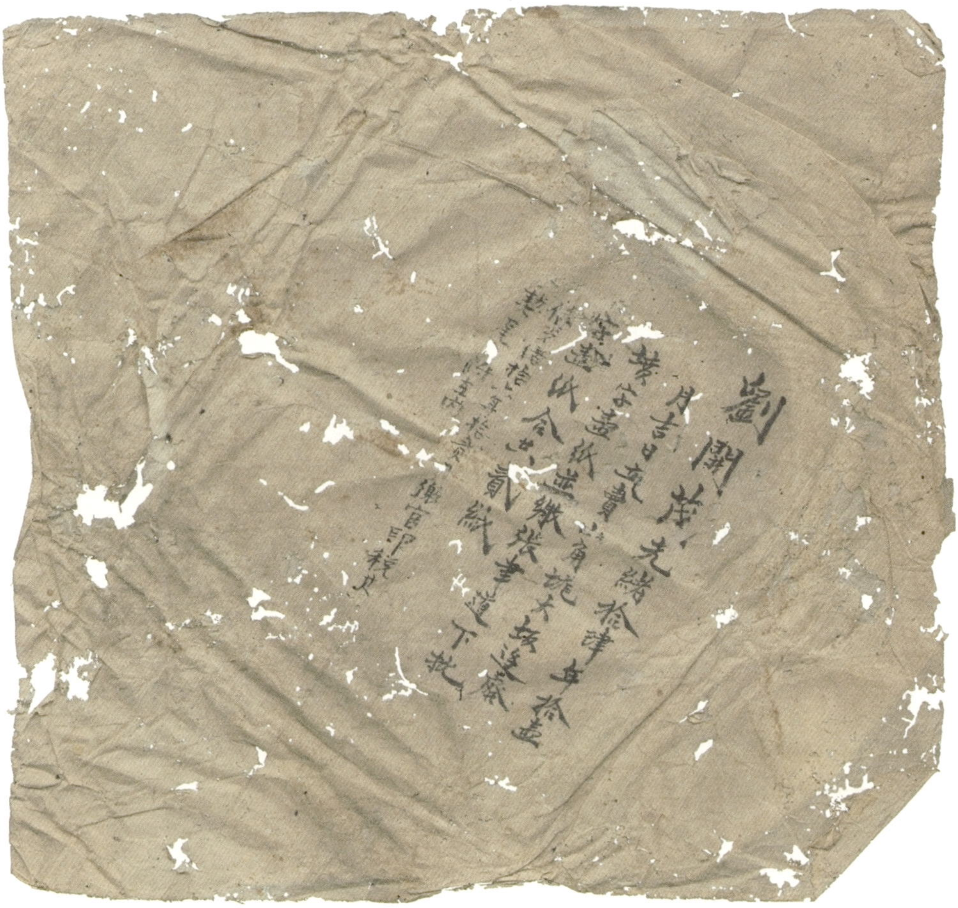
劉開茂 光緒拾肆年拾壹
月吉日立賣 角施大坂逢蘇
第六畫紙並鐵張書道下批
寄塾紙合共貳紙

7-2-26-1　包契紙

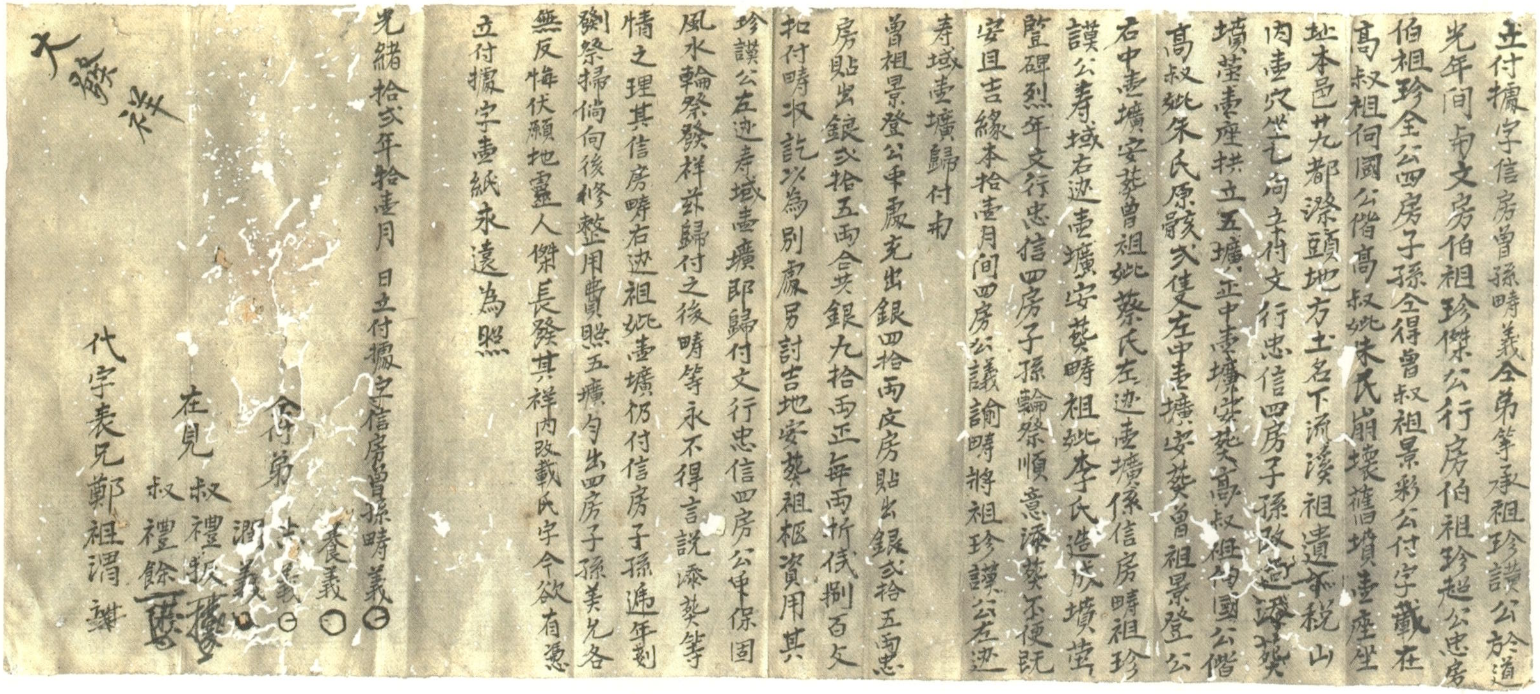

立付據字信房曾孫畤義仝弟等承祖珍讚公於道
光年間與文房伯祖珍傑公行房伯祖珍超公忠房
伯祖珍全公四房子孫仝得曾叔祖景彩公付字載在
高叔祖何國公偕高叔妣朱氏崩壞舊墳壹座坐
址本邑廿九都溹頭地方土名下流溪祖遺承稅山
内壹穴坐乙向辛付文行忠信四房子孫改造修葬
墳塋壹座拱立五壙正中壹壙安葬高叔祖何國公偕
高叔妣朱氏原穀式僅左中壹壙安葬曾祖景登公
右中壹壙安葬曾祖妣蔡氏左邊壹壙係信房畤祖珍
讚公壽域右邊壹壙安葬畤祖妣李氏造成墳塋
豎碑烈年文行忠信四房子孫輪祭順意添葬不便既
妥且吉緣本拾壹月間四房公議諭畤將祖珍讚公左邊
壽域壹壙歸付與
曾祖景登公第處充出銀四拾兩皮房貼出銀弍拾五兩忠
房貼出銀弍拾五兩合共銀九拾兩正每兩折伐捌百文
扣付畤收訖以為別處另討吉地安葬祖柩資用其
珍讚公左邊壽域壹壙即歸付文行忠信四房公中保固
風水輪祭發祥茲歸付之後畤等永不得言說添葬等
情之理其信房畤右邊祖妣壹壙仍付信房子孫通年割
剗祭掃倘向後修整用費照五壙勻出四房子孫美允各
無反悔伏願地靈人傑長發其祥內改載氏字今欲有憑
立付據字壹紙永遠為照

光緒拾弍年拾壹月 日立付據字信房曾孫畤義(押)

仝付弟 養義(押) 澗義(押) □義(押)

在見 叔 禮歡(押) 叔 禮餘(押)

代字表兄鄭祖渭(押)

大發祥

7-2-25-2 清光緒十二年十一月林畤義等立付據字

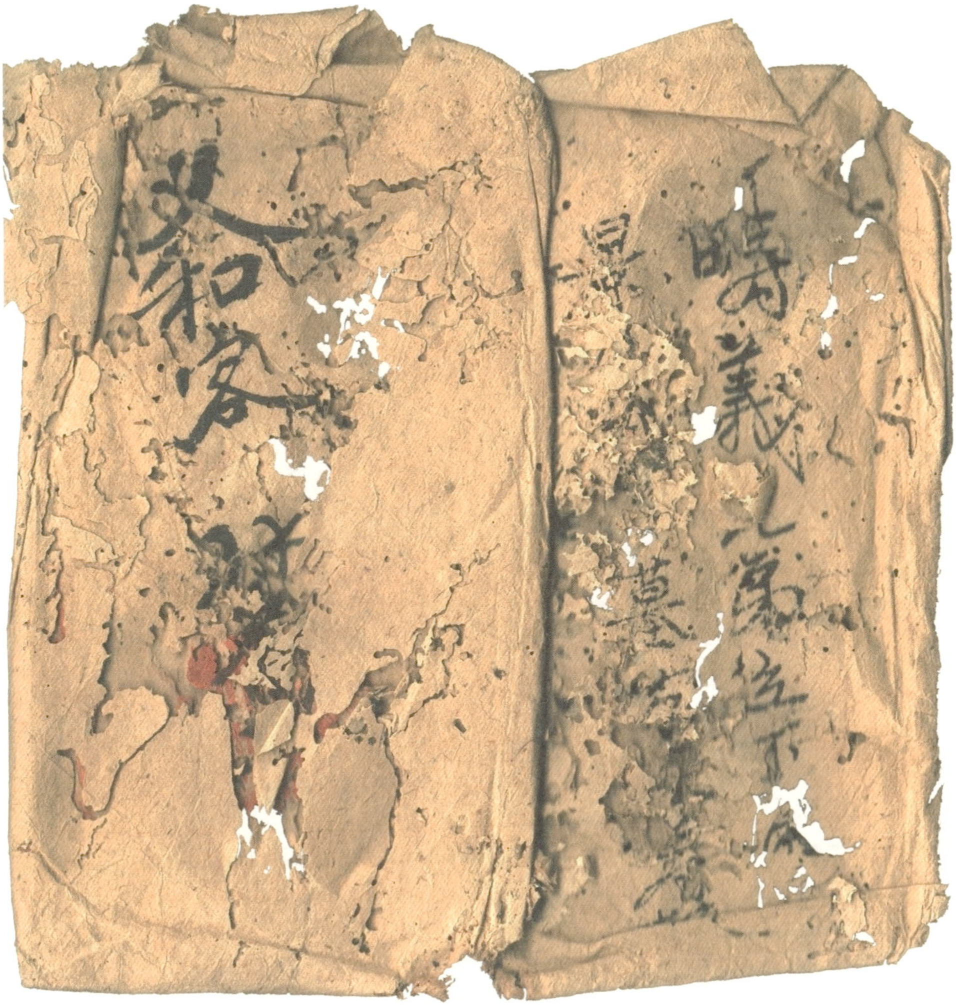

7-2-25-1　包契紙

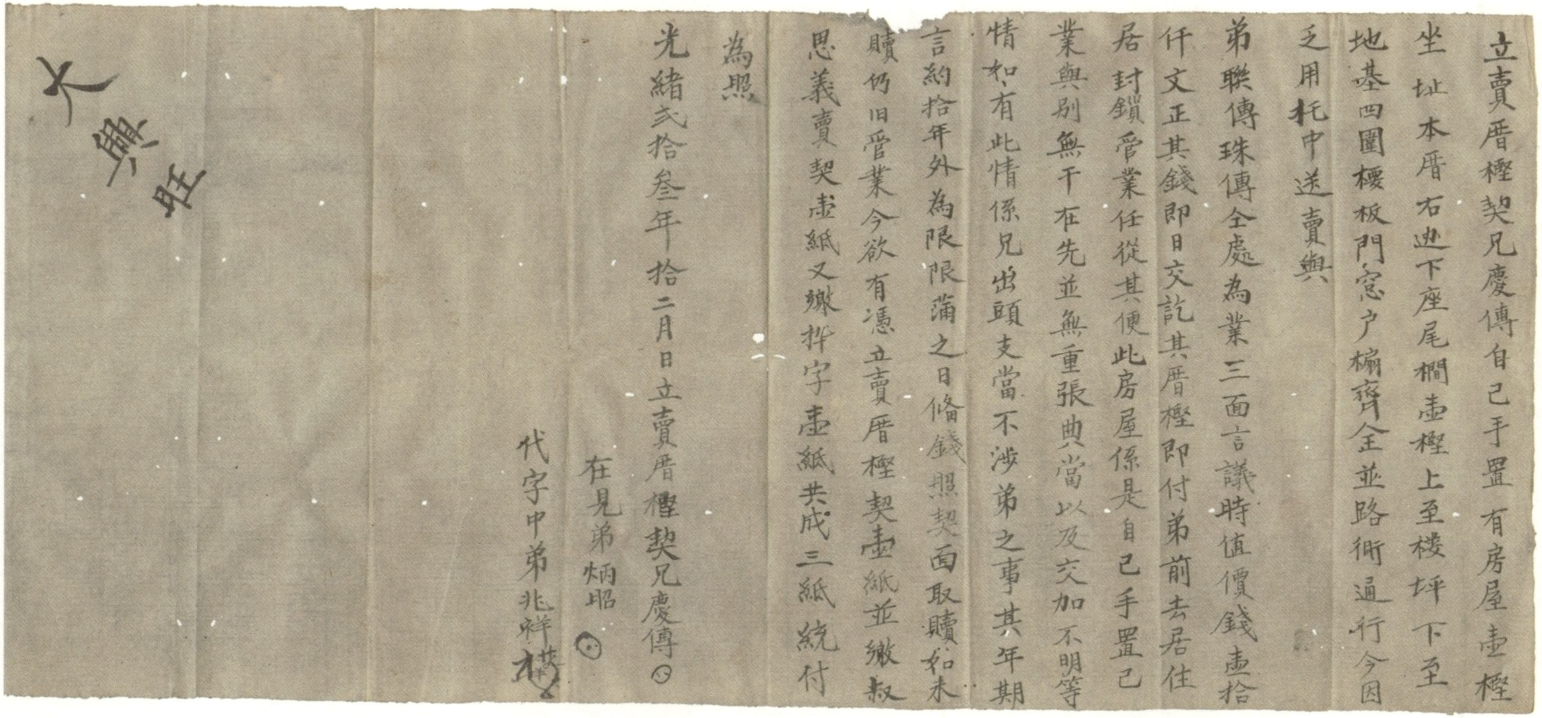
立賣厝橕契兄慶傳自己手置有房屋壹橕
坐址本厝右边下座尾櫊壹橕上至樓坪下至
地基四圍樓板門窗户槅齊全並路衕通行今因
乏用托中送賣與
弟聯傳珠傳仝處為業三面言議時值價錢壹拾
仟文正其錢即日交訖其厝橕即付弟前去居住
居封鎖管業任從其便此房屋係是自己手置己
業與别無干在先並無重張典當以及交加不明等
情如有此情係兄出頭支當不涉弟之事其年期
言約拾年外為限限滿之日脩錢照契面取贖如未
贖仍旧管業今欲有憑立賣厝橕契壹紙並繳叔
思義賣契壹紙又繳拚字壹紙共成三紙統付
為照
光緒弍拾叁年拾二月日立賣厝橕契兄慶傳（押）
在見弟炳昭（押）
代字中弟兆祥（押）
大興旺

7-2-24-9 清光緒二十三年十二月林慶傳立賣厝橕契

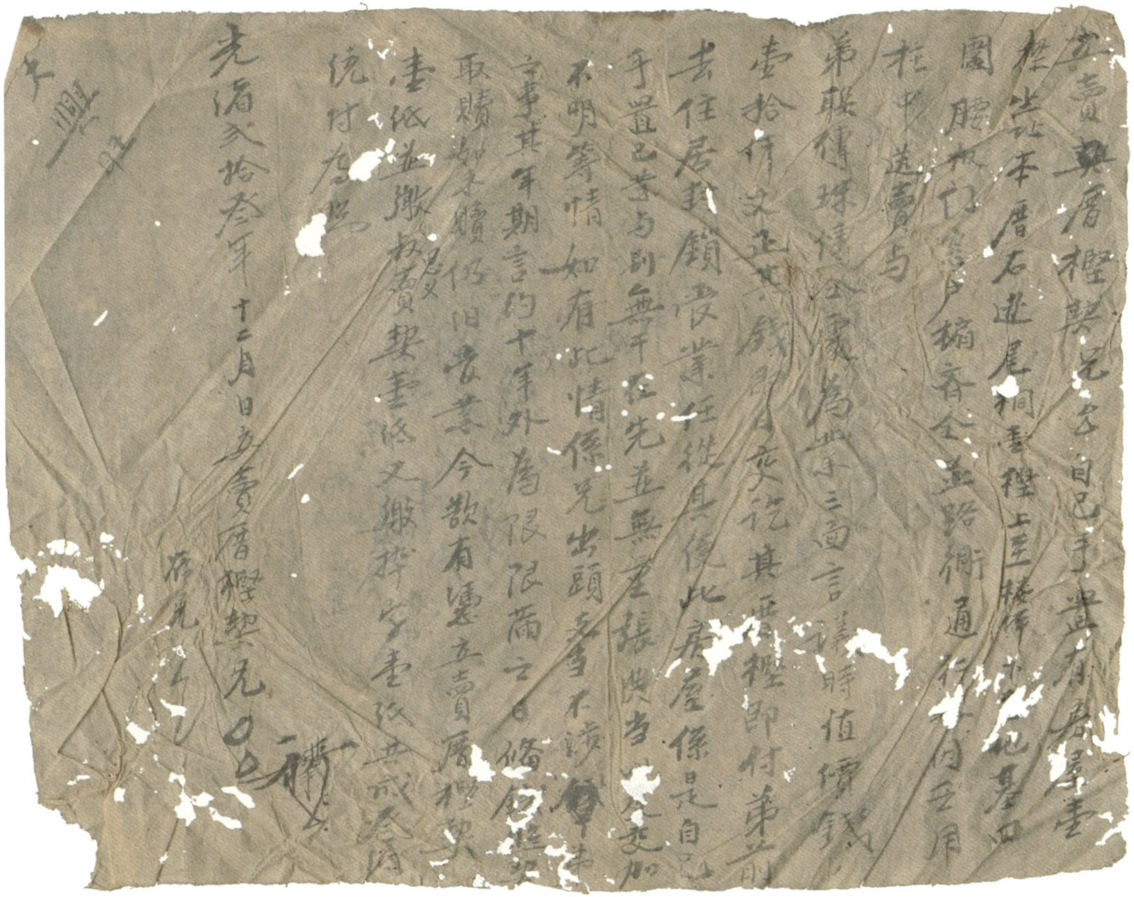

7-2-24-8　清光緒二十三年十二月林氏立賣厝墘契（草契）

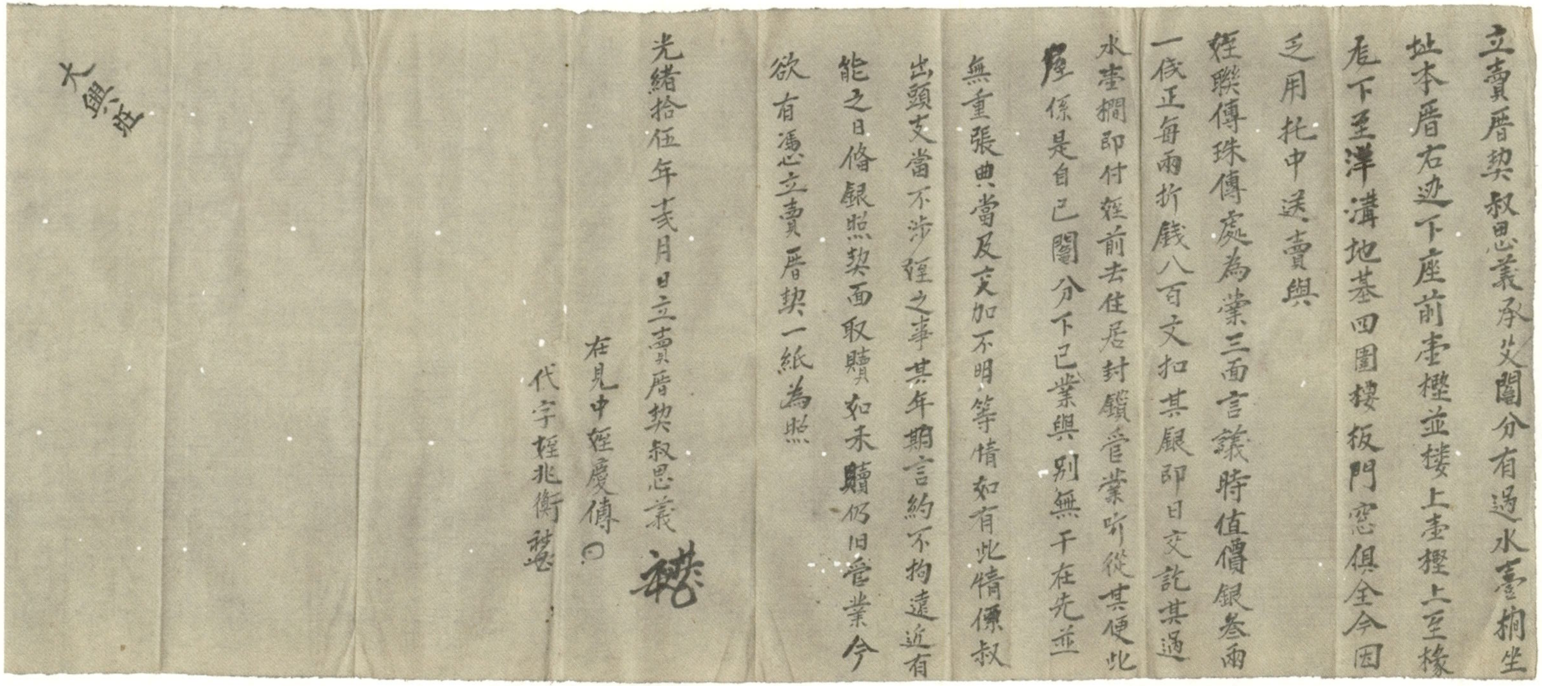
立賣厝契叔思義承父鬮分有過水臺捐坐
址本厝右邊下座前臺樓並樓上臺捏上至椽
桷下至洋溝地基四圍樓板門窗俱全今因
乏用托中送賣與
侄聯傳珠傳處為業三面言議時值價銀叁兩
一錢正每兩折錢八百文扣其銀即日交訖其過
水臺捐即付侄前去住居封鏆管業聽從其便此
厝係是自己鬮分下已業與別無干在先並
無重張典當及交加不明等情如有此情係叔
出頭支當不涉侄之事其年期言約不拘遠近有
能之日備銀照契面取贖如未贖仍旧管業今
欲有憑立賣厝契一紙為照

光緒拾伍年拾貳月日立賣厝契叔思義（押）
在見中侄慶傳（押）
代字侄兆衡（押）

大興旺

7-2-24-7　清光緒十五年十二月林思義立賣厝契

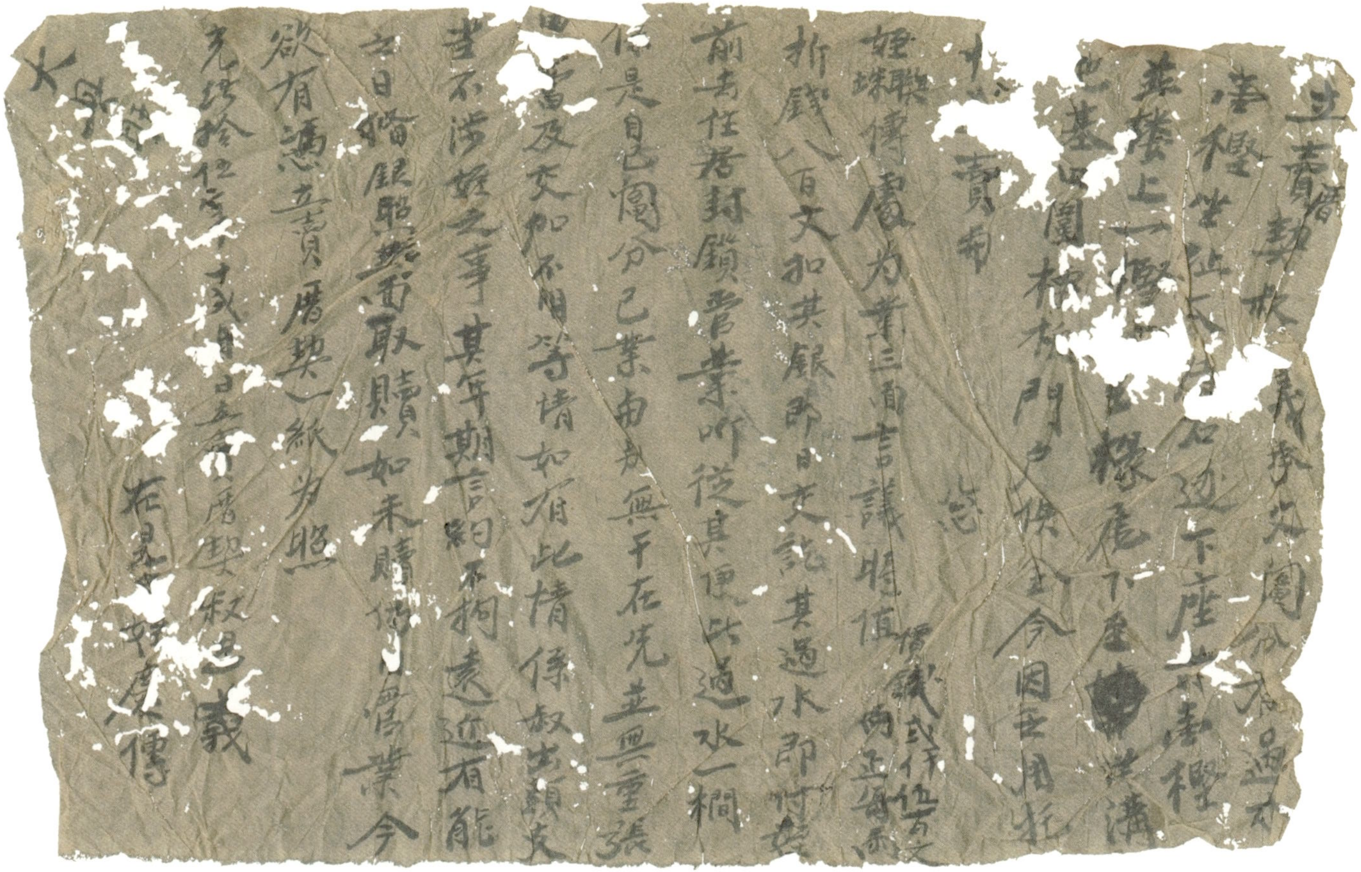

7-2-24-6　清光緒十五年十二月林興義立賣厝契（草契）

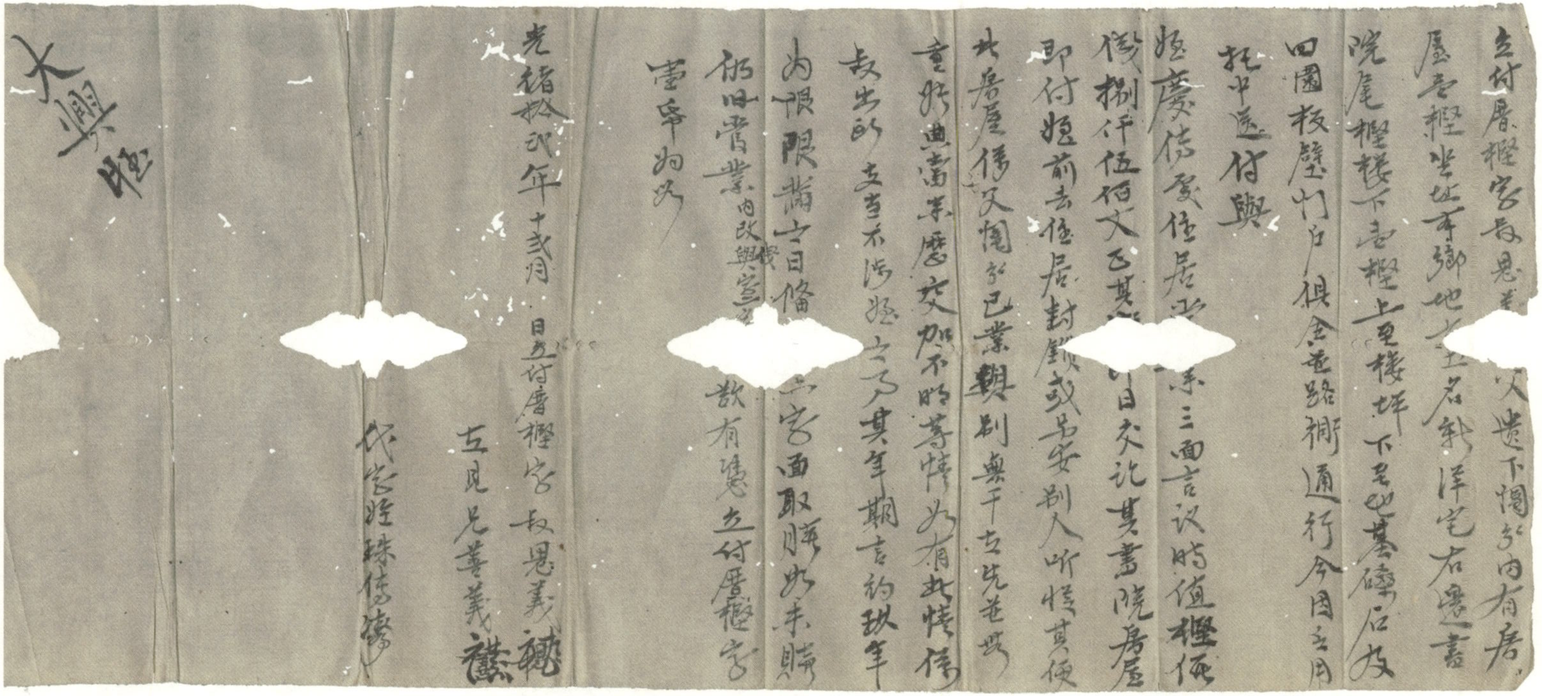
立付厝樫字叔思義[illegible]父遗下阄分内有厝
屋壹橦坐址本鄉地方土名新洋宅右邊書
院尾樫樓下壹樫上至樓坪下至地基磉石及
四圍板壁門戶俱全並路衕通行今因乏用
托中送付與
姪慶倖處[illegible]三面言议时值樫價
錢捌仟伍佰文正其[illegible]日交訖其書院厝屋
即付姪前去住居封鎖或另安别人听從其便
此厝屋係叔阄分己業與别無干未付先並無
重張典當等弊交加不明等情如有此情係
叔出而支當不涉姪之事其年期言约玖年
内限限满之日備[illegible]字面取贖如未贖
仍旧管業（内改與字）[illegible]欵有憑立付厝樫字
壹字為照

光緒拾貳年十貳月　日立付厝樫字叔思義（押）
在見兄善義（押）
代筆姪珠倖（押）

大興旺

7-2-24-5　清光緒十二年十二月林思義立付厝樫字

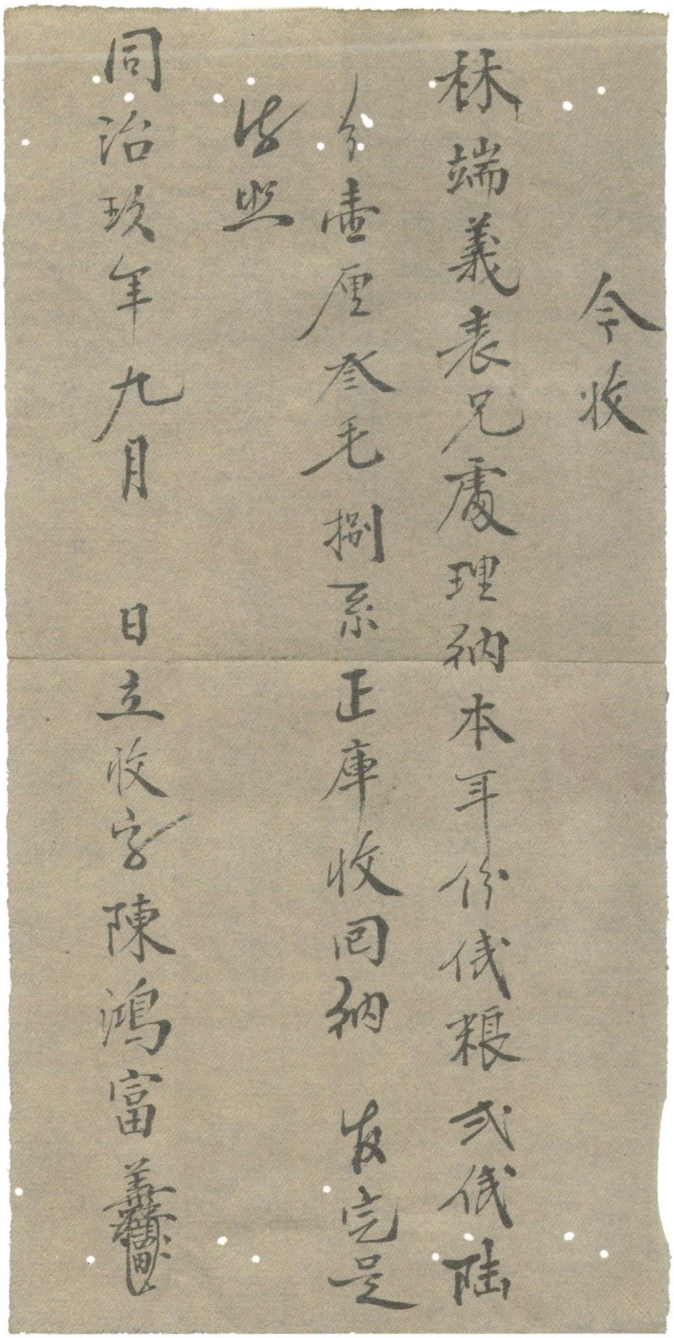
今收
林端義表兄處理納本年份錢粮弍錢陸
分壹厘叁毛捌系正庫收回納　收完足
收照
同治玖年九月　日立收字陳鴻富（押）

7-2-24-4　清同治九年九月陳鴻富立收錢糧字

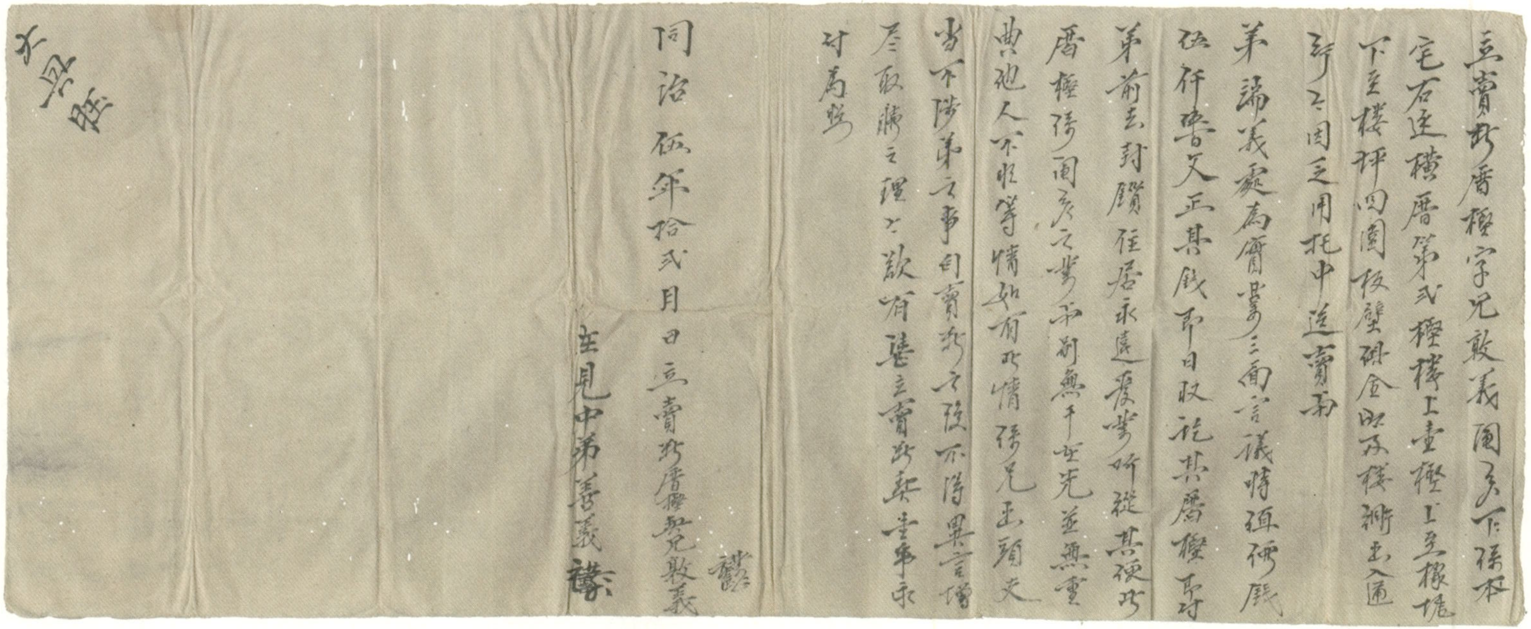
立賣斷厝樫字兄敦義因有下係本
宅石廷樓厝第弍樫樓上壹樫上至椽桷
下至樓坪四圍板壁碌金以及樓梯出入通
行今因乏用托中送賣與
弟敦義處為實當三面言議時值價錢
伍仟文正其錢即日收訖其厝樫即付
弟前去封鎖住居永遠管業聽從其便此
厝樫係自己之業與別房兄弟無干並無重
典他人不明等情如有此情係兄出頭支
當不涉弟之事自賣斷之後不得異言增
盡取贖之理今欲有憑立賣斷契壹帋永
付為照
同治伍年拾弍月　日立賣斷厝樫契兄敦義
在見中弟善義
大吉昌

7-2-24-3　清同治五年十二月林敦義立賣斷厝樫字

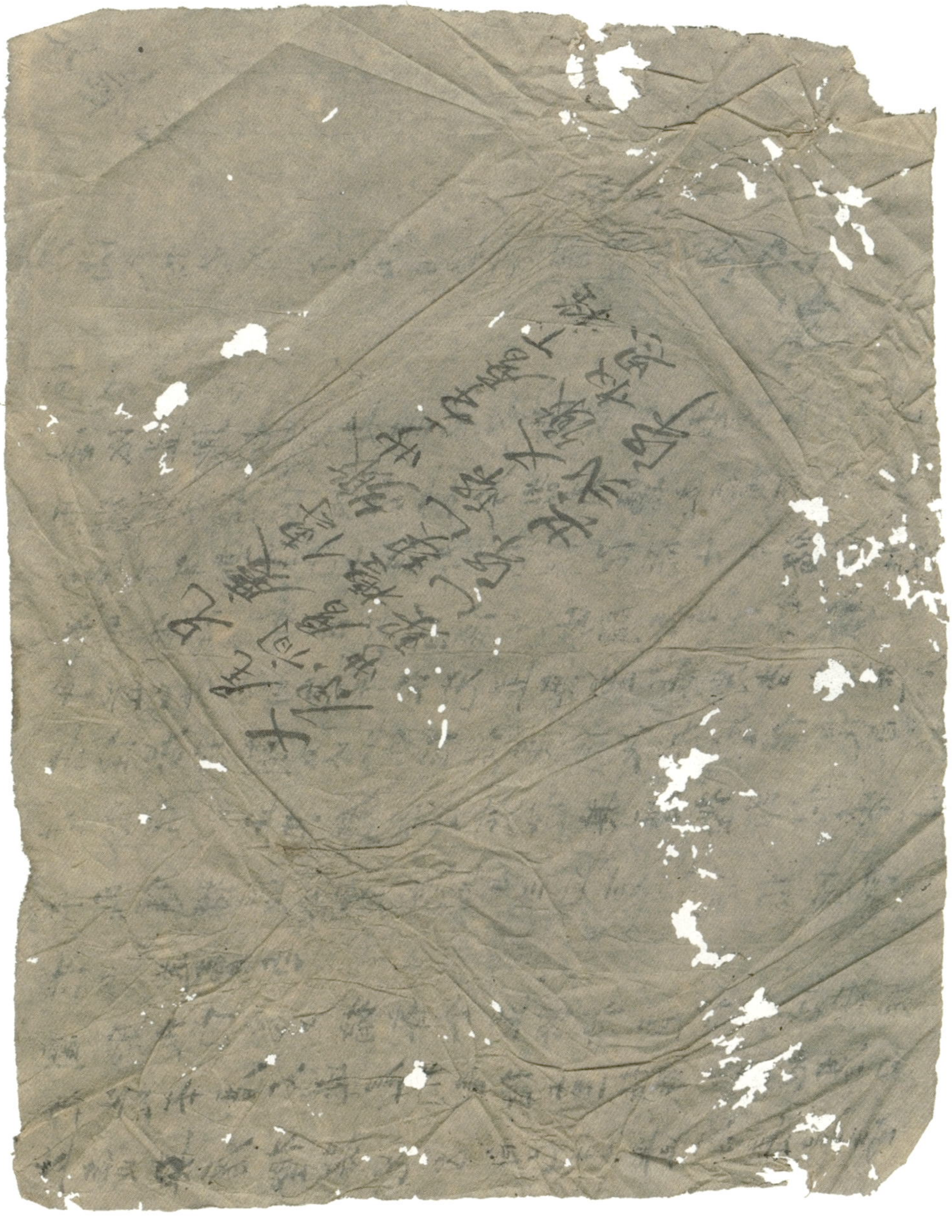

7-2-24-2　包契紙

7-2-24-1　包契紙

立賣斷根面全田契姪孫傳珪承父手置有輪值甲子辰巳酉丑寅
午戌年份根面全田壹號坐址廿九都漈頭地方土名長墻等處受種
叁拾觔正年載正租穀貳佰伍拾伍觔正民秤應載錢粮壹錢伍分
肆厘正庫今因乏用托中送賣斷與
叔祖禮易叔義崇義和義品全處永遠為實業三面言議時
值價銀壹佰壹拾陸两伍錢正每両折錢捌佰文扣其銀即日交
訖其根面全田永付叔祖與叔前去照輪值甲子辰巳酉丑寅午戌年
份起佃耕作收租辦粮永遠管業聽從其便此根面全田係姪孫父置
已業與別無干在先並無重張典掛及交加來歷不明等情如有此情係
姪孫出頭支理不涉叔祖與叔之事自賣斷之後價已蒲足姪孫永
不敢言說增盡取贖生端異言等情之理其林珍崇原斷契典帶多
田不便繳付向後取出不堪行用今欲有憑立賣斷根面全田契壹
紙並繳祖禮紹原賣斷根面全田契壹紙林全氏原賣契壹紙林全
氏原斷契壹紙林景書原賣契壹紙林珍綏原賣契壹紙林禮詩
振字壹紙林禮詩原斷契壹紙共成捌紙統付永遠為照
又繳林珍會洗斷字壹紙又繳贖回叔學義賣根面全契壹紙標照

知契母親氏鄢 ○

同治拾叁年拾弍月 日立賣斷根面全田契姪孫傳珪（押）

全賣斷弟傳璋（押）

在見弟傳恩（押）

中人叔江義（押）

大公發

7-2-23-3　清同治十三年十二月林傳珪等立賣根面全田契

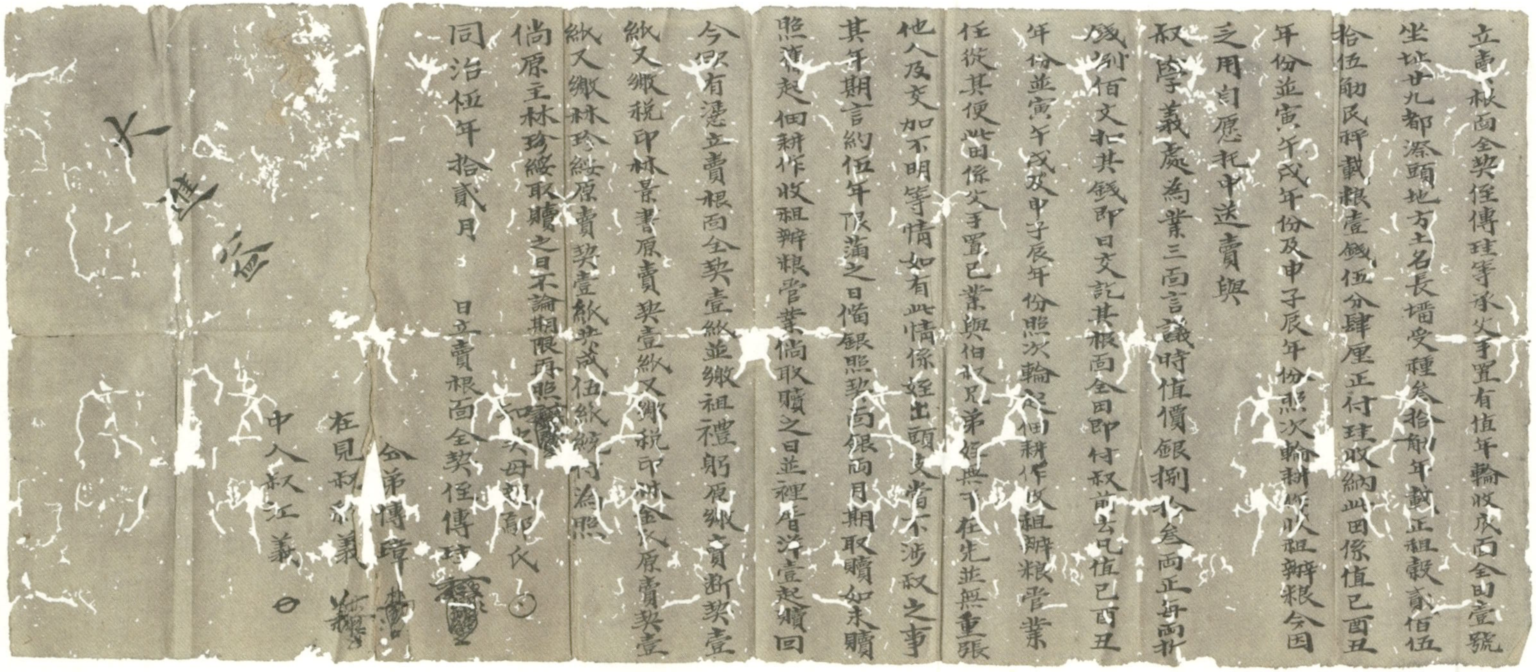
立賣根面全契侄傳珪等承父手置有租年輪收根面全田壹號
坐址廿九都漈頭地方土名長墻受種叁拾觔年載正租穀貳佰伍
拾伍觔民秤載粮壹錢伍分肆厘正付珪收納此田係值己酉丑
年份並寅午戌年份及申子辰年份照次輪耕收租辦粮今因
乏用自愿托中送賣與
叔學義處為業三面言議時值價銀捌拾叁兩正每兩折
錢捌佰文扣其錢即日交訖其根面全田即付叔前去凡值己酉丑
年份並寅午戌及申子辰年份照次輪流佃耕作收租辦粮管業
任從其便此田係父手置己業與伯叔兄弟侄無干在先並無重張
他人及交加不明等情如有此情係侄出頭支當不涉叔之事
其年期言約伍年限滿之日備銀照契面銀兩月期取贖如未贖
照舊起佃耕作收租辦粮管業備取贖之日並裡首契壹起贖回
今欲有憑立賣根面全契壹紙並繳祖禮躬原紙賣斷契壹
紙又繳稅印林景書原賣契壹紙又繳稅印林金原賣契壹
紙又繳林珍綏原賣契壹紙共成伍紙繳付為照
倘原主林珍綏取贖之日不論期限亦照[illegible]
同治伍年拾貳月　日立賣根面全契侄傳珪
[illegible]母劉氏
弟傳璋
在見叔祖義
中人叔江義

7-2-23-2　清同治五年十二月林傳珪等立賣根面全田契

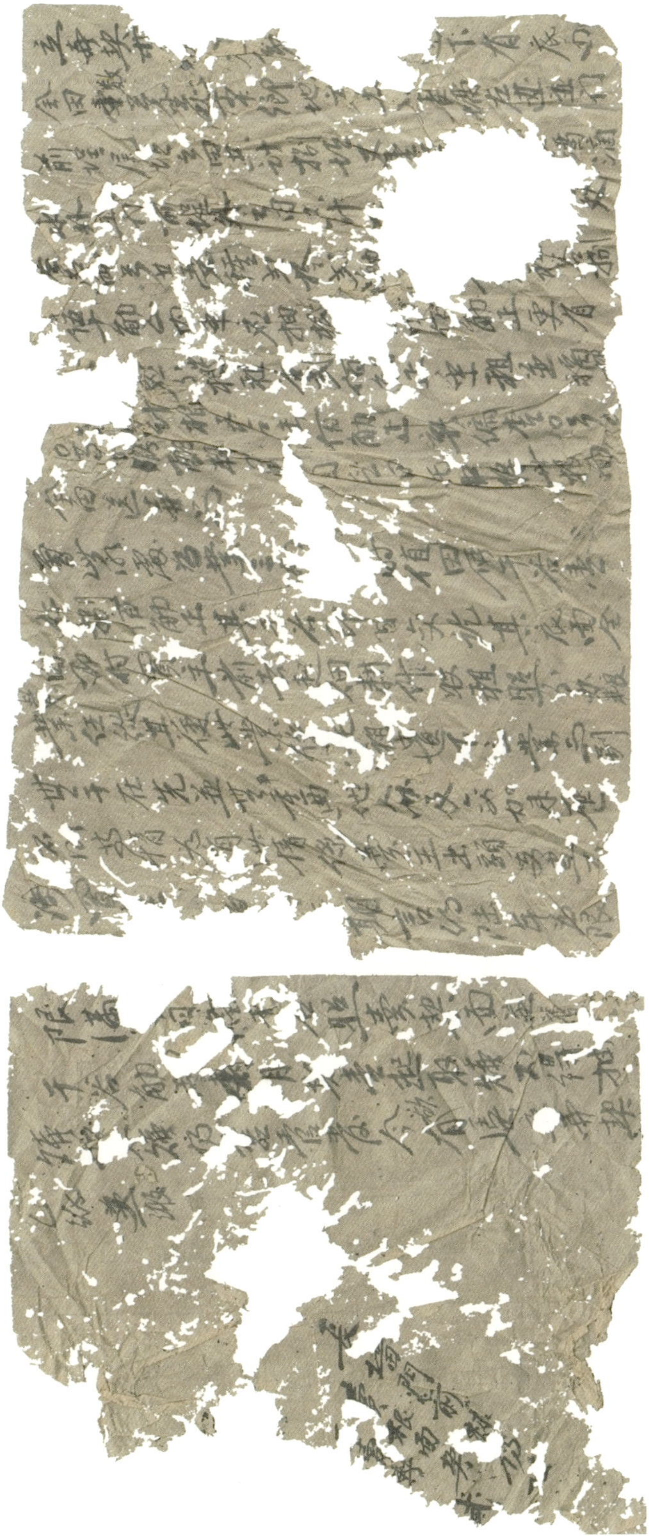

7-2-23-1　包契紙

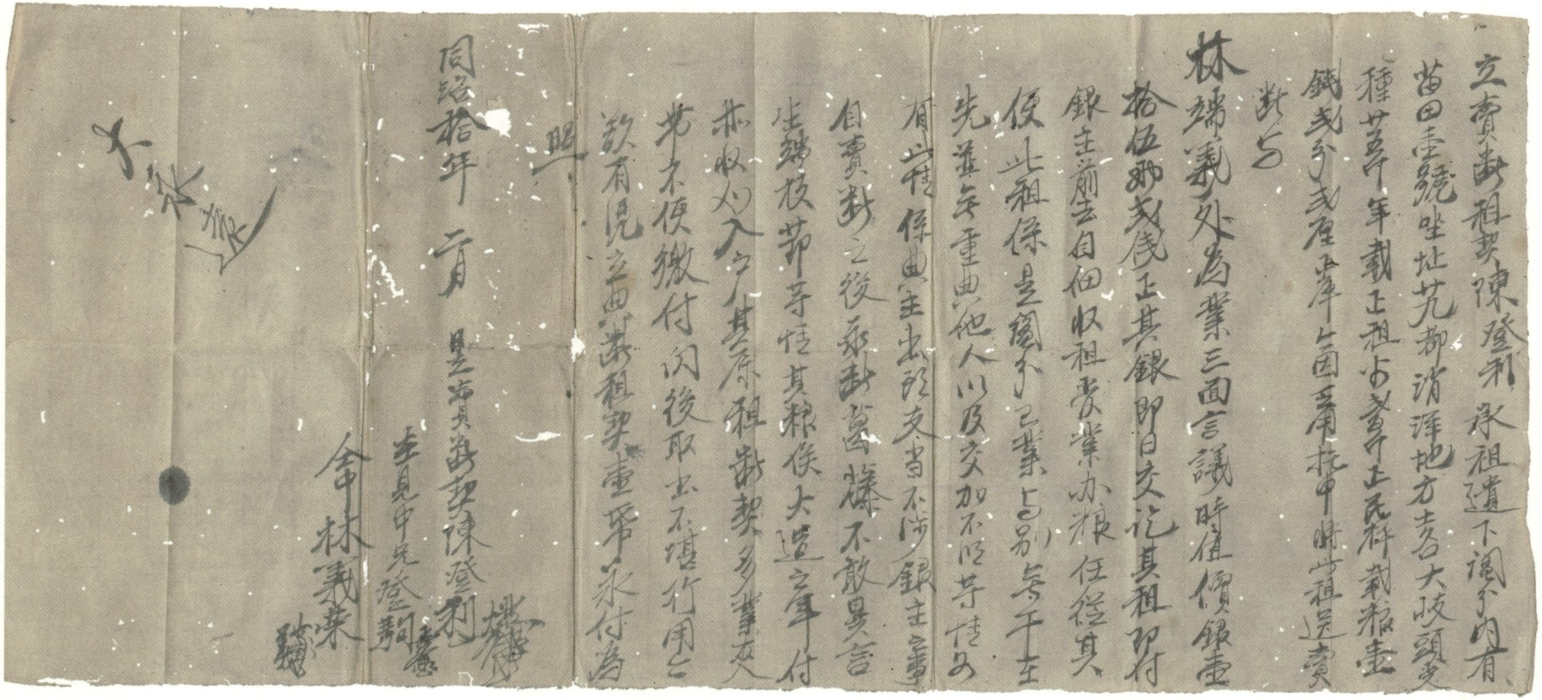

7-2-22-4 清同治十年二月陳登利立賣斷苗田租契

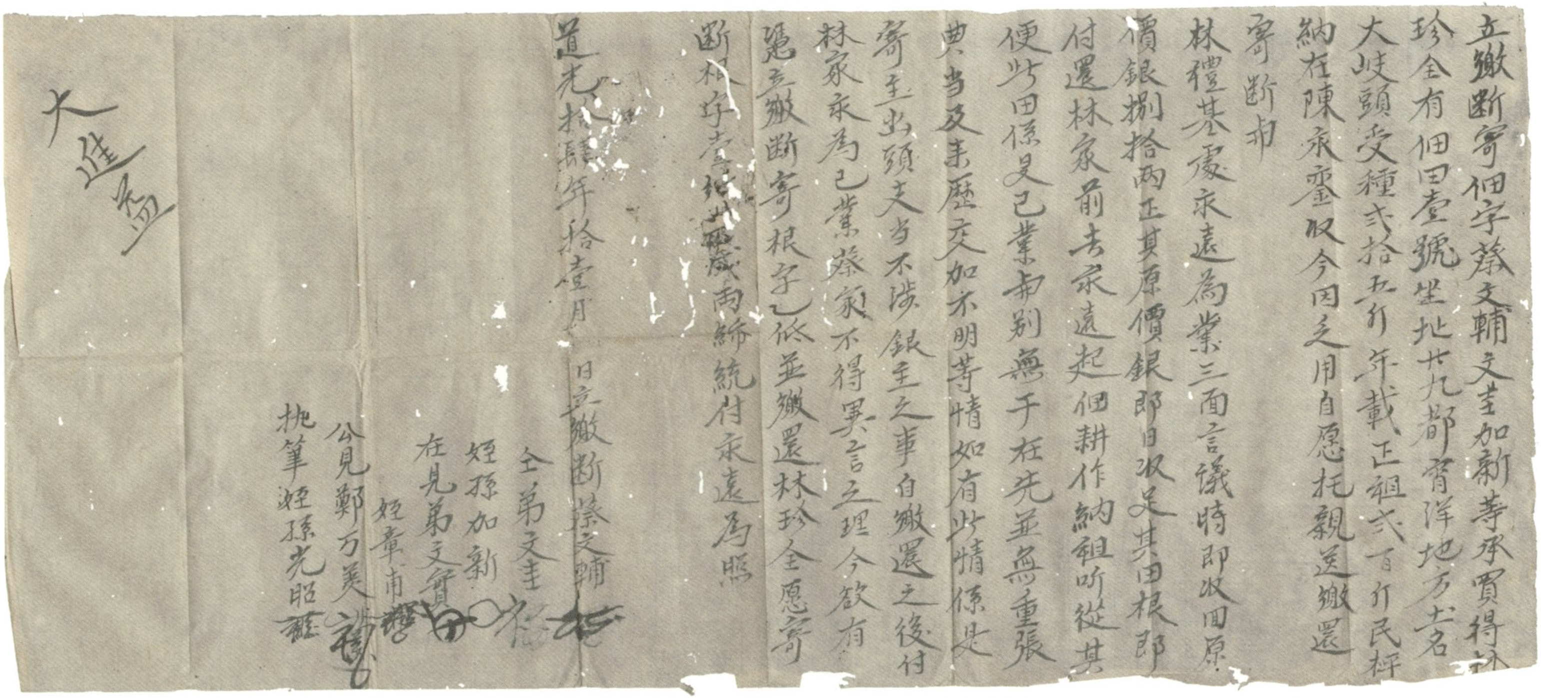

立繳斷寄佃字蔡文輔文圭加新等承買得林
珍全有佃田壹號坐址廿九都宵洋地方土名
大岐頭受種式拾五斤年載正租式百斤民秤
納在陳家塋收今因乏用自愿托親送繳還
寄斷市
林禮基處永遠為業三面言議時即收回原
價銀捌拾兩正其原價銀即日收足其田根即
付還林家前去永遠起佃耕作納租聽從其
便此田係是己業并别無干在先並無重張
典当及未歷交加不明等情如有此情係是
寄主出頭支当不涉銀主之事自繳還之後付
林家永為己業蔡家不得異言之理今欲有
憑立繳斷寄根字乙紙并繳還林珍全愿寄
斷根字壹紙共[illegible]兩紙統付永遠為照

道光拾肆年拾壹月　日立繳斷蔡文輔（押）
全弟文圭（押）
姪孫加新（押）
在見弟文質（押）
姪章甫（押）
公見鄭万美（押）
執筆姪孫光昭（押）

大進益

7-2-22-3　清道光十四年十一月蔡文輔等立繳斷寄佃田字

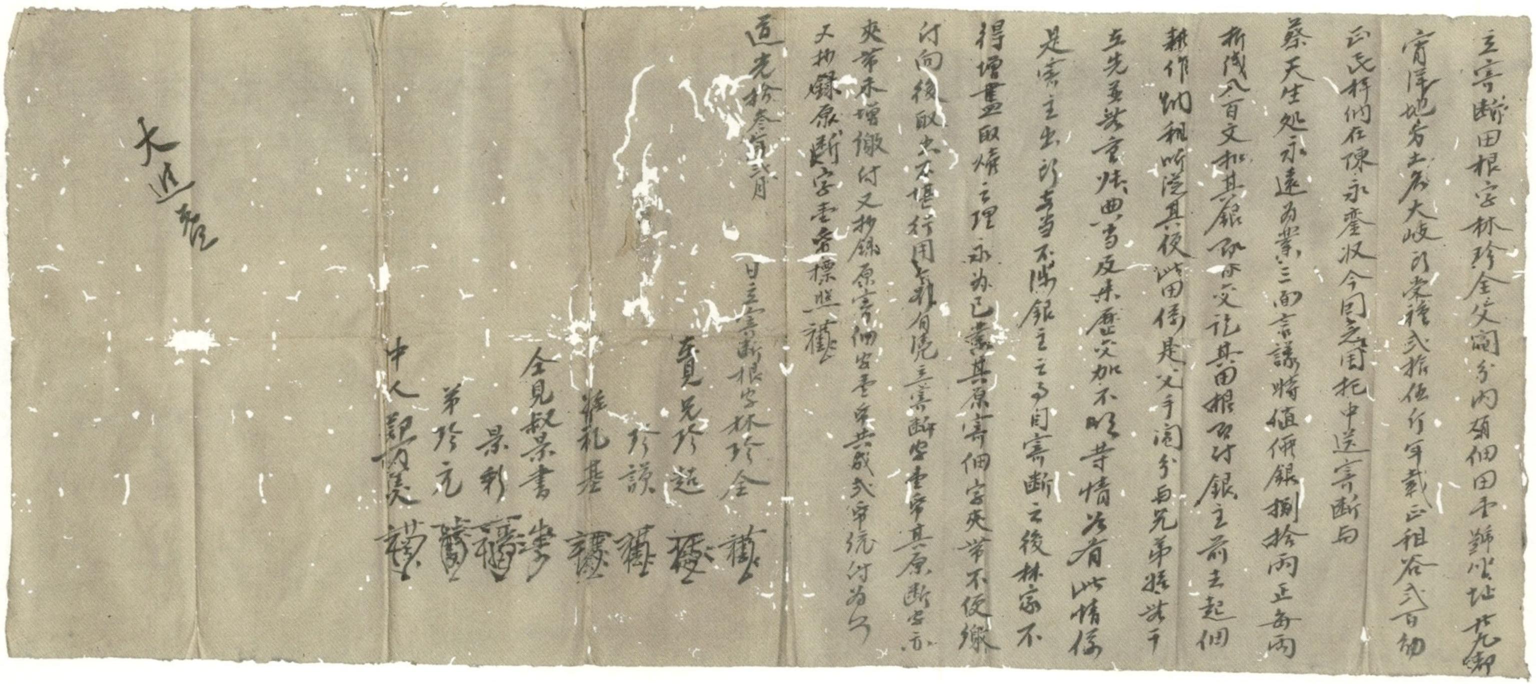

7-2-22-2　清道光十三年二月林珍全立寄斷佃田根字

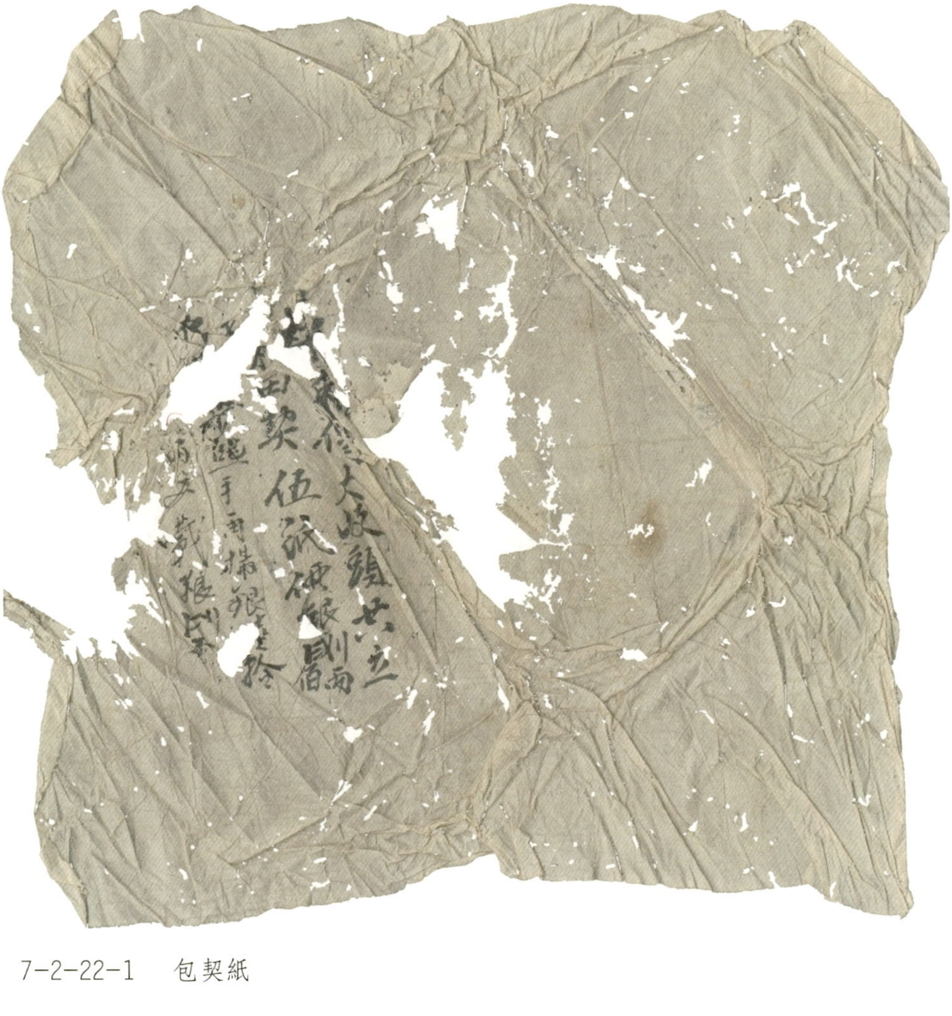

7-2-22-1　包契紙

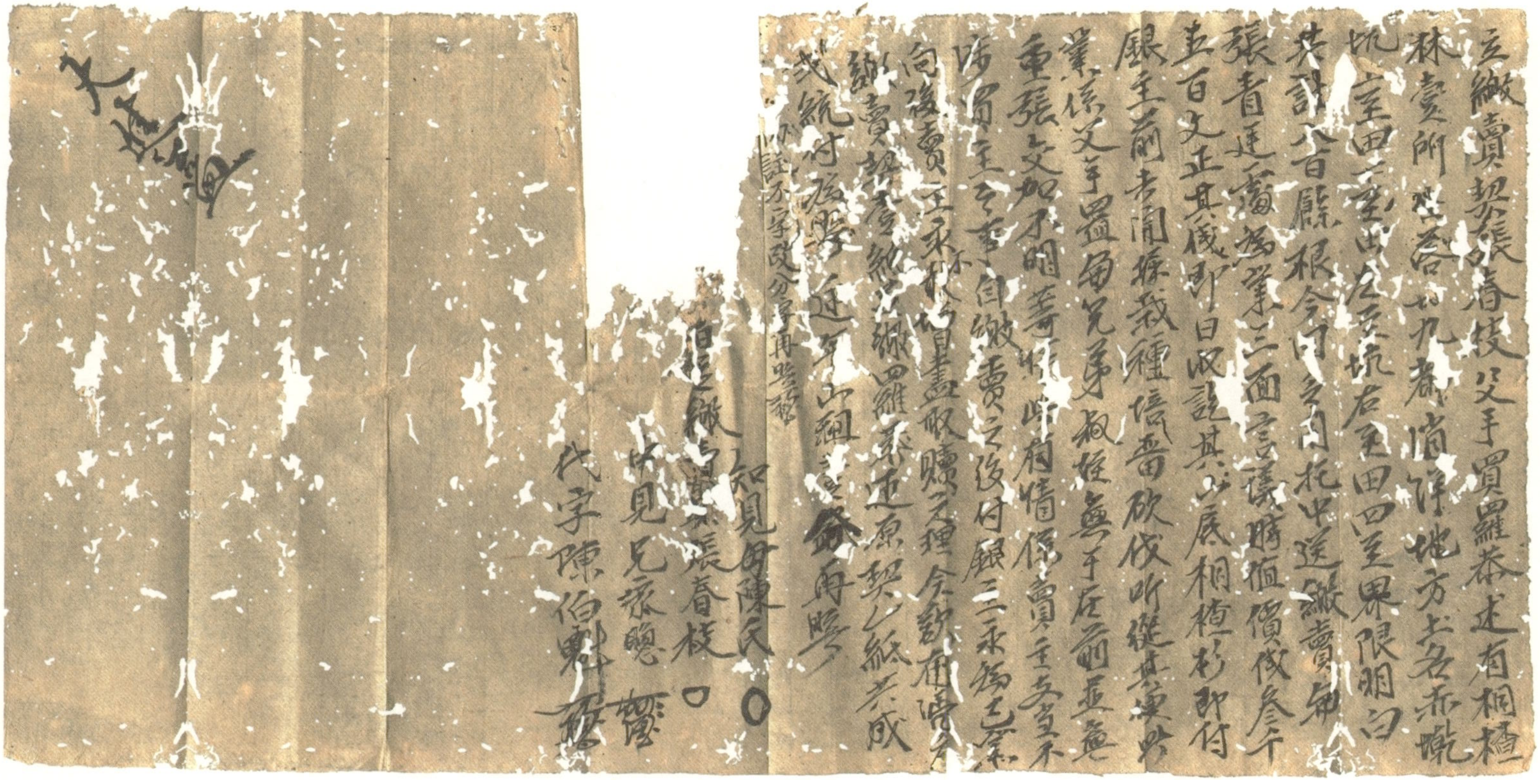

7-2-21-3　張春枝立繳賣桐植林契（年代不詳）

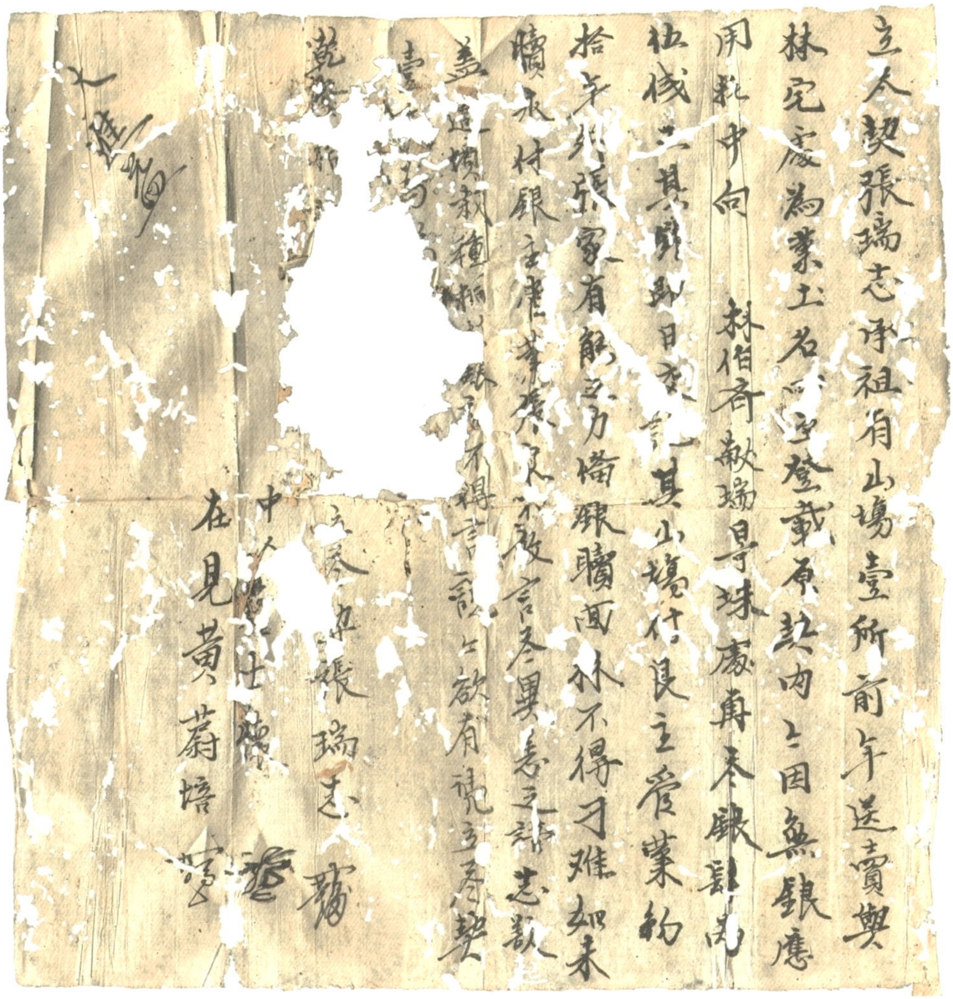

7-2-21-2　清乾隆年間張瑞志立盡山場契

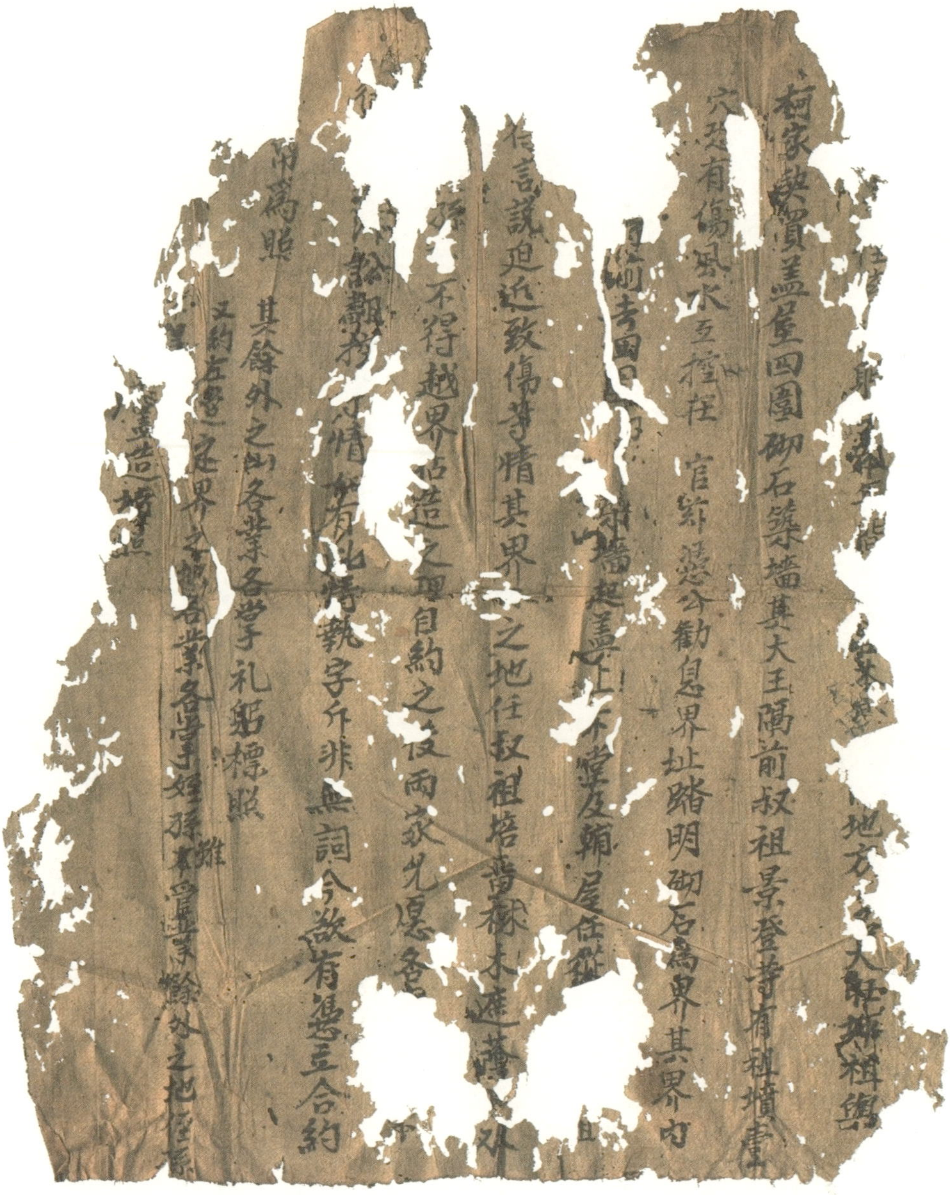
[illegible]地方[illegible]大[illegible]祖與
祠家契買蓋屋四圍砌石築墻其大王隔前叔祖景登等有祖墳壹
穴趁有傷風水互控在官紳[憑]公勸息界址踏明砌石爲界其界內
[illegible]洲吉園[illegible]牆起蓋[illegible]上下堂及鋪屋任從[illegible]
任言議廹近致傷等情其界[illegible]之地任叔祖培當耕不遮蔭[illegible]外
孫[illegible]不得越界佔造之理自約之後兩家允愿各[illegible]
作[illegible]翻控[illegible]情[illegible]有此情執字斥非無詞今欲有憑立合約
[illegible]爲照 其餘外之山各業各掌礼約標照
又約左邊[illegible]廷界[illegible]各業各掌子姪孫雖[illegible]業[illegible]餘外之地任從
[illegible]造[illegible]照

7-2-21-1 包契紙

契尾
字 號
布字陸千肆百貳拾叁號
業戶林伯齊買林在長稅山
價銀壹拾伍兩正
稅銀肆錢伍分正
嘉慶貳拾伍年叁月 日

7-2-20-3　清嘉慶二十五年三月業戶林伯齊契尾

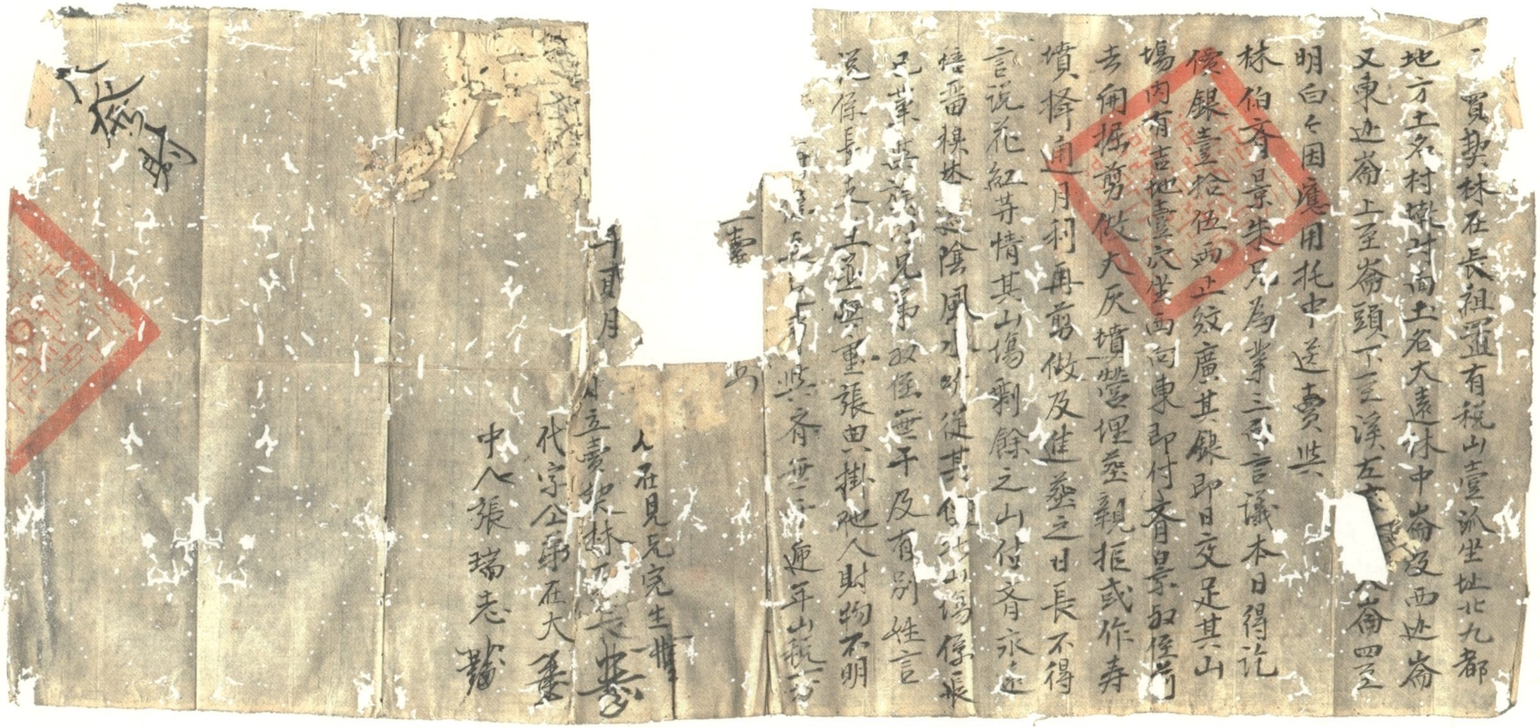

7-2-20-2　清乾隆二十二年二月林在長立賣稅山契（紅契）

7-2-20-1　包契紙

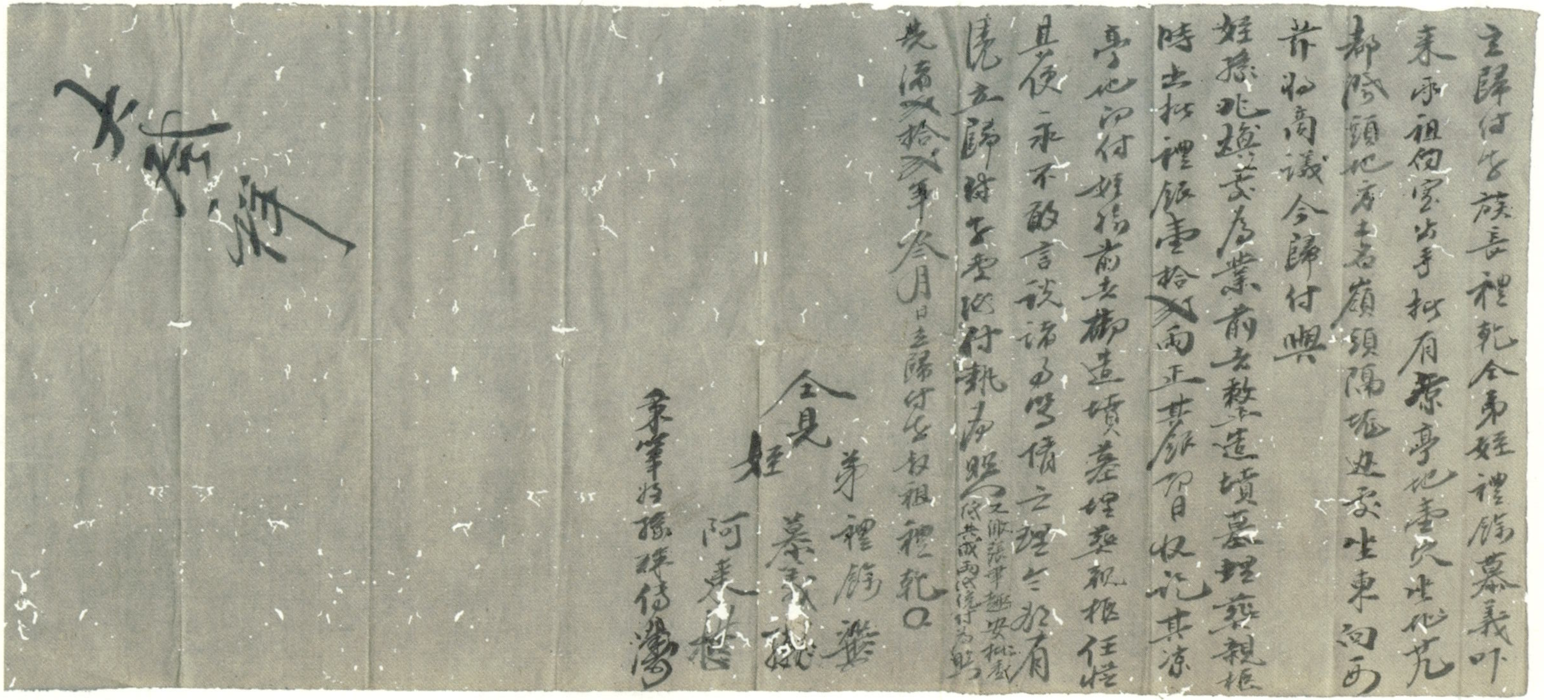

7-2-19-4　清光緒二十二年三月林禮乾等立歸付墳墓字

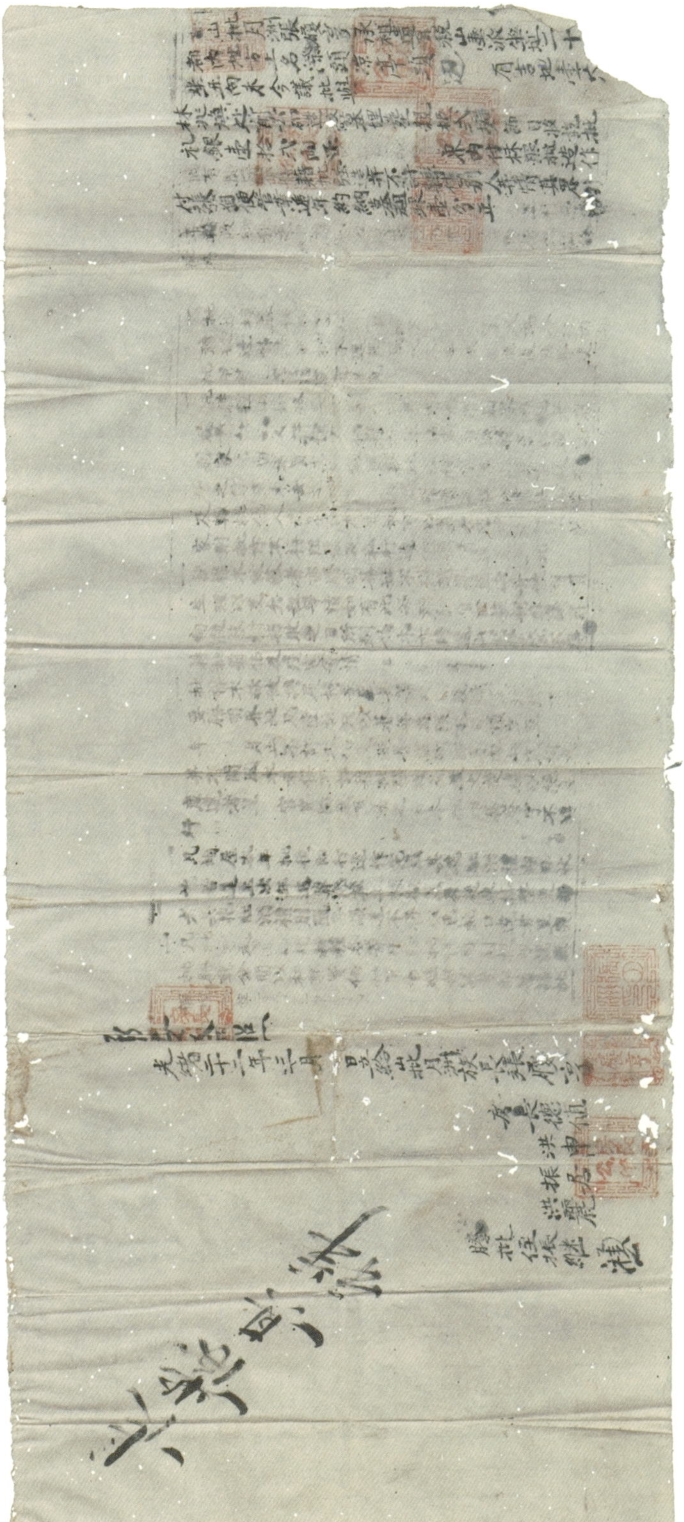

7-2-19-3　清光緒二十二年三月張履亨等立給稅山批

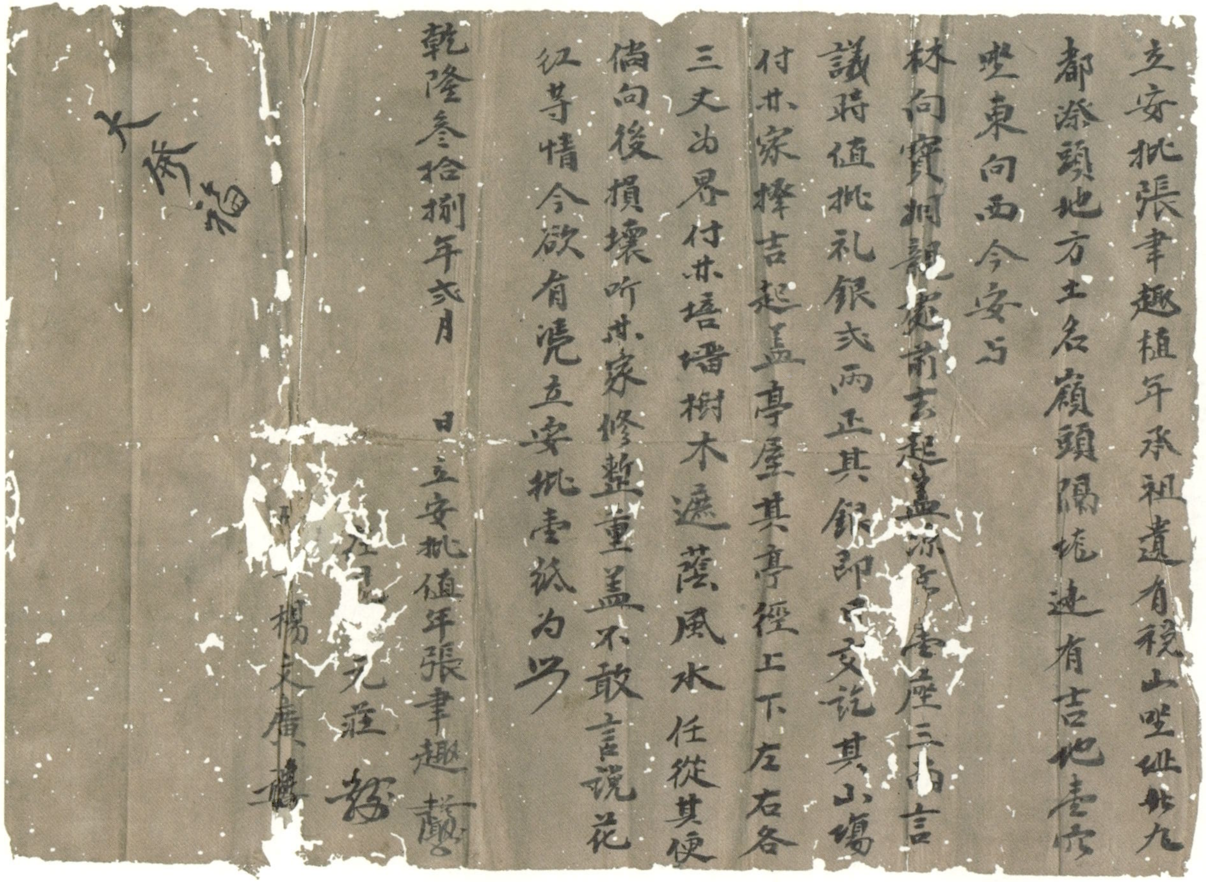

立安批張聿趣植年承祖遺有稅山坐址九
都漈頭地方土名嶺頭隔墘迹有吉地壹穴
坐東向西今安与
林向寶親邊前去起蓋涼亭壹座三面言
議將值批礼銀弍両正其銀即日交訖其山塲
付林家擇吉起蓋亭屋其亭經上下左右各
三丈為界付林培墻樹木遮蔭風水任從其便
倘向後損壞聽林家修整重蓋不敢言說花
紅等情今欲有憑立安批壹紙為照
乾隆叁拾捌年弍月　日　立安批值年張聿趣（押）
在見　元莊（押）
代筆　楊文廣（押）
大發福

7-2-19-2　清乾隆三十八年二月張聿趣立安批吉地字

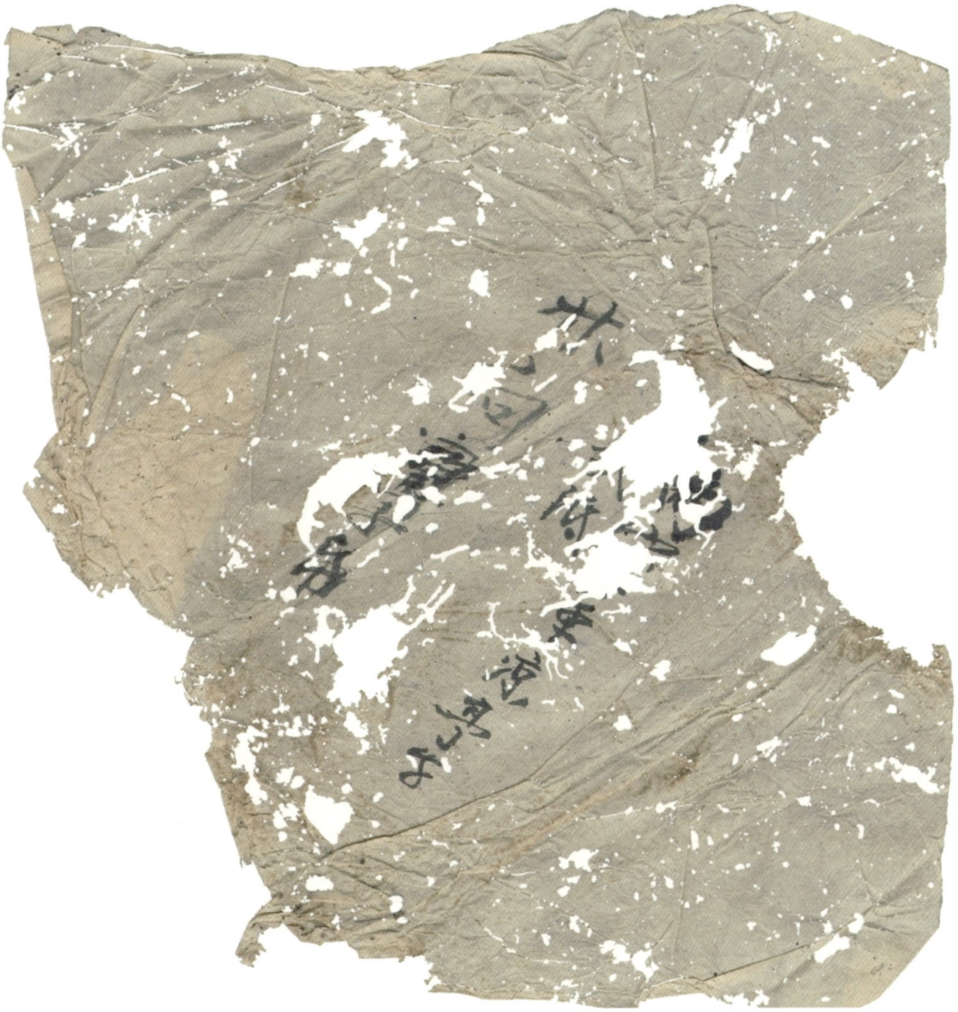

7-2-19-1　包契紙

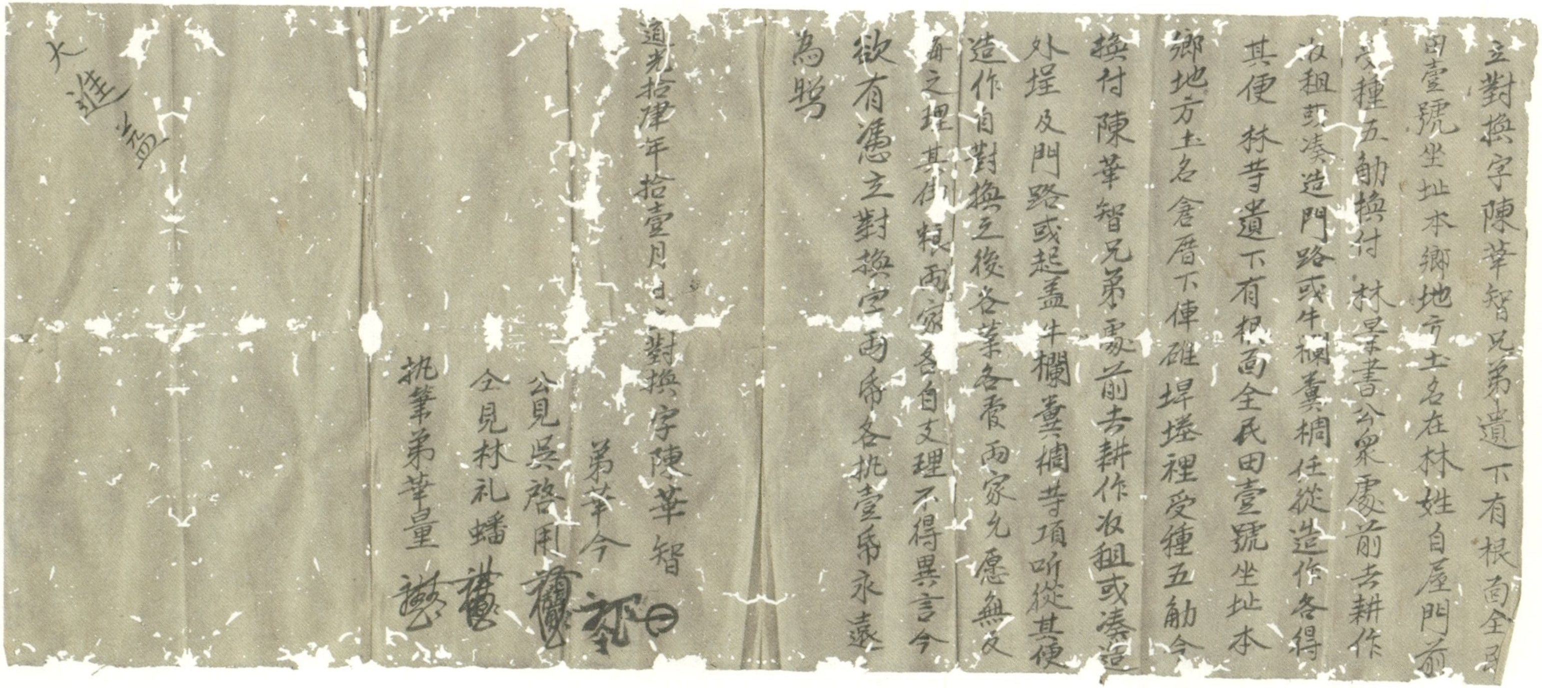
立對換字陳華智兄弟遺下有根面全民
田壹號坐址本鄉地方土名在林姓自屋門前
受種五畝換付林呈書公衆處前去耕作
收租或湊造門路或牛欄糞桶任從造作各得
其便　林呈書遺下有根面全民田壹號坐址本
鄉地方土名倉厝下俾碓埕墘裡受種五畝今
換付陳華智兄弟處前去耕作收租或湊造
外埕及門路或起蓋牛欄糞桶等項聽從其便
造作自對換之後各業各管兩家允愿無反
悔之理其併根面兩家各自支理不得異言今
欲有憑立對換字兩紙各執壹紙永遠
為照

道光拾肆年拾壹月　日　立對換字陳華智
弟華今
公見吳啓用
仝見林礼蟠
執筆弟華量
大進

7-2-18-4　清道光十四年十一月陳華智等立對換根面全民田字

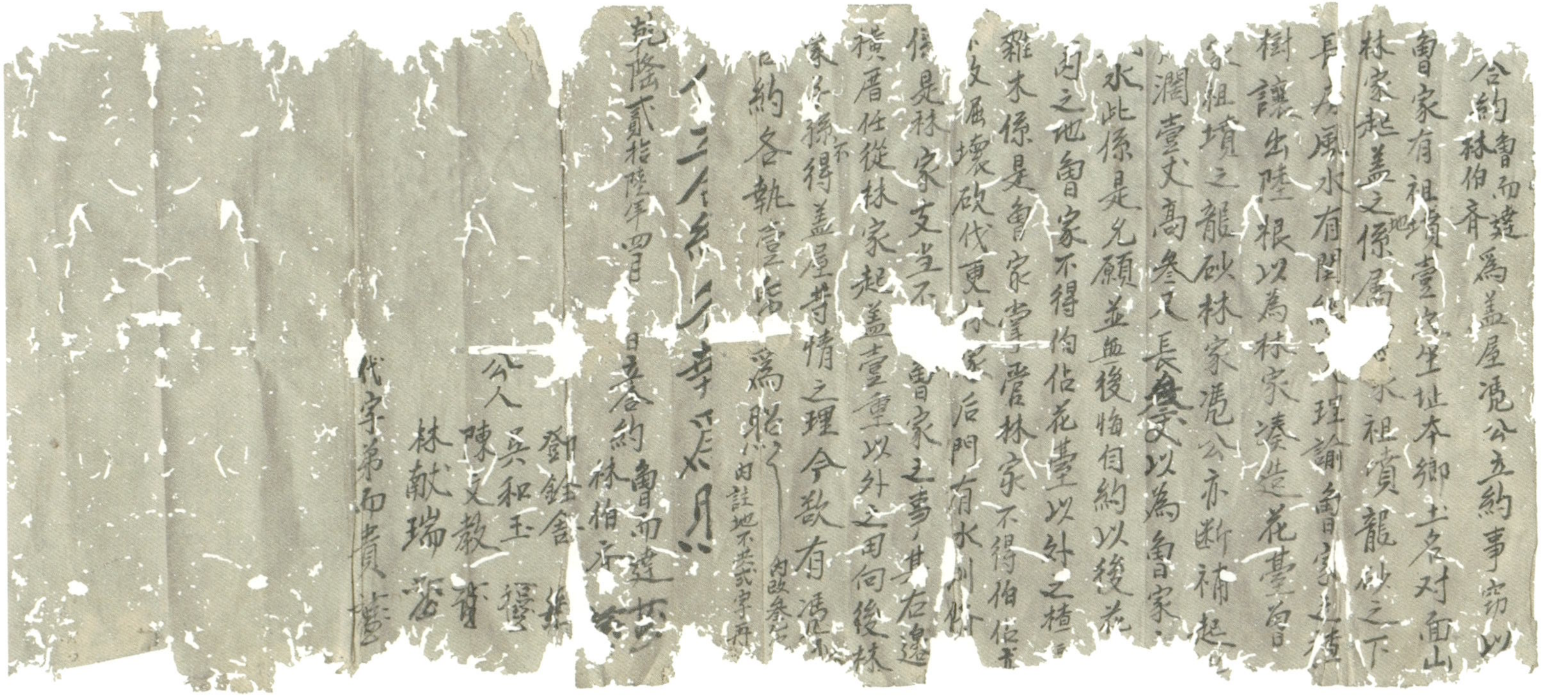
立合約林伯齊曾而達為蓋屋憑公立約事。竊以
曾家有祖墳壹穴，坐址本鄉土名对面山。
林家起蓋之[地]係屬[illegible]祖墳龍砂之下
耳，風水有關，[illegible]理論，曾家[illegible]
樹讓出陸根，以為林家湊造花臺，曾
家祖墳之龍砂，林家憑公亦斷補起[illegible]
潤壹丈高叁尺長[illegible]丈，以為曾家[illegible]
水。此係是允願，並無後悔，自約以後，花[illegible]
內之地曾家不得向佔，花臺以外之植[illegible]
雜木係是曾家掌管，林家不得伯佔[illegible]
及[illegible]屆壞砍伐，更[illegible]家后門有水圳[illegible]
係是林家支出，不[illegible]曾家之事，其右邊
橫厝任從林家起蓋壹重，以外之田向後林
家子孫不得蓋屋苛情之理。今欲有憑，[illegible]
立合約各執壹紙為照。 內註地不共貳字再 內改叁字

乾隆貳拾陸年四月　日立合約　曾而達　林伯齊

公人　鄧銓含　吳和玉　陳文毅　林献瑞

代字弟　而貴

7-2-18-3　清乾隆二十六年四月曾而達等立合約

7-2-18-2　包契紙

7-2-18-1　包契紙

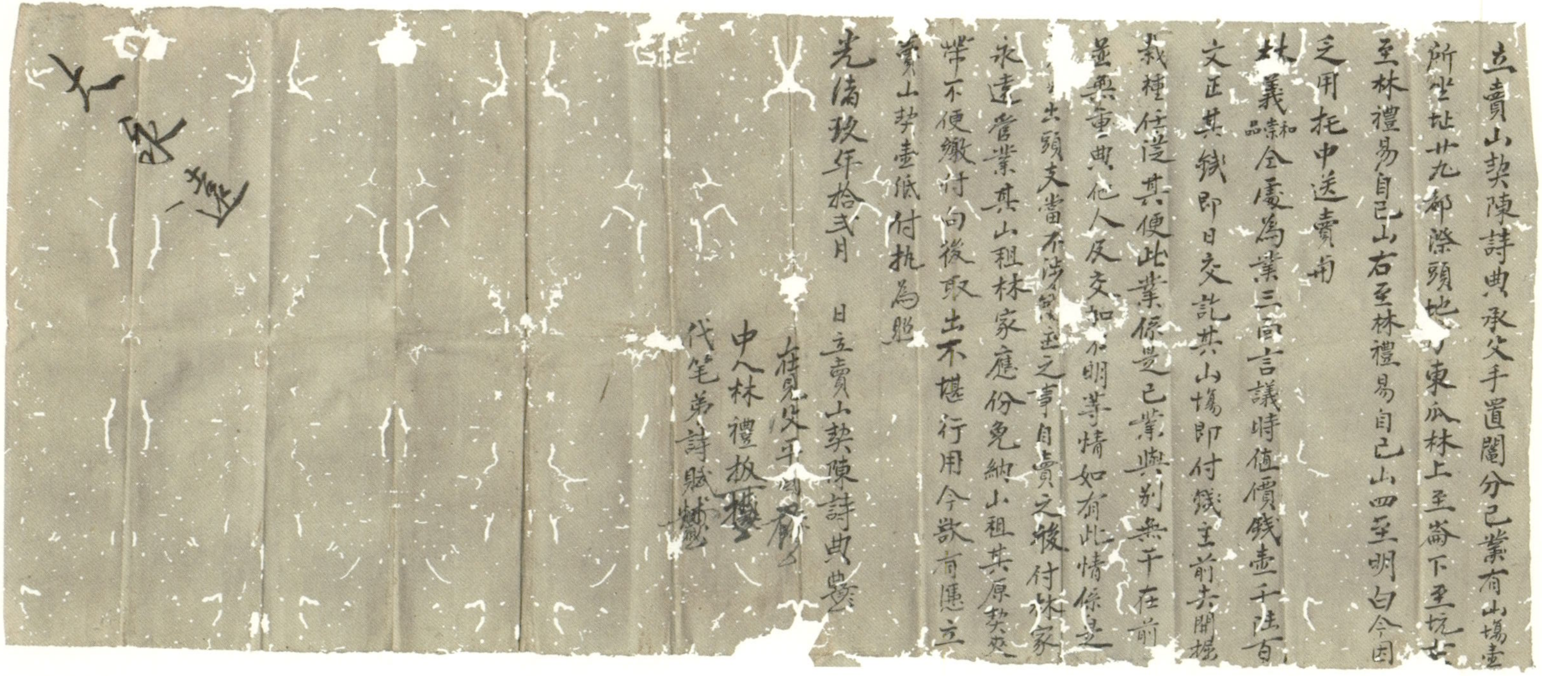
立賣山契陳詩典，承父手置鬮分已業有山場壹
所坐址廿九都漈頭地方，東至林上至崙下至坑，左
至林禮易自己山，右至林禮易自己山，四至明白。今因
乏用，托中送賣與
林義和品崇全處為業。三面言議時值價錢壹千陆百
文正，其錢即日交訖，其山場即付錢主前去開掘
栽種，任從其便。此業係是己業，與別無干，在前
並無重典他人及交加不明等情，如有此情，係是
出頭支當，不涉錢主之事。自賣之後，付林家
永遠管業，其山租林家應份免納山租，其原契交
出不便繳付，向後取出不堪行用。今欲有憑，立
賣山契壹紙付執為照。
光緒玖年拾弍月　日立賣山契陳詩典（押）
在見父平岡（押）
中人林禮扳（押）
代笔弟詩賦（押）

7-2-17-7　清光緒九年十二月陳詩典立賣山場契

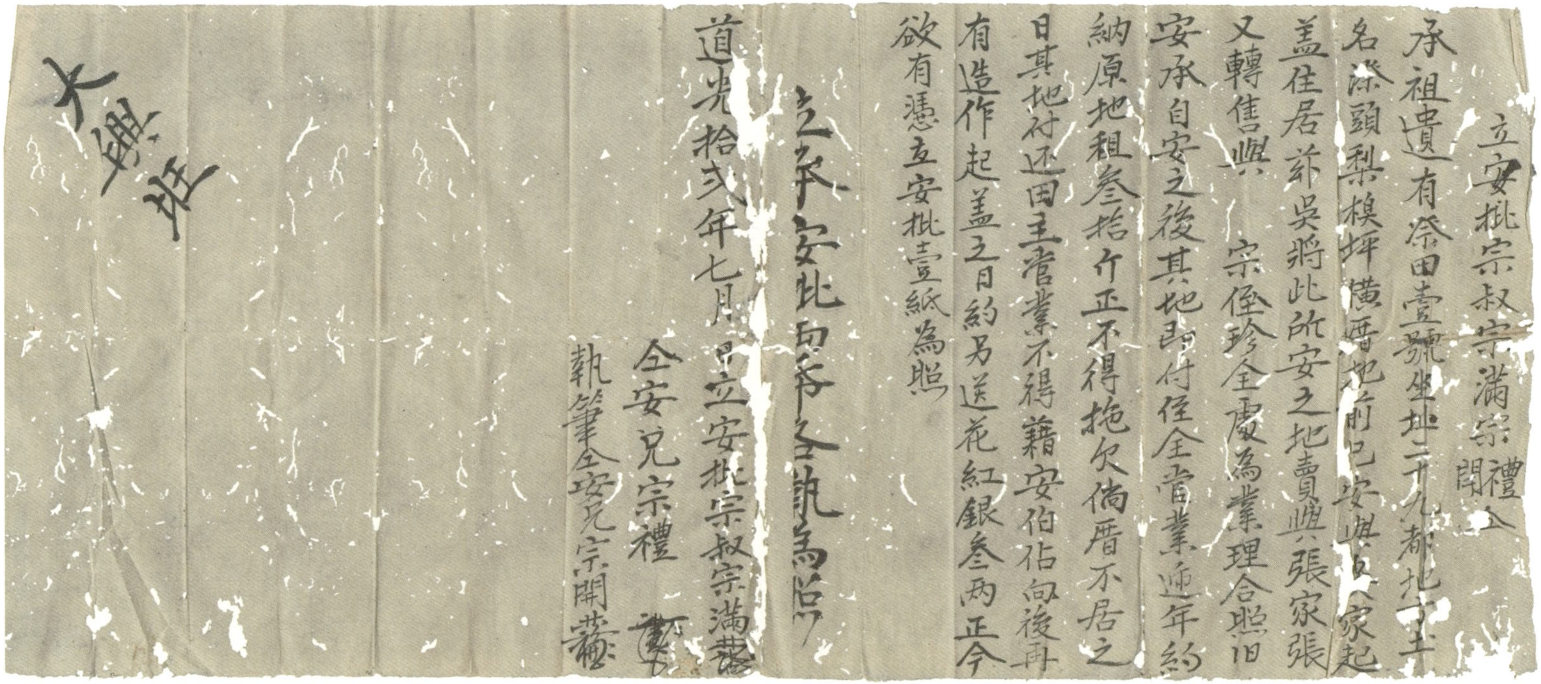

7-2-17-6　清道光十二年七月林宗滿等立安批祭田字

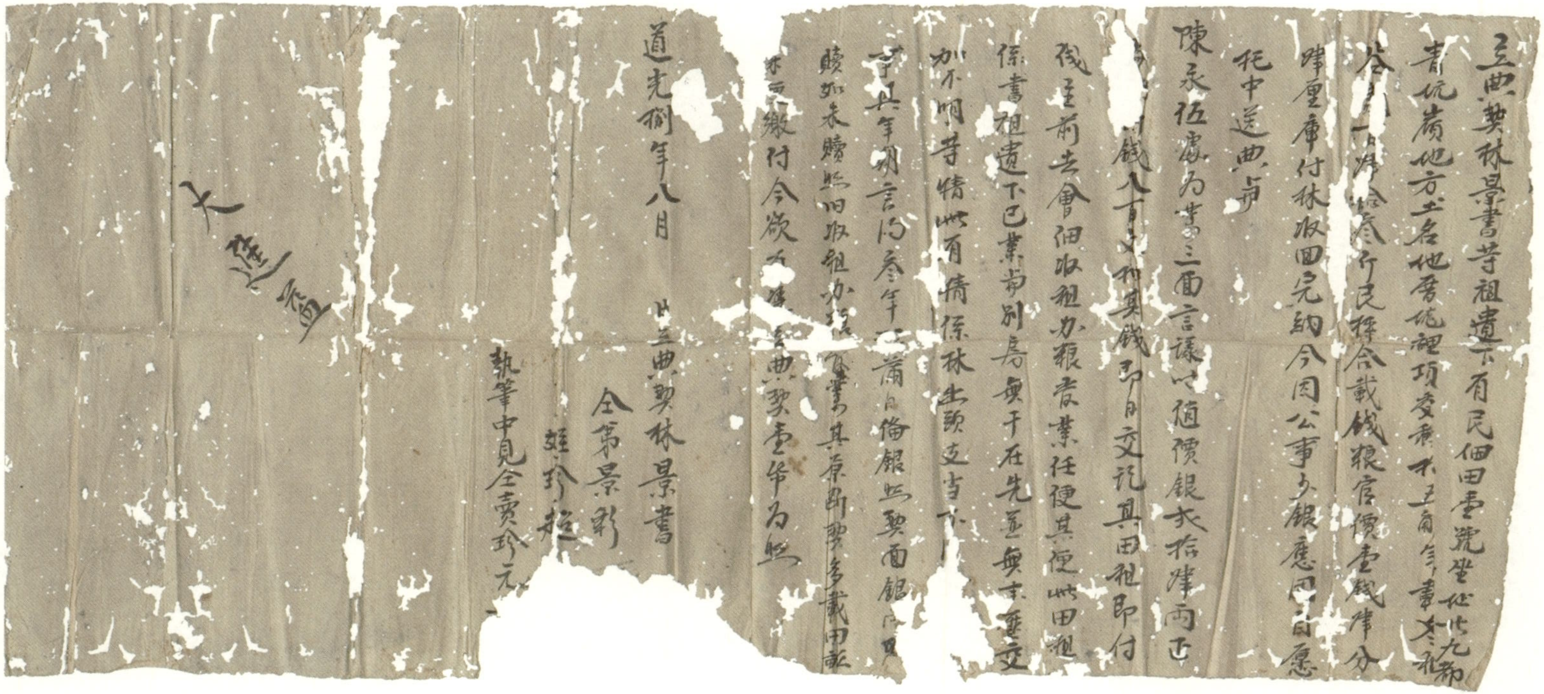
立典契林景書等祖遺下有民佃田壹號，坐化北九都
青坑嶺地方，土名地番坑裡，項受[illegible]
今[illegible]行民糧合載錢糧官價壹錢肆分
肆厘，庫付林收田完納。今因公事乏銀應用，自愿
托中送典與
陳永伍處為業，三面言議，時值價銀弍拾肆兩正
[illegible]錢八百文，其錢即日交訖，其田租即付
錢主前去會佃收租，办糧管業，任便其便。此田租
係書祖遺下已業，與別房無干，在先並無重交
加不明等情，如有情係林出頭支當，不
干[illegible]其年別言約叁年[illegible]滿，日備銀照契面銀[illegible]
贖，如未贖，照舊收租办糧，[illegible]業[illegible]其原斷契多載田畝
[illegible]繳付。今欲有憑，立典契壹紙為照。

道光捌年八月　日　立典契林景書
仝弟景彩
姪珍超
執筆中見仝貴珍元

大進通

7-2-17-5　清道光八年八月林景書等立典民佃田契

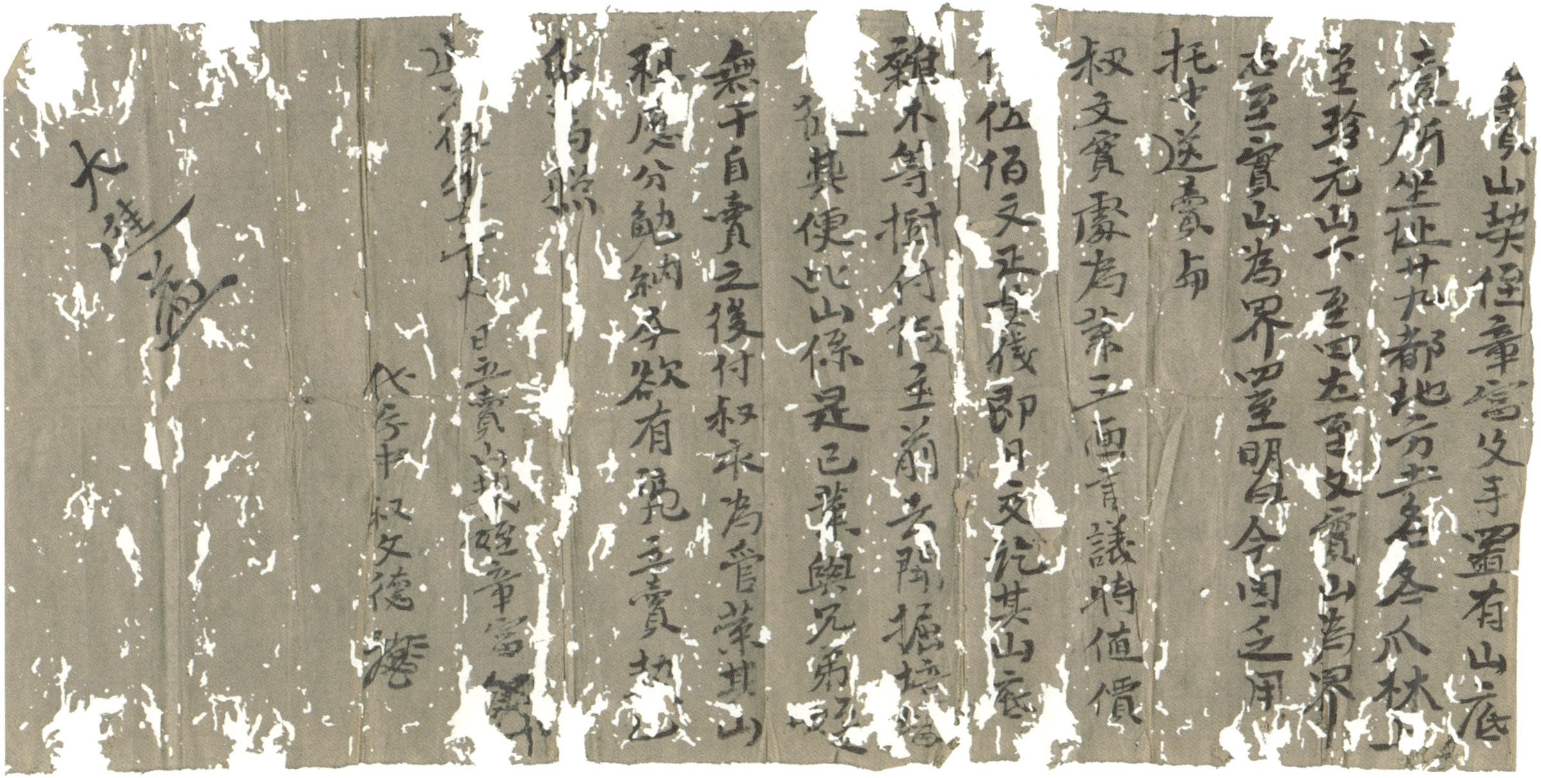

7-2-17-4　清道光五年十二月蔡章富立賣山底契

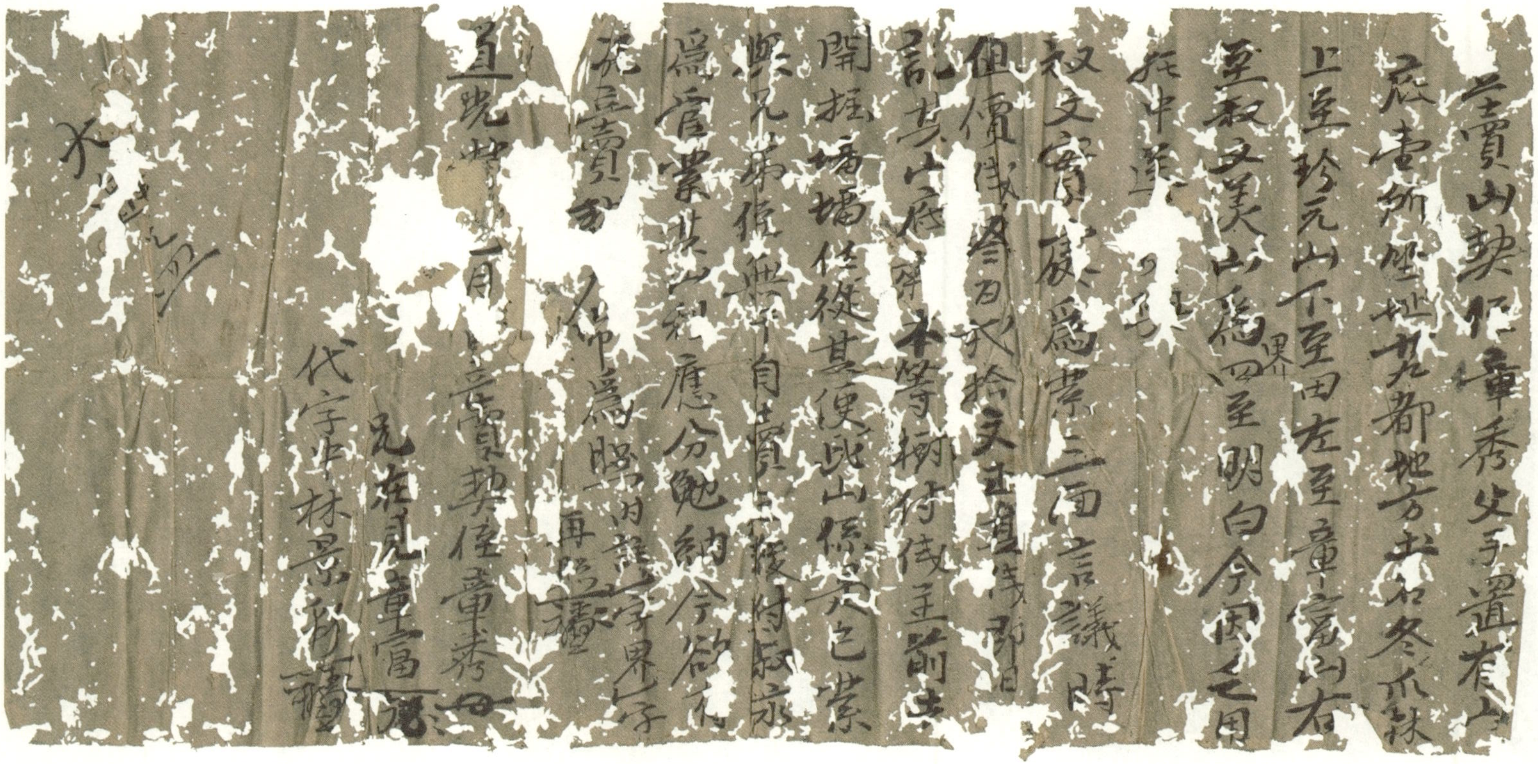
立賣山契人[illegible]章秀，父手置有山
底壹所，坐址廿九都地方，土名冬瓜[illegible]，
上至玲元山，下至田，左至章寵山，右
至叔文美山爲界，四至明白。今因乏用，
托中送[illegible]
叔文寓[illegible]爲業，三面言議時
值價錢叁百貳拾文正，其錢即日
訖，其山底[illegible]等樹付錢主前去
開掘墻墻，任從其便。此山係秀己業，
與兄弟侄無干，自賣之後，[illegible]付叔家
爲官業，其山[illegible]應分勉納。今欲有
憑，立賣[illegible]爲照。内註[illegible]字、界字
再照
道光四年　[illegible]月　日立賣山契侄章秀
兄在見　章富
代字中　林景[illegible]
[illegible]

7-2-17-3　清道光四年□月蔡章秀立賣山底契

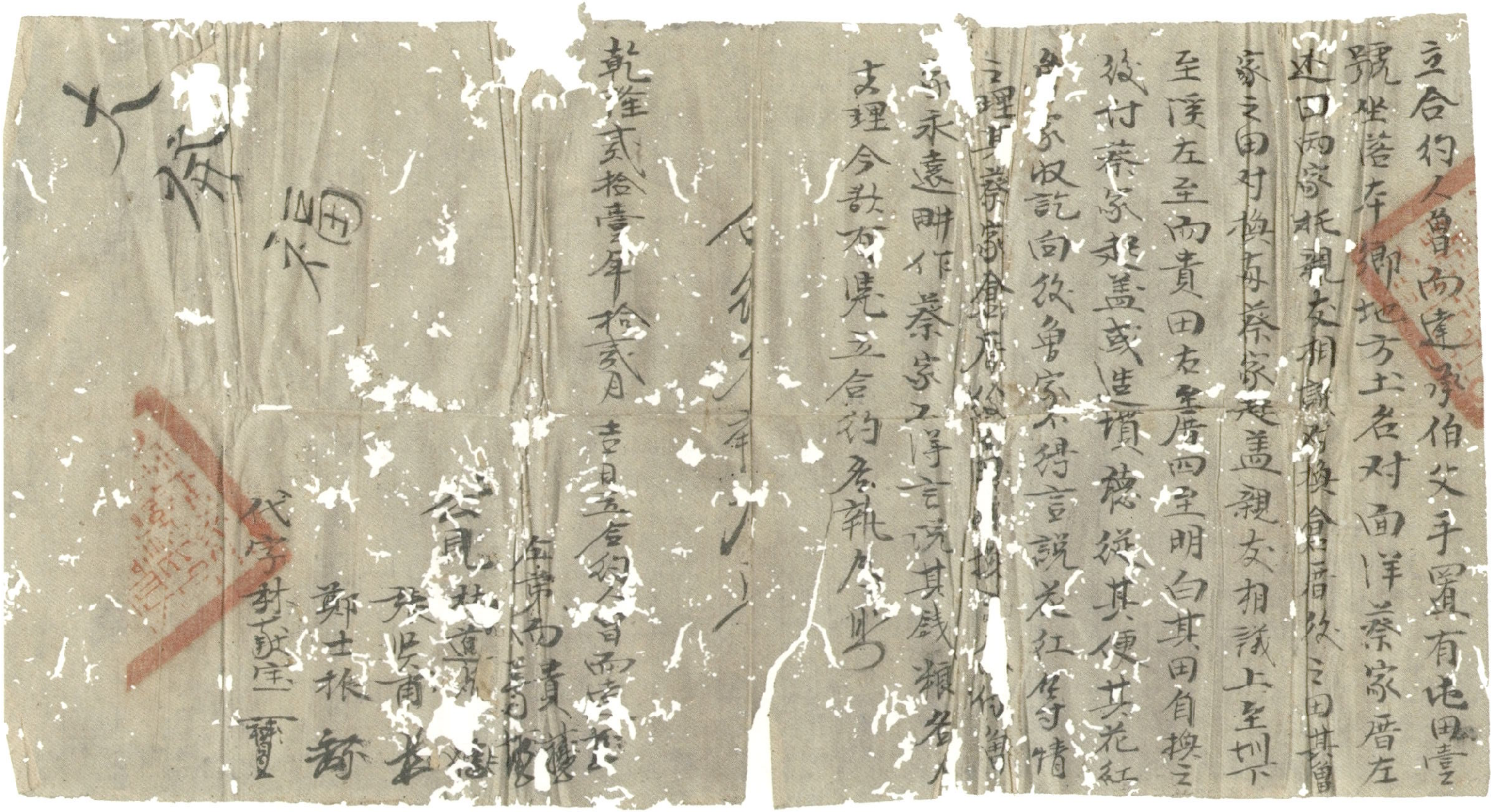
立合約人曾而達仝侄伯文手置有屯田壹
號坐落本鄉地方土名对面洋蔡家厝左
邊因兩家祇親友相議對換曾厝後之田其曾
家之田对換與蔡家起蓋親友相議上至圳
至溪左至而貴田右至厝四至明白其田自換之
後付蔡家起蓋或造墳塋從其便其花紅
曾家收訖向後曾家不得言說花紅等情
之理其蔡家倉厝後[illegible]換[illegible]付曾
家永遠耕作蔡家不得言說其錢粮各人
支理今欲有憑立合約各執乙紙為照
乾隆貳拾壹年拾貳月　吉日立合約人曾而達
仝弟而貴
侄伯文
公見林道[illegible]
張長甫
鄭士株
代字封武定
大發
福[illegible]

7-2-17-2　清乾隆二十一年十二月曾而達等立對換合約（紅契）

7-2-17-1　包契紙

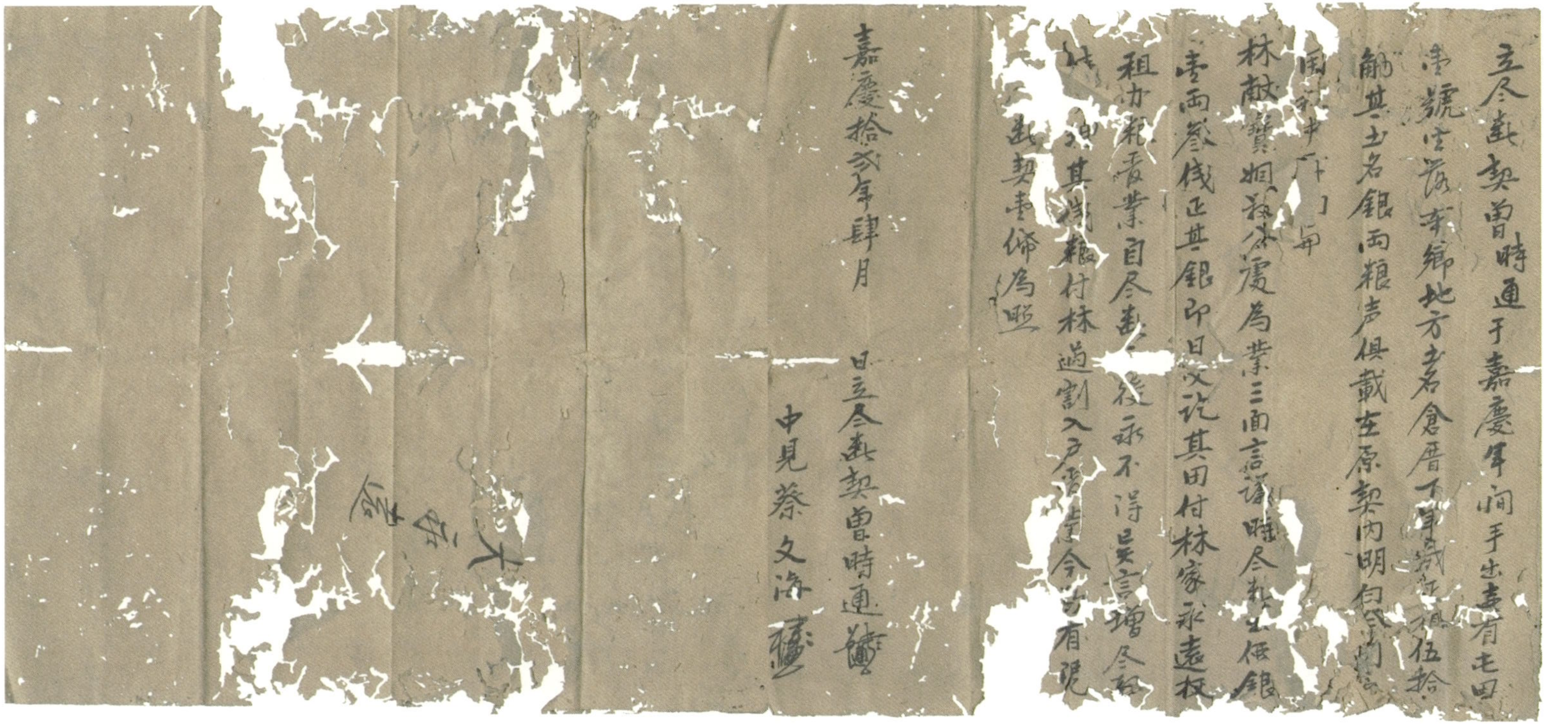
立尽斷契曾時通，于嘉慶年間手出盡有屯田
壹號，坐落本鄉地方，土名倉厝下，年載[illegible]租伍拾
觔，其土名銀兩粮声俱載在原契内明白[illegible]
因[illegible]中[illegible]
林敲贊姻[illegible]處為業，三面言議，時尽斷出價銀
壹兩叁錢正，其銀即日交訖，其田付林家永遠收
租，办粮管業，自尽斷之後，永不得異言增尽找
贖，其粮付林過割入戶，當差[illegible]有憑
斷契壹紙為照
嘉慶拾貳年肆月　日立尽斷契曾時通（押）
中見蔡文海（押）

7-2-16-8　清嘉慶十二年四月曾時通立盡斷屯田契

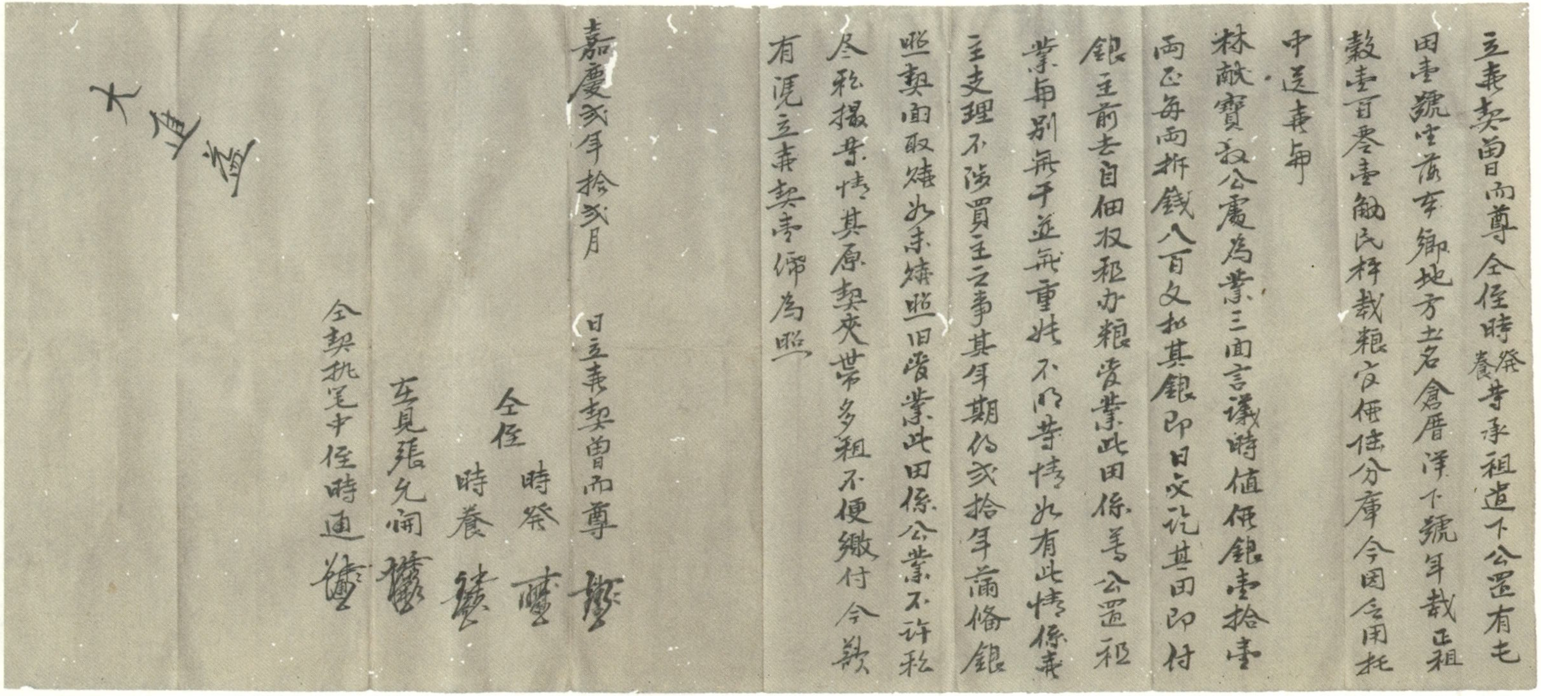
立賣契曾而尊仝侄時祭、養等承祖遺下公置有屯
田壹號坐落本鄉地方土名倉厝洋下號年載正租
穀壹百叁壹觔民科載粮官伍仕分庫今因乏用托
中送賣與
林獻寶叔公處爲業，三面言議時值價銀壹拾壹
兩正每兩折錢八百文，扣其銀即日交訖，其田即付
銀主前去自佃收租办粮管業。此田係萬公置祖
業，与別房子姪無重張不明等情，如有此情，係賣
主支理，不涉買主之事。其年期約貳拾年滿，備銀
照契面取贖，如未贖照旧管業。此田係公業，不許私
冬私撮等情，其原契夾帶多粗，不便繳付，今欲
有憑，立賣契壹紙為照。
嘉慶貳年拾貳月　日立賣契曾而尊（押）
仝侄　時祭（押）
時養（押）
在見張允闻（押）
仝契執筆中侄時通（押）
大[illegible]益

7-2-16-7　清嘉慶二年十二月曾而尊等立賣屯田契

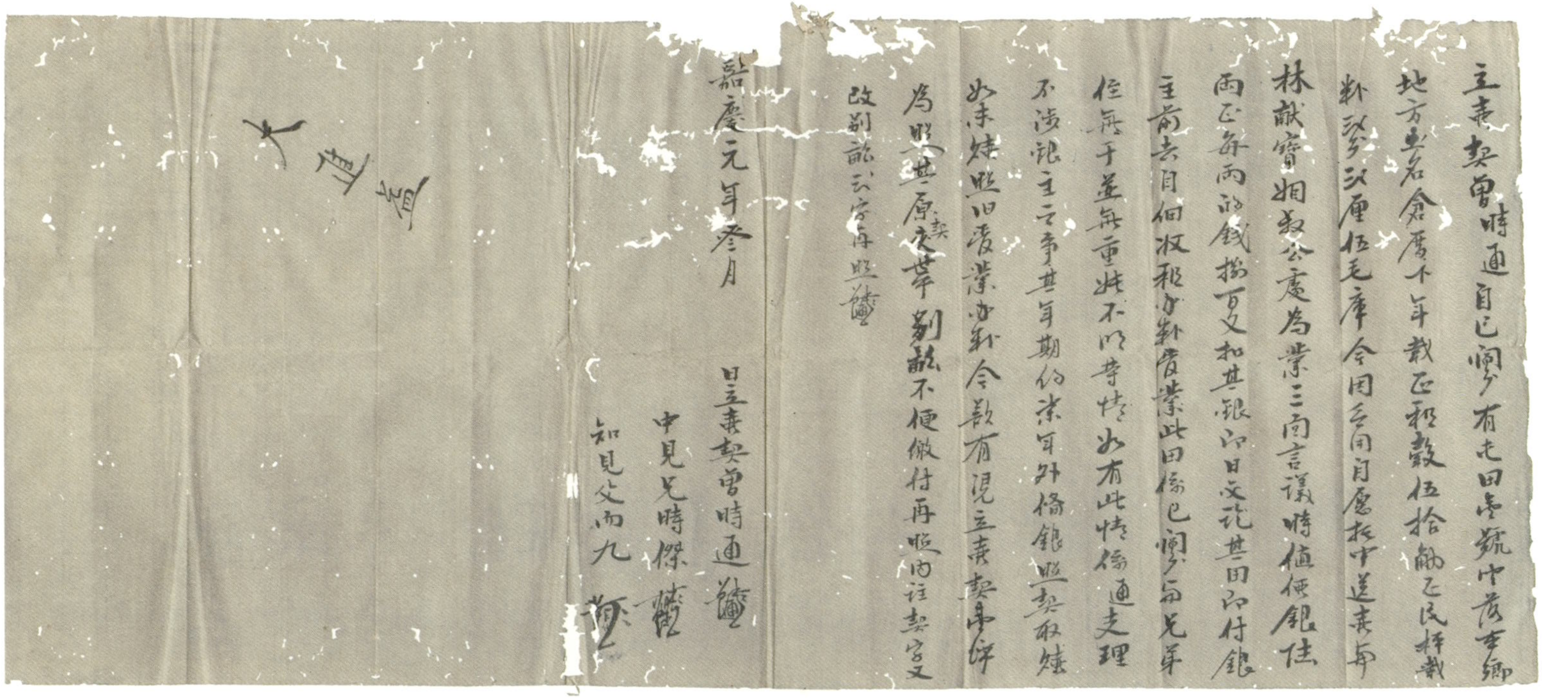

7-2-16-6　清嘉慶元年三月曾時通立賣屯田契

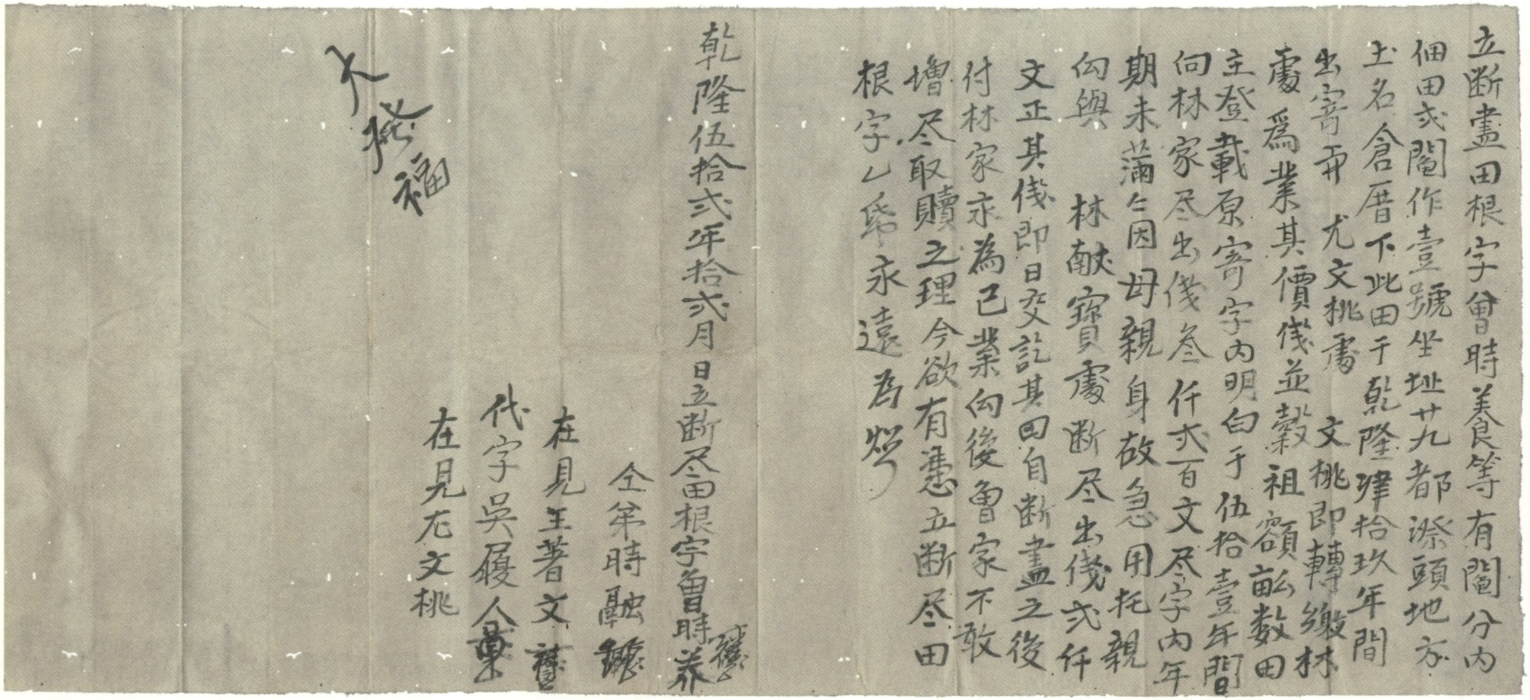

立斷盡田根字曾時養等有闔分內
佃田弍闔作壹號坐址廿九都漈頭地方
土名倉厝下，此田于乾隆肆拾玖年間
出寄弟尤文桃處　文桃即轉繳林
處爲業，其價錢並穀祖額畝數田
主登載原寄字內明白，于伍拾壹年間
向林家盡出錢叁仟弍百文，盡字內年
期未滿，今因母親身故急用，托親
向與　林猷寶處斷盡出錢弍仟
文正，其錢即日交訖，其田自斷盡之後
付林家永爲己業，向後曾家不敢
增盡取贖之理，今欲有憑，立斷盡田
根字一紙，永遠爲照。

乾隆伍拾弍年拾弍月　日立斷盡田根字曾時養（押）
仝弟時融（押）
在見王著文（押）
代字吳履全（押）
在見石文桃

大發福

7-2-16-5　清乾隆五十二年十二月曾時養等立斷盡佃田根字

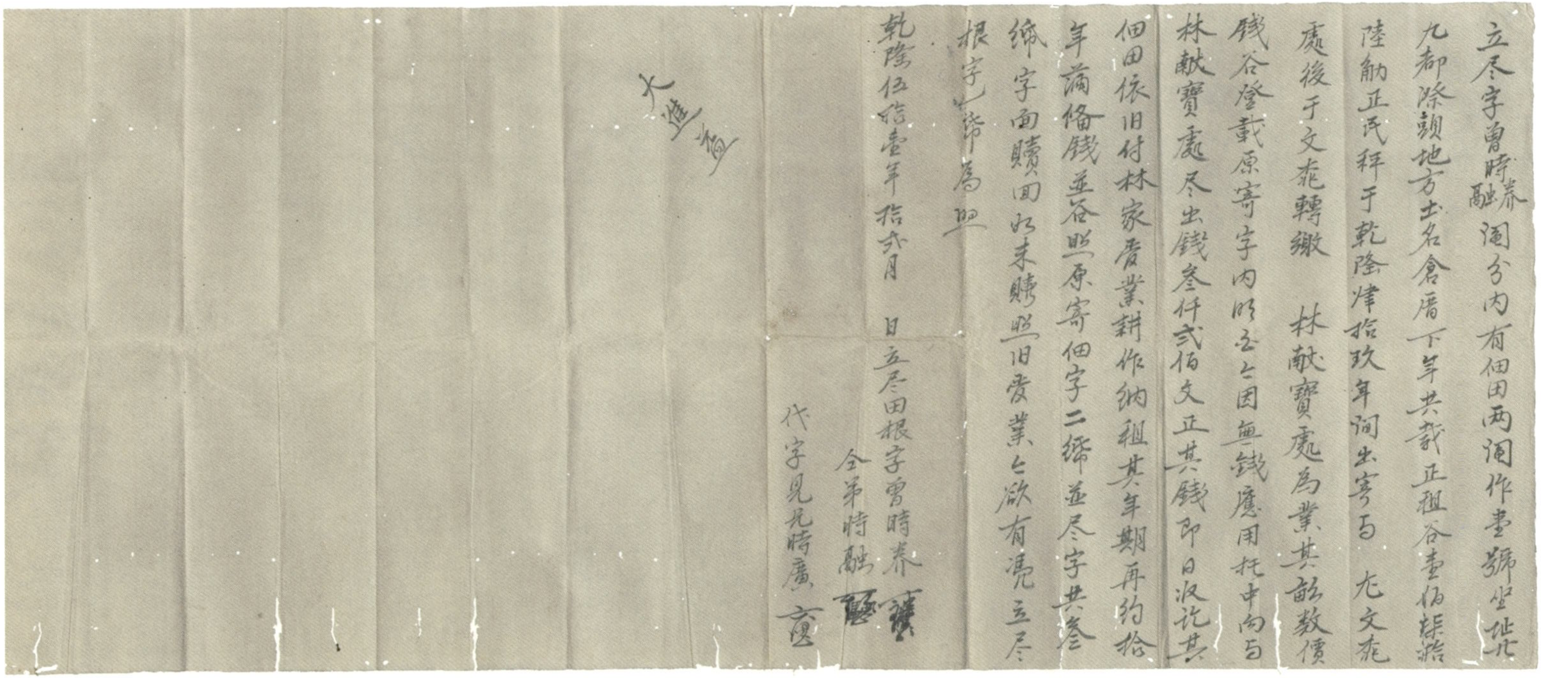
立尽字曾時养、融阄分内有佃田两阄作壹號坐址北
九都淡頭地方土名倉厝下平共載正租谷壹佰肆拾
陸觔正民拜于乾隆肆拾玖年間出寄与尤文叐
處後于文叐轉繳林猷寶處為業其畝數價
錢谷登載原寄字内明白今因無錢應用托中向与
林猷寶處尽出錢叁仟弍佰文正其錢即日收訖其
佃田依旧付林家原業耕作納租其年期再约拾
年滿備錢並谷照原寄佃字二紙並尽字共叁
紙字面贖回如未贖照旧原業亡欲有凭立尽
根字一紙為照
乾隆伍拾壹年拾弍月　日立尽田根字曾時养（押）
仝弟時融（押）
代字見兄時廣（押）

7-2-16-4　清乾隆五十一年十二月曾時養等立盡佃田字

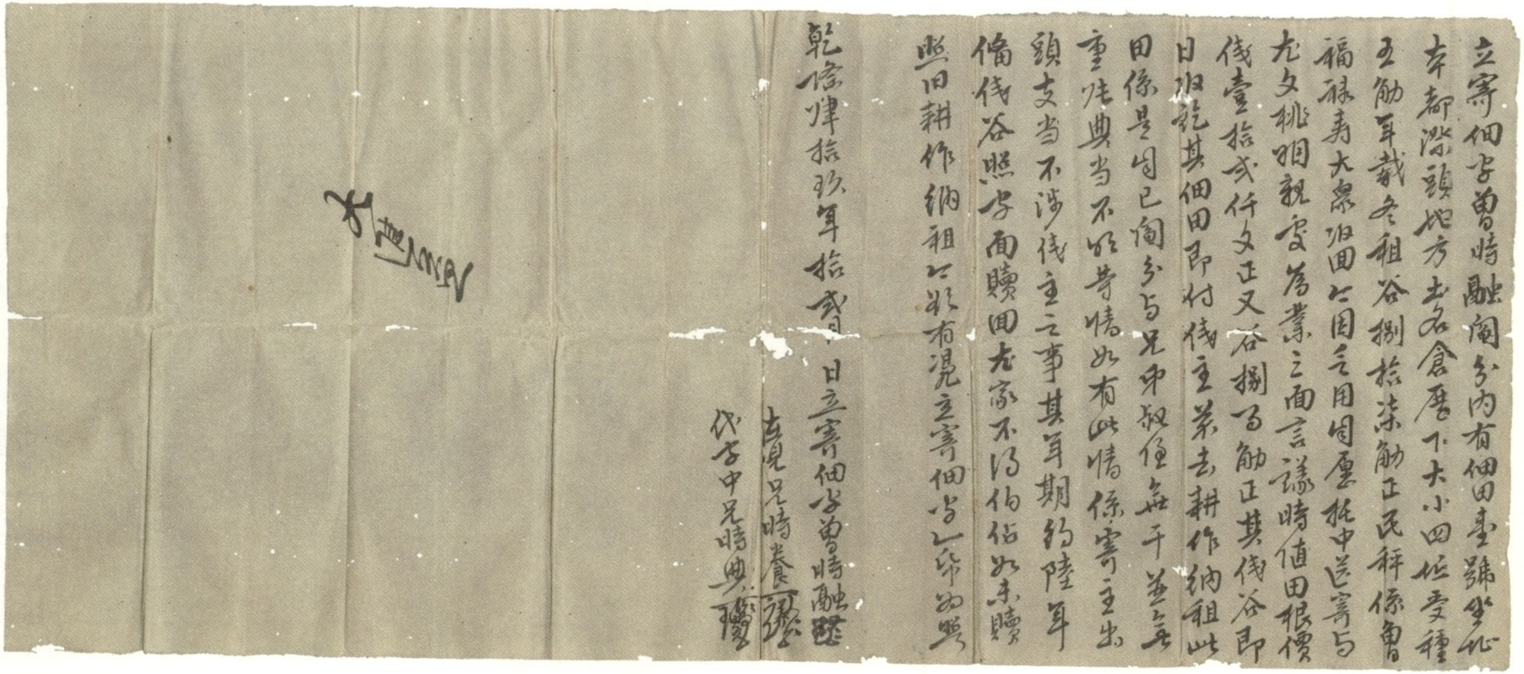
立寄佃字曾時融闔分內有佃田壹號坐北
本都漈頭地方土名倉厝下大小田四坵受種
壹斛半載仝租谷捌拾柒斛正民秤係曾
福禄壽大眾相田今因乏用自愿托中送寄与
本文桃明親邊為業三面言議時值田根價
錢壹拾貳仟文正又谷捌石捌斛正其錢谷即
日收訖其佃田即付錢主前去耕作納租此
田係是自己闔分与兄弟叔侄無干並無
重張典当不明等情如有此情係寄主出
頭支当不涉錢主之事其年期約陸年
備錢谷照字面贖田本家不得阻佔此係贖
照田耕作納租亦非相迫立寄佃字一紙為照
乾隆肆拾玖年拾貳月　日立寄佃字曾時融
在見兄時養
代字中兄時典

7-2-16-3　清乾隆四十九年十二月曾時融立寄佃田字

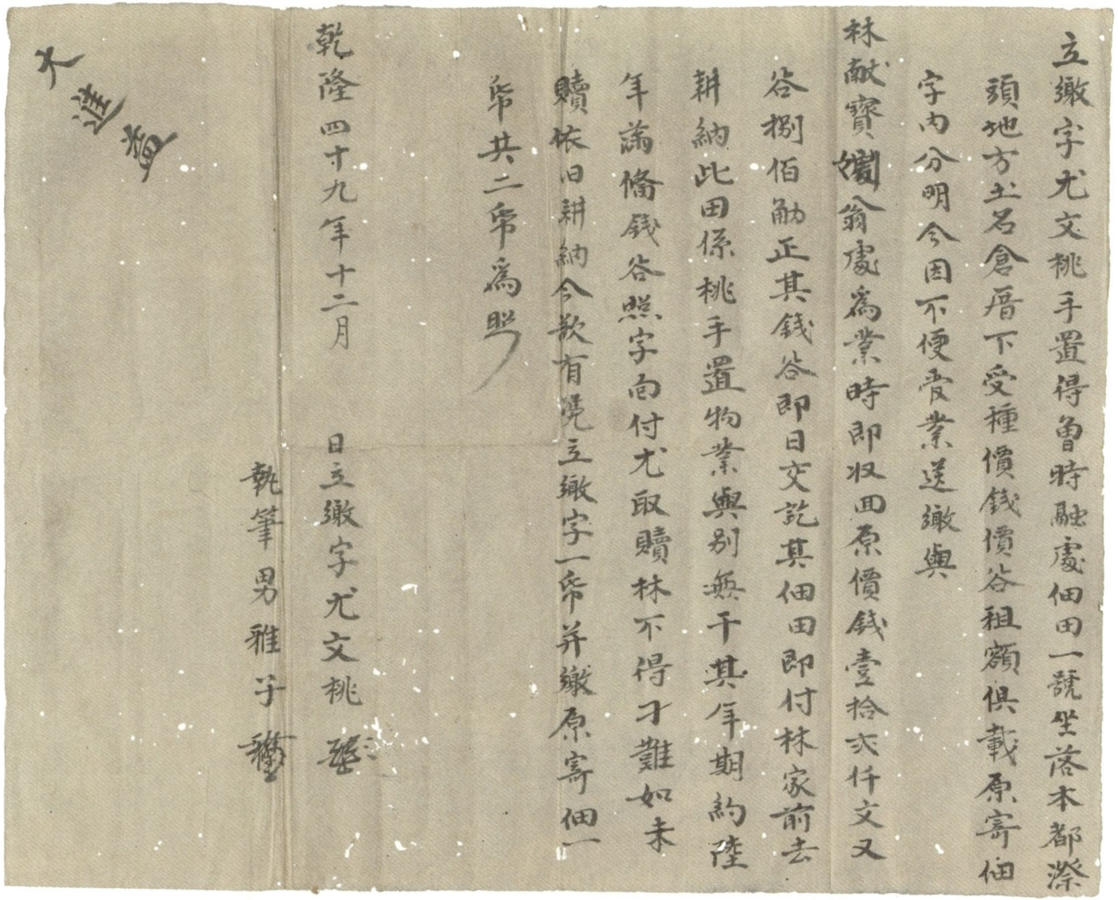
立繳字尤文桃手置得自將融處佃田一號坐落本都溁
頭地方土名倉厝下受種價錢價谷租額俱載原寄佃
字內分明今因不便管業送繳與
林猷寶𤅎翁處為業時即收田原價錢壹拾弍仟文又
谷捌佰觔正其錢谷即日交訖其佃田即付林家前去
耕納此田係桃手置物業與別無干其年期約陸
年滿備錢谷照字向付尤取贖林不得刁難如未
贖依旧耕納今欲有憑立繳字一帋并繳原寄佃一
帋共二帋為照
乾隆四十九年十二月
日立繳字尤文桃
執筆男雅子

大進查

7-2-16-2　清乾隆四十九年十二月尤文桃立繳佃田字

7-2-16-1　包契紙

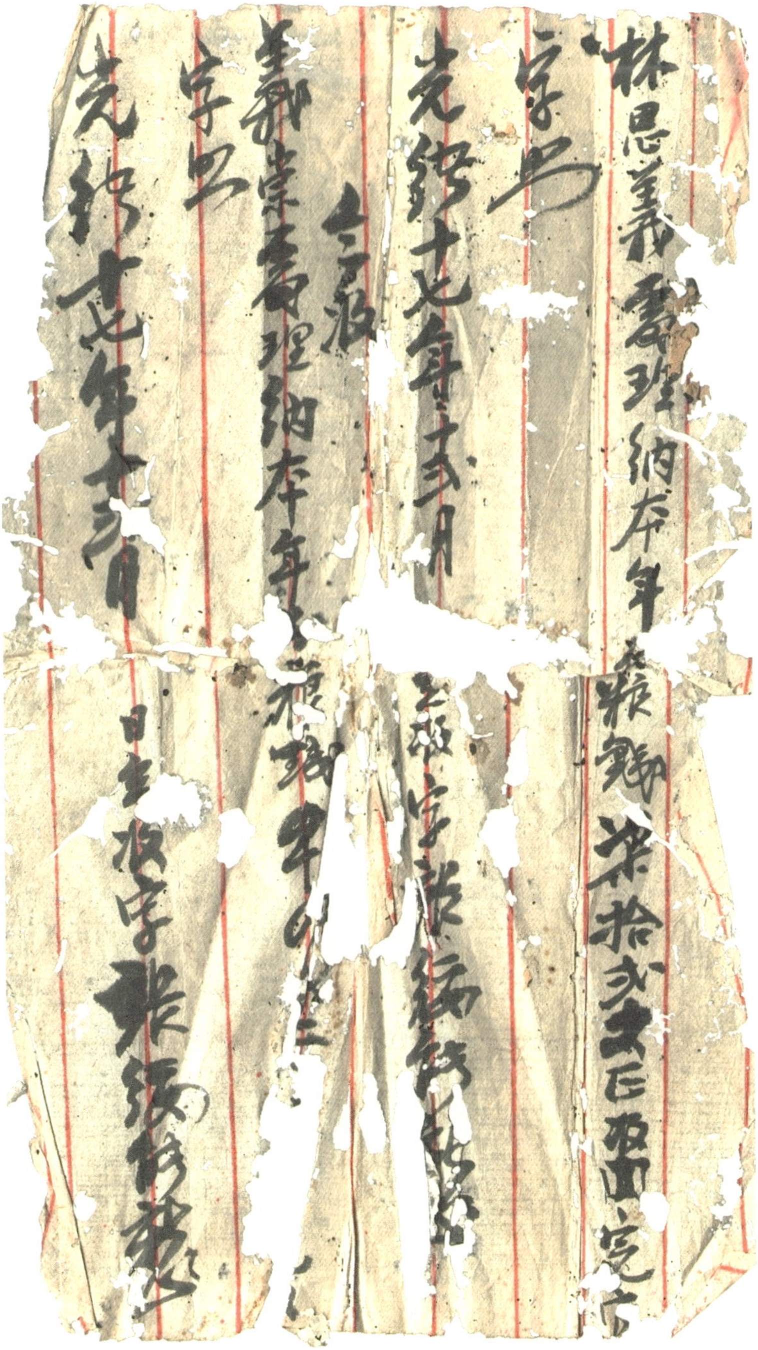

林思義霞理納本年粮錢柒拾貳文正當面完訖
字照
光緒十七年十二月　立收字張綏能
[illegible]義崇霞理納本年粮錢[illegible]
字照
光緒十七年十二月　日立收字張綏能筆

7-2-15-8　清光緒十七年十二月張綏能立收糧錢字

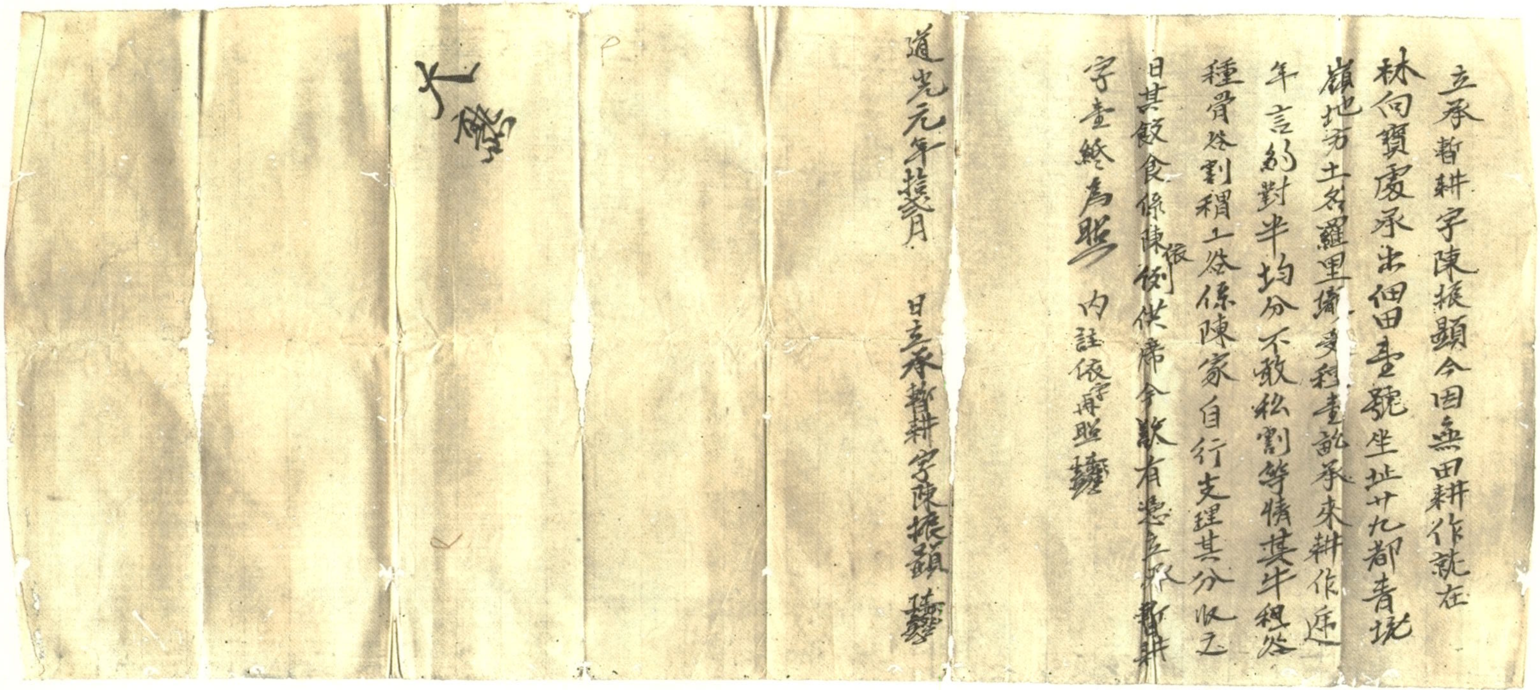
立承暫耕字陳振顯今因無田耕作就在
林向寶處承出佃田壹號坐址廿九都青垅
嶺地方土名羅里墘受种壹畝承來耕作逐
年言約對半均分不敢私割等情其牛租谷
種骨谷割稻工谷係陳家自行支理其分收之
日其飯食係陳振倒供席今欲有憑立承暫耕
字壹紙為照　内註依字再照
道光元年拾貳月　日立承暫耕字陳振顯

7-2-15-7　清道光元年十二月陳振顯立承暫耕佃田字（二）

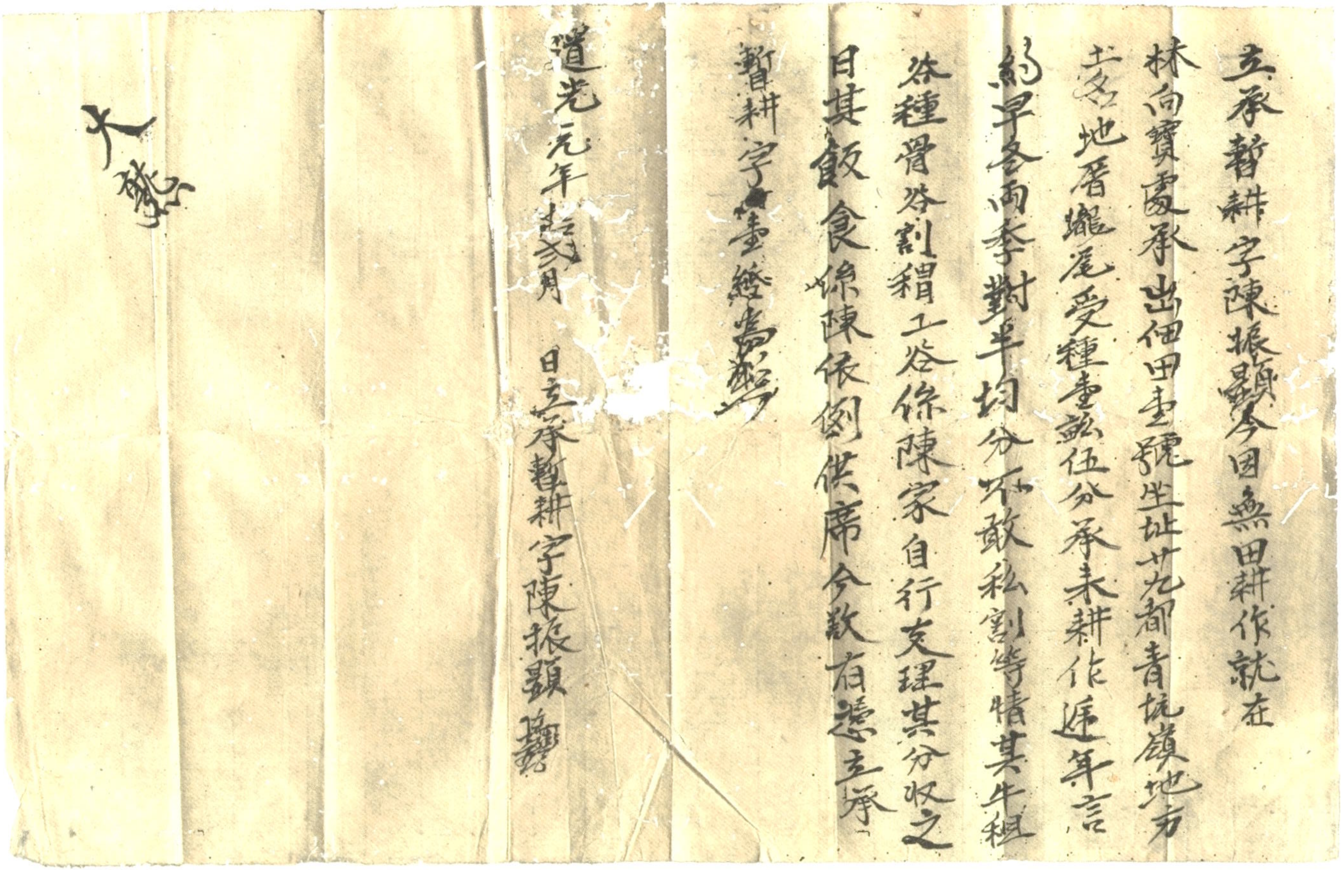
立承暫耕字陳振顕今因無田耕作就在
林向寶處承出佃田壹號坐址廿九都青坑嶺地方
土名地厝壠尾受種壹畝伍分承來耕作逐年言
約早冬兩季對半均分不敢私割等情其牛租
谷種胃谷割稻工谷係陳家自行支理其分收之
日其飯食係陳依例供席今欲有憑立承
暫耕字壹紙為照
道光元年十弍月　日立承暫耕字陳振顕
大發

7-2-15-6　清道光元年十二月陳振顕立承暫耕佃田字（一）

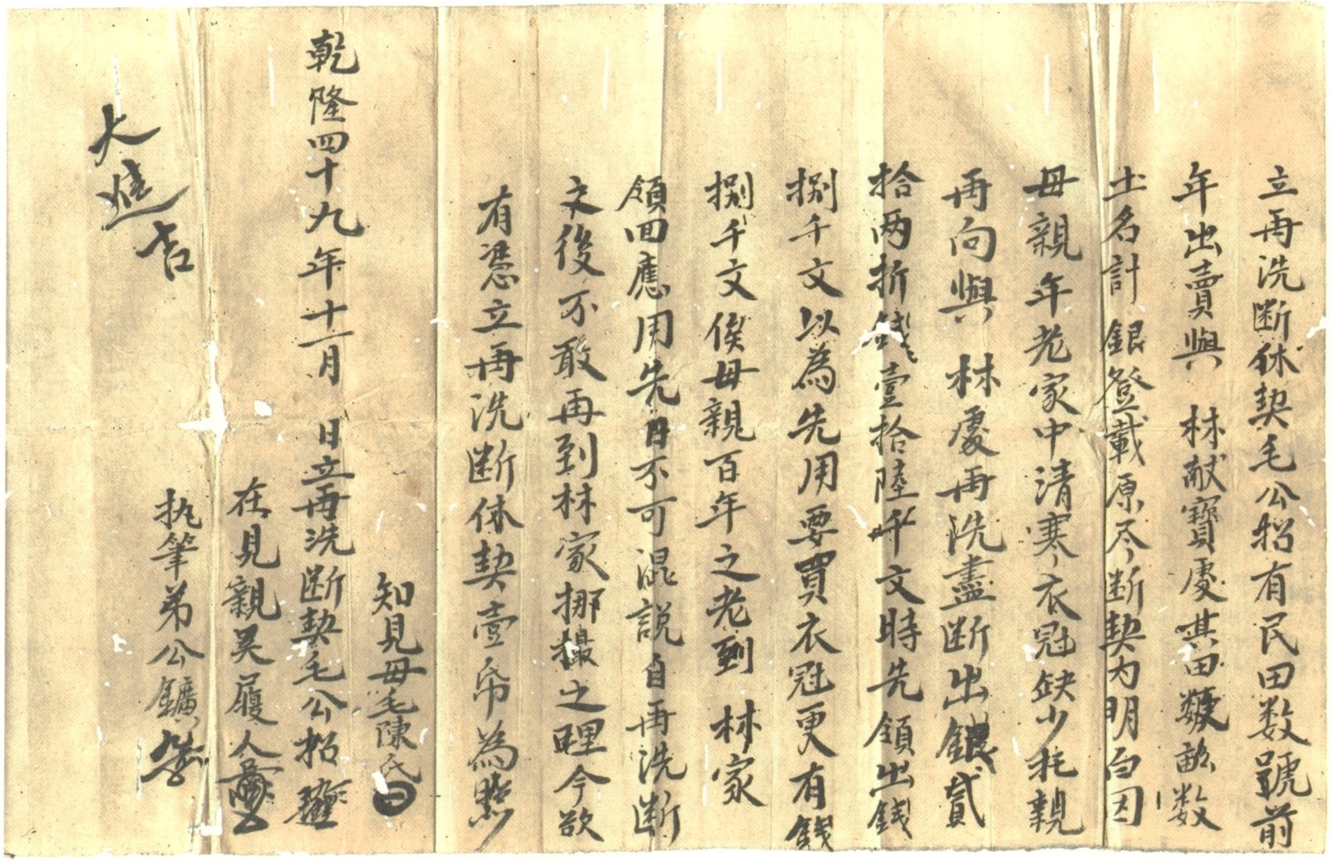
立再洗斷休契毛公招有民田數號，前
年出賣與林獻寶、慶，其田數畝數
土名、計銀登載原冬斷契內明白。因
母親年老，家中清寒，衣冠缺少，托親
再向與林慶再洗盡斷出銀貳
拾兩，折錢壹拾陸千文。時先領出錢
捌千文以為先用，要買衣冠，更有錢
捌千文俟母親百年之老，到林家
領回應用，先日不可混說。自再洗斷
之後，不敢再到林家挪㨿之理。今欲
有憑，立再洗斷休契壹紙為照。
知見母毛陳氏（押）
乾隆四十九年十一月　日立再洗斷契毛公招（押）
在見親吳履人（押）
執筆弟公鏞（押）
大吉

7-2-15-5　清乾隆四十九年十一月毛公招立再洗斷休民田契

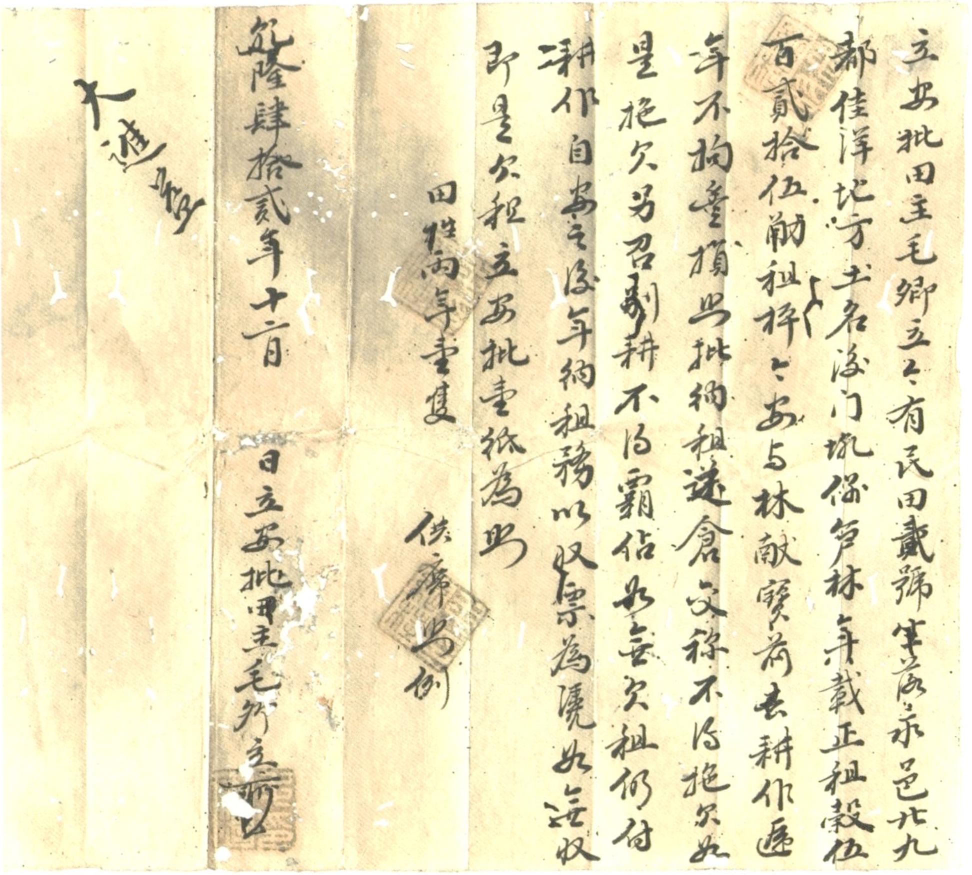
立安批田主毛卿，立々有民田貳號，坐落永邑北九
都佳洋地方，土名後门垅，併户林年，載正租穀伍
百貳拾伍觔，租桶々，安与林献寶前去耕作，歷
年不拘豐歉，照批納租，送倉交秤，不得拖欠；如
是拖欠，另召别耕，不得霸佔；如無欠租，仍付
耕作。自安之後，年納租務，以汉票為憑，如無收
即是欠租。立安批壹紙為照。
田粮兩年壹度
供齊照例
乾隆肆拾貳年十二月　日立安批田主毛卿立
大進

7-2-15-4　清乾隆四十二年十二月毛卿立立安批民田字

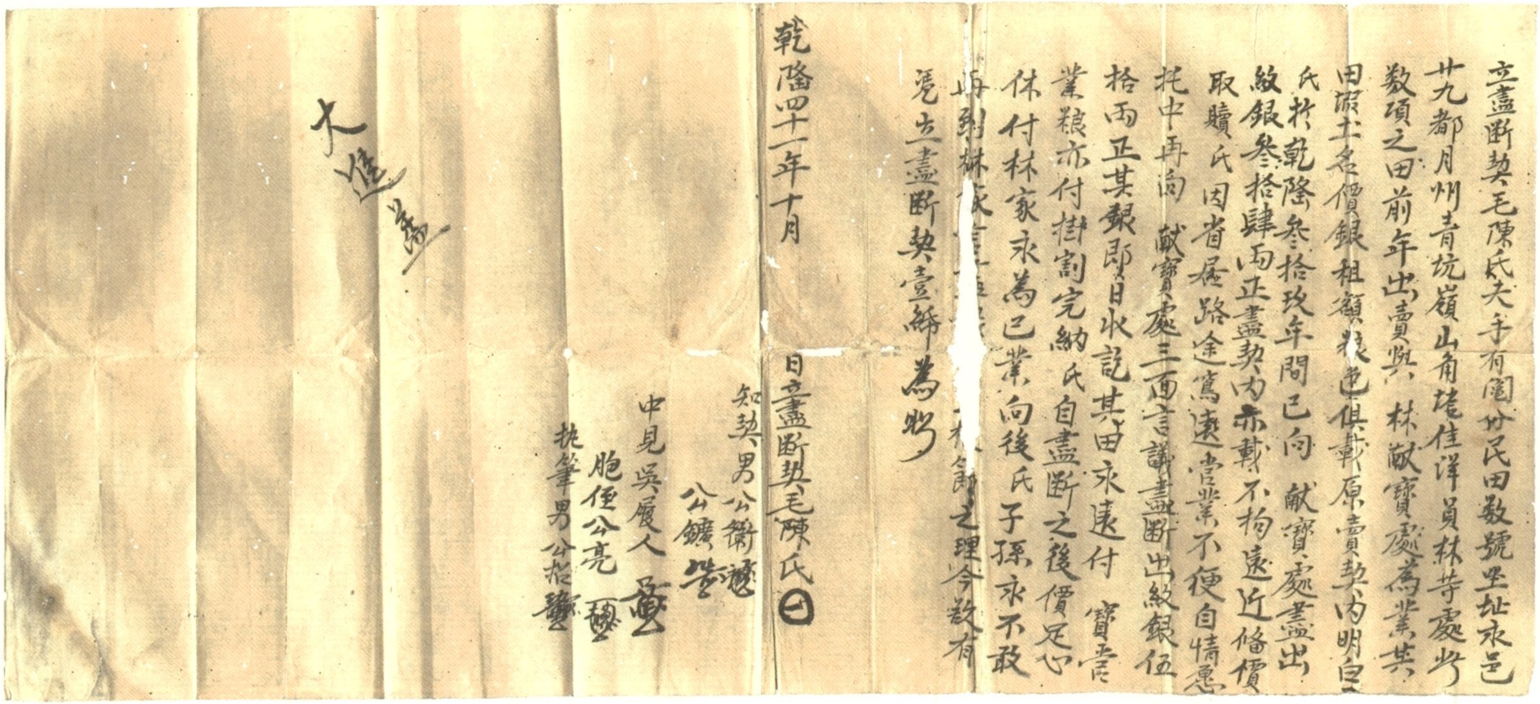

立盡斷契毛陳氏夫手有閣圴民田數號坐址永邑
廿九都月洲青坑嶺山角墘佳洋員林苛處岁
數項之田前年出賣與 林獻寶處爲業其
田說土名價銀租額粮色俱載原賣契內明白
氏於乾隆叁拾玖年間已向 獻寶處盡出
紋銀叁拾肆兩正盡契內亦載不拘遠近備價
取贖氏因省屋路途窵遠管業不便自情愿
托中再向 獻寶處三面言議盡斷出紋銀伍
拾兩正其銀即日收訖其田永遠付 寶處
業粮亦付掛割完納氏自盡斷之後價足心
休付林家永爲己業向後氏子孫永不敢
再到林家[illegible]之理今欲有
憑立盡斷契壹紙爲照

乾隆四十一年十月 日立盡斷契毛陳氏

知契男 公衛
公鏞
中見 吳履人
胞侄 公亮
執筆男 公[illegible]

大[illegible]

7-2-15-3 清乾隆四十一年十月毛陳氏立盡斷民田字

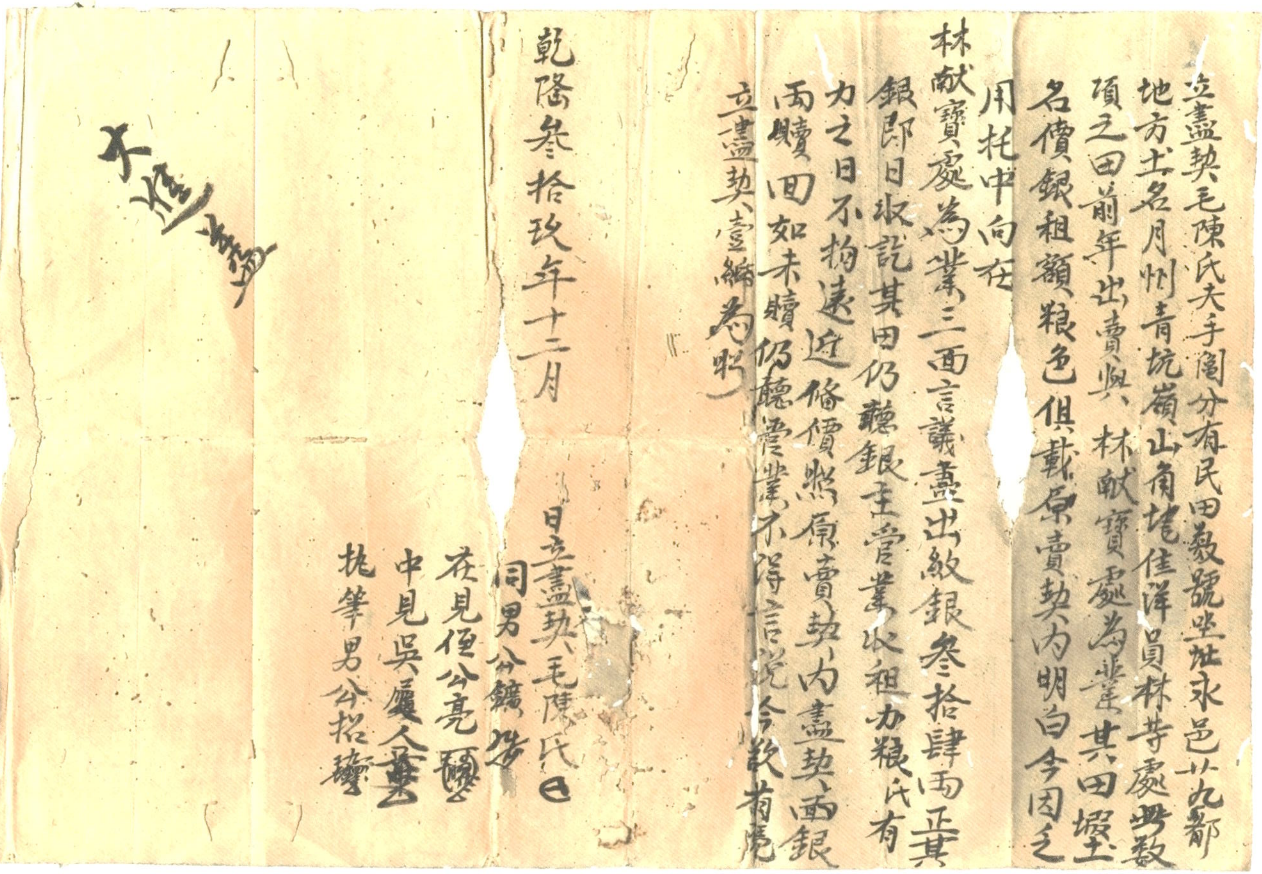
立盡契毛陳氏夫手鬮分有民田数號坐址永邑廿九都
地方土名月憫青坑嶺山角垅佳洋員林寺處數
項之田，前年出賣與林猷寶處為業，其田坵
名價銀租額粮色俱載原賣契內明白。今因乏
用，托中向在
林猷寶處為業，三面言議盡出紋銀叁拾肆兩正。其
銀即日收訖，其田仍聽銀主管業收租办粮。氏有
力之日，不拘遠近，備價照原賣契內盡契兩銀
兩贖回；如未贖，仍聽管業，不得言説。今欲有憑，
立盡契壹紙為照。
乾隆叁拾玖年十二月　日立盡契毛陳氏
同男公鎮
在見侄公亮
中見吳處人
執筆男公招
大[illegible]

7-2-15-2　清乾隆三十九年十二月毛陳氏立盡民田字

7-2-15-1　包契紙

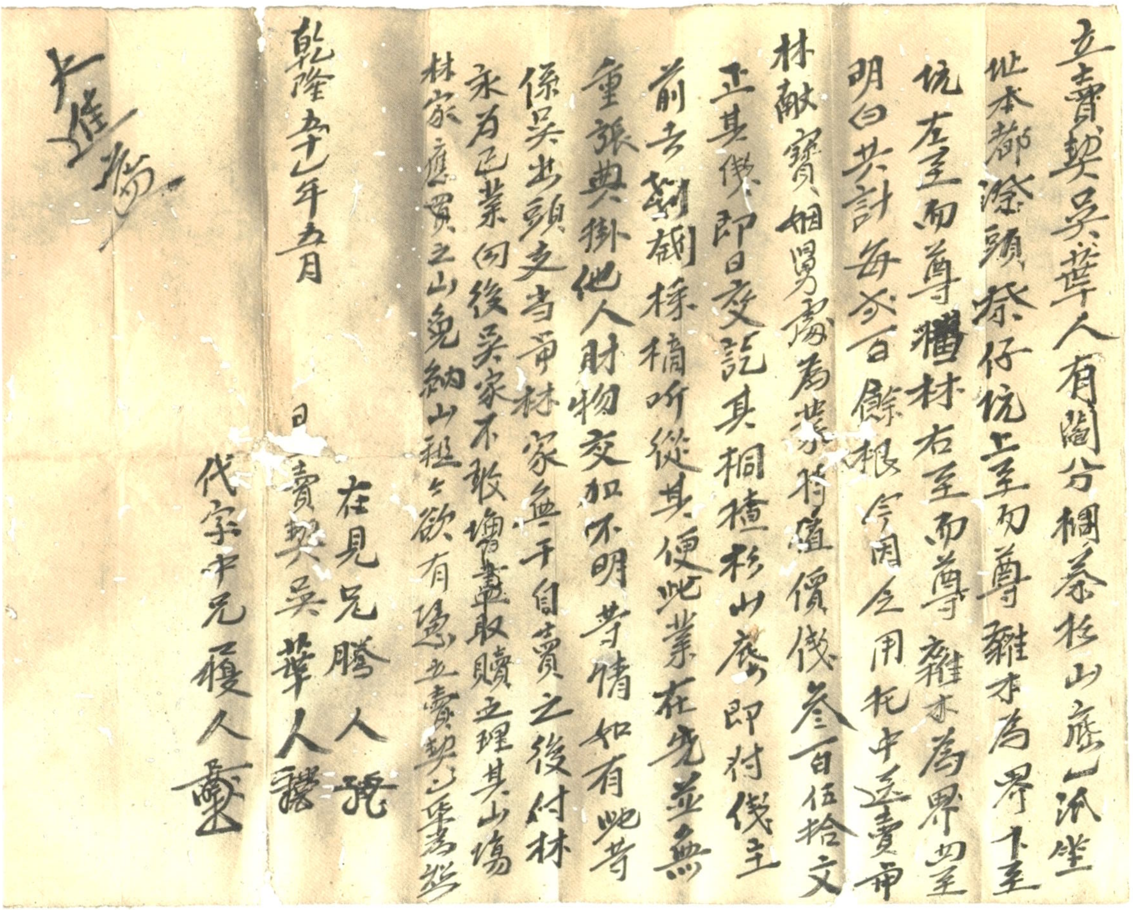
立賣契吳華人有閹分桐茶杉山底一派坐
址本都淤頭茶仔坑上至刀尊雜木為界下至
坑左至而尊欄林右至而尊雜木為界四至
明白共計每分百餘根今因乏用托中立賣與
林献寶姻男處為業當時值價錢叁百伍拾文
正其錢即日交訖其桐植杉山底即付錢主
前去鋤掘栽植聽從其便此業在先並無
重張典掛他人財物交加不明等情如有此等
係吳出頭支當與林家無干自賣之後付林
永為己業向後吳家不敢增找取贖立理其山場
林家應買之山免納山租々欲有憑立賣契為照

乾隆五十一年五月　日　立賣契吳華人（押）
在見兄　騰人（押）
代字中兄　稷人（押）

7-2-14-7　清乾隆五十一年五月吴華人立賣桐茶杉山底契

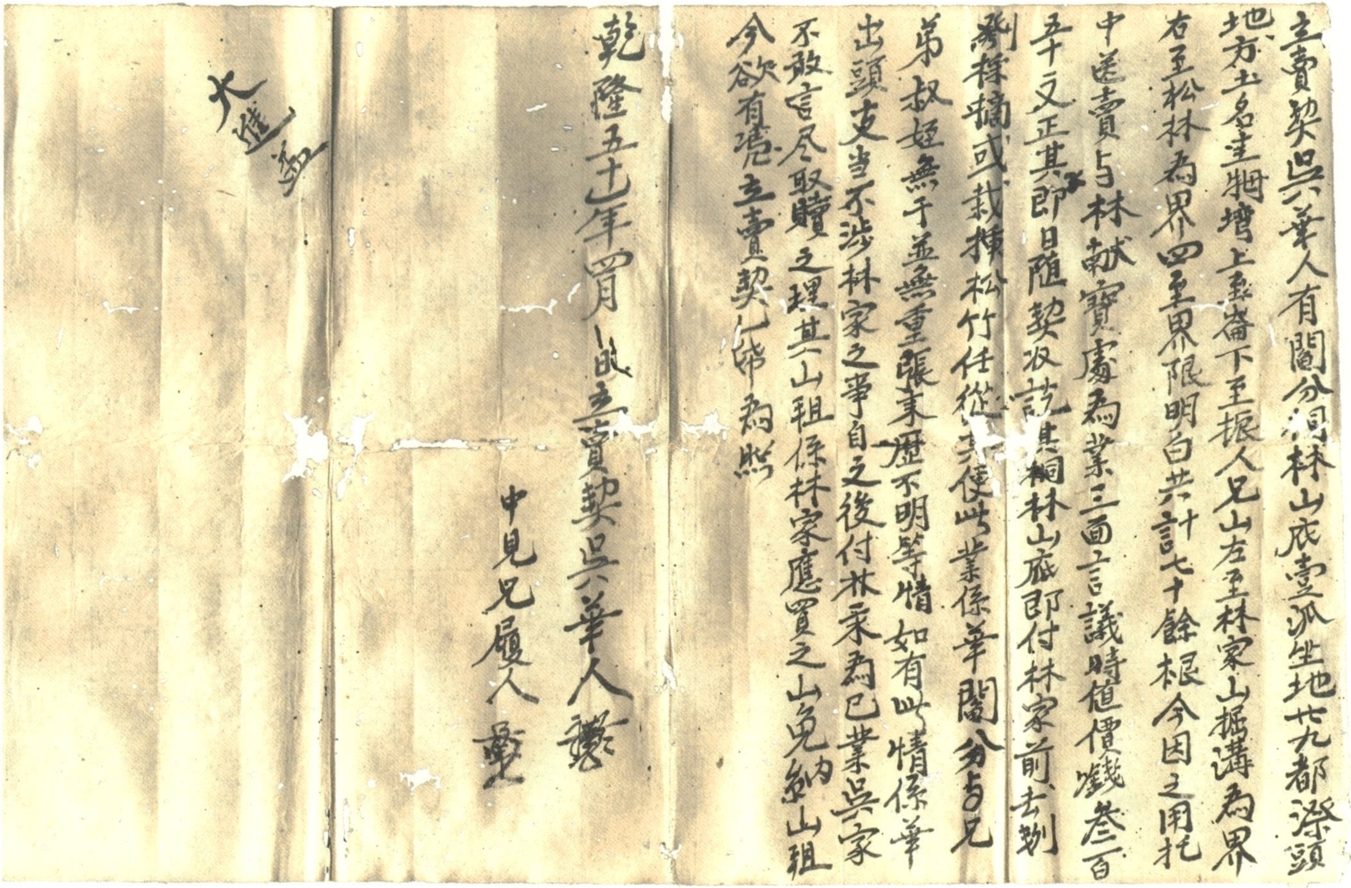

立賣契吳華人有閫分桐林山底壹派坐地廿九都漈頭
地方土名圭坳壇上至崙下至振人兄山左至林家山掘溝為界
右至松林為界四至界限明白共計七十餘根今因之用托
中送賣与林勅實處為業三面言議時值價錢叁百
五十文正其錢即日隨契収訖其桐林山底即付林家前去劉
剗採摘或栽種松竹任從其便此業係華閫分与兄
弟叔姪無干並無重張來歷不明等情如有此情係華
出頭支當不涉林家之事自之後付林采為已業吳家
不敢言尽取贖之理其山租係林家應買之山兒納山租
今欲有憑立賣契一帋為照

乾隆五十一年四月　日立賣契吳華人（押）
中見兄履人（押）

大進□

7-2-14-6　清乾隆五十一年四月吴華人立賣桐林山底契

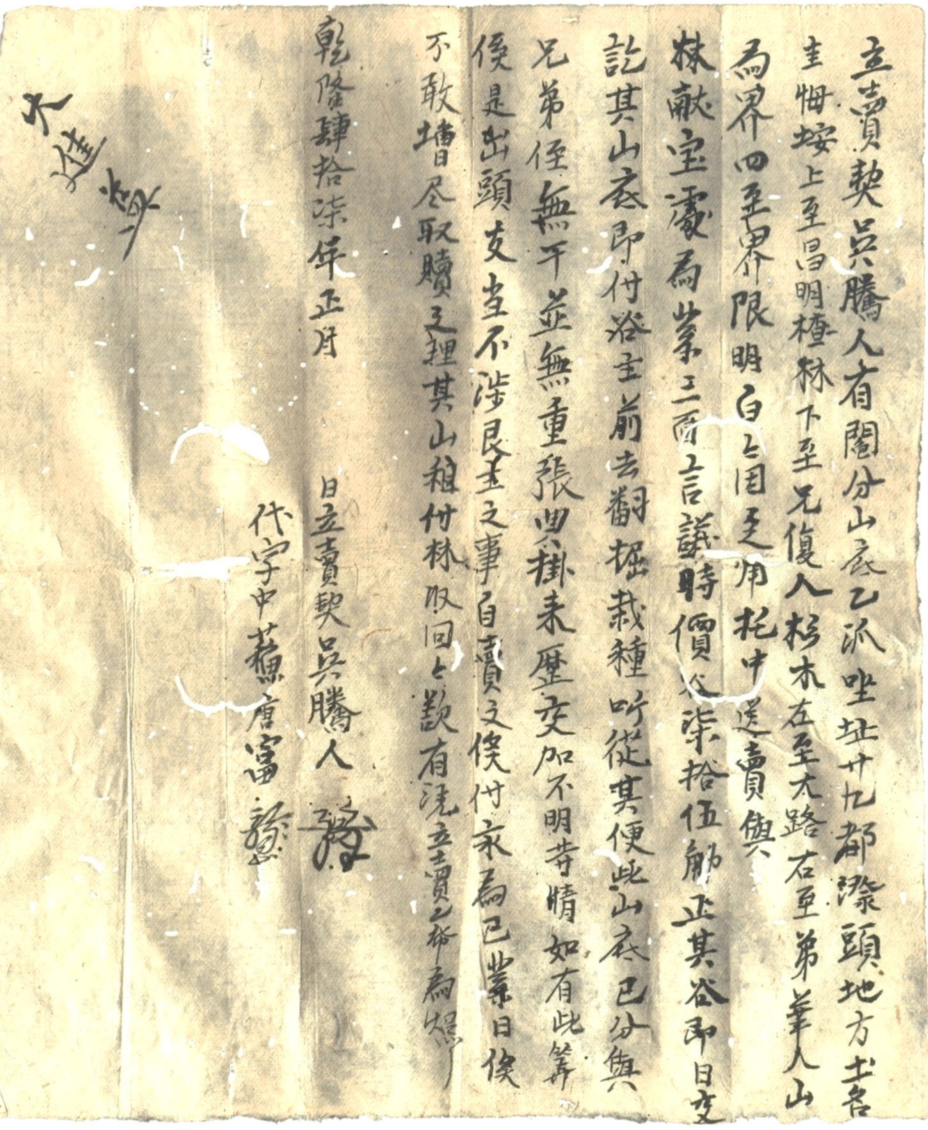

立賣契呉騰人有鬮分山底乙派坐址廿九都漈頭地方土名
圭悔垵上至昌明橦林下至兄復人杉木左至太路右至弟華人山
為界四至界限明白乙用足用托中送賣與
林献宗處為業三面言議時價銀柒拾伍觔正其谷即日交
訖其山底即付谷主前去劄掘栽種听從其便此山底已分與
兄弟侄無干並無重張典掛未歷交加不明等情如有此等
係是出頭支當不涉艮主之事自賣之後付家為已業日後
不敢增尽取贖之理其山租付林收回乙欵有憑立賣乙紙為照
乾隆肆拾柒年正月　日立賣契呉騰人（押）
代字中蕭唐富（押）
大進寶

7-2-14-5　清乾隆四十七年正月吳騰人立賣山底契

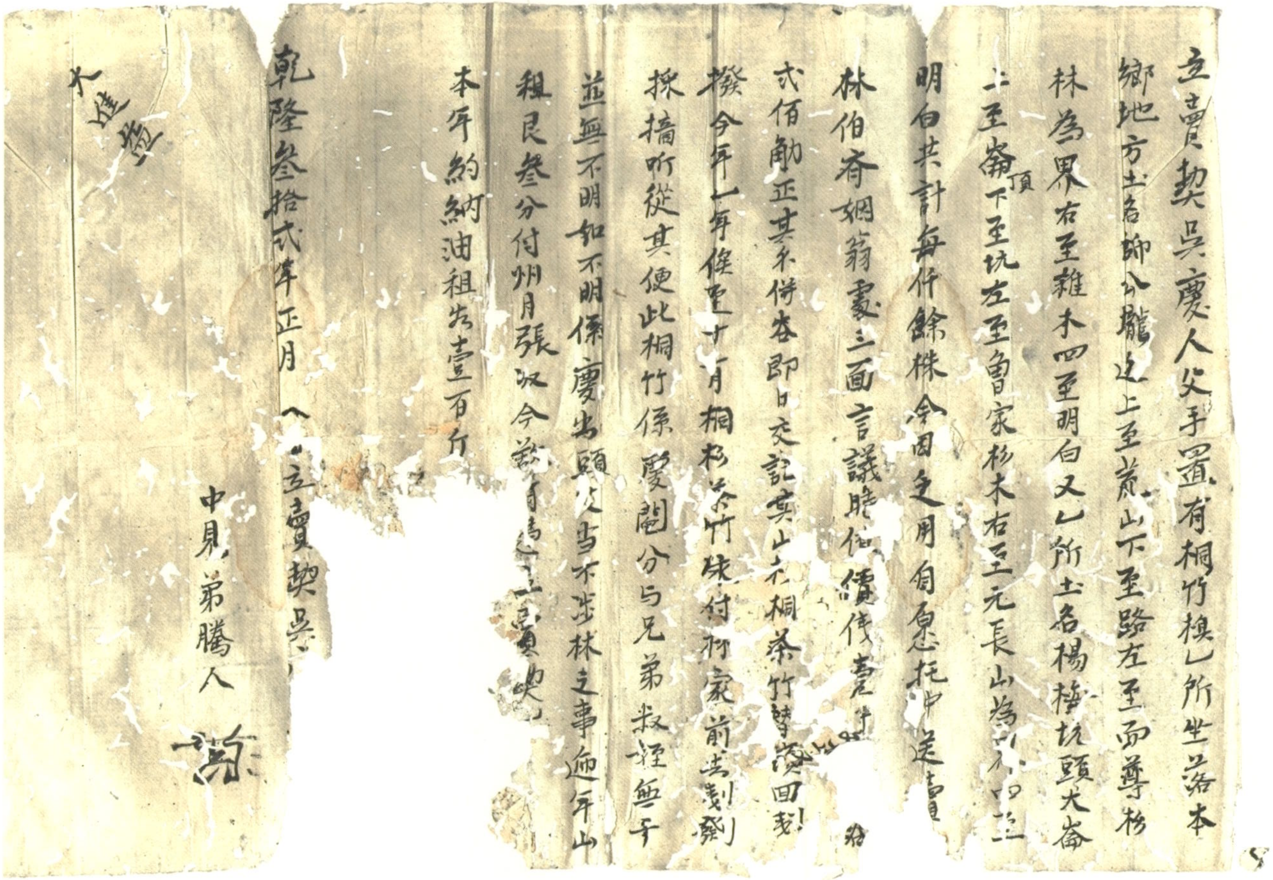

7-2-14-4　清乾隆三十二年正月吴慶人立賣桐竹模契

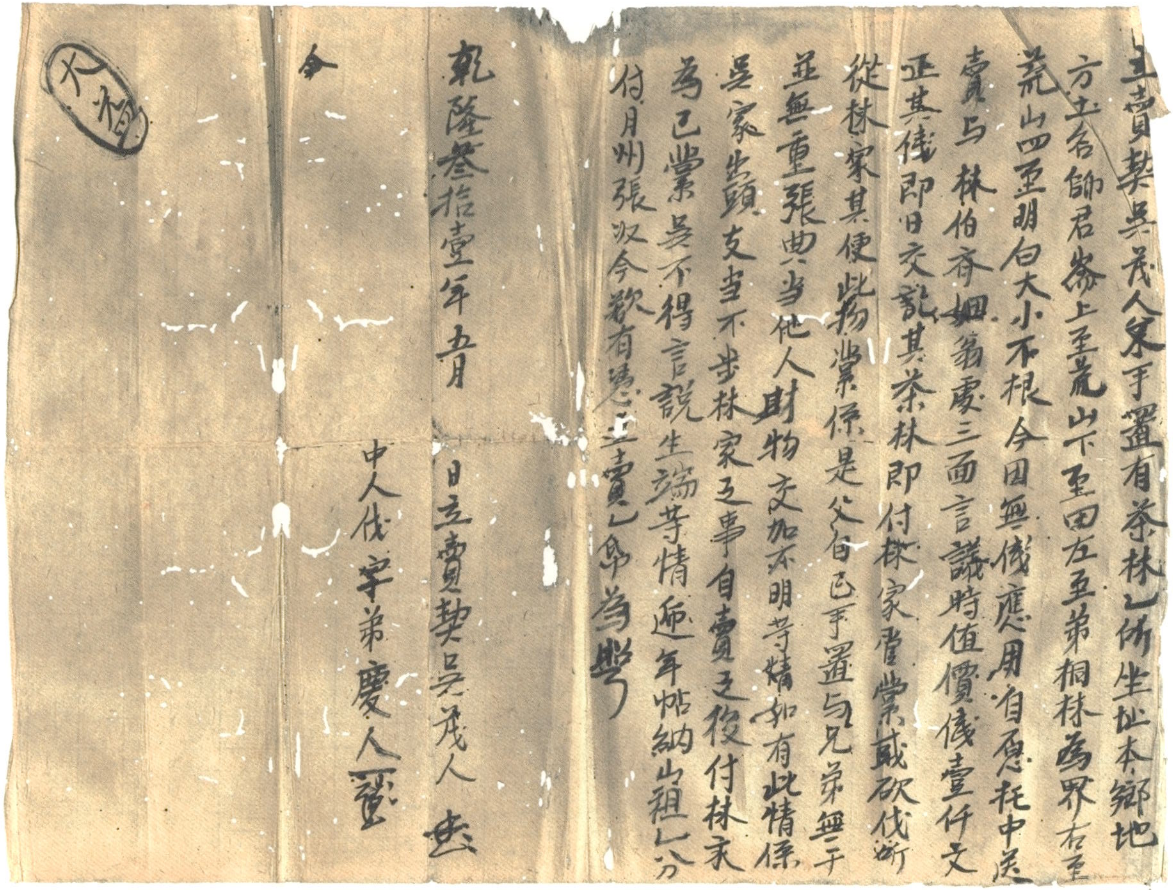

7-2-14-3　清乾隆三十一年五月吴茂人立賣茶林契

立賣契吳茂人父手置番培有雜木山所生
址本鄉地方土名三條嶺上至崙頂下至路左至曾
家杉林為界右至路四至明白大小不計根〻田無
俴應用自情托中送賣與林伯齊姻翁處三
面言議時值價錢伍仟文正其錢即日交訖其雜
木即付林家管業或砍伐听從林家其便此物業
係是父自己手置與兄弟叔侄無干並無重張
典当他人財物交加不明等情如有此情係吳家出
頭支当不涉林家之事自賣之後付林永為己業
吳不得言說生端等情迺年帖納山租艮弍分付
月州張收今欲有憑立賣契一紙為照
其雜木或培番任付林家其便再照

乾隆卅年正月　日立賣契吳茂人（押）

騰人

中見兄宗□

代字侄弟振□

大吉□

7-2-14-2　清乾隆三十年正月吳茂人等立賣雜木契

7-2-14-1　包契紙

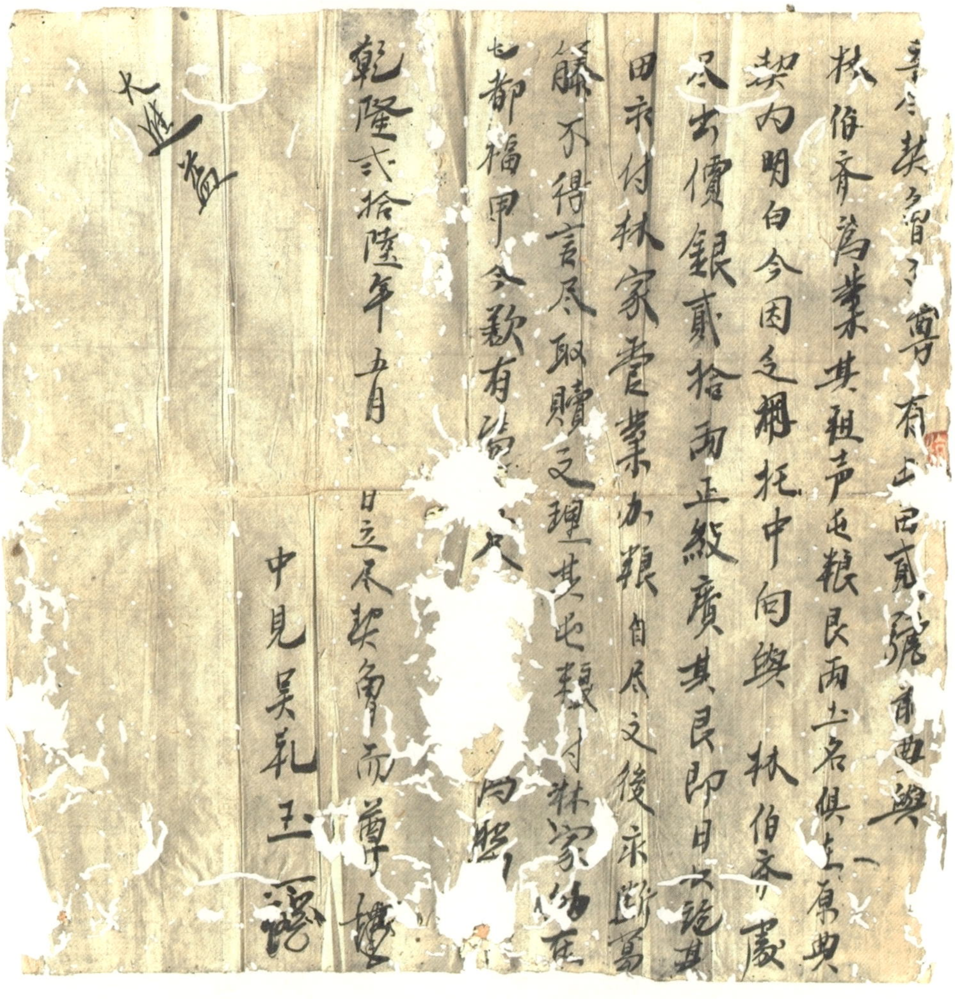
立盡契曾而尊有屯田貳號前西與
林伯齊爲業其租声屯粮艮兩土名俱在原典
契内明白今因乏用托中向與林伯齊處
盡出價銀貳拾兩正紋廣其艮即日交訖其
田永付林家管業办粮自盡之後永斷葛
籐不得言盡取贖之理其屯粮付林家收在
七都福甲今欲有憑立□□爲照
乾隆式拾陸年五月　日立盡契曾而尊（押）
中見吴乳玉（押）
大進　壹

7-2-13-3　清乾隆二十六年五月曾而尊立盡屯田契

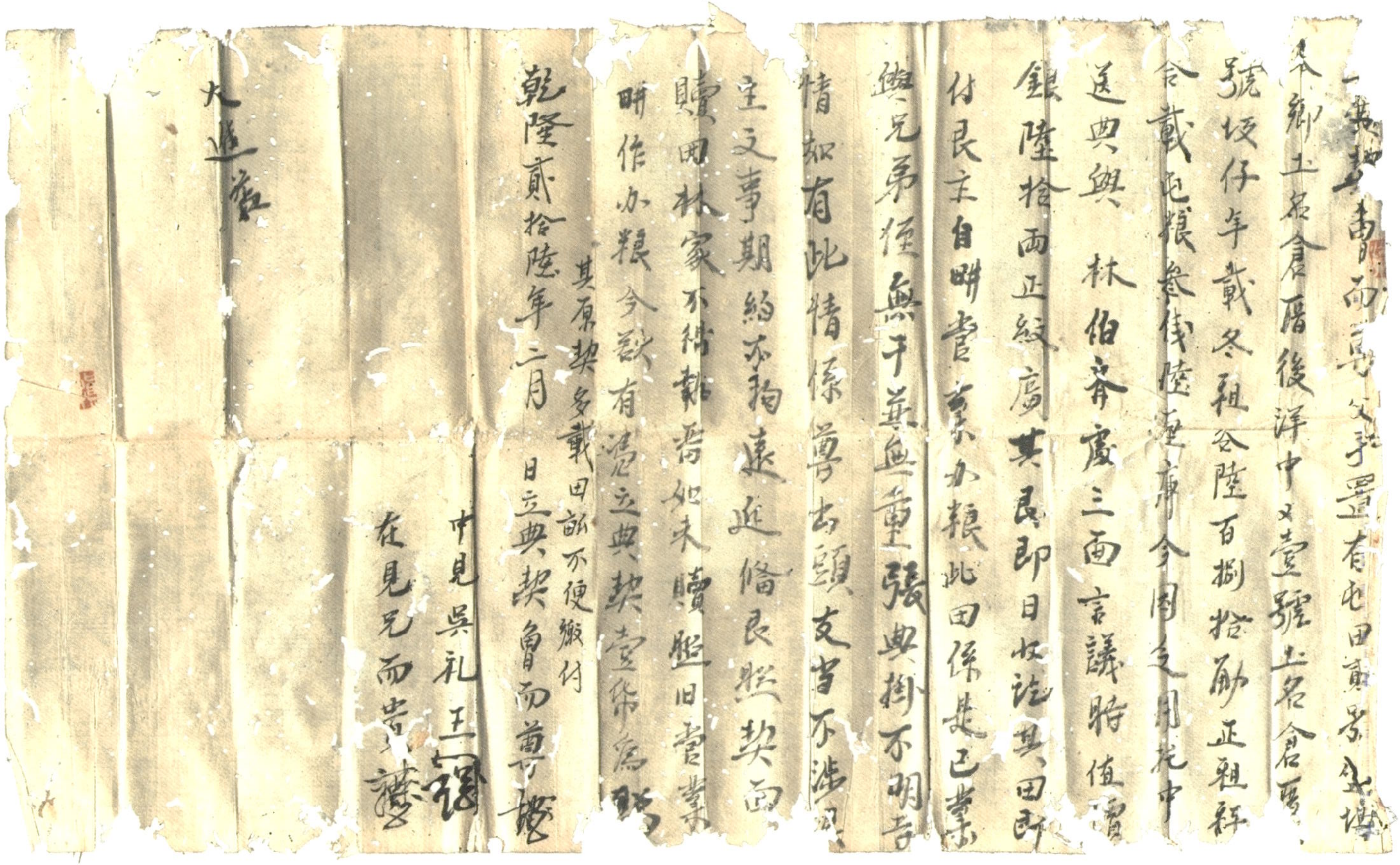
立典契曾而尊，有父手置有屯田貳号，坐□本鄉土名倉后厝後洋中，又壹號土名倉后厝號坂仔，年載冬租谷陸百捌拾觔正，租秤合，載屯粮叁錢陸分正。今因乏用，托中送典與林伯齊處，三面言議時值價銀陸拾兩正，紋廣，其艮即日收訖，其田聽付艮主自耕管業辦粮。此田係是己業，與兄弟侄無干，並無重張典掛不明等情，如有此情，係尊出頭支當，不涉銀主之事。期約不拘遠近，備艮照契面贖回，林家不得執留。如未贖，照舊管業耕作辦粮。今欲有憑，立典契壹紙為照。
其原契多載田畝，不便繳付。
乾隆貳拾陸年三月　日立典契曾而尊（押）
中見　吳礼　王□
在見　兄　而貴（押）
大進□

7-2-13-2　清乾隆二十六年三月曾而尊立典屯田契

曾而尊典契一紙
盡斷契一紙
曾而尊等公衆賣契一紙
曾時育賣契一紙
根字一紙　合契一紙
箱田契　天字肆號

7-2-13-1　包契紙

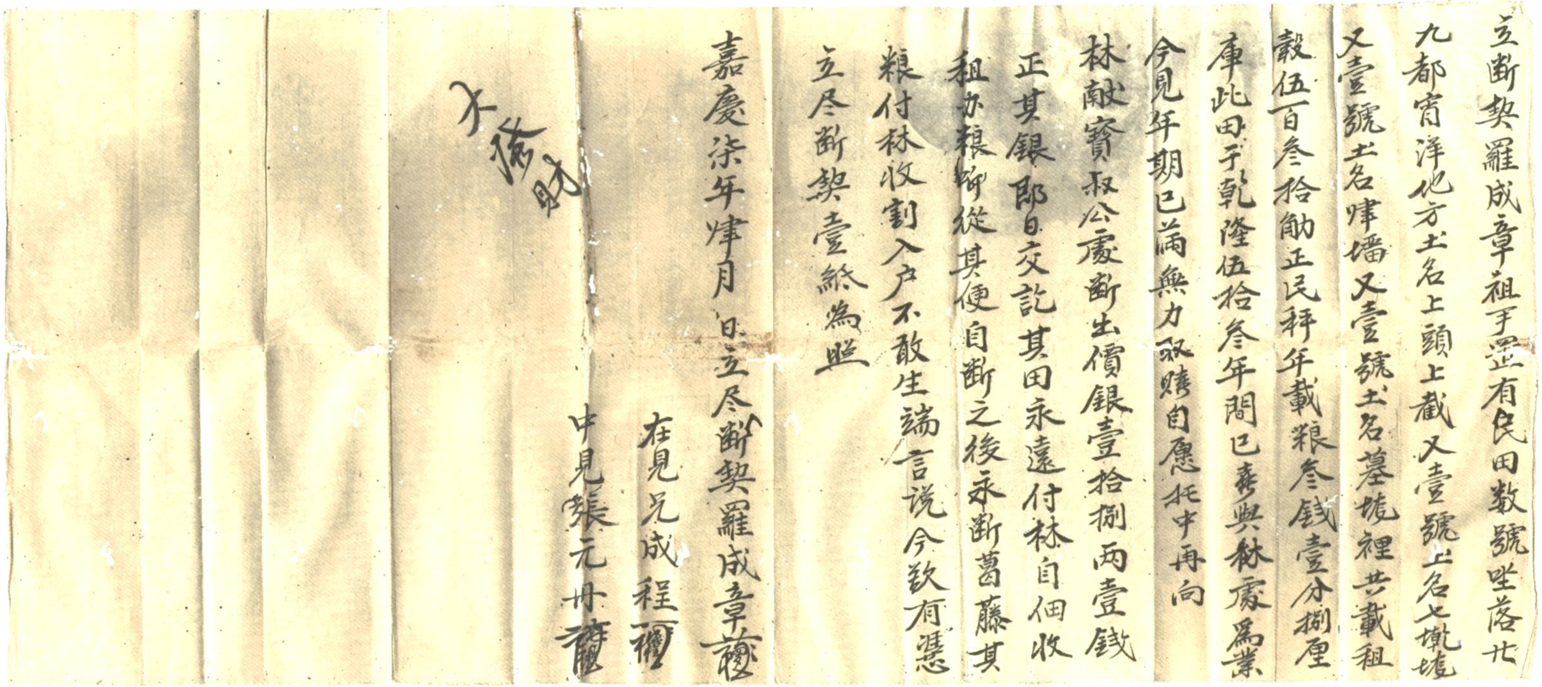

7-2-12-4　清嘉慶七年四月羅成章立盡斷民田契

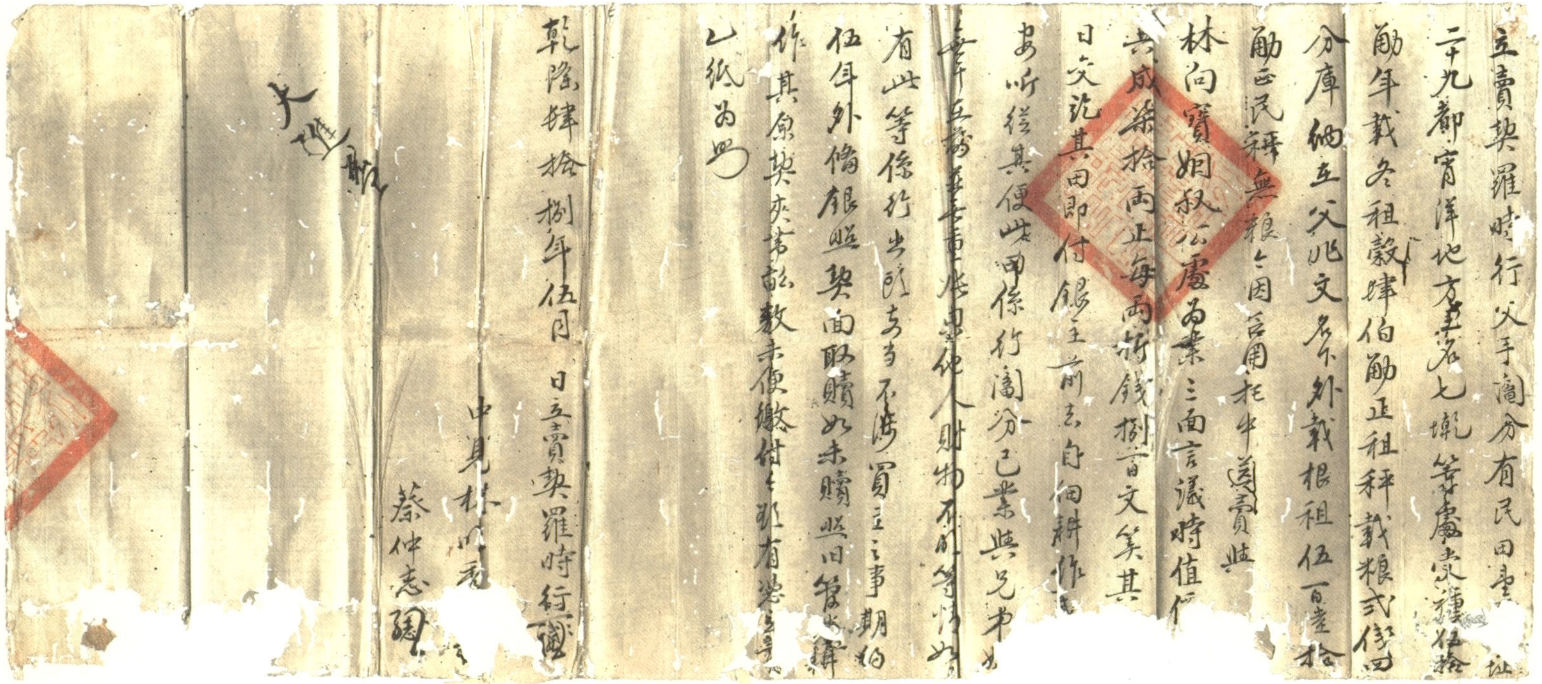

立賣契羅時行，父手鬮分有民田壹[illegible]址
二十九都宵洋地方，土名七墘等處，共種拾
觔，年載冬租穀肆伯觔，正租秤載粮貳伯
分，庫細立父兆文參外載根租伍一百壹拾
觔，正民秤無粮。今因乏用，托中送賣與
林向寶姻叔公處為業，三面言議時值價
六成錢拾兩正，每兩折錢捌百文，其
日交訖。其田即付銀主前去自佃耕作，
安听從其便。此田係行鬮分己業，與兄弟
[illegible]無干，並未曾典他人財物不明等情，如
有此等，係行出頭支當，不涉買主之事。期約
伍年外，備價銀照契面取贖，如未贖，照田管業。
[illegible]其原契[illegible]數未便繳付，[illegible]有憑，立賣
山紙為照。

乾隆肆拾捌年伍月　日立賣契羅時行（押）

中見林[illegible]（押）

蔡仲志（押）

7-2-12-3　清乾隆四十八年五月羅時行立賣民田契（紅契）

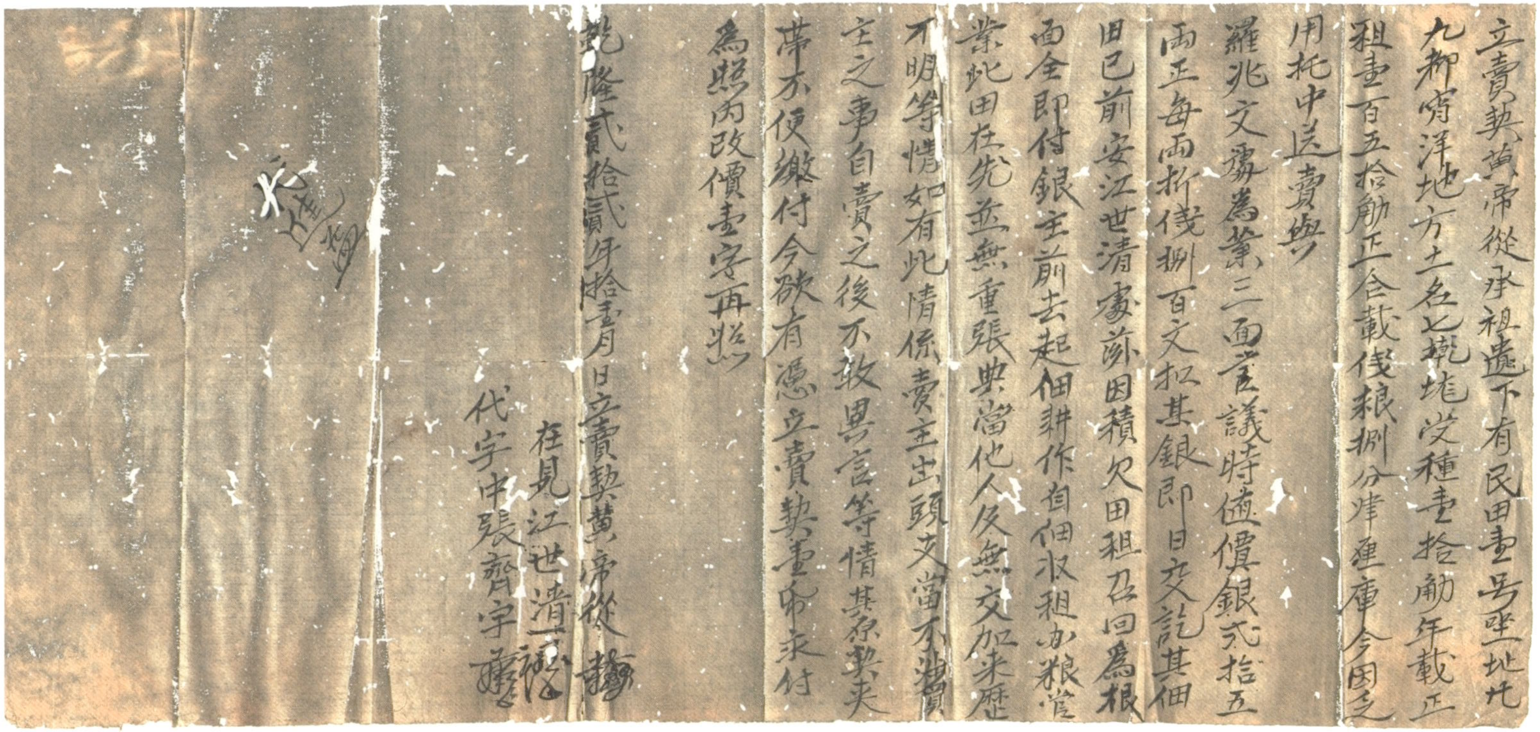
立賣契黄帝從承祖遺下有民田壹号坐址土
九都穷洋地方土名七塅坵受種壹拾觔年載正
租壹百五拾觔正合載伐粮捌分肆厘今因乏
用托中送賣與
羅兆文爲業三面言議時値價銀弍拾五
兩正每兩折伐捌百文扣其銀即日交訖其佃
田已前安江世清處蔭因積欠田租召回爲根
面全即付銀主前去起佃耕作自佃收租办粮當
業此田在先並無重張典當他人及無交加來歷
不明等情如有此情係賣主出頭支當不涉買
主之事自賣之後不敢異言等情其係契夹
帶不便繳付今欲有憑立賣契壹帋永付
爲照丙改價壹字再照
乾隆貳拾貳年拾壹月日立賣契黄帝從
在見江世清
代字中張齊宇

7-2-12-2　清乾隆二十二年十一月黄帝從立賣民田契

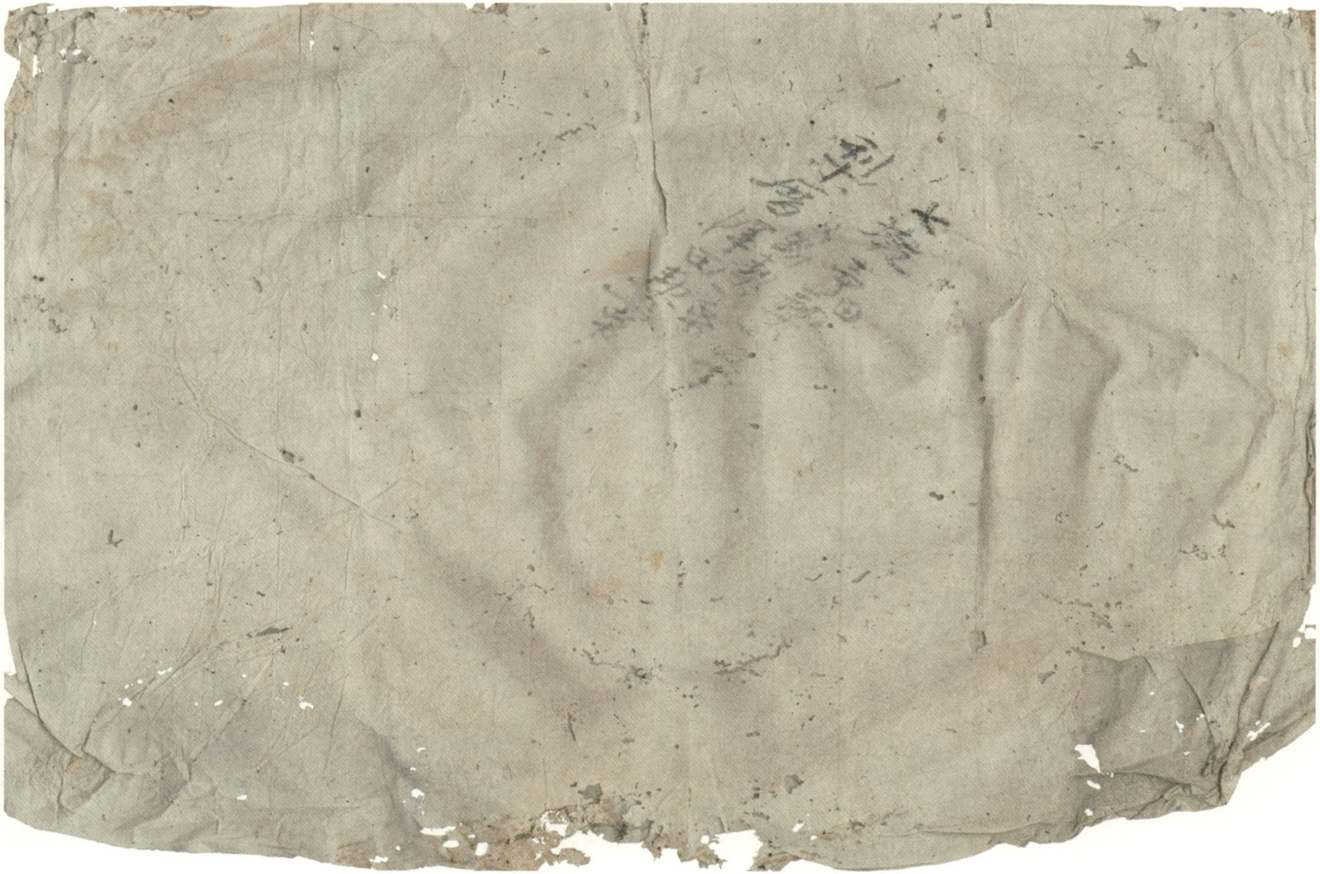

7-2-12-1　包契紙

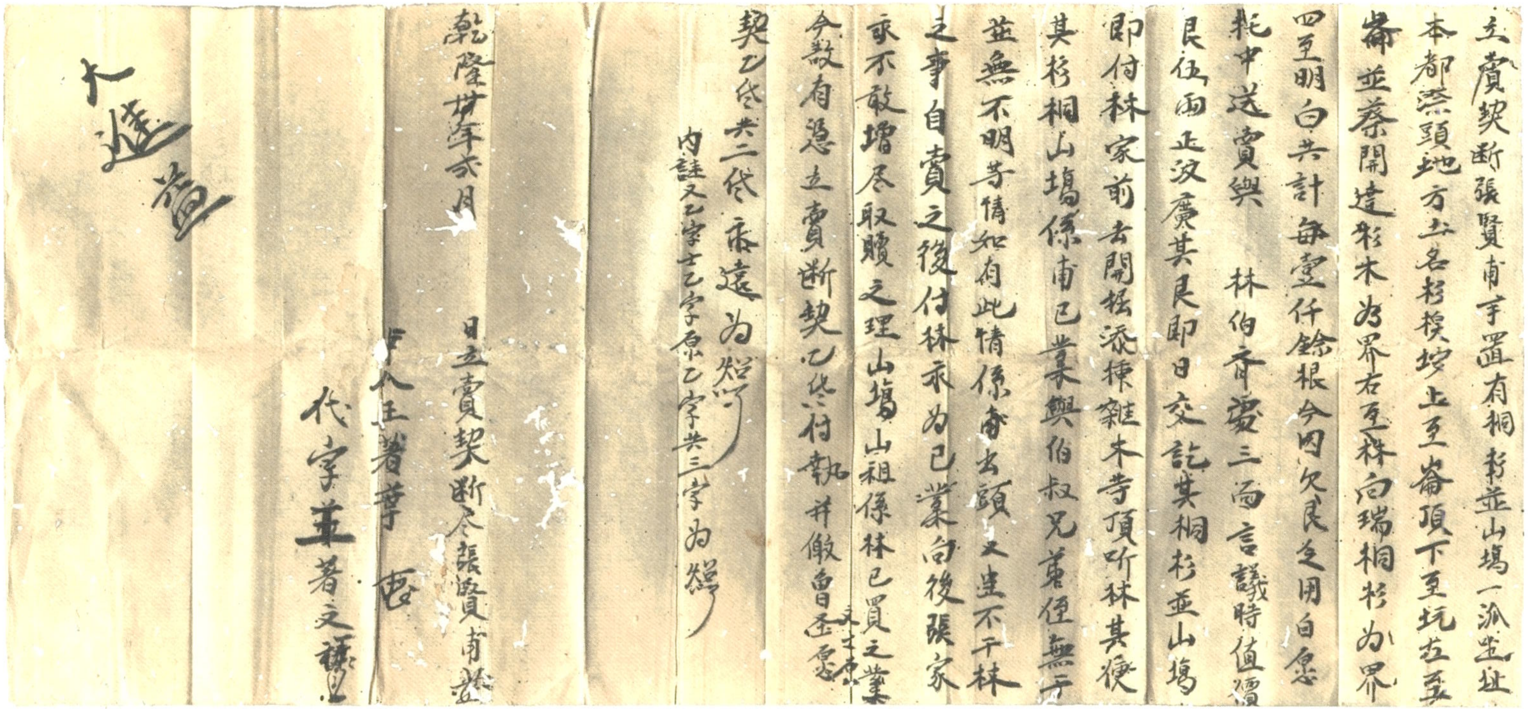
立賣契斷張賢甫手置有桐杉並山塲一派，坐址
本都崇頭地方，土名杉模坽，上至崙頂，下至坑，左至
崙並蔡閏造杉木為界，右至林向瑞桐杉為界，
四至明白，共計每壹仟餘根。今因欠艮乏用，自愿
托中送賣與　林伯齊處，三面言議，時值價
艮伍兩正，汶廣其艮即日交訖，其桐杉並山塲
即付林家前去開掘添種雜木，寺頂听林其便，
其杉桐山塲係甫已業，與伯叔兄弟侄無干，
並無不明等情，如有此情，係甫出頭之当，不干林
之事。自賣之後，付林永為己業，向後張家
永不敢增尽取贖之理。山塲山祖係林已買之業。
今欲有憑，立賣斷契乙紙，付執并繳會丕憑。
契乙紙共二紙，永遠為照。
內註文乙字，土乙字，原乙字，共三字為照。
乾隆卅年貳月　日立賣契斷人張賢甫押
中人王著尊押
代字董著文押
大進益

7-2-11-3　清乾隆三十年二月張賢甫立賣斷桐杉並山場契

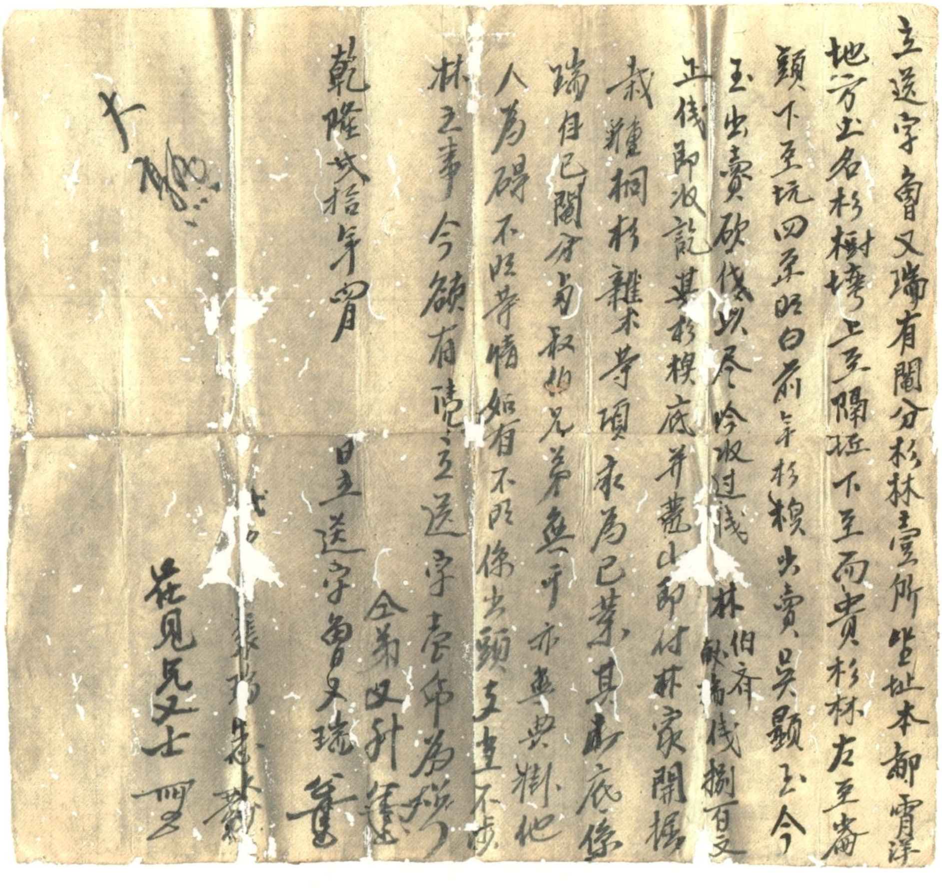
立送字曾又瑞有閹分杉林壹所坐址本都霄澤
地方土名杉樹壋上至陽垅下至面貴杉林左至崙
頭下至坑四至照白前年杉樹出賣吳顯玉今
玉出賣砍伐以冬吟收过钱　林伯齐
敏瑞钱捌百文
正钱即收訖其杉樹底并蓋山即付林家開掘
栽種桐杉雜木等項永為己業其杉底係
瑞自己閹分自叔伯兄弟無干亦無典掛他
人為碍不明等情如有不明係出頭支當不涉
林之事今欲有憑立送字壹帋為照
乾隆贰拾年四月　日立送字曾又瑞
仝弟又升
在見兄又士

7-2-11-2　清乾隆二十年四月曾又瑞等立送杉林字

7-2-11-1　包契紙

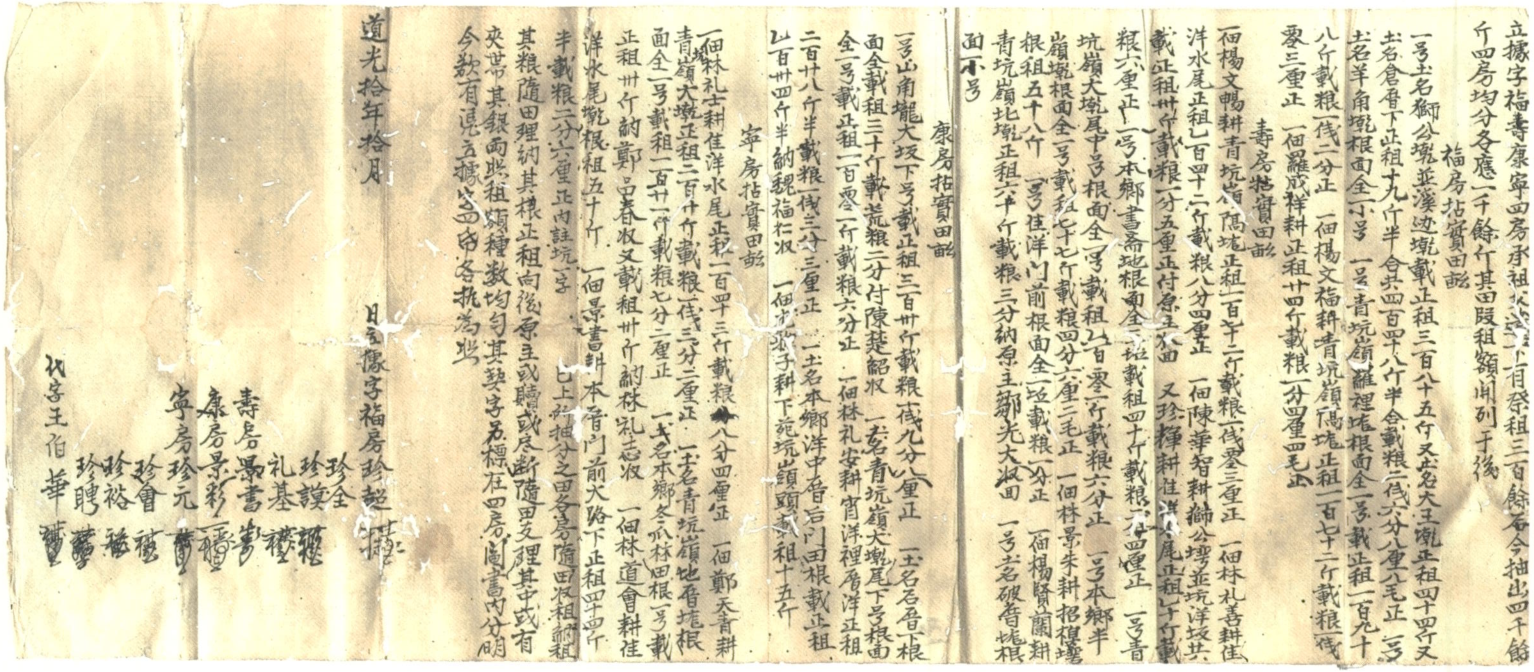

立據字福壽康寧四房承祖□□一百祭租三百餘石，今抽出四千餘
斤四房均分，各應一千餘斤，其田段租額開列于後。
福房拈寶田畝
一號土名鄉公墘並溪邊墘，載正租三百八十五斤；又土名大王墘，正租四十四斤；又
土名倉厝下，正租十九斤半，合共四百四十八斤半，合載粮二錢六分八厘八毛正。一號
土名羊角墘，根面全。一小號 一號土名青坑嶺羅裡墘，根面全。一號載正租一百九十
八斤，載粮一錢二分正。一佃楊文福耕青坑嶺隔墘，正租一百七十二斤，載粮一錢
零三厘正。一佃羅成祥耕，正租廿四斤，載粮一分四厘四毛正。
壽房拈寶田畝
一佃楊文暢耕青坑嶺隔墘，正租一百六十二斤，載粮一錢零三厘正。一佃林礼善耕住
洋水尾，正租一百四十二斤，載粮八分四厘正。一佃陳華智耕獅公墘並坑洋坂共
載正租卅斤，載粮一分五厘正，付原主□□。又珍輝耕住洋□尾，正租七十斤，載
粮六厘正。一號本鄉書斋地根面全□坵，載租四十斤，載粮二分四厘正。一號青
坑嶺大墘尾中号根面全一號，載租一百零一斤，載粮六分正。一號本鄉半
嶺墘根面全一號，載租七十七斤，載粮四分六厘二毛正。一佃林景朱耕，招租塆
根租五十八斤。一號住洋門前根面全一坵，載粮一分正。一佃楊賢蘭耕
青坑嶺北墘，正租六十斤，載粮三分，納原主鄭光大收回。一號土名破厝墘根
面不号
康房拈寶田畝
一號山角墘大坂下号，載正租三百卅斤，載粮一錢九分八厘正。一土名石厝下根
面全，載租三十斤，載荒粮二分，付陳楚紹收。一土名青坑嶺大墘尾下号根面
全一號，載正租一百零一斤，載粮六分正。一佃林礼安耕，住洋裡厝洋正租
二百廿八斤半，載粮一錢三分三厘正。一土名本鄉洋中厝后門田根，載正租
一百卅四斤半，納魏福仁收。一佃林□子耕下苑坑嶺頭，載租十五斤
寧房拈寶田畝
一佃林礼士耕住洋水尾，正租一百四十三斤，載粮□八分四厘正。一佃鄭天青耕
青嶺大墘，正租二百廿斤，載粮一錢三分二厘正。一土名青坑嶺池厝墘根
面全一號，載租一百廿一斤，載粮七分二厘正。一土名本鄉冬瓜林田根一號，載
正租卅斤，納鄭品春收；又載租卅斤，納林礼志收。一佃林道會耕住
洋水尾墘根，租五十斤。一佃景書耕本厝門前大路下，正租四十四斤
半，載粮二分六厘正，內註坑一字。已上所抽分之田，各房隨田收租納粮，
其粮隨田理納，其粮正租向後原主或贖或盡斷，隨田支理。其中或有
夾帶其銀兩與租額種數，均匀其契字另標在四房，閬書內分明。
今欲有憑，立據字四帋，各執為照。

道光拾年拾月　日立據字福房珍超（押）
珍全（押）
珍謨（押）
礼基（押）
壽房景書（押）
康房景彩（押）
寧房珍元（押）
珍會（押）
珍裕（押）
珍聘（押）
代字王伯華（押）

7-2-10-21　清道光十年十月林氏福壽康寧四房立據字

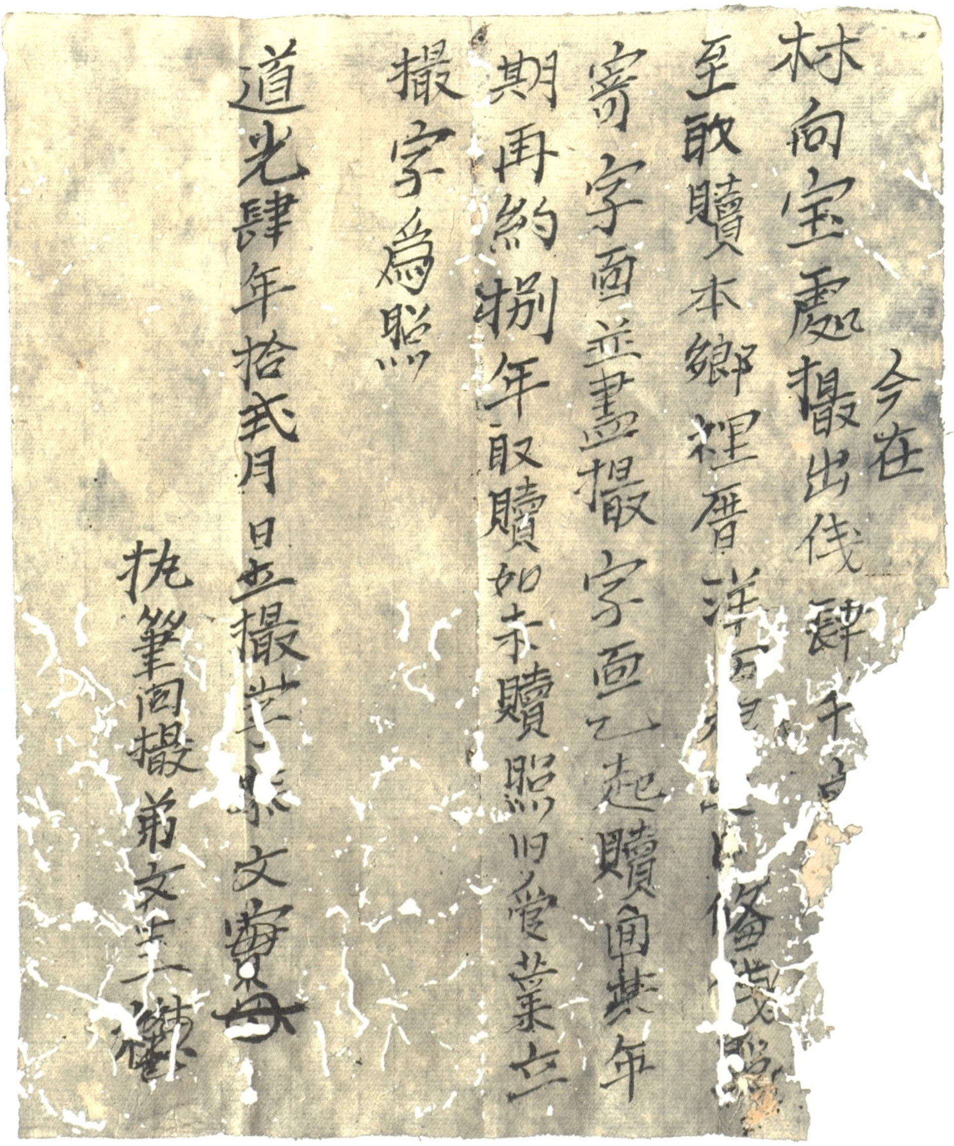

今在
林向宝處撮出伐肆千[illegible]
至敢贖本鄉禋曆洋[illegible]備伐[illegible]
寄字面並盡撮字面乙起贖面其年
期再約捌年敢贖如未贖照旧管業立
撮字為照
道光肆年拾貳月日立撮[illegible]文實
代筆同撮弟文[illegible]

7-2-10-20　清道光四年十二月蔡文實立撮字

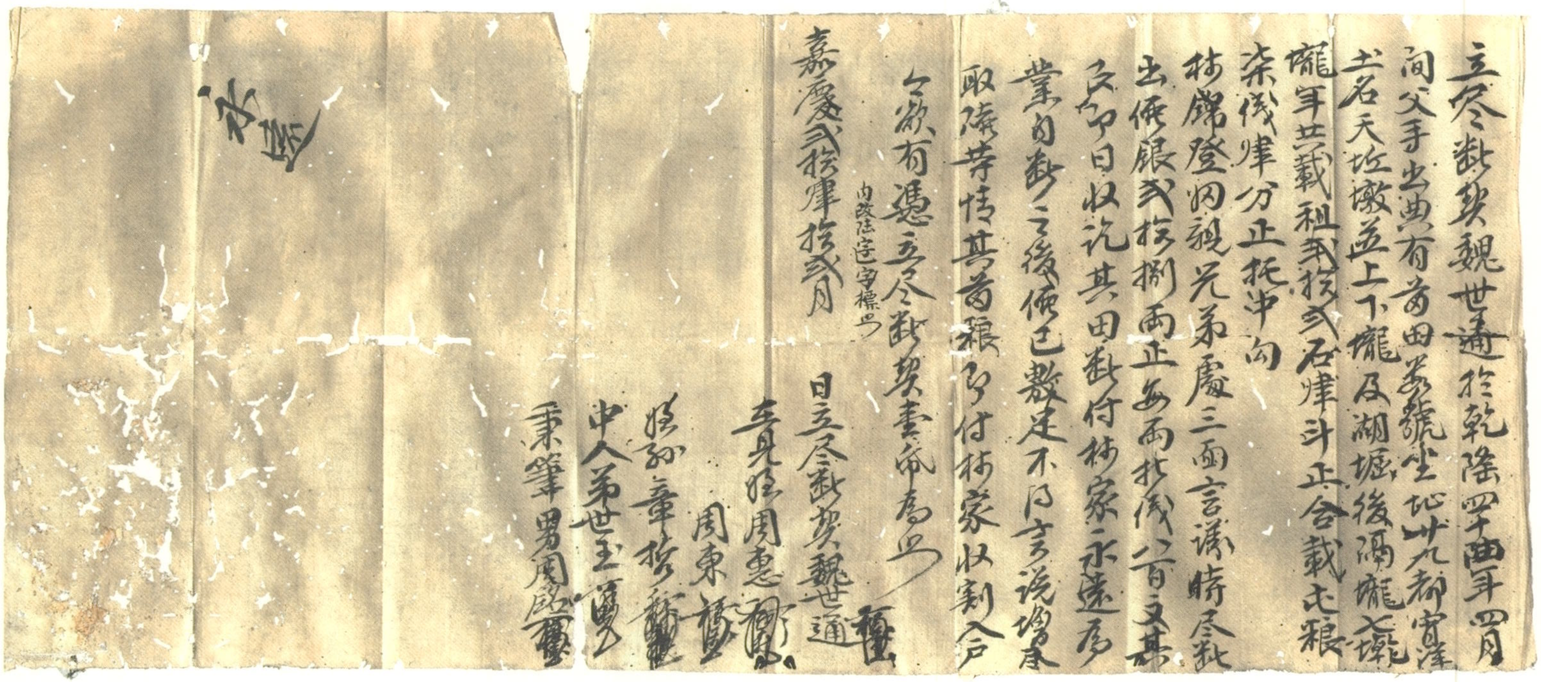
立盡斷契魏世通，於乾隆四十四年四月
間父手出典有苗田一號，坐址廿九都漈洋
土名天坵墩並上下壠及湖堀後濕壠一號
壠，年共載租谷貳拾貳石，律斗正，合載屯粮
柒錢，律分正，托中向
林錦登、阿緞兄弟處三面言議，時盡斷
出佛銀貳拾捌兩正，每兩扣錢八百文，其
銀即日收訖。其田斷付林家永遠爲
業，自斷之後，係已數足，不得言說增盡
取贖等情。其苗粮即付林家收割入户
口恐無憑，立盡斷契壹紙爲照。
內改注述字標照
嘉慶貳拾肆年拾貳月　日立盡斷契魏世通
在見侄周惠
周東
侄孫章拾
中人弟世玉
秉筆男周啟

7-2-10-19　清嘉慶二十四年十二月魏世通立盡斷苗田契

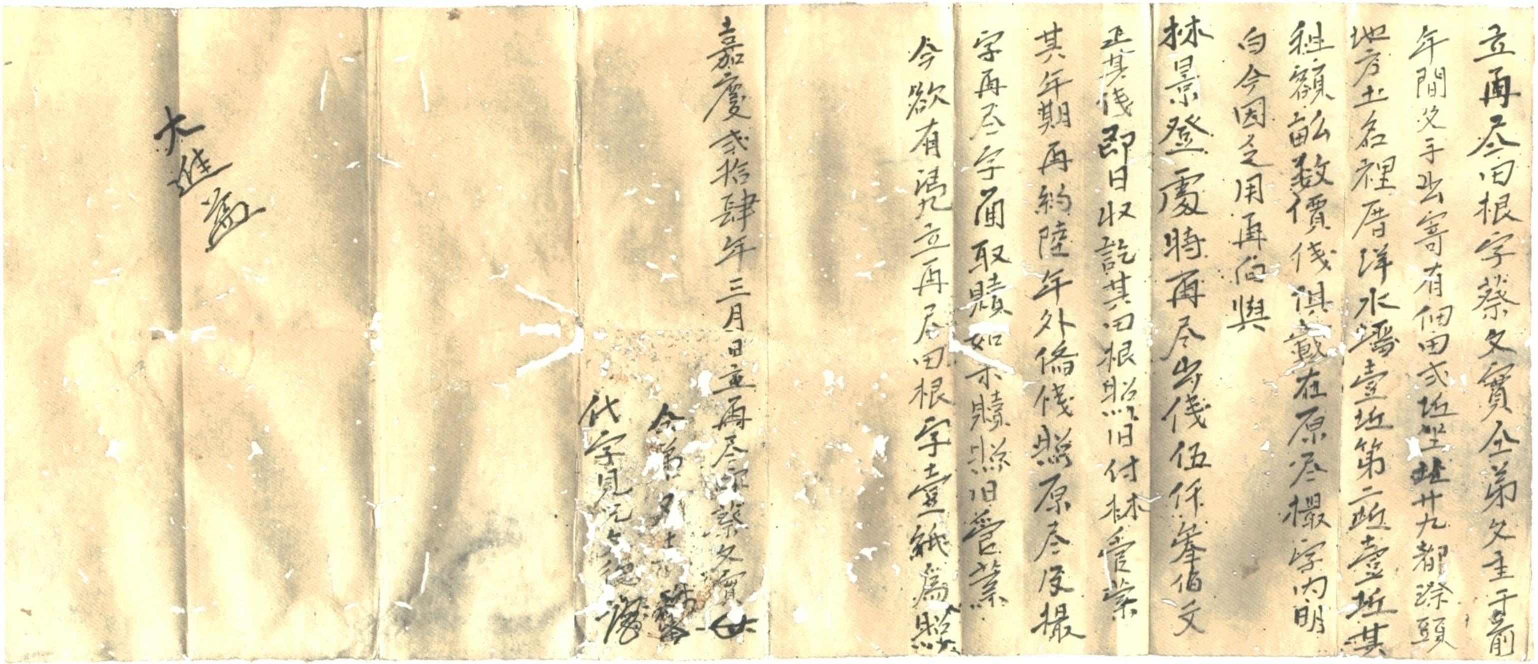

立再盡田根字蔡文實仝弟文圭，于前
年間父手出寄有佃田弍坵，坐址廿九都漈頭
地方，土名裡厝洋水墻壹坵、第二坵壹坵，其
租額畝數價錢俱載在原盡根字內明
白。今因乏用，再向與
林景登處時再盡出錢伍仟[illegible]佰文
正。其錢即日收訖，其田根照旧付林管業。
其年期再約陸年外，備錢照原盡價根
字再盡字一概取贖，如不贖，照旧管業。
今欲有憑，立再盡田根字壹紙為照。
嘉慶貳拾肆年三月　日立再盡田根字蔡文實
仝弟　文[illegible]
代字　見兄[illegible]
大進[illegible]

7-2-10-18　清嘉慶二十四年三月蔡文實等立再盡佃田根字

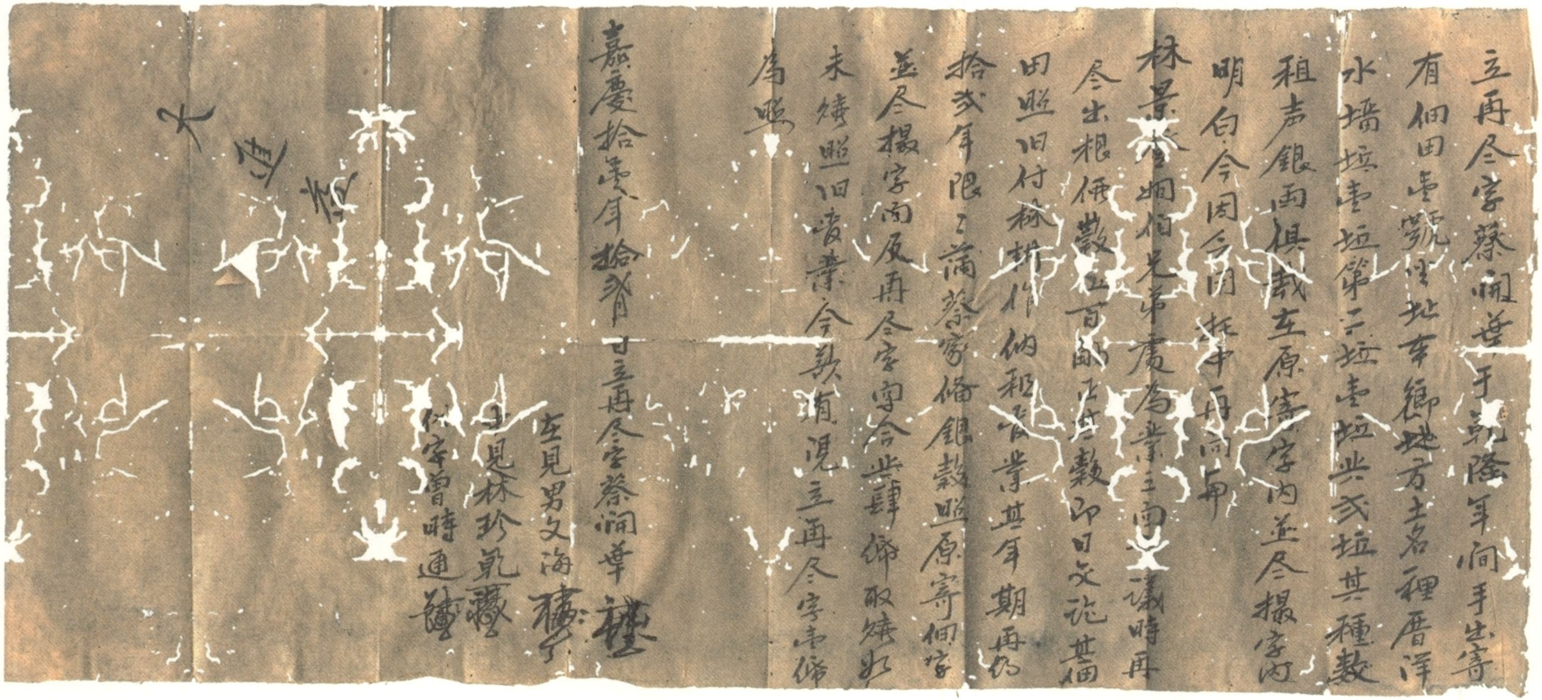

7-2-10-17　清嘉慶十一年十二月蔡開華立再盡佃田字

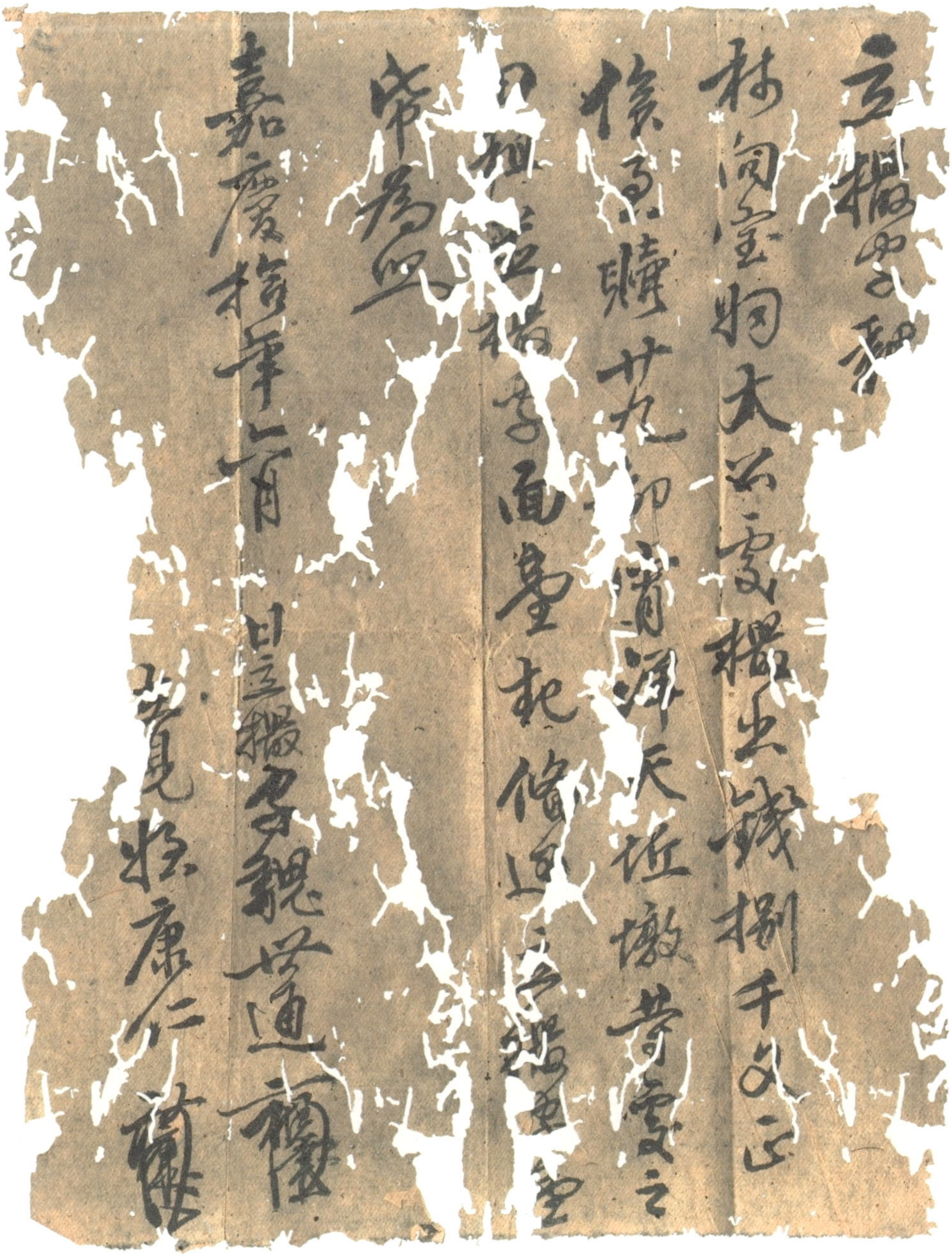
立撮字魏
林向堂物太公處撮出錢捌千文正
[illegible]
[illegible]
字為照
嘉慶拾年六月　日立撮字魏世通
在見姪康仁

7-2-10-16　清嘉慶十年六月魏世通立撮字

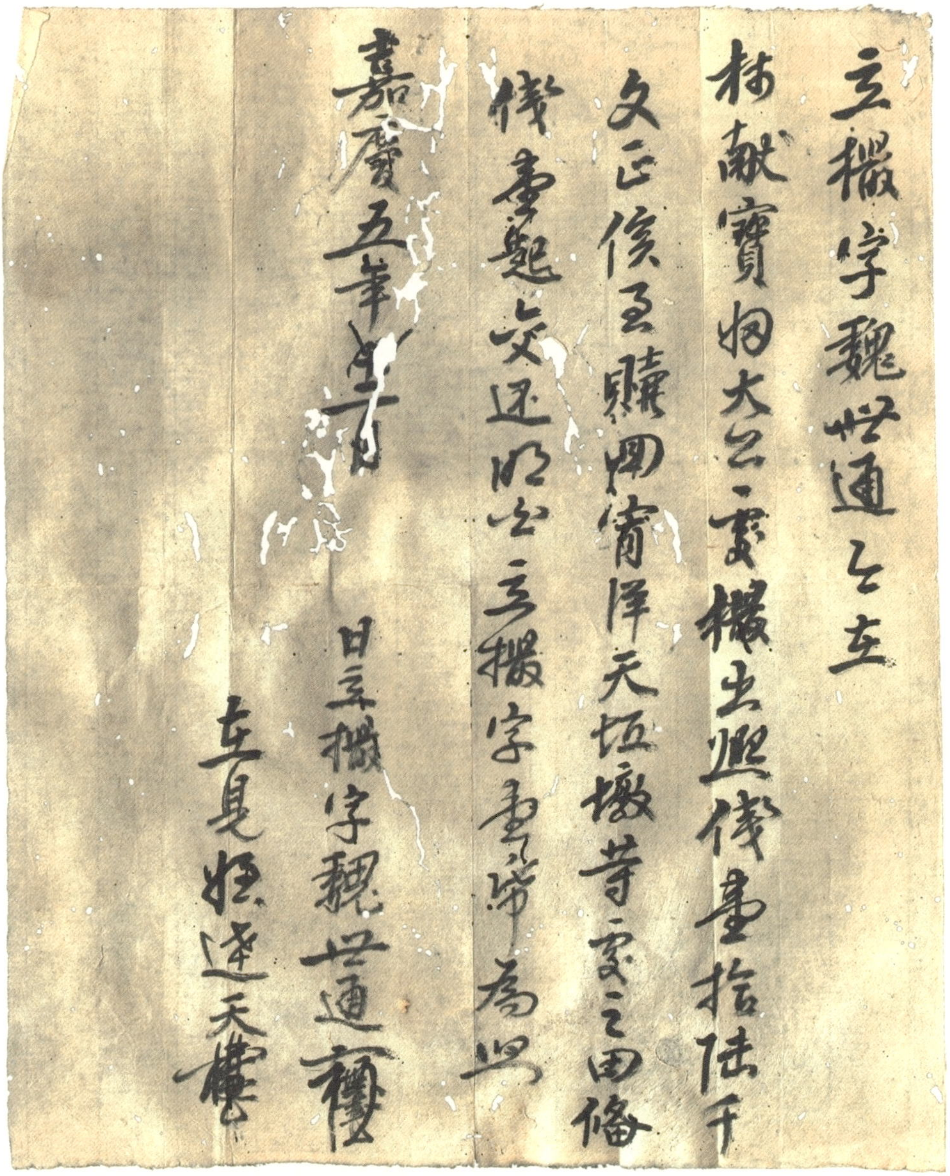
立撮字魏世通今在
林獻寶向大公處撮出照錢壹拾陸千
文正係至贖回價澤天垢壞等處之田倫
錢壹趣交還明白立撮字壹紙為照
嘉慶五年十二月
日立撮字魏世通
在見姪魏逢天

7-2-10-15　清嘉慶五年十二月魏世通立撮字

立推户字陳楚紹前文手出賣有苗田壹
號坐址廿五都[illegible]洋地方其田段租石俱載
原契內明白其[illegible]賦總貳伍庫係是陳瑞鄉
名下今推出付與林四[illegible]前去收割入户
永納粮差與陳家無干今有欲[illegible]立推户
字壹紙存照
嘉慶元年三月　日立推户字陳楚紹

7-2-10-14　清嘉慶元年三月陳楚紹立推户字

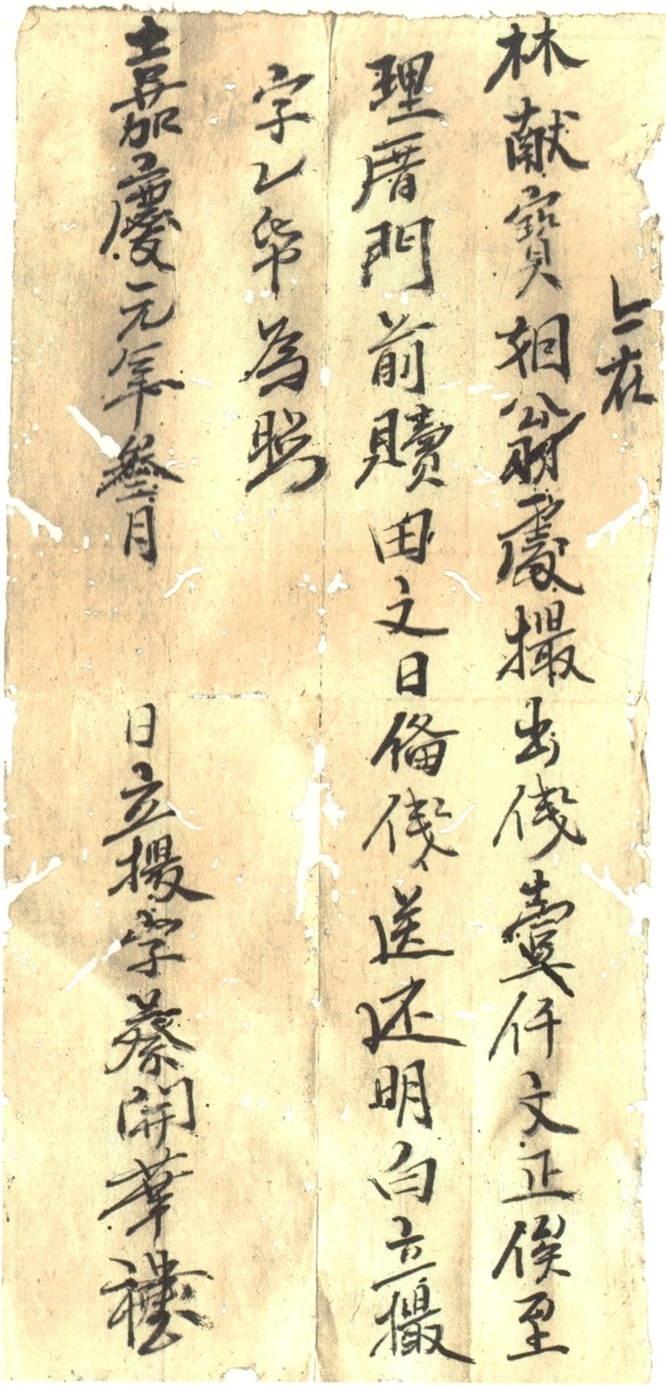

上在
林獻寶相公府處撮出錢壹仟文正係至
理厝門前贖田文日備錢送還明白立撮
字乙帋為照
嘉慶元年叁月　日立撮字蔡開華

7-2-10-13　清嘉慶元年三月蔡開華立撮字

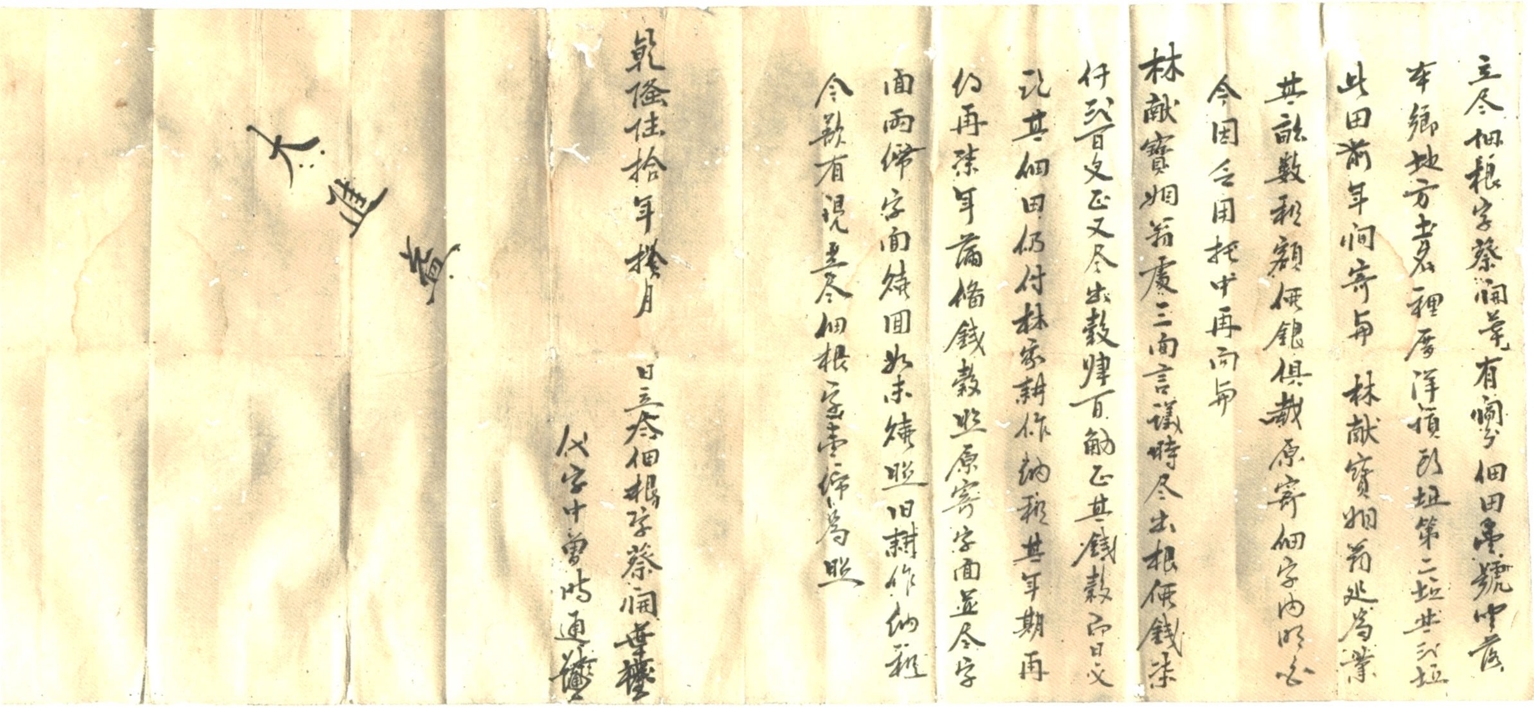

立盡佃根字蔡開華，有闔分佃田壹號，中産
本鄉地方土名裡厝洋頂乙坵，第二坵共弍坵
此田前年間寄與　林獻寶媽翁起為業
其稅數租額併銀俱載原寄佃字內明白
今因乏用，托中再向與
林獻寶媽翁處三面言議，時盡出根價錢柒
仟弍百文正，又盡出數肆百觔正，其錢數即日交
訖，其佃田仍付林家耕作納租，其年期再
仍再滿年滿備錢數照原寄字面，並盡字
面兩佛字面續回，如未續照舊耕作納租
今欲有憑，立盡佃根字壹紙為照

乾隆陸拾年拾月　日立盡佃根字蔡開華（押）
代字中曾鳴遠（押）

大吉

7-2-10-12　清乾隆六十年十月蔡開華立盡佃根字

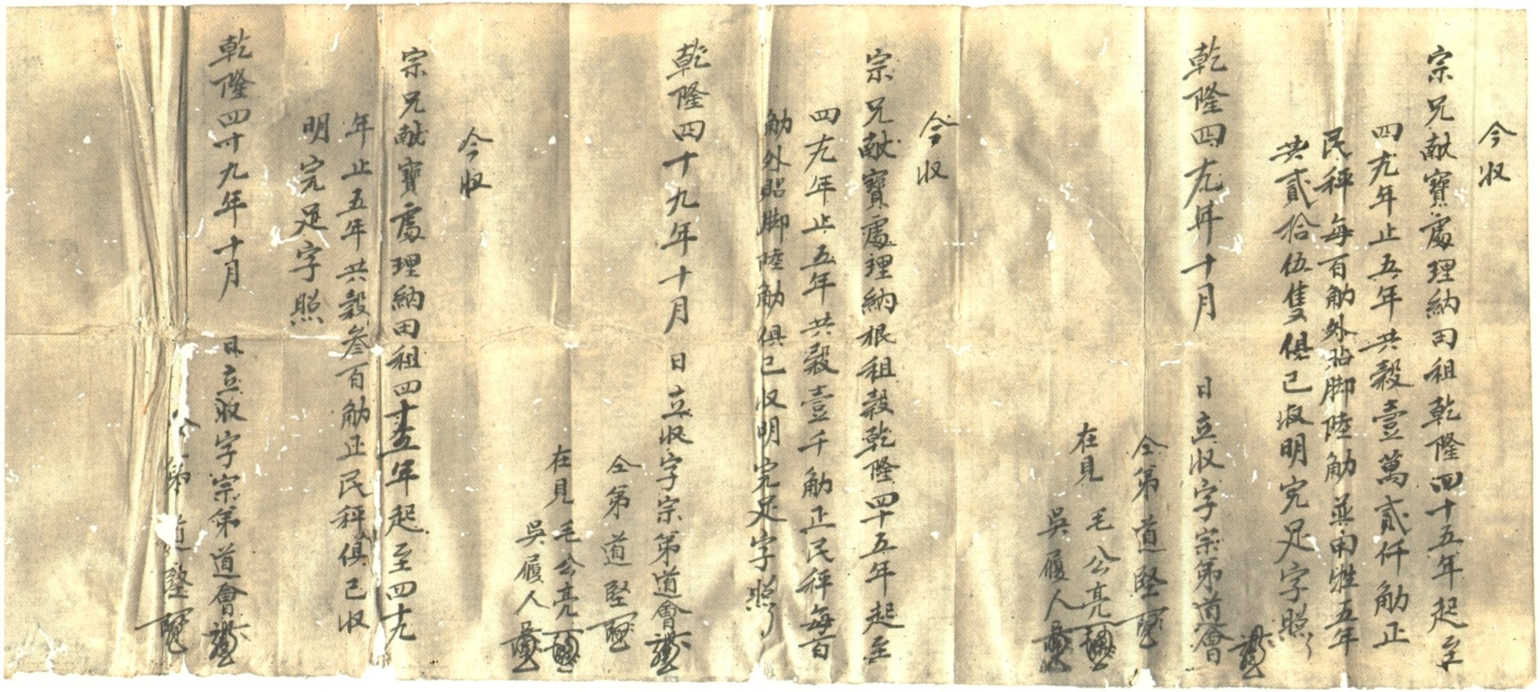
今收
宗兄猷寶處理納田租乾隆四十五年起至
四十九年止五年共穀壹萬貳仟觔正
民秤每百觔外貼脚陸觔并雨雅五年
共貳拾伍隻俱已收明完足字照。
乾隆四十九年十月 日立收字宗弟道會
仝弟道堅
在見 毛公亮
吳履人

今收
宗兄猷寶處理納根租穀乾隆四十五年起至
四十九年止五年共穀壹千觔正民秤每百
觔外貼脚陸觔俱已收明完足字照。
乾隆四十九年十月 日立收字宗弟道會
仝弟道堅
在見 毛公亮
吳履人

今收
宗兄猷寶處理納田租四十五年起至四十九
年止五年共穀叁百觔正民秤俱已收
明完足字照。
乾隆四十九年十月 日立收字宗弟道會
仝弟道堅

7-2-10-11 清乾隆四十九年十月林道會等立收田租字

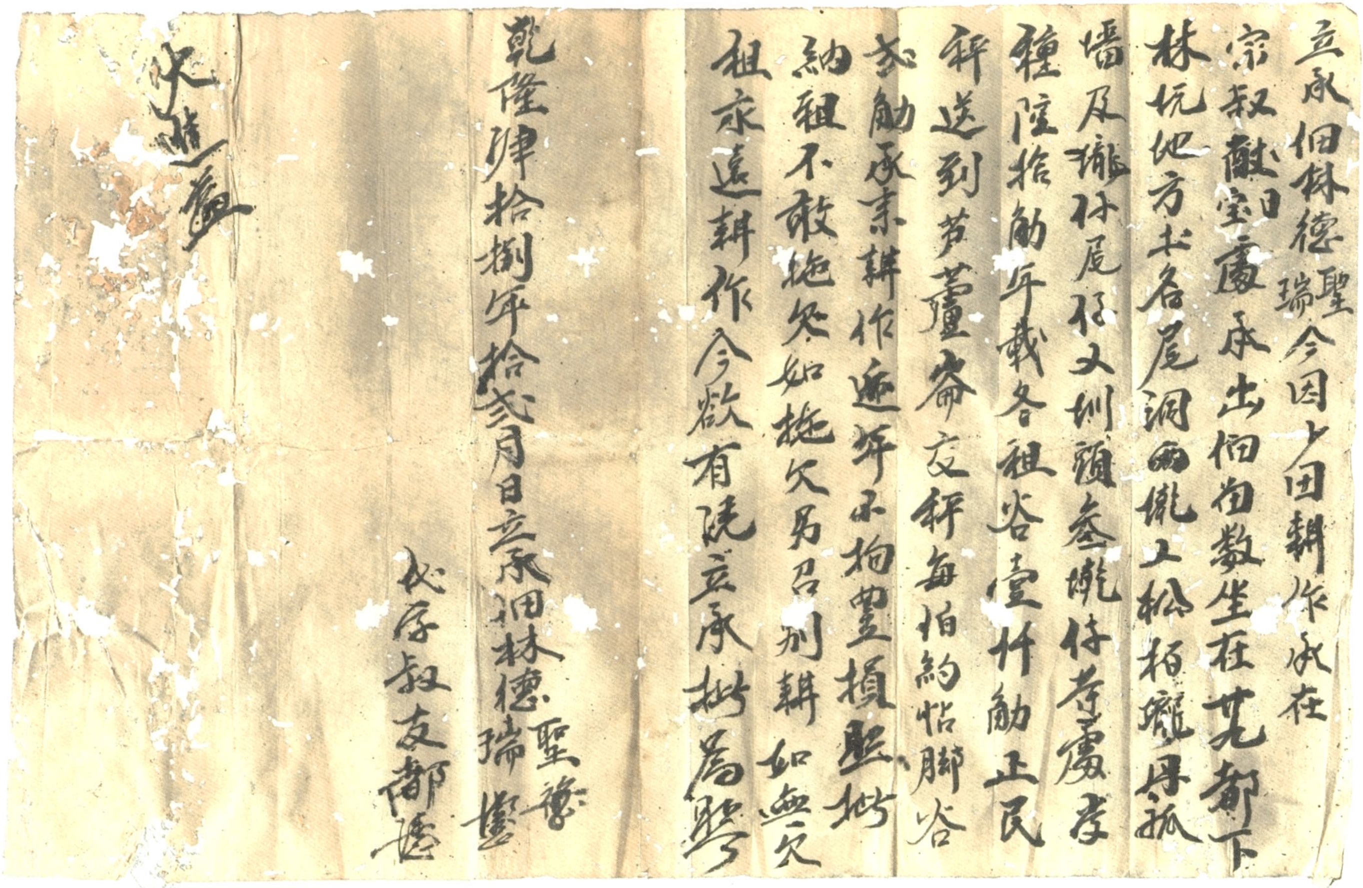
立承佃林德聖瑞今因乏田耕作承在
宗叔獻日宝處承出佃田數坐在芃蔚下
林坑地方土名尾洞兩墘上松柏壠丹孤
墙及擲仔尾仔又圳頭叁墘付存處孝
種陞拾觔年載各租谷壹什觔正民
秤送到芦蕫廊交秤每伯約帖腳谷
叁觔承耕作逐年不拘豐損聖等
納租不敢拖欠如拖欠另召別耕如無欠
租永遠耕作今欲有憑立承批爲照
乾隆肆拾捌年拾貳月日立承佃林德聖瑞
代字叔友郁
大進盈

7-2-10-10　清乾隆四十八年十二月林德聖等立承佃田字

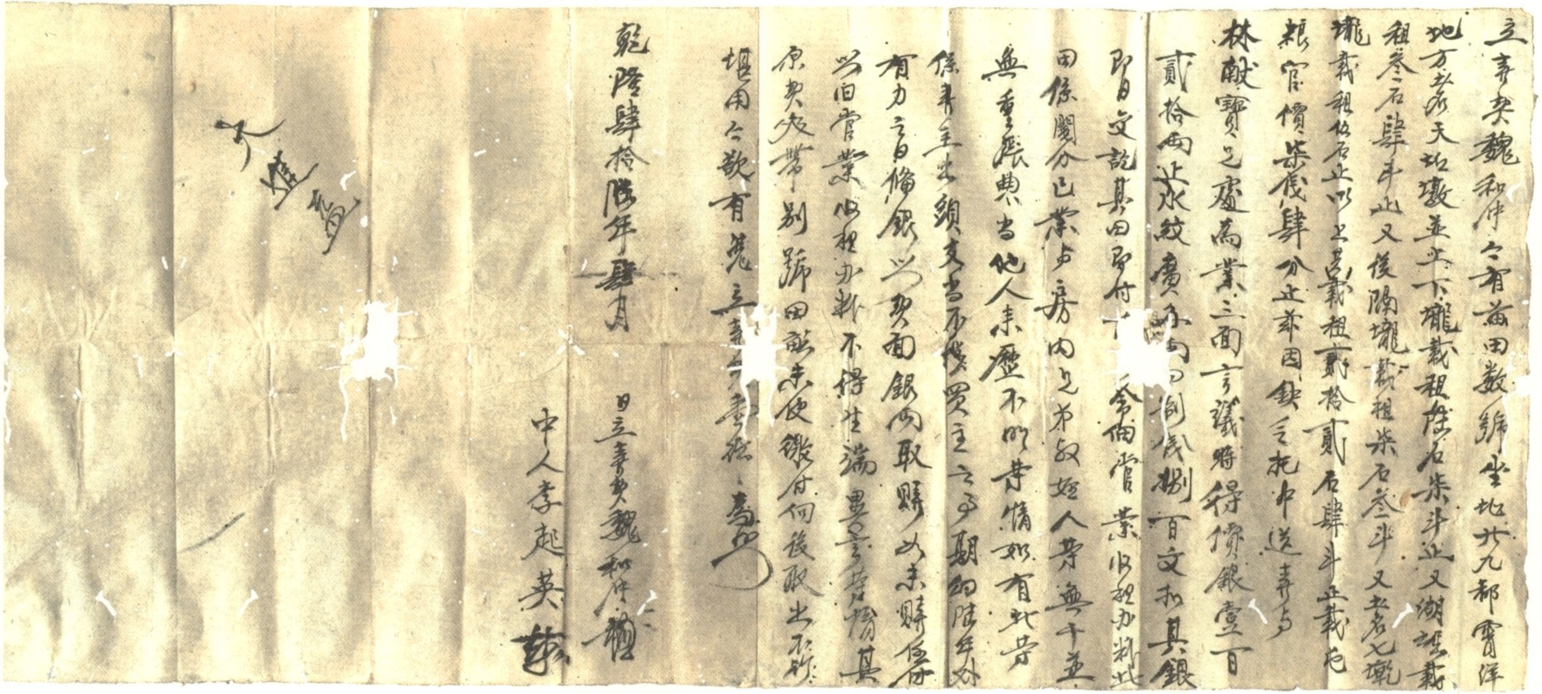
立賣契魏和仲，今有苗田數號，坐址廿九都霄洋
地方，土名天坵墘並上下壠，載租陸石柒斗正；又湖頭載
租叁石肆斗；山又後陽壠，載租柒石叁斗；又土名七墘
壠，載租伍石正。以上共載租貳拾貳石肆斗正，載民
粮官價柒錢肆分正。今因缺乏，托中送與
林敵寶邊處為業。三面言議，時得價銀壹百
貳拾兩正，水紋廣[illegible]兩[illegible]扣[illegible]百文，其銀
即日交訖，其田即付[illegible]管業，收租办粮。此
田係鬮分己業，與房內兄弟叔姪人等無干，並
無重張典當他人，未歷不明等情。如有此等，
係弟自出頭支當，不涉買主之事。期約陸年外
有力之日，備銀照契面銀兩取贖；如未贖，係
[illegible]旧管業收租办粮，不得生端異言。[illegible]其
原契交帶别號田骸，未便繳付，何後取出不行
堪用。今欲有憑，立賣契一紙，為照。

乾隆肆拾陸年肆月　日立賣契魏和仲（押）

中人李起英（押）

7-2-10-9　清乾隆四十六年四月魏和仲立賣苗田契

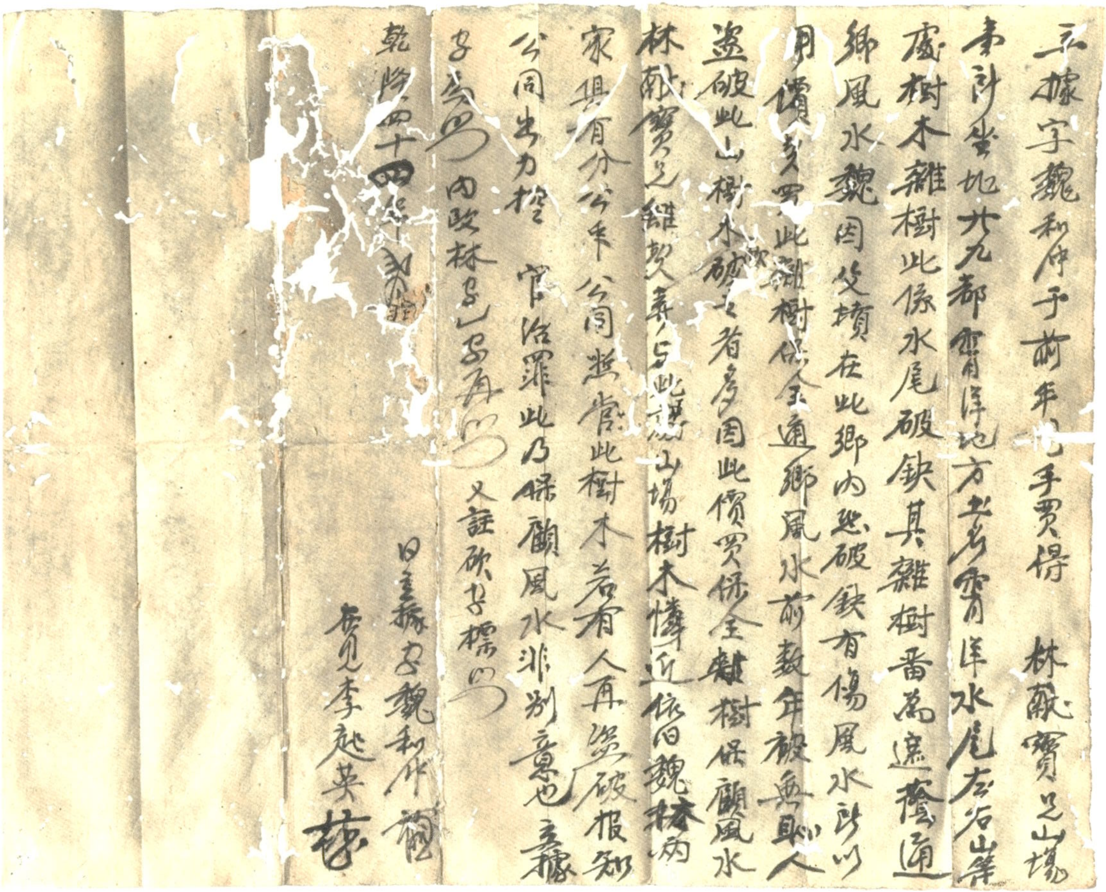

7-2-10-8　清乾隆四十四年二月魏和仲立據字

立承批魏方錦，今因乏田耕種，就在
林獻寶處承出苗田壹號，坐址廿九都員坑地
方，土名門前洋及柯瀧併下洋坂、楊梅瀧，又壹
坪坐址土名橋頭洋及水尾[illegible]至崙門[illegible]等
處，年載租穀壹仟伍百觔，正魏家倉
秤，自承之後，[illegible]不拘豐荒，其[illegible]
不得拖欠升合，如有拖欠，甘願付林另召別耕
不得阻霸，如若少欠，[illegible]田耕[illegible]，其租
[illegible]至員林倉交納，今欲有憑，立承佃[illegible]
乾隆肆拾貳年二月　日立承批字魏方錦
代筆人[illegible]
[illegible]

7-2-10-7　清乾隆四十二年二月魏方錦立承批苗田字

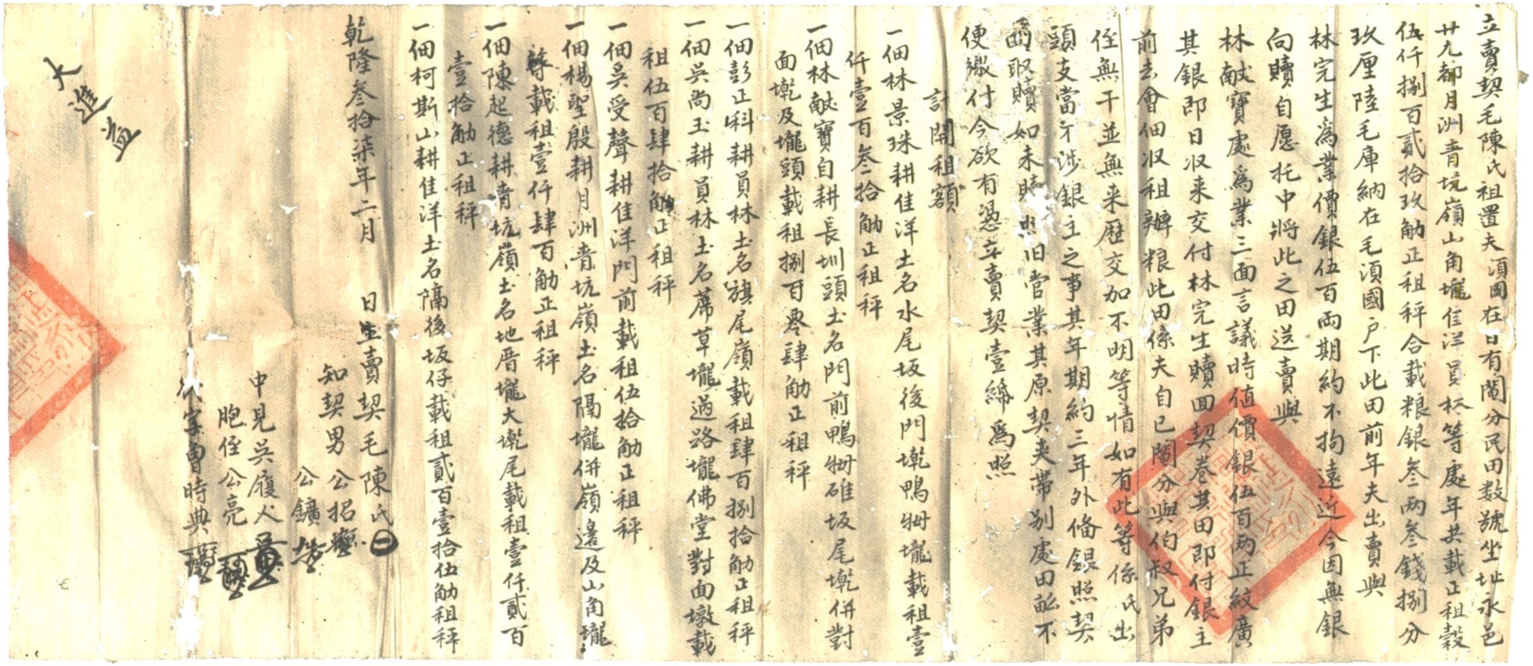
立賣契毛陳氏祖置夫須國在日有閹分民田數號坐址永邑
廿九都月洲青坑嶺山角壠住洋員林等處年共載正租穀
伍仟捌百貳拾玖觔正租秤合載粮銀叁兩叁錢捌分
玖厘陸毛庫納在毛須國戶下此田前年夫出賣與
林完生為業價銀伍百兩期約不拘遠近今因無銀
向贖自愿托中將此之田送賣與
林献寶處為業三面言議時值價銀伍百兩正紋廣
其銀即日収來交付林完生贖回契券其田即付銀主
前去會佃収租辦粮此田係夫自己閹分與伯叔兄弟
侄無干並無來歷交加不明等情如有此等係氏出
頭支當不涉銀主之事其年期約三年外備銀照契
面取贖如未贖照旧管業其原契夾帶別處田畝不
便繳付今欲有憑立賣契壹紙為照
計開租額
一佃林景珠耕住洋土名水尾坂後門墘鴨𫓧壠載租壹
仟壹百叁拾觔正租秤
一佃林献寶自耕長圳頭土名門前鴨𫓧碓坂尾墘併對
面墘及壠頭載租捌百零肆觔正租秤
一佃彭正料耕員林土名旗尾嶺載租肆百捌拾觔正租秤
一佃吳尚玉耕員林土名蓆草壠過路壠佛堂對面墩載
租伍百肆拾觔正租秤
一佃吳受聲耕住洋門前載租伍拾觔正租秤
一佃楊聖殷耕月洲青坑嶺土名陽壠併嶺邊及山角壠
併載租壹仟肆百觔正租秤
一佃陳起德耕青坑嶺土名地晋壠大墘尾載租壹仟貳百
壹拾觔正租秤
一佃柯斯山耕住洋土名隔後坂仔載租貳百壹拾伍觔租秤
乾隆叁拾柒年二月　日立賣契毛陳氏（押）
知契男公招（押）
公鏞（押）
中見吳履火（押）
胞侄公亮（押）
代筆曾時典（押）
大進壹

7-2-10-6　清乾隆三十七年二月毛陳氏立賣民田契（紅契）

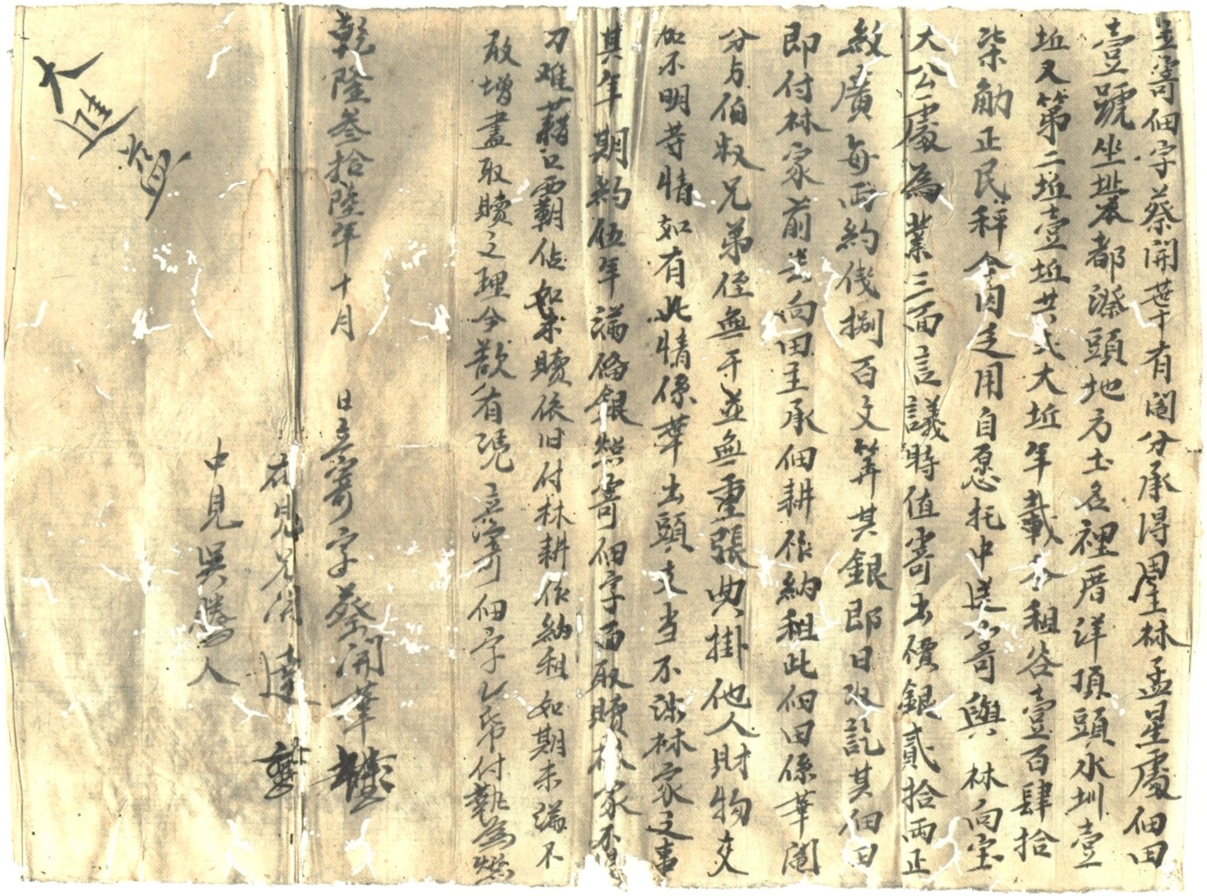
立寄佃字蔡開華有閣分承得園埕林孟星處佃田
壹號坐址本都漈頭地方土名裡厝洋項頭水圳壹
坵又第二坵壹坵共弍大坵年載大租谷壹百肆拾
柒觔正民科今因乏用自愿托中送寄與林向宝
大公處爲業三面言議時值寄出價銀貳拾兩正
紋廣每兩約錢捌百文算其銀即日收訖其佃田
即付林家前去向田主承佃耕作納租此佃田係華閣
分与伯叔兄弟侄無干並無重張典掛他人財物交
加不明等情如有此情係華出頭支当不涉林家之事
其年期約伍年滿备銀照寄佃字面取贖林家不
刁難藉口霸佔如未贖依旧付林耕作納租如期未滿不
敢增盡取贖之理今欲有憑立寄佃字一帋付執爲照
乾隆叁拾陸年十月　日立寄佃字蔡開華
在見兄信達
中見吳勝人

7-2-10-5　清乾隆三十六年十月蔡開華立寄佃田字

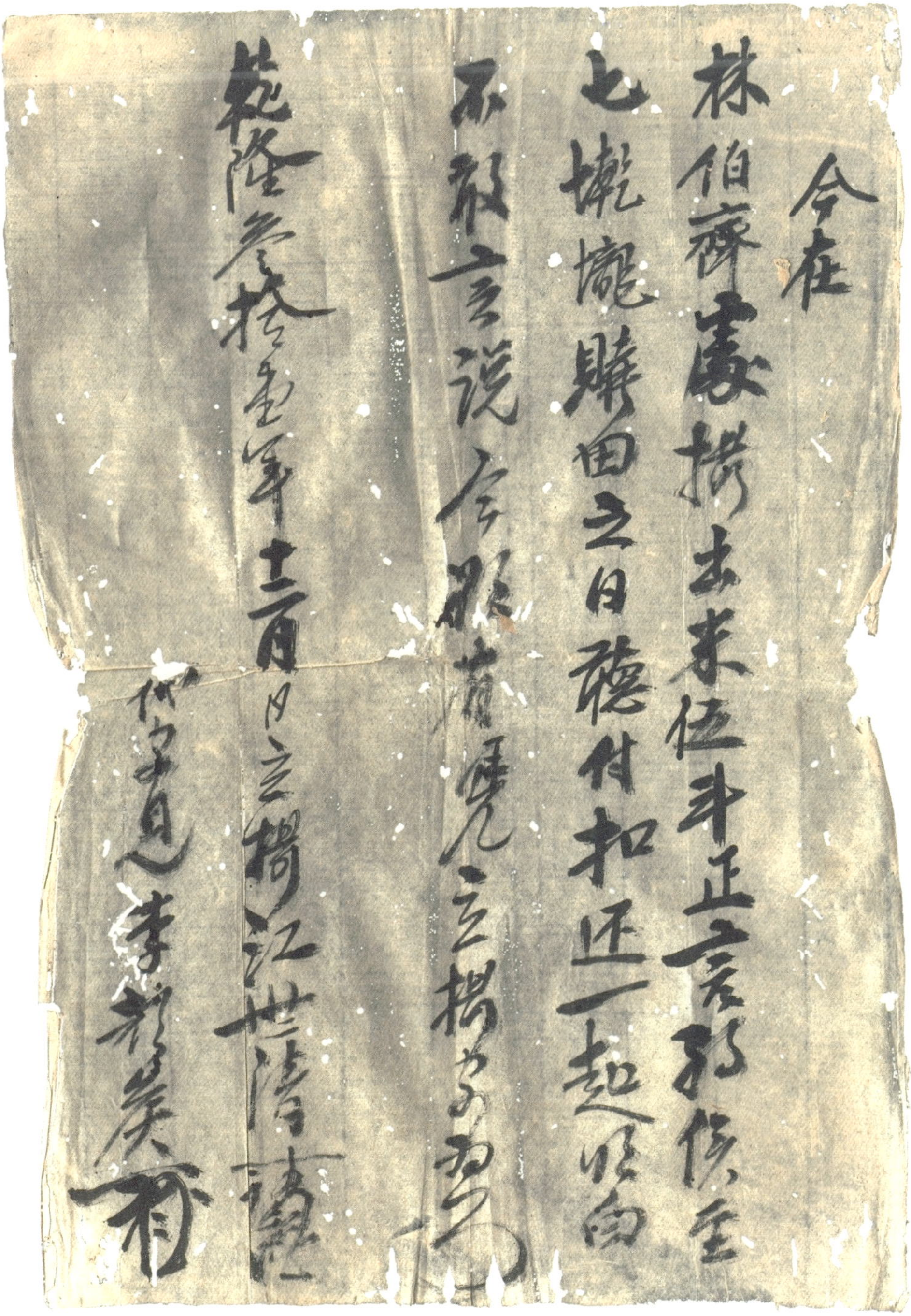

今在
林伯齊處撮出米伍斗正，言約限至
七[illegible][illegible]賺田之日聽付扣還一起，明白
不敢言說。今欲有憑，立撮字為照。
乾隆叁拾壹年十二月　日立撮江世清（押）
代字見　李[illegible]庚（押）

7-2-10-4　清乾隆三十一年十二月江世清立撮字

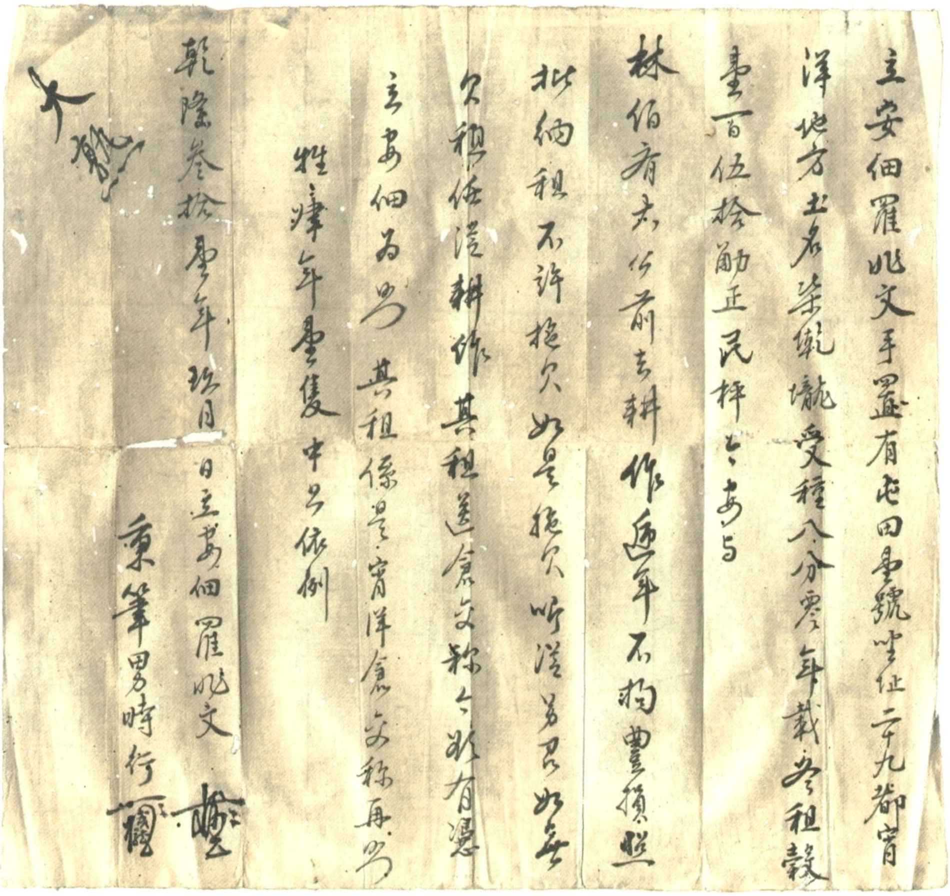

立安佃羅兆文手置有屯田壹號坐址二十九都霄
洋地方土名柒號墘受種八分零，年載谷租穀
壹百伍拾觔正，民梓公安与
林伯有去什前去耕作，逐年不拘豐歉，照
批佃租不許拖欠，如是拖欠，聽從另召，如無
欠租，任從耕作。其租送倉交秤，不敢有違。
立安佃為照。其租係是霄洋倉交秤，再照。
批：肆年壹隻，中見依例。
乾隆叁拾壹年玖月　日立安佃羅兆文
秉筆男時行
大號

7-2-10-3　清乾隆三十一年九月羅兆文立安佃屯田字

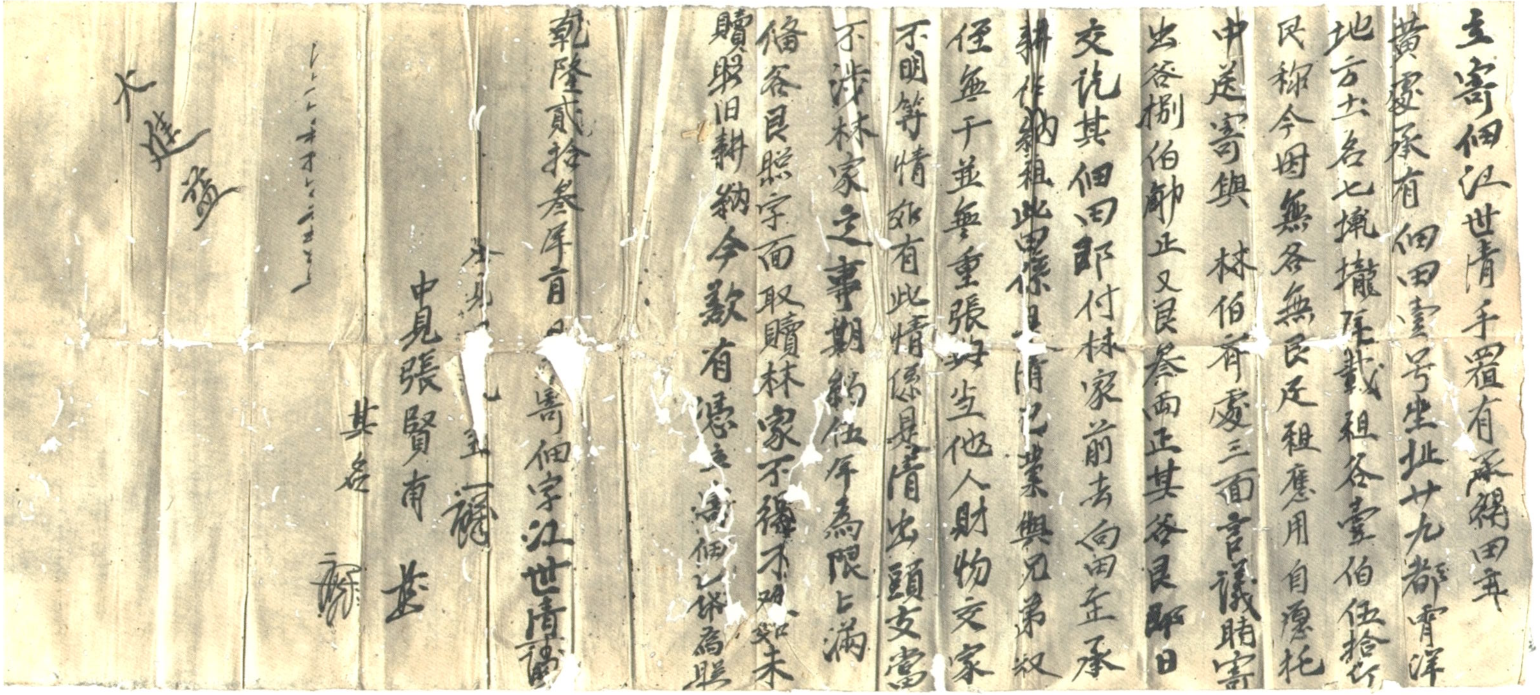
立寄佃江世清手置有承祖田并
黄處承有佃田壹号坐址廿九都霄洋
地方土名七墈墘年載租谷壹伯伍拾斤
民稱今因無谷無艮廷租應用自愿托
中送寄與林伯有處三面言議賠寄
出谷捌伯觔正又艮叁両正其谷艮即日
交訖其佃田即付林家前去向田主承
耕作納租此田係是清己業與兄弟叔
侄無干並無重張典当他人財物交家
不明等情如有此情係是清出頭支當
不涉林家之事期約伍年為限上滿
備谷艮照字面取贖林家不得不[illegible]未
贖照旧耕納今欲有憑立寄佃字為照
乾隆貳拾叁年二月 日 立寄佃字江世清
[illegible] 主[illegible]
中見張賢甫
其名

大進發

7-2-10-2　清乾隆二十三年二月江世清立寄佃田字

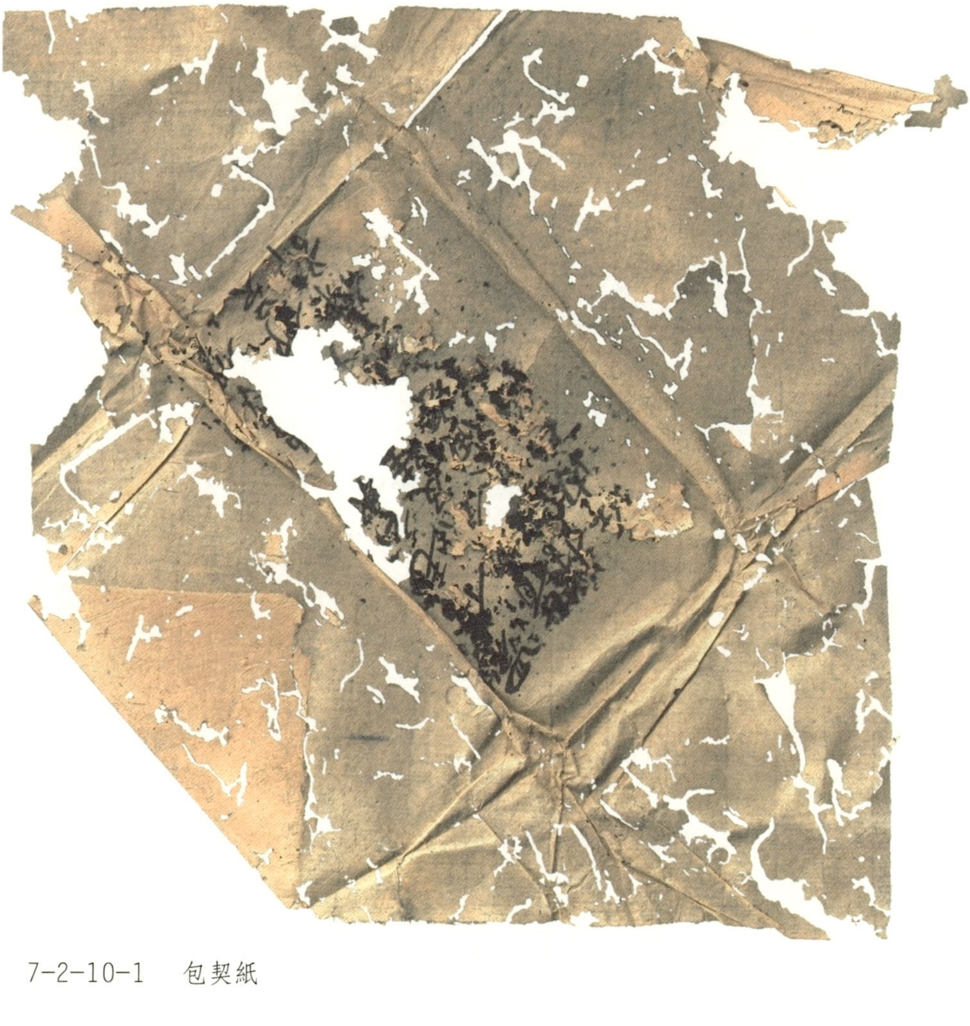

7-2-10-1　包契紙

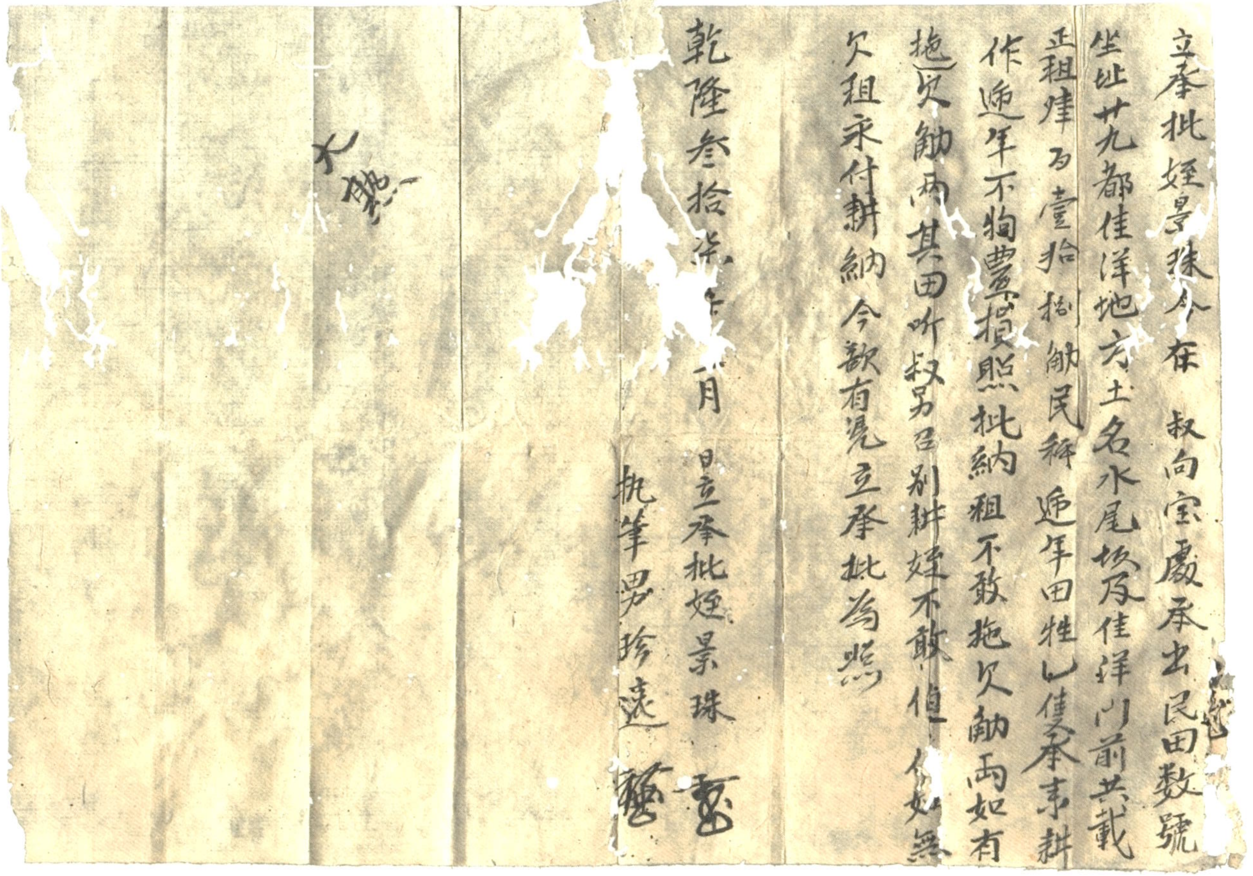
立承批姪景珠今在　叔向宗處承出民田數號，坐址廿九都佳洋地方土名水尾坂及佳洋門前共載
正租肆石壹拾捌觔民秤，逓年田牲山僕本事耕
作，逓年不拘豐歉照批納租，不敢拖欠觔兩。如有
拖欠觔兩，其田听叔另召別耕，姪不敢阻霸。如無
欠租，永付耕納。今欲有憑，立承批為照。

乾隆叁拾柒年　月　日立承批姪景珠（押）
執筆男珍遠（押）

7-2-9-6　清乾隆三十七年□月林景珠立承批民田字

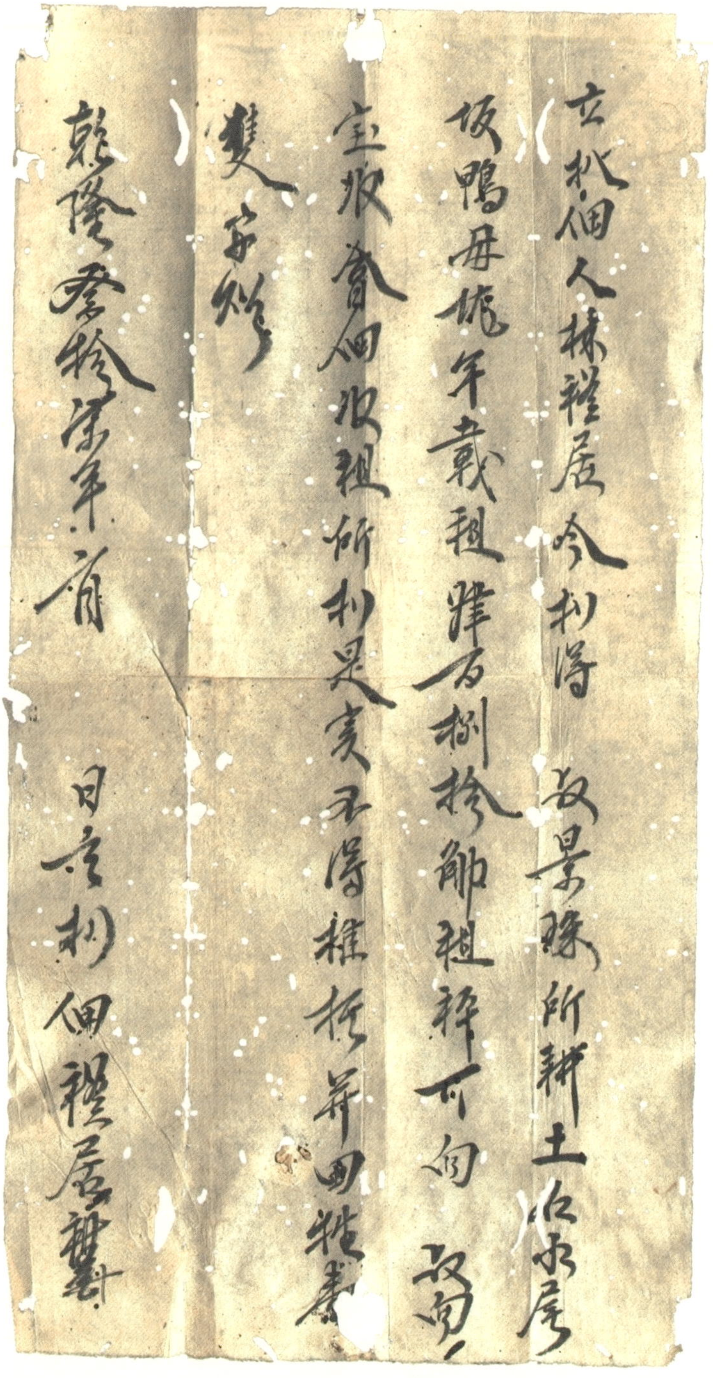

立扒佃人林禮居，今扒得　叔景琮所耕土名水尾坂鴨母坑，年載租肆石捌斗，節租豬半斤，向　叔邊實收，會佃收租，所扒是實，不得推托，異日推諉變等情。

乾隆叁拾柒年二月　日立扒佃林禮居（押）

7-2-9-5　清乾隆三十七年二月林禮居立扒佃字

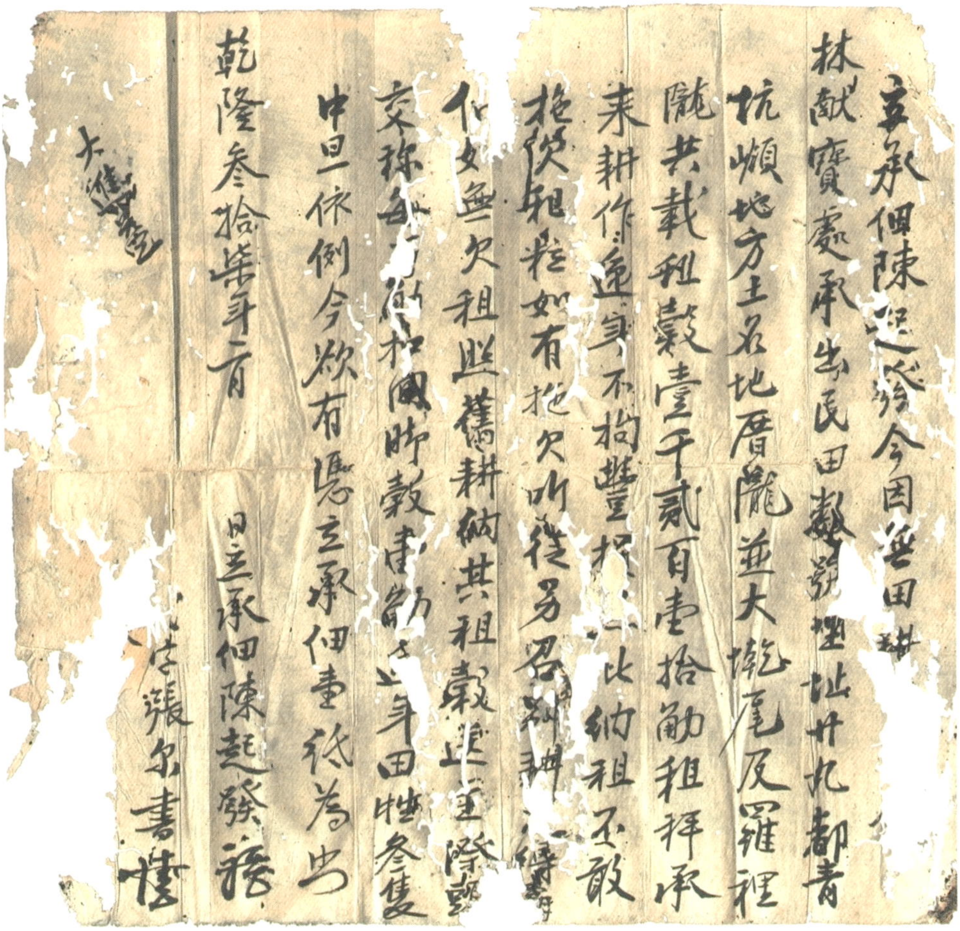
立承佃陳起發，今因無田耕
林獻寶處承出民田數號，址卅九都青
坑嶺地方，土名地厝壠並大墘尾及羅裡
壠，共載租穀壹千貳百壹拾觔，租拜承
來耕作，逐年不拘豐歉，照納租，不敢
拖欠租粒。如有拖欠，聽從另召別耕，不得
佔。如無欠租，照舊耕納，其租穀送至際鄭
交秤，無[illegible]和風晒穀，車[illegible]勤[illegible]年田牲參隻
中旦依例。今欲有憑，立承佃壹紙為照。
乾隆叁拾柒年二月　日立承佃陳起發（押）
代字張[illegible]書（押）
大進[illegible]

7-2-9-4　清乾隆三十七年二月陳起發立承佃民田字

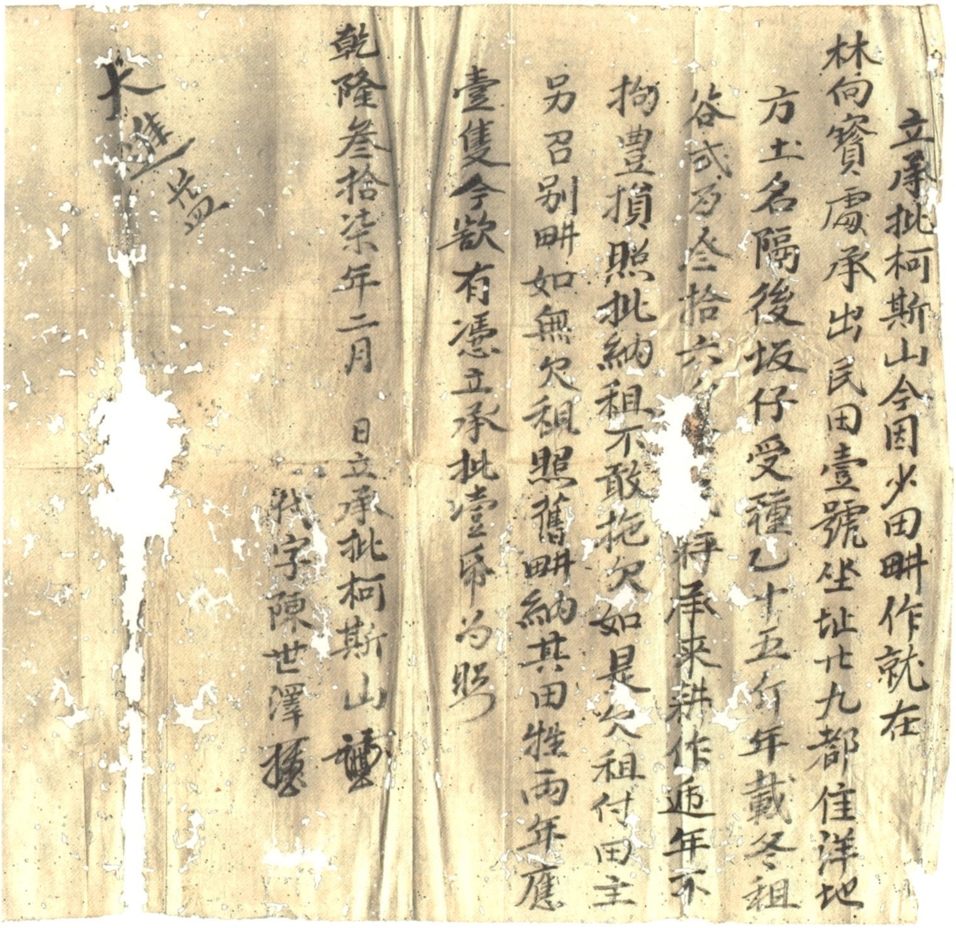
立承批柯斯山今因乏田耕作就在
林向寳處承出民田壹號坐址廿九都佳洋地
方土名隔後坂仔受種乙斗五斤年載冬租
谷貳百叁拾六斤[illegible]得承来耕作逓年不
拘豐損照批納租不敢拖欠如是欠租付田主
另召别耕如無欠租照舊耕納其田牲兩年應
壹隻今欲有憑立承批壹帋為照
乾隆叁拾柒年二月　日立承批柯斯山（押）
代字陳世澤（押）
大進 豊

7-2-9-3　清乾隆三十七年二月柯斯山立承批民田字

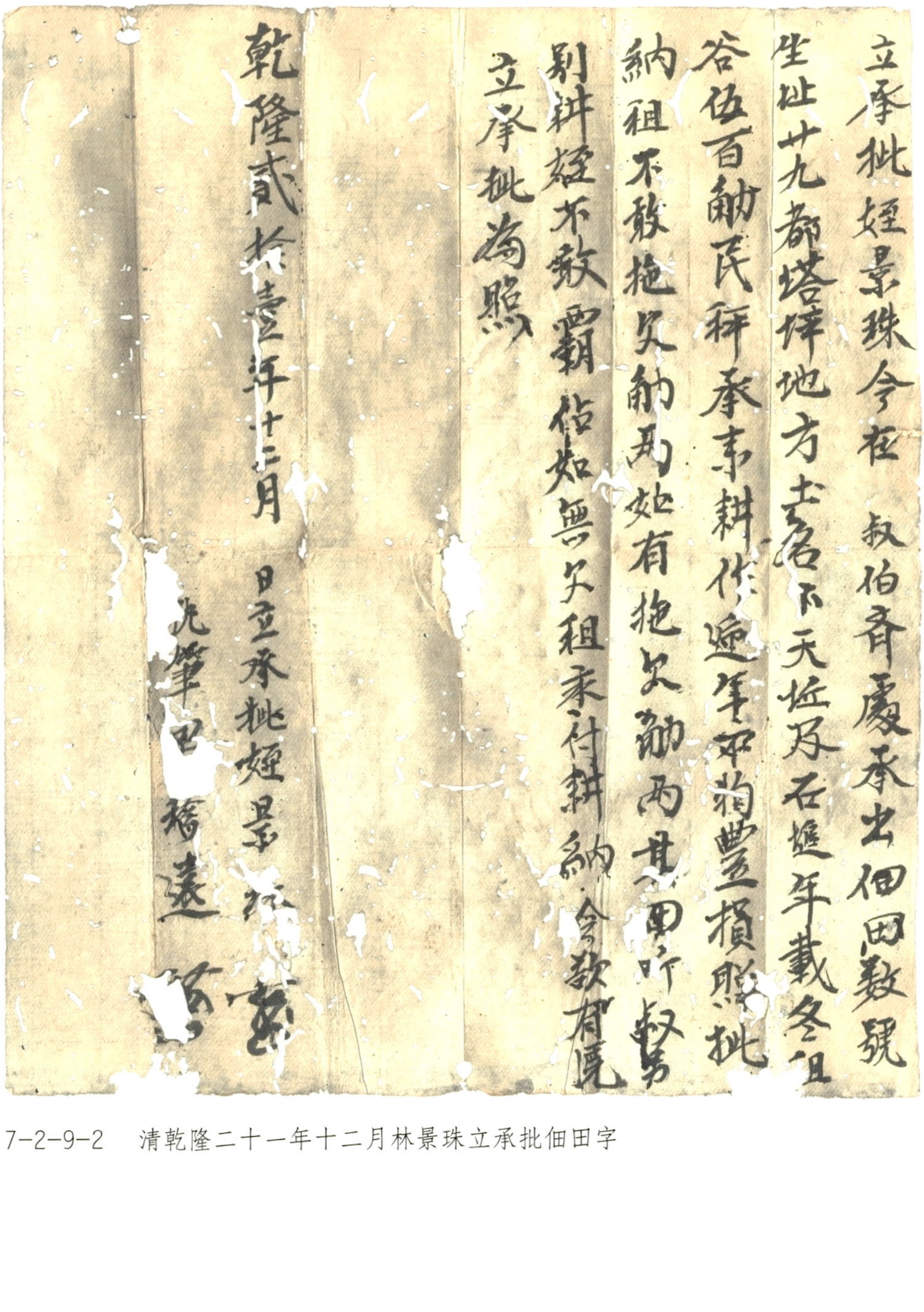

立承批姪景珠今在 叔伯斉慶承出佃田數號
坐址廿九都塔坪地方土名下天垅及石堤年載冬租
谷伍百觔民秤承来耕作遞年如約豐損照批
納租不敢拖欠觔两如有拖欠觔两其田听叔另
別耕姪不敢霸佔如無欠租永付耕納今欲有憑
立承批為照

乾隆貳拾壹年十二月 日立承批姪景珠（押）
代筆[illegible]橋遠（押）

7-2-9-2　清乾隆二十一年十二月林景珠立承批佃田字

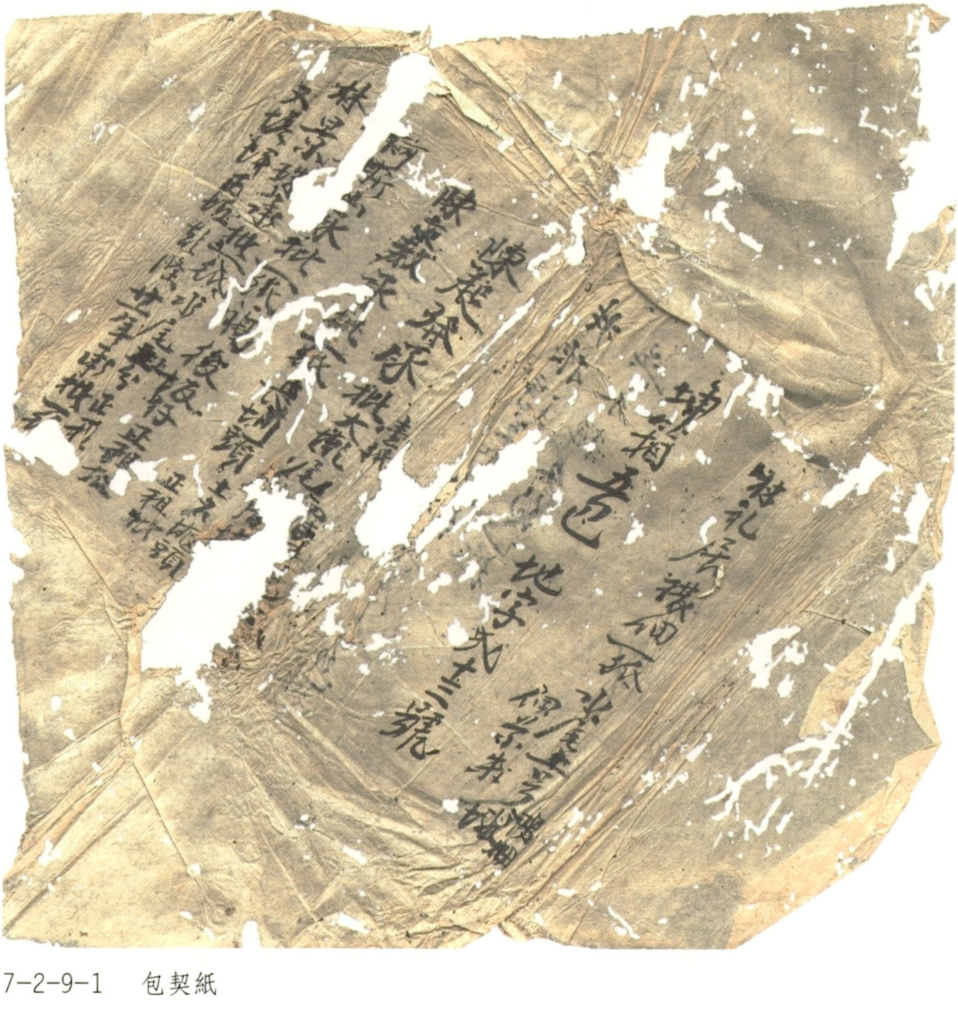

7-2-9-1　包契紙

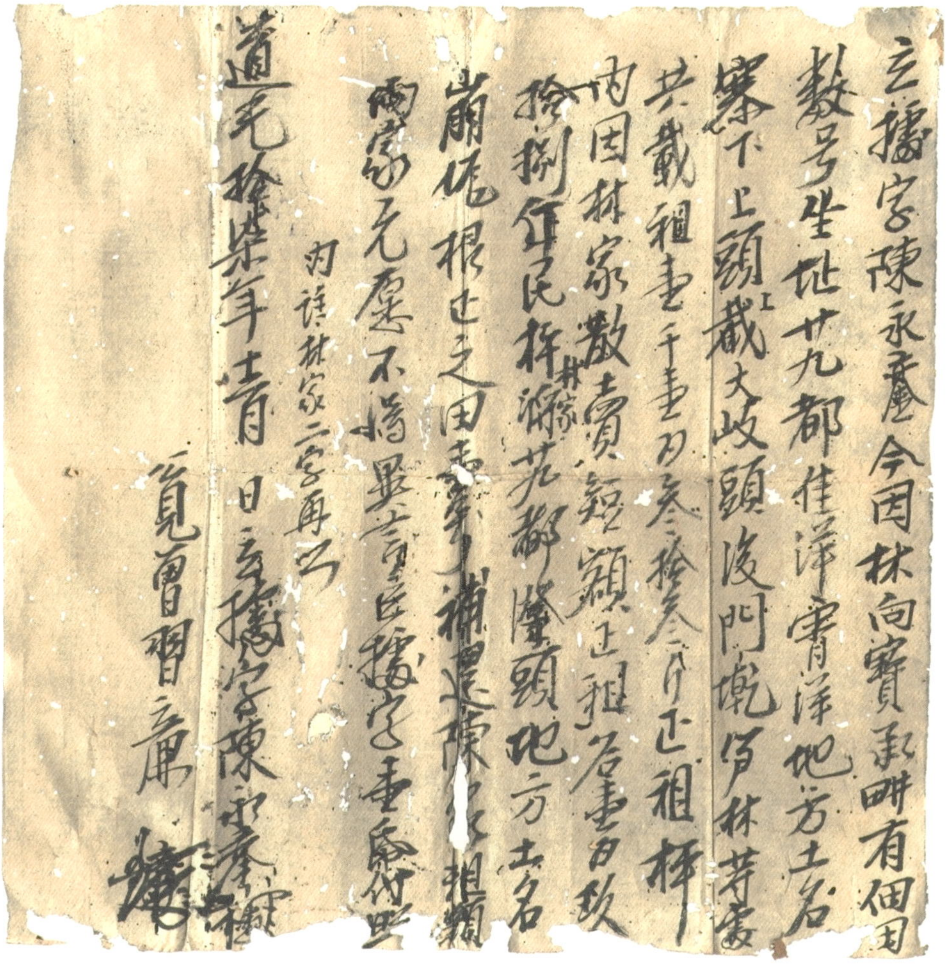
立據字陳永鑾今因林向賓承畊有佃田
數号坐址廿九都佳洋甯洋地方土名
寨下上頭截大岐頭後門垅[illegible]林[illegible]
共載租壹千壹百叁拾叁斤正租桿
向因林家繳賣短額正租若壹百玖
拾捌斤[illegible]民林家[illegible]花都鑾頭地方土名
崩坵根也之田壹[illegible]補還陳家租額
兩家允愿不得異言立據字壹紙付照
內註林家二字再照
道光拾柒年十二月 日立據字陳永鑾
見曾習廉

7-2-8-8　清道光十七年十二月陳永鑾立據字

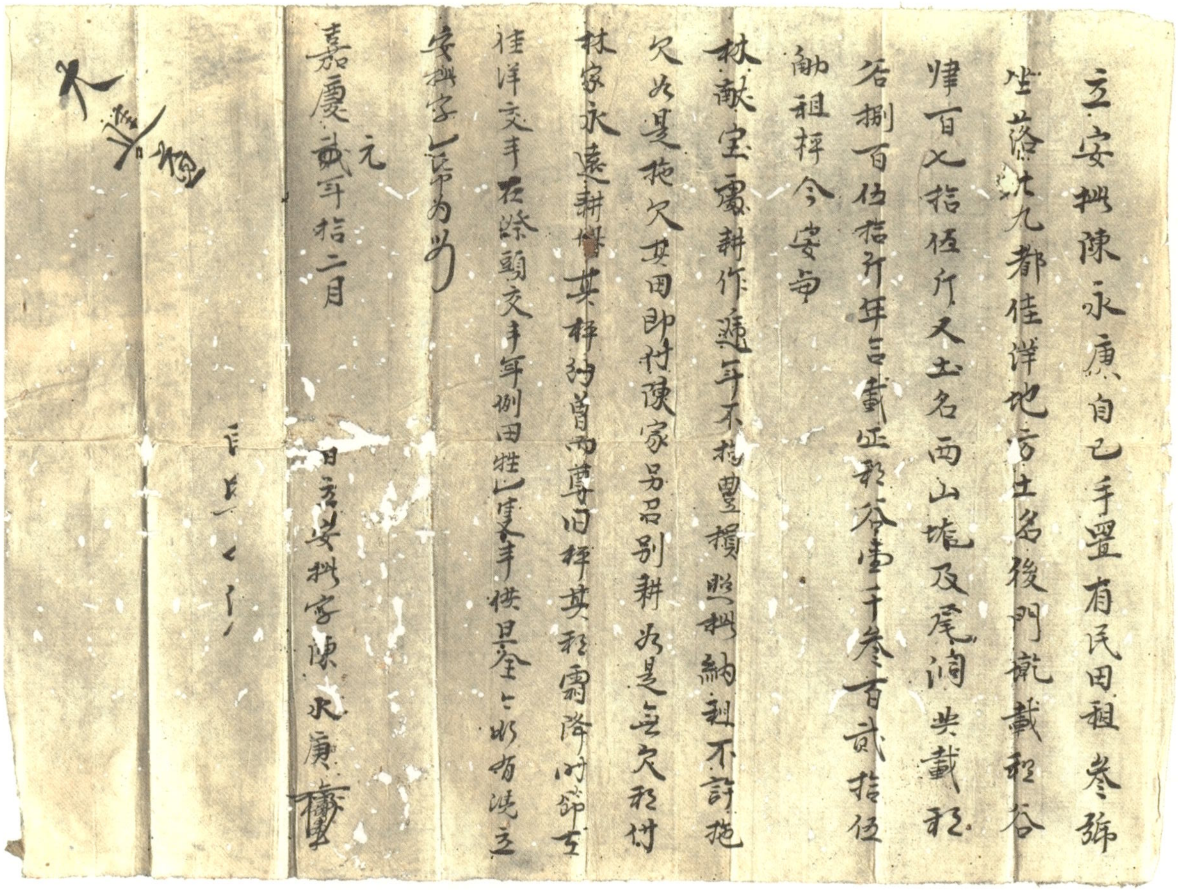
立安批陳永庚，自己手置有民田租叁錦，
坐落廿九都佳洋地方，土名後門坑，載租谷
肆百又拾伍斤；又土名西山墘及尾洞，共載租
谷捌百伍拾斤，年合載証租谷壹千叁百貳拾伍
觔，租秤。今安與
林猷宗處耕作，遞年不拘豐歉，照批納租，不許拖
欠。如是拖欠，其田即付陳家另召別耕；如是無欠，租付
林家永遠耕作。其秤約首兩尊田秤，其租零降付節交
佳洋交手，石漈頭交手，每捌田姓山交手，供足全之。此有憑，立
安批字一紙為照。
嘉慶元貳年拾二月
日立安批字陳永庚（押）
大吉利

7-2-8-7　清嘉慶元年十二月陳永庚立安批民田租字

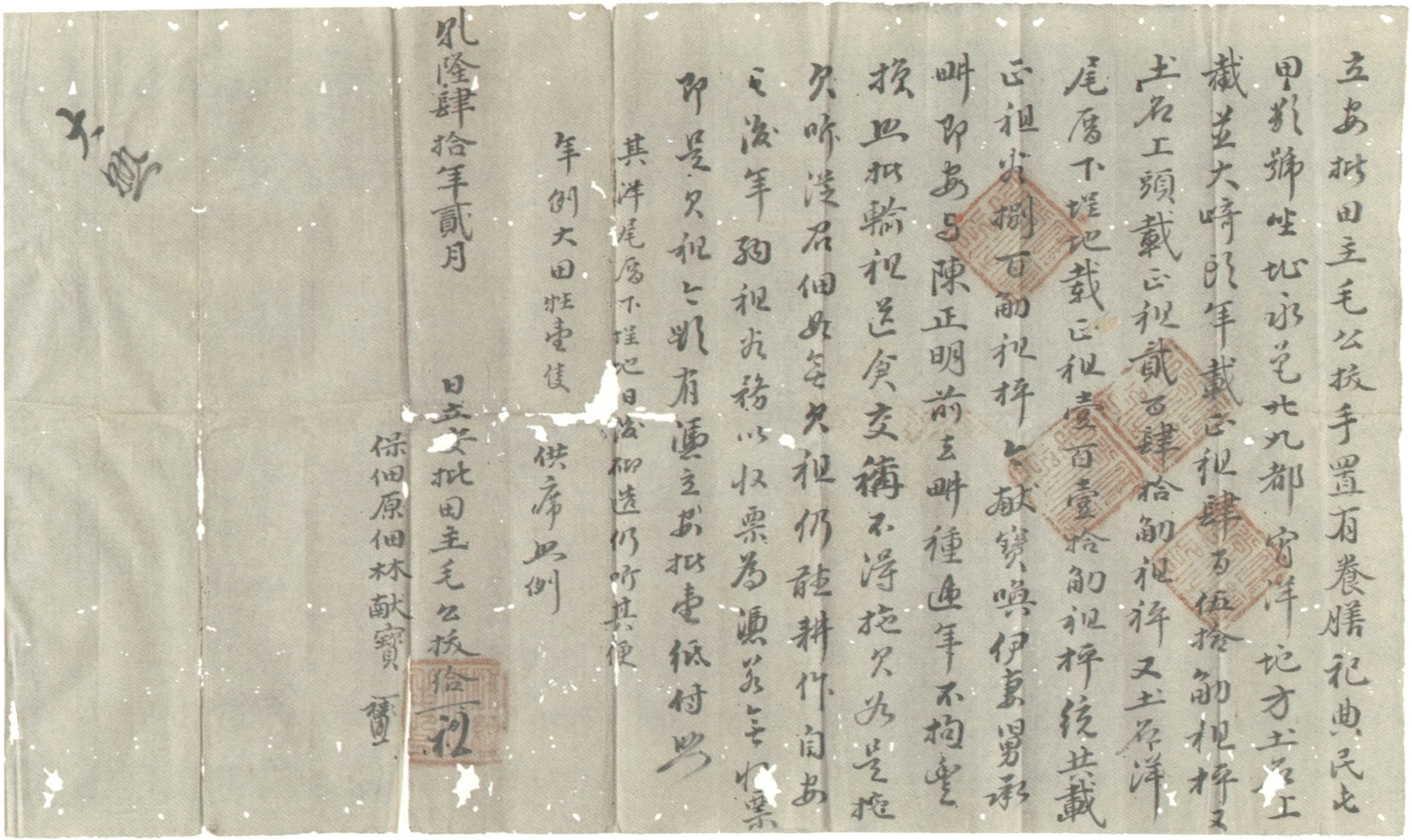

7-2-8-6　清乾隆四十年二月毛公拔立安批養贍祀典民屯田字

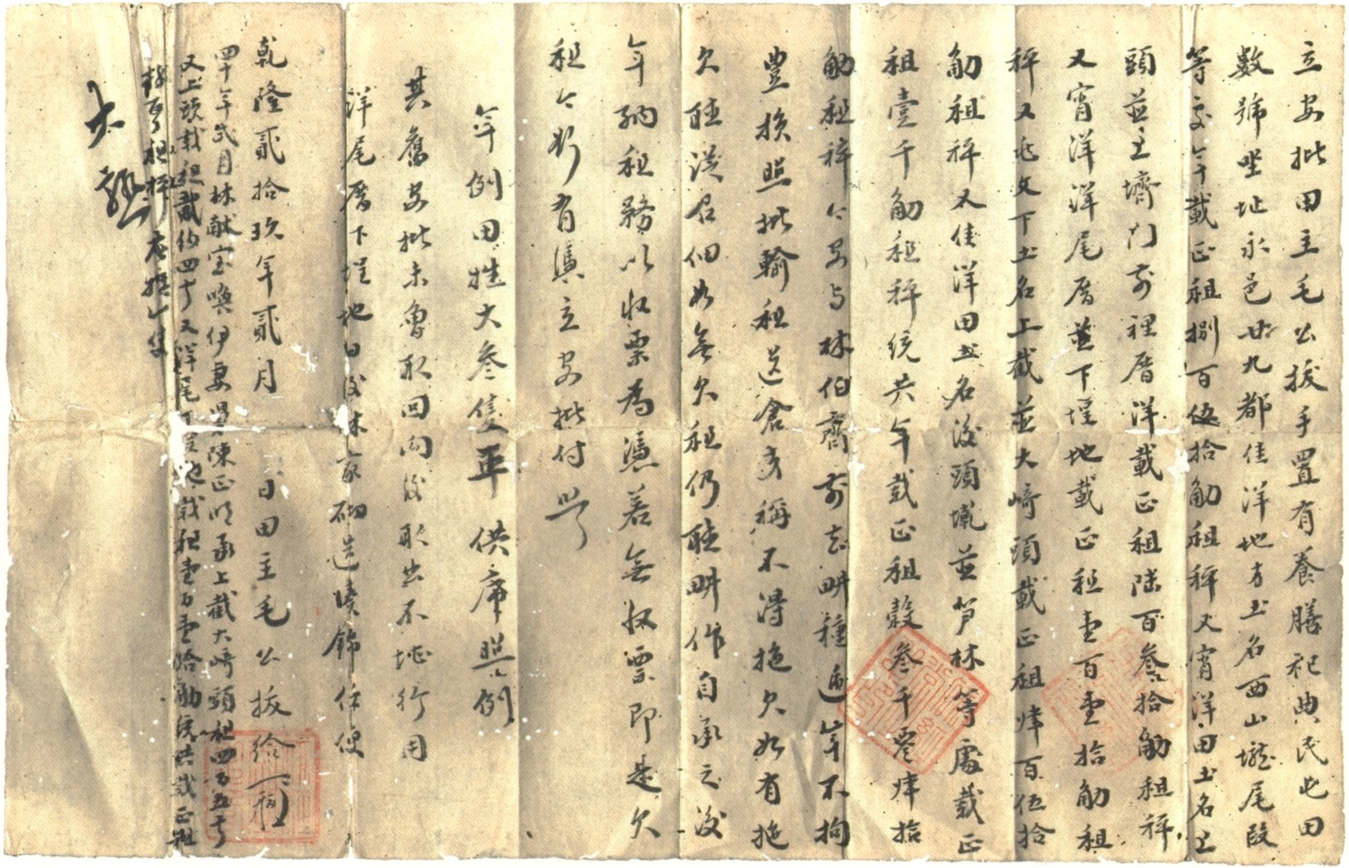

立安批田主毛公拔，手置有養膳祀典民屯田
數號，坐址永邑廿九都佳洋地方，土名西山墘尾段
等處，年載正租捌百伍拾觔租秤；又寄洋田土名土
頭並王墩門前程厝洋，載正租陸百叁拾觔租秤；
又寄洋洋尾厝並下埕地，載正租壹百壹拾觔租
秤；又地下土名上截並大崎頭，載正租肆百伍拾
觔租秤；又佳洋田土名滐頭城並竹林等處，載正
租壹千觔租秤，統共年載正租叁千叁百肆拾
觔租秤，今安與林伯齊前去耕種，逐年不拘
豐歉，照批輸租送倉，毋得稱不清拖欠；如有拖
欠租，任從召佃，如若欠租，仍聽別佃作，自承之後，
年納租務以收票為憑，若無收票，即是欠
租之驗。有憑，立安批付照。
年例：田牲大叁隻，年供席照例。
其舊安批未曾取回，內搜出不堪行用。
洋尾厝下埕地田，後來家砌造墻舖作便。
乾隆貳拾玖年貳月　日田主毛公拔（押）

7-2-8-5　清乾隆二十九年二月毛公拔立安批養膳祀典民屯田字

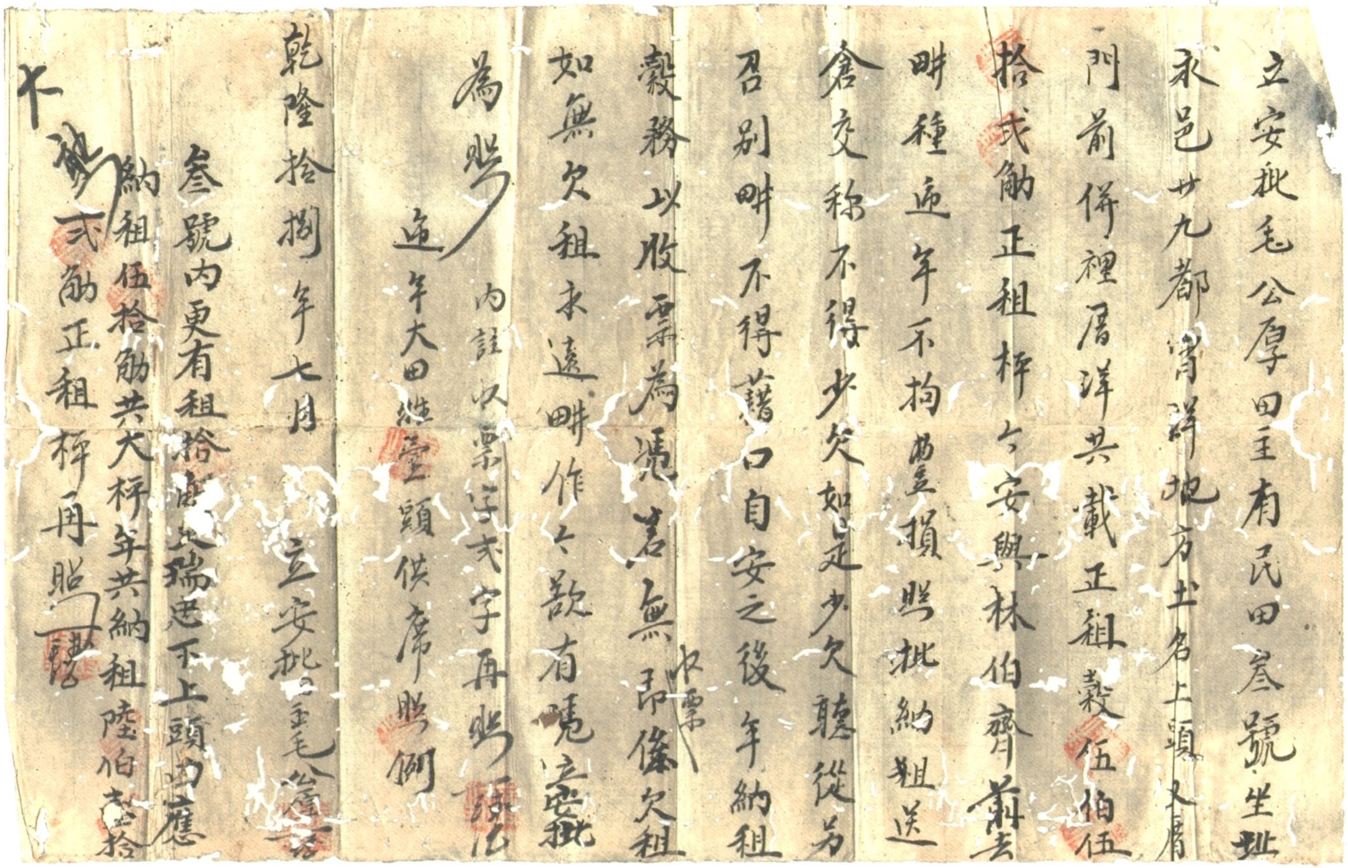
立安批毛公厚田主有民田叁號坐址
永邑廿九都肖洋地方土名上頭大厝
門前併裡厝洋共載正租穀伍伯伍
拾弍觔正租秤々安與林伯齊前去
耕種逐年不拘豐損照批納租送
倉交秤不得少欠如是少欠聽從另
召別耕不得藉口自安之後年納租
穀務以收票為憑若無收票係欠租
如無欠租永遠耕作々款有憑立安批
為照
內註收票字弍字再照
逐年大田丝堂頭供席照例
乾隆拾捌年七月　立安批田主毛公厚
叁號內更有租拾觔斷定不上頭田應
納租伍拾觔共大秤年共納租陸伯弍拾
弍觔正租秤再照
不[illegible]

7-2-8-4　清乾隆十八年七月毛公厚立安批民田字

立安批田主毛〻拔有民田三號坐址永邑[illegible]
九都宵洋地方土名[illegible]洞又厝[illegible]併禮厝洋
共載正租穀叁百玖拾觔租秤[illegible]安與林侑
齊前來承種遞年不拘豐熟照批納租送
倉交秤不得少欠如是少欠聽從業主別[illegible]
自見之後年年納租穀務以收完為憑[illegible]
[illegible]保欠租[illegible]付[illegible]
[illegible]立安批書[illegible]
遞年大田租壹[illegible]
又[illegible]埔[illegible]田租弍百肆拾觔租秤[illegible]
乾隆拾捌年七月　日立安批田主毛〻拔
大[illegible]

7-2-8-3　清乾隆十八年七月毛公拔立安批民田字

7-2-8-2　包契紙

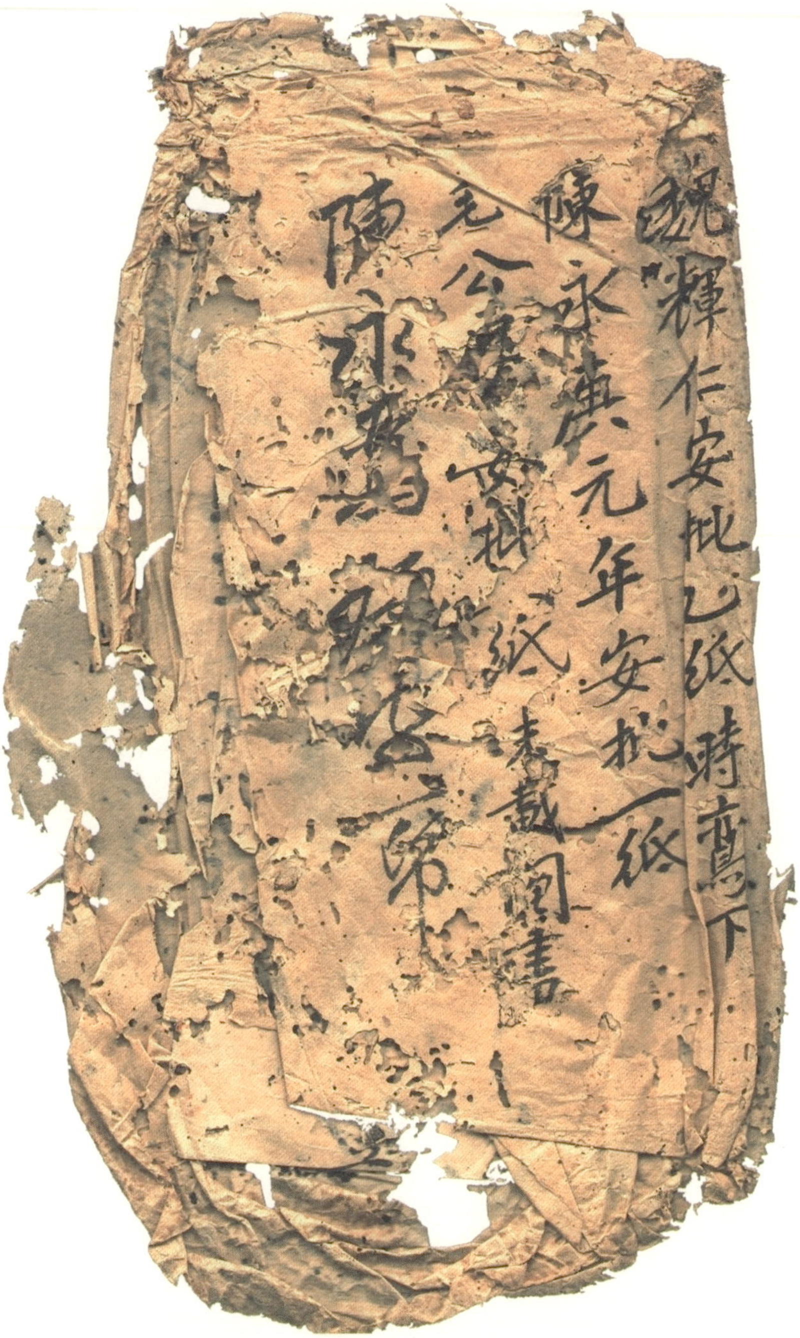

7-2-8-1　包契紙

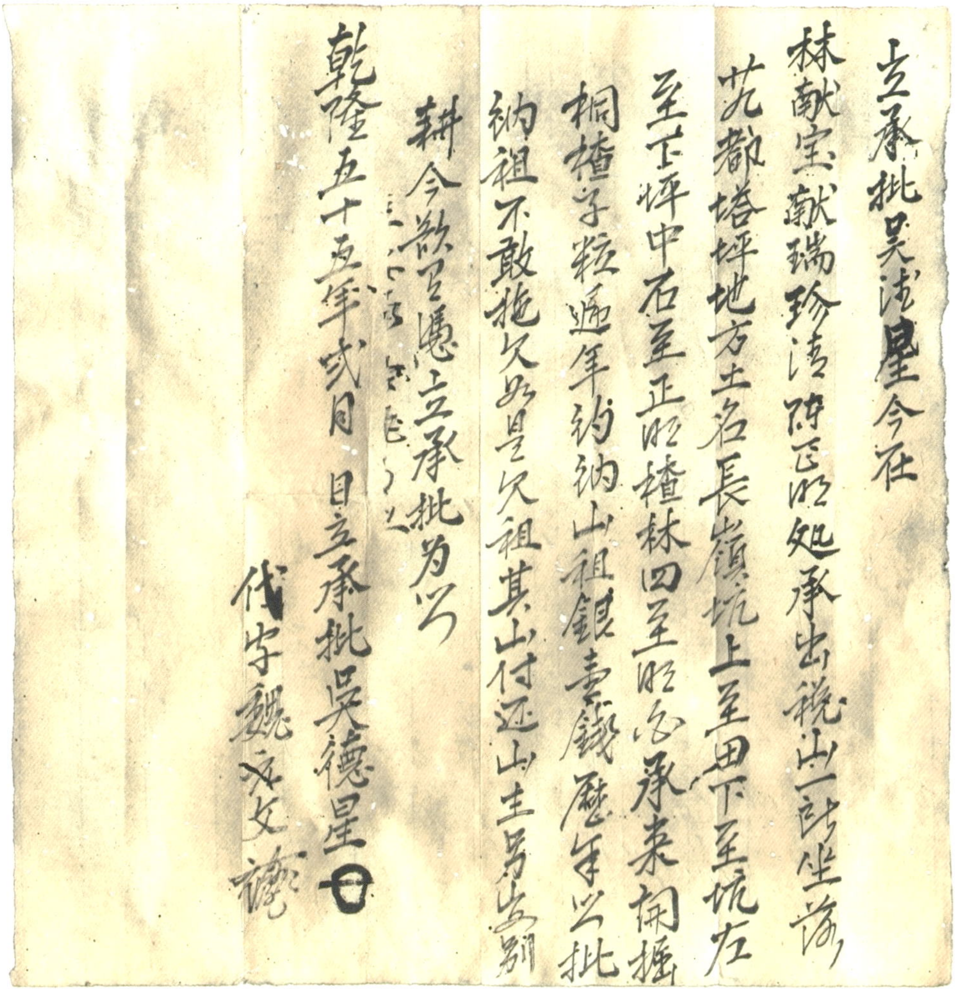
立承批吴法星今在
林献宝、献瑞、珍清兄弟處承出稅山一號，坐落
芃都塔坪地方，土名長嶺坑，上至田，下至坑，左
至下坪中石，至正路楂林，四至明白。承來掘
桐楂子粒，逐年约納山租銀壹錢，歷年照批
納租，不敢拖欠；如星欠租，其山付还山主另出别
耕。今欲有憑，立承批為照。
乾隆五十五年弍月　日立承批吴德星（押）
代字魏文德

7-2-7-6　清乾隆五十五年二月吴德星立承批稅山字

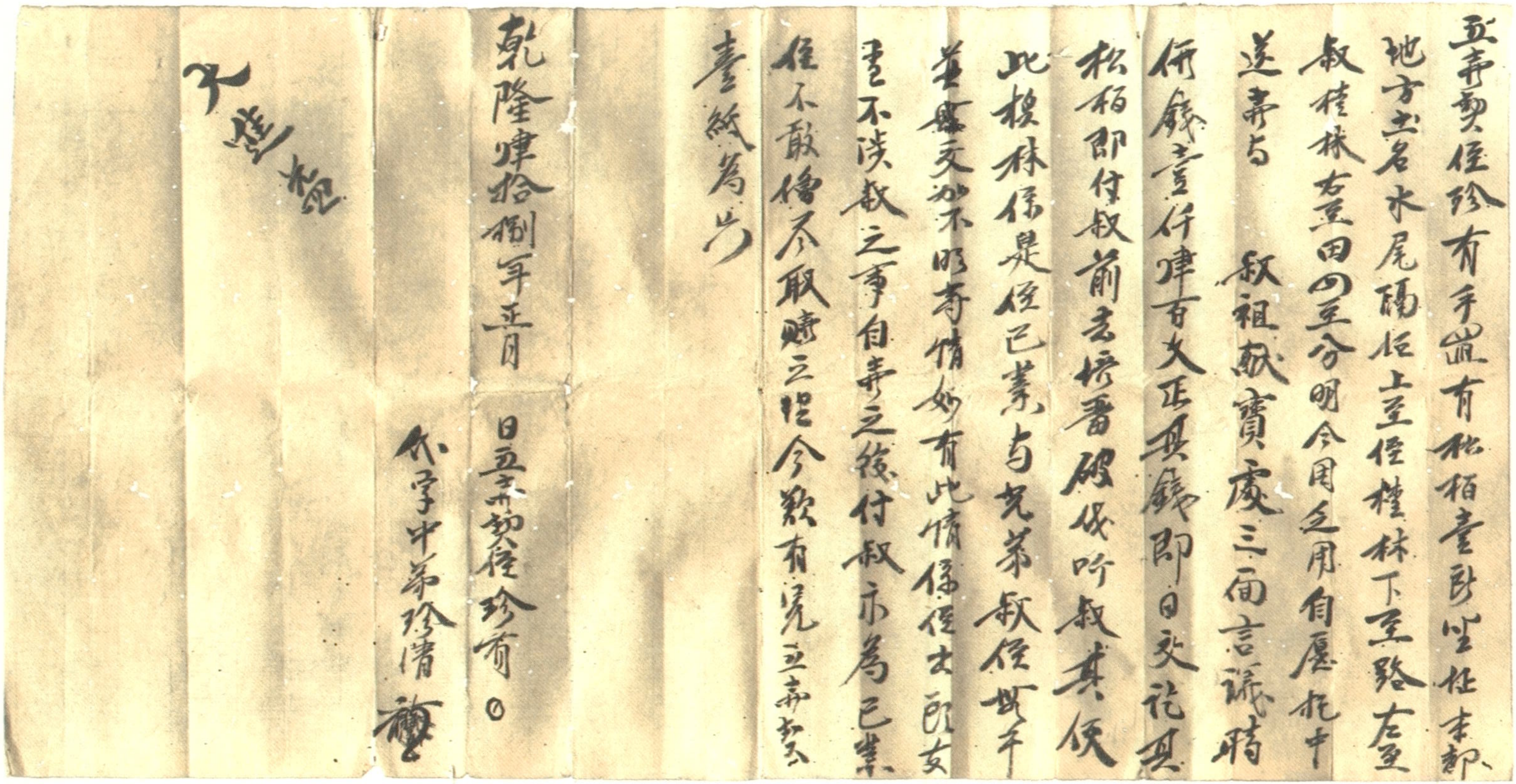
立賣契侄珍有手置有松栢壹卧坐住本都
地方土名水尾隔佢上至侄樓林下至路左至
叔樓林右至田四至分明今因乏用自愿托中
送賣与　叔祖廠寶處三面言議時
價錢壹仟肆百文正其錢即日交訖其
松栢即付叔前去標番砍伐听叔其便
此樓林係是侄已業与兄弟叔侄毋干
並無交加不明等情如有此情係侄出頭支
當不涉叔之事自賣之後付叔亦為已業
侄不敢僭不取贖之理今欲有憑立賣契
壹紙為照
乾隆肆拾捌年正月　日立賣契侄珍有（押）
代字中弟珍僧（押）
大進松

7-2-7-5　清乾隆四十八年正月林珍有立賣松柏契

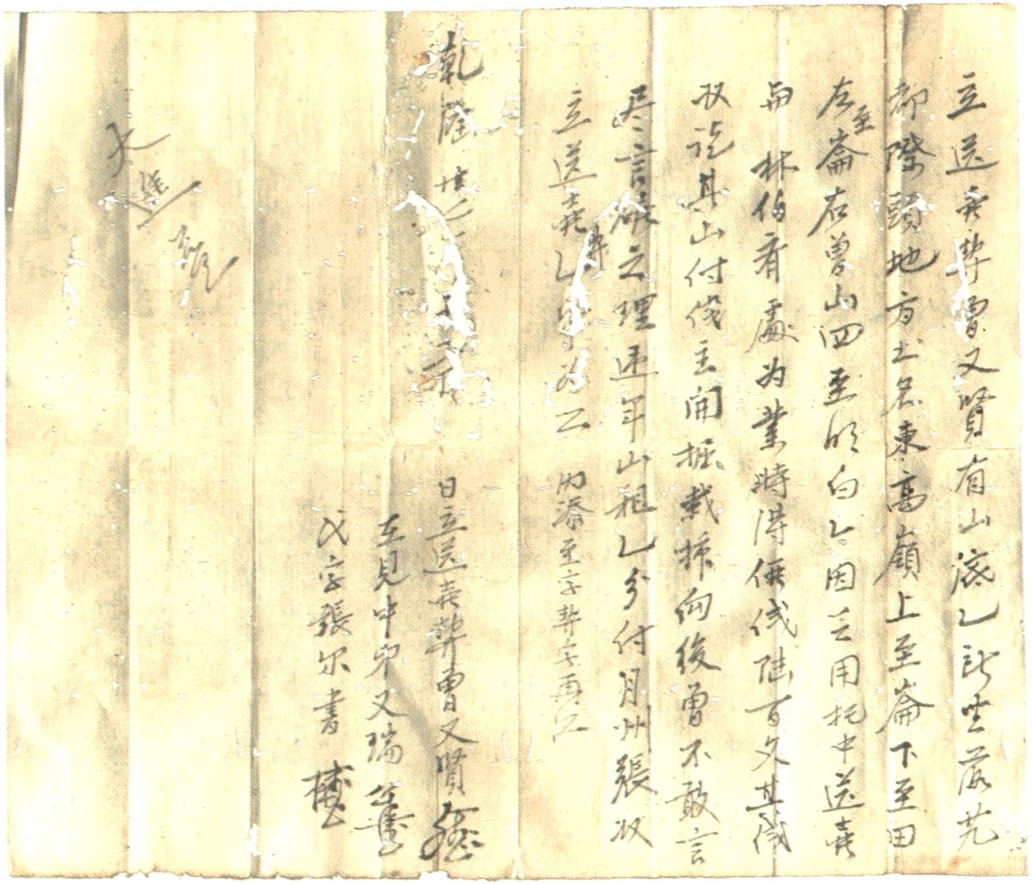
立送賣契曾又賢有山滾乙所坐落芄
都隆頭地方土名東高嶺上至崙下至田
左至崙右曾山四至明白今因乏用托中送賣
與林佑有處為業時得價錢陸百文其錢
收訖其山付錢主開掘栽插向後曾不敢言
其言贖之理逓年山租乙分付月卅張收
立送賣山契為照　內添至字華字再照
乾隆廿七年十二月　日立送賣契曾又賢
在見中人曾又瑞
代字張宗書
大進

7-2-7-4　清乾隆二十七年十二月曾又賢立送賣山底契

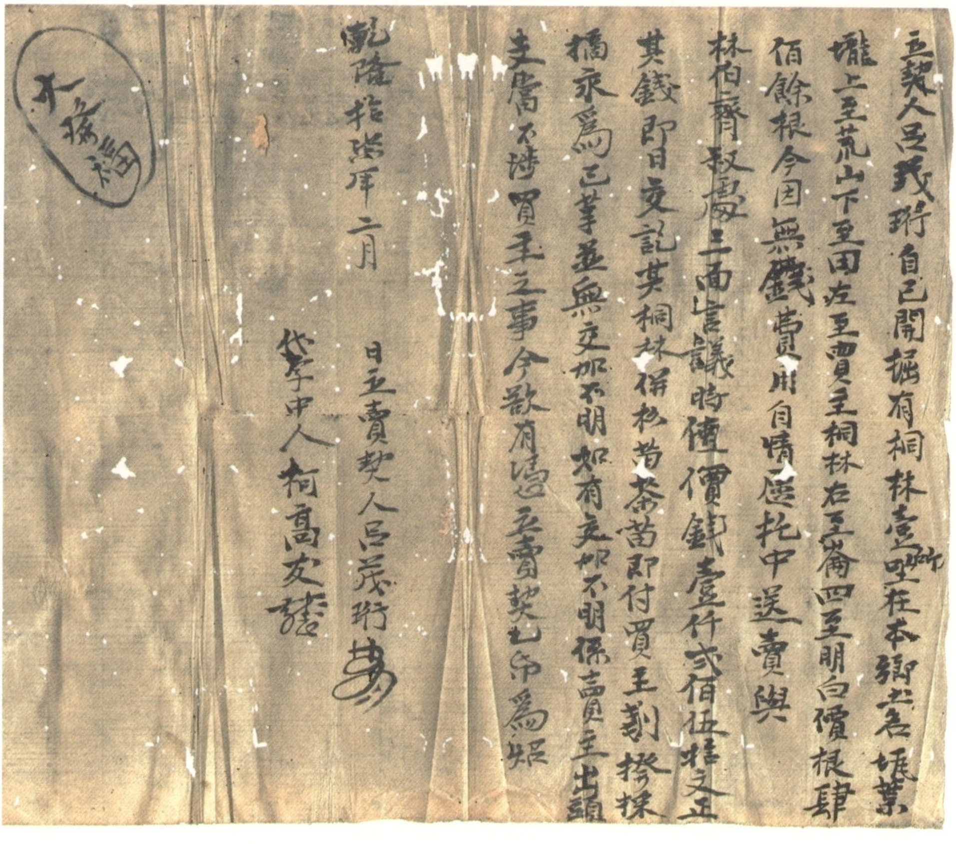
立契人呂茂珩自己開掘有桐林壹所坐在本鄉土名□葉
壠上至荒山下至田左至買主桐林右至□角四至明白價根肆
佰餘根今因無錢費用自情愿托中送賣與
林伯齊叔處三面言議時值價錢壹仟貳佰伍拾文正
其錢即日交訖其桐林併松苗茶苗即付買主剝摻採
摘永爲己業並無交加不明如有交加不明係賣主出頭
支當不涉買主之事今欲有憑立賣契一帋爲炤
乾隆拾柒年 二月 日立賣契人呂茂珩（押）
代筆中人苟高友（押）

7-2-7-3　清乾隆十七年二月呂茂珩立賣桐林契

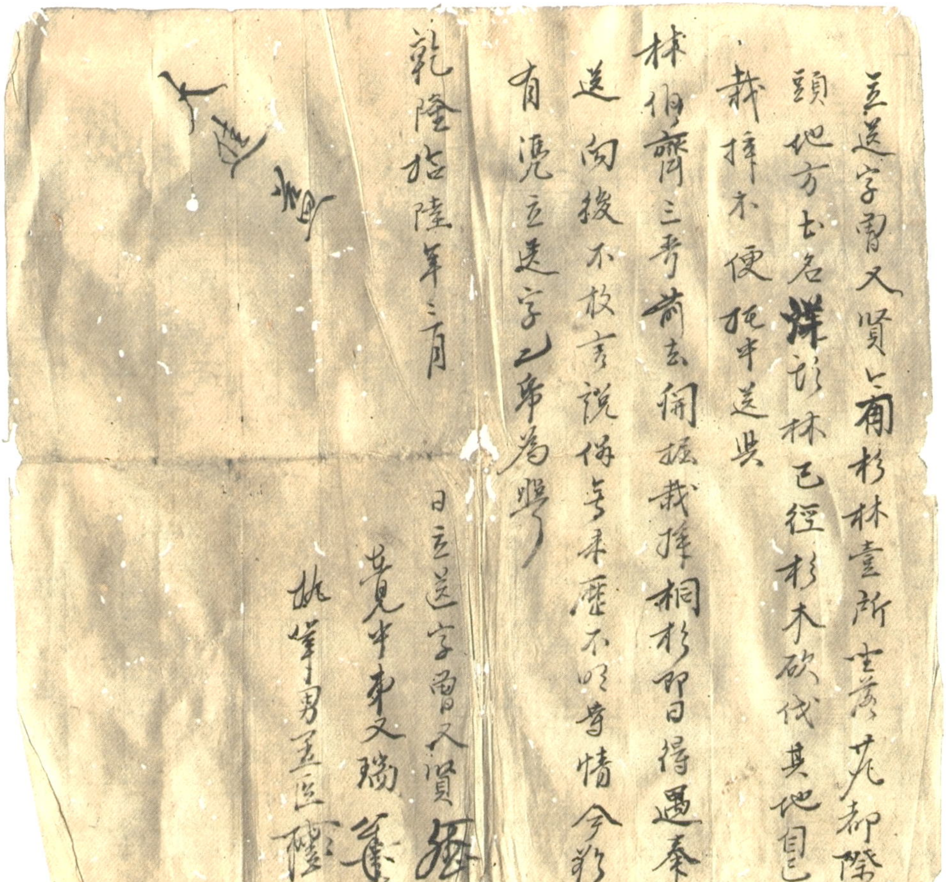
立送字曾又賢今有杉林壹所，坐落花都際
頭地方，土名洋頭，林已經杉木砍伐，其地自己
栽插不便，托中送與
林伯齊三秀前去開掘栽插桐杉，即日得過秦
送。向後不敢言說，係賢來歷不明，賢情今彩
有憑立送字乙帋為照。
乾隆拾陸年三月　日立送字曾又賢（押）
見中李文瑞（押）
代筆男玉臣（押）
大進宜吉

7-2-7-2　清乾隆十六年三月曾又賢立送杉林字

7-2-7-1　包契紙

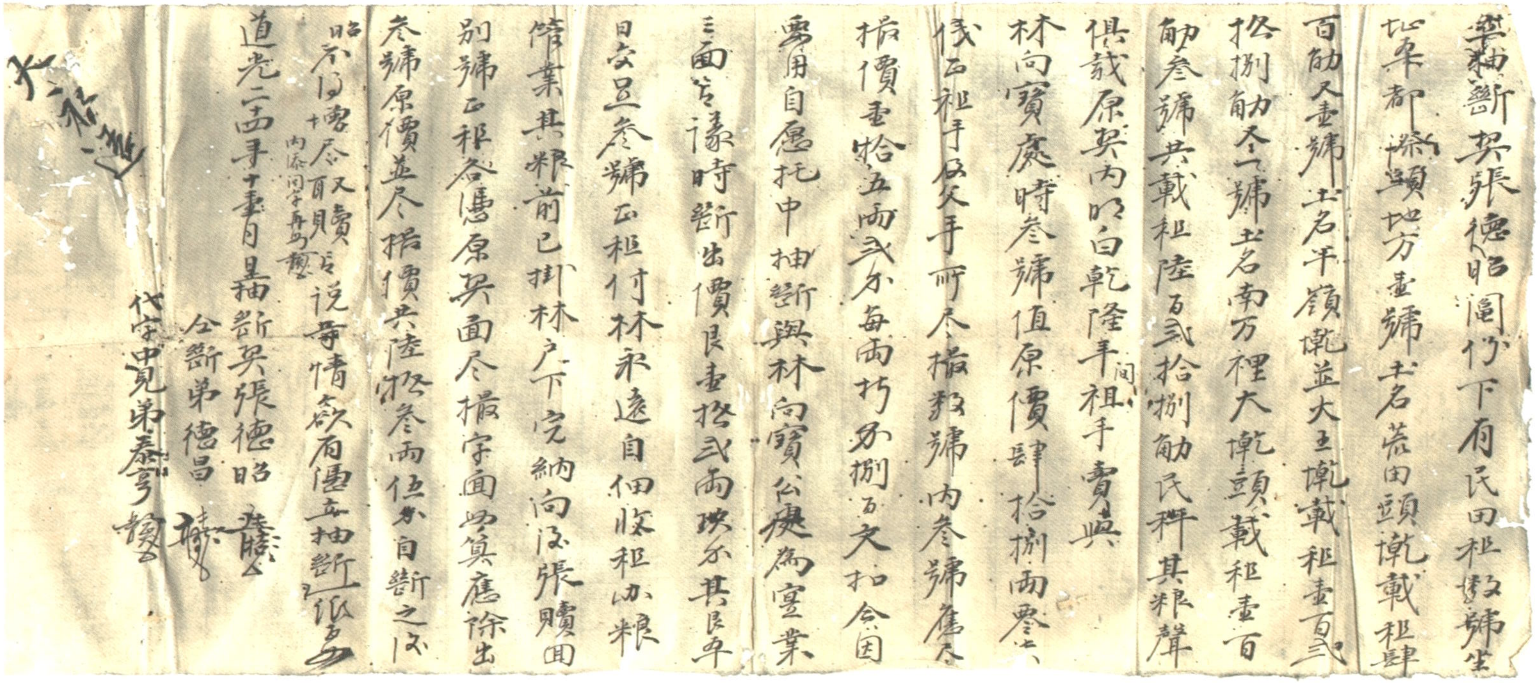

7–2–6–5 清道光二十四年十一月張德昭等立抽斷民田租契

立再盡田根字吴仙海，父手有佃田數號，坐落廿九都漈頭地方，土名荒田頭墩并及荒田頭壠、山崩墘頭、獅公壠、溪邊壠、老虎墿坑尾洋墿兩墘埕又并尾半嶺壠、大王壠、東爪林、又消洋，土名長墘。此田根于前年間父手出寄與林軟實處爲業，其畝數、租額、田主價銀登載原寄字并盡字内明白。今因乏用，托叔再向與林軟宅處三面言議，時再盡出價銀弍拾叁兩柒錢伍分正，每兩折錢捌百文，和其銀即日收訖。其田依舊付銀主管業，其年期再約肆年外備銀照原寄字并盡字及再盡字贖回，如未贖，聽舊管業。今欲有憑，立再盡田根字壹紙，并繳陳永蘭安批壹紙付執爲照。

嘉慶元年正月　日立再盡田根字吴仙海○

中見叔勝(?)人（押）

兄宣文○

代字叔提(?)義

7-2-6-4　清嘉慶元年正月吴仙海立再盡佃田根字

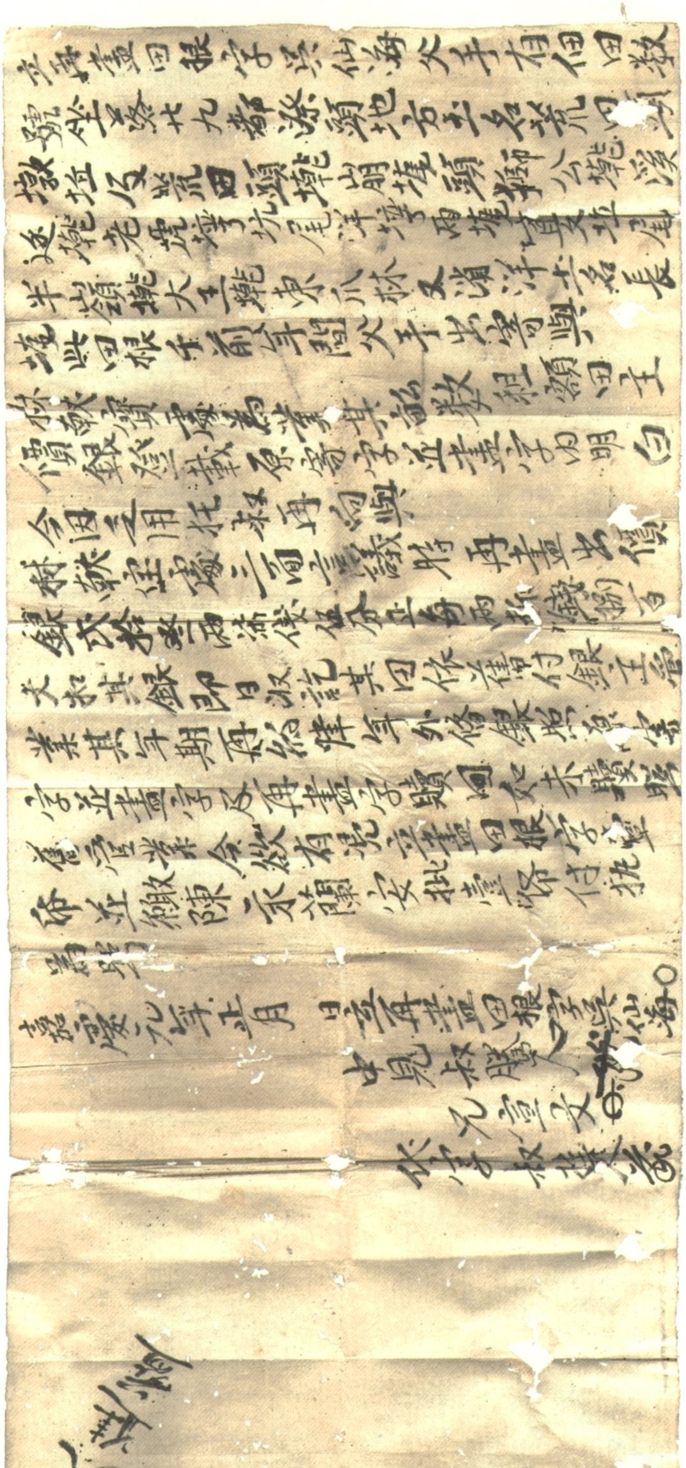

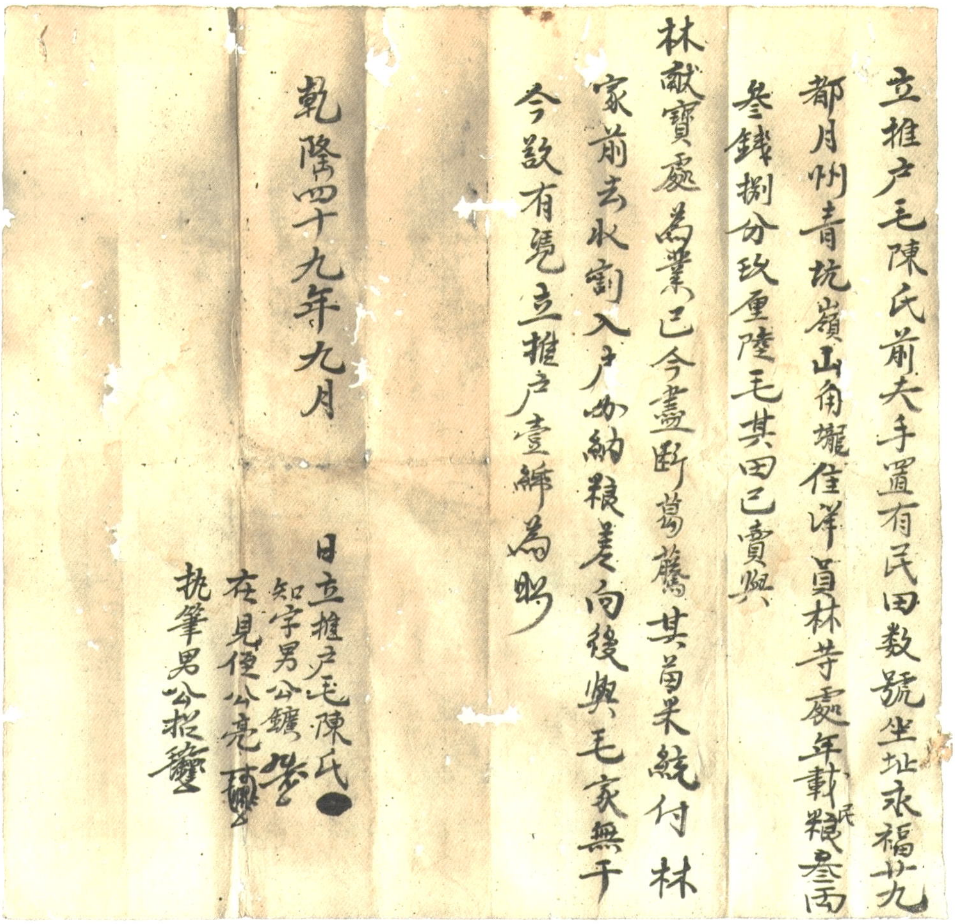

立推户毛陳氏前夫手置有民田数號坐址永福廿九
都月州青坑嶺山角壠佳洋員林寺處年載民糧叁両
叁錢捌分玖厘陸毛其田已賣與
林獻寶處為業已今盡斷葛藤其苗米統付林
家前去收割入户办納粮差向後與毛家無干
今欲有凭立推户壹紙為照
乾隆四十九年九月　日立推户毛陳氏（押）
知字男公鑣（押）
在見侄公亮（押）
執筆男公招（押）

7-2-6-3　清乾隆四十九年九月毛陳氏立推户字

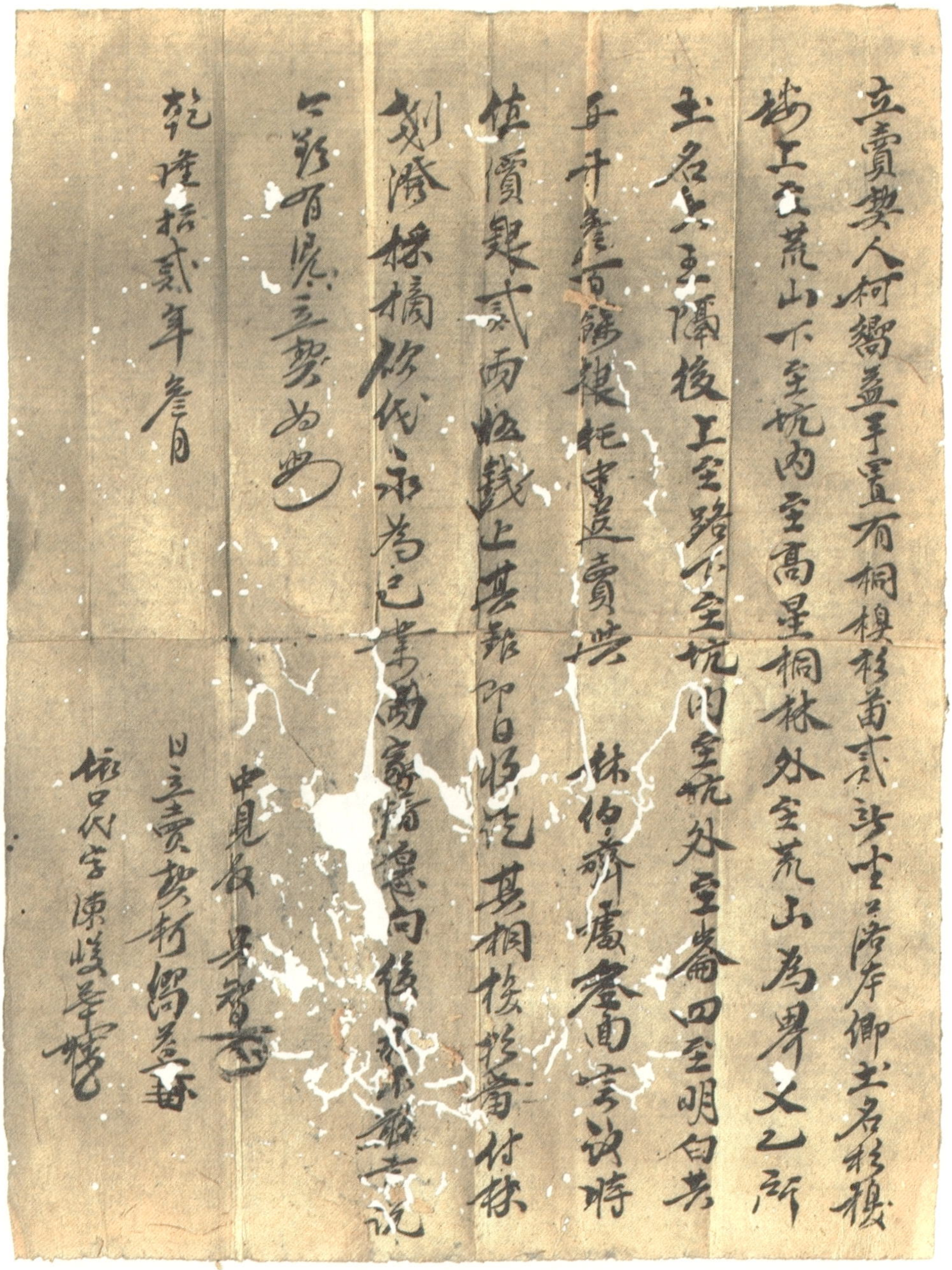
立賣契人柯嚮益手置有桐模杉苗貳片坐落岸御土名杉模
坳上至荒山下至坑内至高星桐林外至荒山為界又乙所
土名大王隔後上至路下至坑内至坑外至崙四至明白共
年計叁百餘根托中送賣與　林伯齊處叁面言議時
值價銀貳兩捌錢正其銀即日收訖其桐模杉苗付林
剗除採摘砍伐永為己業兩家情愿向後不敢言說
今欲有憑立賣契為照
乾隆拾貳年叁月　日立賣契柯嚮益押
中見叔　吳智押
依口代字　陳峻華押

7-2-6-2　清乾隆十二年三月柯嚮益立賣桐模杉苗契

7-2-6-1　包契紙

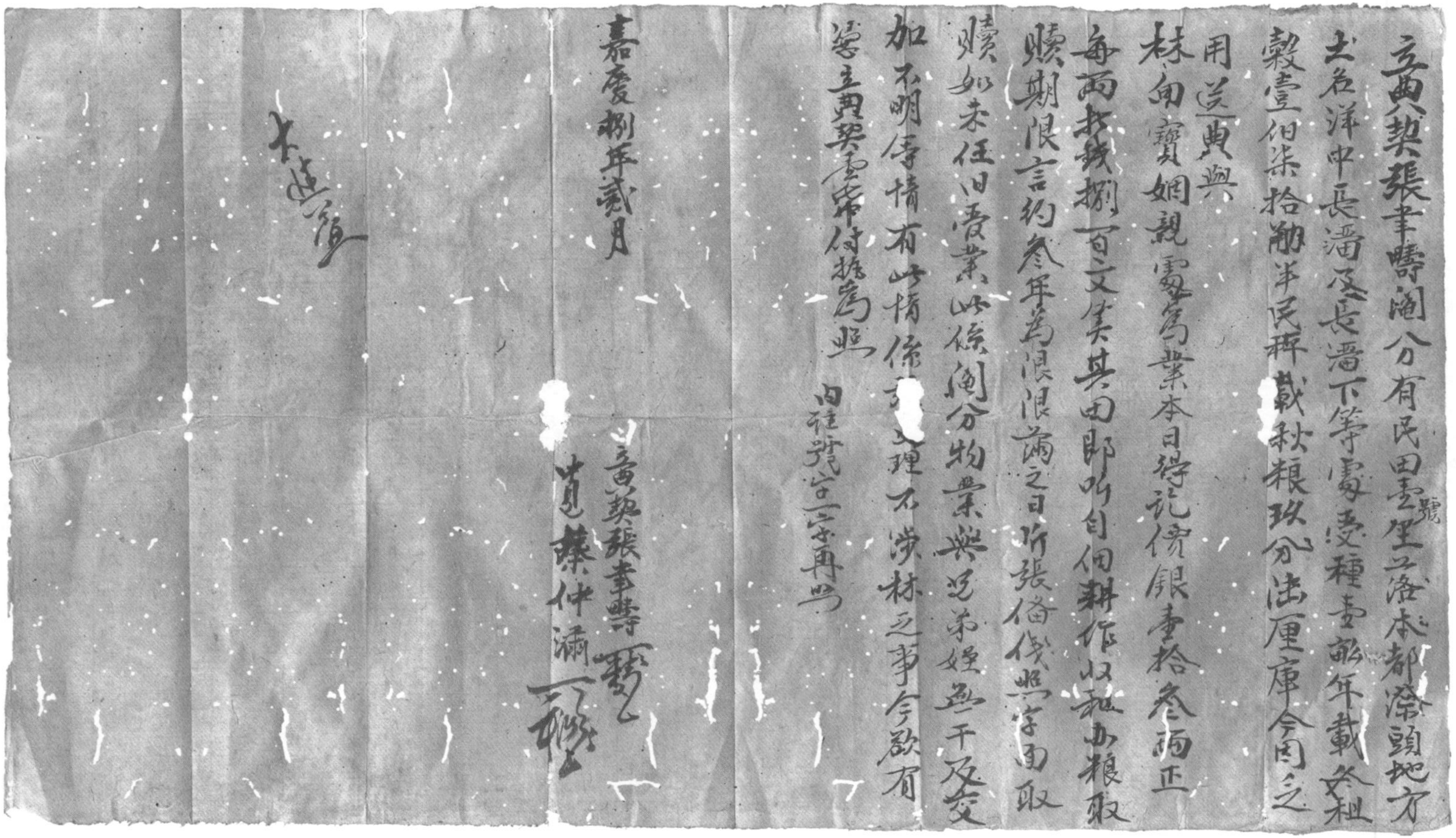

立典契張聿疇鬮分有民田壹號，坐落本都漈頭地方，
土名洋中長潭及長潭下等處，受種壹畝，年載租
穀壹佰柒拾捌觔半，民粮載秋粮玖分，出厘庫仝同之
用，送典與
林甸寶姻親處爲業，本日得訖價銀壹拾叁兩正，
每兩折錢捌百文，其田即听自佃耕作，以租抵粮取
贖，期限言約叁年爲限，限滿之日，听張備價照字面取
贖，如未，任田變業。此係鬮分物業，與兄弟姪無干，及交
加不明等情，有此情係聿自理，不涉林之事。今欲有
憑，立典契壹紙付執爲照。
內註號字一字再照。

嘉慶捌年貳月　日　立典契張聿疇（押）
見蔡仲滿（押）
本達領

7-2-5-10　清嘉慶八年二月張聿疇立典民田契

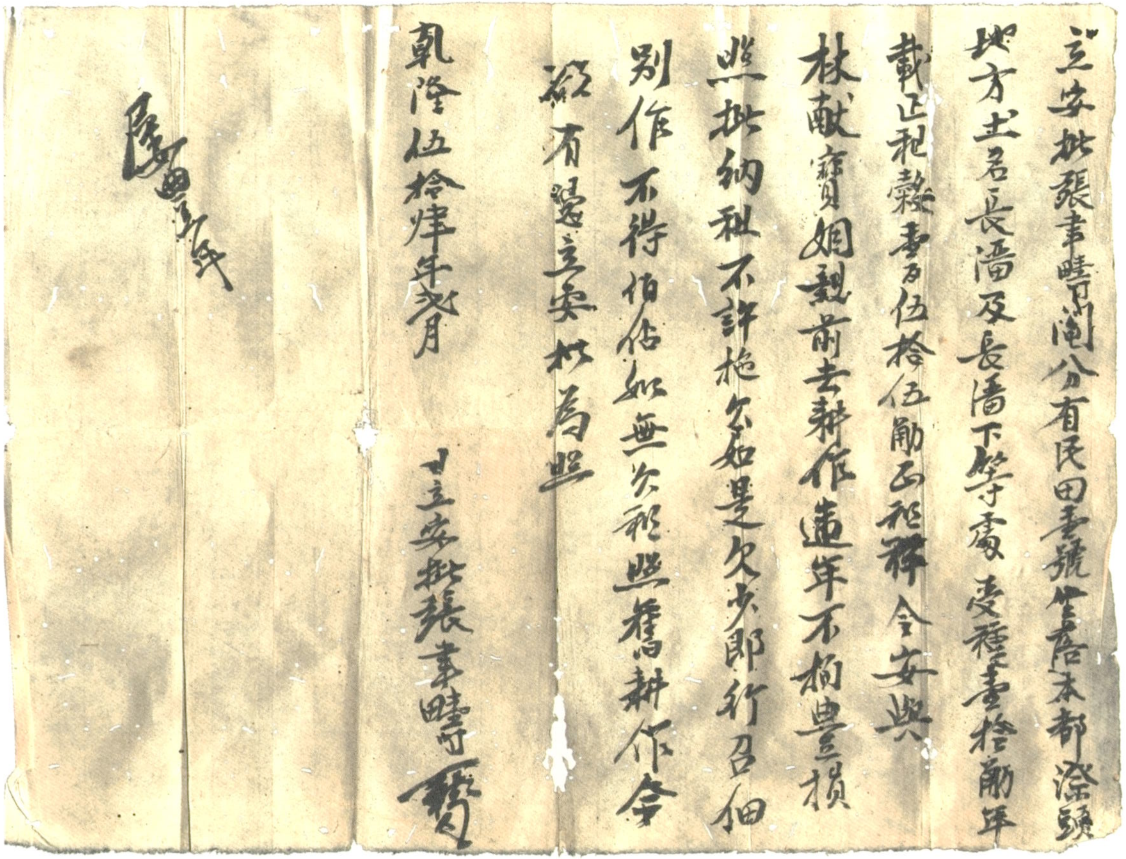
立安批張聿疇，今闔分有民田壹號，坐落本都塗頭
地方，土名上長墻及長墻下等處，受種壹拾觔，年
載正租穀壹百伍拾伍觔正，租稱全安與
林獻寶姻親前去耕作，遞年不拘豐損，
照批納租，不許拖欠。如是欠少，即行召佃
別作，不得伯佔；如無欠租，照舊耕作。今
欲有憑，立安批為照。
乾隆伍拾肆年貳月　日立安批張聿疇（押）

7-2-5-9　清乾隆五十四年二月張聿疇立安批民田字

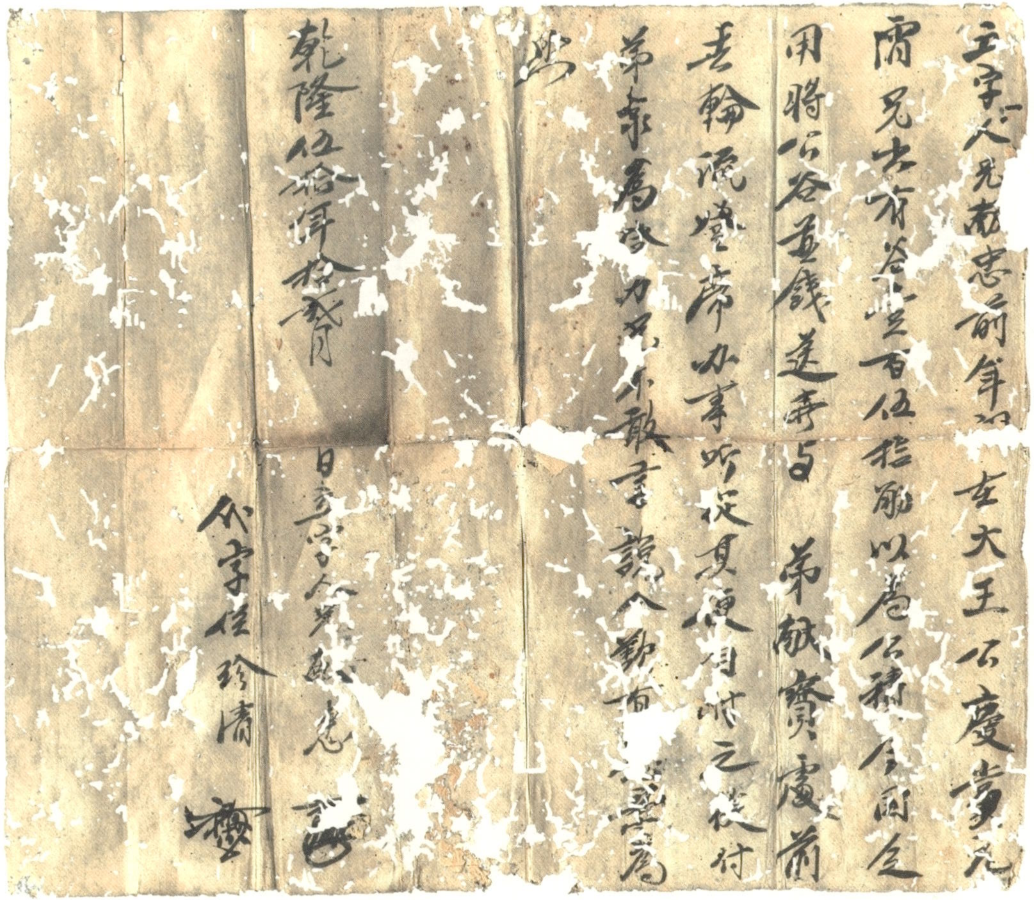
立字人兄獻忠，前年承左大王公慶賞元宵，兄出有谷壹百伍拾觔，以為公積，今因乏用，將公谷並錢送與弟獻賓處前去輪流燈席办事，听從其便，自此之後，付弟永為業，兄不敢言說，今欲有憑，立字為照。

乾隆伍拾年拾貳月　日立字人兄獻忠（押）

代字侄珍清（押）

7-2-5-8　清乾隆五十年十二月林獻忠立賣元宵字

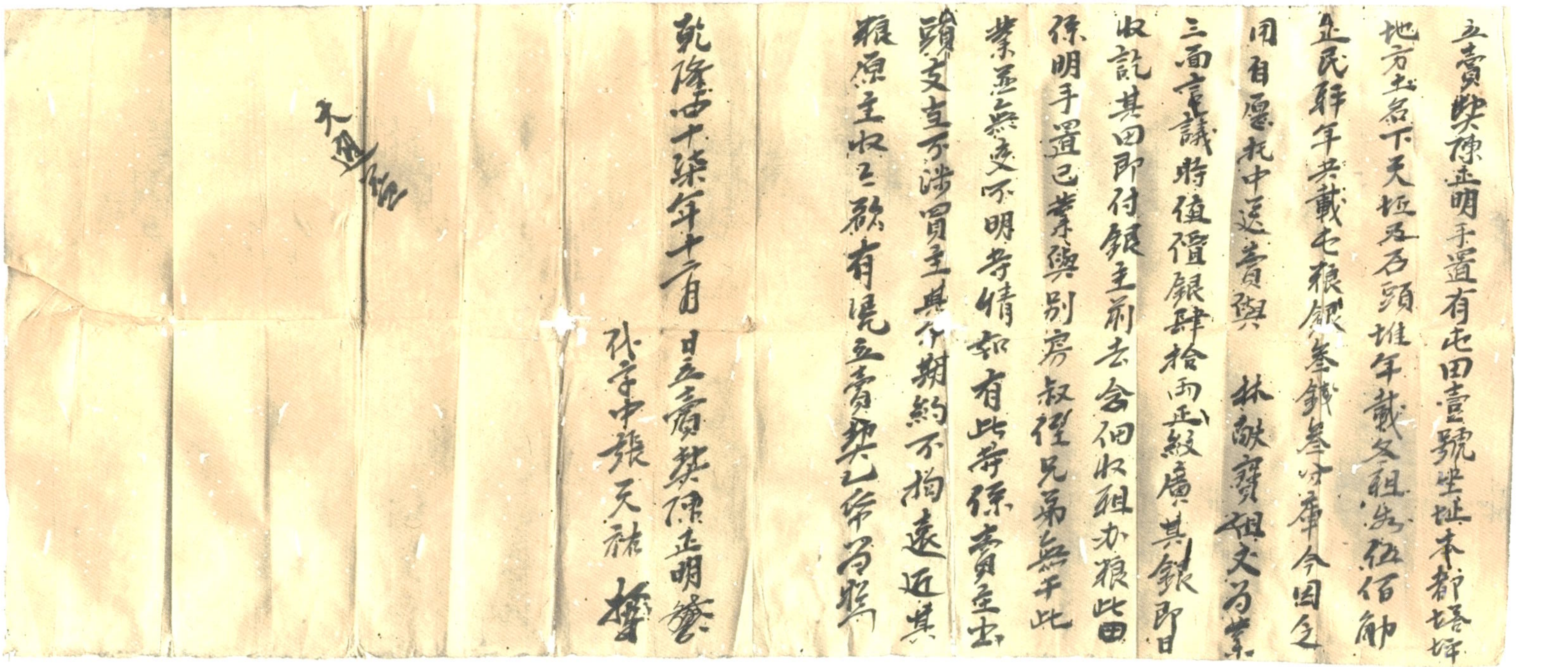

7-2-5-7　清乾隆四十七年十二月陳正明立賣屯田契

立盡字陳正明手置有屯田壹號，坐址本都
塔坪地方，土名西頭樹巫下丞垃，其糧租顏
俱載原賣契內明白。今因乏用，托中
向與林敵賀處盡出銀壹拾兩正。其
銀即日收訖，其田即付林家收租办糧，壹
業日後陳家不敢增盡之理。今欲有
憑，立盡字為照。

乾隆四十柒年十二月　日立盡字陳正明（押）
代字中張天祿（押）

大進登

7-2-5-6　清乾隆四十七年十二月陳正明立盡屯田字

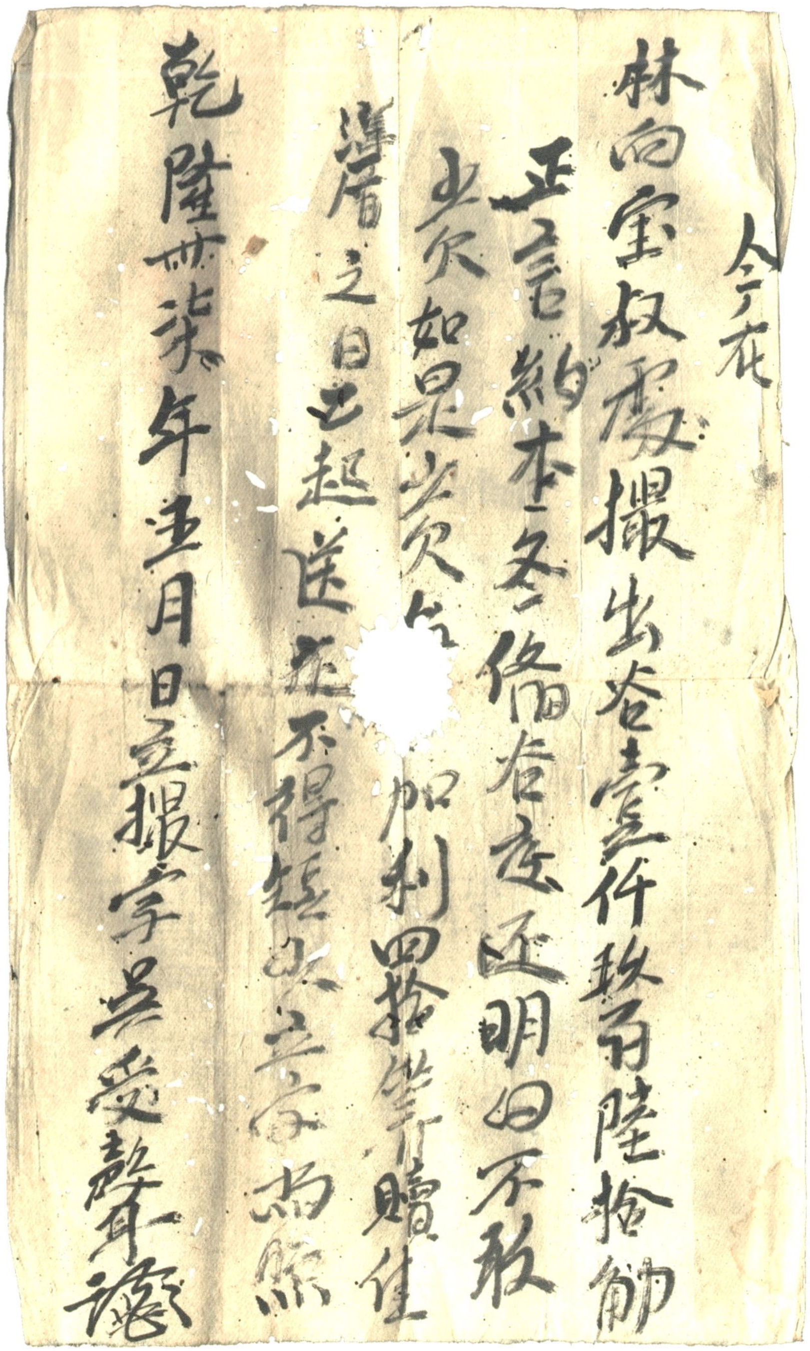
人今花
林向宗叔處撮出谷壹仟玖百陸拾觔
正言約本冬備谷送還明白不敢
少欠如是少欠仝加利罷拾觔贖住
準簷之日出趕送還不得短少立字爲照
乾隆卅柒年五月日立撮字吳受聲

7-2-5-5　清乾隆三十七年五月吴受聲立撮字

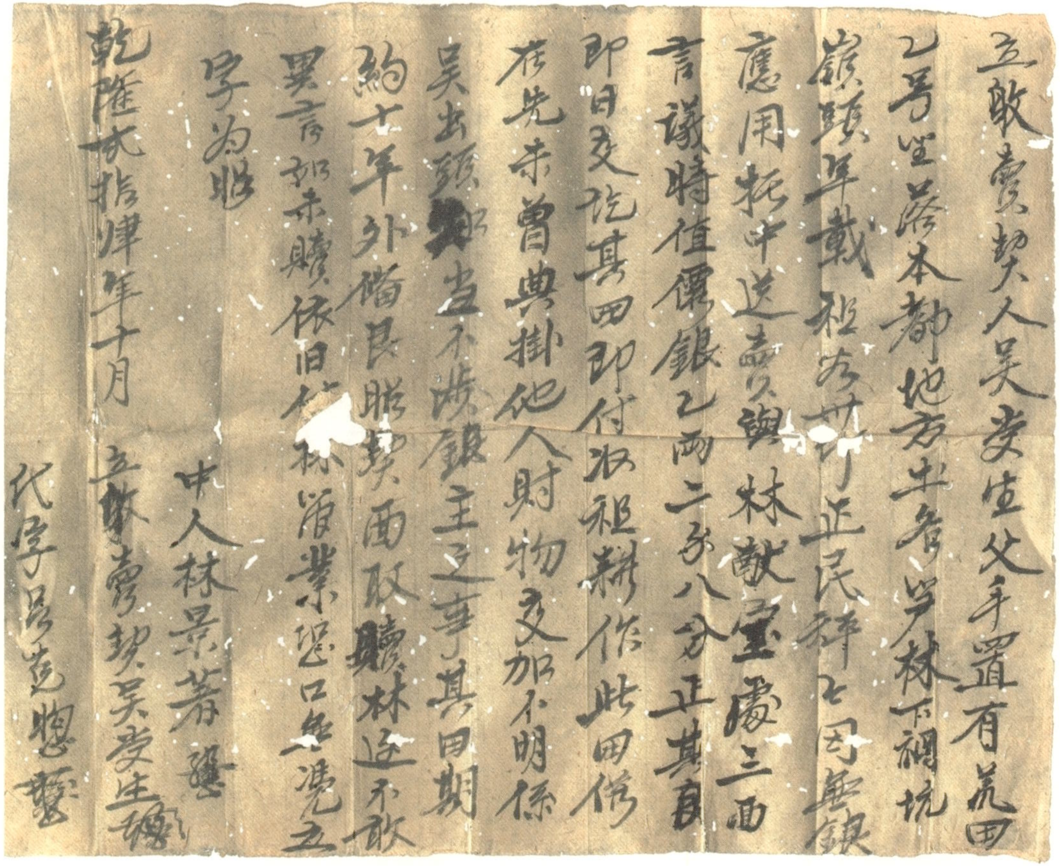

立繳賣契人吳受生，父手置有荒田
乙號，坐落本都地方，土名岸林下調坑
嶺頭，年載租谷廿斤正，民米乙[illegible]無缺。今因
應用，托中送賣與林歡[illegible]處，三面
言議，時值價銀乙兩二錢八分正，其銀
即日交訖，其田即付林祖耕作。此田係
在先未曾典掛他人財物，交加不明，係
吳出頭[illegible]當，不涉銀主之事。其田期
約十年外，備艮照契面取贖，林邊不敢
異言；如未贖，依舊付林管業。恐口無憑，立
字為照。

乾隆貳拾肆年十月　立繳賣契吳受生（押）
中人林景菁（押）
代字吳茂懋（押）

7-2-5-4　清乾隆二十四年十月吳受生立繳賣荒田契

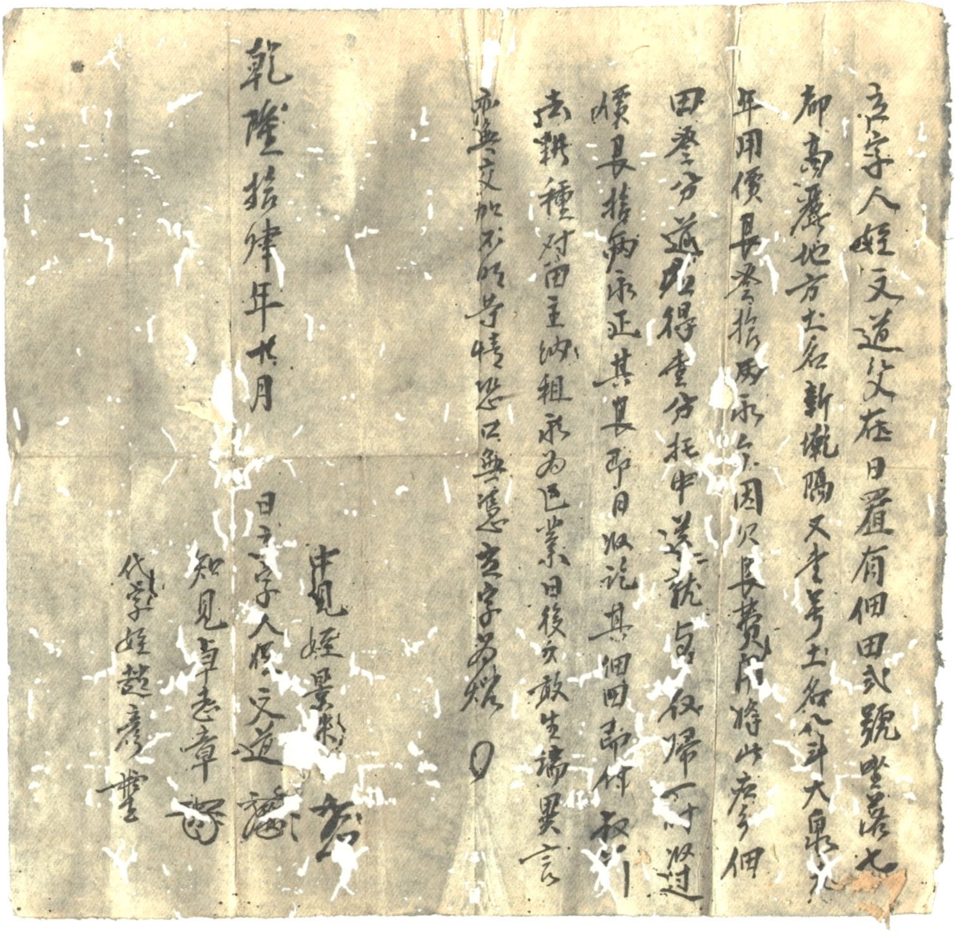

立佃字人姪文道，父在日買有佃田弍號，坐落七
都高瀨地方，土名新墘隔，又壹號土名八斗大泉，[illegible]
年用價艮叁拾兩永正。因欠艮費用，將此叁分佃
田叁分，道姪得壹分，托中送就与叔[illegible]帰，付收过
價艮拾兩永正。其艮即日收訖，其佃田即付叔[illegible]
去耕種，对田主納租，永为己業。日後不敢生端異言，
亦無交加不明等情。恐口無憑，立字為照。

中見姪景[illegible]（押）
乾隆拾肆年拾月　日立字人侄文道（押）
知見卓[illegible]章（押）
代字姪趙彥（?）書

7-2-5-3　清乾隆十四年十月林文道立佃田字

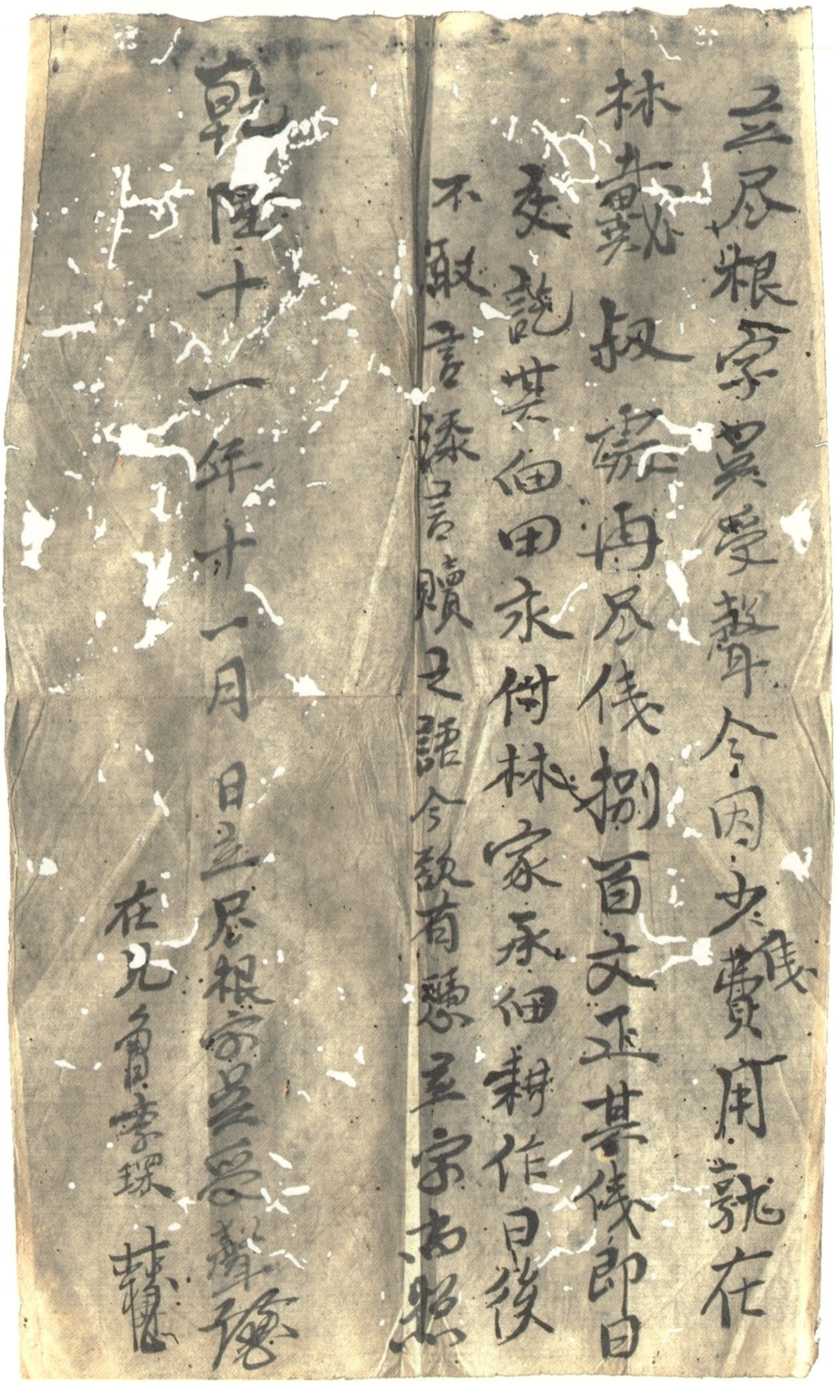
立盡根字吴受聲今因乏錢費用就在
林戴叔邊再盡錢捌百文正其錢即日
交訖其佃田永付林家承佃耕作日後
不敢言添言贖之語今欲有憑立字爲照
乾隆十一年十一月　日立盡根字吴受聲（押）
在見叔曾李璟　林

7-2-5-2　清乾隆十一年十一月吴受聲立盡佃田根字

乾箱、契 字号

7-2-5-1　包契紙

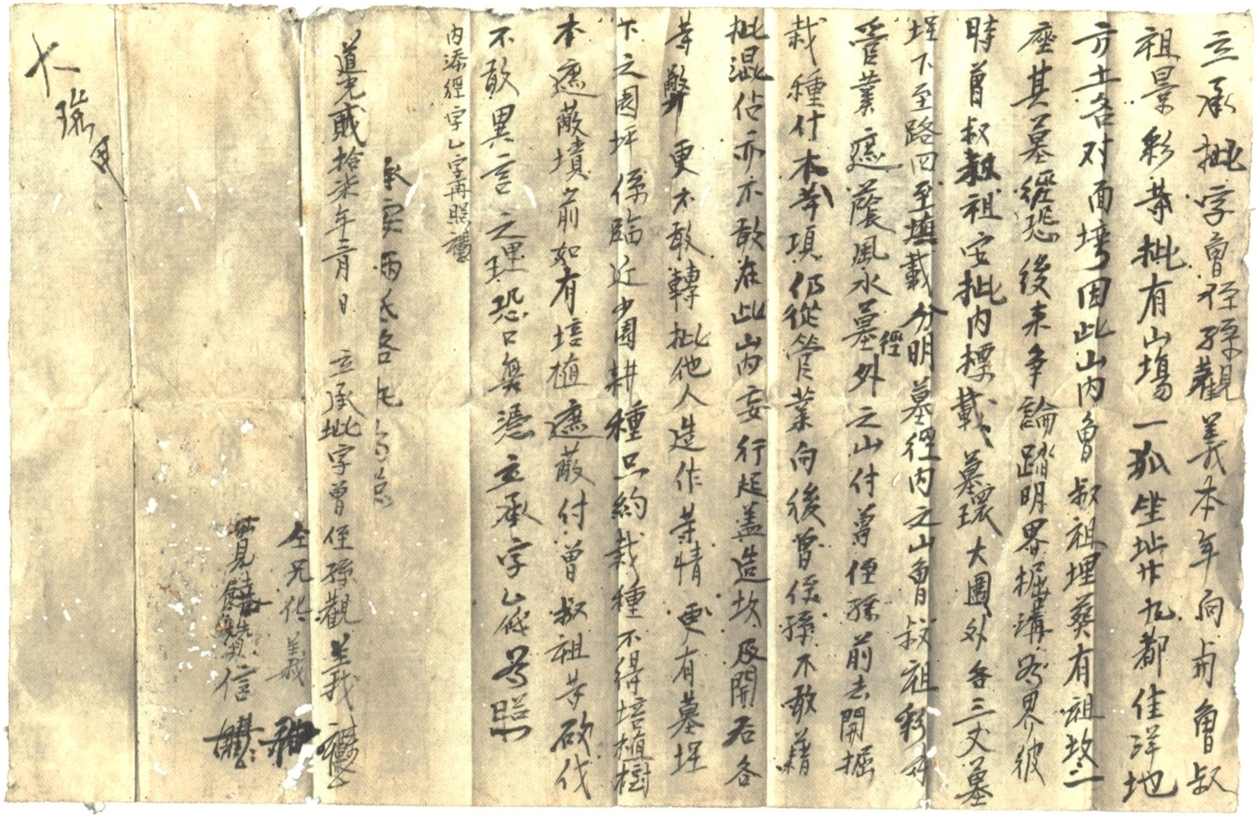

7-2-4-8　清道光二十七年三月林觀義等立承批山場字

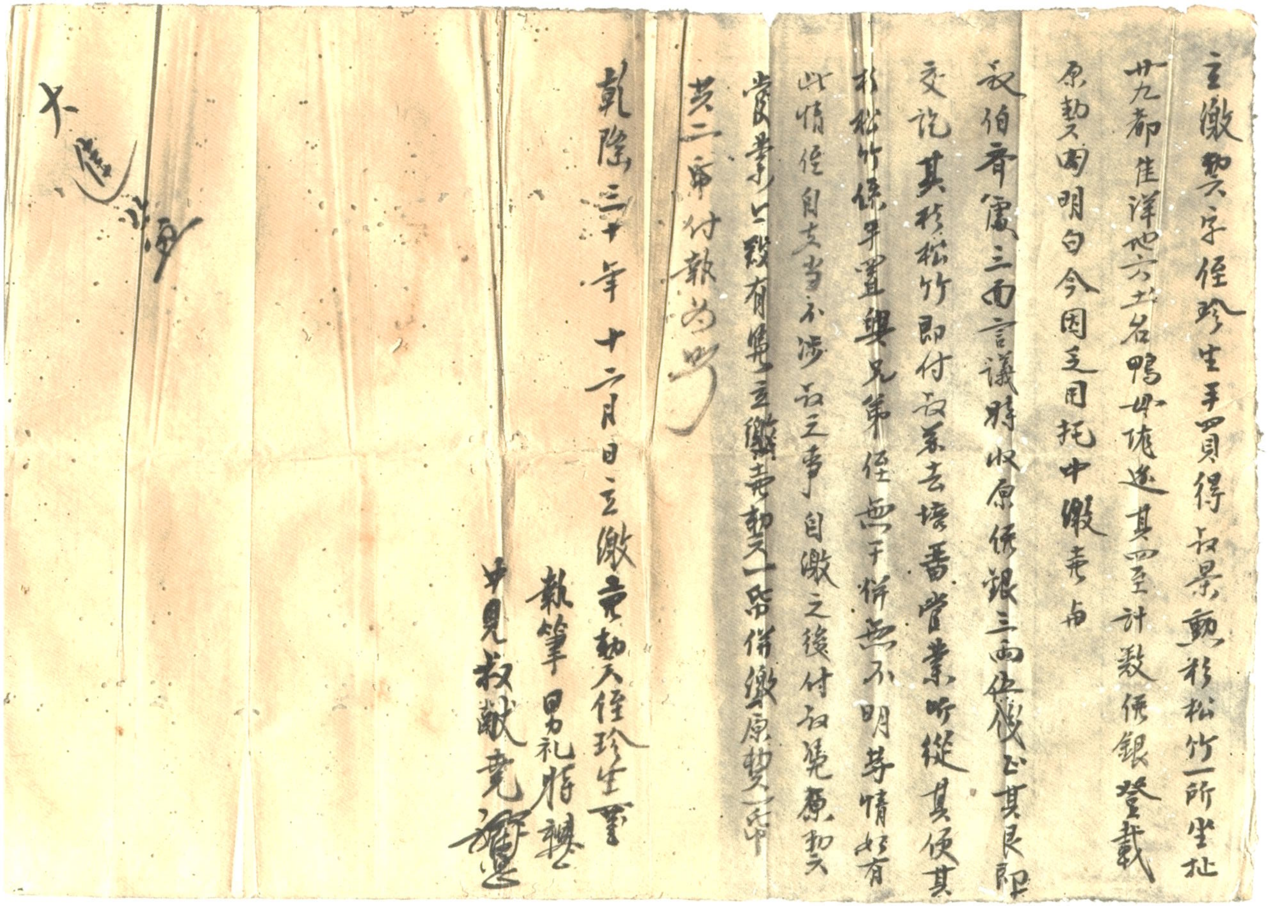
立繳契字侄珍生手買得叔景勳杉松竹一所坐址
廿九都佳洋地方土名鴨母坑逆其四至計數價銀登載
原契兩明白今因乏用托中繳與
叔伯齊處三面言議時收原價銀三兩伍錢正其銀即
交訖其杉松竹即付叔景去培養管業聽從其便其
杉松竹係手置與兄弟侄無干併無不明等情如有
此情侄自支當不涉叔之事自繳之後付叔憑原契
管業口說有憑立繳契一紙併繳原契一紙中
共二紙付執為照
乾隆三十年十二月日立繳契人侄珍生（押）
執筆男礼（押）
中見叔獻党（押）

7-2-4-7　清乾隆三十年十二月林珍生立繳杉松竹契

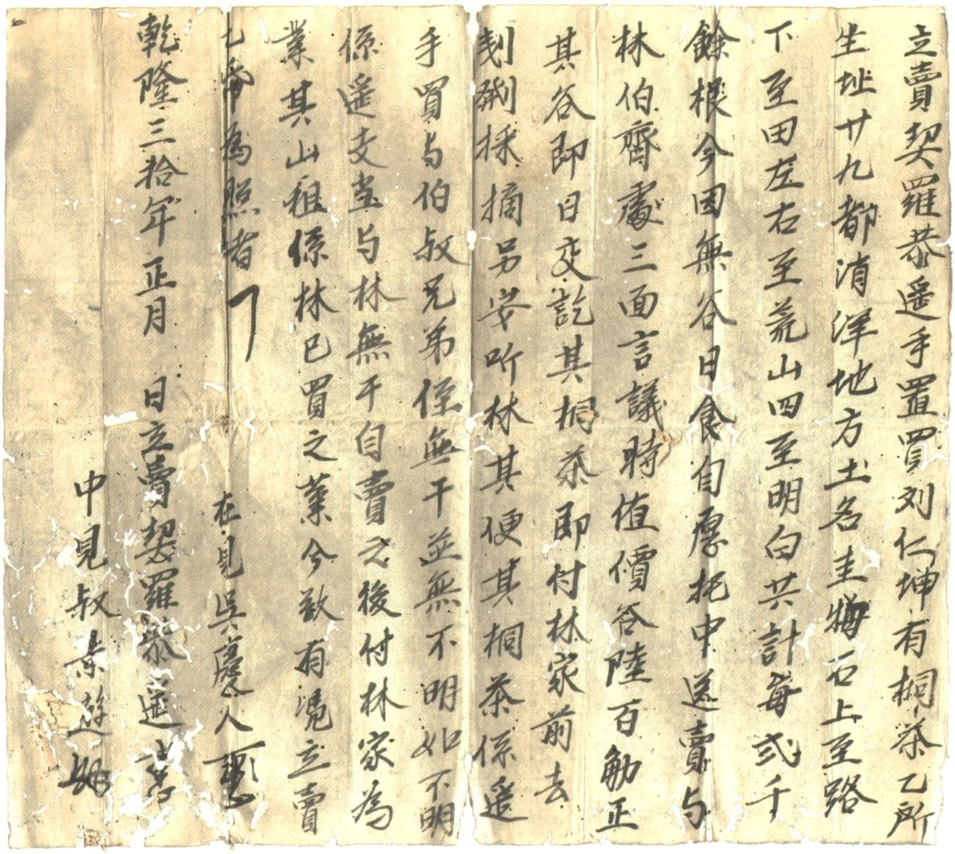
立賣契羅恭遥手置買刘仁坤有桐茶乙所
坐址廿九都清洋地方土名圭㘭石上至路
下至田左右至荒山四至明白共計每式千
餘根今因無谷日食自愿托中送賣与
林伯齊處三面言議時值價谷陸百觔正
其谷即日交訖其桐茶即付林家前去
製剗採摘另管听林其便其桐茶係遥
手買与伯叔兄弟侄無干並無不明如不明
係遥支当与林無干自賣之後付林家為
業其山祖係林已買之業今欲有憑立賣
契為照者
在見吳慶人（押）
乾隆三拾年正月　日立賣契羅恭遥（押）
中見叔景遊（押）

7-2-4-6　清乾隆三十年正月羅恭遥立賣桐茶契

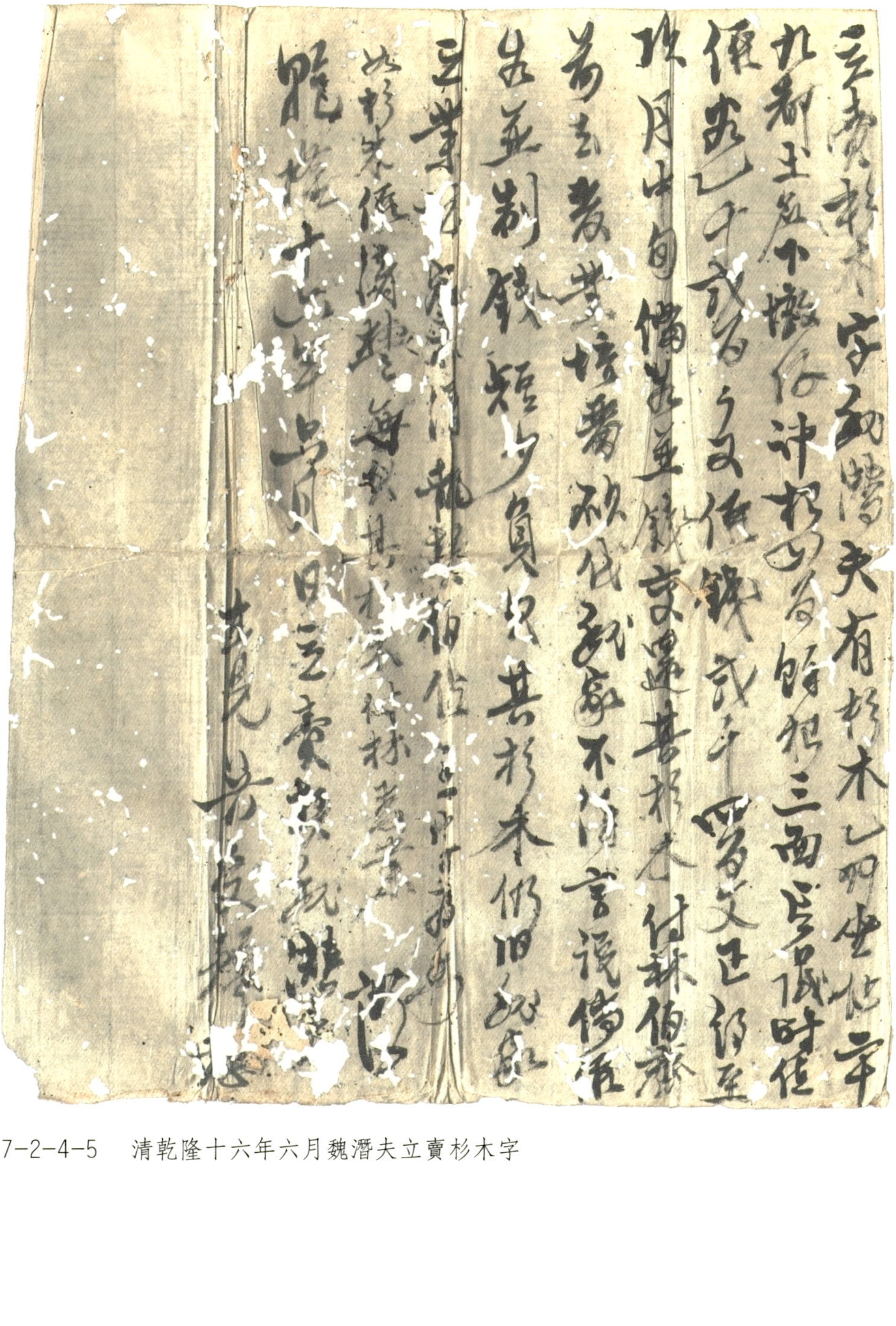

7-2-4-5　清乾隆十六年六月魏潛夫立賣杉木字

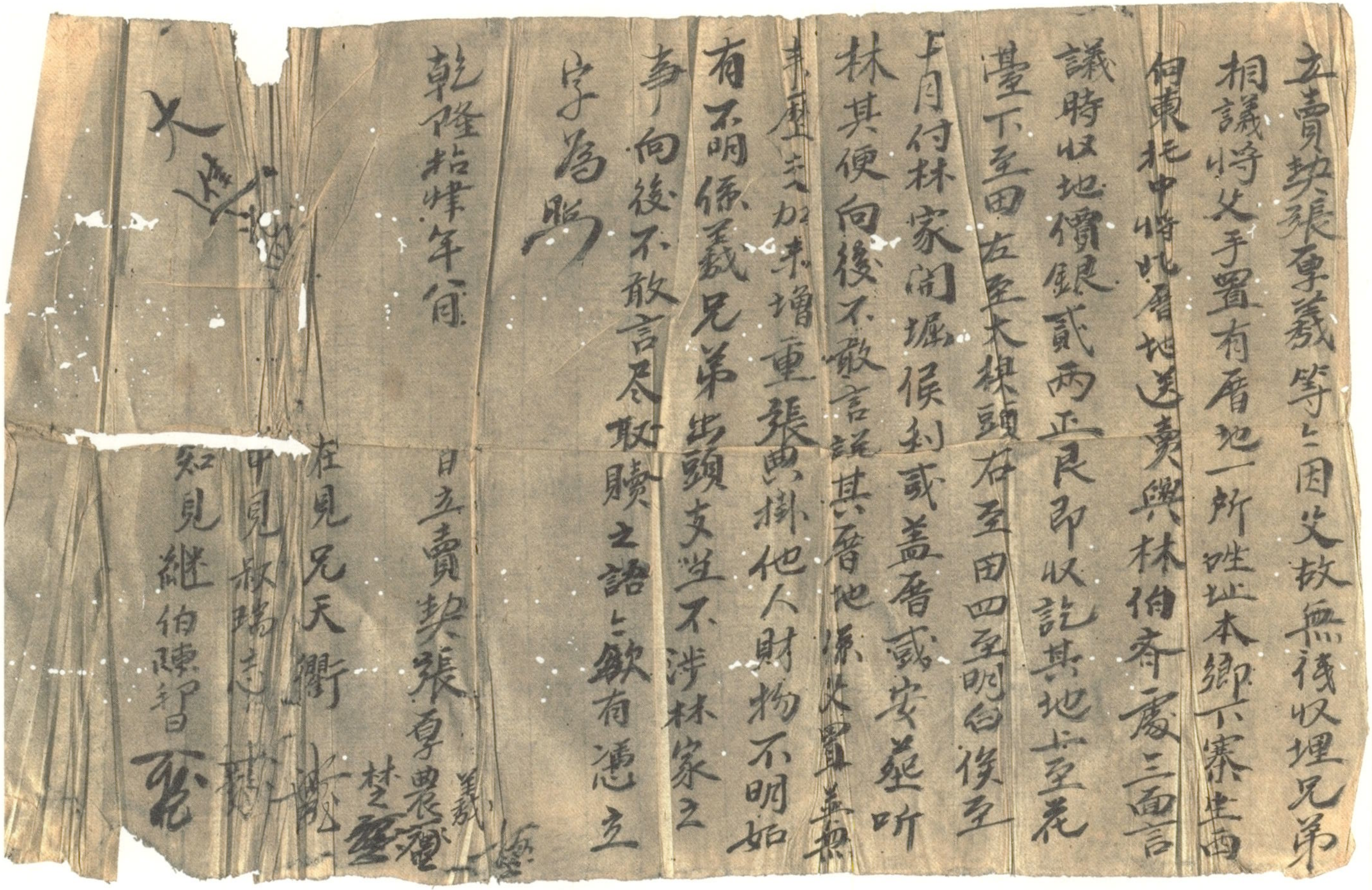
立賣契張厚義等，今因父故無錢收埋，兄弟
相議將父手置有厝地一所，坐址本鄉下寨，坐西
向東，托中將此厝地送賣與林伯齊處，三面言
議時收地價銀貳兩正足，即收訖。其地上至花
臺，下至田，左至大棵頭存，右至田，四至明白。後至
上月付林家開堀，侯剗或蓋厝或安葬，聽
林其便，向後不敢言說。其厝地係父置，並無
来歷交加，未增重張典掛他人財物，不明。如
有不明，係義兄弟出頭支當，不涉林家之
事，向後不敢言盡取贖之語。今欲有憑，立
字為照。
乾隆拾肆年八月　日立賣契張厚義、厚衆、楚
在見兄天衢
中見叔瑞志
知見繼伯陳智

7-2-4-4　清乾隆十四年八月張厚義等立賣厝地契

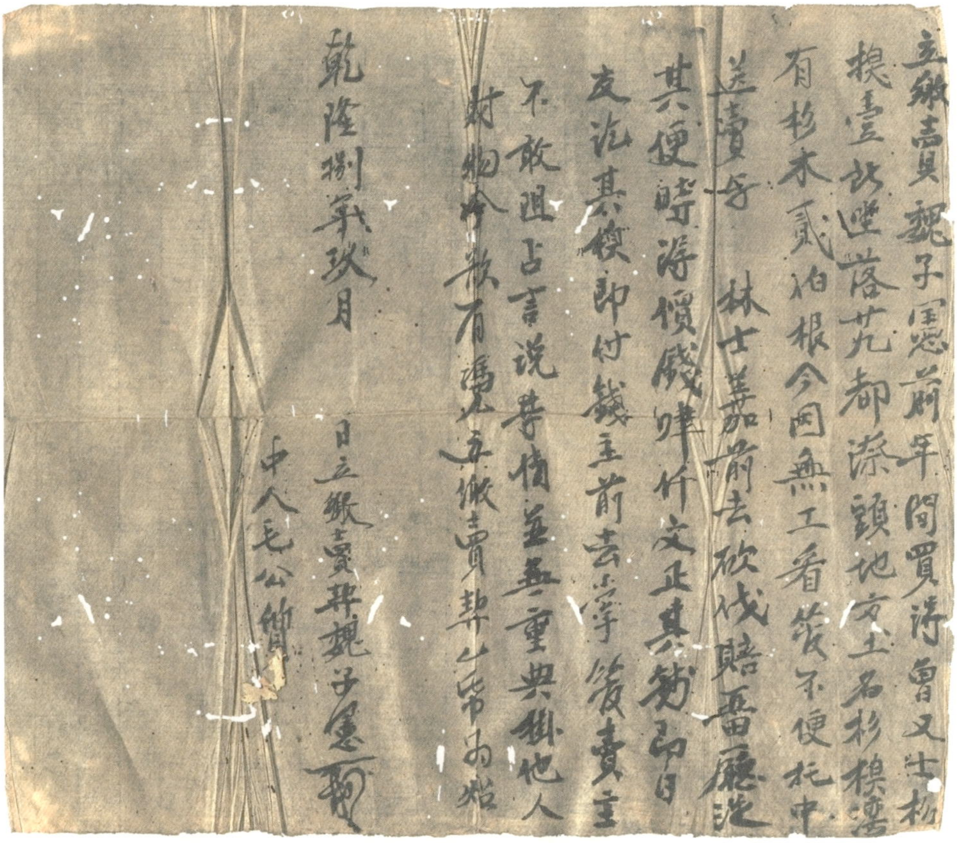
立繳賣契魏子憲前年間買得曾文仕松
模壹处，坐落廿九都滁頭地方，土名杉模源
有杉木貳伯根，今因無工看管不便，托中
送賣與　林仕嘉前去砍伐，賠畜聽從
其便，時得價錢肆仟文正，其錢即日
交訖，其模即付錢主前去管業，賣主
不敢阻占言說異情，並無重典掛他人
財物，今欲有憑，立繳賣契山帚為照
乾隆捌年玖月　日立繳賣契魏子憲
中人毛公贊

7-2-4-3　清乾隆八年九月魏子憲立繳賣松杉模契

7-2-4-2　包契紙

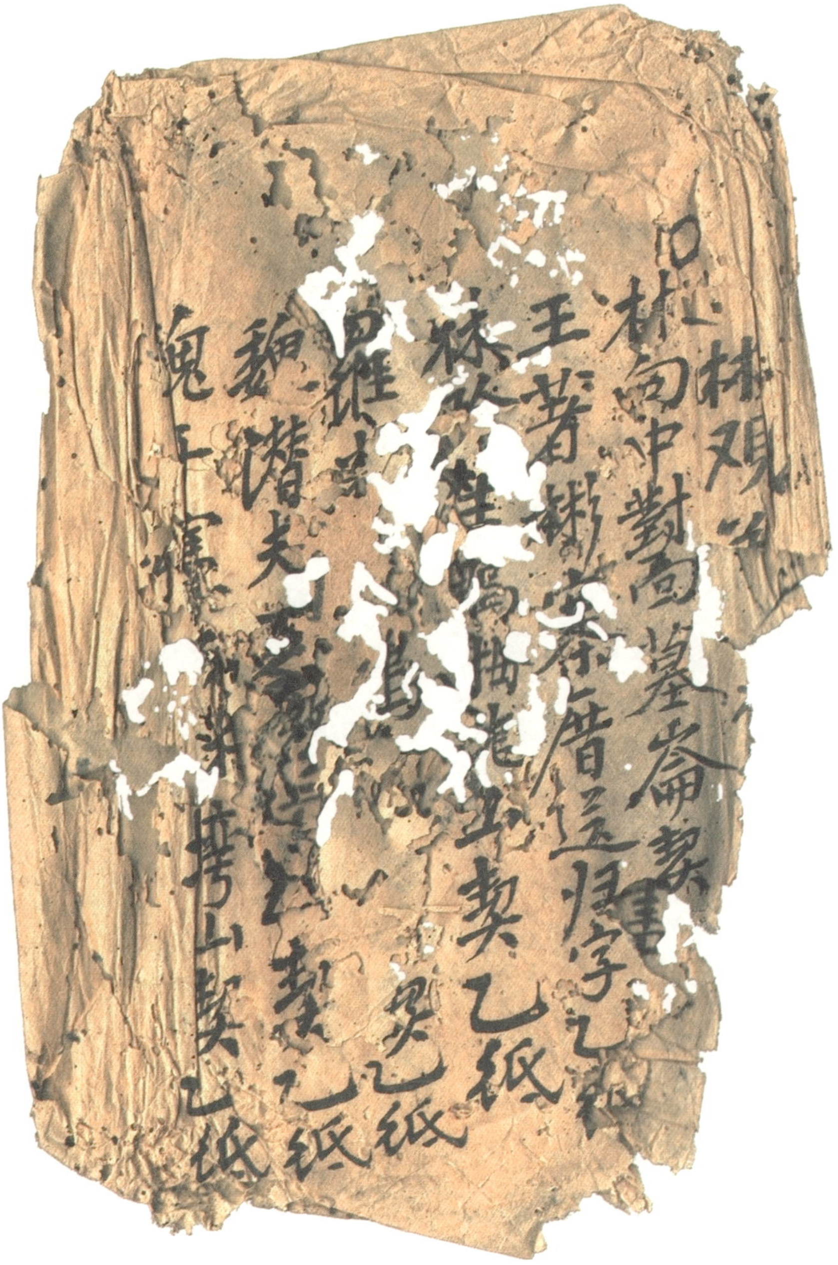
林覌[illegible]
林向中對高墓崙契書
王著彬[illegible]添借送字乙紙
[illegible]惟[illegible]掏花山契乙紙
羅[illegible]契乙紙
麵潛夫[illegible]契乙紙
魏[illegible]牽山契乙紙

7-2-4-1　包契紙

立承批卓進生，今在
林際尤處承先祖山，坐落[illegible]都塔坪地方，土名
孫陽坑，有吉地一穴，坐西向東，本生整造山墳葬
埋骨骸，[illegible]收批礼錢壹仟六百文，其墳坵
上下左右各[illegible]伍尺培當，[illegible]不[illegible]風水墳墓
墳外[illegible]還山主[illegible]造作[illegible]山内倘有古
塚土記，係卓生理，不涉山主之事。今欲有憑，
立承批一紙為照。
嘉慶貳拾貳年正月　日立承批卓進生（押）
代字長高[illegible]

7-2-3-9　清嘉慶二十二年正月卓進生立承批吉地字

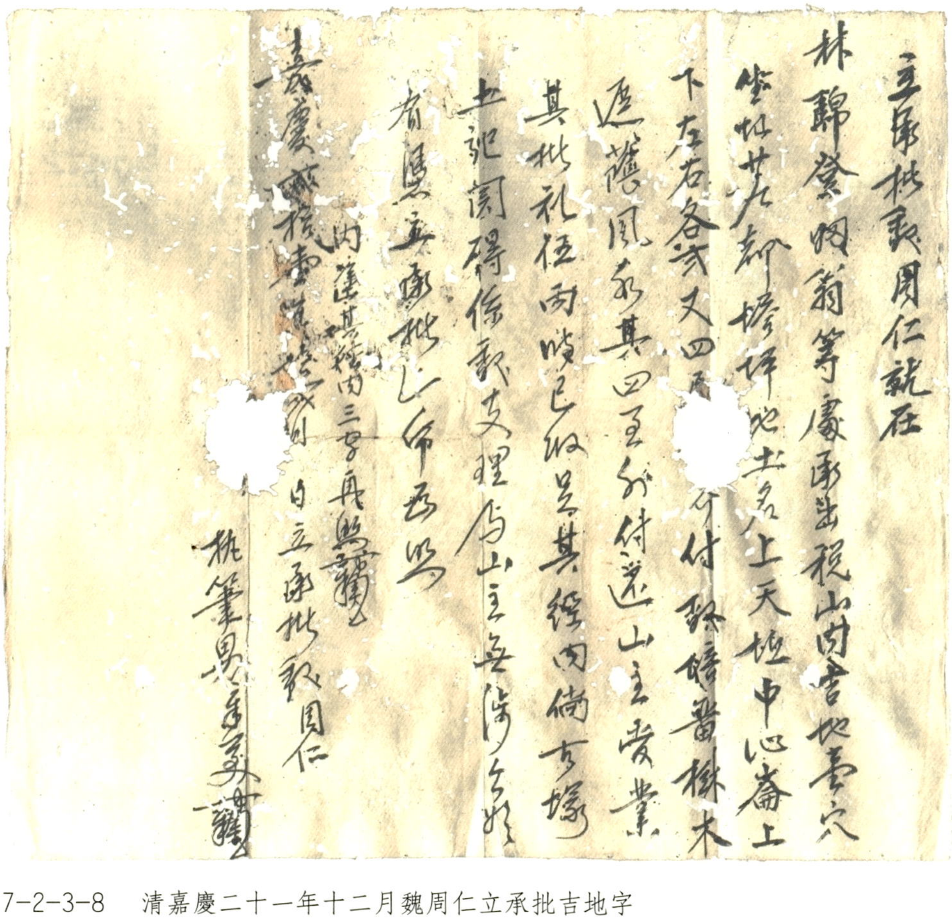

立承批親周仁就在
林鄰登叔翁等處承出稅山內吉地壹穴
坐址廿六都塘坪地土名上天坵中心窩上
下左右各弍丈四至[illegible]付親墳蓄樹木
遮蔭風水其四至外付還山主管業
其批礼仝兩收足訖其經內倘有墳
土號開碍係親支理與山主無涉今欲
有憑立承批山字為照
內添其經內三字再照
嘉慶貳拾壹年拾貳月 日立承批親周仁
批筆男[illegible]親筆

7-2-3-8　清嘉慶二十一年十二月魏周仁立承批吉地字

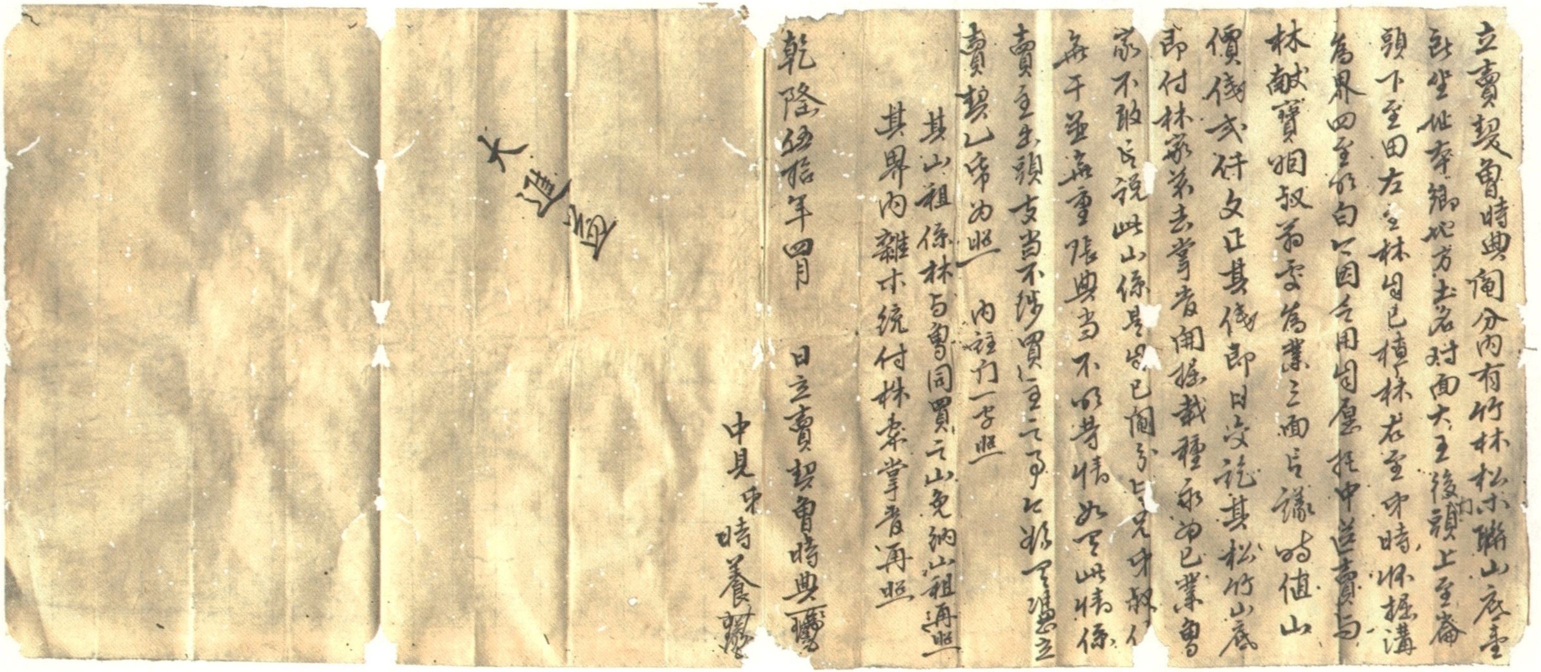
立賣契曾時典，闔分內有竹林松木小嶺山底壹
所，坐址本鄉地方土名對面大王後頭上至崙
頭，下至田，左至林邊已植杉林，右至守時林搖溝
為界，四至分白。今因乏用，自愿托中送賣與
林獻寶姻叔弟處為業，三面言議時值山
價錢貳仟文正，其錢即日收訖，其松竹山底
即付林家前去掌管，開掘栽種，永為己業。曾
家不敢言說，此山係是典己闔分之兄弟叔伯
無干，並無重張典當、不明等情，如有此情，係
賣主出頭支當，不涉買人之事。今欲有憑，立
賣契山底為照。　內註一字照
其山祖係林、曾同買之山，免納山祖，再照。
其界內雜木統付林家掌管，再照。
乾隆伍拾年四月　日立賣契曾時典（押）
中見　兄　時養（押）

7-2-3-7　清乾隆五十年四月曾時典立賣竹林松木山底契

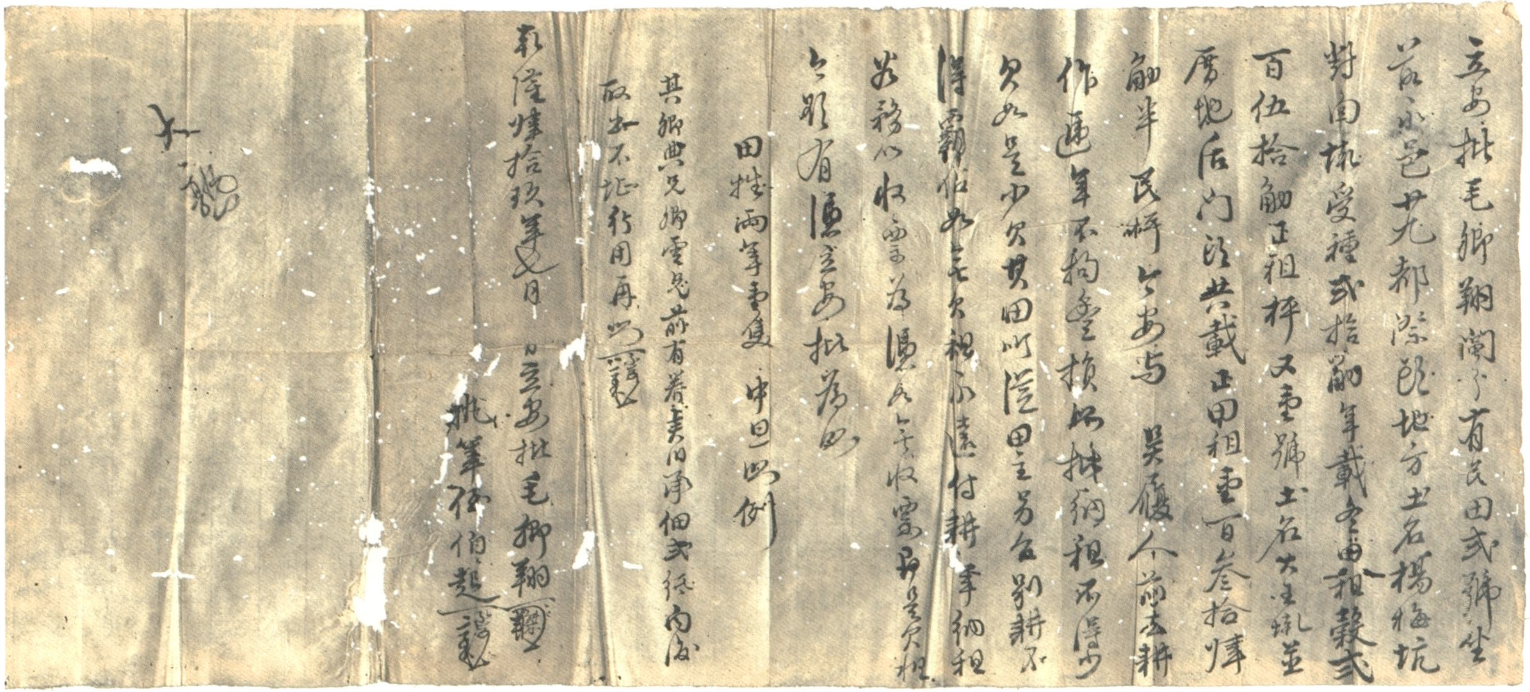

7-2-3-6　清乾隆四十九年七月毛卿翔立安批民田字

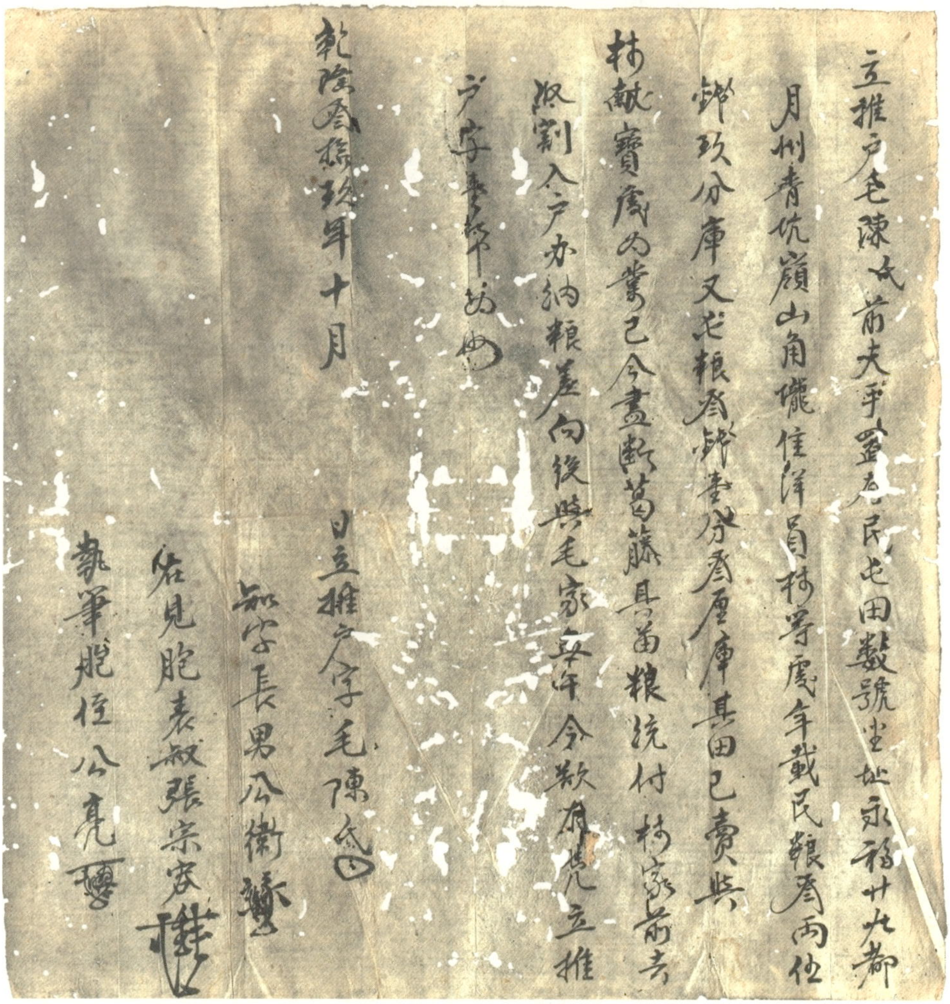
立推户毛陳氏前夫手置有民屯田數號坐址永福廿九都
月樹青坑嶺山角壠住洋員村等處年載民粮叁兩伍
錢玖分庫又屯粮叁錢壹分叁厘庫其田已賣與
林獻寶處為業已今盡斷葛藤其苗粮統付林家前去
收割入户办納粮差向後與毛家無干今欲有憑立推
户字壹紙為照
乾隆叁拾玖年十月　日立推户字毛陳氏(押)
知字長男公衛(押)
在見胞表叔張宗宬(押)
執筆胞侄公亮(押)

7-2-3-5　清乾隆三十九年十月毛陳氏立推户字

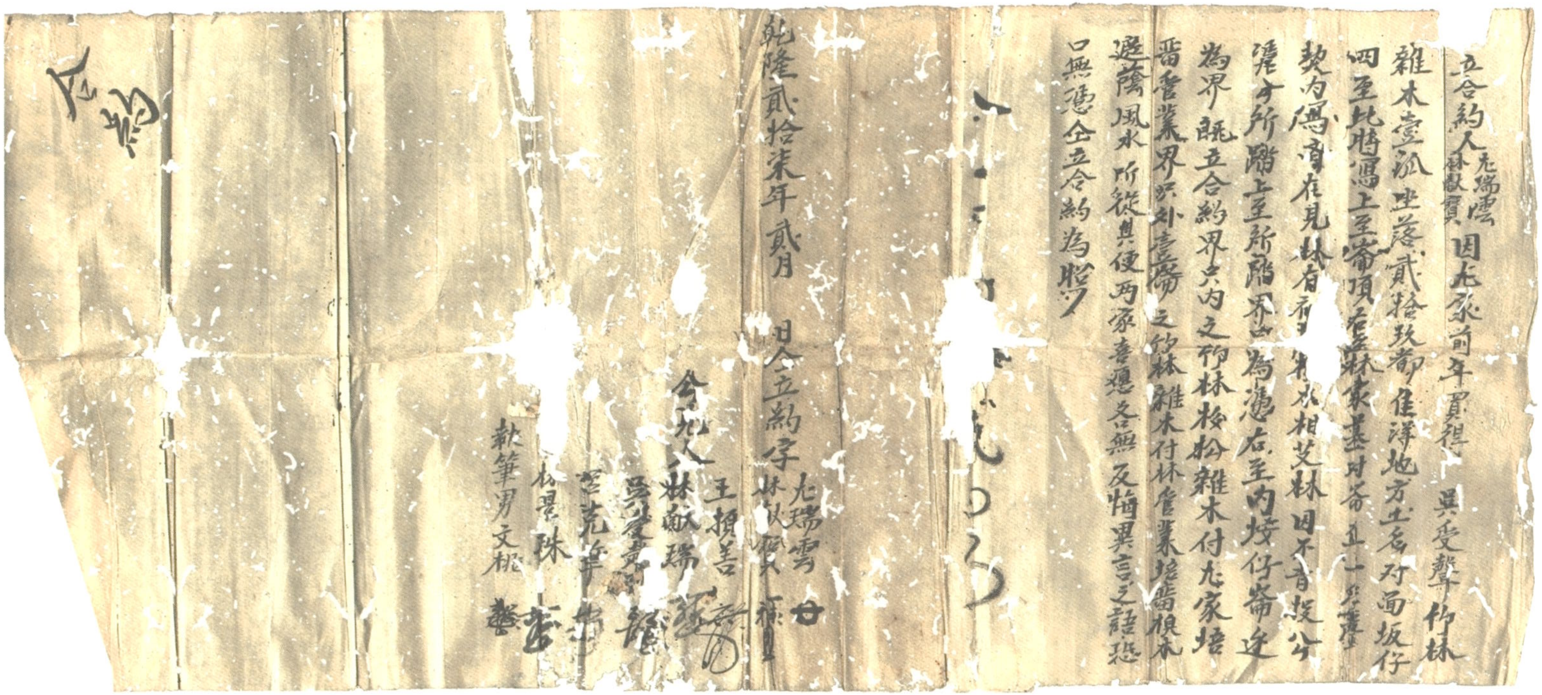

7-2-3-4　清乾隆二十七年二月尤瑞雲等立合約字

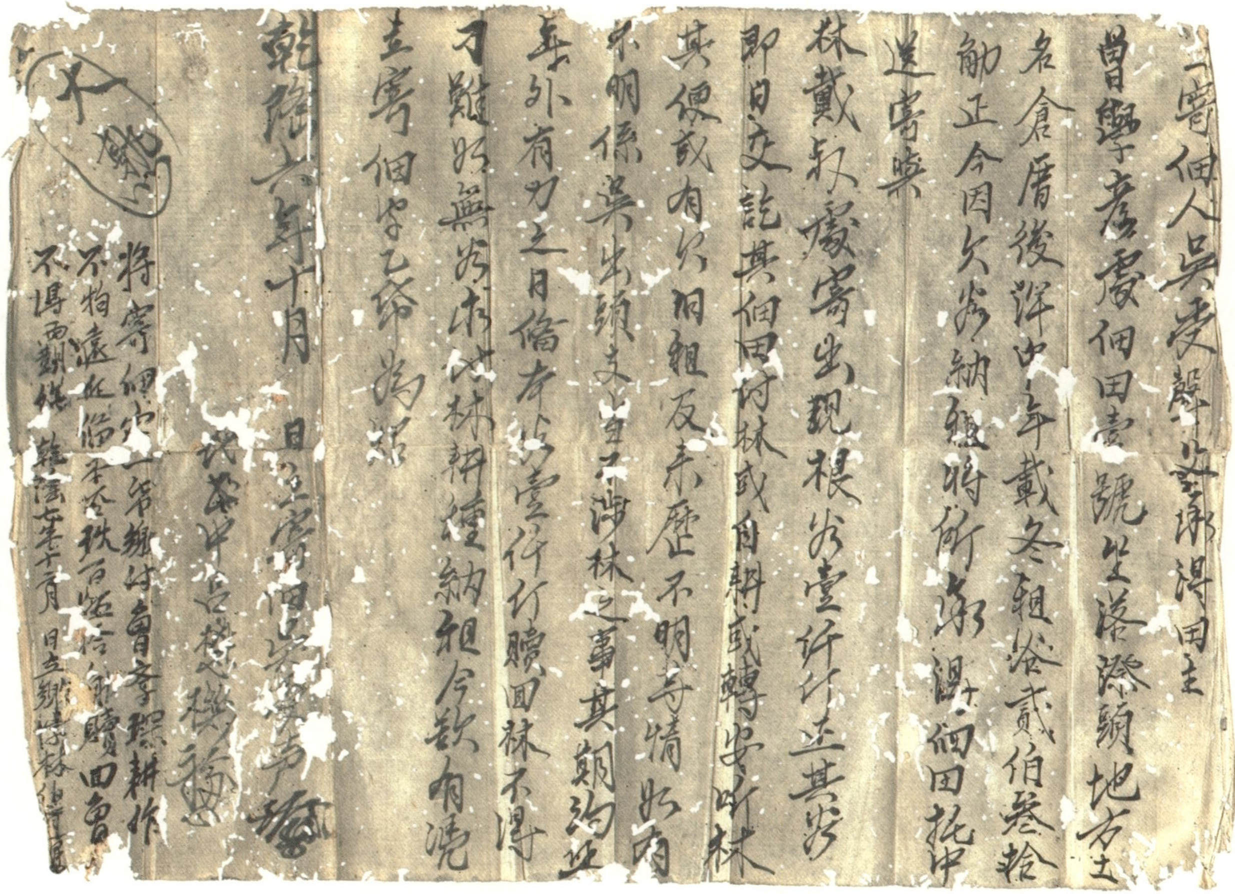
立寄佃人吳受聲，今在本鄉得田主
曾學彥處佃田壹號，坐落漈頭地方，土
名倉厝後坪，上年載冬租谷貳伯叁拾
觔正。今因欠谷納租，將所承得佃田托中
送寄與
林戴叔處寄出，現根谷壹仟伍佰，其谷
即日交訖。其佃田付林或自耕或轉寄，聽林
其便。或有以前租谷未歷不明等情，此內
不明係吳出頭支當，不涉林之事。其期約從
無外，有力之日，備本谷壹仟伍佰贖回，林不得
刁難。此係兩相願，林耕種納租。今欲有憑，
立寄佃字乙紙為照。
乾隆六年十月　日立寄佃人吳受聲（押）
代書中人曾撥（押）
將寄佃字內一字繳付曾家管耕作，
不拘遠近，備本谷玖佰伍拾斤贖回曾，
不得留難。乾隆七年十月　日立繳字人林

7-2-3-3　清乾隆六年十月吳受聲立寄佃田字

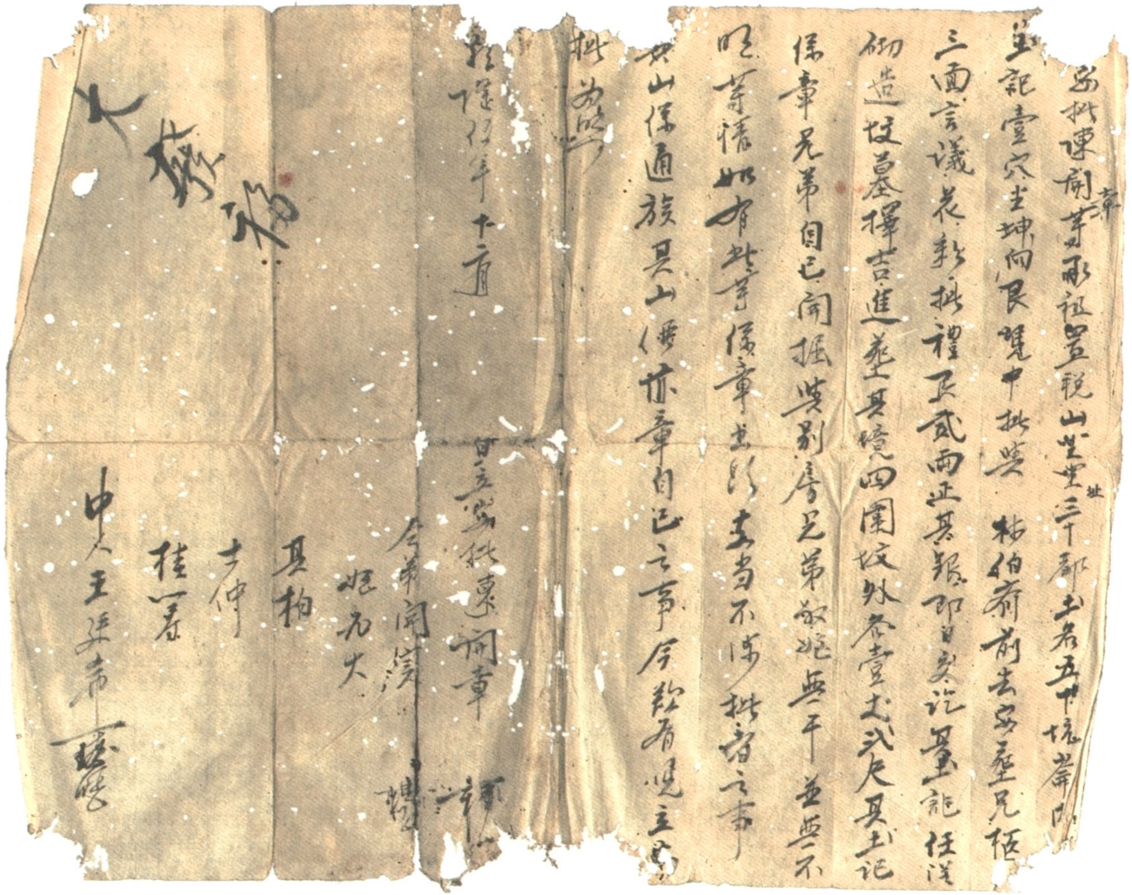

7-2-3-2　清乾隆五年十二月陳開章等立安批土記字

7-2-3-1　包契紙

立預耕字林愛妹[illegible]
[illegible]北濂[illegible]本鄉地方土名[illegible]
門口路[illegible]頂濶等處[illegible]
正今因乏用將此佃田付
陳[illegible]為[illegible]三[illegible]
官[illegible]國幣[illegible]
足其田[illegible]兩
去[illegible]其根[illegible]付
不利[illegible]如有短少[illegible]
付陳耕作其根[illegible]收[illegible]
係[illegible]之租[illegible]林[illegible]行[illegible]
陳無干今欲有憑立預耕字
執為照
民國叁拾肆年叁月　日　立預耕字林愛妹[illegible]
親[illegible]林[illegible]
代字[illegible]
大吉[illegible]

7-2-2-16　民國三十四年三月林愛妹立預耕佃田字

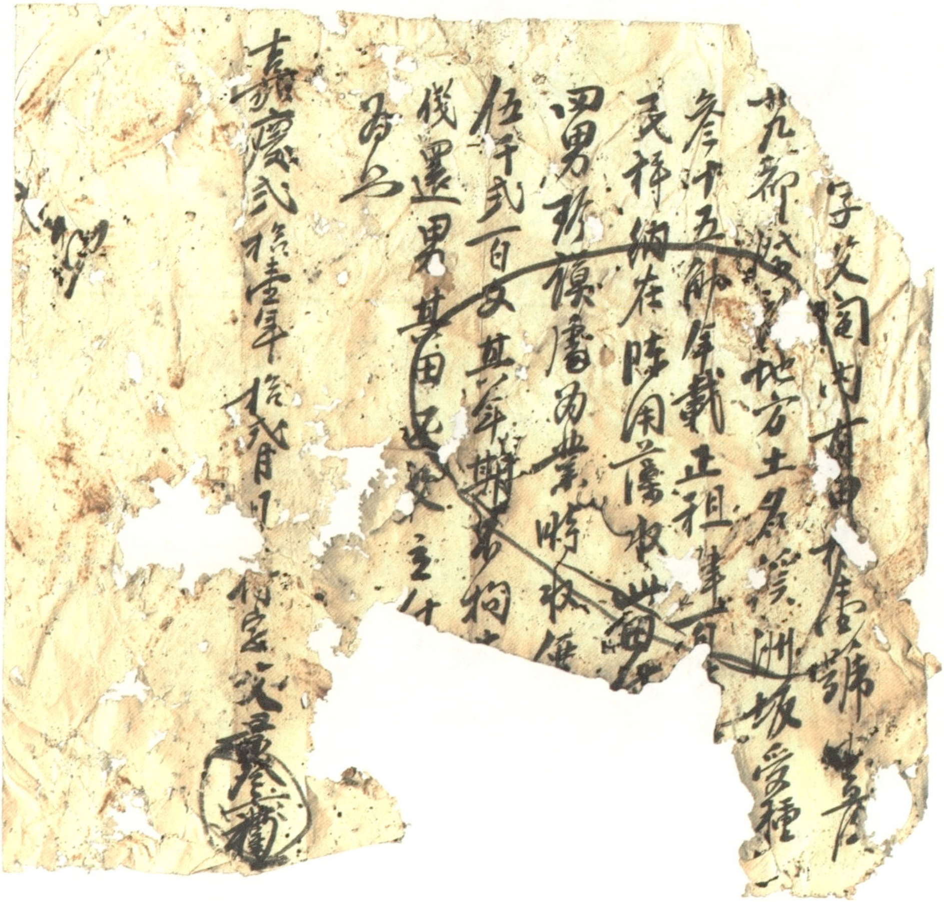

7-2-2-15　清嘉慶二十一年十二月林景登立付田字（廢契）

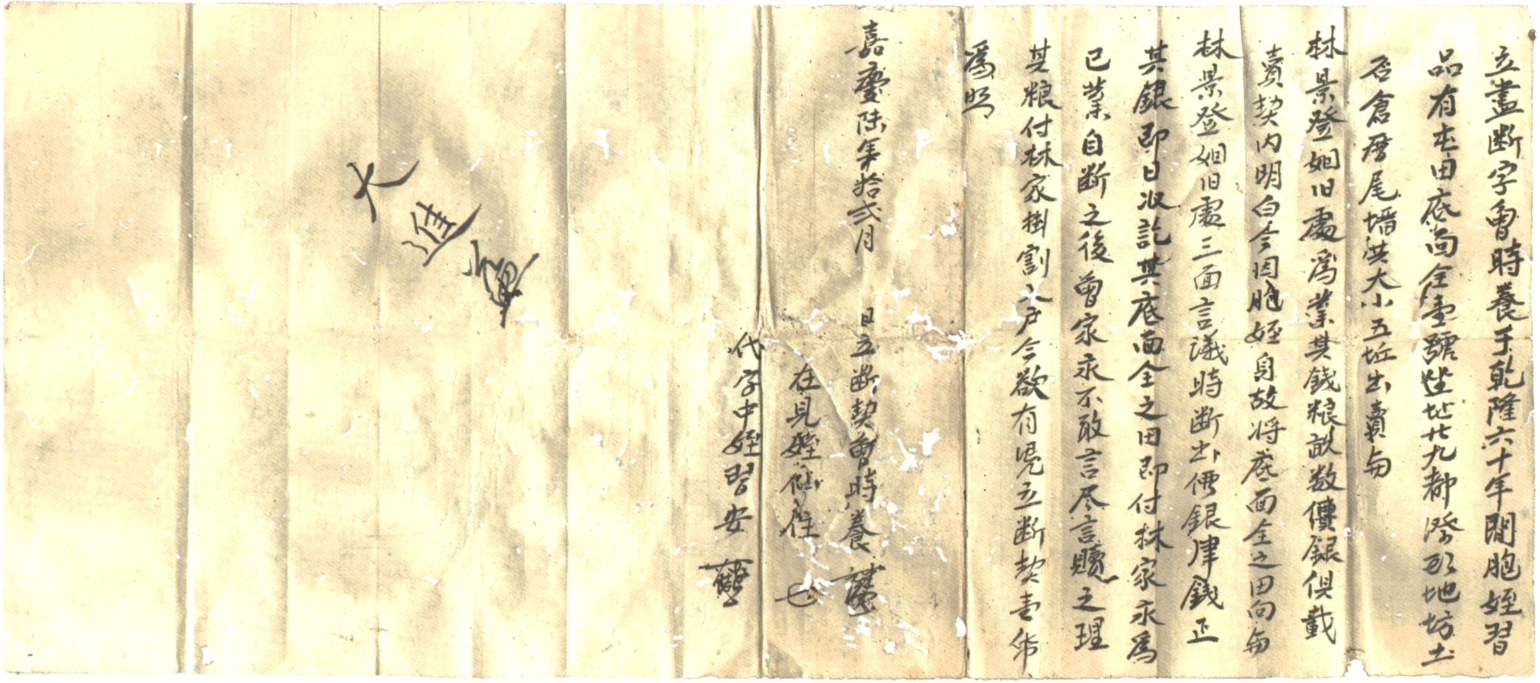

7-2-2-14　清嘉慶六年十二月曾時養立盡斷底面全屯田字

7-2-2-13　清嘉慶三年十二月林道會等立安批民田字

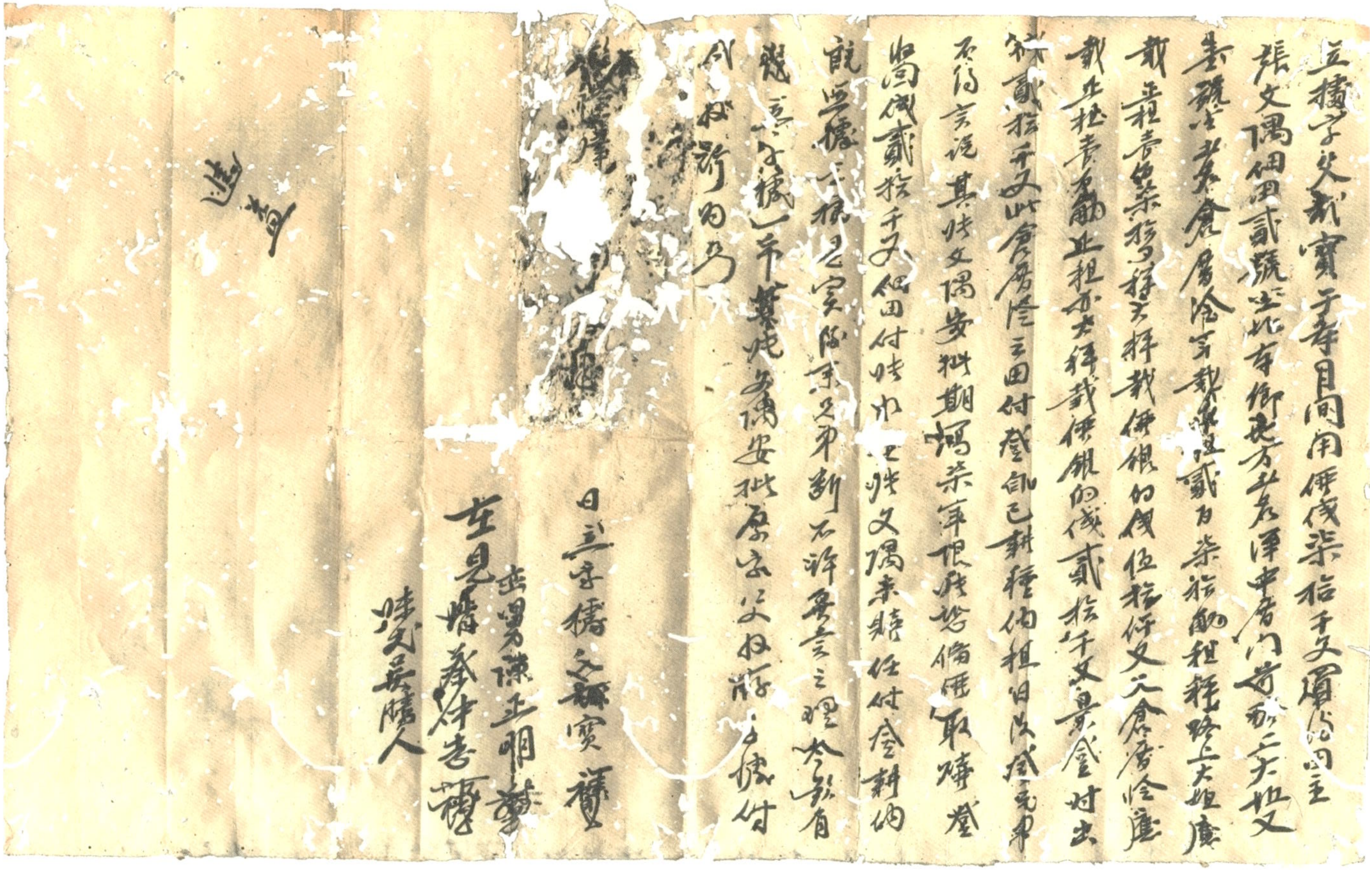

7-2-2-12　清乾隆四十□年□月林獻寶立佃田據字

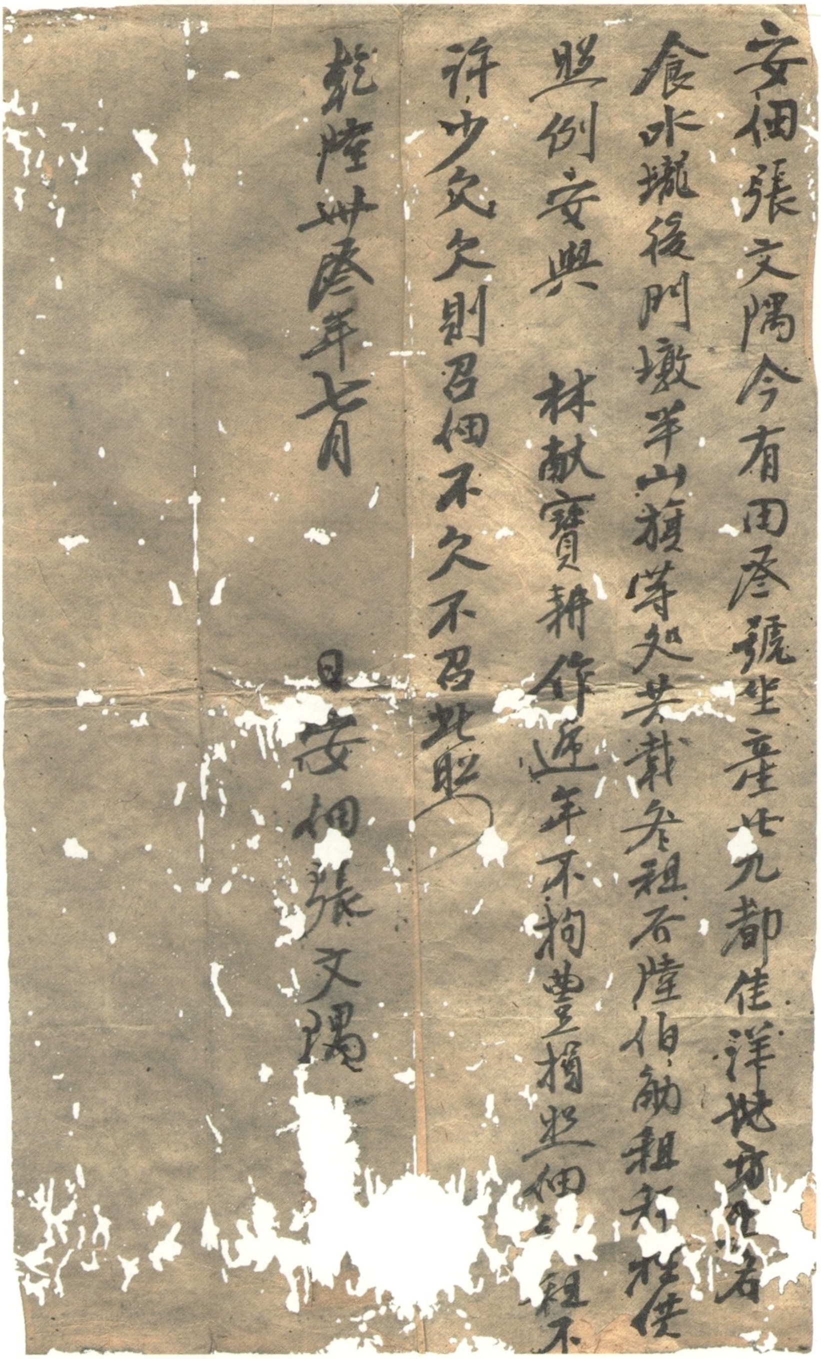

安佃張文隅今有田叁號坐產廿九都佳洋坵坊邊右
畬水壠後門墩羊山嶺等処共載冬租谷陸伯觔租冇挂使
照例安與　林献寶耕作逐年不拘豐歉照佃之租不
許少欠欠則召佃不欠不召此照
乾隆卅叁年七月　日安佃張文隅

7-2-2-11　清乾隆三十三年七月張文隅立安佃田字

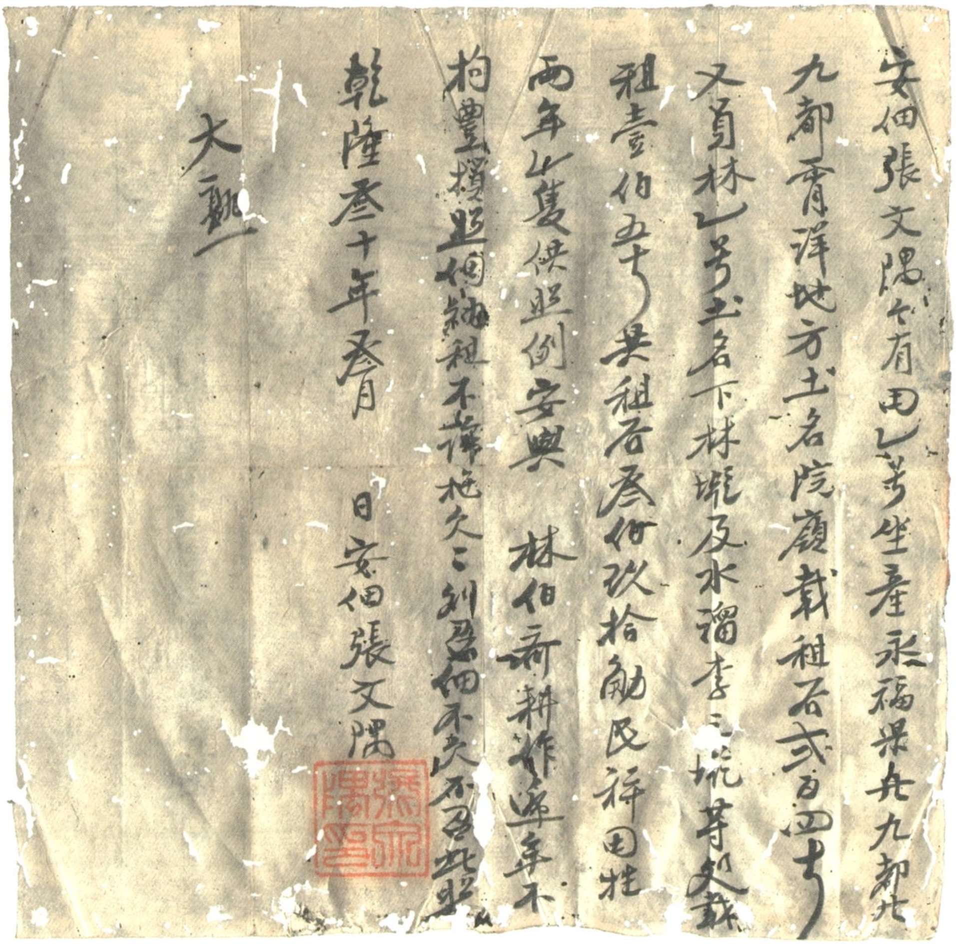
安佃張文隅今有田山一號坐產永福保丹九都九
九都青洋地方土名院嶺載租谷弍石四斗
又前林山一號土名下林坭及水溜李三坭等處載
租壹佰五斗 其租谷叁佰玖拾觔民秤田桂
兩年山蕉供照例安與 林伯崙耕作逐年不
拘豐歉照個納租不敢拖欠二斗照佃不欠不召批照
乾隆叁十年叁月 日安佃張文隅
大熟

7-2-2-10　清乾隆三十年三月張文隅立安佃田字

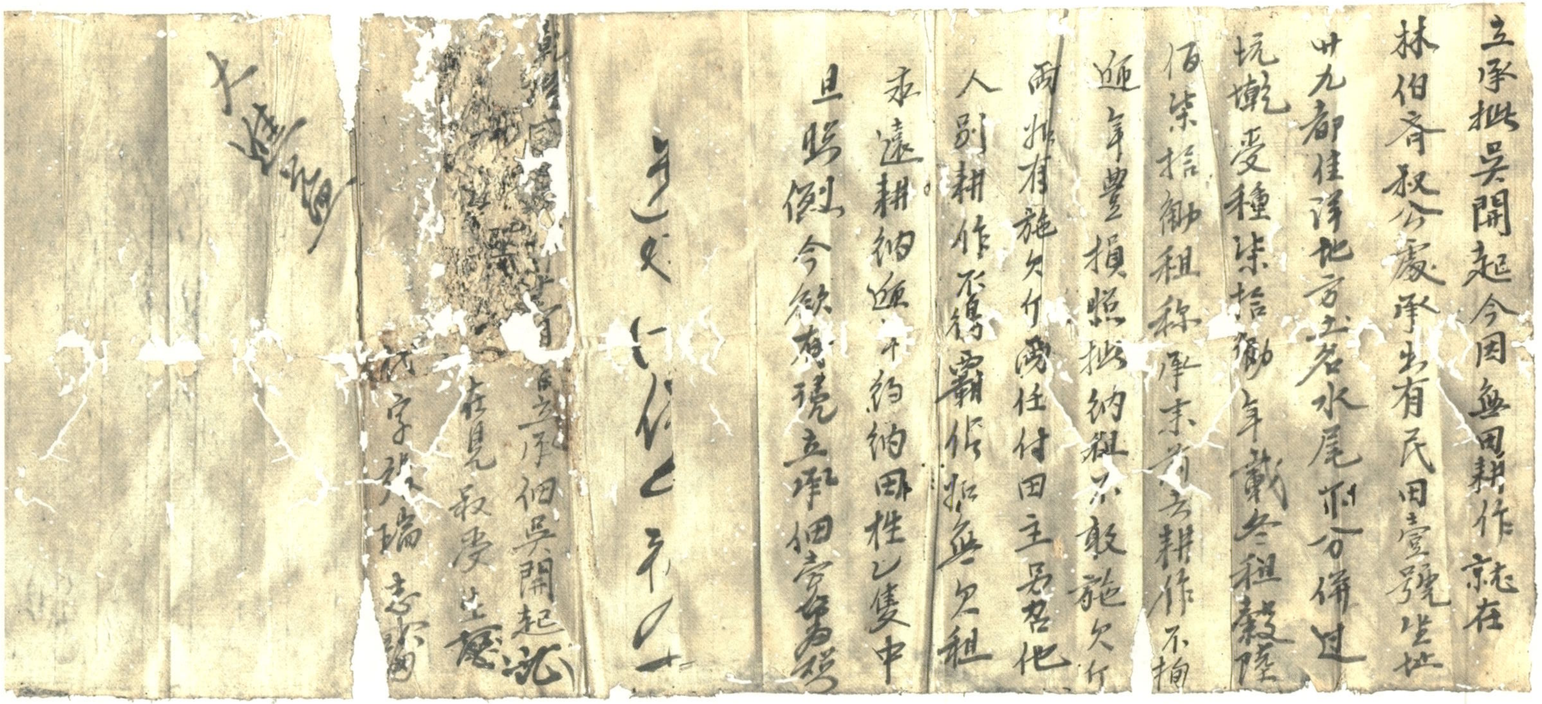

7-2-2-9　清乾隆二十□年十二月吴開起立承批民田字

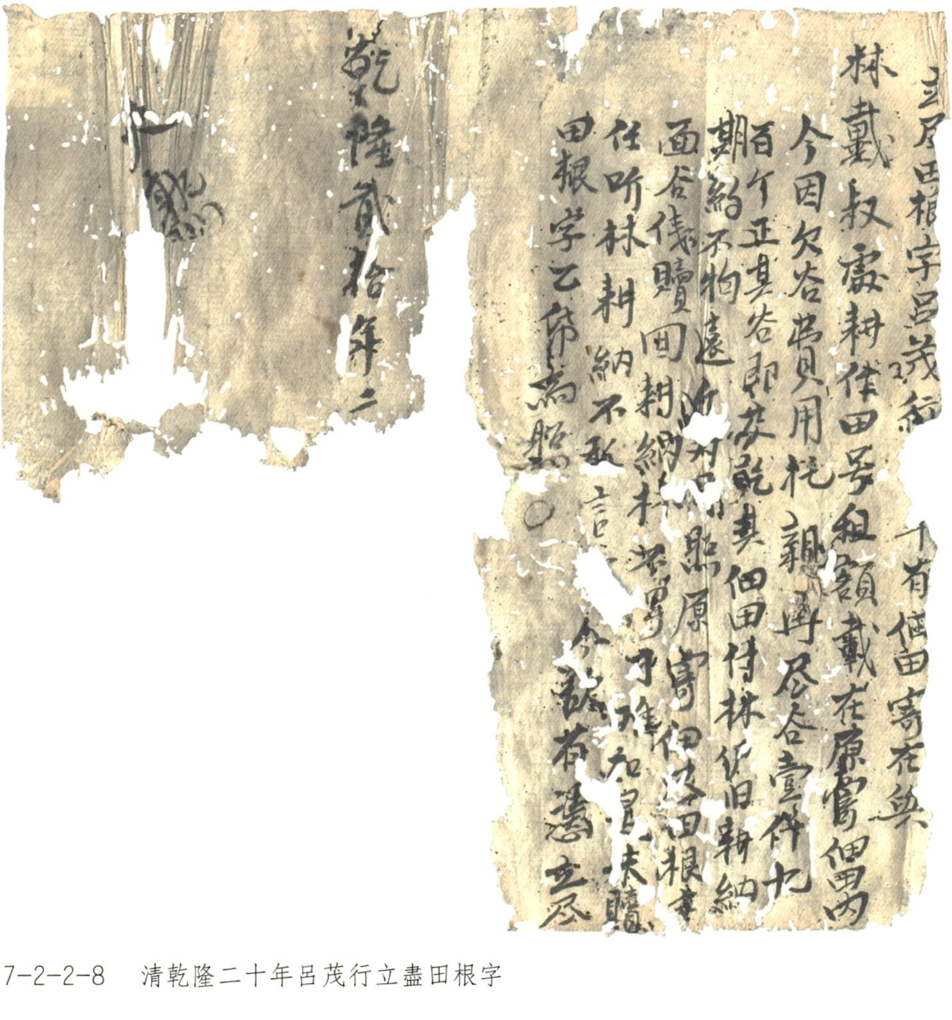
立尽田根字呂茂行，□有佃田寄在魚
林戴叔處耕作田号組額載在原管佃為
今因欠谷無貝用，托親尽谷壹仟九
百斤正，其谷即交訖，其佃田付林佀旧耕納
期約不拘遠近[illegible]照原寄佃，其田根聿
面谷係贖回耕納，林[illegible]子孫不加冒贖
任听林耕納不敢言[illegible]，今欲有憑，立尽
田根字乙紙為照。
乾隆貳拾年二[illegible]
[illegible]

7-2-2-8　清乾隆二十年呂茂行立盡田根字

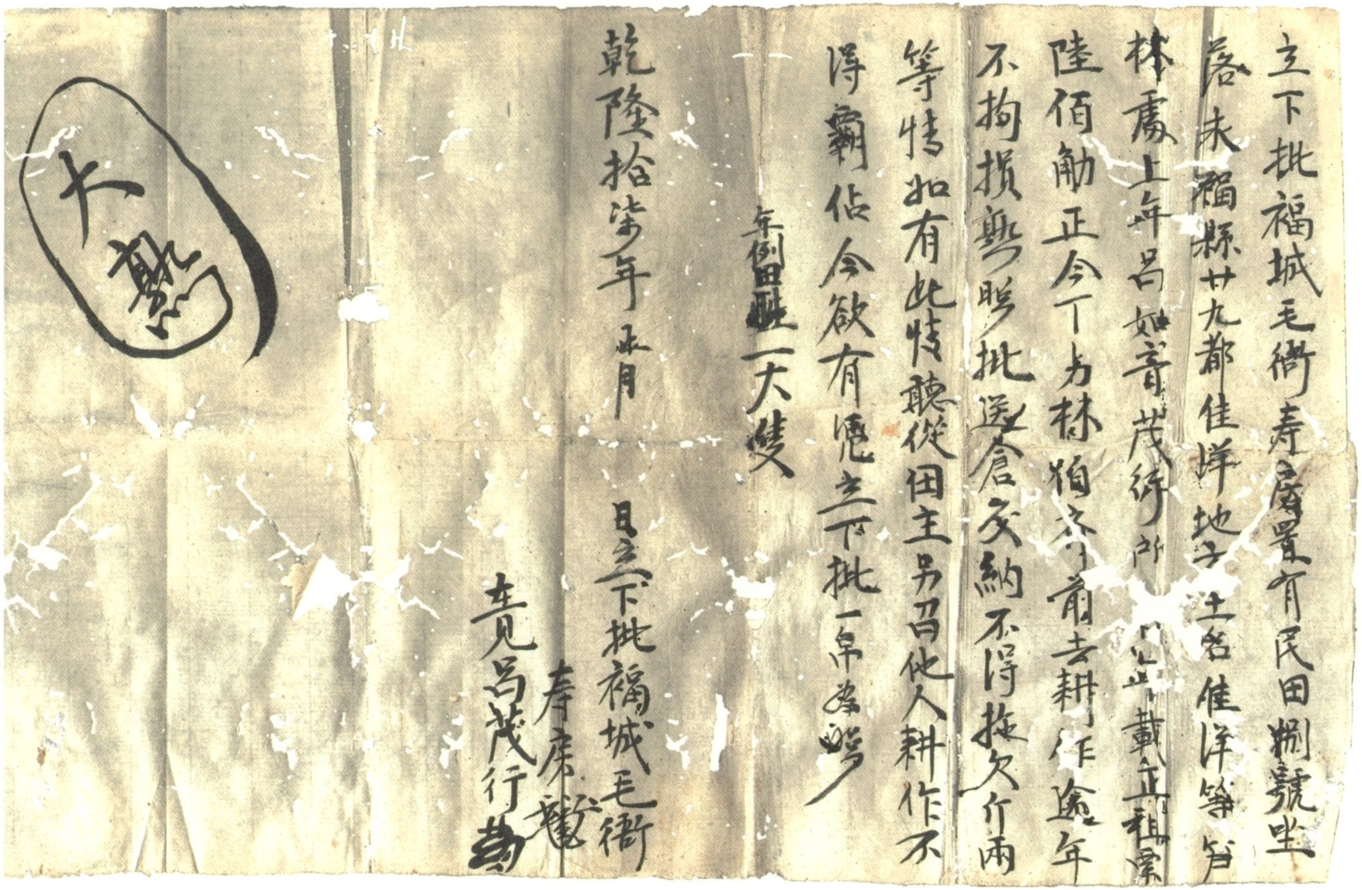
立下批福城毛衙壽房置有民田剉號坐
落永福縣廿九都佳洋地方土名佳洋等戶
林處上年呂如音茂行所□載正租粟
陸佰觔正今丁方林猶兮前去耕作逾年
不拘損歉照批送倉交納不得拖欠如兩
等情扣有此特聽從田主另召他人耕作不
得霸佔今欲有憑立下批一帋為照
年例田[illegible]一大斗
乾隆拾柒年正月　日立下批福城毛衙
壽房[illegible]
見呂茂行[illegible]
大吉

7-2-2-7　清乾隆十七年正月毛衙壽房立下批民田字

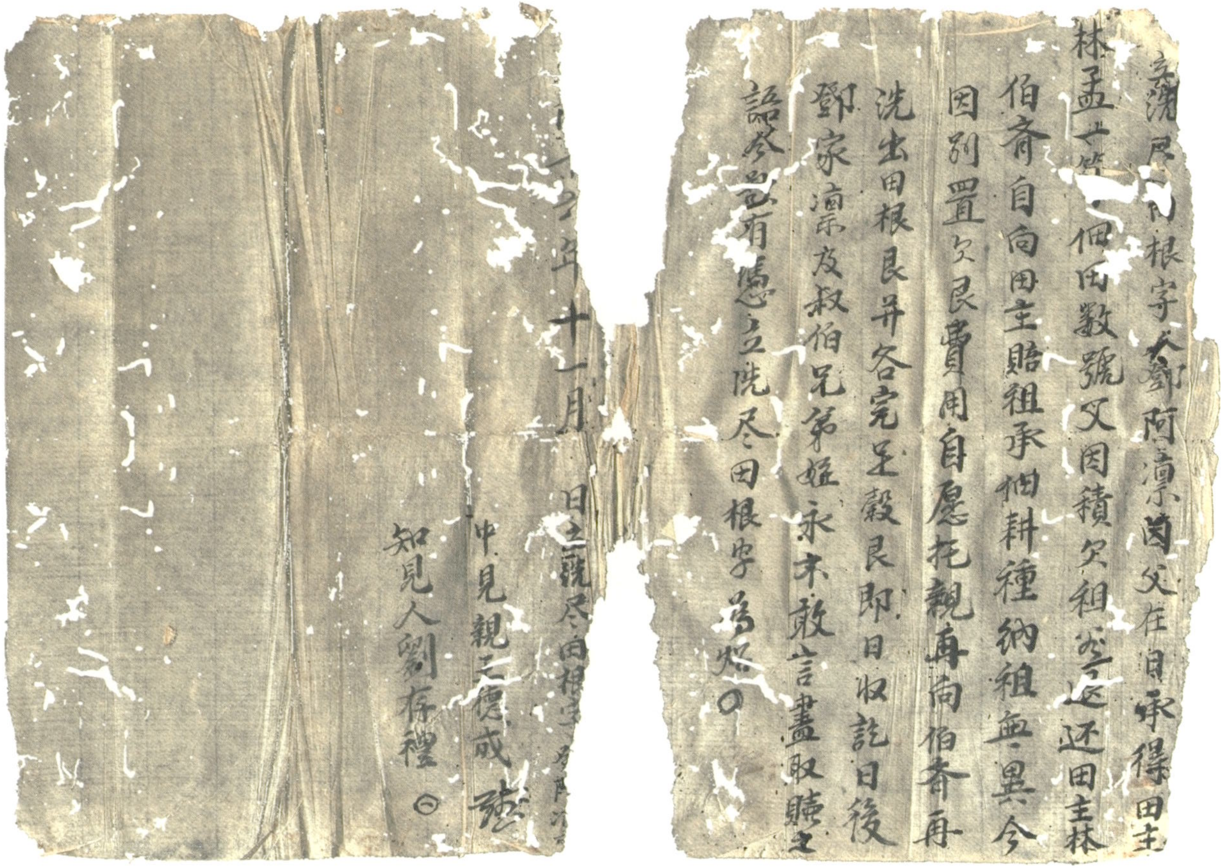
立洗尽□根字人鄧阿凜，因父在日承得田主
林孟□□□佃田數號，父因積欠租谷，迭還田主林
伯脅自向田主賠租承佃耕種，納租無異。今
因別置欠艮費用，自愿托親再向伯脅再
洗出田根艮并各完足，穀艮即日收訖。日後
鄧家凜及叔伯兄弟姪永不敢言盡取贖之
語。今恐無憑，立洗尽田根字為炤。○

乾隆十六年十一月　日立洗尽田根字鄧阿凜
中見親□德成　號
知見人劉存禮　○

7-2-2-6　清乾隆十六年十一月鄧阿凜立洗盡佃田根字

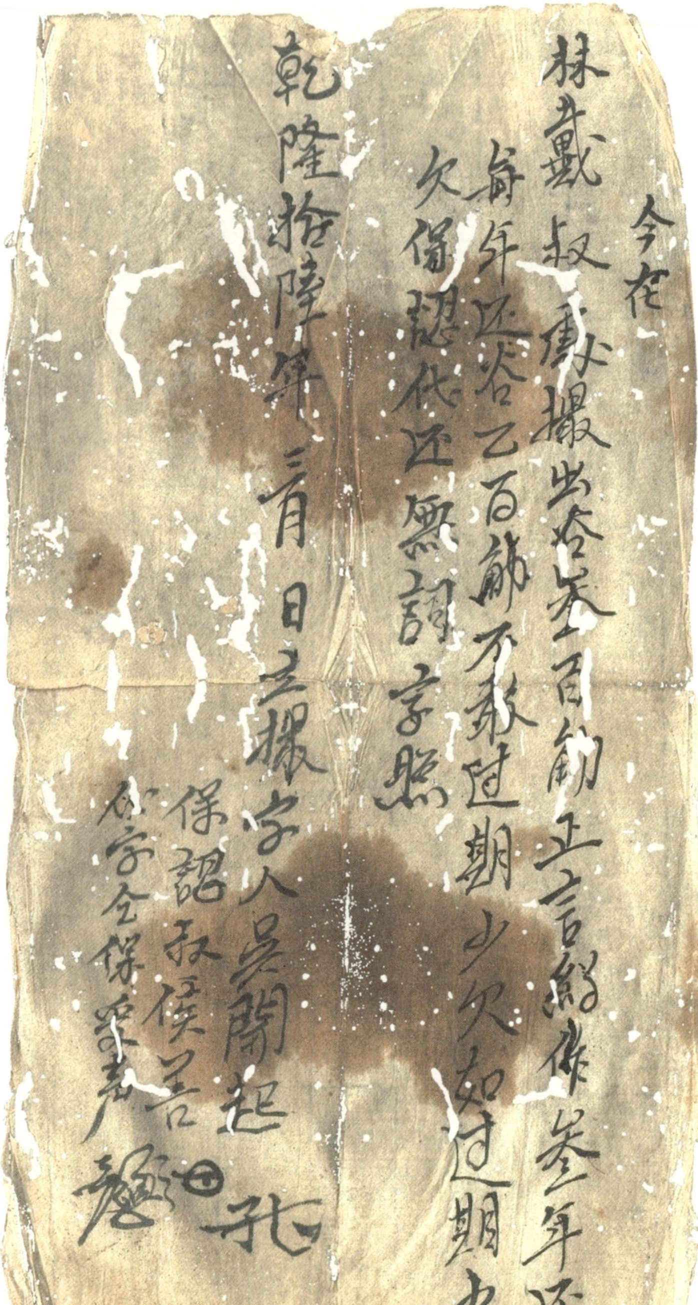

今在
林戴叔處撮出谷叁百觔正，言約作叁年还，
每年还谷乙百觔，不敢过期少欠，如过期欠
欠俻聽代还無詞，字照。
乾隆拾陸年　三月　日立撮字人吳開起（押）
保認叔侯昌（押）
代字仝保[illegible]

7-2-2-5　清乾隆十六年三月吳開起立撮字

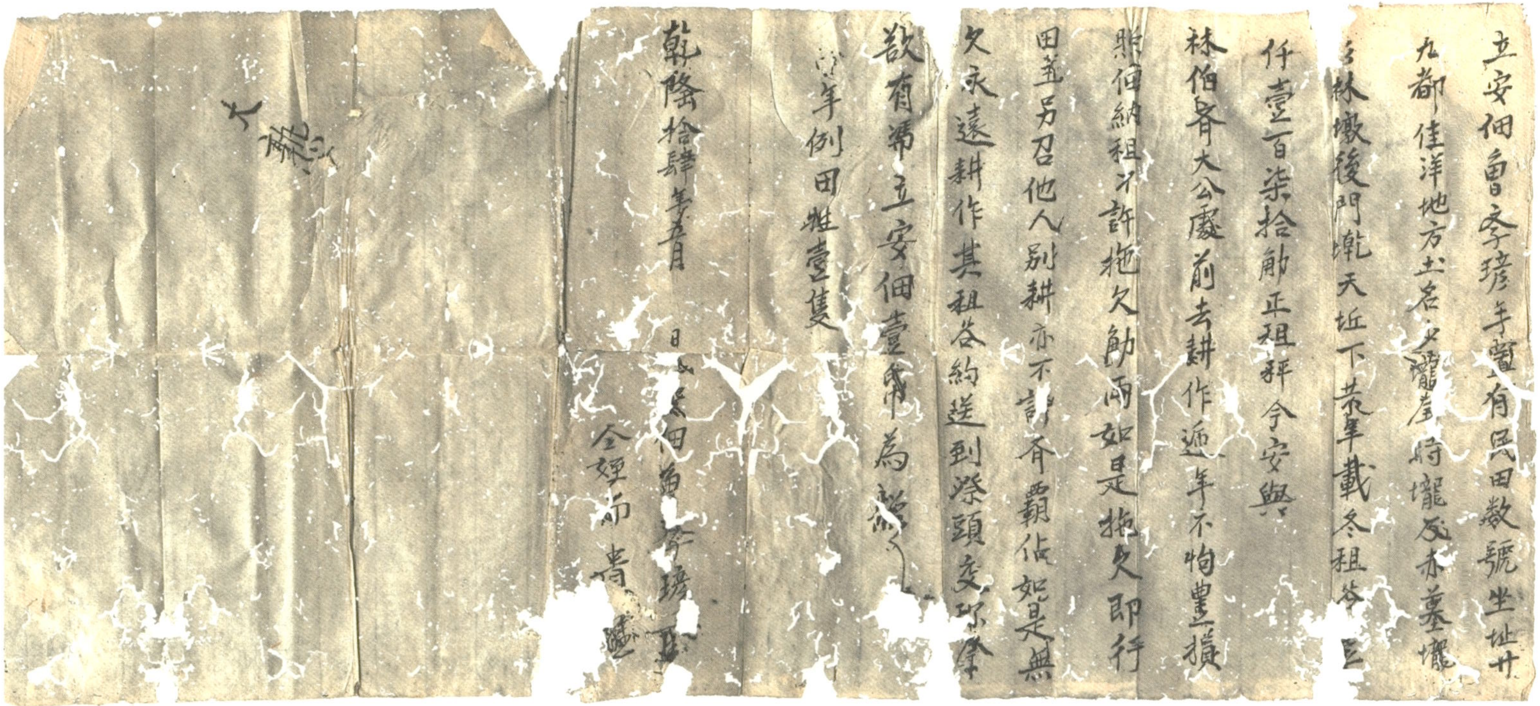
立安佃曾李璘等，有民田數號，坐址廿
九都佳洋地方，土名大壠崖、符壠、灰赤墓壠
、林墩後門墘、天坵下，共年載冬租谷
仟壹百柒拾觔正，租秤，今安與
林伯爺大公處前去耕作，逐年不拘豐損
照佃納租，不許拖欠觔兩。如是拖欠，即行
田並另召他人別耕，亦不許霸佔。如是無
欠，永遠耕作，其租谷約送到溪頭交秤。
欲有憑，立安佃壹紙為照。
年例田雞壹隻
乾隆拾肆年五月　日立安佃曾李璘
仝姪　布　青

7-2-2-4　清乾隆十四年五月曾學璘等立安佃民田字

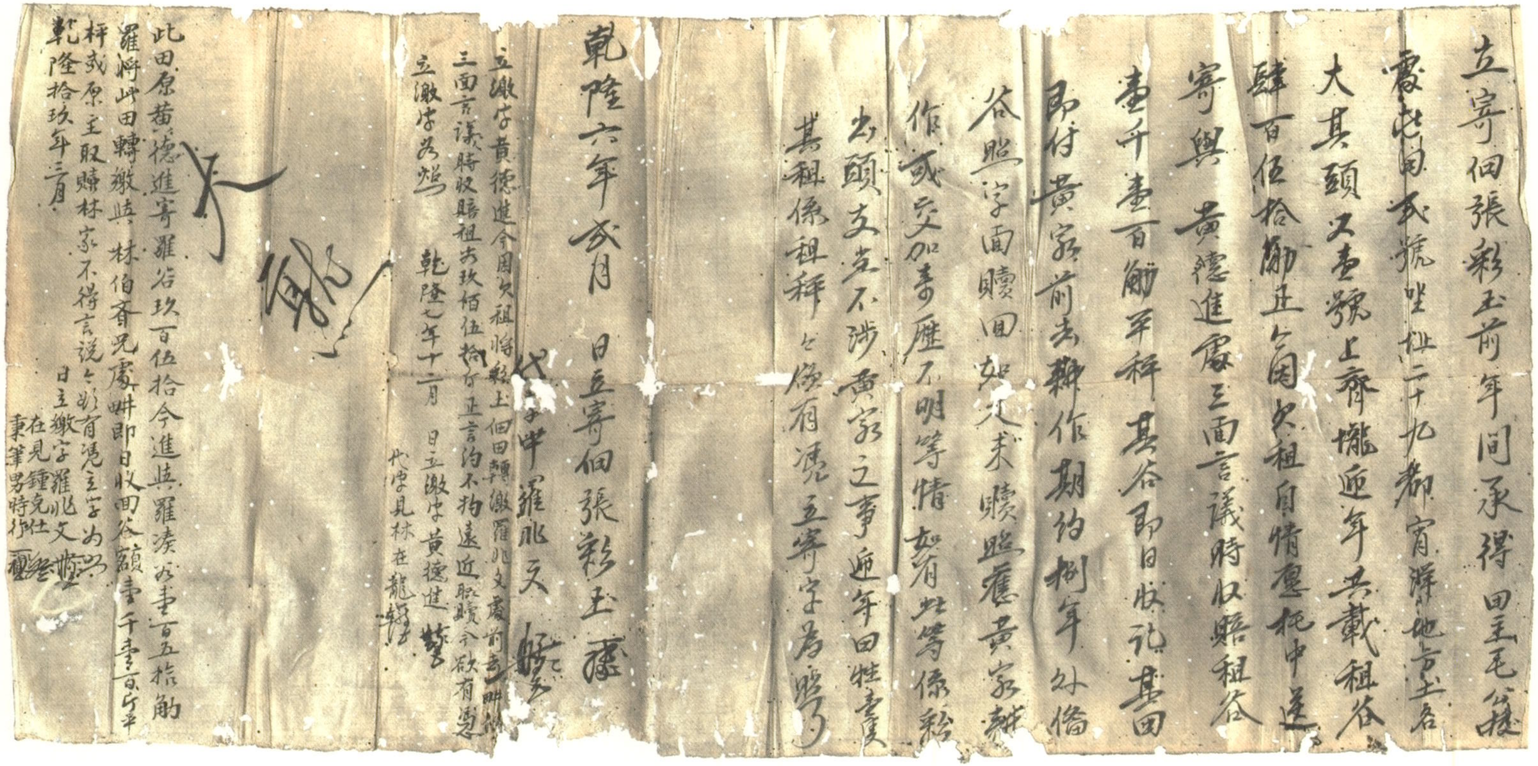

立寄佃張彩玉前年間承得田主毛公
處土名田貳號坐址二十九都宵灘地方土名
大其頭又壹號上齊墘逈年共載租谷
肆百伍拾觔正，今因欠租自情愿托中送
寄與黃德進處，三面言議時收贌租谷
壹千壹百觔平秤，其谷即日收訖，其田
即付黃家前去耕作，期約限年外備
谷照字面贖回，如欠未贖照舊黃家耕
作，或交加來歷不明等情，如有此等係彩
出頭支當，不涉黃家之事，逈年田牲壹度
其租係租秤，今欲有憑，立寄字為照。
乾隆六年貳月 日立寄佃張彩玉（押）
代字中 羅兆文（押）

立繳字黃德進，今因欠租將彩玉佃田轉繳羅兆文處，前去耕作
三面言議時收贌租去玖佰伍拾觔正，言約不拘遠近取贖，今欲有憑
立繳字為照。
乾隆七年十二月 日立繳字黃德進（押）
代字見林在龍（押）

此田原黃德進寄羅谷玖百伍拾，今進與羅湊出壹百五拾觔，
羅將此田轉繳與林伯香兄處，此即日收回谷額壹千壹百斤平
秤，或原主取贖，林家不得言說，今欲有憑，立字為照。
乾隆拾玖年三月 日立繳字羅兆文（押）
在見鍾克仕
秉筆男時作（押）

7-2-2-3　清乾隆六年二月張彩玉立寄佃田字

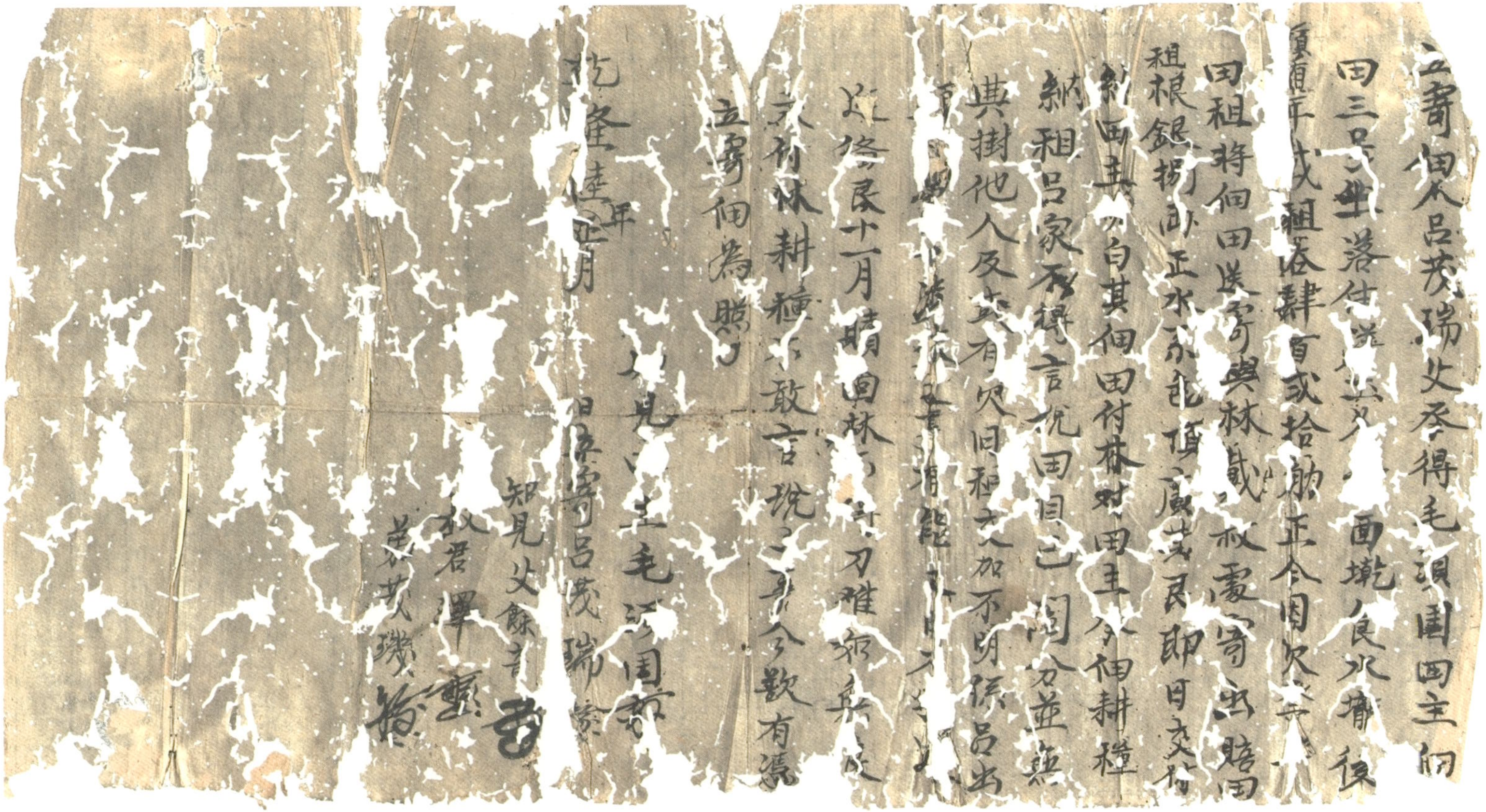

7-2-2-2　清乾隆六年正月呂茂瑞立寄佃田字

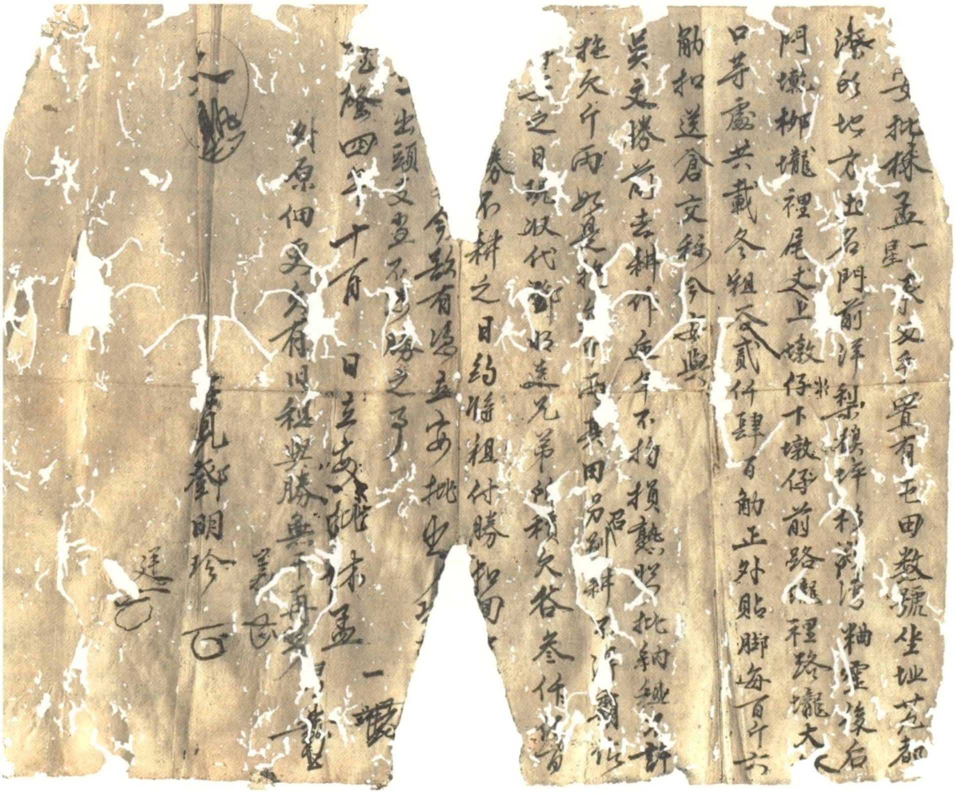

7-2-2-1　清乾隆四年十一月林孟一等立安批屯田字

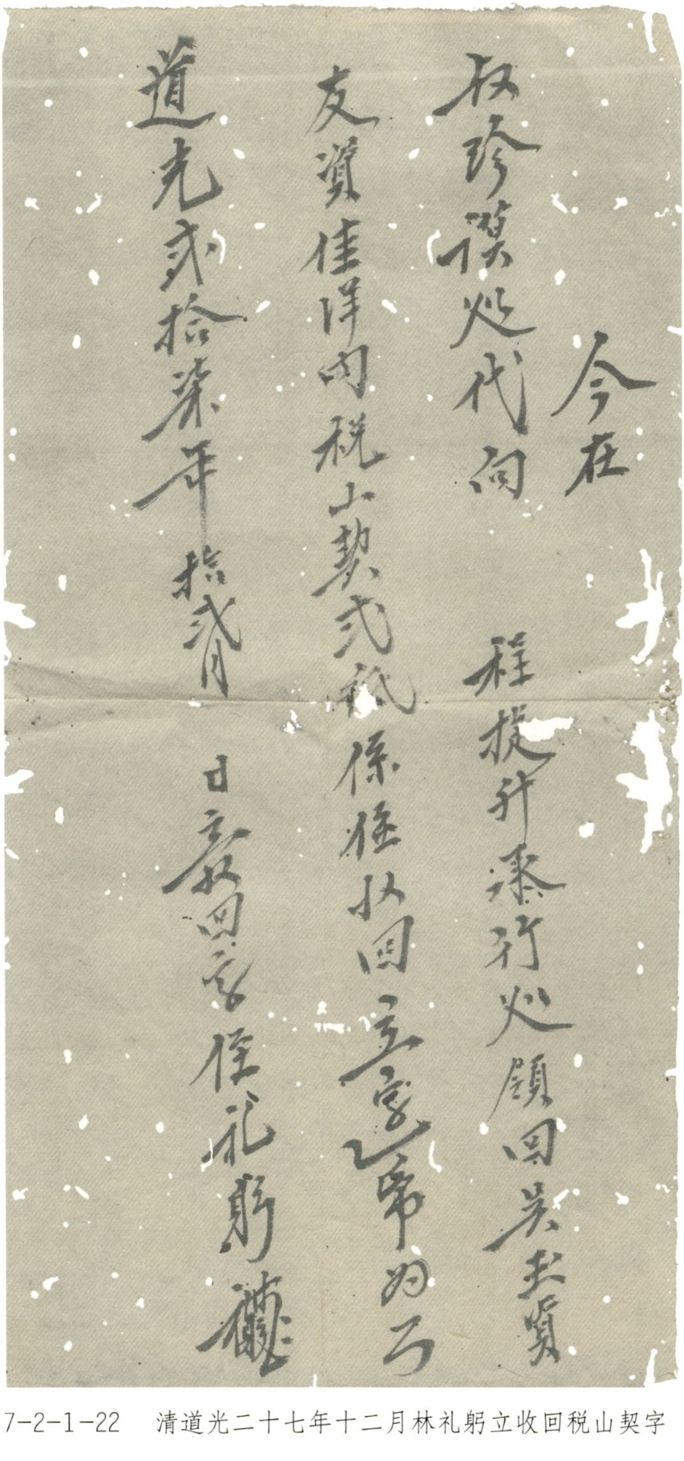

今在
程拔升、承行、炎顯、田炎、武賢
叔珍、謨炎、代向
友賢、佳洋內稅山契式紙，係侄收回，立字[illegible]帶為照。
道光式拾柒年拾式月　日　收回字侄礼躬（押）

7-2-1-22　清道光二十七年十二月林礼躬立收回税山契字

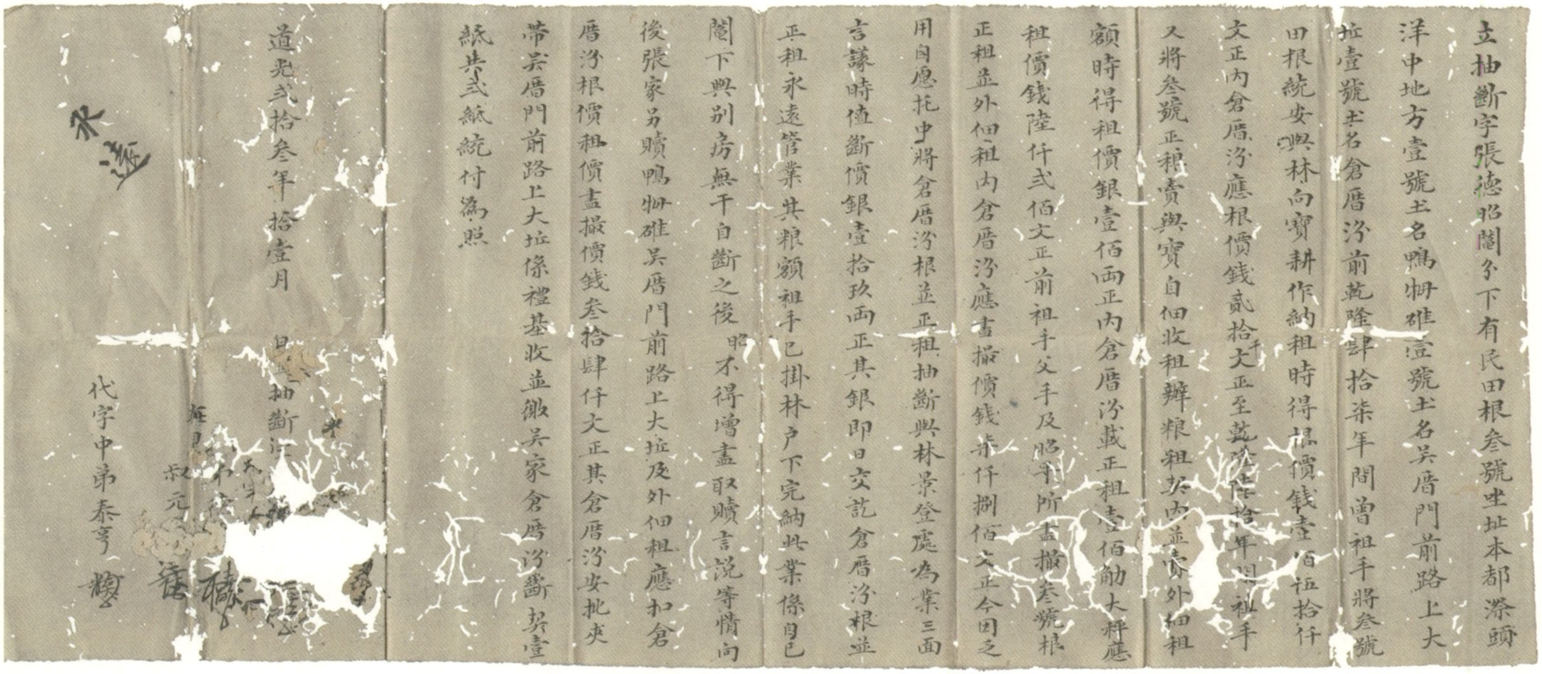

立抽斷字張德昭閹分下有民田根叁號，坐址本都漈頭
洋中地方，壹號土名鴨㭎碓，壹號土名吳厝門前路上大
坵，壹號土名倉厝汾前。乾隆肆拾柒年間曾祖手將叁號
田根統安興林向寶耕作納租，時得根價錢壹佰伍拾仟
文正，內倉厝汾應根價錢貳拾大千文正。至嘉慶拾年間祖手
又將叁號正租賣與寶，自佃收租辦粮，租契內並賣外佃租
額，時得租價銀壹佰兩正，內倉厝汾載正租壹佰觔大秤，應
租價錢陸仟弍佰文正。前祖手父手及昭手所盡撮叁號根
正租並外佃租，內倉厝汾應盡撮價錢弍仟捌佰文正。今因乏
用，自愿托中將倉厝汾根並正租抽斷與林景登處為業，三面
言議時值斷價銀壹拾玖兩正，其銀即日交訖，倉厝汾根並
正租永遠管業，其粮額租手已掛林戶下完納。此業係自己
閹下，與別房無干，自斷之後，昭不得增盡取贖言說等情。向
後張家另贖鴨㭎碓、吳厝門前路上大坵及外佃租，應扣倉
厝汾根價租價盡撮價錢叁拾肆仟文正。其倉厝汾安批夾
帶吳厝門前路上大坵係禮基收，並繳吳家倉厝汾斷契壹
紙，共弍紙，統付為照。

永遠

道光弍拾叁年拾壹月　日立抽斷[illegible]　張德昭

在見叔元[illegible]

代字中弟泰亨

7-2-1-21　清道光二十三年十一月張德昭立抽斷根租正租字

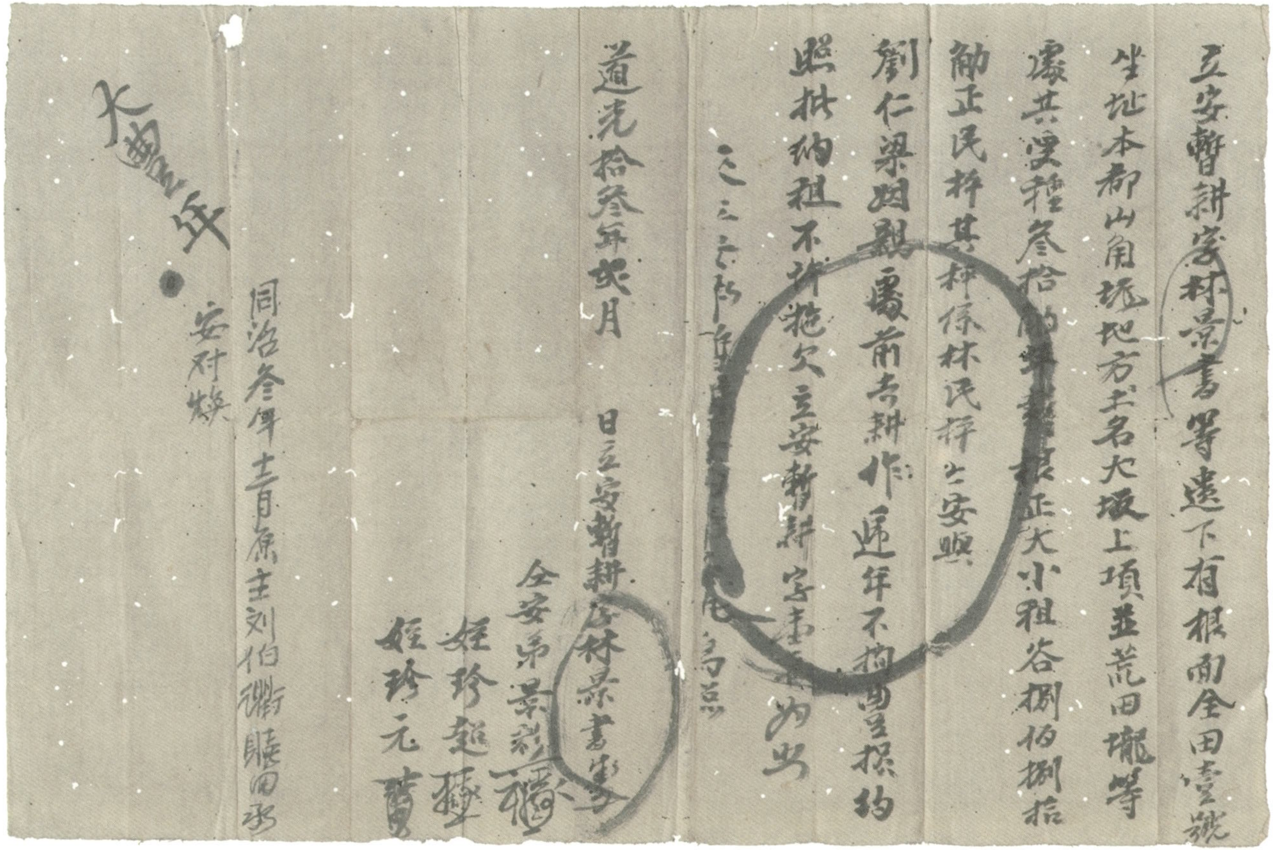

7-2-1-20　清道光十三年二月林景書等立安暫耕根面全田字（廢契）

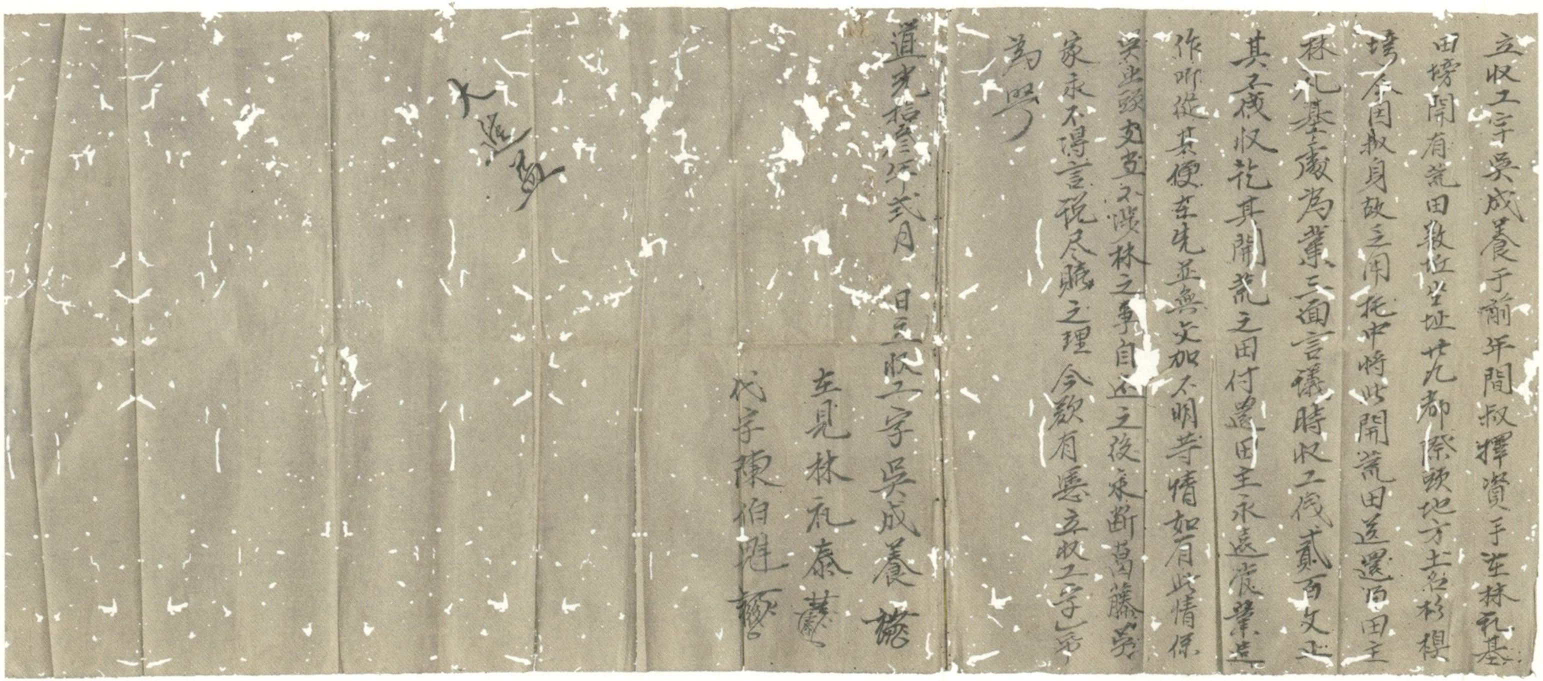
立收工字吴成養于前年間叔擇資手並林禮基
田墘開有荒田數坵坐址廿九都漈頭地方土名杉樹
墘今因叔身故之間托中將此開荒田送還與田主
林禮基處為業三面言議時收工[illegible]貳百文正
其錢收訖其開荒之田付還田主永遠管業其
作所從其便並先並無文加不明等情如有此情係
吴出頭支當不涉林之事自立之後永斷葛藤吴
家永不得言說尽贖之理今欲有憑立收工字一帋
為照
道光拾叁年貳月　日立收工字吴成養
在見林禮泰
代字陳伯[illegible]
大進[illegible]

7-2-1-19　清道光十三年二月吴成養立收工字

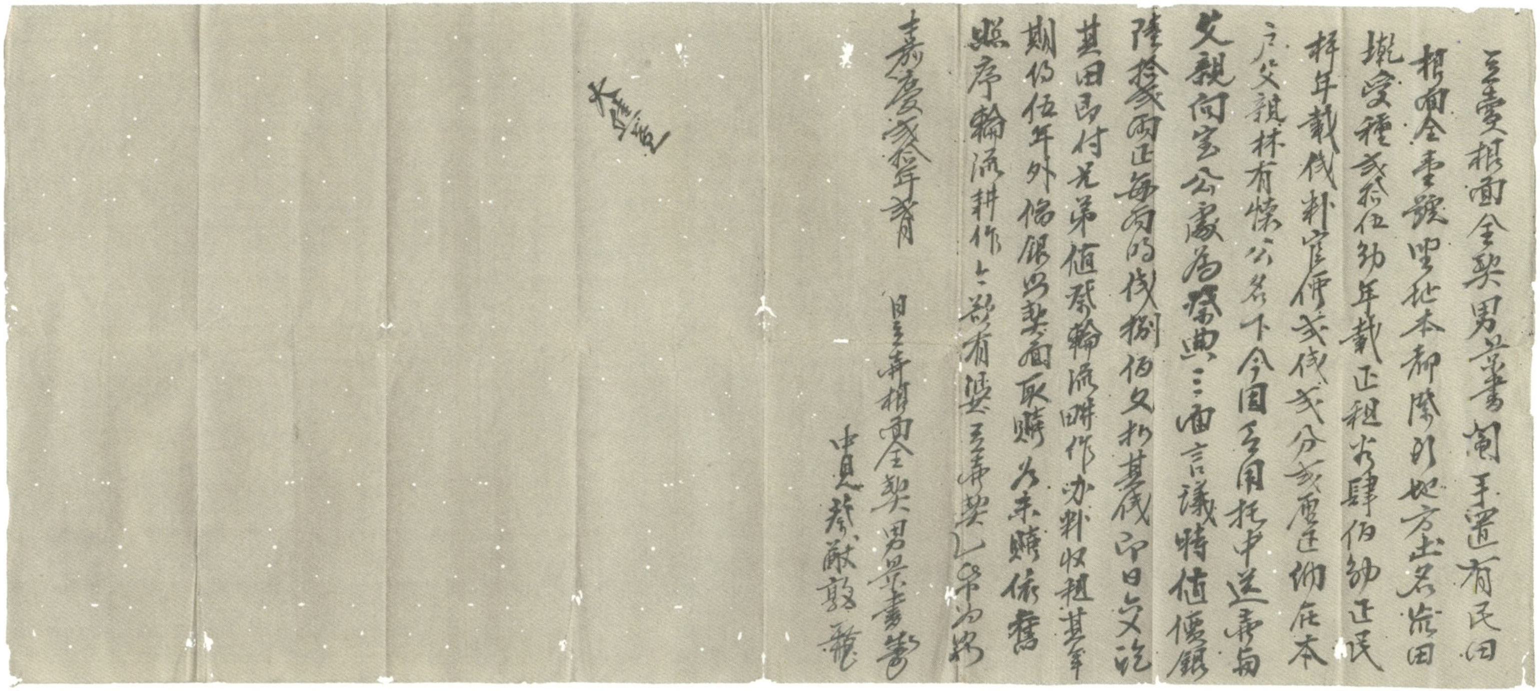
立賣根面全契男景書，今因手置有民田
根面全壹段，坐址本都際頭地方，土名崇田
墘，受種貳拾伍觔，年載正租米肆佰觔正，民
米年載錢糧米便貳錢貳分貳厘正，佛原本
系父親林有慷公名下，今因乏用，托中送賣與
父親向宗公處為業，當日三面言議，時值價銀
陸拾叁兩正，每兩的錢捌佰文，於其錢即日交訖。
其田即付兄弟值季輪流耕作，辦納收租。其年
期仍伍年外，備銀照契面取贖，如未贖，依舊
照序輪流耕作。上欲有憑，立賣根契乙帋為照。
嘉慶貳拾年貳月　日立賣根面全契男景書（押）
中見　蔡、獻、敦、龍

7-2-1-18　清嘉慶二十年二月林景書立賣根面全民田契

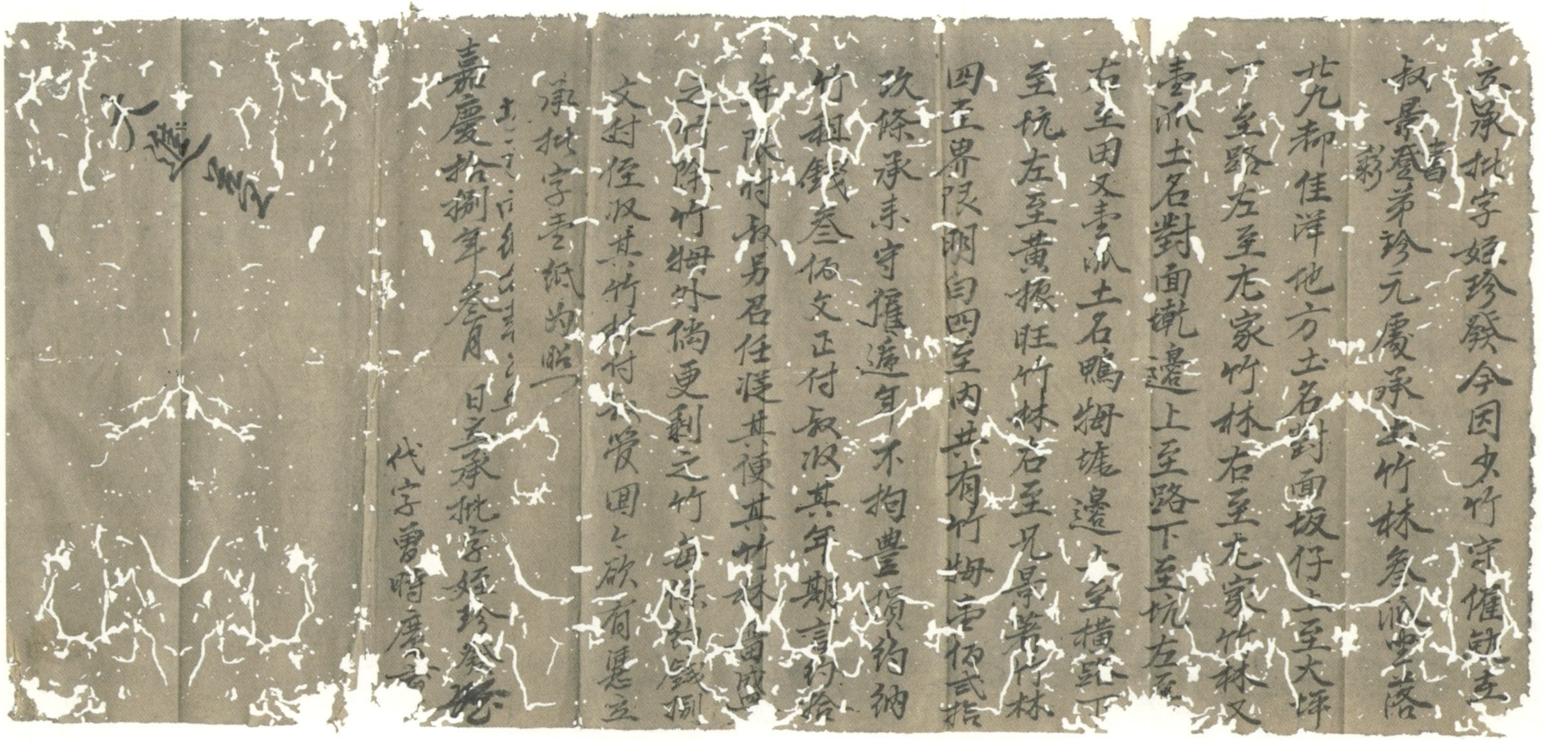

立承批字姪珍發今因丈竹守權有土
叔景耆弟珍元慶承出竹林參股坐落
彩
芃九都佳洋地方土名對面坂仔上至大坪
丁至路左至尤家竹林右至尤家竹林又
壹派土名對面墘邊上至路下至坑左至
右至田又壹派土名鴨𡑞墘邊上至横路下
至坑左至黄振旺竹林右至兄景著竹林
四至界限明白四至内共有竹𡑞壹佰貳拾
玖條承來守權逐年不拘豐歉約納
竹租錢叁佰文正付叔收其年期言約拾
年限付叔另召任從其便其竹林當收
之日除竹𡑞外倘更剩之竹𡑞不得私賣
文付侄收其竹林付叔管回亦欣然有憑立
承批字壹紙為照
[illegible]
嘉慶拾捌年叁月　日立承批字姪珍發（押）
代字曾時慶（押）

7-2-1-17　清嘉慶十八年三月林珍發立承批竹林字

立收得
林猷庵、寶安二兄代賠吳仙海積欠長壋下正租谷壹
仟陸百壹拾肆觔，折錢壹拾陸仟叁百文正，其租賠明
收訖字照。
嘉慶九年九月　日立收字陳永蘭（押）
在見張光尊（押）
代字光永槐（押）

7-2-1-16　清嘉慶九年九月陳永蘭立收租穀字

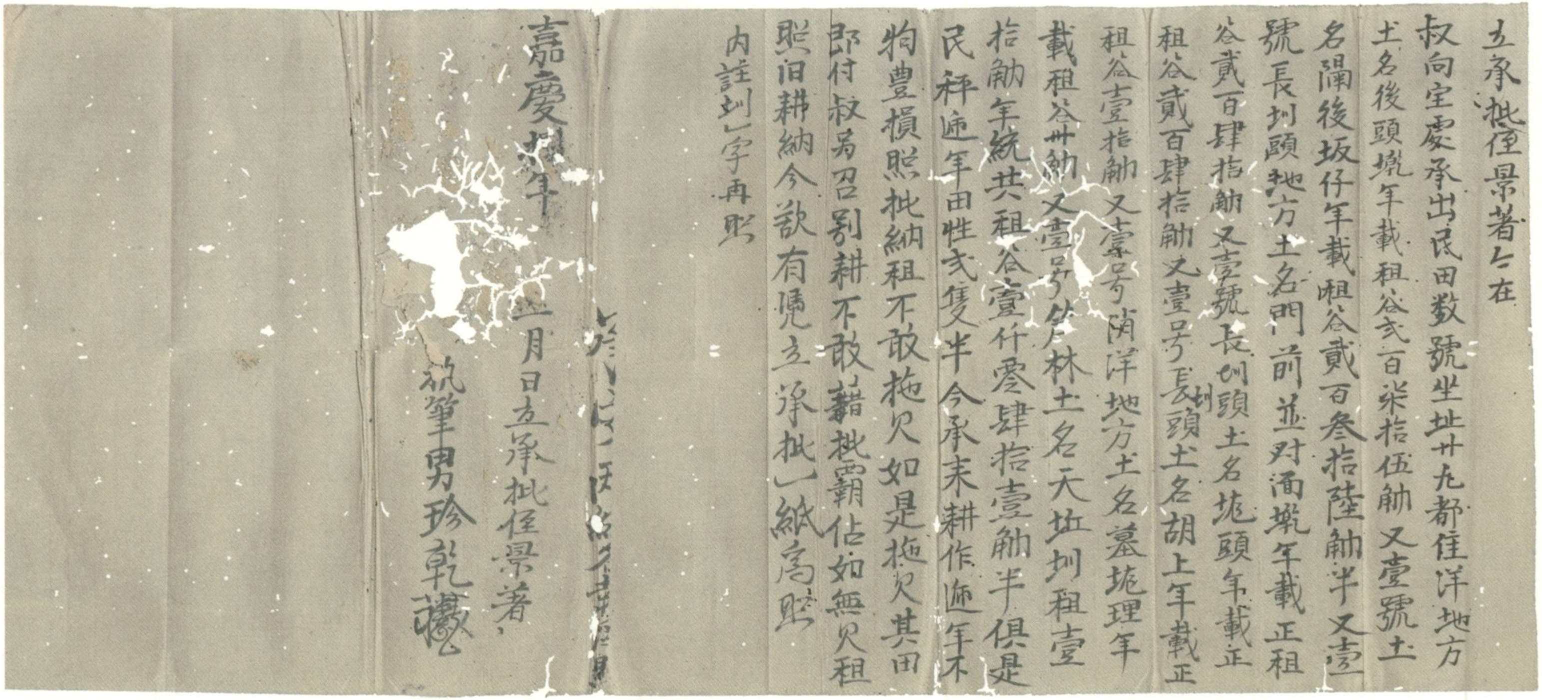
立承批侄景著𠆤在
叔向宝處承出民田數號坐址廿九都佳洋地方
土名後頭墘年載租谷弍百柒拾伍觔 又壹號土
名陽後坂仔年載租谷貳百叁拾陸觔半 又壹
號長圳頭地方土名門前並对面墘年載正租
谷貳百肆拾觔 又壹號長圳頭土名垅頭年載正
租谷貳百肆拾觔 又壹号長圳頭土名胡上年載正
租谷壹拾觔 又壹号隔洋地方土名墓垅理年
載租谷卅觔 又壹号竹林土名天垅圳租壹
拾觔 年統共租谷壹仟零肆拾壹觔半 俱是
民秤 逓年田牲弍隻半 今承耒耕作 逓年不
拘豐損 照批納租 不敢拖欠 如是拖欠 其田
即付叔另召别耕 不敢藉批霸佔 如無欠租
照旧耕納 今欲有憑 立承批一紙為照
内註圳𠆤字再照
嘉慶捌年十一月 日立承批侄景著
執筆男 珍乾

7-2-1-15 清嘉慶八年十一月林景著立承批民田字

立字據王著文于本月間胞弟著[illegible]辛身
故偷墓[illegible]　林向寶前年開有土記土名
康山[illegible]之處本坐[illegible]到處悉是[illegible]
現[illegible]林家土記近上近下近左近右要
[illegible]別人並親叫從其[illegible]一家不
敢重統往歸長言今欲有憑立字據為照
[illegible]年[illegible]月　日立據[illegible]
在見[illegible]開[illegible]

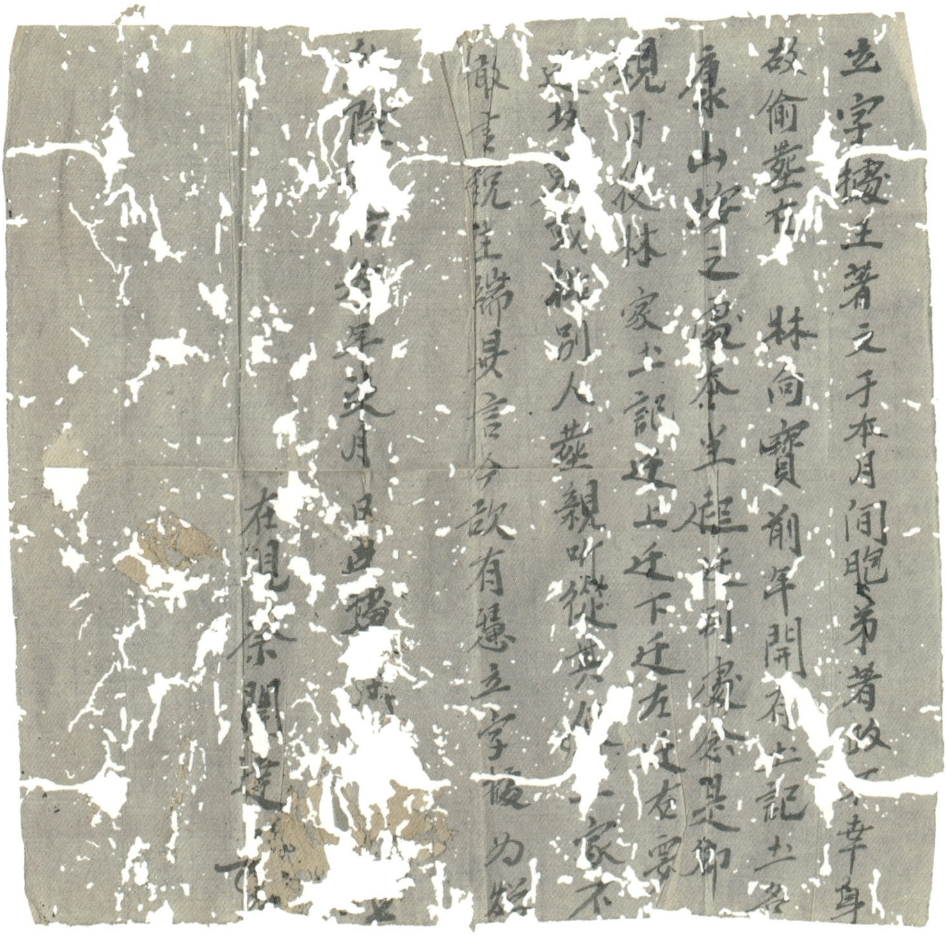

7-2-1-14　清乾隆□十三年七月王著文立土記據字

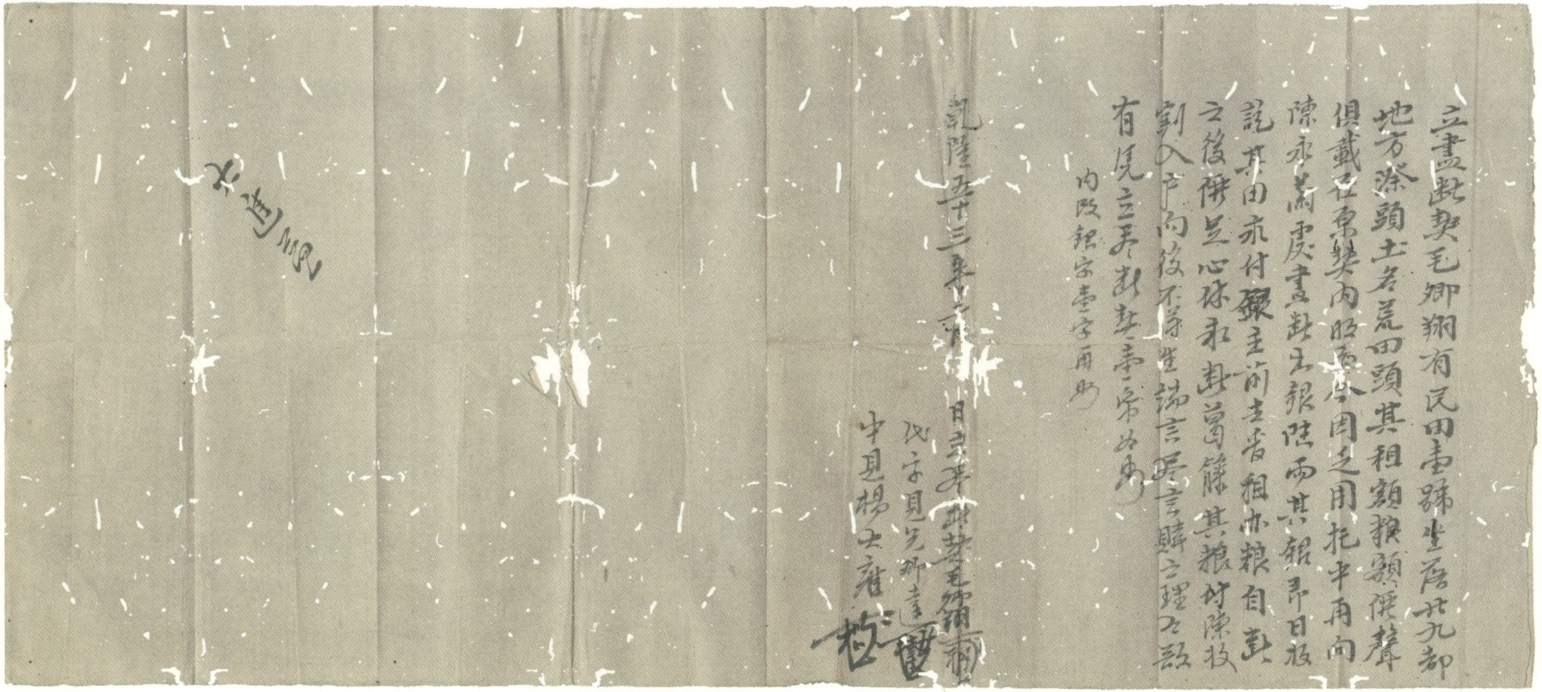

7-2-1-13　清乾隆五十三年二月毛卿翔立盡斷民田字

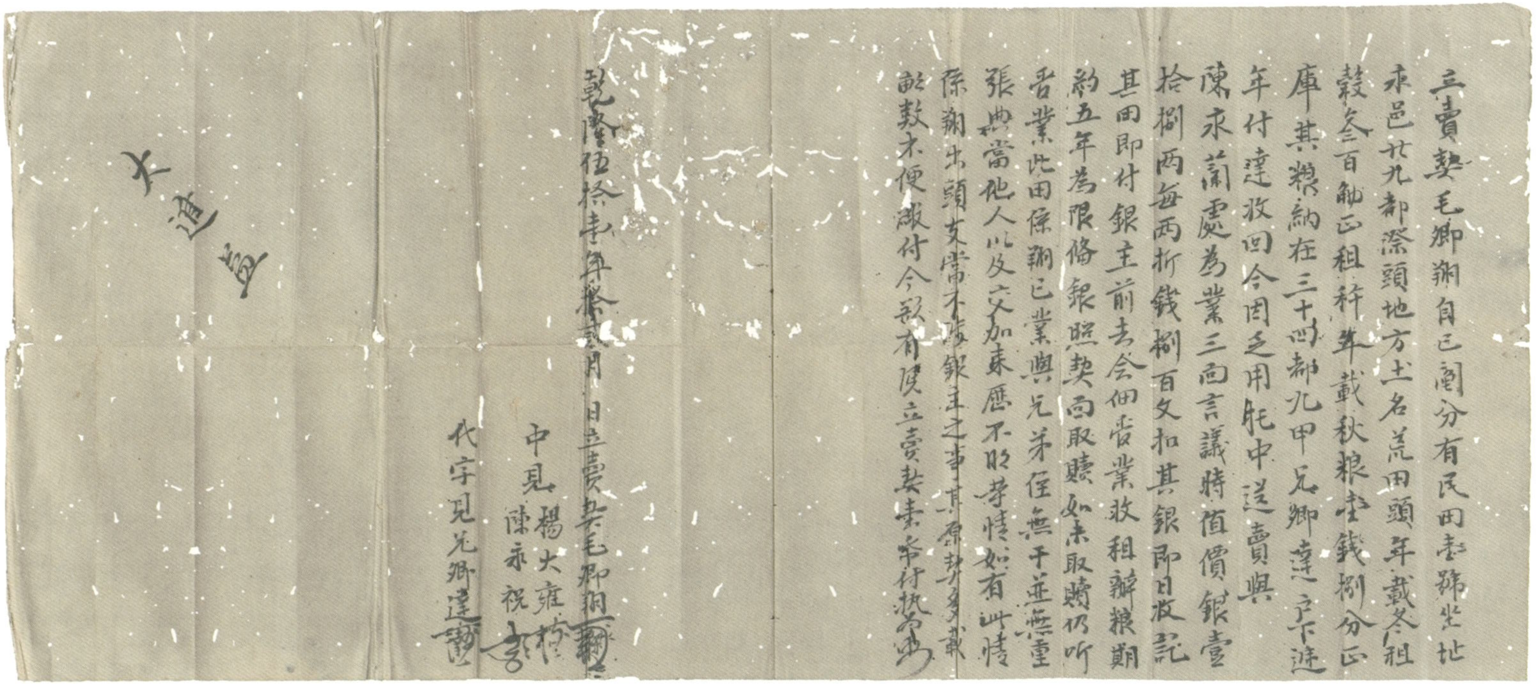

立賣契毛卿翔自己阄分有民田壹號坐址
本邑廿九都深頭地方土名荒田頭年載冬租
穀叁百觔正租秤弍載秋粮壹錢捌分正
庫其粮納在三十四都九甲兄卿達户下進
年付達收回今因乏用托中送賣與
陳求蘭處為業三面言議時值價銀壹
拾捌两每两折錢捌百文扣其銀即日收訖
其田即付銀主前去佃管業收租辦粮期
約五年為限備銀照契面取贖如未取贖仍听
管業此田係翔己業與兄弟侄無干並無重
張典當他人以及交加來歷不明等情如有此情
係翔出頭支當不涉銀主之事其原契多載
畝數不便繳付今欲有憑立賣契壹紙付執為照

乾隆伍拾壹年拾貳月　日立賣契毛卿翔（押）
中見　楊大雍（押）
陳求祝（押）
代字見兄卿達（押）

大造壹

7-2-1-12　清乾隆五十一年十二月毛卿翔立賣民田契

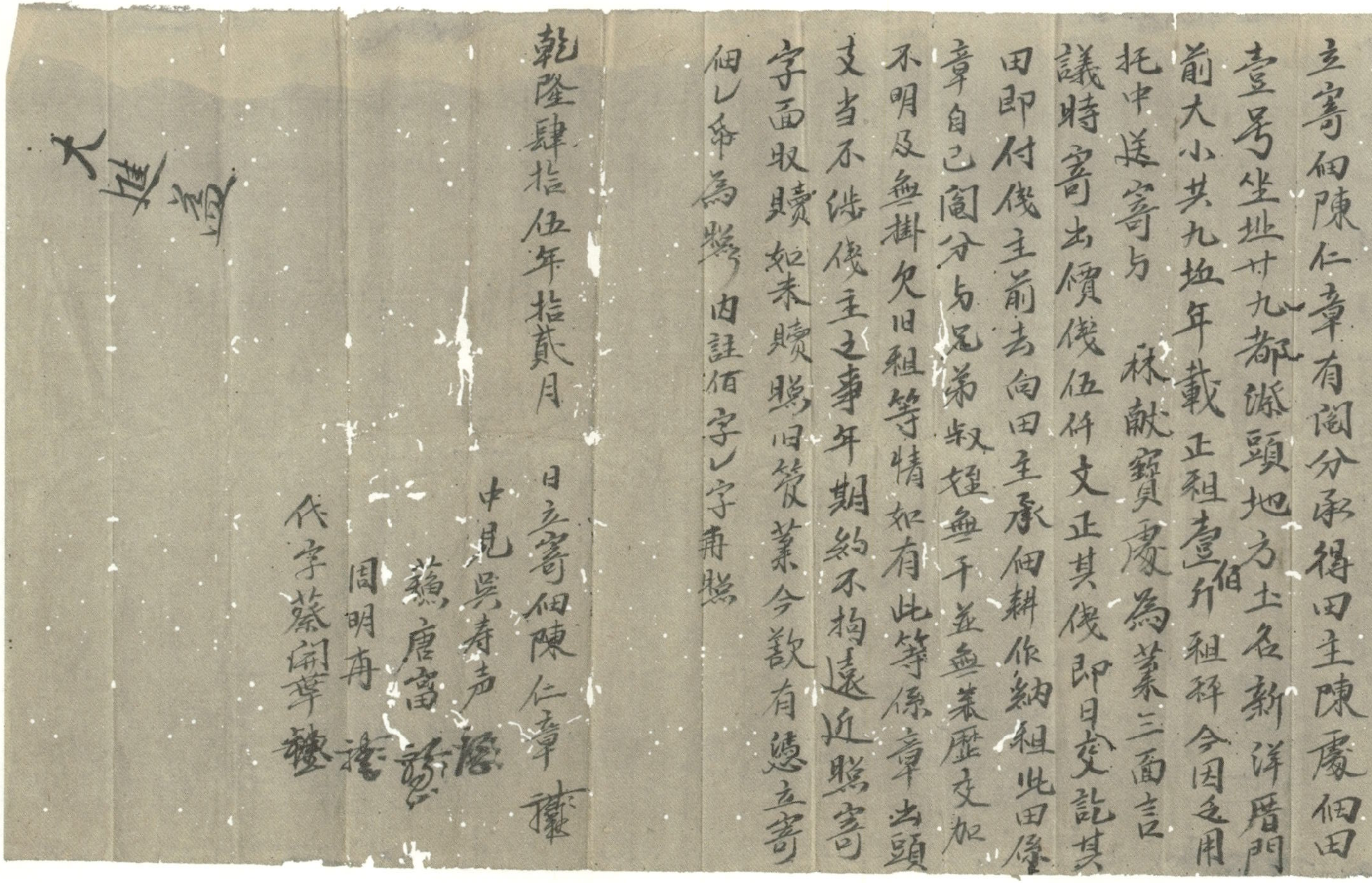

立寄佃陳仁章有閣分承得田主陳慶佃田
壹号坐址廿九都漈頭地方土名新洋厝門
前大小共九坵年載正租壹佰斤租秤今因乏用
托中送寄与　林猷寶處為業三面言
議時寄出價𠎀伍仟文正其𠎀即日交訖其
田即付𠎀主前去向田主承佃耕作納租此田係
章自己閣分与兄弟叔姪無干並無叢歷交加
不明及無掛欠旧租等情如有此等係章出頭
支当不涉𠎀主之事年期約不拘遠近照寄
字面取贖如未贖照旧管業今欲有憑立寄
佃乚字為照　内註佰字乚字再照

乾隆肆拾伍年拾貳月　日立寄佃陳仁章（押）
中見吳寿声（押）
蘇唐當（押）
周明再（押）
代字蔡開華（押）

大[illegible]

7-2-1-11　清乾隆四十五年十二月陳仁章立寄佃田字

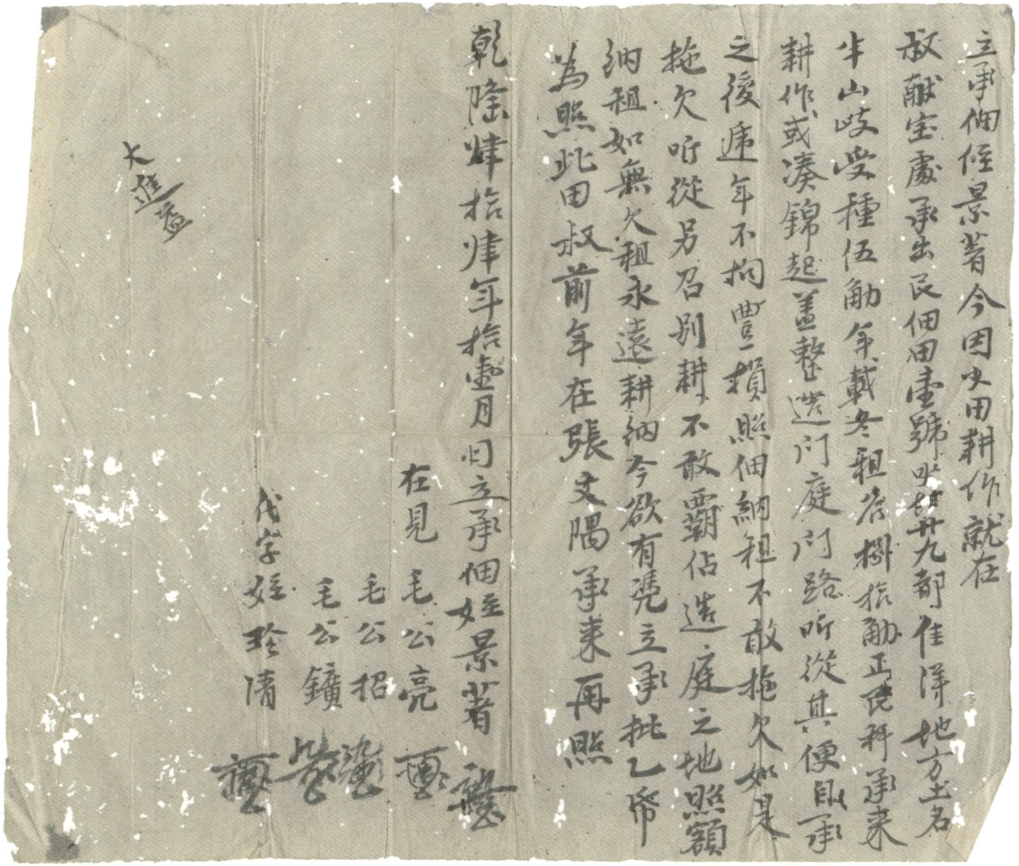
立承佃侄景著今因少田耕作就在
叔献宝處承出民佃田壹號坐址廿九都住洋地方土名
半山岐安種伍觔年載冬租谷捌拾觔正憑耕承来
耕作或湊錦起蓋整造门庭门路听從其便自承
之後逐年不拘豐歉照佃納租不敢拖欠如是
拖欠听從另召别耕不敢霸佔造庭之地照額
納租如無欠租永遠耕納今欲有憑立承批乙帋
為照 此田叔前年在張文陽承来再照
乾隆肆拾肆年拾壹月 日立承佃姪景著
在見 毛公亮
毛公招
毛公鐄
代字姪玢清
大進益

7-2-1-10 清乾隆四十四年十一月林景著立承民佃田字

立賣契人林禮居，父存日置有倉房壹間，坐在永
邑廿六都佳洋葫芦斋樓下樓屋壹間，今因[illegible]
別處，托中將倉樓送賣與
叔胡宝上邊出價銀伍兩正，其銀即收訖，其倉房付
叔前去管業，係此房并無不明，如有係佳
壹賣永不取贖，今欲有憑，立賣契爲照。
中見兄林禮元
乾隆叁拾柒年貳月　日立賣契人林禮居

7-2-1-9　清乾隆三十七年二月林禮居立賣倉厝契

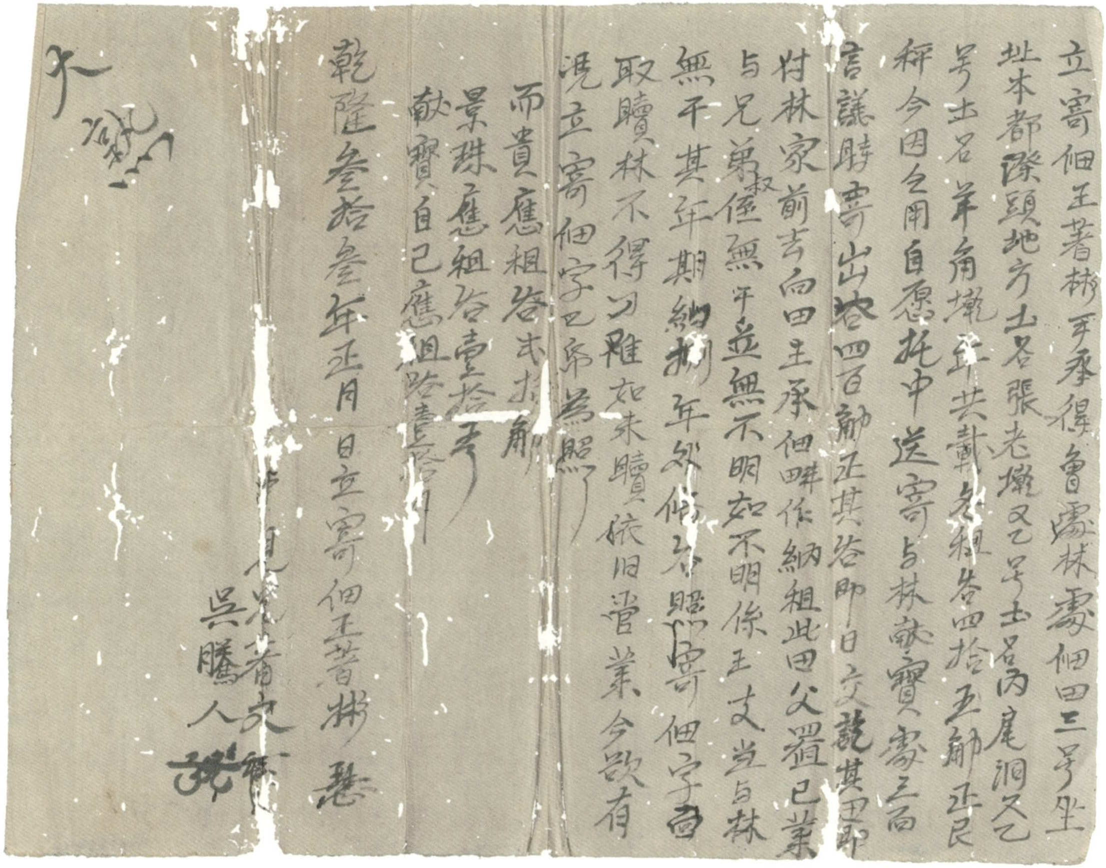
立寄佃王著彬，承祖得會處林家佃田三号，坐
址本都際頭地方，土名張老墩，又乙号土名內尾洞，又乙
号土名羊角墩，三共載租谷四拾五觔正，民
秤。今因乏用，自愿托中送寄与林献寶處，三面
言議，時寄出谷四百觔正，其谷即日交訖，其田即
付林家前去向田主承佃耕作納租。此田父置己業，
与兄弟叔侄無干，並無不明，如不明，係王支当，与林
無干。其年期納租年終，依照寄佃字回
取贖，林不得刁難；如未贖，依旧管業。今欲有
凭，立寄佃字乙紙為照。

而貴應租谷弍拾觔
景珠應租谷壹拾[illegible]觔
献寶自己應[illegible]谷壹拾[illegible]觔

乾隆叁拾叁年正月　日立寄佃王著彬（押）
中見[illegible]
呉騰人（押）

7-2-1-8　清乾隆三十三年正月王著彬立寄佃田字

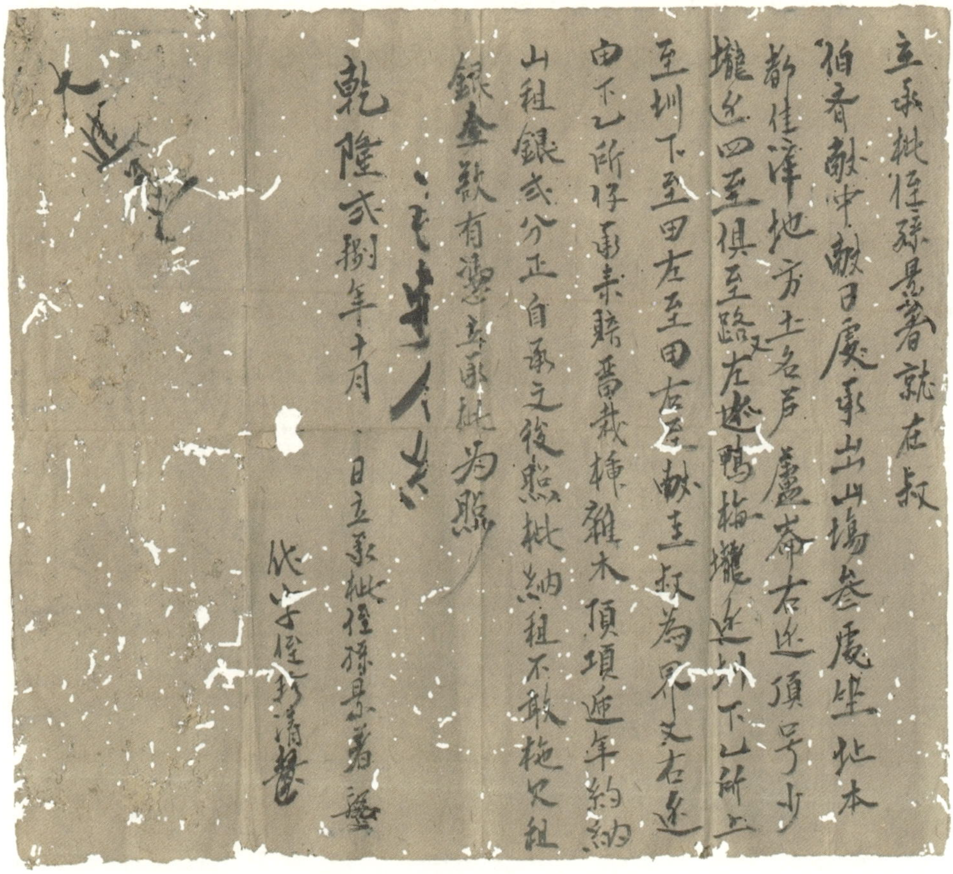
立承批侄孫景著就在叔
伯香畝中畝日處承出山場叁處坐址本
都佳洋地方土名芦盧畲右边頂另山
壠边四至俱至路又左边鴨梅壠边外下山所上
至圳下至田左至田右至畝主叔為界又右边
由下山所仔承耒蓄栽桿雜木項項逐年約納
山租銀弍分正自承之後照批納租不敢拖欠租
銀叁款有違甘承批為照
乾隆弍捌年十月　日立承批侄孫景著
代字侄孫清

7-2-1-7　清乾隆二十八年十月林景著立承批山場字

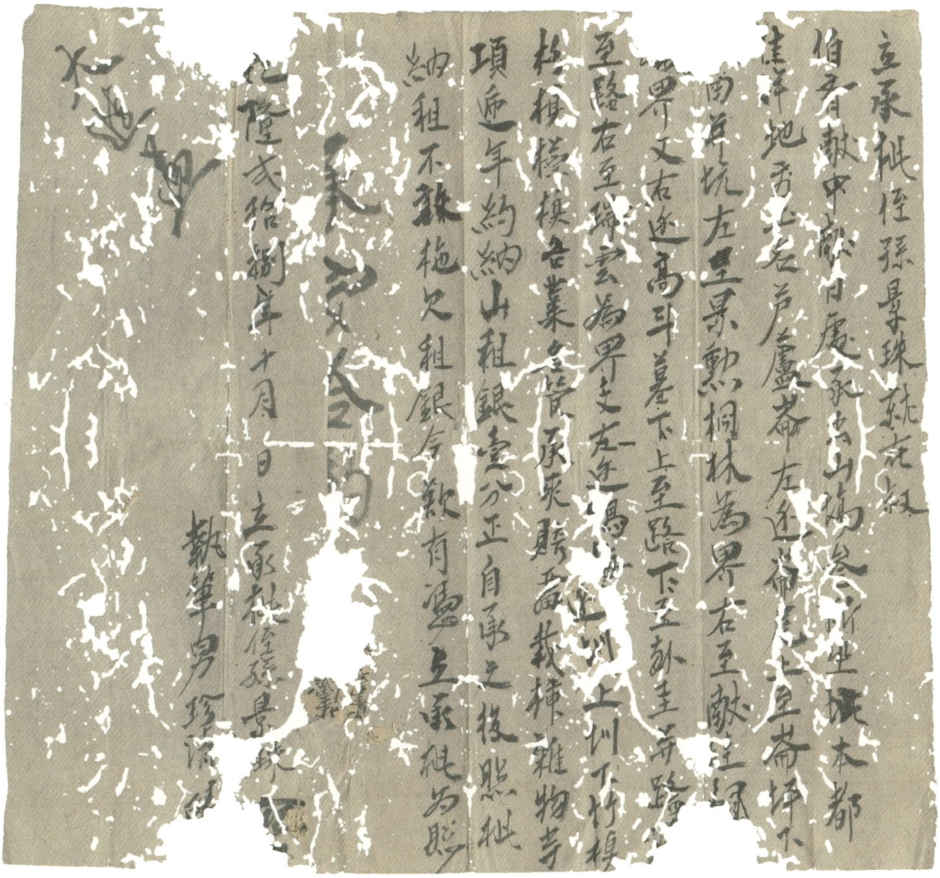

立承批侄孫景珠，兹在叔
伯府(?)敏中處承出山場參所，坐址本都
土名地名芦盧嶺，左至[illegible]嶺[illegible]上至嶺坪下
田并坑，左至景勲桐林為界，右至獻[illegible]
為界，又右至高斗墓下，上至路，下至林圭并路[illegible]
至路，右至瑞雲為界，又左至鳥[illegible]上圳，上圳下竹模
杉樹[illegible]合業全管，承來耕種栽種雜物等
項，逐年約納山租銀壹分正，自承之後照批
納租，不敢拖欠租銀。今欲有憑，立承批為照。
乾隆貳拾捌年十月　日　立承批侄孫景珠
執筆男　珍[illegible]

7-2-1-6　清乾隆二十八年十月林景珠立承批山場字

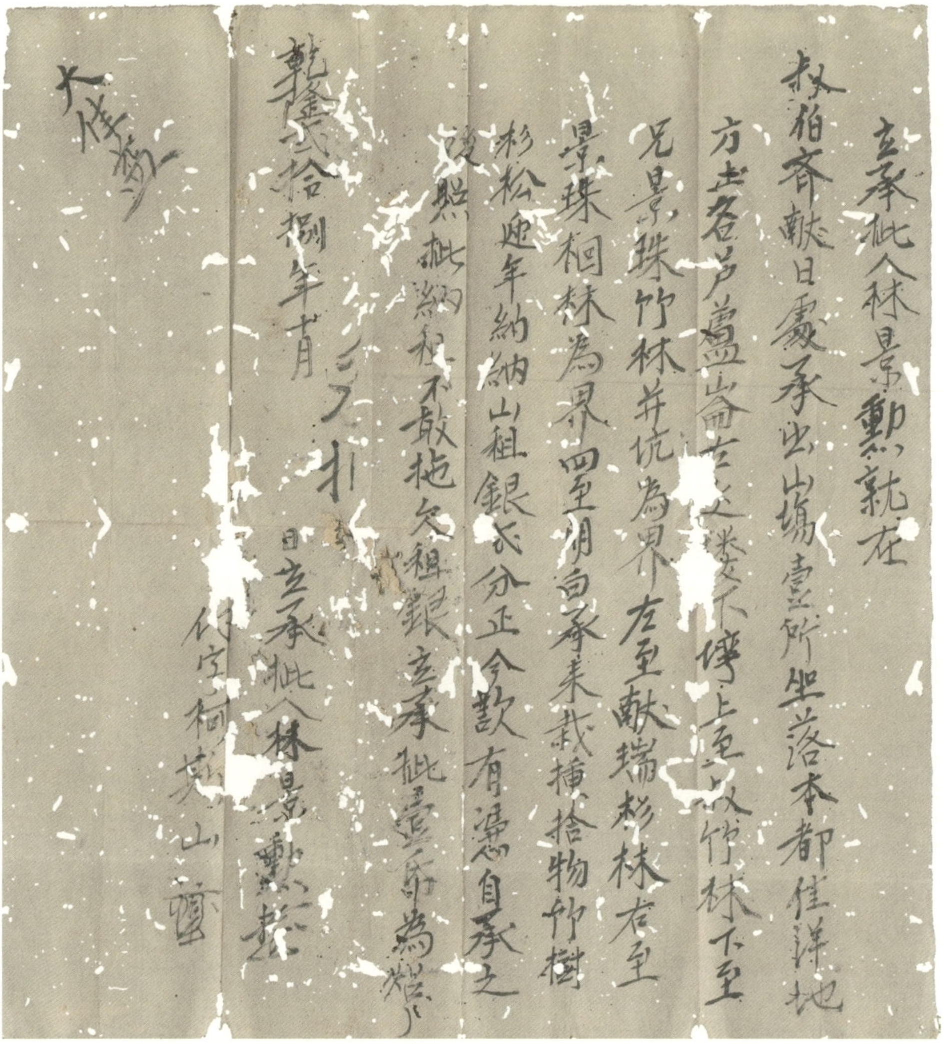
立承批人林景勳就在
叔伯脊畝日處承出山塲壹所坐落本都住洋地
方土名芦薑崙右邊漈下傅上至坟竹林下至
兄景珠竹林并坑為界左至畝瑞杉林右至
景珠桐林為界四至明白承耒栽插拾物竹樹
杉松逓年納納山租銀六分正今款有憑自承之
後照批納租不敢拖欠租銀立承批壹所為照
乾隆貳拾捌年十月　日立承批人林景勳押
代字柯英山押
大佳秀

7-2-1-5　清乾隆二十八年十月林景勳立承批山場字

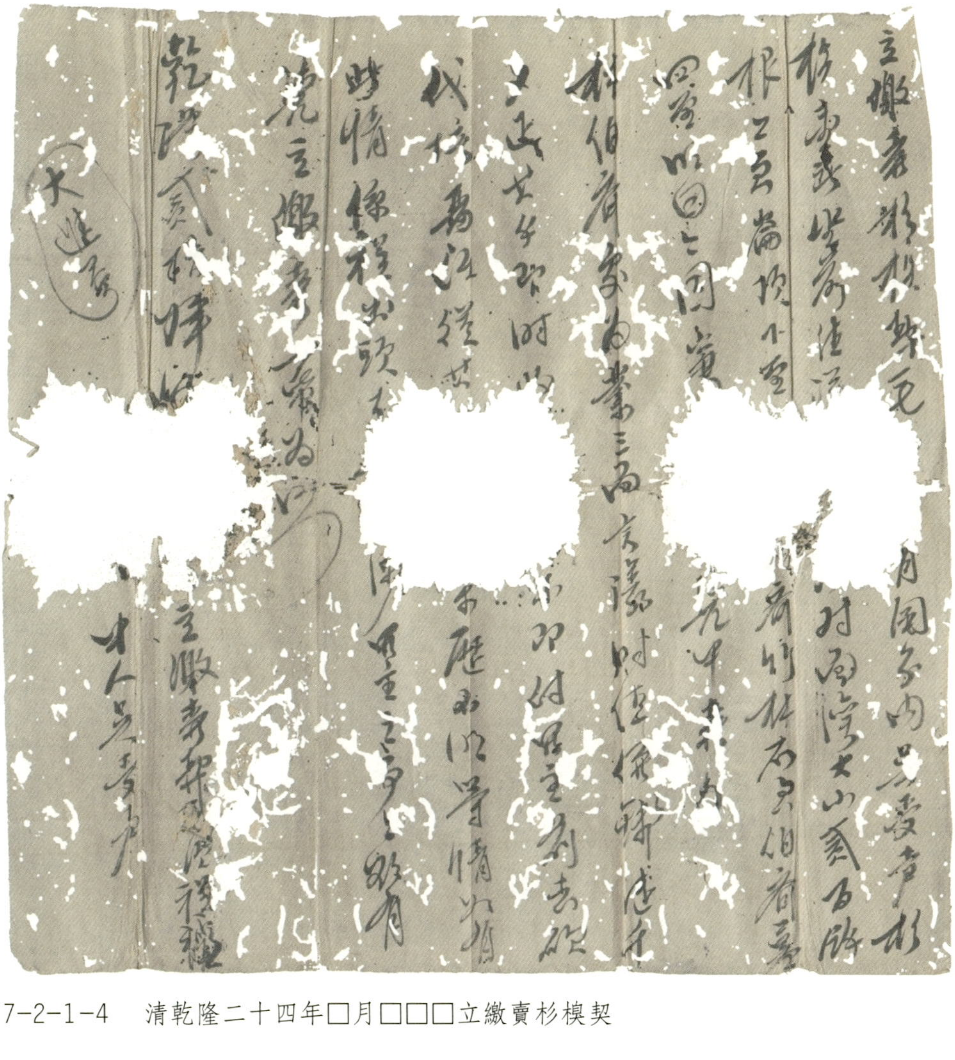

7-2-1-4　清乾隆二十四年□月□□□立繳賣杉樸契

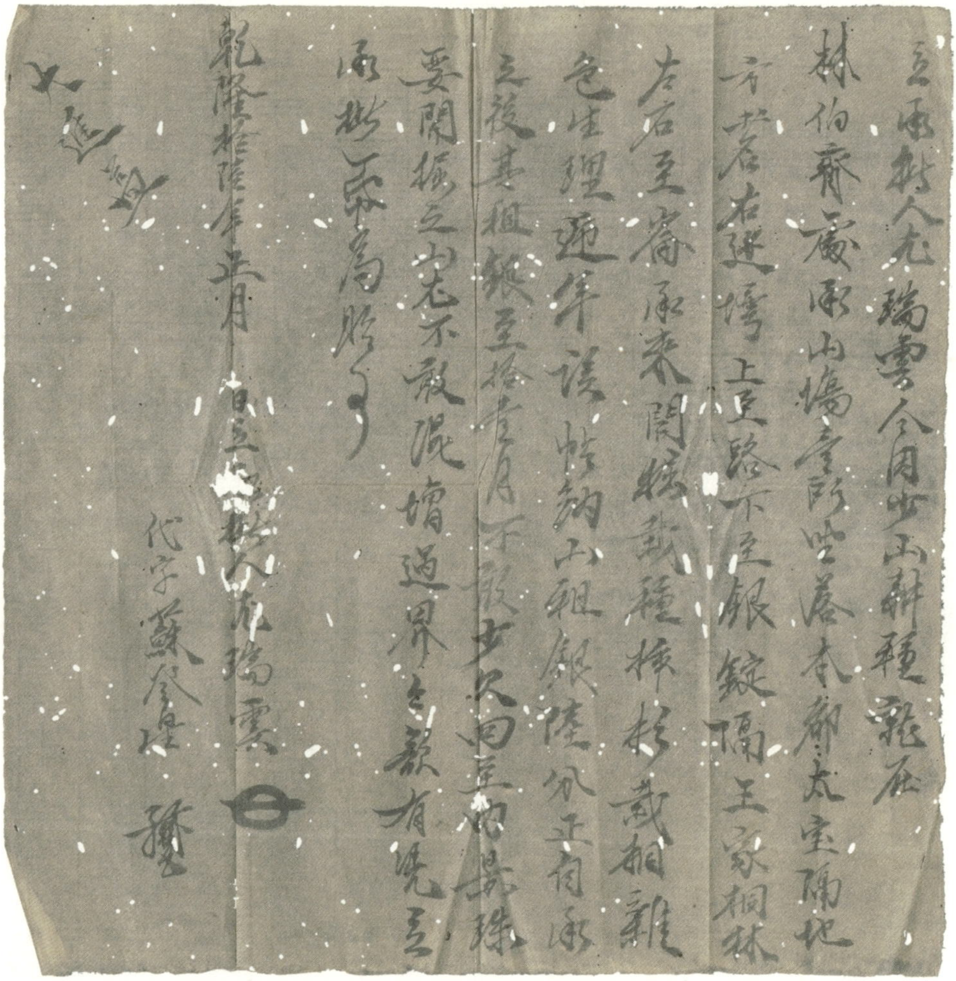
立承批人尤瑞雲今因少山耕種就在
林伯齊處承山場壹所坐落本鄉太宝隔地
方土名右邊墻上至路下至銀錠隔王家桐林
左右至寄承來開墾栽種杉苗栽相雜
色生理逐年議此納山租銀陸分正自承
之後其租銀至拾壹月不敢少欠由足[illegible]無異
要開墾之山尤不敢混增過界等款有憑立
承批一紙爲照了
乾隆拾陸年正月　日立承批人尤瑞雲
代字蘇[illegible]　筆
大進[illegible]

7-2-1-3　清乾隆十六年正月尤瑞雲立承批山場字

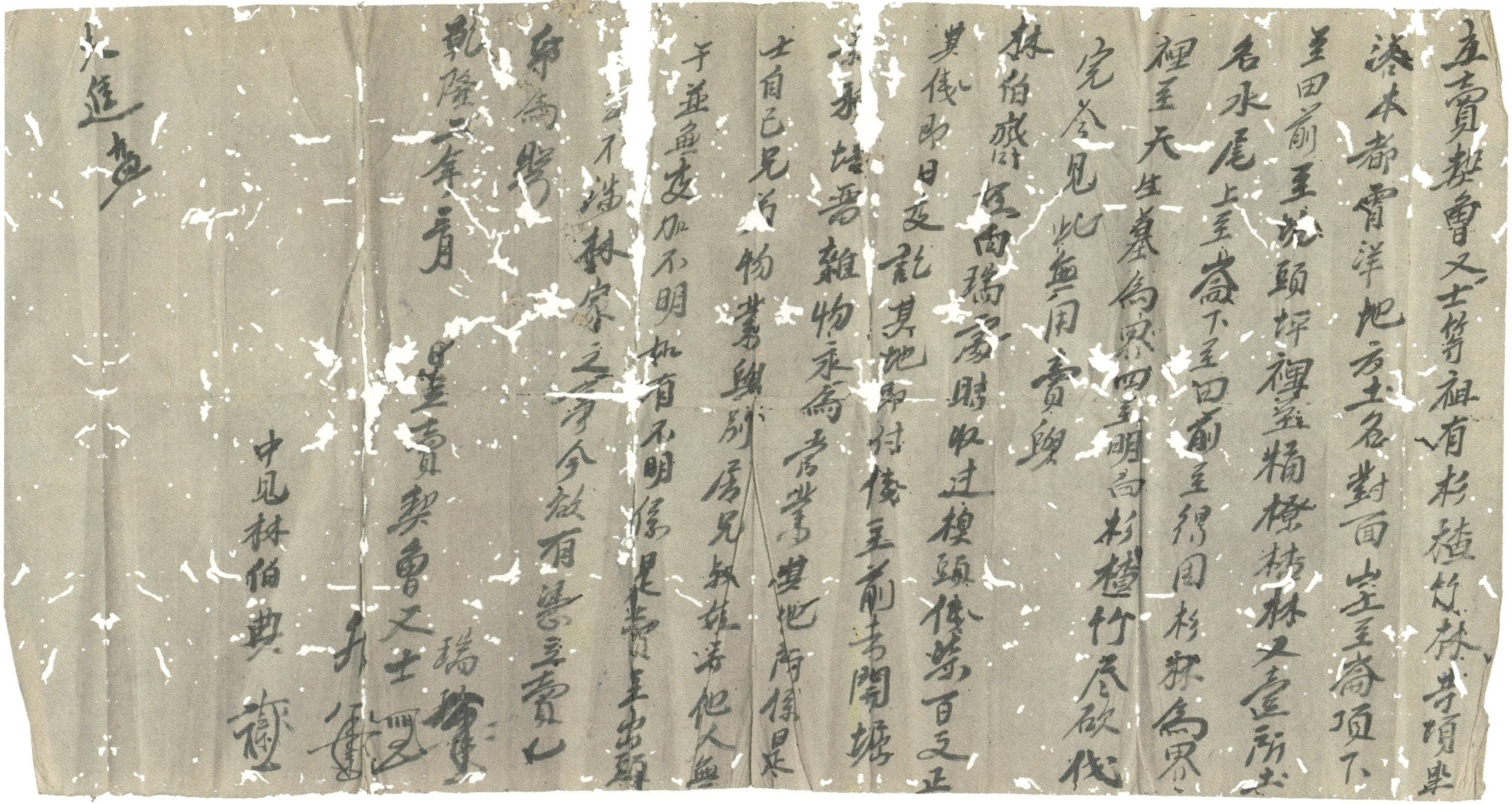

7-2-1-2　清乾隆二年三月曾又士等立賣杉楂竹林等契

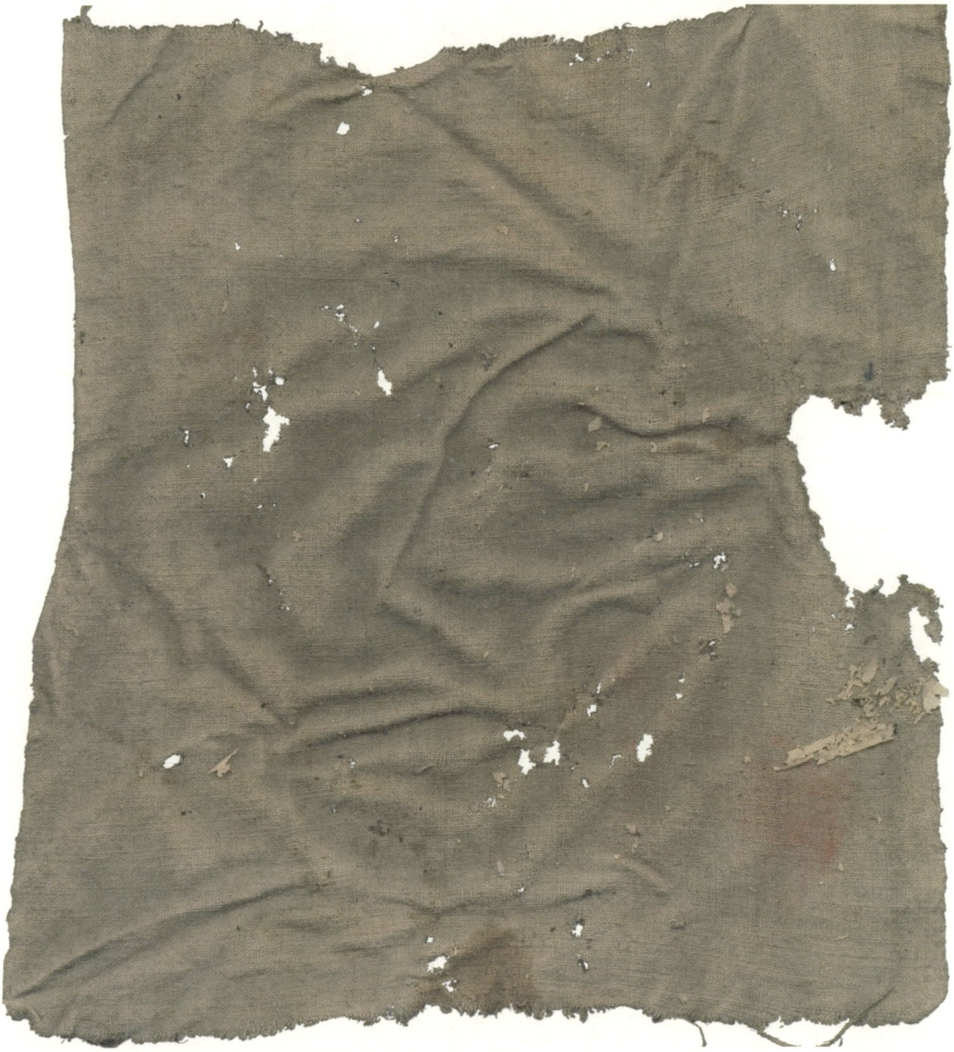

7-2-1-1　包契布

第二帙　林明潘户

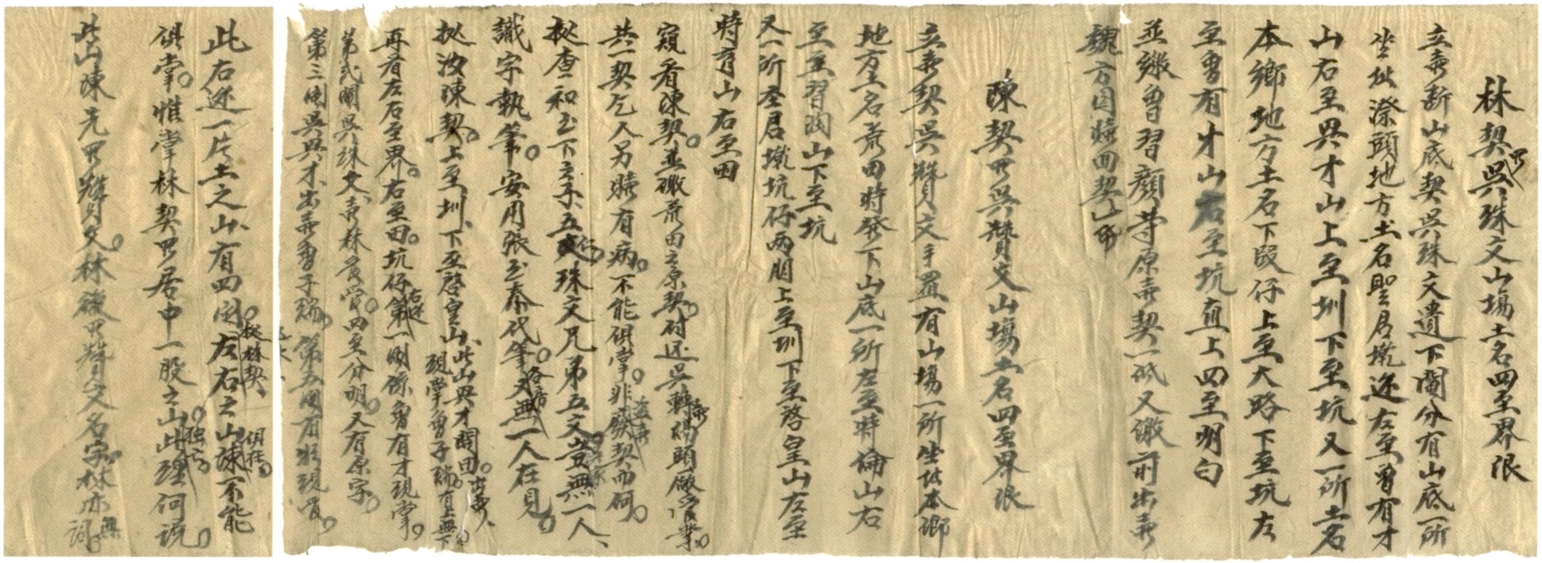
林契吳殊文山場土名四至界限
立嘉新山底契吳殊文遺下閹分有山底一所
坐址溪頭地方土名聖居墘逐左至曾有才
山右至吳才山上至圳下至坑又一所土名
本鄉地方土名下段仔上至大路下至坑左
至曾有才山右至坑直上四至明白
並繳曾習顏等原嘉契一紙又繳前出嘉
[illegible]方國[illegible]田契山所

陳契吳贊文山場土名四至界限
立嘉契吳贊文手置有山場一所坐址本鄉
地方土名荒田將發下山底一所左至將倫山右
至至習洞山下至坑
又一所在居墘坑仔兩[illegible]上至圳下至落皇山左至
將有山右至田
竊看陳契並繳荒田之原契對追吳[illegible]頭[illegible]
共一契乞人另謄有病不能硬掌非[illegible]契而何
核查和玉下之嘉手五處珠文兄弟五文實無一人
識字執筆安用張玉泰代筆又無一人在見
[illegible]汝陳契上至圳下至落皇山此山吳才闊田
再看左右至界右至田坑仔第一條係曾有才現掌
第式關吳珠文嘉林[illegible]管四至分明又有原字
第三條吳興才出嘉曾子孫第五條有將現管
此右述一片土之山有四條左右之山陳不能
硬掌惟掌林契男居中一股之山此理何說
此山陳光男贊文林[illegible]男贊文名字林亦[illegible]

7-1-129-79　林陳山契辨正（年代不詳）

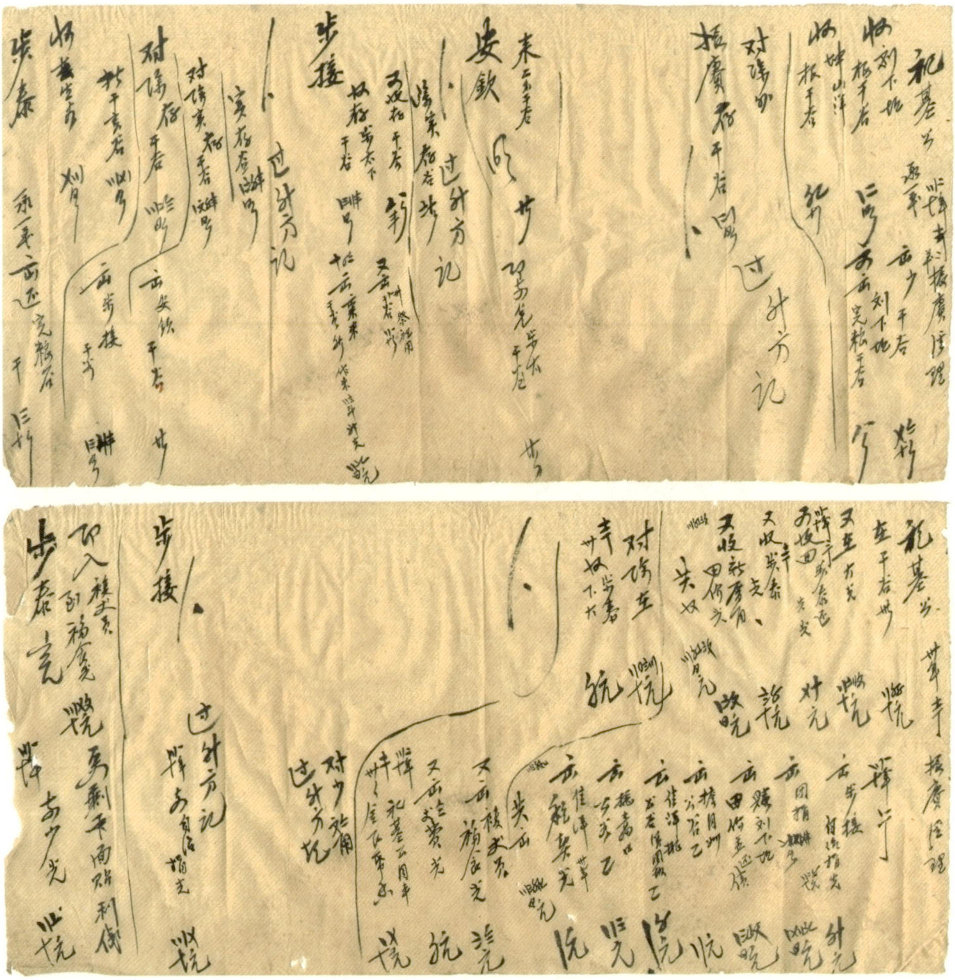

7-1-129-78　民國三十年禮基公收支賬單（二）

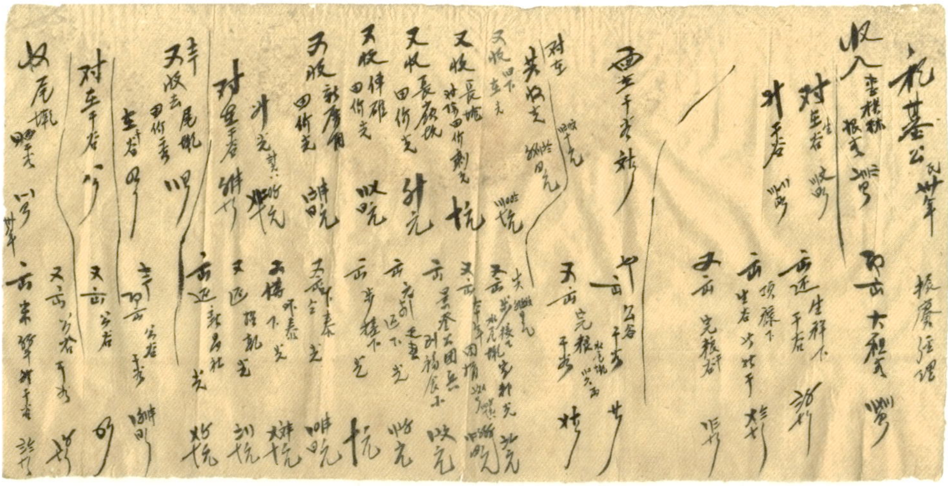

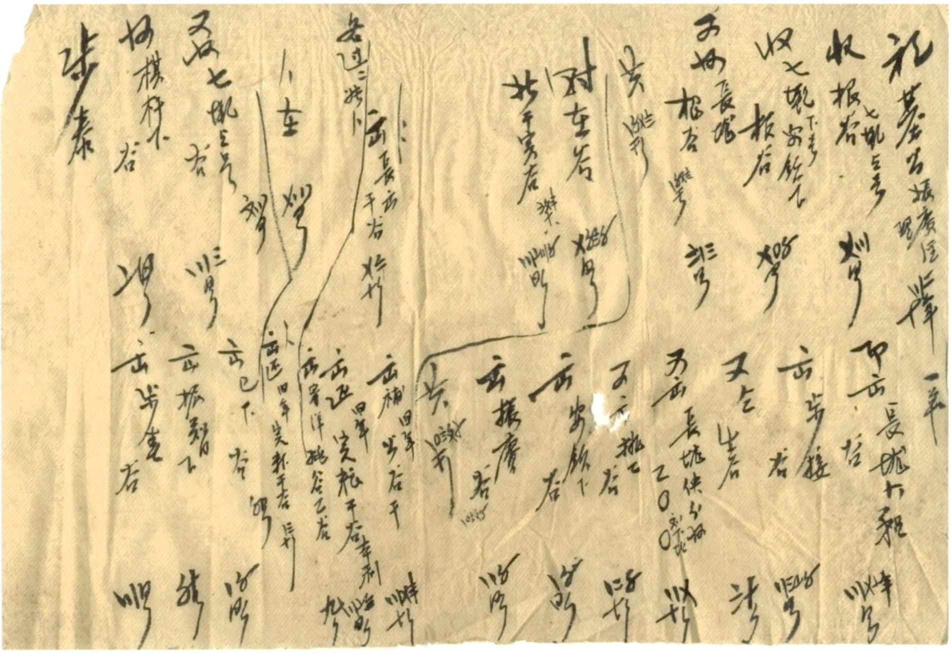

7-1-129-77　民國三十年禮基公收支賬單（一）

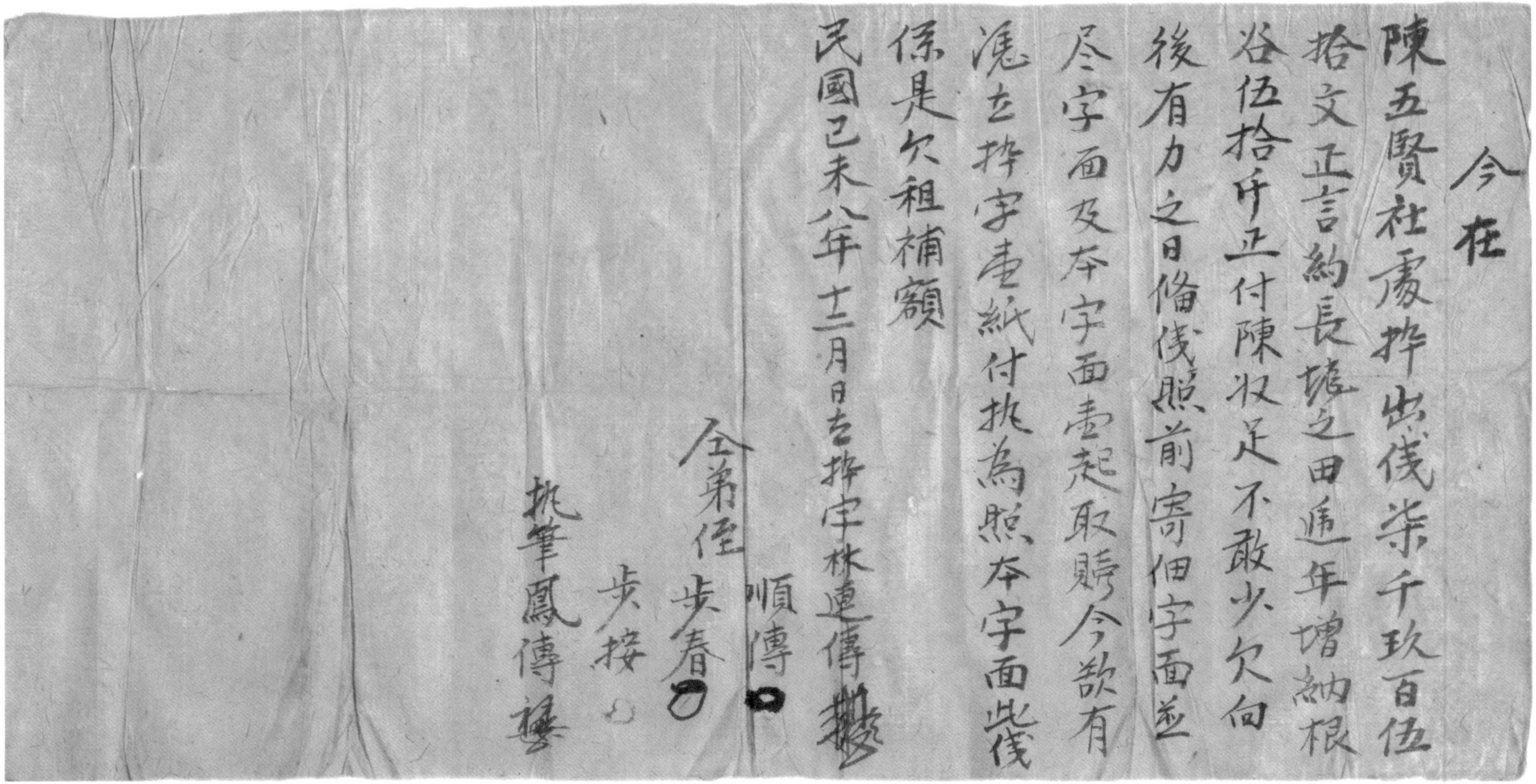
今在
陳五賢社處捭出錢柒千玖百伍
拾文正言約長塘之田逓年增納根
谷伍拾斤正付陳妝足不敢少欠向
後有力之日備錢照前寄佃字面並
尽字面及本字面壹起取贖今欲有
憑立捭字壹紙付執為照本字面幣錢
係是欠租補額
民國己未八年十二月日立捭字林連傳
順傳
仝弟侄 步春
步接
執筆 鳳傳

7-1-129-76 民國八年十二月林連傳等立撮字

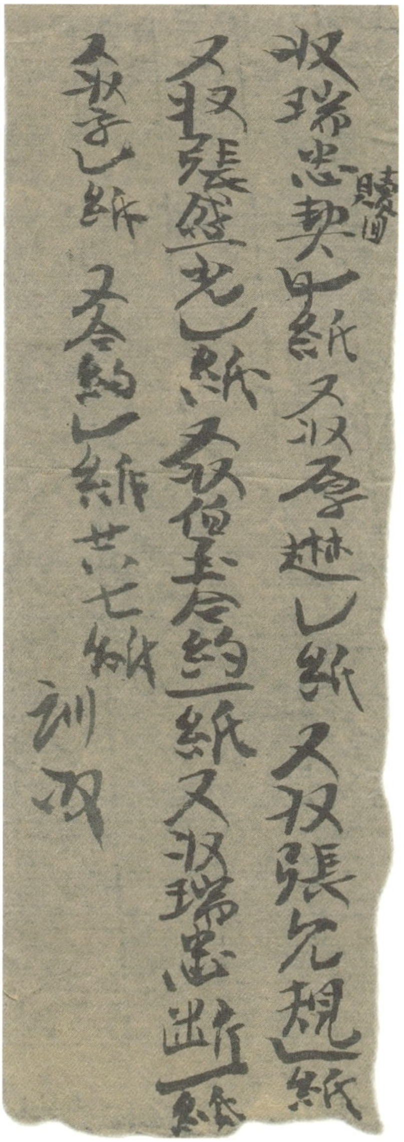

收瑞忠契〡纸（贖回） 又收厚樾〡纸 又收張允規〡纸
又收張盛光〡纸 又收伯玉合約〡纸 又收瑞忠〡纸
又收子〡纸 又合約〡纸 共七纸
訓收

7-1-129-75　清光緒年間林兆訓立收契字

立付據信房曾孫畴義仝弟等於祖珍謨公
族道光年間由文房伯祖珍傑公行房伯祖珍
趙公忠房伯祖珍全公四房子孫仝買景彩公
手高叔祖向國公偕高叔祖妣朱氏崩壞舊墳
壹座基址本邑廿九都漈頭地方土名下流溪祖
遺下稅山内壹穴坐乙向辛付文行遠信四房
子孫改造添葬墳塋壹座立作五壙正中壹壙
安葬高叔祖向國公偕高叔祖妣朱氏原骸式
隻左中壹壙安葬燕曾祖景燈公右中壹壙安葬
曾祖妣黎氏左邊壹壙係信房畴祖珍謨公壽域
左邊壹壙安葬畴祖妣李氏造成塘底公域既緑
諭將歸與處充貼玖為處討埋柩柩永固
兑即

7-1-129-74　清光緒年間林畴義立付墳塋據字（草契）

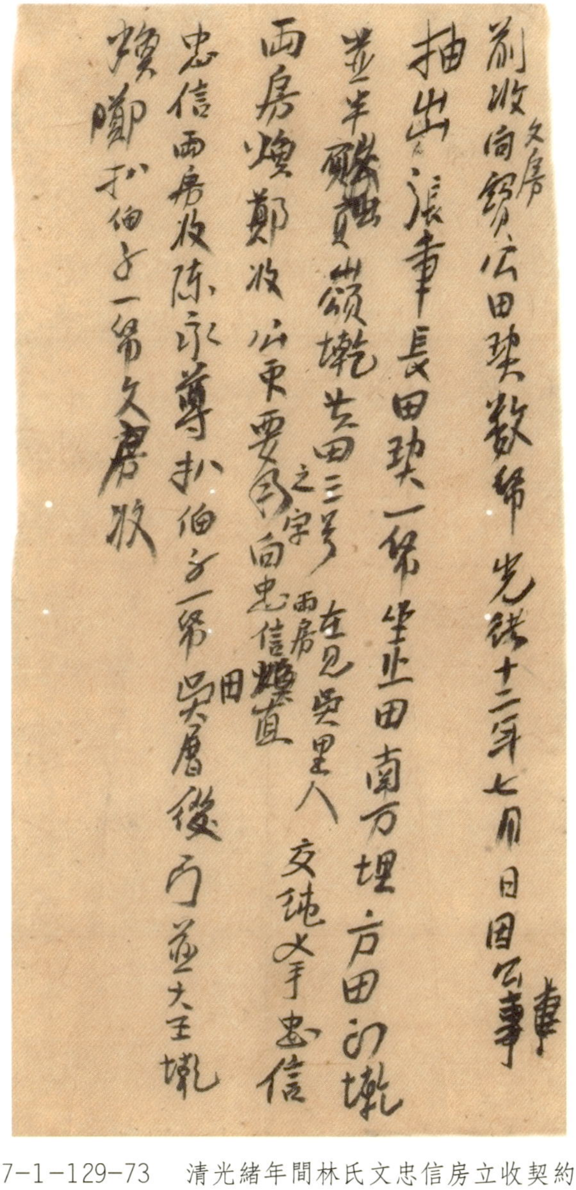
前收文房向鄭公田契數帋 光緒十二年七月 日因公事
抽出文房張車長田契一帋坐址田南方埕方田頭墘
并半販出貸山嶺墘共田三號在見要里人交璁文手忠信
西房燉鄭收公東要字之字向忠信西房燉直田
忠信西房收陳永尊扒佃字一帋與文房後門苗大王墘
燉鄭扒佃字一帋文房收

7-1-129-73　清光緒年間林氏文忠信房立收契約字

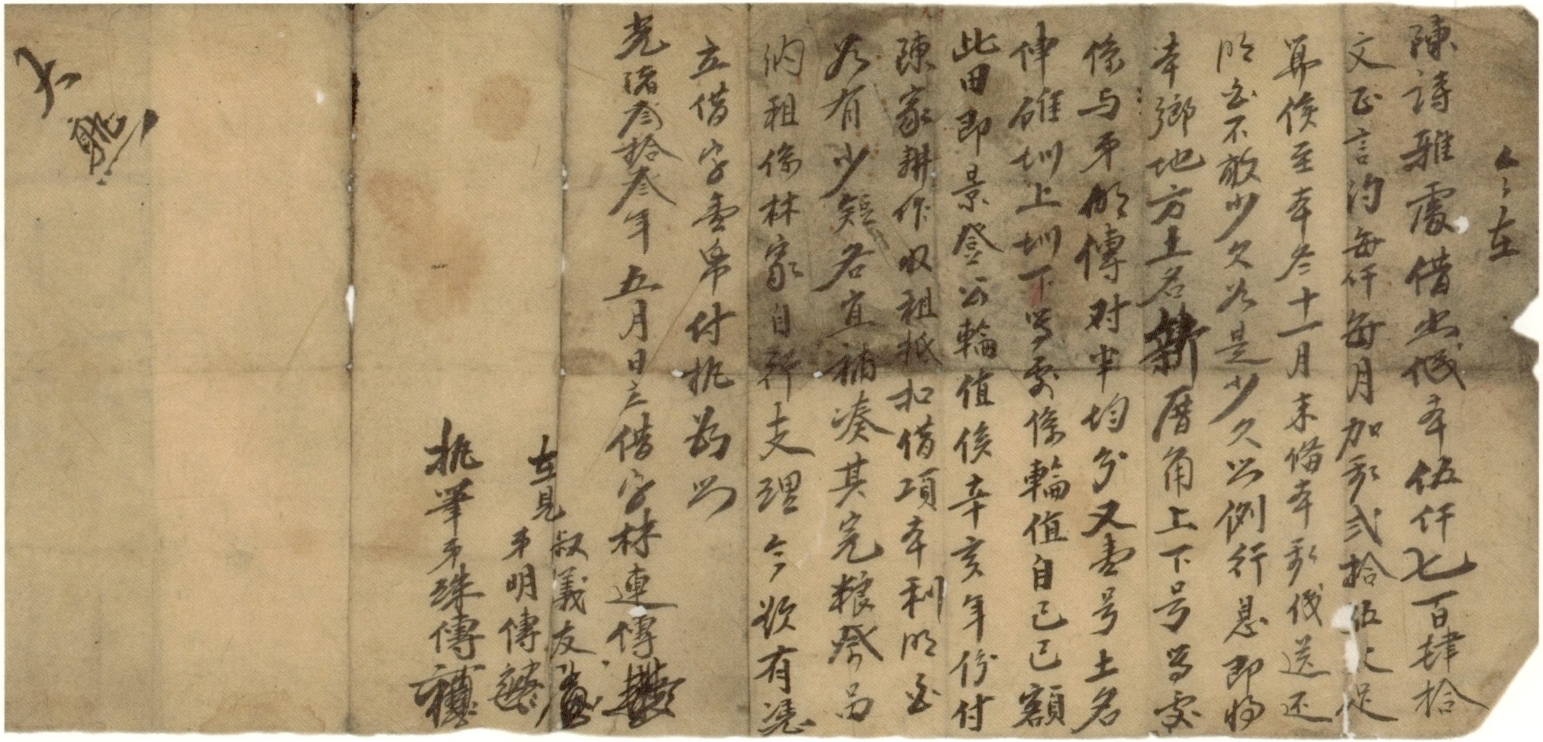
今在陳詩雅處借出錢本伍仟七百肆拾
文正，言約每仟每月加利貳拾伍文足
算，俟至本年十一月末備本利錢送還
明白，不敢少欠。如是少欠，照例行息。即將
本鄉地方土名新厝角上下号另安
係與本族傳財半均分，又壹号土名
坤碓坵上坵下坵，係輪值自己額
此田即景癸公輪值，俟本亥年份付
陳家耕作收租抵扣借項本利明白
不有少欠，各宜補湊，其完粮叅照
納租係林家自行支理。今欲有憑，
立借字壹帋付執爲照。
光緒叁拾叁年五月　日立借字林連傳（押）
在見叔　義友（押）
弟　明傳（押）
執筆弟　珠傳（押）

7-1-129-72　清光緒三十三年五月林連傳立借錢字

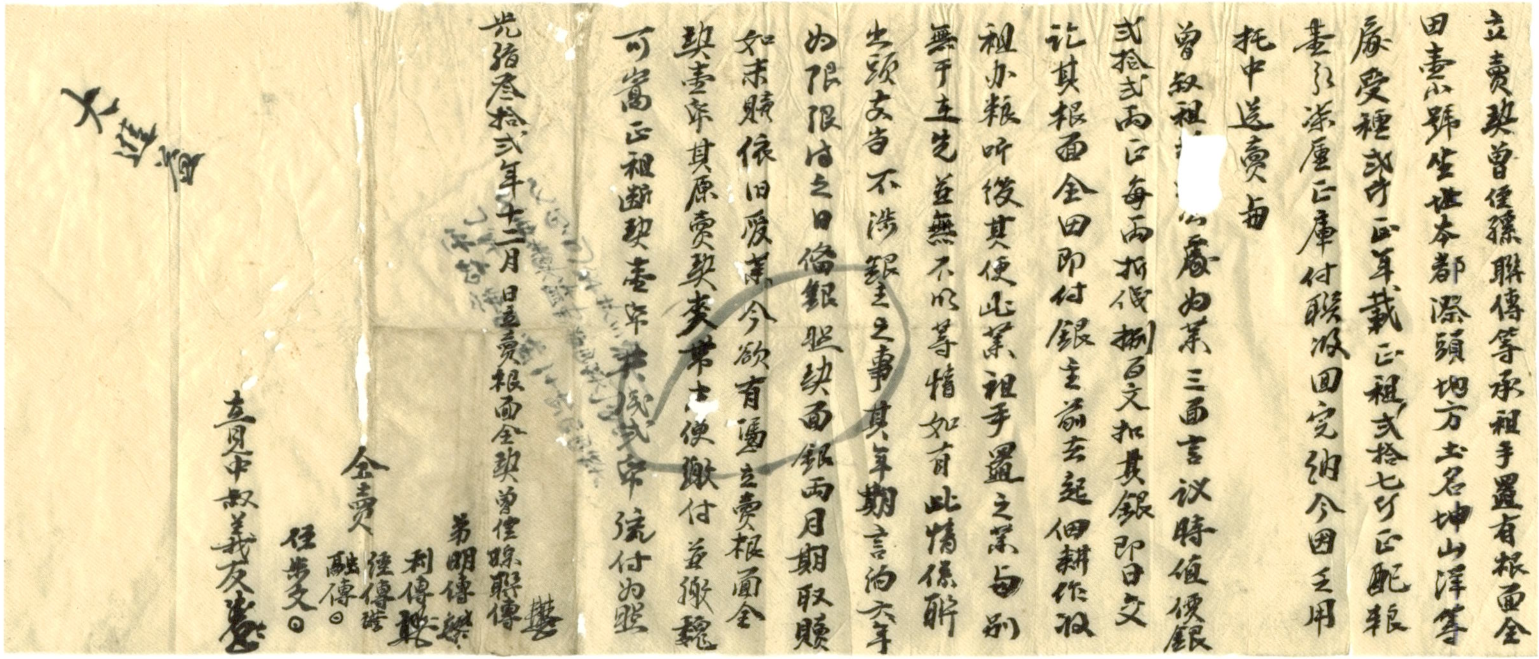

立賣契曾侄孫聯傳等承祖手置有根面全
田壹小坵，坐址本都源頭地方，土名坤山洋等
處，受種弍斗正，年載正租弍拾七斤正，配粮
壹分柒厘正，庫付聯收回完納。今因乏用，
托中送賣與
曾叔祖[illegible]處為業，三面言議，時值價銀
弍拾弍兩正，每兩折價捌百文，扣其銀即日交
訖。其根面全田即付銀主前去起佃耕作收
租，亦粮聽從其便。此業祖手置之業，與別
無干，土先並無不明等情，如有此情，係聯
出頭支當，不涉銀主之事。其年期言約六年
為限，限滿之日備銀照契面銀兩月期取贖，
如未贖，依舊管業。今欲有憑，立賣根面全
契壹紙，其原賣契共第十紙使繳付并繳艷，
可當正租斷契壹帋，共伐弍帋，統付為照。

光緒叁拾弍年十二月　日立賣根面全契曾侄孫聯傳（押）
弟明傳（押）
利傳（押）
經傳（押）
全賣人　融傳（押）
任步文（押）
立見中叔義友（押）

大進喜

7-1-129-71　清光緒三十二年十二月林聯傳等立賣根面全田契（廢契）

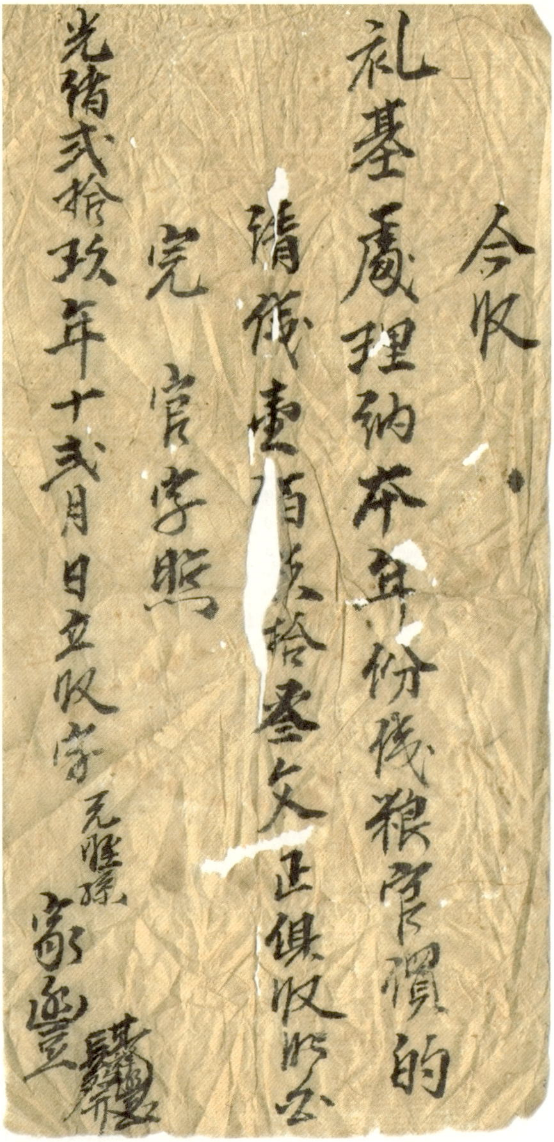
今收
禮基處理納本年份錢粮官價的
請錢壹佰[illegible]拾叁文正俱收訖公
完　官字照
光緒弍拾玖年十弍月　日立收字　元雅孫　林家豐

7-1-129-70　清光緒二十九年十二月林家豐立收錢糧字

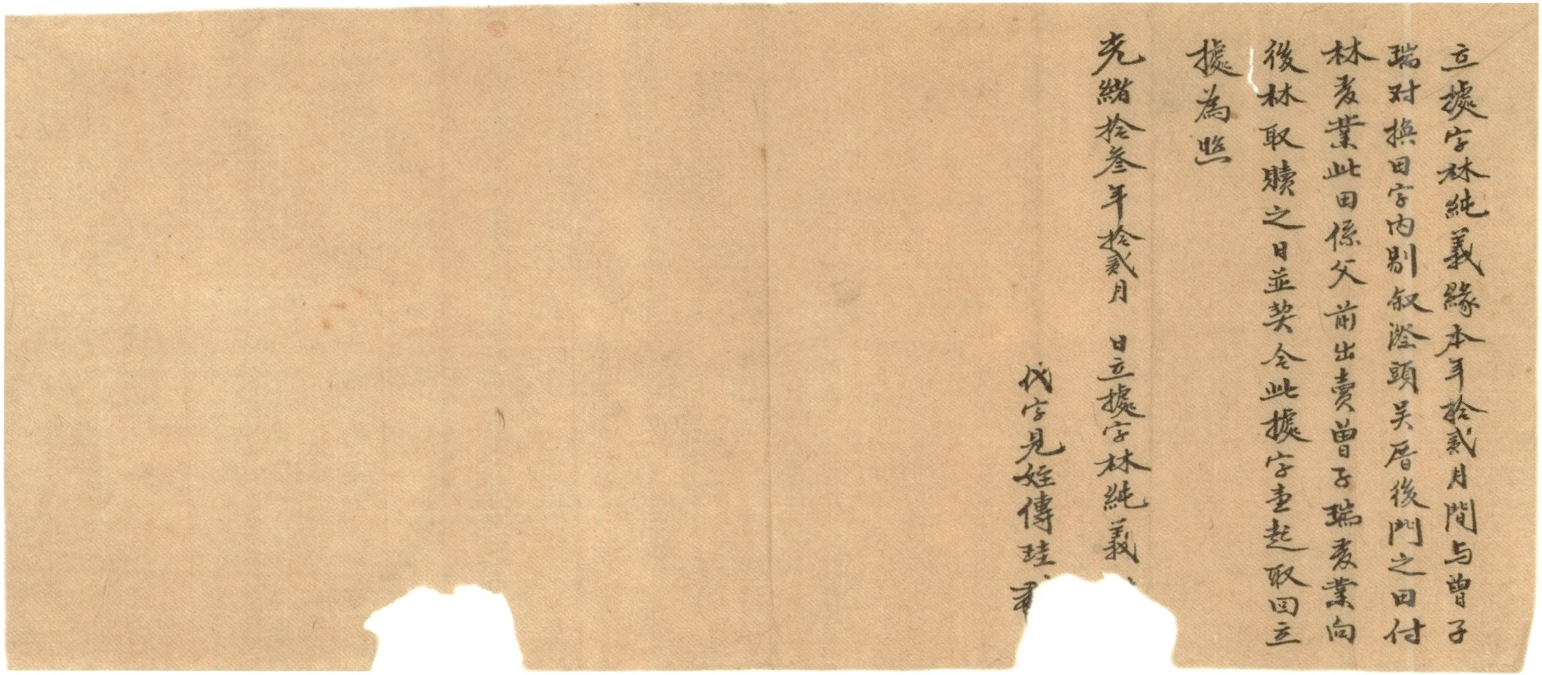

立據字林純義緣本年拾貳月間与曾子
瑞对換田字內别叙滃頭吴厝後門之田付
林麦業此田係父前出賣曾子瑞麦業向
後林取贖之日並契仝此據字查起取回立
據為照
光緒拾叁年拾貳月　日立據字林純義
代字見姪傳珪

7-1-129-69　清光緒十三年十二月林純義立據字

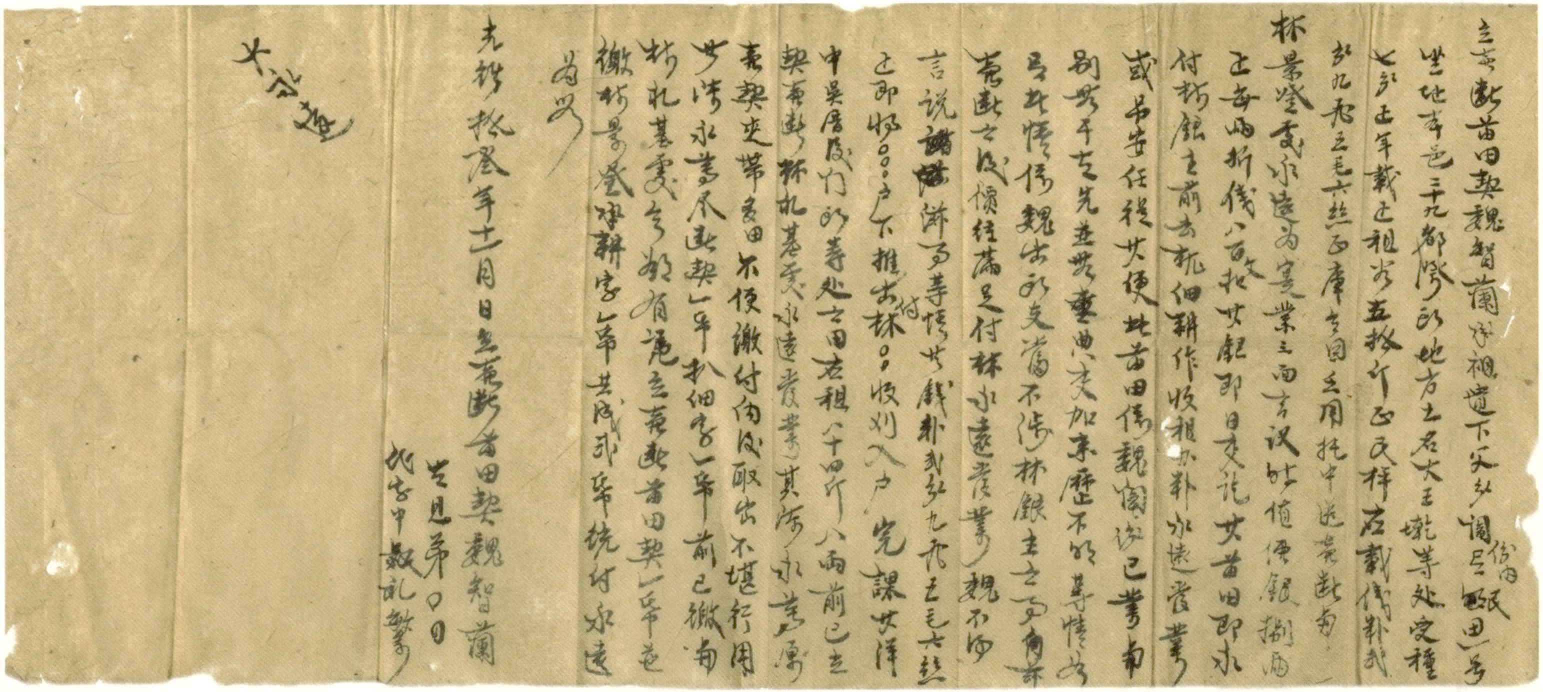

立賣斷苗田契魏智蘭，承祖遺下有分鬮得民田一号，
坐址本邑三十九都漈頭地方，土名大王垅等处，受種
七升正，年載正租谷五拾斤正，民粮名載[illegible]貳
分九厘五毛六丝正。今因乏用，托中送賣斷與
林景榮處承買為實業，三面言議，時值價銀捌兩
正，每兩折錢八百文，其錢即日交訖。其苗田即承
付林邊前去起佃耕作，收租办粮，永遠管業，
或另安任從其便。此苗田係魏家己業，與
別房兄弟叔侄無干，並無重典交加來歷不明等情。如
有此情，係魏出頭支當，不涉林銀主之事。自賣
斷之後，[illegible]足付林永遠管業，魏不敢
言說[illegible]贖等情。其錢粮貳分九厘五毛六丝
正，即收○○○戶下推出，付林○○收割入戶完課。其[illegible]
中吳[illegible]所[illegible]处之田尾租一千四斤八兩，前已立
契賣斷林孔基處，永遠管業，其[illegible]永[illegible]
賣契並帶[illegible]田，不便繳付，向後取出，不堪行用。
[illegible]永[illegible]不[illegible]契一紙，並細字一紙，前已繳與
林孔基處，今將[illegible]，立賣斷苗田契一紙，并[illegible]
繳林景榮[illegible]耕字一紙，共成貳紙，統付永遠
為照。

光緒拾叁年十一月　日立賣斷苗田契魏智蘭
在見弟[illegible]
代字中[illegible]

7-1-129-68　清光緒十三年十一月魏智蘭立賣斷苗田契

今在

○○○處撮出錢○仟○百文正言約俟至本年○月內

備錢送還明白不敢少欠如是少欠照例行息即將○

家中養有牯牰猪壹口付○變賣錢文抵扣撮字面

錢項明白或長短錢額兩家補吐今欲有憑立撮

付字壹紙為照

光緒拾叁年閏四月　　日立撮付字○○○

保付○○○

7-1-129-67　清光緒十三年閏四月立撮付字（草契）

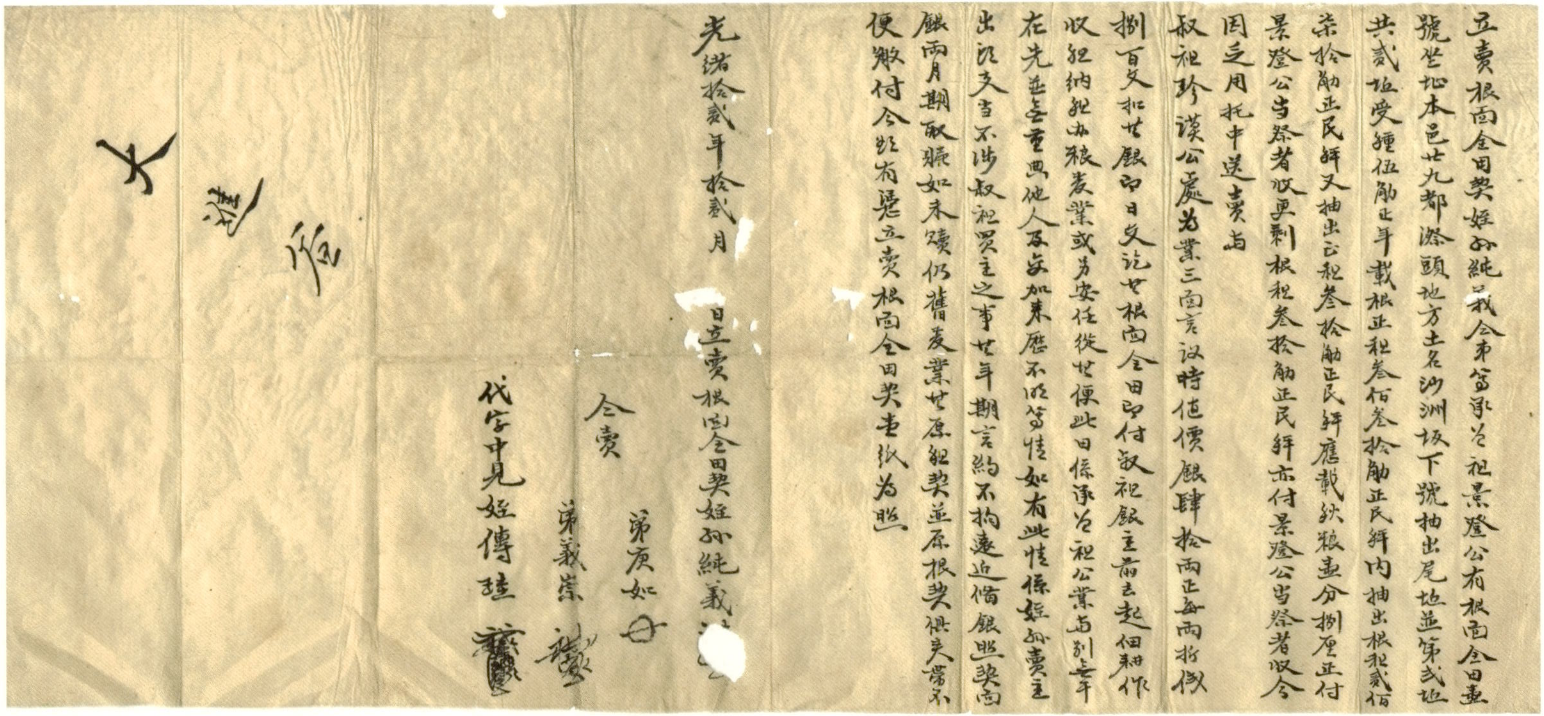

立賣根面全田契姪林純義仝弟等承先祖景登公有根面全田壹
號坐址本邑廿九都漈頭地方土名沙洲坂下號抽出尾坵並第弍坵
共弍坵受種伍觔正年載根正租叁佰叁拾觔正民秤內抽出根租弍佰
柒拾觔正民秤又抽出正租叁拾觔正民秤應載錢粮盡分撥歷正付
景登公當祭者收更剩根租叁拾觔正民秤亦付景登公當祭者收今
因乏用托中送賣與
叔祖玢謨公處為業三面言議時值價銀肆拾兩正每兩折[illegible]
捌百文扣出銀即日交訖其根面全田即付叔祖銀主前去起佃耕作
收租納租出粮為業或另安任從其便此田係承祖公業與別房無
在先並無重典他人及安加來歷不明等情如有此情係姪林賣主
出頭支當不涉叔祖買主之事其年期言約不拘遠近備銀照契面
銀兩月期取贖如未贖仍舊為業其原紅契並原根契俱交當不
便繳付今欲有憑立賣根面全田契壹紙為照

光緒拾貳年拾貳月　日立賣根面全田契姪林純義
仝賣　弟庚如
弟義崇
代字中見姪傳璉

7-1-129-66　清光緒十二年十二月林純義等立賣根面全田契

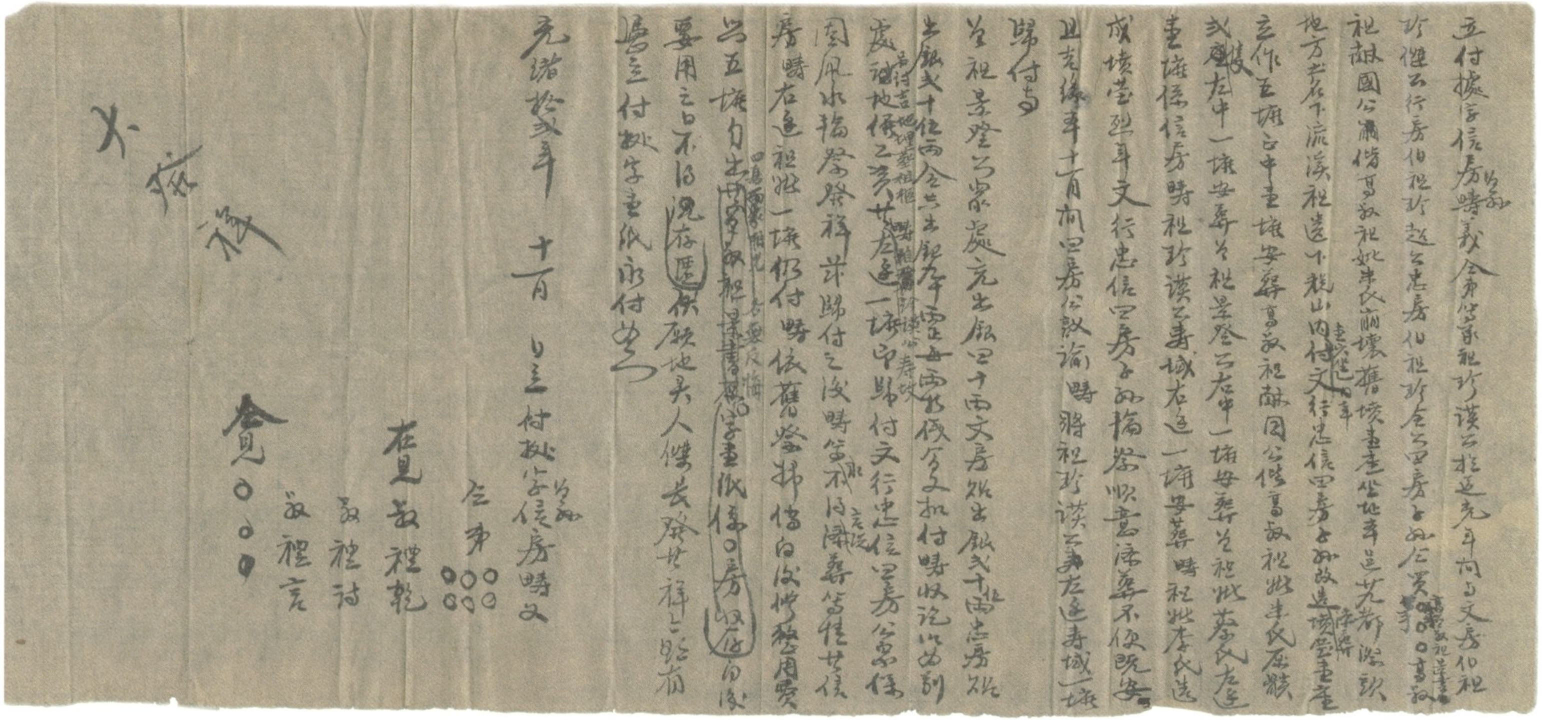

7-1-129-65　清光緒十二年十一月林寿義等立付舊墳據字（草契）

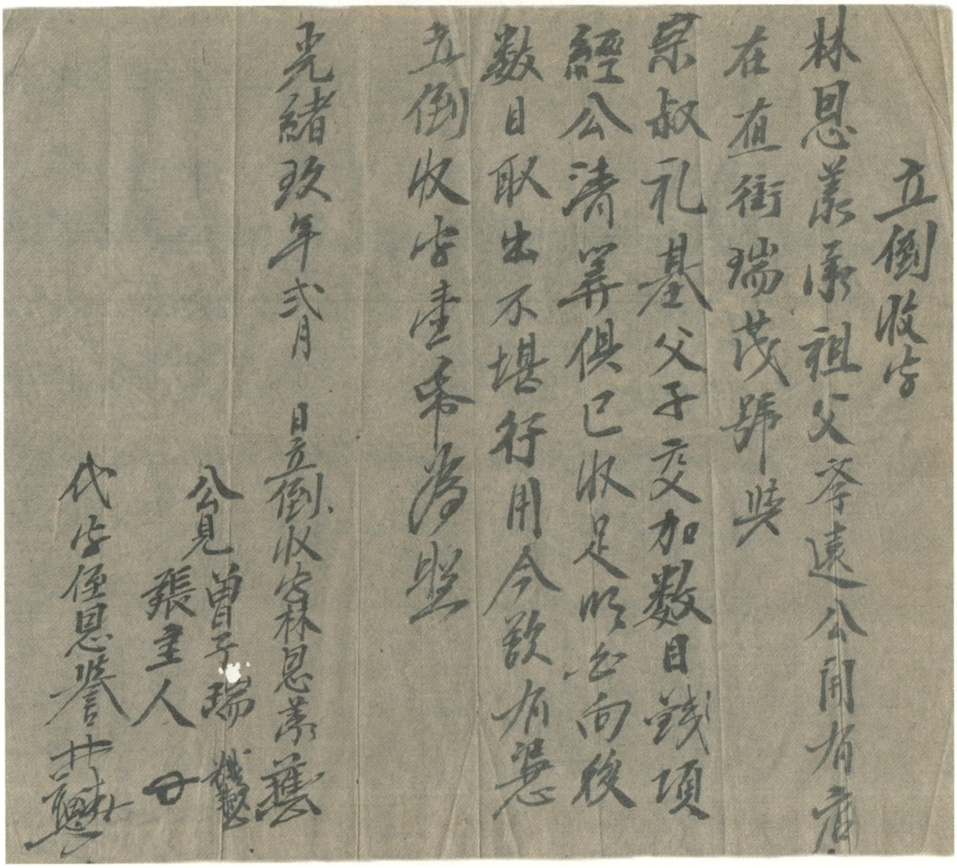

立倒收字
林恩義承祖父李遠公開有店
在直街瑞茂號與
宗叔礼基父子交加數目錢項
經公清算俱已收足收訖向後
數目取出不堪行用今欲有憑
立倒收字壹紙為照
光緒玖年弍月　日立倒收字林恩義（押）
公見曾子瑞（押）
張主人（押）
代字侄恩譽（押）

7-1-129-64　清光緒九年二月林恩義立倒收字

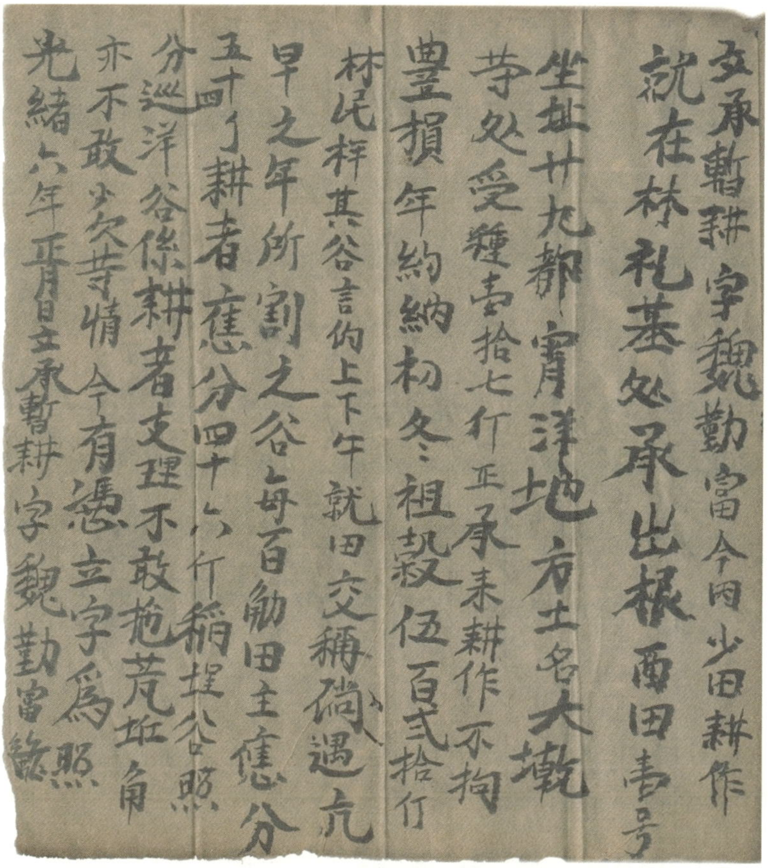

立承暫耕字魏勤富今因少田耕作
就在林礼基处承出根面田壹号
坐址廿九都竇洋地方土名大墩
等处受種壹拾七斤正承来耕作不拘
豐損年約納初冬祖穀伍百弍拾斤
林氏梓其谷言約上下午就田交稱倘遇亢
旱之年所割之谷每百觔田主凭分
五十四斤耕者凭分四十六斤稻埕谷照
分巡洋谷係耕者支理不敢拋荒坵角
亦不敢少欠等情今有凭立字爲照
光緒六年正月日立承暫耕字魏勤富

7-1-129-63　清光緒六年正月魏勤富立承暫耕田字

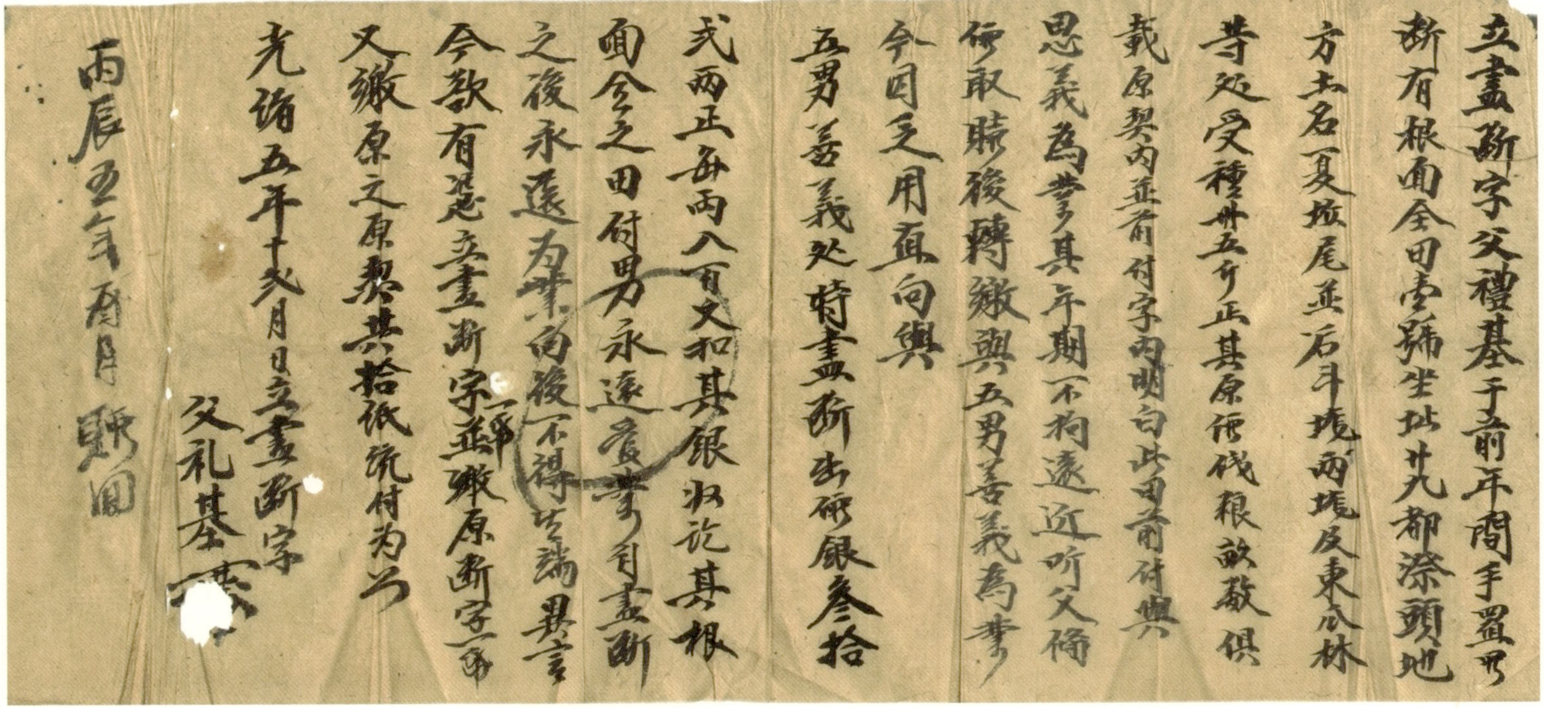
立盡斷字父禮基于前年間手置明
斷有根面全田壹號坐址廿九都漈頭地
方土名夏坵尾並后斗墘兩墘及東至林
等处受種卅五斤正其原價錢根款敬俱
載原契內並前付字內明白此田前付與
恩義為業其年期不拘遠近聽父備
價取贖後贖與五男善義為業
今因乏用再向與
五男善義处特盡斷出價銀叁拾
弍兩正每兩八百文和其銀收訖其根
面全之田付男永遠管業自盡斷
之後永遠為業向後不得生端異言
今欲有憑立盡斷字並繳原斷字一紙
又繳原之原契共拾紙統付為照
光緒五年十二月　日立盡斷字
父礼基（押）
丙辰五年兩月贖回

7-1-129-62　清光緒五年十二月林禮基立盡斷根面全田字（廢契）

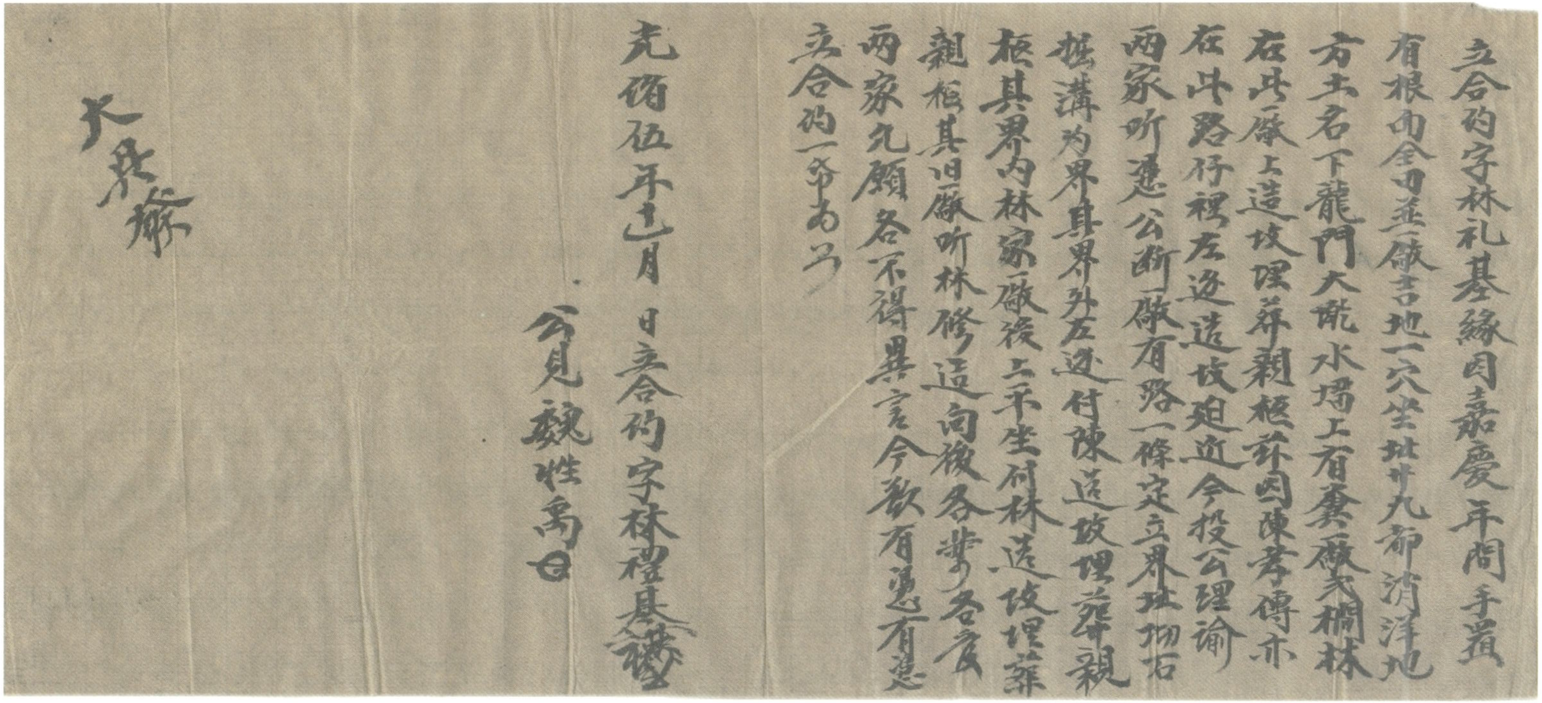
立合約字林礼基緣因嘉慶年間手置
有根面全田並厝地一穴坐址廿九都消洋地
方土名下龍門大坑水塌上有粪廠式槽林
左片廠上造坟埋葬親柩林因陳孝傳亦
在片路仔裡左邊造坟廹近令投公理諭
兩家聽憑公斷廠有路一條定立界址物石
插溝為界其界外左邊付陳造坟埋葬親
柩其界內林家廠後上手坐付林造坟埋葬
親柩其旧廠聽林修造向後各業各管
兩家允願各不得異言今欲有憑有憑
立合約一帋為照

光緒伍年十一月　日立合約字林禮基（押）
公見魏姓禹日

大吉[illegible]

7-1-129-61　清光緒五年十一月林禮基立合約字

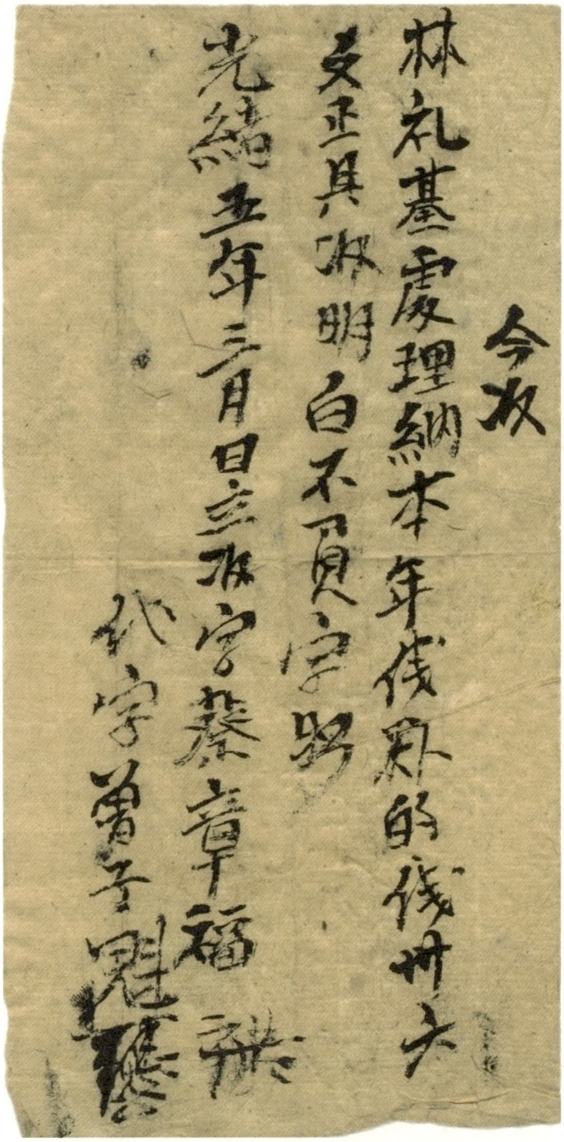
今收
林礼基處理納本年錢粮的錢卅六
文正其收明白不負字照
光緒五年三月日立收字蔡章福親
代字萬子魁

7-1-129-60　清光緒五年三月蔡章福立收錢糧字

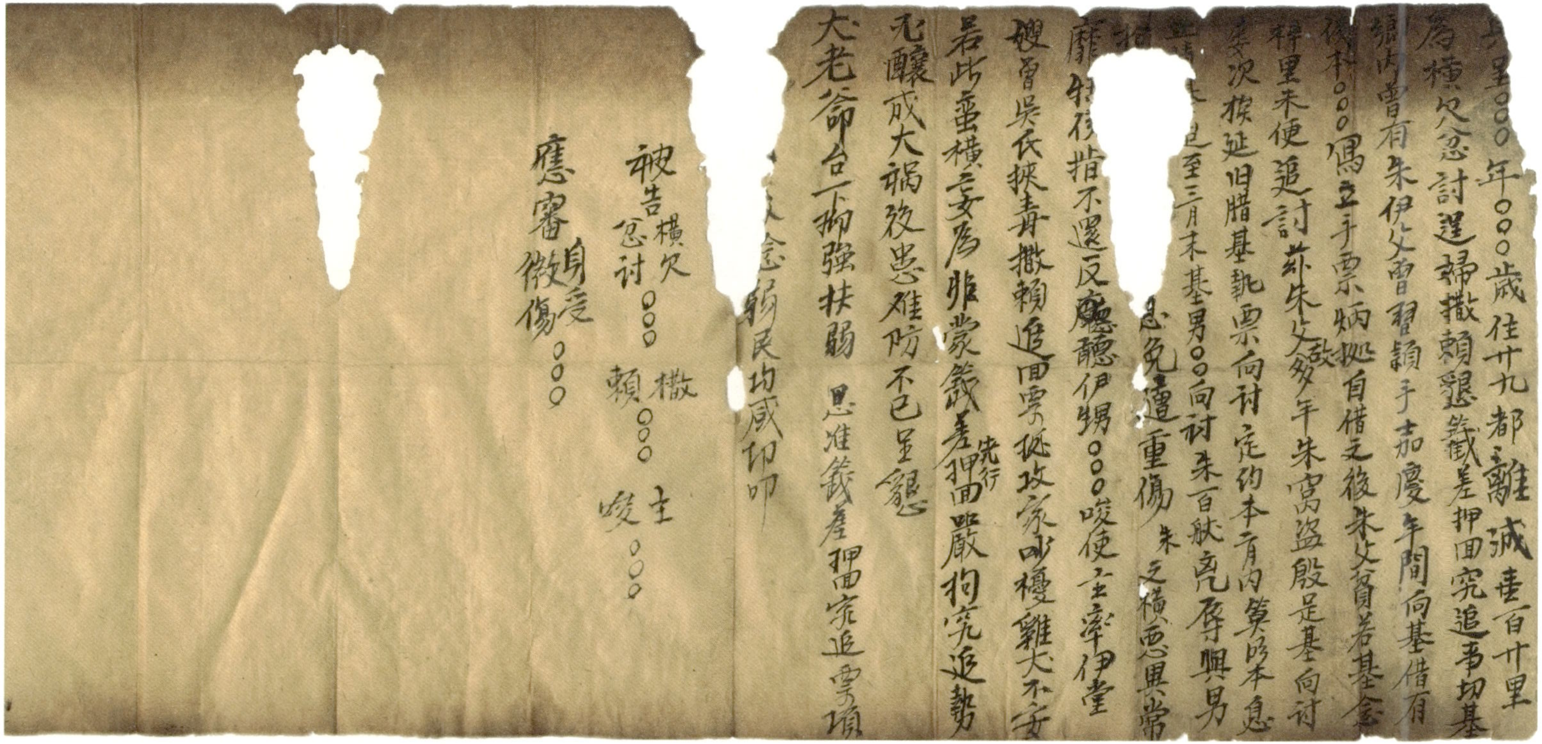
具呈〇〇〇年〇〇〇歲，住廿九都離城壹百廿里
為橫欠忿討，逞歸撒賴，懇簽差押田究追事。切基
場內曾有朱伊父曾習頴手，嘉慶年間向基借有
[illegible]〇〇〇，寫立手票柄據。自借之後，朱父貿若基念
梓里，未便追討。蒜朱父歿多年，朱窩盜殷足，基向討
[illegible]次，推延旧臘。基執票向討，定約本年內算還本息。
[illegible]延至三月末，基男〇〇向討，朱百般凶辱，與男
[illegible]免遭重傷。朱之橫惡異常，
靡[illegible]伊指不還，反[illegible]聽伊甥〇〇〇唆使，[illegible]伊黨
媳曾吳氏挾毒撒賴，追田票挺攻，家吵擾雜，大不安。
若此蠻橫妄為，非蒙簽差先行押田，嚴拘究追，勢
必釀成大禍，後患難防。不已呈懇
大老爺台下，抑強扶弱，恩准簽差押田究追票項，
[illegible]念弱民均感，叩叩。
被告橫欠〇〇〇
忿討〇〇〇
撒賴〇〇〇
唆主〇〇〇
應審身受微傷〇〇〇

7-1-129-59　清咸豐同治年間林禮基具呈狀（草狀）

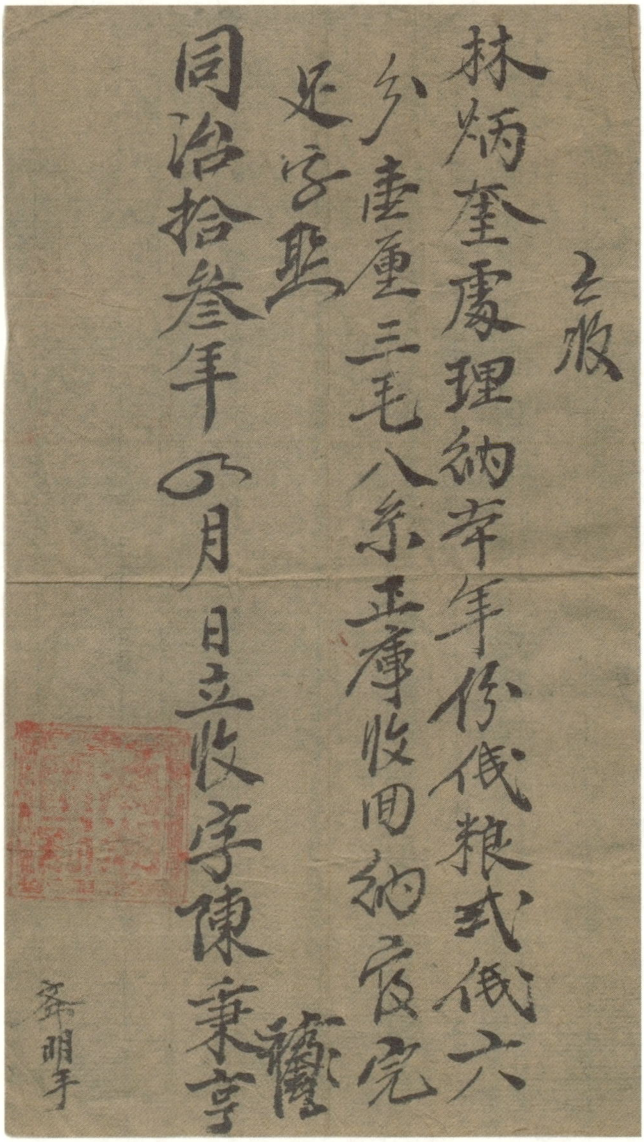
立收
林炳奎處理納本年份代粮弍代六
分戶壹厘三毛八系正庫收回納良完
足字照
同治拾叁年四月日立收字陳秉亨
蔡明手

7-1-129-58　清同治十三年四月陳秉亨立收錢糧字

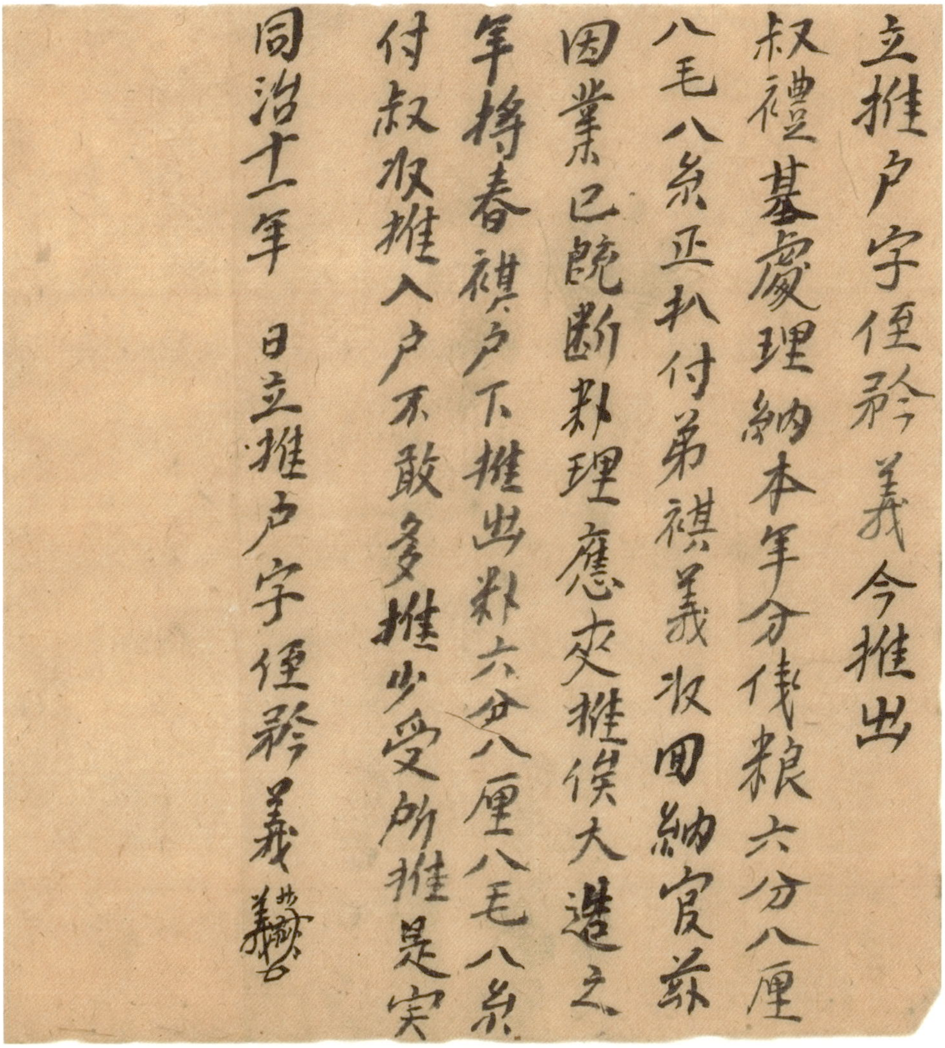
立推户字侄矜義今推出
叔禮基慶理納本年分伐粮六分八厘
八毛八系正私付弟祺義收回納官蘇
因業已賣斷粮理應交推俟大造之
年將春祺户下推出粮六分八厘八毛八系
付叔收推入户不敢多推少受所推是实
同治十一年　日立推户字侄矜義（押）

7-1-129-57　清同治十一年林矜義立推户字

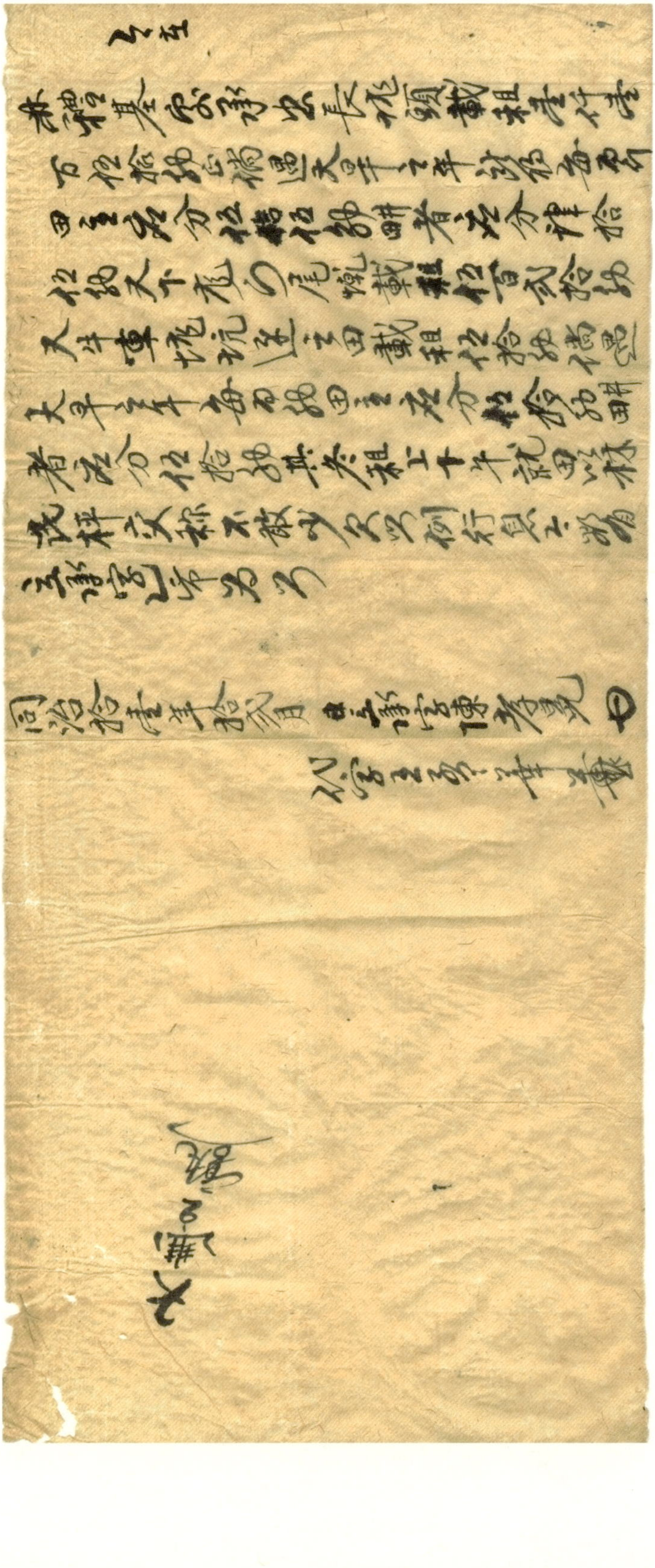

7-1-129-56 清同治十一年十二月陳孝晃立承田字

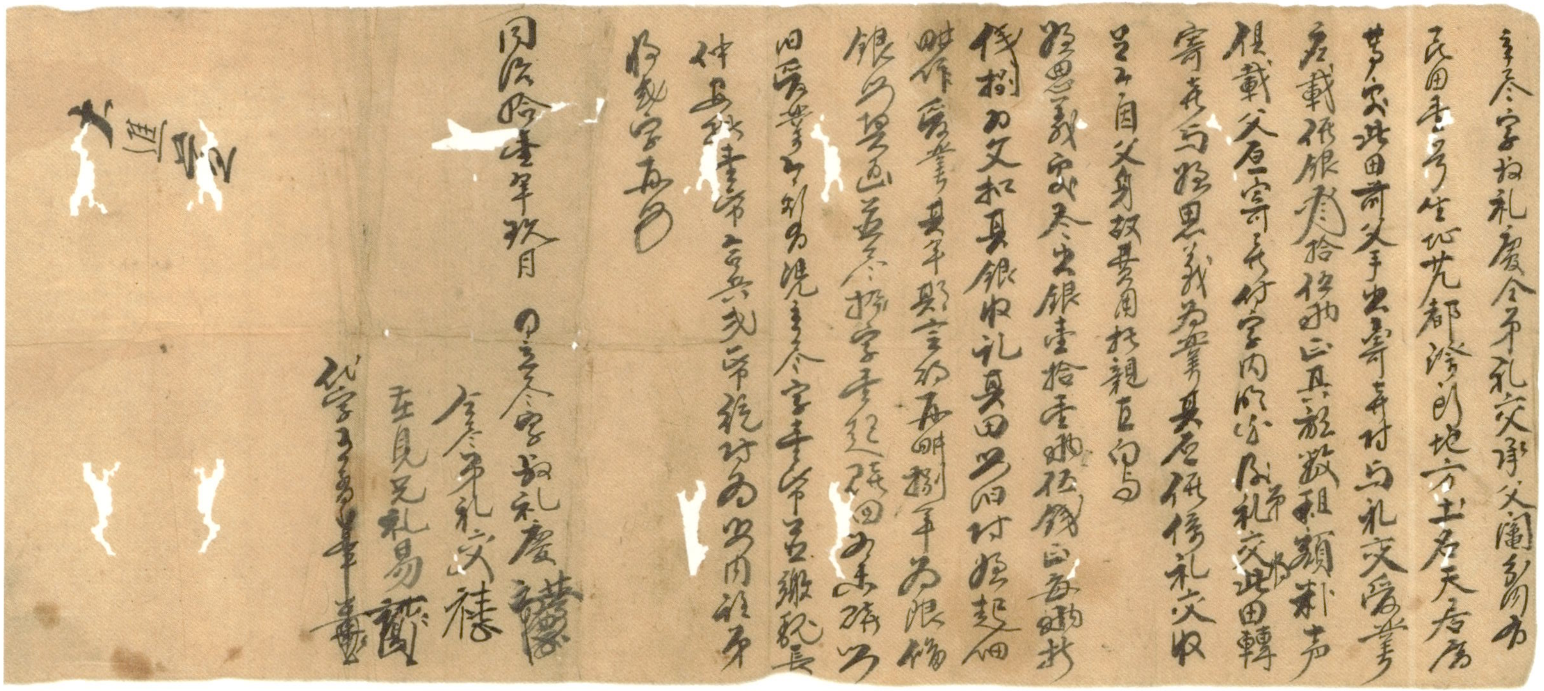

7-1-129-55　清同治十一年九月林礼慶等立盡民田字

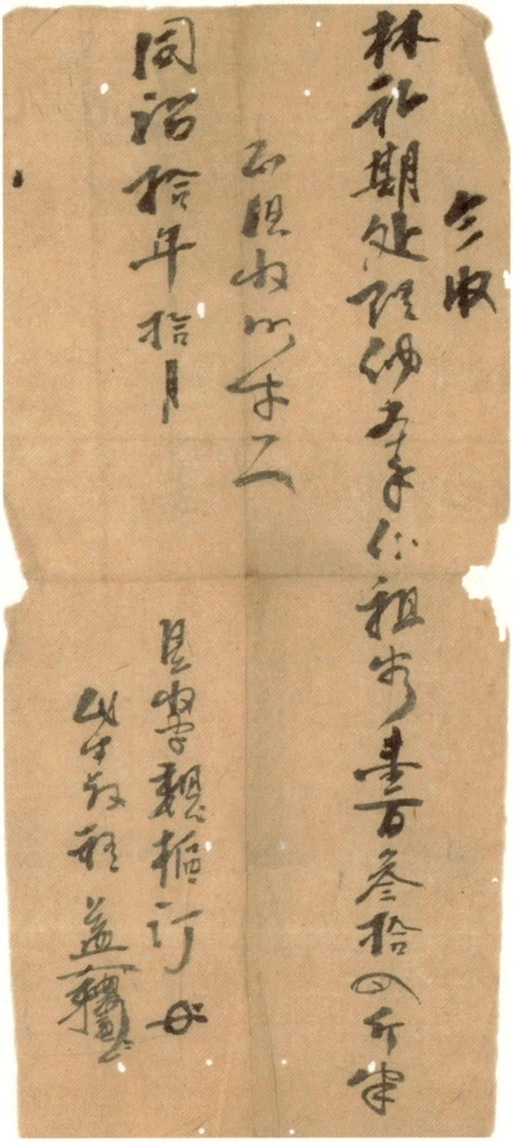
今收
林禾期處陞沙去年分租穀壹叁拾四斤半
其租收以清乙
同治拾年拾月
見字魏樞訂押
收租穀字 [illegible]

7-1-129-54　清同治十年十月魏樞訂立收租穀字

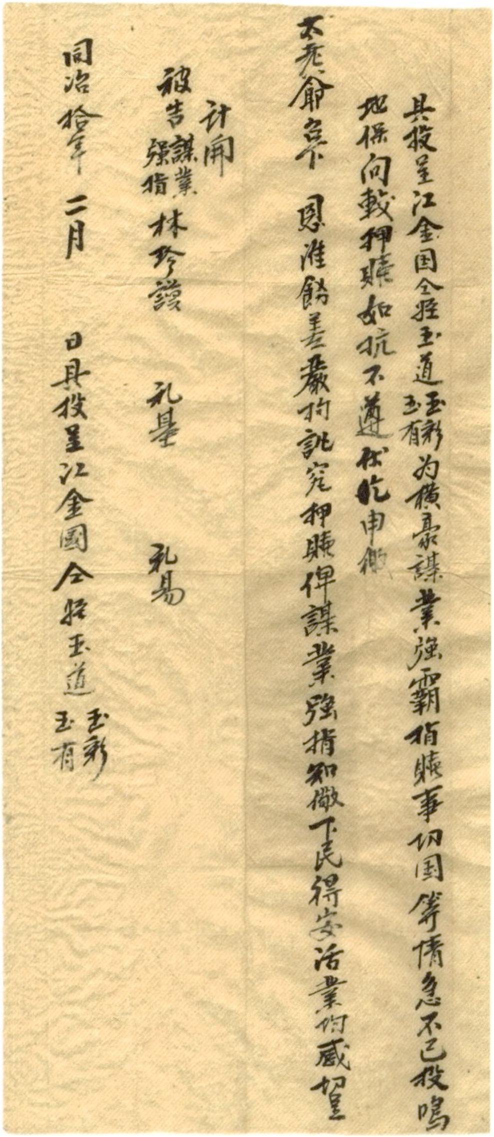

具投呈江金國仝姪玉道 玉彩 玉有 為横豪謀業強霸揹贌事切國等情急不已投鳴
地保向載押贌如抗不遵 伏乞 申稟
太老爺台下 恩准飭差嚴拘訊究押贌俾謀業強揹知儆下民得安活業均感切望
計開
被告謀業強揹 林珍鑽 礼基 礼易
同治拾年 二月 日具投呈江金國仝姪玉道 玉彩 玉有

7-1-129-53　清同治十年二月江金國等具投呈狀

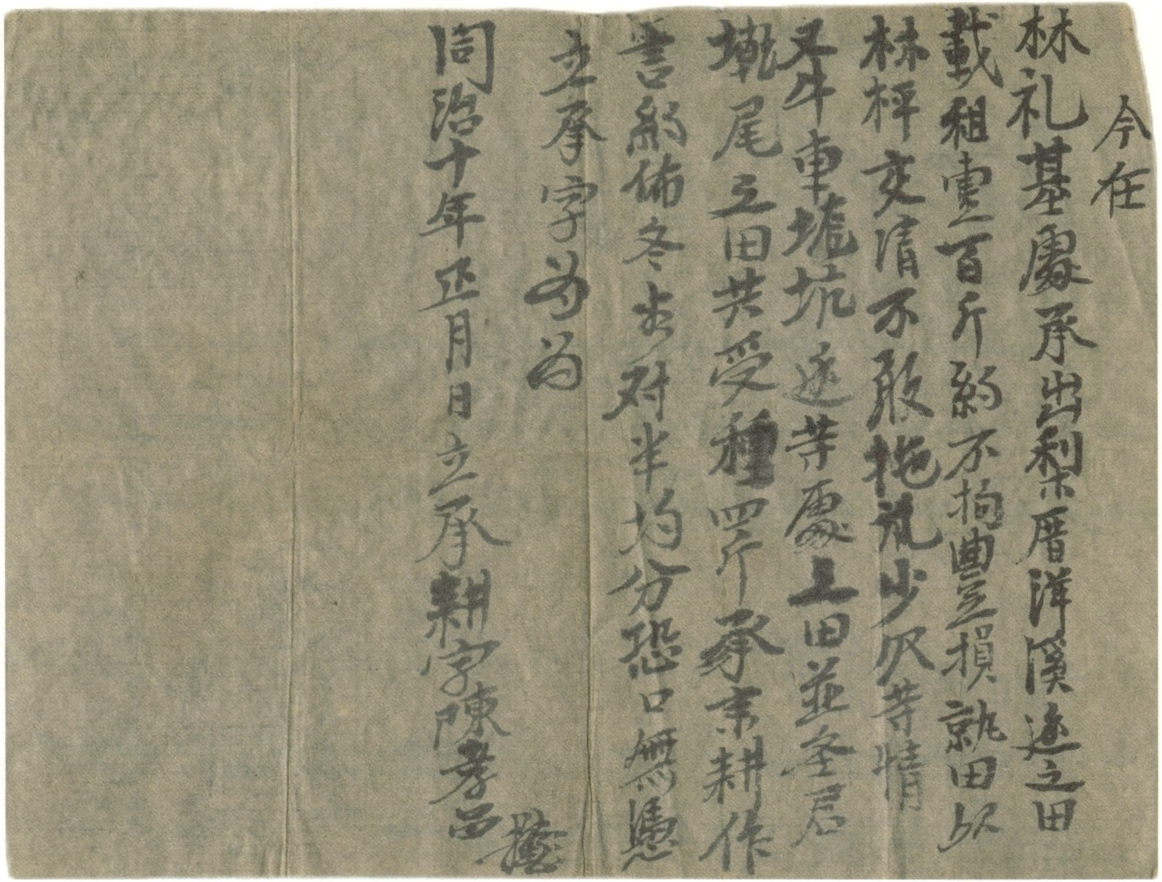
今在
林礼基處承出利槩厝洋溪邊之田
載租壹百斤，約不拘曲豐損，就田以
林梓交清，不敢拖欠少欠等情。
其年東墘坑邊等處上田並全居
墘尾之田共受種四斤，承來耕作，
書約備冬出，対半均分。恐口無憑，
立承字為照。
同治十年正月　日立承耕字陳孝昌

7-1-129-52　清同治十年正月陳孝昌立承耕田字

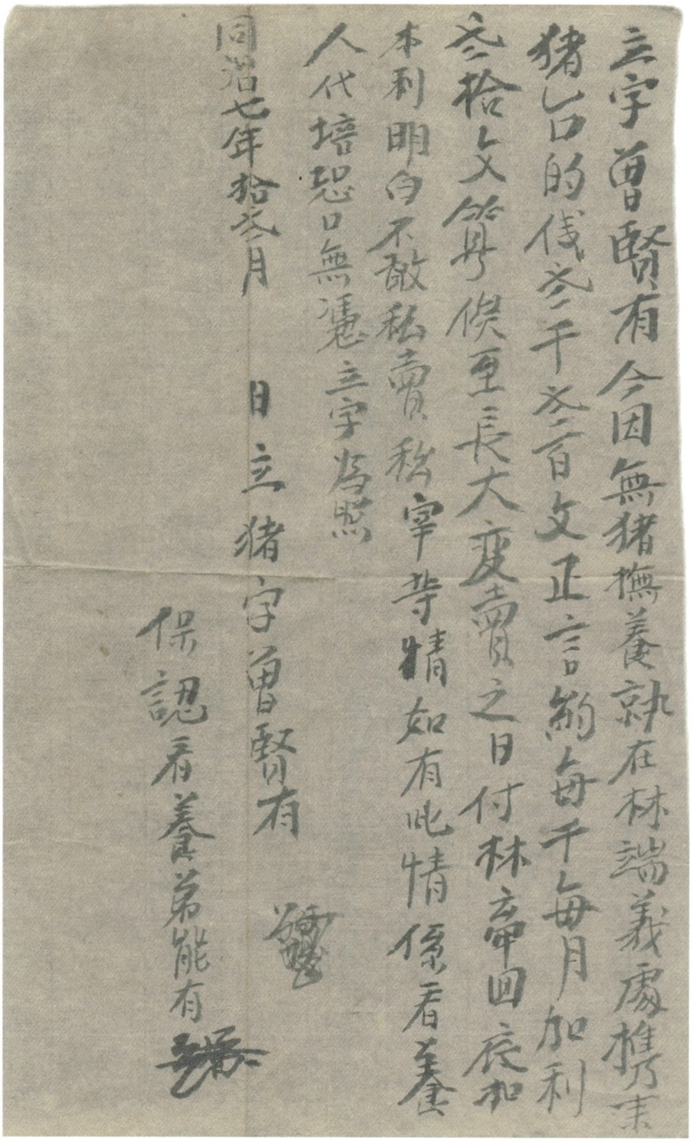

立字曾賢有，今因無猪撫養，就在林端義處携來猪白的，錢叁千叁百文正，言約每千每月加利叁拾文算，俟至長大變賣之日，付林端回，底和本利明白，不敢私賣私宰等情，如有此情，係看養人代培，恐口無憑，立字為照。

同治七年拾叁月　日　立猪字曾賢有（押）

保認看養弟能有（押）

7-1-129-51　清同治七年十二月曾賢有立養猪字

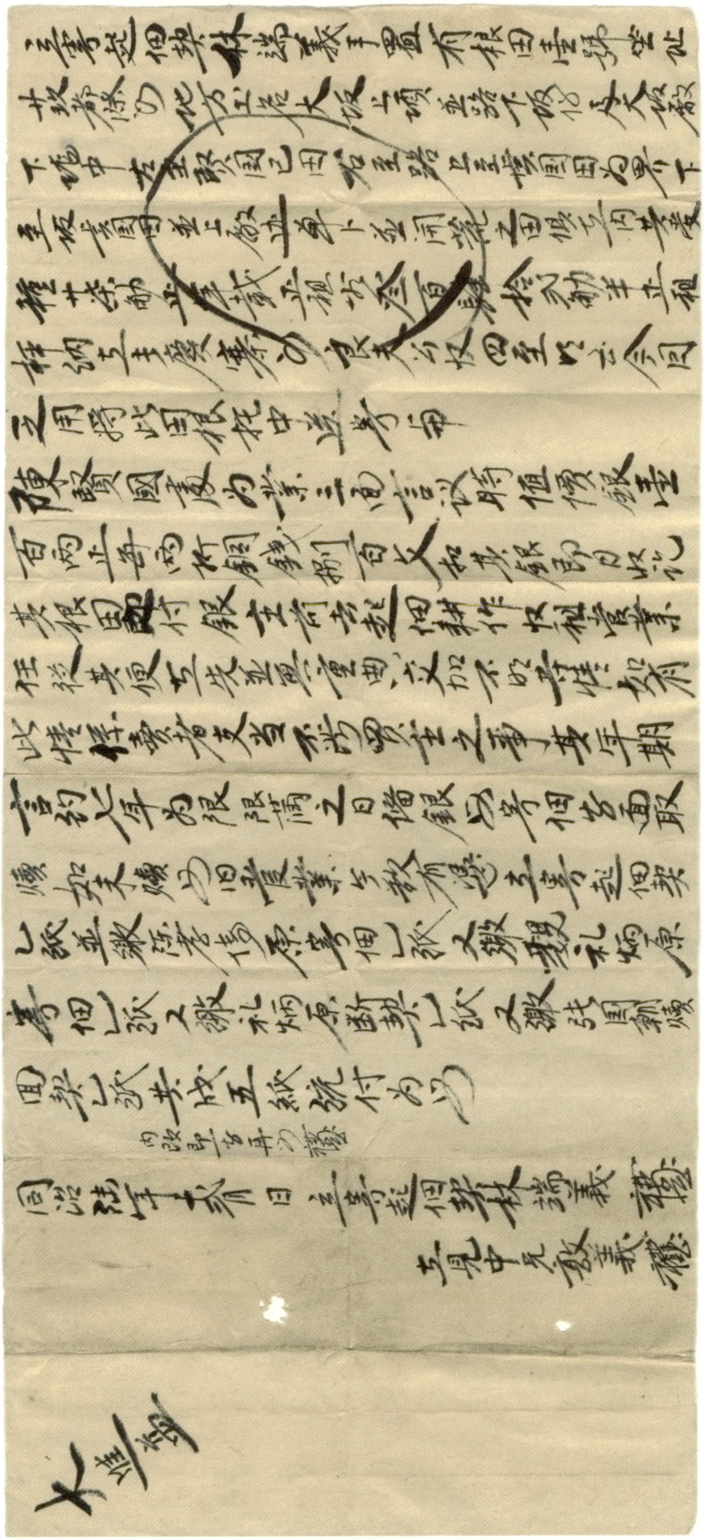

7-1-129-50 清同治六年十二月林端義立寄起佃根田契（廢契）

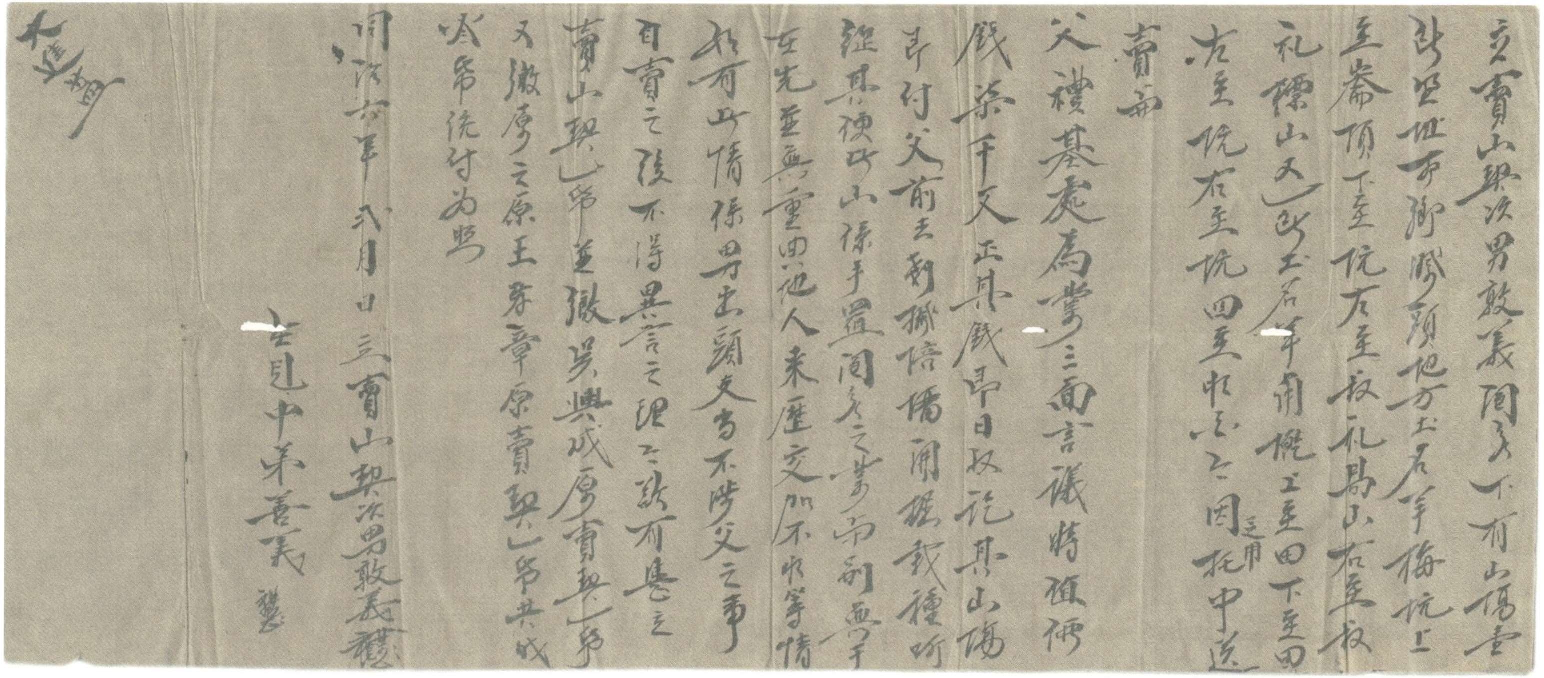

立賣山契次男敦義，阿父下有山場壹號，坐址本鄉洋頭地方，土名竽梅坑，上至崙頂，下至坑，左至叔礼昌山，右至叔礼標山；又一號土名竽甫墘，上至田，下至田，左至坑，右至坑，四至明白。今因乏用，托中送賣與
父禮基處為業，三面言議時值價錢柒千文正，其錢即日收訖，其山場聽付父前去剝掘培插開掘栽種竹木，從其便。此山係手置闔家之業，並無在先並無重典他人，来歷交加不明等情，如有此情，係男出頭支當，不涉父之事。自賣之後，不得異言之理。今欲有憑，立賣山契一帋，並繳吳興成原賣契一帋，又繳原之原王秀章原賣契一帋，共成叁帋，統付為照。

同治六年二月　日　立賣山契次男敦義（押）

在見中弟善義（押）

大吉

7-1-129-49　清同治六年二月林敦義立賣山場契

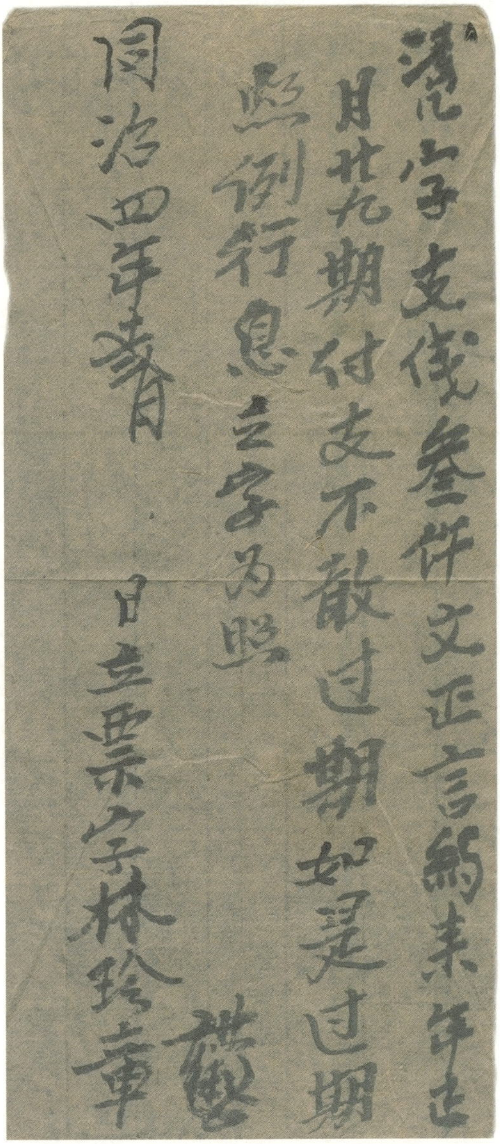
清乚字支錢叁仟文正言約来年正
月廿九期付支不敢过期如是过期
照例行息立字為照
同治四年十二月　日立票字林珍章

7-1-129-48　清同治四年十二月林珍章立支錢憑票

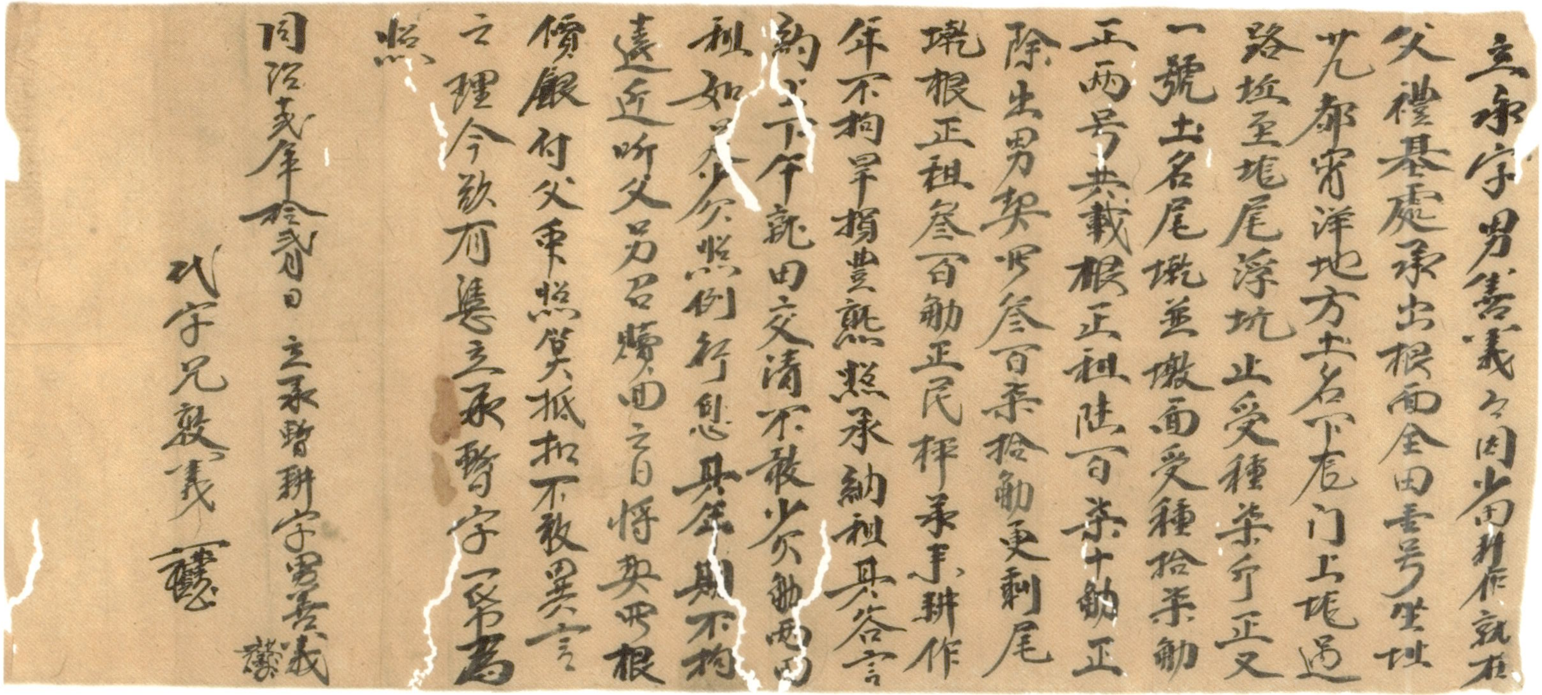

立承字男善義，今因少田耕作，就在
父禮基處承出根面全田壹号，坐址
廿九都宵洋地方，土名下厝门上坵過
路墘至坵尾浮坑止，受種柒斗正；又
一號土名尾墘並墩面，受種拾柒觔
正，兩号共載根正租陸百柒十觔正，
除出男契留叁百柒拾觔，更剩尾
墘根正租叁百觔正，民秤，承去耕作，
年不拘旱損豐熟，照承納租，其谷言
約上下午就田交清，不敢少欠觔両。
租如若少欠，照例行息，其年限不拘
遠近，听父另召，贖回之日將契留根
價銀付父，秉照算抵扣，不敢異言
之理，今欲有憑，立承暫字一紙為
照。
同治貳年拾貳月日　立承暫耕字男善義
代字兄殷義

7-1-129-47　清同治二年十二月林善義立承暫耕根面全田字

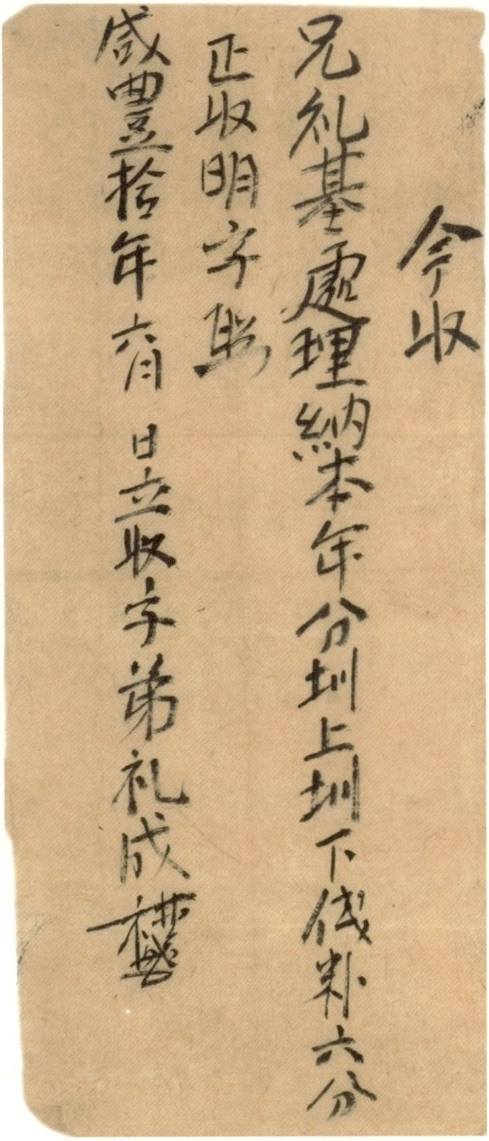
今收
兄礼基處理納本年分圳上圳下錢粮六分
正收明字照
咸豐拾年六月　日立收字弟礼成押

7-1-129-46　清咸豐十年六月林礼成立收錢糧字

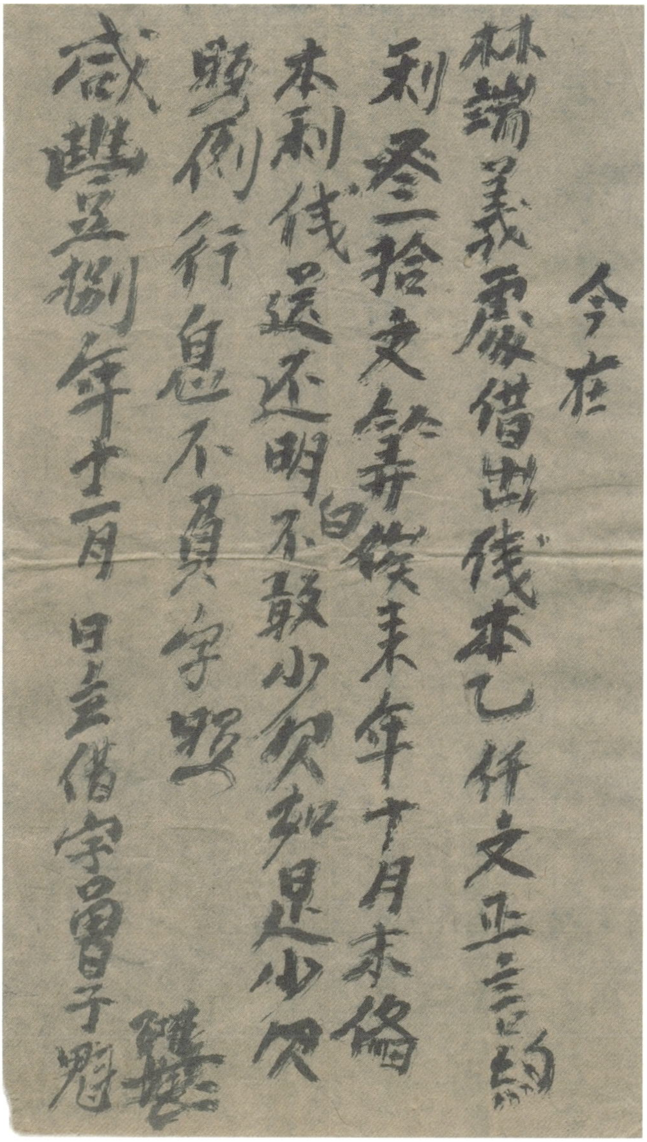
今在
林端義處借出錢本乙仟文正言約
利叁一拾文算候來年十月末備
本利錢送還明白不敢少欠如是少欠
聽例行息不負字照
親筆
咸豐捌年十二月　日立借字曾子魁

7-1-129-45　清咸豐八年十二月曾子魁立借錢字

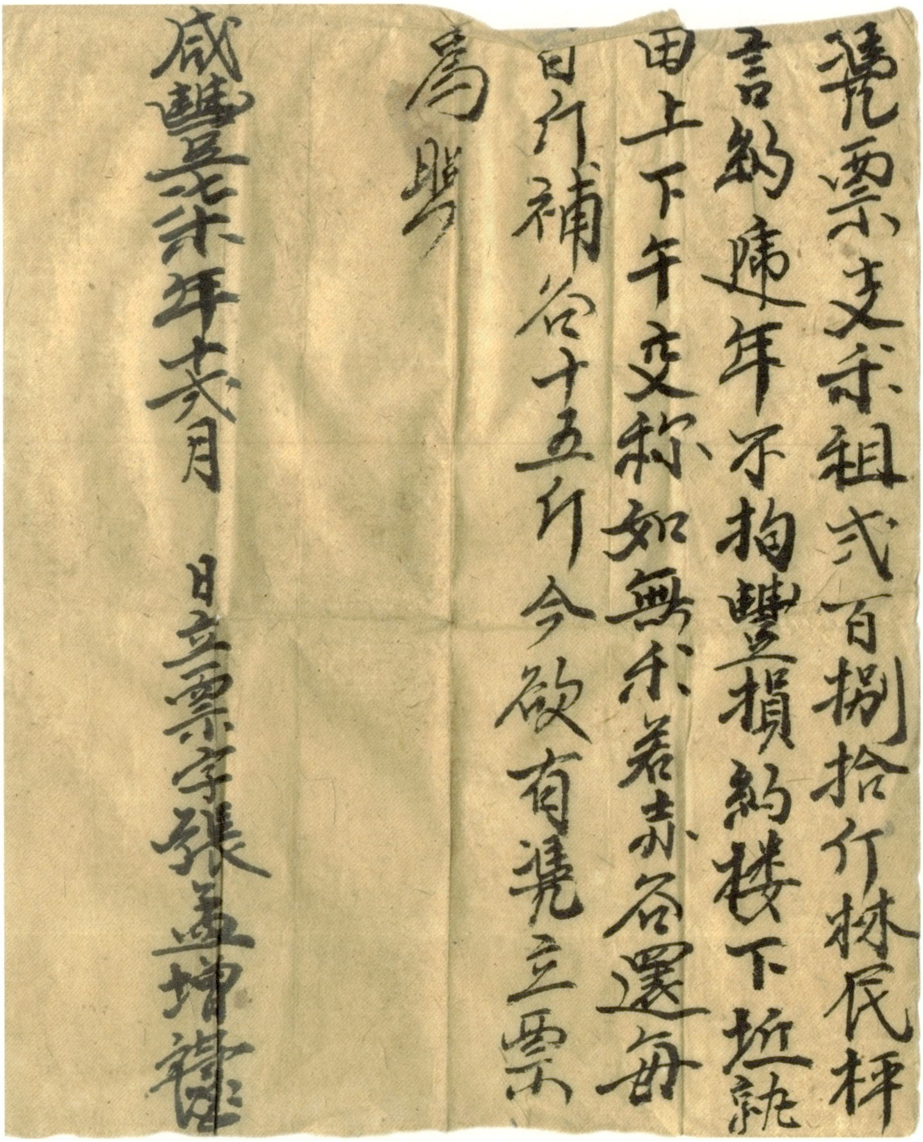
憑票支禾租弍百捌拾斤林氏秤
言約逓年不拘豐損約樓下坵就
田上下午交称如無禾者赤谷還每
百斤補谷十五斤今欲有憑立票
為照
咸豐七年十二月　日立票字張孟增號

7-1-129-44　清咸豐七年十二月張孟增立支禾租憑票

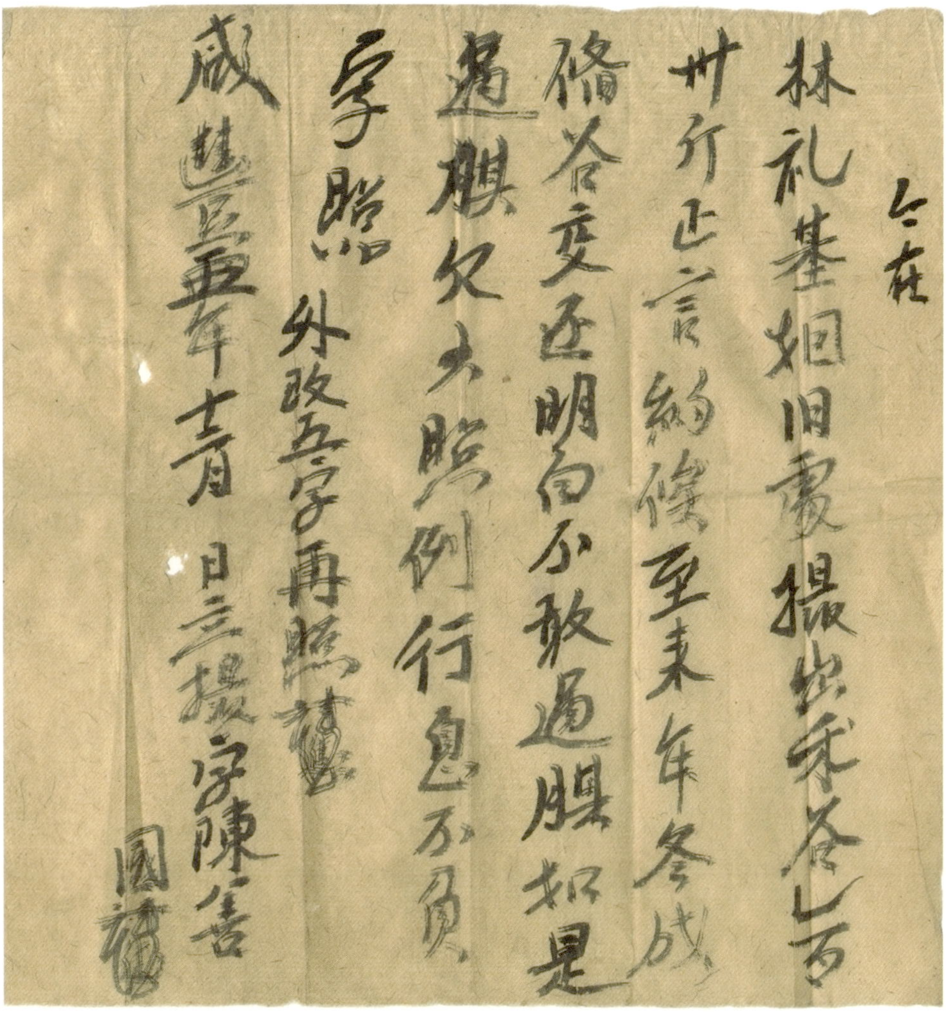

今在
林礼基姻旧處撮出禾谷七百
卅斤正言約候至来年冬成
備谷交还明白不敢過期如是
過期欠少照例行息不負
字照　外改五字再照
咸豐五年十二月　日立撮字陳善
國

7-1-129-43　清咸豐五年十二月陳善國立撮字

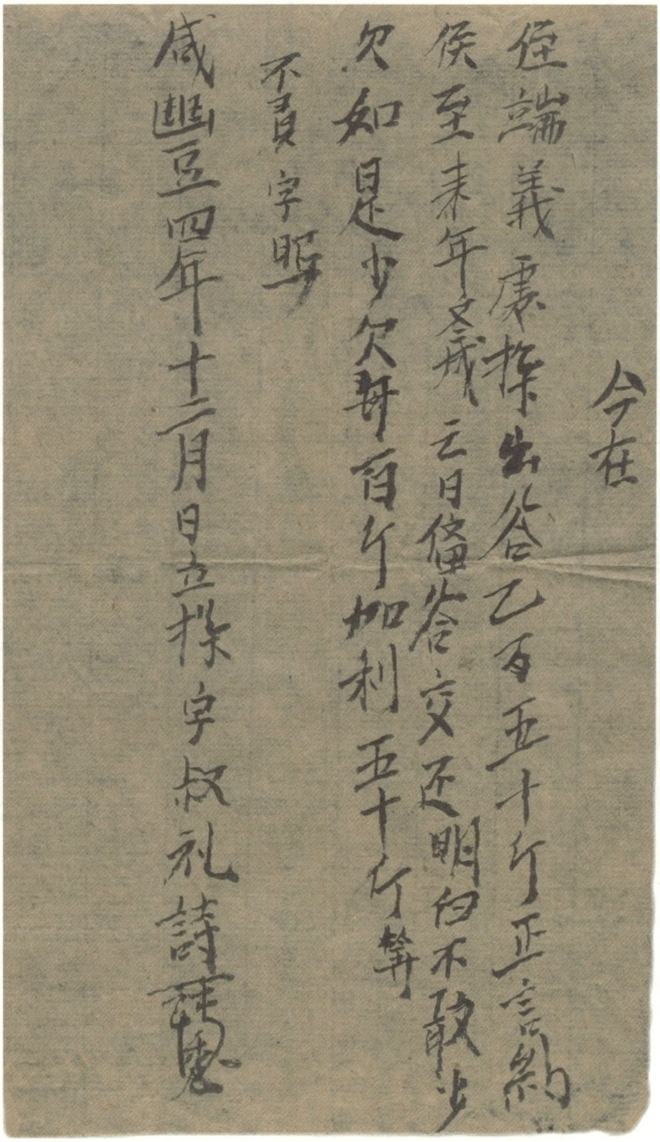
今在
侄端義處撮出谷乙百五十斤正言約
俟至來年冬成之日備谷交還明白不敢少
欠如是少欠每百斤加利五十斤算
不負字照
咸豐四年十二月日立撮字叔礼詩（押）

7-1-129-42　清咸豐四年十二月林礼詩立撮字

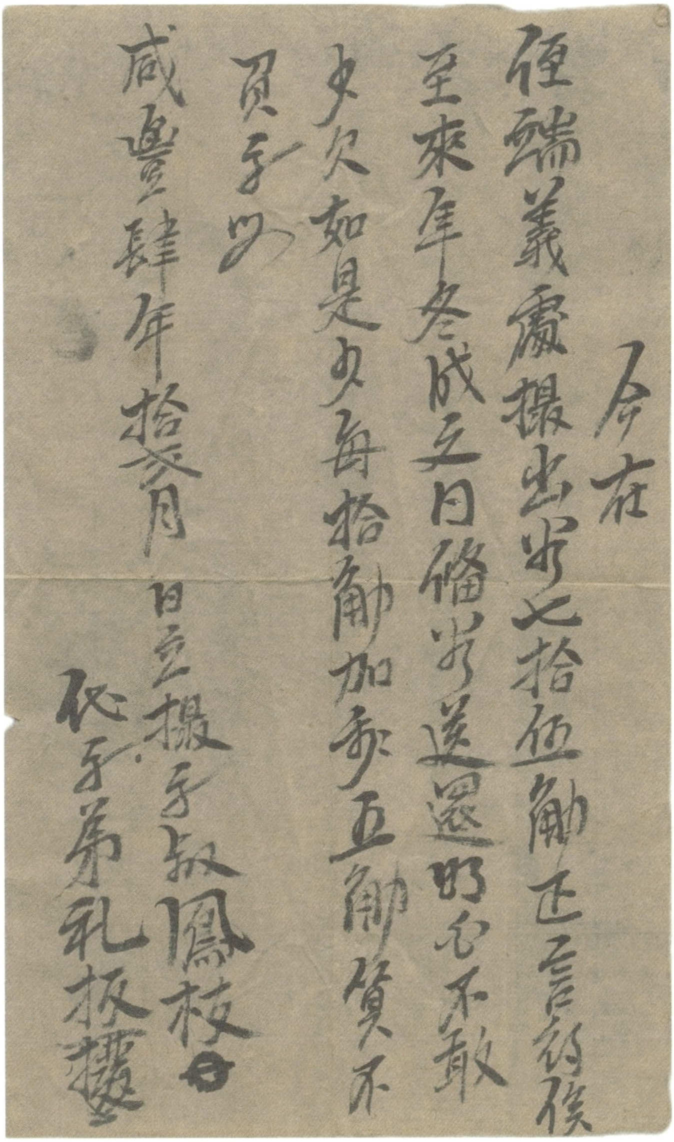

今在
徑端義處撮出米七拾伍觔正，言約候至來年冬成之日備米送還明白，不敢少欠。如是少，每拾觔加利五觔，貿不負字。
咸豐肆年拾貳月　日立撮字叔鳳枝（押）
代字弟禮板（押）

7-1-129-41　清咸豐四年十二月林鳳枝立撮字

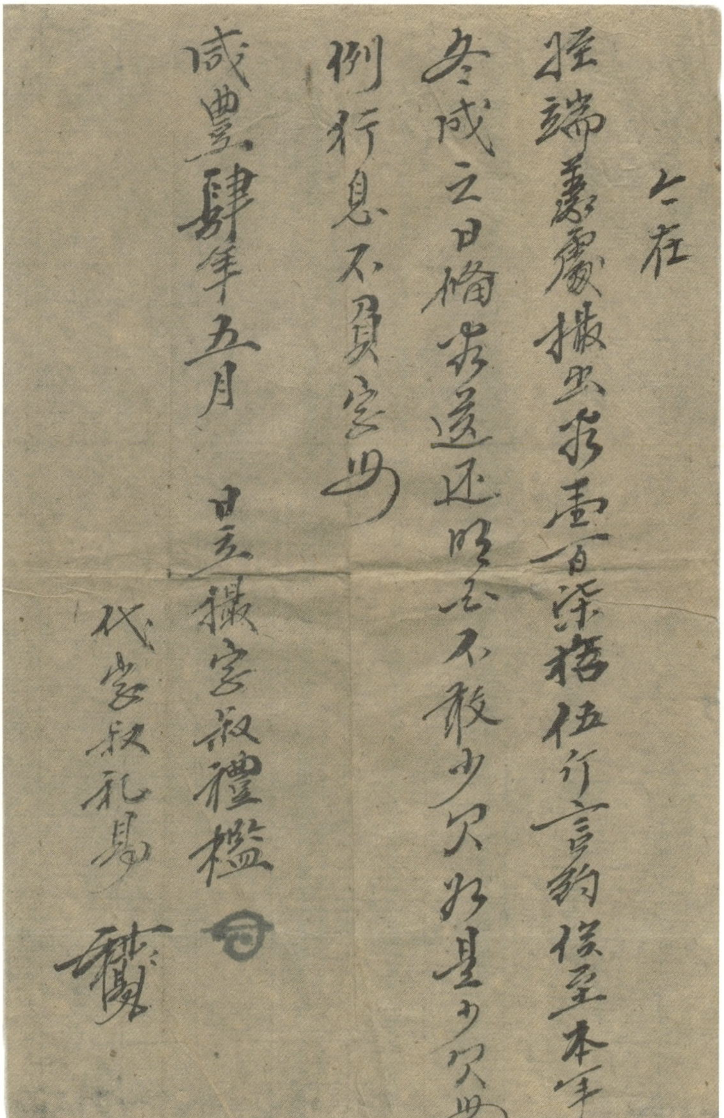

仝在
侄端蘇處撮出錢壹百柒拾伍仟言約從至本年
冬成之日備錢送还明白不敢少欠如是少欠照
例行息不負字也
咸豐肆年五月　日立撮字叔禮檻（押）
代字叔禮易

7-1-129-40　清咸豐四年五月林禮檻立撮字

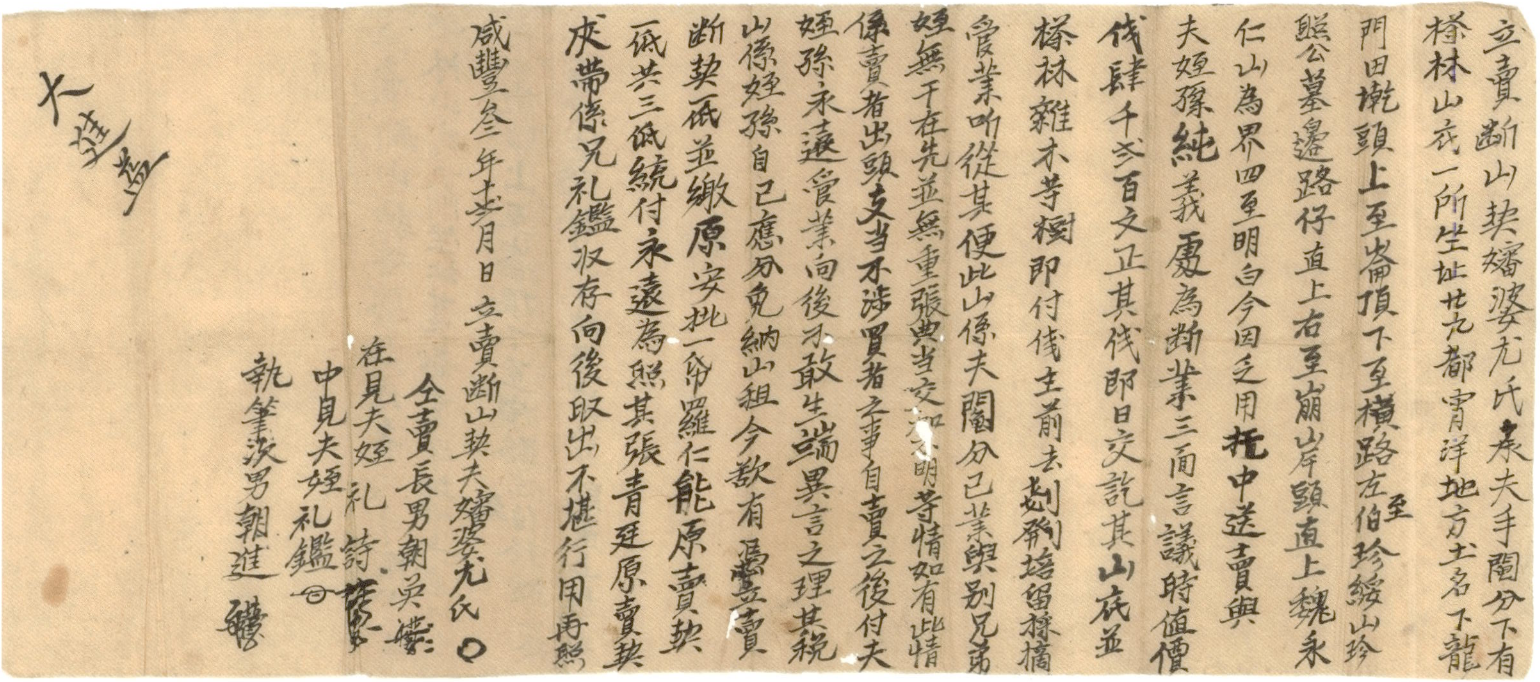
立賣斷山契嬸婆尤氏𡊮夫手閹分下有
㭊林山底一所坐址廿九都霄洋地方土名下龍
門田墘頭上至崙頂下至横路左至伯珍嫂山玲
熙公墓邊路仔直上右至崩山岸頭直上魏永
仁山為界四至明白今因乏用托中送賣與
夫姪孫純義處為斷業三面言議時值價
钱肆千叁百文正其钱即日交訖其山底並
㭊林雜木等樹即付钱主前去劄剉培留採摘
管業听從其便此山係夫閹分已業與別兄弟
姪無干在先並無重張典当交加不明等情如有此情
係賣者出頭支当不涉買者之事自賣之後付夫
姪孫永遠管業向後不敢生端異言之理其税
山係姪孫自己應分免納山租今欲有憑立賣
斷契一紙並繳原安批一紙羅仁能原賣契
一紙共三紙統付永遠為照其張青廷原賣契
夾帶係兄礼鑑収存向後取出不堪行用再照
咸豐叁年十二月日 立賣斷山契夫嬸婆尤氏 ○
仝賣長男朝英
在見夫姪礼詩
中見夫姪礼鑑
執筆次男朝進
大進益

7-1-129-39 清咸豐三年十二月尤氏等立賣斷茶林山底契

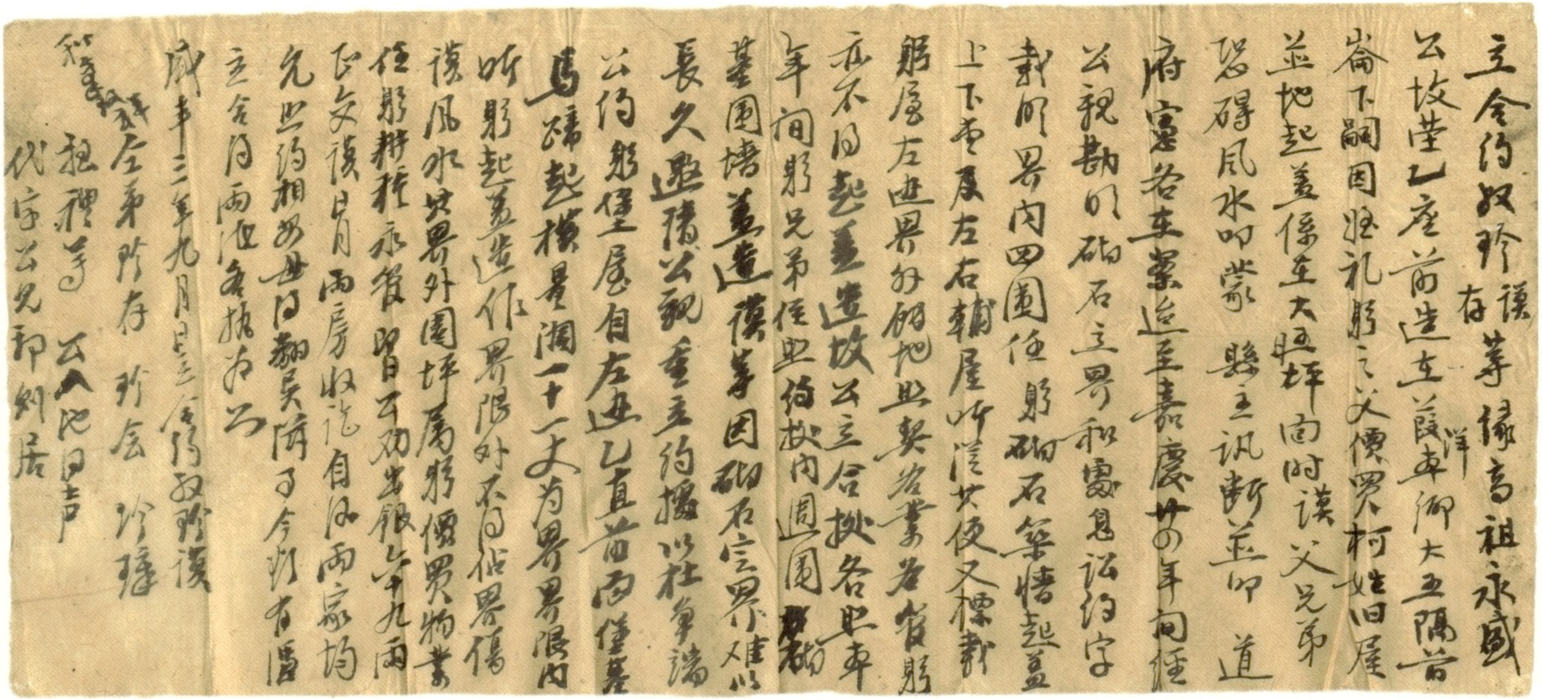

7-1-129-38 清咸豐三年九月林珍謨等立合約

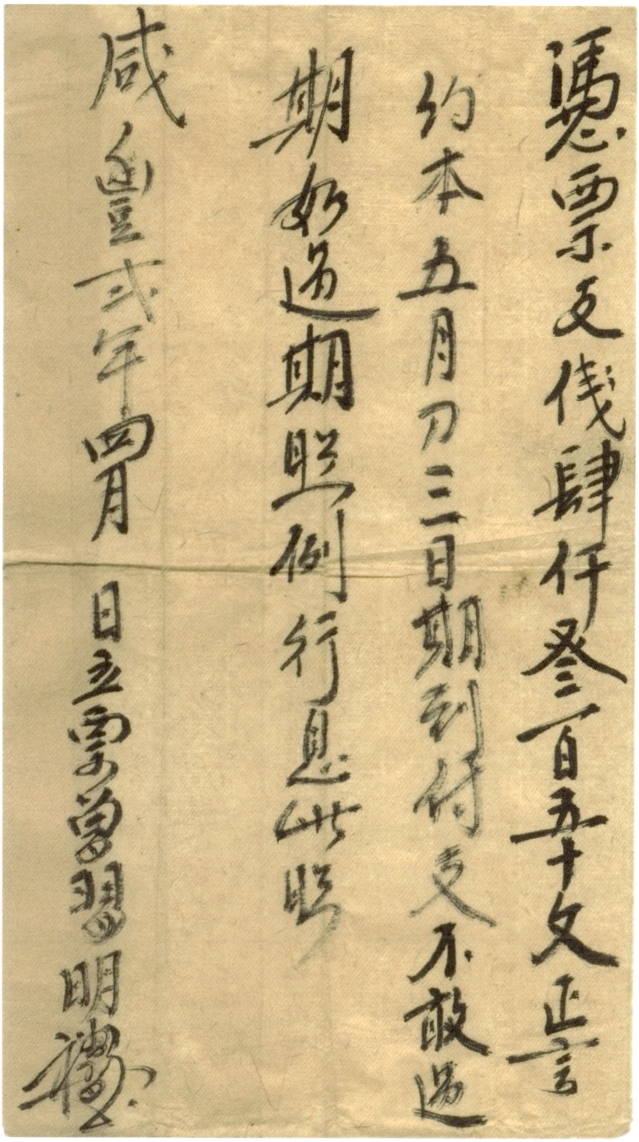
憑票支錢肆仟叁百五十文正言
約本五月廿三日期到付支不敢遲
期如過期照例行息此照
咸豐弍年四月　日立票曾習明

7-1-129-37　清咸豐二年四月曾習明立支錢憑票

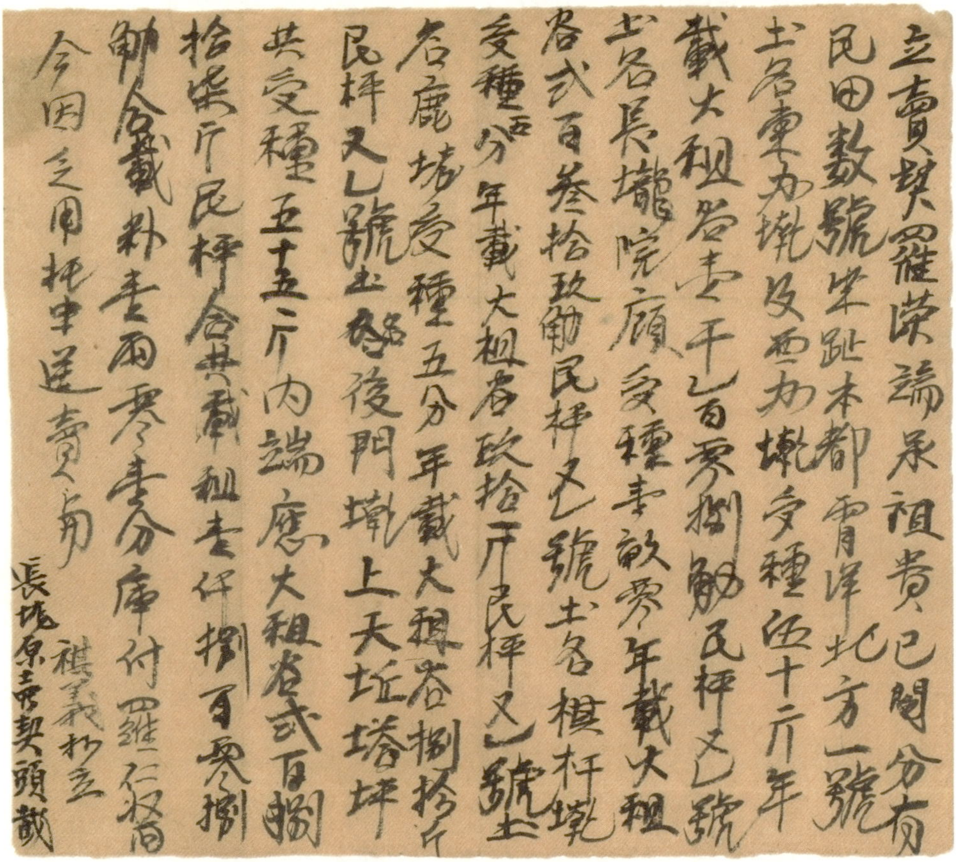
立賣契人羅榮端，承祖貴已鬮分有
民田數號，坐址本都霄洋北方一號
土名東邊墘及西邊壠，受種伍十斤，年
載大租谷壹千乙百零捌觔民秤。又乙號
土名長壠院頭，受種壹畝零，年載大租
谷弍百叁拾玖觔民秤。又乙號土名棋杆壠，
受種五分，年載大租谷玖拾一斤民秤。又乙號土
名鹿坊，受種五分，年載大租谷捌拾斤
民秤。又乙號土名後門壠上天垅塔坪，
共受種五十五斤，內端應大租谷弍百捌
拾柒斤民秤，合共載租壹仟捌百零捌
觔，合載糧料壹兩零壹分，庫付羅仁招官。
今因乏用，托中送賣人邊
祺義抄立
長坑原土名契頭載

7-1-129-36　清嘉慶道光年間羅滐端立賣民田契（抄契）

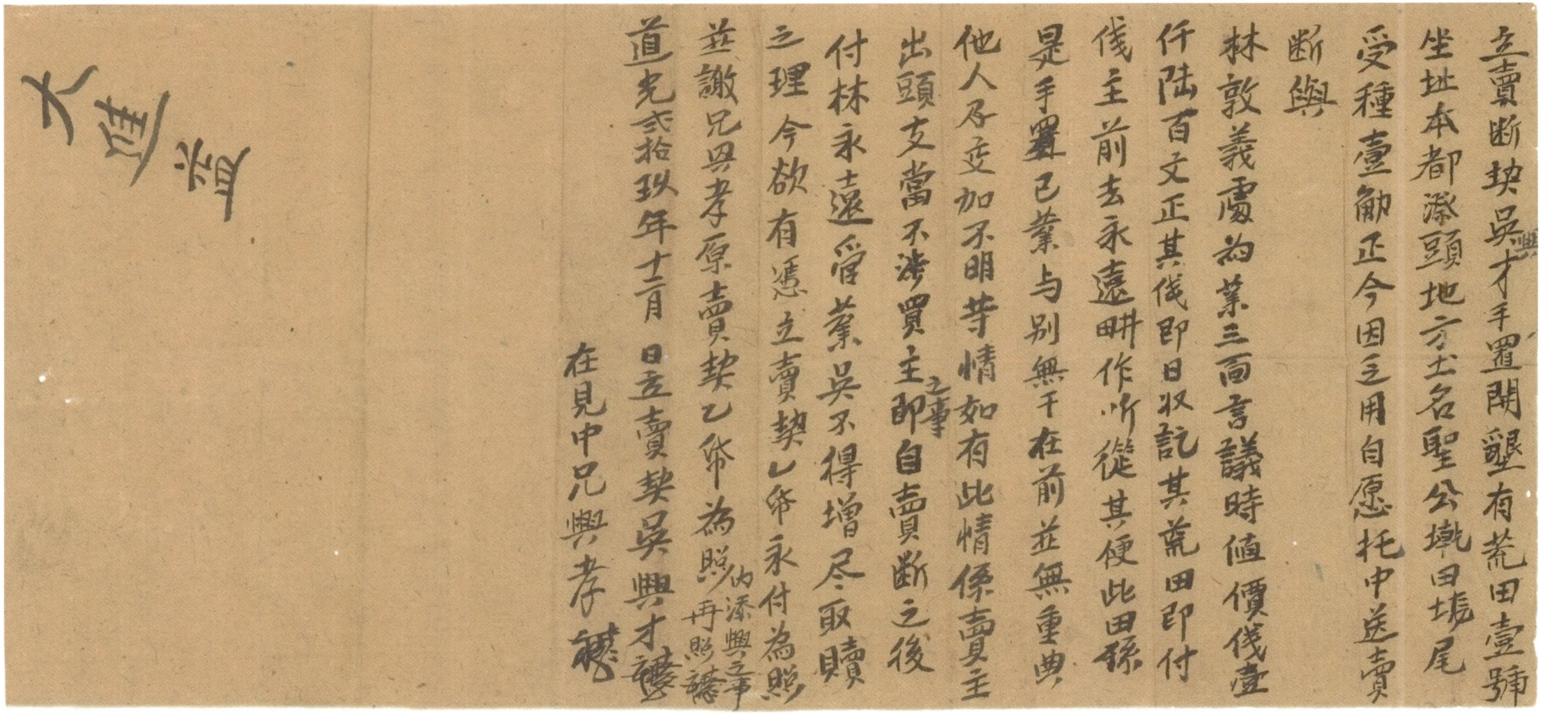

立賣斷契吳興才，手置開墾有荒田壹號，坐址本都溪頭地方，土名聖公墩田塲尾，受種壹斗正。今因乏用，自愿托中送賣斷與林敦義處為業，三面言議時值價錢壹仟陸百文正，其錢即日收訖，其荒田即付錢主前去永遠耕作，聽從其便。此田係是手置己業，與別無干，在前並無重典他人及交加不明等情，如有此情，係賣主出頭支當，不涉買主之事。自賣斷之後，付林永遠管業，吳不得增盡取贖之理。今欲有憑，立賣契乙紙，永付為照。

並繳兒興孝原賣契乙紙為照。內添興、之事三字，再照。（押）

道光貳拾玖年十二月　日立賣契吳興才（押）

在見中兄興孝（押）

大進益

7-1-129-35　清道光二十九年十二月吳興才立賣斷荒田契

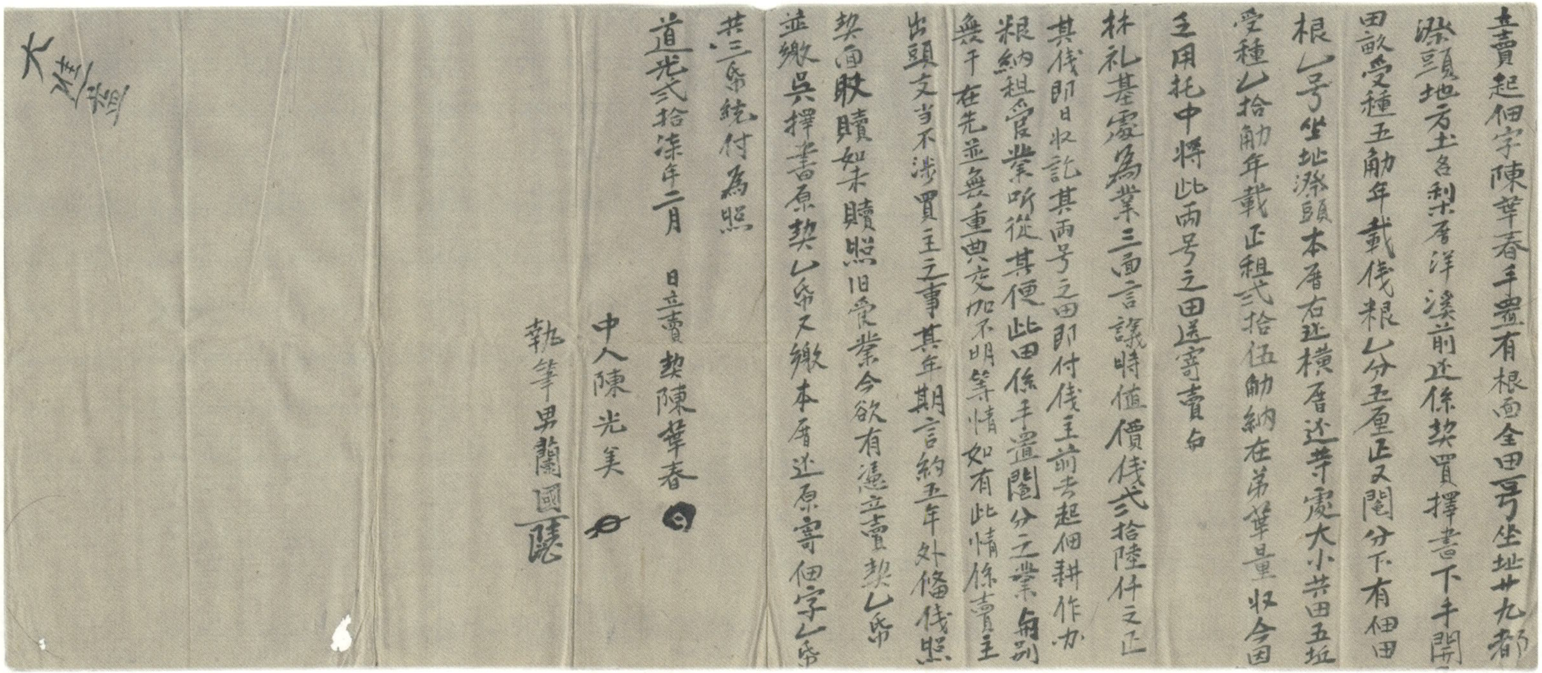

立賣起佃字陳華春，手置有根面全田一號，坐址廿九都
漈頭地方，土名梨垄洋溪前，近係契買擇書下手閣
田畝，受種五斛年載，佃根〡分五厘正，又閣分下有佃田
根〡號，坐址漈頭本厝右址橫厝邊等處，大小共田五坵，
受種〡拾斛年載，正租弍拾伍斛，納在弟華量收。今因
乏用，托中將此兩號之田送寄賣與
林礼基處為業，三面言議，時值價錢弍拾陸仟文正。
其錢即日收訖，其兩號之田即付錢主前去起佃耕作，办
粮納租，管業听從其便。此田係手置閣分之業，與別
無干，在先並無重典交加不明等情，如有此情，係賣主
出頭支当，不涉買主之事。其年期言約五年外，備錢照
契面取贖，如未贖，照旧管業。今欲有憑，立賣契〡紙，
並繳吳擇書原契〡紙，又繳本厝邊原寄佃字〡紙，
共三紙，繳付為照。
道光弍拾柒年二月　日立賣契陳華春（押）
中人陳光美（押）
執筆男蘭國（押）

大吉

7-1-129-34　清道光二十七年二月陳華春立賣起佃根面全田字

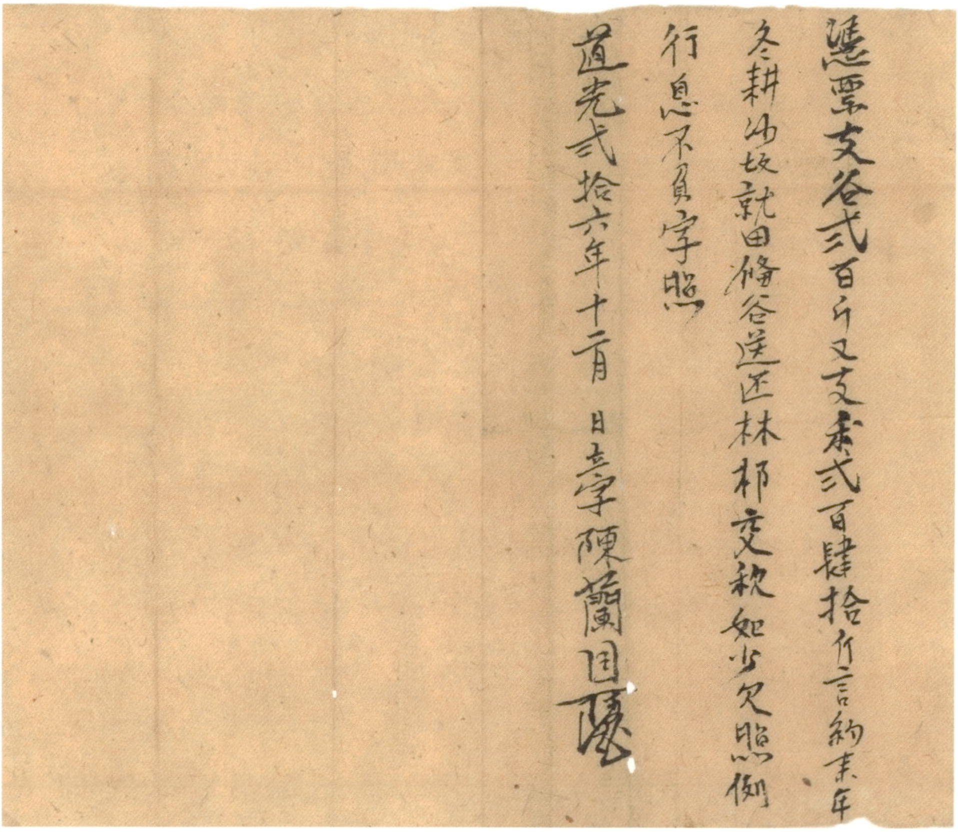
憑票支谷弍百斤又支米弍百肆拾斤言約来年
冬耕收成就田條谷送還林郁文秋如少欠照例
行息不負字照
道光弍拾六年十二月　日立字陳蘭國（押）

7-1-129-33　清道光二十六年十二月陳蘭國立支穀憑票

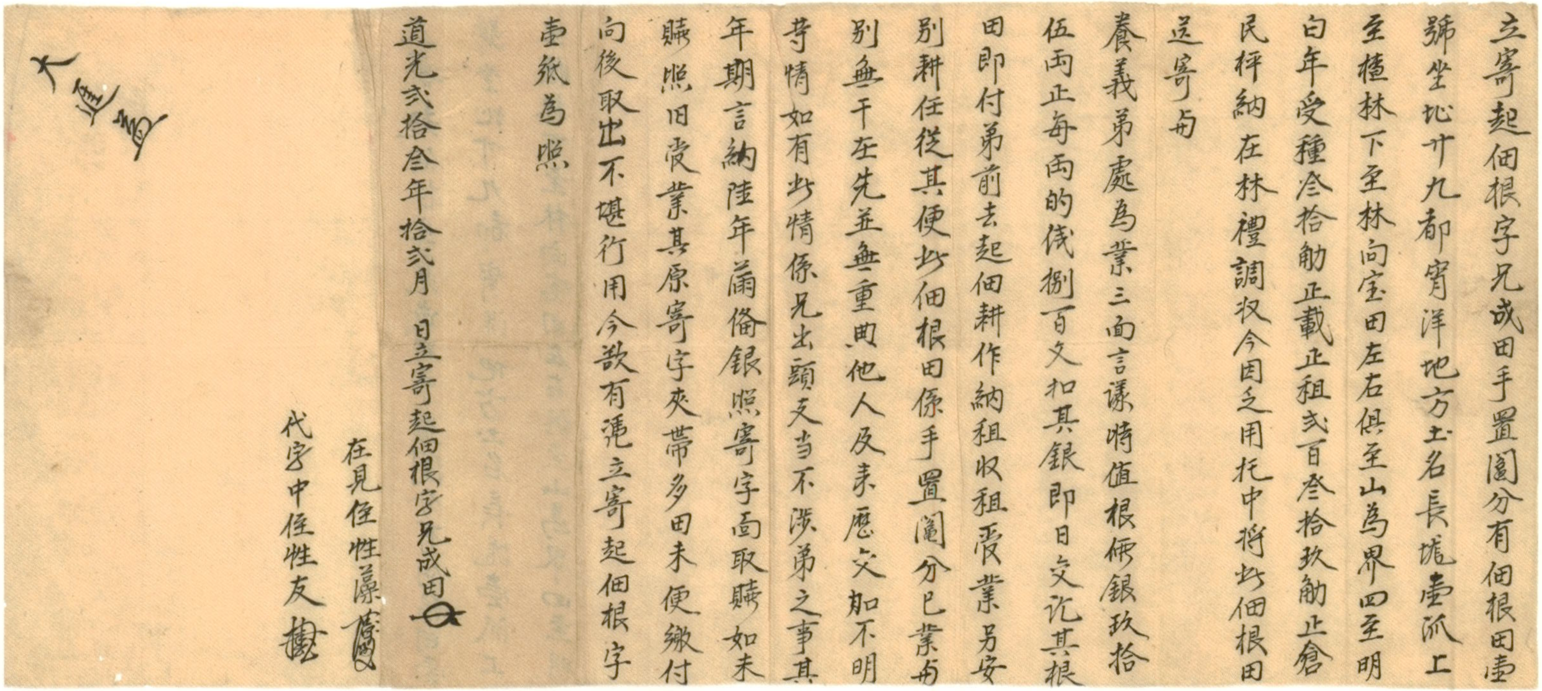

立寄起佃根字兄成田手置閹分有佃根田壹
號坐址廿九都宵洋地方土名長壠壹泒上
至植林下至林向垵田左右俱至山為界四至明
白年受種叁拾觔正載正租弍百叁拾玖觔正倉
民秤納在林禮調收今因乏用托中將此佃根田
送寄與
養義弟處為業三面言議時值根價銀玖拾
伍両正每両的伐捌百文扣其銀即日交訖其根
田即付弟前去起佃耕作納租收租管業另安
別耕任從其便此佃根田係手置閹分已業與
別無干在先並無重典他人及未應交加不明
等情如有此情係兄出頭支当不涉弟之事其
年期言納陸年滿備銀照寄字面取贖如未
贖照旧管業其原寄字夾帶多田未便繳付
向後取出不堪行用今欲有憑立寄起佃根字
壹紙為照

道光弍拾叁年拾弍月　日立寄起佃根字兄成田（押）

在見侄性藻（押）

代字中侄性友（押）

大進益

7-1-129-32　清道光二十三年十二月林成田立寄起佃根字

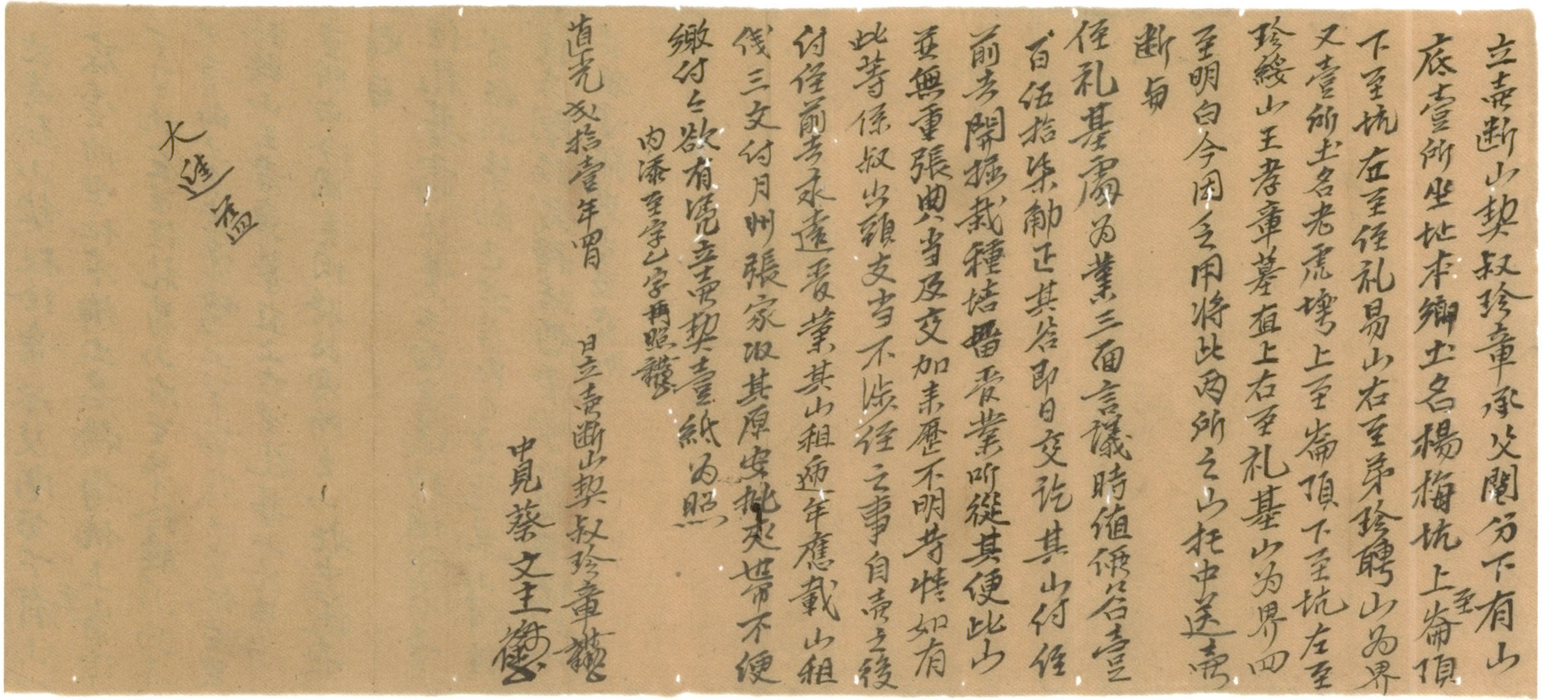

7-1-129-31　清道光二十一年四月林珍章立賣斷山底契

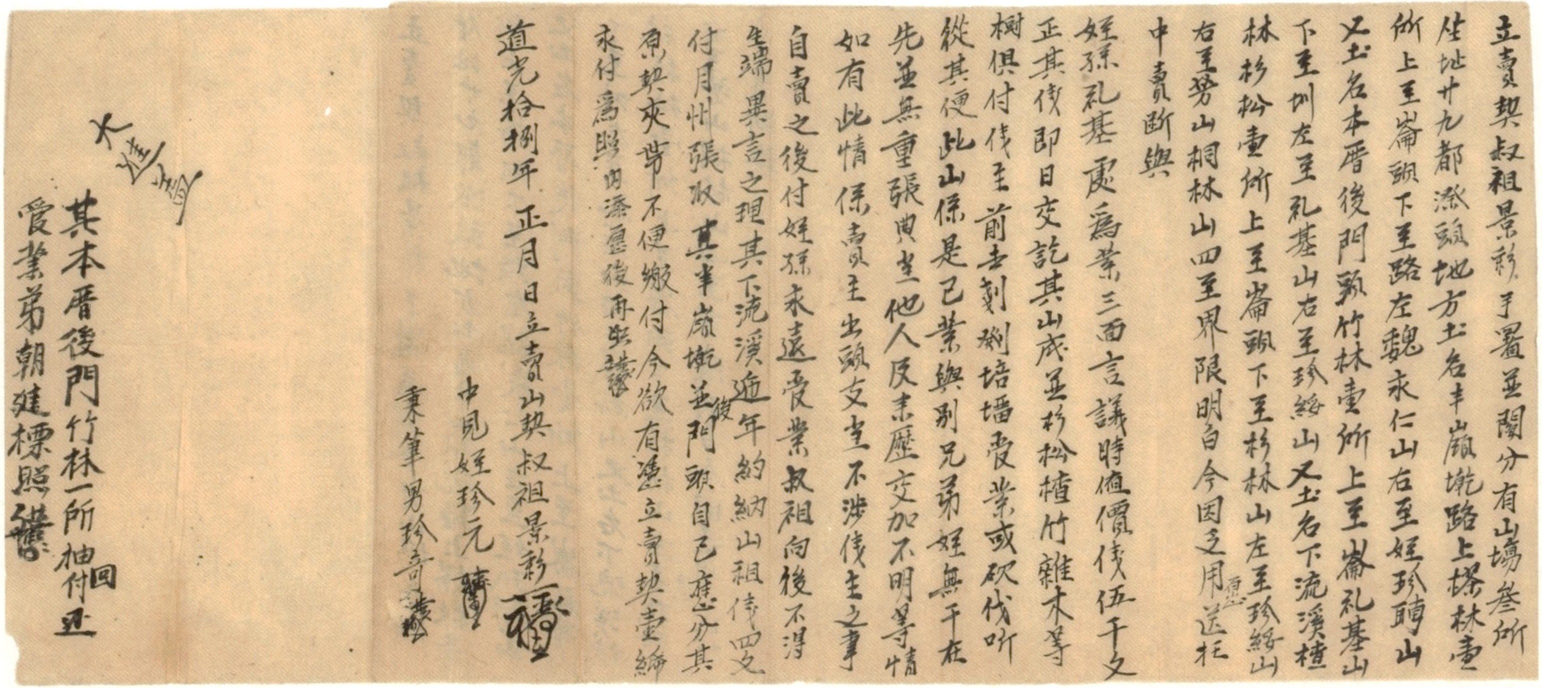
立賣契叔祖景彩，手置並鬮分有山場叁所，
坐址廿九都漈頭地方，土名丰巖墘路上，㮾林壹
所，上至崙頭，下至路，左魏永仁山，右至姪孫睛山；
又土名本厝後門，竹林壹所，上至崙孔基山，
下至圳，左至孔基山，右至孫綏山；又土名下流溪楂
林杉松壹所，上至崙頭，下至杉林山，左至孫綏山，
右至勞山桐林山，四至界限明白。今因乏用，愿送托
中，賣斷與
姪孫孔基處為業，三面言議，時值價錢伍千文
正。其錢即日交訖。其山成並杉松楂竹雜木等
樹，俱付錢主前去剷削培墻管業，或砍伐所
從其便。此山係是己業，與別兄弟姪無干，在
先並無重張典當他人，及未歷交加不明等情。
如有此情，係賣主出頭支當，不涉錢主之事。
自賣之後，付姪孫永遠管業，叔祖向後不得
生端異言之理。其下流溪後年約納山租錢四文
付月州張收。其半嶺墘並門頭，自己應分其
原契夾帶，不便繳付，今欲有憑，立賣契壹紙，
永付為照。內添壹字，再照。
道光拾捌年正月　日立賣山契叔祖景彩
中見姪珍元
秉筆男珍奇
大吉
其本厝後門竹林一所，抽付回丑
管業，弟朝建標照

7-1-129-30　清道光十八年正月林景彩立賣山場並杉松楂竹雜木契

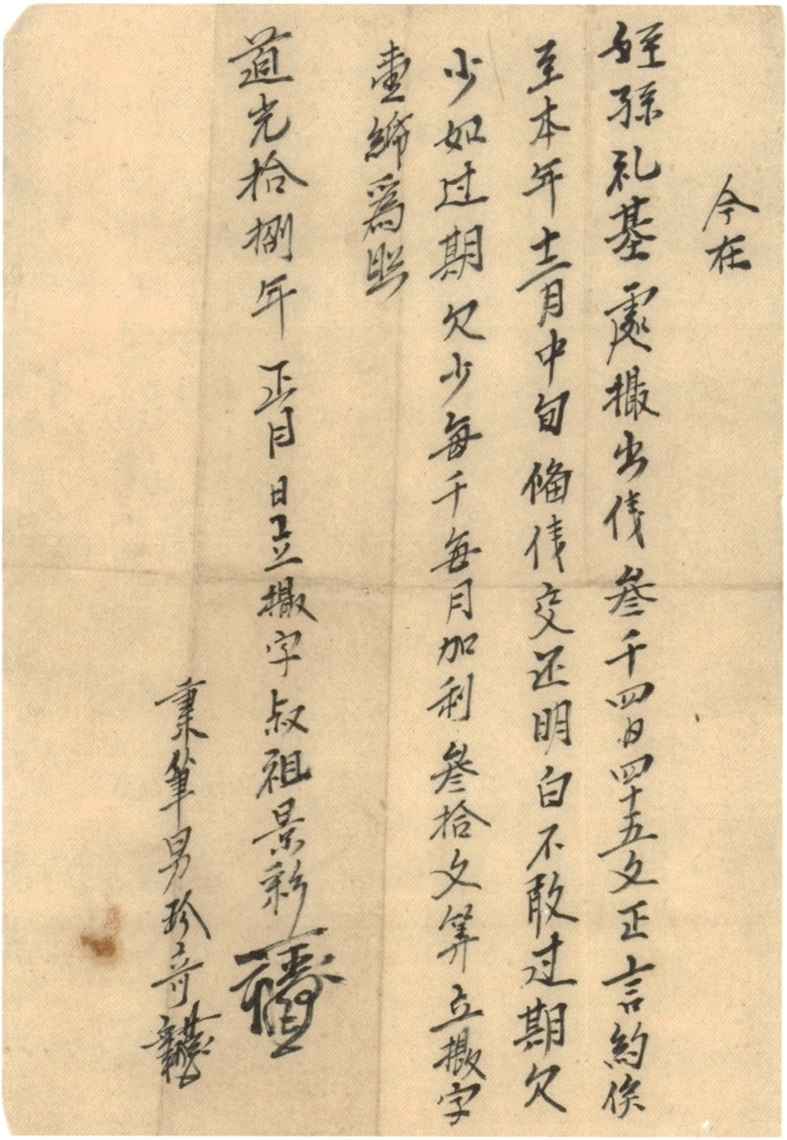
今在
侄孫礼基處撮出錢叁千四百四十五文正言約係
至本年十二月中旬備錢交还明白不敢过期欠
少如过期欠少每千每月加利叁拾文算立撮字
壹紙爲照
道光拾捌年 正月 日立撮字叔祖景彩（押）
秉筆男玠奇（押）

7-1-129-29　清道光十八年正月林景彩立撮字

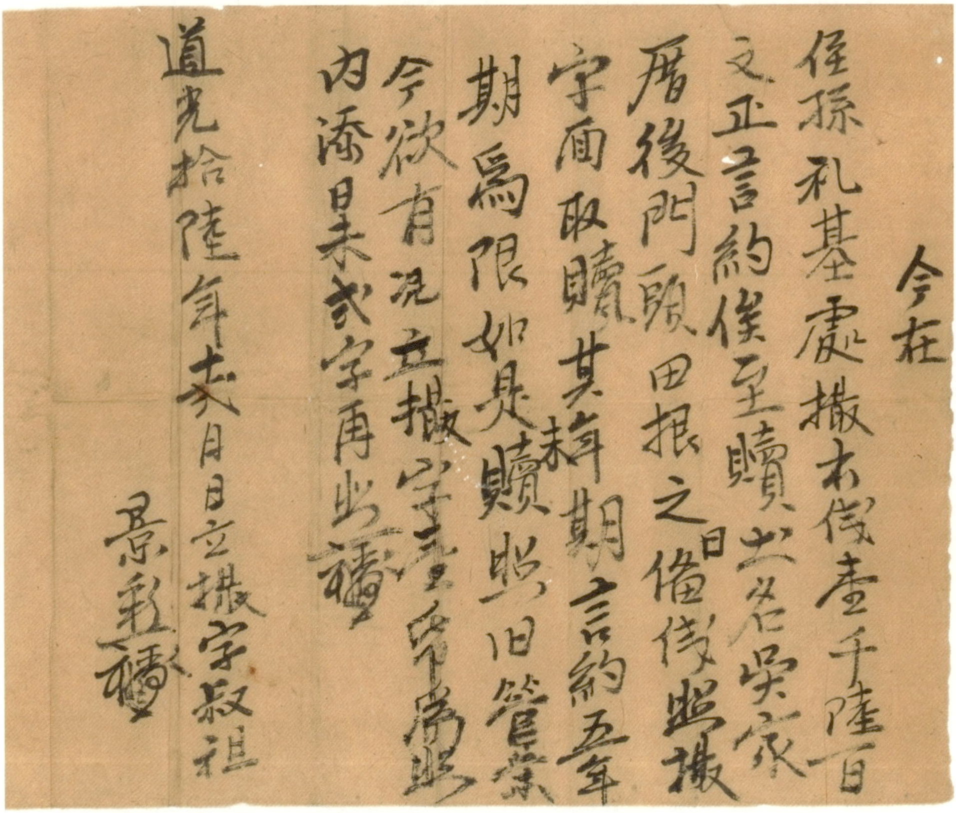

今在
侄孫礼基處撮去价壹千陸百
文，正言約倶至贖出之日照依衆
厝後門頭田根之日備价照撮
字面取贖，其秝年期言約五年
期爲限，如是贖照旧管業。
今欲有憑，立撮字壹紙爲照。
内添日秝貳字再照。
景彩（押）
道光拾陸年十二月　日立撮字叔祖

7-1-129-28　清道光十六年十二月林景彩立撮字

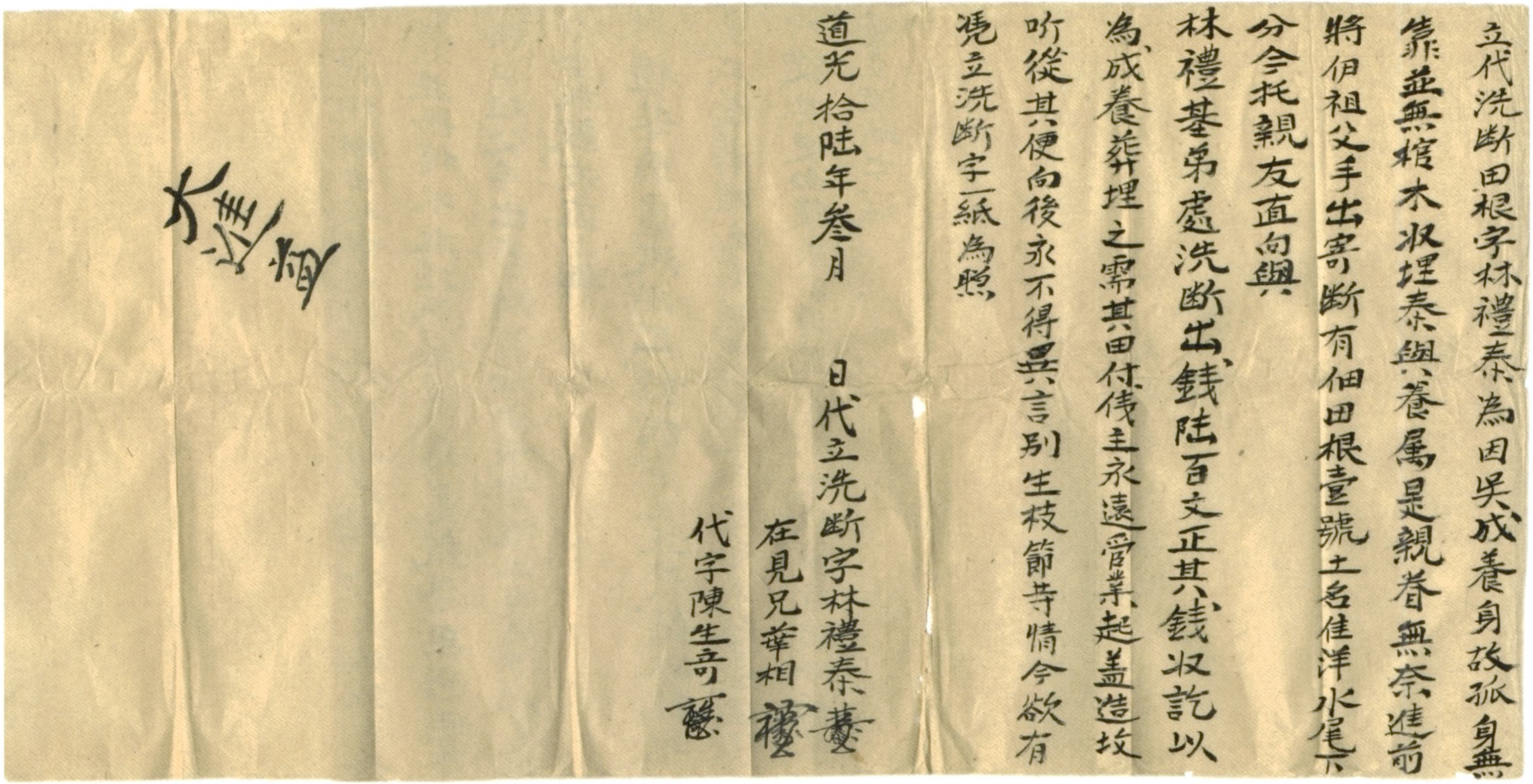
立代洗断田根字林禮泰為因吳成養身故孤身無
靠並無棺木収埋泰與養屬是親眷無奈進前
將伊祖父手出寄断有佃田根壹號土名佳洋水尾下
分令托親友直向與
林禮基弟處洗断出錢陸百文正其錢収訖以
為成養葬埋之需其田付伐主永遠管業起蓋造坟
听從其便向後永不得異言別生枝節等情今欲有
凭立洗断字一紙為照

道光拾陆年叁月　日代立洗断字林禮泰（押）
在見兄華相（押）
代字陳生奇（押）

7-1-129-27　清道光十六年三月林禮泰立代洗斷佃田根字

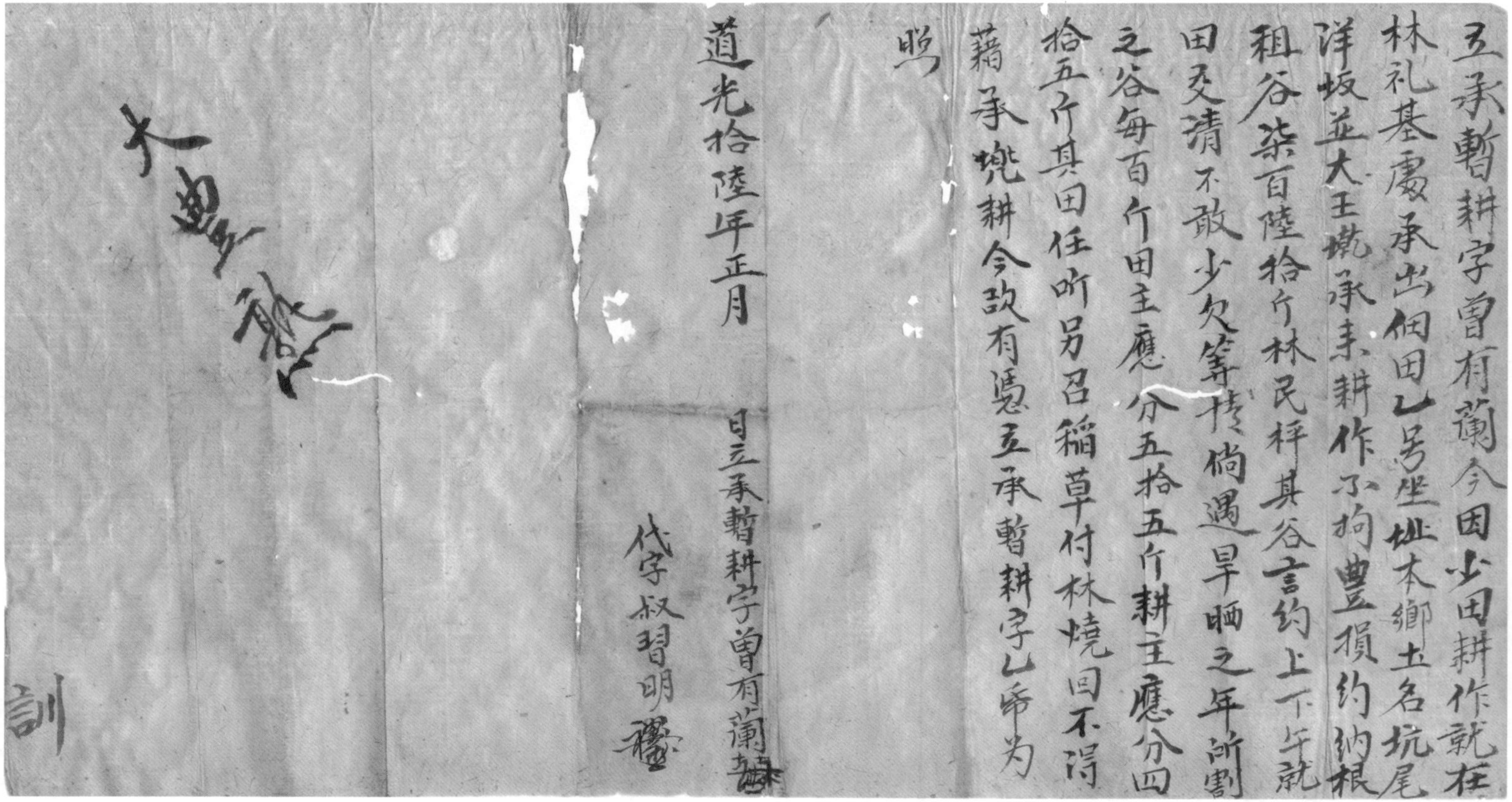

立承暫耕字曾有蘭，今因少田耕作，就在林礼基處承出佃田一号，坐址本鄉土名坑尾洋坂並大王墘，承来耕作，不拘豐損，约納根租谷柒百陸拾斤，林民秤，其谷言约上下午就田交清，不敢少欠等情，倘遇旱晒之年，所割之谷每百斤田主應分五拾五斤，耕主應分四拾五斤。其田任听另召，稲草付林墝回，不得藉手墝耕。今欲有憑，立承暫耕字一帋为照。

道光拾陸年正月　日立承暫耕字曾有蘭（押）

代字叔習明（押）

大豐[illegible]

訓

7-1-129-26　清道光十六年正月曾有蘭立承暫耕佃田字

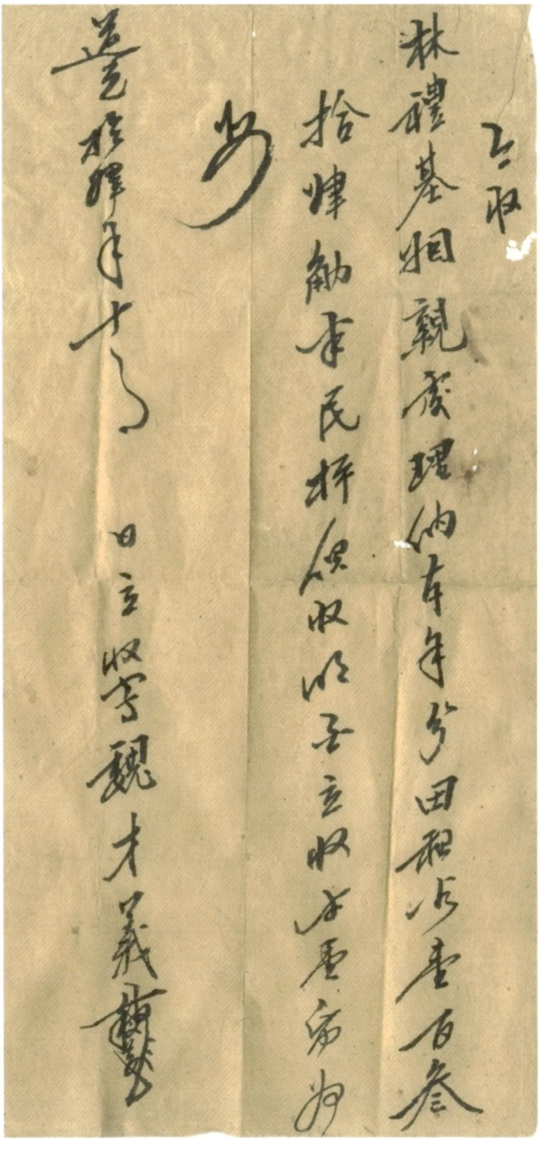

立收
林禮基姻親處理納本年分田租谷壹百叁
拾肆觔本民拼係收訖立收字壹紙為
照
道光拾肆年十月
日立收字魏才義親筆

7-1-129-25　清道光十四年十月魏才義立收田租穀字

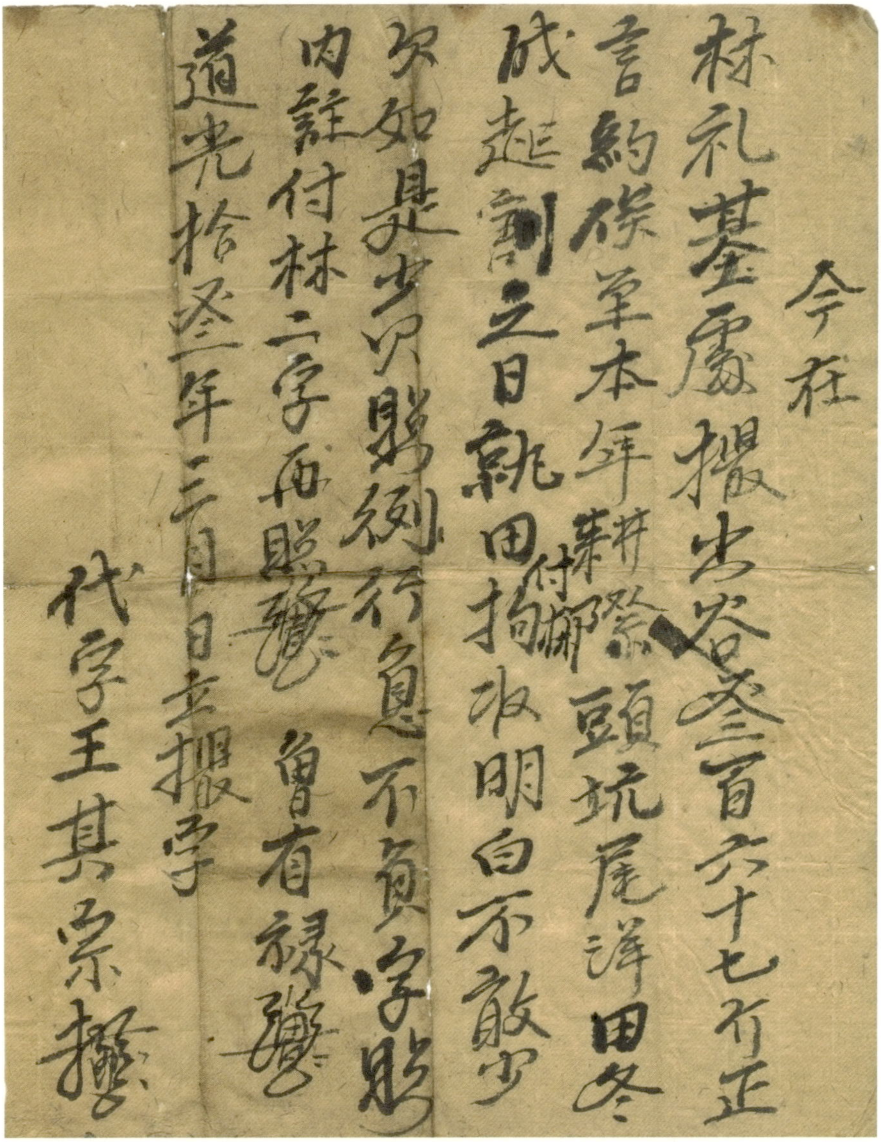
今在
林礼基處撮出谷叁百六十七斤正
言約俟早本年耕付林祭頭坑尾洋田冬
成越割之日就田指收明白不敢少
欠如是少欠照例行息不負字照
内註付林二字再照
曾有祿
道光拾叁年三月日立撮字
代字王其宗

7-1-129-24　清道光十三年三月曾有祿立撮字

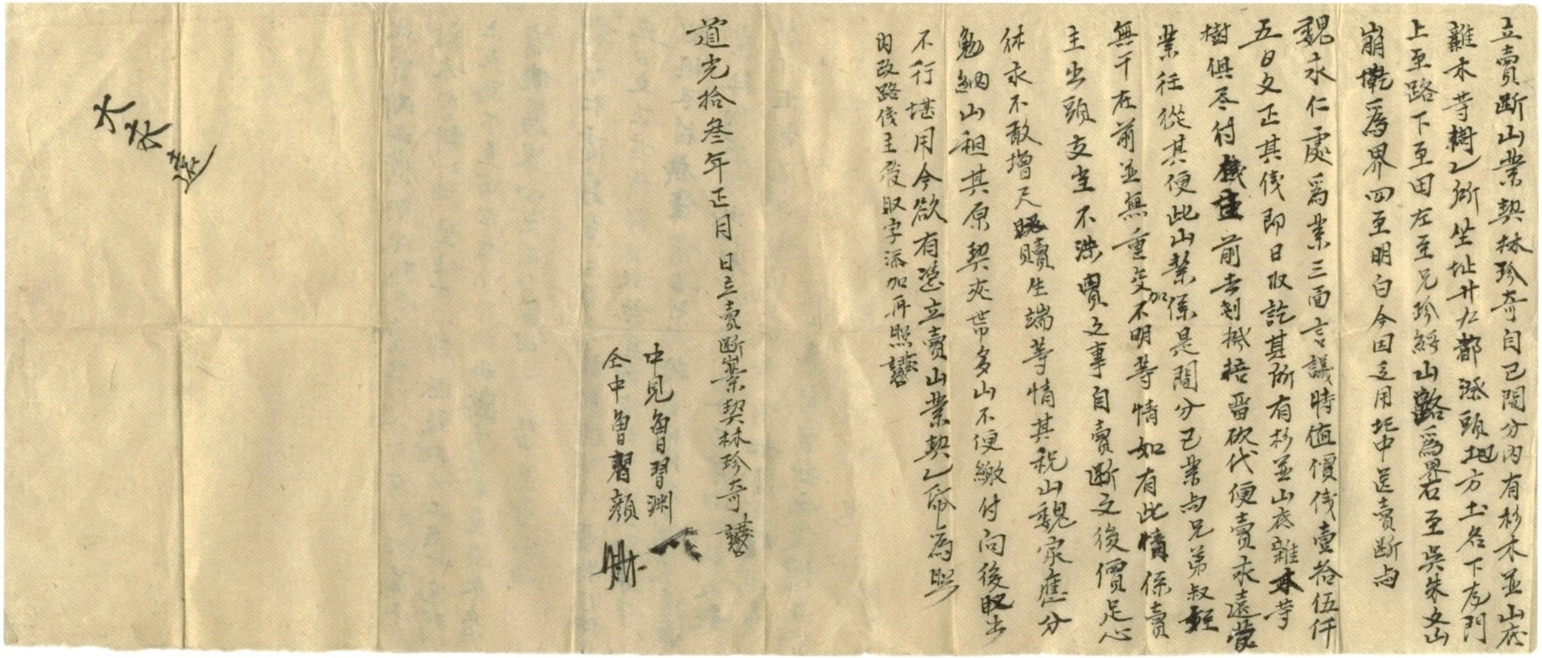

立賣斷山業契林珍奇自己闔分內有杉木並山底
雜木等樹乙所坐址廿九都琢頭坵方土名下虎門
上至路下至田左至兄珍紓山路爲界右至吳朱文山
崩坎爲界四至明白今因乏用托中送賣斷與
魏永仁處爲業三面言議時値價錢壹拾伍仟
五百文正其錢即日收訖其所有杉並山底雜木等
樹俱冬付錢主前去剷掘栽插砍伐便賣永遠管
業任從其便此山業係是闔分已業與兄弟叔姪
無干在前並無重交加不明等情如有此情係賣
主出頭支當不涉買主之事自賣斷之後價足心
休永不敢增找贖生端等情其魏家應分
兔納山租其原契交帶多山不便繳付向後取出
不行堪用今欲有憑立賣山業契乙紙爲照
內改路錢主叚取字添加再照

道光拾叁年正月 日立賣斷業契林珍奇
中見曾習洲
仝中曾習顏

大吉

7-1-129-23　清道光十三年正月林珍奇立賣斷山杉木等契

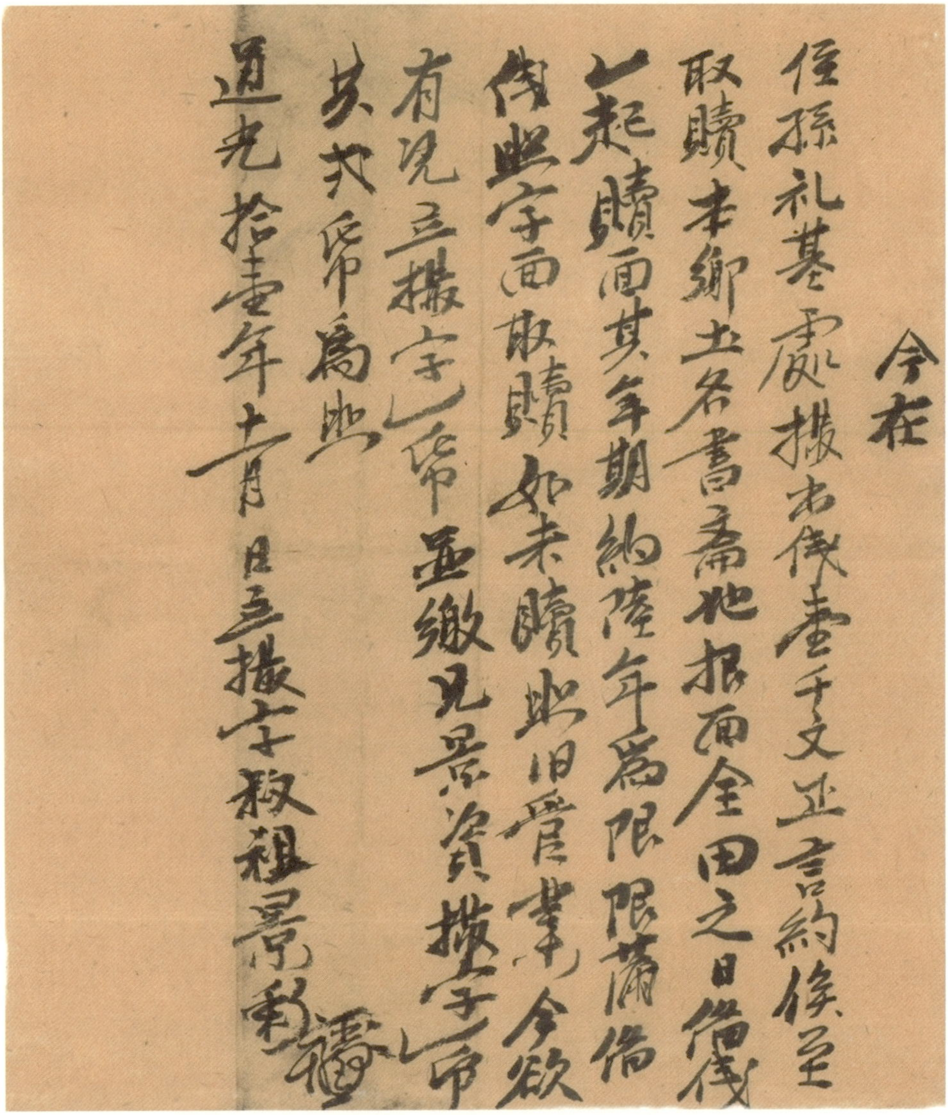

今在
侄孫礼基處撮出錢壹千文正言約俟至
取贖本鄉土名書齋坪根面全田之日備錢
一起贖面其年期約陸年為限限满備
錢照字面取贖如未贖照旧管業今欲
有憑立撮字一帋並繳見景資撮字一帋
共式帋為照
道光拾壹年十一月　日立撮字叔祖景彩（押）

7-1-129-22　清道光十一年十一月林景彩立撮字

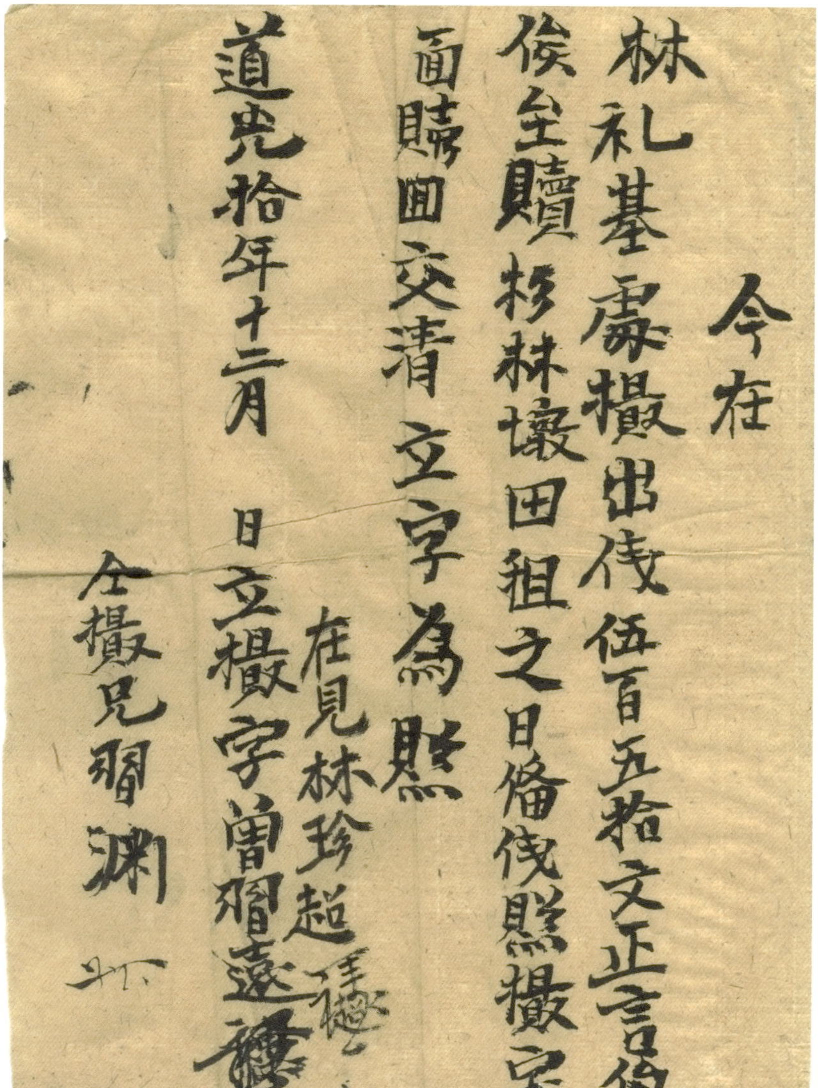
今在
林礼基處撮出錢伍百五拾文正言約
俟坐贖杉林壞田租之日備錢照撮字
面贖回交清立字為照
道光拾年十二月　日立撮字曾習遠
在見林珍超
仝撮見習淵

7-1-129-21　清道光十年十二月曾習遠等立撮字

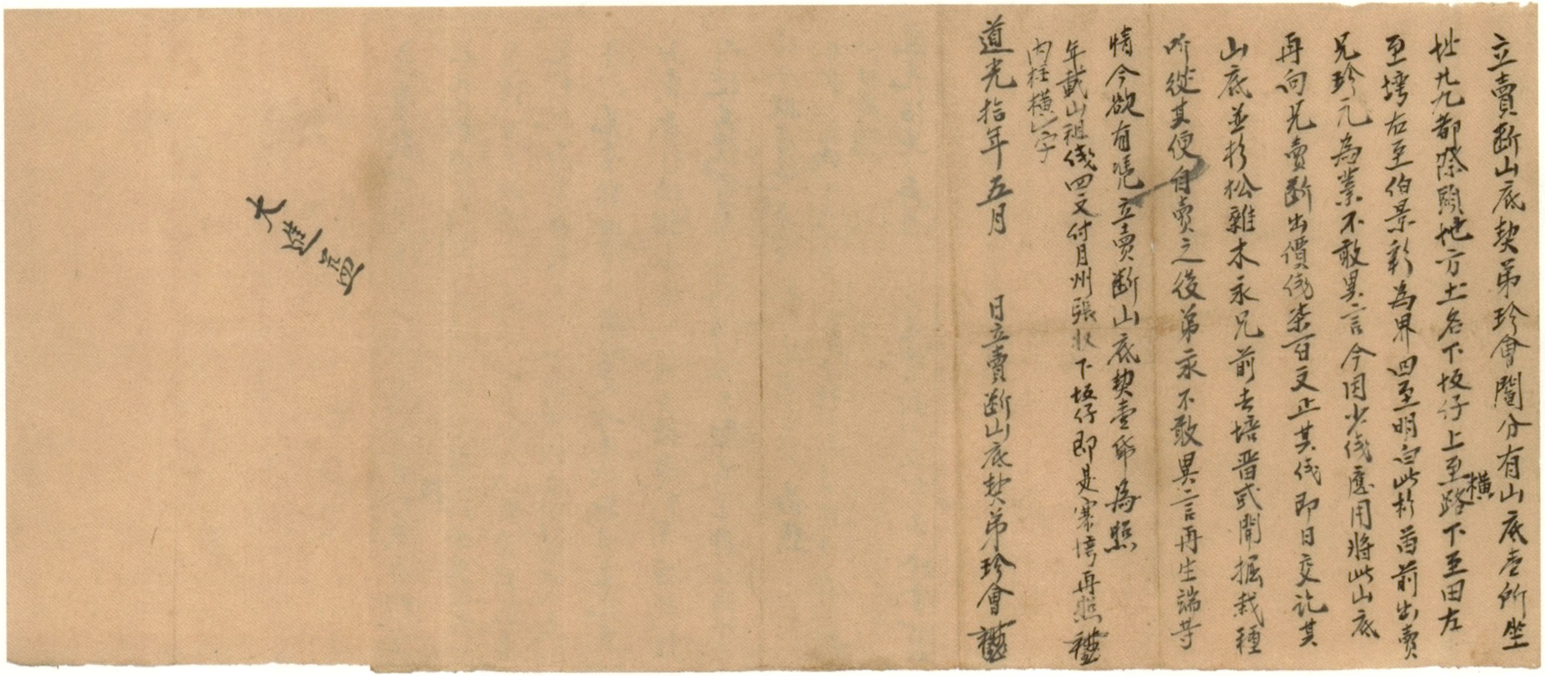
立賣斷山底契弟珍會鬮分有山底壹所坐
址九九都漈頭地方土名下坂仔上至横路下至田左
至墘右至伯景彩為界四至明白此杉苗前出賣
兄珍元為業不敢異言今因乏錢應用將此山底
再向兄賣斷出價錢柒百文正其錢即日交訖其
山底並杉松雜木永兄前去培管開掘栽種
聽從其便自賣之後弟永不敢異言再生端等
情今欲有憑立賣斷山底契壹紙為照
年載山租錢四文付月州張牧下坂仔即是寮墘再照（押）
內柱横一字
道光拾年五月　日立賣斷山底契弟珍會（押）

7-1-129-20　清道光十年五月林珍會立賣斷山底契

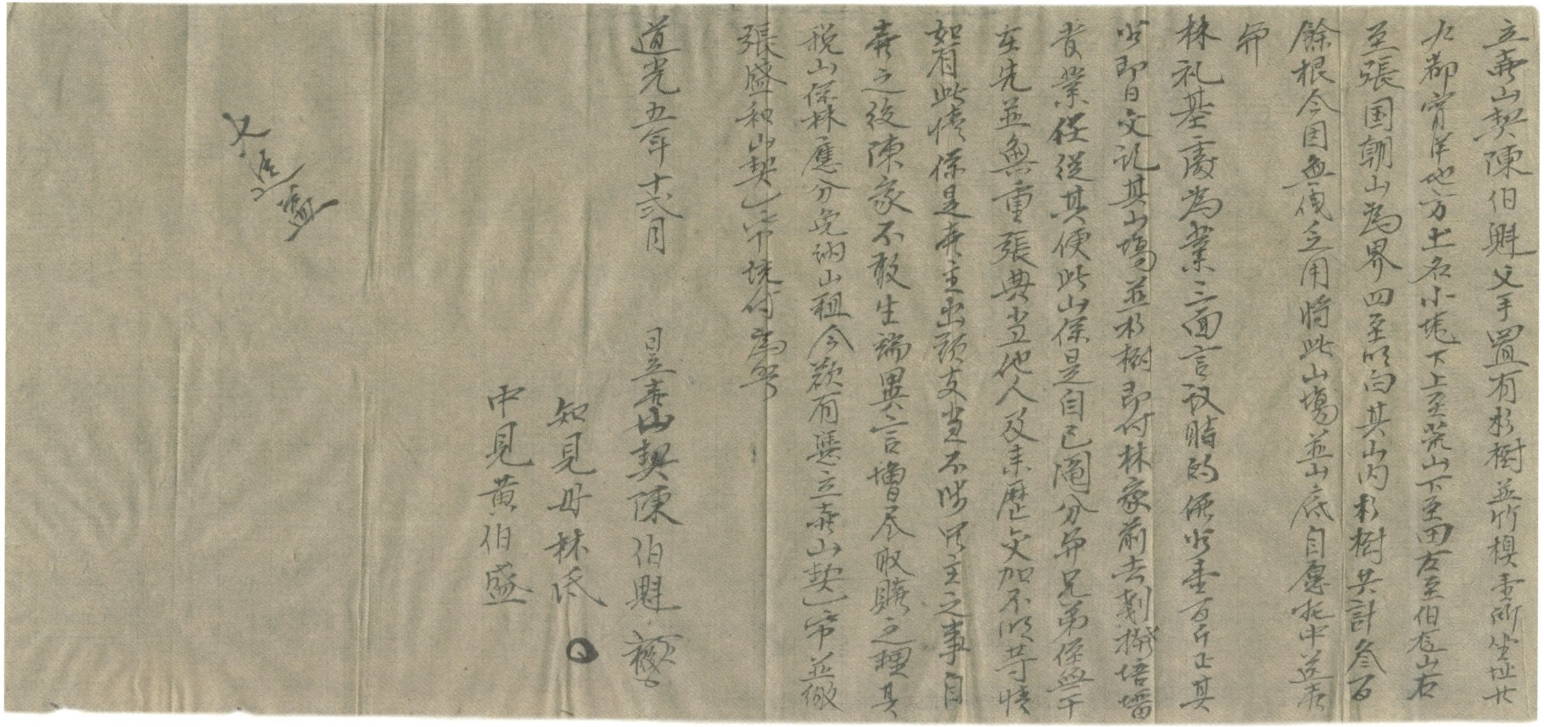
立賣山契陳伯魁，父手置有杉樹並竹模壹所，坐址七
九都曾洋地方，土名小坑下，上至荒山，下至田，左至伯应山，右
至張国朝山為界，四至明白。其山內杉樹共計叁百
餘根，今因無錢乏用，將此山場並山底自愿托中並賣
與
林礼基處為業，三面言議時值價錢壹百斤正。其
錢即日交訖，其山場並杉樹即付林家前去劉樹培植
管業，任從其便。此山係是自己阄分，與兄弟侄無干，
在先並無重張典当他人及來歷交加不明等情，
如有此情，係是賣主出頭支当，不涉買主之事。自
賣之後，陳家不敢生端異言增添取贖之理。其
税山係林應分完納山租，今欲有憑，立賣山契一帋並繳
張盛和山契一帋，付執為照。
道光五年十二月　日立賣山契陳伯魁（押）
知見母林氏
中見黃伯盛
代筆 文[illegible]書

7-1-129-19　清道光五年十二月陳伯魁立賣山場等契

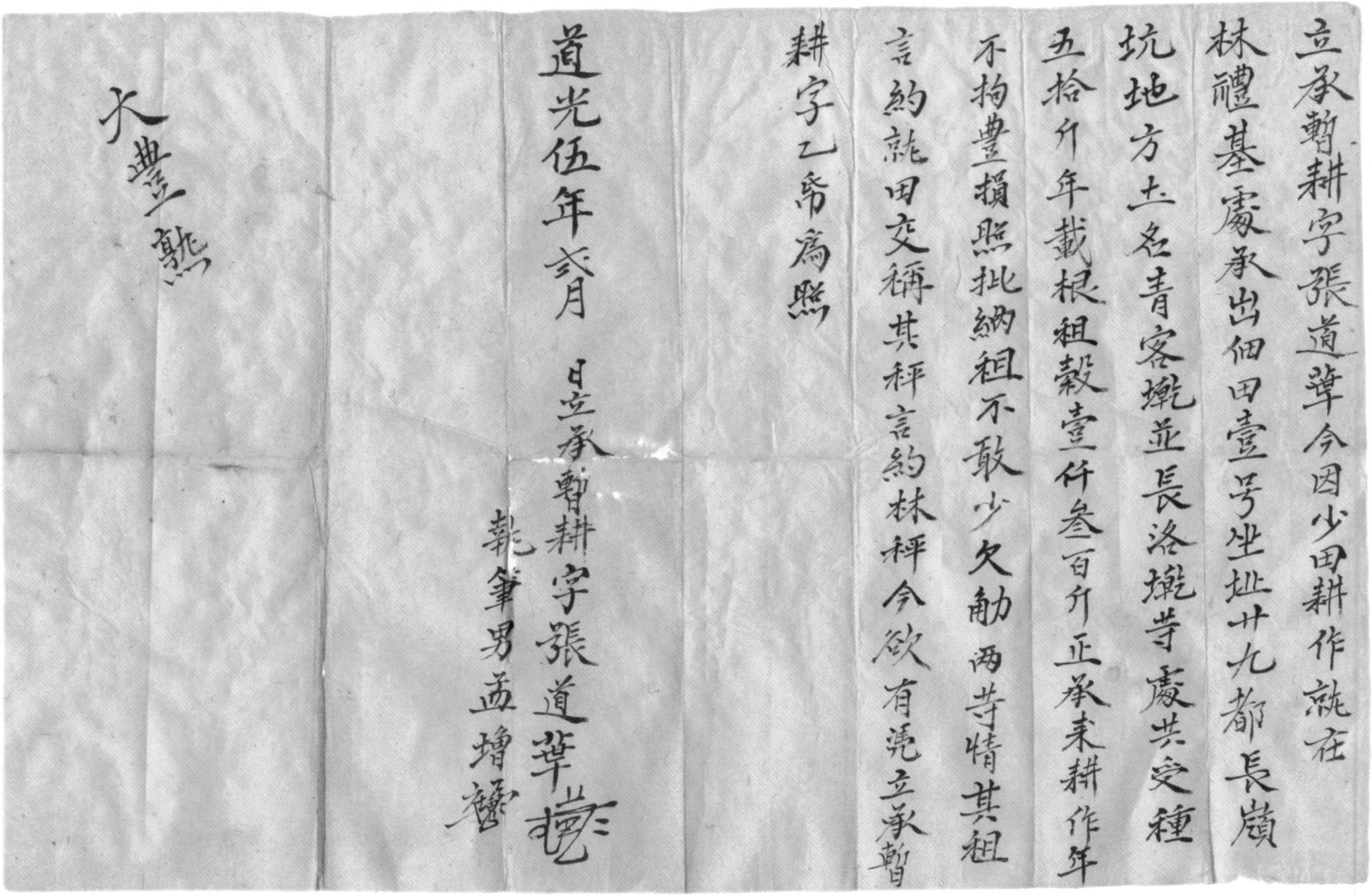
立承暫耕字張道華今因少田耕作就在
林禮基處承出佃田壹号坐址廿九都長嶺
坑地方土名青客墘並長洛墘等處共交種
五拾斤年載根租穀壹仟叁百斤正承来耕作年
不拘豐歉照批納租不敢少欠觔两等情其租
言約就田交稱其秤言約林秤今欲有憑立承暫
耕字乙帋為照
道光伍年二月　日立承暫耕字張道華（押）
執筆男孟增（押）
大豐熟

7-1-129-18　清道光五年二月張道華立承暫耕佃田字

立歸根字張元連承父遺下有民田根壹號，坐地
字九都月洲保，地方土名油杭後，受種壹畝
身載正租穀壹佰捌拾觔，租稱其租已典在林處
今因乏用，自愿托中將此根送歸典
林禮基表侄處爲業，三面言議時值根價服叁拾
兩正，每兩折錢捌佰文，其銀即日收訖，其田根即
付銀主前去管業，自佃耕作，或另安別佃，聽從其
便。此係已業，與別無干，係身重張典當他人及來
歷交加不明等情，如有此情，係張支當，不涉林事。
其年期肆年爲限，限滿付張備銀照字面取贖；
如未贖，仍從管業。其原田根字夾帶多畝，不便繳
付，取出不堪行用。今欲有憑，立歸字乙紙爲照。

道光叁年十弍月　日立歸字張元連（押）
在見兄元良（押）
中人楊文瑞（押）

歸大林

7-1-129-17　清道光三年十二月張元連立歸民田根字

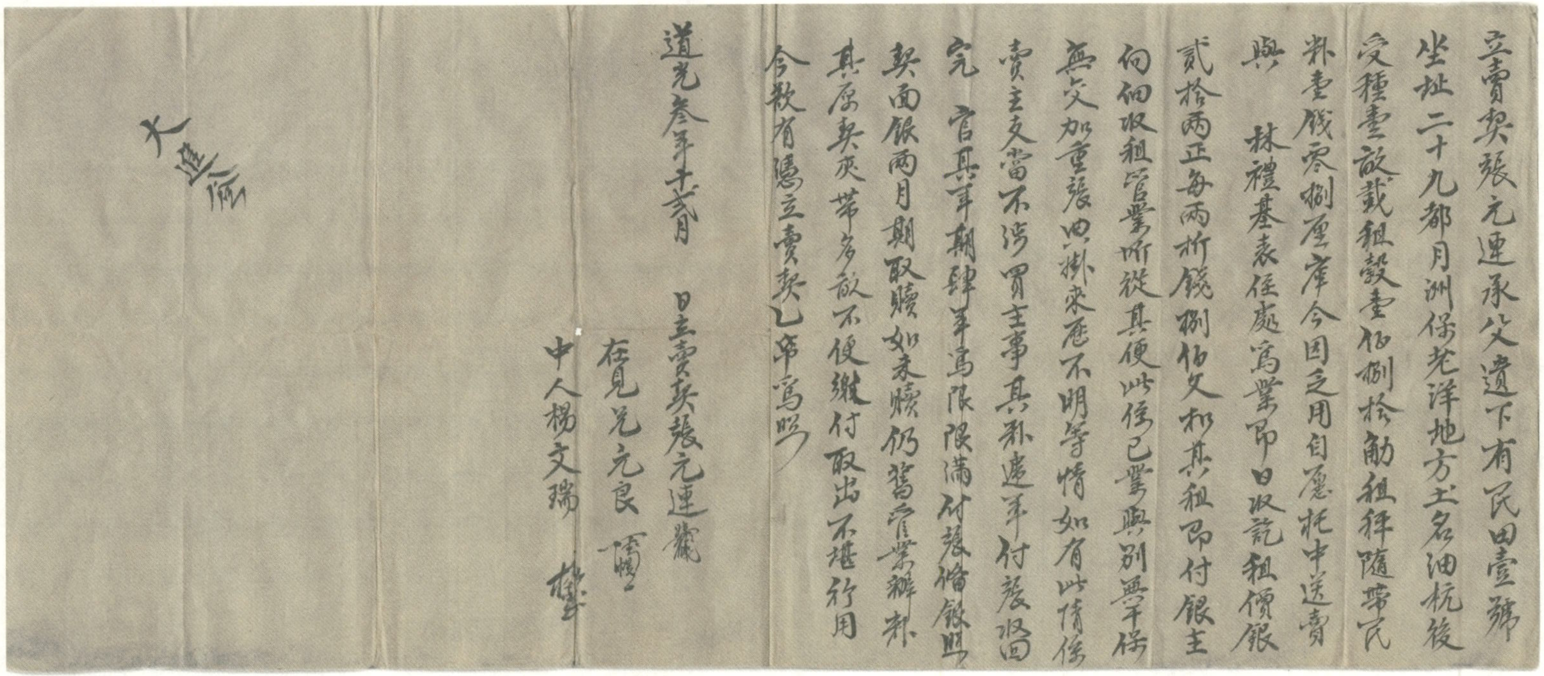
立賣契張元連承父遺下有民田壹號
坐址二十九都月洲保光洋地方土名油杭後
受種壹畝載租穀壹伯捌拾觔租併隨帶民
米壹錢零捌厘庠今因乏用自愿托中送賣
與　林禮基表侄處爲業即日收訖租價銀
貳拾兩正每兩折錢捌伯文其租即付銀主
向佃收租管業聽從其便此係已業與別無干係
無交加重張典掛來歷不明等情如有此情係
賣主支當不涉買主事其米遠年付葭收回
完官其年期肆年爲限限滿付葭備價照
契面銀兩月期取贖如未贖仍舊管業耕作
其原契灰帶多畝不便繳付取出不堪行用
今欲有憑立賣契乙帋爲照

道光叁年十弍月　日立賣契張元連（押）
在見兄元良（押）
中人楊文瑞（押）

大進（押）

7-1-129-16　清道光三年十二月張元連立賣民田契

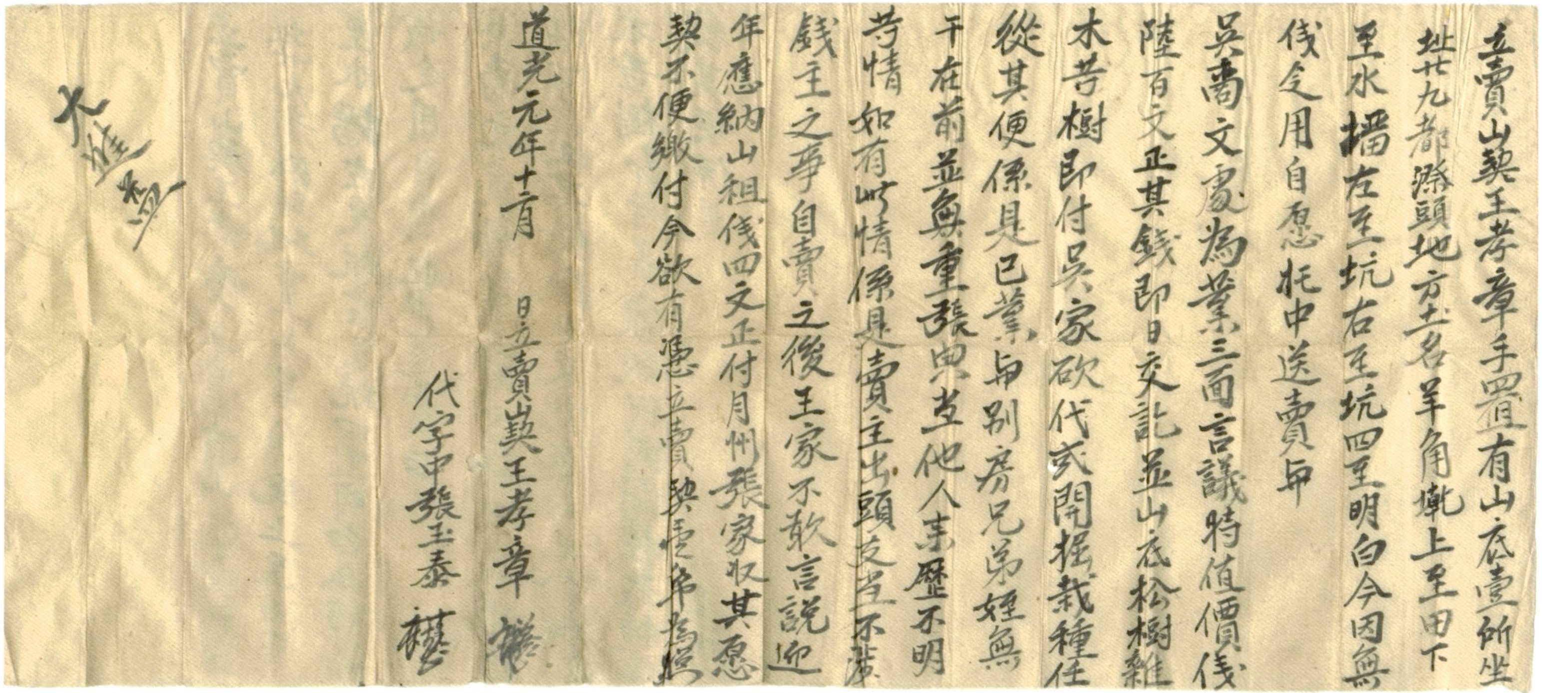
立賣山契王孝章手置有山底壹所坐
址廿九都濟頭地方土名羊角墘上至田下
至水𣲖左至坑右至坑四至明白今因無
錢會用自愿托中送賣與
吳禹文處為業三面言議特值價錢
陸百文正其錢即日交訖並山底松樹雜
木等樹即付吳家砍伐式閒掘栽種任
從其便係是已業與別房兄弟姪無
干在前並無重張典當他人來歷不明
等情如有此情係是賣主出頭支當不涉
錢主之事自賣之後王家不敢言說迎
年應納山租錢四文正付月州張家收其愿
契不便繳付今欲有憑立賣契字壹紙為照

道光元年十二月　日立賣山契王孝章（押）

代字中張玉泰（押）

7-1-129-15　清道光元年十二月王孝章立賣山底契

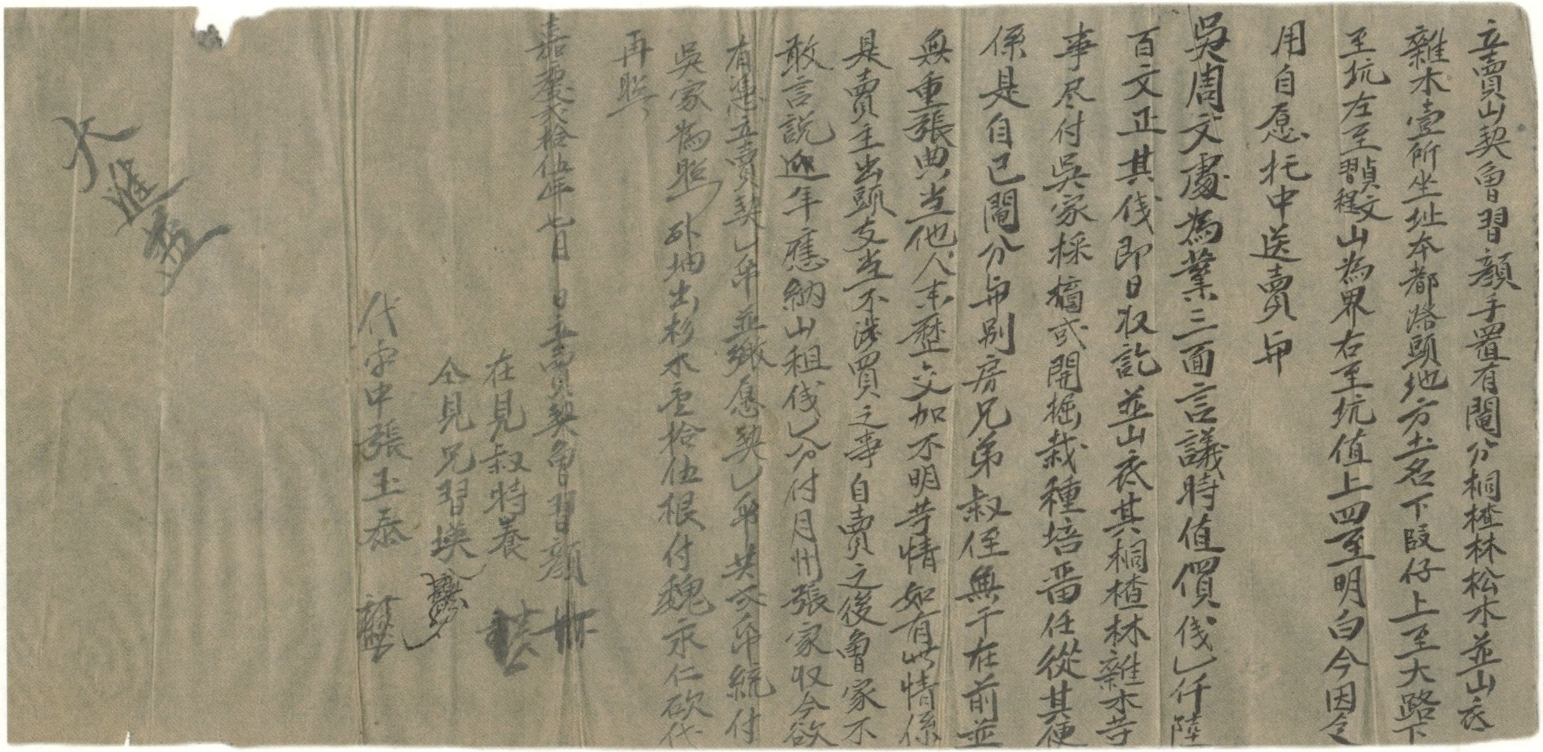

立賣山契曾習顔，手置有閹分桐植林松木並山衣
雜木壹所，坐址本都漈頭地方，土名下段仔，上至大路，下
至坑，左至習顔文山為界，右至坑，值上四至明白。今因乏
用，自愿托中送賣與
吳周文處為業，三面言議時值價錢□仟陸
百文正。其錢即日收訖，並山衣其桐植林雜木等
事，盡付吳家採摘，或閹掘栽種培畨，任從其便。
係是自己閹分，與別房兄弟叔侄無干，在前並
無重張典當他人，未曾歷交加不明等情；如有此情，係
是賣主出頭支當，不涉買人之事。自賣之後，曾家不
敢言說。逐年應納山租錢□文，付月卅張家收。今欲
有憑，立賣契一紙並繳憑契一紙，共二紙付
吳家為照。外地出杉木壹拾伍根，付魏永仁砍伐
再照。

嘉慶貳拾伍年七月 日立賣山契曾習顔（押）
在見叔 特養（押）
仝見兄 習焕（押）
代字中 張玉泰（押）

7-1-129-14　清嘉慶二十五年七月曾習顔立賣桐植林松木等契

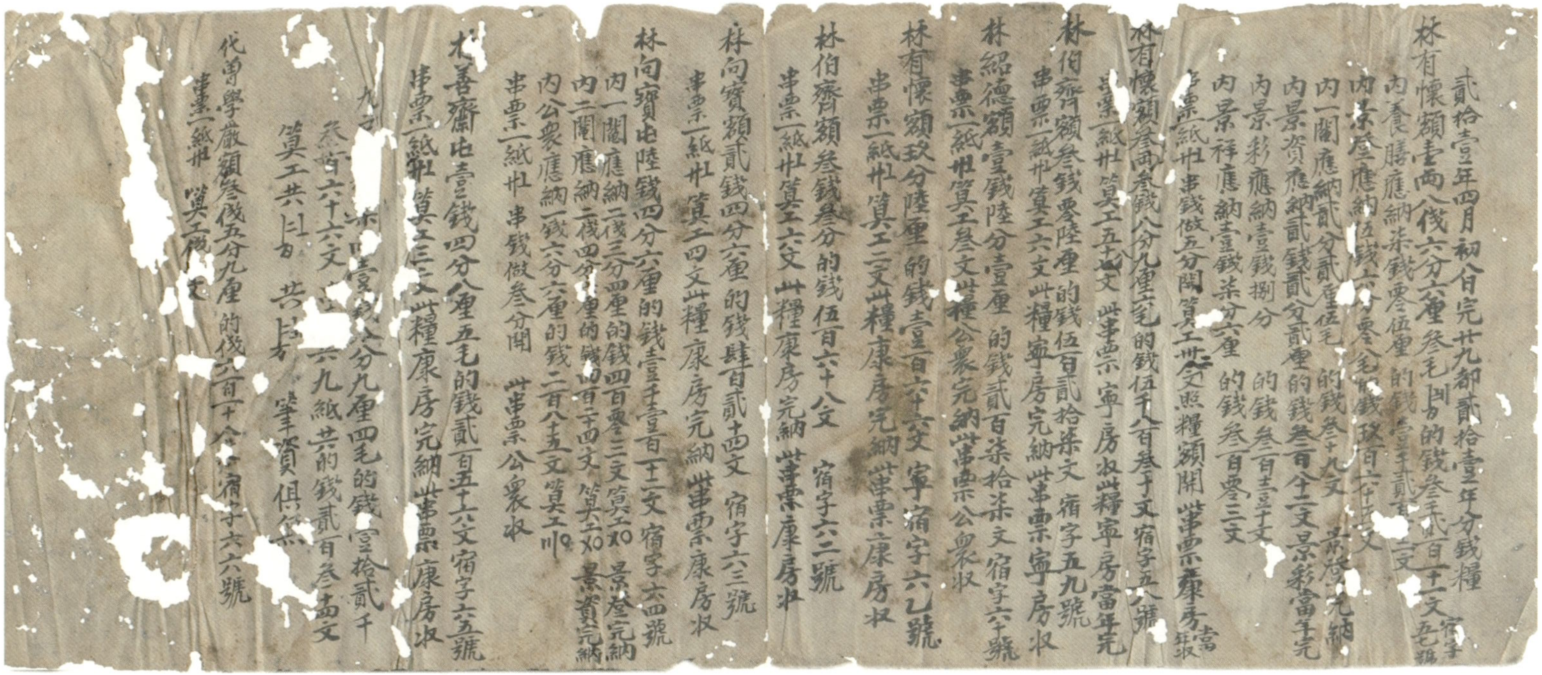

7-1-129-13　清嘉慶二十一年四月林氏錢糧清單

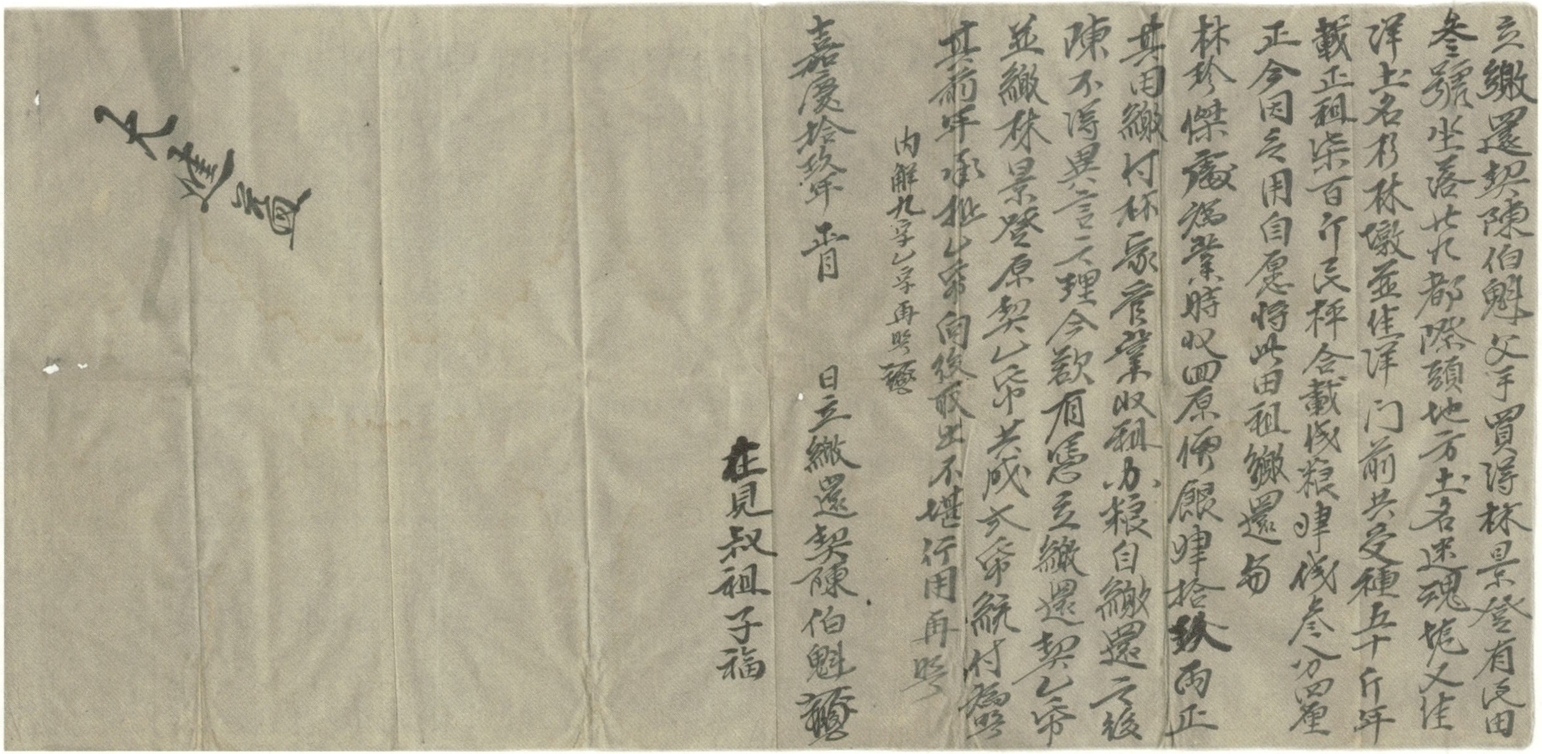
立繳還契陳伯魁，父手買得林景登有民田
叁號，坐落廿九都漈頭地方，土名迷魂坵、文往
洋、土名杉林墩並佳洋門前，共受種五十斤，年
載正租柒百斤民秤，仝載戶粮肆錢叁分四厘
正。今因乏用，自愿將此田租繳還與
林玠傑處為業，時收回原價銀肆拾玖兩正。
其田繳付林家管業收租办粮，自繳還之後，
陳不得異言生理。今欲有憑，立繳還契乙紙，
並繳林景登原契乙紙，共成弍紙，付爲
其前年承批乙紙，向後取出不堪行用，再照。
內解九字、乙字，再照。
嘉慶拾玖年正月　日立繳還契陳伯魁（押）
在見叔祖子福

7-1-129-12　清嘉慶十九年正月陈伯魁立缴還民田契

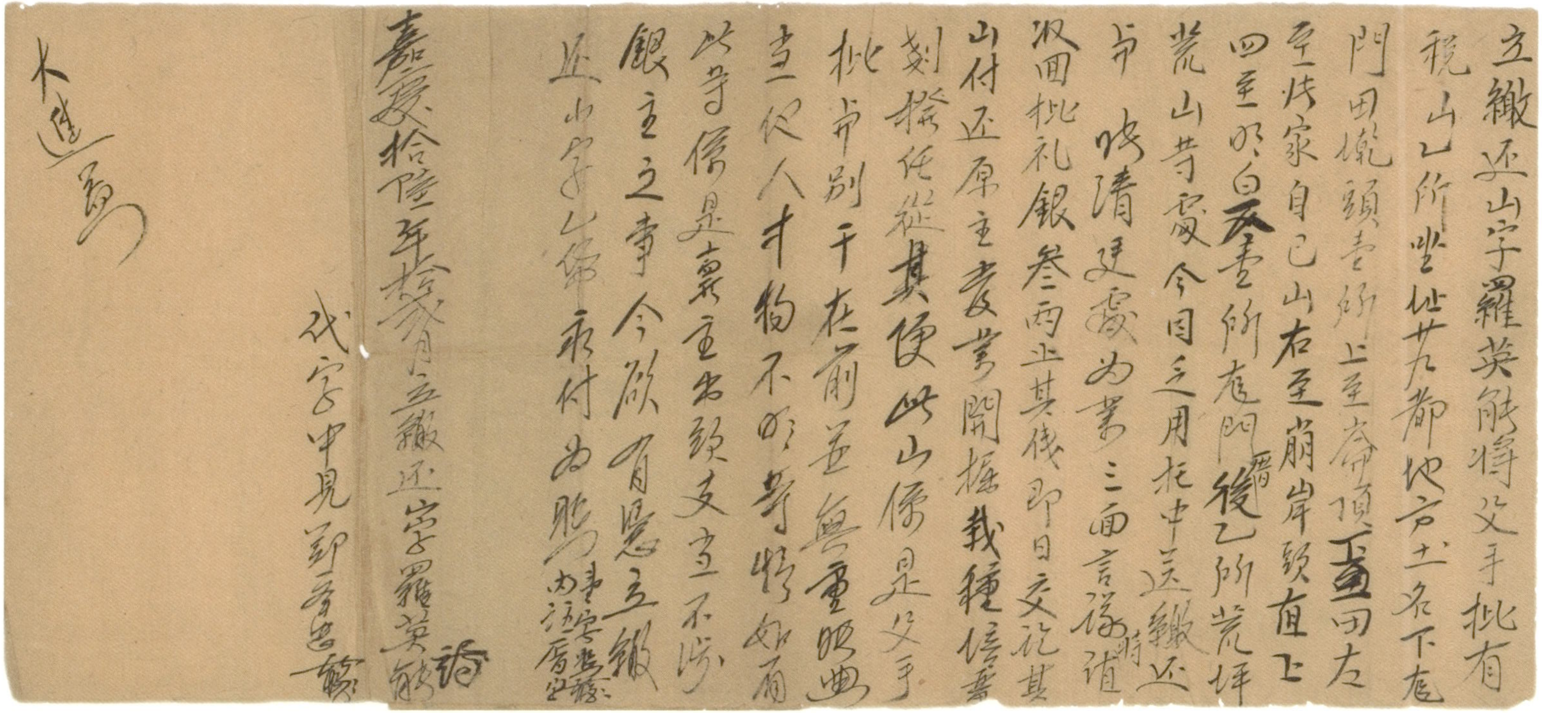

7-1-129-11　清嘉慶十六年十二月羅英能立繳還稅山字

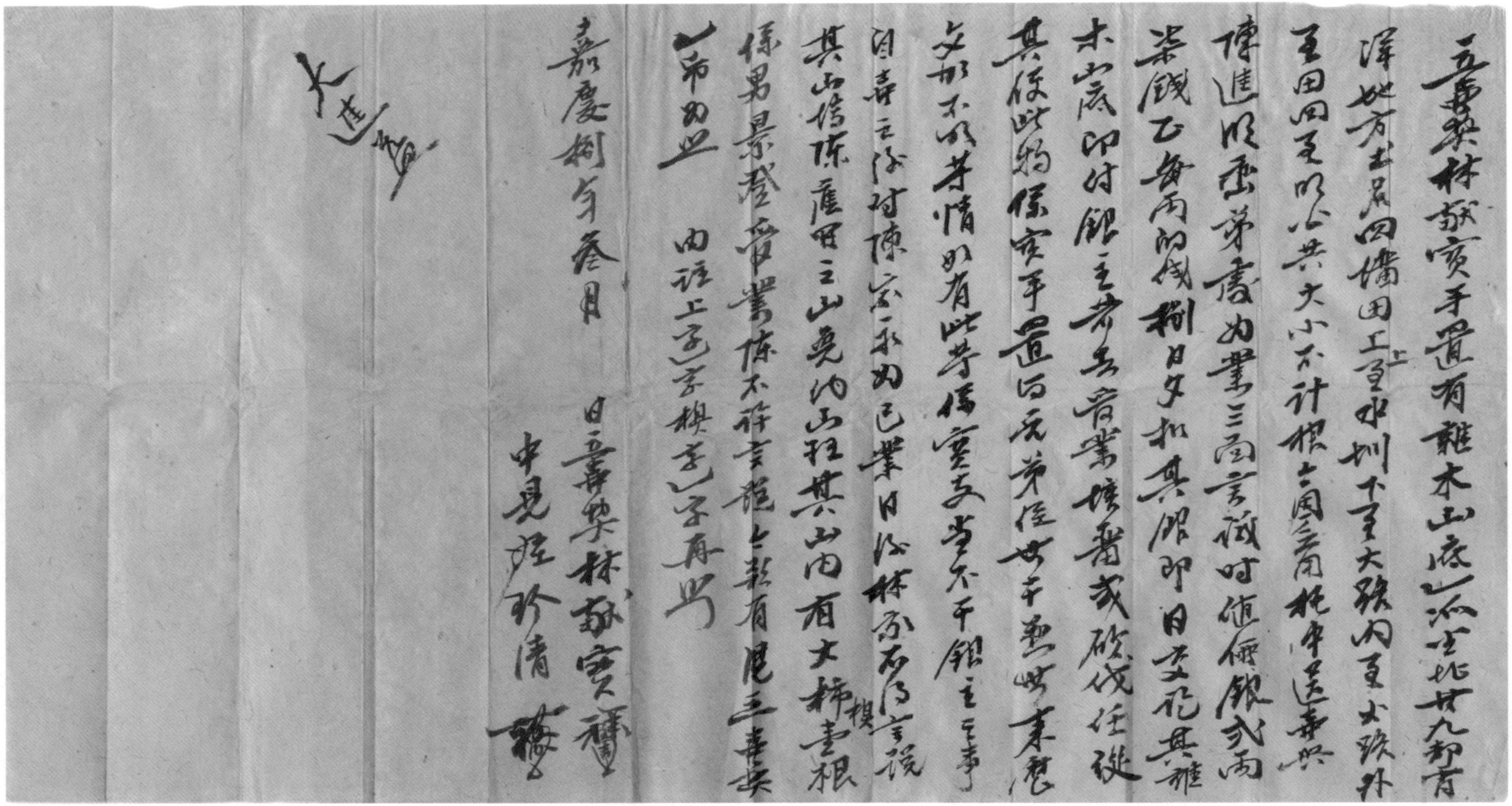

立賣契林献寶，承手置有雜木山底一派，坐址廿九都青
洋地方，土名田墘田墻田上至水圳，下至大路，內至大路，外
至田，四至明白，共大小不計根。今因乏用，托中送與
陳進服處為業，三面言議，時值價銀貳兩
柒錢正，每兩約錢樹日交利，其銀即日交訖，其雜
木底即付銀主前去管業，掌管或砍伐任從
其便。此係寶手置之業，與兄弟侄無干，亦無來歷
交加不明等情。如有此等，係寶支當，不干銀主之事。
自賣之後，任聽陳家永為己業，日後林家不得言說。
其山係陳雇田之山，與內山柱其山內有大柿模壹根
係男景登管業，陳不許言說。今欲有憑，立賣契
一紙為照。
內註上字乙字，模字乙字再照。

嘉慶捌年叁月　日立賣契林献寶（押）
中見侄珍清（押）

大進

7-1-129-10　清嘉慶八年三月林献寶立賣雜木山底契

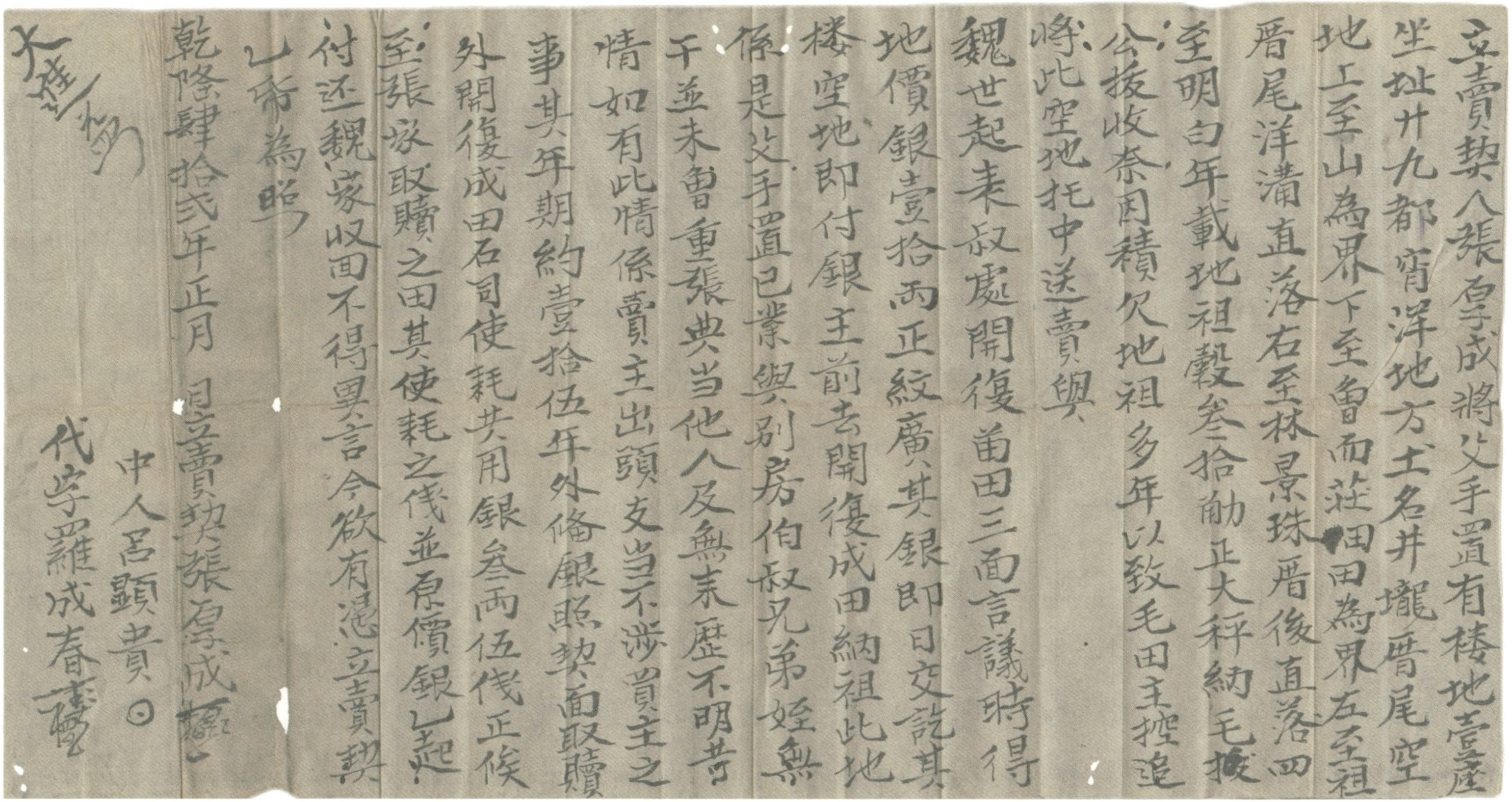
立賣契人張厚成將父手置有樓地壹座
坐址廿九都宵洋地方土名井壠厝尾空
地上至山為界下至魯而莊田為界左至祖
厝尾洋墘直落右至林景珠厝後直落田
至明白年載地租穀叁拾觔正大秤納毛擬
公接收奈因積欠地租多年以致毛田主控追
將此空地托中送賣與
魏世起耒叔處開復畓田三面言議時得
地價銀壹拾兩正紋廣其銀即日交訖其
樓空地即付銀主前去開復成田納租此地
係是父手置已業與別房伯叔兄弟姪無
干並未曾重張典当他人及無來歷不明等
情如有此情係賣主出頭支当不涉買主之
事其年期約壹拾伍年外備銀照契面取贖
外開復成田石司使耗其用銀叁兩伍錢正候
至張家取贖之田其使耗之錢並原價銀一起
付还魏家收回不得異言今欲有憑立賣契
山市為照
乾隆肆拾弍年正月　日立賣契張厚成
中人呂顯貴
代字羅成春
大進

7-1-129-9　清乾隆四十二年正月張厚成立賣樓地契

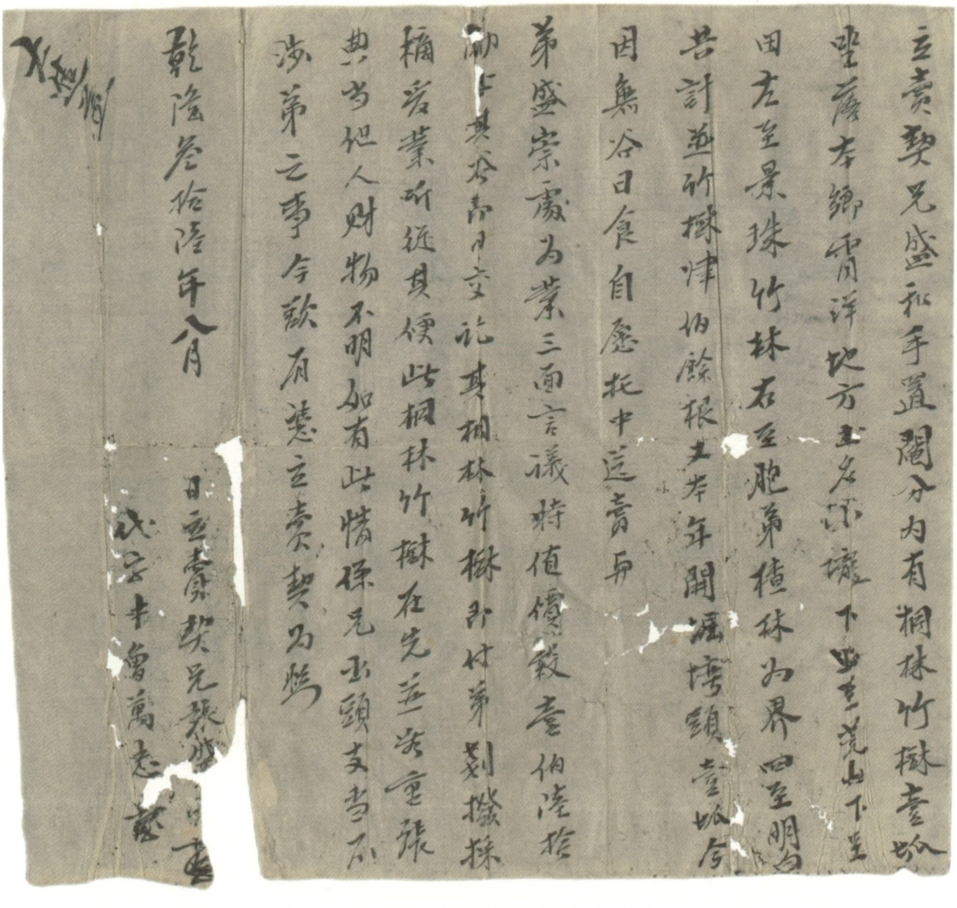

立賣契兄盛和手置闔分內有桐林竹樹壹塅
坐落本鄉霄洋地方土名下壠下山頭上荒山下至
田左至景珠竹林右至胞弟植林為界四至明白
共計並竹樹律仍餘根土本年開掘墘頭壹塅今
因無谷日食自愿托中送賣與
弟盛崇處為業三面言議時值價穀壹佰陸拾
觔正其谷本日交訖其桐林竹樹即付弟劉撥採
摘管業所從其便此桐林竹樹在先並無重張
典當他人財物不明如有此情係兄出頭支當不
涉弟之事今欲有憑立賣契為照

乾隆叁拾陸年八月 日立賣契兄張盛和
代字中人 曾萬志

大吉利

7-1-129-8　清乾隆三十六年八月張盛和立賣桐林竹樹契

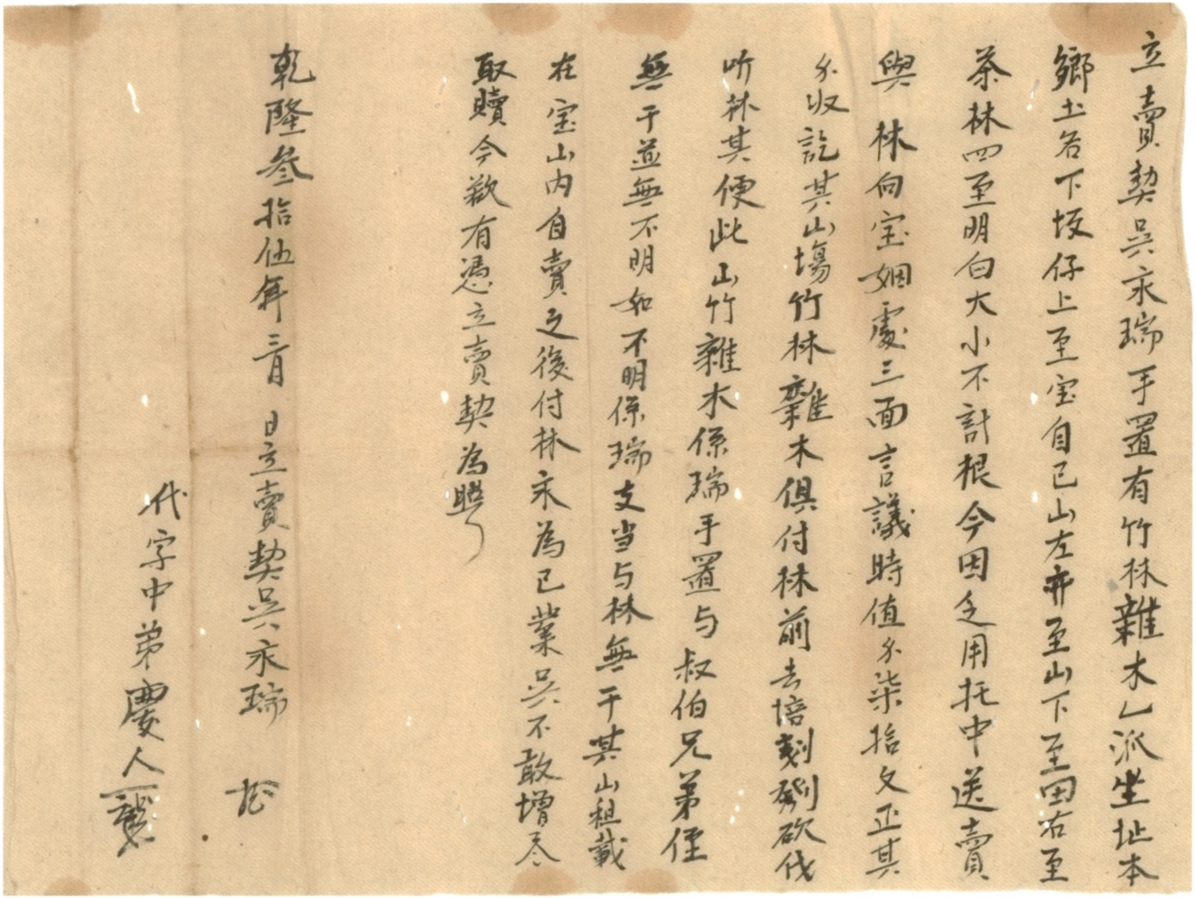
立賣契吳永瑞手置有竹林雜木山派坐址本
鄉土名下坂仔上至宝自己山左并至山下至田右至
茶林四至明白大小不計根今因乏用托中送賣
與林向宝姻處三面言議時值錢柒拾文正其
錢收訖其山塲竹林雜木俱付林前去培剗砍伐
听林其便此山竹雜木係瑞手置与叔伯兄弟侄
無干並無不明如不明係瑞支当与林無干其山税載
在宝山内自賣之後付林永為己業吳不敢增找
取贖今欲有憑立賣契為照
乾隆叁拾伍年三月　日立賣契吳永瑞（押）
代字中弟慶人（押）

7-1-129-7　清乾隆三十五年三月吳永瑞立賣竹林雜木契

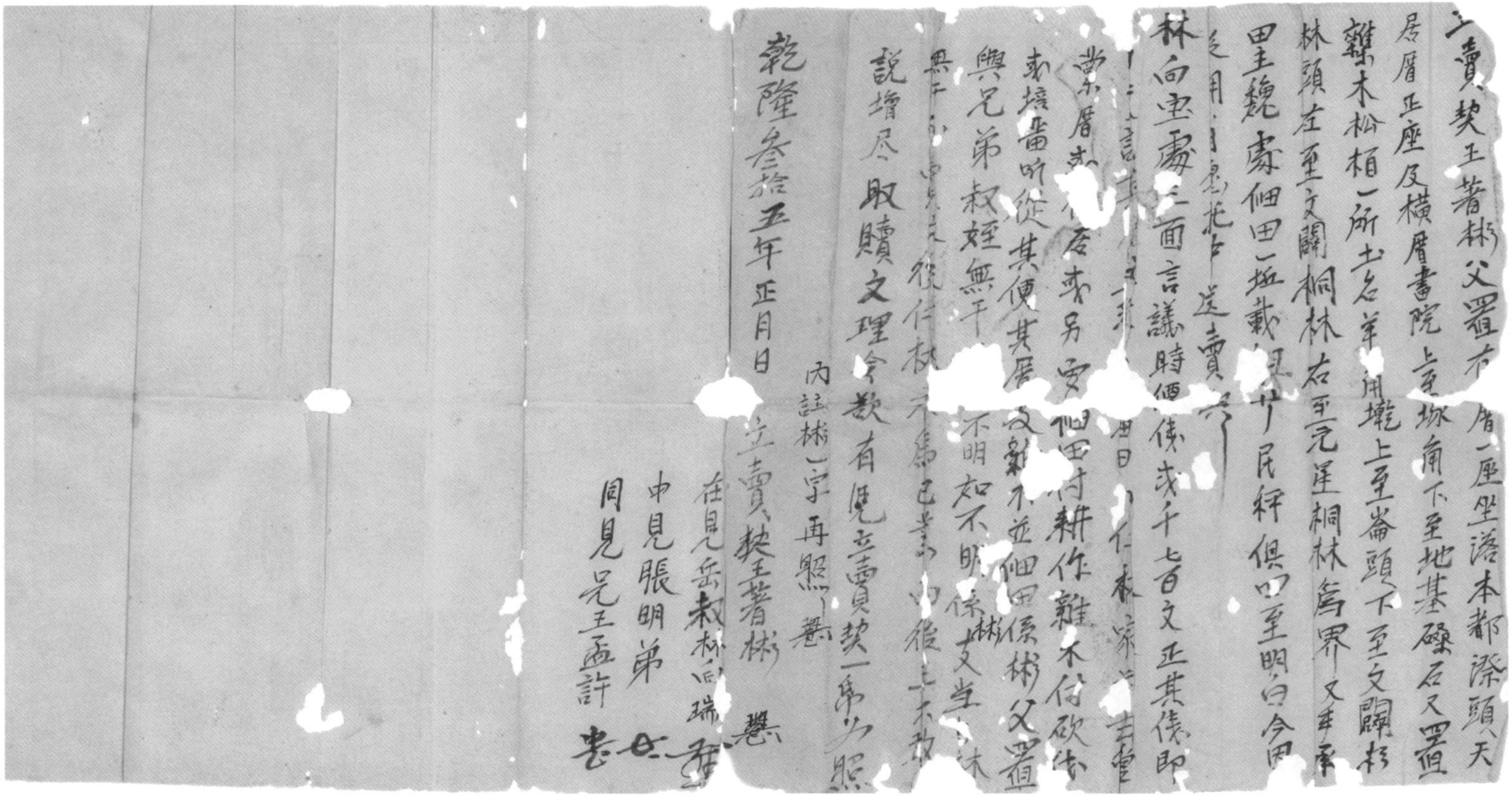
立賣契王著彬，父置有厝一座，坐落本都漈頭[illegible]天
居厝正座及橫厝書院，上至坎角，下至地基磉石。又置
雜木松柏一所，土名羊角壠，上至崙頭，下至文闢杉
林頭，左至文闢桐林，右至元廷桐林爲界。又手承
里魏處佃田一坵，載租廿[illegible]民秤，俱四至明白。今因
乏用，自愿托中送賣[illegible]
林向忠處，三面言議時價係錢壹千七百文正，其錢即
[illegible]
業，其厝[illegible]居或另安佃田付耕作，雜木任砍伐
或培當，聽從其便。其厝及[illegible]並佃田係彬父置
與兄弟叔侄無干，[illegible]不明，如不明，係彬支當，[illegible]
無干。[illegible]
說增盡取贖文理。今欲有憑，立賣契一紙，永遠爲照。
內註彬一字，再照。
乾隆叁拾五年正月　日　立賣契王著彬
在見岳叔林[illegible]瑞
中見張明弟
同見兄王孟許

7-1-129-6　清乾隆三十五年正月王著彬立賣厝樫等契

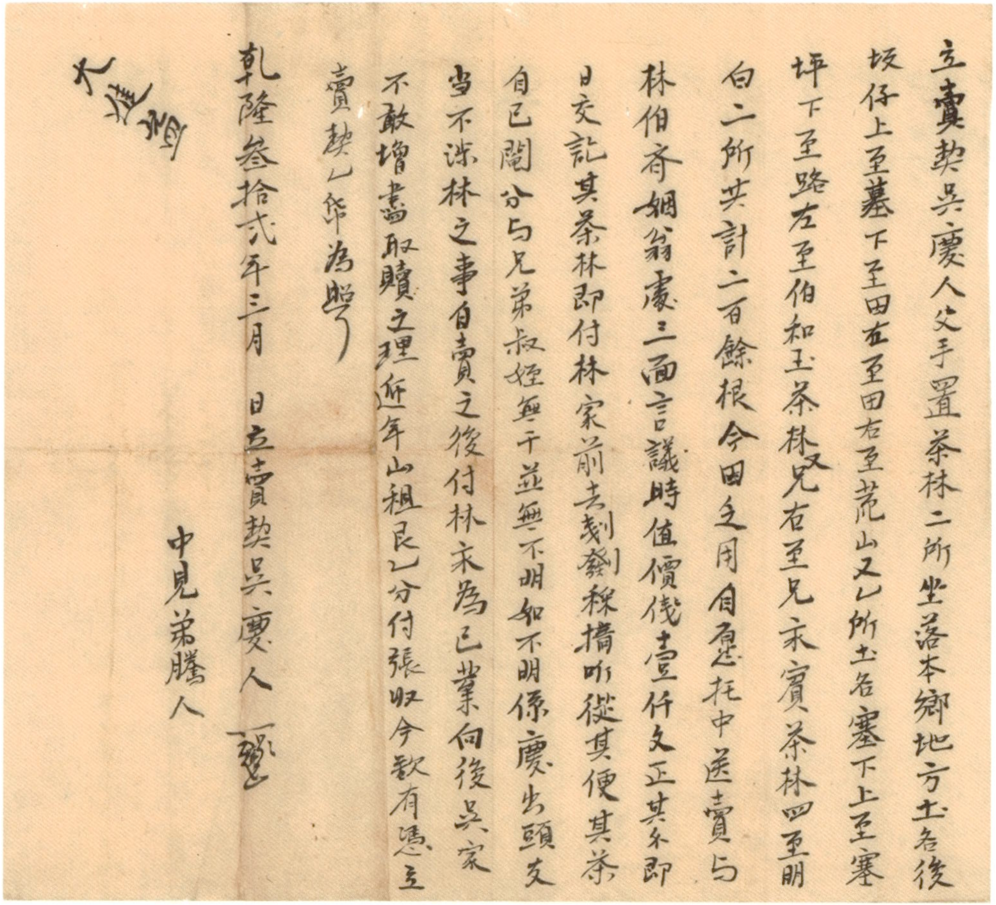

立賣契吳慶人父手置茶林二所坐落本鄉地方土名後
坂仔上至墓下至田左至田右至荒山又乙所土名塞下上至塞
坪下至路左至伯和玉茶林兄右至兄汞賓茶林四至明
白二所共計二百餘根今因乏用自愿托中送賣与
林伯脊姻翁處三面言議時值價錢壹仟文正其錢即
日交訖其茶林即付林家前去剗鋤採摘聽從其便其茶
自己鬮分与兄弟叔姪無干並無不明如不明係慶出頭支
當不涉林之事自賣之後付林永為己業向後吳家
不敢增盡取贖之理近年山租艮乙分付張收今欲有憑立
賣契乙紙為照

乾隆叁拾弍年三月　　日立賣契吳慶人（押）

中見弟騰人

大進寶

7-1-129-5　清乾隆三十二年三月吳慶人立賣茶林契

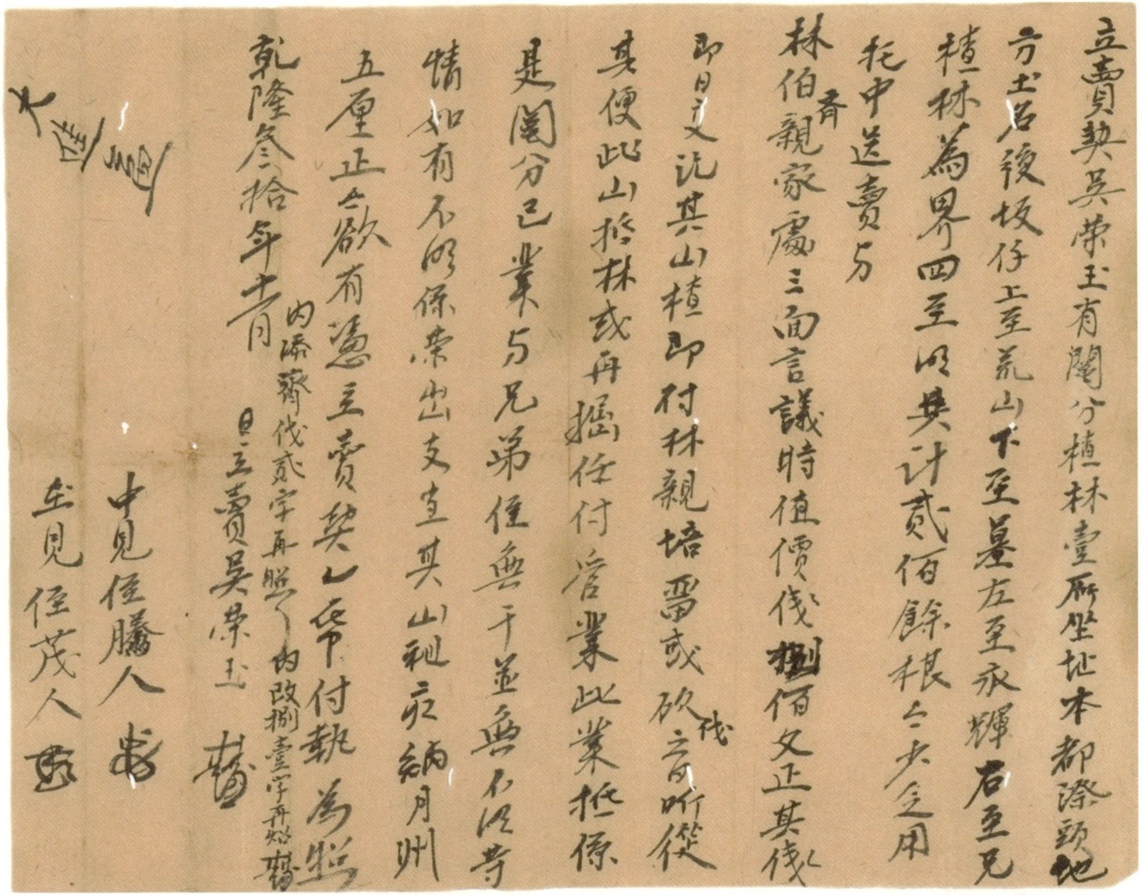
立賣契吳榮玉有閹分植林壹所坐址本都漈頭地
方土名後坂仔上至荒山下至墓左至永輝右至兄
植林爲界四至明白共計貳佰餘根今因欠銀用
托中送賣与
林伯親家處三面言議時值價錢捌佰文正其錢
即日交訖其山植即付林親培蓄或砍伐亦聽從
其便此山於林或再掘任付管業此業抵係
是閹分已業与兄弟侄無干並無不明等
情如有不明係榮出支直其山租永納月川
五厘正今欲有憑立賣契一紙付執爲照
內添齊伐貳字再照　內改捌壹字再照
乾隆叁拾年十一月　日立賣契吳榮玉（押）
中見侄騰人（押）
在見侄茂人（押）
大吉

7-1-129-4　清乾隆三十年十一月吴荣玉立賣楂林契

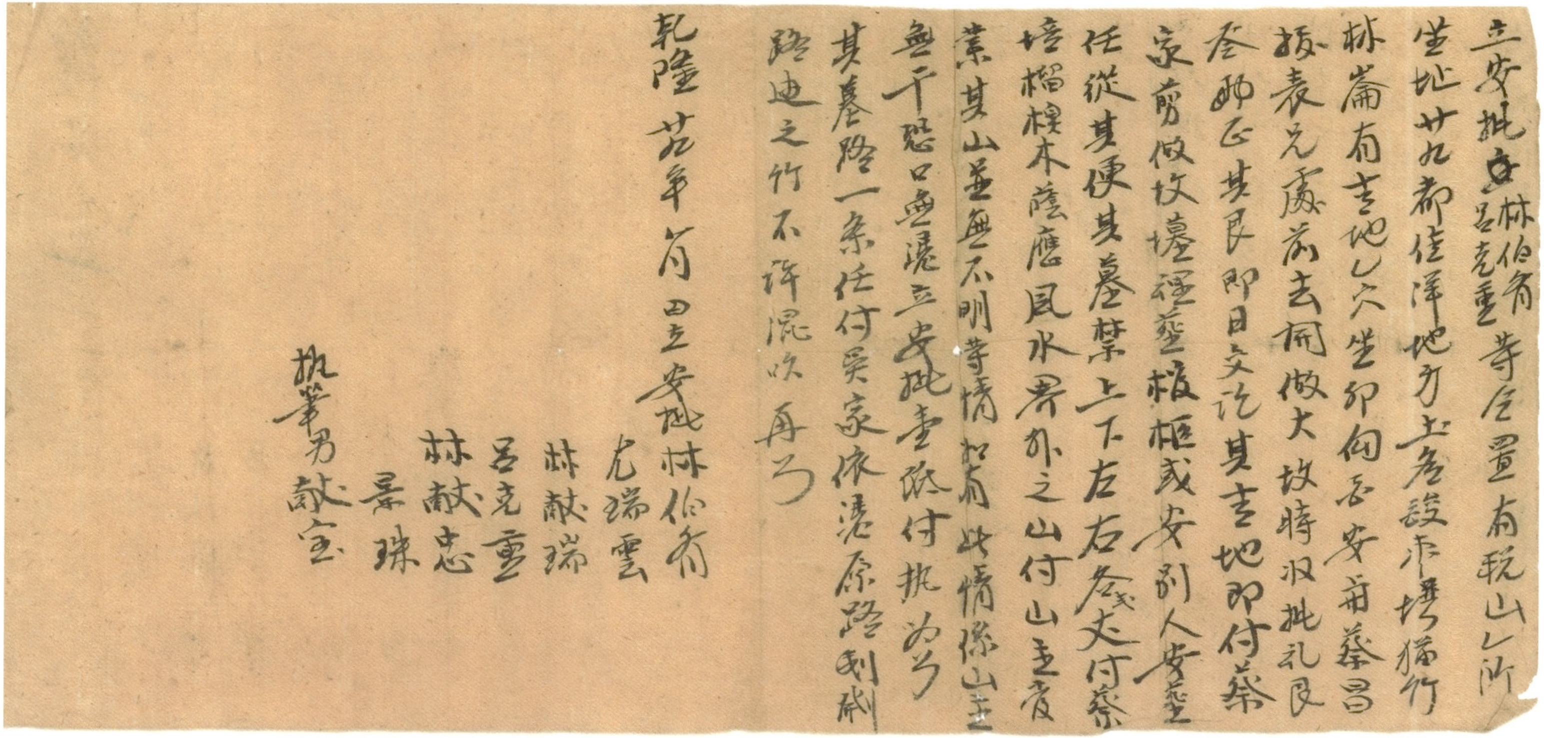

立安批字林伯齊、呂克重等，今置有税山一所，坐址廿九都佳洋地方，土名設下塆猫竹林崙，有吉地一穴，坐卯向酉，今安葬呂族表兄處前去開做大坟，時收批礼艮叁兩正，其艮即日交訖，其吉地即付蔡家前做坟壙，經埋棺柩，或安別人安葬，任從其便，其墓禁上下左右叁丈付蔡培植樹木，蔭應風水，界外之山付山主管業。其山並無不明等情，如有此情，係山主無干，恐口無憑，立安批壹紙付批為照。
其墓路一條任付吳家依照原路剎剎，路邊之竹不許混砍。再照。

乾隆廿九年八月　日立安批　林伯齊
龍瑞雲
林献瑞
呂克重
林献忠
景珠
執筆男献宝

7-1-129-3　清乾隆二十九年八月林伯齊等立安批吉地字

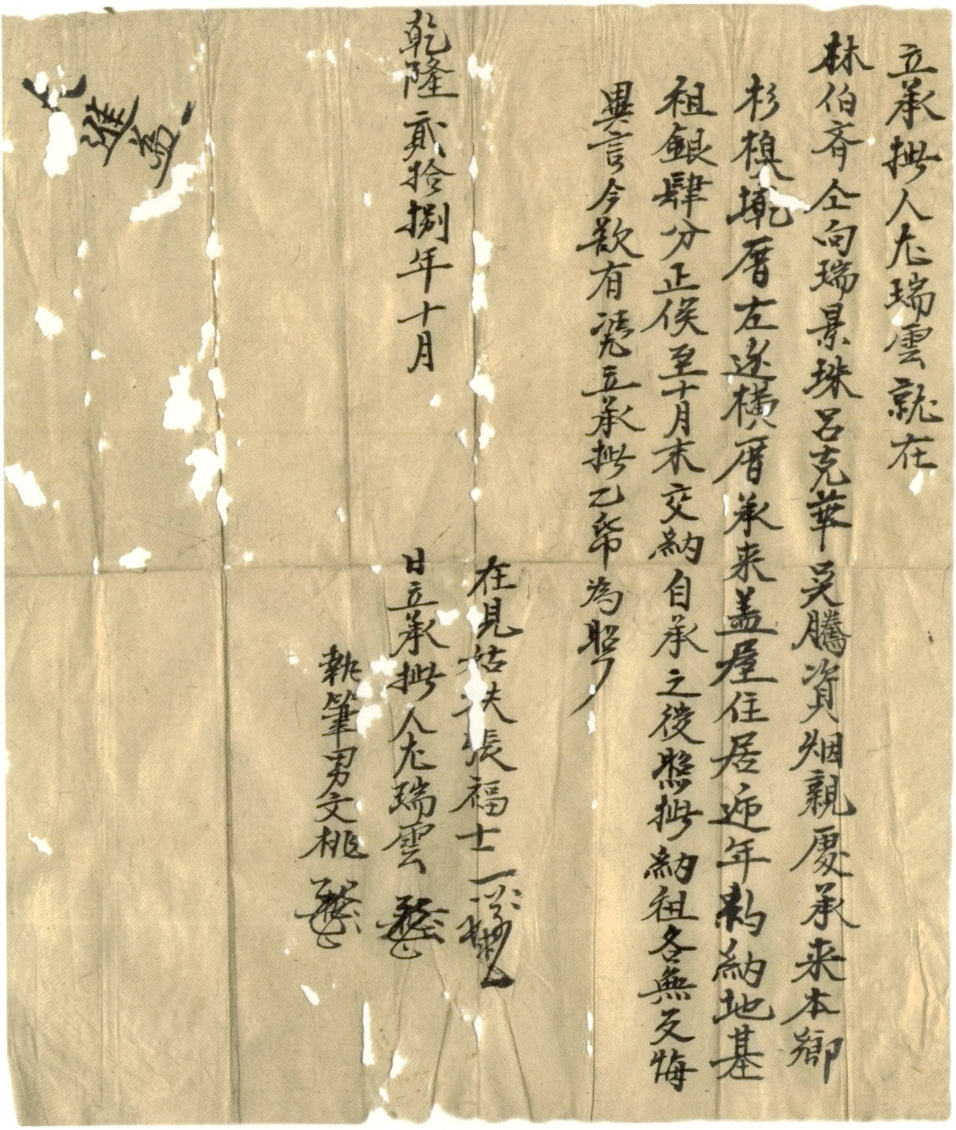
立承批人尤瑞雲就在
林伯斉仝向瑞景珠呂克華吳騰資烟親處承來本鄉
杉槙墘厝左邊橫厝承來蓋屋住居逐年納地基
租銀肆分正俟至十月末交納自承之後照批納租各無反悔
恐言今欲有憑立承批乙帋為照
在見姑丈張福士（押）
日立承批人尤瑞雲（押）
執筆男文桃（押）
乾隆貳拾捌年十月

7-1-129-2　清乾隆二十八年十月尤瑞雲立承批厝字

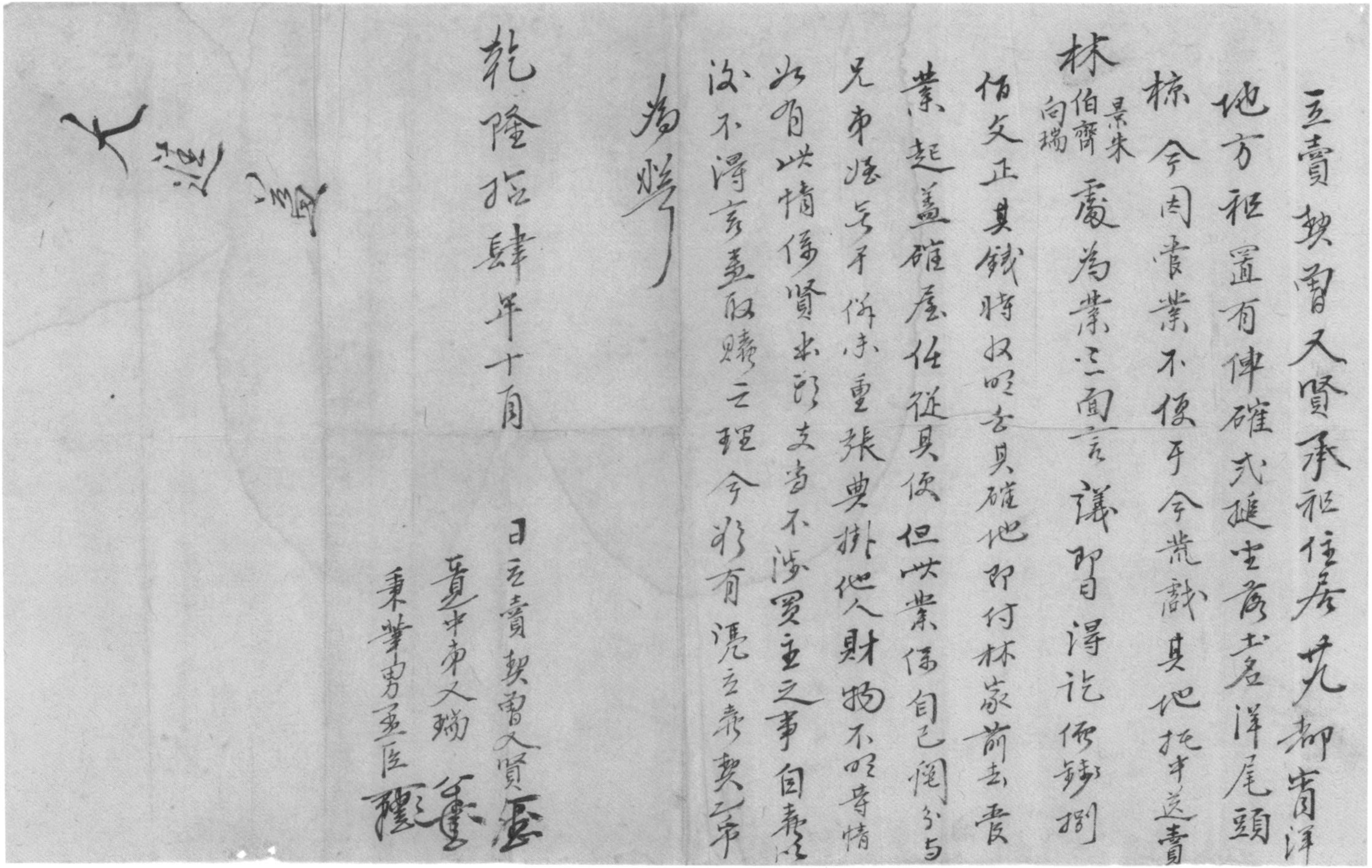

立賣契曾又賢承祖住居充郡甯洋地方祖置有伸確弍碓坐落土名洋尾頭棕，今因賣業不便，手今荒戲，其地托中送賣林景朱、伯齊、向瑞處爲業，三面言議，即日得訖價錢捌佰文正，其錢隨收明，其碓地即付林家前去掌業，起蓋碓屋，任從其便。但此業係自己閹分之兄弟叔侄并未重張典掛他人財物不明等情，如有此情，係賢出頭支當，不涉買主之事。自賣以後，不得言盡取贖之理。今欲有憑，立賣契一紙爲照。

乾隆拾肆年十月　日立賣契曾又賢（押）

見中弟又瑞（押）

秉筆男孟臣（押）

大吉

7-1-129-1　清乾隆十四年十一月曾又賢立賣俾確契

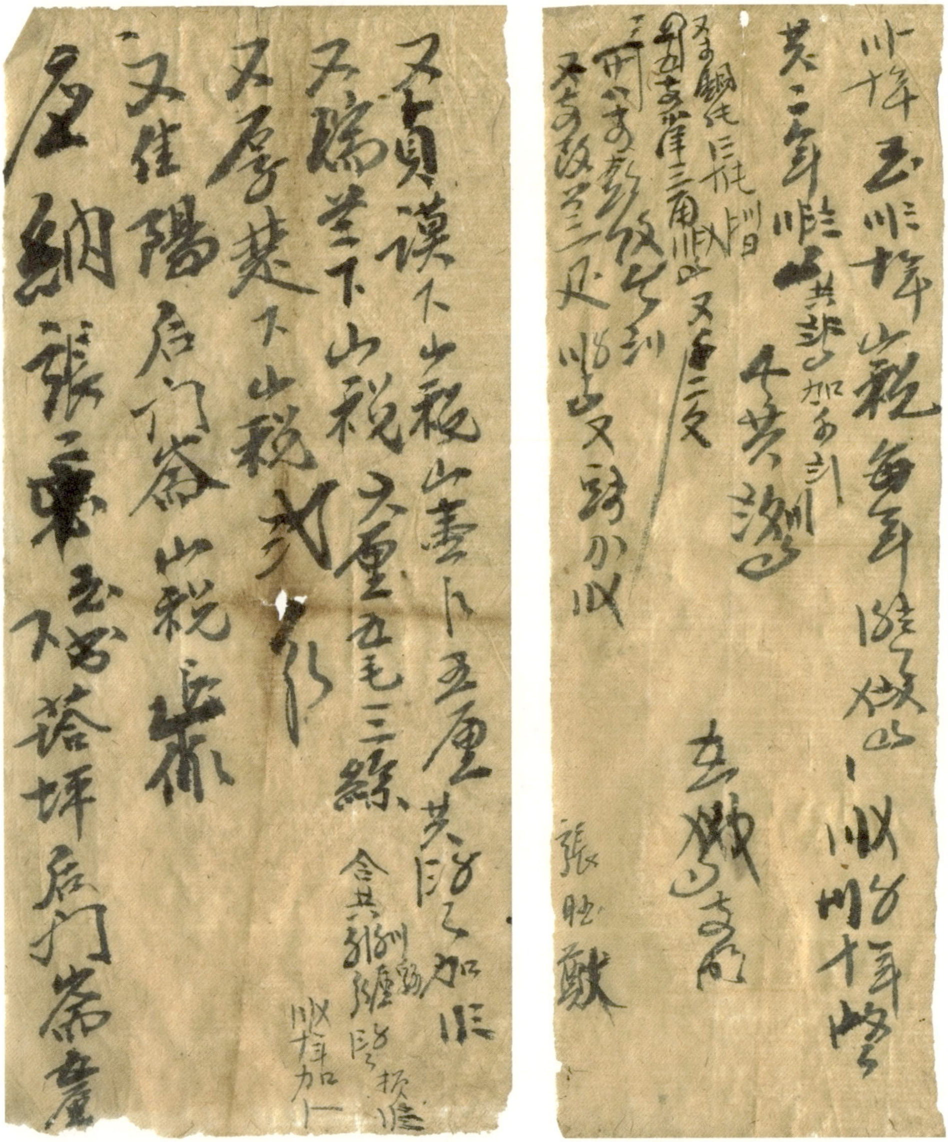

7-1-128-2　月洲張氏山税清單（年代不詳）

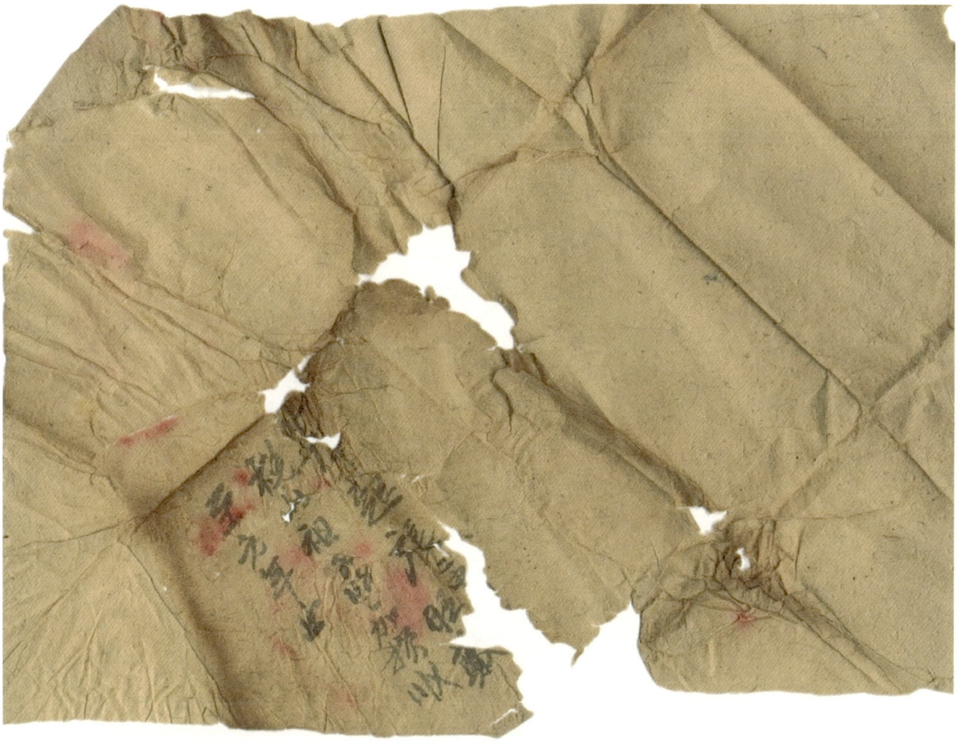

7-1-128-1　包契紙

立再議大捷公妣祭掃人所掃人兩坟
公議捌月初九日祭掃議各房公丁僉
良其祖頌（开列于左）
壹號土名沙州坂　壹號門前圳上並圳
下天壹號土名倉屑汾此租歷年公存
輪流收良完粮　祭品雅禮（开列于左）
正沖壹百伍拾斤　屋良九5　連城壹匣
正東九六錢壹千帖　彭蜞壹斤
豆葛壹斤　猪肚壹付三只　猪肝壹付三只
山茶粉於斤　付房猪肉斤　大肉叁斤
米粉叁斤　糖餅叁斤　雞陸隻
目魚壹斤　金干壹斤　其秤以道光錠
肉陸斤　冬米叁斤
稱去湯後東子孫具照房行再議
已未年文房当祭　庚申年行房当祭
辛酉年忠房当祭　壬戌年信房当祭
周而復元　共立四帋各執为照
外立叁簿壹本上交下接
文房礼基
行房礼成
忠房礼易
信房珍謨
掏後東穀到公祭完粮定灼沙州坂之田抽出谷伍
百觔又倉屑係抽出谷乙百觔又圳上圳下抽出谷
百觔又下流溪抽出谷乙百觔共抽出谷八百觔以補
祭完納之需

7-1-127-2　晚清時期林礼基等立祭掃再議字

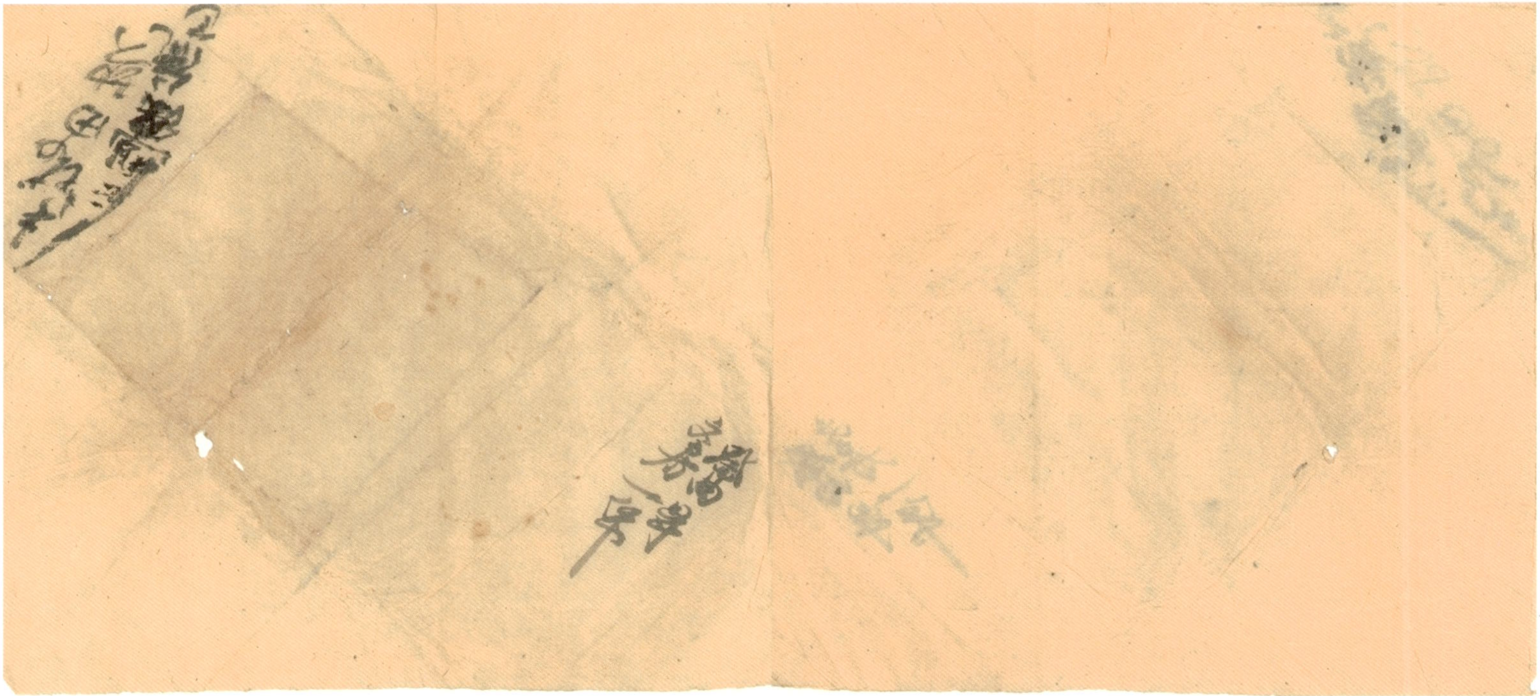

7-1-127-1 包契紙

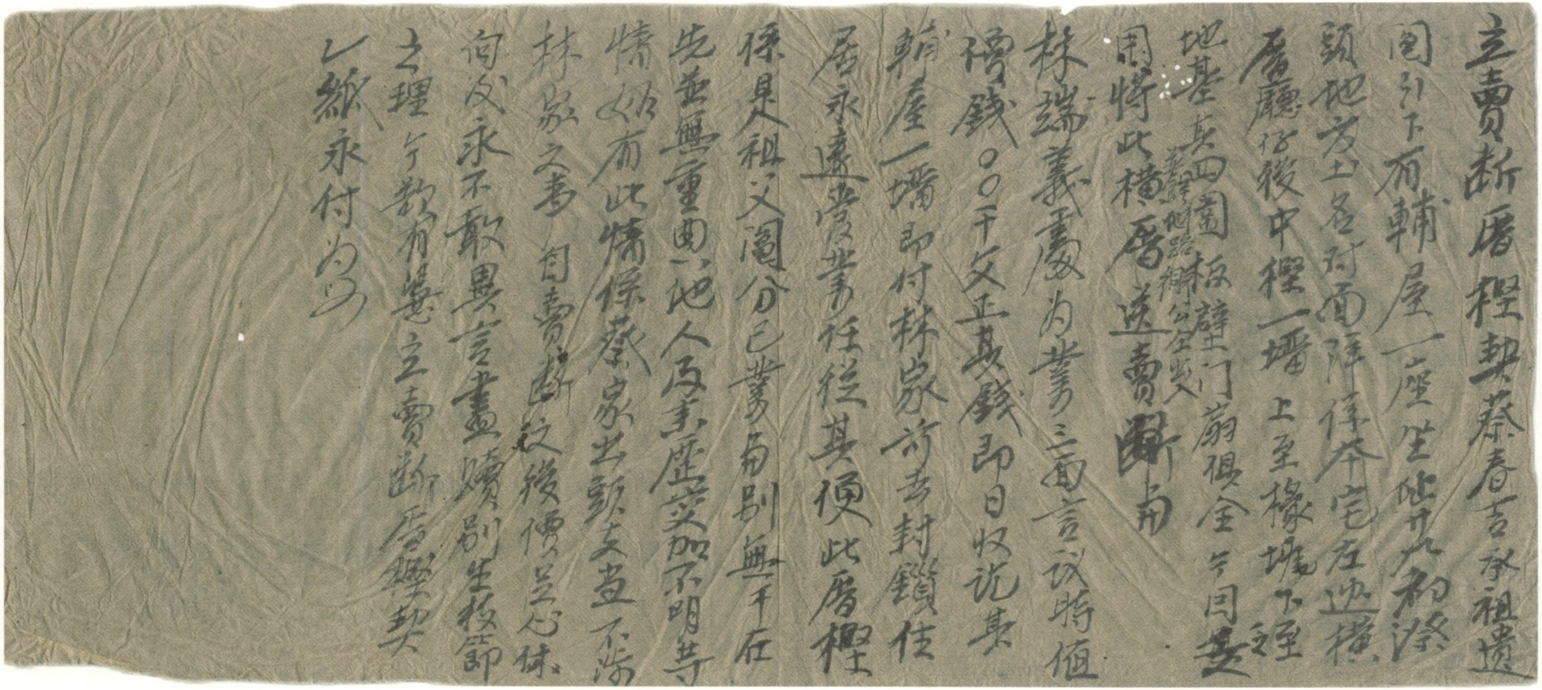
立賣斷厝樫契蔡春吉承祖遺
門引下有輔屋一座坐址廿九都漈
頭地方土名對面洋係本宅左邊橫
厝廳併後中樫一擋上至椽塊下至
地基其四圍板壁門扇俱全今同衆
同將此橫厝送賣斷與
林端義處為業三面言議時值
價錢〇〇千文正其錢即日收訖其
輔屋一擋即付林家前去封鎖住
居永遠為業任從其便此厝樫
係是祖父鬮分己業與别無干在
先並無重回他人及未歷交加不明等
情如有此情係蔡家出頭支當不涉
林家之事自賣斷之後價足心[illegible]
向後永不敢異言盡贖别生枝節
之理今欲有憑立賣斷厝樫契
一紙永付為照

7-1-126-2　清同治年間蔡春吉立賣斷厝樫契（草契）

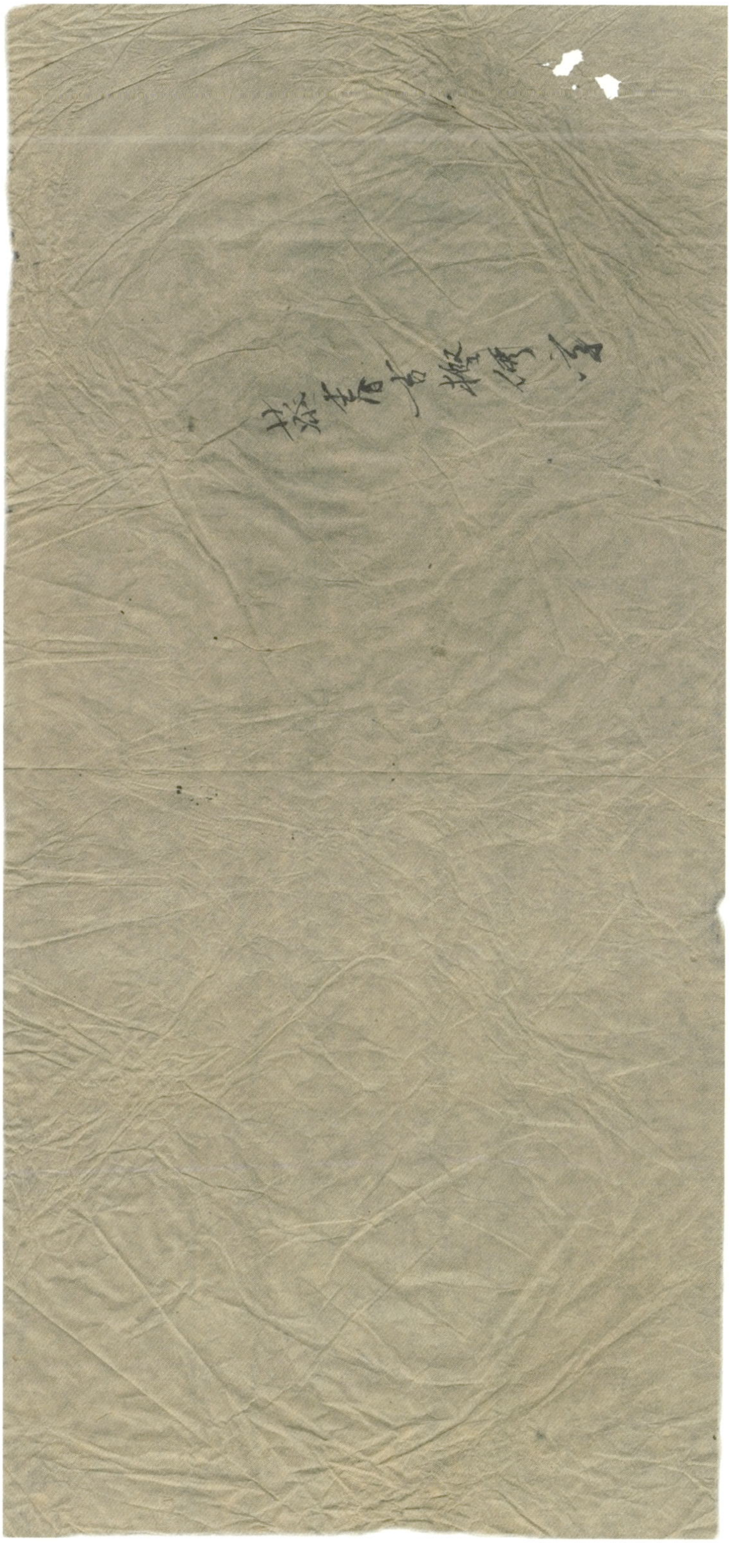

7-1-126-1 包契紙

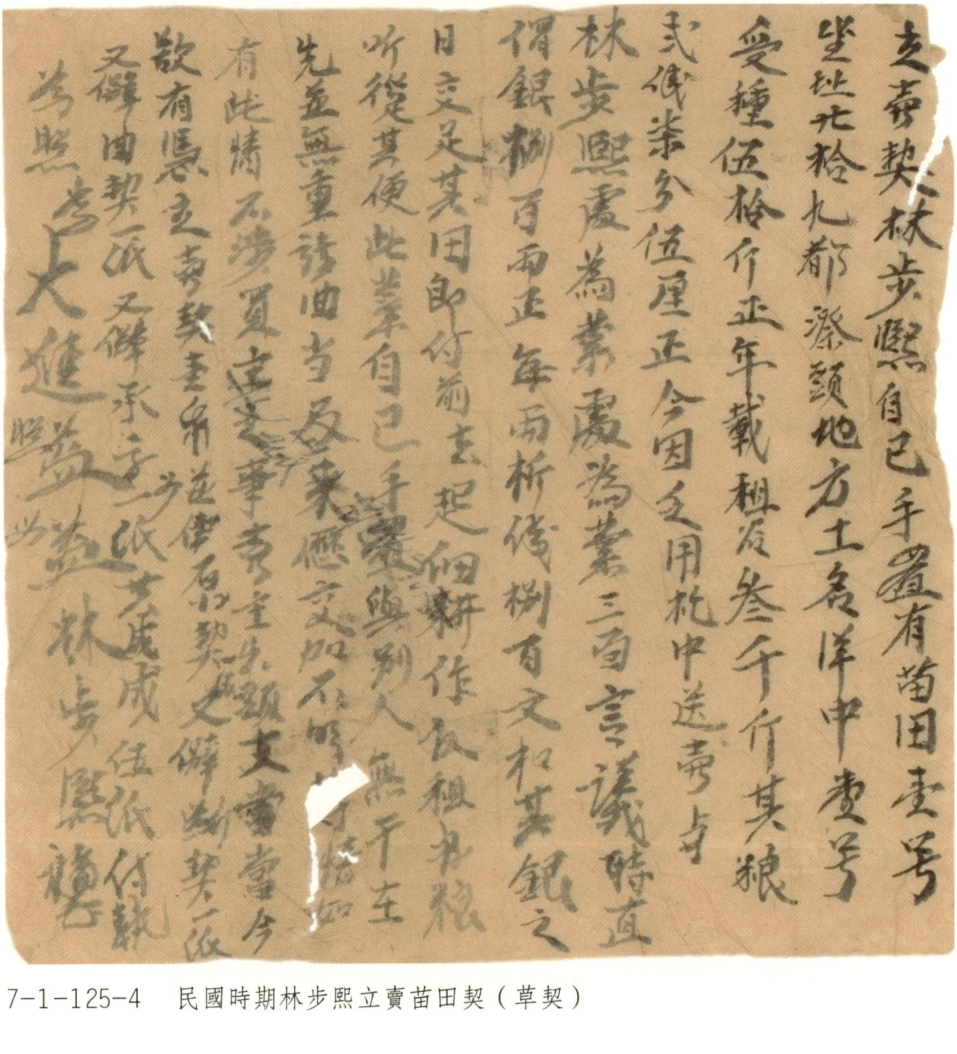

立賣契人林步熙自己手置有苗田壹号
坐址廿拾九都漈頭地方土名洋中壹号
受種伍拾斤正年載租谷叁千斤其粮
貳錢柒分伍厘正今因乏用托中送賣与
林步熙處為業處為業三面言議時值
價銀捌百兩正每兩折錢捌百文扣其銀之
日交足其田即付前去起佃耕作交租办粮
听從其便此業自己手置與別人無干在
先並無重諸由当及來歷交加不明[illegible]如
有此情不涉買主之事賣主[illegible]支當今
欲有憑立賣契壹紙並付原契又繳斷契一紙
又繳由契一紙又繳承字一紙共成伍紙付執
為照 大進 照 林步熙親字

7-1-125-4　民國時期林步熙立賣苗田契（草契）

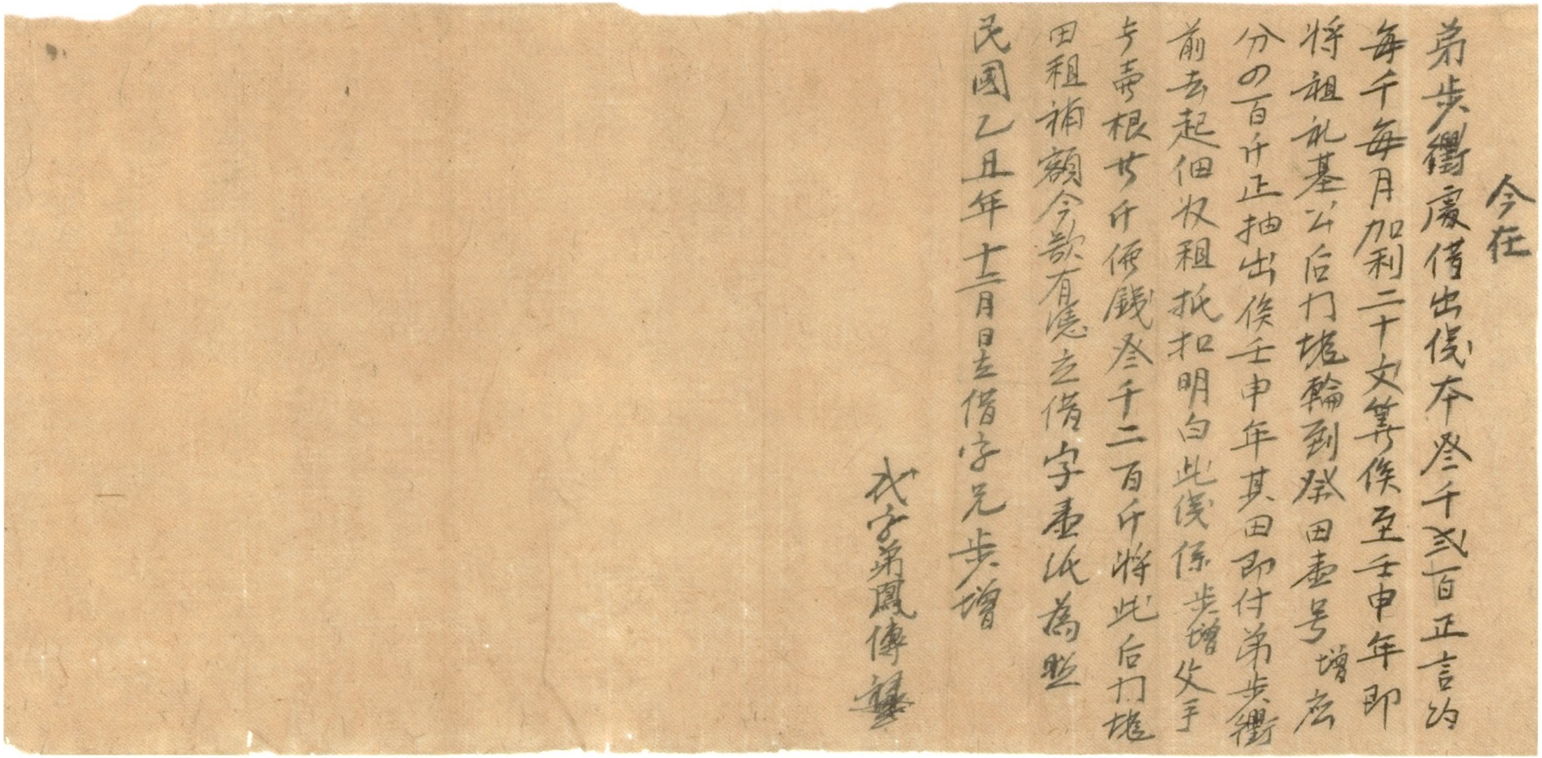
今在
弟步衢處借出錢本叁千弍百正言约
每千每月加利二十文算候至壬申年即
将祖礼基公台力堤輪到癸田壹号增应
分の百斤正抽出候壬申年其田即付弟步衢
前去起佃收租抵扣明白此錢係步增父手
乡壽根廿斤便錢叁千二百斤将此台力堤
田租補額今欲有憑立借字壹紙為照
民國乙丑年十二月日立借字兄步增
代字弟鳳傳（押）

7-1-125-3　民國十四年十二月林步增立借錢字

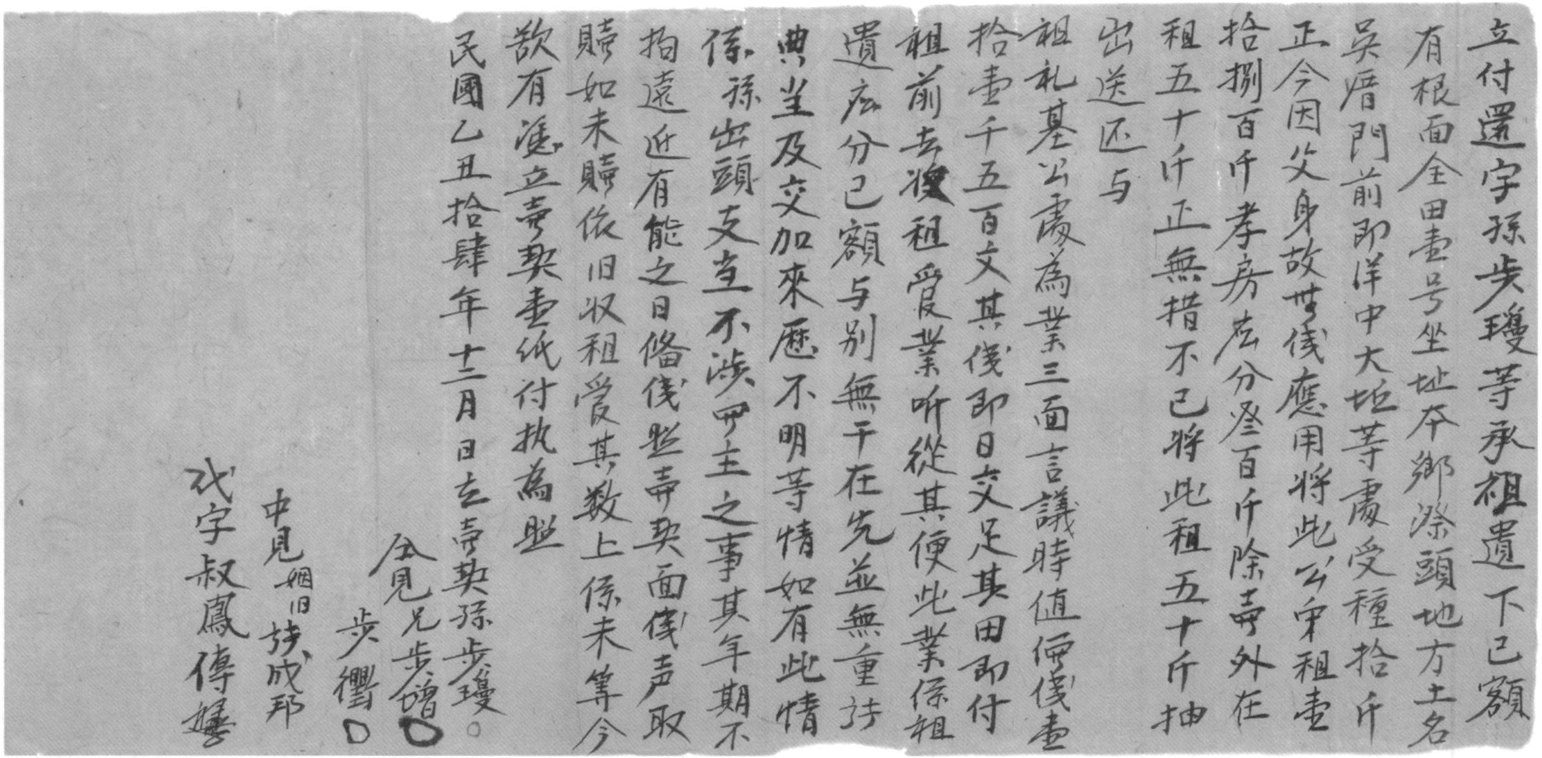

立付還字孫步瓊等承祖遺下已額
有根面全田壹号坐址本鄉漈頭地方土名
吳厝門前即洋中大坵等處受種拾斤
正今因父身故乏錢應用將此公衆租壹
拾捌百斤孝房應分叁百斤除賣外在
租五十斤正無措不已將此租五十斤抽
出送还与
祖礼基公處為業三面言議時值價錢壹
拾壹千五百文其錢即日交足其田即付
祖前去收租管業听從其便此業係祖
遺應分己額与別無干在先並無重張
典並及交加來歷不明等情如有此情
係孫出頭支當不涉甲主之事其年期不
拘遠近有能之日備錢照賣契面錢声取
贖如未贖依旧收租管其數上係未算今
欲有憑立賣契壹紙付執為照
民國乙丑拾肆年十二月日立賣契孫步瓊○
全見兄步璠○
步鑾○
中見姻旧扶成邦
代字叔鳳傳嬉

7-1-125-2　民國十四年十二月林步瓊等立賣根面全田字

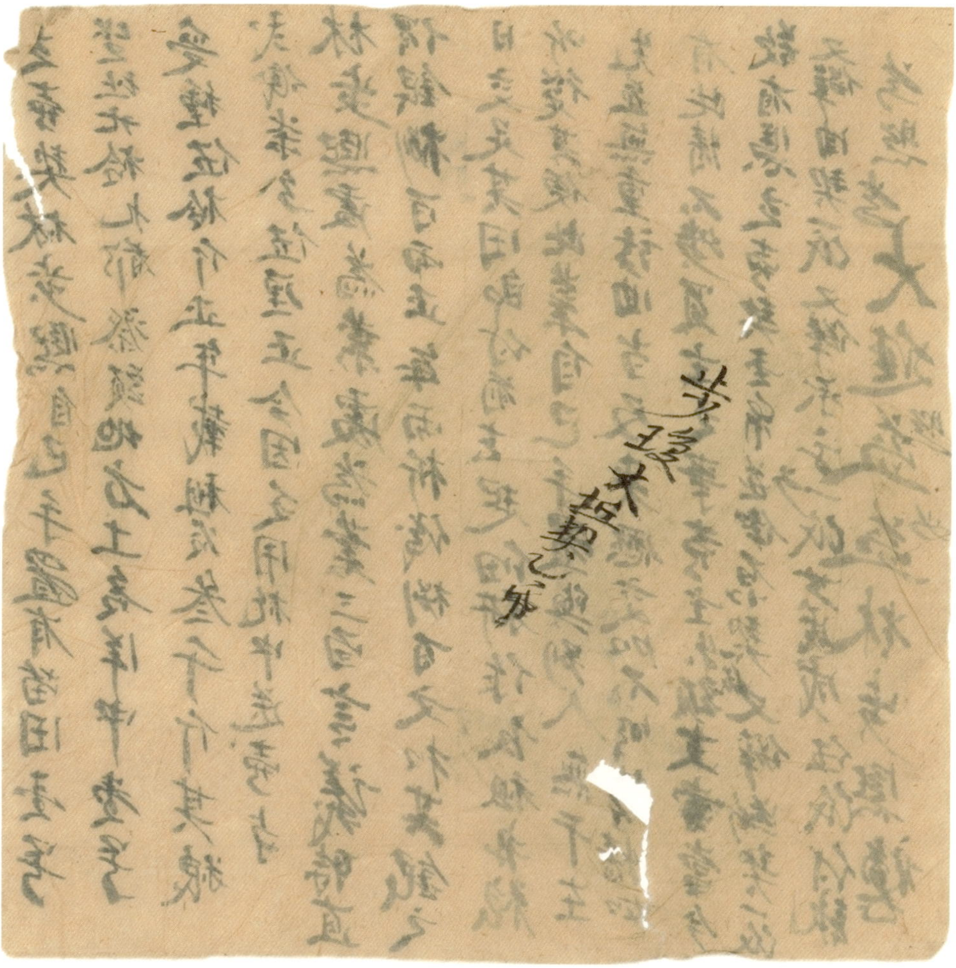

芳琁大坵契乙分

7-1-125-1　包契紙

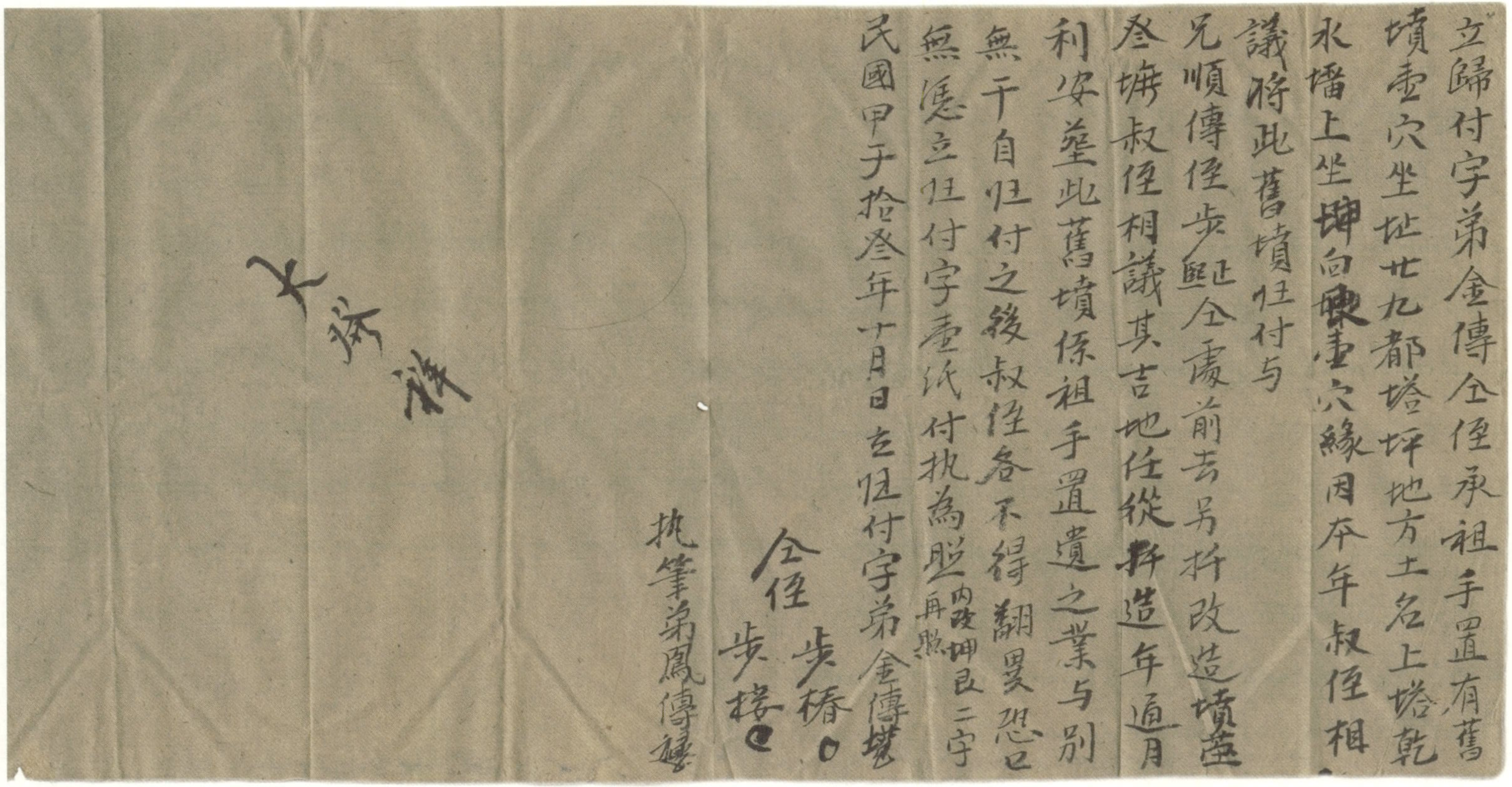

立歸付字弟金傳仝侄承祖手置有舊
墳壹穴坐址廿九都塔坪地方土名上塔乾
水墻上坐坤向艮壹穴緣因本年叔侄相
議將此舊墳任付与
兄順傳侄步鉦仝處前去另扦改造墳塋
叁塀叔侄相議其吉地任從扦造年通月
利安塋此舊墳係祖手置遺之業与别
無干自任付之後叔侄各不得翻異恐口
無憑立任付字壹紙付執為照（內改坤艮二字再照）
民國甲子拾叁年十月日立任付字弟金傳（押）
仝侄步椿○
步樓（押）
執筆弟鳳傳（押）

7-1-124-6 民國十三年十月林金傳等立歸舊墳字

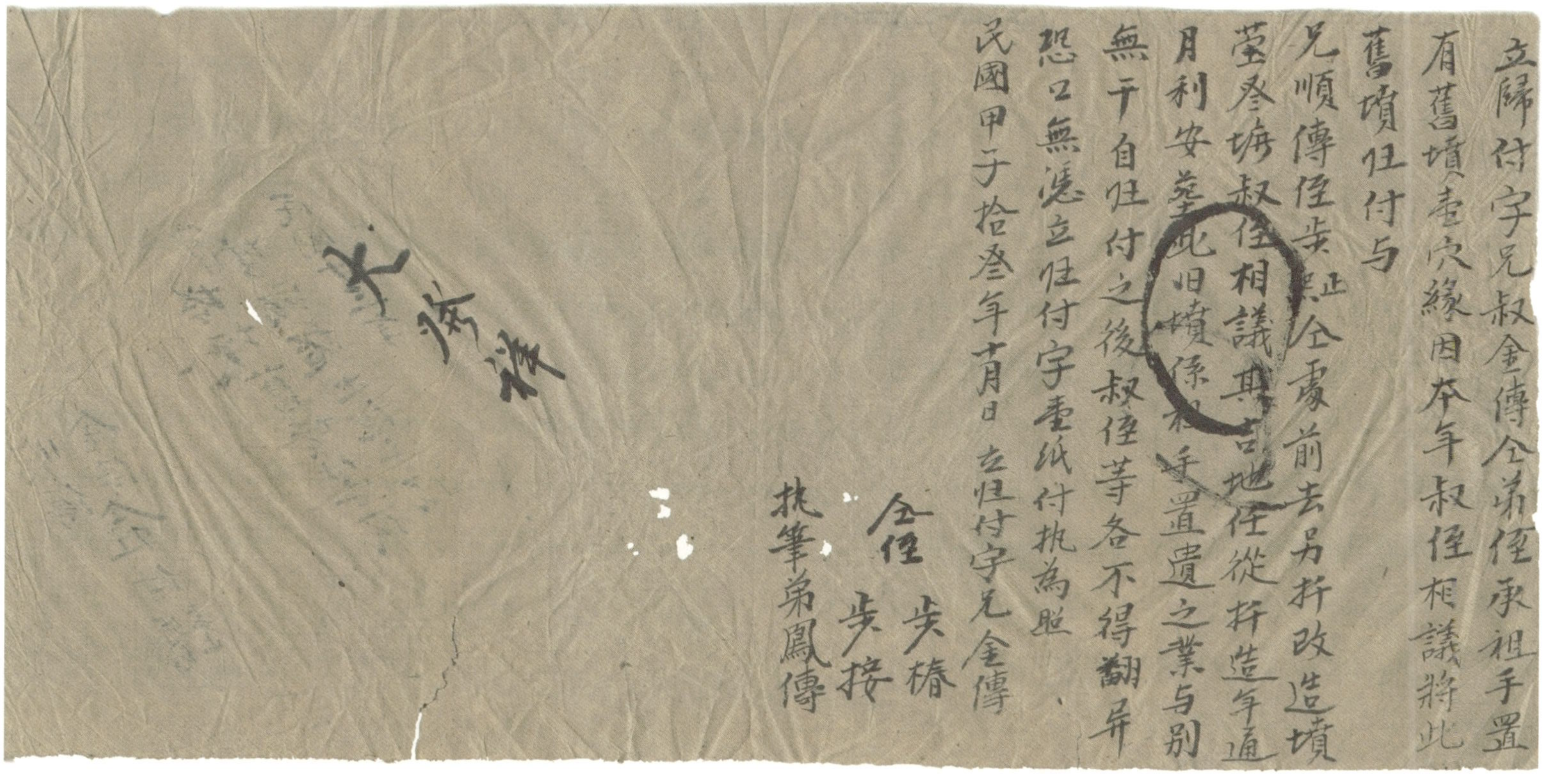
立歸付字兄叔金傳仝弟侄承祖手置
有舊墳壹穴緣因本年叔侄相議將此
舊墳任付与
兄順傳侄尖樑正仝處前去另扦改造墳
塋叁塚叔侄相議其地任從扦造年通
月利安葬此旧墳係本手置遺之業与別
無干自任付之後叔侄等各不得翻异
恐口無憑立任付字壹紙付執為照
民國甲子拾叁年十月日 立任付字兄金傳
仝侄 尖椿
步接
執筆弟鳳傳

7-1-124-5　民國十三年十月林金傳等立歸付舊墳字（草契）

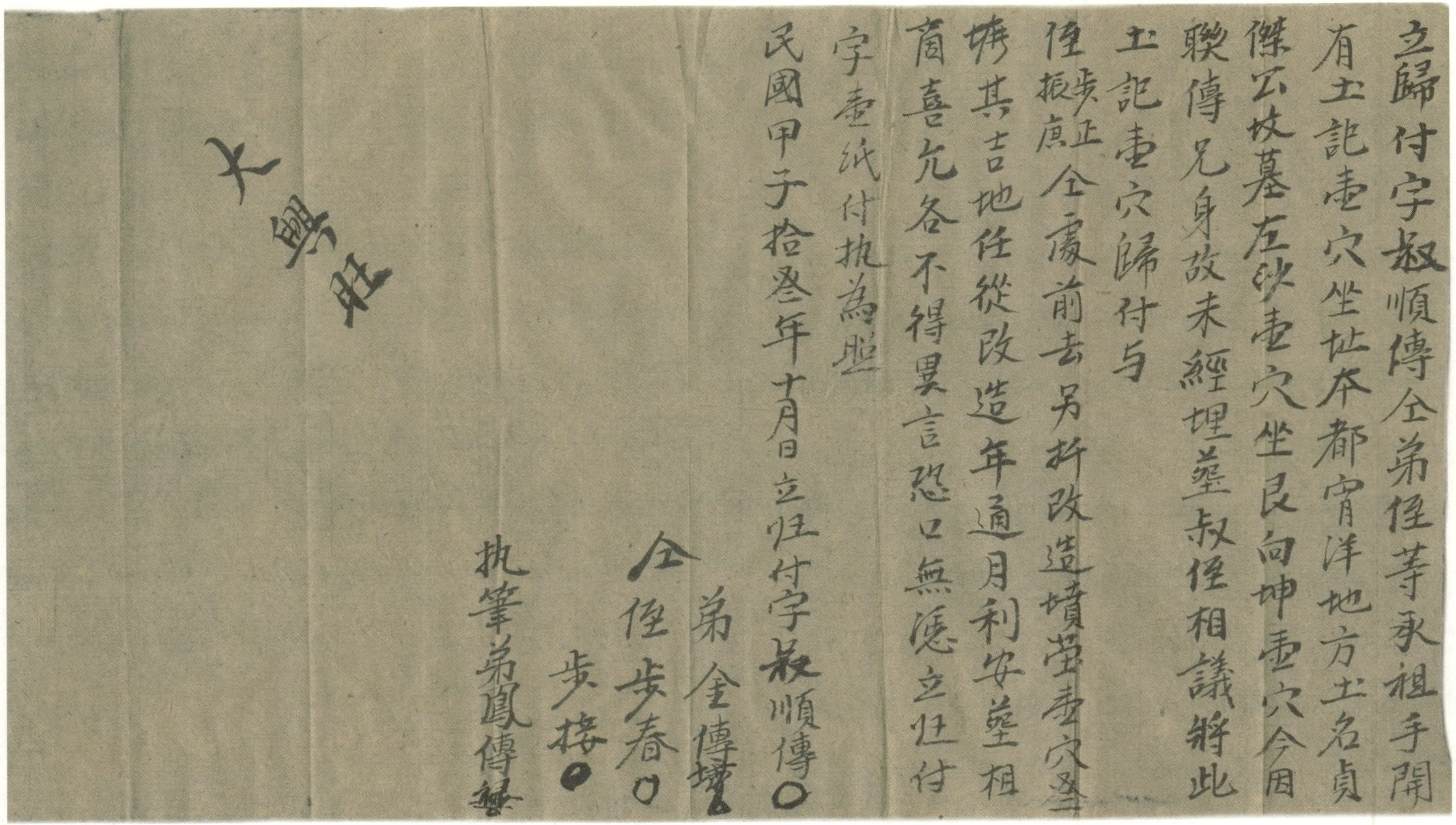
立歸付字叔順傳仝弟侄等承祖手開
有土記壹穴坐址本都宵洋地方土名貞
傑公坟墓左沙壹穴坐艮向坤壹穴今因
聯傳兄身故未經埋塟叔侄相議將此
土記壹穴歸付与
侄步正
振熫仝處前去另折改造墳塋壹穴埀
坋其吉地任從改造年通月利安塟相
商喜允各不得異言恐口無憑立仩付
字壹紙付執為照
民國甲子拾叁年十月日立仩付字叔順傳○
弟金傳
仝　侄步春○
步樓●
執筆弟鳳傳
大[illegible]旺

7-1-124-4　民國十三年十月林順傳等立歸付土記字

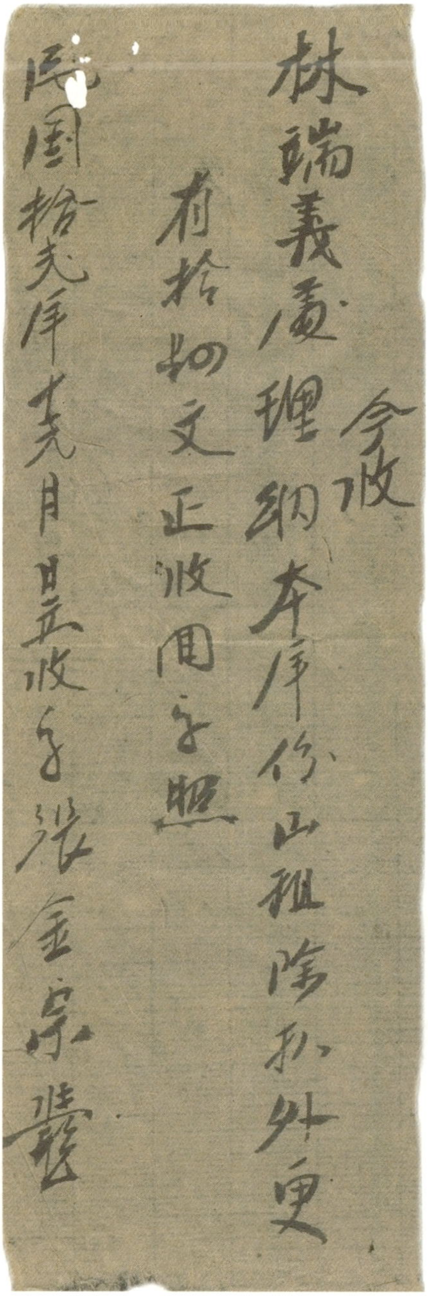

今收
林瑞義處理納本年份山租陸升外更
有拾捌文正收用字照
民國拾弍年十弍月日立收字張金宗

7-1-124-3　民國十二年十二月張金宗立收山租字

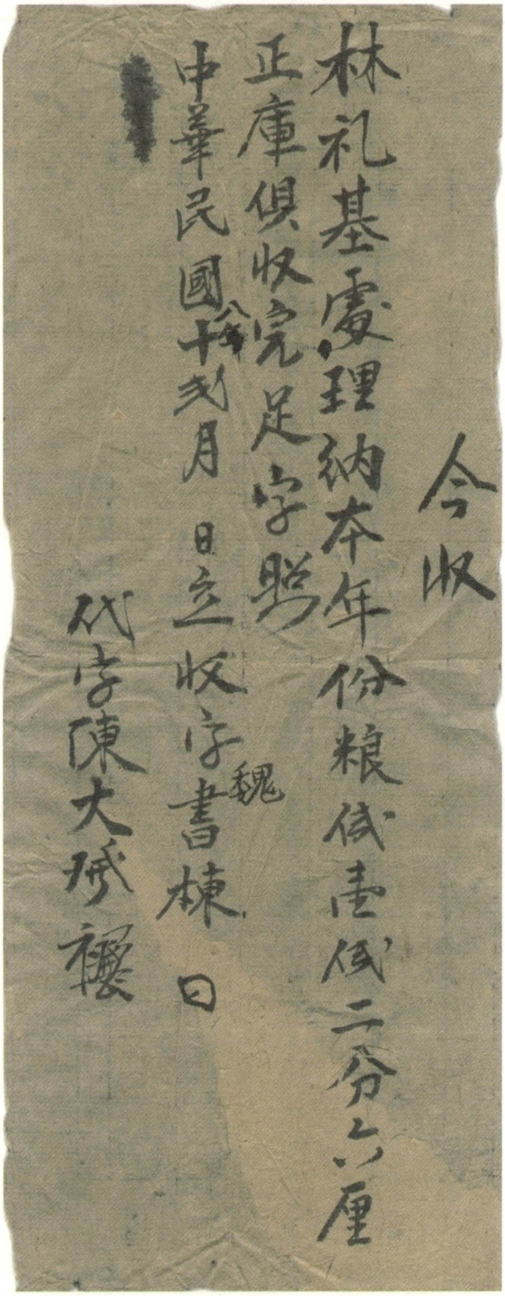

今收
林礼基處理納本年份粮錢壹錢二分六厘
正庫俱收完足字照
中華民國捌年十弍月　日立收字魏書棟　日
代字陳大球稷

7-1-124-2　民國八年十二月魏書棟立收糧錢字

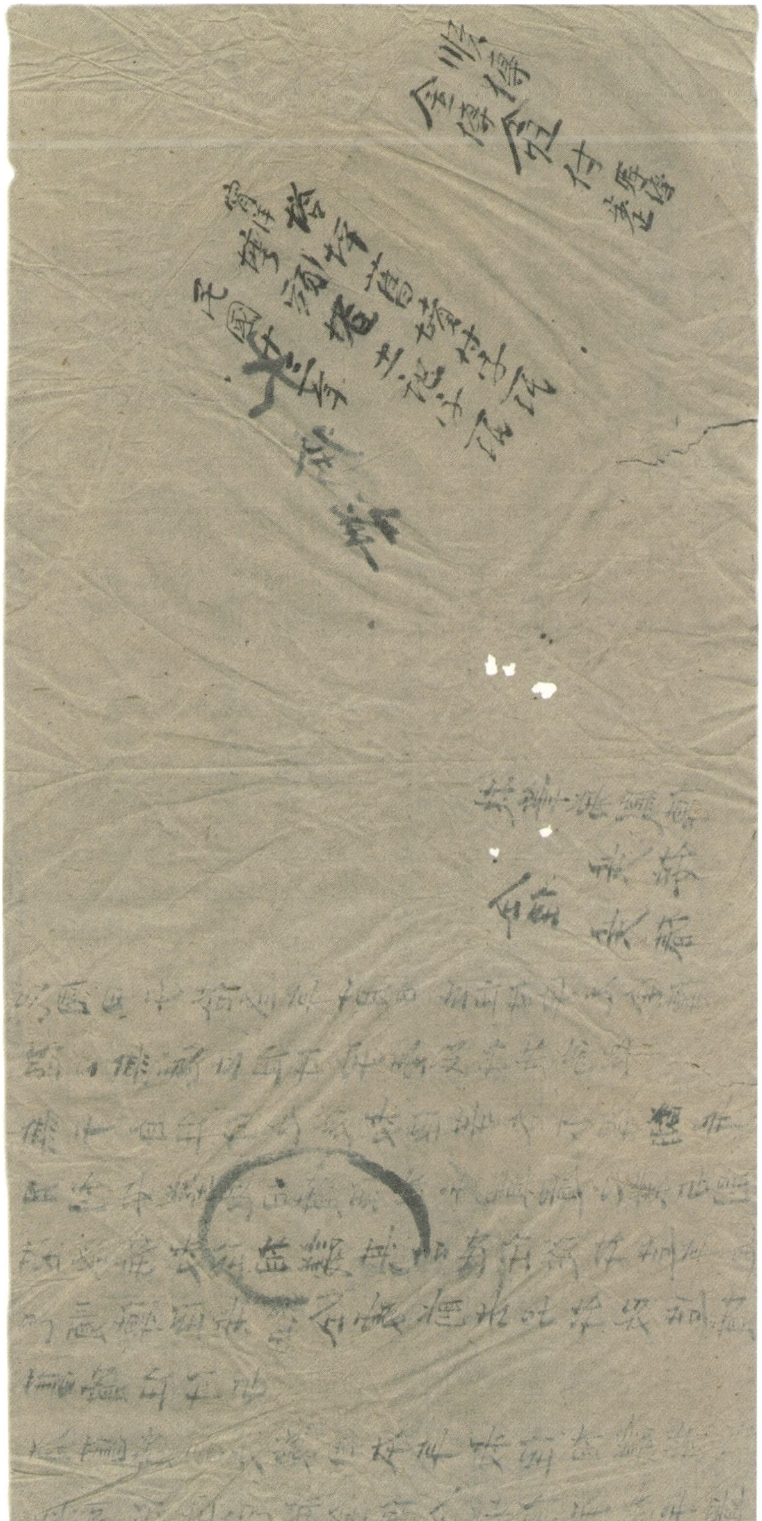

7-1-124-1　包契紙

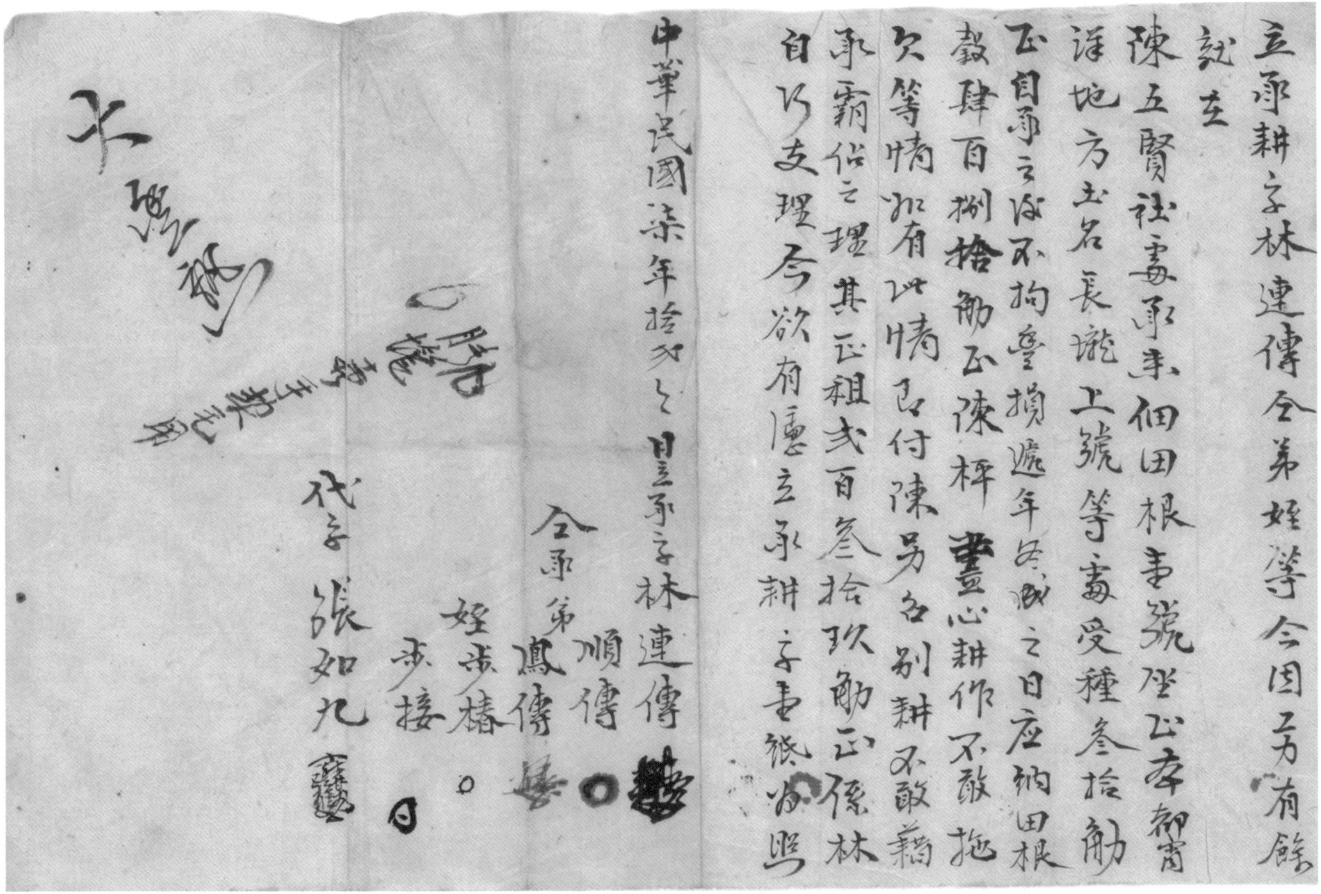
立承耕字林連傳仝弟姪等，今因乏有餘，
就在
陳五賢社處承來佃田根壹號，坐址本都雷
洋地方，土名長溝上號等處，受種叁拾觔，
丕自承之後，不拘豐歉年冬，成之日應納田根
穀肆百捌拾觔，丕陳秤壹心耕作，不敢拖
欠等情。如有此情，任付陳另召別耕，不敢藉
承霸佔之理。其丕祖弍百叁拾玖觔，正係林
自行支理。今欲有憑，立承耕字壹紙為照。
中華民國柒年拾弍月　日立承字林連傳（押）
仝承弟　順傳（押）　鳳傳（押）
姪　春椿　步接
代字　張如九（押）

7-1-123-2　民國七年十二月林連傳等立承耕佃田根字

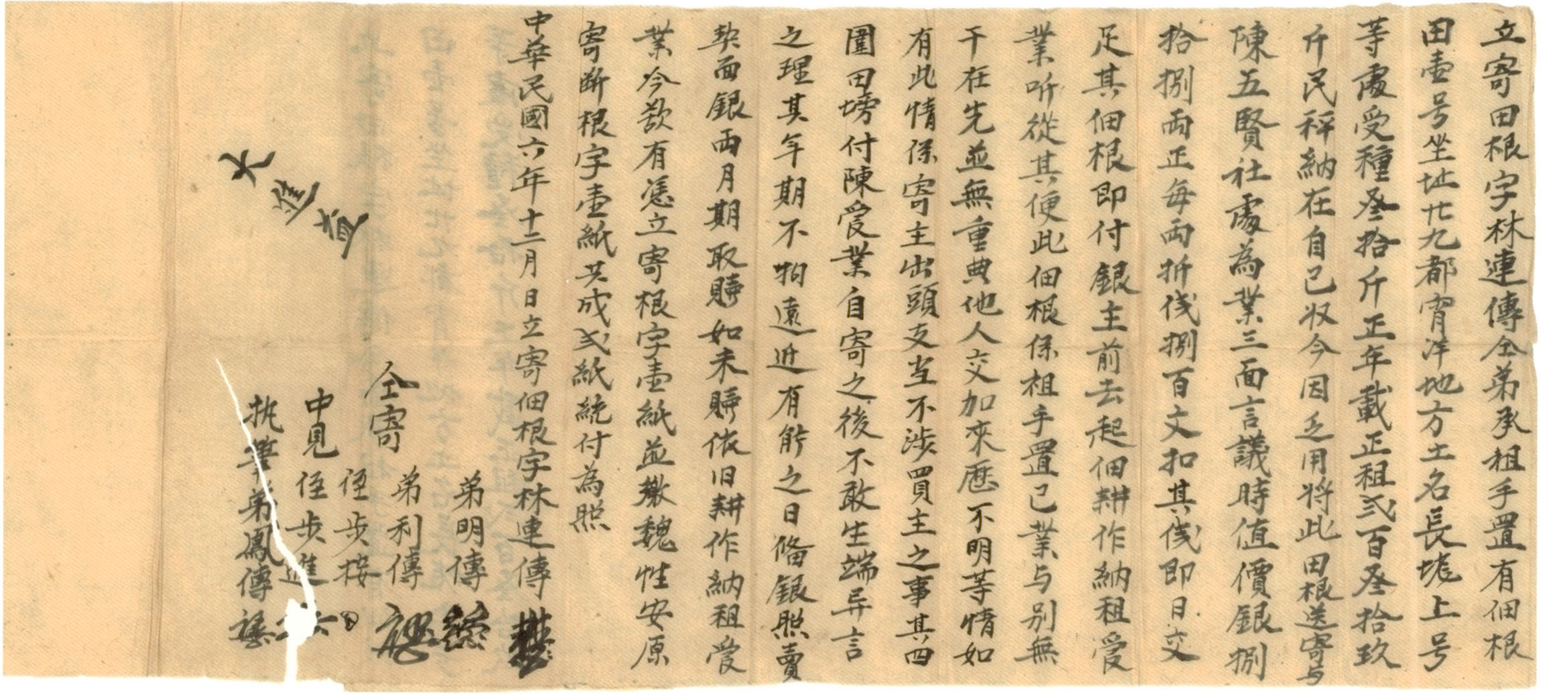

立寄田根字林連傳仝弟承祖手置有佃根
田壹号坐址廿九都宵洋地方土名長垅上号
等處受種叁拾斤正年載正租貳百叁拾玖
斤民秤納在自己收今因乏用將此田根送寄与
陳五賢社處爲業三面言議時值價銀捌
拾捌兩正每兩折伐捌百文扣其伐即日交
足其佃根即付銀主前去起佃耕作納租管
業听從其便此佃根係祖手置己業与別無
干在先並無重典他人交加來歷不明等情如
有此情係寄主出頭支当不涉買主之事其四
圍田塝付陳管業自寄之後不敢生端异言
之理其年期不拘遠近有能之日備銀照賣
契面銀兩月期取贖如未贖依旧耕作納租管
業今欲有憑立寄根字壹紙並繳魏姓安原
寄斷根字壹紙共成貳紙統付爲照
中華民國六年十二月　日立寄佃根字林連傳
弟明傳
弟利傳
仝寄　侄步梯
中見　侄步進
批筆　弟鳳傳
大進益

7-1-123-1　民國六年十二月林連傳等立寄佃田根字

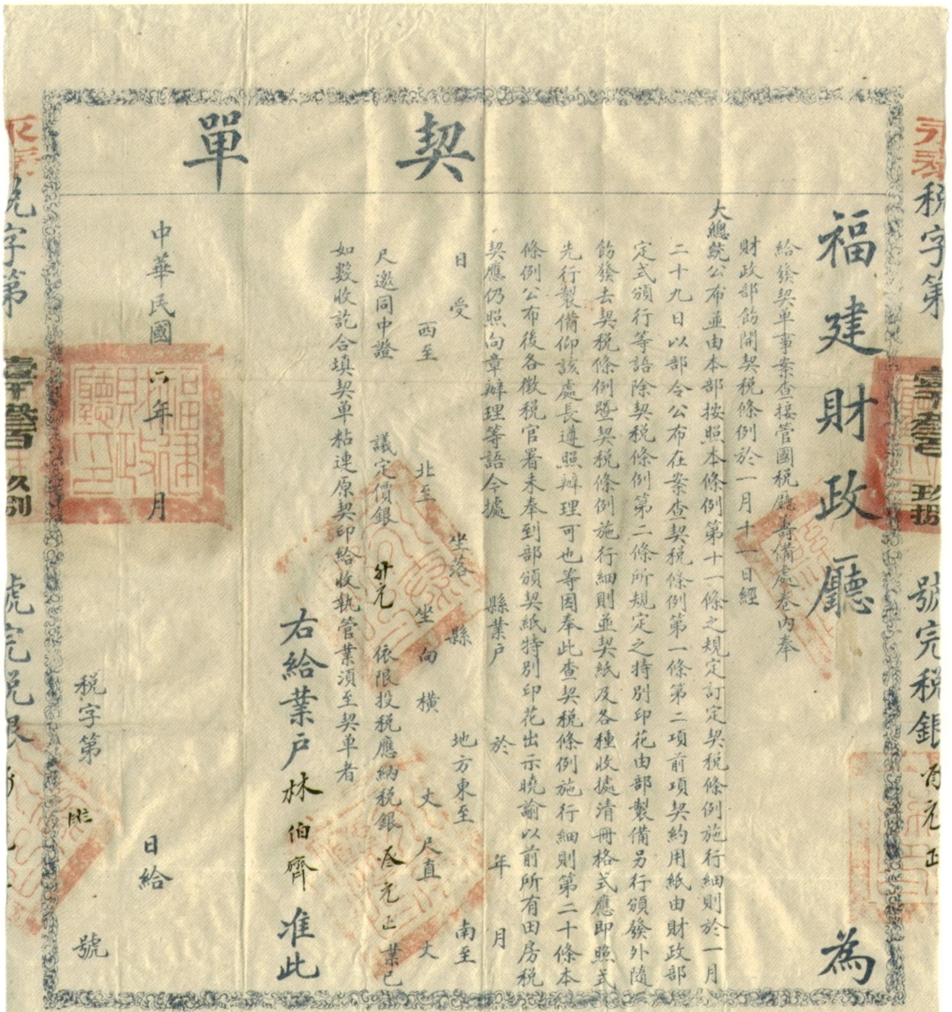
契單

福建財政廳　為

給發契單事案查接管國稅廳籌備處卷內奉
財政部飭開契稅條例於一月十一日經
大總統公布並由本部按照本條例第十一條之規定訂定契稅條例施行細則於一月
二十九日以部令公布在案查契稅條例第一條第二項前項契約用紙由財政部
定式頒行等語除契稅條例第二條所規定之特別印花由部製備另行頒發外隨
飭發去契稅條例暨契稅條例施行細則並契紙及各種收據清冊格式應即照式
先行製備仰該處長遵照辦理可也等因奉此查契稅條例施行細則第二十條本
條例公布後各徵稅官署未奉到部頒契紙特別印花出示曉諭以前所有田房稅
契應仍照向章辦理等語合據
縣業戶　　於　　年　　月
日受　　地方東至　　南至
西至　　北至　　坐落　　縣
坐　　向　　橫　　丈　　尺直　　丈
尺邀同中證　　議定價銀　外元　依限投稅應納稅銀叁元正　業已
如數收訖合填契單粘連原契印給收執管業須至契單者
右給業戶林伯齊　准此

中華民國六年　　月　　日給
稅字第　　號

7-1-122-3　民國六年業户林伯齊契單

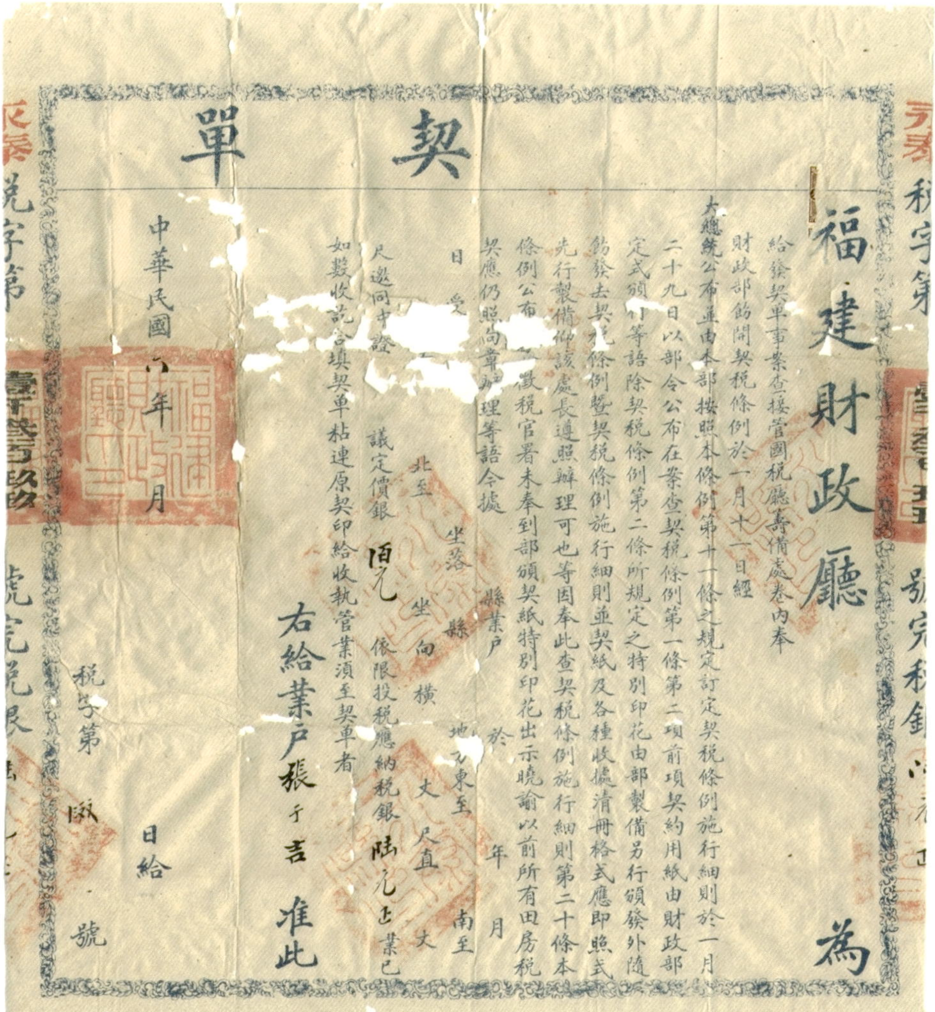
契單

福建財政廳　為

給發契單事案查接管國稅廳籌備處卷內奉
財政部飭開契稅條例於一月十一日經
大總統公布並由本部按照本條例第十一條之規定訂定契稅條例施行細則於一月
二十九日以部令公布在案查契稅條例第一條第二項前項契約用紙由財政部
定式頒行等語除契稅條例第二條所規定之特別印花由部製備另行頒發外隨
飭發去契紙條例暨契稅條例施行細則並契紙及各種收據清冊格式應即照式
先行製備仰該處長遵照辦理可也等因奉此查契稅條例施行細則第二十條本
條例公布[illegible]徵稅官署未奉到部頒契紙特別印花出示曉諭以前所有田房稅
契應仍照向章[illegible]理等語令據
縣業户　於　年　月
日受[illegible]　坐落　縣　地　東至　南至
北至　坐　向　橫　丈　尺直　丈
尺邀同中證　議定價銀　佰元　依限投稅應納稅銀　陆元正　業已
如數收訖合填契單粘連原契印給收執管業須至契單者

右給業户張于吉　准此

中華民國　六年　月　日給

稅字第　號

7-1-122-2　民國六年業户張于吉契單

7-1-122-1　包契紙

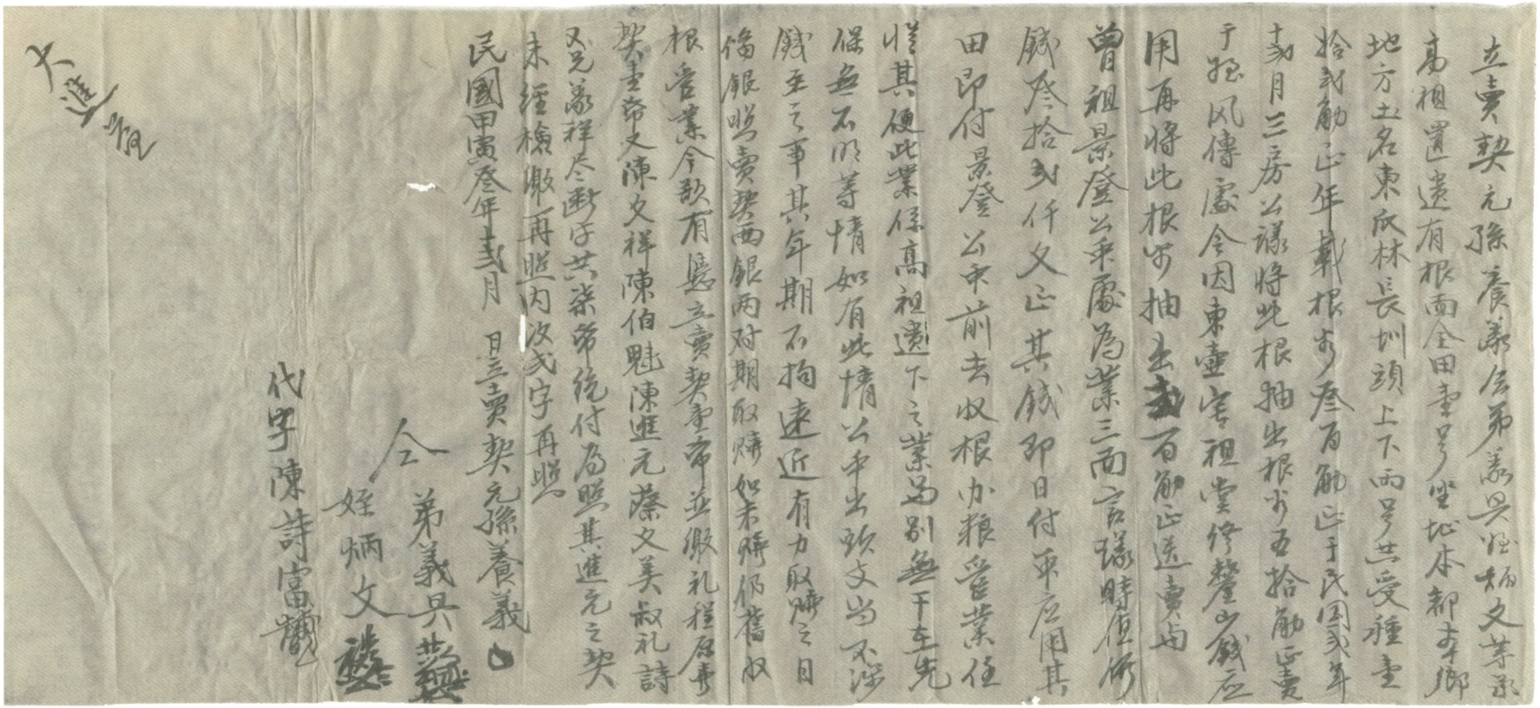

立賣契元孫養義仝弟義興姪炳文等承
高祖置送有根面全田壹号坐址本都本鄉
地方土名東坑林長圳頭上下兩号共受種壹
拾貳觔正年載根谷叁百觔正于民國貳年
拾貳月三房公議將此根抽出根谷五拾觔正賣
于堂兄傳盛仝因東壹宗祖堂修整乏錢應
用再將此根谷抽出貳百觔正送賣與
曾祖景登公承嘗為業三面言議時值價
錢叁拾貳仟文正其錢即日付乘應用其
田即付景登公衆前去收根办粮管業任
從其便此業係高祖遺下之業與別無干在先
保無不明等情如有此情公中出頭支当不涉
錢主之事其年期不拘遠近有力取贖之日
備銀照賣契面銀兩对期取贖如未贖仍舊收
根管業今欲有憑立賣契壹帋並缴礼程原賣
契壹帋文祥陳伯魁陳進元蓀文美叔礼詩
又元蕃祥尽断字共叁帋統付為照其進元之契
未經檢缴再照内改弍字再照
民國甲寅叁年十貳月　日立賣契元孫養義
仝　弟義興
姪炳文
代字陳詩富
大進

7-1-121-3　民國三年十二月林養義等立賣根面全田契

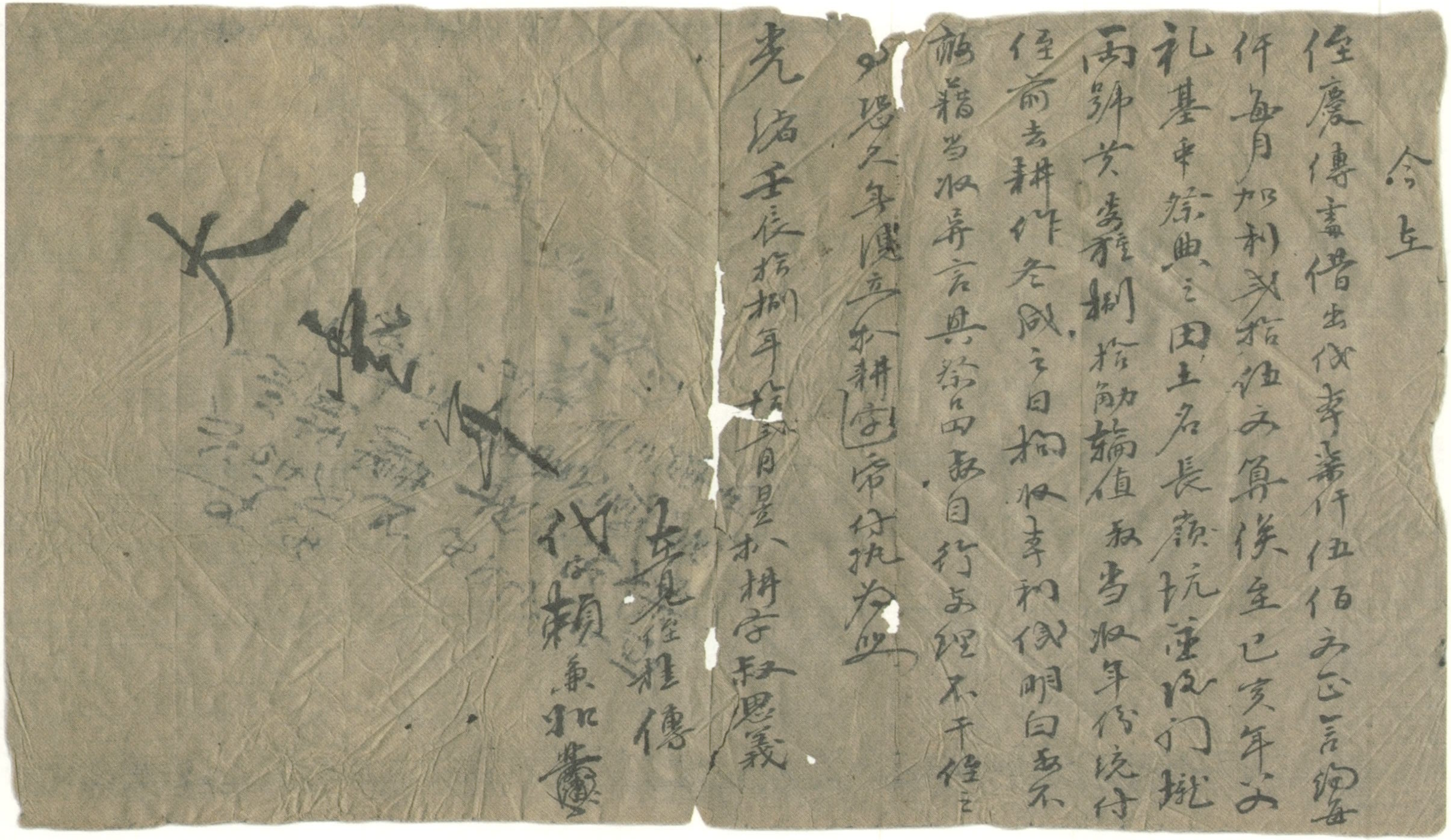
今立
侄慶傳盡借出代錢壹仟伍佰文正，言約每
仟每月加利貳拾伍文算，後至己亥年，又
礼基率孫典之田，土名長嶺坑蓮塘門擬
兩歸黃姓稚捌拾觔，稿值叔當收，年終付
侄前去耕作，冬成之日，捌收李利，係明白無不
願。藉當收弄言，其孫田叔自行與理，不干侄之
事。恐久無憑，立扒耕字壹帋付執爲照。
光緒壬辰拾捌年拾貳月　日立扒耕字叔思義
在見侄雅傳
代字賴秉北

7-1-121-2　清光緒十八年十二月林思義立扒耕字

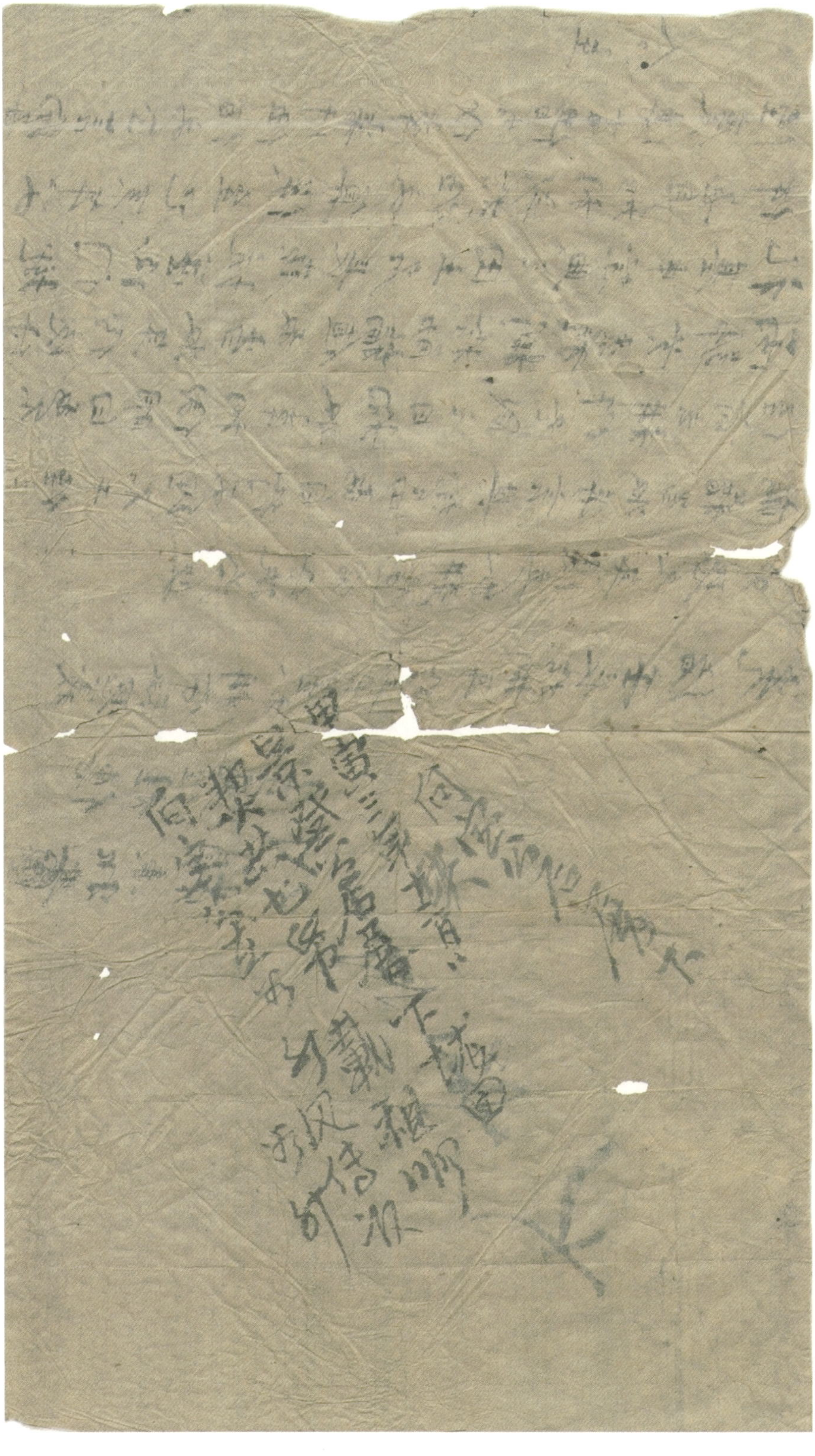

7-1-121-1　包契紙

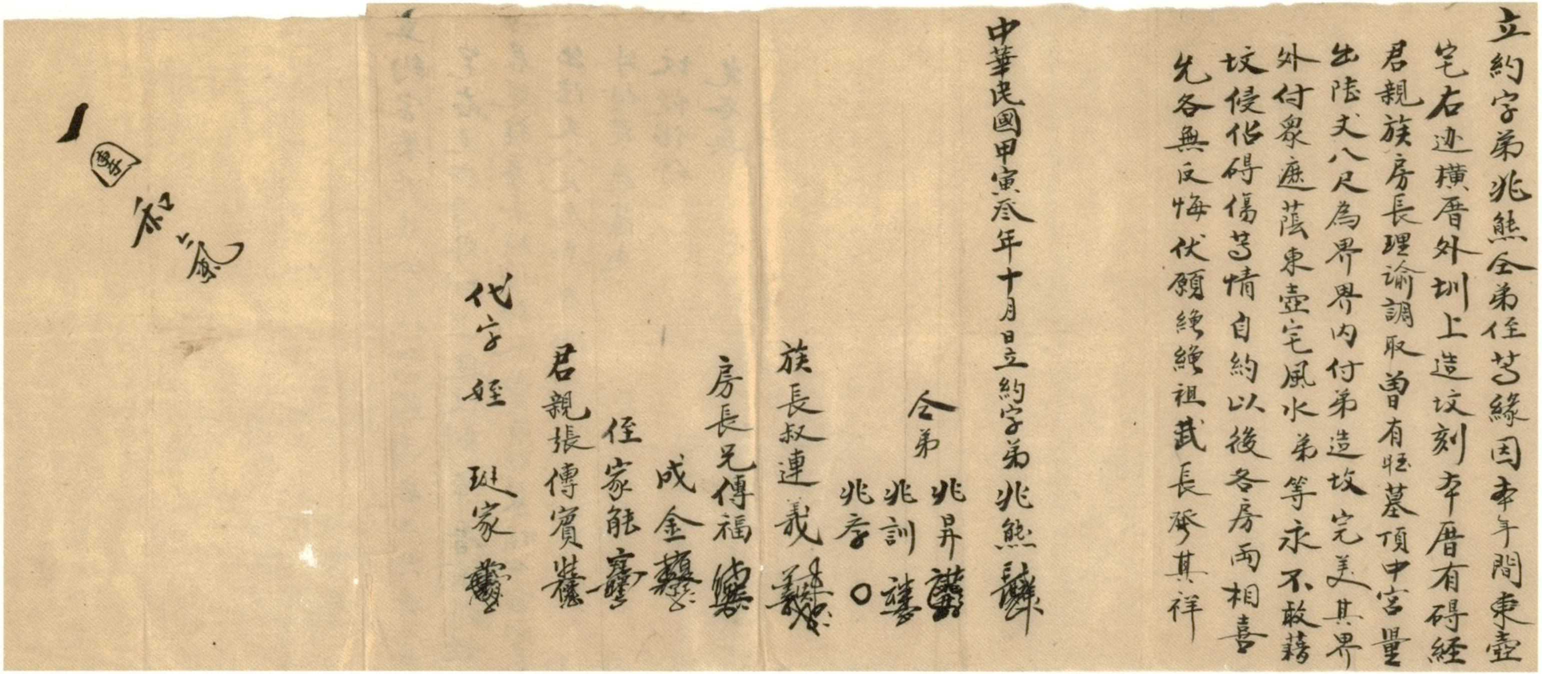

立約字弟兆熊仝弟侄等緣因本年間東壺
宅右迹横厝外圳上造坟刻本厝有碍經
君親族房長理諭調取曾有埕墓頂中宮量
出陆丈八尺為界界内付弟造坟完美其界
外付衆應落東壺宅風水弟等永不敢藉
坟侵佔碍傷等情自約以後各房兩相喜
允各無反悔伏願綿綿祖武長發其祥

中華民國甲寅叁年十月　日立約字弟兆熊（押）
仝弟 兆昇（押）
兆訓（押）
兆孝○
族長叔連義（押）
房長兄傳福（押）
成金（押）
侄家能（押）
君親振傳賓（押）
代字姪 琎家（押）

7-1-120-2　民國三年十月林兆熊等立約字

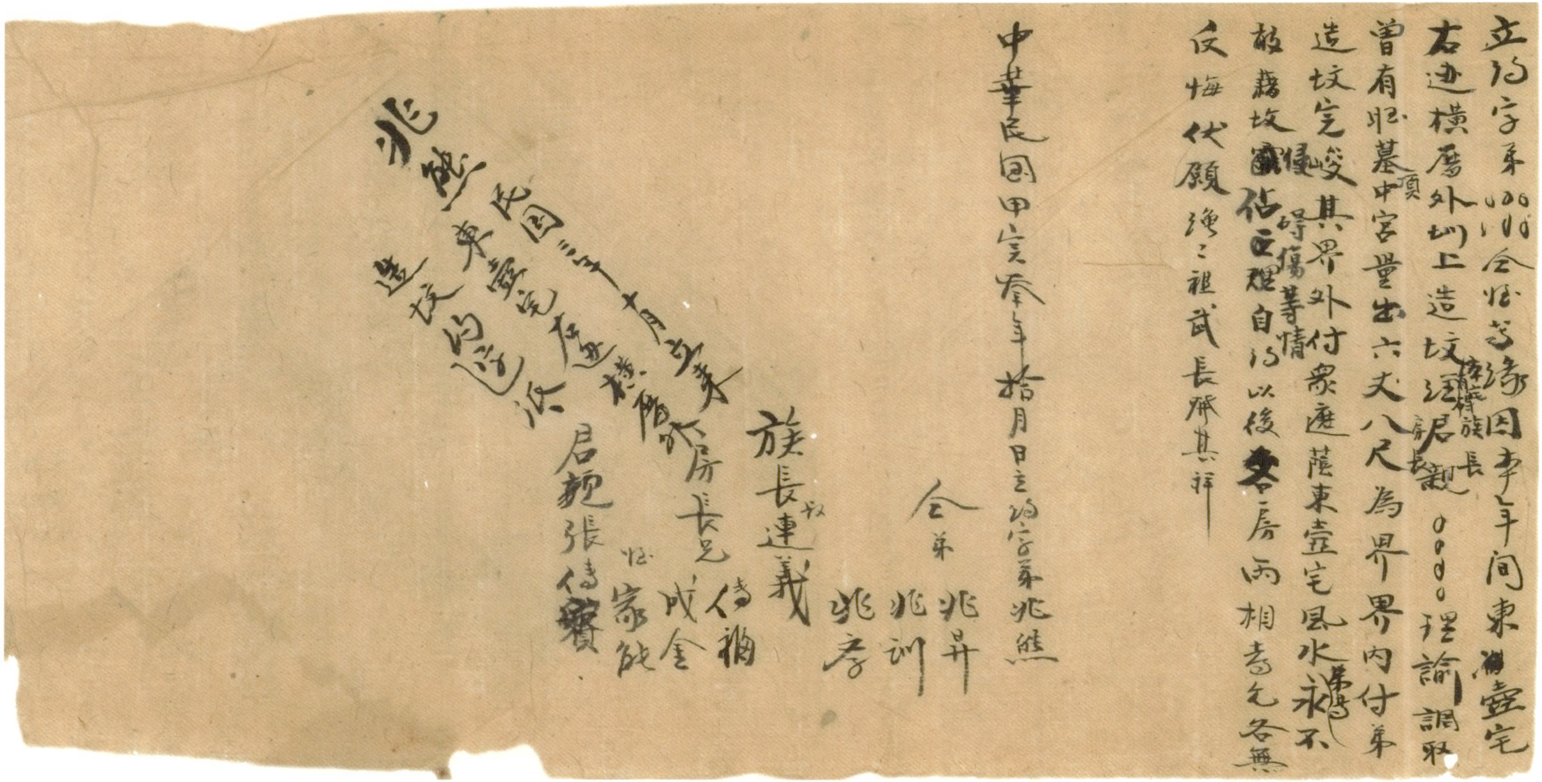

7-1-120-1　民國三年十月某氏等立約字（草契）

今收
林禮明處理納本年一份錢粮
壹錢弍分六厘正的清錢叁佰
柒拾捌文正俱收明白是立照
民國五年拾弍月　日立收魏書棟◯
代字魏肇義

7-1-119-3　民國五年十二月魏書棟立收錢糧字

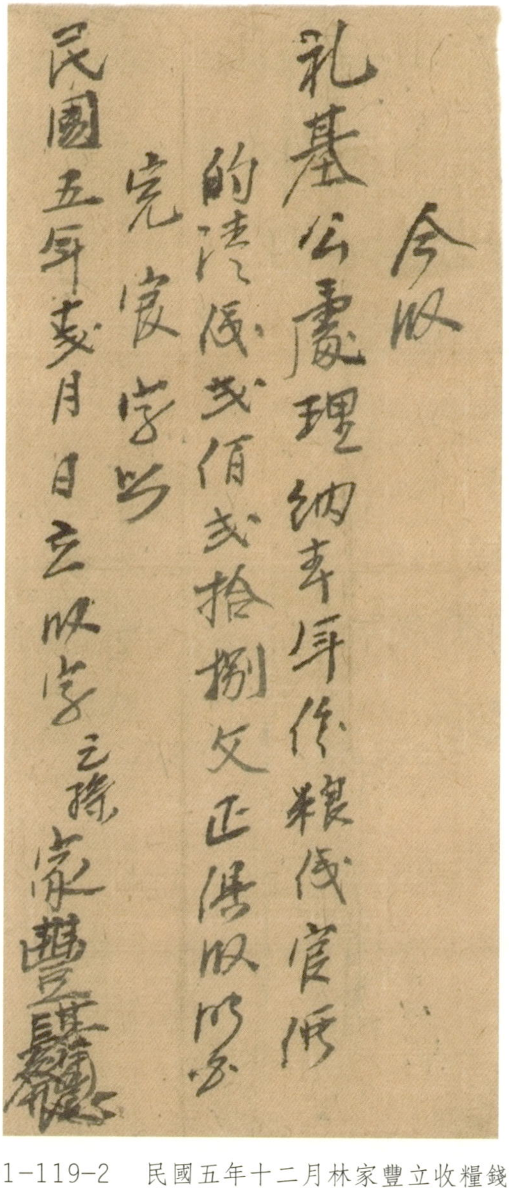
今收
礼基公處理納本年份粮錢官洋
的清錢貳佰貳拾捌文正係收明
完良字照
民國五年十二月　日立收字　之孫　家豐

7-1-119-2　民國五年十二月林家豐立收糧錢字

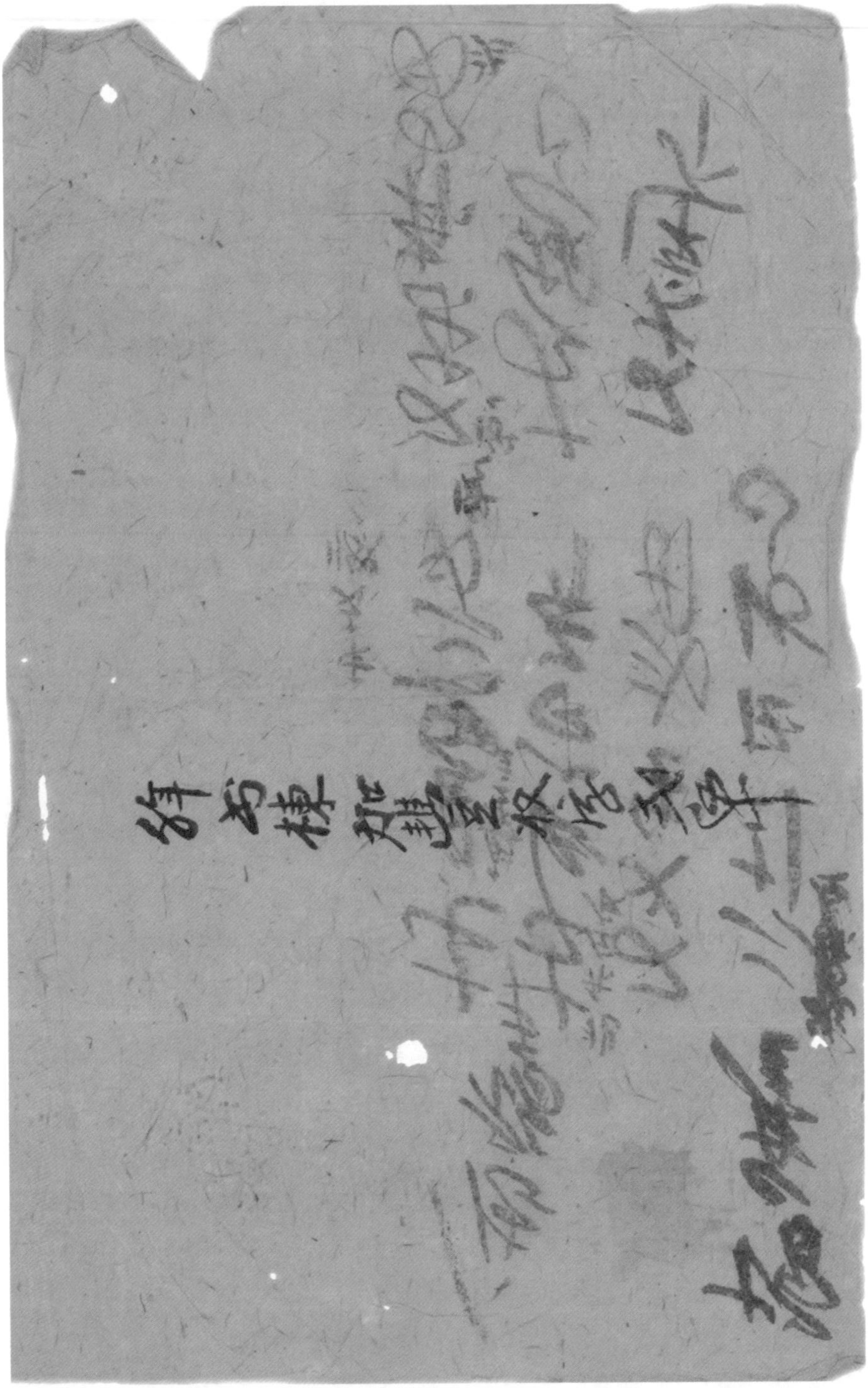

7-1-119-1　包契紙

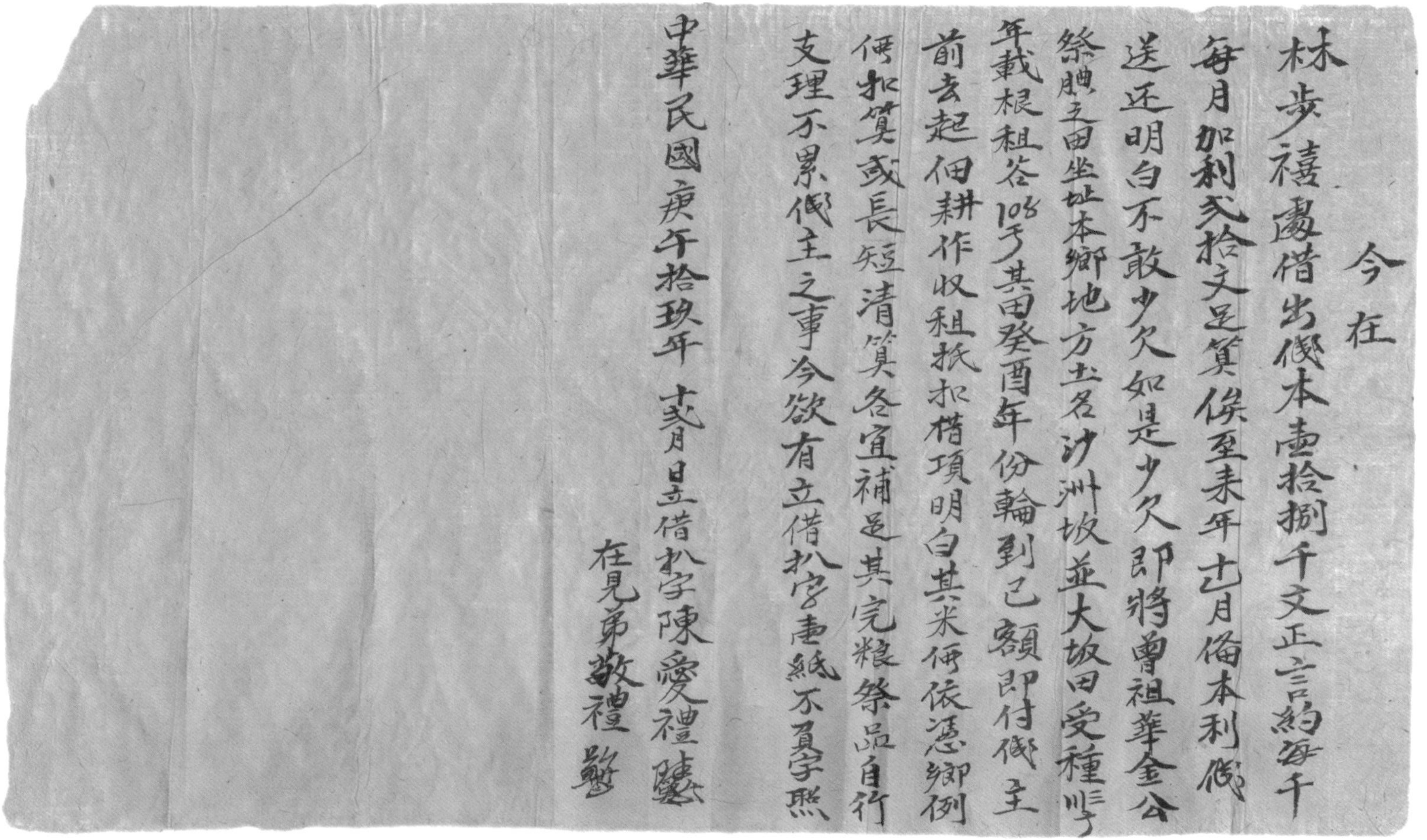
今在
林步禧處借出伬𣎴壹拾捌千文正言約每千
每月加利弍拾文足算候至来年十二月備本利伬
送还明白不敢少欠如是少欠即將曾祖華金公
祭胔之田坐址本鄉地方土名沙洲坂並大坂田受種川三斗
年載根租谷108斤其田癸酉年份輪到己額即付伬主
前去起佃耕作收租抵扣借項明白其米俩依憑鄉例
俩扣算或長短清算各宜補足其完粮祭品自行
支理不累伬主之事今欲有立借扒字壹紙不夏字照
中華民國庚午拾玖年　十弍月　日立借扒字陳愛禮
在見弟敬禮

7-1-118-2　民國十九年十二月陳愛禮立借扒錢本字

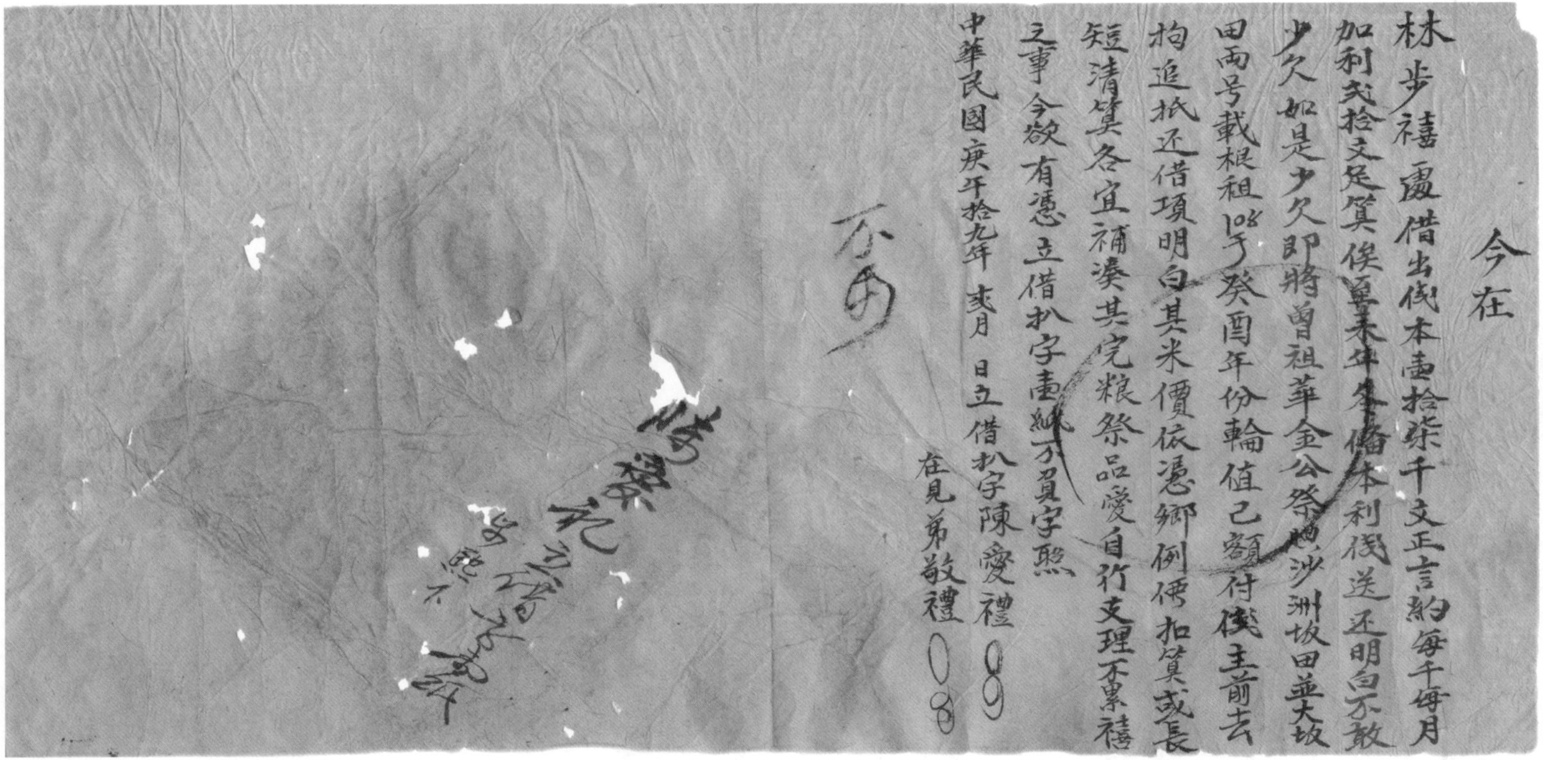

今在
林步禧處借出伬本壹拾柒千文正言約每千每月
加利伬拾文足算俟至本年冬備本利伬送还明白不敢
少欠如是少欠即將曾祖華金公祭祀沙洲坂田並大坂
田兩号載根租以斗癸酉年份輪值己額付伬主前去
拘追抵还借項明白其米價依憑鄉例便扣算或長
短清算各宜補湊其完粮祭品愛自行支理不累禧
之事今欲有憑立借扒字壹紙付貿字照
中華民國庚午拾九年十二月　日立借扒字陳愛禮
在見弟敬禮
不用

7-1-118-1　民國十九年十二月陳愛禮立借扒錢本字（草契）

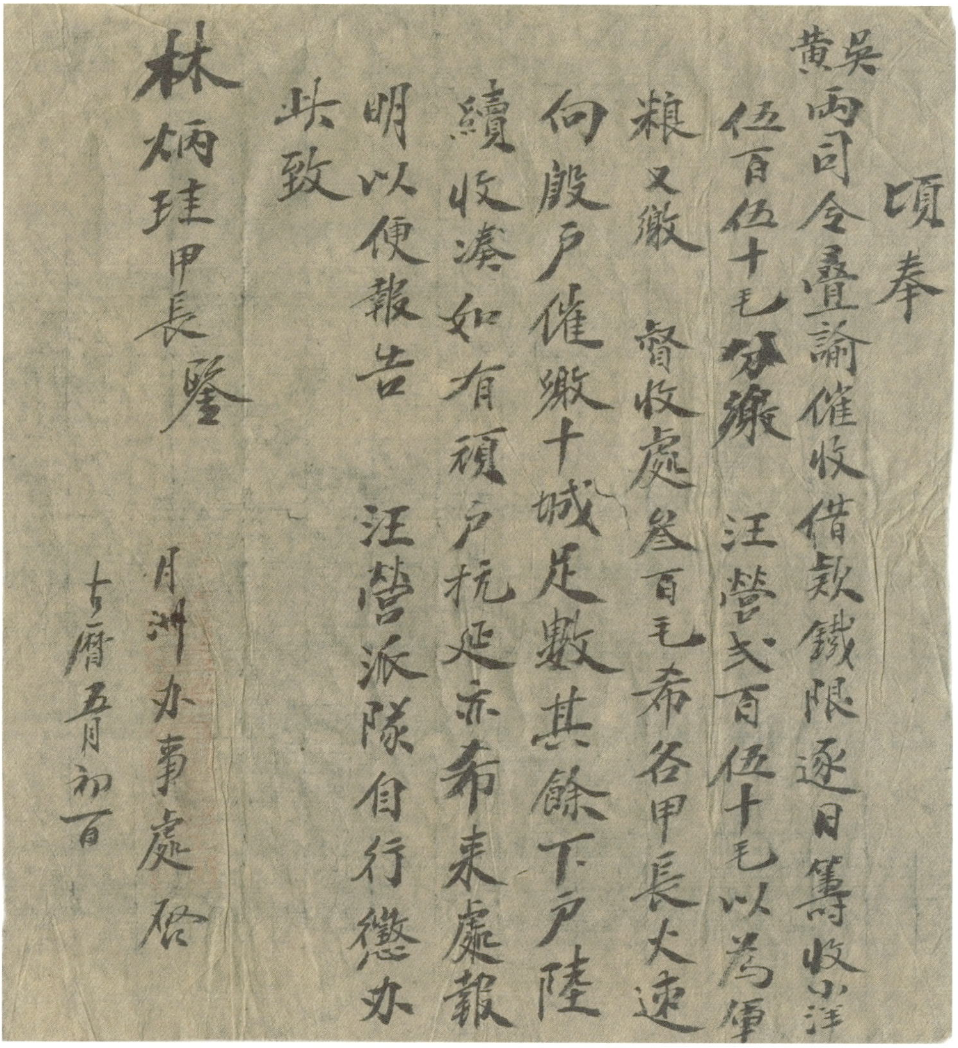

頃奉
吳黃兩司令疊諭催收借款鐵限逐日籌收小洋伍百伍十毛分繳汪營弍百伍十毛以為俸粮又繳督收處叁百毛希各甲長火速向殷户催繳十城足數其餘下户陸續收湊如有頑户抗延亦希來處報明以便報告汪營派隊自行懲办
此致
林炳珪甲長鑒
月洲办事處啓
古曆五月初一日

7-1-117-13　民國時期永泰月洲辦事處致林炳珪書信

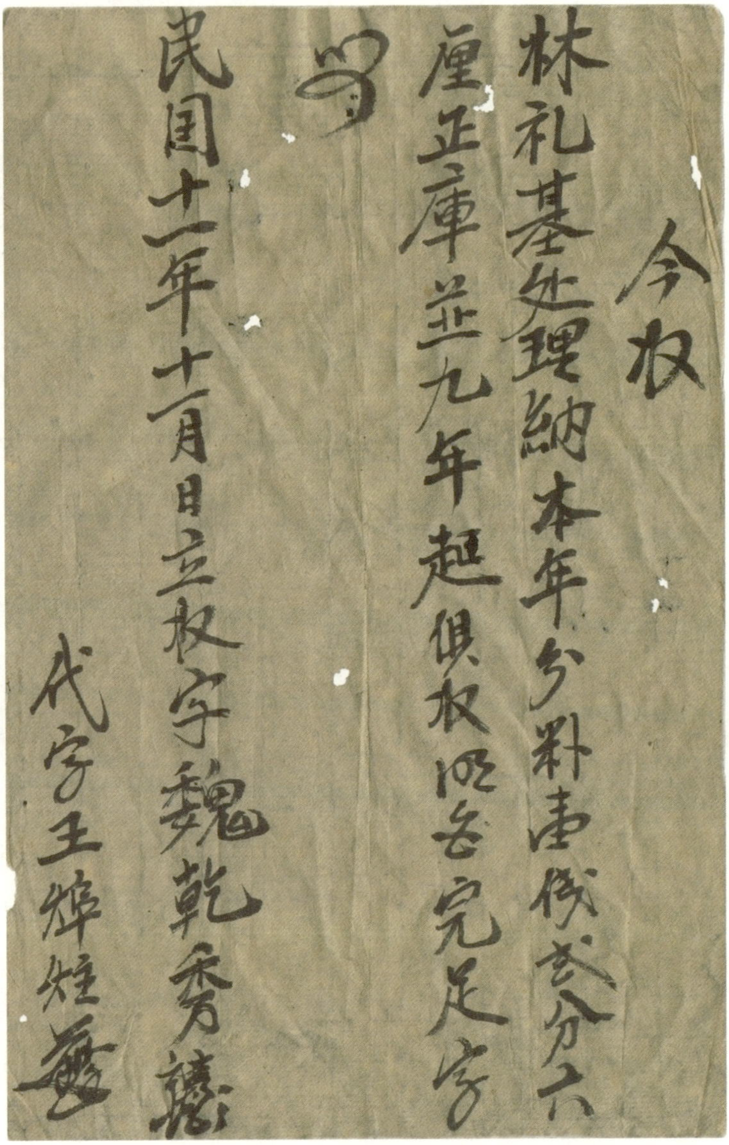
今收
林礼基处理納本年分糧串錢式分六
厘正庫並九年起俱收以后完足字
照
民国十一年十一月日立收字魏乾秀號
代字王焯炷筆

7-1-117-12　民國十一年十一月魏乾秀立收糧錢字

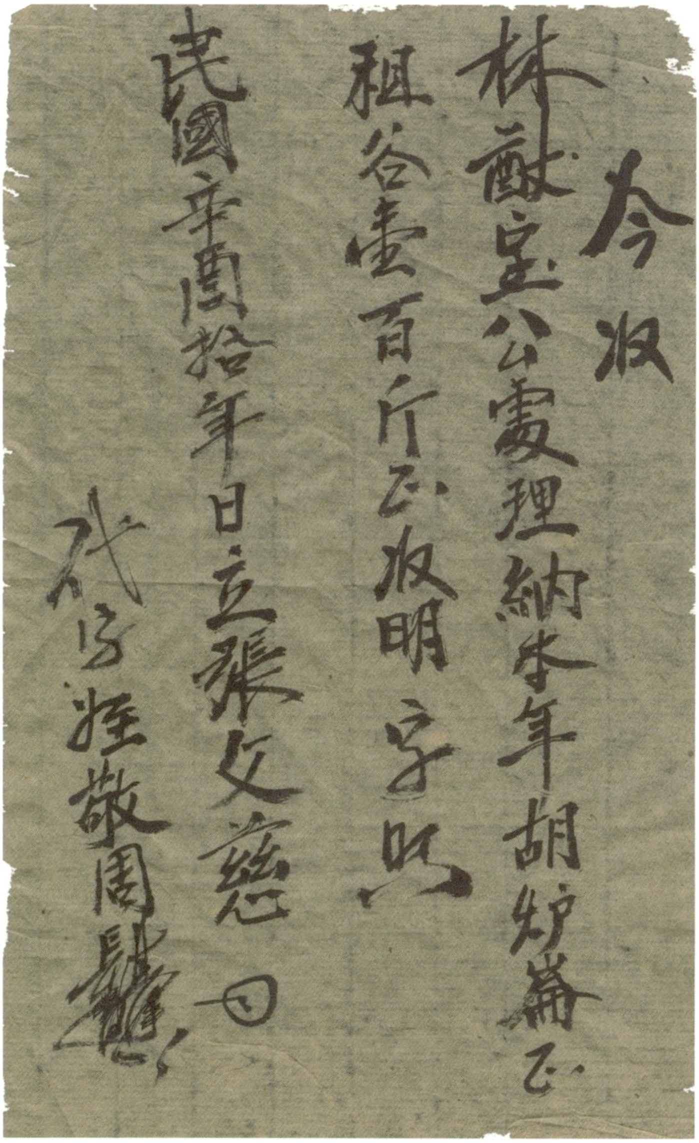
今收
林畝宜公處理納本年胡炉崙正
租谷壹百斤正收明字照
民國辛酉拾年日立張文慈
代字侄敬周

7-1-117-11　民國十年張文慈立收正租字

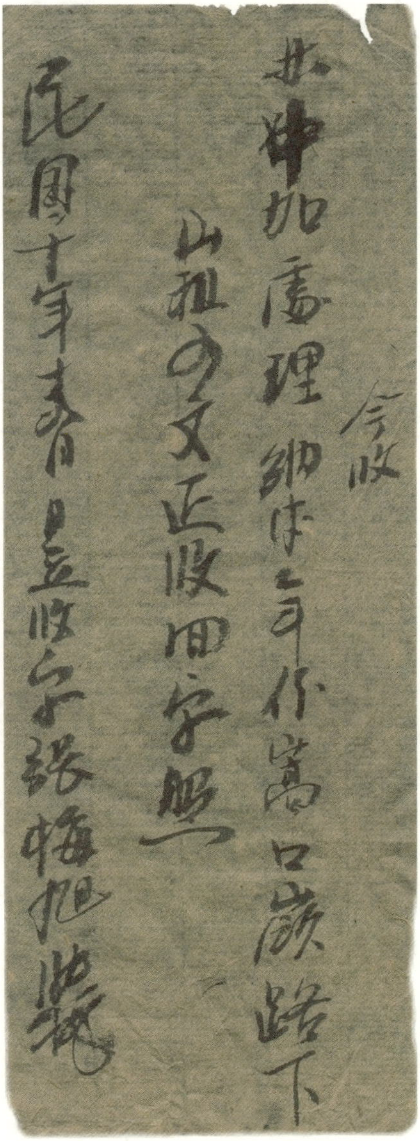
今收
收林加露理納伊本年作嵩口嶺路下
山租大洋正股田字照
民國十年十二月　日立收字張梅旭親筆

7-1-117-10　民國十年十二月張梅旭立收山租字（二）

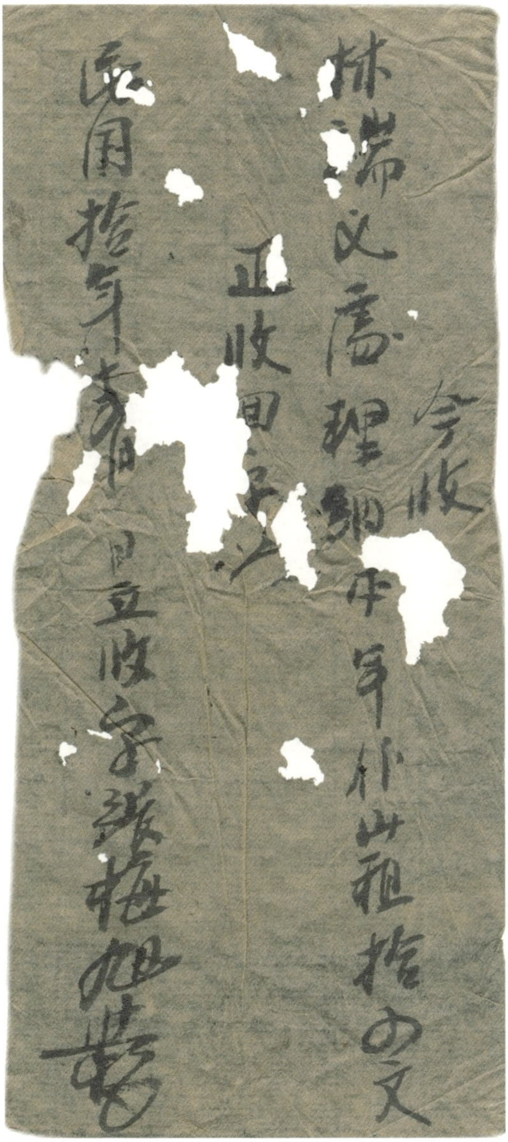
今收
林瑞文處理鄉本年什山租拾四文
正收回字
民國拾年十二月　日立收字張梅旭（押）

7-1-117-9　民國十年十二月張梅旭立收山租字（一）

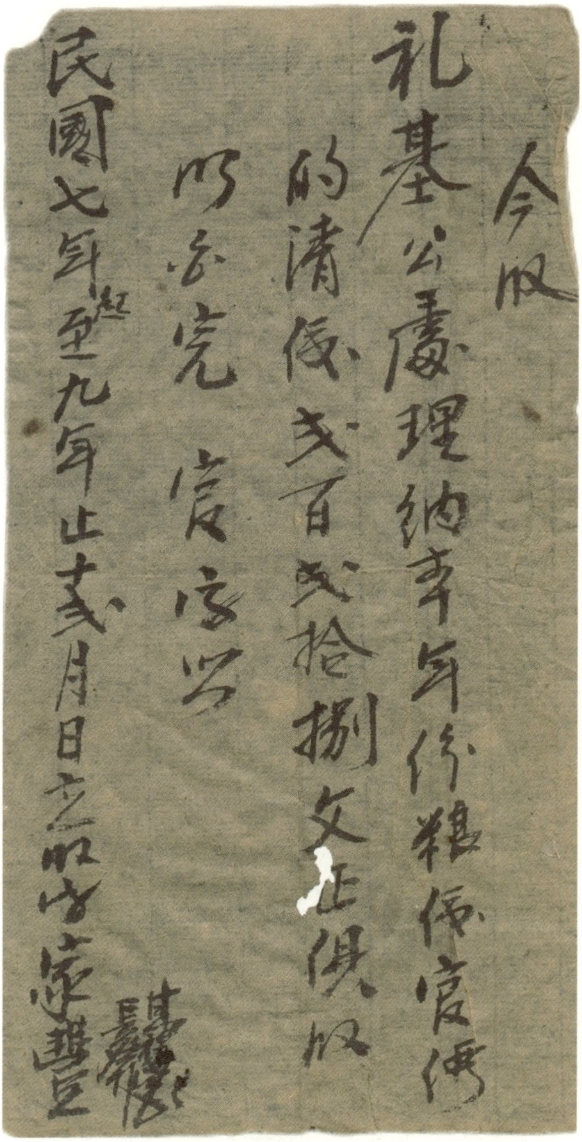
今收
礼基公處理納本年份粮係官衙
的清錢弍百弍拾捌文正俱收
明分完　官房照
民國七年起至九年止十弍月日立收字家豐

7-1-117-8　民國九年十二月林家豐立收糧錢字

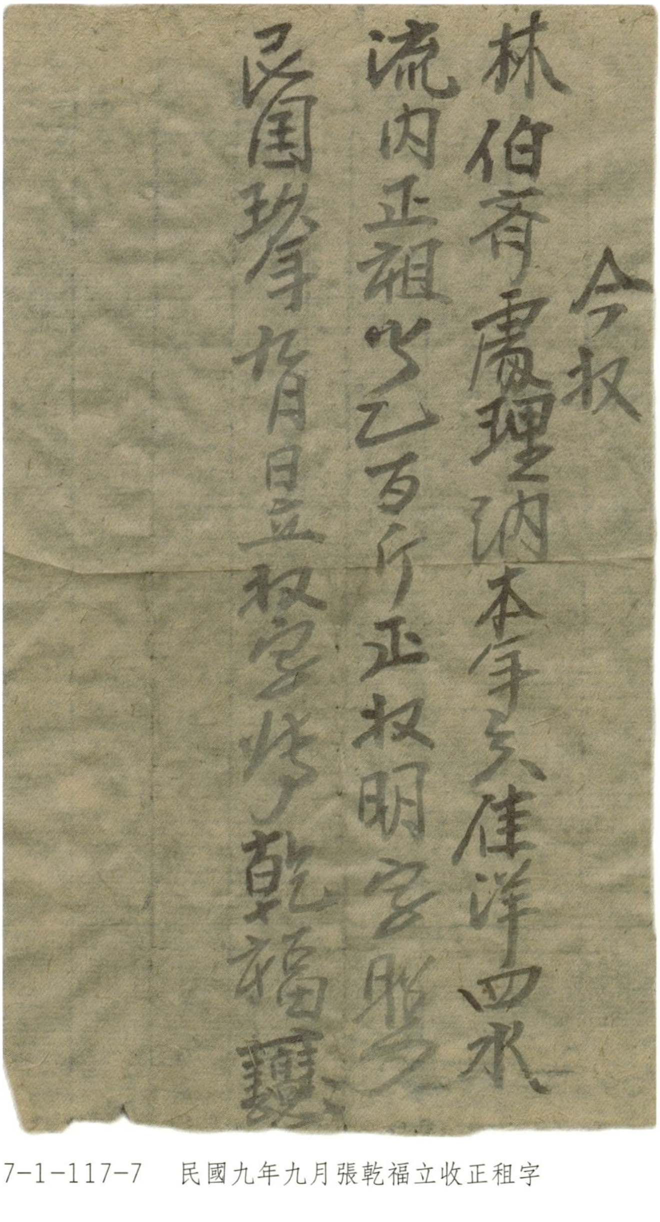
今收
林伯育處理納本年天佳洋四水
流內正祖乙百斤正收明字照
民國玖年九月日立收字張乾福（押）

7-1-117-7　民國九年九月張乾福立收正租字

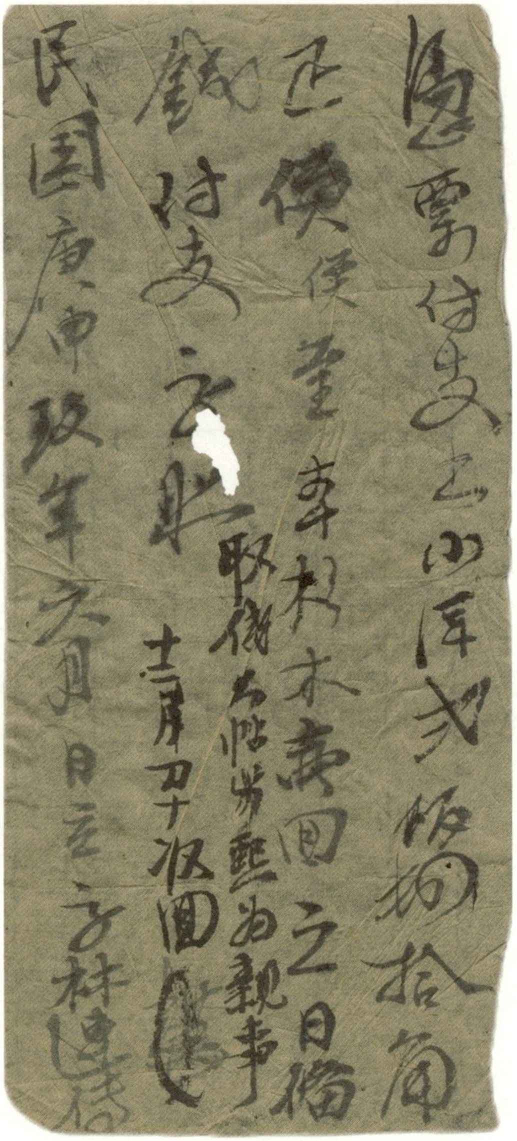

7-1-117-6　民國九年六月林連傳立支錢憑票

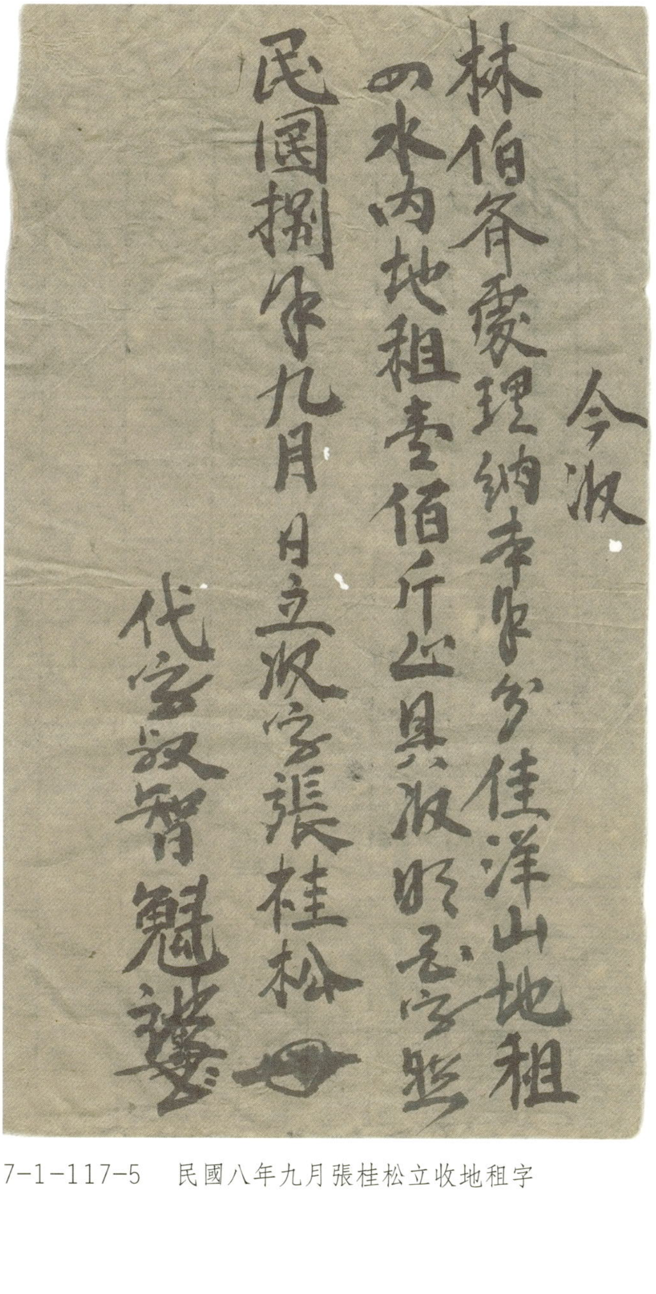
今收
林伯斧處理納本年分佳洋山地租
四水內地租壹佰斤正具收明是實
民國捌年九月　日立收字張桂松
代字叔智魁證

7-1-117-5　民國八年九月張桂松立收地租字

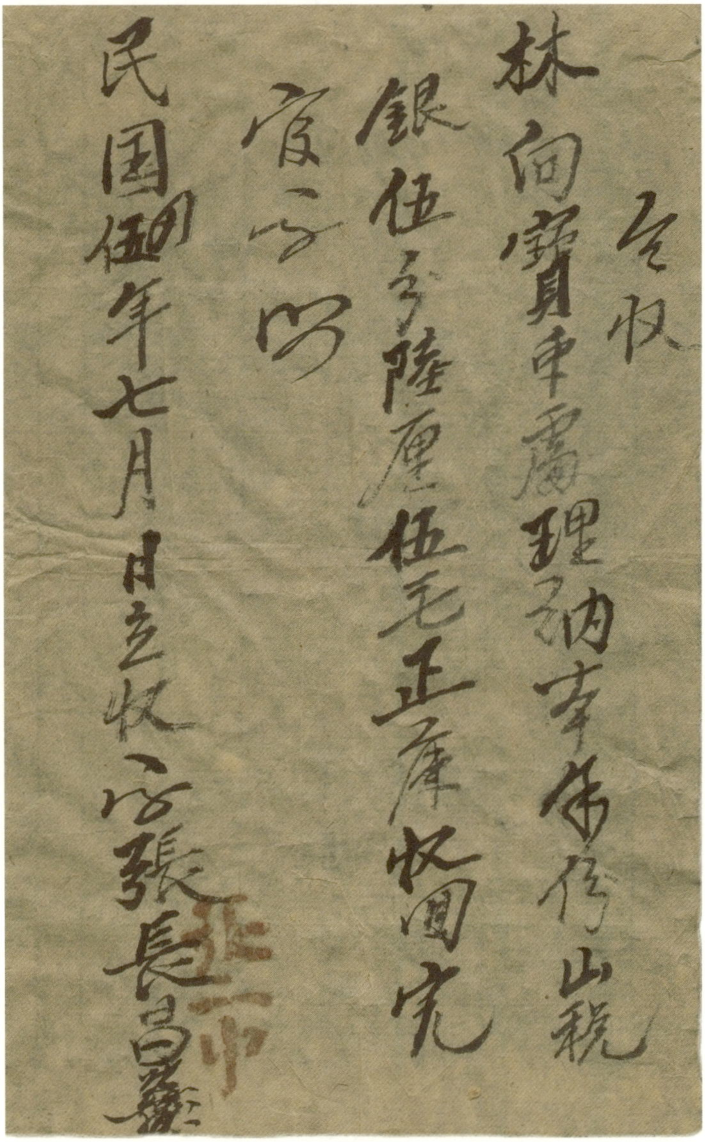
立收
林向寶甲處理納本年份山稅
銀伍分陸厘伍毛正庫收圓完
度[illegible]明
民國伍年七月 日立收字張長昌

7-1-117-4　民國五年七月張長昌立收山稅字

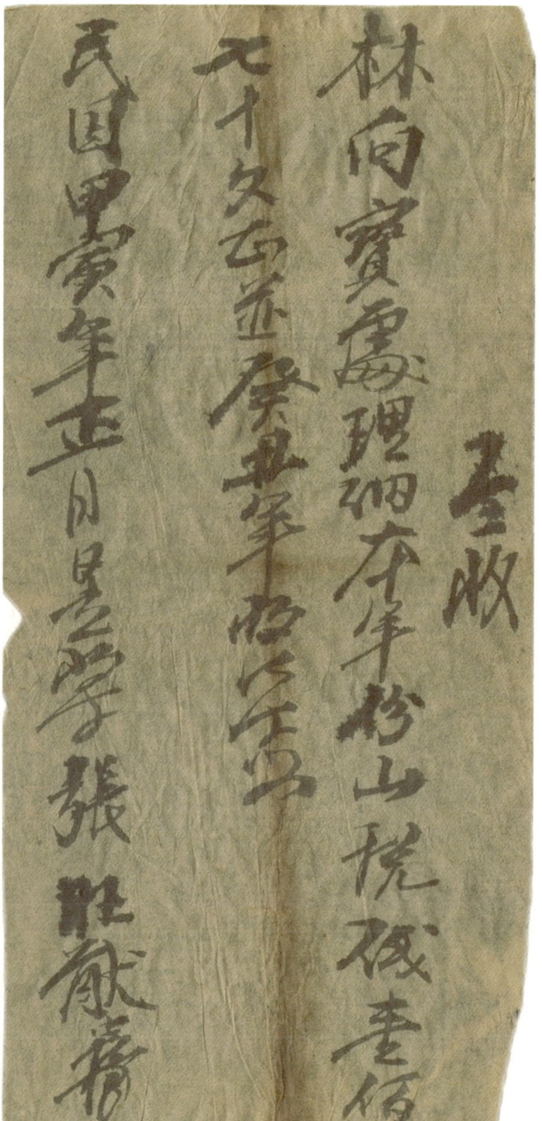
林向寶處理細本年杉山税錢壹佰
七十文正並癸丑年税〃收〃
民國甲寅年正月日是收字張旺猷親
全收

7-1-117-3　民國三年正月張旺猷立收山税字

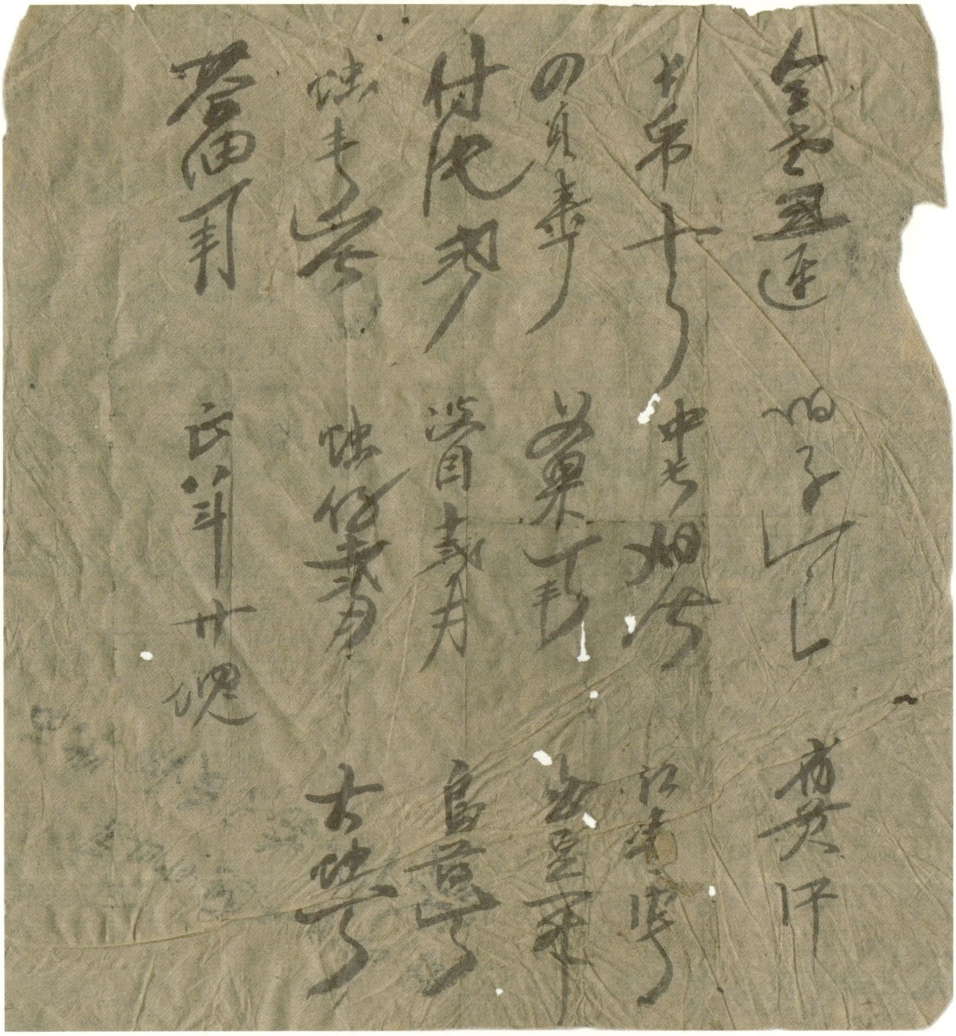

7-1-117-2　包契紙

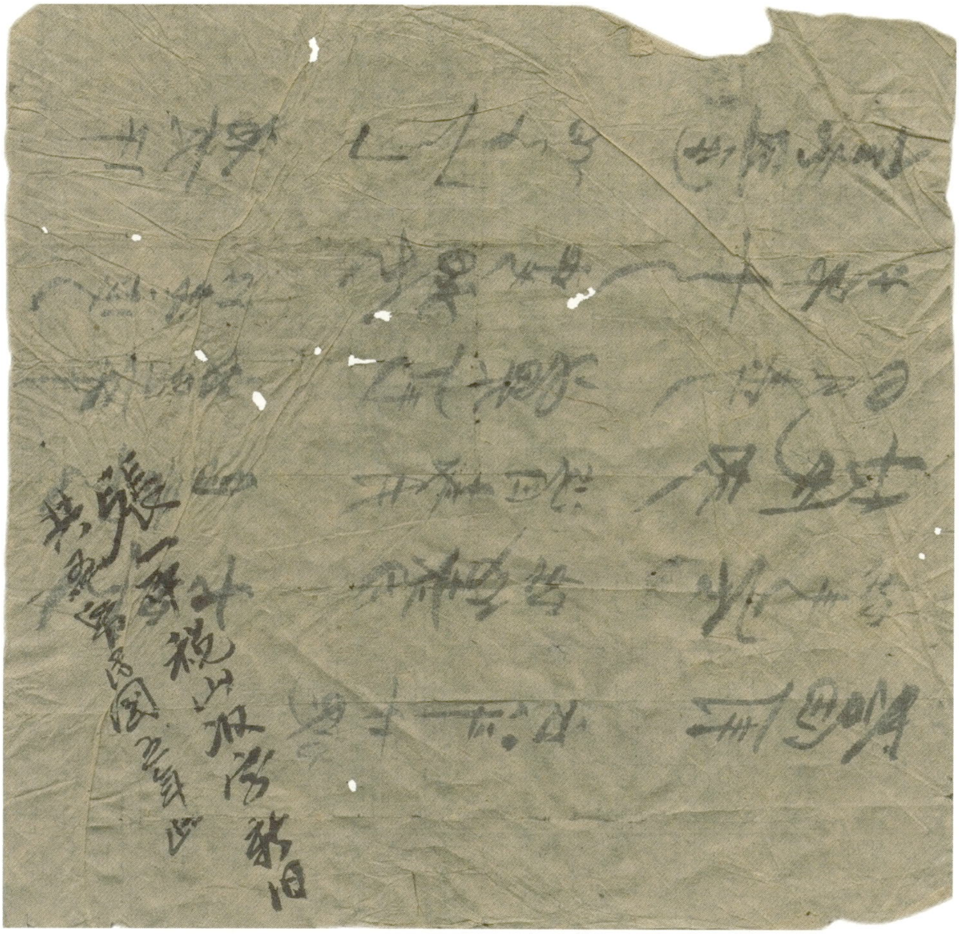

7-1-117-1　包契紙

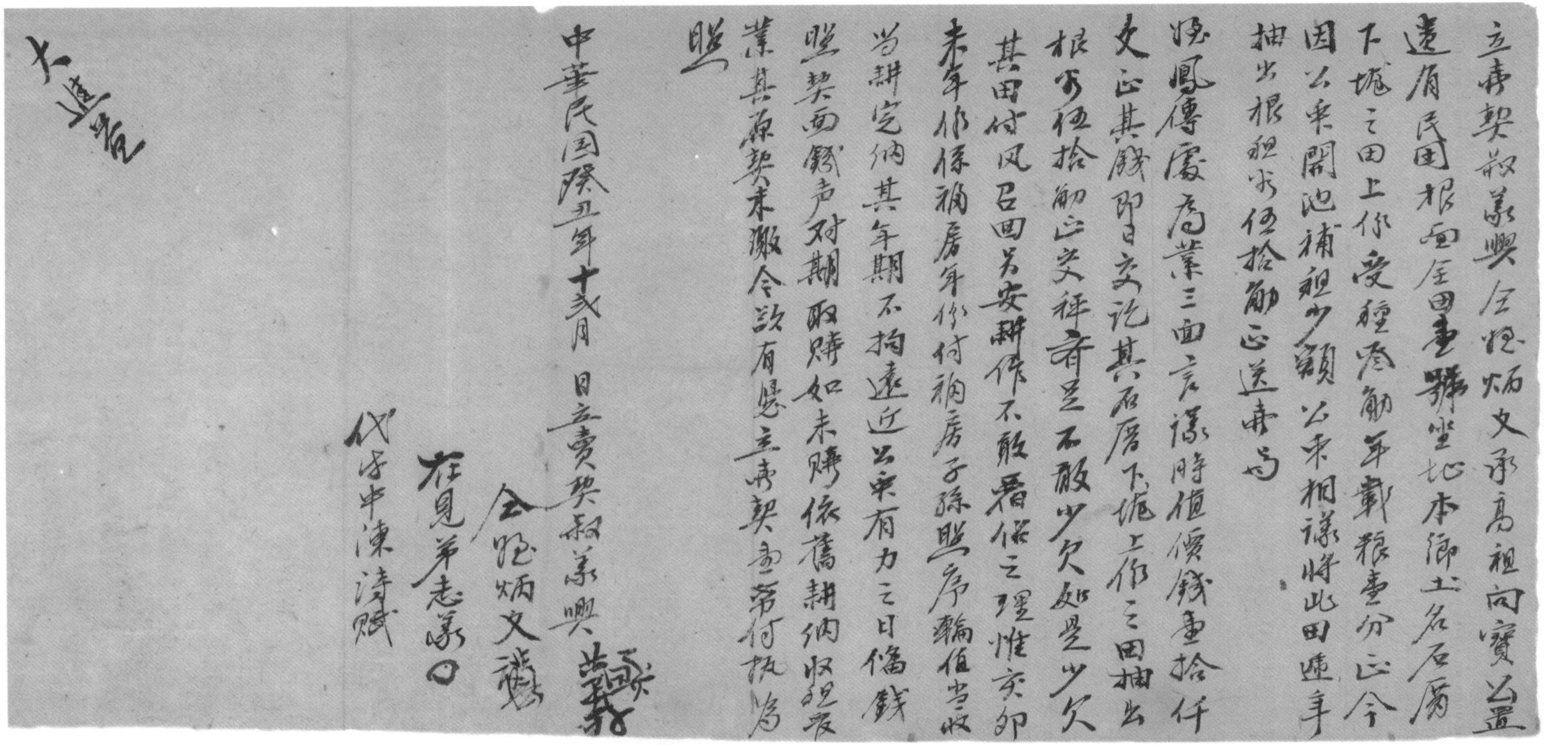
立賣契叔義興全姪炳文承高祖向買置
遠有民田根面全田壹號坐址本鄉土名石厝
下墘之田上，作受種叁斛，年載粮壹分正，今
因父乘開池，補祖少額，父乘相議，將此田連手
抽出根租米伍拾觔正送賣與
堂鳳傳處為業，三面言議，時值價錢壹拾仟
文正，其錢即日交訖。其石厝下墘上，作之田抽出
根米伍拾觔正交秤斉足，不敢少欠。如是少欠，
其田付風召回另安耕作，不敢霸佔之理。惟賣卯
來年作係禍房年作付禍房子孫照房輪值當收
當耕完納。其年期不拘遠近，出乘有力之日備錢
照契面錢声對期取贖。如未贖，依舊耕納收租。収
業其源契未繳，今欲有憑，立賣契壹帋付執為
照。
中華民國癸丑年十弍月　日立賣契叔義興（押）
全姪炳文（押）
在見弟志篆（押）
代字中陳詩賦
大吉昌

7-1-116-4　民國二年十二月林義興等立賣根面全民田契

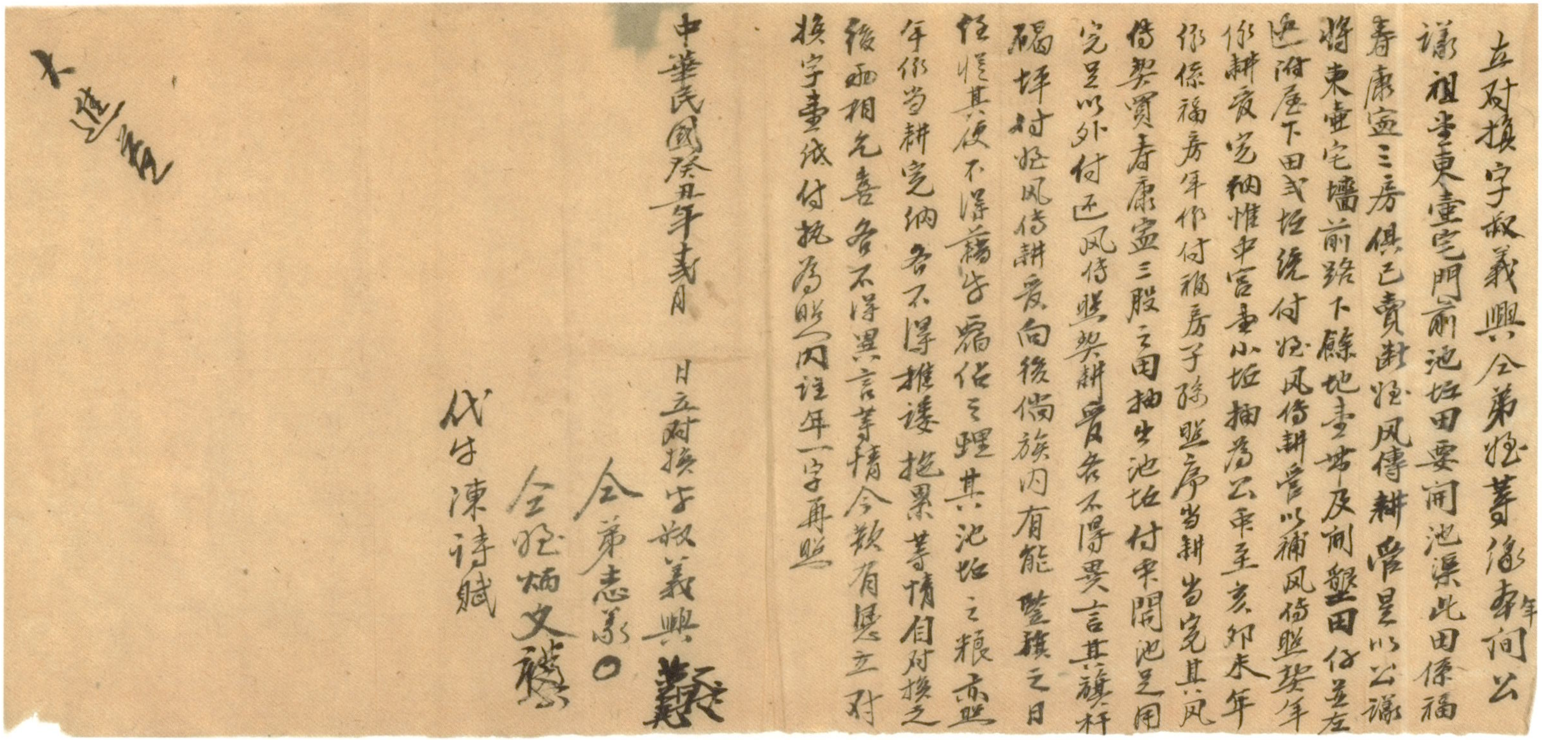

7-1-116-3　民國二年十二月林義興等立對換田字

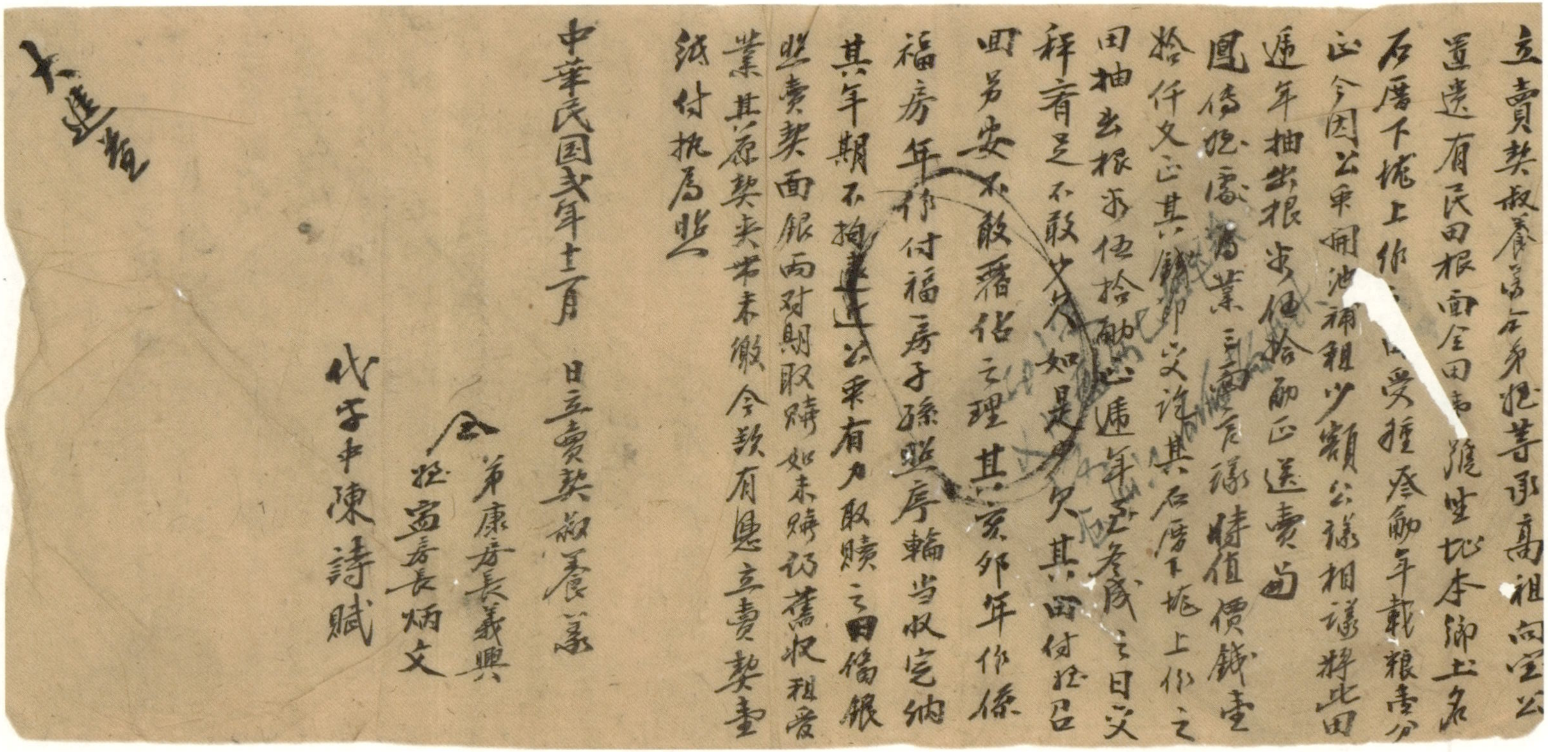
立賣契叔養義弟[illegible]姪善承高祖向宣公
遺遺有民田根面全田壹處坐址本鄉土名
石厝下坵上作[illegible]受種叁斤年載粮壹分
正今因公衆開池補祖少額公議相議將此田
遞年抽出根面伍拾觔正送賣與
[illegible]倚抱處為業三面言議時值價錢壹
拾仟文正其錢即交清其石厝下坵上作之
田抽出根面伍拾觔遞年至冬成之日交
秤清足不敢少欠如是少欠其田付於呂
田另安不敢番佔之理其[illegible]卯年作係
福房年作付福房子孫照房輪當收完納
其年期不拘遠近公衆有力取贖之日備銀
照賣契面銀兩對期取贖如未贖仍舊收租管
業其原契未帶來繳今欲有憑立賣契壹
紙付執為照

中華民國貳年十二月　日立賣契叔養義
仝弟康房長義興
姪富房長炳文
代字中陳詩賦

大進查

7-1-116-2　民國二年十二月林養義等立賣根面全民田契（廢契）

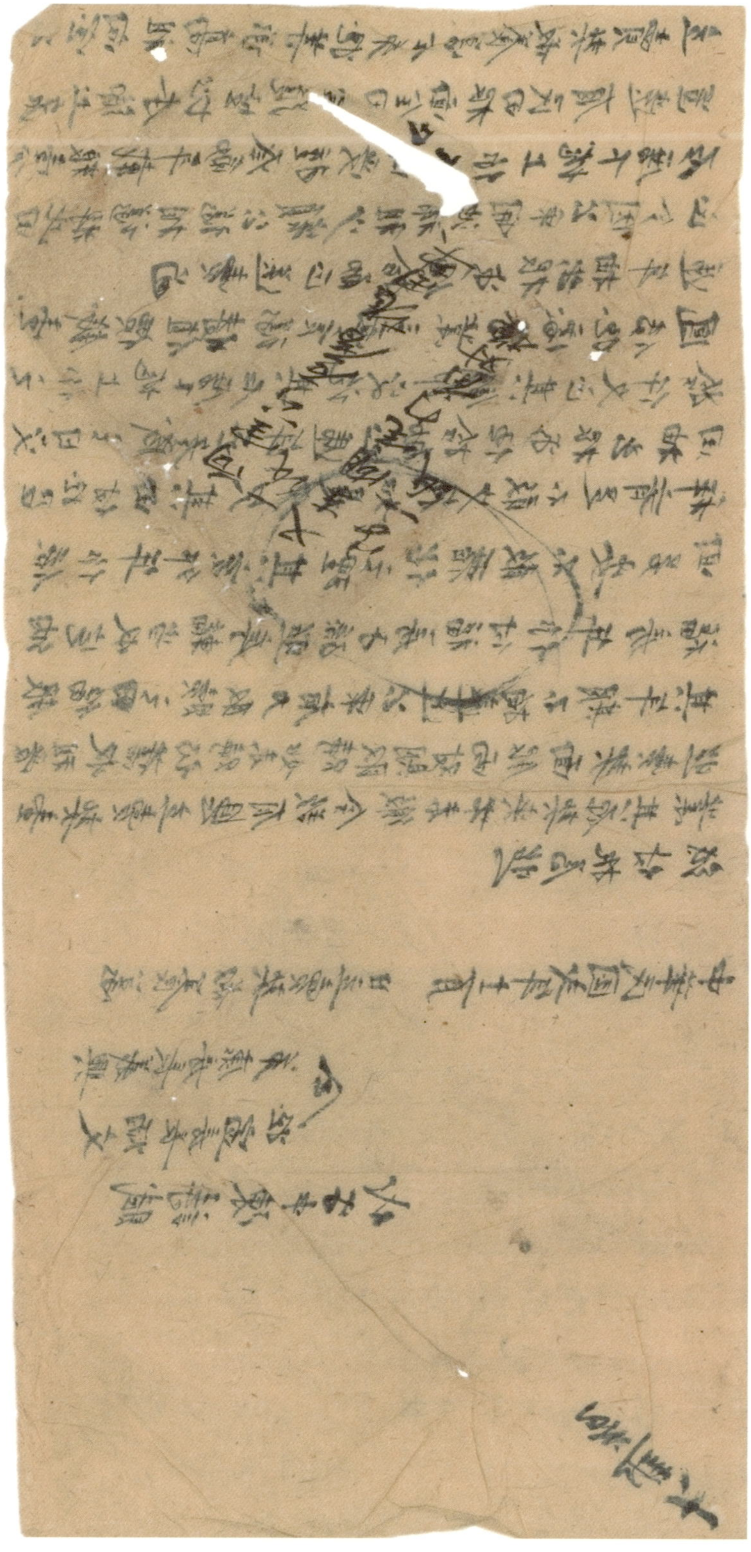

7-1-116-1 包契紙

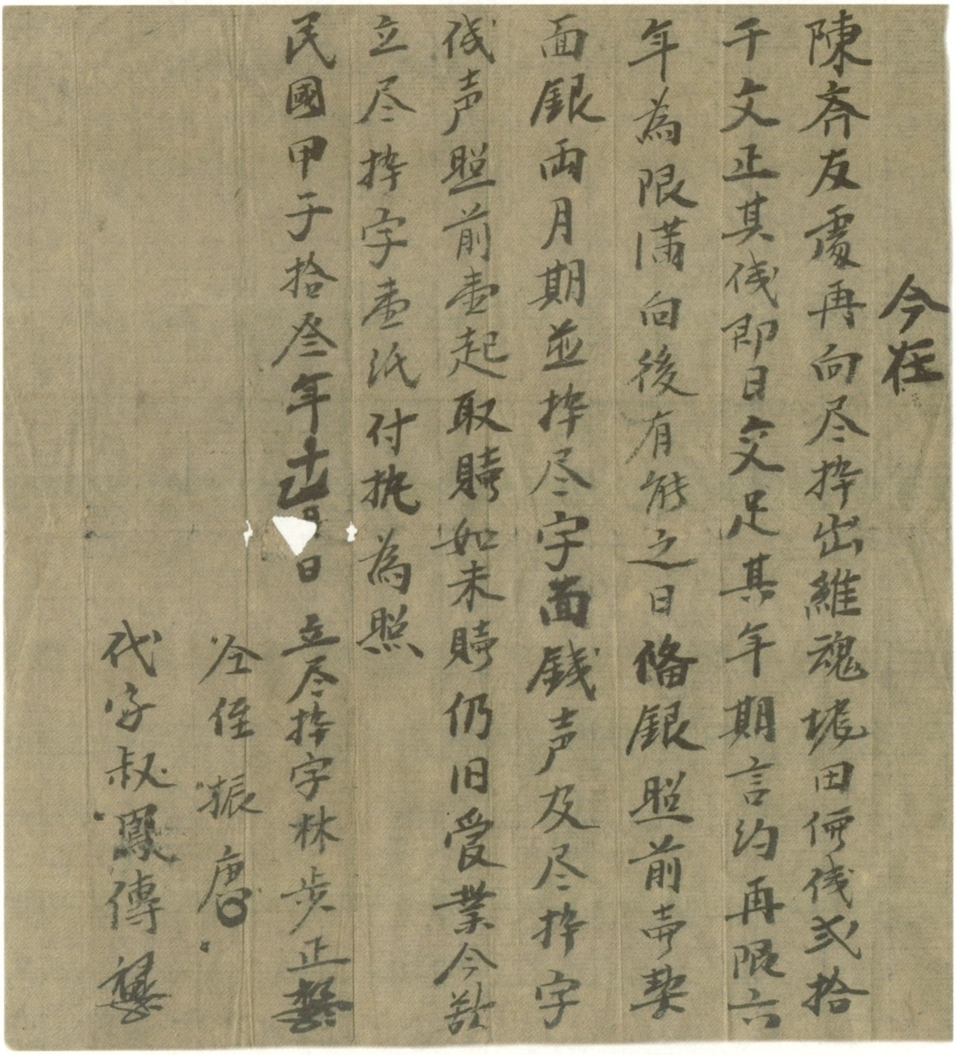

今在
陳斉友處再向叁撮出維魂墘田价錢貳拾
千文正其价即日交足其年期言約再限六
年為限滿向後有能之日備銀照前壹契
面銀兩月期並撮叁字面錢声及叁撮字
价声照前壹起取贖如未贖仍旧管業今欲
立叁撮字壹紙付執為照
民國甲子拾叁年十一月日　立叁撮字林步正（押）
仝侄　振唐
代字叔　鳳傳（押）

7-1-115-6　民國十三年十一月林步正等立撮字

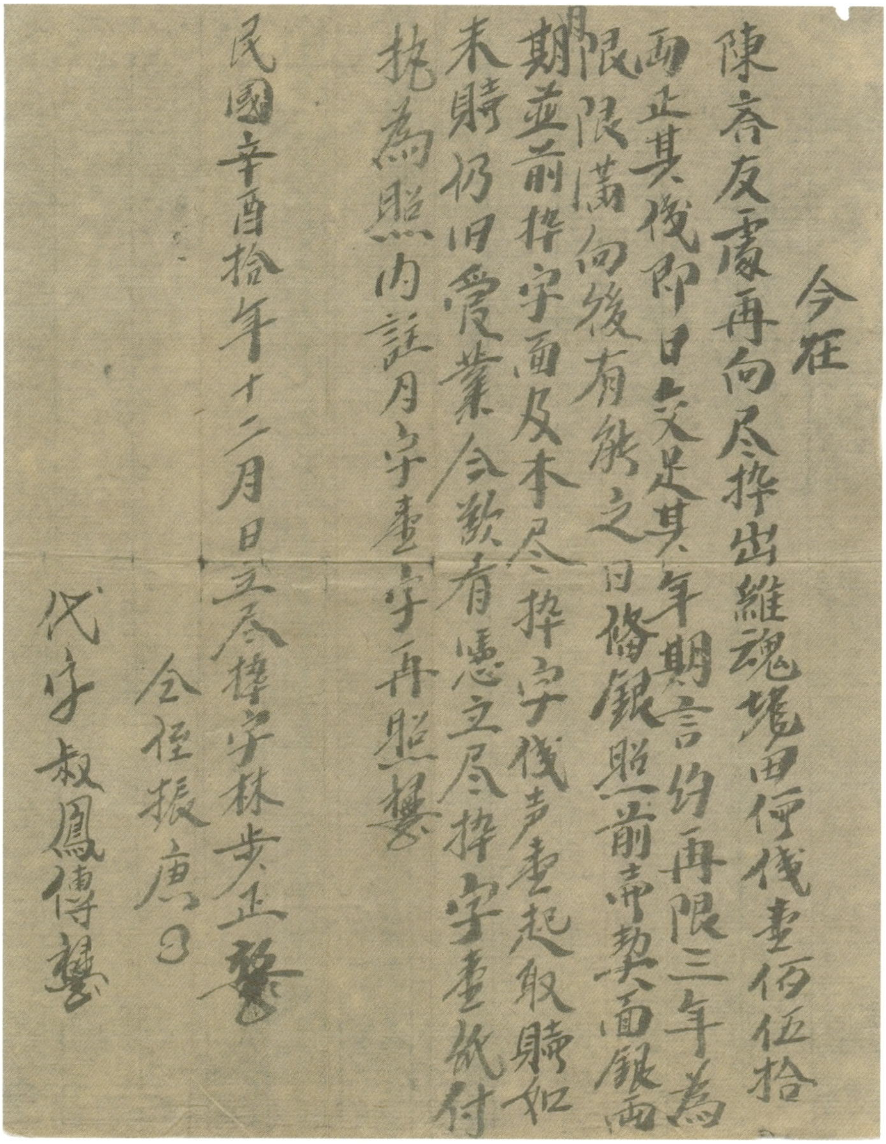
今在
陳奇友處再向尽撮出維魂塊田價伐壹佰伍拾
兩正其伐即日交足其年期言約再限三年為
限限滿向後有能之日備銀照前帝契面銀兩
期並前撮字面及本尽撮字伐声壹起取贖如
未贖仍旧管業合数有憑立尽撮字壹紙付
執為照內註月字壹字再照（押）
民國辛酉拾年十二月日立尽撮字林步正（押）
仝侄振唐（押）
代字叔鳳傳（押）

7-1-115-5　民國十年十二月林步正等立撮字

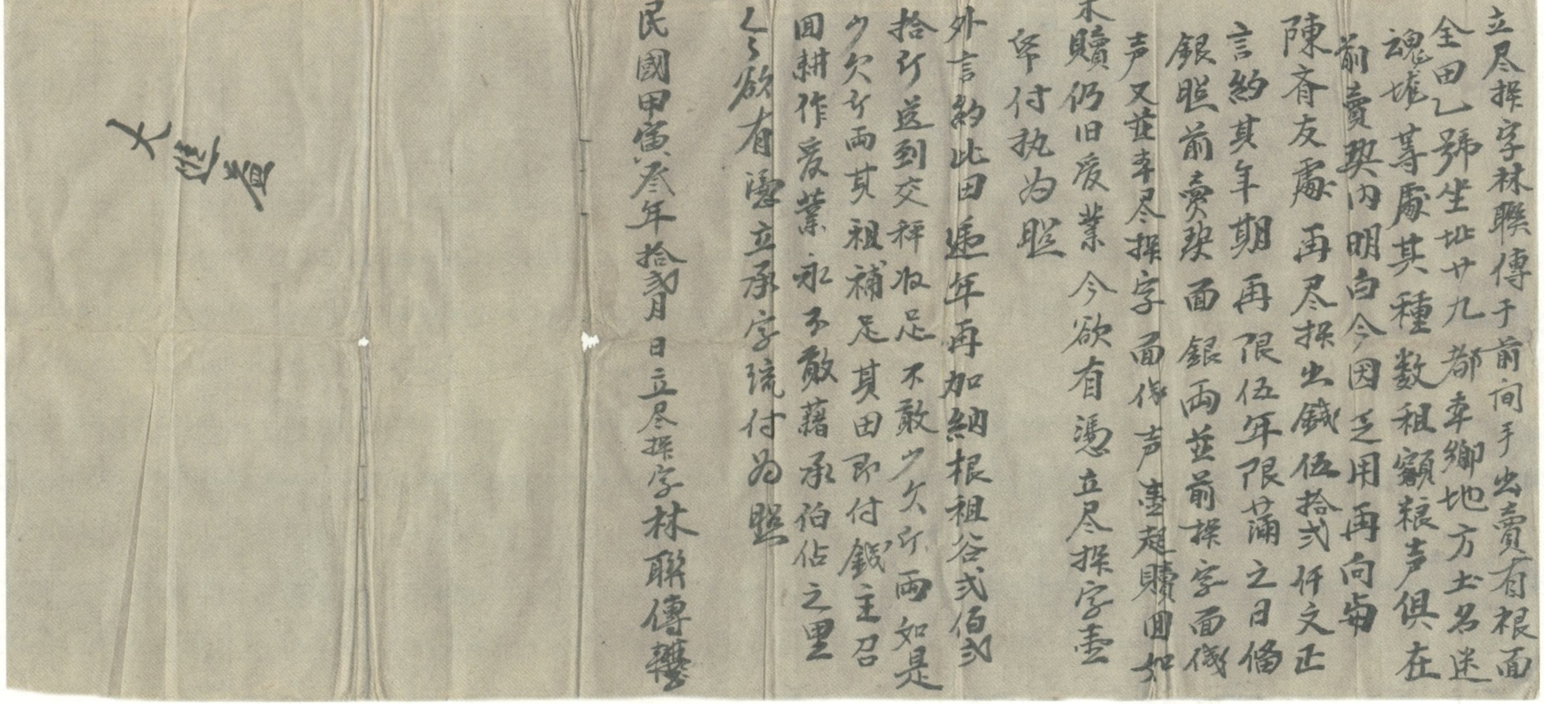
立尽採字林聯傳于前向手出賣有根面
全田乙號坐址廿九都本鄉地方土名迷
魂垅等處其種數租額粮户俱在
前賣契内明白今因乏用再向卣
陳齊友處再尽採出錢伍拾弍仟文正
言約其年期再限伍年限滿之日備
銀照前賣契面銀两並前採字面錢
声又並本尽採字面錢声盡趕贖回如
未贖仍旧废業今欲有憑立尽採字壹
帋付執為照
外言約此田遞年再加納根租谷弍佰弍
拾斤送到交秤收足不敢少欠斤两如是
少欠斤两其租補足其田即付錢主召
回耕作废業永不敢藉承佔之理
亡亡欲有憑立承字統付為照
民國甲寅叁年拾弍月　日立尽採字林聯傳（押）

7-1-115-4　民國三年十二月林聯傳立撮字

今在
陳有友處撮出錢貳拾仟文正
言約述魂坵之田其年期再限
伍年限滿之日備錢照契面
銀兩並此撮字面錢壹盡
起贖回 如未贖依旧管業
今欲有憑立撮字一紙為
照 由添坵一字再照
民國壬子元年十二月日立撮字林聯傳

7-1-115-3　民國元年十二月林聯傳立撮字

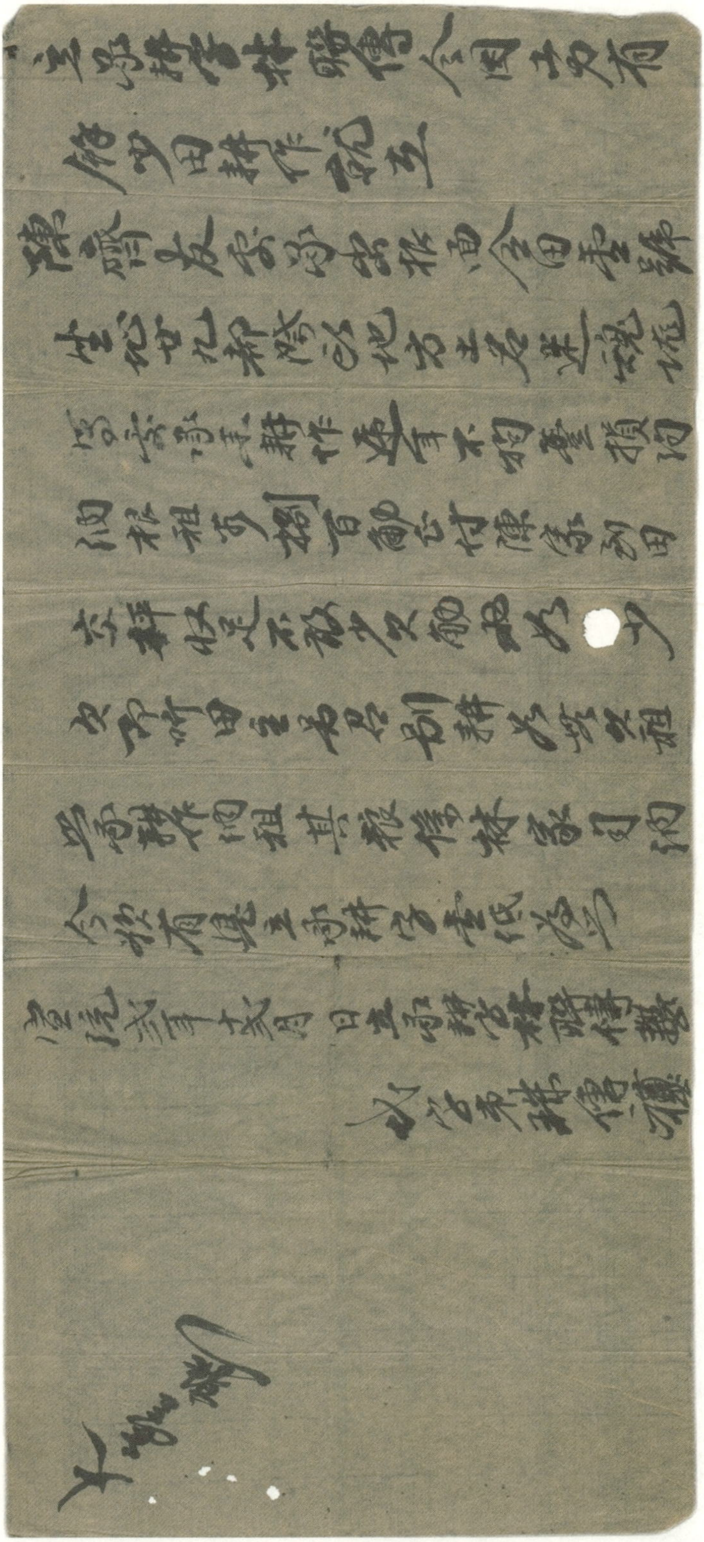

7-1-115-2　清宣統二年十二月林聯傳立承耕根面全田字

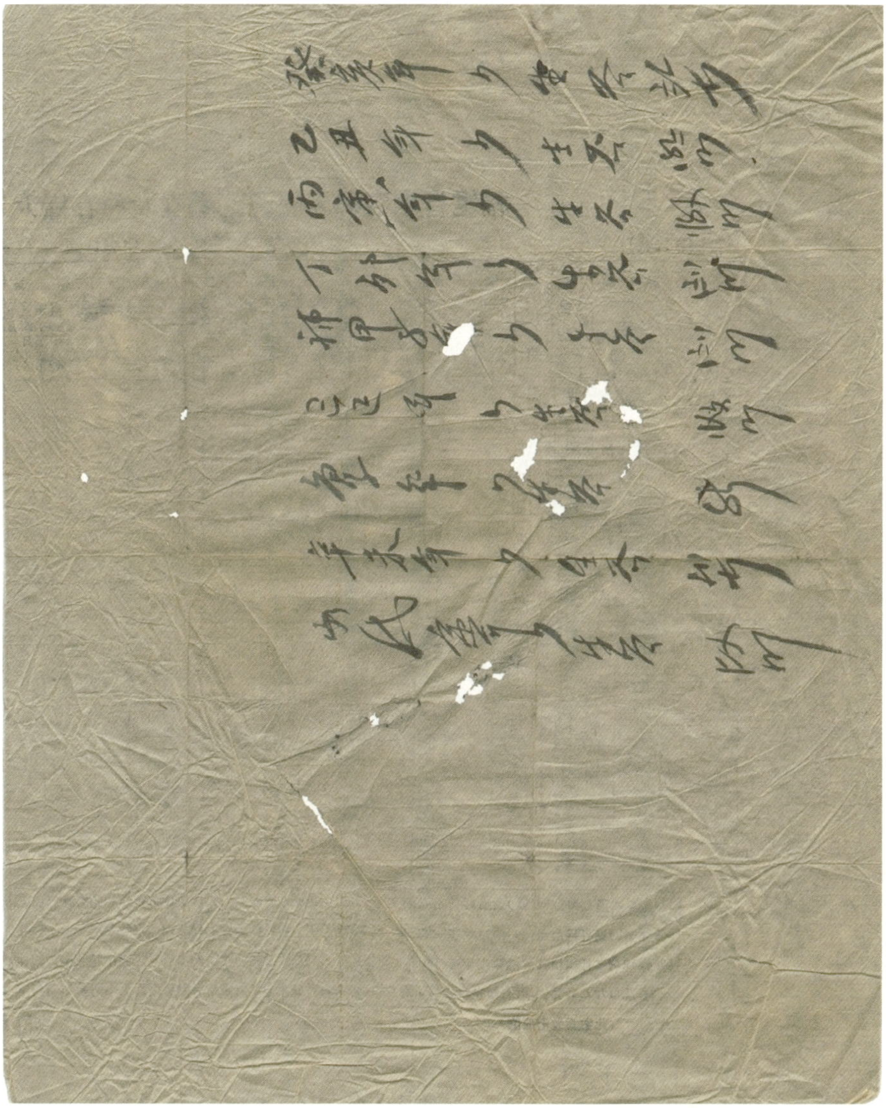

7-1-115-1　包契紙

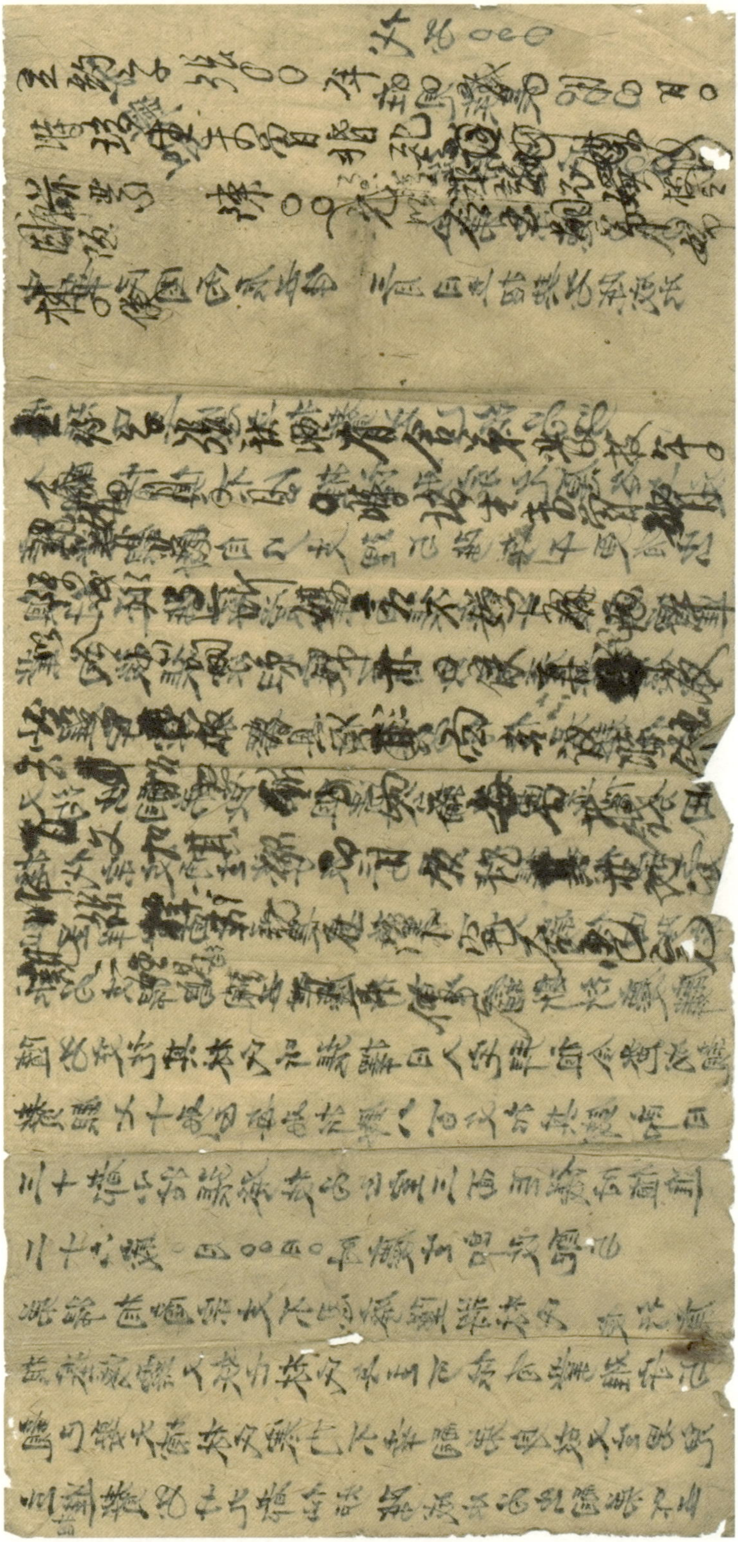

7-1-114-8　民國時期張氏立約字（草契）

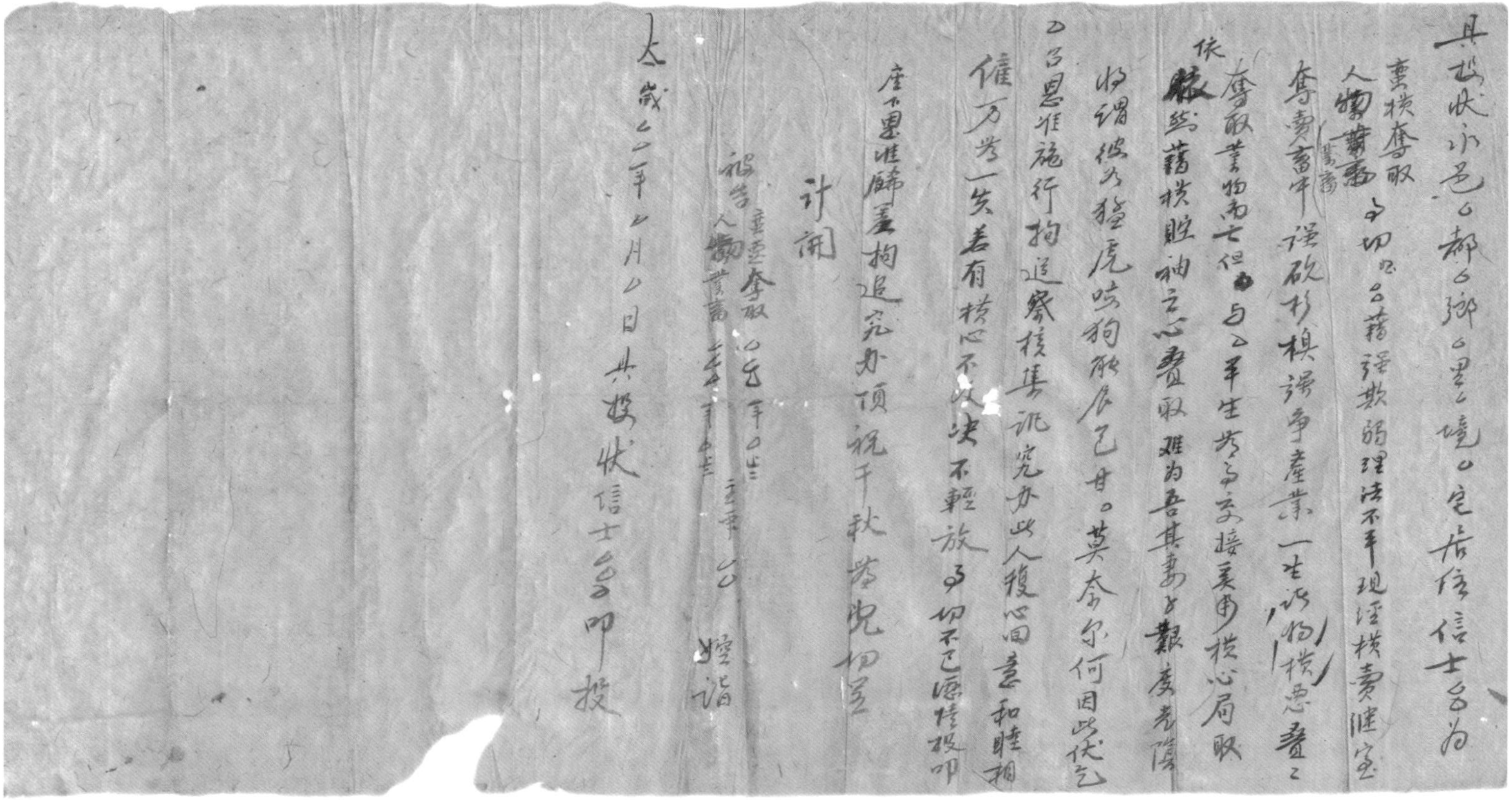
具投状°某邑°都°鄉°里°境°宅居住信士°為
棄横奪取人物霸霸事切°°°藉强欺弱理法不平現經横覇健室
奪覇當中强砍杉模謀争產業一生所物横惡叠之
奪取業物而亡但°与°平生苦心交接美事横心局取
依賊然藉横肚袖之心叠取難為吾其事之艱度光陰
收謂彼为猛虎吠狗欺辰乞甘°莫奈尔何因此伏乞
°°恩准施行拘追察核集訊究办此人複心回意和睦相
儻万若一失善有横心不以决不輕放°切不已懇情投叩
座下恩准歸壹拘追究办頂祝千秋感恩切望
计開
被告奪取°°年°°
人物覇霸某年°°
證諸
太歲°°年°月°日具投状信士°°叩投

7-1-114-7　民國時期具投狀（草狀）

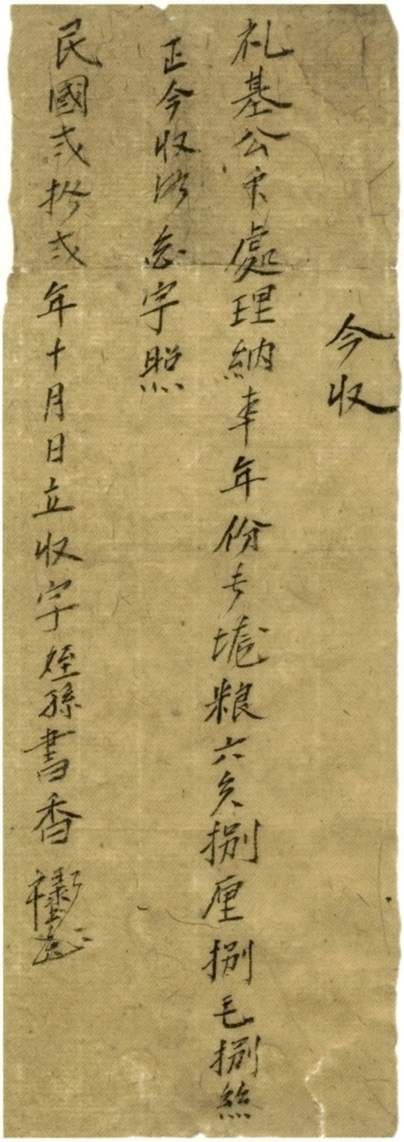
今收
札基公宗處理納本年份錢糧六分捌厘捌毛捌絲
正今收明為字照
民國弍拾弍年十月日立收字姪孫書香

7-1-114-6　民國二十二年十月林書香立收錢糧字

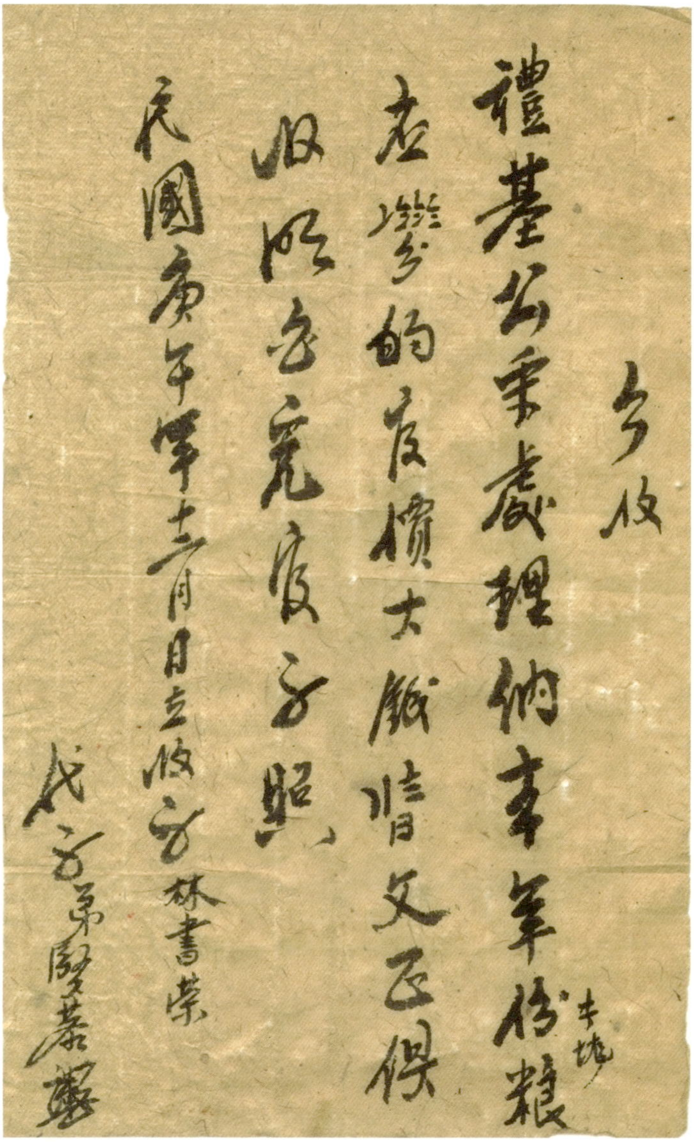

7-1-114-5　民國十九年十二月林書荣立收錢糧字

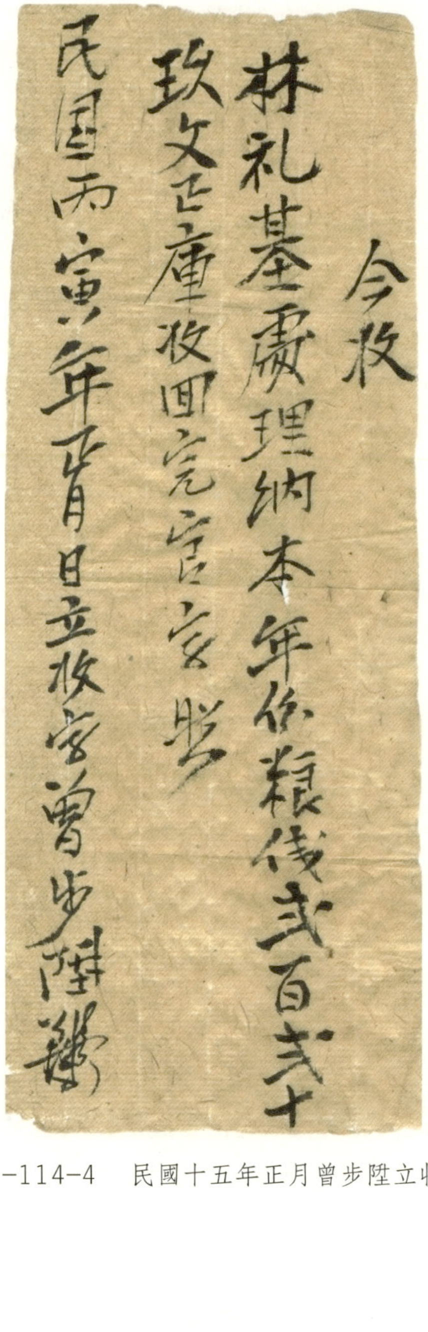

今收
林礼基處理納本年份粮錢弍百弍十
玖文正庫收回完官字照
民國丙寅年正月日立收字曾步陞（押）

7-1-114-4　民國十五年正月曾步陞立收錢糧字

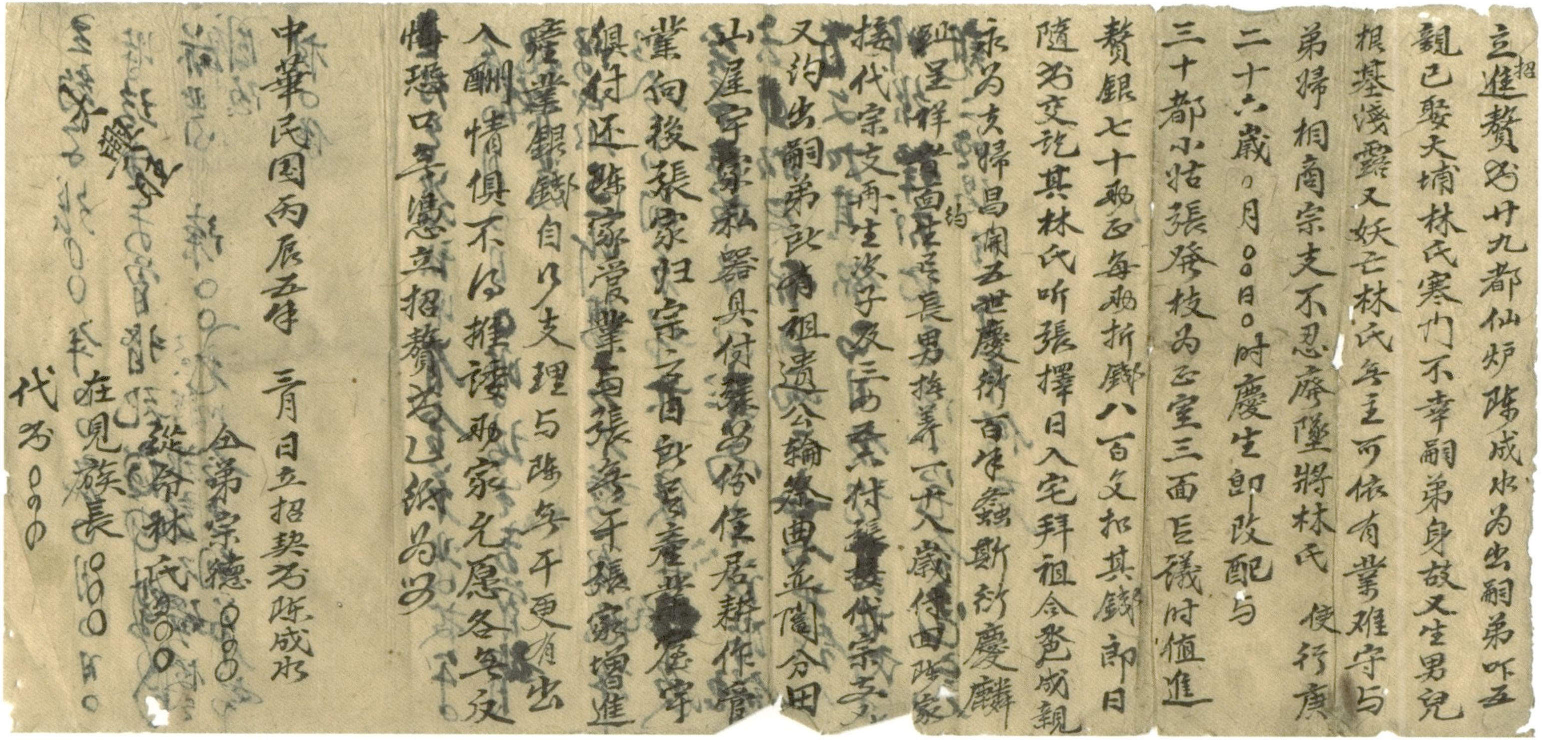

7-1-114-3　民國五年三月陳成水等立招進贅書（草契）

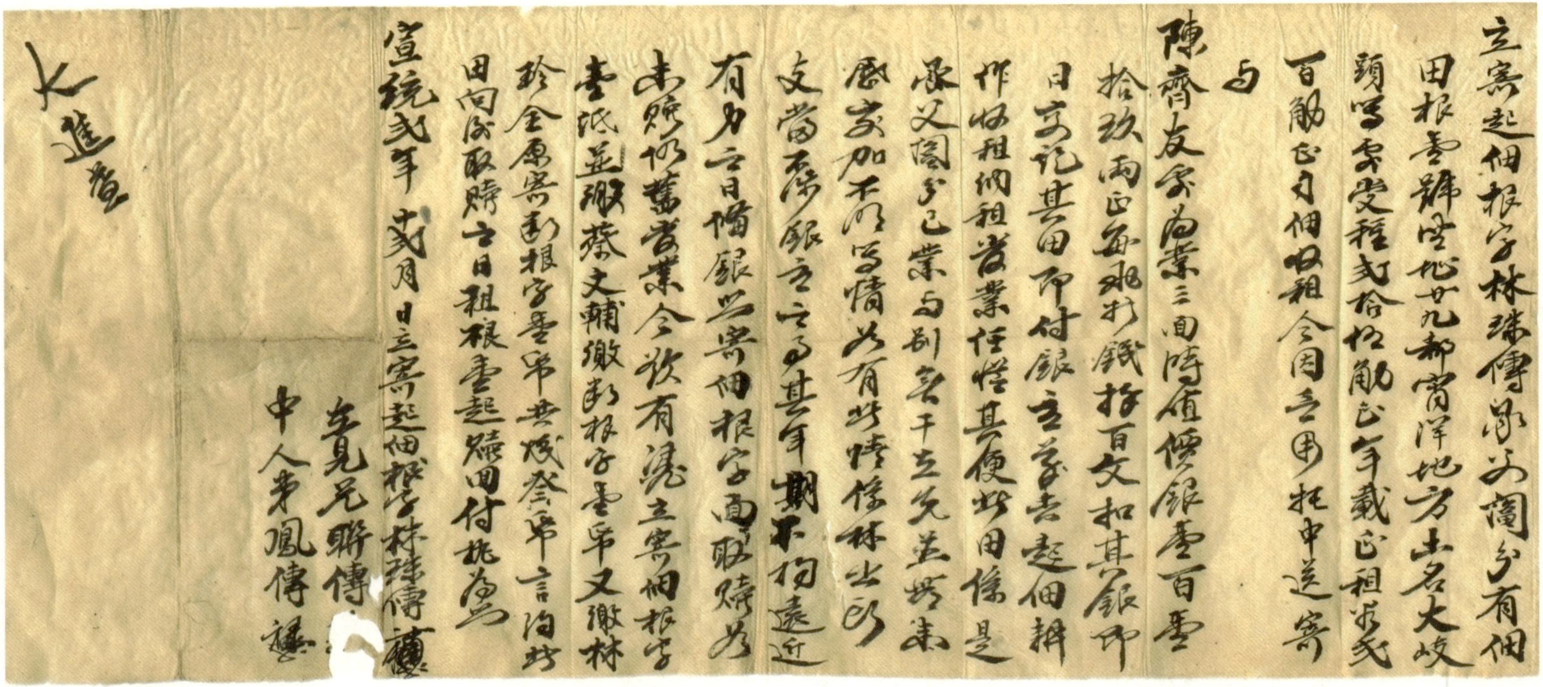
立寄起佃根字林珠傳承父鬮分有佃
田根壹號，坐址廿九都甯洋地方，土名大峧
頭，洋𡍼受種弍拾柒觔，年載正租弍
百觔正，又佃皮租，今因乏用，托中送寄
與
陳齊友家為業，三面時值價銀壹百壹
拾玖兩正，每兩扣錢捌百文，扣其銀即
日交訖，其田即付銀主前去起佃耕
作收租納租，管業任憑其便。此田係是
承父鬮分己業，与別房干无涉。未
感家加不瓜寫情，如有此情，係林出所
支當，不涉銀主之事。其年期不拘遠近，
有力之日備銀照寄佃根字面取贖，如
未贖，仍舊管業。今欲有憑，立寄佃根字
壹紙，並繳祭文輔繳新根字壹帋，又繳林
珍全原寄新根字壹帋，共成叁帋，言約此
田向後取贖之日，租根壹起贖回付執為照。
宣統弍年十弍月　日立寄起佃根字林珠傳（押）
在見兄聯傳（押）
中人弟鳳傳（押）
大進壹

7-1-114-2　清宣統二年十二月林珠傳立寄起佃田根字

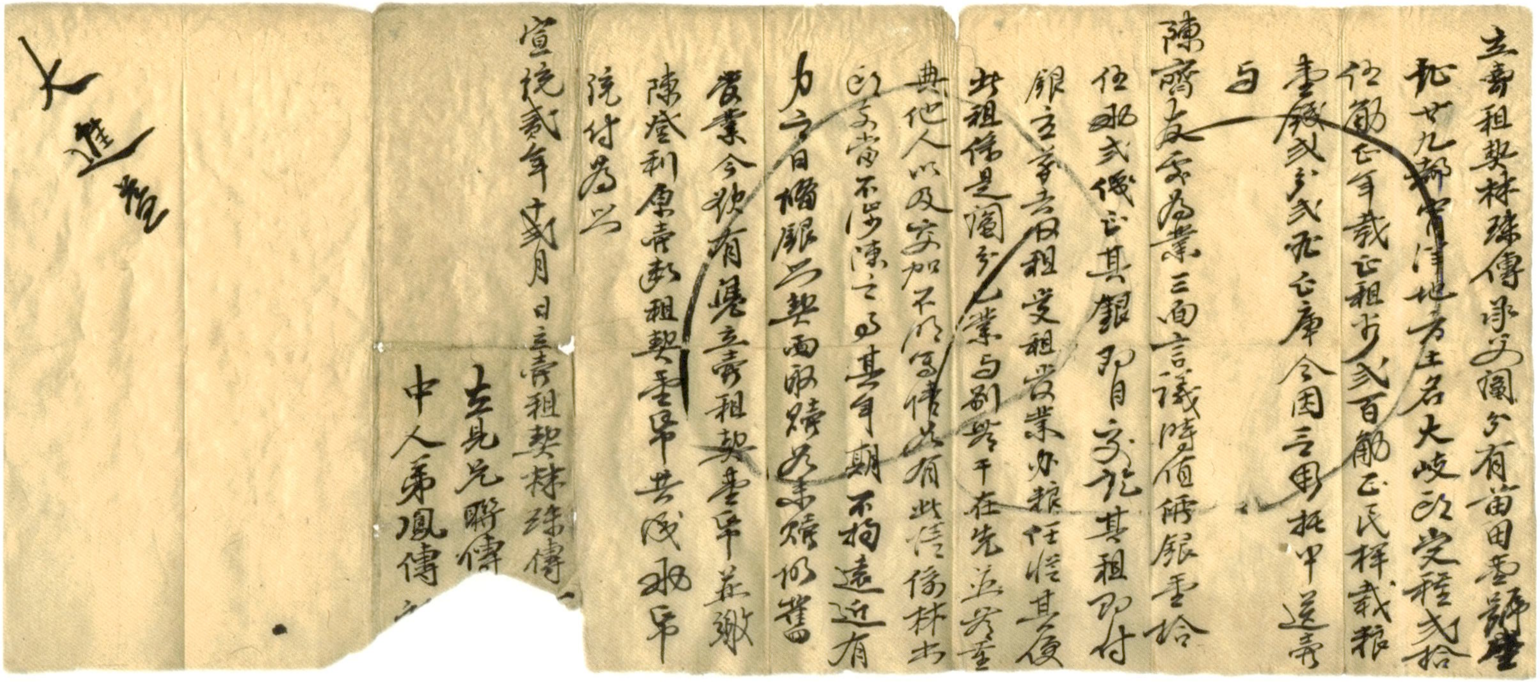

立賣租契林珠傳承父闔分有苗田壹號坐
址廿九都宮洋地方土名大岐頭，受種弍拾
伍觔正，年載正租穀弍百觔正，民糧載粮
壹錢弍分弍厘正，庫合司三甲，托中送賣
與
陳齊友爲業，三面言議，時值價銀壹拾
伍兩弍錢正，其銀即日交訖，其租即付
銀主掌管，收租管業，如粮任從其便。
此租係是闔分之業，與別房兄弟干在先並無重
典他人，以及交加不明等情，如有此情，係林出
頭，不干銀主之事。其年期不拘遠近，有
力之日，備原契面銀贖回原契，不得阻擋。
恐口無憑，立賣租契壹紙，並繳
陳登利原賣租契壹紙，共成兩紙，
給付爲照。
宣統貳年十二月　日立賣租契林珠傳
在見兄聯傳
中人弟鳳傳
大進蓋

7-1-114-1　清宣統二年十二月林珠傳立賣苗田租契（廢契）

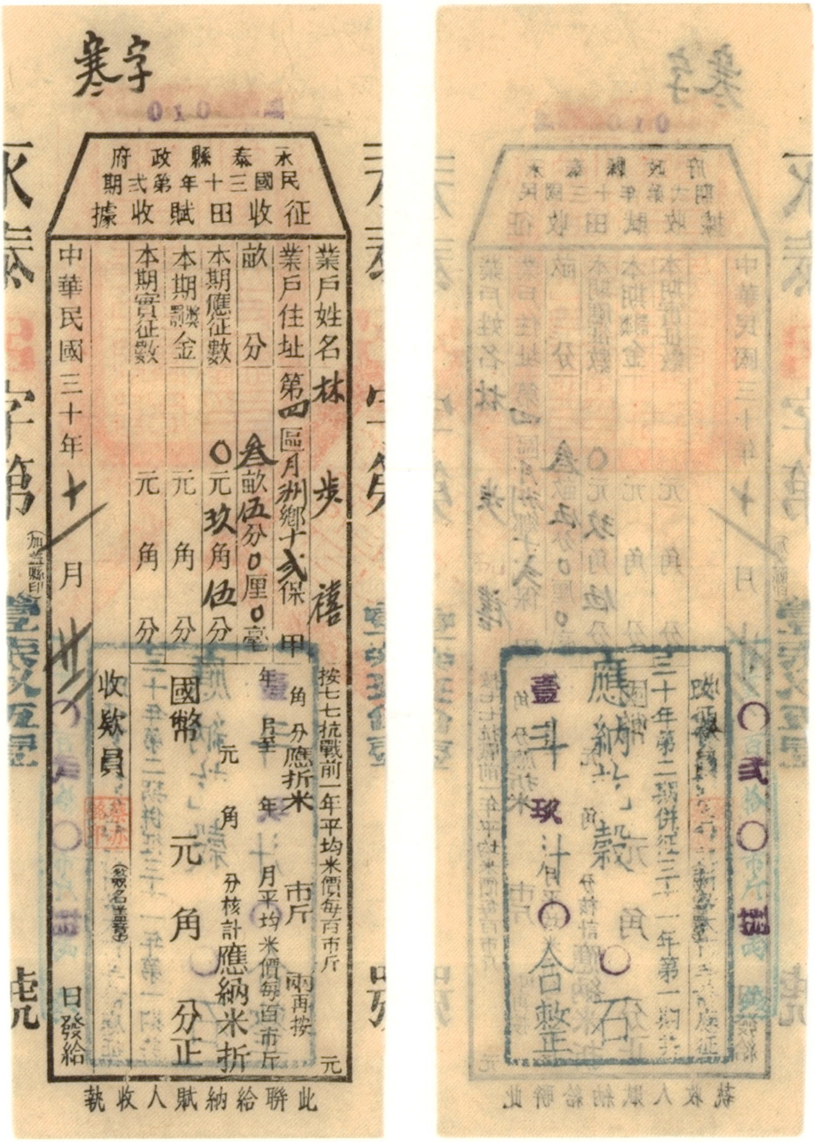

7-1-113-15　民國三十年十一月林步禧户田賦收據

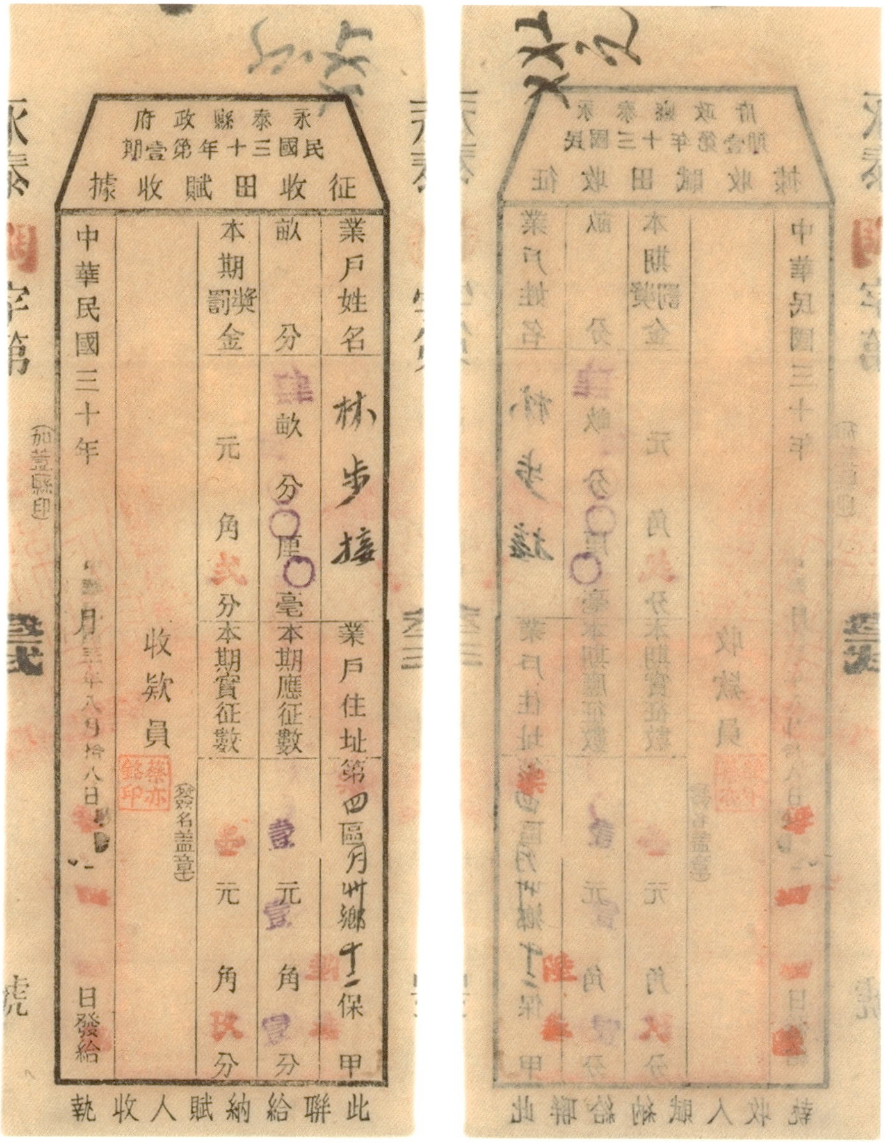
永泰縣政府
民國三十年第壹期
征收田賦收據
業戶姓名 林步接
畝分 畝 分 ○厘 ○毫
本期罰獎金 元 角 分
業戶住址 第四區月卅鄉十二保 甲
本期應征數 壹元 角 分
本期實征數 元 角 分
收款員（簽名蓋章） 蔡亦銘印
中華民國三十年 月 日發給
民國三十年八月拾八日
此聯給納賦人收執
永泰 字第 號（加蓋縣印）

7-1-113-14　民國三十年八月林步接户田賦收據

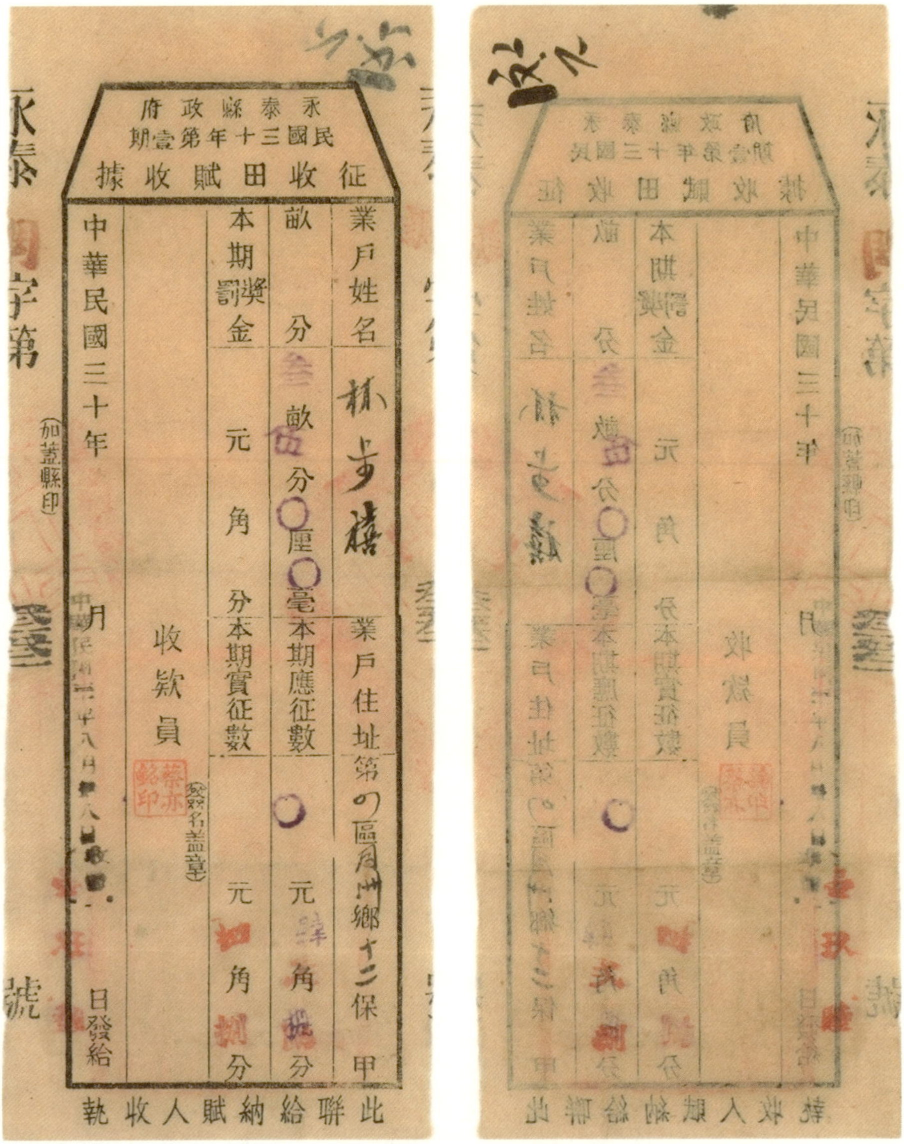

永泰縣政府
民國三十年第壹期
征收田賦收據

永泰　字第　號（加蓋縣印）

業戶姓名	林步禧
畝分	叁畝伍分〇厘〇毫
本期罰獎金	元　角　分
業戶住址	第四區月洲鄉十二保　甲
本期應征數	元　肆角　分
本期實征數	元　角　分

收款員（簽名蓋章）

中華民國三十年　月　日發給

此聯給納賦人收執

7-1-113-13　民國三十年八月林步禧户田賦收據

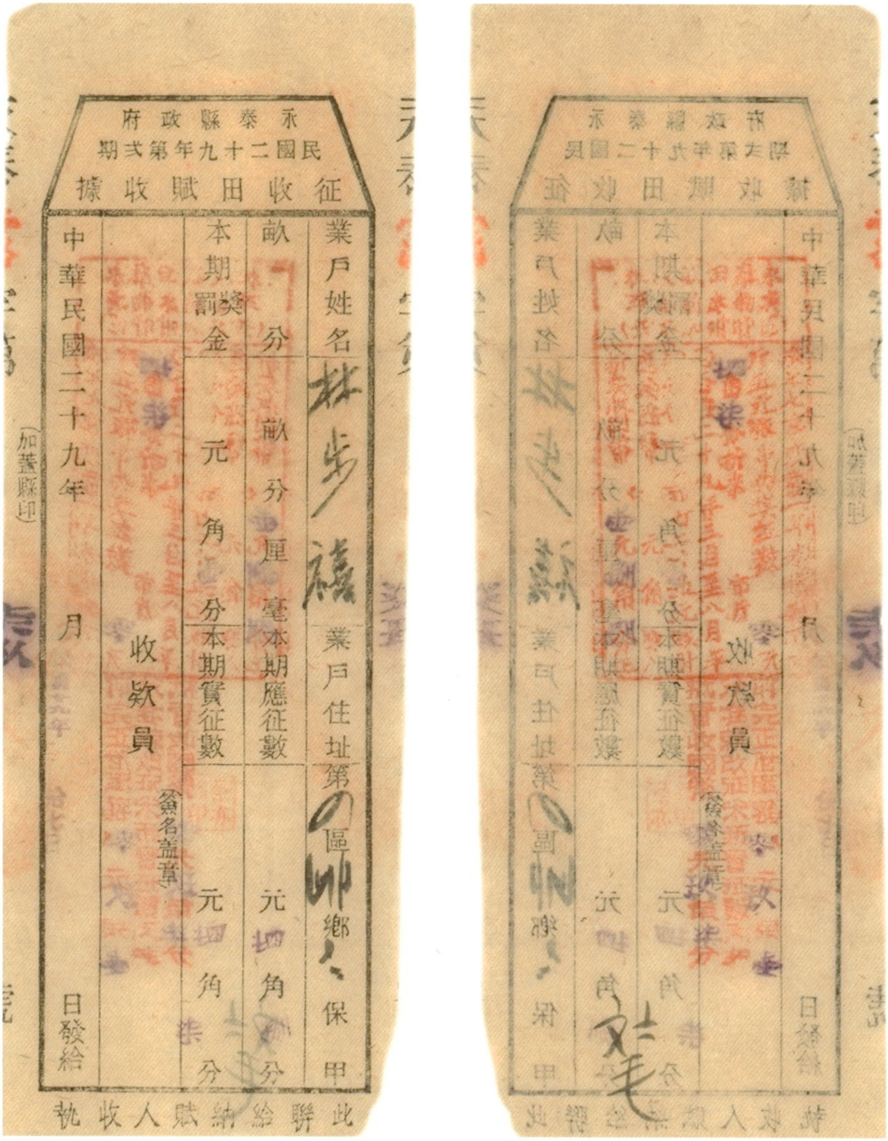

永泰縣政府
民國二十九年第弍期
征收田賦收據

業戶姓名 林步禧
畝 分
本期罰獎金
畝 分 厘 毫
元 角 分
本期應征數 元 角 分
本期實征數 元 角 分
業戶住址第 區 鄉 保 甲
收款員（簽名蓋章）
中華民國二十九年 月 日發給
（加蓋縣印）
此聯給納賦人收執

7-1-113-12　民國二十九年林步禧户田賦收據

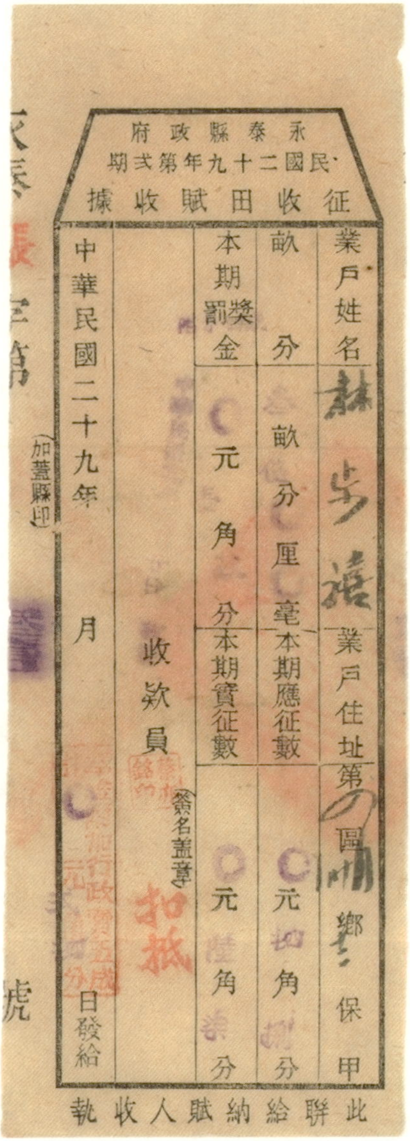

永泰縣政府
民國二十九年第弍期
征收田賦收據

業戶姓名 林步禧

畝分 畝 分 厘 毫

本期罰獎金 ○元 角 分

業戶住址第〇區 明鄉 保 甲

本期應征數 ○元 角 分

本期實征數 ○元 角 分

收款員（簽名蓋章）

扣抵

中華民國二十九年 月 日發給

此聯給納賦人收執

（加蓋縣印）

7-1-113-11　民國二十九年九月林步禧户田賦收據（二）

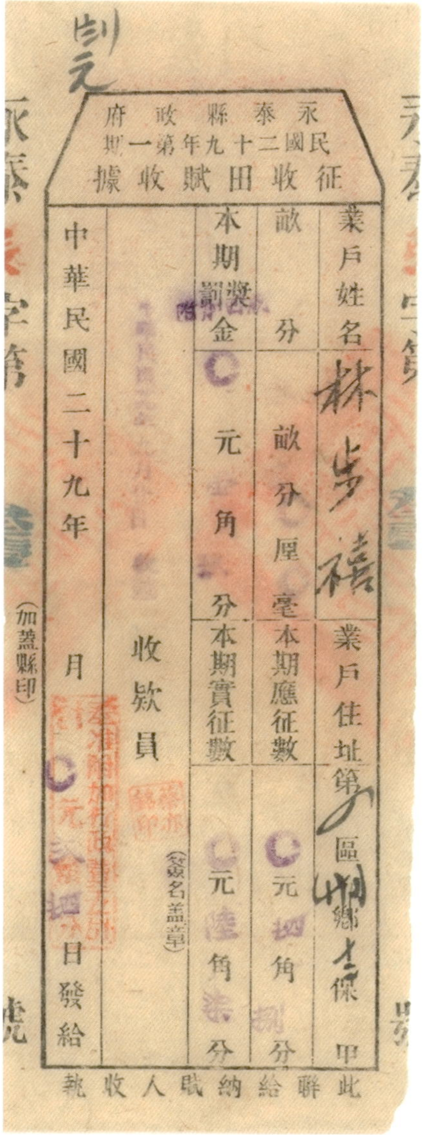

永泰縣政府
民國二十九年第一期
征收田賦收據

業戶姓名 林步禧

畝分 畝 分 厘 毫

本期獎罰金 元 角 分

業戶住址第 區 鄉 保 甲

本期應征數 元 角 分

本期實征數 元 角 分

收款員（簽名蓋章）

中華民國二十九年 月 日發給

此聯給納賦人收執

永泰 字第 號（加蓋縣印）

7-1-113-10　民國二十九年九月林步禧户田賦收據（一）

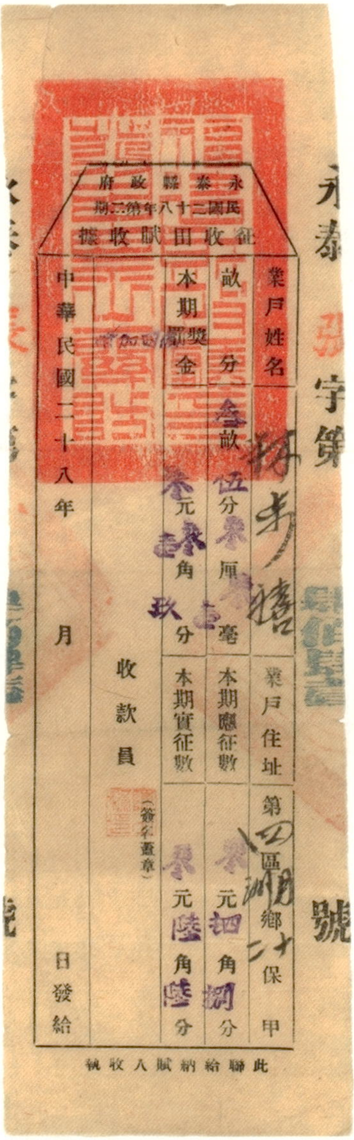
永泰縣政府
民國二十八年第二期
征收田賦收據

業戶姓名	林步禧	
畝分	叁畝伍分叁厘　毫	
本期罰獎金	叁元　角　分	
業戶住址	第四區　鄉　保　甲	
本期應征數	叁元四角捌分	
本期實征數	叁元陸角陸分	

收款員（簽名蓋章）

中華民國二十八年　月　日發給

此聯給納賦人收執

7-1-113-9　民國二十八年林步禧户田賦收據

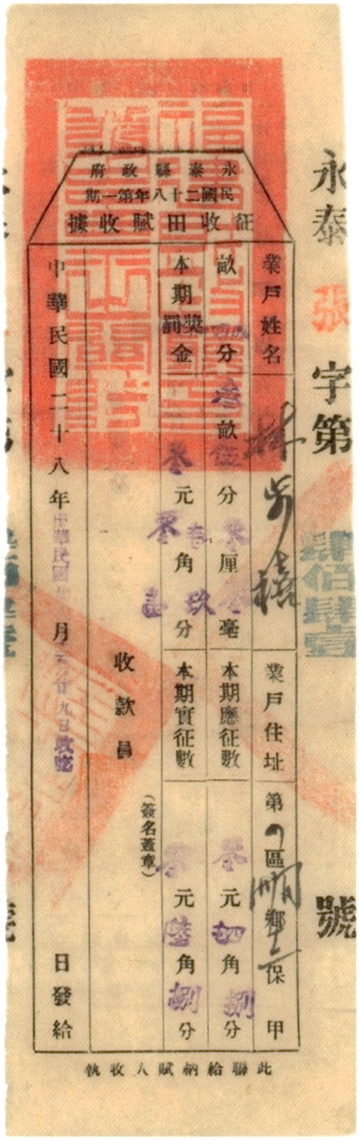

永泰縣政府
民國二十八年第一期
征收田賦收據

業戶姓名	林步禧
畝	畝 分 釐 毫
本期罰獎金	元 角 分
業戶住址	第 區 鄉 保 甲
本期應征數	元 角 分
本期實征數	元 角 分

收款員 （簽名蓋章）

中華民國二十八年 月 日發給

此聯給納賦人收執

永泰 張 字第 號

7-1-113-8　民國二十八年十二月林步禧户田賦收據

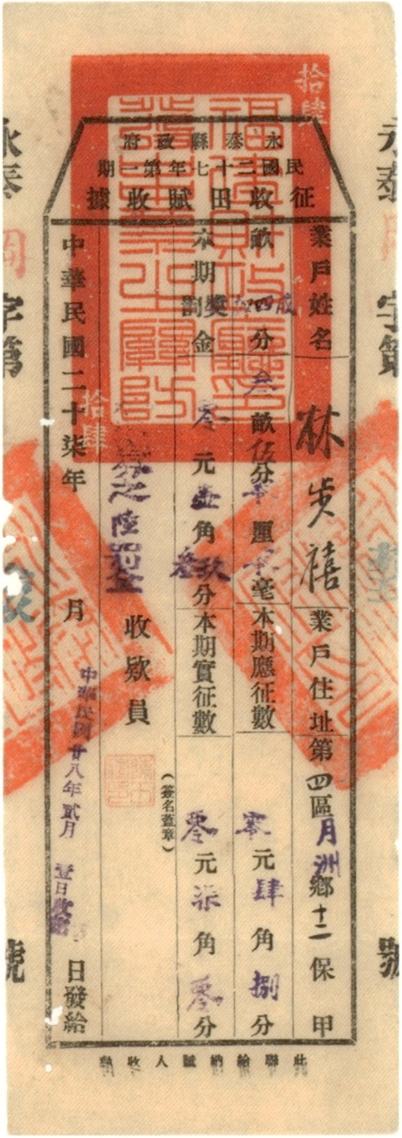
民國二十七年第一期
永泰縣政府
征收田賦收據
業戶姓名 林步禧
業戶住址第四區月洲鄉十二保 甲
畝數
本期應征數 零元肆角捌分
本期罰獎金
本期實征數 零元柒角零分
收款員 （簽名蓋章）
中華民國二十柒年 月 日發給
此聯給納賦人收執

7-1-113-7 民國二十八年二月林步禧户田賦收據（二）

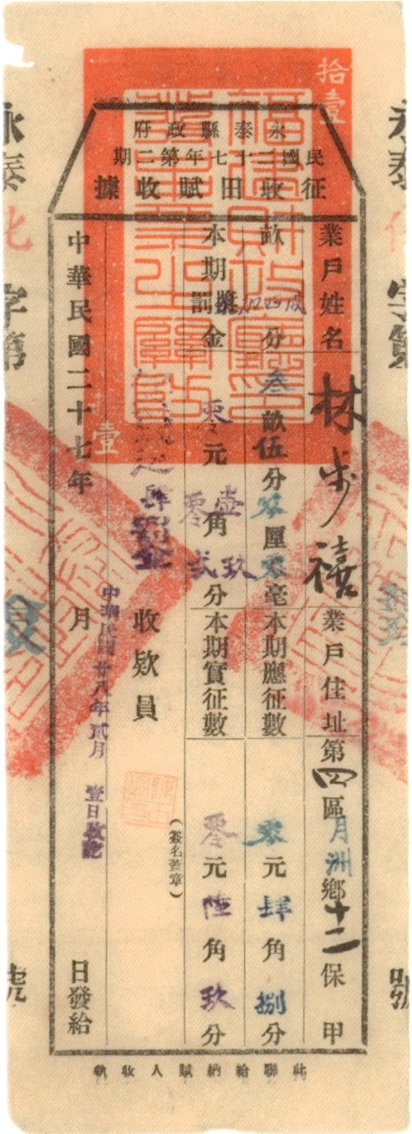
永泰縣政府
民國二十七年第二期
征收田賦收據
業戶姓名 林步禧
業戶住址第四區月洲鄉十二保 甲
畝 分 叁畝伍分叁厘叁毫
本期應征數 零元肆角捌分
本期滯納罰金 零元壹角 零 貳玖 分
本期實征數 零元陸角玖分
收欵員 （簽名蓋章）
中華民國二十七年 月 日發給
中華民國廿八年弍月壹日收訖
此聯給納賦人收執

7-1-113-6　民國二十八年二月林步禧户田賦收據（一）

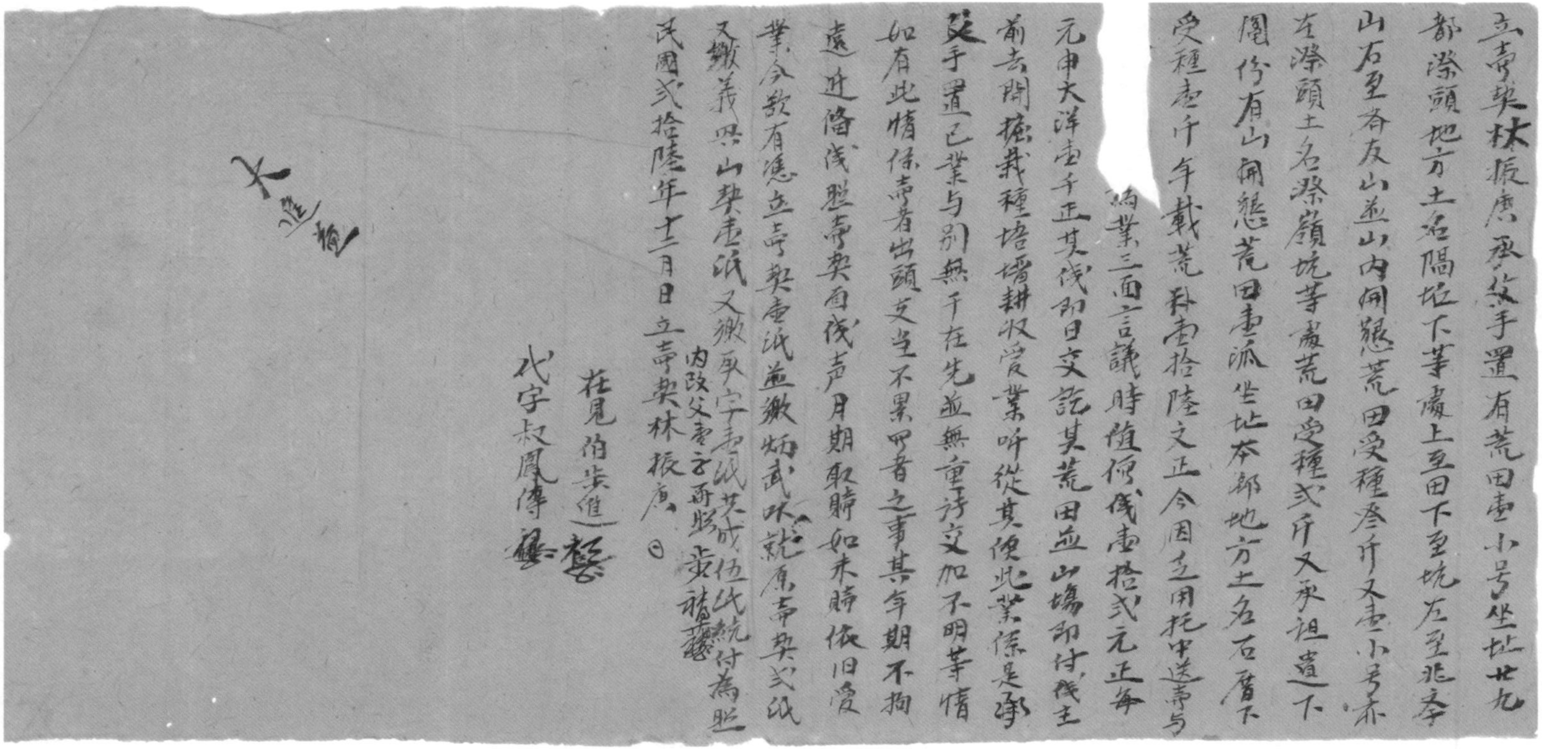
立賣契林振庚，承父手置有荒田壹小号，坐址廿九
都漈頭地方，土名隔坵下等處，上至田，下至坑，左至兆李
山石，至奇友山，並山内開墾荒田，受種叁斤，又壹小号，亦
在漈頭，土名漈嶺坑等處荒田，受種弍斤，又承祖遺下
園仔有山開墾荒田壹派，坐址本鄉地方，土名石厝下
受種壹斤，年載荒租壹拾陸文正。今因乏用，托中送賣与
[illegible]業，三面言議，時值價錢壹拾弍元正，每
元申大洋壹千正，其錢即日交訖，其荒田並山場即付錢主
前去開墾栽種培壅耕收管業，聽從其便，此業係是承(?)
[illegible]手置己業，与別無干，在先並無重張交加不明等情，
如有此情，係賣者出頭支當，不累買者之事。其年期不拘
遠近，備價照賣契面價聲月期取贖，如未贖，依旧管
業。今欲有憑，立賣契壹紙，並繳婚(?)武(?)咊(?)就原賣契弍紙，
又繳義興山契壹紙，又繳承字壹紙，共成伍紙，就付為照。
内改父壹字　哥號　黄積(?)[illegible]
民國弍拾陸年十二月　日立賣契林振庚（押）
在見伯　步進（押）
代字叔　鳳傳（押）
[illegible]

7-1-113-5　民國二十六年十二月林振庚立賣荒田契

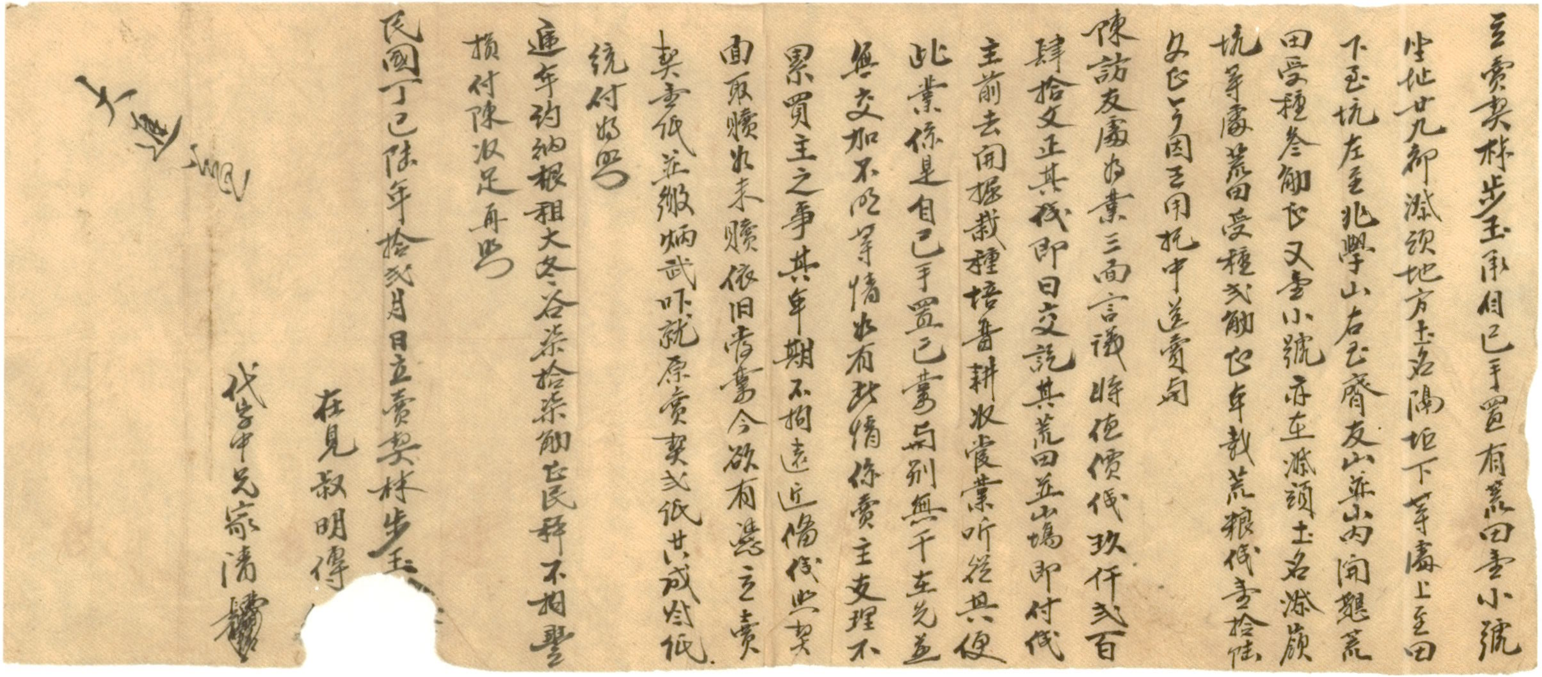
立賣契林步玉承自己手置有荒田壹小號
坐址廿九都淤頭地方土名陽垢下茅處上至田
下至坑左至兆學山右至齊友山并山內開墾荒
田受種叁斛正又壹小號亦在淤頭土名淤嶺
坑茅處荒田受種弍斛正年載荒粮錢壹拾陆
文正今因乏用托中送賣與
陳訪友處為業三面言議時值價錢玖仟弍百
肆拾文正其錢即日交訖其荒田並山塲即付錢
主前去開掘栽種培養耕收管業听從其便
此業係是自己手置己業與別無干並先並
無交加不明等情如有此情係賣主支理不
累買主之事其年期不拘遠近備價照契
面取贖如未贖依旧管業今欲有憑立賣
契壹紙並繳炳武吓就原賣契弍紙共成叁紙
統付收照
連年約納根租大冬谷柒拾柒斛正民耕不相豐
損付陳收足再照
民國丁巳陸年拾弍月日立賣契林步玉
在見叔明傳
代筆中兄家清
大進

7-1-113-4　民國六年十二月林步玉立賣荒田契

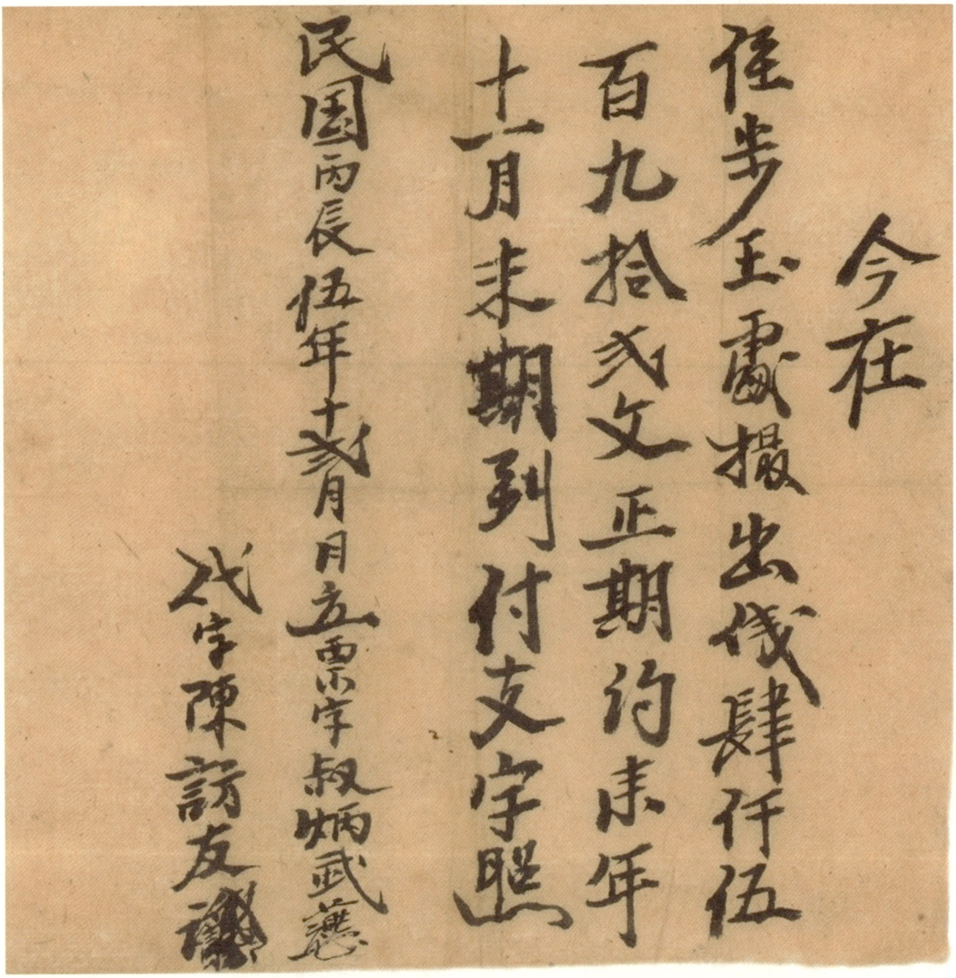

今在

侄步玉處撮出錢肆仟伍

百九拾弍文正期約來年

十一月來期到付支字照

民國丙辰伍年十弍月　日立票字叔炳武（押）

代字陳訪友（押）

7-1-113-3　民國五年十二月林炳武立撮字

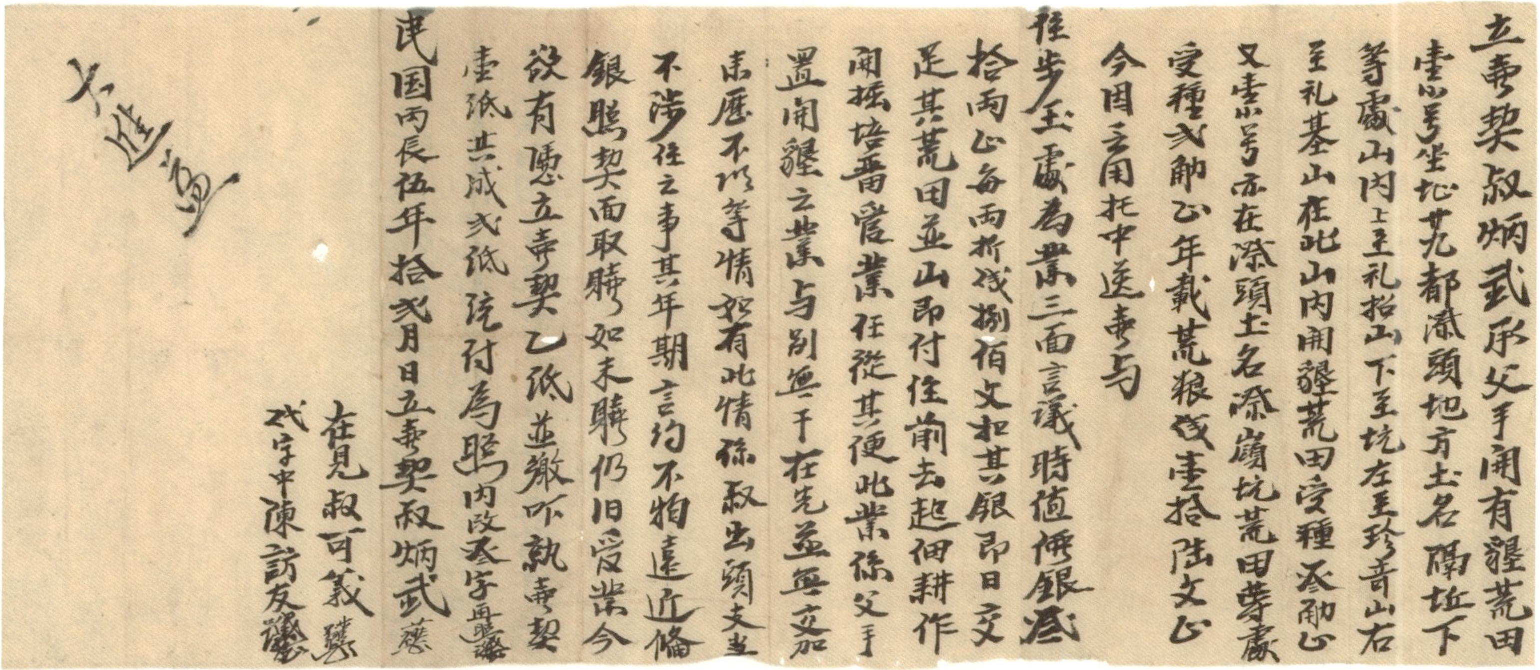
立賣契叔炳武承父手閩有讓荒田
壹片坐址芃都添頭地方土名隔垅下
等處山内上至礼拾山下至坑左至珍音山右
至礼基山在此山内閩讓荒田受種叁斛正
又壹片亦在添頭土名添嶺坑荒田
受種貳斛正年載荒粮錢壹拾陆文正
今因乏用托中送賣与
侄步玉處為業三面言議時值價銀壹
拾兩正每兩折錢捌佰文扣其銀即日交
足其荒田並山即付侄前去起佃耕作
開採培番管業任從其便此業係父手
置開讓之業与別無干在先並無交加
未歷不明等情如有此情係叔出頭支当
不涉侄之事其年期言约不拘遠近備
銀照契面取贖如未贖仍旧管業今
欲有憑立賣契乙紙並繳亦執賣契
壹紙共成貳紙繳付為照 内改叁字再照
民国丙辰伍年拾貳月日立賣契叔炳武
在見叔可義
代字中陳訪友

7-1-113-2　民國五年十二月林炳武立賣荒田契

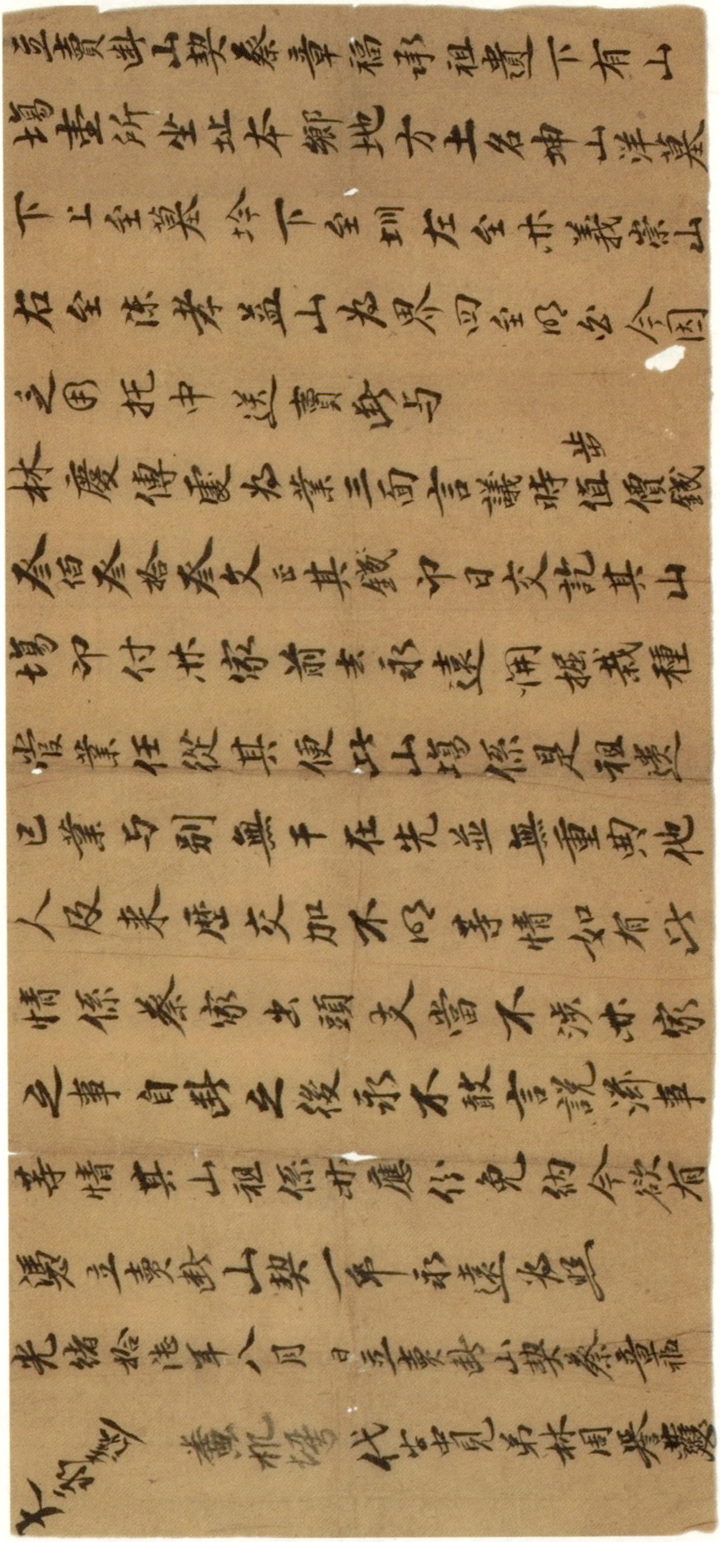

立賣斷山契人蔡章福承祖置下有山
場壹所坐址本鄉地方土名坤山洋墓
下上至岺 下至圳 左至林義崇山
右至陳孝益山為界 四至明白 今因
乏用 托中送賣與
林慶傳處為業 三面言議時值價錢
叁佰叁拾叁文正 其錢即日交訖 其山
場即付林家前去永遠開掘栽種
出賣管任從其便 此山場係是祖遺
己業 與別無干 在先並無重典他
人及來歷交加不明等情 如有此
情係蔡家出頭支當 不涉林家
之事 自賣之後永不敢言洗贖
等情 其山粮係林應作充納 今欲有
憑 立賣斷山契一帋永遠為照
光緒拾陸年八月 日 立賣斷山契蔡章福
代字 中見 弟林周基

7-1-113-1　清光緒十六年八月蔡章福立賣斷山場契

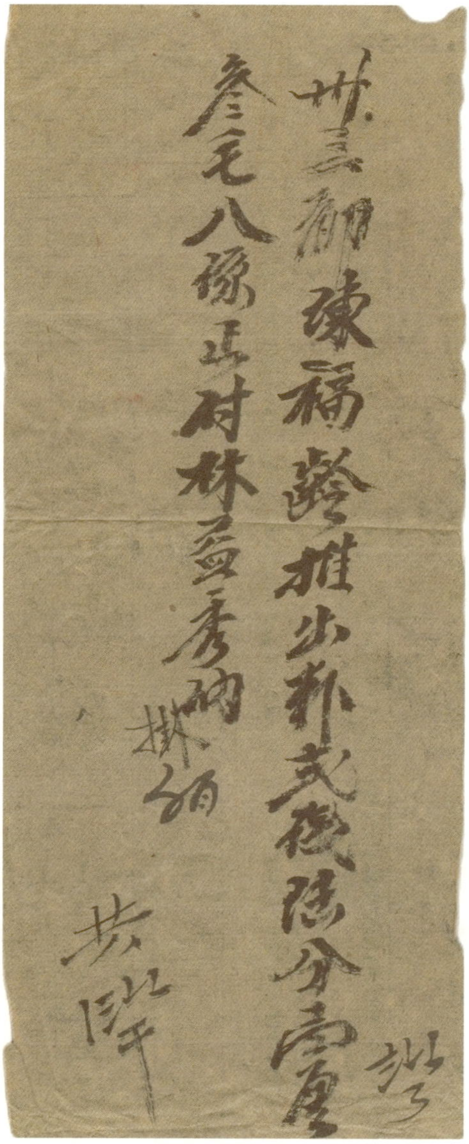

卅三都陳福齡推出粮貳錢陸分壹厘
叁毛八孫正村林孟秀納
掛納

7-1-112-2　清光緒年間陳福齡推糧字

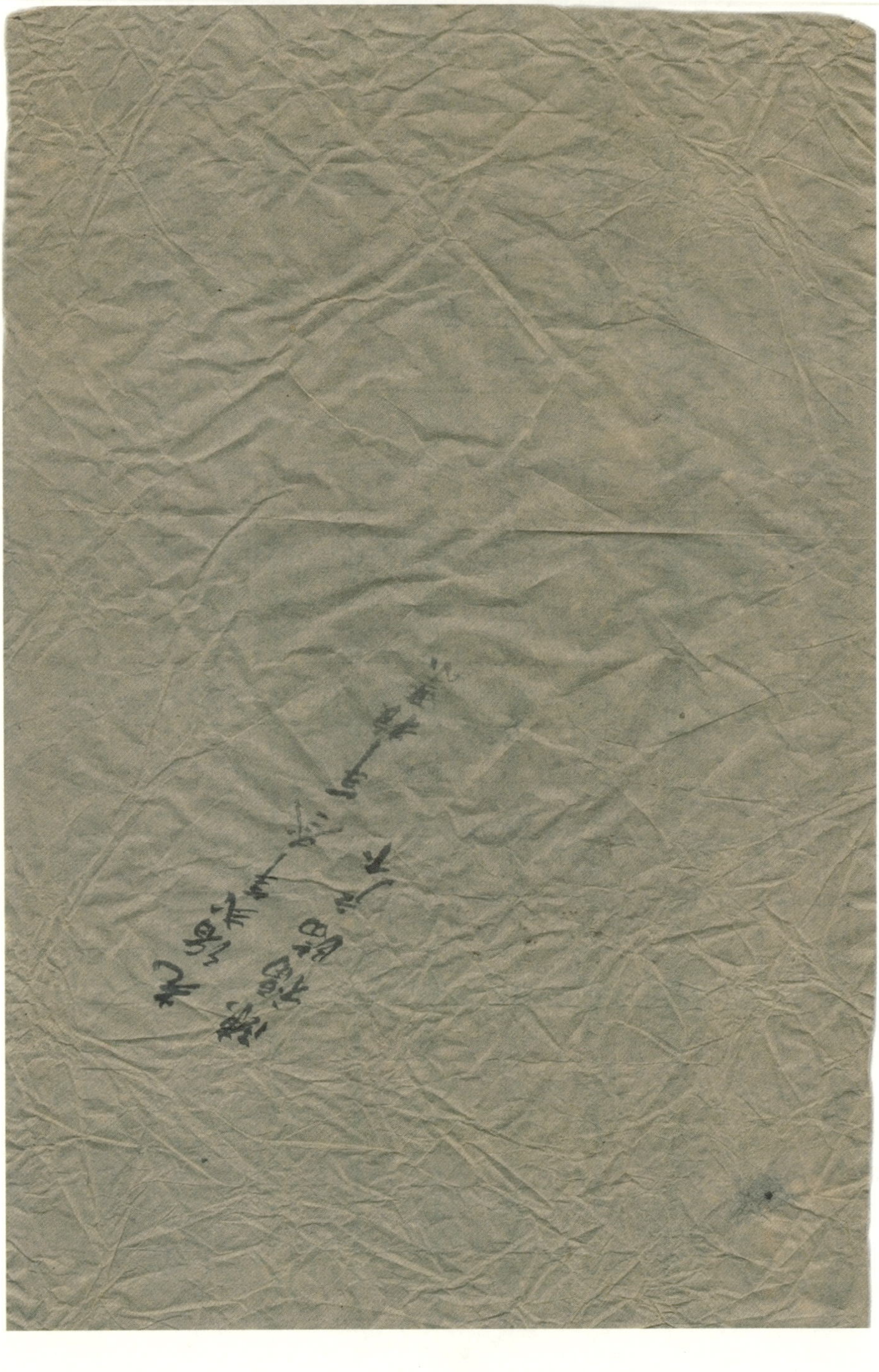

7-1-112-1　包契紙

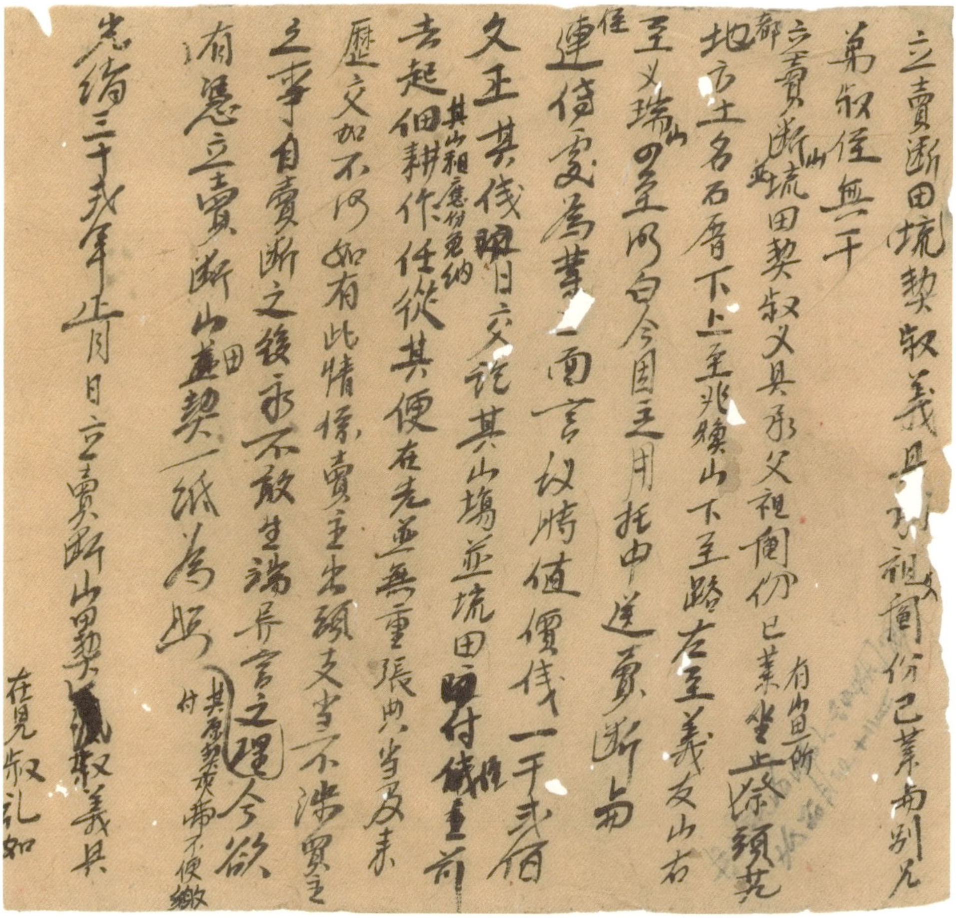

立賣斷田坑契叔義呉承祖父鬮份已業再別兄
弟叔侄無干
立賣斷山坑田契叔父呉承父祖鬮份已業坐址頭苑
地方土名石厝下上至兆獏山下至路左至義友山右
至义瑞山四至明白今因乏用托中送賣斷與侄
連倚爰為業 面言议時值價钱一千弍佰
文正 其钱即日交讫 其山場並坑田即付钱主前
去起佃耕作 任從其便 在先並無重張典當及來
歷交加不明 如有此情 係賣主出頭支當 不涉買主
之事 自賣斷之後 永不敢生端异言之理 今欲
有憑 立賣斷山田契一紙為照
其原契交帶不便繳付
光緒三十弍年正月 日 立賣斷山田契叔義呉
在見叔礼如

7-1-111-3　清光緒三十二年正月林義呉立賣斷山田契（草契）

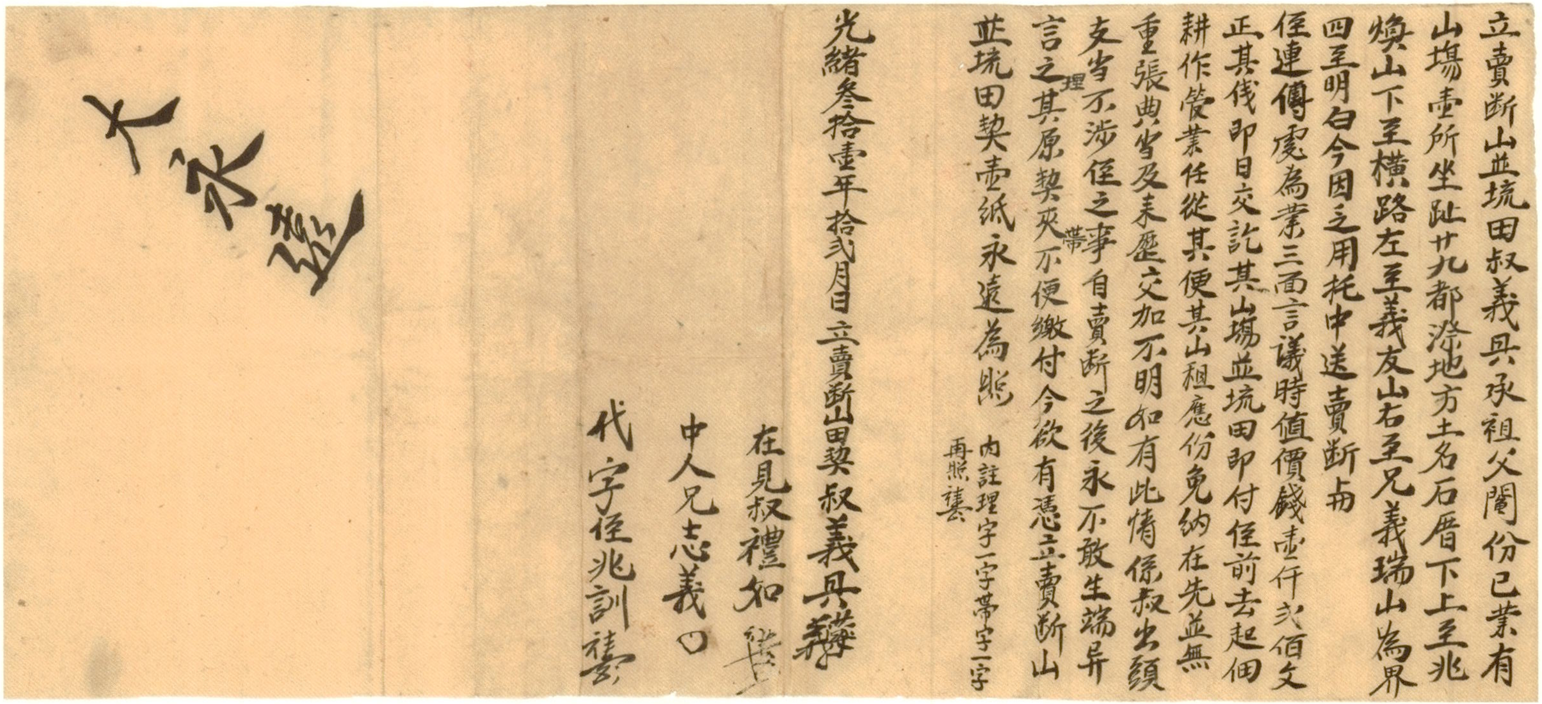
立賣斷山並坑田叔義兕承祖父閹份已業有
山場壹所坐址廿九都滐地方土名石厝下上至兆
煥山下至横路左至義友山右至兄義瑞山為界
四至明白今因乏用托中送賣斷與
侄連傳處為業三面言議時值價錢壹仟弍佰文
正其錢即日交訖其山場並坑田即付侄前去起佃
耕作管業任從其便其山稅應份免納在先並無
重張典當及来歷交加不明如有此情係叔出頭
支當不涉侄之事自賣斷之後永不敢生端异
言之理其原契夾帶不便繳付今欲有憑立賣斷山
並坑田契壹紙永遠為照
内註理字一字帶字一字 再照
光緒叁拾壹年拾弍月日立賣斷山田契叔義兕
在見叔禮知
中人兄志義
代字侄兆訓
大永遠

7-1-111-2 清光緒三十一年十二月林義兕等立賣斷山並荒田契

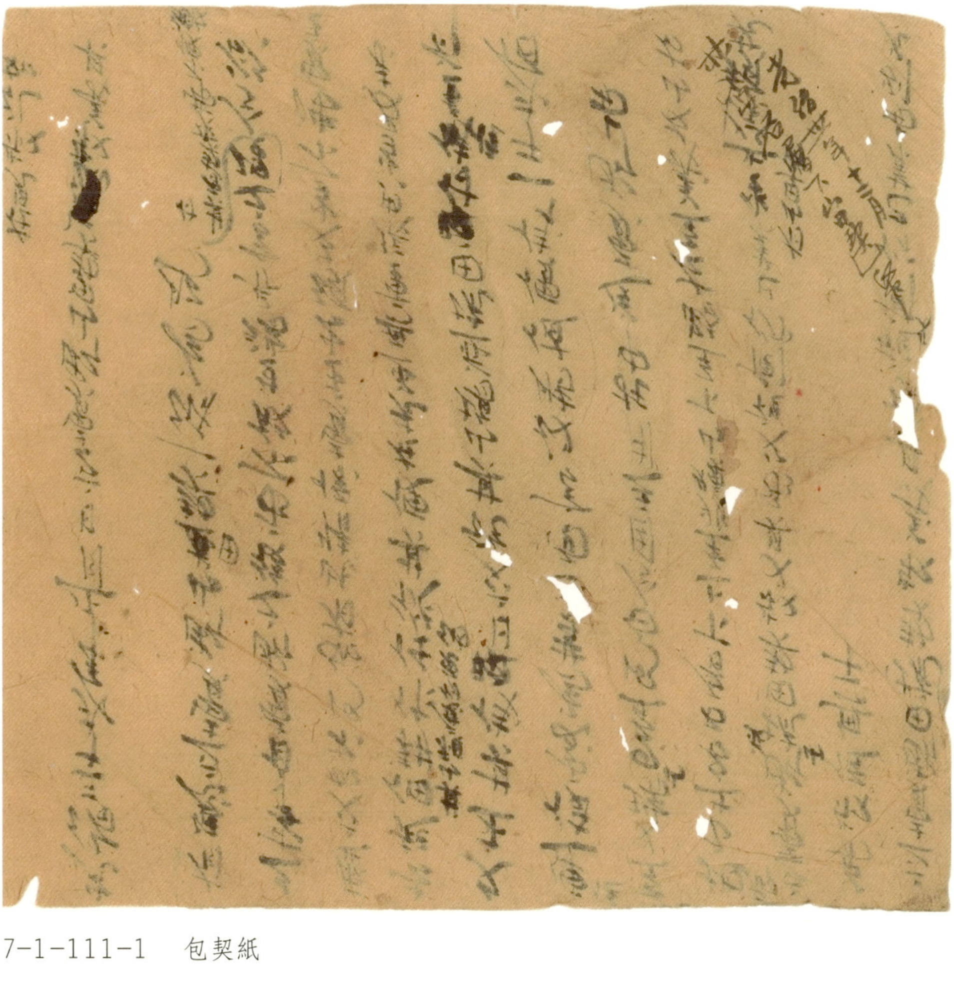

7-1-111-1　包契紙

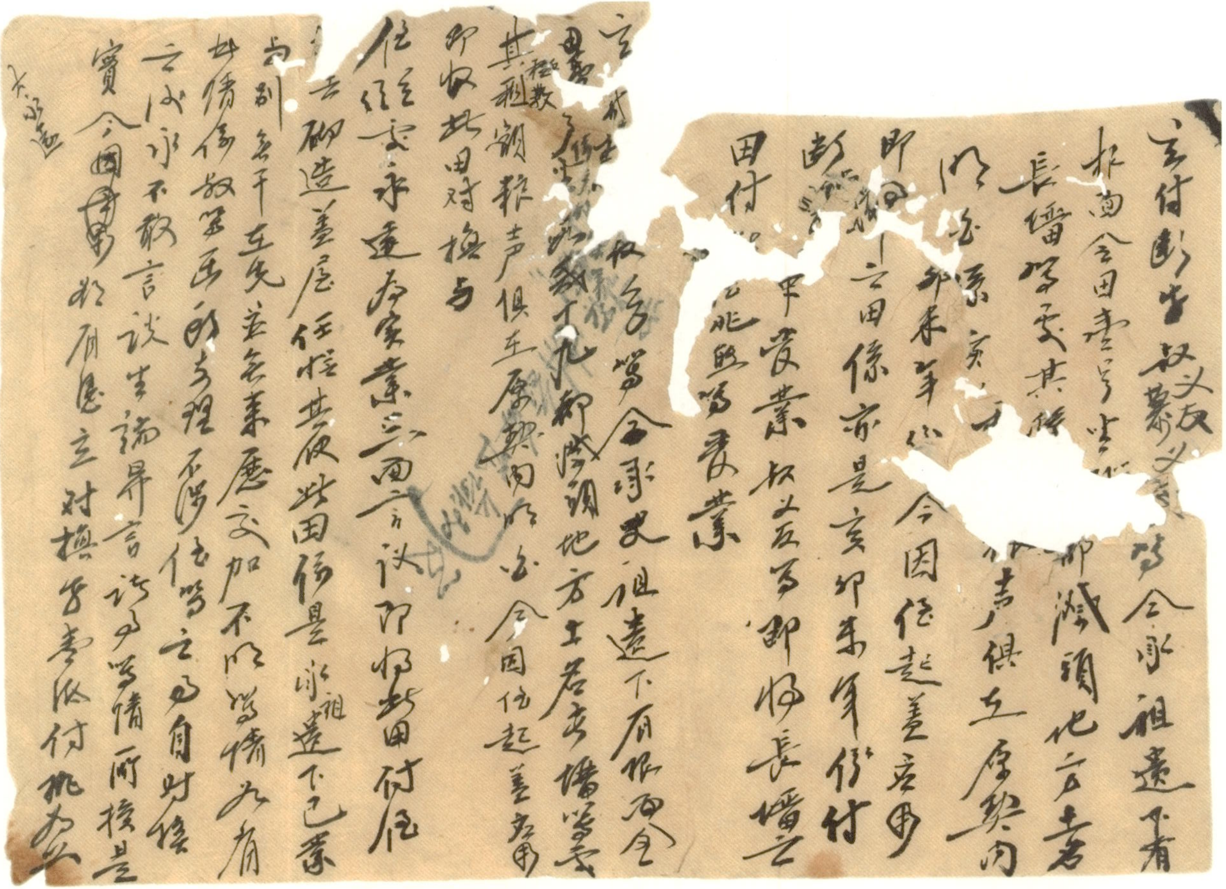

7-1-110-3　清光緒年間林義友等立付斷根面全田契（草契）

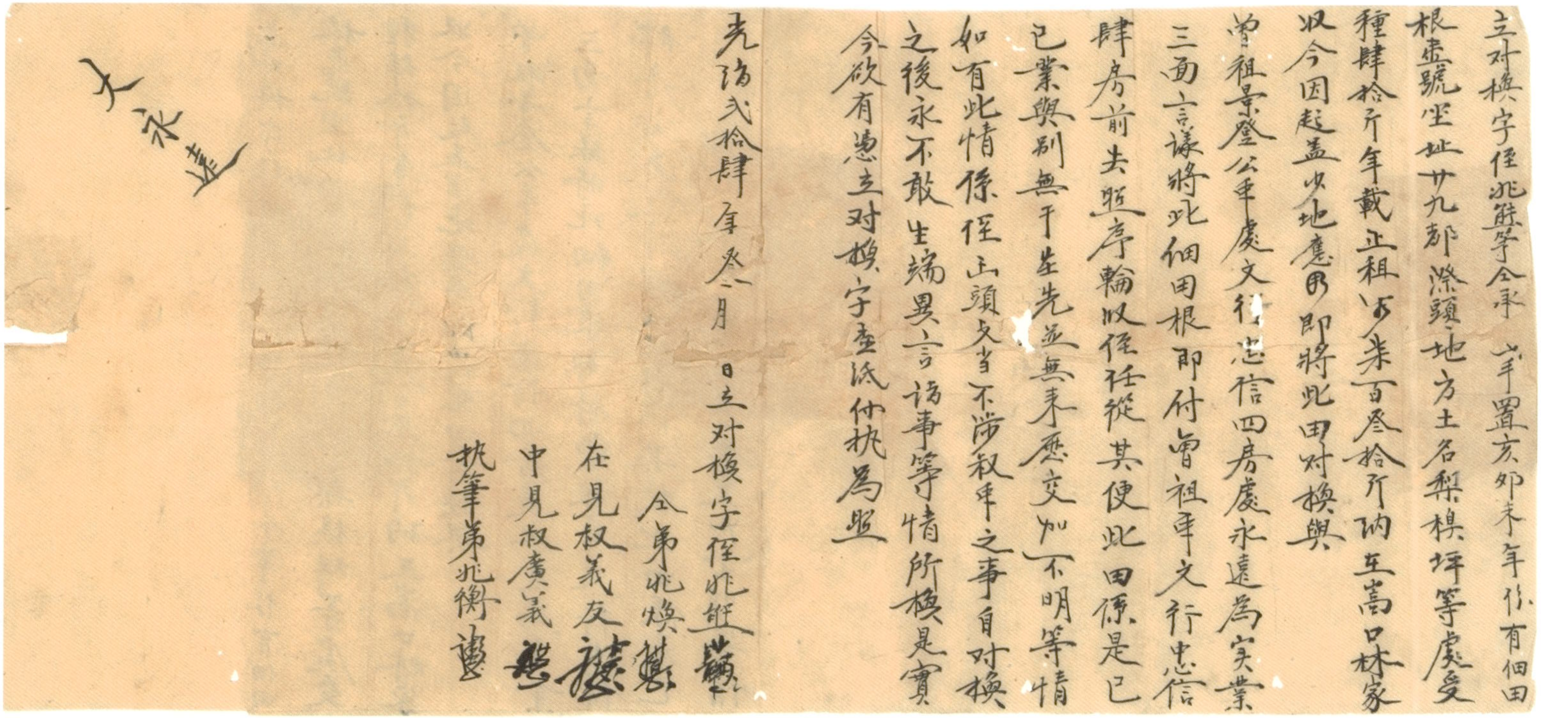

立对換字侄兆熊等仝承父手置亥卯未年作有佃田
根壹號坐址廿九都漈頭地方土名梨樸坪等處受
種肆拾斤年載正租谷米百叁拾斤納至嵩口林家
收今因起蓋火地處所即將此田對換與
曾祖景登公手處文行忠信四房處永遠為實業
三面言議將此佃田根即付曾祖手文行忠信
肆房前去照序輪收任從其使此田係是已
已業與別無干在先並無來歷交加不明等情
如有此情係侄出頭支当不涉叔手之事自對換
之後永不敢生端異言話事等情所換是實
今欲有憑立對換字壹紙付執為照

光緒式拾肆年叁月　日立对換字侄兆熊(押)
仝弟兆煥(押)
在見叔義友(押)
中見叔廣義(押)
執筆弟兆衡(押)

7-1-110-2　清光緒二十四年三月林兆熊等立對換佃田根字

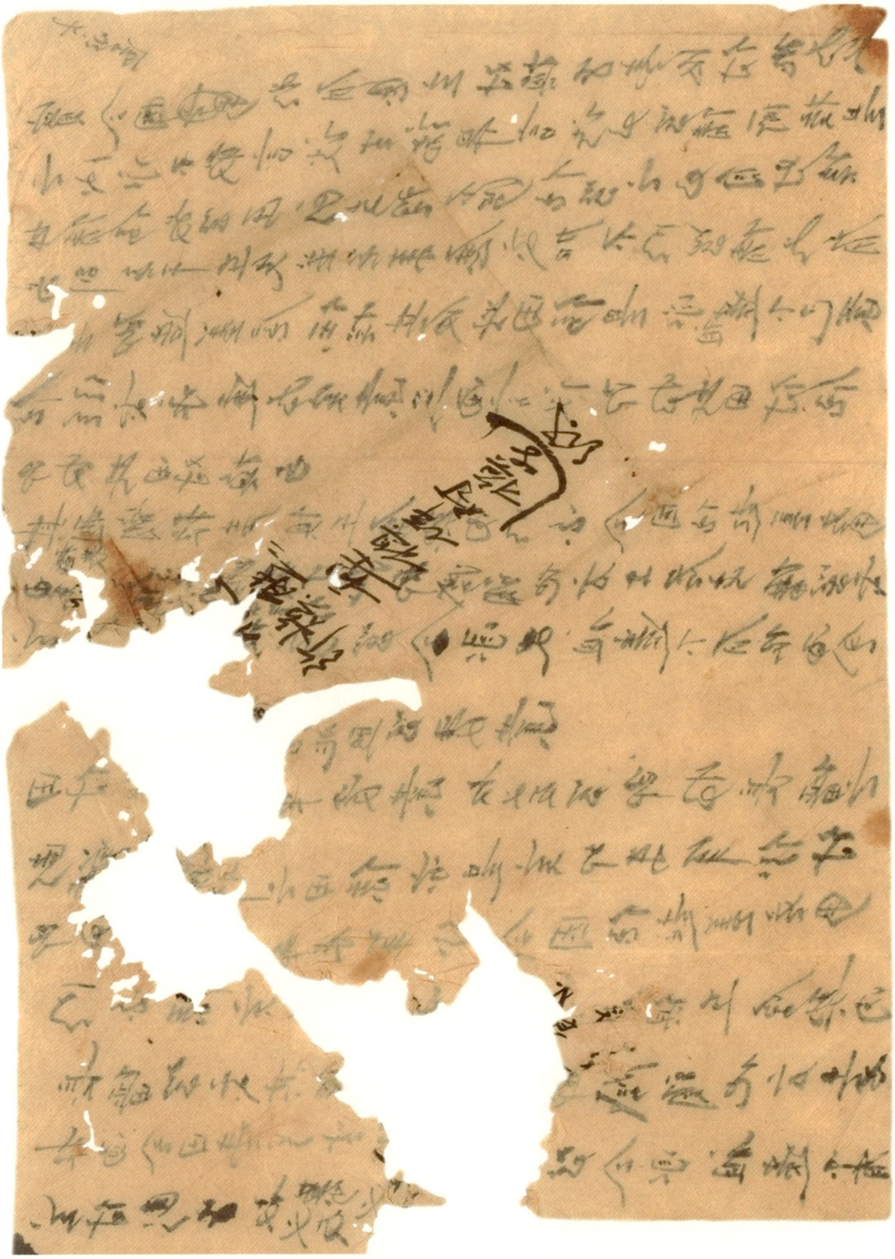

7-1-110-1　包契紙

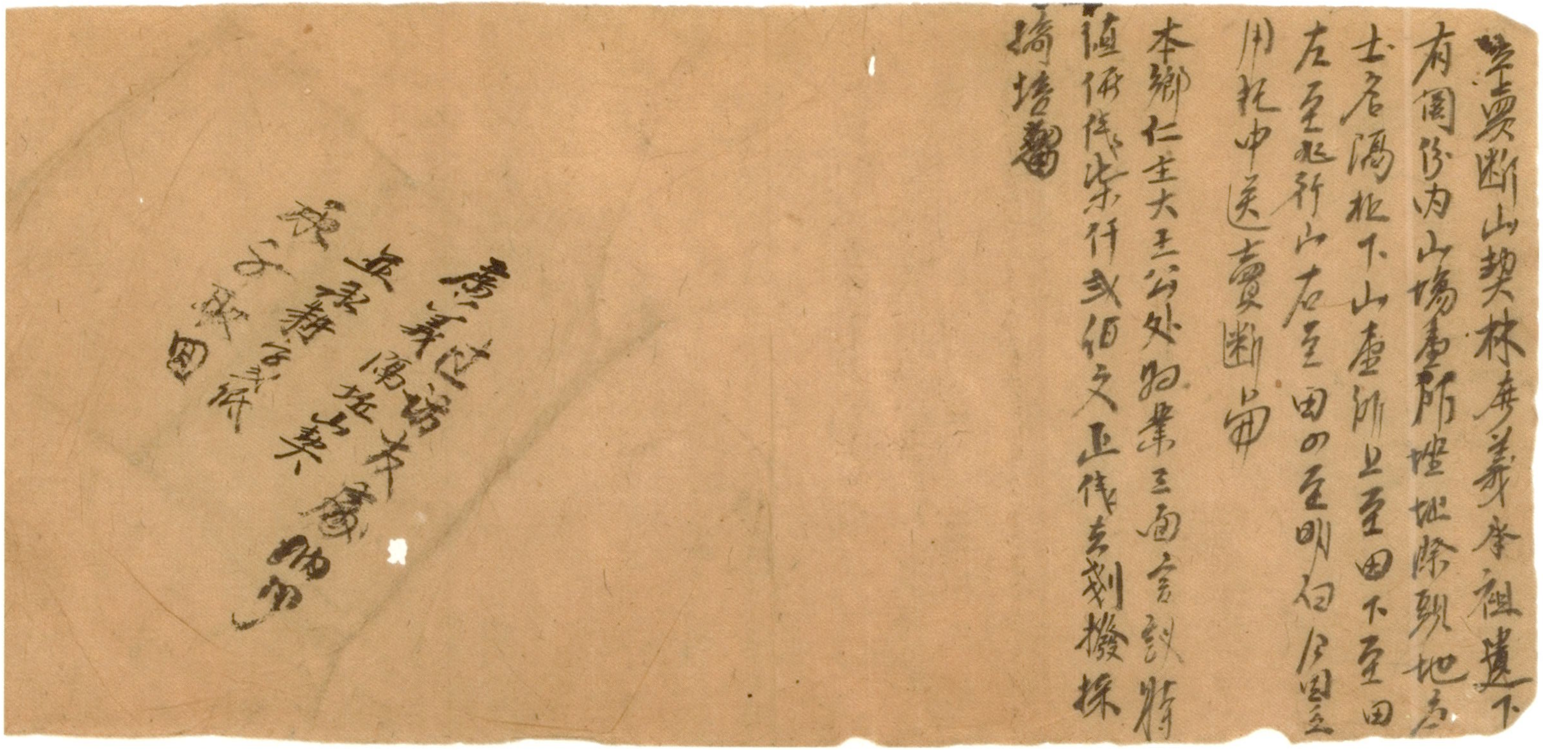

7-1-109-2　晚清時期林廣義立賣斷山場契（草契）

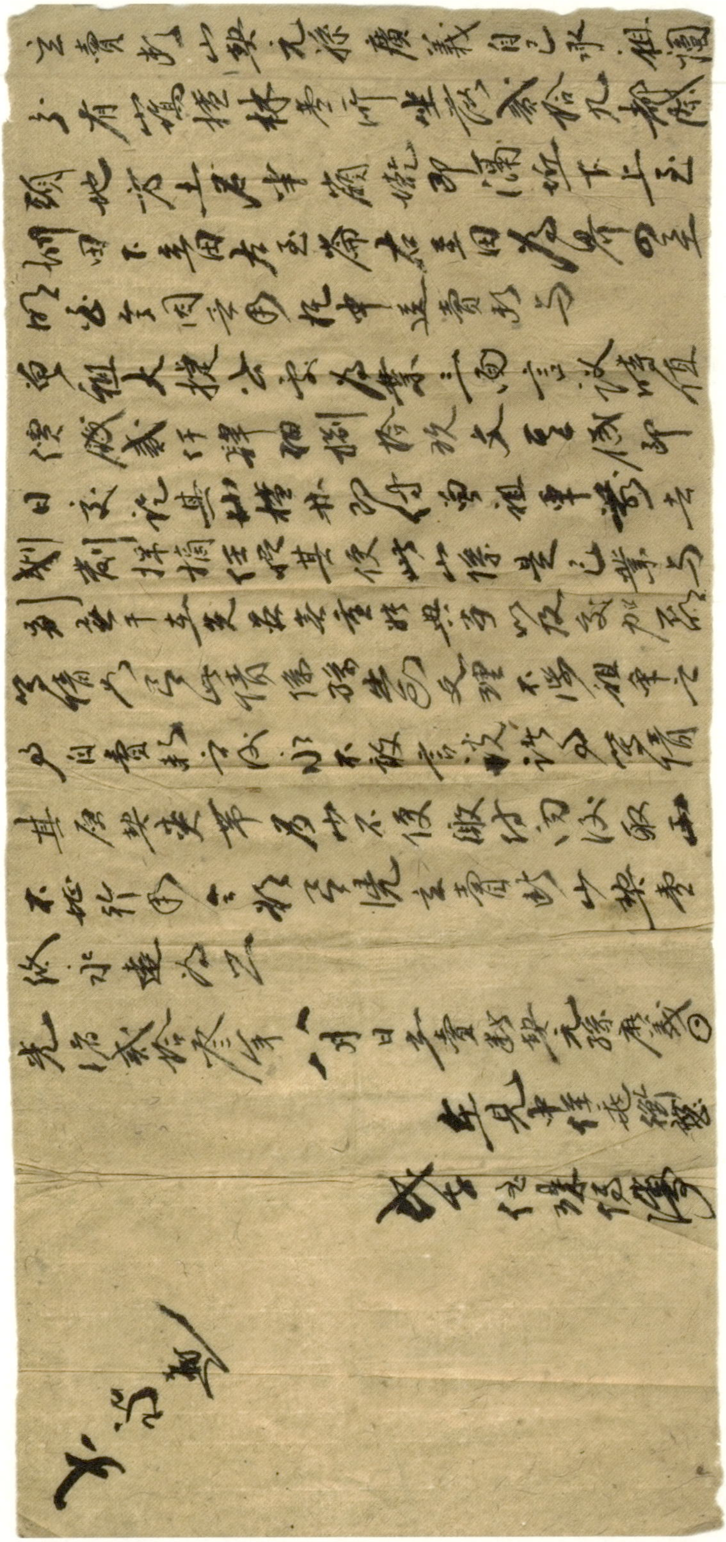

7-1-109-1　清光緒二十三年八月林廣義立賣斷山場契

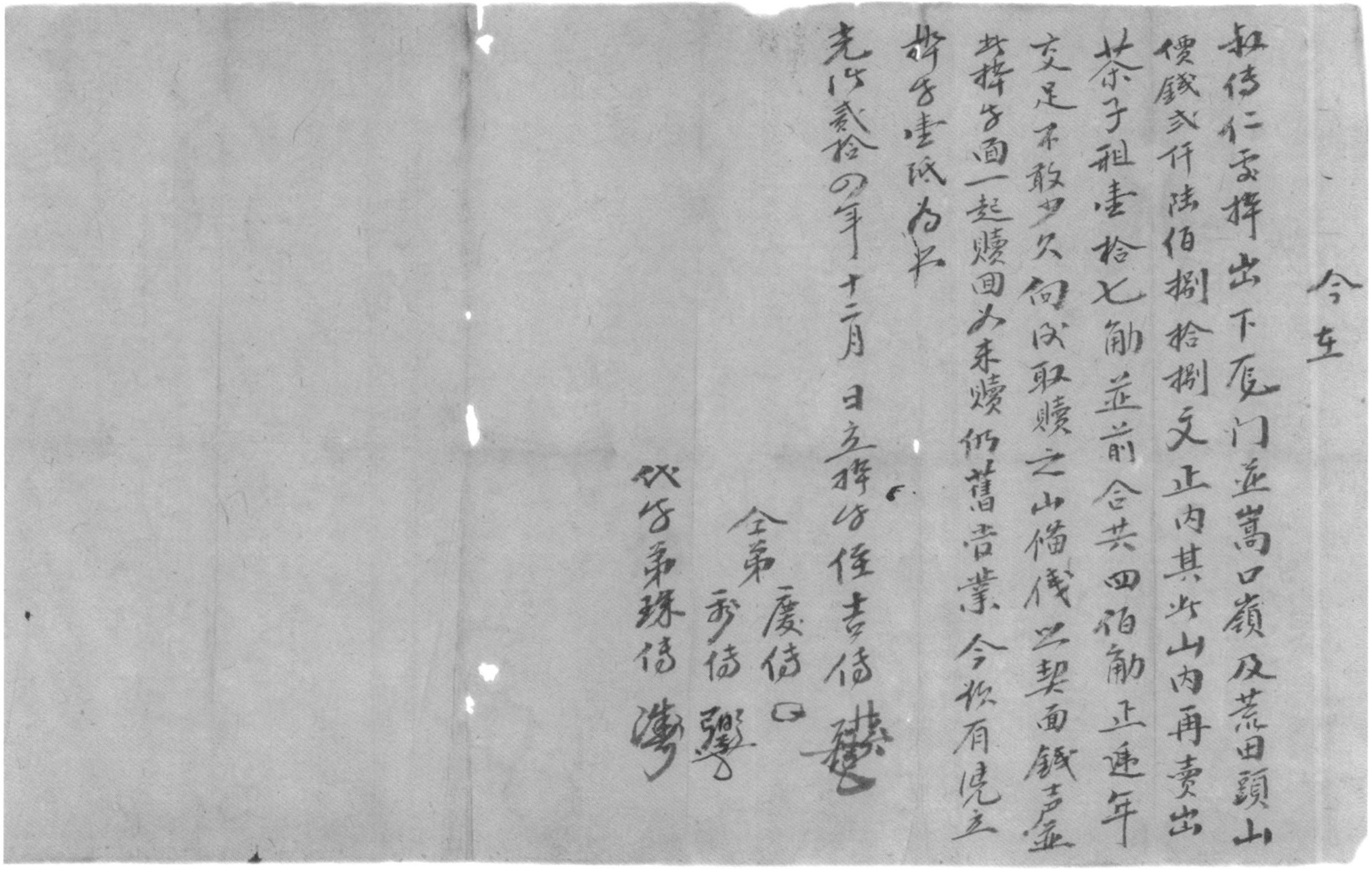
今立
叔侍仁承撥出下厝门並嵩口嶺及荒田頭山
價錢弍仟陸佰捌拾捌文正内其此山内再賣出
茶子租壹拾七觔並前合共四佰觔正逐年
交足不敢少欠向收取贖之山備錢照契面錢並
此撥字面一起贖回如未贖仍舊吉業今恐有憑立
撥字壹紙為照
光緒貳拾四年十二月 日立撥字侄吉傳
全弟 慶傳
秀傳
代字弟琛傳

7-1-108-4　清光緒二十四年十二月林吉傳等立撮字

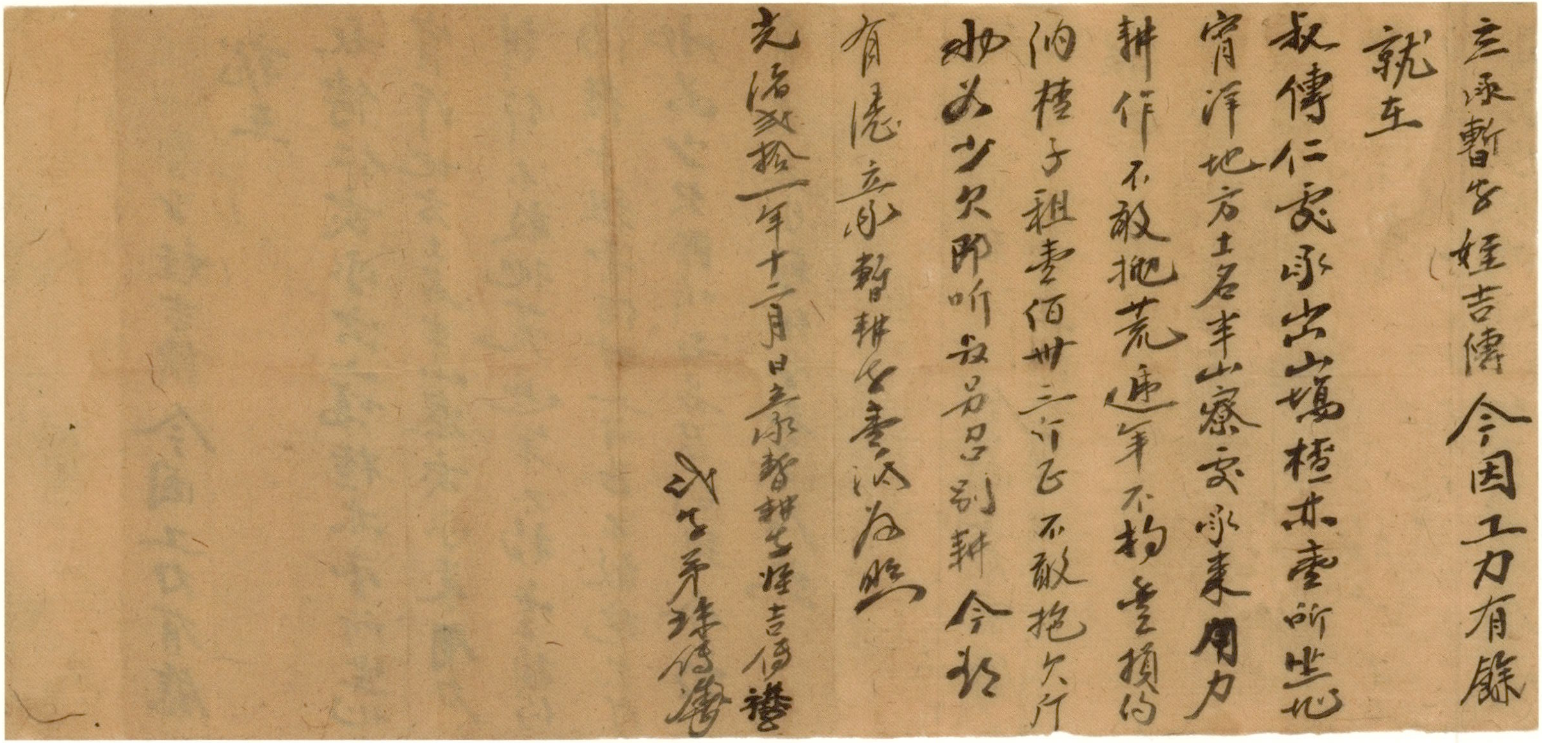

立承暫耕字姪吉傳，今因工力有餘，
就在
叔傳仁家承出山場楂林壹所，坐址
宵洋地方，土名半山寮，家承來用力
耕作，不敢抛荒，逓年不拘豐歉，的
納楂子租壹佰卅三斤正，不敢拖欠斤
兩，如少欠，即聽叔另召別耕。今欲
有憑，立承暫耕字壹紙為照。
光緒貳拾一年十二月　日立承暫耕字姪吉傳（押）
代筆弟瑞傳（押）

7-1-108-3　清光緒二十一年十二月林吉傳立承暫耕山場楂林字

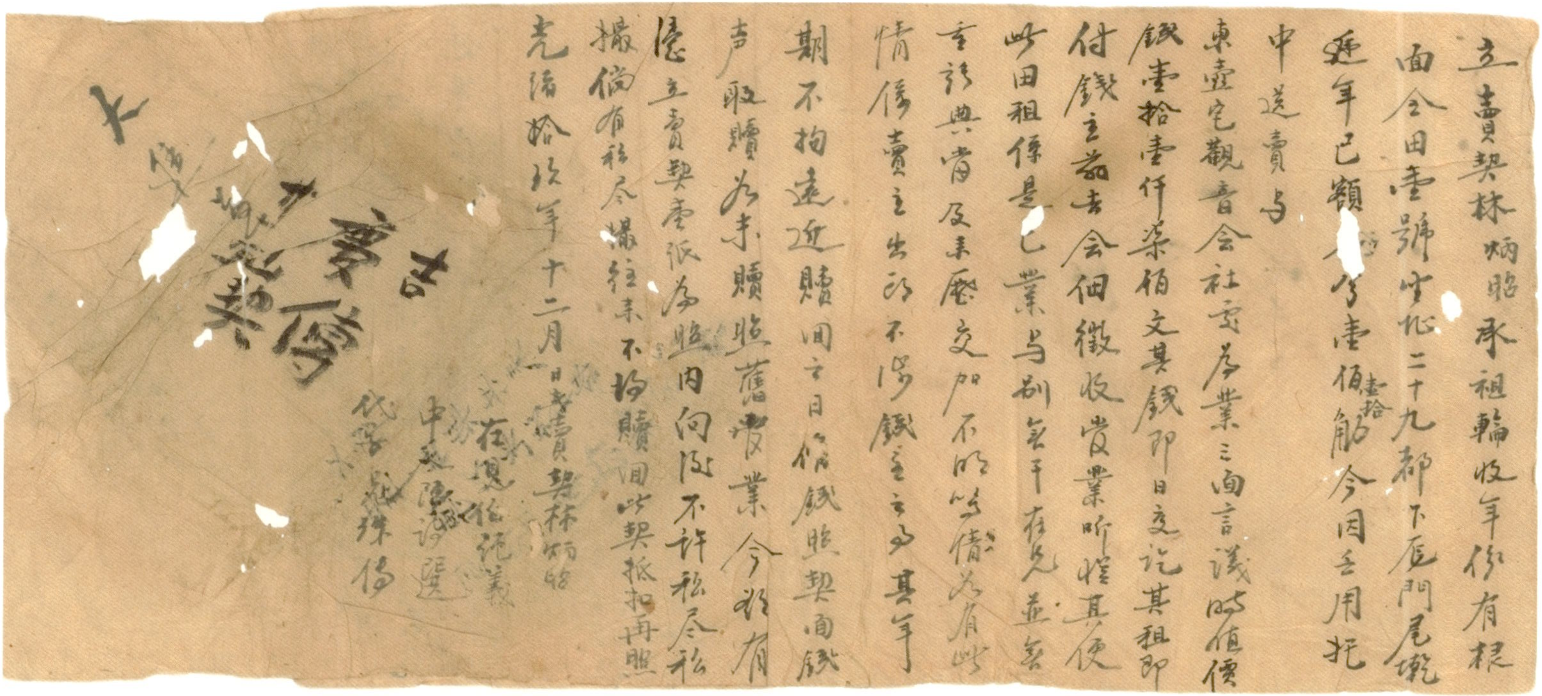
立賣契林炳昭承祖輪收年份有根
面全田壹號坐址二十九都下厝門尾坑
延年已額[illegible]壹佰壹拾觔今因乏用托
中送賣与
東壺宅觀音会社爲業三面言議時值價
錢壹拾壹仟柒佰文其錢即日交訖其租即
付錢主前去会佃徵收管業听從其便
此田租係是己業与別家干在先並無
重張典當及來歷交加不明此係炳有此
情係賣主出頭不干錢主之事其年
期不拘遠近贖回之日備錢照契面錢
聲取贖如未贖照舊管業今欲有
憑立賣契壹張爲照内向不許私仝私
撮備有私仝撮往來不拘贖回此契抵扣再照
光緒拾玖年十二月　日立賣契林炳昭
在見[illegible]
中見[illegible]
代筆[illegible]
吉
賣[illegible]契

7-1-108-2　清光緒十九年十二月林炳昭立賣輪收根面全田契（草契）

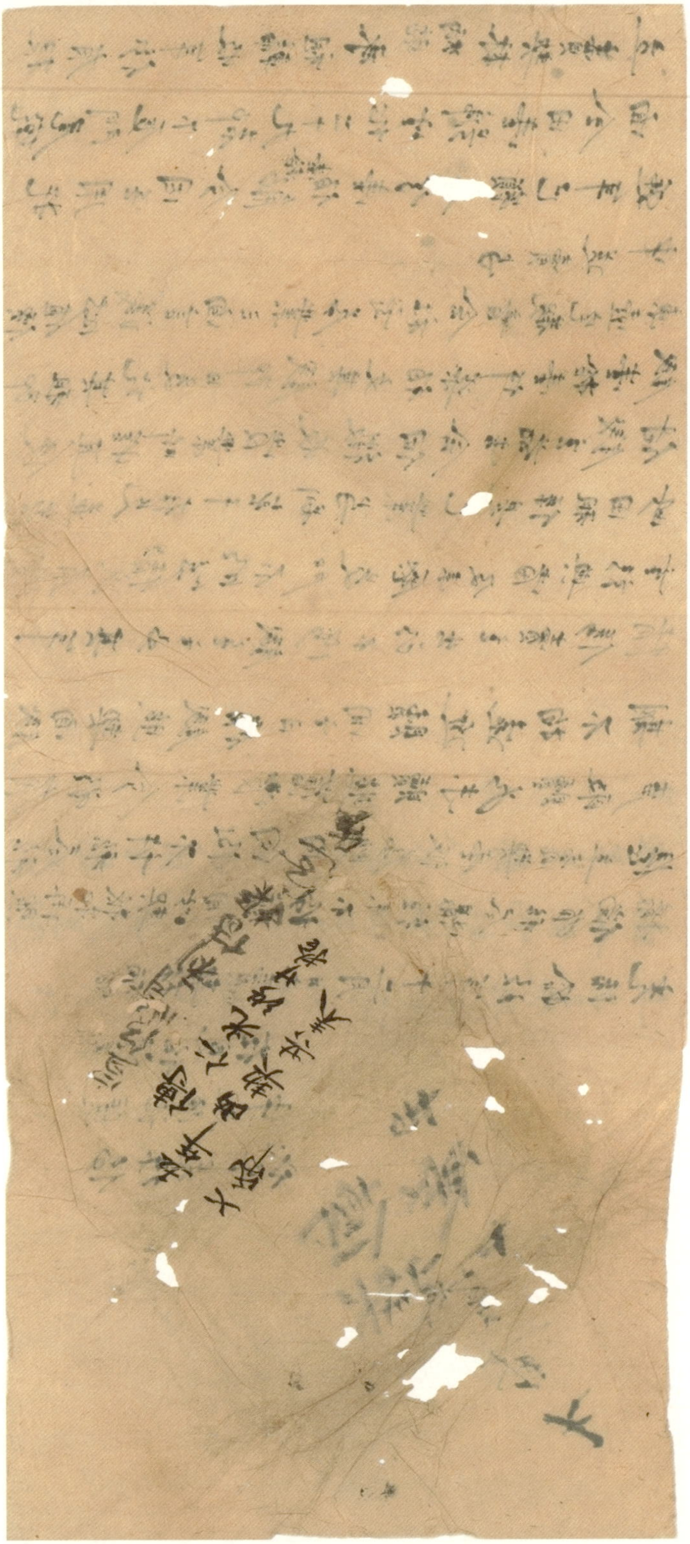

7-1-108-1　包契紙

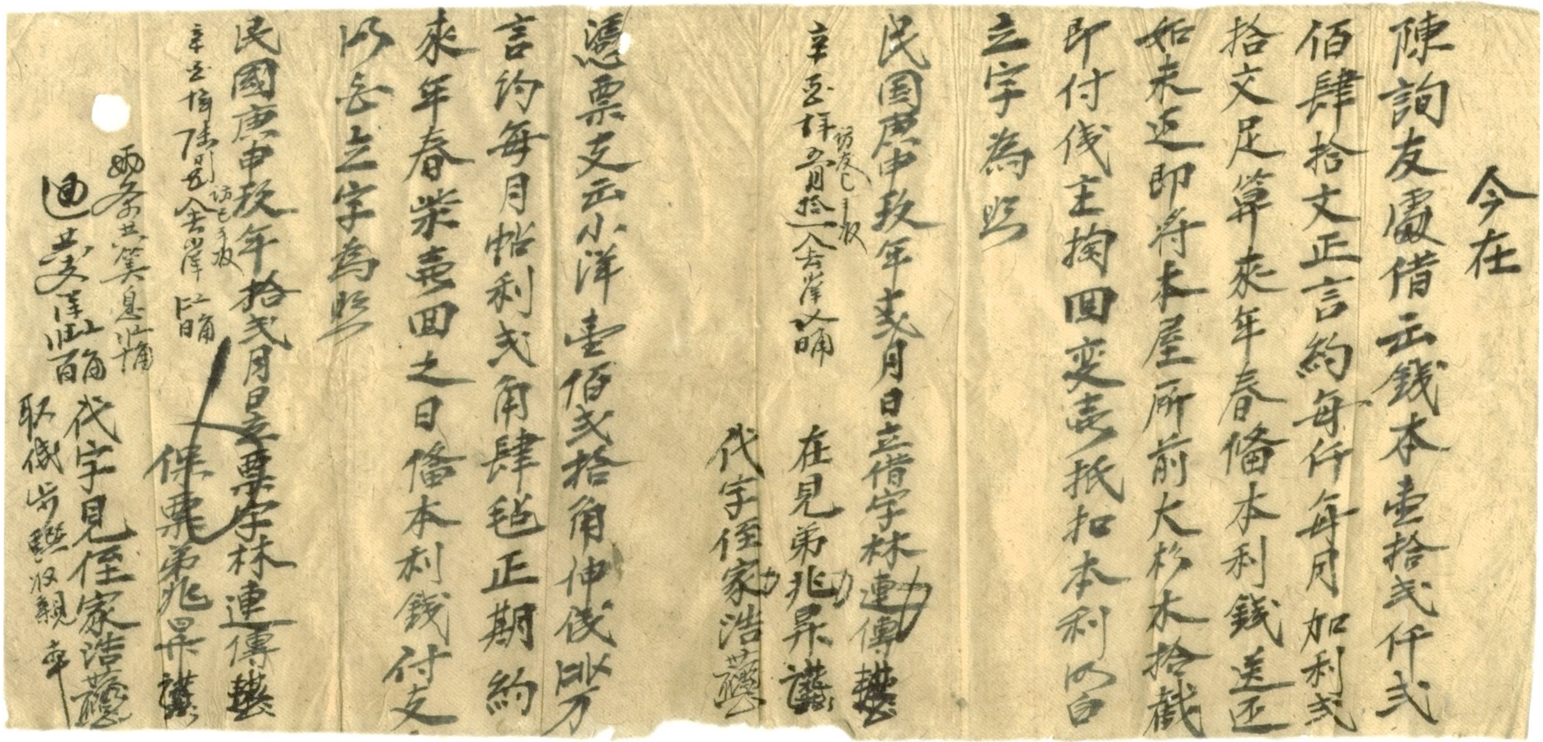
今在
陳詢友處借出錢本壹拾弍仟弍
佰肆拾文正，言約每仟每月加利弍
拾文足算，來年春備本利錢送還，
恐未還，即將本屋所前大杉木拾載
聽付錢主掏回變賣，抵扣本利，以自
立字為照。
民国庚申玖年十弍月日立借字林連傳（押）
辛酉年正月拾一 仍欠し千叔 全岸 諭
在見弟兆昇（押）
代字侄家浩（押）

憑票支出小洋壹佰弍拾角，伸錢此
言約每月加利弍角肆毫正，期約
來年春業青田之日，備本利錢付交，
以后立字為照。
民國庚申玖年拾弍月日立票字林連傳（押）
辛酉年 陸月 仍欠し千叔 全岸 諭
保票弟兆昇（押）
丙寅年□□息□□
通共□□百角
代字見侄家浩（押）
取銀尚□□收親筆

7-1-107-6　民國九年十二月林連傳立借錢字

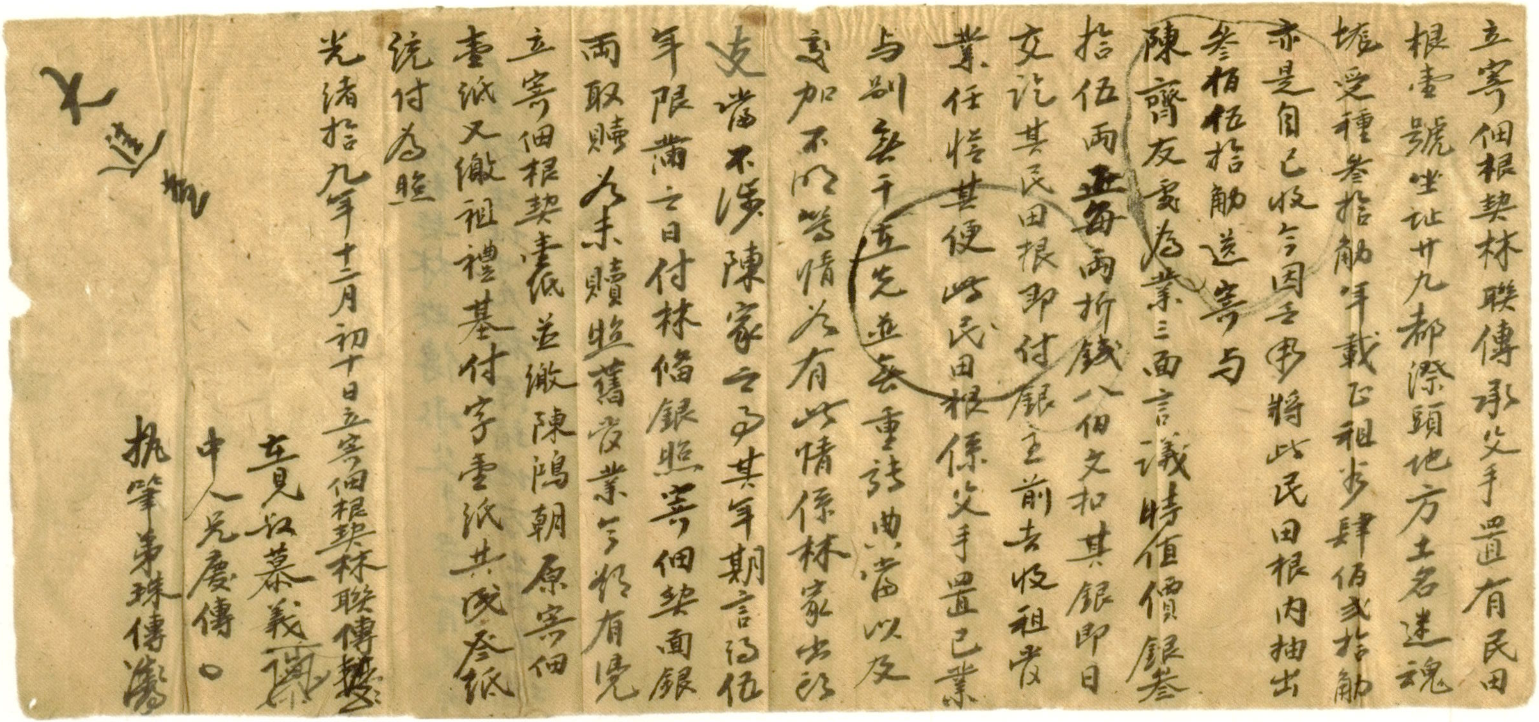
立寄佃根契林聯傳承父手置有民田
根壹號坐址廿九都漈頭地方土名迷魂
垅受種叁拾觔年載正租歩肆佰貳拾觔
亦是自己收今因手乏將此民田根内抽出
叁佰伍拾觔送寄与
陳齊友處爲業三面言議時値價銀叁
拾伍兩正每兩折錢八佰文扣其銀即日
交訖其民田根即付銀主前去收租管
業任憑其便此民田根係父手置己業
与别無干立先並無重張典當以及
交加不明等情如有此情係林家出頭
支當不涉陳家之事其年期言約伍
年限滿之日付林備銀照寄佃契面銀
兩取贖如未贖照舊管業今恐有憑
立寄佃根契壹紙並繳陳鴻朝原寄佃
壹紙又繳祖禮基付字壹紙共成叁紙
統付為照
光緒拾九年十二月初十日立寄佃根契林聯傳
立見叔慕義
中人兄慶傳
執筆弟珠傳

7-1-107-5　清光緒十九年十二月林聯傳立寄佃民田根契（廢契）

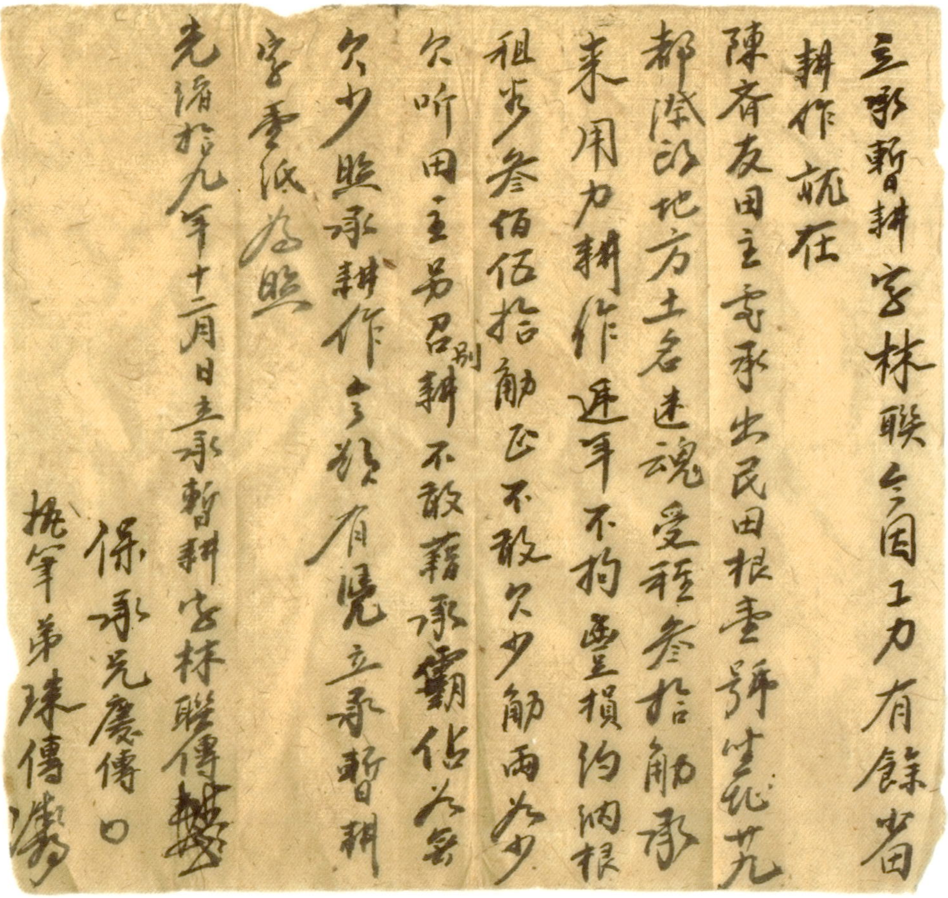
立承暫耕字林聯傳，今因工力有餘，當
耕作，就在
陳齊友田主處承出民田根壹號，坐址廿九
都深洋地方，土名迷魂，受種叁拾觔，承
來用力耕作，遞年不拘豐損，約納根
租谷叁佰伍拾觔正，不敢欠少觔兩，如少
欠，听田主另召別耕，不敢藉承霸佔。今恐
欠少，照承耕作。今欲有憑，立承暫耕
字壹紙為照。
光緒拾九年十二月　日立承暫耕字林聯傳（押）
保承兄慶傳（押）
挑筆弟珠傳（押）

7-1-107-4　清光緒十九年十二月林聯傳立承暫耕民田根字

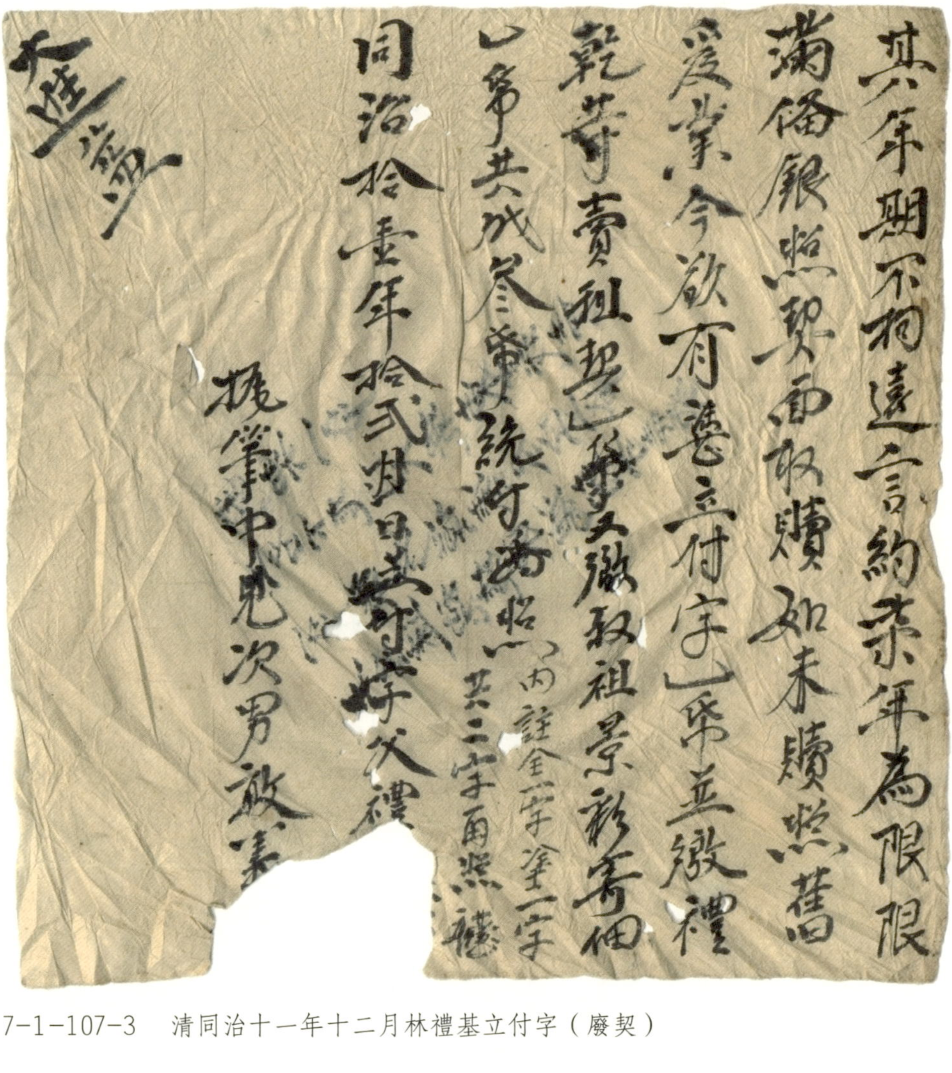
其年期不拘遠近言約柒年為限限
滿備銀照契面取贖如未贖照舊
管業今欲有憑立付字一帋並繳禮
乾荐賣租契一紙又繳取租景彩荐佃
一帋共成叁帋統付為炤
同治拾壹年拾貳月　日立付字父禮
托掌中兄　次男啟美

7-1-107-3　清同治十一年十二月林禮基立付字（廢契）

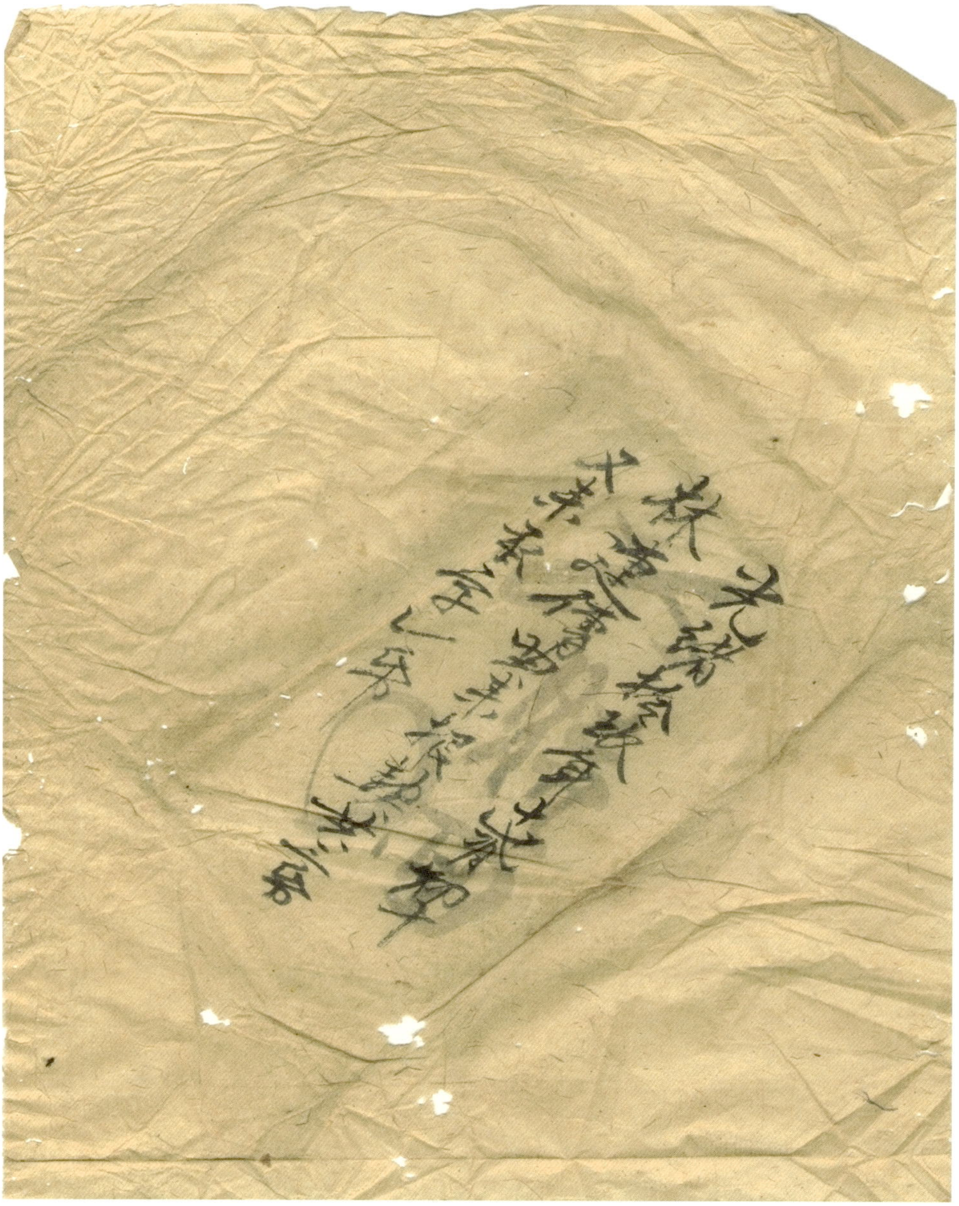

7-1-107-2　包契紙

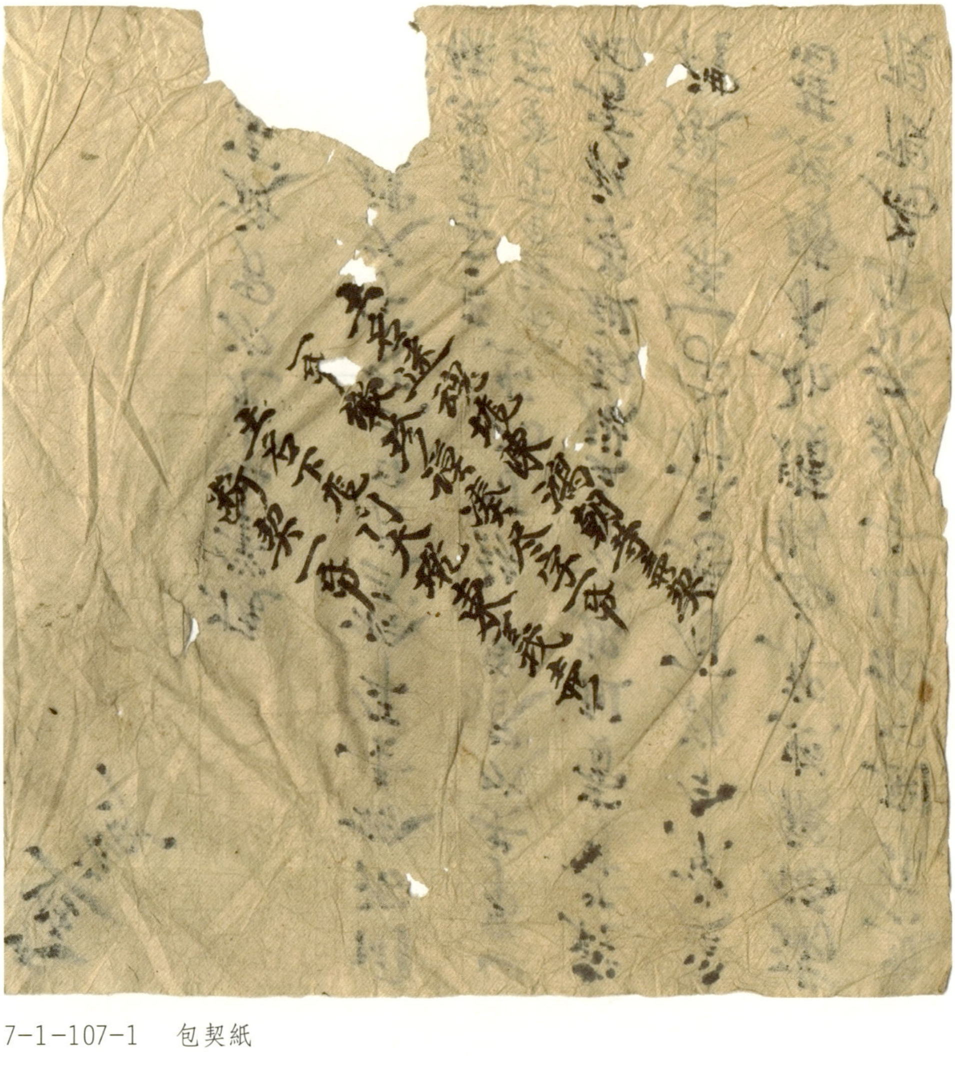

7-1-107-1　包契紙

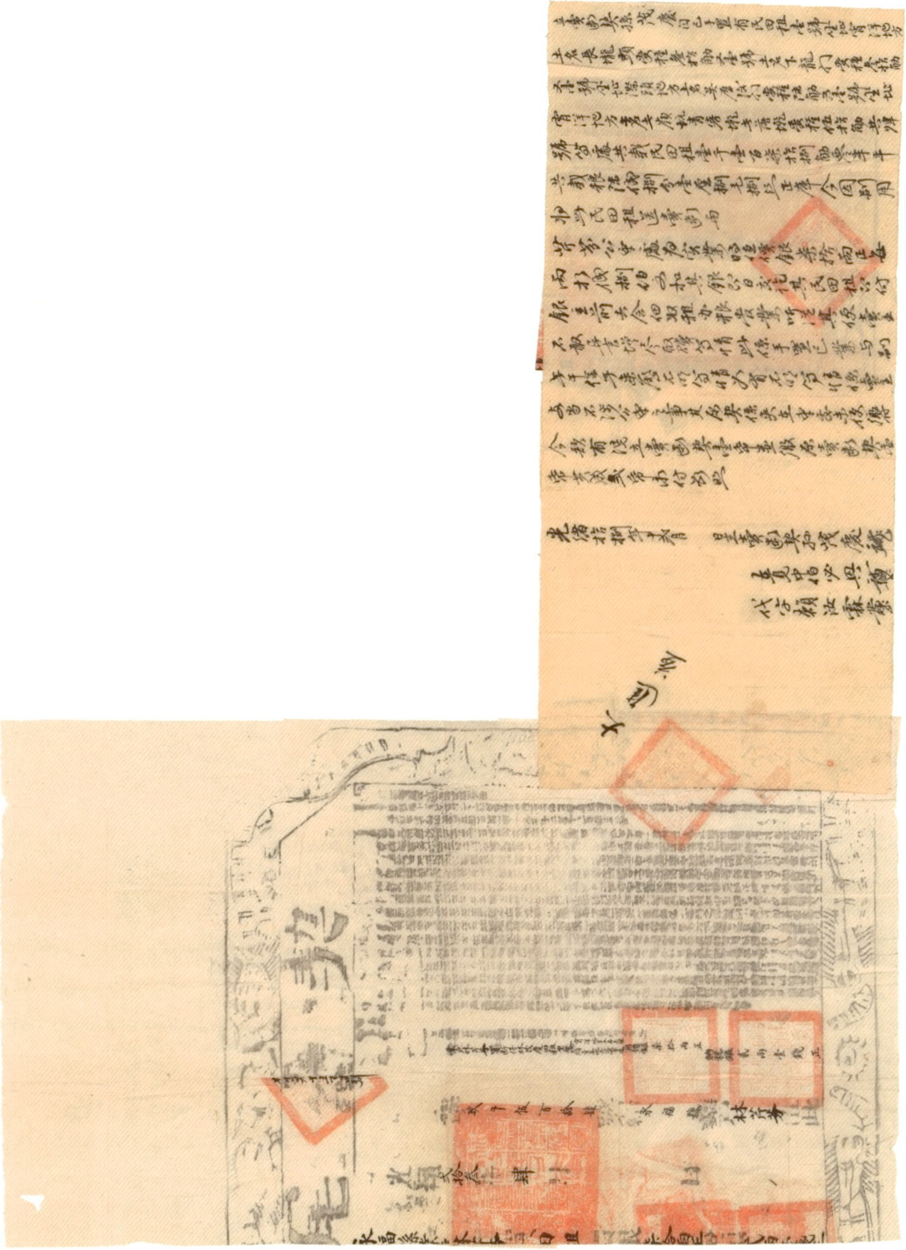

7-1-106-2　清光緒十八年十二月林茂慶立賣斷民田租契（紅契）

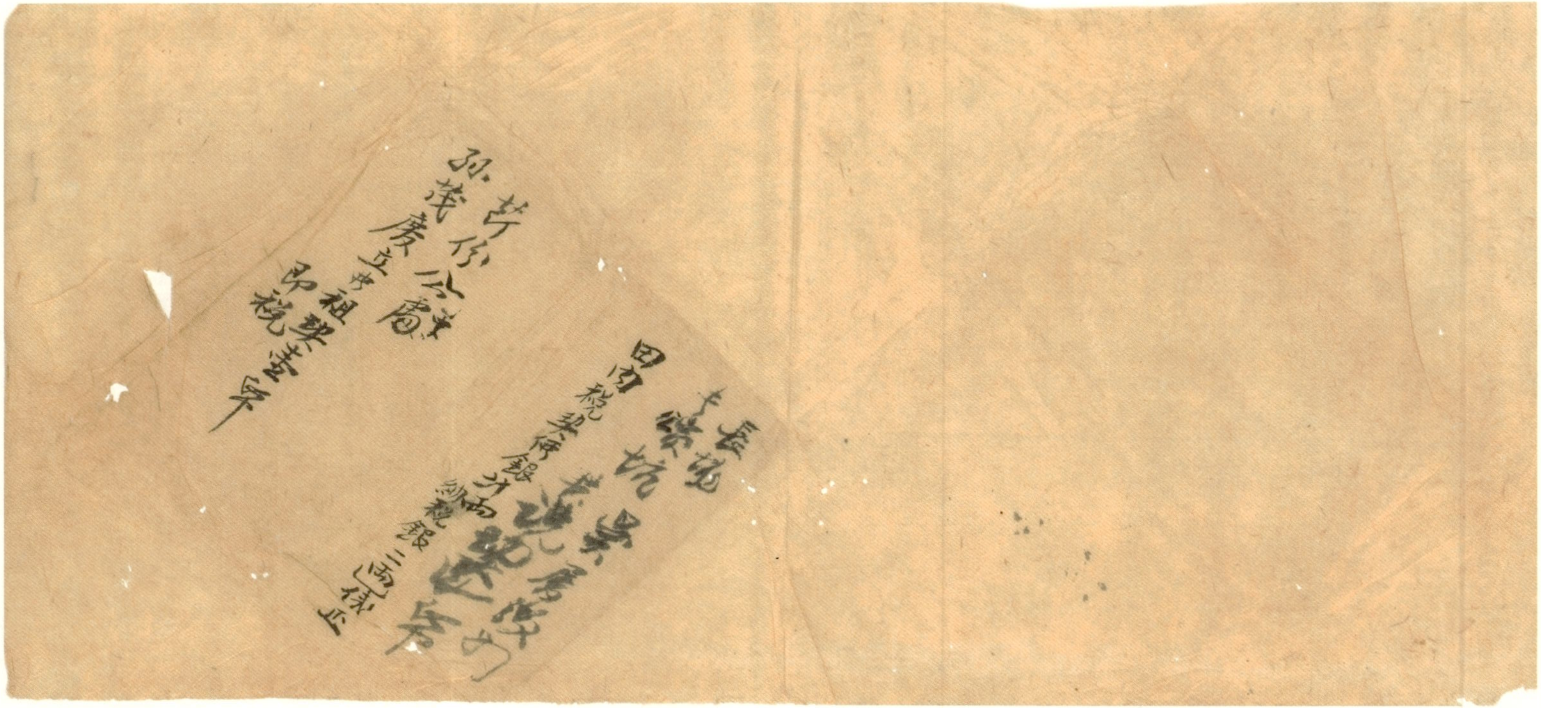

長房
[illegible]坑
嘉慶[illegible]
田根稅契併銀[illegible]稅銀二兩[illegible]正

[illegible]仔[illegible]
孫茂廣立出祖契壹紙
[illegible]稅[illegible]

7-1-106-1　包契紙

第一帙　林明敍户

第七卷 永泰縣嵩口鎮漈頭村契約文書（三）

本卷主編 張澤宇 岳沁之

本册目録

第七卷 永泰縣嵩口鎮漈頭村契約文書（三）

第一帙 林明釵户

專題彙編 第二種

福建民間契約文書

廈門大學民間歷史文獻研究中心 編
鄭振滿 主編

30

海峽出版發行集團
THE STRAITS PUBLISHING & DISTRIBUTING GROUP
福建人民出版社

八閩文庫

八閩文庫

專題彙編

第二種

福建民間契約文書

厦門大學民間歷史文獻研究中心 編
鄭振滿 主編

31

海峽出版發行集團
THE STRAITS PUBLISHING & DISTRIBUTING GROUP
福建人民出版社

本册目録

第七卷　永泰縣嵩口鎮漈頭村契約文書（四）

第二帙　林明潘户

第三帙　林睦標户

第七卷　永泰縣嵩口鎮漈頭村契約文書（四）

本卷主編　張澤宇　岳沁之

第二帙　林明潘户

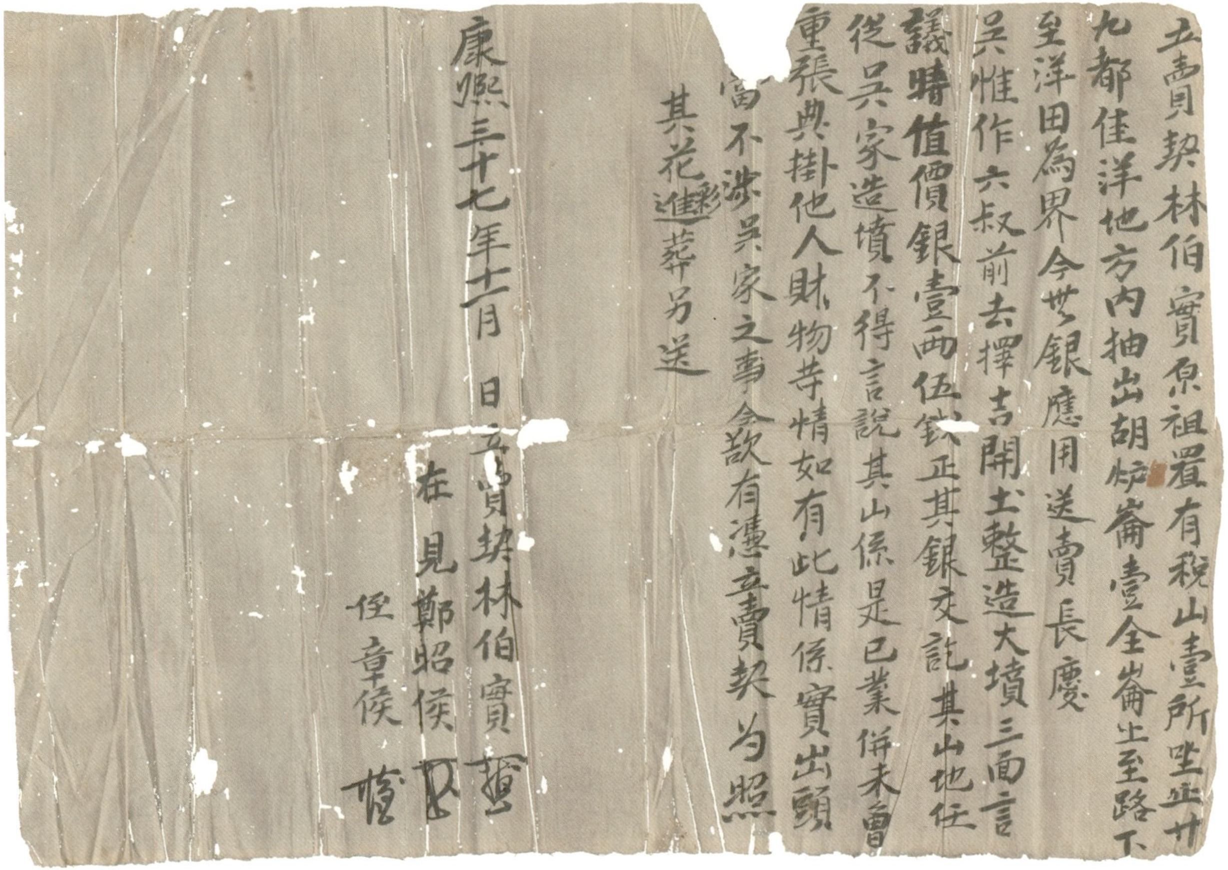
立賣契林伯實，原祖置有稅山壹所，坐址廿
九都佳洋地方，內抽出胡炉崙壹全崙，上至路，下
至洋田為界。今乏銀應用，送賣長慶
吳惟作六叔前去擇吉開土整造大墳，三面言
議時值價銀壹兩伍錢正，其銀交訖，其山地任
從吳家造墳，不得言說。其山係是己業，并未曾
重張典掛他人財物等情。如有此情，係實出頭
當，不涉吳家之事。今欲有憑，立賣契為照。
其花彩進葬另送。
康熙三十七年十一月　日立賣契林伯實（押）
在見鄭昭侯（押）
侄章侯（押）

7-2-29-1　清康熙三十七年十一月林伯實立賣稅山契

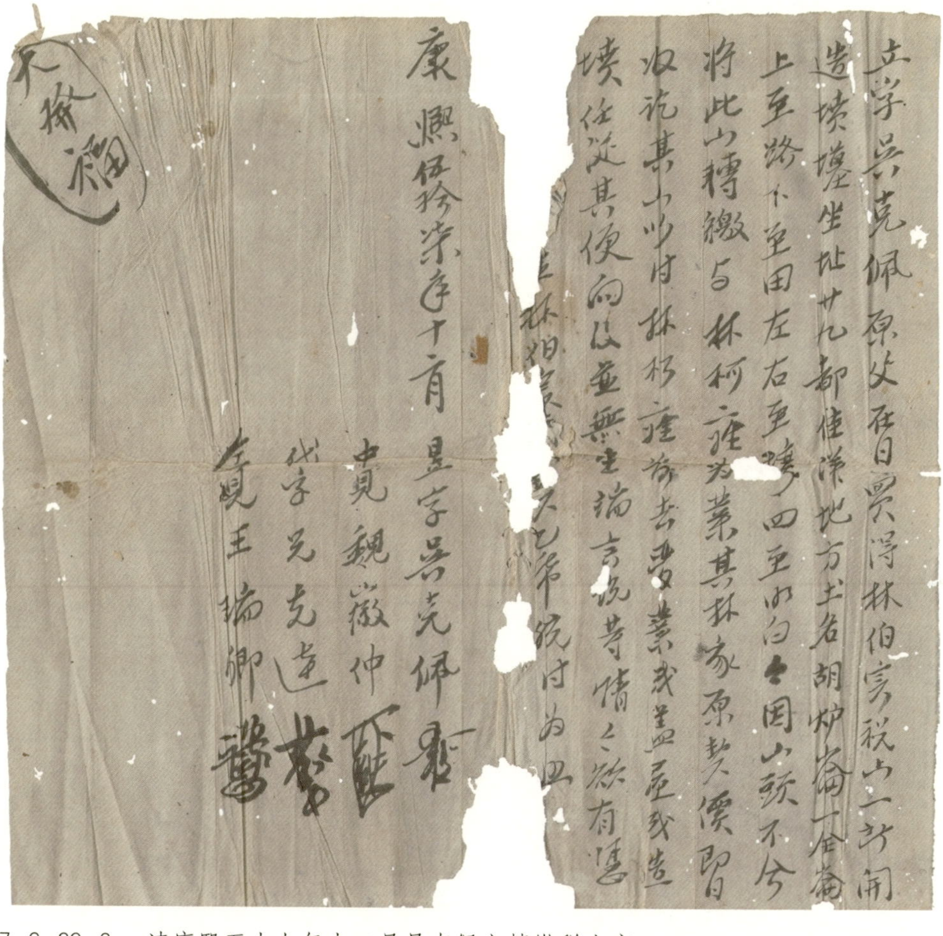

立字吴克佩原父在日買得林伯實稅山一片開
造墳塋坐址廿九都佳洋地方土名胡炉崙一全崙
上至路下至田左右至墘四至明白今因山頭不今
將此山轉繳與林柯莊爲業其林家原契價即
收訖其山即付林柯莊前去管業我無阻造
墳任從其便向後並無生端言說等情〻然有憑
[illegible]林伯宸[illegible]之字繳付爲照
康熙伍拾柒年十二月 日立字吴克佩（押）
中見 魏嶽仲（押）
代字 兄克達（押）
字見 王瑞卿（押）

7-2-29-2　清康熙五十七年十二月吴克佩立轉繳稅山字

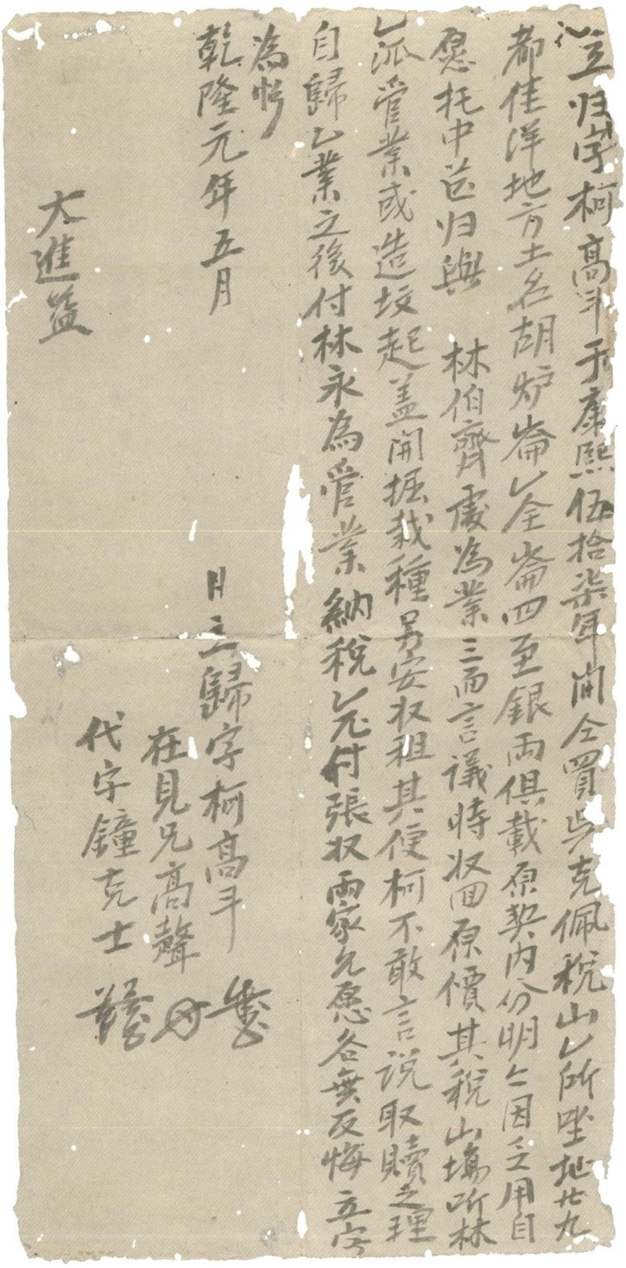
立归字柯高斗，于康熙伍拾柒年间仝買吳克佩税山，山所坐地廿九都佳洋地方，土名胡炉崙，山仝崙四至銀両俱載原契内，分明。今因乏用，自愿托中送归與林伯齊處為業。三面言議，特収回原價，其税山塲听林山派管業，或造坟起蓋，開掘栽種，另安杈祖，其侄柯不敢言説取贖之理。自歸山業之後，付林永為管業，納税山，元付張杈両家，允愿各無反悔，立字為照。

乾隆元年五月　日立歸字柯高斗（押）

在見兄高聲（押）

代字鐘克士（押）

太進盛

7-2-29-3　清乾隆元年五月柯高斗立歸税山字

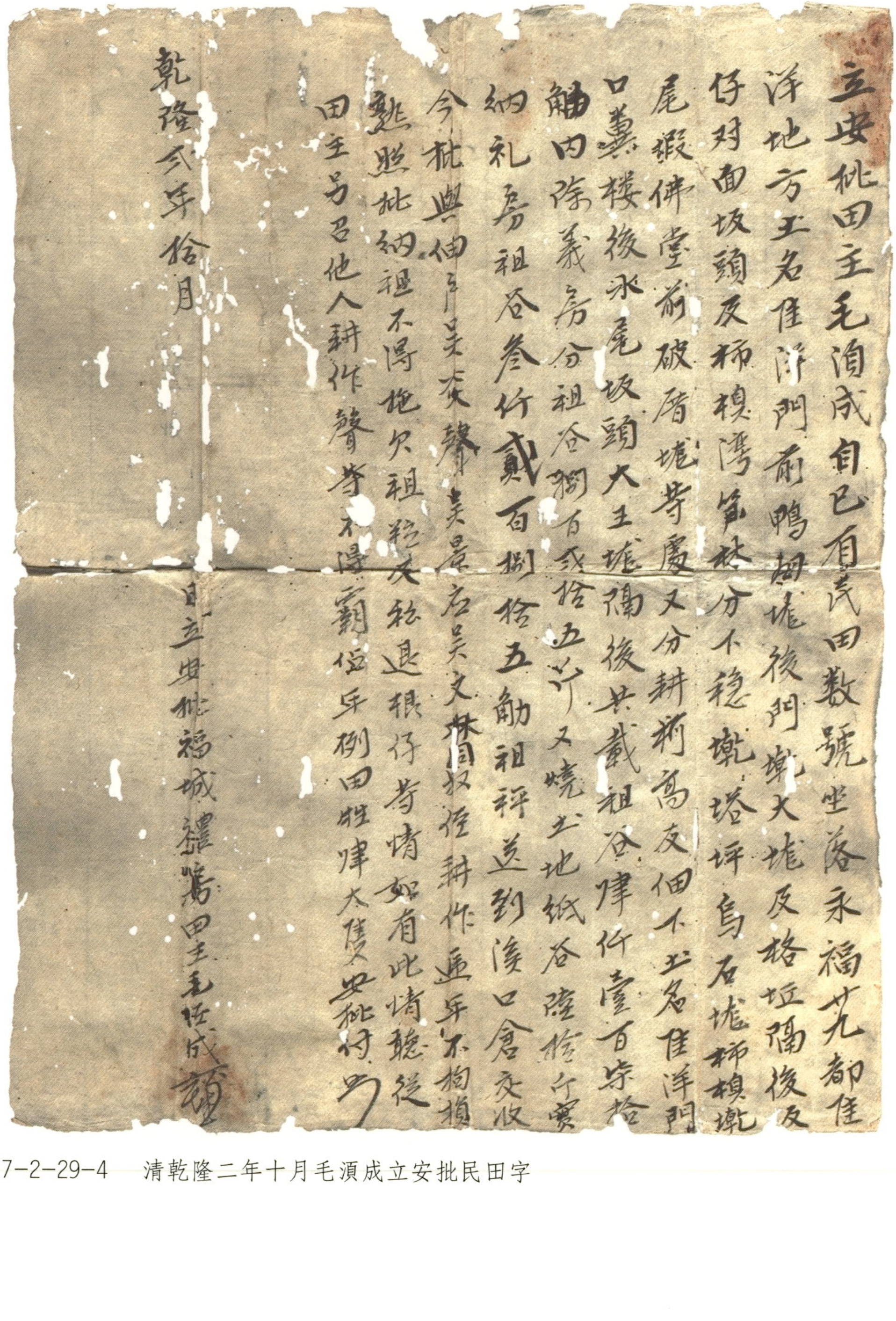

立安批田主毛湏成自己有民田數號坐落永福廿九都住
洋地方土名住洋門前鴨姆堆後門墩大堆反格垃陽後反
仔对面坂頭反柿槙灣笋林分不穩墩塔坪烏石堆柿槙墩
尾蝦佛堂前破厝堆等處又分耕將高友佃丁土名住洋門
口蕉樓後沭尾坂頭大王堆陽後共載租谷肆仟壹百柒拾
觔内除義房分租谷捌百弍拾五斤又燒土地紙谷陸拾斤實
納礼房租谷叁仟貳百捌拾五觔租秤送到溪口倉交收
今批與佃戶吳友聲吳景右吳文林同收經耕作逐年不拘損
熟照批納租不得拖欠租粒亦不得退根仔等情如有此情聽從
田主另召他人耕作聲等不得霸佔年例田牲肆太隻　安批付照
日立安批福城鑪　田主毛湏成（押）
乾隆弍年拾月

7-2-29-4　清乾隆二年十月毛湏成立安批民田字

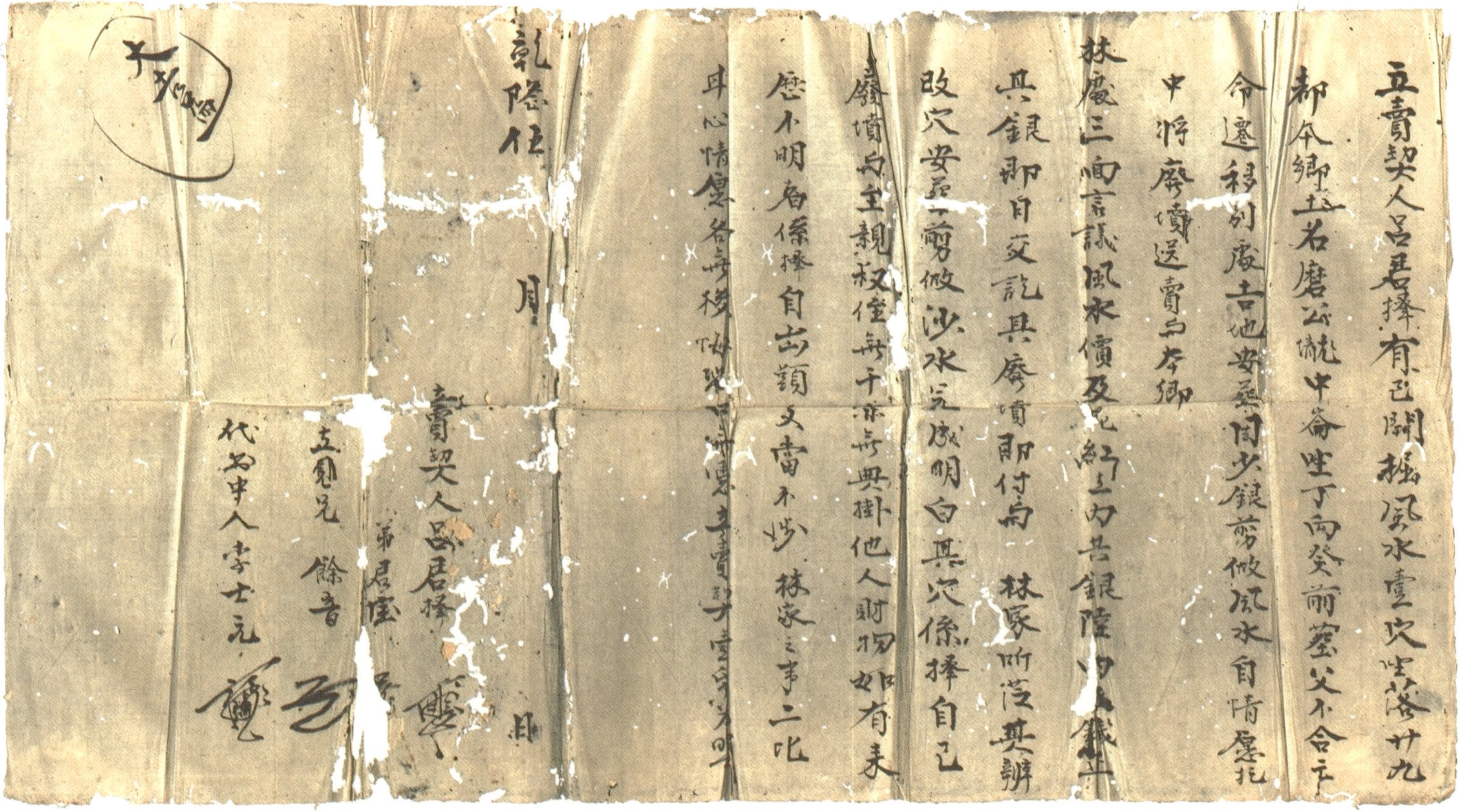
立賣契人吕君擇有己關搖風水壹穴坐落廿九
都今鄉土名磨山墘中命坐丁向癸前塞父不合亍
命遷移别處吉地安塟，因少銀蒡做風水，自情愿托
中將廢墳送賣與本鄉
林處三面言議風水價及紅土內出銀陸兩正，
其銀即日交訖，其廢墳即付與 林家前去興辦
改穴安塟蒡做沙水，完成明白，其穴係擇自己
廢墳，與主親叔侄無干，亦無典掛他人財物，如有來
歷不明，自係擇自出頭支當，不涉 林家之事。二比
甘心情愿，各無反悔，恐口無憑，立賣契一紙為照。
乾隆伍年 月 日
賣契人吕君擇
弟君寶
立見兄 餘音
代筆中人李士元

7-2-29-5 清乾隆五年吕君擇等立賣廢墳契

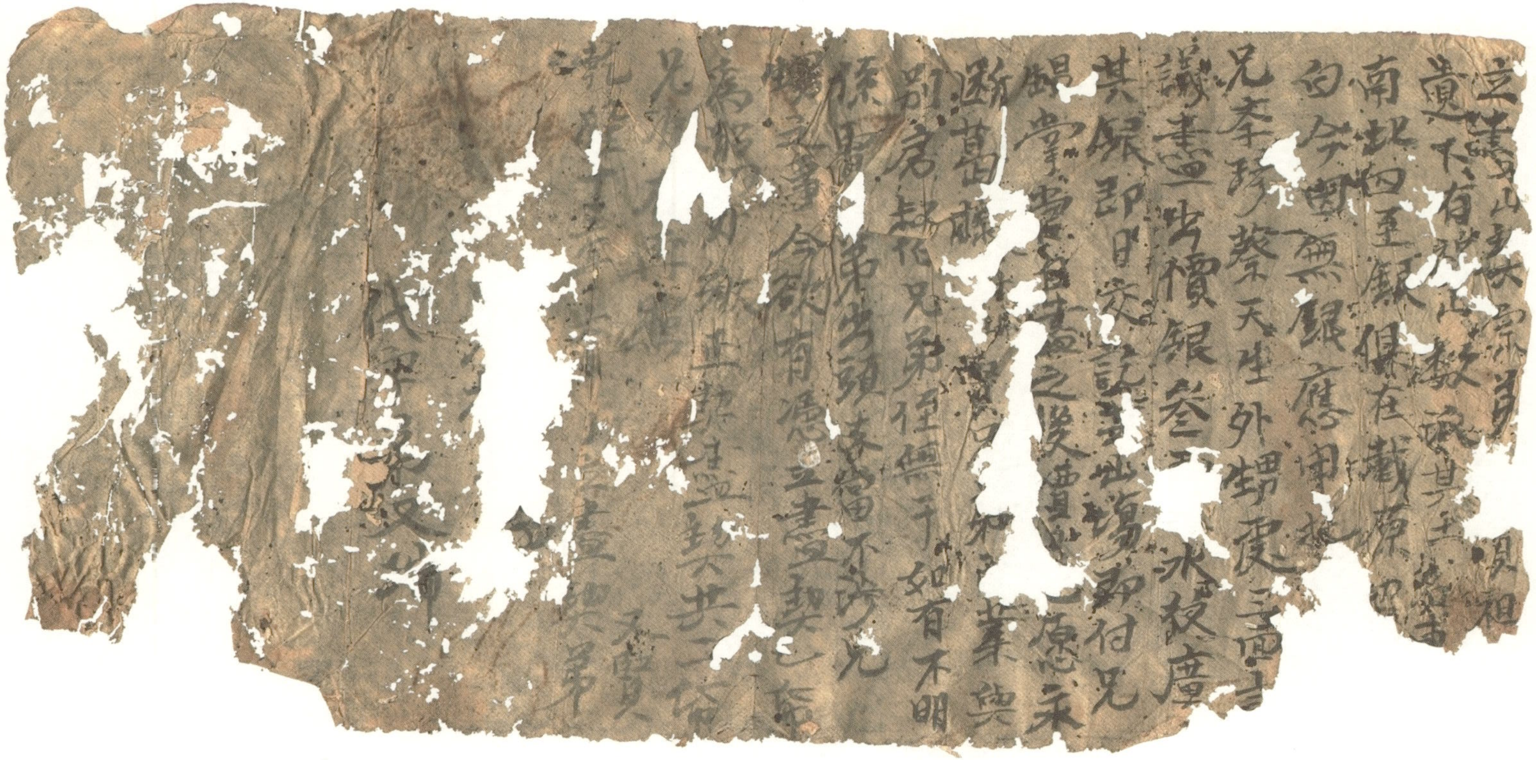

7-2-29-6　清乾隆十三年六月曾又賢立盡稅山契

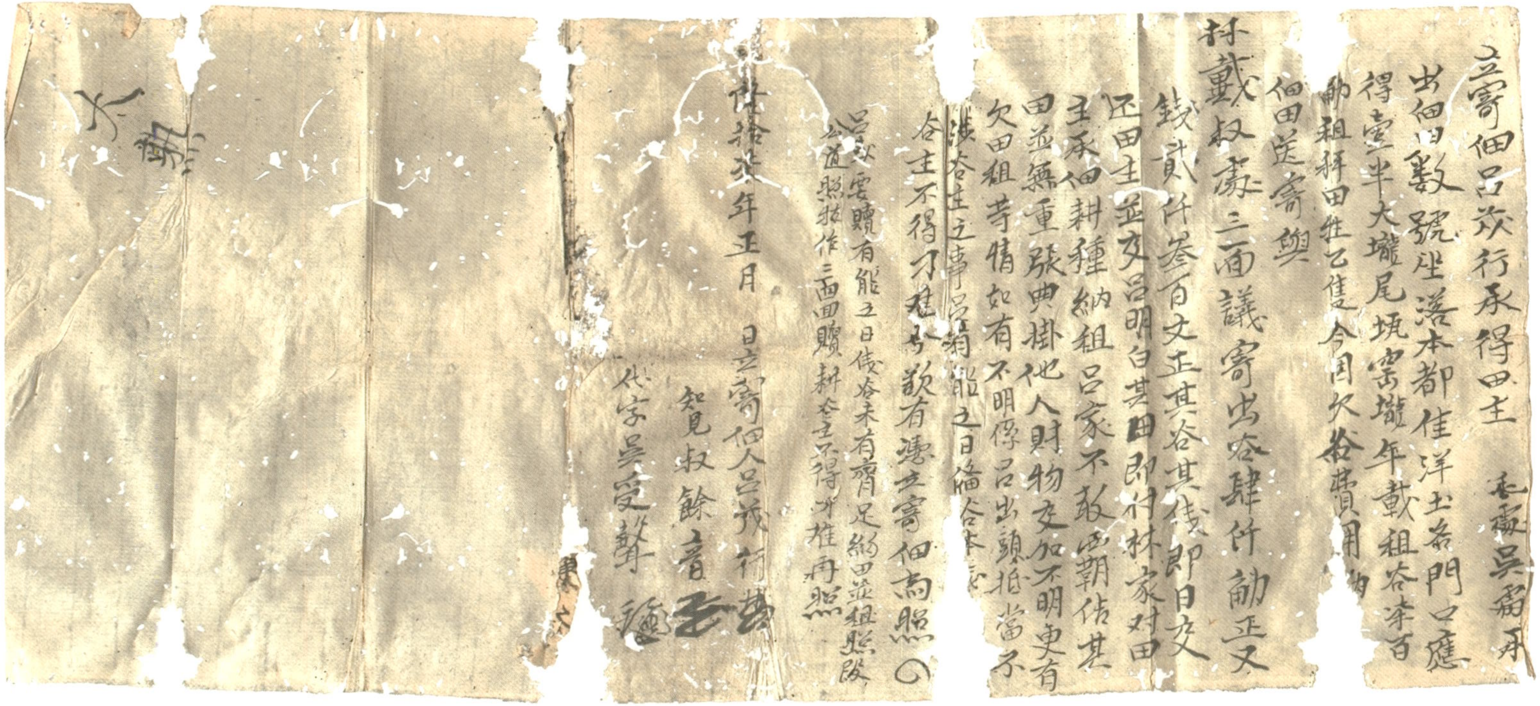
立寄佃吕茂行承得田主吴爾
出佃田數號坐落本都佳洋土名門口墘
得壹半大壠尾坑窑壠年載租谷柒百
觔租拜田主乙僮今因欠谷費用向
佃田定寄與
林戴叔處三面議寄出谷肆仟觔正又
銭貳仟叁百文正其谷其錢即日交
还田主並交吕明白其田即付林家对田
主承佃耕種納租吕家不敢生端佔其
田並無重張典掛他人財物交加不明更有
欠田租等情如有不明係吕出頭抵當不
涉林主之事吕備能之日備谷本
谷主不得刁難欲有憑立寄佃為照
吕茂要贖有能之日備谷未有齊足納田並租照段
公道照折作三面田贖耕谷主不得刁难再照
乾隆拾柒年正月　日立寄佃人吕茂行
知見叔餘音
代字吴受彝
大吉

7-2-29-7　清乾隆十七年正月吕茂行立寄佃田字

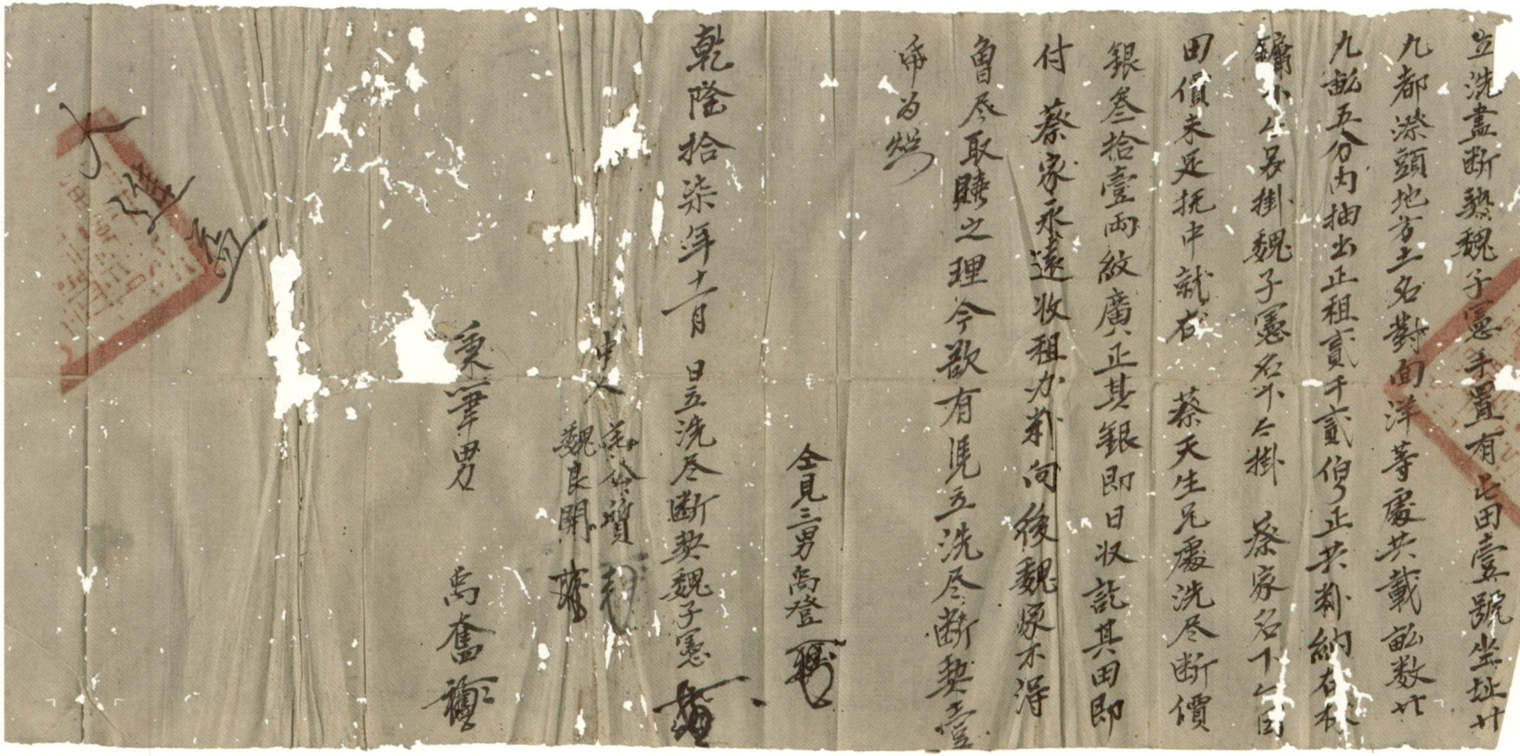

立洗盡斷契魏子憲，手置有屯田壹號，坐址廿九都滎頭地方，土名對面洋等處，共載畝數廿九畝五分，內抽出正租貳千貳佰正，共糾納右衛鎮下七名掛魏子憲名下公掛，蔡家名下公田。田價未足，托中就在蔡天生兄處洗盡斷價銀叁拾壹兩紋廣正，其銀即日收訖，其田即付蔡家永遠收租办納，向後魏家不得争盡取贖之理。今欲有憑，立洗盡斷契壹紙為照。

乾隆拾柒年十一月　日立洗盡斷契魏子憲（押）

全見三男　高登（押）

中人　蔡斜讚（押）　魏良開（押）

秉筆男　高奮（押）

7-2-29-8　清乾隆十七年十一月魏子憲立洗盡斷屯田契（紅契）

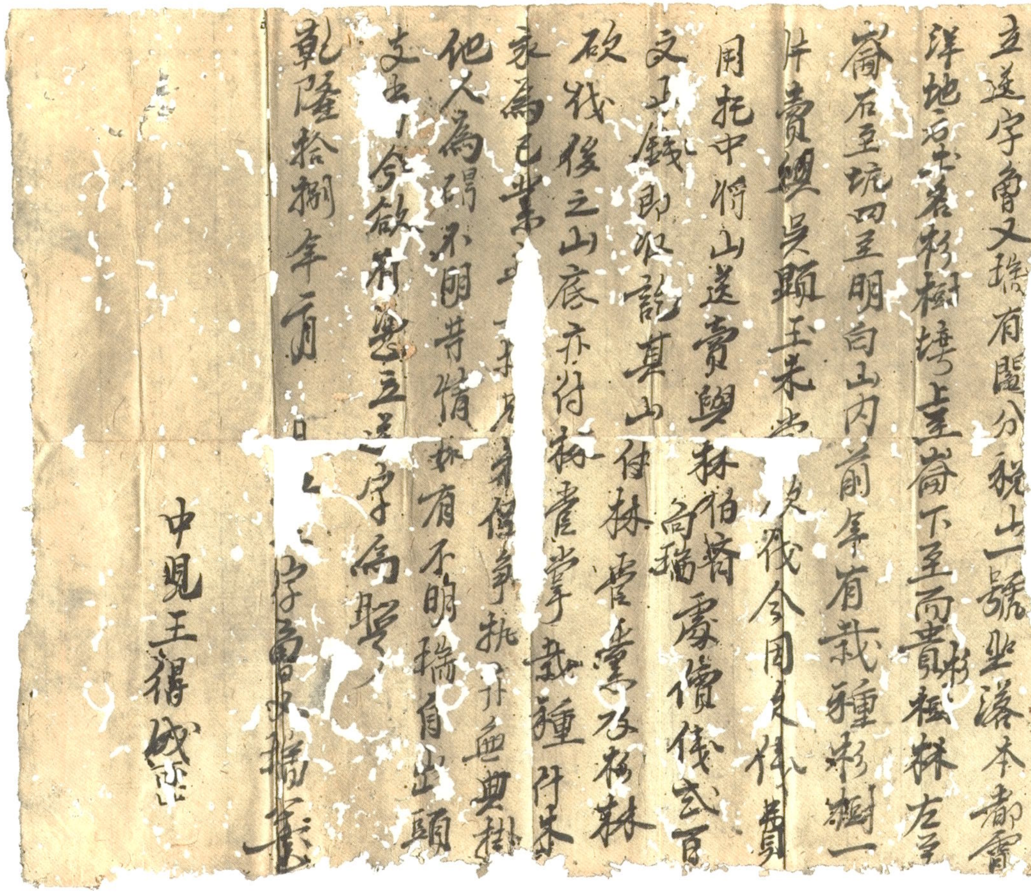

7-2-29-9　清乾隆十八年二月曾又瑞立送税山字

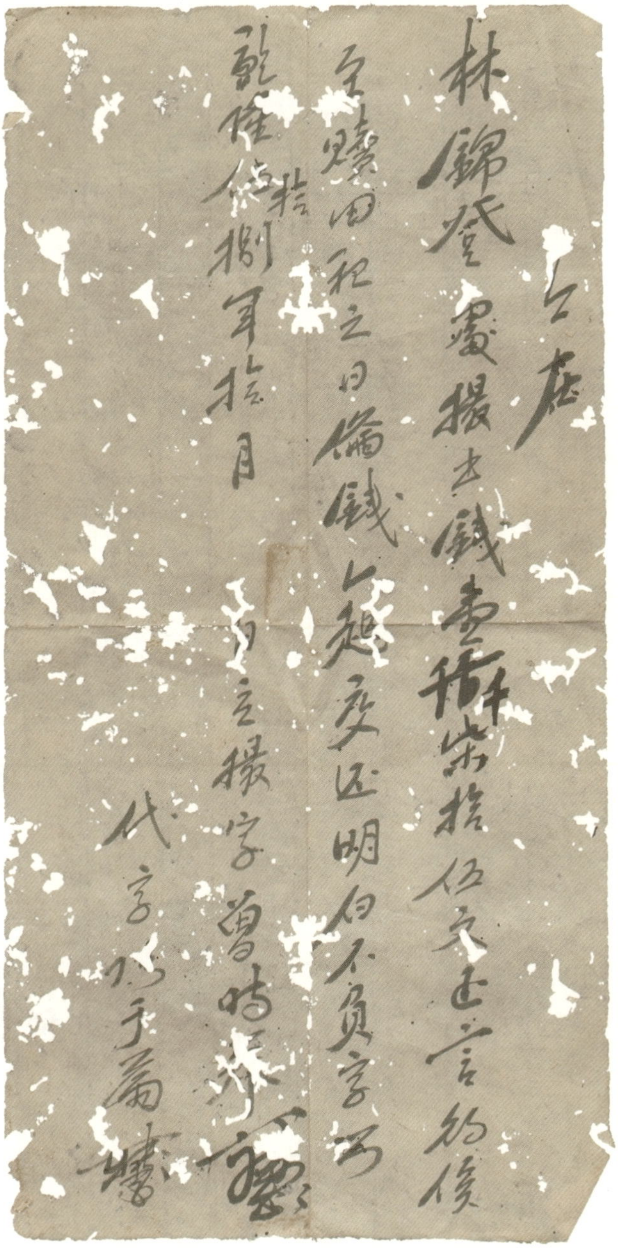

7-2-29-10　清乾隆十八年十月曾時養立撮字

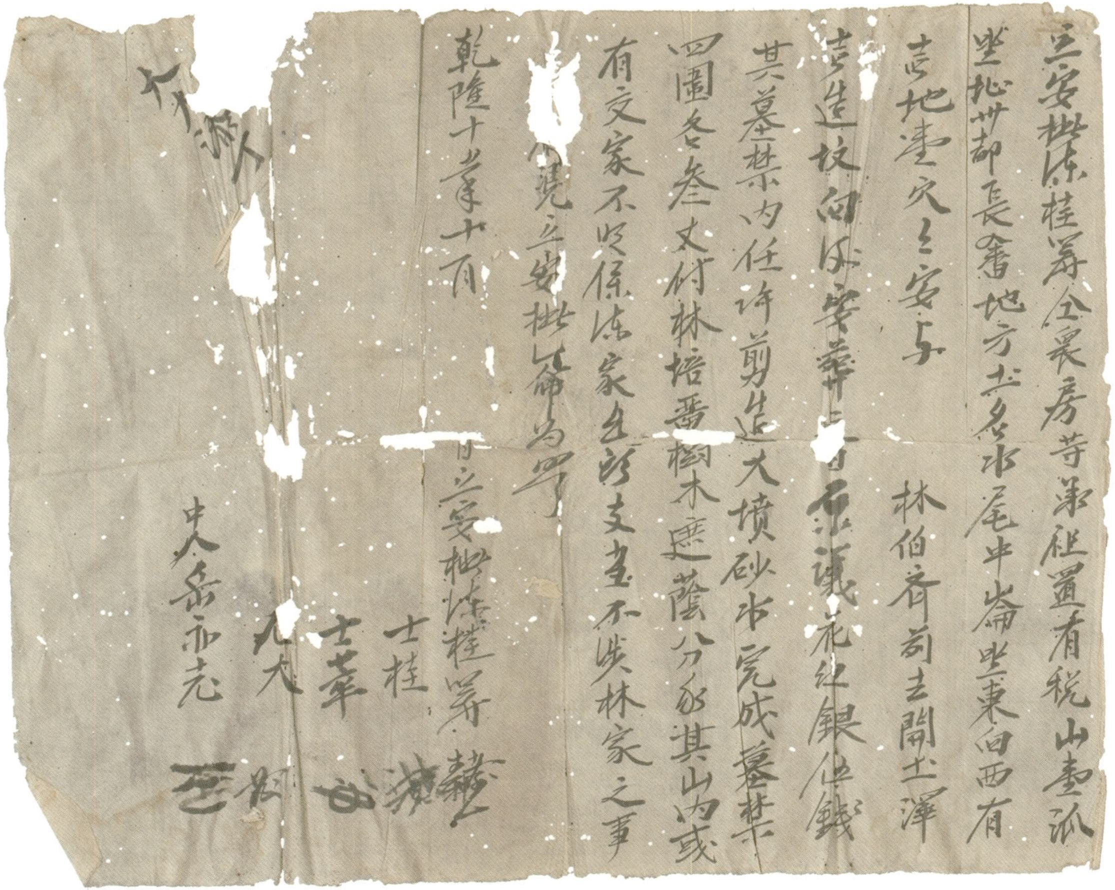

7-2-29-11　清乾隆十八年十一月陳桂籌等立安批稅山字

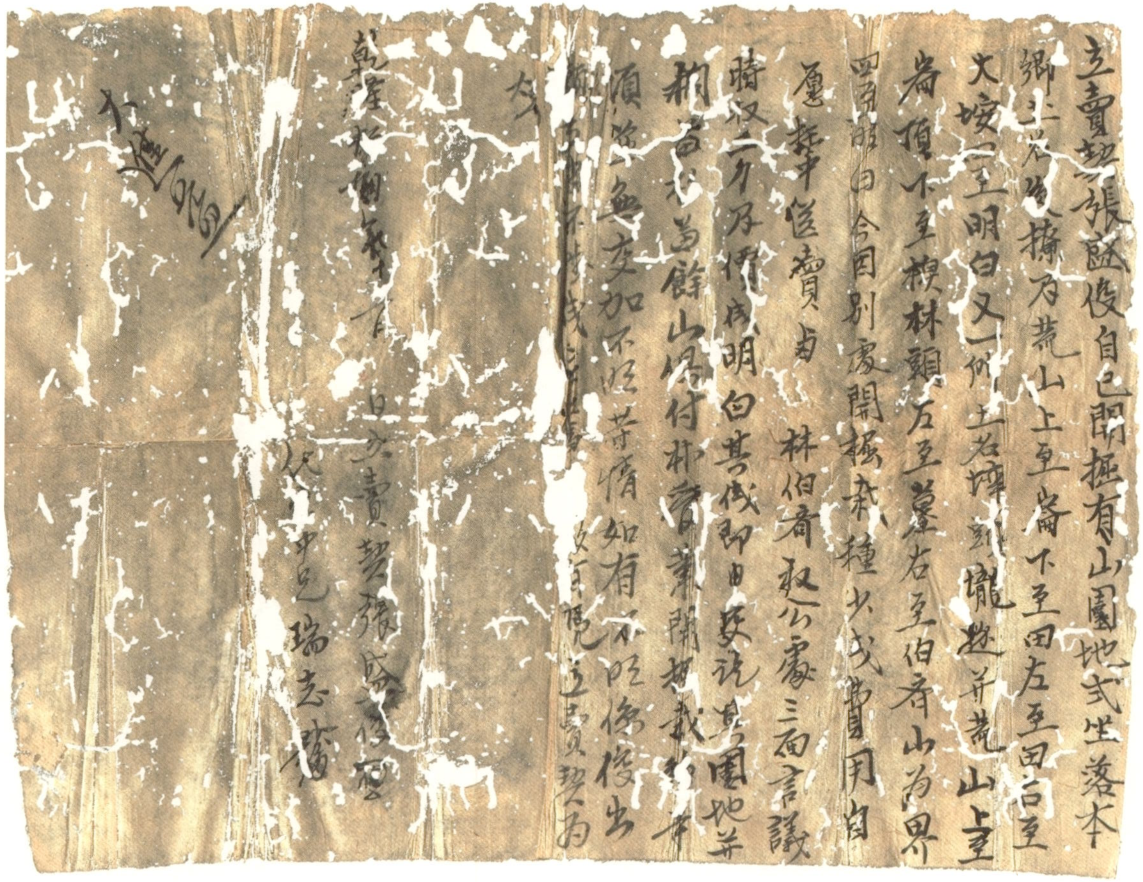

7-2-29-12　清乾隆十八年十二月張盛俊立賣山園地契

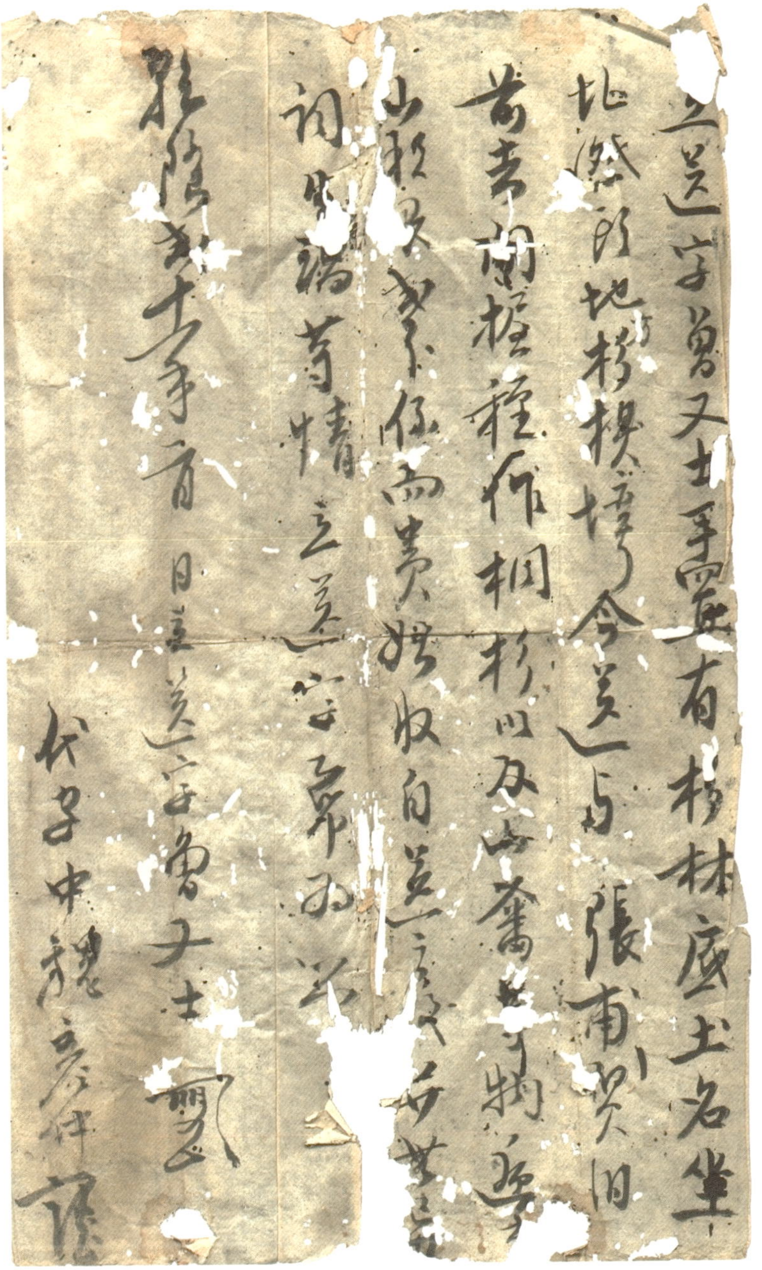
立送字曾又士手置有杉林底，土名坐
北[illegible]的地杉樸壹片，今送與張甫[illegible]
前去開墾種作桐杉，以及山畬[illegible]
山[illegible]係而[illegible]收，自送之後，[illegible]
詞[illegible]情，立送字爲照。
乾隆貳十年[illegible]月　日立送字曾又士（押）
代字中親[illegible]

7-2-29-13　清乾隆二十年二月曾又士立送杉林底字

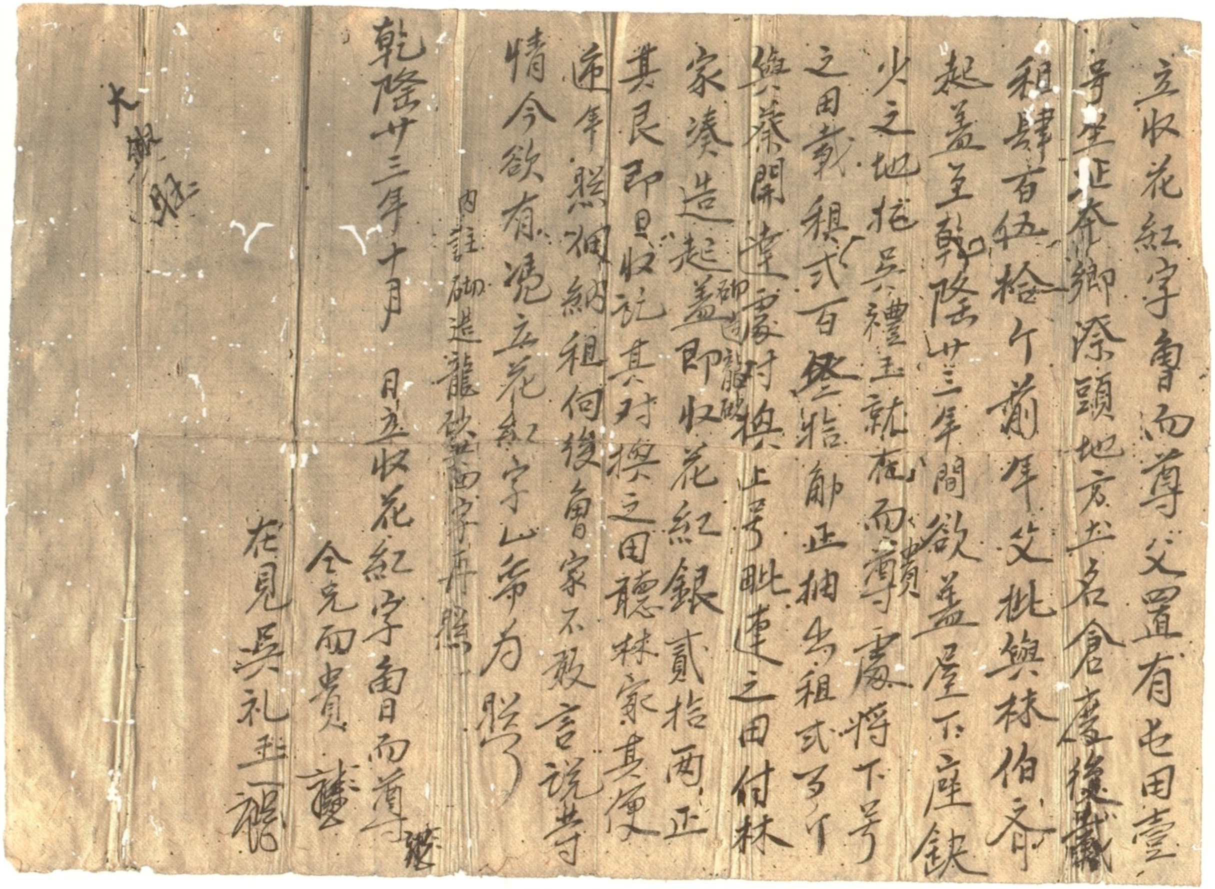

7-2-29-14　清乾隆二十三年十月曾而尊等立收花紅字

立收花紅字曾而尊，父置有屯田壹
号，坐址永福鄉添頭地方，土名倉屋後，載
租肆百伍拾斤，前年父批與林伯奇
起蓋，至乾隆廿三年間欲蓋屋，下座缺
少之地，托吳禮玉就花而尊、貴將下号
之田載租式百斤，卸正抽出租式百斤
與蔡開達處，對換上号毗連之田付林
家湊造起蓋，即收花紅銀貳拾兩正。
其銀即日收訖，其對換之田聽林家其便
逐年照洞納租，何後曾家不敢言說等
情。今欲有憑，立花紅字一紙為照。
內註砌進龍砂四字，再照。
乾隆廿三年十月　日立收花紅字曾而尊
仝兄而貴
在見吳禮玉

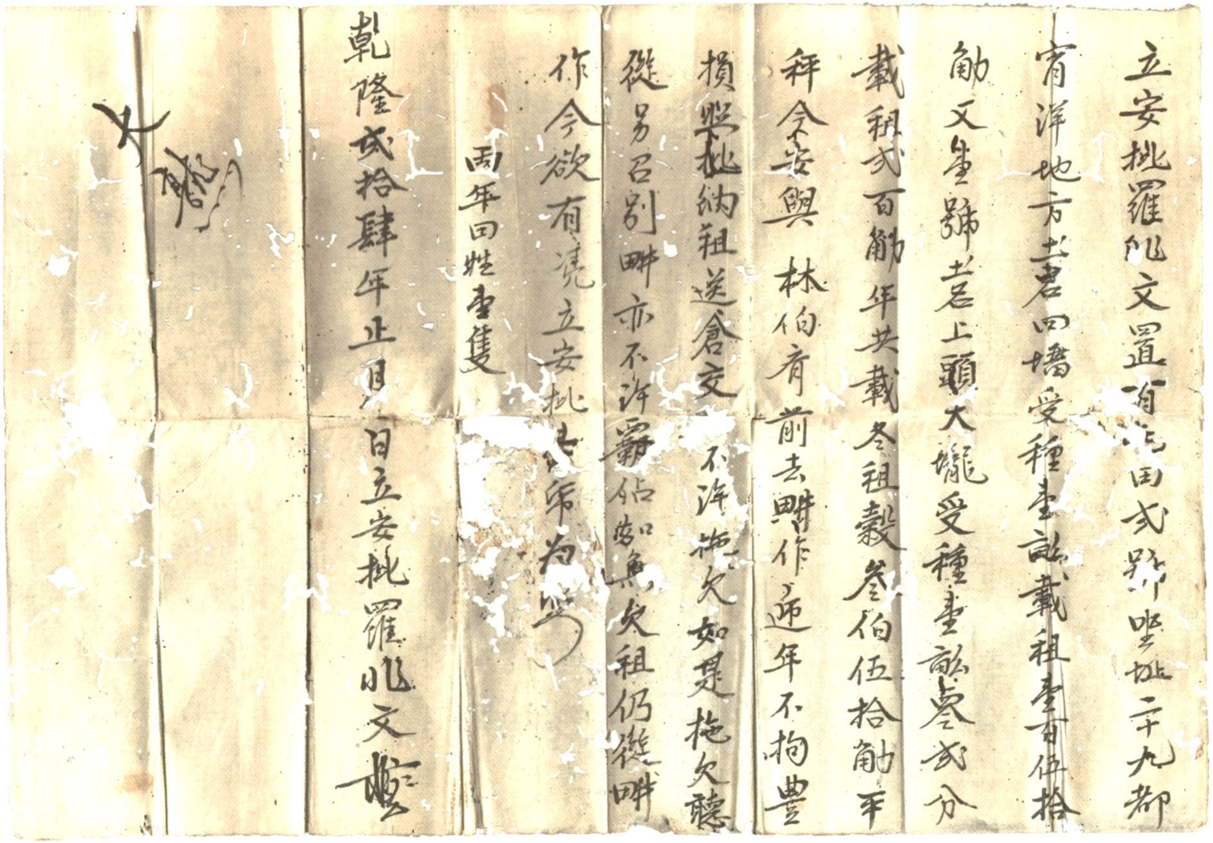

立安批羅兆文置有屯田弍號坐址二十九都
宵洋地方土名四墙受種壹畝載租壹百伍拾
觔又壹號土名上頭大壠受種壹畝叁弍分
載租弍百觔年共載叁租穀叁伯伍拾觔年
拜今安與　林伯有前去贌作逐年不拘豐
損照批納租送倉交不許拖欠如是拖欠聽
從另召別贌亦不許霸佔如無欠租仍從贌
作今欲有憑立安批壹紙爲照
兩年田牲壹隻
乾隆弍拾肆年正月　日立安批羅兆文（押）

7-2-29-15　清乾隆二十四年正月羅兆文立安批屯田字

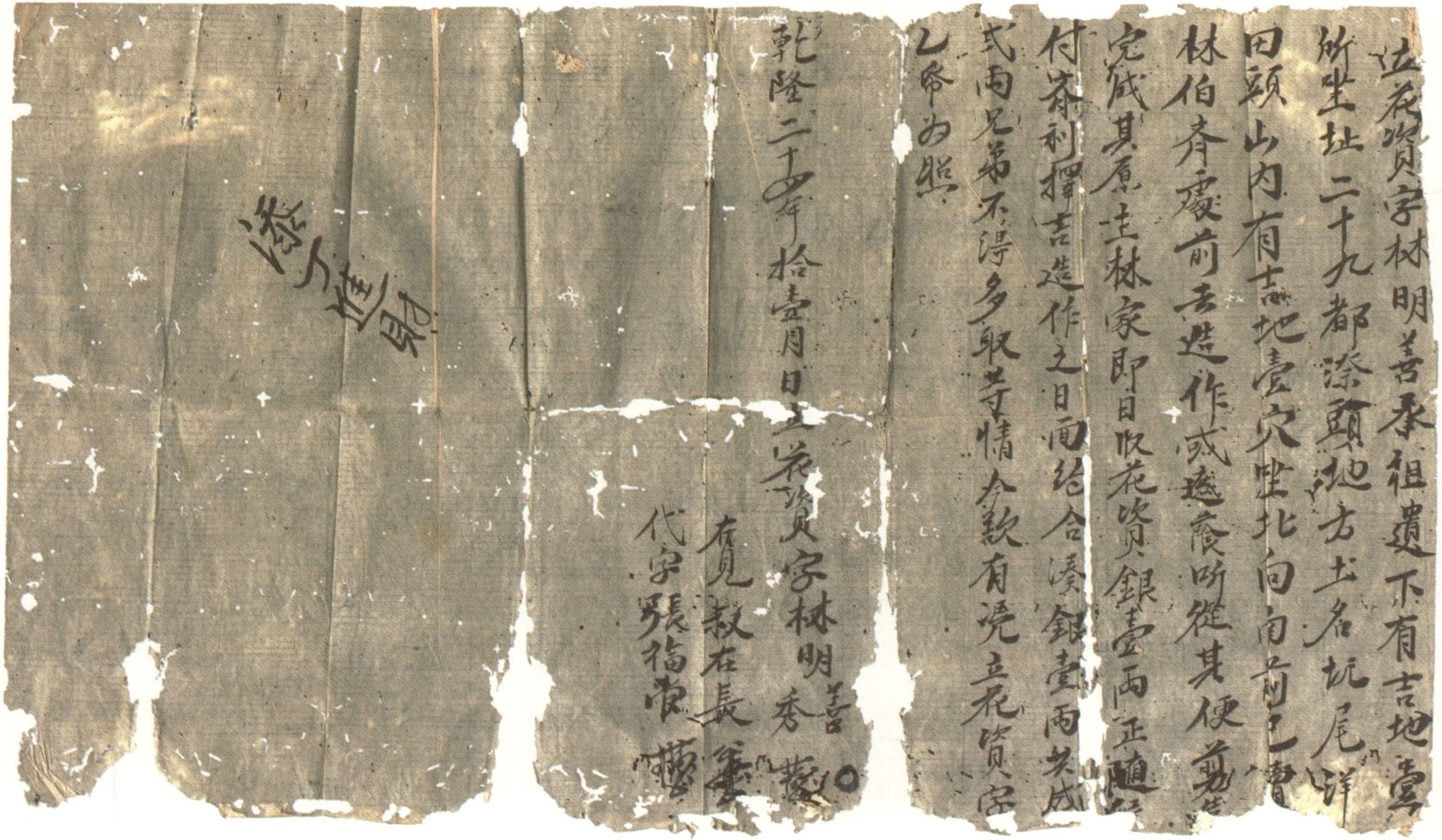

立花資字林明善承祖遺下有吉地壹
所坐址二十九都滃頭地方土名坑尾洋
田頭山内有吉地壹穴坐北向南前至曾
林伯齐處前去造作或遷葬聽從其便勤
完成其原主林家即日收花資銀壹両正隨
付辭利擇吉造作之日面約合溪銀壹両共成
弍両兄弟不得多取等情今欲有憑立花資字
乙紙為照
乾隆二十四年拾壹月　日立花資字林明善
秀
在見叔在長
代字張福敬

7-2-29-16　清乾隆二十四年十一月林明善等立花資字

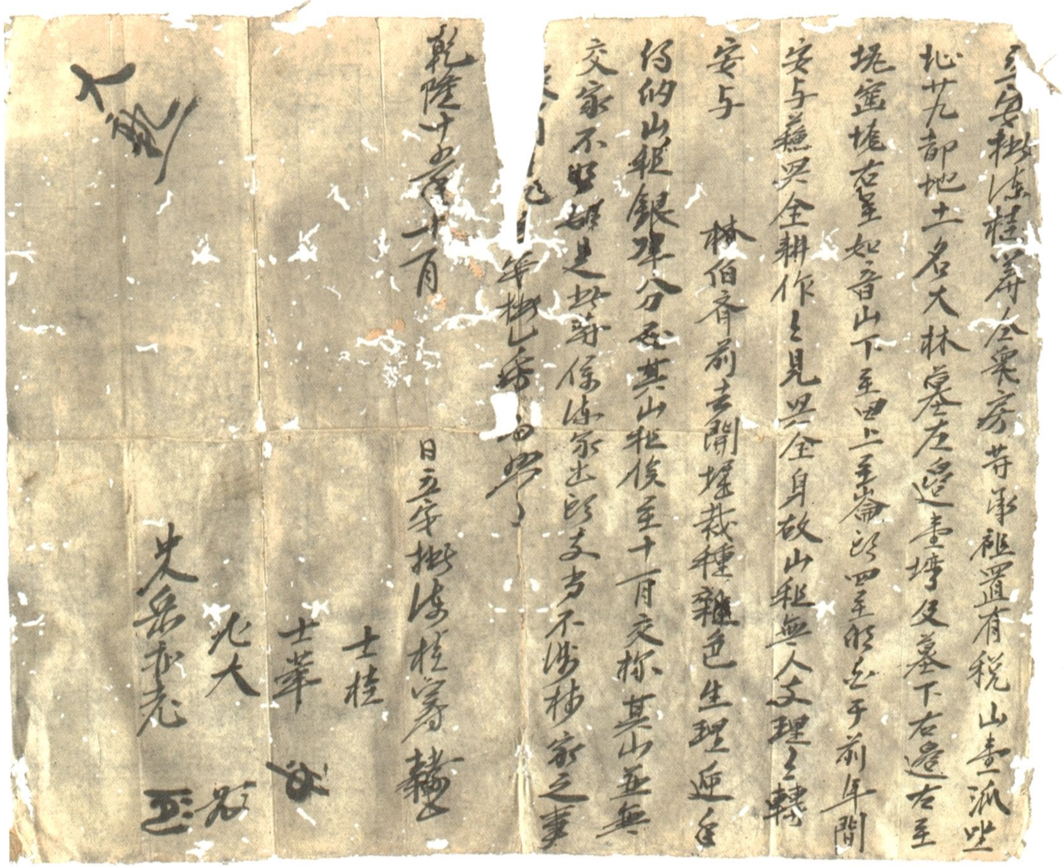
立安批陳桂籌仝衆房等承祖置有稅山壹派坐
址九都地土名大林墓左邊壹塆及墓下右邊右至
坭窟塆右至如音山下至田上至崙，四至明白。于前年間
安與魏男全耕作，今見男全身故，山租無人支理，今轉
安與林伯齊前去開墾栽種雜色生理，逐年
得納山租銀五分，其山租俟至十月交棕。其山並無
交家不明，如是等係陳家出頭支當，不涉林家之事。
[illegible]年批山字[illegible]
乾隆廿五年十一月　日立安批陳桂籌（押）
士桂
士華（押）
光大（押）
代筆　朱岳春（押）

7-2-29-17　清乾隆二十五年十一月陳桂籌等立安批稅山字

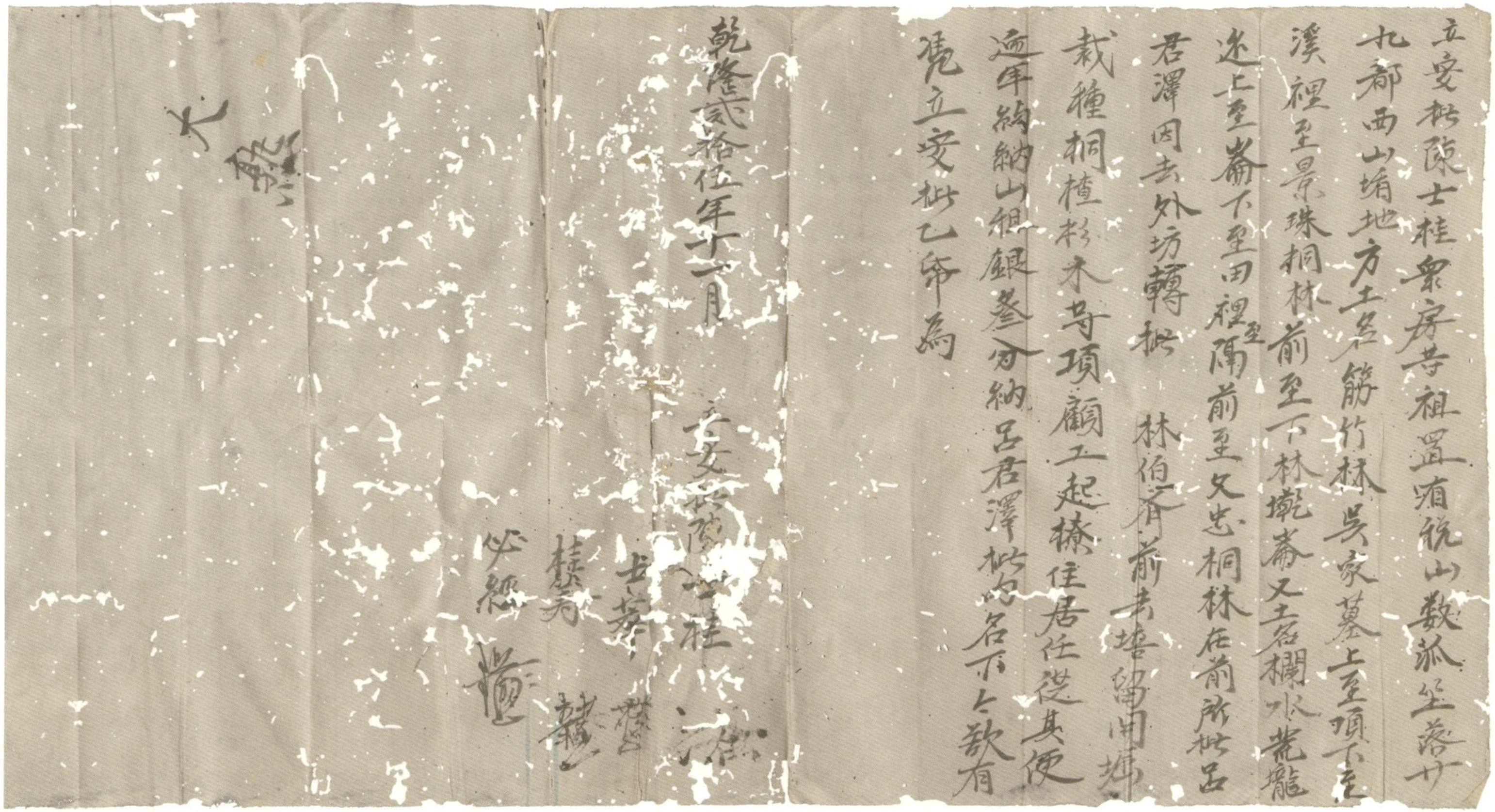
立安批陳士桂衆房等祖置有稅山數派坐落廿
九都西山墇地方土名簕竹林吳家墓上至頂下至
溪裡至景珠桐林前至下林嶺崙又土名欄水壠
迷上至崙下至田裡至隔前至又忠桐林在前所批呂
君澤因去外坊轉批 林伯育前去培留用墾
栽種桐植杉木等項顧工起椿住居任從其便
逐年納納山租銀叁分納呂君澤批內名下之款有
憑立安批乙帋為

乾隆貳拾伍年十一月 立安批陳士桂
士芳
桂芳
必經

大熟

7-2-29-18　清乾隆二十五年十一月陳士桂等立安批稅山字

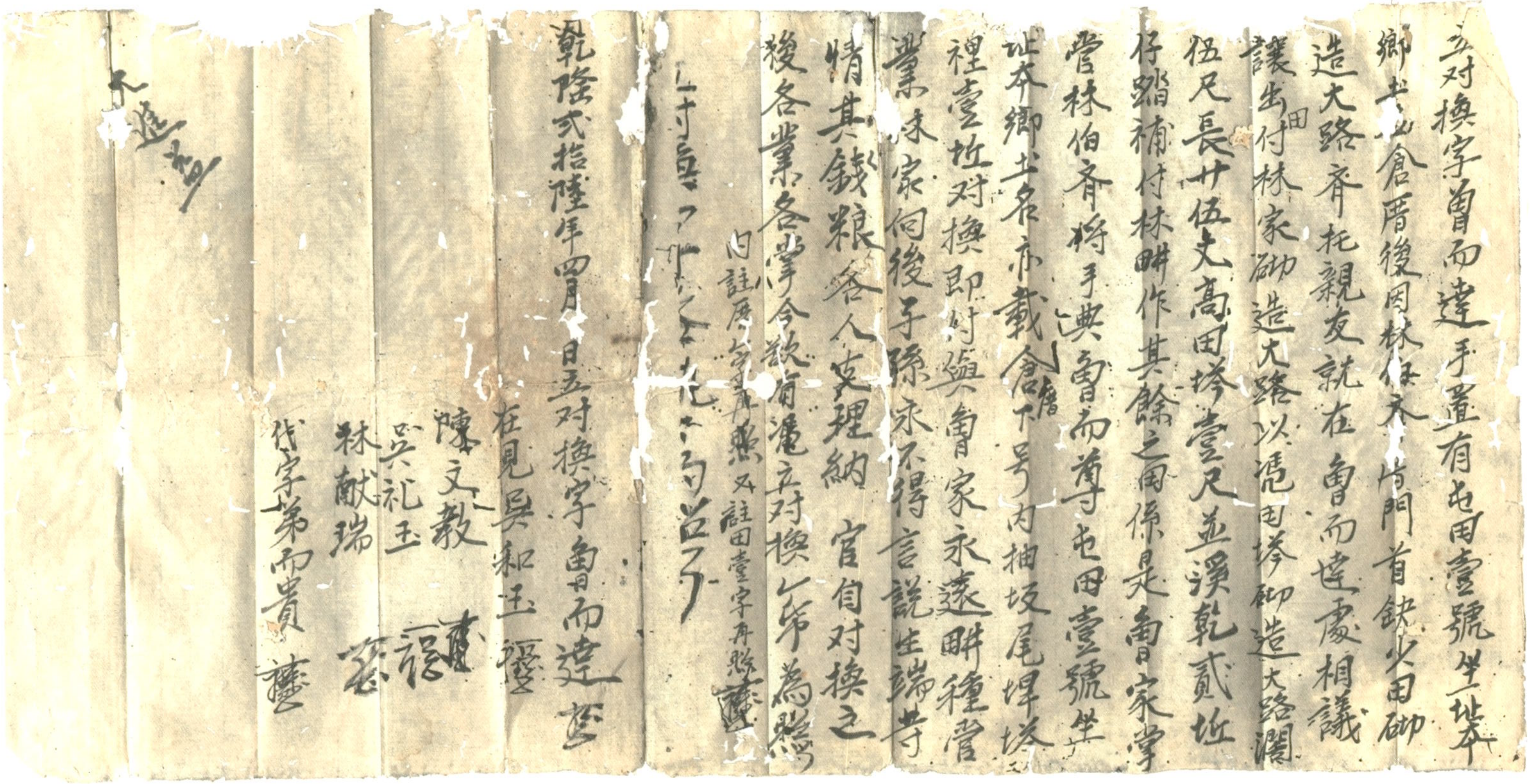
立对換字曾而達，手置有屯田壹號，坐址本
鄉土名倉厝後，因林任天門首缺少田砌
造大路，齊托親友就在曾而達處相議，
議出田付林家砌造大路，以憑田塝砌造大路闊
伍尺，長廿伍丈，高田塝壹尺並溪乾貳丘
仔貼補付林畊作，其餘之田係是曾家掌
管。林伯齊將手典曾而尊屯田壹號，坐
址本鄉土名亦載倉厝下号內，抽坡尾塅塝
裡壹丘对換，即付與曾家永遠畊種管
業。[illegible]宗向後子孫永不得言說生端，其
情其錢粮各人支理納官，自对換之
後各業各掌，今欲有憑，立对換一紙為照。
內註厝字壹个再照，又註田壹字再照。
[illegible]
乾隆貳拾陸年四月　日立对換字曾而達（押）
在見吳和玉（押）
陳文毅（押）
吳礼玉（押）
林獻瑞（押）
代字弟而貴（押）
[illegible]

7-2-29-19　清乾隆二十六年四月曾而達立對換屯田字

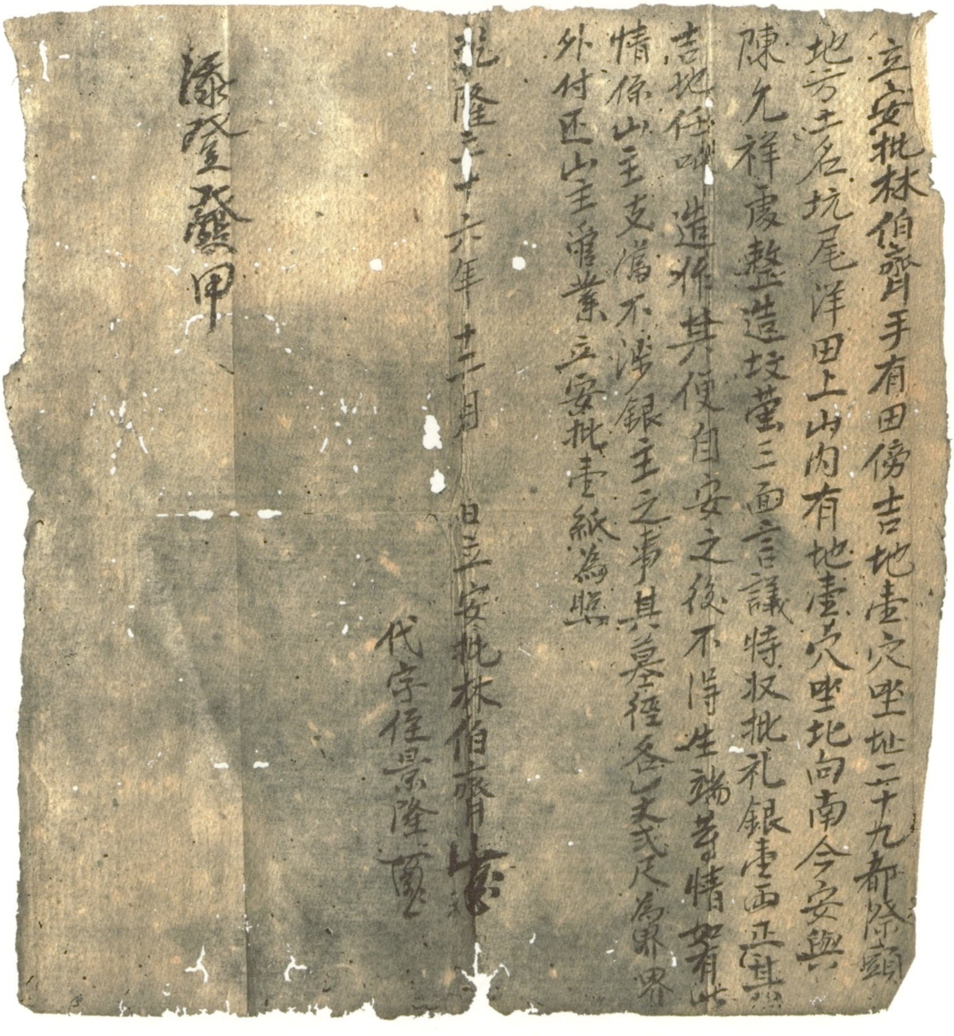
立安批林伯齊手有田傍吉地壹穴坐址二十九都除頭
地方土名坑尾洋田上山內有地壹穴坐北向南今安與
陳允祥處整造坟塋三面言議特收批礼銀壹两正其
吉地任喚造作其便自安之後不得生端等情如有此
情係山主支當不涉銀主之事其墓經各四丈弍尺為界界
外付還山主管業立安批壹紙為照
乾隆二十六年十二月 日立安批林伯齊
代字侄景隆
添笠叄甲

7-2-29-20 清乾隆二十六年十二月林伯齊立安批吉地字

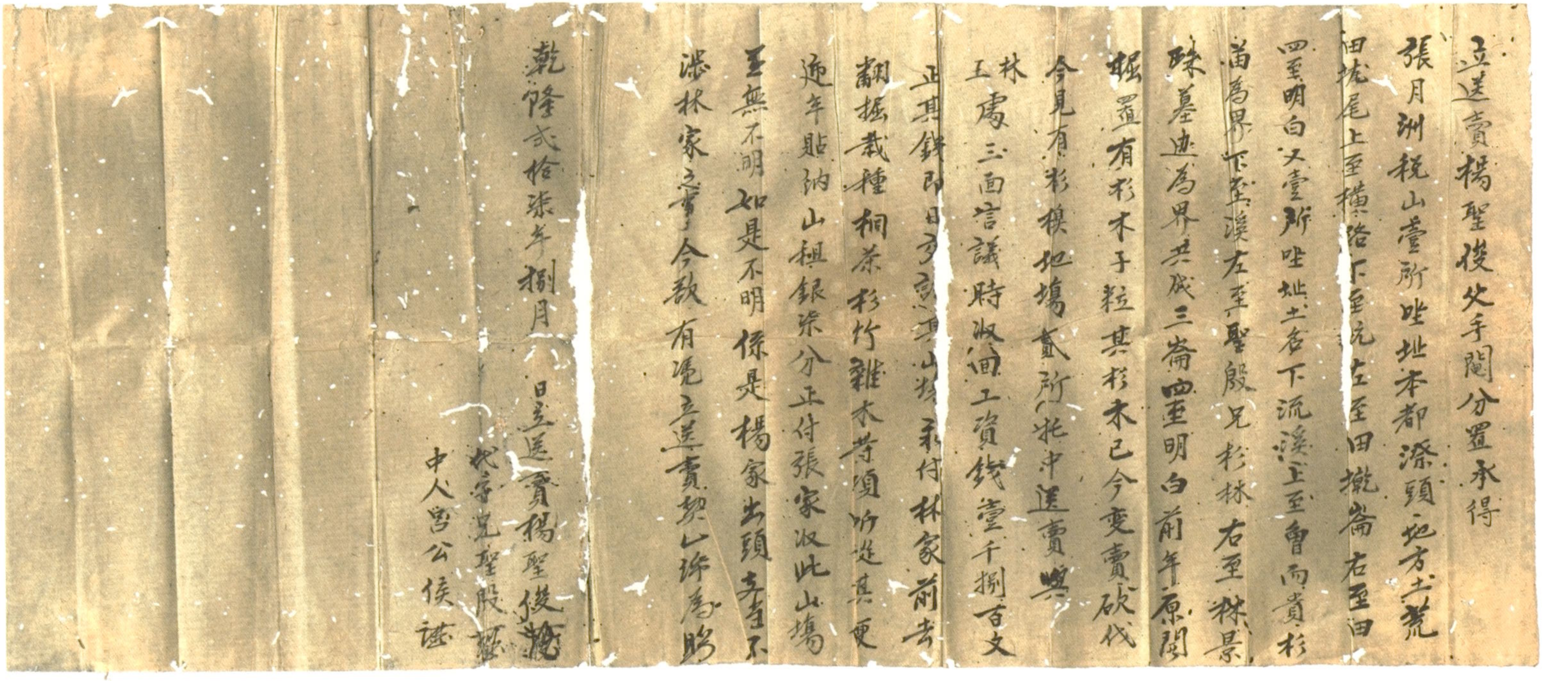
立送賣楊聖俊父手閹分置承得
張月洲稅山壹所坐址本都漈頭地方土荒
田垅尾上至横路下至坑左至田墘崙右至田
四至明白又壹所坐址土名下流溪上至曾而貴杉
苗為界下至溪左至聖殷兄杉林右至林景
珠墓邊為界共成三崙四至明白前年原閹
掘置有杉木子粒其杉木已今變賣砍伐
今見有杉模地場貳所托中送賣與
林玉處三面言議時價工資錢壹千捌百文
正其錢即日交訖其山場私付林家前去
翻掘栽種桐茶杉竹雜木等項所進其更
遞年貼納山租銀柒分正付張家收此山場
至無不明如是不明係是楊家出頭支當不
涉林家之事今欲有憑立送賣契山據為照
乾隆貳拾柒年捌月　日立送賣楊聖俊（押）
代字兄聖殷（押）
中人曾公侯證

7-2-29-21　清乾隆二十七年八月楊聖俊立送賣稅山契

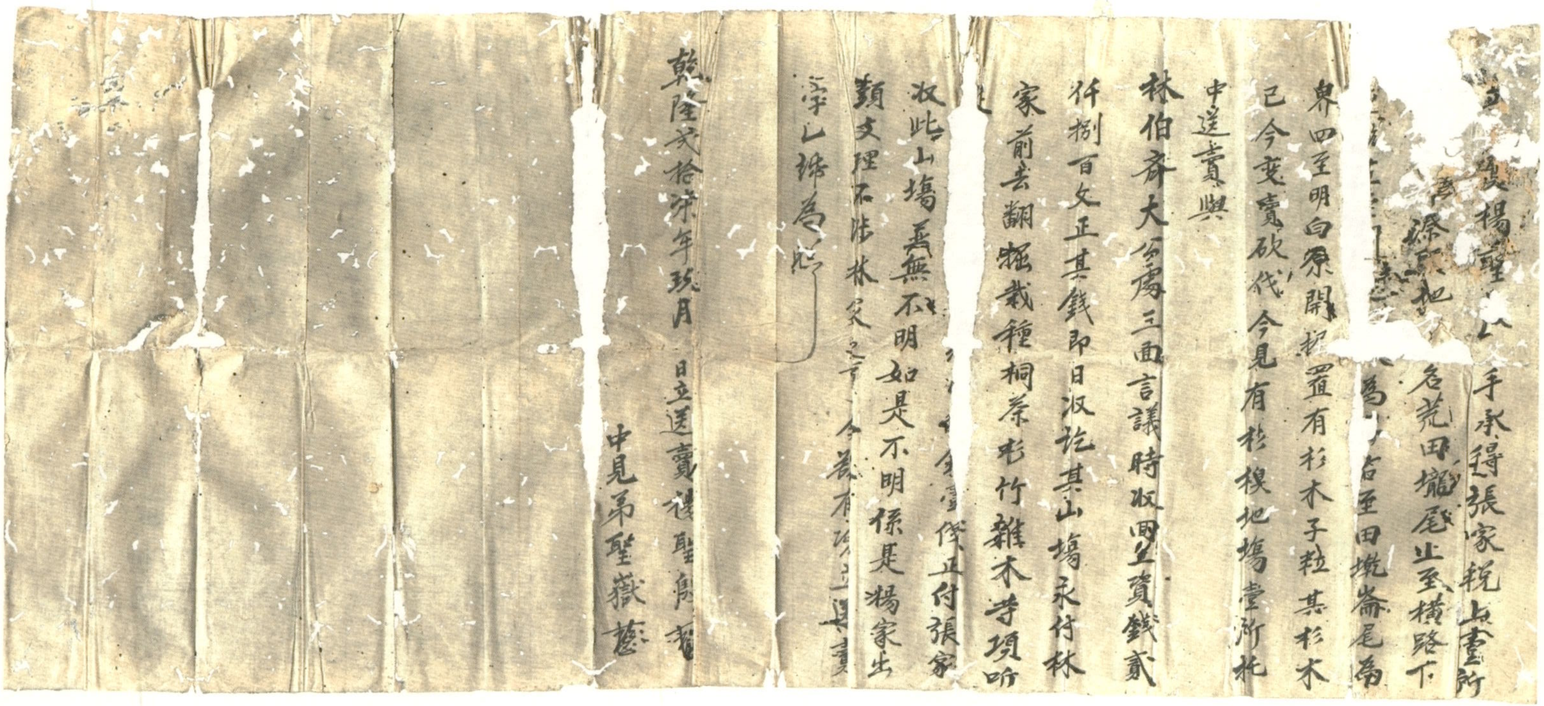

[illegible]楊聖[illegible]手承得張家稅山壹所
[illegible]添[illegible]地名荒田壠尾止至橫路下
[illegible]爲[illegible]右至田塅崙尾爲
界四至明白[illegible]置有杉木子粒其杉木
已今斐賣砍伐今見有杉樣地塲壹所托
中送賣與
林伯齊大公處三面言議時價[illegible]足貢錢貳
仟捌百文正其錢即日收訖其山塲永付林
家前去翻掘栽種桐茶杉竹雜木等項所
收此山塲并無不明如是不明係是楊家出
頭支理不涉林家之事今欲有憑立送賣
字山契爲炤
乾隆貳拾柒年玖月　日立送賣稅聖殷
中見弟聖嶽

7-2-29-22　清乾隆二十七年九月楊聖殷立送賣稅山契

立安批張福士值伻祖遺下有税山坐落廿九都佳
洋地坊土名棋盤石隔下座北向南有吉地壹穴
凴中安與 陳寶旁處前去埋葬親柩擇
吉砌造墳墓任從其便，四圍墳禁外各貳丈付
陳親培蔭樹木遮蔭風水，即日時收花彩銀俱
收明白。自安之後，并無阻硬等情，如有此情，係張
家出頭支當，不涉陳家之事。今欲有憑，立安批
一紙為照。

乾隆貳拾捌年拾壹月 日立安批張福士（押）

中見 㛰大翁林向寶（押）

大進（押）

7-2-29-23 清乾隆二十八年十一月張福士立安批吉地字

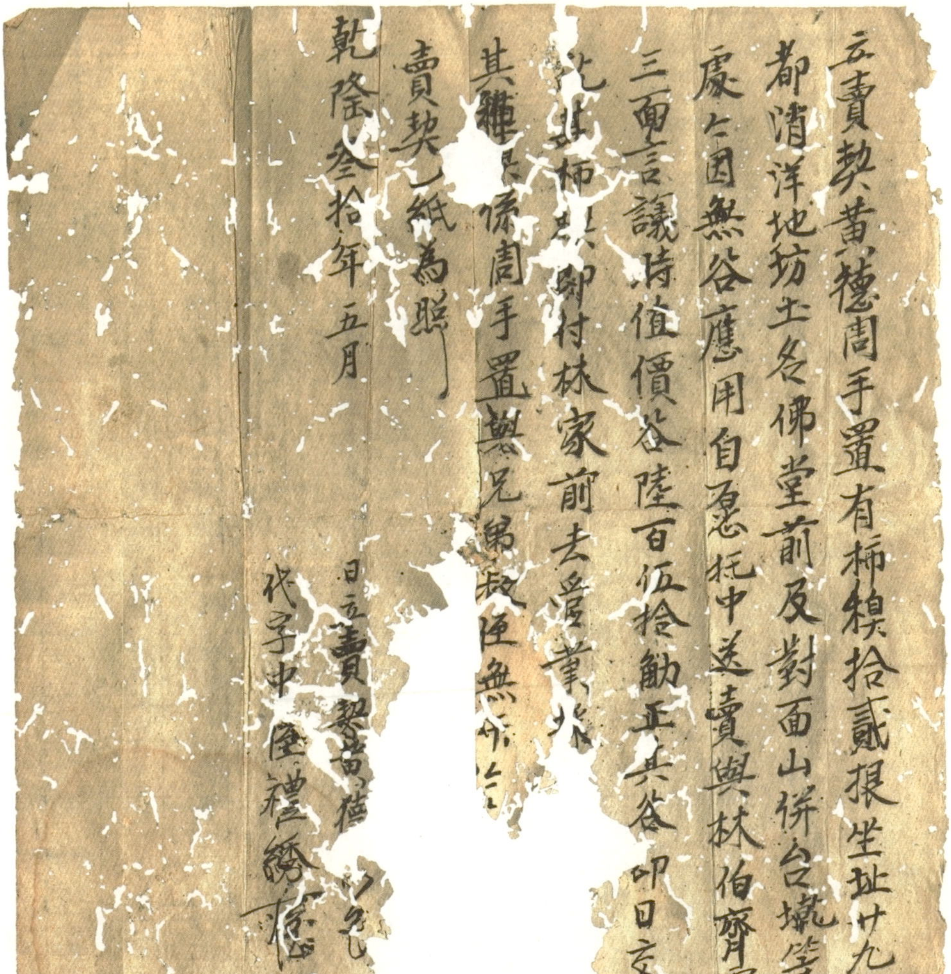

立賣契黄德周手置有柿樸拾貳根坐址廿九
都清洋地坊土名佛堂前及對面山併台墘等
處今因無谷應用自愿托中送賣與林伯齊處
三面言議時值價谷陸百伍拾觔正其谷即日交
訖其柿樸即付林家前去管業此
其樸係周手置與兄弟叔侄無干今
賣契一紙為照
乾隆叁拾年五月 日立賣契黄德周（押）
代字中侄禮綬（押）

7-2-29-24　清乾隆三十年五月黄德周立賣柿樸契

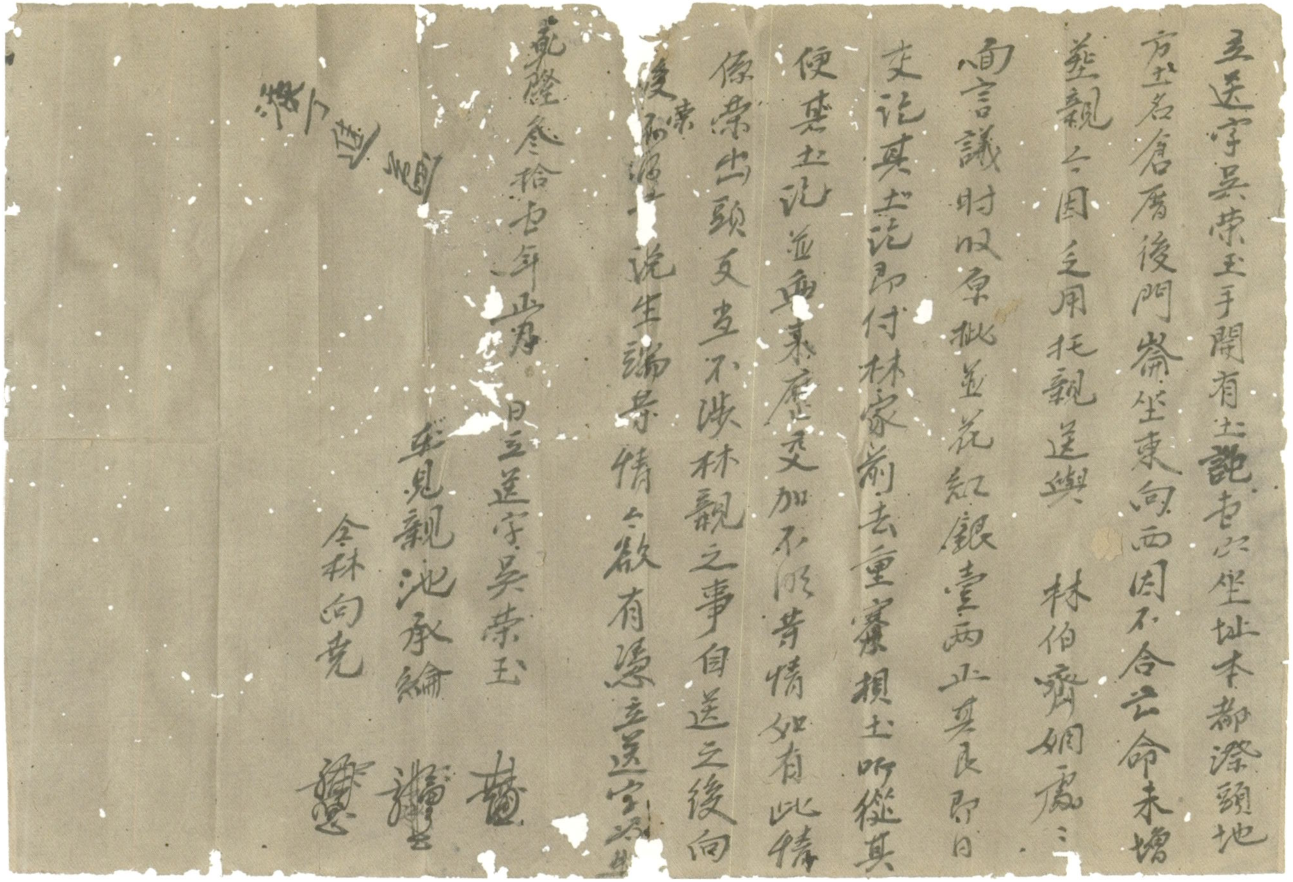
立送字吳荣玉手開有土誌壹穴坐址本都漈頭地
方土名倉厝後門崙坐東向西因不合亡命未增
並親々因乏用托親送與 林伯齊姻處〻
面言議时收草批並花紅銀壹兩正其艮即日
交訖其土誌即付林家前去重[葬]損土听從其
便其土誌並無來歷交加不明等情如有此情
係荣出頭支当不涉林親之事自送之後向
後荣[兩]理〻說生端等情〻欲有憑立送字為照
乾隆叁拾壹年正月 日立送字吳荣玉
在見親池承綸
仝林向克

7-2-29-25 清乾隆三十一年正月吳荣玉立送土記字

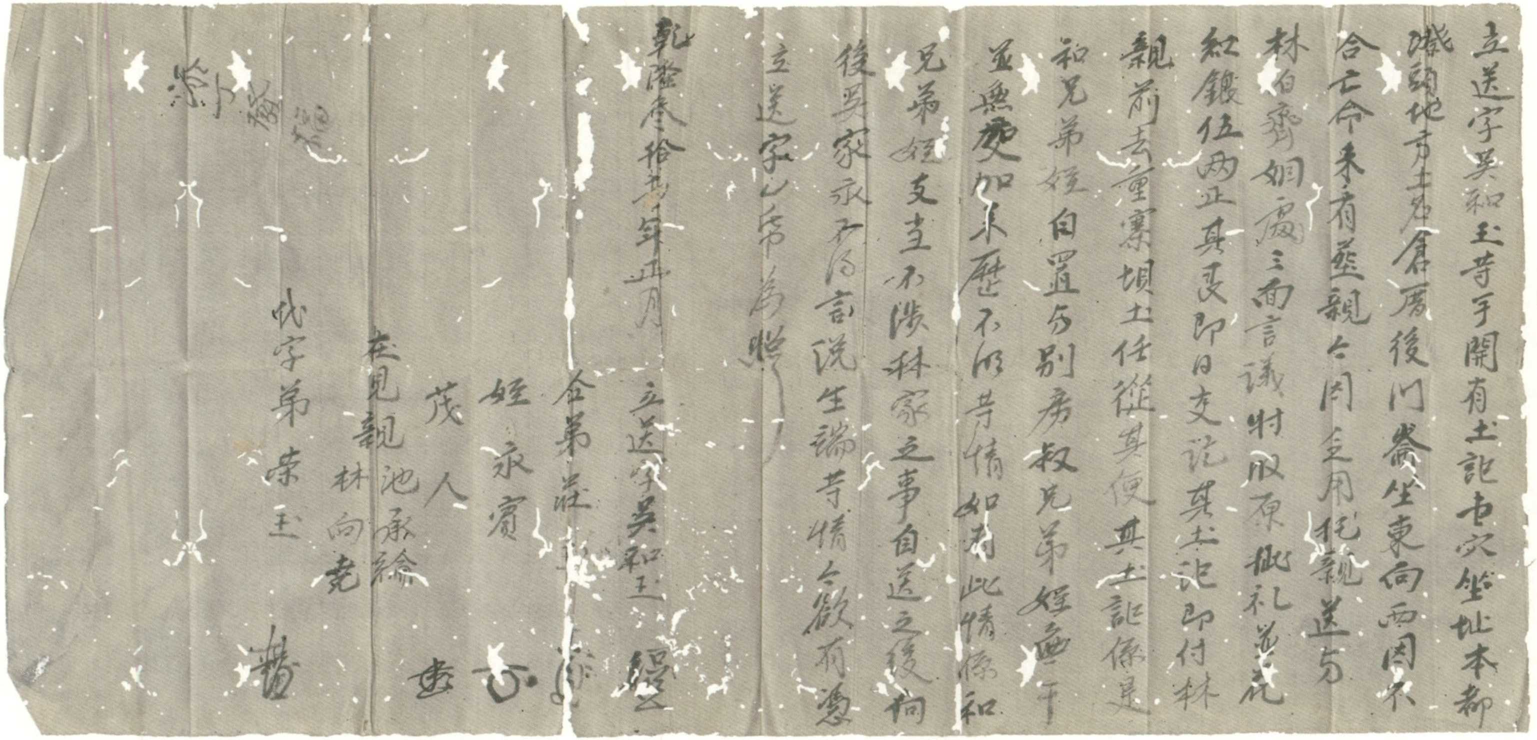

立送字吴和玉等手開有土記壹穴坐址本都
𡶶頭地方土名倉房後门嶺坐東向西因不
合亡父未有葬親今因乏用托親送与
林白鄭姻處三面言議時取原批礼並花
紅銀伍两正其艮即日交訖其土記即付林
親前去重塞填土任從其便其土記係是
和兄弟姪自置分別房叔兄弟姪無干
並無加找不明等情如有此情係和
兄弟姪支当不涉林家之事自送之後向
後吴家永不得言說生端等情今欲有憑
立送字一帋為照

乾隆叁拾壹年正月　立送字吴和玉
仝弟　荘玉
姪　永賓
茂　人
在見親　池承綸
林向尭
代字弟　崇玉

7-2-29-26　清乾隆三十一年正月吴和玉等立送土記字

立送字吴莊玉等手開有土記壹所，坐
址本都漈頭地方，土名倉厝後門崙，坐
東向西，因不合土命，未增壟，親合同之用，
托親送與　林伯齊姻處，三面言
議，時收原挑並花紅銀貳兩正，其銀即
日交訖，其土記即付林家前去重塞坟
土，聽從其便。其土記並無來歷交加不
明等情，如有此情，係莊出頭支当，不
涉林親之事。自送之後，向後吴家不敢
言說生端等情。今欲有憑，立送字爲照。

乾隆卅一年二月　日立送字吴莊玉

仝侄　求貴

在見親　池秉綸

仝見　呂有堯

7-2-29-27　清乾隆三十一年二月吴莊玉等立送土記字

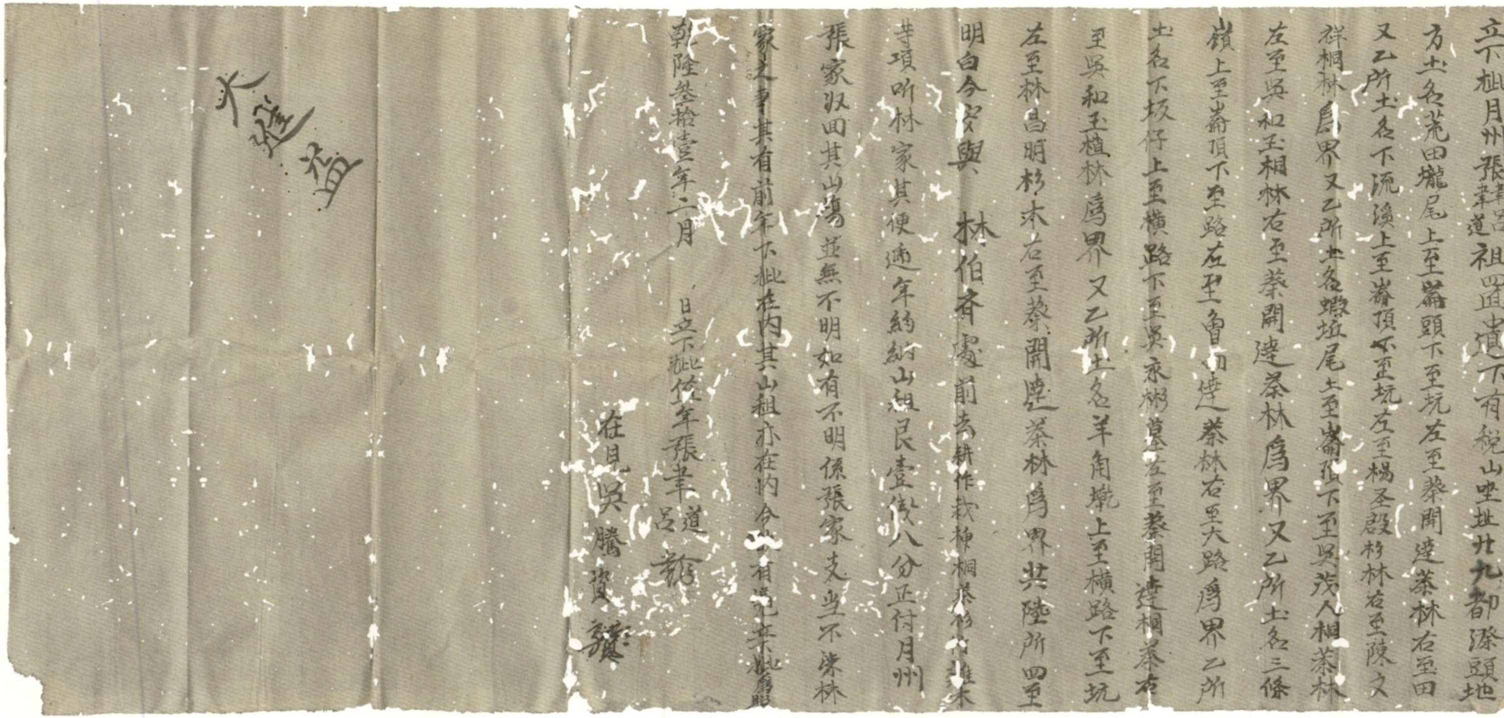

立下批月州張聿呂 聿道祖置遺下有稅山坐址廿九都漈頭地
方土名荒田壠尾上至簾頭下至坑左至蔡開達茶林右至田
又乙所土名下流漈上至嶺頂下至坑左至楊丕啟杉林右至陳文
祥桐林爲界又乙所土名蠔垃尾上至嶺頂下至吳茂八桐茶林
左至吳和至相林右至蔡開達茶林爲界又乙所土名三條
嶺上至嶺頂下至路左至曾□達茶林右至大路爲界乙所
土名下坂仔上至橫路下至吳永彬墓左至蔡開達桐茶右
至吳和至植林爲界又乙所土名羊角壠上至橫路下至坑
左至林昌明杉木右至蔡開塍茶林爲界共陸所四至
明白今安與 林伯斉處前去耕作栽种桐茶杉木雜木
等項所林家其便逓年納山租艮壹錢八分正付月州
張家収回其山場並無不明如有不明係張家支当不涉林
家之事其有前年下批在內其山租亦在內合□有憑立下批爲照
乾隆叁拾壹年二月 日立下批人張聿呂 聿道 號
在見 吳騰貴 號
大進道

7-2-29-28 清乾隆三十一年二月張聿呂等立下批稅山字

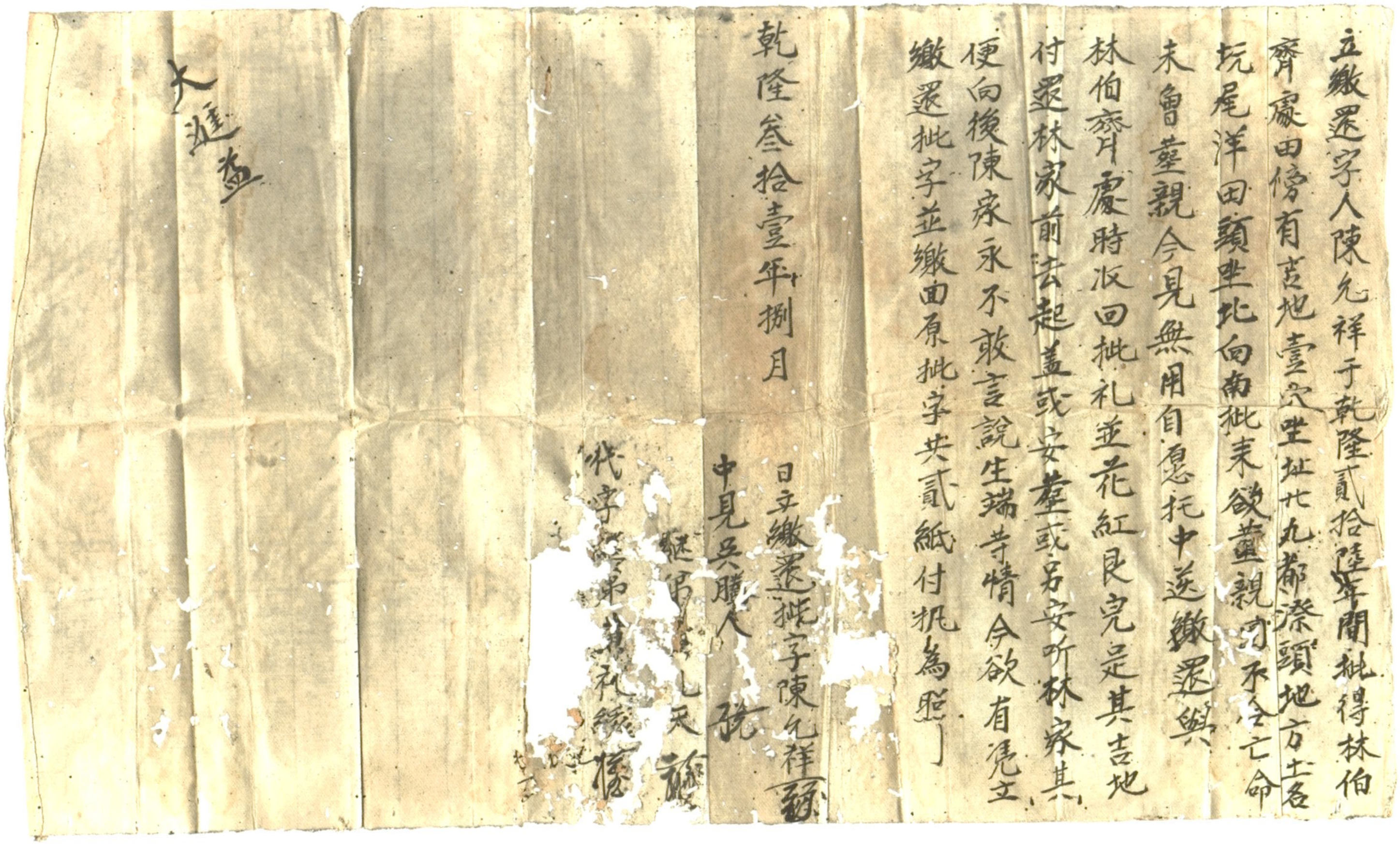

立繳還字人陳允祥于乾隆貳拾陸年間批得林伯
齊處田傍有吉地壹穴坐址廿九都漈頭地方土名
坑尾洋田頭坐北向南批來欲葬親可不合亡命
未曾葬親今見無用自愿托中送繳還與
林伯齊處時收回批礼並花紅艮完足其吉地
付還林家前去起蓋或安葬或另安听林家其
便向後陳家永不敢言說生端等情今欲有凭立
繳還批字並繳田原批字共貳紙付執為照

乾隆叁拾壹年捌月　日立繳還批字陳允祥（押）

中見吳騰人（押）

繼[illegible]七天（押）

代字[illegible]弟[illegible]礼錄（押）

大進查

7-2-29-29　清乾隆三十一年八月陳允祥立繳還吉地字

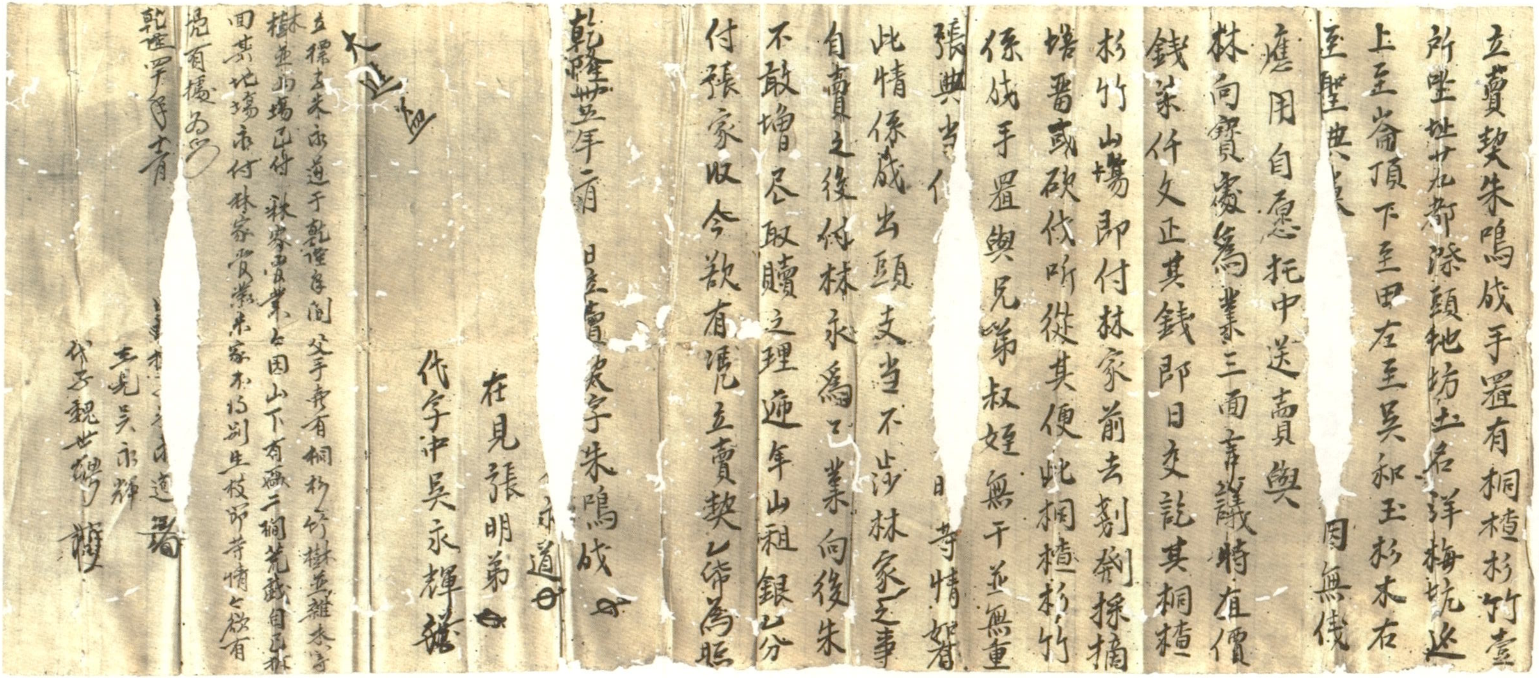

7-2-29-30　清乾隆三十五年二月朱鳴成立賣桐楂杉竹契

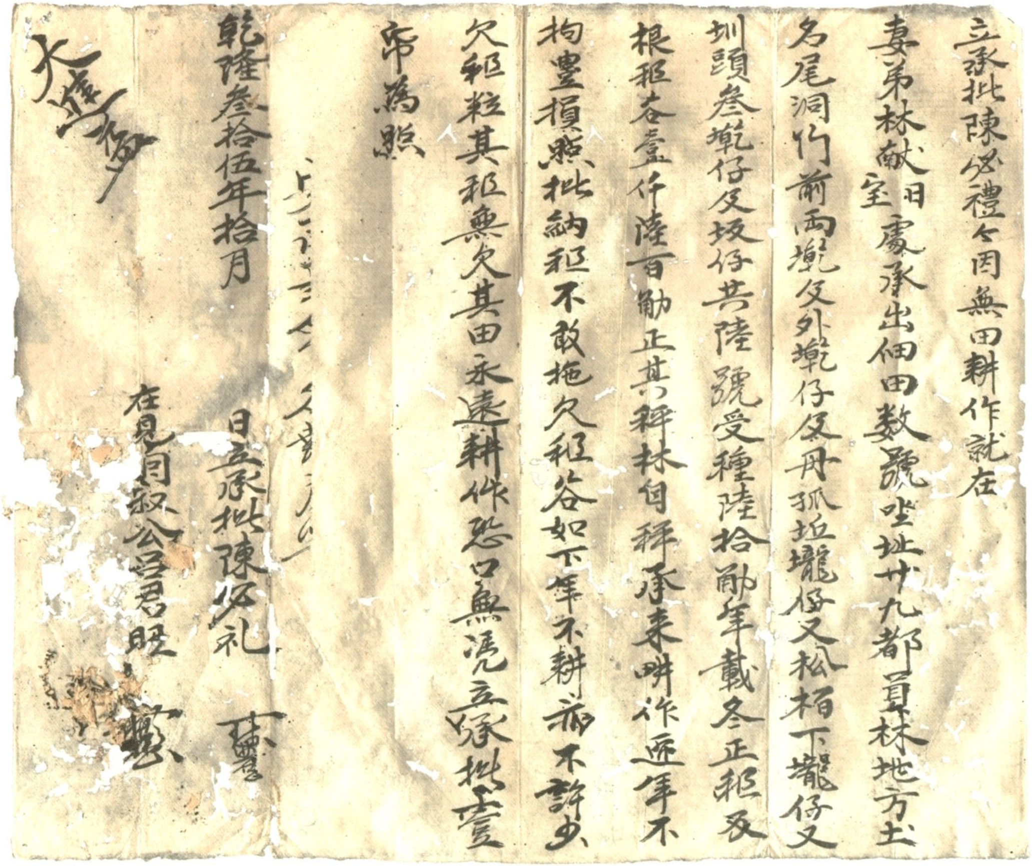
立承批陳必禮今因無田耕作就在
妻弟林献日室處承出佃田數號坐址廿九都首林地方土
名尾洞竹前兩墘及外墘仔及舟抓垃壠仔又松栢下壠仔又
圳頭叁墘仔及坂仔共陸號受種陸拾觔年載冬正租叁
根租谷壹仟陸百觔正其秤林自秤承耕時作逐年不
拘豐損照批納租不敢拖欠租谷如下年不耕亦不許少
欠租粒其租無欠其田永遠耕作恐口無憑立承批壹
帋為照
乾隆叁拾伍年拾月 日立承批陳必礼
在見同叔公昌君照

7-2-29-31 清乾隆三十五年十月陳必禮立承批佃田字

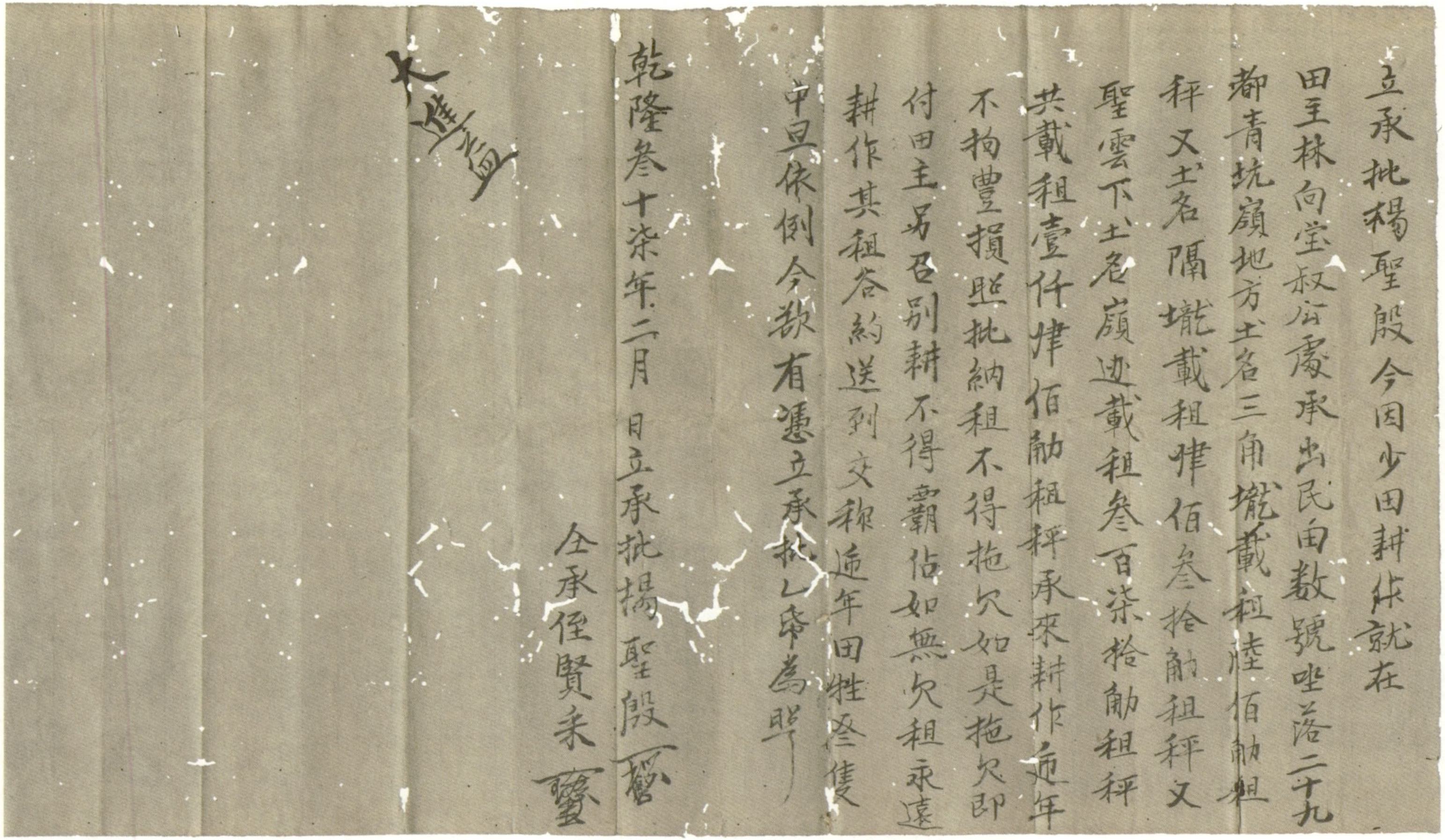

立承批楊聖殷今因少田耕作就在
田主林向堂叔公處承出民田數號坐落二十九
都青坑嶺地方土名三角墘載租陸佰觔租
秤又土名隔墘載租肆佰叁拾觔租秤又
聖雲下土名嶺边載租叁百柒拾觔租秤
共載租壹仟肆佰觔租秤承來耕作逐年
不拘豐歉照批納租不得拖欠如是拖欠即
付田主另召別耕不得霸佔如無欠租永遠
耕作其租谷約送到交秤逐年田牲叁隻
中见依例今欲有憑立承批一帋為照
乾隆叁拾柒年二月　日立承批楊聖殷（押）
仝承侄賢禾（押）
大進宜

7-2-29-32　清乾隆三十七年二月楊聖殷等立承批民田字

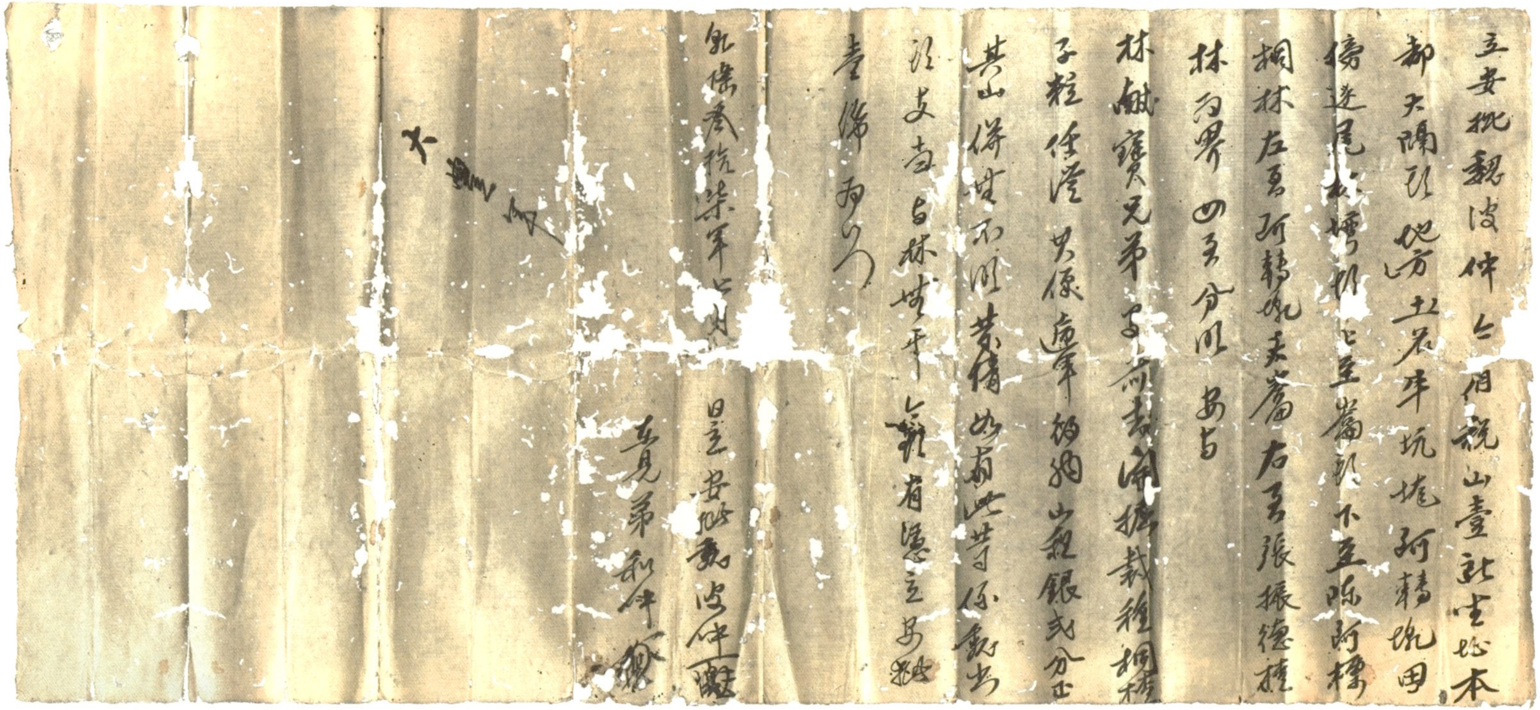
立安批魏波仲，今有税山壹趾，坐址本
都大隔路地方，土名牛坑墘，前横垅田
傍透尾林坪直上至嵩頂，下至际前横
墈林，左至前横垅夹窠，右至張振德横
林為界，四至分明，安与
林献寶兄弟子孫前去開撥栽種桐樹
子粒任從收管，其價銀約山税銀弍分正。
其山係皆不明，倘有此等係欽出
頭支当，与林无干。今欲有憑，立安批
壹紙為照。
乾隆叁拾柒年七月　日立安批人魏波仲（押）
在見弟利仲（押）

7-2-29-33　清乾隆三十七年七月魏波仲立安批税山字

立賣契黃德周，今有柿模並杉
木山底壹址，[illegible]此柿模
前年賣與林獻寶家，其根數計
登載原契內分明。今因乏用，自
情愿將柿模並置杉木二所，土名後
陽[illegible]
再向與林家三面言議，時值價錢肆
仟文，其錢即日收訖，其杉木時[illegible]
守顧[illegible]至九月[illegible]
付林家前去[illegible]
說[illegible]欲有憑，立賣契山紙[illegible]
乾隆肆拾年伍月 日立賣契黃德周
代字中見侄礼秀

立[illegible]
林家借出錢本叁仟陸百文，言約每千每
月加利叁拾等，後至八月備錢送還，不敢
少欠。立字為照。
乾隆四十年五月 日立借字黃德周
代字保認侄礼秀

7-2-29-34 清乾隆四十年五月黃德周立賣柿模並杉木山底契

7-2-29-35 清乾隆四十年十二月朱聖籌等立安批山場字

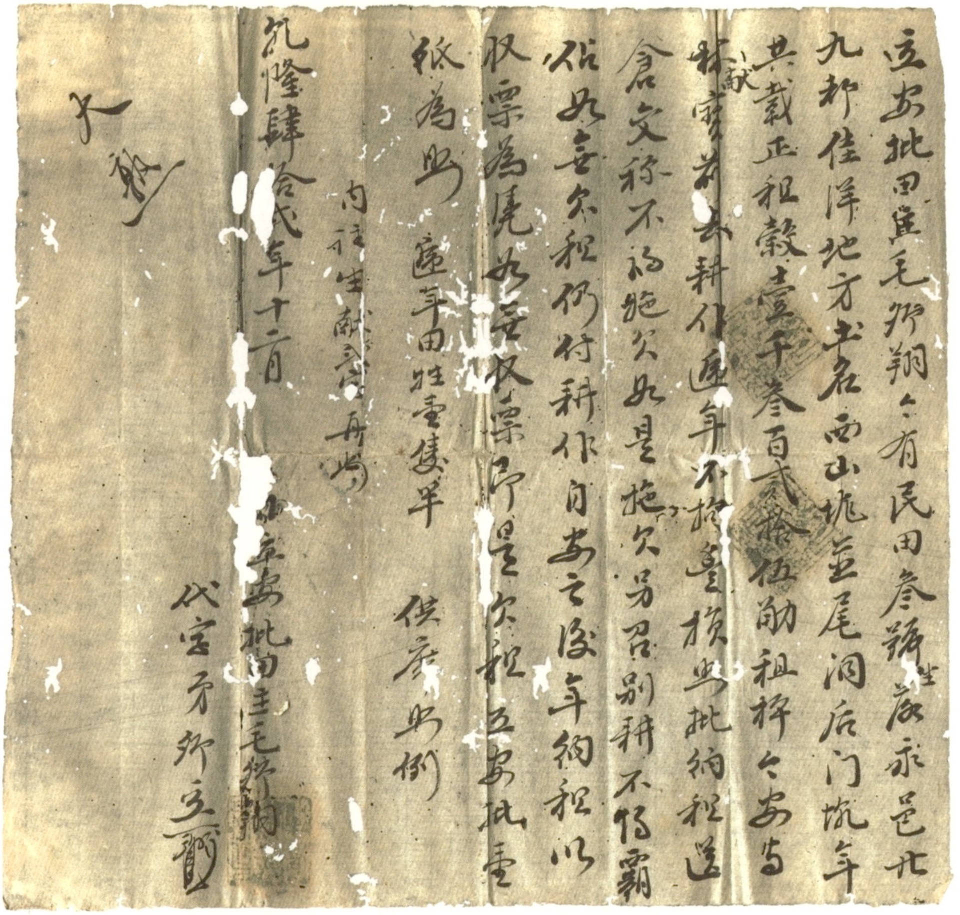

立安批田主毛卿翔今有民田叁號坐落永邑北
九都佳洋地方土名西山坑並尾洞后门坑等
共載正租穀壹千叁百貳拾伍觔祖梓今安当
林献寧前去耕作逐年不拖[illegible]照此批納租送
倉交称不得拖欠如是拖欠另召别耕不得霸
佔如要欠租仍付耕作自安之後年納租以
收票為凭如要收票即是欠租立安批壹
紙為照 逐年田牲壹隻半 供庄出例
内註生献二字再照
乾隆肆拾貳年十二月 日立安批田主毛卿翔
代字牙卿 立
不[illegible]

7-2-29-36　清乾隆四十二年十二月毛卿翔立安批民田字

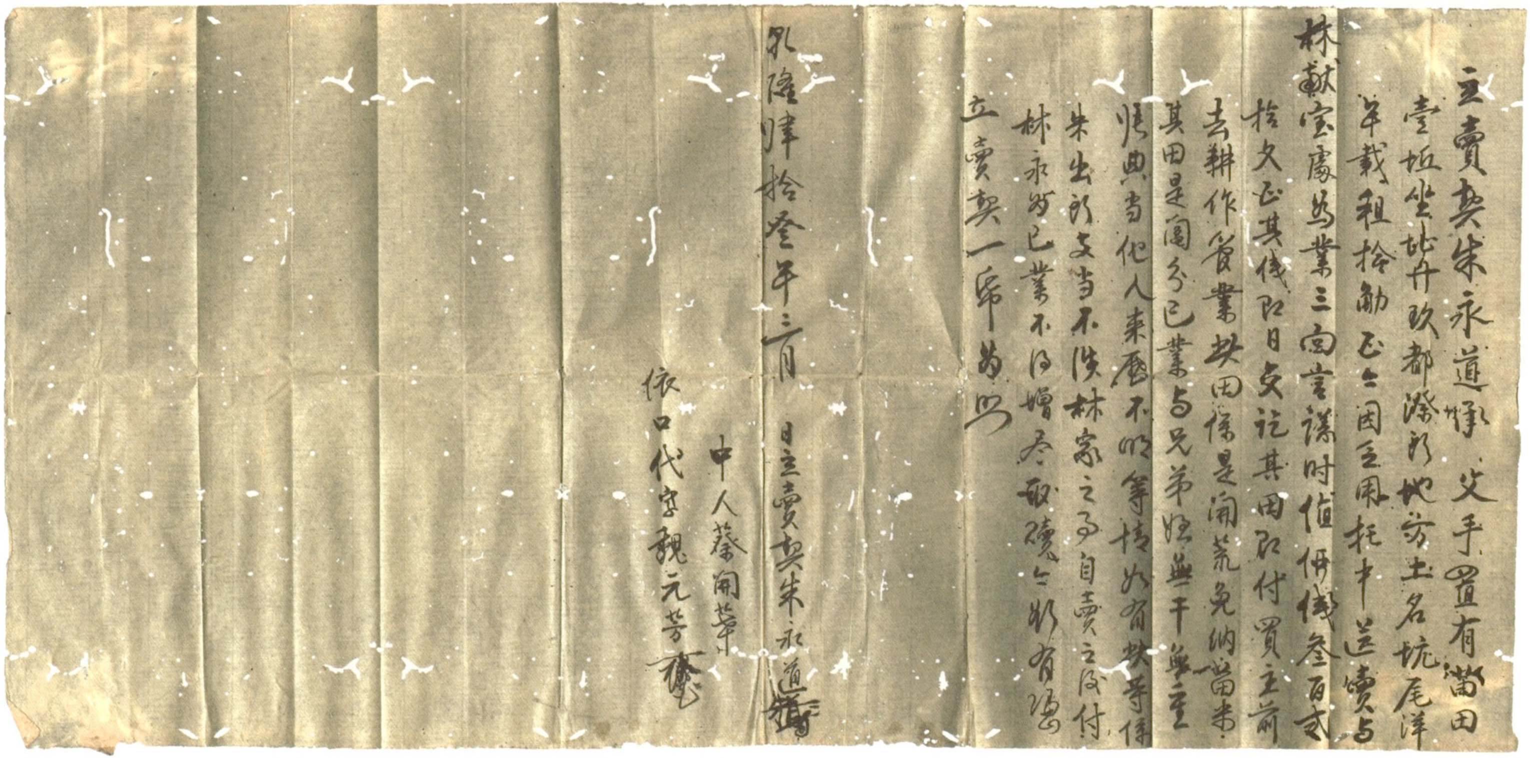

立賣契朱永道，承父手置有苗田壹坵，坐址廿玖都溪邊地方，土名坑尾洋，年載租拾觔正。今因乏用，托中送賣與林獻宗處為業，三面言議時值價錢叁百文正。其錢即日交訖，其田即付買主前去耕作管業。此田係是開荒，免納苗米。其田是闔分己業，與兄弟姪無干，並無重張典當他人來歷不明等情，如有此等情，朱出頭支當，不涉林家之事。自賣之後，付林永為己業，不得增找取贖。今欲有憑，立賣契一紙為照。

乾隆肆拾叁年三月　日立賣契朱永道（押）

中人　蔡開華（押）

依口代字　魏元芳（押）

7-2-29-37　清乾隆四十三年三月朱永道立賣苗田契

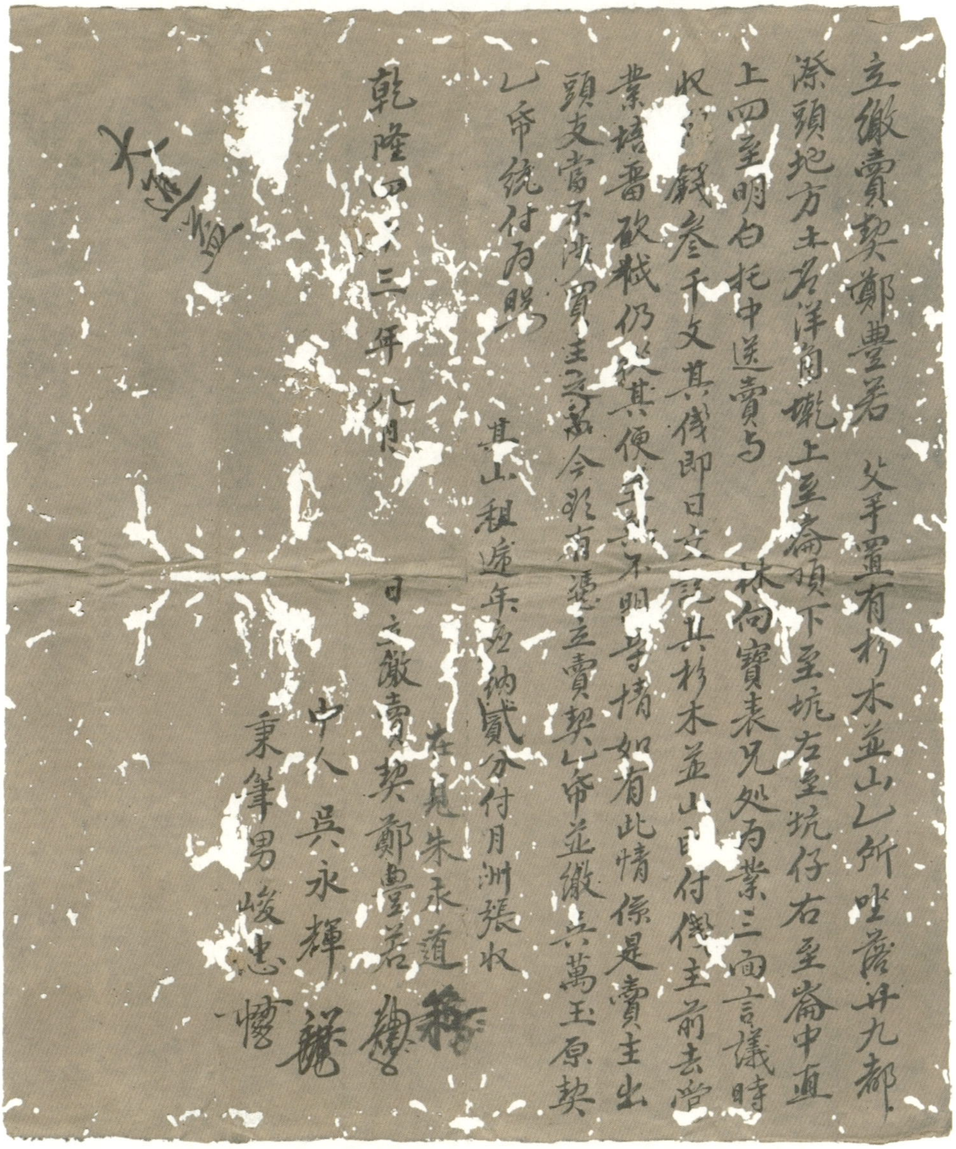

立繳賣契鄭豊若　父手置有杉木並山乙所坐落廿九都
湖頭地方土名洋角壠上至崙頂下至坑右至坑仔右至崙中直
上四至明白托中送賣与　林向寶表兄処爲業三面言議時
收得錢叁千文其錢即日交訖其杉木並山聽付買主前去管
業培番砍伐仍從其便不得異言不明等情如有此情係是賣主出
頭支當不涉買主之事今欲有憑立賣契山帋並繳共萬玉原契
山帋繳付爲照　其山租逐年應納貳分付月洲張收
乾隆四十三年八月　日立繳賣契鄭豊若
在見朱永道
中人吳永輝
秉筆男峻忠

7-2-29-38　清乾隆四十三年八月鄭豊若立繳賣杉木並山契

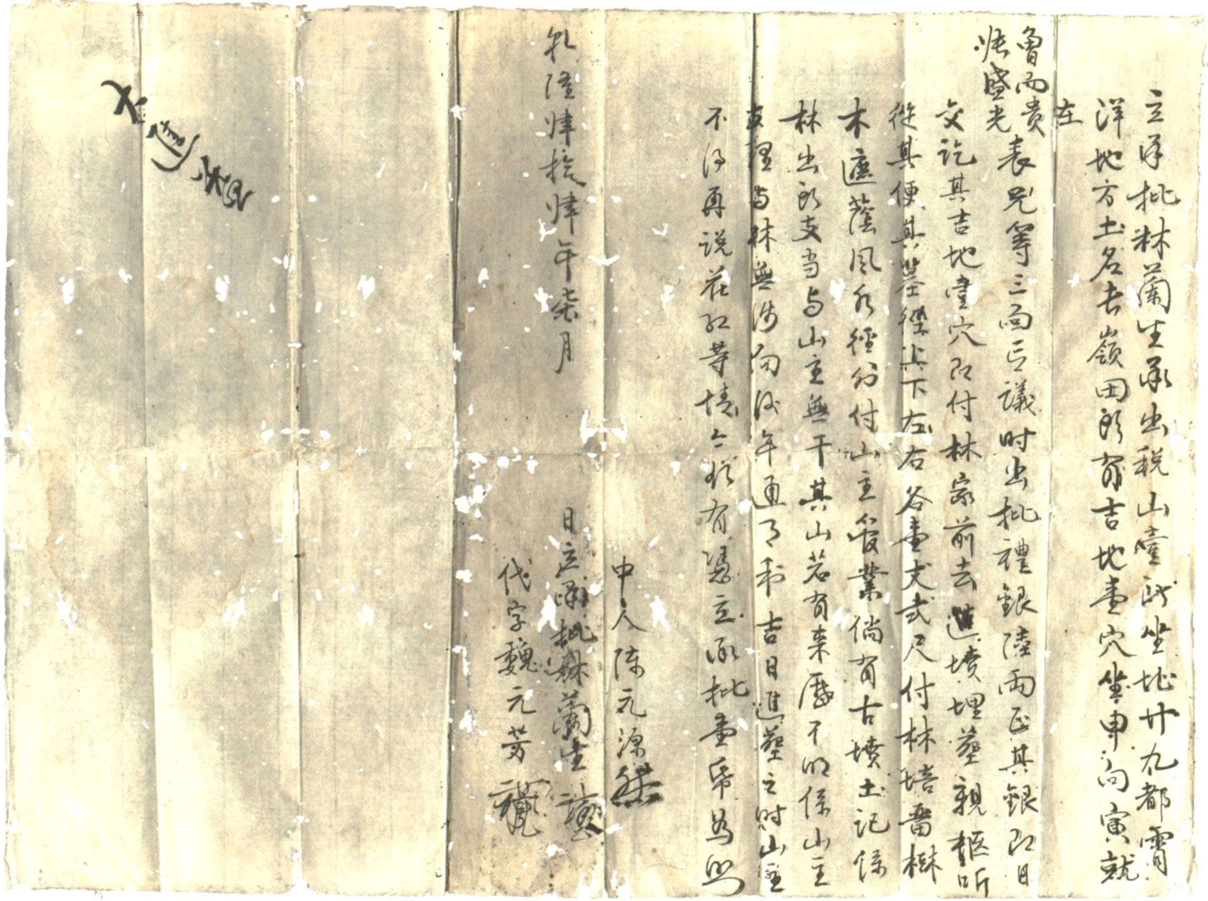

立承批林蘭生承出税山壹所坐址廿九都霄
洋地方土名去嶺田阶前吉地壹穴坐申向寅就
在
魯雨貴
德盛光表兄等三面言議时出批禮銀陸兩正其銀即日
交訖其吉地壹穴即付林家前去造墳埋葬親柩听
從其便其墓堂上下左右各壹丈武尺付林培番樹
木遮蔭風水經分付山主管業倘有古墳土記係
林出前支當与山主無干其山若有來歷不明係山主
支理當林無涉所以年通了却吉日進葬之时山主
不得再說花紅等情今欲有憑立承批壹帋為照
中人 陳元滂（押）
日立承批林蘭生（押）
代字 魏元芳（押）
乾隆肆拾肆年柒月
大吉利

7-2-29-39　清乾隆四十四年七月林蘭生立承批吉地字

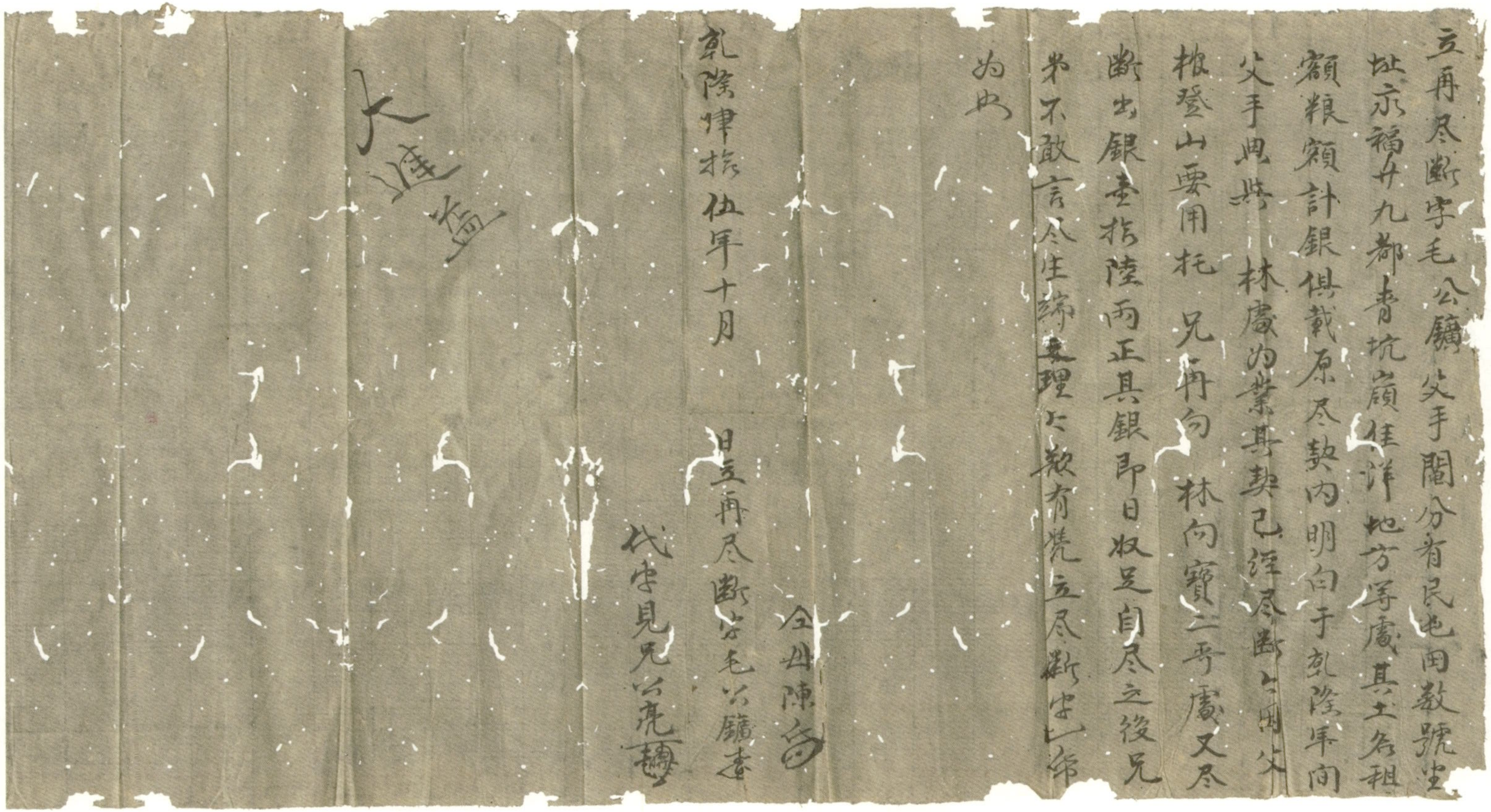

立再尽斷字毛公鏞父手鬮分有民屯田數號坐
址永福廿九都青坑嶺佳詳地方等處其土名租
額粮額計銀俱載原尽契內明白于乾隆年間父
父手典與　林處為業其契已經尽斷今因父
柩登山要用托　兄再向　林向寶二哥處又尽
斷出銀壹拾陸兩正其銀即日收足自尽之後兄
弟不敢言尽生端異理之說有憑立尽斷字
為照

乾隆肆拾伍年十月　日立再尽斷字毛公鏞
仝母陳氏
代字見兄公亮

大進

7-2-29-40　清乾隆四十五年十月毛公鏞等立再盡斷民屯田字

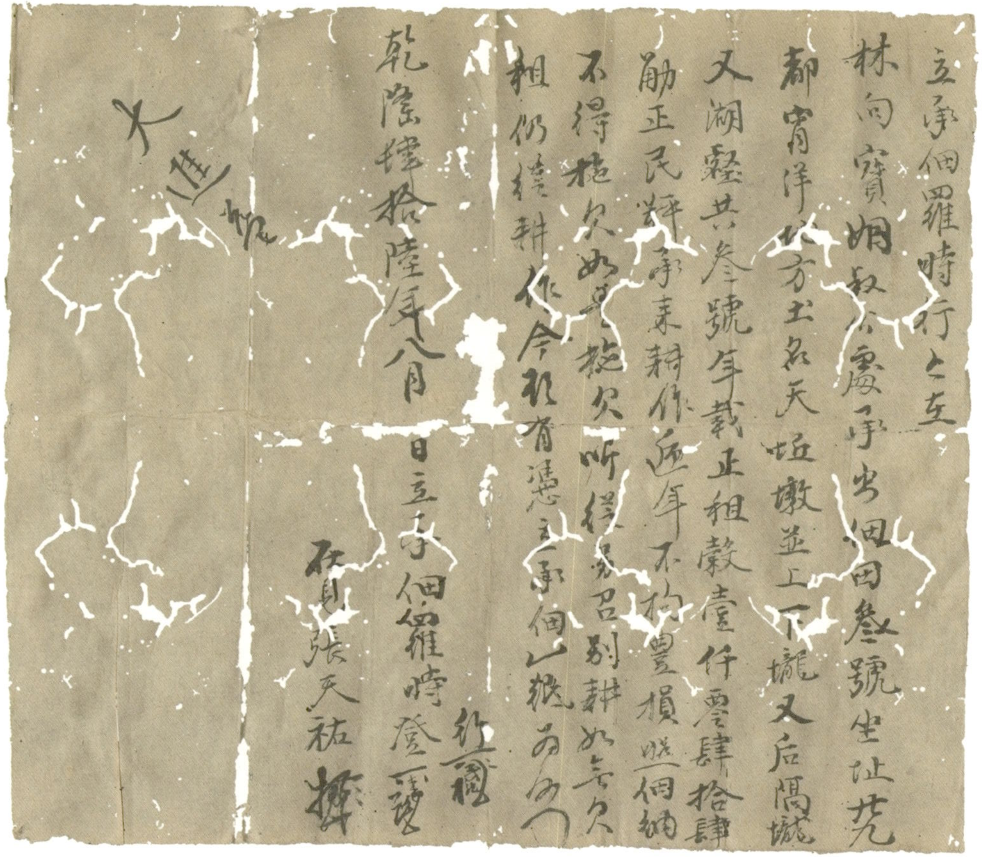
立承佃羅時行仝左
林向寶娟叔處承出佃田叁號坐址芄
都宵洋地方土名天垱墩並上下壠又后漏壠
又湖墘共叁號年載正租穀壹仟零肆拾肆
觔正民斛承來耕作逐年不拘豐損照佃納
不得拖欠如是拖欠聽從別召別耕如無欠
租仍繼耕作今恐無憑立承佃一紙為照
乾隆肆拾陸年八月　日立承佃羅時行（押）
　　　　　　　　　　　　　　　登（押）
　　　　　在見張天祐（押）
大進號

7-2-29-41　清乾隆四十六年八月羅時行等立承佃田字

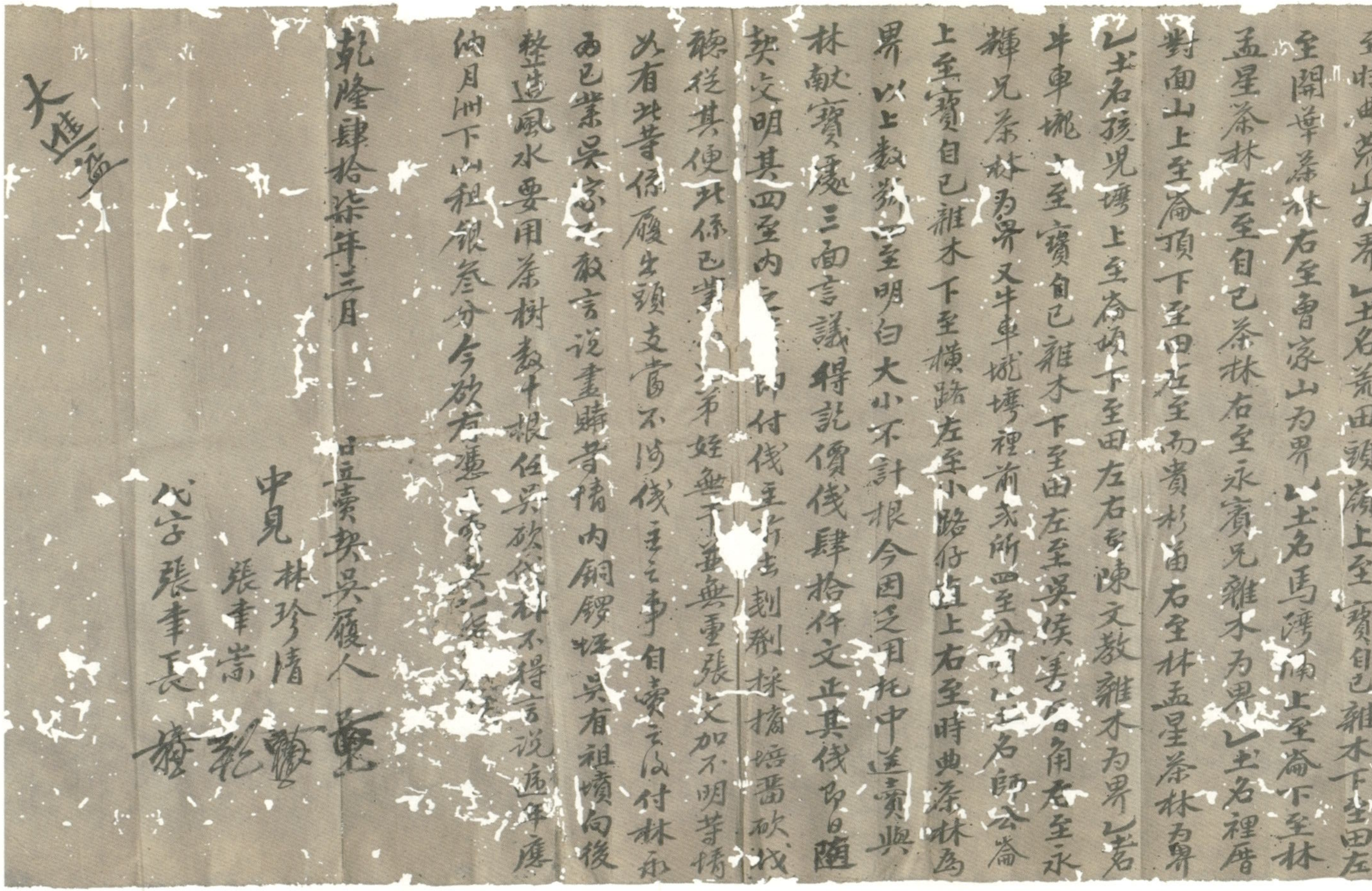

立賣契吴履人手置有桐茶杉竹雜木七派，坐落本都添
頭地方，土名大王墘田頭，上至銅鑼坪，下至田，左至開達茶林，右
至時典荒山為界；土名荒田頭嶺，上至寶自己雜木，下至田，左
至開華茶林，右至曹家山為界；土名馬灣隔，上至嶺，下至林
孟星茶林，左至自己茶林，右至永賓兄雜木為界；土名裡厝
對面山，上至嶺頂，下至田，左至尚貴杉苗，右至林孟星茶林為界；
土名孫兒墩，上至嶺頂，下至田，左右至陳文教雜木為界；土名
牛車墘，上至寶自己雜木，下至田，左至吴溪善角，右至永
輝兄茶林為界；又牛車墘墩裡前求所四至分明，土名師公嶺，
上至寶自己雜木，下至橫路，左至小路仔直上，右至時典添林為
界。以上數號四至明白，大小不計根，今因乏用，托中送賣與
林獻寶邊，三面言議，得訖價錢肆拾仟文正，其錢即日隨
契交明，其四至內□□即付錢主前去劃剃採摘培蓄砍伐，
聽從其便，係己業，□弟侄無干，並無重張典加不明等情。
如有此等，係履出頭支當，不涉錢主之事。自賣之後，付林永
為己業，吴家不敢言說盡贖等情。內銅鑼坪吴有祖墳，向後
整造風水要用茶樹數十根，任吴砍伐，林不得言說。□□年庚
納月洲下山租銀叁分。今欲有憑，立賣契為照。

乾隆肆拾柒年三月　日立賣契吴履人（押）
中見　林珍情（押）
張韋崇（押）
代字　張韋長（押）

大進益

7-2-29-42　清乾隆四十七年三月吴履人立賣桐茶杉竹雜木契

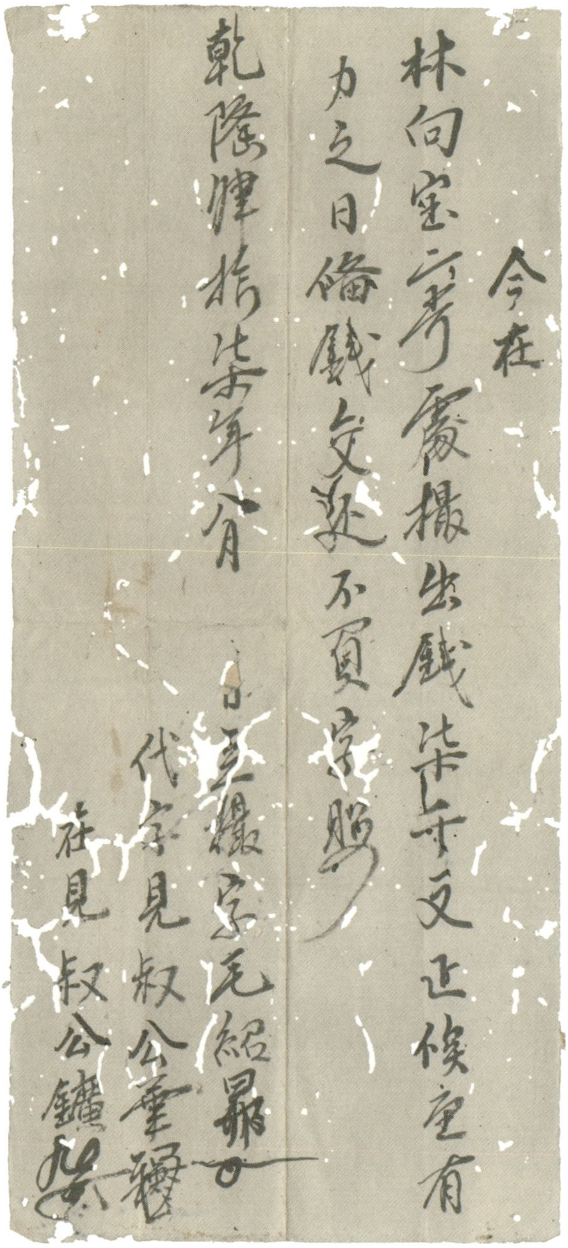
今在
林向宝六青處撮出錢柒千文正，俟至有
力之日備錢交還，不負字照。
乾隆肆拾柒年八月　日立撮字毛紹昴
代字見叔公金□
在見叔公鑣

7-2-29-43　清乾隆四十七年八月毛紹昴立撮字

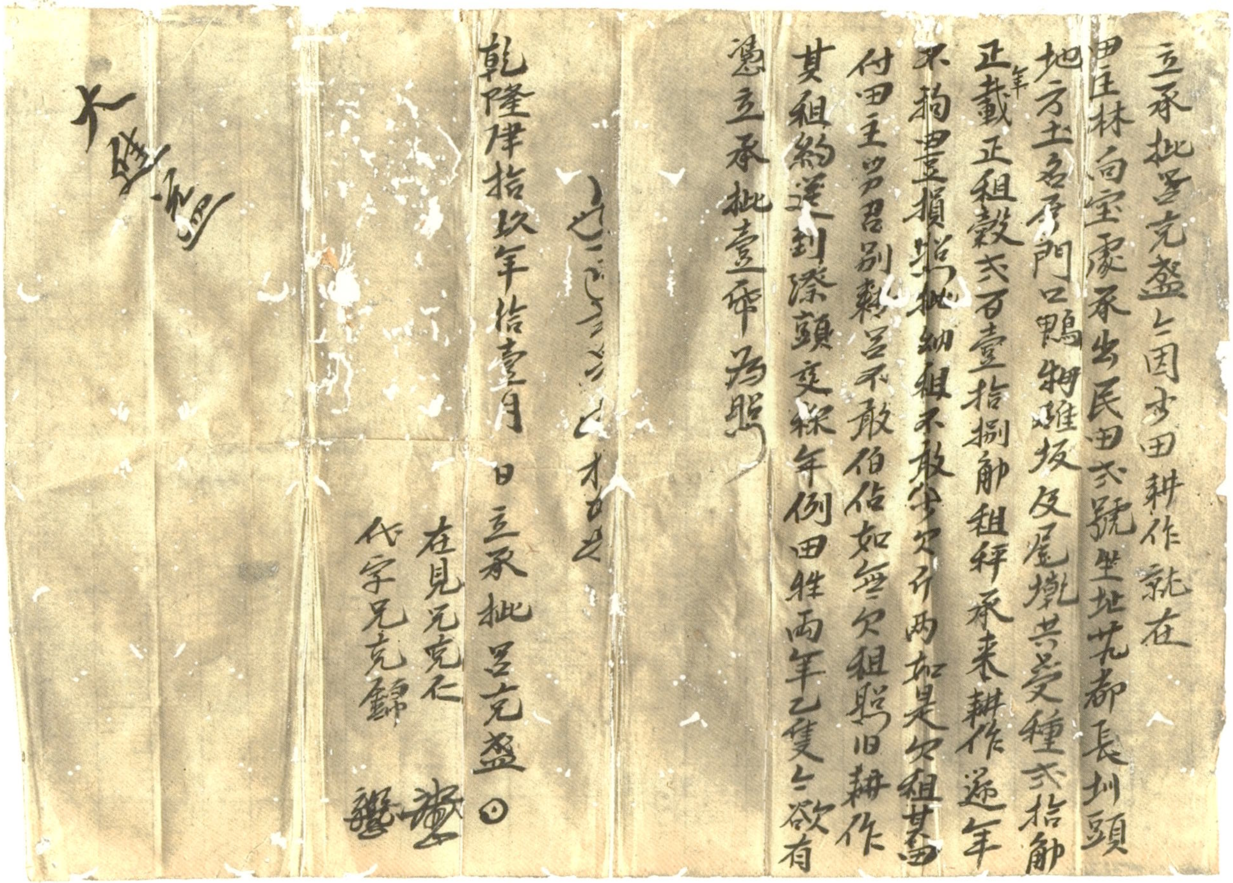

7-2-29-44　清乾隆四十九年十一月吕克盛立承批民田字

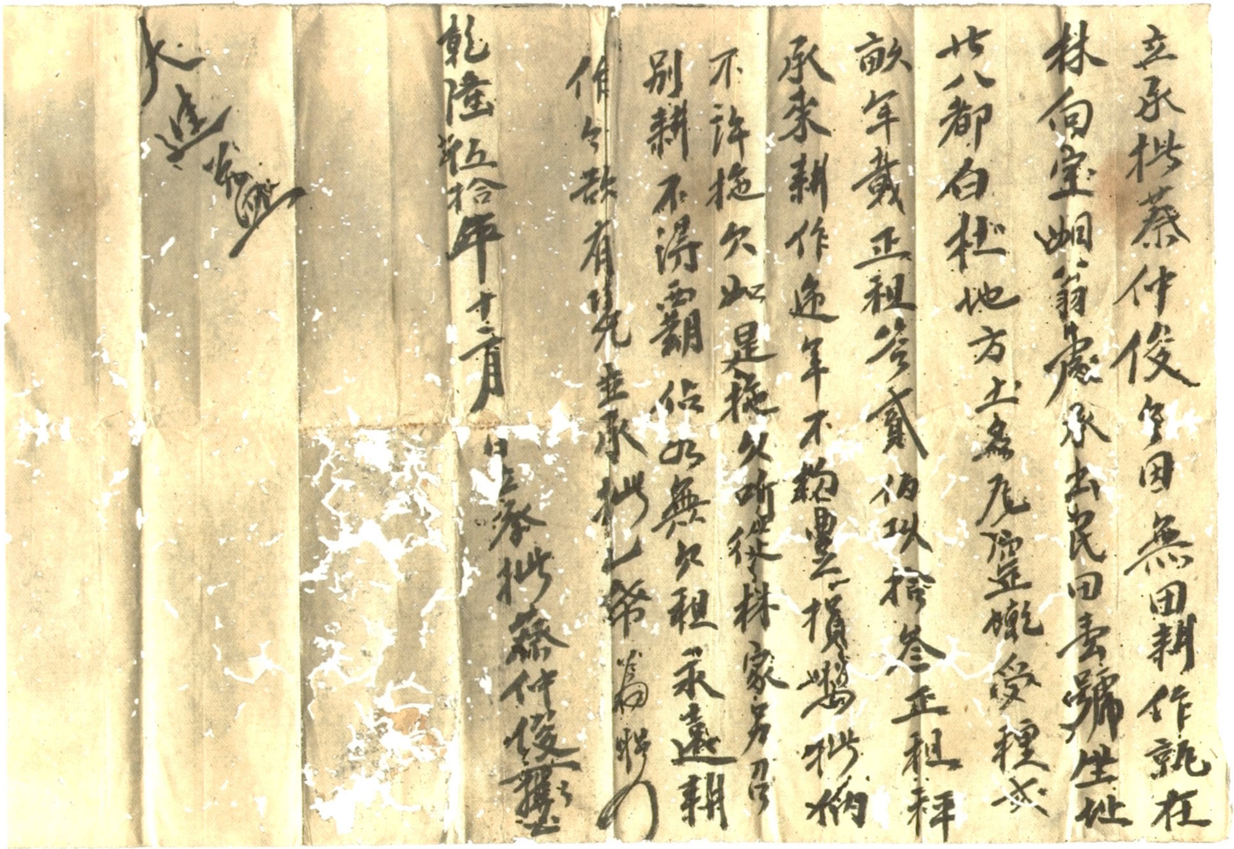
立承批蔡仲俊，今因無田耕作，就在
林向宗叔翁處承出民田壹號，坐址
廿八都白杜地方，土名瓦窯瓏，受種貳
畝，年載正租谷貳佰玖拾叁正，租秤
承來耕作，逐年不拘豐欠，擔到批納，
不許拖欠。如是拖欠，聽從林家另行
別耕，不得霸佔。如無欠租，永遠耕
作。今欲有憑，立承批一紙為照。
乾隆伍拾年十二月　日立承批蔡仲俊（押）
大進筆

7-2-29-45　清乾隆五十年十二月蔡仲俊立承批民田字

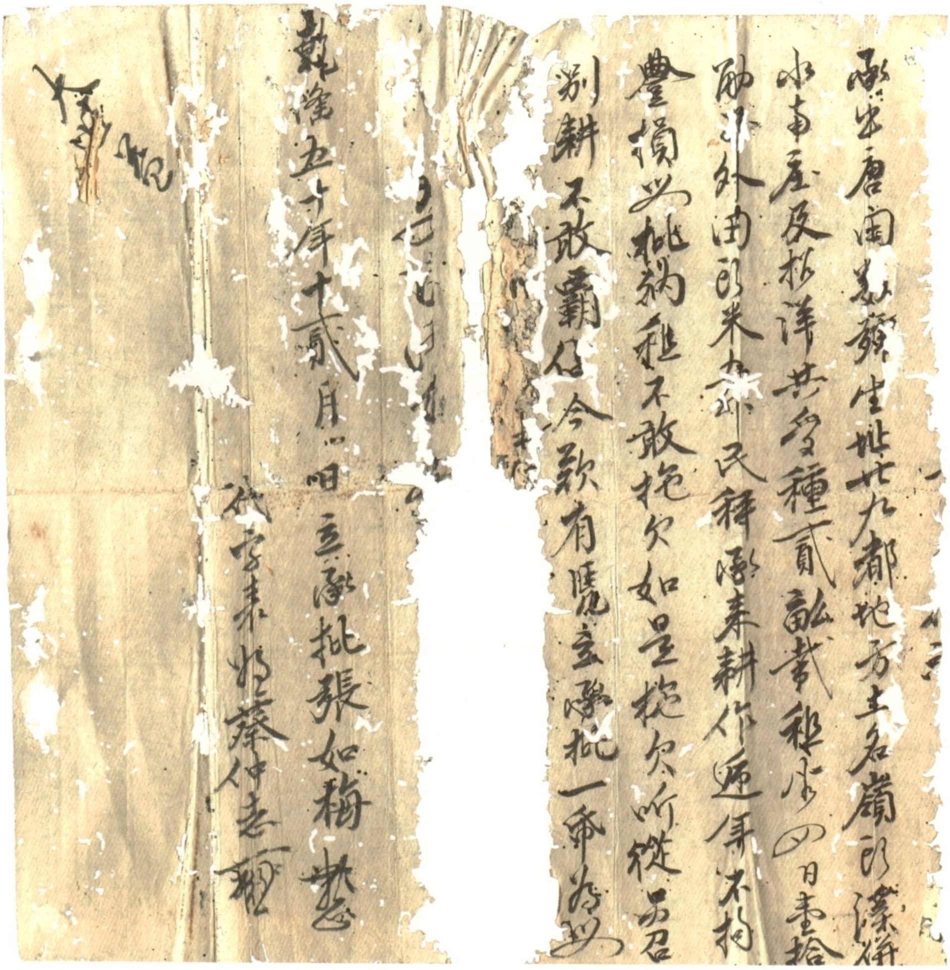

7-2-29-46　清乾隆五十年十二月張如梅立承批田字

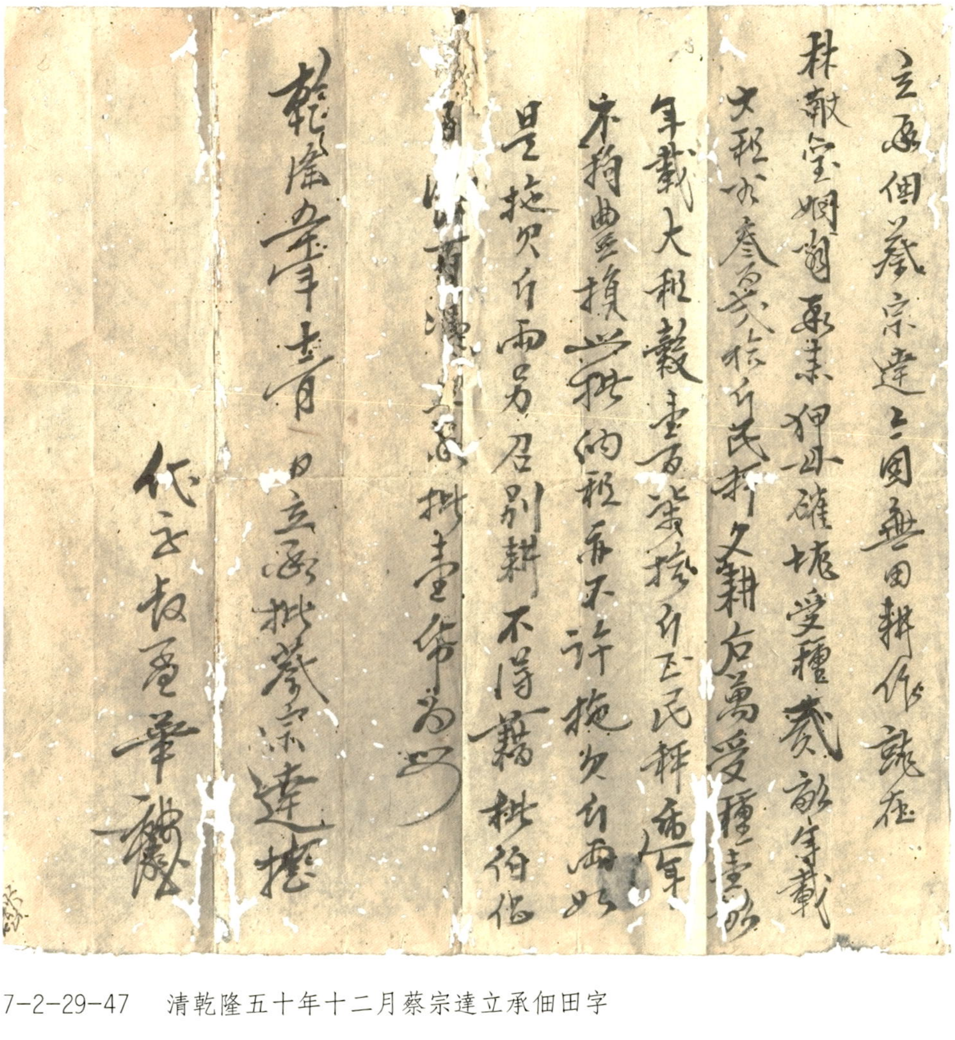

7-2-29-47　清乾隆五十年十二月蔡宗達立承佃田字

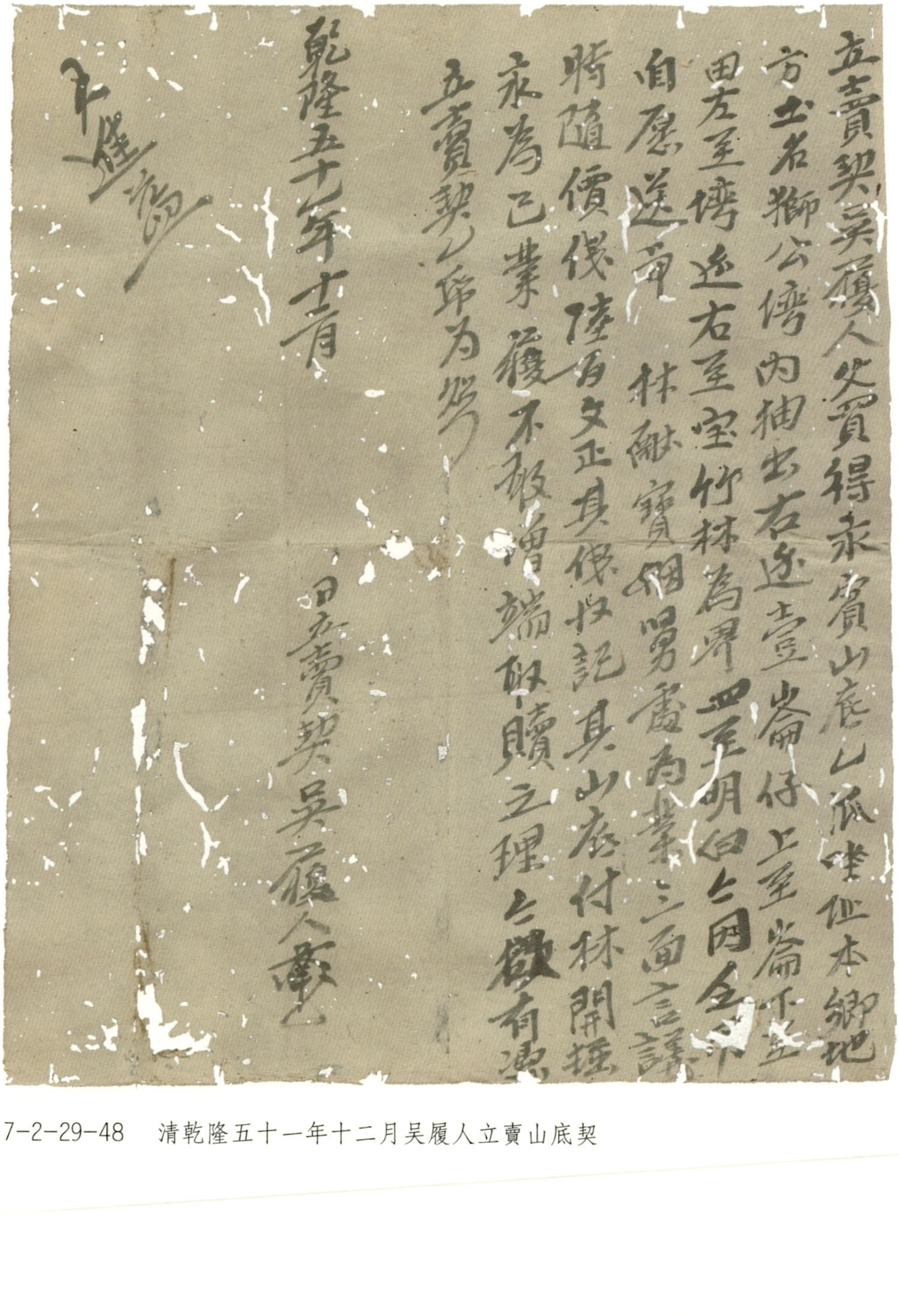
立賣契人吳履人，先年買得本處山底山底址本鄉地
方土名獅公塆內抽出右邊壹崙仔，上至崙，下至
田，左至塆邊，右至宅竹林為界，四至明白。今因乏用，
自愿送與 林献寶姻舅處為業，三面言議
時值價錢陸百文正，其錢收訖，其山底付林開掘
永為己業，履不敢增端找贖之理。今欲有憑，
立賣契為照。
乾隆五十一年十二月　日立賣契人吳履人（押）
下筆[illegible]

7-2-29-48　清乾隆五十一年十二月吳履人立賣山底契

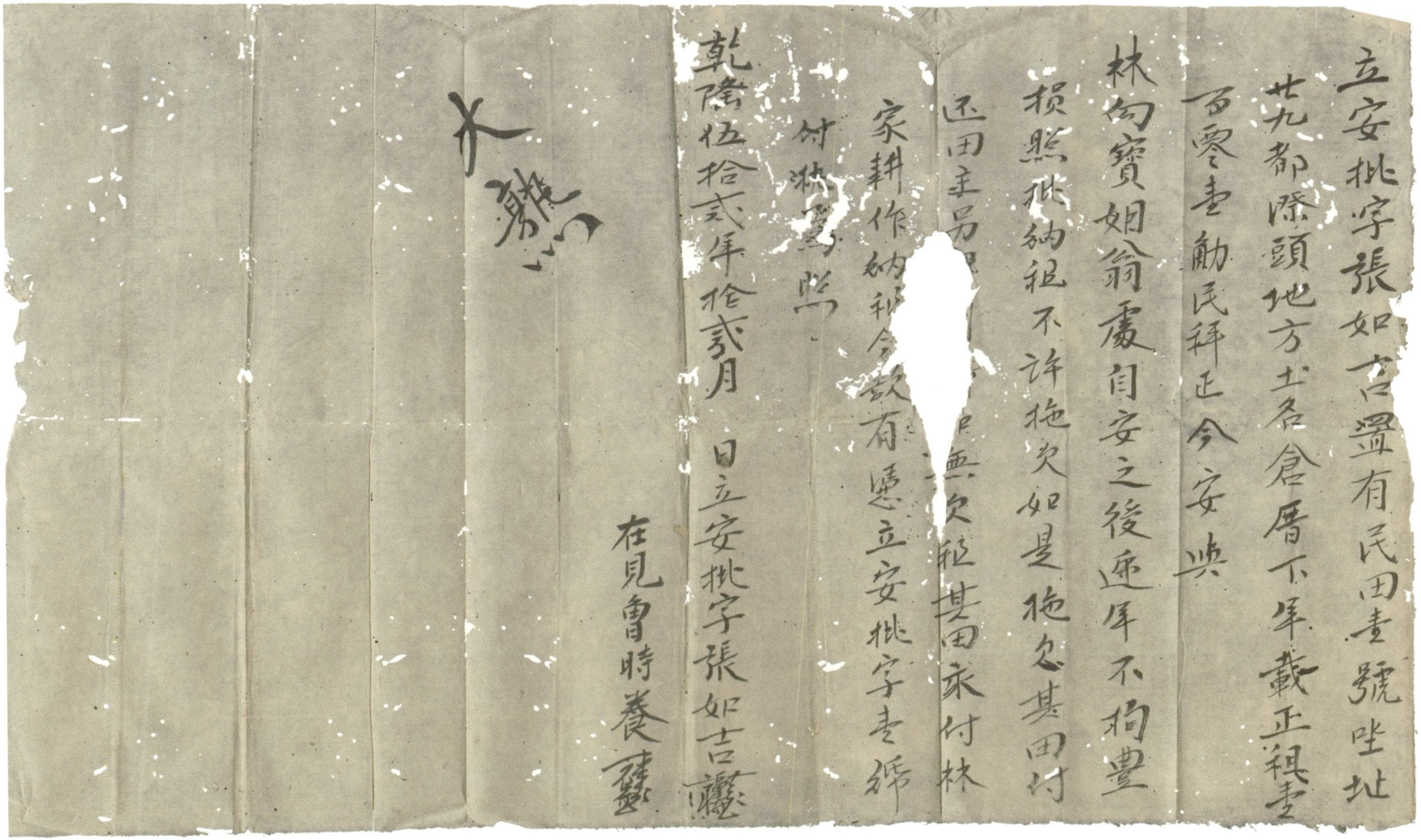

立安批字張如吉置有民田壹號坐址
廿九都漈頭地方土名倉厝下年載正租壹
百零壹觔民秤正今安與
林尚寶姻翁處自安之後逐年不拘豐
損照批納租不許拖欠如是拖欠其田付
还田主另[illegible]無欠租其田永付林
家耕作納租今欲有憑立安批字壹紙
付林[illegible]為照
乾隆伍拾貳年拾貳月 日立安批字張如吉
在見曾時養

7-2-29-49　清乾隆五十二年十二月張如吉立安批民田字

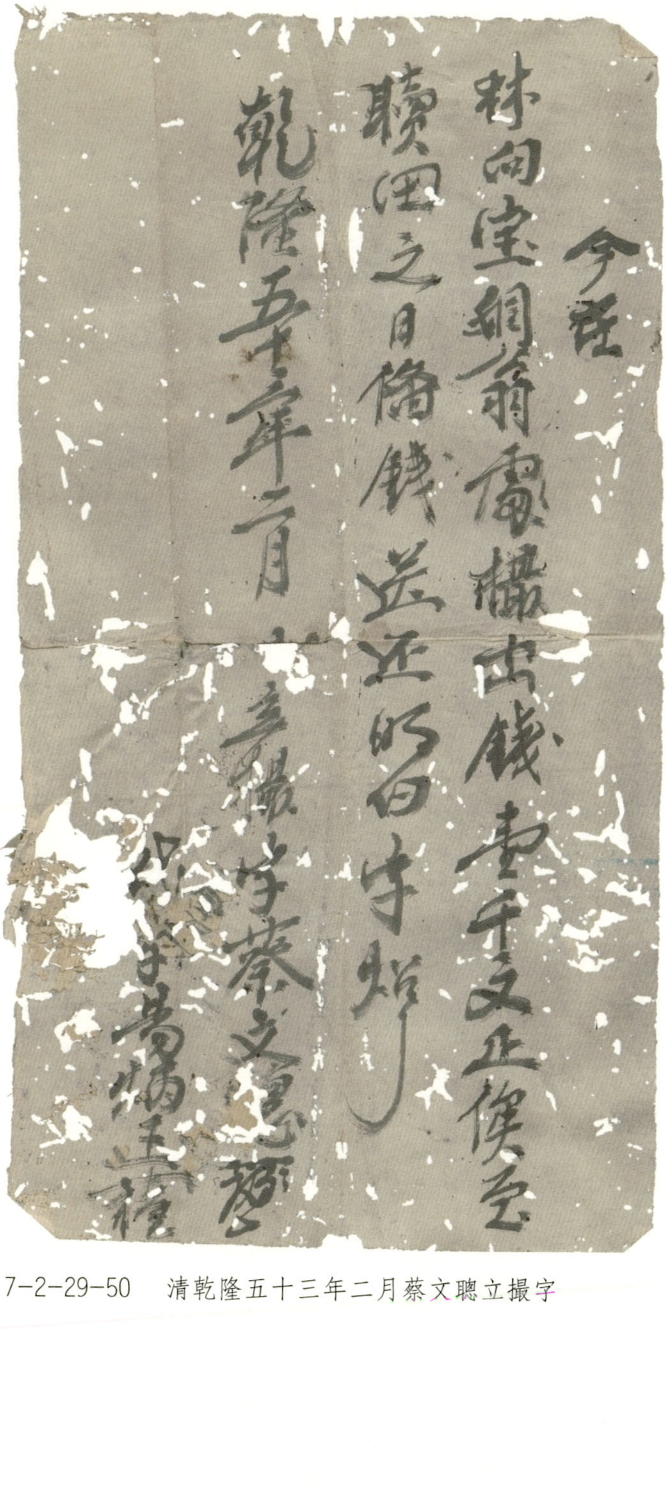

今在
林向寔綱翁處撮出錢壹千文正俟至
贖田之日備錢送還的白字炤
乾隆五十三年二月　日　立撮字蔡文聰
代字

7-2-29-50　清乾隆五十三年二月蔡文聰立撮字

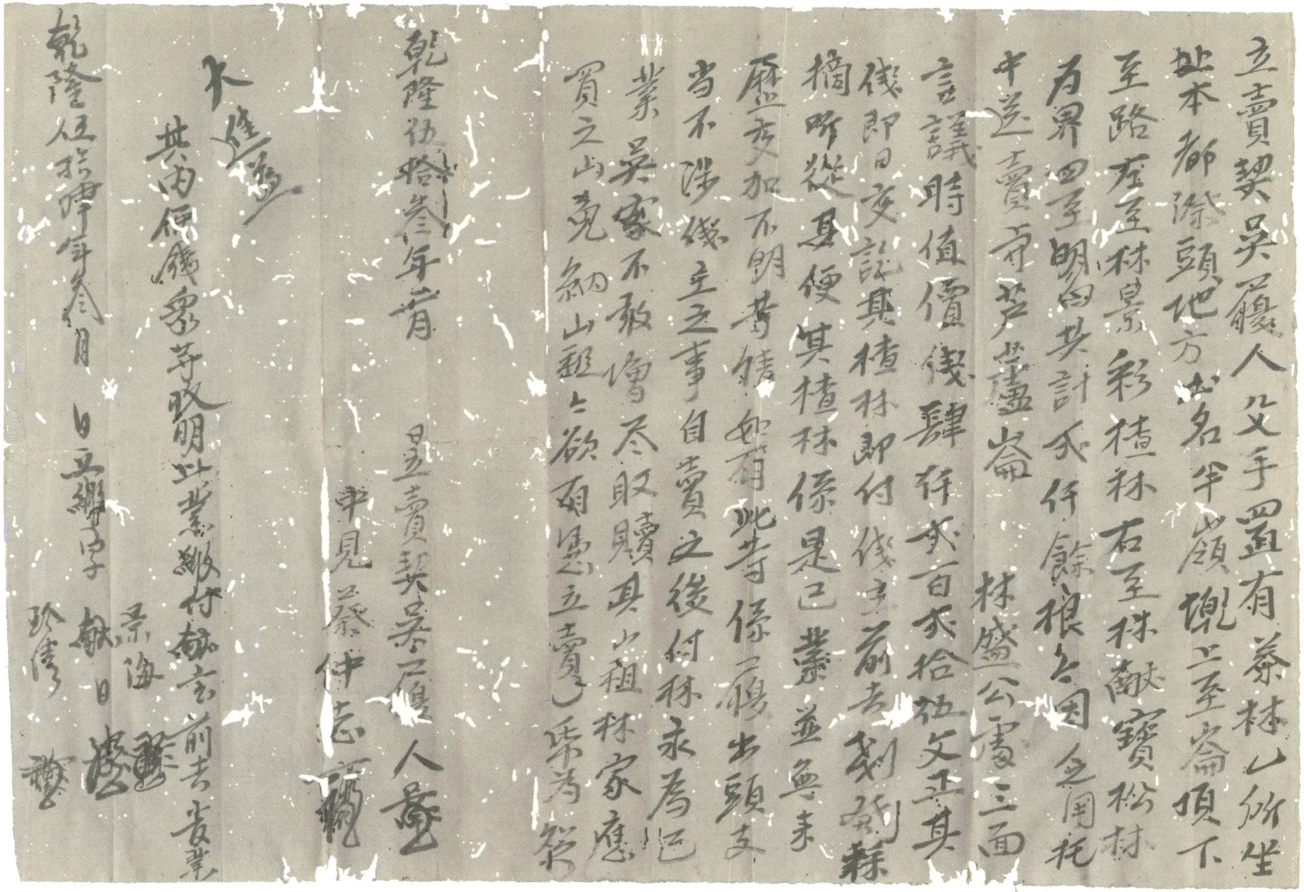
立賣契吴履人父手置有茶林山所坐
址本都溪頭地方土名半嶺塆上至崙頂下
至路左至林景彩植林右至林敵寶松材
爲界四至明白共計茶仟餘根今因無用托
中送賣本房叔盧崙 林盛公處三面
言議時值價錢肆仟貳百貳拾伍文其
錢即日交訖其植林即付錢主前去劉耕
摘收從其便其植林係是己業並無來
歷交加不明等情如有此等係履出頭支
當不涉錢主之事自賣之後付林永爲己
業吴家不敢增添取贖其山祖林家應
買之山苑納山租亡欲有憑立賣契爲照

乾隆伍拾叁年二月 日立賣契吴履人（押）
中見蔡伸志（押）

大進（押）
其內價錢當日收明此業缴付林宗前去管業
乾隆伍拾叁年叁月 日立鄉字 敏日（押） 景海（押） 珍傳（押）

7-2-29-51　清乾隆五十三年二月吴履人立賣茶林契

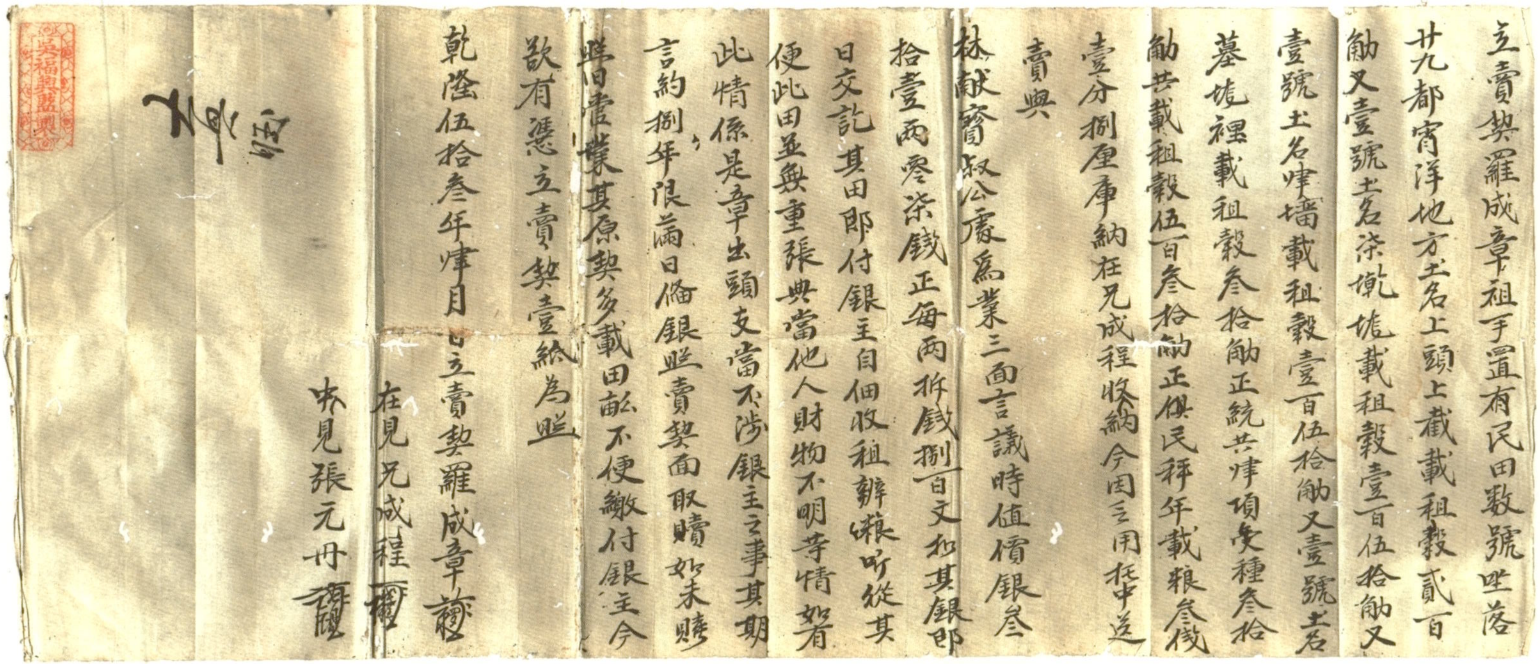
立賣契羅成章祖手置有民田數號坐落
廿九都宵洋地方土名上頭上截載租穀貳百
觔又壹號土名深墘墘載租穀壹百伍拾觔又
壹號土名肆墻載租穀壹百伍拾觔又壹號土名
墓墘裡載租穀叁拾觔正統共肆項受種叁拾
觔共載租穀伍百叁拾觔正伊民秤年載粮叁錢
壹分捌厘正納在兄成程收納今因乏用托中送
賣與
林猷實叔公處爲業三面言議時值價銀叁
拾壹兩零柒錢正每兩折錢捌百文和其銀即
日交訖其田即付銀主自佃收租辦粮聽從其
便此田並無重張典當他人財物不明等情如有
此情係是章出頭支當不涉銀主之事其期
言約捌年限滿日備銀照賣契面取贖如未贖
照舊管業其原契多載田畝不便繳付銀主今
欲有憑立賣契壹紙爲照
乾隆伍拾叁年肆月 日立賣契羅成章
在見兄成程
代見張元丹

7-2-29-52　清乾隆五十三年四月羅成章立賣民田契

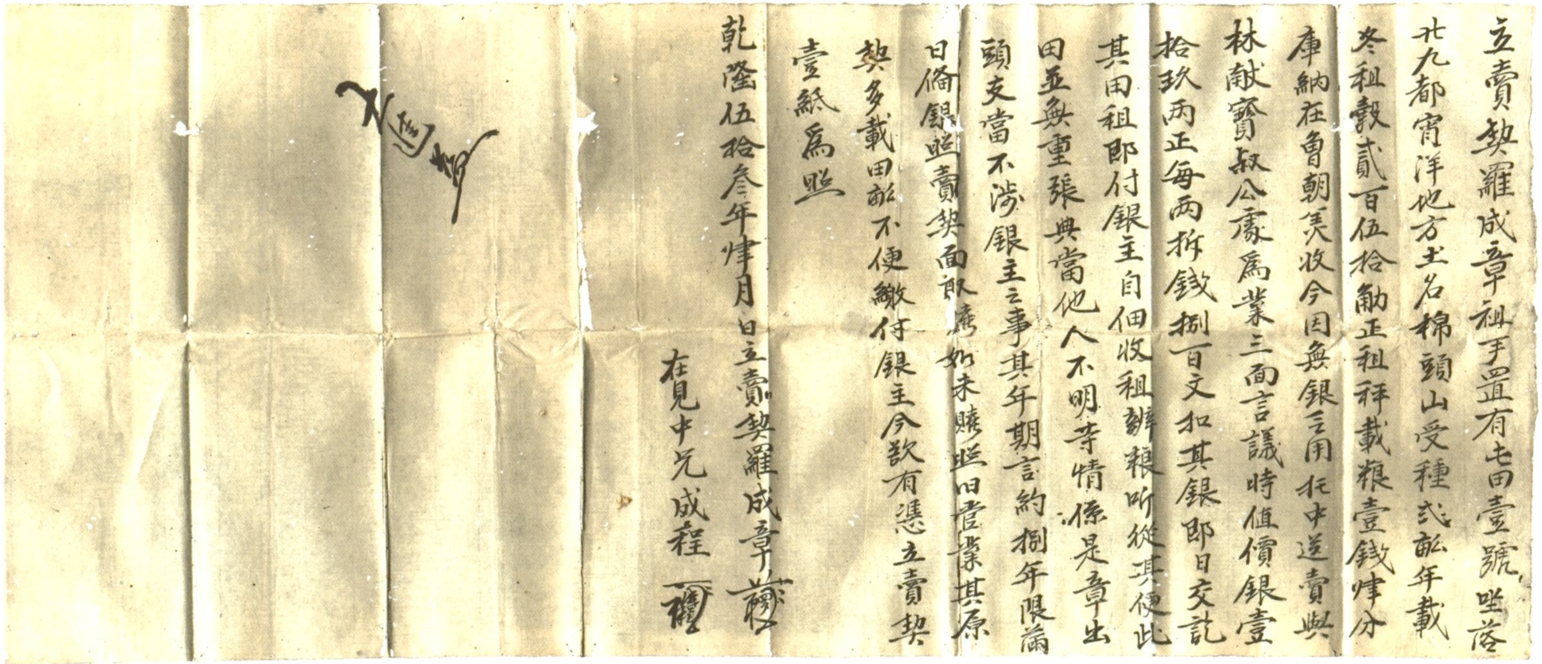
立賣契羅成章祖手置有屯田壹號，坐落
廿九都宵洋地方，土名棉頭山，受種弍畝，年載
冬租穀貳百伍拾觔正，租秤載粮壹錢肆分
庫納在曾朝美收。今因無銀應用，托中送賣與
林獻寶叔公處為業，三面言議時值價銀壹
拾玖兩正，每兩折錢捌百文扣，其銀即日交訖。
其田租即付銀主自佃收租辦粮，听從其便。此
田並無重張典當他人，不明等情，係是章出
頭支當，不涉銀主之事。其年期言約捌年限滿，
日備銀照賣契面取贖，如未贖，照舊管業。其原
契多載田畝，不便繳付銀主，今欲有憑，立賣契
壹紙為照。
乾隆伍拾叁年肆月　日立賣契羅成章（押）
在見中兄成程（押）

7-2-29-53　清乾隆五十三年四月羅成章立賣屯田契

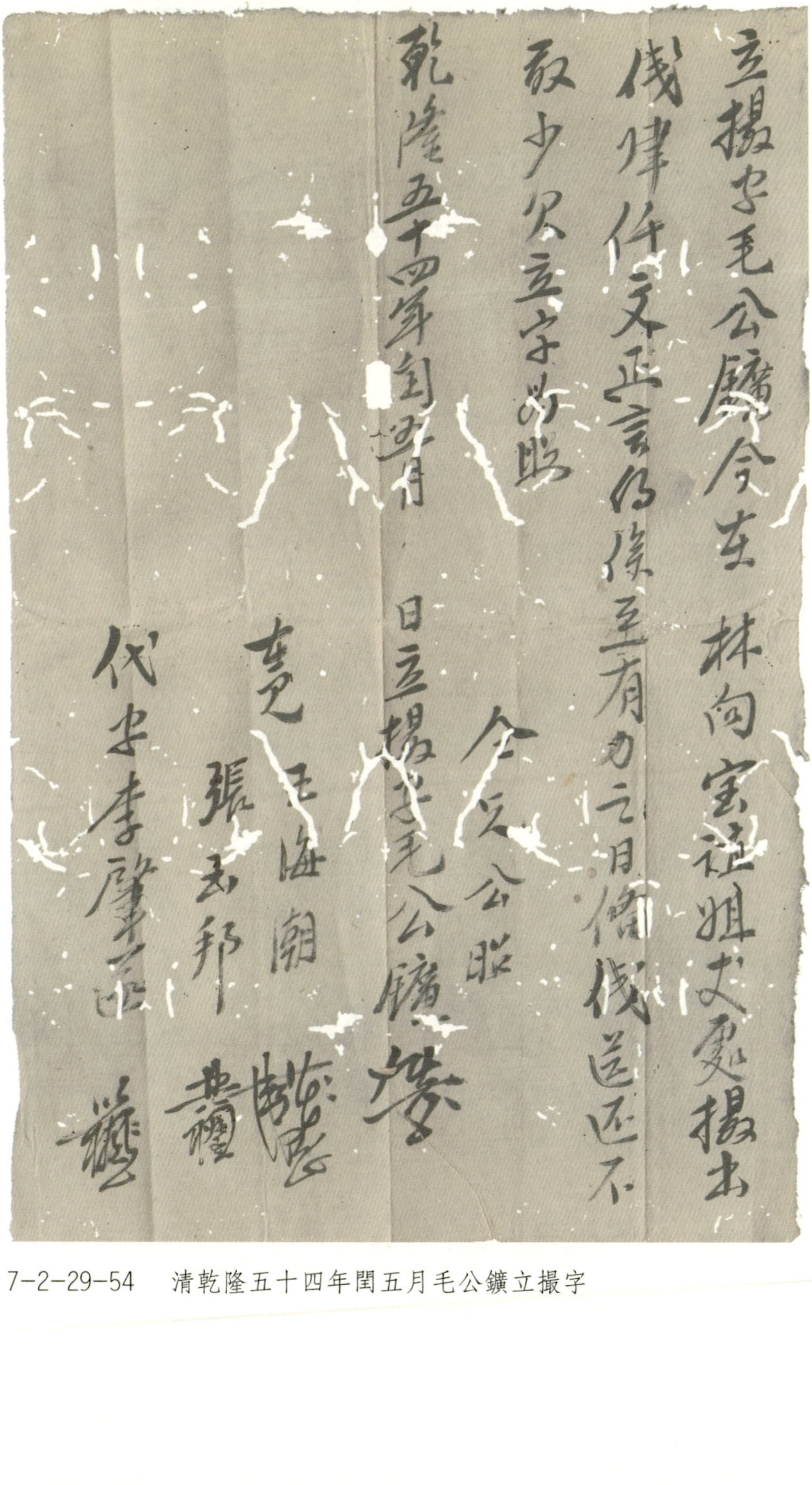
立撮字毛公鑛今在林向宝社姐丈處撮出
錢肆仟文正言乃係至有力之日備錢送还不
敢少欠立字為照
乾隆五十四年閏五月　日立撮字毛公鑛（押）
仝父公照
在見王海朝（押）
張玉邦（押）
代字李肇芷（押）

7-2-29-54　清乾隆五十四年閏五月毛公鑛立撮字

立歸字檀典隆前年買得吳復人茶林壹大派
坐落二十九都漈頭地方土名牛[illegible]嶺等處後吳
私將契內[illegible]樹抽出弍千餘根又賣與
林向宝當業今因採摘始知重張情節兩家相
議憑親友劝隆向林處收回契內價錢貳仟文本日
收訖其契內吳所抽賣茶樹歸付林家照自契掌
業並办理山租所從其便餘外更有茶樹屬在隆[illegible]
內者仍还隆掌管林亦不得[illegible]……理今欲
有憑立歸字壹紙為照
乾隆伍拾肆年拾月　日立歸字[illegible]……隆
在[illegible]……

7-2-29-55　清乾隆五十四年十月檀典隆立歸茶林字

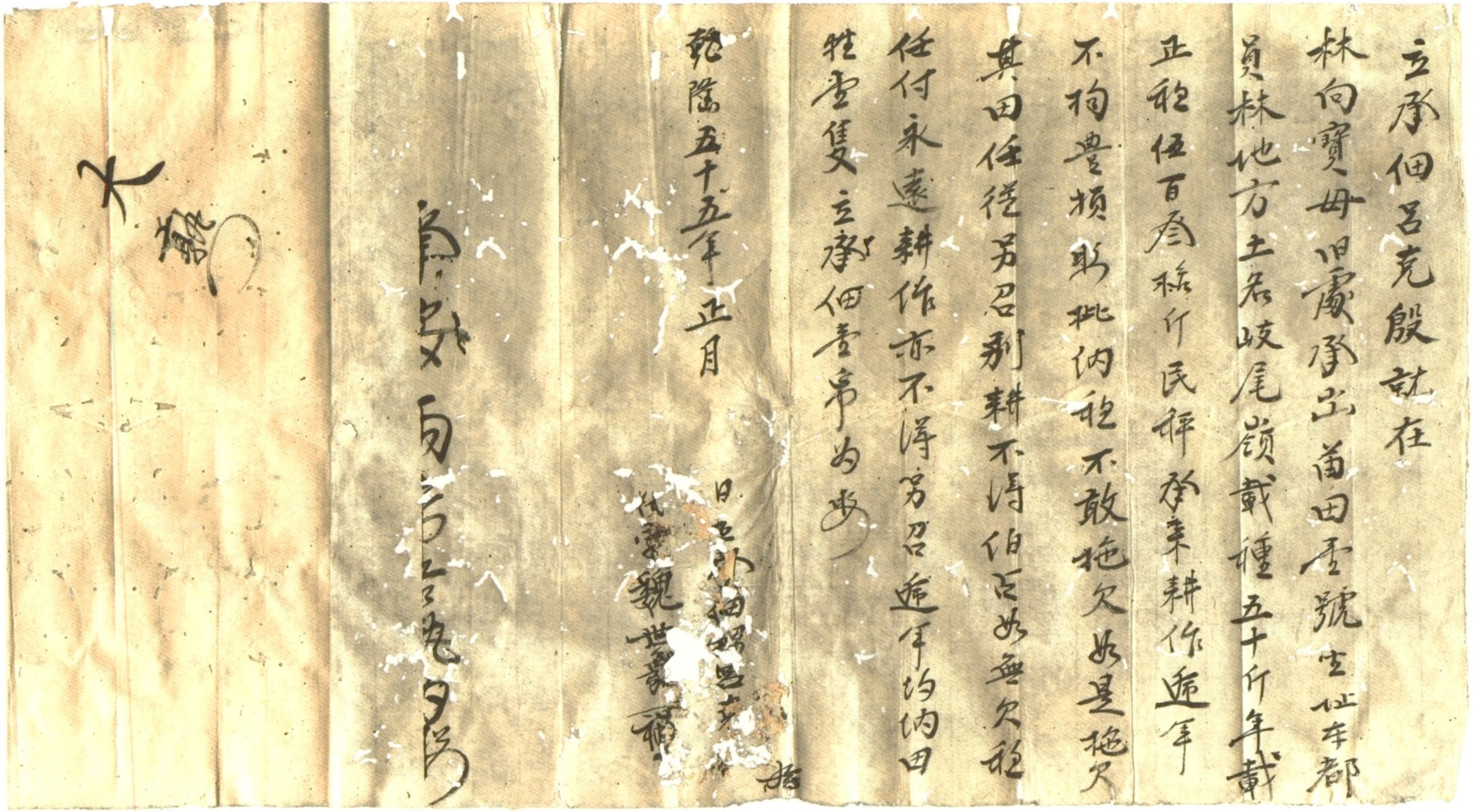

立承佃呂克殷，就在
林向寶母口處承出苗田壹號，坐址本都
員林地方，土名岐尾嶺，載種五十斤，年載
正租伍百叁拾斤，民秤。承來耕作，逐年
不拘豐歉，批納租，不敢拖欠。如是拖欠，
其田任從另召別耕，不得佔留。如無欠租，
任付永遠耕作，亦不得另召。逐年約納田
牲壹隻。立承佃壹帋為照。
乾隆五十五年正月　日立承佃呂克殷（押）
代筆魏世章（押）
[illegible]
大吉

7-2-29-56　清乾隆五十五年正月呂克殷立承佃苗田字

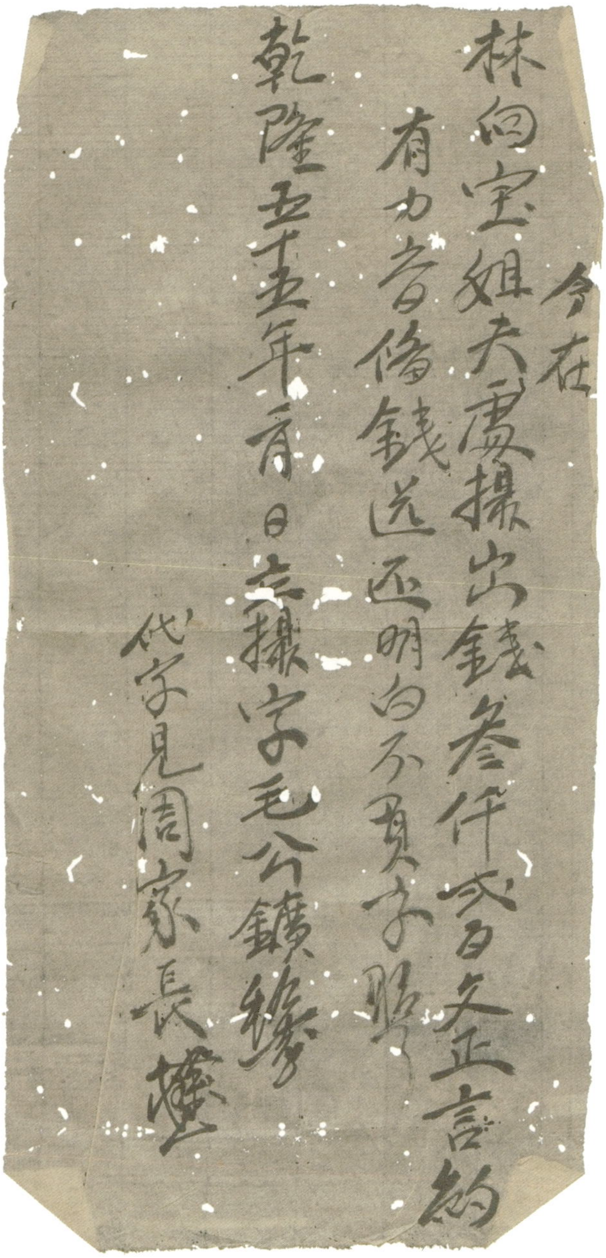

今在
林向宝姐夫處撮出錢叁仟文正言約
有力當備錢送还明白不負字照
乾隆五十五年二月　日立撮字毛公鑛
代字見周家長

7-2-29-57　清乾隆五十五年二月毛公鑛立撮字

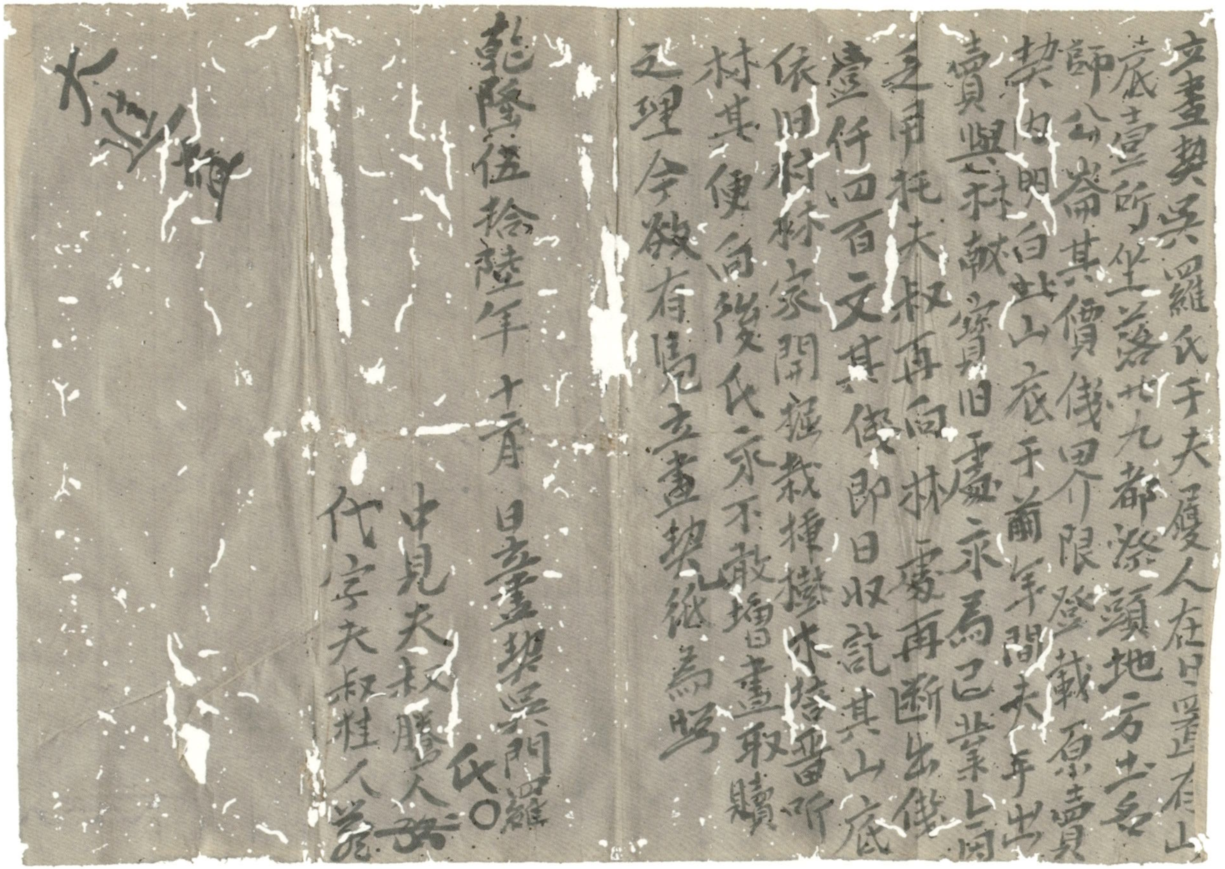

立盡契吳門羅氏，夫羅人在日置有山
底壹所，坐落廿九都溪頭地方，土名
師公崙，其價錢界至，登載原賣
契內明白。其山底于前年間夫手出
賣與林敏賓舊日盡，永爲己業。上首
之用，托夫叔再向林處再斷出錢
壹仟四百文，其錢即日收訖。其山底
依旧付林家開掘栽種樹木，蔭畨听
林其便，向後羅氏永不敢增盡取贖
之理。今欲有憑，立盡契紙爲照。

乾隆伍拾陸年十二月　日立盡契吳門羅氏〇
中見　夫叔　勝人
代字　夫叔　桂人

7-2-29-58　清乾隆五十六年十二月吴門羅氏立盡山底契

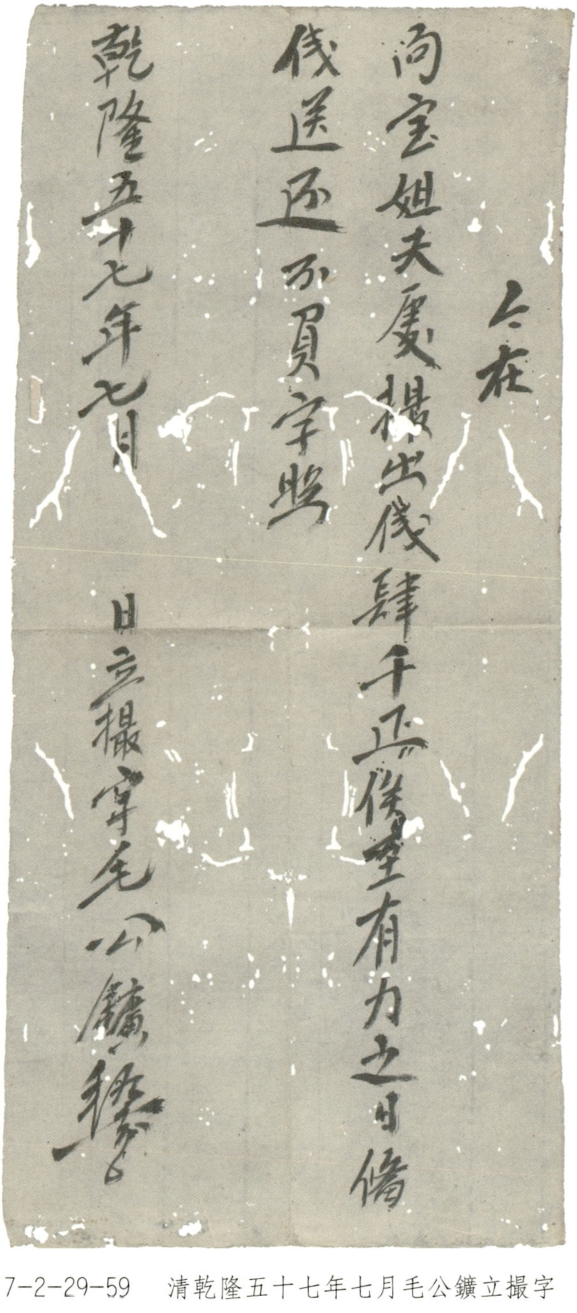
今在
向宅姐夫處撮出錢肆千正，係至有力之日備
錢送還，不負字照。
乾隆五十七年七月　　日立撮字毛公鑛（押）

7-2-29-59　清乾隆五十七年七月毛公鑛立撮字

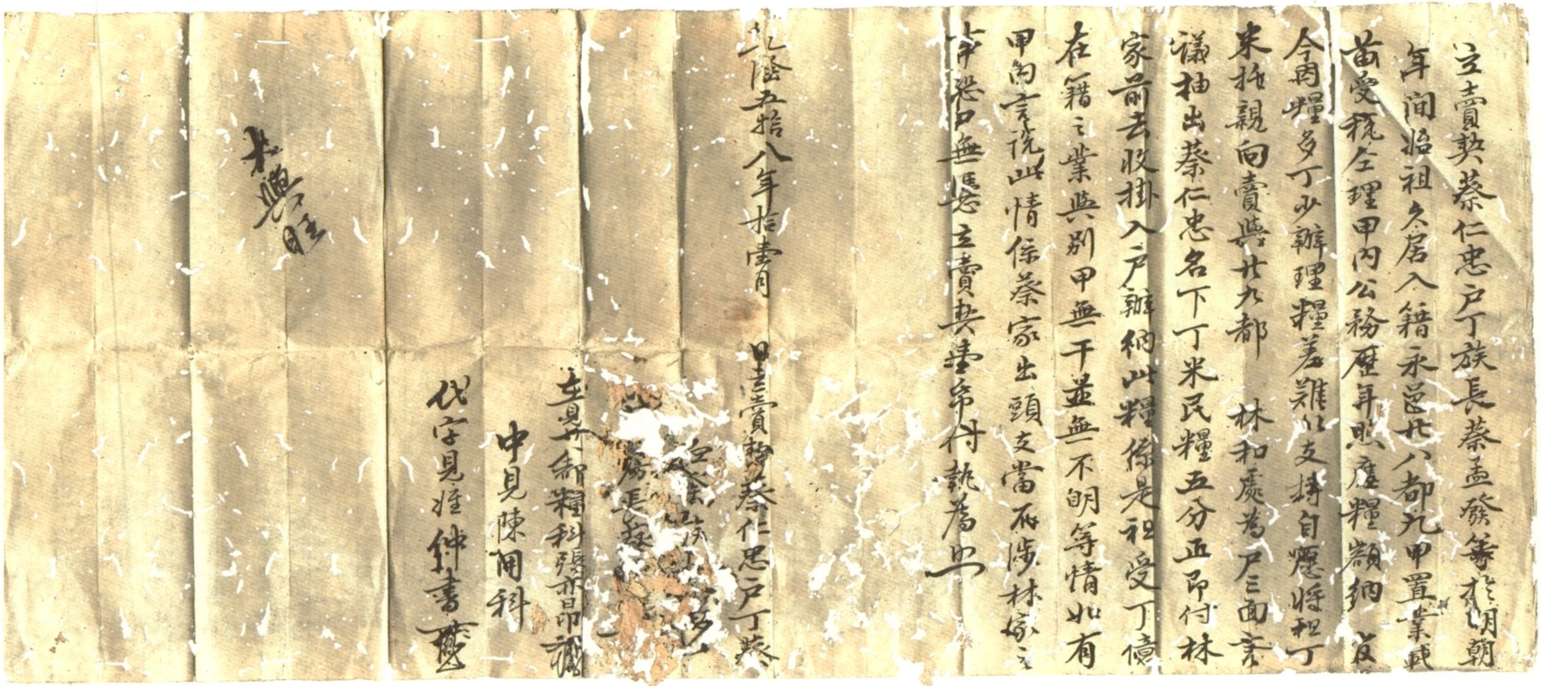

7-2-29-60　清乾隆五十八年十一月蔡孟發等立賣丁米契

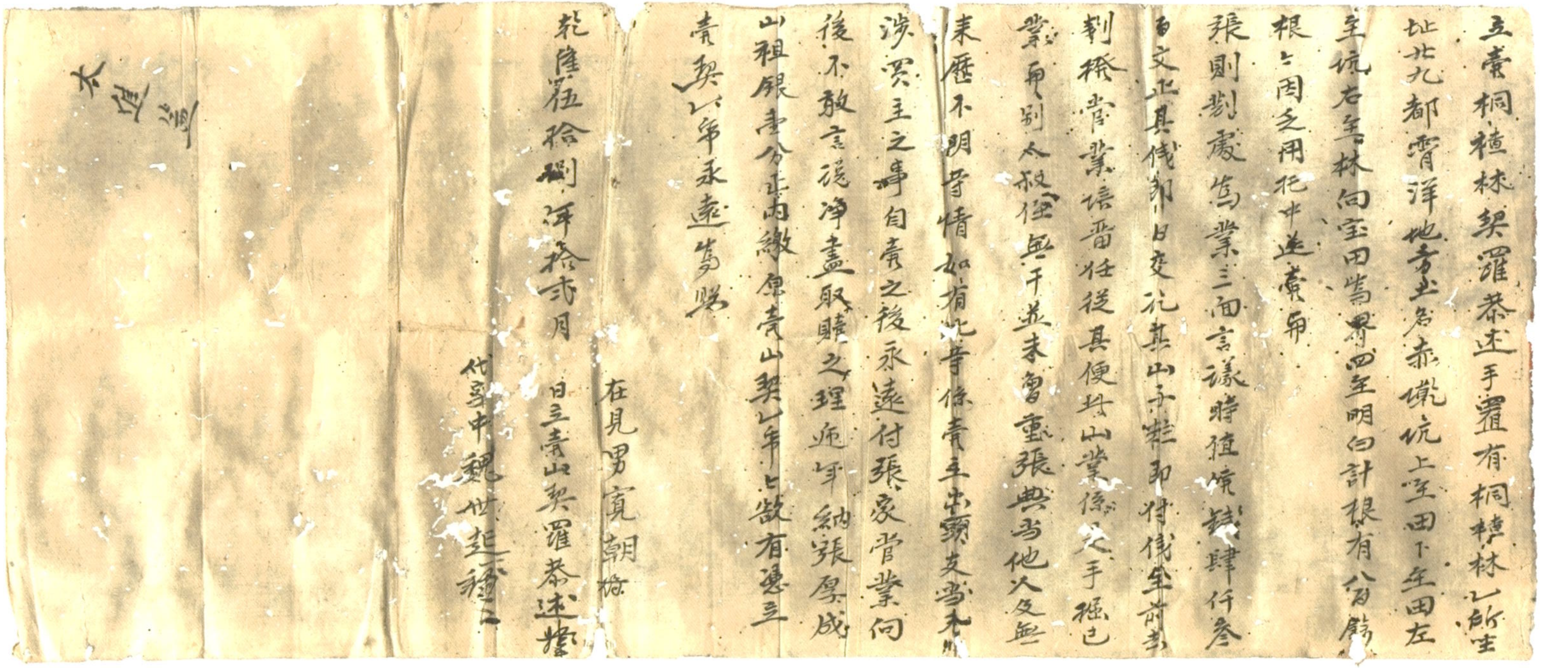

立賣桐楂林契羅恭述，手置有桐楂林一所，坐
址廿九都霄洋地方，土名赤坑坑，上至田，下至田，左
至坑，右至林，四至田為界，四至明白，計根有八百餘
根，今因乏用，托中送賣與
張則劉處為業，三面言議時值價錢肆仟叁
百文正，其錢即日交訖，其山不轄，即聽銀主前去
判拚管業，語晉任從其便，其山業係述之手經己
業，與別人叔侄無干，並未曾重張典當他人及無
來歷不明等情，如有此等，係賣主出頭支當，不
涉買主之事。自賣之後，永遠付張家管業，向
後不敢言說淨盡取贖之理，所寫納張厚成
山祖銀壹分正，內繳原賣山契，其年七數有過立
賣契一紙，永遠為照。

乾隆伍拾捌年拾貳月　日立賣青山契羅恭述（押）
在見男寬朝（押）
代筆中魏世廷（押）

7-2-29-61　清乾隆五十八年十二月羅恭述立賣桐楂林契

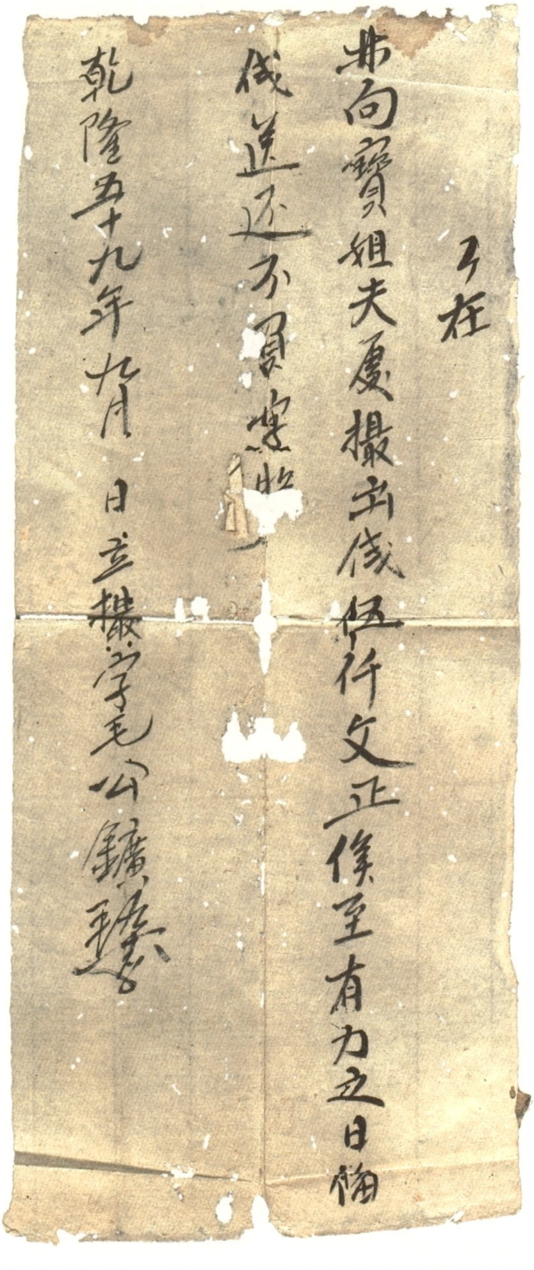
子在
弗向寶姐夫處撮出錢伍仟文正係至有力之日備
錢送还不負字照
乾隆五十九年九月 日立撮字毛公鑲筆

7-2-29-62　清乾隆五十九年九月毛公鑲立撮字

7-2-29-63 清乾隆六十年閏二月林献宝立賣田契

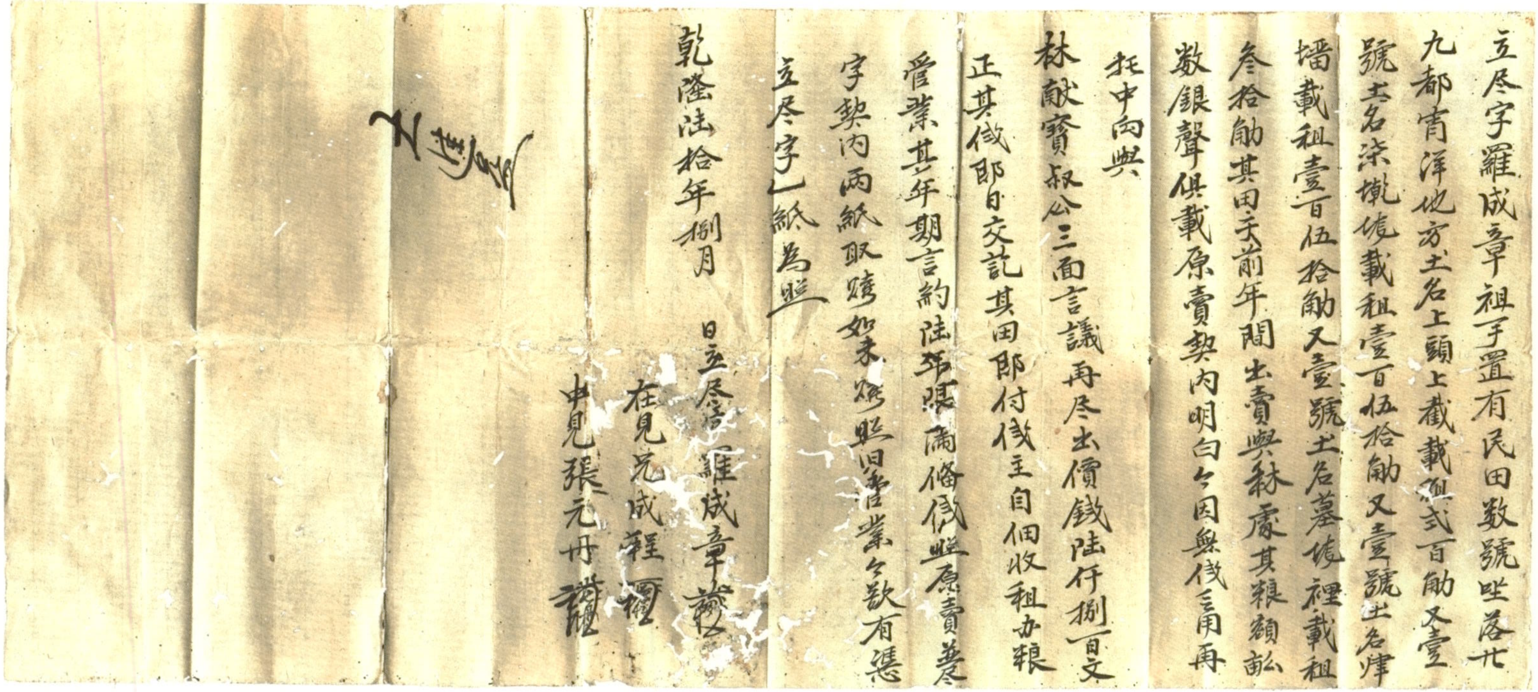

7-2-29-64　清乾隆六十年八月羅成章立盡民田字

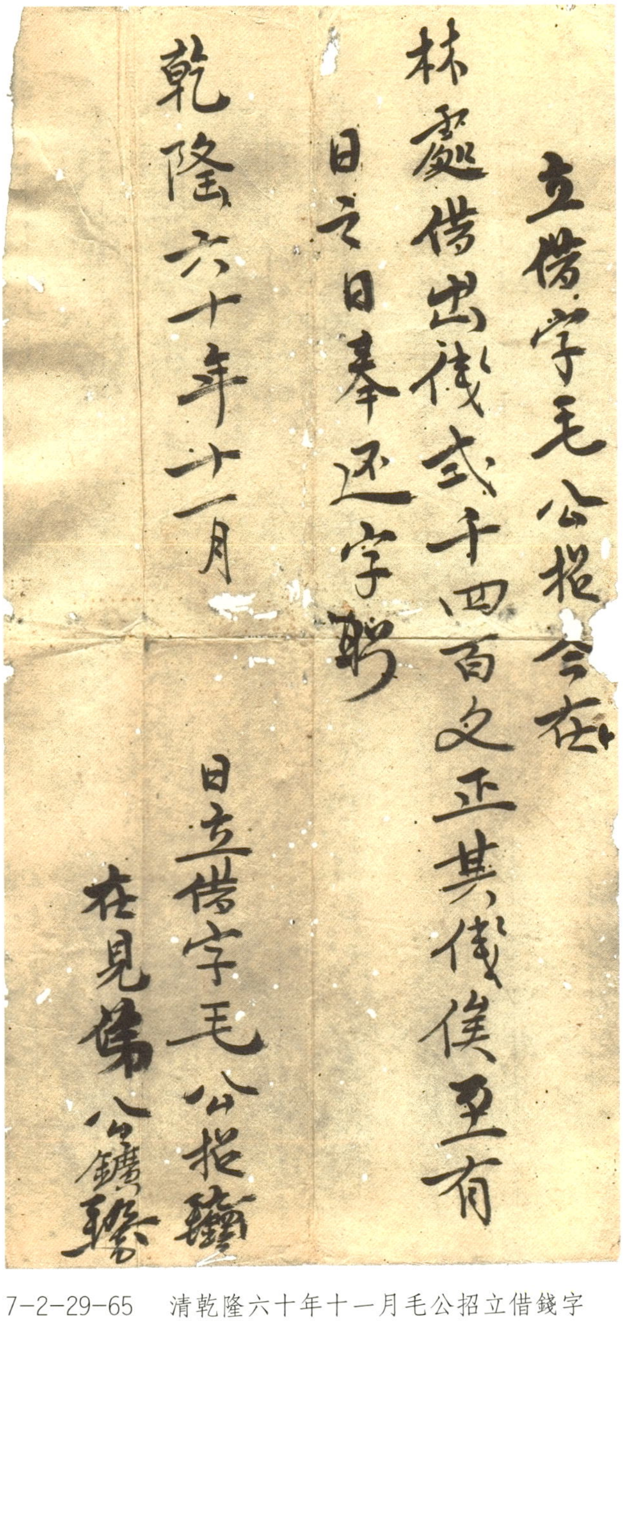
立借字毛公招，今在
林凝借出錢貳千四百文正，其錢俟至有
日之日奉还字照。
乾隆六十年十一月　日立借字毛公招
在見儀八公鏞

7-2-29-65　清乾隆六十年十一月毛公招立借錢字

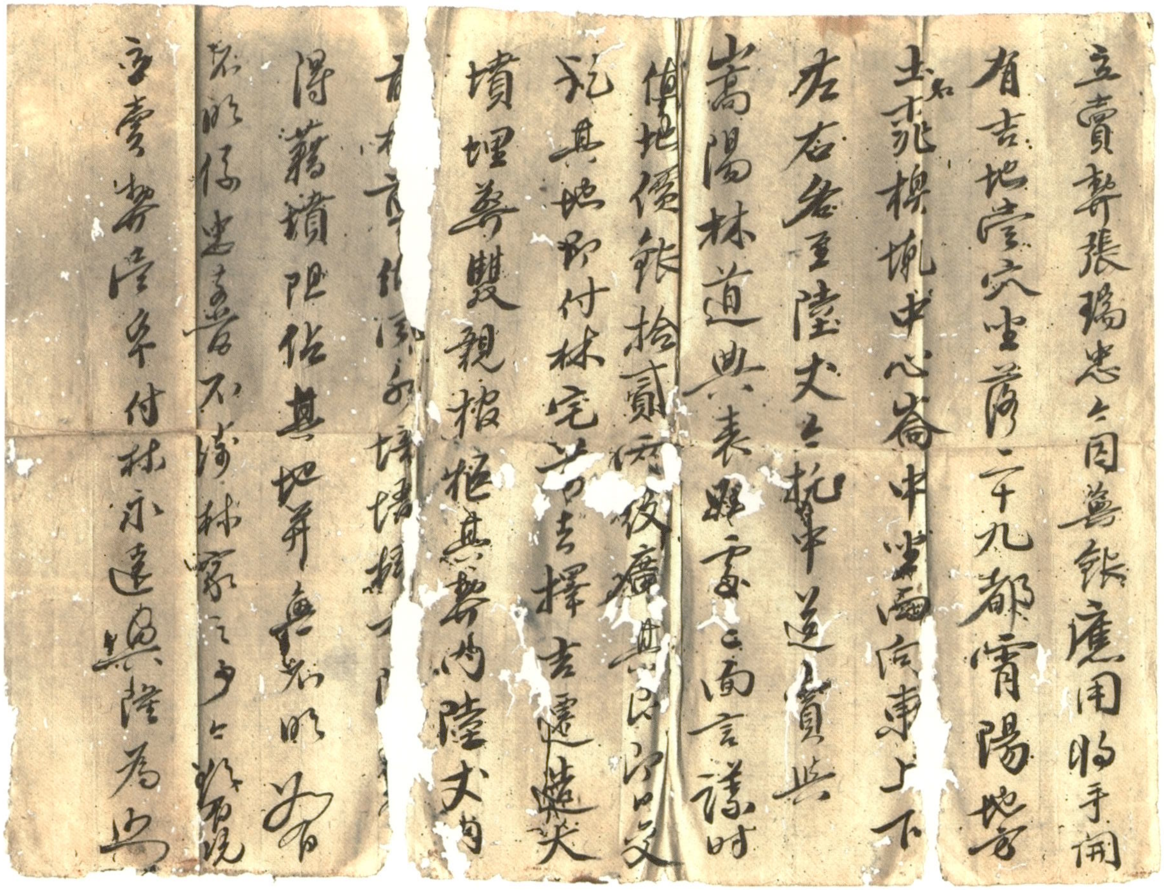

7-2-29-66　清乾隆年間張瑞忠立賣吉地契

立繳契人黃喬文有承買得張厚楚植
林坻壹所坐落本都霄洋地方土名墿
頭其價值四至登載張原契內明白兹
因别置乾中將承買原契送繳與
林伯府叔上即日收訖契價完足其山
即付銀主前去管業並無不明
等情今欲有憑立繳壹帋付照
[illegible]文
中人張厚楚
代字張厚爺
大吉

7-2-29-67 清乾隆年間黃喬文立繳椲林底契

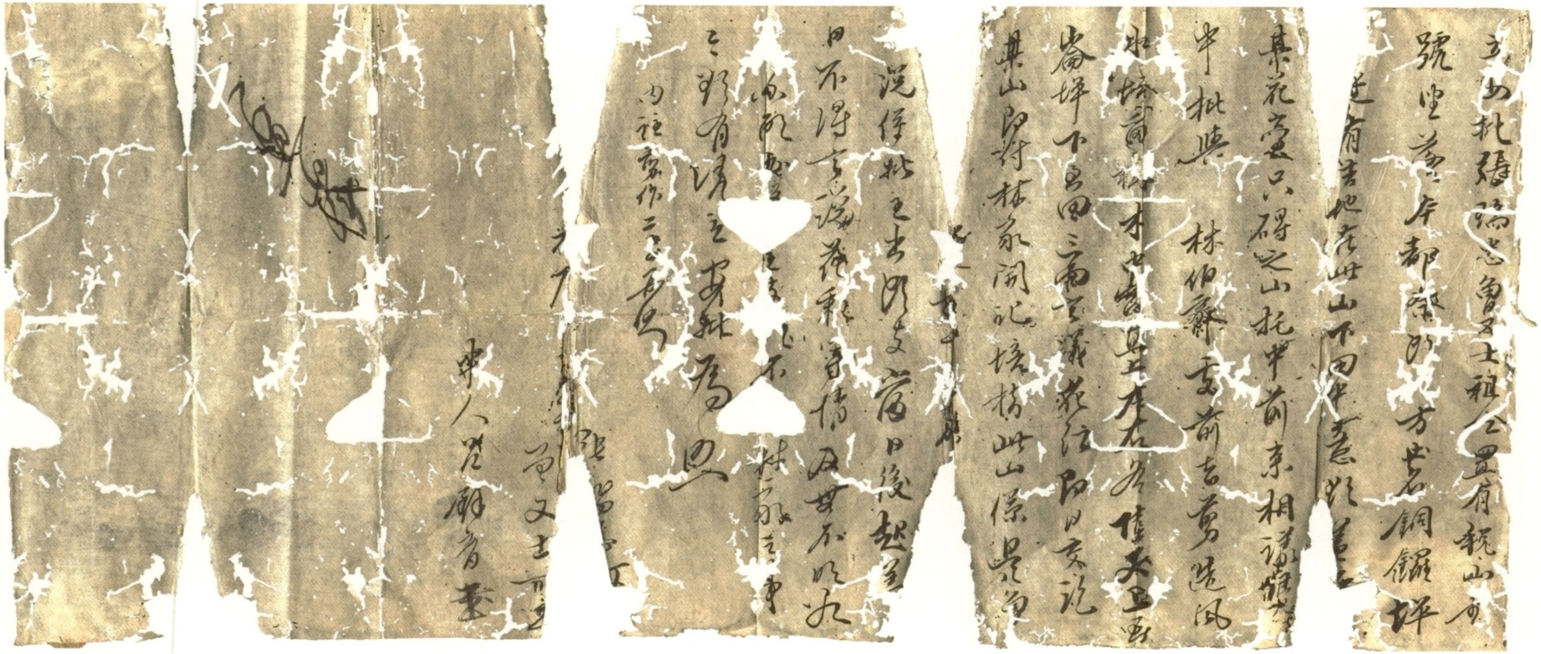

7-2-29-68　清乾隆年間張瑞忠等立安批吉地字

立繳盡字鄭学序，於前年間託出來曾姓昆山洋之
田根面全，其租額、土名、銀兩、粮户俱載原契內明白。今因
原主曾姓要盡，再向與
林猷宗處盡出佛銀叁兩正，其銀即日交訖，其田照舊
付銀主管業办粮。其田期再約五年外，備佛銀照原盡
面贖回。如未贖，以田價業，其銀每兩每年加[illegible]，其粮付原
主曾時發收。今欲有憑，立盡契壹帋，并照外繳曾時發
盡契壹帋，總付為炤。向後期滿之日，或盡或贖，曾、林兩生
妥議，與鄭姓干再照。
嘉慶元年叁月　日立盡契　鄭学序
在見　徐和成
仝見執筆　東立通
大進號

7-2-29-69　清嘉慶元年三月鄭學序立繳盡根面全田字

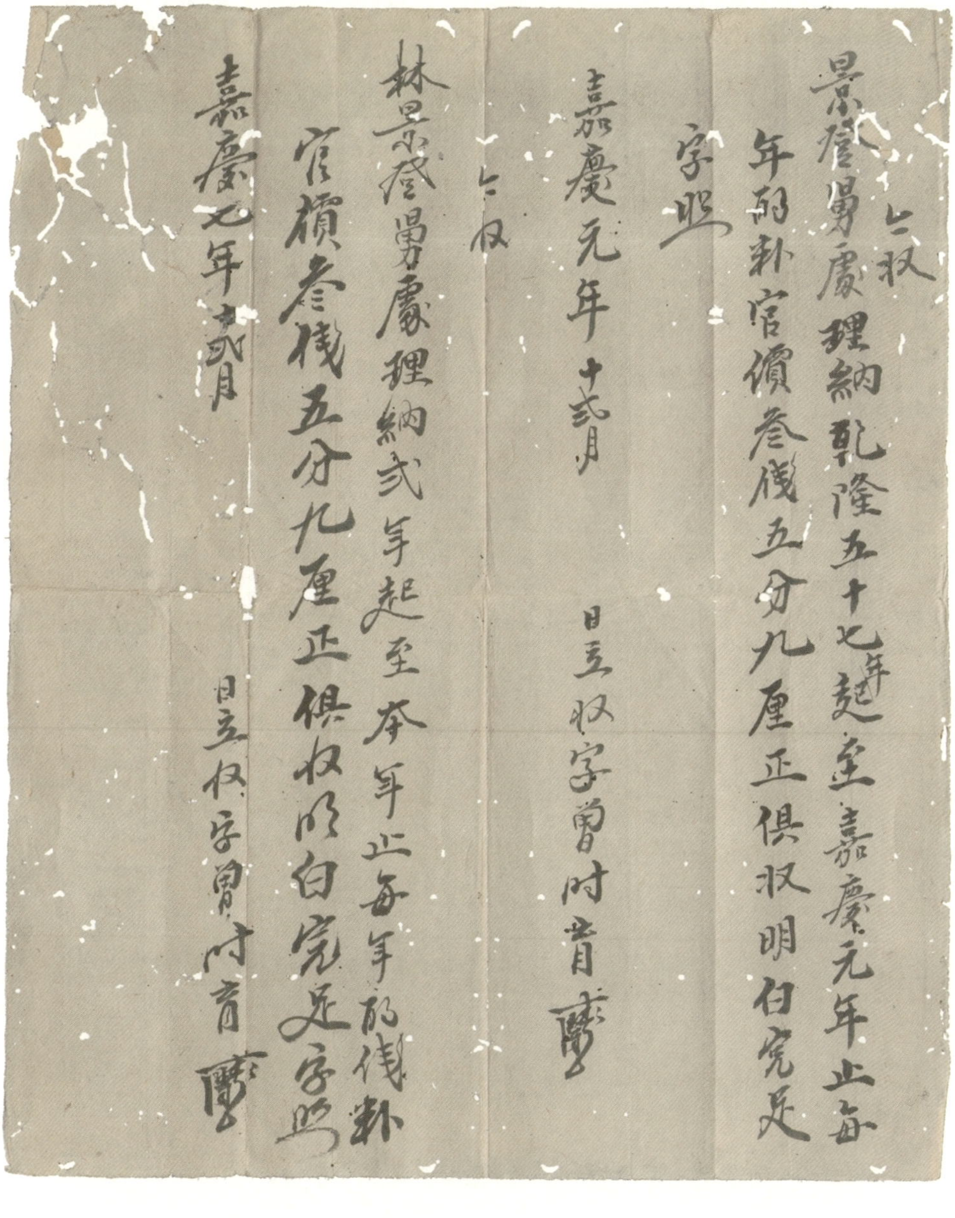
上收
景登舅處理納乾隆五十七年起至嘉慶元年止每
年苗米官價叁錢五分九厘正俱收明白完足
字照
嘉慶元年十二月　日立收字曾時育
上收
林景登舅處理納弍年起至本年止每年苗錢米
官價叁錢五分九厘正俱收明白完足字照
嘉慶元年十二月　日立收字曾時育

7-2-29-70　清嘉慶元年十二月曾時育立收錢糧字

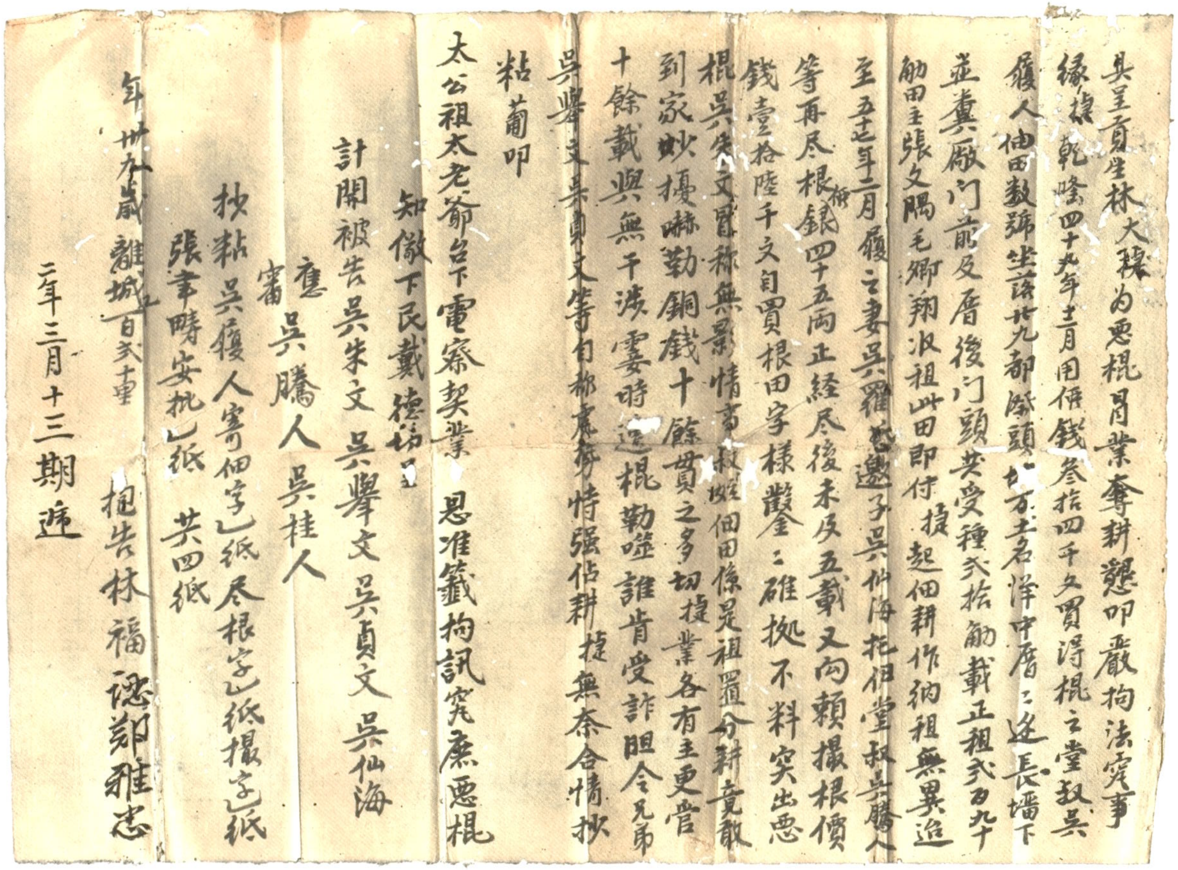
具呈貢生林大捷為惡棍冒業奪耕懇叩嚴拘法究事
緣捷乾隆四十九年十二月用價錢叁拾四千文買得棍之堂叔吳
復人佃田數號坐落廿九都漈頭土名洋中厝之邊長墻下
並眞廠门前及厝後门頭其受種弍拾觔載正租弍百九十
觔田主張文賜毛鄉翔汲祖此田即付捷起佃耕作納租無異迨
至五十七年二月復之妻吳羅氏邀子吳仙海托伊堂叔吳騰人
等再盡根價銀四十五兩正經盡後未及五載又向賴撮根價
錢壹拾陸千文自買根田字樣鑿鑿雖拠不料突出惡
棍吳朱文冒稱無影情由叔姪佃田係是祖置分耕竟敢
到家吵擾嚇勒銅錢十餘貫之多切捷業各有主更嘗
十餘載與無干涉要時遂棍勒噬誰肯受詐胆令兄弟
吳擧文吳貞文等自鄰處奪情強佔耕捷無奈合情抄
粘葡叩
太公祖太老爺台下電察契業恩准籤拘訊究庶惡棍
知儆下民戴德切叩
計開被告吳朱文 吳擧文 吳貞文 吳仙海
應審 吳騰人 吳桂人
抄粘吳復人賣佃字乙紙 盡根字乙紙 撮字乙紙
張聿時安批乙紙 共四紙
年卅五歲 離城一百弍十里
二年三月十三期 遵
抱告林福 保鄰鄭雅志

7-2-29-71　清嘉慶二年三月林大捷具呈狀

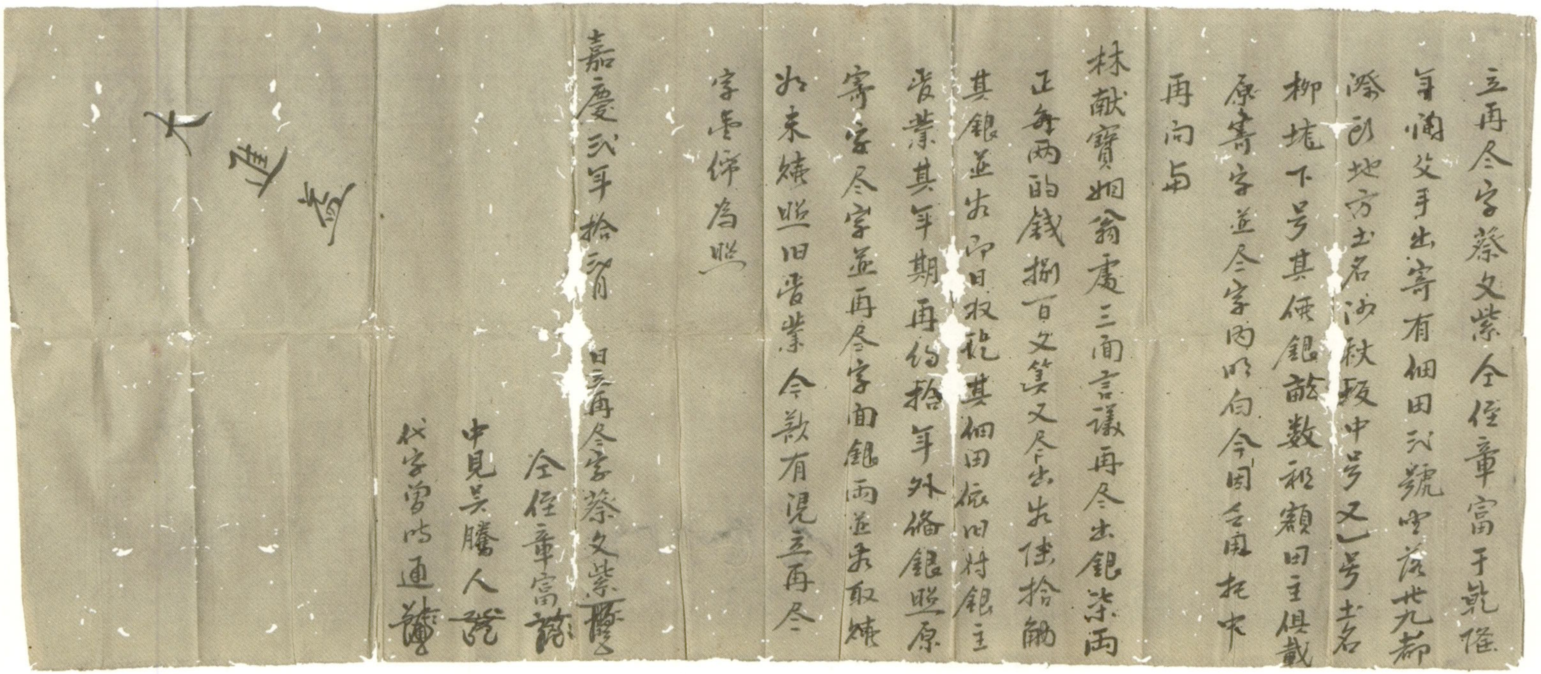

7-2-29-72　清嘉慶二年十二月蔡文紫等立再盡佃田字

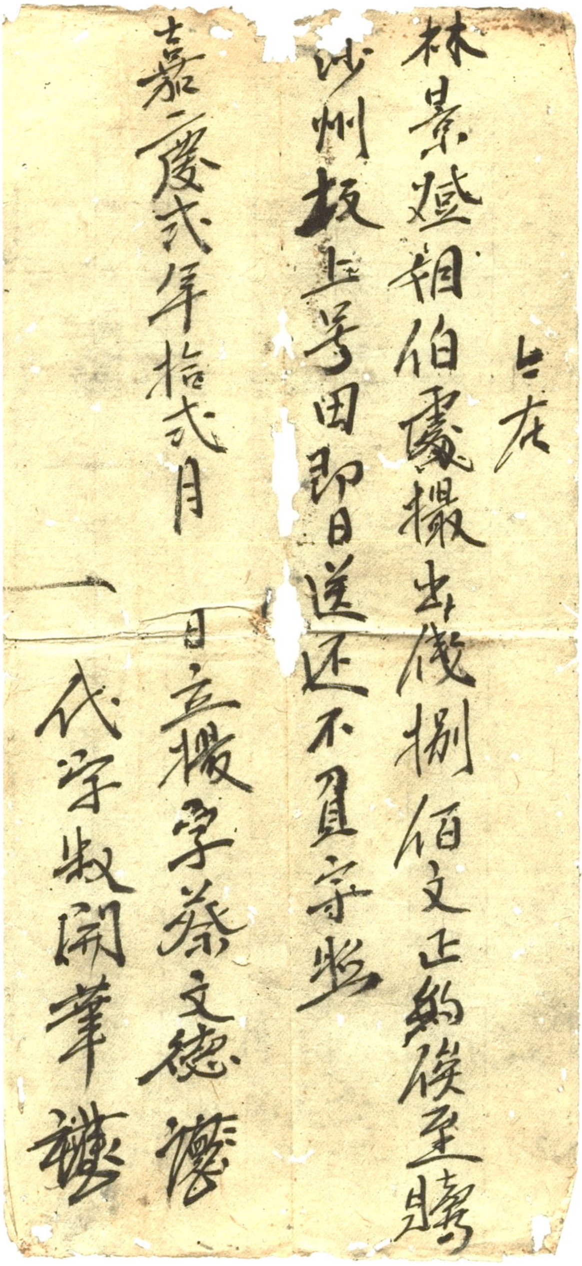

林景斌胡伯處撮出錢捌佰文正，約候至臘 占在
沙州坂上号田，即日送還，不負字照。
嘉慶弍年拾弍月　日立撮字蔡文德（押）
代字牧開華（押）

7-2-29-73　清嘉慶二年十二月蔡文德立撮字

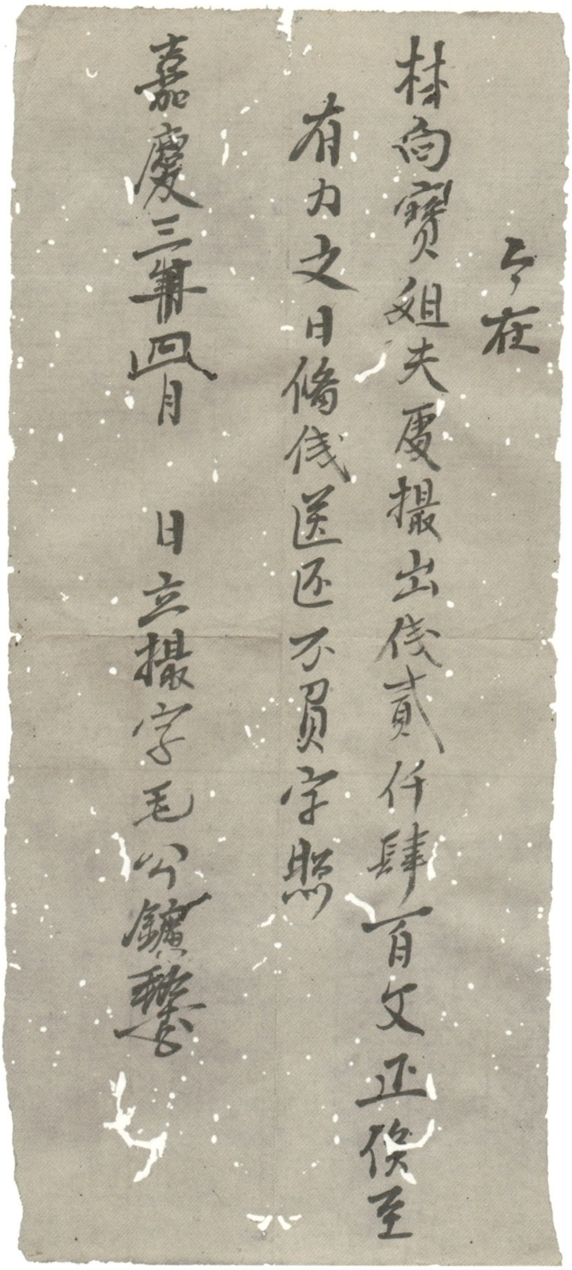
今在
林向寶姐夫處撮出錢貳仟肆百文正，俟至
有力之日備錢送還，不貿，字照。
嘉慶三年四月　日立撮字毛公鑛（花押）

7-2-29-74　清嘉慶三年四月毛公鑛立撮字

立送土記字張允尊自己山內有吉地壹
穴坐落二十九都嵩洋地方土名鷄栂石坐
東向西今因親人相讓將此土記壹穴送
與二十八都
蔡仲浰處前去造墳埋葬父親棺柩時
收花紅銀肆員其銀即日收訖其土記即付蔡
家前去扦剎擇吉興造營葬並一側右杉林任從
管業其禁外付還山主听從其便此山係是
父買已山並無相碍等情如有此情係山主出
頭支理不涉蔡家之事今欲有憑立送字壹
帋為照

嘉慶肆年肆月　日立送字張允尊

在見林毅寶

添丁發甲

7-2-29-75　清嘉慶四年四月張允尊立送土記字

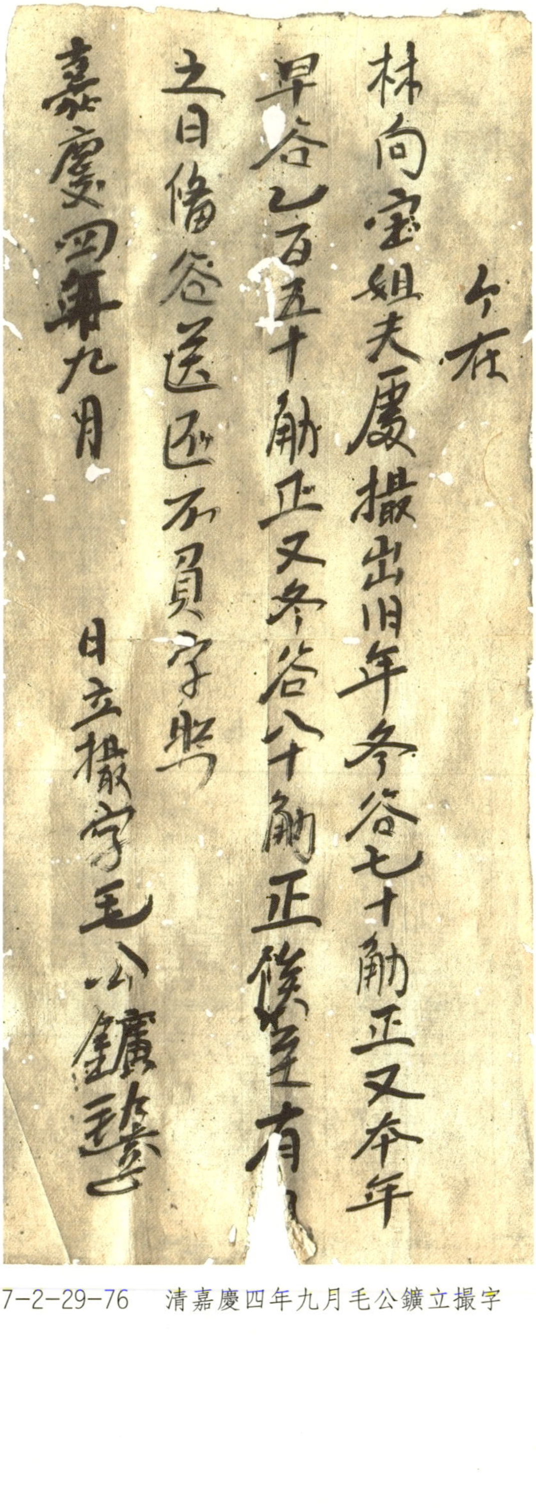
今在
林向宝姐夫處撮出旧年冬谷七十觔正又本年
早谷乙百五十觔正又冬谷八十觔正候至有
土日備谷送还不負字照
嘉慶四年九月　日立撮字毛公鑛

7-2-29-76　清嘉慶四年九月毛公鑛立撮字

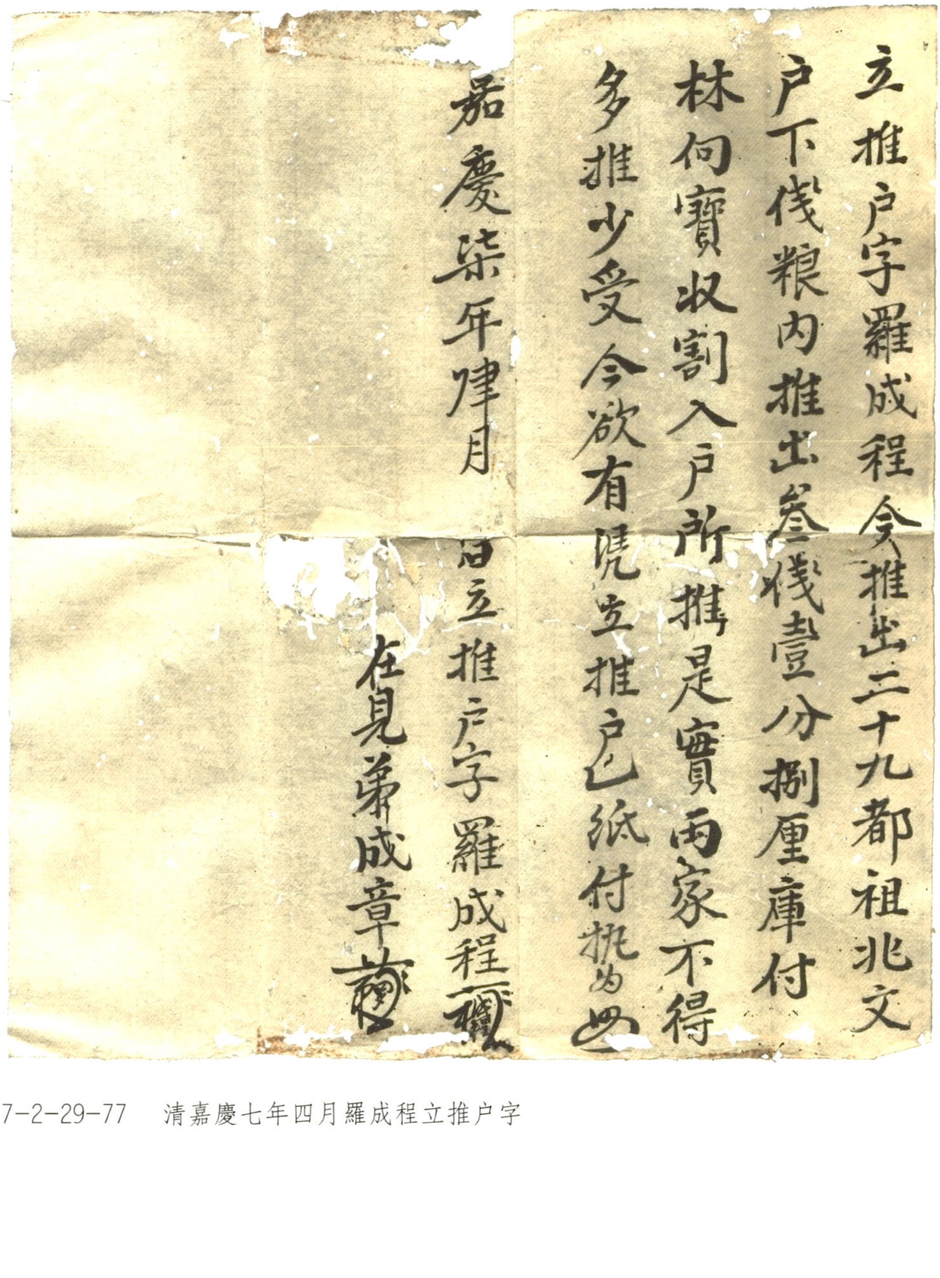

立推户字羅成程，今推出二十九都祖兆文
户下伐粮内推出叁钱壹分捌厘庫付
林向寳收割入户所推是實，两家不得
多推少受。今欲有凭，立推户字壹纸付执为照。

嘉慶柒年肆月　日立推户字羅成程（押）
在見弟成章（押）

7-2-29-77　清嘉慶七年四月羅成程立推户字

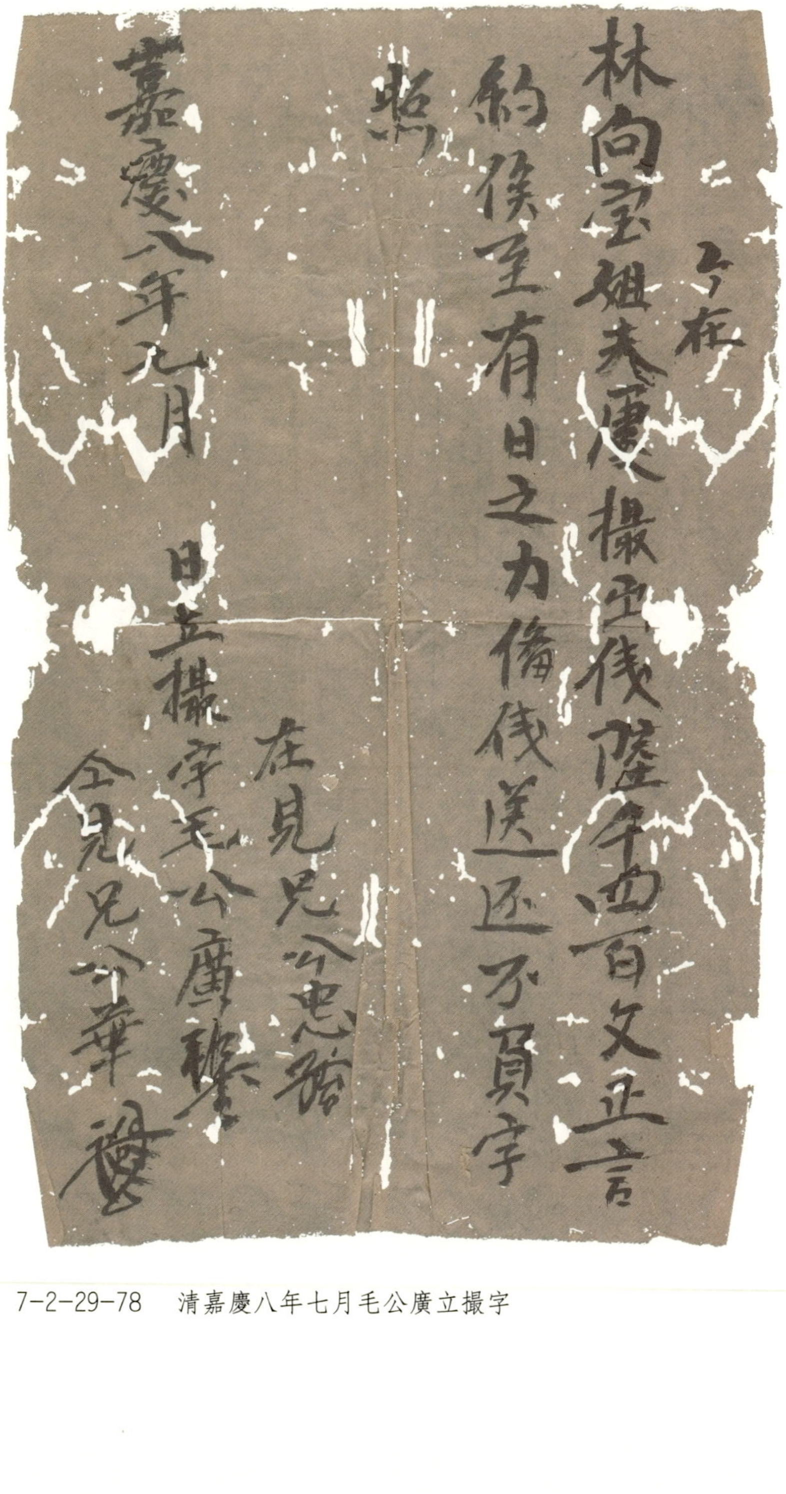
今在
林向宝姐夫廣撮出錢陸千四百文正言
約候至有日之力備錢送還不負字
照
嘉慶八年九月　日立撮字毛公廣（押）
在見兄公忠（押）
仝見兄公華（押）

7-2-29-78　清嘉慶八年七月毛公廣立撮字

立繳寄佃根字陳用周，于嘉慶捌年拾弍月間，手贌得陳起
德佃田壹號，坐落二十九都青[illegible]
種壹畝正，年載正租穀壹石捌拾觔，租桶[illegible]受
[illegible]
林錦發姻親爲業，三面言議，時收原價銀貳拾陸兩
正，每兩折錢捌百文扣，其銀即日隨字交訖，其田根即付銀
主前去管業，起佃耕作納租，任從其便。此佃田係周自己
手置，與伯叔兄弟侄無干，先前並未曾重張典當他人
財物，及來歷交加不明等情，如有此情，周出頭支理，不涉
銀主之事。田租年清年款，斤粒無欠。其年期言約叁年限滿
之日，原[illegible]贖，或盡林家自行支理，與周無干。今欲有憑，
[illegible]
嘉慶拾年拾弍月　日立繳寄佃根字陳用周（押）
代字[illegible]德國（押）

7-2-29-79　清嘉慶十年十二月陳用周立繳寄佃田根字

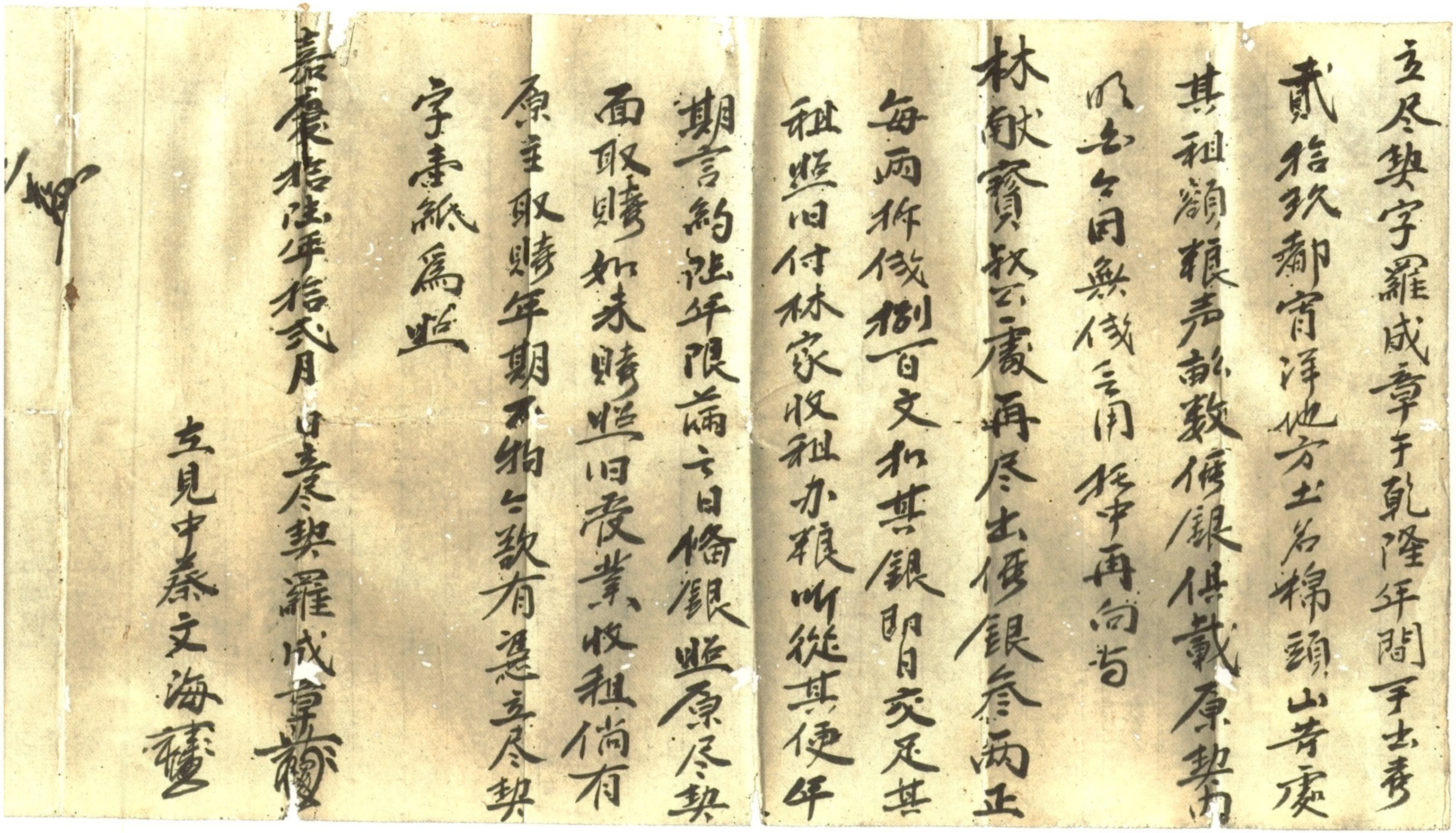

立盡契字羅成章于乾隆年間手出秀
貳拾玖都宵洋地方土名棉頭山青處
其租額粮声畝數價銀俱載原契內
明白今因無錢急用托中再向首
林猷寶叔公處再盡出價銀叁兩正
每兩折錢捌百文扣其銀即日交足其
租照旧付林家收租办粮听從其便年
期言約陸年限滿之日備銀照原盡契
面取贖如未贖照旧管業收租倘有
原主取贖年期不夠之欵有憑立盡契
字壹紙為照
嘉慶拾陸年拾貳月　日立盡契羅成章（押）
立見中蔡文海（押）

7-2-29-80　清嘉慶十六年十二月羅成章立盡屯田租契

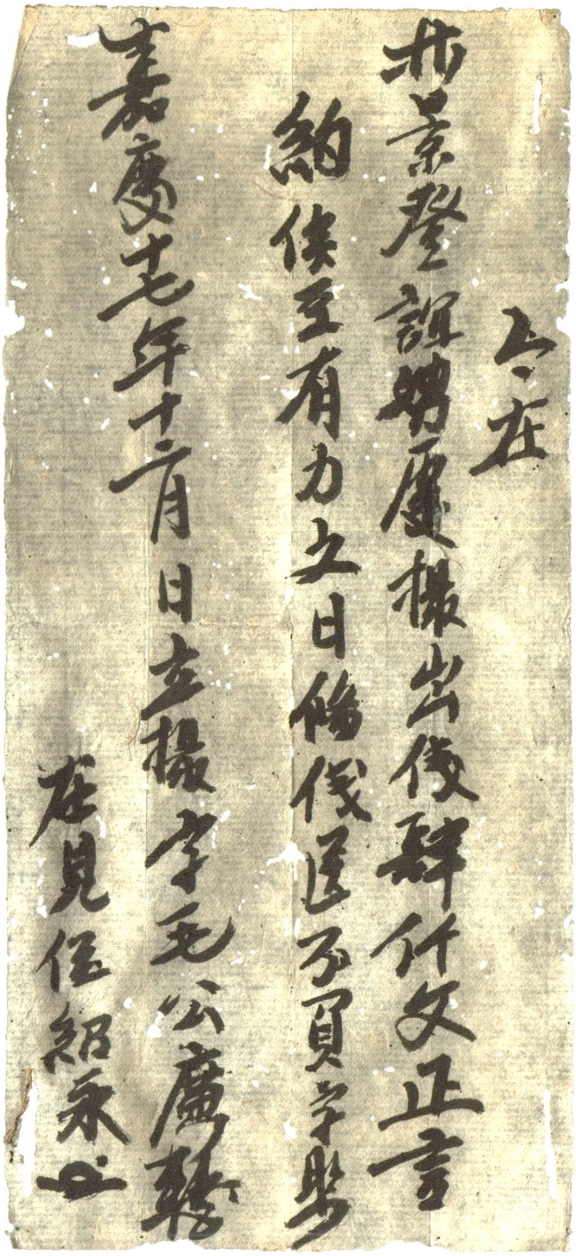
今在
林景登諱明廣撮出錢肆仟文正，言
約俟至有力之日備錢退還字據
嘉慶十七年十二月　日立撮字毛公廣（押）
在見侄紹永（押）

7-2-29-81　清嘉慶十七年十二月毛公廣立撮字

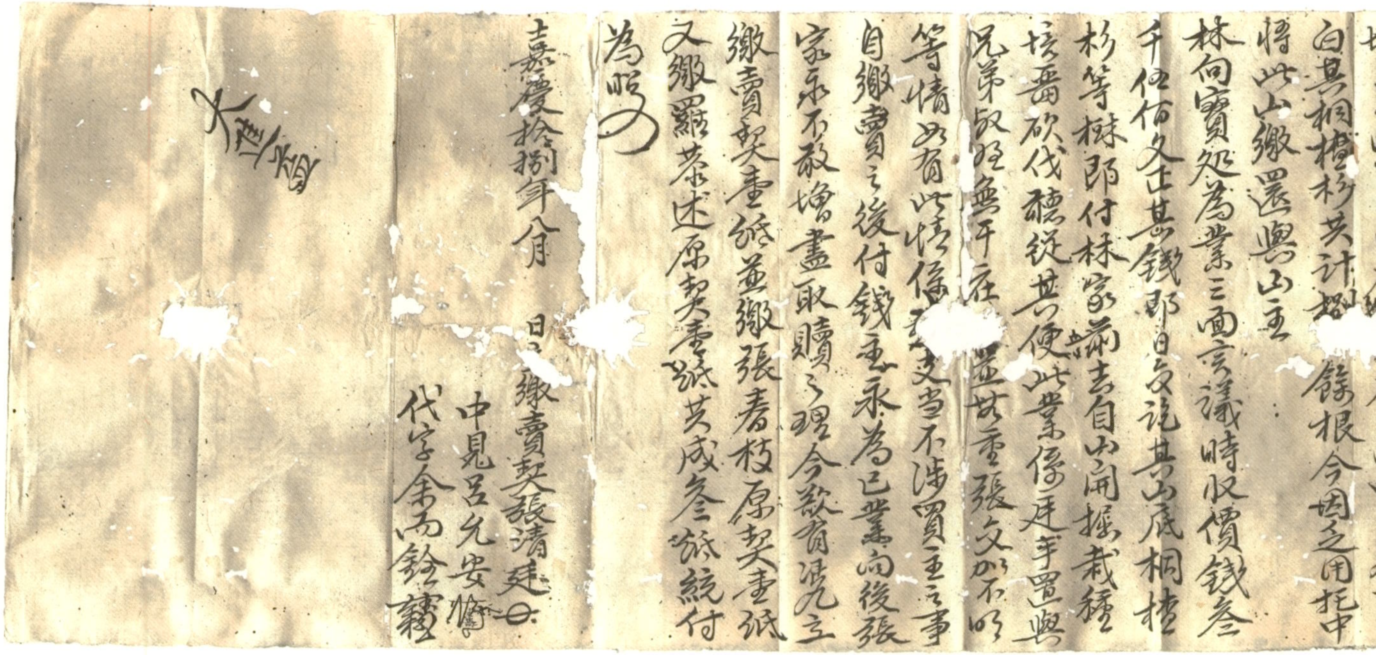

立繳賣契張清廷手買得張春枝有桐
楂杉壹所坐址二十九都清洋地方土名赤壠
坑上至田下至田左至[illegible]右至田四至界限明
白其桐楂杉共計捌[illegible]餘根今因乏用托中
將此山繳還與山主
林向寶邊為業三面言議時收價錢叁
千伍佰文正其錢即日交訖其山底桐楂
杉等樹即付林家前去自山開採栽種
培蓄砍伐聽從其便此業係廷手置與
兄弟叔姪無干在並無重張交加不明
等情如有此情係廷支當不涉買主之事
自繳賣之後付錢主永為己業而後張
家永不敢增盡取贖之理今欲有憑凡立
繳賣契壹紙並繳張春枝原契壹紙
又繳羅蔡述原契壹紙共成叁紙統付
為照

嘉慶拾捌年八月　日立繳賣契張清廷(押)
中見呂允安(押)
代字余尚銓(押)

7-2-29-82　清嘉慶十八年八月張清廷立繳賣桐楂杉契

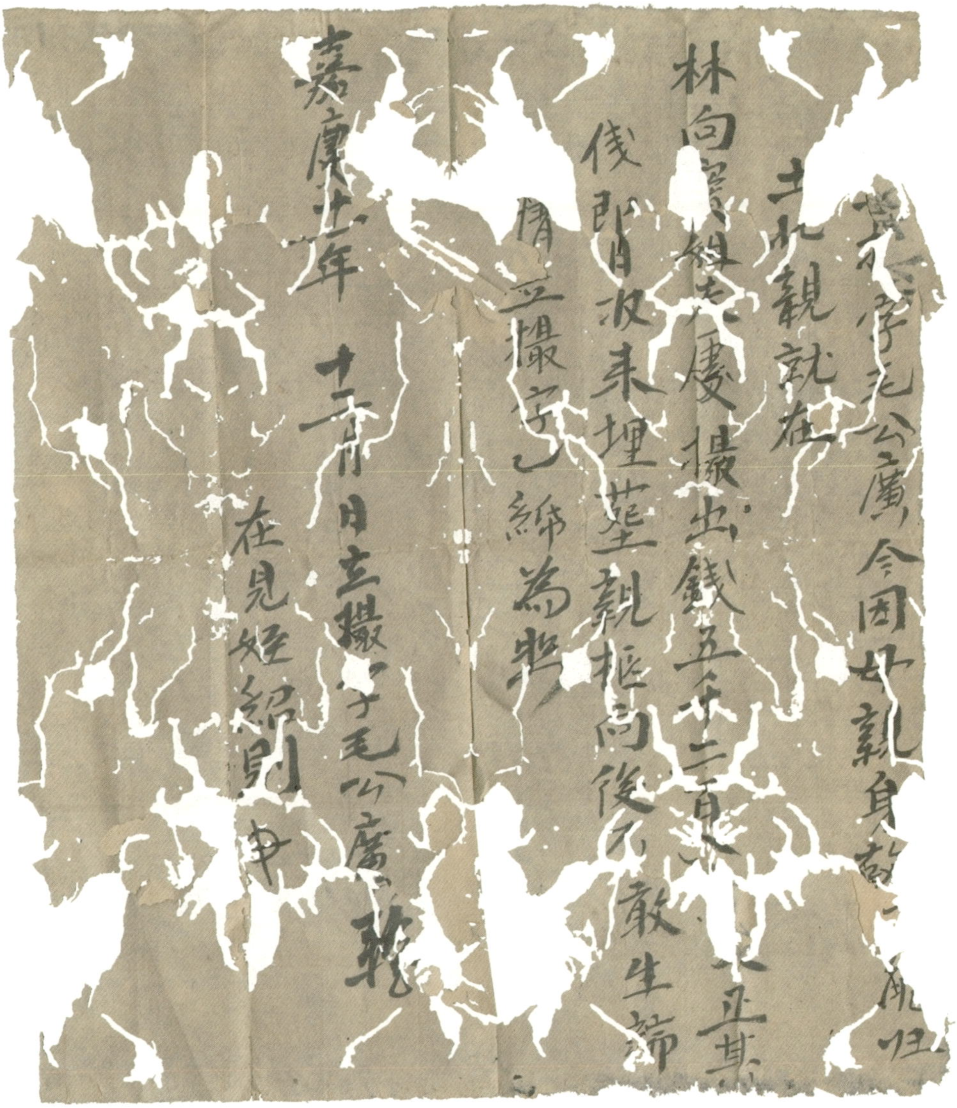
立撮字毛公廣，今因母親身故，無[illegible]
土水親就在
林向寶錫夫處撮出錢五千二百文，其
錢即日收來埋葬親柩，向後不敢生端
情，立撮字一紙為照。
嘉慶廿年　十二月　日立撮字毛公廣（押）
在見姪紹則（押）

7-2-29-83　清嘉慶二十年十二月毛公廣立撮字

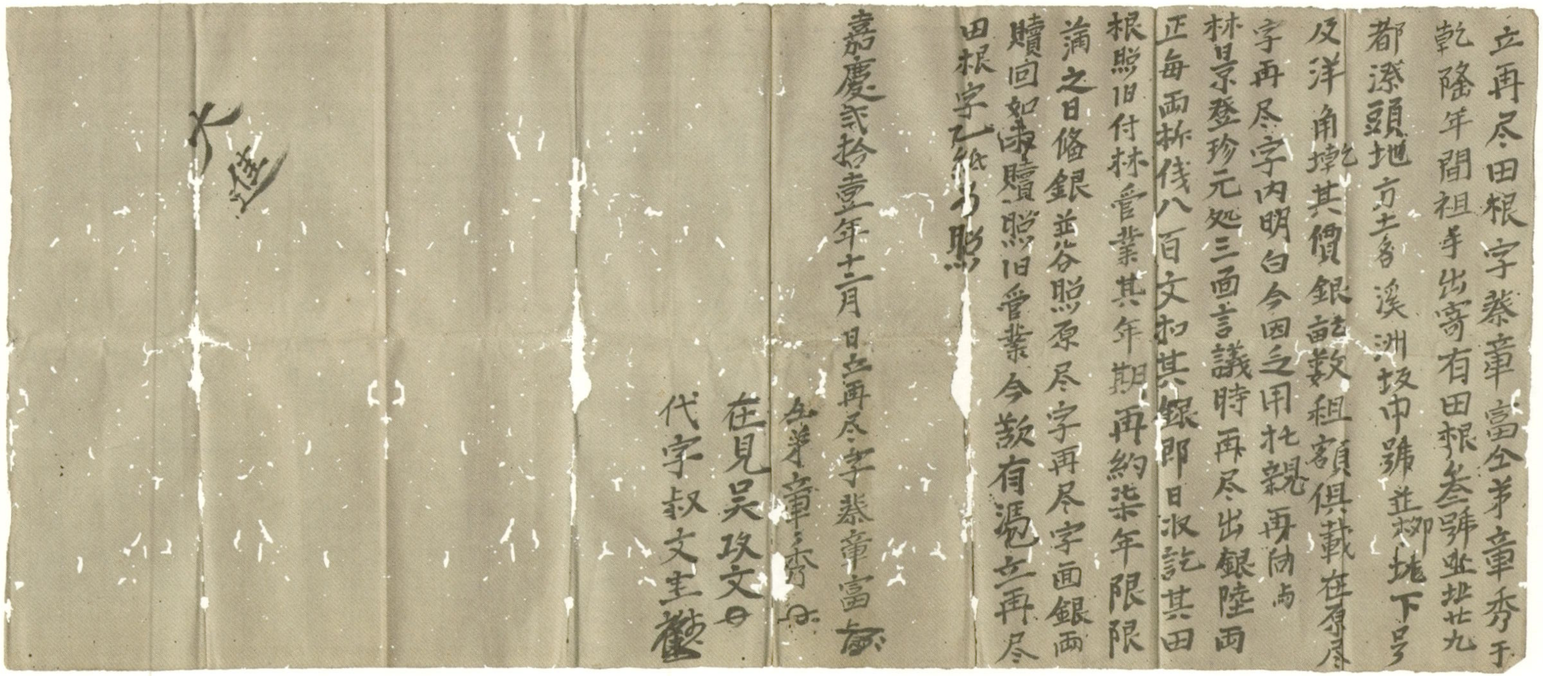
立再尽田根字蔡章富仝弟章秀于
乾隆年間祖手出寄有田根叁號址廿九
都深頭地方土名溪洲坂中號並柳埕下号
及洋角墘其價銀話數租額俱載在原尽
字再尽字内明白今因乏用托親再向與
林景登珍元処三面言議時再尽出銀陸兩
正每兩折伐八百文和其銀即日收訖其田
根照旧付林管業其年期再約柒年限限
滿之日備銀並谷照原尽字再尽字面銀兩
贖回如未贖照旧管業今欲有憑立再尽
田根字一紙付照
嘉慶貳拾壹年十二月　日立再尽字蔡章富(押)
仝弟章秀(押)
在見吴玫文(押)
代字叔文生(押)
大進

7-2-29-84　清嘉慶二十一年十二月蔡章富等立再盡田根字

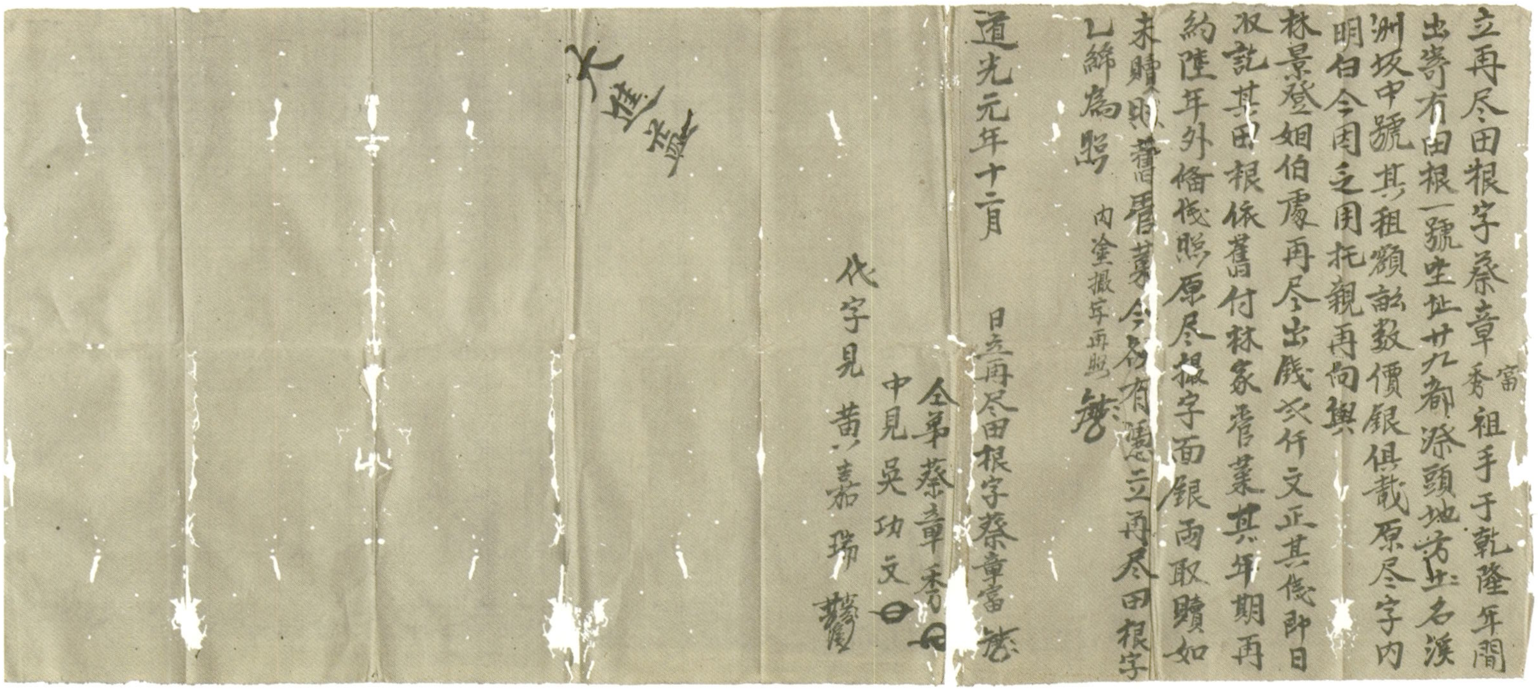
立再尽田根字蔡章秀富祖手于乾隆年間
出嵜有田根一號坐址廿九都漈頭地方土名溪
洲坂中號其租額谷數價銀俱載原尽字内
明白今因乏用托親再向與
林景登姻伯處再尽出錢六仟文正其錢即日
收訖其田根依舊付林家耕業其年期再
約陸年外備錢照原尽根字面銀兩取贖如
未贖照舊耕業今欲有憑立再尽田根字
一紙爲照
内塗撮字兩照
道光元年十二月　日立再尽田根字蔡章富
仝弟蔡章秀
中見吳功文
代字見黄嘉瑞
大吉

7-2-29-85　清道光元年十二月蔡章富等立再盡田根字

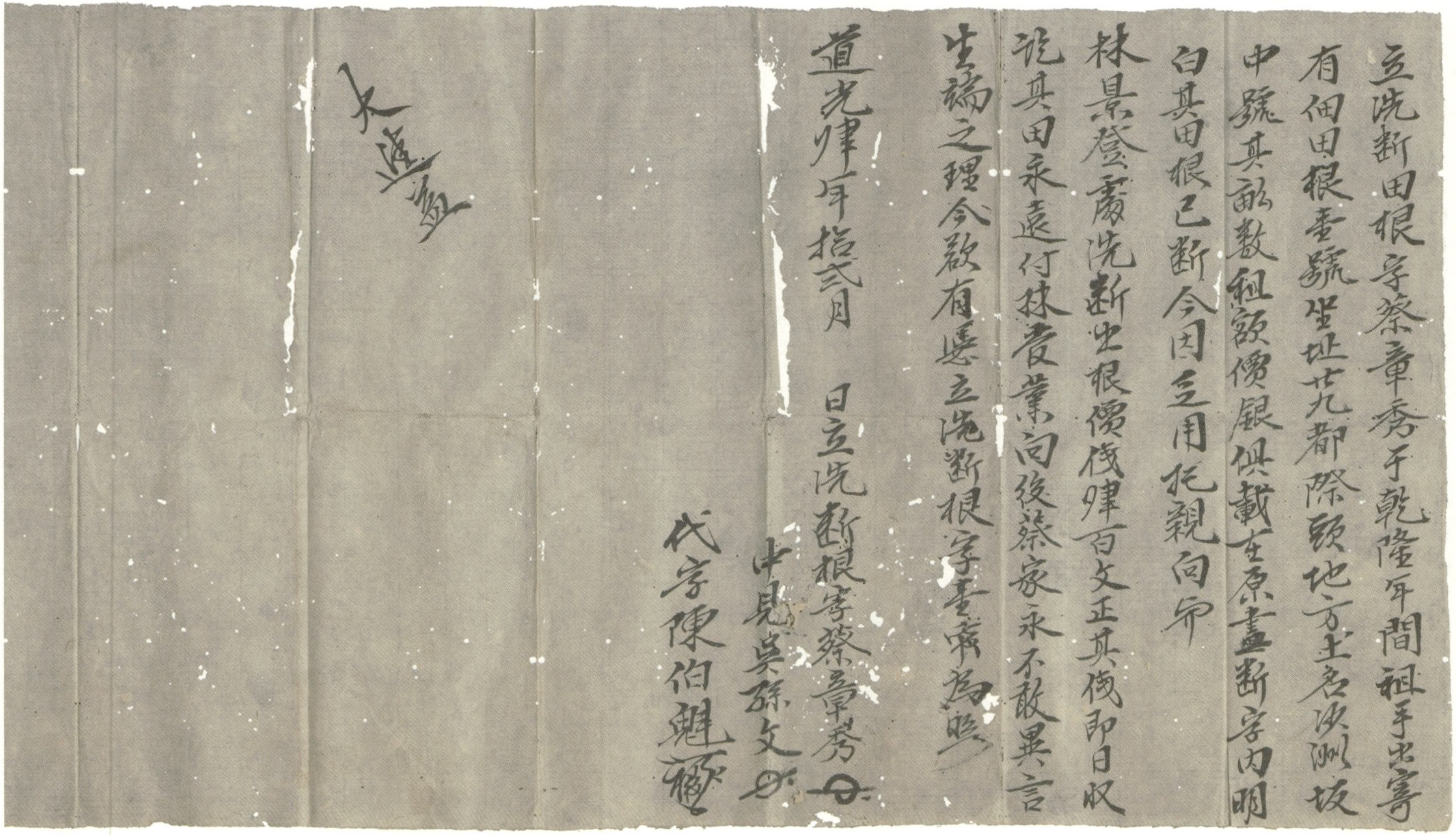

7-2-29-86　清道光四年十二月蔡章秀立洗斷佃田根字

立洗斷田根字蔡章秀，于乾隆年間祖手出賣
有佃田根壹號，坐址廿九都際頭地方，土名溪洲坂
中號，其畝數租額價銀俱載在原盡斷字內明
白，其田根已斷，今因乏用，托親向
林景發處洗斷出根價錢肆百文正，其錢即日收
訖，其田永遠付林管業，向後蔡家永不敢異言
生端之理，今欲有憑，立洗斷根字壹紙爲照。
道光肆年拾貳月　日立洗斷根字蔡章秀（押）
中見吳孫文（押）
代字陳伯魁（押）
大進益

7-2-29-87 清道光七年□月林門金氏立賣根面全公輪民田契

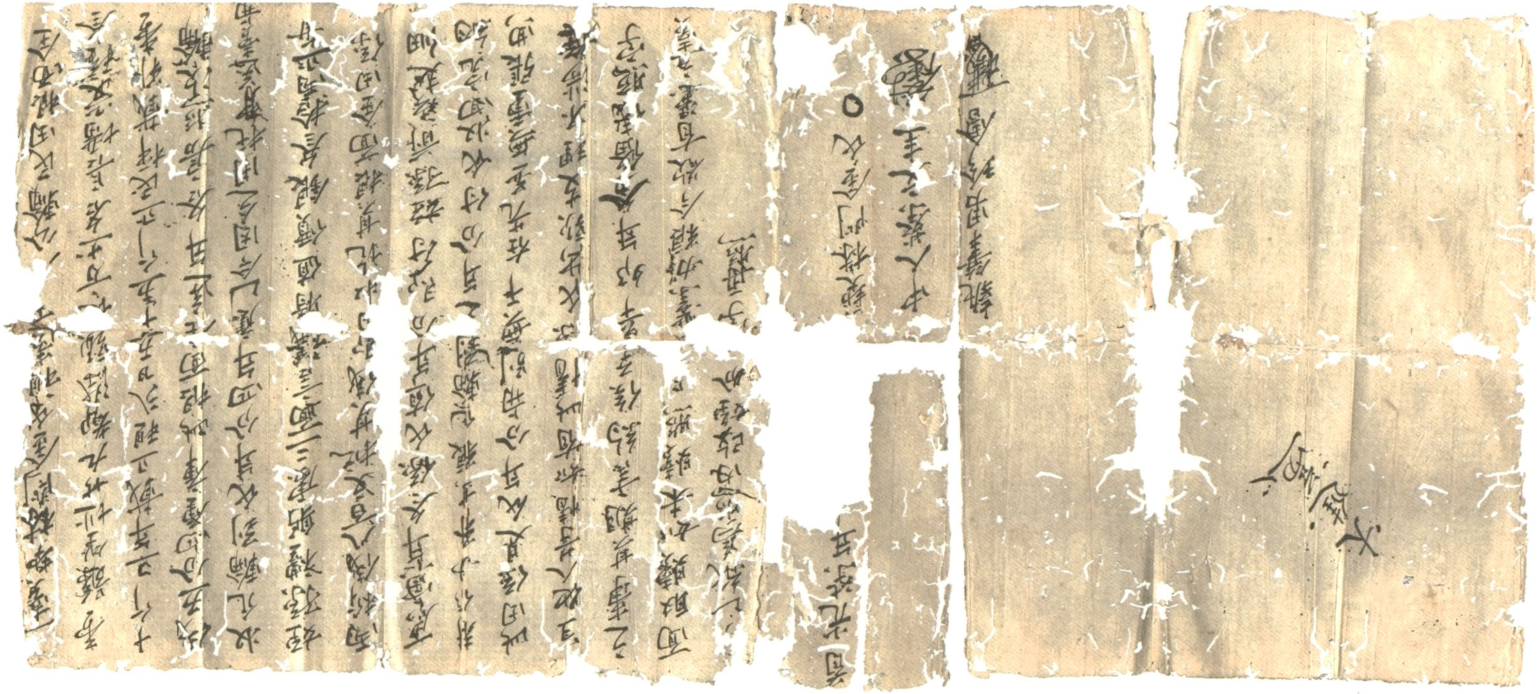

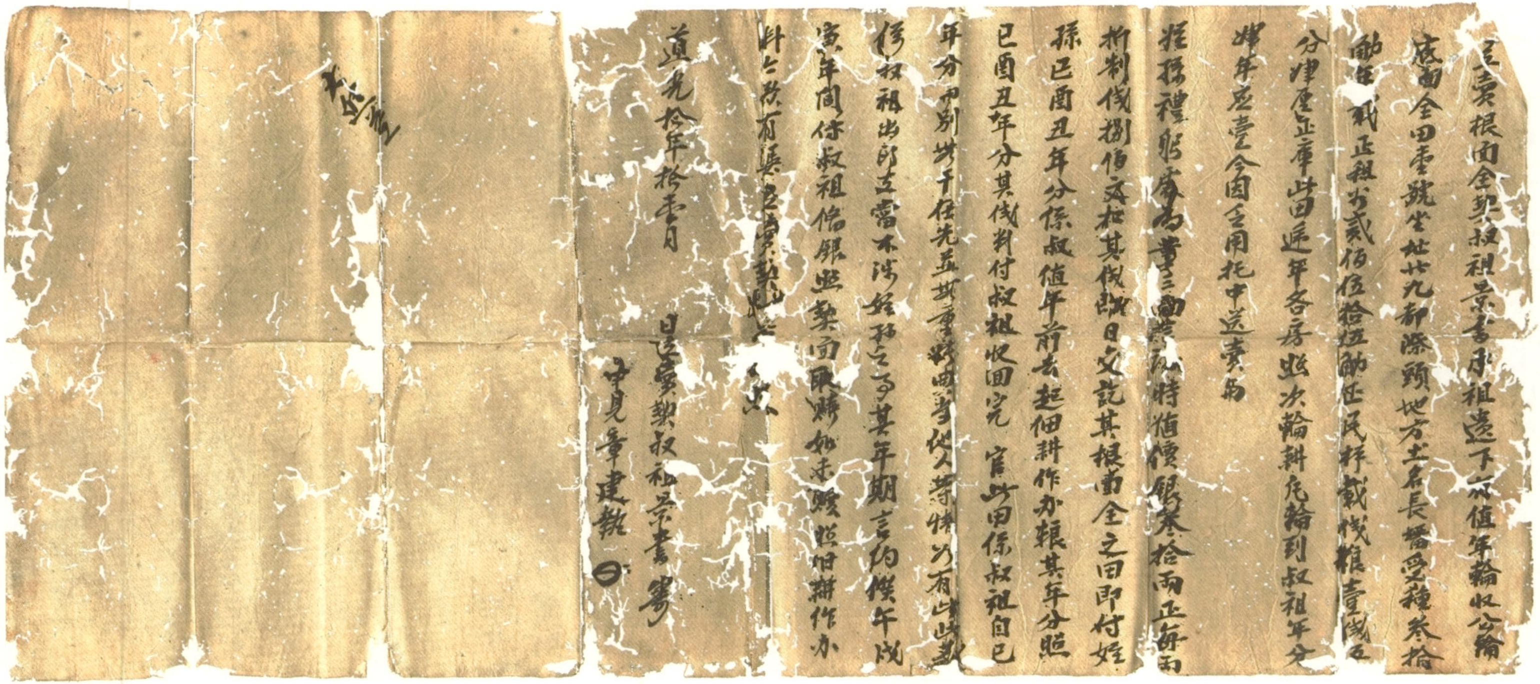

7-2-29-88　清道光十年十一月林景書立賣根面全田契

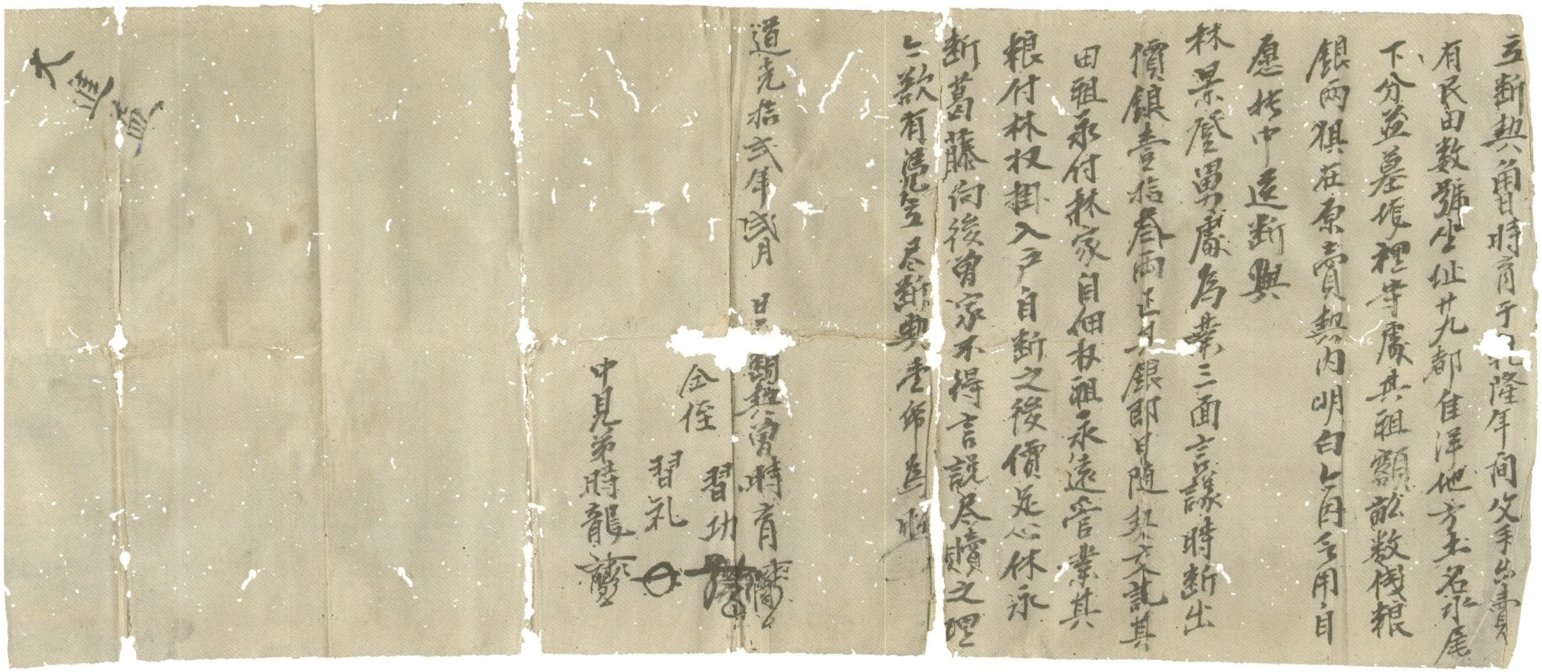

立斷契與曾時育，于乾隆年間父手出賣
有民田數號，坐址廿九都佳洋地方，土名水尾
下分並墓後裡等處，其租額畝數錢糧
銀兩俱在原賣契內明白。今因乏用，自
愿托中送斷與
林景歷男處為業。三面言議，時斷出
價銀壹拾叁兩正，其銀即日隨契交訖。其
田租永付林家自佃收租，永遠管業。其
糧付林收割入戶。自斷之後，價足心休，永
斷葛藤，向後曾家不得言說盡贖之理。
今欲有憑，立盡斷契壹紙為照。

道光拾貳年貳月　日立　斷契人曾時育（押）
全侄　習功
　　　習禮
中見弟　時龍（押）

大進益

7-2-29-89　清道光十二年二月曾時育等立斷民田契

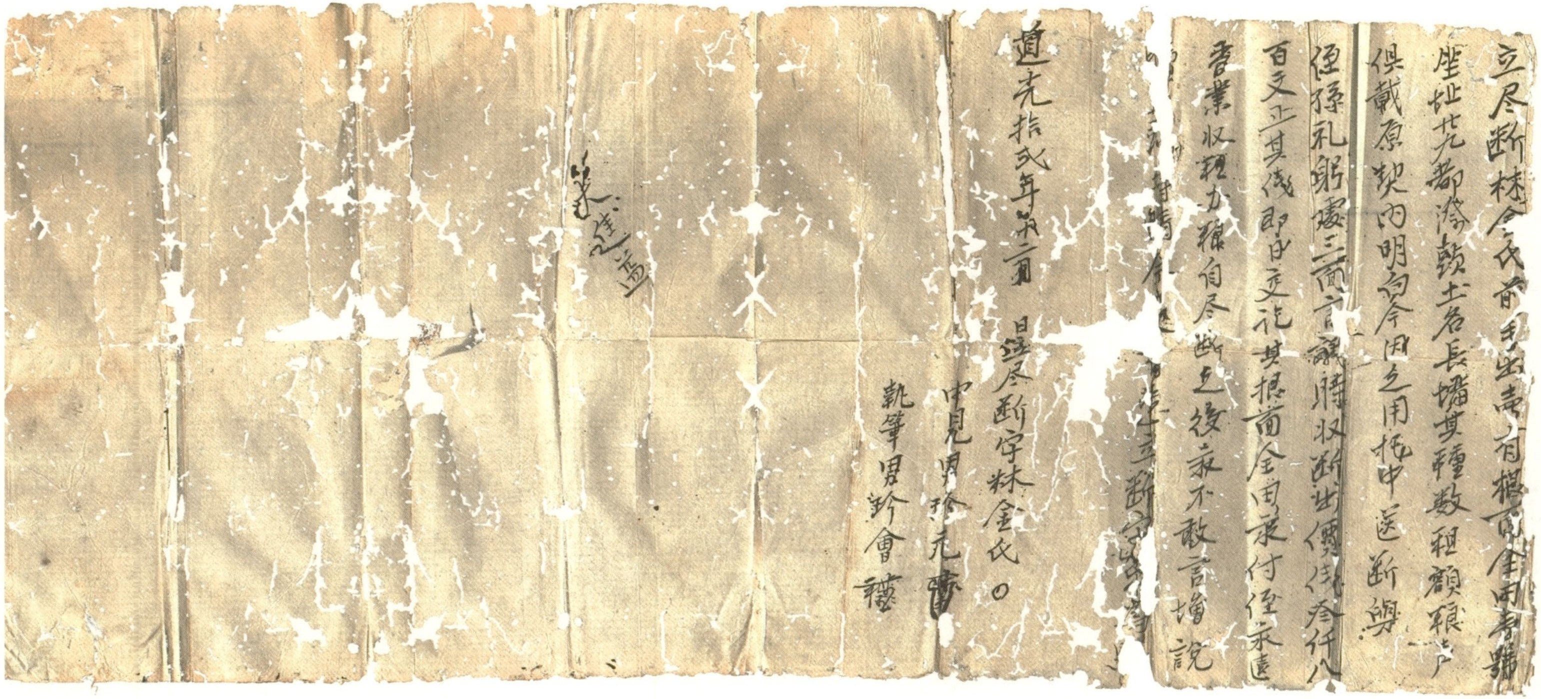

7-2-29-90　清道光十二年十二月林金氏立盡斷根面全田字

7-2-29-91　清道光十四年五月林禮基等立合約字

7-2-29-92　清道光十六年二月林珍會立洗斷根面全田字

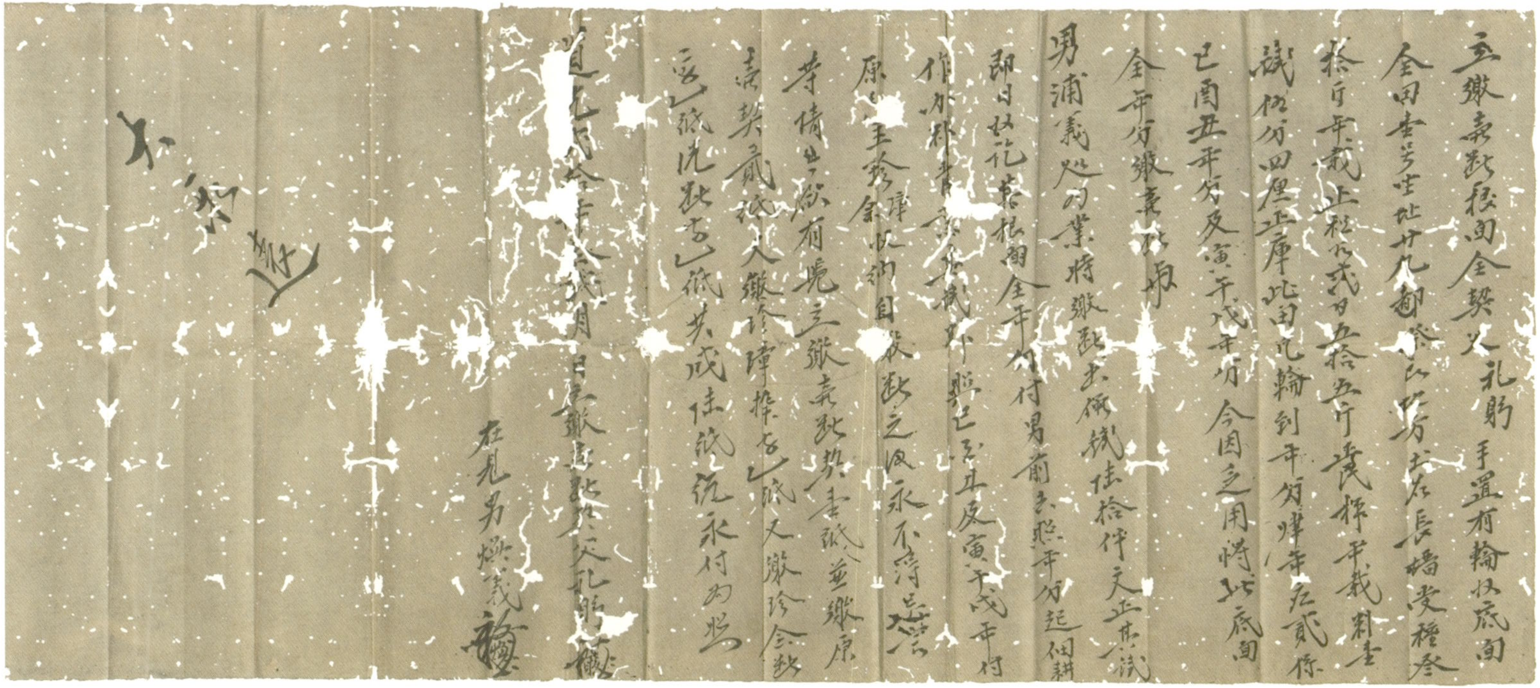

7-2-29-93　清道光二十年十二月林礼躬立繳賣斷輪收根面全田契

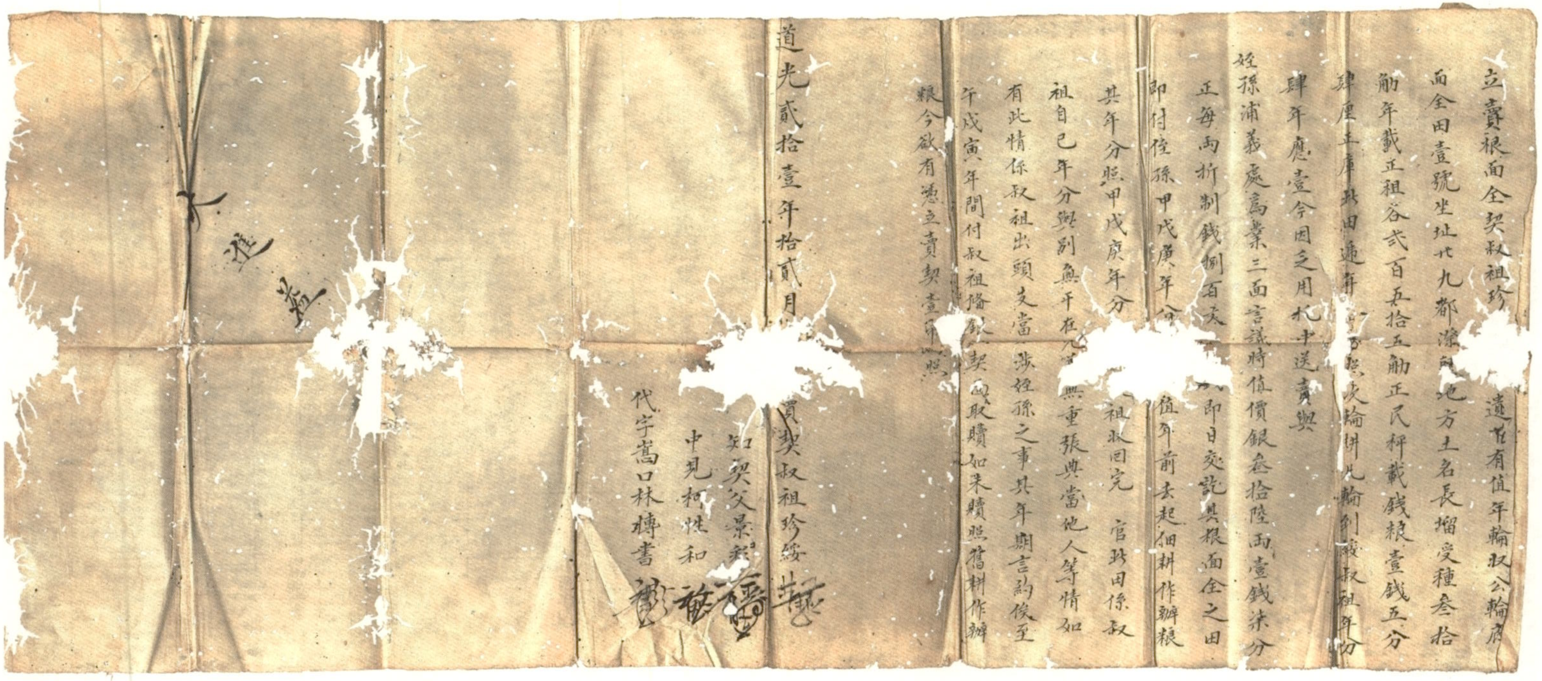

7-2-29-94　清道光二十一年十二月林珍綏立賣根面全田契

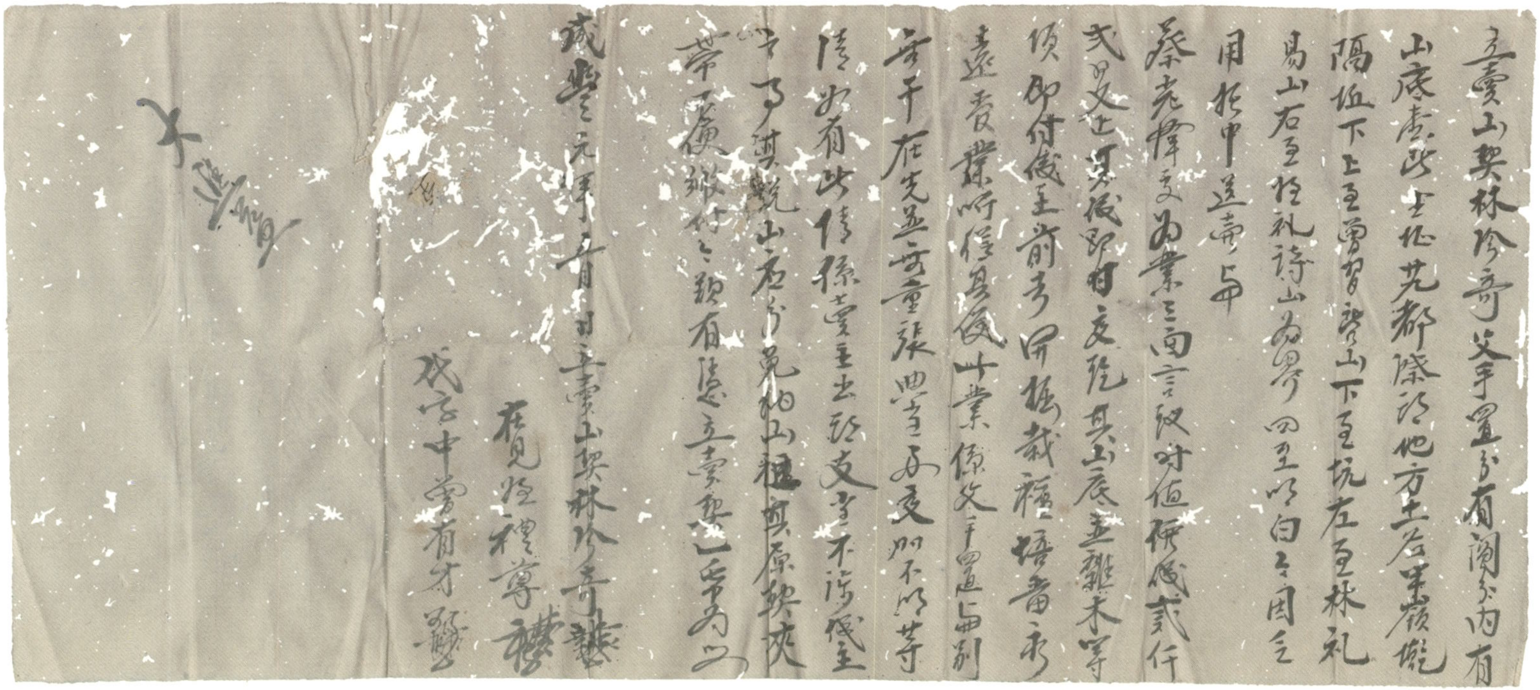

7-2-29-95　清咸豐元年五月林珍奇立賣山底契

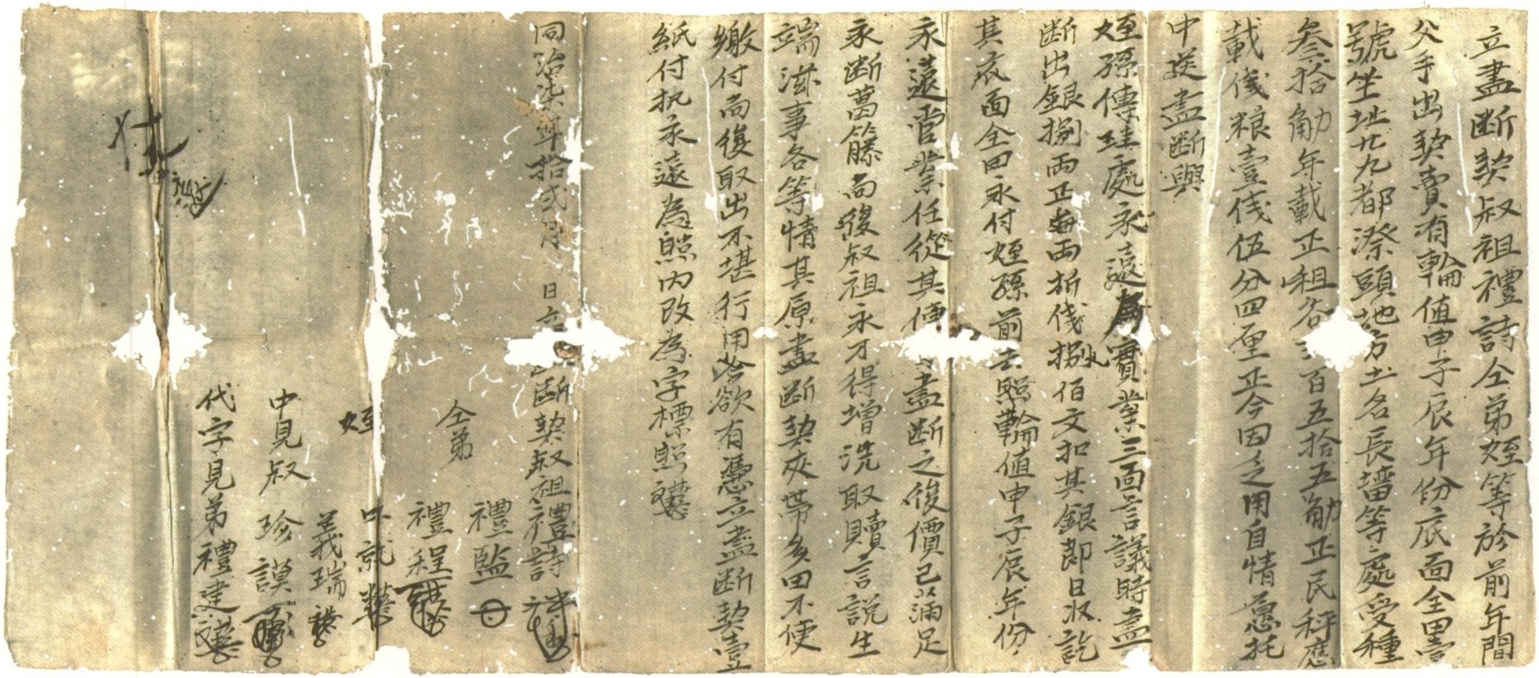

立盡斷契叔祖禮詩仝弟姪等，於前年間
父手出契賣有輪值甲子辰年份底面全田壹
號，坐址九都漈頭地方，土名長壋等處，受種
叁拾觔，年載正租谷三百五拾五觔正，民秄米
載錢粮壹錢伍分四厘正。今因乏用，自情愿托
中送盡斷與
姪孫傳璉處，永遠為業。三面言議，時盡
斷出銀捌兩正，每兩折錢捌佰文，扣其銀，即日收訖。
其底面全田永付姪孫前去照輪值甲子辰年份
永遠管業，任從其便。盡斷之後，價已滿足，
永斷葛藤，而後叔祖永不得增洗取贖，言說生
端滋事各等情。其原盡斷契夾帶多田不便
繳付，而後取出不堪行用。今欲有憑，立盡斷契壹
紙付執，永遠為照。内改為字標照。

同治柒年拾弍月　日立盡斷契叔祖禮詩（押）
仝弟　禮監（押）　禮程（押）
姪　中就（押）　義瑞（押）
中見叔　珍謨（押）
代字見弟　禮建（押）

林

7-2-29-96　清同治七年十二月林禮詩等立盡斷輪值底面全田契

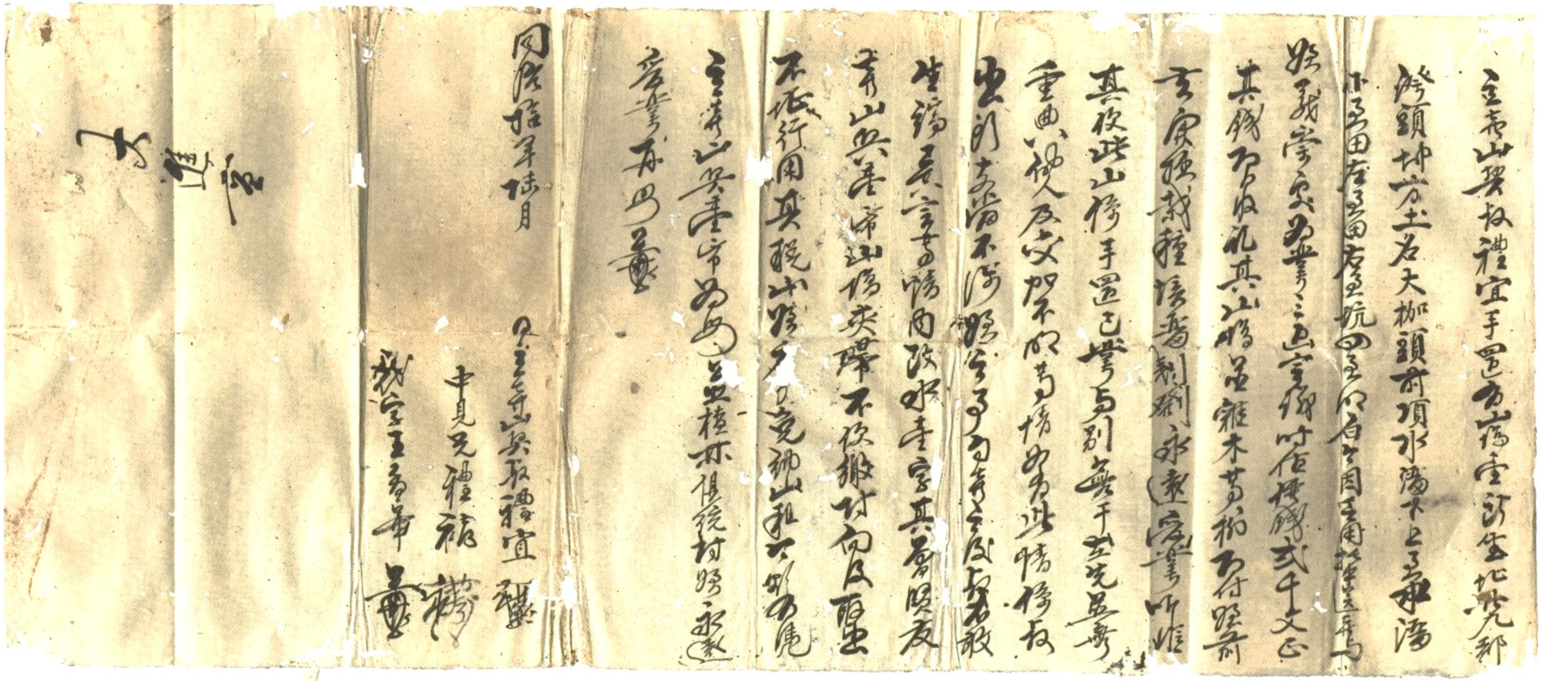
立賣山契林禮宣手置有山場壹所，坐址[illegible]
際頭坪，土名大柳頭前，項水流下止[illegible]
[illegible]
[illegible]
其錢即日收訖，其山場並雜木等物，即付買主[illegible]
[illegible]栽種，蓄養，剗剉，永遠為業。[illegible]
其(?)山場手置己業，與別房兄弟[illegible]
[illegible]
[illegible]
[illegible]
[illegible]
[illegible]
立賣山契壹紙[illegible]永[illegible]
[illegible]

同治拾年陸月 日立賣山契林禮宣（押）
中見兄禮福（押）
代筆[illegible]（押）

7-2-29-97 清同治十年六月林禮宣立賣山場契

7-2-29-98　清光緒二年十二月林礼標立賣山契（廢契）

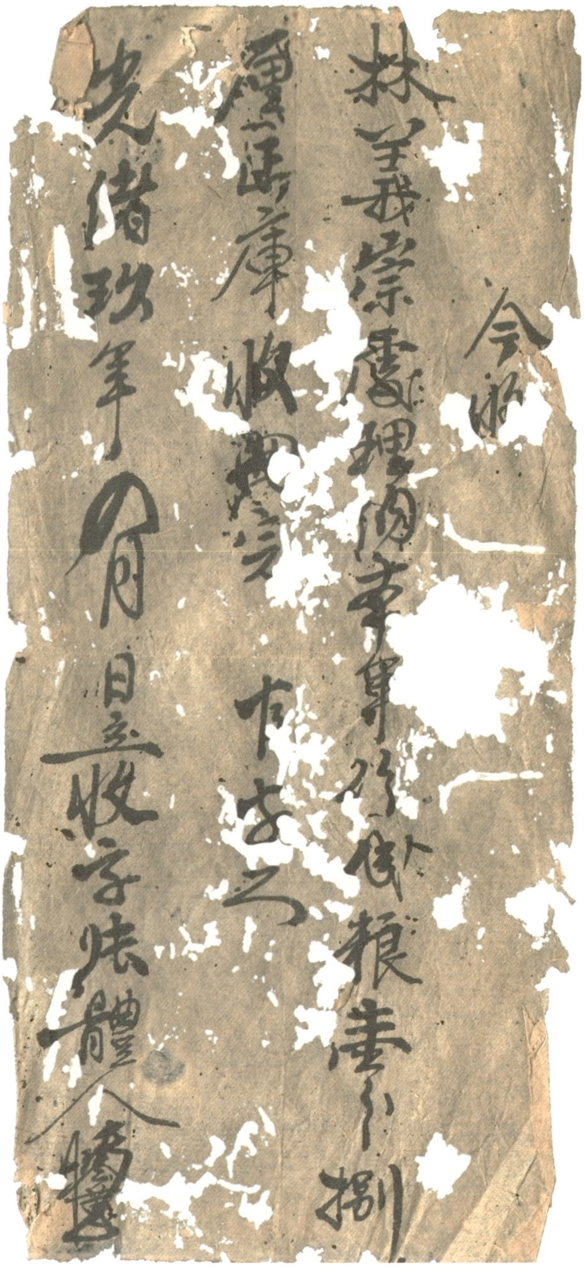
今收
光緒玖年四月 日立收字張體

7-2-29-99　清光緒九年四月張體人立收錢糧字（一）

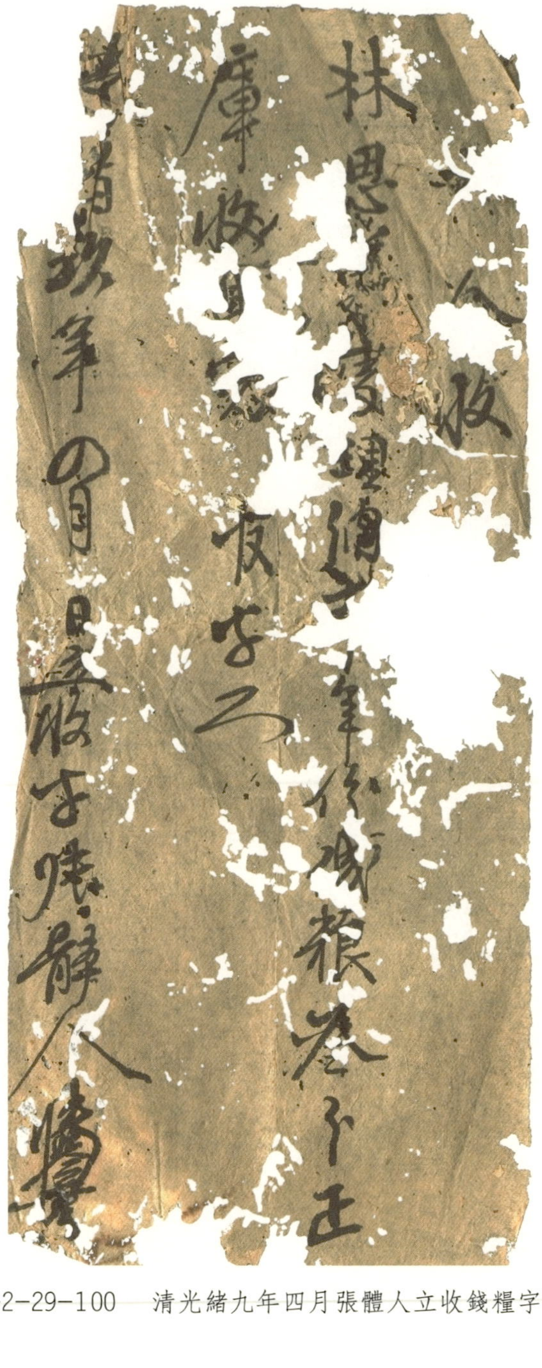

7-2-29-100　清光緒九年四月張體人立收錢糧字（二）

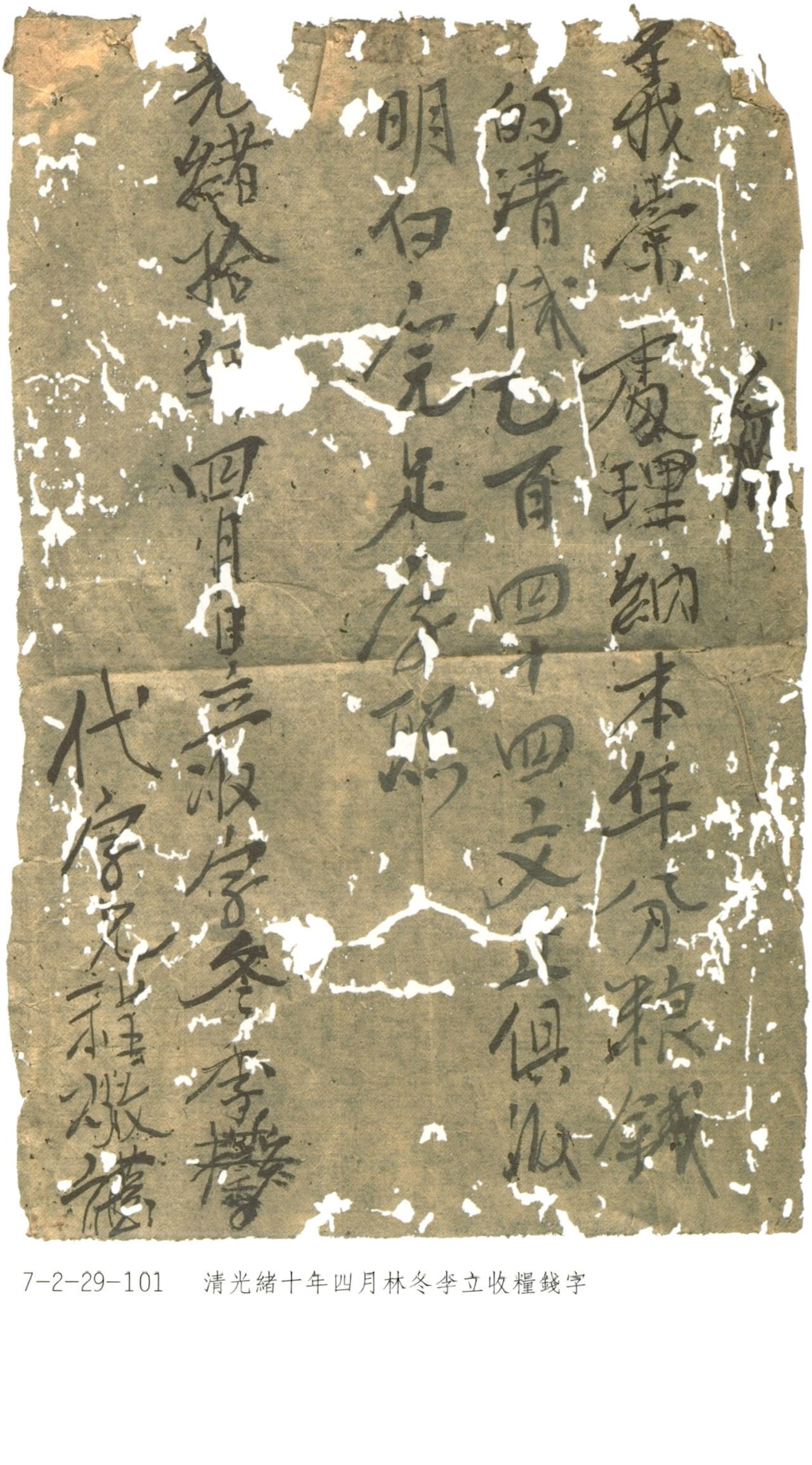
義崇處理納本年份糧錢
的清錢七百四十四文正俱收
明白完足，李照
光緒拾年四月　日立收字冬李押
代字兄祖淼筆

7-2-29-101　清光緒十年四月林冬李立收糧錢字

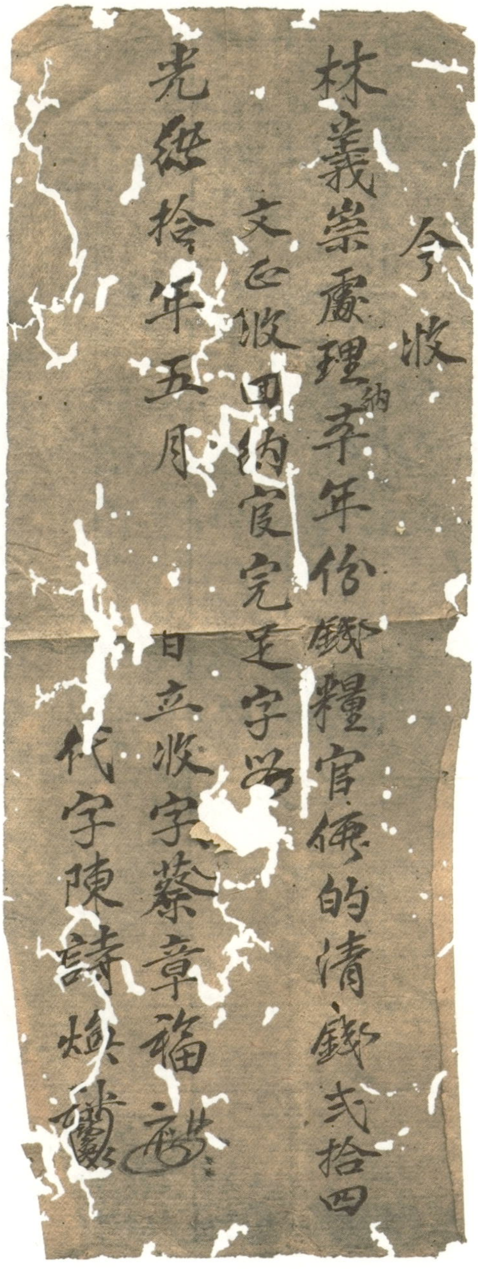

今收

林義崇處理納本年份錢糧官佛的清錢弍拾四

文正收回納官完足字照

光緒拾年五月　　日立收字蔡章福（押）

代字陳詩煥（押）

7-2-29-102　清光緒十年五月蔡章福立收錢糧字

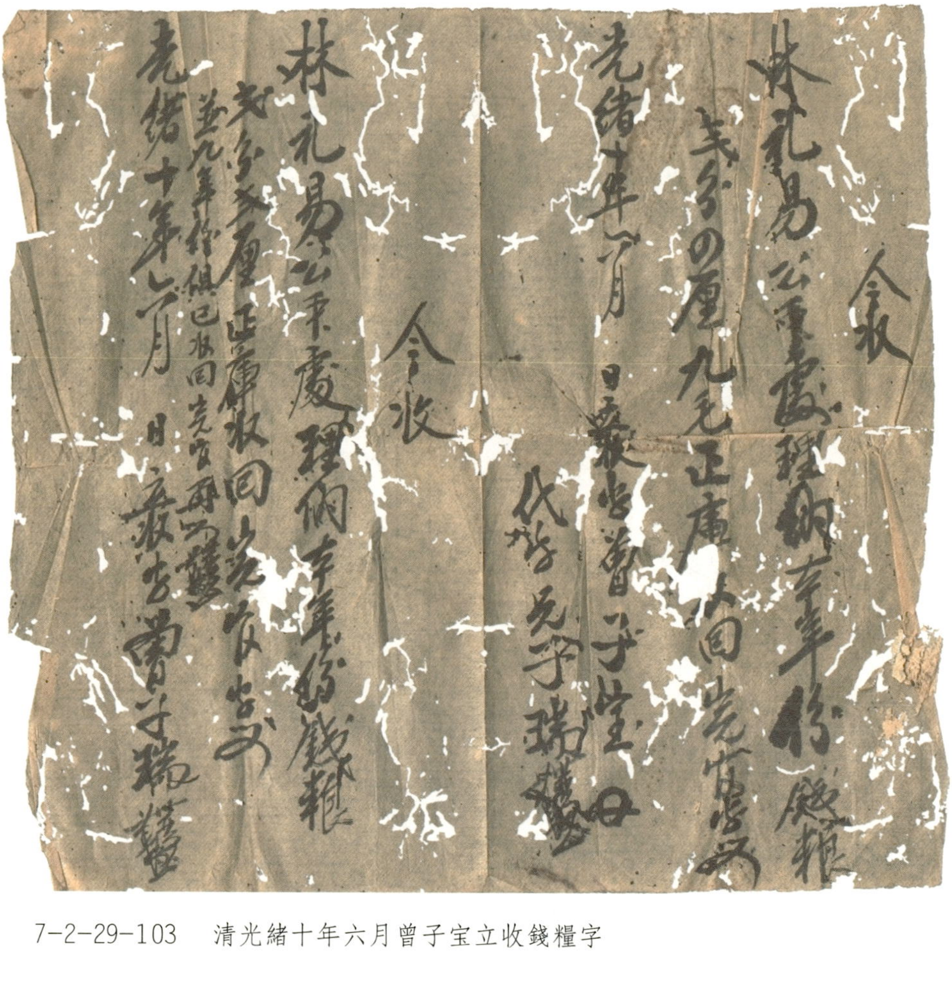

7-2-29-103　清光緒十年六月曾子宝立收錢糧字

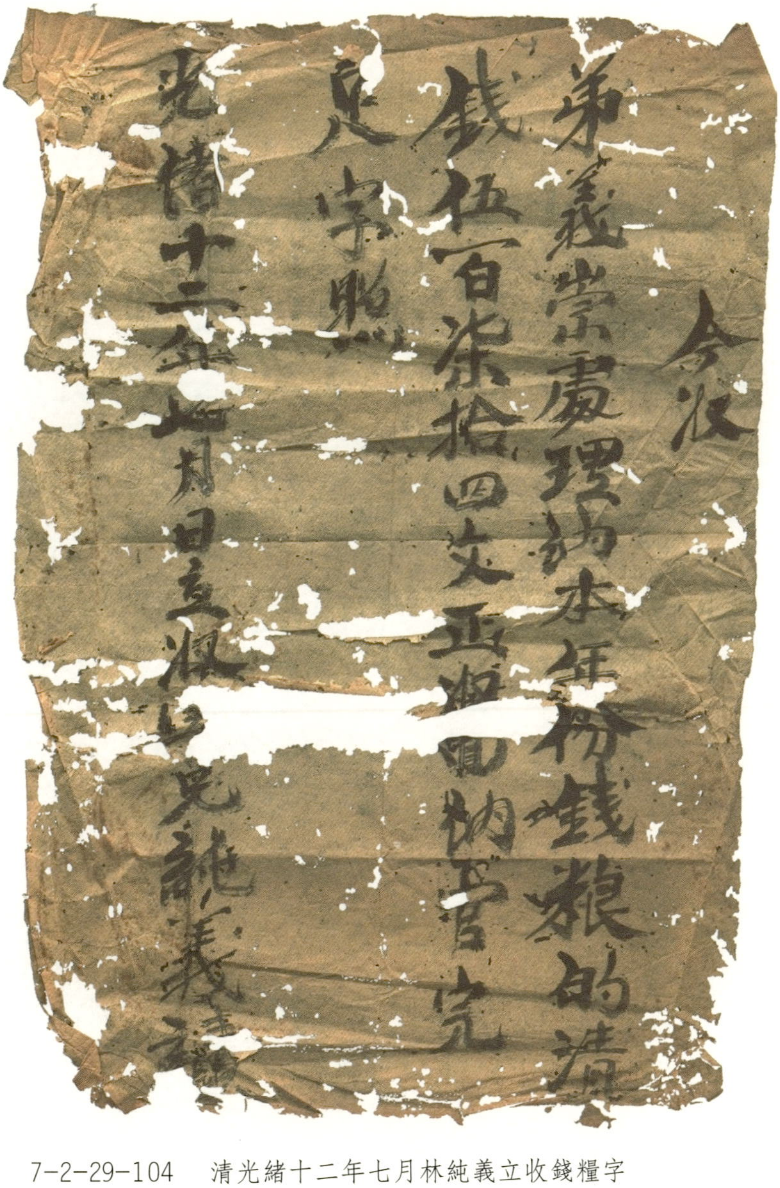
今收
弟義崇處理納本年份錢糧的清
錢伍百柒拾四文正納官完
足 字照
光緒十二年七月日立收兄純義

7-2-29-104　清光緒十二年七月林純義立收錢糧字

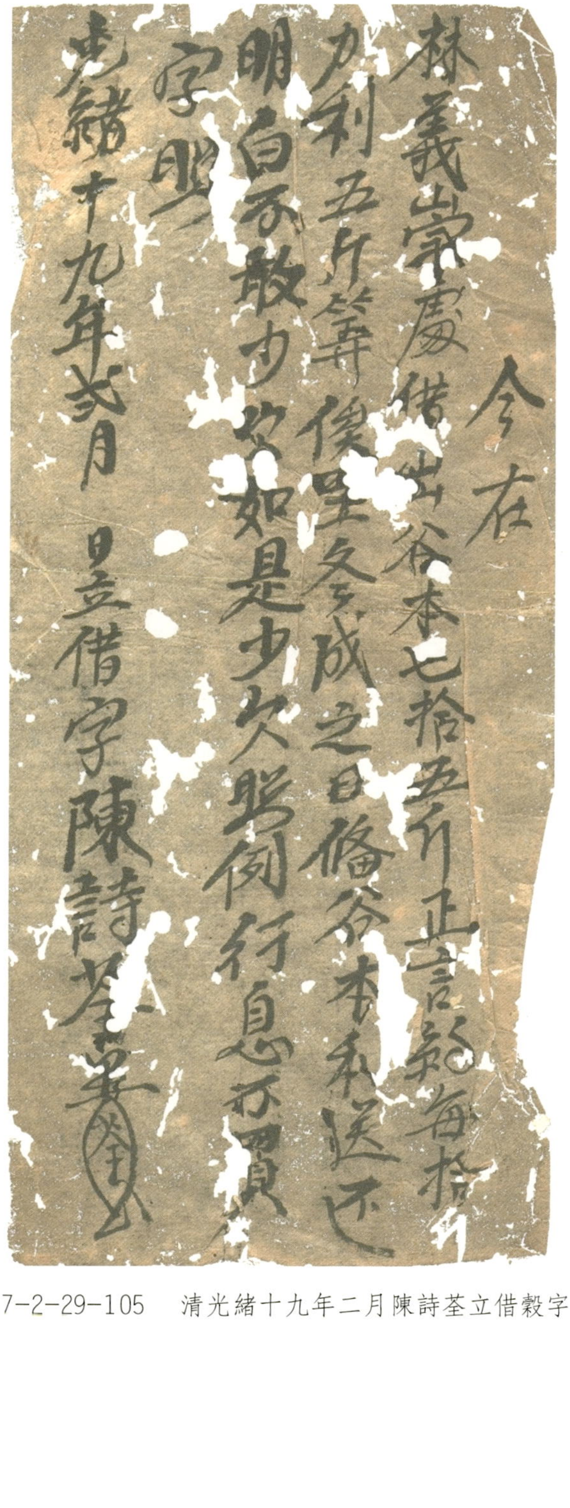
今在
林義常處借出谷本七拾五斤正，言約每拾
斤利五斤算，候至冬成之日備谷本利送还，不
明白不敢少欠，如是少欠照例行息不買
字照
光緒十九年二月 日立借字陳詩荃

7-2-29-105　清光緒十九年二月陳詩荃立借穀字

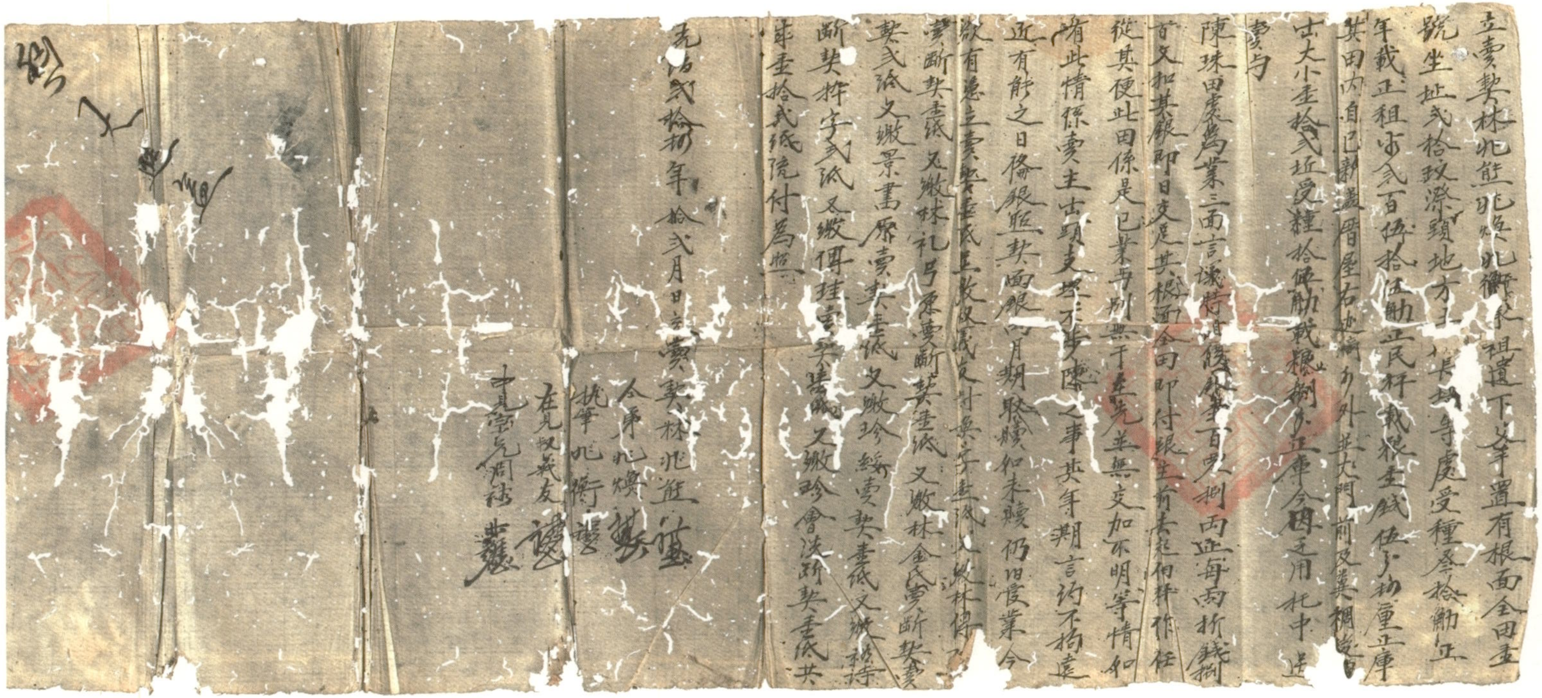
立賣契林兆熊、兆𤇆、兆衡承祖遺下分手置有根面全田壹
號，坐址貳拾玖都漈頭地方，土名長坵等處，受種叁拾觔正，
年載正租穀貳百伍拾伍觔正，民米科載糧壹錢伍分捌厘正，庫
其田內自己新造曆屋右邊外，並大門前及其稠坵
出大小壹拾貳坵，受種拾伍觔，載糧捌分正，庫。今因乏用，托中送
賣與
陳珠田處為業，三面言議，時值價錢壹百零捌兩正，每兩折錢捌
百文，扣其銀即日交足，其根面全田即付銀主前去起佃耕作，任
從其便。此田係是己業，與房親伯叔兄弟無干，並無交加不明等情，如
有此情，係賣主出頭支理，不涉銀主之事。其年期言約不拘遠
近，有錢之日備銀照契兩價八月期聽贖，如未贖，仍舊管業。今
欲有憑，立賣契壹紙並收字壹紙，又付契貳紙，又繳林傳
賣斷契壹紙，又繳林礼弓原賣斷契壹紙，又繳林金氏賣斷契賣
契貳紙，又繳景書原賣契壹紙，又繳珍綿賣契壹紙，又繳珍持
斷契、找字貳紙，又繳傳桂賣契壹紙，又繳珍會送斷契壹紙，共
計壹拾貳紙，隨付為照。
光緒貳拾肆年拾貳月　日立賣契林兆熊（押）
仝弟兆𤇆（押）
執筆兆衡（押）
在見叔義友（押）
中見宗兄謝䓁（押）

7-2-29-106　清光緒二十四年十二月林兆熊等立賣根面全田契（紅契）

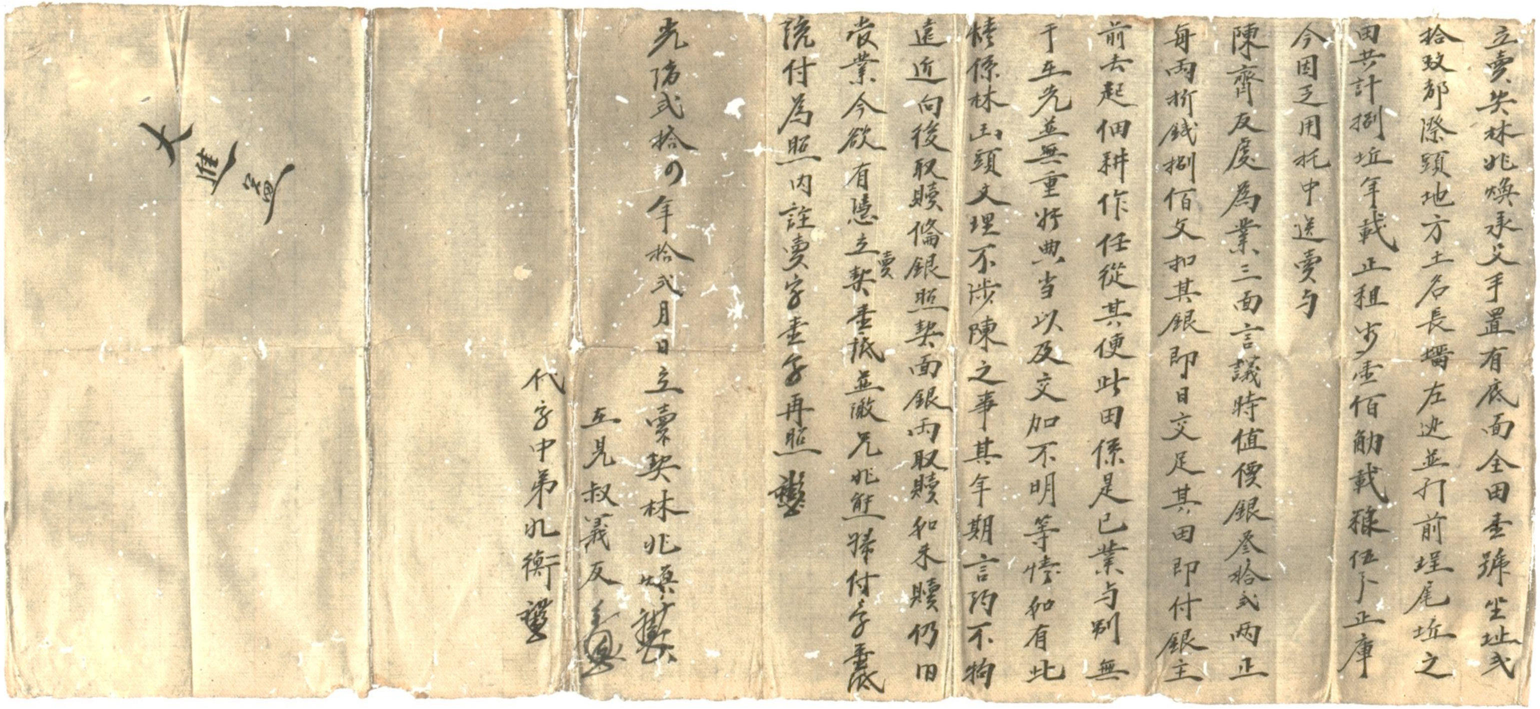
立賣契林兆煥承父手置有底面全田壹號，坐址弍
拾玖都漈頭地方，土名長墻左边並打前埕尾址之
田，共計捌址，年載正租谷壹佰觔，載糧伍卜正，庫
今因乏用，托中送賣与
陳齊友處為業，三面言議，時值價銀叁拾弍兩正，
每兩折錢捌佰文，加其銀即日交足，其田即付銀主
前去起佃耕作，任從其便。此田係是已業，与別無
干，在先並無重張典当以及交加不明等情，如有此
情，係林山頭文理，不涉陳之事。其年期言約不拘
遠近，向後取贖，備銀照契面銀兩取贖，如未贖，仍旧
管業。今欲有憑，立賣契壹紙，並繳兄兆鉦拼付字壹張，
統付為照。内註賣字壹字，再照。

光緒弍拾四年拾弍月　日立賣契林兆煥（押）
在見叔義友（押）
代字中弟兆衡（押）

大進

7-2-29-107　清光緒二十四年十二月林兆煥立賣底面全田契

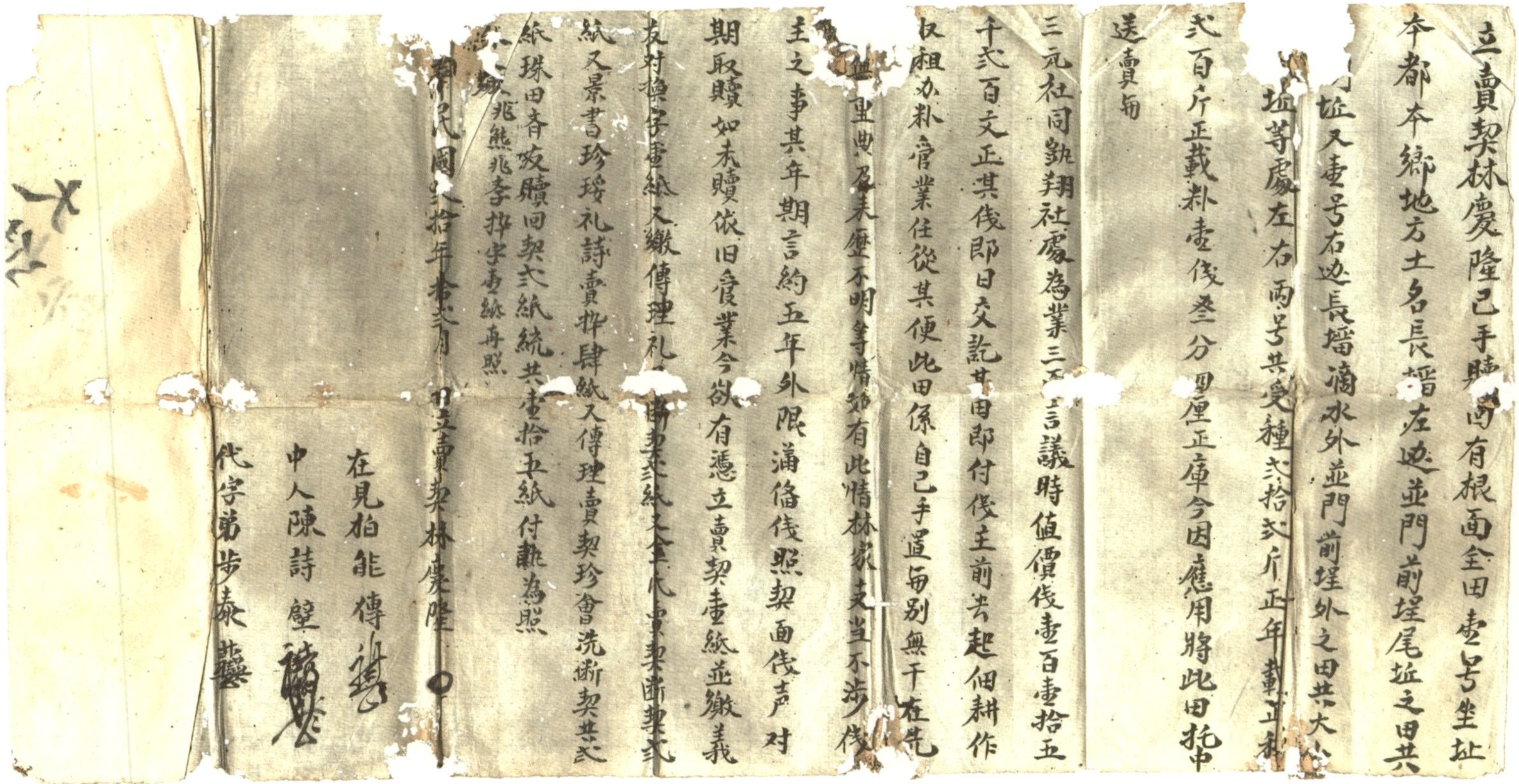
立賣契林慶隆己手贌有根面全田壹号坐址
本都本鄉地方土名長墻左邊並門前埕尾址之田共
址又壹号右邊長墻滴水外並門前埕外之田共大小
址等處左右兩号共受種弍拾弍斤正年載正租
弍百斤正載粿壹伐叁分四厘正庫今因應用將此田托中
送賣與
三元社同勳翔社處為業三面言議時值價伐壹百壹拾五
千弍百文正其伐即日交訖其田即付伐主前去起佃耕作
收租办粿管業任從其便此田係自己手置與別無干在先
無重典叠兼歷不明等情如有此情林家支当不涉伐
主之事其年期言約五年外限滿備伐照契面伐吉户对
期取贖如未贖依旧管業今欲有憑立賣契壹紙並繳義
友对換字壹紙又繳傳理礼断契弍紙又全賣契斷契弍
紙又景書珍珍礼詩賣抽肆紙又傳理賣契珍會洗断契共弍
紙珠田齊砍贖回契弍紙統共壹拾五紙付執為照
兆熊兆李抽字壹紙再照
中華民國弍拾年十弍月　日立賣契林慶隆
在見柏能傳
中人陳詩璧
代字弟步泰

7-2-29-108　民國二十年十二月林慶隆立賣根面全田契

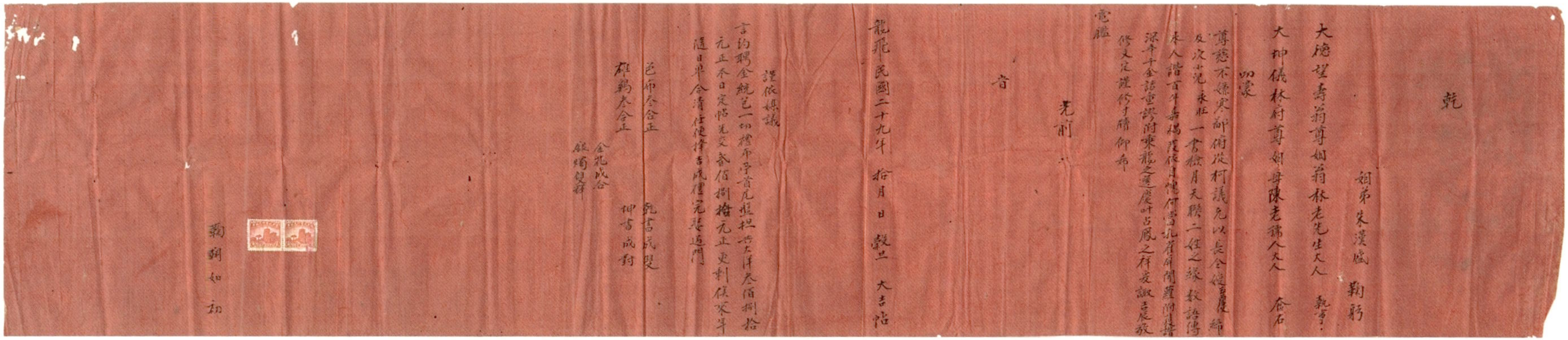

7-2-29-109　民國二十九年十月朱永旺乾書

財丁興旺

立主嗣書林陳氏，緣爲故叔孚益照不幸本年
七月逝世，遺下幼侄乳名孫金，生于民國癸酉年十一月
初六日戌時庚生，今庚捌歲之人，撫養未能成人。
惟叔慶壽娶嬸陳氏未曾生有嫡男，氏與叔侄
等相商，將孫金侄分立壹半與
壽叔爲嗣，撫養成人，接代兩人宗枝，生男育女
兩各均分。照叔前所有手置遺物業，分六輪會社
並器具物業等係付全當份，當輪責妻壽叔所
有應分應份，分輪會社物業等亦付全掌管。
壽叔嬸倘後再生有男子，全兄弟照爲[illegible]
端以照叔額份歸全掌管，壽叔額份物業全照
本份均分均勻，不得爭多較少，[illegible]擇[illegible]振叔
聯祈永以爲好，長發其祥。立嗣書壹紙爲照。

民國庚辰二十九年十月　日立主嗣書林陳氏（押）
從命　夫侄　孫金（押）
夫叔祖　達義（押）
見世　夫叔　安節（押）
夫侄　振慶（押）
代書　陳其祥（押）

7-2-29-110　民國二十九年十月林陳氏立主嗣書

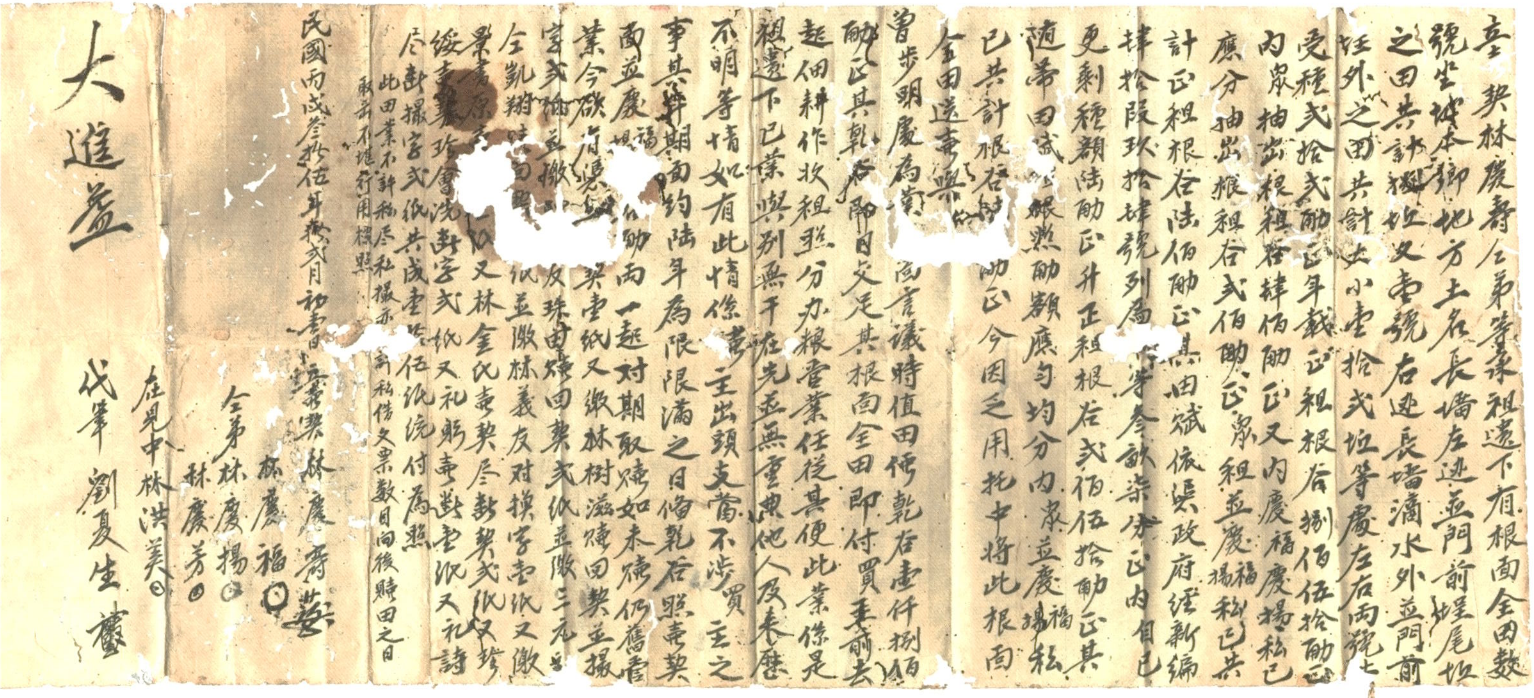

立賣契林慶壽仝弟等承祖遺下有根面全田數
號坐址本鄉地方土名長墻左邊并門前墿尾坵
之田共計[illegible]坵又壹號右邊長墻滴水外并門前
坵外之田共計大小壹拾弍坵等處左右兩號七
受種弍拾弍觔正年載正租根谷捌佰伍拾觔正
內眾抽出根租谷肆佰觔正又內慶福慶揚私己
應分抽出根租谷弍佰觔正眾租并慶福慶揚私己共
計正租根谷陸佰觔正其田賦依照政府經新編
肆拾段玖拾肆號列為[illegible]等叁畝柒分正內自己
更剩種額陸觔正升正租根谷弍佰伍拾觔正其
遺帶田賦[illegible]照觔額應勻均分內眾并慶福慶揚私
己共計根谷[illegible]觔正今因乏用托中將此根面
全田送壹[illegible]與[illegible]
曾步明慶為[illegible]面言議時值田價乾谷壹仟捌佰[illegible]
觔正其乾谷[illegible]即日交足其根面全田即付買主前去
起佃耕作收租照分办粮壹業任從其便此業係是
祖遺下己業與別無干在先並無重典他人及來歷
不明等情如有此情係[illegible]主出頭支當不涉買主之
事其[illegible]期面約陸年為限限滿之日備乾谷照壹契
面并慶福慶揚[illegible]觔兩一起對期取贖如未贖仍舊壹
業今欲有憑立[illegible]契壹紙又繳林樹滋贖回契并撮
字弍紙并繳[illegible]反珠田贖回契弍紙并繳三元
全凱翔[illegible]紙并繳林義友对換字壹紙又繳
景壽原[illegible]紙又林金氏賣契尽斷契弍紙又珍
綏壹[illegible]珍會洗斷字弍紙又礼彩賣斷壹紙又礼詩
尽斷撮字弍紙共成壹[illegible]伍紙繳付為照
此田業不許私尽私撮亦新私傍文票數目向後贖田之日
敢言不堪行用標照
民國丙戌叁拾伍年拾弍月初[illegible]日立賣契林慶壽（押）
林慶福
仝弟林慶揚
林慶芳
在見中林洪美
代筆劉夏生
大進益

7-2-29-111　民國三十五年十二月林慶壽等立賣根面全田契

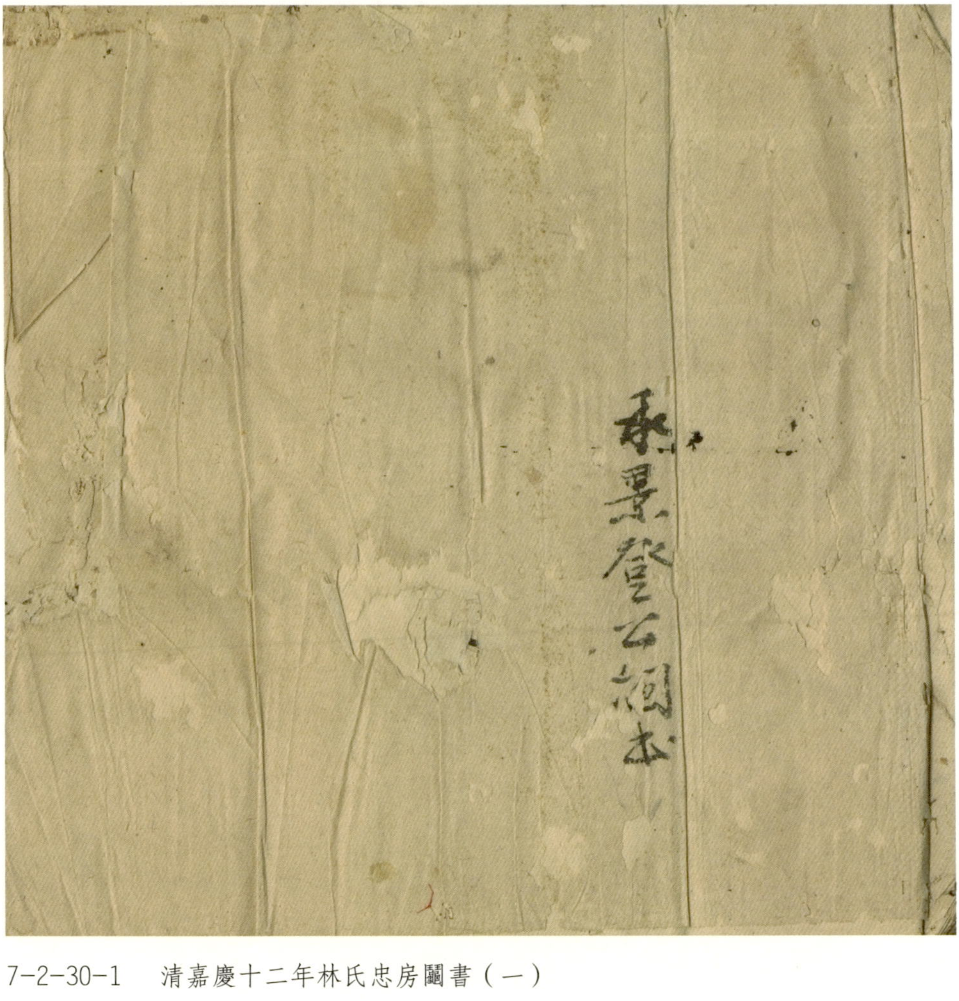
承景登公阄本

7-2-30-1　清嘉慶十二年林氏忠房鬮書（一）

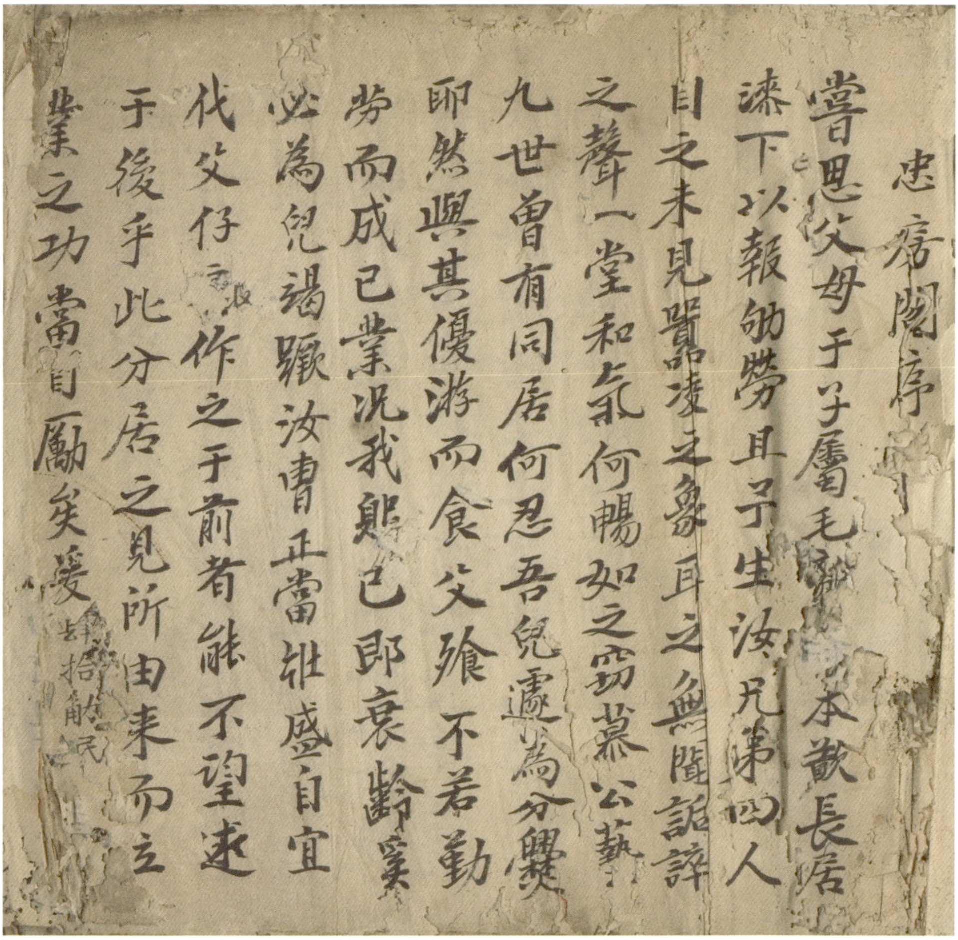
忠房閹序

嘗思父母于子屬毛離裏本歡長居膝下以報劬勞且子生汝兄弟四人目之未見鬩牆凌競之象耳之無聞詬誶之聲一堂和氣何暢如之竊慕公藝九世曾有同居何忍吾兒遽為分爨耶然與其優游而食父殘不若勤勞而成已業況我躬已耶衰齡矣必為兒謁蹶汝曹正當壯盛自宜代父仔肩作之于前者能不望述于後乎此分居之見所由來而立業之功當自勵矣爰

7-2-30-2　清嘉慶十二年林氏忠房鬮書（二）

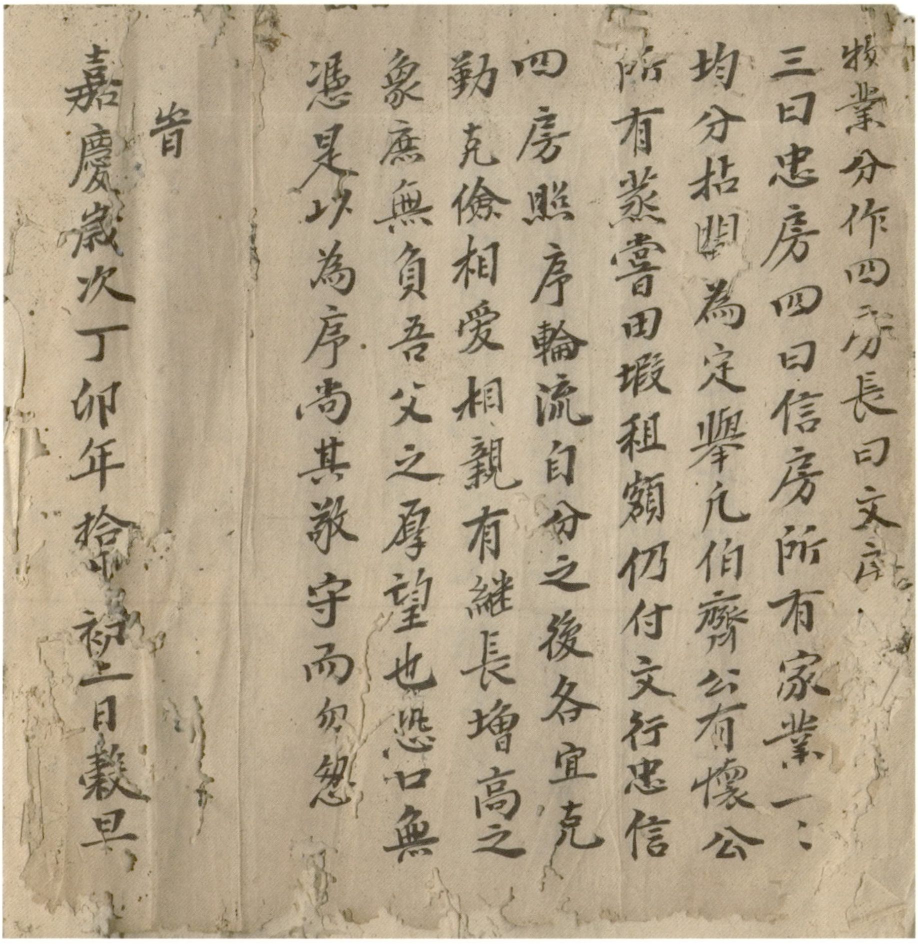
牧業分作四分長曰文房
三曰忠房四曰信房所有家業一一
均分拈鬮為定舉凡伯齊公有懷公
所有蒸嘗田塅租額仍付文行忠信
四房照序輪流自分之後各宜克
勤克儉相愛相親有繼長增高之
象庶無負吾父之厚望也恐口無
憑是以為序尚其敬守而勿怨
皆
嘉慶歲次丁卯年拾[illegible]初二日穀旦

7-2-30-3　清嘉慶十二年林氏忠房鬮書（三）

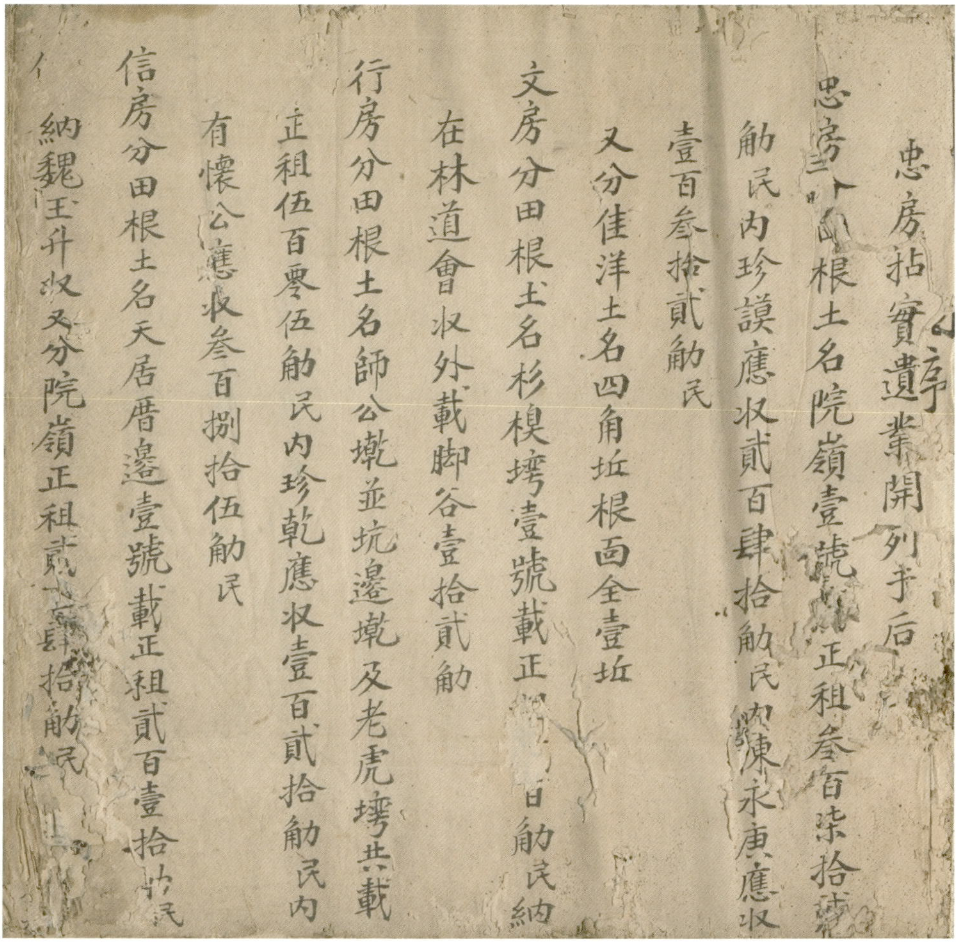
忠房拈實遺業開列于后
忠房[illegible]根土名院嶺壹號[illegible]正租叁百柒拾[illegible]
觔民內珍謨應收貳百肆拾觔民[illegible]陳永庚應收
壹百叁拾貳觔民
又分佳洋土名四角坵根面全壹坵
文房分田根土名杉椇塆壹號載正[illegible]百觔民納
在林道會收外載脚谷壹拾貳觔
行房分田根土名師公壠並坑邊壠及老虎塆共載
正租伍百零伍觔民內珍乾應收壹百貳拾觔民內
有懷公應收叁百捌拾伍觔民
信房分田根土名天居厝邊壹號載正租貳百壹拾[illegible]民
納魏王升收又分院嶺正租貳[illegible]肆拾觔民

7-2-30-4　清嘉慶十二年林氏忠房鬮書（四）

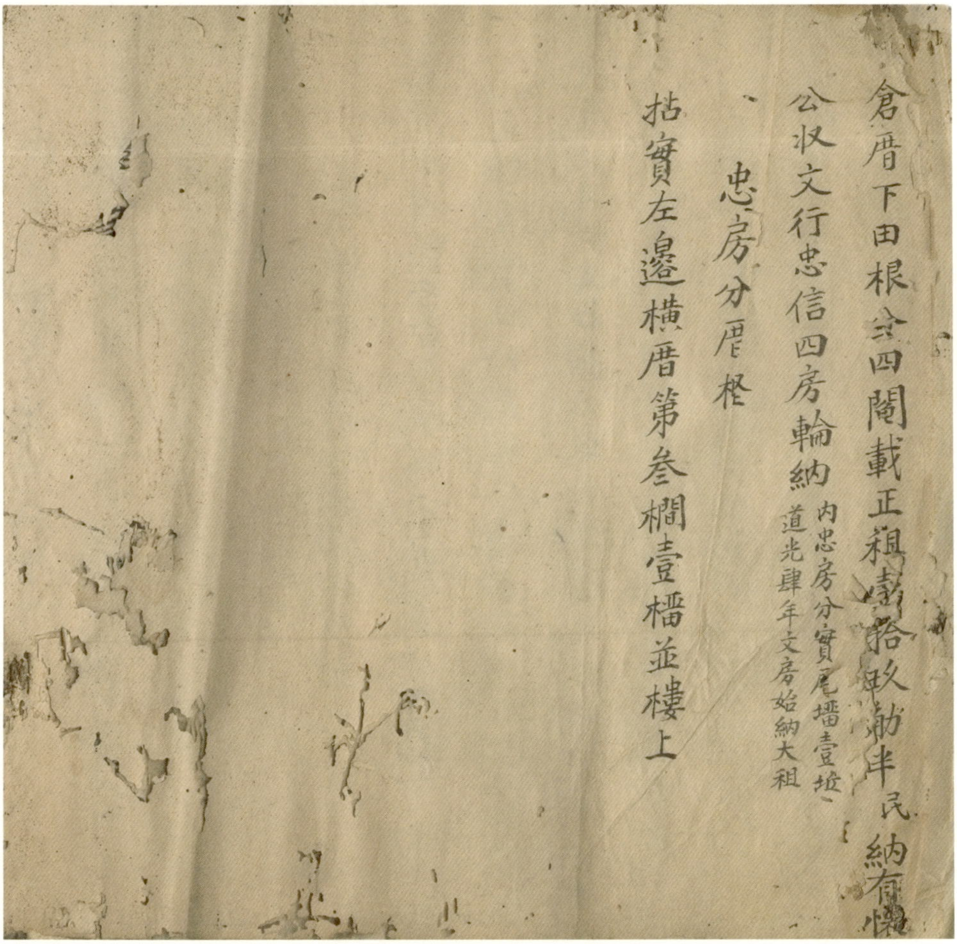
倉厝下田根分四閫載正租壹拾玖秤半民納有憑
公收文行忠信四房輪納 内忠房分實尾播壹坵 道光肆年文房始納大租
忠房分厝柽
拈實左邊横厝第叁櫊壹播並樓上

7-2-30-5　清嘉慶十二年林氏忠房鬮書（五）

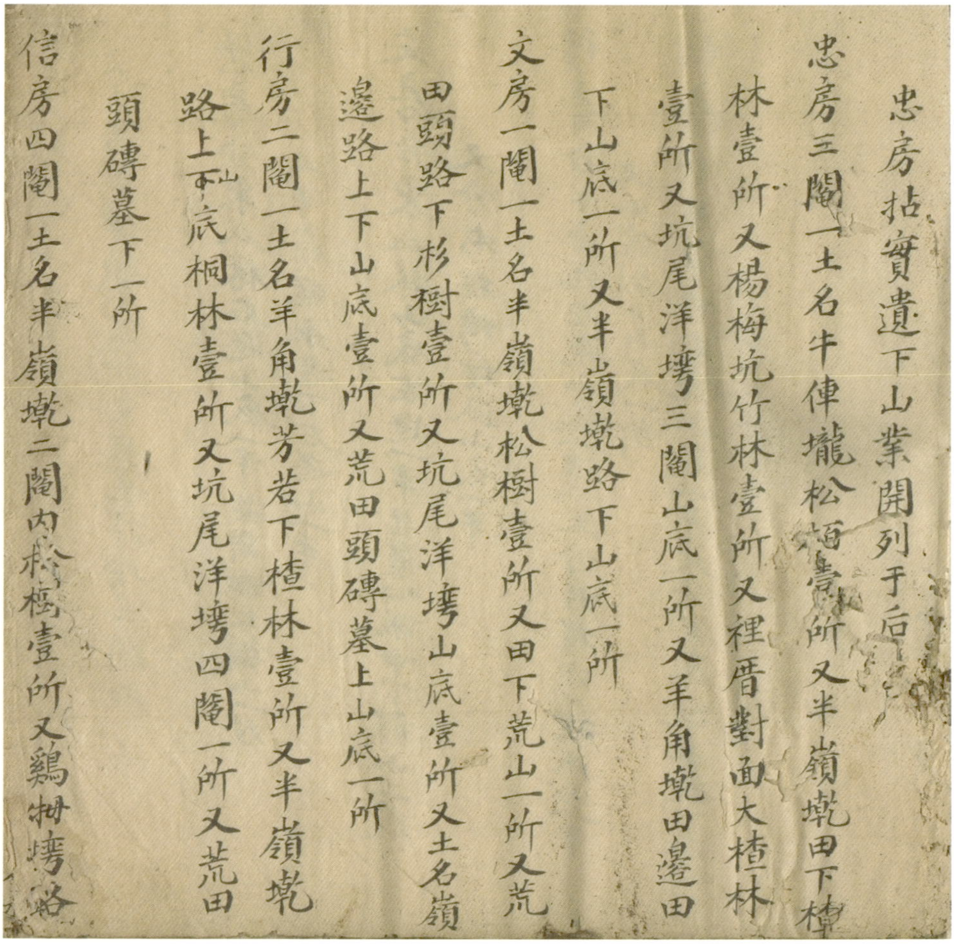

忠房拈鬮遺下山業開列于后
忠房三鬮一土名牛俥壠松栢壹所又半嶺墘田下棹
林壹所又楊梅坑竹林壹所又裡厝對面大楂林
壹所又坑尾洋塆三鬮山底一所又羊角墘田邊田
下山底一所又半嶺墘路下山底一所
文房一鬮一土名半嶺墘松樹壹所又田下荒山一所又荒
田頭路下杉樹壹所又坑尾洋塆山底壹所又土名嶺
邊路上下山底壹所又荒田頭磚墓上山底一所
行房二鬮一土名羊角墘芳若下楂林壹所又半嶺墘
路上下山底桐林壹所又坑尾洋塆四鬮一所又荒田
頭磚墓下一所
信房四鬮一土名半嶺墘二鬮內松樹壹所又鷄栅塆路

7-2-30-6　清嘉慶十二年林氏忠房鬮書（六）

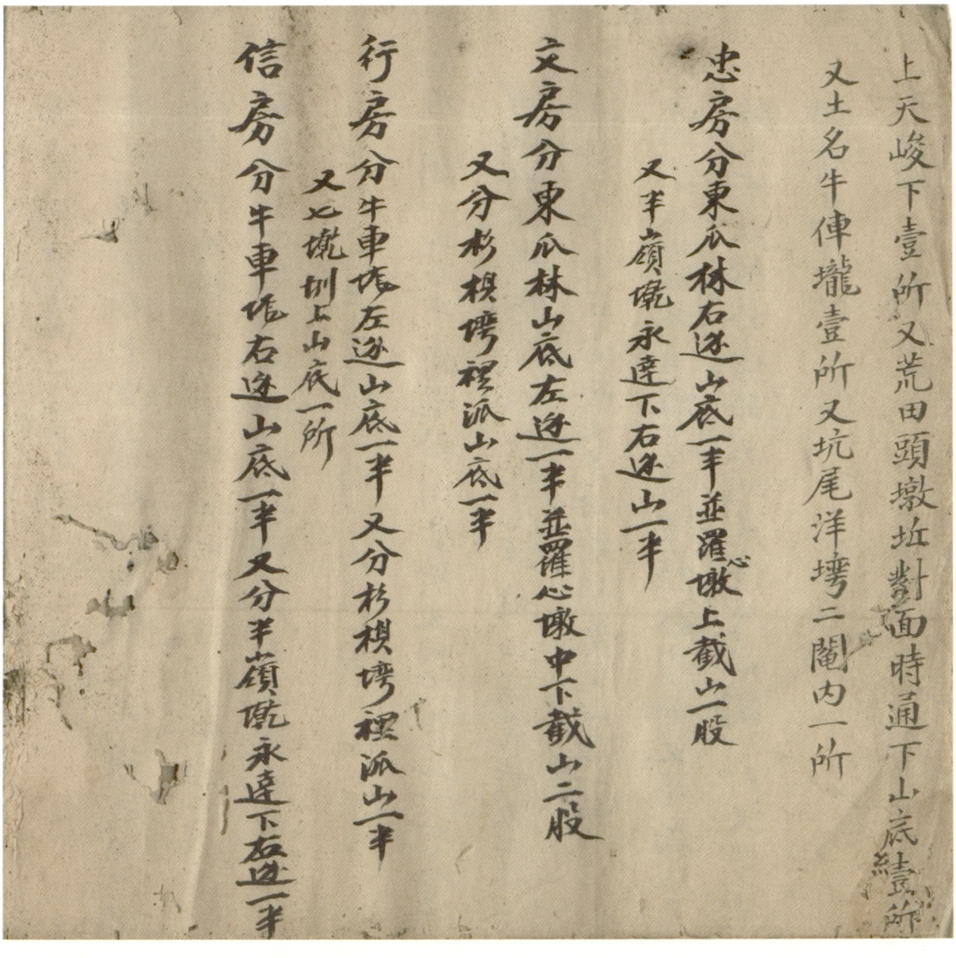
上天峻下壹所又荒田頭墩坵對面時通下山底續壹所
又土名牛俾壠壹所又坑尾洋塆二闔内一所
忠房分東瓜林右边山底一半並羅心墩上截山一股
又半嶺僥永逵下右边山一半
文房分東瓜林山底左边一半並羅心墩中下截山二股
又分杉根塆裡派山底一半
行房分牛車坑左边山底一半又分杉根塆裡派山一半
又七僥圳上山底一所
信房分牛車坑右边山底一半又分半嶺僥永逵下左边一半

7-2-30-7　清嘉慶十二年林氏忠房鬮書（七）

所抽山業付四房掌管開列于后

忠房

一土名佳洋隔垅横路上杉模壹所

一土名宵洋横路下杉模壹所

一土名桶寮杉模壹所

一土名後寮山底壹所

一土名西山墩即虎形墓杉模壹所

一土名鷄牳塆杉模壹所

一土名墓壠山底壹所

一土名朱氷臺山底壹所遞年山租錢陸拾文

一土名東爪林杉模壹所

所抽未分杉模山底文行忠信各房不得私

7-2-30-8　清嘉慶十二年林氏忠房鬮書（八）

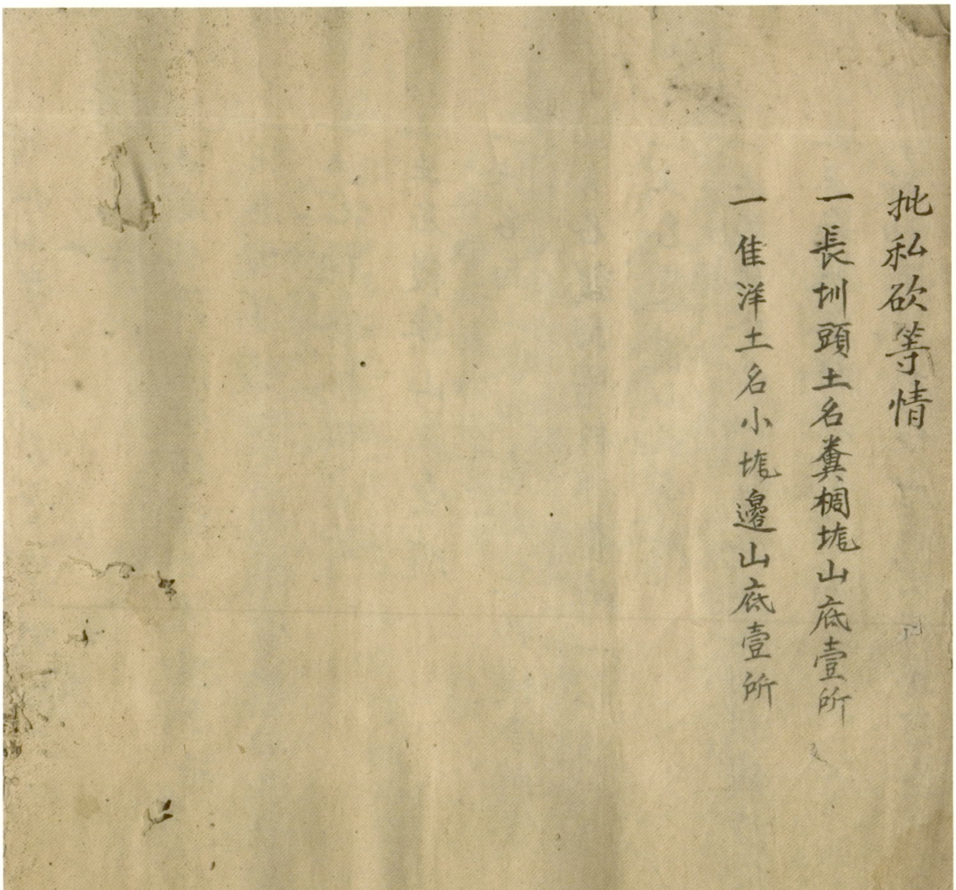

批私砍等情
一長圳頭土名糞桐墘山底壹所
一隹洋土名小墘邊山底壹所

7-2-30-9　清嘉慶十二年林氏忠房鬮書（九）

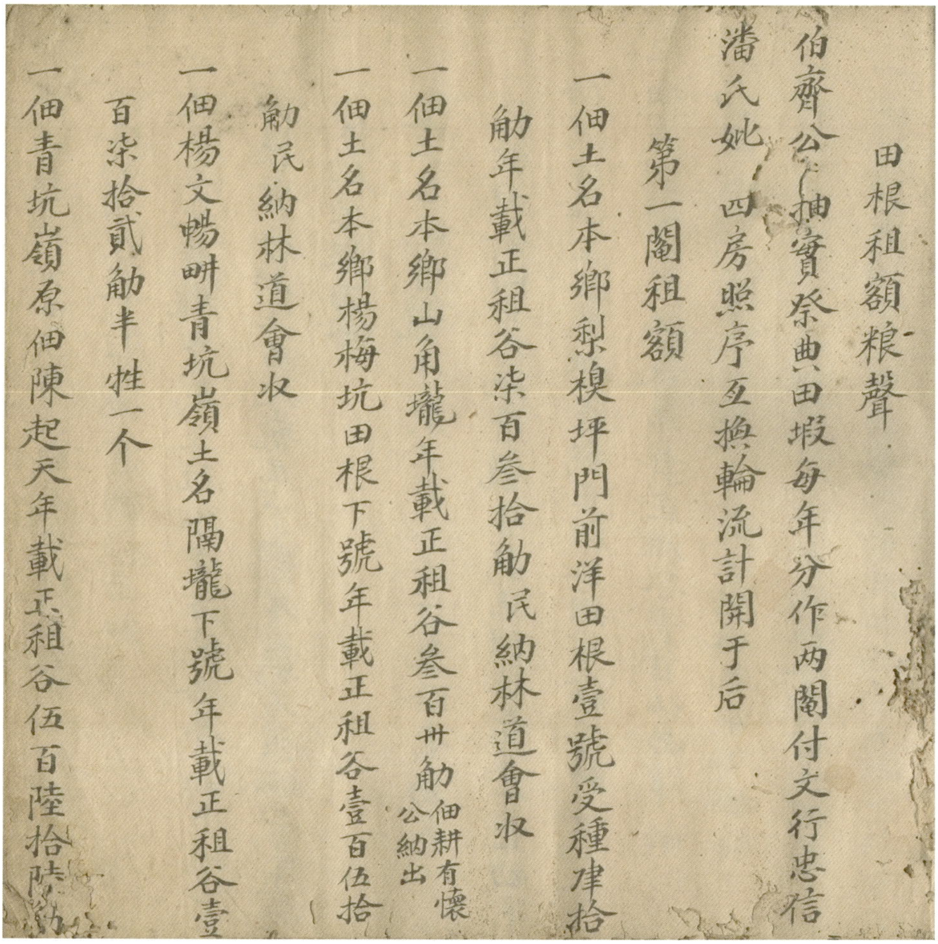

田根租額糧聲
伯齊公抽賓祭典田段每年分作兩閹付文行忠信
潘氏妣　四房照序互換輪流計開于后
第一閹租額
一佃土名本鄉梨模坪門前洋田根壹號受種肆拾
觔年載正租谷柒百叁拾觔民納林道會收
一佃土名本鄉山角壠年載正租谷叁百卌觔佃耕有懷公納出
一佃土名本鄉楊梅坑田根下號年載正租谷壹百伍拾
觔民納林道會收
一佃楊文暢畊青坑嶺土名陽壠下號年載正租谷壹
百柒拾貳觔半牲一个
一佃青坑嶺原佃陳起天年載正租谷伍百陸拾陸觔

7-2-30-10　清嘉慶十二年林氏忠房鬮書（一〇）

半内振舜分畊土名大墘尾中號年載正租谷壹百零

壹觔頂代振柱下此業係根面全

又土名地厝壠年載正租谷壹百貳拾壹觔半根面全

内振章分畊土名大墘尾下號年載正租谷壹百零

壹觔係根面全

又土名地厝壠年載正租谷壹百貳拾壹觔半

内振柱分畊土名地厝壠年載正租谷壹百廿壹觔半

一佃成賓畊土名員林年載正租谷肆百肆拾觔牲一个

一佃成訓畊土名員林年載正租谷壹百伍拾凖觔

一佃景彩畊土名山角壠年載正租谷叁百叁拾觔

一佃景琳畊土名佳洋水尾年載正租谷肆百廿捌觔

一佃林禮豊畊土名鴨姆壠年載正租谷壹百肆拾伍觔

7-2-30-11　清嘉慶十二年林氏忠房鬮書（一一）

一佃林貞輝畊土名等處年載正租谷壹拾觔
一佃羅斌祥畊年載正租谷廿肆觔
一佃土名長壠年載正租谷叁百肆拾陸觔半 有懷公納
一佃土名七墘壠年載正租谷叁百觔
一佃陳元忠畊青坑嶺邊年載正租谷貳百零叁觔半
一佃陳元啓畊青坑嶺土名嶺邊年載正租谷貳百零
叁觔半 牲一个
第二閹租額
一佃楊賢章畊青坑嶺土名隔壠中號年載正租壹
百貳拾捌觔
一佃楊文福畊青坑嶺土名隔壠上號年載正租谷壹百
柒拾觔

7-2-30-12　清嘉慶十二年林氏忠房鬮書（一二）

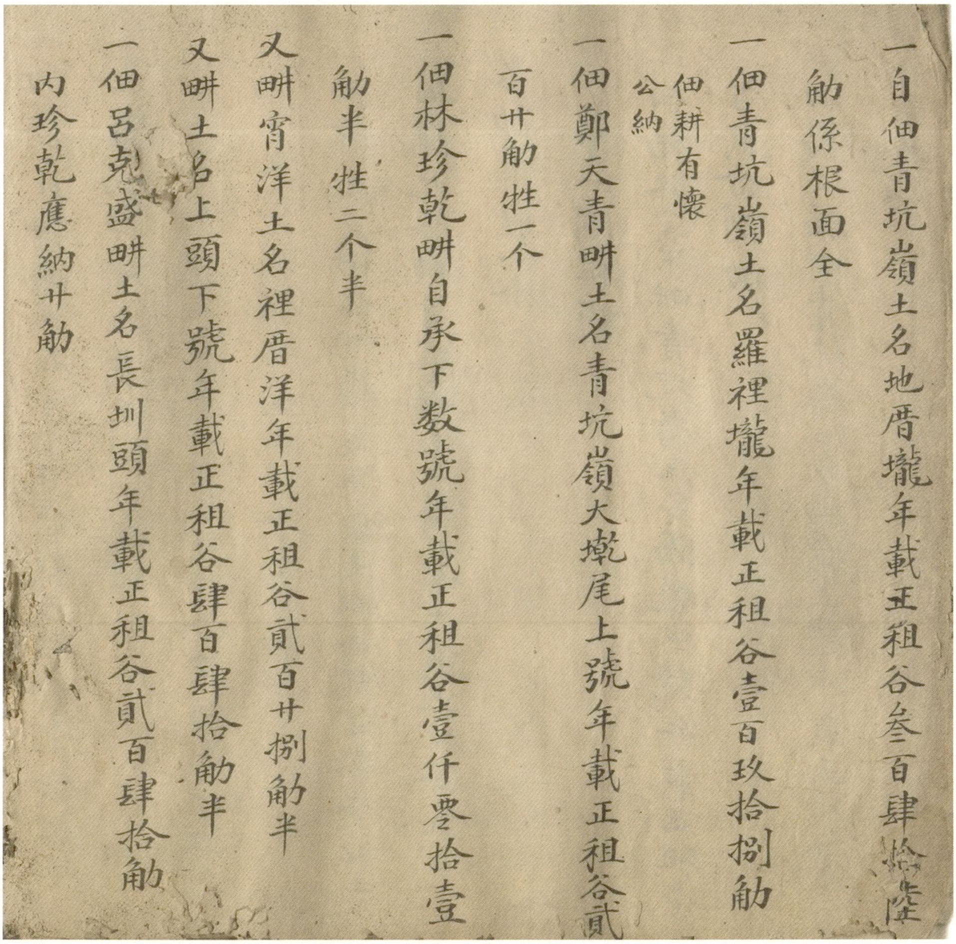
一自佃青坑嶺土名地厝壠年載正租谷叁百肆拾陸
觔係根面全
一佃青坑嶺土名羅裡壠年載正租谷壹百玖拾捌觔
佃耕有懷
公納
一佃鄭天青畊土名青坑嶺大墘尾上號年載正租谷貳
百廿觔牲一个
一佃林珍乾畊自承下数號年載正租谷壹仟零拾壹
觔半 牲二个半
又畊宵洋土名裡厝洋年載正租谷貳百廿捌觔半
又畊土名上頭下號年載正租谷肆百肆拾觔半
一佃呂克盛畊土名長圳頭年載正租谷貳百肆拾觔
內珍乾應納廿觔

7-2-30-13　清嘉慶十二年林氏忠房鬮書（一三）

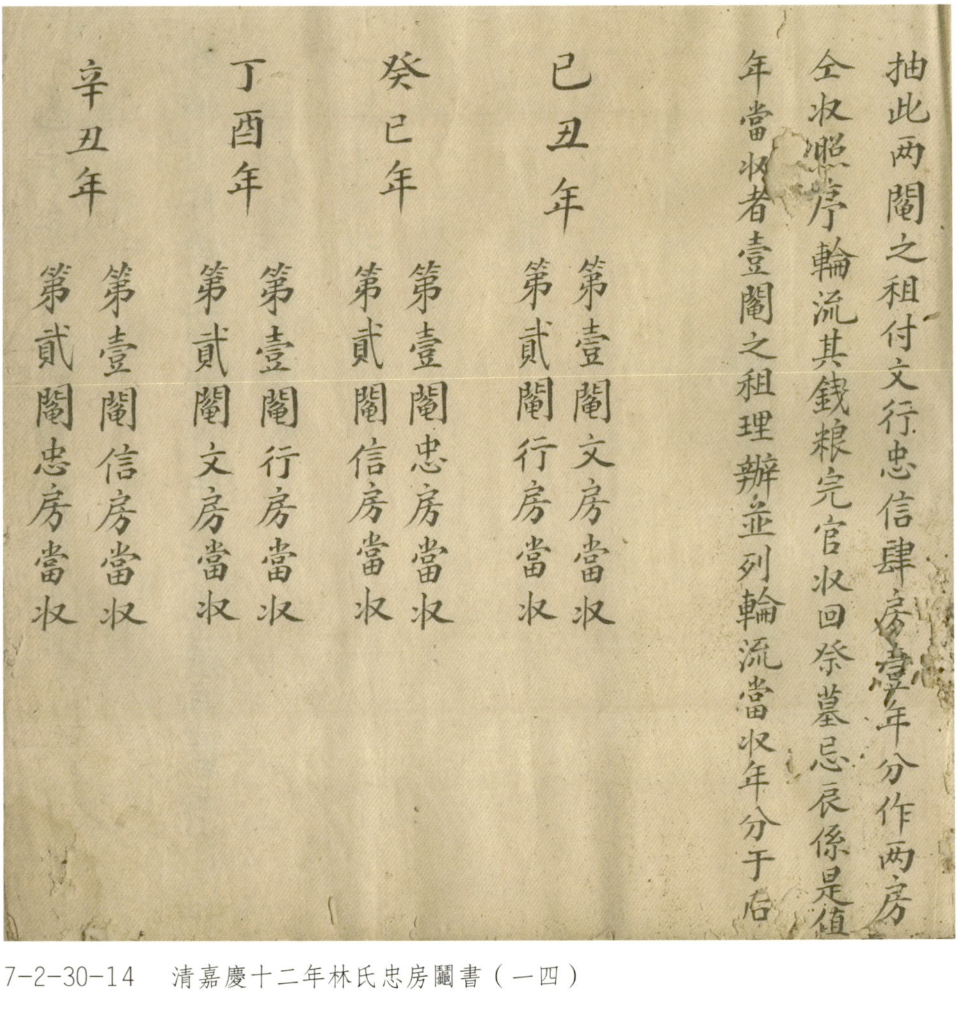

抽此兩閹之租付文行忠信肆房壹年分作兩房
仝收照序輪流其錢粮完官收回祭墓忌辰係是值
年當收者壹閹之租理辦並列輪流當收年分于后

己丑年 第壹閹文房當收
第貳閹行房當收

癸巳年 第壹閹忠房當收
第貳閹信房當收

丁酉年 第壹閹行房當收
第貳閹文房當收

辛丑年 第壹閹信房當收
第貳閹忠房當收

7-2-30-14　清嘉慶十二年林氏忠房鬮書（一四）

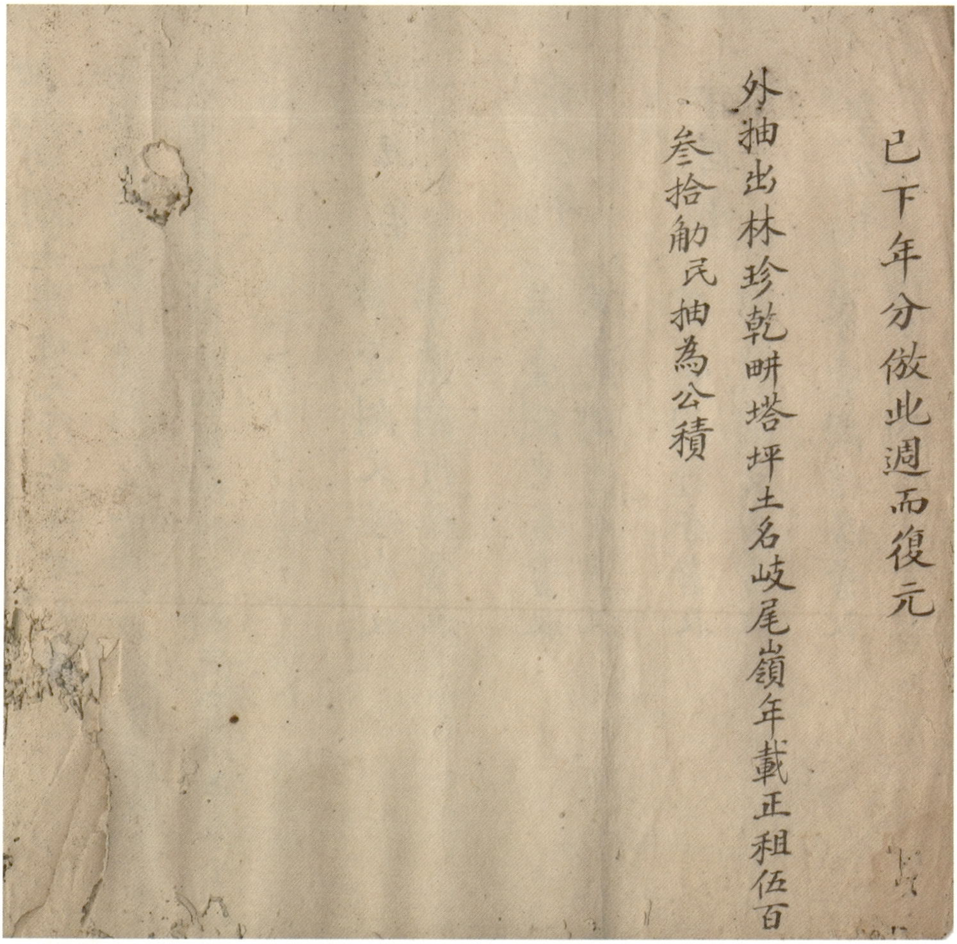

已下年分做此週而復元
外抽出林珍乾畊塔坪土名岐尾嶺年載正租伍百
叁拾觔氏抽為公積

7-2-30-15　清嘉慶十二年林氏忠房鬮書（一五）

有懷公　獻國公　抽賓養膳田根租[illegible]糧聲每年分作
陳氏妣　朱氏妣　两閹付文行忠信四房照序亙換輪流
計開于后
第壹閹田暇租額
一號土名本鄉七墘受種柒拾斤根面全
一號土名厝地仔田叁坵根面全
一號土名倉厝下田肆坵根面全
一號土名本厝門前田貳坵根面全
一號俥碓碑墘裡田貳坵根面全
一號土名荒田頭墘受種廿觔根面全
一號土名山角壠大坂田根受種卅觔年載正租叁百
叁拾斤　仁良下納在
伯齊公祭典收

7-2-30-16　清嘉慶十二年林氏忠房鬮書（一六）

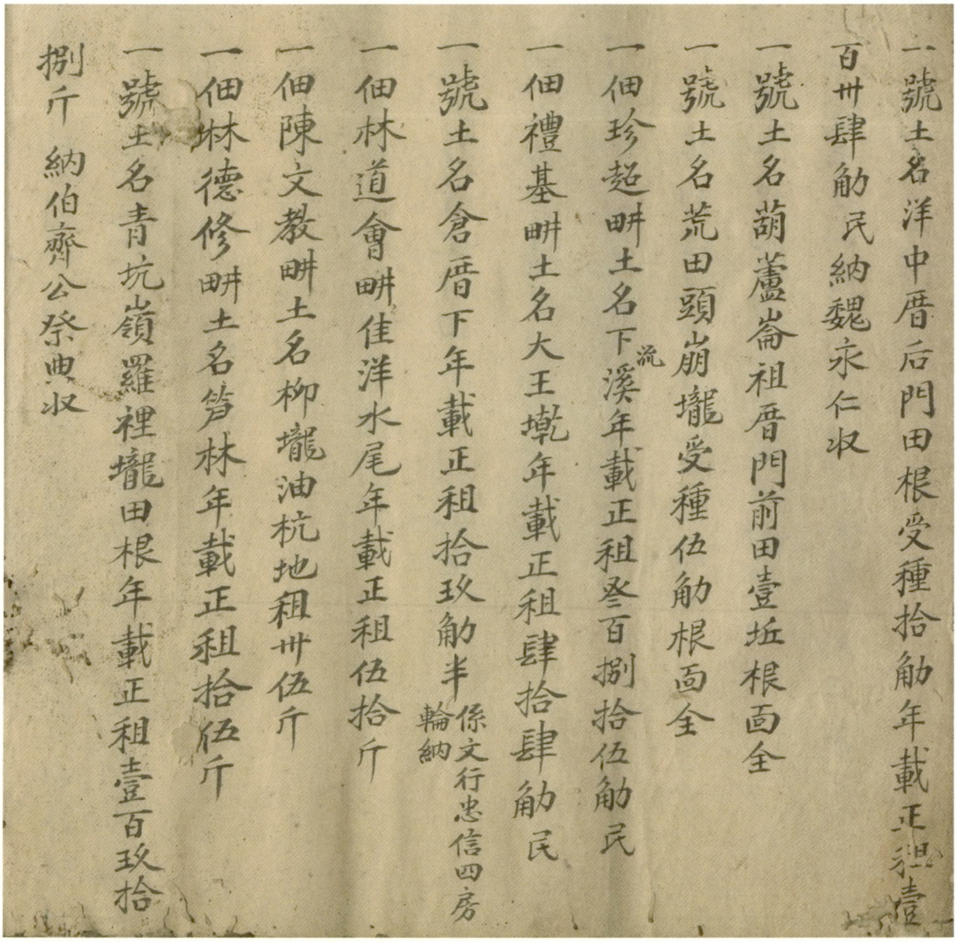

一號土名洋中厝后門田根受種拾觔年載正租壹
百卌肆觔民納魏永仁収
一號土名葫蘆崙祖厝門前田壹坵根面全
一號土名荒田頭崩壠受種伍觔根面全
一佃珍超畊土名下流溪年載正租叁百捌拾伍觔民
一佃禮基畊土名大王墘年載正租肆拾肆觔民
一號土名倉厝下年載正租拾玖觔半係文行忠信四房輪納
一佃林道會畊佳洋水尾年載正租伍拾斤
一佃陳文教畊土名柳壠油杭地租卅伍斤
一佃林德修畊土名笋林年載正租拾伍斤
一號土名青坑嶺羅裡壠田根年載正租壹百玖拾
捌斤 納伯齊公祭典収

7-2-30-17　清嘉慶十二年林氏忠房鬮書（一七）

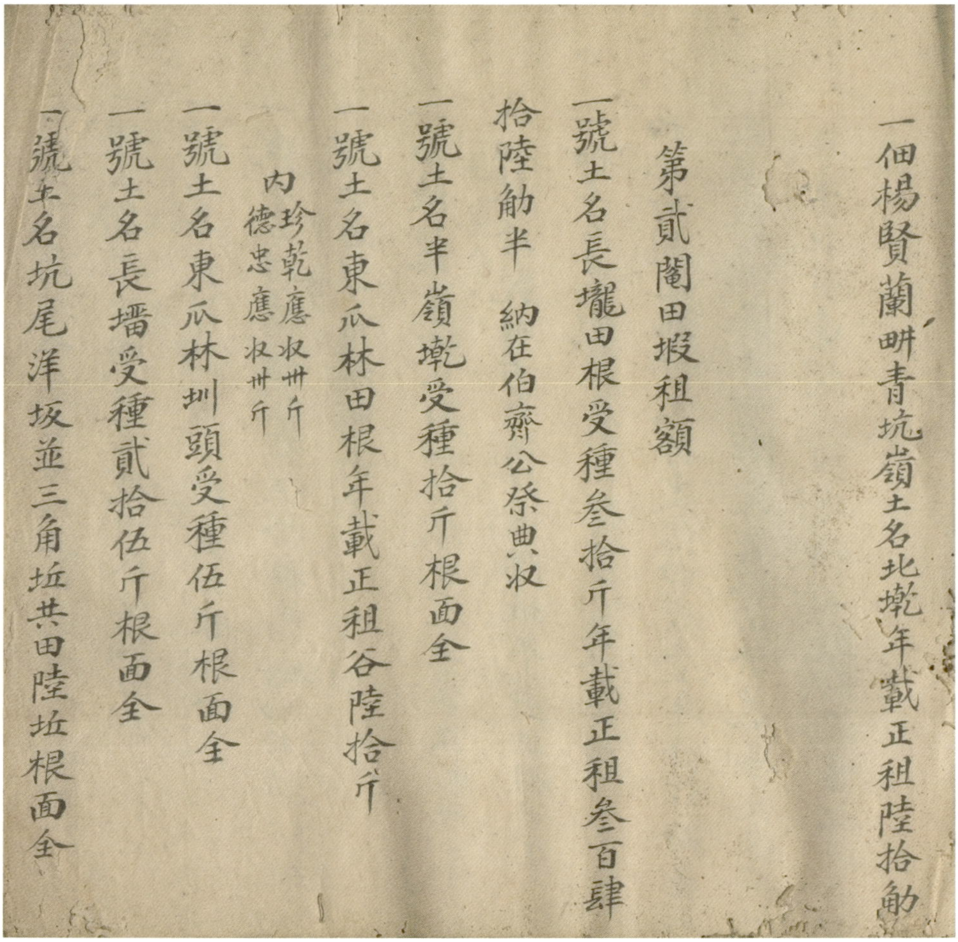
一佃楊賢蘭耕青坑嶺土名北墘年載正租陸拾觔

第貳鬮田塅租額

一號土名長壠田根受種叁拾斤年載正租叁百肆拾陸觔半　納在伯齋公祭典收

一號土名半嶺墘受種拾斤根面全

一號土名東爪林田根年載正租谷陸拾斤

內珍乾應收卅斤

德忠應收卅斤

一號土名東爪林圳頭受種伍斤根面全

一號土名長墻受種貳拾伍斤根面全

一號土名坑尾洋坂並三角坵共田陸坵根面全

7-2-30-18　清嘉慶十二年林氏忠房鬮書（一八）

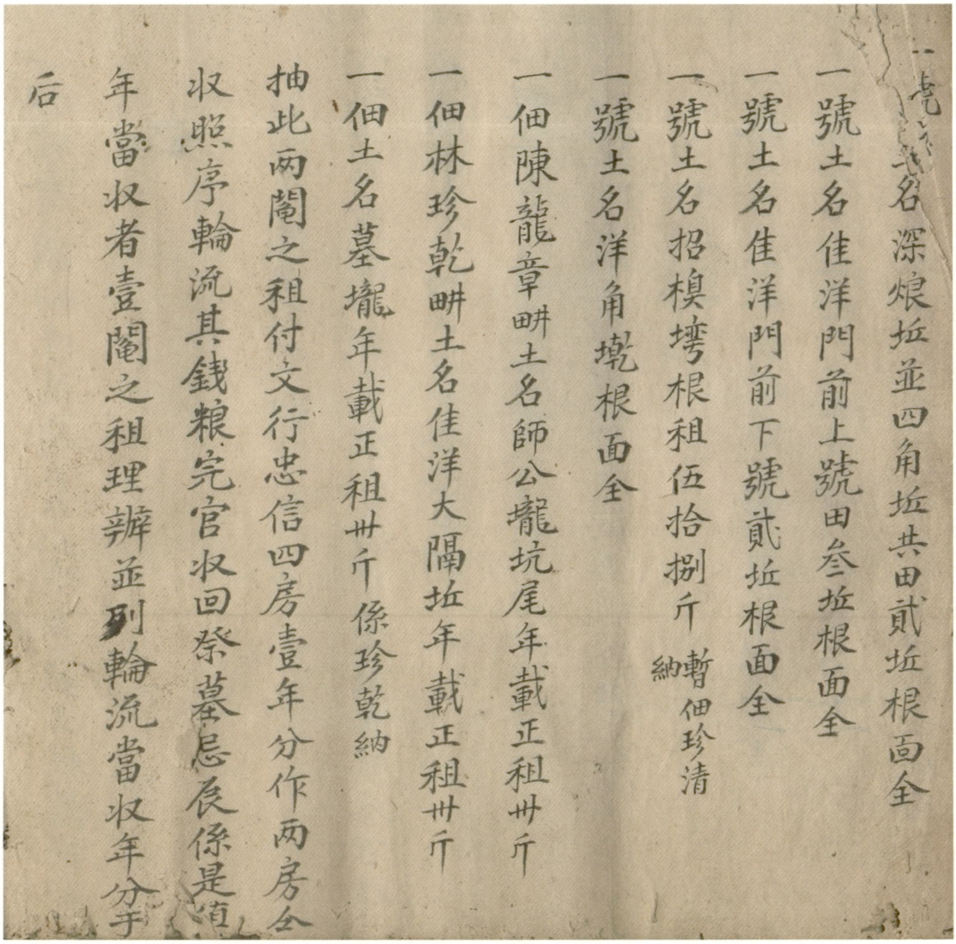
一號土名深烺坵並四角坵共田貳坵根面全
一號土名佳洋門前上號田叁坵根面全
一號土名佳洋門前下號貳坵根面全
一號土名招模墈根租伍拾捌斤 暫佃珍清納
一號土名洋角墘根面全
一佃陳龍章畊土名師公壠坑尾年載正租卅斤
一佃林珍乾畊土名佳洋大隔坵年載正租卅斤
一佃土名墓壠年載正租卅斤 係珍乾納
抽此兩閹之租付文行忠信四房壹年分作兩房仝
收照序輪流其錢粮完官收回祭墓忌辰係是值
年當收者壹閹之租理辦並列輪流當收年分于
后

7-2-30-19　清嘉慶十二年林氏忠房鬮書（一九）

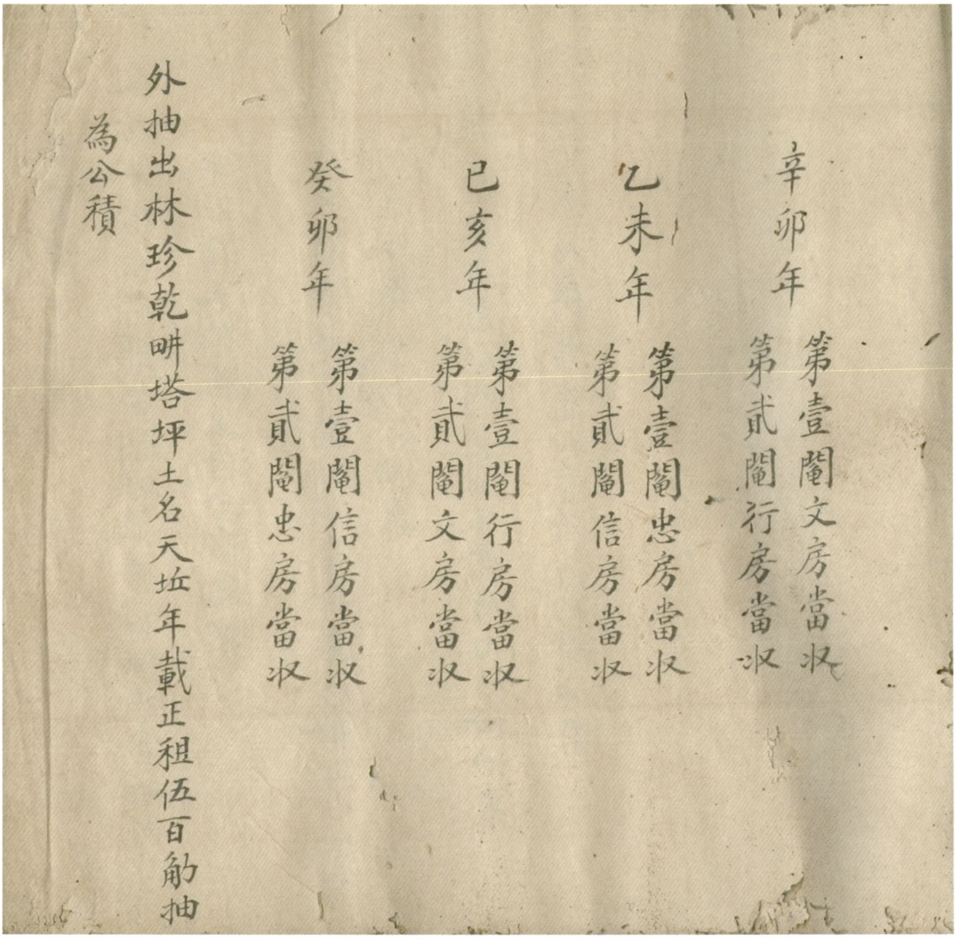

辛卯年　第壹鬮文房當收
　　　　第貳鬮行房當收
乙未年　第壹鬮忠房當收
　　　　第貳鬮信房當收
己亥年　第壹鬮行房當收
　　　　第貳鬮文房當收
癸卯年　第壹鬮信房當收
　　　　第貳鬮忠房當收
外抽出林珍乾畊塔坪土名天坵年載正租伍百觔抽
為公積

7-2-30-20　清嘉慶十二年林氏忠房鬮書（二〇）

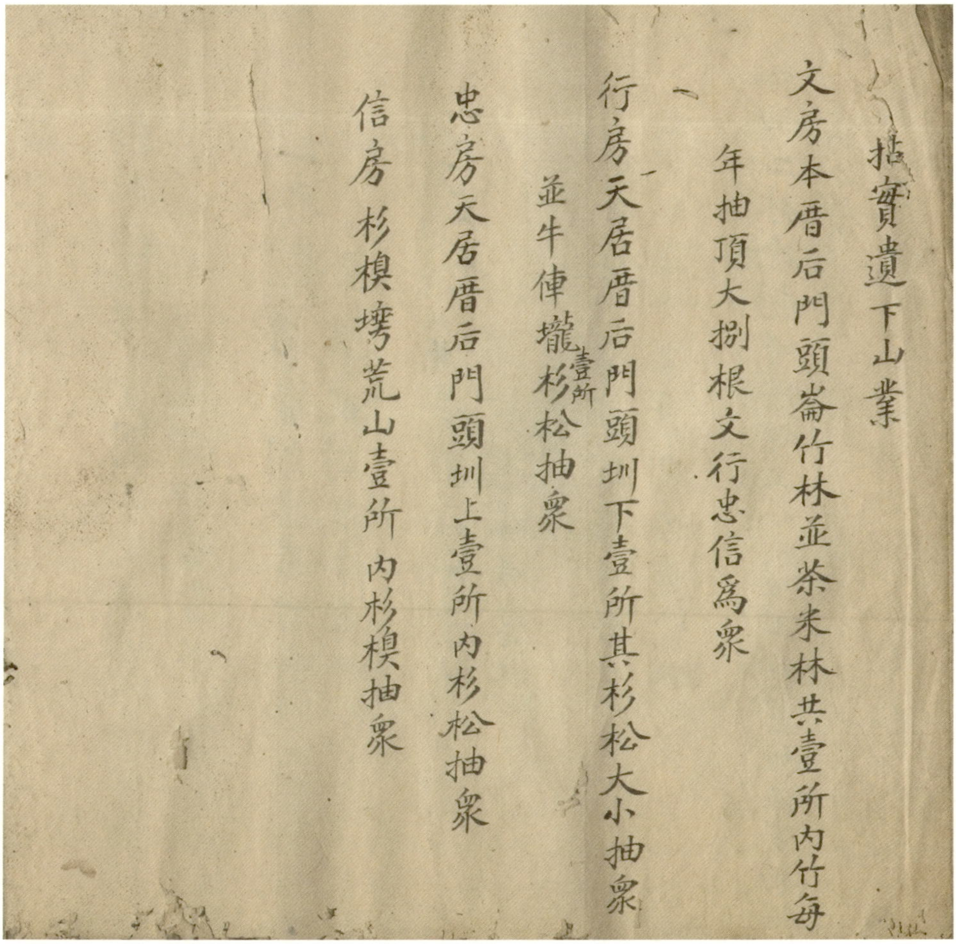

拈實遺下山業

文房本厝后門頭崙竹林並茶米林共壹所内竹每

年抽頂大捌根文行忠信爲衆

行房天居厝后門頭圳下壹所其杉松大小抽衆

並牛俥壠壹所杉松抽衆

忠房天居厝后門頭圳上壹所内杉松抽衆

信房 杉㮐墈荒山壹所 内杉㮐抽衆

7-2-30-21　清嘉慶十二年林氏忠房鬮書（二一）

有懷公養膳應納錢粮[illegible]官

林有懷户下應粮捌錢陸分陸釐叁毛

内養膳應納柒錢零伍厘

收萬柄下粮貳錢
收時行五粁柒錢肆分
收聿時下粁柒分弍厘
收文蘭下粁壹錢捌分
收時养下粁壹分捌厘

内福房應納粮伍錢陸分零捌毛 内收
聿時下叁錢貳分貳厘
而貴下貳錢壹分
習品下壹分陸厘捌毛
時养下壹分貳厘

内養膳應納粮貳分貳厘貳（伍）毛 收時通下 田在大路下

林向實户下應粮貳錢肆分陸厘

内收張允尊推出曾時傑之父而貴户下壹錢柒分壹厘 田在[illegible]尾洋坂

内收陳永蘭推出伊父陳用朝户下柒分伍厘田在長墻下

林有懷户下應粮貳錢壹分捌厘
内收聿時下玖分陸厘田在長墻下
内收羅兆文户下壹錢貳分貳厘

林紹德户下應粮壹錢玖分陸厘 收羅成章推出黄暢龍户下

内公衆應納粮壹錢貳分 田在上頭上號

内养膳應納粁柒分陸厘

林伯齊户下應粮叁錢叁分正 田在塔坪天坵

7-2-30-22　清嘉慶十二年林氏忠房鬮書（二二）

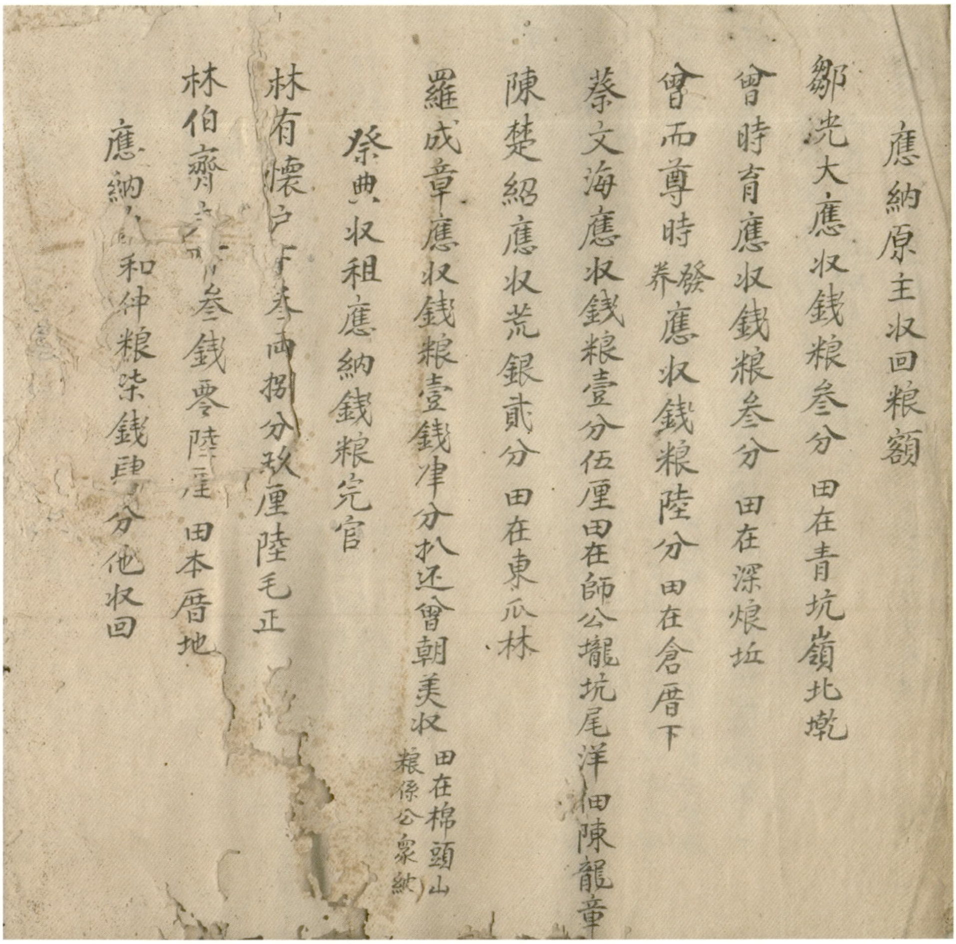
應納原主収回粮額
鄒洸大應収錢粮叁分 田在青坑嶺北墘
曾時育應収錢粮叁分 田在深烺坵
曾而尊時發券應収錢粮陸分 田在倉厝下
蔡文海應収錢粮壹分伍厘田在師公壠坑尾洋佃陳龍章
陳楚紹應収荒銀貳分 田在東瓜林
羅成章應収錢粮壹錢肆分扒还曾朝美収 田在棉頭山 粮係公衆納
蔡典収租應納錢粮完官
林有懷户下叁両捌分玖厘陸毛正
林伯齊[illegible]叁錢零陸厘 田本厝地
應納[illegible]和仲粮柒錢肆分他収回

7-2-30-23　清嘉慶十二年林氏忠房鬮書（二三）

咸豐玖年拾弍月因原主張德昌要斷鴨挴碓並大
坵根面全之田其張聿疇正租契壹帋又聿疇尽字
壹帋又張元封撮字壹帋係交文房禮基收存

7-2-30-24　清嘉慶十二年林氏忠房鬮書（二四）

妣蔡氏
大提公　抽貫祭典田段租額付交行忠信肆房輪收壹
繼妣陳氏　年分作兩閹互換輪流計開于后
第壹閹田段租額
一本鄉土名沙洲坂兩項共受種叁拾觔年載正
祖肆百柒拾弍觔正民秤田牲依例納陳用藻
収外抽出祖穀弍百觔付大提公収
一號本鄉土名倉厝汾受種拾觔根面全年載錢
粮陆分壹釐厘六毛
一本鄉土名圳上壹坵並圳下共受種拾觔根面
全其粮夾帶本厝地契内係公納
第貳閹
一號本都長圳頭土名糞桐壠槙梅坂棋盤石

7-2-30-25　清嘉慶十二年林氏忠房鬮書（二五）

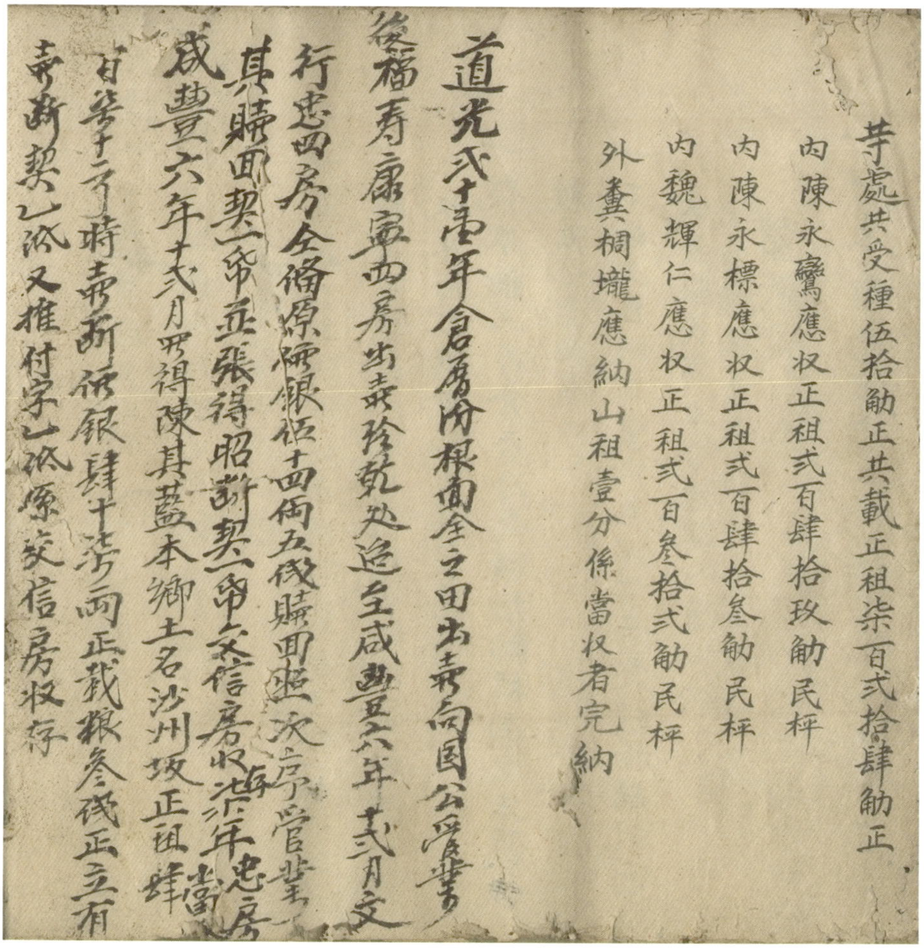
芋處共受種伍拾觔正共載正租柒百式拾肆觔正
內陳永鸞應収正租式百肆拾玖觔民秤
內陳永標應収正租式百肆拾叁觔民秤
內魏輝仁應収正租式百叁拾式觔民秤
外龔桐壠應納山租壹分係當収者完納
道光式十壹年倉房將根面全之田出賣向国公眾業
後福壽康寧四房出去[illegible]延至咸豐六年十二月文
行忠四房全備原價銀伍十四兩五錢贖回歸還次房管業
其贖回契一帋並張得昭断契一帋交信房収於六年忠房當
咸豐六年十二月㕥得陳其藍本鄉土名沙州坂正租肆
百叁十斤將壹断價銀肆十叁兩正載粮叁錢正立有
壹断契一帋又推付字一帋係交信房収存

7-2-30-26　清嘉慶十二年林氏忠房鬮書（二六）

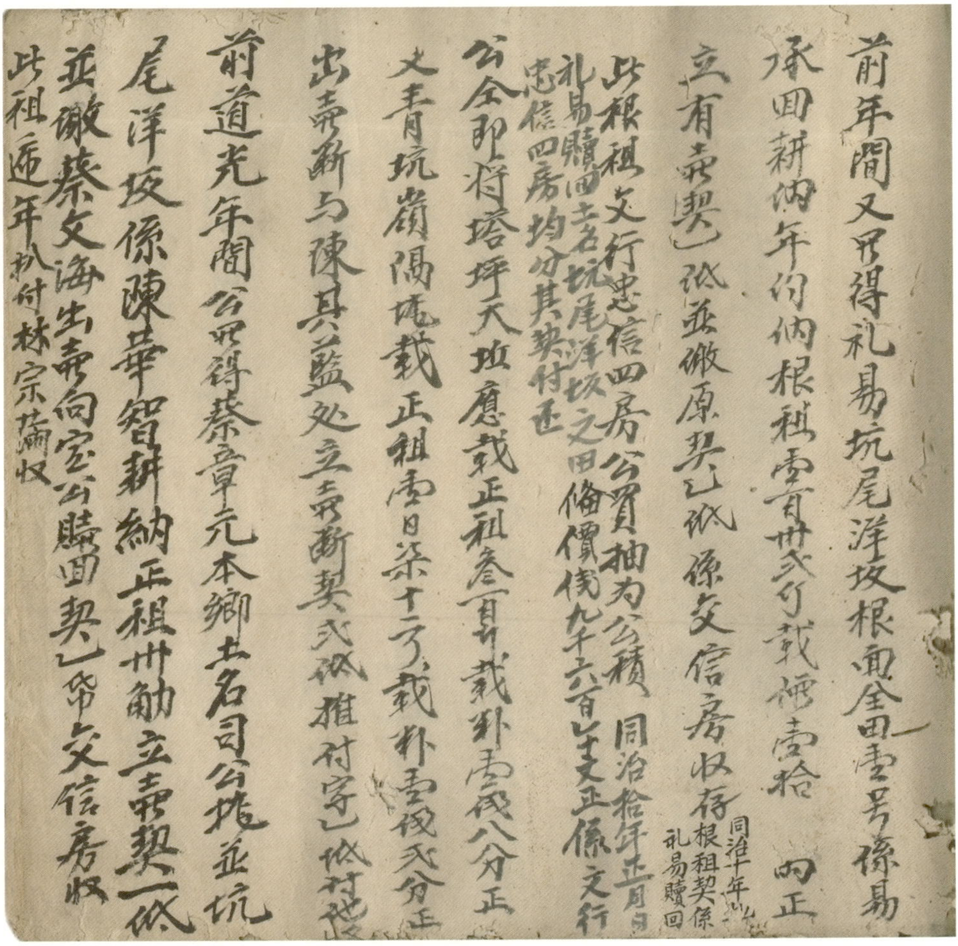
前年間又買得礼易坑尾洋坂根面全田壹号係易
承田耕納年份納根租壹百卅弍斤栽價壹拾 兩正
立有賣契乙紙並繳原契乙紙 係交信房收存 同治十年以根租契係礼易贖回
此根租文行忠信四房公買抽为公積 同治拾年正月日
礼易贖田土名坑尾洋坂之田備價錢九千六百止文正係文行
忠信四房均分其契付还
公全和將塔坪天地應載正租叁百廿載斗秤壹錢八分正
文青坑嶺隔瓏載正租壹百柒十斤載斗秤壹錢弍分正
出賣斷与陳其藍處立賣斷契弍紙推付字乙紙付挖
前道光年間公買得蔡章元本鄉土名司公坵并坑
尾洋坂係陳華智耕納正租卅觔立賣契一紙
並繳蔡文海出賣向寔公贖田契乙紙交信房收
此租遞年收付林宗瑜收

7-2-30-27　清嘉慶十二年林氏忠房鬮書（二七）

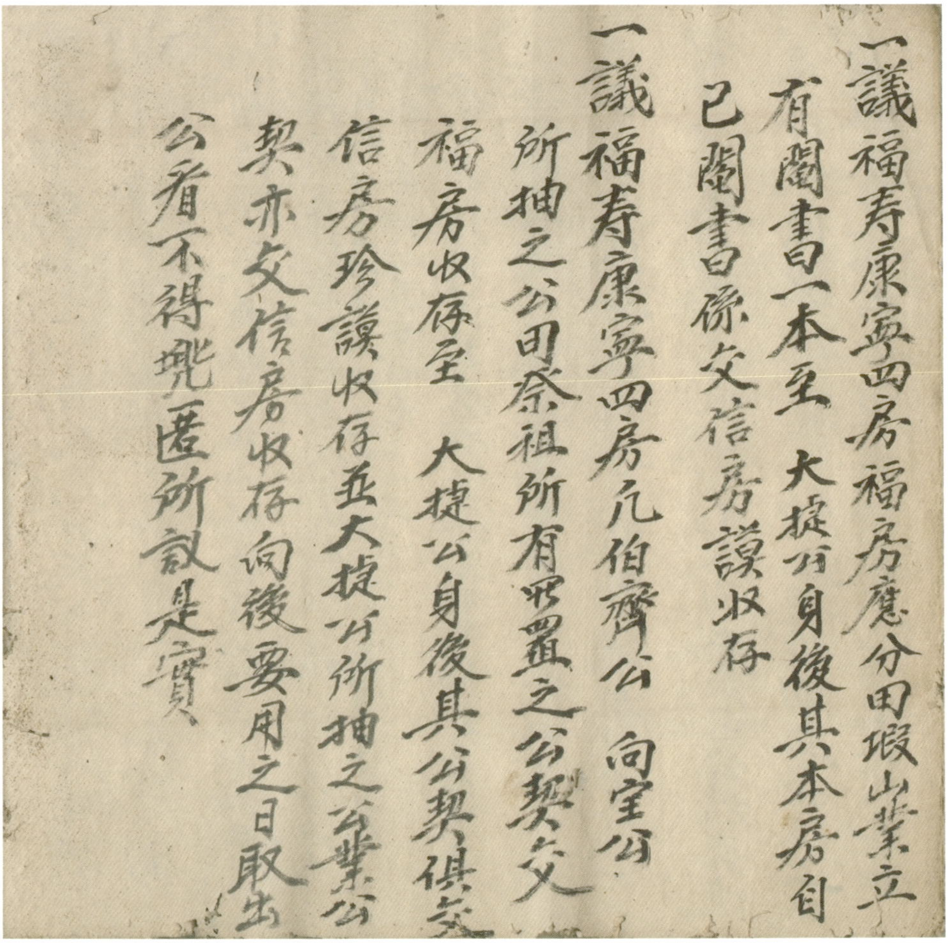
一議福寿康寧四房福房應分田坵山業立
有閹書一本至 大提公身後其本房自
已閹書係交信房謹收存
一議福寿康寧四房凡伯齊公 向室公
所抽之公田祭祖所有所置之公契交
福房收存至 大提公身後其公契俱交
信房珍謹收存並大提公所抽之公業公
契亦交信房收存向後要用之日取出
公看不得執匿所議是實

7-2-30-28　清嘉慶十二年林氏忠房鬮書（二八）

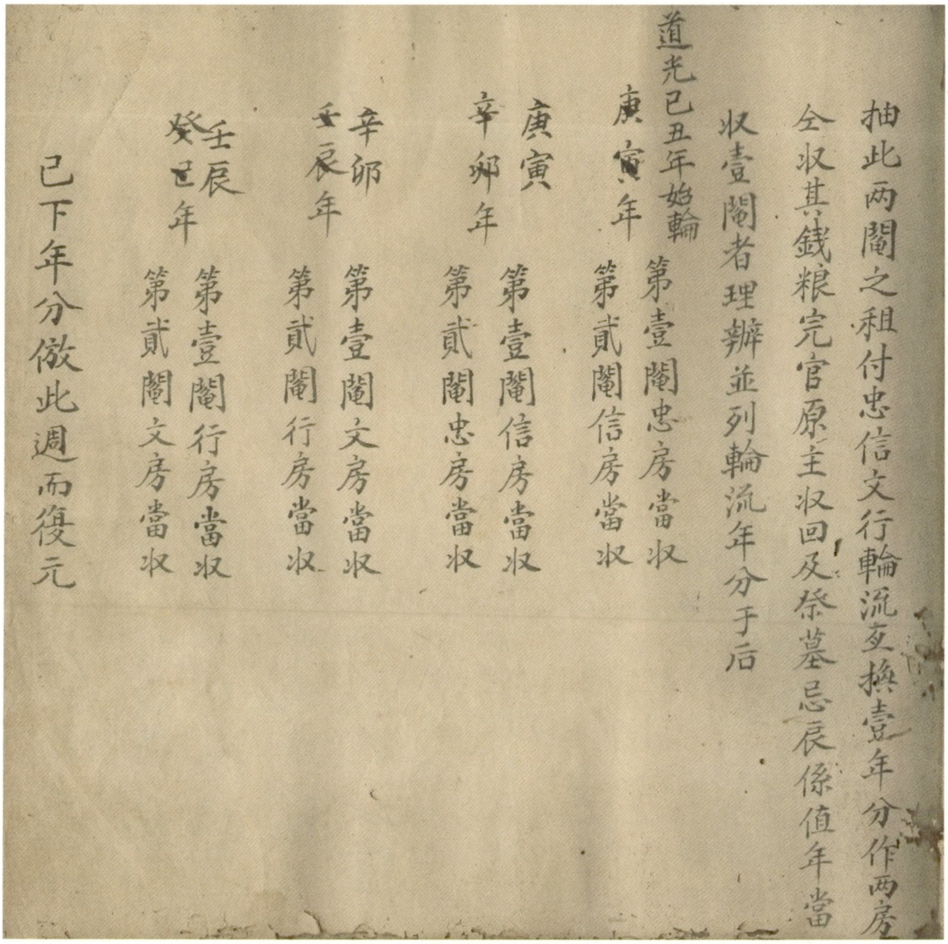
抽此兩閣之租付忠信文行輪流交換壹年分作兩房
全收其錢粮完官原主收回及祭墓忌辰係值年當
收壹閣者理辦並列輪流年分于后
道光己丑年始輪 第壹閣忠房當收
庚寅年 第貳閣信房當收
庚寅 第壹閣信房當收
辛卯年 第貳閣忠房當收
辛卯 第壹閣文房當收
壬辰年 第貳閣行房當收
壬辰 第壹閣行房當收
癸巳年 第貳閣文房當收
已下年分傚此週而復元

7-2-30-29　清嘉慶十二年林氏忠房鬮書（二九）

道光玖年歲次己丑正月　日標照

文房禮基

行房珍超

忠房珍全

信房珍謨

7-2-30-30　清嘉慶十二年林氏忠房鬮書（三〇）

道光弍拾弍年八月文行忠信公仝再議凡　伯齋公
有懷公所抽祭典租額田蝦與福壽康寧四房輪
收前議輪到福房者值收者每項租額分作壹弍兩
鬮每年分作兩房互換輪收俱載鬮書內明白茲因
此兩項租額散漬甚多以致照鬮輪收多寡不平恐
後爭論必傷和氣于是文行忠信會議自甲辰年起
兩項之租額再輪到福房者或長或短定抽出根租
谷柒佰觔付與壹鬮者收辦祭墓酒席用更剩之
額依舊分作壹鬮弍鬮互換輪流多寡均分毋得獨
佔向後福壽康寧四房如有增席者每席加抽出
租谷壹百觔付辦酒者收所抽租額開列于后

7-2-30-31　清嘉慶十二年林氏忠房鬮書（三一）

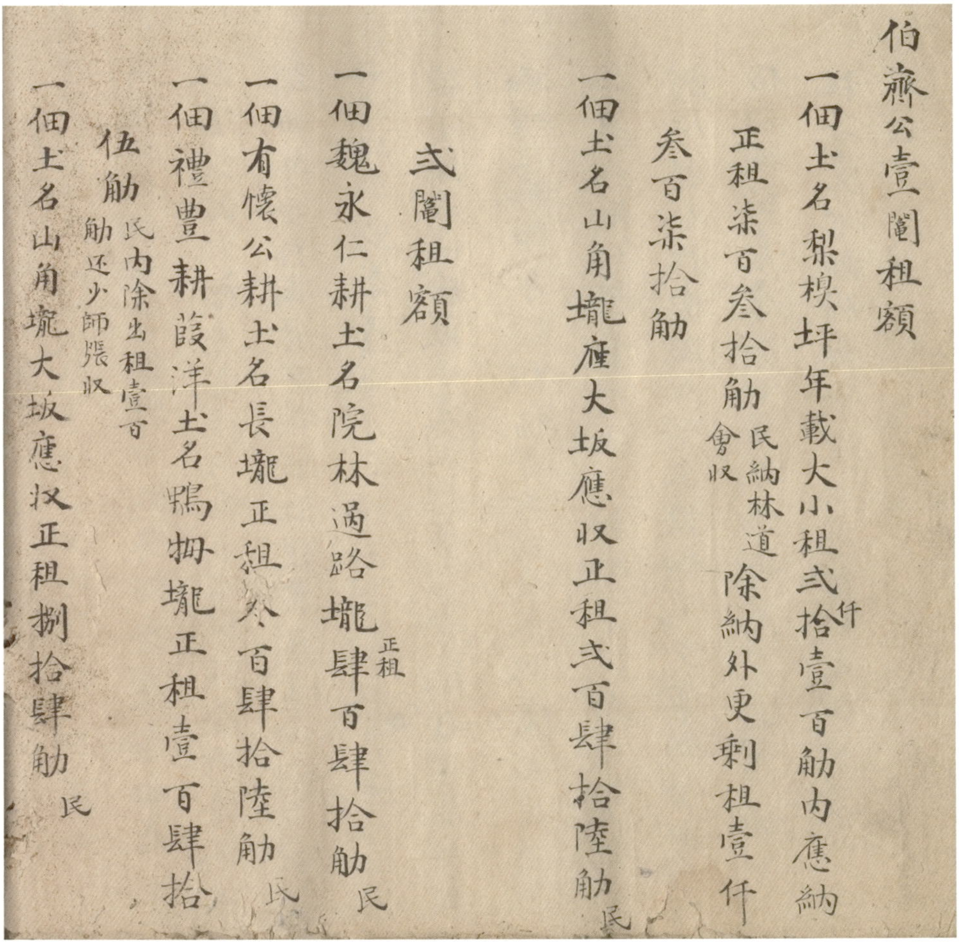
伯薺公壹鬮租額
一佃土名梨樸坪年載大小租弍拾（仟）壹百觔內應納
正租柒百叁拾觔 民納林道會收 除納外更剩租壹仟
叁百柒拾觔
一佃土名山角壠庵大坂應收正租弍百肆拾陸觔 民
弍鬮租額
一佃魏永仁耕土名院林過路壠（正租）肆百肆拾觔 民
一佃有懷公耕土名長壠正租叁百肆拾陸觔 民
一佃禮豊耕葭洋土名鴨㒲壠正租壹百肆拾
伍觔 民內除出租壹百觔还少師張收
一佃土名山角壠大坂應收正租捌拾肆觔 民

7-2-30-32　清嘉慶十二年林氏忠房鬮書（三二）

有懷公壹鬮租額

一福土名七墘年載大小租弍仟弍百觔 民

一佃門前倉厝下並華智下共載大小租陸百觔 民

一佃葭洋土名葫艹爐崙門前壹坵年載大小租伍拾觔 民

一佃陳文敎下正租土名柳壠正租叁拾伍觔 民

一佃土名山角壠大坂應收根租弍百玖拾觔

弍鬮租額

一佃土名長墻年載大小租壹仟弍百觔 民

一佃土名長壠年載根租伍百伍拾觔

一佃土名坑尾洋坂並三角坵共載大小租肆百伍拾觔 民

一佃土名山角壠大坂應收根租弍百陸拾觔

7-2-30-33　清嘉慶十二年林氏忠房鬮書（三三）

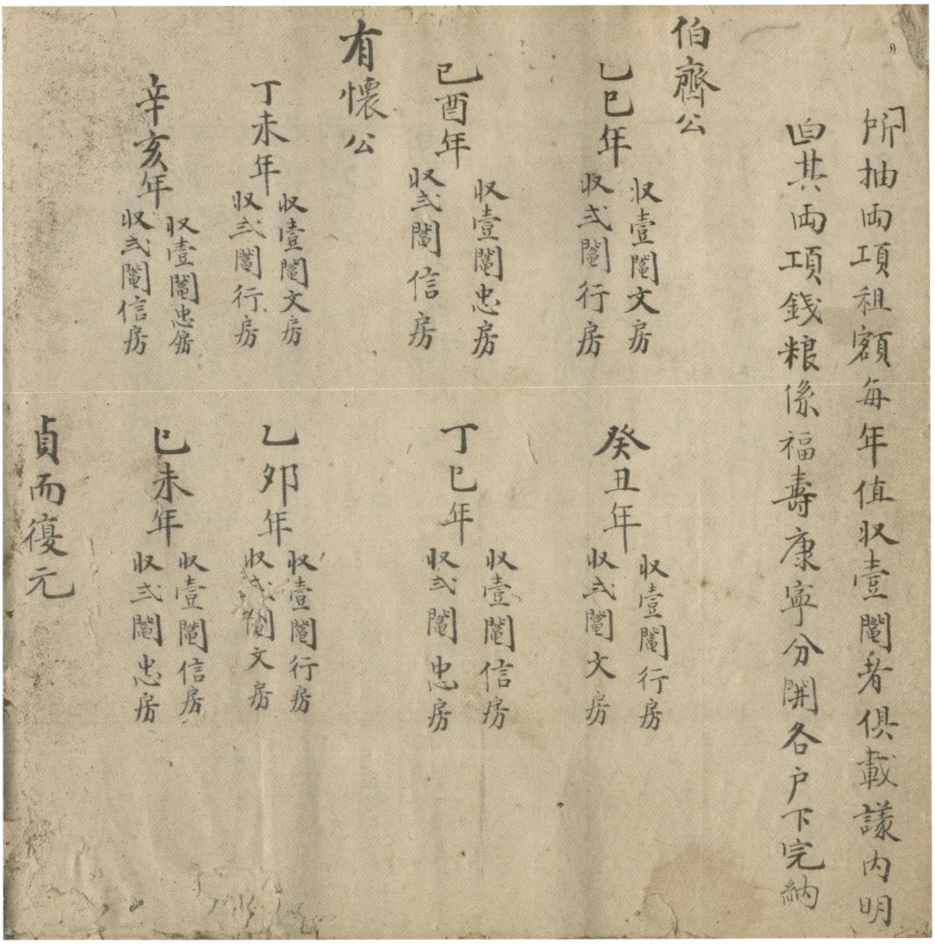

所抽兩項租額每年值收壹鬮者俱載議內明
白其兩項錢粮係福壽康寧分開各户下完納

伯齋公
乙巳年 收壹鬮文房 收弍鬮行房
己酉年 收壹鬮忠房 收弍鬮信房
癸丑年 收壹鬮行房 收弍鬮文房
丁巳年 收壹鬮信房 收弍鬮忠房

有懷公
丁未年 收壹鬮文房 收弍鬮行房
辛亥年 收壹鬮忠房 收弍鬮信房
乙卯年 收壹鬮行房 收弍鬮文房
己未年 收壹鬮信房 收弍鬮忠房

貞而復元

7-2-30-34　清嘉慶十二年林氏忠房鬮書（三四）

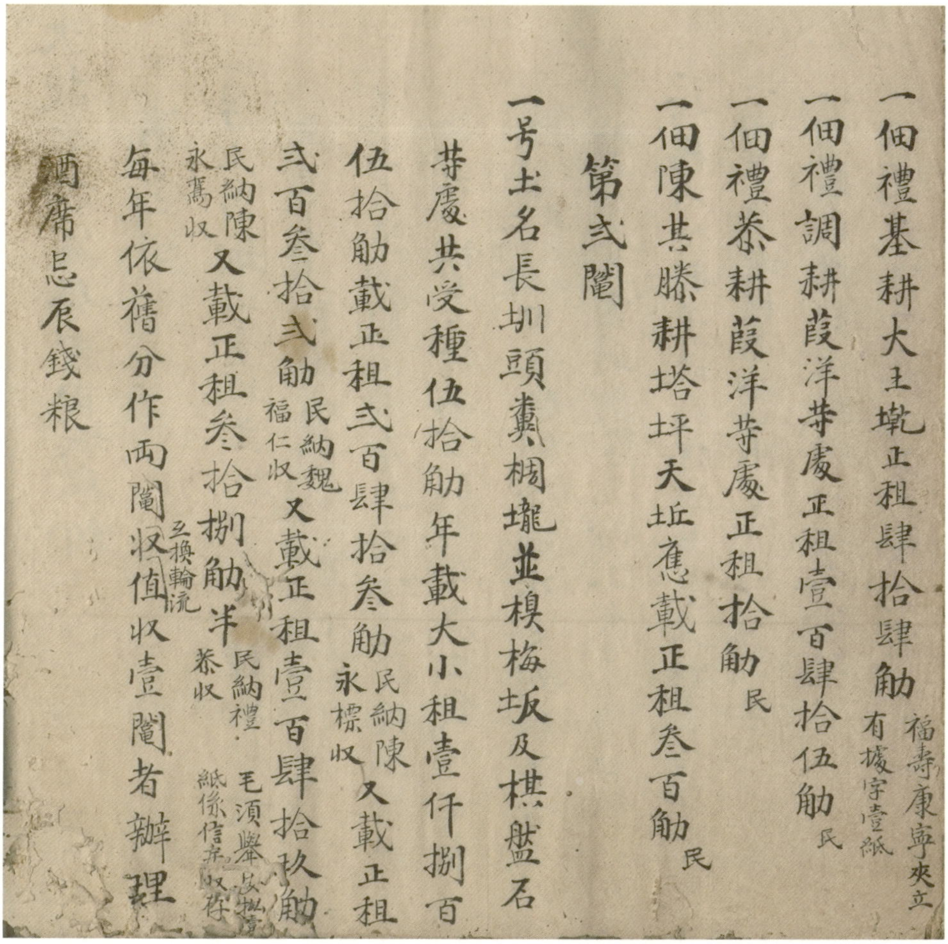
一佃禮基耕大王墘正租肆拾肆觔 福壽康寧夾立有據字壹紙
一佃禮調耕葭洋苛處正租壹百肆拾伍觔 民
一佃禮恭耕葭洋苛處正租拾觔 民
一佃陳其滕耕塔坪天坵應載正租叁百觔 民
第弍阄
一号土名長圳頭糞榈壠並模梅坂及棋盤石
苛處共受種伍拾觔年載大小租壹仟捌百
伍拾觔載正租弍百肆拾叁觔 民納陳永標收 又載正租
弍百叁拾弍觔 民納魏福仁收 又載正租壹百肆拾玖觔
民納陳永焉收 又載正租叁拾捌觔半 民納禮恭收 毛須擧出批照紙係信弟收存
每年依舊分作两阄收值收壹阄者辦理 亙換輪流
酒席忌辰錢粮

7-2-30-35　清嘉慶十二年林氏忠房鬮書（三五）

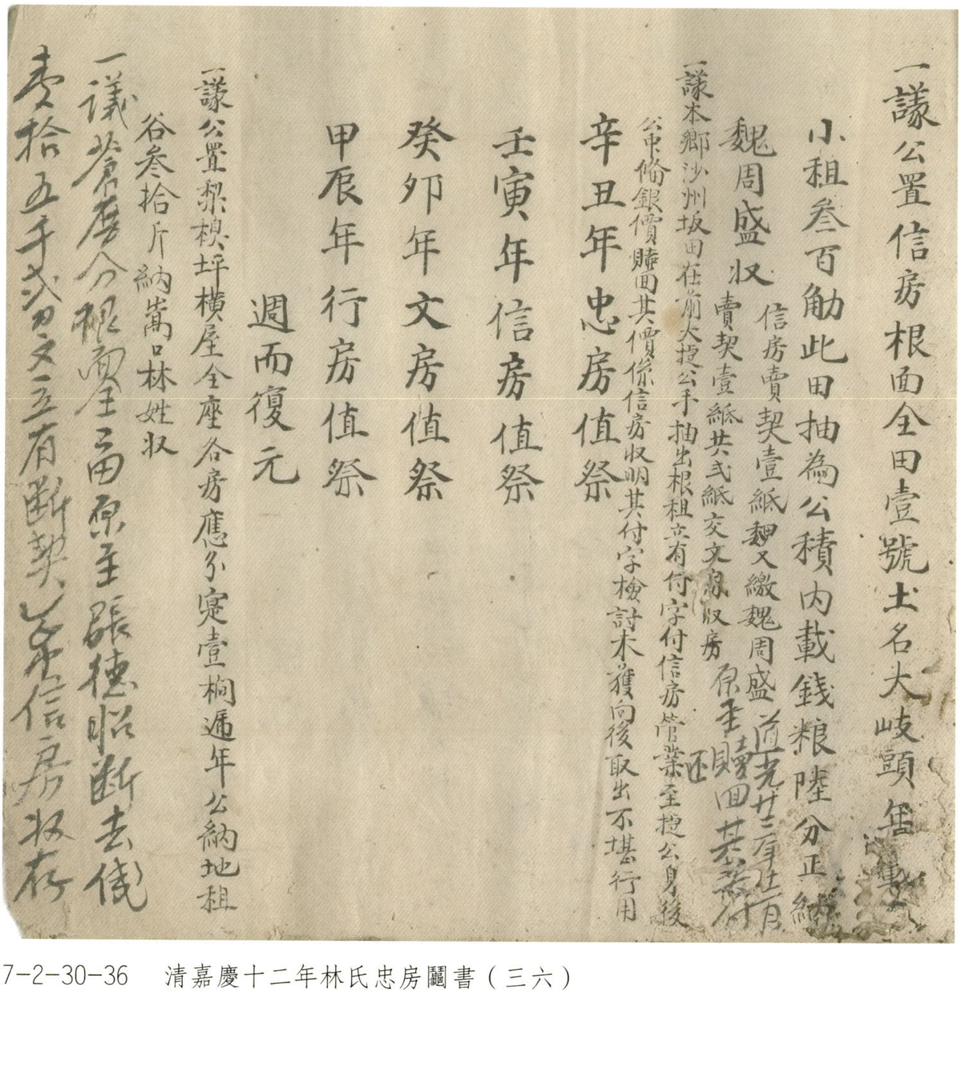

一議公置信房根面全田壹號土名大岐頭[illegible]
小租叁百觔此田抽為公積内載錢粮陞分正[illegible]
魏周盛收　信房賣契壹紙契尾繳魏周盛[illegible]
賣契壹紙共式紙交文房收　原手[illegible]田其契[illegible]
一議本鄉沙州坂田在前太提公手抽出根租立有付字付信房管業至提公身後
公中倫銀價贖田其價係信房收明其付字檢討未獲向後取出不堪行用
辛丑年忠房值祭
壬寅年信房值祭
癸卯年文房值祭
甲辰年行房值祭
週而復元
一議公置[illegible]樹坪橫屋全座谷房應分寔壹桐通年公納地租
谷叁拾斤納嵩口林姓收
一議叁房分根面全[illegible]原手[illegible]據照斷去[illegible]
壹拾五千[illegible]又立有斷契[illegible]信房收存

7-2-30-36　清嘉慶十二年林氏忠房鬮書（三六）

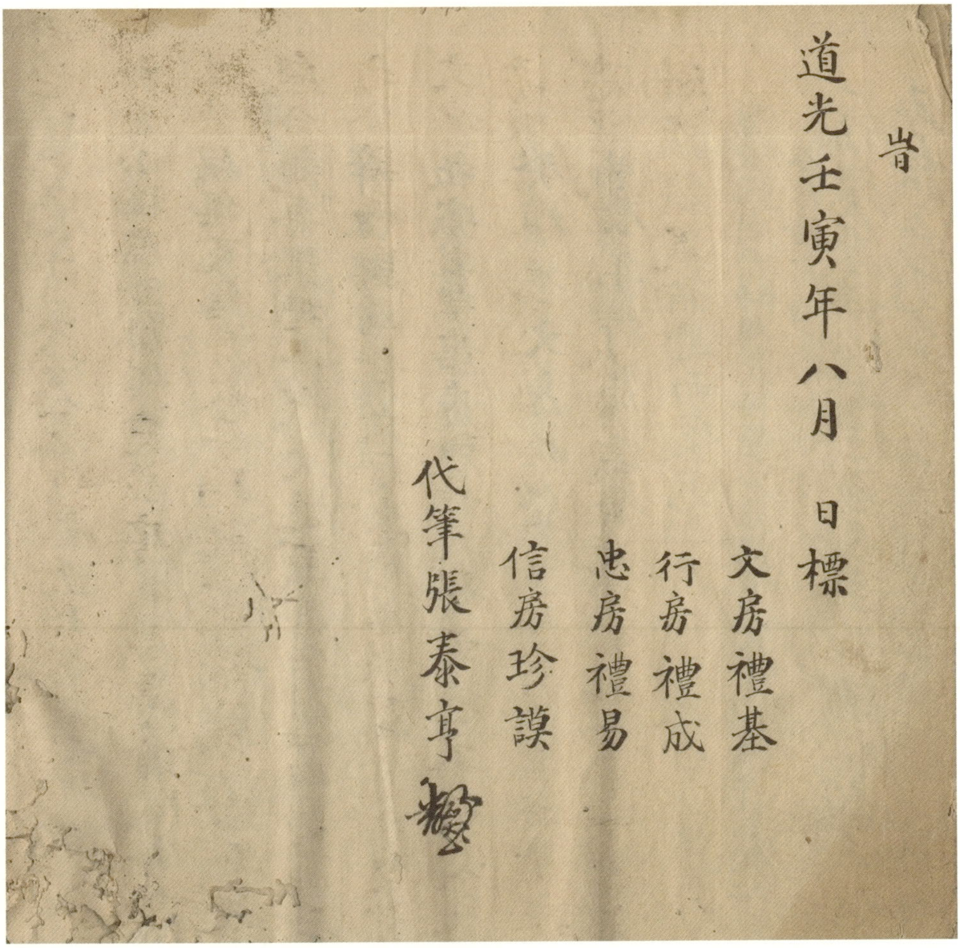
皆

道光壬寅年八月　日標

文房禮基

行房禮成

忠房禮易

信房珍謨

代筆張泰亨（押）

7-2-30-37　清嘉慶十二年林氏忠房鬮書（三七）

同治拾弍年柒月公仝會議凡伯斉公向實載文
所抽公田祭典公契交福房收存至大提公身後
其公契俱交信房收存珍謨公收爲因謨亦身後
經公親再議恐年代久遠或有失落即將尚在
之公契再點標載文行忠信四本閹書內交付
文房礼基收存又福房大閹書壹本亦交文
房收存又大提所抽公田祭典公契再點標載交
忠房收存向後公衆要用之日取出公看不得沉
溺所議是實

7-2-30-38　清嘉慶十二年林氏忠房鬮書（三八）

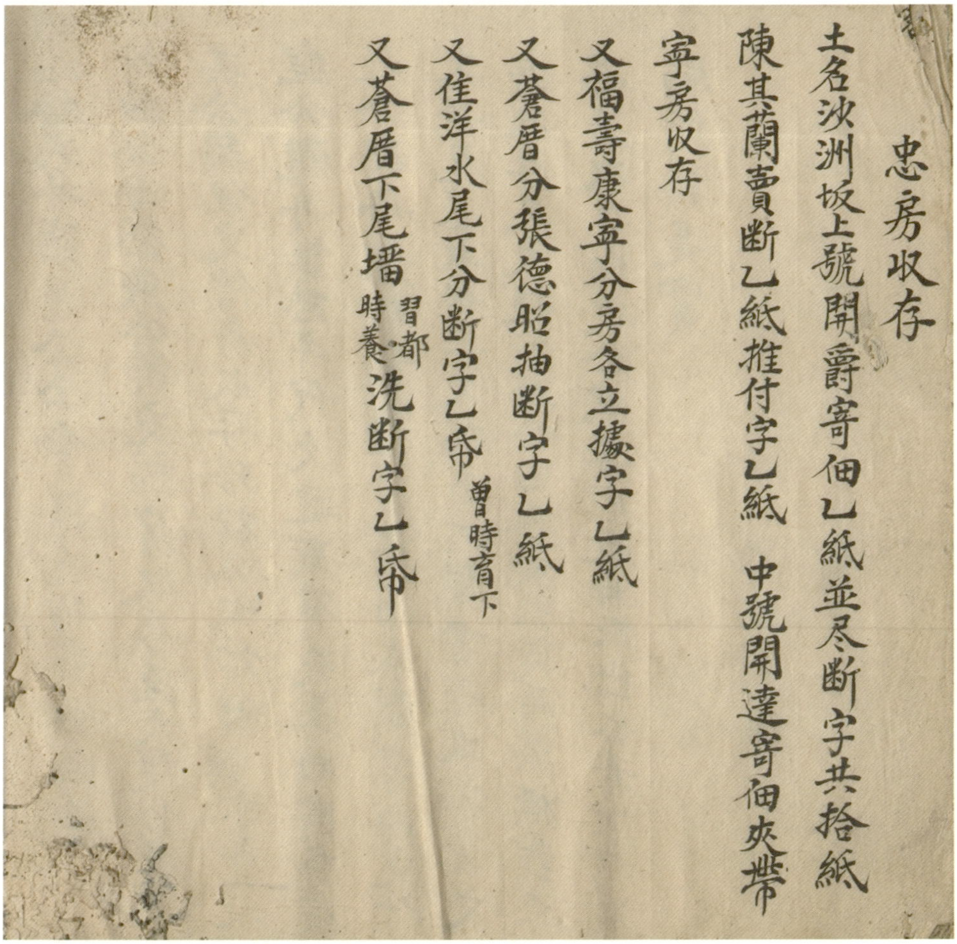
忠房收存
土名沙洲坂上號開爵寄佃乙紙並尽断字共拾紙
陳其蘭賣断乙紙推付字乙紙　中號開達寄佃夾帶
寧房收存
又福壽康寧分房各立據字乙紙
又蒼厝分張德昭抽断字乙紙
又佳洋水尾下分断字乙帋曾時育下
又蒼厝下尾墻時養習都洗断字乙帋

7-2-30-39　清嘉慶十二年林氏忠房鬮書（三九）

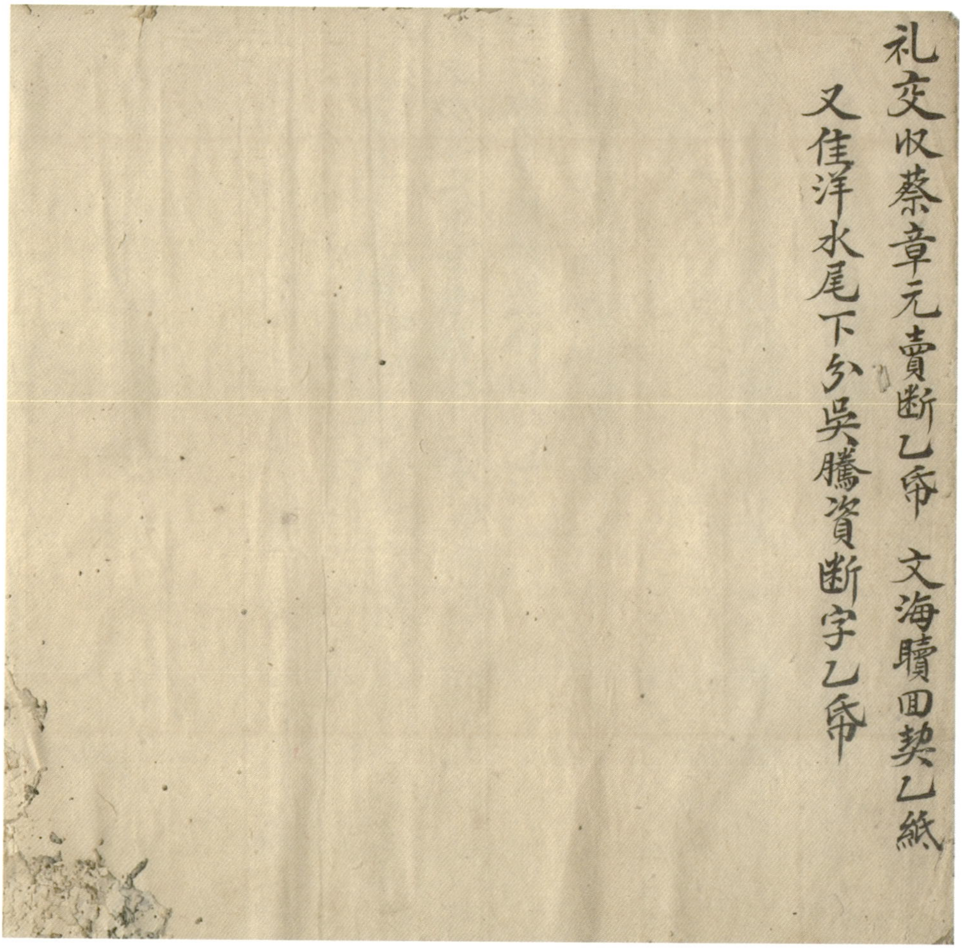
礼交收蔡章元賣斷乙帋　文海贖田契乙紙
又佳洋水尾下夘吳騰資斷字乙帋

7-2-30-40　清嘉慶十二年林氏忠房鬮書（四〇）

文房收存契字

土名梨槙坪吳侯光善寄佃乙紙又斷字乙紙又尽撮[illegible]

共四紙

土名荒田頭南萬裡大王墘大墘頭張德招斷字乙帋

土名梨槙坪蘭秀堂厝地坪契共成捌紙

土名赤墘林景厚安批乙紙並繳羅時行安批乙紙又時行

撮字乙紙又成苞撮字乙紙又羅成程洗斷字乙紙又斷字乙紙

共六紙又赤墘江世清斷字乙紙

土名赤墘林珍會賣契契乙紙又斷契乙帋

土名長壠吳履仁寄佃乙紙尽字乙紙繳黃帝從寄佃乙紙尽

字乙紙又吳與智尽字乙紙繳江世清寄佃乙帋吳朱宣文斷根

字乙紙

土名長壋陳永蘭賣租契乙紙吳履仁長壋下寄佃乙紙又

[illegible]佃叁紙吳先海撮字乙紙尽字乙紙尽斷字乙紙吳羅氏斷[illegible]

7-2-30-41　清嘉慶十二年林氏忠房鬮書（四一）

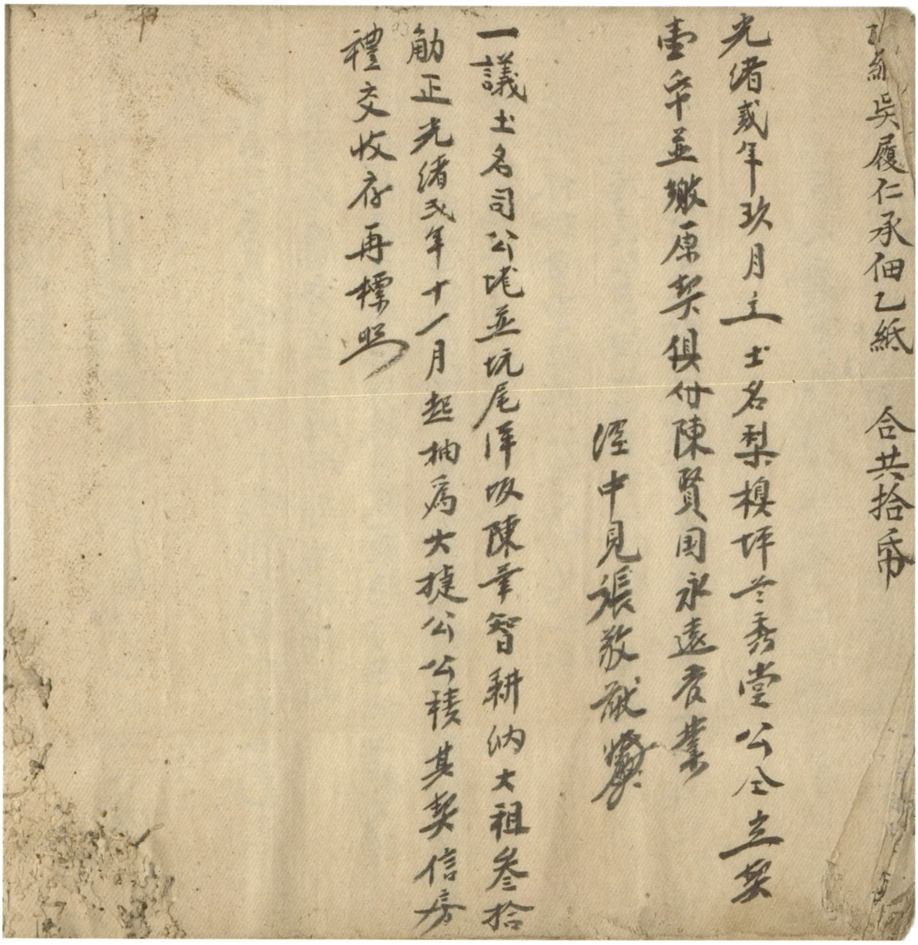

7-2-30-42　清嘉慶十二年林氏忠房鬮書（四二）

7-2-30-43　清嘉慶十二年林氏忠房鬮書（四三）

承珍全云阄书

7-2-31-1　清道光二十二年林氏宙房鬮書（一）

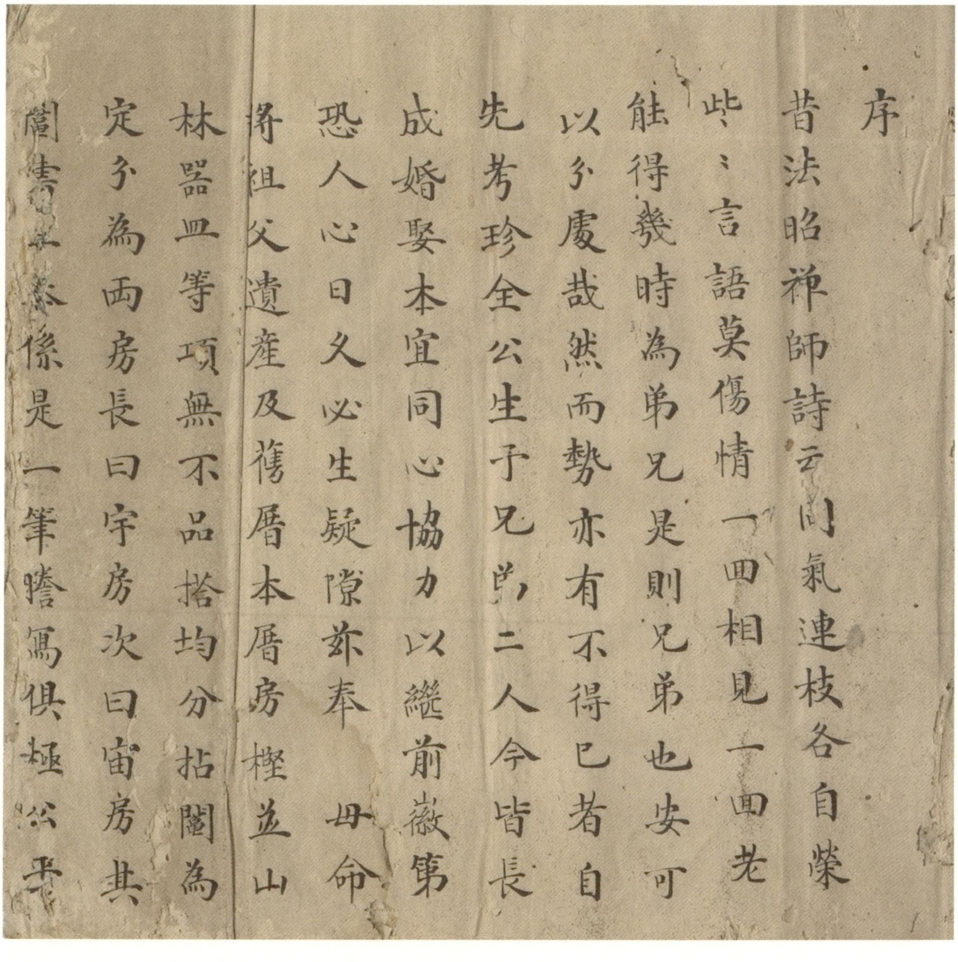
序
昔法昭禅師詩云同氣連枝各自榮
些〻言語莫傷情一回相見一回老
能得幾時為弟兄是則兄弟也安可
以分處哉然而勢亦有不得已者自
先考珍全公生子兄弟二人今皆長
成婚娶本宜同心協力以繼前徽第
恐人心日久必生疑隙爰奉　母命
將祖父遺產及舊厝本厝房屋並山
林器皿等項無不品搭均分拈鬮為
定分為兩房長曰宇房次曰宙房其
鬮書[illegible][illegible]係是一筆謄寫俱極公平

7-2-31-2　清道光二十二年林氏宙房鬮書（二）

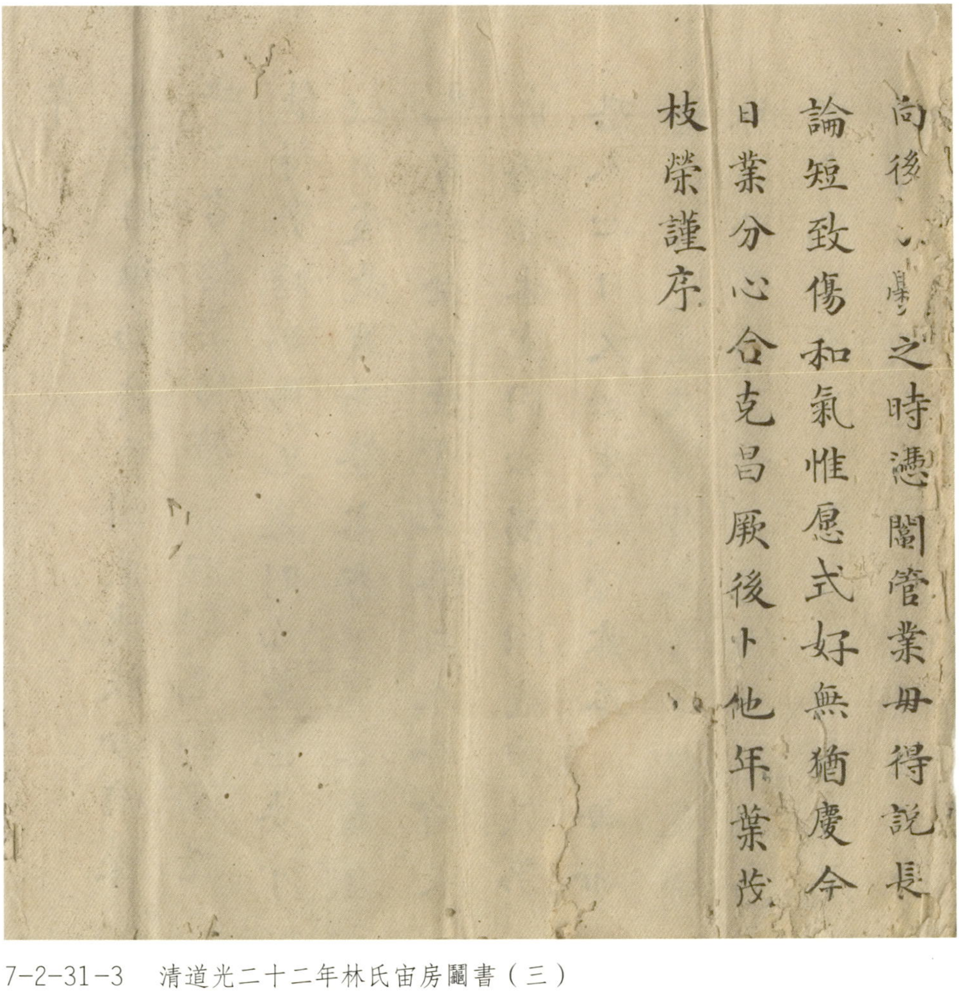

向後[illegible][illegible]之時憑鬮管業毋得說長
論短致傷和氣惟愿式好無猶慶今
日業分心合克昌厥後卜他年葉茂
枝榮謹序

7-2-31-3　清道光二十二年林氏宙房鬮書（三）

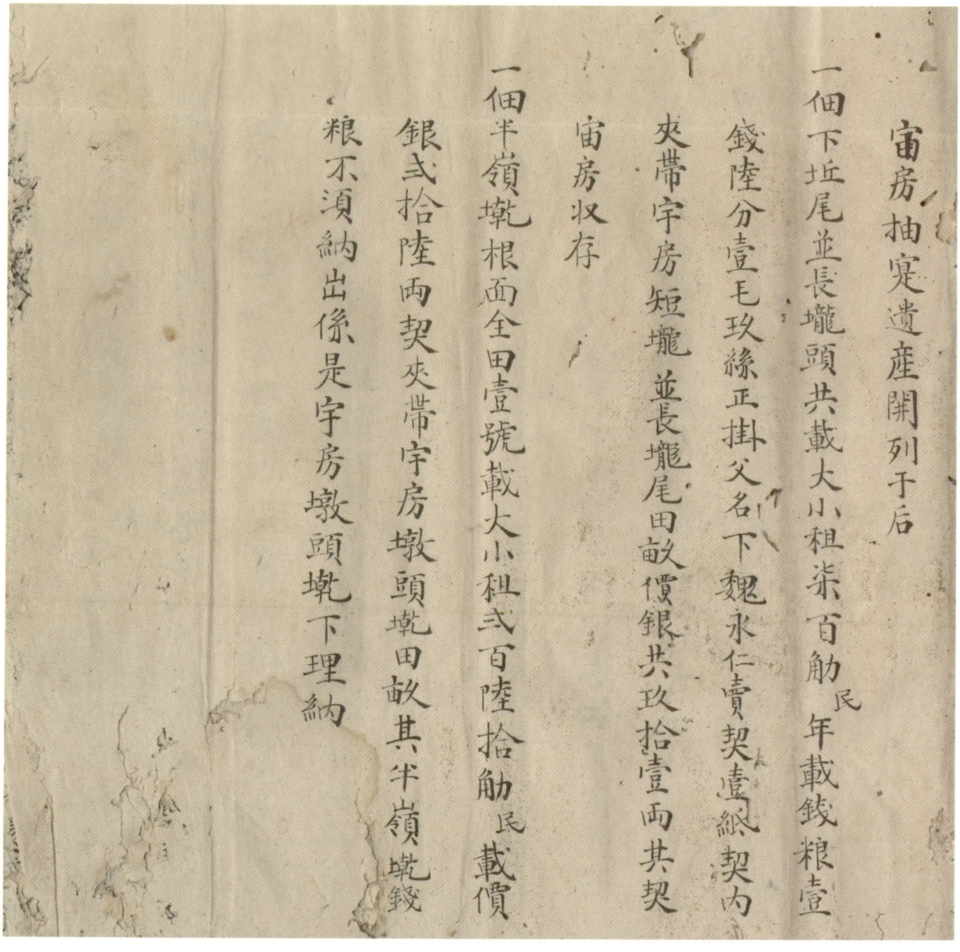
宙房抽寔遺産開列于后
一佃下坵尾並長壠頭共載大小租柒百觔民年載錢粮壹
錢陸分壹毛玖絲正掛父名下魏永仁賣契壹紙契內
夾帶宇房短壠並長壠尾田畝價銀共玖拾壹兩共契
宙房收存
一佃半嶺墘根面全田壹號載大小租弍百陸拾觔民載價
銀弍拾陸兩契夾帶宇房墩頭墘田畝其半嶺墘錢
粮不須納出係是宇房墩頭墘下理納

7-2-31-4　清道光二十二年林氏宙房鬮書（四）

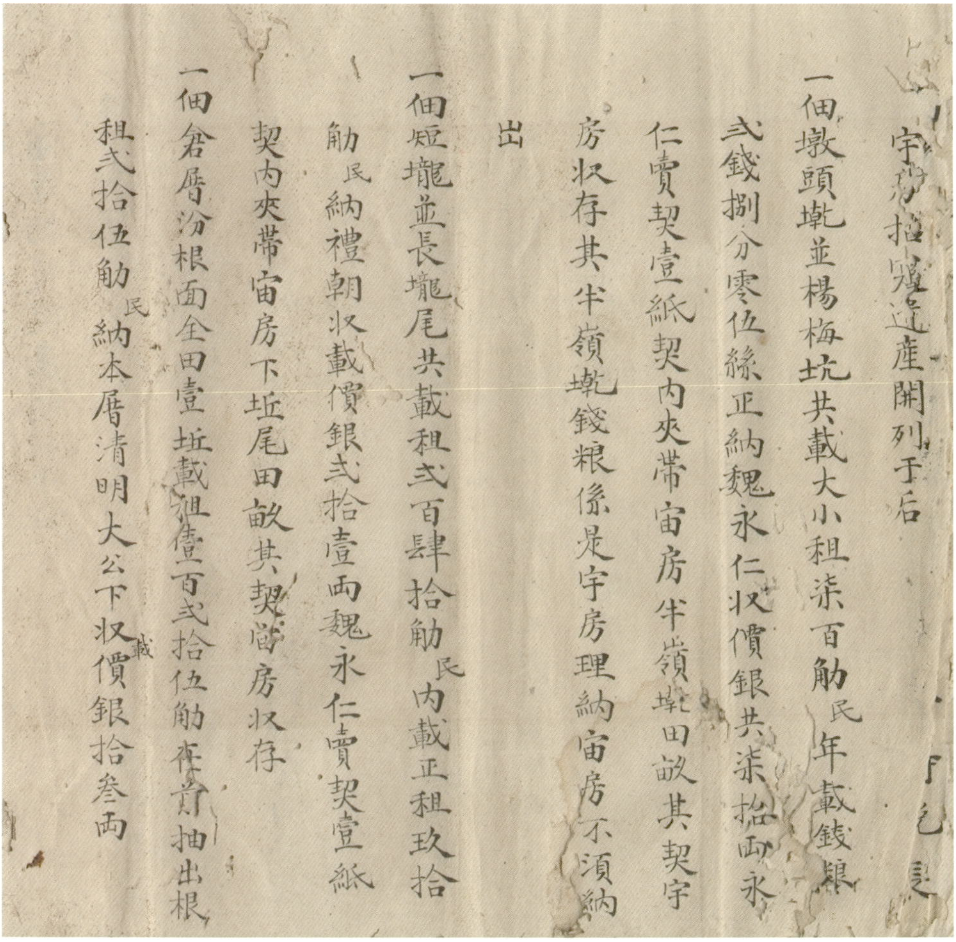

宇房拾遺產開列于后

一佃墩頭墘並楊梅坑共載大小租柒百觔民年載錢粮弍錢捌分零伍絲正納魏永仁収價銀共柒拾兩永仁賣契壹紙契內夾帶宙房半嶺墘田畝共契宇房収存其半嶺墘錢粮係是宇房理納宙房不須納出

一佃短壠並長壠尾共載租弍百肆拾觔民內載正租玖拾觔民納禮朝収載價銀弍拾壹兩魏永仁賣契壹紙契內夾帶宙房下坵尾田畝共契宙房収存

一佃倉厝汾根面全田壹坵載租壹百弍拾伍觔在前抽出根租弍拾伍觔民納本厝清明大公下収價銀拾叁兩

7-2-31-5　清道光二十二年林氏宙房鬮書（五）

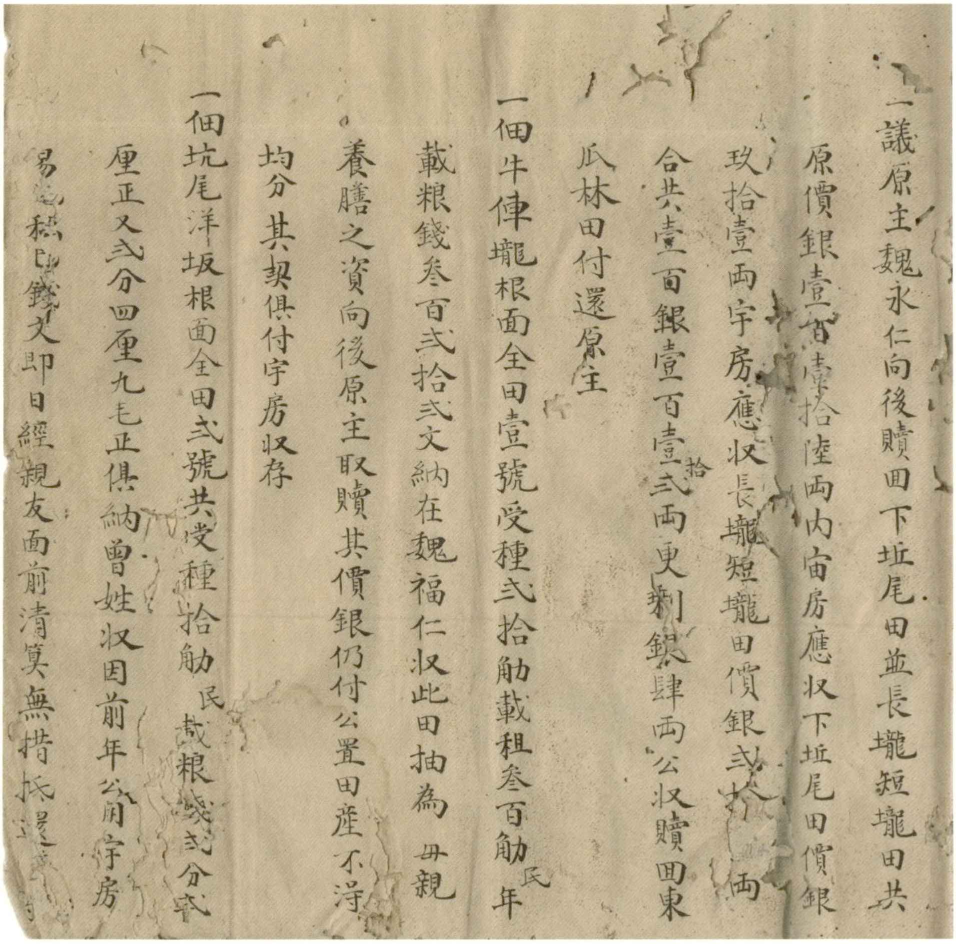
一議原主魏永仁向後贖回下坵尾田並長壠短壠田共
原價銀壹百肆拾陸兩內宙房應收下坵尾田價銀
玖拾壹兩宇房應收長壠短壠田價銀弍拾[illegible]兩
合共壹百銀壹百壹拾弍兩更剩銀肆兩公收贖回東
瓜林田付還原主
一佃牛俥壠根面全田壹號受種弍拾觔載租叁百觔民年
載粮錢叁百弍拾弍文納在魏福仁收此田抽為 母親
養膳之資向後原主取贖其價銀仍付公置田產不得
均分 其契俱付宇房收存
一佃坑尾洋坂根面全田弍號共受種拾觔民載粮錢弍分[illegible]
厘正又弍分四厘九毛正俱納曾姓收因前年公用宇房
[illegible]錢文即日經親友面前清算無措抵還[illegible]

7-2-31-6　清道光二十二年林氏宙房鬮書（六）

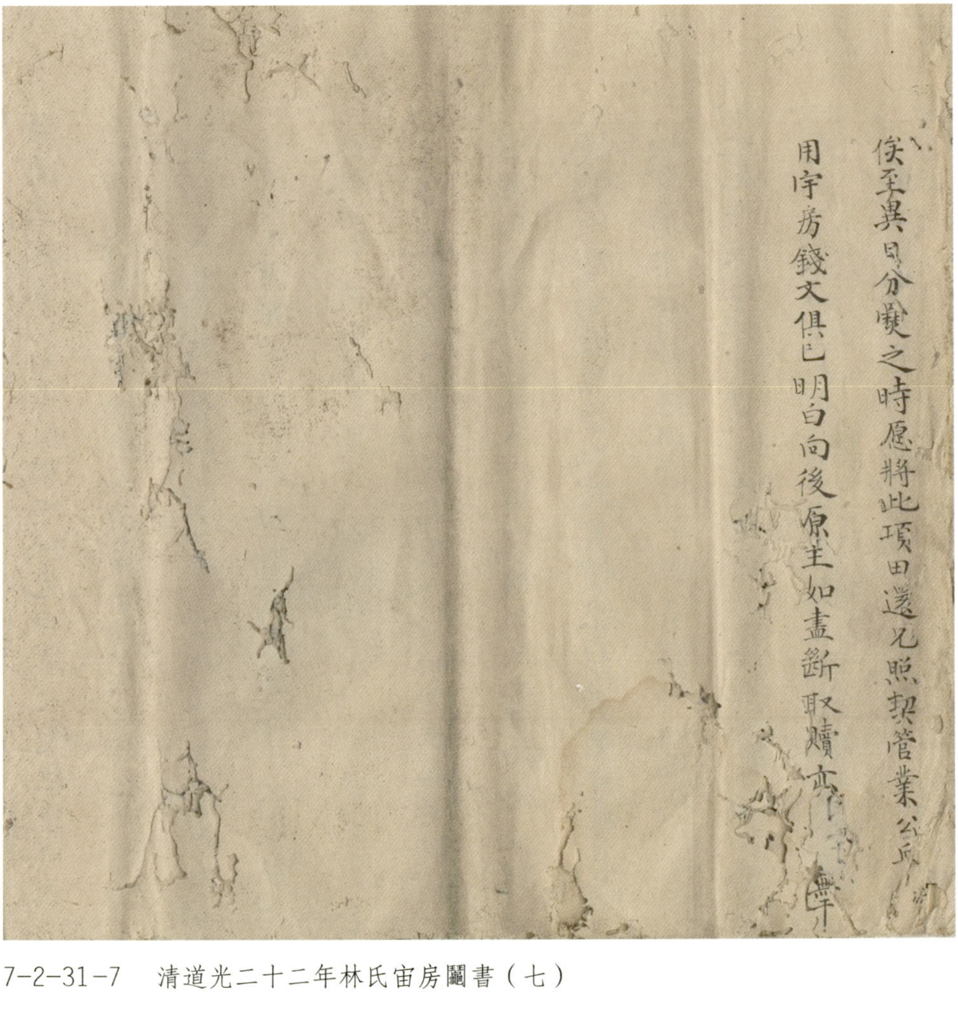

俟至異日分爨之時愿將此項田還兄照契管業公

用字房錢文俱已明白向後原主如盡斷取贖亦

7-2-31-7　清道光二十二年林氏宙房鬮書（七）

宙房拈定山業開列于后

一土名半嶺墘[illegible]下植林壹所 父鬮下

一土名馬塆隔植林壹所

一土名羊角墘桐林壹所 高文下

一土名楊梅坑山底壹所 父鬮下右至宇房山為界 咸豐叁年七月出賣與曾習 連的侄仁干

一土名半嶺墘路下山底壹所 其宗下咸豐四年五月出賣與姬東叔侄[illegible]

一土名對面墘山底壹所 父鬮下

一土名半嶺獅公塆山底壹所 習巖下左至宇房山為界

一土名半嶺墘路下山底壹所 父鬮下

一土名獅公塆路下竹林壹所 珍念下

一土名羊角墘山底壹所 父鬮下與珍謨山為界

一土名半嶺墘山底壹所 夾帶珍豫同置珍章下

7-2-31-8　清道光二十二年林氏宙房鬮書（八）

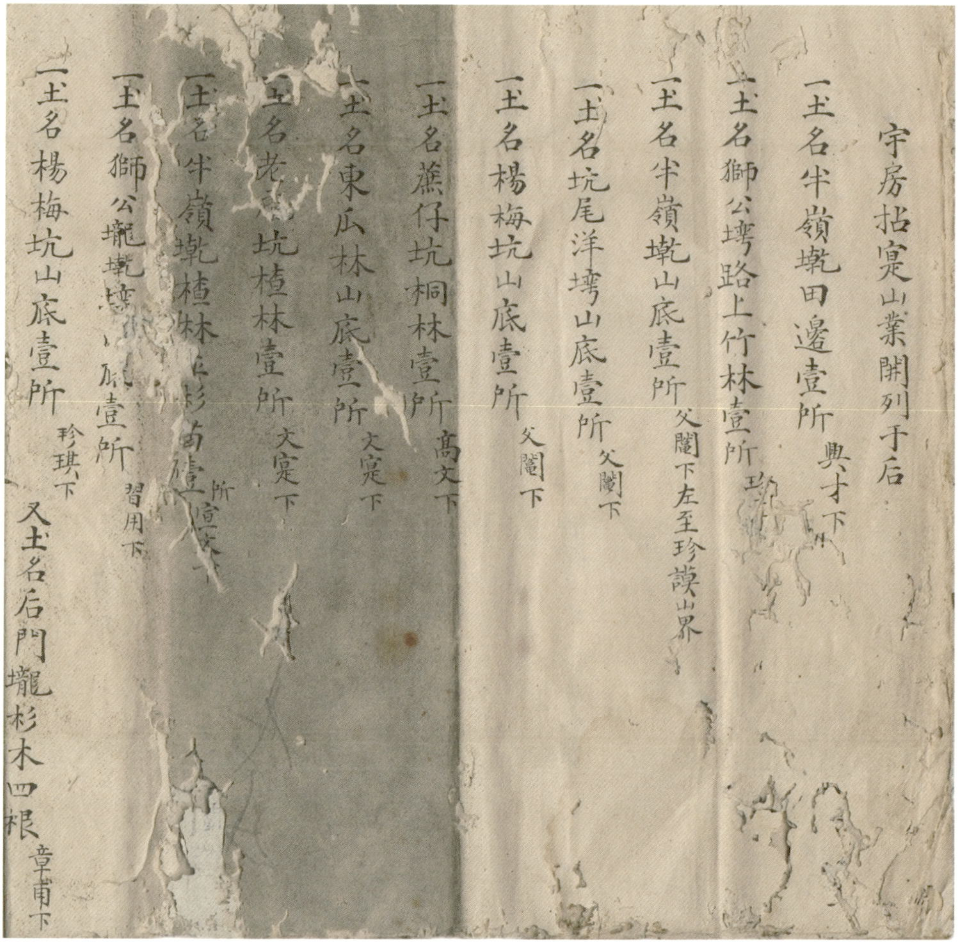

守房拈定山業開列于后

一土名牛嶺墘田邊壹所 典才下

一土名獅公墎路上竹林壹所 [illegible]

一土名牛嶺墘山底壹所 父闓下左至珍謨山界

一土名坑尾洋墎山底壹所 父闓下

一土名楊梅坑山底壹所 父闓下

一土名蕉仔坑桐林壹所 高文下

一土名東瓜林山底壹所 文定下

一土名老[illegible]坑植林壹所 文定下

一土名牛嶺墘植林[illegible]杉面[illegible]壹所 [illegible]

一土名獅公壠墘[illegible]底壹所 習用下

一土名楊梅坑山底壹所 珍琪下

又土名后門壠杉木四根 章甫下

7-2-31-9　清道光二十二年林氏宙房鬮書（九）

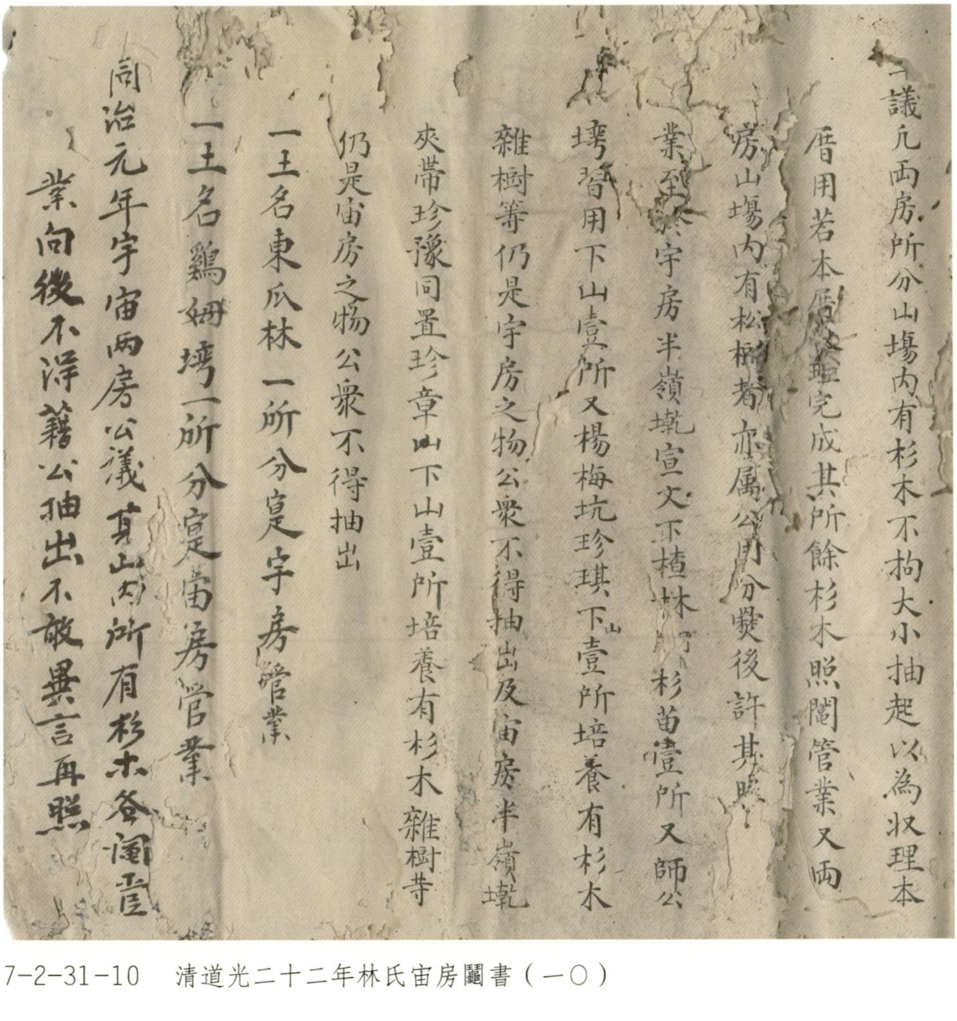
議凡兩房所分山場內有杉木不拘大小抽起以為收理本
厝用若本厝竣完成其所餘杉木照閹管業又兩
房山場內有松樹者亦屬公內分斷後許其照
業至於宇房半嶺墘宣文下植林內杉苗壹所又師公
墇背用下山壹所又楊梅坑珍琪下山壹所培養有杉木
雜樹等仍是宇房之物公衆不得抽出及宙房半嶺墘
夾帶珍豫同置珍章山下山壹所培養有杉木雜樹等
仍是宙房之物公衆不得抽出
一土名東瓜林一所分定宇房管業
一土名鷄姆墇一所分定宙房管業
同治元年宇宙兩房公議其山內所有杉木各閹壹
業向後不得藉公抽出不敢異言再照

7-2-31-10　清道光二十二年林氏宙房鬮書（一〇）

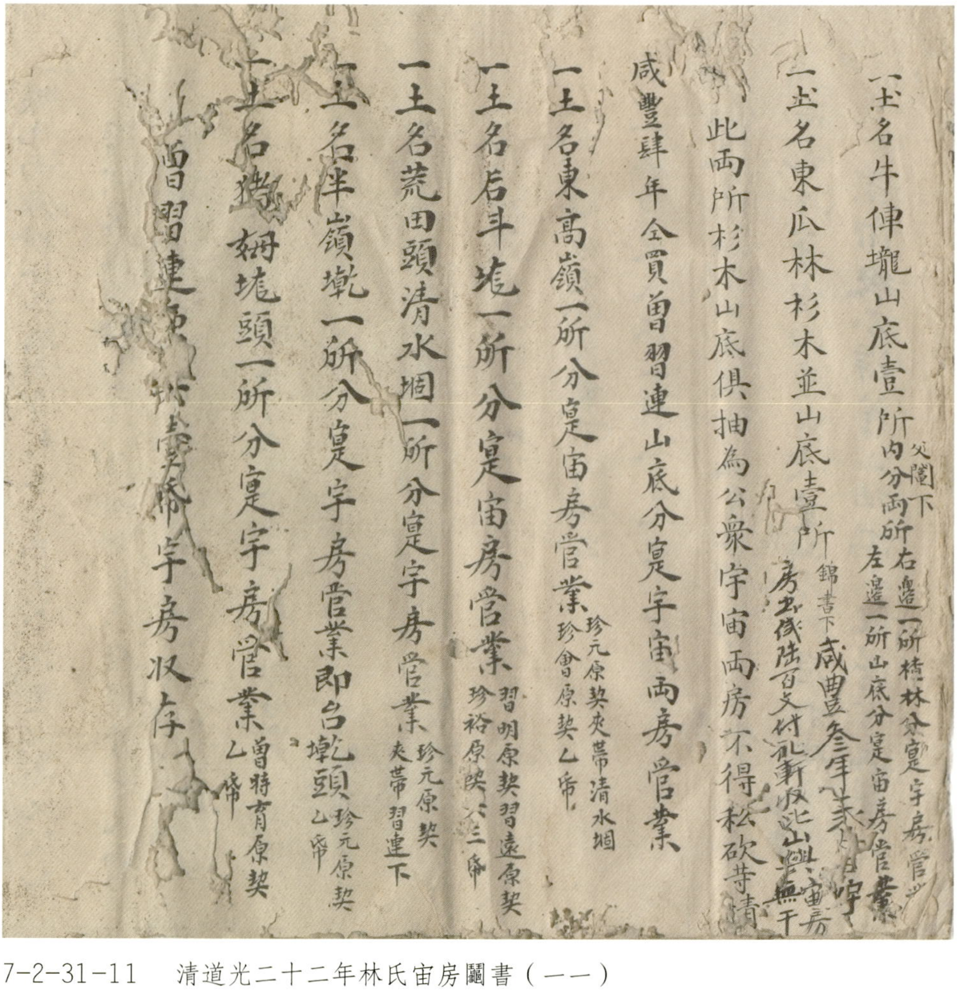
一土名牛伸壠山底壹所内分両所右邊一所椅林分定宇房管業 父閣下
左邊一所山底分定宙房管業
一土名東瓜林杉木並山底壹所 錦書下 咸豐叁年[illegible]
房出錢陆百文付祀斬收此山與宙房無干
此両所杉木山底俱抽為公衆宇宙両房不得私砍等情
咸豐肆年仝買曾習連山底分定宇宙両房管業
一土名東高嶺一所分定宙房管業 珍元原契夾带清水堌 珍會原契乙帋
一土名石斗垅一所分定宙房管業 習明原契習遠原契 珍裕原契六三帋
一土名荒田頭清水堌一所分定宇房管業 珍元原契夾带習連下
一土名半嶺墘一所分定宇房管業即台墘頭 珍元原契乙帋
一土名[illegible]𡋾垅頭一所分定宇房管業 曾特育原契乙帋
曾習連[illegible]宇房收存

7-2-31-11　清道光二十二年林氏宙房鬮書（一一）

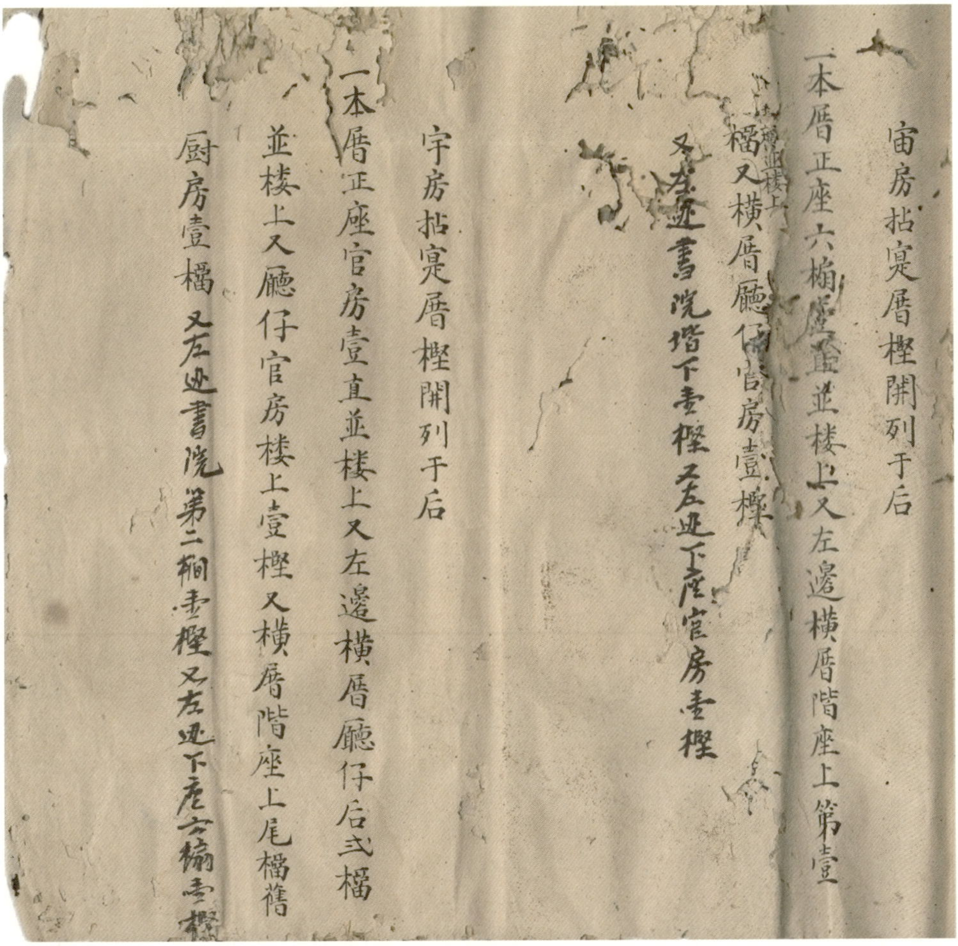
宙房拈寔厝櫈開列于后
一本厝正座六榀厝壹並楼上又左邊横厝階座上第壹
榀又横厝廳仔官房壹櫈
又左边書院堦下壹櫈又左边下座官房壹櫈
宇房拈寔厝櫈開列于后
一本厝正座官房壹直並楼上又左邊横厝廳仔后弍榀
並楼上又廳仔官房楼上壹櫈又横厝階座上尾榀舊
厨房壹榀又左边書院第二榀壹櫈又左边下座六榀壹櫈

7-2-31-12　清道光二十二年林氏宙房鬮書（一二）

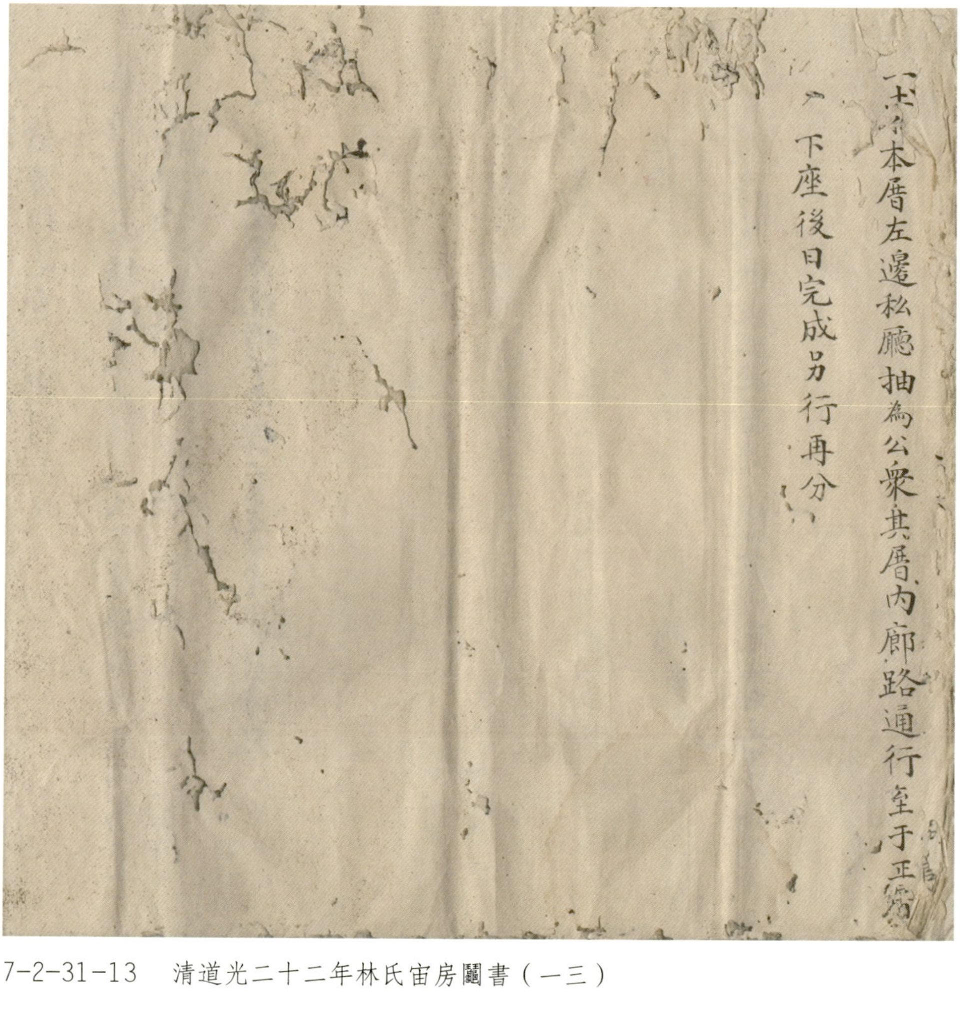
一批本厝左邊私廳抽為公衆其厝內廊路通行至于正廳
一下座後日完成另行再分

7-2-31-13　清道光二十二年林氏宙房鬮書（一三）

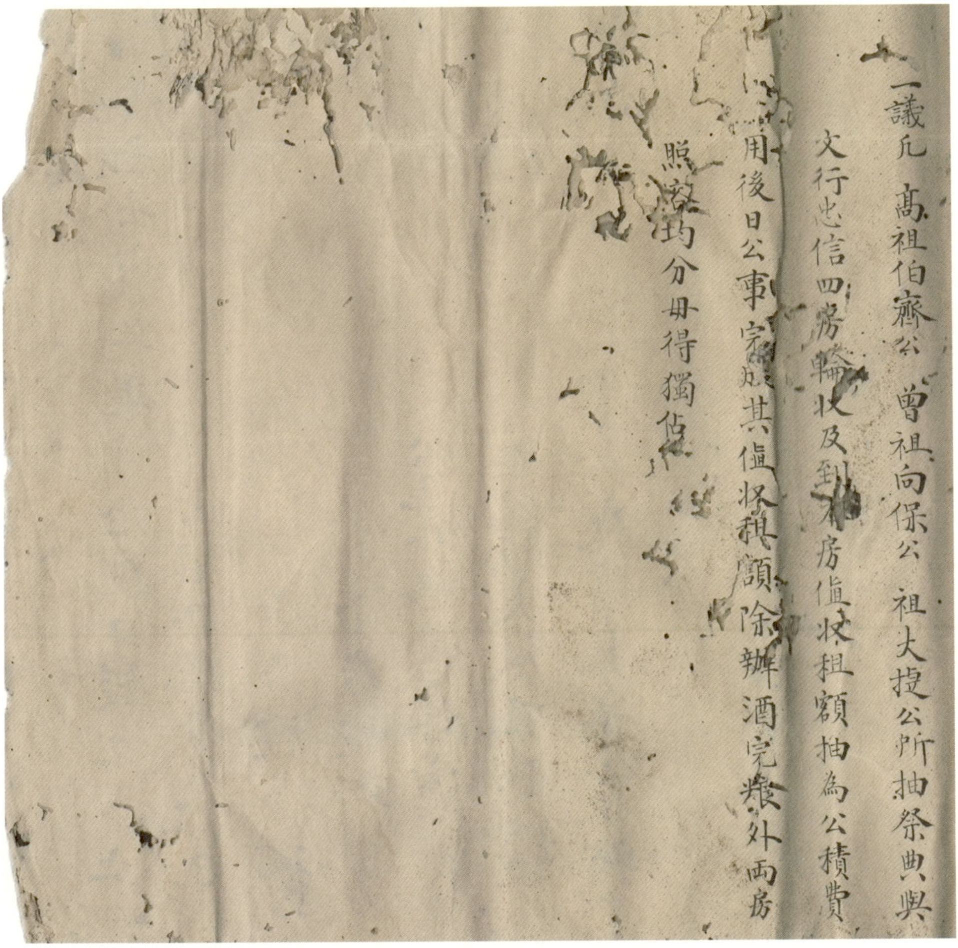

一議凡　高祖伯齋公　曾祖向保公　祖大提公所抽祭典與
文行忠信四房輪收及到本房值收租額抽為公積費
用後日公事完竣其值收租額除辦酒完糧外兩房
照股均分毋得獨佔

7-2-31-14　清道光二十二年林氏宙房鬮書（一四）

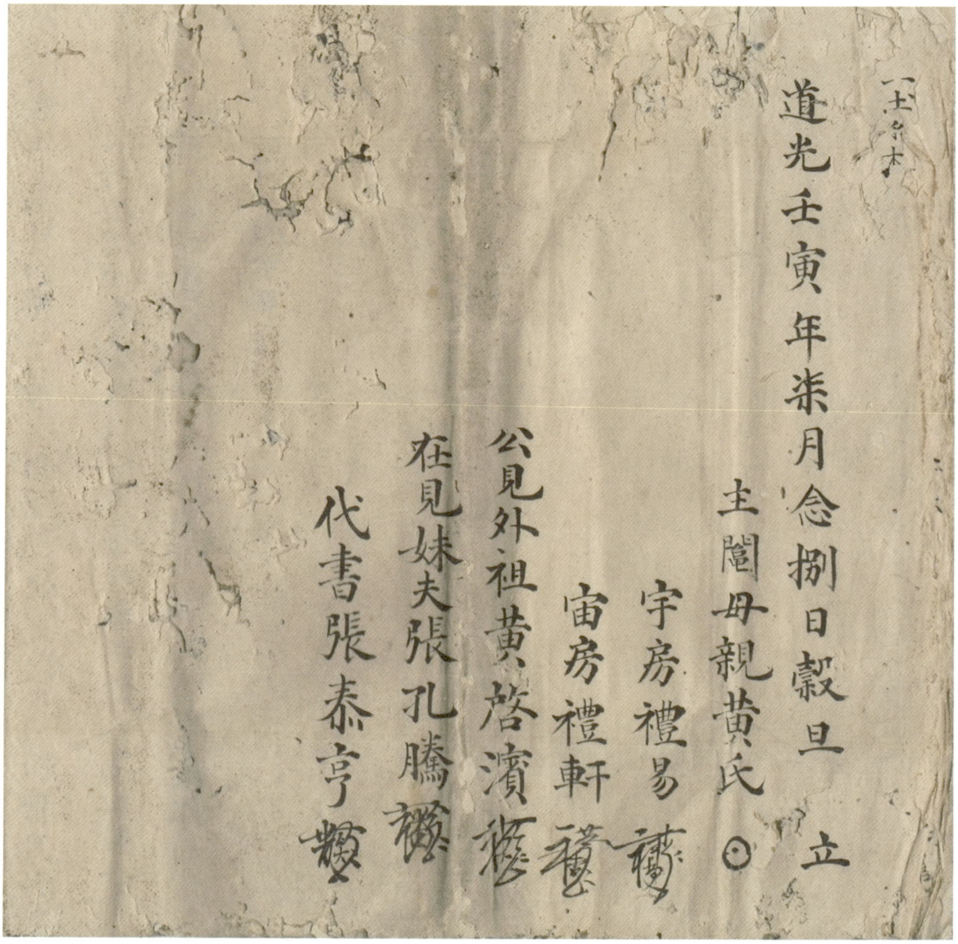

道光壬寅年柒月念捌日穀旦 立

主鬮母親黃氏

宇房禮易

宙房禮軒

公見外祖黃啓濱

在見妹夫張孔騰

代書張泰亨

7-2-31-15　清道光二十二年林氏宙房鬮書（一五）

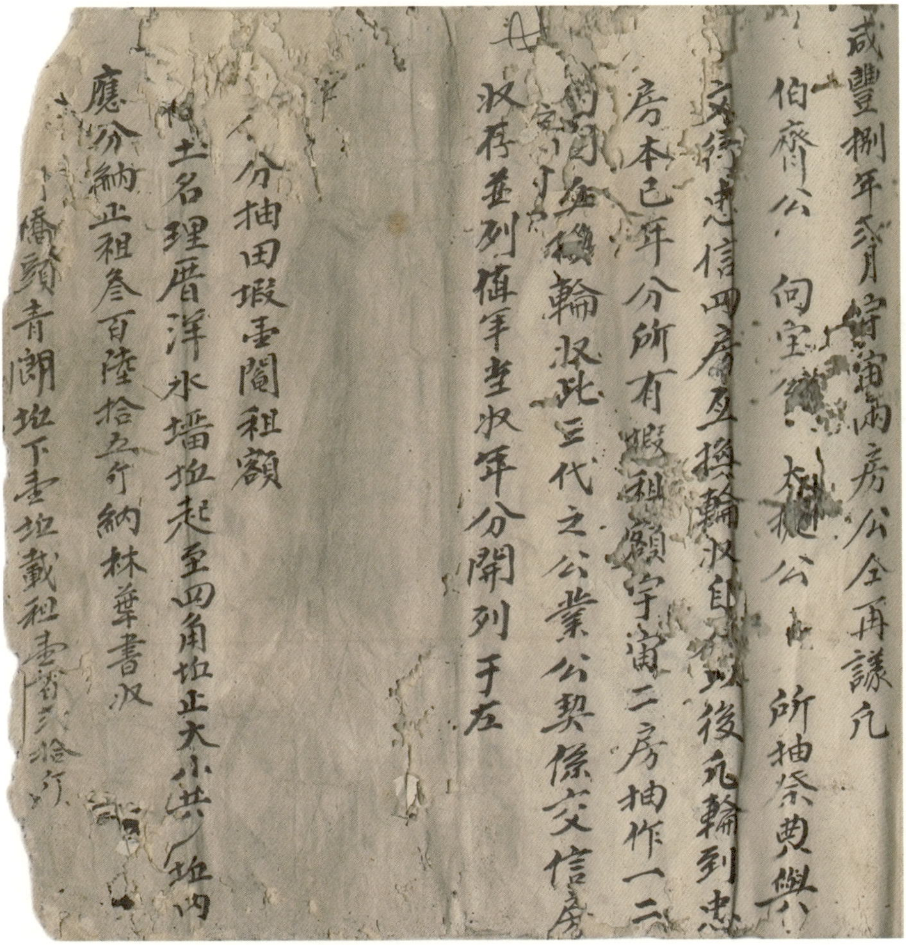

咸豐捌年叁月 [illegible]宙兩房公仝再議凡
伯齊公 向宝[illegible] 樹德公 所抽祭典與
文衍忠信四房互換輪收自此以後凡輪到忠
房本己年分所有蝦租額宇宙二房抽作一二
[illegible]同兩房輪收此旦代之公業公契係交信房
收存並列循年挨收年分開列于左
一分抽田蝦壹閣租額
土名理厝洋水墻坵起至四角坵止大小共 坵内
應分納正租叁百陸拾五斤納林華書收
一 橋頭青潮坵下壹坵載租壹百六拾斤

7-2-31-16　清道光二十二年林氏宙房鬮書（一六）

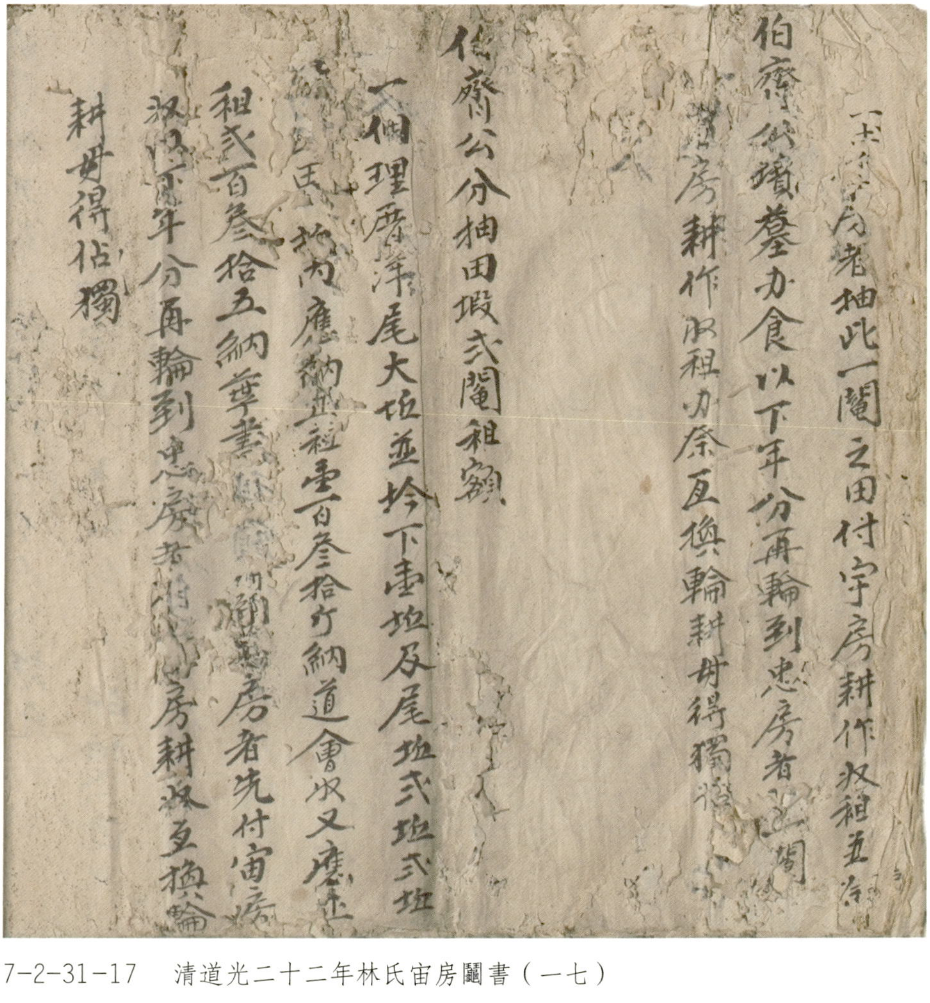
一[illegible]房老抽此一閹之田付宇房耕作收租五各
伯齊公墳墓办食以下年分再輪到忠房者之閹
[illegible]房耕作收租办祭互換輪耕毋得獨佔
佑齊公分抽田段弍閹租額
一個理曆洋尾大坵並坽下壹坵及尾坵弍坵弍坵
[illegible]王抽內應納並租壹百叁拾斤納道會收又應
租弍百叁拾五納華書[illegible]房者先付宙房
收[illegible]年分再輪到忠房者[illegible]房耕收互換輪
耕毋得佔獨

7-2-31-17　清道光二十二年林氏宙房鬮書（一七）

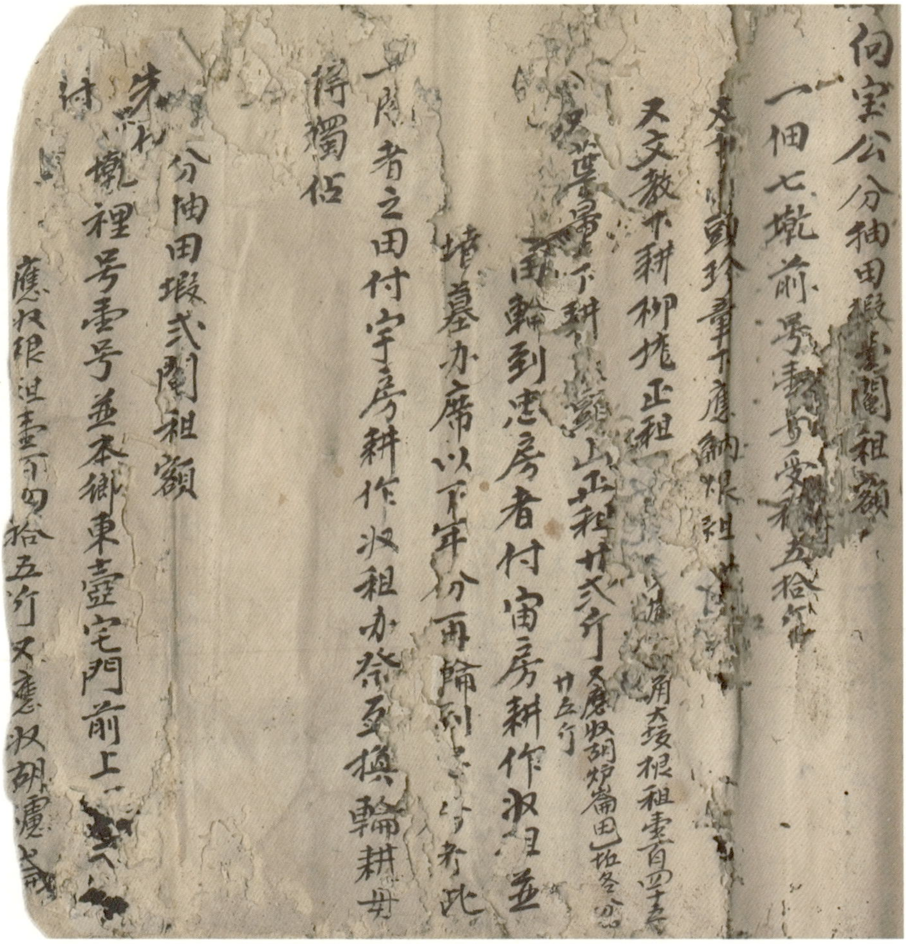

7-2-31-18　清道光二十二年林氏宙房鬮書（一八）

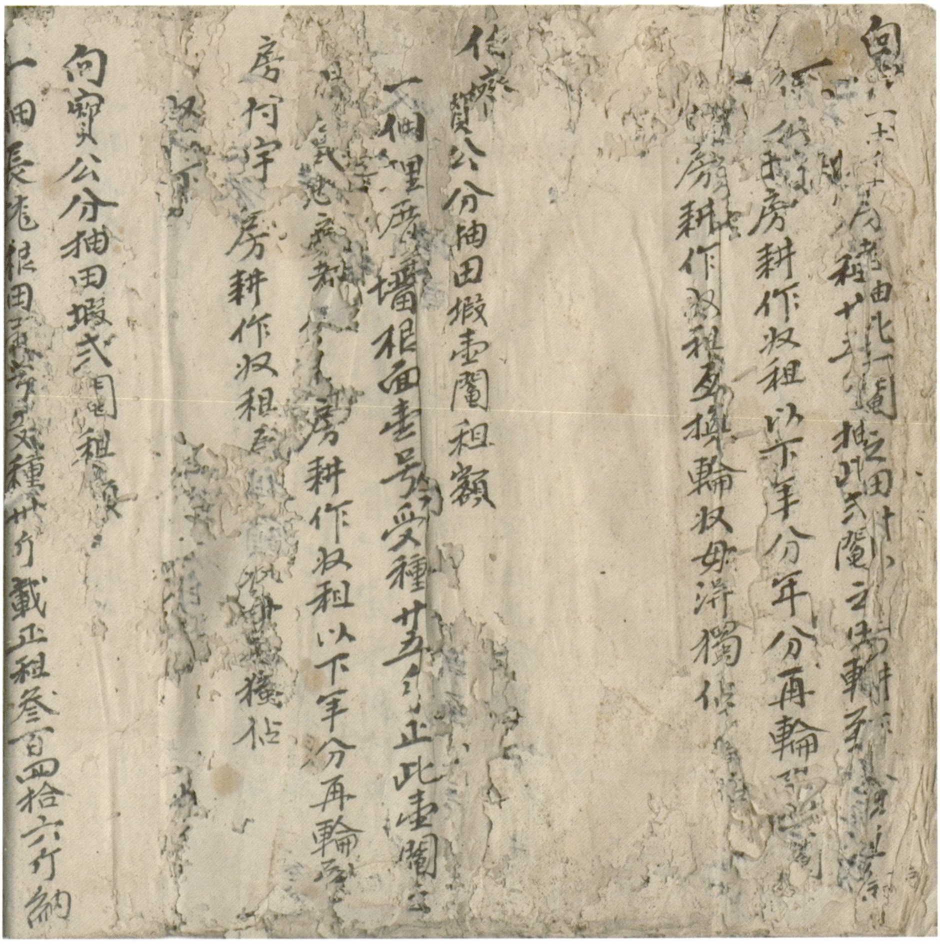
[illegible]房耕作收租以下年分年分再輪[illegible]
房耕作收租[illegible]換輪收毋得獨佔
佐齊賢公分抽田塅壹闔租額
一坵[illegible]里厝墻根面壹号受種[illegible]正此壹闔[illegible]
[illegible]房耕作收租以下年分再輪[illegible]
房付宇房耕作收租[illegible]獨佔
向寶公分抽田塅弍闔租額
一坵長[illegible]根田[illegible]受種卅斤載正租叁百四拾六斤納

7-2-31-19　清道光二十二年林氏宙房鬮書（一九）

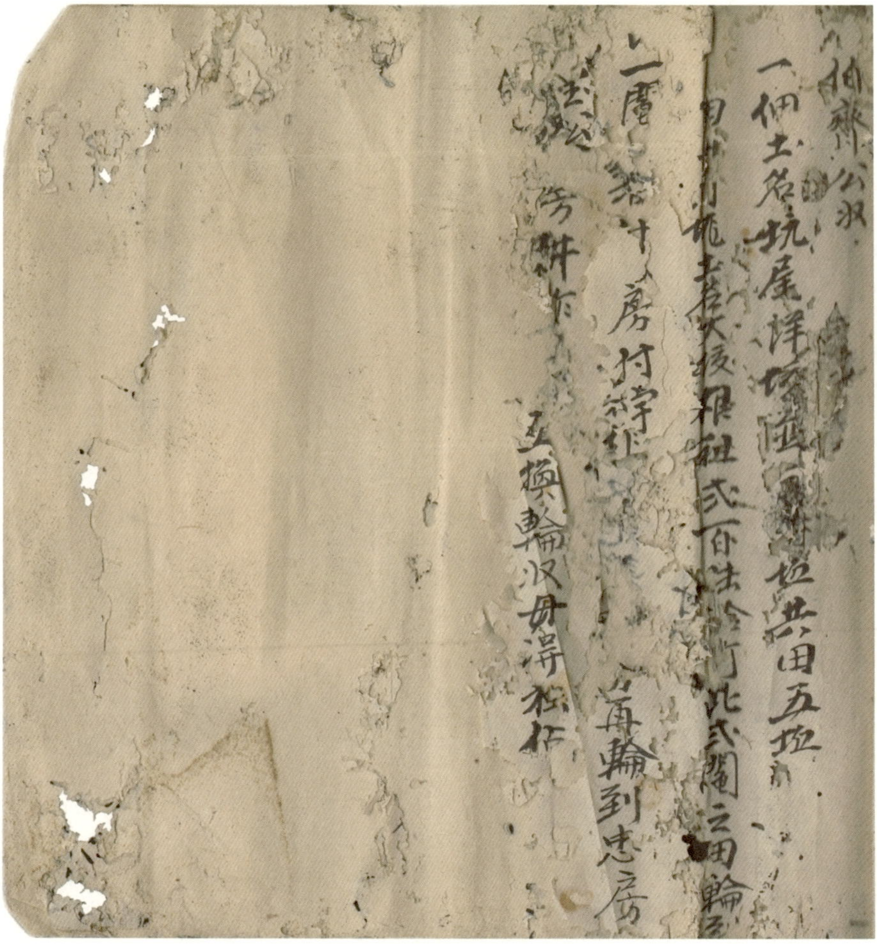

7-2-31-20　清道光二十二年林氏宙房鬮書（二〇）

7-2-31-21　清道光二十二年林氏宙房鬮書（二一）

第三帙　林睦標户

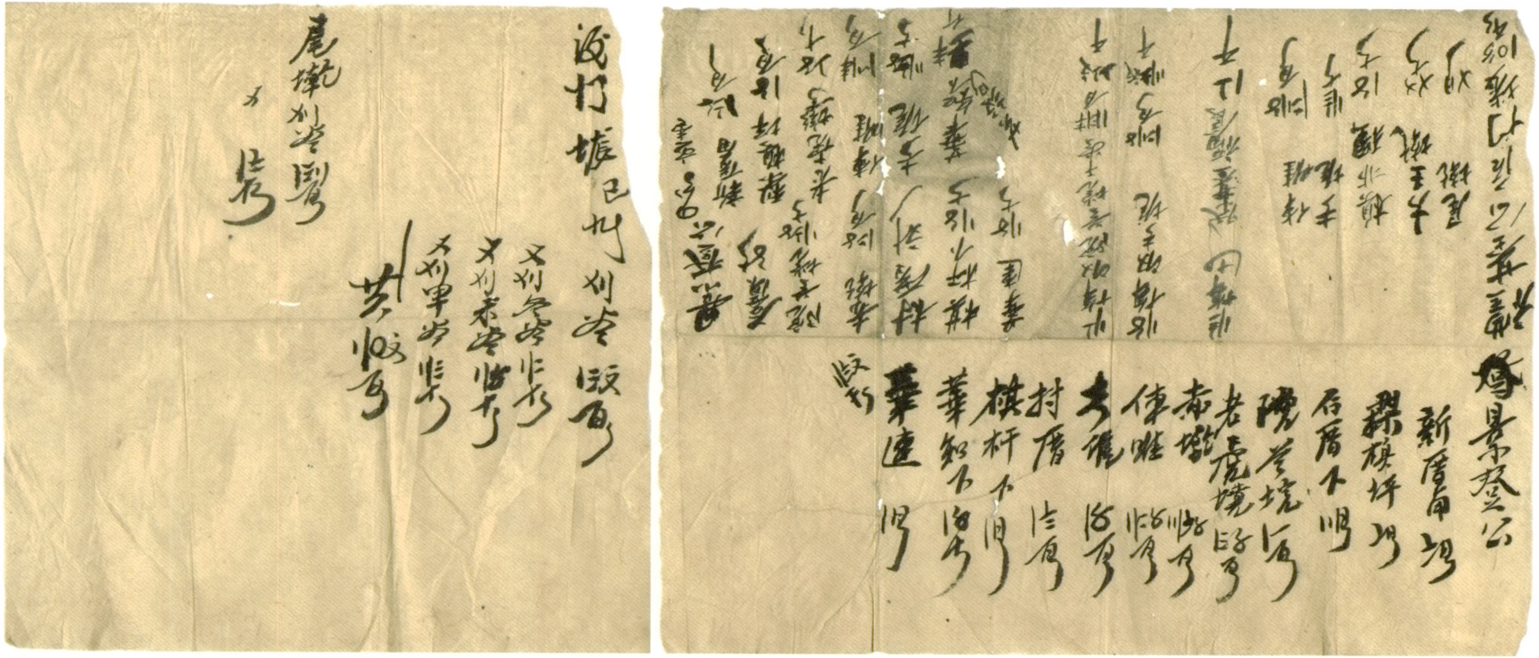

7-3-1-1　晚清時期景登公禮基公收租簿

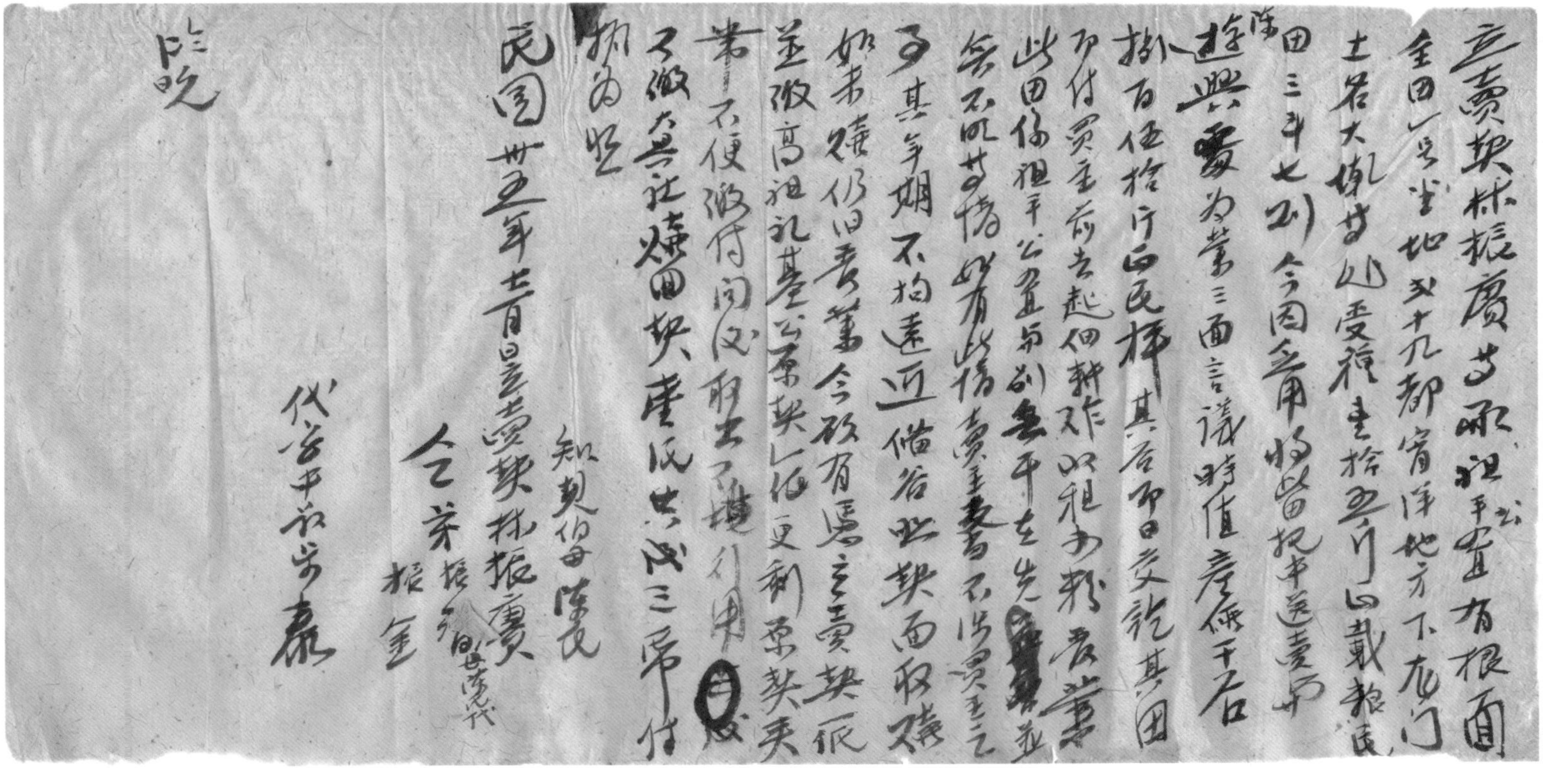

7-3-1-2　民國三十五年十二月林振賡等立賣根面全田契

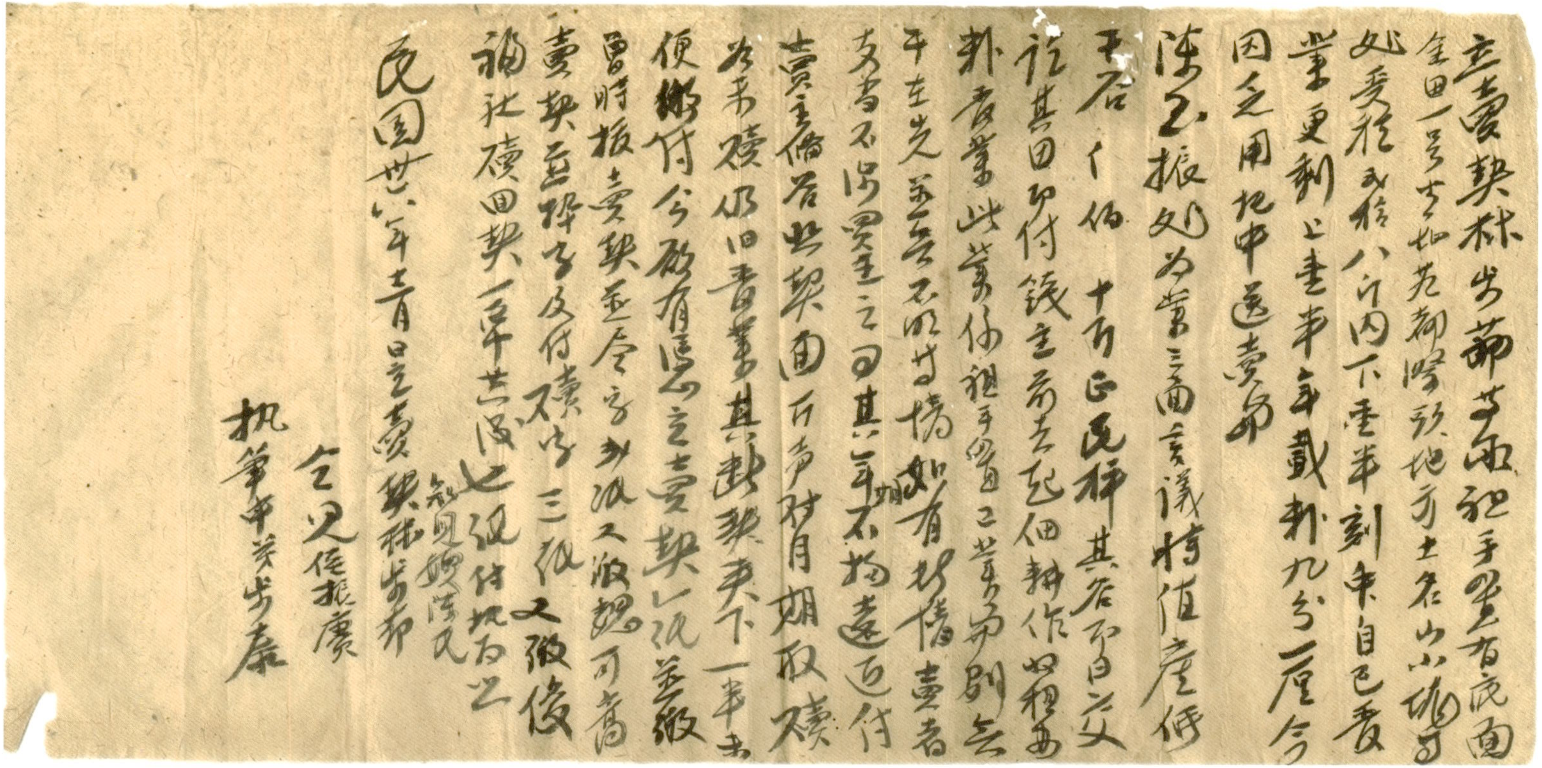

7-3-1-3　民國三十六年十二月林步節等立賣底面全田契

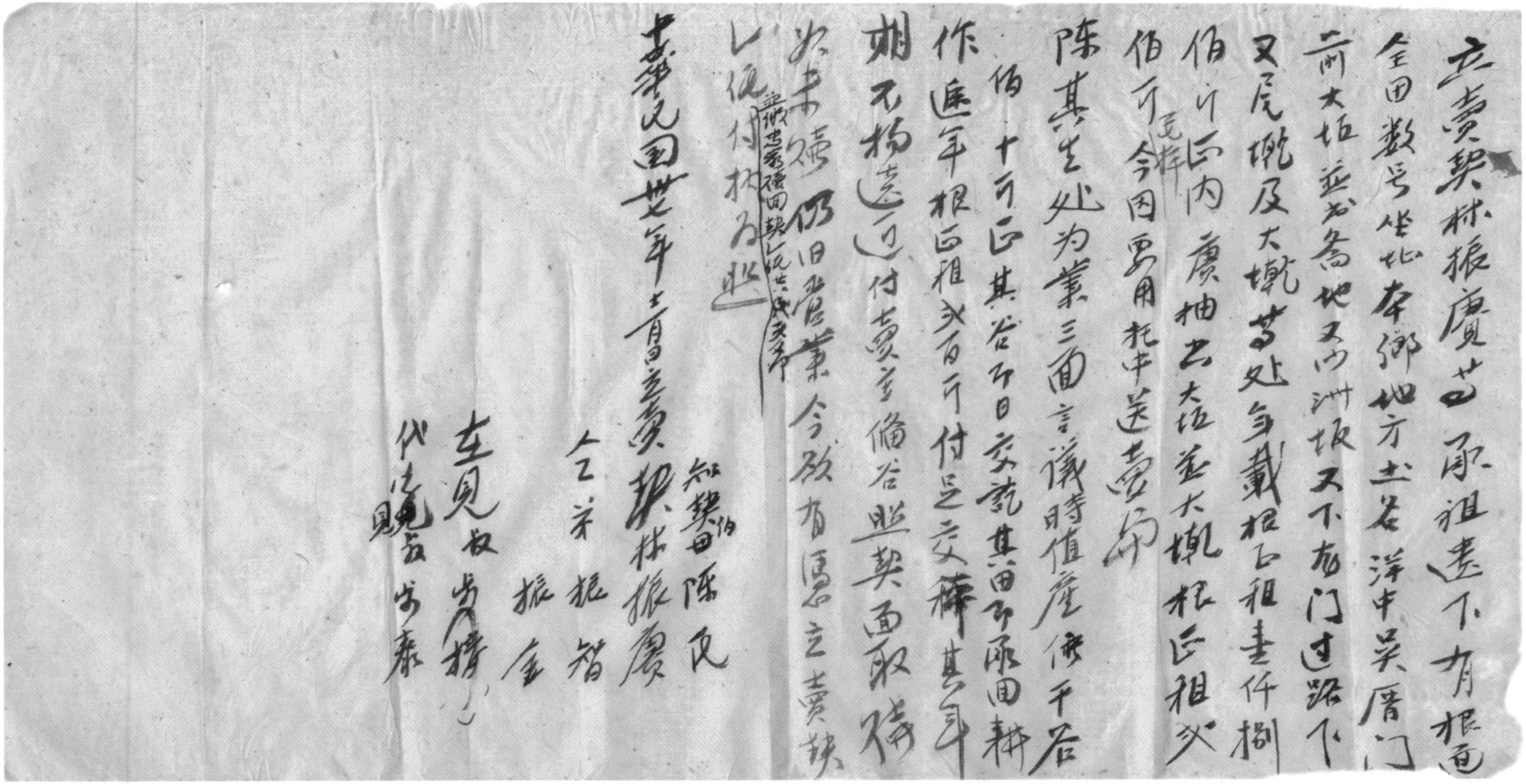
立賣契林振廣等承祖遺下有根面
全田數号坐址本鄉地方土名洋中吴厝门
前大坵並尾畬地又洲坂又下左门过路下
又尾墘及大墘等处年載租正租壹仟捌
佰斤正內廣抽出大坵並大墘根正租[illegible]
佰斤今因要用托中送賣与
陈其生处为業三面言議時值價[illegible]千谷
佰十斤正其谷即日交訖其田即聽田耕
作逐年根面租贰百斤付足交[illegible]其年
期不拘远近付賣主備谷照契面取贖
如未贖仍旧管業今欲有凭立賣契
一纸付执为照
中華民國卅七年十二月 日立賣契林振廣
知契伯 陈良
仝弟 振智
振金
在見叔 步樽
代筆 [illegible] 步泰

7-3-1-4　民國三十七年十二月林振廣等立賣根面全田契

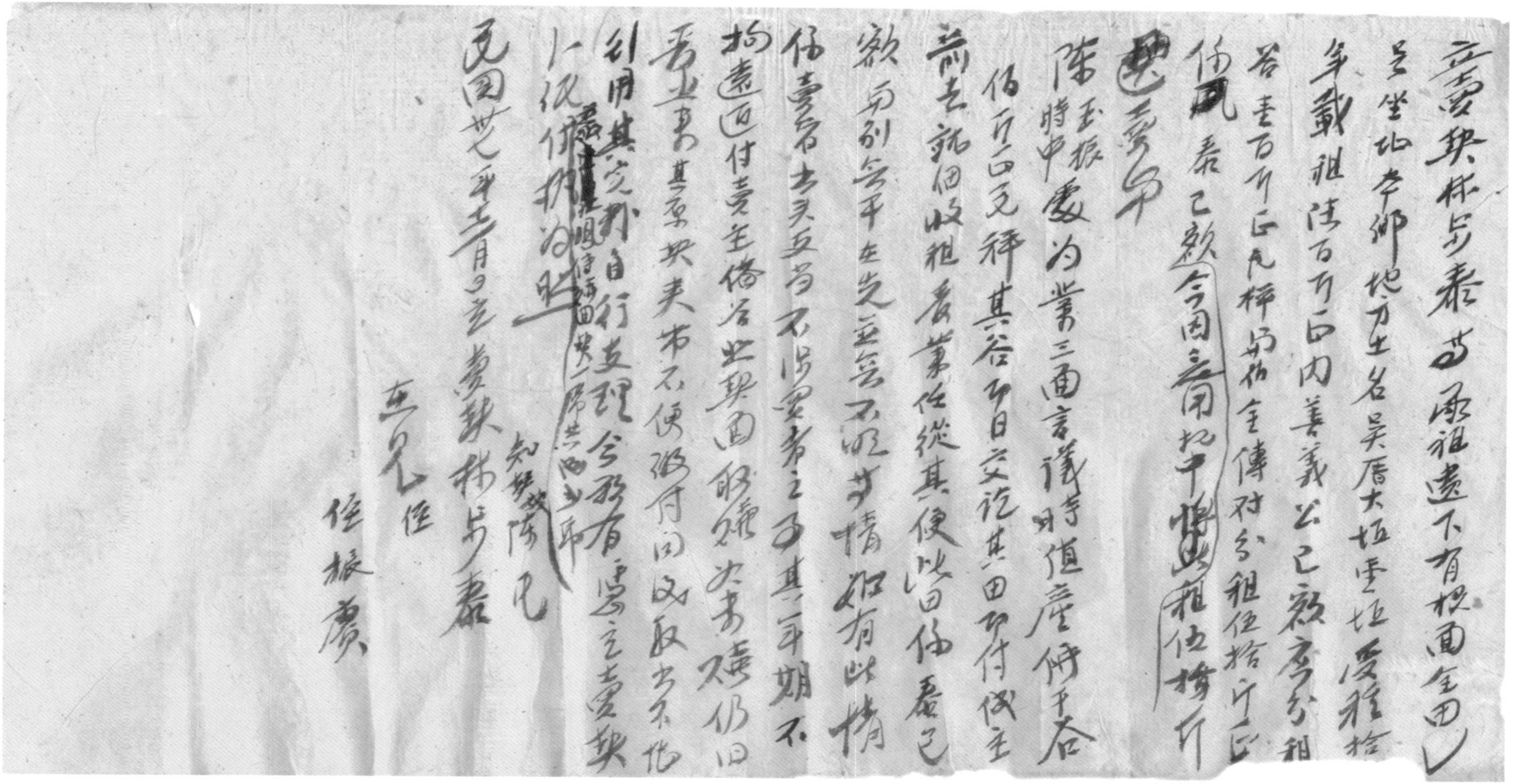

7-3-1-5　民國三十七年十二月林步泰立賣根面全田契

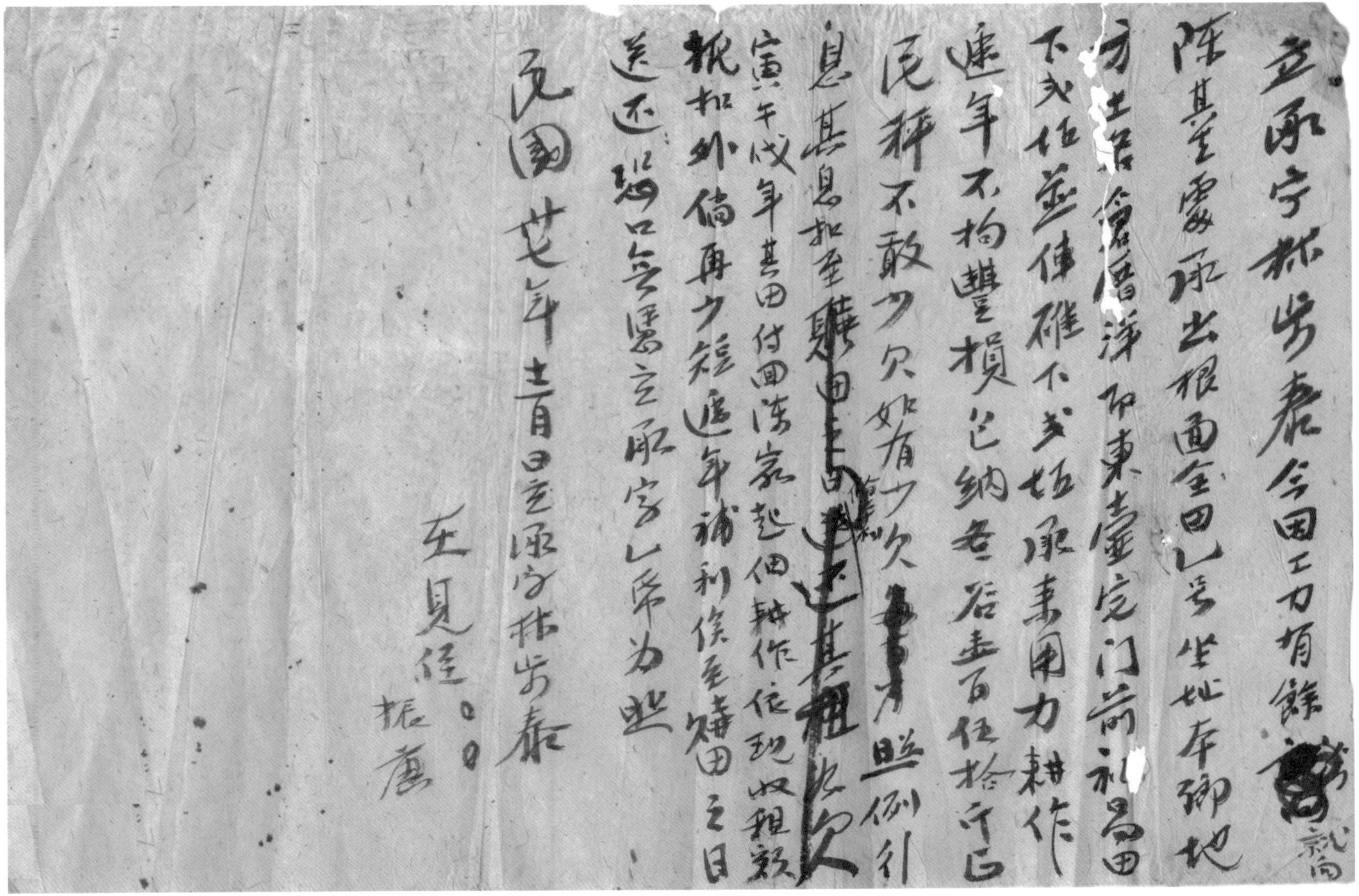

7-3-1-6　民國三十七年十二月林步泰立承根面全田字

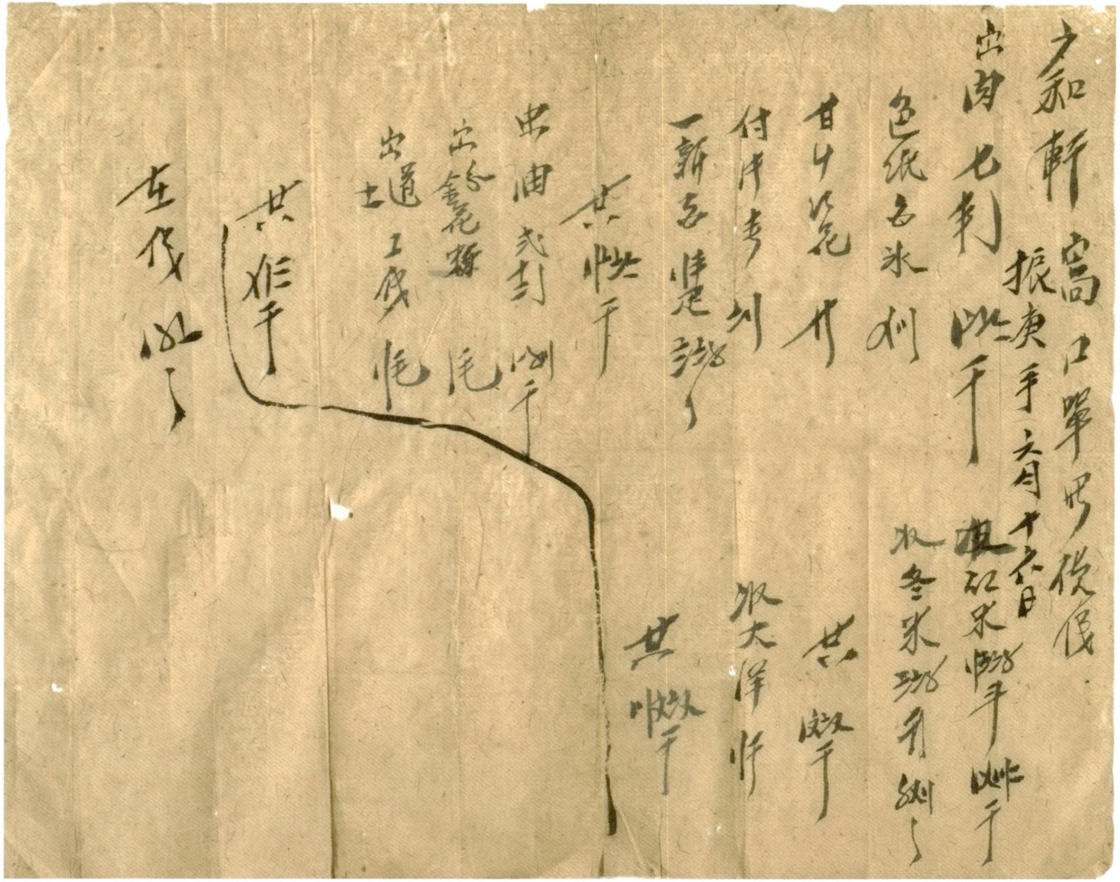

7-3-1-7　民國時期廣和軒收支單

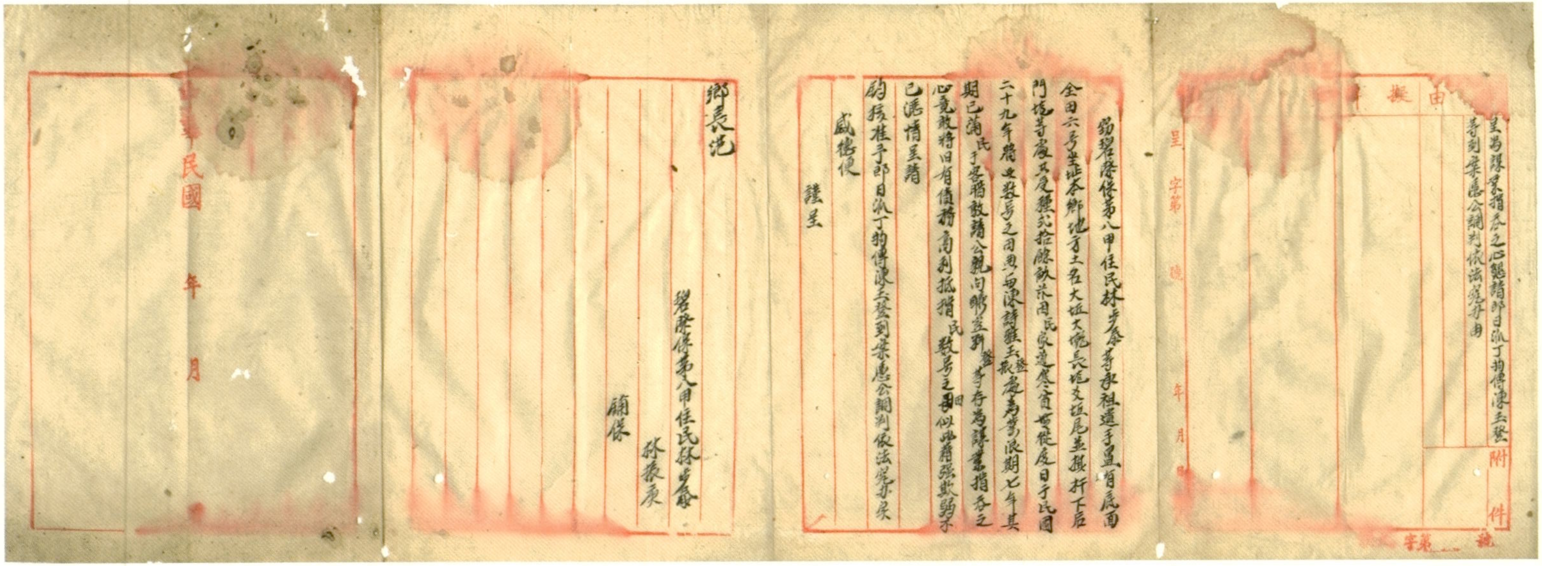

7-3-1-8　民國時期林步泰具呈狀

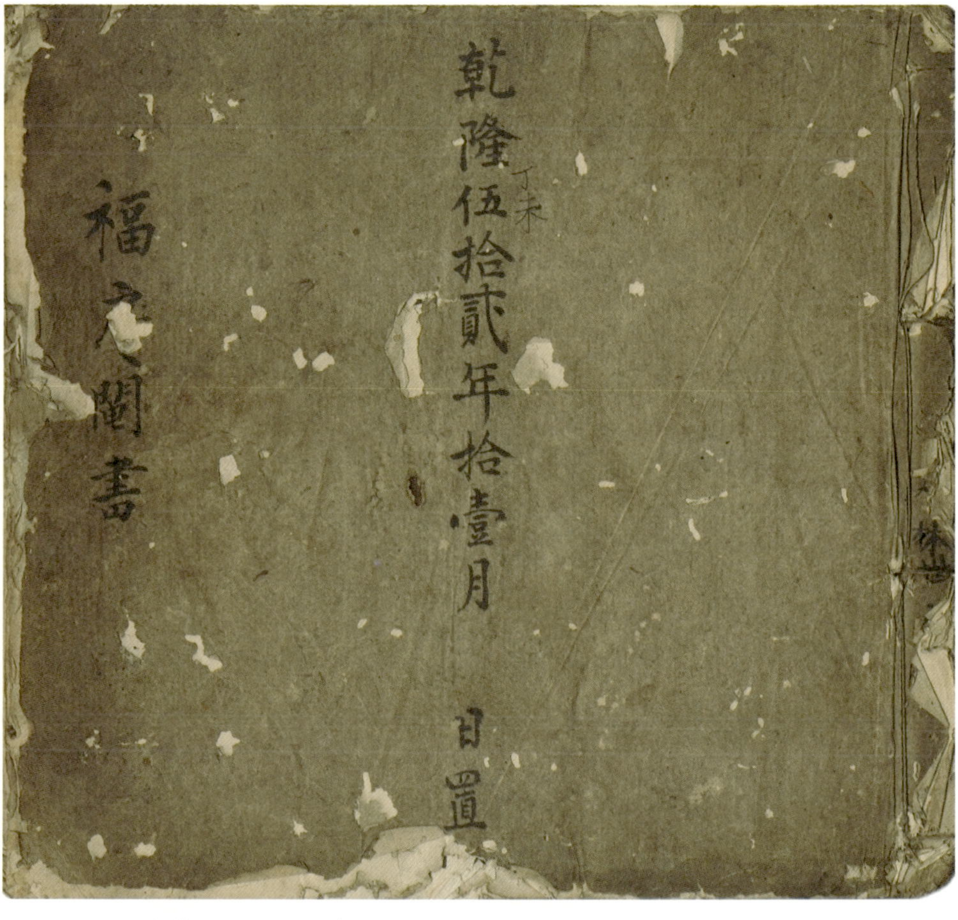

7-3-2-1　清乾隆五十二年蔡世苞置林氏福房鬮書（一）

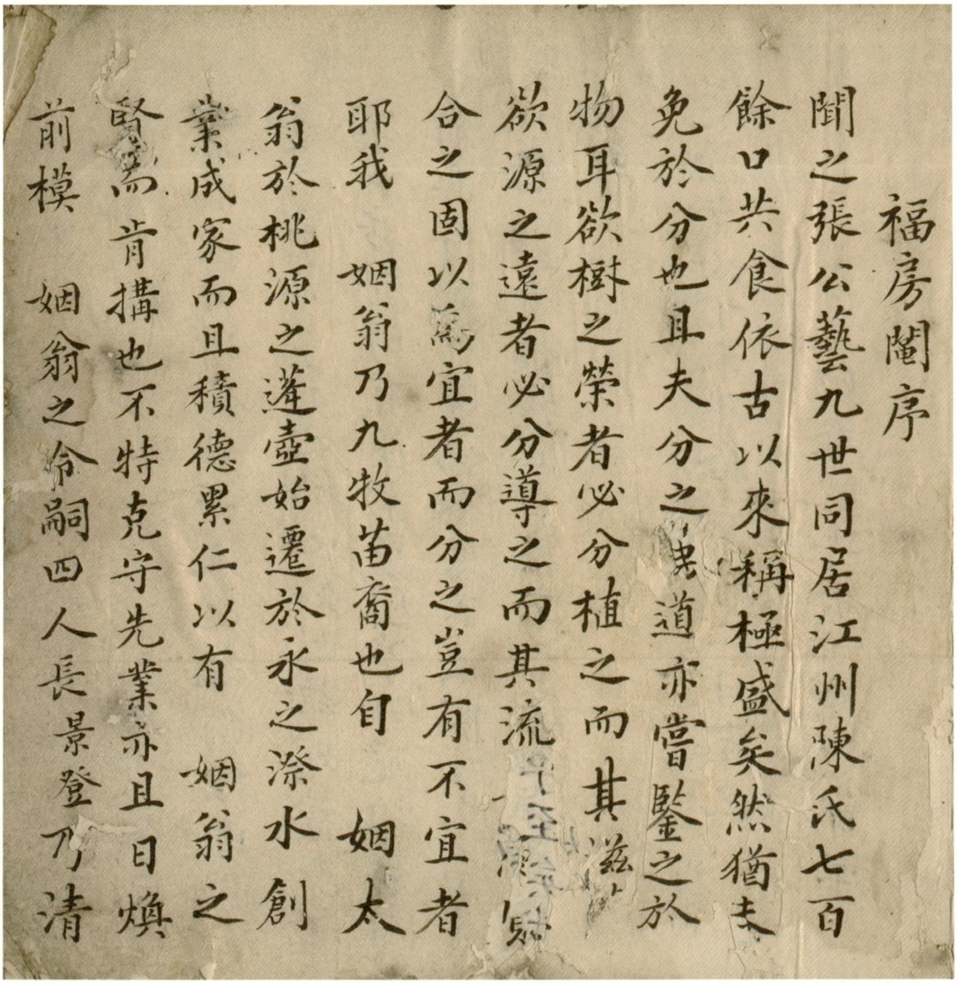
福房鬮序

聞之張公藝九世同居江州陳氏七百
餘口共食依古以來稱極盛矣然猶未
免於分也且夫分之爲道亦嘗鑒之於
物耳欲樹之榮者必分植之而其滋[illegible]
欲源之遠者必分導之而其流[illegible]至[illegible][illegible]
合之固以爲宜者而分之豈有不宜者
耶我　姻翁乃九牧苗裔也自　姻太
翁於桃源之蓬壺始遷於永之滁水創
業成家而且積德累仁以有　姻翁之
賢爲肯搆也不特克守先業亦且日煥
前模　姻翁之令嗣四人長景登乃清

7-3-2-2　清乾隆五十二年蔡世苞置林氏福房鬮書（二）

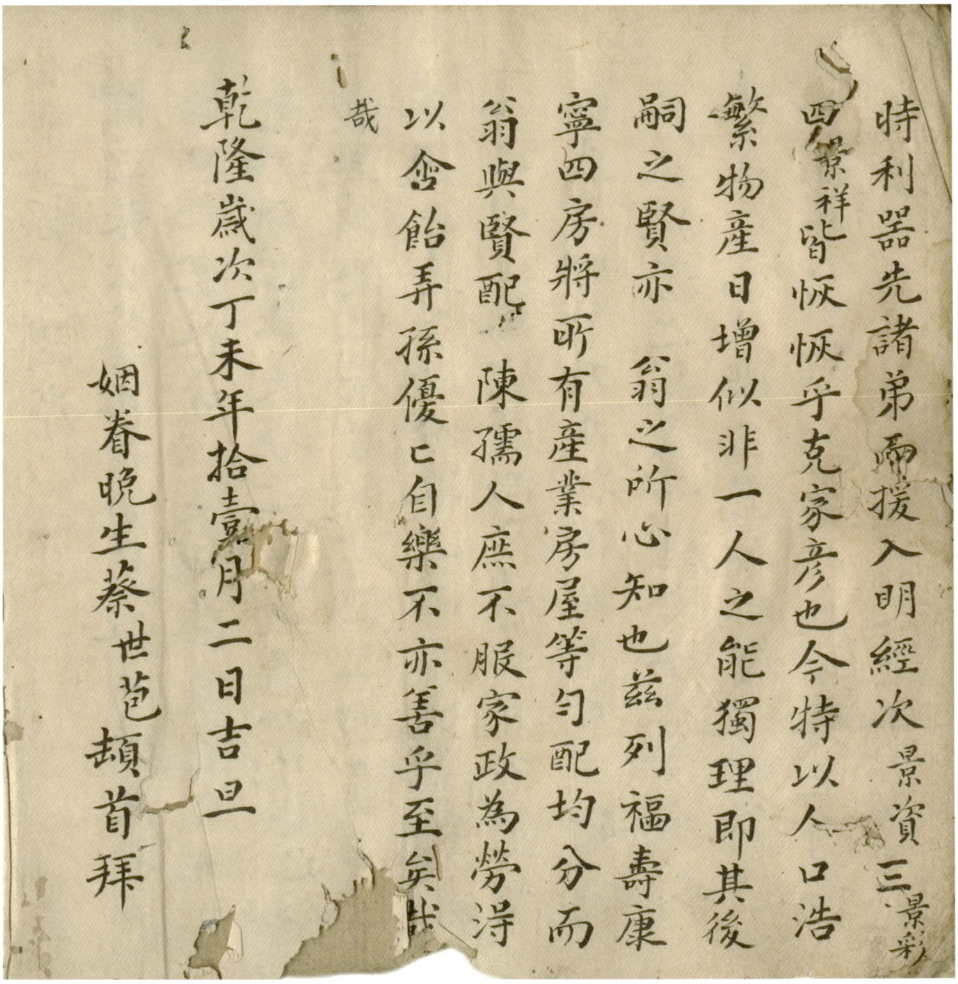
特利器先諸弟而援入明經次景資三景彩
四景祥皆恢恢乎克家彥也今特以人口浩
繁物產日增似非一人之能獨理即其後
嗣之賢亦　翁之所心知也茲列福壽康
寧四房將所有產業房屋等匀配均分而
翁與賢配　陳孺人庶不服家政為勞得
以含飴弄孫優〻自樂不亦善乎至矣
哉
乾隆歲次丁未年拾壹月二日吉旦
姻眷晚生蔡世苞頓首拜

7-3-2-3　清乾隆五十二年蔡世苞置林氏福房鬮書（三）

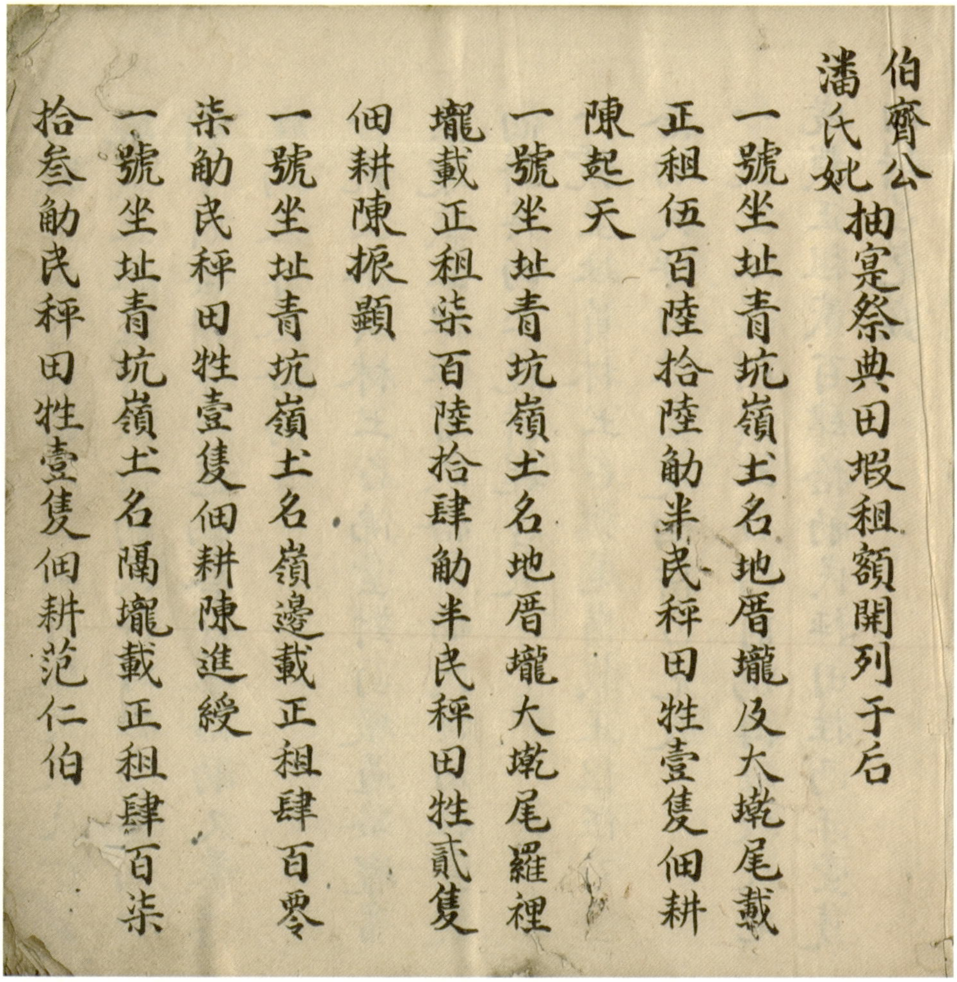

伯齊公
潘氏妣 抽寔祭典田暇租額開列于后
一號坐址青坑嶺土名地厝壠及大墘尾載
正租伍百陸拾陸觔半良秤田牲壹隻佃耕
陳起天
一號坐址青坑嶺土名地厝壠大墘尾羅裡
壠載正租柒百陸拾肆觔半良秤田牲貳隻
佃耕陳振顕
一號坐址青坑嶺土名嶺邊載正租肆百零
柒觔良秤田牲壹隻佃耕陳進綬
一號坐址青坑嶺土名隔壠載正租肆百柒
拾叁觔良秤田牲壹隻佃耕范仁伯

7-3-2-4　清乾隆五十二年蔡世苞置林氏福房鬮書（四）

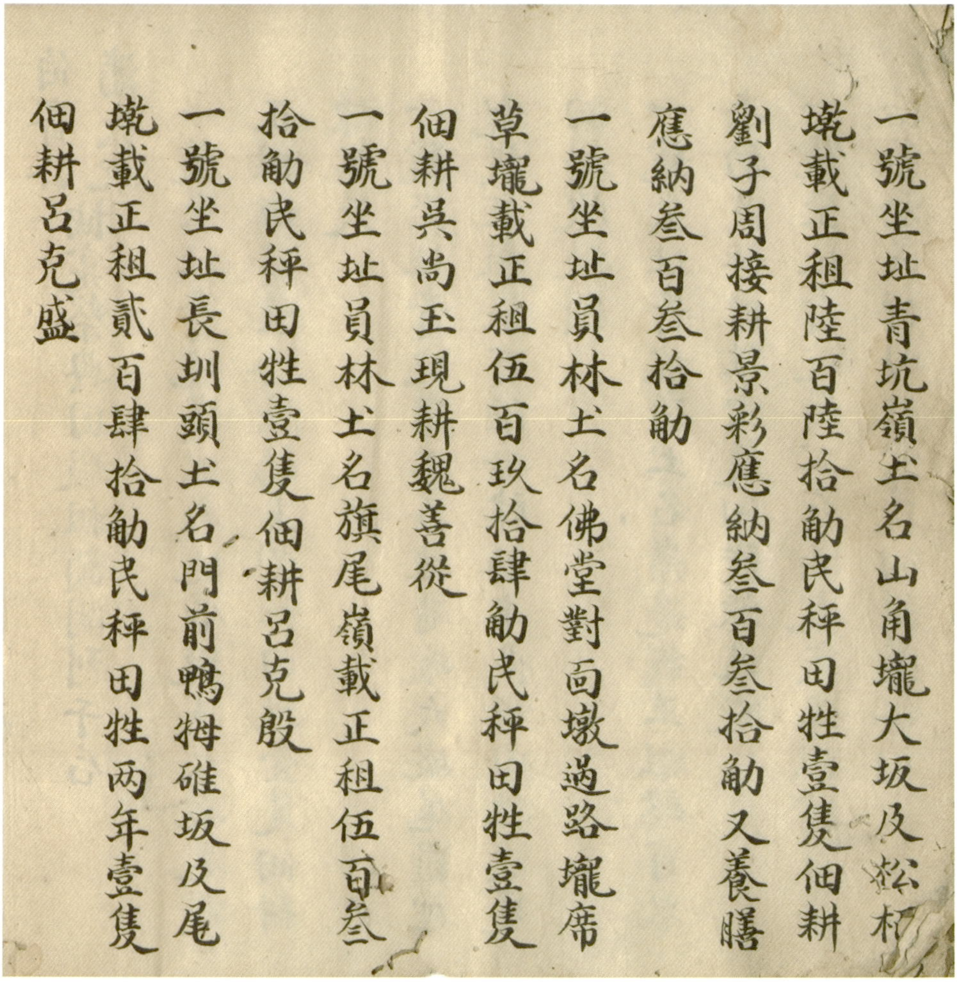
一號坐址青坑嶺土名山角壠大坂及松杉
墘載正租陸百陸拾觔民秤田牲壹隻佃耕
劉子周接耕景彩應納叁百叁拾觔又養膳
應納叁百叁拾觔
一號坐址員林土名佛堂對面墩過路壠席
草壠載正租伍百玖拾肆觔民秤田牲壹隻
佃耕吳尚玉現耕魏善從
一號坐址員林土名旗尾嶺載正租伍百叁
拾觔民秤田牲壹隻佃耕呂克殷
一號坐址長圳頭土名門前鴨㟝碓坂及尾
墘載正租貳百肆拾觔民秤田牲兩年壹隻
佃耕呂克盛

7-3-2-5　清乾隆五十二年蔡世苞置林氏福房鬮書（五）

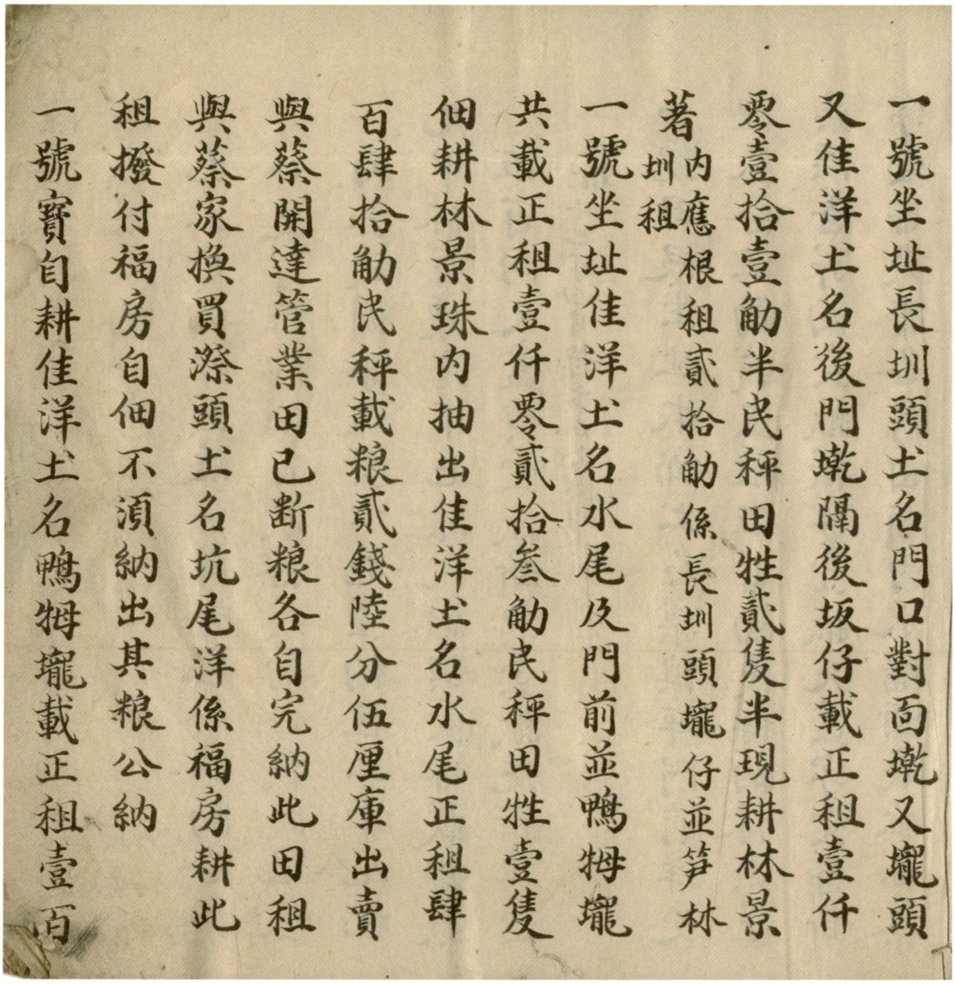
一號坐址長圳頭土名門口對面墘又壠頭
又佳洋土名後門墘隔後坂仔載正租壹仟
零壹拾壹觔半民秤田牲貳隻半現耕林景
著内應根租貳拾觔係長圳頭壠仔並笋林圳租
一號坐址佳洋土名水尾及門前並鴨牳壠
共載正租壹仟零貳拾叁觔民秤田牲壹隻
佃耕林景珠内抽出佳洋土名水尾正租肆
百肆拾觔民秤載粮貳錢陸分伍厘庫出賣
與蔡開達管業田已斷粮各自完納此田租
與蔡家換買滌頭土名坑尾洋係福房耕此
租撥付福房自佃不須納出其粮公納
一號寶自耕佳洋土名鴨牳壠載正租壹百

7-3-2-6　清乾隆五十二年蔡世苞置林氏福房鬮書（六）

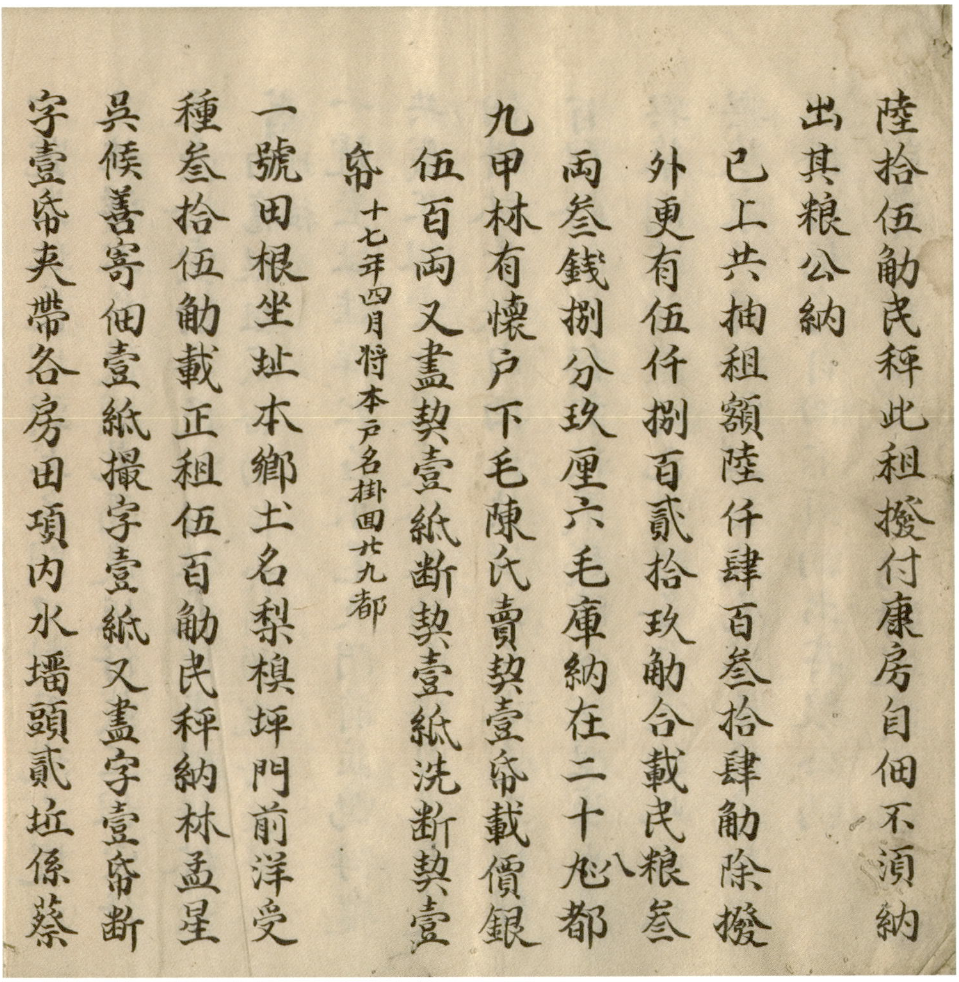
陸拾伍觔民秤此租撥付康房自佃不須納
出其粮公納
已上共抽租額陸仟肆百叁拾肆觔除撥
外更有伍仟捌百貳拾玖觔合載民粮叁
兩叁錢捌分玖厘六毛庫納在二十九八都
九甲林有懷戶下毛陳氏賣契壹紙載價銀
伍百兩又盡契壹紙斷契壹紙洗斷契壹
紙 十七年四月将本戶名掛回廿九都
一號田根坐址本鄉土名梨模坪門前洋受
種叁拾伍觔載正租伍百觔民秤納林孟星
吳候善寄佃壹紙撮字壹紙又盡字壹紙斷
字壹紙夾帶各房田項內水壋頭貳坵係蔡

7-3-2-7　清乾隆五十二年蔡世苞置林氏福房鬮書（七）

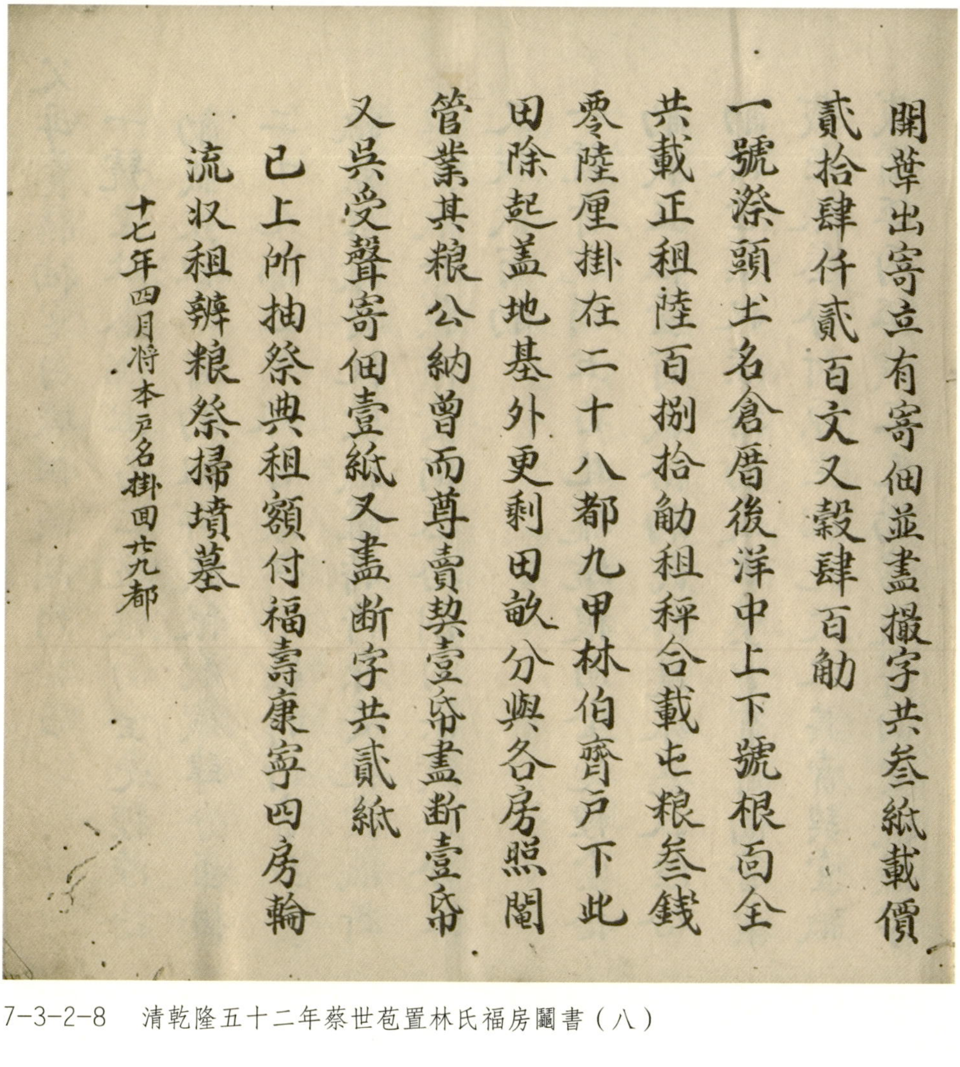
開葺出寄立有寄佃並盡撮字共叁紙載價
貳拾肆仟貳百文又穀肆百觔
一號滐頭土名倉厝後洋中上下號根面全
共載正租陸百捌拾觔租秤合載屯粮叁錢
零陸厘掛在二十八都九甲林伯齊戶下此
田除起蓋地基外更剩田畝分與各房照鬮
管業其粮公納曾而尊賣契壹帋盡斷壹帋
又吳受聲寄佃壹紙又盡斷字共貳紙
已上所抽祭典租額付福壽康寧四房輪
流収祖辦粮祭掃墳墓
十七年四月將本戶名掛回廿九都

7-3-2-8　清乾隆五十二年蔡世苞置林氏福房鬮書（八）

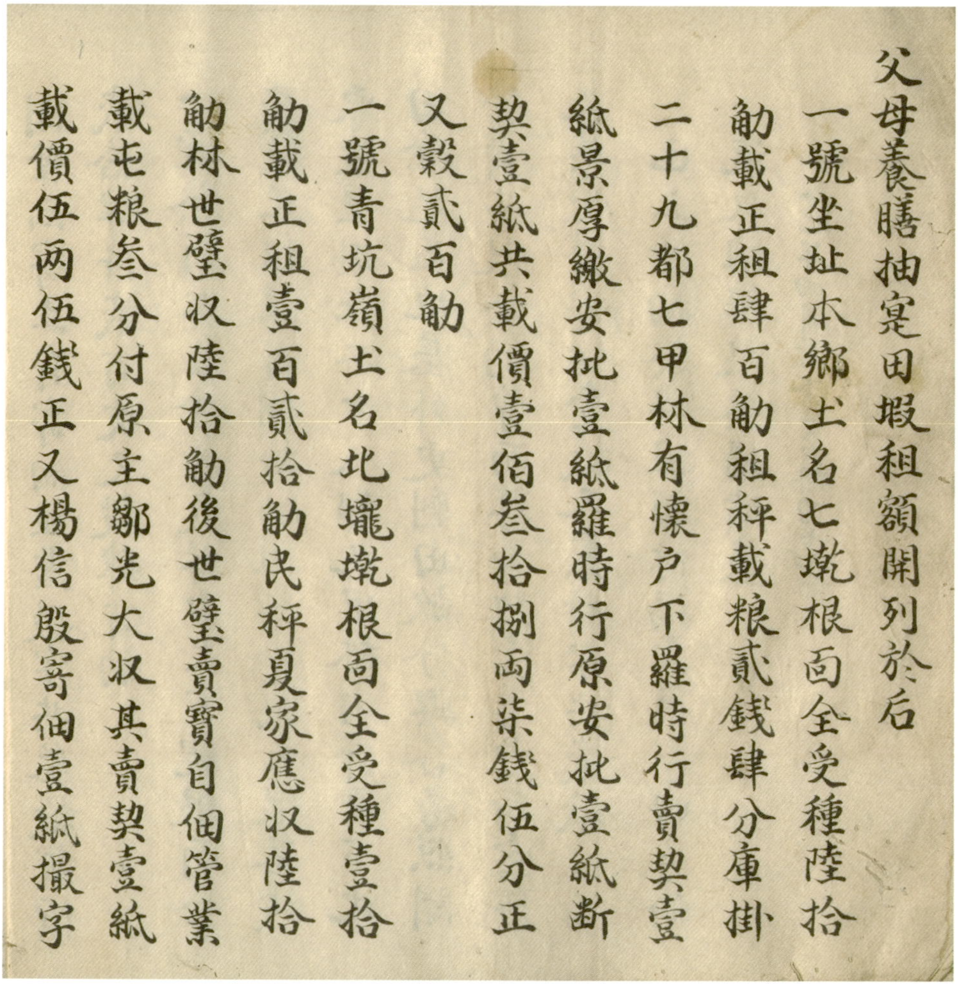
父母養膳抽寔田暇租額開列於后
一號坐址本鄉土名七墩根面全受種陸拾
觔載正租肆百觔租秤載粮貳錢肆分庫掛
二十九都七甲林有懷户下羅時行賣契壹
紙景厚繳安批壹紙羅時行原安批壹紙斷
契壹紙共載價壹佰叁拾捌兩柒錢伍分正
又穀貳百觔
一號青坑嶺土名北壠墩根面全受種壹拾
觔載正租壹百貳拾觔民秤夏家應叔陸拾
觔林世璧叔陸拾觔後世璧賣寶自佃管業
載屯粮叁分付原主鄒光大叔其賣契壹紙
載價伍兩伍錢正又楊信殷寄佃壹紙撮字

7-3-2-9　清乾隆五十二年蔡世苞置林氏福房鬮書（九）

貳紙共載價叁拾玖仟文正（十八年正月其田根楊家贖回寄字撮俱付還）
一號宵洋土名七墈壠受種拾觔載正租壹
百伍拾觔民秤納羅成章收江世清寄佃壹
紙撮字壹紙共載價穀玖佰觔正
一號本鄉土名昆山洋底面全載正租壹百
觔民秤載粮陸分貳厘庫原主曾時發收鄭
有枝賣契壹紙曾時發原契壹紙盡契壹紙
繳盡契壹紙再盡契壹紙共載價叁拾柒兩
正
一號土名佳洋大濶垃並壠頭載正租
叁拾觔民秤佃耕景祥
一號本鄉土名坑尾洋坂六垃底面全載正
租叁百觔民秤載屯粮壹錢柒分壹厘庫原
主曾時錦收張允尊賣契壹紙繳曾時傑原
（此田係二十年三月原主贖回其契已悉还）

7-3-2-10　清乾隆五十二年蔡世苞置林氏福房鬮書（一〇）

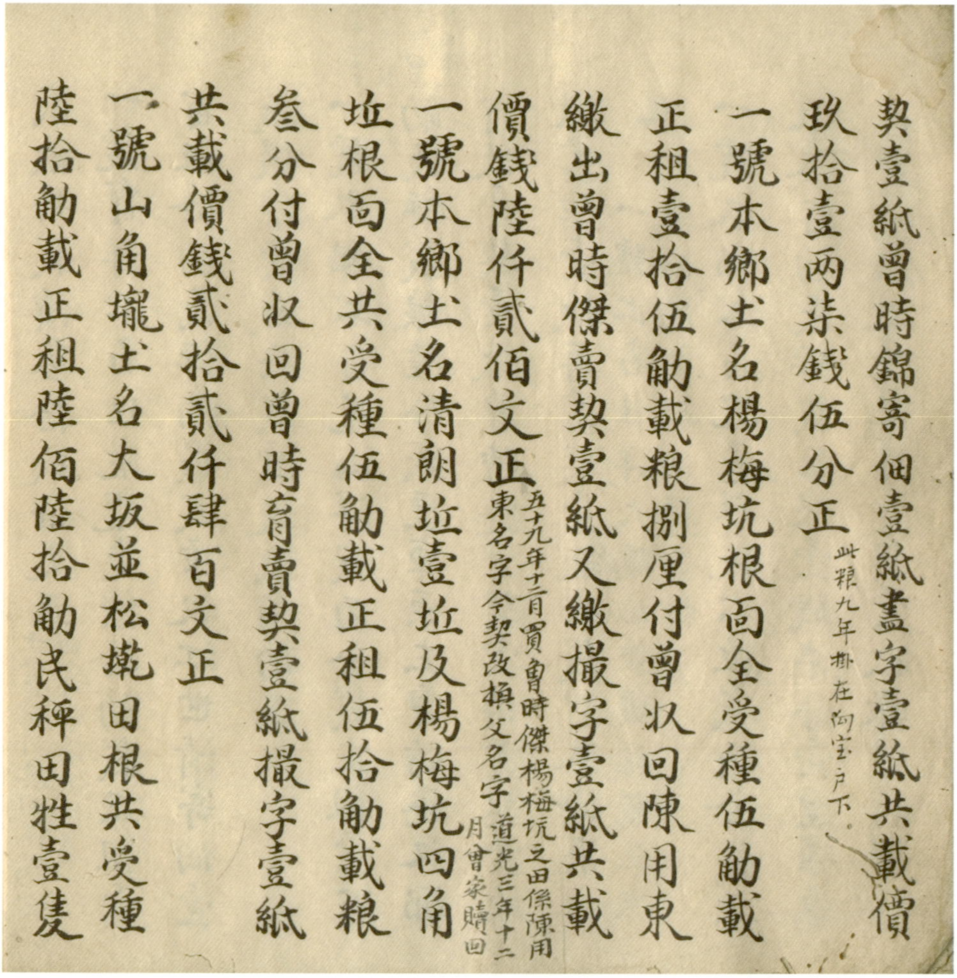
契壹紙曾時錦寄佃壹紙晝字壹紙共載價
玖拾壹兩柒錢伍分正
此粮九年掛在陶宝户下。
一號本鄉土名楊梅坑根面全受種伍觔載
正租壹拾伍觔載粮捌厘付曾叔回陳用東
繳出曾時傑賣契壹紙又繳撮字壹紙共載
價錢陸仟貳佰文正
五十九年十二月買曾時傑楊梅坑之田係陳用東名字今契改換父名字　道光三年十二月曾家晴回
一號本鄉土名清朗坵壹坵及楊梅坑四角
坵根面全共受種伍觔載正租伍拾觔載粮
叁分付曾叔回曾時育賣契壹紙撮字壹紙
共載價錢貳拾貳仟肆百文正
一號山角壠土名大坂並松墘田根共受種
陸拾觔載正租陸佰陸拾觔民秤田牲壹隻

7-3-2-11　清乾隆五十二年蔡世苞置林氏福房鬮書（一一）

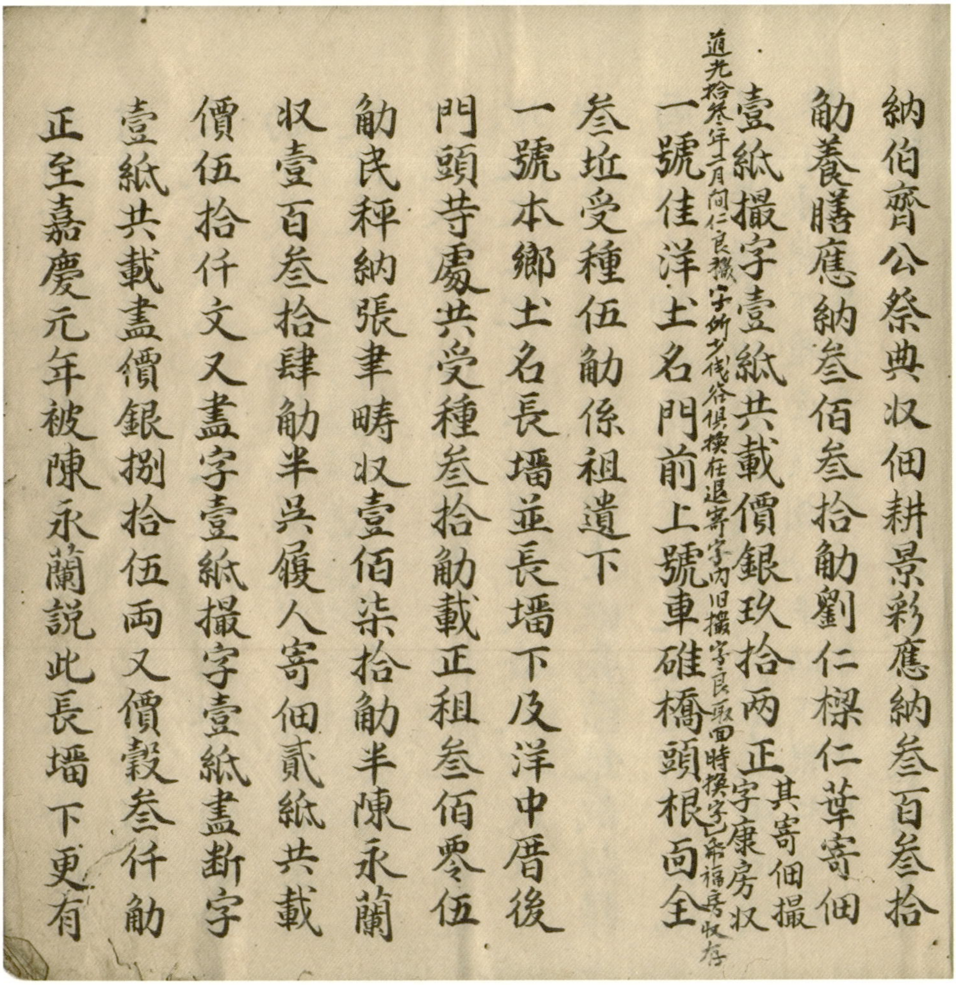
納伯齊公祭典収佃耕景彩應納叁百叁拾
觔養膳應納叁佰叁拾觔劉仁樑仁葦寄佃
壹紙撮字壹紙共載價銀玖拾兩正其寄佃撮字康房収
道光拾叁年二月間仁良撮字所批伐谷俱換在退寄字內旧撮字仁良取回時換字已帰福房收存
一號佳洋土名門前上號車碓橋頭根面全
叁坵受種伍觔係祖遺下
一號本鄉土名長墻並長墻下及洋中厝後
門頭寺處共受種叁拾觔載正租叁佰零伍
觔民秤納張聿疇収壹佰柒拾觔半陳承蘭
収壹百叁拾肆觔半吳儼人寄佃貳紙共載
價伍拾仟文又盡字壹紙撮字壹紙盡斷字
壹紙共載盡價銀捌拾伍兩又價穀叁仟觔
正至嘉慶元年被陳承蘭說此長墻下更有

7-3-2-12　清乾隆五十二年蔡世苞置林氏福房鬮書（一二）

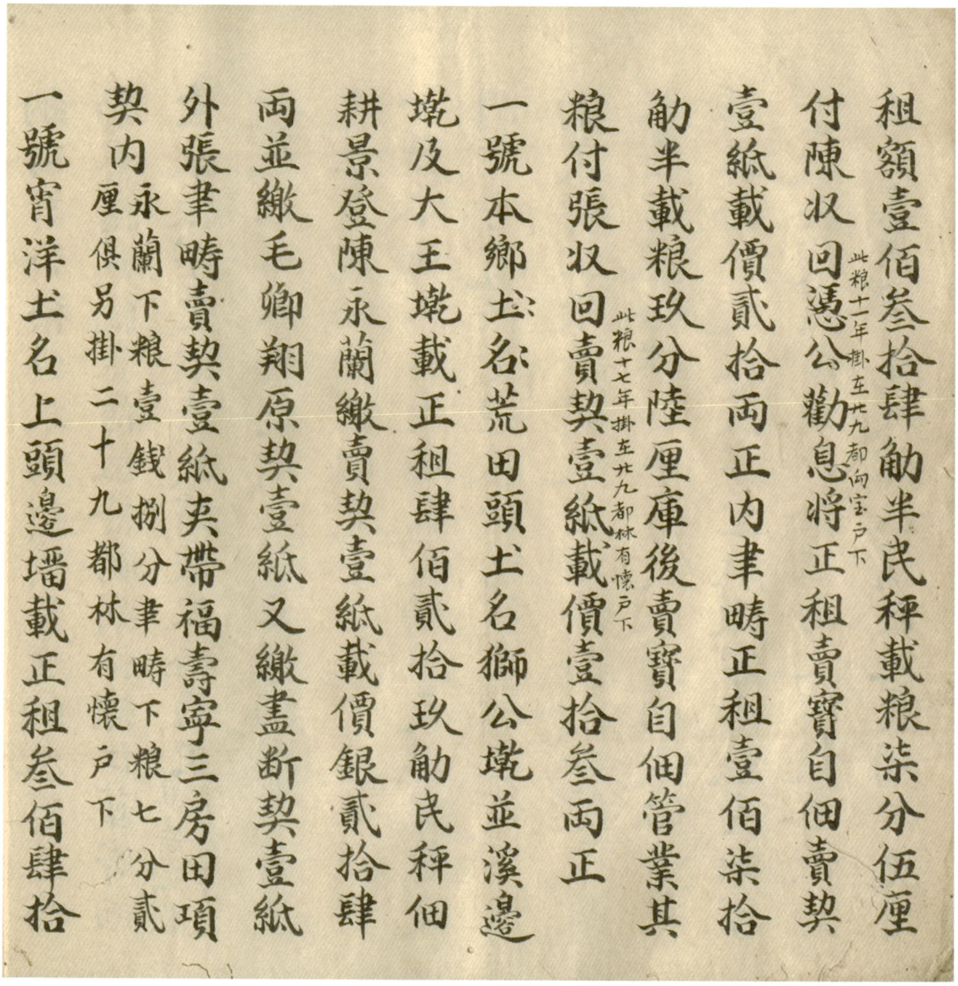
祖額壹佰叁拾肆觔半民秤載粮柒分伍厘
付陳汉回憑公勸息將正租賣寶自佃賣契（此粮十一年掛左廿九都向宝户下）
壹紙載價貳拾兩正内聿畤正租壹佰柒拾
觔半載粮玖分陸厘庫後賣寶自佃管業其
粮付張汉回賣契壹紙載價壹拾叁兩正（此粮十七年掛左廿九都林有懷户下）
一號本鄉土名荒田頭土名獅公墘並溪邊
墘及大王墘載正租肆佰貳拾玖觔民秤佃
耕景登陳永蘭繳賣契壹紙載價銀貳拾肆
兩並繳毛卿翔原契壹紙又繳盡斷契壹紙
外張聿畤賣契壹紙夾帶福壽寧三房田項
契内永蘭下粮壹錢捌分聿畤下粮七分貳
厘俱另掛二十九都林有懷户下
一號宵洋土名上頭邊墻載正租叁佰肆拾

7-3-2-13　清乾隆五十二年蔡世苞置林氏福房鬮書（一三）

陸觔租秤撥付康房自佃不須納出陳萬炳
賣契壹紙撮字叁紙盡斷契壹紙共載價銀
叁拾壹兩叁錢柒分五厘此粮載貳錢掛二
十九都七甲林有懷戶下係公納
已上所抽田𠭊租額先為養膳後為祭典
付福壽康寧四房輪流耕収辦粮
弟向國
妣朱氏　抽寔養膳田𠭊租額開列于后
一號本鄉土名倉厝洋下項根面全四坵載
正租壹佰零壹觔載粮陸分庫張允尊賣契
壹紙載價陸兩玖錢夹帶景祥田項其粮付

7-3-2-14　清乾隆五十二年蔡世苞置林氏福房鬮書（一四）

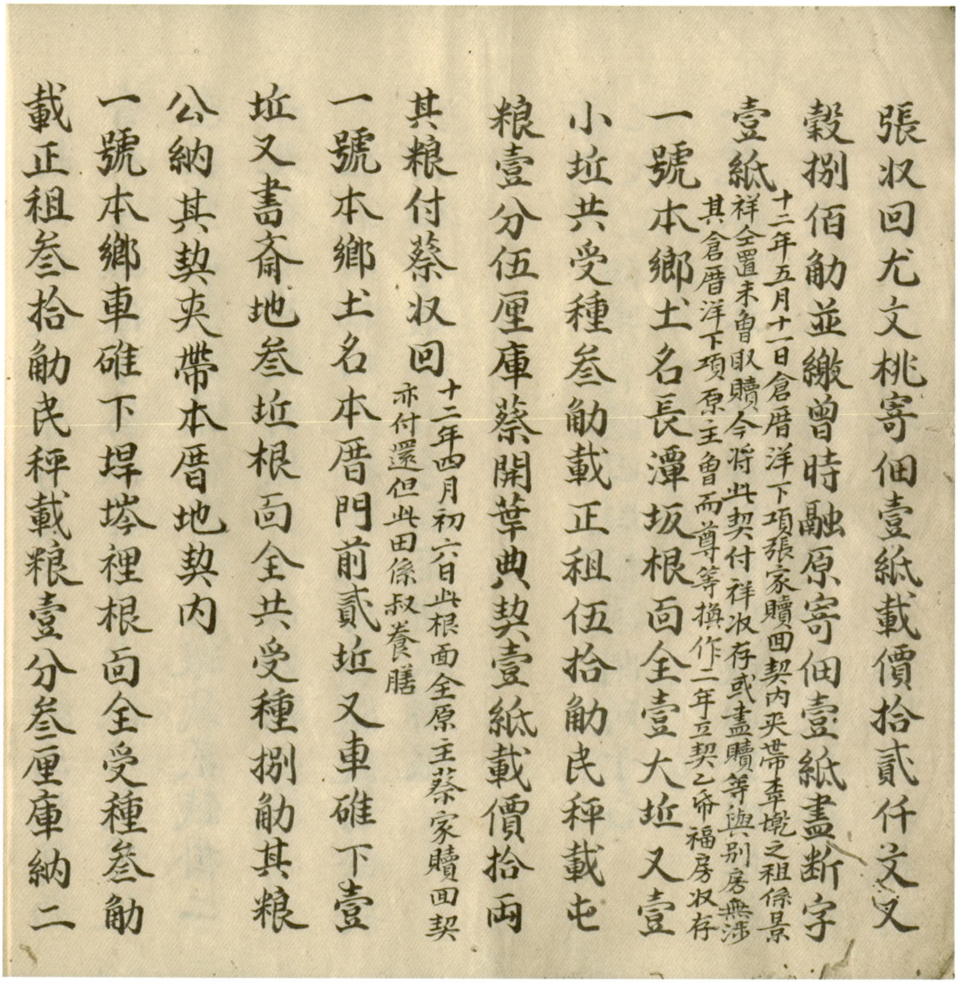
張叔回尤文桃寄佃壹紙載價拾貳仟文又
穀捌佰觔並繳曾時融原寄佃壹紙盡斷字
壹紙十二年五月十一日倉厝洋下項張家贖回契內夾帶本塊之租係景
祥全置未曾取贖今將此契付祥叔存貳盡贖等與別房無涉
其倉厝洋下項原主曾而尊等換作二年立契之帝福房收存
一號本鄉土名長潭坂根面全壹大坵又壹
小坵共受種叁觔載正租伍拾觔民秤載屯
粮壹分伍厘庫蔡開華典契壹紙載價拾兩
其粮付蔡叔回十二年四月初六日此根面全原主蔡家贖回契
亦付還但此田係叔養膳
一號本鄉土名本厝門前貳坵又車碓下壹
坵又書齋地叁坵根面全共受種捌觔其粮
公納其契夾帶本厝地契內
一號本鄉車碓下埕墘裡根面全受種叁觔
載正租叁拾觔民秤載粮壹分叁厘庫納二

7-3-2-15　清乾隆五十二年蔡世苞置林氏福房鬮書（一五）

十九都林有懷戶下曾時養賣契壹紙斷契
壹紙共載價拾叁仟肆佰伍拾文正
一號塔坪土名天垃及石頭堆載租伍拾觔載粮
叁分付張家收外隨帶根租肆佰伍拾觔俱
民秤佃耕林景珠陳正明賣契壹紙盡斷壹
紙共載價伍拾兩內根四伯伍拾觔原係大祖十一年掛在廿九都伯齊公戶下合共秆叁伐叁分庫
一號佳洋土名招模墎載根租伍拾捌觔民
秤佃耕林珍清林景珠合約壹紙
十二年贖田父手出寄陳進明半類墈田根乙號載租柒拾柒斤景著收
出祖係父手出賣隨期應贖其田根補足叔養膳下其正租贖回為养膳
一號西山墩土名中心崙受種拾觔載正租
壹佰觔民秤納張友爵收外隨帶根租伍拾
觔民秤

7-3-2-16　清乾隆五十二年蔡世苞置林氏福房鬮書（一六）

一號佳洋圡名門前下號田根共肆坵載正
租陸拾伍觔民秤納魏開文収呂茂衡寄斷字夹帶
已上所抽弟分養膳之田向後付福壽康
寧四房輪流耕収辨粮以為祭典不得争
端異言
公議抽寔納粮田塅租額開列于后
一佃羅時行耕宵洋圡名天坵墩並上下壠
又湖堀及後隔壠共載正租壹仟零肆拾肆
觔民秤又一佃陳正明耕消洋圡名七墘壠
載正租叁佰觔民秤共租壹仟叁百肆拾肆
觔合載屯粮柒錢肆分付魏収回魏和仲賣
契壹紙撮字壹紙共載價銀壹佰肆拾兩正

7-3-2-17　清乾隆五十二年蔡世苞置林氏福房鬮書（一七）

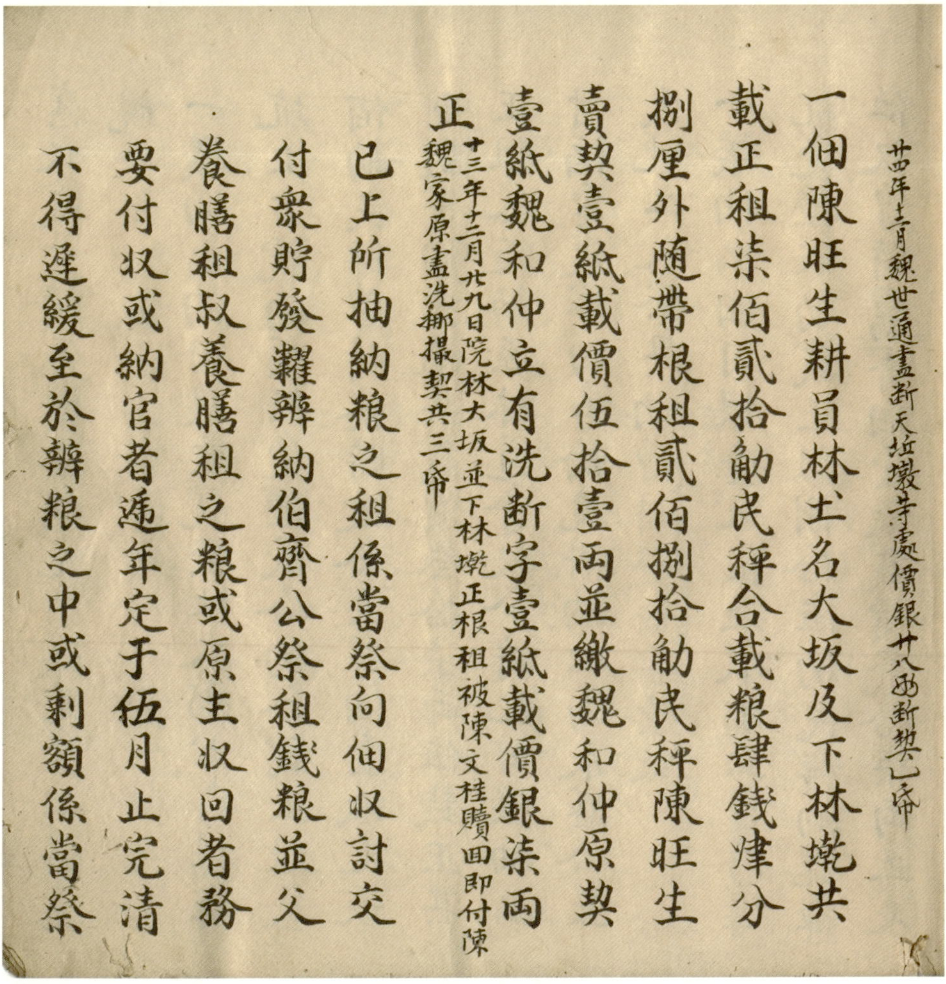
卌四年十二月魏世通盡斷天坵墩等處價銀卅八兩斷契一帋

一佃陳旺生耕員林土名大坂及下林墘共
載正租柒佰貳拾觔民秤合載粮肆錢肆分
捌厘外隨帶根租貳佰捌拾觔民秤陳旺生
賣契壹紙載價伍拾壹兩並繳魏和仲原契
壹紙魏和仲立有洗斷字壹紙載價銀柒兩
正十三年十二月廿九日院林大坂並下林墘正根租被陳文桂贖回即付陳魏家原盡洗鄉撮契共三帋
已上所抽納粮之租係當祭向佃收討交
付衆貯發糶辦納伯齊公祭租錢粮並父
養膳祖叔養膳租之粮或原主收回者務
要付收或納官者逐年定于伍月止完清
不得遲緩至於辦粮之中或剩額係當祭

7-3-2-18　清乾隆五十二年蔡世苞置林氏福房鬮書（一八）

應叔或少額係當祭補足所議是實不得違
規
一議抽出佃田根壹號坐址本鄉土名楊梅
坑上下號兩項共受種貳拾觔合載正租叁
佰觔民秤曾時發時拔仝立寄佃壹紙又張
則對寄佃壹紙共載價叁拾柒兩伍錢正其
正租叁佰觔係林道會叔今將此田根抽出
付福壽康寧四房輪流耕納以爲永盛公王
氏妣二人祭典（內曾時發斷字壹紙）（道光十九年十二月曾時發贖回其價公議各房均分）
一議抽出佃田根壹坵坐址本鄉土名楊梅
坑受種伍觔載正租捌拾伍觔民秤納魏輝
仁叔曾時鸞寄佃壹紙載價貳拾柒兩正又

7-3-2-19　清乾隆五十二年蔡世苞置林氏福房鬮書（一九）

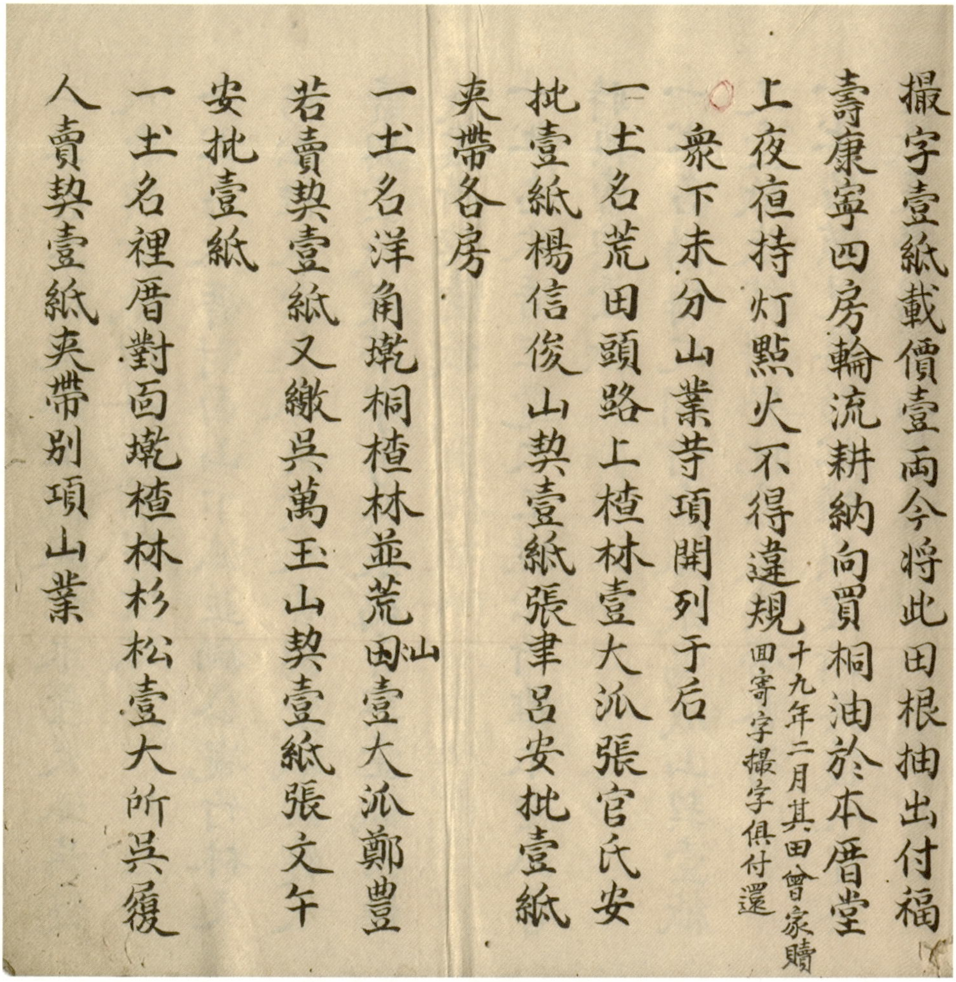
撮字壹紙載價壹両今將此田根抽出付福
壽康寧四房輪流耕納向買桐油於本厝堂
上夜亱持灯點火不得違規十九年二月其田曾家贖回寄字撮字俱付還
衆下未分山業并項開列于后
一土名荒田頭路上植林壹大泒張官氏安
批壹紙楊信俊山契壹紙張聿呂安批壹紙
夾帶各房
一土名洋角墘桐植林並荒田山壹大泒鄭豊
若賣契壹紙又繳呉萬玉山契壹紙張文午
安批壹紙
一土名裡厝對面墘植林杉松壹大所呉馥
人賣契壹紙夾帶別項山業

7-3-2-20　清乾隆五十二年蔡世苞置林氏福房鬮書（二〇）

一坵名半嶺墘路上楂林松木壹大派吳履
人賣契壹紙檀典隆歸字壹紙
一坵名本厝對面山下派並獅公壠竹林及
杉松雜木壹大派吳茂人賣契壹紙吳履人
賣契壹紙夾帶寧房吳永瑞賣契壹紙吳羅
氏盡斷契壹紙
一坵名本厝左邊大王墘松竹雜木壹派曾
時典賣契壹紙
一坵名楊梅坑桐竹壹派朱鳴成山契壹紙
又壹紙朱信疇安批壹紙夾帶各房
一坵名孩兒埻杉松楂椇壹所吳履人賣契
壹紙夾帶別項山業

7-3-2-21　清乾隆五十二年蔡世苞置林氏福房鬮書（二一）

一土名鷄㵦墰楂林松木壹所吳華人賣契壹紙吳騰人賣契壹紙
一土名馬墰隔路下楂林松木壹所吳履永輝人山契壹紙
一土名東瓜林坑仔邊桐林松木壹所吳華人賣契壹紙
一土名荒田頭裡角路下桐林壹所楊信殷信俊各賣契壹紙夾帶各房
一土名夏垃尾崙荒山松木壹所吳茂人賣契壹紙夾帶
一佳洋土名半山岐寨墰桐林壹所祖遺下之業

7-3-2-22　清乾隆五十二年蔡世苞置林氏福房鬮書（二二）

一佳洋土名蘭水坊荒山松木壹所祖承置
之業
一宵洋土名羅星墩松木壹派自置之業
一宵洋土名杉模埻上項桐林松木壹所曾
佑士賣契壹紙
一土名杉模埻中項松木壹所張賢甫賣契
壹紙
一土名杉模埻下項杉木壹大派又過坑橦
林下杉木壹所魏子向賣契壹紙柯响益賣
契壹紙
一土名馬埻隔杉松桐樹壹派吳儼人賣契
壹紙夾帶

7-3-2-23　清乾隆五十二年蔡世苞置林氏福房鬮書（二三）

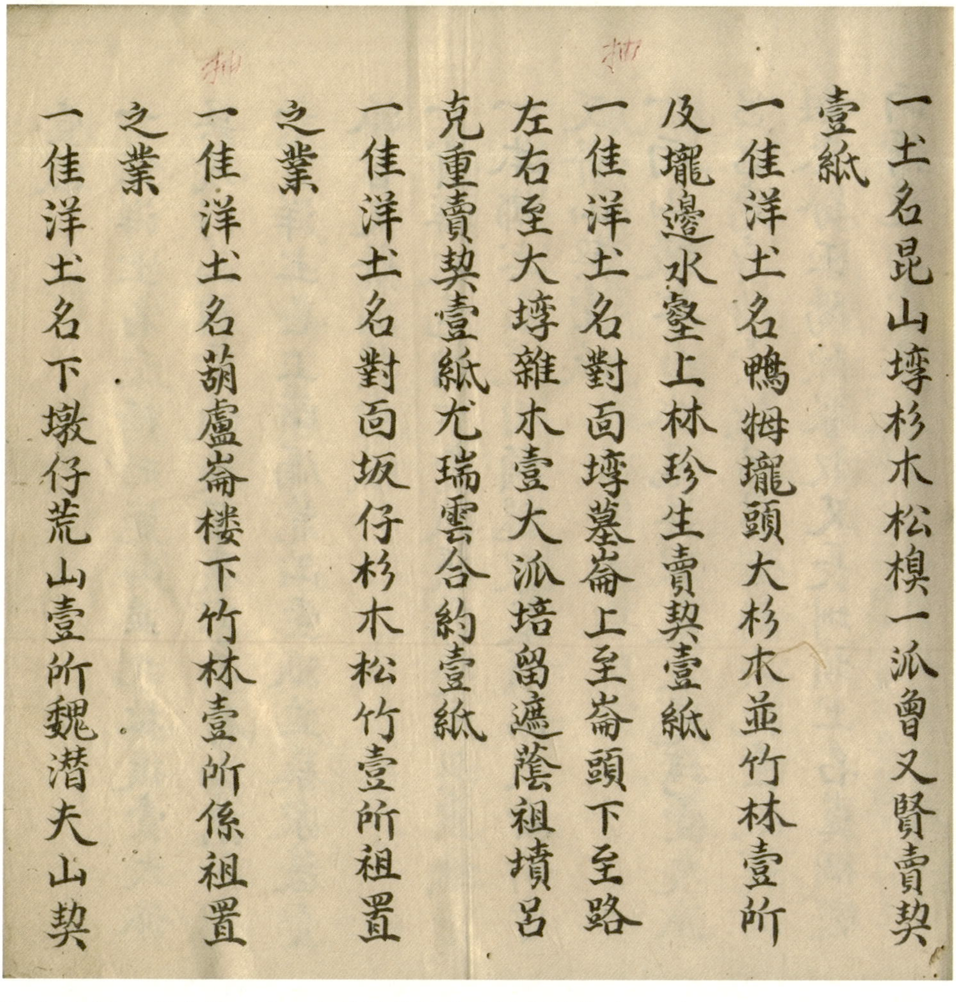
一土名昆山墩杉木松模一派曾又賢賣契
壹紙
一佳洋土名鴨姆壠頭大杉木並竹林壹所
及壠邊水壆上林珍生賣契壹紙
一佳洋土名對面墩墓崙上至崙頭下至路
左右至大墩雜木壹大派培留遮蔭祖墳呂
克重賣契壹紙尤瑞雲合約壹紙
一佳洋土名對面坂仔杉木松竹壹所祖置
之業
一佳洋土名葫盧崙楼下竹林壹所係祖置
之業
一佳洋土名下墩仔荒山壹所魏潜夫山契

7-3-2-24　清乾隆五十二年蔡世苞置林氏福房鬮書（二四）

壹紙
一佳洋土名交椅形荒山並九垃後壹大派
吳茂行山契壹紙夾帶康寧兩房山業
一宵洋土名上頭隔荒山壹派並蔡家墓壹
派曾文賢山契壹紙
一宵洋水尾田下壹派張厚楚山契壹紙
一本鄉土名荒田頭魏家墓頭山底壹所曾
文賢山契壹紙
一西山墩土名水尾吳家墓左邊墘壹大派
呂君惠賣契壹紙呂君澤轉安批壹紙載山
租叁分玉陽陳家叔文長圳頭土名冀榻壠
兩傍荒山壹派內吳家墓左邊墘現原主呂克莊贖回契付還

7-3-2-25　清乾隆五十二年蔡世苞置林氏福房鬮書（二五）

一佳洋土名食水壠大路上山底壹泒又佳
洋水尾𨻶垃山底壹所
一佳洋土名葫盧崙壹全崙之税山並松竹
雜木上至崙頭下至坑左右俱至大壋吳克
佩賣契壹紙並繳林伯寔原契壹紙
一佳洋土名佳洋厝後門壹全崙之税山上
至崙頭下至厝左至壋右至田載山税銀壹
分月洲張家收此山内已造壽墳吳受声山
契壹紙吳騰資玉書土記契壹紙司單壹紙（因礼華徽吳失落珍元乗）
一税山在月洲倉墘土名大苑林壹大泒林
在長山契壹紙載山税銀壹分此山係伯齊
公之墳墓

7-3-2-26　清乾隆五十二年蔡世苞置林氏福房鬮書（二六）

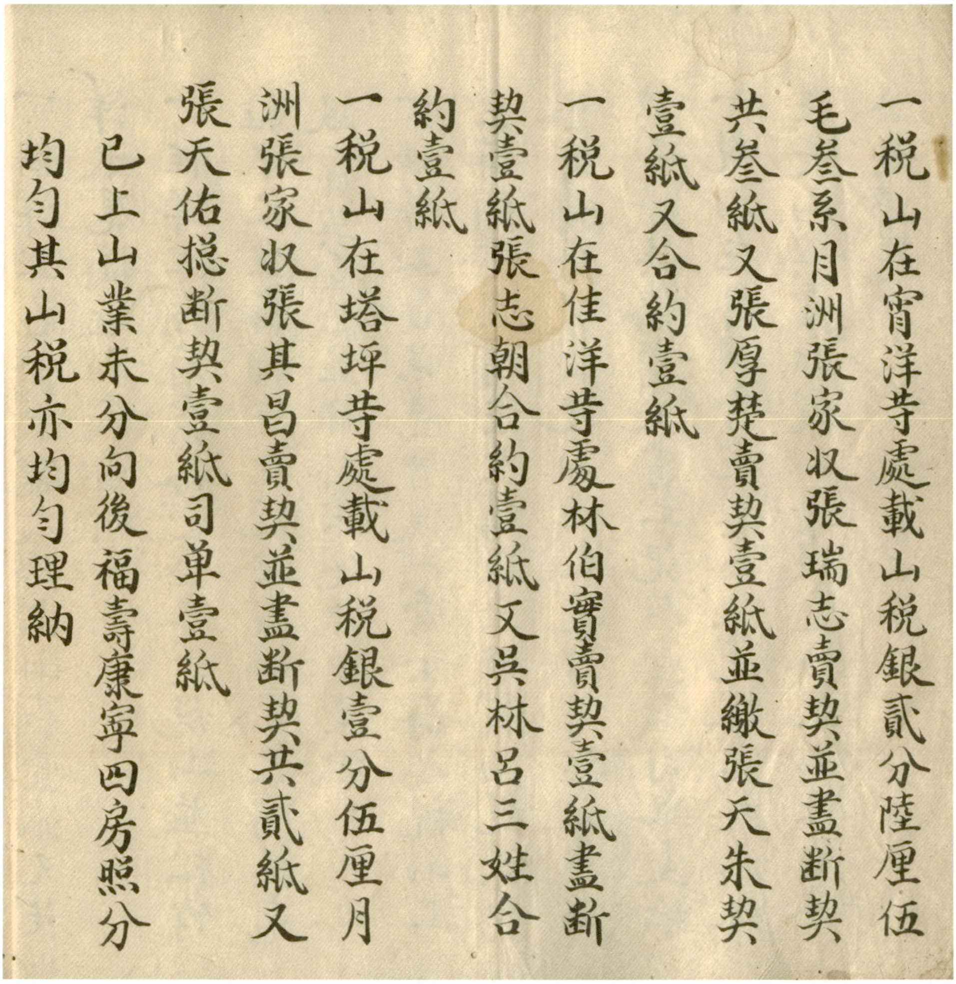
一税山在宵洋芇處載山税銀貳分陸厘伍
毛叁系月洲張家叔張瑞志賣契並盡斷契
共叁紙又張厚楚賣契壹紙並繳張天朱契
壹紙又合約壹紙
一税山在佳洋芇處林伯寶賣契壹紙盡斷
契壹紙張志朝合約壹紙又吳林呂三姓合
約壹紙
一税山在塔坪芇處載山税銀壹分伍厘月
洲張家叔張其昌賣契並盡斷契共貳紙又
張天佑摠斷契壹紙司单壹紙
已上山業未分向後福壽康寧四房照分
均匀其山税亦均匀理納

7-3-2-27　清乾隆五十二年蔡世苞置林氏福房鬮書（二七）

衆下抽寔厝樫開列于后
一抽本厝正座廳堂並後堂又左右書院前
截共貳樫及左右書院廳仔共貳樫又下座
左右官房共貳樫又附厝左右廳仔共貳櫊
並左右廳仔邊官房共二樫及左右樓庭過
水並左邊附厝樓下有牛欄壹樫又左邊附
厝外有糞櫊貳全樫暨左邊附厝外有横樓
地壹座以及左右餘地並龍砂俱爲公業

7-3-2-28　清乾隆五十二年蔡世苞置林氏福房鬮書（二八）

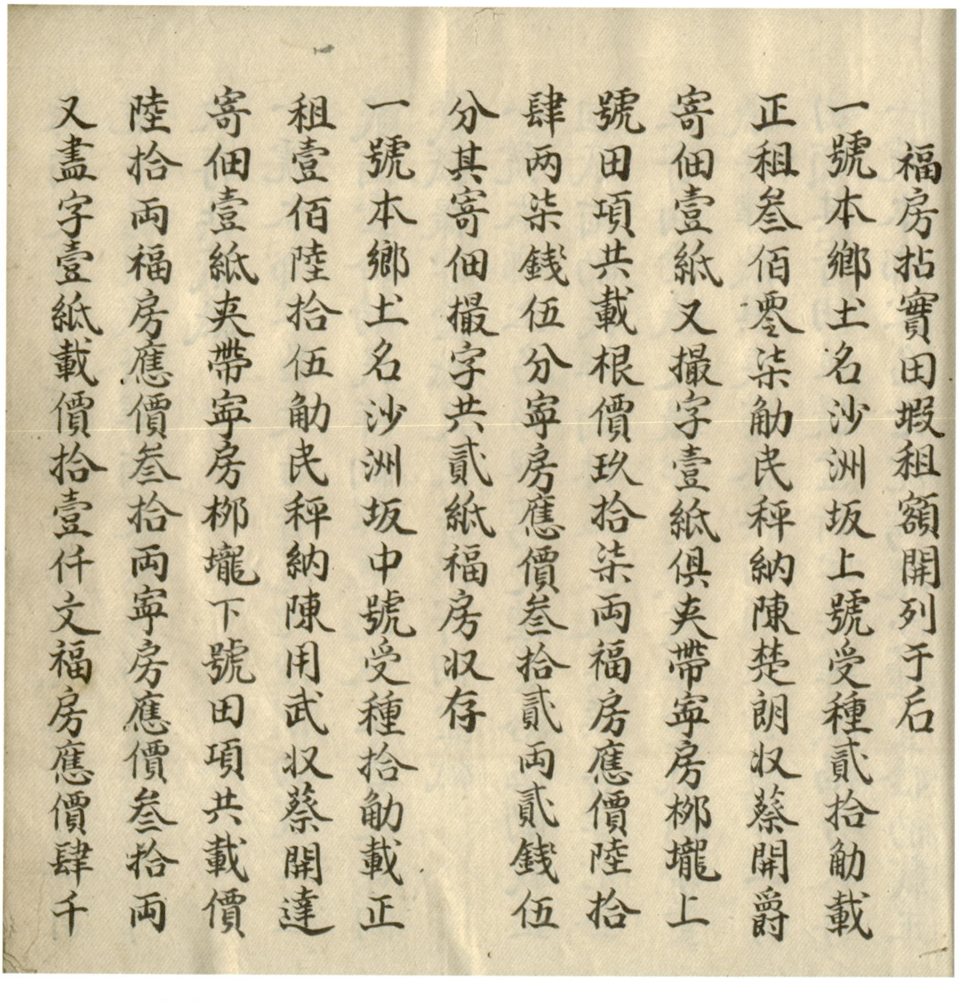

福房拈實田段租額開列于后
一號本鄉土名沙洲坂上號受種貳拾觔載
正租叁佰零柒觔民秤納陳楚朗収蔡開爵
寄佃壹紙又撮字壹紙俱夾帶寧房栁壠上
號田項共載根價玖拾柒兩福房應價陸拾
肆兩柒錢伍分寧房應價叁拾貳兩貳錢伍
分其寄佃撮字共貳紙福房収存
一號本鄉土名沙洲坂中號受種拾觔載正
租壹佰陸拾伍觔民秤納陳用武収蔡開達
寄佃壹紙夾帶寧房栁壠下號田項共載價
陸拾兩福房應價叁拾兩寧房應價叁拾兩
又盡字壹紙載價拾壹仟文福房應價肆千

7-3-2-29　清乾隆五十二年蔡世苞置林氏福房鬮書（二九）

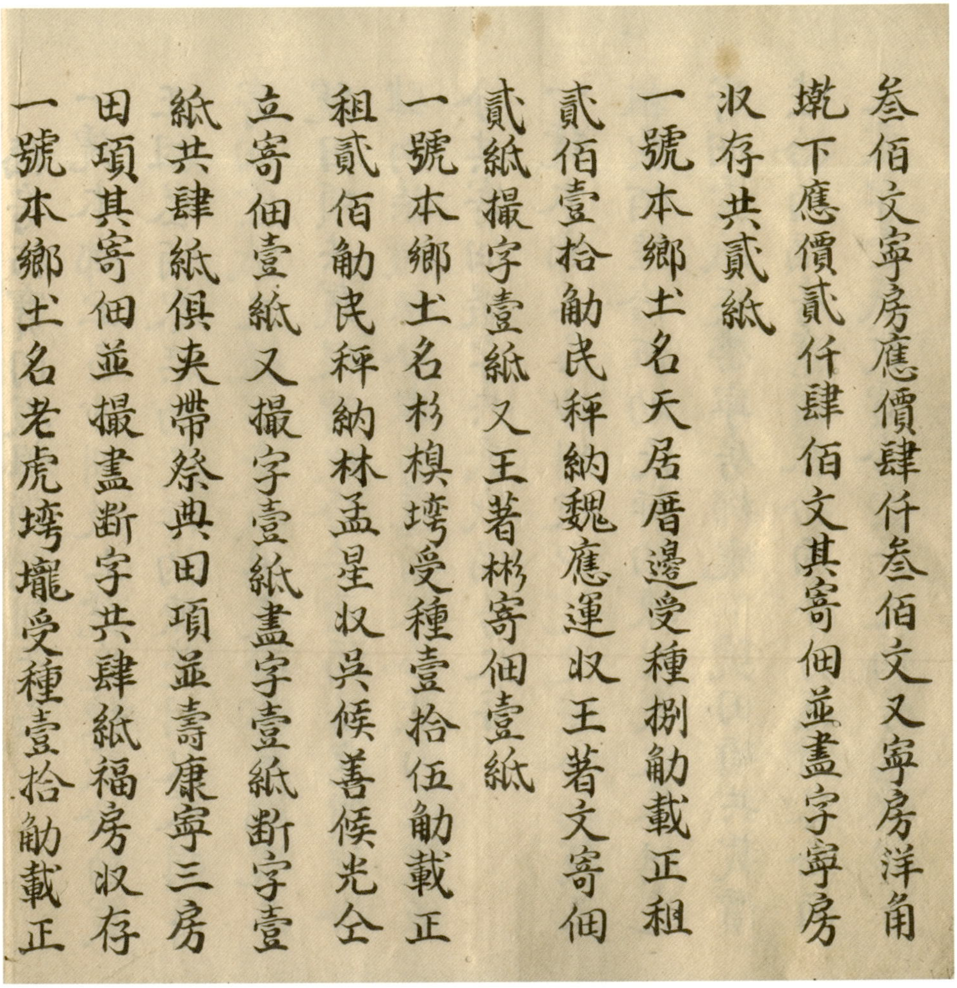
叁佰文寧房應價肆仟叁佰文又寧房洋角
墘下應價貳仟肆佰文其寄佃並盡字寧房
收存共貳紙
一號本鄉土名天居厝邊受種捌觔載正租
貳佰壹拾觔民秤納魏應運收王著文寄佃
貳紙撮字壹紙又王著彬寄佃壹紙
一號本鄉土名杉槙墘受種壹拾伍觔載正
租貳佰觔民秤納林孟星收吳候善候光仝
立寄佃壹紙又撮字壹紙盡字壹紙斷字壹
紙共肆紙俱夾帶祭典田項並壽康寧三房
田項其寄佃並撮盡斷字共肆紙福房收存
一號本鄉土名老虎墧壠受種壹拾觔載正

7-3-2-30　清乾隆五十二年蔡世苞置林氏福房鬮書（三〇）

祖壹佰貳拾觔民秤納陳捷溥收又土名獅
公墘並溪邊墘共受種壹拾捌觔載正租叁
佰捌拾伍觔又土名大王墘受種伍觔載正
祖肆拾肆觔合共祖肆佰貳拾玖觔民秤係前
張聿疇陳永蘭收後爺納父養膳收此田根呉
履人寄佃壹紙載價柒拾伍仟文又撮字叁
紙盡字貳紙共伍紙載價柒拾仟文又穀壹
佰柒拾陸觔夾帶養膳田根並壽房田根福
房應根價叁拾貳仟文壽房應根價玖拾貳
仟文養膳應根價伍拾柒仟文又穀壹佰柒
拾陸觔其寄佃壹紙壽房收存其盡撮字伍
紙福房收存

7-3-2-31　清乾隆五十二年蔡世苞置林氏福房鬮書（三一）

一號本鄉土名坑尾洋受種貳拾觔根面全
此租撥福房自佃遞年不須納出其粮公納
蔡開達寄佃壹紙盡斷字壹紙又據字壹紙
一號本鄉土名倉厝後洋中圳上壹坵並圳
下共受種陸觔根面全其粮夾帶本厝地契
內係公納
一號佳洋土名水尾下分受種柒拾觔載正
租壹仟叁佰伍拾壹觔民秤曾而貴應収柒
佰叁拾柒觔魏開文應収陸百壹拾肆觔吳
開起寄佃壹紙又添字壹紙又壹紙
一號佳洋土名對面墘受種壹拾貳觔載正
租壹百伍拾肆觔民秤納張文隅収呂茂瑞

7-3-2-32　清乾隆五十二年蔡世苞置林氏福房鬮書（三二）

寄佃壹紙又添字貳紙盡斷字壹紙夾帶壽
房後門墩田項其寄佃並盡斷字福房收存
一號佳洋土名尾窯壠受種壹拾伍觔載正
租貳佰貳拾觔民秤納曾雨貴收又佳洋土
名門前下號曲坵壹坵受種壹觔載租拾伍
觔民秤納魏開文收呂茂行寄佃壹紙又盡
字貳紙夾帶養膳田項並壽康兩房佳洋門
前下號田項其寄佃並盡字共叁紙福房收
存
一號佳洋土名墓壠頭下號受種陸觔載正
租陸拾陸觔民秤納張邦智收又佳洋土名
棋盤石西山壠大崙下共受種貳拾壹觔載

7-3-2-33　清乾隆五十二年蔡世苞置林氏福房鬮書（三三）

正租叁佰貳拾壹觔民秤納鄭立通叔叁貳百
壹拾叁觔張文偶叔壹拾捌觔鄭功若叔玖
拾觔林禮居繳寄佃字壹紙又繳陳有庶原
寄佃壹紙盡斷字壹紙又林昌和寄佃字壹
紙
一號佳洋土名門前上號肆角坵壹坵又下
四叁坵共受種叁觔載正租壹拾玖觔民秤納
陳用經叔其根係祖遺下之業
一號佳洋土名杉模墩受種貳拾觔載正租
壹佰貳拾壹觔民秤納曾而貴叔其根係祖
遺下之業外而貴安批壹紙夾帶康寧兩房
田項其批字福康房叔

7-3-2-34　清乾隆五十二年蔡世苞置林氏福房鬮書（三四）

一號長圳頭土名樸梅坂並糞捆壠共受種
肆拾觔載正租叄拾觔民秤納鄭立通收其
根係祖遺下之業
一號宵洋土名大岐頭受種貳拾觔載正租
叄佰叄拾觔民秤納陳用経收羅兆文繳張
彩玉寄佃壹紙繳字壹紙張盛和盡字貳紙
夾帶壽房上濟壠田項其寄佃並繳字盡字
共肆紙福房收存
一號宵洋土名大岐頭墘仔受種伍觔載正
租陸拾觔民秤現收魏世衡
一號宵洋土名圓嶺受種貳拾伍觔載正租
叄佰柒拾貳觔民秤張文偶收貳佰肆拾觔

7-3-2-35　清乾隆五十二年蔡世苞置林氏福房鬮書（三五）

陳用經収壹佰叁拾貳觔林向堯繳出林景
珠原寄佃壹紙又撮字壹紙又添盡字壹紙
共叁紙夾帶壽房土名破屋壠田項共載價
穀貳仟貳佰觔福房應價穀壹仟陸佰伍拾
觔又應錢貳仟肆佰捌拾文壽房應價穀伍
佰伍拾觔又應錢捌佰貳拾文共原寄佃並
撮字添盡字共叁紙福房収存（此土名員嶺並破厝壠於嘉慶拾貳年十月原主贖回，其字叁紙付姪珍秀取回標照）
已上所拈田暇祖額俱付福房耕納
福房拈定山業開列於后
一本鄉土名荒田頭嶺邊楦林壹所呉餕人
山契壹紙夾帶衆下山業
一本鄉土名坑尾洋垮楦林壹派呉餕人賣

7-3-2-36　清乾隆五十二年蔡世苞置林氏福房鬮書（三六）

契壹紙
一佳洋土名氷尾隔垃外両塆植林壹所柯
高斗山契壹紙
一佳洋土名小壠並九垃後植林共貳所
一本鄉土名牛車壠植林貳所吳復人山契
壹紙夾帶衆下山業
一本鄉土名蔡家墓邊植林壹派陳重精山契壹紙
一宵洋土名横路下植林及桐林壹所
一佳洋土名虎形墓桐林壹所
一宵洋土名後櫾圳上雜木壹所張盛俊山
契壹紙夾帶衆下山業
一宵洋土名桶櫾山底壹所張厚楚山契壹

7-3-2-37　清乾隆五十二年蔡世苞置林氏福房鬮書（三七）

紙夹帶衆下山業
一本鄉土名楊梅坑竹林壹所遞年應納山
租銀陸分朱家収朱鳴成朱永道田契共貳
紙又朱信疇安批壹紙夹帶公衆及各房山
業其契並安批叁紙福房収存
一本鄉土名楊梅坑山底壹所吴履人山契
壹紙夹帶各房山業
一本鄉土名荒田頭路下山底壹所楊信俊
信殷山契共貳紙夹帶公衆及各房山業
一本鄉土名天居厝後門崙松木壹所吴永
賓山契壹紙吴啓成盡字壹紙吴永輝永太
山契共貳紙

7-3-2-38　清乾隆五十二年蔡世苞置林氏福房鬮書（三八）

遞年應納月洲張家山租銀陸分柒厘伍毛
已上所拈山業俱付福房掌管
福房分定厝椏開列於后
一分正座左邊官房壹全櫊並樓上又上座
左邊檄榭前壹椏
一分下座左邊書院後壹椏透樓又下座左
邊六橺壹椏
一分左邊附屋第壹櫊壹全櫊透樓又左邊
附屋第叁櫊壹全櫊透樓

7-3-2-39　清乾隆五十二年蔡世芭置林氏福房鬮書（三九）

壽房拈寔田項租額開列于后
一號本鄉土名鴨𫝀碓受種貳拾觔載正租
壹佰叁拾貳觔民秤納張聿疇収張文隅安
批壹紙
一號本鄉土名牽墘受種貳拾伍觔載正租
捌拾捌觔民秤納張邦智収蔡開葉寄佃壹
紙
一號笋林土名下苑墘並糞條墘共受種陸
拾觔載正租捌佰捌拾觔民秤納陳永蘭収
吳候光繳並寄佃壹紙並盡斷字壹紙
一號本鄉土名上下墩仔並𠑽窯墩共受種
拾伍觔載正租貳佰觔民秤納林孟星収吳候

7-3-2-40　清乾隆五十二年蔡世苞置林氏福房鬮書（四〇）

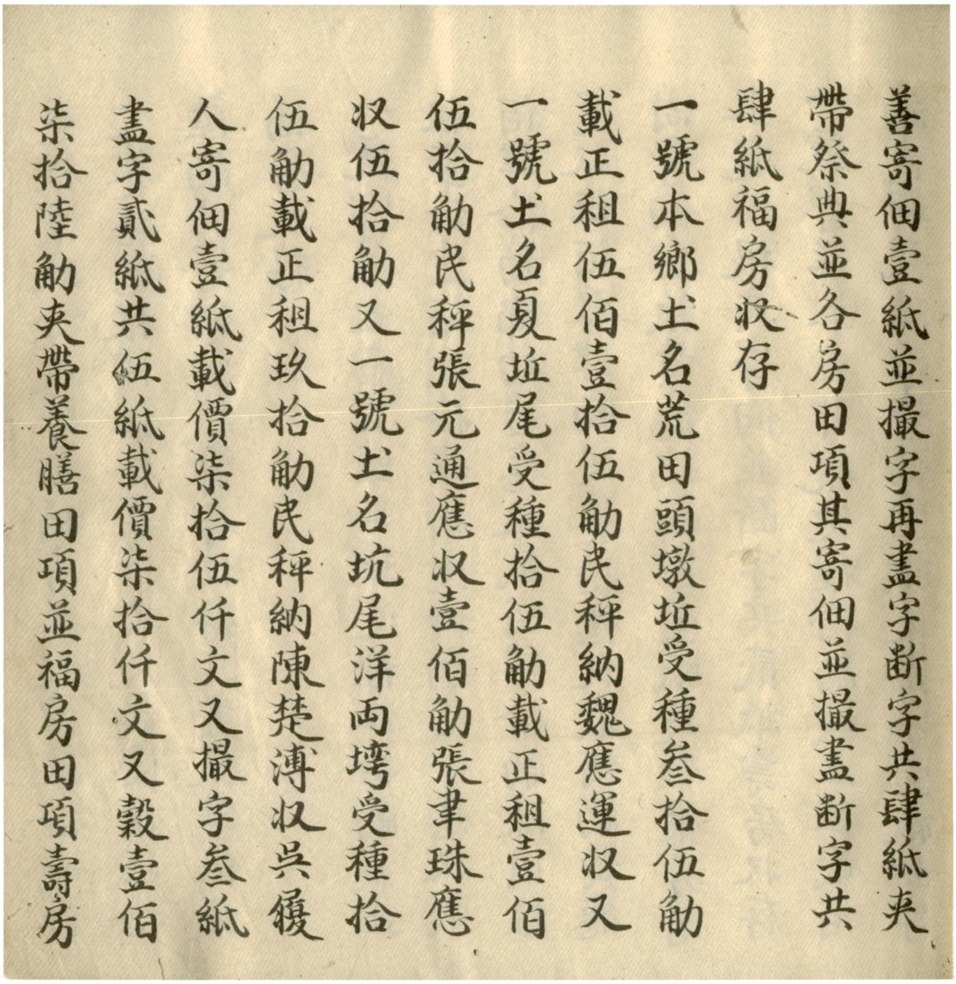
善寄佃壹紙並撮字再盡字斷字共肆紙夾
帶祭典並各房田項其寄佃並撮盡斷字共
肆紙福房收存
一號本鄉土名荒田頭墩垅受種叁拾伍觔
載正租伍佰壹拾伍觔民秤納魏應運收又
一號土名夏垅尾受種拾伍觔載正租壹佰
伍拾觔民秤張元通應收壹佰觔張聿珠應
收伍拾觔又一號土名坑尾洋兩墘受種拾
伍觔載正租玖拾觔民秤納陳楚溥收吳錢
人寄佃壹紙載價柒拾伍仟文又撮字叁紙
盡字貳紙共伍紙載價柒拾仟文又穀壹佰
柒拾陸觔夾帶養膳田項並福房田項壽房

7-3-2-41　清乾隆五十二年蔡世苞置林氏福房鬮書（四一）

應根價玖拾貳仟文福房應根價叁拾貳仟
文養膳應根價伍拾柒仟文 又穀壹佰柒拾
陸觔其寄佃壹紙壽房収存其盡撮字伍紙
福房収存
一號宵洋土名上頭上號受種伍拾觔載正
租壹仟壹佰捌拾肆觔民秤鄭信中應収貳
佰肆拾觔鄭功若應収貳佰肆拾觔陳用經
應収伍佰零肆觔父養膳應収貳佰觔黃德
周寄佃壹紙黃德瑞斷字壹紙夾帶康房清
水壠田根其寄佃並斷字共貳紙壽房収存
一號宵洋土名井壠受種拾觔載正租貳佰
觔民秤張瑞志寄佃壹紙 又盡字壹紙斷字

7-3-2-42 清乾隆五十二年蔡世苞置林氏福房鬮書（四二）

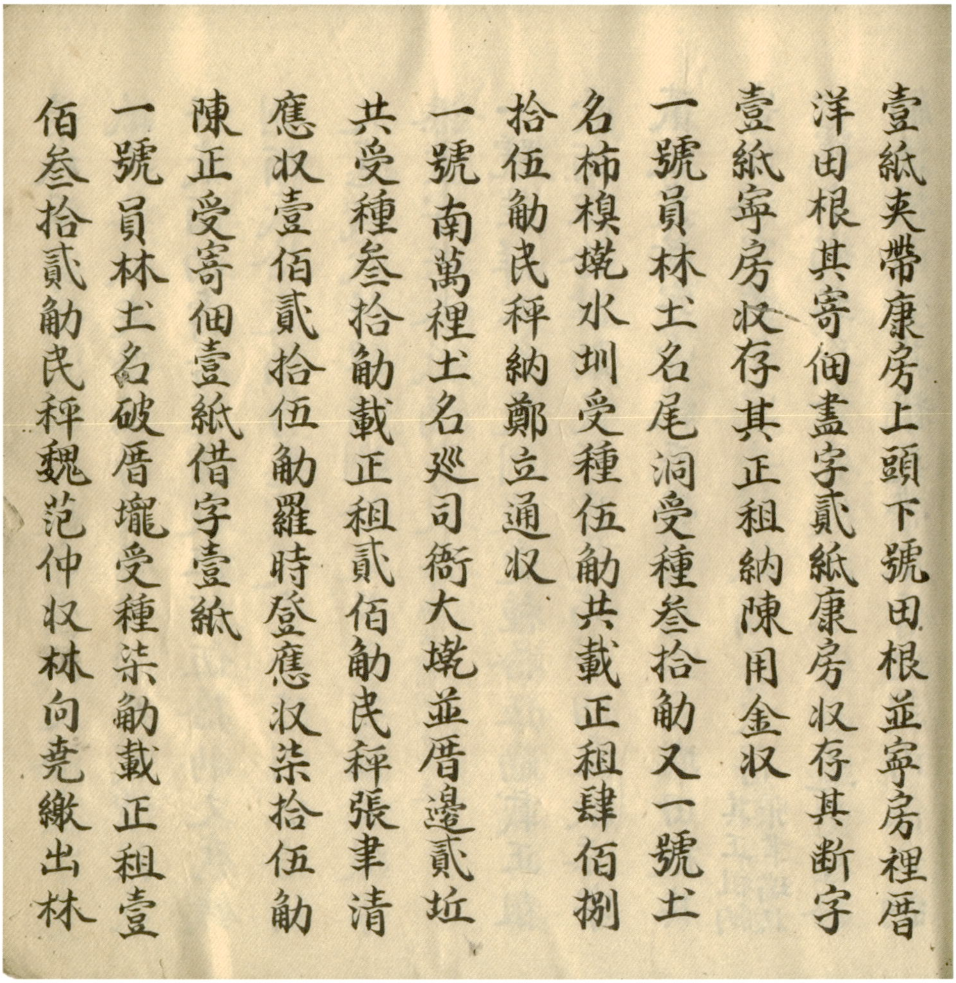
壹紙夾帶康房上頭下號田根並寔房裡厝
洋田根其寄佃盡字貳紙康房収存其斷字
壹紙寔房収存其正租納陳用金収
一號員林土名尾洞受種叁拾觔又一號土
名柿模墘水圳受種伍觔共載正租肆佰捌
拾伍觔民秤納鄭立通収
一號南萬裡土名廵司衙大墘並厝邊貳坵
共受種叁拾觔載正租貳佰觔民秤張聿清
應収壹佰貳拾伍觔羅時登應収柒拾伍觔
陳正受寄佃壹紙借字壹紙
一號員林土名破厝壠受種柒觔載正租壹
佰叁拾貳觔民秤魏范仲収林向尭繳出林

7-3-2-43　清乾隆五十二年蔡世苞置林氏福房鬮書（四三）

景珠原寄佃壹紙又撮字壹紙又添盡字壹
紙共叁紙夾帶福房員嶺田項共載價穀貳
仟貳佰觔壽房應價穀伍佰伍拾觔又應錢
捌佰貳拾文福房應價穀壹仟陸佰伍拾觔
又應錢貳仟肆佰捌拾文其原寄佃並撮字
添盡字共叁紙福房收存原主贖回字付还
一號佳洋土名後門墩受種拾伍觔載正租
壹佰伍拾肆觔民秤呂茂瑞寄佃壹紙添字
貳紙盡斷字壹紙夾帶福房對面墘田根其
寄佃添字盡斷字共肆紙福房收存其正租納張聿瑞收
一號本鄉土名倉厝後即本厝右邊受種拾
觔係根面全其粮夾帶本厝地契內係公納

7-3-2-44　清乾隆五十二年蔡世苞置林氏福房鬮書（四四）

一號佳洋土名門前壹大坵並坑邊貳坵共
受種伍觔載正租陸拾觔民秤納魏開文叔
呂茂行寄佃壹紙盡字貳紙夾帶養膳田項
並福房充窯壠田項康房佳洋門前下號田
項其寄佃並盡字共叁紙福房收存
一號西山墩土名隔後受種捌觔載正租貳
拾觔民秤納陳志道叔林國美寄佃壹紙
已上所拈田暇租額俱付壽房耕納
壽房拈寔山業開列於后
一佳洋土名大王隔後楂林並荒山壹派祖
置之業
一本鄉土名銅鑼坪大王墈楂林壹派吳嚴

7-3-2-45　清乾隆五十二年蔡世苞置林氏福房鬮書（四五）

人賣契壹紙夾帶
一宵洋土名桶櫲荒山壹所張厚楚山契壹
紙夾帶衆下山業
一本鄉土名楊梅坑竹林壹所遞年應納山
租銀陸分朱家叔朱鳴成朱承道田契共貳
紙又朱信疇安批壹紙夾帶公衆及各房山
業又荒田頭楂林壹所王著葉賣契壹紙
一本鄉土名荒田頭路下並過坑圳上圳下
山底共貳所楊信般信俊山契共貳紙夾帶
公衆及各房山業
一本鄉土名馬塆隔松木壹所吳夒人賣契
壹紙夾帶公衆及各房山業

7-3-2-46　清乾隆五十二年蔡世苞置林氏福房鬮書（四六）

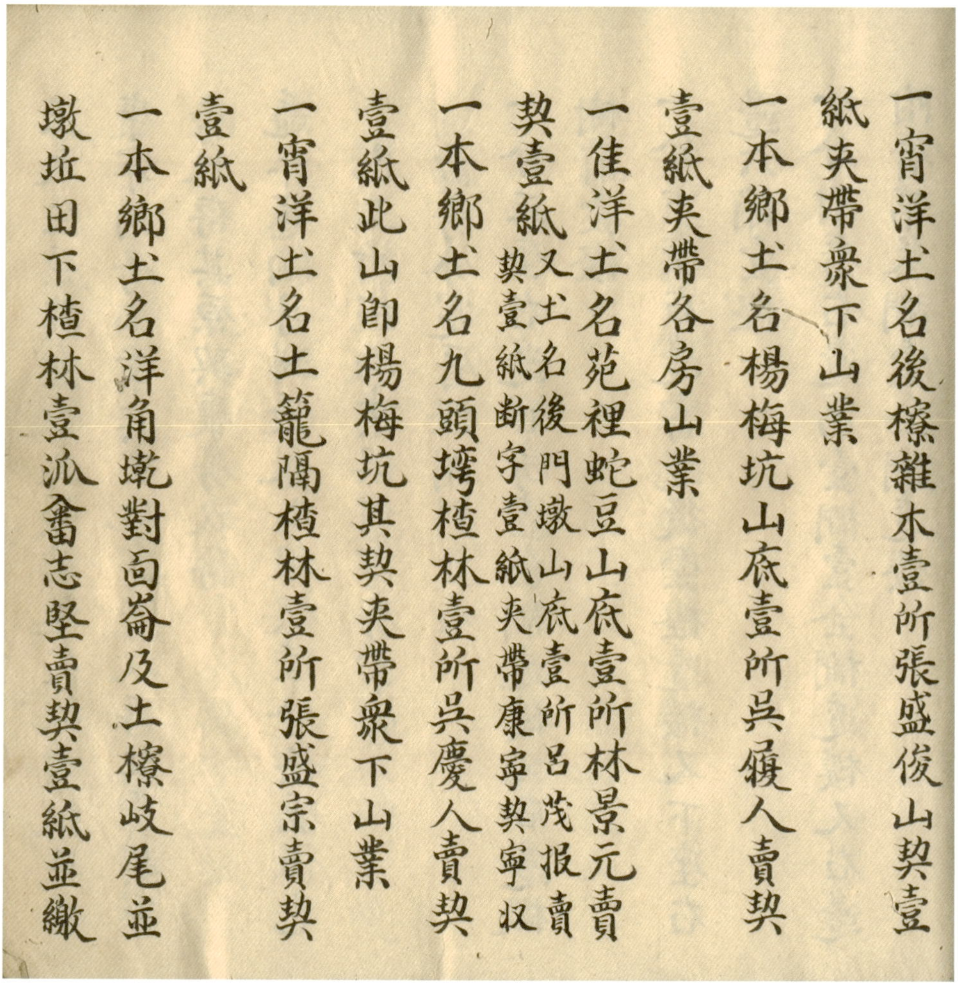
一宵洋土名後櫟雜木壹所張盛俊山契壹
紙夾帶衆下山業
一本鄉土名楊梅坑山底壹所吳雁人賣契
壹紙夾帶各房山業
一佳洋土名苑裡蛇豆山底壹所林景元賣
契壹紙又土名後門墩山底壹所呂茂振賣
契壹紙斷字壹紙夾帶康寧契寧収
一本鄉土名九頭垮植林壹所吳慶人賣契
壹紙此山即楊梅坑其契夾帶衆下山業
一宵洋土名土籠隔植林壹所張盛宗賣契
壹紙
一本鄉土名洋角嵥對面崙及土櫟岐尾並
墩坵田下植林壹派畬志堅賣契壹紙並繳

7-3-2-47　清乾隆五十二年蔡世苞置林氏福房鬮書（四七）

王太生原契壹紙又張聿趣安批壹紙夾帶
康寧兩房山業其安批壽房收存其賣契寧
房收存其原契康房收存
逓年應納月洲張家山租銀陸分柒厘伍毛
已上所拈山業俱付壽房掌管
壽房分寔厝欅開列于后
一分正座右邊官房壹全欄透樓又右邊橵
榭前壹欅
一分下座右邊書院後壹欅透樓又下座右
邊六榆壹欅
一分附厝右邊第壹欄壹全欄透樓又右邊
附厝第叁欄壹全欄透楼

7-3-2-48　清乾隆五十二年蔡世苞置林氏福房鬮書（四八）

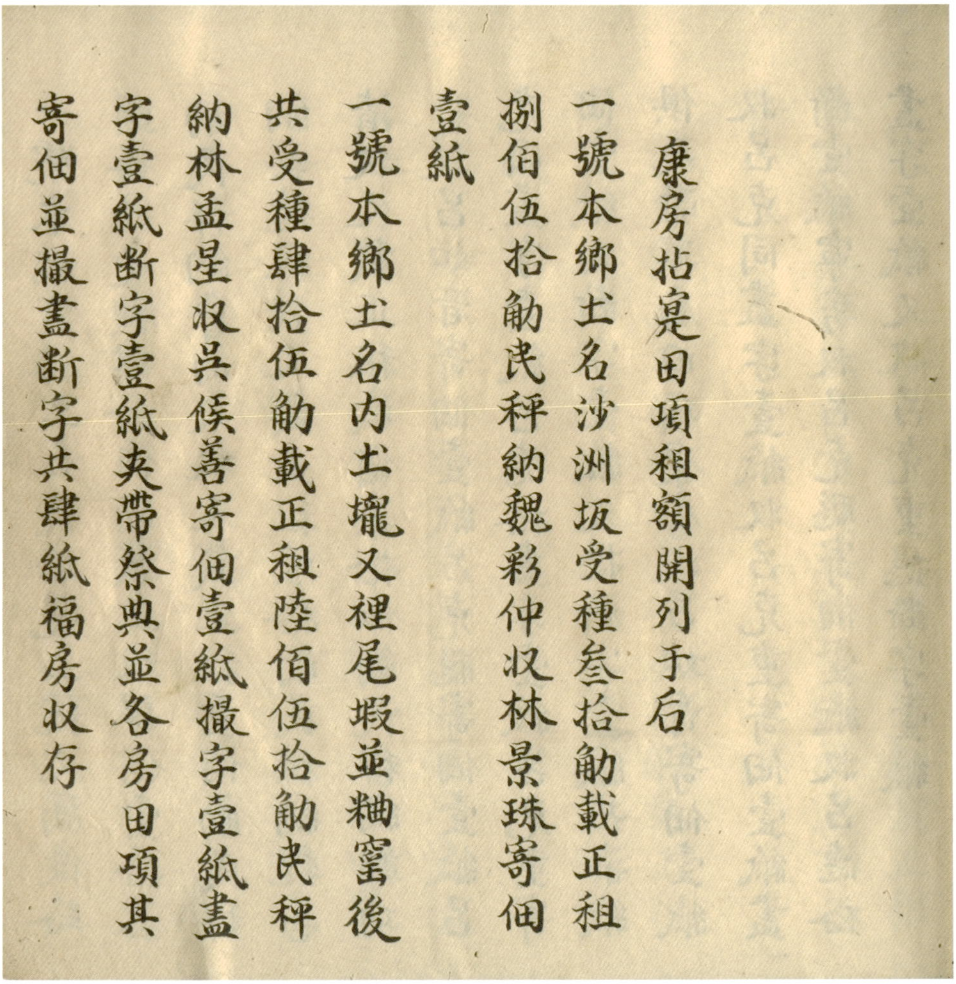
康房拈寔田項租額開列于后
一號本鄉土名沙洲坂受種叁拾觔載正租
捌佰伍拾觔民秤納魏彩仲収林景珠寄佃
壹紙
一號本鄉土名内土壠又裡尾蝦並粬窰後
共受種肆拾伍觔載正租陸佰伍拾觔民秤
納林孟星収吳候善寄佃壹紙撮字壹紙盡
字壹紙斷字壹紙夾帶祭典並各房田項其
寄佃並撮盡斷字共肆紙福房収存

7-3-2-49　清乾隆五十二年蔡世苞置林氏福房鬮書（四九）

一號本都笋林土名天坵壠上號又隔後路
頭崙共受種肆拾伍觔載正租肆佰壹拾叁
觔民秤納曾而久叔又載正租壹佰觔民秤
納呉德経叔又載正租陸拾觔民秤納魏善
清叔又載正租貳佰柒拾伍觔民秤納鄭功
若叔呂如音寄佃壹紙呂克聰寄佃壹紙呂
克同盡字壹紙呂德裕盡字壹紙呂克重寄
佃壹紙又斷字壹紙又揔斷字壹紙共柒紙
俱夾帶寗房田項康房叔呂如音寄佃壹紙
叔呂克同盡字壹紙叔呂克重寄佃壹紙盡
斷壹紙寗房叔呂克聰寄佃壹紙叔呂德裕
盡字壹紙又叔呂克重揔斷字壹紙

7-3-2-50　清乾隆五十二年蔡世苞置林氏福房鬮書（五〇）

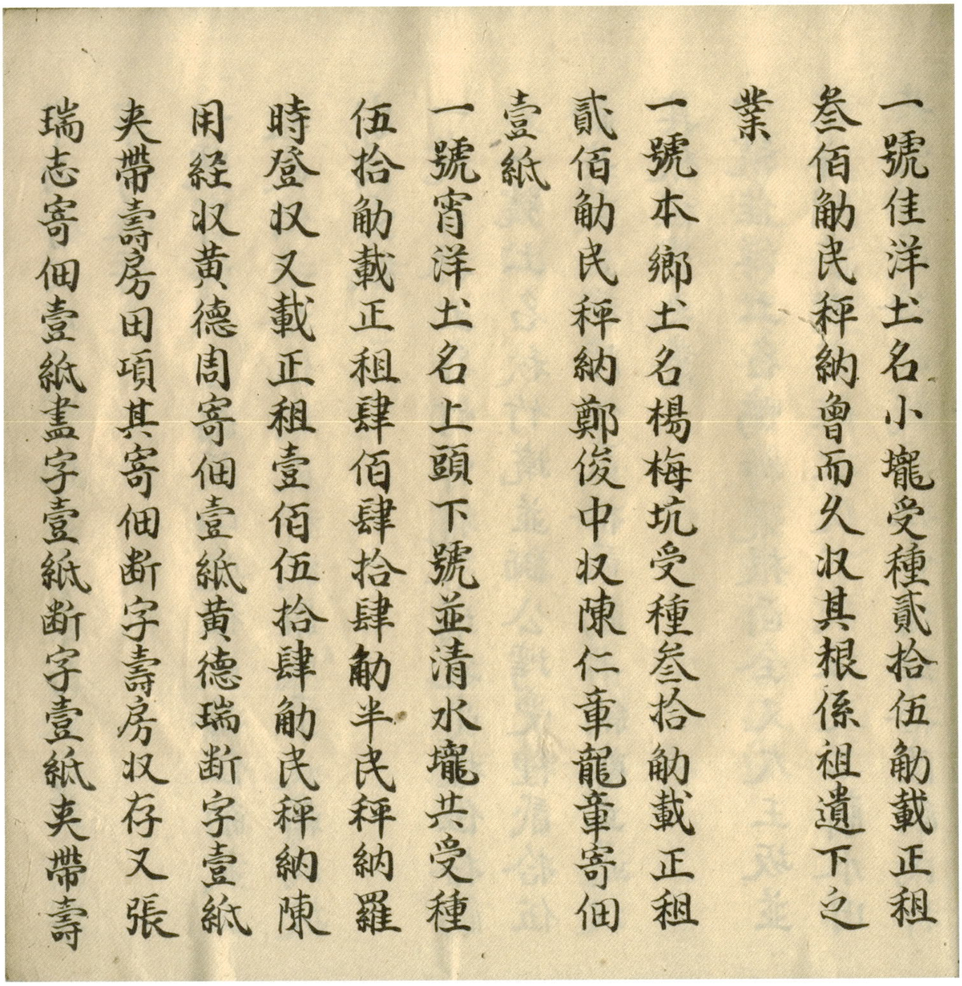

一號佳洋土名小壠受種貳拾伍觔載正租
叁佰觔民秤納曾而久収其根係祖遺下之
業
一號本鄉土名楊梅坑受種叁拾觔載正租
貳佰觔民秤納鄭俊中収陳仁章龍章寄佃
壹紙
一號宵洋土名上頭下號並清水壠共受種
伍拾觔載正租肆佰肆拾肆觔半民秤納羅
時登収又載正租壹佰伍拾肆觔民秤納陳
用經収黄德周寄佃壹紙黄德瑞斷字壹紙
夾帶壽房田頃其寄佃斷字壽房収存又張
瑞志寄佃壹紙盡字壹紙斷字壹紙夾帶壽

7-3-2-51　清乾隆五十二年蔡世苞置林氏福房鬮書（五一）

寧兩房田項其寄佃盡字康房収存其斷字
寧房収存
一號宵洋土名綿頭山受種貳拾伍觔載正
租貳佰柒拾伍觔民秤納羅成章収賴成扳
寄佃壹紙
一號員林土名灯骨壠落墻墘受種伍拾觔
又一號土名秋竹墘並獅公墘受種貳拾伍
觔共載正租陸佰貳拾貳觔半納鄭立通収
其根祖置之業
一號佳洋土名鴨姆壠根函全又大王坂並
佳洋門前鴨姆碓垃及下貳垃又上蘭水田
共受種貳拾觔載正租壹佰肆拾陸觔民秤

7-3-2-52　清乾隆五十二年蔡世苞置林氏福房鬮書（五二）

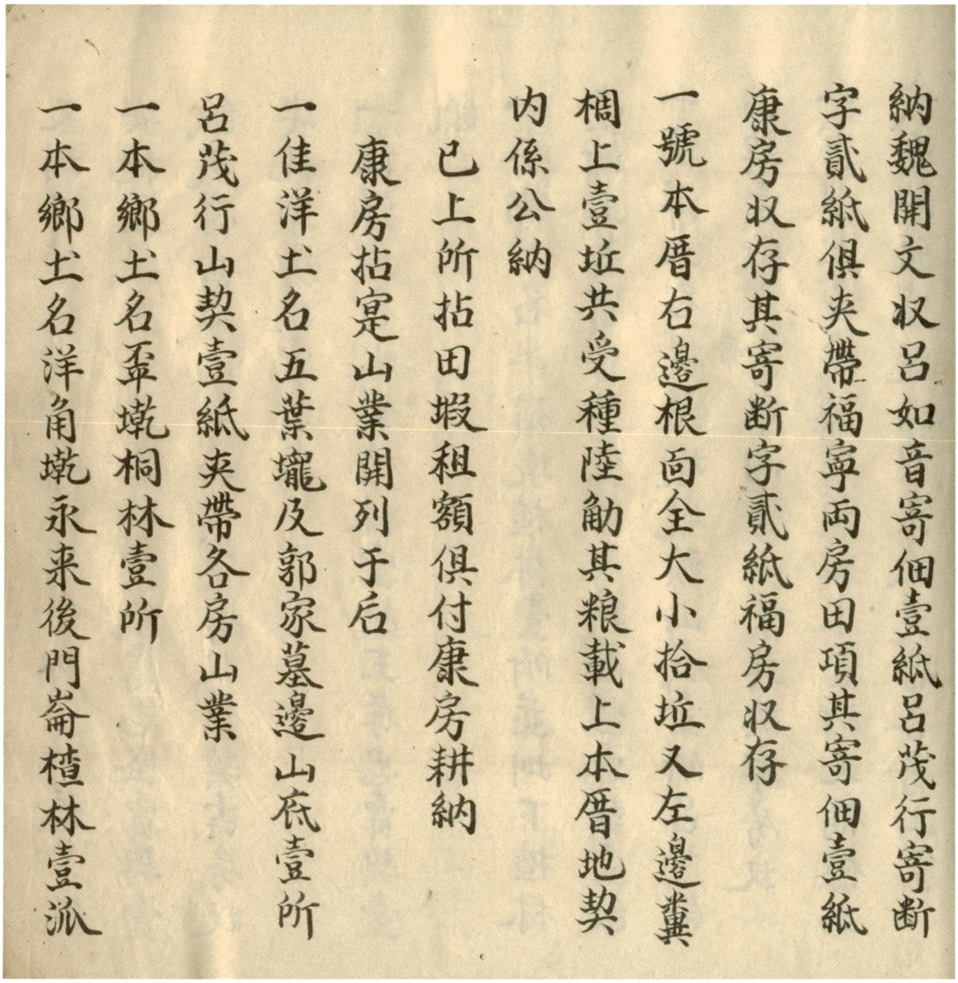
納魏開文收呂如音寄佃壹紙呂茂行寄斷
字貳紙俱夾帶福寧兩房田項其寄佃壹紙
康房收存其寄斷字貳紙福房收存
一號本厝右邊根面全大小拾坵又左邊糞
桐上壹坵共受種陸畝其粮載上本厝地契
内係公納
已上所拈田段租額俱付康房耕納
康房拈寔山業開列于后
一佳洋土名五葉壠及郭家墓邊山底壹所
呂茂行山契壹紙夾帶各房山業
一本鄉土名垄壠桐林壹所
一本鄉土名洋角壠永來後門崙檀林壹派

7-3-2-53　清乾隆五十二年蔡世苞置林氏福房鬮書（五三）

又圳下楂林壹所並前墘楂林壹所張韋趣
安扻壹紙王太生原契壹紙畬志堅賣契壹
紙夾帶壽寧兩房山業康房収原契壽房収
安扻寧房収賣契
一佳洋土名水尾楂林壹所王孝忠賣契壹
紙
一本鄉土名半嶺墘楂林壹所並圳下楂林
壹所王著賓賣契壹紙又吴啓煌賣契壹紙
一佳洋土名後頭墩壠頭山底壹所呂茂報
山契壹紙夾帶壽寧兩房山業其契寧房収
一宵洋土名後橑墘頭雜木壹所又桶橑山
底壹所張盛俊山契壹紙夾帶各房山業

7-3-2-54　清乾隆五十二年蔡世苞置林氏福房鬮書（五四）

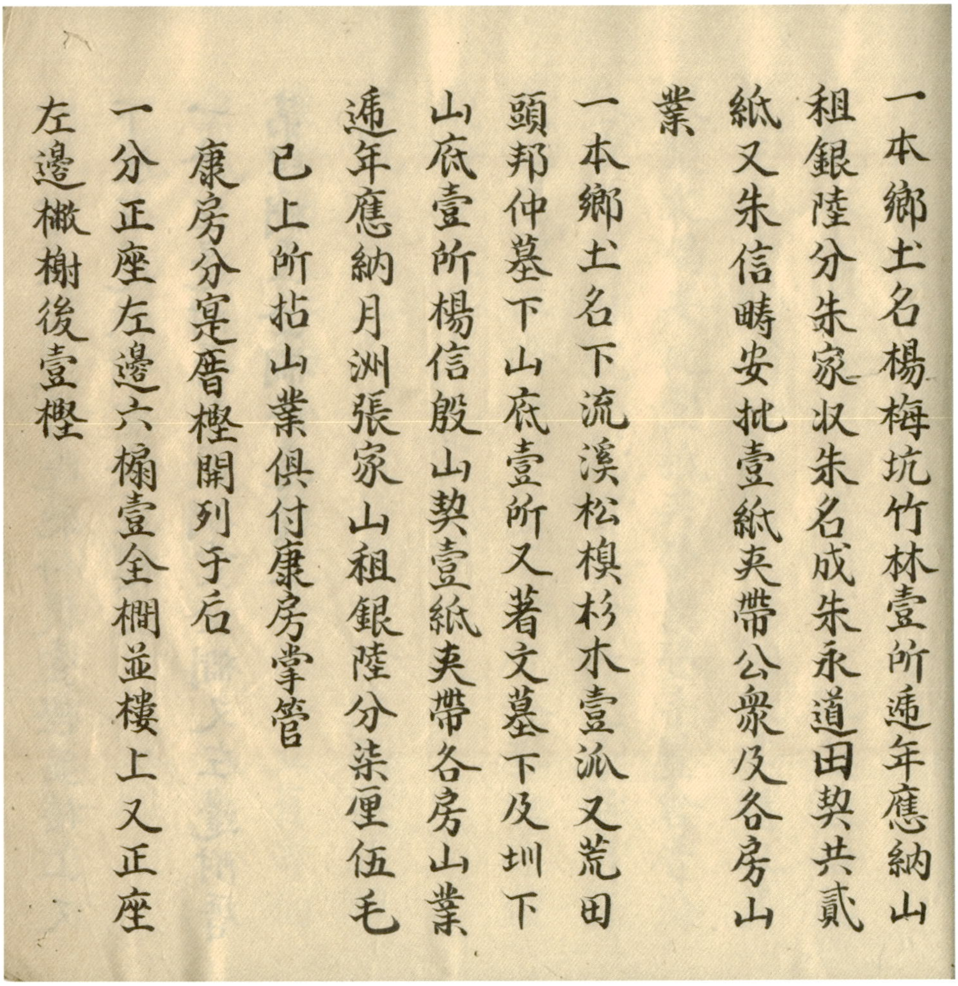
一本鄉土名楊梅坑竹林壹所遞年應納山
租銀陸分朱家收朱名成朱永道田契共貳
紙又朱信疇安批壹紙夾帶公衆及各房山
業
一本鄉土名下流溪松模杉木壹派又荒田
頭邦仲墓下山底壹所又著文墓下及圳下
山底壹所楊信般山契壹紙夾帶各房山業
遞年應納月洲張家山租銀陸分柒厘伍毛
已上所拈山業俱付康房掌管
康房分寔厝㘇開列于后
一分正座左邊六㮼壹全榻並樓上又正座
左邊撇榭後壹㘇

7-3-2-55　清乾隆五十二年蔡世苞置林氏福房鬮書（五五）

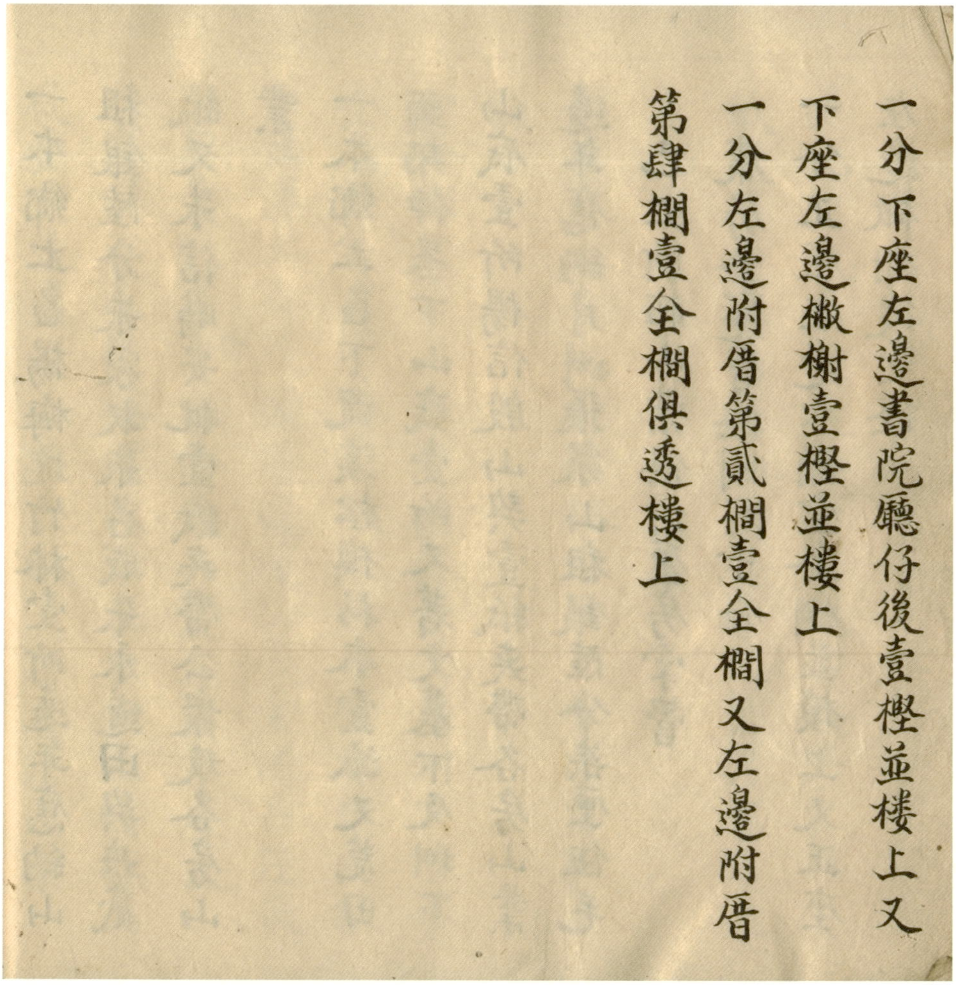
一分下座左邊書院廳仔後壹樫並樓上又
下座左邊㯙榭壹樫並樓上
一分左邊附厝第貳㮖壹全㮖又左邊附厝
第肆㮖壹全㮖俱透樓上

7-3-2-56　清乾隆五十二年蔡世苞置林氏福房鬮書（五六）

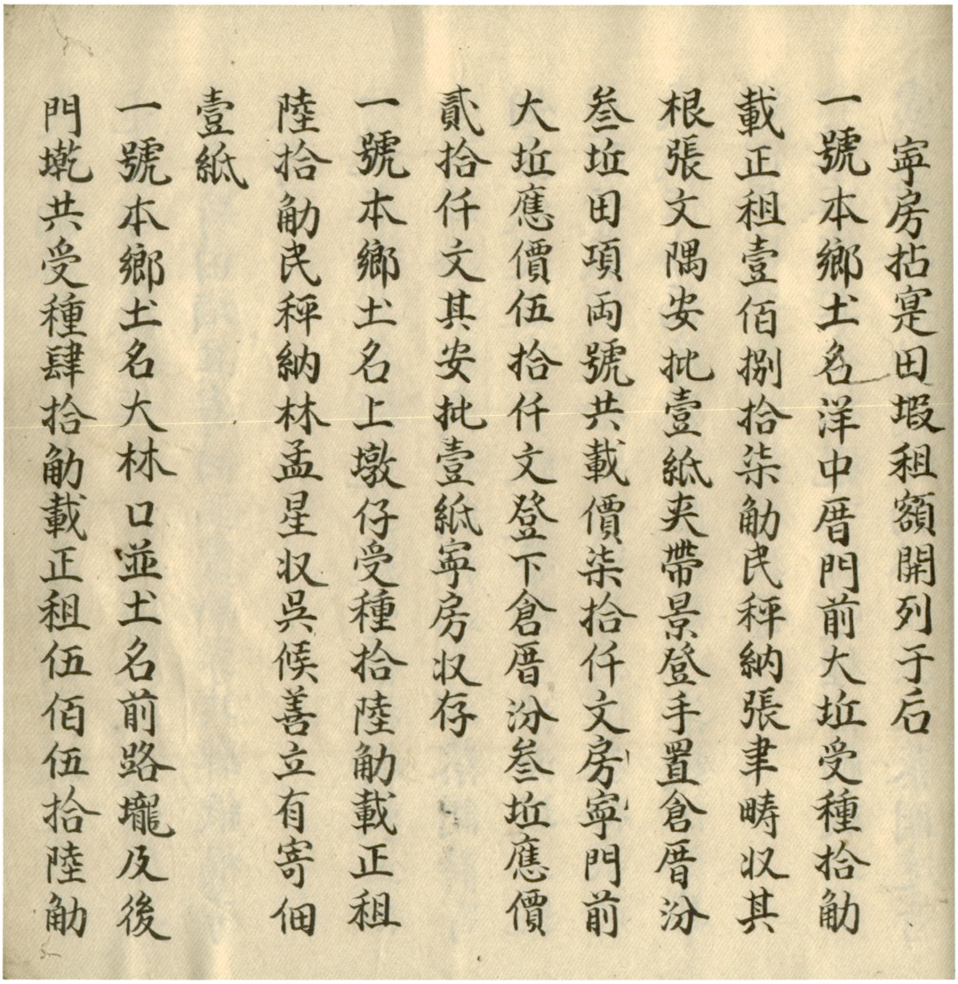
寧房拈定田墈租額開列于后
一號本鄉土名洋中厝門前大坵受種拾觔
載正租壹佰捌拾柒觔民秤納張聿疇收其
根張文隅安批壹紙夾帶景登手置倉厝汾
叁坵田項両號共載價柒拾仟文房寧門前
大坵應價伍拾仟文登下倉厝汾叁坵應價
貳拾仟文其安批壹紙寧房收存
一號本鄉土名上墩仔受種拾陸觔載正租
陸拾觔民秤納林孟星收吳候善立有寄佃
壹紙
一號本鄉土名大林口並土名前路壠及後
門墘共受種肆拾觔載正租伍佰伍拾陸觔

7-3-2-57　清乾隆五十二年蔡世苞置林氏福房鬮書（五七）

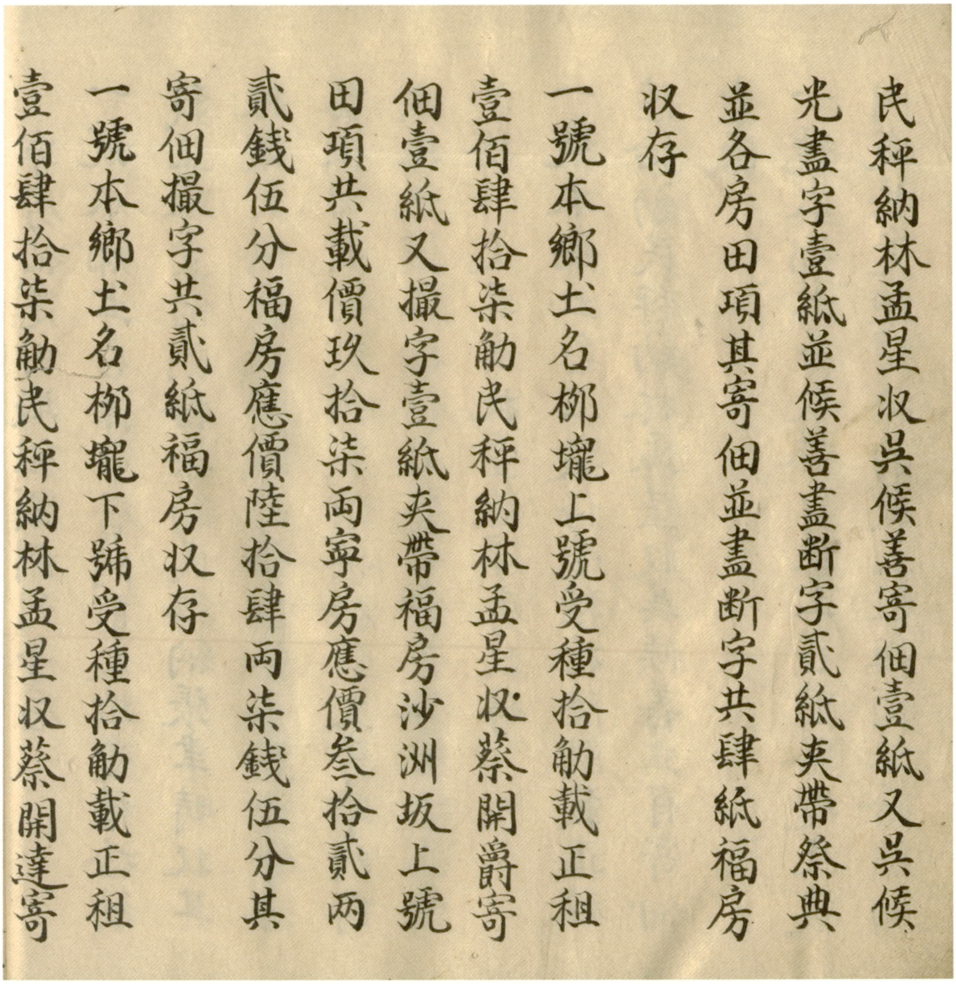

民秤納林孟星收吳候善寄佃壹紙又吳候
光盡字壹紙並候善盡斷字貳紙夾帶祭典
並各房田項其寄佃並盡斷字共肆紙福房
収存
一號本鄉土名椰壠上號受種拾觔載正租
壹佰肆拾柒觔民秤納林孟星收蔡開爵寄
佃壹紙又撮字壹紙夾帶福房沙洲坂上號
田項共載價玖拾柒兩寧房應價叁拾貳兩
貳錢伍分福房應價陸拾肆兩柒錢伍分其
寄佃撮字共貳紙福房収存
一號本鄉土名椰壠下號受種拾觔載正租
壹佰肆拾柒觔民秤納林孟星收蔡開達寄

7-3-2-58　清乾隆五十二年蔡世苞置林氏福房鬮書（五八）

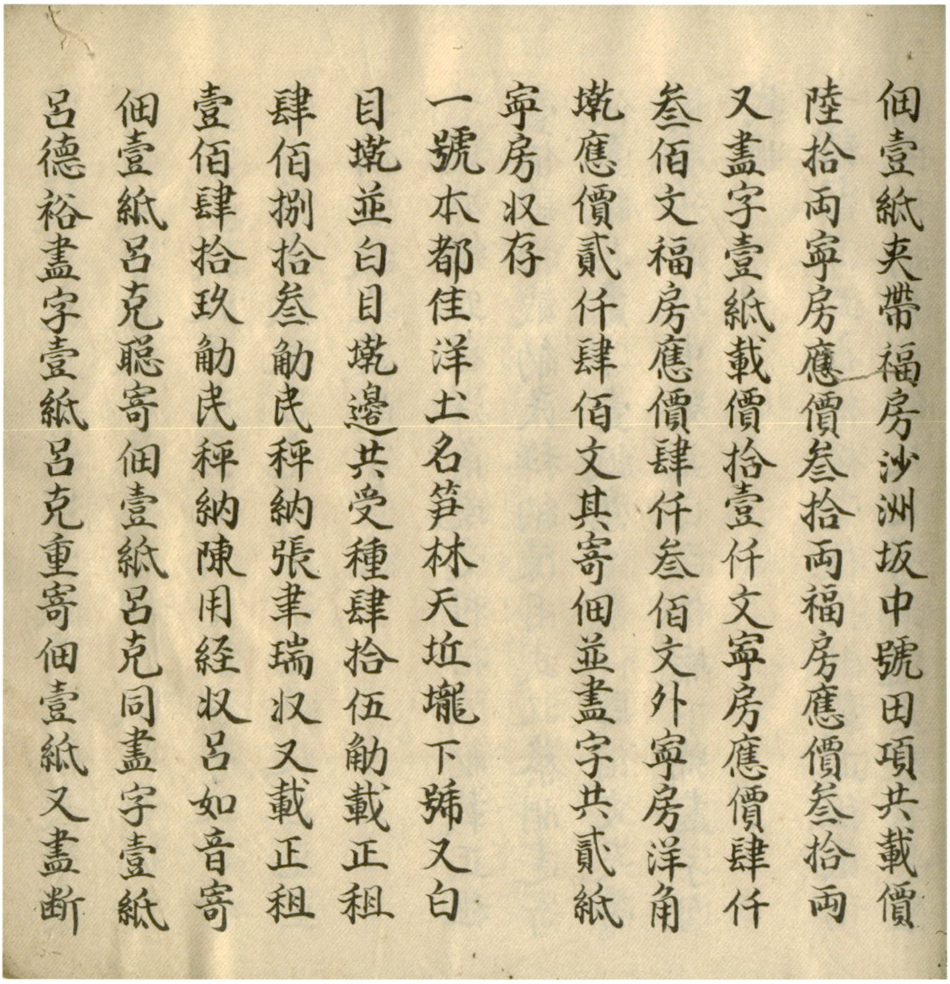

佃壹紙夾帶福房沙洲坂中號田項共載價
陸拾両寧房應價叁拾両福房應價叁拾両
又盡字壹紙載價拾壹仟文寧房應價肆仟
叁佰文福房應價肆仟叁佰文外寧房洋角
墘應價貳仟肆佰文其寄佃並盡字共貳紙
寧房収存
一號本都佳洋土名笋林天垃壠下䗍又白
目墘並白目墘邊共受種肆拾伍觔載正租
肆佰捌拾叁觔民秤納張聿瑞収又載正租
壹佰肆拾玖觔民秤納陳用経収呂如音寄
佃壹紙呂克聦寄佃壹紙呂克同盡字壹紙
呂德裕盡字壹紙呂克重寄佃壹紙又盡斷

7-3-2-59　清乾隆五十二年蔡世苞置林氏福房鬮書（五九）

字壹紙並克重揔斷字壹紙共柒紙夾帶康
房田項寄房叔呂克聰寄佃壹紙叔呂德裕
盡字壹紙叔呂克重揔斷壹紙康房叔呂如
音寄佃壹紙叔呂克同盡字壹紙叔呂克重
寄佃壹紙又盡斷字壹紙
一號本鄉土名洋角墘受種拾陸觔載正租
壹佰肆拾貳觔民秤納陳用武叔蔡開達寄
佃壹紙其盡字壹紙應價貳仟肆佰文夾帶
福房沙洲坂中號並自己栁壠下號盡字內
載明
一號宵洋土名桶橑受種拾觔載正租貳佰
觔民秤納魏世衡叔又塆頭壠並寨下受種

7-3-2-60　清乾隆五十二年蔡世苞置林氏福房鬮書（六〇）

叁拾觔載正租伍佰伍拾觔民秤納張邦智
収張厚楚寄佃壹紙盡字壹紙斷字壹紙
一號宵洋土名杉椥墘路上及路下受種拾
陸觔載正租貳佰觔民秤納葉方明収又載
正租陸拾觔民秤納鄭功若収張瑞志寄佃
壹紙盡字壹紙斷字壹紙又葉能継安批壹
紙内更有田項係祖置之業
一號佳洋土名後門墘並食水壠受種叁拾
觔載正租叁佰肆拾壹觔民秤納魏世瓊収
内食水壠載正租壹佰零柒觔納鄭立通収
林向中寄佃壹紙盡字壹紙
一號佳洋土名大隔垃並壠頭水圳垃共受

7-3-2-61　清乾隆五十二年蔡世苞置林氏福房鬮書（六一）

種拾貳斛載正租叁拾斛吳騰資寄佃壹紙（旁注：養騰叔）
吳受聲寄佃壹紙又土名九坵後並赤土壠
受種貳拾伍斛載正租壹佰貳拾壹斛民秤
納曾而貴叔曾而貴總安批壹紙康房叔存
其根係祖遺下之業
一號佳洋土名隔後壠受種貳拾伍斛載正
租壹佰壹拾斛民秤納陳楚溥叔又載正租
壹佰貳拾陸斛半民秤納魏世衡叔林珍生
繳字壹紙林景勳原寄佃壹紙又立有撮字
貳紙
一號佳洋土名下林墘及水墻李山墘共受
種貳拾斛載正租壹佰伍拾斛民秤納張聿

7-3-2-62　清乾隆五十二年蔡世苞置林氏福房鬮書（六二）

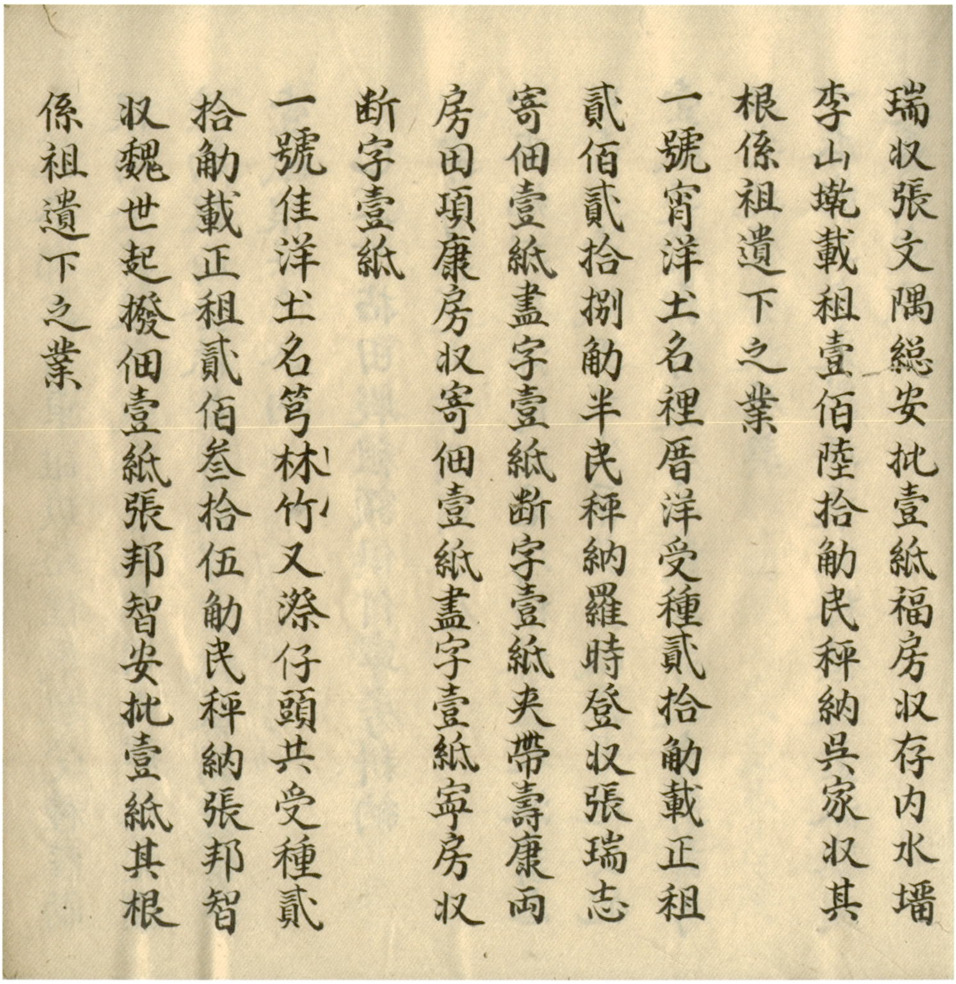
瑞叔張文偶總安批壹紙福房叔存內水壋
李山墘載租壹佰陸拾觔民秤納吳家叔其
根係祖遺下之業
一號宵洋土名裡厝洋受種貳拾觔載正租
貳佰貳拾捌觔半民秤納羅時登叔張瑞志
寄佃壹紙盡字壹紙斷字壹紙夾帶壽康兩
房田項康房叔寄佃壹紙盡字壹紙寗房叔
斷字壹紙
一號佳洋土名笃林竹又漈仔頭共受種貳
拾觔載正租貳佰叁拾伍觔民秤納張邦智
叔魏世起撥佃壹紙張邦智安批壹紙其根
係祖遺下之業

7-3-2-63　清乾隆五十二年蔡世苞置林氏福房鬮書（六三）

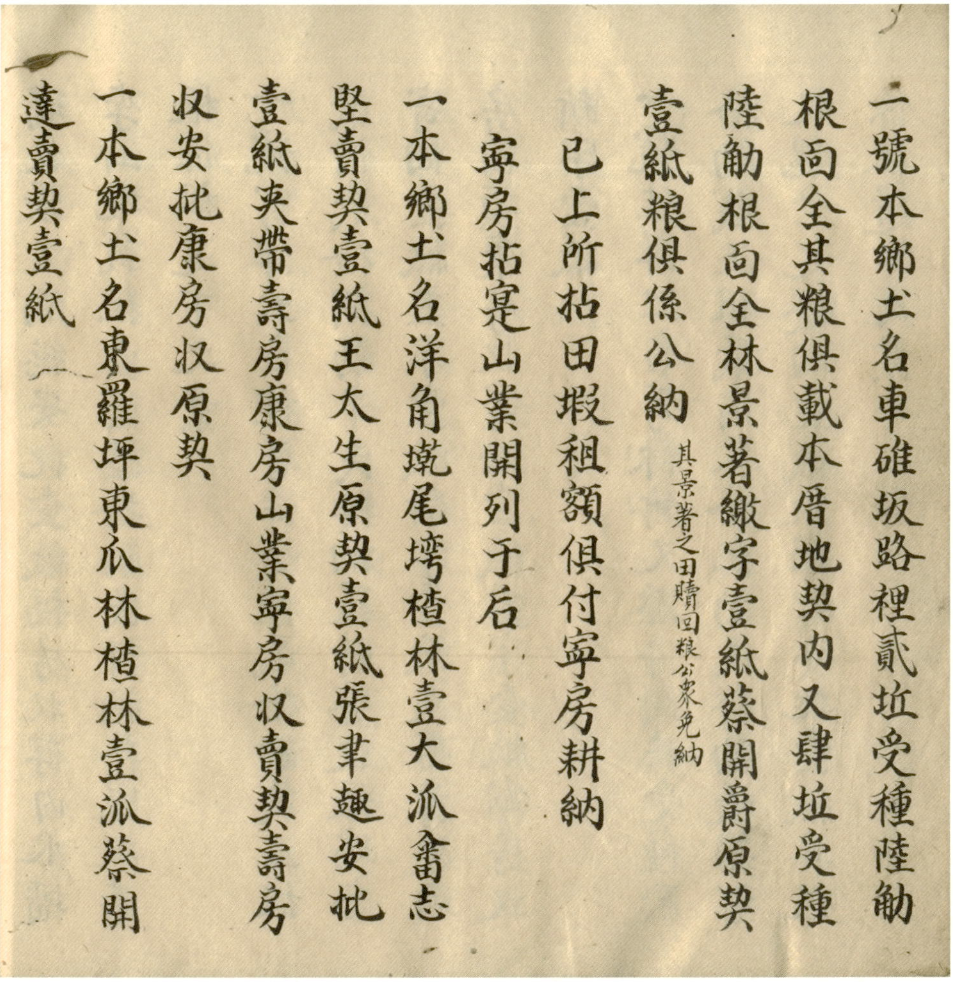

一號本鄉土名車碓坂路裡貳坵受種陸觔
根面全其粮俱載本厝地契内又肆坵受種
陸觔根面全林景著繳字壹紙蔡開爵原契
壹紙粮俱係公納其景著之田贖回粮公衆免納
已上所拈田塅租額俱付寧房耕納
寧房拈寔山業開列于后
一本鄉土名洋角崁尾墘植林壹大派畓志
堅賣契壹紙王太生原契壹紙張聿趣安批
壹紙夾帶壽房康房山業寧房収賣契壽房
収安批康房収原契
一本鄉土名東羅坪東瓜林植林壹派蔡開
達賣契壹紙

7-3-2-64　清乾隆五十二年蔡世苞置林氏福房鬮書（六四）

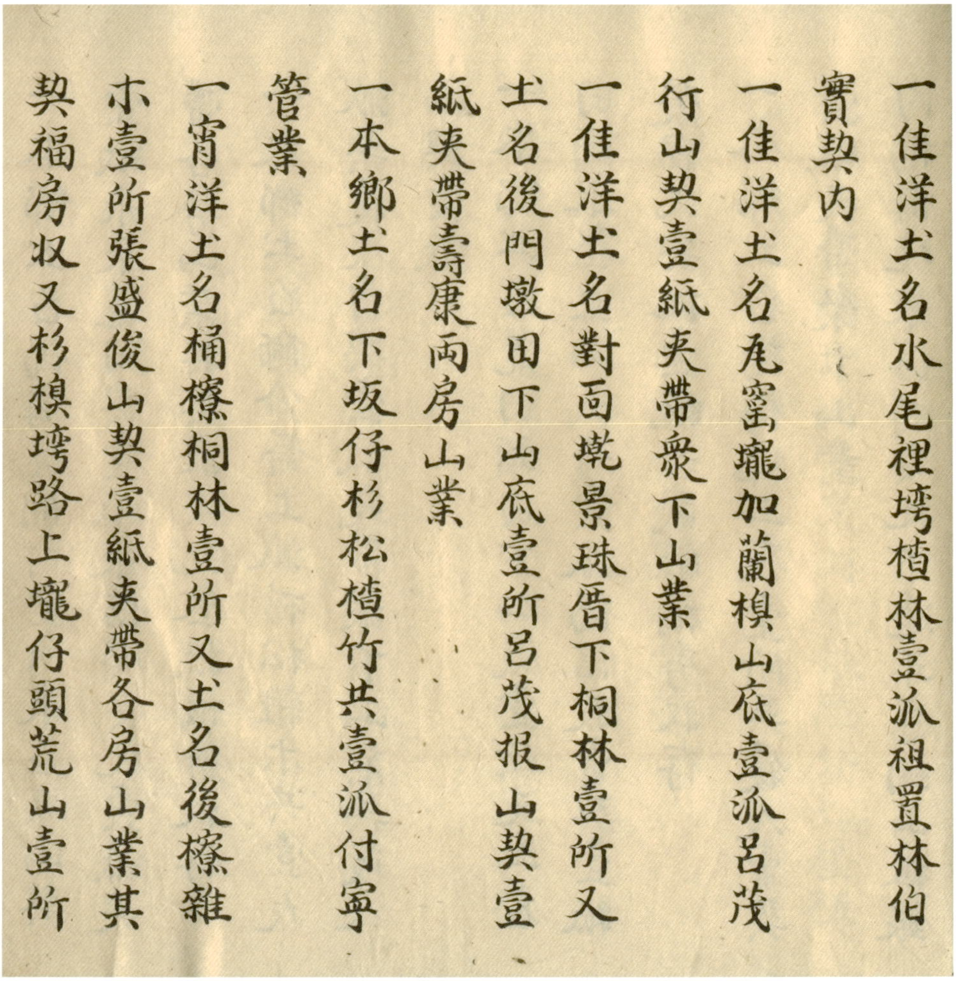
一佳洋土名水尾裡塆楂林壹派祖置林伯
實契内
一佳洋土名尾窯壠加蘭槙山底壹派呂茂
行山契壹紙夹帶衆下山業
一佳洋土名對面墈景珠厝下桐林壹所又
土名後門墩田下山底壹所呂茂报山契壹
紙夹帶壽康兩房山業
一本鄉土名下坂仔杉松楂竹共壹派付寧
管業
一宵洋土名桶橑桐林壹所又土名後橑雜
木壹所張盛俊山契壹紙夹帶各房山業其
契福房収又杉槙塆路上壠仔頭荒山壹所

7-3-2-65　清乾隆五十二年蔡世苞置林氏福房鬮書（六五）

一本鄉土名楊梅坑桐竹壹所朱名成山契
壹紙朱永道田契壹紙朱信疇安批壹紙夾
帶各房山業其契並安批叁紙福房收存
一本鄉土名獅公崙上派杉松雜木共壹大
派吳餟人賣契壹紙夾帶衆下山業吳茂人
山契壹紙
一本鄉土名荒田頭田下山底壹所又土名
田頭水壑上山底共壹派楊信殷賣契壹紙
張官氏安批壹紙共貳紙福房收存
一本鄉土名楊梅坑山底壹所吳餟人賣契
壹紙夾帶衆下山業
內楊梅坑朱信疇安批下遞年應納山租銀

7-3-2-66　清乾隆五十二年蔡世苞置林氏福房鬮書（六六）

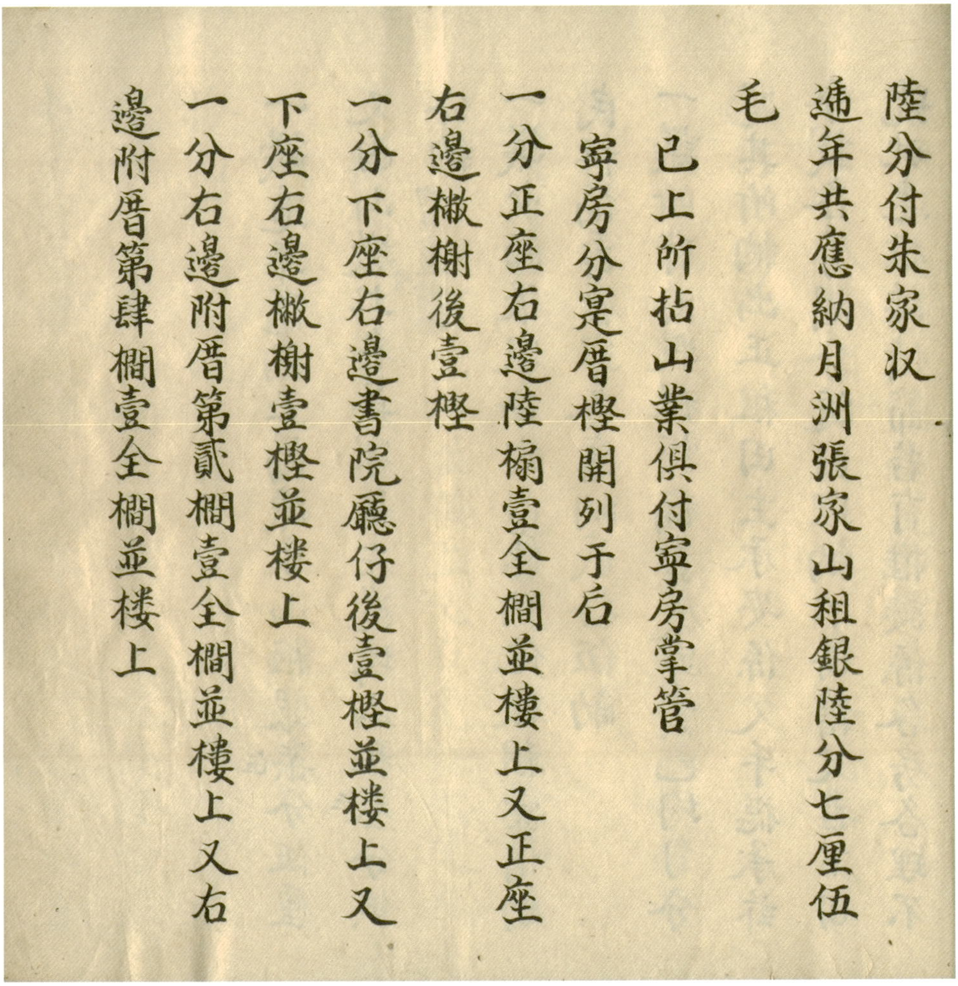
陸分付朱家収
逓年共應納月洲張家山租銀陸分七厘伍
毛
已上所拈山業俱付寍房掌管
寍房分寔厝㯰開列于后
一分正座右邊陸㮰壹全𣝣並樓上又正座
右邊㯹榭後壹㯰
一分下座右邊書院廳仔後壹㯰並楼上又
下座右邊㯹榭壹㯰並楼上
一分右邊附厝第貳𣝣壹全𣝣並樓上又右
邊附厝第肆𣝣壹全𣝣並楼上

7-3-2-67　清乾隆五十二年蔡世苞置林氏福房鬮書（六七）

一議遞年應納玉陽陳家山租銀柒（伍）分伍厘
又西山墩土名吳家墓左邊墺山租叁（伍）分俱
公納　内左邊（墺）贖田
一議少師張家合約内應納他根租壹佰觔
民秤福壽康寧各應納貳拾伍觔
一議所有田㲲租額福壽康寧業已均匀分
定其所納出正租田主承安係父手揔承新
分載各房鬮分隨田理納不得藉父名下田
號毗連推諉情節若有推諉係各房各理不

7-3-2-68　清乾隆五十二年蔡世苞置林氏福房鬮書（六八）

得致累別房所議是寔毋得違規
一議門前車碓壹座並水圳壹條濶叁尺俱
抽為公物
一議自己山內並承置所有土記俱抽為公
物
一議葫蘆崙祖厝左邊書院貳樫並餘地又
右邊陸桶前壹樫並樓上又右邊餘地及左
邊橫樓廳仔壹樫俱抽為公物
一議本鄉土名荒田頭墘田根壹號受種貳
拾觔曰抛荒議付壽房開墾耕作納租年載正
租肆佰觔民秤納張聿疇収至乾隆陸拾年
壽房自備價銀肆拾兩零玖錢向張聿疇買

7-3-2-69　清乾隆五十二年蔡世苞置林氏福房鬮書（六九）

回自佃管業其契係父名字夾帶福寧両房
手置祖額其粮壽房應納貳錢貳分貳厘庫
一閫内祭典及各房田段前已統載閫書惟
父母養膳及叔養膳之業至嘉慶玖年四月
抽定膳載外更有未分田項祖額向後或再
抽為公業或付福壽康寧四房照分均匀務
要妥議不得生端異言
一嘉慶貳年蔡文紫盡字壹紙福房沙洲坂
中號應價叁両伍錢又穀叁拾觔寧房栁壠
下號應價叁両伍錢又穀叁拾觔其盡字福
房収存

7-3-2-70　清乾隆五十二年蔡世苞置林氏福房鬮書（七〇）

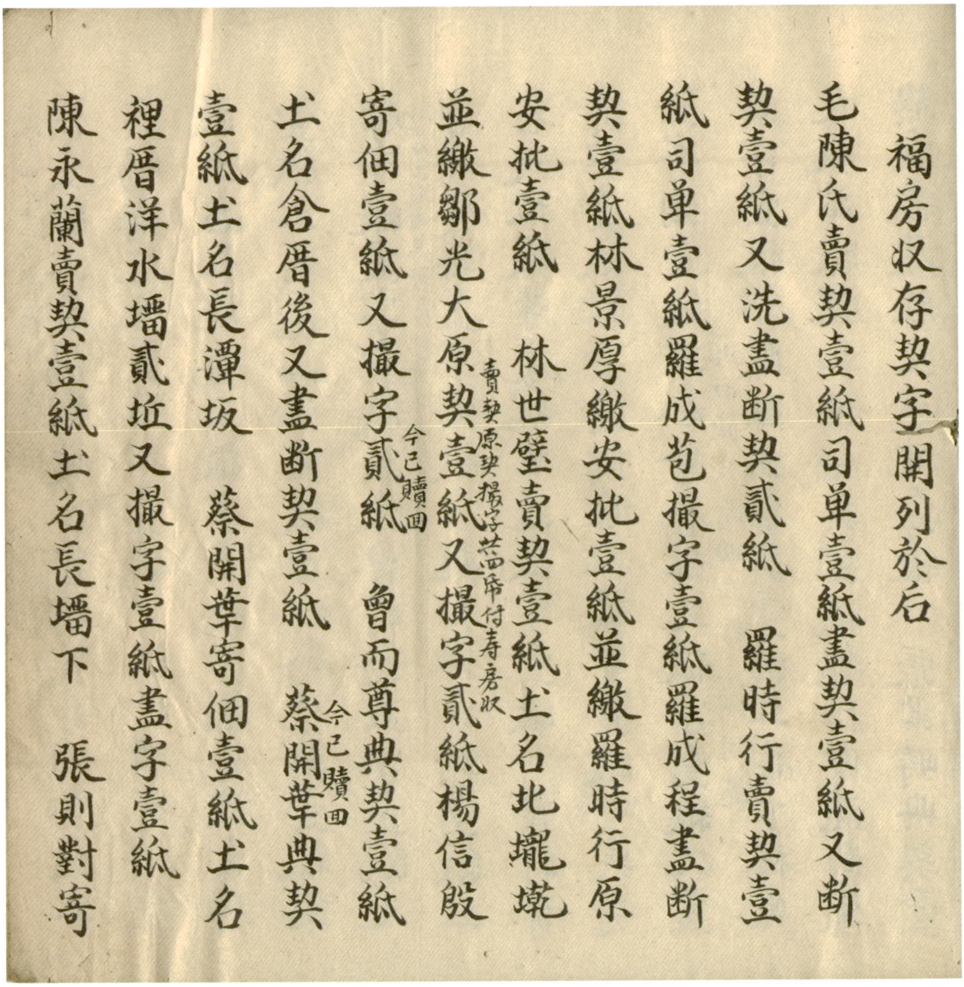

福房収存契字開列於后
毛陳氏賣契壹紙司单壹紙盡契壹紙又断
契壹紙又洗盡断契貳紙　羅時行賣契壹
紙司单壹紙羅成苞撮字壹紙羅成程盡断
契壹紙林景厚繳安批壹紙並繳羅時行原
安批壹紙　林世璧賣契壹紙土名北壠墘
並繳鄒光大原契壹紙又撮字貳紙楊信殷（賣契原契撮字共四帋付寿房収）
寄佃壹紙又撮字貳紙（今已贖回）　曾而尊典契壹紙
土名倉厝後又盡断契壹紙　蔡開葉典契（今已贖回）
壹紙土名長潭坂　蔡開葉寄佃壹紙土名
裡厝洋水壋貳坵又撮字壹紙盡字壹紙
陳永蘭賣契壹紙土名長壋下　張則對寄

7-3-2-71　清乾隆五十二年蔡世苞置林氏福房鬮書（七一）

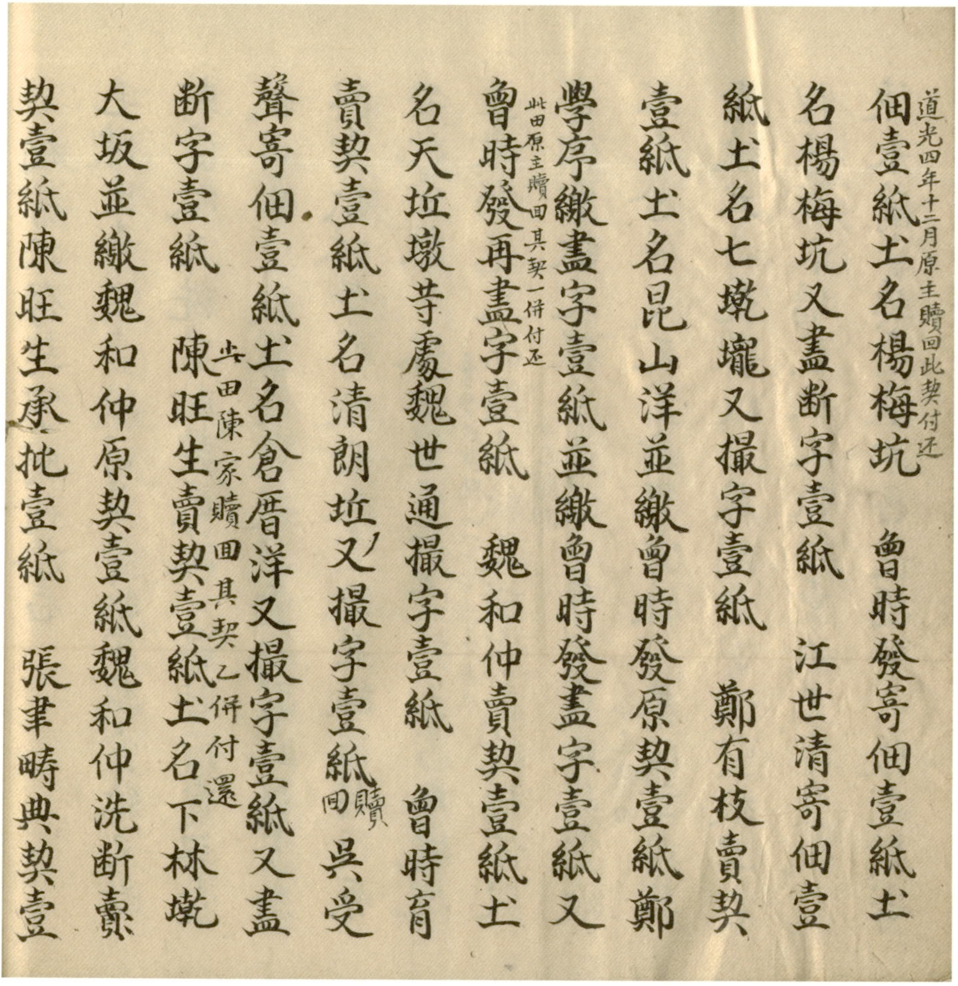
道光四年十二月原主贖回此契付还
佃壹紙土名楊梅坑　曾時發寄佃壹紙土
名楊梅坑又盡斷字壹紙　江世清寄佃壹
紙土名七墩壠又撮字壹紙　鄭有枝賣契
壹紙土名昆山洋並繳曾時發原契壹紙鄭
學庠繳盡字壹紙並繳曾時發盡字壹紙又
此田原主贖回其契一併付还
曾時發再盡字壹紙　魏和仲賣契壹紙土
名天垅墩芋處魏世通撮字壹紙　曾時育
賣契壹紙土名清朗垅又撮字壹紙贖回　吳受
聲寄佃壹紙土名倉厝洋又撮字壹紙又盡
此田陳家贖回其契乙併付還
斷字壹紙　陳旺生賣契壹紙土名下林墩
大坂並繳魏和仲原契壹紙魏和仲洗斷賣
契壹紙陳旺生承批壹紙　張聿疇典契壹

7-3-2-72　清乾隆五十二年蔡世苞置林氏福房鬮書（七二）

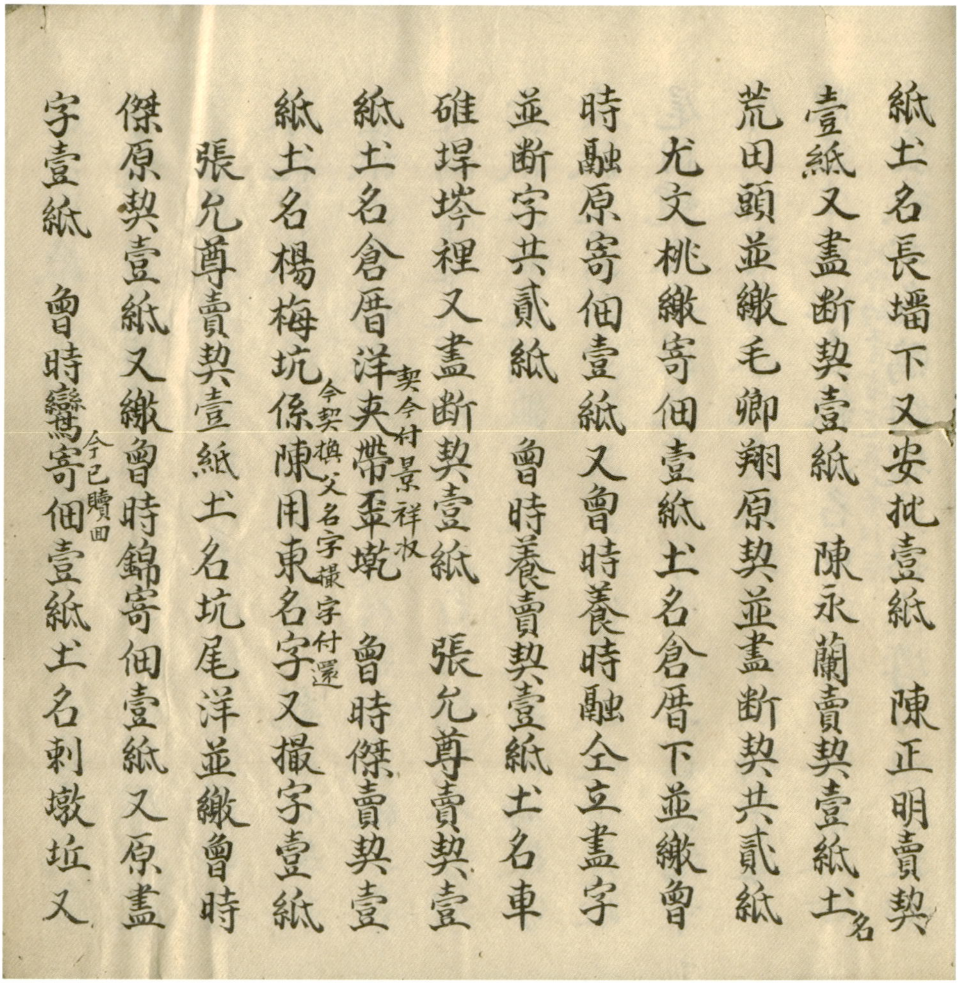

紙𡈽名長墻下又安抳壹紙　陳正明賣契
壹紙又盡斷契壹紙　陳永蘭賣契壹紙𡈽名
荒田頭並繳毛卿翔原契並盡斷契共貳紙
尤文桃繳寄佃壹紙𡈽名倉厝下並繳曾
時融原寄佃壹紙又曾時養時融仝立盡字
並斷字共貳紙　曾時養賣契壹紙𡈽名車
碓埕墘裡又盡斷契壹紙　張允尊賣契壹
紙𡈽名倉厝洋夾帶垂墘（契今付景祥收）　曾時傑賣契壹
紙𡈽名楊梅坑係陳用東名字又撮字壹紙（今契換，又名字撮字付還）
張允尊賣契壹紙𡈽名坑尾洋並繳曾時
傑原契壹紙又繳曾時錦寄佃壹紙又原盡
字壹紙　曾時鸞（今已贖回）寄佃壹紙𡈽名刺墩垣又

7-3-2-73　清乾隆五十二年蔡世苞置林氏福房鬮書（七三）

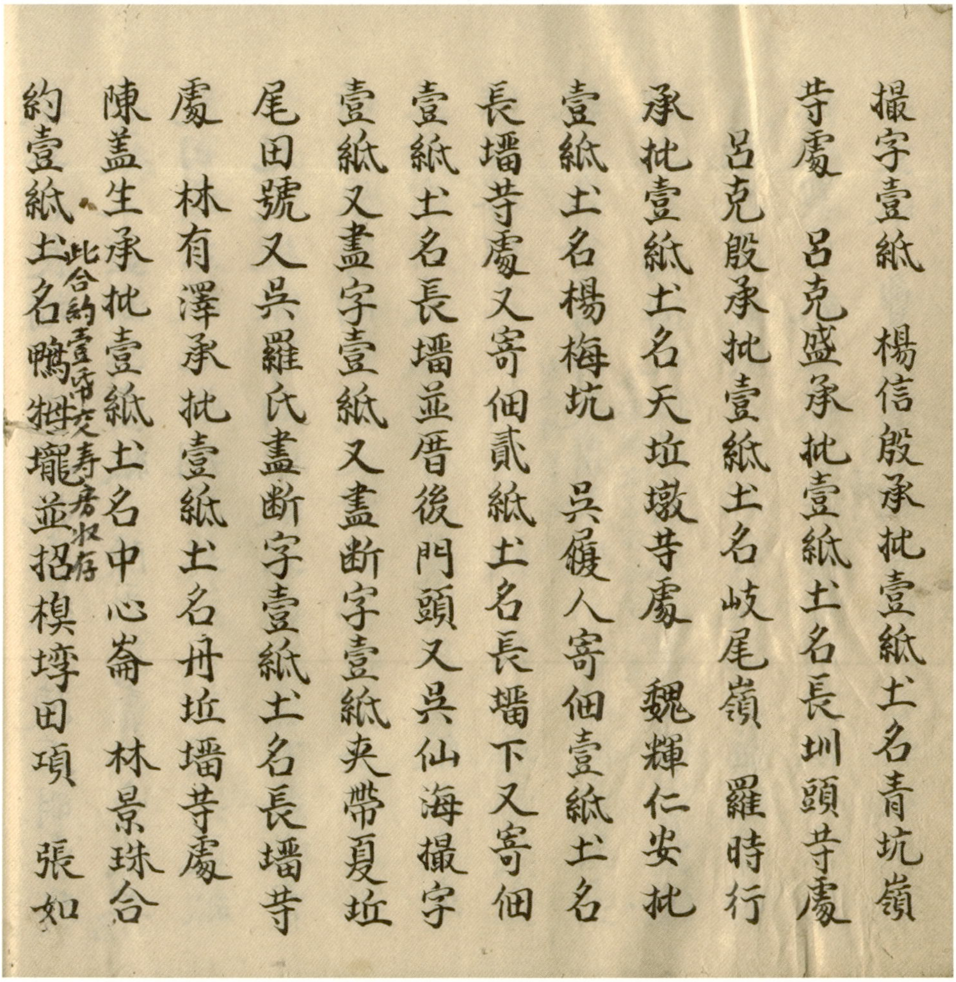
撮字壹紙　楊信般承批壹紙土名青坑嶺
等處　呂克盛承批壹紙土名長圳頭等處
呂克般承批壹紙土名岐尾嶺　羅時行
承批壹紙土名天垅墩等處　魏輝仁安批
壹紙土名楊梅坑　吳㑺人寄佃壹紙土名
長墻等處又寄佃貳紙土名長墻下又寄佃
壹紙土名長墻並厝後門頭又吳仙海撮字
壹紙又盡字壹紙又盡斷字壹紙夾帶夏垅
尾田號又吳羅氏盡斷字壹紙土名長墻等
處　林有澤承批壹紙土名舟垅墻等處
陳蓋生承批壹紙土名中心崙　林景珠合
約壹紙（此合約壹紙交壽房收存）土名鴨㘽壠並招模埻田項　張如

7-3-2-74　清乾隆五十二年蔡世苞置林氏福房鬮書（七四）

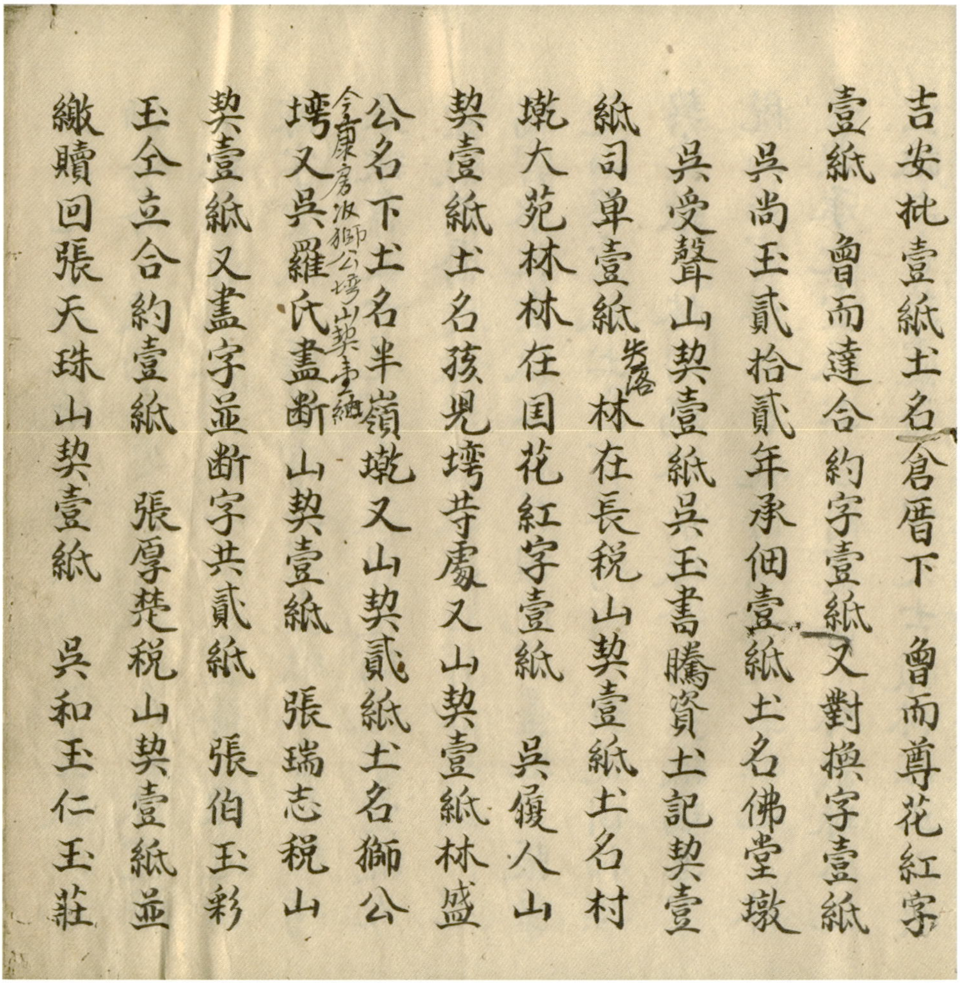
吉安批壹紙土名倉厝下　曾而尊花紅字
壹紙　曾而達合約字壹紙又對換字壹紙
吴尚玉貳拾貳年承佃壹紙土名佛堂墩
吴受聲山契壹紙吴玉書騰資土記契壹
紙司单壹紙（失落）林在長稅山契壹紙土名村
墘大苑林林在国花紅字壹紙　吴履人山
契壹紙土名孩兒墘芋處又山契壹紙林盛
公名下土名半嶺墘又山契貳紙土名獅公
墘又吴羅氏盡斷山契壹紙　張瑞志稅山（全甫康房收獅公墘山契本紙）
契壹紙又盡字並斷字共貳紙　張伯玉彩
玉仝立合約壹紙　張厚楚稅山契壹紙並
繳贖回張天珠山契壹紙　吴和玉仁玉莊

7-3-2-75　清乾隆五十二年蔡世苞置林氏福房鬮書（七五）

玉土記字共叁紙　吳茂人山契壹紙土名
獅公崙　陳瑞名安批壹紙土名笋林院墘
林錦著承批壹紙土名葫蘆崙　陳道新
據字壹紙　張賢甫山契壹紙土名杉模壪
並繳曾又士送字壹紙曾又瑞送字壹紙又
壹紙黃喬文繳契壹紙土名宵洋壪頭　尤
瑞雲承批壹紙土名杉模墘附屋地　張學
楚山契壹紙土名宵洋壪頭　黃德周柿模
契壹紙　林向瑞林景珠合約壹紙瑞志下
稅山並宵洋土名壠仔頭邊及車碓地　林
景勳承批壹紙土名葫蘆崙　林景珠承批
壹紙土名葫蘆崙　曾又士繳林旺正山契

同治三年此山公賣林慶義處訖

7-3-2-76　清乾隆五十二年蔡世苞置林氏福房鬮書（七六）

壹紙（又士林壯進原契繳付）土名宵洋壠仔頭　林昭甫繳批字壹
紙大苑林土記並繳林冉益原批字壹紙
張瑞中曾又士仝安批壹紙陳允祥繳还土
記字壹紙土名銅鑼坪林明秀明善花資字
壹紙　羅恭遥山契壹紙土名雞栂石　王
著彬寨厝送歸字壹紙　張厚義宵洋厝地
契壹紙　林珍生繳山契壹紙土名鴨栂壠
邊　林向中立字壹紙土名對面墘祖墳蔭
樹（此山安甫侄孫化義延其字繳付立有承批山紙）曾又士繳山契壹紙　林士佳繳魏子
向杉樸契壹紙土名杉樸墘　黄德周山契
壹紙土名佛堂前芋處（此山呂家贖回契付還）　魏潛夫山契壹紙
土名下墩仔　呂君惠山契壹紙土名西山

7-3-2-77　清乾隆五十二年蔡世苞置林氏福房鬮書（七七）

墩吴厝墓左邉墘　林伯寔印契壹紙吴郎
名字未給司单　張志朝吴文郎合約壹紙
吕吴林三姓合約壹紙佳洋税山　尤瑞雲
承批壹紙土名葫盧墘厝地　尤瑞雲合約
壹紙土名佳洋對面坂仔　柯斯山合約壹
紙柯興孝合約壹紙　陳必大王陽土記安
批字壹紙又廢塚契壹紙（此及大安批乙帋廢塚契乙帋共兩帋交康房收存）　柯响益山契壹
紙土名杉模墘　楊信俊送山字壹紙土名
荒田壠尾　吴慶人山契壹紙土名獅公壠
林珍有山契壹紙土名水尾隔垃　鄭豊
若山契壹紙土名洋角墘並繳吴萬玉原契
壹紙　吴克倍山契壹紙土名葫盧崙並繳

7-3-2-78　清乾隆五十二年蔡世苞置林氏福房鬮書（七八）

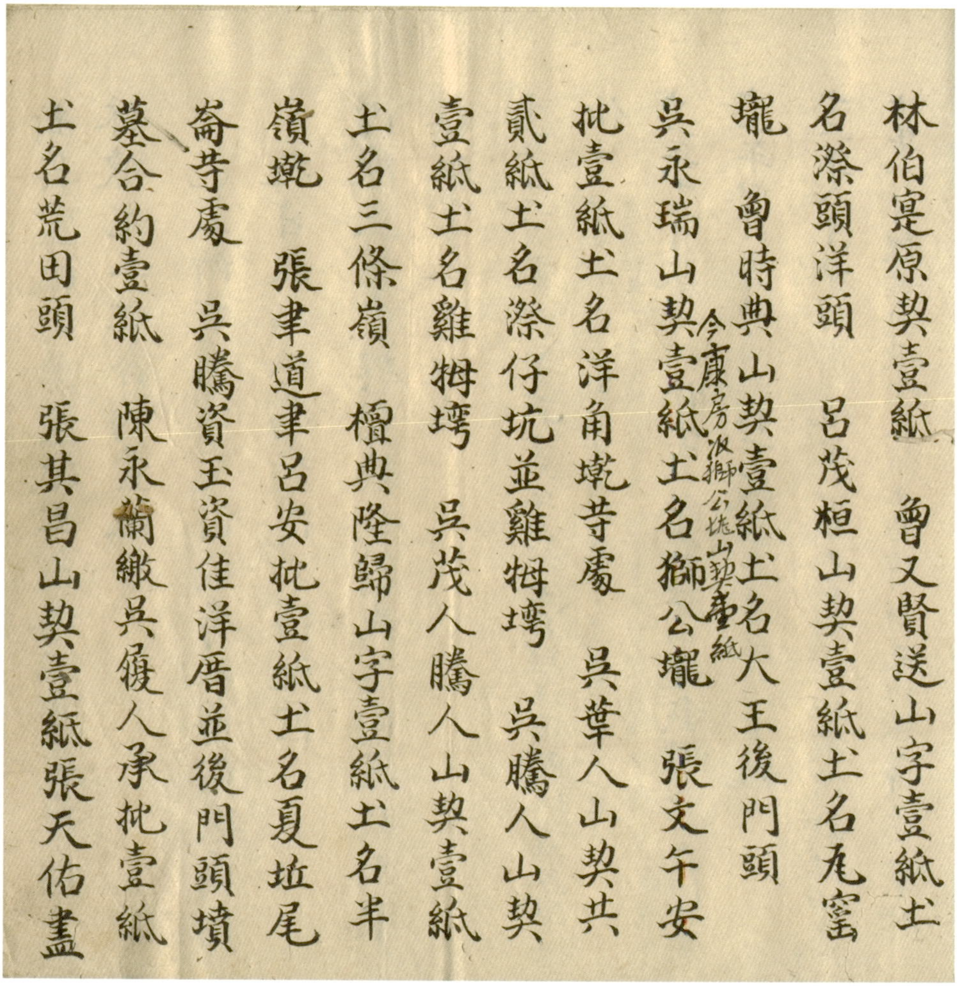
林伯寔原契壹紙　曾又賢送山字壹紙土
名潾頭洋頭　呂茂桓山契壹紙土名虎窟
壠　曾時典山契壹紙土名大王後門頭
吳永瑞山契壹紙土名獅公壠（今康房汲獅公坑山契壹紙）　張文午安
批壹紙土名洋角墘苛處　吳葦人山契共
貳紙土名潾仔坑並雞坶塆　吳騰人山契
壹紙土名雞坶塆　吳茂人騰人山契壹紙
土名三條嶺　檀典隆歸山字壹紙土名半
嶺墘　張聿道聿呂安批壹紙土名夏垃尾
崙苛處　吳騰資玉資佳洋厝並後門頭墳
墓合約壹紙　陳永蘭繖吳傻人承批壹紙
土名荒田頭　張其昌山契壹紙張天佑盡

7-3-2-79　清乾隆五十二年蔡世苞置林氏福房鬮書（七九）

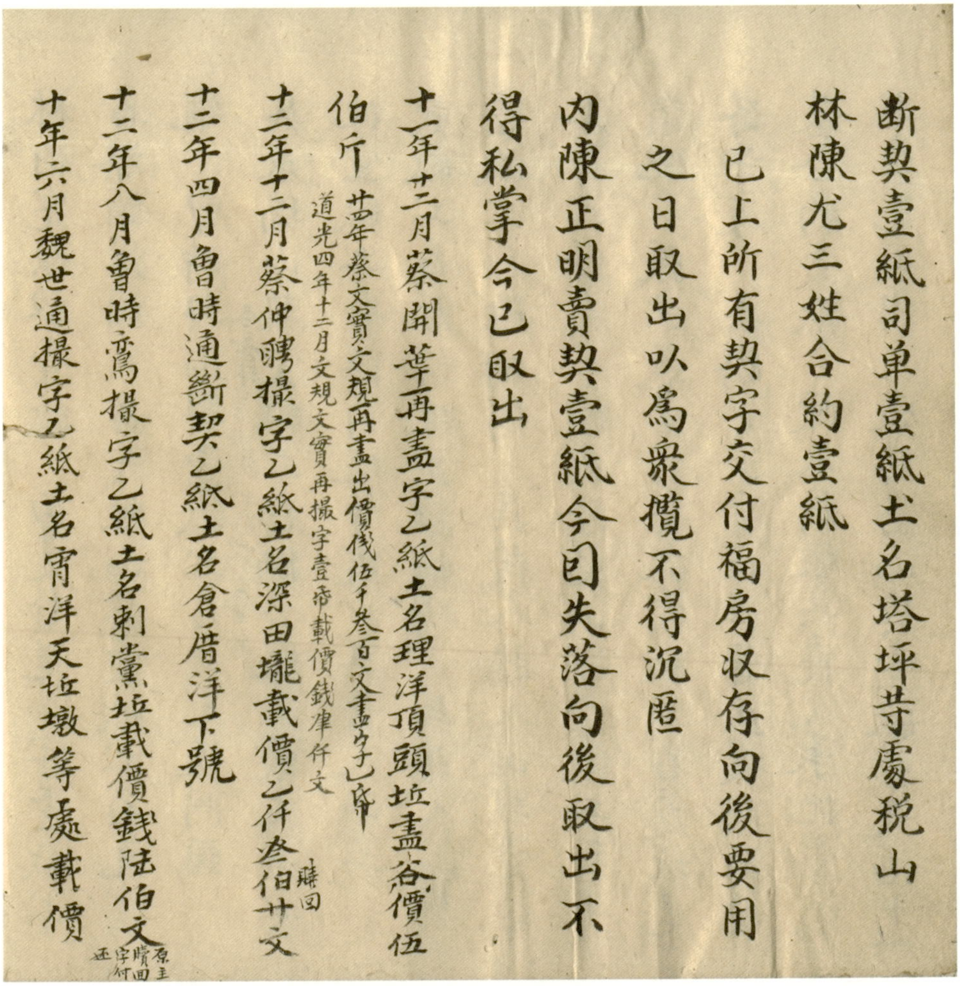
斷契壹紙司单壹紙土名塔坪芹處稅山
林陳尤三姓合約壹紙
已上所有契字交付福房收存向後要用
之日取出以爲衆攬不得沉匿
内陳正明賣契壹紙今曰失落向後取出不
得私掌今已取出
十一年十二月蔡開華再盡字乙紙土名理洋頂頭坵盡谷價伍
伯斤　廿四年蔡文賓、文規再盡出價錢伍千叁百文盡字乙帋
道光四年十二月文規文賓再撮字壹帋載價錢肆仟文
十二年十二月蔡仲聘撮字乙紙土名深田壠載價乙仟叁伯廿文　贖回
十三年四月曾時通斷契乙紙土名倉厝洋下號
十二年八月曾時鳶撮字乙紙土名剌黨坵載價錢陸伯文　原主贖田字付还
十年六月魏世通撮字乙紙土名宵洋天坵墩等處載價

7-3-2-80　清乾隆五十二年蔡世苞置林氏福房鬮書（八〇）

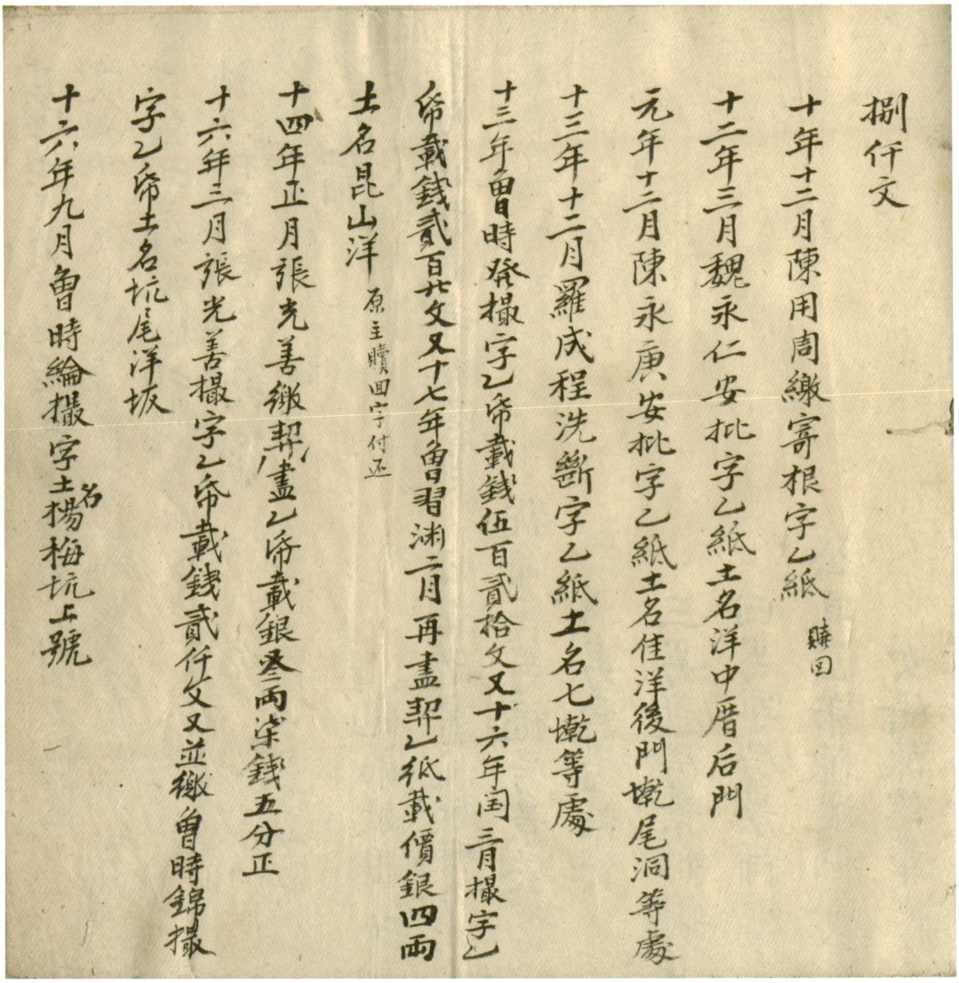

捌仟文
十年十二月陳用周繳寄根字乙紙　賖回
十二年三月魏永仁安批字乙紙土名洋中厝后門
元年十二月陳永庚安批字乙紙土名佳洋後門墘尾洞等處
十三年十二月羅成程洗斷字乙紙土名七墘等處
十三年曾時發撮字乙紙載錢伍百貳拾文又十六年閏三月撮字乙
紙載錢貳百廿文又十七年曾習湘二月再盡契乙紙載價銀四両
土名昆山洋　原主贖回字付還
十四年正月張光善繳契盡乙紙載銀叁両柒錢五分正
十六年三月張光善撮字乙紙載錢貳仟文又並繳曾時錦撮
字乙紙土名坑尾洋坂
十六年九月曾時綸撮字土名揚梅坑上號

7-3-2-81　清乾隆五十二年蔡世苞置林氏福房鬮書（八一）

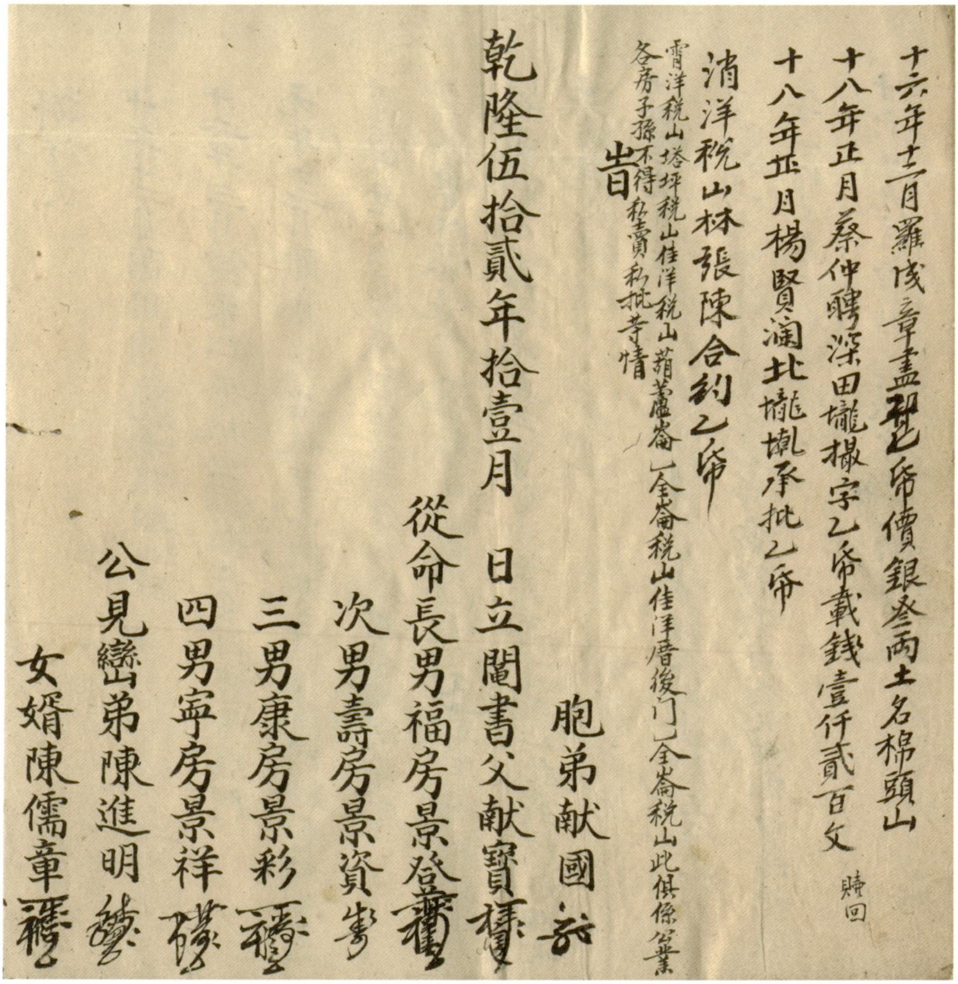
十六年十二月羅茂章盡契乙帋價銀叁兩土名棉頭山　贖回
十八年正月蔡仲騁深田壠撮字乙帋載錢壹仟貳百文
十八年正月楊賢瀾北壠墈承批乙帋
消洋稅山林張陳合約乙帋
霄洋稅山塔坪稅山佳洋稅山𦲷蘆崙一全崙稅山佳洋厝後门一全崙稅山此俱係公業
各房子孫不得私賣私批等情
旨
乾隆伍拾貳年拾壹月　日立鬮書父獻寶
胞弟獻國
從命長男福房景登
次男壽房景資
三男康房景彩
四男寧房景祥
公見戀山弟陳進明
女婿陳儒章

7-3-2-82　清乾隆五十二年蔡世苞置林氏福房鬮書（八二）

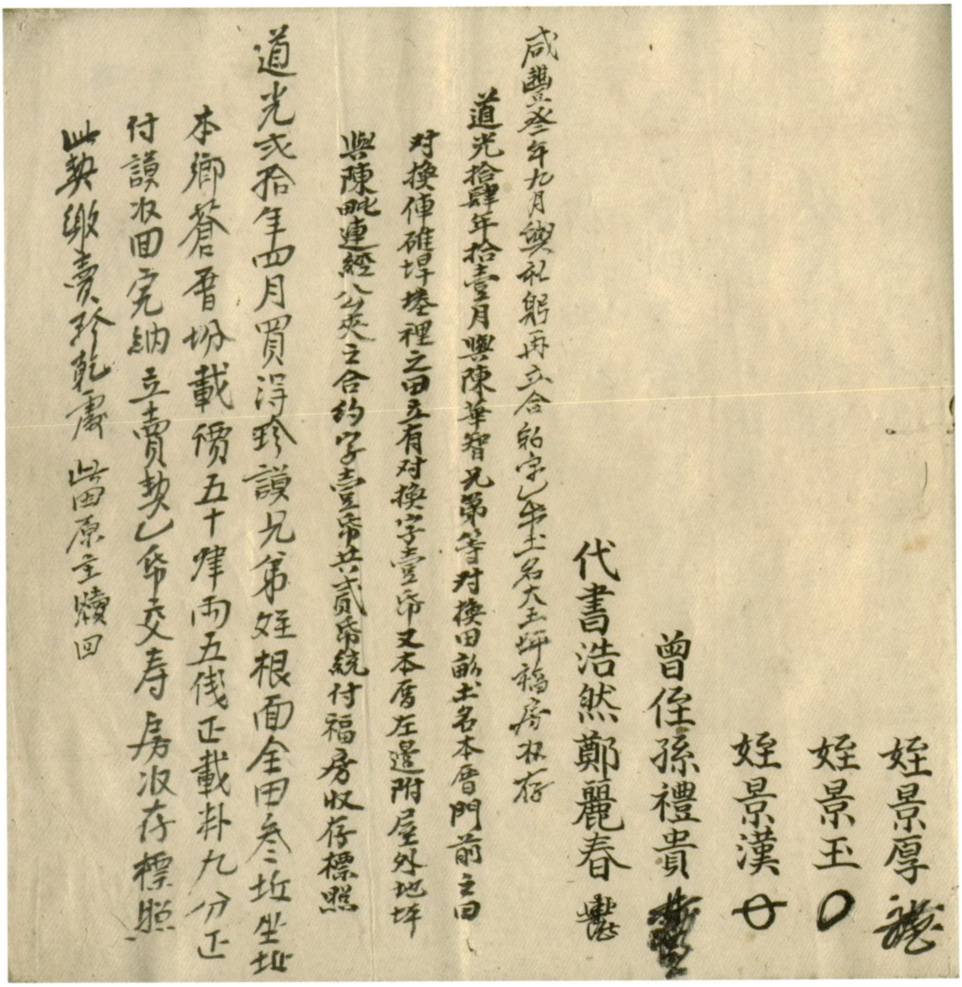
姪景厚
姪景玉 〇
姪景漢
曾侄孫禮貴
代書浩然鄭麗春
咸豐叁年九月與祀躬再立合約字乙帋，土名大王坪，福房收存
道光拾肆年拾壹月與陳華智兄弟等对換田畝，土名本厝門前之田
对換俾碓埕塗裡之田，立有对換字壹帋，又本厝左邊附屋外地坪
與陳毗連，經公交之合約字壹帋，共貳帋，統付福房收存標照
道光弍拾年四月買得珍讃兄弟姪根面全田叁坵，坐址
本鄉蒼厝坳，載價五十肆両五伐正，載斗九分正
付讃收田完納，立賣契乙帋，交寿房收存標照
此契繳賣珍乾處，此字原主繳回

7-3-2-83　清乾隆五十二年蔡世苞置林氏福房鬮書（八三）

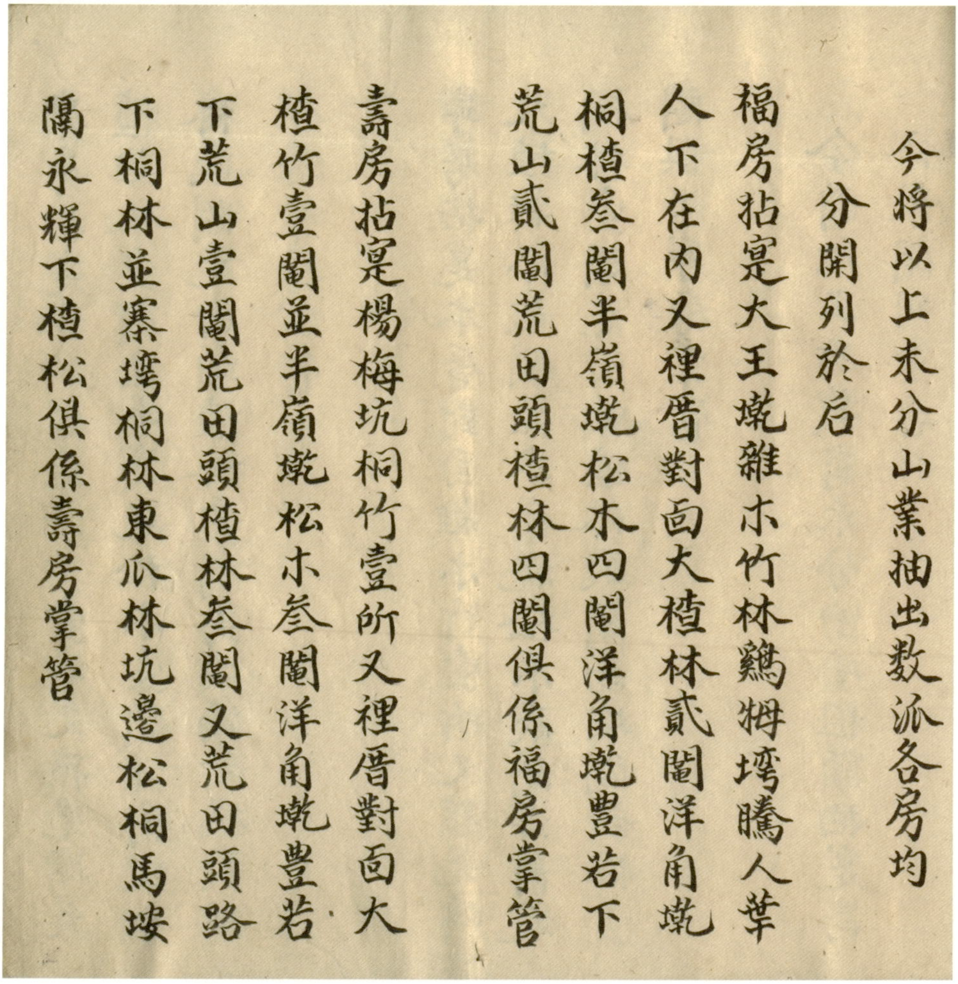
今將以上未分山業抽出数派各房均
分開列於后
福房拈寔大王墩雜木竹林鷄栂墘騰人莗
人下在內又裡厝對面大植林貳闔洋角墩
桐植叁闔半嶺墩松木四闔洋角墩豊若下
荒山貳闔荒田頭植林四闔俱係福房掌管
壽房拈寔楊梅坑桐竹壹所又裡厝對面大
植竹壹闔並半嶺墩松木叁闔洋角墩豊若
下荒山壹闔荒田頭植林叁闔又荒田頭路
下桐林並寨墘桐林東瓜林坑邊松桐馬埈
隔永輝下植松俱係壽房掌管

7-3-2-84　清乾隆五十二年蔡世苞置林氏福房鬮書（八四）

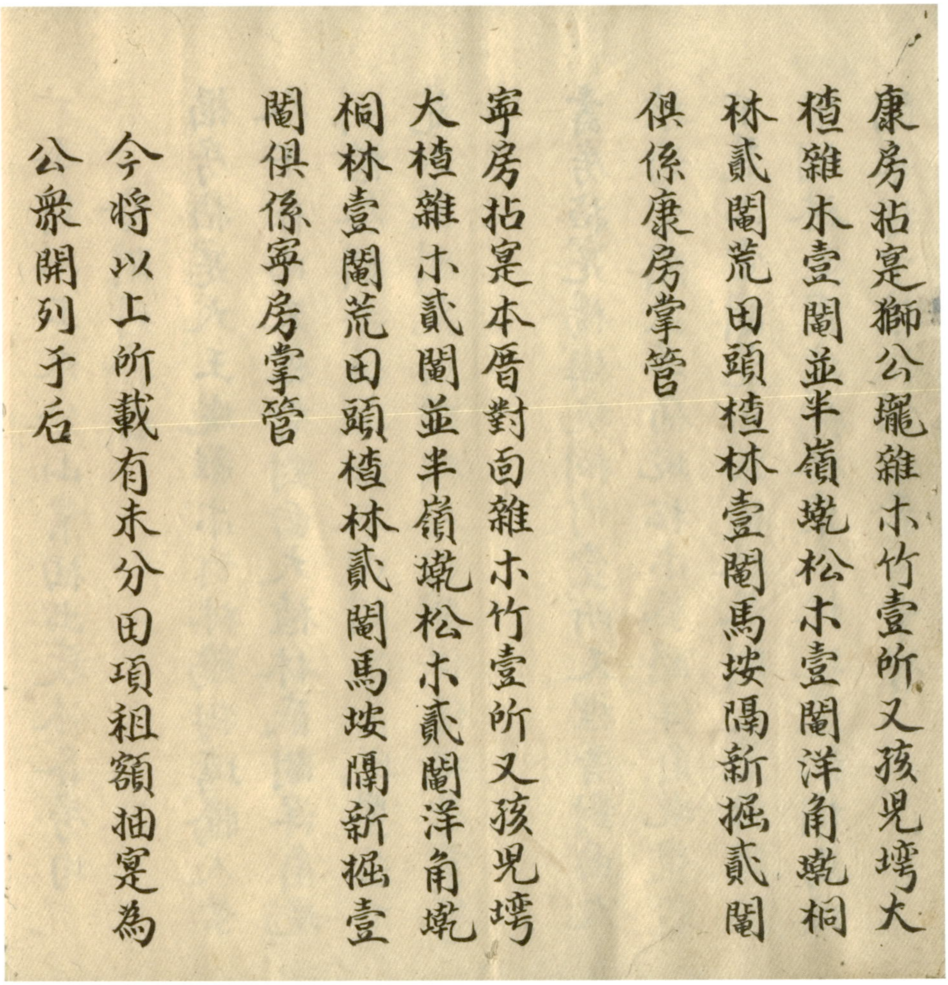

康房拈寔獅公壠雜木竹壹所又孩兒墺大
植雜木壹閣並半嶺墘松木壹閣洋角墘桐
林貳閣荒田頭植林壹閣馬坡隔新掘貳閣
俱係康房掌管
寧房拈寔本厝對面雜木竹壹所又孩兒墺
大植雜木貳閣並半嶺墘松木貳閣洋角墘
桐林壹閣荒田頭植林貳閣馬坡隔新掘壹
閣俱係寧房掌管
今將以上所載有未分田項祖額抽寔為
公衆開列于后

7-3-2-85　清乾隆五十二年蔡世苞置林氏福房鬮書（八五）

一號坐址二十八都小喜地方土名䌷窐兜
底面全載正租肆佰柒拾觔載粮貳錢伍分（廿五年粮已撥回）
捌厘伍毛正外載根租捌佰觔外應納田租
玖拾觔張聿長収蔡仲書賣契壹紙載價銀（其田價銀各房均分）
捌拾陸兩又盡字壹紙載價錢貳仟文（弍十五年十二月此田蔡家贖回賣契盡字付還）
一號坐址本都佳洋水尾壠頭載租伍拾觔
佃耕林道會
一號坐址本鄉土名倉厝下載租伍拾觔載
粮貳分貳厘伍毛載價銀陸兩曾時通賣契
壹紙佃耕景資應耕肆拾肆觔（半）景登應耕伍
觔半
又景登畊土名倉厝下應正租拾肆觔光四年起
抽為有懷公券膳
一號坐址本鄉土名師公墺並坑尾洋坂載

7-3-2-86　清乾隆五十二年蔡世苞置林氏福房鬮書（八六）

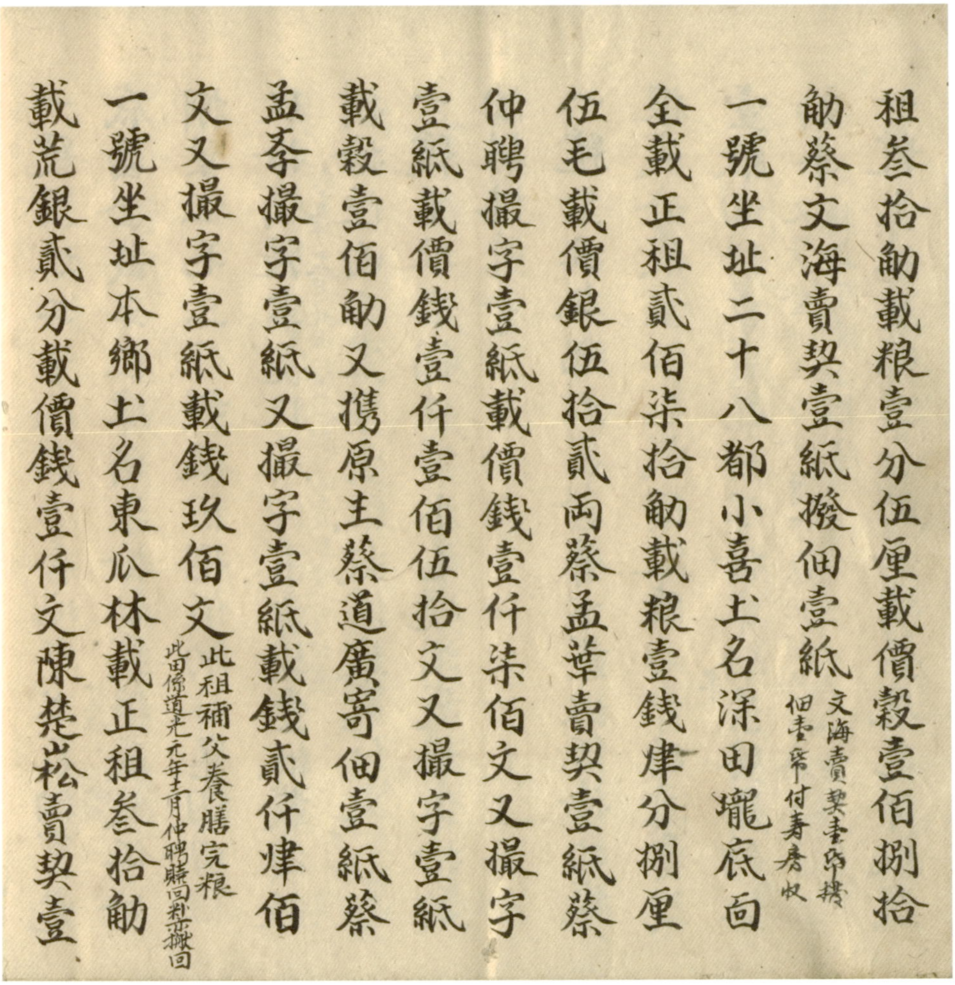

祖叁拾觔載粮壹分伍厘載價穀壹佰捌拾
觔蔡文海賣契壹紙撥佃壹紙文海賣契壹紙撥佃壹紙付壽房收
一號坐址二十八都小喜土名深田壠底面
全載正祖貳佰柒拾觔載粮壹錢肆分捌厘
伍毛載價銀伍拾貳两蔡孟葉賣契壹紙蔡
仲聘撮字壹紙載價錢壹仟柒佰文又撮字
壹紙載價錢壹仟壹佰伍拾文又撮字壹紙
載穀壹佰觔又携原主蔡道廣寄佃壹紙蔡
孟夆撮字壹紙又撮字壹紙載錢貳仟肆佰
文又撮字壹紙載錢玖佰文此祖補父養膳完粮
此田係道光元年十一月仲聘贖回對半撥回
一號坐址本鄉土名東瓜林載正祖叁拾觔
載荒銀貳分載價錢壹仟文陳楚嵩賣契壹

7-3-2-87　清乾隆五十二年蔡世苞置林氏福房鬮書（八七）

紙佃耕陳進明楚崧賣契壹帋付康房收

一號坐址二十九都院林土名門前洋及柯

壠並下洋坂苷處共載租壹仟伍佰觔載粮

玖錢叁分叁厘伍毛載價銀壹百兩魏波仲

賣契壹紙佃耕魏方錦承批壹紙

一號田根坐址本都宵洋土名長壠並溪頭

東瓜林共受種叁拾觔應納田租叁佰壹拾

伍觔租秤又田牲壹隻羅時登收又應納田

祖陸拾觔民秤鄭功若豊若収吳稷人寄佃

壹紙載價銀貳拾肆仟陸佰文又繳江世清

原寄佃壹紙又黃帝從原寄佃壹紙盡字壹

紙 其長壠田根十八年補父養膳

其東瓜林道光四年抽為有懷公完粁祖

7-3-2-88 清乾隆五十二年蔡世苞置林氏福房鬮書（八八）

一號田根坐址洋角墘受種叁觔王著彬寄
佃壹紙
一佃根坐址佳洋土名鴨㴋壟載紙池租叁
拾伍觔林景朱耕納
一號坐址笋林土名圳頭載租拾伍觔佃耕
尤孫奕
一號田根坐址二十九都土名倉下壟載根
租貳佰伍拾觔外應納檀㕘瓊正租壹佰捌
拾觔租秤陳起德寄佃壹紙係陳用周名字
一號坐址本都宵洋土名上頭上截並七墘
壟並四壋並墓壟裡共載租伍佰叁拾觔載
（内一斗九分六厘掛在紹德戶下更有一斗弍分叁厘掛在有杯戶下）
粮叁錢壹分捌厘載價銀叁拾壹両柒錢羅

7-3-2-89　清乾隆五十二年蔡世苞置林氏福房鬮書（八九）

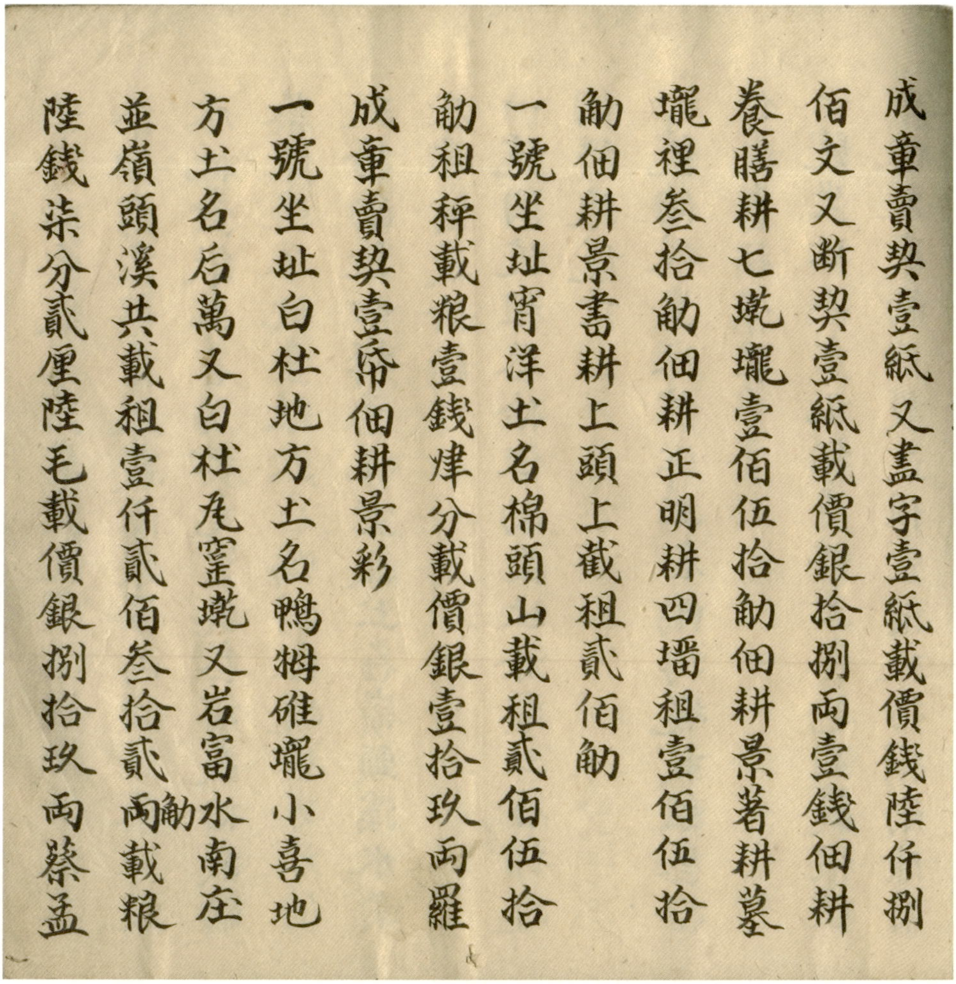

7-3-2-90　清乾隆五十二年蔡世苞置林氏福房鬮書（九〇）

華賣契壹紙又盡契壹紙載價錢拾仟文又
蔡仲聘盡契壹紙載價銀陸両佃耕蔡仲俊
承批壹紙土名白杜尾窐墘叁佰貳拾貳觔
蔡宗達承批壹紙土名鴨拇碓壠后方肆佰
玖拾觔張如梅承批壹紙土名嶺頭溪水南
庄肆佰貳拾觔
一號油杭祖叁拾伍觔坐址漈頭土名梛壠
佃耕陳龍章
一號佃根坐址佳洋土名鴨拇壠載租叁拾
伍觔暫耕景厚
一號坐址二十九都員林土名尾洞載根租
壹佰零貳觔外載正租壹佰玖拾捌觔陳用

7-3-2-91　清乾隆五十二年蔡世苞置林氏福房鬮書（九一）

金収此田係向日下出寄
已上所抽田租俱爲公衆其契福房収存
毛須程二十四年賣杉模壹所土名佳洋對
面壪賣契壹紙
林禮居三十七年賣倉厝契壹紙 土名葫蘆
崙橫楼
尤瑞雲十六年承山批壹紙土名太保隔
王著文盜葬據字壹紙
文道伯賣契壹紙載租壹佰陸拾觔其田在
永春州土名宮後壠
向忠伯立字壹紙賣佳洋葫蘆崙右邊六榈
樫壹椆 道光贰十年二月原主珍存贖回其價均分

7-3-2-92 清乾隆五十二年蔡世苞置林氏福房鬮書（九二）

曾又賢賣宵洋地方俥碓契壹紙
曾又士賣宵洋地方土名對面山雜木山契
壹紙
陳永蘭安批壹紙土名潹頭大王墘並呉厝
後門又収字壹紙代呉仙海長墻下賠祖字
陳仁章寄佃壹紙土名潹頭新洋厝門前載
租壹佰觔載價伍仟文
呉得星五十五年承山批壹紙土名塔坪
林道會道照嘉慶三年安批壹紙土名楊梅
坑上下兩項
林景著嘉慶八年承批壹紙土名佳洋后門
墘寺處

7-3-2-93　清乾隆五十二年蔡世苞置林氏福房鬮書（九三）

劉仁良嘉慶元年承批壹紙土名山角壠苛處

此承批共帶康房并皇道光拾叁年二月向康房應半之佃田仁華贖回更有公衆壹半仁良换立承批此田根原主贖回承安换对

林景著乾隆四十四年承批壹紙土名佳洋半山岐

陳桂籌乾隆十五年安批壹紙土名大林墓

又十五年十一月安批壹紙土名水尾中崙開土造墳

陳必経乾隆二十一年賣契壹紙土名前洋

中崙山價花采銀貳拾伍两

陳開章乾隆伍年安批壹紙土名五十坑崙裡

陳必禮乾隆叁拾伍年承批壹紙土名院林

7-3-2-94　清乾隆五十二年蔡世苞置林氏福房鬮書（九四）

尾洞地方
陳其栢乾隆三年安批壹紙土名大林苑底
坑尾
陳仕桂乾隆二十五年安批壹紙土名筋竹
林苛處
林珍清五十年承竹林批壹紙土名鴨栂壠名回
張濟士雍正五年安批壹紙土名大林坑頭
已上所有契字俱交付福房収存
一議在永春州吏有祖置產業未曾分定其
契係公衆貯存
嘉慶九年九月　日標照

7-3-2-95　清乾隆五十二年蔡世苞置林氏福房鬮書（九五）

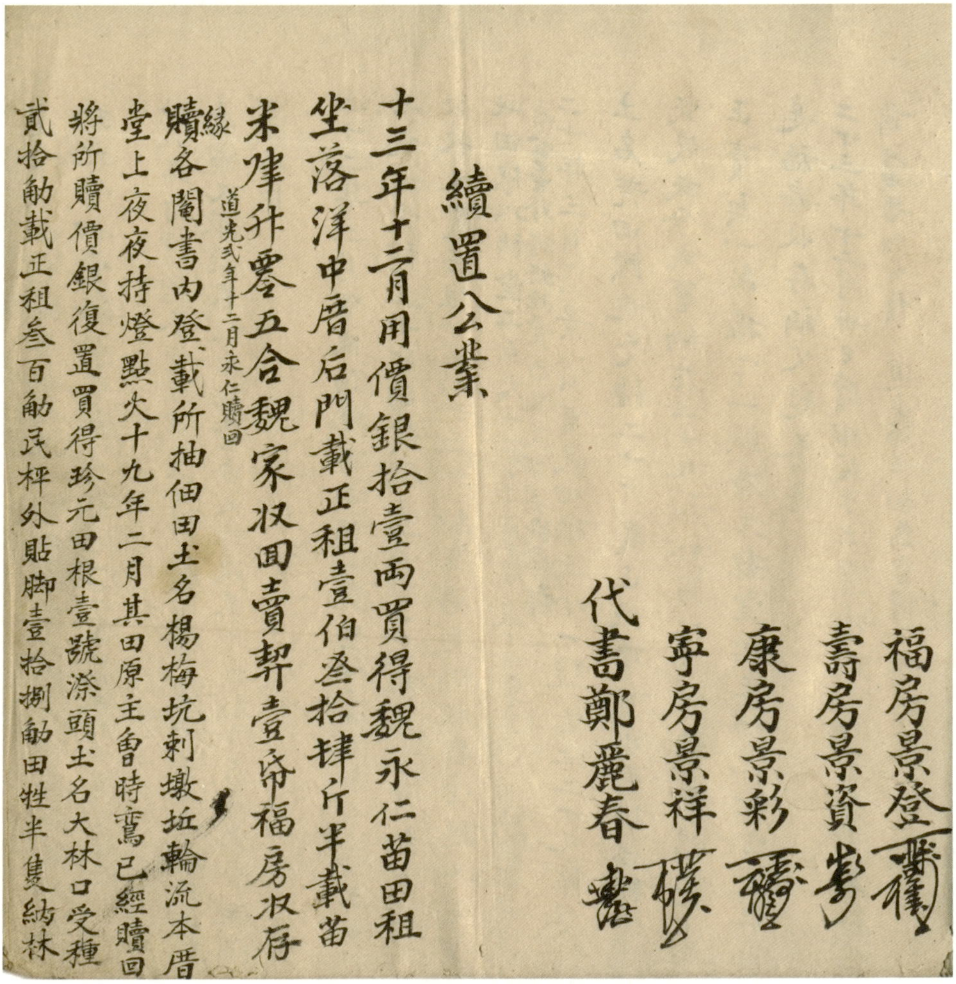
福房景登
壽房景資
康房景彩
寧房景祥
代書鄭麗春

續置公業

十三年十二月用價銀拾壹兩買得魏永仁苗田租
坐落洋中厝后門載正租壹伯叁拾肆斤半載苗
米肆升零五合魏家收回壹契壹帋福房收存道光弍年十二月永仁贖回
緣贖各鬮書內登載所抽佃田土名楊梅坑剌墩坵輪流本厝
堂上夜夜持燈點火十九年二月其田原主魯時高已經贖回
將所贖價銀復置買得珍元田根壹號滌頭土名大林口受種
貳拾觔載正租叁百觔民秤外貼脚壹拾捌觔田牲半隻紡林

7-3-2-96　清乾隆五十二年蔡世苞置林氏福房鬮書（九六）

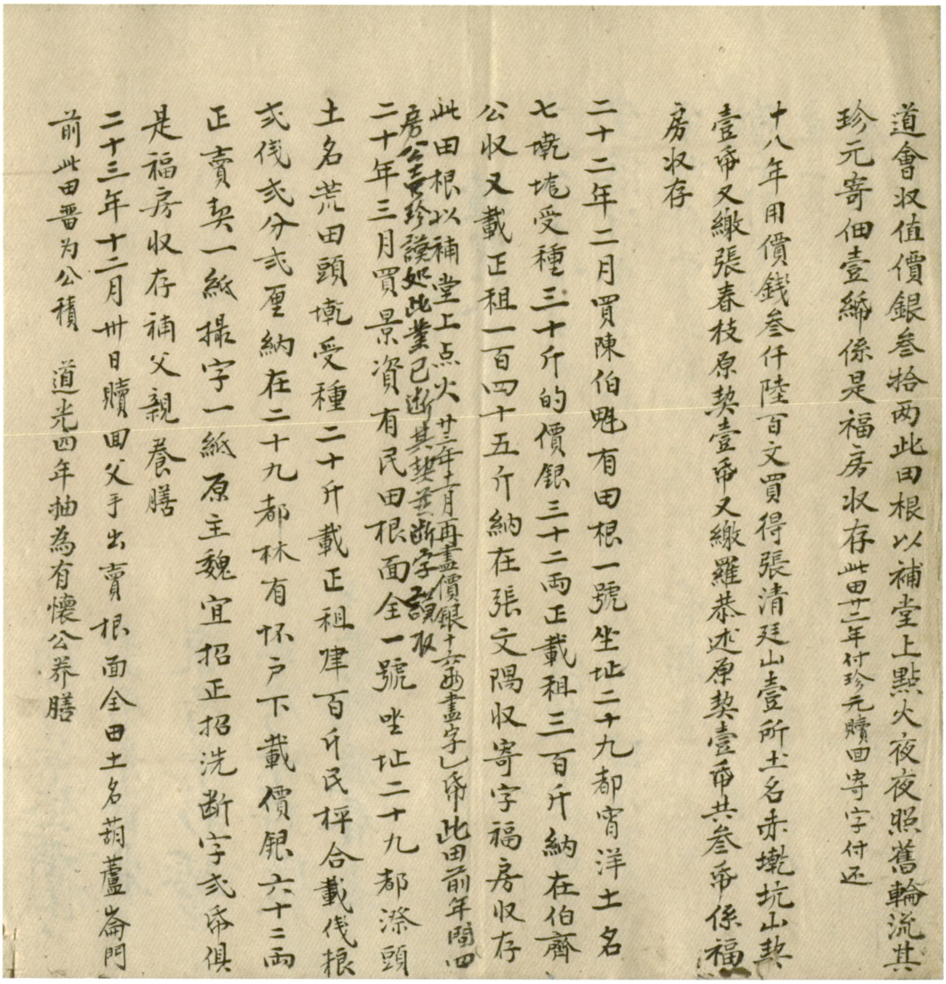
道會收值價銀叁拾兩此田根以補堂上點火夜夜照舊輪流共
珍元寄佃壹綿係是福房收存此田廿二年付珍元贖回寄字付还
房收存
十八年用價錢叁仟陸百文買得張清廷山壹所土名赤墘坑山契
壹帋又繳張春枝原契壹帋又繳羅恭述原契壹帋共叁帋係福
二十二年二月買陳伯魁有田根一號坐址二十九都宵洋土名
七墘垱受種三十斤的價銀三十二兩正載租三百斤納在伯齊
公收又載正租一百四十五斤納在張文陽收寄字福房收存
此田根以補堂上点火廿三年十一月再盡價銀十六兩盡字乙帋此田前年閩四
房公嘗珍讓與此業已斷其契並斷字盡收
二十年三月買景資有民田根面全一號坐址二十九都漈頭
土名荒田頭墘受種二十斤載正租肆百斤民秤合載伐根
式伐式分式厘納在二十九都林有怀户下載價艮六十二兩
正賣契一紙揚字一紙原主魏宜招正招洗斷字式帋俱
是福房收存補父親養膳
二十三年十二月廿日贖田父手出賣根面全田土名葫蘆崙門
前此田晋为公積　道光四年抽為有懷公券膳

7-3-2-97　清乾隆五十二年蔡世苞置林氏福房鬮書（九七）

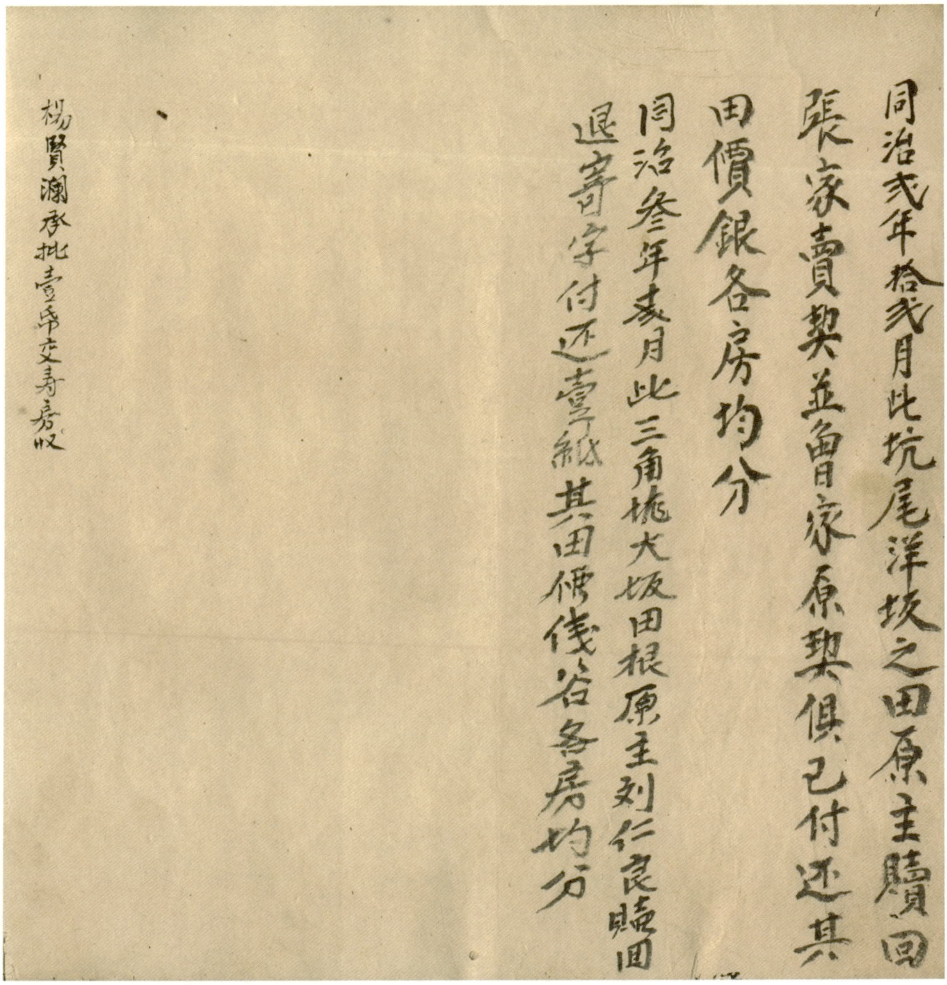
同治弍年拾弍月比坑尾洋坂之田原主贖回
張家賣契並曾家原契俱已付还其
田價銀各房均分
同治叁年叁月此三角桃大坂田根原主刘仁良贖回
退寄字付还壹紙 其田價錢谷各房均分
楊賢瀾承批壹帋交壽房收

7-3-2-98　清乾隆五十二年蔡世苞置林氏福房鬮書（九八）

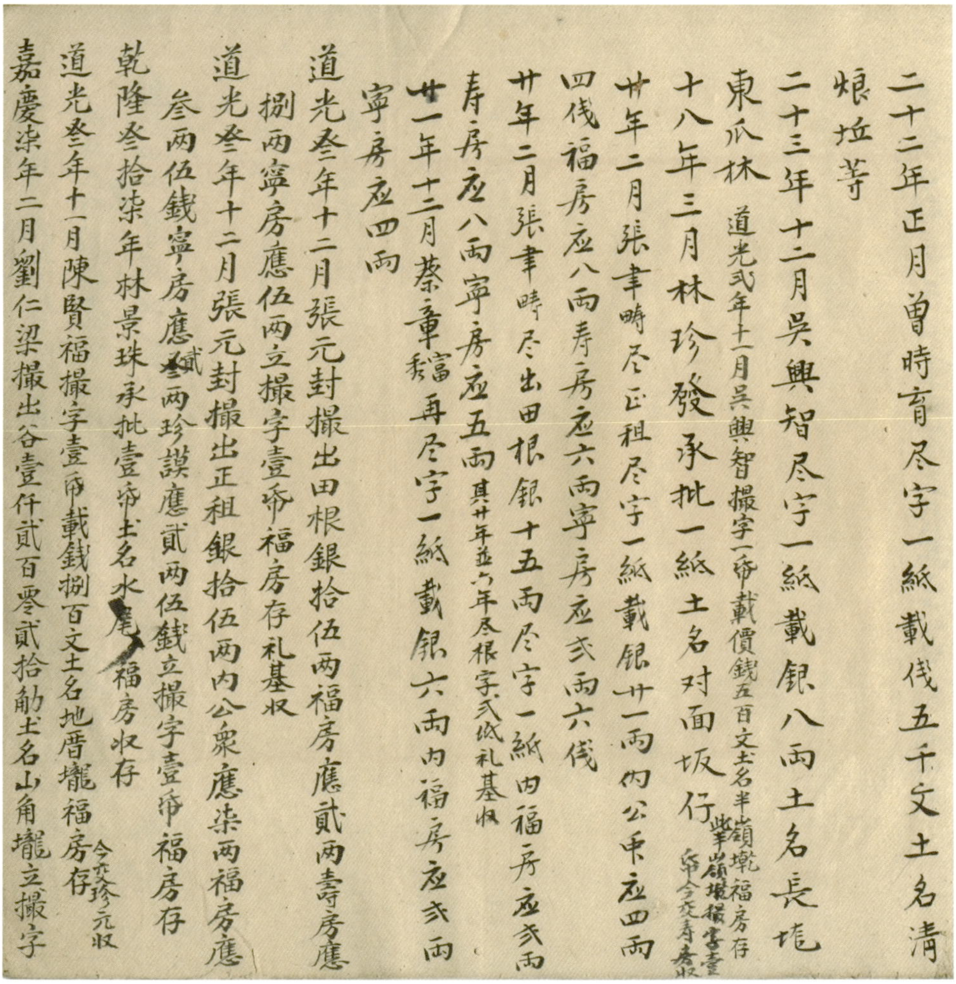
二十二年正月曾時育尽字一紙載伐五千文土名清
娘垃等
二十三年十二月吳興智尽字一紙載銀八兩土名長垅
東爪林
道光弍年十一月吳興智撮字一帋載價錢五百文土名半嶺墘福房存
十八年三月林珍發承批一紙土名对面坂仔　半嶺墘撮字壹帋今交寿房收
廿年二月張聿時尽正租尽字一紙載銀廿一兩内公秉应四兩
四伐福房应八兩寿房应六兩寧房应弍兩六伐
廿年二月張聿時尽出田根銀十五兩尽字一紙内福房应弍兩
寿房应八兩寧房应五兩其廿年並六年尽根字弍紙礼基収
廿一年十二月蔡章秀富再尽字一紙載銀六兩内福房应弍兩
寧房应四兩
道光叁年十二月張元封撮出田根銀拾伍兩福房應貳兩寿房應
捌兩寧房應伍兩立撮字壹帋福房存礼基収
道光叁年十二月張元封撮出正租銀拾伍兩内公衆應柒兩福房應
叁兩伍錢寧房應貳兩珍謨應貳兩伍錢立撮字壹帋福房存
乾隆叁拾柒年林景珠承批壹帋土名水尾福房収存
道光叁年十一月陳賢福撮字壹帋載錢捌百文土名地厝壠福房存　今交珍元収
嘉慶柒年二月劉仁梁撮出谷壹仟貳百零貳拾觔土名山角壠立撮字

7-3-2-99　清乾隆五十二年蔡世苞置林氏福房鬮書（九九）

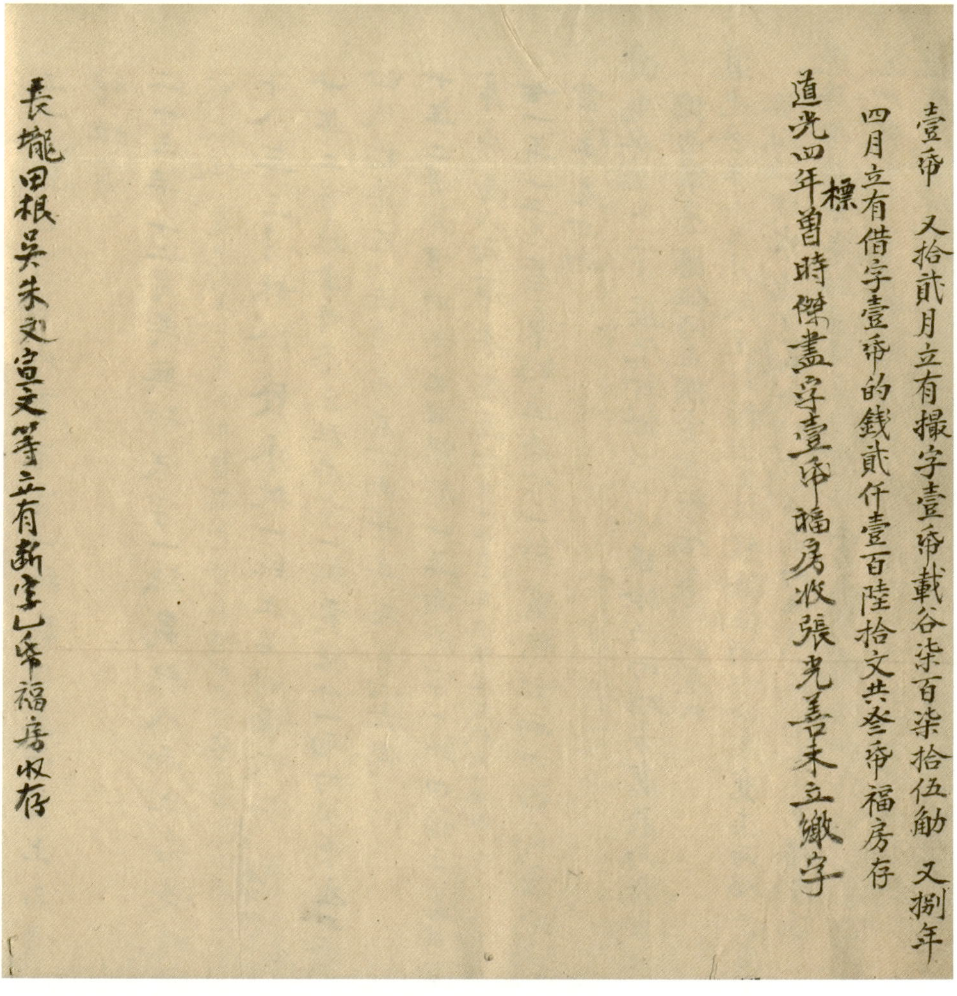
壹帋　又拾貳月立有撮字壹帋載谷柒百柒拾伍觔　又捌年
四月立有借字壹帋的錢貳仟壹百陸拾文共叁帋福房存
道光四年標曽時傑盡字壹帋福房收張光善未立繳字
長壠田根吴朱文宣文等立有斷字乙帋福房收存

7-3-2-100　清乾隆五十二年蔡世苞置林氏福房鬮書（一〇〇）

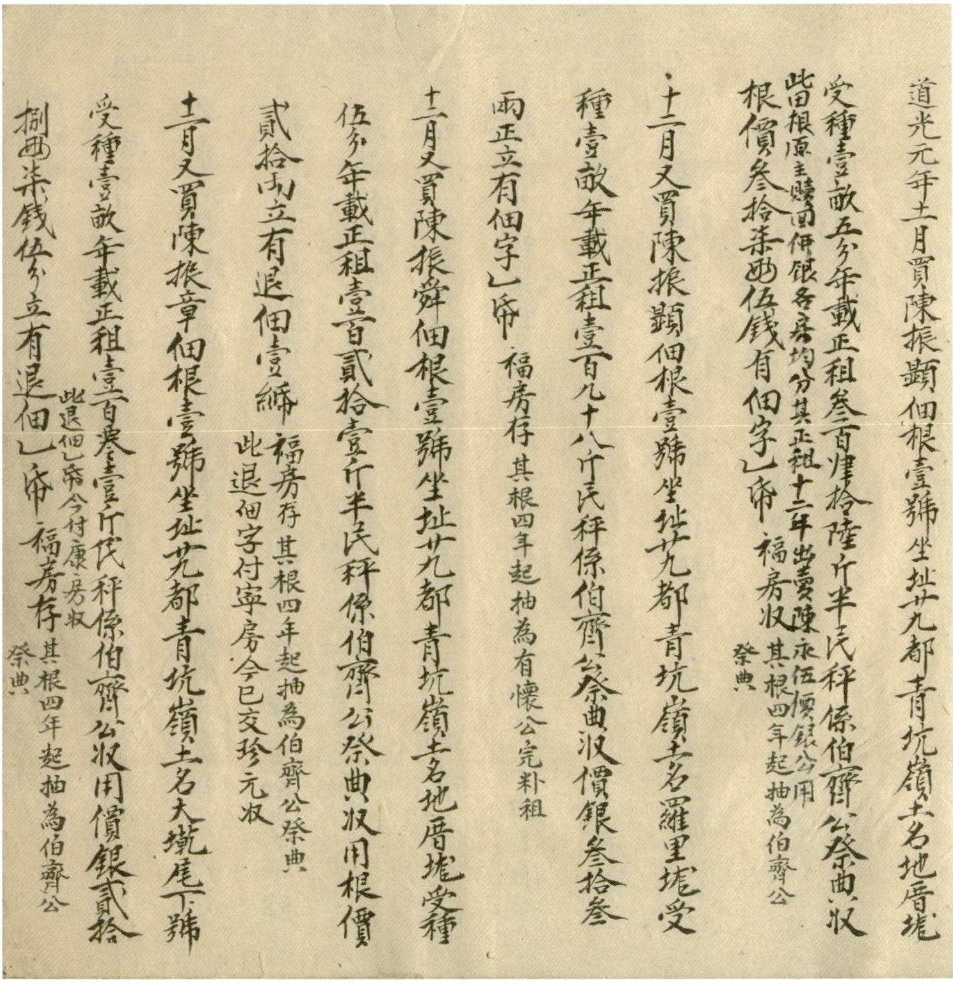

道光元年十二月買陳振顗佃根壹號坐址廿九都青坑嶺土名地厝垅
受種壹畝五分年載正租叁百肆拾陸斤半民秤係伯齊公祭典收
此田根原主贖回併銀各房均分其正租十二年出賣陳永伍價銀公用
根價叁拾柒两伍錢有佃字乙帋 福房收 其根四年起抽為伯齊公祭典
十二月又買陳振顗佃根壹號坐址廿九都青坑嶺土名羅里垅受
種壹畝年載正租壹百九十八斤民秤係伯齊公祭典收價銀叁拾叁
两正立有佃字乙帋 福房存 其根四年起抽為有懷公完粮租
十二月又買陳振舜佃根壹號坐址廿九都青坑嶺土名地厝垅受種
伍分年載正租壹百貳拾壹斤半民秤係伯齊公祭典收用根價
貳拾两立有退佃壹帋 福房存 其根四年起抽為伯齊公祭典
此退佃字付寧房今已交珍元收
十二月又買陳振章佃根壹號坐址廿九都青坑嶺土名大壠尾下號
受種壹畝年載正租壹百卌壹斤民秤係伯齊公收用價銀貳拾
此退佃乙帋今付康房收
捌两柒錢伍分立有退佃乙帋 福房存 其根四年起抽為伯齊公祭典

7-3-2-101　清乾隆五十二年蔡世苞置林氏福房鬮書（一〇一）

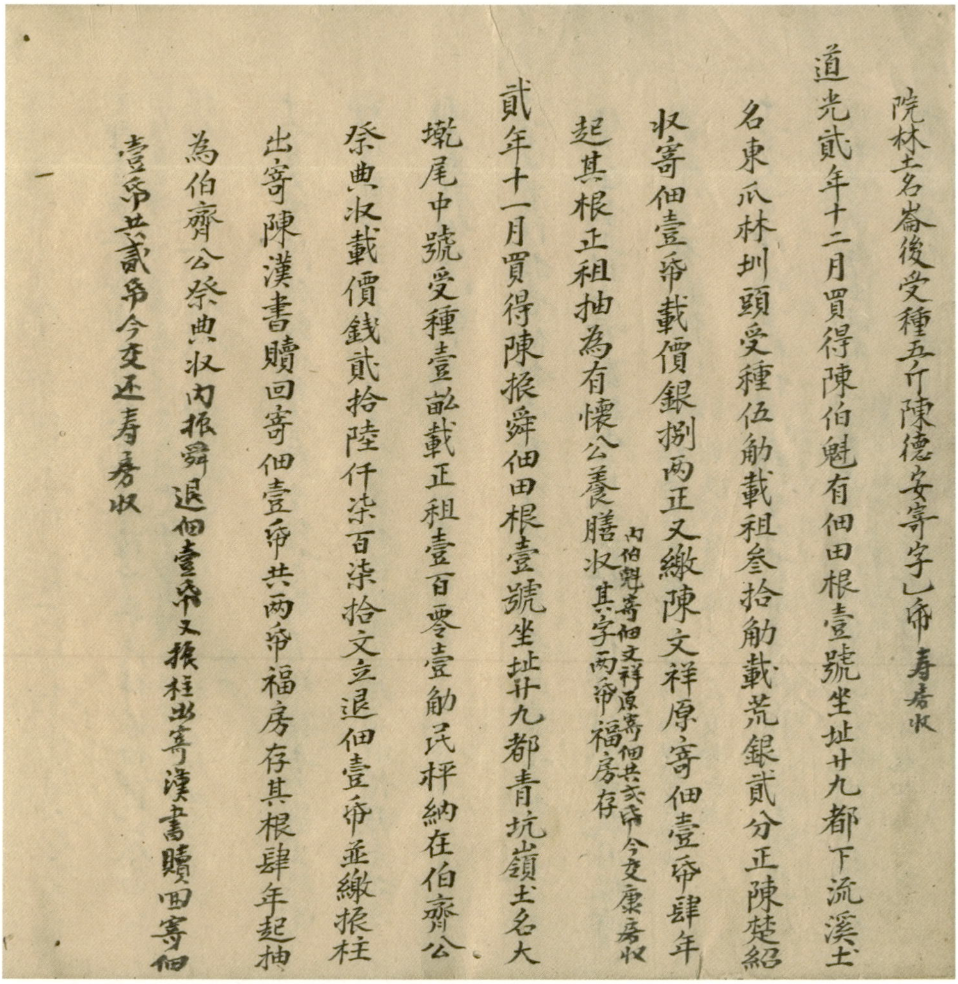
院林土名崙後受種五斤陳德安寄字乙帋　壽房收
道光貳年十二月買得陳伯魁有佃田根壹號坐址廿九都下流溪土
名東爪林圳頭受種伍觔載租叁拾觔載荒銀貳分正陳楚紹
收寄佃壹帋載價銀捌兩正又繳陳文祥原寄佃壹帋肆年
起其根正租抽為有懷公養膳收其字兩帋福房存　内伯魁寄佃文祥原寄佃共弍帋今交康房收
貳年十一月買得陳振舜佃田根壹號坐址廿九都青坑嶺土名大
墘尾中號受種壹畝載正租壹百零壹觔民秤納在伯齊公
祭典收載價錢貳拾陸仟柒百柒拾文立退佃壹帋並繳振柱
出寄陳漢書贖回寄佃壹帋共兩帋福房存其根肆年起抽
為伯齊公祭典收内振舜退佃壹帋又振柱出寄漢書贖回寄佃
壹帋共貳帋今交还壽房收

7-3-2-102　清乾隆五十二年蔡世苞置林氏福房鬮書（一〇二）

今將已上標有未分田項租額抽為公衆本年再議
抽出開列于后
抽出一佃景彩畊消洋土名棉頭山載租貳百柒拾伍觔民秤
合載錢粮壹錢肆分正付原主曾朝美収
又抽出院林土名崙後受種伍觔載根租叁拾觔民秤合共
叁百零伍觔將此租向佃収來轉納　陳永庚租壹百
玖拾捌觔民秤　少師張姓根租壹百觔民秤
又抽出小喜土名粬窑墘載早冬田租壹仟觔民秤内正租玖
拾觔民秤納在張聿長収外載錢粮貳錢伍分捌厘
伍毛正内壹錢陸分壹厘納在廿九都本户林紹德户下
内玖分柒厘伍毛付蔡仲書収此租収為公衆収貯
嘉慶廿伍年十二月付
蔡贖回　契付還

7-3-2-103　清乾隆五十二年蔡世苞置林氏福房鬮書（一〇三）

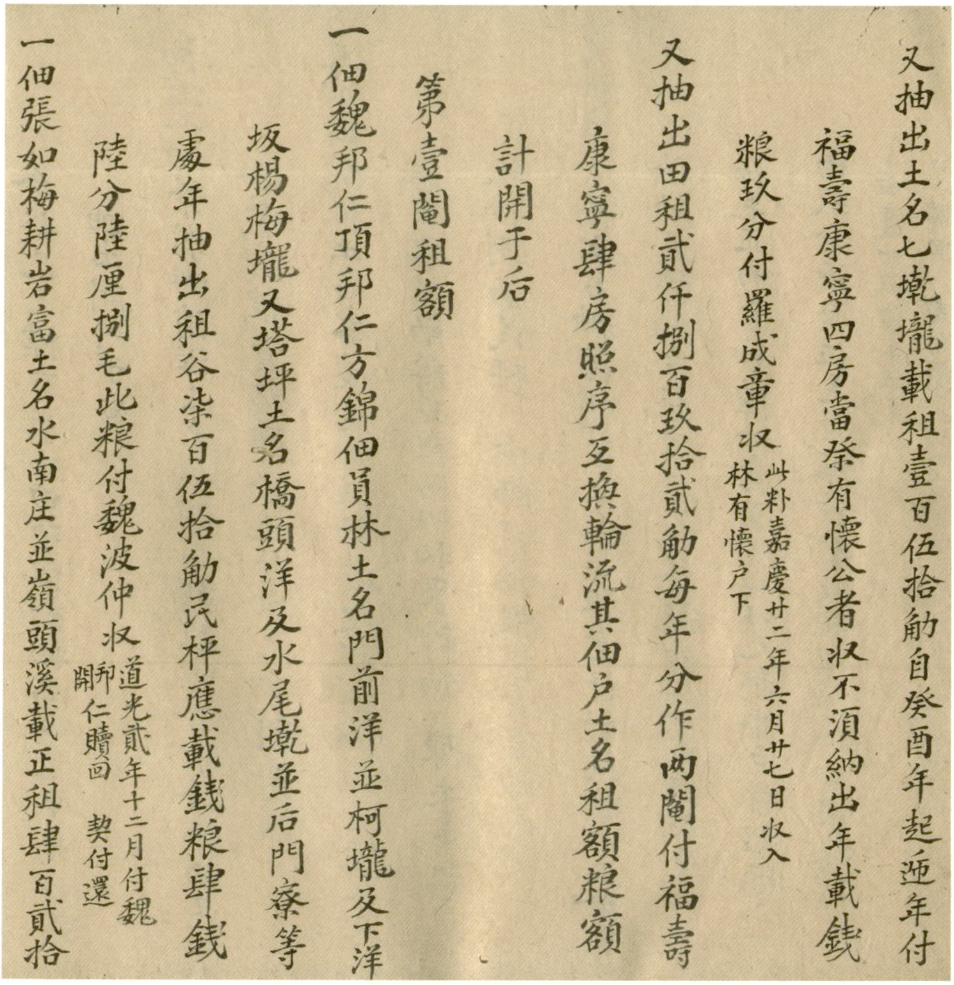
又抽出土名七墘壠載租壹百伍拾觔自癸酉年起逐年付
福壽康寧四房當癸有懷公者收不須納出年載錢
粮玖分付羅成章收（此粁嘉慶廿二年六月廿七日收入林有懷户下）
又抽出田租貳仟捌百玖拾貳觔每年分作兩閹付福壽
康寧肆房照序互換輪流其佃户土名租額粮額
計開于后
第壹閹租額
一佃魏邦仁項邦仁方錦佃員林土名門前洋並柯壠及下洋
坂楊梅壠又塔坪土名橋頭洋及水尾墘並后門寮等
處年抽出租谷柒百伍拾觔民秤應載錢粮肆錢
陸分陸厘捌毛此粮付魏波仲收（道光貳年十二月付魏邦仁贖回　契付還）
一佃張如梅耕岩富土名水南庄並嶺頭溪載正租肆百貳拾

7-3-2-104　清乾隆五十二年蔡世苞置林氏福房鬮書（一〇四）

觔民枰應載錢粮貳錢叁分肆厘納在廿九都林向賓
户下 道光貳年十一月此租出賣陳聖能連處此料亦付陳掛割
一佃青坑嶺土名倉下壠載根租肆百貳拾伍觔民枰內載正
租壹百玖拾捌觔民枰納檀學岑收 道光元年十二月陳用周贖回
一佃珍元頂景書佃土名倉厝下正租肆拾肆觔半民枰
一佃景登冊土名倉厝下正租伍觔半民枰兩佃共租伍拾觔
合載錢粮貳分貳厘伍毛納在廿九都林有懷户下此
兩佃田租 道光肆年起抽為有懷公養膳
第貳鬮租額
一佃魏開仁頂方錦佃員林土名門前洋並柯壠及下洋坂楊梅
壠又塔坪土名橋頭洋及水尾墘並后門寮等處年抽出
正租柒百伍拾觔民枰應錢粮肆錢陸分陸厘柒毛正

7-3-2-105　清乾隆五十二年蔡世苞置林氏福房鬮書（一〇五）

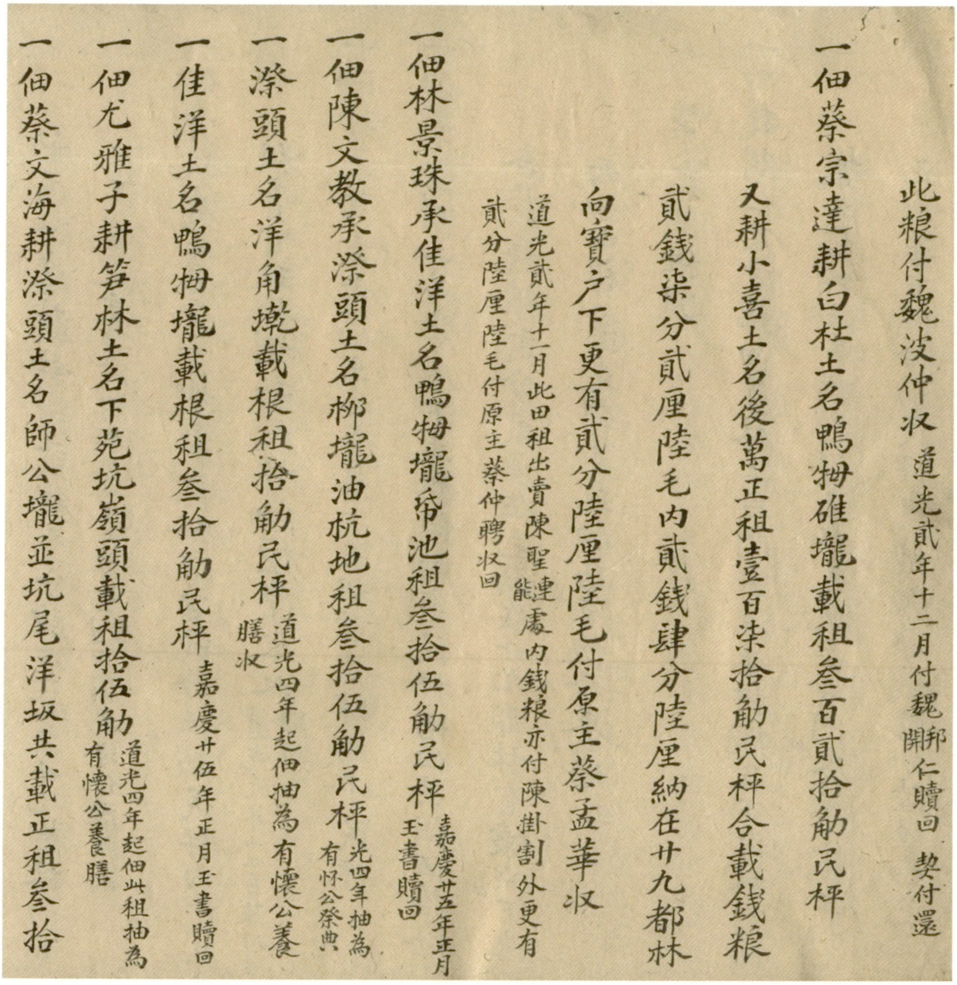

此粮付魏浹仲収　道光贰年十二月付魏開邦仁贖回　契付還

一佃蔡宗達耕白杜土名鴨母碓壠載租叁百贰拾觔民秤

又耕小喜土名後萬正租壹百柒拾觔民秤合載钱粮

贰钱柒分贰厘陸毛内贰钱肆分陸厘納在廿九都林

向實户下更有贰分陸厘陸毛付原主蔡孟華収

道光贰年十一月此田租出賣陳聖連能處内钱粮亦付陳掛割外更有贰分陸厘陸毛付原主蔡仲聘収回

一佃林景珠承佳洋土名鴨母壠希池租叁拾伍觔民秤　嘉慶廿五年正月王書贖回

一佃陳文教承漈頭土名柳壠油杭地租叁拾伍觔民秤　光四年抽為有怀公祭典

一漈頭土名洋角墘載根租拾觔民秤　道光四年起佃抽為有懷公養膳収

一佳洋土名鴨母壠載根租叁拾觔民秤　嘉慶廿伍年正月王書贖回

一佃尤雅子耕笋林土名下苑坑嶺頭載租拾伍觔　道光四年起佃此租抽為有懷公養膳

一佃蔡文海耕漈頭土名師公壠並坑尾洋坂共載正租叁拾

7-3-2-106　清乾隆五十二年蔡世苞置林氏福房鬮書（一〇六）

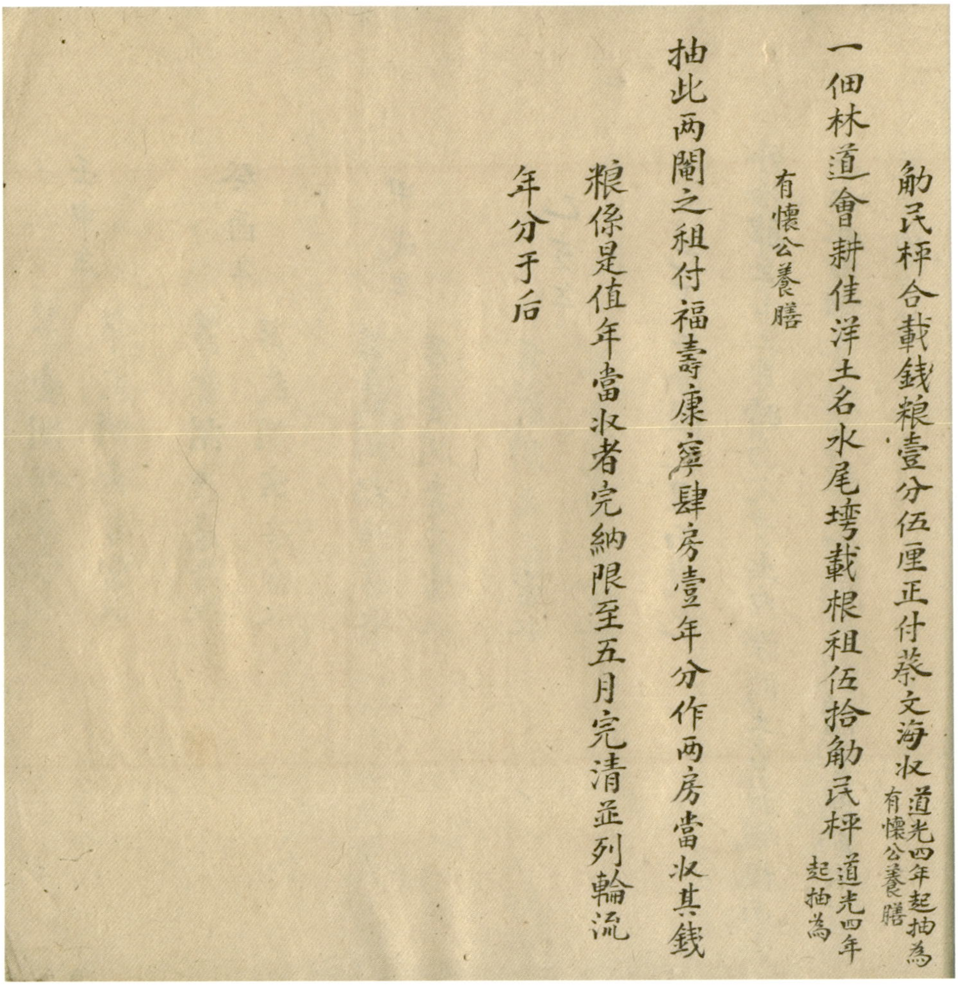
觔民秤合載钱粮壹分伍厘正付蔡文海收道光四年起抽為有懷公養膳
一佃林道會耕佳洋土名水尾墘載根租伍拾觔民秤道光四年起抽為
有懷公養膳
抽此兩閣之租付福壽康寧肆房壹年分作兩房當收其钱
粮係是值年當收者完納限至五月完清並列輪流
年分于后

7-3-2-107　清乾隆五十二年蔡世苞置林氏福房鬮書（一〇七）

壬申年
第壹閹福房當收
第貳閹壽房當收
癸酉年
第壹閹康房當收
第貳閹寧房當收
甲戌年
第貳閹福房當收
第壹閹壽房當收
乙亥年
第貳閹康房當收
第壹閹寧房當收
已下年分做此週而復元
外拾肆年十二月贖回父手出典滁頭土名崩壠根面全
之田此田補養膳完粮下租額其粮隨養膳納在廿九都
林有懷戶下

7-3-2-108　清乾隆五十二年蔡世苞置林氏福房鬮書（一〇八）

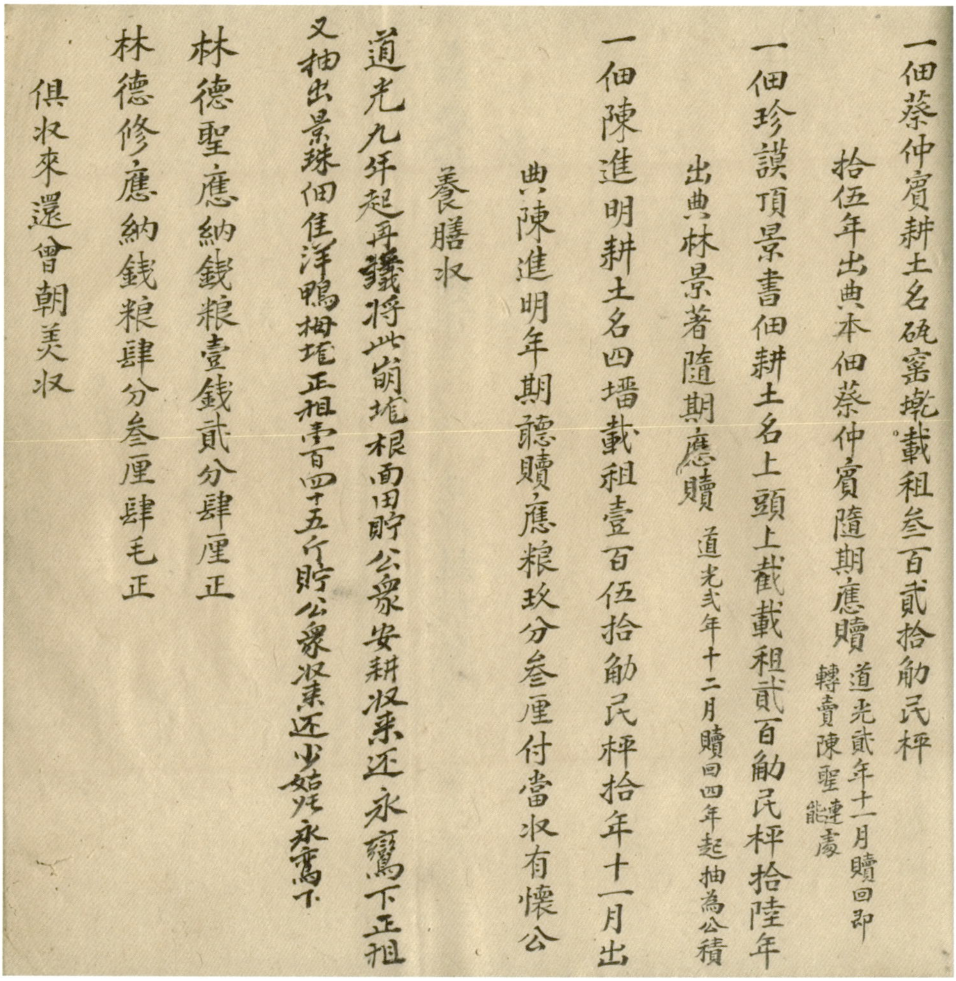

一佃蔡仲賓耕土名碗窰墘載租叁百貳拾觔民秤
拾伍年出典本佃蔡仲賓隨期應贖 道光貳年十一月贖回即轉賣陳聖能達處
一佃珍謨頂景書佃耕土名上頭上截載租貳百觔民秤拾陸年
出典林景著隨期應贖 道光弍年十二月贖回四年起抽為公積
一佃陳進明耕土名四壋載租壹百伍拾觔民秤拾年十一月出
典陳進明年期聽贖應粮玖分叁厘付當收有懷公
養膳收
道光九年起再議將此崩坾根面田貯公衆安耕收采还永為下正租
又抽出景珠佃佳洋鴨栂坾正租壹百四十五斤貯公衆收采还少姑姪永為不
林德聖應納錢粮壹錢貳分肆厘正
林德修應納錢粮肆分叁厘肆毛正
俱收來還曾朝美收

7-3-2-109　清乾隆五十二年蔡世苞置林氏福房鬮書（一〇九）

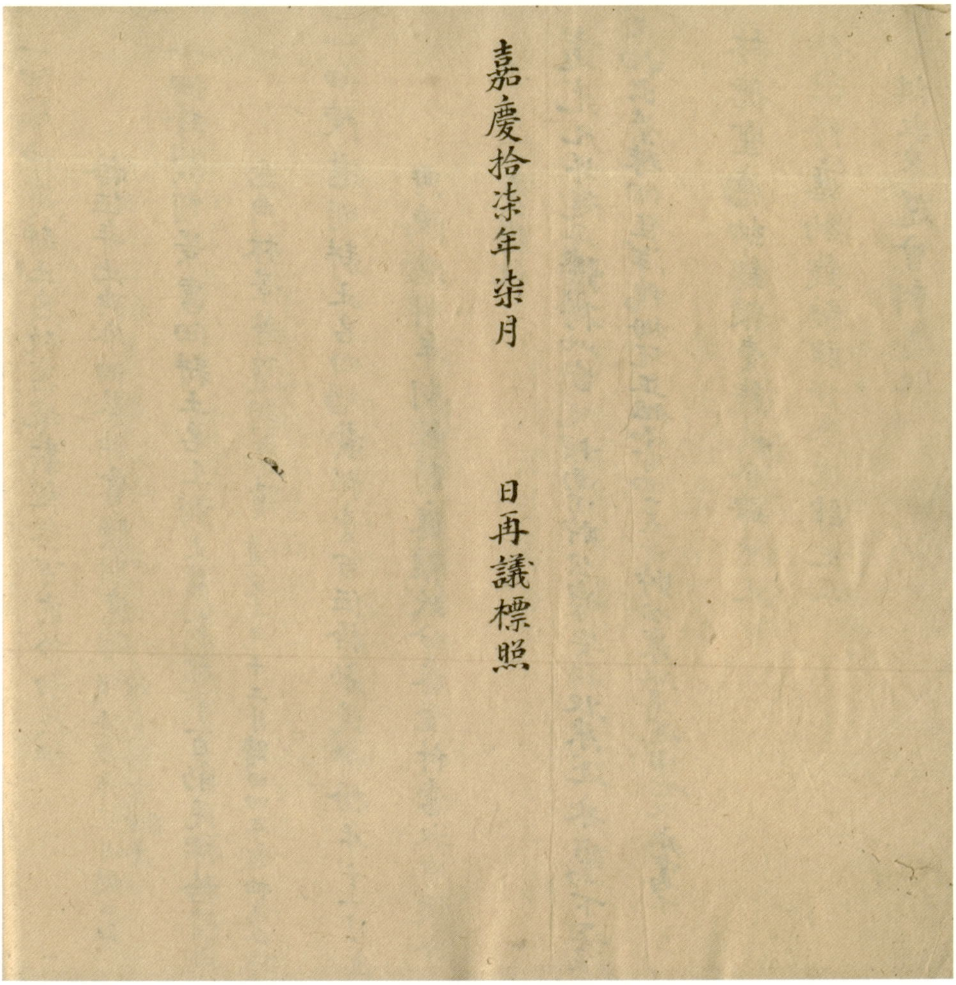
嘉慶拾柒年柒月　　日再議標照

7-3-2-110　清乾隆五十二年蔡世苞置林氏福房鬮書（一一〇）

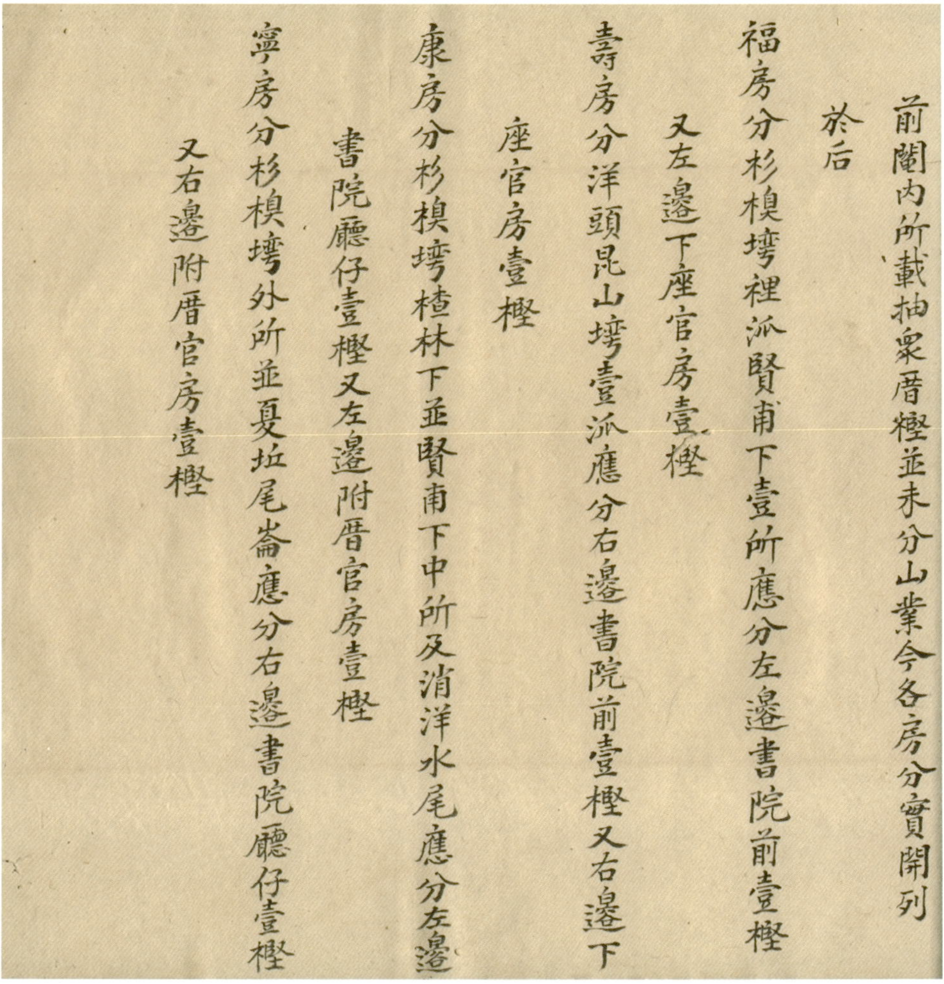
前閣内所載抽衆厝櫸並未分山業今各房分實開列
於后
福房分杉榠墺裡泒賢甫下壹所應分左邊書院前壹櫸
又左邊下座官房壹櫸
壽房分洋頭昆山墺壹泒應分右邊書院前壹櫸又右邊下
座官房壹櫸
康房分杉榠墺楂林下並賢甫下中所及消洋水尾應分左邊
書院廳仔壹櫸又左邊附厝官房壹櫸
寧房分杉榠墺外所並夏垃尾崙應分右邊書院廳仔壹櫸
又右邊附厝官房壹櫸

7-3-2-111　清乾隆五十二年蔡世苞置林氏福房鬮書（一一一）

道光六年十一月陳志康立有玉洋前洋中崙坂墓
花紅字乙帋收去銀伍兩正又立有安批字一
帋收去銀伍兩正康房收
道光六年四月魏善魁立有土名塔坪承批字乙帋
康房收
道光柒年六月曾習国洗斷倉前洋並碑碓頭根面
全田字乙帋收去價銭壹千壹百文康房收
道光伍年十二月陳振桂盡斷青坑嶺大墘尾中路
田根字一帋收去價銭叁仟陸百文康房收 今交還壽房收
道光五年十二月陳伯魁盡斷土名乇墘墘上下路田字
一帋收去價銭的銀壹拾壹兩正併繳張於高洗斷契乙帋
原此斷契兩紙繳斷珍議 康房收

7-3-2-112　清乾隆五十二年蔡世苞置林氏福房鬮書（一一二）

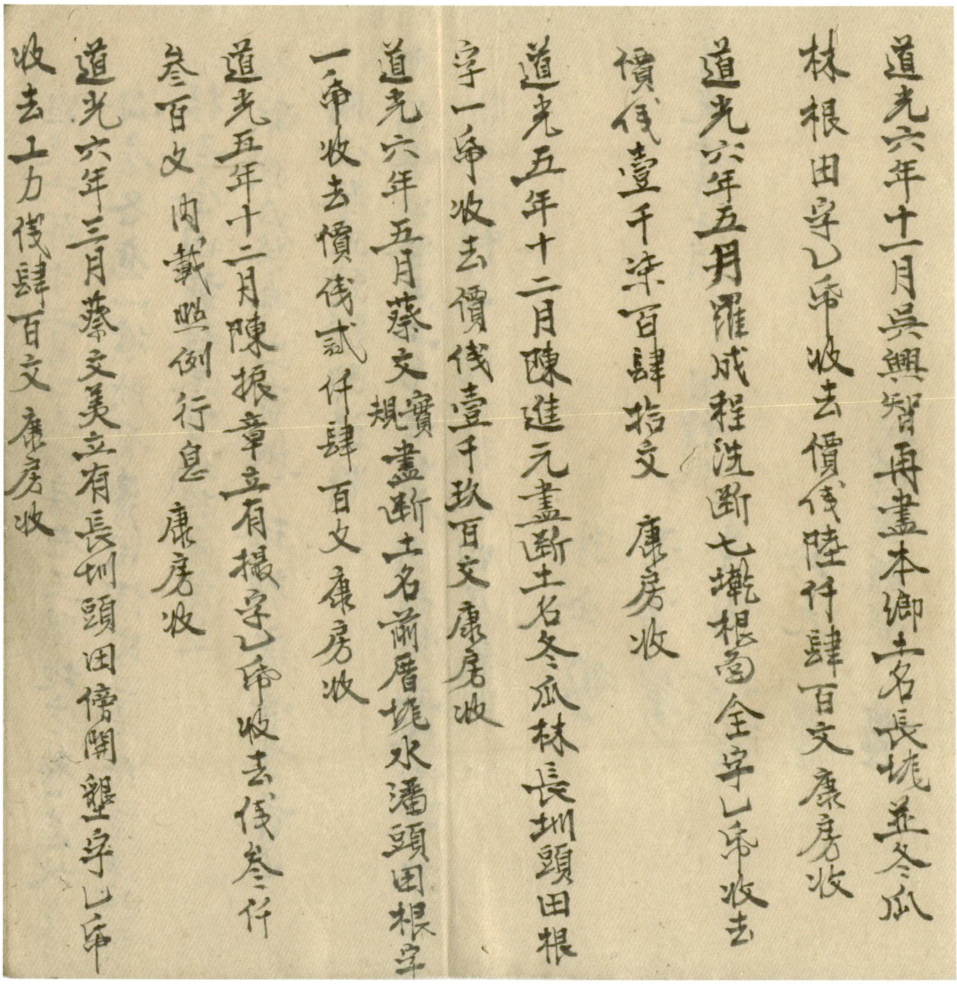
道光六年十二月吳興智再盡本鄉土名長坵並冬瓜
林根田字乙吊收去價錢陸仟肆百文 康房收
道光六年五月羅成程洗斷七墘根面全字乙吊收去
價錢壹千柒百肆拾文 康房收
道光五年十二月陳進元盡斷土名冬瓜林長圳頭田根
字一吊收去價錢壹千玖百文 康房收
道光六年五月蔡文寶規盡斷土名前厝墘水潘頭田根字
一吊收去價錢貳仟肆百文 康房收
道光五年十二月陳振章立有根字乙吊收去錢叁仟
叁百文 內載照例行息 康房收
道光六年三月蔡文美立有長圳頭田傍開墾字乙吊
收去工力錢肆百文 康房收

7-3-2-113　清乾隆五十二年蔡世苞置林氏福房鬮書（一一三）

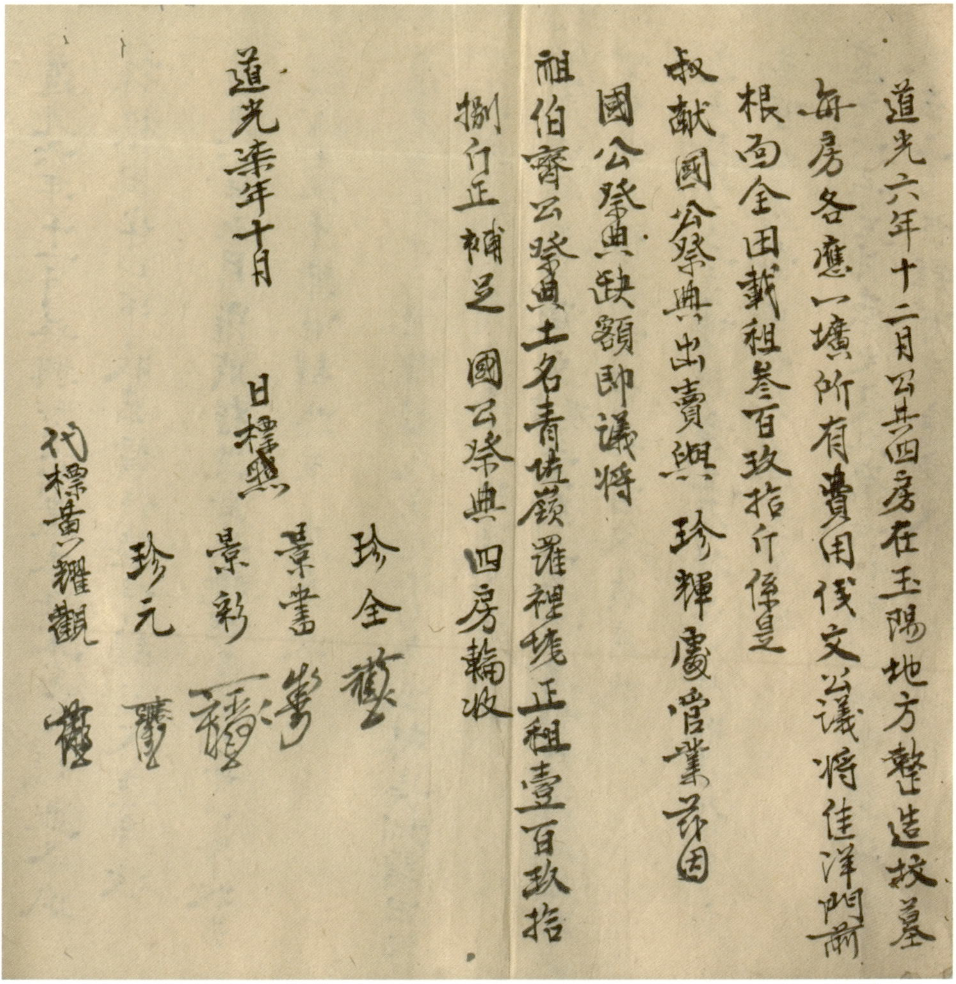

道光六年十二月公共四房在玉陽地方整造坟墓
每房各應一壙所有費用錢文公議將佳洋門前
根面全田載租叁百玖拾斤係是
叔獻國公祭典出賣與　珍輝處管業其田
國公祭典缺額即議將
祖伯齊公祭典土名青灶嶺羅裡墘正租壹百玖拾
捌斤正補足　國公祭典四房輪收

道光柒年十月　　日標照

珍全（押）
景書（押）
景彩（押）
珍元（押）
代標書之耀觀（押）

7-3-2-114　清乾隆五十二年蔡世苞置林氏福房鬮書（一一四）

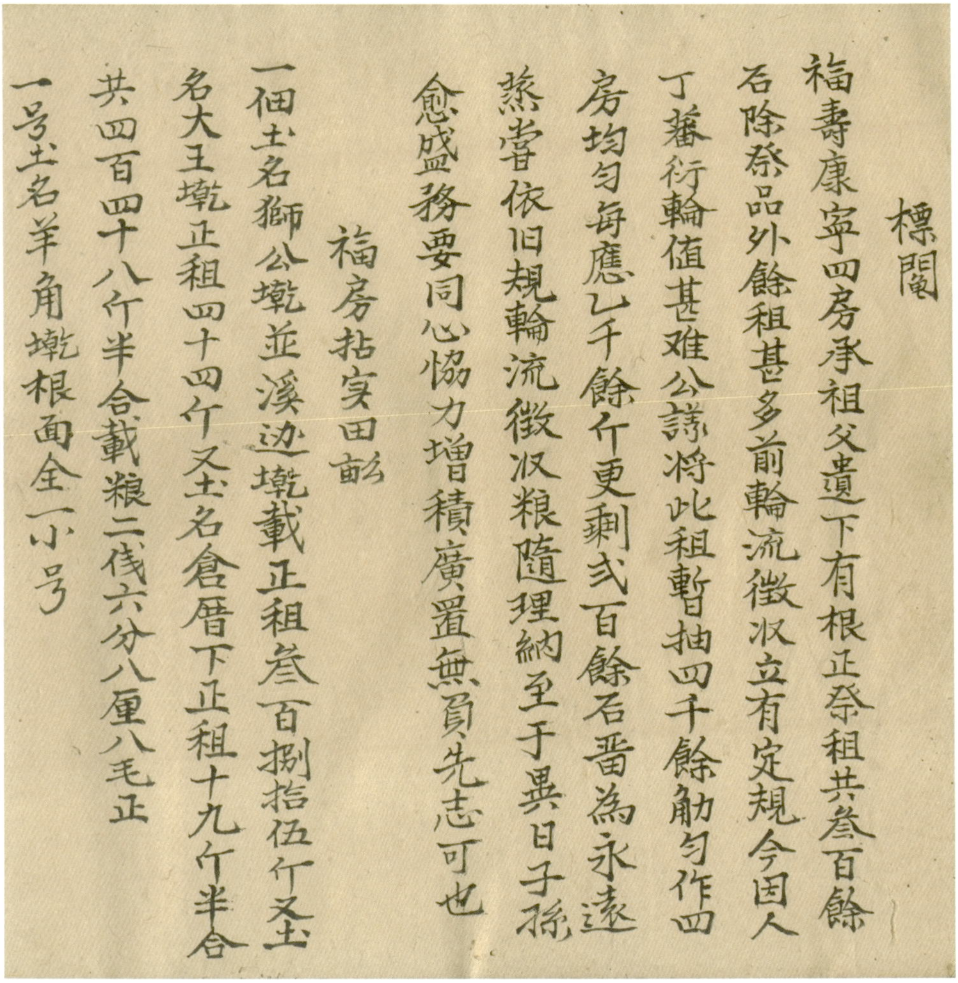
標鬮
福壽康寧四房承祖父遺下有根正祭租共叄百餘
石除祭品外餘租甚多前輪流徵收立有定規今因人
丁蕃衍輪值甚难公議將此租暫抽四千餘觔匀作四
房均匀每應山千餘斤更剩弍百餘石晋為永遠
蒸甞依旧規輪流徵收粮隨理納至于異日子孫
愈盛務要同心恊力增積廣置無負先志可也
福房拈実田畝
一佃土名獅公墘並溪边墘載正租叄百捌拾伍斤又土
名大王墘正租四十四斤又土名倉厝下正租十九斤半合
共四百四十八斤半合載粮二伐六分八厘八毛正
一号土名羊角墘根面全一小号

7-3-2-115　清乾隆五十二年蔡世苞置林氏福房鬮書（一一五）

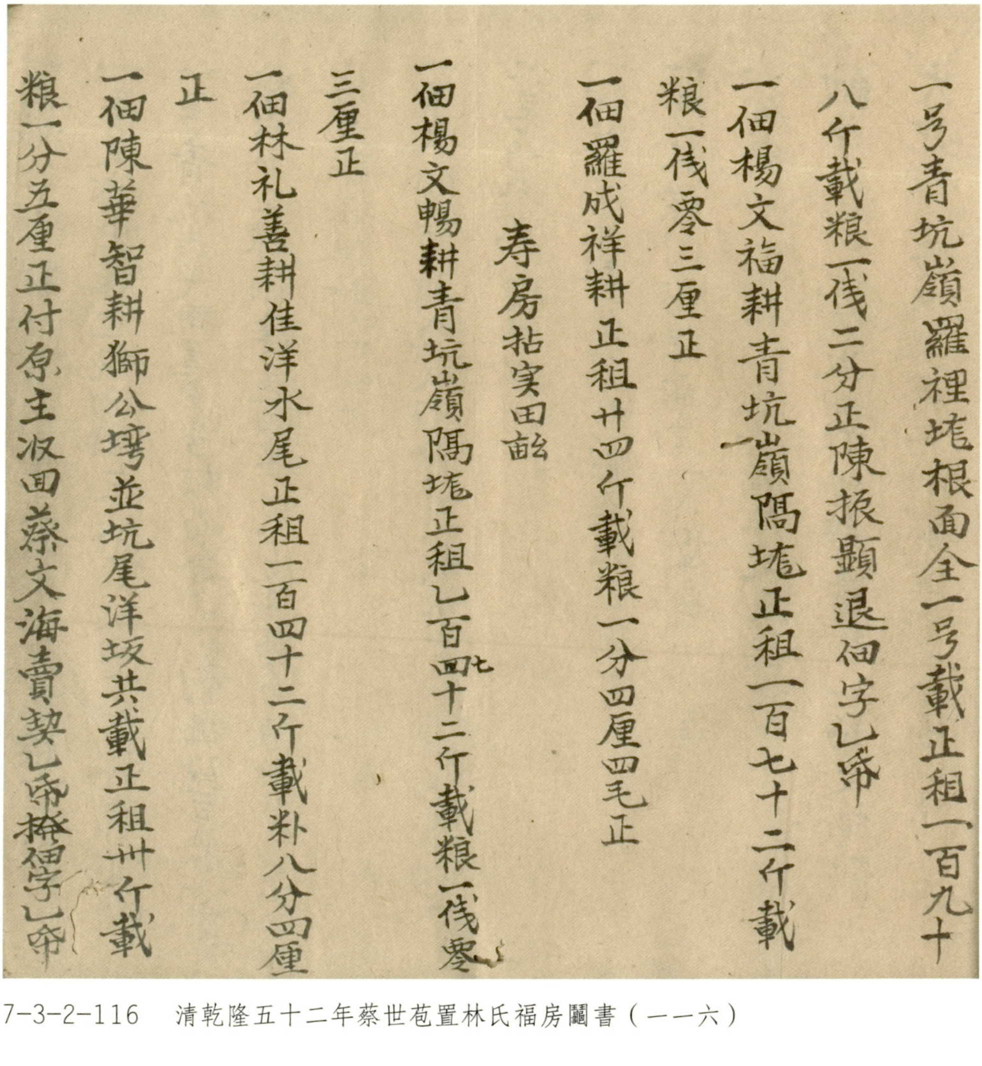

一号青坑嶺羅裡墘根面全一号載正租一百九十
八斤載粮一戔二分正陳振顯退佃字乚帋
一佃楊文福耕青坑嶺隔墘正租一百七十二斤載
粮一戔零三厘正
一佃羅成祥耕正租廿四斤載粮一分四厘四毛正
寿房拈实田畆
一佃楊文暢耕青坑嶺隔墘正租乚百四七十二斤載粮一戔零
三厘正
一佃林礼善耕佳洋水尾正租一百四十二斤載籵八分四厘
正
一佃陳華智耕獅公墩并坑尾洋坂共載正租卅斤載
粮一分五厘正付原主収回蔡文海賣契乚帋撥佃字乚帋

7-3-2-116　清乾隆五十二年蔡世苞置林氏福房鬮書（一一六）

一佃林珍輝耕佳洋水尾正租乚十斤載粮六厘正
一号本鄉書斋地根面全三坵載租四十斤載粮二分四厘正
一号青坑嶺大墘尾中号根面全一号載租乚百零一斤載
粮六分正陳振舜退佃字乚帋又繳贖回陳漢書寄字乚
帋又陳振柱断字乚帋
一号本鄉半山嶺墘根面全一号載租七十七斤載粮四分六厘
二毛正吳興智尽字乚帋
一佃林景朱耕招模塆根租伍拾捌斤
一号佳洋门前根面全一坵載粮一分正
一佃楊賢蘭耕青坑山嶺北墘正租六十斤載粮三分
納原主鄒光大収回林世璧賣契乚帋又繳鄒光
大原契乚帋又撮字二帋楊奕蘭承批一帋

7-3-2-117　清乾隆五十二年蔡世苞置林氏福房鬮書（一一七）

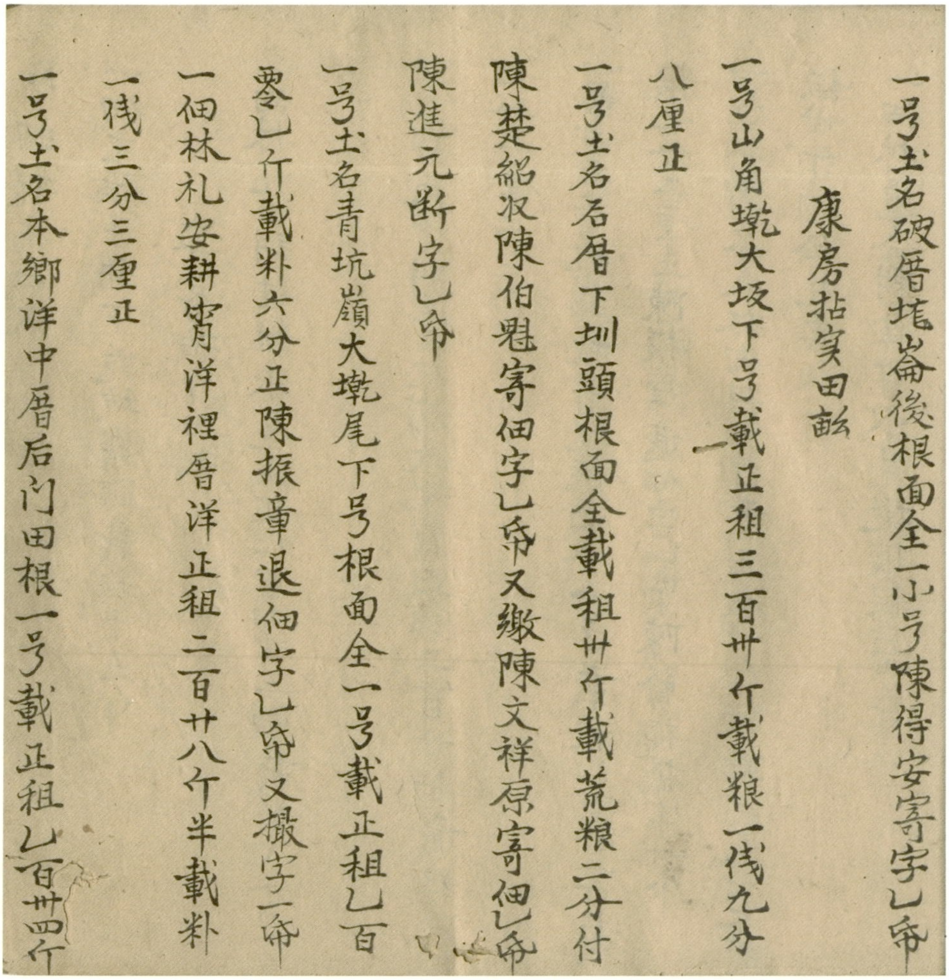
一号土名破厝垵崙後根面全一小号陳得安寄字乙帋
康房拈實田畝
一号山角墘大坂下号載正租三百卅斤載粮一伐九分
八厘正
一号土名石厝下圳頭根面全載租卅斤載荒粮二分付
陳楚紹収陳伯魁寄佃字乙帋又缴陳文祥原寄佃乙帋
陳進元斷字乙帋
一号土名青坑嶺大墘尾下号根面全一号載正租乙百
零乙斤載粁六分正陳振章退佃字乙帋又撥字一帋
一佃林礼安耕宵洋裡厝洋正租二百廿八斤半載粁
一伐三分三厘正
一号土名本鄉洋中厝后门田根一号載正租乙百卅四斤

7-3-2-118 清乾隆五十二年蔡世苞置林氏福房鬮書（一一八）

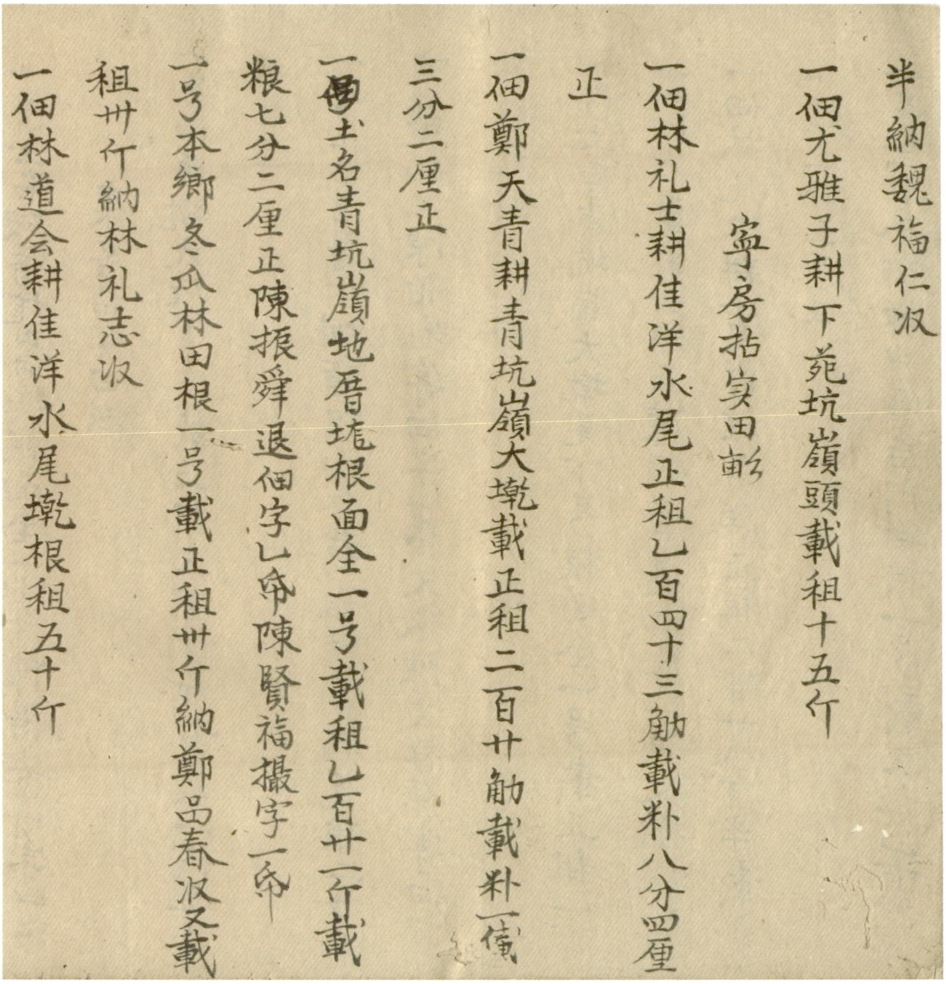
半納魏福仁汲
一佃尤雅子耕下苑坑嶺頭載租十五斤
寧房拈实田畝
一佃林礼士耕佳洋水尾正租乙百四十三觔載粁八分四厘
正
一佃鄭天青耕青坑嶺大墘載正租二百廿觔載粁一[illegible]
三分二厘正
一佃土名青坑嶺地唇埞根面全一号載租乙百廿一斤載
粮七分二厘正陳振舜退佃字乙帋陳賢福撮字一帋
一号本鄉冬瓜林田根一号載正租卅斤納鄭品春汲又載
租卅斤納林礼志汲
一佃林道会耕佳洋水尾墘根租五十斤

7-3-2-119　清乾隆五十二年蔡世苞置林氏福房鬮書（一一九）

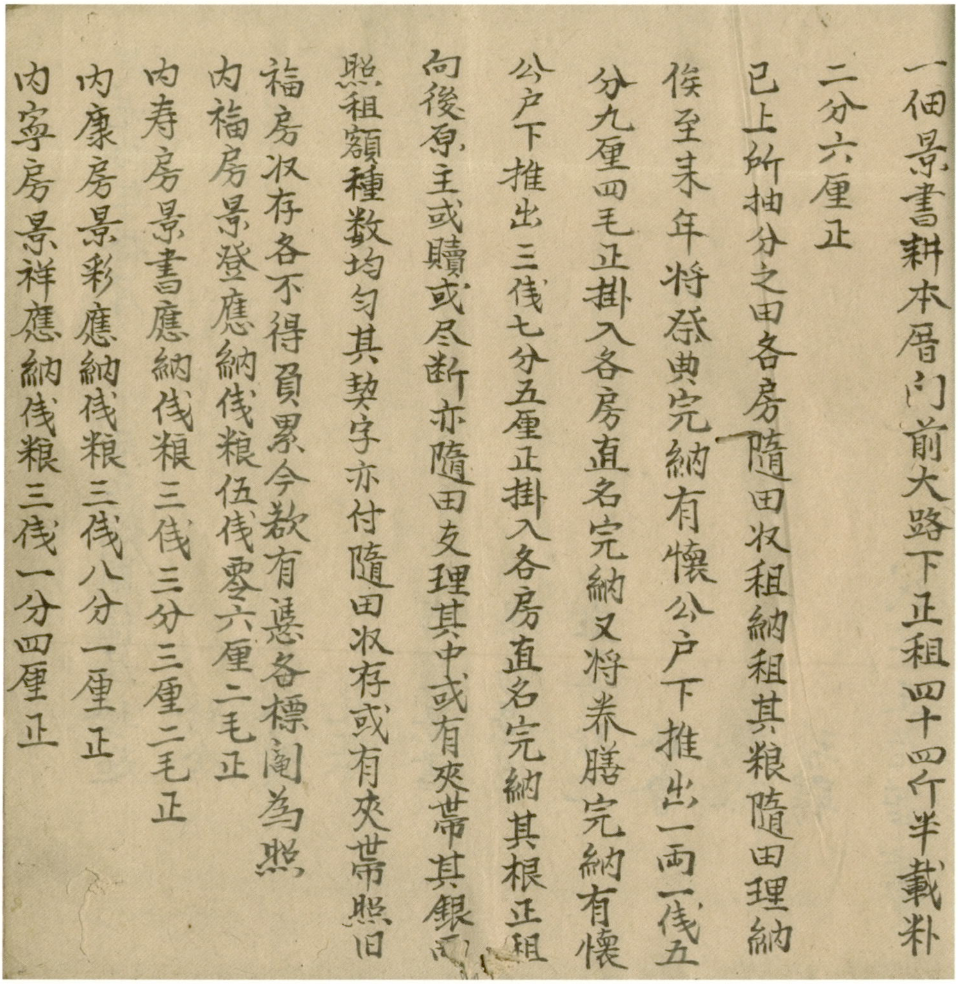
一佃景書耕本厝门前大路下正租四十四斤半載粁
二分六厘正
已上所抽分之田各房隨田收租納租其粮隨田理納
俟至来年将蔡典完納有懐公户下推出一两一錢五
分九厘四毛正掛入各房直名完納又将券膳完納有懐
公户下推出三錢七分五厘正掛入各房直名完納其根正租
向後原主或贖或尽断亦隨田支理其中或有夾帶其銀両
照租額種數均匀其契字亦付隨田收存或有夾帶照旧
福房收存各不得負累今欲有憑各標阄為照
内福房景登應納錢粮伍錢零六厘二毛正
内寿房景書應納錢粮三錢三分三厘二毛正
内康房景彩應納錢粮三錢八分一厘正
内寧房景祥應納錢粮三錢一分四厘正

7-3-2-120　清乾隆五十二年蔡世苞置林氏福房鬮書（一二〇）

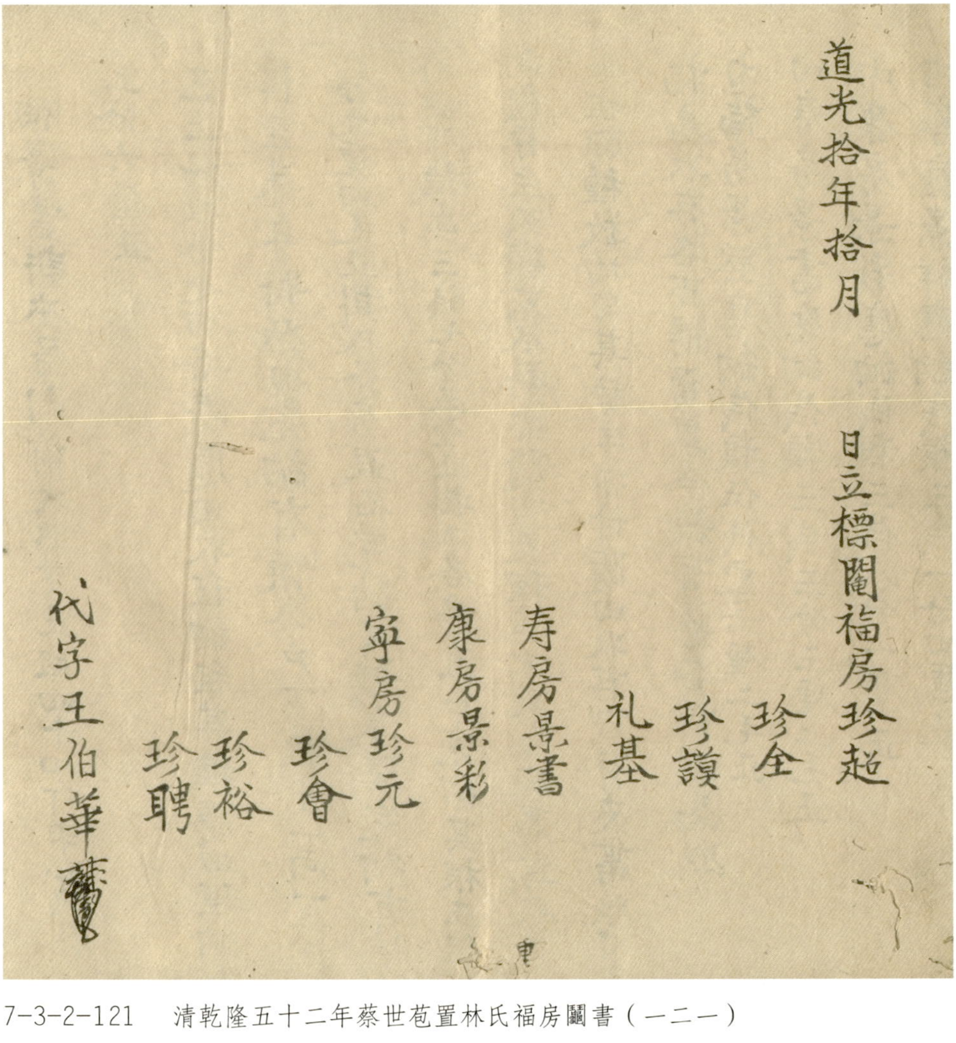
道光拾年拾月　日立標鬮福房珍超
珍全
珍讓
礼基
寿房景書
康房景彩
寧房珍元
珍會
珍裕
珍聘
代字王伯華（押）

7-3-2-121　清乾隆五十二年蔡世苞置林氏福房鬮書（一二一）

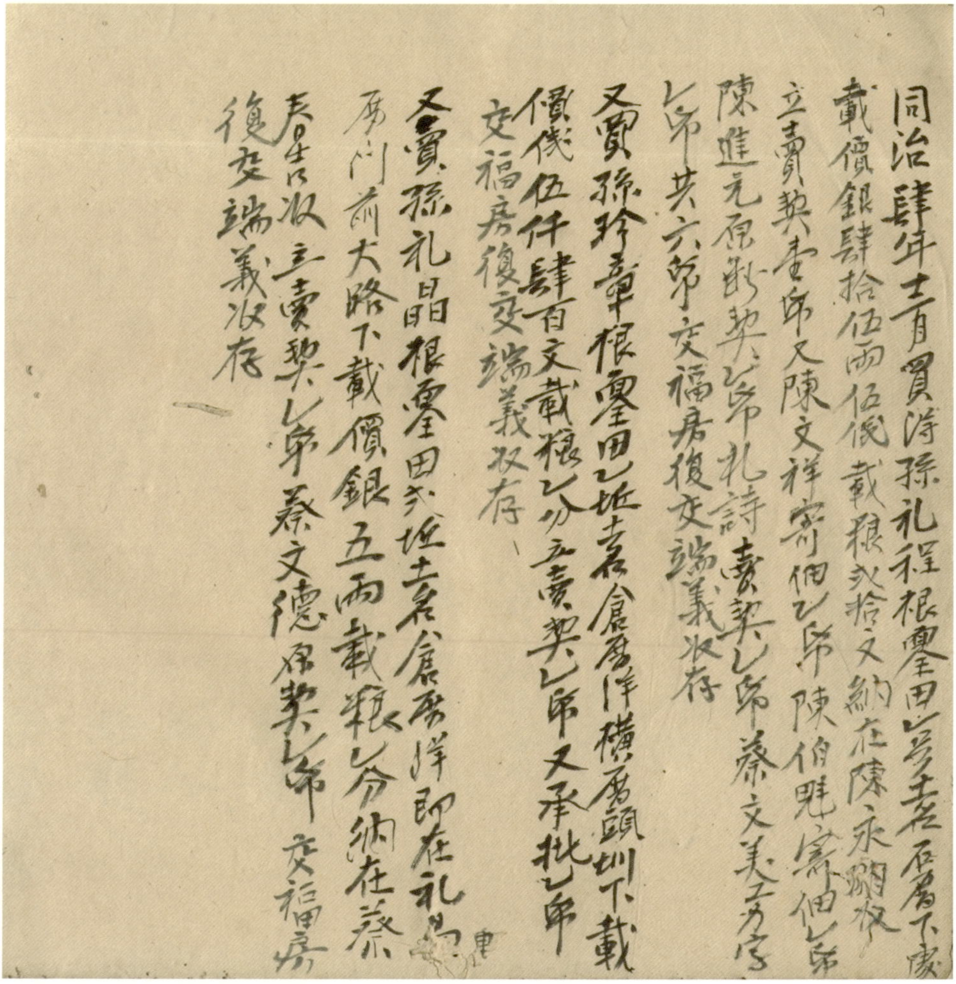
同治肆年十二月買得孫礼程根壟田乙号土名石厝下家
載價銀肆拾伍兩伍錢載粮弍拾文納在陳永瀾收
立賣契壹帋又陳文祥寄佃乙帋陳伯毘寄佃乙帋
陳進元原断契乙帋礼詩賣契乙帋蔡文美上手字
乙帋共六帋交福房復交端義收存
又買孫玠章根壟田乙坵土名倉厝洋横厝頭圳下載
價錢伍仟肆百文載粮乙分立賣契乙帋又承批乙帋
交福房復交端義收存
又買孫礼晶根壟田弍坵土名倉厝洋即在礼晶
厝門前大路下載價銀五兩載粮乙分納在蔡
長生収　立賣契乙帋蔡文德原契乙帋　交福房
復交端義收存

7-3-2-122　清乾隆五十二年蔡世苞置林氏福房鬮書（一二二）

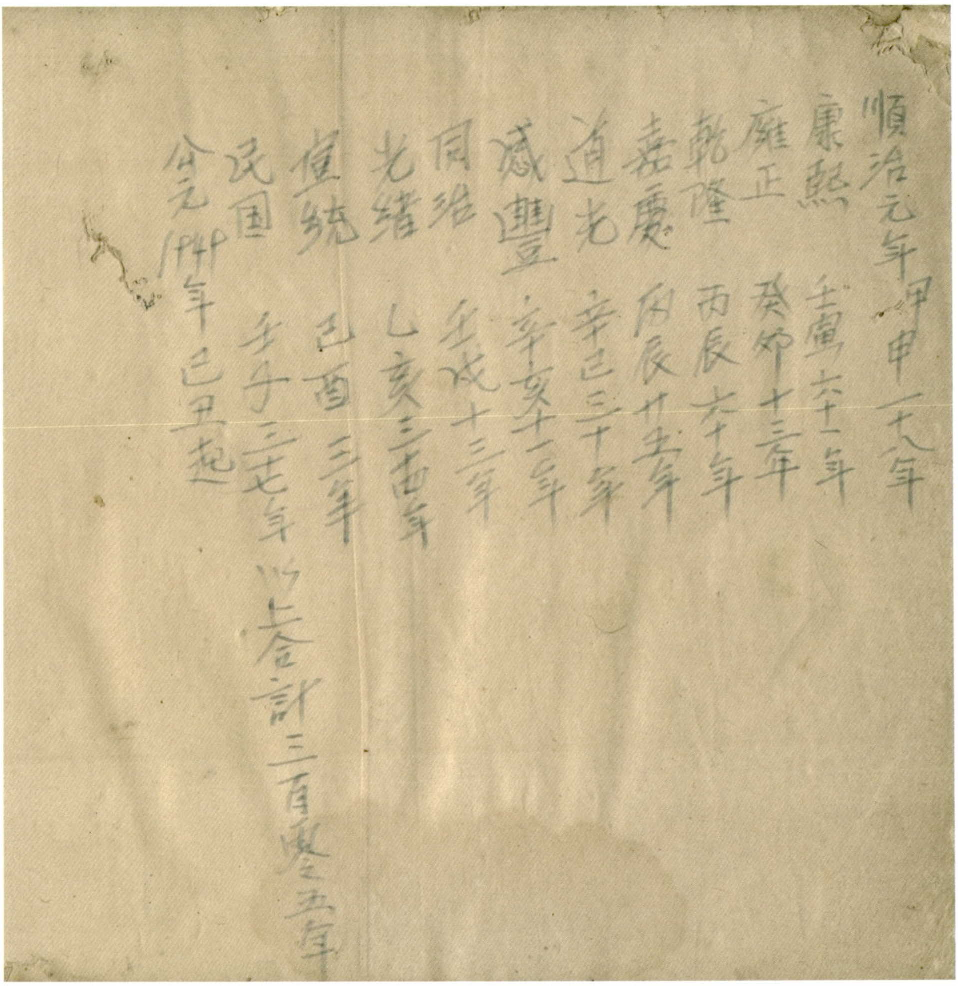

順治元年甲申一十八年
康熙 壬寅六十一年
雍正 癸卯十三年
乾隆 丙辰六十年
嘉慶 丙辰廿五年
道光 辛巳三十年
咸豐 辛亥十一年
同治 壬戌十三年
光緒 乙亥三十四年
宣統 己酉三年
民国 壬子三十七年 以上合計三百零五年
公元卌年己丑起

7-3-2-123　清乾隆五十二年蔡世苞置林氏福房鬮書（一二三）

7-3-2-124　清乾隆五十二年蔡世苞置林氏福房鬮書（一二四）

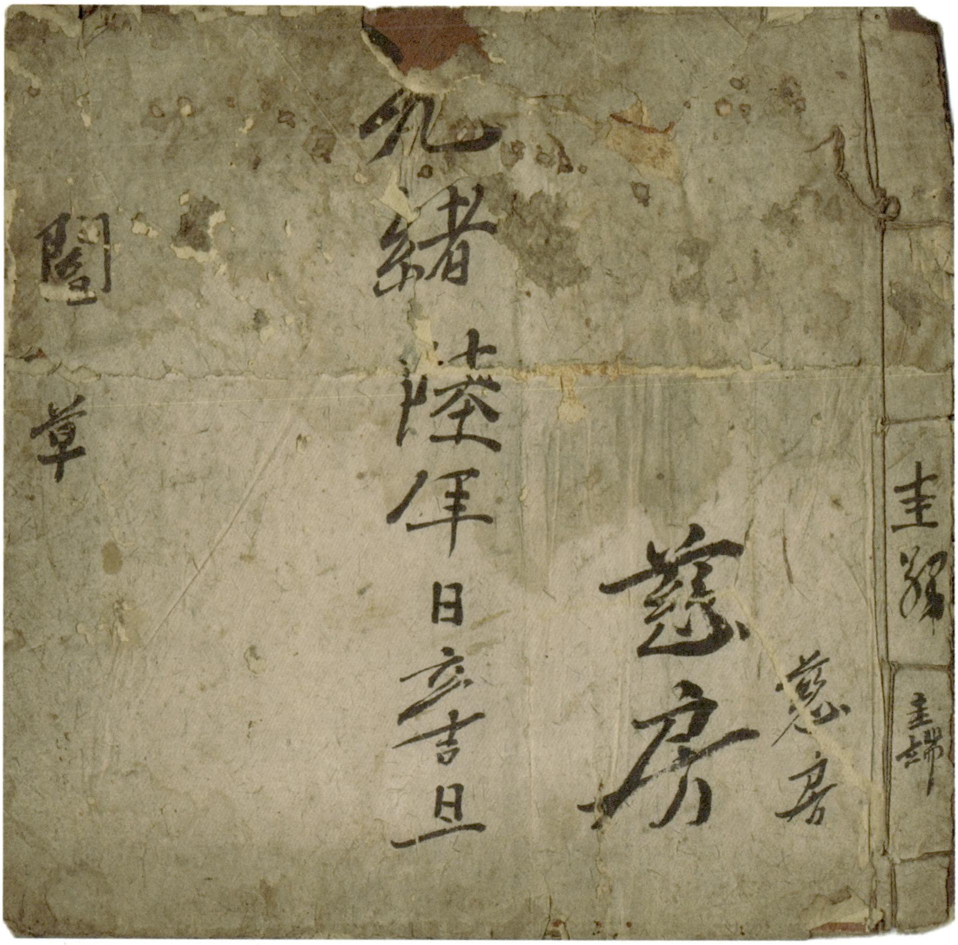

7-3-3-1　清光緒六年林氏慈房鬮草（一）

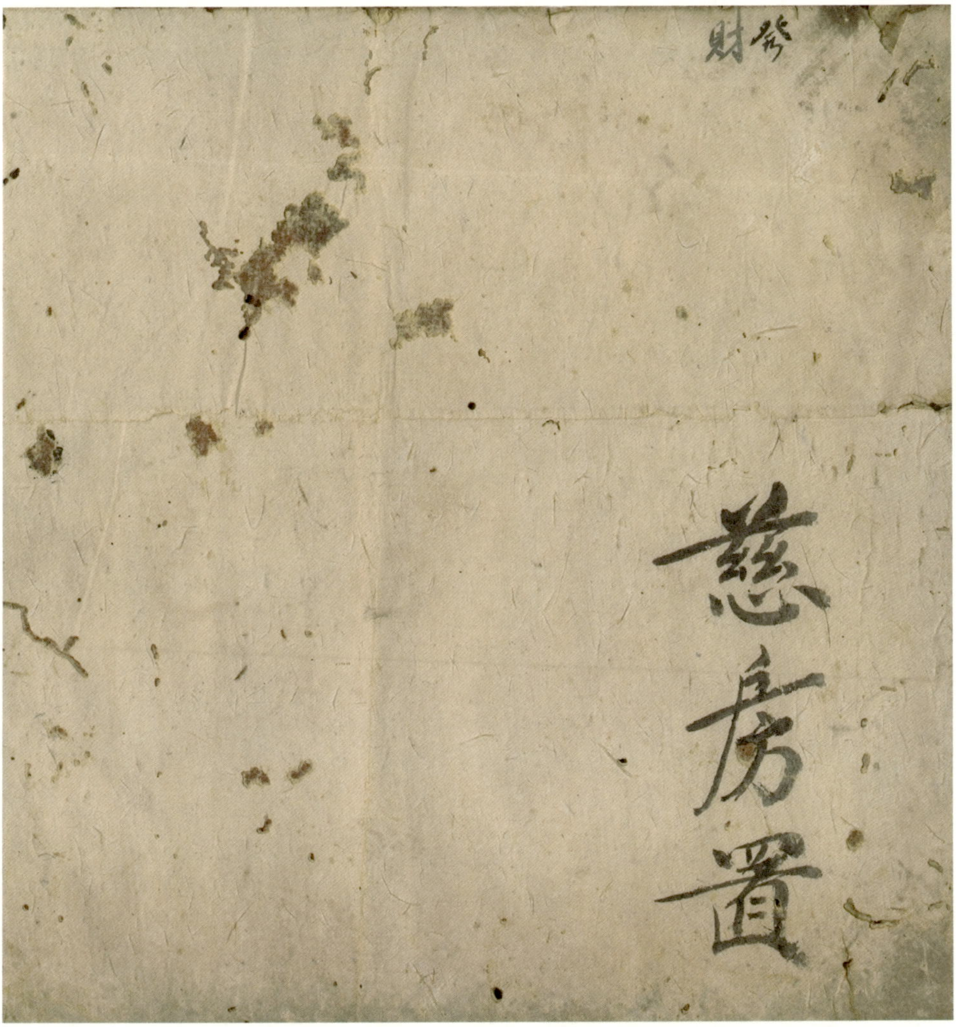

7-3-3-2　清光緒六年林氏慈房鬮草（二）

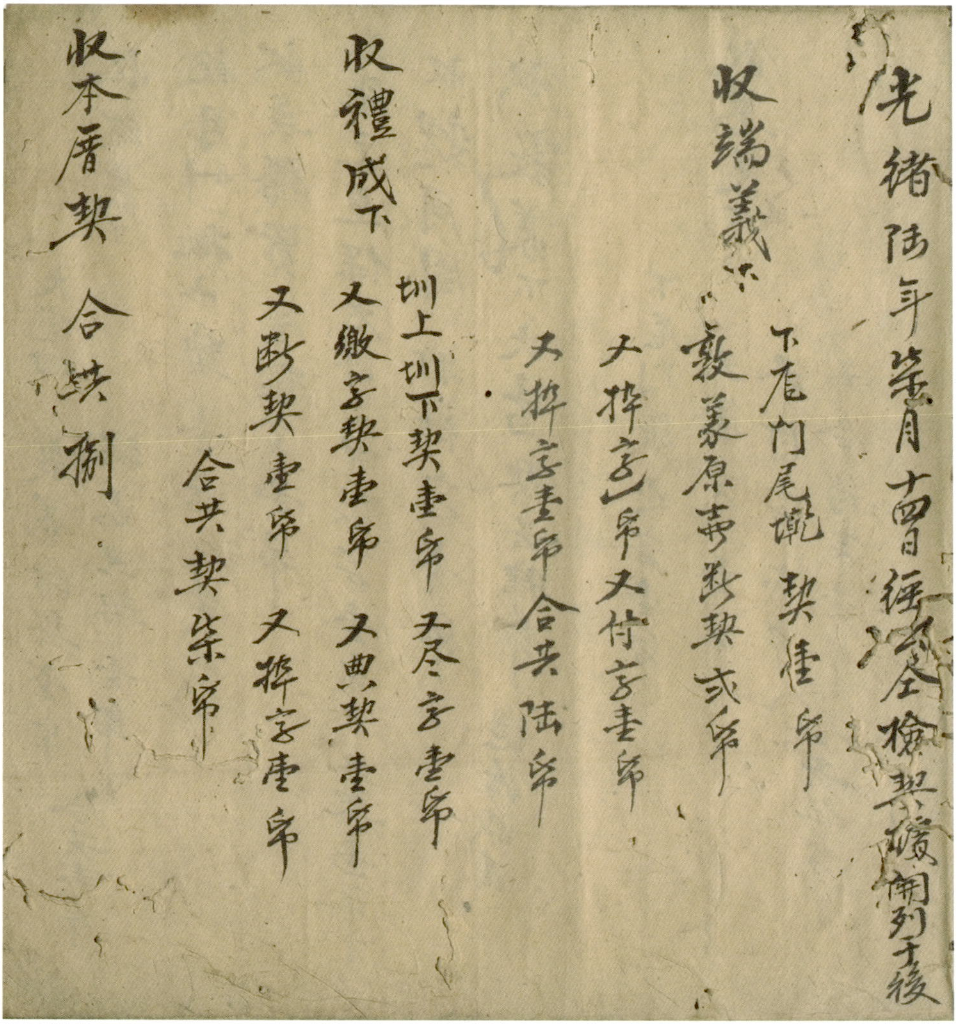

7-3-3-3　清光緒六年林氏慈房鬮草（三）

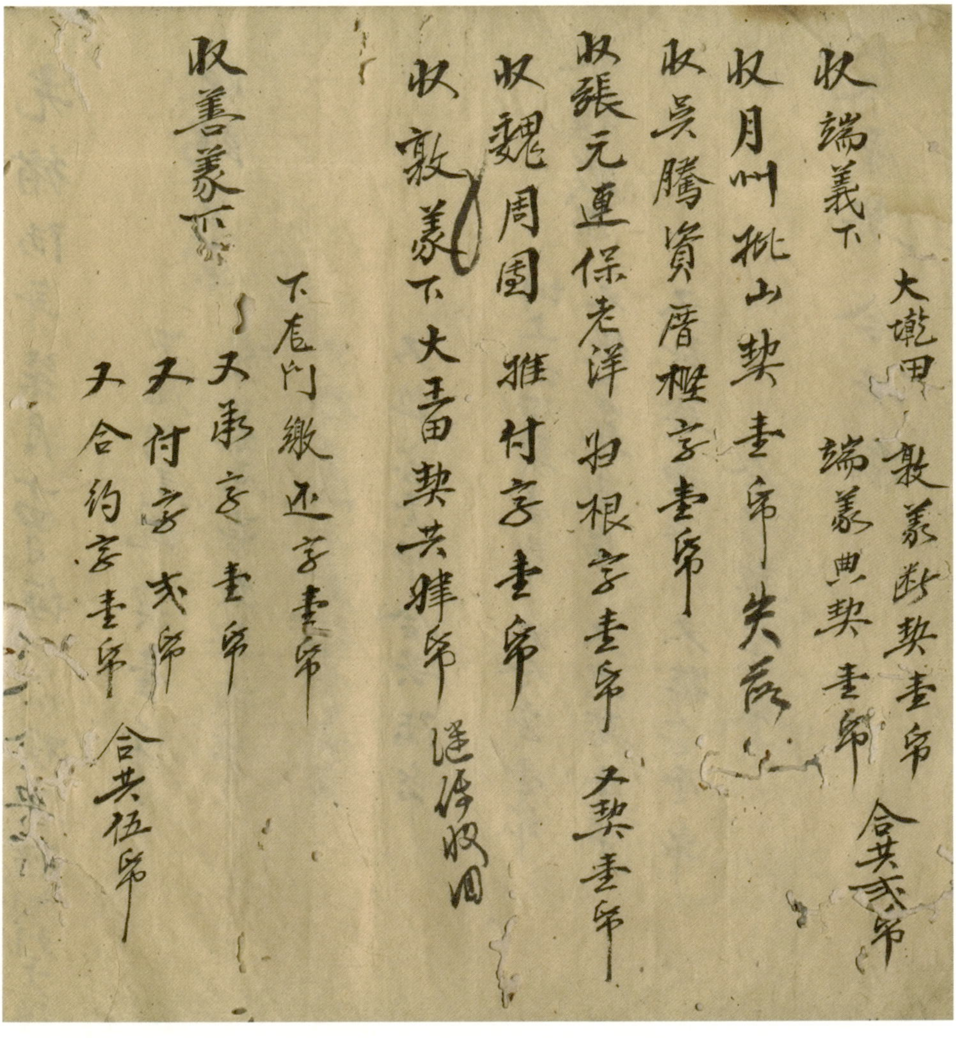

收端義下

大墘田　敦義斷契壹帋

端義典契壹帋

合共貳帋

收月州枇山契壹帋　失落

收吳騰資厝柸字壹帋

收張元連保老洋　归根字壹帋　大契壹帋

收魏周園　推付字壹帋

收敦義下　大壵田契共肆帋　遗停收回

收善義下

下厝門繳还字壹帋

又承字壹帋

又付字貳帋

又合約字壹帋

合共伍帋

7-3-3-4　清光緒六年林氏慈房鬮草（四）

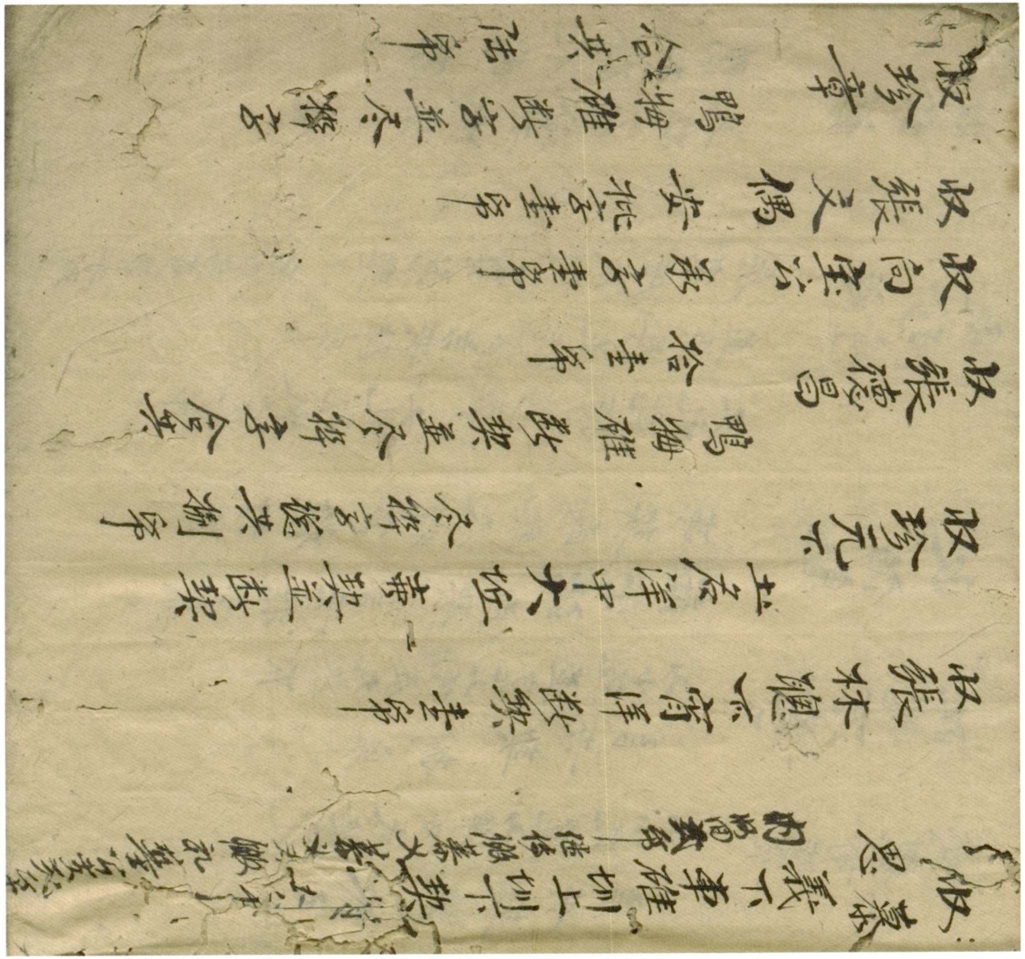

7-3-3-5　清光緒六年林氏慈房鬮草（五）

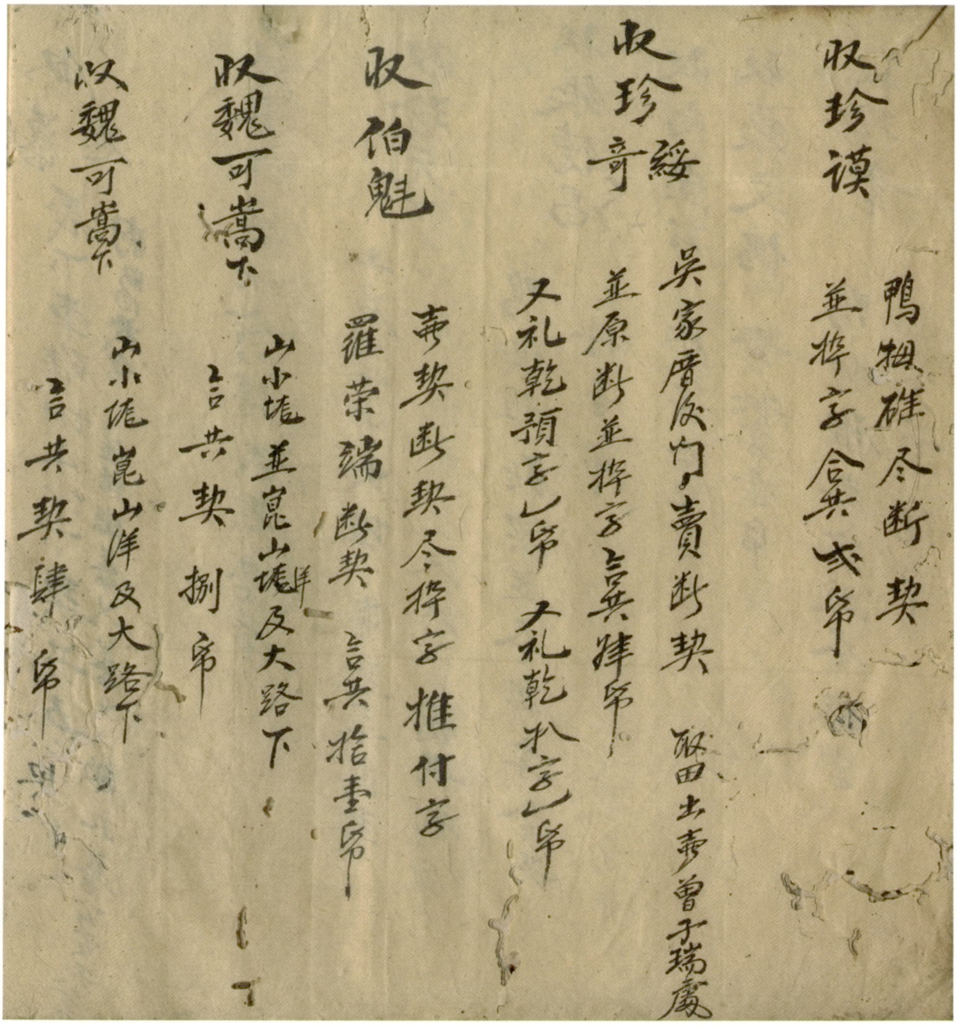

7-3-3-6　清光緒六年林氏慈房鬮草（六）

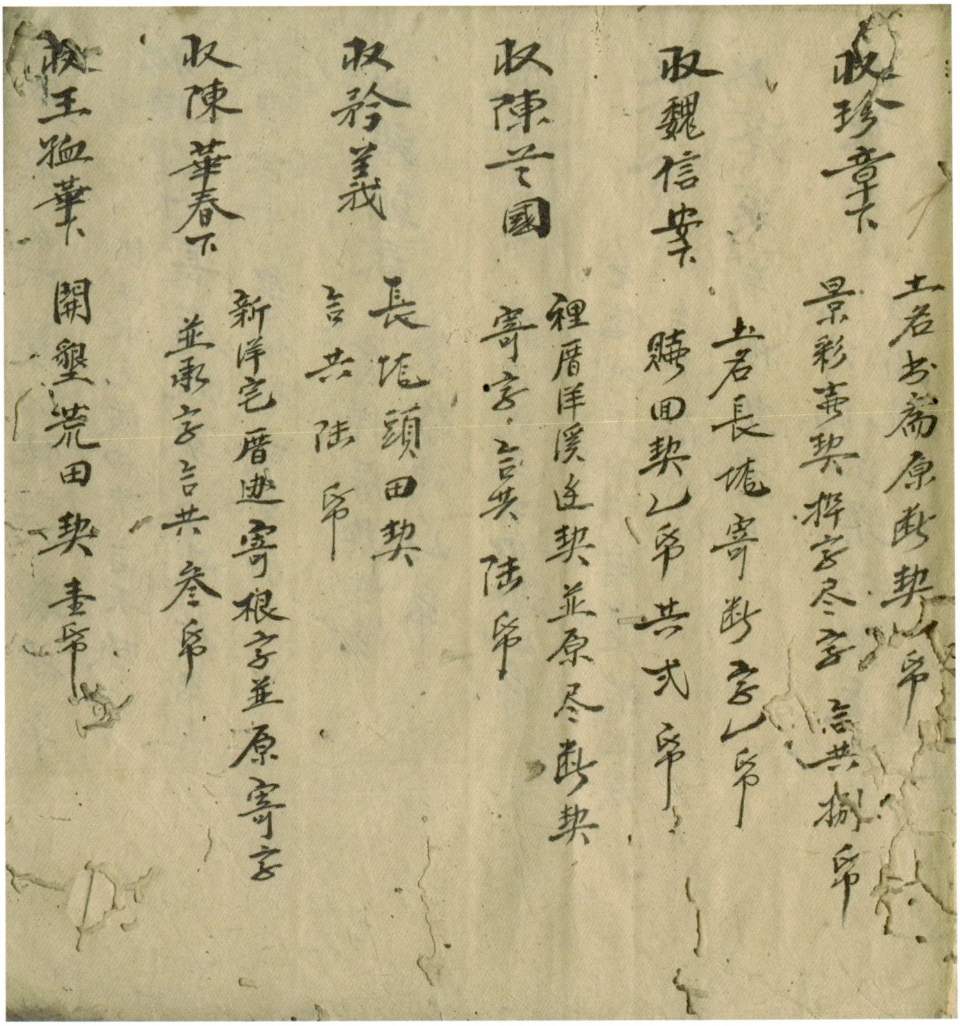
收珍章〻　土名坮崙原斷契乙帋
景彩寄契拚字尽字　合共捌帋
收魏信棠　土名長坵寄斷字乙帋
賸田契乙帋　共弍帋
收陳芒國　裡厝洋溪返契並原尽斷契
寄字　合共陆帋
收矜義　長坵頭田契
合共陆帋
新洋宅厝地寄根字並原寄字
收陳華春〻　並承字　合共叁帋
收王独葉〻　開墾荒田契壹帋

7-3-3-7　清光緒六年林氏慈房鬮草（七）

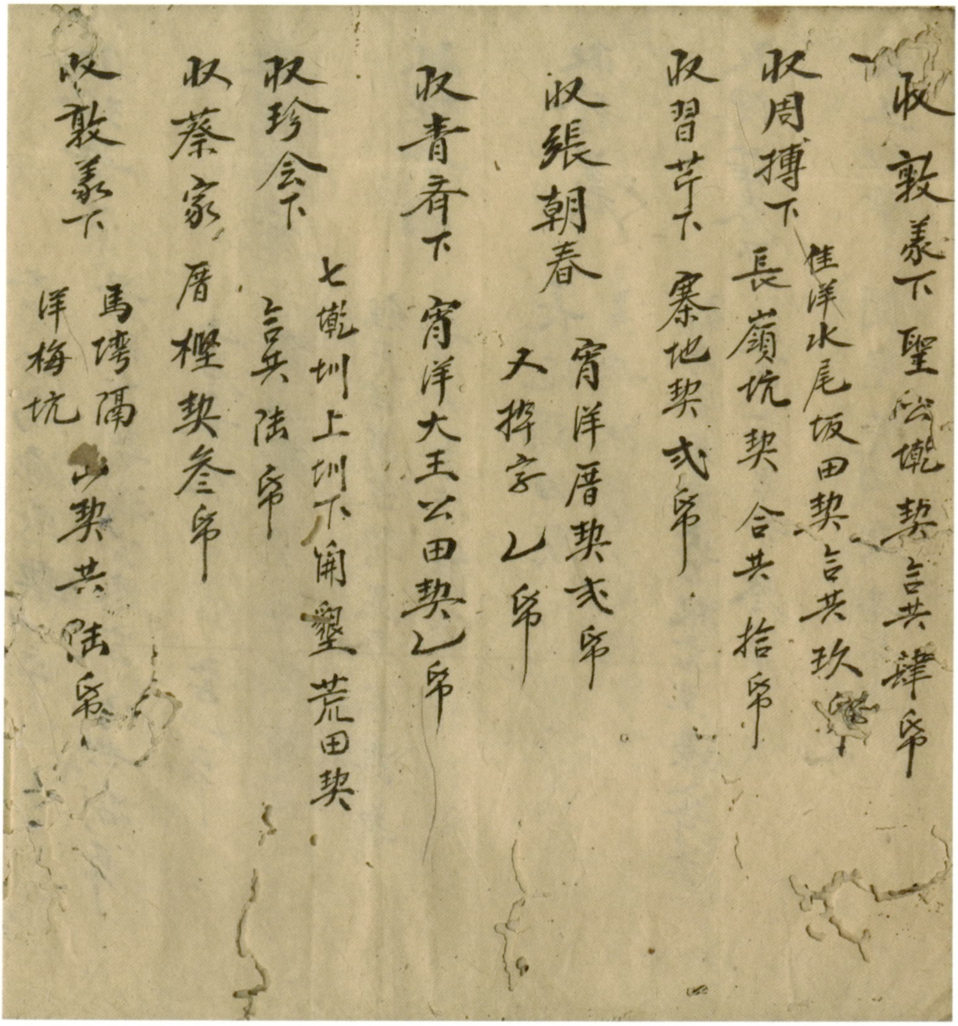
收敦義下墾𡵓墘契合共肆帋
收周摶下佳洋水尾坂田契合共玖帋
長嶺坑契合共拾帋
收習芊下寨地契弍帋
收張朝春宵洋厝契弍帋
大拚字乙帋
收青春下宵洋大王公田契乙帋
七墘圳上圳下甪壟荒田契
收珍会下合共陆帋
收蔡家厝樫契叁帋
收敦義下馬墿隔洋梅坑山契共陆帋

7-3-3-8　清光緒六年林氏慈房鬮草（八）

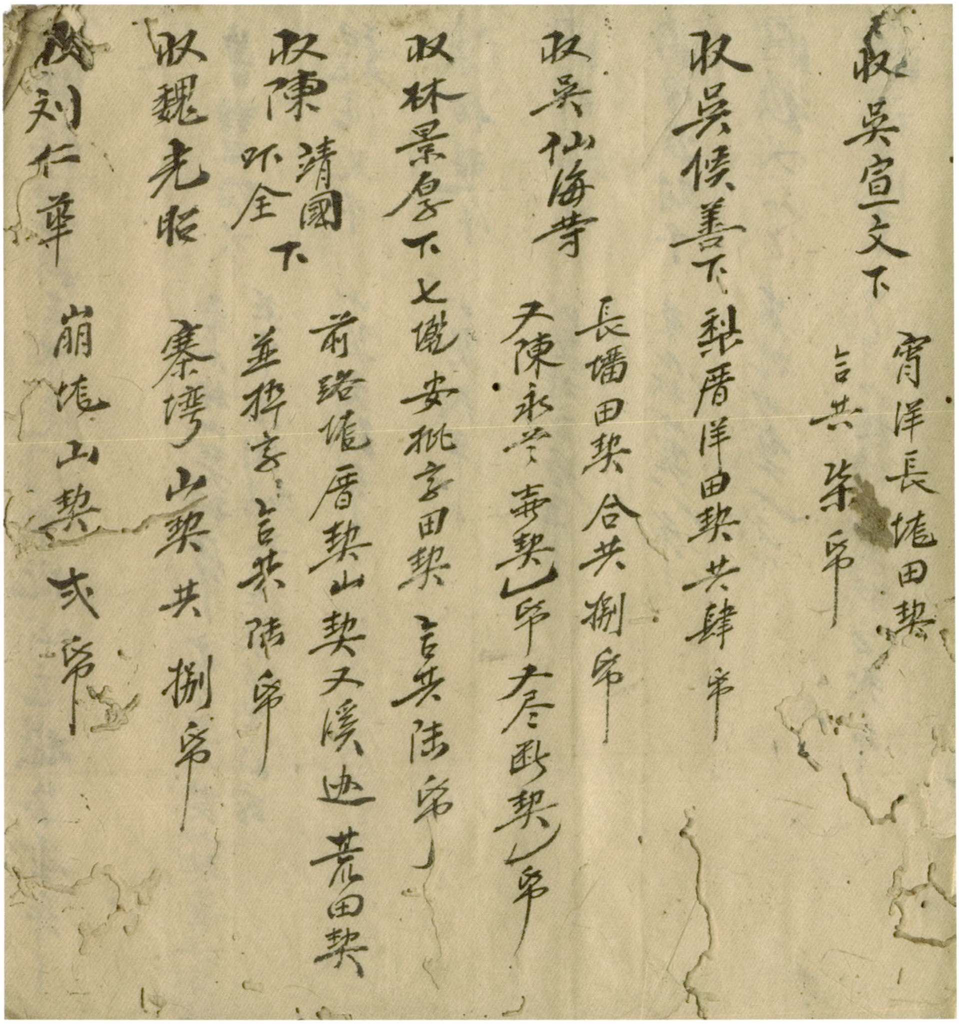

收吴宣文下　宵洋長墘田契　合共柒帋
收吴侯善下　梨厝洋田契共肆帋
收吴仙海等　長墦田契合共捌帋　大陳永[illegible]毒契一帋大尽[illegible]契一帋
收林景厚下　七俴安桃字田契　合共陆帋
收陳清國下　前路墘厝契山契又溪边荒田契　吓全下　並拼字　合共陆帋
收魏光昭　寨墩山契共捌帋
收刘仁華　崩墘山契弍帋

7-3-3-9　清光緒六年林氏慈房鬮草（九）

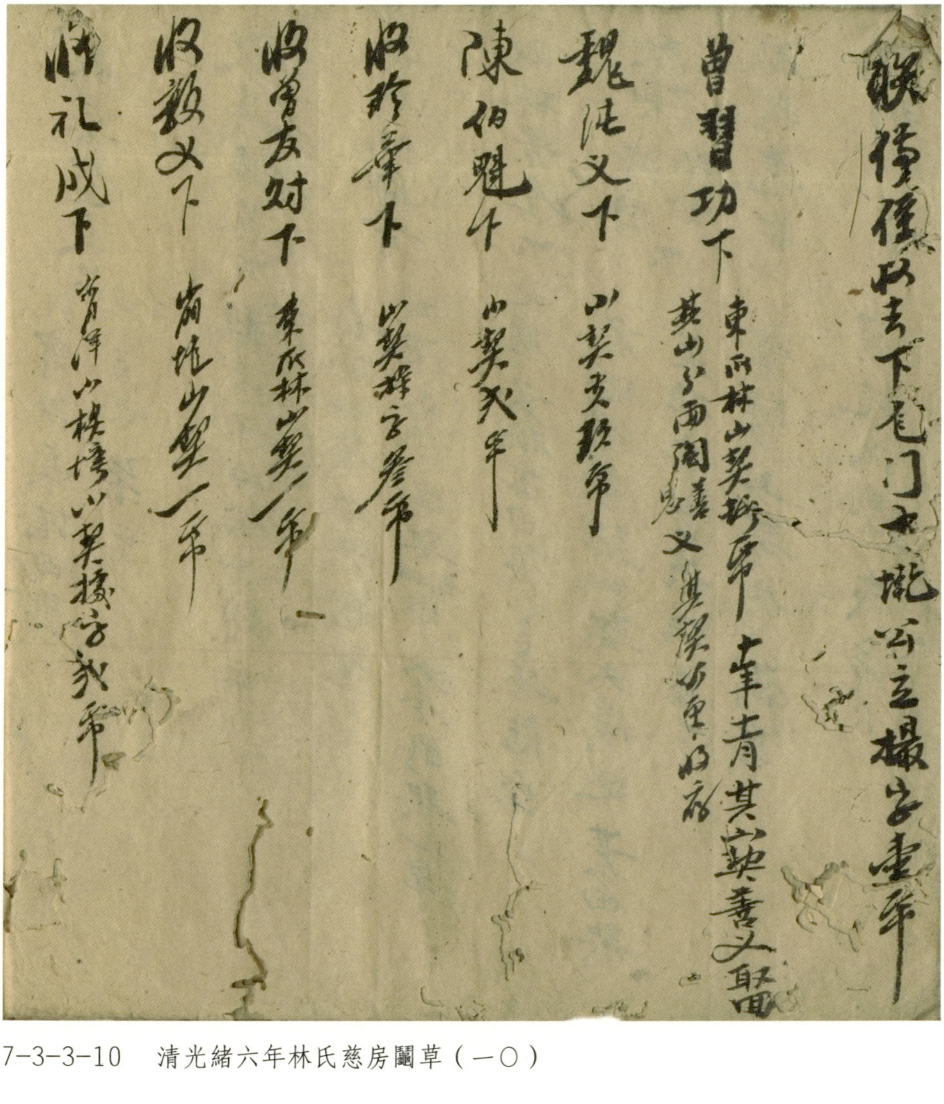

7-3-3-10　清光緒六年林氏慈房鬮草（一〇）

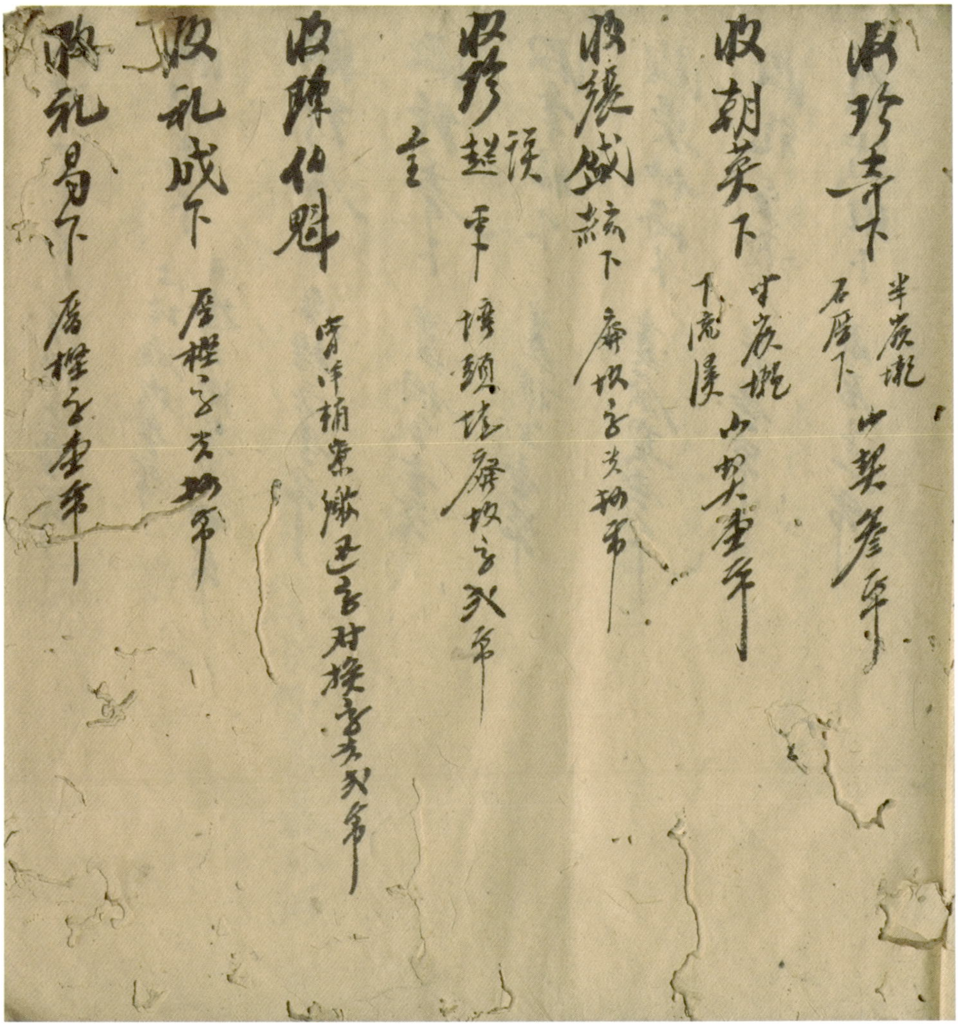

7-3-3-11　清光緒六年林氏慈房鬮草（一一）

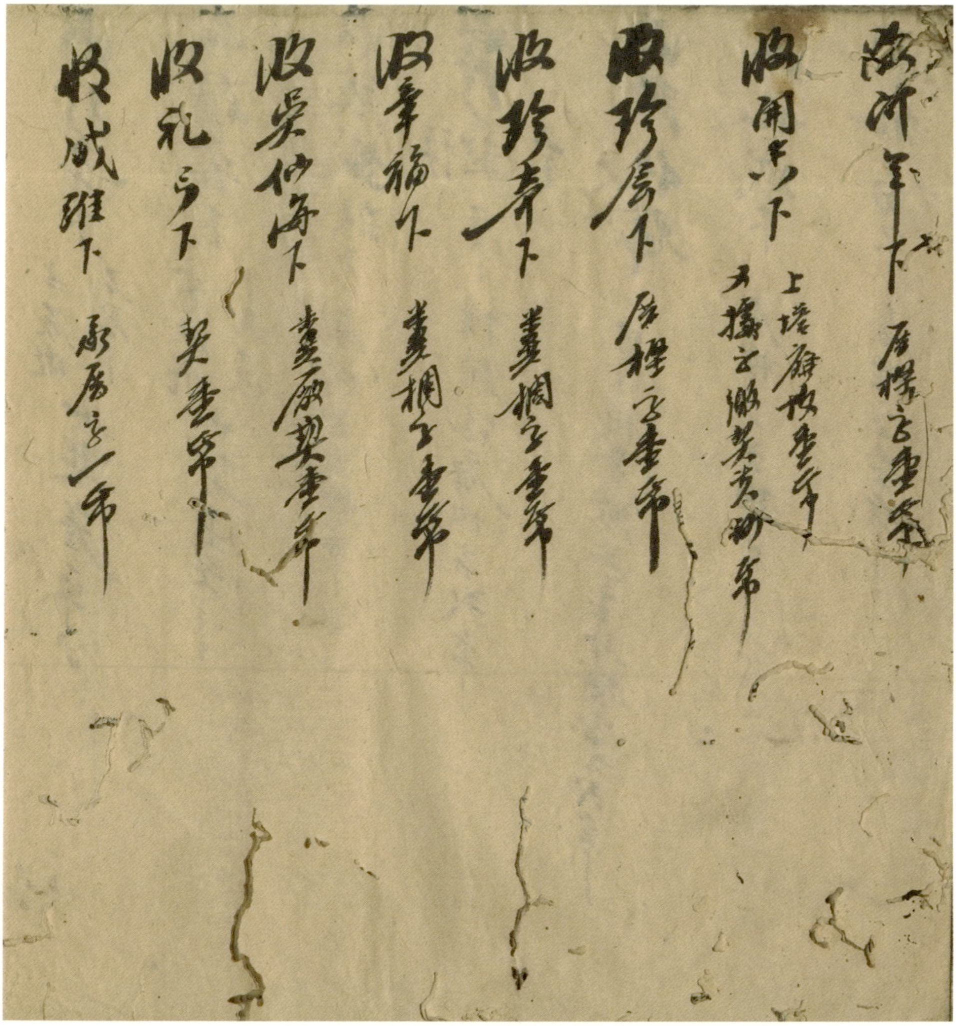

7-3-3-12　清光緒六年林氏慈房鬮草（一二）

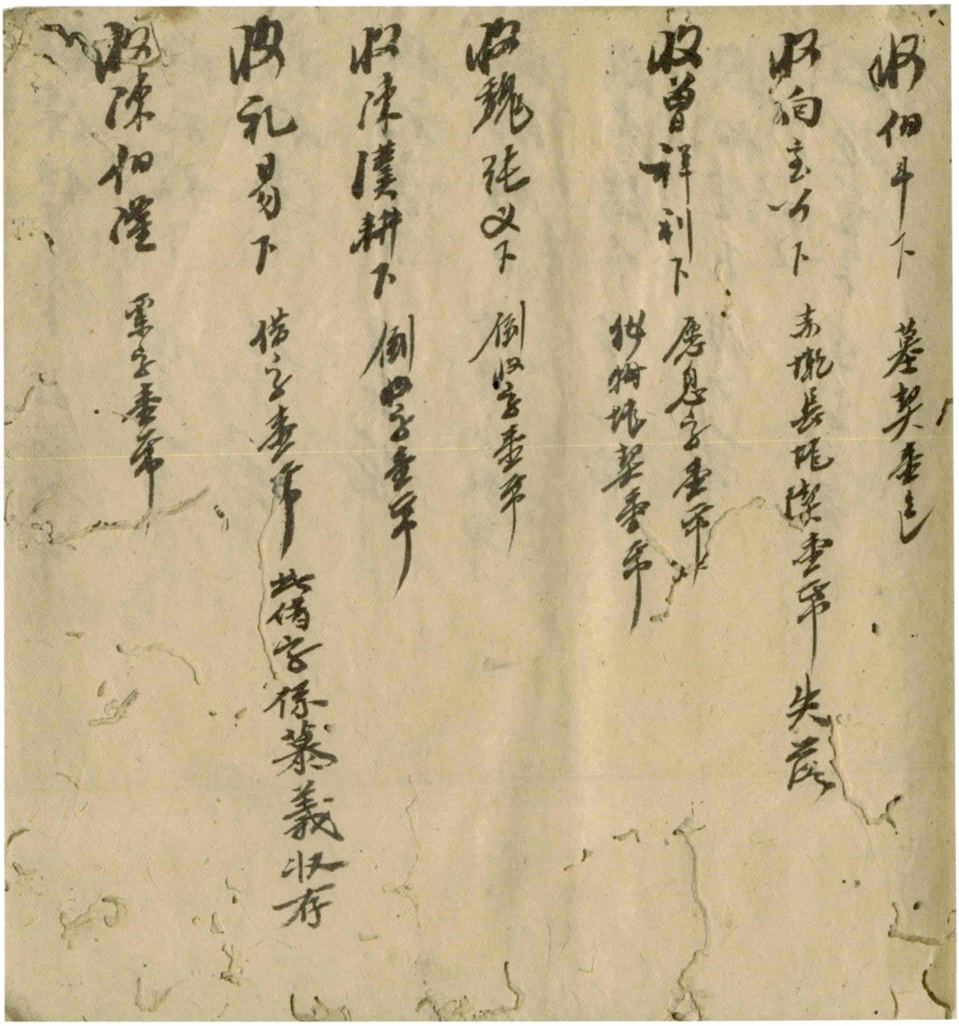
收佃斗下　墓契壹紙
收向主分下　赤批長耽墘壹紙　失落
收曾祥利下　房息字壹紙　批摘根契壹紙
收魏張叉下　倒收字壹紙
收陳漢耕下　倒收字壹紙
收孔昜下　借字壹紙　批付字孫慕義收存
收陳相灌　票字壹紙

7-3-3-13　清光緒六年林氏慈房鬮草（一三）

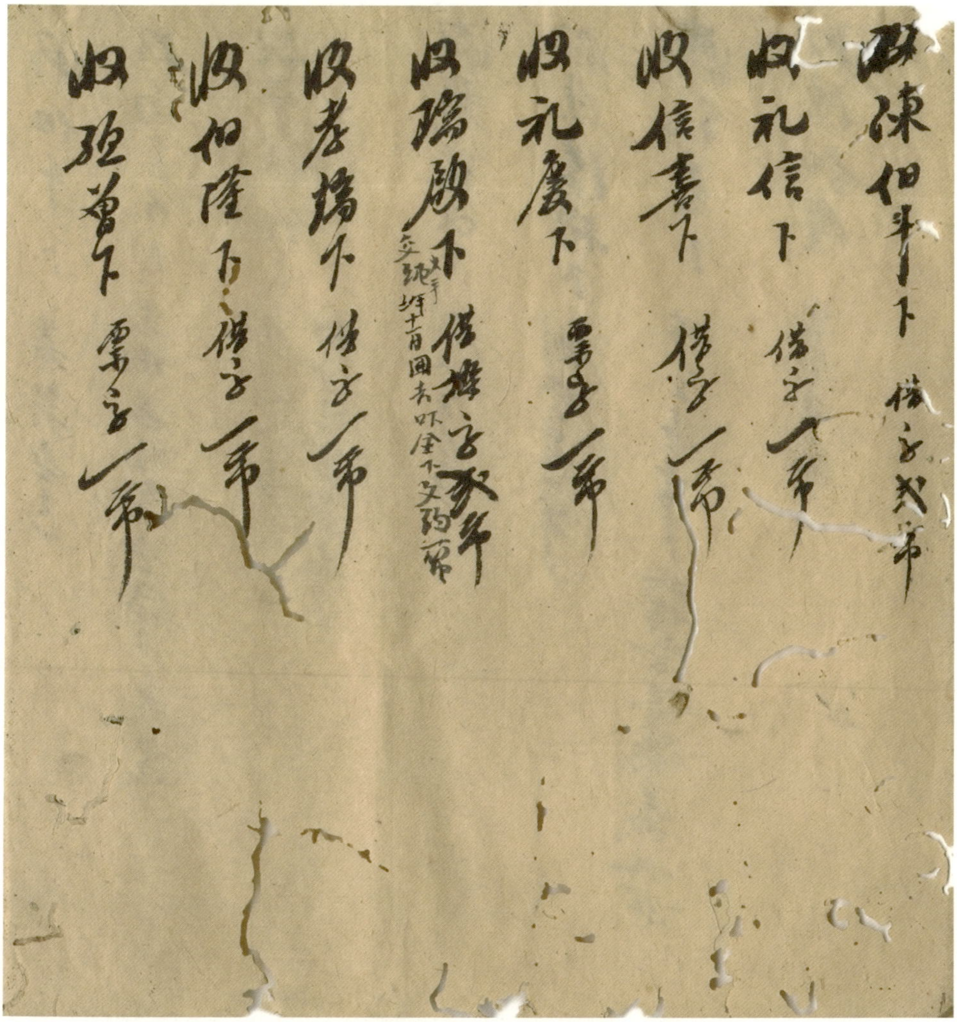
收陳伯年下 借字弍帋
收礼信下 借字一帋
收信喜下 借字一帋
收礼慶下 票字一帋
收瑞啟下 借據字叁帋 交跳文手廿年十一月回去吥全不交跕一帋
收孝端下 借字一帋
收伯隆下 借字一帋
收殖萬下 票字一帋

7-3-3-14　清光緒六年林氏慈房鬮草（一四）

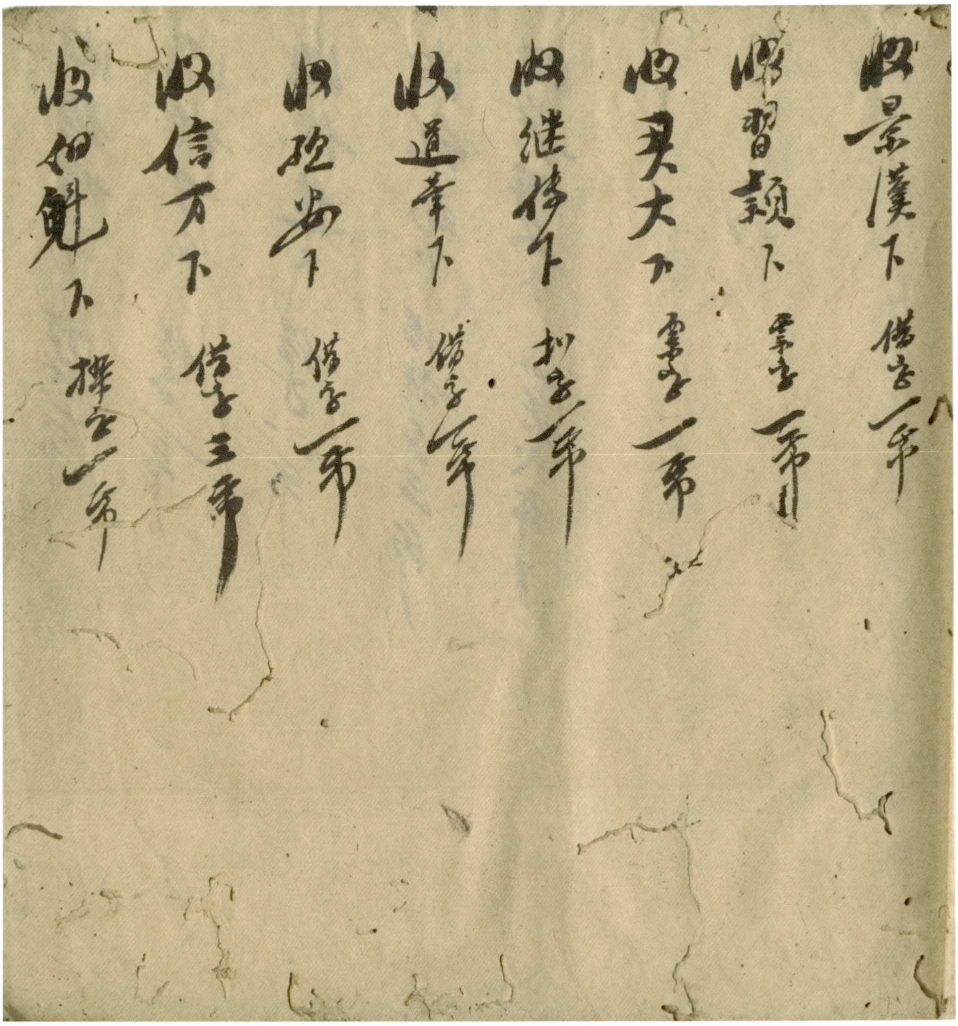

收景漢下 借字一吊
收智顏下 壹字一吊
收昊大下 壹字一吊
收継侍下 抄字一吊
收道葶下 借字一吊
收珍安下 借字一吊
收信万下 借字三吊
收如覍下 揮字一吊

7-3-3-15　清光緒六年林氏慈房鬮草（一五）

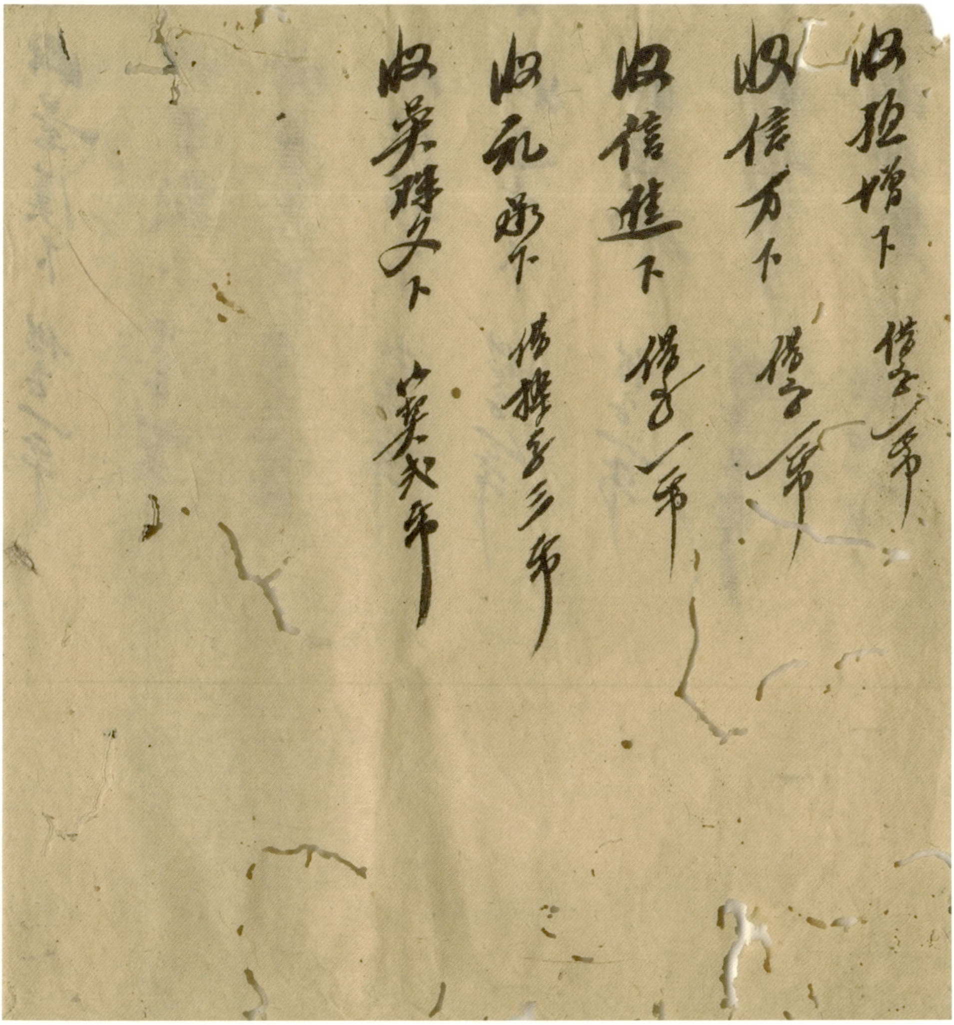

收孫增下　借艮一吊
收信方下　借艮一吊
收信進下　借艮一吊
收元鄉下　借樣艮三吊
收吳驛文下　吳氏一吊

7-3-3-16　清光緒六年林氏慈房鬮草（一六）

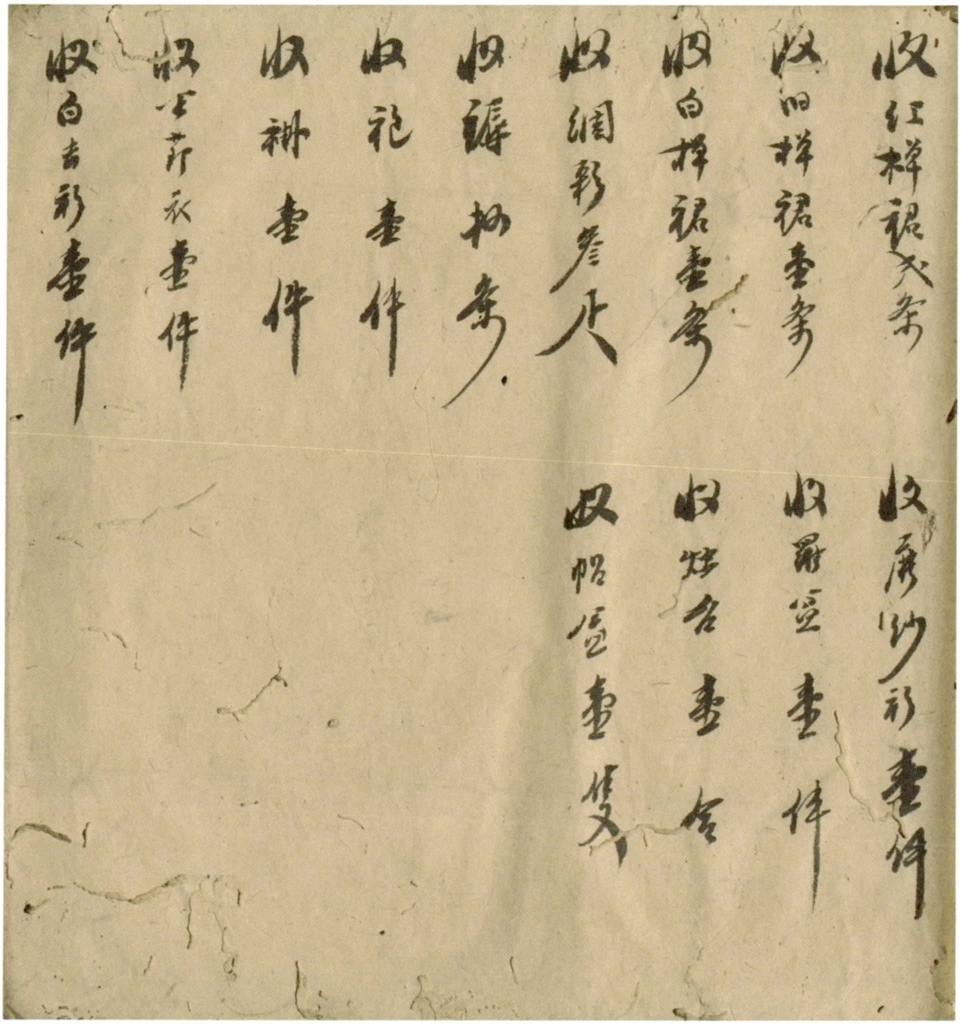
收紅样裙弍条
收旧样裙壹条
收白样裙壹条
收绸彩叁尺
收羅袖条
收袍壹件
收褂壹件
收半苏衣壹件
收白吉彩壹件
收房纱彩壹件
收羅笠壹件
收烛台壹合
收帽盒壹隻

7-3-3-17　清光緒六年林氏慈房鬮草（一七）

7-3-3-18　清光緒六年林氏慈房鬮草（一八）

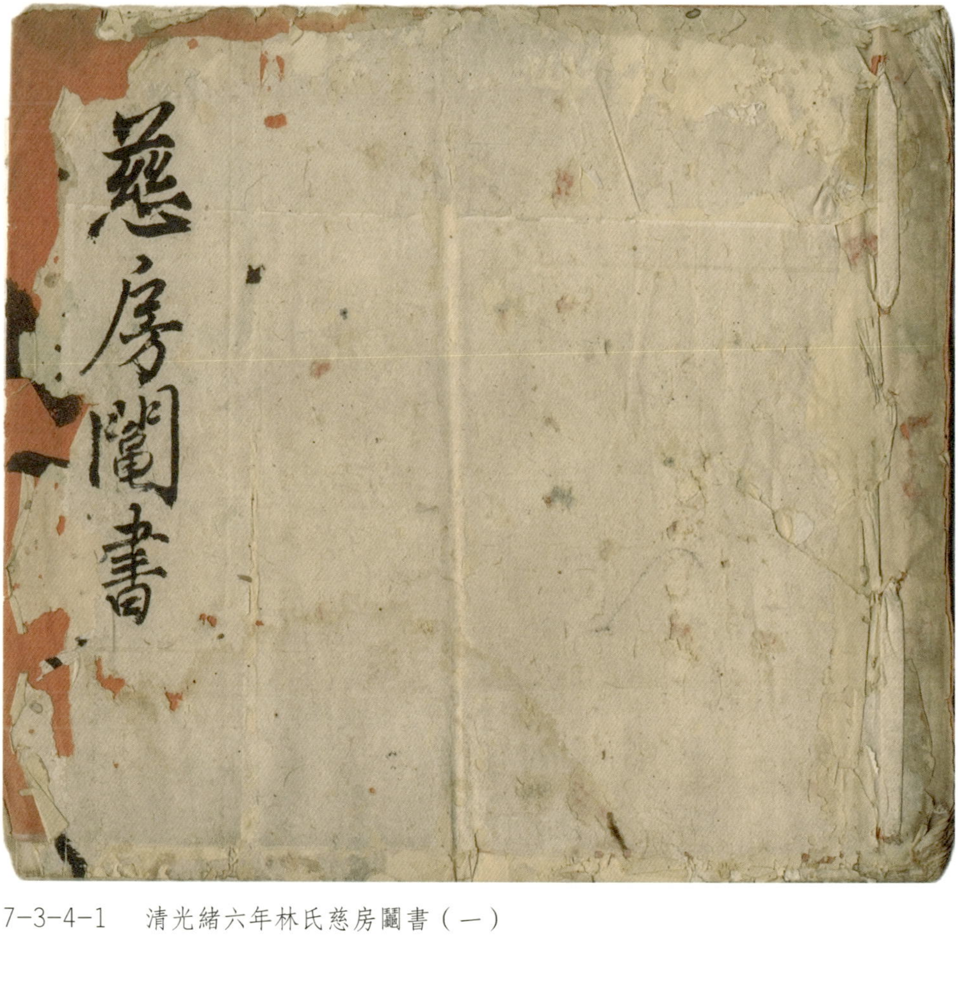

7-3-4-1　清光緒六年林氏慈房鬮書（一）

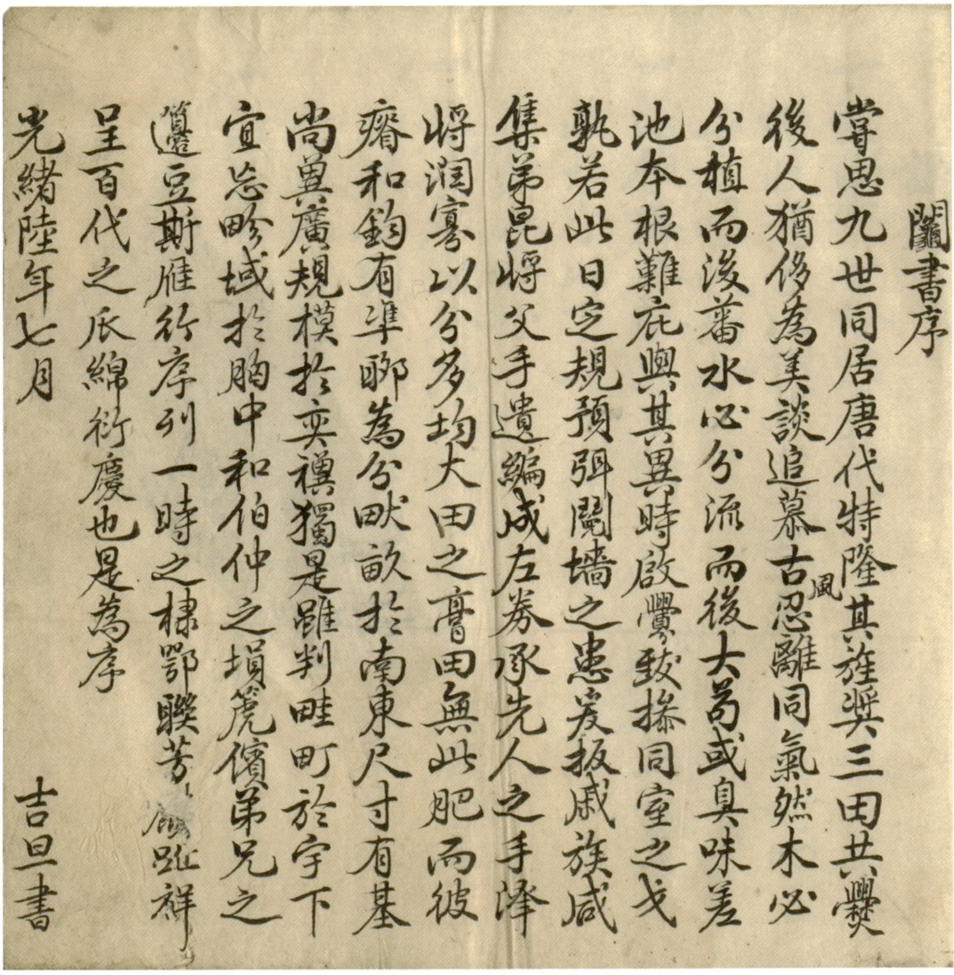
鬮書序
嘗思九世同居唐代特隆其旌奬三田共爨
後人猶傳為美談追慕古風忍離同氣然木必
分植而後蕃水必分流而後大苟或臭味差
池本根難庇與其異時啟釁致搆同室之戈
孰若此日定規預弭鬩墻之患爰扱戚族咸
集弟昆將父手遺編成左券承先人之手澤
將潤寡以分多均大田之膏田無此肥而彼
瘠和鈞有準聊為分畎畝於南東尺寸有基
尚冀廣規模於奕禩獨是雖判畦町於宇下
宜忘畛域於胸中和伯仲之塤篪儐弟兄之
籩豆斯雁行序列一時之棣鄂聯芳麟趾祥
呈百代之瓜綿衍慶也是為序
光緒陸年七月　　吉旦書

7-3-4-2　清光緒六年林氏慈房鬮書（二）

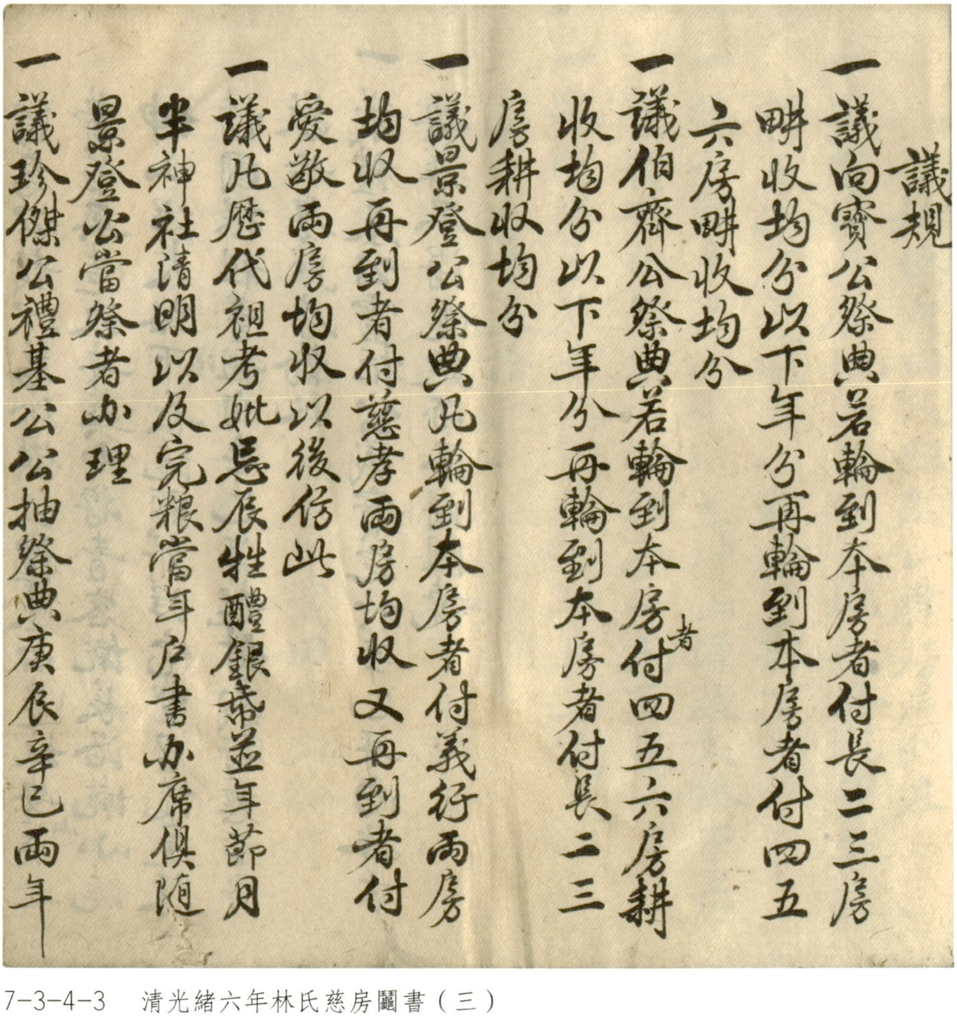

議規
一議向賓公祭典若輪到本房者付長二三房耕收均分以下年分再輪到本房者付四五六房耕收均分
一議伯齊公祭典若輪到本房者付四五六房耕收均分以下年分再輪到本房者付長二三房耕收均分
一議景登公祭典凡輪到本房者付義紆兩房均收再到者付慈孝兩房均收又再到者付愛敬兩房均收以後仿此
一議凡歷代祖考妣忌辰牲醴銀錢年節月半神社清明以及完粮當年户書亦房俱迴景登公當祭者亦理
一議珍傑公禮基公公抽祭典庚辰辛巳兩年

7-3-4-3　清光緒六年林氏慈房鬮書（三）

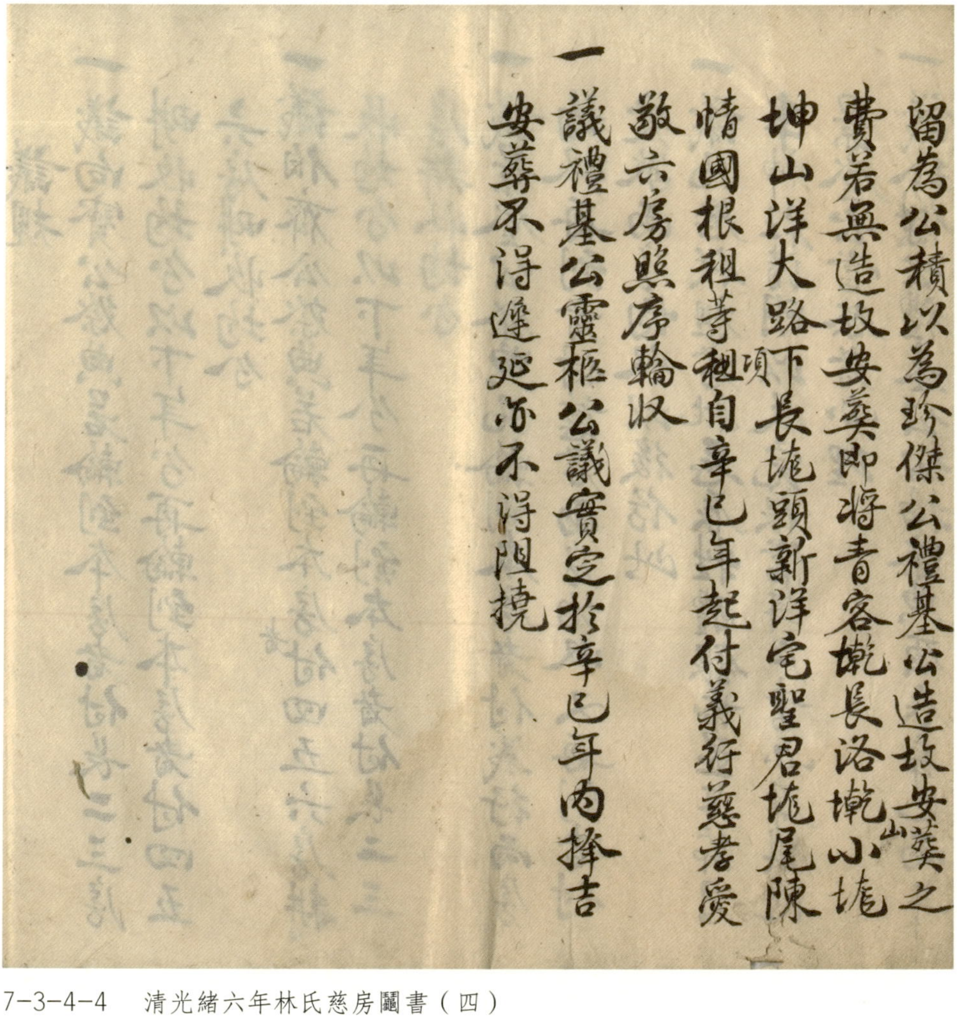
留爲公積以爲珍傑公禮基公造坟安葬之
費若無造坟安葬即將青客墘長路墘山小墘
坤山洋大路下長墘頭新洋宅聖君墘尾陳
情國根租等項租自辛巳年起付義行慈孝愛
敬六房照序輪收
一議禮基公靈柩公議賓定於辛巳年内擇吉
安葬不得遷延亦不得阻撓

7-3-4-4　清光緒六年林氏慈房鬮書（四）

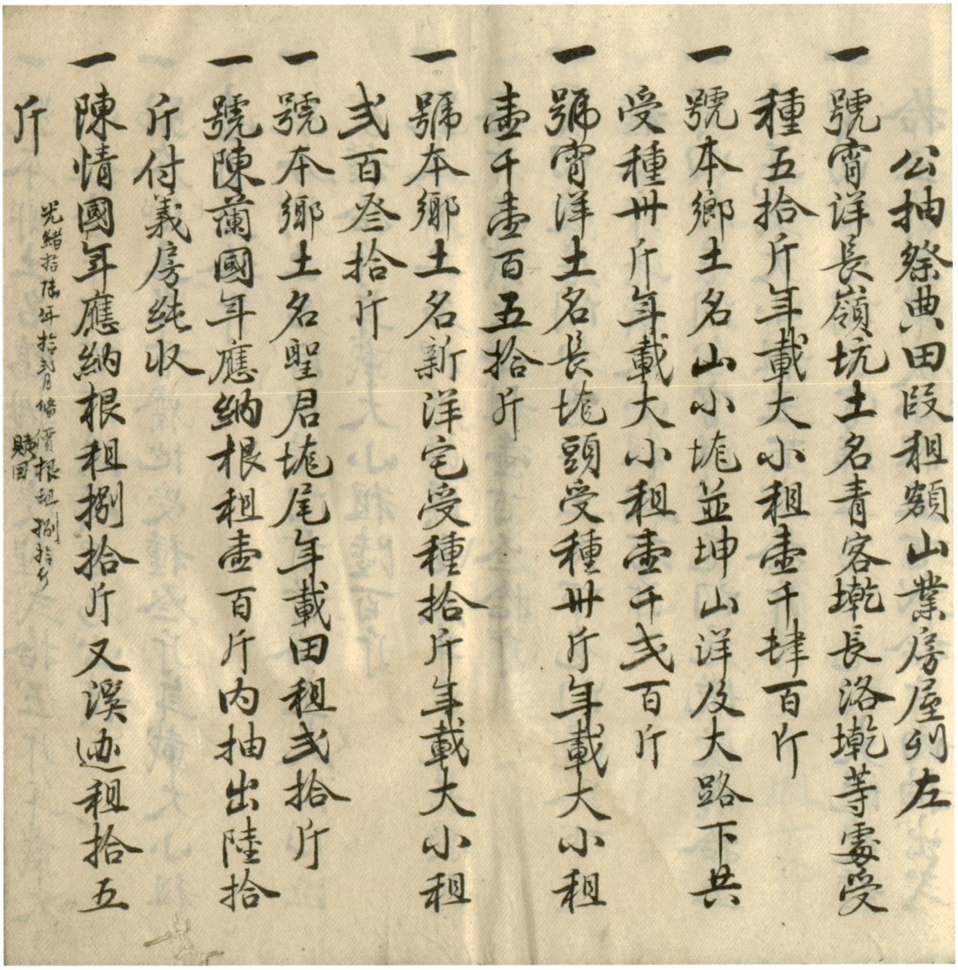
公抽祭典田段租額山業房屋列左
一號霄洋長嶺坑土名青客墘長洛墘等處受
種五拾斤年載大小租壹千肆百斤
一號本鄉土名山小垱並坤山洋及大路下共
受種卅斤年載大小租壹千弍百斤
一號霄洋土名長垱頭受種卅斤年載大小租
壹千壹百五拾斤
一號本鄉土名新洋宅受種拾斤年載大小租
弍百叁拾斤
一號本鄉土名聖君垱尾年載田租弍拾斤
一號陳蘭國年應納根租壹百斤內抽出陸拾
斤付義房純收
一陳情國年應納根租捌拾斤又溪迹租拾五
斤
光緒拾陆年拾弍月備價根租捌拾斤贖回

7-3-4-5　清光緒六年林氏慈房鬮書（五）

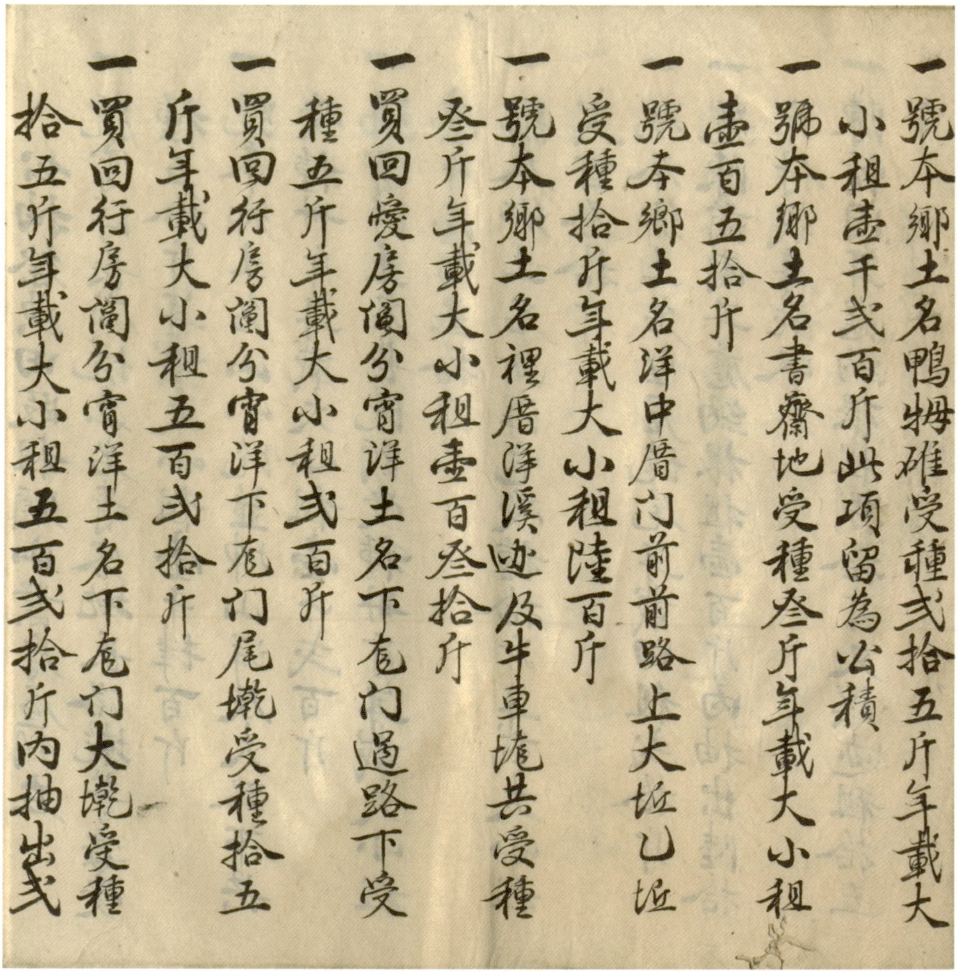

一號本鄉土名鴨姆碓受種弍拾五斤年載大
小租壹千弍百斤此項留為公積
一號本鄉土名書齋地受種叁斤年載大小租
壹百五拾斤
一號本鄉土名洋中厝门前前路上大坵乚坵
受種拾斤年載大小租陸百斤
一號本鄉土名裡厝洋溪墘及牛車墘共受種
叁斤年載大小租壹百叁拾斤
一買回愛房阄分宵洋土名下庵门過路下受
種五斤年載大小租弍百斤
一買回衍房阄分宵洋下庵门尾墘受種拾五
斤年載大小租五百弍拾斤
一買回衍房阄分宵洋土名下庵门大墘受種
拾五斤年載大小租五百弍拾斤内抽出弍

7-3-4-6　清光緒六年林氏慈房鬮書（六）

百五拾斤納慈房贌傳收就佃收清
以上抽出洋中厝门前書齋地裡厝洋下尾
门過路下並尾墘大墘等項共壹千捌百斤
逓年各房照股匀分豐損與公東無干
一本鄉下流溪家祥下杉木乙所
一本鄉崩墘杉木乙所
一抽本厝下壓左邊官房乙门並楼上乙间

7-3-4-7　清光緒六年林氏慈房鬮書（七）

義房實分田段租額山業房屋列左

一分霄洋下厝门坂年載大小租柒百斤

一分本鄉石厝荒田乙小號

一分本鄉石厝下章甫荒田乙小號

一分荒田頭路下山乙所

一分老虎墇珍葦下山庢乙所杉木大小抽串

一分水尾后门頭山庢乙所下截茶米林乙所

抽串

一分洋角墘上闌山乙所

一分嵩口嶺邊路下山乙所

一分下厝门山庢乙所

一分杉模墇山庢乙所 以上尚有杉木者俱抽串

一分本厝右邊官房乙间並楼上乙间

一分本厝右邊附屋第一间乙间並楼上乙间

7-3-4-8　清光緒六年林氏慈房鬮書（八）

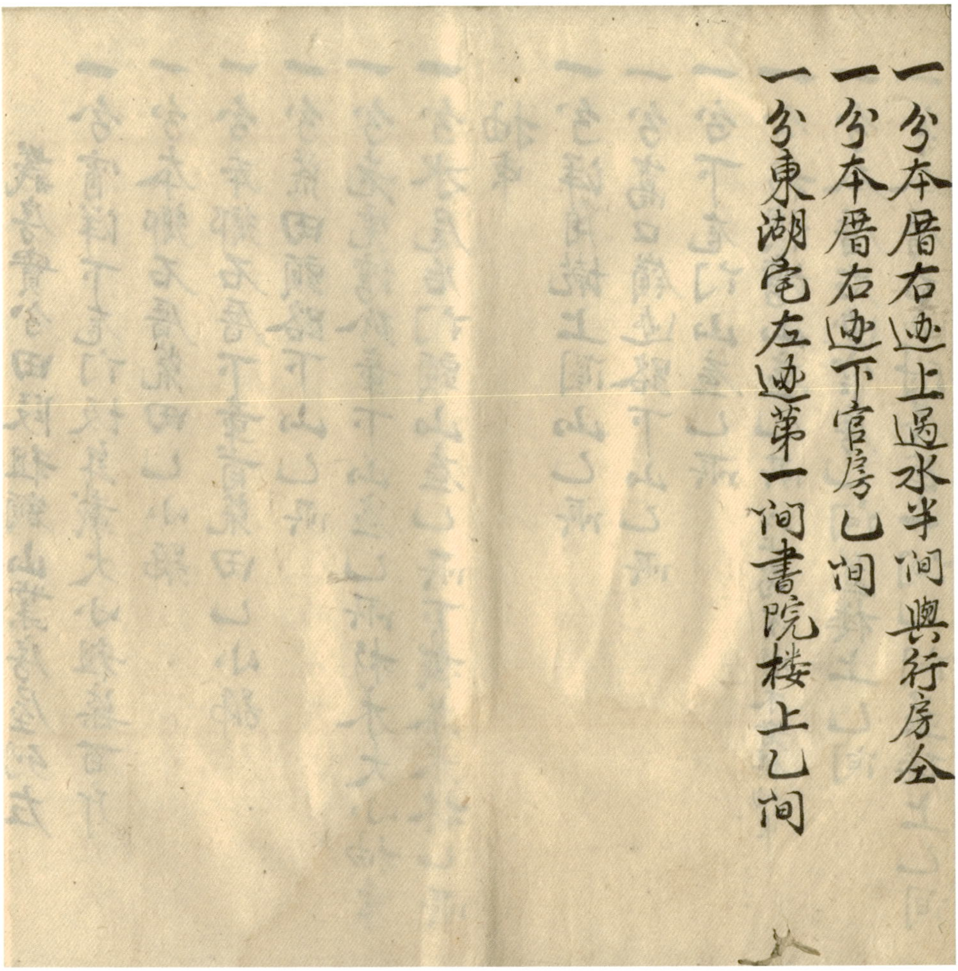
一分本厝右边上過水半间與行房仝
一分本厝右边下官房乙间
一分東湖宅左边第一间書院楼上乙间

7-3-4-9　清光緒六年林氏慈房鬮書（九）

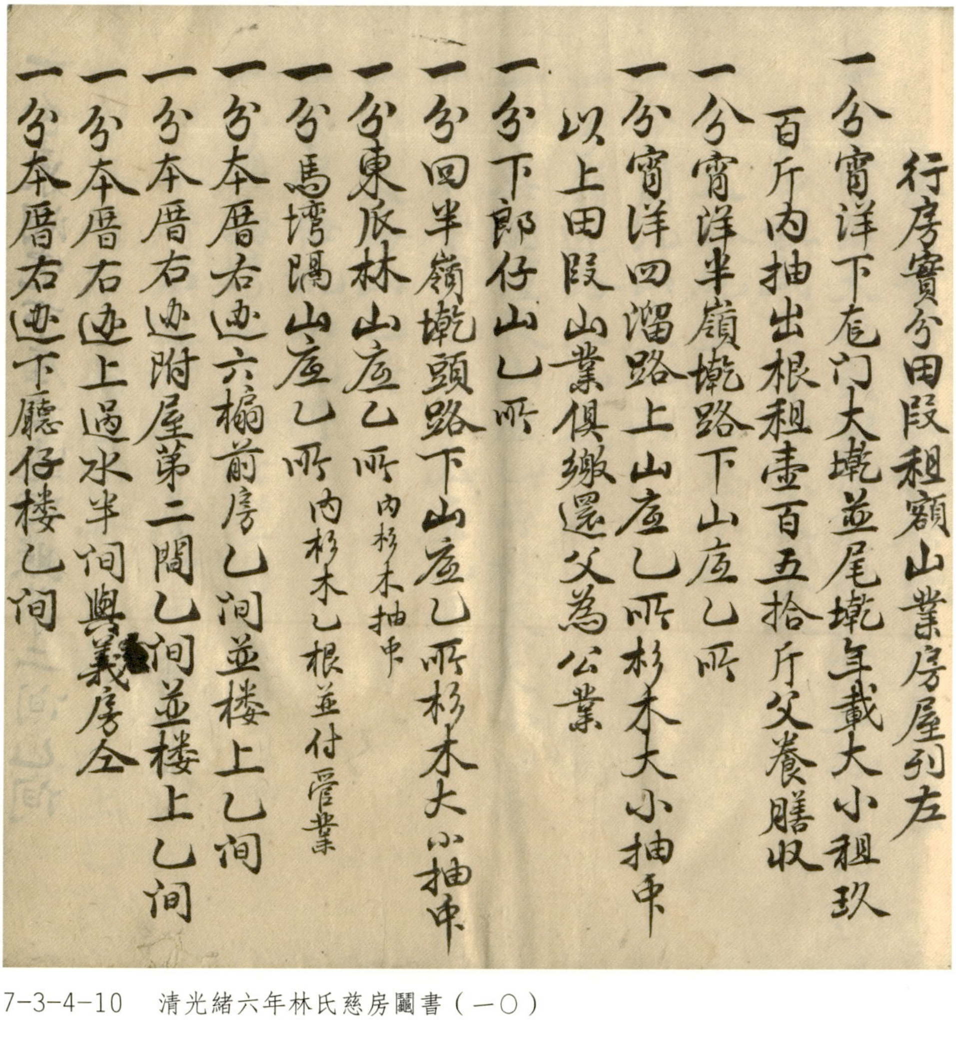
行房實分田段租額山業房屋列左
一分霄洋下乜门大墘並尾墘年載大小租玖
百斤內抽出根租壹百五拾斤父養膳收
一分霄洋半嶺墘路下山庢乙所
一分霄洋回溜路上山庢乙所杉木大小抽申
以上田段山業俱繳還父為公業
一分下郎仔山乙所
一分回半嶺墘頭路下山庢乙所杉木大小抽申
一分東瓜林山庢乙所內杉木抽申
一分馬塆隔山庢乙所內杉木乙根並付厝業
一分本厝右邊六橺前房乙间並楼上乙间
一分本厝右邊附屋第二間乙间並楼上乙间
一分本厝右邊上過水半间與義房仝
一分本厝右邊下廳仔楼乙间

7-3-4-10　清光緒六年林氏慈房鬮書（一〇）

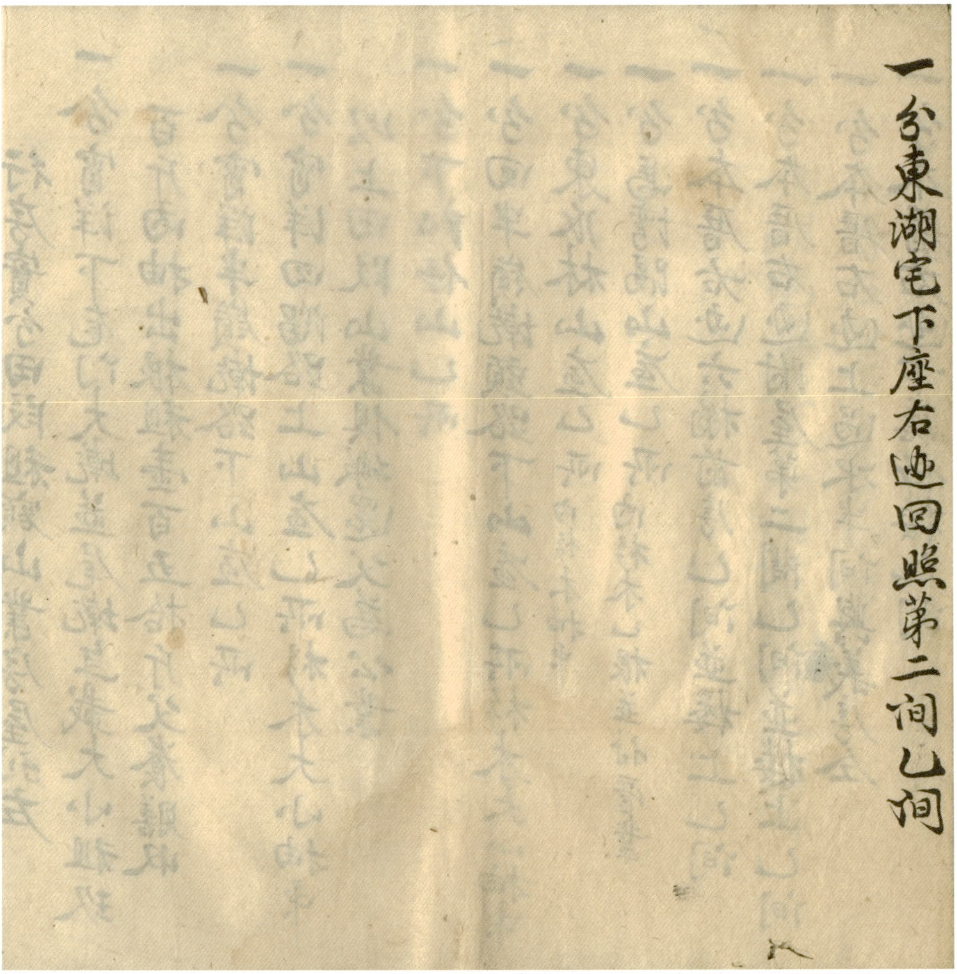
一分東湖宅下座右边回照第二间乚间

7-3-4-11　清光緒六年林氏慈房鬮書（一一）

慈房實分田段租額山業房屋列左
一分宵洋大岐頭田根載租捌百五拾斤内抽
出正租弍百斤納陳永鑾收
一分大路尾上下田叁小坵
一分崩坑山底乙所
一分嶺邊路上山底一所
一分魚嗣壇後山底乙所杉木大小抽東
一分石厝下光美下山底乙所
一分大崙山乙所
一分洋梅坑山乙所
一分雞姆塆山底乙所 以上山内有杉木者俱抽東
一分本厝右邊六橺中房一間並樓上乙間
一分本厝右邊附屋第三間乙間並樓上乙間
一分本厝右邊中過水半間與孝房仝

7-3-4-12　清光緒六年林氏慈房鬮書（一二）

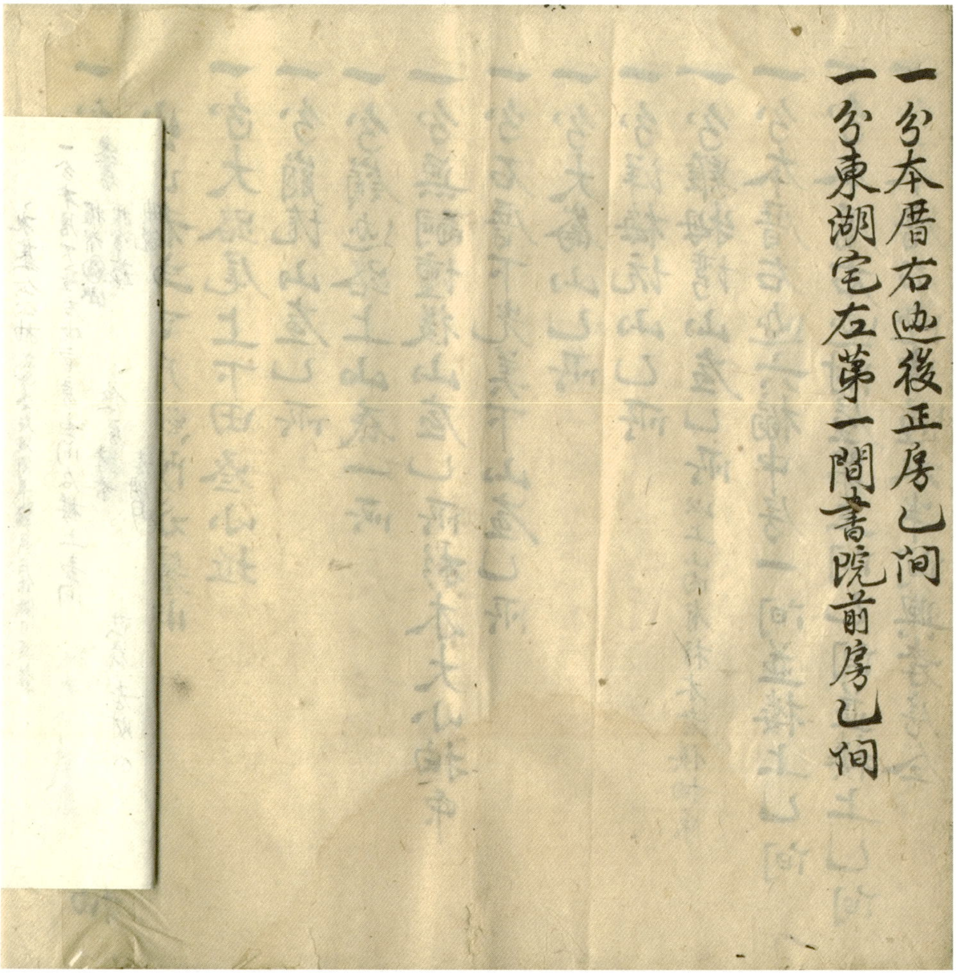

7-3-4-13　清光緒六年林氏慈房鬮書（一三）

孝房實分田段租額山業産房屋列左

一分水尾坂並大王墘載大小租捌百斤內除

正租肆拾肆斤納景登公收

一分台墘頭興才下珍縵下山座弍所

一分半嶺墘田下山座乙所

一分坡頭山座乙所杉木大小抽中

一分墰頭墘山座乙所杉木大小抽中

一分隔门下山座乙所

一分台墘頭山座乙所　以上山內有杉木者俱抽中

一分本厝右边六楅後房乙间並楼上乙间

一分本厝右边附屋第四间乙间並楼上乙间

一分本厝右边中過水半间與慈房仝

一分本厝右边後正房楼乙间

一分東湖宅左边正官房乙间

7-3-4-14　清光緒六年林氏慈房鬮書（一四）

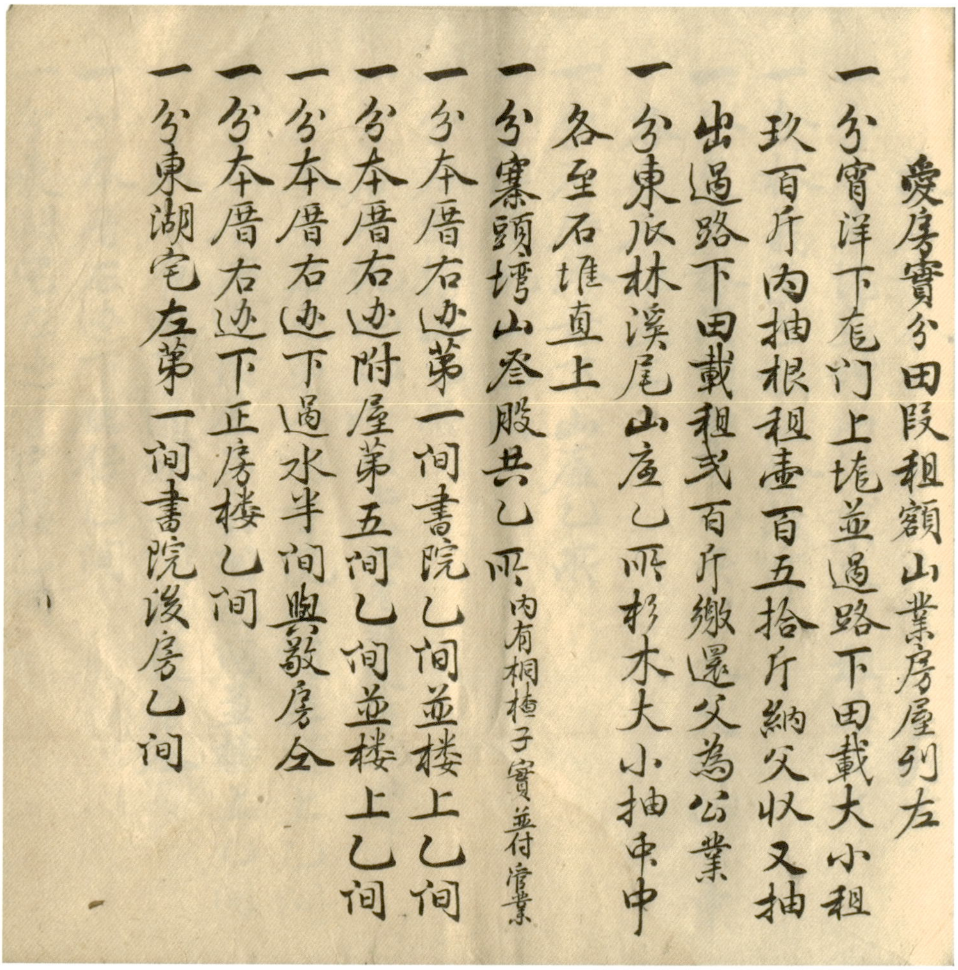
慈房實分田段租額山業房屋列左
一分宵洋下厝门上堍並過路下田載大小租
玖百斤内抽根租壹百五拾斤納父收又抽
出過路下田載租弍百斤繳還父為公業
一分東底林溪尾山座乙所杉木大小抽弔中
各至石堆直上
一分寨頭塆山岺股共乙所内有桐植子實並付管業
一分本厝右迹第一间書院乙间並楼上乙间
一分本厝右迹附屋第五间乙间並楼上乙间
一分本厝右迹下過水半间與敬房仝
一分本厝右迹下正房楼乙间
一分東湖宅左第一间書院後房乙间

7-3-4-15　清光緒六年林氏慈房鬮書（一五）

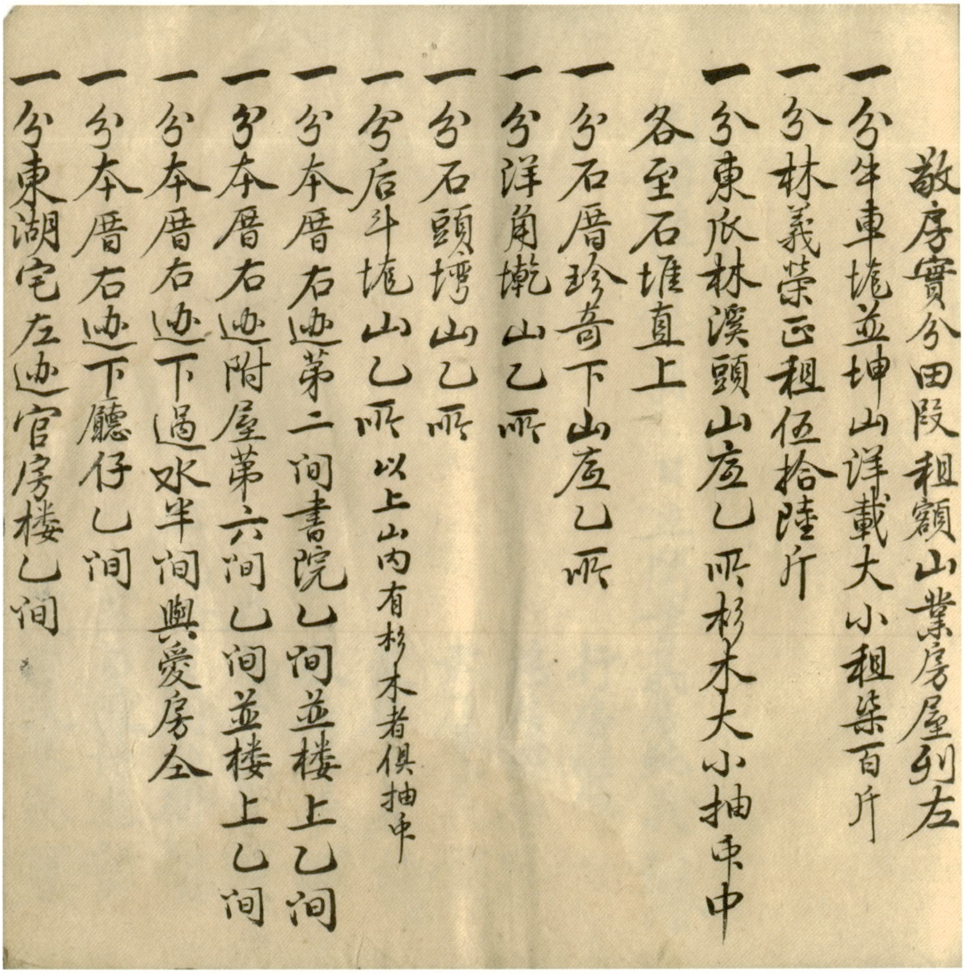
敬房實分田段租額山業房屋列左
一分牛車墘並坤山洋載大小租柒百斤
一分林義榮正租伍拾陸斤
一分東底林溪頭山座乙所杉木大小抽乘中
各至石堆直上
一分石厝珍奇下山座乙所
一分洋角墘山乙所
一分石頭墿山乙所
一分后斗墘山乙所 以上山內有杉木者俱抽中
一分本厝右邊第二间書院乙间並楼上乙间
一分本厝右邊附屋第六间乙间並楼上乙间
一分本厝右邊下過水半间與愛房仝
一分本厝右邊下廳仔乙间
一分東湖宅左邊官房楼乙间

7-3-4-16　清光緒六年林氏慈房鬮書（一六）

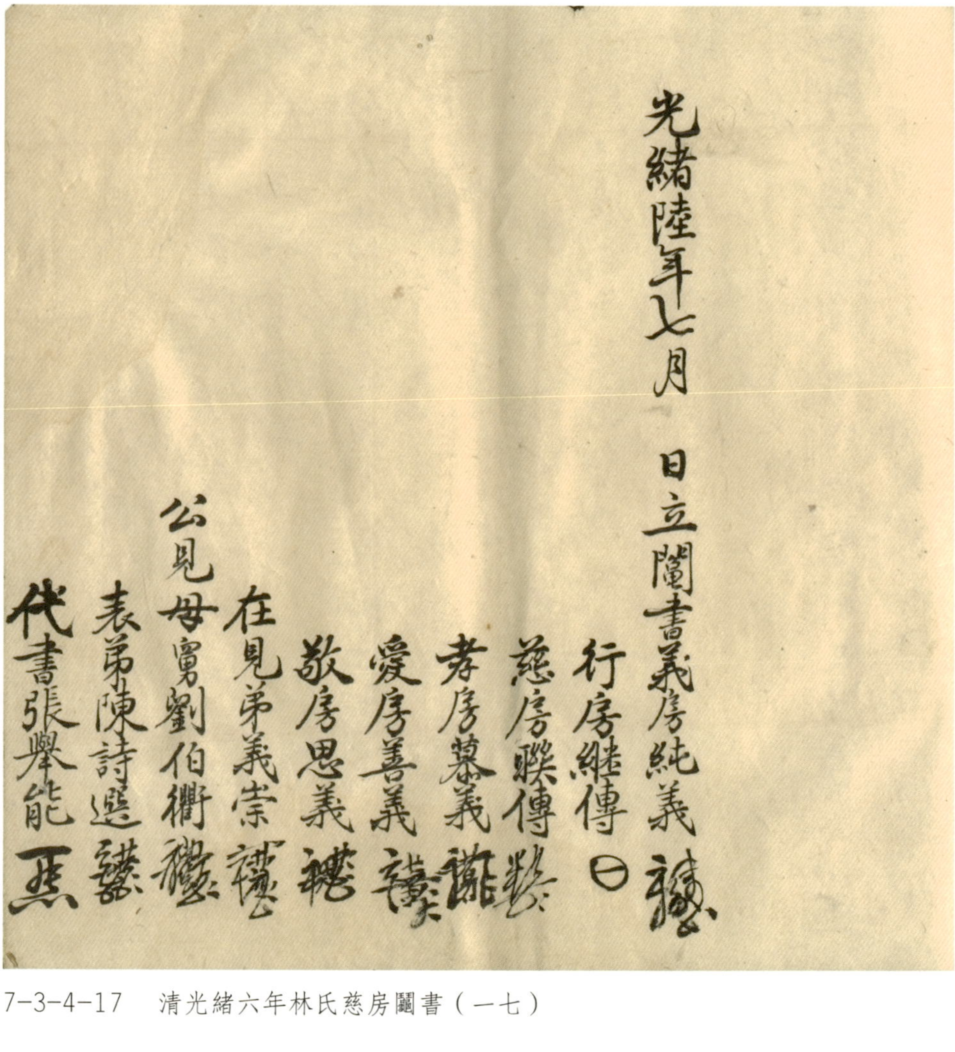
光緒陸年七月　日立閫書義房純義
行房繼傳
慈房聯傳
孝房慕義
愛房善義
敬房思義
在見弟義崇
公見母舅劉伯衢
表弟陳詩選
代書張舉能

7-3-4-17　清光緒六年林氏慈房鬮書（一七）

公仝議約前因乾坤兩箱前祖父手置
田業山場契字並乾坤內所有公契經親友
公仝點看俱在分明兄弟各業守己安份今
欲有憑立字標照
光緒九年正月　日立此乾坤兩箱所抽公田
叅典公契前交　　收存前因父親身
後經公親再議恐年代久遠或有失落
即將尚在之公契再點標載義行慈孝愛
敬六房鬮書內所標是實
光緒拾年十二月　日公仝會議凡伯齊公向宝
公所抽公田叅典公契交福房收存至大提公

7-3-4-18　清光緒六年林氏慈房鬮書（一八）

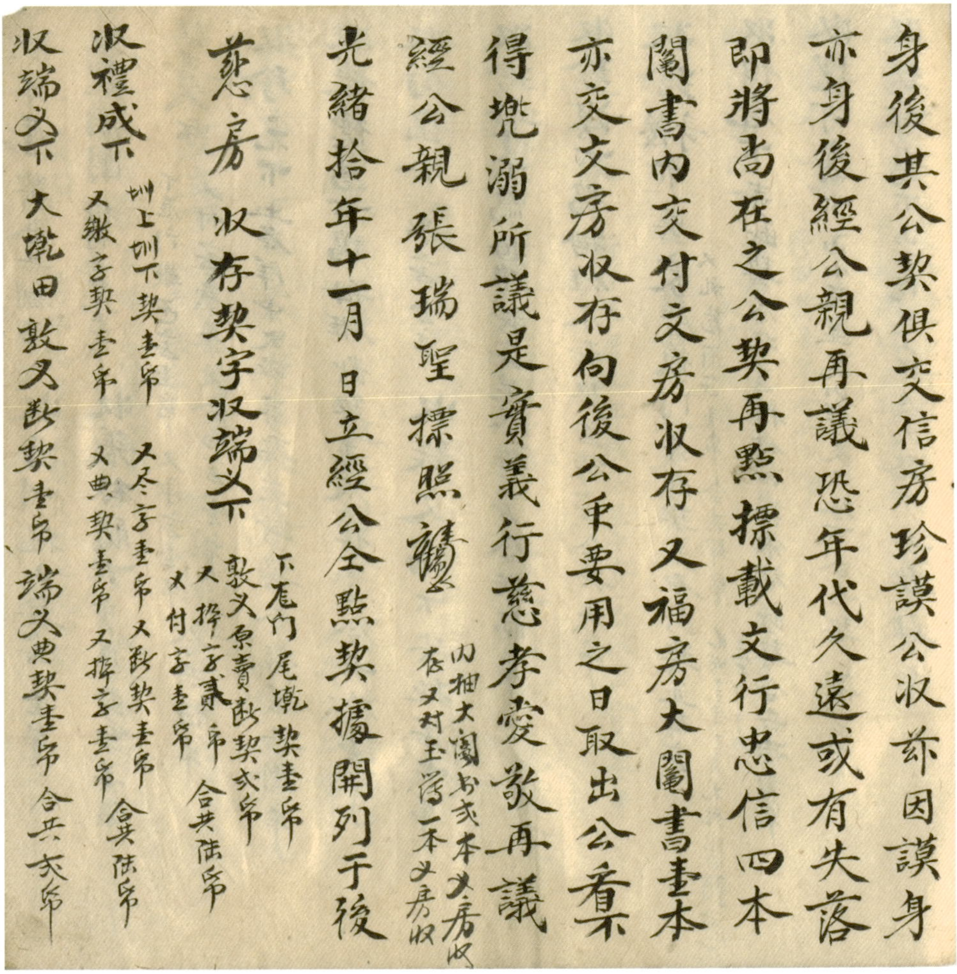
身後其公契俱交信房珍謨公収爲因謨身
亦身後經公親再議恐年代久遠或有失落
即將尚在之公契再點標載文行忠信四本
鬮書內交付文房収存 又福房大鬮書壹本
亦交文房収存向後公事要用之日取出公稟
得墘溺所議是實義行慈孝愛敬再議
經公親張瑞聖標照（押） 內抽大鬮書貳本又房收 存又討玉蹊一本又房收
光緒拾年十一月 日立經公全點契據開列于後
慈房 収存契字収端又下 下尾門尾墘契壹帋 敦又京賣斷契貳帋 又擇字貳帋 合共陸帋 又付字壹帋
収禮成下 圳上圳下契壹帋 又繳字契壹帋 又冬字壹帋 又斷契壹帋 又典契壹帋 又擇字壹帋 合共陸帋
収端又下 大墘田 敦又斷契壹帋 端又典契壹帋 合共貳帋

7-3-4-19　清光緒六年林氏慈房鬮書（一九）

收本厝契合共捌帋　收月州批山契字壹帋

收魏周團推付字壹帋　收張林聰下宵洋斷契壹帋

收善人下　下厝门繳还字壹帋　又承字壹帋　又付字弍帋　又合約字壹帋　合共伍帋

收珍元下出岩洋中大坵賣契並斷契盡找字共捌帋

收張德昌下鴨㽕碓斷契並盡找字合共拾壹帋

收向宝公彩字壹帋　收張文偶下安批字弍帋

收珍章下鴨㽕碓斷字並盡找字合共陸帋

收珍漢下鴨㽕碓盡斷契並找字合共弍帋

收珍奇綏下吳家厝後门賣斷契並原斷契並找字　又礼乾預字壹帋　合共肆帋　光緒十三年十二月礼乾兆田預收字壹帋　在三帋

收伯魁下賣斷契盡找字推付字羅來端斷契合共拾壹帋

收魏可嵩下山小坵並昆山洋及大路下合共契捌帋

收魏可嵩下山小坵昆山洋及大路下共契肆帋

7-3-4-20　清光緒六年林氏慈房鬮書（二〇）

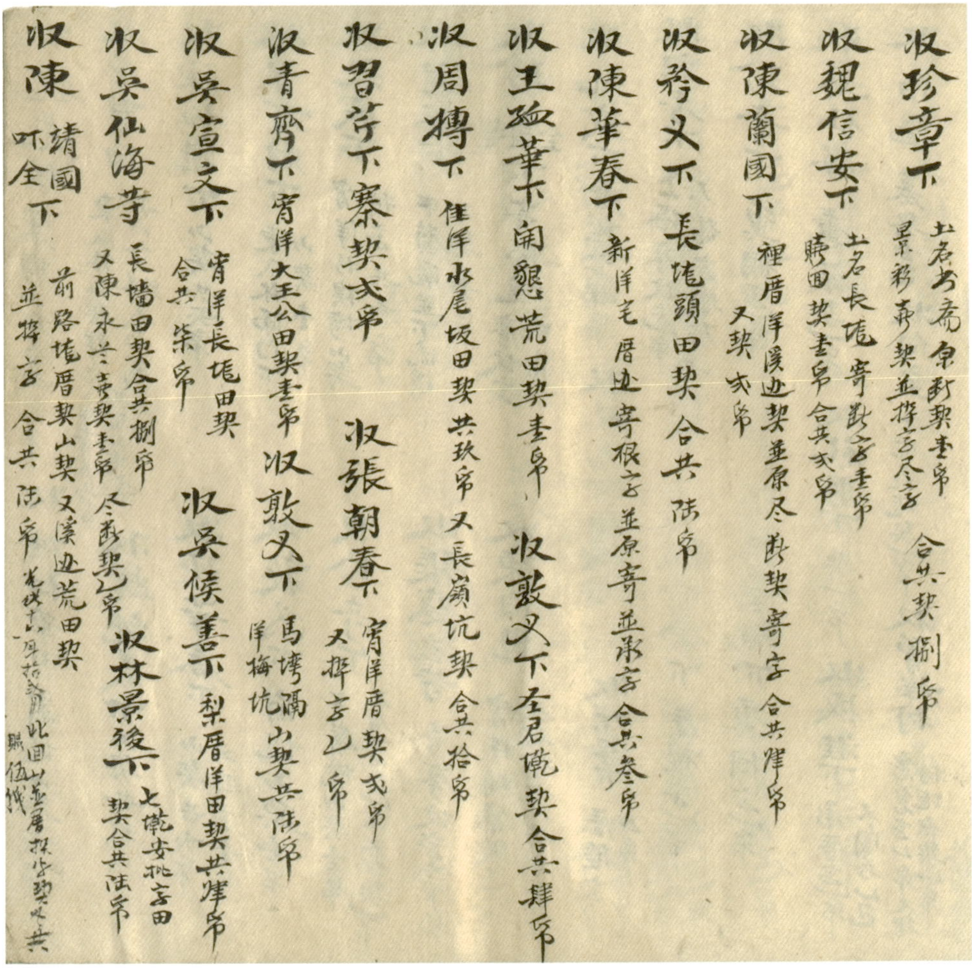
收珍章下 土名书斋京坵契壹帋 景移坵契並撥字尽字 合共契捌帋
收魏信安下 土名長墘寄数字壹帋 贖田契壹帋合共贰帋
收陳蘭國下 裡厝洋溪邊契並原尽数契寄字合共肆帋 又契贰帋
收矜义下 長墘頭田契合共陆帋
收陳華春下 新洋宅厝邊寄根字並原寄並承字合共叁帋
收王瑞華下 開墾荒田契壹帋 收敦义下 圣君墘契合共肆帋
收周搏下 佳洋水尾坂田契共玖帋又長嶺坑契合共拾帋
收習芳下寨契贰帋 收張朝春下 宵洋厝契贰帋 又撥字乙帋
收青齊下 宵洋大王公田契壹帋 收敦义下 馬塆隔山契共陆帋 洋梅坑
收吴宣文下 宵洋長墘田契 合共柒帋 收吴候善下 梨厝洋田契共肆帋
收吴仙海等 長墻田契合共捌帋 又陳永興契壹帋 尽数契乙帋 收林景後下 七墘安地字田契合共陆帋
收陳靖國 吓全下 前路墘厝契山契 又溪邊荒田契 並撥字 合共陆帋
光緒十六年拾月 此田山並厝批字契收共賬伍帋

7-3-4-21　清光緒六年林氏慈房鬮書（二一）

7-3-4-22　清光緒六年林氏慈房鬮書（二二）

収魏光昭　寨塆山契合共捌帋　収刘仁華下　崩垅山契弍帋
収曾習功　東瓜林山契肆帋　共山分善思入两阄　其契公年収　善文収　収魏純義下山契共玖帋
収陳伯魁下山契共弍帋　収陳華春下　山契共弍帋　又竹字壹帋
収曾有財下　東瓜林隔门下山契壹帋　収敦义下　崩垅山契壹帋
収礼成下　宵洋杉樸塆山契抵字共弍帋　収珍奇下　半嶺墘山契壹帋　石磨下山契帋又原契帋
収朝英下　半嶺墘並下流溪山契壹帋　収張盛弦等　寿廢坟字共肆帋
収珍謨（超全）下　寿陽垅廢坟字弍帋　収陳伯魁　宵洋桶寮缴还字原对换字共弍帋
収礼成下磨樫字肆帋　収礼易下　磨樫字山帋　収吓等下　磨樫字山帋
収閙香下　上塔廢坟字帋　又攛字缴契共肆帋　収珍会下　磨樫字帋
収珍奇下　蕉桐字帋　収章福下　蕉桐字帋
収吴仙海　蕉厰契帋　収礼躬下　契帋　収成淮下　承磨字帋　又阄书包
収伯魁　墓契壹包　収向宝　七墘長垅契帋　収曾祥利　恩息字帋又猪栂垅原契帋

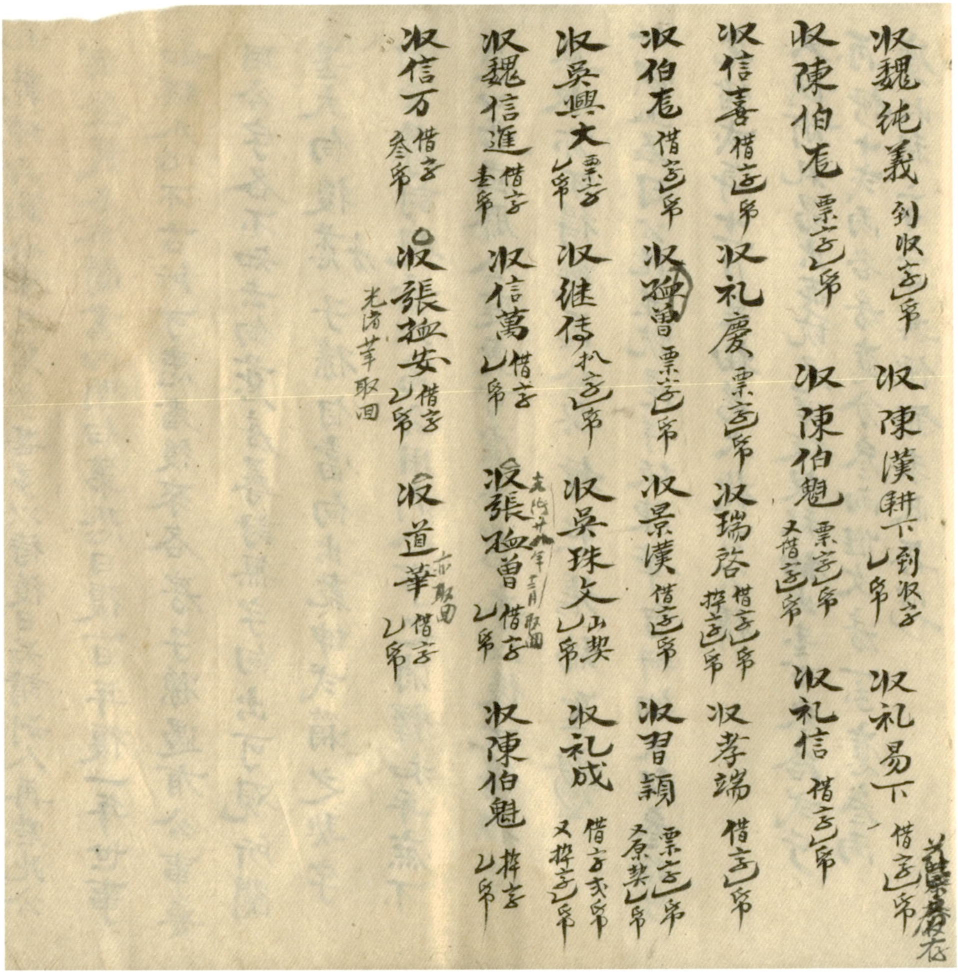

7-3-4-23　清光緒六年林氏慈房鬮書（二三）

此乾坤兩箱公衆之契字甚多以待後日另請别人再點此公
契登載各本閫書內明白第恐日復一日年復一年世事
如棋人心不古所可患者後來各房子孫遇有公事要
用公字各不知去向慈房尋討無字向出可观所關
甚大向後慈房子孫自當向出乾坤式箱之契字
付衆尋討观看以為公用則公事之消釋和平庶不
至口舌屈膝公庭更可虞者慈房以後不得推委
無収亦不得兠匿公契標照張瑞聖
一収土名司公坵並坑尾洋坂陳華智耕納大租叁拾斤
光緒弍年十二月起抽為大提公公積
又収前礼易出垂坑尾洋坂根租抽出壹百叁拾弍斤
再便十弍兩各房應分叁兩惟文房一分應叁兩
應収租三十三斤其便銀未収再照

7-3-4-24　清光緒六年林氏慈房鬮書（二四）

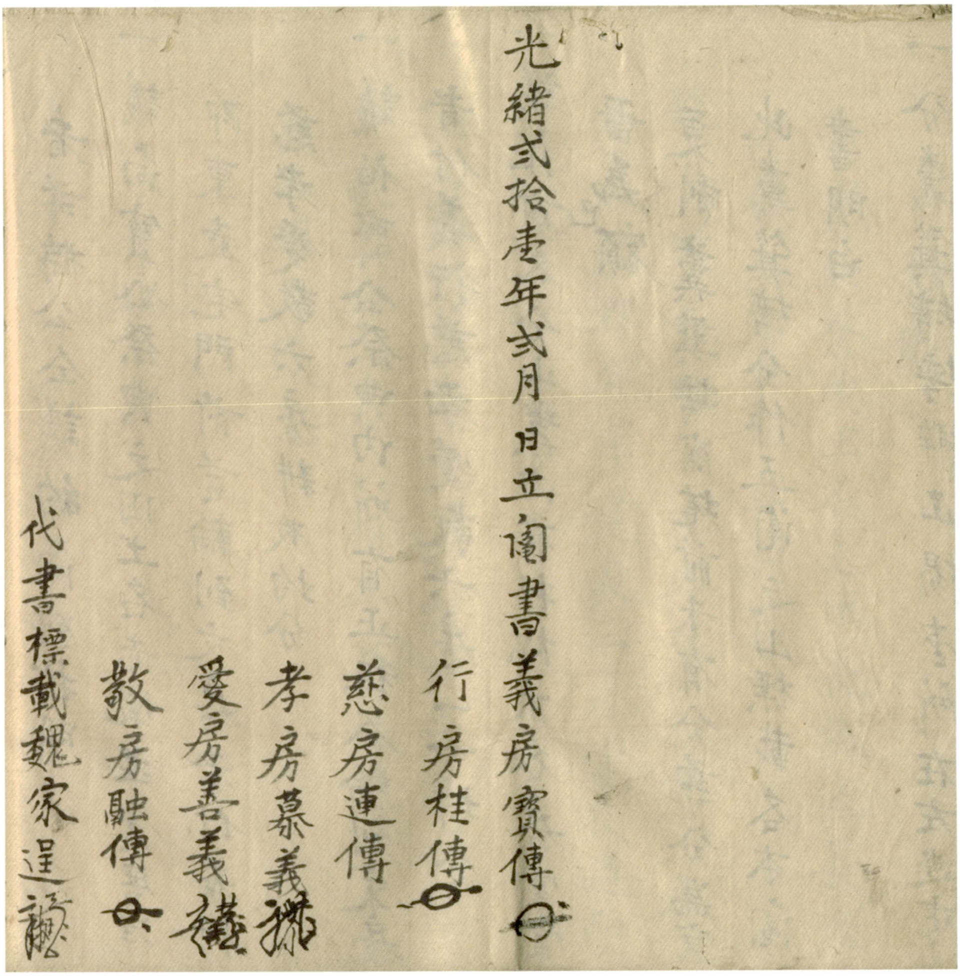

光緒弍拾壹年弍月 日立鬮書義房賓傳
行房桂傳
慈房連傳
孝房慕義
愛房善義
敬房䣢傳
代書標載魏家逞

7-3-4-25　清光緒六年林氏慈房鬮書（二五）

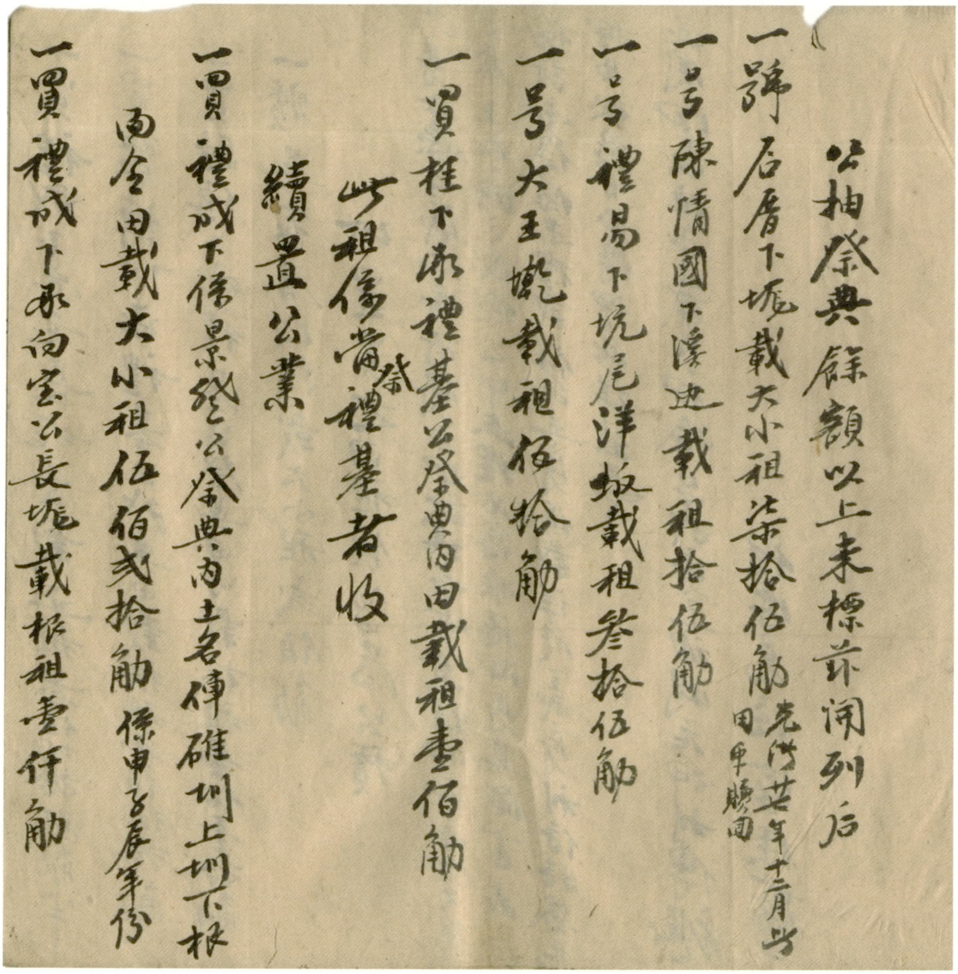
公柏祭典餘額以上未標并開列后
一歸后厝下墘載大小租柒拾伍觔 光緒廿年十二月出 田甲贖回
一号陳情國下溪边載租拾伍觔
一号禮昜下坑尾洋坂載租叁拾伍觔
一号大王墘載租伍拾觔
一買桂下承禮基公祭典内田載租壹佰觔
此租係當祭禮基者收
續置公業
一買禮成下係景銓公祭典内土名俥碓圳上圳下根
面全田載大小租伍佰弍拾觔 係申子辰年份
一買禮成下承向宝公長墘載根租壹仟觔

7-3-4-26　清光緒六年林氏慈房鬮書（二六）

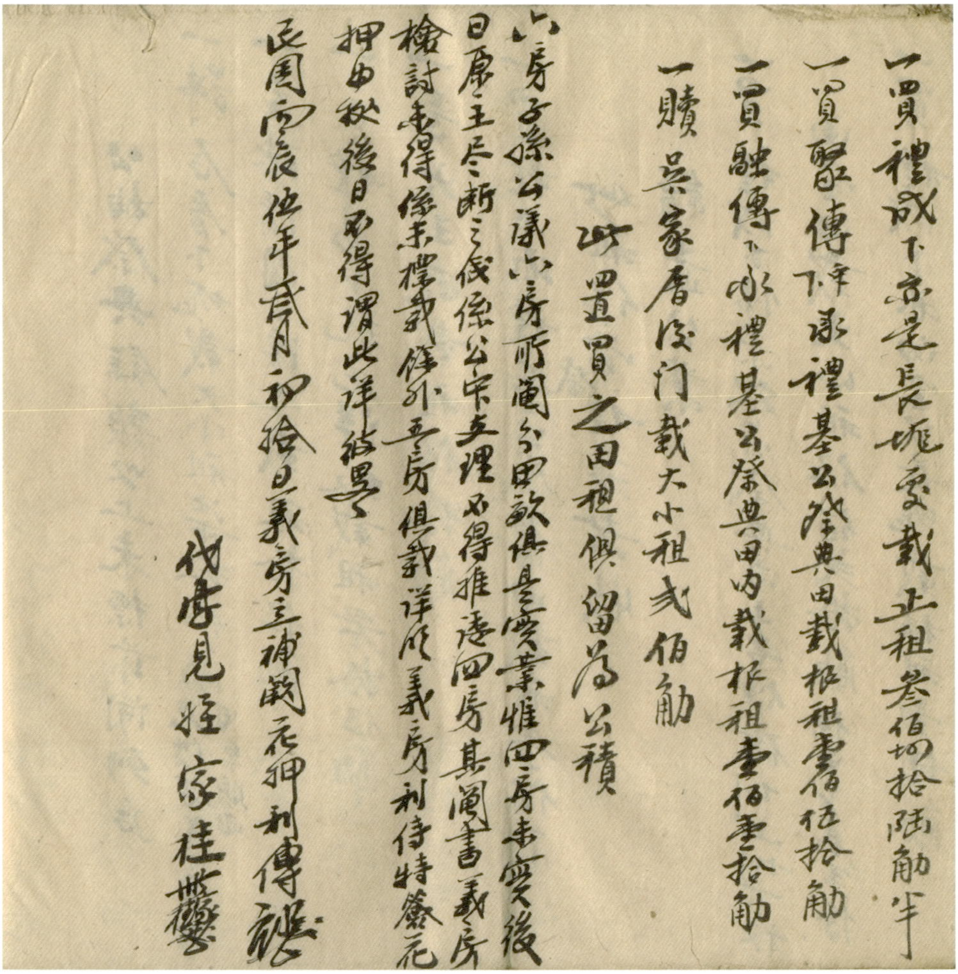
一買禮成下亦是長坭墘載正租叁佰肆拾陸觔半
一買邸傳下承禮基公祭典田載根租壹佰伍拾觔
一買融傳下承禮基公祭典田內載根租壹佰壹拾觔
一贖吳家厝後门載大小租弍佰觔
此四置買之田租俱留爲公積
六房子孫公議六房所鬮分田畝俱是管業惟四房未管後
日原主尽断之後係公衆去理不得推委四房其鬮書義房
檢討未得係未禮義條外五房俱就詳明義房利傳特簽花
押由秋後日不得謂此詳終畢
光緒庚辰陸年貳月初拾日義房三補闕花押利傳親
代書見姪 家桂

7-3-4-27　清光緒六年林氏慈房鬮書（二七）

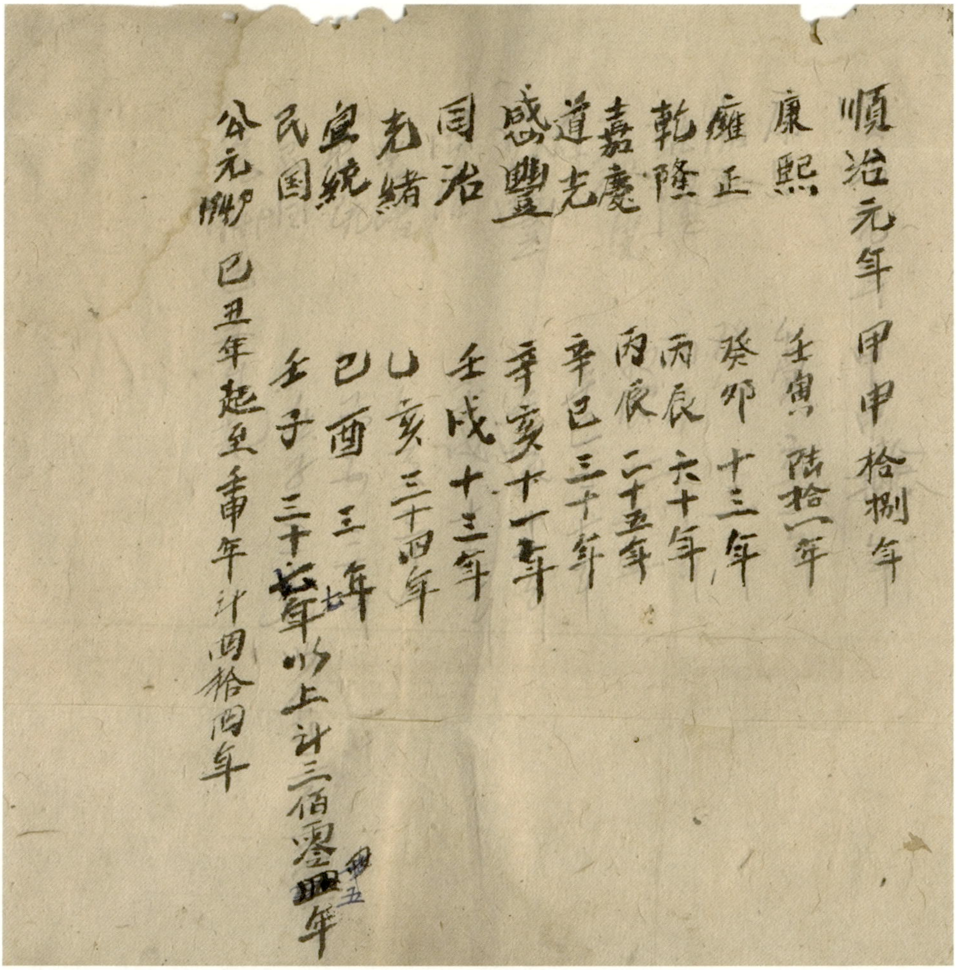
順治元年甲申拾捌年
康熙　壬寅　陆拾一年
雍正　癸卯　十三年
乾隆　丙辰　六十年
嘉慶　丙辰　二十五年
道光　辛巳　三十年
咸豐　辛亥　十一年
同治　壬戌　十三年
光緒　乙亥　三十四年
皇統　己酉　三年
民国　壬子　三十七年以上计三佰零四年
公元柒　己丑年起至番年计四拾四年

7-3-4-28　清光緒六年林氏慈房鬮書（二八）

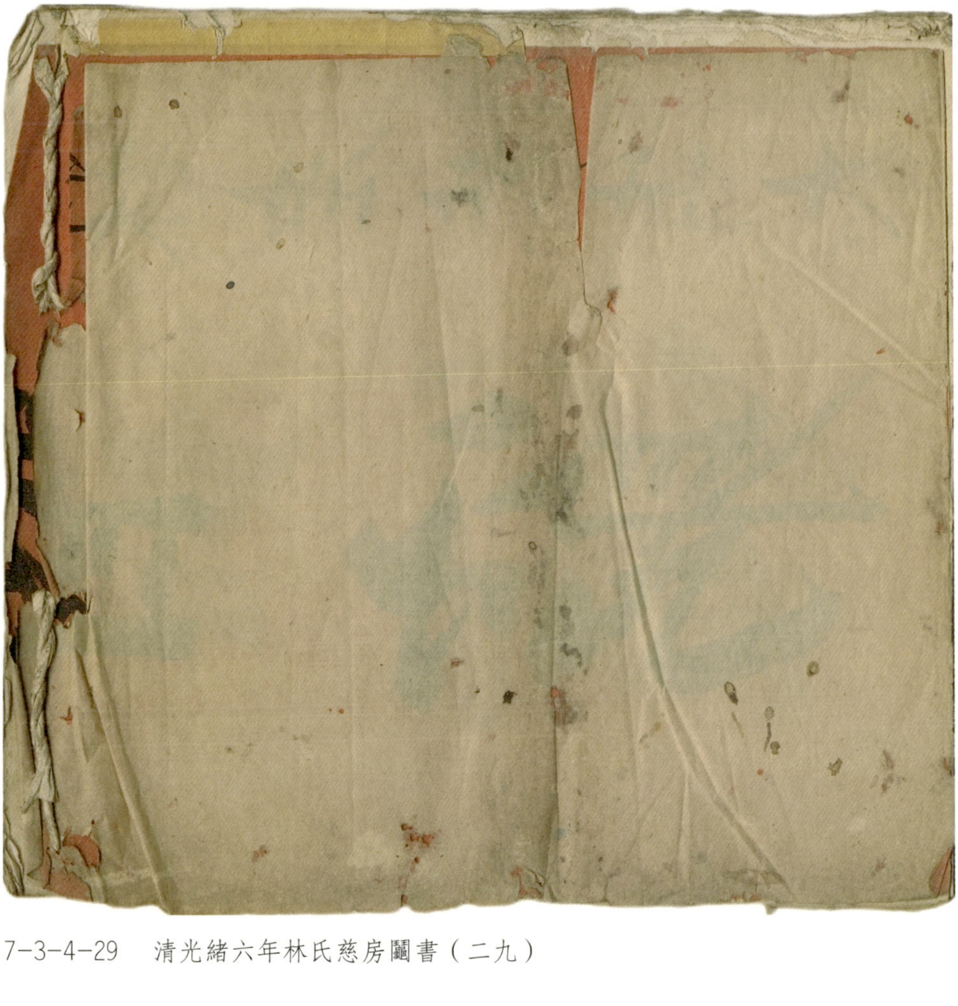

7-3-4-29　清光緒六年林氏慈房鬮書（二九）

7-3-5-1　清光緒三十三年林步文立母喪人情簿（一）

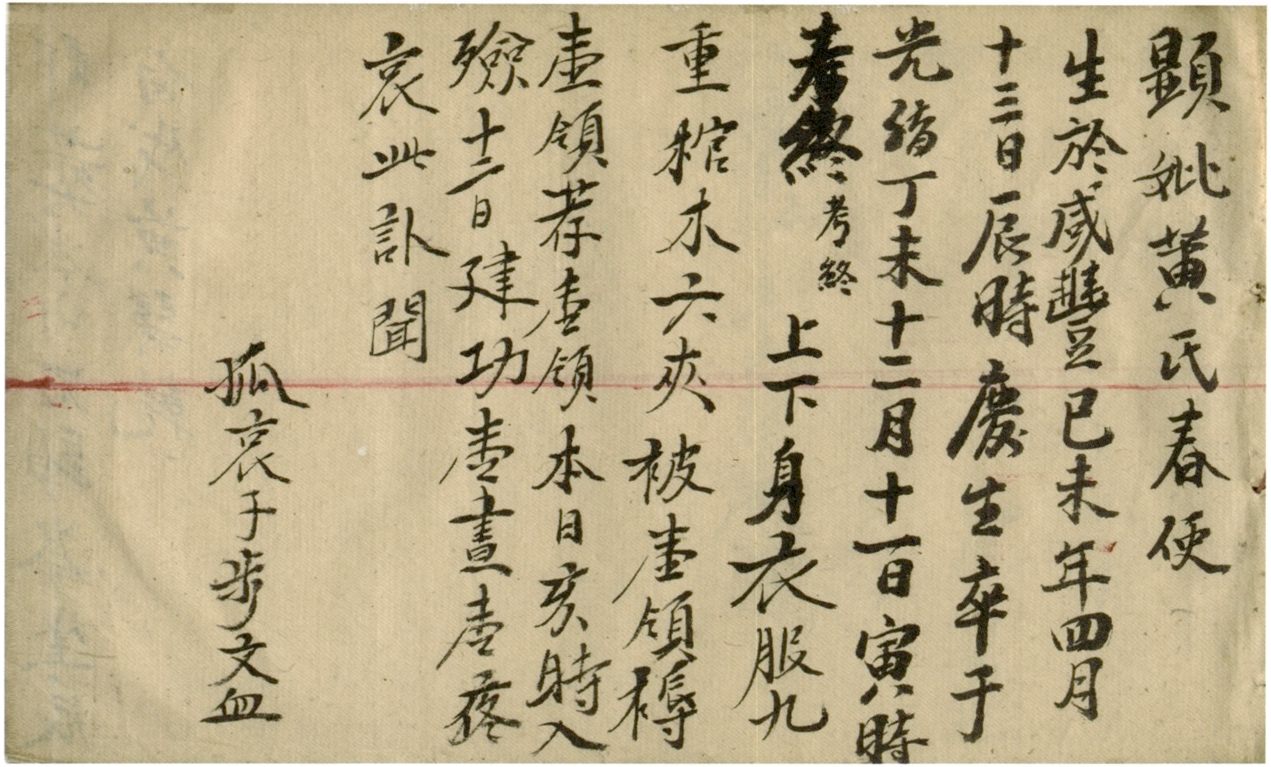
顯妣黃氏春使
生於咸豐己未年四月
十三日辰時慶生卒于
光緒丁未十二月十一日寅時
壽終（考終）　上下身衣服九
重棺木六夾被壹領褥
壹領孝壹領本日亥時入
殮十二日建功壹晝壹夜
哀此訃聞
孤哀子步文血

7-3-5-2　清光緒三十三年林步文立母喪人情簿（二）

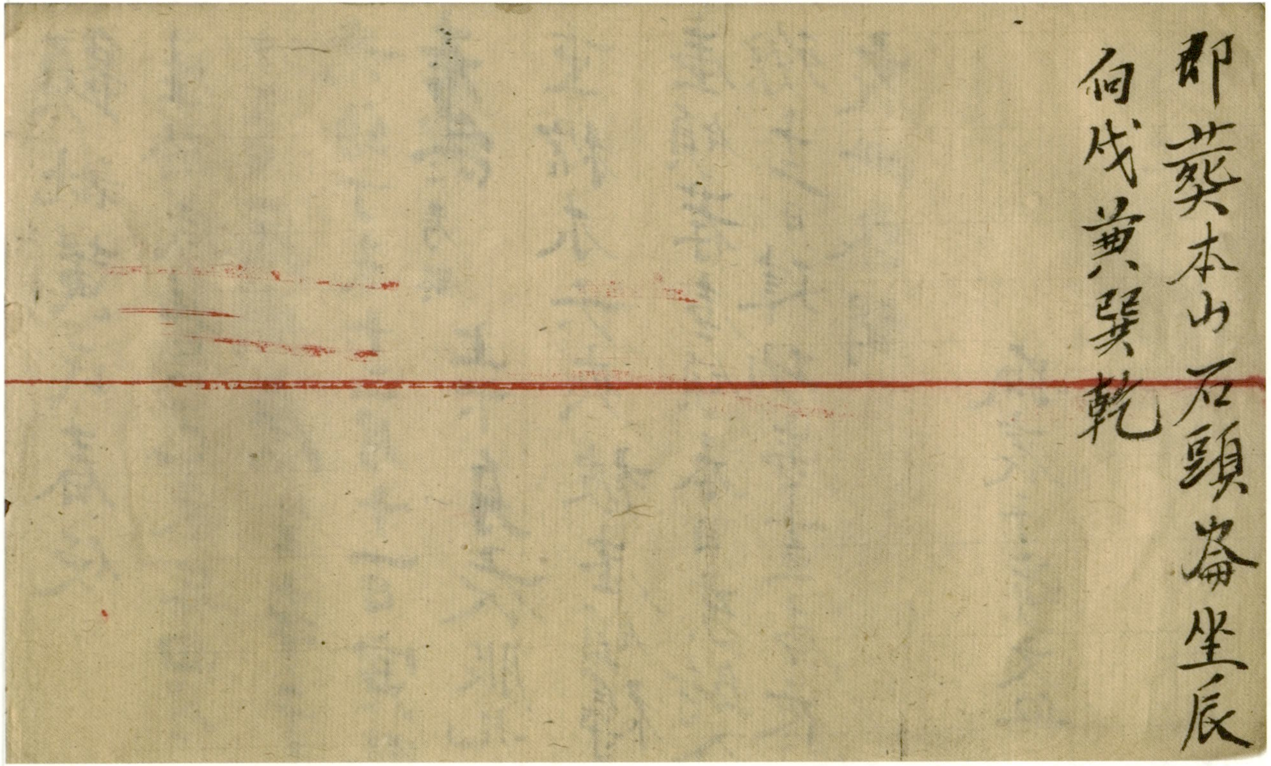
即葬本山石頭崙坐辰
向戌兼巽乾

7-3-5-3　清光緒三十三年林步文立母喪人情簿（三）

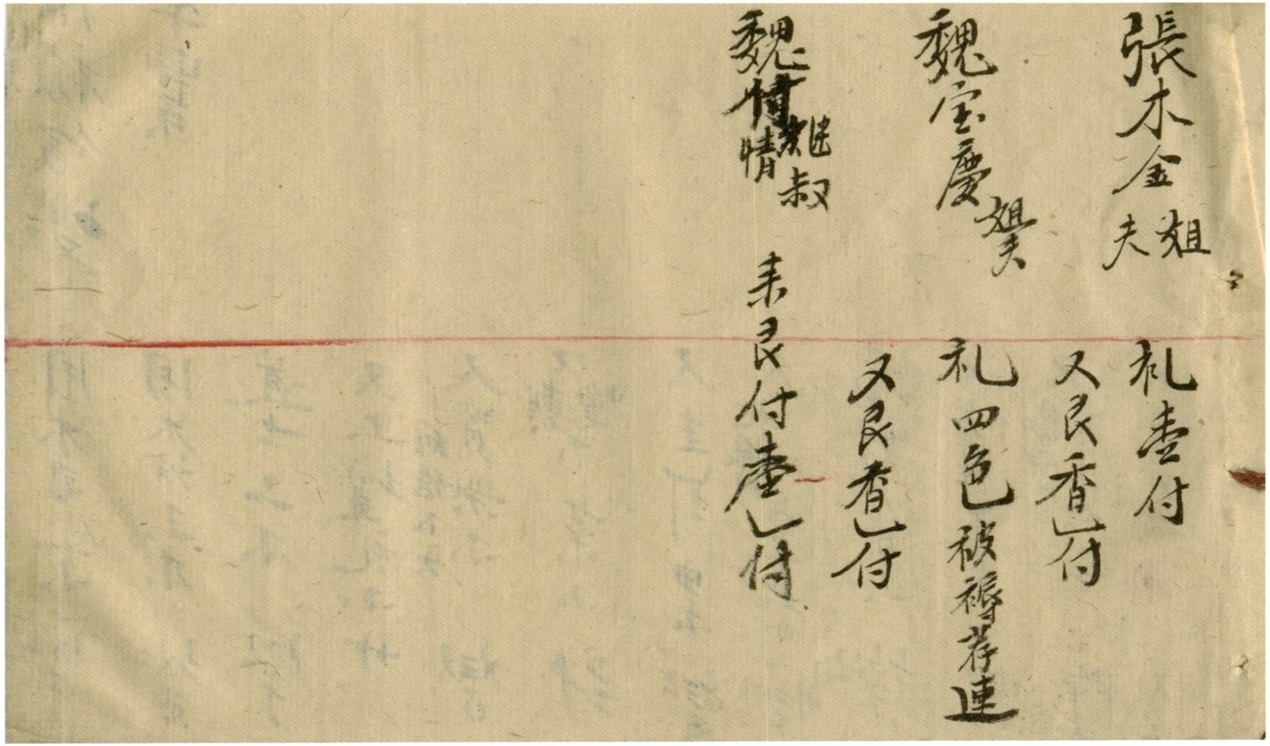

7-3-5-4　清光緒三十三年林步文立母喪人情簿（四）

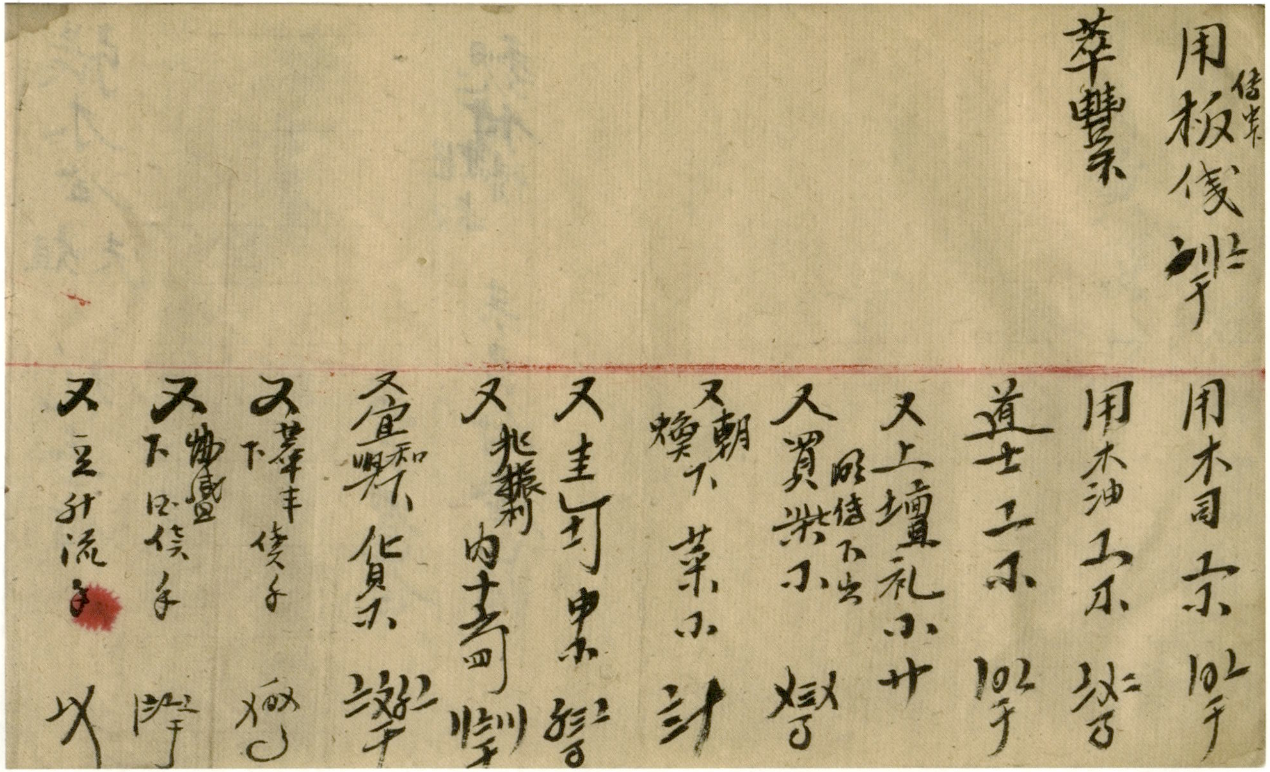

7-3-5-5　清光緒三十三年林步文立母喪人情簿（五）

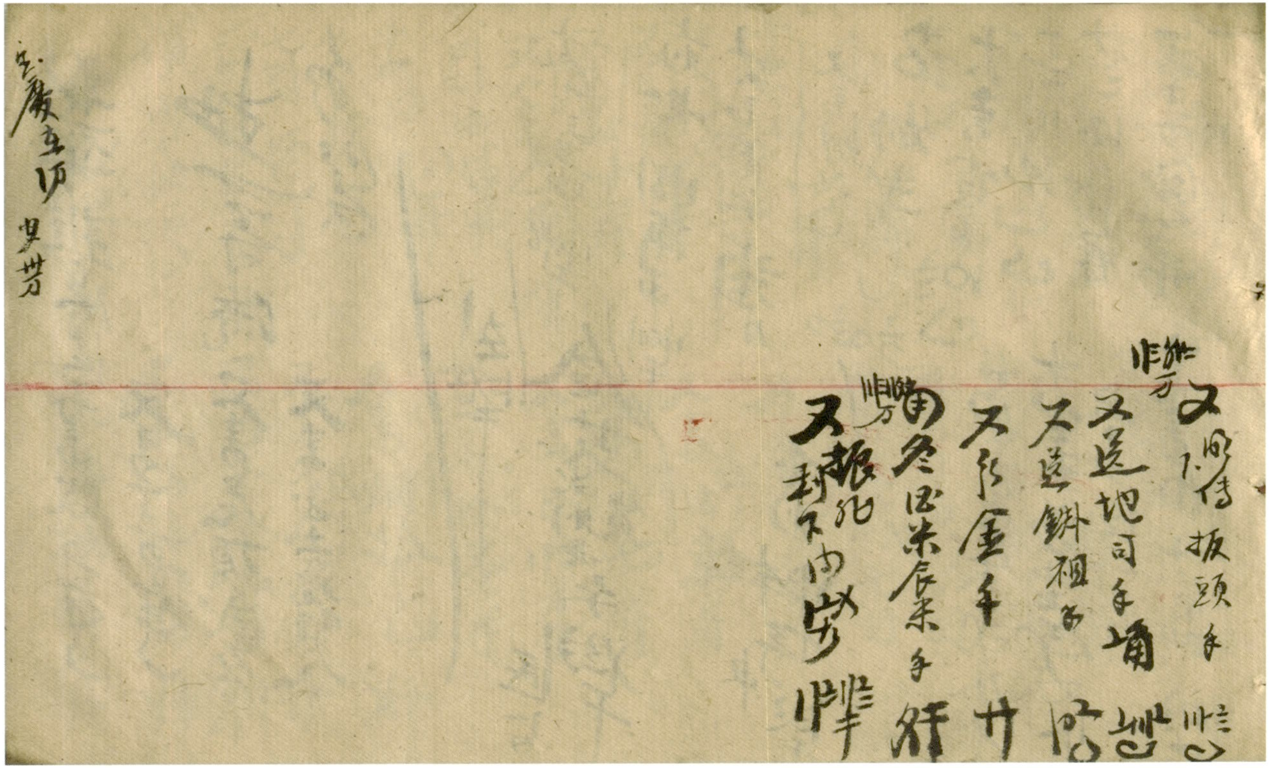

7-3-5-6　清光緒三十三年林步文立母喪人情簿（六）

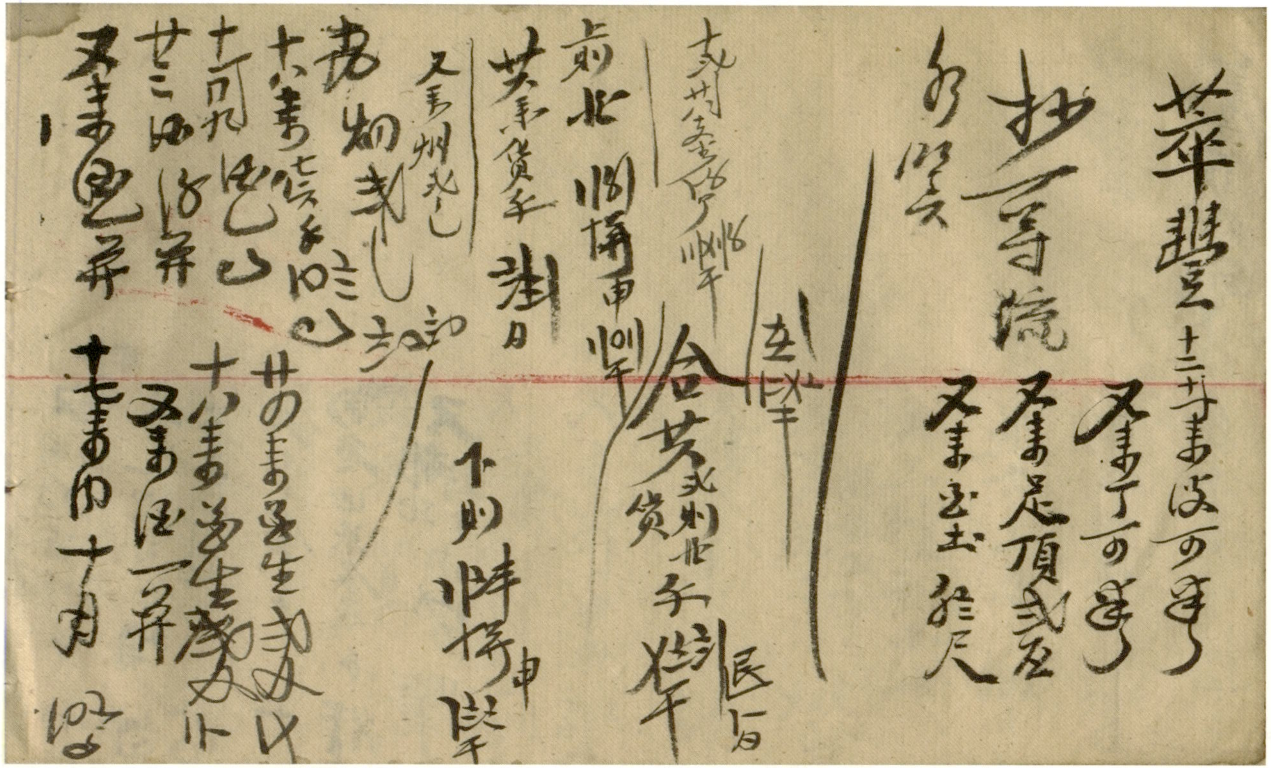

7-3-5-7　清光緒三十三年林步文立母喪人情簿（七）

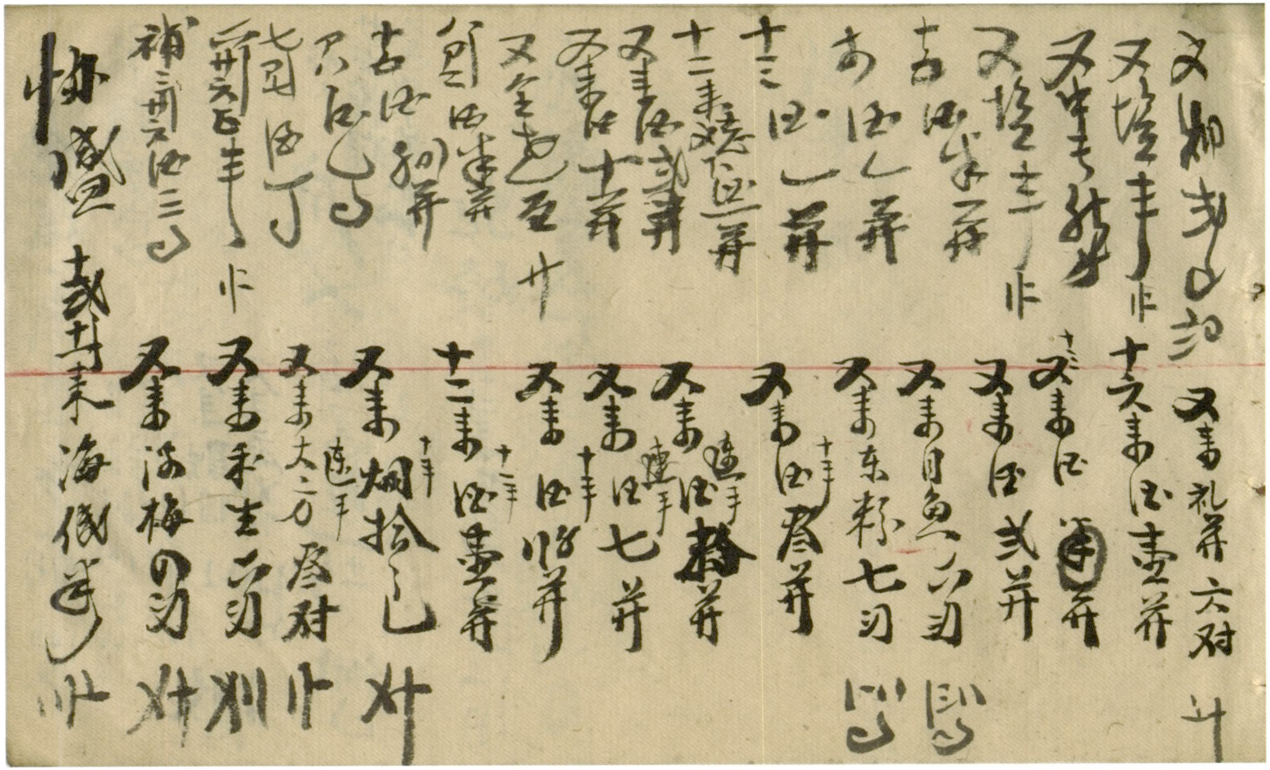

7-3-5-8　清光緒三十三年林步文立母喪人情簿（八）

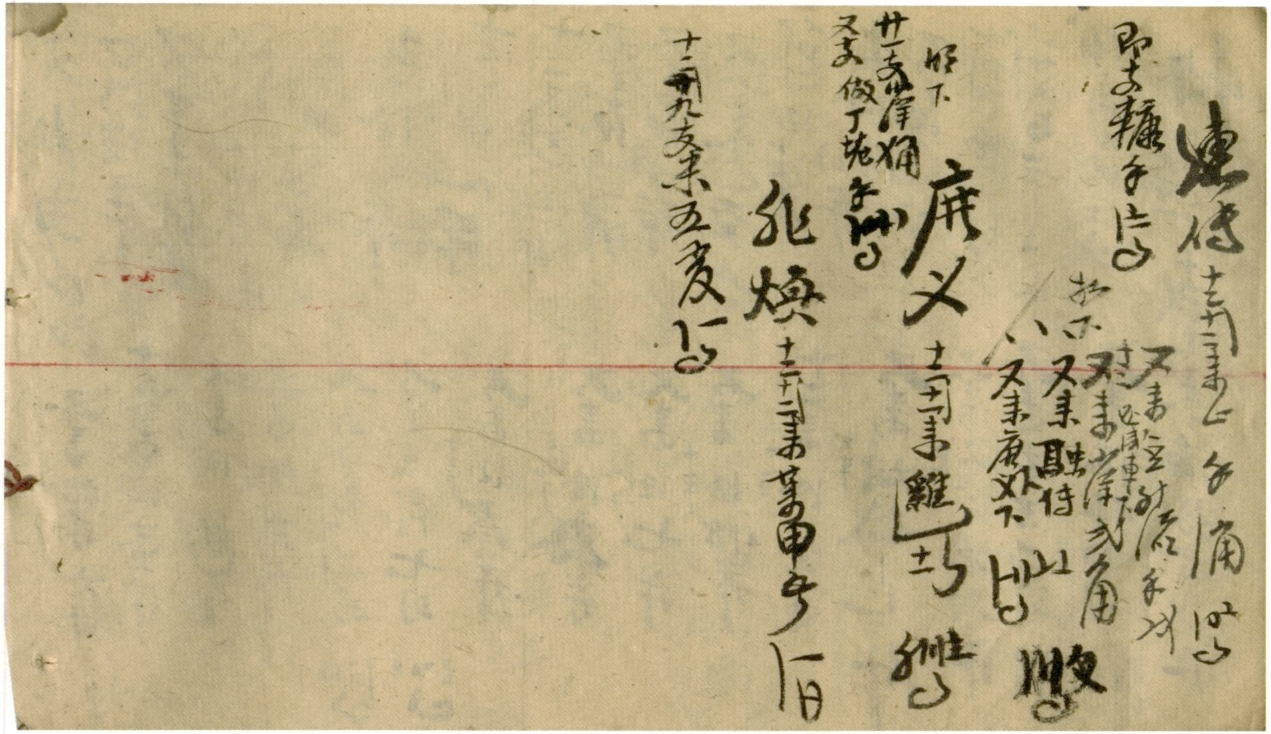

7-3-5-9　清光緒三十三年林步文立母喪人情簿（九）

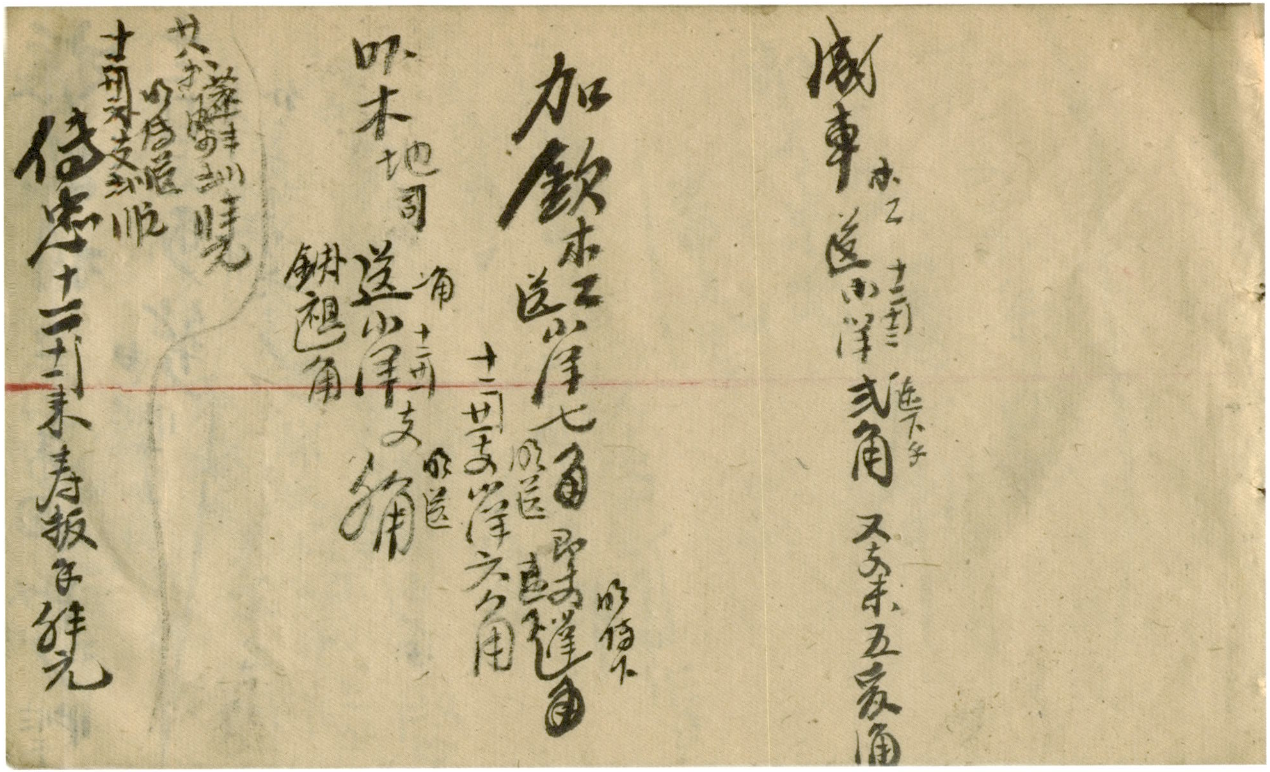

7-3-5-10　清光緒三十三年林步文立母喪人情簿（一〇）

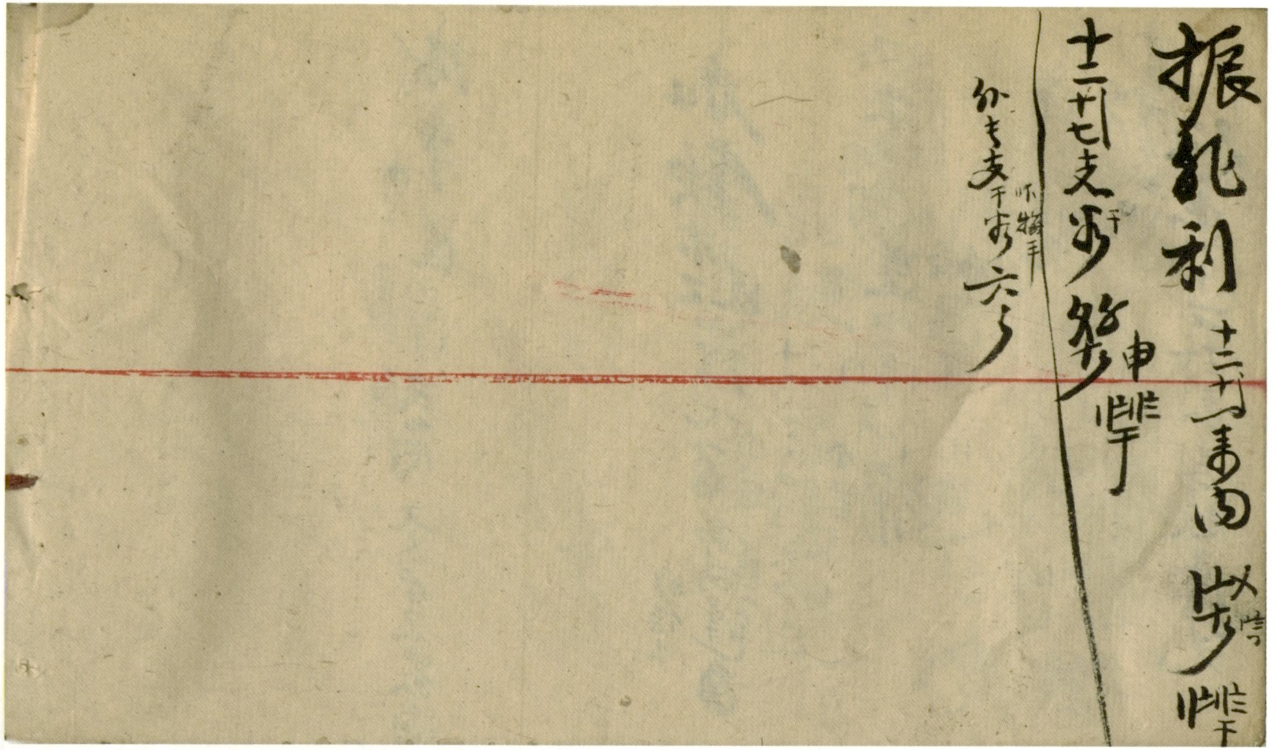

7-3-5-11　清光緒三十三年林步文立母喪人情簿（一一）

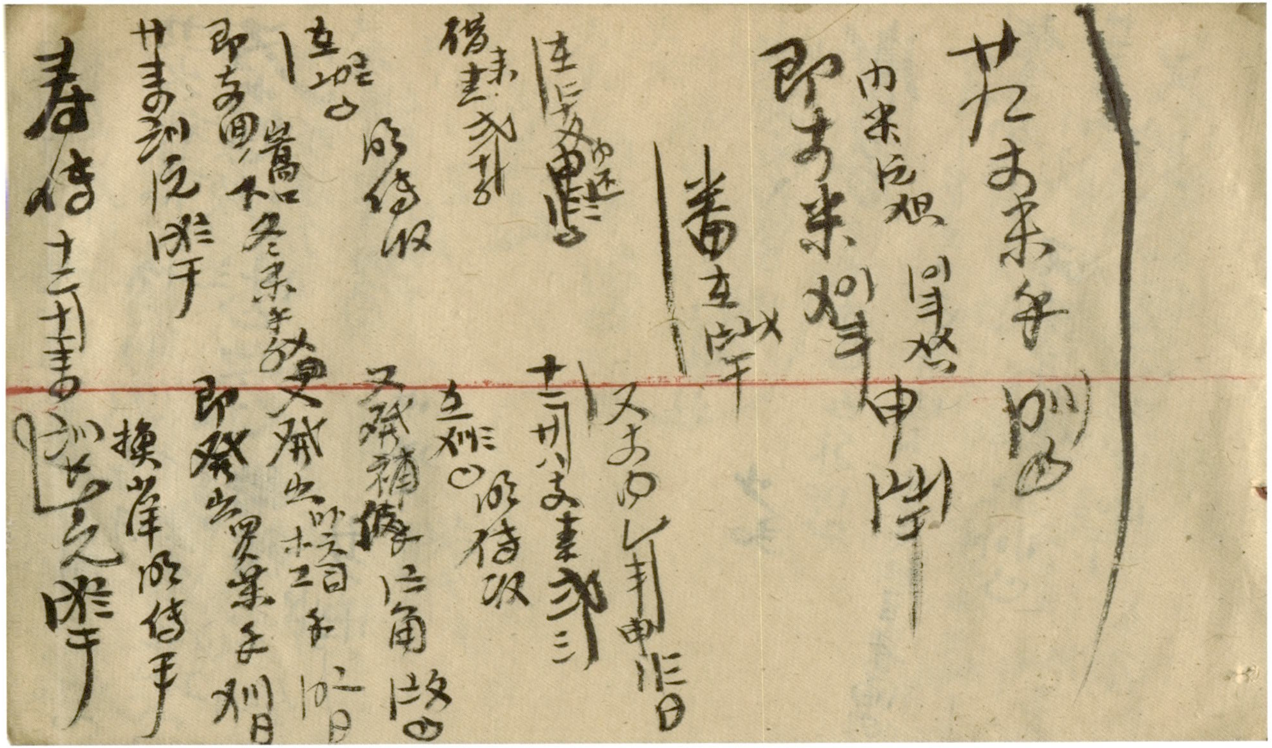

7-3-5-12　清光緒三十三年林步文立母喪人情簿（一二）

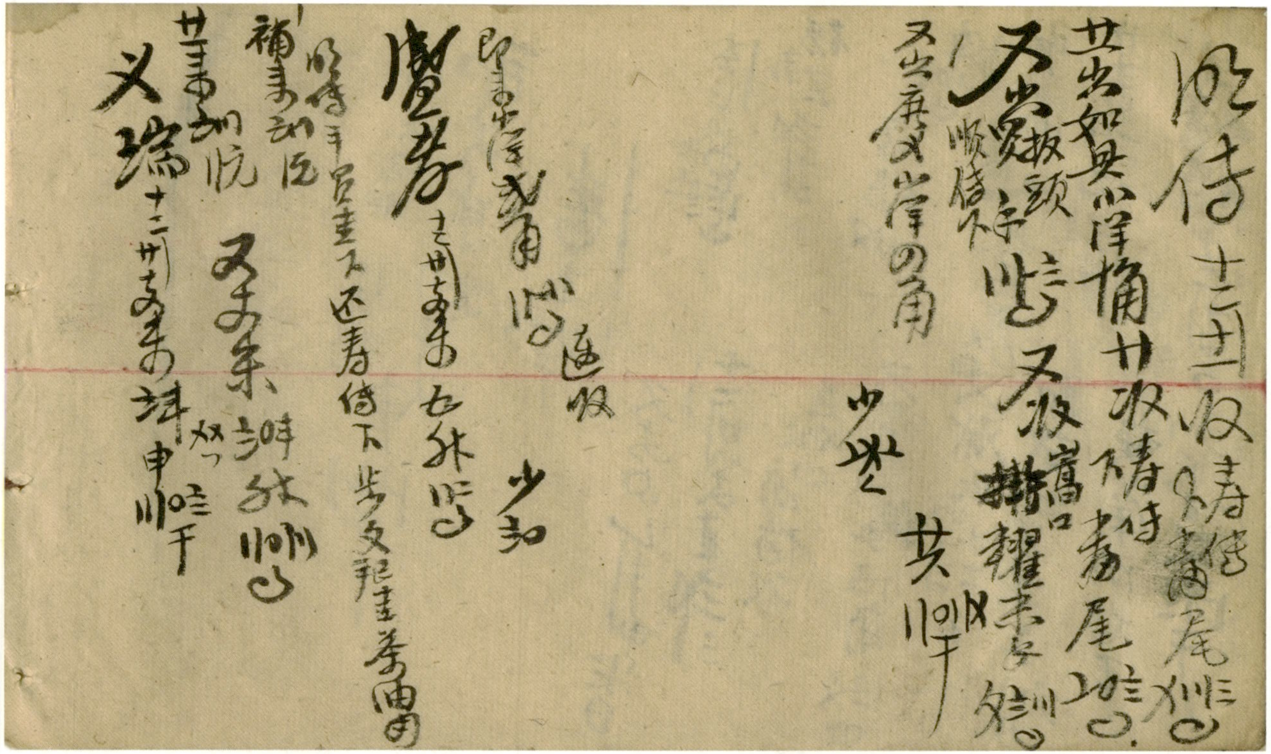

7-3-5-13　清光緒三十三年林步文立母喪人情簿（一三）

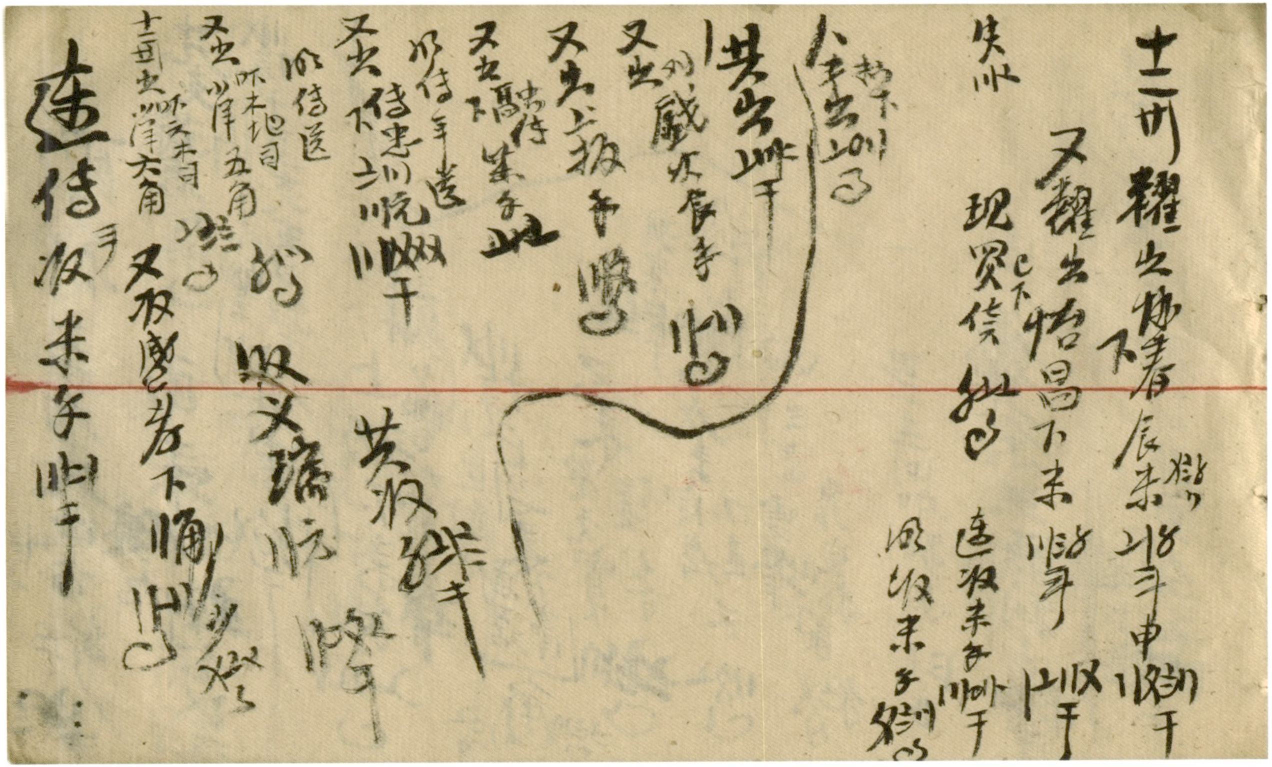

7-3-5-14　清光緒三十三年林步文立母喪人情簿（一四）

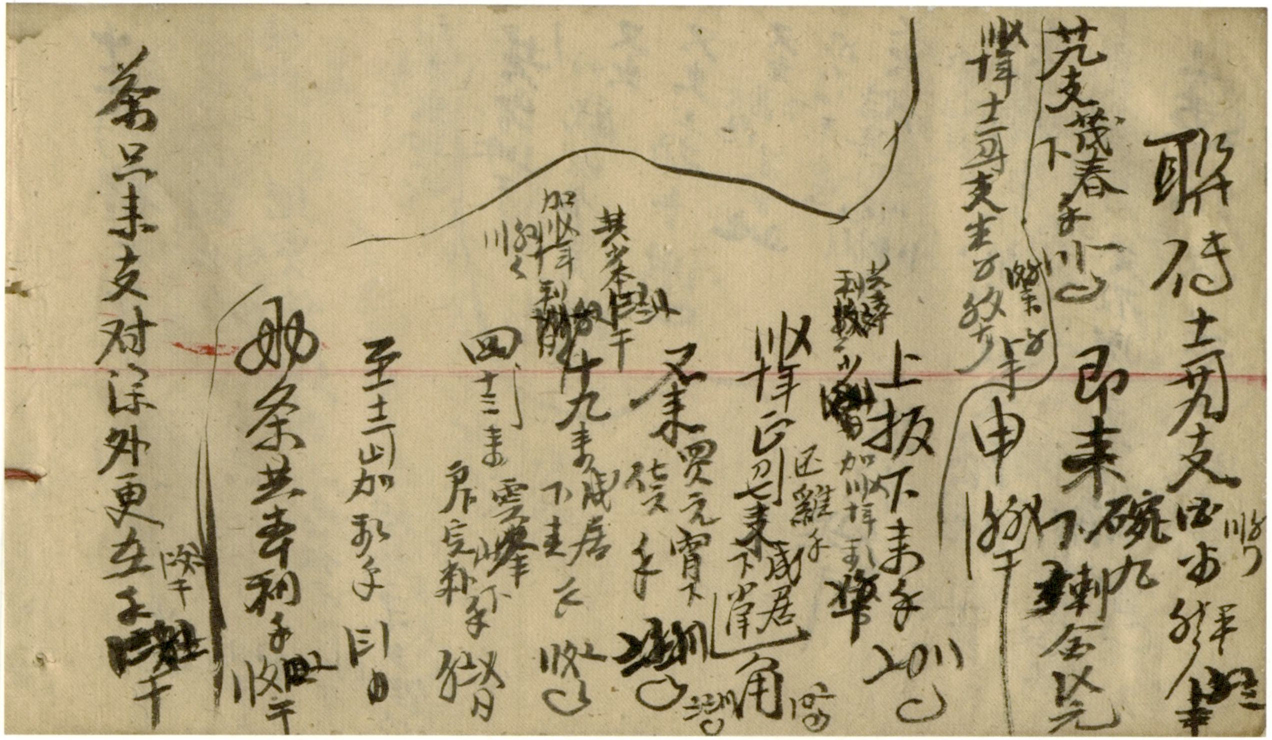

7-3-5-15　清光緒三十三年林步文立母喪人情簿（一五）

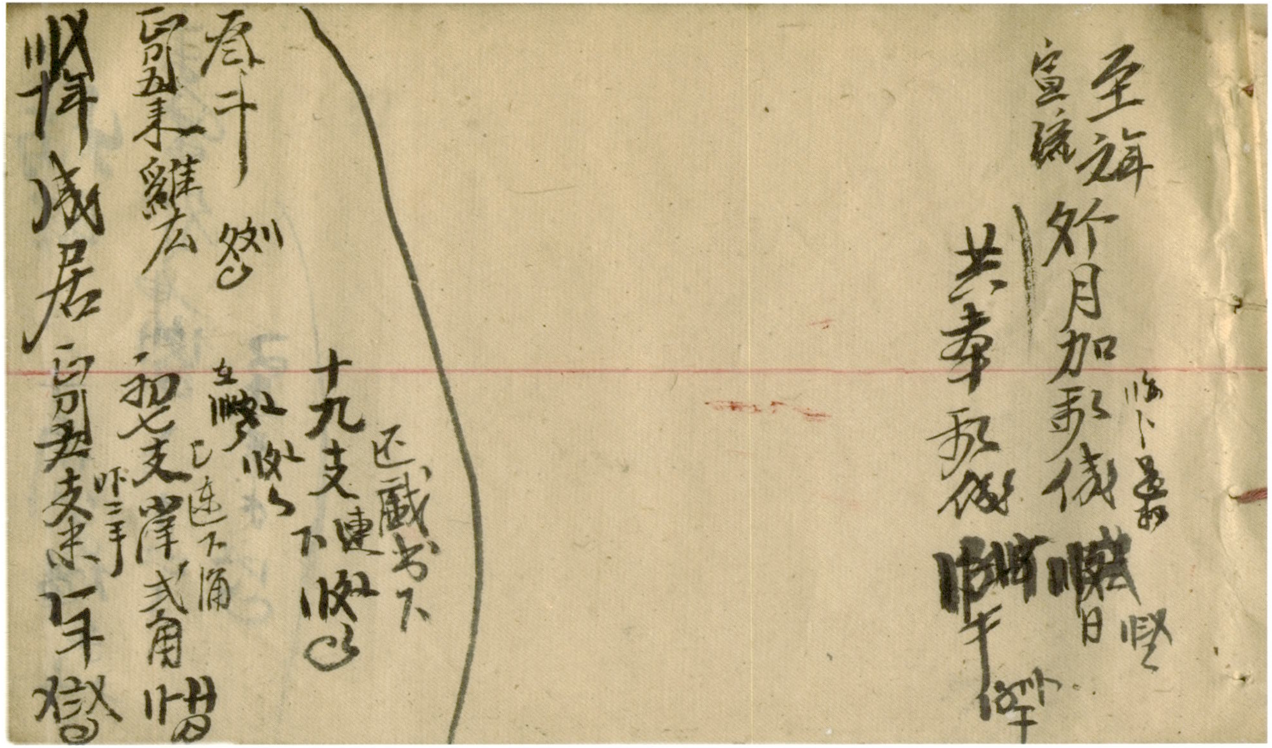

7-3-5-16　清光緒三十三年林步文立母喪人情簿（一六）

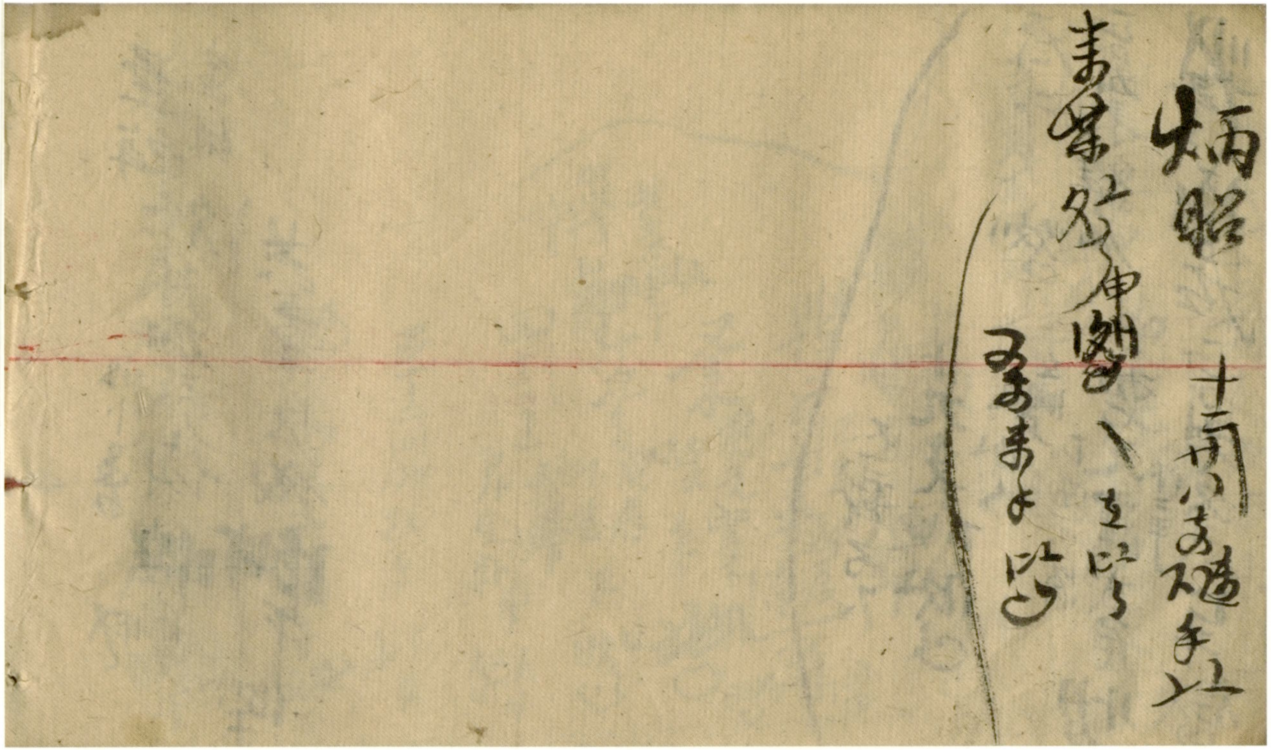

7-3-5-17　清光緒三十三年林步文立母喪人情簿（一七）

7-3-5-18　清光緒三十三年林步文立母喪人情簿（一八）

7-3-6-1　清光緒三十四年林步長立母喪人情簿（一）

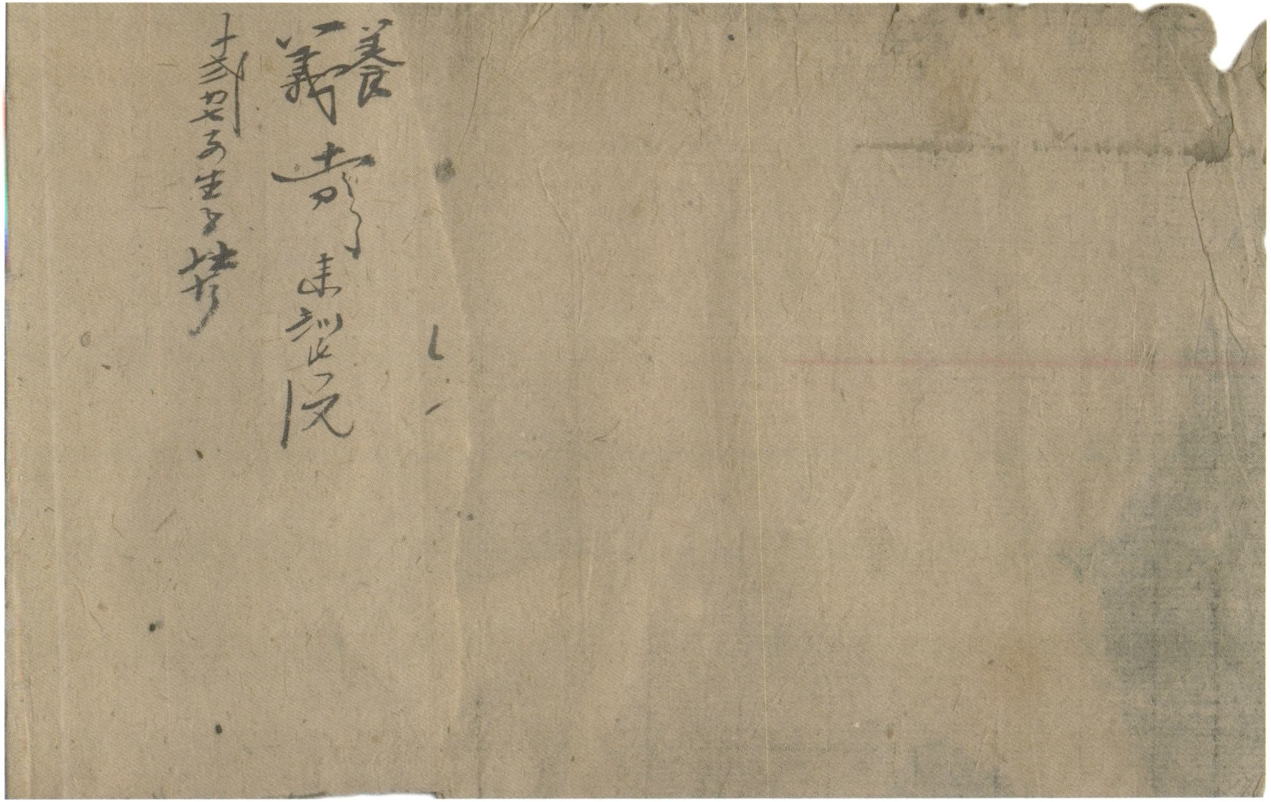

7-3-6-2 清光緒三十四年林步長立母喪人情簿（二）

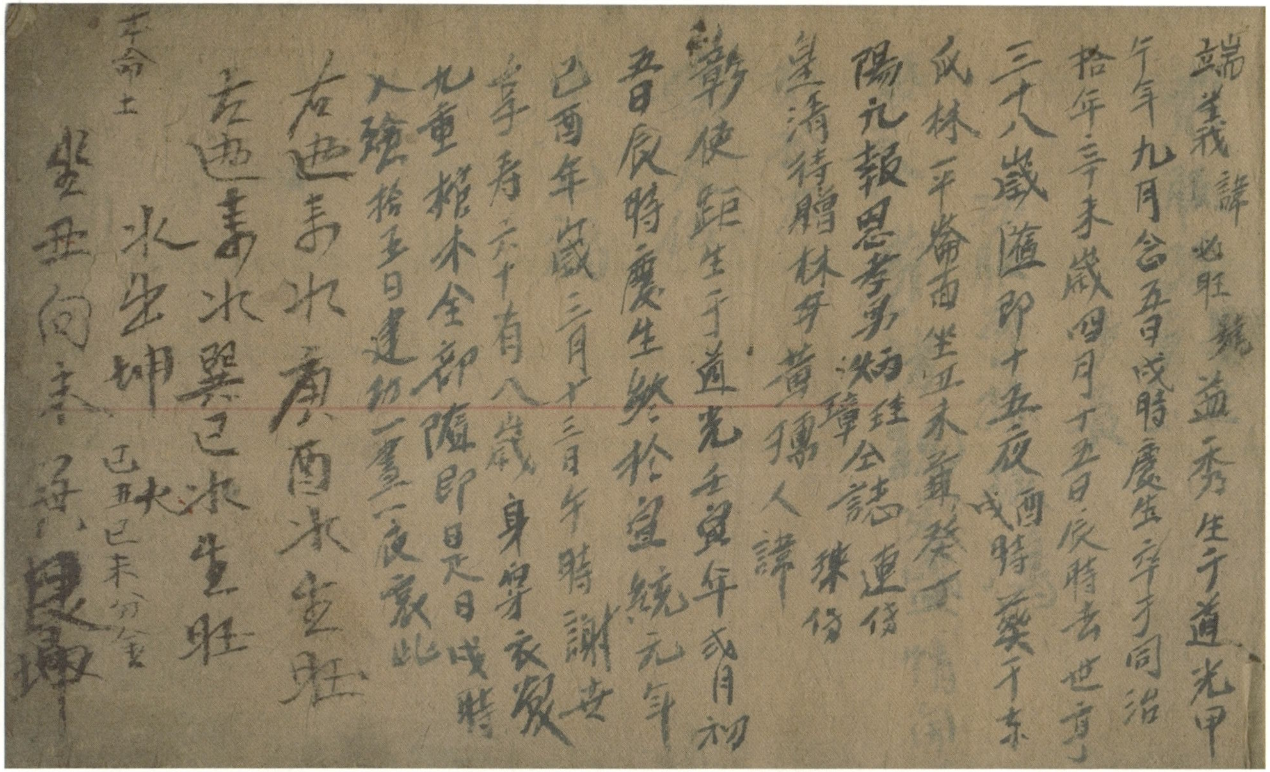
端義諱如旺號益秀生于道光甲
午年九月念五日戌時慶生卒于同治
拾年辛未歲四月十五日辰時去世享
三十八歲隨即十五夜酉戌時葬于东
風林一平崙面坐丑未兼癸丁
陽元報恩孝男炳往仝誌連侍
皇清待贈林母黄孺人諱[illegible]
彰使距生于道光壬寅年戌月初
晉辰時慶生終于宣統元年
己酉年歲三月十三日午時謝世
享寿六十有八歲身穿衣裳
九重棺木全部隨即日是日戌時
入殮拾五日建功一晝一夜就此
右邊寿水庚酉水室旺
左邊寿水巽巳水生旺
丁命土
水出坤
乙丑己未分金
坐丑向未[illegible]兼艮坤

7-3-6-3　清光緒三十四年林步長立母喪人情簿（三）

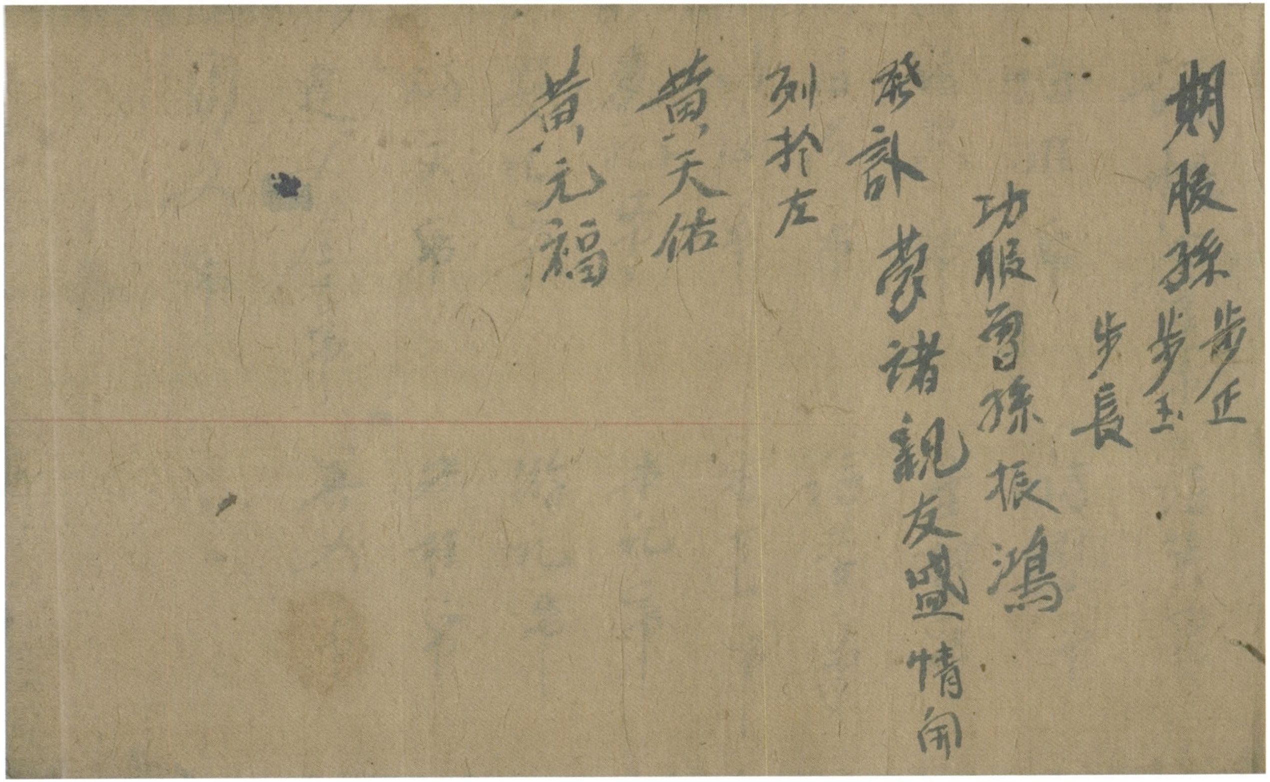

期服孫 步正 步玉 步長
功服曾孫 振鴻
承蒙諸親友盛情
列於左
黃天佑
黃元福

7-3-6-4　清光緒三十四年林步長立母喪人情簿（四）

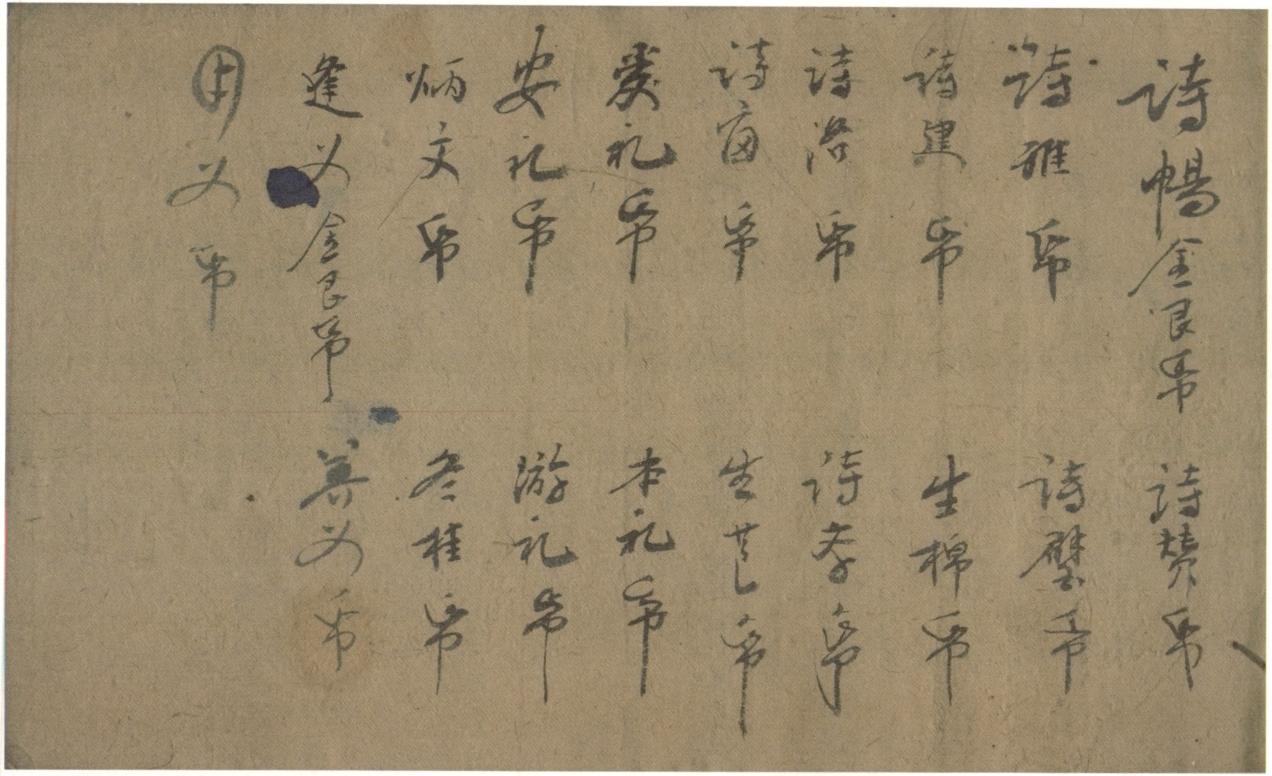
詩暢 金良弟
詩雅弟
詩建弟
詩洛弟
詩卤弟
炎礼弟
安礼弟
炳文弟
逢义 金良弟
用义弟
詩赞弟
詩檠弟
生棉弟
詩春弟
生芑弟
本礼弟
游礼弟
冬桂弟
萬义弟

7-3-6-5　清光緒三十四年林步長立母喪人情簿（五）

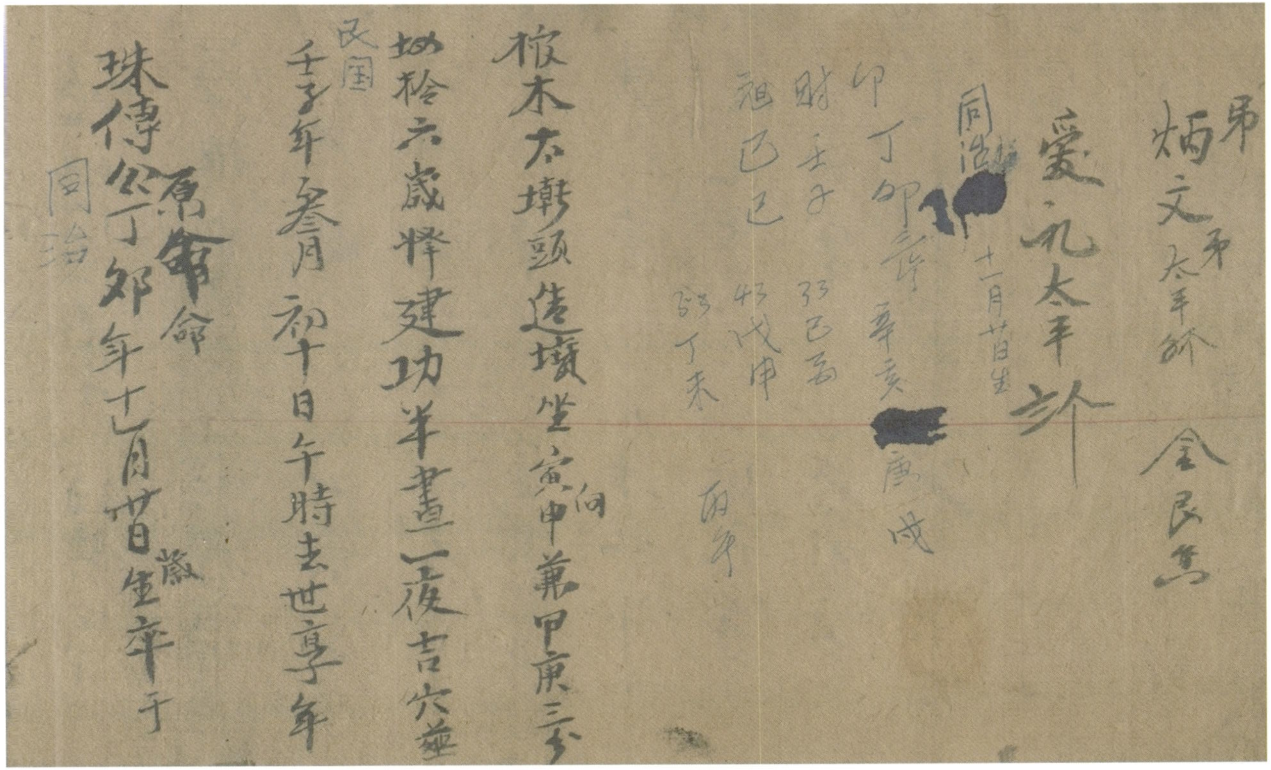
愛孔太平許
柩木本墩頭造壙坐寅申兼甲庚三分
于拾六歲擇建功半晝一夜吉穴葬
民国壬子年叁月初十日午時去世享年
珠傳公原命丁卯年十一月廿日生
同治

7-3-6-6　清光緒三十四年林步長立母喪人情簿（六）

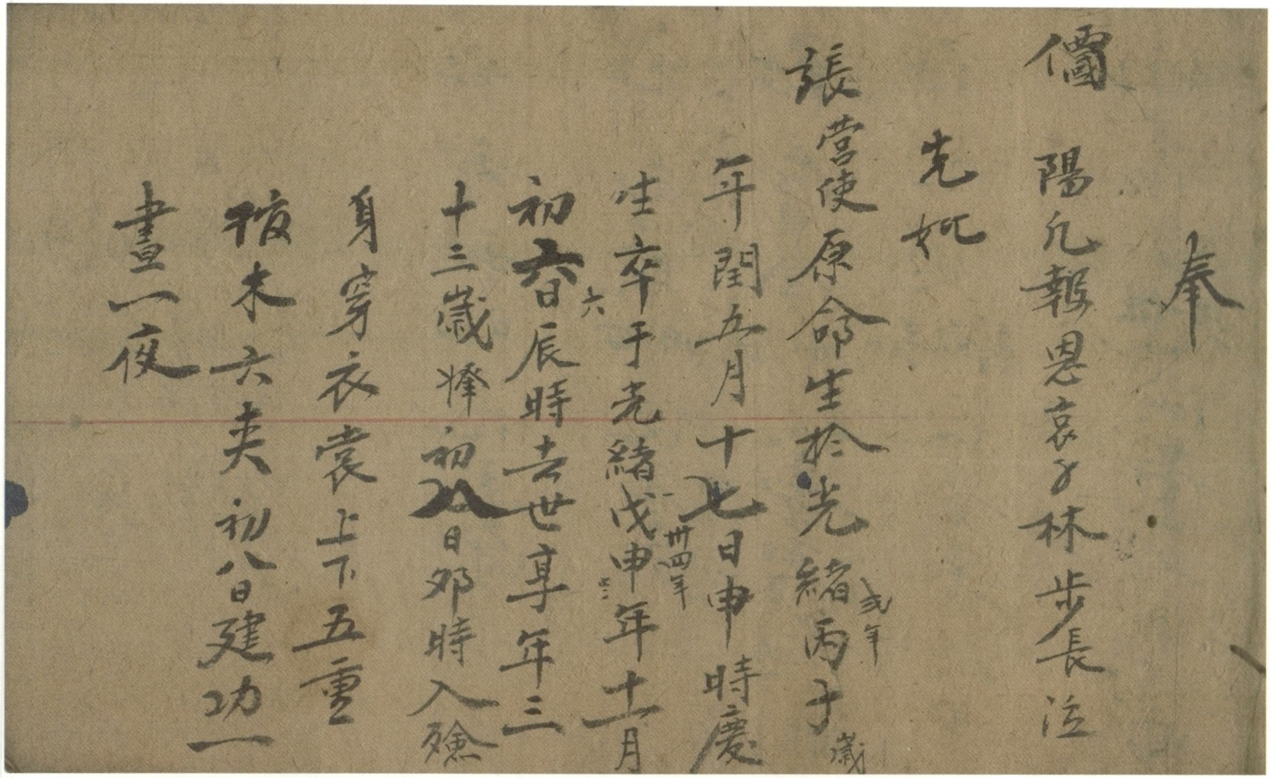
奉
儅陽凡報恩哀子林步長泣
先妣
張營使原命生於光緒丙子貳年歲
年閏五月十七日申時慶
生卒于光緒戊申年卅四年十二月
初六日辰時去世享年三
十三歲烽初八日卯時入殮
身穿衣裳上下五重
棺木六夫初八日建功一
晝一夜

7-3-6-7　清光緒三十四年林步長立母喪人情簿（七）

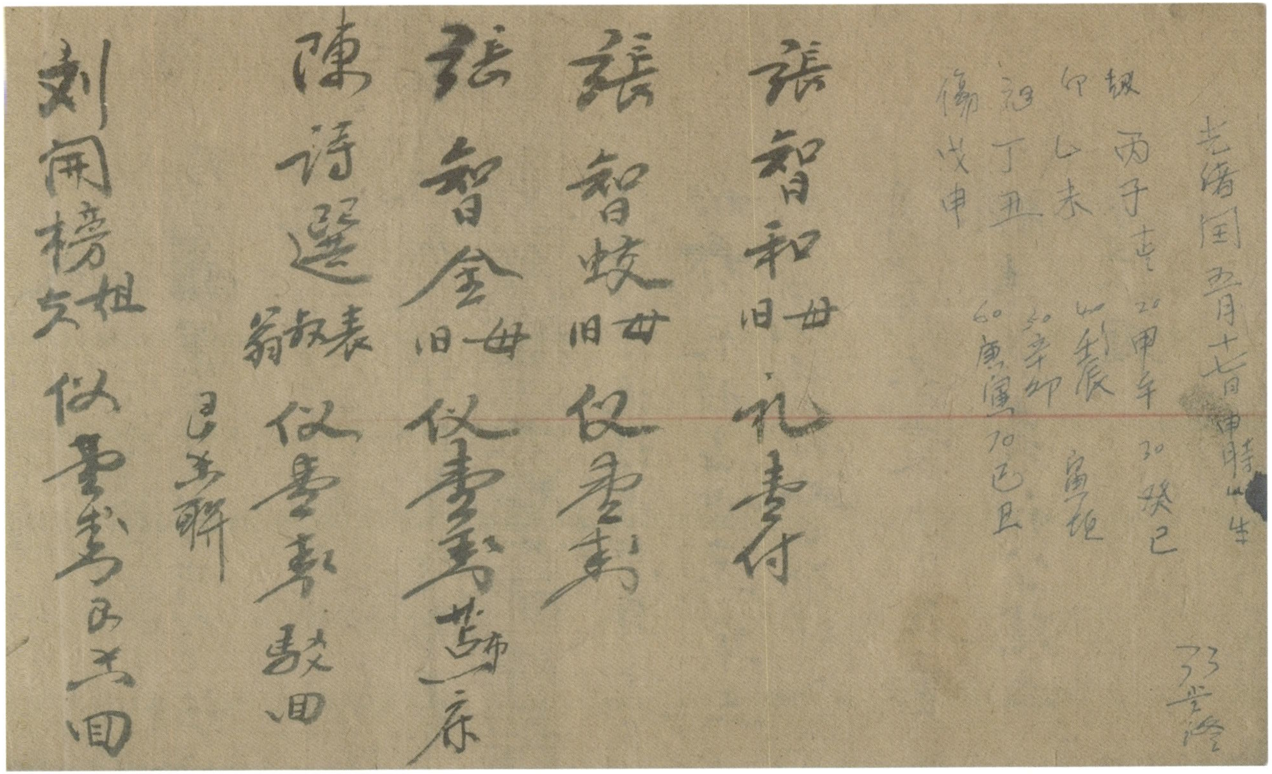

7–3–6–8　清光緒三十四年林步長立母喪人情簿（八）

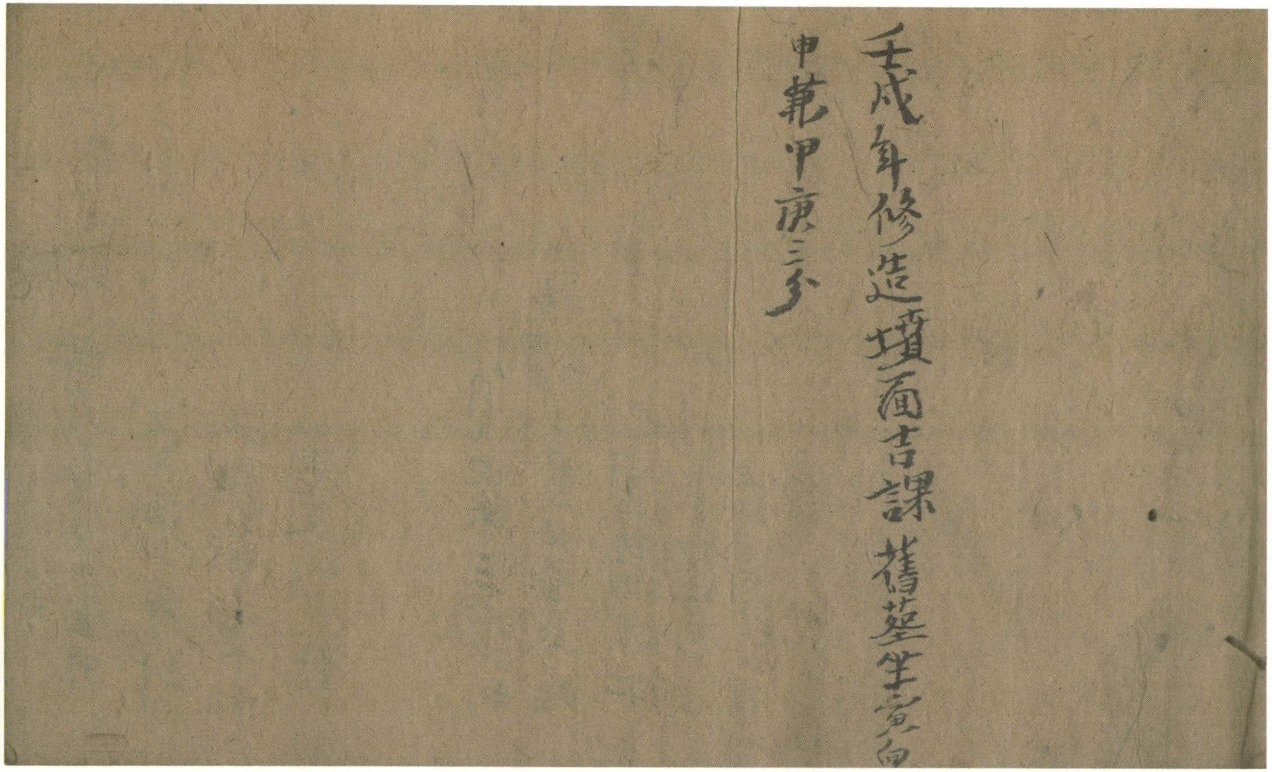

壬戌年修造墳面吉課　舊塋坐寅向
申兼甲庚三分

7-3-6-9　清光緒三十四年林步長立母喪人情簿（九）

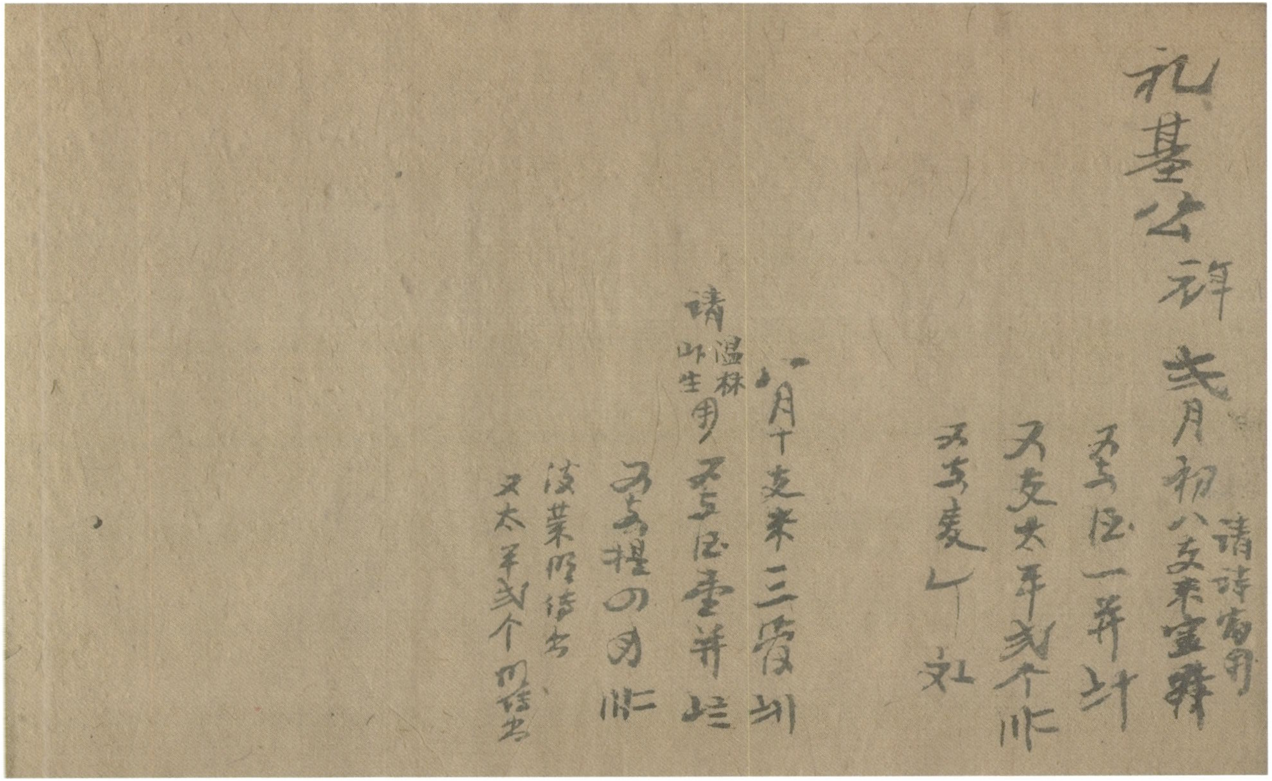

7-3-6-10　清光緒三十四年林步長立母喪人情簿（一〇）

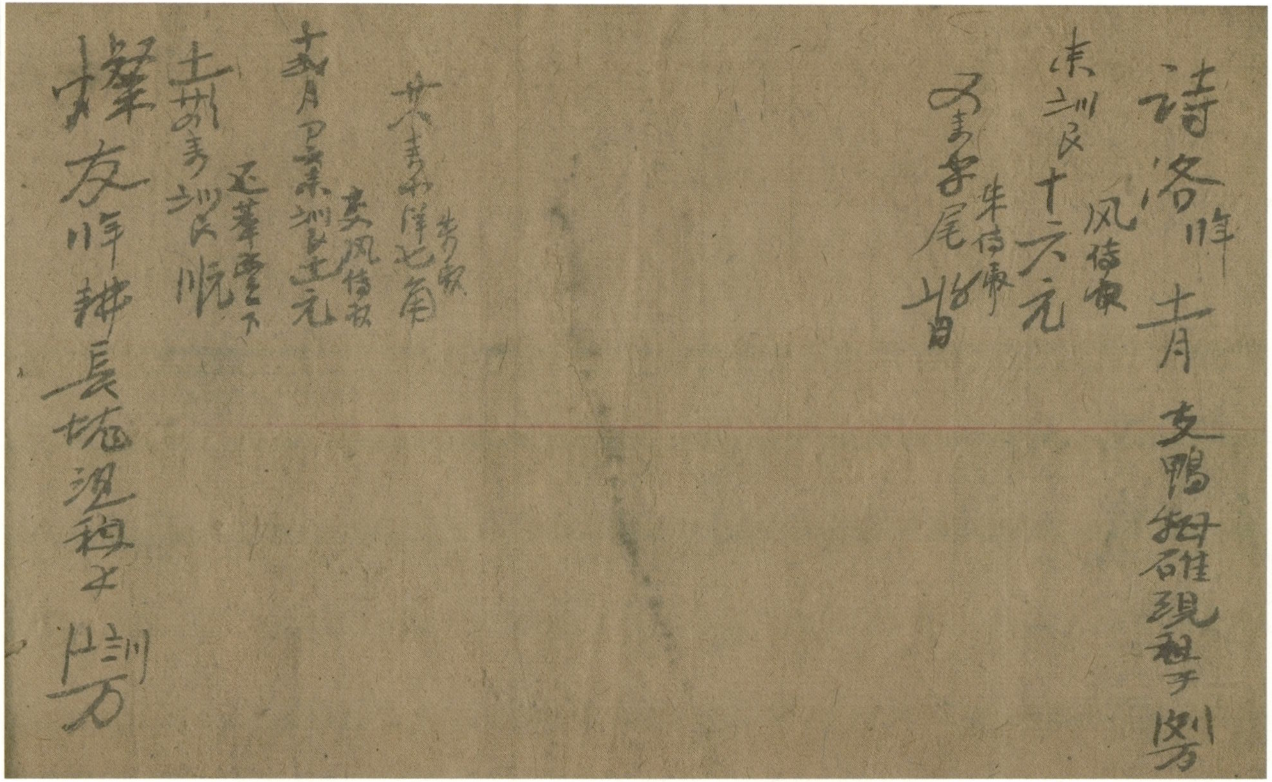

7-3-6-11　清光緒三十四年林步長立母喪人情簿（一一）

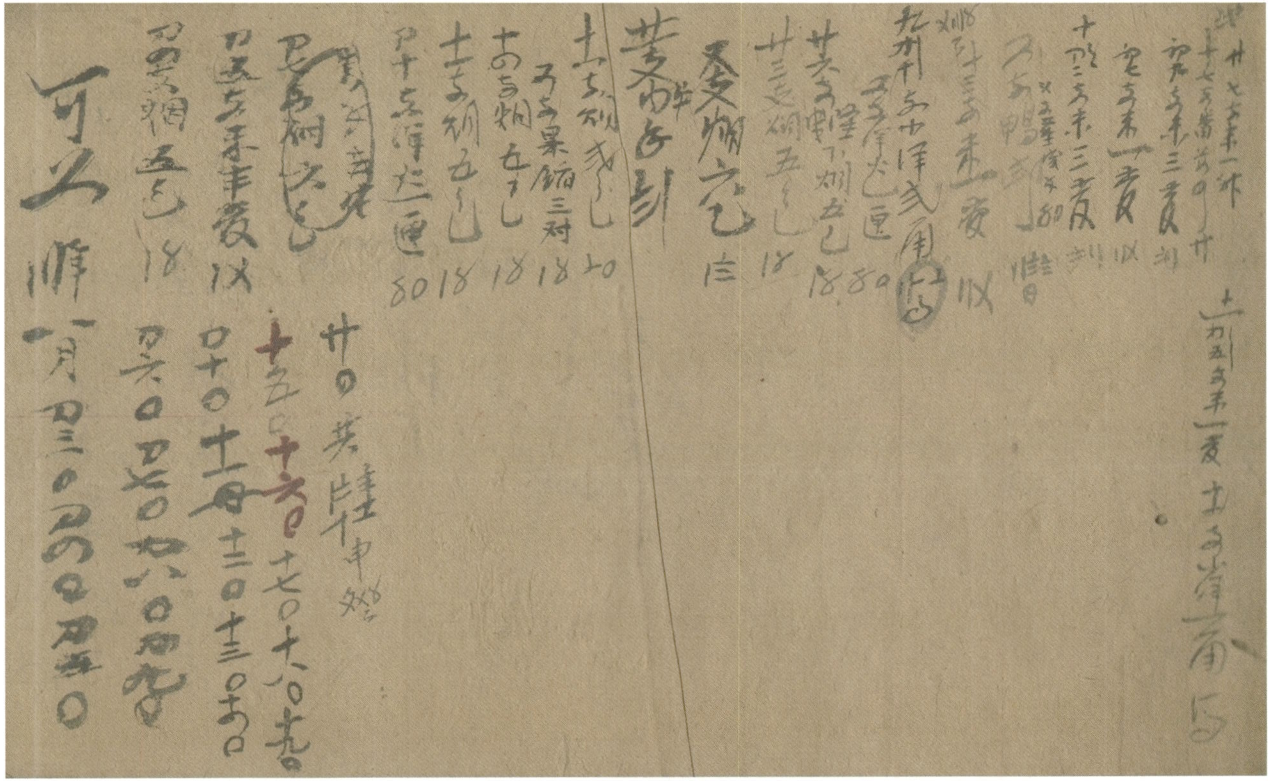

7-3-6-12　清光緒三十四年林步長立母喪人情簿（一二）

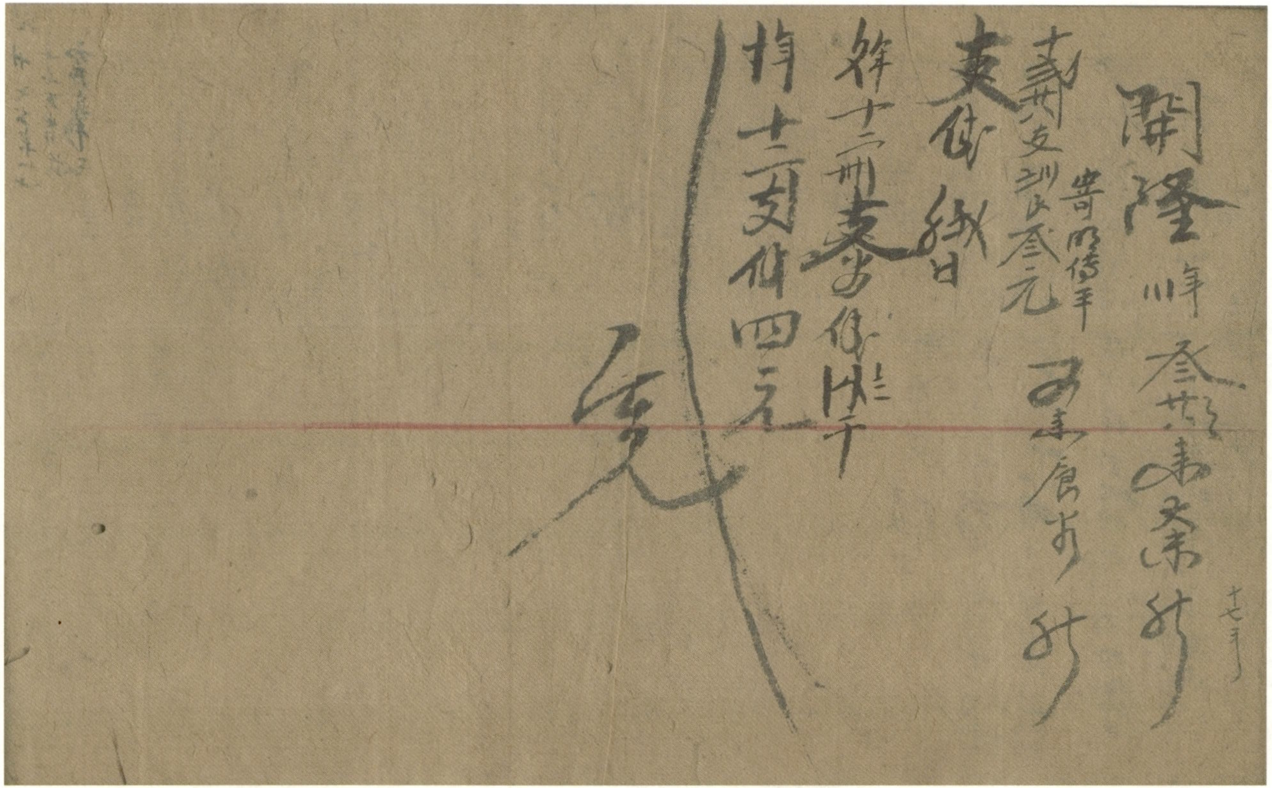

7-3-6-13　清光緒三十四年林步長立母喪人情簿（一三）

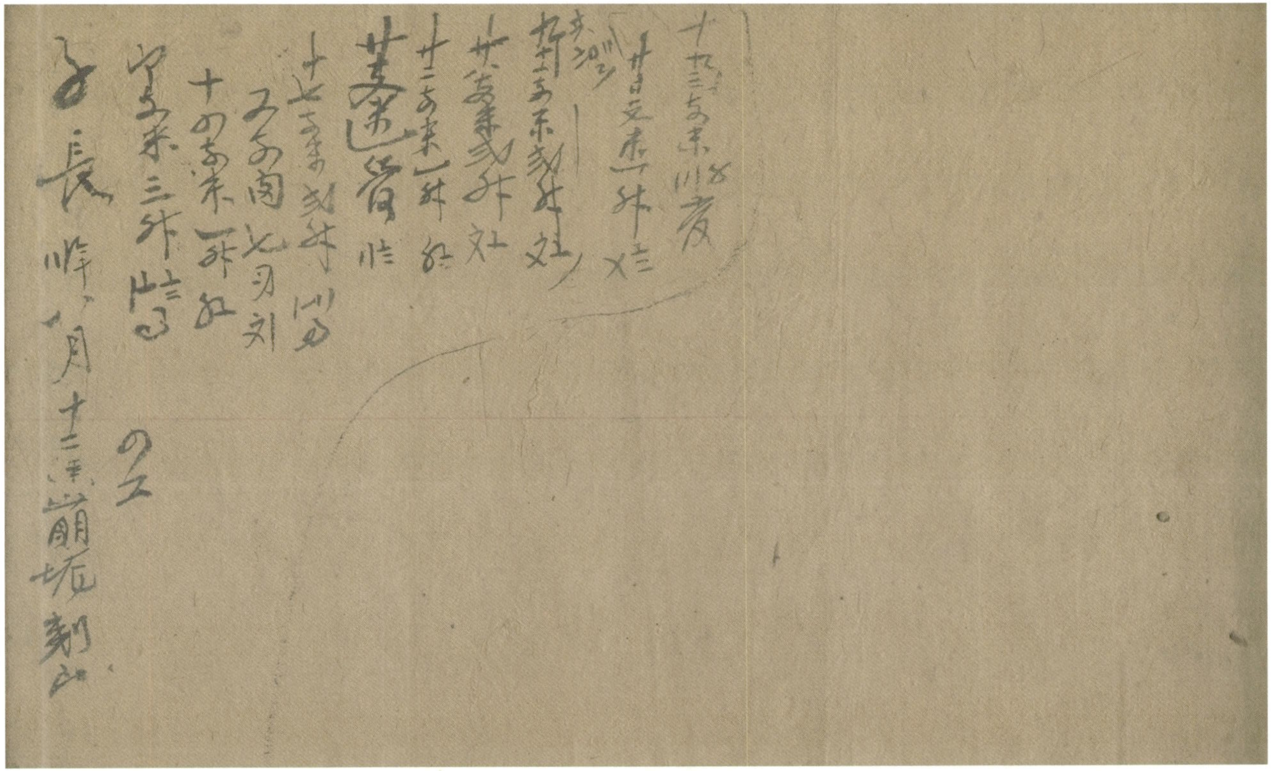

7-3-6-14　清光緒三十四年林步長立母喪人情簿（一四）

詩富壬戌林鍊支赤米一斗
匹父數
與 男坦

7-3-6-15　清光緒三十四年林步長立母喪人情簿（一五）

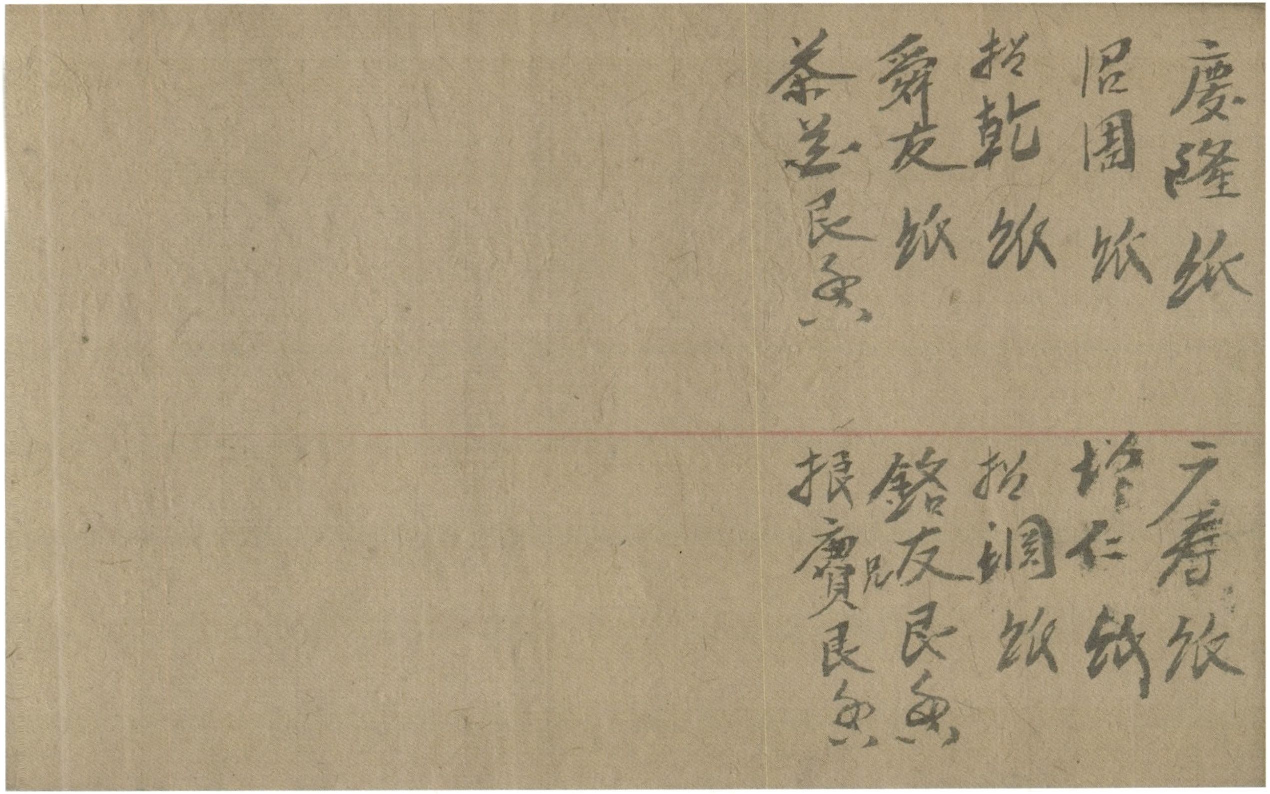

慶隆紙
昌圍紙
招乾紙
舜友紙
茶益艮角
广壽紙
培仁錢
招調紙
銘友艮角
振賡兄艮角

7-3-6-16　清光緒三十四年林步長立母喪人情簿（一六）

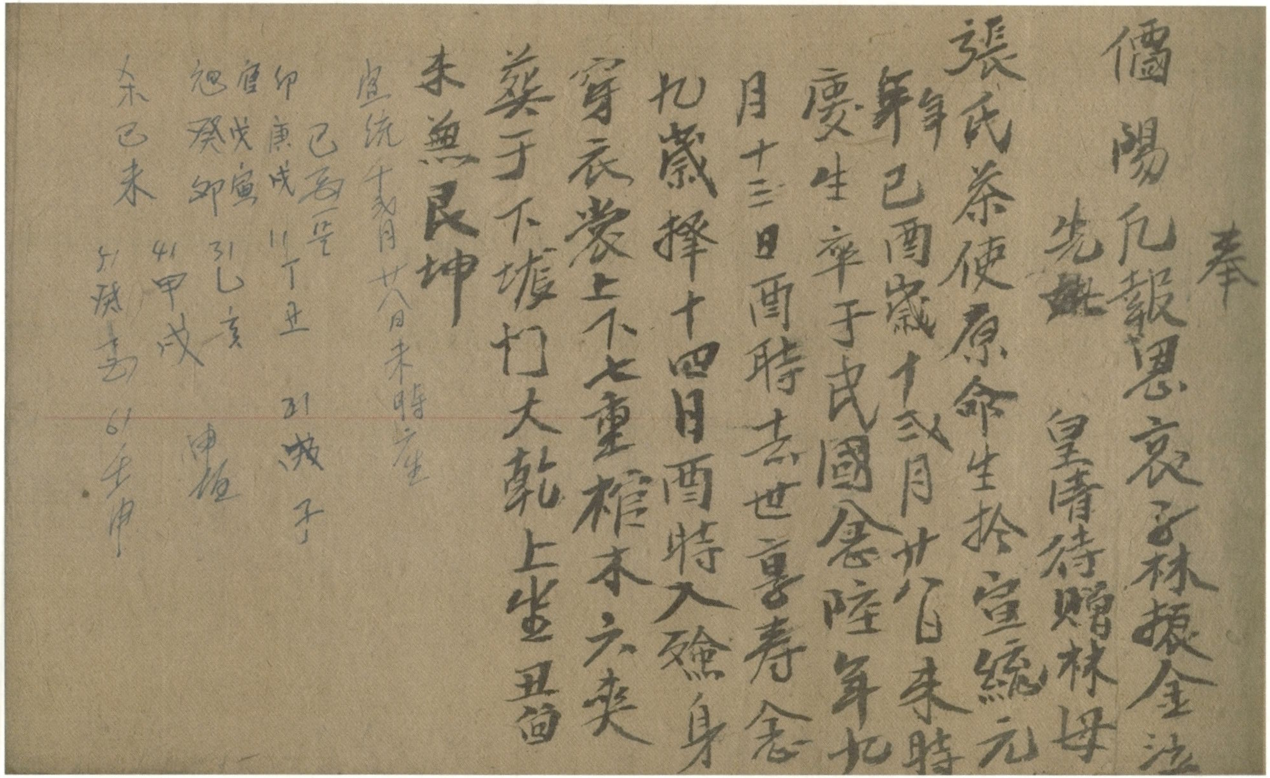
奉
僊陽九報恩哀子林振金泣
先妣 皇清待贈林母
張氏恭使原命生於宣統元
年己酉歲十弍月廿八日未時
慶生卒于民國念陸年九
月十三日酉時去世享壽念
九歲擇十四日酉時入殮身
穿衣裳上下七重棺木六夾
葬于下墟打大乾上坐丑向
未兼艮坤
宣統十弍月廿八日未時生
己酉一岁 21戊子
卯 庚戌 11丁丑
酉 戊寅 31乙亥 坤造
炮 癸卯 41甲戌
大未 己未 51癸酉 61壬申

7-3-6-17　清光緒三十四年林步長立母喪人情簿（一七）

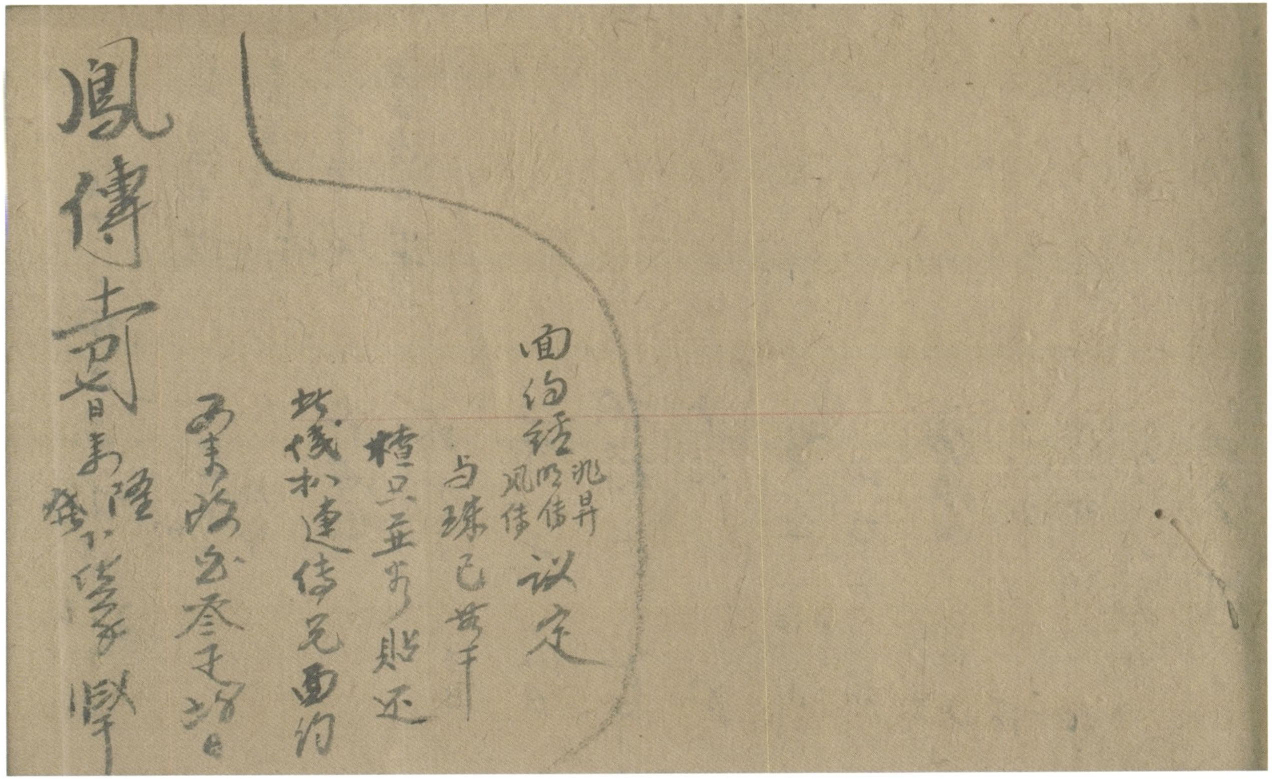

7-3-6-18　清光緒三十四年林步長立母喪人情簿（一八）

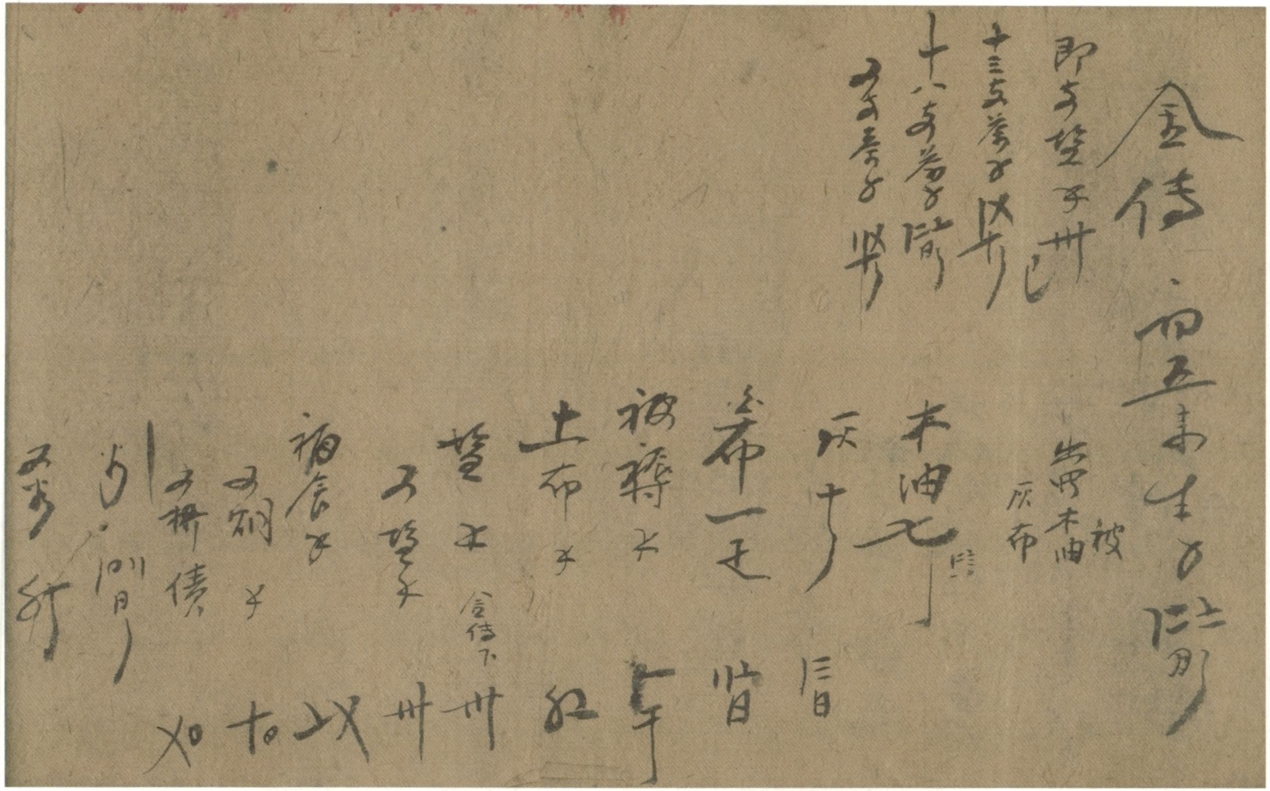

7-3-6-19　清光緒三十四年林步長立母喪人情簿（一九）

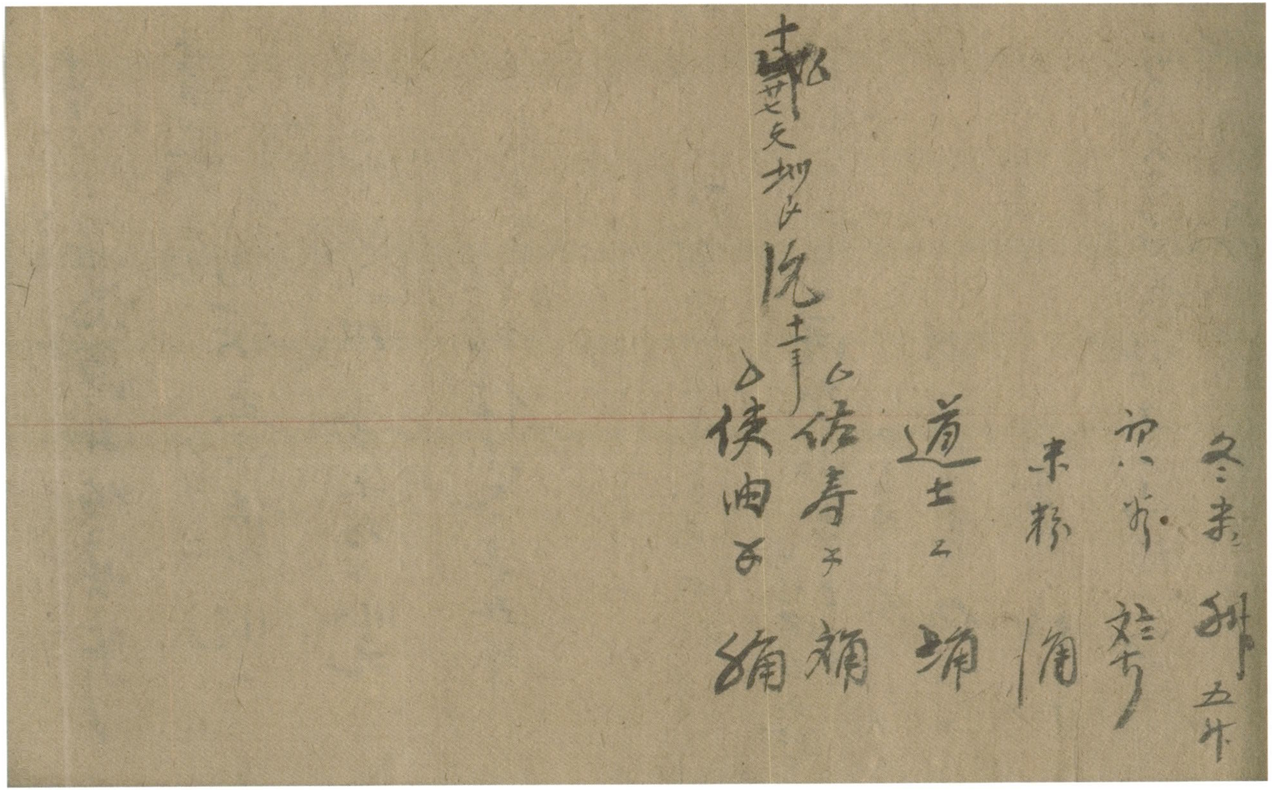

7-3-6-20　清光緒三十四年林步長立母喪人情簿（二〇）

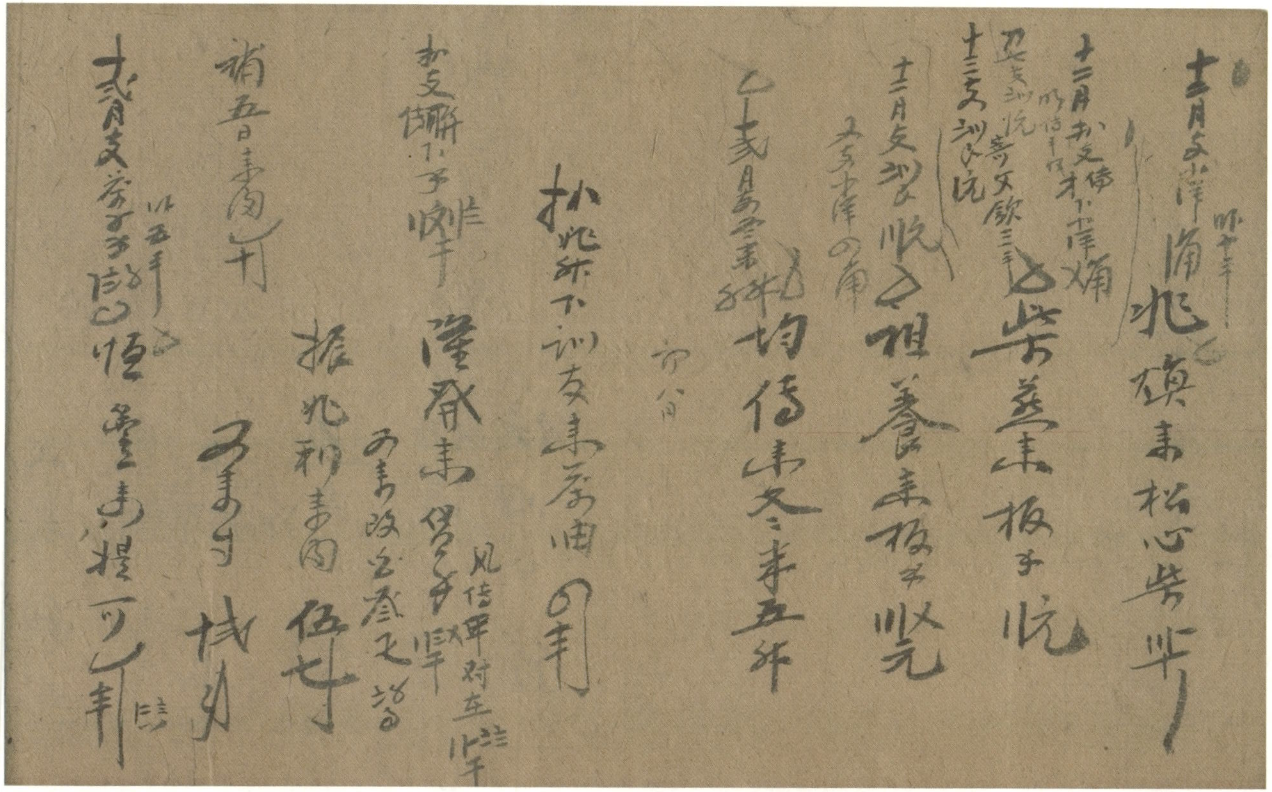

7-3-6-21　清光緒三十四年林步長立母喪人情簿（二一）

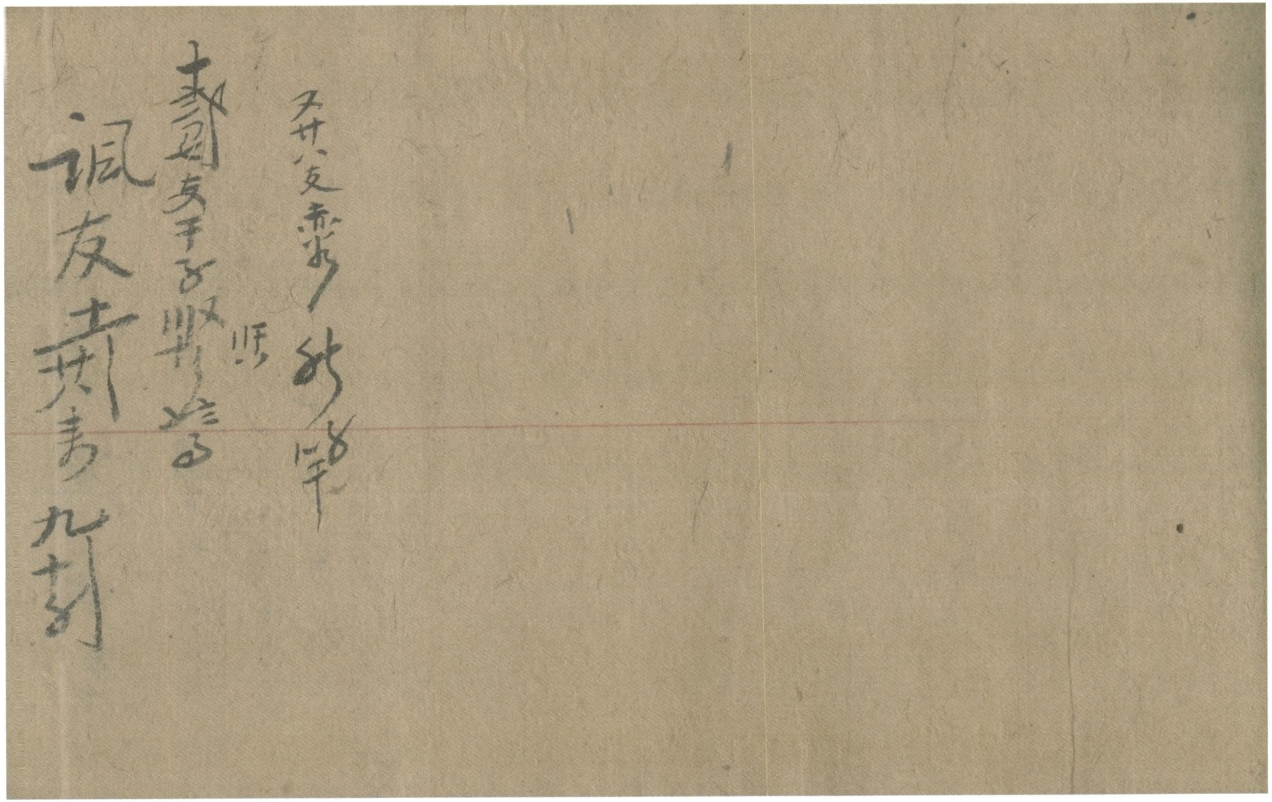

7-3-6-22　清光緒三十四年林步長立母喪人情簿（二二）

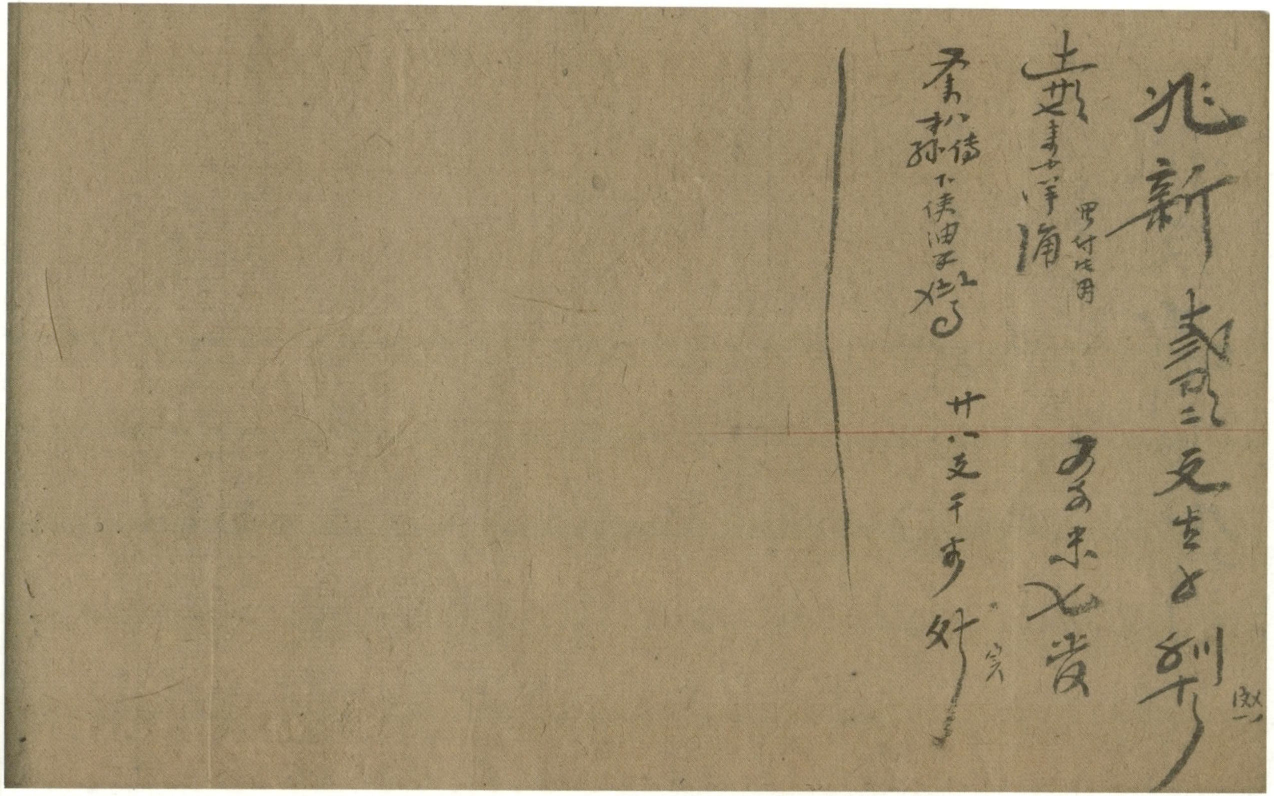

7-3-6-23　清光緒三十四年林步長立母喪人情簿（二三）

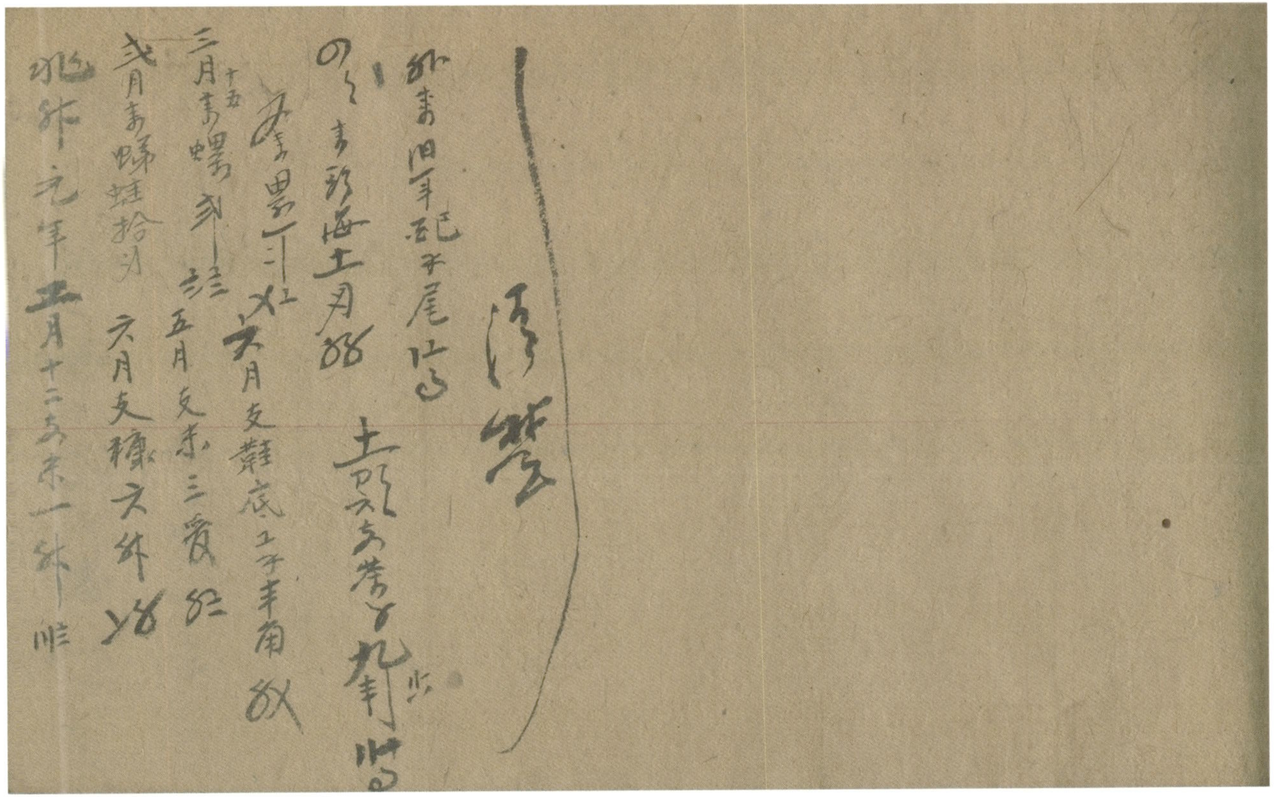

7-3-6-24　清光緒三十四年林步長立母喪人情簿（二四）

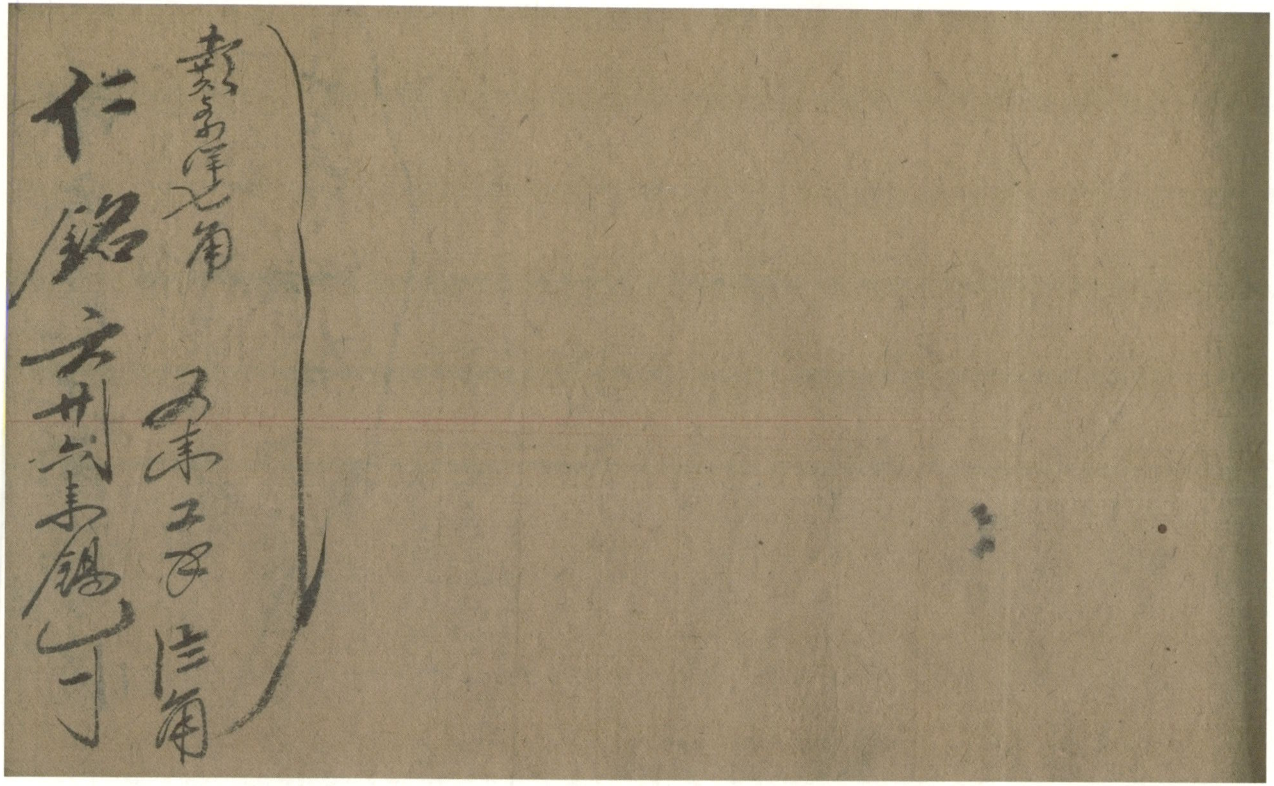

7-3-6-25　清光緒三十四年林步長立母喪人情簿（二五）

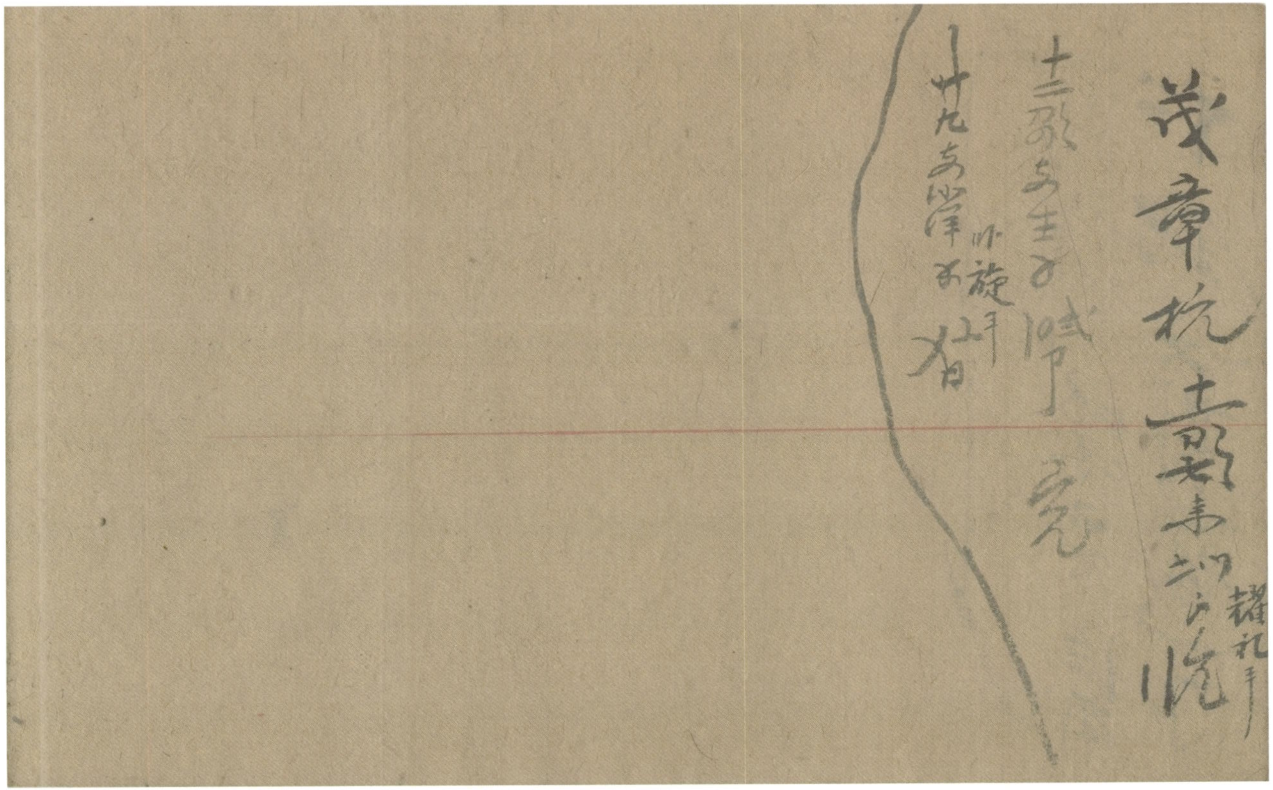

7-3-6-26　清光緒三十四年林步長立母喪人情簿（二六）

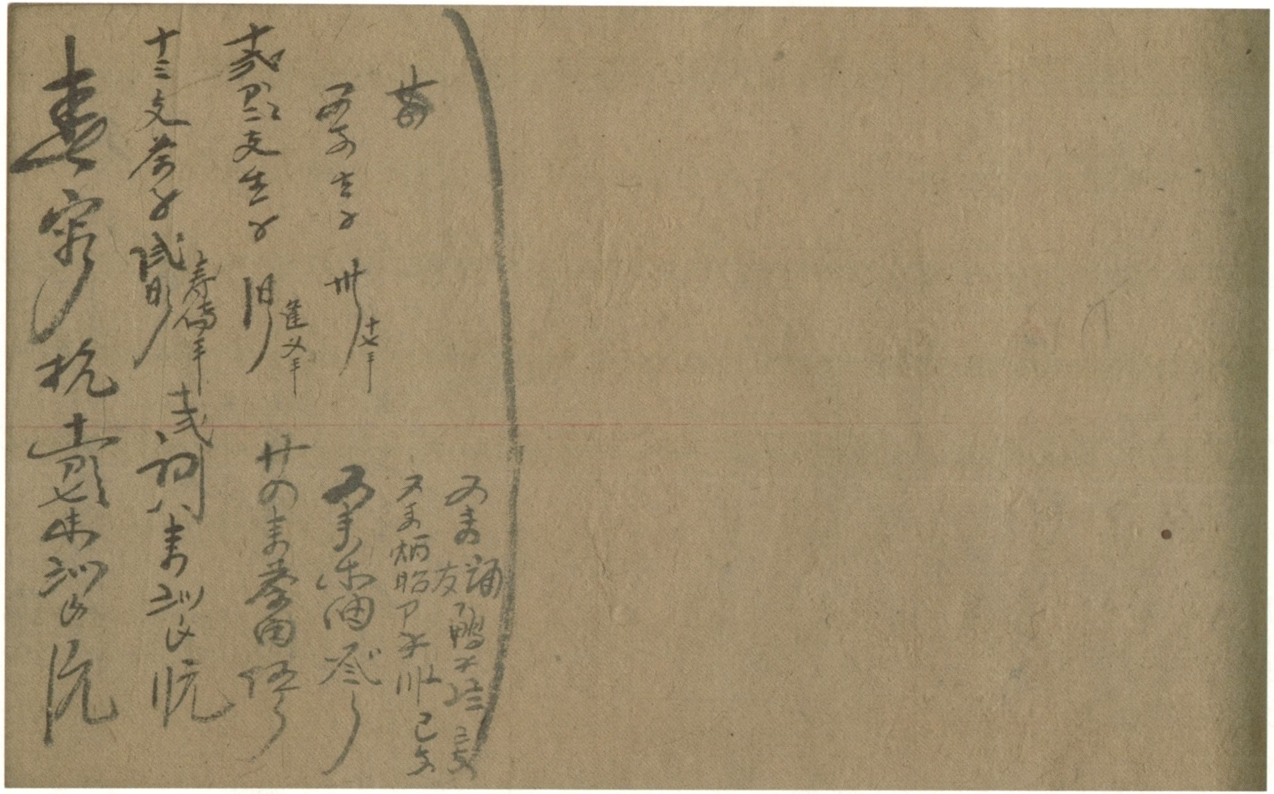

7-3-6-27　清光緒三十四年林步長立母喪人情簿（二七）

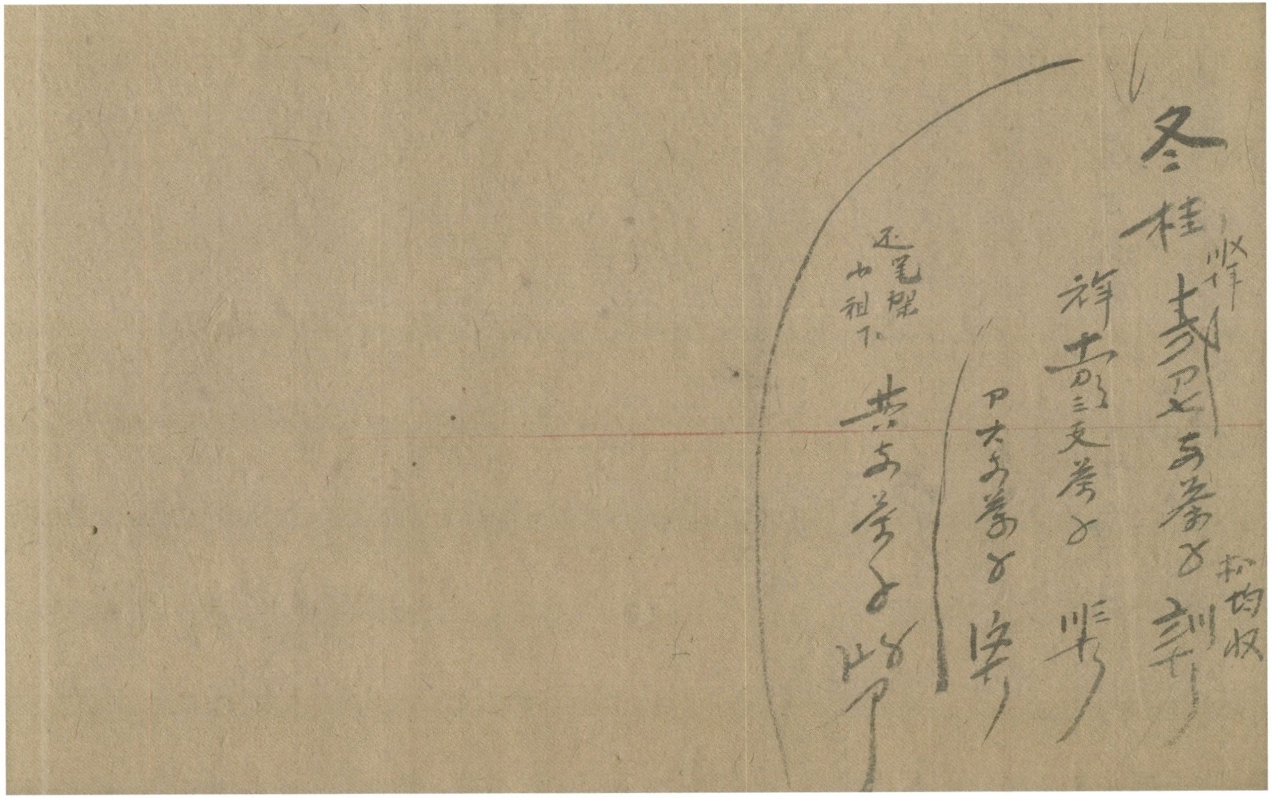

7-3-6-28　清光緒三十四年林步長立母喪人情簿（二八）

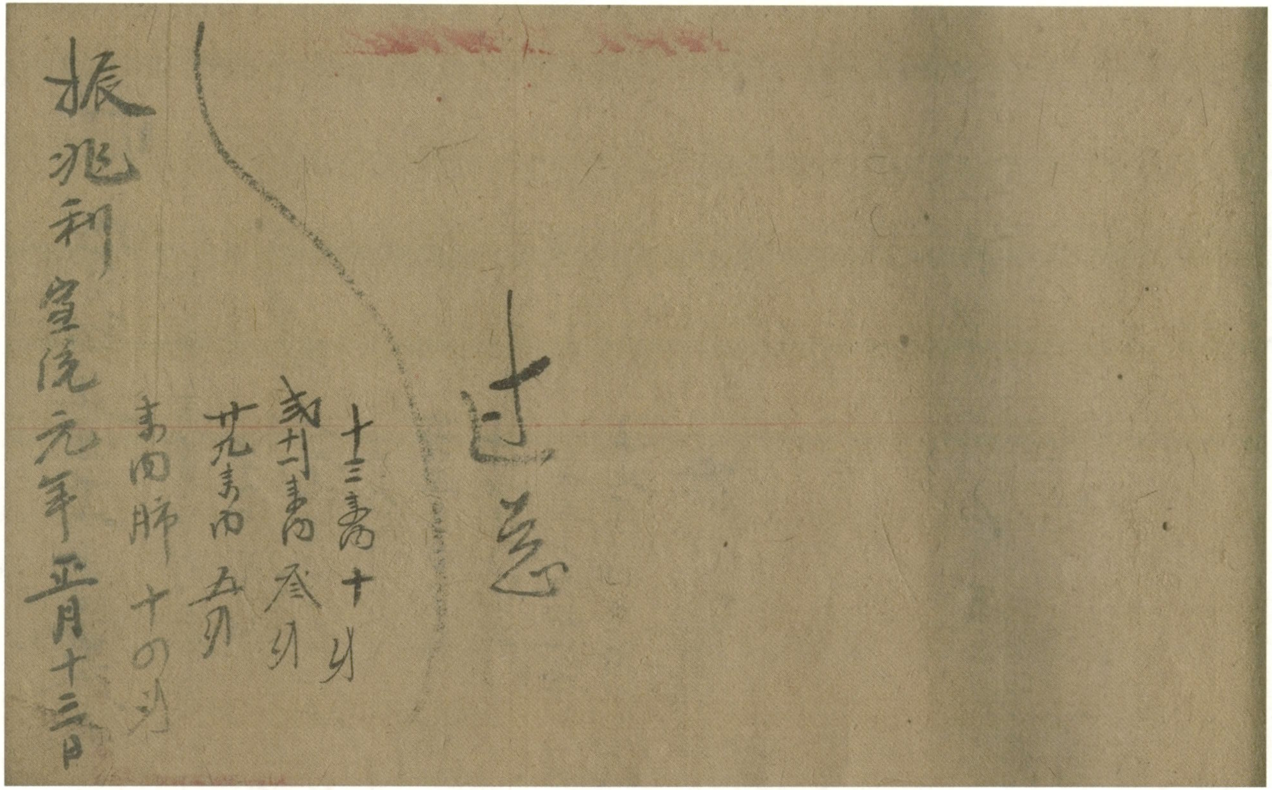
振兆利
宣統元年五月十三日

7-3-6-29　清光緒三十四年林步長立母喪人情簿（二九）

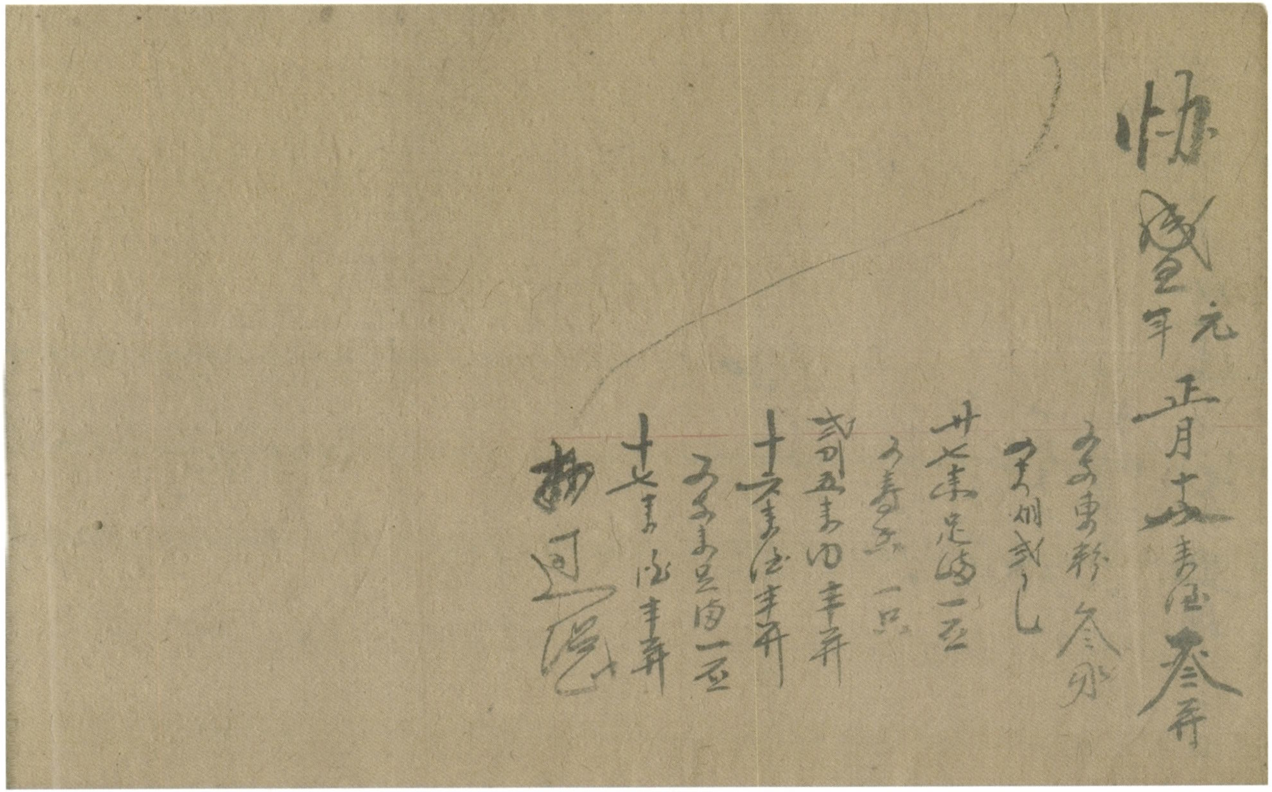

7-3-6-30 清光緒三十四年林步長立母喪人情簿（三〇）

7-3-6-31　清光緒三十四年林步長立母喪人情簿（三一）

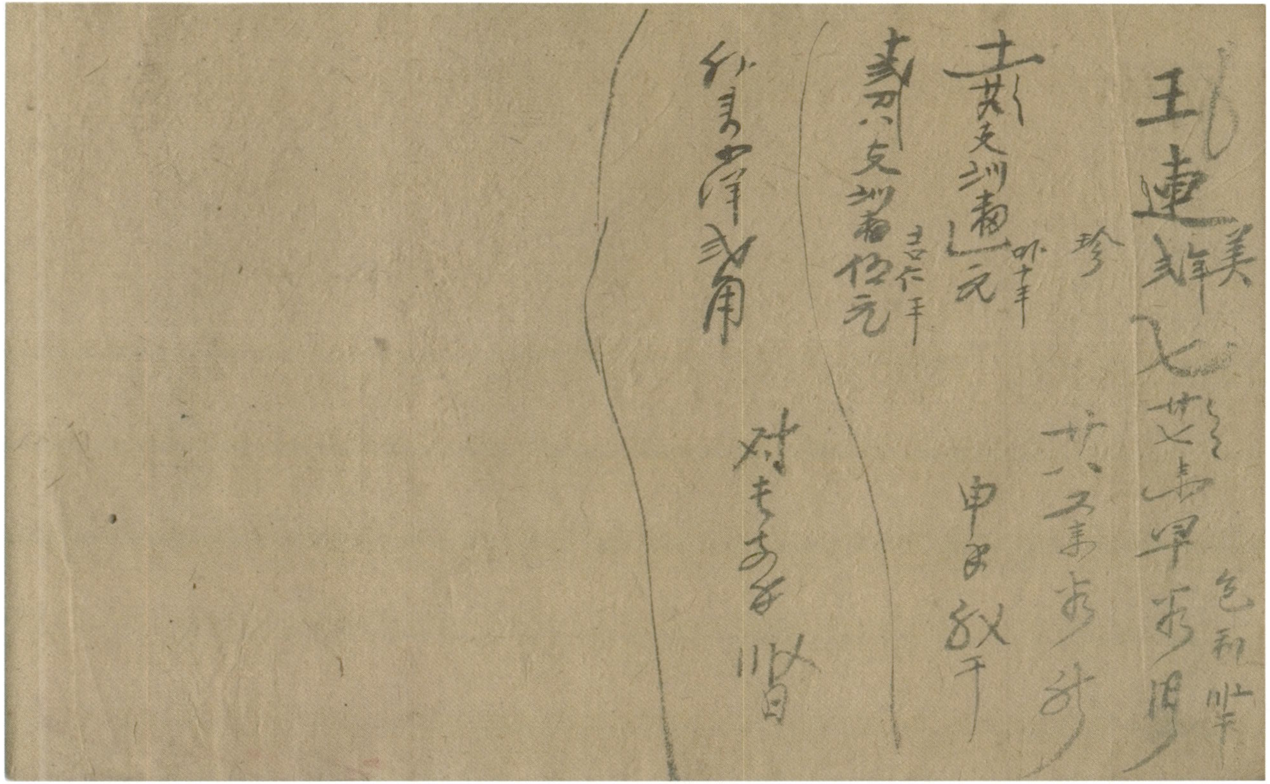

7-3-6-32　清光緒三十四年林步長立母喪人情簿（三二）

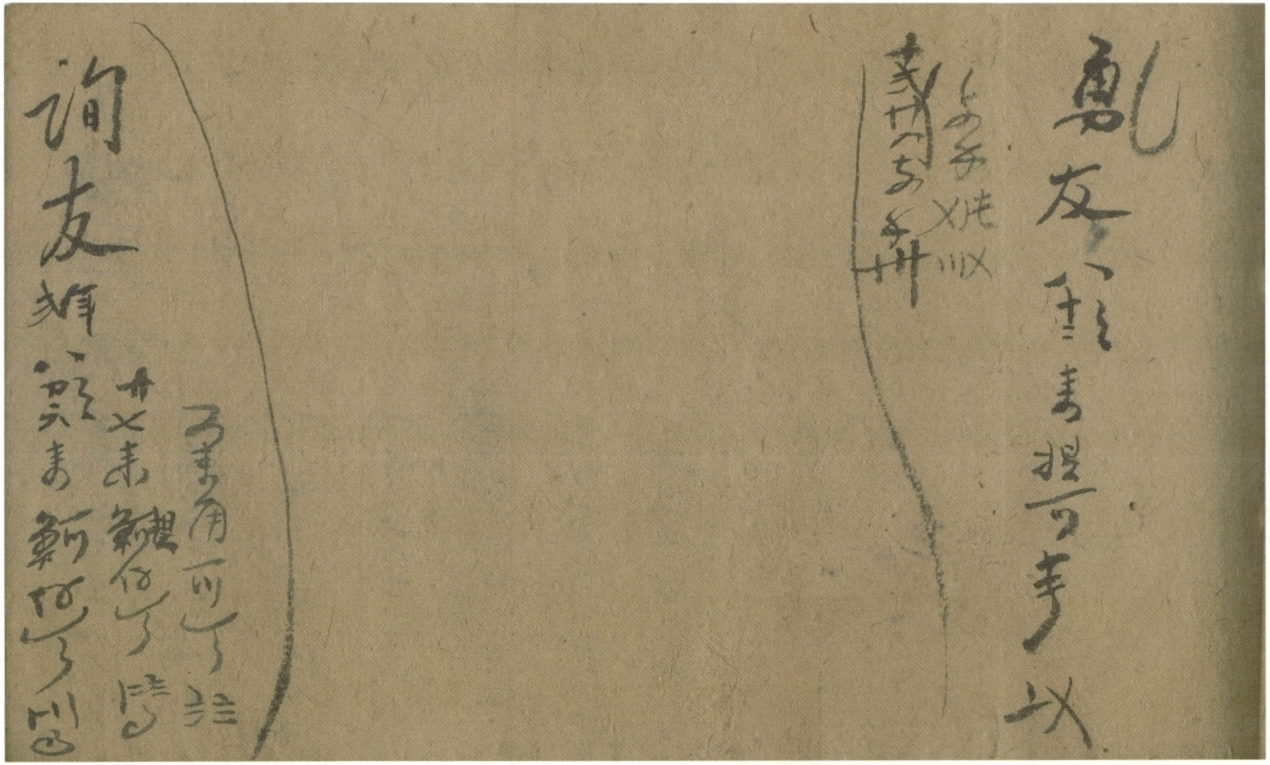

7-3-6-33　清光緒三十四年林步長立母喪人情簿（三三）

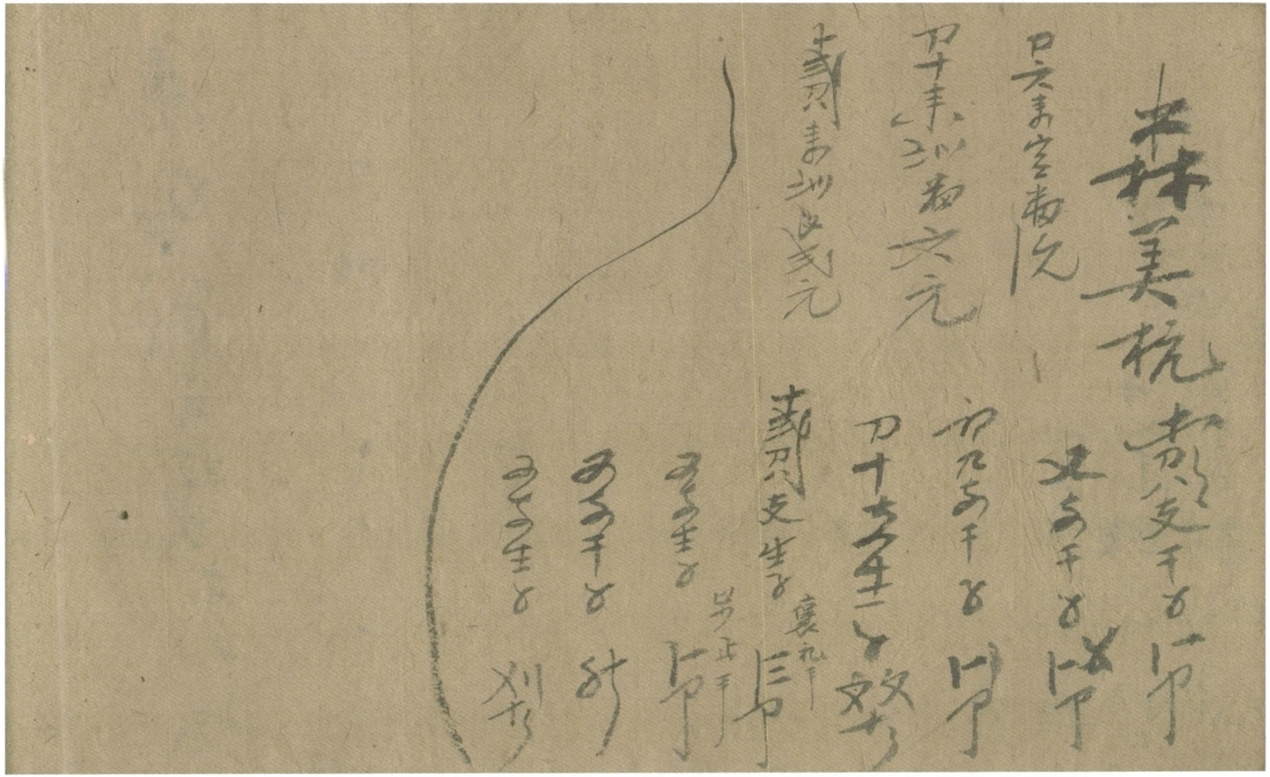

7-3-6-34　清光緒三十四年林步長立母喪人情簿（三四）

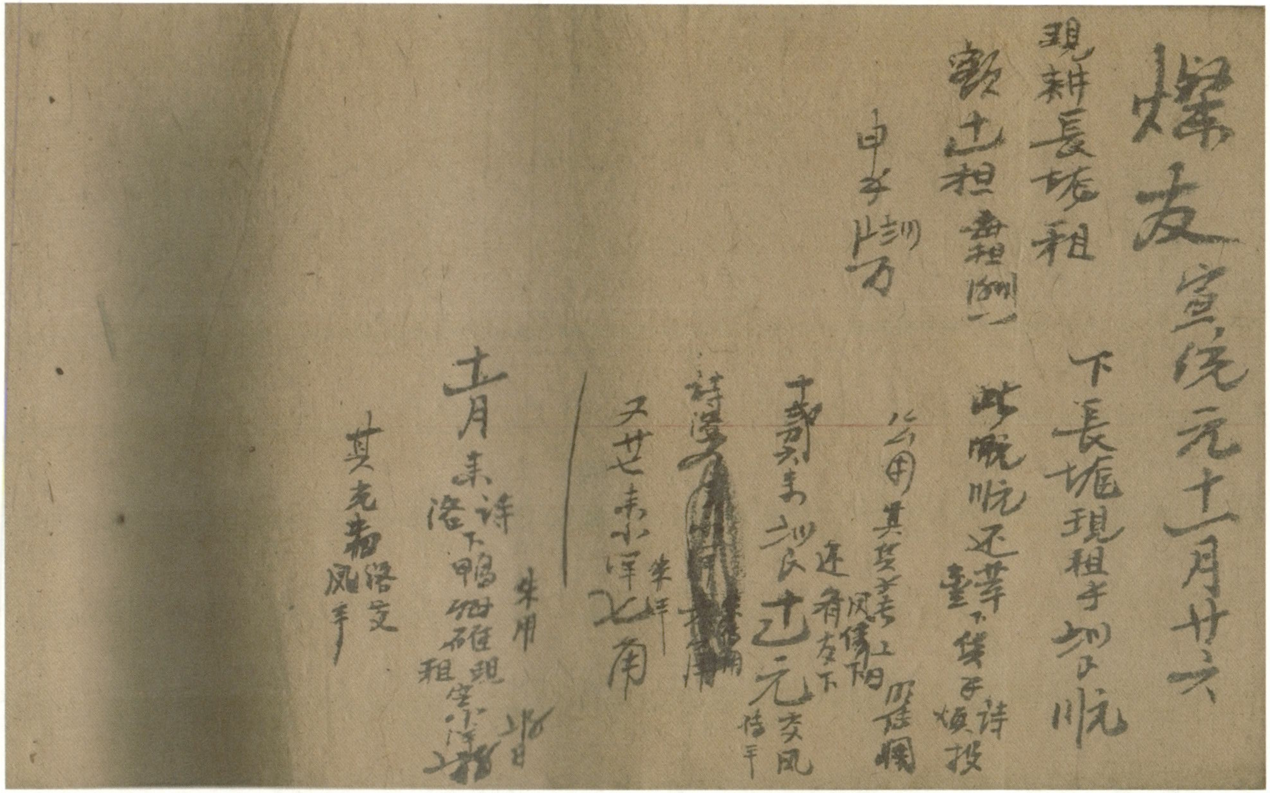

7-3-6-35　清光緒三十四年林步長立母喪人情簿（三五）

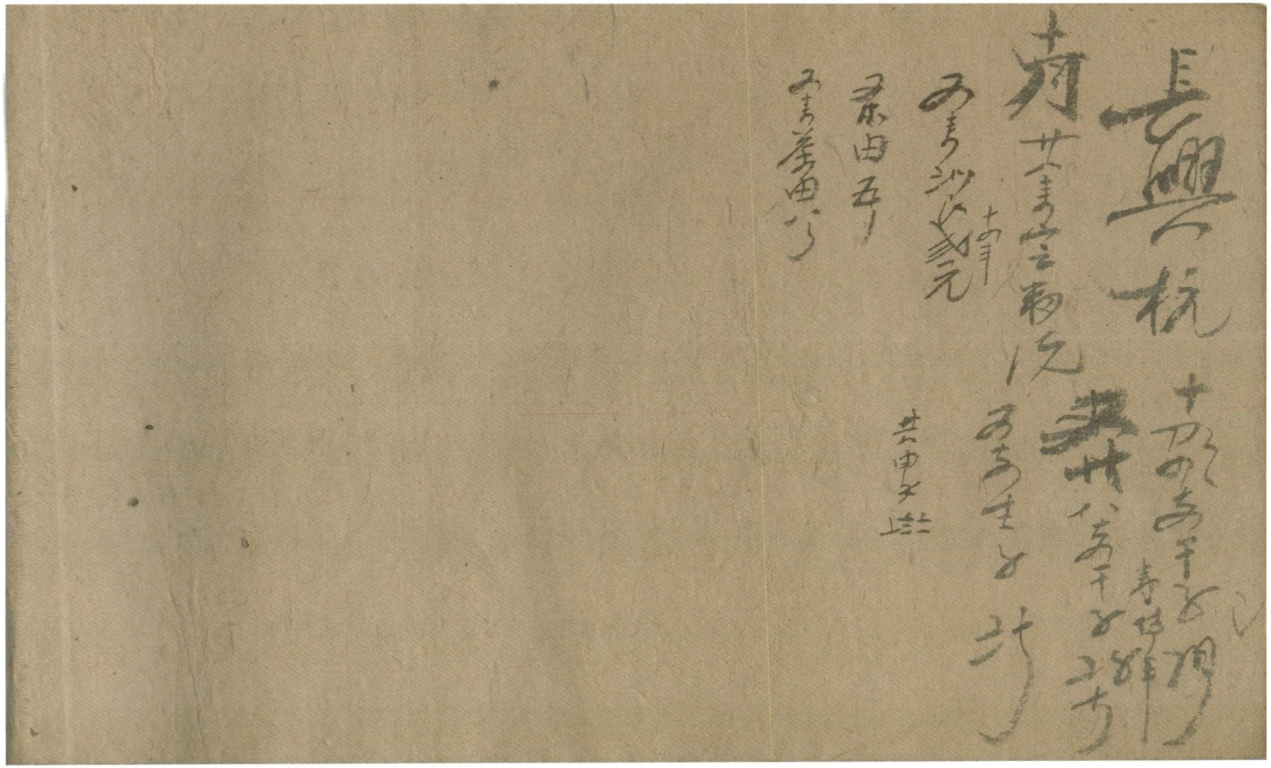

7-3-6-36　清光緒三十四年林步長立母喪人情簿（三六）

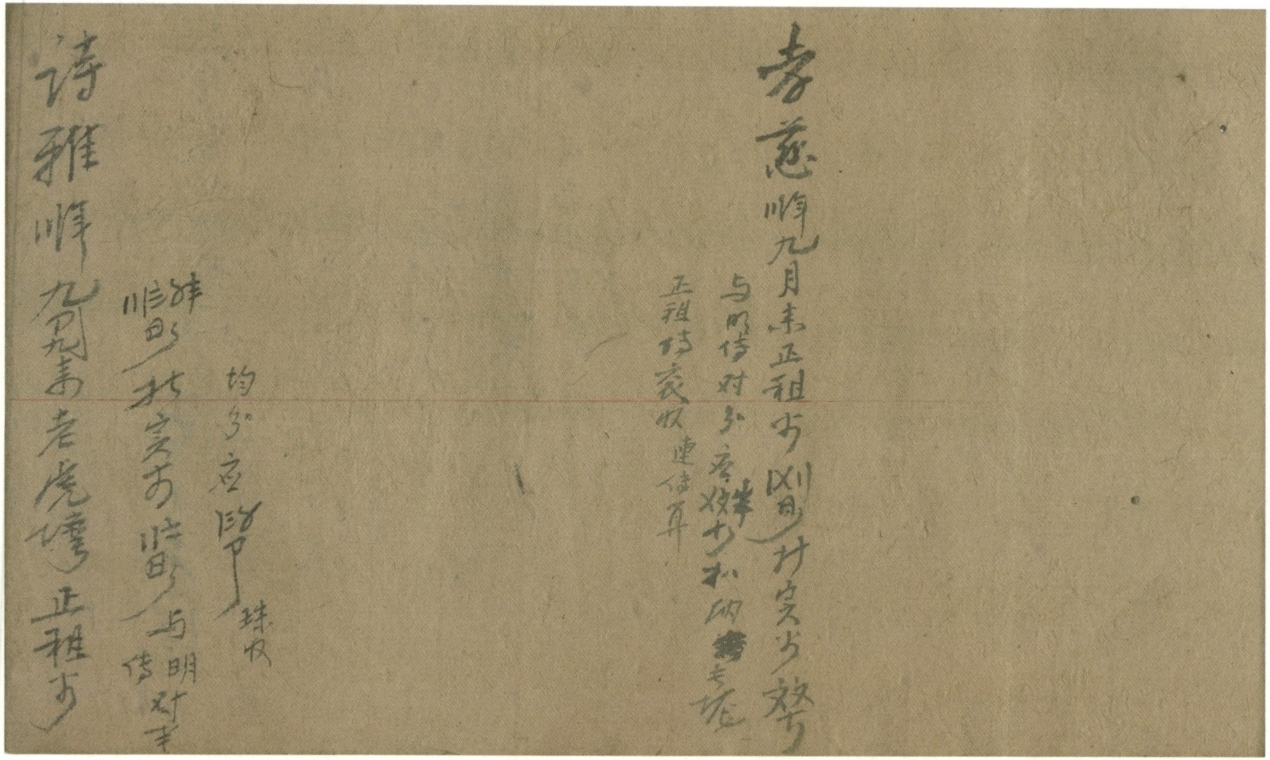

7-3-6-37　清光緒三十四年林步長立母喪人情簿（三七）

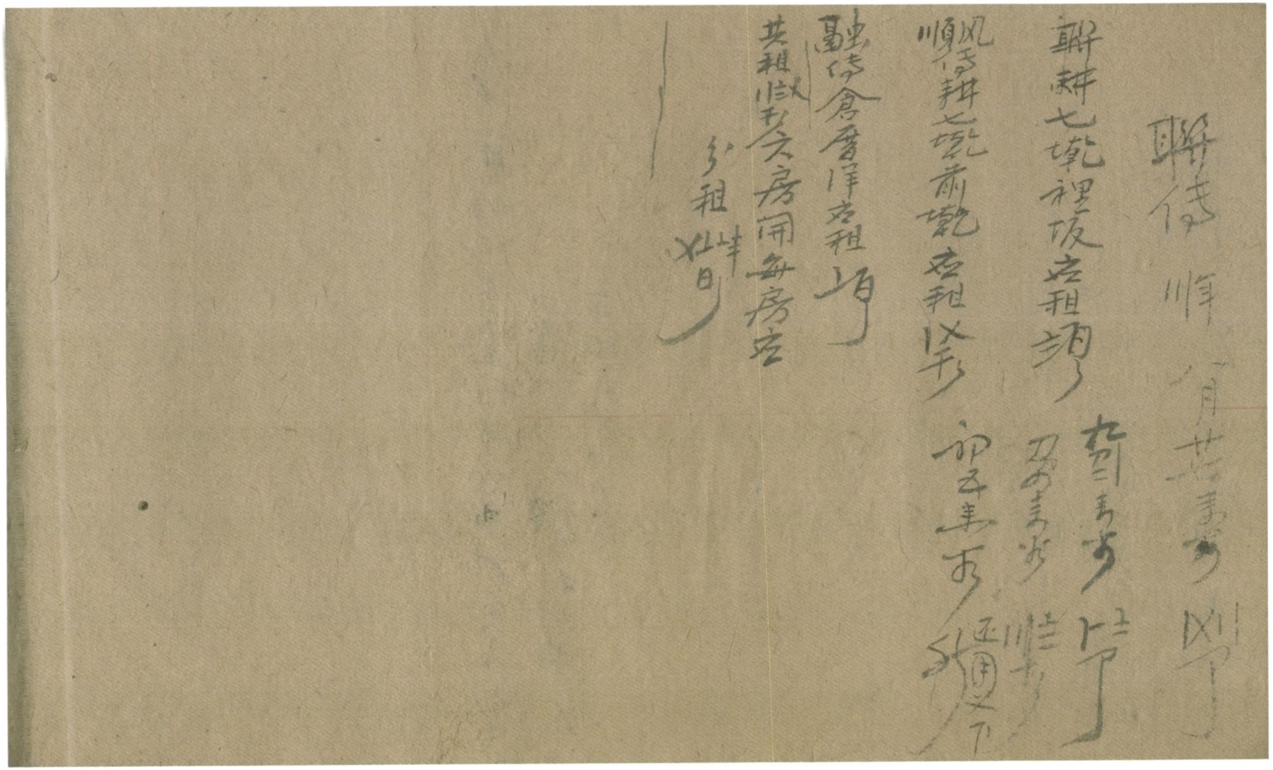

7-3-6-38　清光緒三十四年林步長立母喪人情簿（三八）

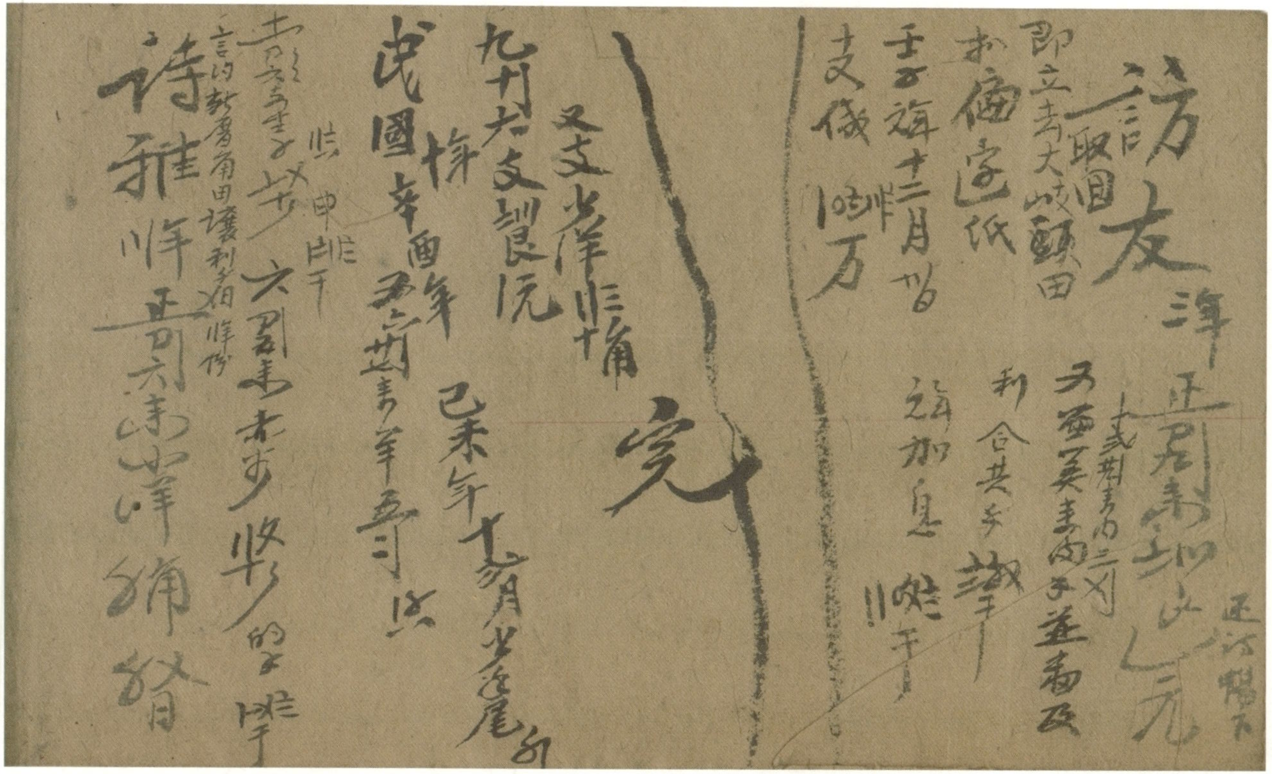

7-3-6-39　清光緒三十四年林步長立母喪人情簿（三九）

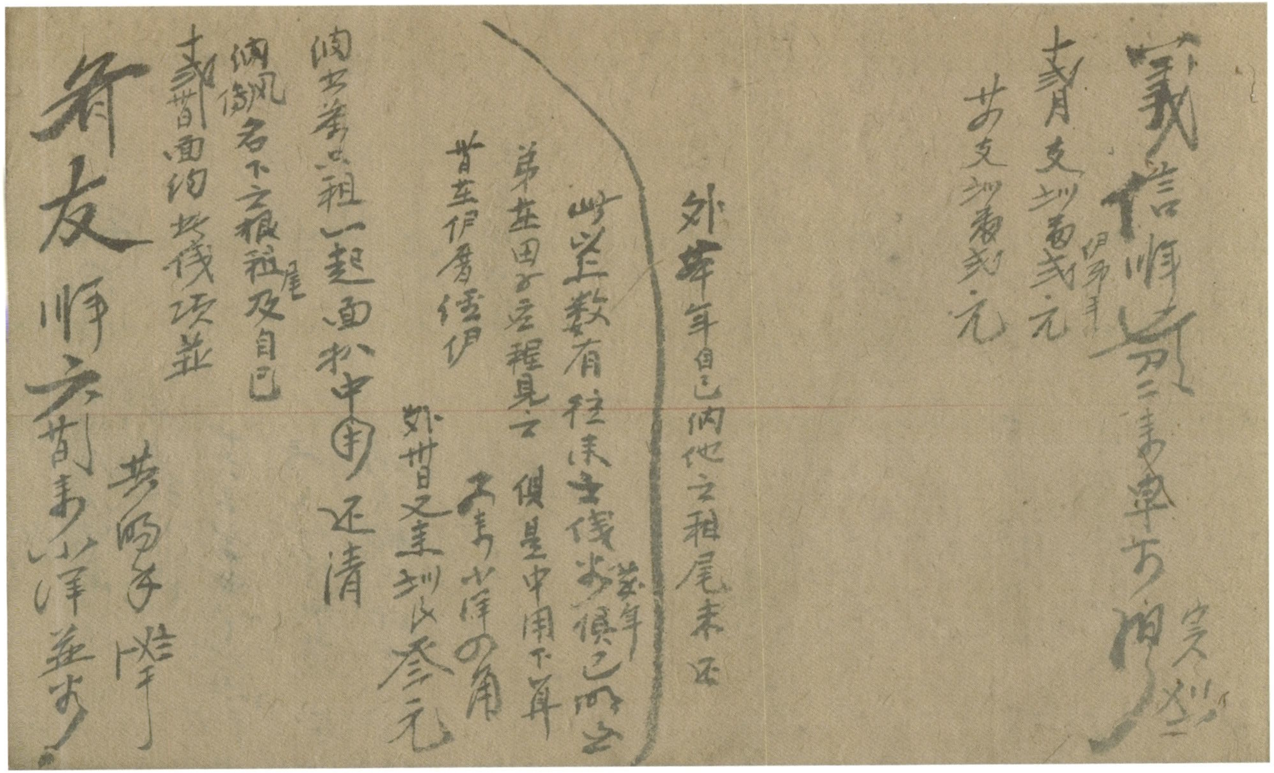

7-3-6-40　清光緒三十四年林步長立母喪人情簿（四〇）

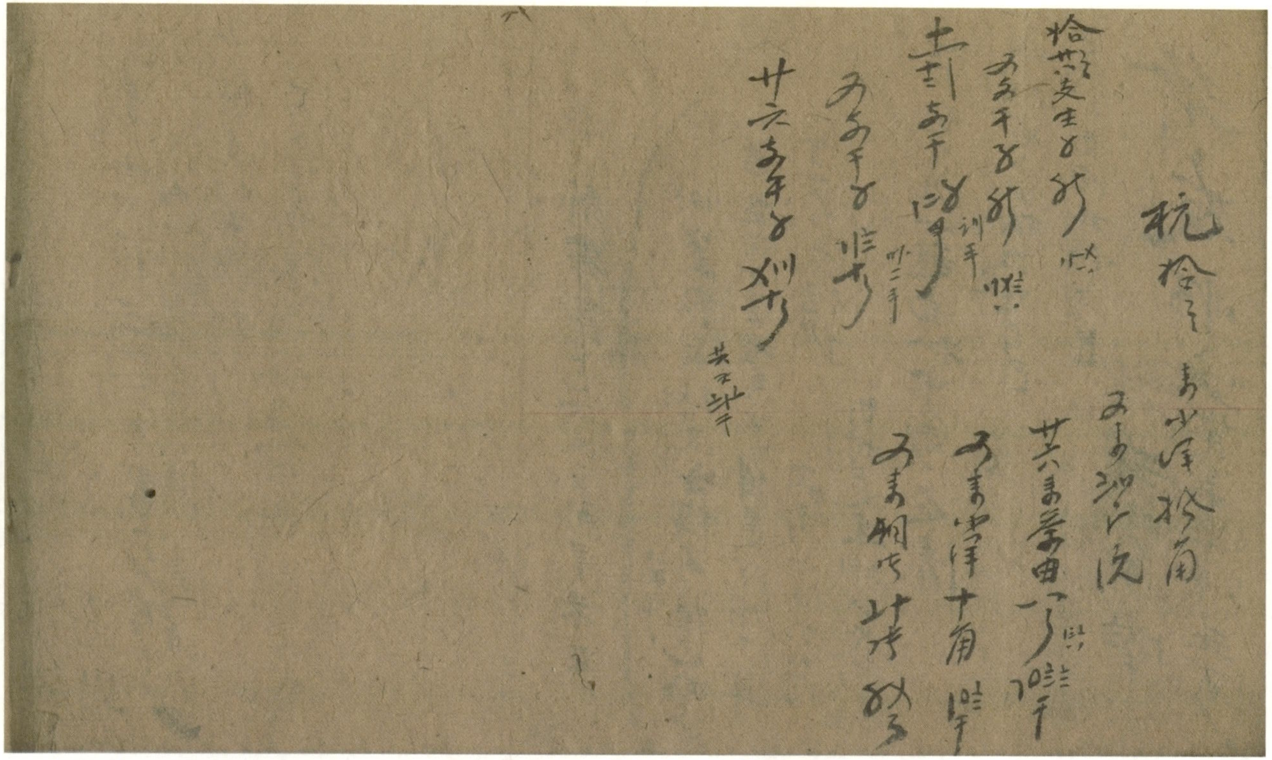

7-3-6-41　清光緒三十四年林步長立母喪人情簿（四一）

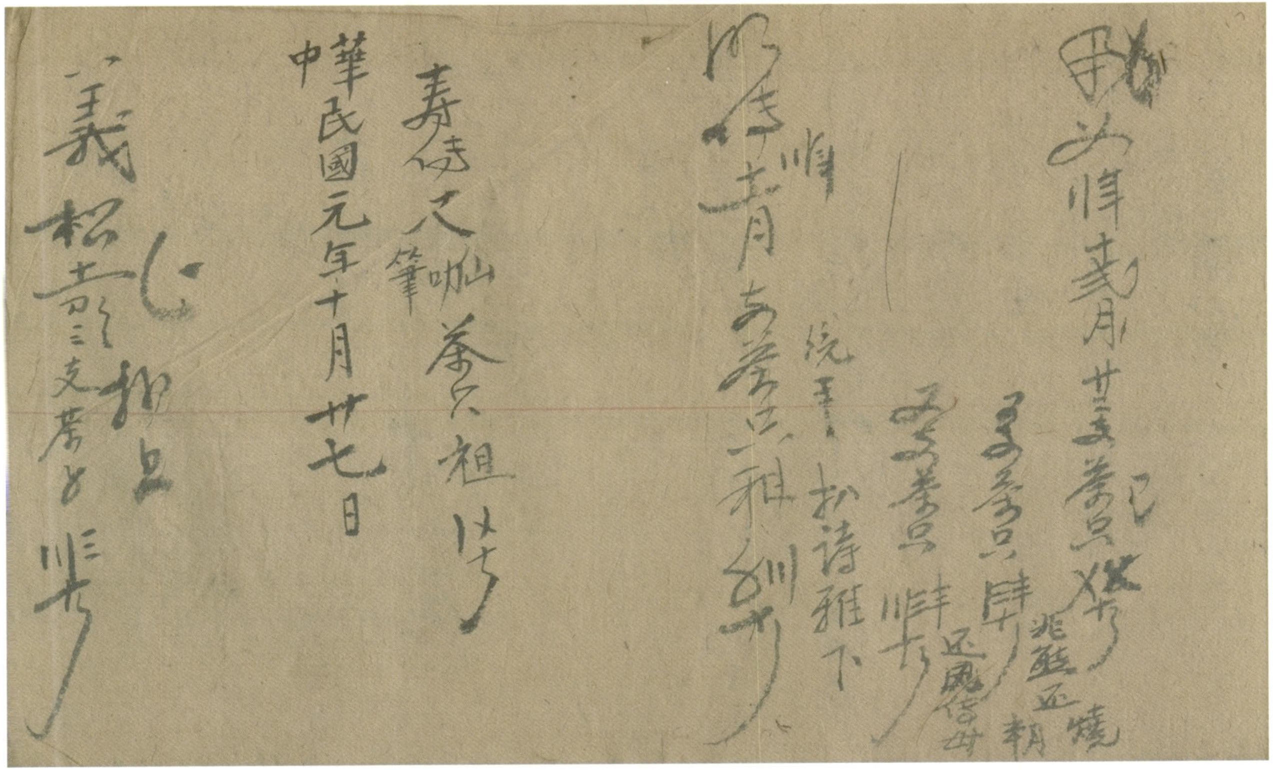
中華民國元年十月廿七日

7-3-6-42　清光緒三十四年林步長立母喪人情簿（四二）

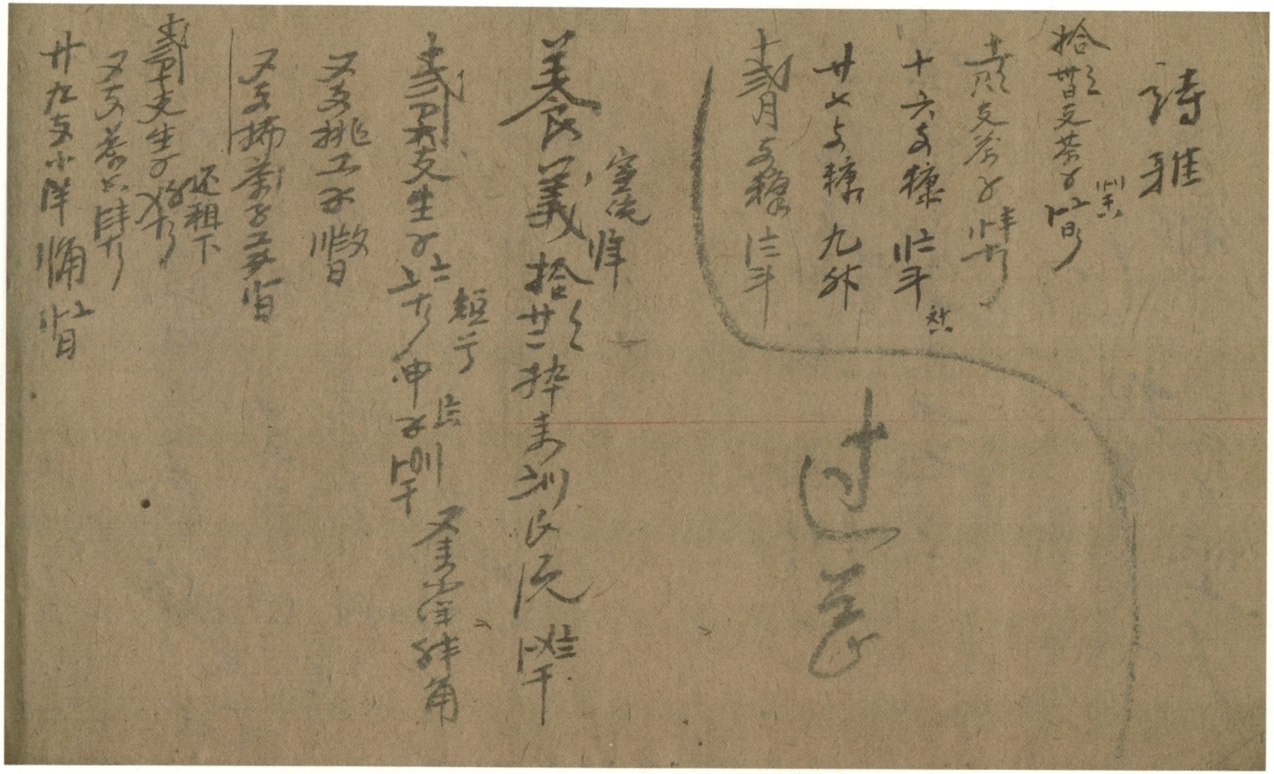

7-3-6-43　清光緒三十四年林步長立母喪人情簿（四三）

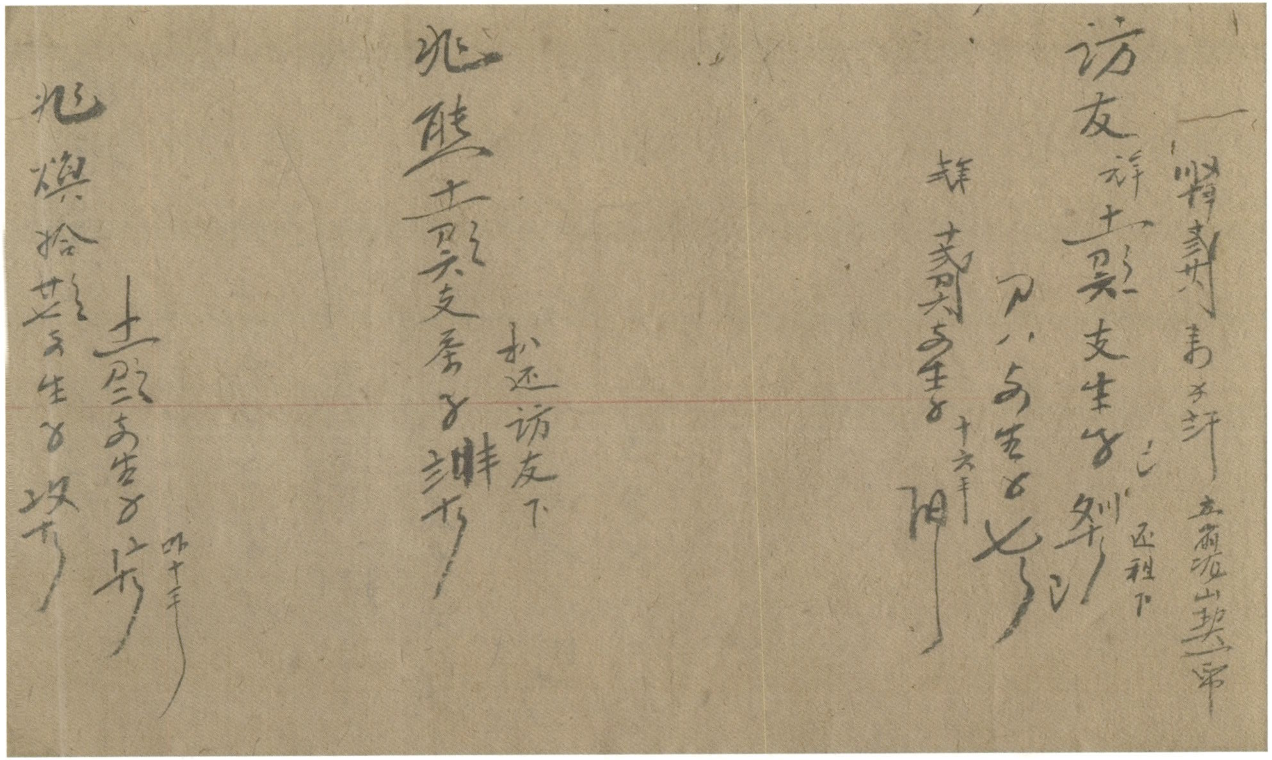

7-3-6-44 清光緒三十四年林步長立母喪人情簿（四四）

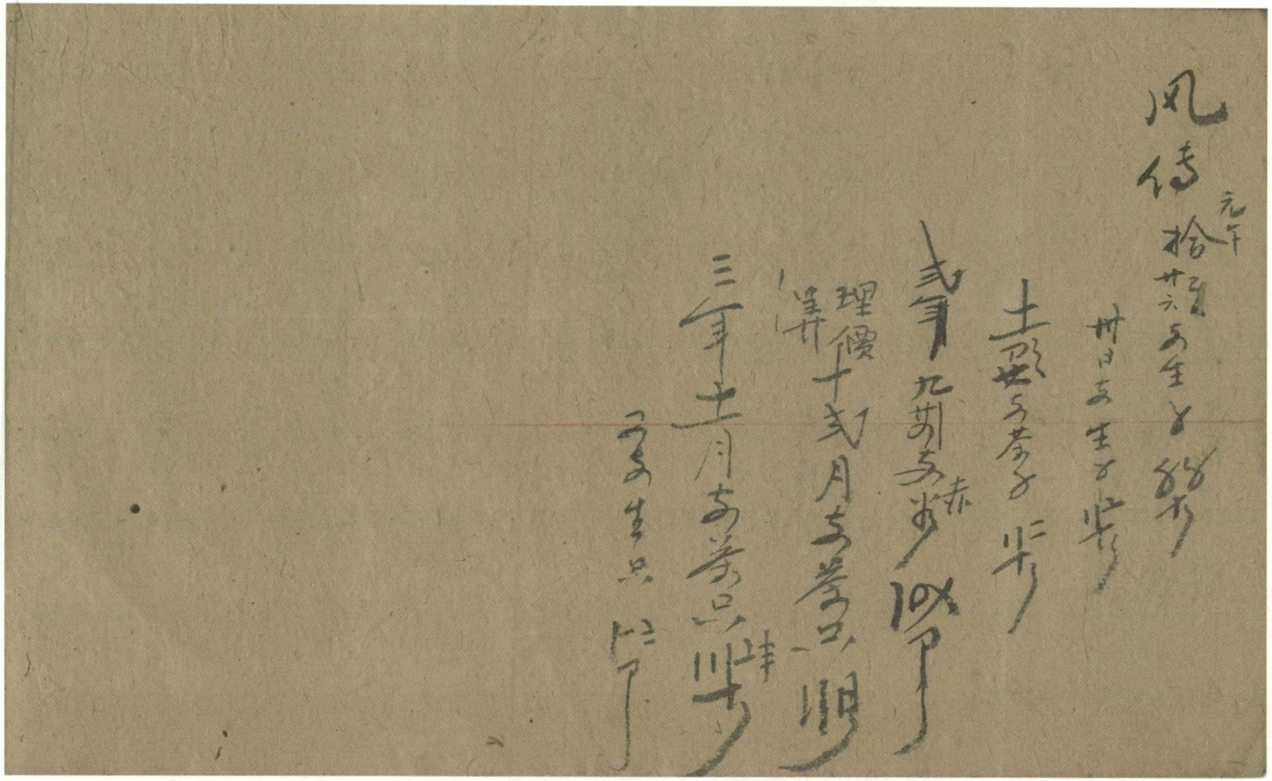

7-3-6-45　清光緒三十四年林步長立母喪人情簿（四五）

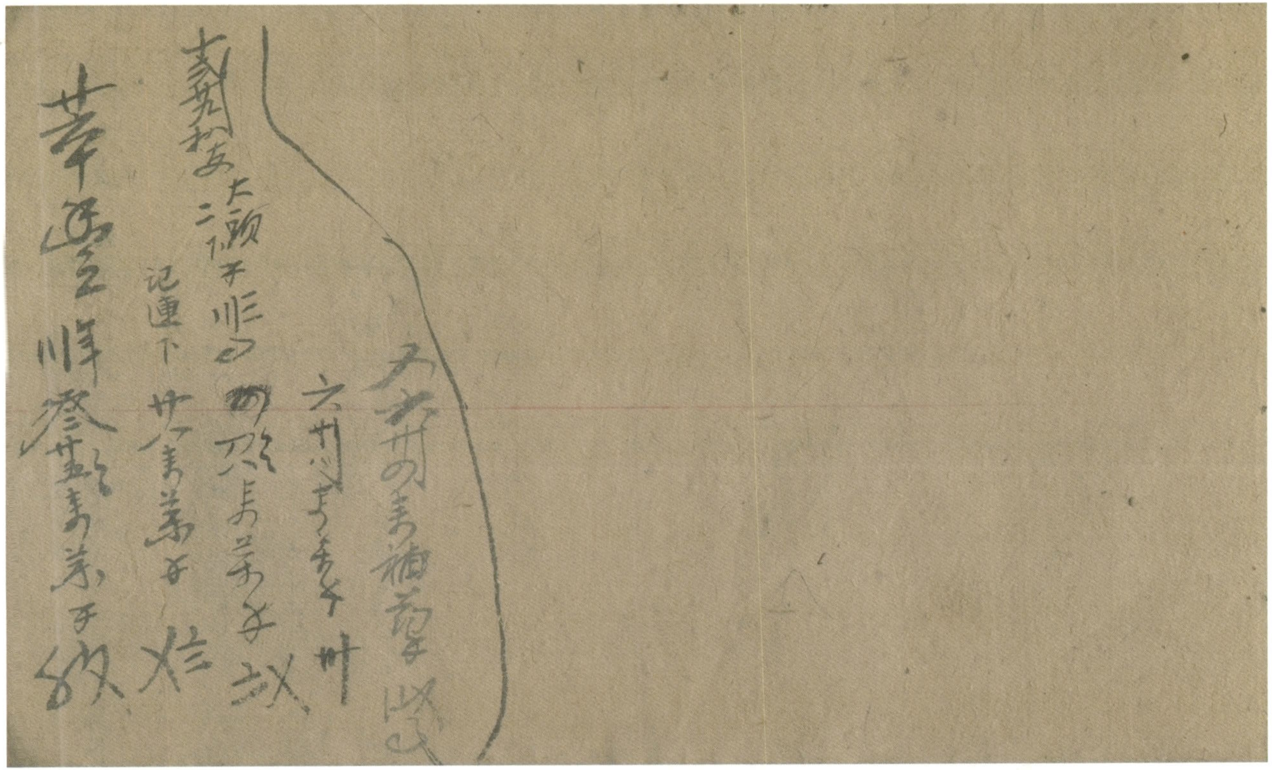

7-3-6-46　清光緒三十四年林步長立母喪人情簿（四六）

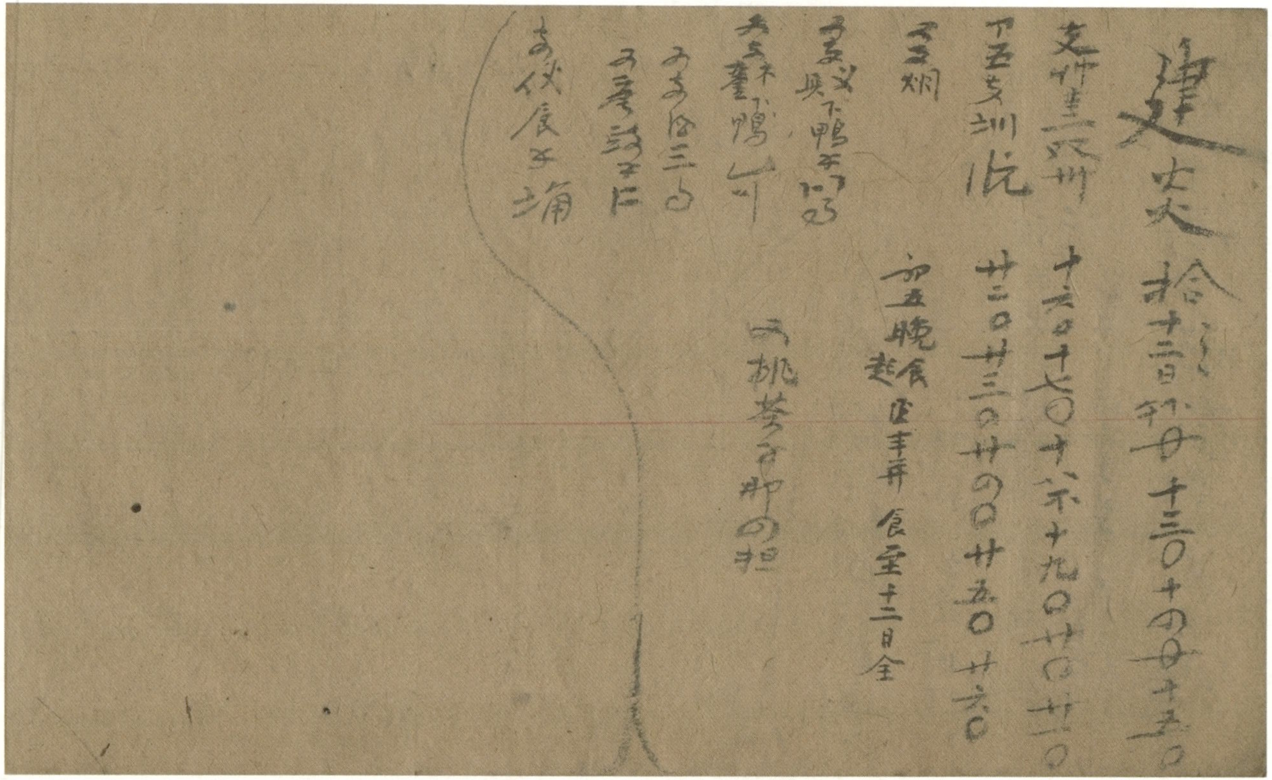

7-3-6-47　清光緒三十四年林步長立母喪人情簿（四七）

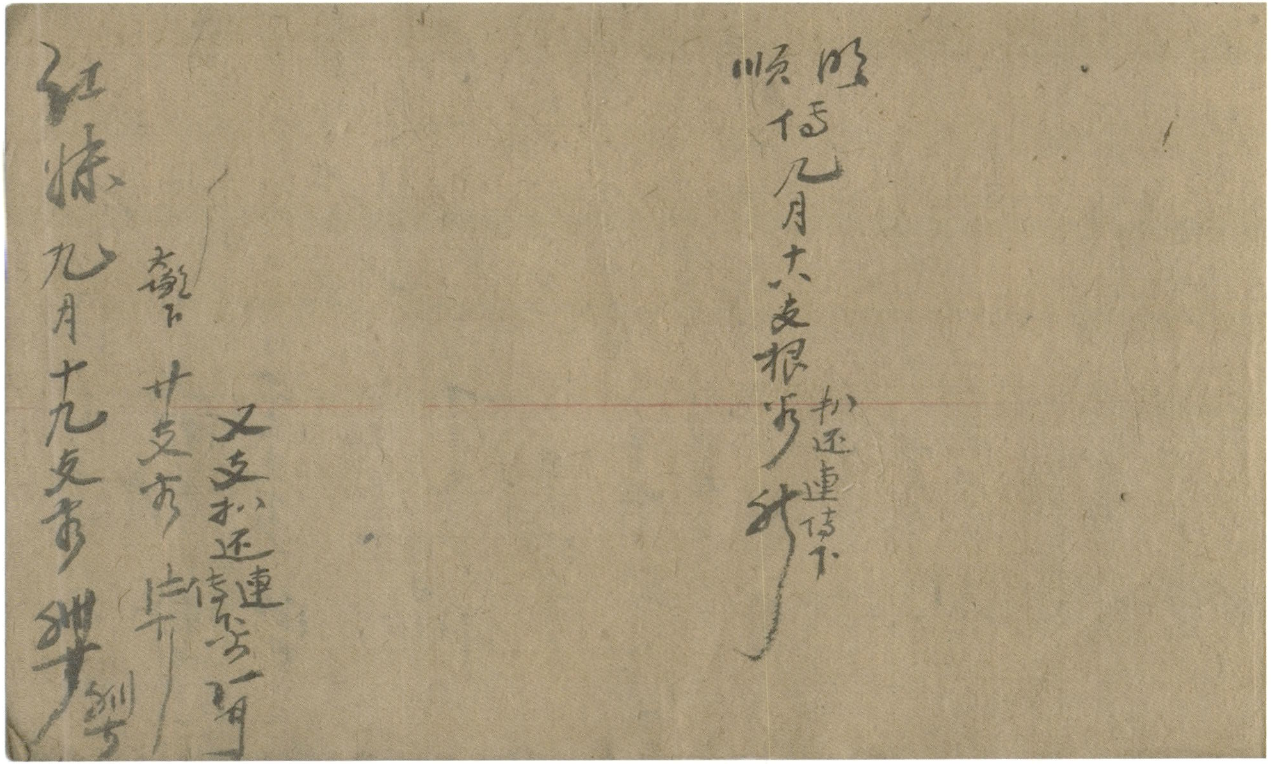

7-3-6-48　清光緒三十四年林步長立母喪人情簿（四八）

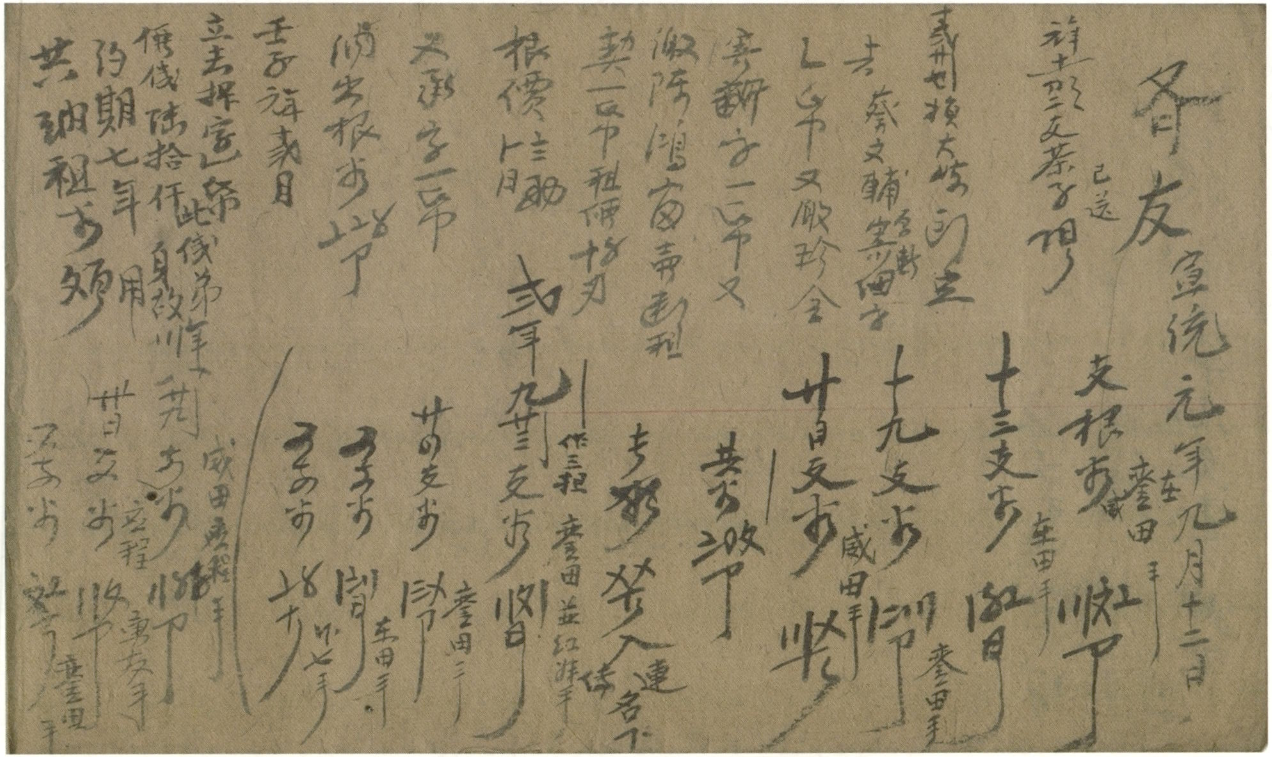

7-3-6-49　清光緒三十四年林步長立母喪人情簿（四九）

7-3-6-50　清光緒三十四年林步長立母喪人情簿（五〇）

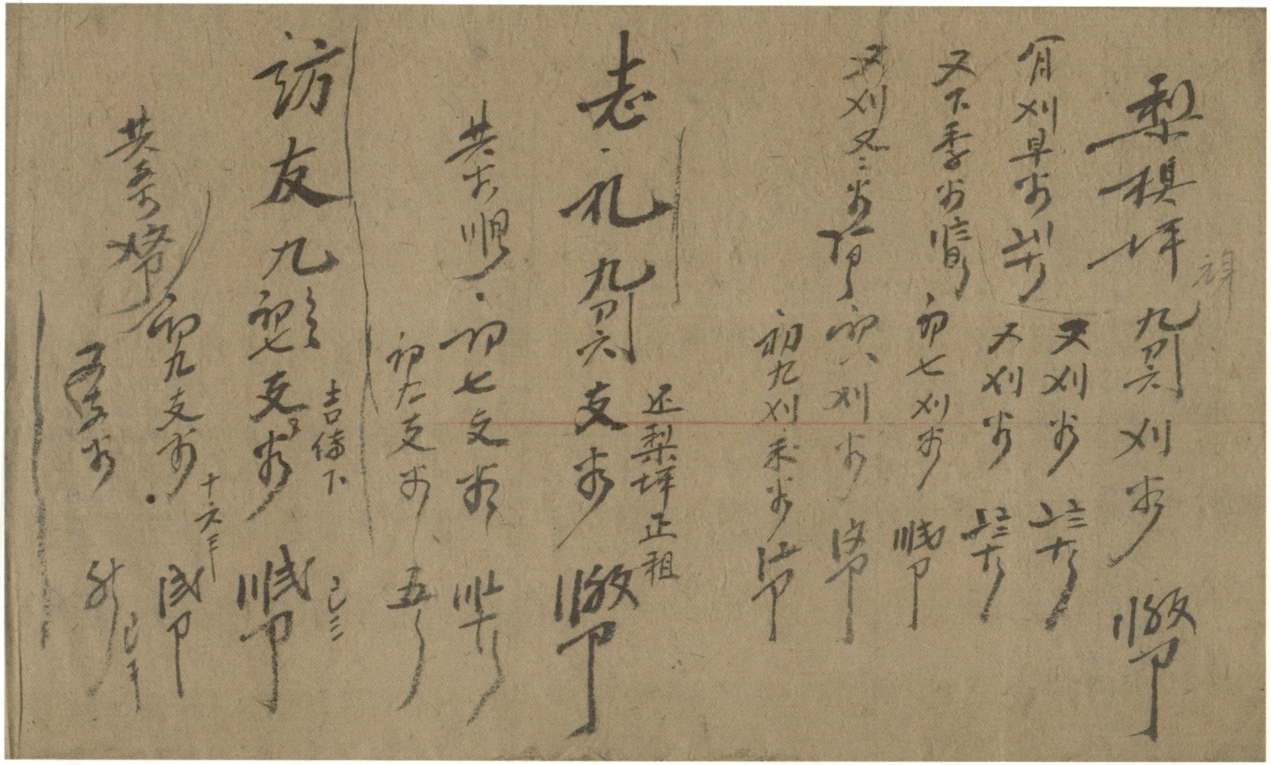

7-3-6-51　清光緒三十四年林步長立母喪人情簿（五一）

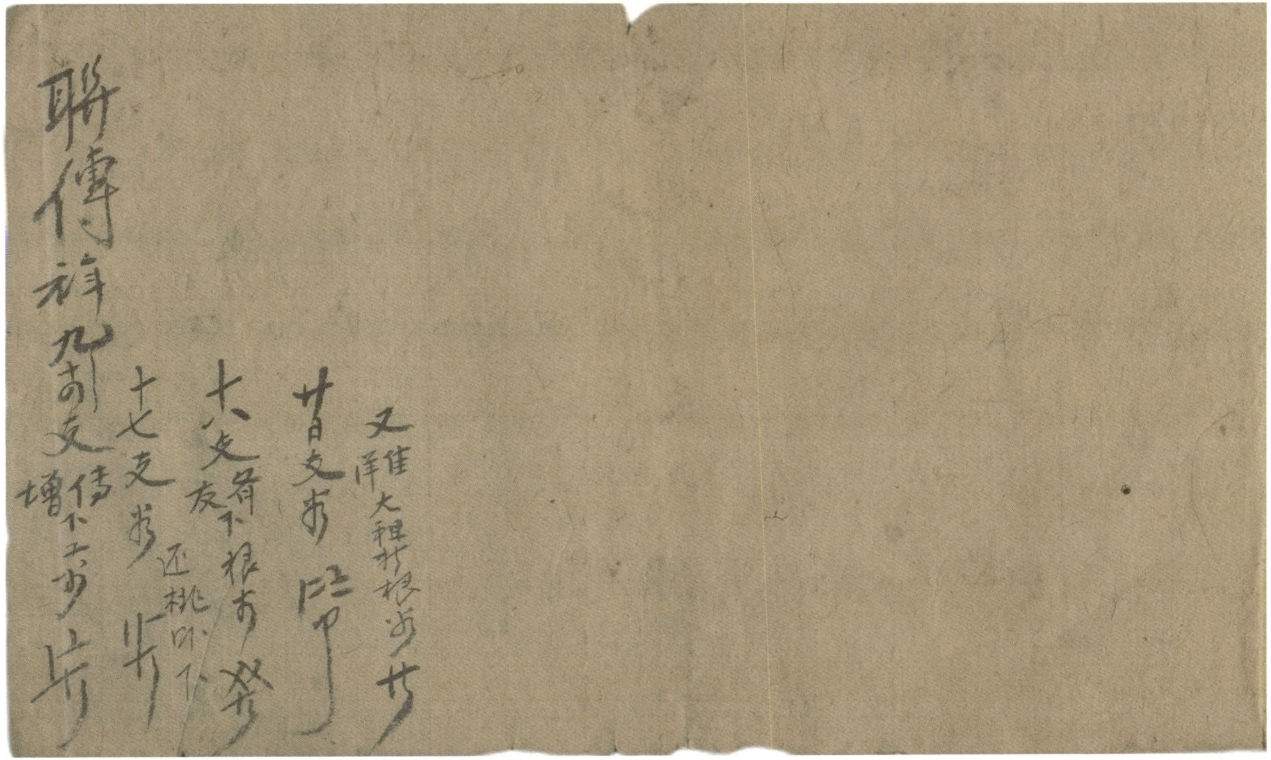

7-3-6-52　清光緒三十四年林步長立母喪人情簿（五二）

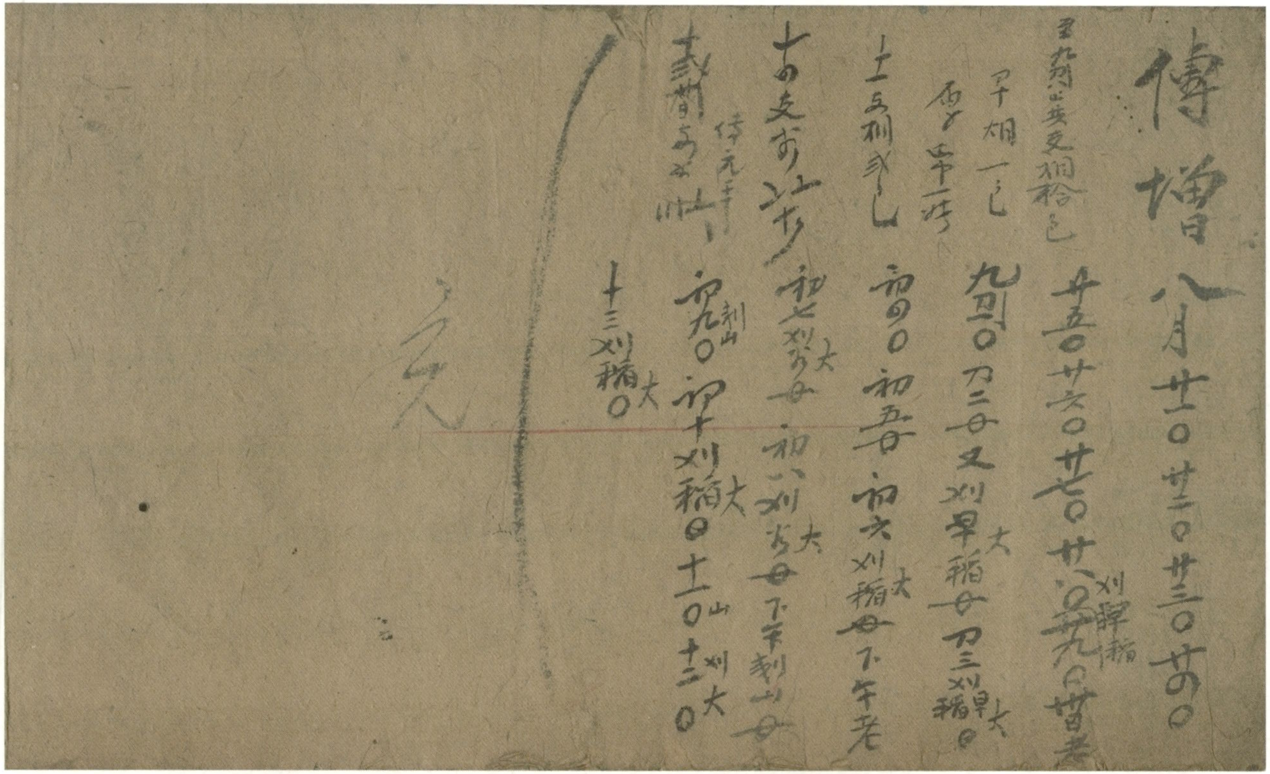

7-3-6-53　清光緒三十四年林步長立母喪人情簿（五三）

傳增　八月廿一〇　廿二〇　廿三〇　廿四〇

至九月廿一共支洋銀拾元　廿五〇　廿六〇　廿七〇　廿八〇　刈晔稻　廿九〇　卅日　[illegible]

平烟一元　九月初一〇　刀二〇　又　刈早稻　大〇　刀三　刈早稻　大〇

浮（？）苧一块

十一支刈弍元　初四〇　初五〇　初六　刈稻　大〇　下午老

十四支洋二元　初七　刈稻　大〇　初八　刈稻　大〇　下午刈山〇

侍元手

十八　[illegible]　刈山〇　刀〇　大

弍拾元　十一〇　山　十二　刈　大〇

7-3-6-54　清光緒三十四年林步長立母喪人情簿（五四）

7-3-7-1　清光緒年間林聯傳立人情簿（一）

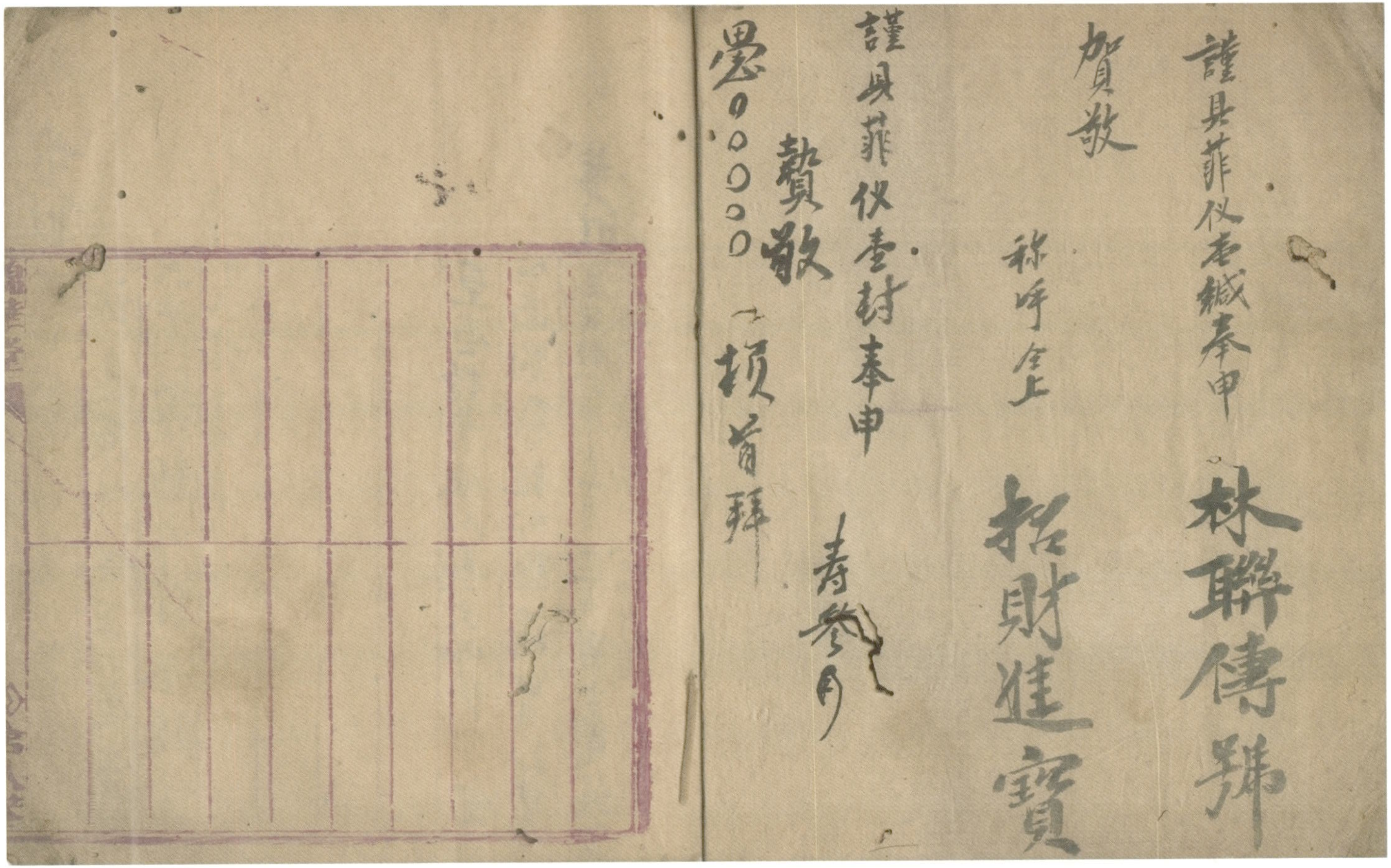

7-3-7-2　清光緒年間林聯傳立人情簿（二）

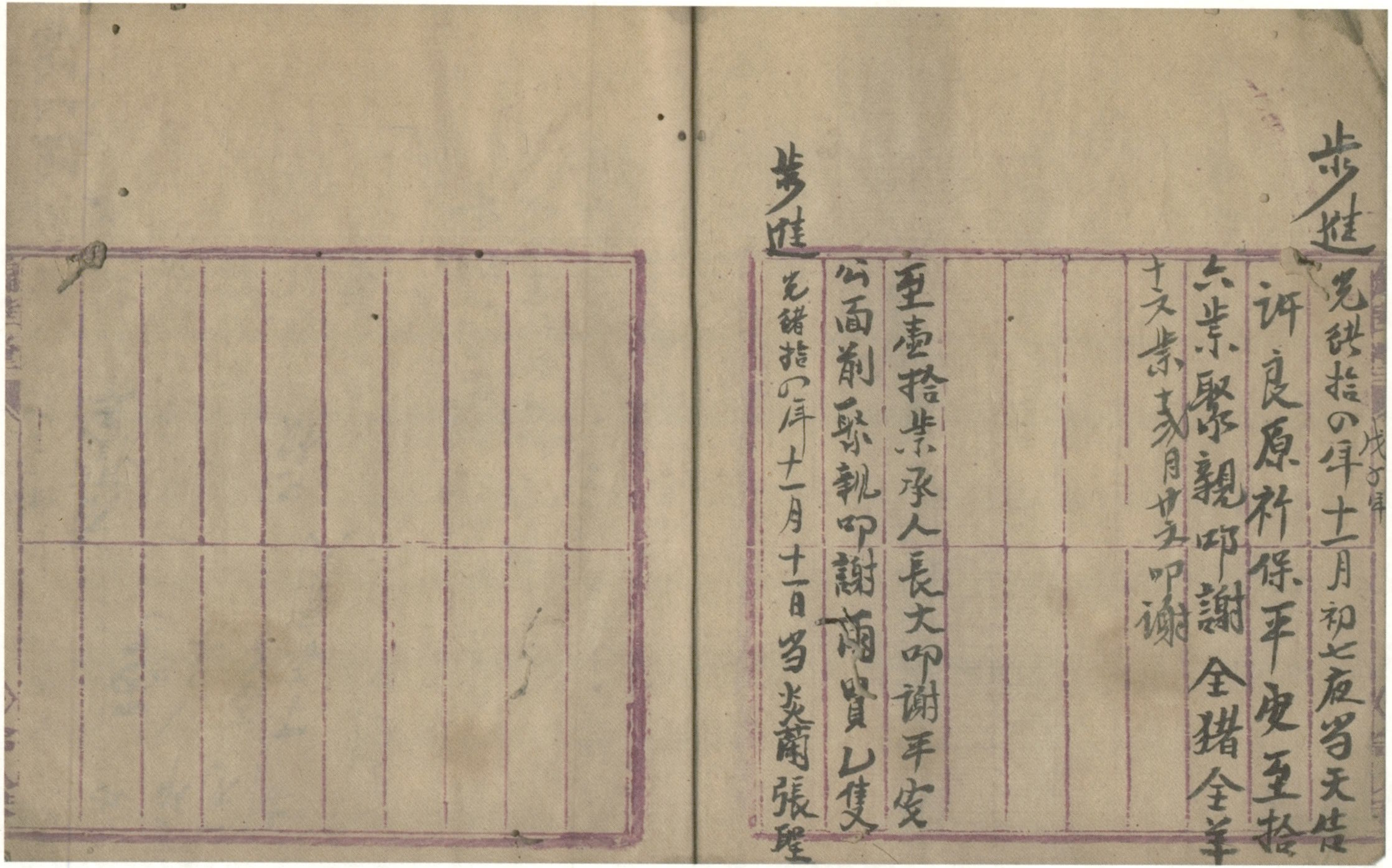
步進
光緒拾四年戊子年十一月初七夜寫天告
許良原祈保平安至拾
六崇聚親叩謝 全猪全羊
十八崇□月廿五叩謝
至壹拾崇承人長大叩謝平安
公面前係執叩謝 滿貫山隻
步進
光緒拾四年十一月十二日寫炎蘭張壁

7-3-7-3　清光緒年間林聯傳立人情簿（三）

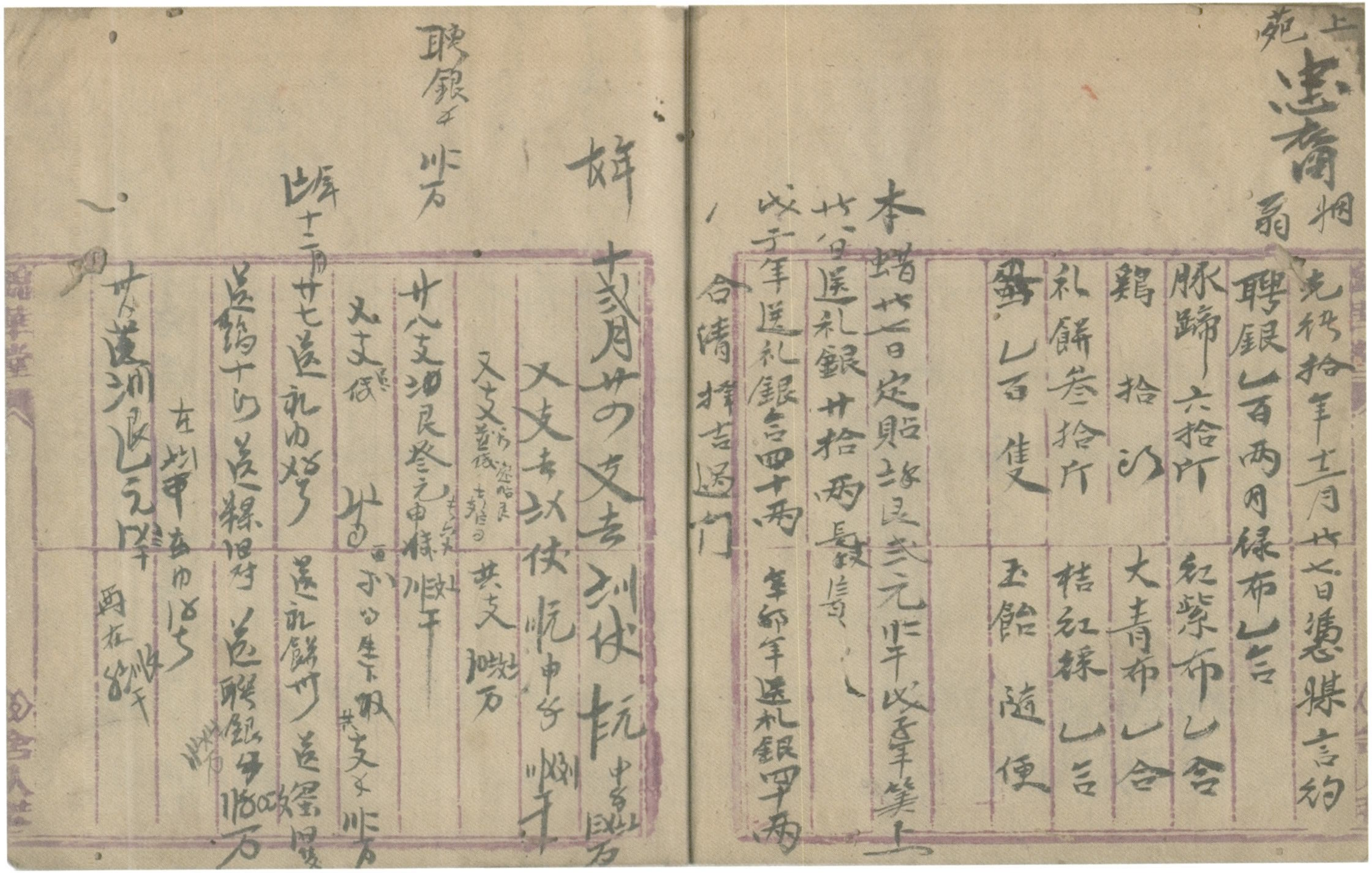

7-3-7-4　清光緒年間林聯傳立人情簿（四）

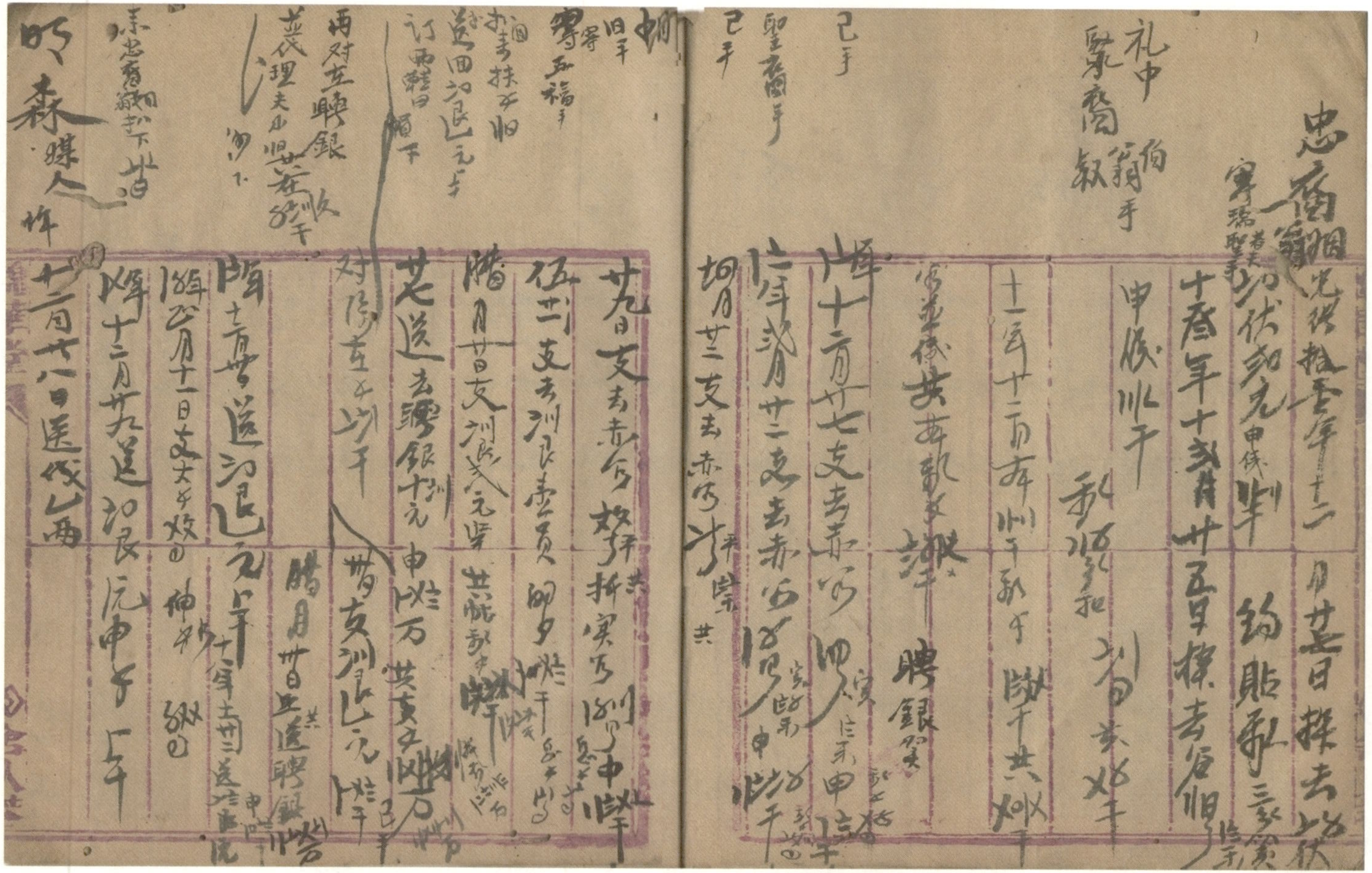

7-3-7-5　清光緒年間林聯傳立人情簿（五）

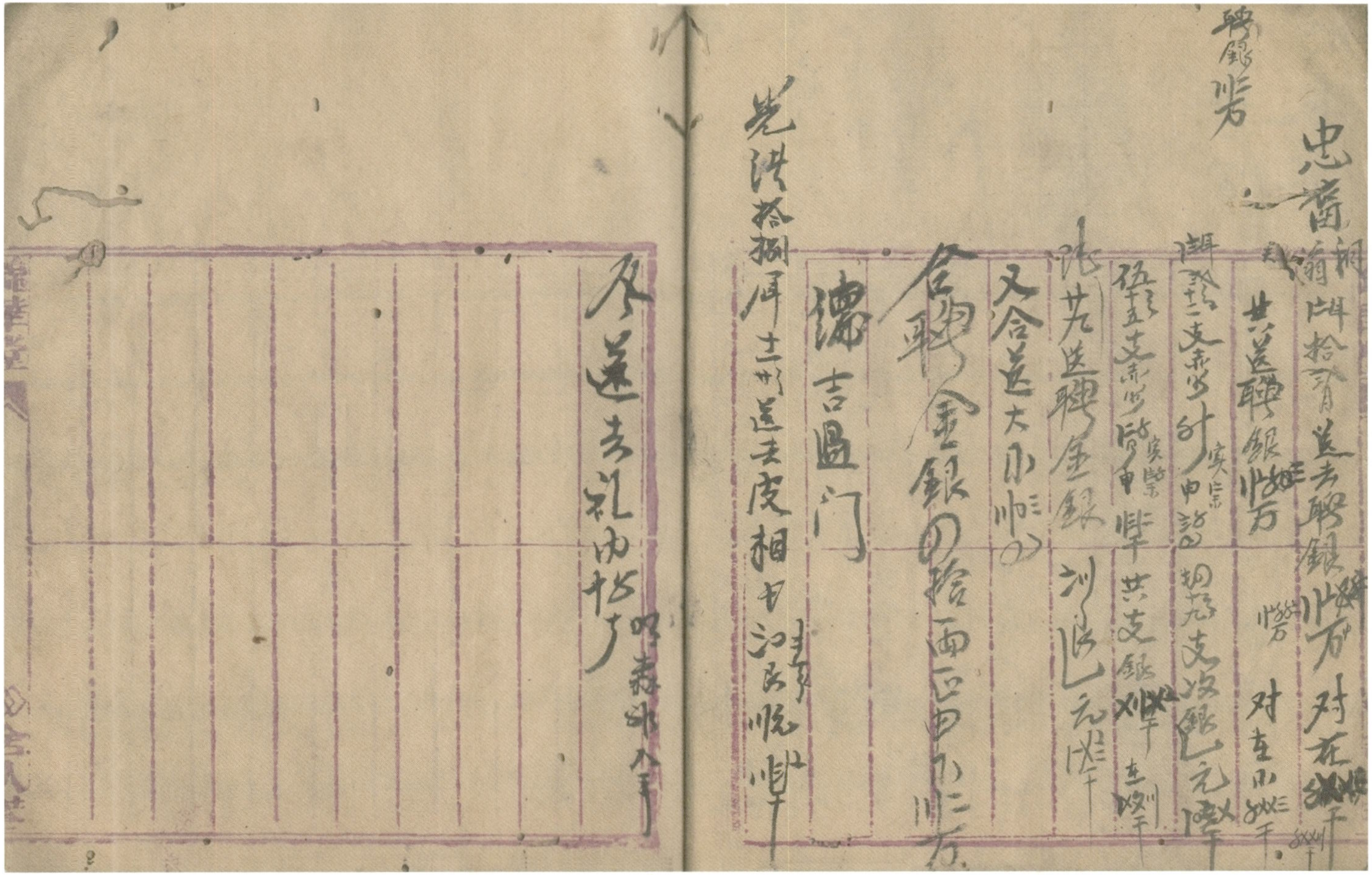

7-3-7-6　清光緒年間林聯傳立人情簿（六）

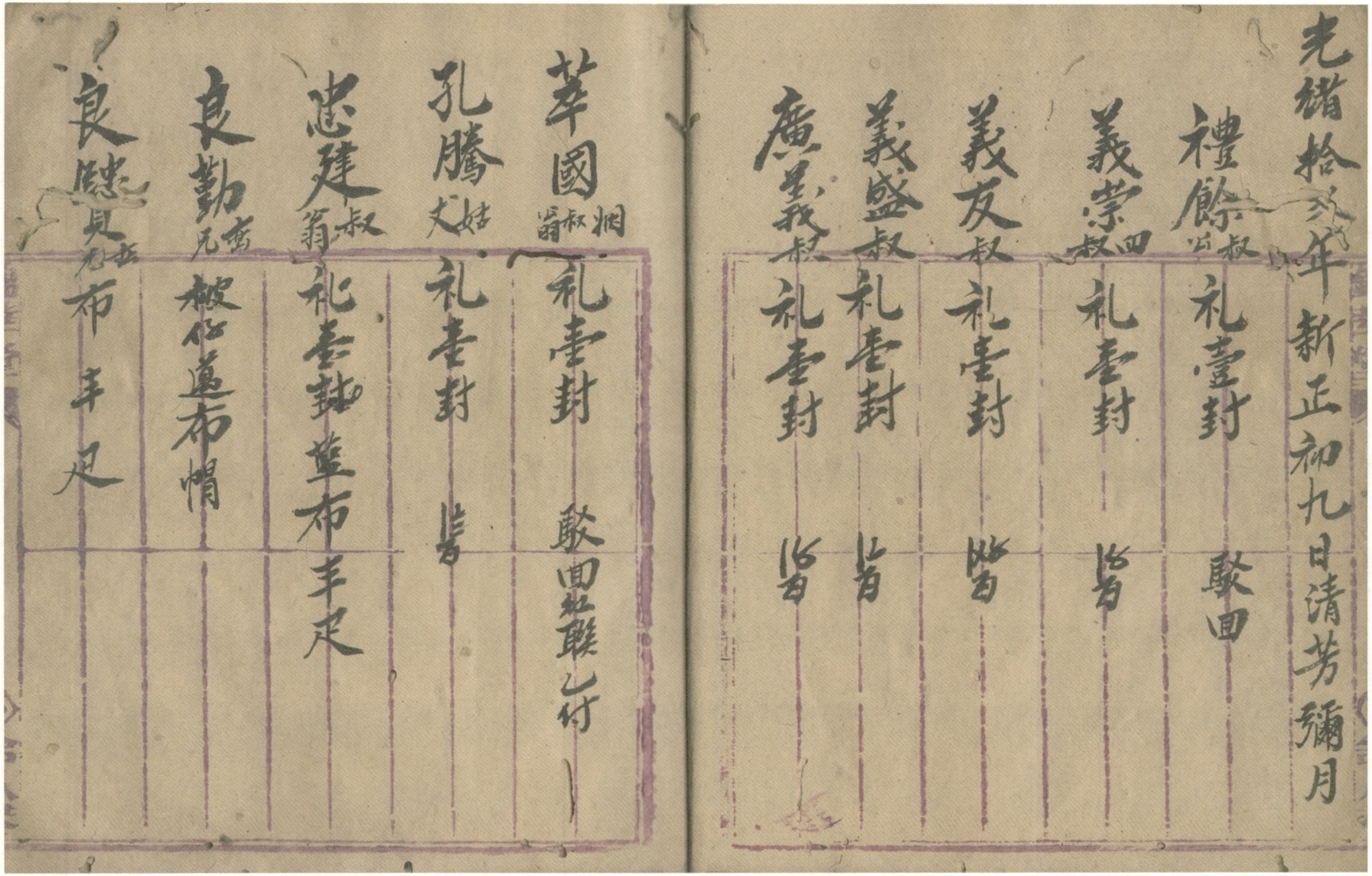

光緒拾叁年新正初九日清芳彌月

禮餘叔 礼壹封 敬回

義崇叔 礼壹封 皆

義友叔 礼壹封 皆

義盛叔 礼壹封 皆

廣義叔 礼壹封 皆

華國姻翁叔 礼壹封 敬回杜聯付

孔騰丈姑 礼壹封 皆

忠建翁叔 礼壹鉢 藍布羊足

良勤兄嫂 被仔蓪布帽

良懋兄嫂 布羊足

7-3-7-7　清光緒年間林聯傳立人情簿（七）

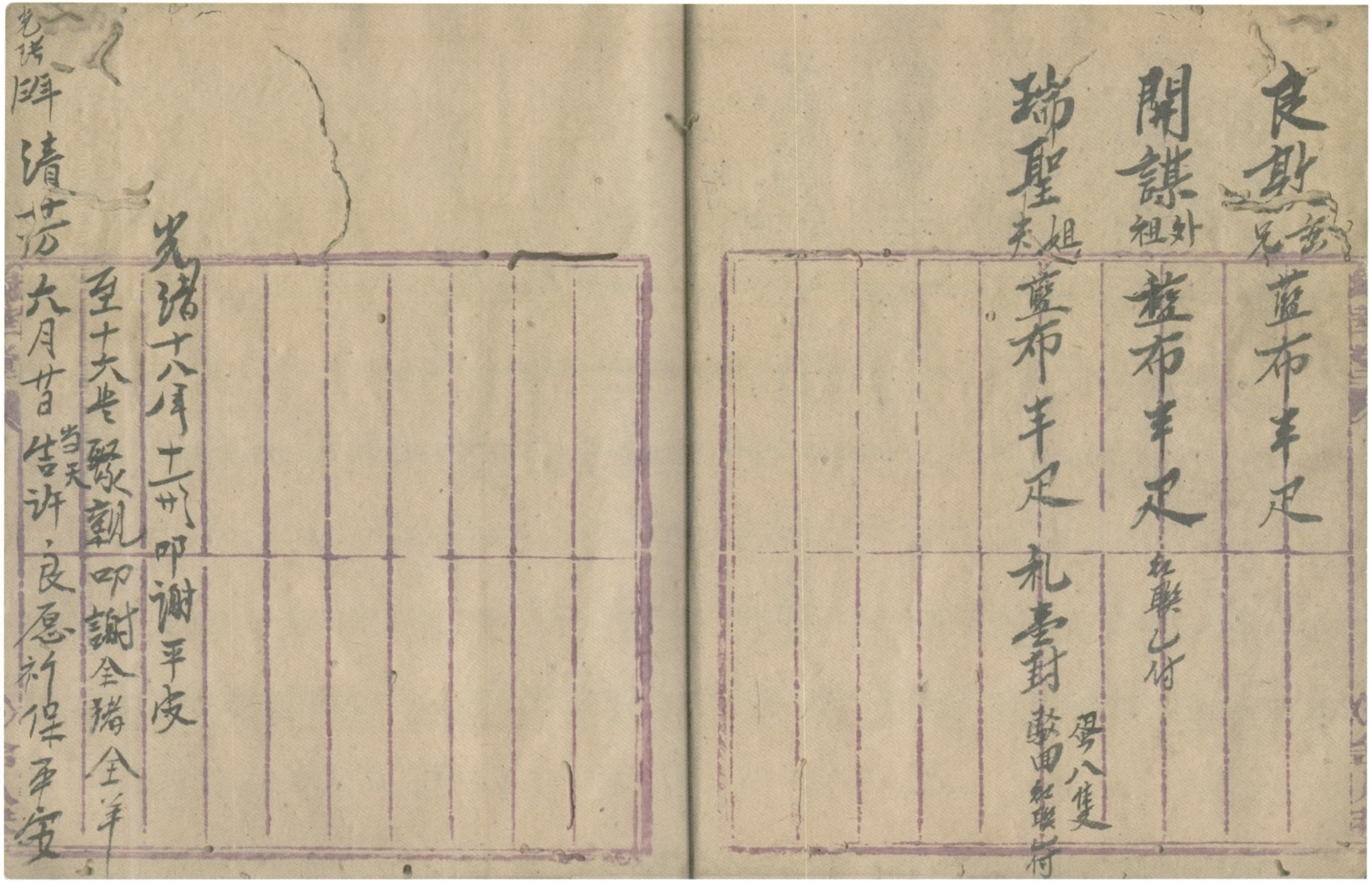
良斯舅兄　藍布半足
開謀外祖　藍布半足　林聯乙付
瑞聖姐夫　藍布半足　礼壹封　蛋八隻　麪面　林聯付
光緒十八年十一月叩謝平安
至十九年當天聚觀叩謝全豬全羊
光緒肆年清芳六月廿日告許良愿祈保平安

7-3-7-8　清光緒年間林聯傳立人情簿（八）

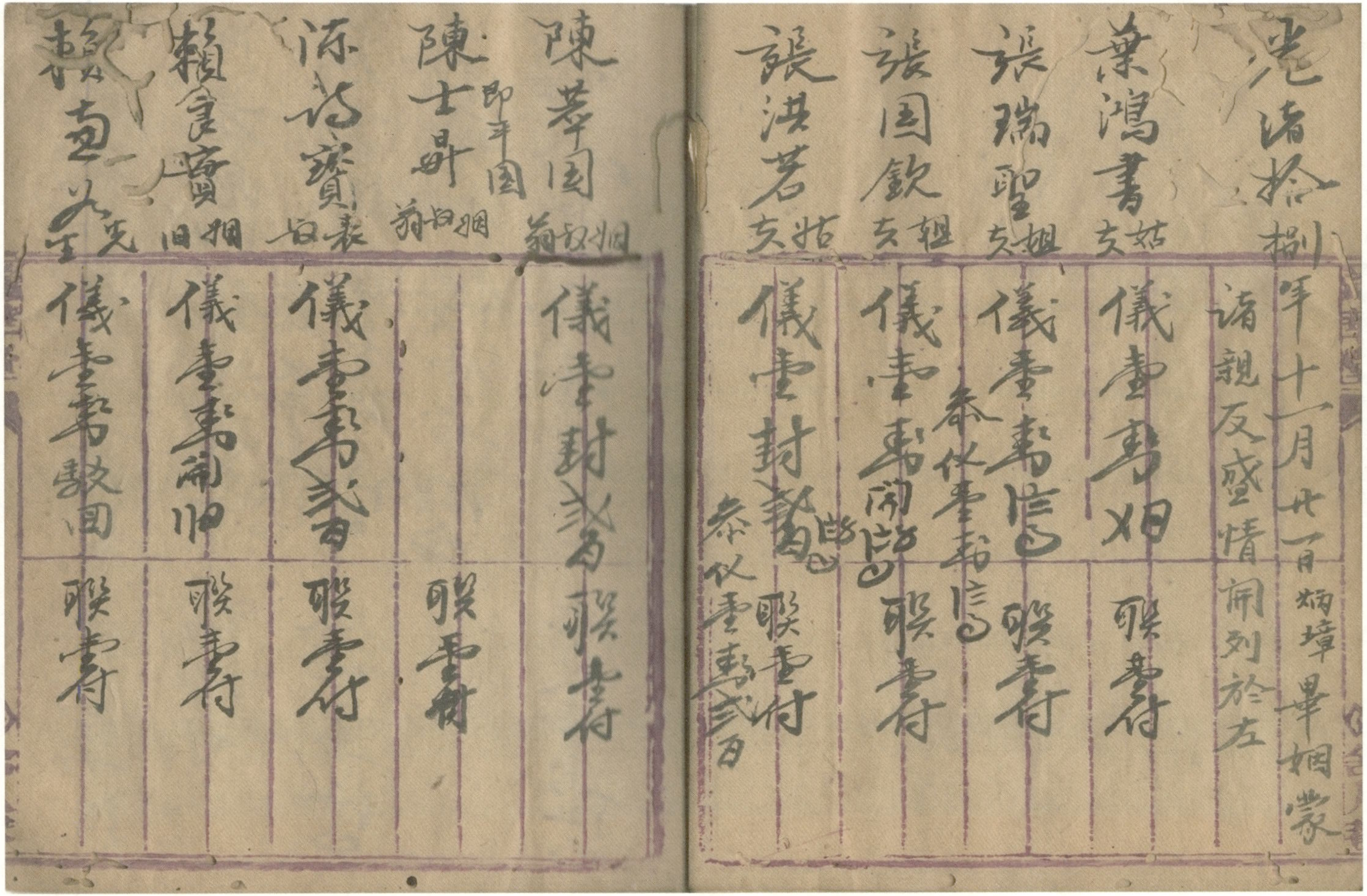
光緒拾捌年十一月廿一日炳璋畢姻蒙
諸親友盛情開列於左
葉鴻書
張瑞聖
張国欽
張洪若
陳華国
陳士哥
陳詩寶
賴金寶

7-3-7-9　清光緒年間林聯傳立人情簿（九）

義友叔　儀壹封陸　參仟壹百日
陳孝騰表叔　儀壹封四　參仟壹百四　聯壹付
廣義叔　儀壹封正　參仟壹百正
義燈叔　儀壹封陸
禮為叔祖　儀壹封陸　參仟壹百正

志義叔　儀壹封正　參仟壹百正
禮振叔祖　儀壹封陸　參仟壹百正
孝寬兄　儀壹封伍　參仟壹百伍
義和叔　儀壹封正　參仟壹百正
世義崇叔　儀壹封陸　參仟壹百陸

7-3-7-10　清光緒年間林聯傳立人情簿（一〇）

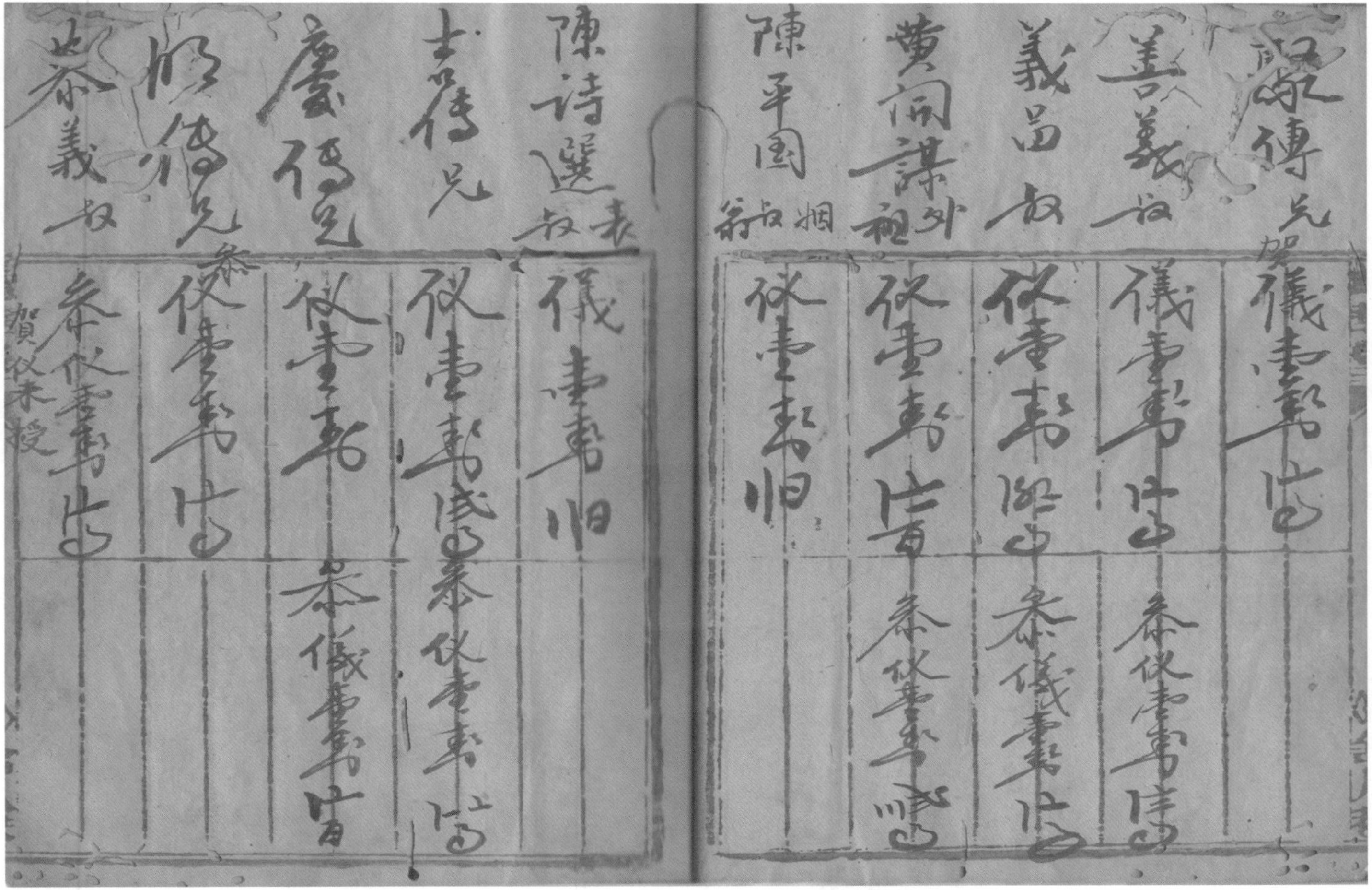

7-3-7-11　清光緒年間林聯傳立人情簿（一一）

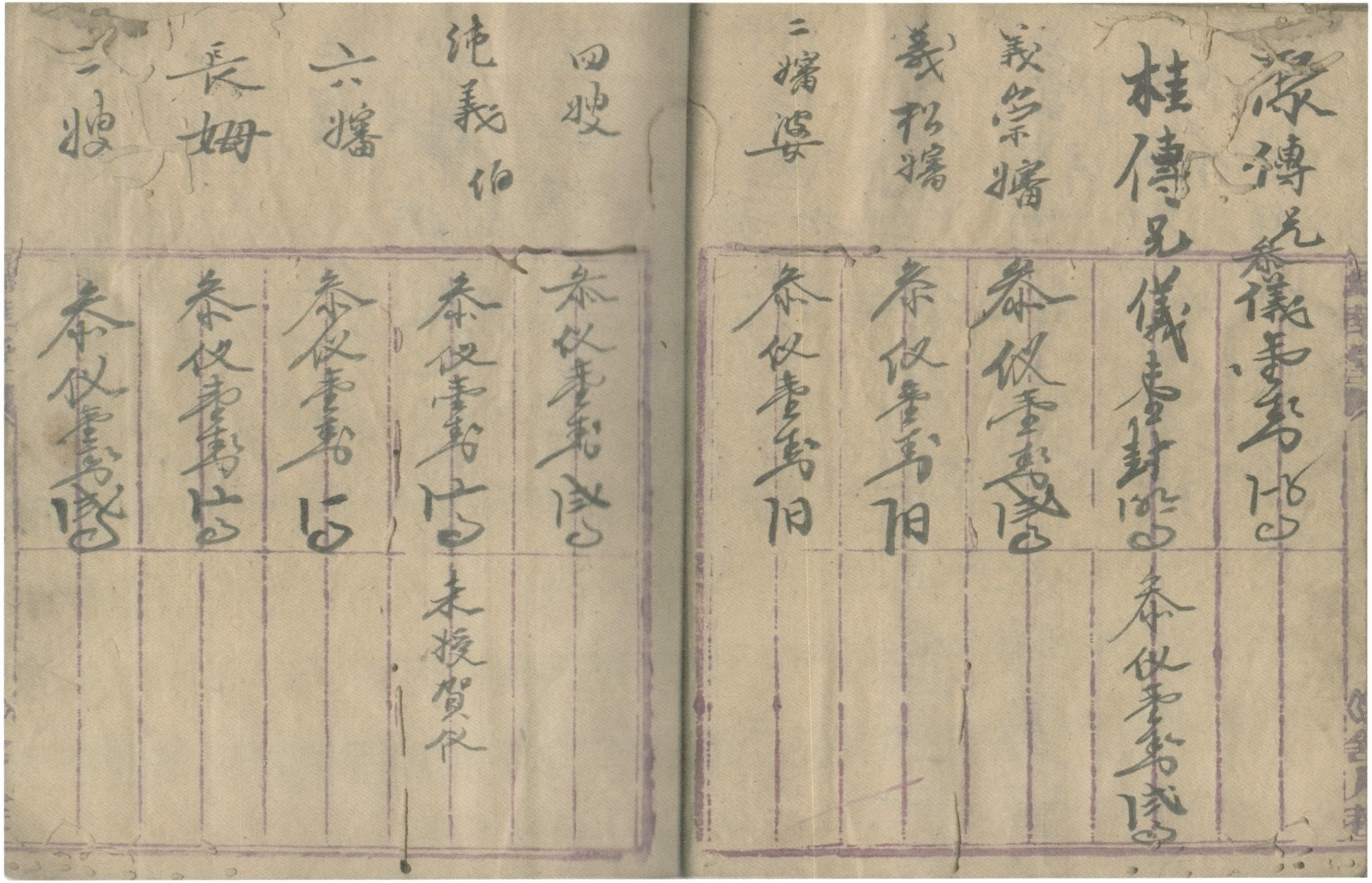
孫傳兄　叅儀壹角
桂傳兄　儀壹封　叅儀壹角
義宗嬸　叅儀壹角
義松嬸　叅儀壹角
二嬸婆　叅儀壹角
回嫂　叅儀壹角
純義伯　叅儀壹角　未援賀儀
六嬸　叅儀壹角
長姆　叅儀壹角
二嫂　叅儀壹角

7-3-7-12　清光緒年間林聯傳立人情簿（一二）

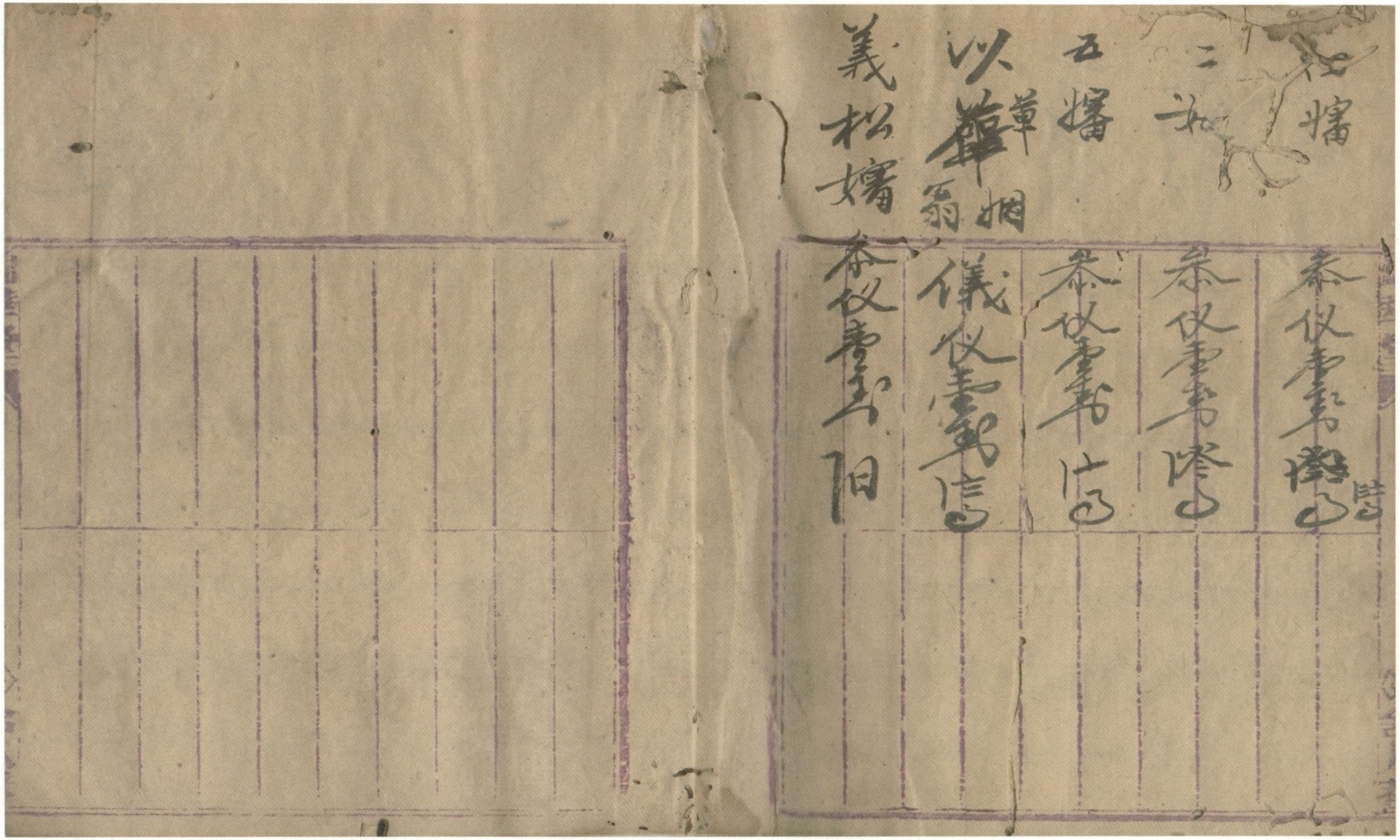

7-3-7-13　清光緒年間林聯傳立人情簿（一三）

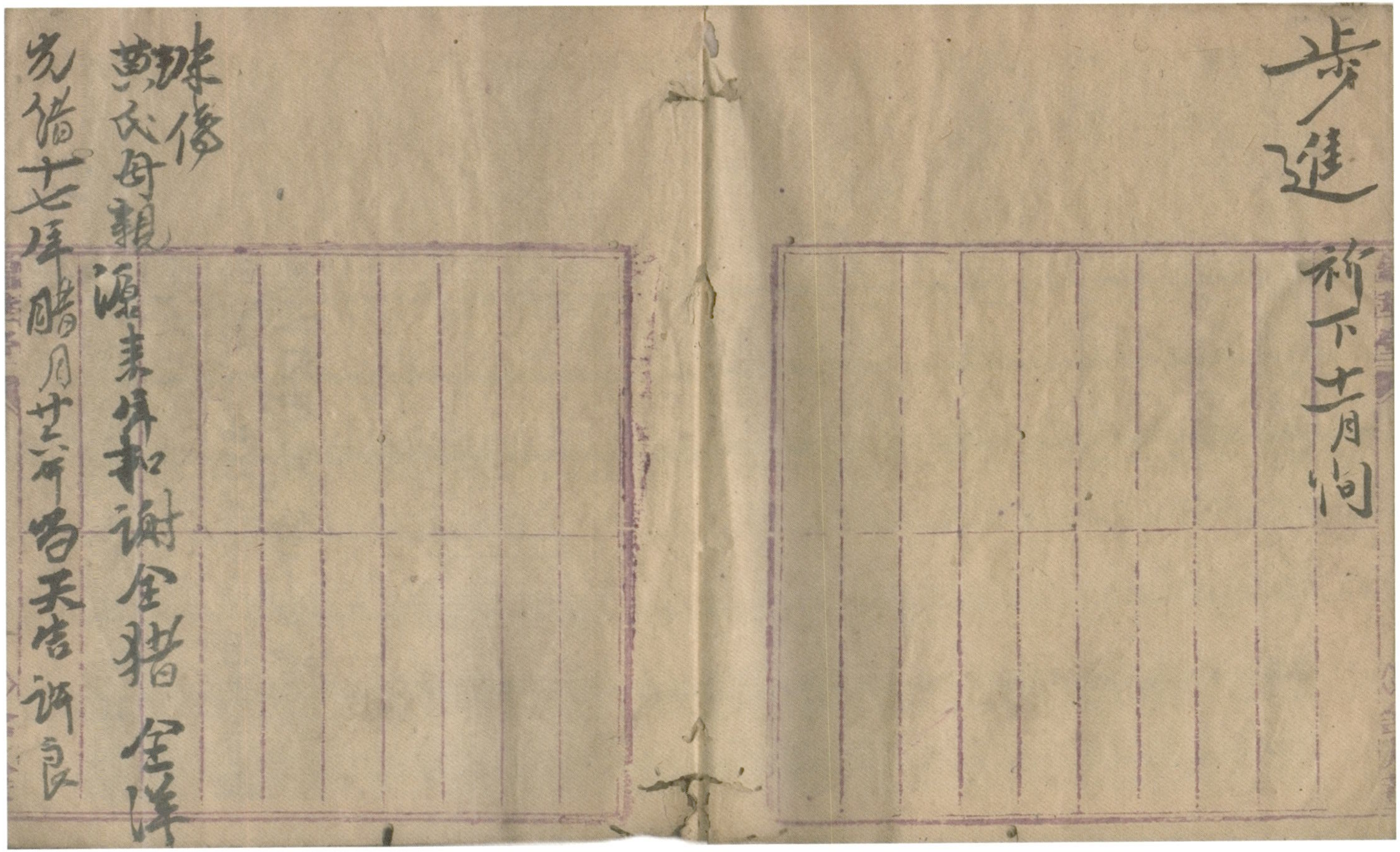

步進
初下十一月间

聯傳
鄭氏母親
源來仔和謝金豬　金洋
光緒十七年臘月廿六日為天告許良

7-3-7-24　清光緒年間林聯傳立人情簿（一四）

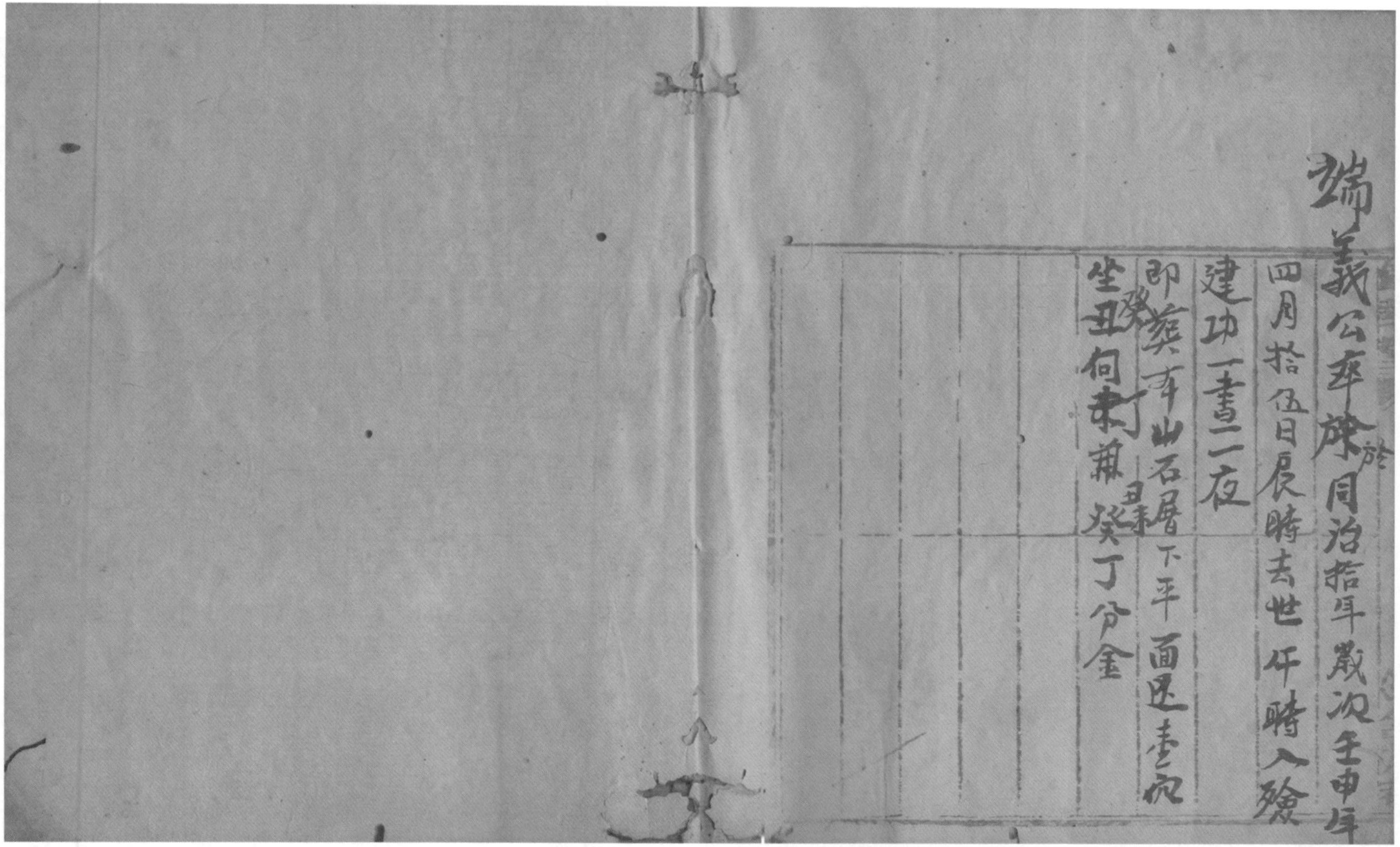

7-3-7-15　清光緒年間林聯傳立人情簿（一五）

7-3-7-16　清光緒年間林聯傳立人情簿（一六）

7-3-8-1　清光緒宣統年間林氏公置墓簿（一）

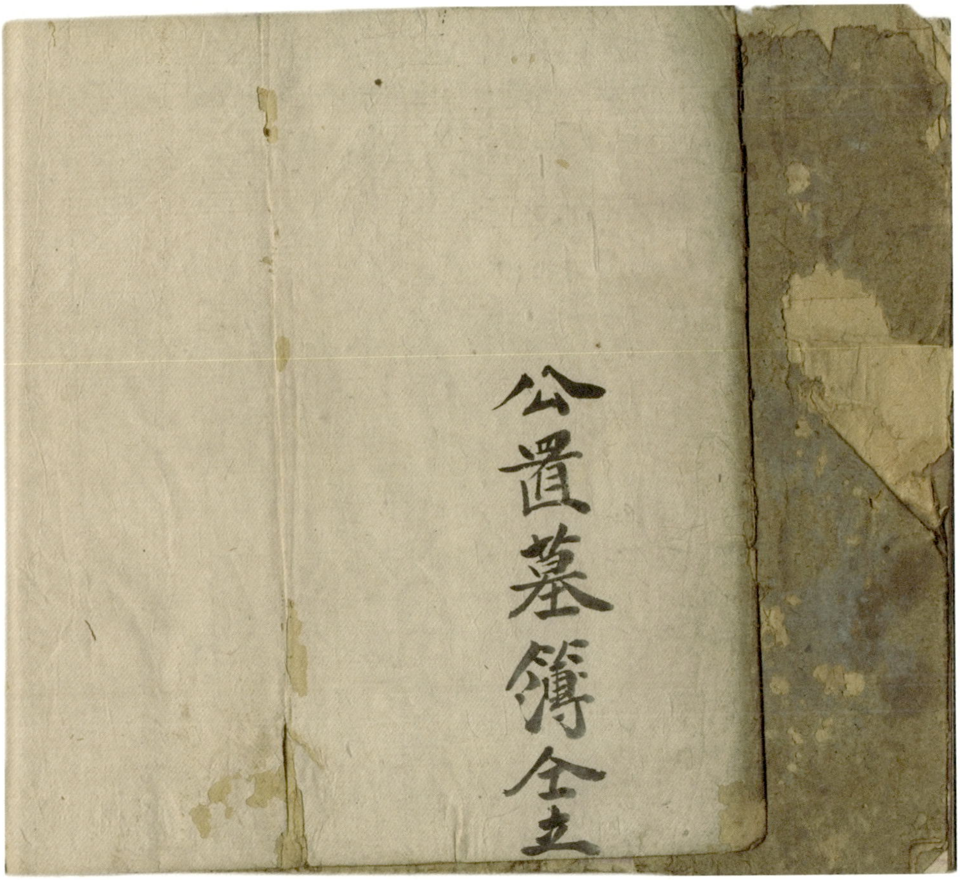

7-3-8-2　清光緒宣統年間林氏公置墓簿（二）

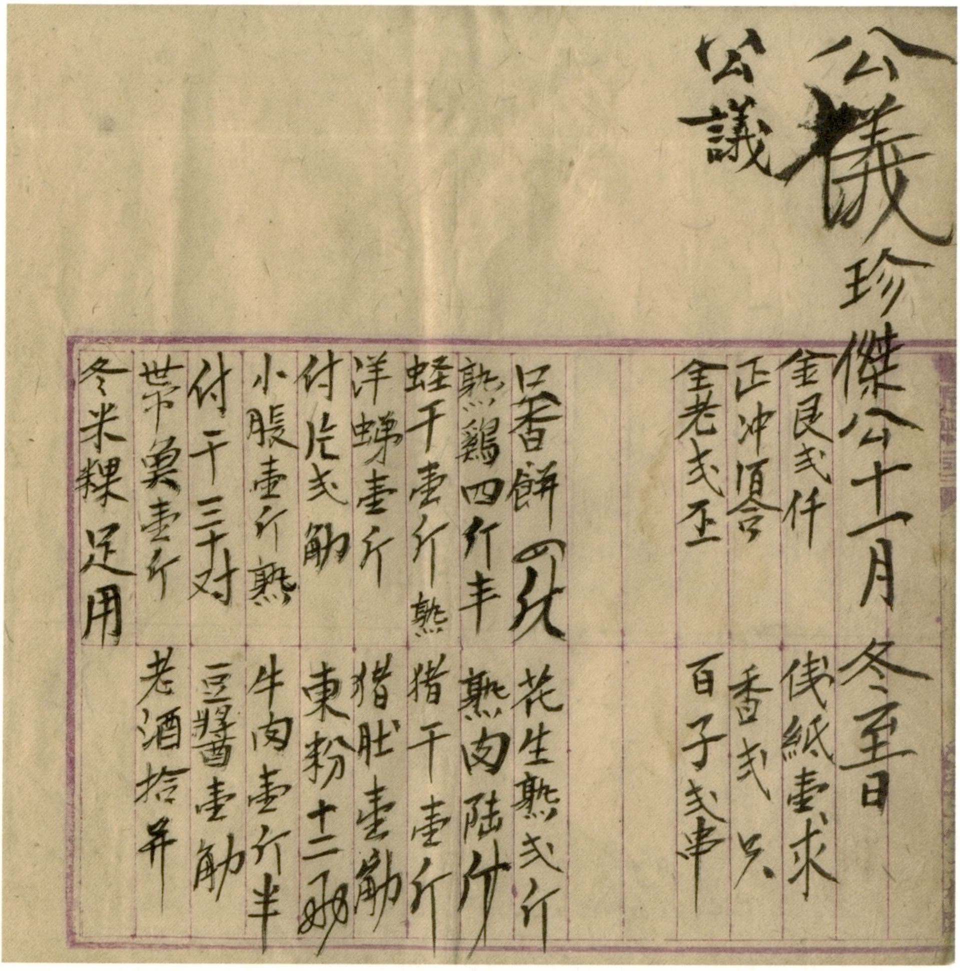

7-3-8-3　清光緒宣統年間林氏公置墓簿（三）

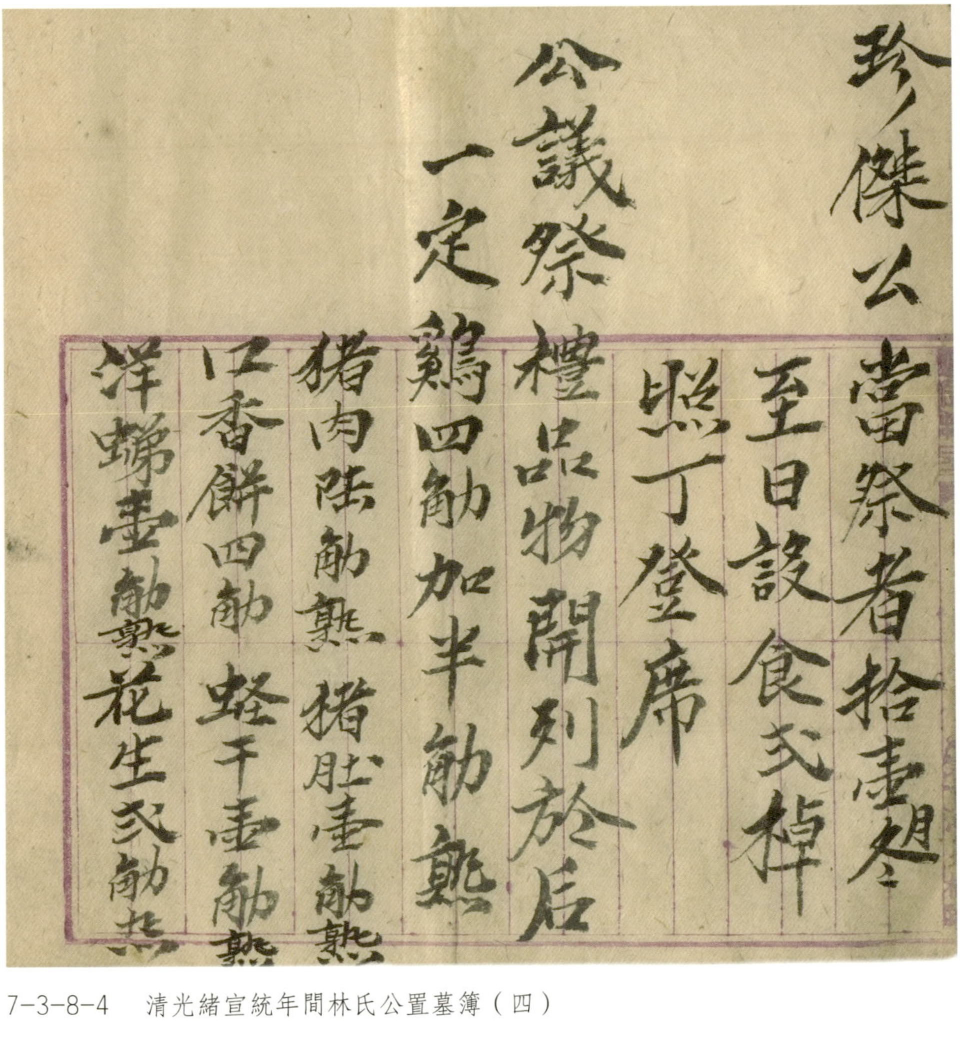
珍傑公
當祭者拾壹担冬
至日設食弍桌
照丁登席
公議祭禮品物開列於后
一定鷄四觔加半觔熟
猪肉陸觔熟 猪肚壹觔熟
口香餅四觔 蛏干壹觔熟
洋蟳壹觔熟 花生弍觔熟

7-3-8-4　清光緒宣統年間林氏公置墓簿（四）

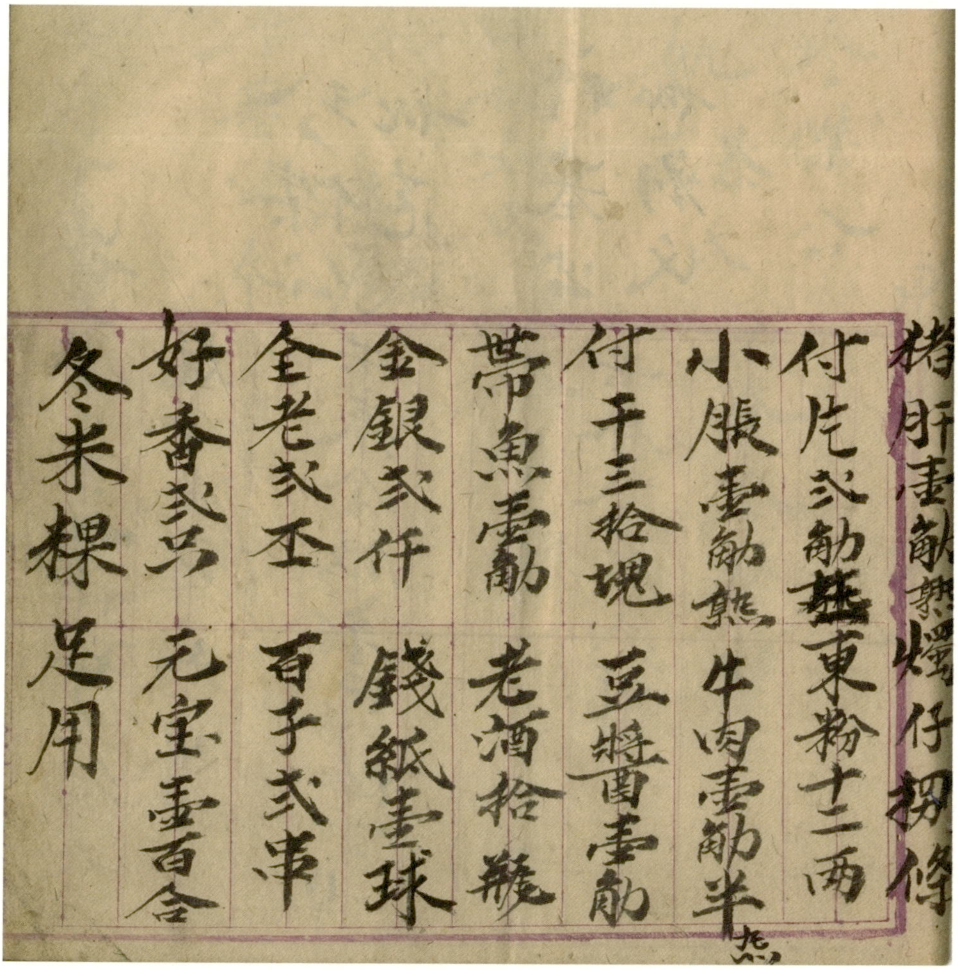

猪肝壹觔熟 燭仔捌條
付片弍觔 韭 東粉十二兩
小腸壹觔熟 牛肉壹觔半熟
付干三拾塊 豆醬壹觔
帶魚壹觔 老酒拾瓶
金銀弍仟 錢紙壹球
全老弍丕 百子弍串
好香弍只 元宝壹百合
冬米粿 足用

7-3-8-5 清光緒宣統年間林氏公置墓簿（五）

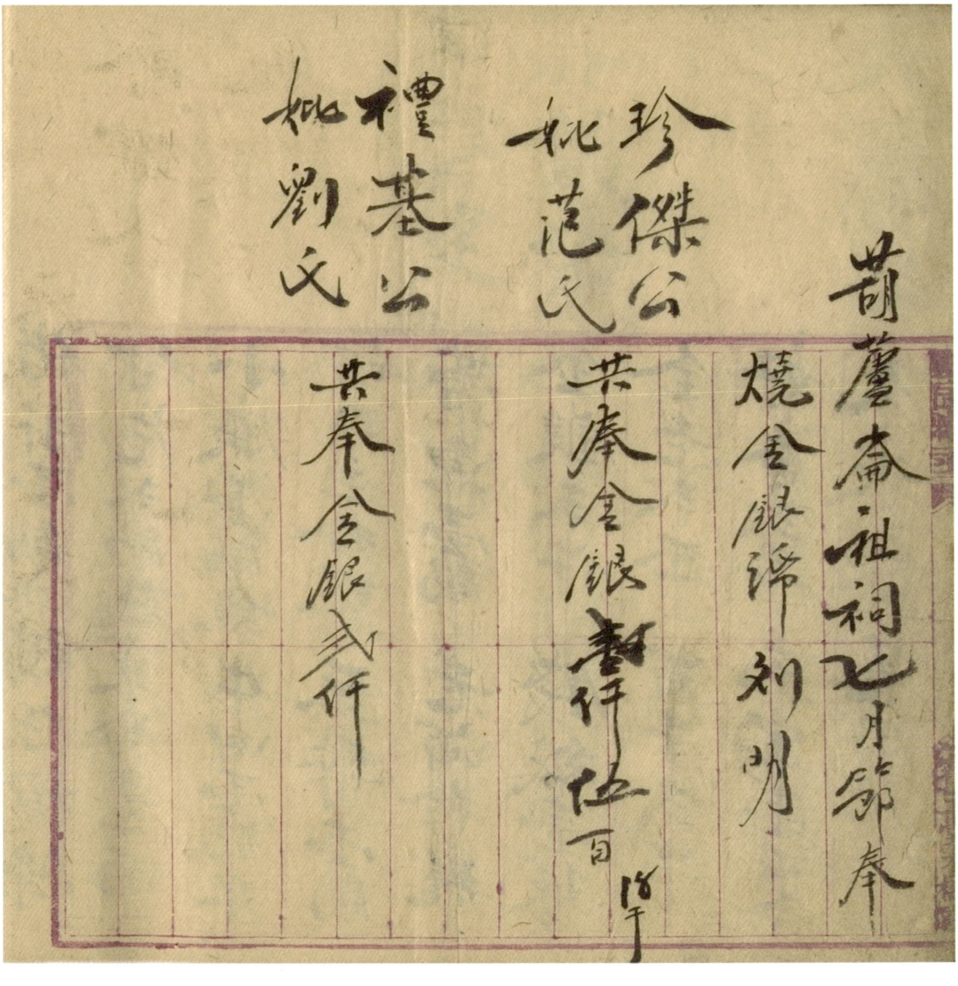
苛蘆齋•祖祠七月節奉
燒金銀錢初明
珍傑公
妣范氏
共奉金銀壹仟伍百
禮基公
妣劉氏
共奉金銀弍仟

7-3-8-6　清光緒宣統年間林氏公置墓簿（六）

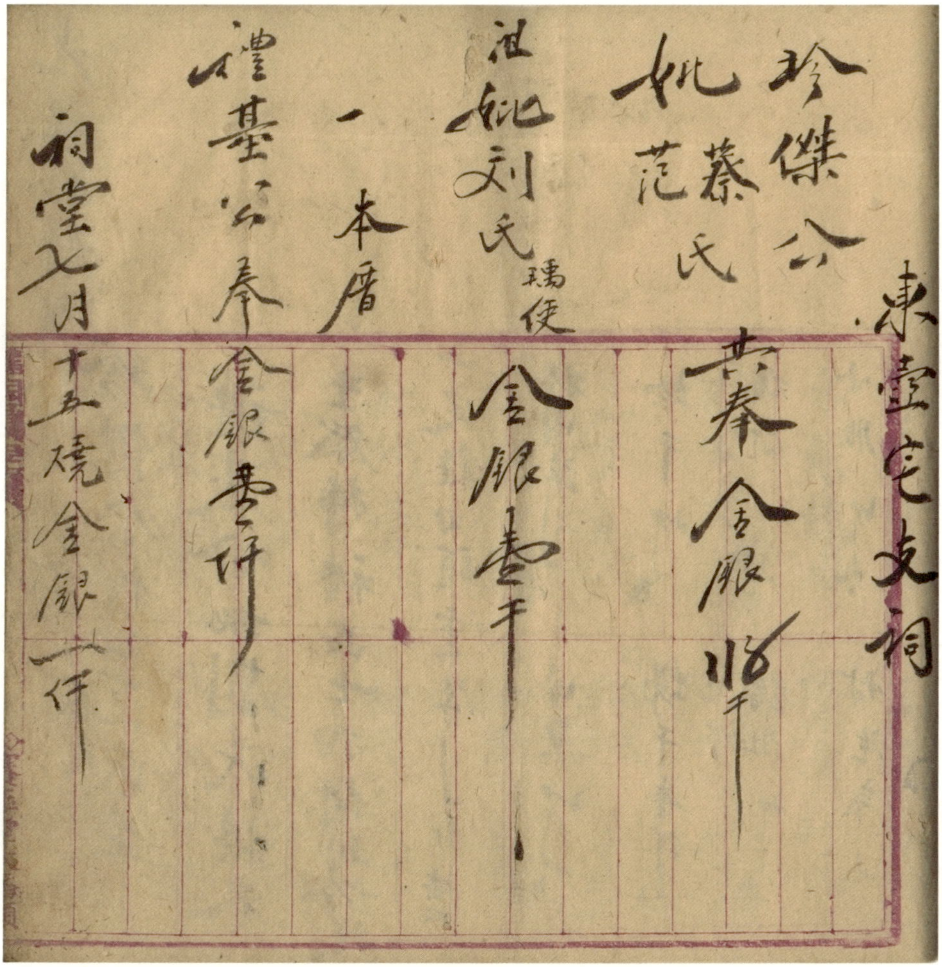
東壹宅支祠
玲傑公共奉金銀〢〥千
妣蔡氏
妣范氏
祖妣刘氏瑀使金銀壹千
一本厝
禮基公奉金銀壹仟
祠堂七月十五燒金銀一仟

7-3-8-7　清光緒宣統年間林氏公置墓簿（七）

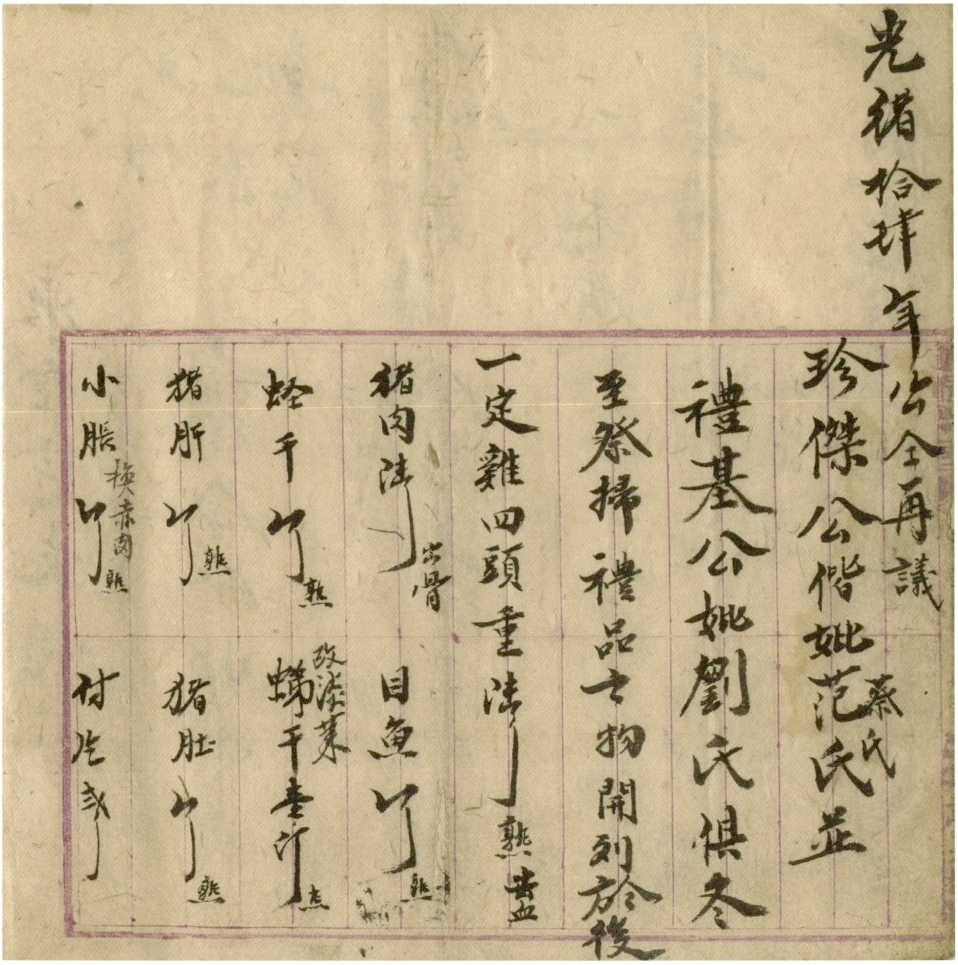

光緒拾肆年仝再議
珍傑公偕妣范氏（蔡氏）並
禮基公妣劉氏俱冬
至祭掃禮品亡物開列於後
一定雞四頭重法斤熟 去血
豬肉法斤 出骨　目魚斤熟
蟶干斤熟　改淡菜 蟒干壹斤熟
豬肝斤熟　豬肚斤熟
小脹 換赤肉斤熟　付花二斤

7-3-8-8　清光緒宣統年間林氏公置墓簿（八）

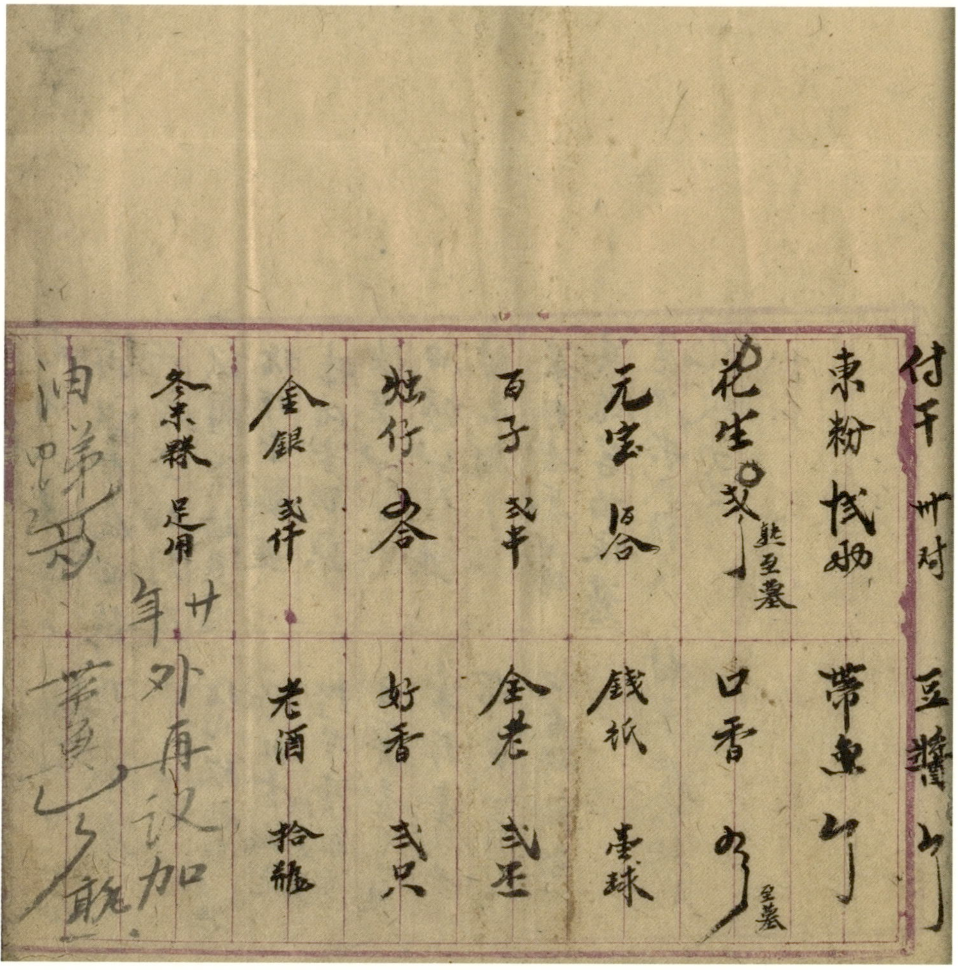
付干 卅对 豆醬
東粉 帶魚
花生 口香 至墓
元宝 錢紙
百子 弍串 金老 弍丕
烛仔 好香 弍只
金銀 弍件 老酒 拾瓶
冬米糕 足用 廿
年外再設加

7-3-8-9　清光緒宣統年間林氏公置墓簿（九）

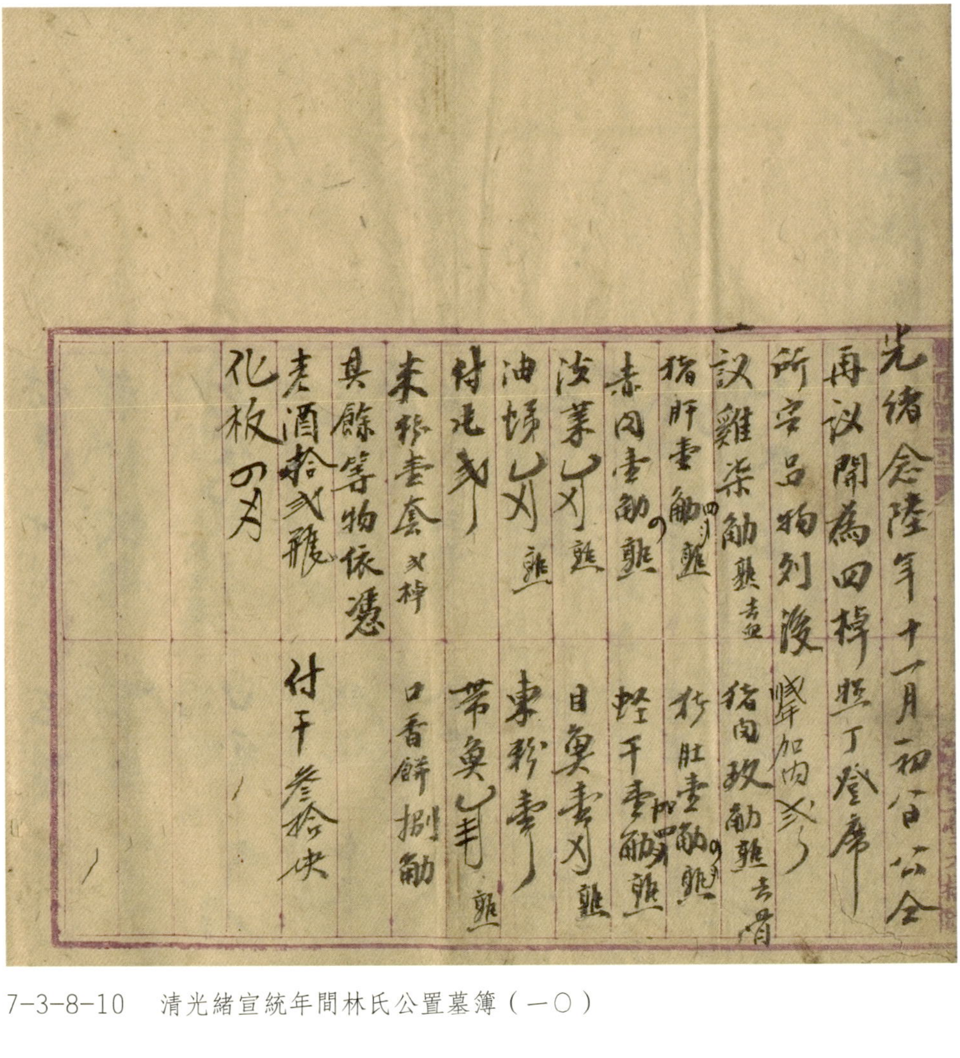

7-3-8-10　清光緒宣統年間林氏公置墓簿（一〇）

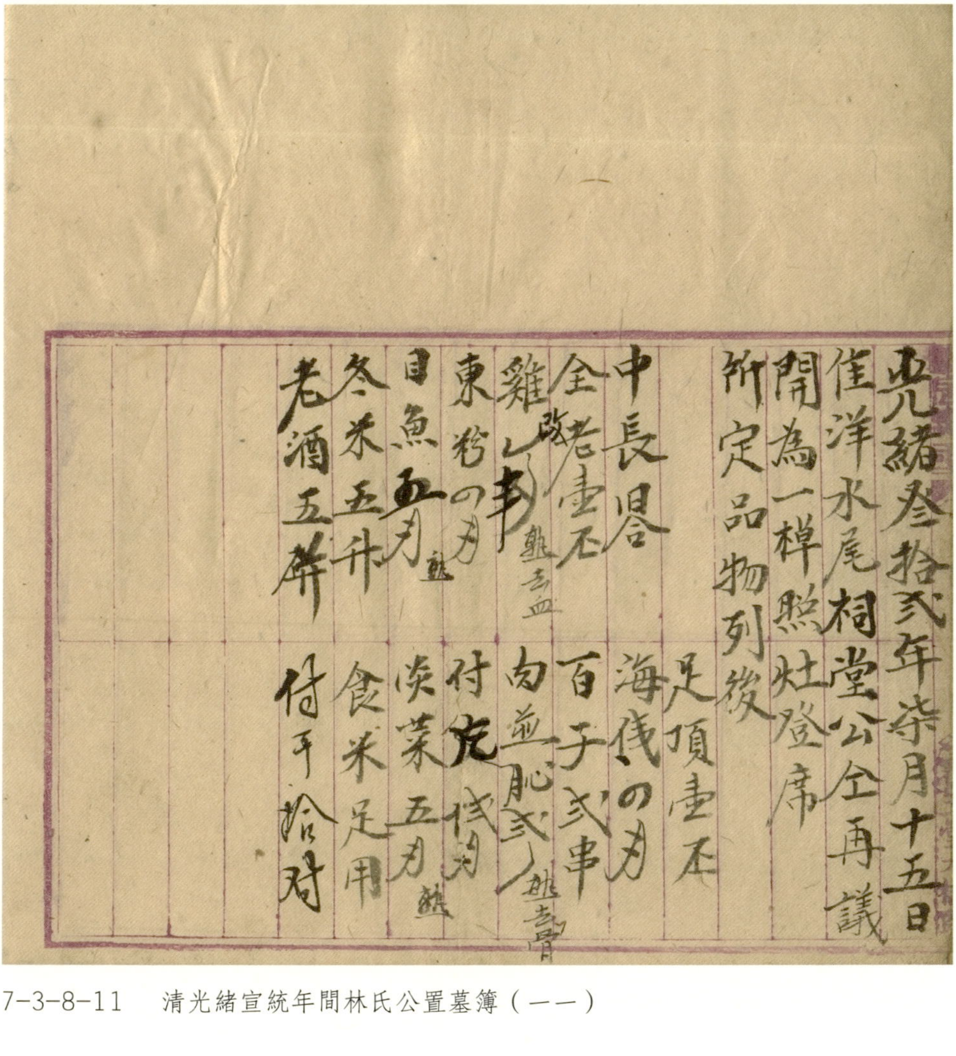
光緒叁拾弍年柒月十五日
佳洋水尾祠堂公仝再議
開為一棹照灶登席
所定品物列後
足頂壹丕
中長昌　海伐四刀
全老壹丕　百子弍串
雞改一掛（熟壹皿）　肉並肥弍斤（熟壹骨）
東粉四刀　付卮伐刀
目魚五刀（熟）　淡菜五刀（熟）
冬米五升　食米足用
老酒五瓶　付手拾对

7-3-8-11　清光緒宣統年間林氏公置墓簿（一一）

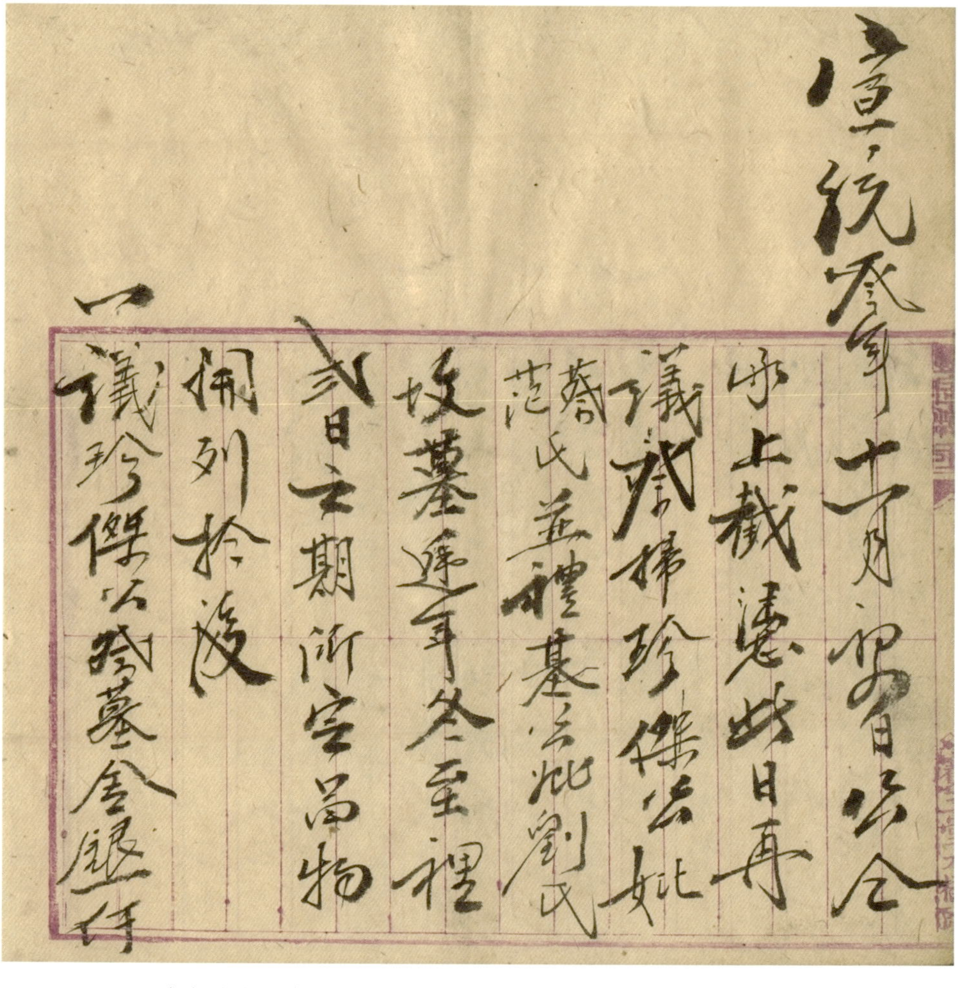
宣統叁年十一月[illegible]日公合
承上截總此日再
議武梯珍傑公妣
蔡氏 范氏並禮基公妣劉氏
坟墓逐年冬至禮
式日之期所宜品物
開列於後
一議珍傑公坟墓會銀付

7-3-8-12　清光緒宣統年間林氏公置墓簿（一二）

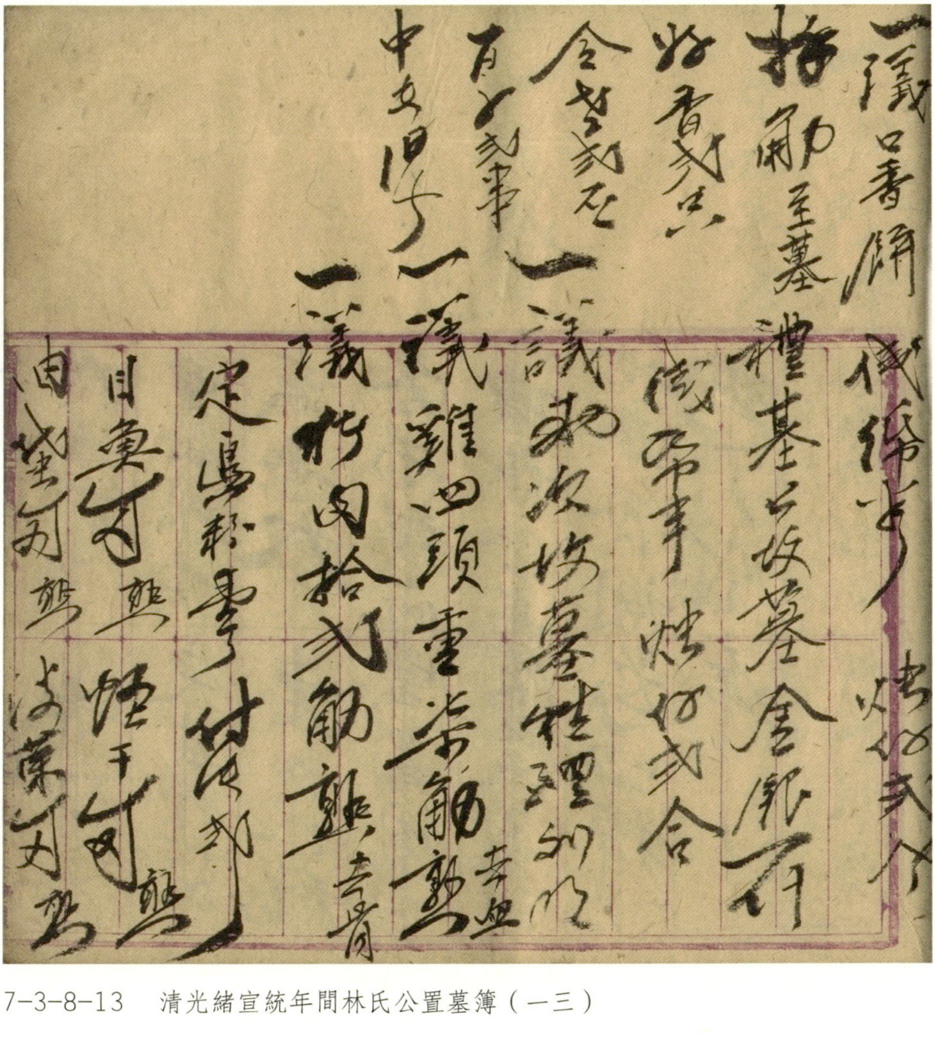

7-3-8-13　清光緒宣統年間林氏公置墓簿（一三）

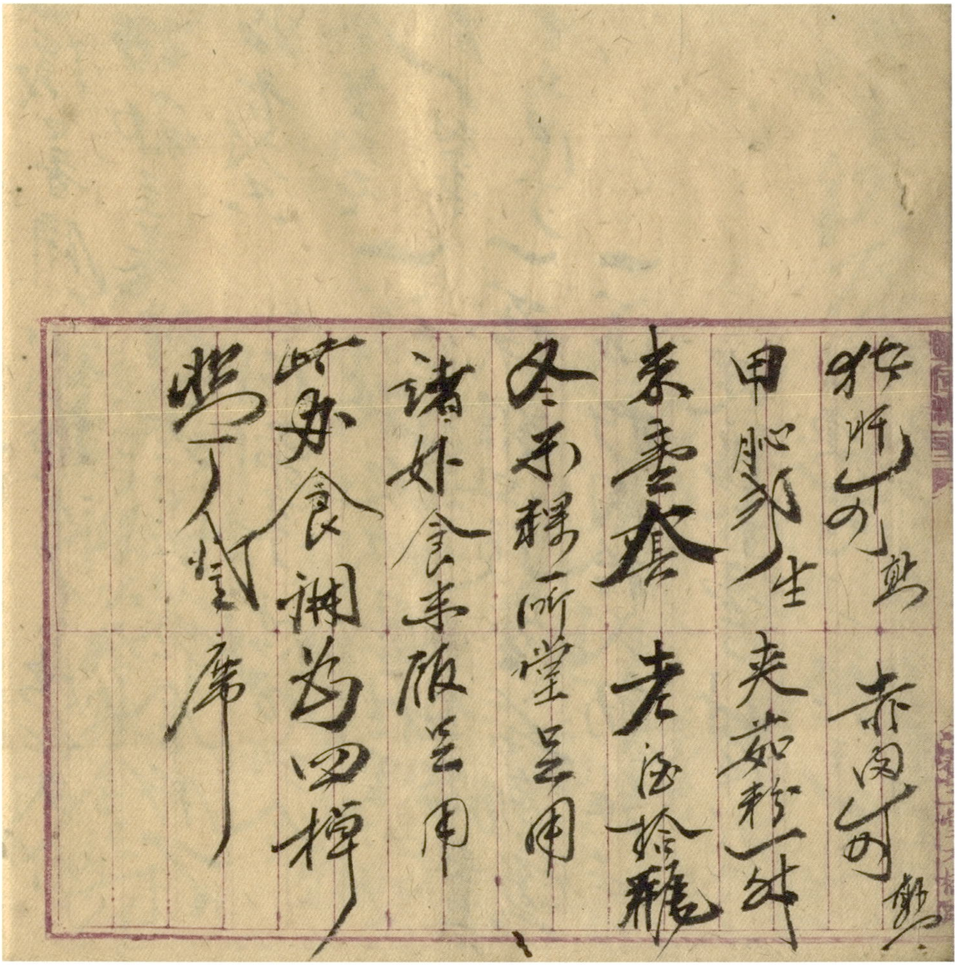

7-3-8-14　清光緒宣統年間林氏公置墓簿（一四）

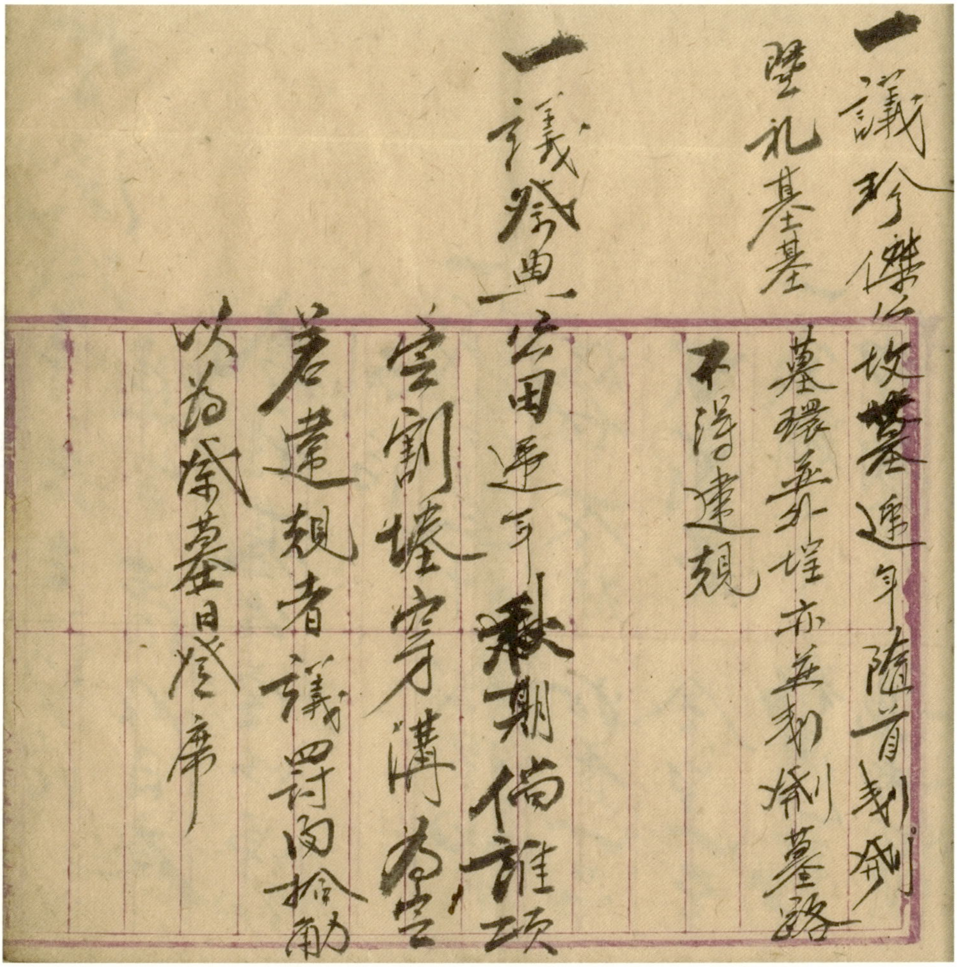
一議珍傑公坟墓逐年隨首剗削
墓環並外埕亦並剗削墓路
壁礼基基 不得違規
一議癸典公田逐年秋期備諸項
宜剗壞穿溝為宮
君違規者議罰四拾觔
以為祭墓日燈席

7-3-8-15　清光緒宣統年間林氏公置墓簿（一五）

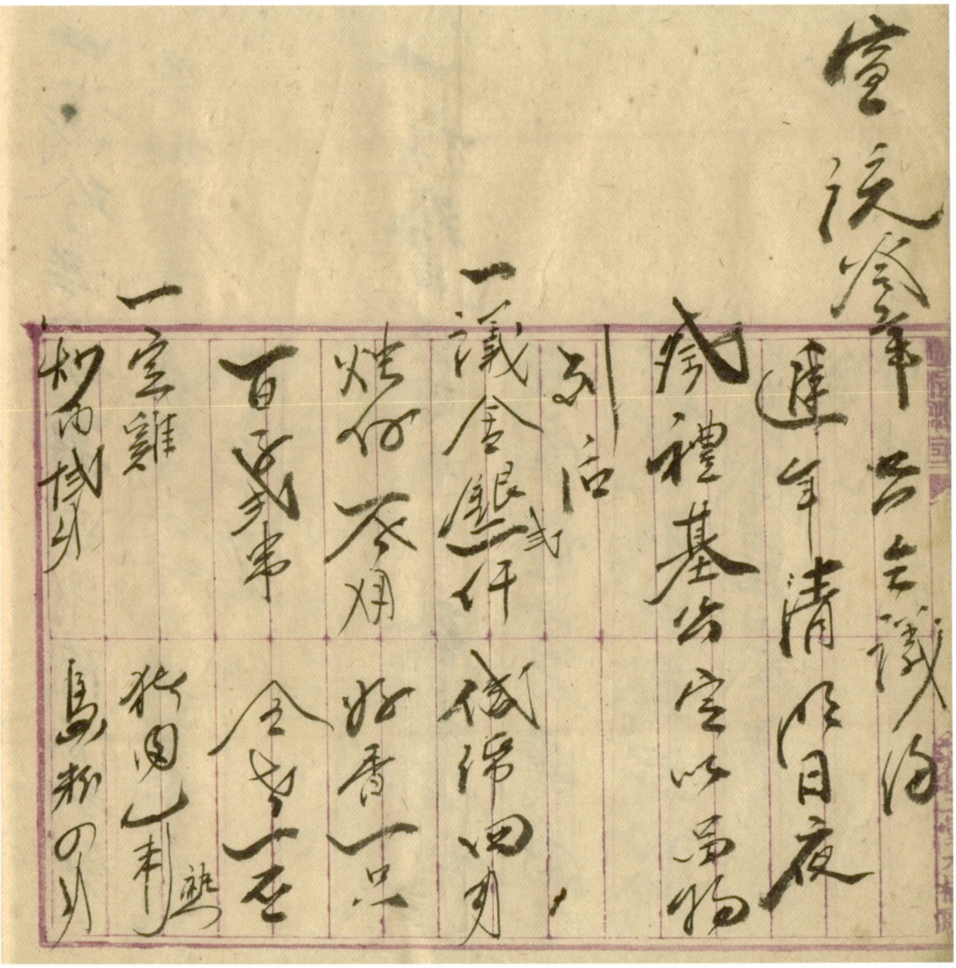

7-3-8-16　清光緒宣統年間林氏公置墓簿（一六）

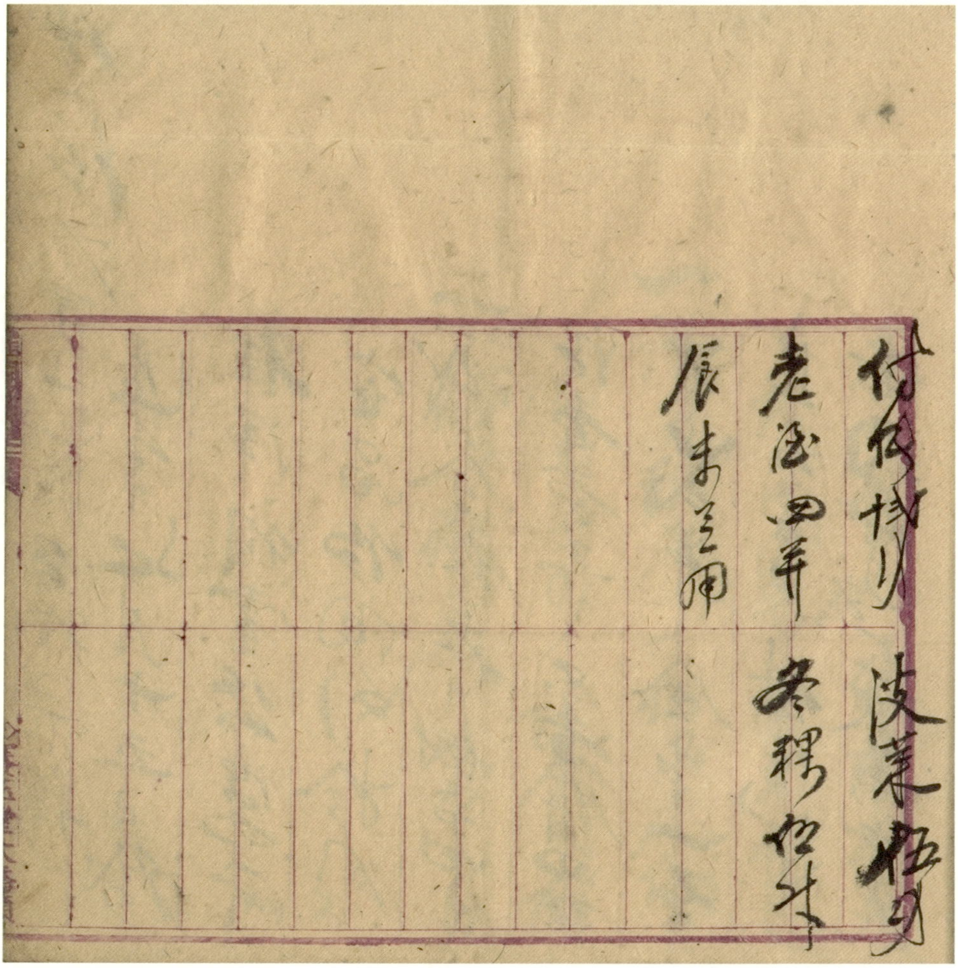

7-3-8-17　清光緒宣統年間林氏公置墓簿（一七）

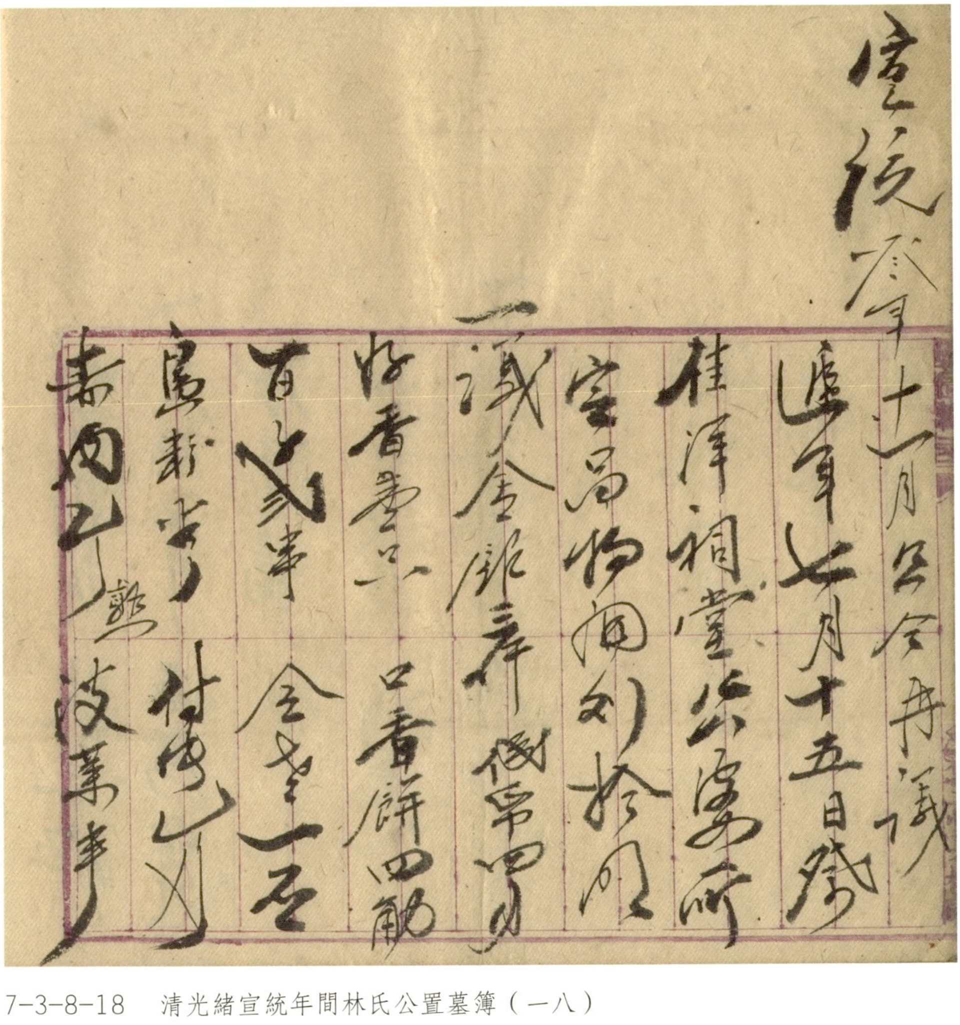

7-3-8-18　清光緒宣統年間林氏公置墓簿（一八）

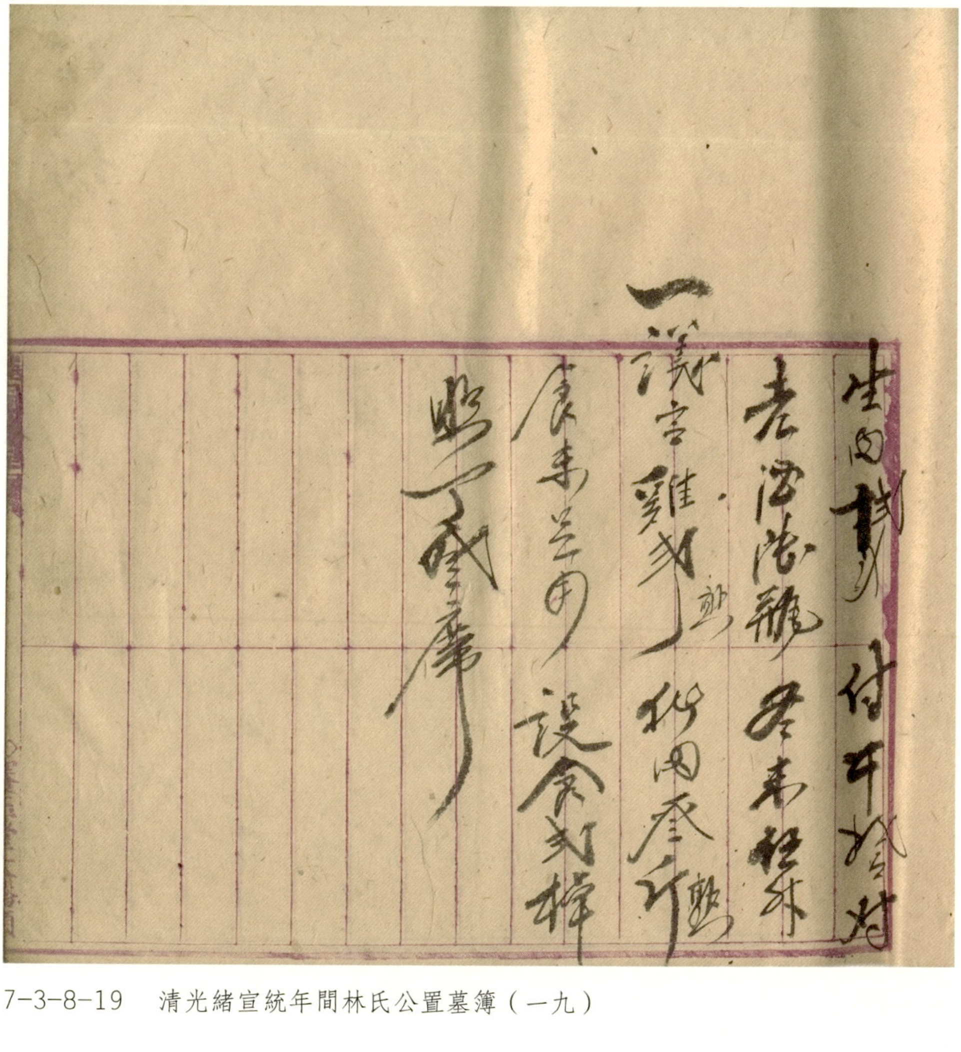

7-3-8-19　清光緒宣統年間林氏公置墓簿（一九）

7-3-8-20　清光緒宣統年間林氏公置墓簿（二〇）

7-3-9-1　民國時期林氏七月半金銀簿（一）

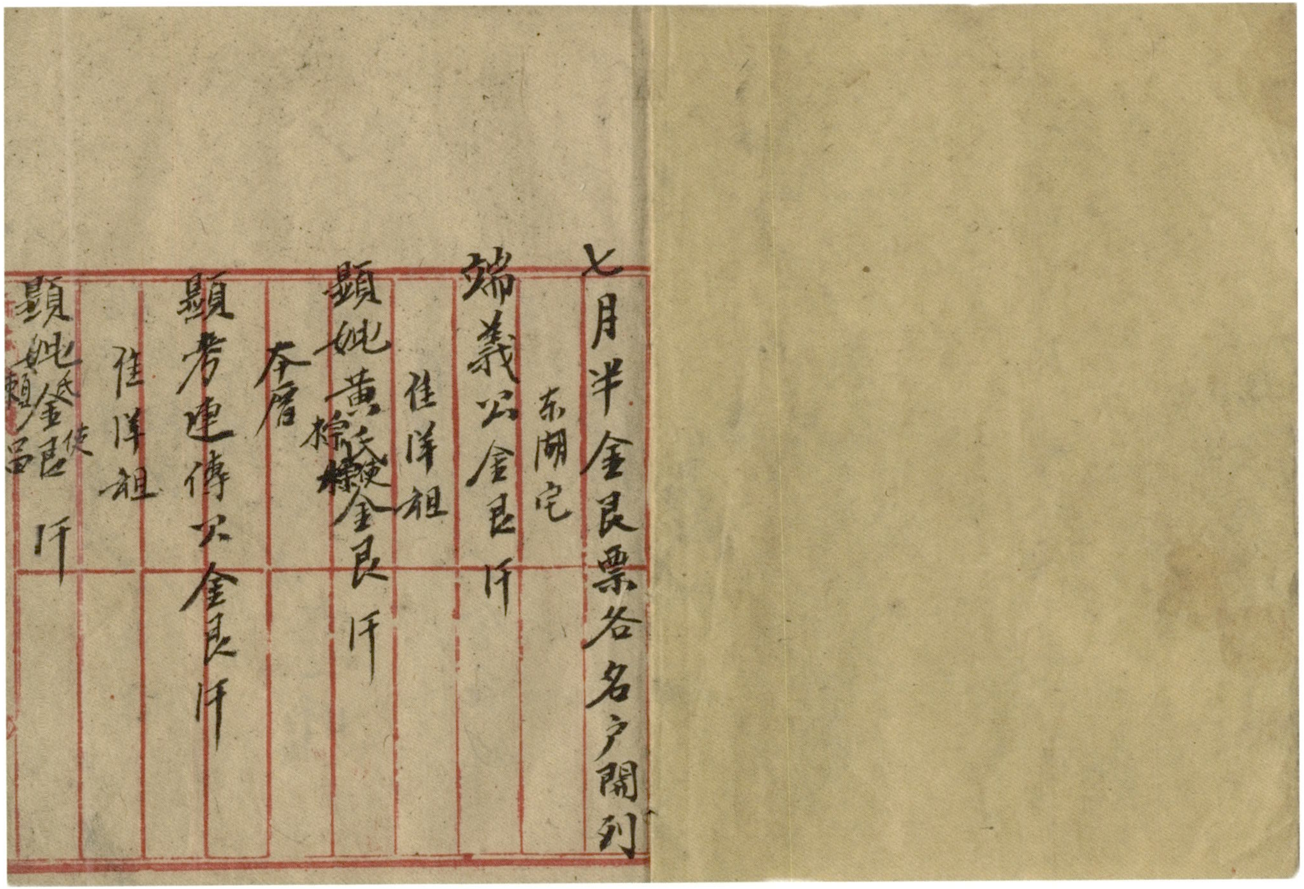
七月半金艮票各名户開列
东開宅
端義公金艮　仟
佳洋祖
顯妣黃氏使棕樣金艮　仟
本厝
顯考連傳公金艮　仟
佳洋祖
顯妣賴氏使品金艮　仟

7-3-9-2　民國時期林氏七月半金銀簿（二）

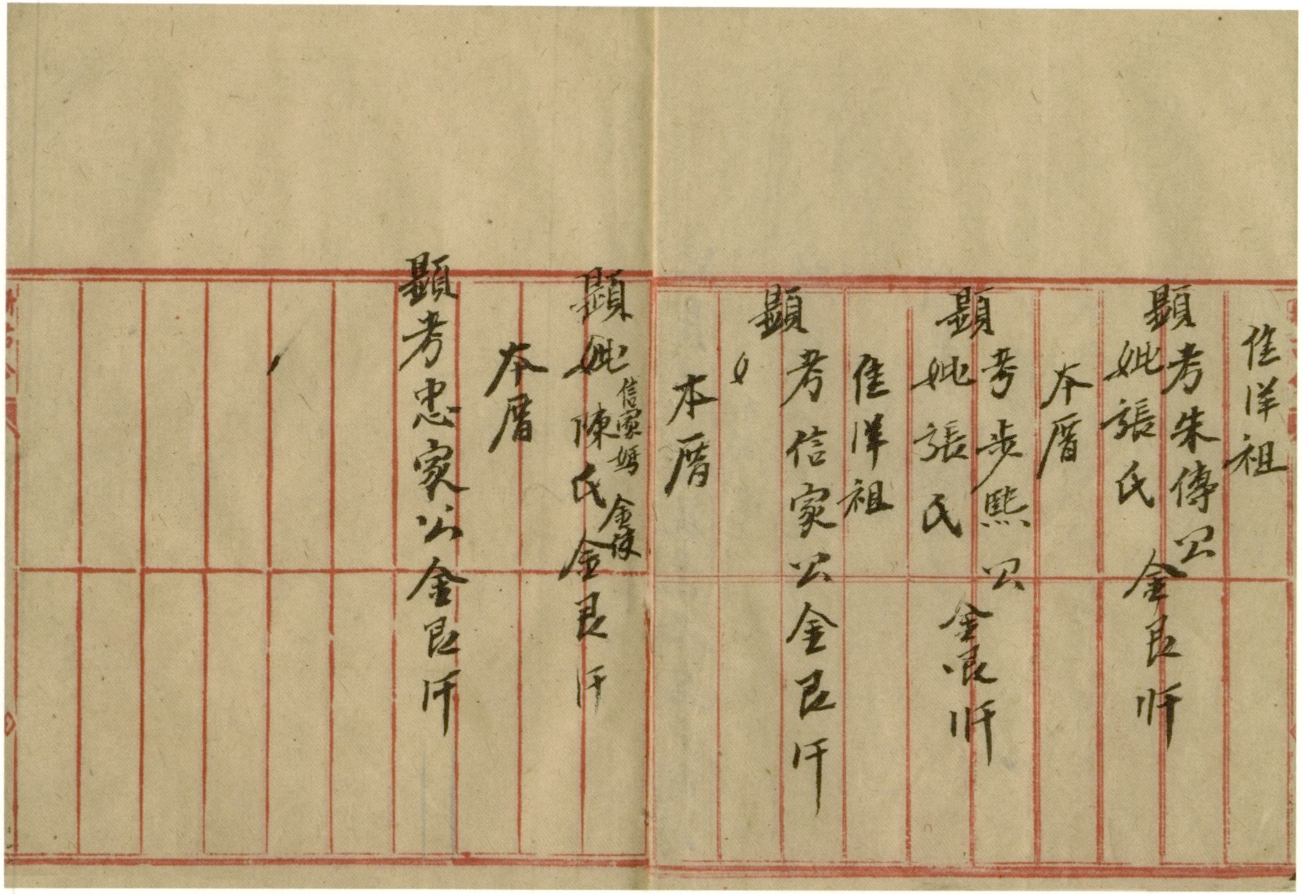
佳洋祖
顯考朱傳公
妣張氏 金艮斤
本厝
顯考步熙公 金艮斤
妣張氏
佳洋祖
顯考信家公金艮斤
本厝
顯妣（信家媽）陳氏金（艮）艮斤
本厝
顯考忠家公金艮斤

7-3-9-3　民國時期林氏七月半金銀簿（三）

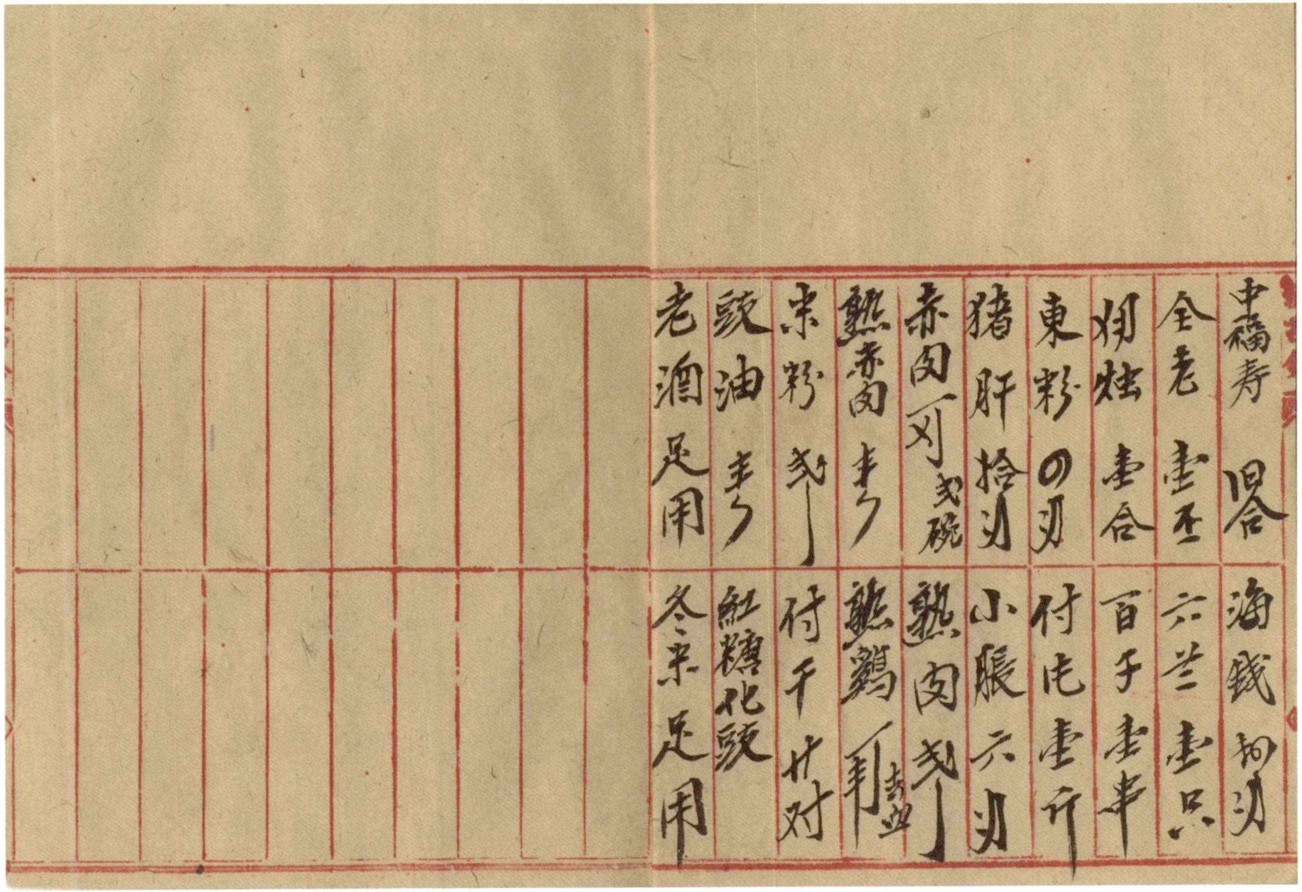
中福寿　㕲合　海錢　扣刃
全老　壹丕　六二　壹只
炮烛　壹合　百子　壹串
東粉　〇刃　付化　壹斤
猪肝　拾刃　小腸　六刃
赤肉刀　式碗　熟肉　式丁
熟赤肉　壹ク　熟鷄　壹丁
米粉　式丁　付千　廿对
豉油　壹ク　紅糖化豉
老酒　足用　冬米　足用

7-3-9-4　民國時期林氏七月半金銀簿（四）

7-3-9-5　民國時期林氏七月半金銀簿（五）

八閩文庫

八閩文庫

專題彙編

第二種

福建民間契約文書

廈門大學民間歷史文獻研究中心 編
鄭振滿 主編

32

海峽出版發行集團
THE STRAITS PUBLISHING & DISTRIBUTING GROUP
福建人民出版社

本册目録

第七卷　永泰縣嵩口鎮漈頭村契約文書（五）

第三帙　林睦標户

第七卷　永泰縣嵩口鎮漈頭村契約文書（五）

本卷主編　張澤宇　岳沁之

第三帙　林睦標户

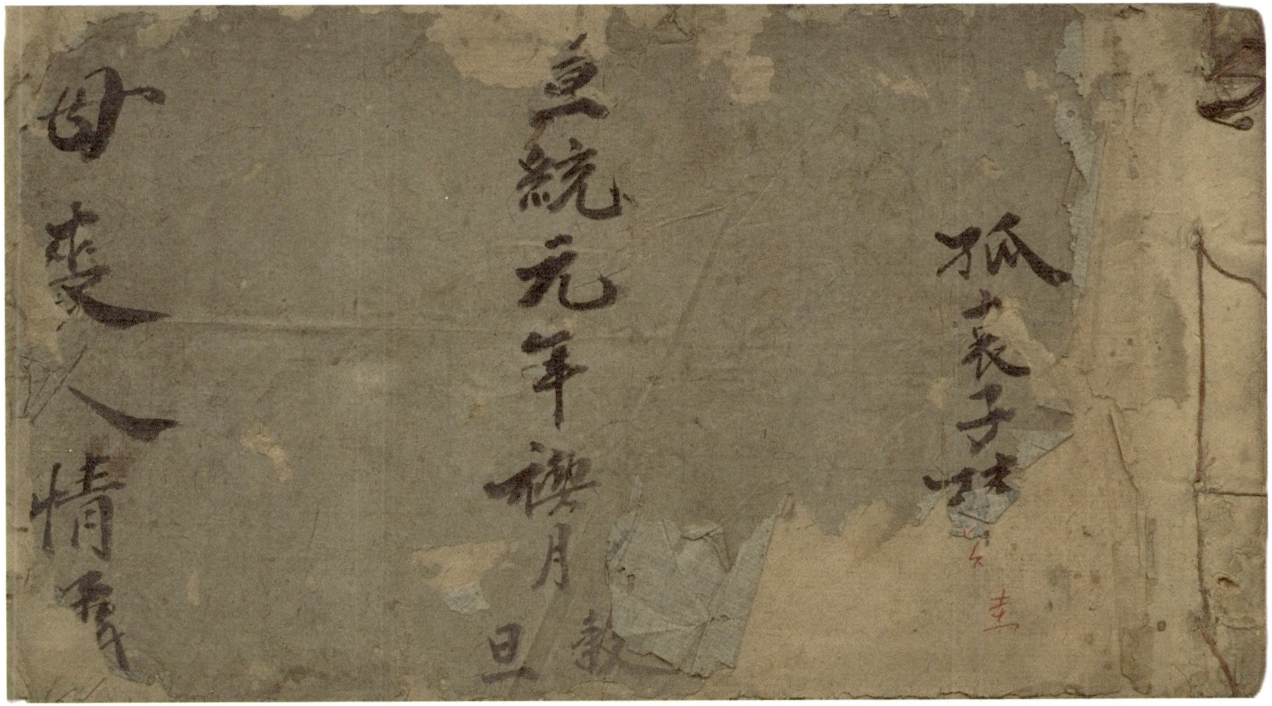
孤哀子林
宣統元年欉月　旦　敬
母喪人情簿

7-3-10-1　清宣統元年林炳珪等立母喪人情簿（一）

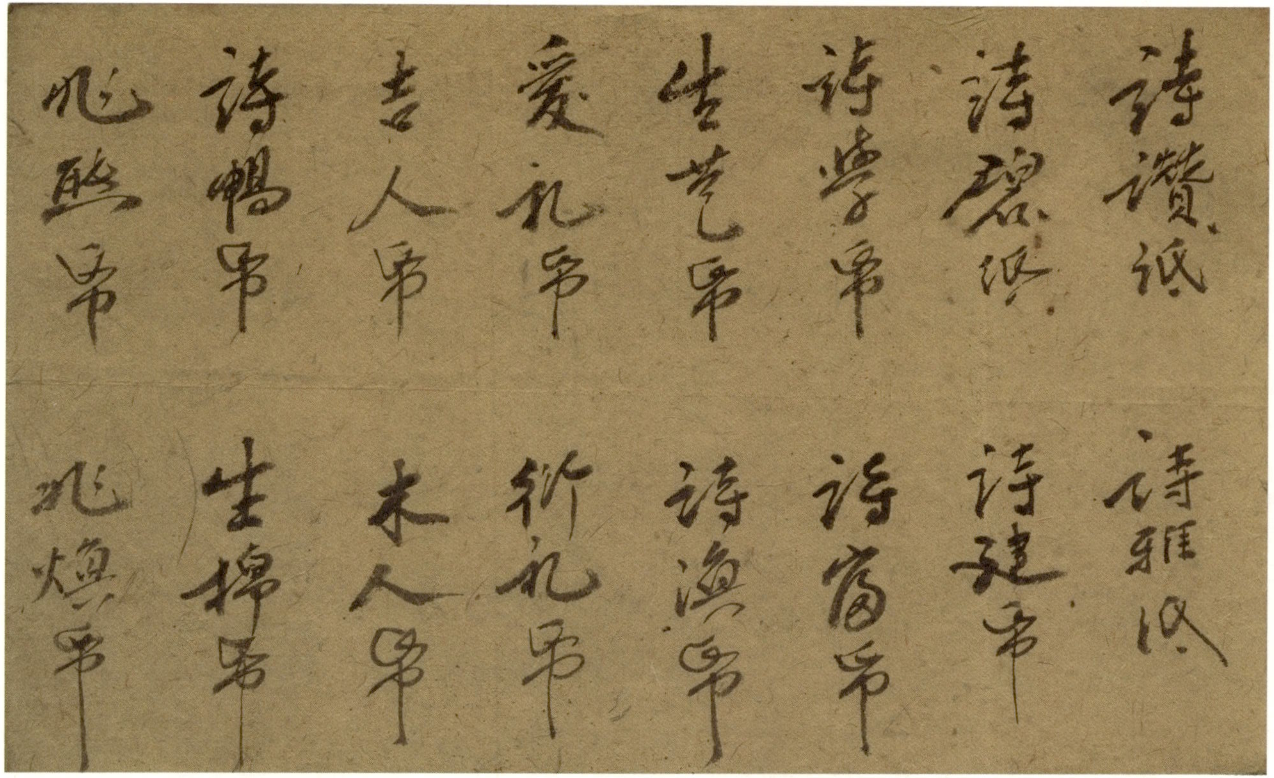

7-3-10-2　清宣統元年林炳珪等立母喪人情簿（二）

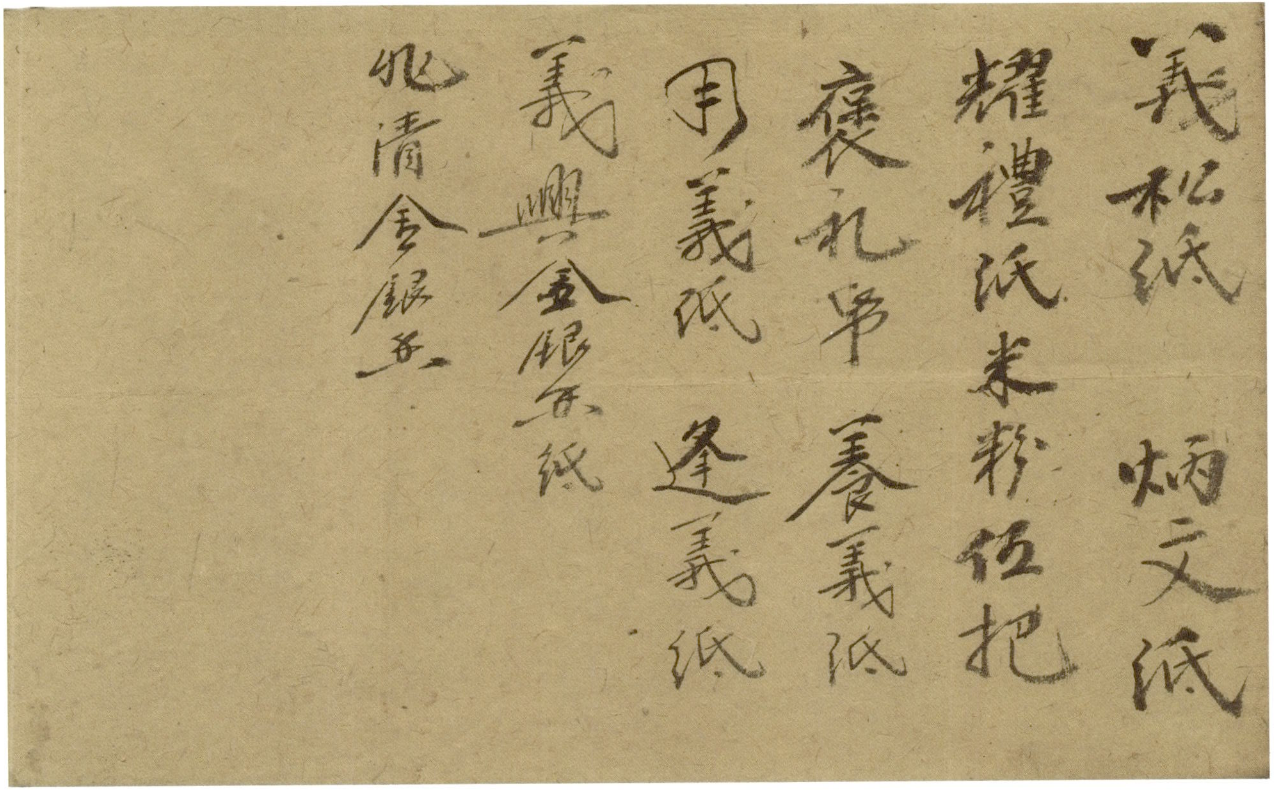

義松紙　炳文紙
耀禮紙　米粉伍把
褒礼弟　養義紙
用義紙　逢義紙
義興　金銀衣紙
兆清　金銀衣

7-3-10-3　清宣統元年林炳珪等立母喪人情簿（三）

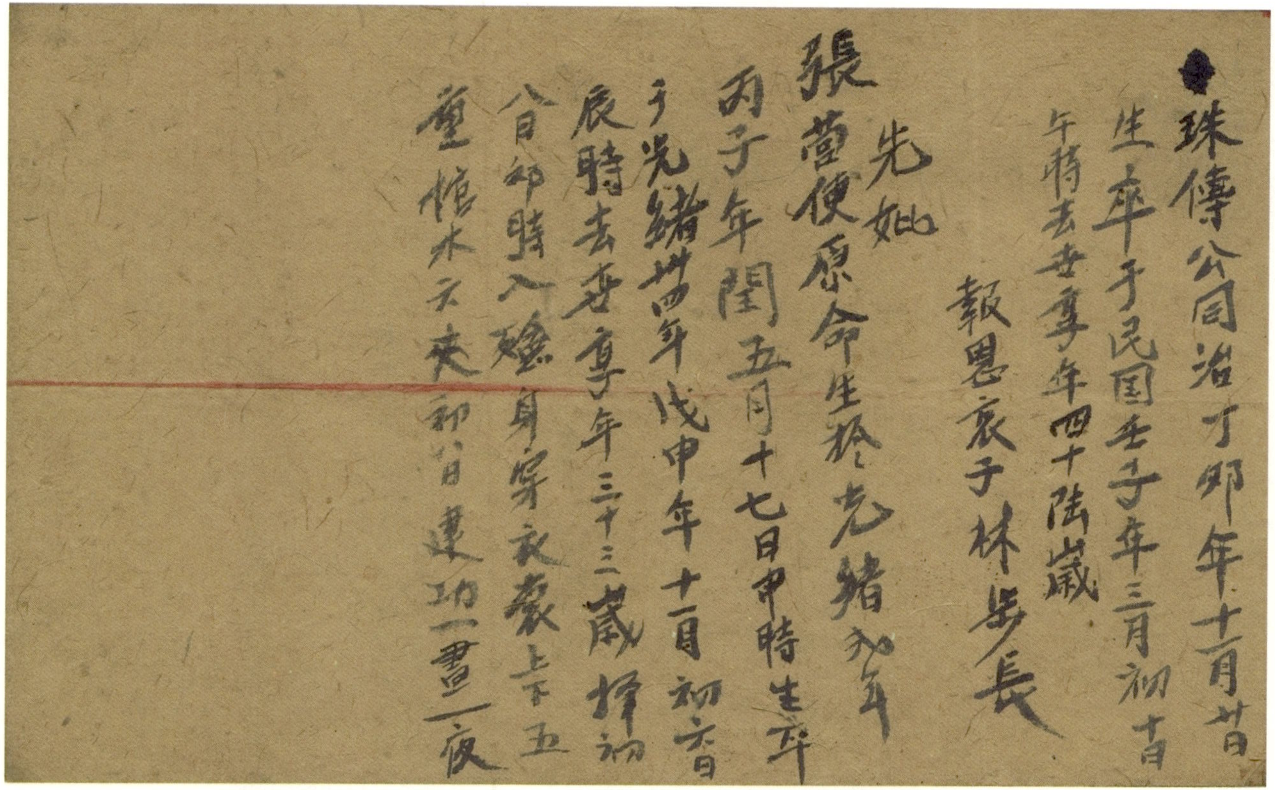
珠傳公同治丁卯年十一月廿日
生卒于民国壬子年三月初十日
午時去世享年四十陸歲
報恩哀子林步長
先妣
張萱便原命生於光緒弍年
丙子年閏五月十七日申時生卒
于光緒卅四年戊申年十一月初六日
辰時去世享年三十三歲擇初
八日卯時入殮身穿衣裳上下五
重棺木六夾初八日建功一晝一夜

7-3-10-4　清宣統元年林炳珪等立母喪人情簿（四）

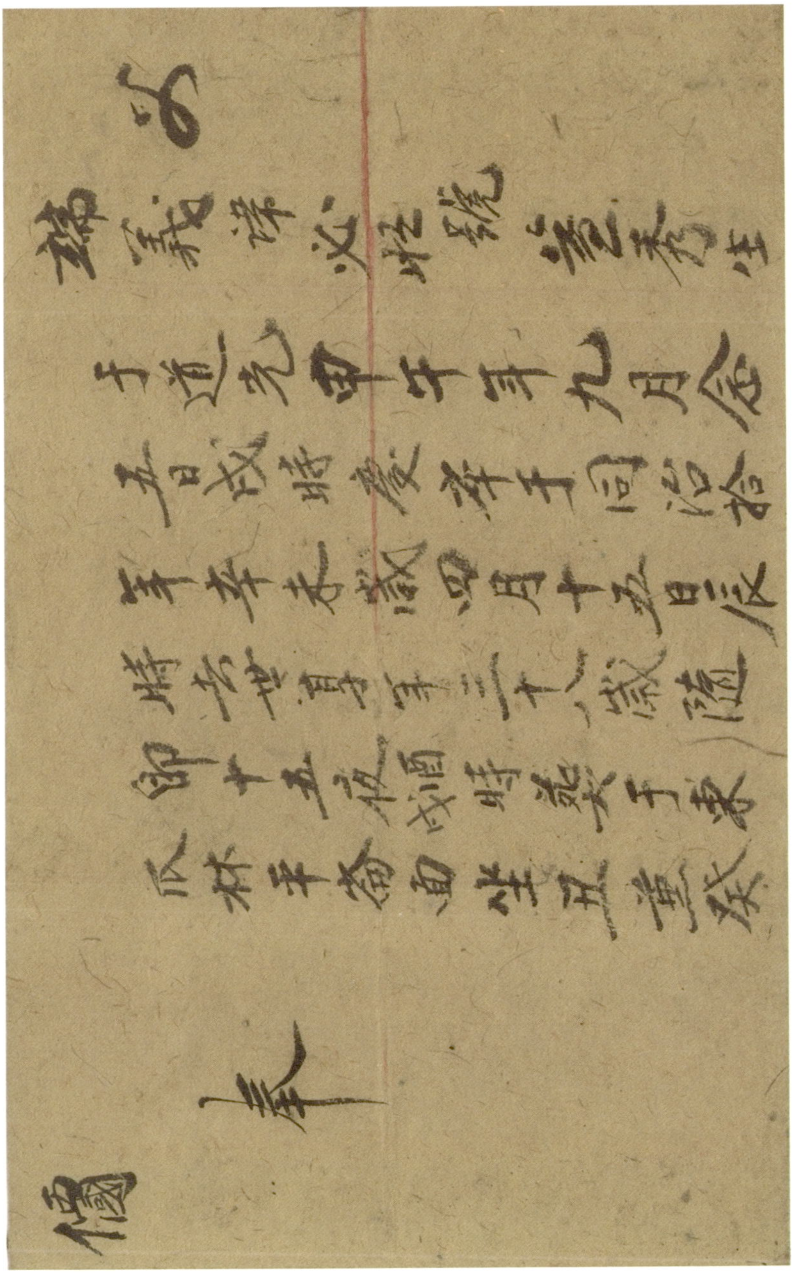
又
瑞義洋必旺號　萱秀生
于道光甲午年九月念
五日戌時慶本年同治拾
年辛未歲四月十五日辰
時去世身年三十八歲隨
卯十五夜酉戌時葬于東
瓜林平崙面坐丑兼癸
奉
儷

7-3-10-5　清宣統元年林炳珪等立母喪人情簿（五）

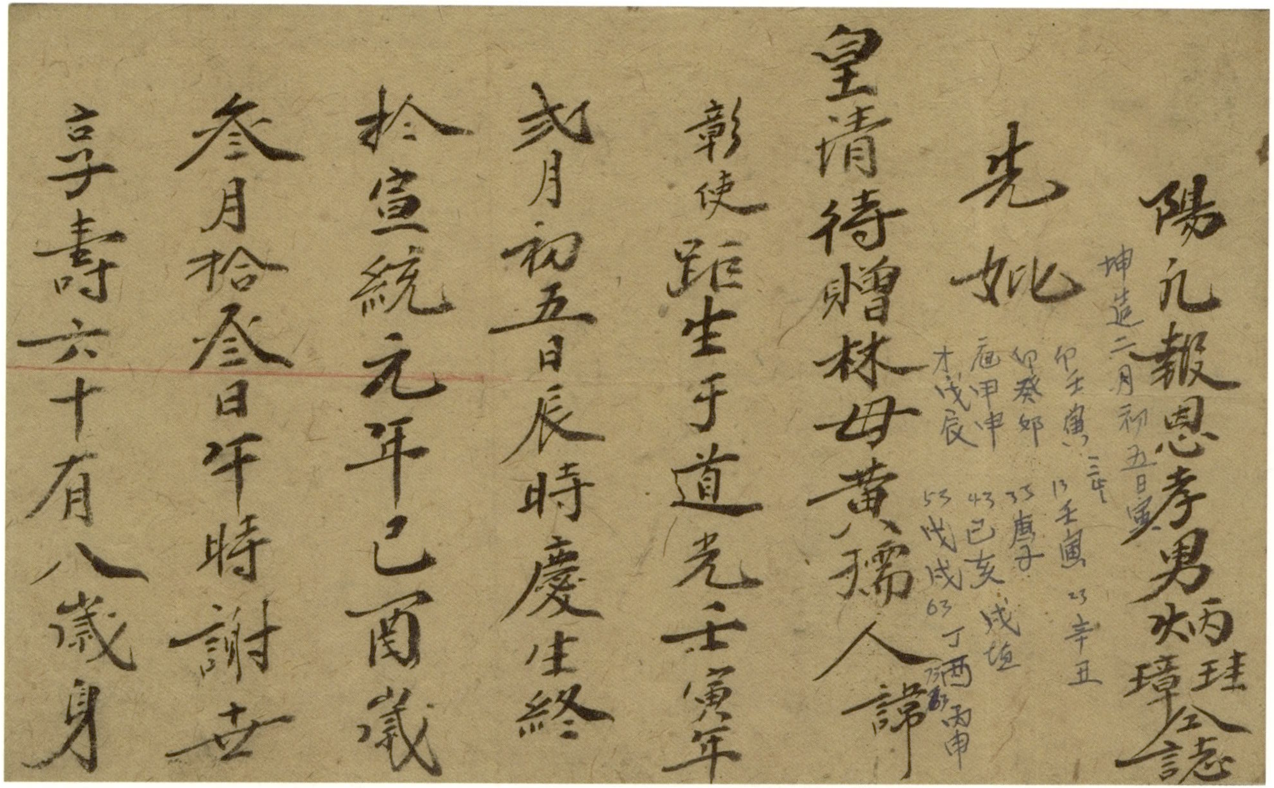

陽孔報恩孝男炳珪璋仝誌

先妣

皇清待贈林母黃孺人諱

彰使距生于道光壬寅年

貳月初五日辰時慶生終

拾宣統元年己酉歲

叄月拾叄日午時謝世

享壽六十有八歲身

7-3-10-6　清宣統元年林炳珪等立母喪人情簿（六）

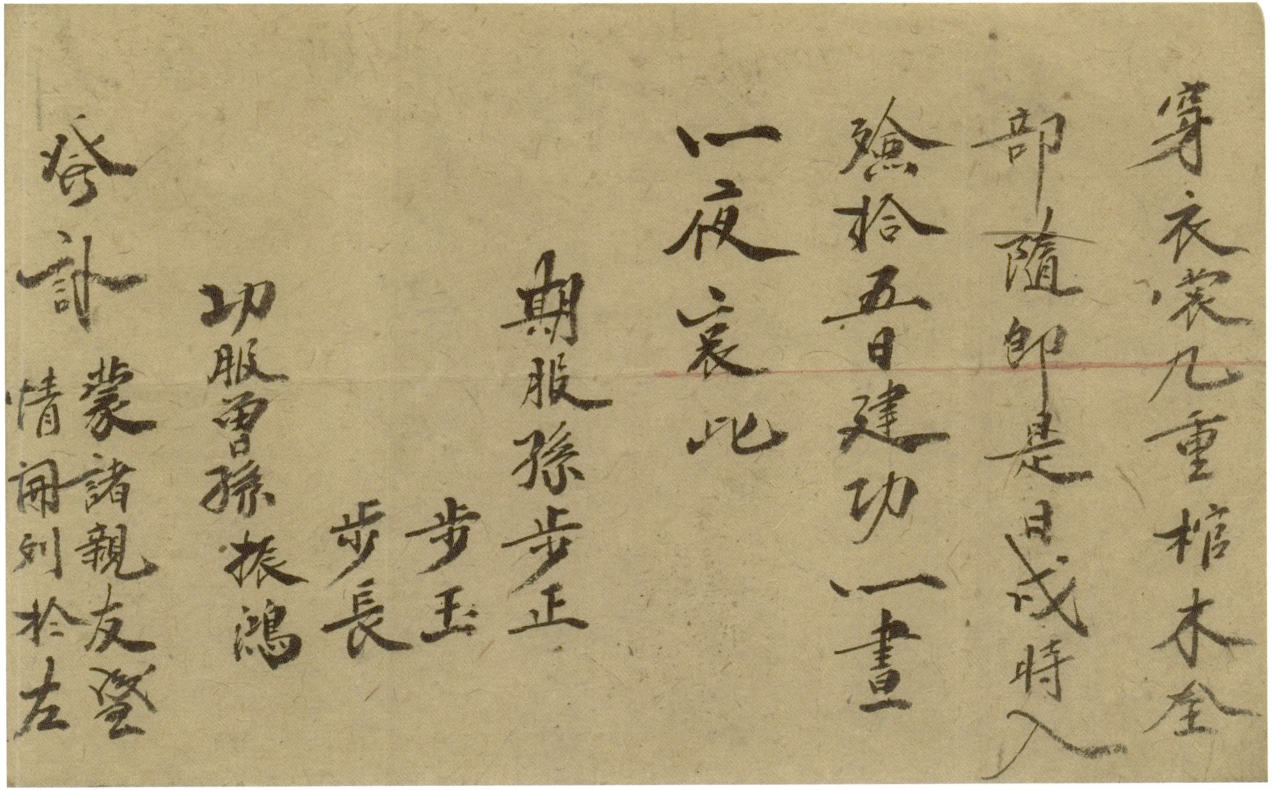
穿衣裳九重棺木全
部隨卽是日戌時入
殮拾五日建功一晝
一夜哀此
期服孫步正
步玉
步長
功服曾孫振鴻
答訃
蒙諸親友登
情開列於左

7-3-10-7　清宣統元年林炳珪等立母喪人情簿（七）

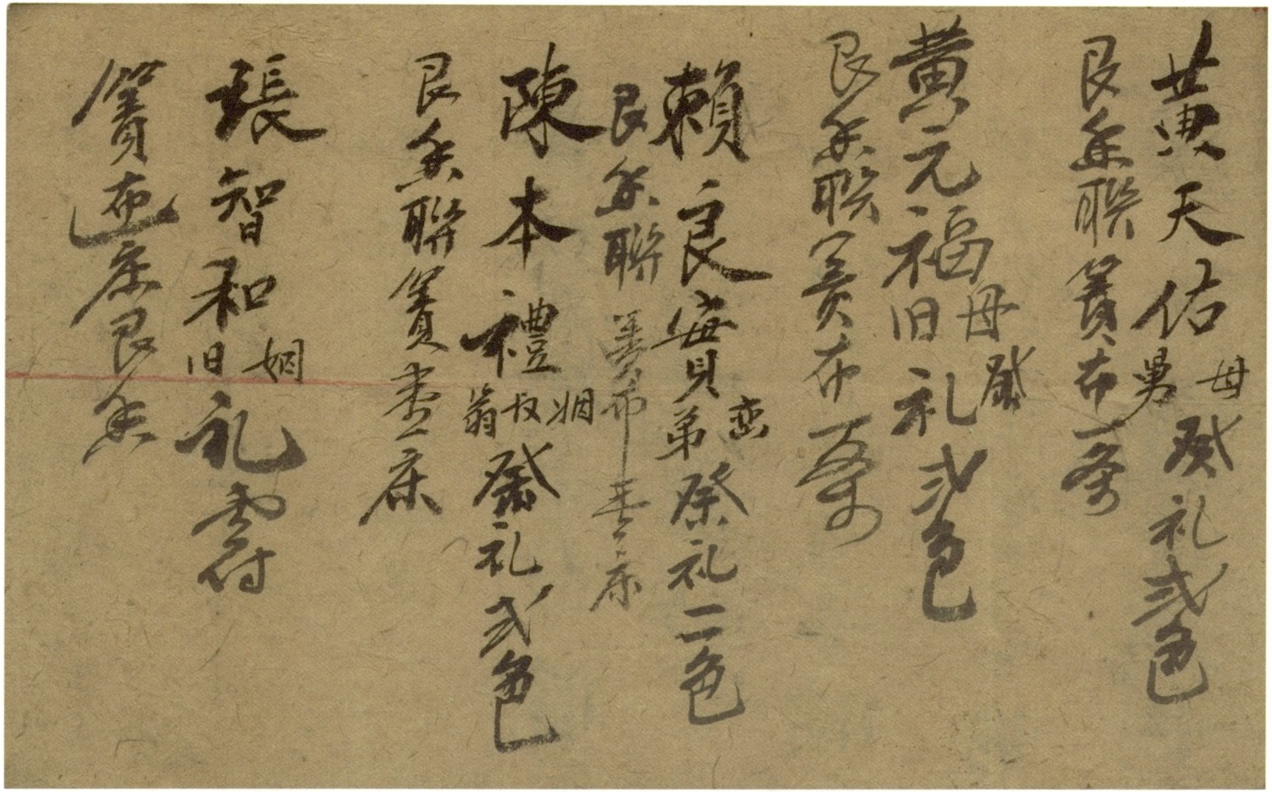

7-3-10-8　清宣統元年林炳珪等立母喪人情簿（八）

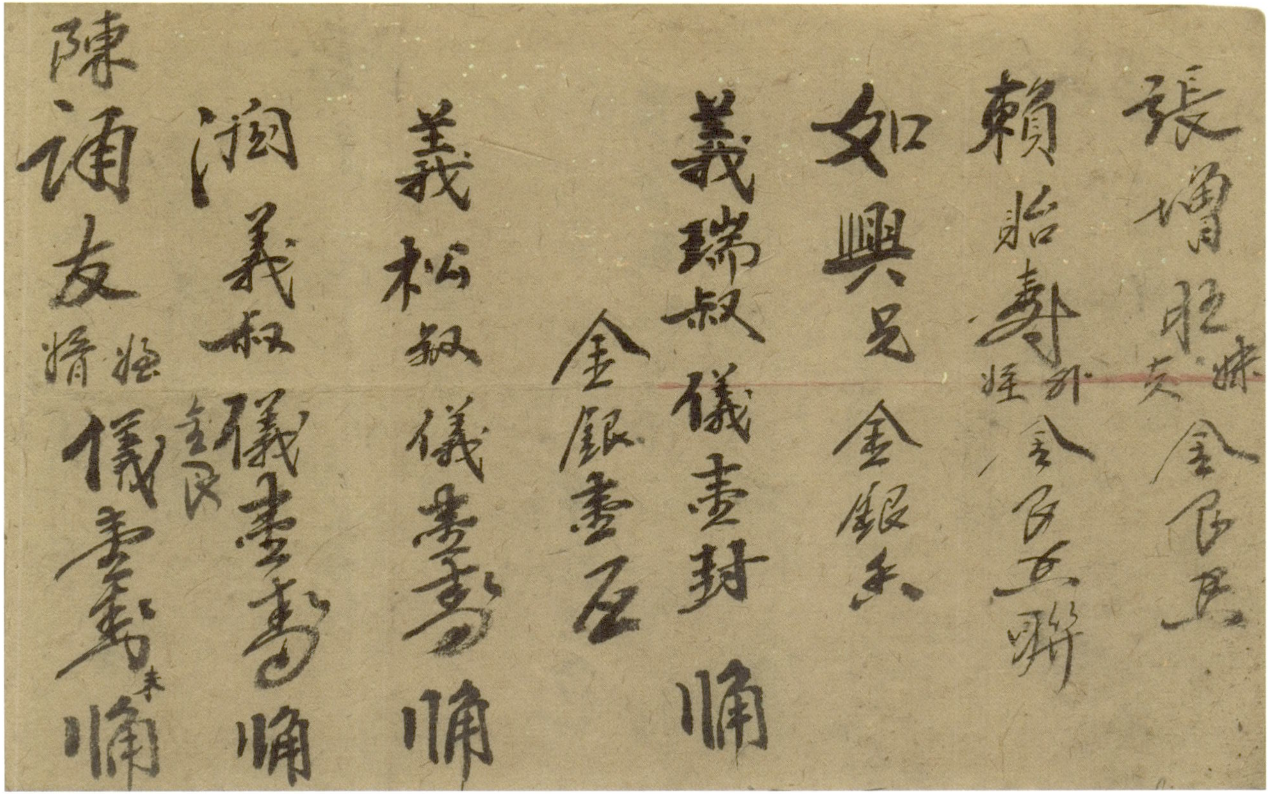

7-3-10-9　清宣統元年林炳珪等立母喪人情簿（九）

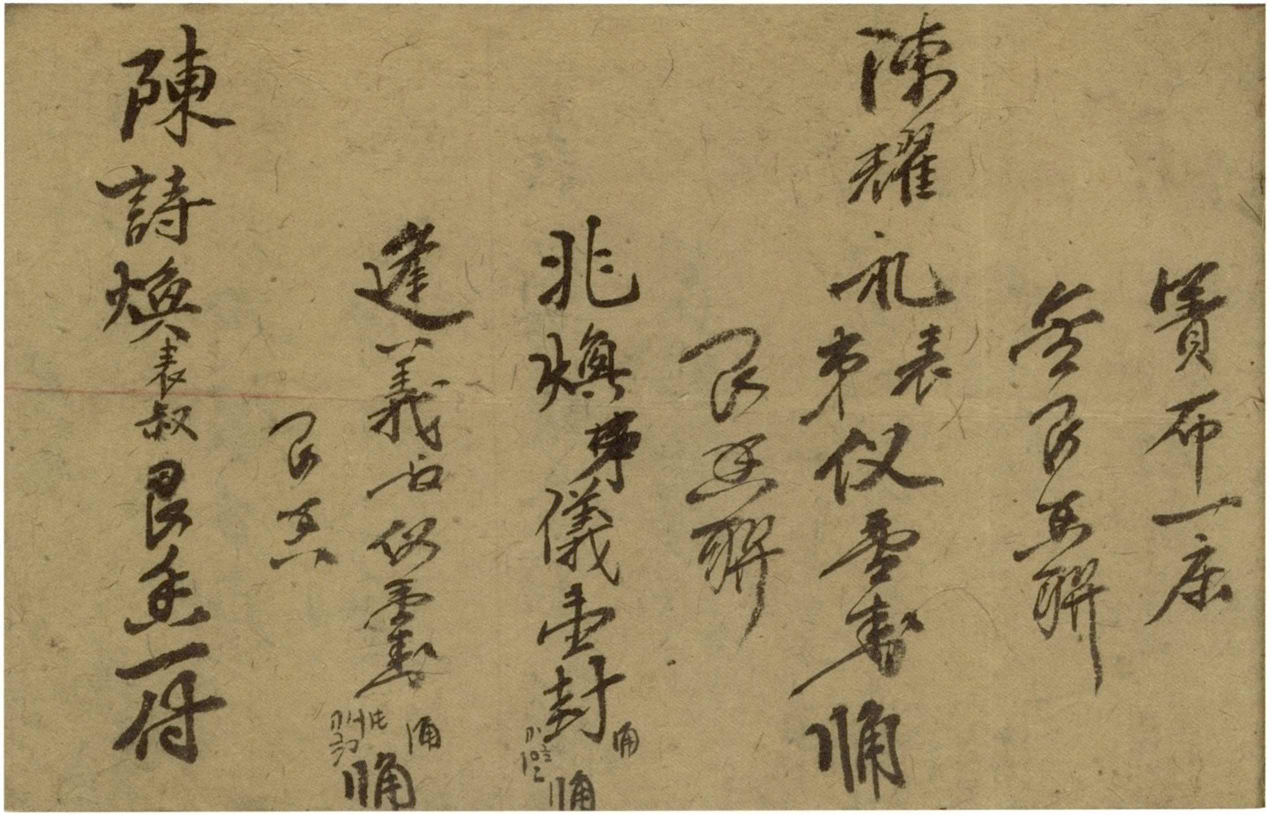

7-3-10-10　清宣統元年林炳珪等立母喪人情簿（一〇）

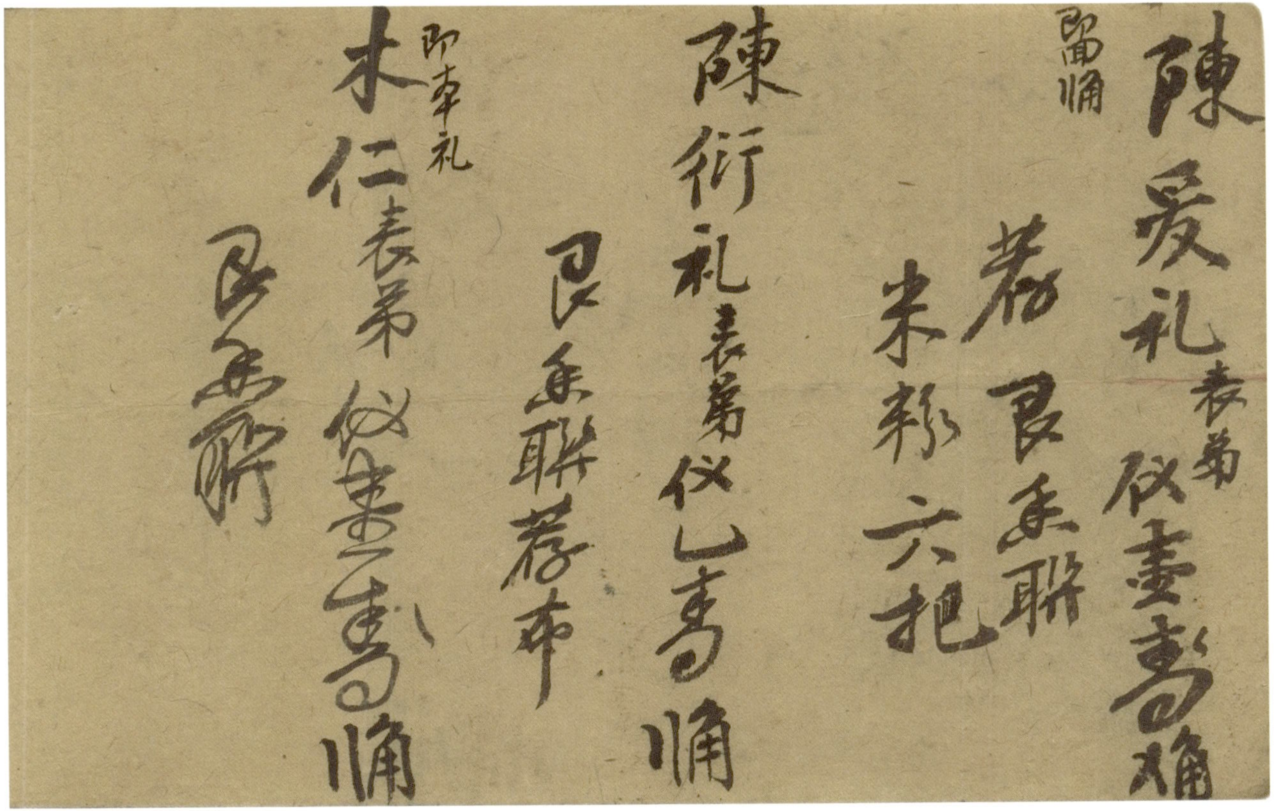
陳爱礼表弟仪壹壽俑
留俑
着良兵聯
朱彩六把
陳衍礼表弟仪乙壽俑
良兵聯薦布
即本礼
林仁表弟仪壹乙壽俑
良兵薦

7-3-10-11　清宣統元年林炳珪等立母喪人情簿（一一）

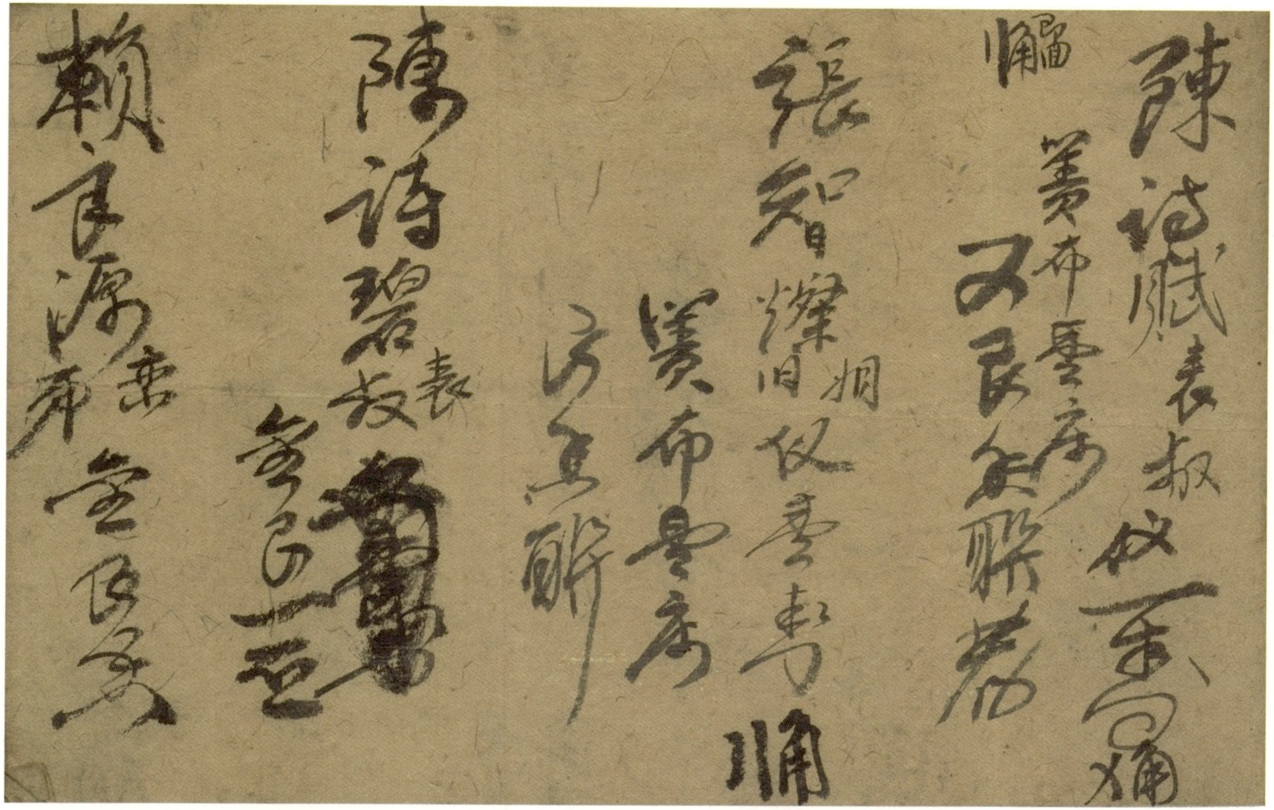

7-3-10-12　清宣統元年林炳珪等立母喪人情簿（一二）

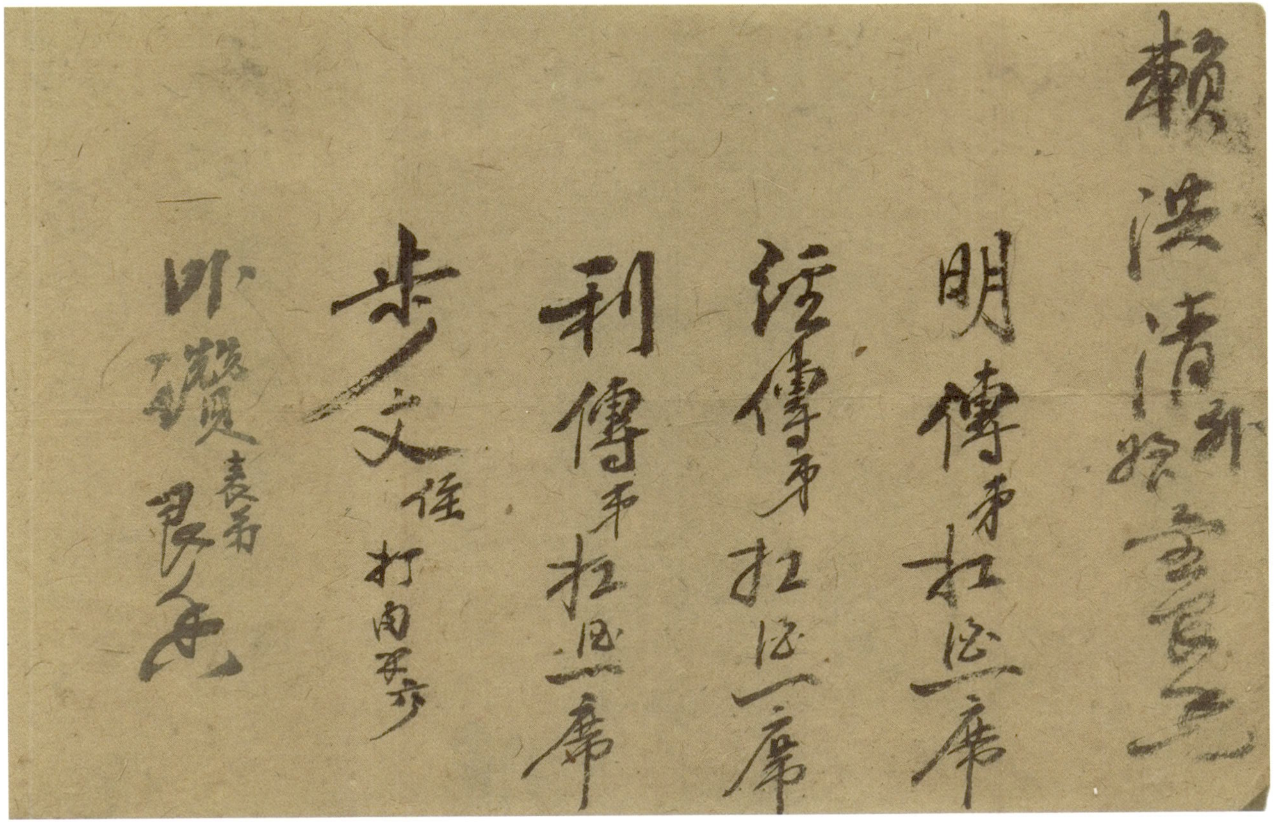

7-3-10-13　清宣統元年林炳珪等立母喪人情簿（一三）

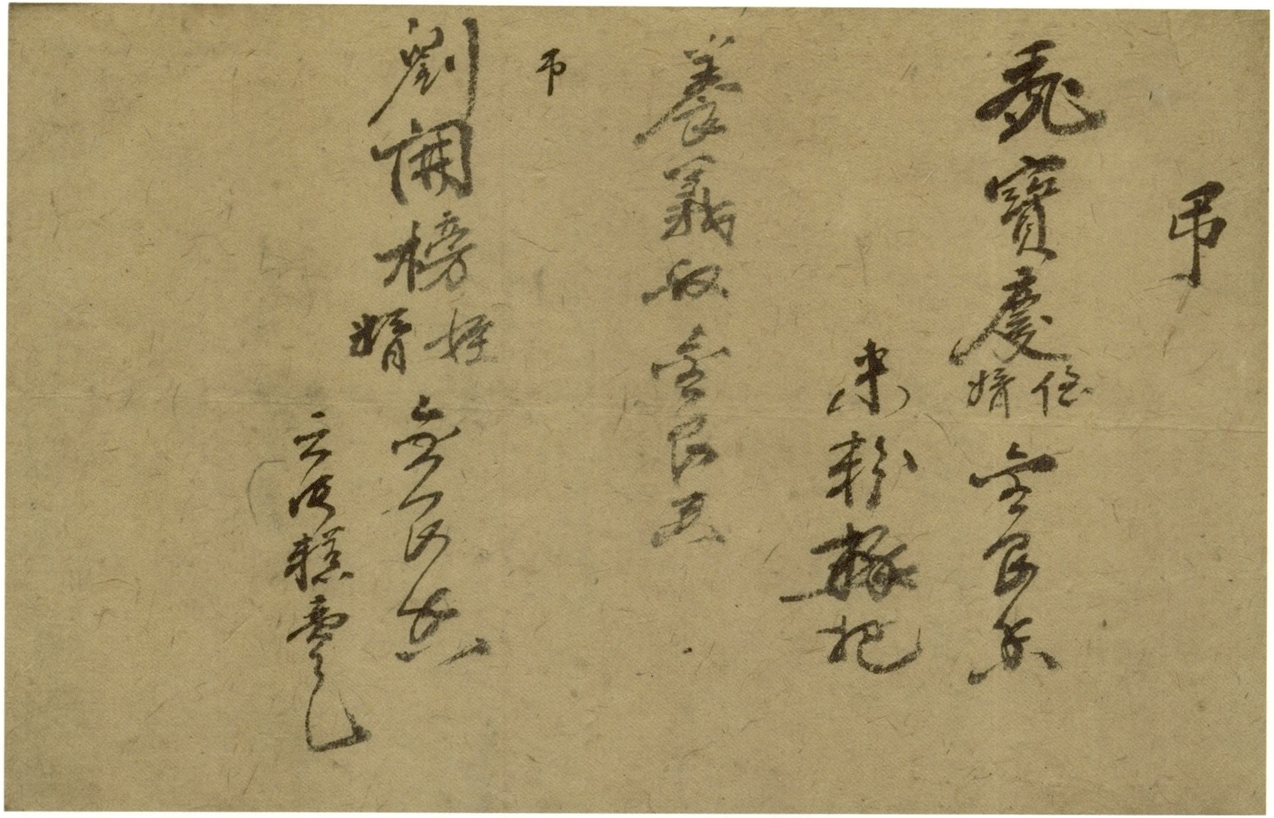

7-3-10-14　清宣統元年林炳珪等立母喪人情簿（一四）

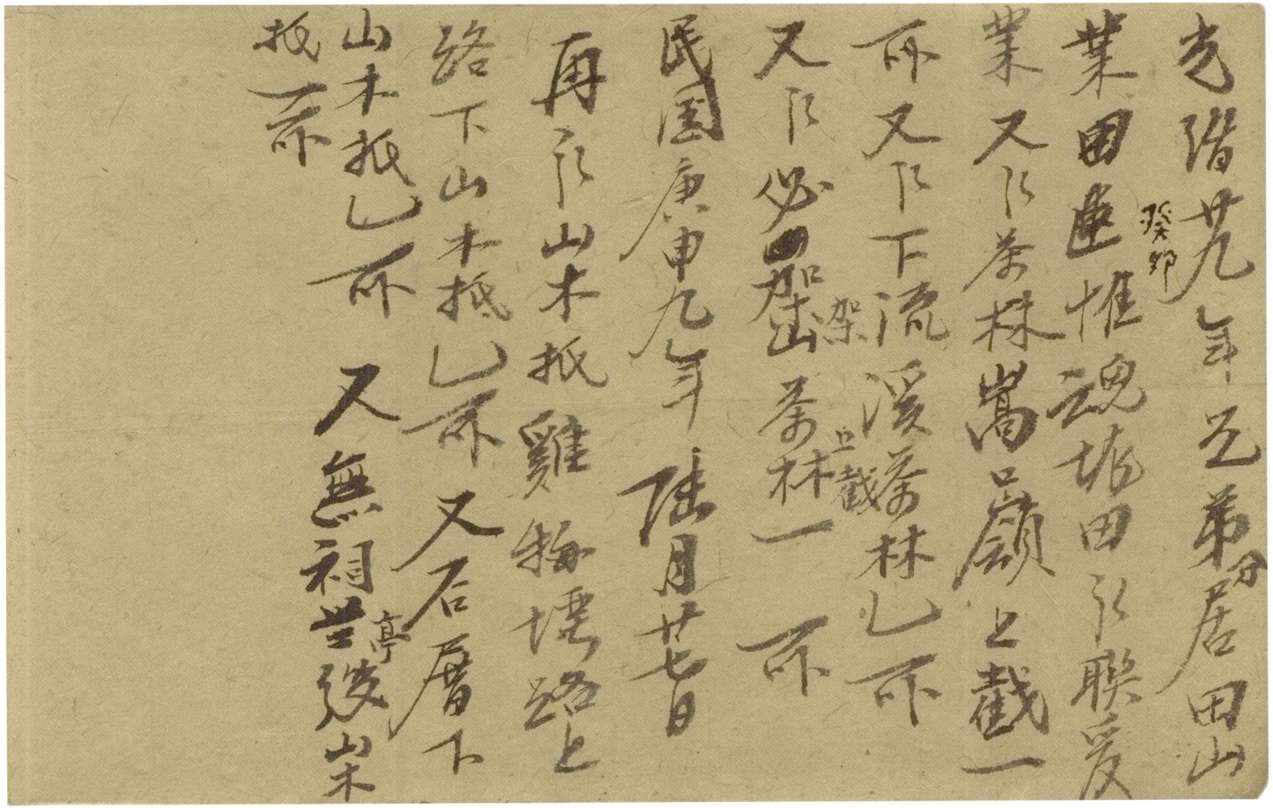
光緒廿九年兄弟分居田山
業田塋惟魂坮田一段聯處
業又一段茶林崗嶺上截一
所又一段下下流溪茶林一所
又一段必田墩茶林上截一所
民國庚申九年陸月廿七日
再一段山木抵雞貿輪換路上
路下山木抵一所　又一段石層下
山木抵一所　又無祠堂後亭栄
抵所

7-3-10-15　清宣統元年林炳珪等立母喪人情簿（一五）

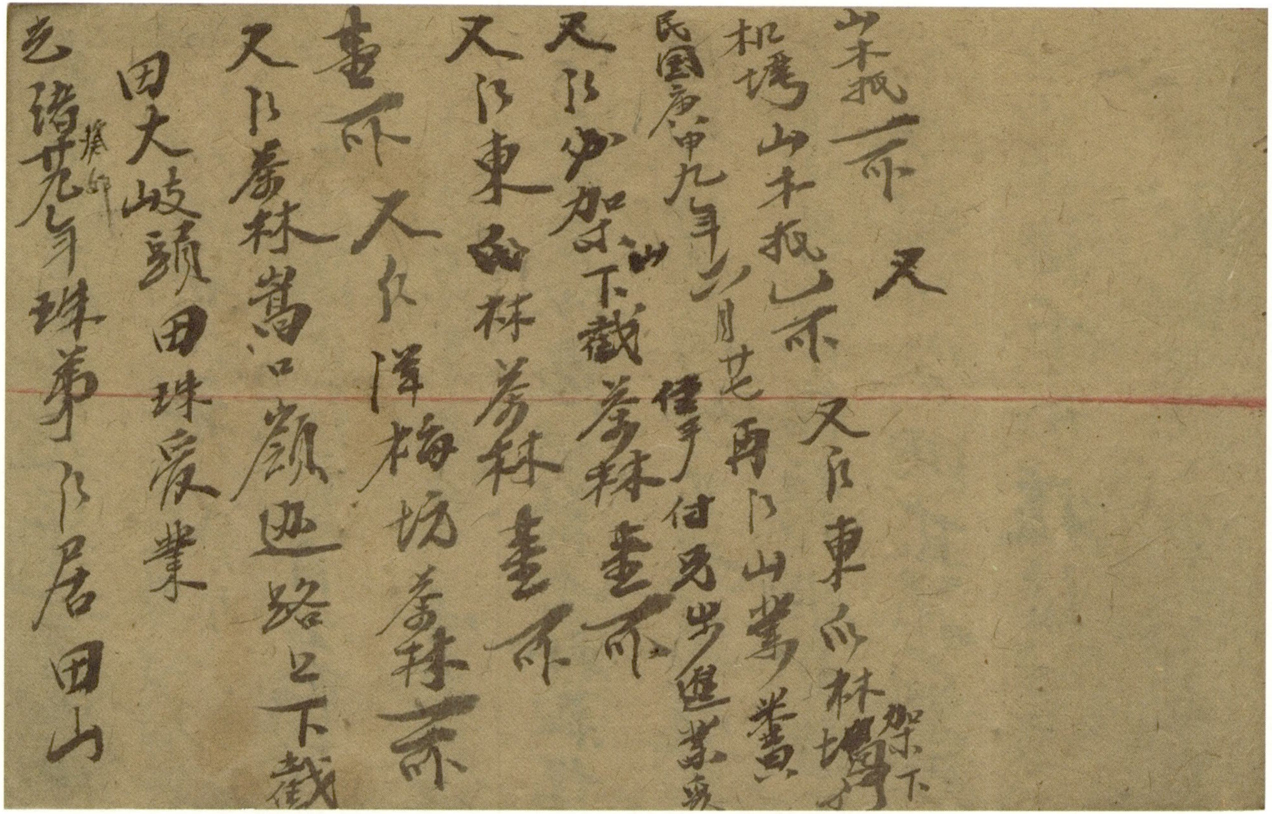

7-3-10-16　清宣統元年林炳珪等立母喪人情簿（一六）

民国庚申九年六月廿八日
自光清廿九年起睦珠弍兄弟
分居以後來往數目公輪錢項
至民国九年六月初四日起清
算明各以後公輪會社叔侄
弍房對半均分其杉木隨山
各業各管係粮收分係
兩房對分完洞其與架山
之山場係不截植係分珠
係下付遞年男侄進耕管

7-3-10-17　清宣統元年林炳珪等立母喪人情簿（一七）

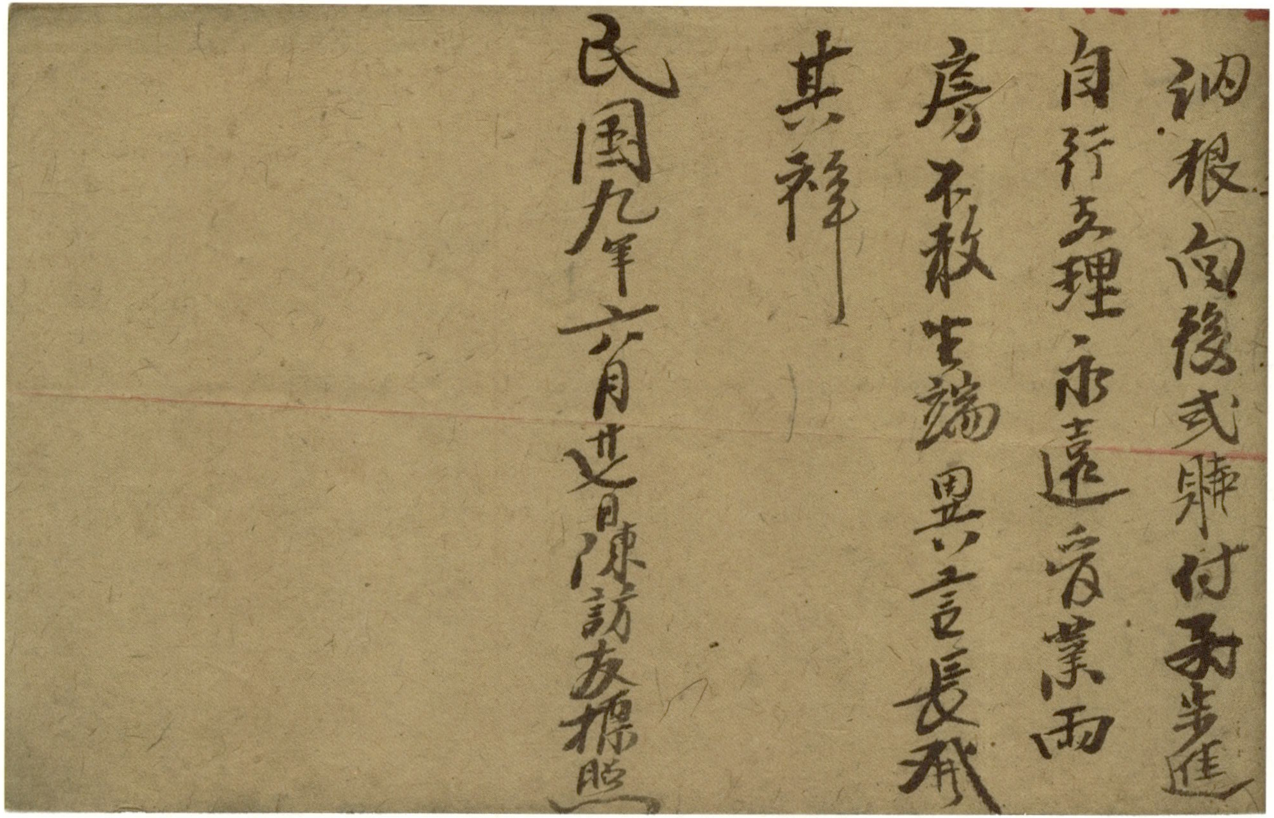
訥根向後式肆付予步進
自行支理永遠管業而
房不敢生端異言長戒
其辭
民國九年六月廿日陳訪友標照

7-3-10-18　清宣統元年林炳珪等立母喪人情簿（一八）

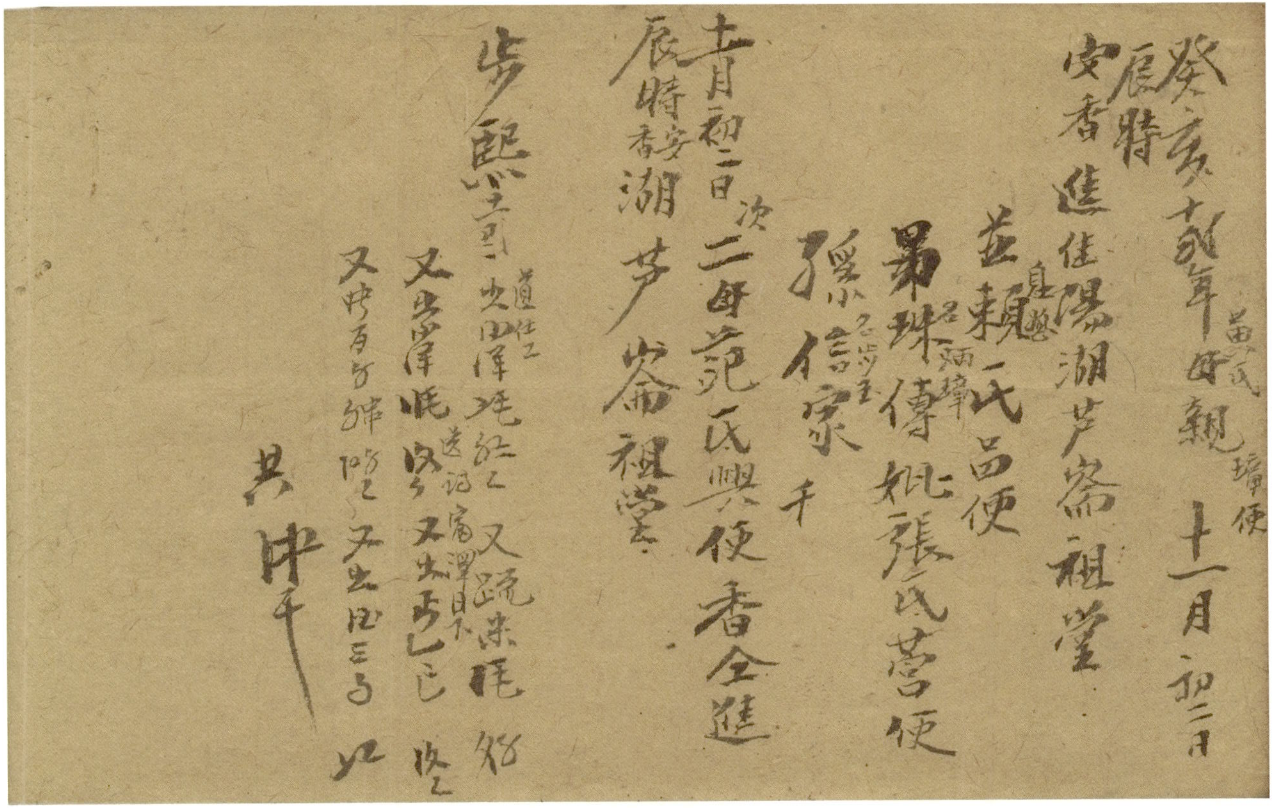
癸亥十歲年母親苗氏璋便　十一月初二日
辰時
安香進佳陽湖芦崙祖堂
並頼自愍一氏品便
第珠名炳璋傳妣張氏營便
孫小信名炳玉家　手
十一月初二日次　二母范氏興便香全進
辰時香安湖芦崙祖堂
步熙十二歲
道仕工　丈四洋姪紅工　又疏柬拜　名
又出岸紙　送記富潭日不　又出丙已　挖
又炳有分絆陷之　又出四三元　以
共中手

7-3-10-19　清宣統元年林炳珪等立母喪人情簿（一九）

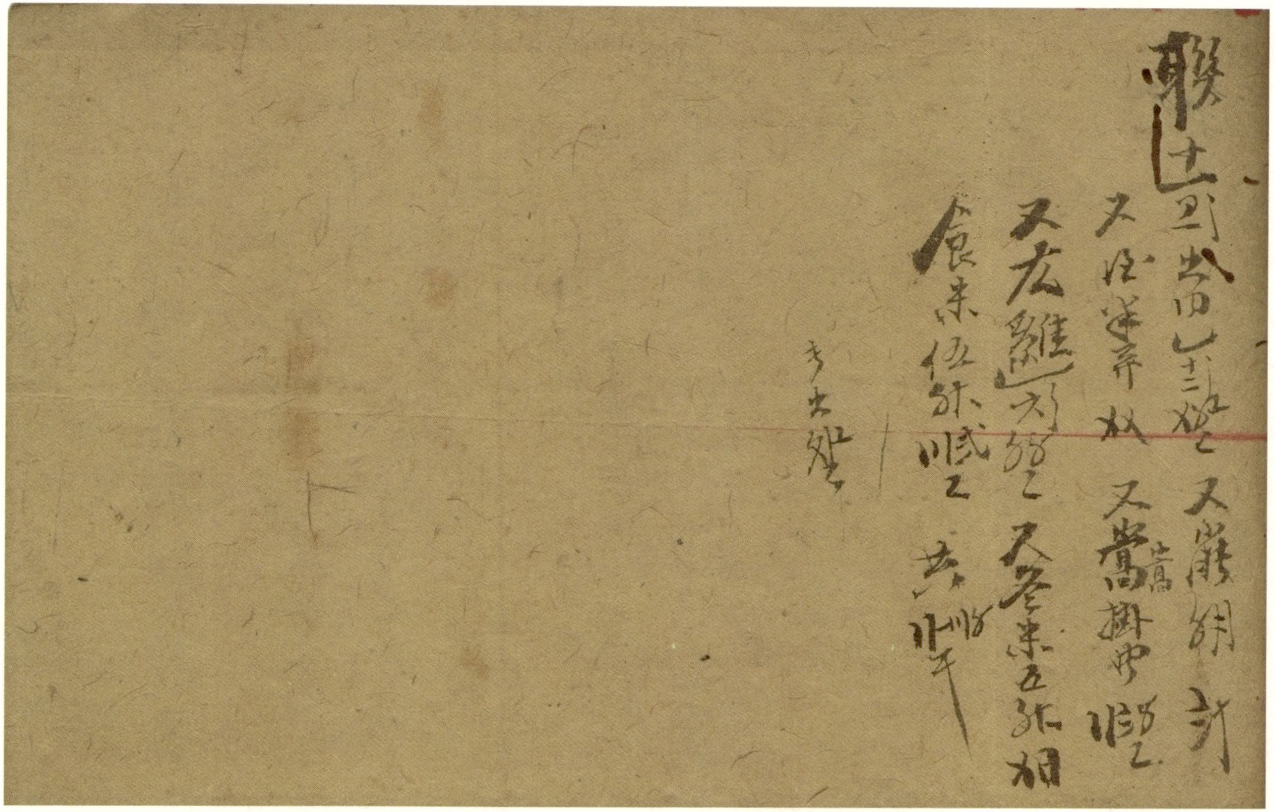

7-3-10-20　清宣統元年林炳珪等立母喪人情簿（二〇）

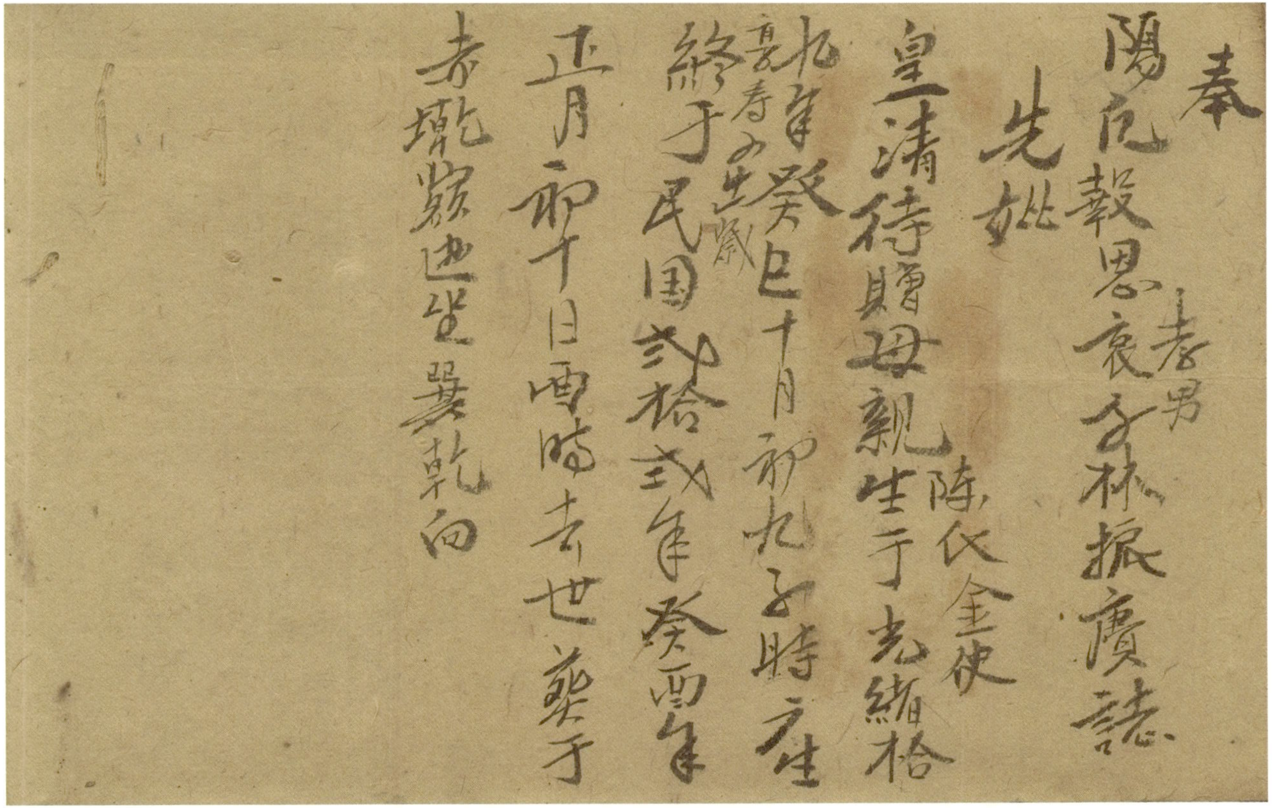

奉
陽元報恩孝男哀子林振廣誌
先妣
皇清待贈母親陳氏金使生于光緒拾
九年癸巳十月初九子時生享壽六十七歲
終于民国式拾式年癸酉年
正月初十日酉時去世葬于
本境嶺邊坐巽乾向

7-3-10-21　清宣統元年林炳珪等立母喪人情簿（二一）

7-3-10-22　清宣統元年林炳珪等立母喪人情簿（二二）

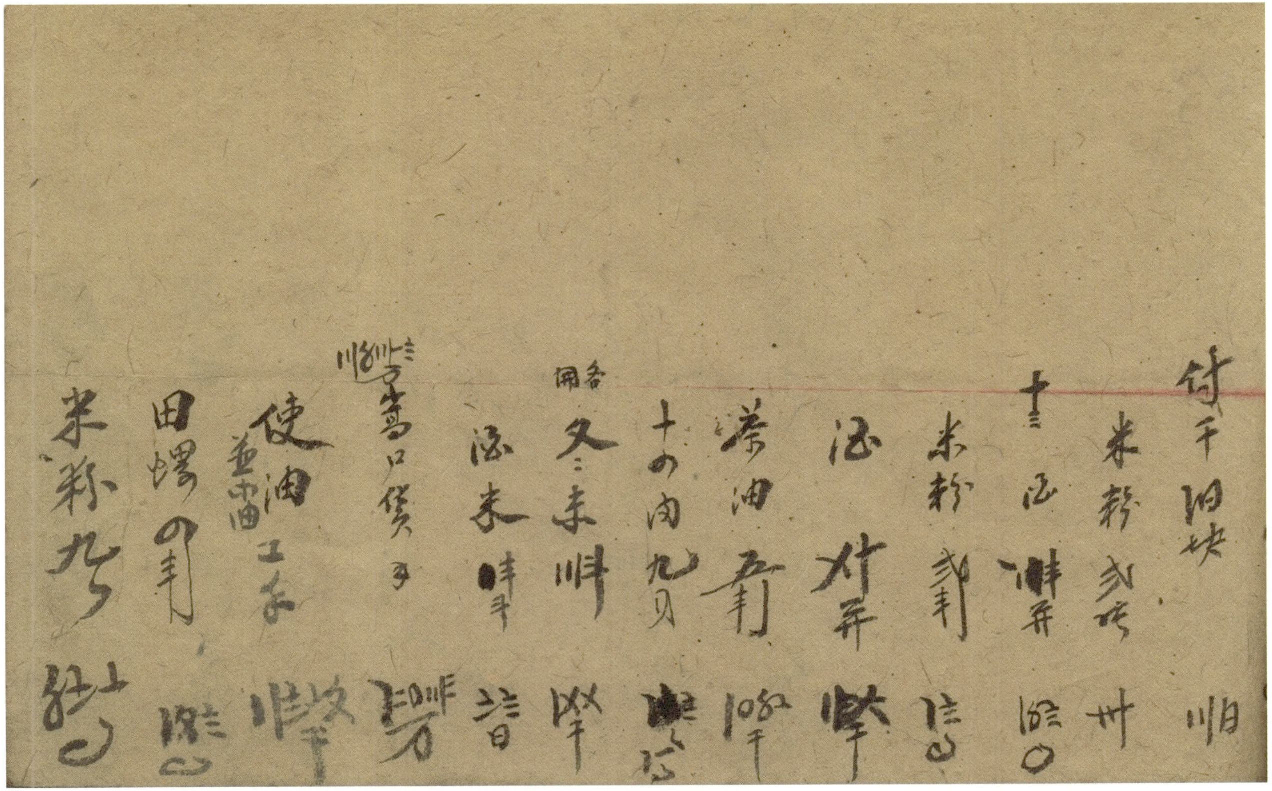

7-3-10-23　清宣統元年林炳珪等立母喪人情簿（二三）

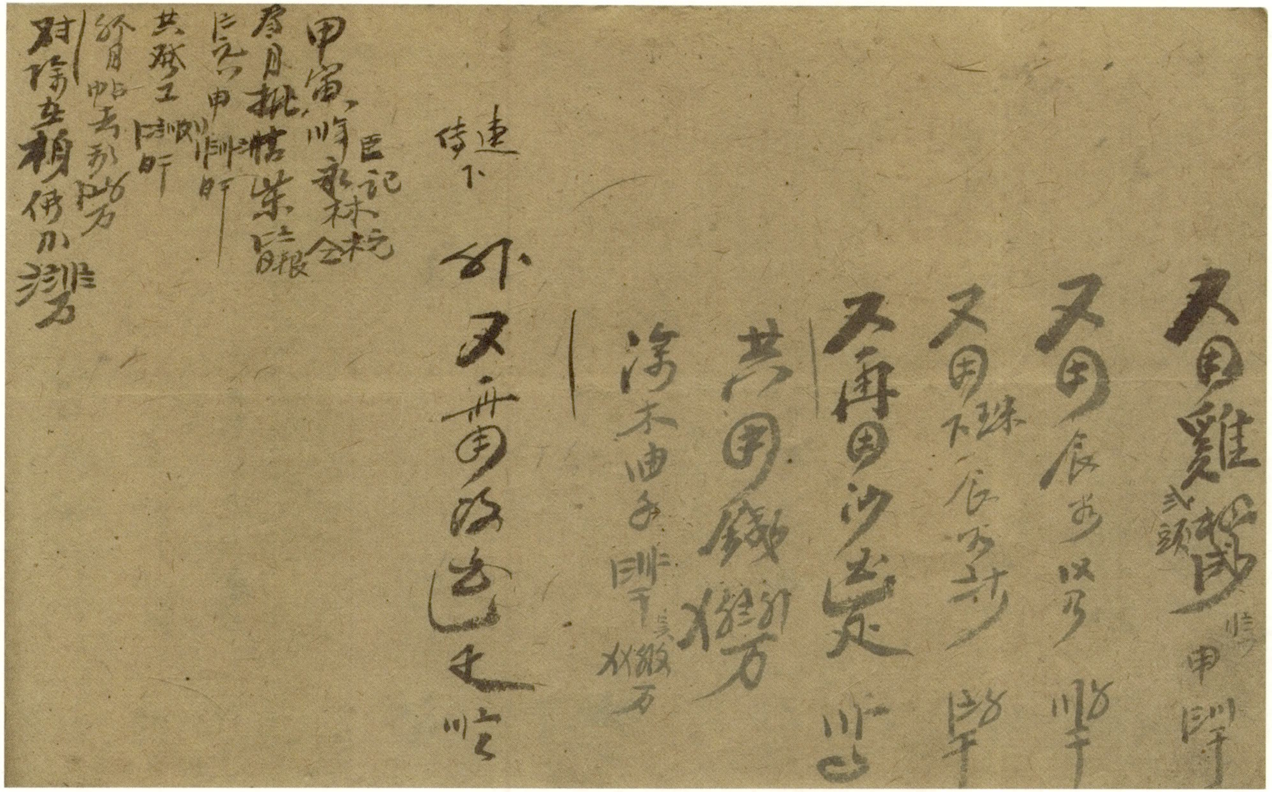

7-3-10-24　清宣統元年林炳珪等立母喪人情簿（二四）

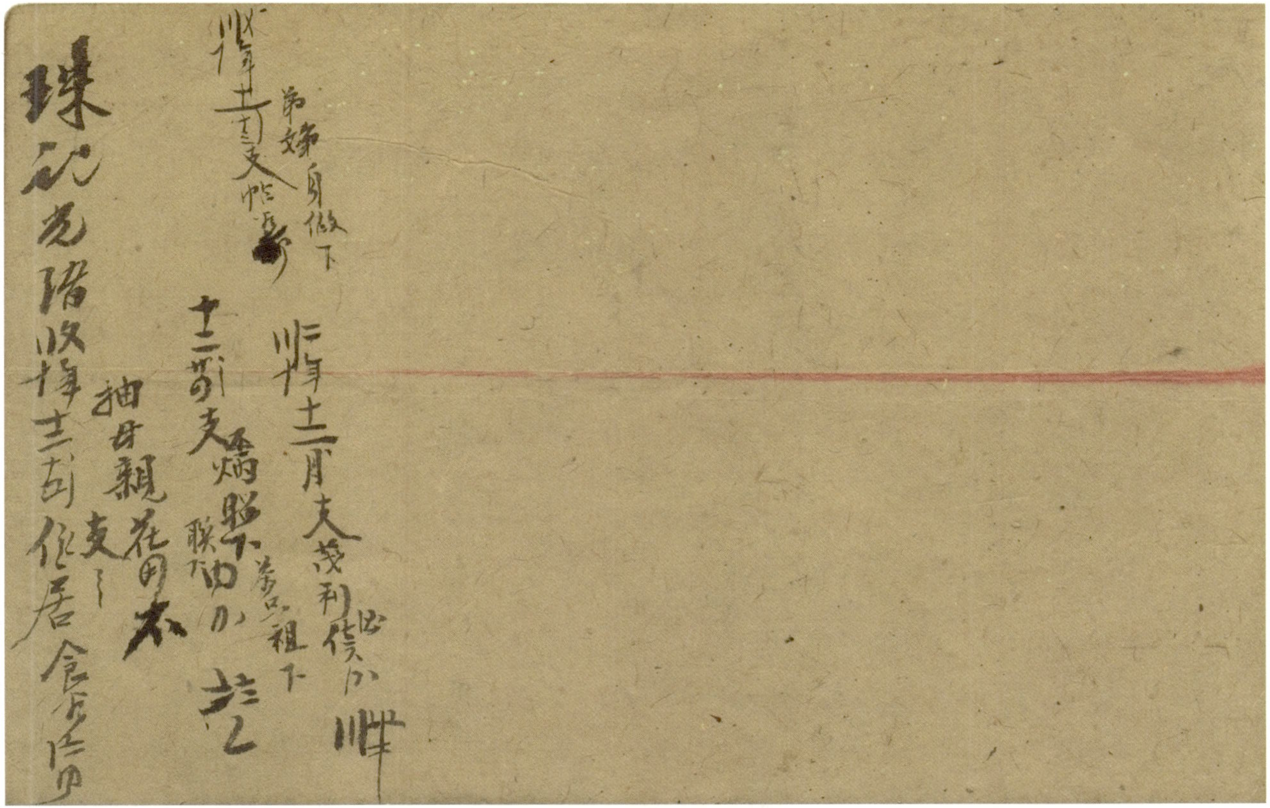

7-3-10-25　清宣統元年林炳珪等立母喪人情簿（二五）

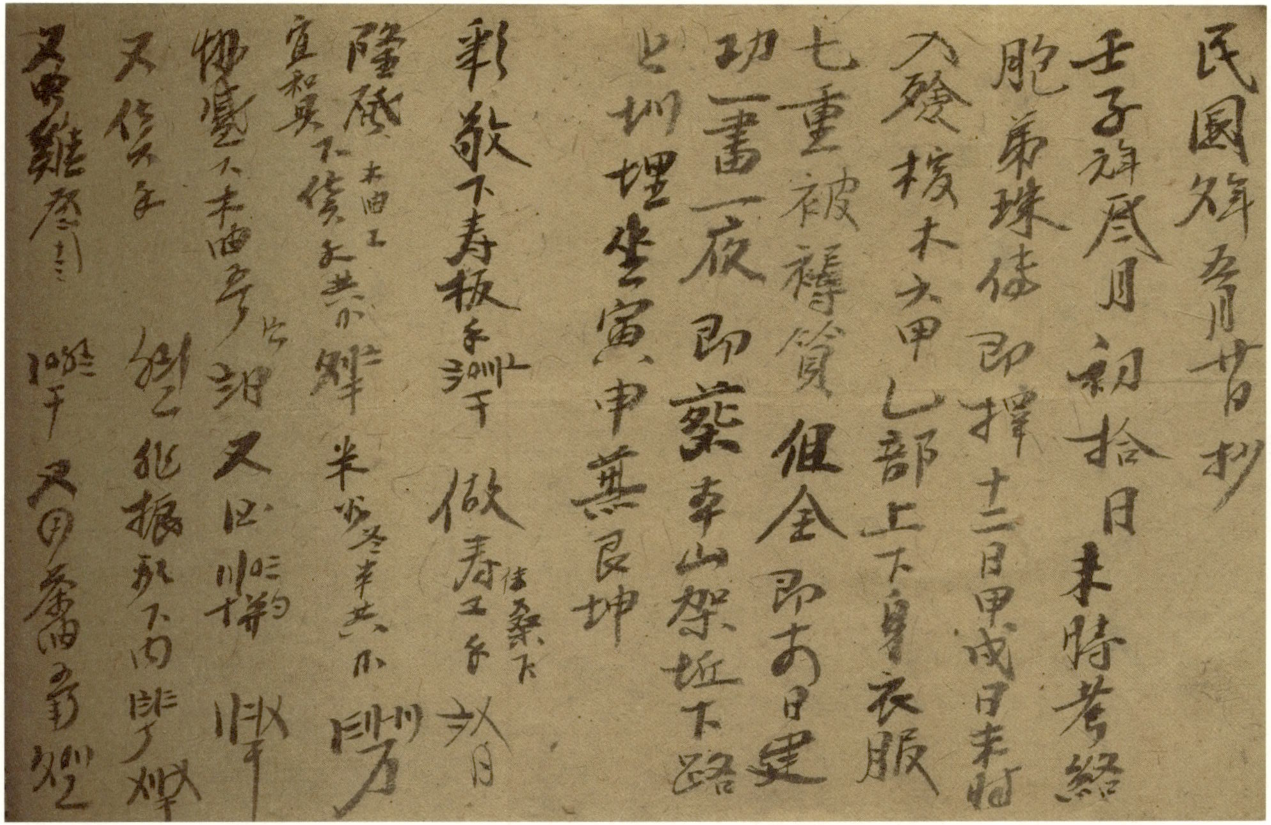

7-3-10-26　清宣統元年林炳珪等立母喪人情簿（二六）

又田米利の　炒之　又田道士工北角𠀋之
又田針租ま　照之　送地家圳坑　嶀
出葬用肉　炒之　𨻶　共付　樅万
十二月出访友下　傍下　手　辛　日　𠃌万
珠手立去大岐頭扌𠃌年
即耿田扌𠃌年
汲大岐頭操田佃𠃌万　即支備反步主利　小　𠃌𠃌
甲寅晴十二月拍后墩　牌山　券完申　𠃌
廿日做伍棹后𠃌之　　送𠃌𠃌𠃌　𠃌𠃌

7-3-10-27　清宣統元年林炳珪等立母喪人情簿（二七）

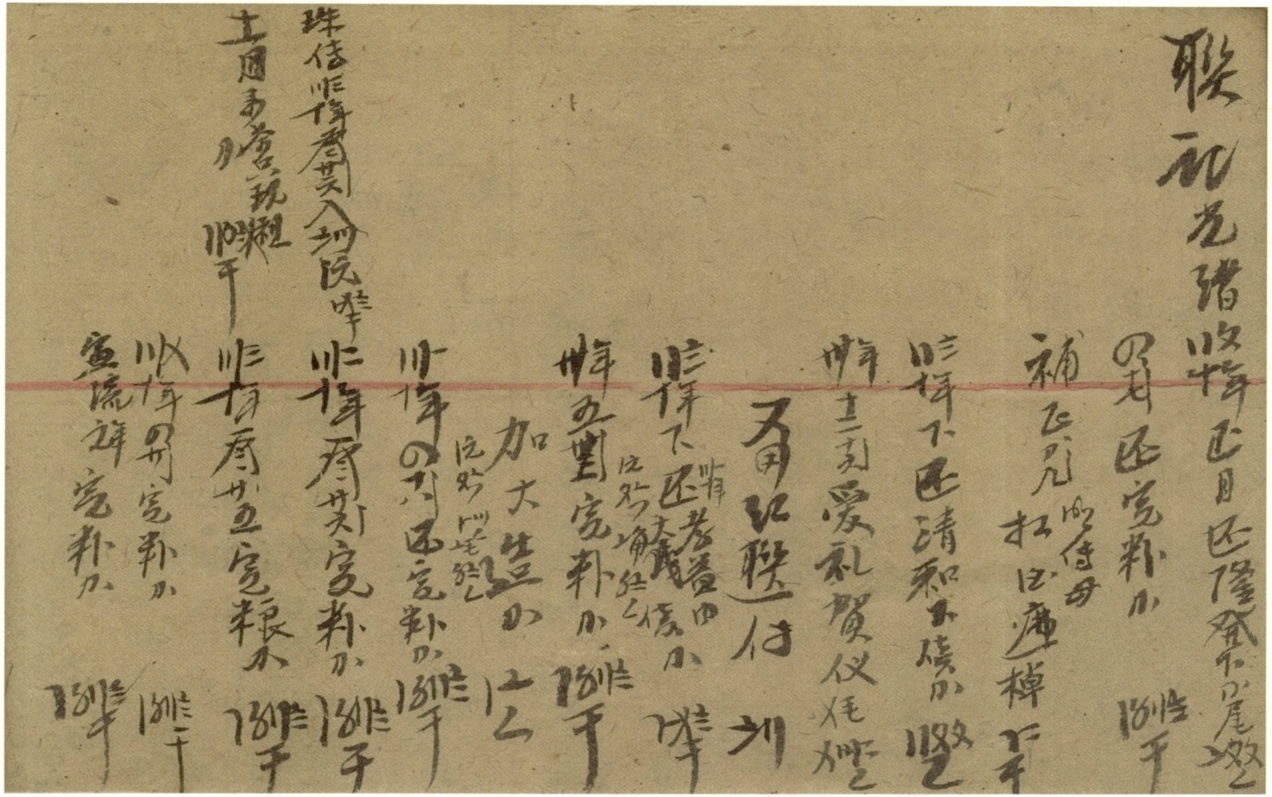

7-3-10-28　清宣統元年林炳珪等立母喪人情簿（二八）

7-3-10-29　清宣統元年林炳珪等立母喪人情簿（二九）

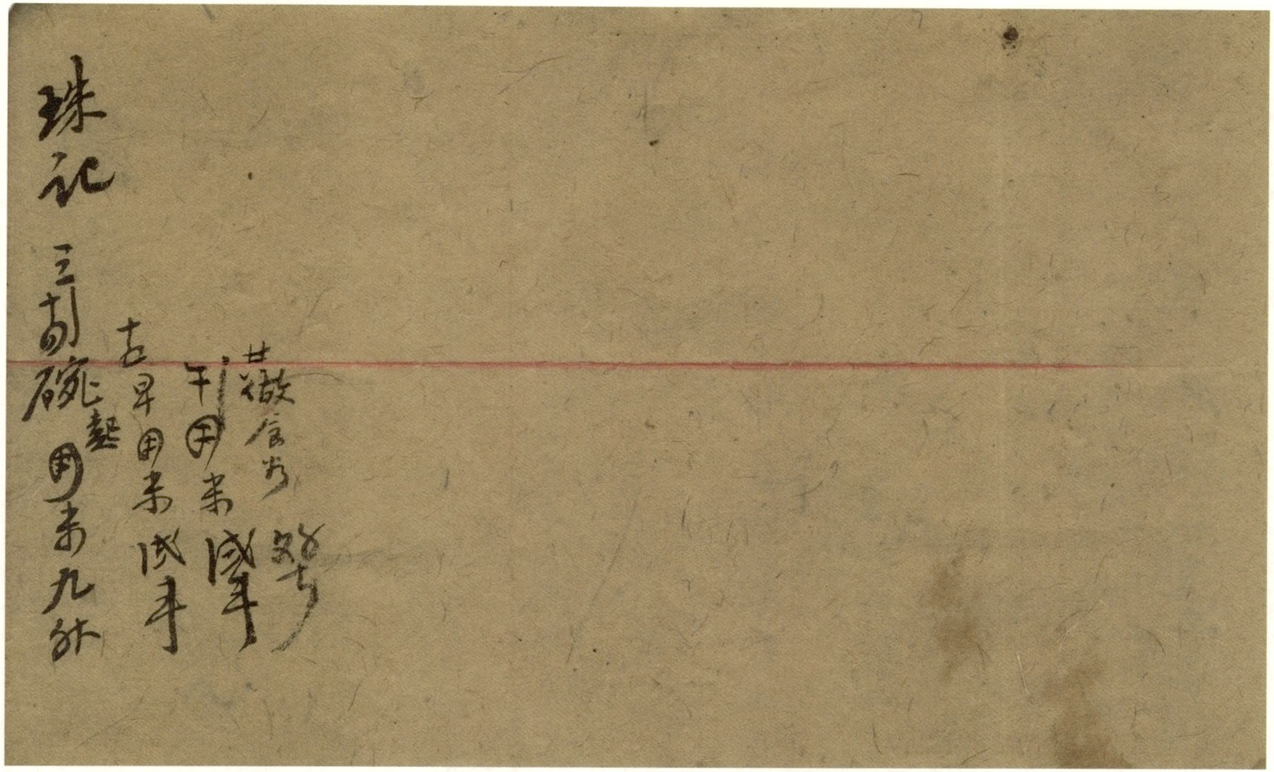

7–3–10–30　清宣統元年林炳珪等立母喪人情簿（三〇）

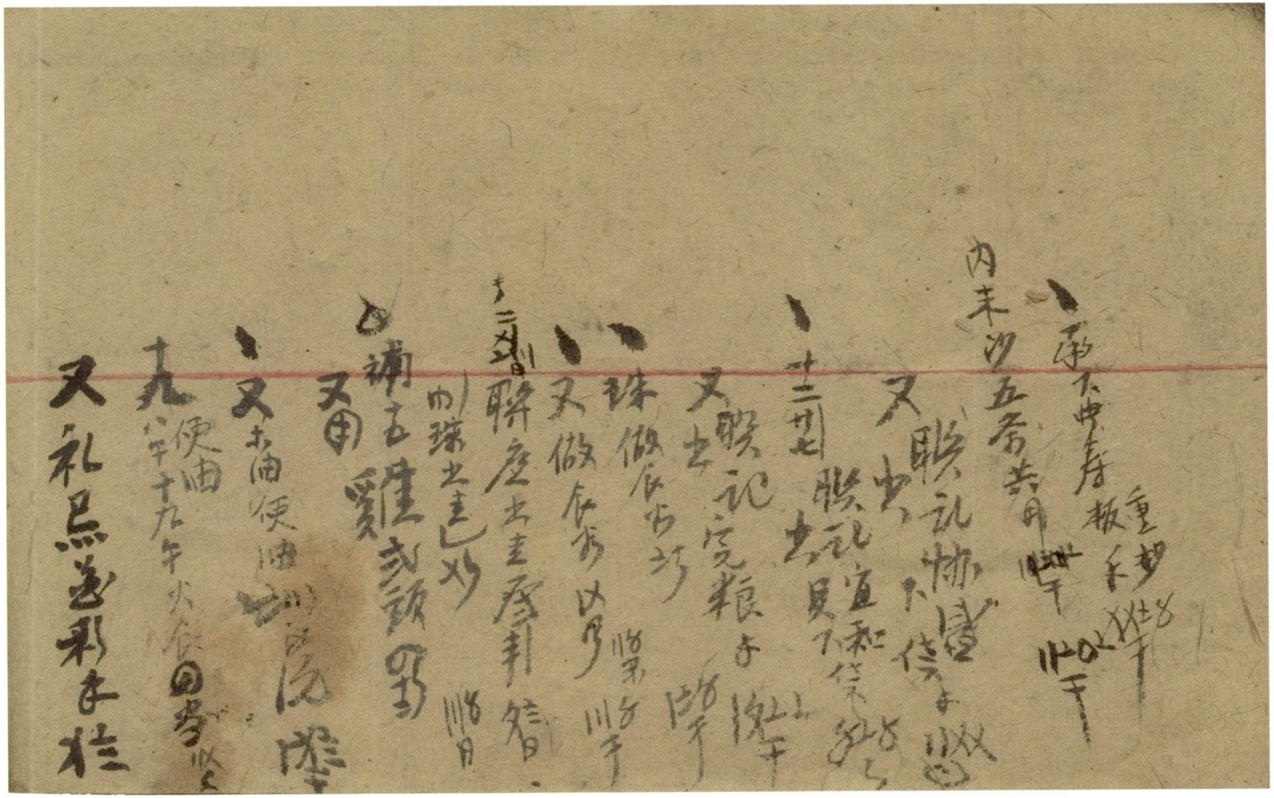

7-3-10-31 清宣統元年林炳珪等立母喪人情簿（三一）

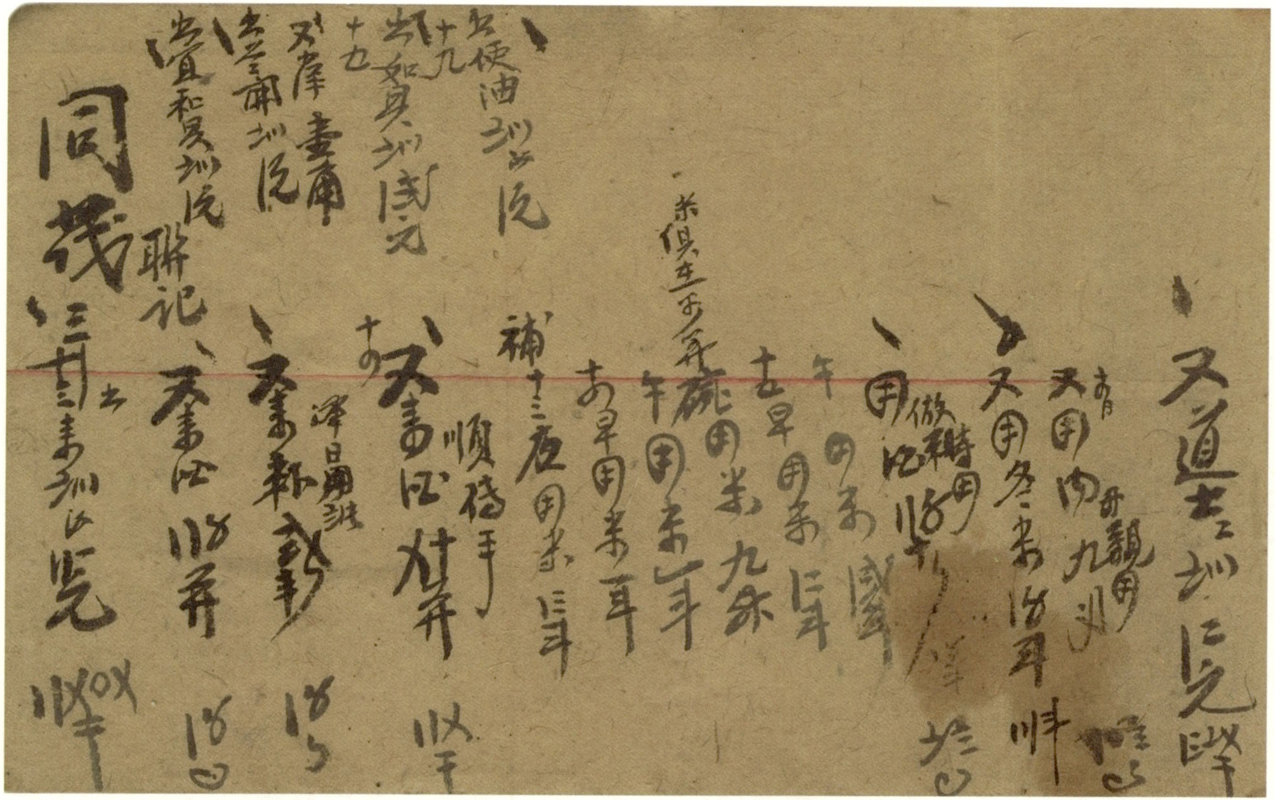

7-3-10-32　清宣統元年林炳珪等立母喪人情簿（三二）

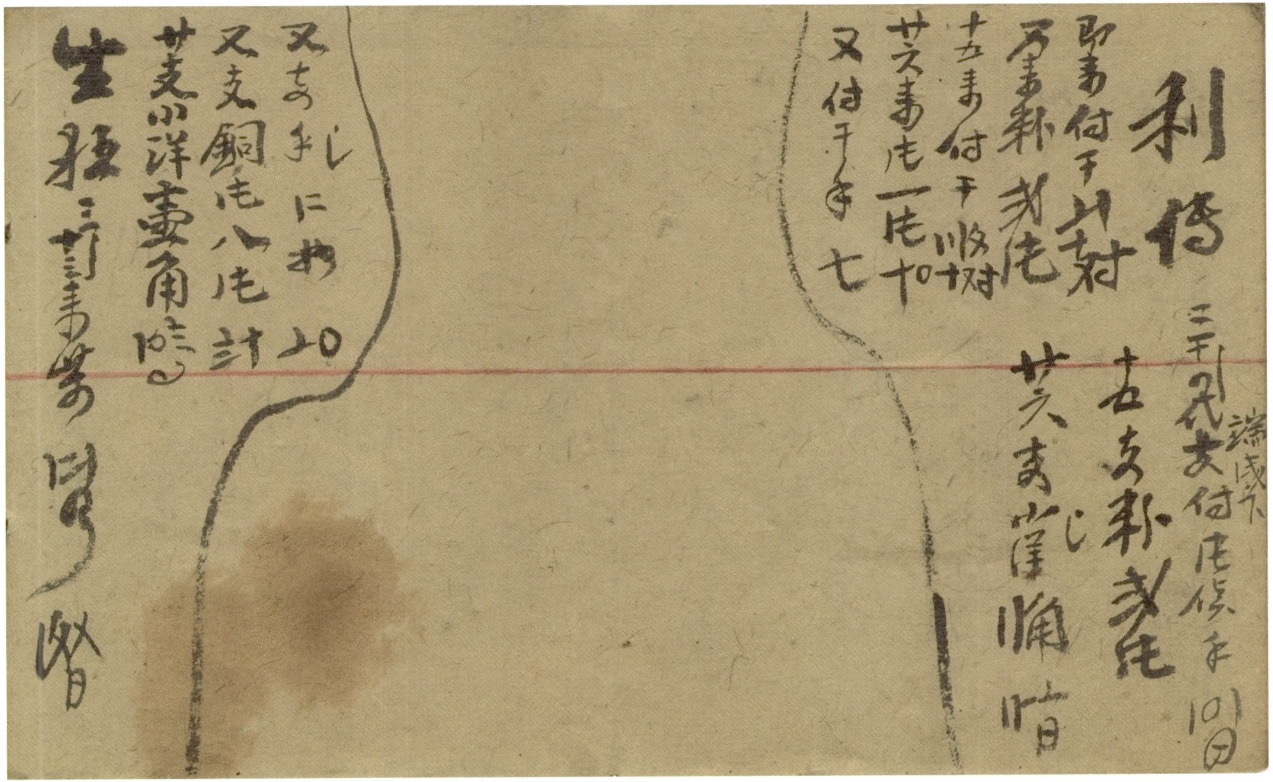

7-3-10-33　清宣統元年林炳珪等立母喪人情簿（三三）

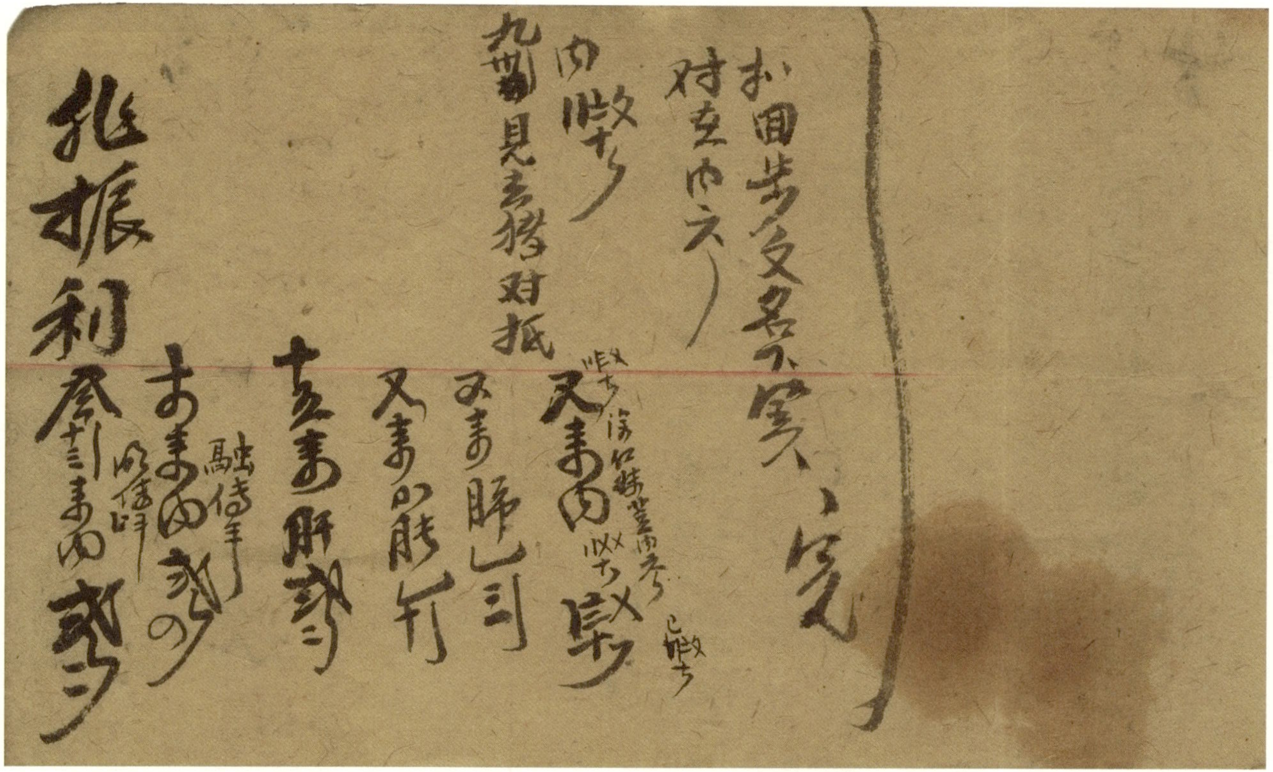

7-3-10-34　清宣統元年林炳珪等立母喪人情簿（三四）

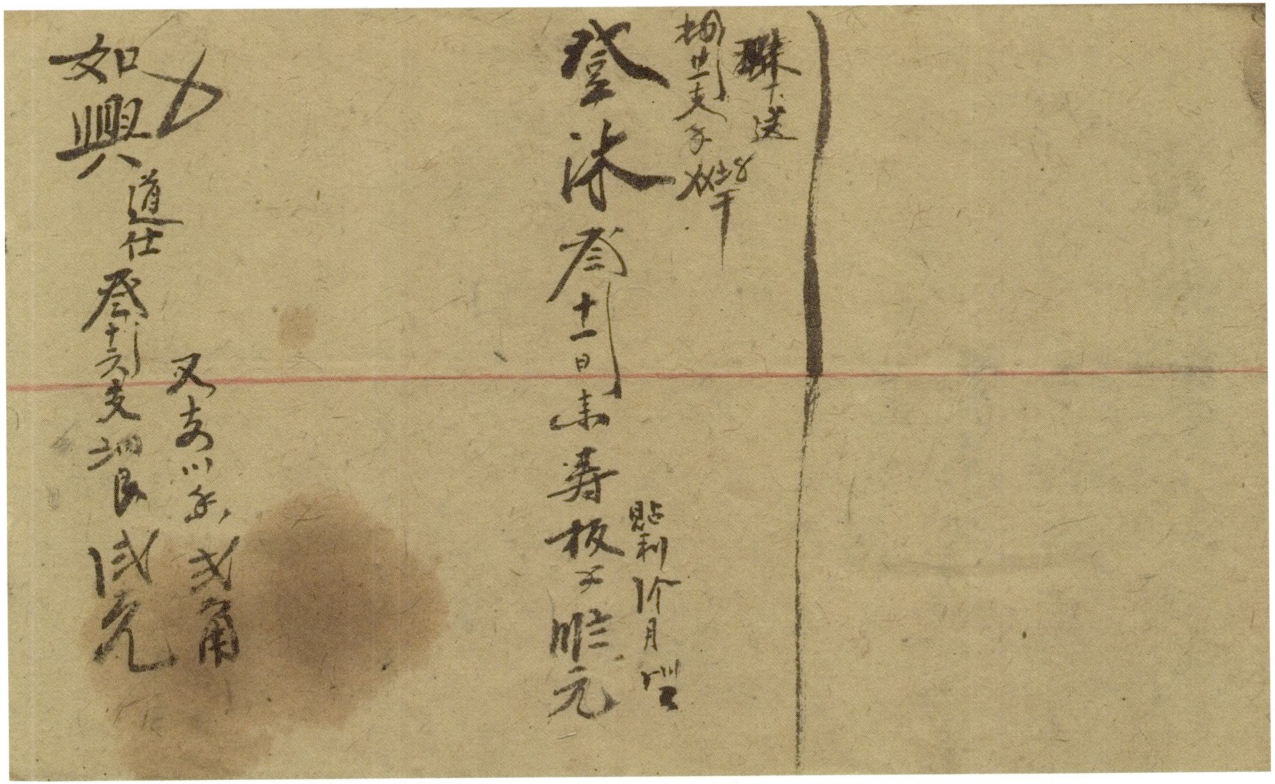

7-3-10-35　清宣統元年林炳珪等立母喪人情簿（三五）

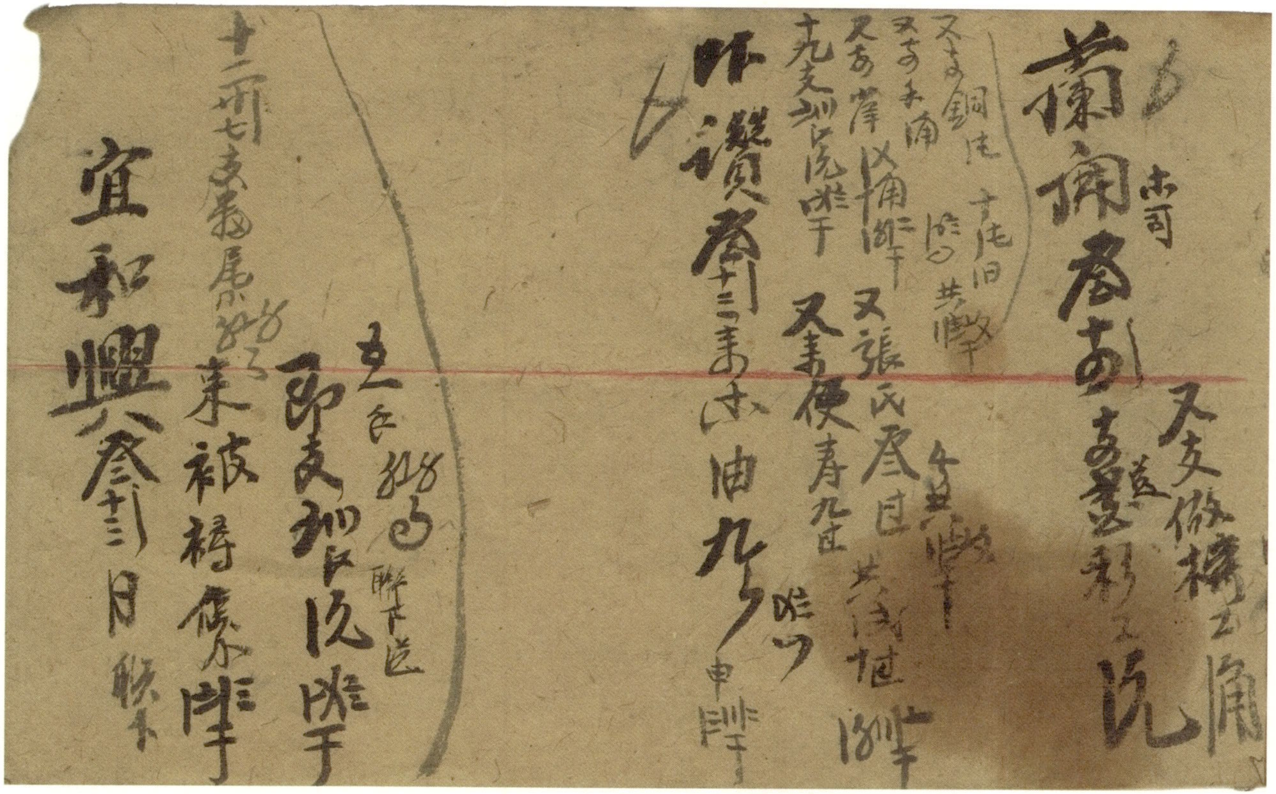

7-3-10-36　清宣統元年林炳珪等立母喪人情簿（三六）

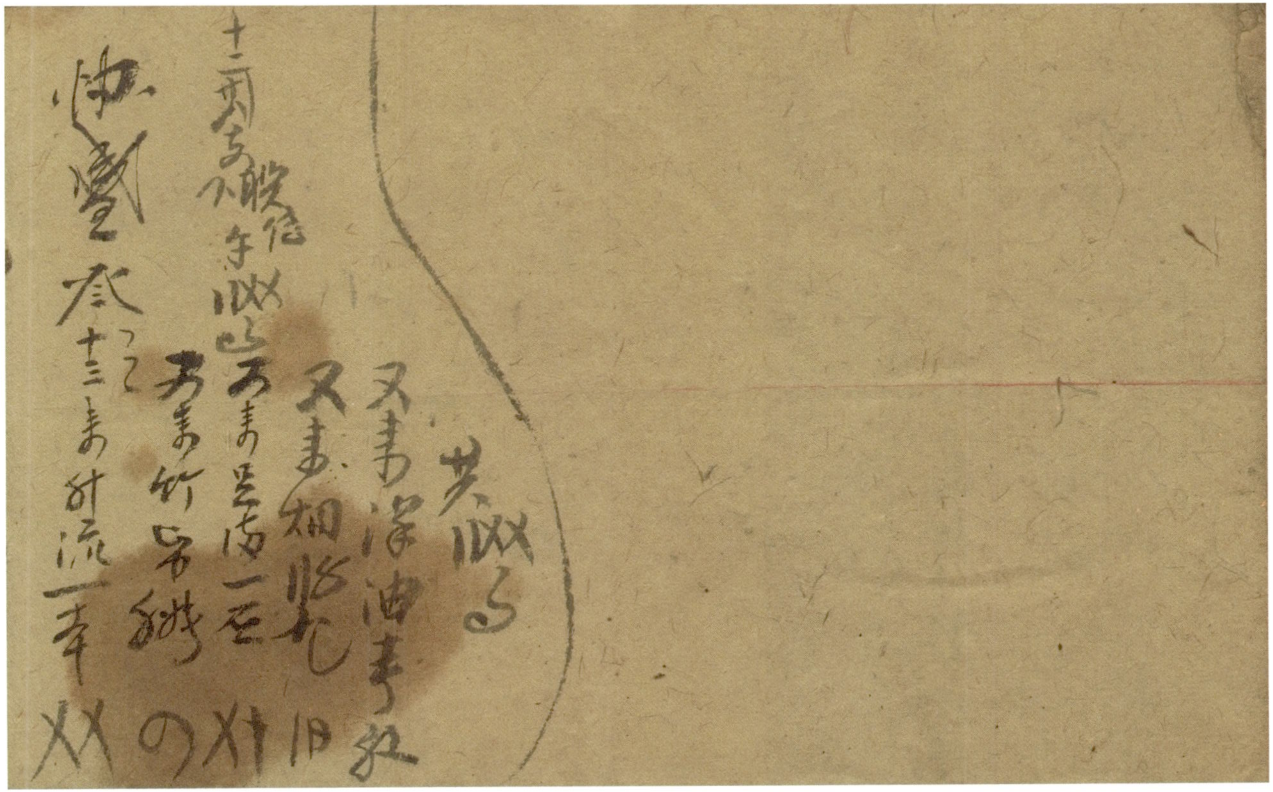

7-3-10-37　清宣統元年林炳珪等立母喪人情簿（三七）

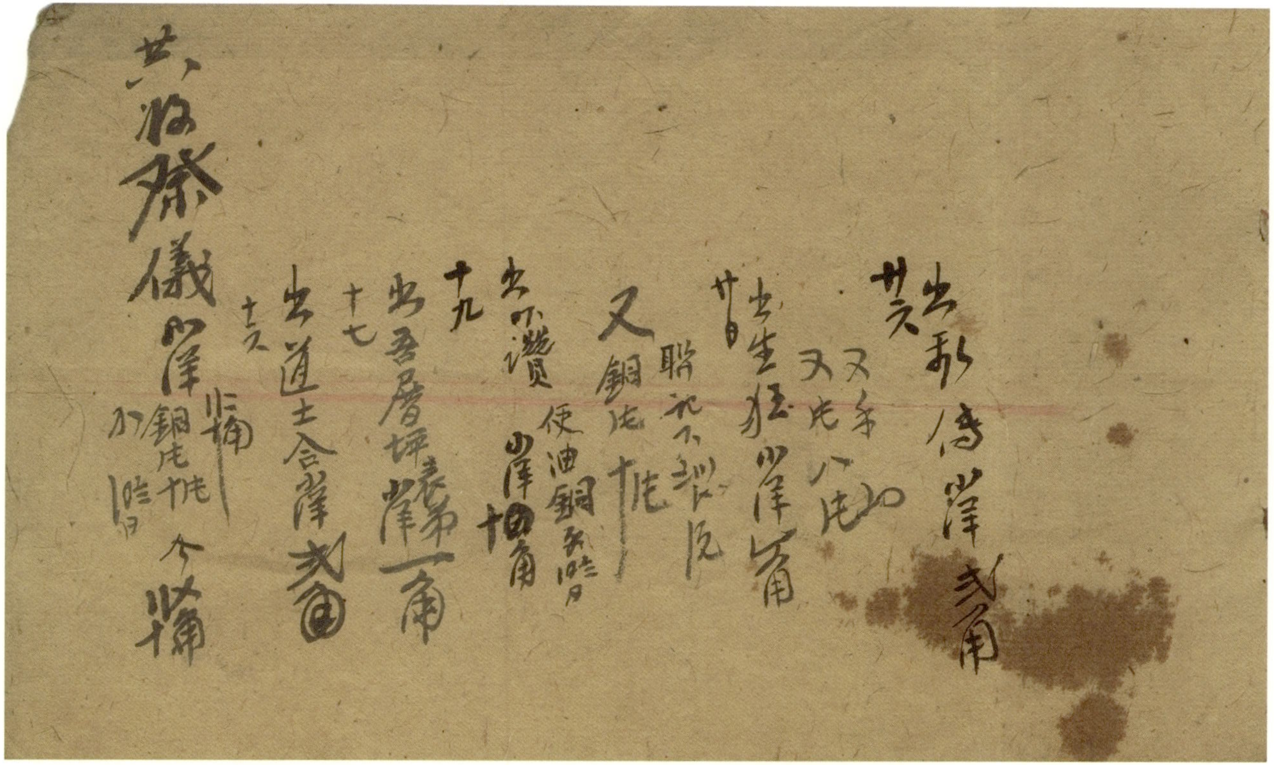

7-3-10-38　清宣統元年林炳珪等立母喪人情簿（三八）

7-3-10-39　清宣統元年林炳珪等立母喪人情簿（三九）

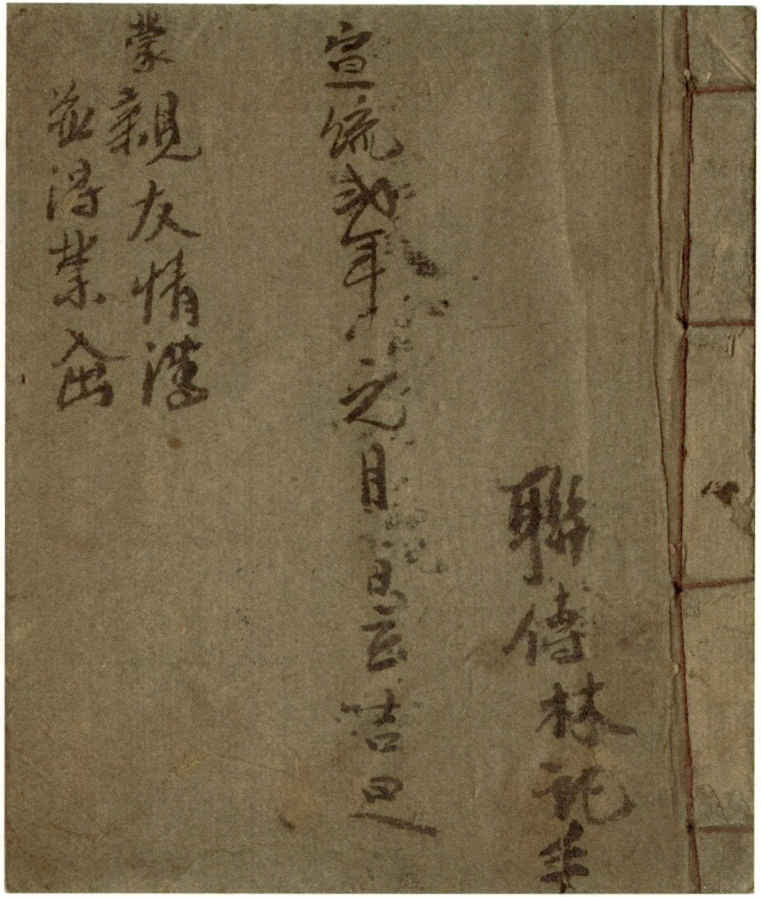

聯傳林記集

宣統貳年之月日吉旦

蒙親友情簿
並得業入出

7-3-11-1　清宣統二年林聯傳立蒙親友情簿並得業入出簿（一）

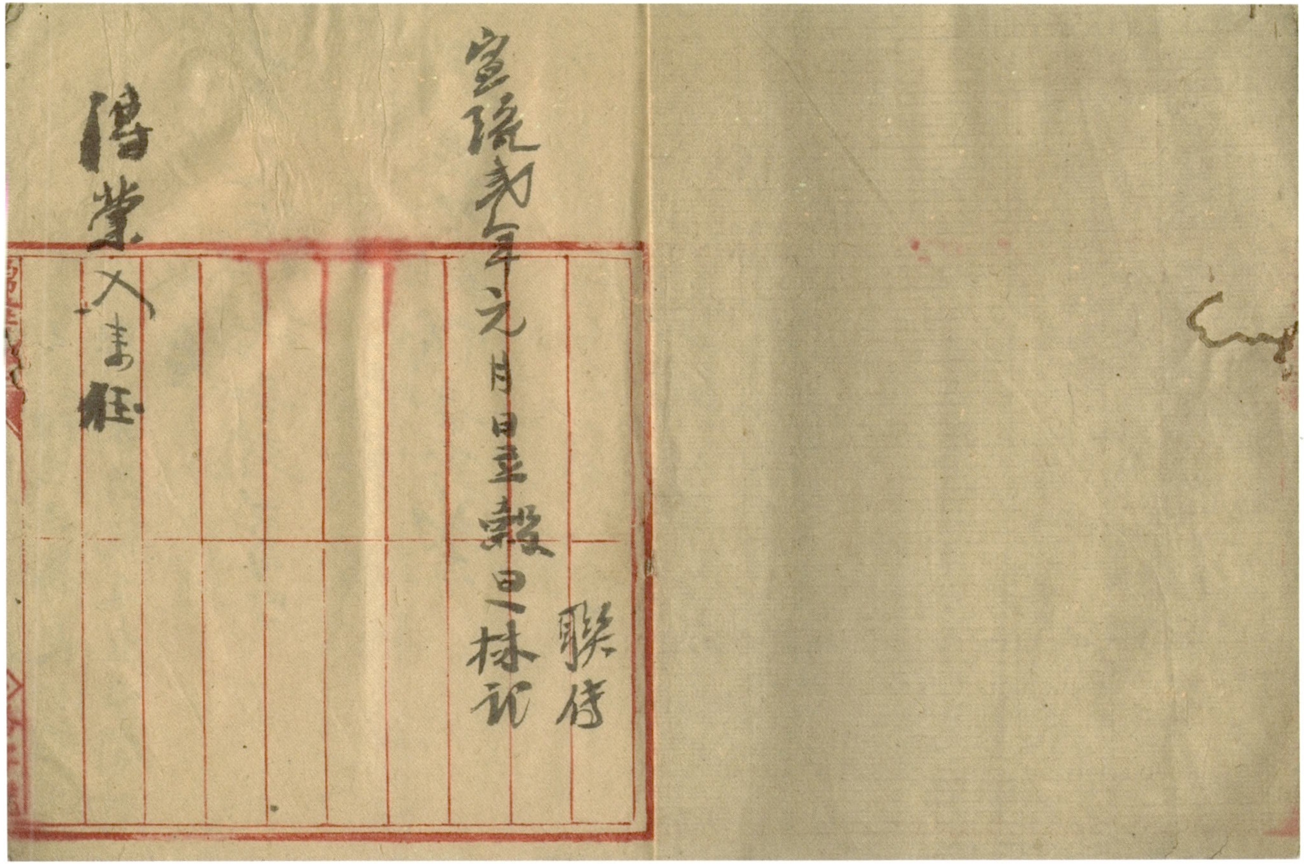

7-3-11-2　清宣統二年林聯傳立蒙親友情簿並得業入出簿（二）

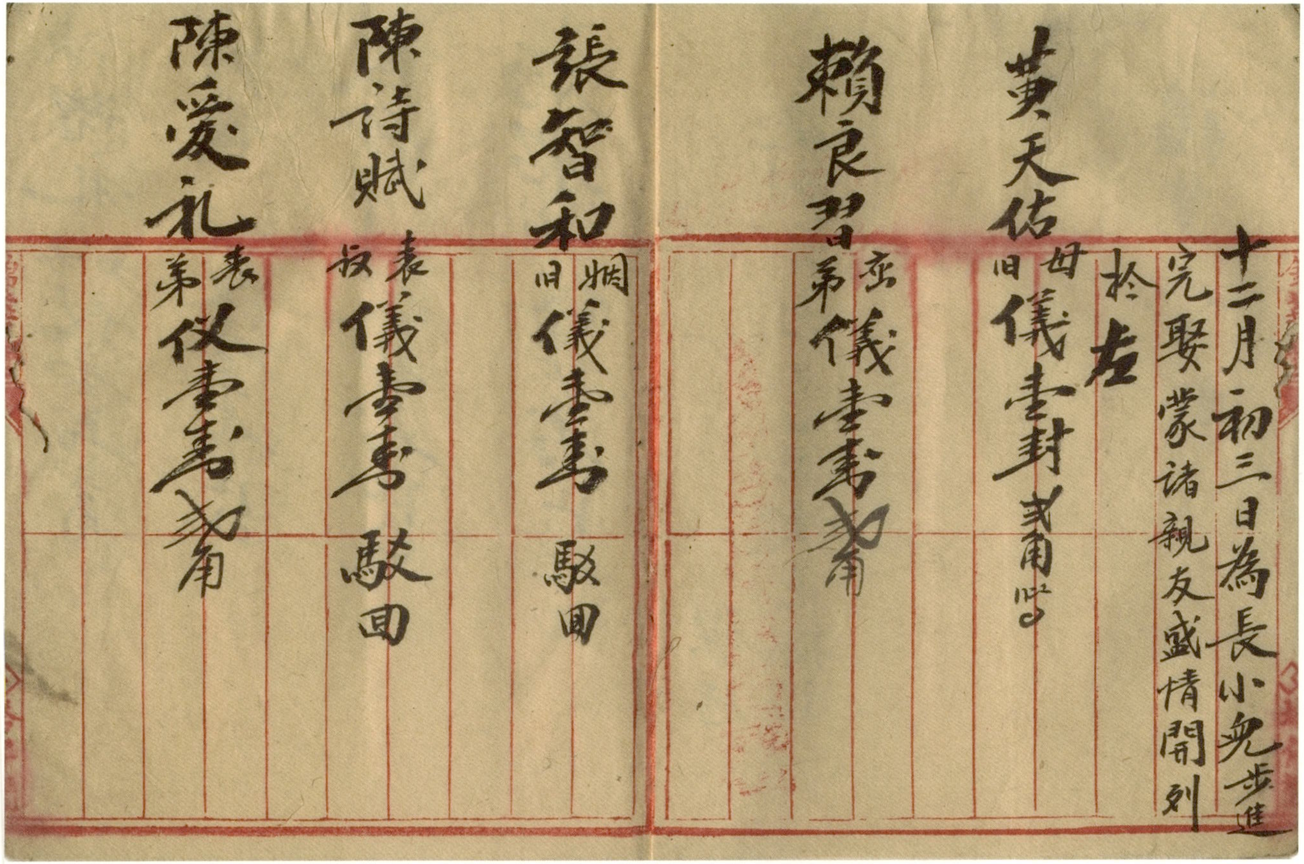
十二月初三日為長小兒步進完娶蒙諸親友盛情開列於左

黃天佑 母舅 儀壹封 貳角正

賴良習 表弟 儀壹元 貳角

張智和 姻舅 儀壹元 駁回

陳詩賦 表叔 儀壹元 駁回

陳愛礼 表弟 儀壹元 貳角

7-3-11-3　清宣統二年林聯傳立蒙親友情簿並得業入出簿（三）

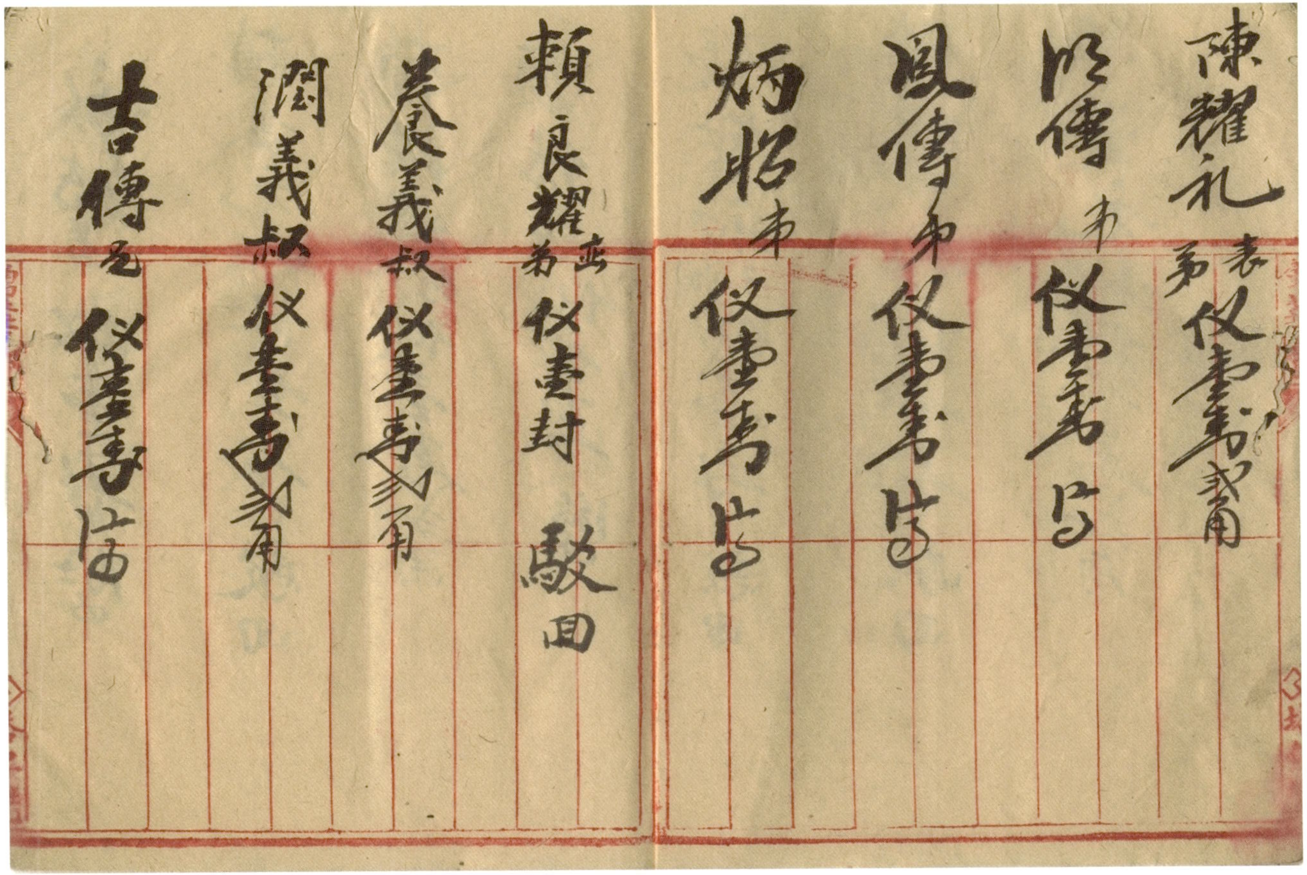

7-3-11-4 清宣統二年林聯傳立蒙親友情簿並得業入出簿（四）

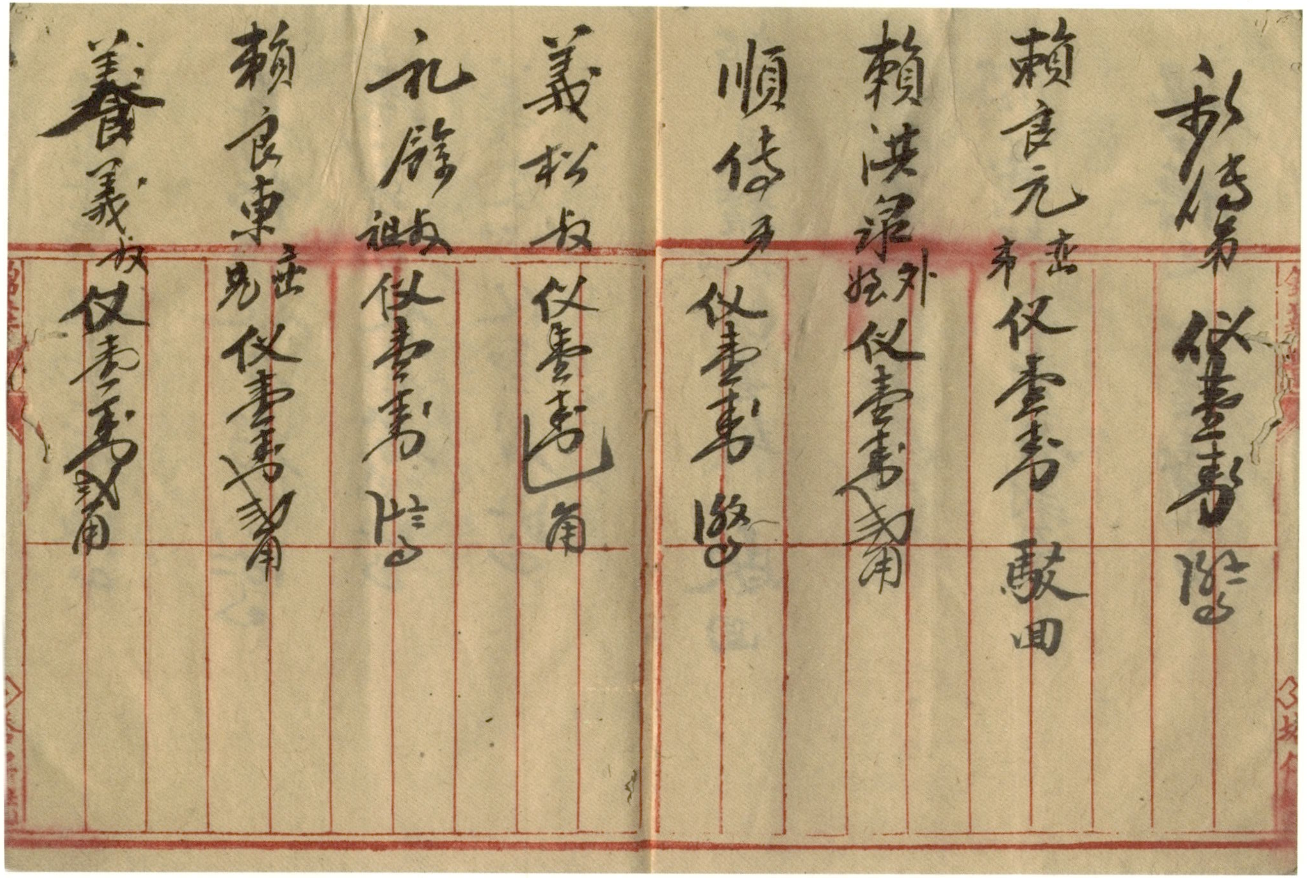

7-3-11-5　清宣統二年林聯傳立蒙親友情簿並得業入出簿（五）

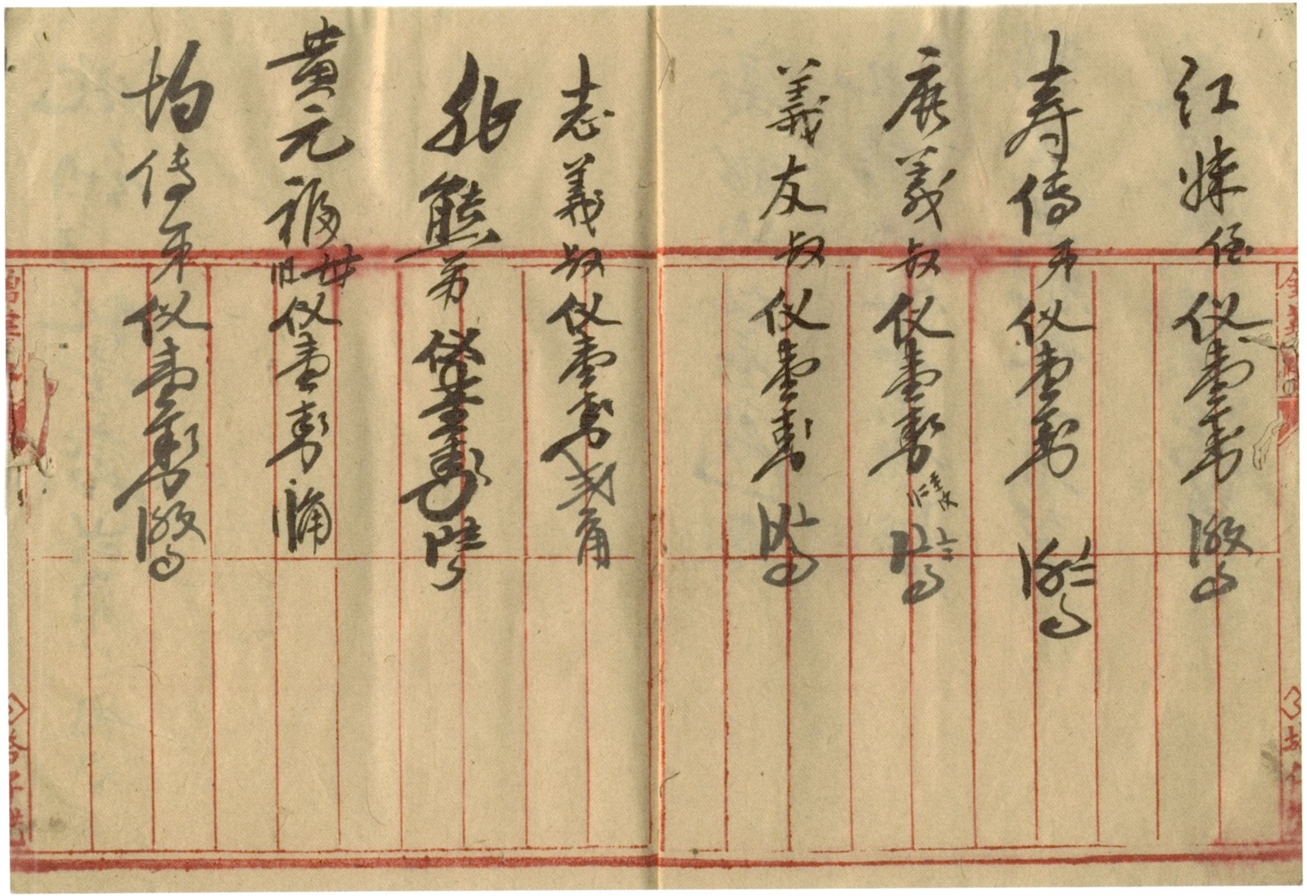

7-3-11-6　清宣統二年林聯傳立蒙親友情簿並得業入出簿（六）

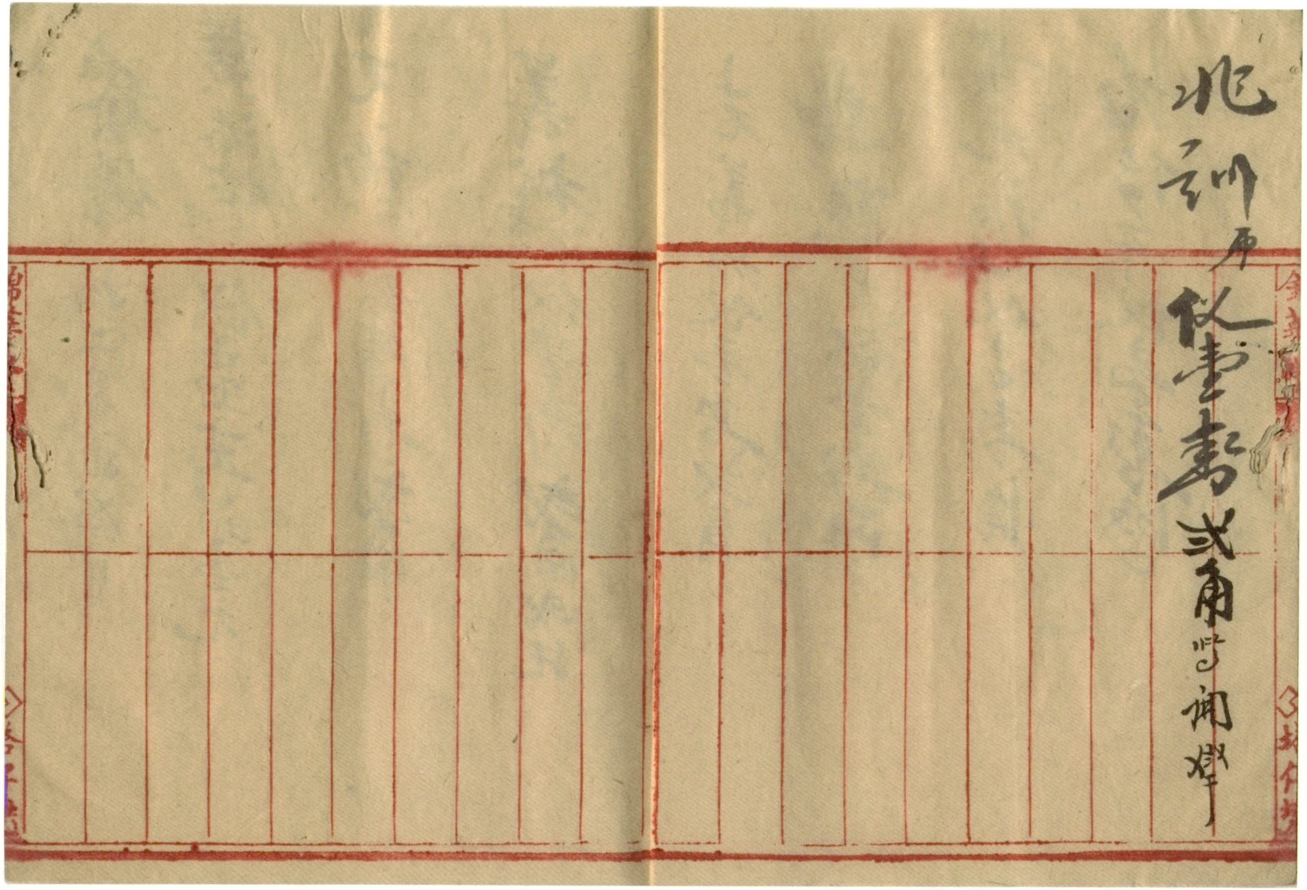

7-3-11-7　清宣統二年林聯傳立蒙親友情簿並得業入出簿（七）

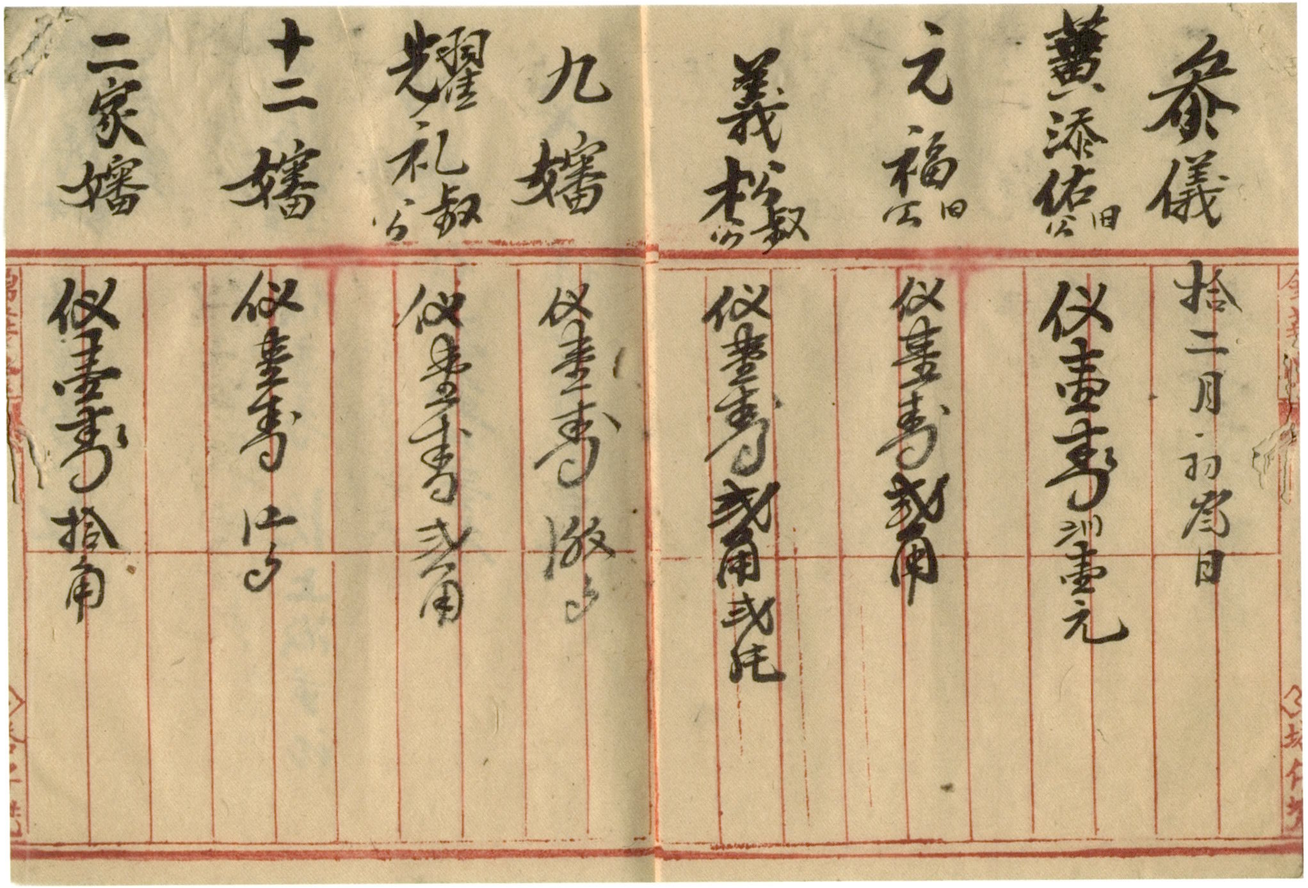

7-3-11-8　清宣統二年林聯傳立蒙親友情簿並得業入出簿（八）

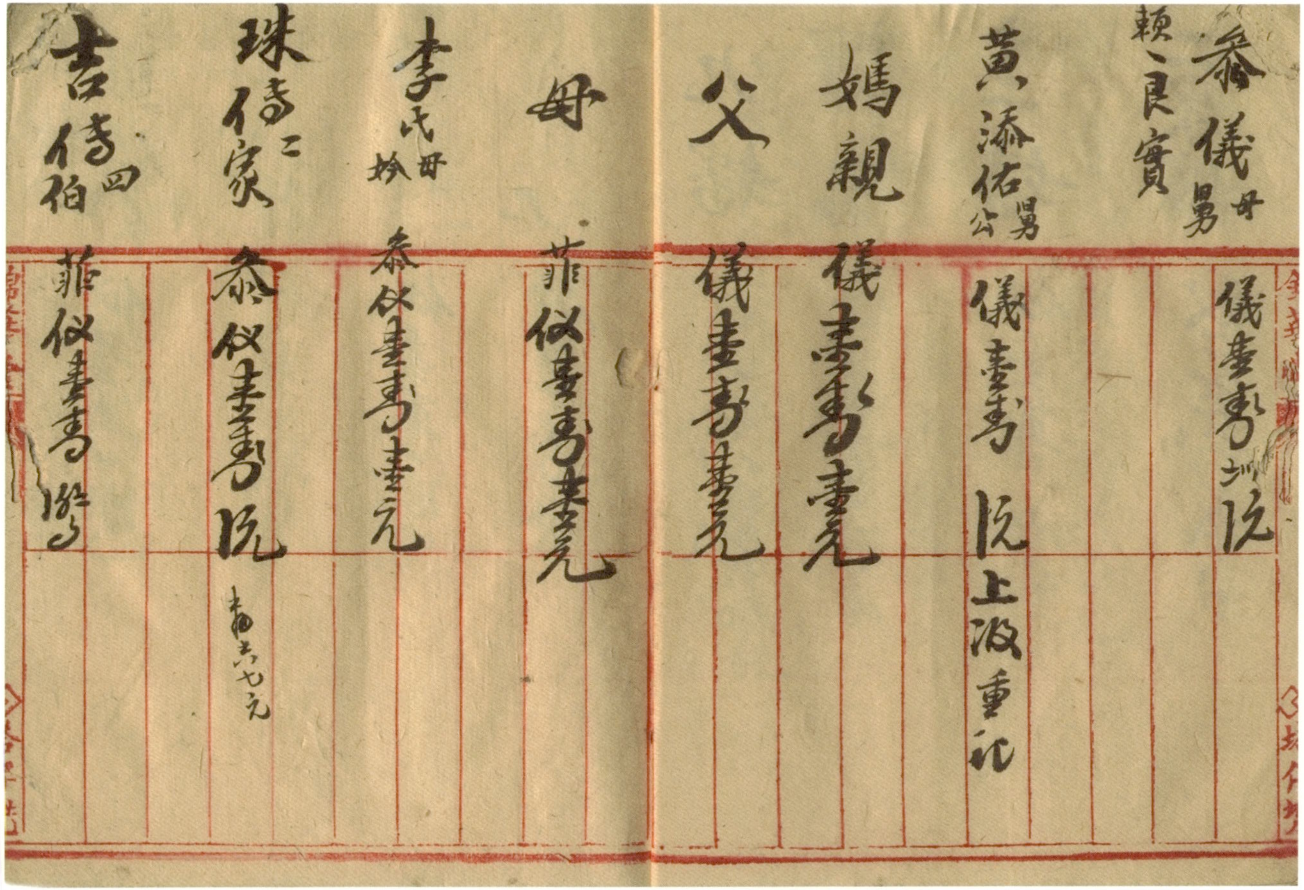

7-3-11-9　清宣統二年林聯傳立蒙親友情簿並得業入出簿（九）

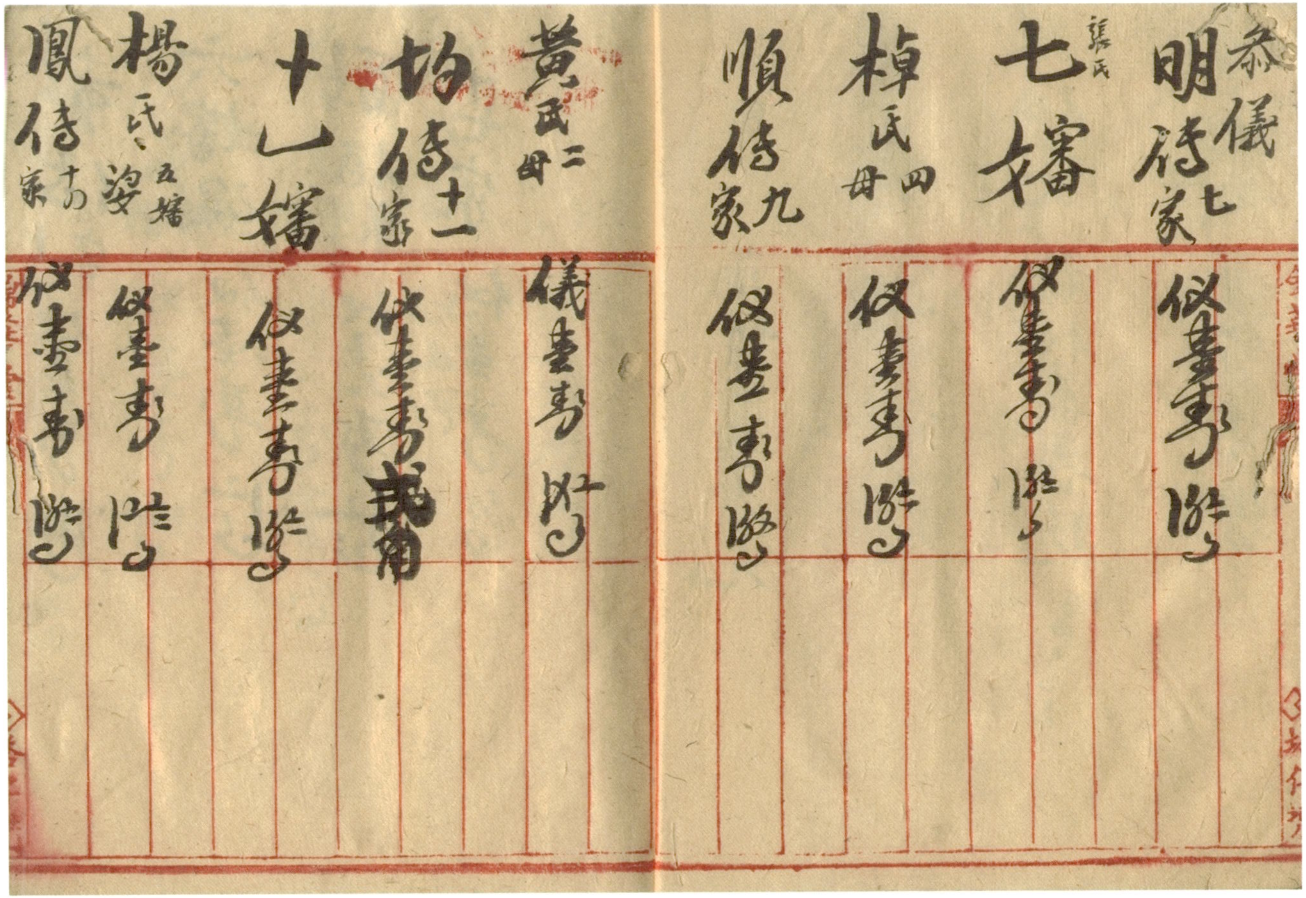

7-3-11-10　清宣統二年林聯傳立蒙親友情簿並得業入出簿（一〇）

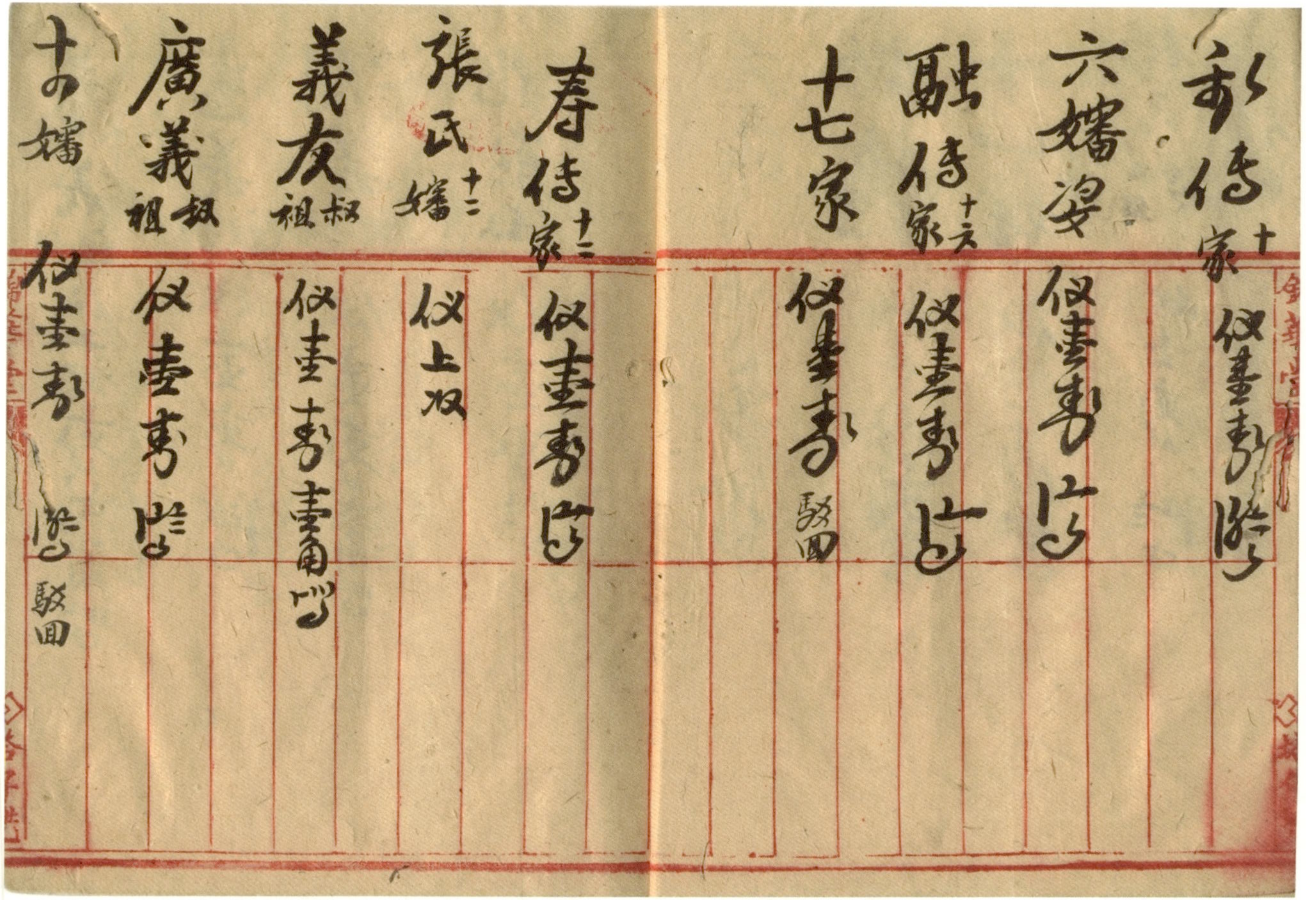

彭傳家十

六嬸婆

融傳家十六

十七家

壽傳家十二

張氏嬸十二　仪上双

義友叔祖

廣義叔祖

十四嬸

7-3-11-11　清宣統二年林聯傳立蒙親友情簿並得業入出簿（一一）

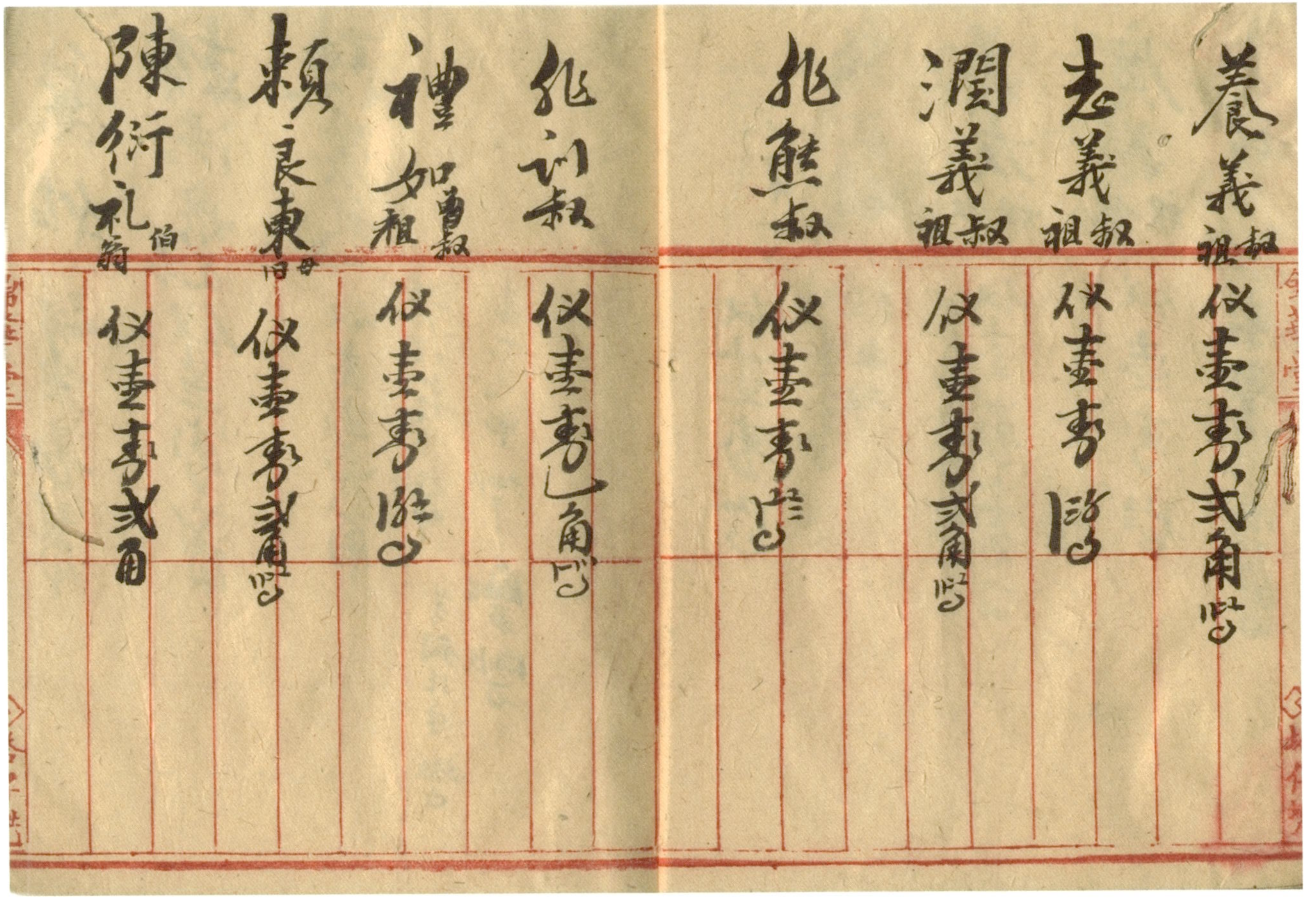

養義叔祖　仪壹事弍角

志義叔祖　仪壹事

潤義叔祖　仪壹事弍角

兆熊叔　仪壹事

兆訓叔　仪壹事一角

禮如曾叔祖　仪壹事

賴良東伯母　仪壹事弍角

陳衍礼伯翁　仪壹事弍角

7-3-11-12　清宣統二年林聯傳立蒙親友情簿並得業入出簿（一二）

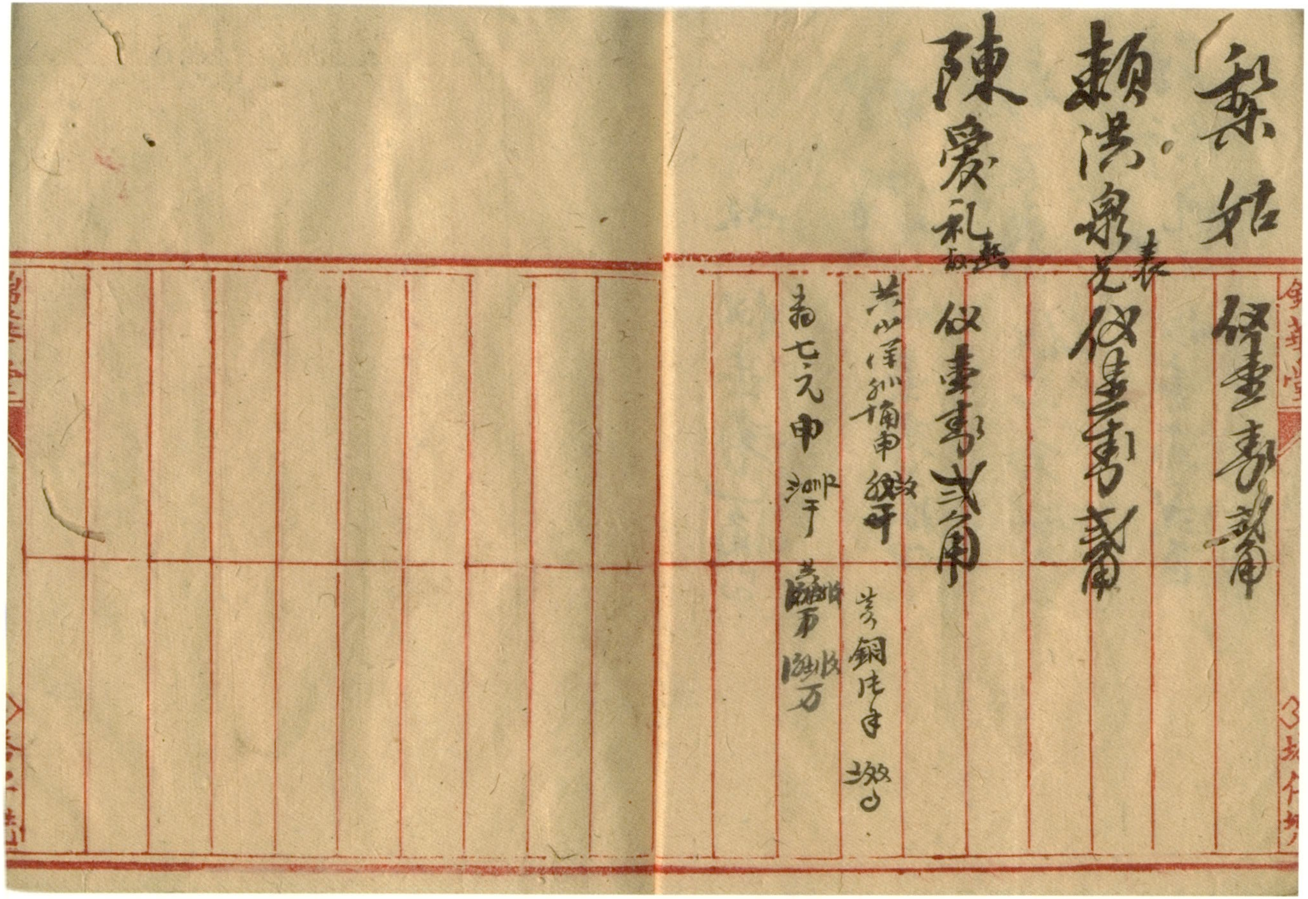

7-3-11-13　清宣統二年林聯傳立蒙親友情簿並得業入出簿（一三）

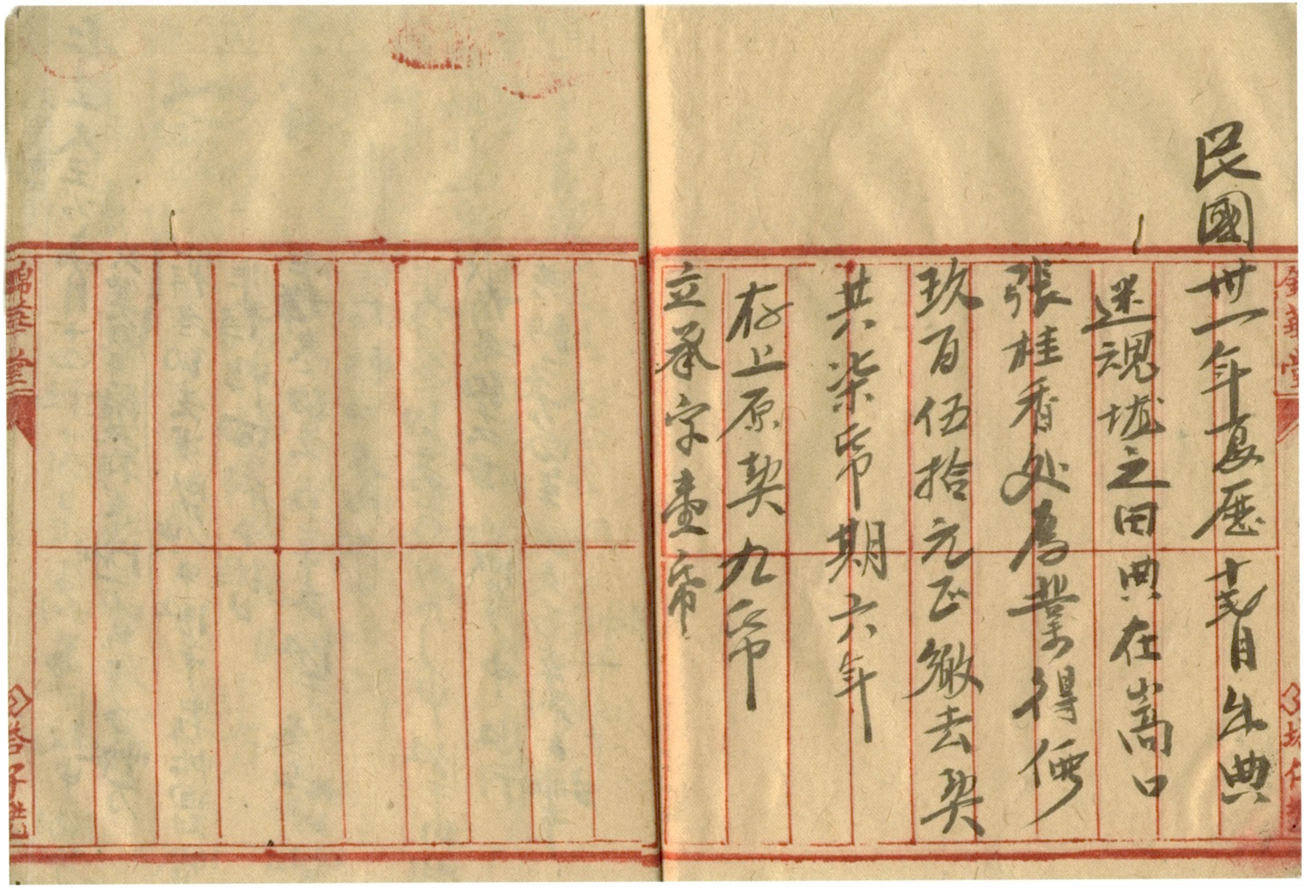
民國卅一年古歷十二月出典
迷魂坵之田典在嵩口
張桂香處為業得價
玖百伍拾元正繳去契
共柒帋期六年
相上原契九帋
立承字壹帋

7-3-11-14　清宣統二年林聯傳立蒙親友情簿並得業入出簿（一四）

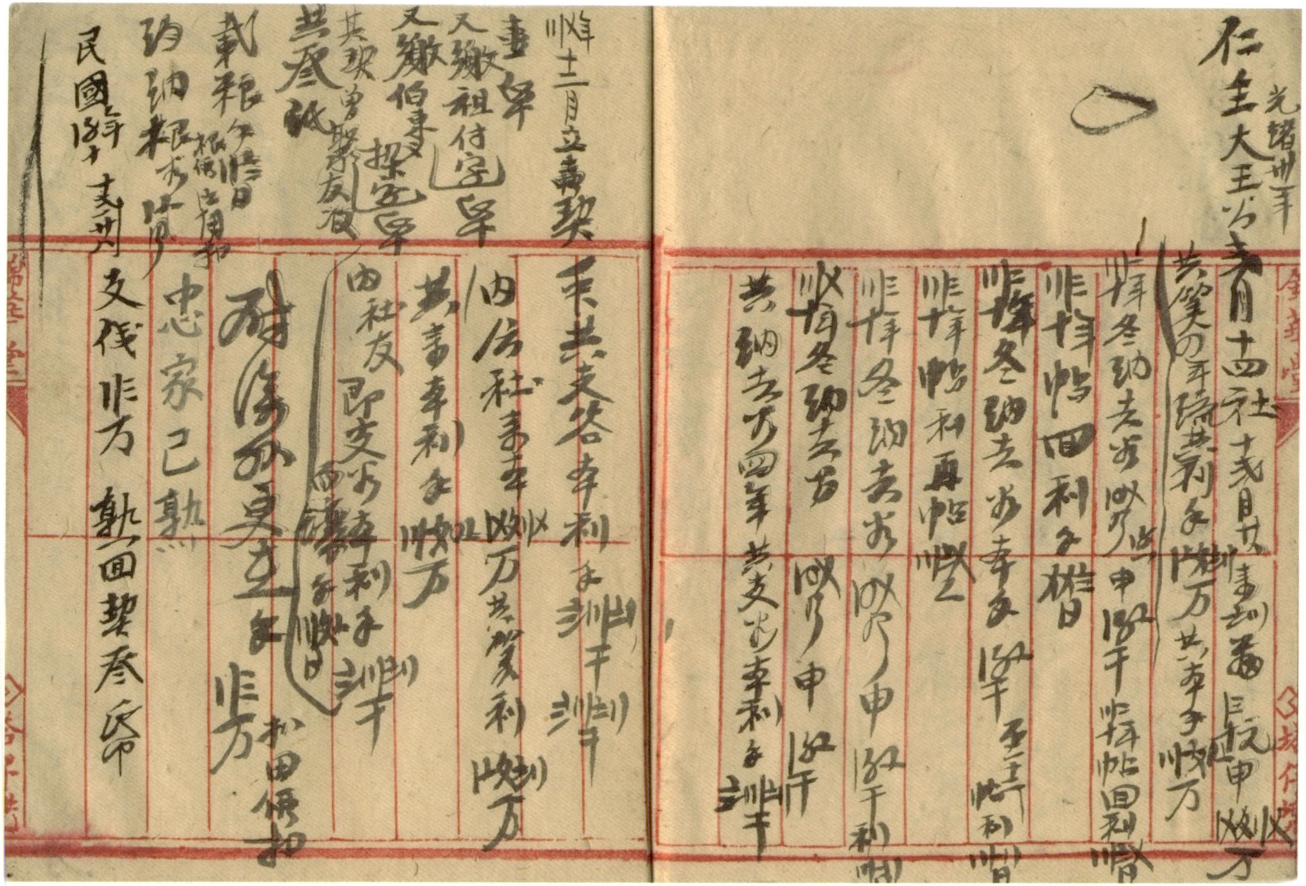

7-3-11-15　清宣統二年林聯傳立蒙親友情簿並得業入出簿（一五）

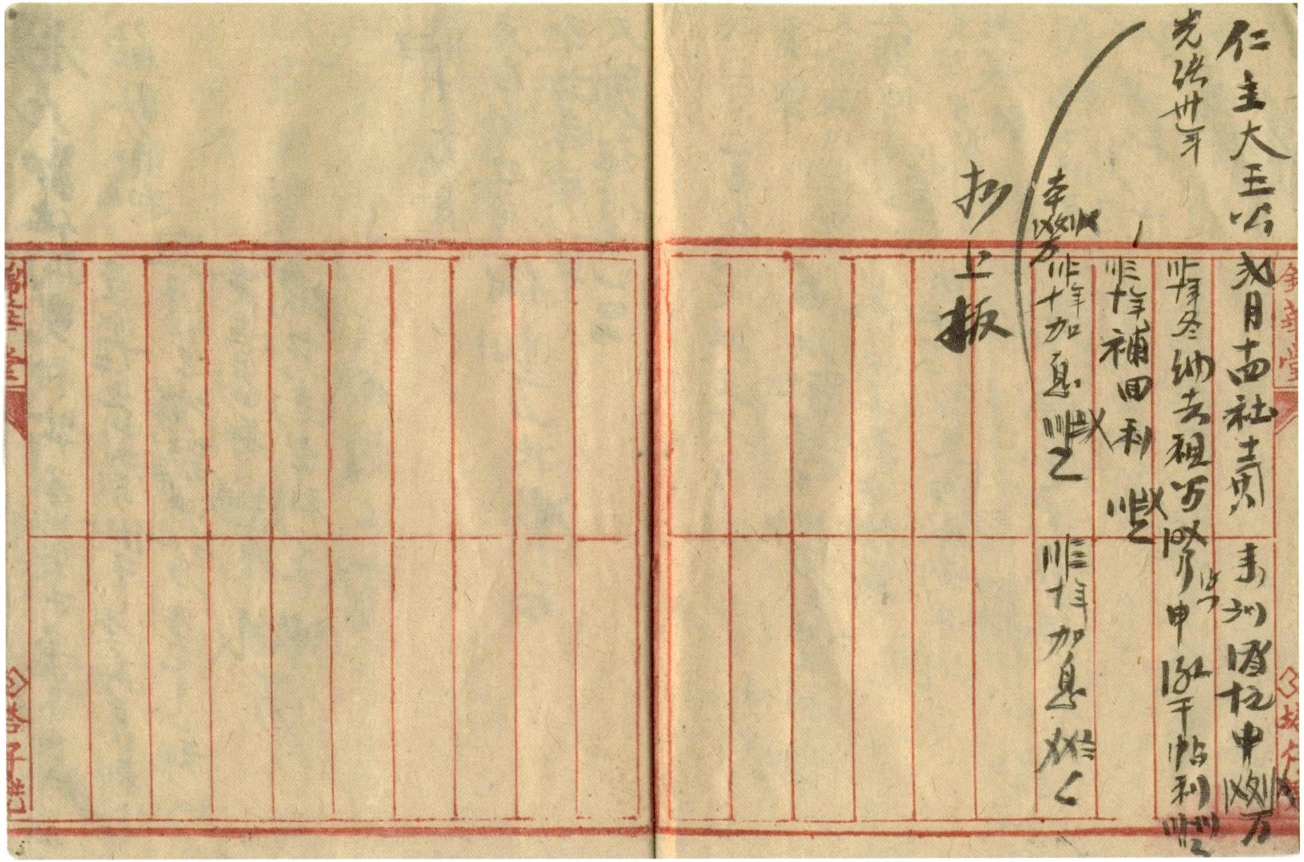

7-3-11-16　清宣統二年林聯傳立蒙親友情簿並得業入出簿（一六）

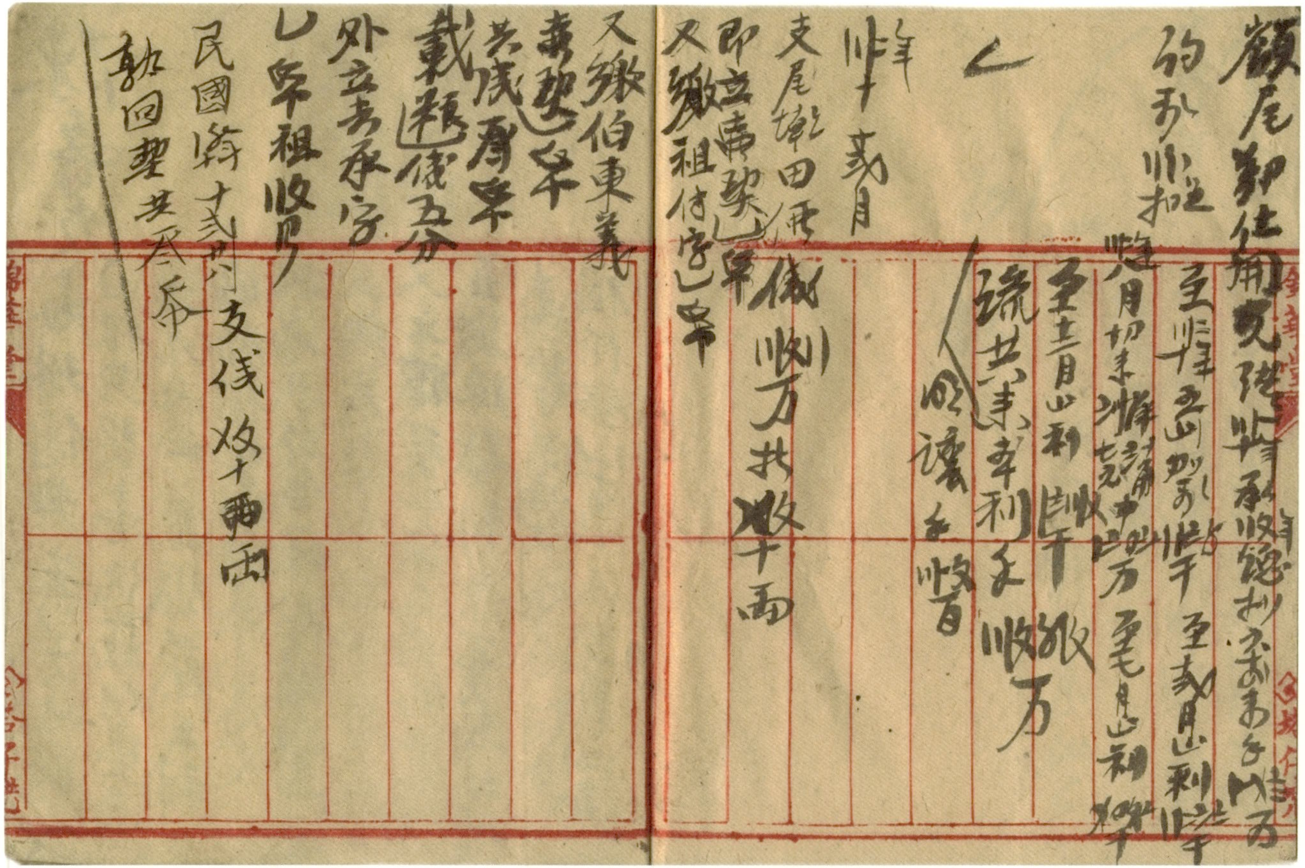

7-3-11-17　清宣統二年林聯傳立豪親友情簿並得業入出簿（一七）

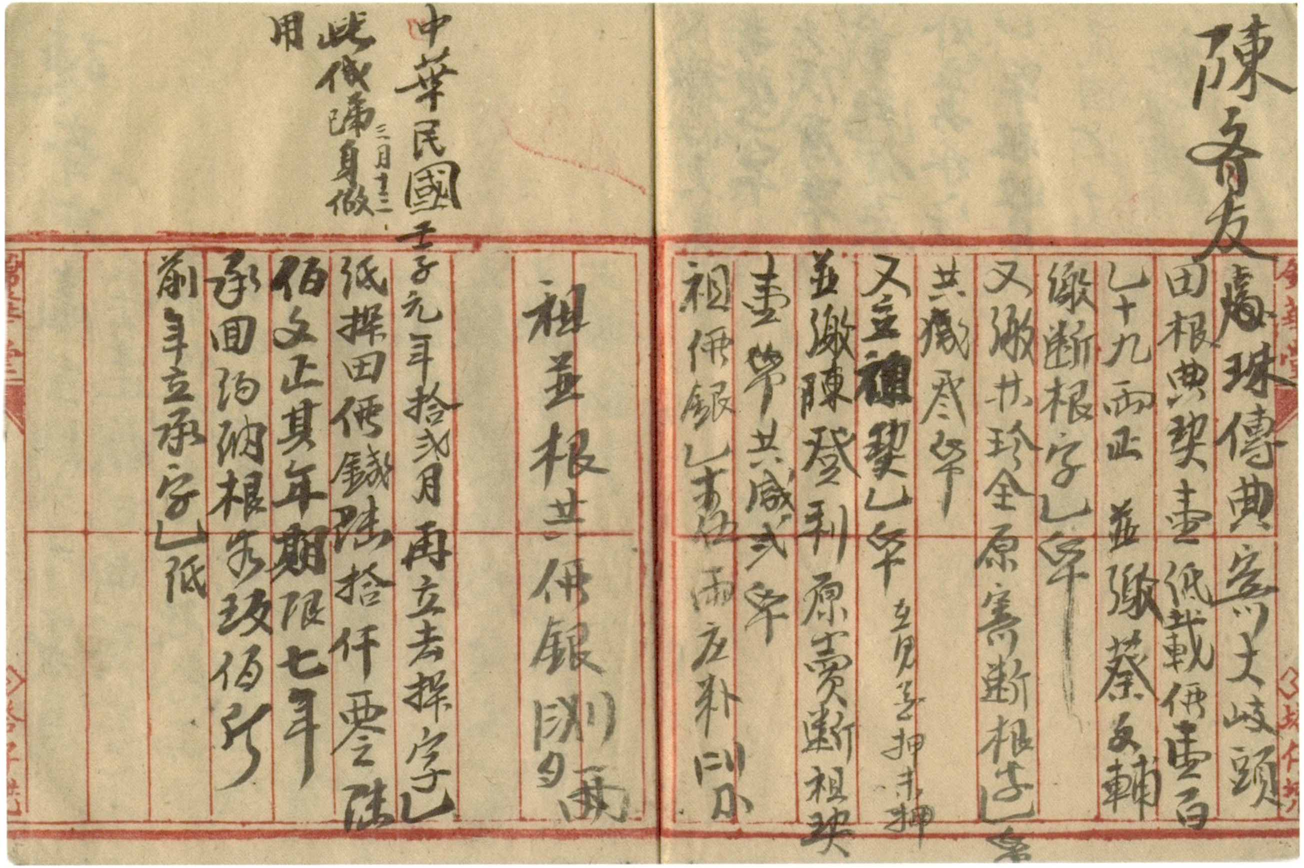
陳奇友處聯傳典窯大岐頭
田根典契壹紙載佛壹百
乙十九兩正 並繳蔡友輔
繳斷根字乙紙
又繳卅玖全原寫斷根字乙紙
共繳叁紙
又並祖契乙紙 立約字押批押
並繳陳登利原賣斷祖契
壹紙共繳弍紙
祖佛銀乙十九兩存於門下
祖並根共佛銀陸拾捌兩
中華民國壬子元年拾弍月再立去探字乙
紙探田佛錢陸拾仟零陸
佰文正其年期限七年
承回納根字玖佰可
前手立承字乙紙
三月十三 此代陳身做用

7-3-11-18 清宣統二年林聯傳立蒙親友情簿並得業入出簿（一八）

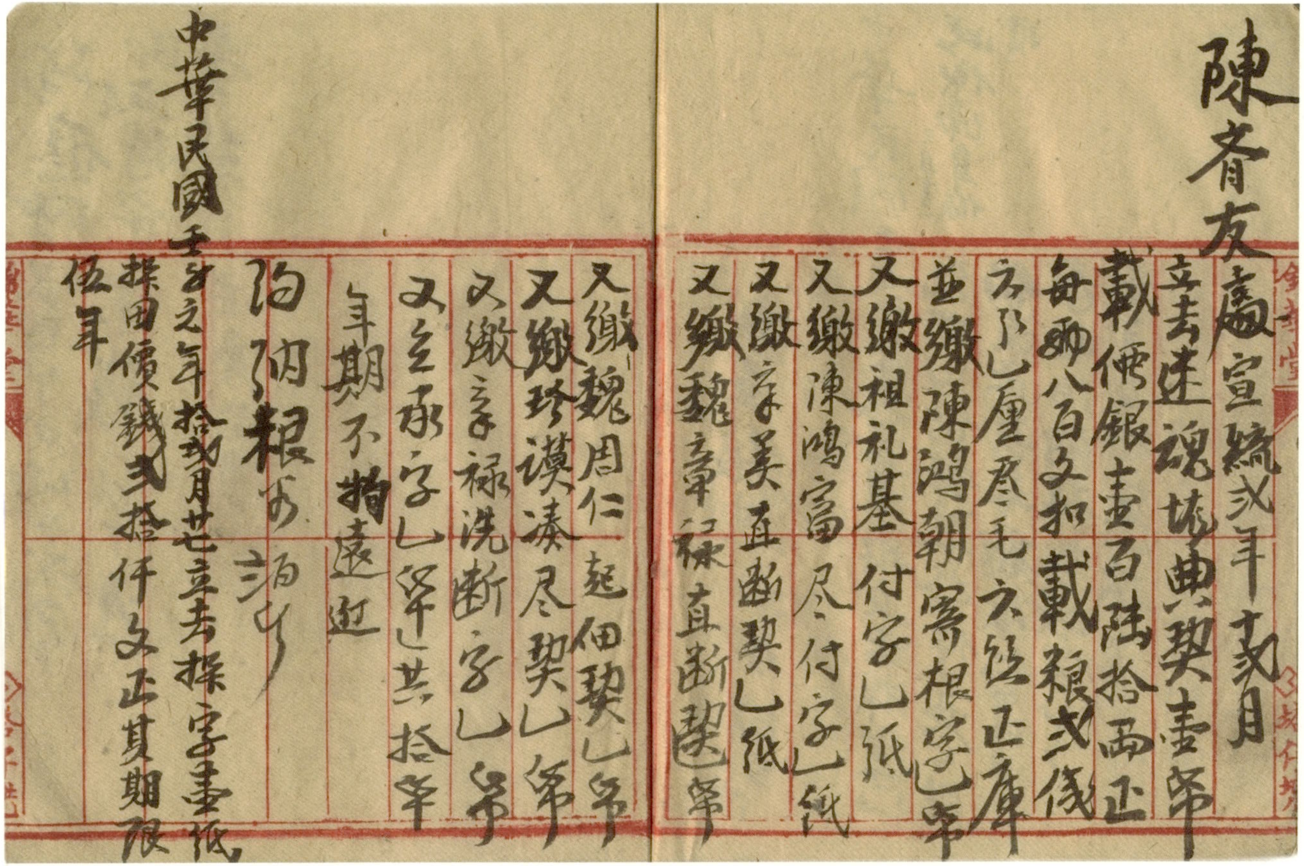

7-3-11-19　清宣統二年林聯傳立蒙親友情簿並得業入出簿（一九）

陳應增民國甲子年十弍月
即立將字來錢卅十刃
壹紙　父老身做用

7-3-11-20　清宣統二年林聯傳立蒙親友情簿並得業入出簿（二〇）

7-3-11-21　清宣統二年林聯傳立蒙親友情簿並得業入出簿（二一）

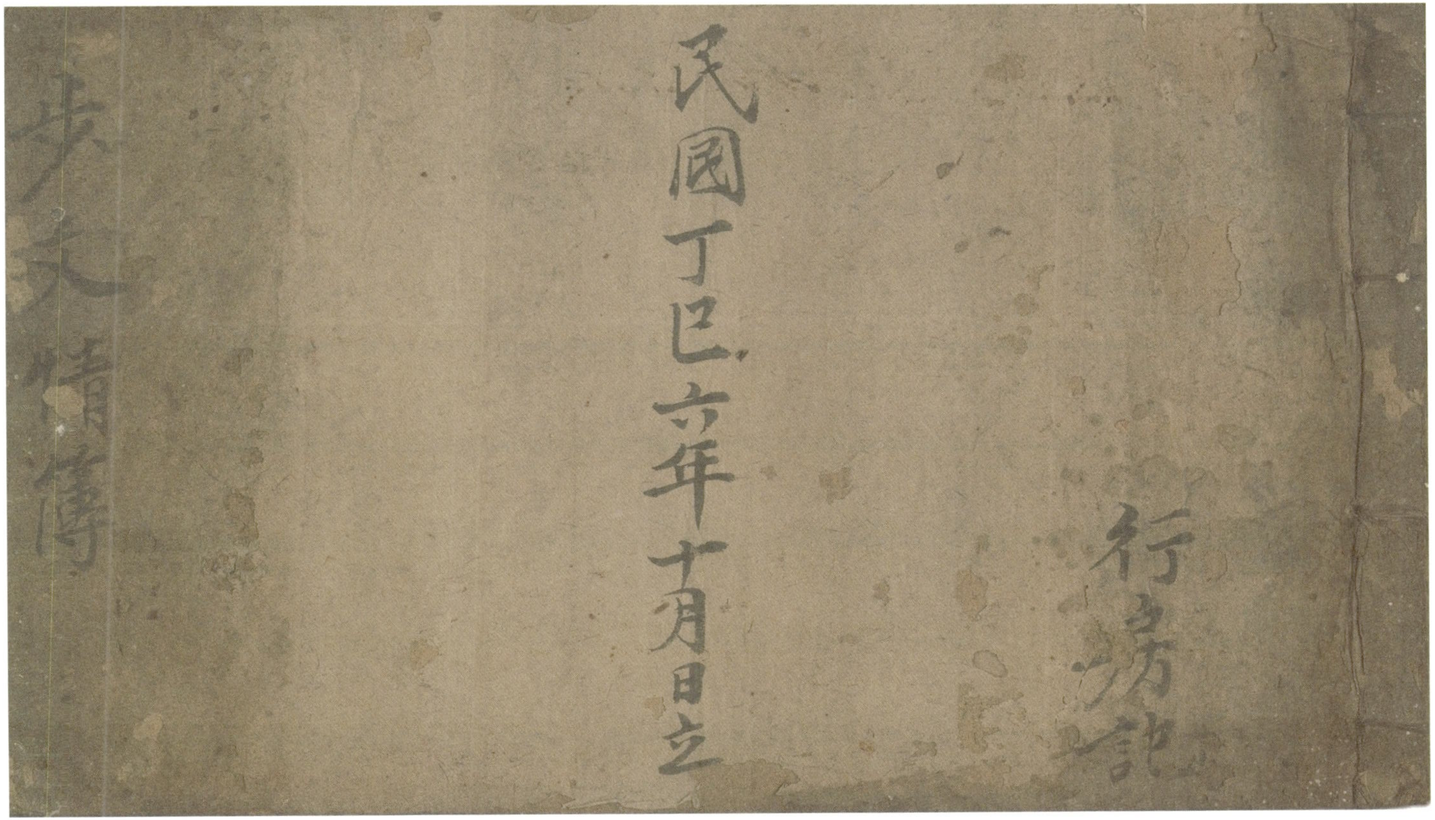
行房記
民國丁巳六年十月日立
步文情簿

7-3-12-1 民國六年行房記林步文人情簿（一）

紅

7-3-12-2　民國六年行房記林步文人情簿（二）

步文

原命生于光緒甲午年正

月初八日巳時受生不

幸終于民國丁巳年

十月初一日午時去世

享寿二十四歲擇初三

日申時入殮官木六

甲一部上下身衣服

五重即初四日建功一

晝一夜官木塟於（即申時）下

7-3-12-3　民國六年行房記林步文人情簿（三）

7-3-12-4　民國六年行房記林步文人情簿（四）

7-3-12-5　民國六年行房記林步文人情簿（五）

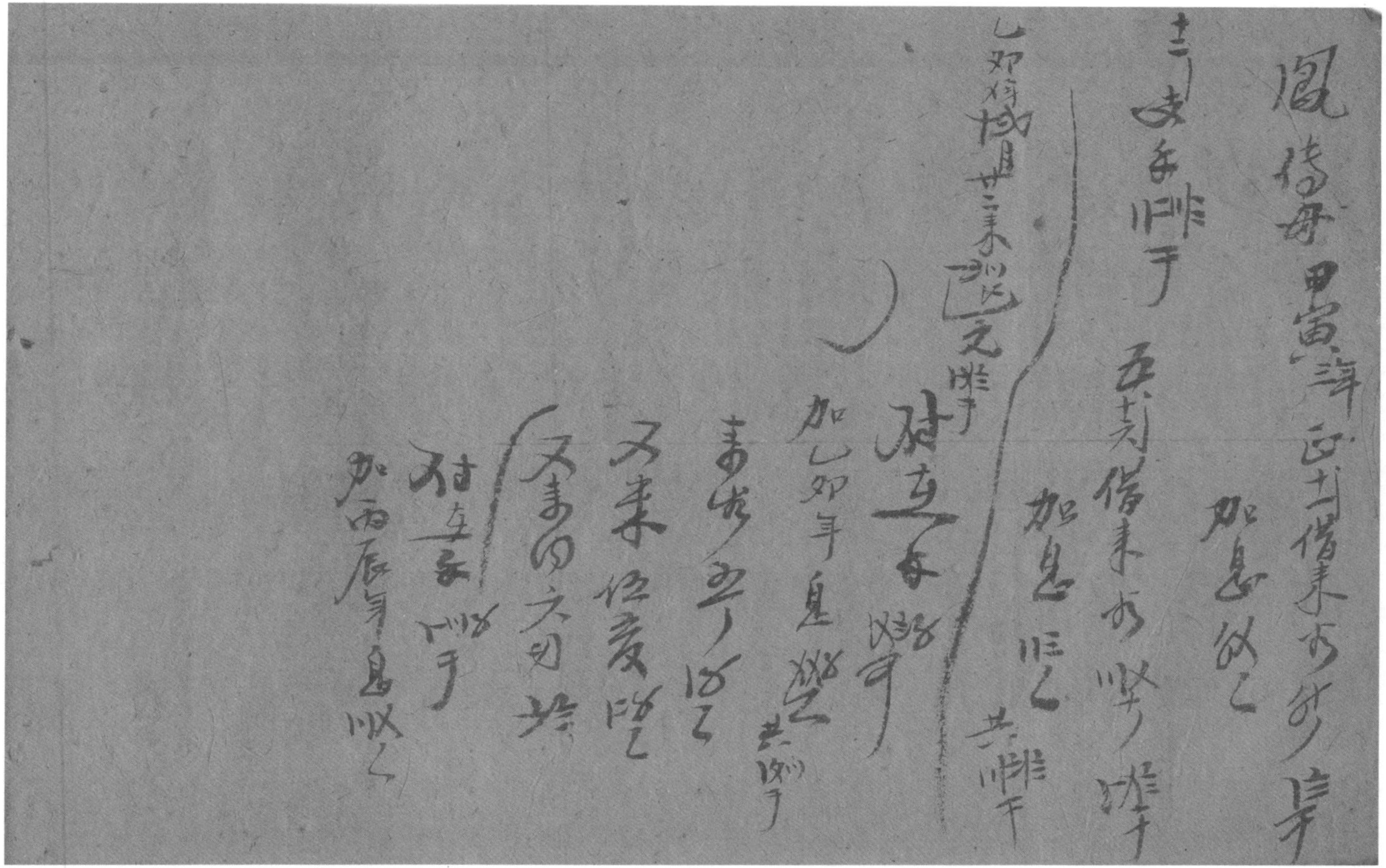

7-3-12-6　民國六年行房記林步文人情簿（六）

送道士工錢卅文納收
即信才
訪友給田良下

7-3-12-7　民國六年行房記林步文人情簿（七）

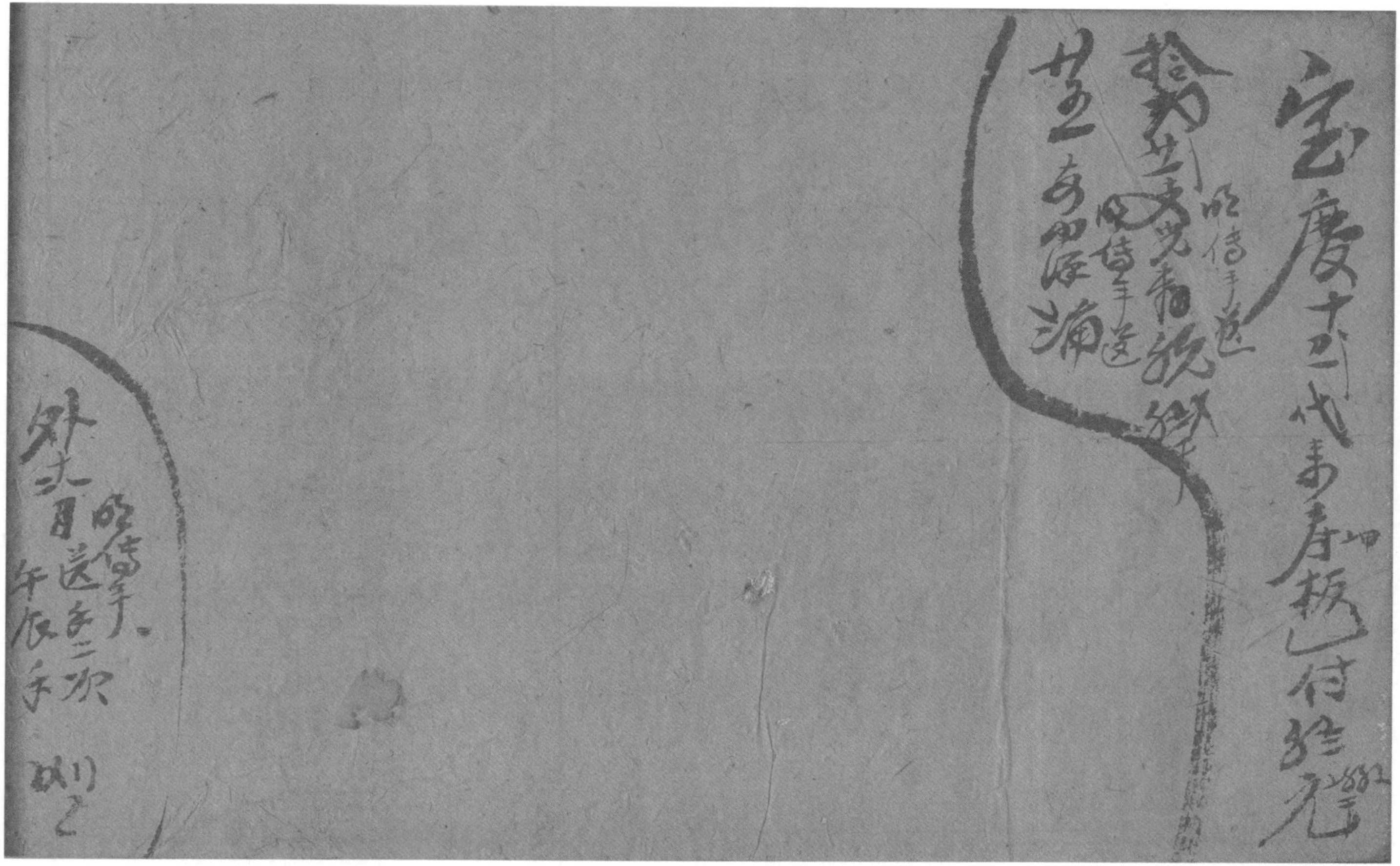

7-3-12-8　民國六年行房記林步文人情簿（八）

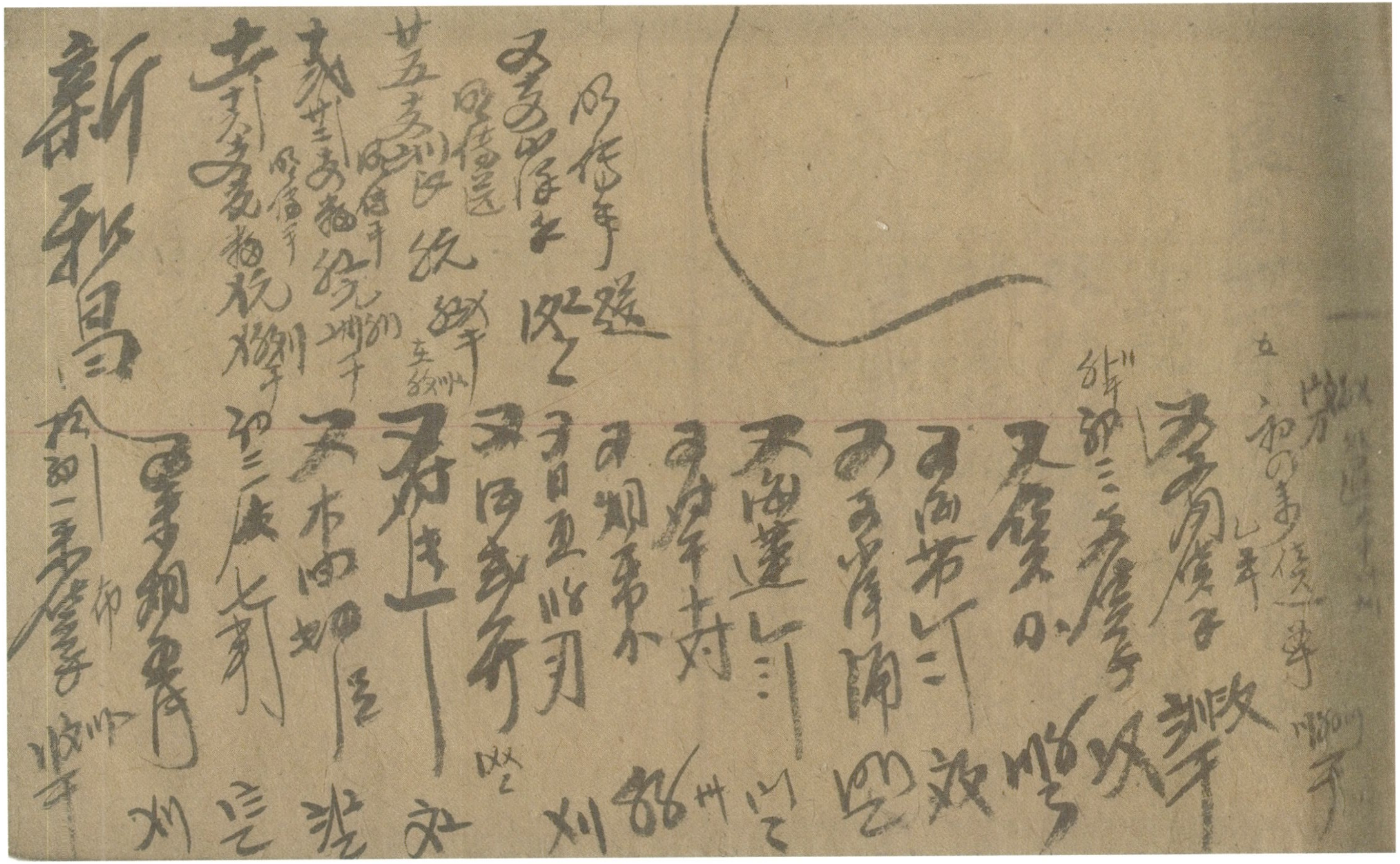

7-3-12-9　民國六年行房記林步文人情簿（九）

7-3-12-10　民國六年行房記林步文人情簿（一〇）

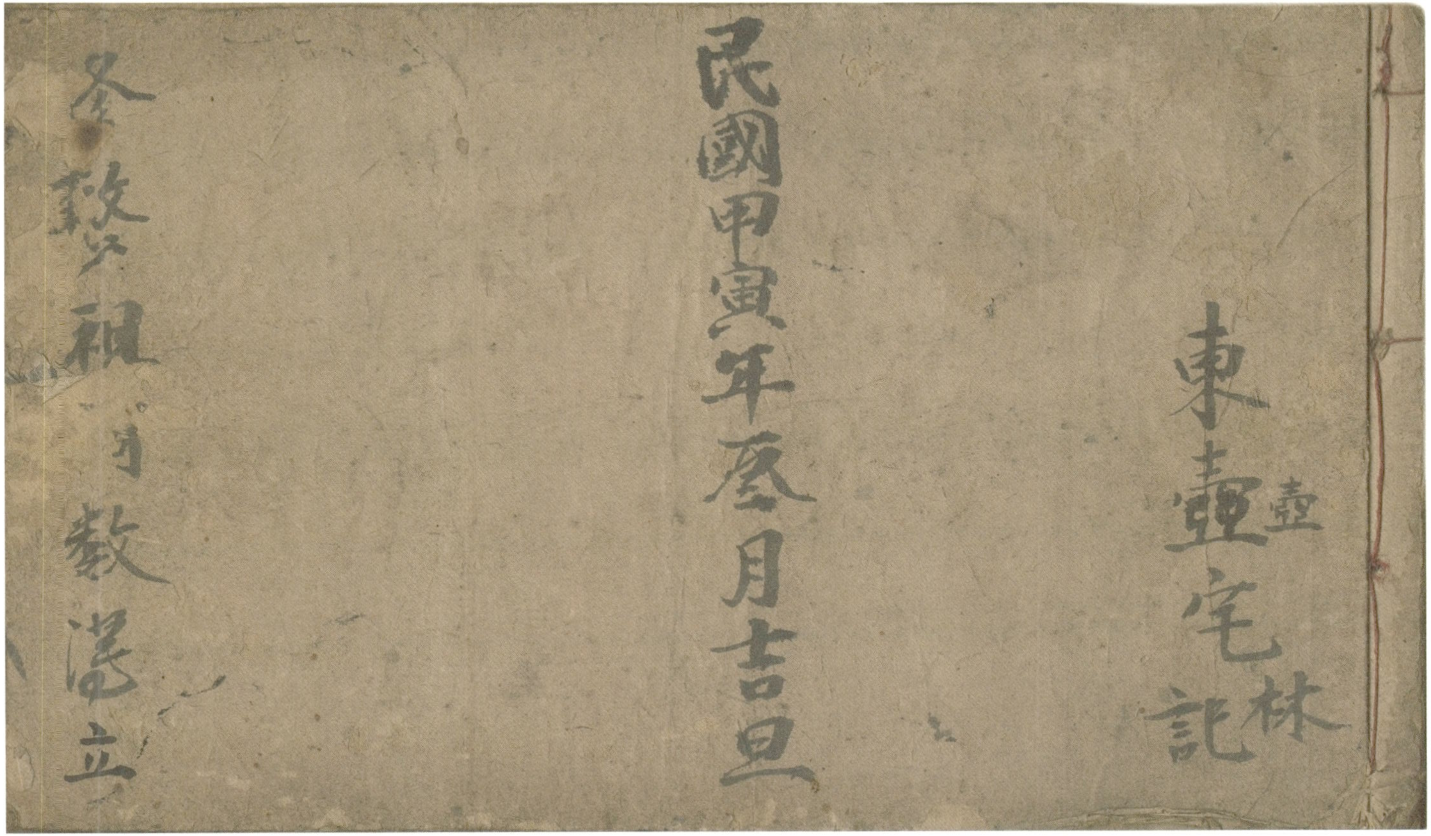

7-3-13-1　民國三年林氏東壺宅記修整祖祠數簿（一）

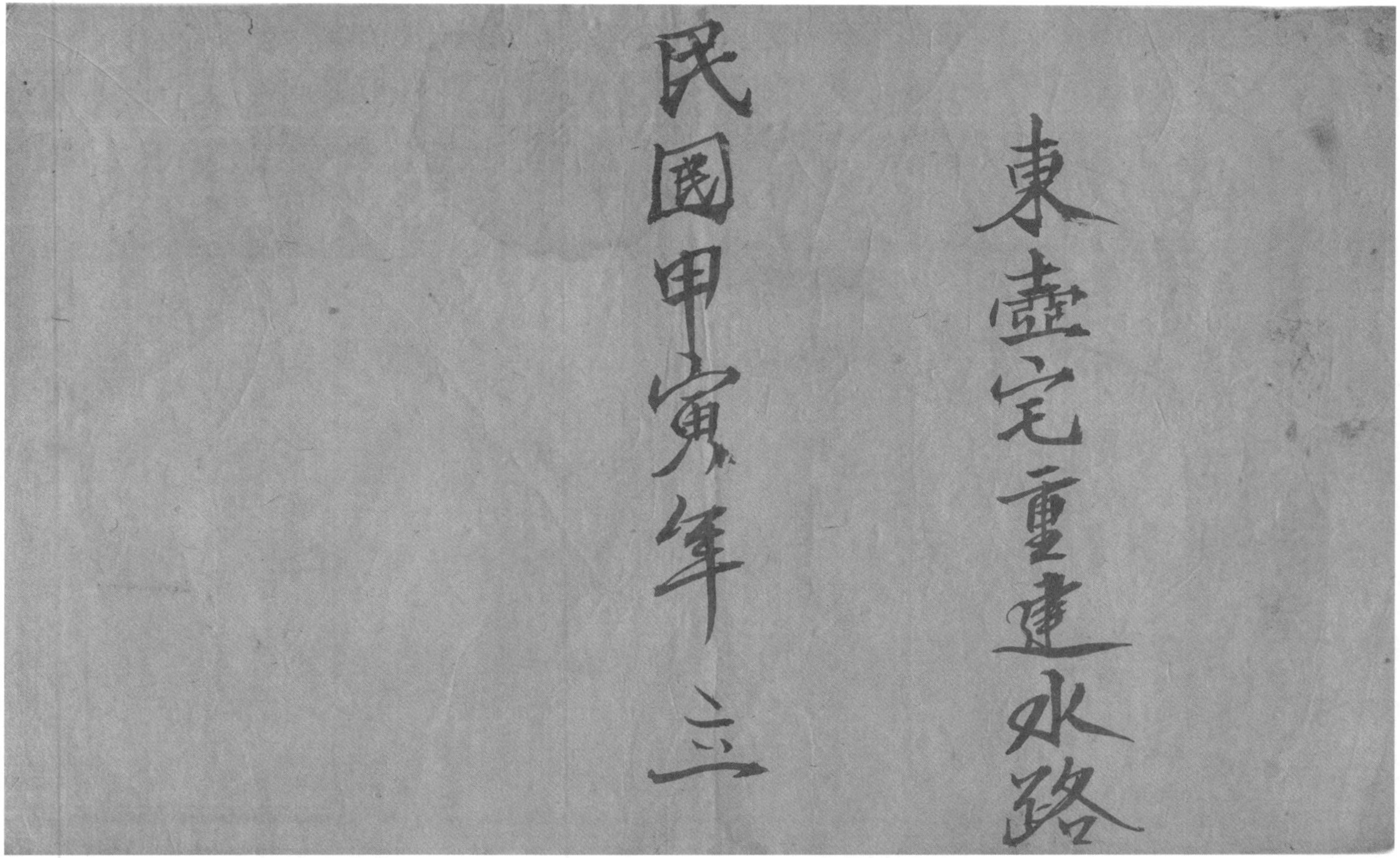
東壺宅重建水路
民國甲寅年立

7-3-13-2　民國三年林氏東壺宅記修整祖祠數簿（二）

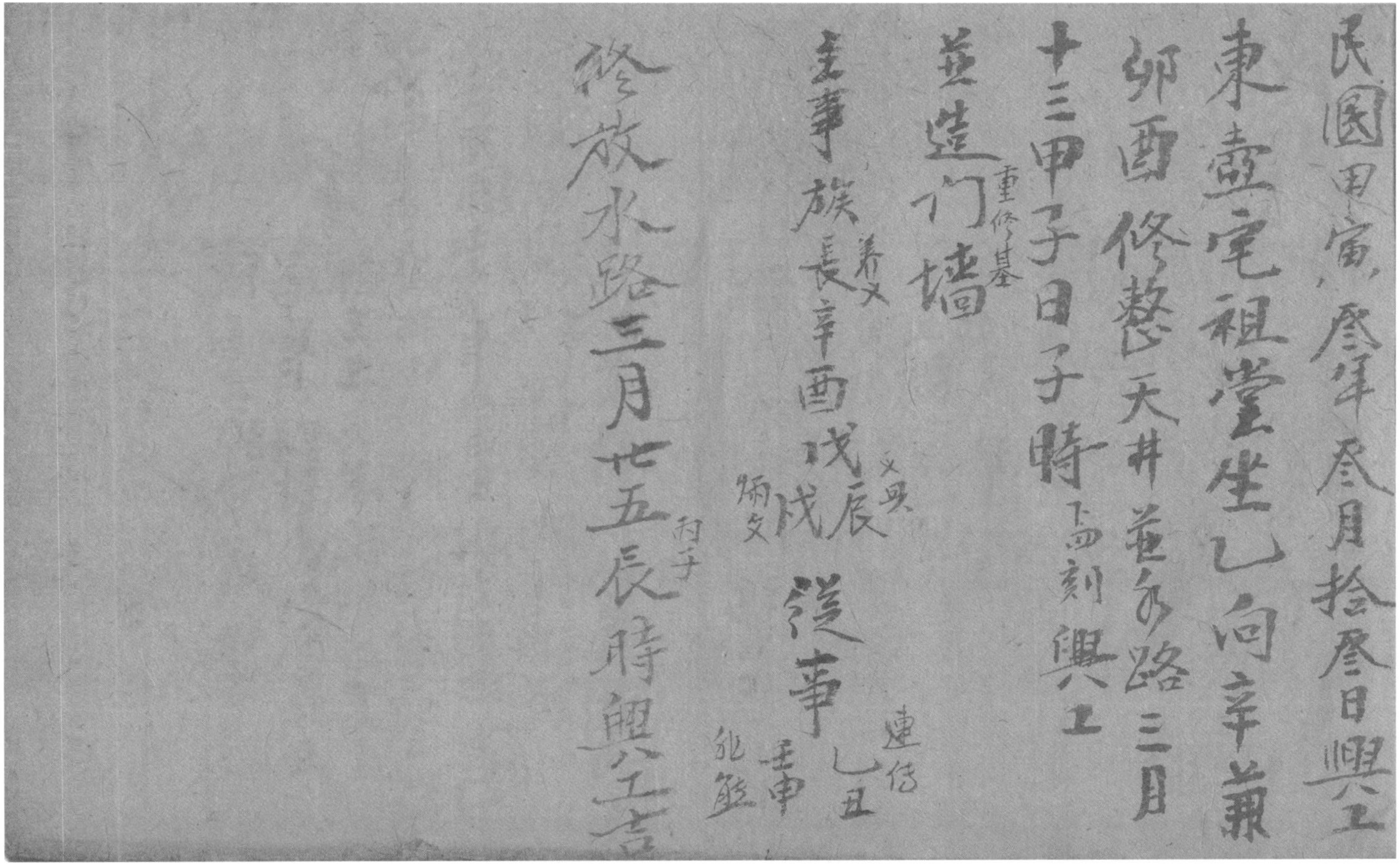

民國甲寅，叁年叁月拾叁日興工
東壺宅祖堂坐乙向辛兼
卯酉修整天井並水路三月
十三甲子日子時下四刻興工
並造門墻 重修基
主事 族長辛酉 恭文
戊戌 炳文
戊辰 文典
從事 乙丑 建信
壬申 能鉉
修放水路三月廿五辰時興工吉 丙子

7-3-13-3　民國三年林氏東壺宅記修整祖祠數簿（三）

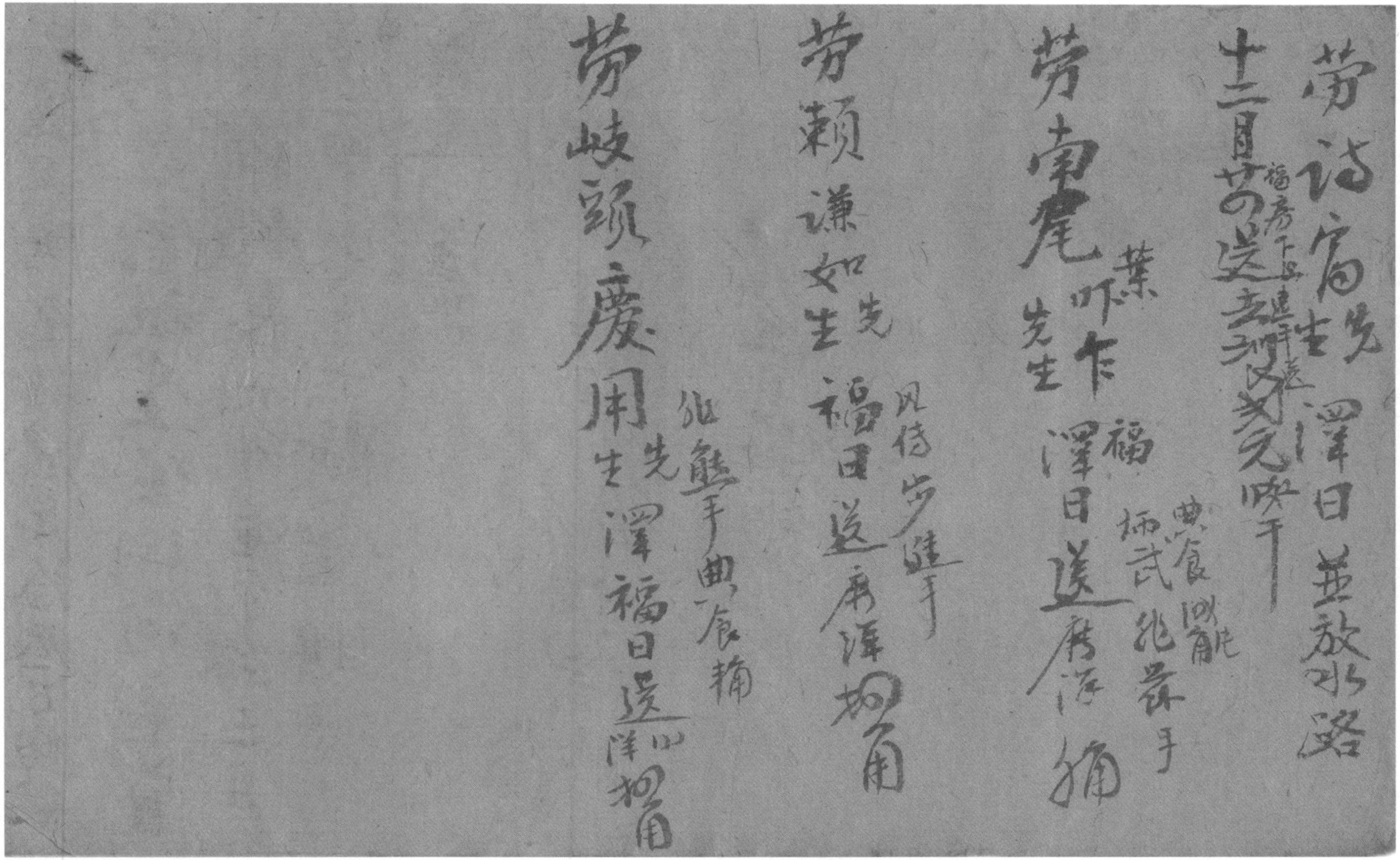
勞詩富先生擇日並放水路
十二月廿四送（福房下呈連年送）工錢艮貳元收干
勞南尾葉吓作先生 福擇日送房澤捅 典倉俶能 柿武兆益手
勞賴謙如先生 福擇日送房澤拗甬 凤佳步筵手
勞岐頭慶開先生 擇福日送山洋拗甬 兆艦手典倉捅

7-3-13-4　民國三年林氏東壺宅記修整祖祠數簿（四）

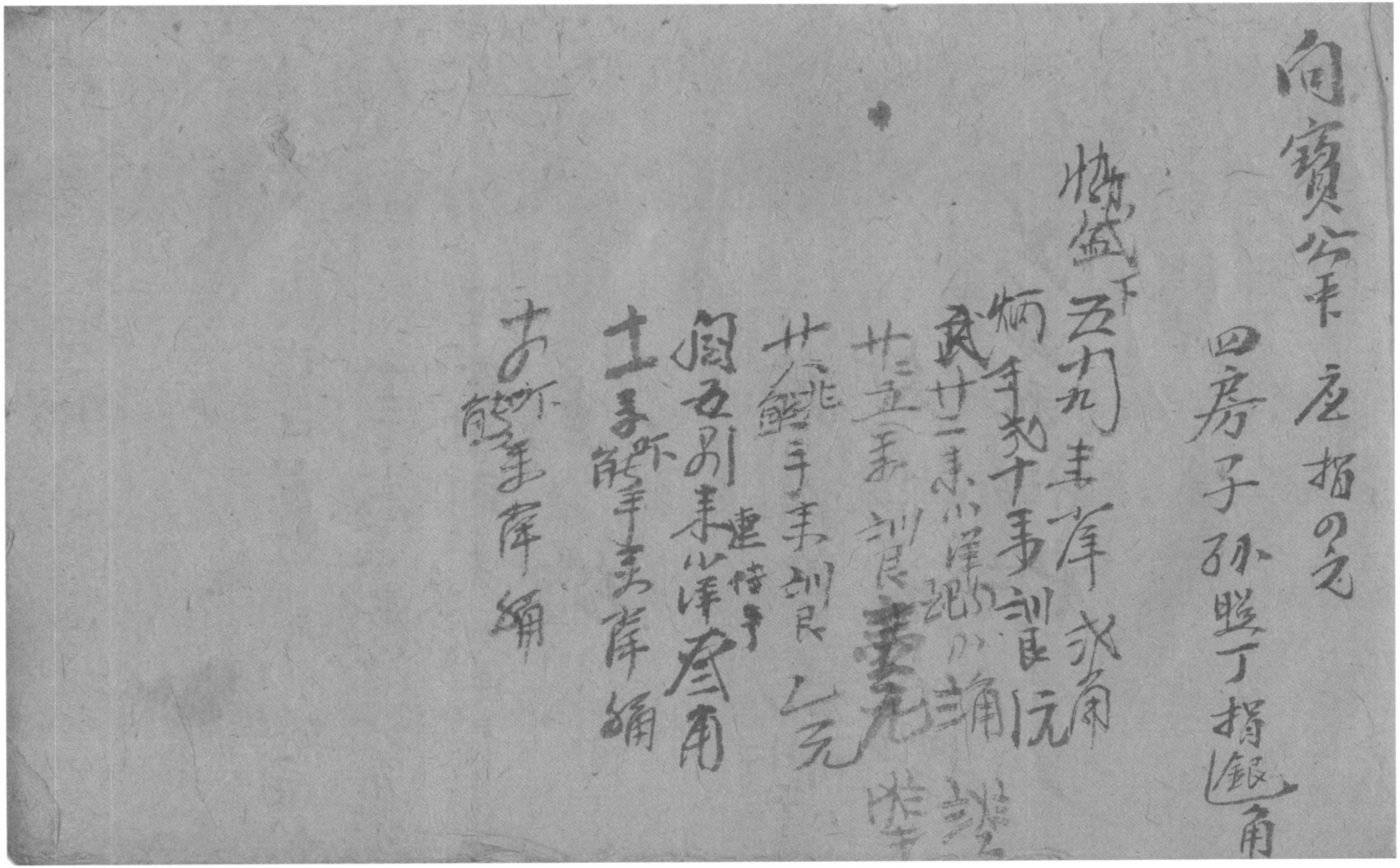
向寶公派應掯の元
四房子孫照丁捐銀角

7-3-13-5　民國三年林氏東壺宅記修整祖祠數簿（五）

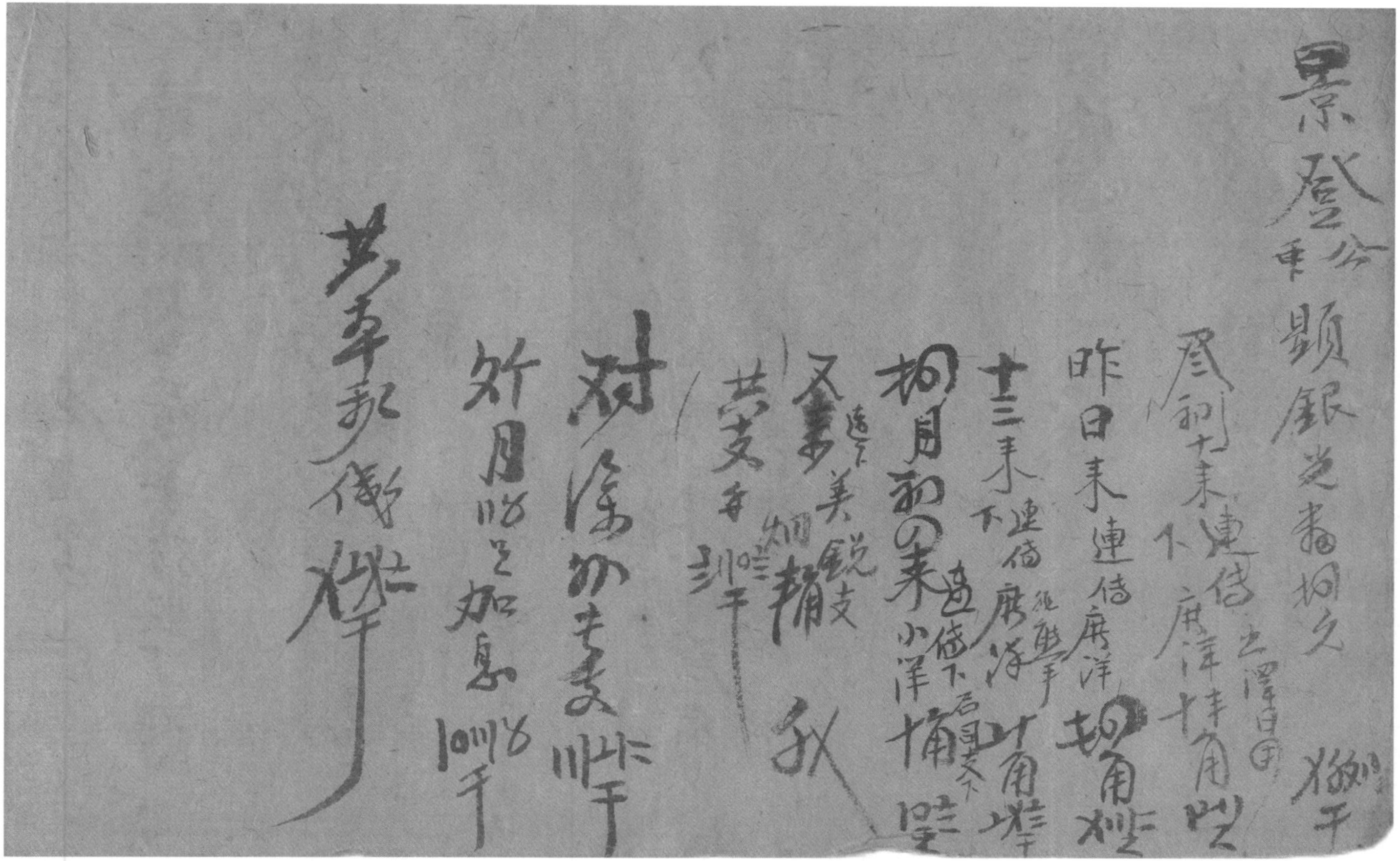

7-3-13-6　民國三年林氏東壺宅記修整祖祠數簿（六）

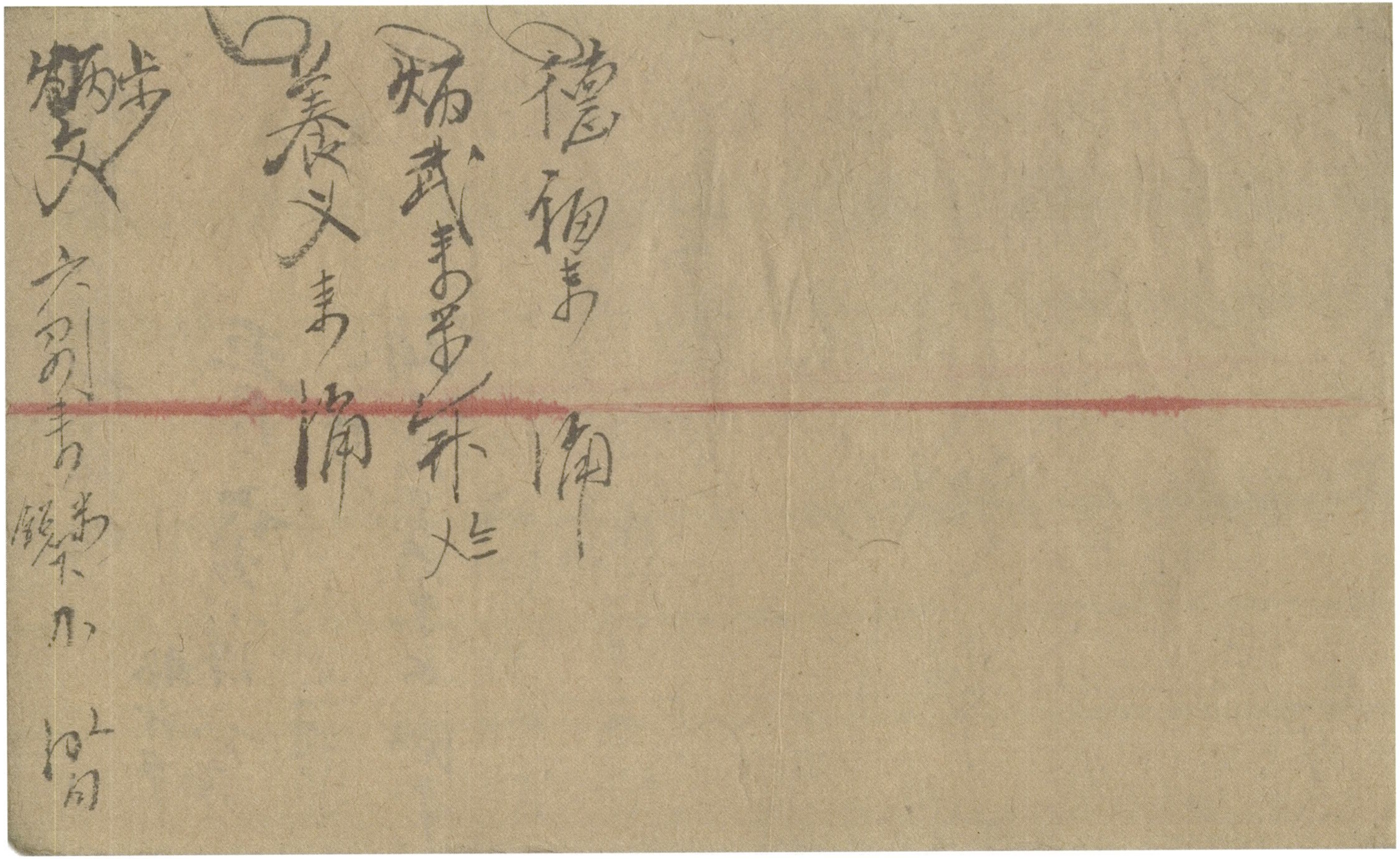

7-3-13-7　民國三年林氏東壺宅記修整祖祠數簿（七）

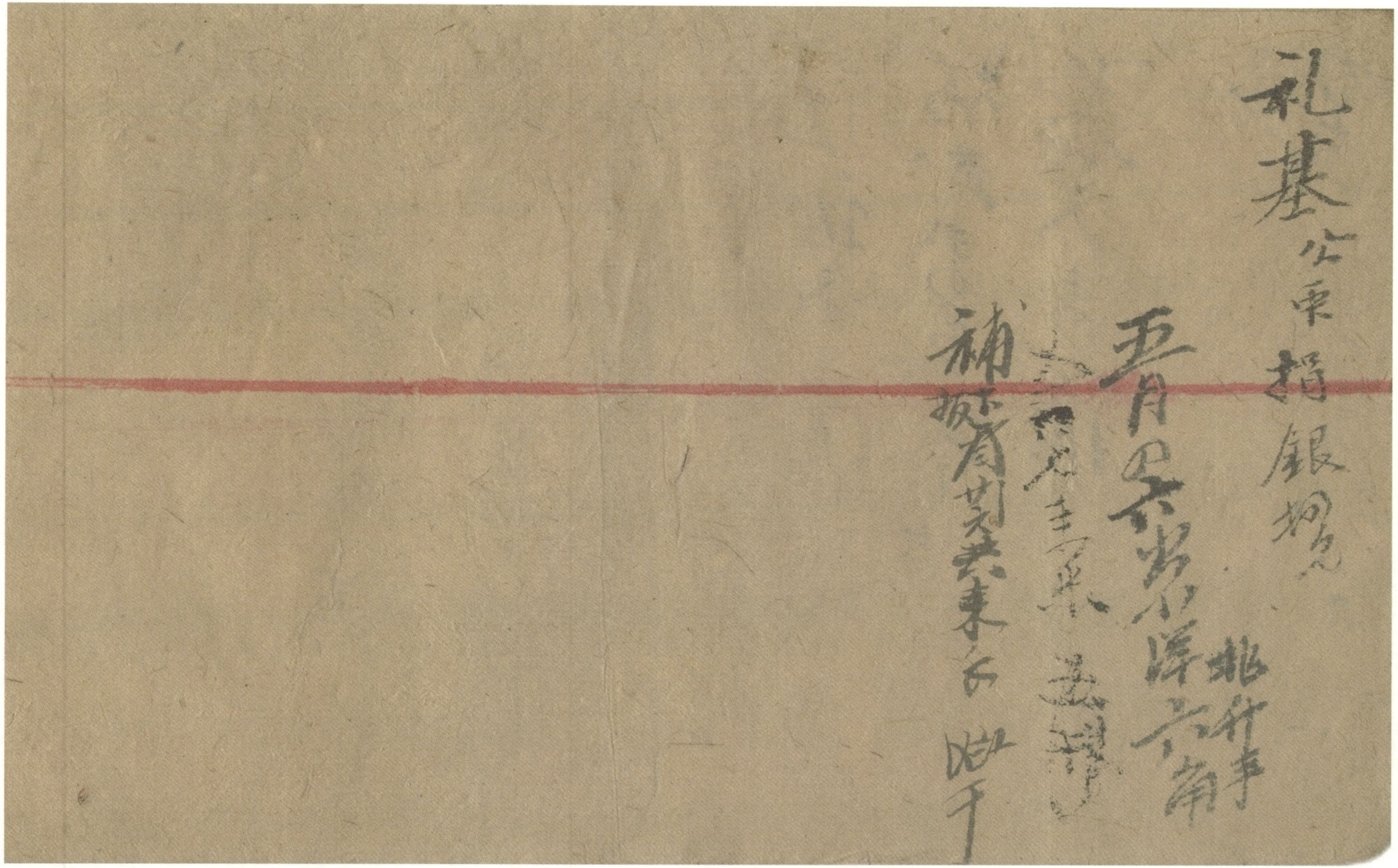
礼基公秉捐銀捌元
五月四日出小洋六角

7-3-13-8　民國三年林氏東壺宅記修整祖祠數簿（八）

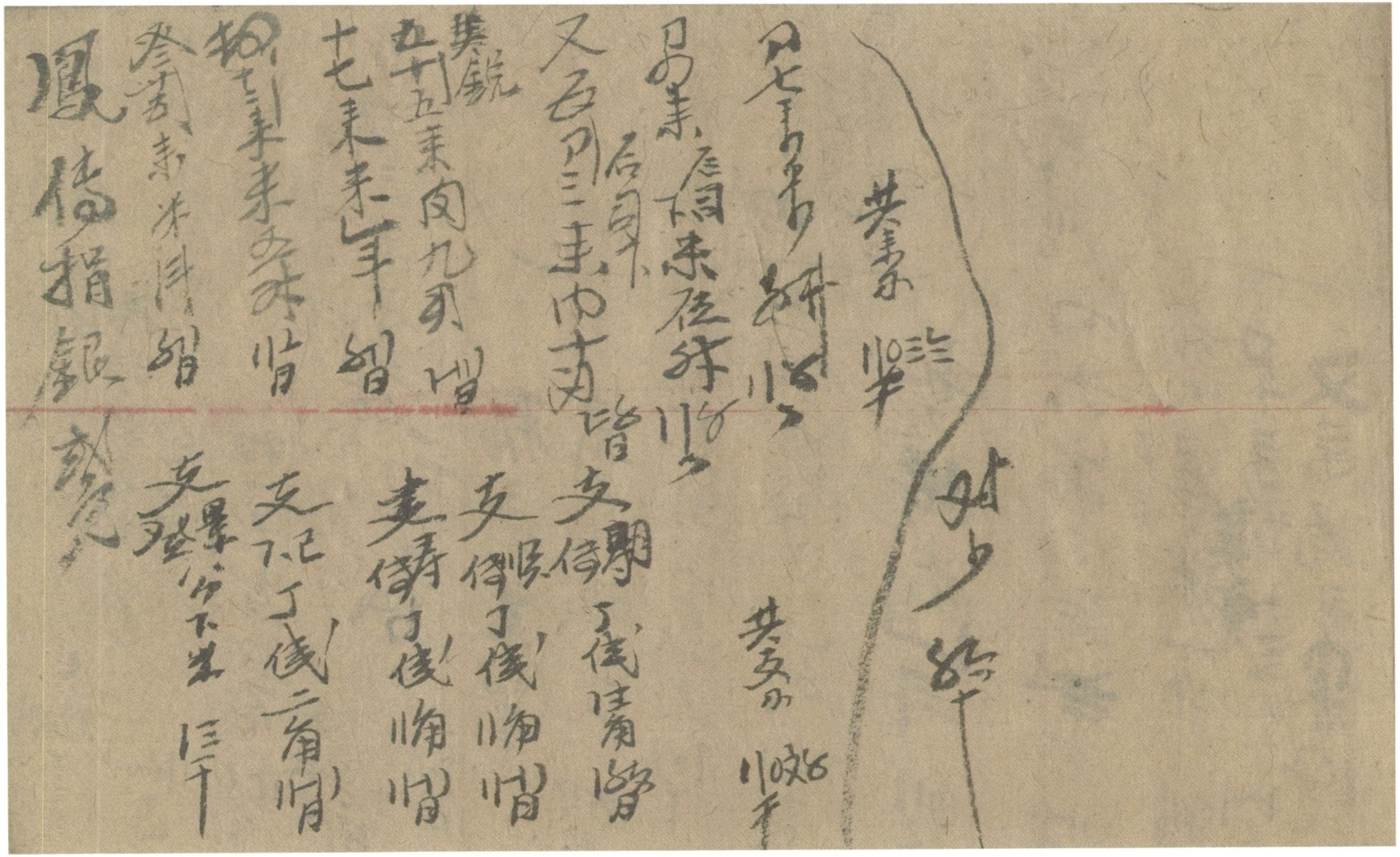

7-3-13-9　民國三年林氏東壺宅記修整祖祠數簿（九）

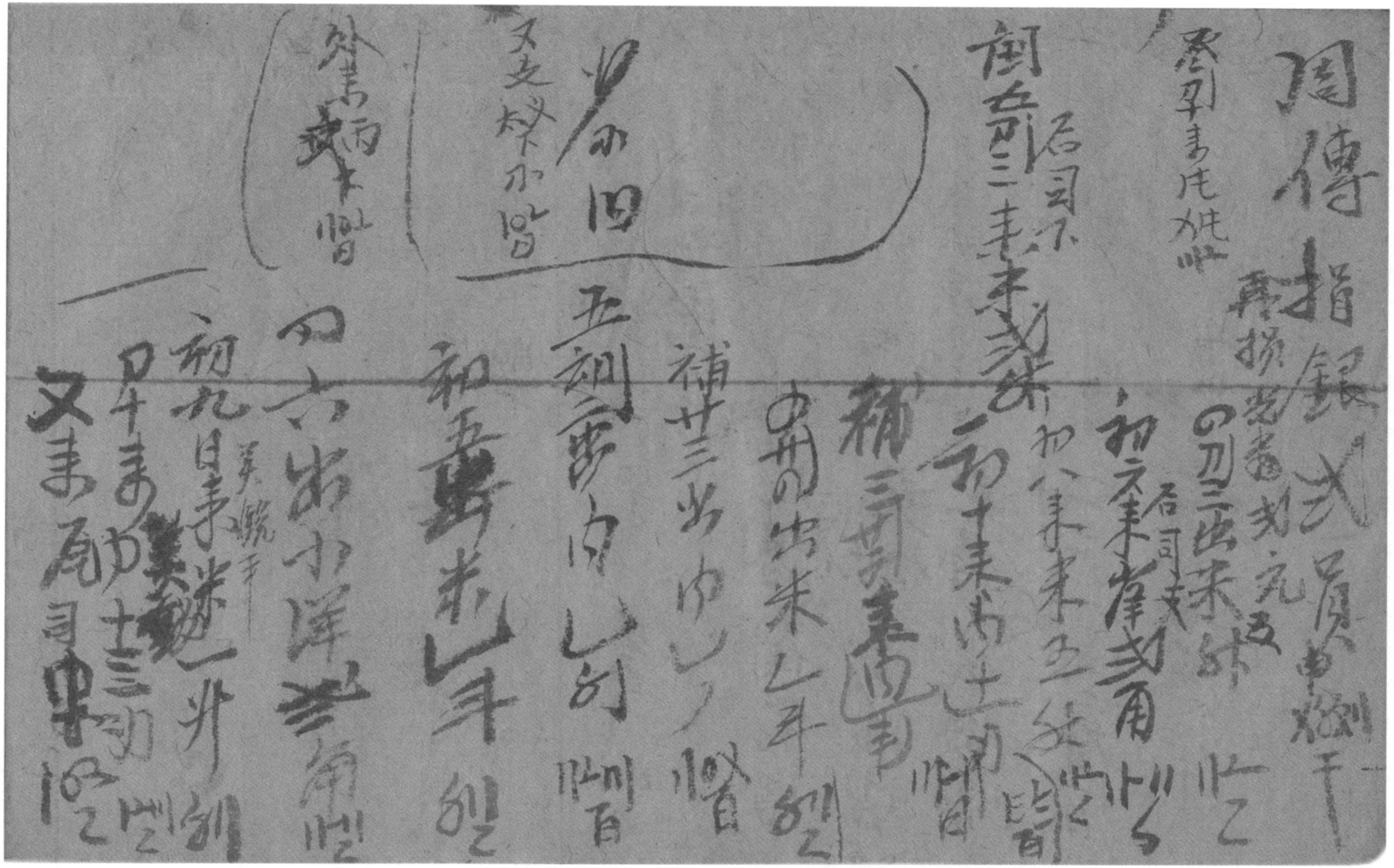

7-3-13-10　民國三年林氏東壺宅記修整祖祠數簿（一〇）

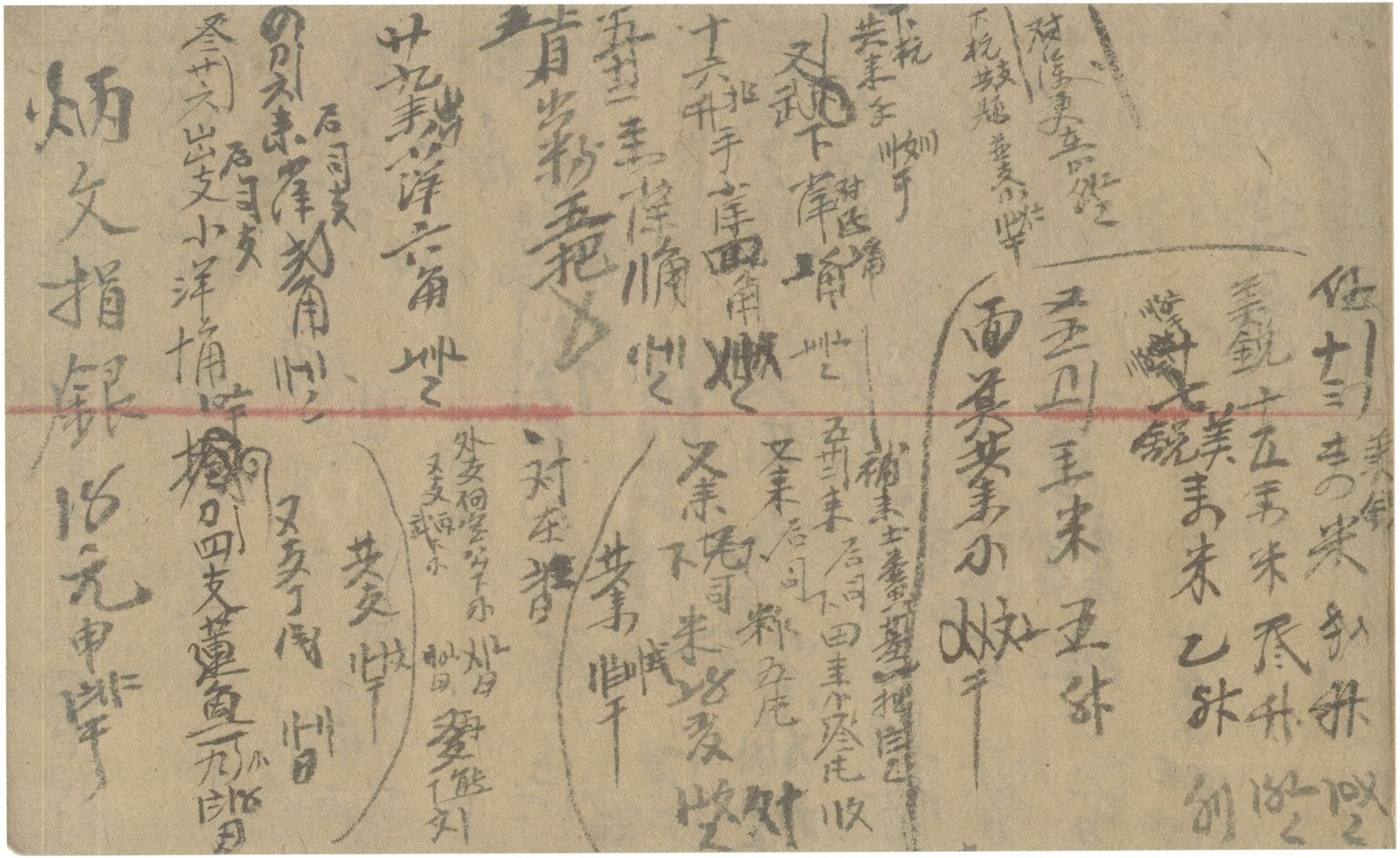

7-3-13-11　民國三年林氏東壺宅記修整祖祠數簿（一一）

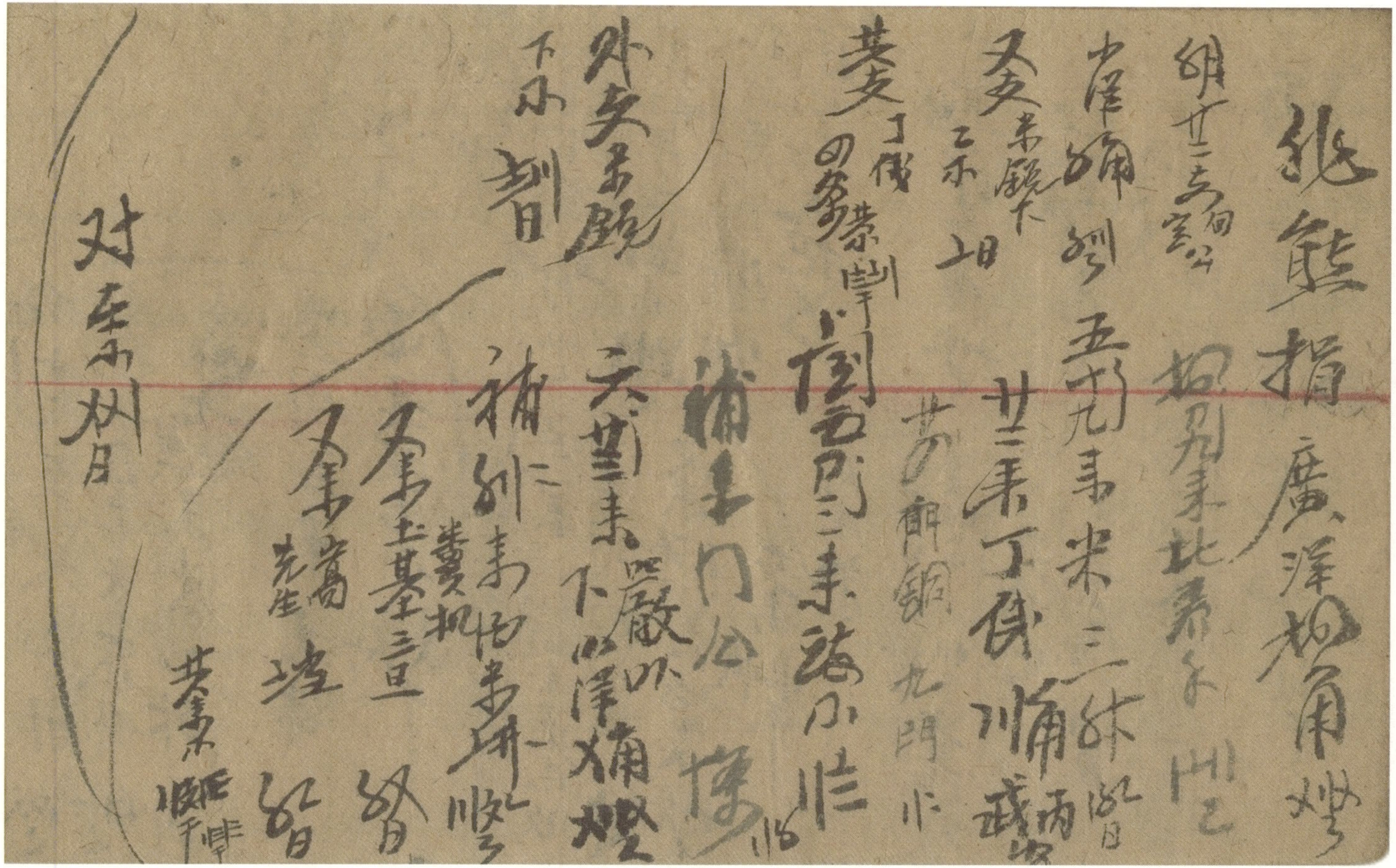

7-3-13-12　民國三年林氏東壺宅記修整祖祠數簿（一二）

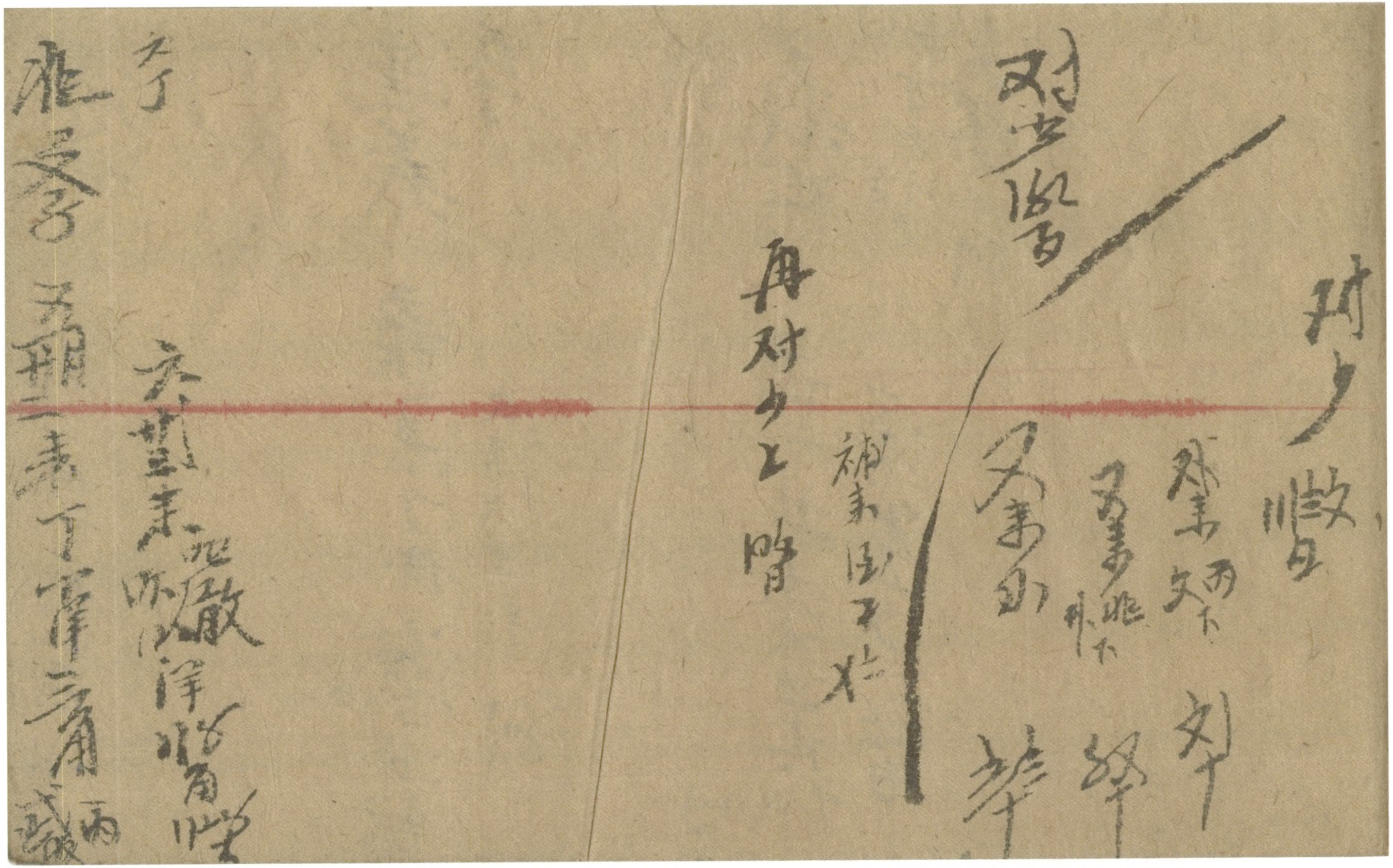

7-3-13-13　民國三年林氏東壺宅記修整祖祠數簿（一三）

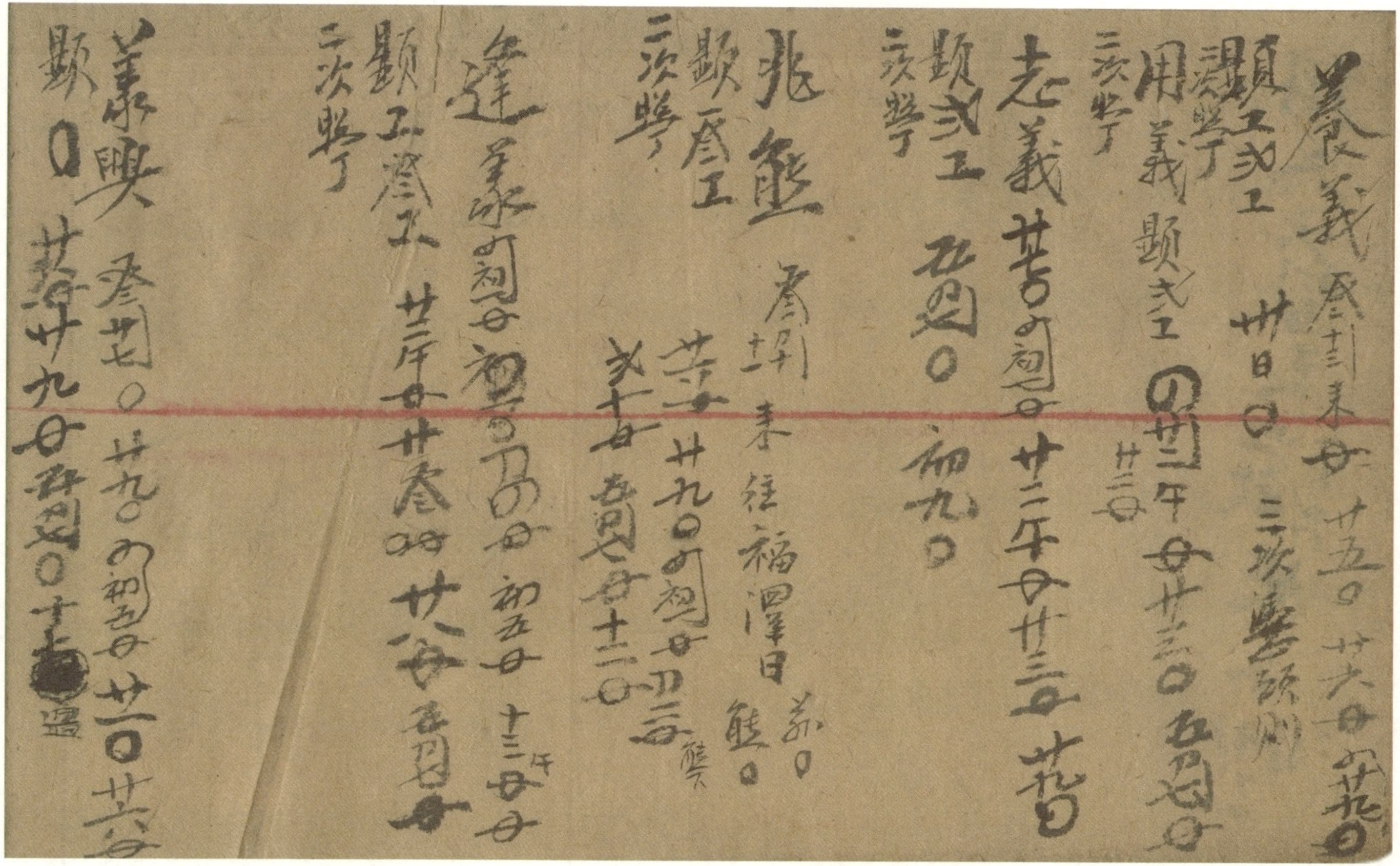

7-3-13-14　民國三年林氏東壺宅記修整祖祠數簿（一四）

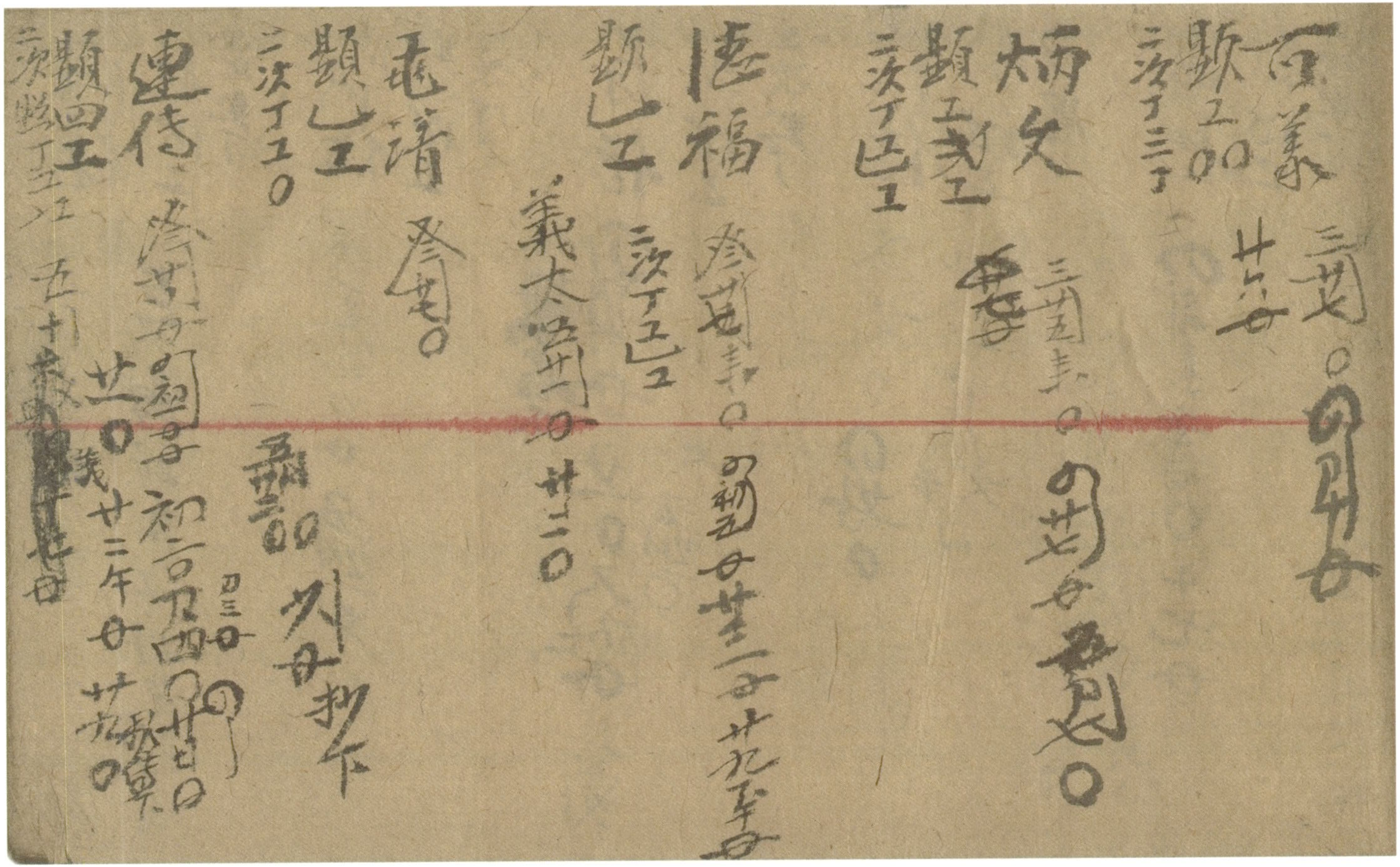

7-3-13-15　民國三年林氏東壺宅記修整祖祠數簿（一五）

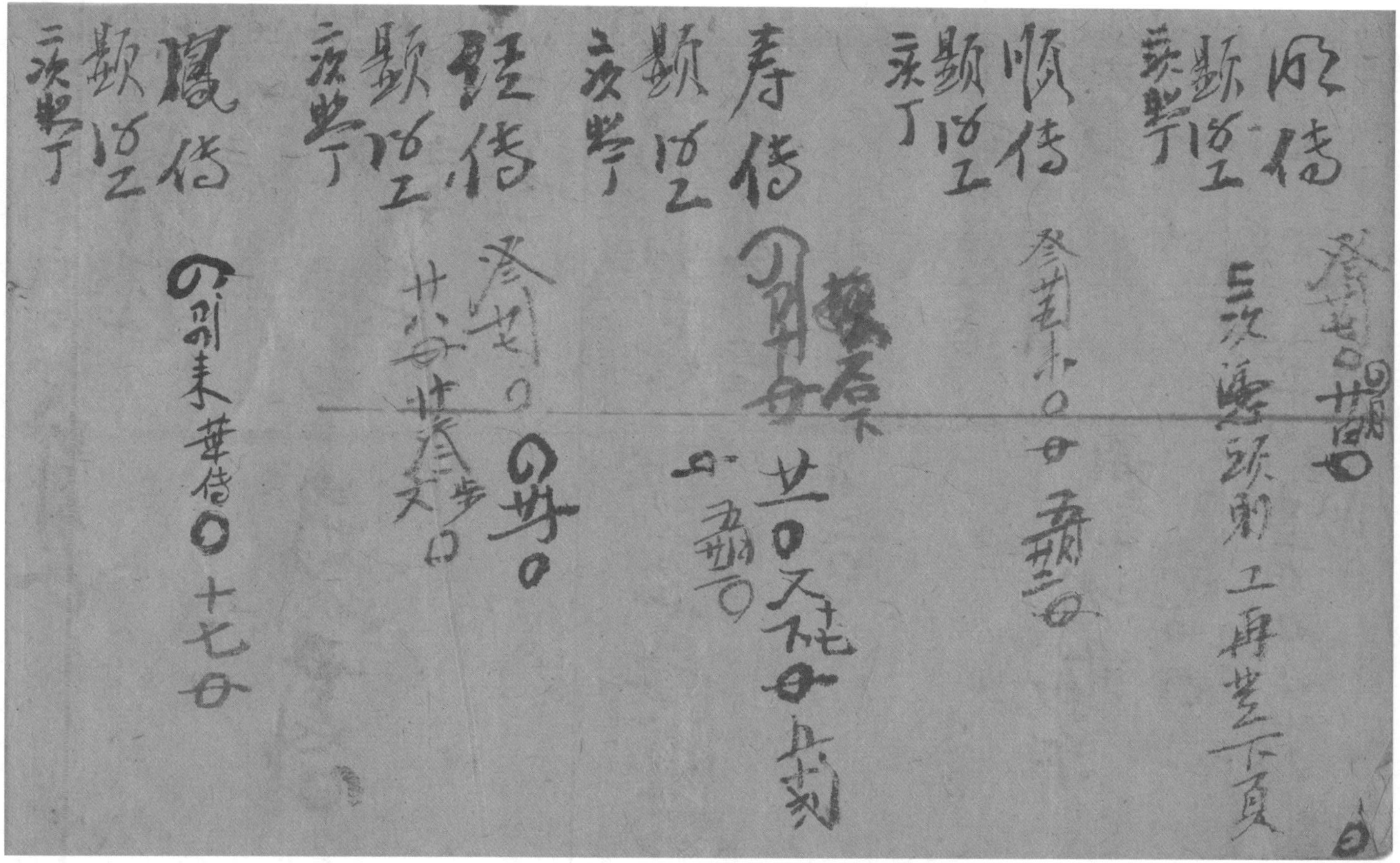

7-3-13-16　民國三年林氏東壹宅記修整祖祠數簿（一六）

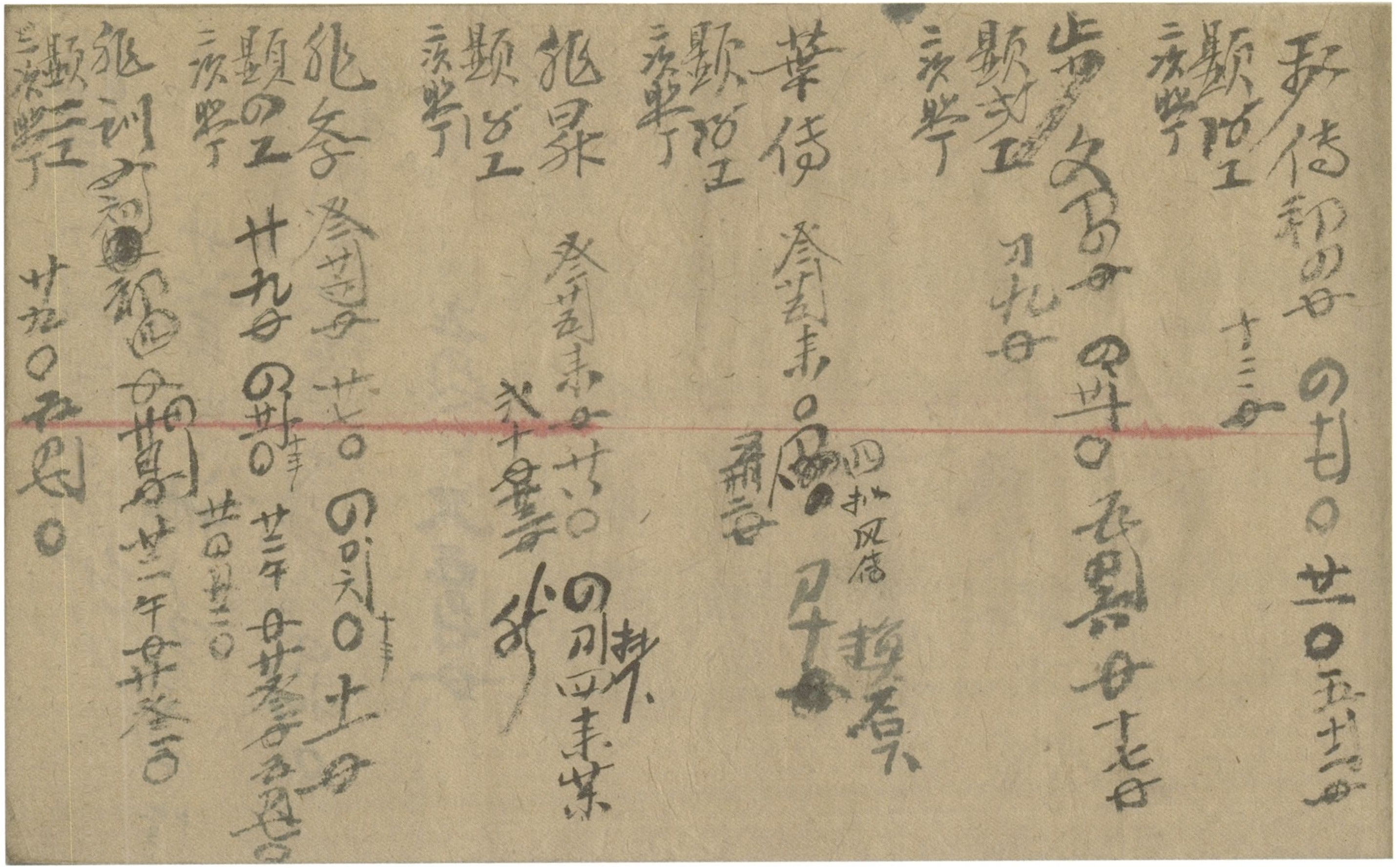

7-3-13-17　民國三年林氏東壺宅記修整祖祠數簿（一七）

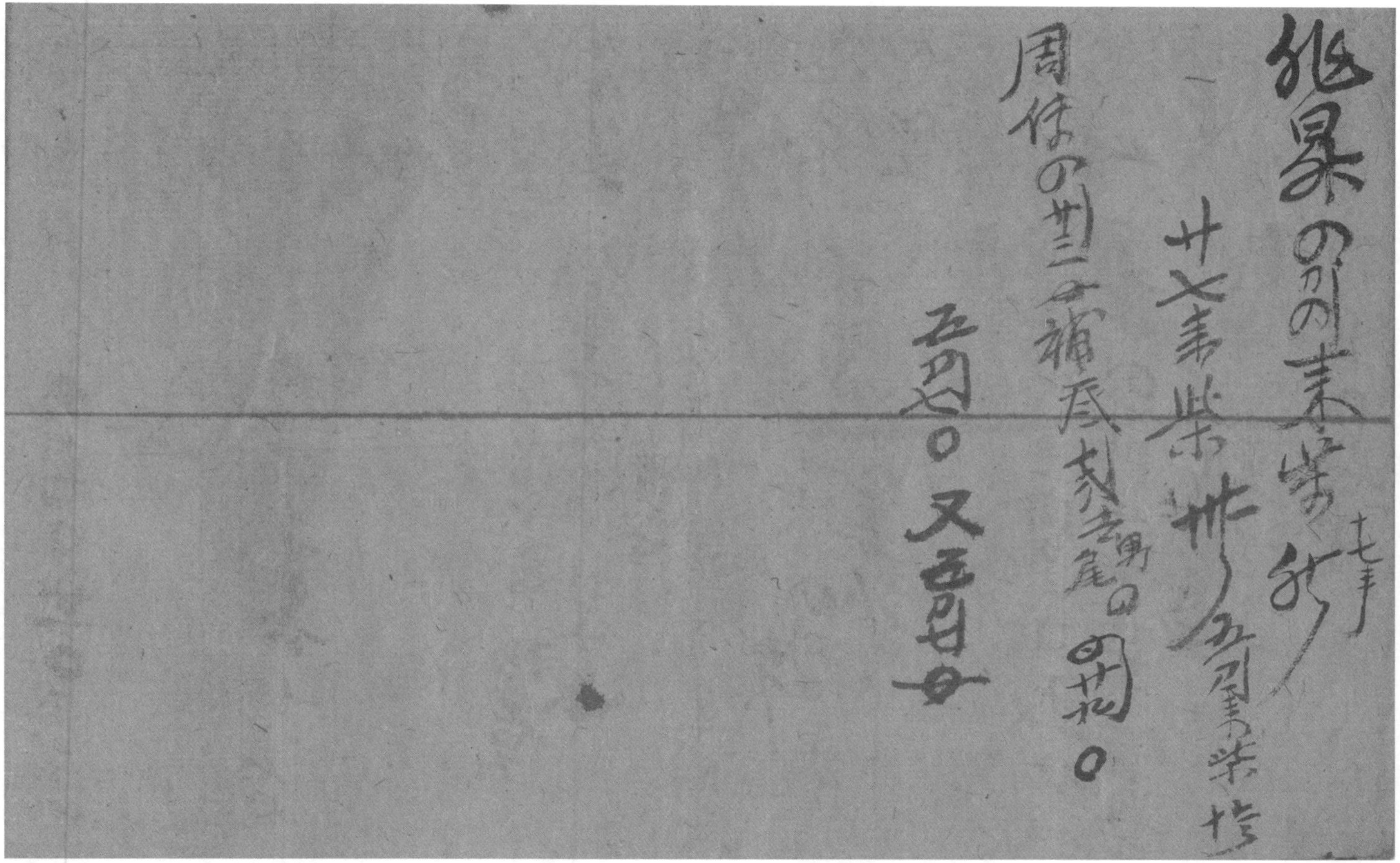

7-3-13-18　民國三年林氏東壺宅記修整祖祠數簿（一八）

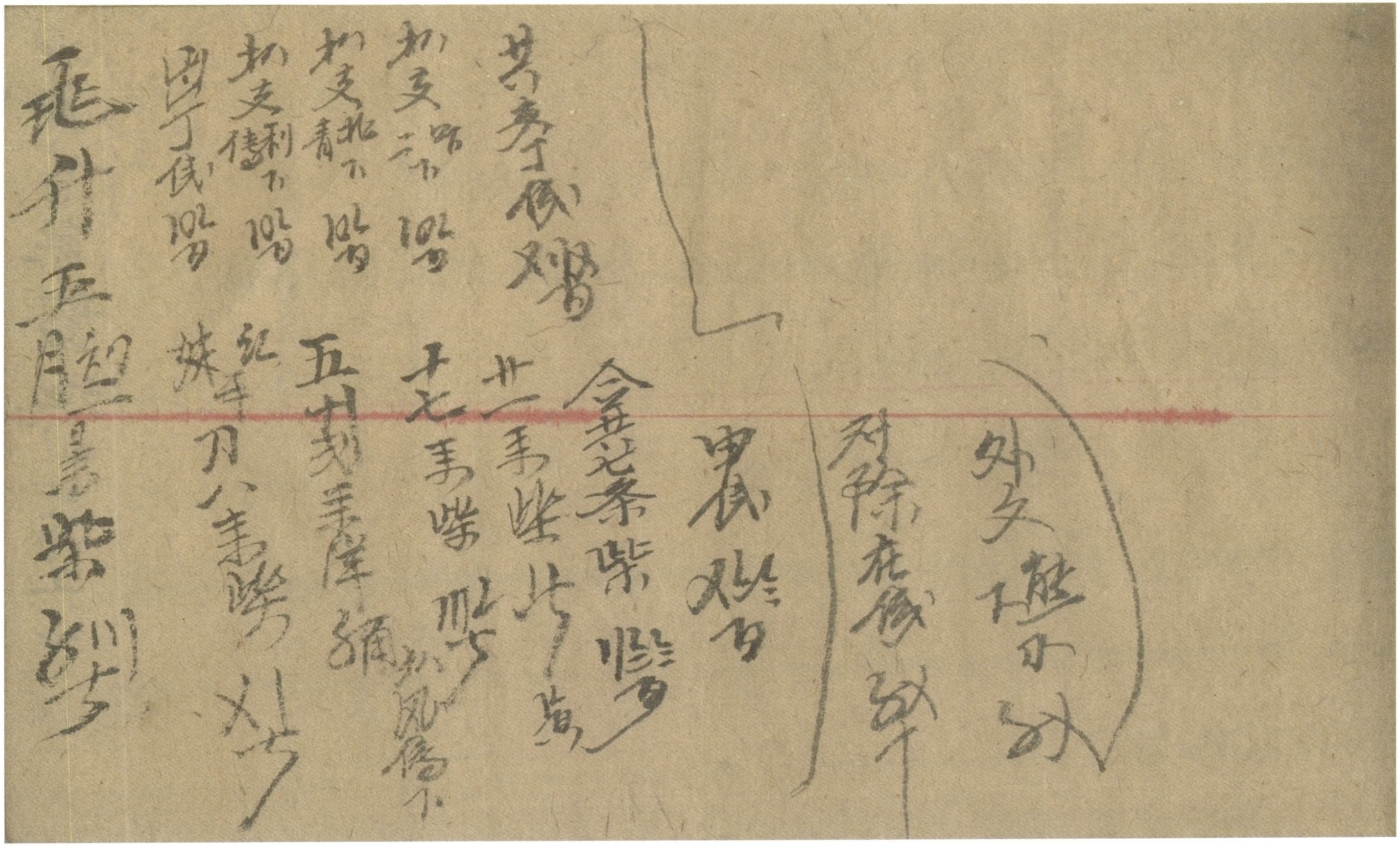

7-3-13-19　民國三年林氏東壺宅記修整祖祠數簿（一九）

7-3-13-20　民國三年林氏東壺宅記修整祖祠數簿（二〇）

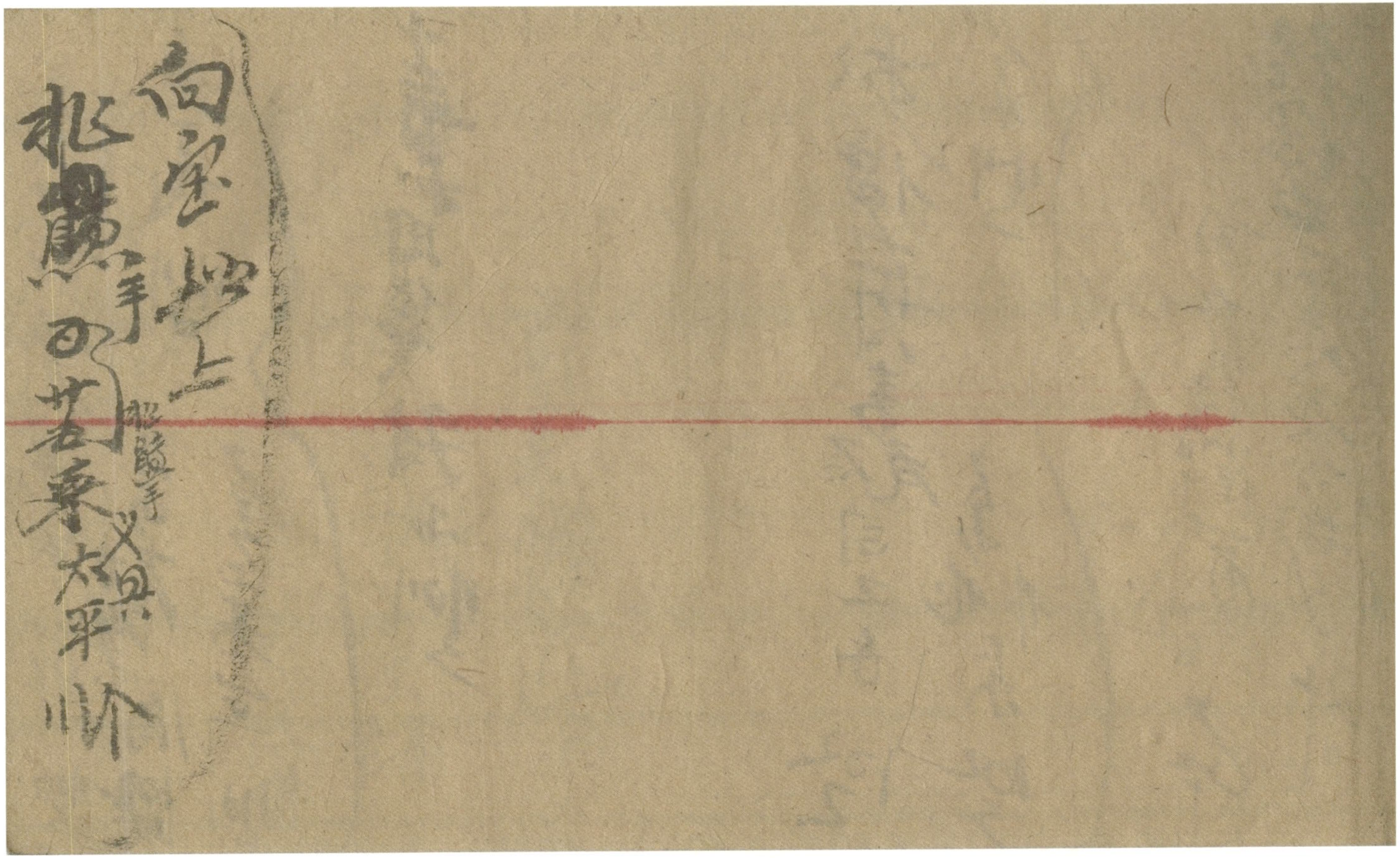

7-3-13-21　民國三年林氏東壺宅記修整祖祠數簿（二一）

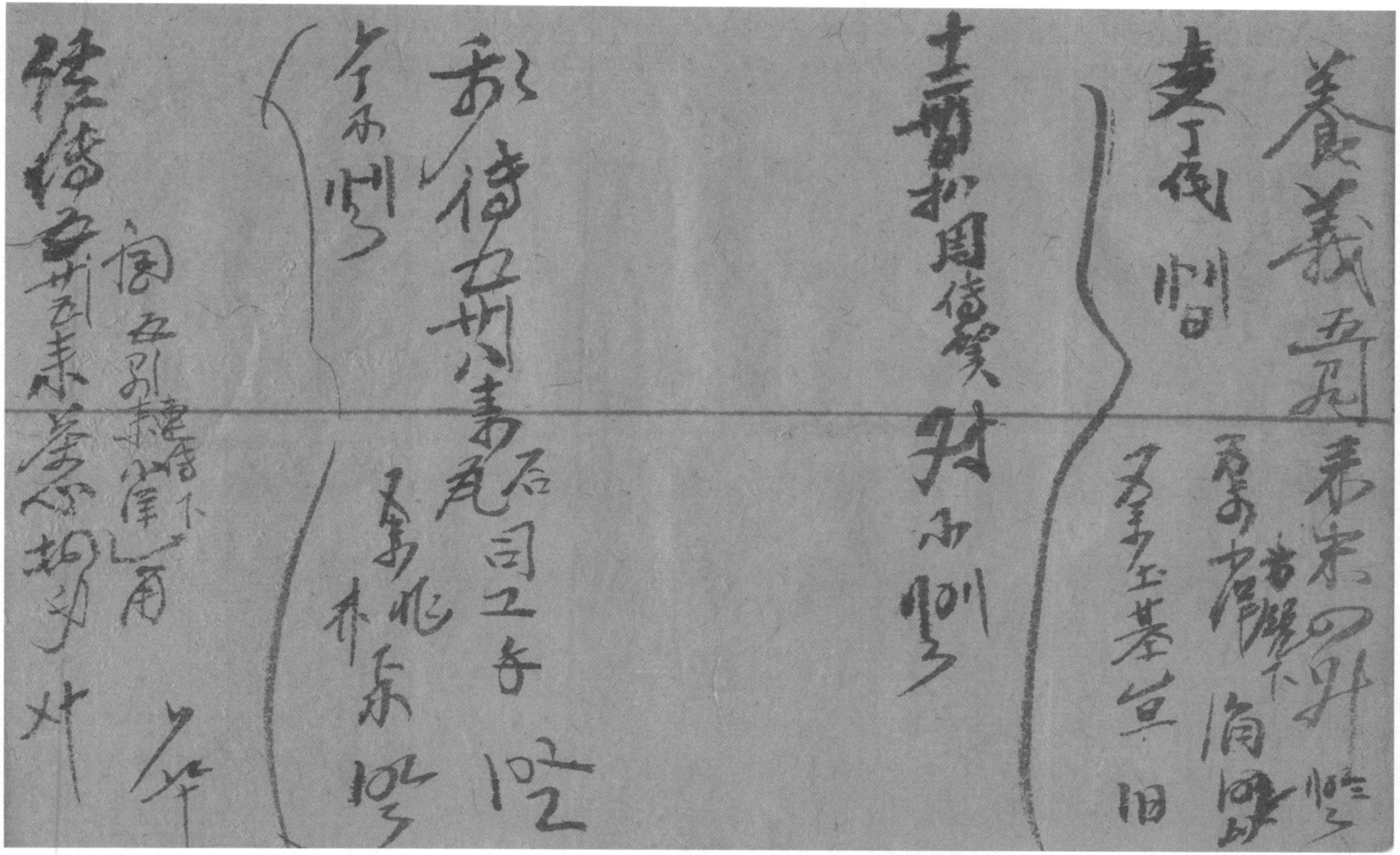

7-3-13-22　民國三年林氏東壺宅記修整祖祠數簿（二二）

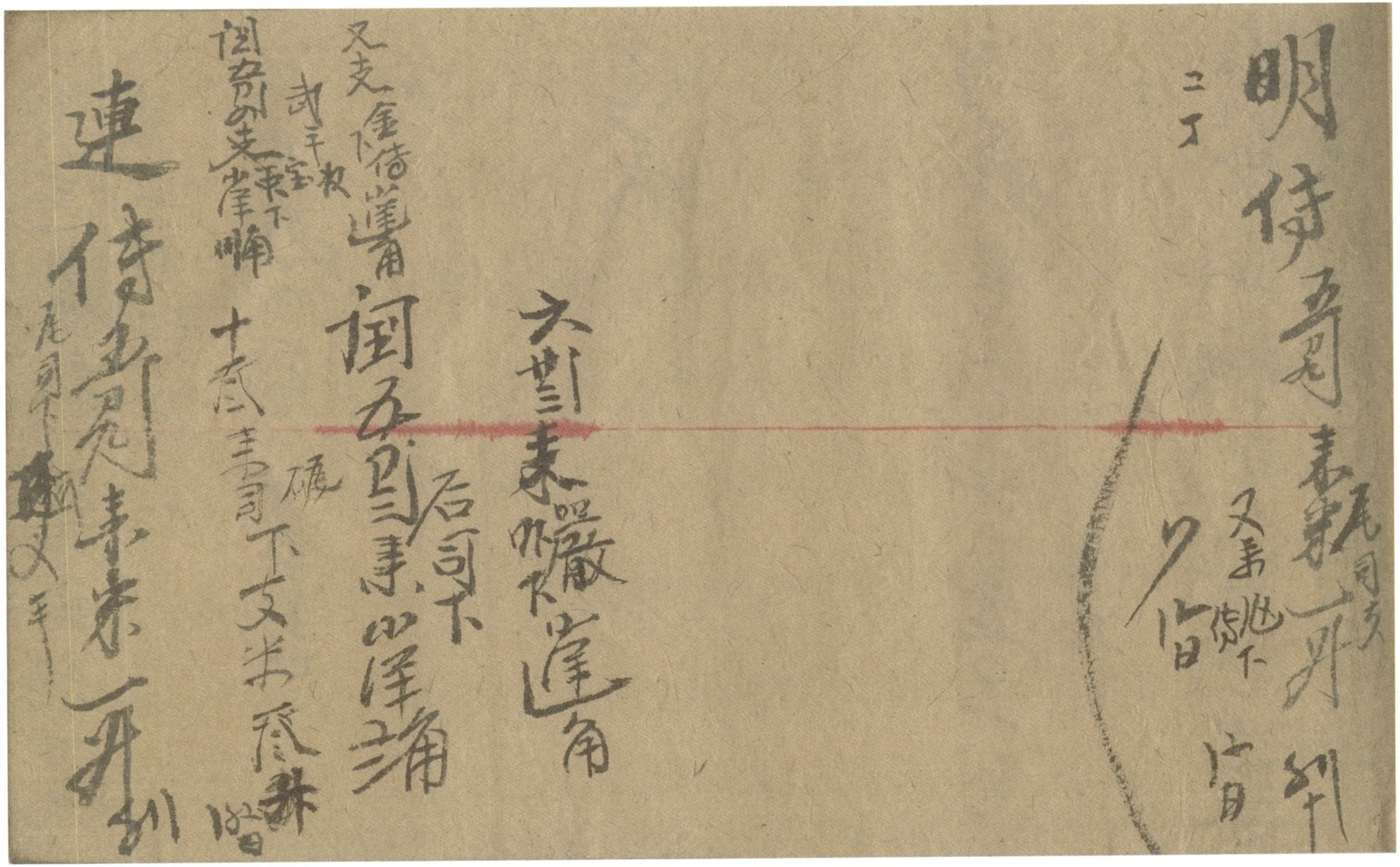

7-3-13-23 民國三年林氏東壺宅記修整祖祠數簿（二三）

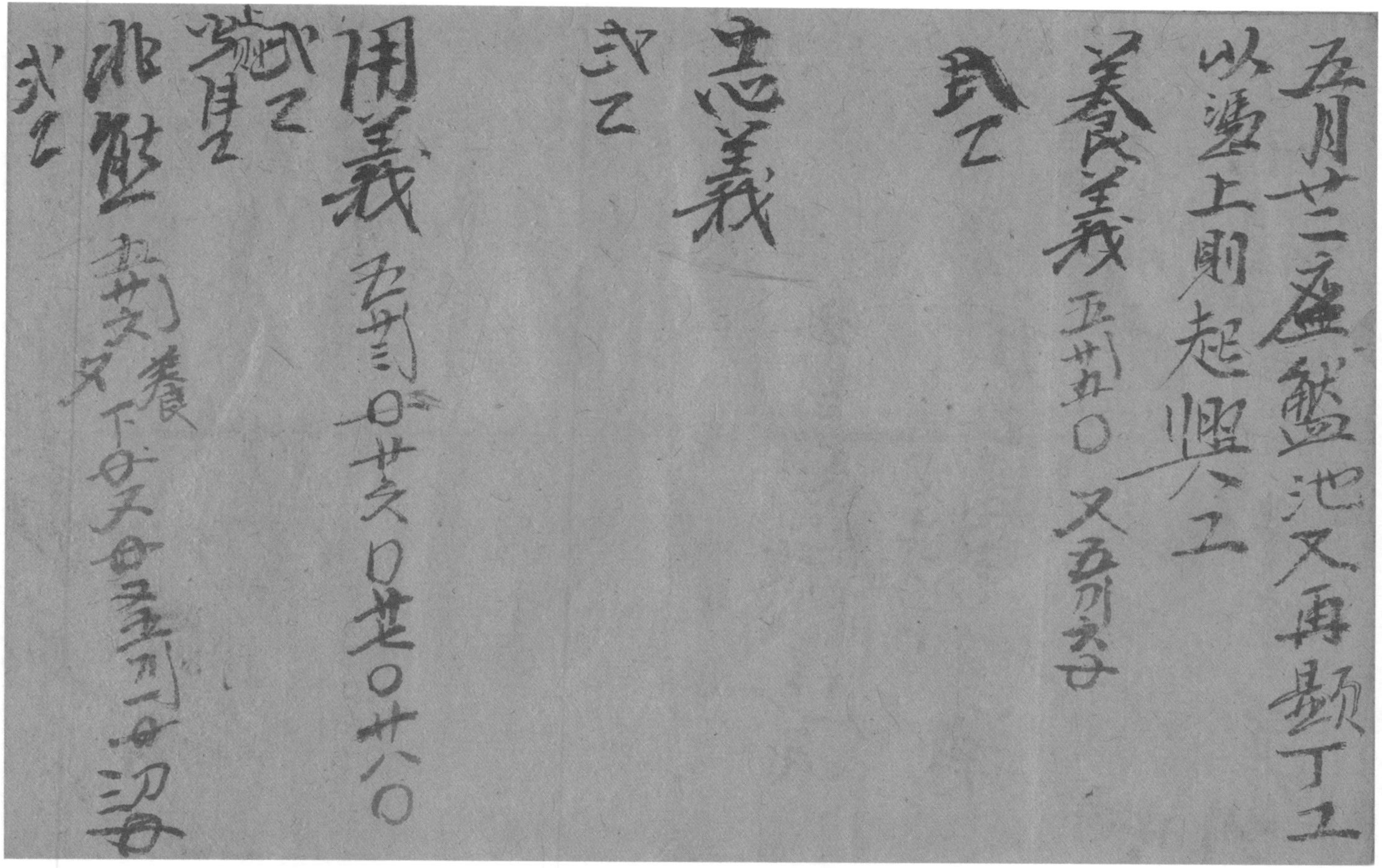
五月廿二盛盤池又再顕丁工
以還上則起𡋾八工
養義 五卅廿五〇 又五廿六子
式工
志義
式工
用義 五卅三〇 廿六〇 廿〇 廿八〇
式工
號星
兆盤 叁卅又養 又下廿又廿叁卅一廿沒
式工

7-3-13-24　民國三年林氏東壺宅記修整祖祠數簿（二四）

三乙
逢義　閏五刂〇　辛　刀三〇　五盞〇
三乙
呈義　興　五肅三〇　又寡刂五〇〇
上乙
何文
㐂乙
義太
〇
嫡文　又五刂盈〇　肅〇〇
式乙
德福　又五刂七〇
上乙
兆青　上乙　鏊刂　二乙　又五刂　二〇

7-3-13-25　民國三年林氏東壺宅記修整祖祠數簿（二五）

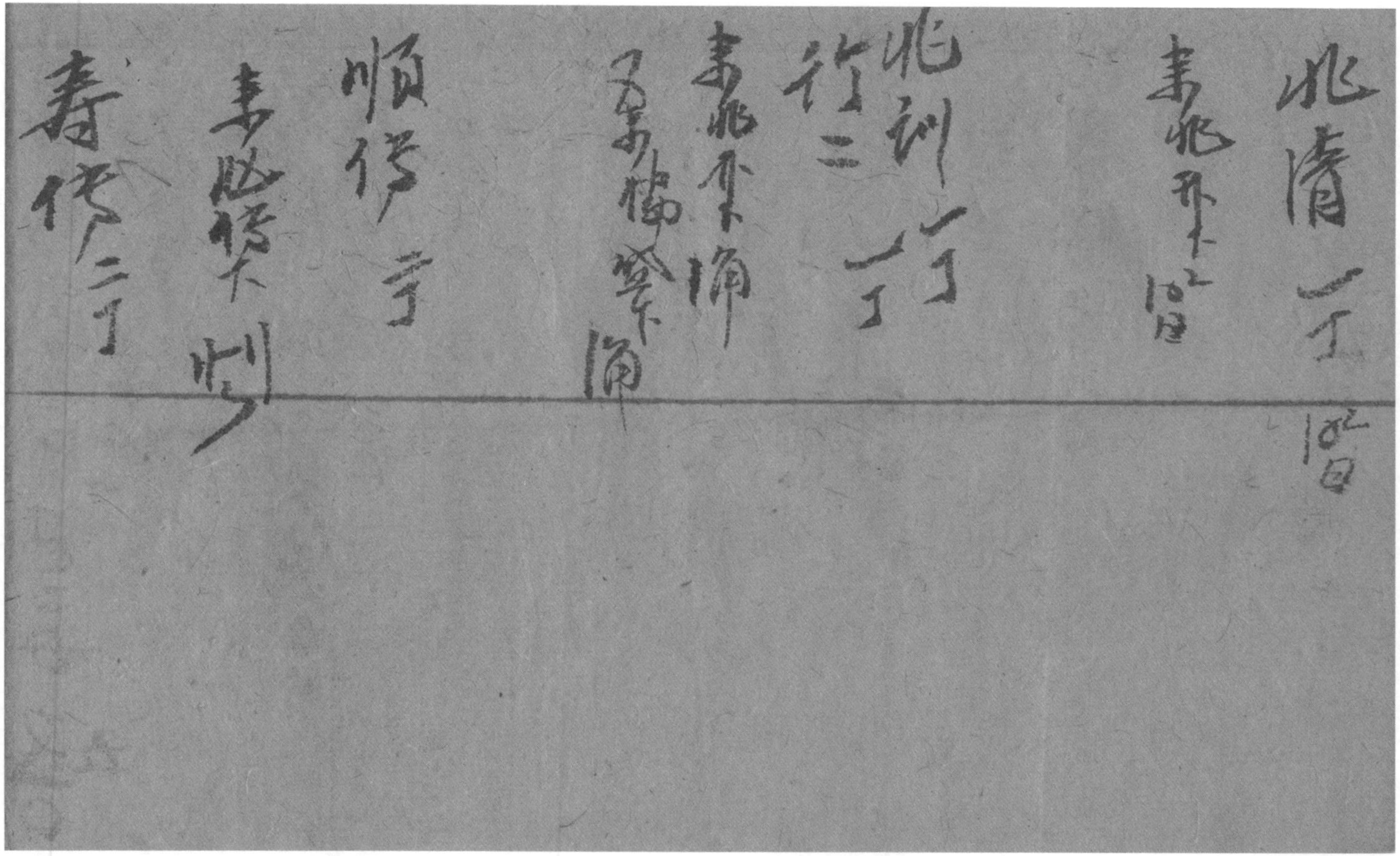

7-3-13-26　民國三年林氏東壺宅記修整祖祠數簿（二六）

7-3-13-27 民國三年林氏東壺宅記修整祖祠數簿（二七）

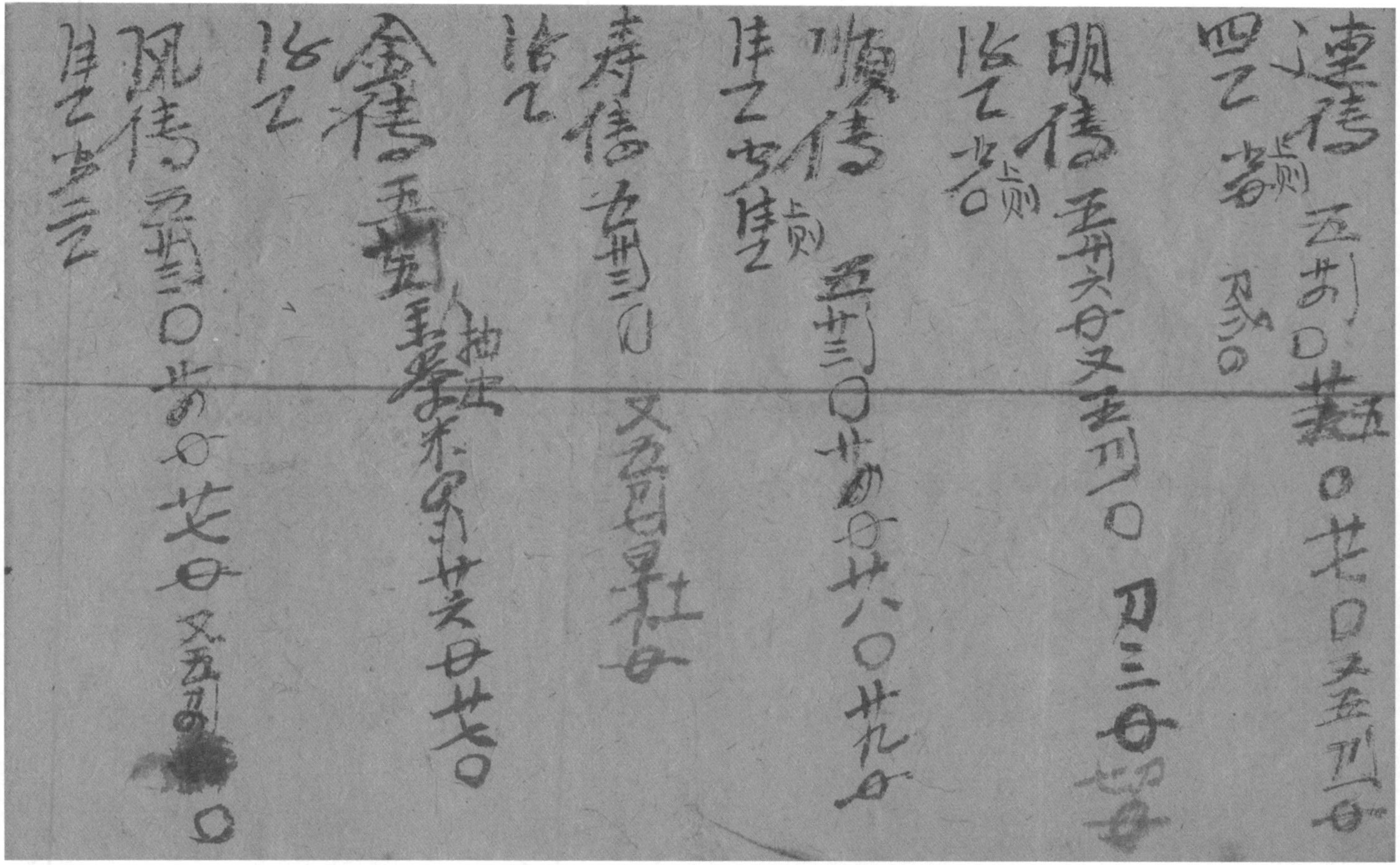

7-3-13-28　民國三年林氏東壺宅記修整祖祠數簿（二八）

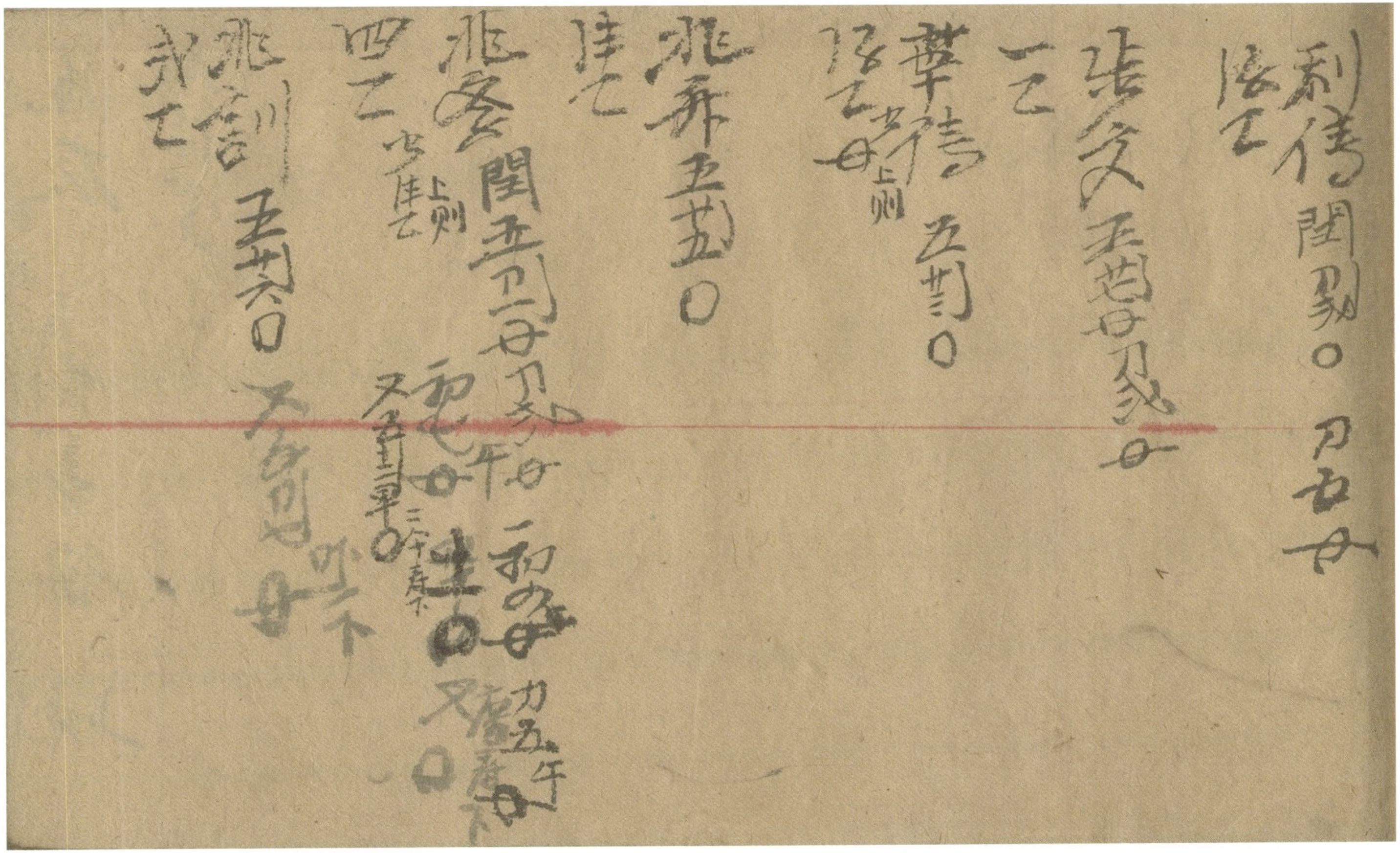

7-3-13-29 民國三年林氏東壺宅記修整祖祠數簿（二九）

溫友　甲寅三月　五甘壽蟹上坑
周倚篁

7-3-13-30　民國三年林氏東壺宅記修整祖祠數簿（三〇）

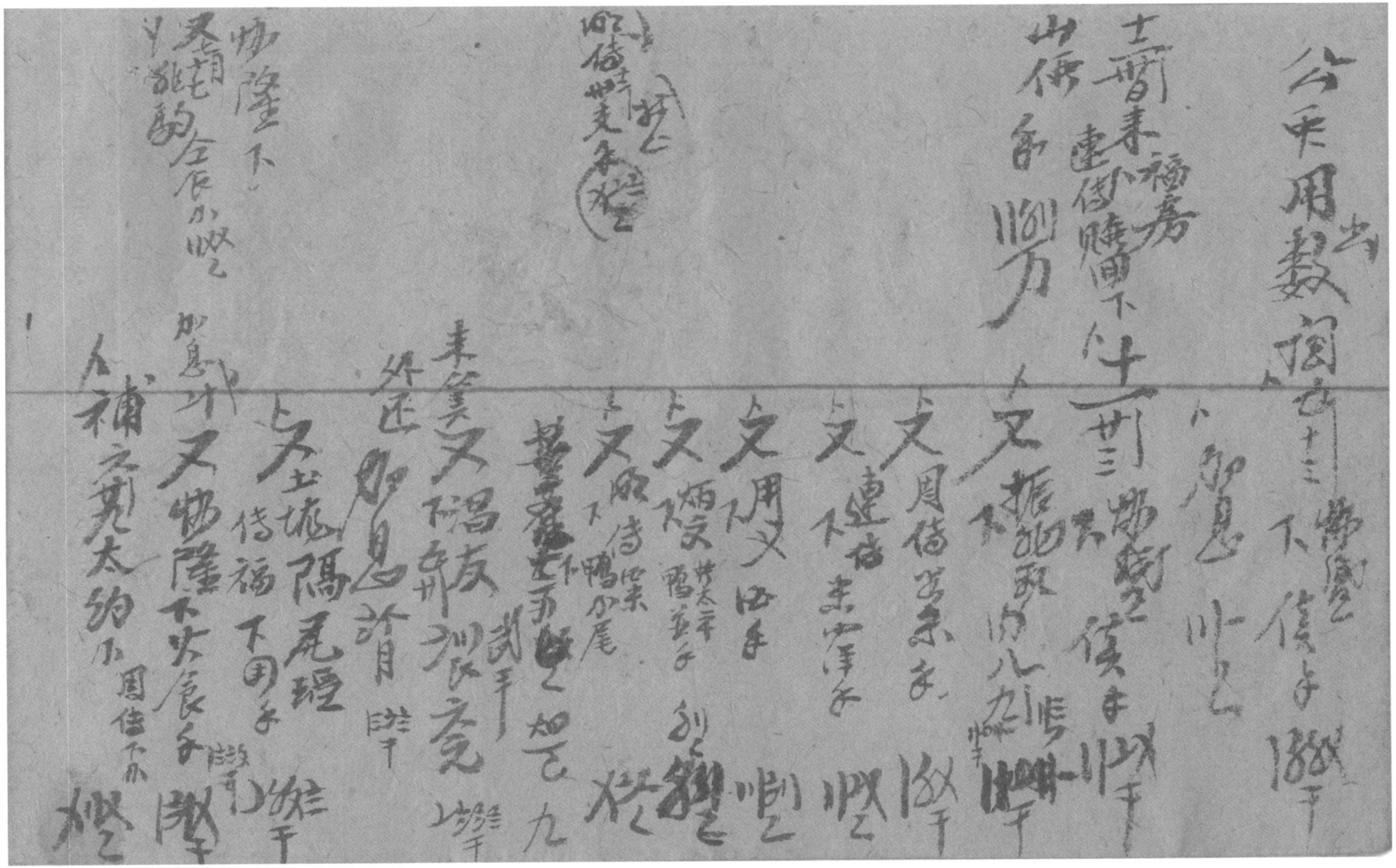

7-3-13-31 民國三年林氏東壺宅記修整祖祠數簿（三一）

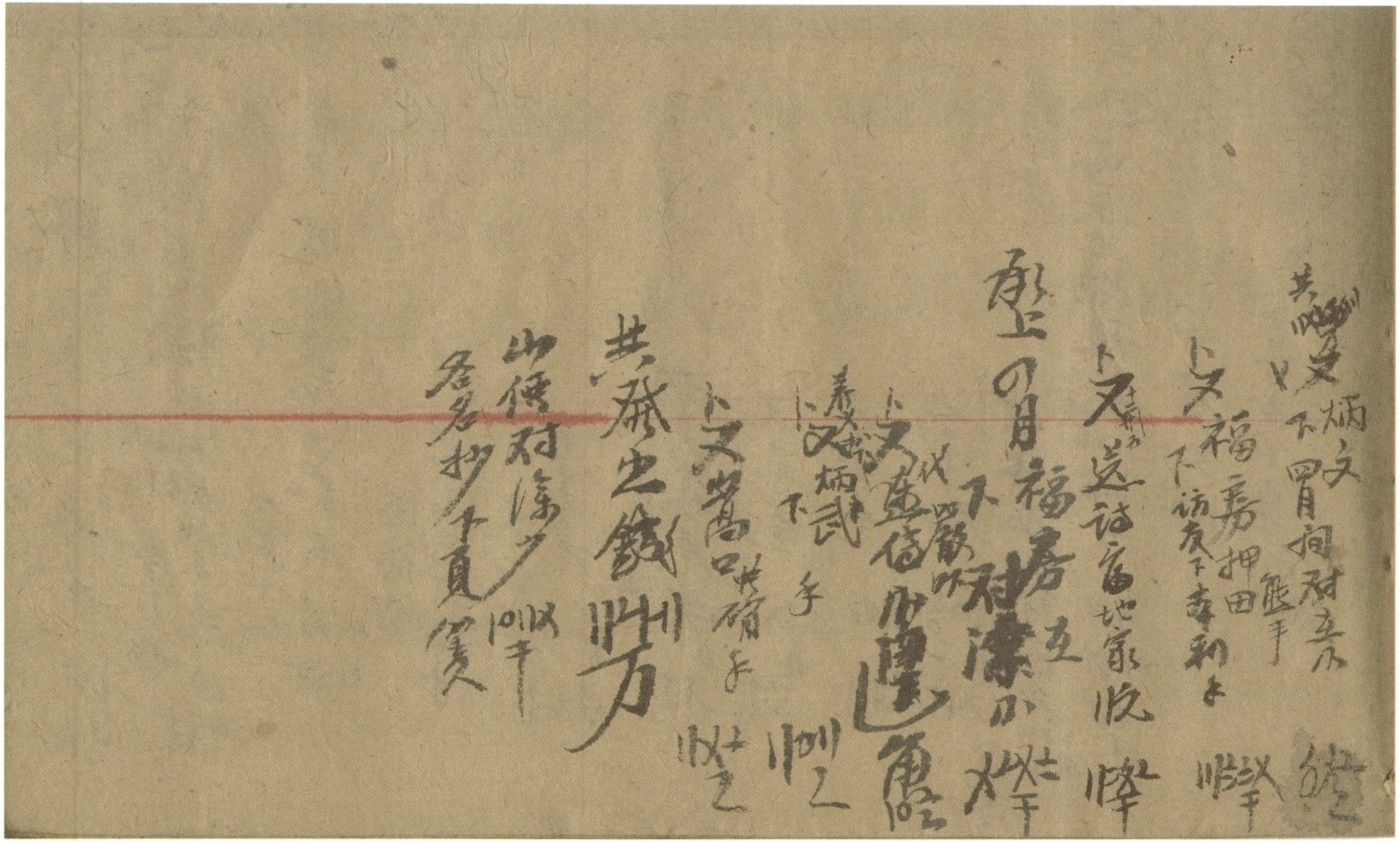

7-3-13-32　民國三年林氏東壺宅記修整祖祠數簿（三二）

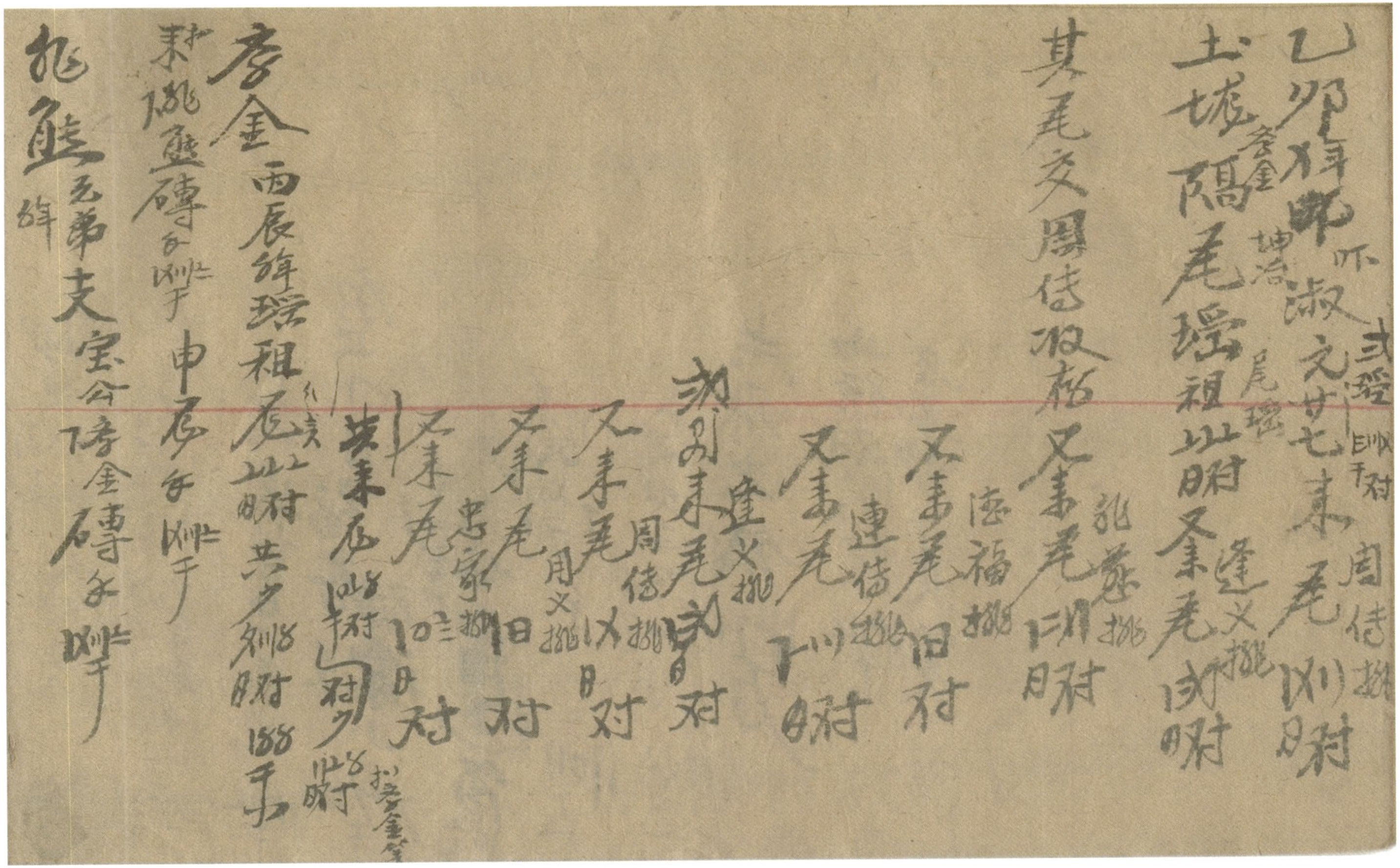

7-3-13-33　民國三年林氏東壺宅記修整祖祠數簿（三三）

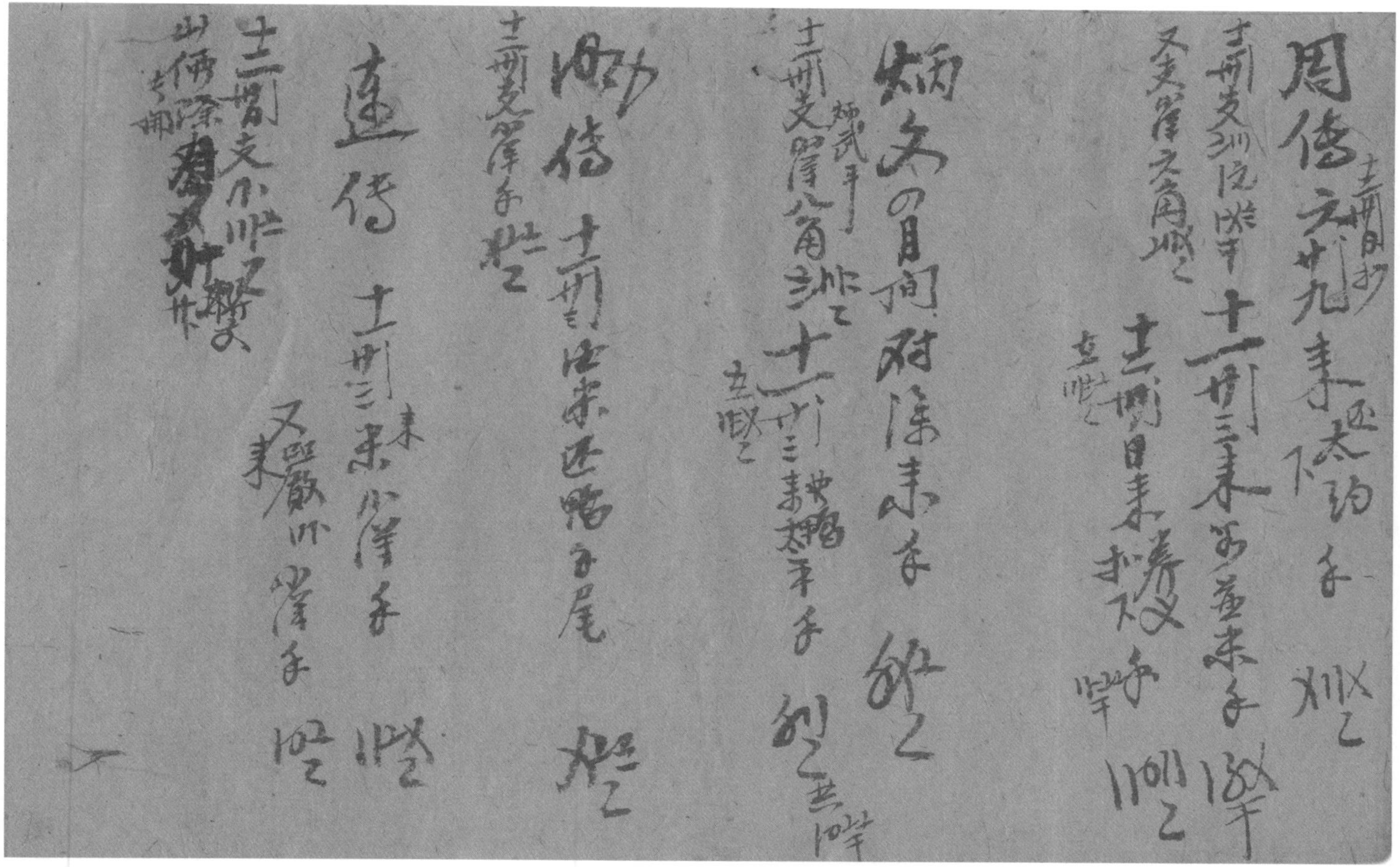

7-3-13-34　民國三年林氏東壺宅記修整祖祠數簿（三四）

7-3-13-35　民國三年林氏東壺宅記修整祖祠數簿（三五）

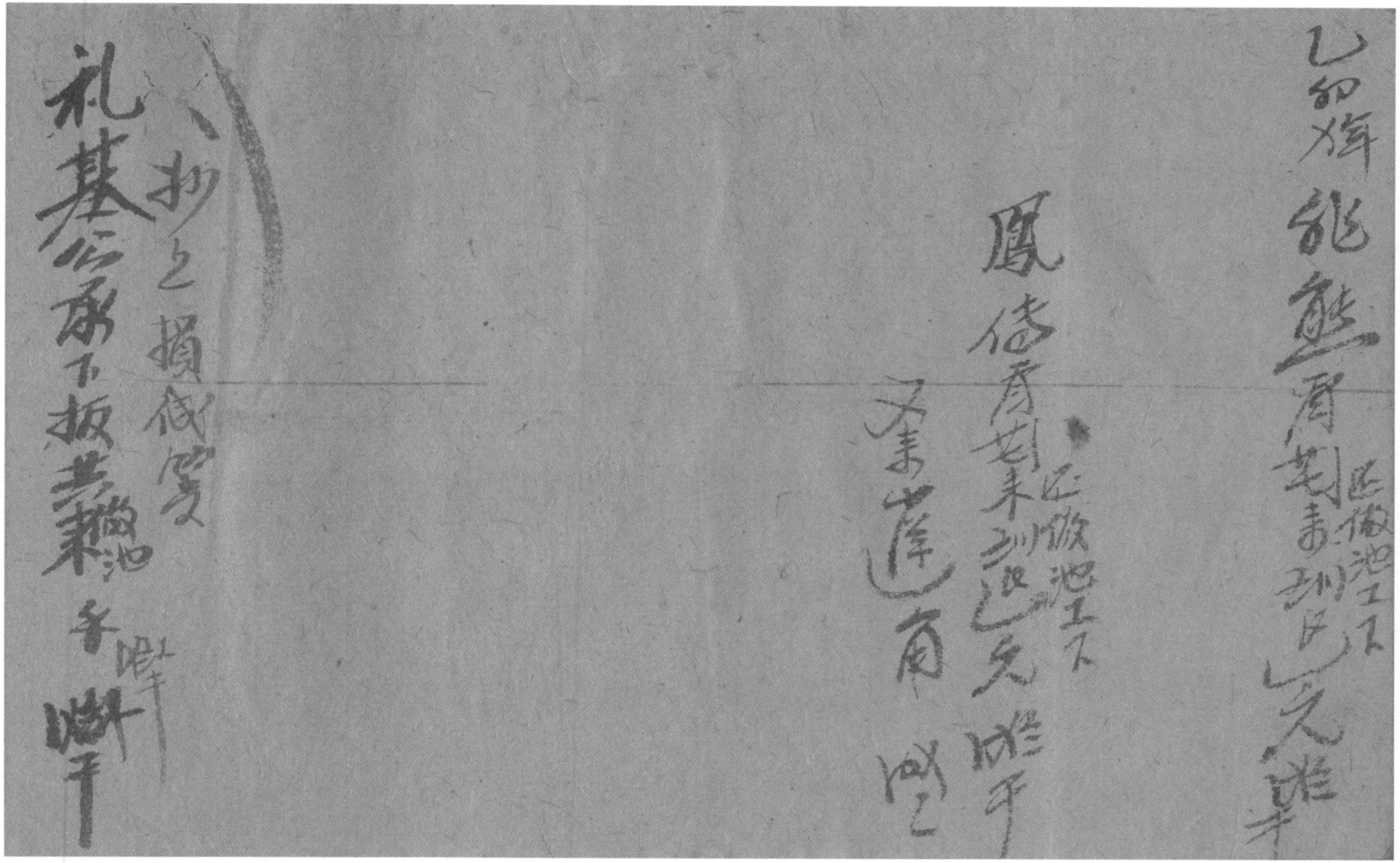

7-3-13-36　民國三年林氏東壺宅記修整祖祠數簿（三六）

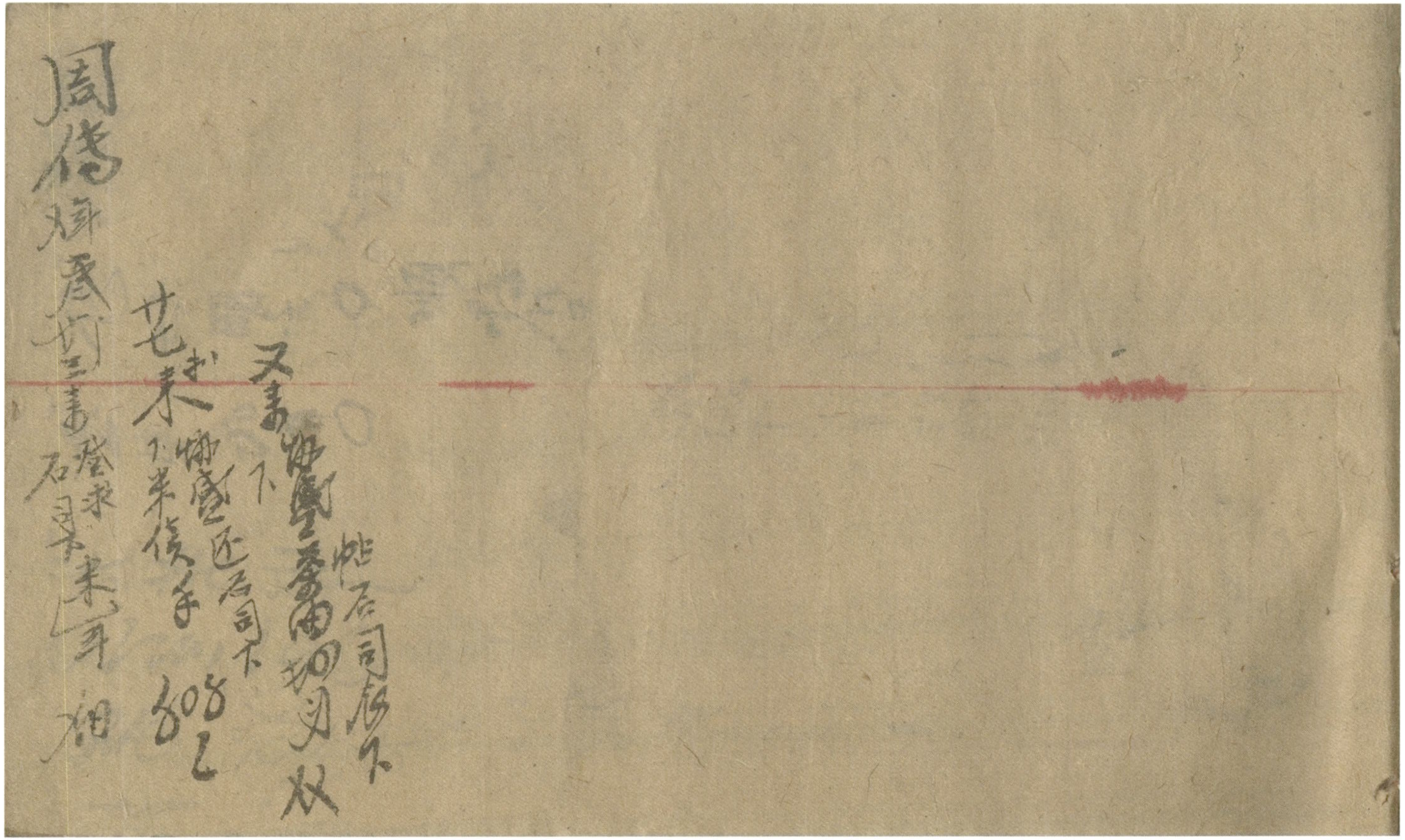

7-3-13-37 民國三年林氏東壺宅記修整祖祠數簿（三七）

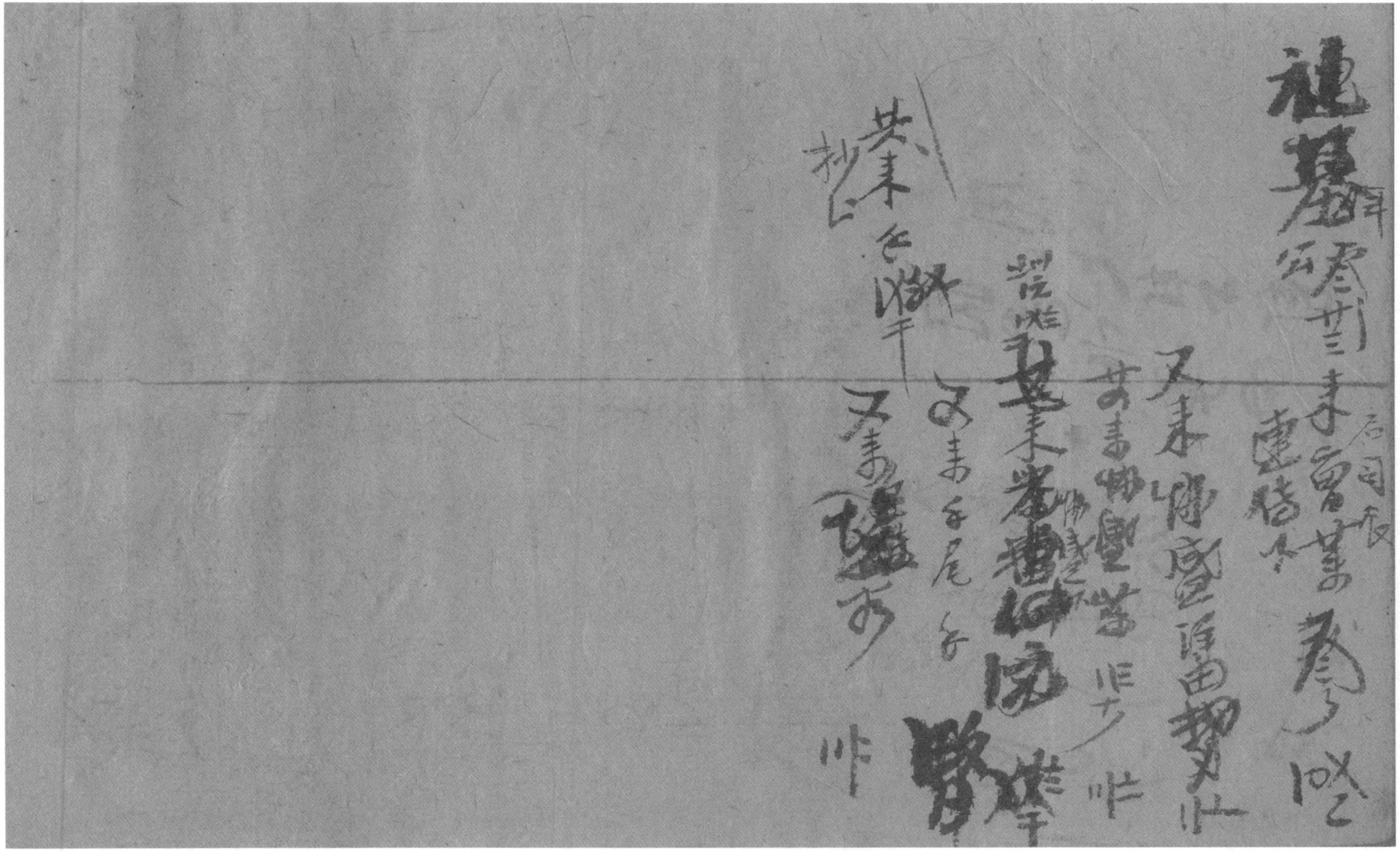

7-3-13-38　民國三年林氏東壺宅記修整祖祠數簿（三八）

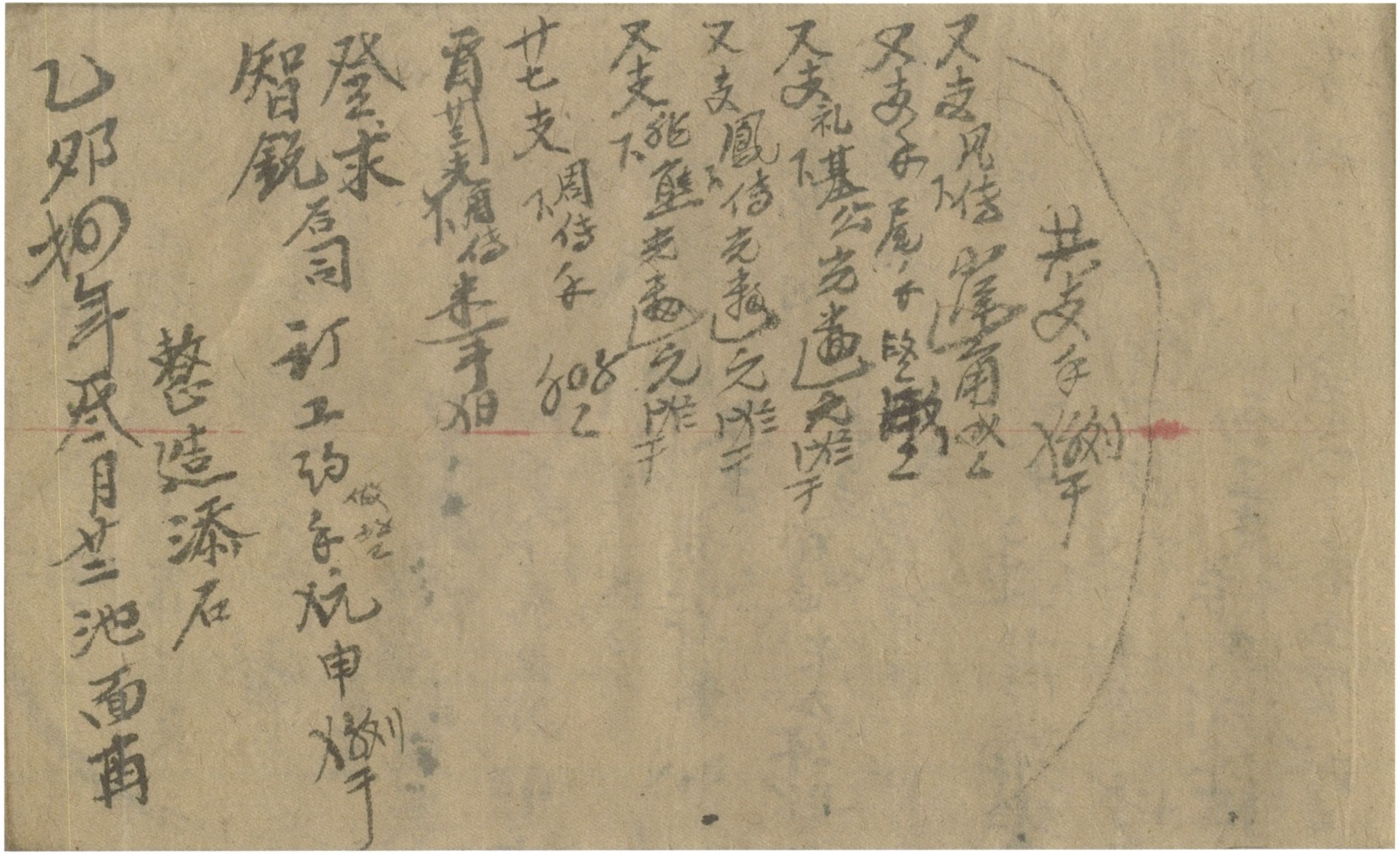

7-3-13-39 民國三年林氏東壺宅記修整祖祠數簿（三九）

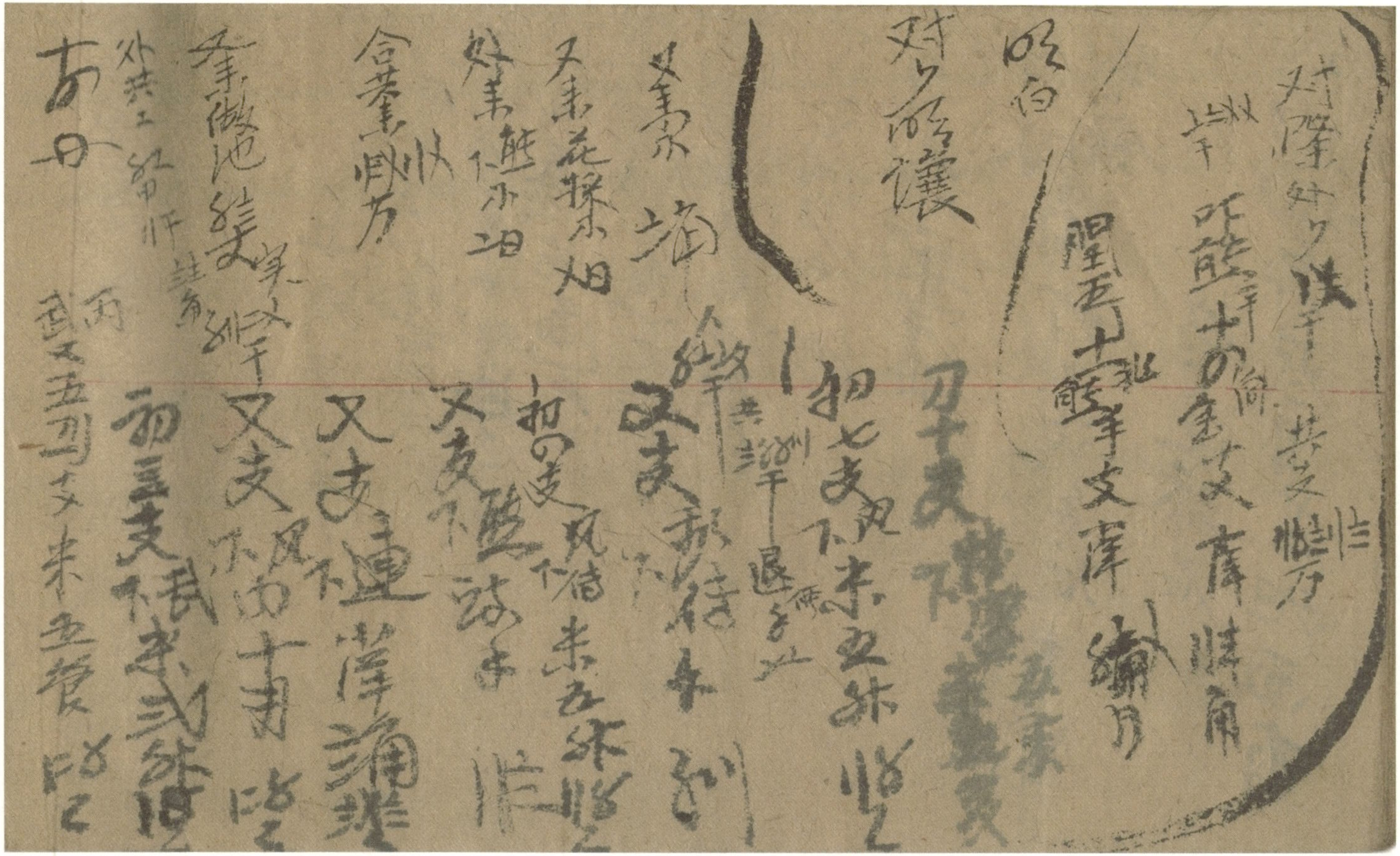

7-3-13-40　民國三年林氏東壺宅記修整祖祠數簿（四〇）

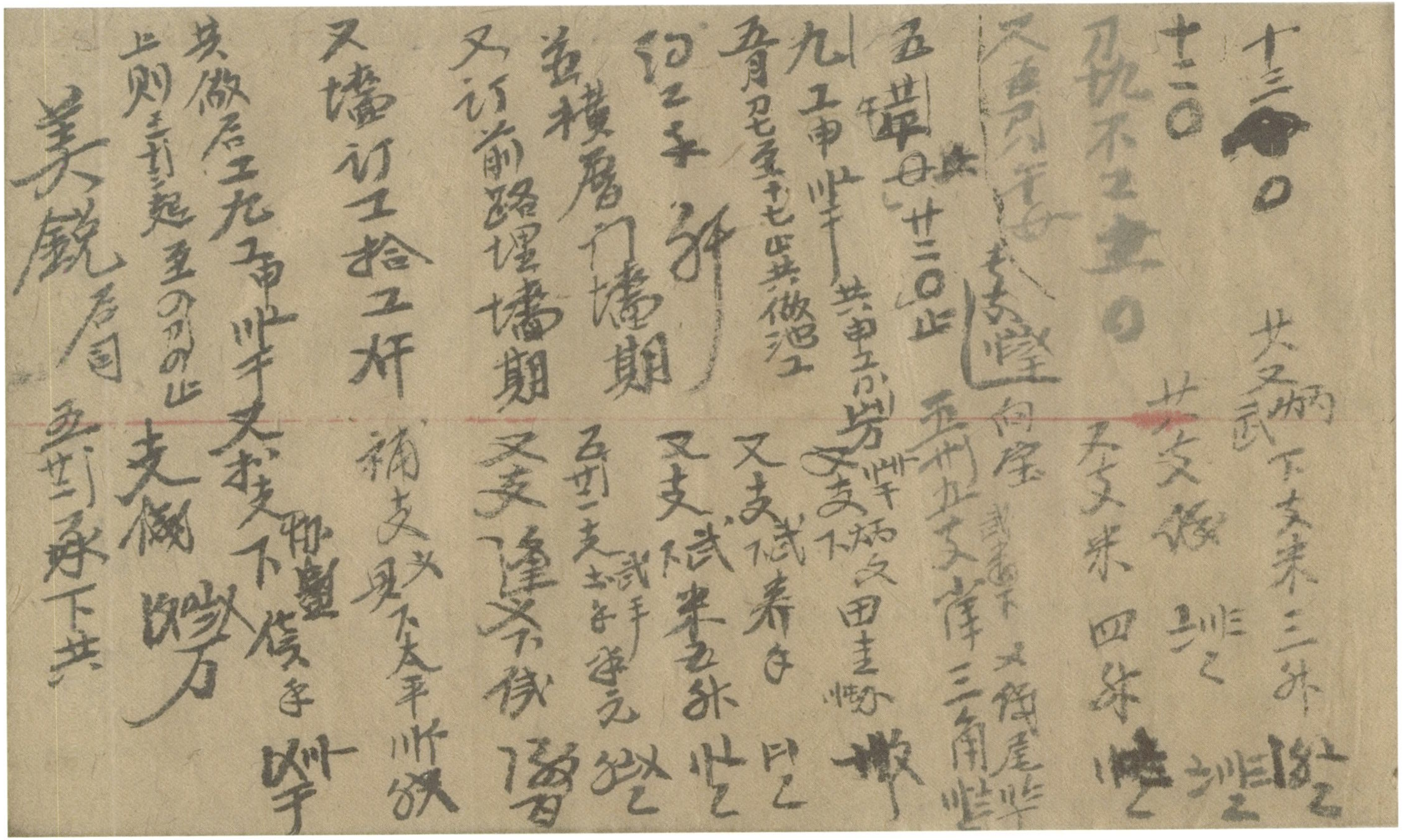

7-3-13-41　民國三年林氏東壺宅記修整祖祠數簿（四一）

7-3-13-42　民國三年林氏東壺宅記修整祖祠數簿（四二）

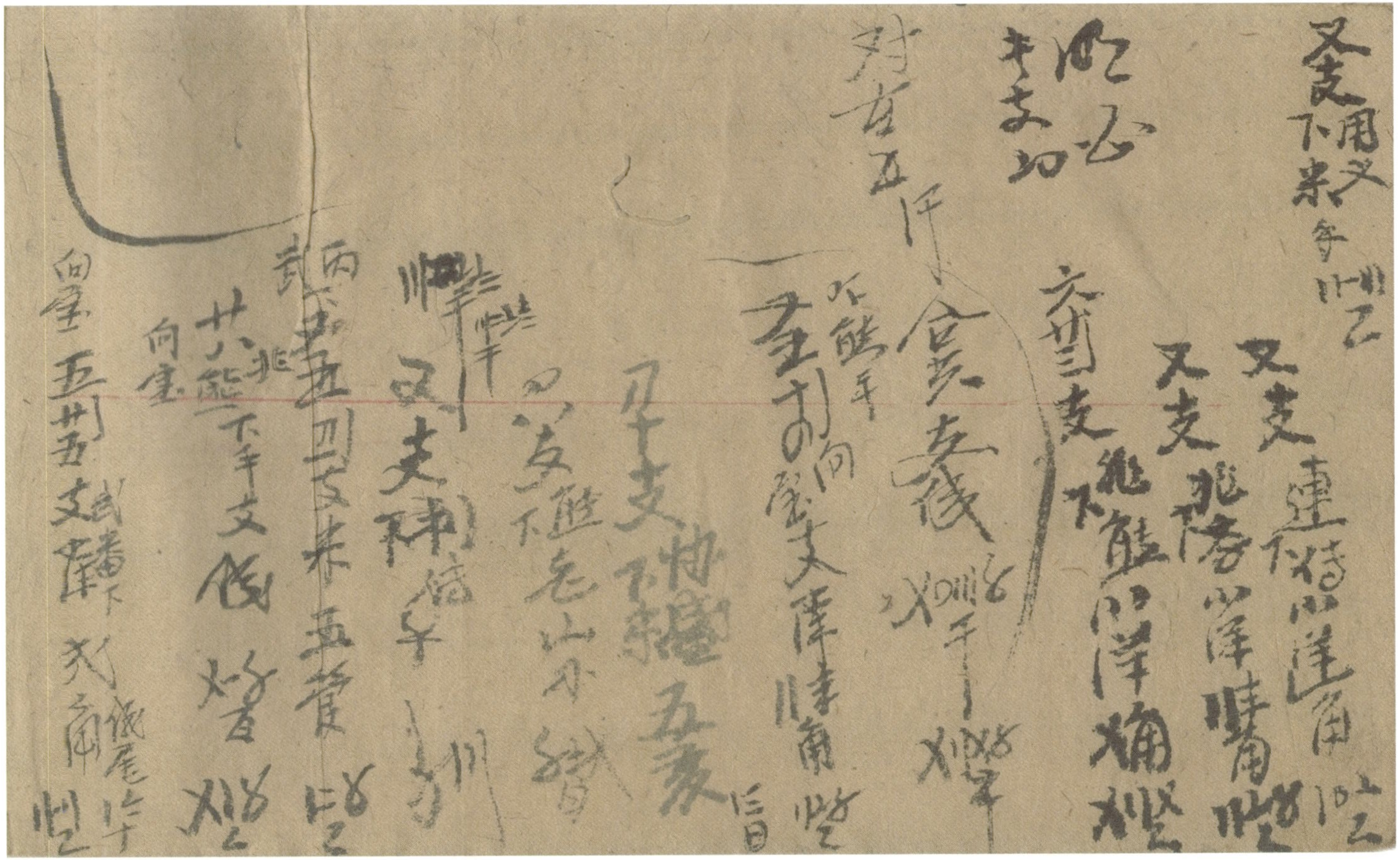

7-3-13-43 民國三年林氏東壺宅記修整祖祠數簿（四三）

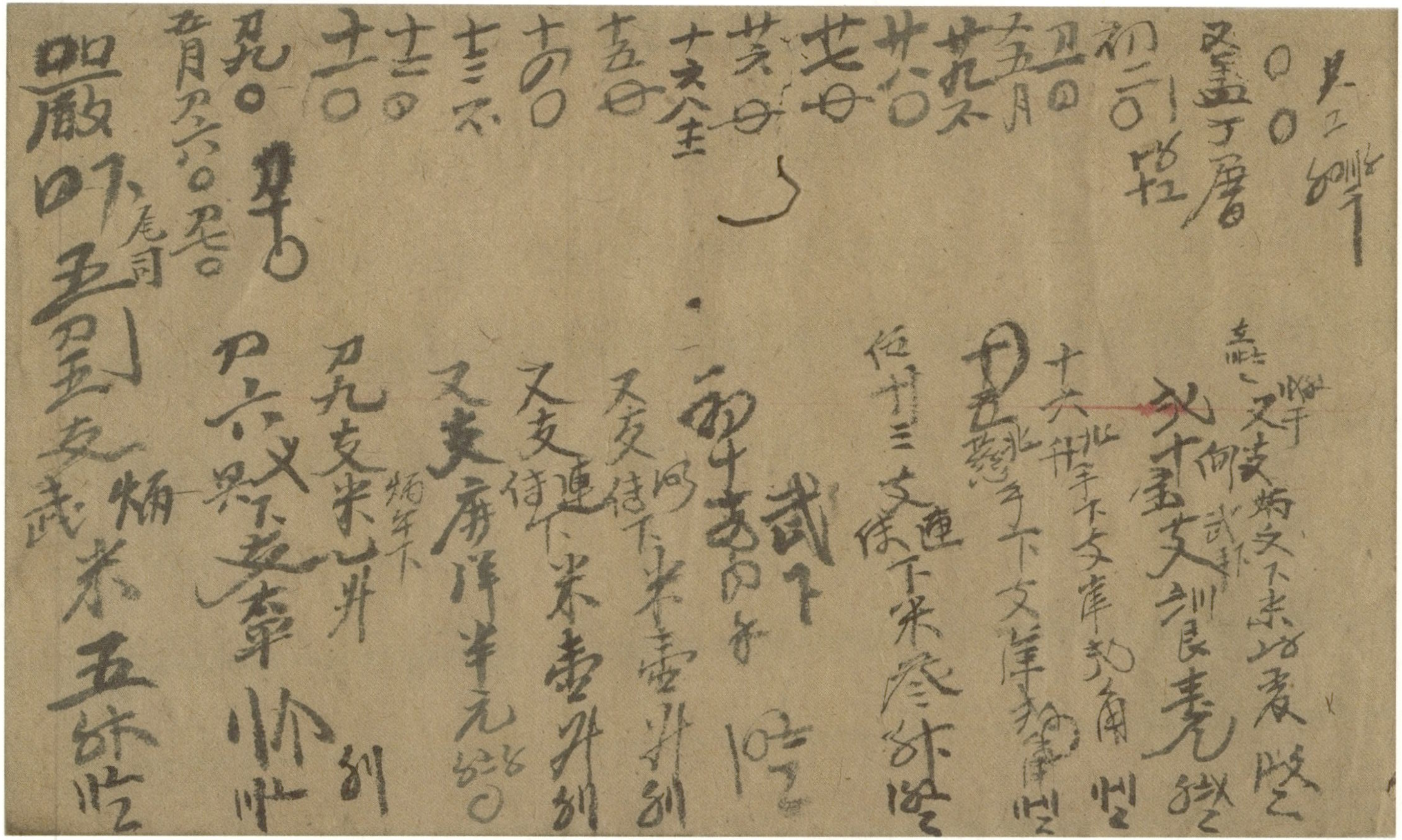

7-3-13-44　民國三年林氏東壺宅記修整祖祠數簿（四四）

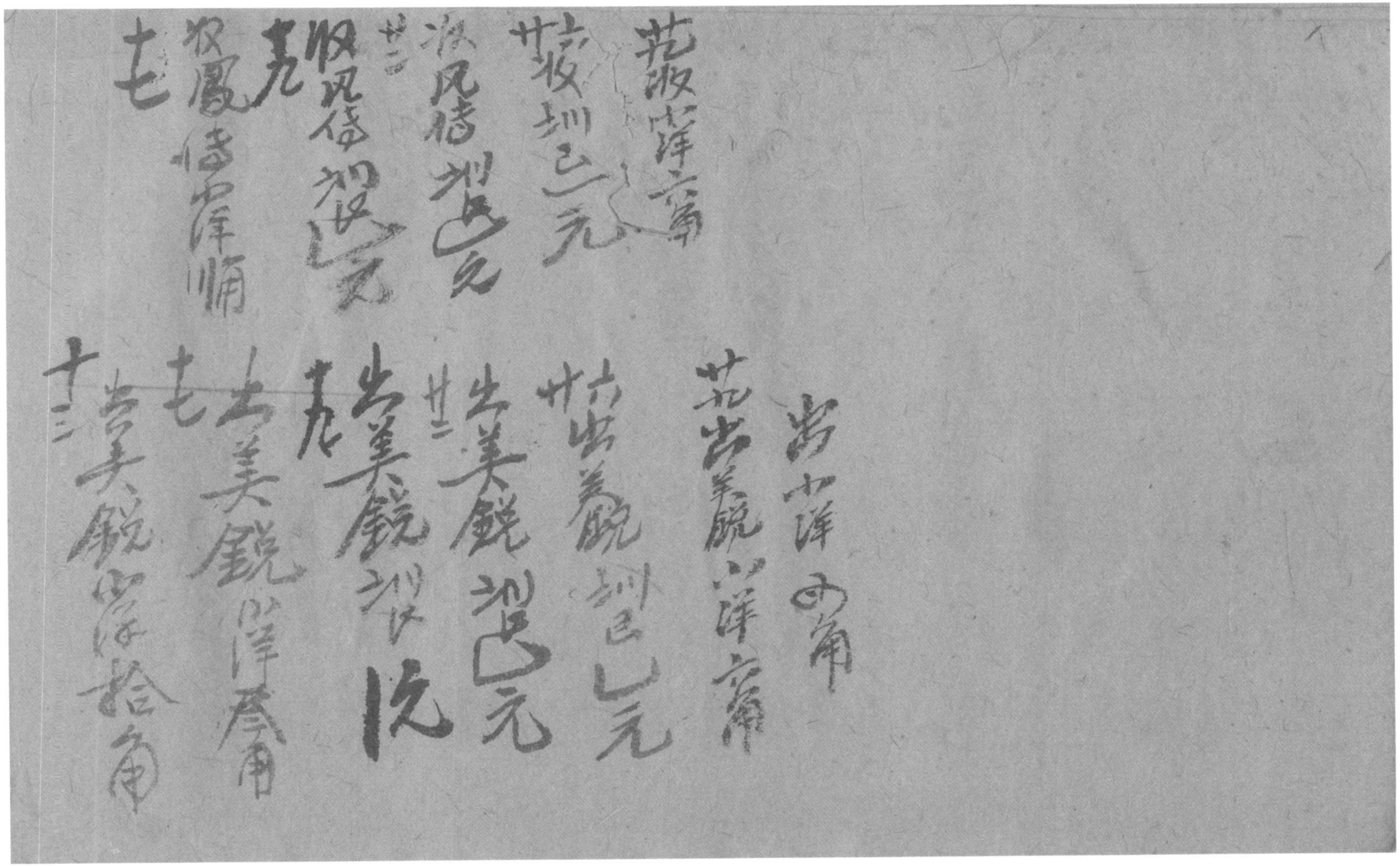

7-3-13-45　民國三年林氏東壺宅記修整祖祠數簿（四五）

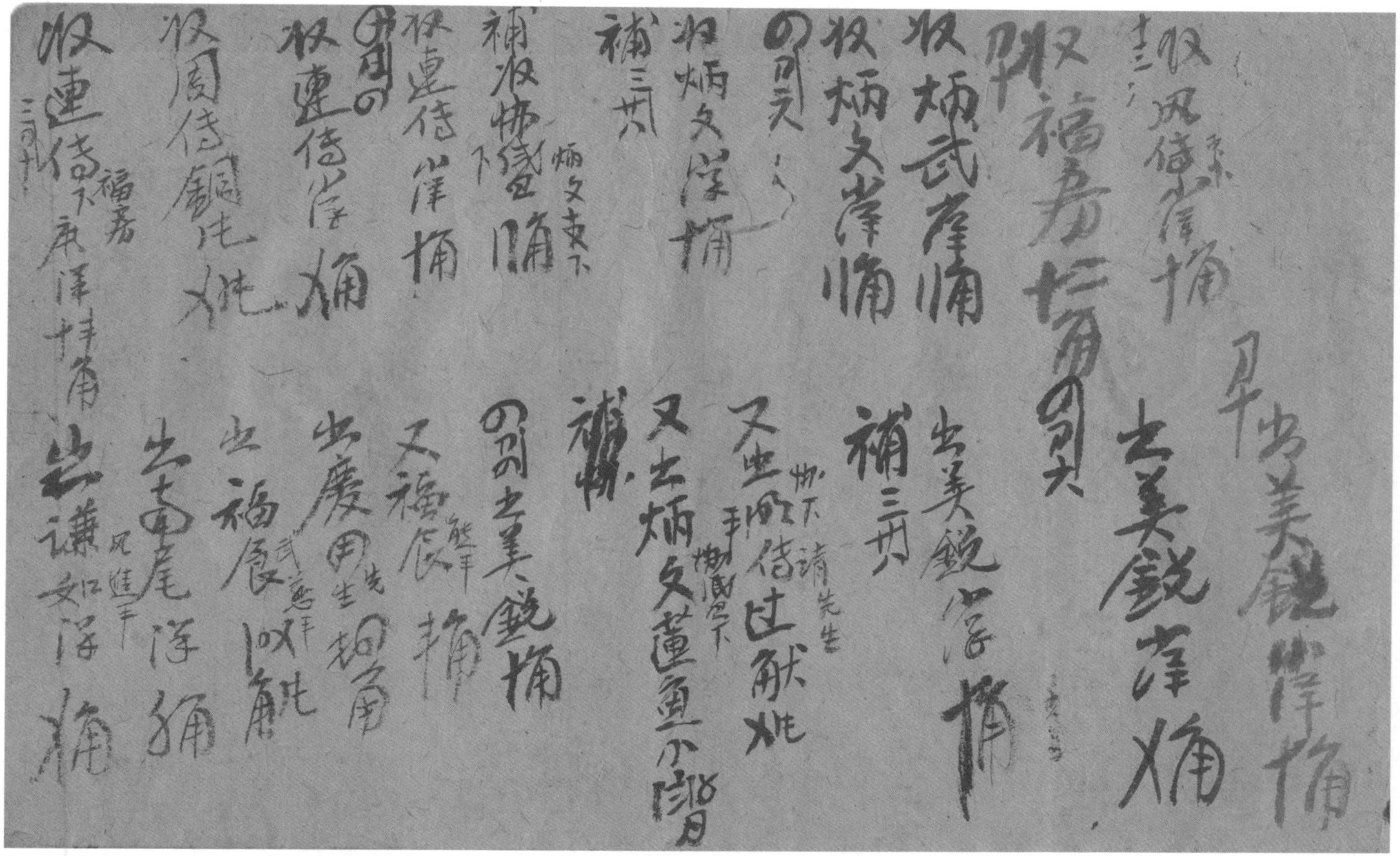

7-3-13-46　民國三年林氏東壺宅記修整祖祠數簿（四六）

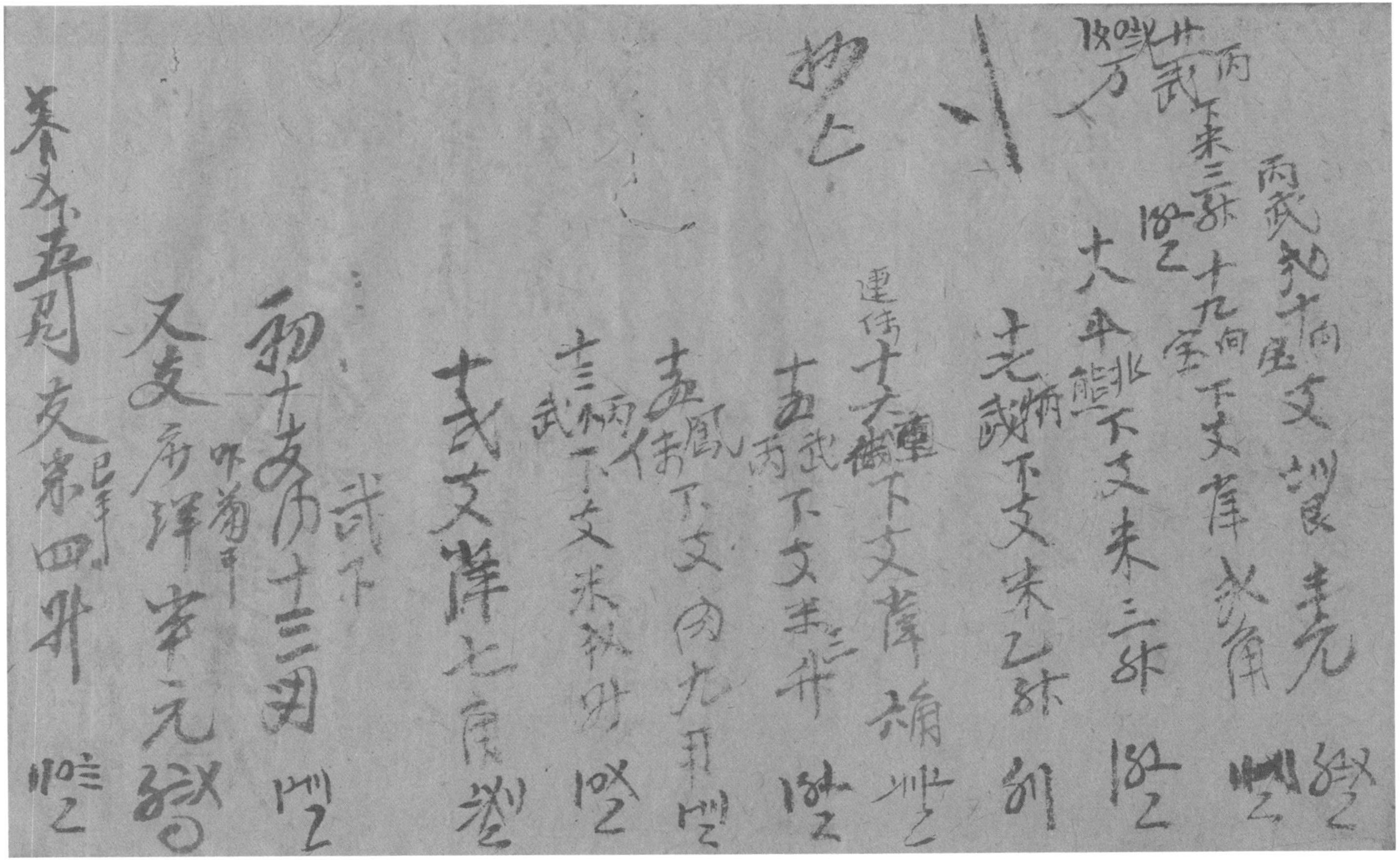

7-3-13-47 民國三年林氏東壺宅記修整祖祠數簿（四七）

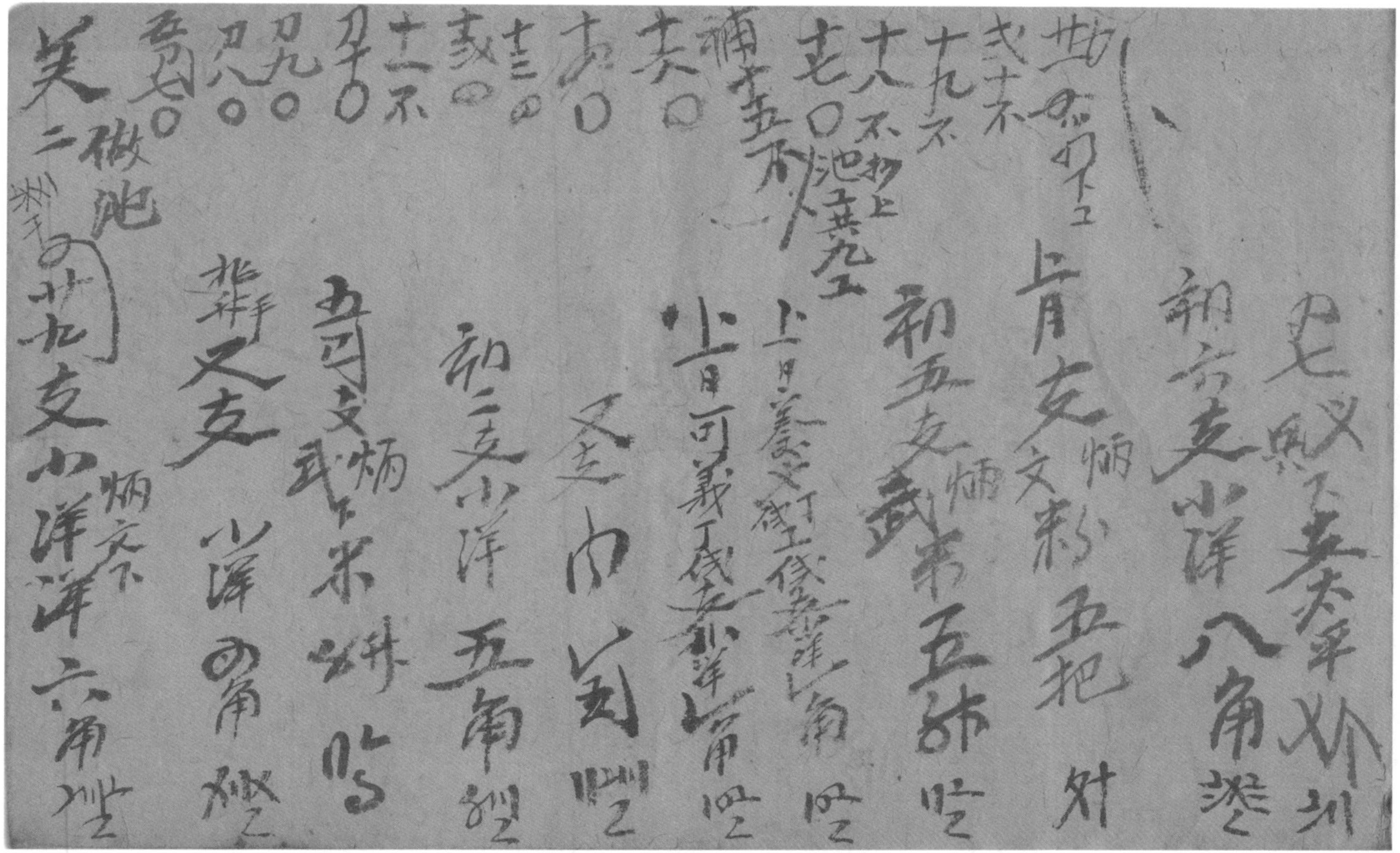

7-3-13-48　民國三年林氏東壺宅記修整祖祠數簿（四八）

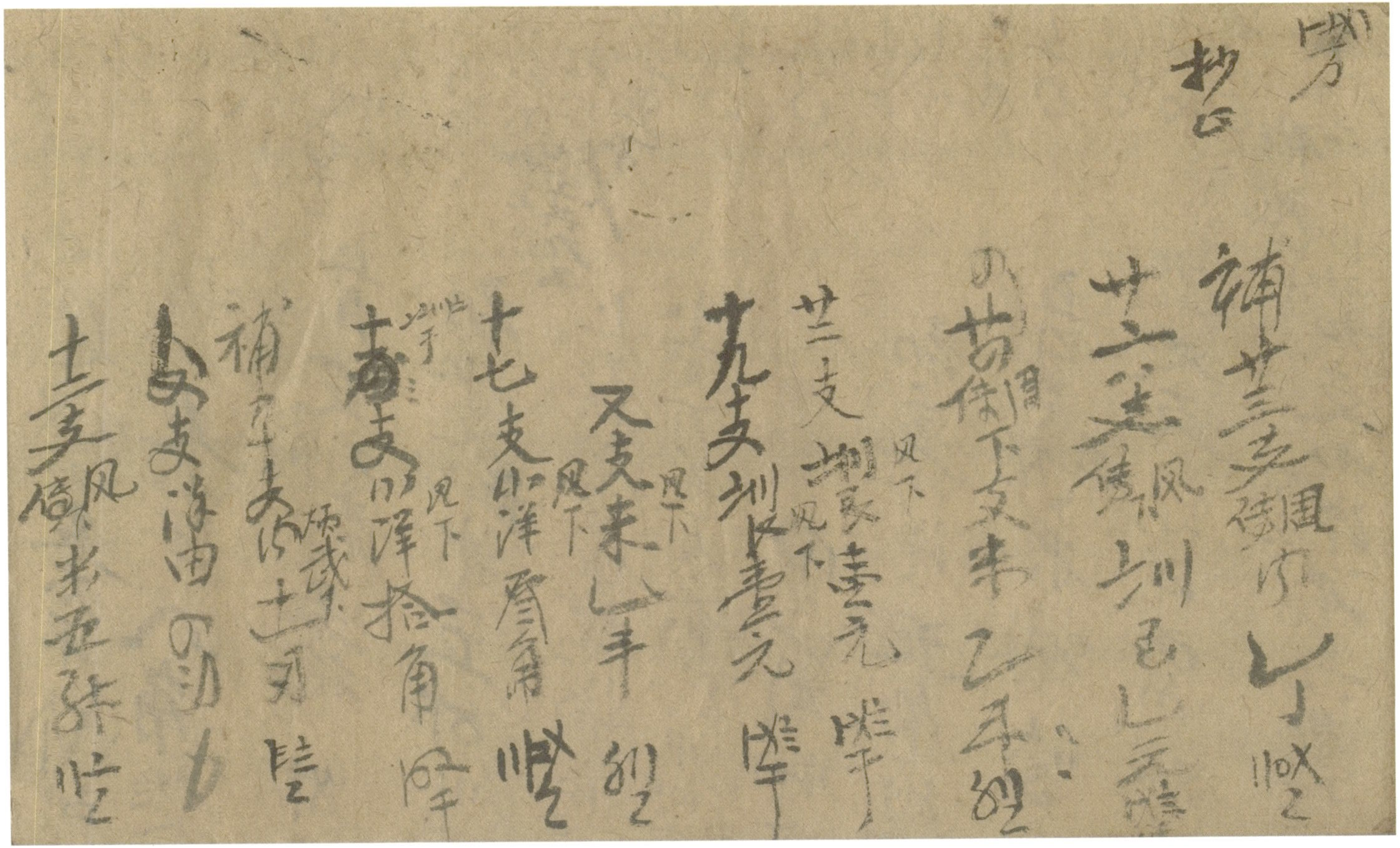

7-3-13-49　民國三年林氏東壺宅記修整祖祠數簿（四九）

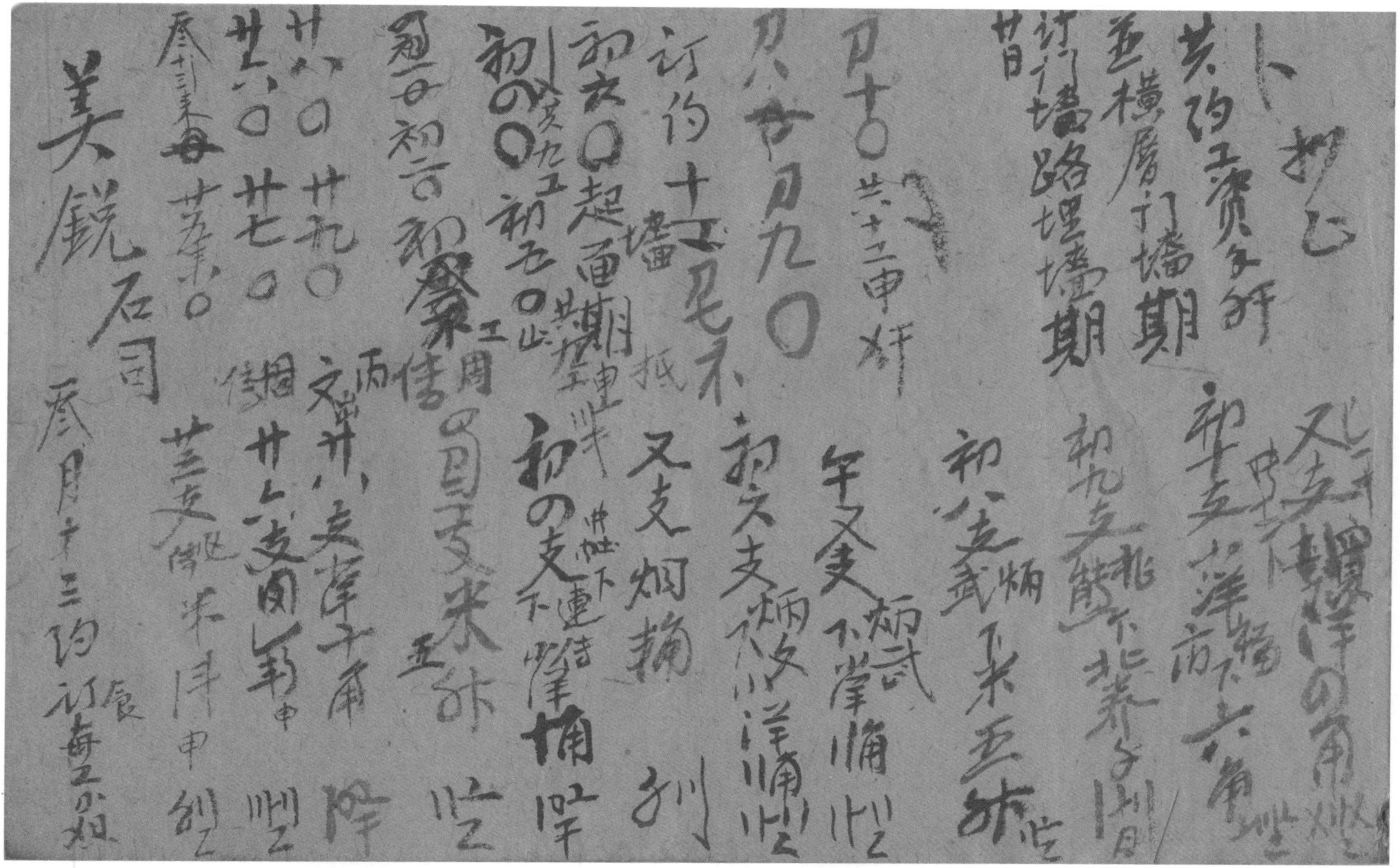

7-3-13-50　民國三年林氏東壺宅記修整祖祠數簿（五〇）

周信啓卅八請先生弍当　能熊卅早午二当 請先生

炳文廿五早請食一当　發先生廿八早二当　抄田月侍名

任傳廿五午請食一当　又先生廿七晚一当

志文十三午石司請食一当

連傳十三早石司請食一当　又十一外甥一当

能熊三十三碗請石司一当　又十一外甥一当　芷輝先生五当

7-3-13-51　民國三年林氏東壺宅記修整祖祠數簿（五一）

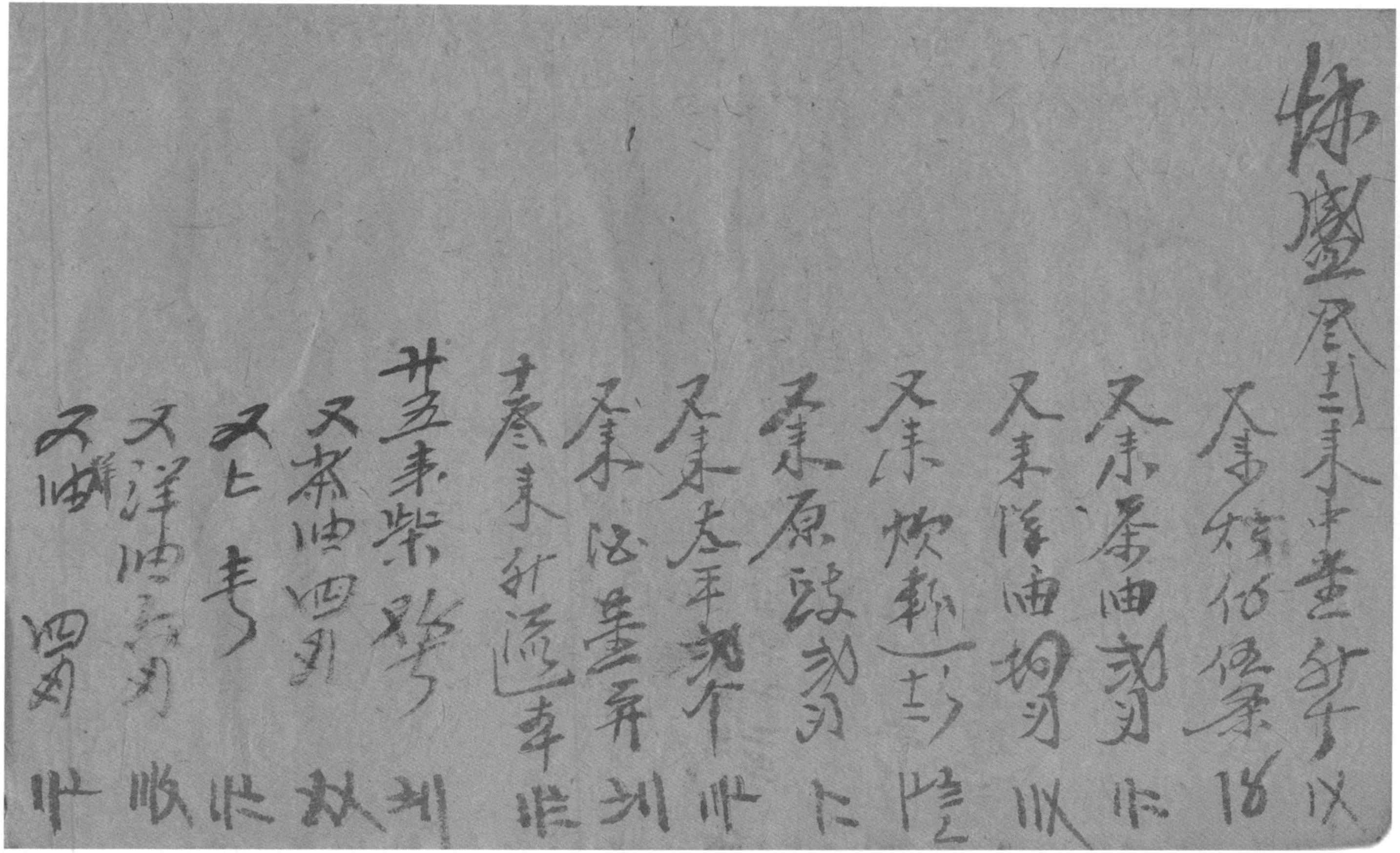

7-3-13-52　民國三年林氏東壺宅記修整祖祠數簿（五二）

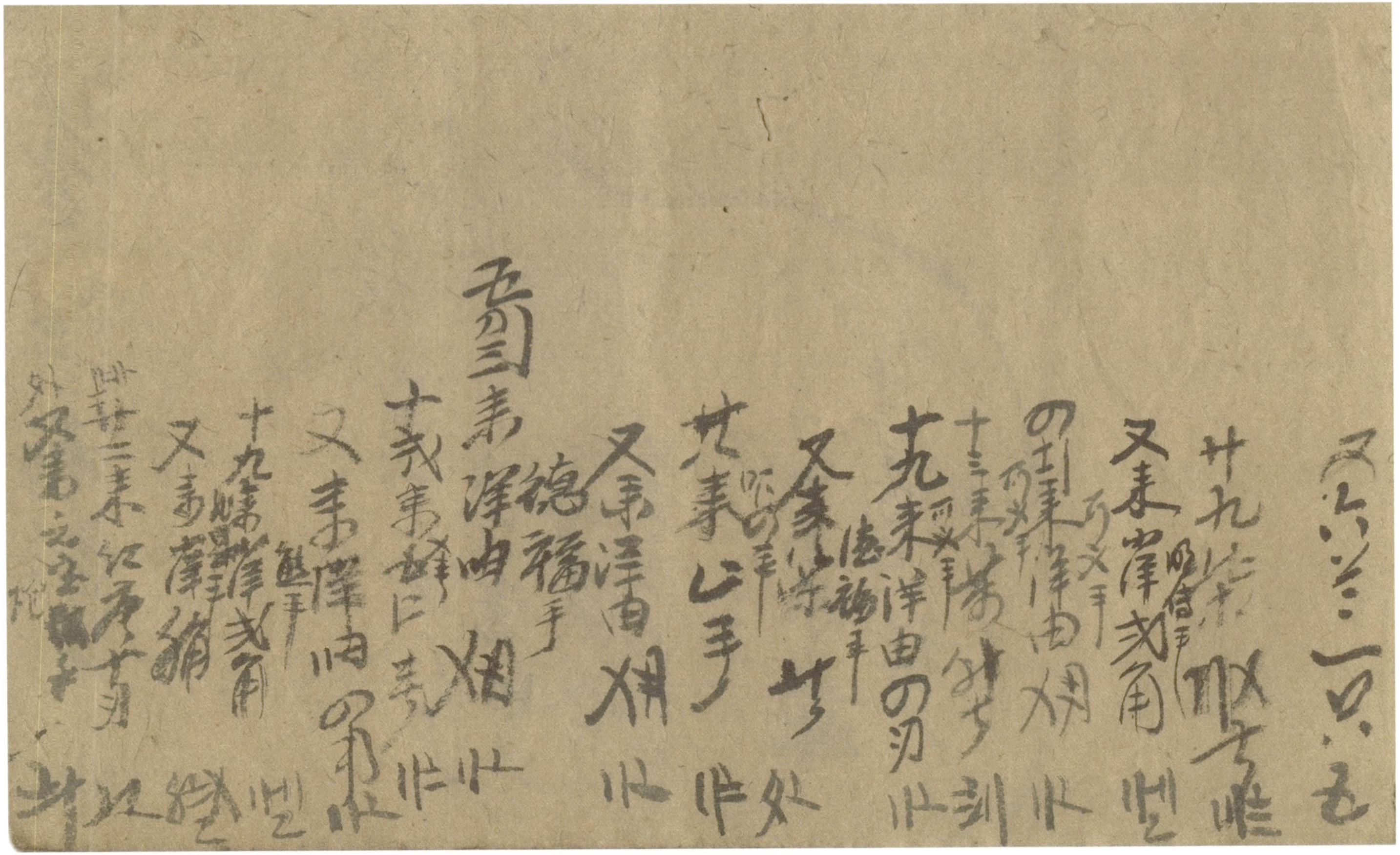

7-3-13-53 民國三年林氏東壺宅記修整祖祠數簿（五三）

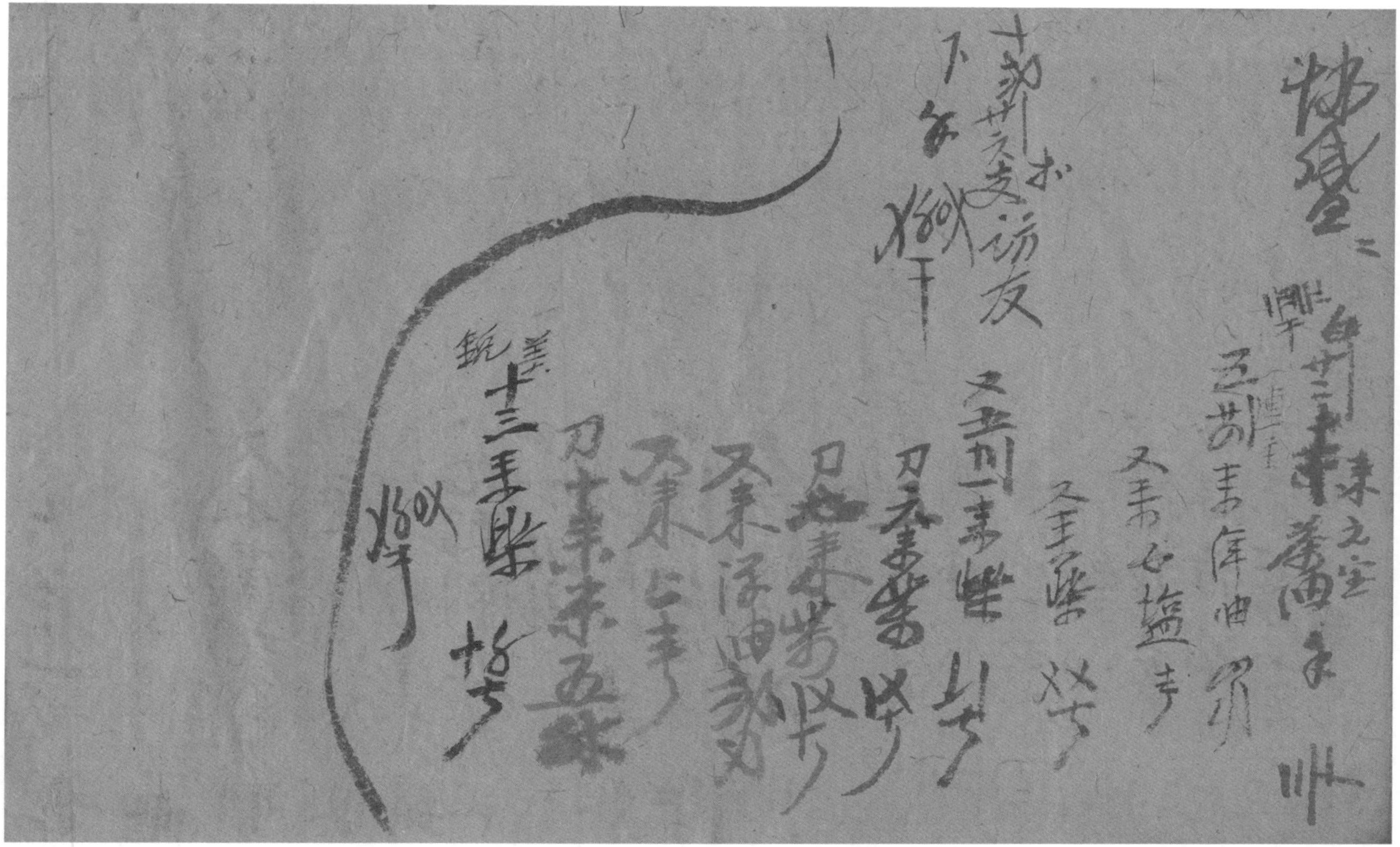

7-3-13-54　民國三年林氏東壺宅記修整祖祠數簿（五四）

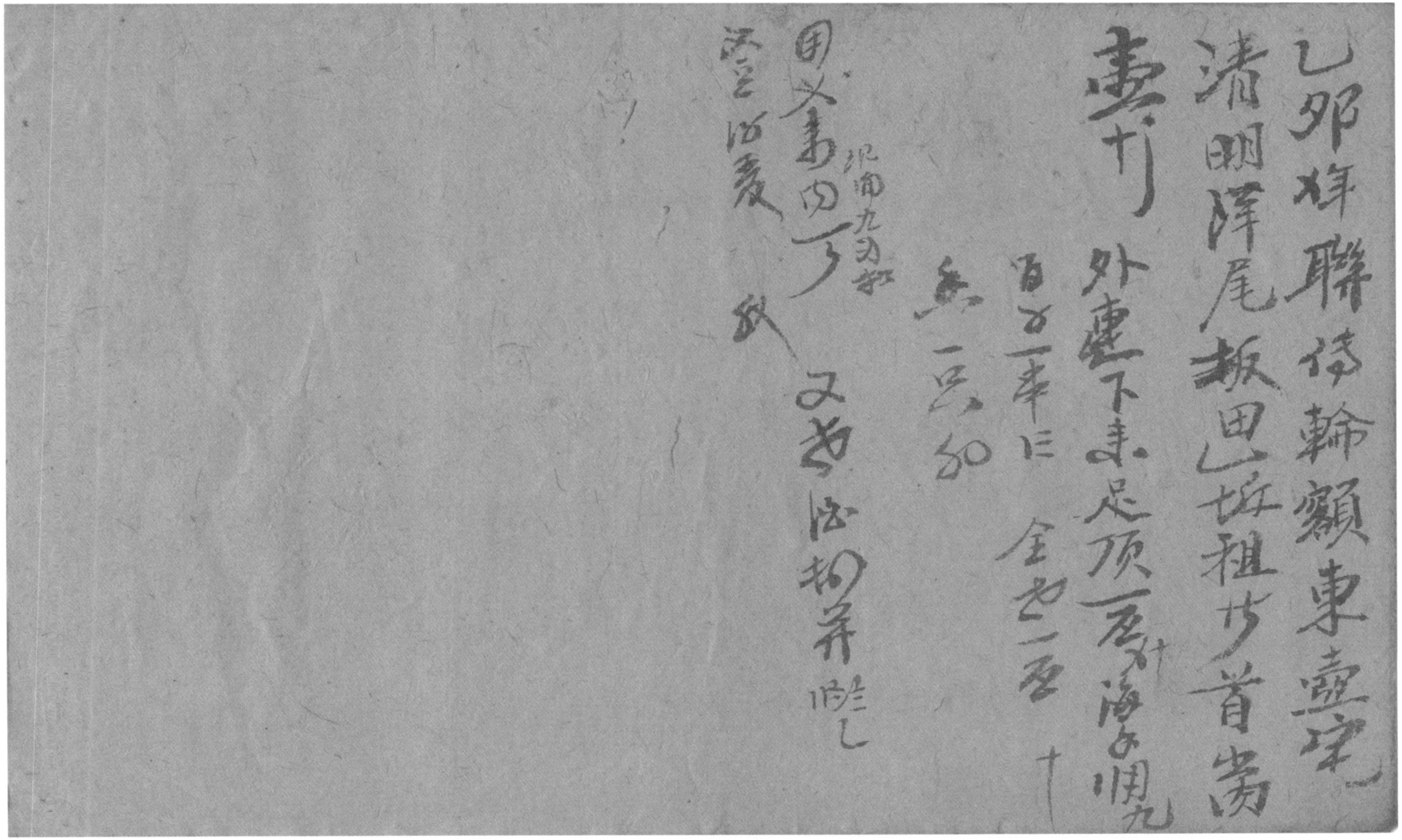
乙卯年聯伴輪顧東壺宅
清明洋尾板田山坂祖坮首蕩
壺行　外連下末足頂厝对漈头垻九

7-3-13-55　民國三年林氏東壺宅記修整祖祠數簿（五五）

7-3-13-56　民國三年林氏東壺宅記修整祖祠數簿（五六）

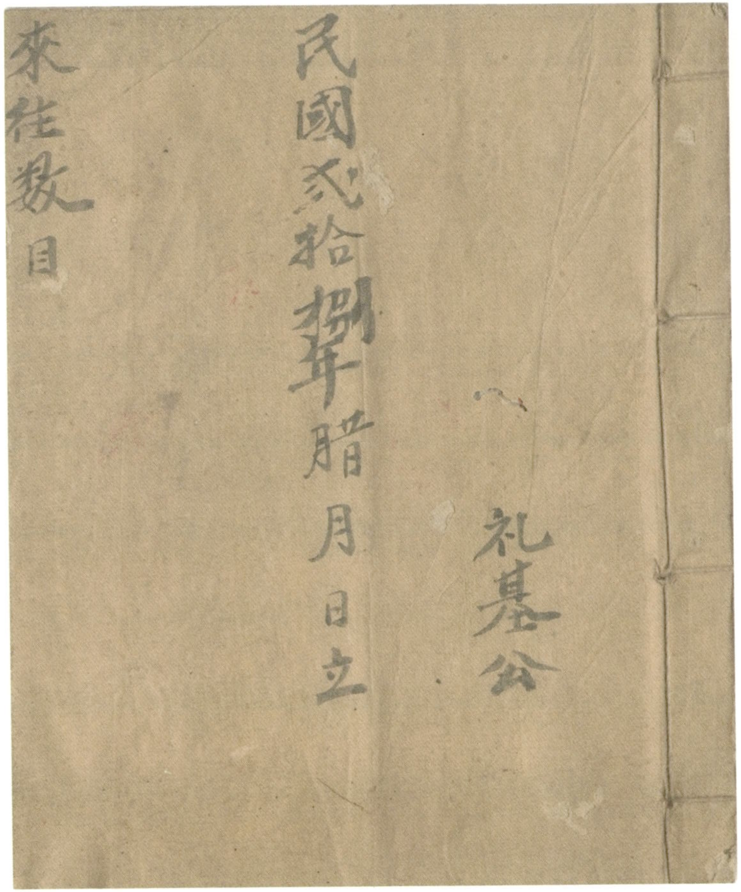

民國弍拾捌年腊月日立

礼基公

來往數目

7-3-14-1　民國二十八年林氏禮基公來往數目（一）

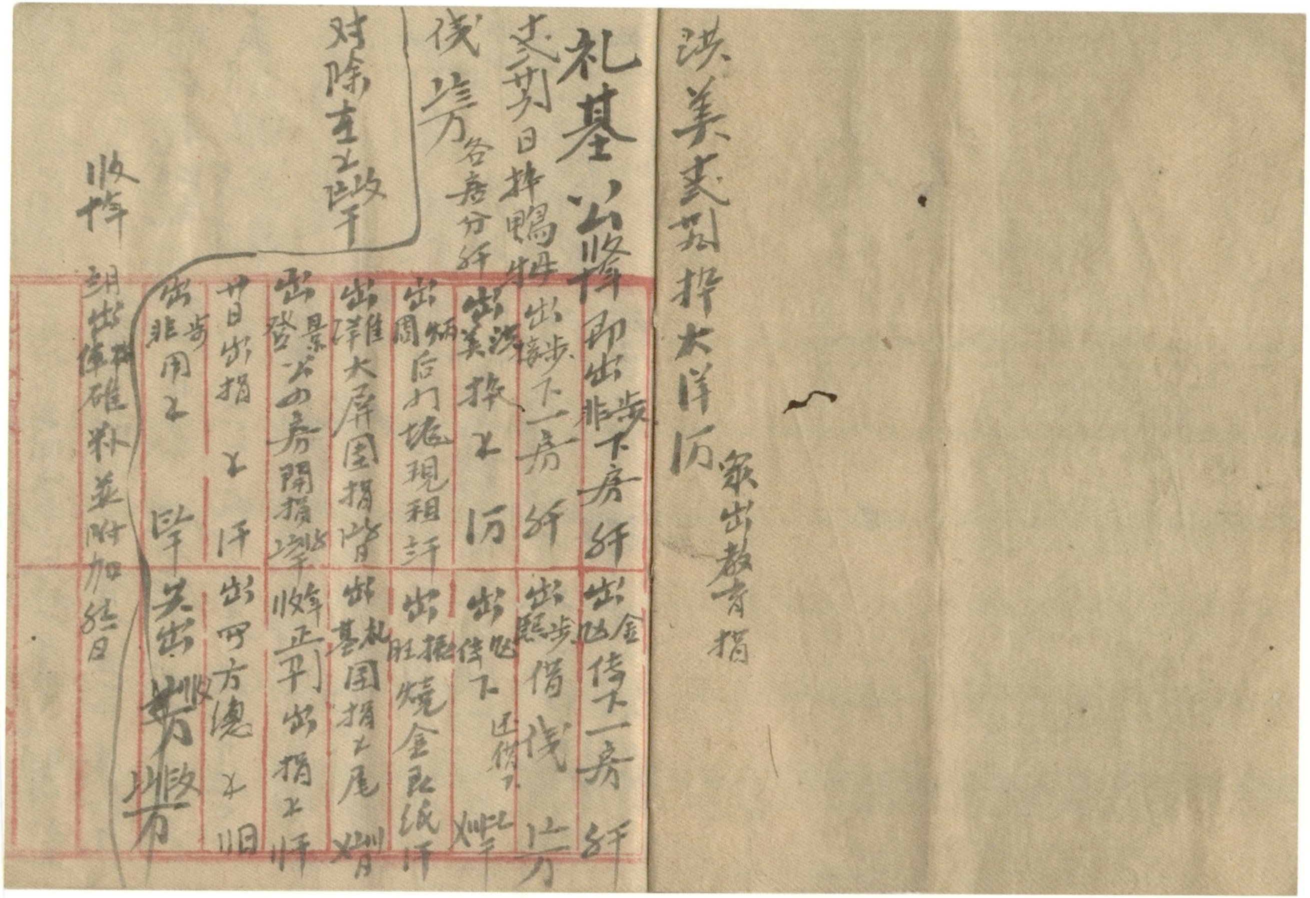

7-3-14-2　民國二十八年林氏禮基公來往數目（二）

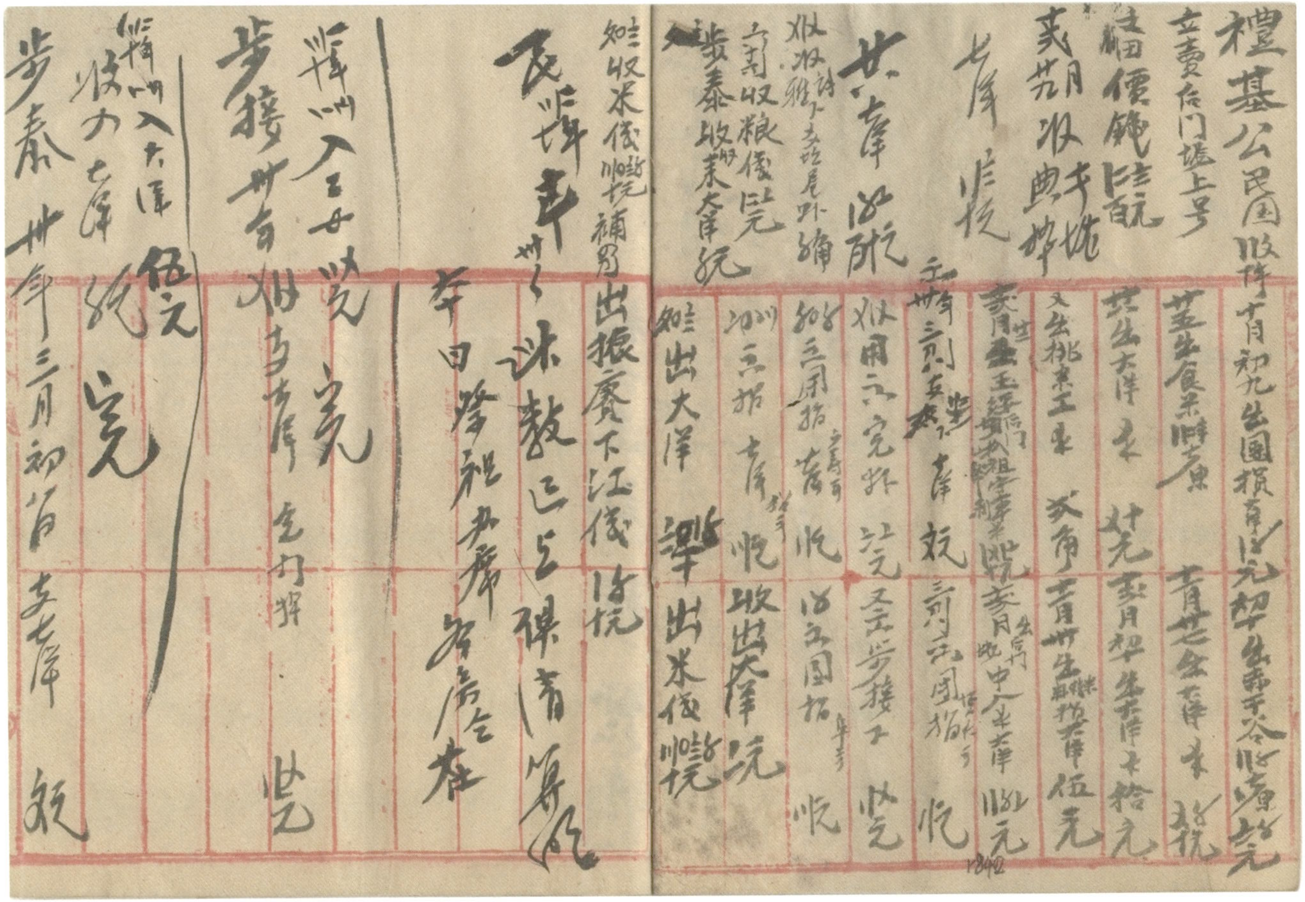

7-3-14-3　民國二十八年林氏禮基公來往數目（三）

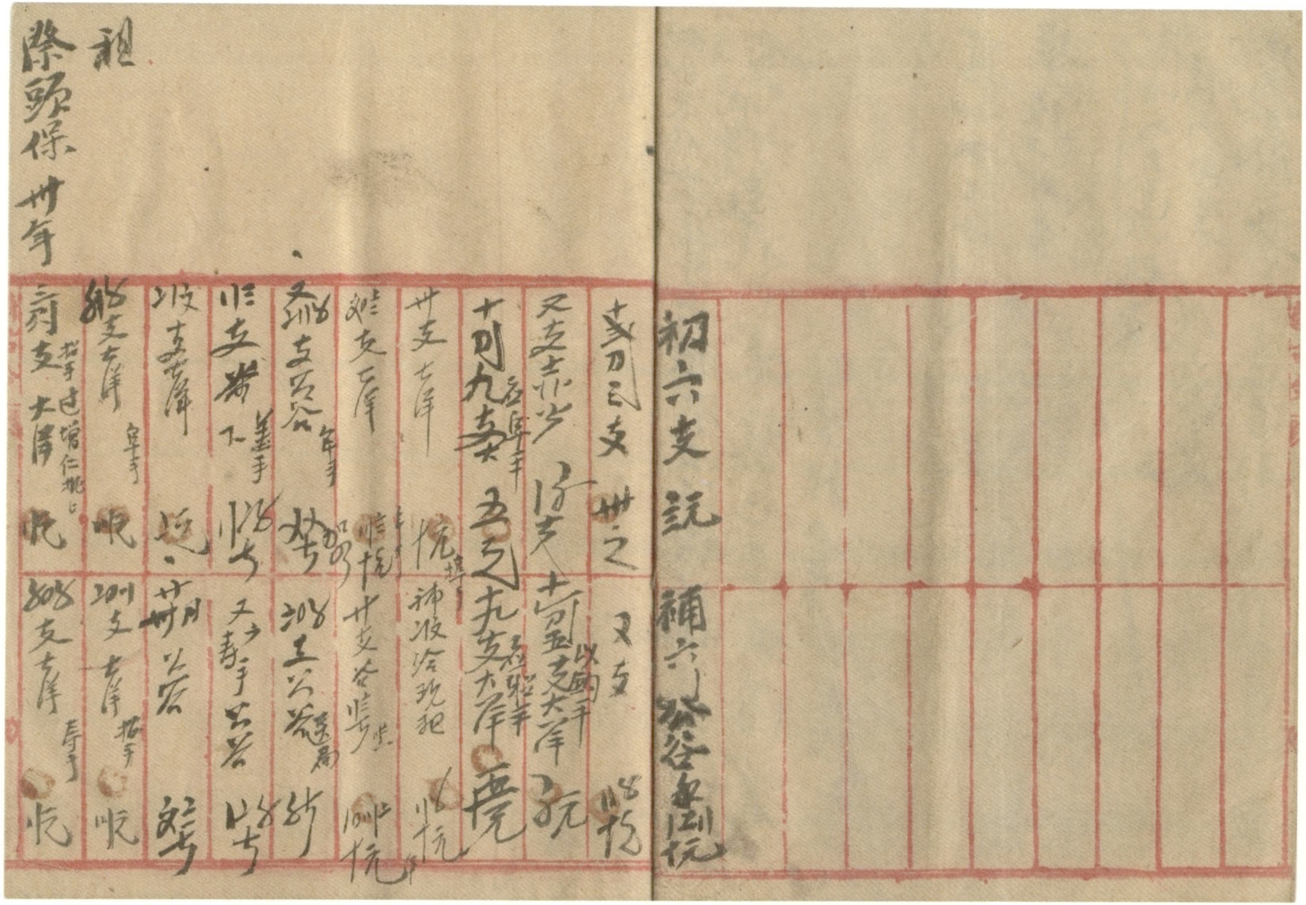

7-3-14-4　民國二十八年林氏禮基公來往數目（四）

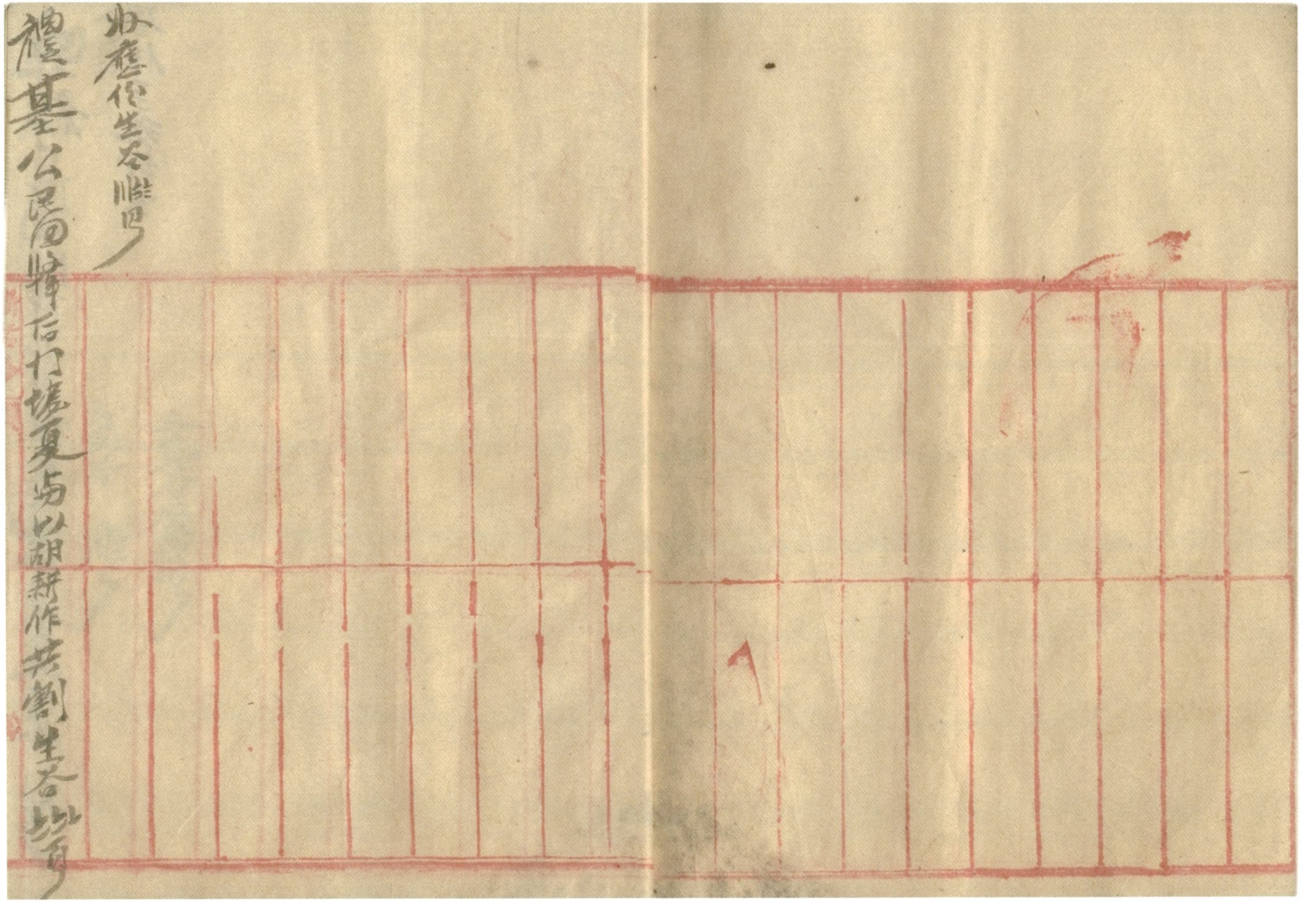
禮基公民國將后村塘夏坵以胡耕作共割生谷[illegible]
外應代生谷[illegible]

7-3-14-5　民國二十八年林氏禮基公來往數目（五）

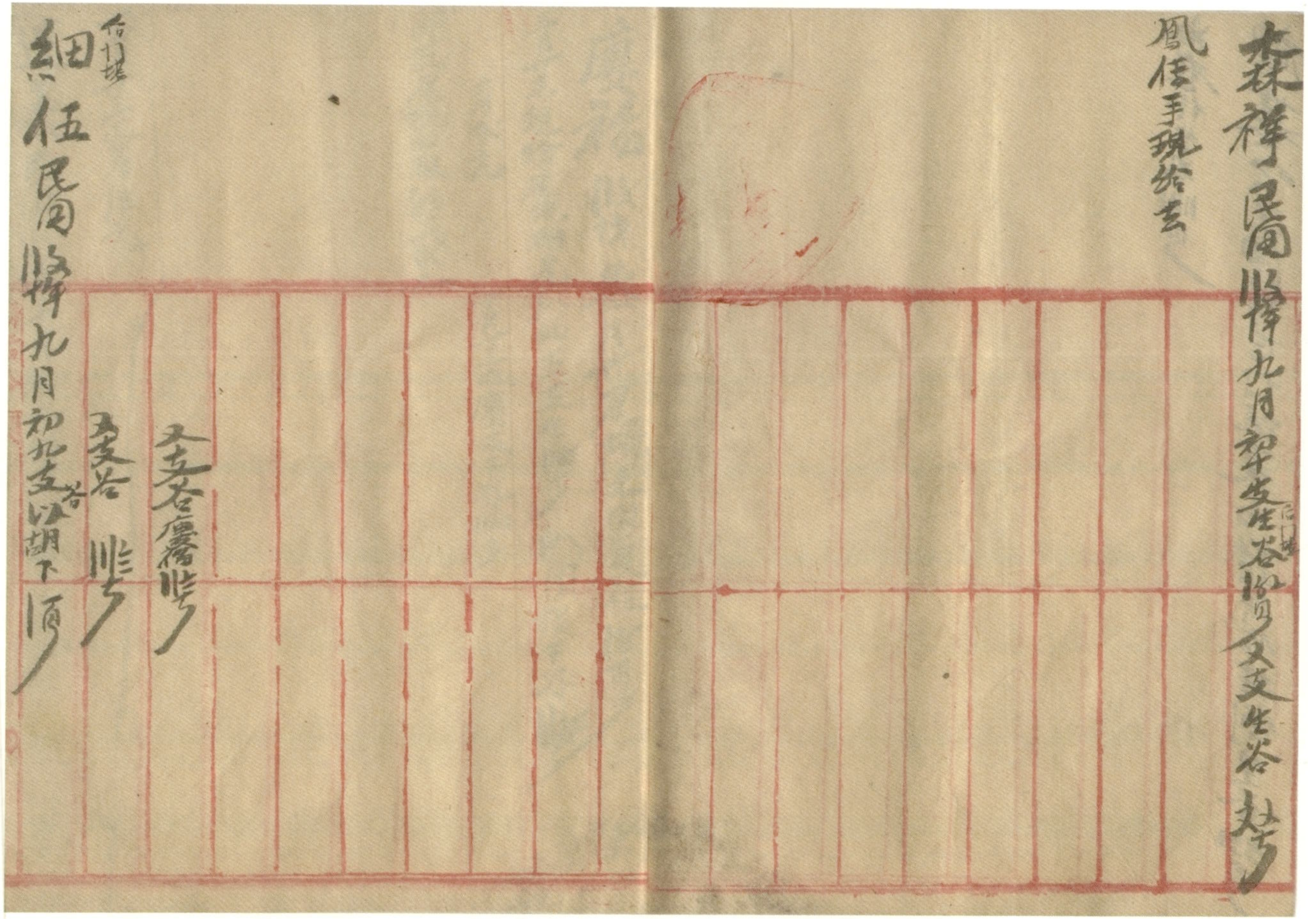

7-3-14-6　民國二十八年林氏禮基公來往數目（六）

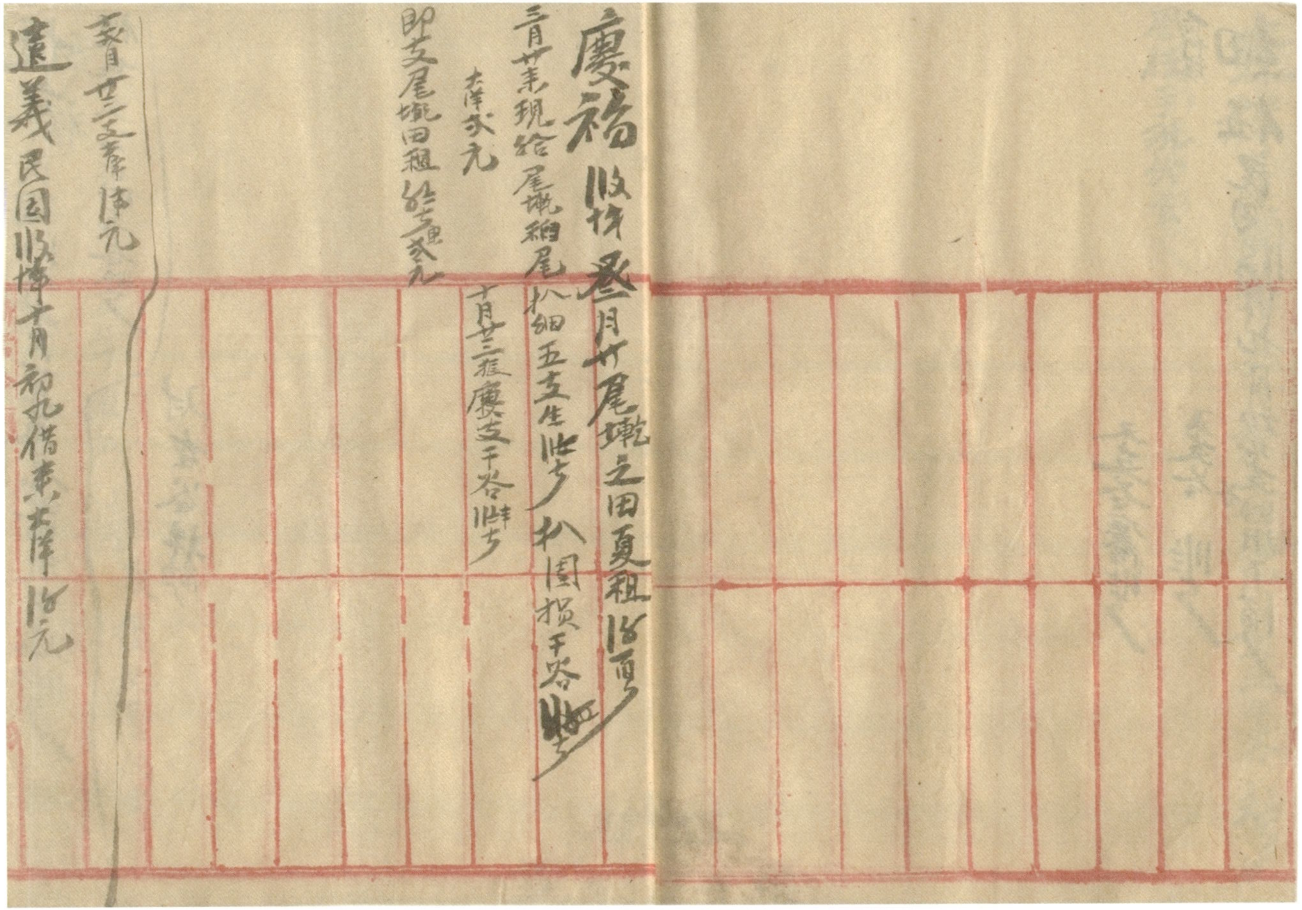

7-3-14-7　民國二十八年林氏禮基公來往數目（七）

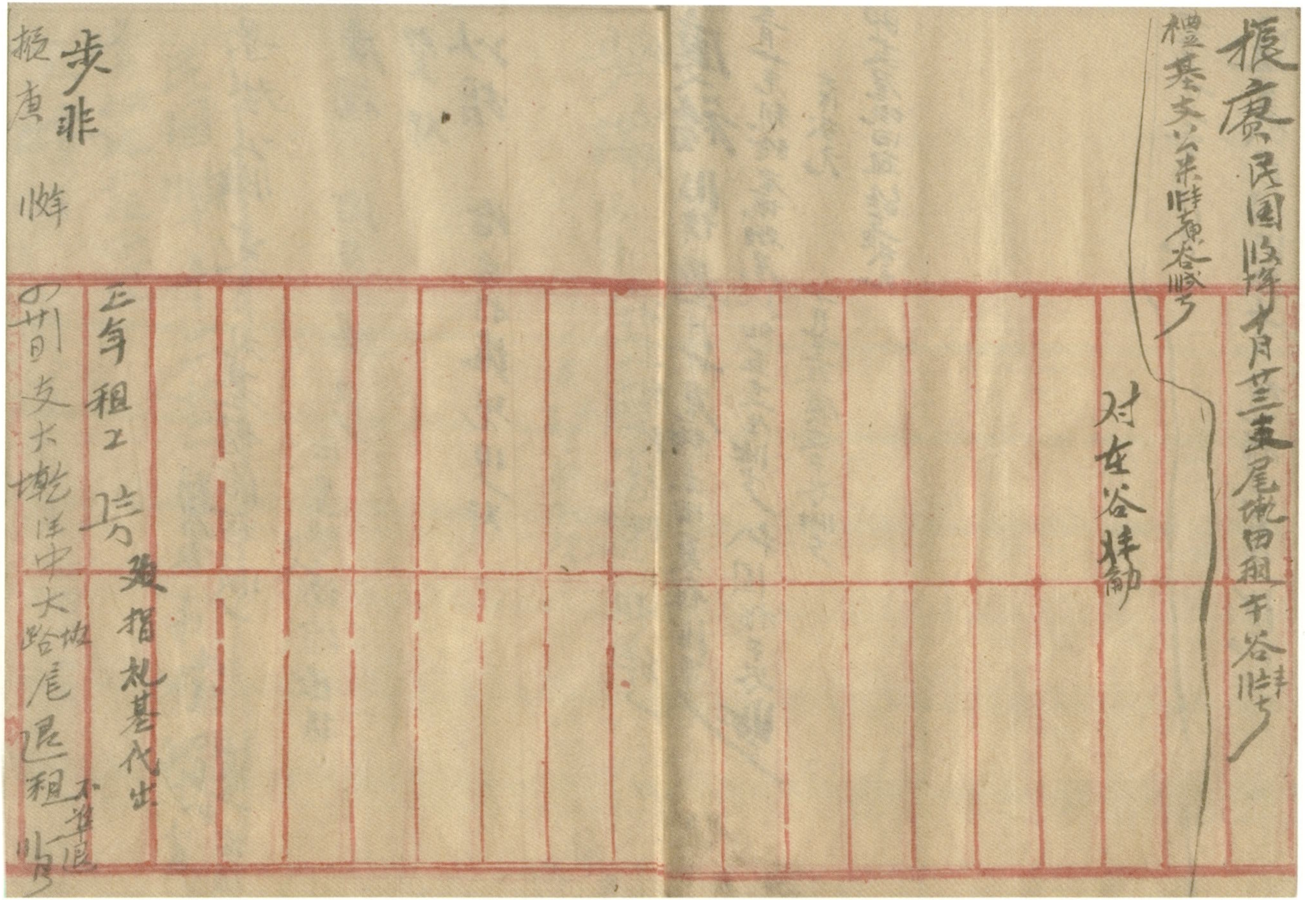

7-3-14-8　民國二十八年林氏禮基公來往數目（八）

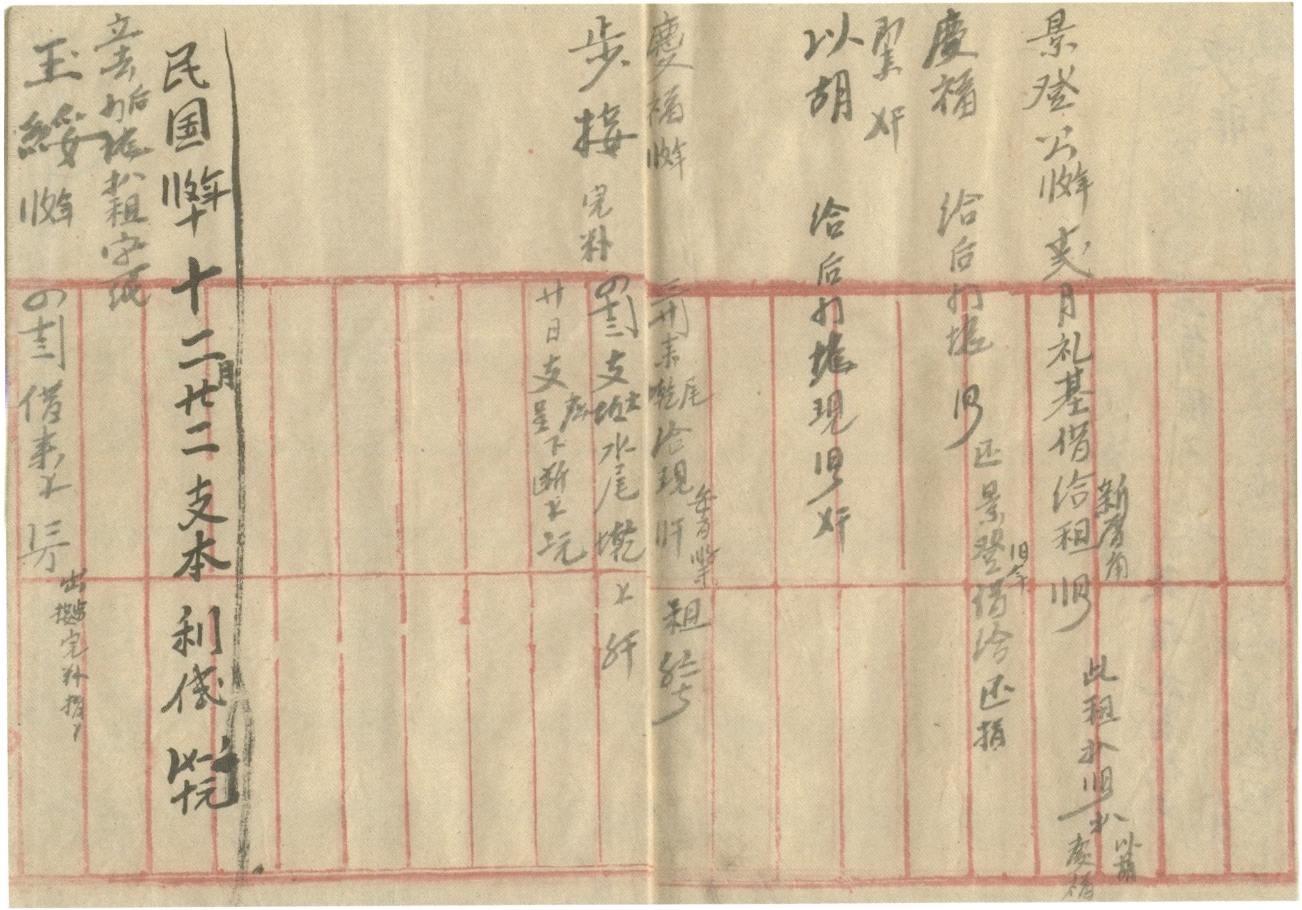

7-3-14-9　民國二十八年林氏禮基公來往數目（九）

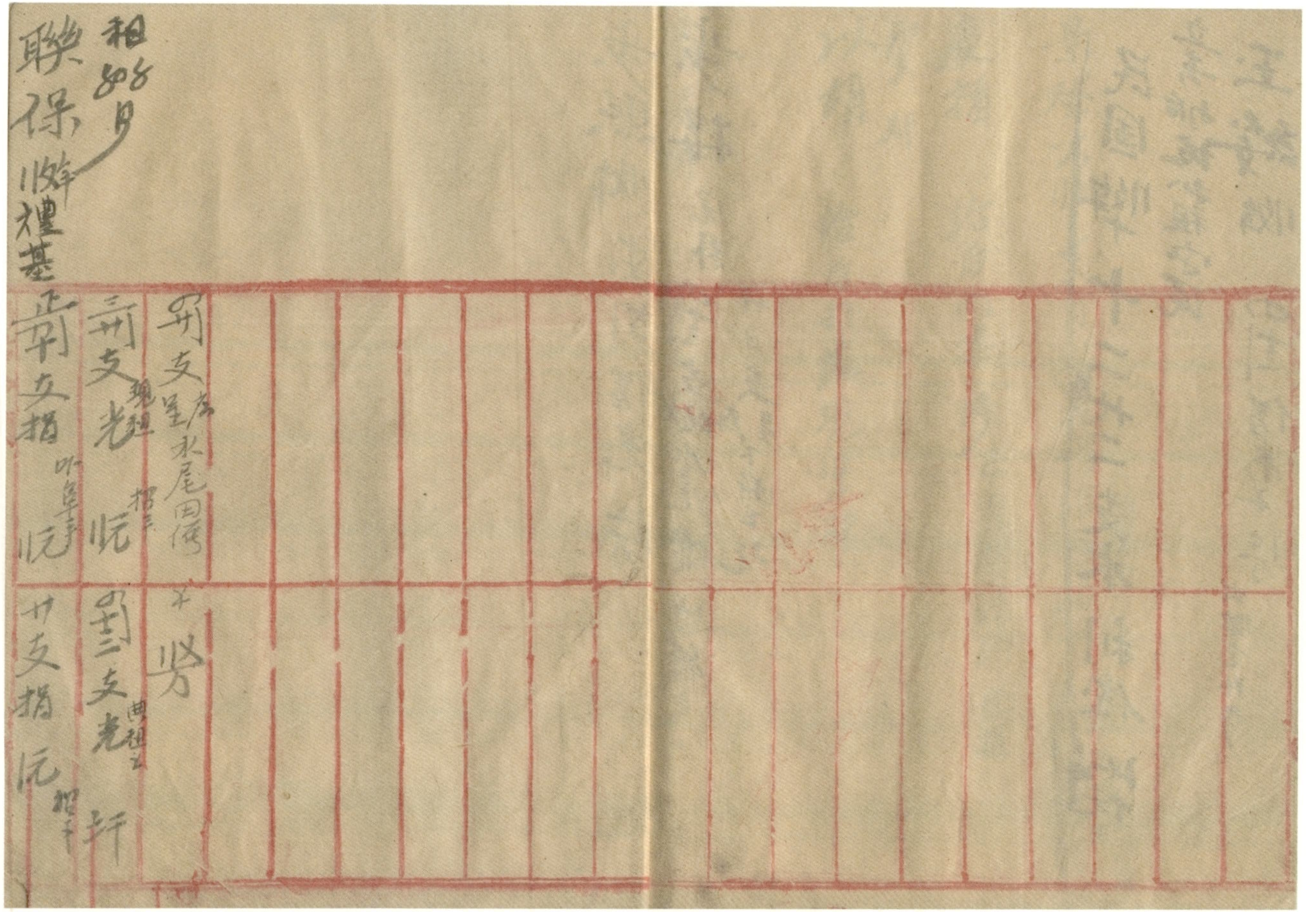

7-3-14-10　民國二十八年林氏禮基公來往數目（一〇）

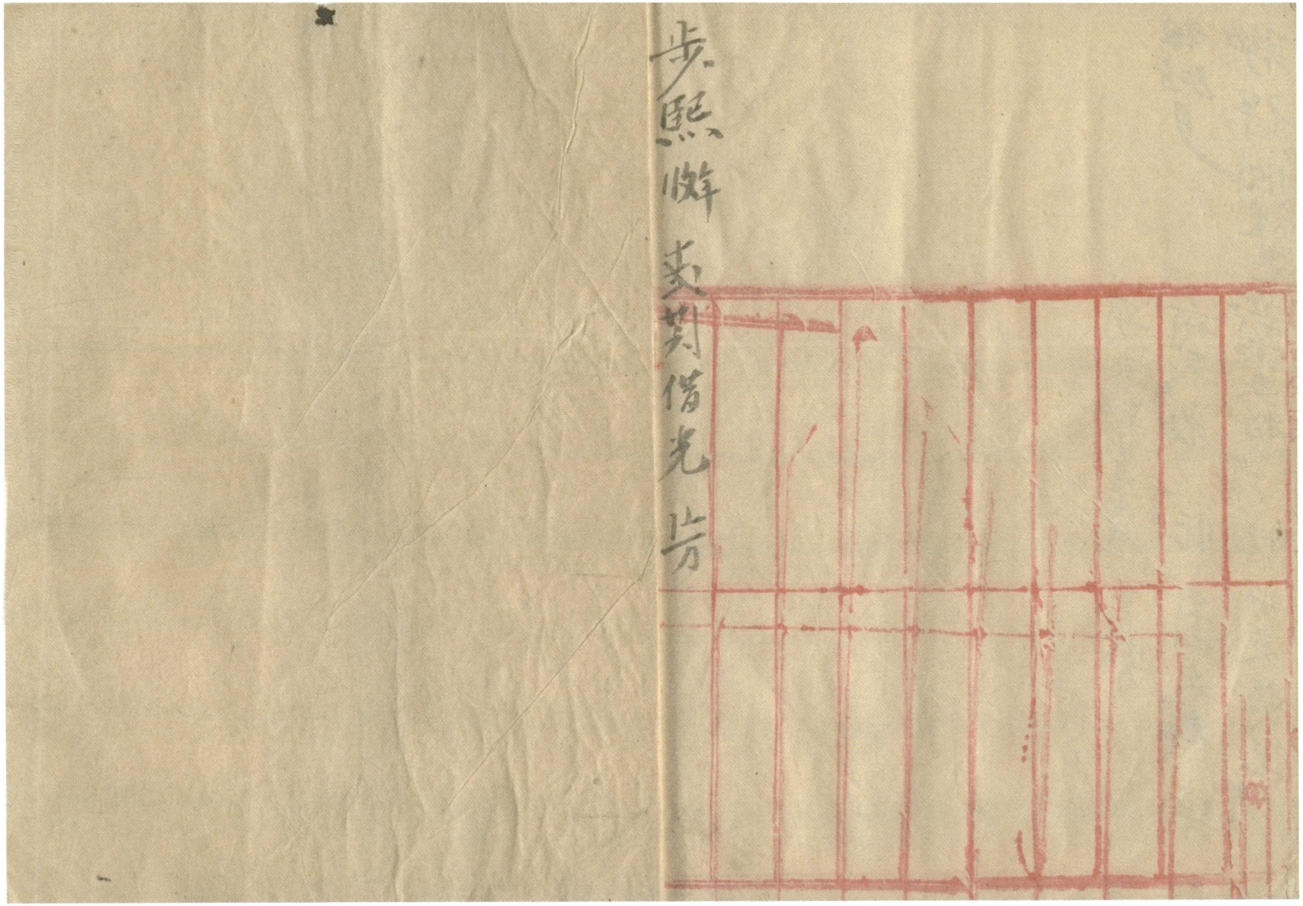

7-3-14-11　民國二十八年林氏禮基公來往數目（一一）

7-3-14-12　民國二十八年林氏禮基公來往數目（一二）

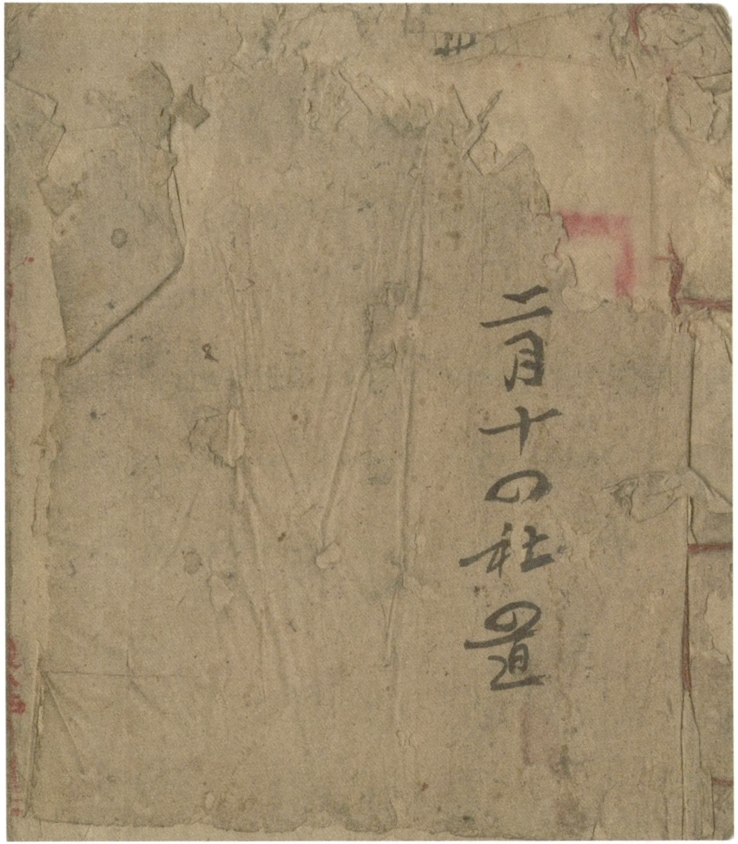

7-3-15-1　清光緒宣統年間仁主尊王二月十四日會社賬簿（一）

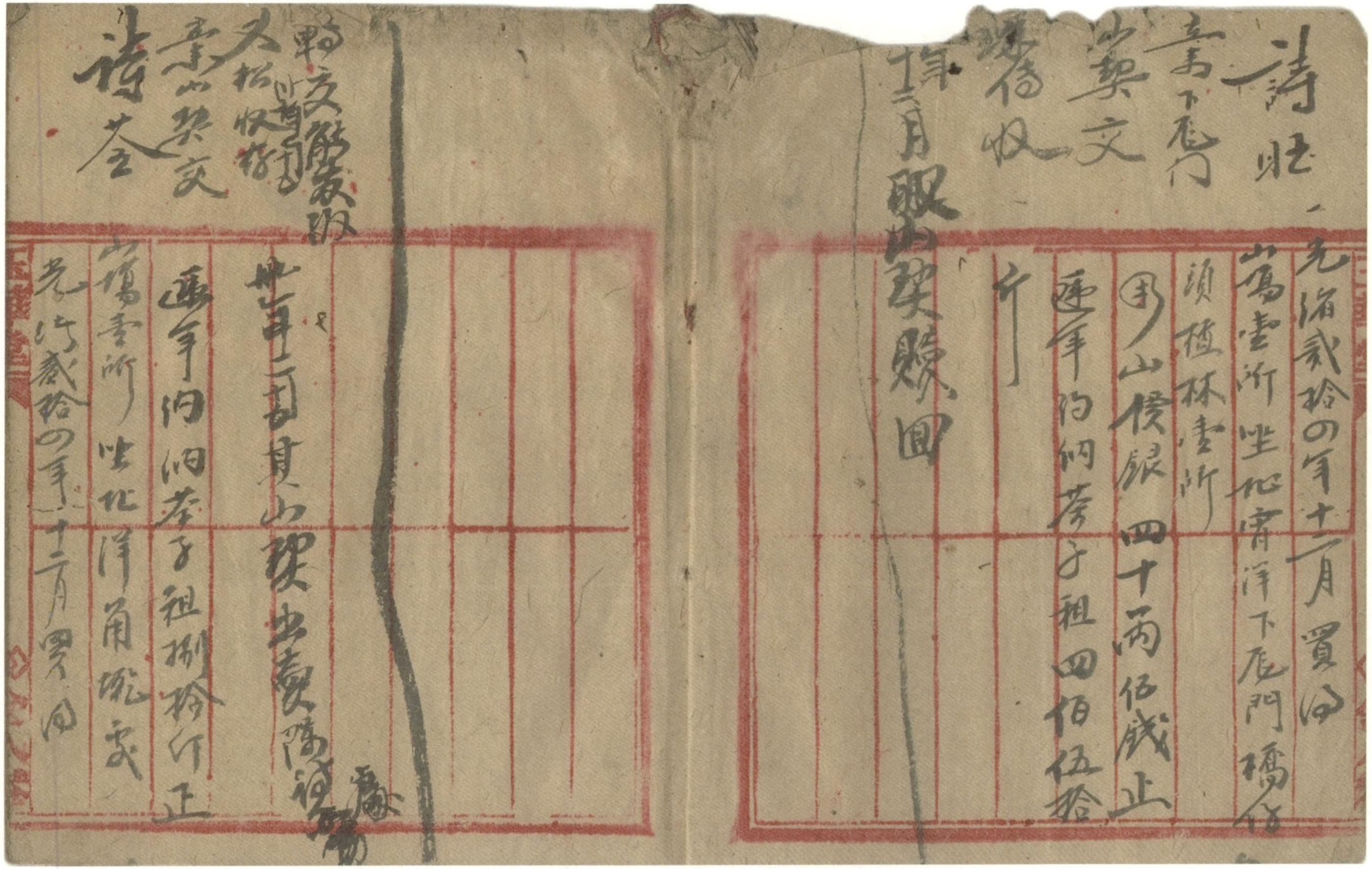

7-3-15-2　清光緒宣統年間仁主尊王二月十四日會社賬簿（二）

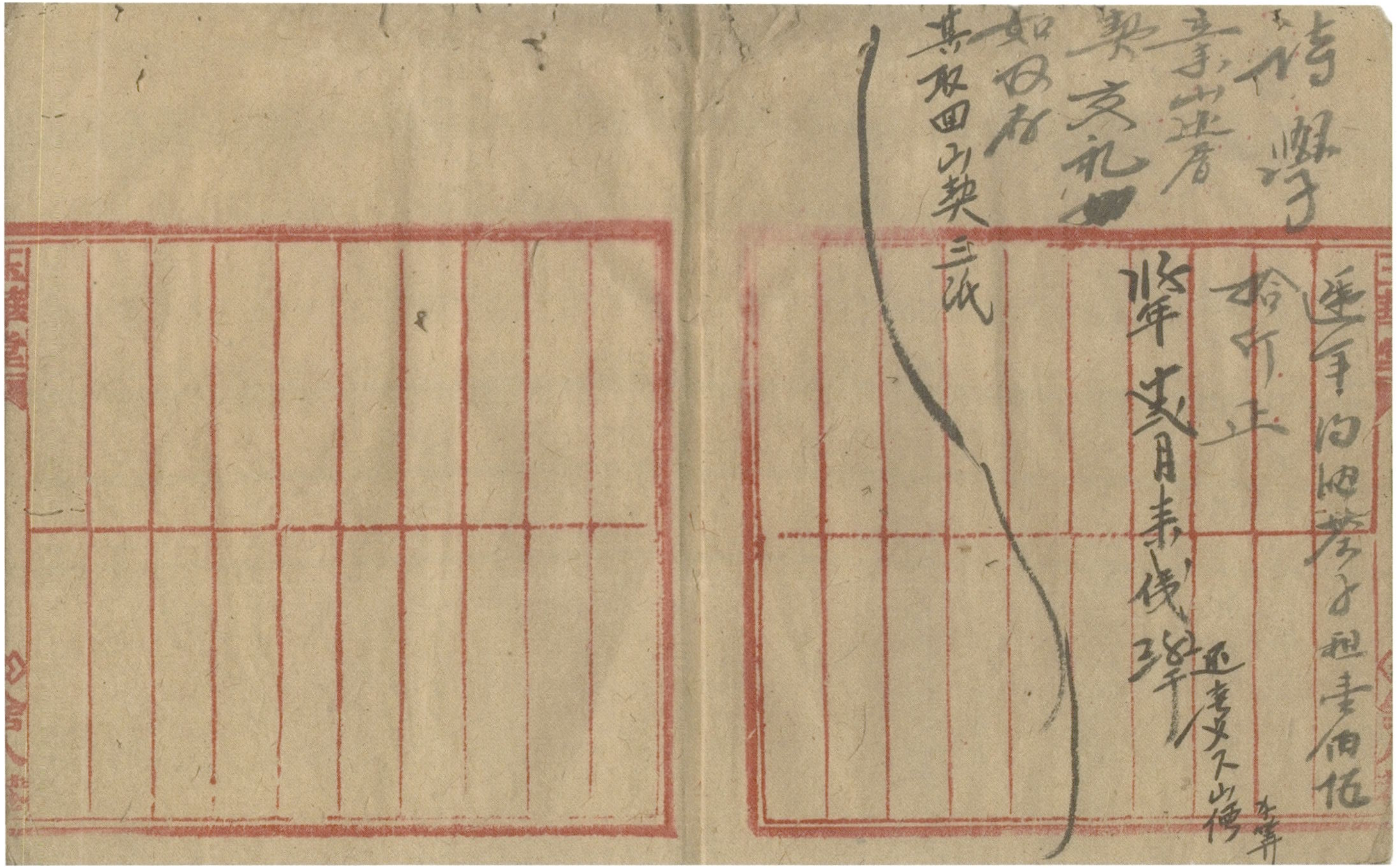

7-3-15-3　清光緒宣統年間仁主尊王二月十四日會社賬簿（三）

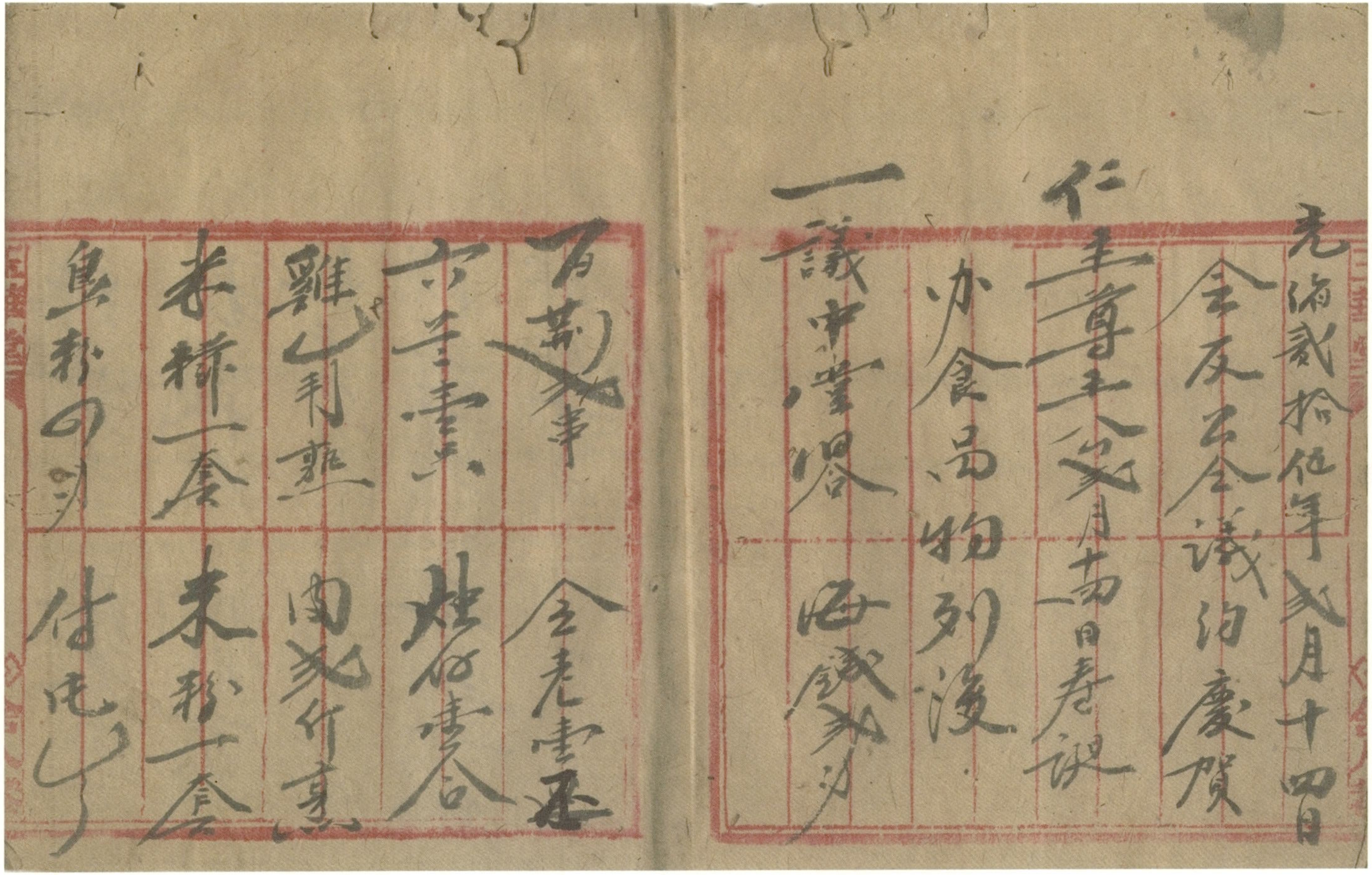

7-3-15-4　清光緒宣統年間仁主尊王二月十四日會社賬簿（四）

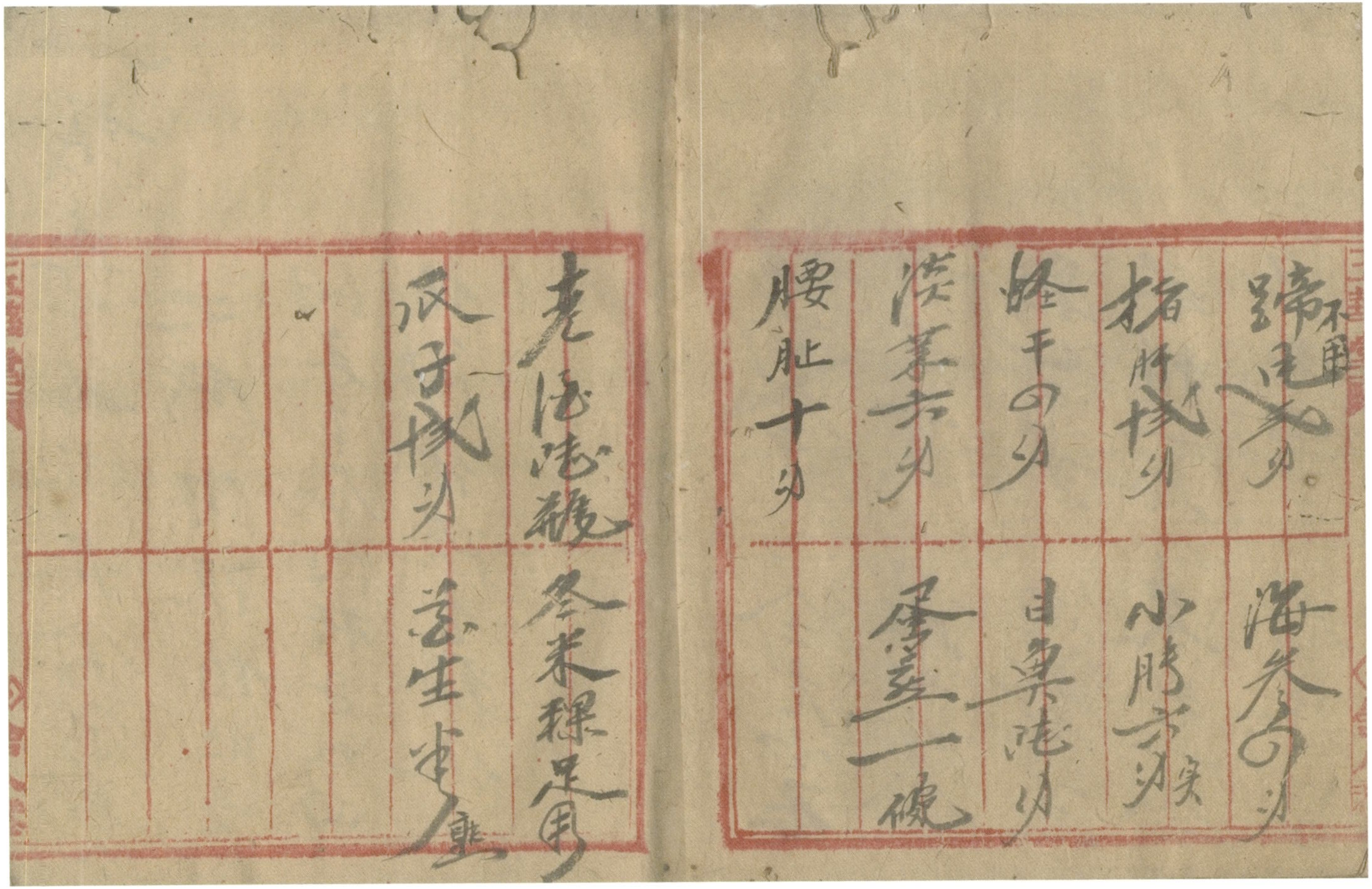

7-3-15-5　清光緒宣統年間仁主尊王二月十四日會社賬簿（五）

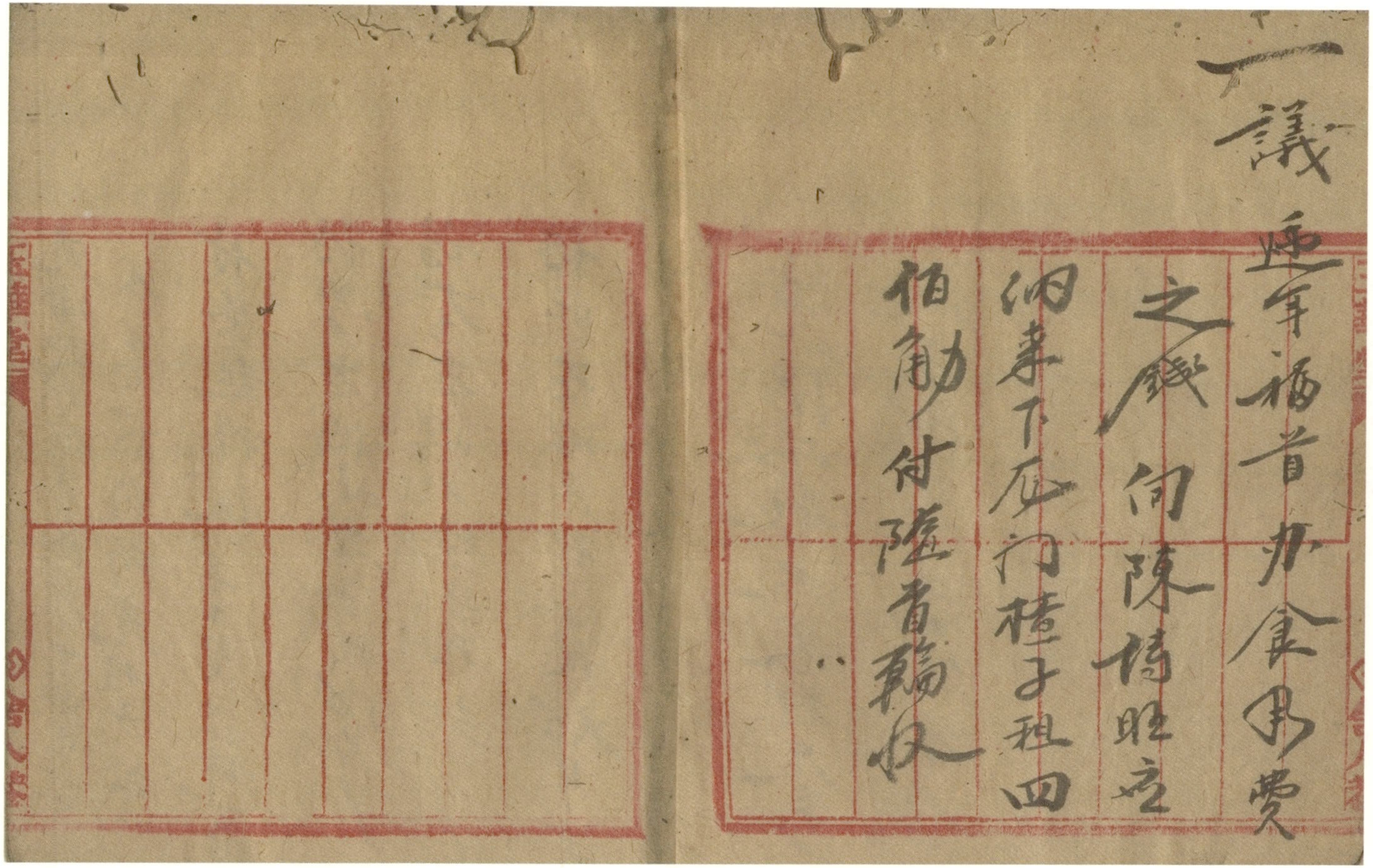
一議
逐年福首办食用費
之錢　向陳侍旺在
佃李下厝門樓子租四
伯觔付隨首輪收

7-3-15-6　清光緒宣統年間仁主尊王二月十四日會社賬簿（六）

光緒貳拾伍年叁月十四日仝
友公議將所充權子租
付吳起祥收　其工資米小洋一角
詩學應納來茶子租洋一角
詩奎應納來權子租弍角
詩旺應納來權子租洋八角

內抽詩旺下權子租洋一付福有收
更剩茶子租洋一付起祥收
以為公積澆羅儀節費
公賞

7-3-15-7　清光緒宣統年間仁主尊王二月十四日會社賬簿（七）

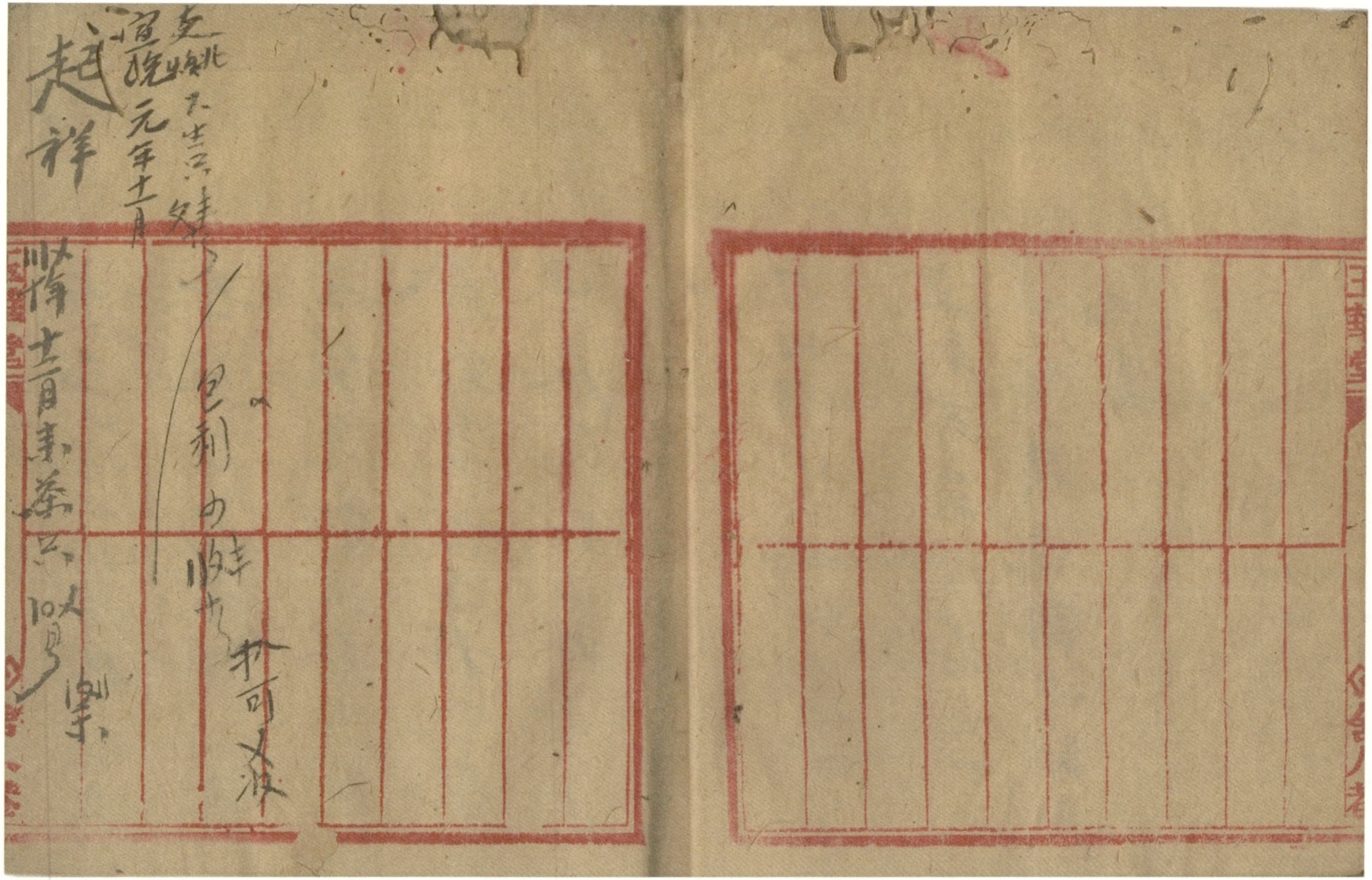

7-3-15-8　清光緒宣統年間仁主尊王二月十四日會社賬簿（八）

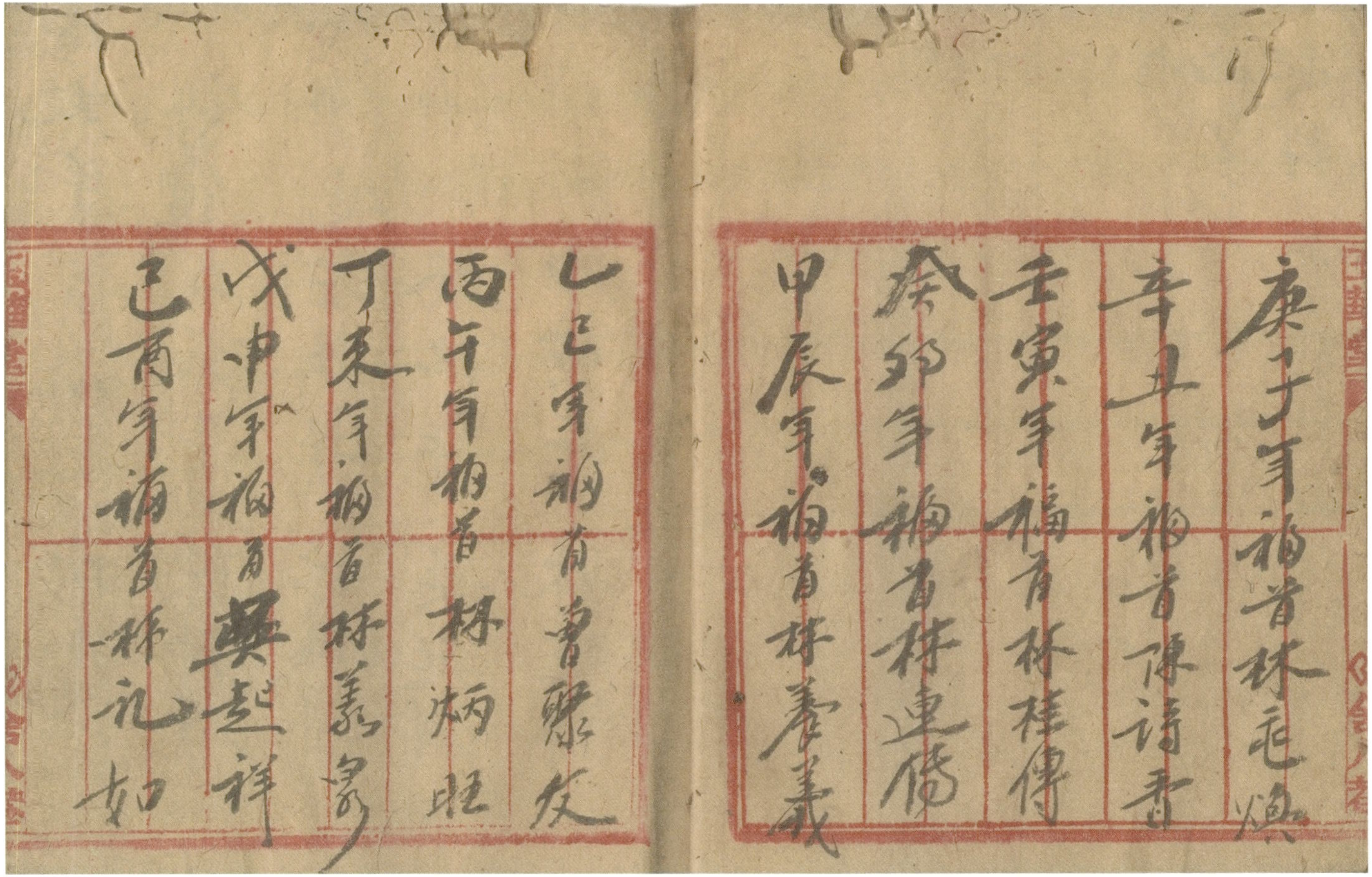
庚子年福首林屯煥
辛丑年福首陳詩書
壬寅年福首林桂傳
癸卯年福首林連備
甲辰年福首林養義
乙巳年福首曾聚茂
丙午年福首林炳旺
丁未年福首林義象
戊申年福首吳起祥
己酉年福首林禮如

7-3-15-9　清光緒宣統年間仁主尊王二月十四日會社賬簿（九）

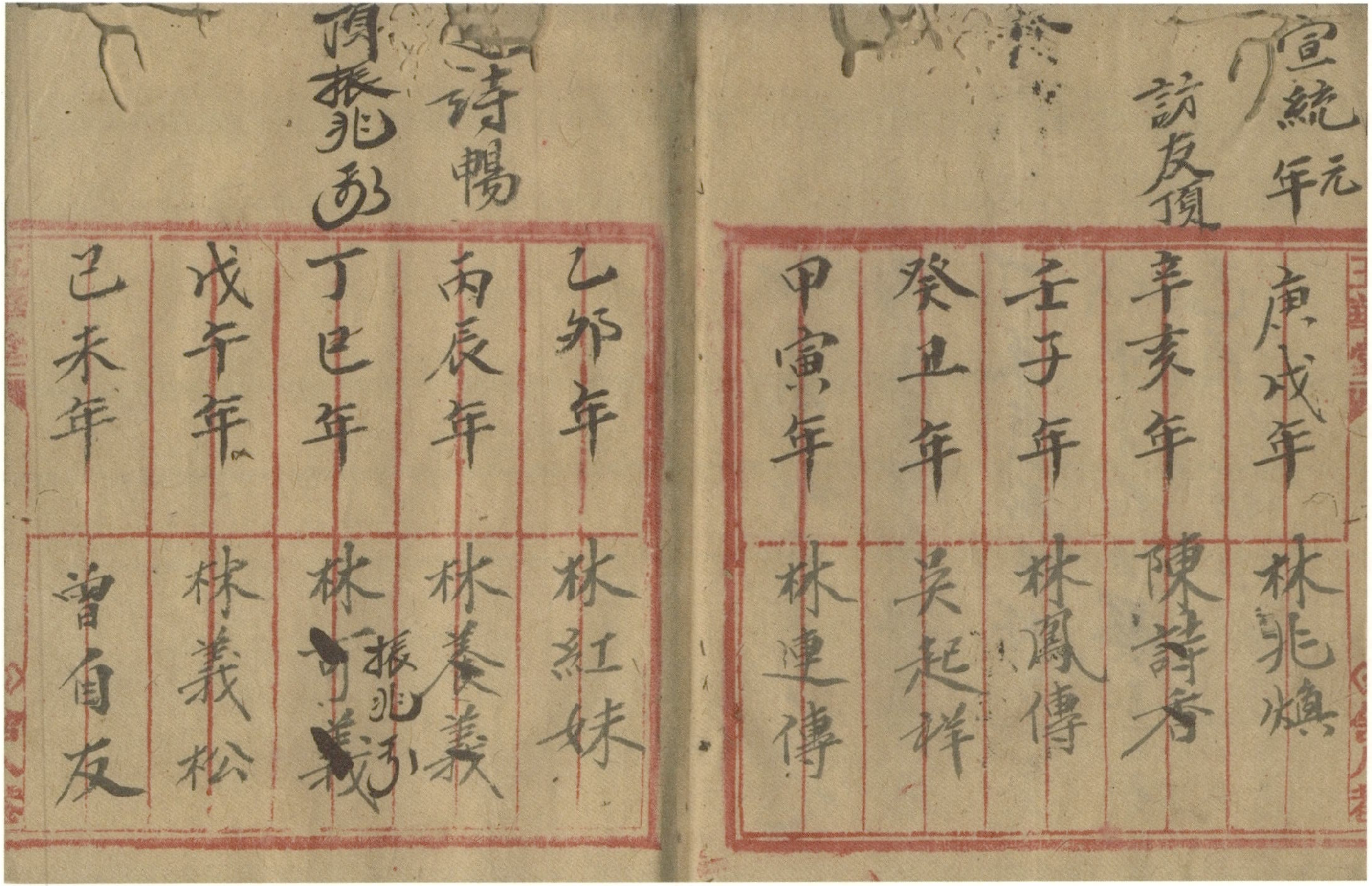
宣統元年
訪友項
庚戌年 林兆熾
辛亥年 陳詩香
壬子年 林鳳傳
癸丑年 吳起祥
甲寅年 林連傳
詩暢
項振兆弼
乙卯年 林紅妹
丙辰年 林養義
丁巳年 林振兆引
戊午年 林義松
己未年 曾有友

7-3-15-10　清光緒宣統年間仁主尊王二月十四日會社賬簿（一〇）

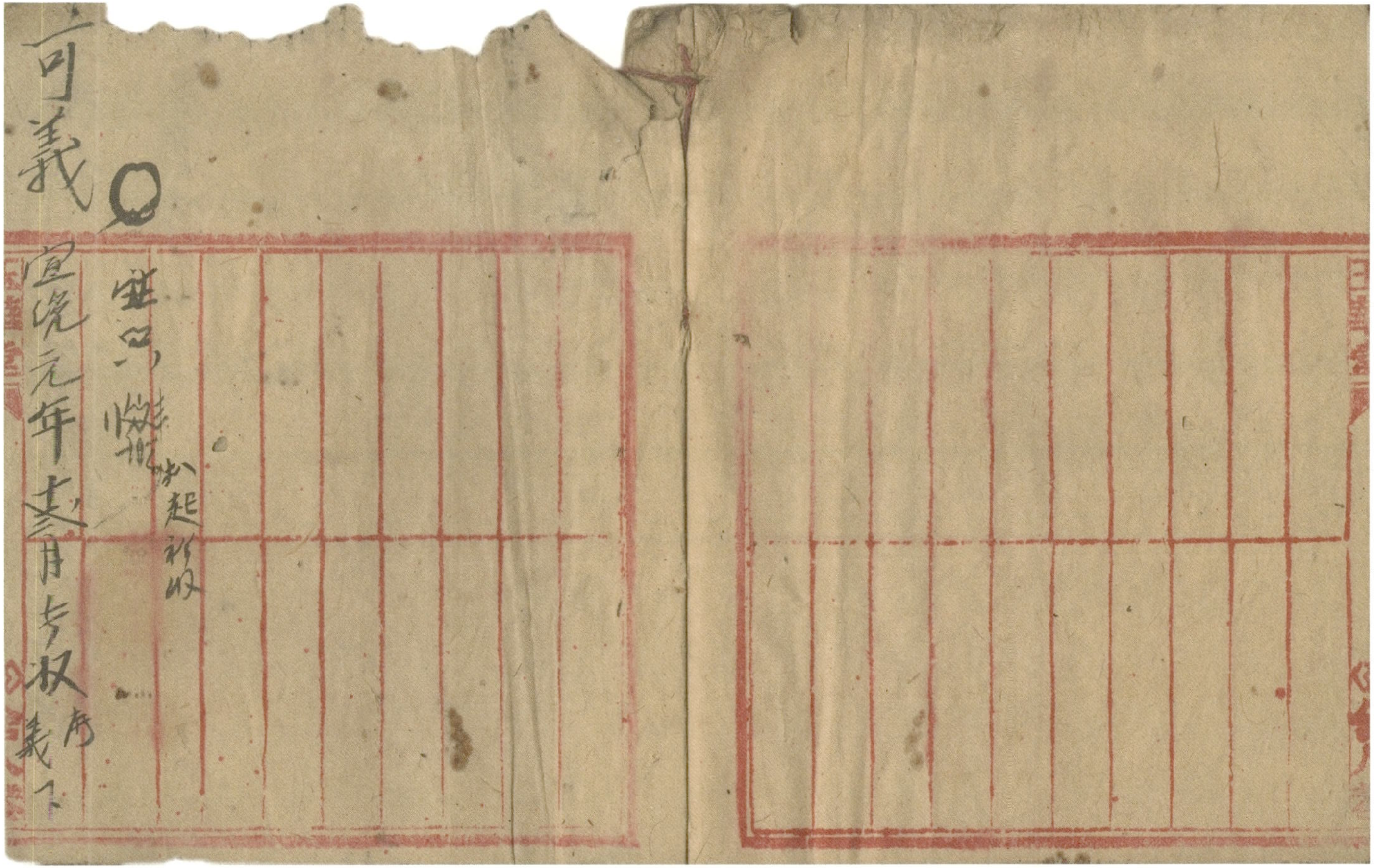

7-3-15-11 清光緒宣統年間仁主尊王二月十四日會社賬簿（一一）

7-3-15-12　清光緒宣統年間仁主尊王二月十四日會社賬簿（一二）

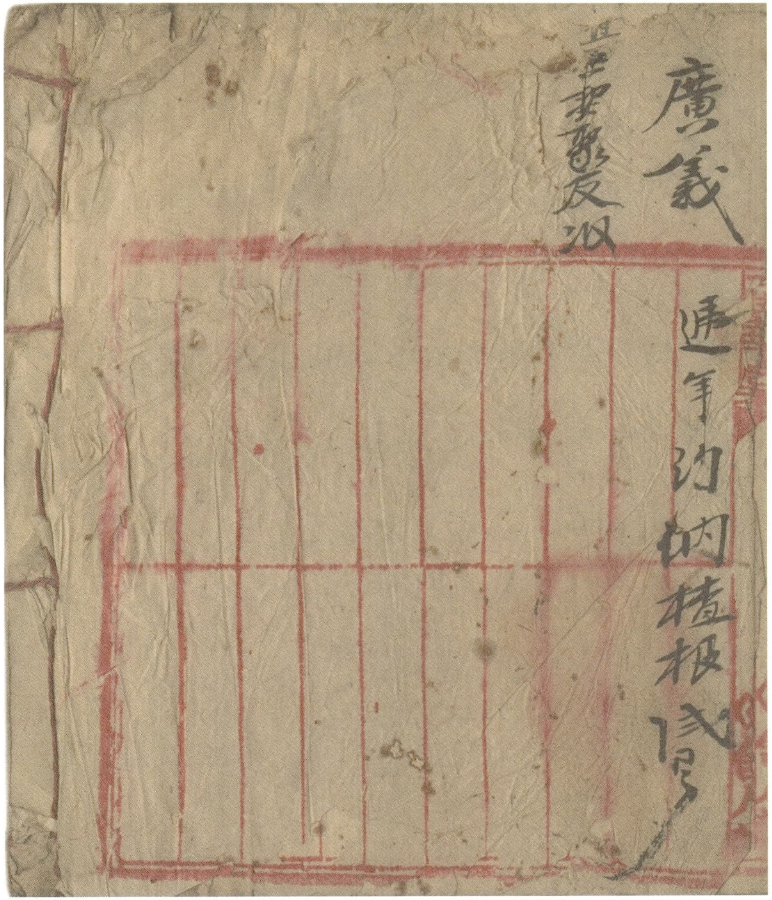
廣義
遞年均納植根錢

7-3-15-13　清光緒宣統年間仁主尊王二月十四日會社賬簿（一三）

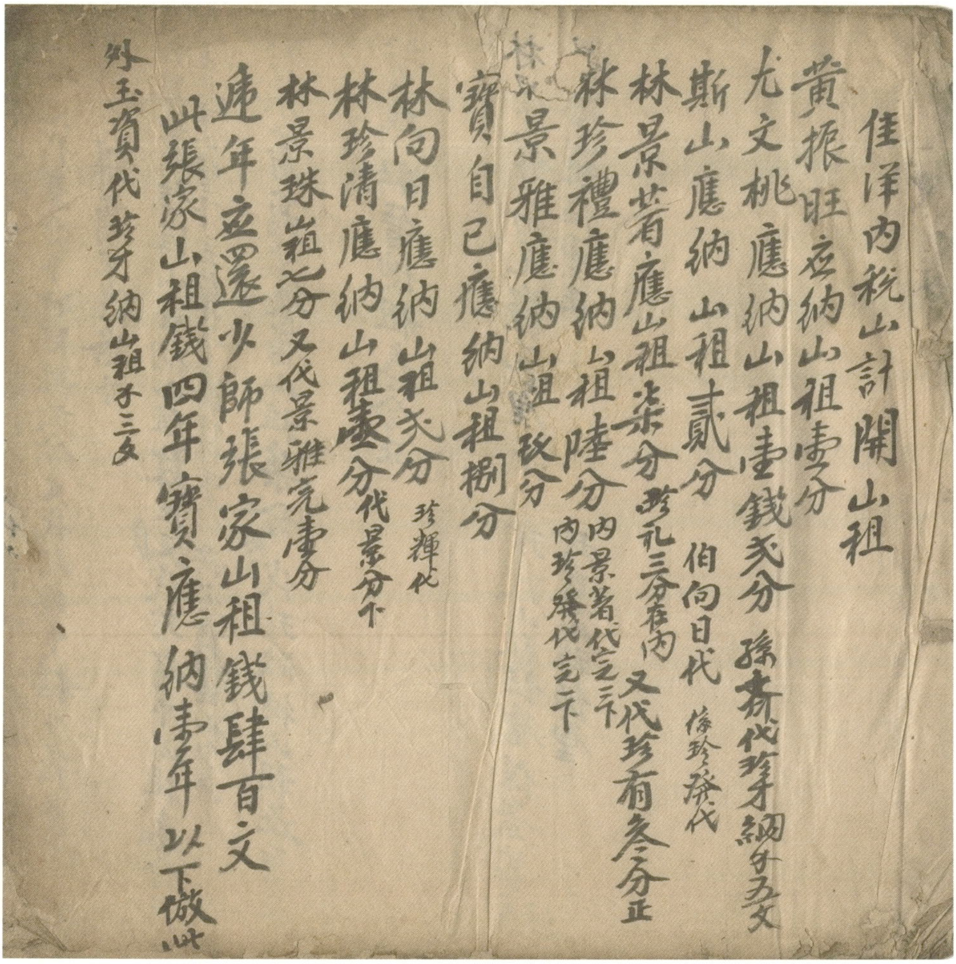
住洋內税山計開山租
黃振旺應納山租壹錢弍分　孫寿代珍才納分五文
尤文桃應納山租壹錢弍分　伯向日代
斯山應納山租貳分　係珍々發代
林景著應山租柒分　珍孔三分在內　又代珍有叁分正
林珍禮應納山租陸分　內景著代二下
林景雅應納山租玖分　內珍發代完二下
寶自己應納山租捌分
林向日應納山租弍分　珍輝代
林珍清應納山租壹分代景分下
林景珠岫租七分又代景雅完壹分
逓年应還少師張家山租錢肆百文
此張家山租錢四年寶應納壹年　以下倣此
外玉寶代珍才納山租子三文

7-3-16-1　清乾隆嘉慶年間林氏山租清册（一）

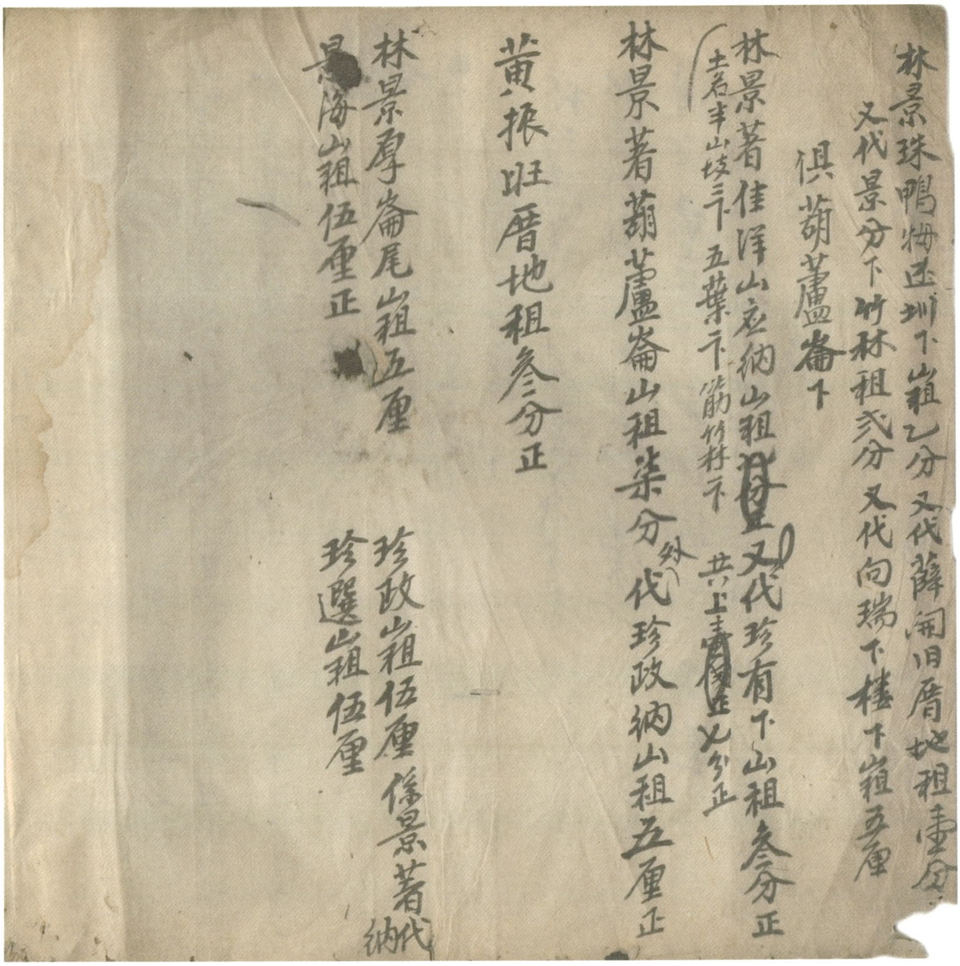

林景珠鴨㘭坵圳下山租乙分又代薛甸旧厝地租壹分
又代景分下竹林租弍分 又代向瑞下楼下山租五厘
俱葫蘆崙下
林景著佳洋山㕑納山租壹分又代珍有下山租叁分正
（土名半山坟三下 五葉下 筋竹林下 共上壹又叁分正）
林景著葫蘆崙山租柒分 外代珍政納山租五厘正
黄振旺厝地租叁分正
林景厚崙尾山租五厘
景海山租伍厘正
珍政山租伍厘 係景著代納
珍選山租伍厘

7-3-16-2　清乾隆嘉慶年間林氏山租清册（二）

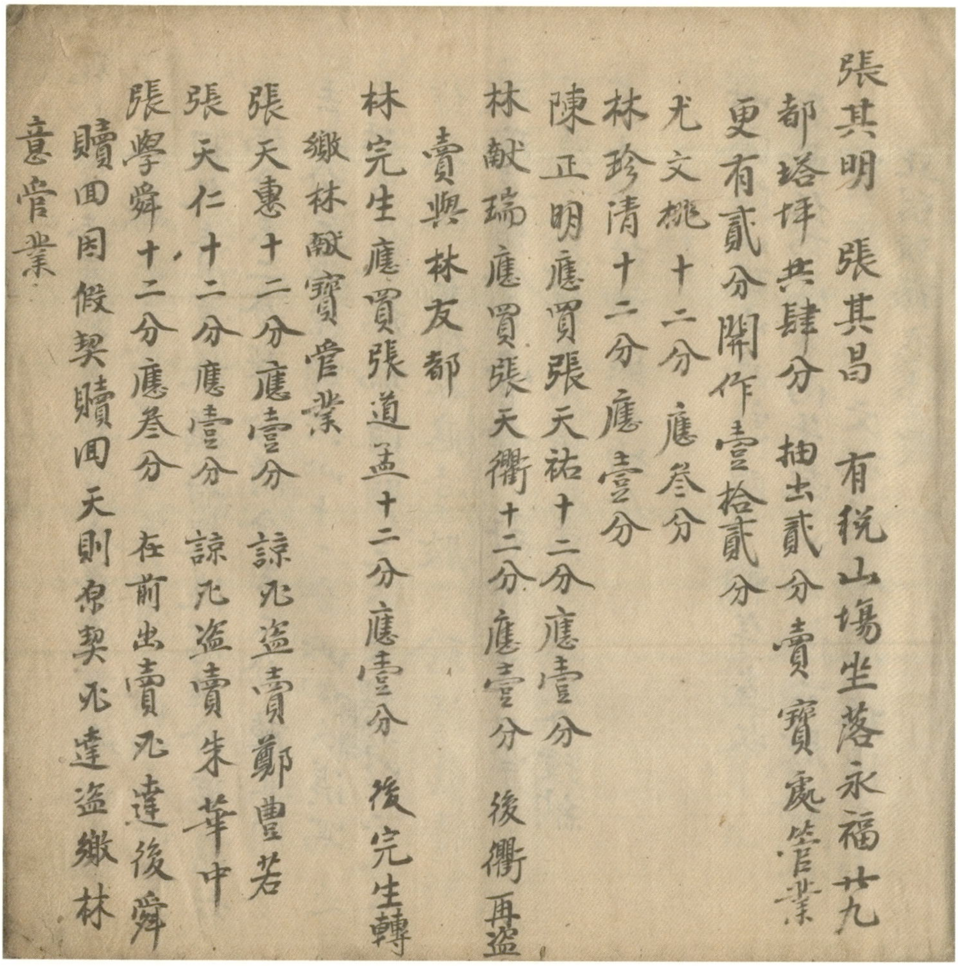
張其明　張其昌　有税山場坐落永福廿九
都塔坪共肆分　抽出貳分賣　寶處管業
更有貳分鬮作壹拾貳分
尤文桃十二分應叁分
林珍清十二分應壹分
陳正明應買張天祐十二分應壹分
林猷瑞應買張天衢十二分應壹分　後衢再盜
賣與林友都
林完生應買張道孟十二分應壹分　後完生轉
繳林猷寶管業
張天惠十二分應壹分　諒兆盜賣鄭豊若
張天仁十二分應壹分　諒兆盜賣朱華中
張學舜十二分應叁分　在前出賣兆達後舜
贖回因假契贖回天則京契兆達盜繳林
意管業

7-3-16-3　清乾隆嘉慶年間林氏山租清册（三）

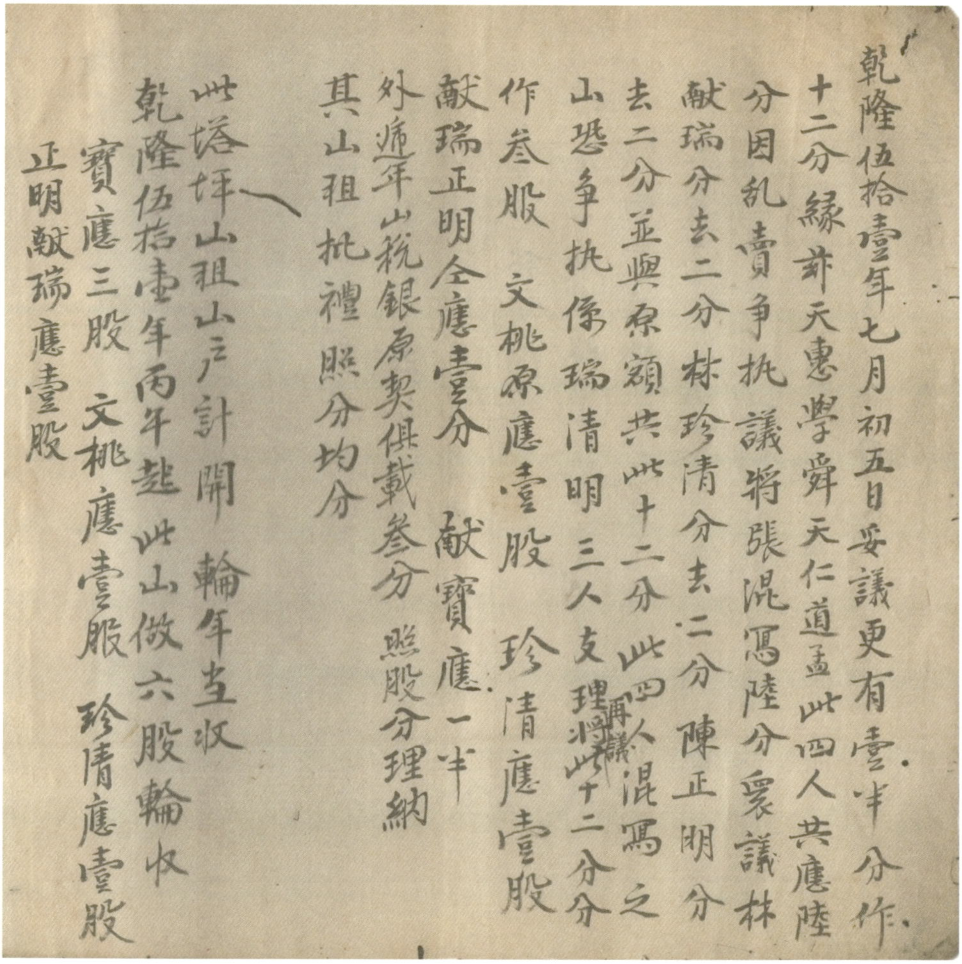
乾隆伍拾壹年七月初五日妥議更有壹半分作
十二分緣并天惠學舜天仁道孟此四人共應陸
分因乱賣争执議将張混寫陸分衆議林
献瑞分去二分林珍清分去二分陳正明分
去二分並與原額共此十二分此四人混寫之
山悉争执係瑞清明三人支理將此十二分分
作叁股　文桃原應壹股　珍清應壹股
献瑞正明仝應壹分　献寶應一半
外逓年山税銀原契俱載叁分　照股分理納
其山租批禮照分均分

此塔坪山租山戶計開　輪年直收
乾隆伍拾壹年丙午起此山做六股輪收
寶應三股　文桃應壹股　珍清應壹股
正明献瑞應壹股

7-3-16-4　清乾隆嘉慶年間林氏山租清册（四）

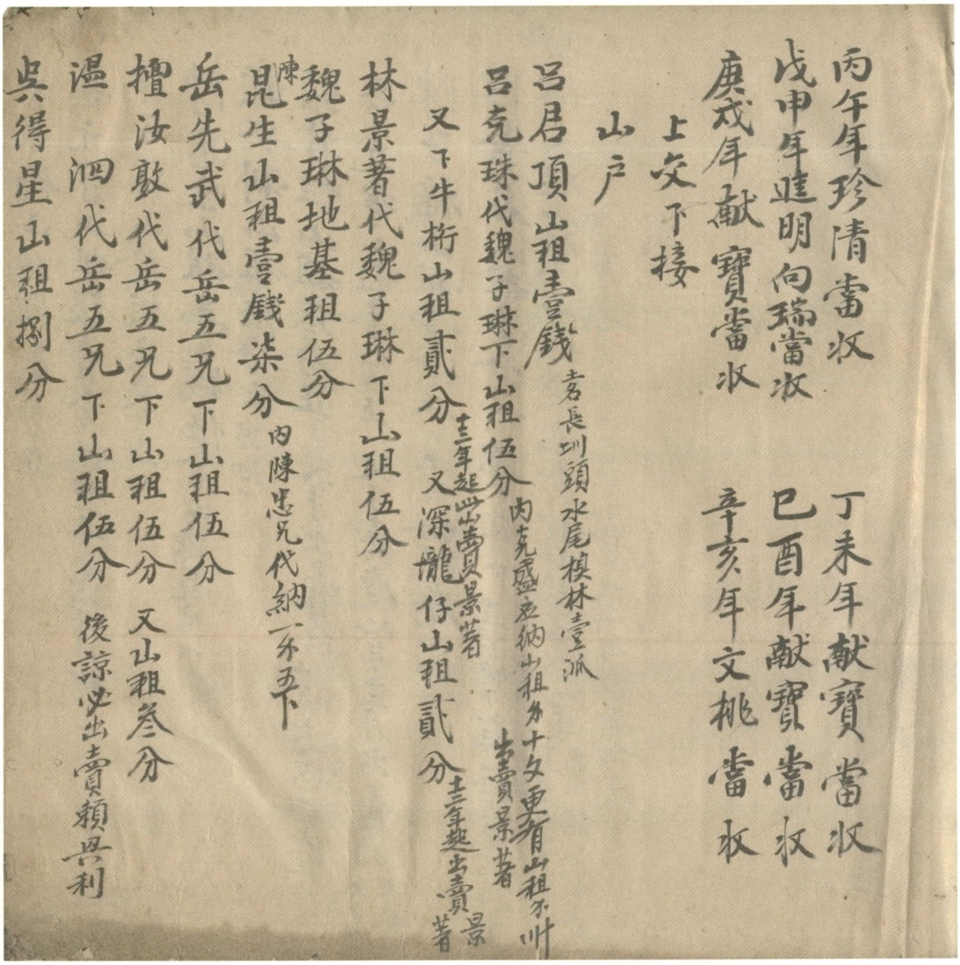
丙午年珍清當收　丁未年獻寶當收
戊申年進明向瑞當收　己酉年獻寶當收
庚戌年獻寶當收　辛亥年文桃當收
上交下接
山户
呂居頂山租壹錢　壹長圳頭水尾模林壹派
呂克珠代魏子琳下山租伍分　內克盛應納山租分十文更有山租不叶　出賣景著
又下牛桁山租貳分　十二年起出賣景著　又深攏仔山租貳分　十二年起出賣景著
林景著代魏子琳下山租伍分
魏子琳地基租伍分
（陳）昆生山租壹錢柒分　內陳忠兄代納一分五下
岳先武代岳五兄下山租伍分
擅汝敢代岳五兄下山租伍分　又山租叁分
温泗代岳五兄下山租伍分　後諒必出賣賴吳利
吳得星山租捌分

7-3-16-5　清乾隆嘉慶年間林氏山租清册（五）

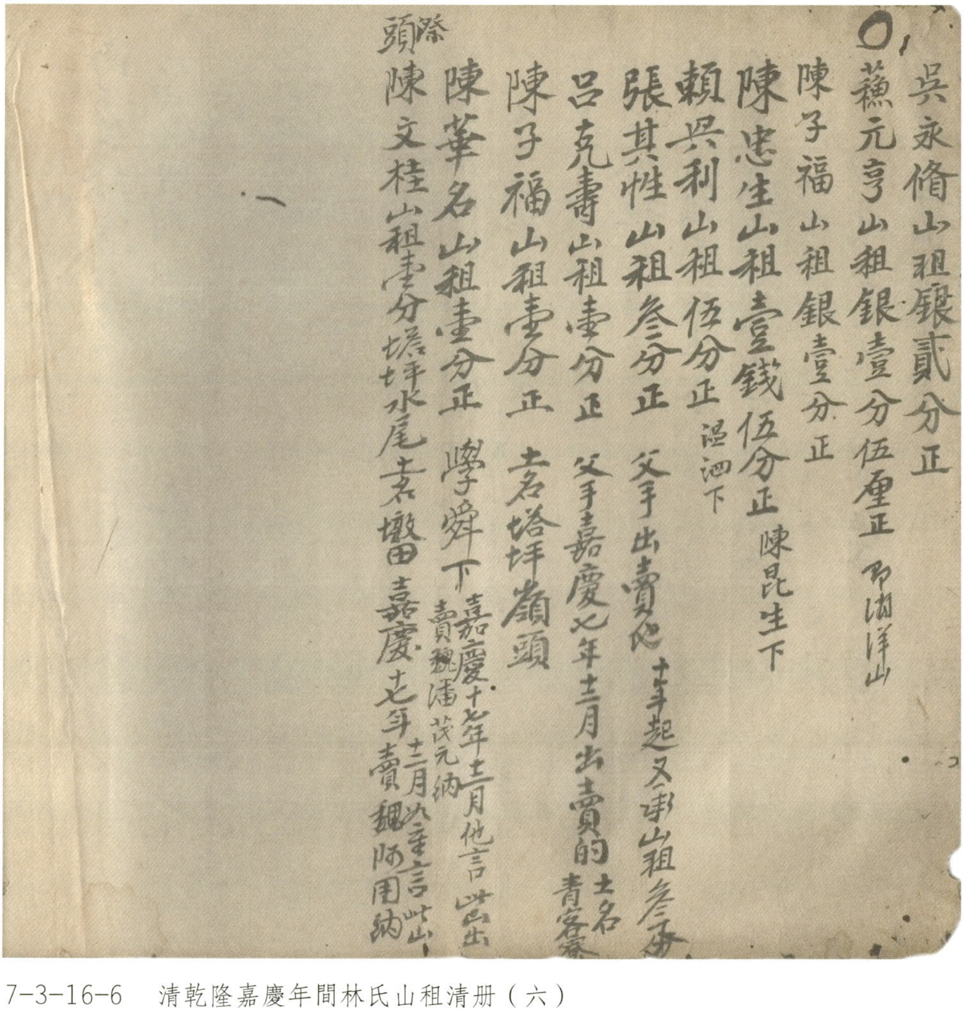
吴永脩山租銀貳分正
蘇元亨山租銀壹分伍厘正 下湖洋山
陳子福山租銀壹分正
陳忠生山租壹錢伍分正 陳昆生下
賴吳利山租伍分正 溫泗下
張其性山租叁分正 父手出賣他 十年起又串山租叁分
呂克壽山租壹分正 父手嘉慶七年十二月出賣的 土名青窑
陳子福山租壹分正 土名塔坪嶺頭
陳華名山租壹分正 學舜下 嘉慶十七年十二月他言 賣魏潘茂元納 此出
漈頭陳文桂山租壹分 土名塔坪水尾 土名墩田 嘉慶十七年賣魏阿周納 十二月八年言 此出

7-3-16-6 清乾隆嘉慶年間林氏山租清册（六）

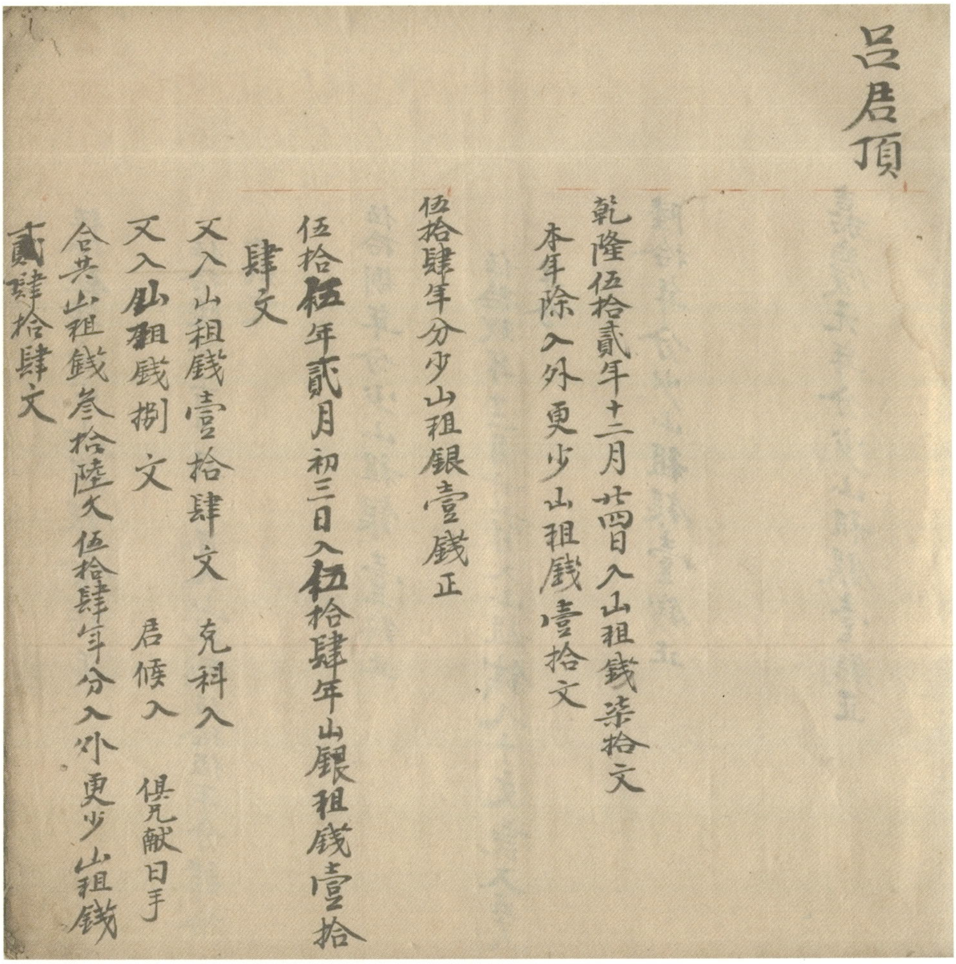
呂居頂

乾隆伍拾貳年十二月廿四日入山租錢柒拾文

本年除入外更少山租錢壹拾文

伍拾肆年分少山租銀壹錢正

伍拾伍年貳月初三日入伍拾肆年山銀租錢壹拾肆文

又入山租錢壹拾肆文　克科入

又入山租錢捌文　居候入　俱允猷日手

合共山租錢叁拾陸文伍拾肆年分入外更少山租錢貳肆拾肆文

7-3-16-7　清乾隆嘉慶年間林氏山租清册（七）

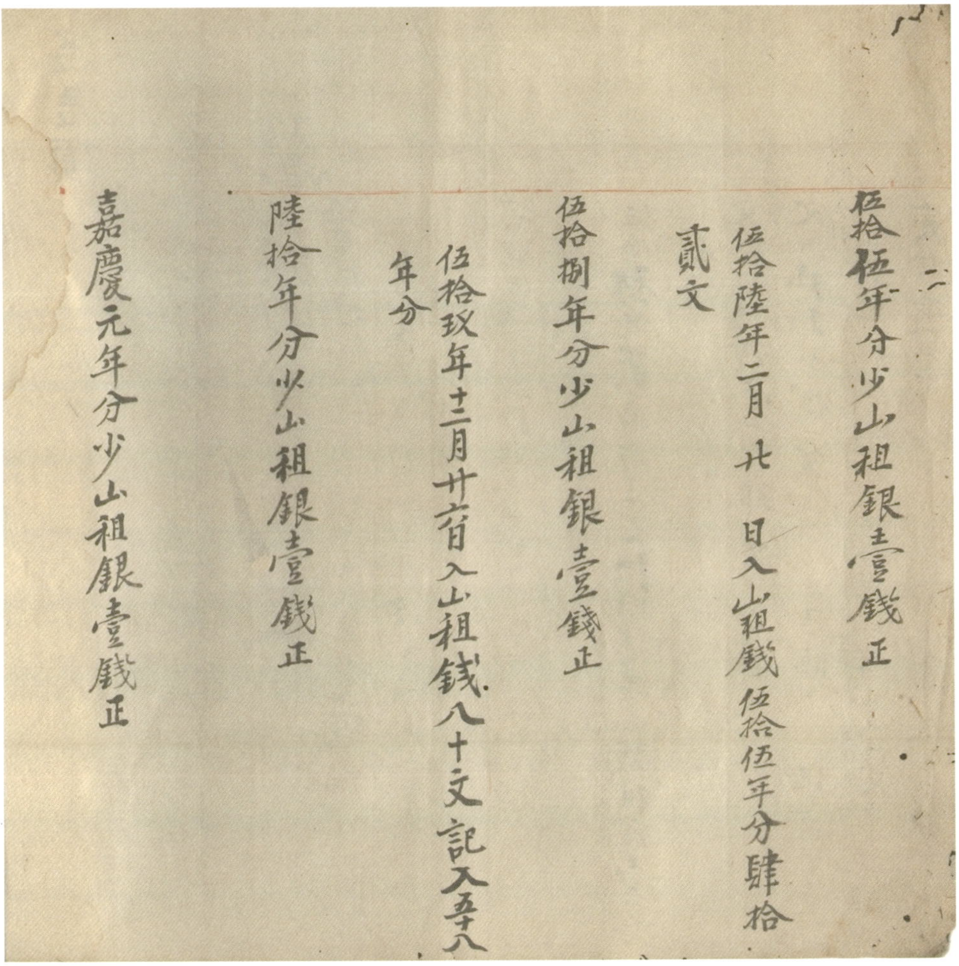
伍拾伍年分少山租銀壹錢正
伍拾陸年二月廿　日入山租錢伍拾伍年分肆拾
貳文
伍拾捌年分少山租銀壹錢正
伍拾玖年十二月廿二日入山租錢八十文記入五十八
年分
陸拾年分少山租銀壹錢正
嘉慶元年分少山租銀壹錢正

7-3-16-8　清乾隆嘉慶年間林氏山租清册（八）

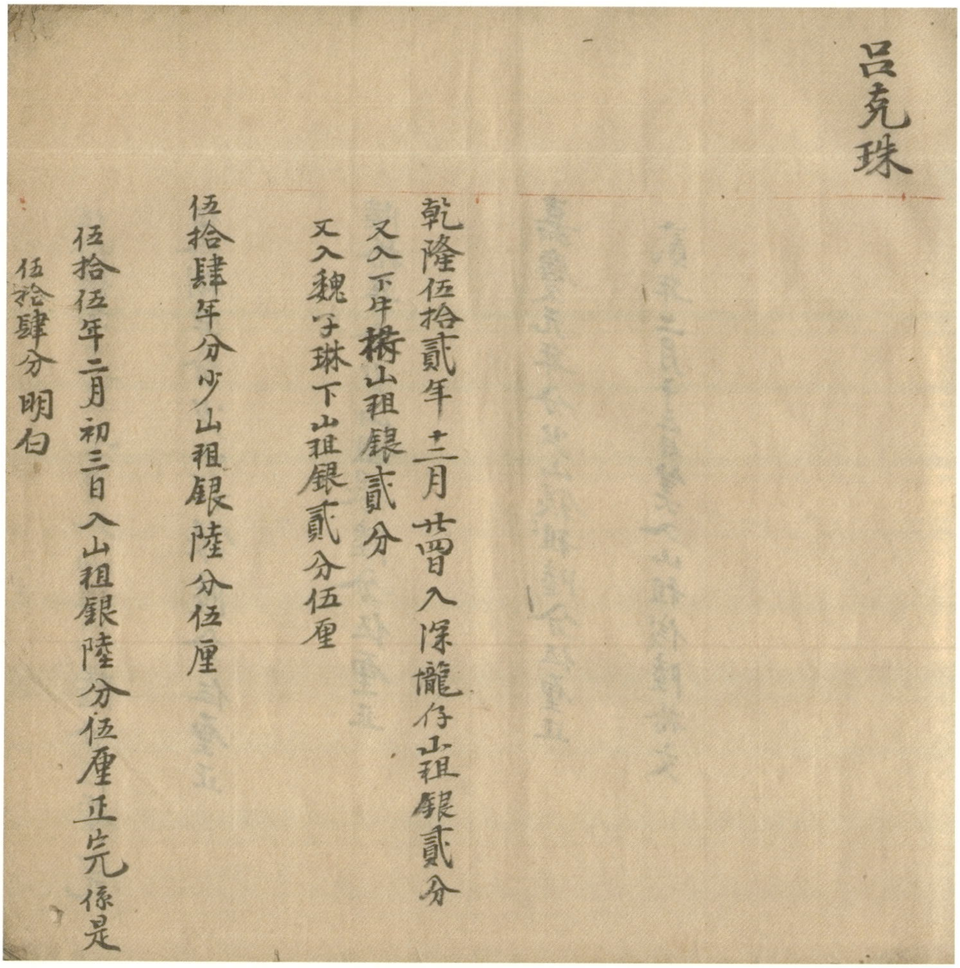
呂克珠
乾隆伍拾貳年十二月廿四入深壠仔山租銀貳分
又入下午樹山租銀貳分
又入魏子琳下山租銀貳分伍厘
伍拾肆年分少山租銀陸分伍厘
伍拾伍年二月初三日入山租銀陸分伍厘正完係是
伍拾肆分明白

7-3-16-9　清乾隆嘉慶年間林氏山租清册（九）

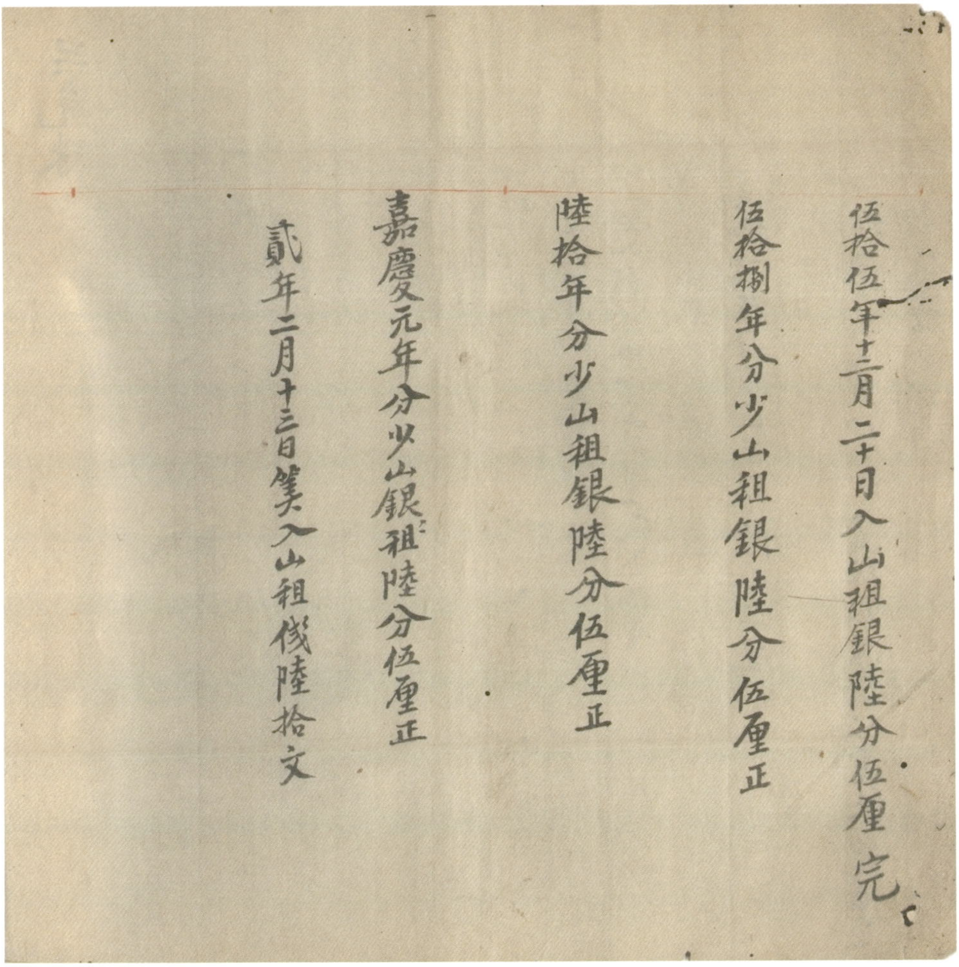
伍拾伍年十二月二十日入山租銀陸分伍厘完
伍拾捌年分少山租銀陸分伍厘正
陸拾年分少山租銀陸分伍厘正
嘉慶元年分少山銀租陸分伍厘正
貳年二月十三日筭入山租錢陸拾文

7-3-16-10　清乾隆嘉慶年間林氏山租清册（一〇）

林景著

乾隆伍拾貳年分少山銀租伍分　魏子琳下

伍拾肆年分少山租銀伍分

伍拾伍年分少山租銀伍分

伍拾捌年分少山租銀伍分

陸拾年分少山租銀伍分

7-3-16-11　清乾隆嘉慶年間林氏山租清册（一一）

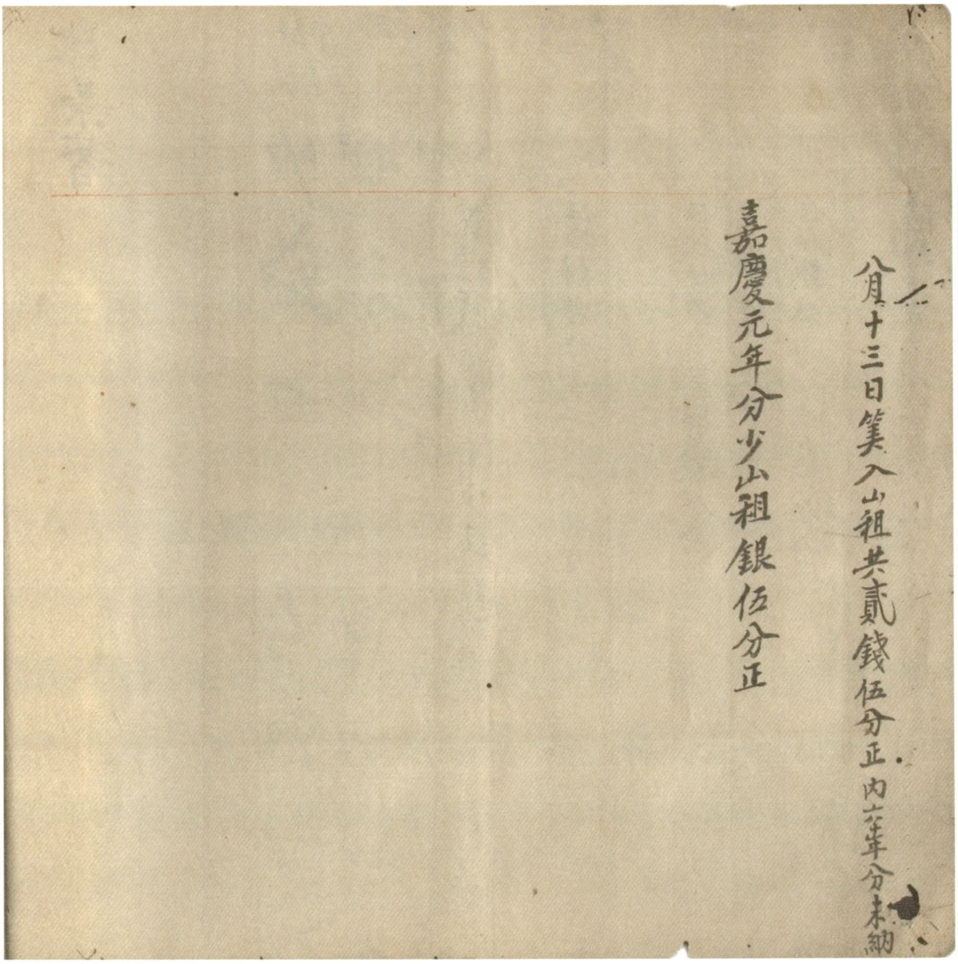

八月十三日箕入山租共貳錢伍分正内六年分未納

嘉慶元年分少山租銀伍分正

7-3-16-12　清乾隆嘉慶年間林氏山租清册（一二）

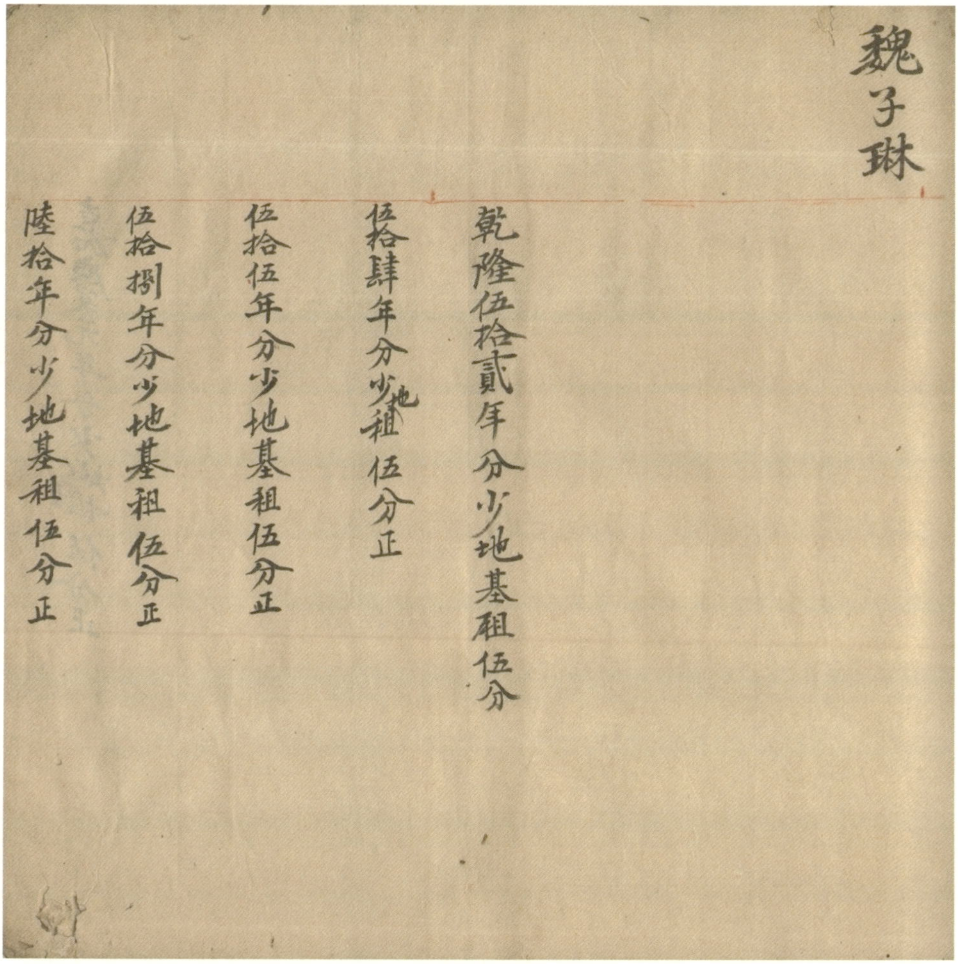
魏子琳

乾隆伍拾貳年分少地基租伍分

伍拾肆年分少地租伍分正

伍拾伍年分少地基租伍分正

伍拾捌年分少地基租伍分正

陸拾年分少地基租伍分正

7-3-16-13　清乾隆嘉慶年間林氏山租清册（一三）

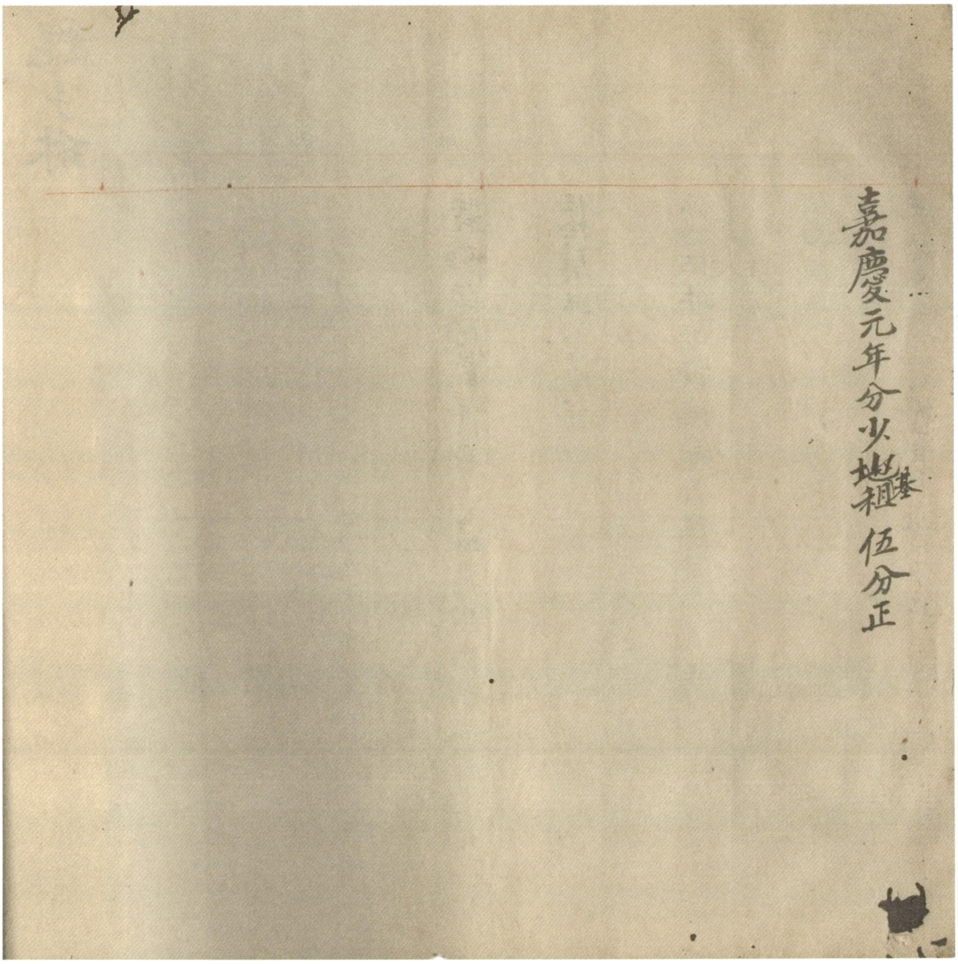
嘉慶元年分火地基租伍分正

7-3-16-14　清乾隆嘉慶年間林氏山租清册（一四）

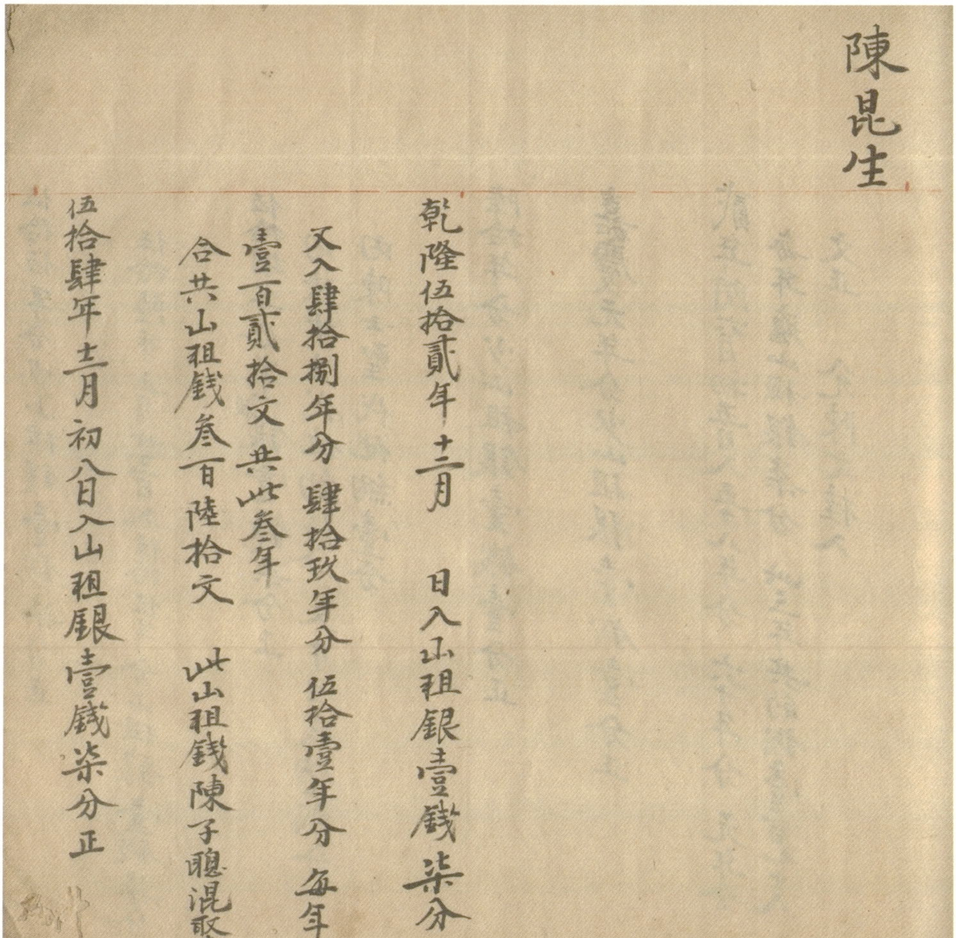

陳昆生

乾隆伍拾貳年十二月　日入山租銀壹錢柒分

又入肆拾捌年分　肆拾玖年分　伍拾壹年分　每年

壹百貳拾文　共此叁年

合共山租錢叁百陸拾文　此山租錢陳子聰混墾

伍拾肆年十二月初八日入山租銀壹錢柒分正

7-3-16-15　清乾隆嘉慶年間林氏山租清册（一五）

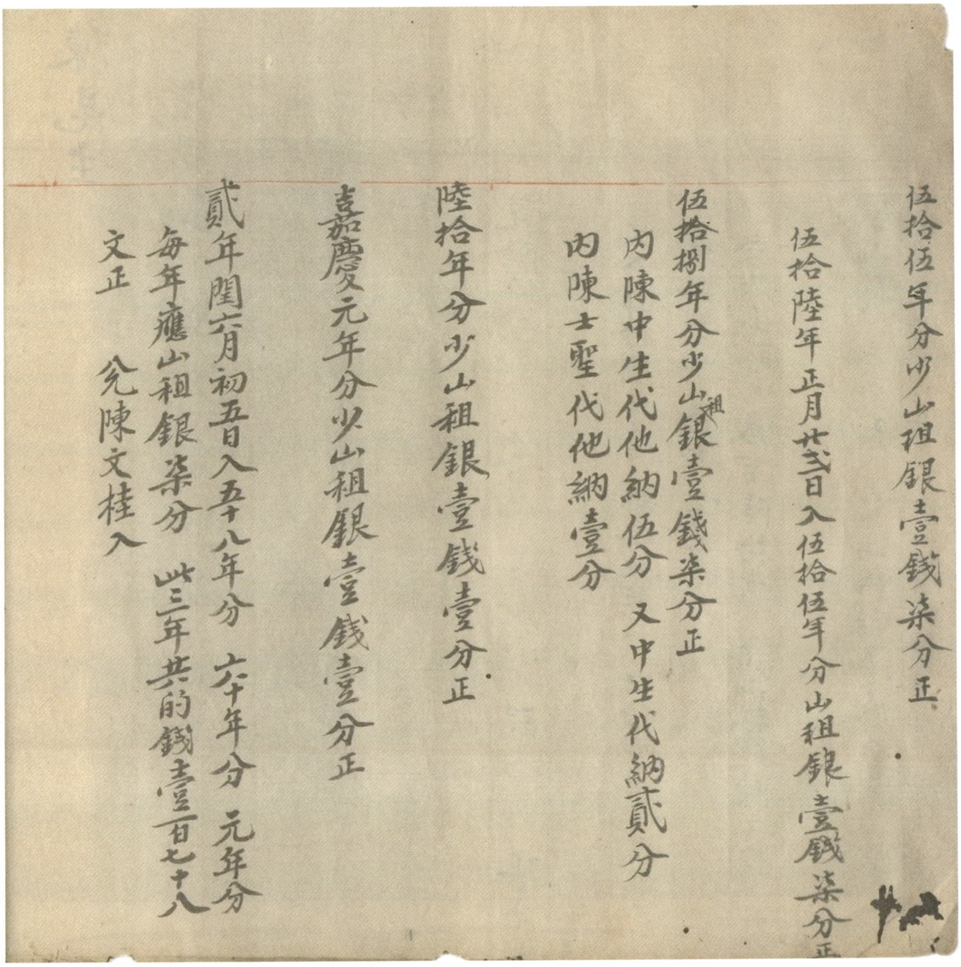
伍拾伍年分少山租銀壹錢柒分正

伍拾陸年正月廿弍日入伍拾伍年分山租銀壹錢柒分正

伍拾捌年分少山租銀壹錢柒分正

内陳中生代他納伍分　又中生代納貳分

内陳士聖代他納壹分

陸拾年分少山租銀壹錢壹分正

嘉慶元年分少山租銀壹錢壹分正

貳年閏六月初五日入五十八年分　六十年分　元年分

每年應山租銀柒分　卅三年共的錢壹百七十八

文正　兑陳文桂入

7-3-16-16　清乾隆嘉慶年間林氏山租清册（一六）

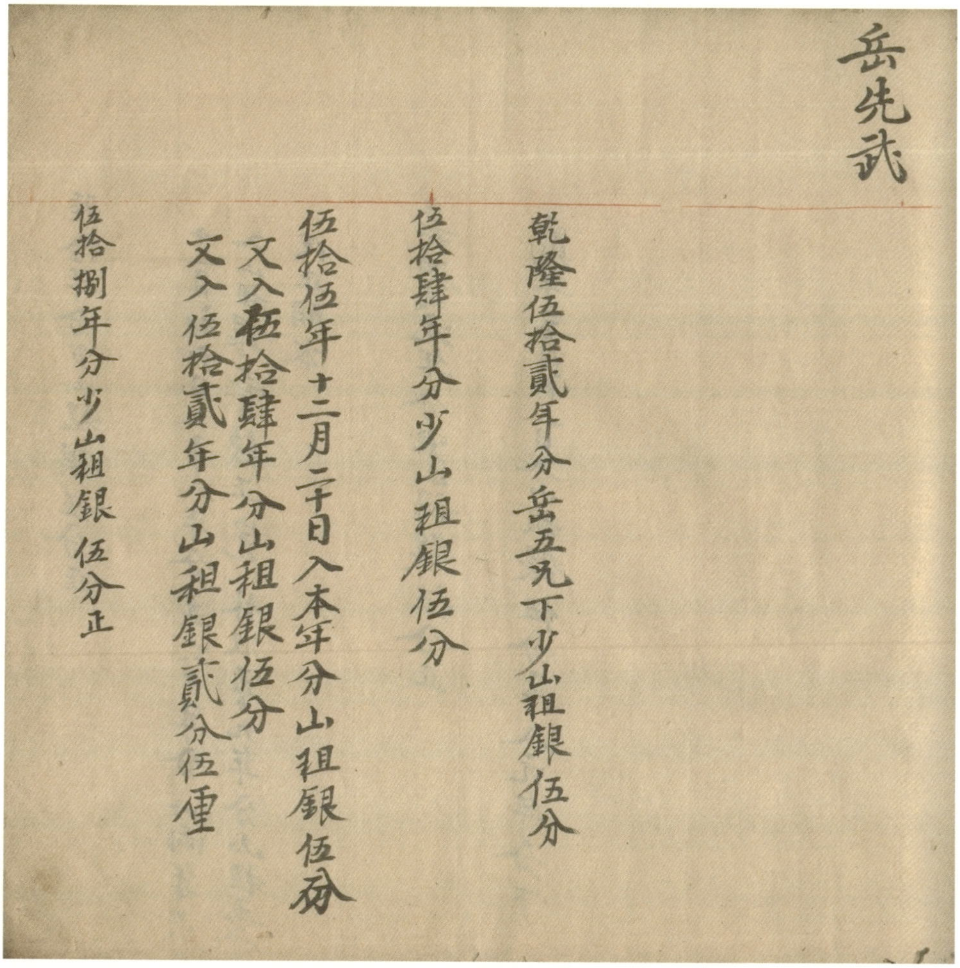

岳先武

乾隆伍拾貳年分岳五丸下少山租銀伍分

伍拾肆年分少山租銀伍分

伍拾伍年十二月二十日入本年分山租銀伍分

又入伍拾肆年分山租銀伍分

又入伍拾貳年分山租銀貳分伍重

伍拾捌年分少山租銀伍分正

7-3-16-17　清乾隆嘉慶年間林氏山租清册（一七）

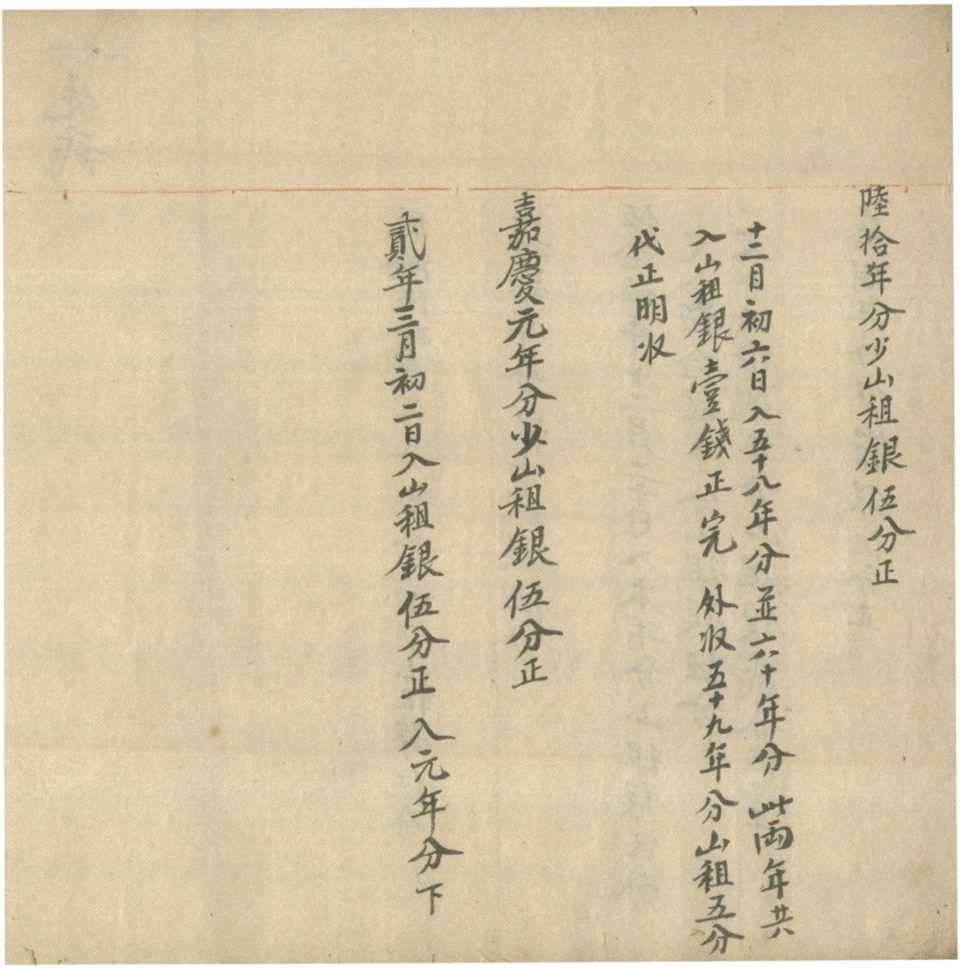

7-3-16-18　清乾隆嘉慶年間林氏山租清册（一八）

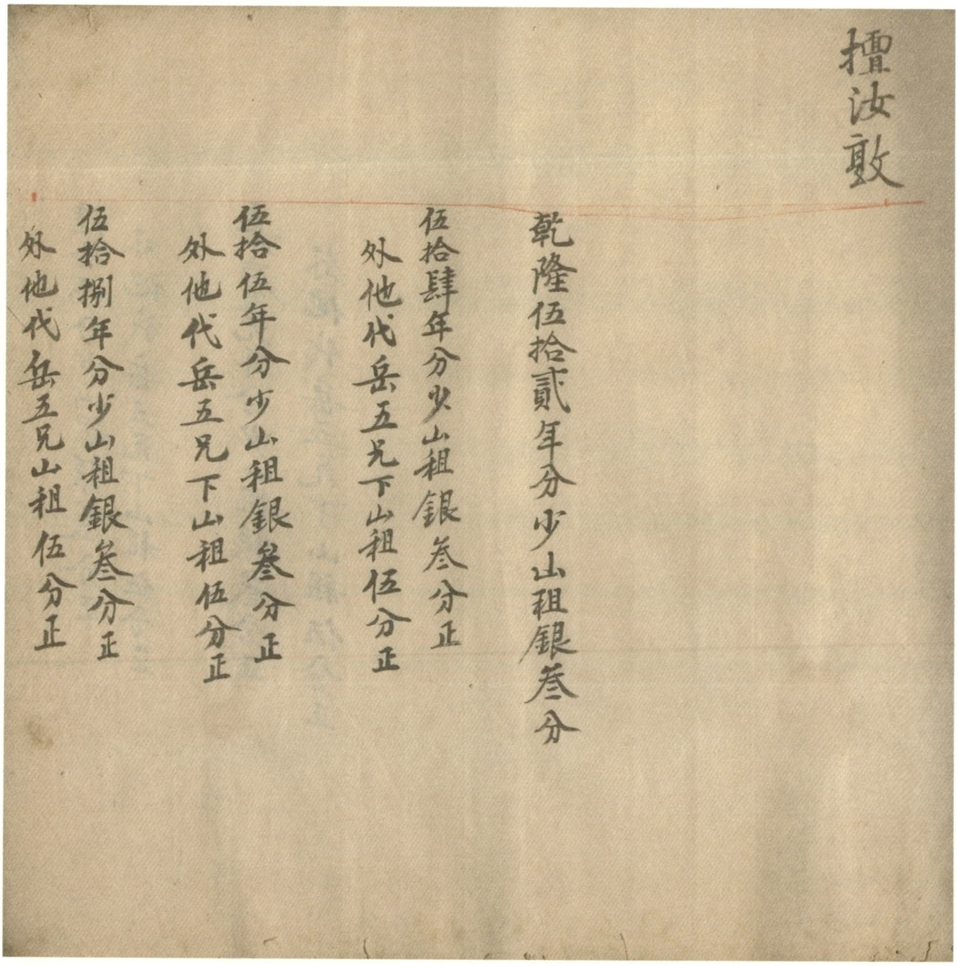

擅汝敷

乾隆伍拾貳年分少山租銀叁分

伍拾肆年分少山租銀叁分正

外他代岳五兄下山租伍分正

伍拾伍年分少山租銀叁分正

外他代岳五兄下山租伍分正

伍拾捌年分少山租銀叁分正

外他代岳五兄山租伍分正

7-3-16-19　清乾隆嘉慶年間林氏山租清册（一九）

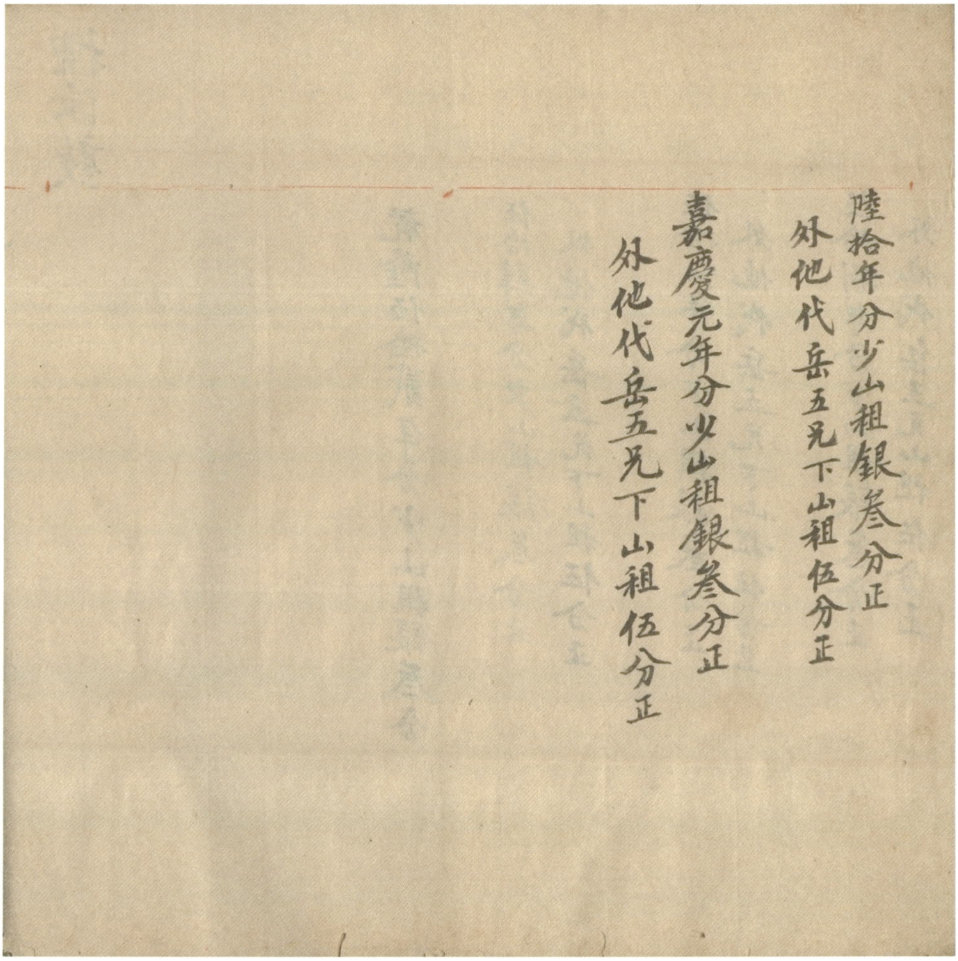
陸拾年分少山租銀叁分正
外他代岳五兄下山租伍分正
嘉慶元年分少山租銀叁分正
外他代岳五兄下山租伍分正

7-3-16-20　清乾隆嘉慶年間林氏山租清册（二〇）

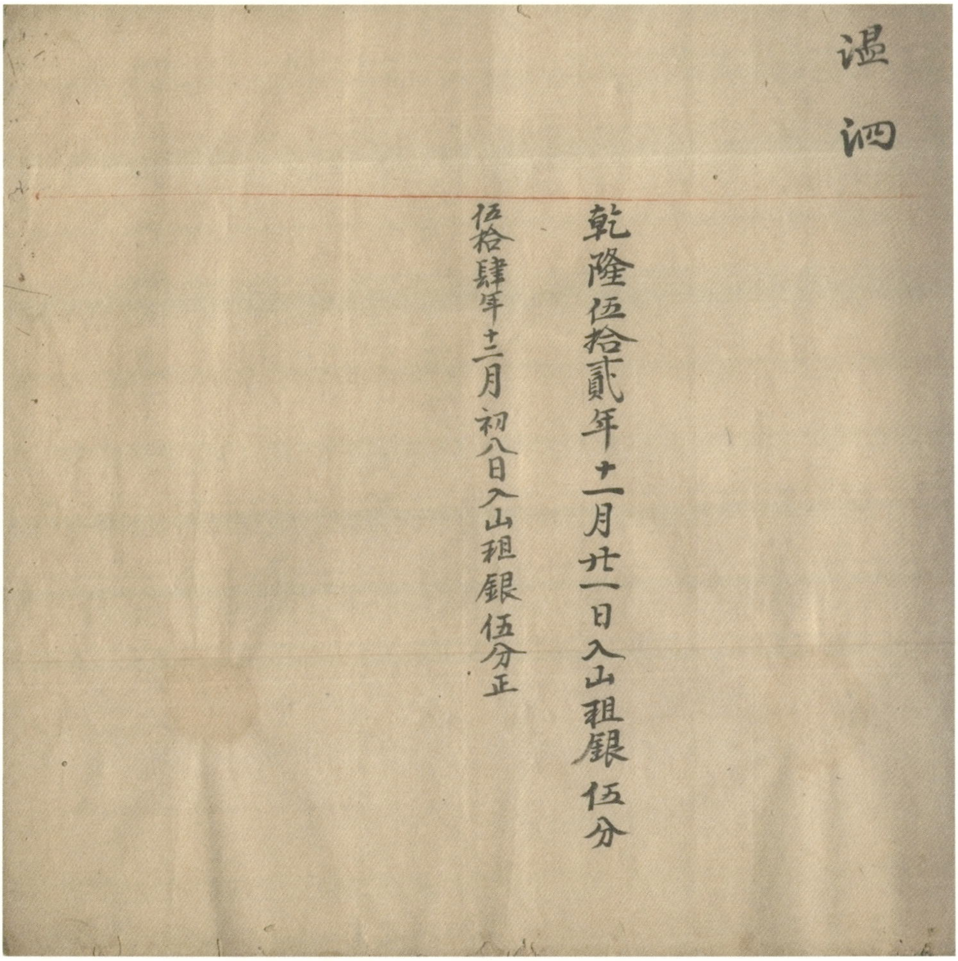

温泗

乾隆伍拾貳年十一月廿一日入山租銀伍分

伍拾肆年十二月初八日入山租銀伍分正

7-3-16-21　清乾隆嘉慶年間林氏山租清册（二一）

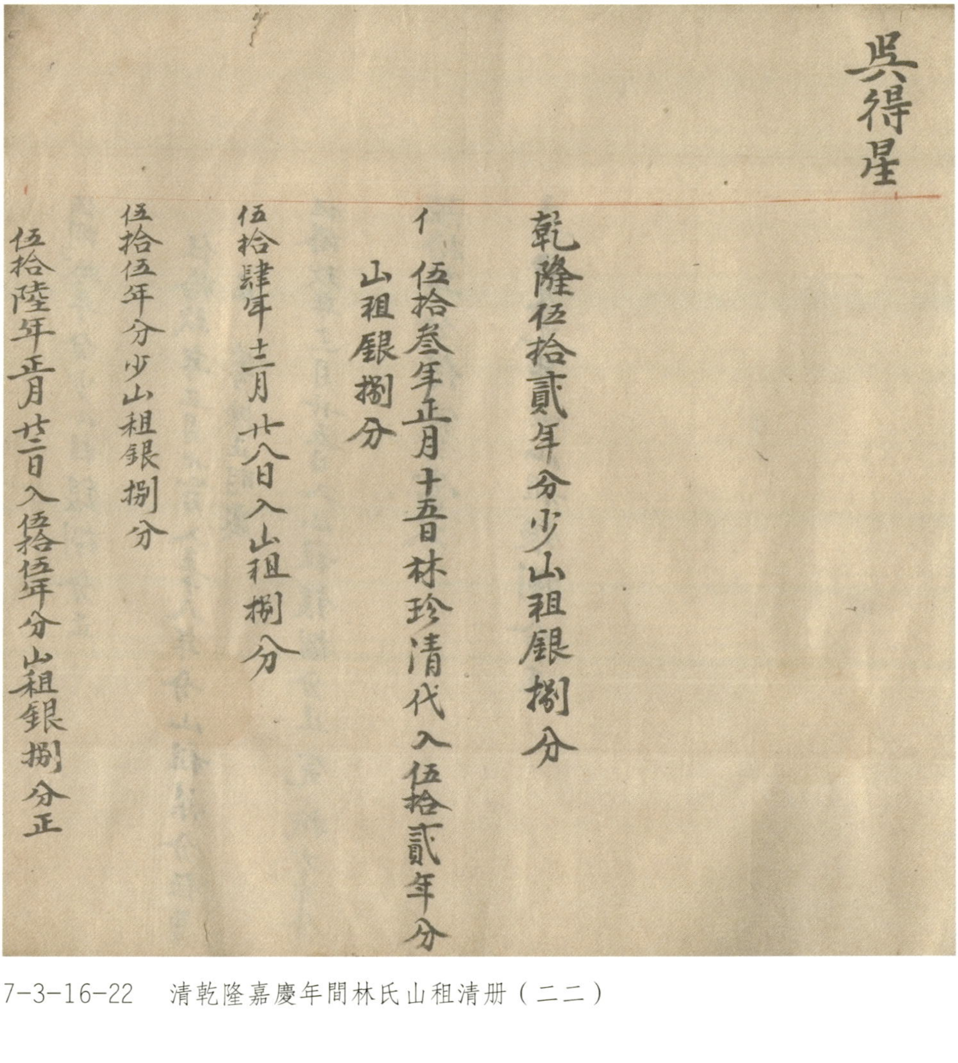

吳得星

乾隆伍拾貳年分少山租銀捌分

伍拾叁年正月十五日林珍清代入伍拾貳年分山租銀捌分

伍拾肆年十二月廿八日入山租捌分

伍拾伍年分少山租銀捌分

伍拾陸年正月廿二日入伍拾伍年分山租銀捌分正

7-3-16-22　清乾隆嘉慶年間林氏山租清册（二二）

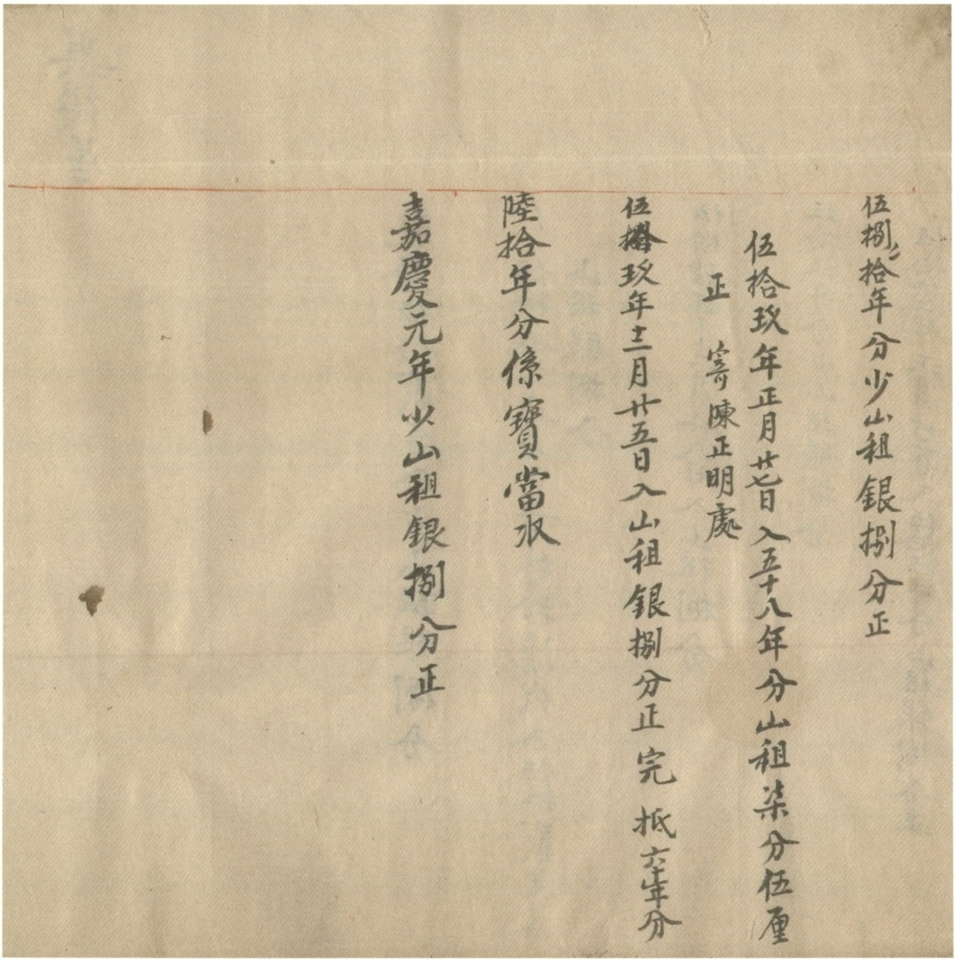

伍捌〻拾年分少山租銀捌分正
伍拾玖年正月廿四日入五十八年分山租柒分伍厘
正　寄陳正明處
伍拾玖年十二月廿五日入山租銀捌分正　完　抵六十年分
陸拾年分係寶當收
嘉慶元年少山租銀捌分正

7-3-16-23　清乾隆嘉慶年間林氏山租清册（二三）

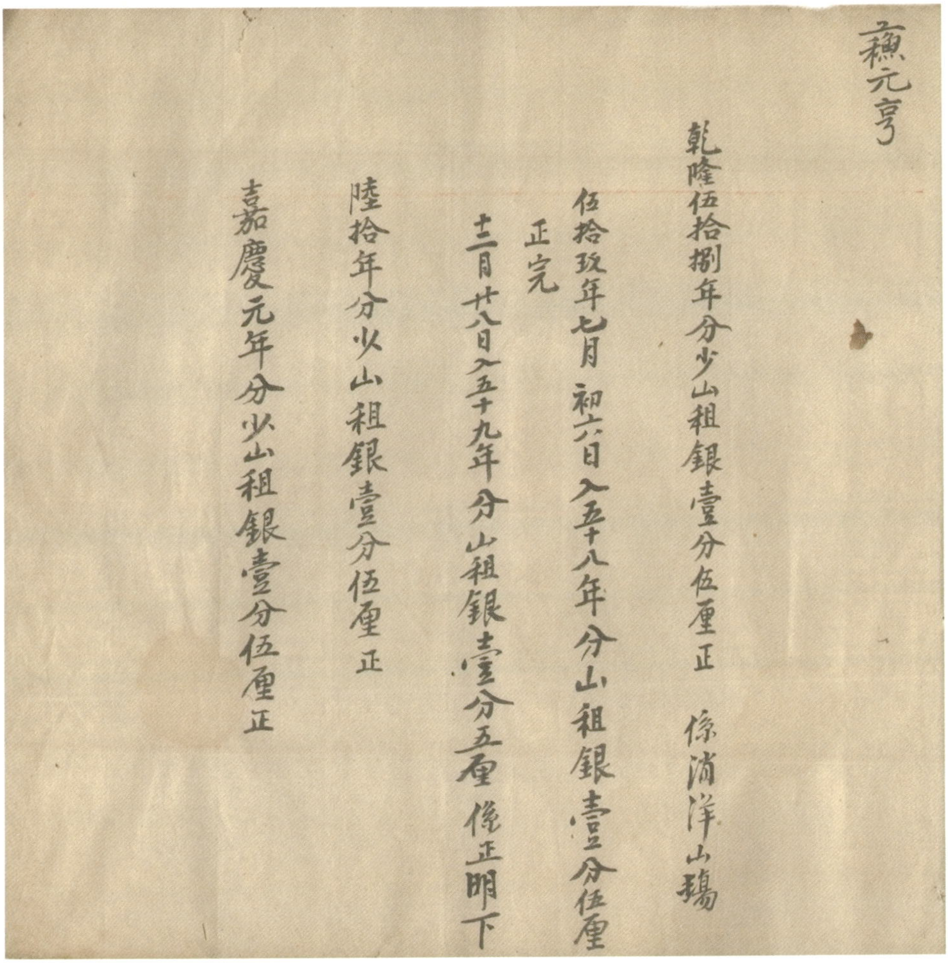
穗元亨
乾隆伍拾捌年分少山租銀壹分伍厘正　係消洋山瑒
伍拾玖年七月初六日入五十八年分山租銀壹分伍厘
正完
十二月廿八日入五十九年分山租銀壹分五厘　係正明下
陸拾年分少山租銀壹分伍厘正
嘉慶元年分少山租銀壹分伍厘正

7-3-16-24　清乾隆嘉慶年間林氏山租清册（二四）

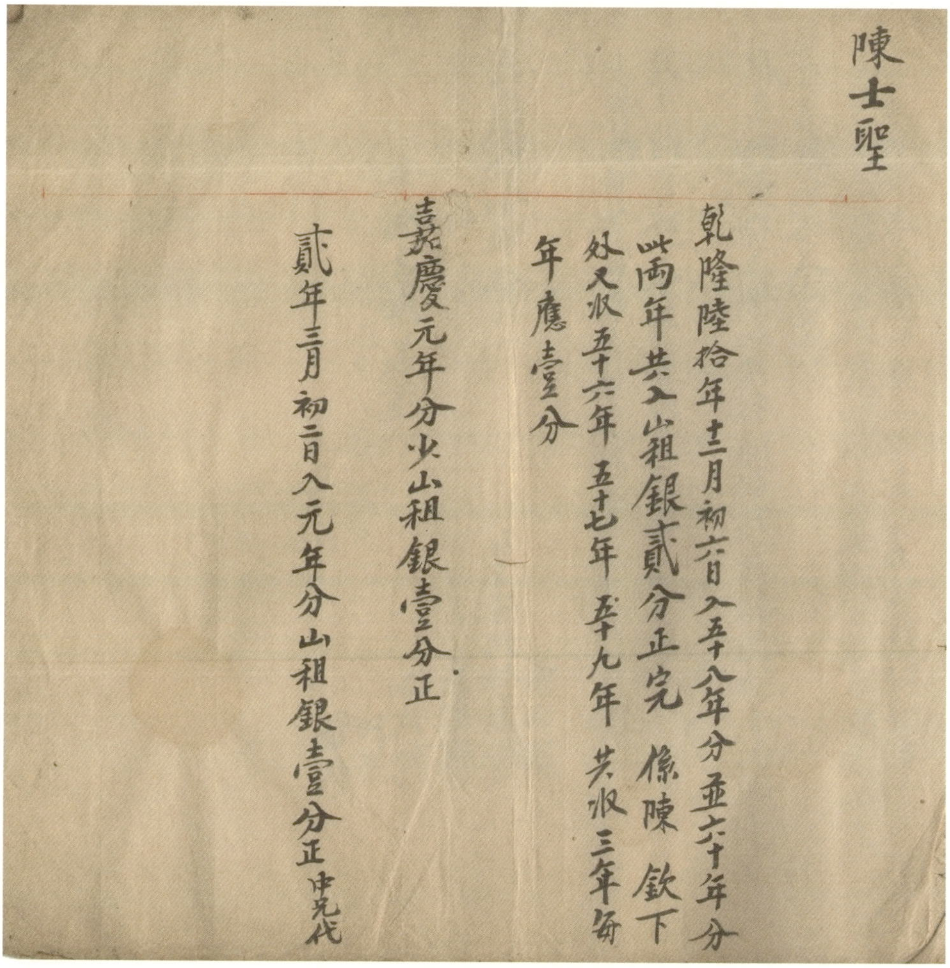
陳士聖

乾隆陸拾年十二月初六日入五十八年分至六十年分
此兩年共入山租銀貳分正完　係陳欽下
外又收五十六年　五十七年　五十九年　共收三年每
年應壹分

嘉慶元年分少山租銀壹分正

貳年三月初二日入元年分山租銀壹分正　中兄代

7-3-16-25　清乾隆嘉慶年間林氏山租清册（二五）

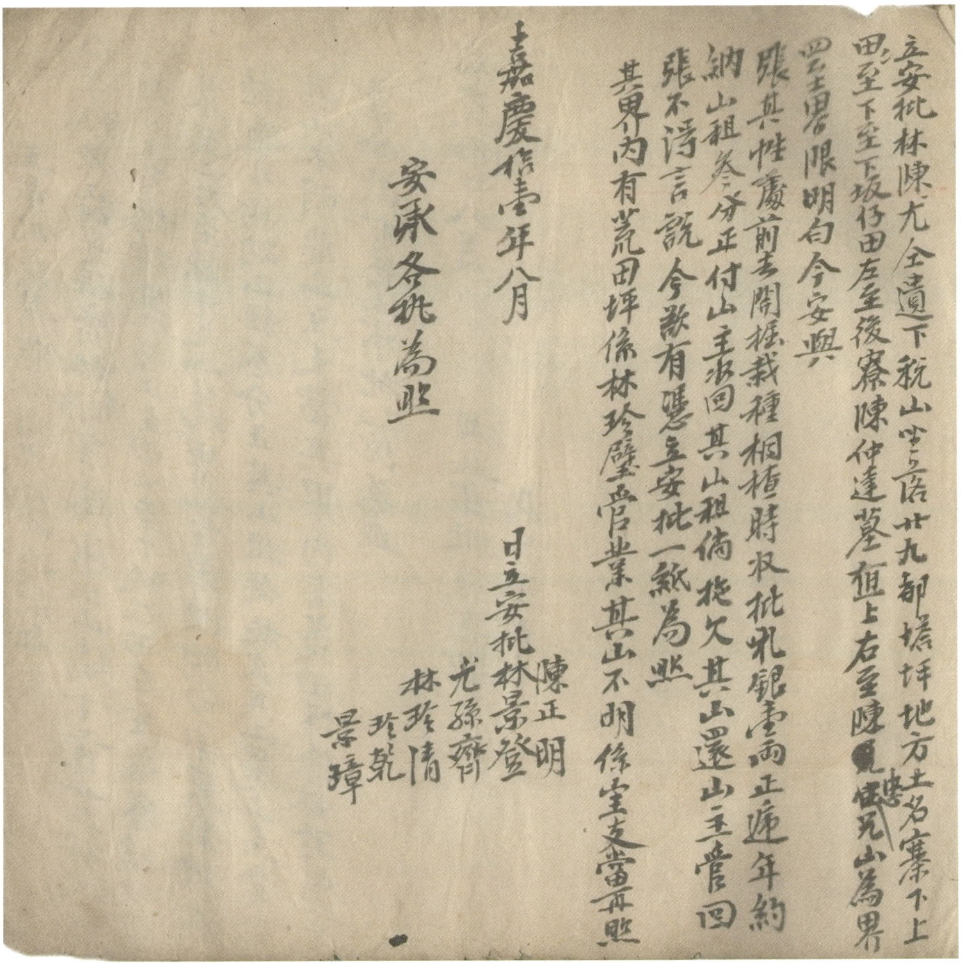

立安批林陳尤全遺下税山坐落廿九都墙坪地方土名寨下上
田至下至下坂仔田左至後寮陳仲達墓直上右至陳覓忠兄山為界
四至界限明白今安與
張其性處前去開掘栽種桐植財收批乳銀壹兩正逓年約
納山租參分正付山主收回其山租倘拖欠其山還山主管回
張不得言說今欲有憑立安批一紙為照
其界內有荒田坪係林珍璧管業其山不明係全支當再照

安承各執為照

嘉慶拾壹年八月　日立安批林陳正明
林景登
光孫齊
林珍情
珍乾
景璋

7-3-16-26　清乾隆嘉慶年間林氏山租清册（二六）

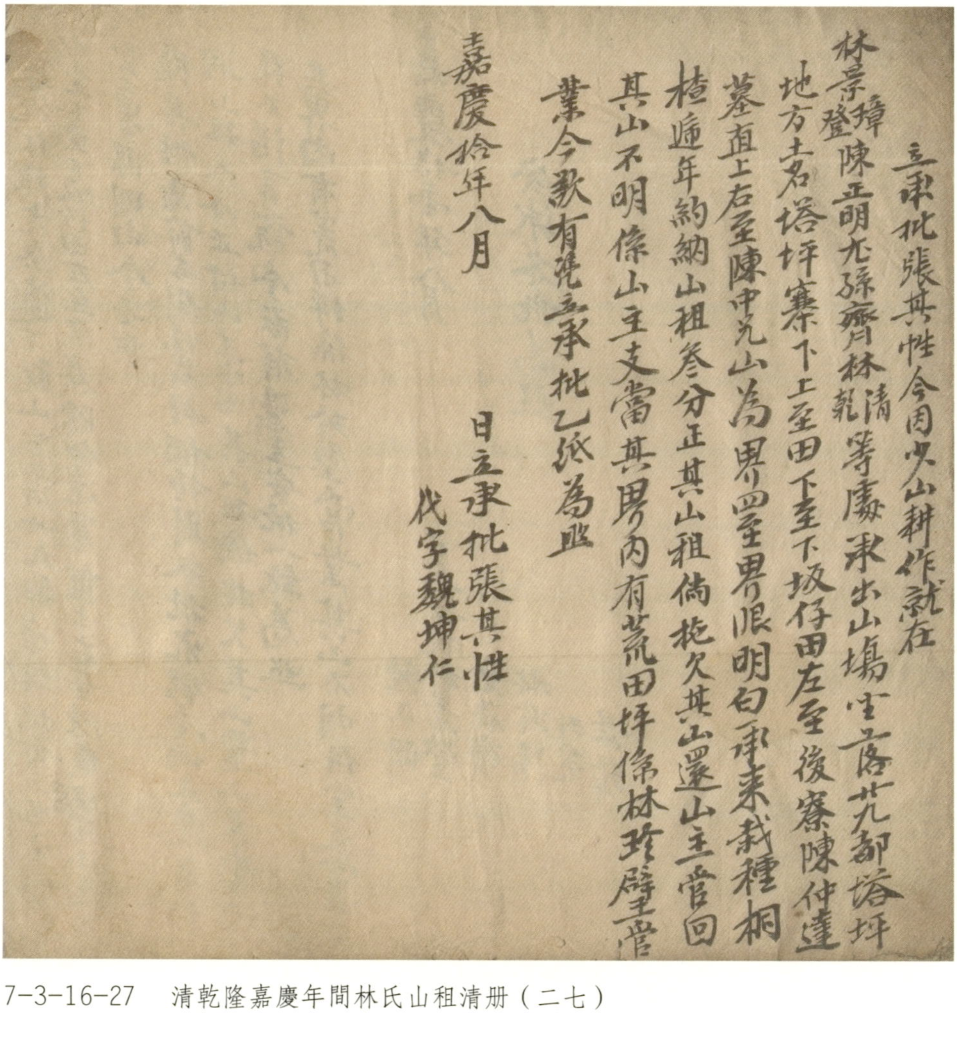
立承批張其性今因以山耕作就在
林景璋登陳正明尤孫齊林清乾等處承出山塲坐落廿九都塔坪
地方土名塔坪寨下上至田下至下坂仔田左至後寮陳仲達
墓直上右至陳中九山為界四至界限明白承來栽種桐
梪逓年納山租叁分正其山租倘拖欠其山還山主管回
其山不明係山主支當其界內有荒田坪係林琰壁管
業今欲有憑立承批乙紙為照
嘉慶拾年八月　日立承批張其性
代字魏坤仁

7-3-16-27　清乾隆嘉慶年間林氏山租清册（二七）

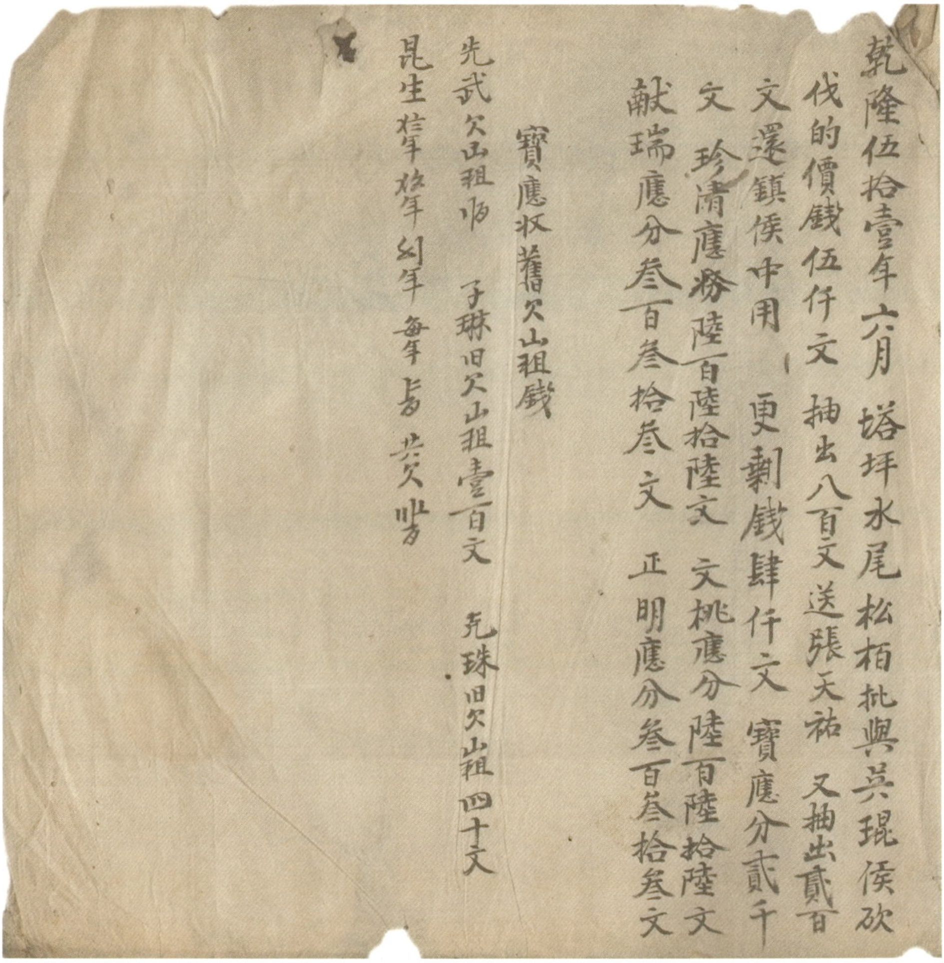
乾隆伍拾壹年六月 塔坪水尾松栢批與吳琨侯砍
伐的價錢伍仟文 抽出八百文送張天祐 又抽出貳百
文還鎮侯中用 更剩錢肆仟文 寶應分貳千
文 珍清應扮陸百陸拾陸文 文桃應分陸百陸拾陸文
猷瑞應分叁百叁拾叁文 正明應分叁百叁拾叁文
寶應收舊欠山祖錢
先武欠山祖叻 子琳旧欠山祖壹百文 先珠旧欠山祖四十文
昆生羊年 猴年 雞年 每年長 共欠叻

7-3-16-28 清乾隆嘉慶年間林氏山租清册（二八）

7-3-16-29　清乾隆嘉慶年間林氏山租清册（二九）

7-3-17-1　清嘉慶道光年間林氏田産清册（一）

黄學玉
道光貳年九月廿三日他言元年十二月已向王國
贖回田根壹號坐址永福廿九都月洲吉洋
地方土名下水坡受種壹畝年載正租壹百
陸拾伍觔民枰
道光貳年九月廿四日入租穀壹百陸拾伍觔民枰內少
五觔 阿仙 珍超 挑
叁年十月初五日入租穀壹百壹拾觔民枰內少四觔天福挑
又入租穀伍拾伍觔民枰內少貳觔 阿齊挑
合共租穀壹百陸拾伍觔民枰
肆年九月十八日入租五拾觔民枰阿仙挑
十九日入租壹百壹拾伍觔民枰阿仙挑
合共租穀壹百六十五觔民枰

7-3-17-2　清嘉慶道光年間林氏田產清册（二）

父

嘉慶九年十二月買

有民田根面全壹號坐址永福廿九都漈頭地方土名坑尾洋受種貳拾叁觔年載正租肆百觔租秤　合載錢粮貳錢陸分伍厘正

父

嘉慶拾柒年拾貳月買

有民田貳號坐址永福廿九都佳洋地方土名水尾下分年載正租伍百零玖觔民秤又壹號土名莒埊壠年載正租陸拾陸觔民秤　共載正租伍百柒拾伍觔民秤　合載錢粮叁錢伍分玖厘正

祖

嘉慶拾玖年拾貳月買

有民田根面全壹號坐址永福廿九都佳洋地方土名杉林壞受種貳拾觔年載正租叁百壹拾柒觔租秤　合載錢粮貳錢壹分正

7-3-17-3　清嘉慶道光年間林氏田産清册（三）

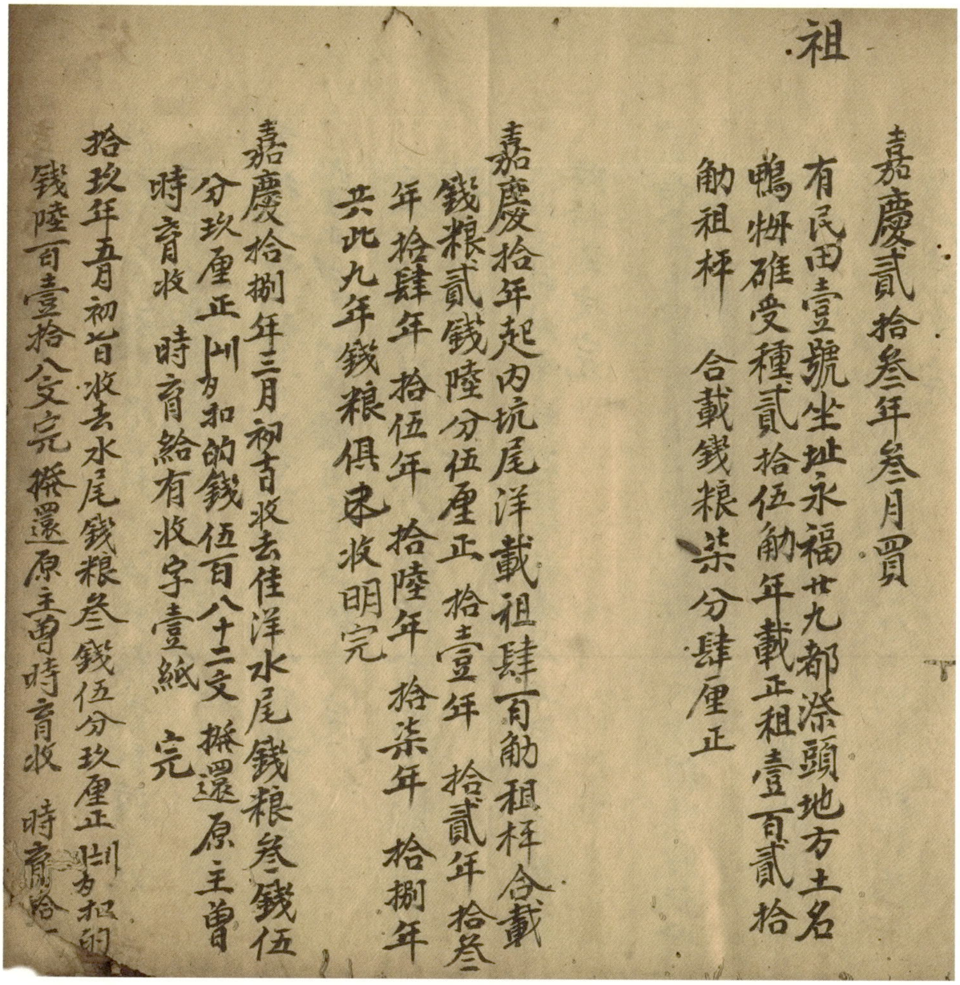
祖
嘉慶貳拾叁年叁月買
有民田壹號坐址永福廿九都滌頭地方土名
鴨栂碓受種貳拾伍觔年載正租壹百貳拾
觔祖枰　合載錢粮柒分肆厘正
嘉慶拾年起內坑尾洋載祖肆百觔租枰合載
錢粮貳錢陸分伍厘正　拾壹年　拾貳年　拾叁
年　拾肆年　拾伍年　拾陸年　拾柒年　拾捌年
共此九年錢粮俱來收明完
嘉慶拾捌年三月初十日收去佳洋水尾錢粮叁錢伍
分玖厘正　刂ㄌ和的錢伍百八十二文　撥還原主曾
時育收　時育給有收字壹紙　完
拾玖年五月初十日收去水尾錢粮叁錢伍分玖厘正　刂ㄌ和的
錢陸百壹拾八文完　撥還原主曾時育收　時育給

7-3-17-4　清嘉慶道光年間林氏田產清册（四）

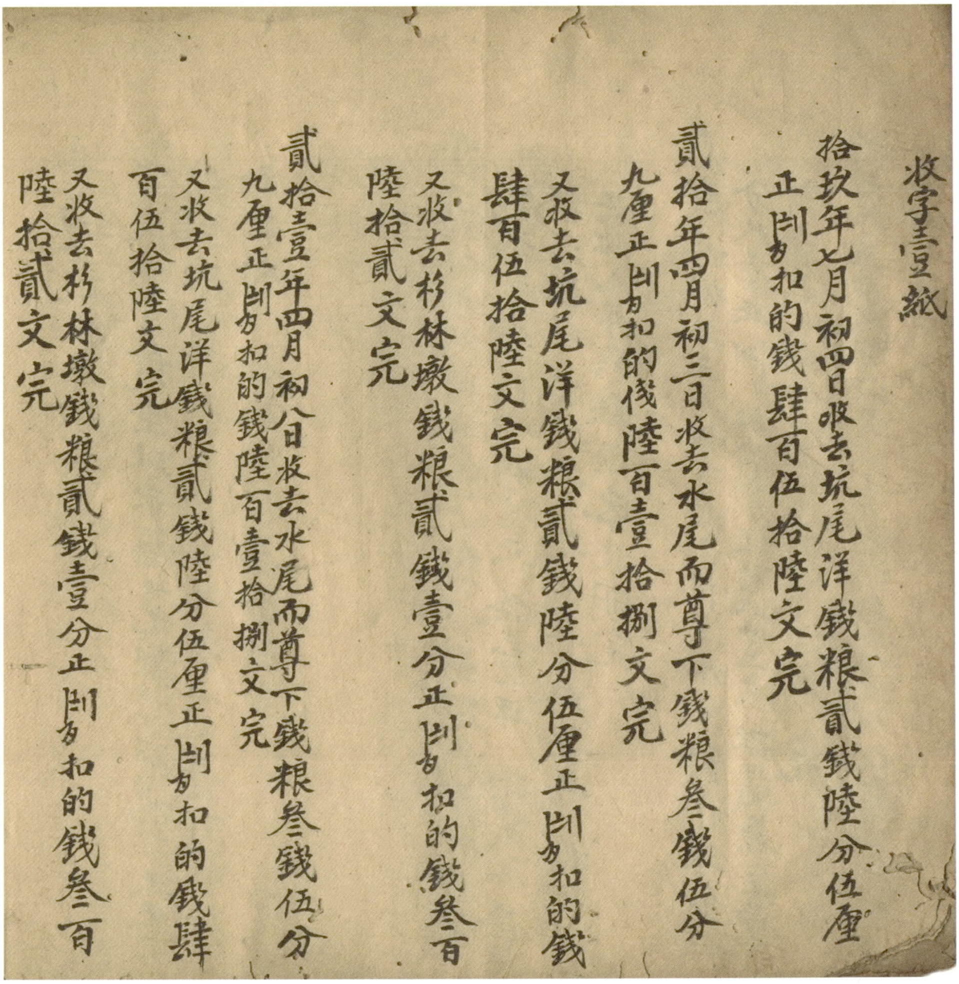

收字壹號

拾玖年七月初四日收去坑尾洋錢粮貳錢陸分伍厘正㓨扣的錢肆百伍拾陸文完

貳拾年四月初三日收去水尾而蕁下錢粮叁錢伍分九厘正㓨扣的錢陸百壹拾捌文完

又收去坑尾洋錢粮貳錢陸分伍厘正㓨扣的錢肆百伍拾陸文完

又收去杉林墩錢粮貳錢壹分正㓨扣的錢叁百陸拾貳文完

貳拾壹年四月初八日收去水尾而蕁下錢粮叁錢伍分九厘正㓨扣的錢陸百壹拾捌文完

又收去坑尾洋錢粮貳錢陸分伍厘正㓨扣的錢肆百伍拾陸文完

又收去杉林墩錢粮貳錢壹分正㓨扣的錢叁百陸拾貳文完

7-3-17-5　清嘉慶道光年間林氏田産清册（五）

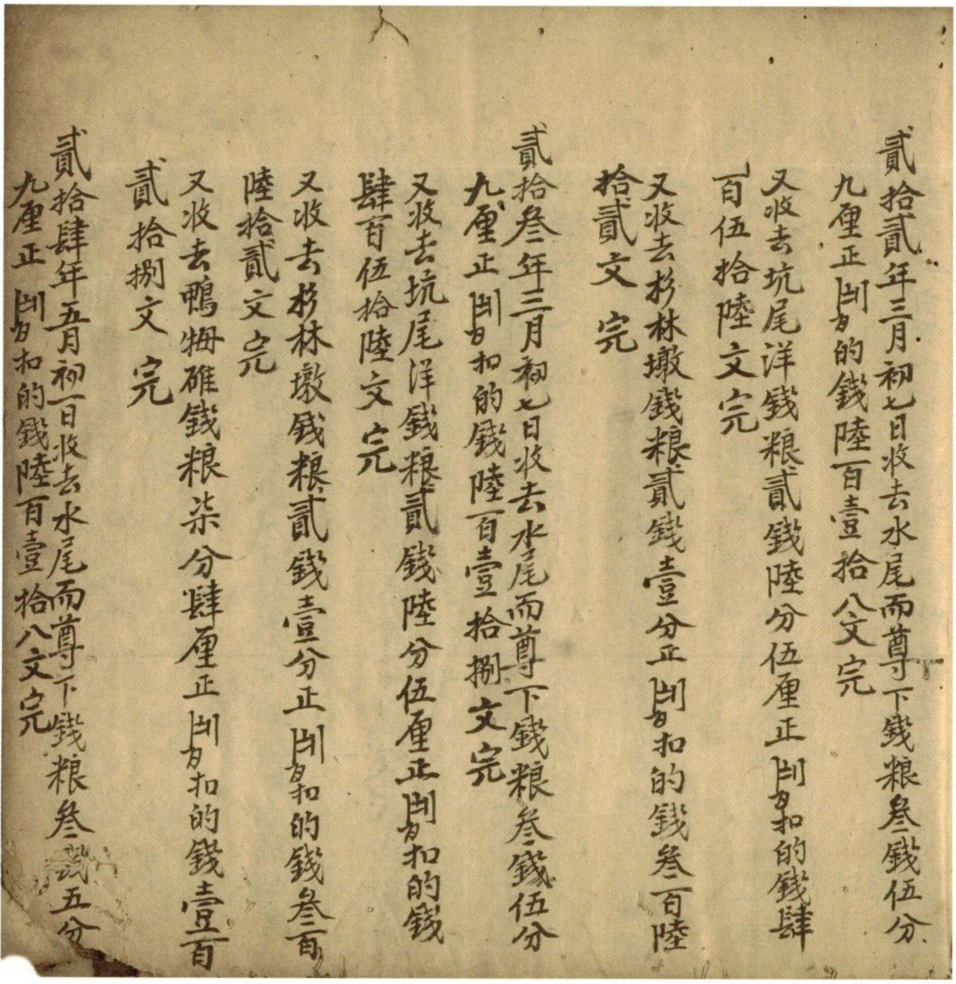
貳拾貳年三月初七日收去水尾而尊下錢粮叁錢伍分
九厘正凶力扣的錢陸百壹拾八文完
又收去坑尾洋錢粮貳錢陸分伍厘正凶力扣的錢肆
百伍拾陸文完
又收去杉林墩錢粮貳錢壹分正凶力扣的錢叁百陸
拾貳文完
貳拾叁年三月初七日收去水尾而尊下錢粮叁錢伍分
九厘正凶力扣的錢陸百壹拾捌文完
又收去坑尾洋錢粮貳錢陸分伍厘正凶力扣的錢
肆百伍拾陸文完
又收去杉林墩錢粮貳錢壹分正凶力扣的錢叁百
陸拾貳文完
又收去鴨栅碓錢粮柒分肆厘正凶力扣的錢壹百
貳拾捌文完
貳拾肆年五月初一日收去水尾而尊下錢粮叁錢五分
九厘正凶力扣的錢陸百壹拾八文完

7-3-17-6　清嘉慶道光年間林氏田産清册（六）

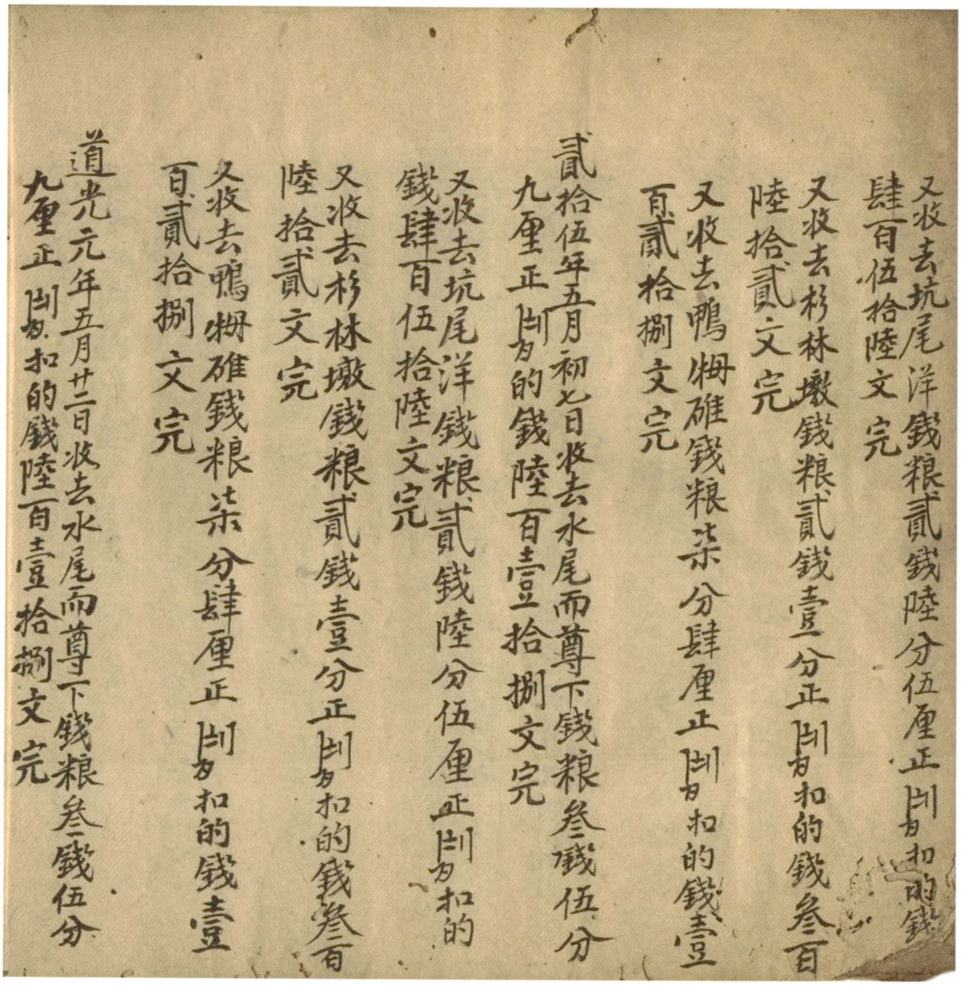
又收去坑尾洋錢粮貳錢陸分伍厘正刂力扣的錢
肆百伍拾陸文完
又收去杉林墩錢粮貳錢壹分正刂力扣的錢叁百
陸拾貳文完
又收去鴨㴬碓錢粮柒分肆厘正刂力扣的錢壹
百貳拾捌文完
貳拾伍年五月初七日收去水尾而尊下錢粮叁錢伍分
九厘正刂力的錢陸百壹拾捌文完
又收去坑尾洋錢粮貳錢陸分伍厘正刂力扣的
錢肆百伍拾陸文完
又收去杉林墩錢粮貳錢壹分正刂力扣的錢叁百
陸拾貳文完
又收去鴨㴬碓錢粮柒分肆厘正刂力扣的錢壹
百貳拾捌文完
道光元年五月廿二日收去水尾而尊下錢粮叁錢伍分
九厘正刂力扣的錢陸百壹拾捌文完

7-3-17-7　清嘉慶道光年間林氏田産清册（七）

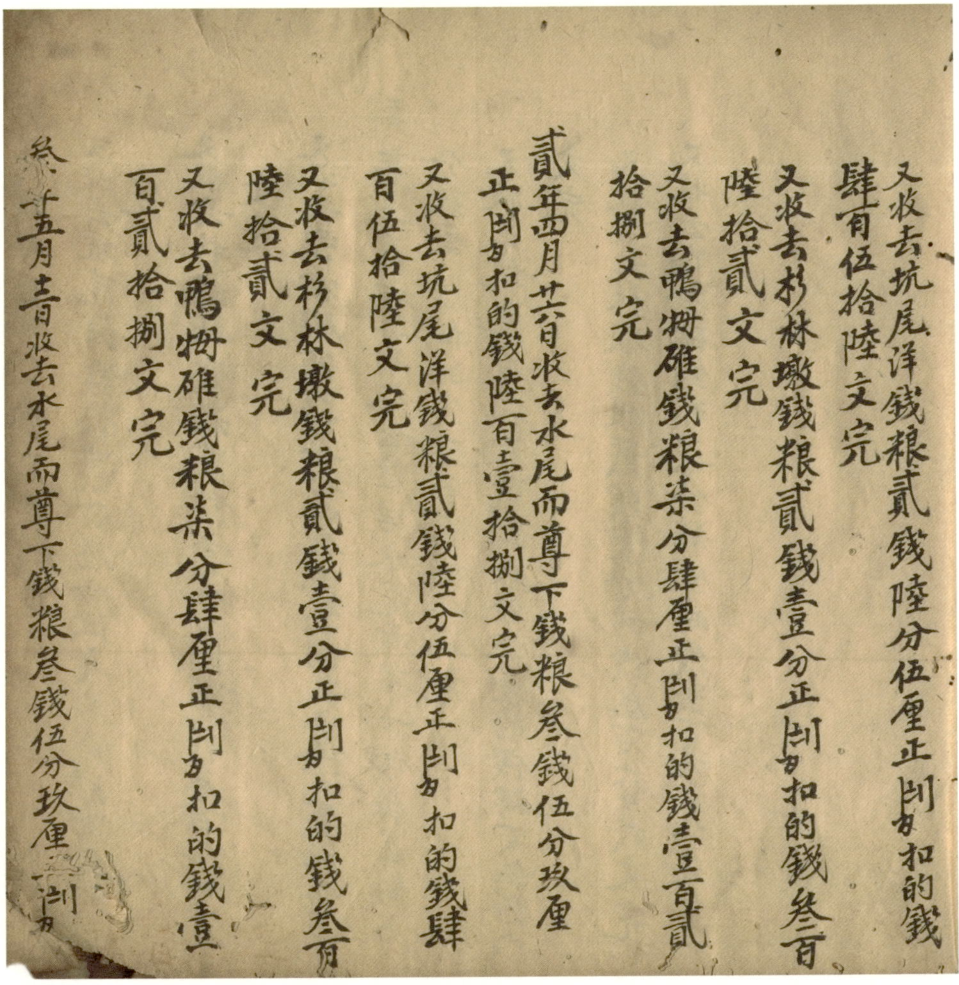
又收去坑尾洋錢粮貳錢陸分伍厘正剅扣的錢
肆百伍拾陸文完
又收去杉林墩錢粮貳錢壹分正剅扣的錢叁百
陸拾貳文完
又收去鴨㭴碓錢粮柒分肆厘正剅扣的錢壹百貳
拾捌文完
貳年四月廿六日收去水尾而尊下錢粮叁錢伍分玖厘
正剅扣的錢陸百壹拾捌文完
又收去坑尾洋錢粮貳錢陸分伍厘正剅扣的錢肆
百伍拾陸文完
又收去杉林墩錢粮貳錢壹分正剅扣的錢叁百
陸拾貳文完
又收去鴨㭴碓錢粮柒分肆厘正剅扣的錢壹
百貳拾捌文完
叁年五月十二日收去水尾而尊下錢粮叁錢伍分玖厘正剅

7-3-17-8　清嘉慶道光年間林氏田産清册（八）

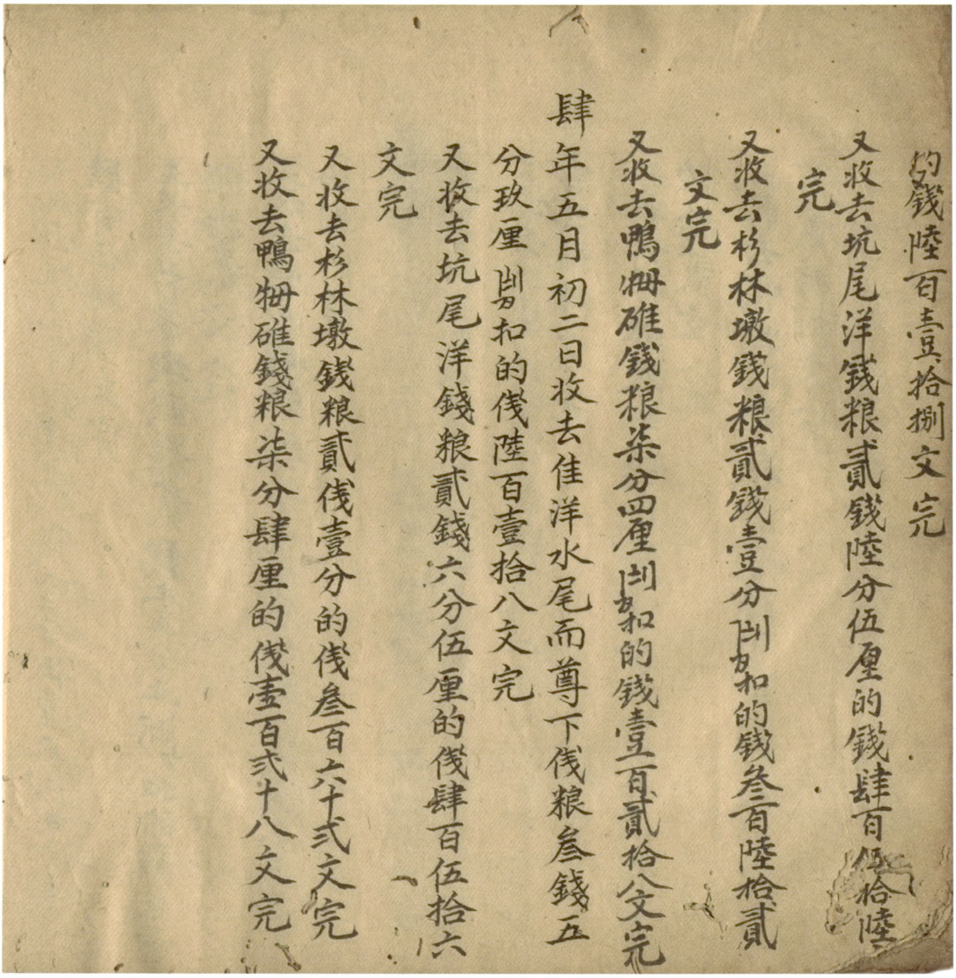
的錢陸百壹拾捌文完
又收去坑尾洋錢粮貳錢陸分伍厘的錢肆百伍拾陸
完
又收去杉林墩錢粮貳錢壹分叫加的錢叁百陸拾貳
文完
又收去鴨栅碓錢粮柒分四厘叫加的錢壹百貳拾八文完
肆年五月初二日收去佳洋水尾而尊下戗粮叁錢五
分玖厘叫加的戗陸百壹拾八文完
又收去坑尾洋錢粮貳錢六分伍厘的戗肆百伍拾六
文完
又收去杉林墩錢粮貳戗壹分的戗叁百六十弍文完
又收去鴨栅碓錢粮柒分肆厘的戗壹百弍十八文完

7-3-17-9　清嘉慶道光年間林氏田産清册（九）

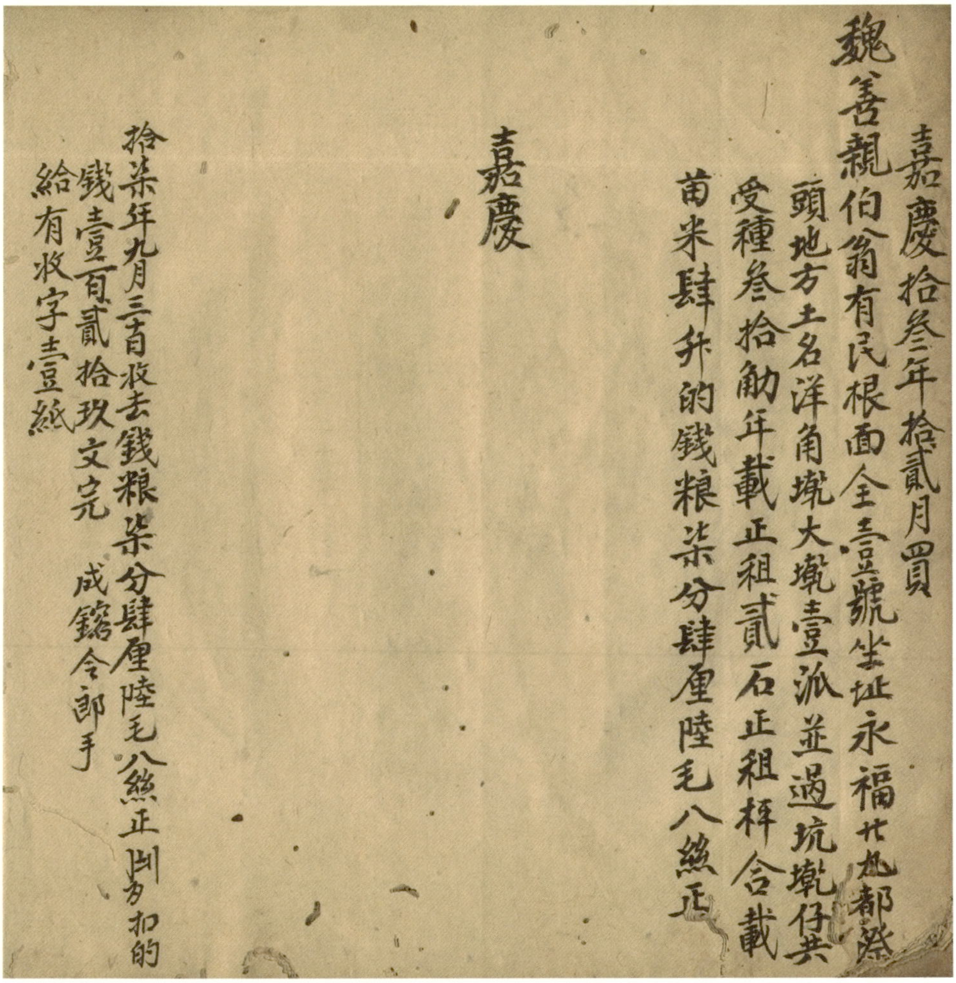

嘉慶拾叁年拾貳月買
魏善親伯翁有民根面全壹號坐址永福廿九都溪
頭地方土名洋角墘大墘壹派並過坑墘仔共
受種叁拾觔年載正租貳石正租秤合載
苗米肆升的錢粮柒分肆厘陸毛八絲正

嘉慶

拾柒年九月三十日收去錢粮柒分肆厘陸毛八絲正[illegible]多扣的
錢壹百貳拾玖文完　成鎔仝郎手
給有收字壹紙

7-3-17-10　清嘉慶道光年間林氏田産清册（一〇）

拾捌年六月廿五日收去錢粮柒分肆厘陸毛八絲正刣ㄉ扣
的錢壹百貳拾玖文完　　𢹂付蔡文海收
給有收字

拾玖年八月廿四日給收字壹紙載粮柒分肆厘陸毛八
絲正刣ㄉ扣的錢壹百貳拾玖文
九月初一日收去粮錢壹百貳拾九文完黄家瑞手

貳拾年四月初六日收去錢粮柒分肆厘陸毛八絲正刣ㄉ
扣的錢壹百貳拾玖文完　𢹂付蔡文圭收
給有收字壹紙

貳拾壹年三月廿九日收去錢粮柒分肆厘陸毛八
絲正刣ㄉ扣的錢壹百貳拾玖文完𢹂付蔡文圭收
給有收字壹紙

貳拾貳年叁月初十日收去錢粮柒分肆厘陸毛八絲
正刣ㄉ扣的錢壹百貳拾玖文完𢹂付文圭收
給有收字壹紙

貳拾叁年三月初八日收去錢粮柒分肆厘陸毛八絲正
刣ㄉ扣的錢壹百貳拾玖文完　𢹂付蔡文圭收
給有收字壹紙

7-3-17-11　清嘉慶道光年間林氏田産清册（一一）

貳拾肆年三月初一日收去錢粮柒分肆厘陸毛八絲正
除扣的錢壹百貳拾玖文完　撥還蔡文圭收
給有收字壹紙

貳拾伍年六月初三日收去錢粮柒分肆厘陸毛八絲正　除
扣的錢壹百貳拾玖文完　此粮錢撥還蔡文圭收
給有收字壹紙

道光元年四月十八日收去錢粮柒分肆厘陸毛八絲正
除扣的錢壹百貳拾玖文　完此粮錢撥還蔡文圭收
給有收字壹紙

貳年閏三月十　日收去錢粮柒分肆厘陸毛八絲正　除
扣的錢壹百貳拾玖文完　此錢粮撥還蔡文圭收
給有收字壹紙

叁年三月廿三日給有收字壹紙　載粮柒分肆厘陸毛八
絲　除扣的錢壹百貳拾八文
即收去粮錢六十六文　撥還蔡文圭收
廿九日收去粮錢六十二文　合共六除　俱撥還蔡文圭收　完

四年二月廿九日內其粮面全田付魏贖回

7-3-17-12　清嘉慶道光年間林氏田産清册（一二）

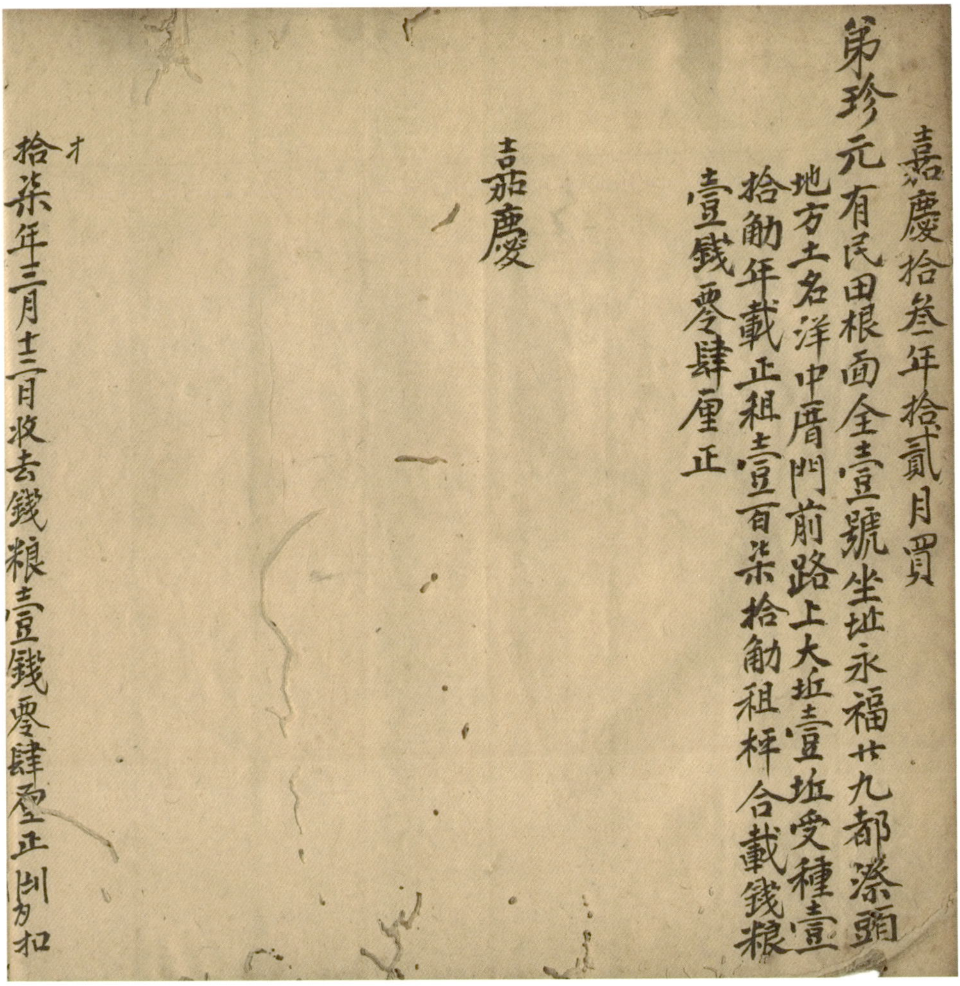

嘉慶拾叁年拾貳月買
弟珍元有民田根面全壹號坐址永福廿九都漈頭
地方土名洋中厝門前路上大坵壹坵受種壹
拾觔年載正租壹百柒拾觔租秤合載錢粮
壹錢零肆厘正
嘉慶
才 拾柒年三月十三日收去錢粮壹錢零肆厘正出力扣

7-3-17-13　清嘉慶道光年間林氏田産清册（一三）

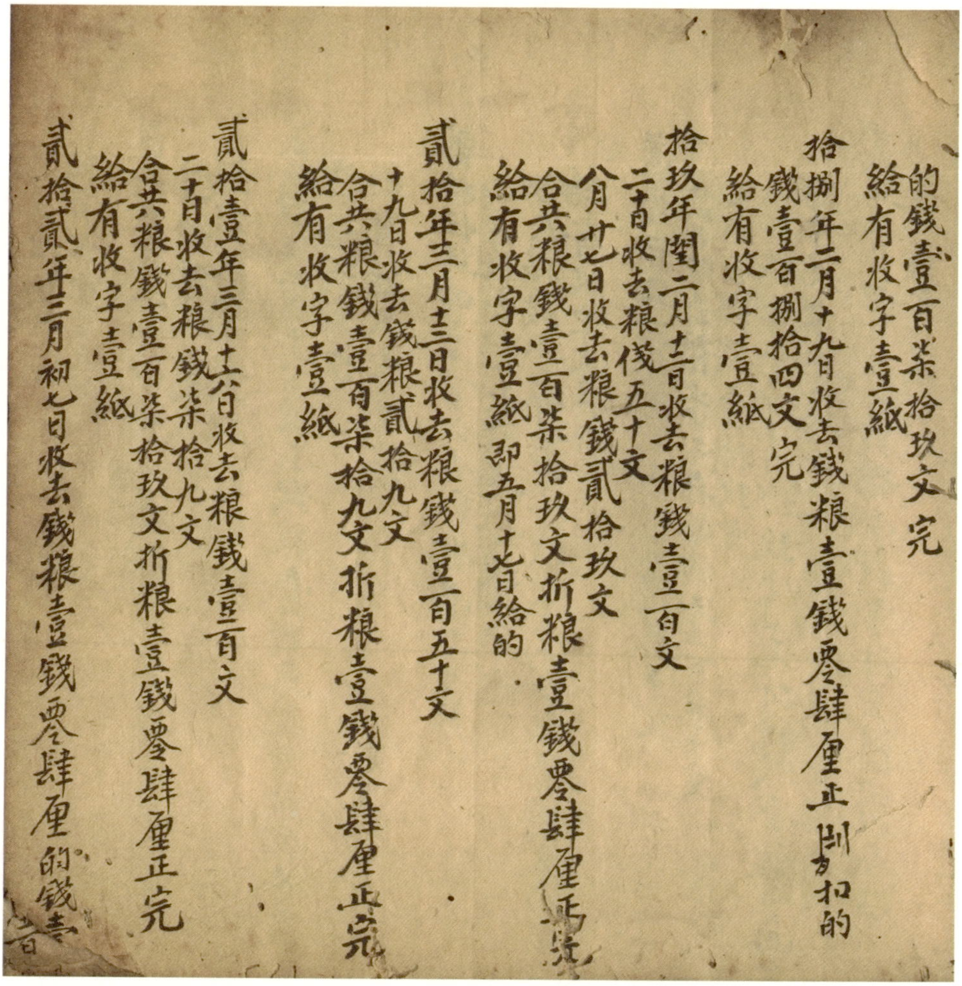
的錢壹百柒拾玖文完
給有收字壹紙
拾捌年二月十九日收去錢粮壹錢零肆厘正 則扣的
錢壹百捌拾四文完
給有收字壹紙
拾玖年閏二月十三日收去粮錢壹百文
二十日收去粮伐五十文
八月廿七日收去粮錢貳拾玖文
合共粮錢壹百柒拾玖文折粮壹錢零肆厘正完
給有收字壹紙 即五月十七日給的
貳拾年三月十三日收去粮錢壹百五十文
十九日收去錢粮貳拾九文
合共粮錢壹百柒拾九文折粮壹錢零肆厘正完
給有收字壹紙
貳拾壹年三月十六日收去粮錢壹百文
二十日收去粮錢柒拾九文
合共粮錢壹百柒拾玖文折粮壹錢零肆厘正完
給有收字壹紙
貳拾貳年三月初七日收去錢粮壹錢零肆厘的錢壹

7-3-17-14　清嘉慶道光年間林氏田產清册（一四）

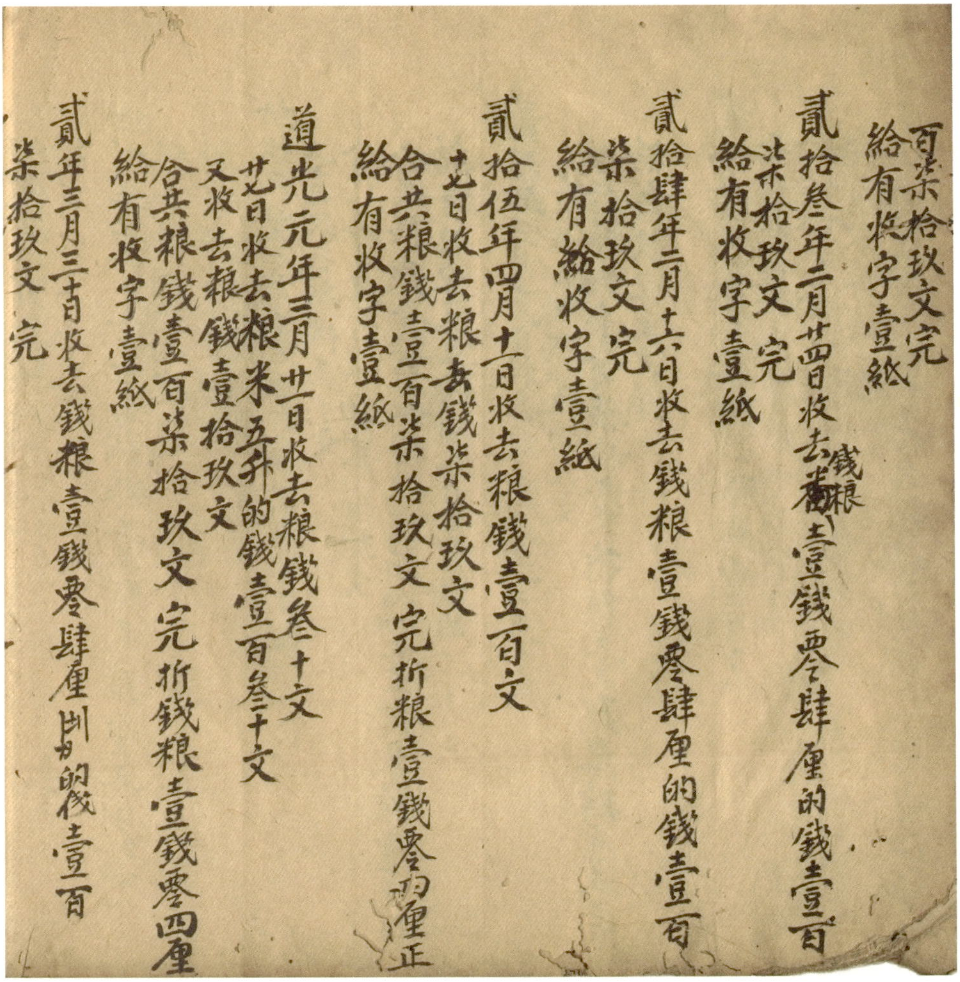
百柒拾玖文完
給有收字壹紙
貳拾叁年二月廿四日收去錢粮壹錢零肆厘的錢壹百
柒拾玖文 完
給有收字壹紙
貳拾肆年二月十六日收去錢粮壹錢零肆厘的錢壹百
柒拾玖文 完
給有給收字壹紙
貳拾伍年四月十一日收去粮錢壹百文
十七日收去粮去錢柒拾玖文
合共粮錢壹百柒拾玖文 完折粮壹錢零肆厘正
給有收字壹紙
道光元年三月廿一日收去粮錢叁十文
廿七日收去粮米五升的錢壹百叁十文
又收去粮錢壹拾玖文
合共粮錢壹百柒拾玖文 完折錢粮壹錢零四厘
給有收字壹紙
貳年三月三十日收去錢粮壹錢零肆厘 則的錢壹百
柒拾玖文 完

7-3-17-15 清嘉慶道光年間林氏田産清册（一五）

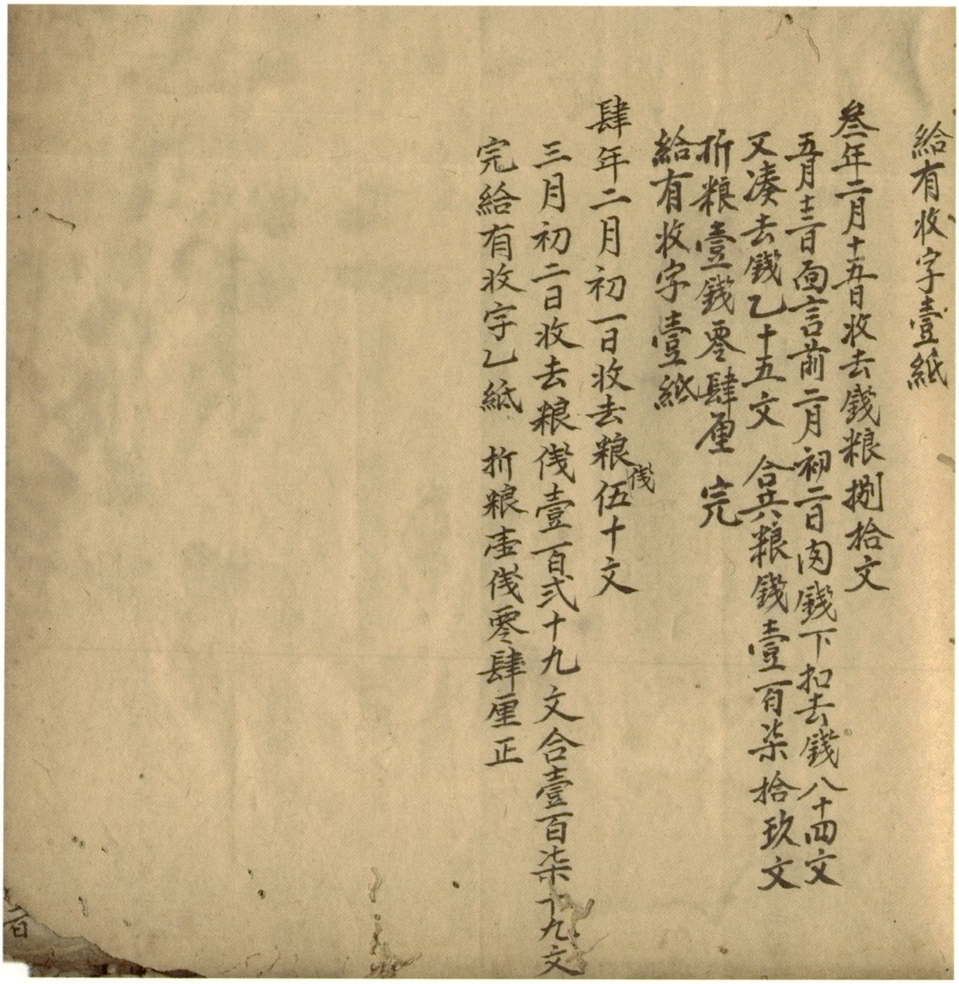
給有收字壹紙
叁年二月十五日收去錢粮捌拾文
五月十二日面言前二月初二日內錢下扣去錢八十四文
又湊去錢乙十五文　合共粮錢壹百柒拾玖文
折粮壹錢零肆厘　完
給有收字壹紙
肆年二月初一日收去粮伐伍十文
三月初二日收去粮伐壹百式十九文合壹百柒十九文
完給有收字乙紙　折粮壹伐零肆厘正

7-3-17-16　清嘉慶道光年間林氏田產清册（一六）

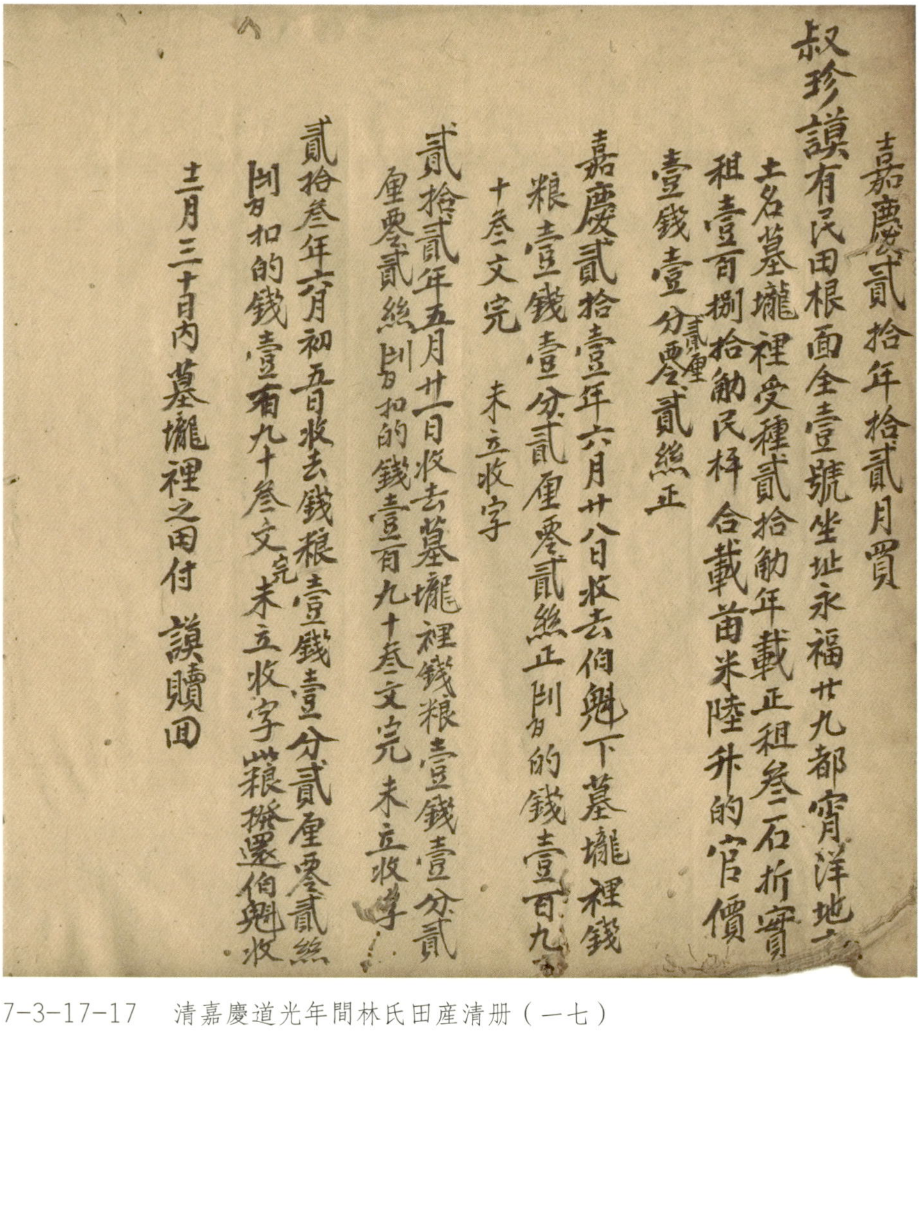
嘉慶貳拾年拾貳月買
叔珍謨有民田根面全壹號坐址永福廿九都霄洋地
土名墓壠裡受種貳拾觔年載正租叁石折實
租壹百捌拾觔民秤合載苗米陸升的官價
壹錢壹分（貳厘）零叁貳絲正
嘉慶貳拾壹年六月廿八日收去伯魁下墓壠裡錢
粮壹錢壹分貳厘零貳絲正刂力的錢壹百九
十叁文完　未立收字
貳拾貳年五月廿一日收去墓壠裡錢粮壹錢壹分貳
厘零貳絲刂力扣的錢壹百九十叁文完　未立收字
貳拾叁年六月初五日收去錢粮壹錢壹分貳厘零貳絲
刂力扣的錢壹百九十叁文（完）未立收字（岀）粮撥還伯魁收
十二月三十日內墓壠裡之田付　謨贖回

7-3-17-17　清嘉慶道光年間林氏田産清册（一七）

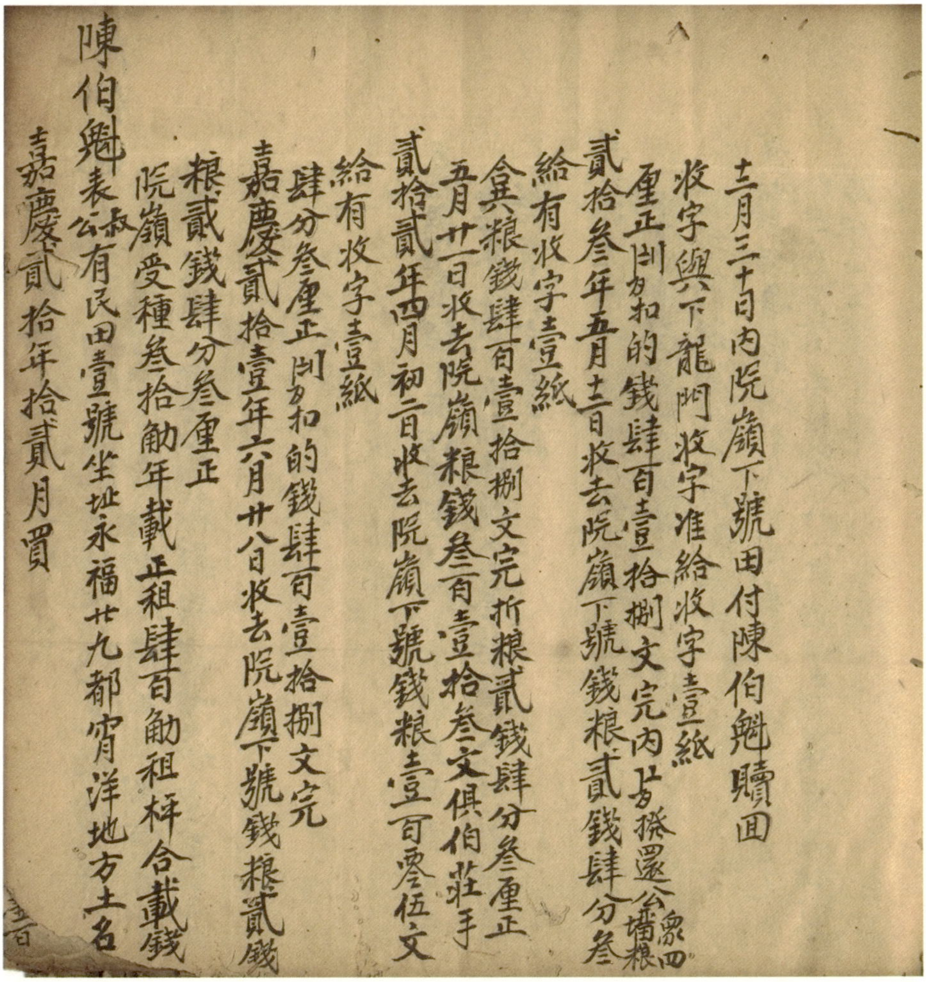
十二月三十日内院嶺下號田付陳伯魁贖回
收字與下龍門收字准給收字壹紙
厘正刂力和的錢肆百壹拾捌文完内付方撥還公眾田塆粮
貳拾叁年五月十二日收去院嶺下號錢粮貳錢肆分叁
給有收字壹紙
食粮錢肆百壹拾捌文完折粮貳錢肆分叁厘正
五月廿一日收去院嶺粮錢叁百壹拾叁文俱伯莊手
貳拾貳年四月初二日收去院嶺下號錢粮壹百零伍文
給有收字壹紙
肆分叁厘正刂力和的錢肆百壹拾捌文完
嘉慶貳拾壹年六月廿八日收去院嶺下號錢粮貳錢
粮貳錢肆分叁厘正
院嶺受種叁拾觔年載正租肆百觔祖秤合載錢
陳伯魁表叔公有民田壹號坐址永福廿九都宵洋地方土名
十二嘉慶貳拾年拾貳月買

7-3-17-18　清嘉慶道光年間林氏田產清册（一八）

嘉慶貳拾壹年拾貳月買
陳伯魁表叔有民田壹號坐址永福廿九都霄洋地方
土名下龍門受種柒拾觔年載正租捌百零貳
觔半租秤合共載粮肆錢捌分柒厘貳毛正

嘉慶貳拾貳年四月初二日收去錢粮肆錢捌分柒
厘貳毛出力扣的錢捌百叁拾捌文完　伯莊手
給有收字壹紙

貳拾叁年五月十三日收去錢粮肆錢捌分柒厘貳毛
出力扣的錢捌百叁拾捌文完
收字與悅嶺收字准給壹紙

貳拾肆年五月初二日收去錢粮肆錢捌分柒厘貳毛出力
扣的錢捌百叁拾捌文　完　内出力撥還有懷公　公衆收
給有收字壹紙　　阿福手

7-3-17-19　清嘉慶道光年間林氏田産清册（一九）

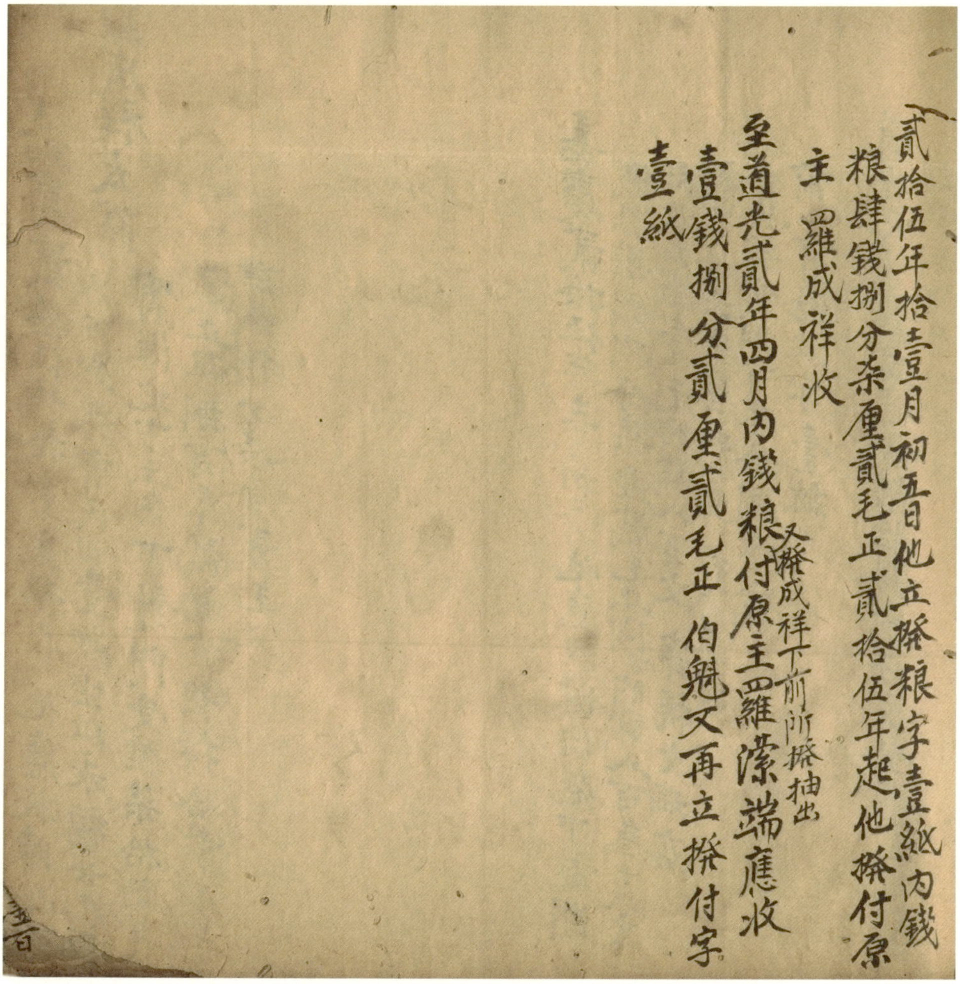
貳拾伍年拾壹月初五日他立撥粮字壹紙内錢
粮肆錢捌分柒厘貳毛正貳拾伍年起他撥付原
主　四羅成祥收
至道光貳年四月内錢粮又撥成祥下前所撥抽出付原主四羅潆端應收
壹錢捌分貳厘貳毛正　伯魁又再立撥付字
壹紙

7-3-17-20　清嘉慶道光年間林氏田產清册（二〇）

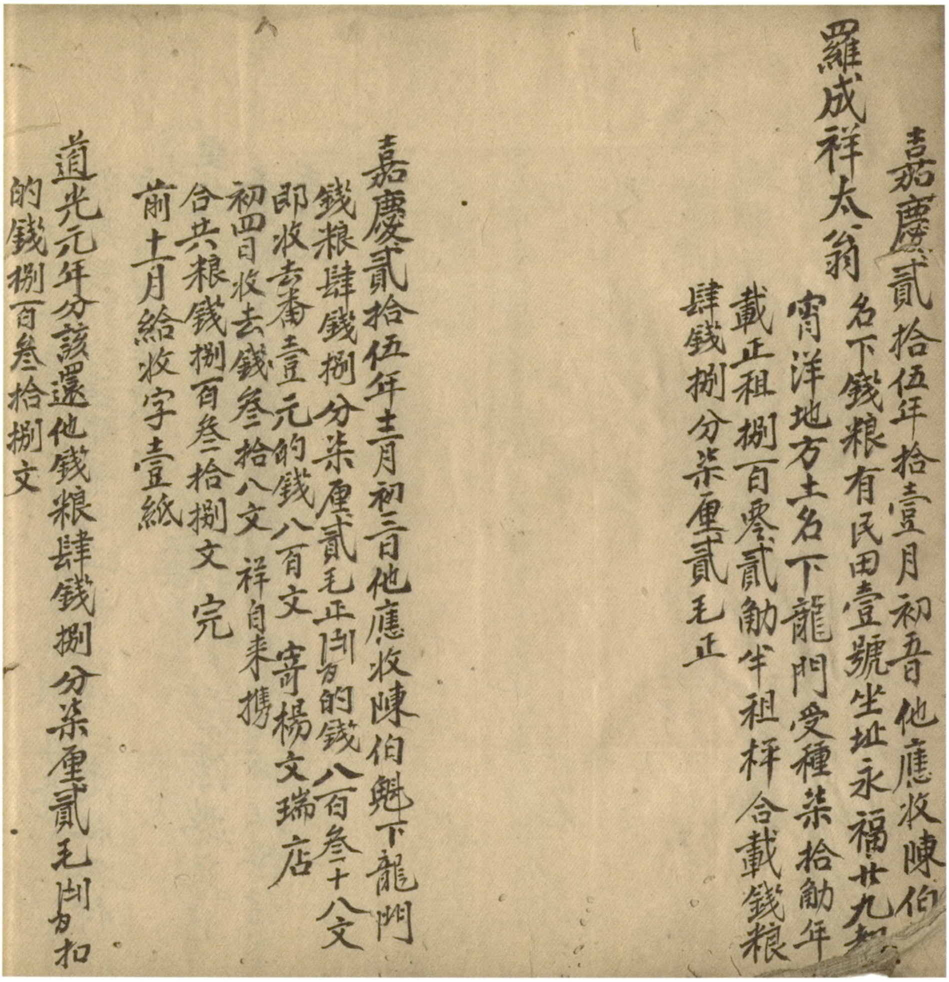

嘉慶貳拾伍年拾壹月初五日他應收陳伯
羅成祥太翁
名下錢粮有民田壹號坐址永福廿九都
甯洋地方土名下龍門受種柒拾觔年
載正租捌百零貳觔半租秤合載錢粮
肆錢捌分柒厘貳毛正
嘉慶貳拾伍年十二月初三日他應收陳伯魁下龍門
錢粮肆錢捌分柒厘貳毛正㕛勺的錢八百叁十八文
即收去番壹元的錢八百文 寄楊文瑞店
初四日收去錢叁拾八文 祥自來携
合共粮錢捌百叁拾捌文 完
前十月給收字壹紙
道光元年分該還他錢粮肆錢捌分柒厘貳毛㕛勺扣
的錢捌百叁拾捌文

7-3-17-21　清嘉慶道光年間林氏田産清册（二一）

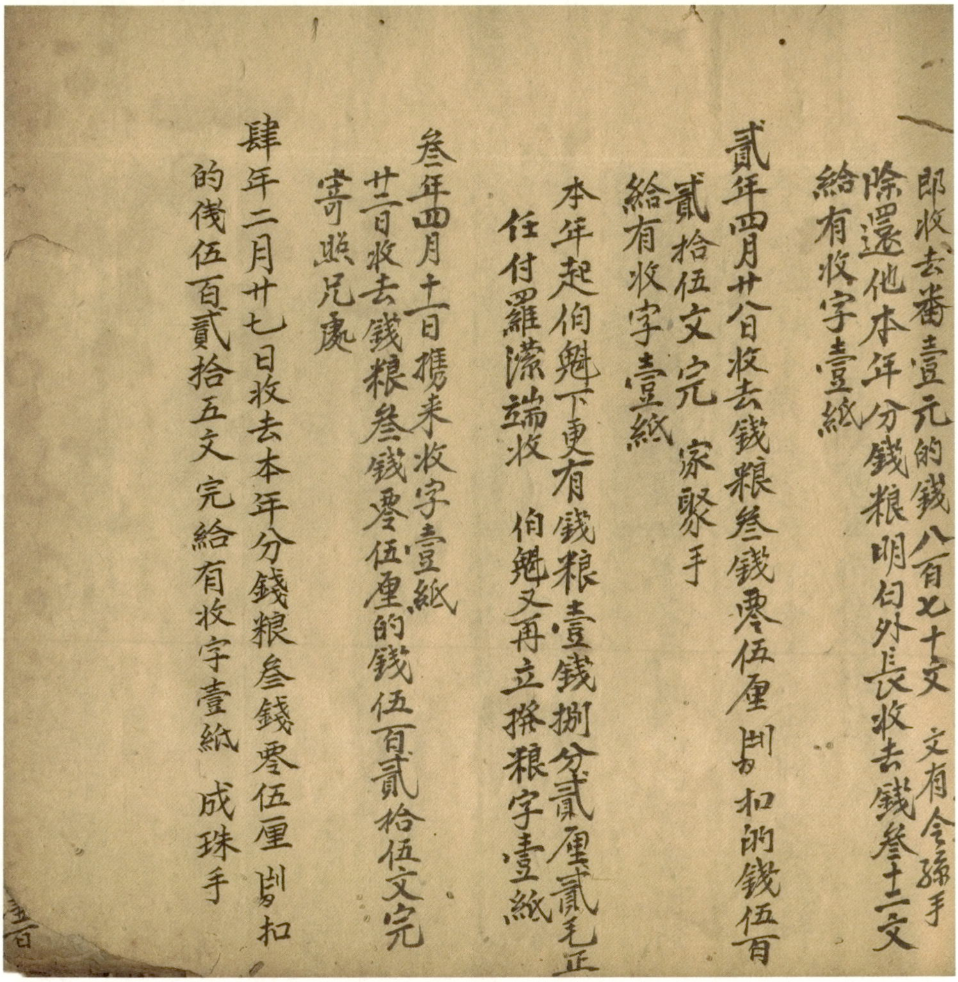
郎收去番壹元的錢八百七十文　文有仝孫手
除還他本年分錢粮明白外長收去錢叁十二文
給有收字壹紙
貳年四月廿八日收去錢粮叁錢零伍厘　㕥扣的錢伍百
貳拾伍文完　家聚手
給有收字壹紙
本年起伯魁下更有錢粮壹錢捌分貳厘貳毛正
任付羅濚端收　伯魁又再立揆粮字壹紙
叁年四月十一日携来收字壹紙
廿二日收去錢粮叁錢零伍厘的錢伍百貳拾伍文完
寄縣兄處
肆年二月廿七日收去本年分錢粮叁錢零伍厘　㕥扣
的錢伍百貳拾五文　完給有收字壹紙　成珠手

7-3-17-22　清嘉慶道光年間林氏田産清册（二二）

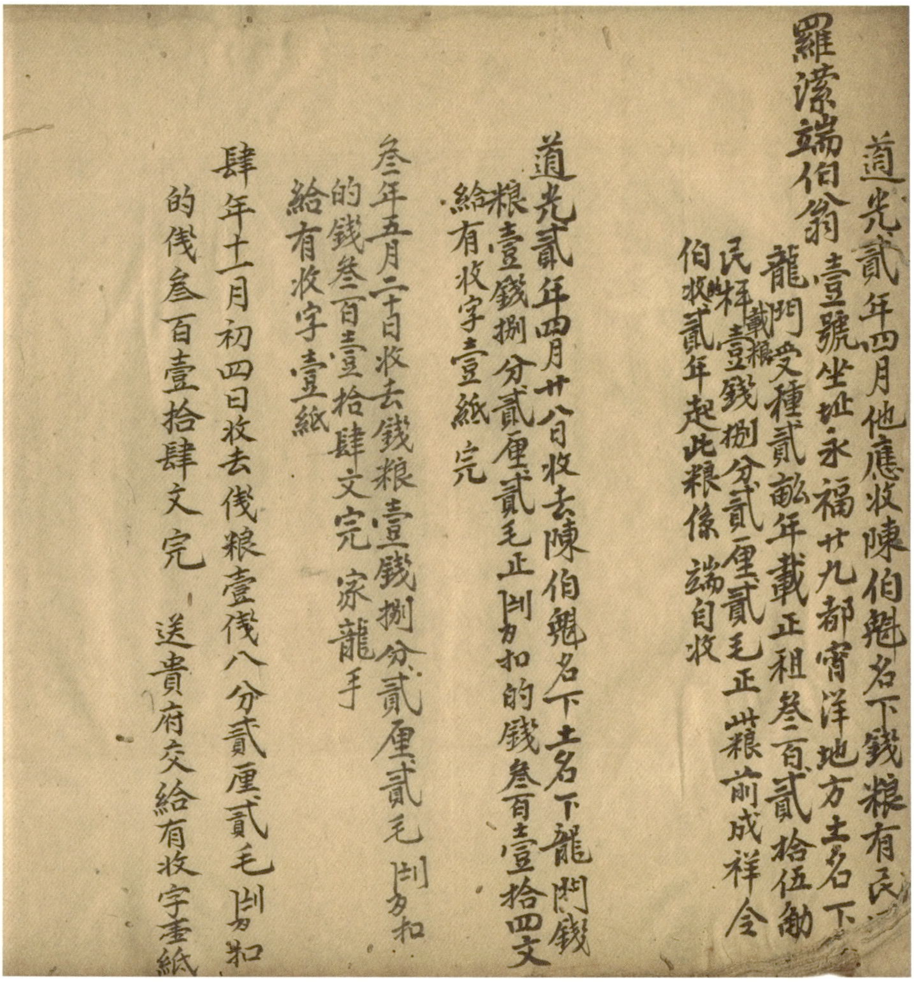

道光貳年四月他應收陳伯魁名下錢粮有民
羅滐端伯翁壹號坐址永福廿九都霄洋地方土名下
龍門受種貳畝年載正租叁百貳拾伍觔
民粮載粮壹錢捌分貳厘貳毛正 此粮前成祥仝
伯收貳年起此粮係 端自收

道光貳年四月廿八日收去陳伯魁名下土名下龍門錢
粮壹錢捌分貳厘貳毛正 剋力扣的錢叁百壹拾四文
給有收字壹紙 完

叁年五月二十日收去錢粮壹錢捌分貳厘貳毛 剋力扣
的錢叁百壹拾肆文完 家龍手
給有收字壹紙

肆年十一月初四日收去伐粮壹伐八分貳厘貳毛 剋力扣
的伐叁百壹拾肆文完
送貴府交給有收字壹紙

7-3-17-23　清嘉慶道光年間林氏田産清册（二三）

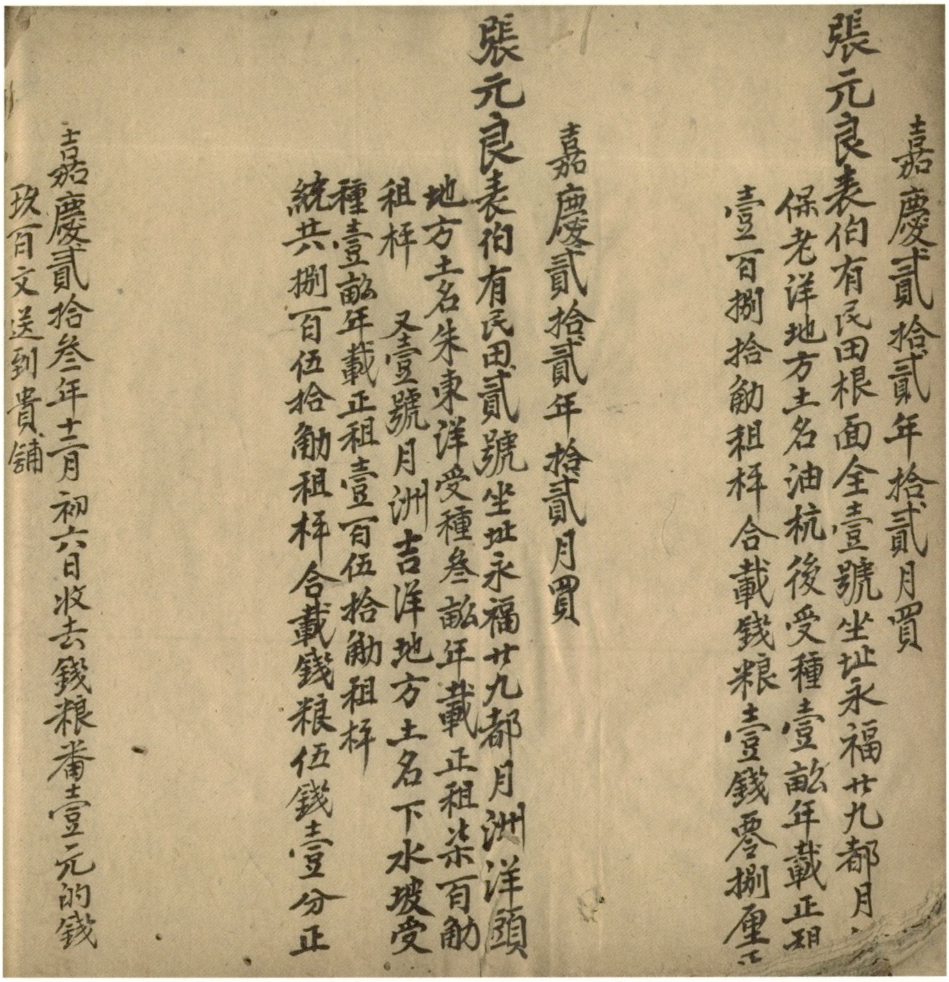
嘉慶貳拾貳年拾貳月買
張元良表伯有民田根面全壹號坐址永福廿九都月
保老洋地方土名油杭後受種壹畝年載正租
壹百捌拾觔租杆合載錢粮壹錢零捌厘
嘉慶貳拾貳年拾貳月買
張元良表伯有民田貳號坐址永福廿九都月洲洋頭
地方土名朱東洋受種叁畝年載正租柒百觔
祖杆　又壹號月洲吉洋地方土名下水坡受
種壹畝年載正租壹百伍拾觔租杆
統共捌百伍拾觔租杆合載錢粮伍錢壹分正
嘉慶貳拾叁年十二月初六日收去錢粮番壹元的錢
玖百文送到貴舖

7-3-17-24　清嘉慶道光年間林氏田産清册（二四）

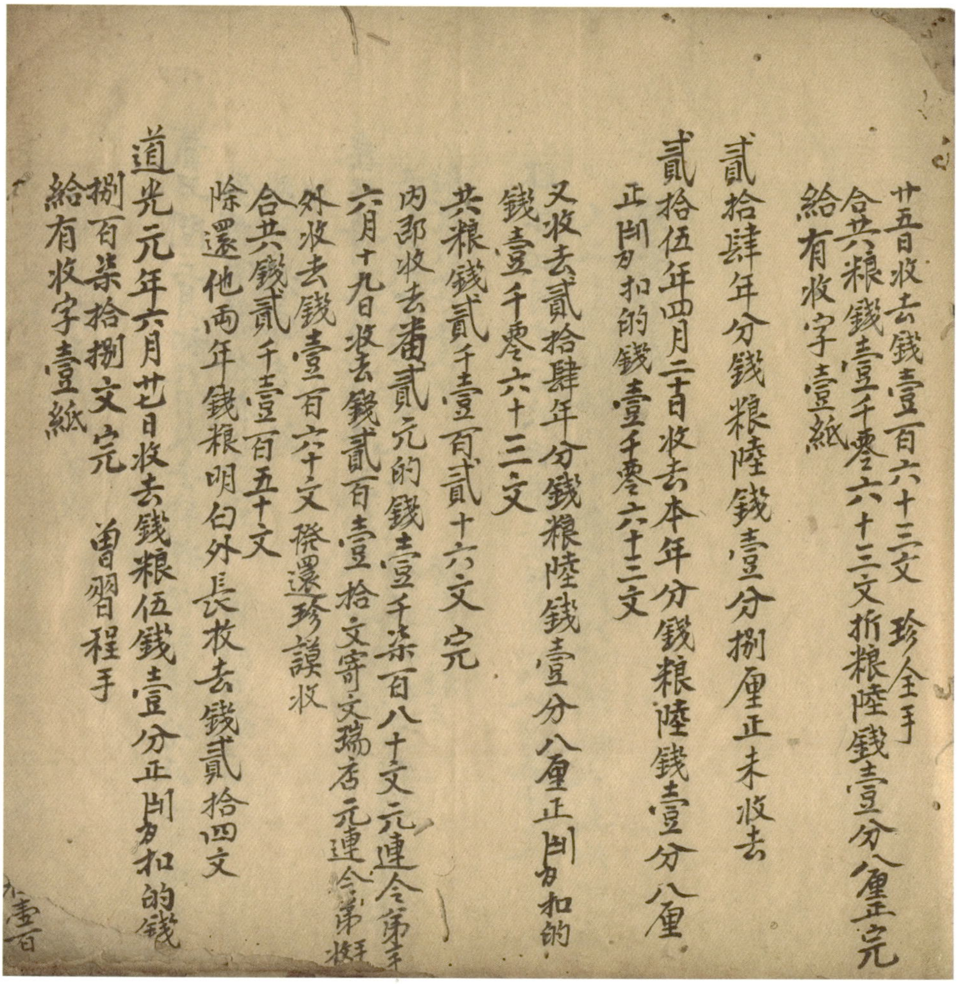
廿五日收去錢壹百六十三文　珍全手
合共粮錢壹千零六十三文折粮陸錢壹分八厘正完
給有收字壹紙
貳拾肆年分錢粮陸錢壹分捌厘正未收去
貳拾伍年四月二十日收去本年分錢粮陸錢壹分八厘
正剀力扣的錢壹千零六十三文
又收去貳拾肆年分錢粮陸錢壹分八厘正剀力扣的
錢壹千零六十三文
共粮錢貳千壹百貳十六文　完
內郎收去番貳元的錢壹千柒百八十文　元連令弟手
六月十九日收去錢貳百壹拾文寄文瑞店　元連令弟收
外收去錢壹百六十文　發還珍謨收
合共錢貳千壹百五十文
除還他兩年錢粮明白外長枚去錢貳拾四文
道光元年六月廿日收去錢粮伍錢壹分正剀力扣的錢
捌百柒拾捌文完　曾習程手
給有收字壹紙

7-3-17-25　清嘉慶道光年間林氏田產清册（二五）

道光元年起內土名油杭後應錢粮壹錢零捌厘
付原主張元連仝弟收
貳年閏三月初九日收去錢粮伍錢壹分正　剀多扣的
錢捌百柒拾捌文完
給有收字壹紙　　曾習程手
叁年五月十八日收去番壹元的戗八百五十文
又收去錢貳拾八文　合共錢八百柒拾捌文折粮伍錢乙分完
給有收字壹紙　　曾習程手
肆年四月十二日收去番壹員的戗八百五十文
又收去戗貳拾八文合共戗八百柒拾八文折粮五
錢壹分完

7-3-17-26　清嘉慶道光年間林氏田産清册（二六）

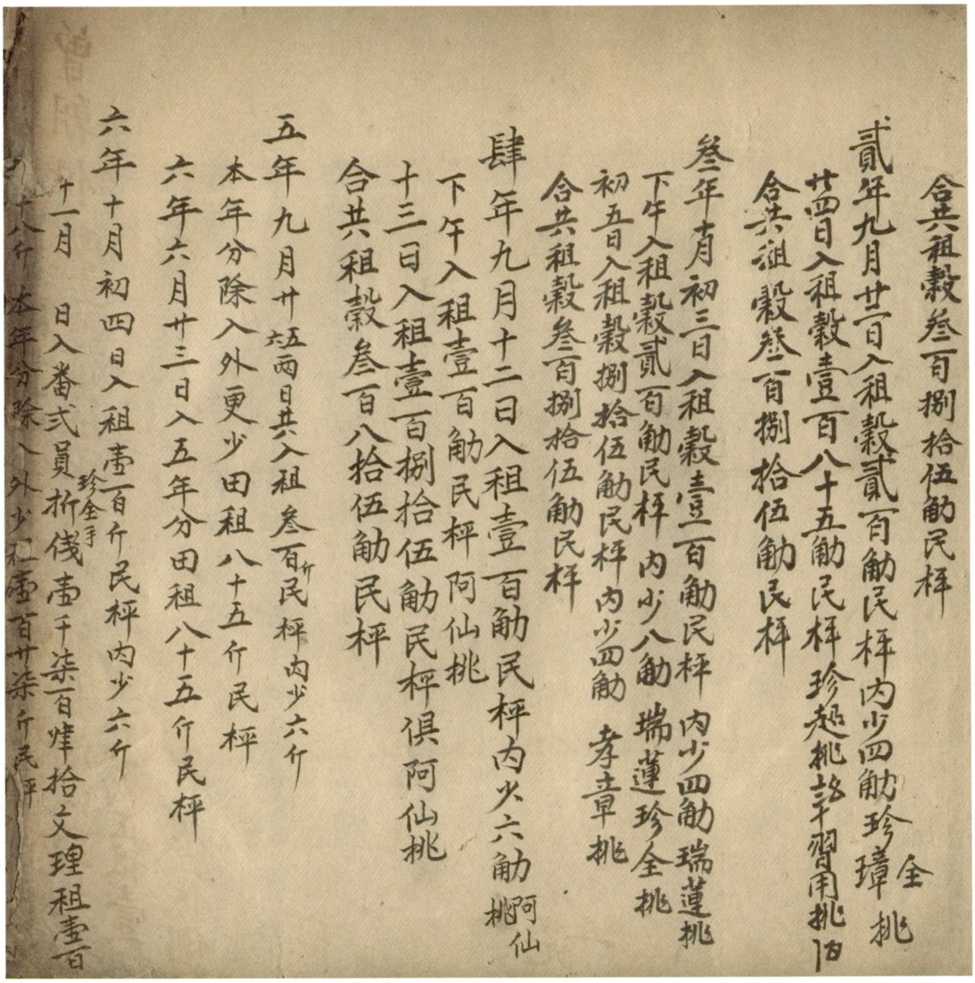
合共租穀叁百捌拾伍觔民秤
貳年九月廿二日入租穀貳百觔民秤内少四觔珍璋仝挑
廿四日入租穀壹百八十五觔民秤珍趐挑 許辛習用挑伯
合共租穀叁百捌拾伍觔民秤
叁年十月初三日入租穀壹百觔民秤内少四觔瑞蓮挑
下午入租穀貳百觔民秤内少八觔瑞蓮珍仝挑
初五日入租穀捌拾伍觔民秤内少四觔孝章挑
合共租穀叁百捌拾伍觔民秤
肆年九月十二日入租壹百觔民秤内少六觔阿仙挑
下午入租壹百觔民秤阿仙挑
十三日入租壹百捌拾伍觔民秤俱阿仙挑
合共租穀叁百八拾伍觔民秤
五年九月廿五六兩日共入租叁百斤民秤内少六斤
本年分除入外更少田租八十五斤民秤
六年六月廿三日入五年分田租八十五斤民秤
六年十月初四日入租壹百斤民秤内少六斤
十一月日入番弍員折錢壹千柒百肆拾文理租壹百珍全手
十八斤本年分除入外少租壹百廿柒斤民平

7-3-17-27 清嘉慶道光年間林氏田産清册（二七）

柒年六月初十日入六年分田租壹百斤民 朝進令弟挑
柒年九月十六日入租壹百斤民 玉蘭手
下午入租壹百斤民玉蘭手
十七日入租壹百斤民玉蘭手
十八日入租八十五斤民 外入六年分田租十五斤民合
壹百斤民俱玉蘭手 除入外少六年分田租拾弍斤民

7-3-17-28　清嘉慶道光年間林氏田産清册（二八）

十五日入租壹百觔民秤阿仙挑
合共租穀叁百觔民秤
本年分除入外更少租穀捌拾伍觔民秤
五年六月廿一日入四年分田租捌拾五斤民秤 阿仙挑
五年九月廿五日入租叁百觔民秤
本年分除入外更少租八十五斤民秤
六年六月卅日入五年分田租八十五斤民秤
六年十月初三日入租弍百觔民秤 珍元 阿仙 挑 初四日入租壹百斤 民秤 阿順挑
本年分除入外更少田租八十五斤民秤

7-3-17-29 清嘉慶道光年間林氏田産清册（二九）

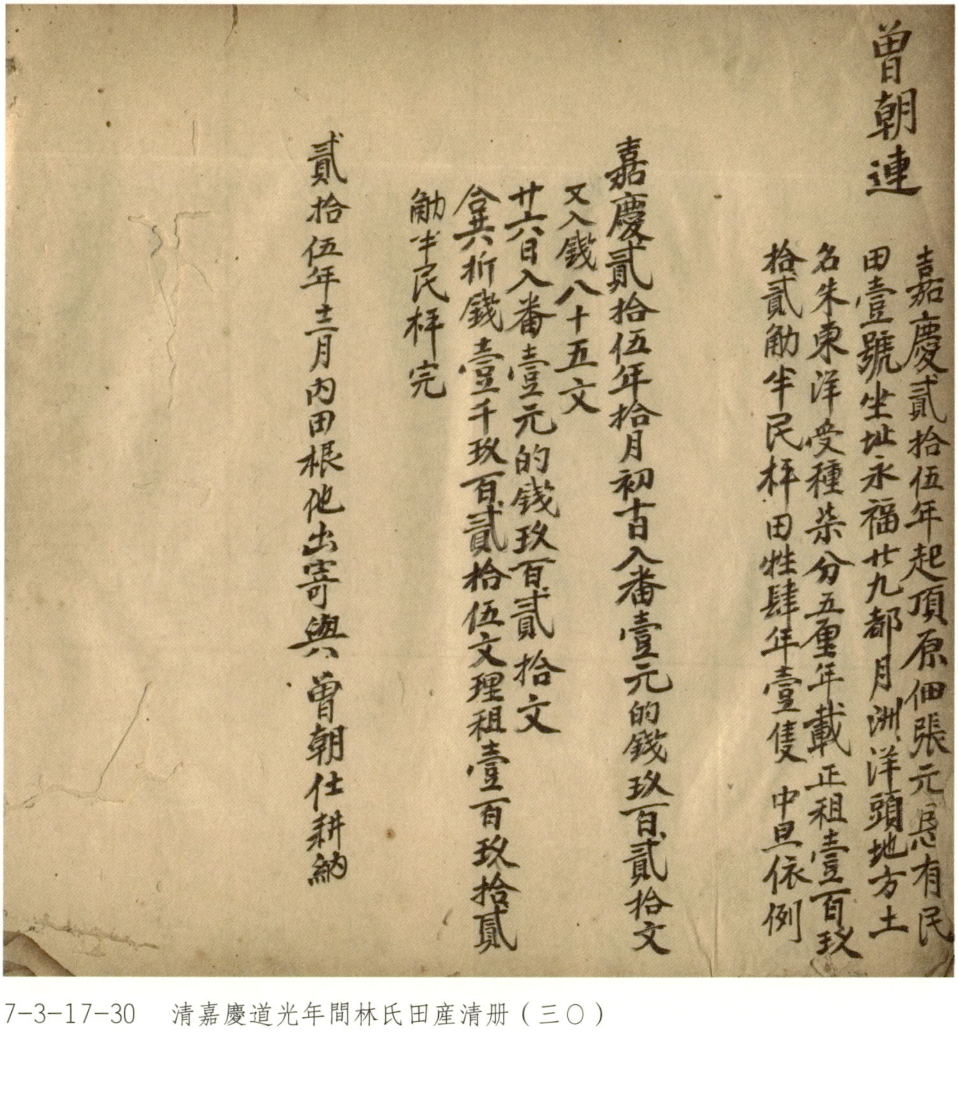
曾朝連
嘉慶貳拾伍年起頂原佃張元忠有民
田壹號坐址永福廿九都月洲洋頭地方土
名朱東洋受種柒分五厘年載正租壹百玖
拾貳觔半民秤 田姓肆年壹售 中旦依例
嘉慶貳拾伍年拾月初吉入番壹元的錢玖百貳拾文
又入錢八十五文
廿六日入番壹元的錢玖百貳拾文
食共折錢壹千玖百貳拾伍文理租壹百玖拾貳
觔半民秤完
貳拾伍年土月內田根佗出寄與曾朝仕耕納

7-3-17-30　清嘉慶道光年間林氏田産清册（三〇）

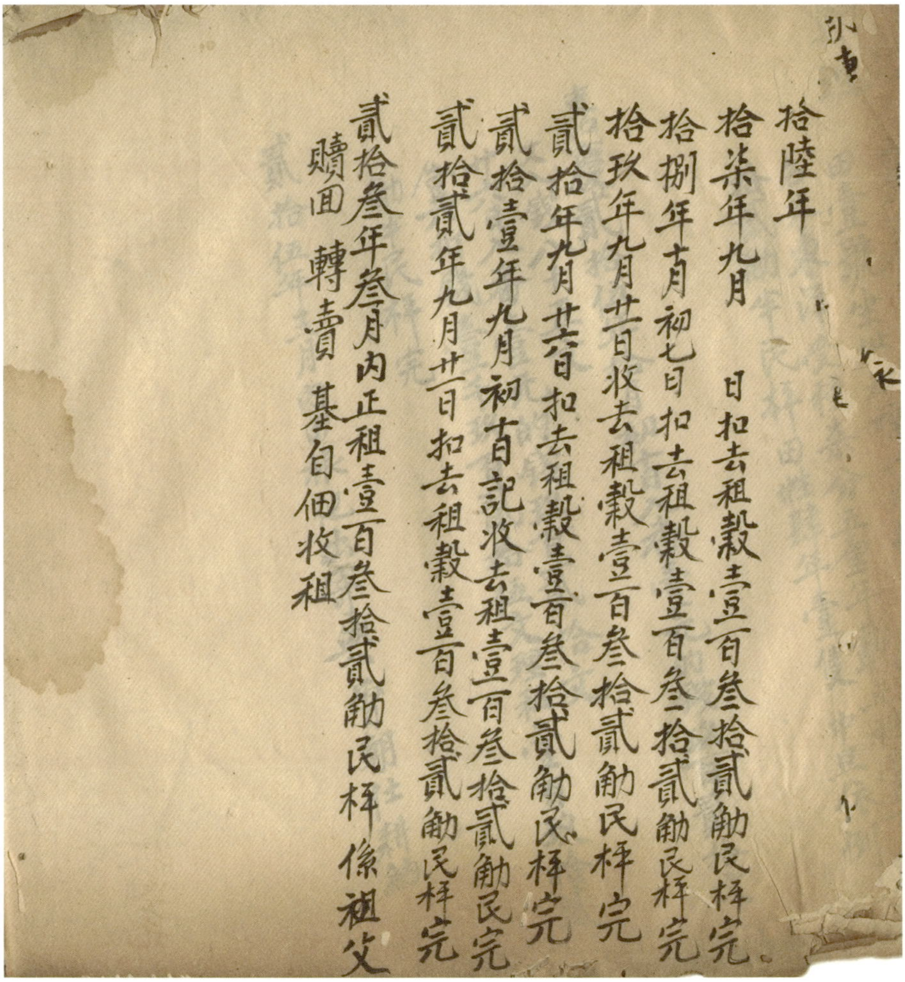

拾陸年
拾柒年九月　日扣去租穀壹百叁拾貳觔民秤完
拾捌年十月初七日扣去租穀壹百叁拾貳觔民秤完
拾玖年九月廿日收去租穀壹百叁拾貳觔民秤完
貳拾年九月廿六日扣去租穀壹百叁拾貳觔民秤完
貳拾壹年九月初十日記收去租壹百叁拾貳觔民完
貳拾貳年九月廿日扣去租穀壹百叁拾貳觔民秤完
貳拾叁年叁月內正租壹百叁拾貳觔民秤　係祖父
贖田　轉賣　基自佃收租

7-3-17-31　清嘉慶道光年間林氏田産清册（三一）

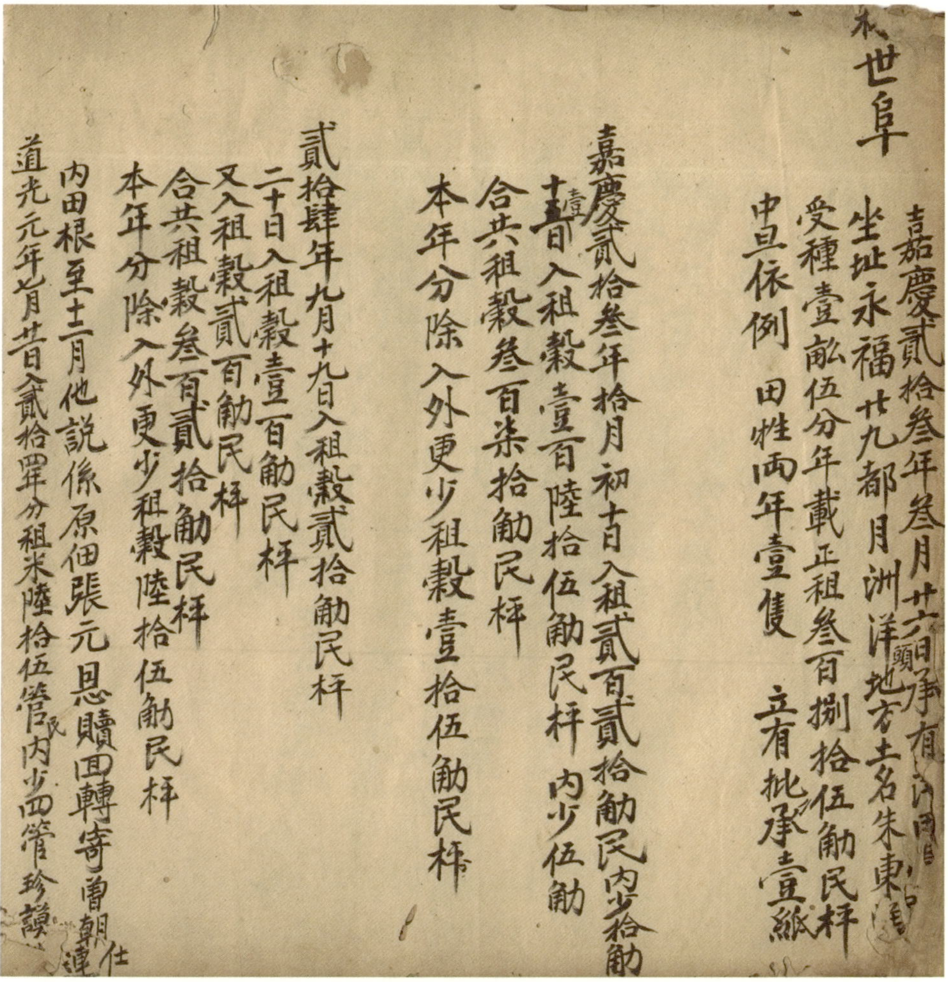

林世阜
嘉慶貳拾叁年叁月廿六日承有[illegible]
坐址永福廿九都月洲洋頭地方土名朱東[illegible]
受種壹畝伍分年載正租叁百捌拾伍觔民秤
中旦依例　田姓兩年壹隻　立有批承壹紙
嘉慶貳拾叁年拾月初十日入租貳百貳拾觔民　内少拾觔
十壹月　入租穀壹百陸拾伍觔民秤　内少伍觔
合共租穀叁百柒拾觔民秤
本年分除入外更少租穀壹拾伍觔民秤
貳拾肆年九月十九日入租穀貳拾觔民秤
二十日入租穀壹百觔民秤
又入租穀貳百觔民秤
合共租穀叁百貳拾觔民秤
本年分除入外更少租穀陸拾伍觔民秤
内田根至十二月他說係原佃張元恩贖回轉寄曾朝仕
道光元年七月廿四日入貳拾四年分租米陸拾伍管民　内少四管　珍讀[illegible]

7-3-17-32　清嘉慶道光年間林氏田産清册（三二）

楊文連

嘉慶貳拾叁年月廿六日頂陳宗名朱東洋佃承永□
有民田壹號坐址廿九都月洲洋頭地方
名朱東洋受種壹畝伍分年載正租叁百
捌拾伍觔民秤 中見依例 田牲兩年壹隻
宗津立有承批壹紙

嘉慶貳拾叁年拾月初十日入租穀捌拾伍觔民秤
十三日入租穀捌拾觔民秤
十四日入租穀壹百貳拾觔民秤
合共租穀貳百捌拾伍觔民秤
本年分除入外更少租穀壹百觔民秤
貳拾肆年六月十三日入貳拾叁年分租穀壹百觔完民
內少肆觔 珍存批 搽字壹紙
貳拾肆年九月十九日入租穀玖拾觔民秤
下午入租穀壹百觔民秤
又入錢柒百文理租穀壹百觔民秤
合共租穀貳百玖拾觔民秤

7-3-17-33 清嘉慶道光年間林氏田産清册（三三）

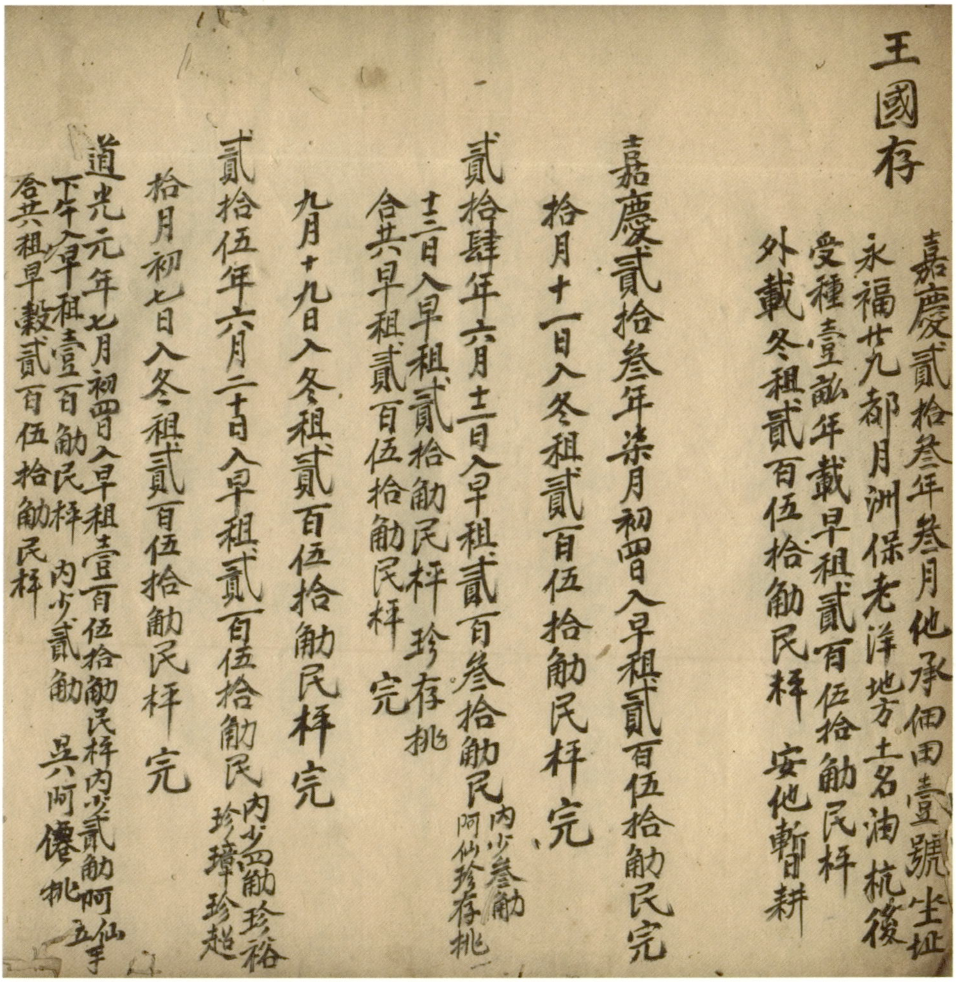

王國存

嘉慶貳拾叁年叁月他承佃田壹號坐址
永福廿九都月洲保老洋地方土名油杭後
受種壹畝年載早租貳百伍拾觔民秤
外載冬租貳百伍拾觔民秤　安他暫耕

嘉慶貳拾叁年柒月初四日入早租貳百伍拾觔民完
拾月十一日入冬租貳百伍拾觔民秤完
貳拾肆年六月十三日入早租貳百叁拾觔民 内少叁觔 阿仙珍存挑
十三日入早租貳拾觔民秤　珍存挑
合共早租貳百伍拾觔民秤　完
九月十九日入冬租貳百伍拾觔民秤完
貳拾伍年六月二十日入早租貳百伍拾觔民 内少四觔 珍裕 珍璋 珍超
拾月初七日入冬租貳百伍拾觔民秤完
道光元年七月初四日入早租壹百伍拾觔民秤内少貳觔 阿仙手
下午入早租壹百觔民秤　内少貳觔　吳阿傳挑
合共租早穀貳百伍拾觔民秤

7-3-17-34　清嘉慶道光年間林氏田産清册（三四）

拾月十三日入冬租壹百觔民秤 内少貳觔 曾時隆挑
下午入冬租穀壹百觔民秤 曾時隆挑
十四日入冬租穀伍拾觔民秤 曾習庸挑
合共冬租貳百伍拾觔民秤

貳年六月十四日入早租貳百觔民秤内少八觔 阿仙阿尾挑
十五日入租穀伍拾觔民秤 内少二觔 自挑
合共租早貳百伍拾觔民秤

九月十四日入冬租貳百伍拾觔民秤内少五觔 習明挑 習升挑

叁年六月廿六日入早租壹百觔民秤内少貳觔 阿仙挑
廿八日入早租壹百觔民秤 内少貳觔 章富挑
下午入早租伍拾觔民秤 内少壹觔 阿仙挑
合共早租貳百伍拾觔民秤

十月初五日入租穀壹百觔民秤 内少貳觔 仁瑞挑
又入冬租壹百觔民秤 内少貳觔 阿熾挑
合共冬租貳百觔民秤
本年冬租除入外更少租伍拾觔民秤

7-3-17-35　清嘉慶道光年間林氏田産清册（三五）

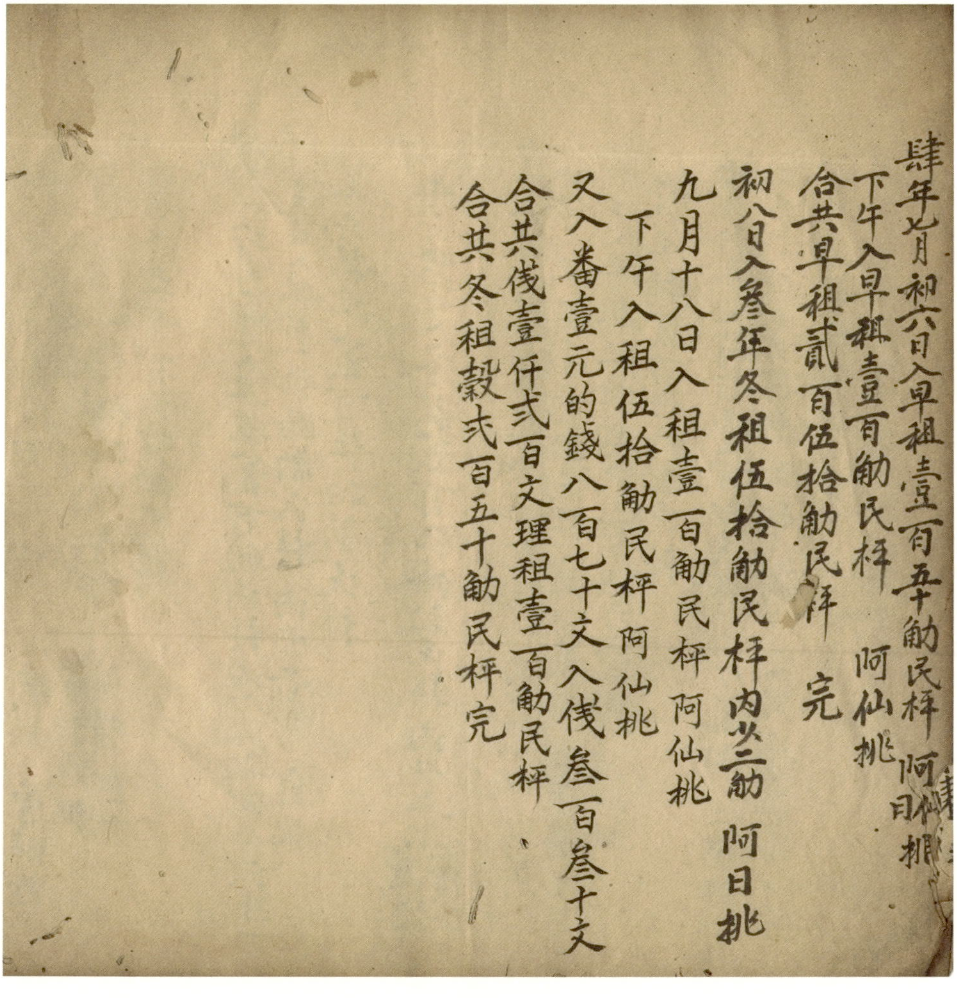
肆年七月初六日入早租壹百五十觔民秤 阿仙挑
下午入早租壹百觔民秤 阿仙挑
合共早租貳百伍拾觔民秤 完
初八日入叁年冬租伍拾觔民秤内少二觔 阿日挑
九月十八日入租壹百觔民秤 阿仙挑
下午入租伍拾觔民秤 阿仙挑
又入番壹元的錢八百七十文入伐叁百叁十文
合共伐壹仟弍百文理租壹百觔民秤
合共冬租穀弍百五十觔民秤完

7-3-17-36　清嘉慶道光年間林氏田産清册（三六）

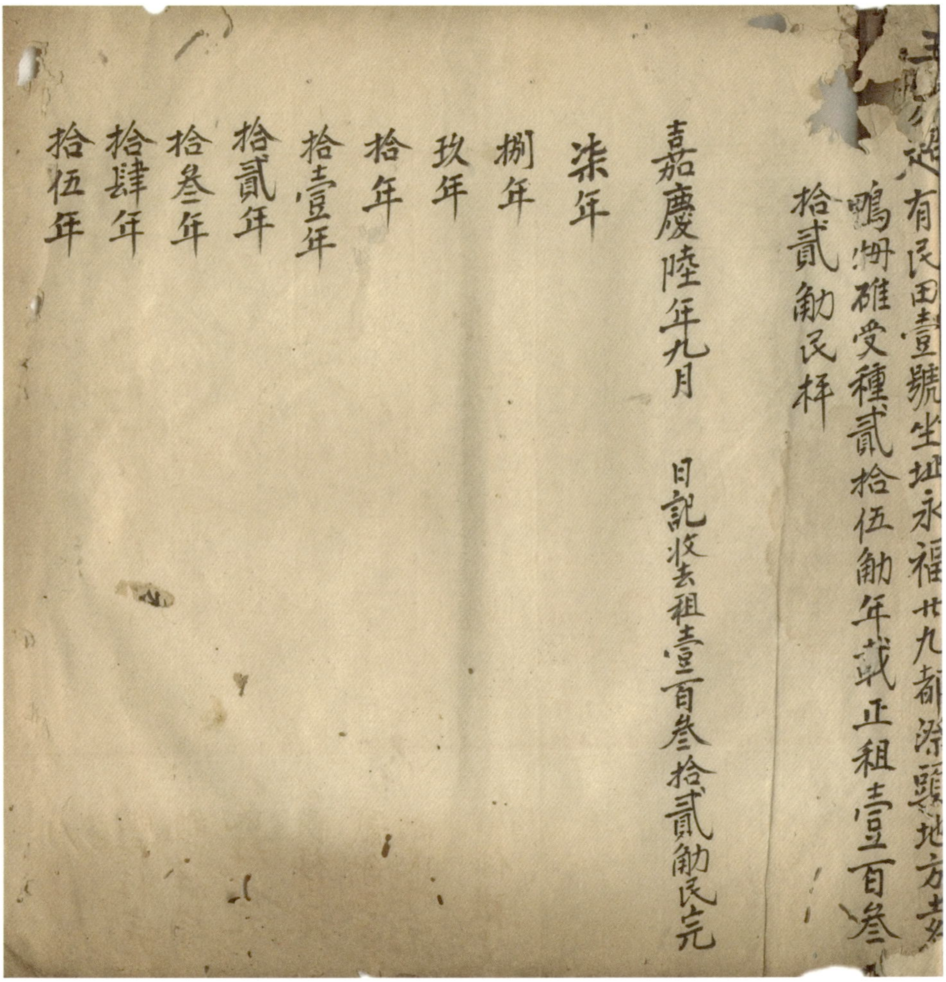

7-3-17-37　清嘉慶道光年間林氏田産清册（三七）

曾□莆

坐址永福廿九都月洲吉洋地方土名下水

坡受種壹畝年載正租壹百陸拾伍觔民秤

立有承批壹紙

嘉慶貳拾叁年拾月十一日入租穀壹百伍拾觔民還滌端

又入租穀壹拾伍觔民秤

合共租穀壹百陸拾伍觔民秤完

國蕃 貳拾肆年九月廿二日入番壹元的錢玖百叁拾文

又入錢壹百玖拾伍文

合共錢壹千壹百貳拾伍文理租壹百陸拾伍觔民完

貳拾伍年拾月初旨入租穀壹百陸拾伍觔民秤完

搽還標典齊

道光元年拾月初八日入租穀壹百壹拾觔民秤內少貳觔時㒃

本年分除入外更少租穀伍拾伍觔民秤

7-3-17-38　清嘉慶道光年間林氏田產清册（三八）

曾朝仕
田壹號坐址永福廿九都月洲洋頭地方
土名朱東洋受種柒分五厘年載正租壹
百玖拾貳觔半民秤　田牲肆年壹隻　中旦依例
嘉慶貳拾伍年拾月初四日入租穀壹百捌拾柒觔半
民秤内少叁觔半
本年分除入外更少租穀伍觔民秤
貳拾伍年拾貳月頂曾朝連名下田根壹號亦載廿九
都月洲洋頭土名朱東洋受種柒分五厘年載正
租壹百玖拾貳觔半民秤　中旦依例
道光元年七月廿一日入貳拾伍年分租米伍管　完
元年十月初八日入租穀壹百觔民秤　内少貳觔　陳阿盛挑
下午入租穀壹百觔民秤　内少貳觔　陳阿盛挑
十二日入租穀壹百觔民秤　内少貳觔　曾時隆挑
下午入租穀捌拾伍觔民秤内少貳觔　曾時隆挑

7-3-17-39　清嘉慶道光年間林氏田産清册（三九）

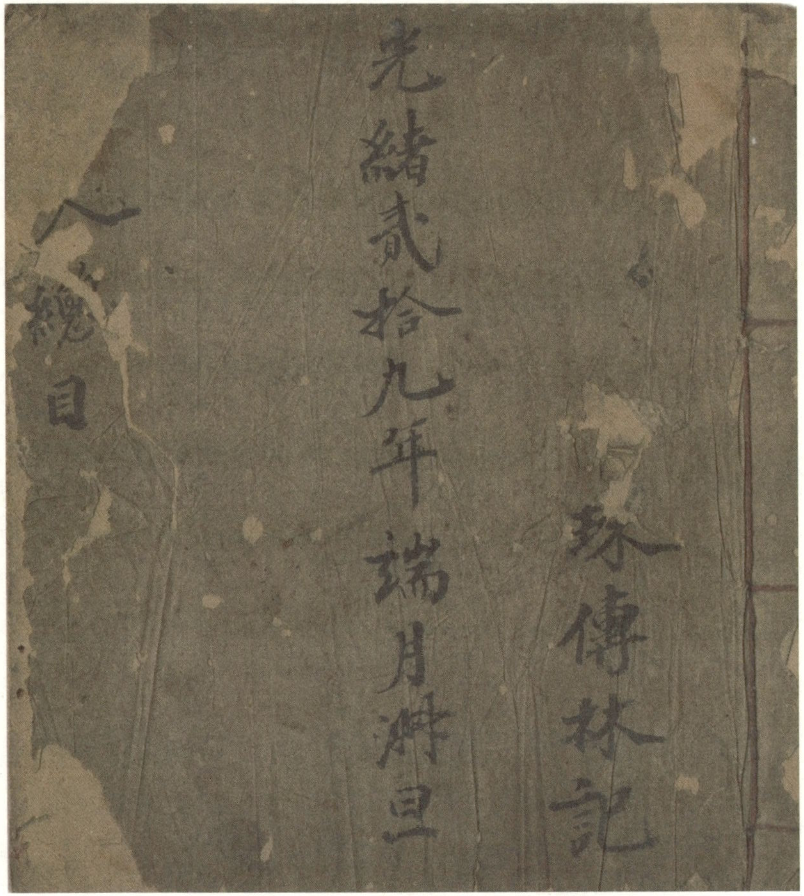

珠傳林記
光緒貳拾九年端月[illegible]旦
入總目

7-3-18-1　清光緒二十九年林珠傳記出入總目（一）

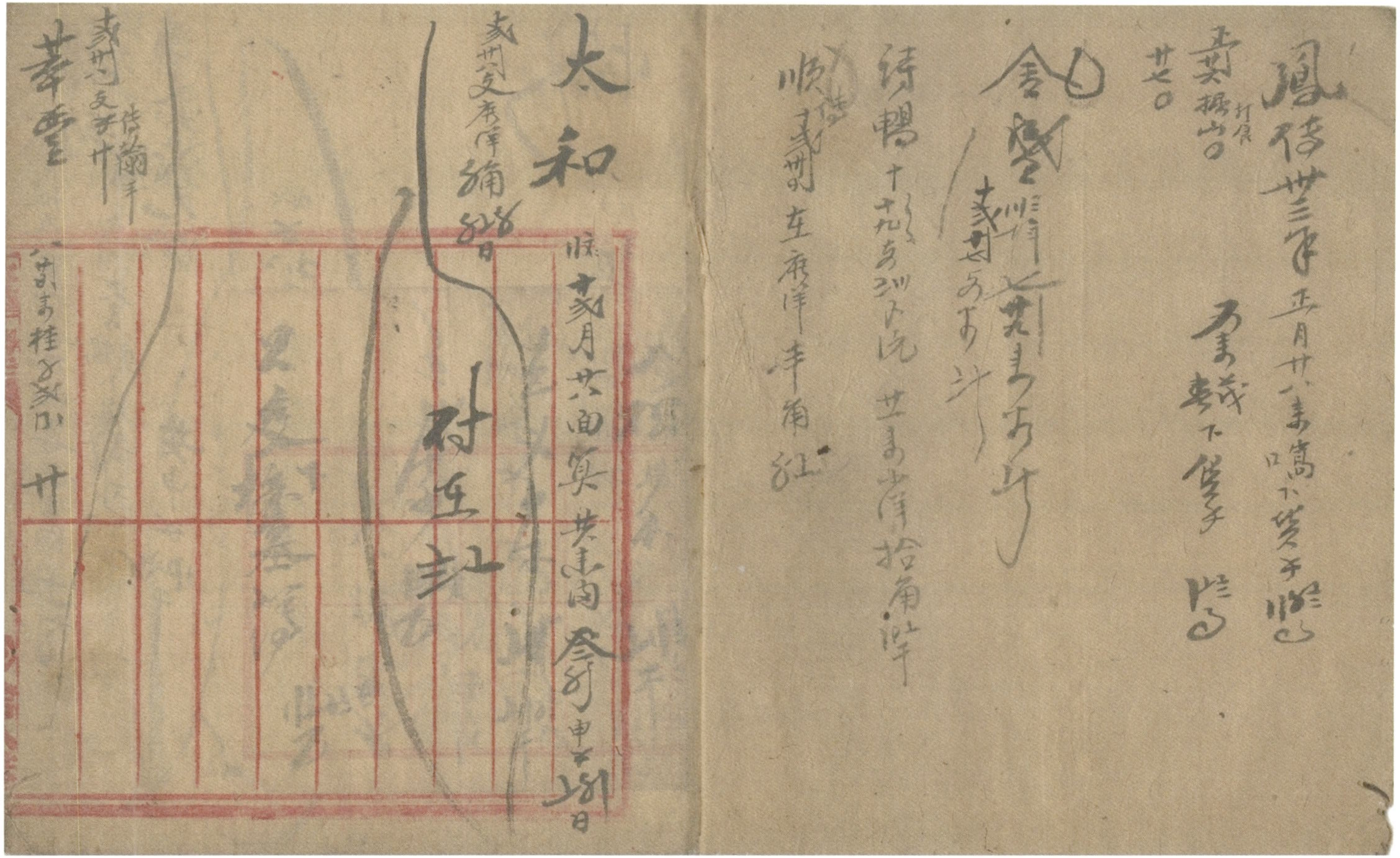

7-3-18-2　清光緒二十九年林珠傳記出入總目（二）

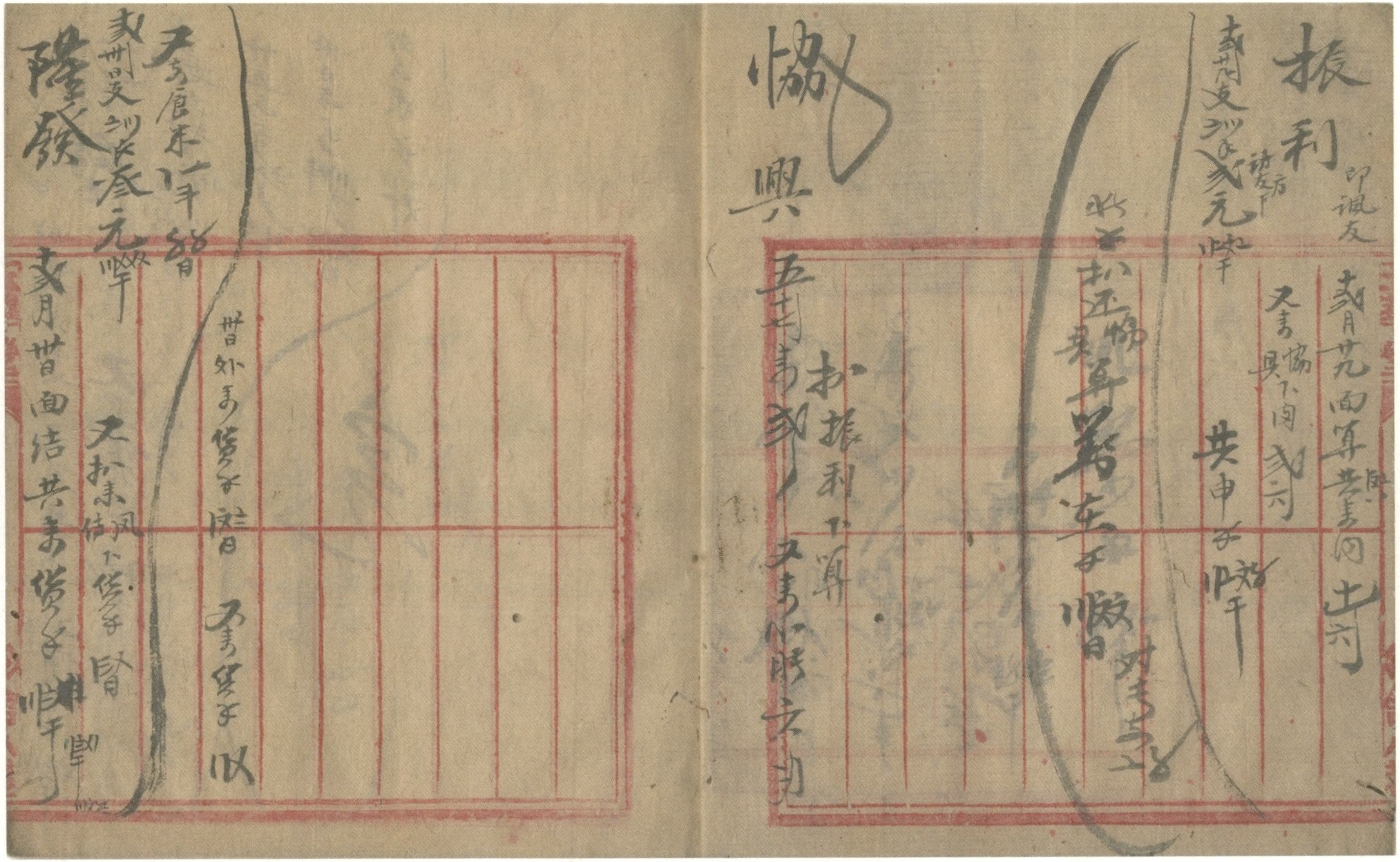

7-3-18-3　清光緒二十九年林珠傳記出入總目（三）

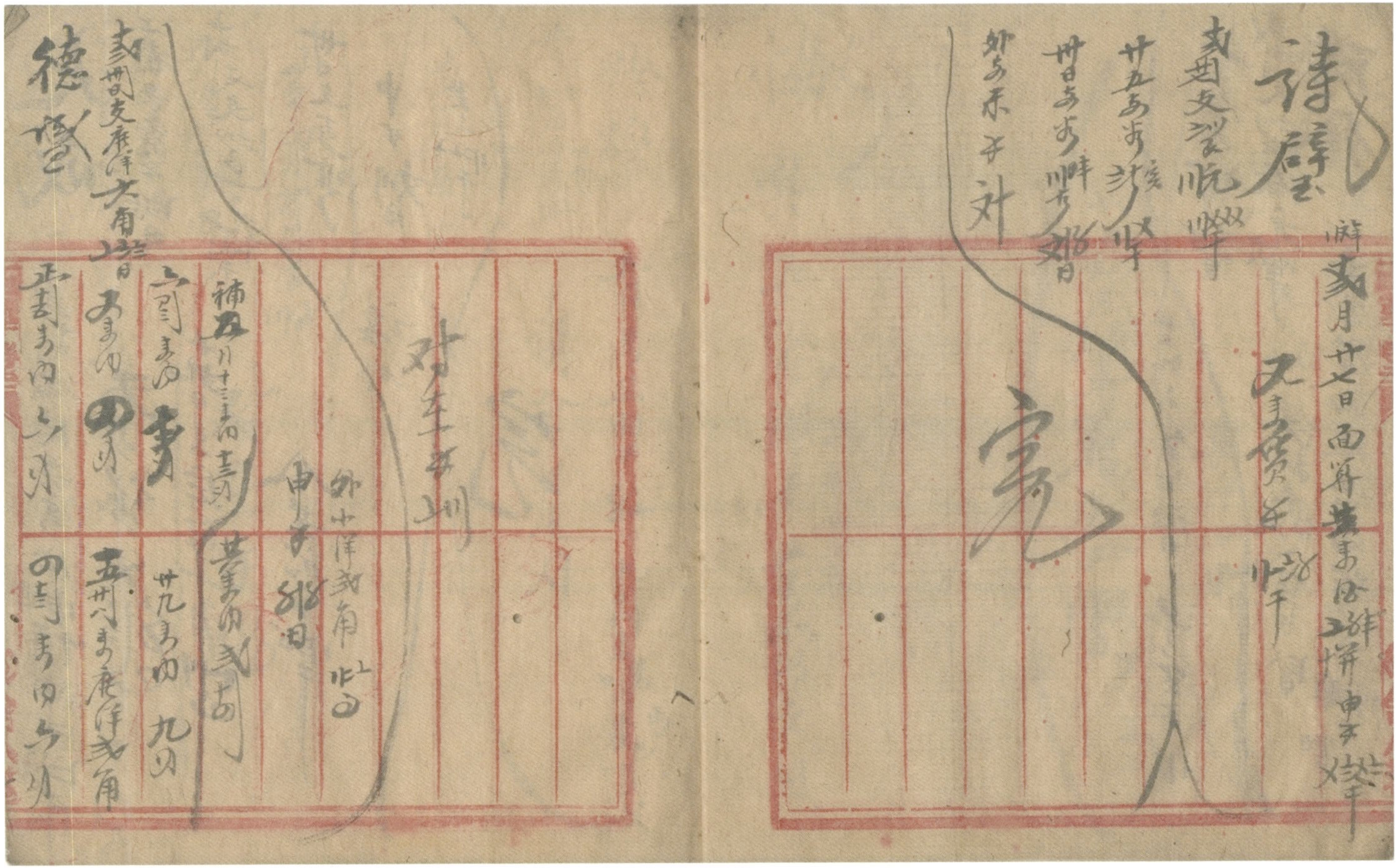

7-3-18-4　清光緒二十九年林珠傳記出入總目（四）

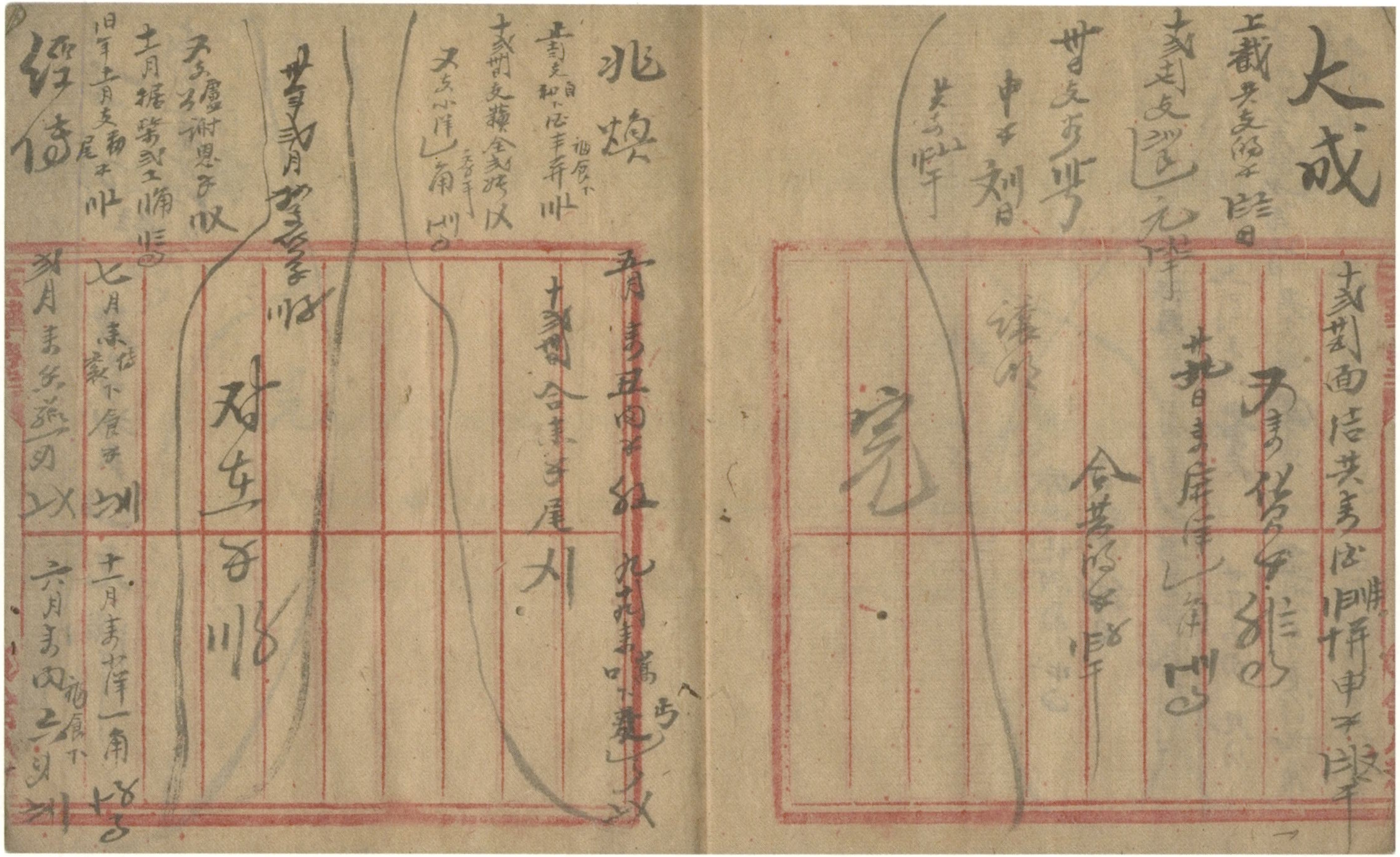

7-3-18-5　清光緒二十九年林珠傳記出入總目（五）

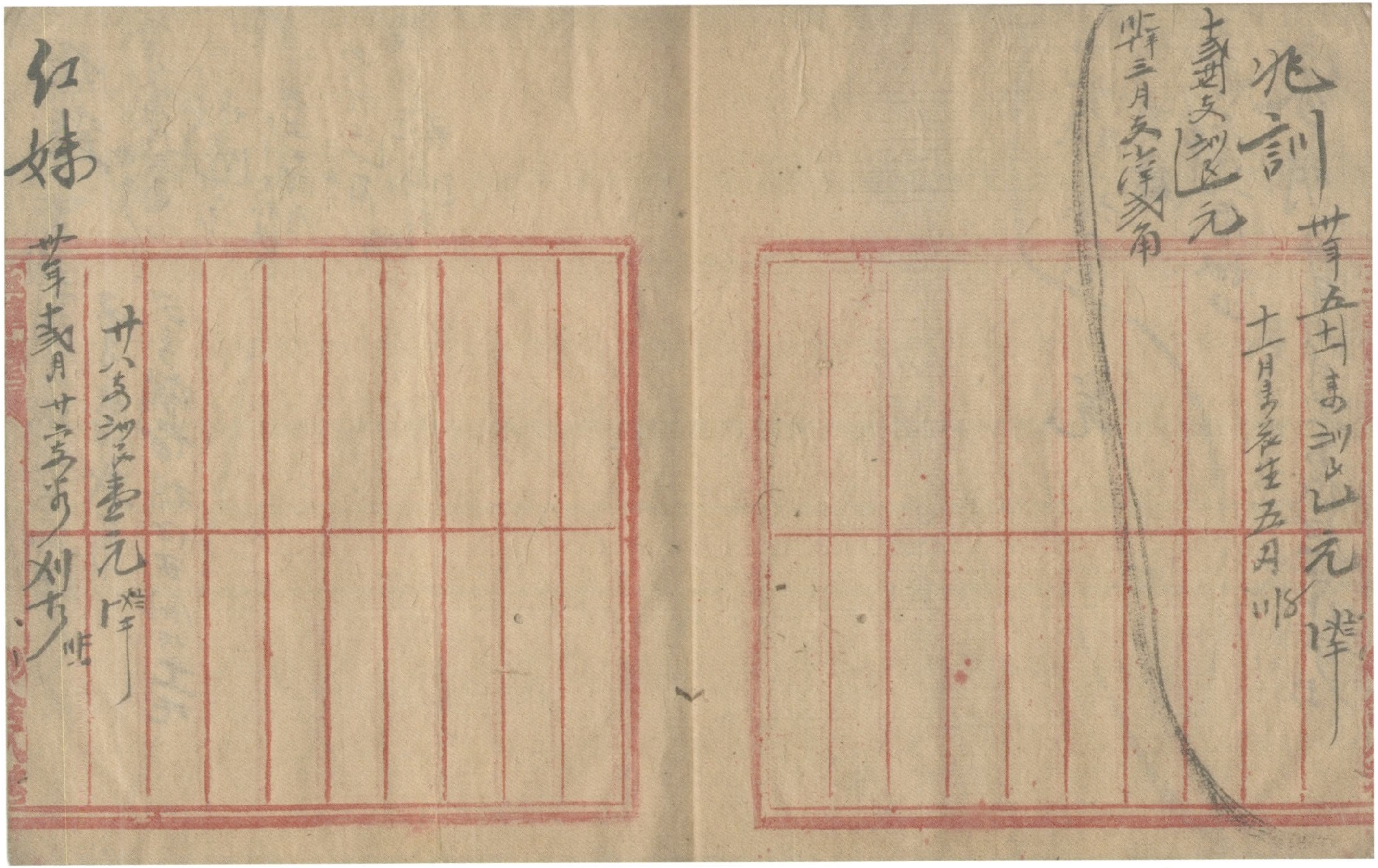

7-3-13-6　清光緒二十九年林珠傳記出入總目（六）

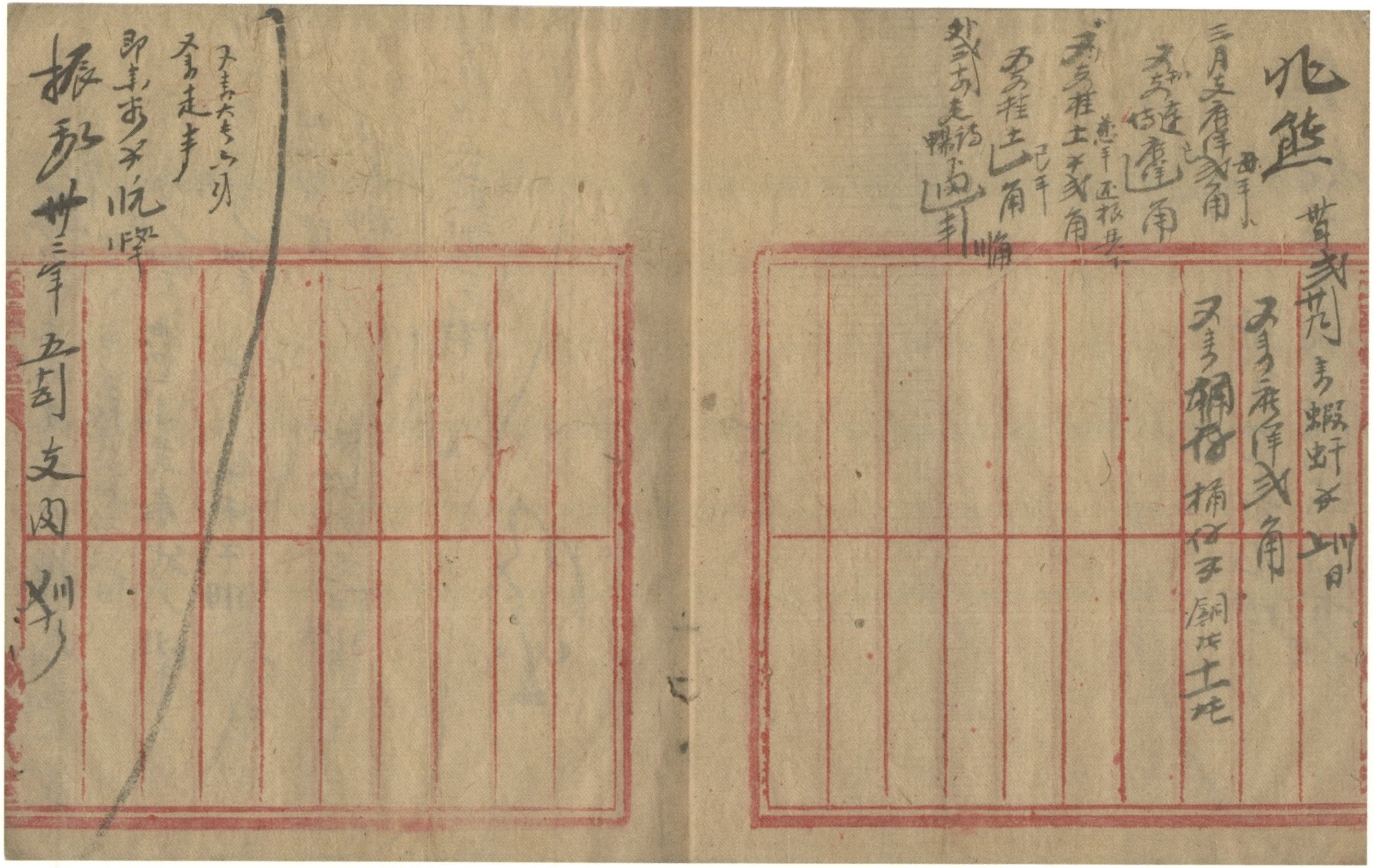

7-3-18-7　清光緒二十九年林珠傳記出入總目（七）

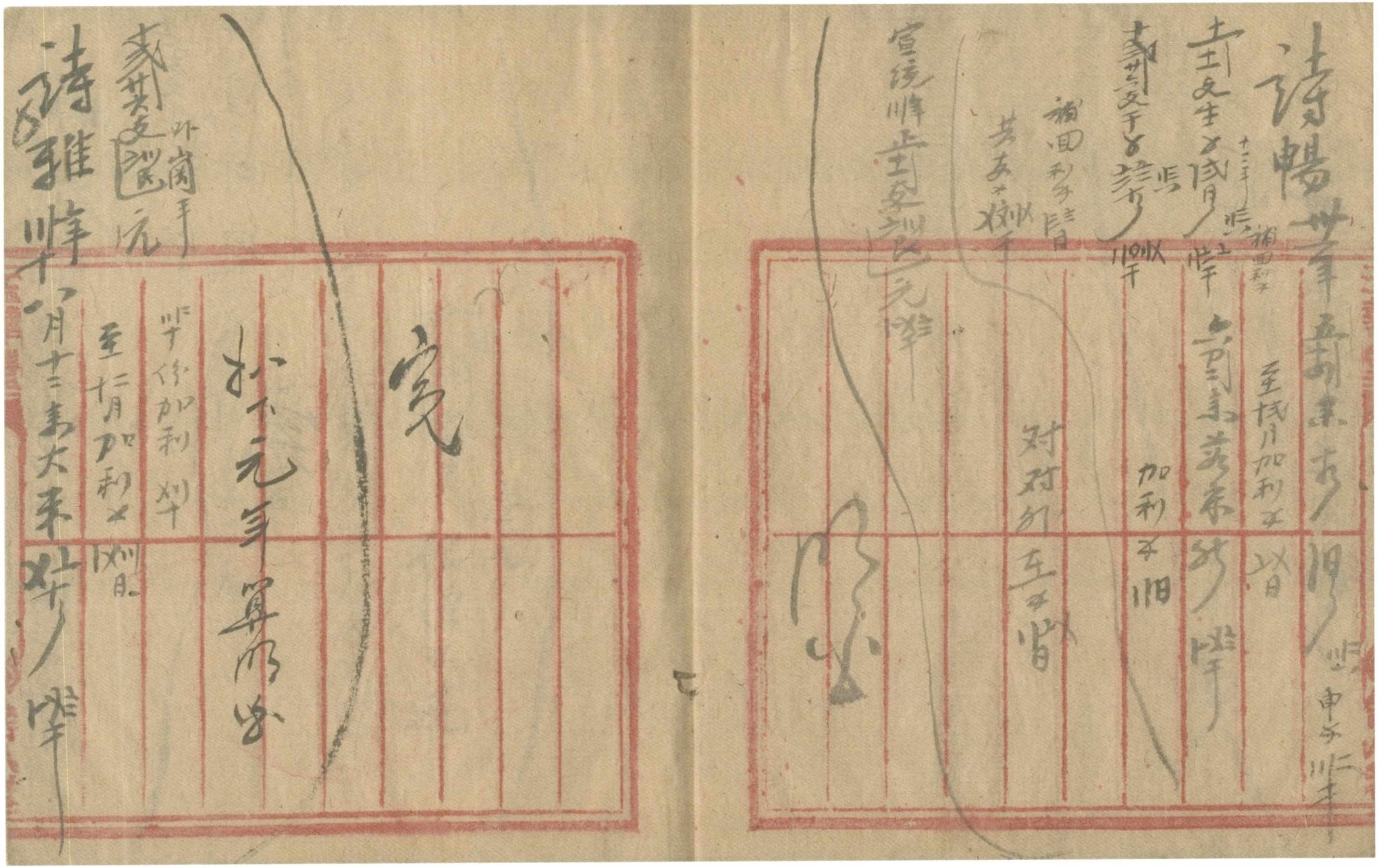

詩暢　廿年　五月來本〇〇　〇〇　申子　二年

壬戌十二月　補田租　十二年　〇〇來英〇〇〇年

至〇月加利五〇日

癸亥五月〇〇〇　二月〇年

加利五〇

補田利手〇

〇〇〇〇

對對〇　壬〇〇

宣統元年　壬子〇〇元年

〇〇

完

於下元年算明〇

廿年　作加利　〇年

至十一月加利〇　〇〇

癸卯　外閏年　〇〇元

詩雅　〇年十一月十二來大來〇〇年

7-3-18-8　清光緒二十九年林珠傳記出入總目（八）

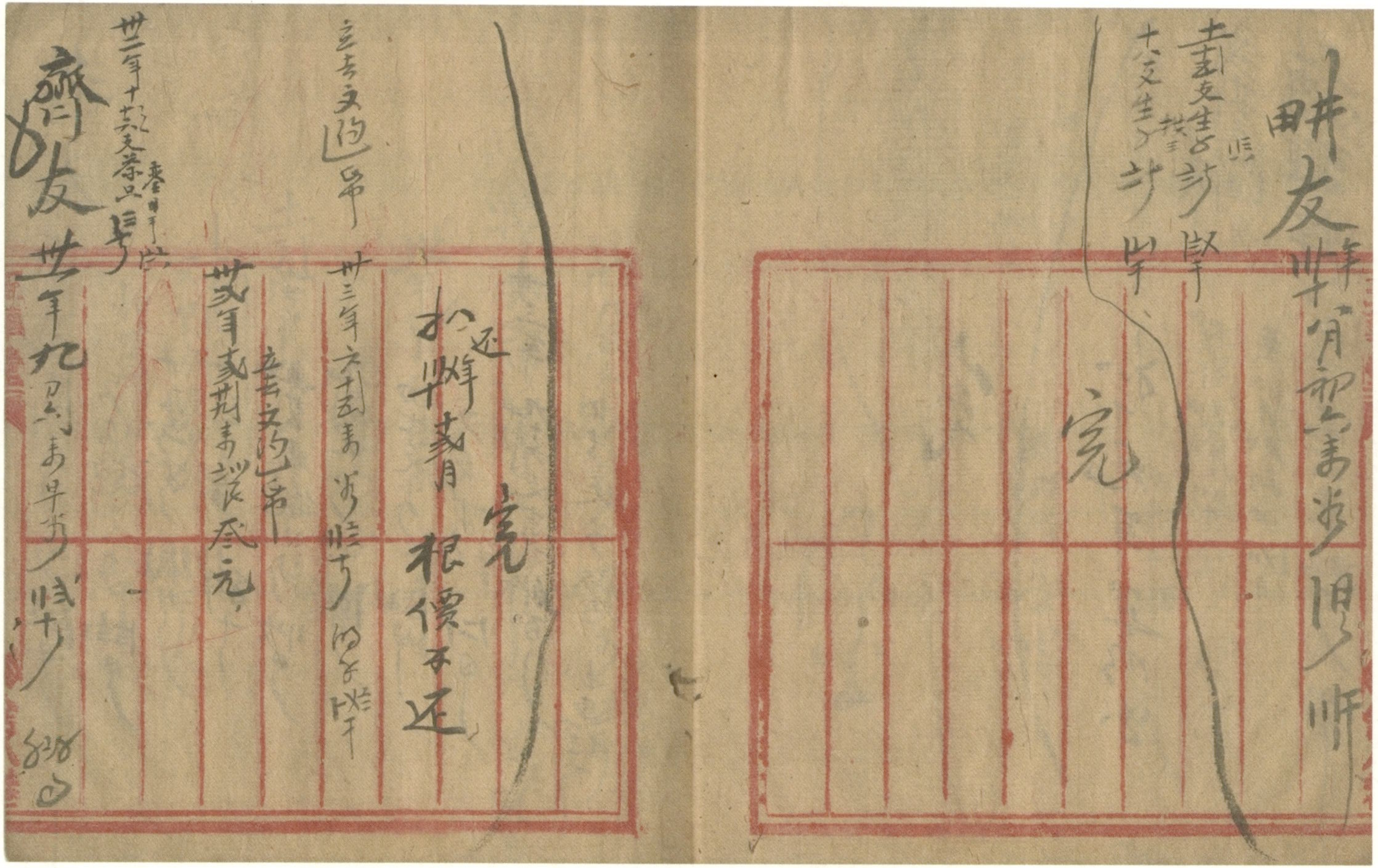

7-3-18-9　清光緒二十九年林珠傳記出入總目（九）

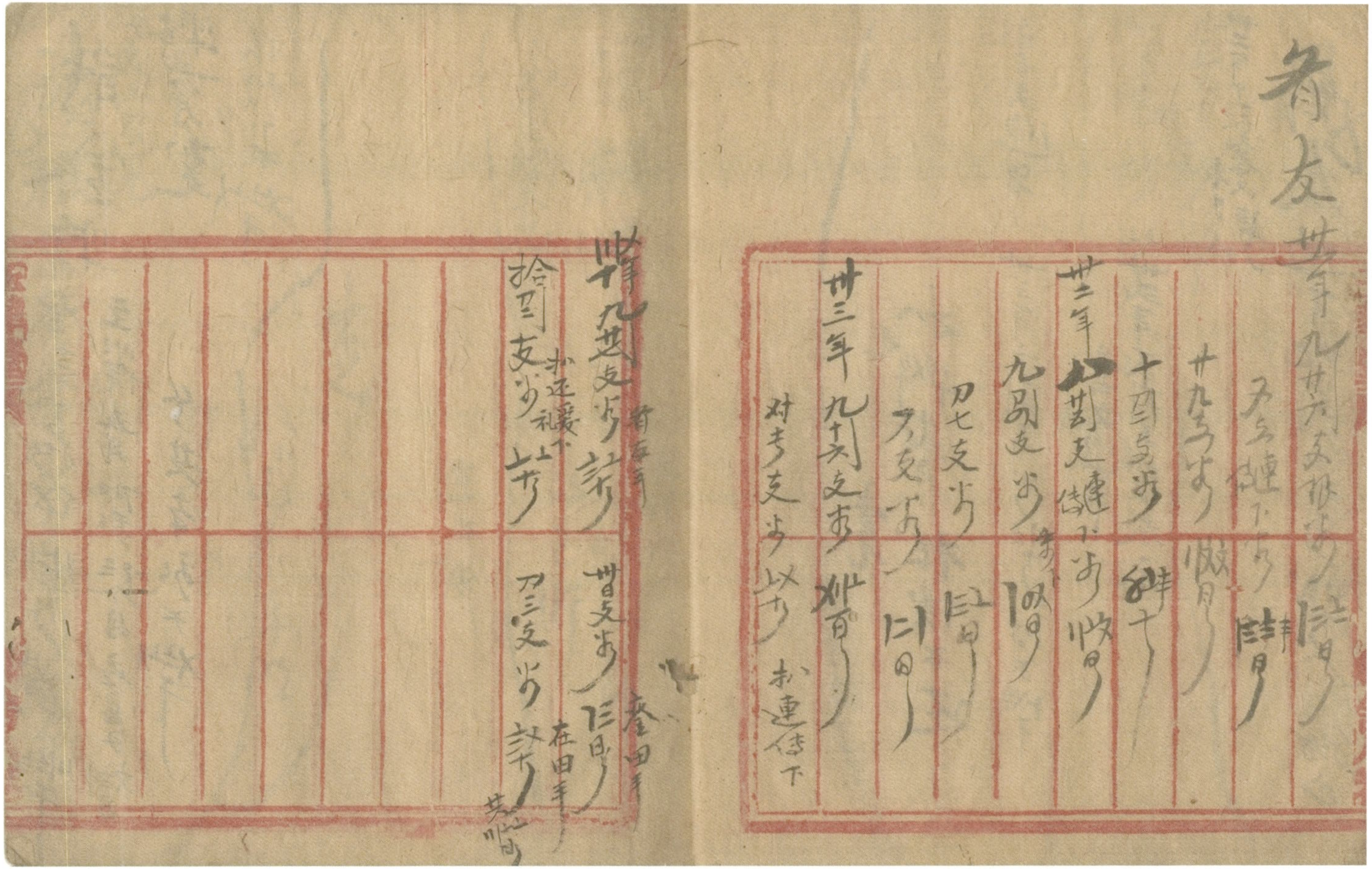

7-3-18-10 清光緒二十九年林珠傳記出入總目（一〇）

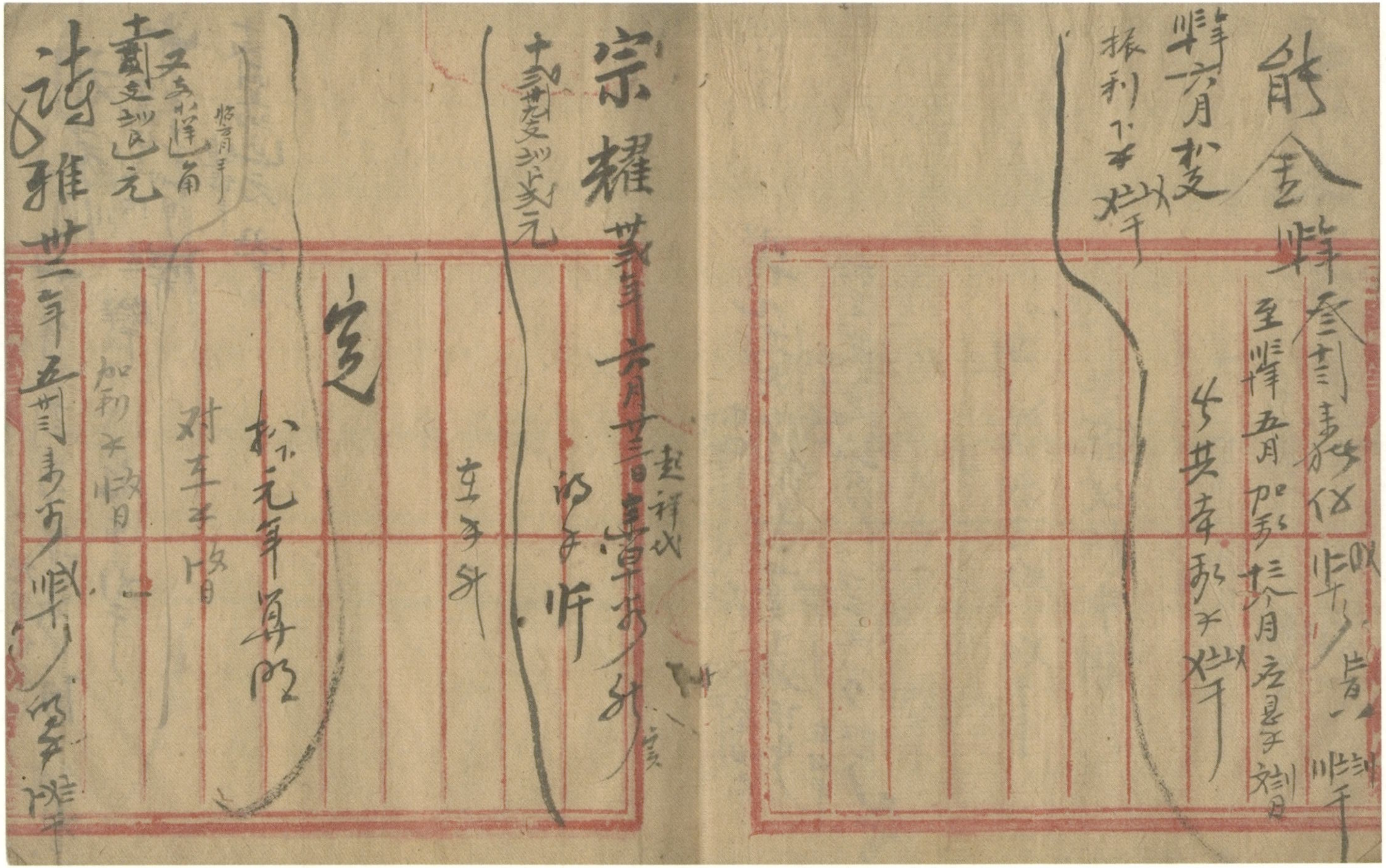

7-3-18-11　清光緒二十九年林珠傳記出入總目（一一）

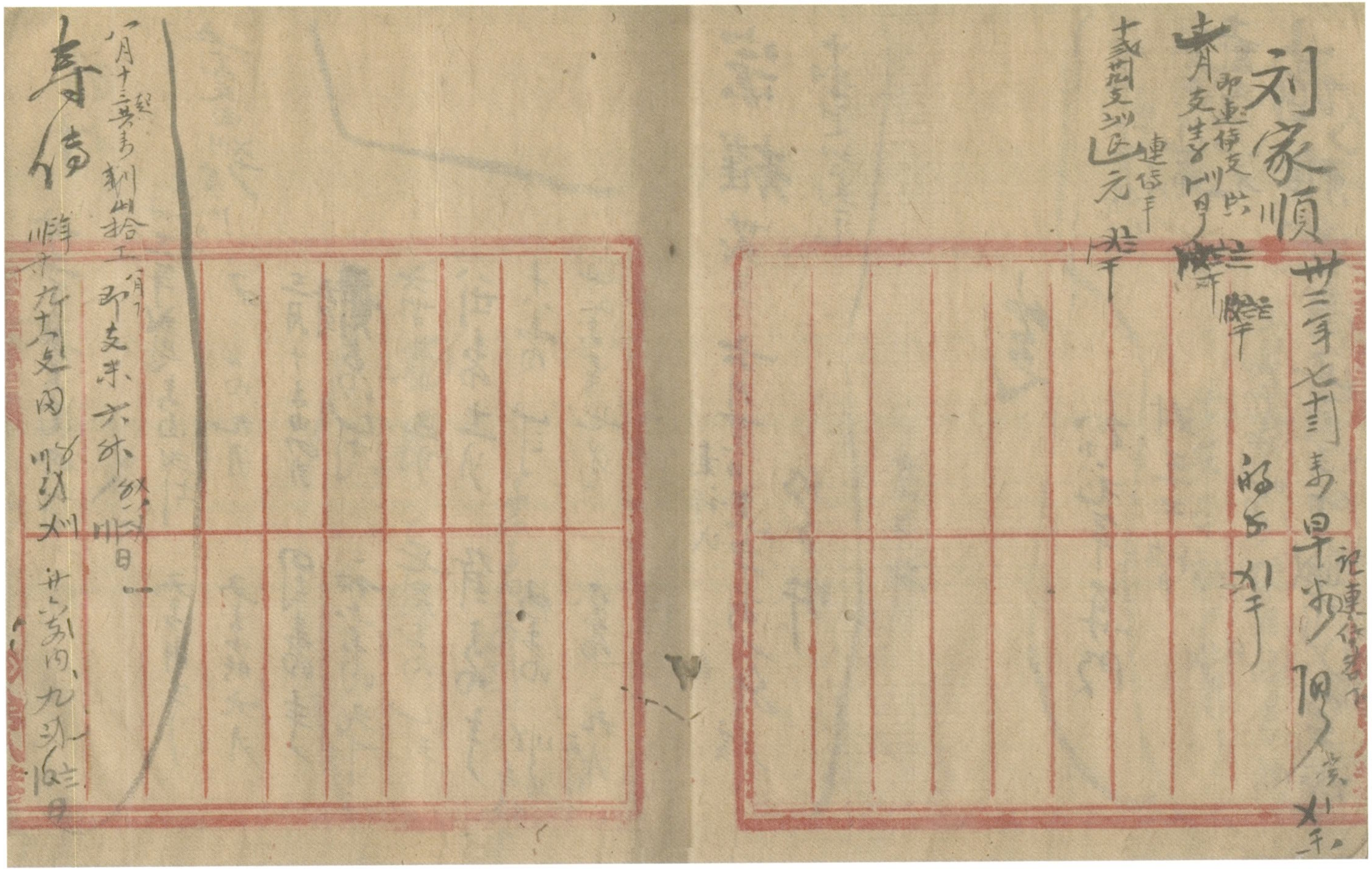

7-3-18-12　清光緒二十九年林珠傳記出入總目（一二）

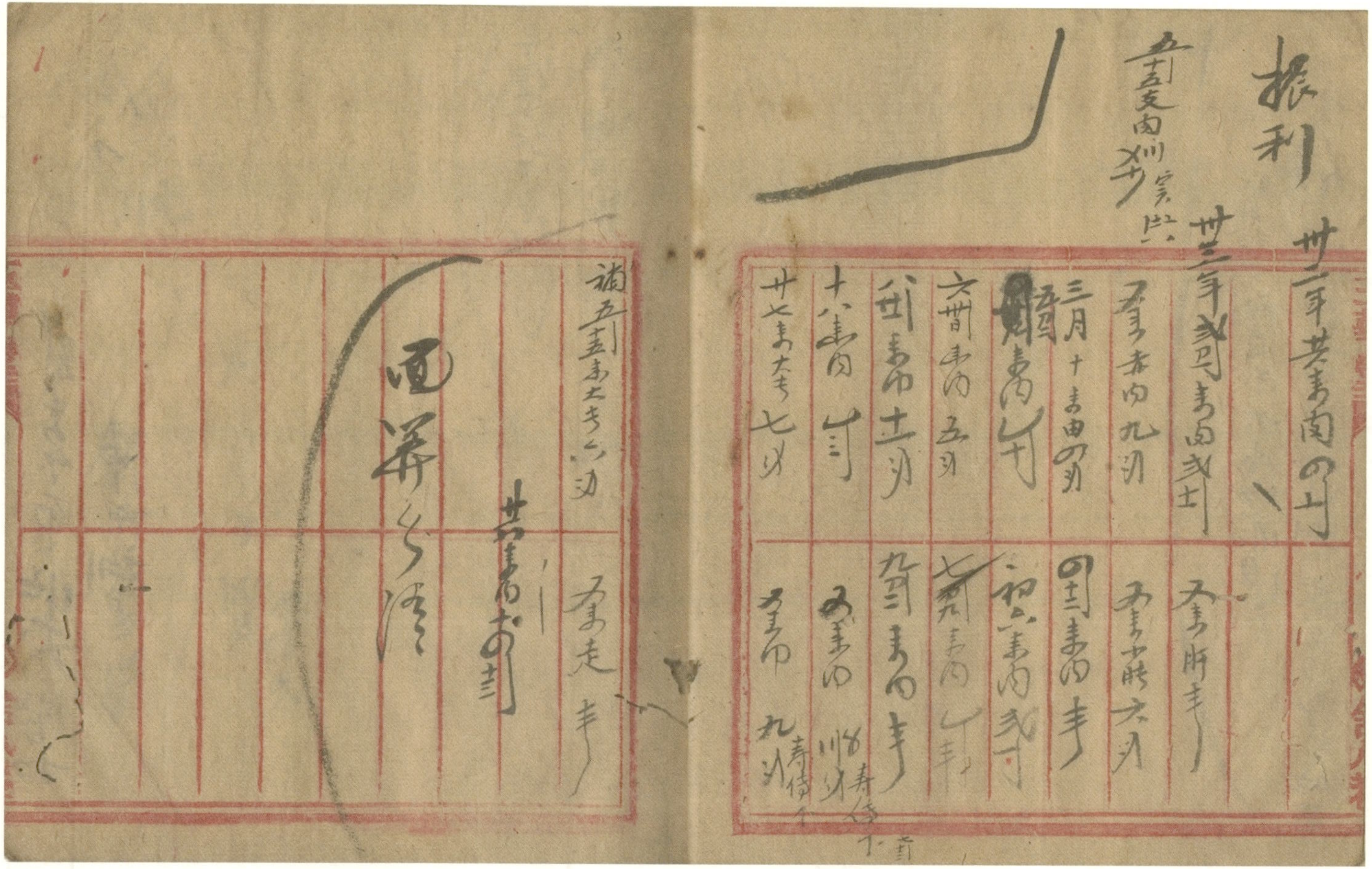

7-3-28-13　清光緒二十九年林珠傳記出入總目（一三）

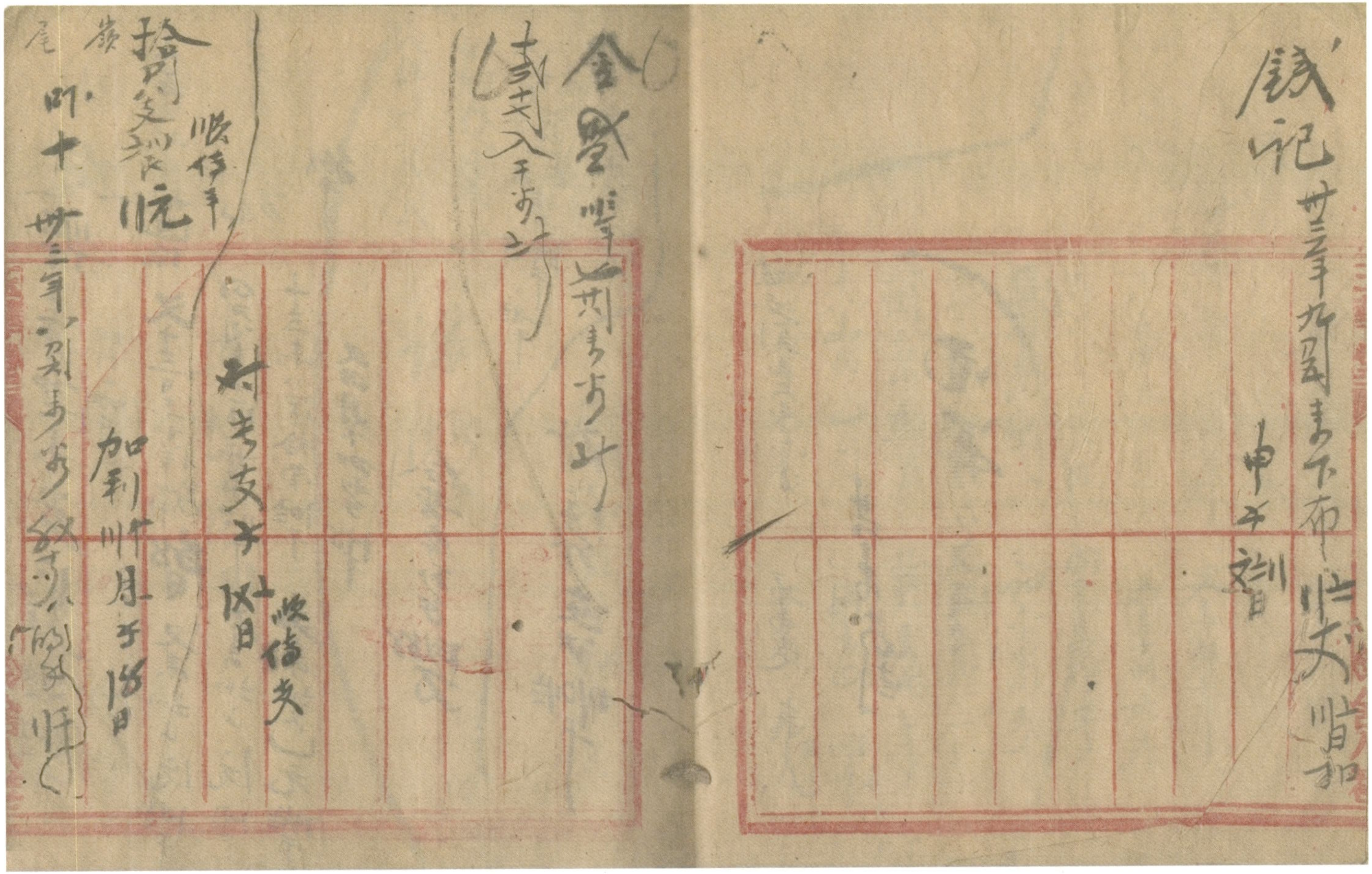

7-3-18-14　清光緒二十九年林珠傳記出入總目（一四）

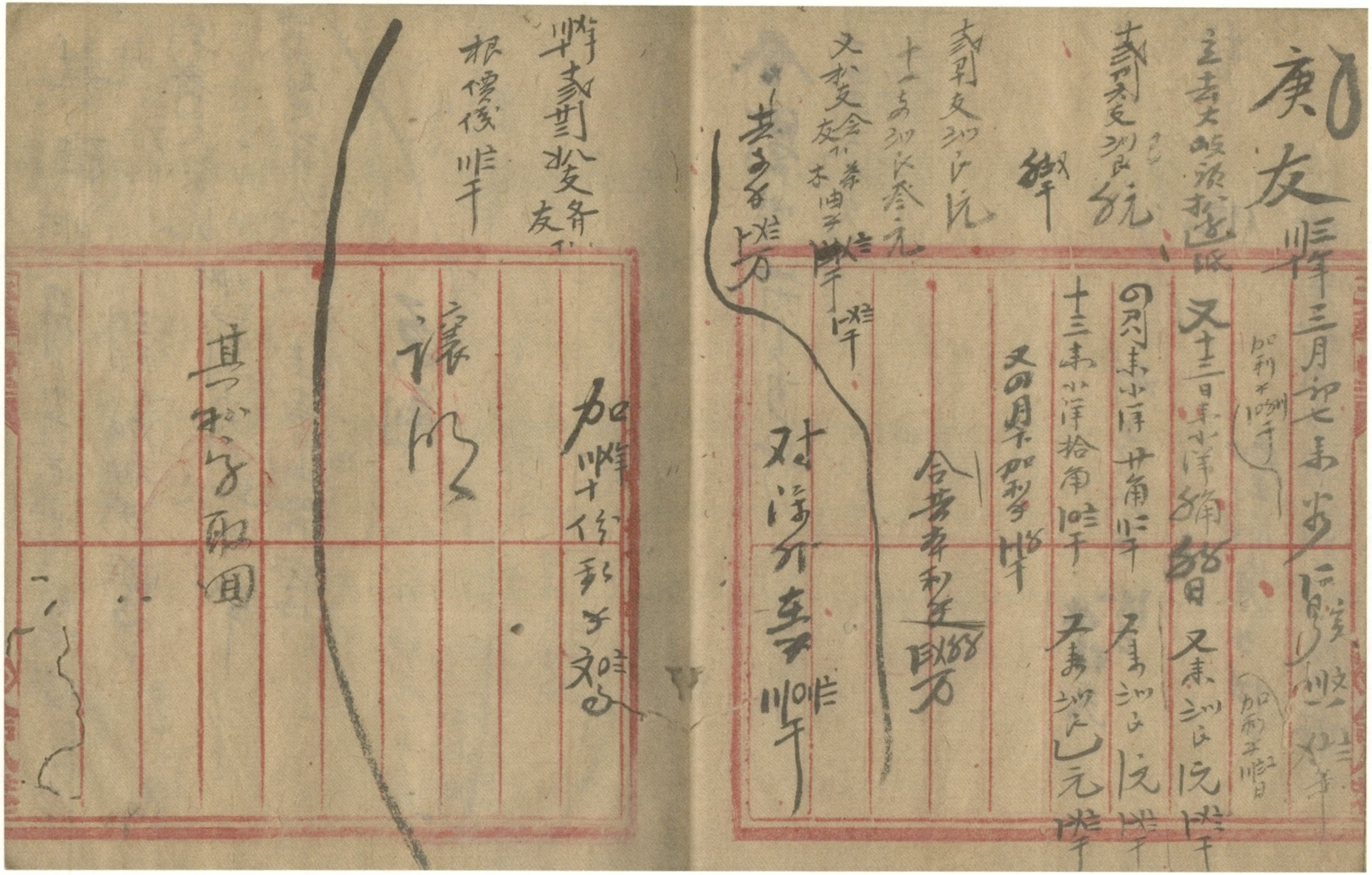

7-3-18-15　清光緒二十九年林珠傳記出入總目（一五）

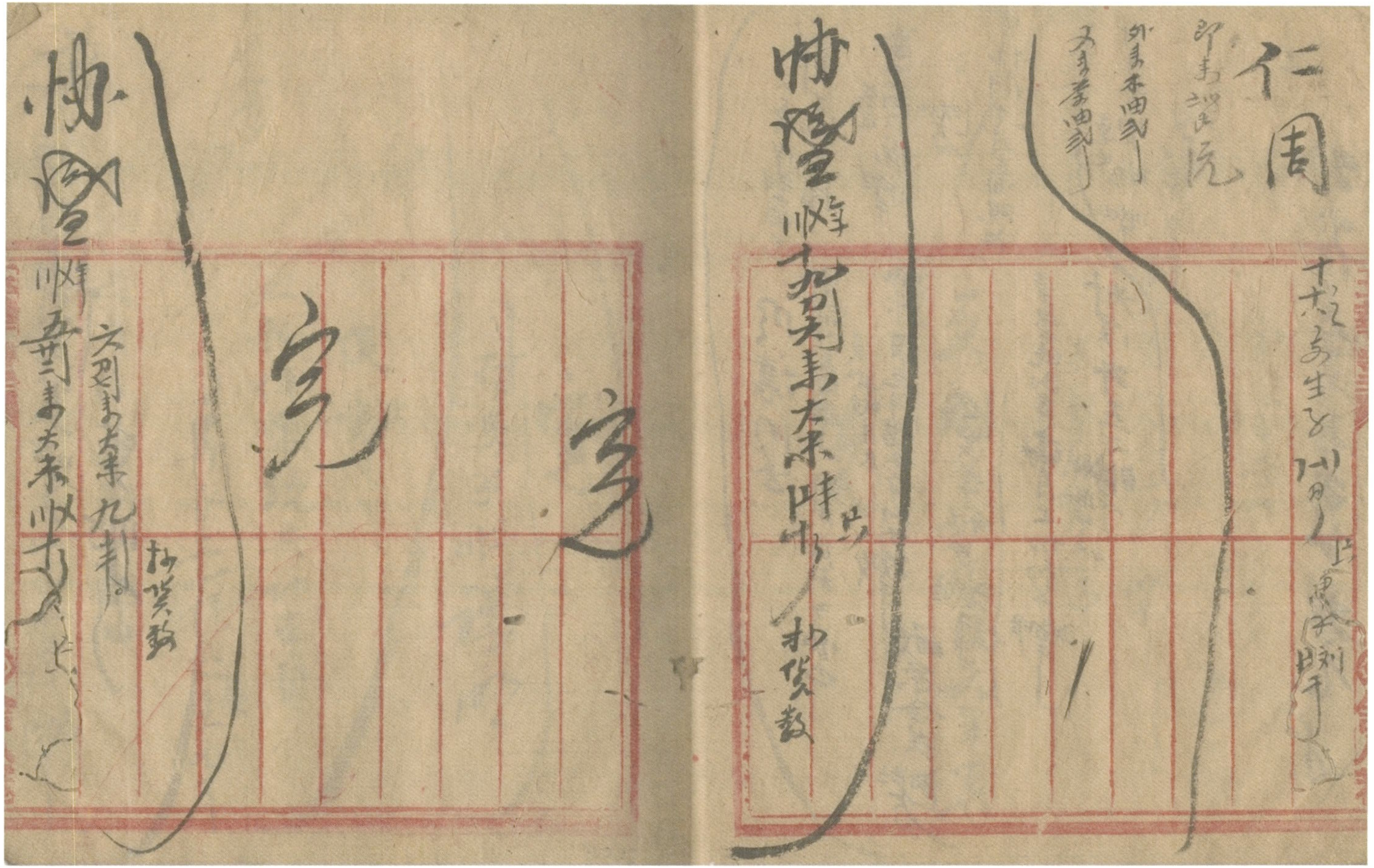

7-3-18-16　清光緒二十九年林珠傳記出入總目（一六）

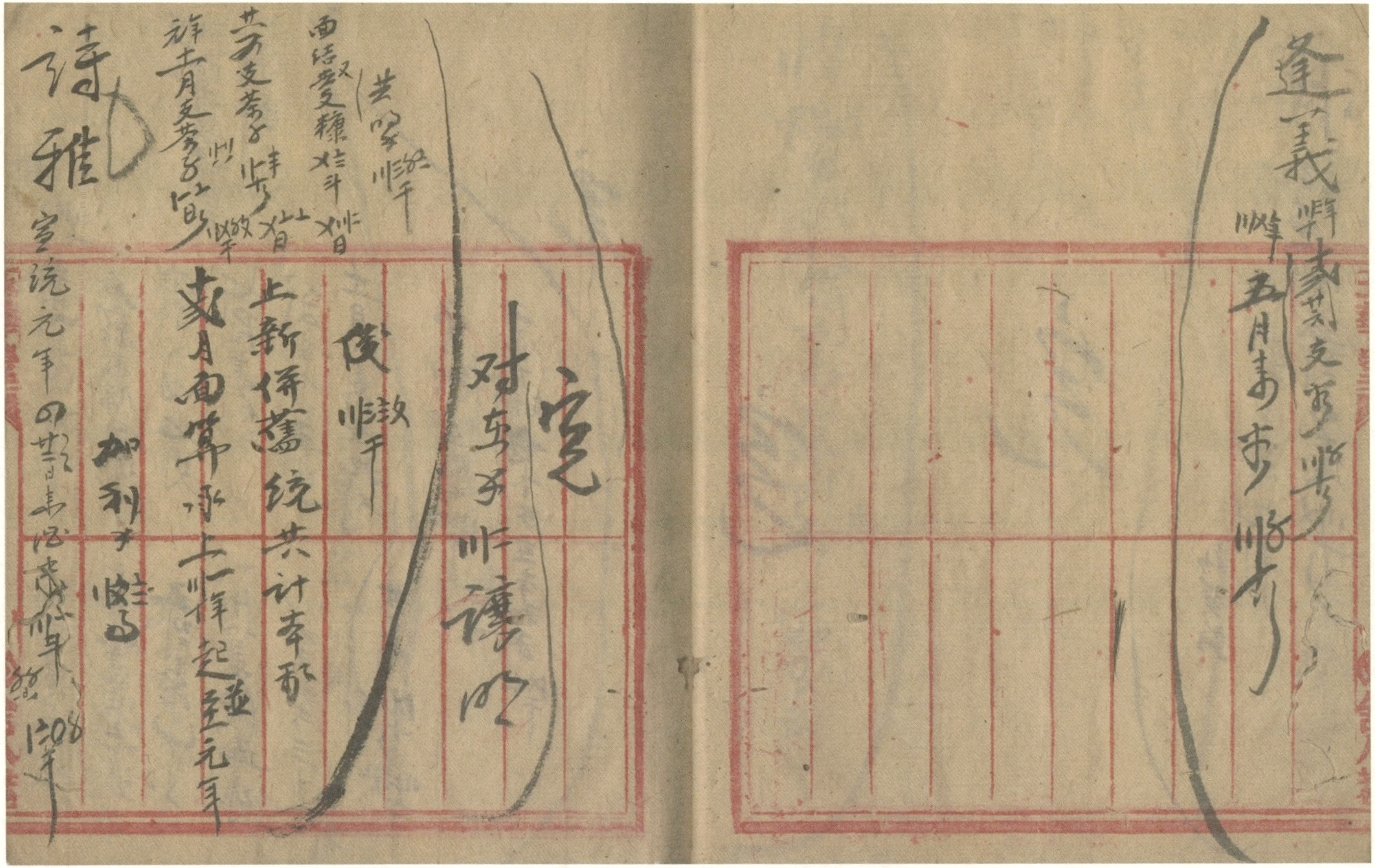

7-3-18-17 清光緒二十九年林珠傳記出入總目（一七）

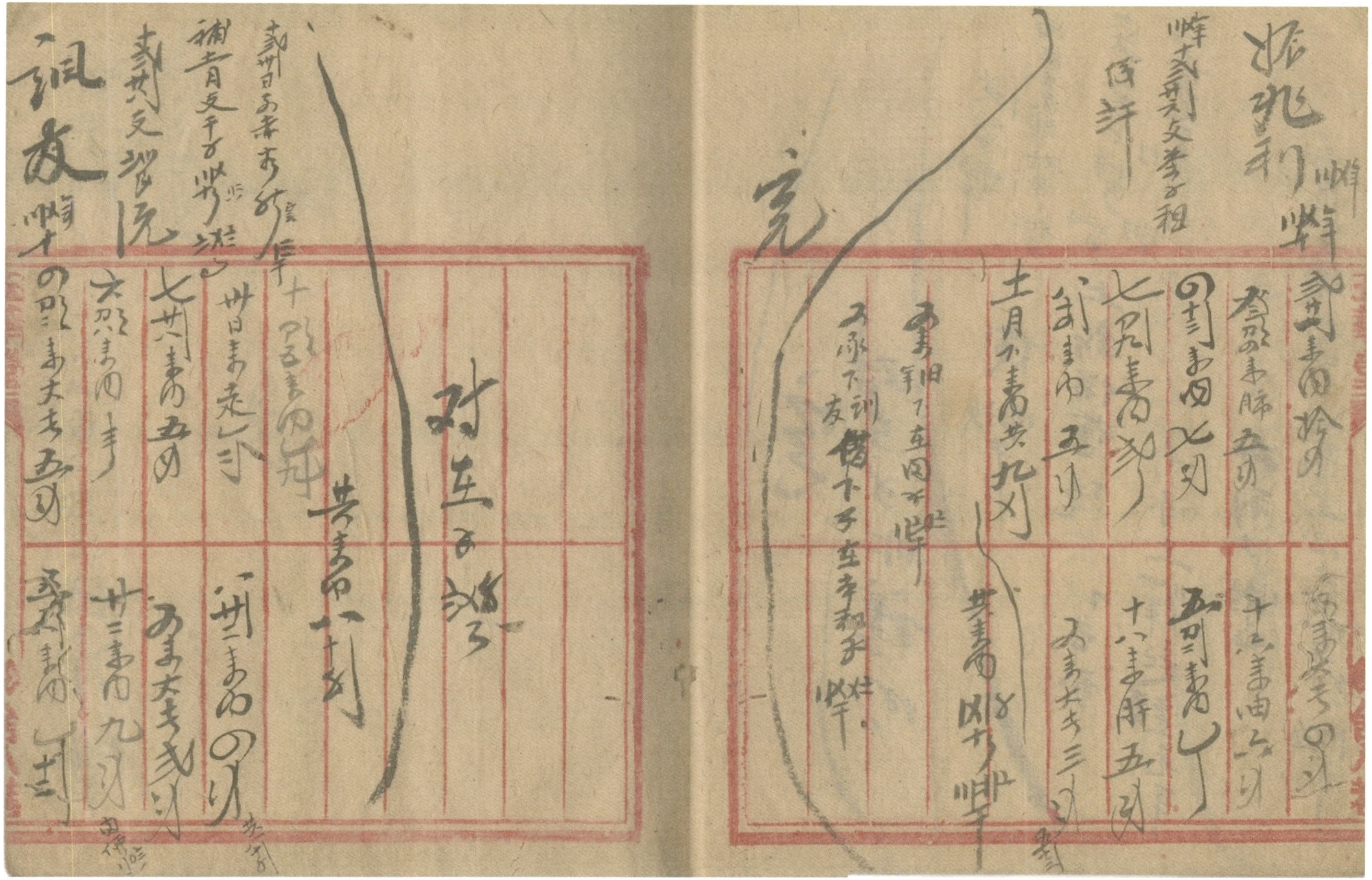

7-3-18-18 清光緒二十九年林珠傳記出入總目（一八）

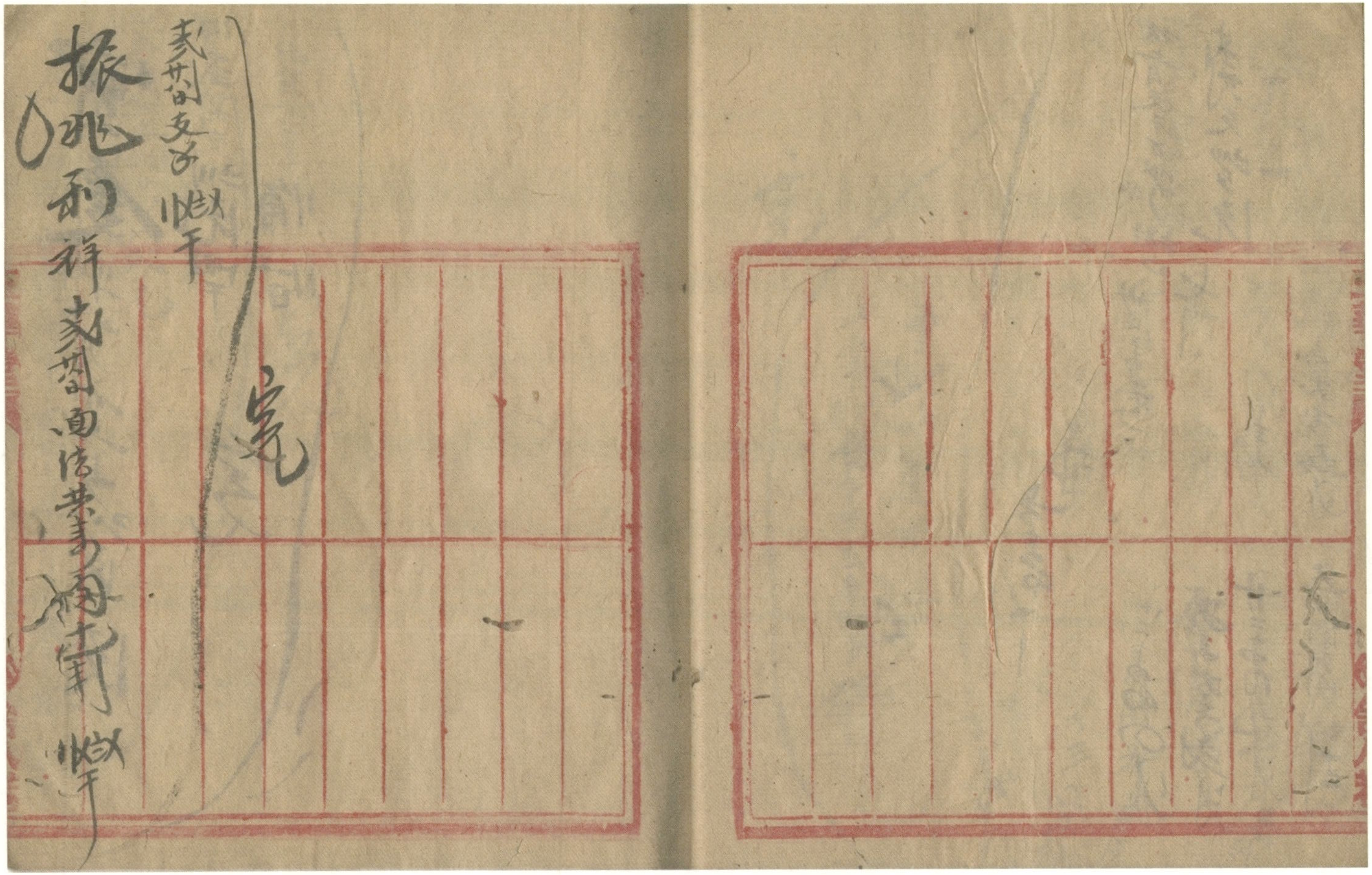

7-3-18-19　清光緒二十九年林珠傳記出入總目（一九）

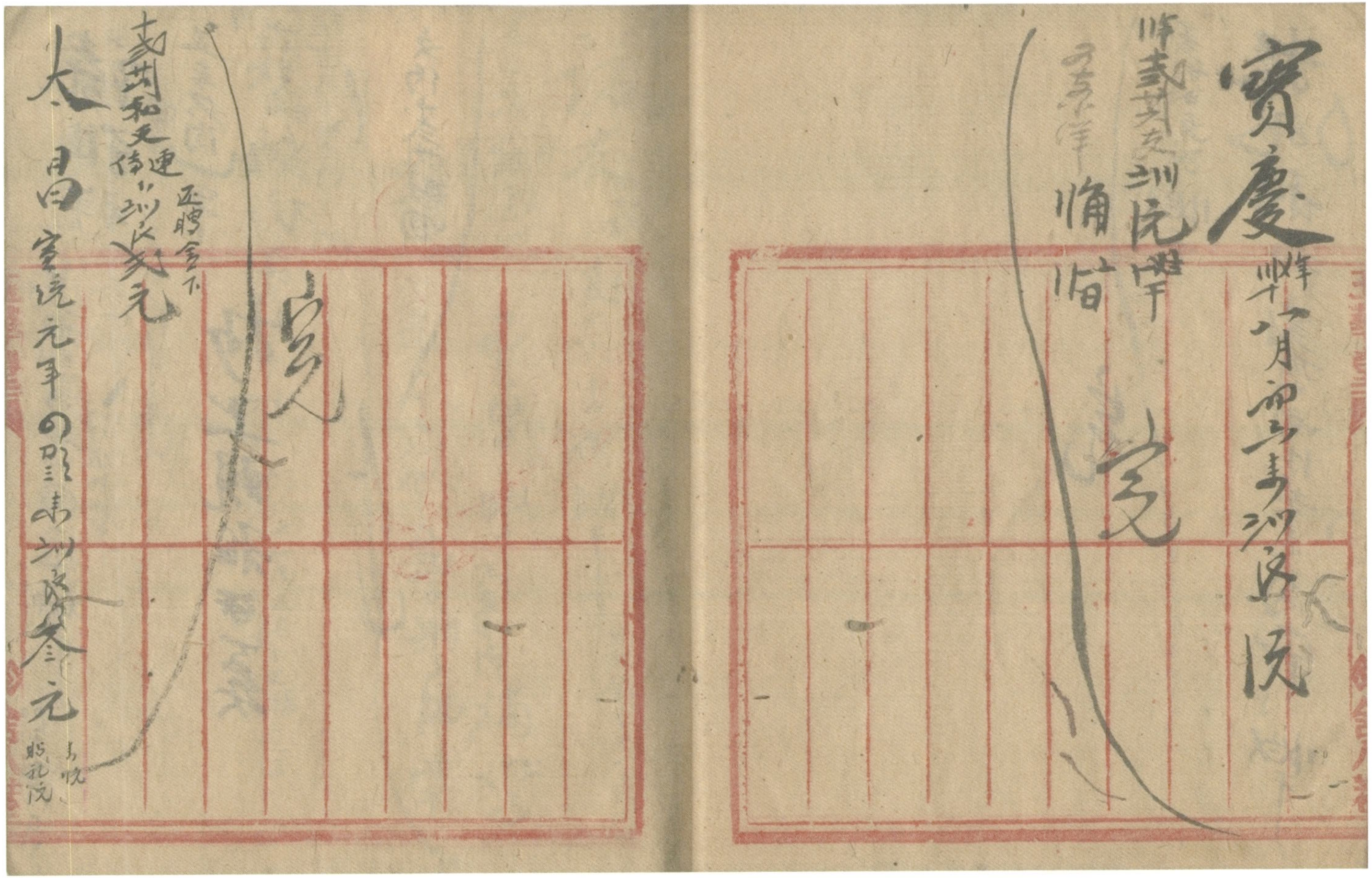

7-3-18-20 清光緒二十九年林珠傳記出入總目（二〇）

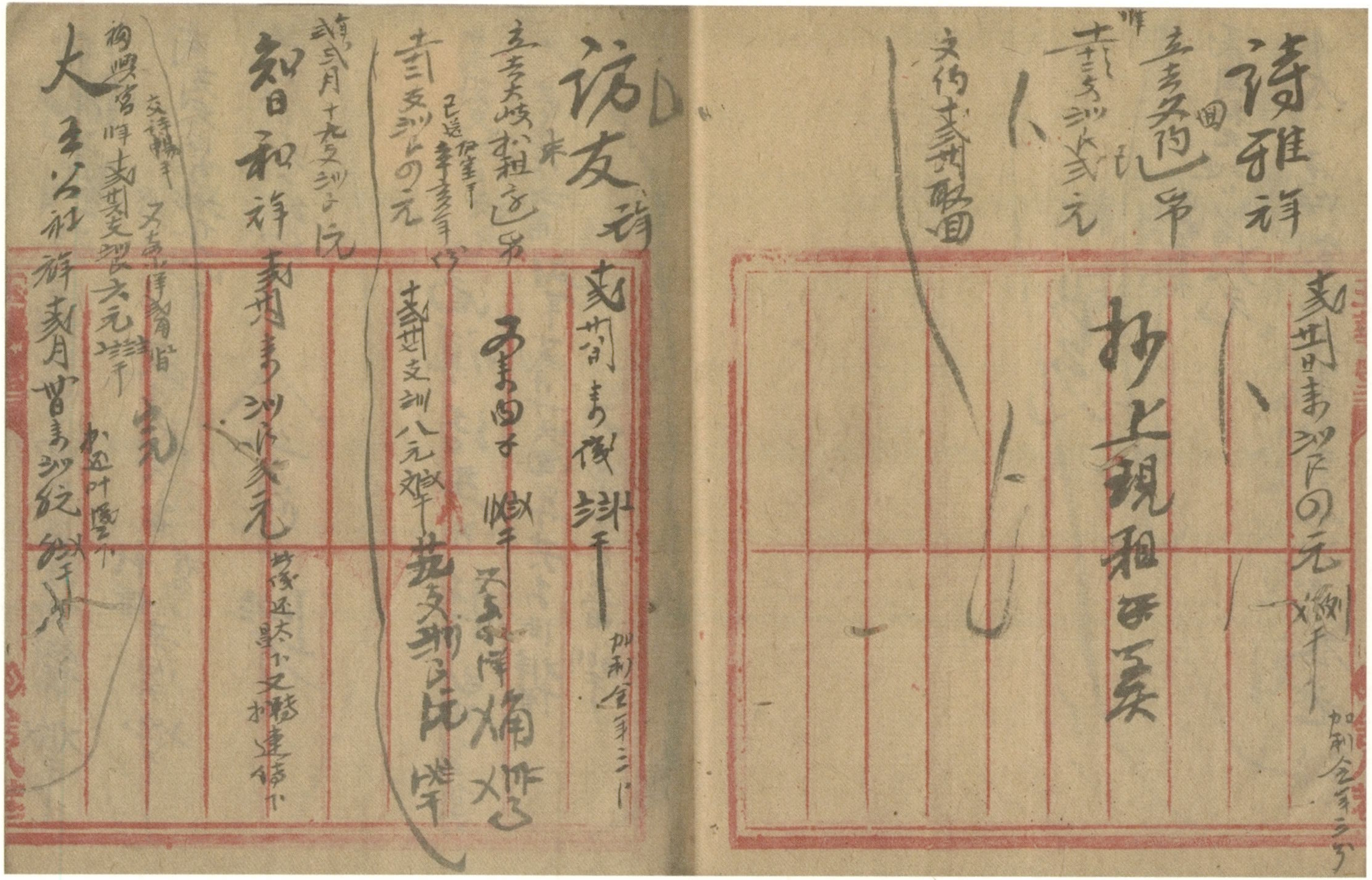

7-3-18-21　清光緒二十九年林珠傳記出入總目（二一）

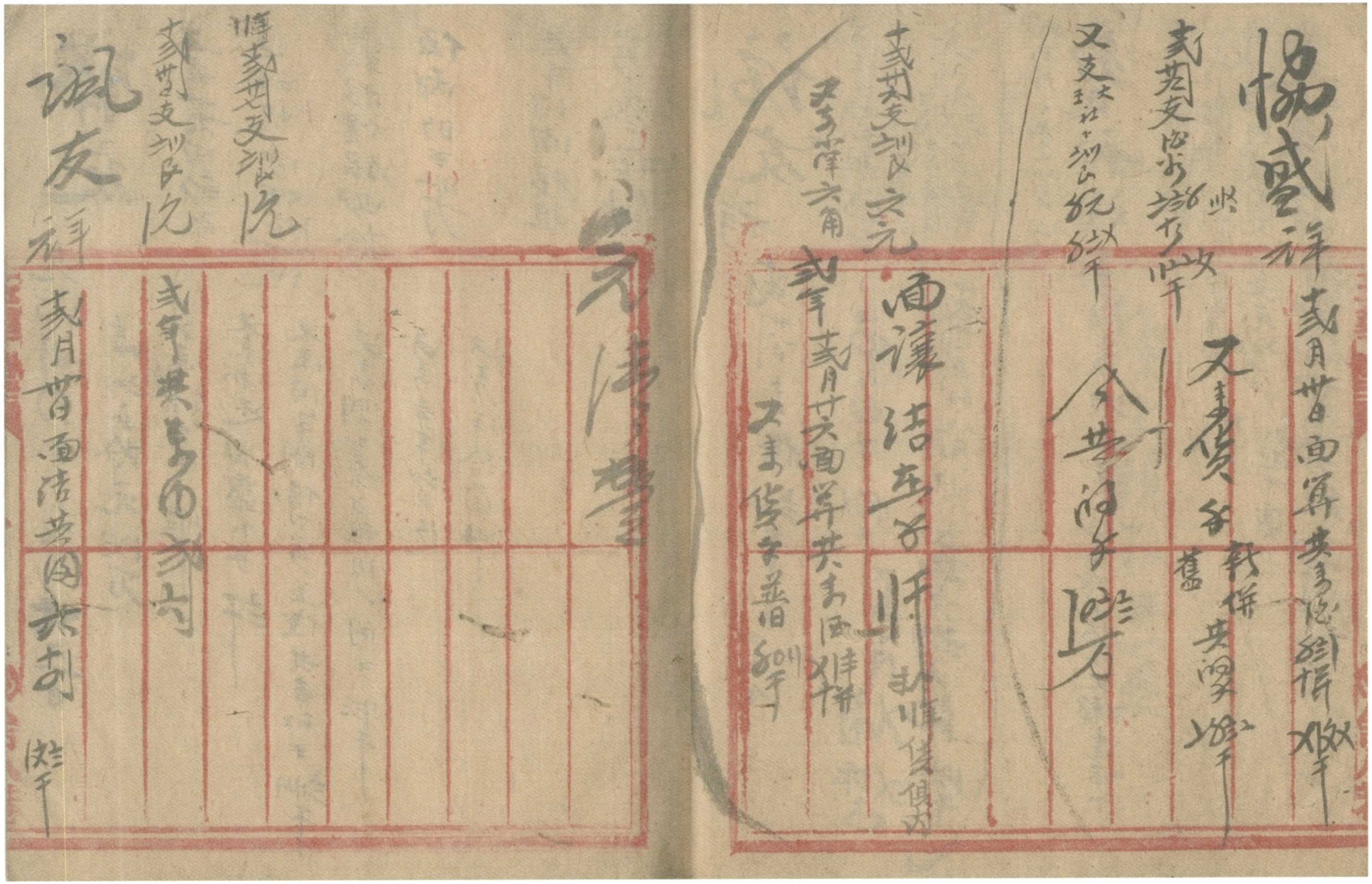

7-3-13-22　清光緒二十九年林珠傳記出入總目（二二）

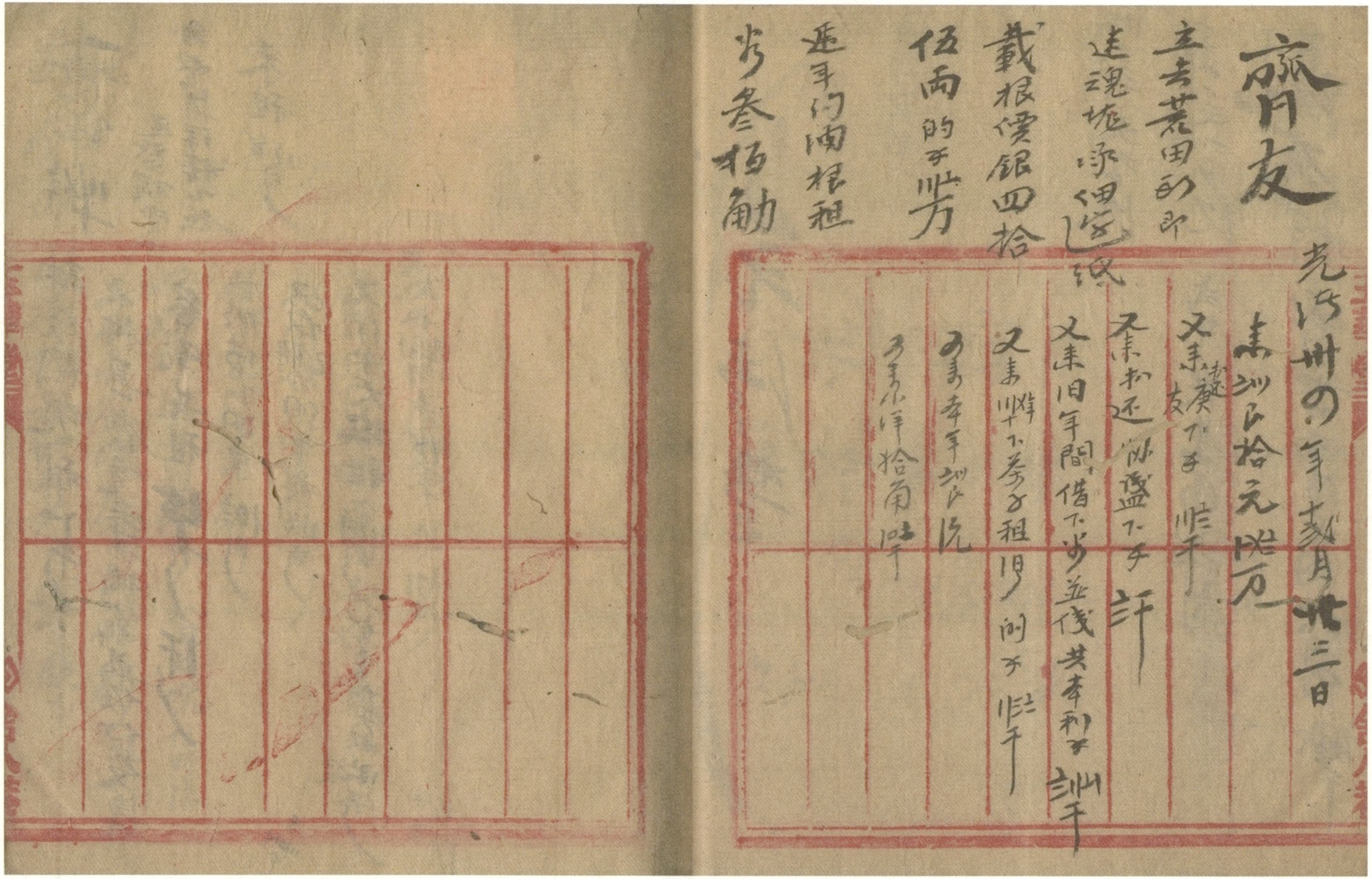

7-3-18-23　清光緒二十九年林珠傳記出入總目（二三）

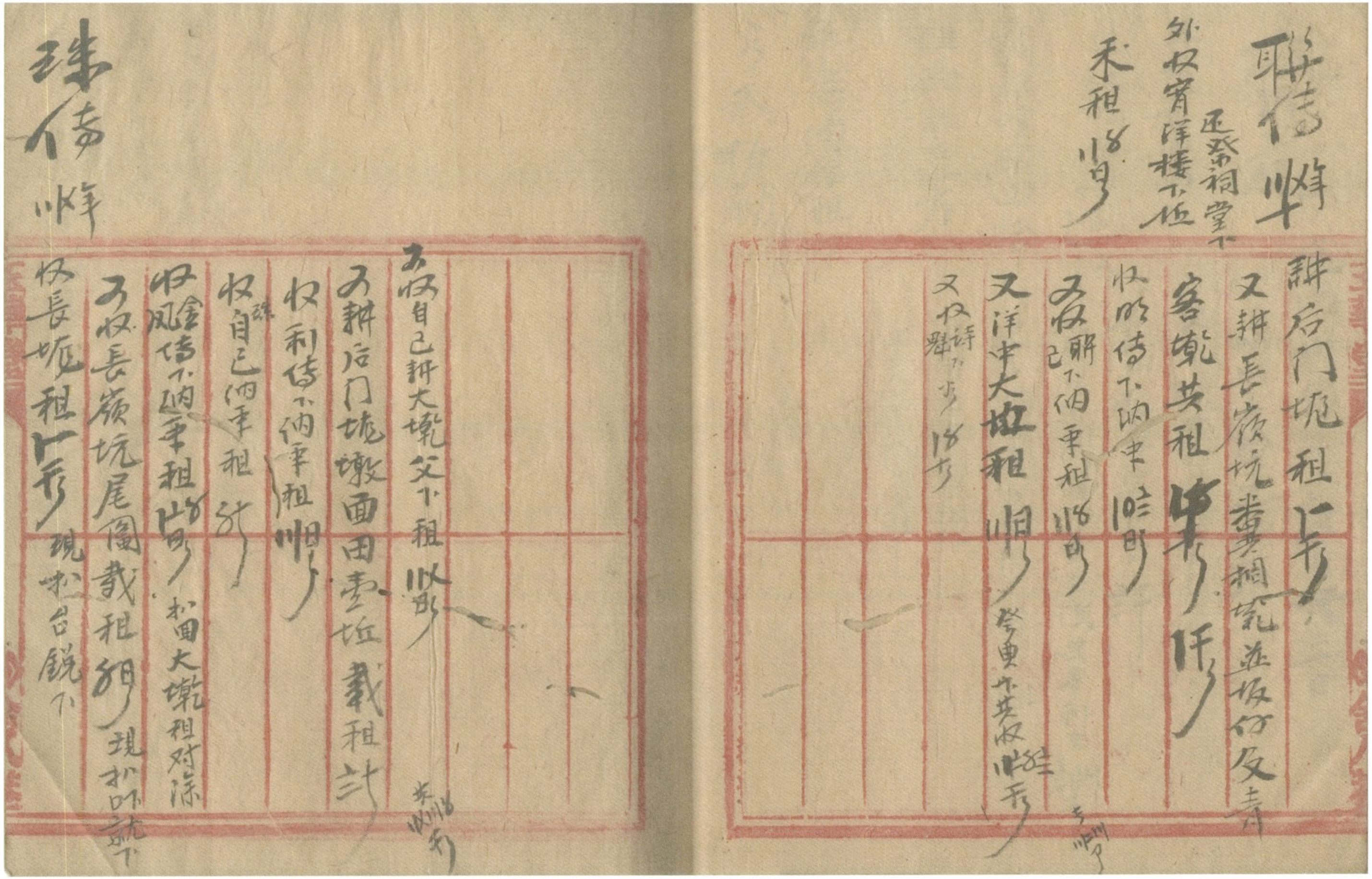

聯傳

外收宵洋樓下伍 还兹祠堂下

禾租

耕后門坑租

又耕長嶺坑黃祠坑並坂仔反

客墩共租

收明傳下納早

又收明己納早租

又洋中大坵租

又收詩賢下

珠傳

收長坑租

又收長嶺坑尾園載租

收金鳳傳下納早租

收自己納早租

收利傳下納早租

又耕后門坑墩面田壹坵載租

又收自己耕大墘父下租

7-3-18-24　清光緒二十九年林珠傳記出入總目（二四）

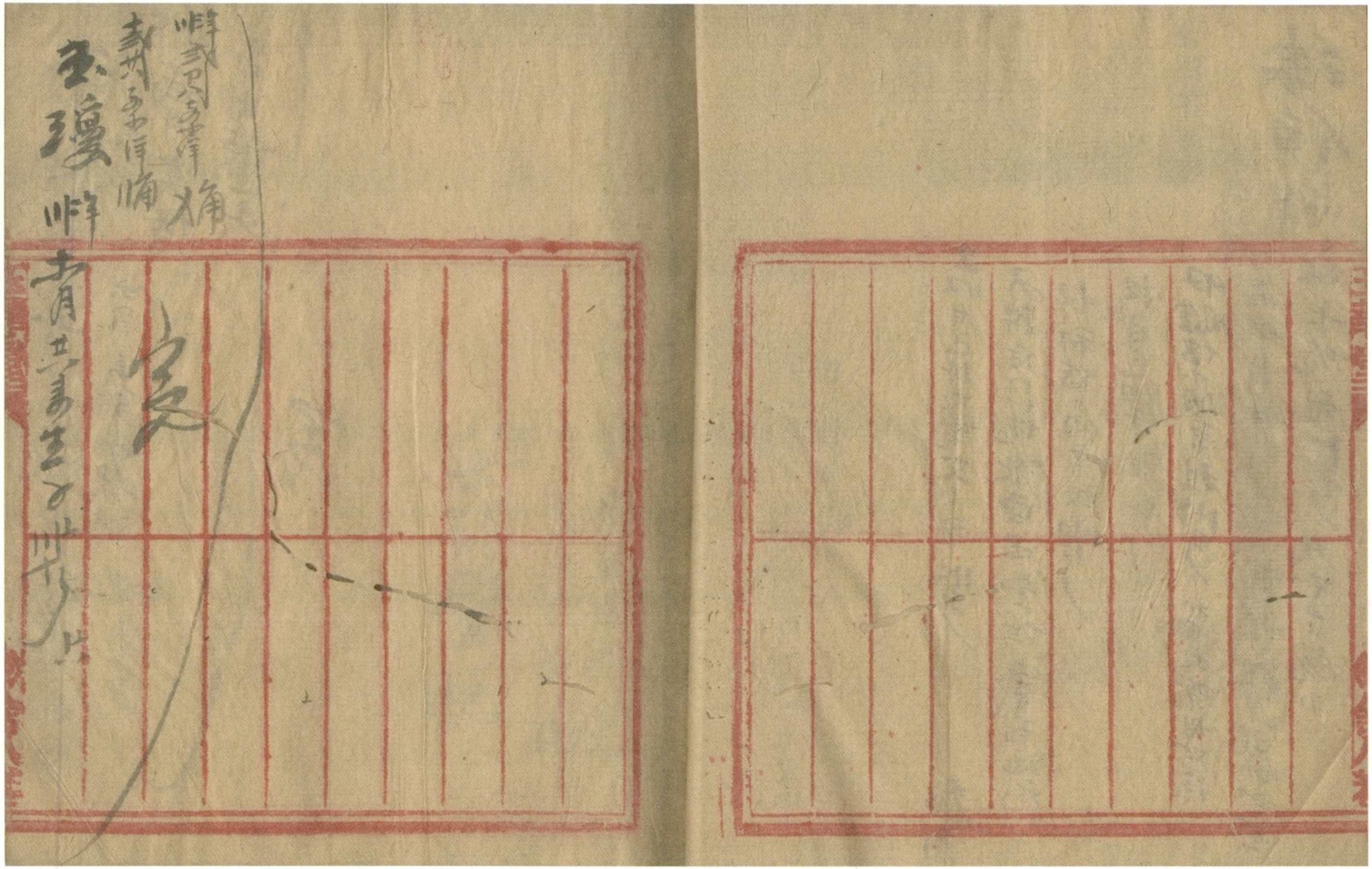

7-3-18-25　清光緒二十九年林珠傳記出入總目（二五）

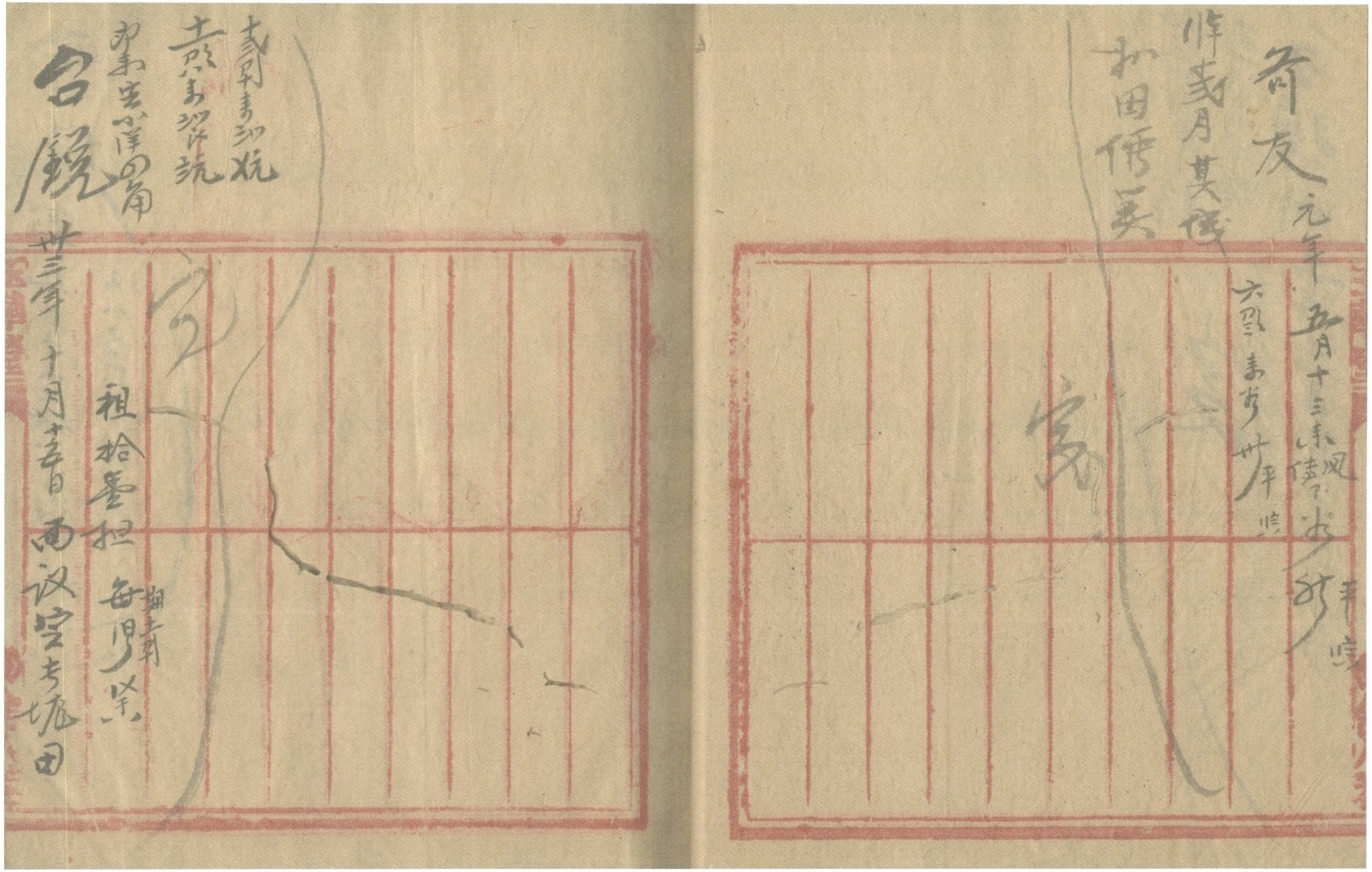

7-3-18-26　清光緒二十九年林珠傳記出入總目（二六）

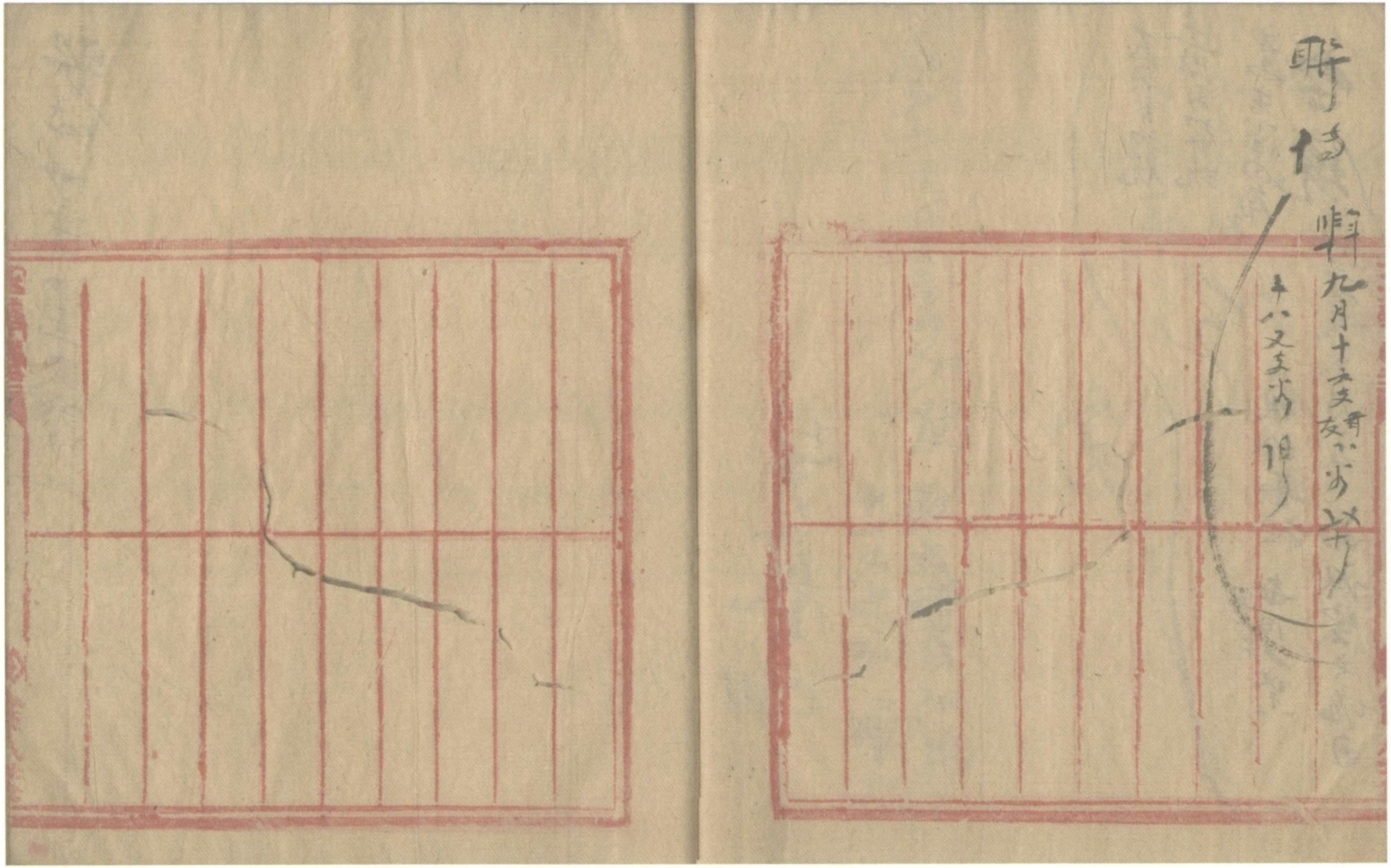

7-3-18-27　清光緒二十九年林珠傳記出入總目（二七）

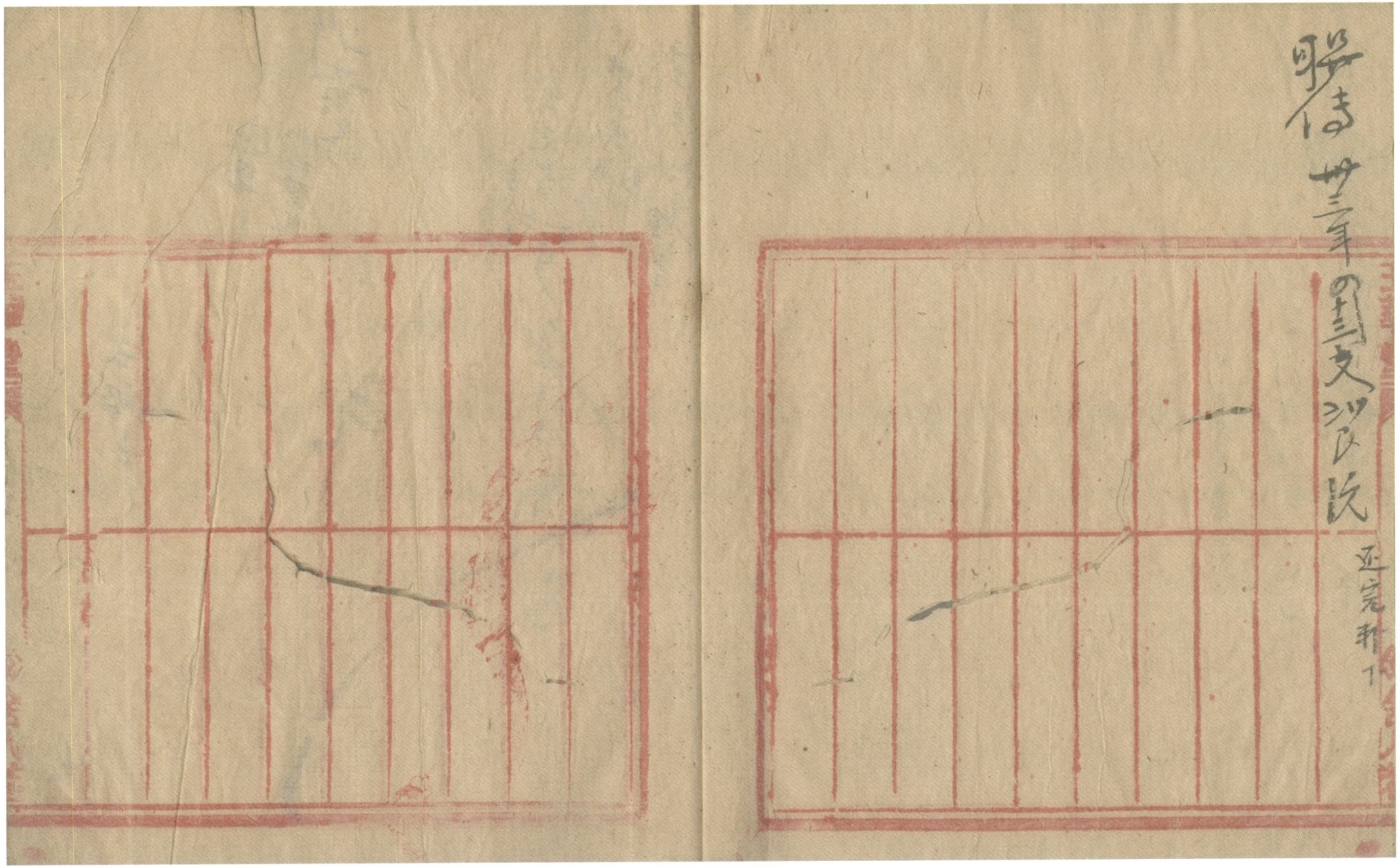

賬付卅三年四月十三支沙艮訖

延宗新丁

7-3-18-28　清光緒二十九年林珠傳記出入總目（二八）

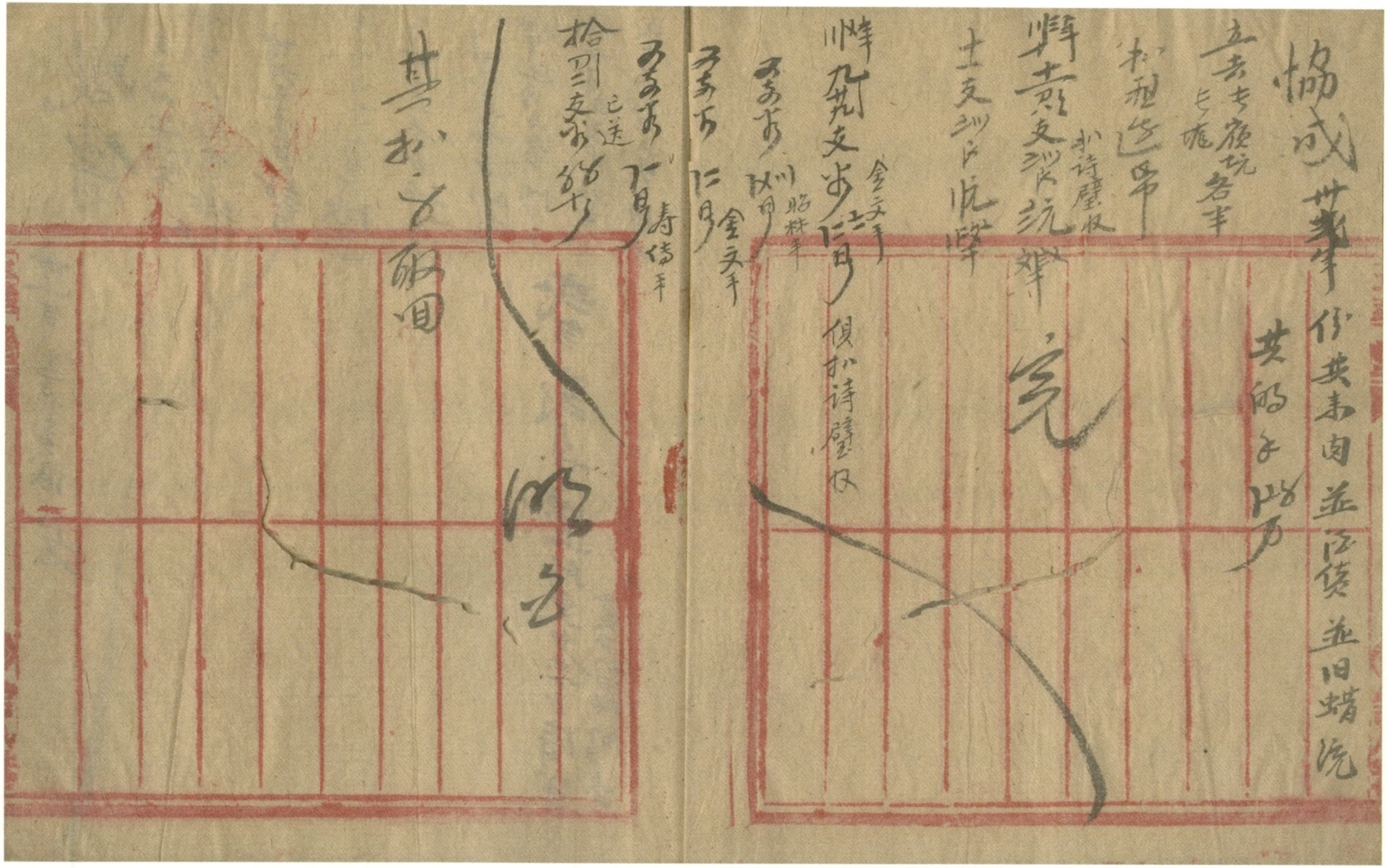

7-3-18-29　清光緒二十九年林珠傳記出入總目（二九）

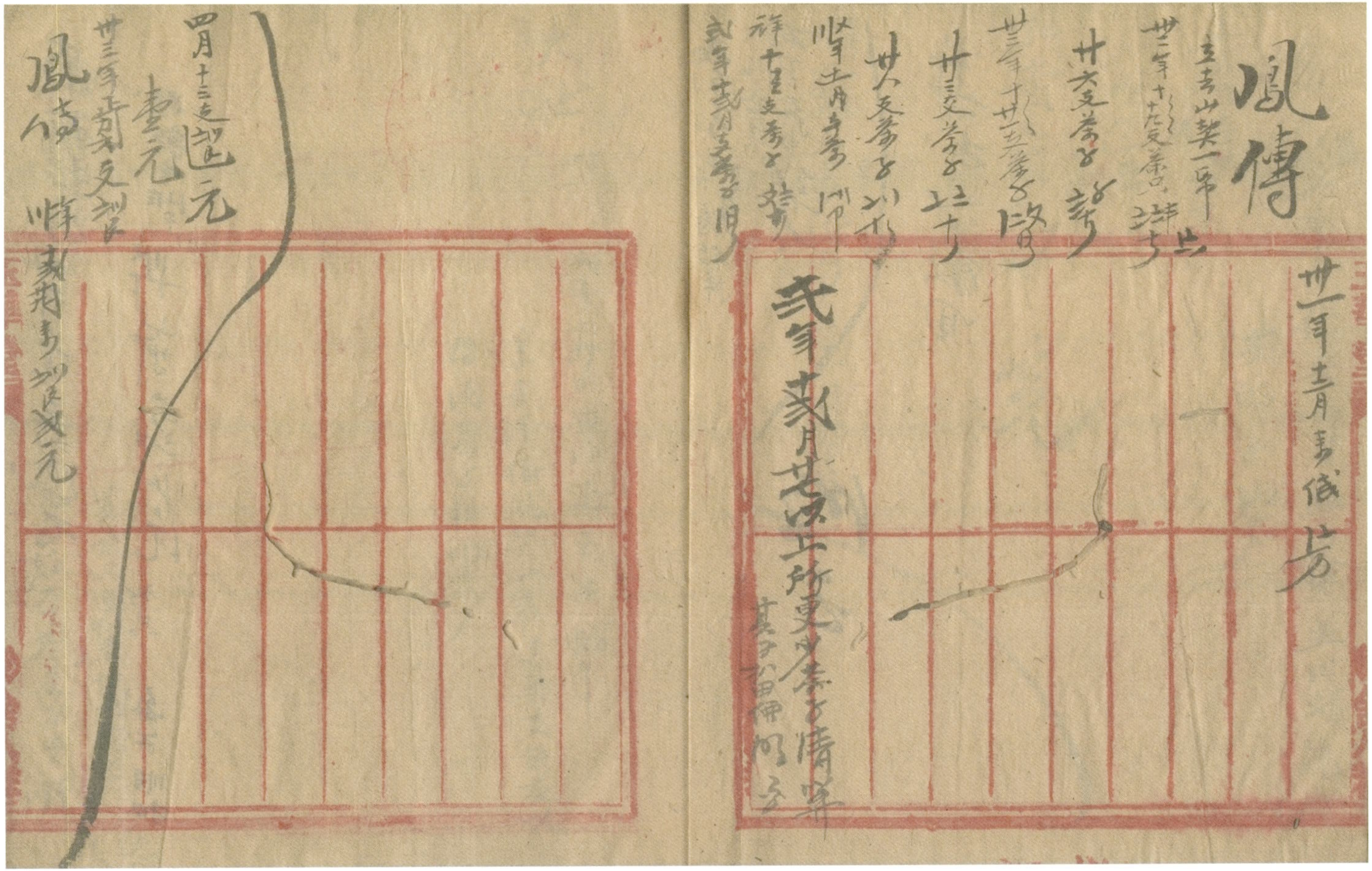

7-3-13-30　清光緒二十九年林珠傳記出入總目（三〇）

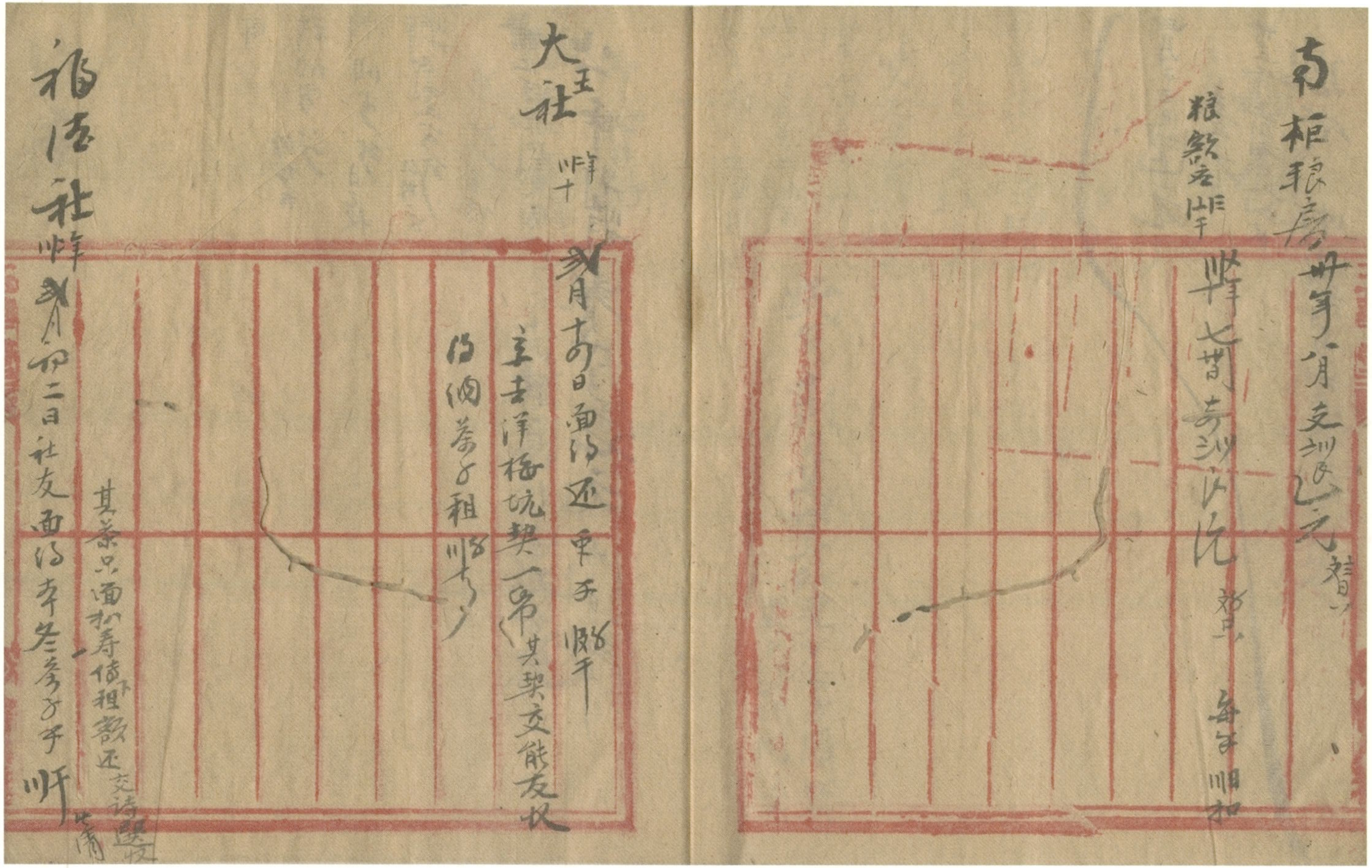

7-3-18-31　清光緒二十九年林珠傳記出入總目（三一）

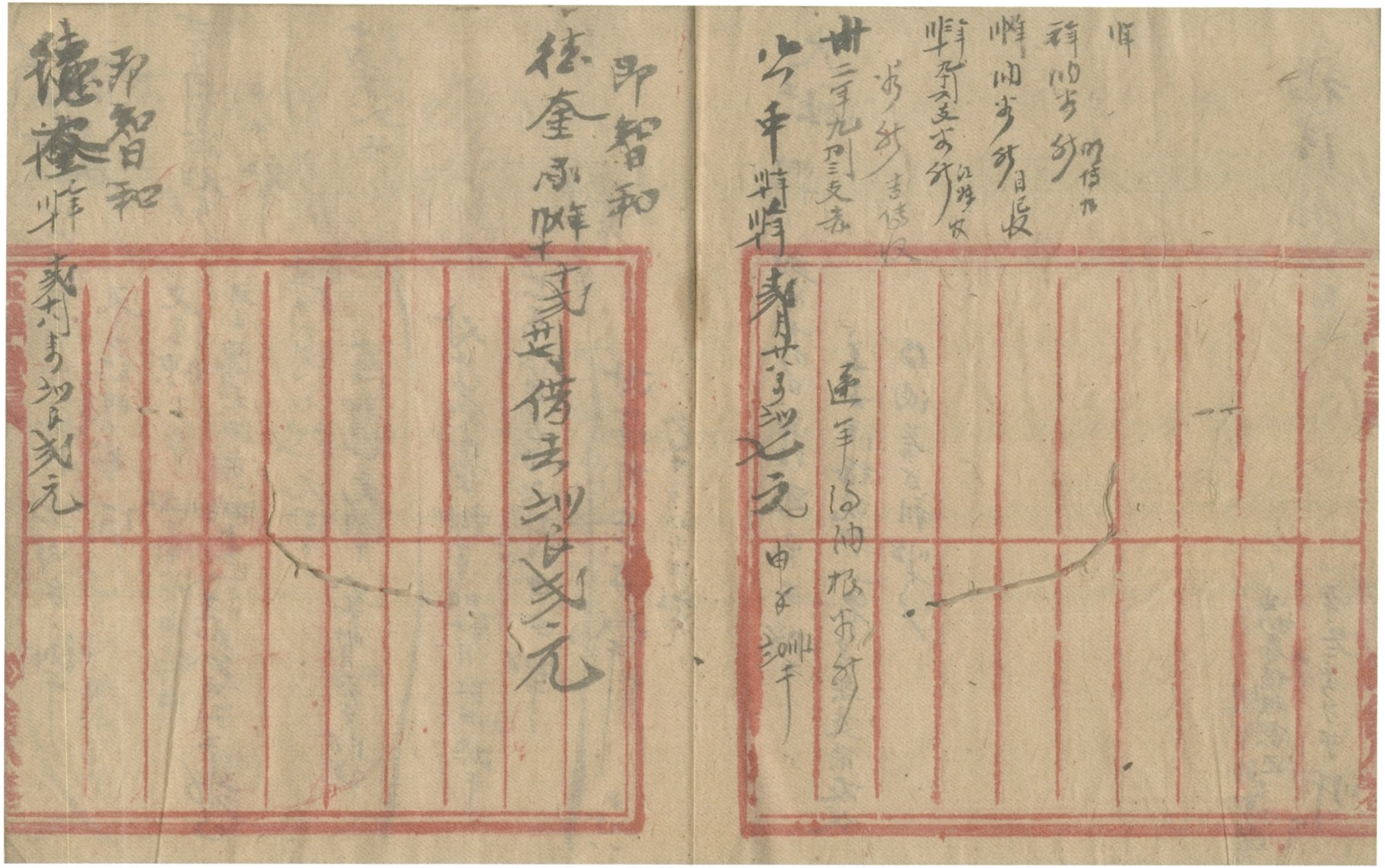

7-3-18-32 清光緒二十九年林珠傳記出入總目（三二）

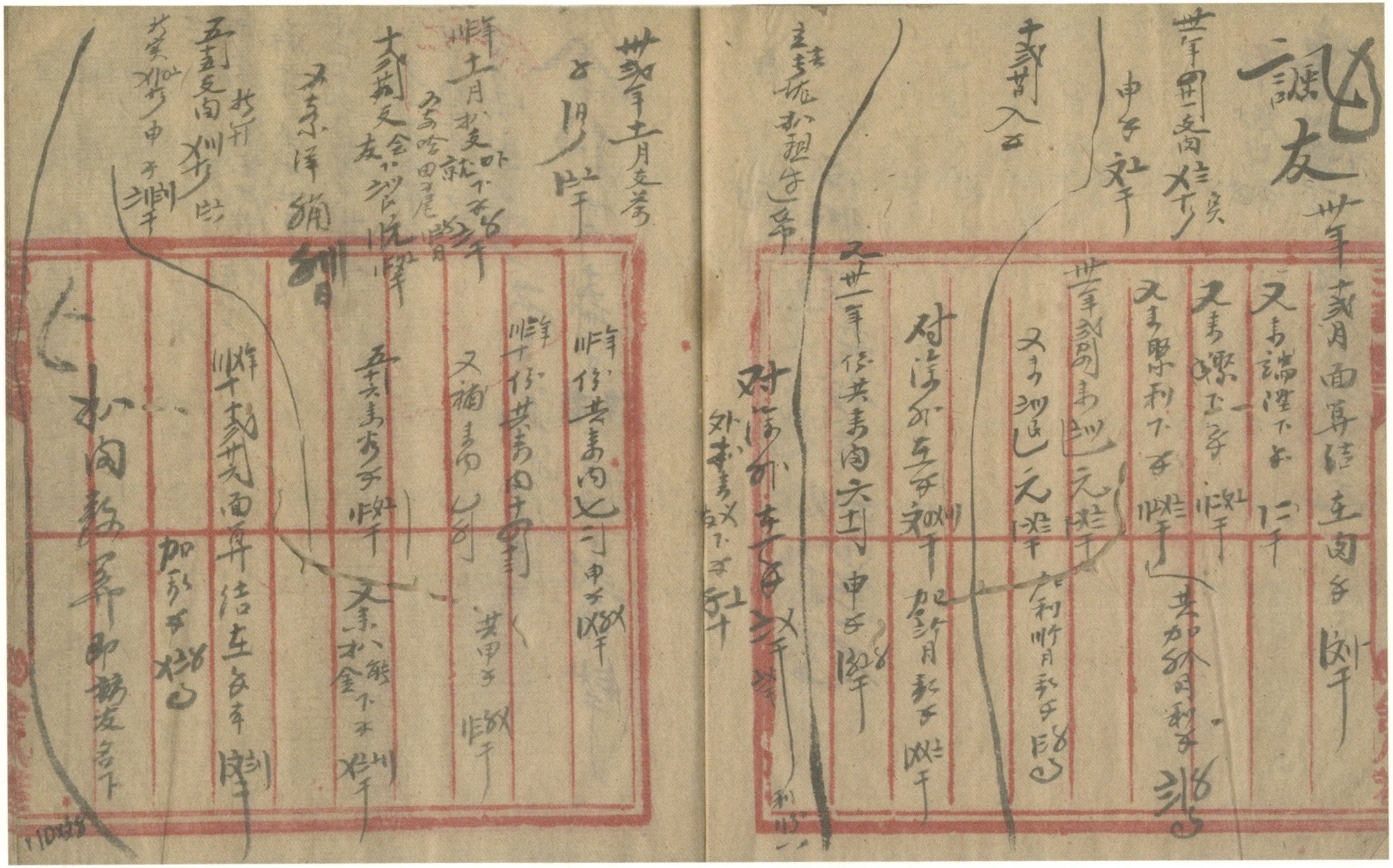

7-3-18-33　清光緒二十九年林珠傳記出入總目（三三）

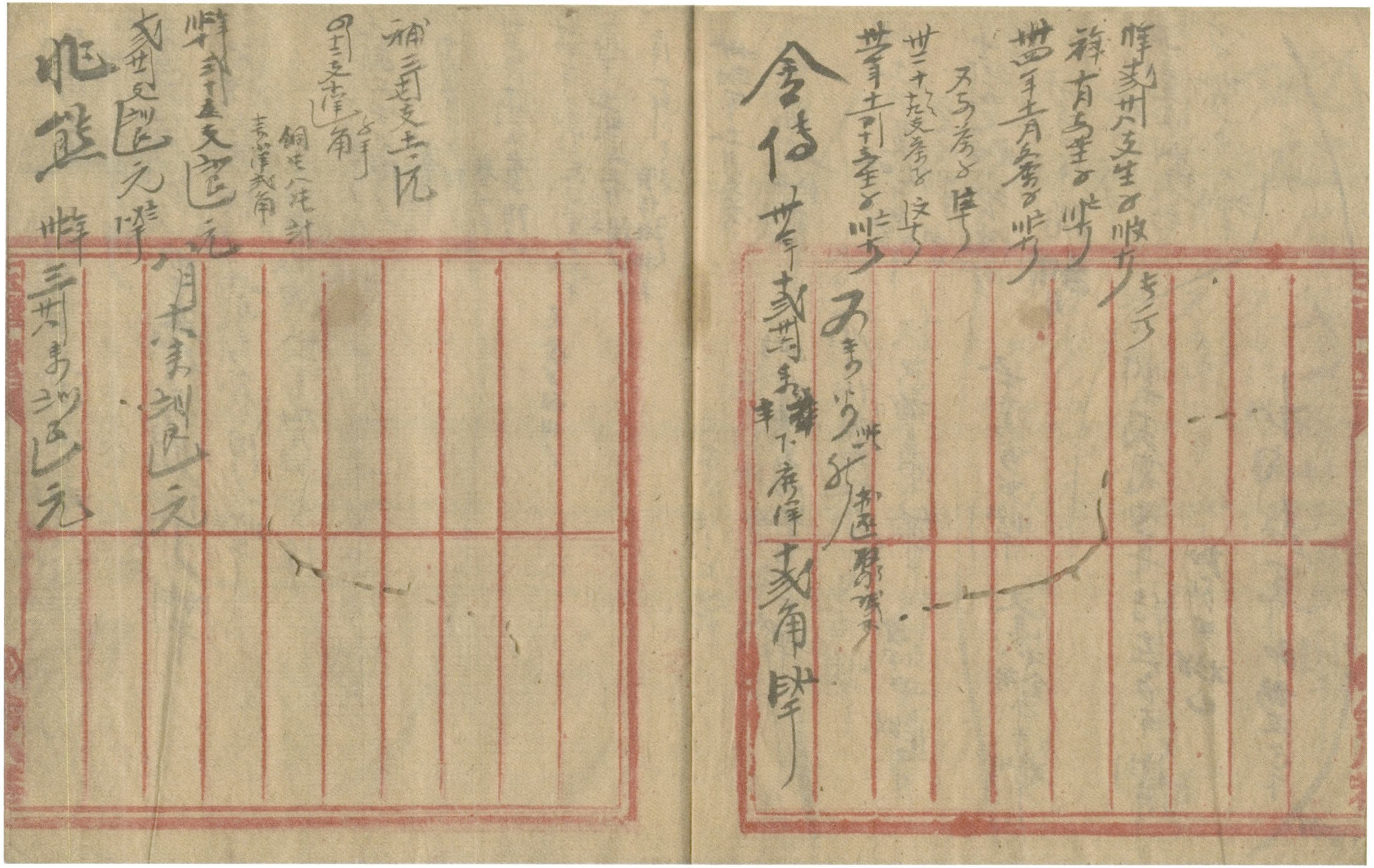

7-3-18-34　清光緒二十九年林珠傳記出入總目（三四）

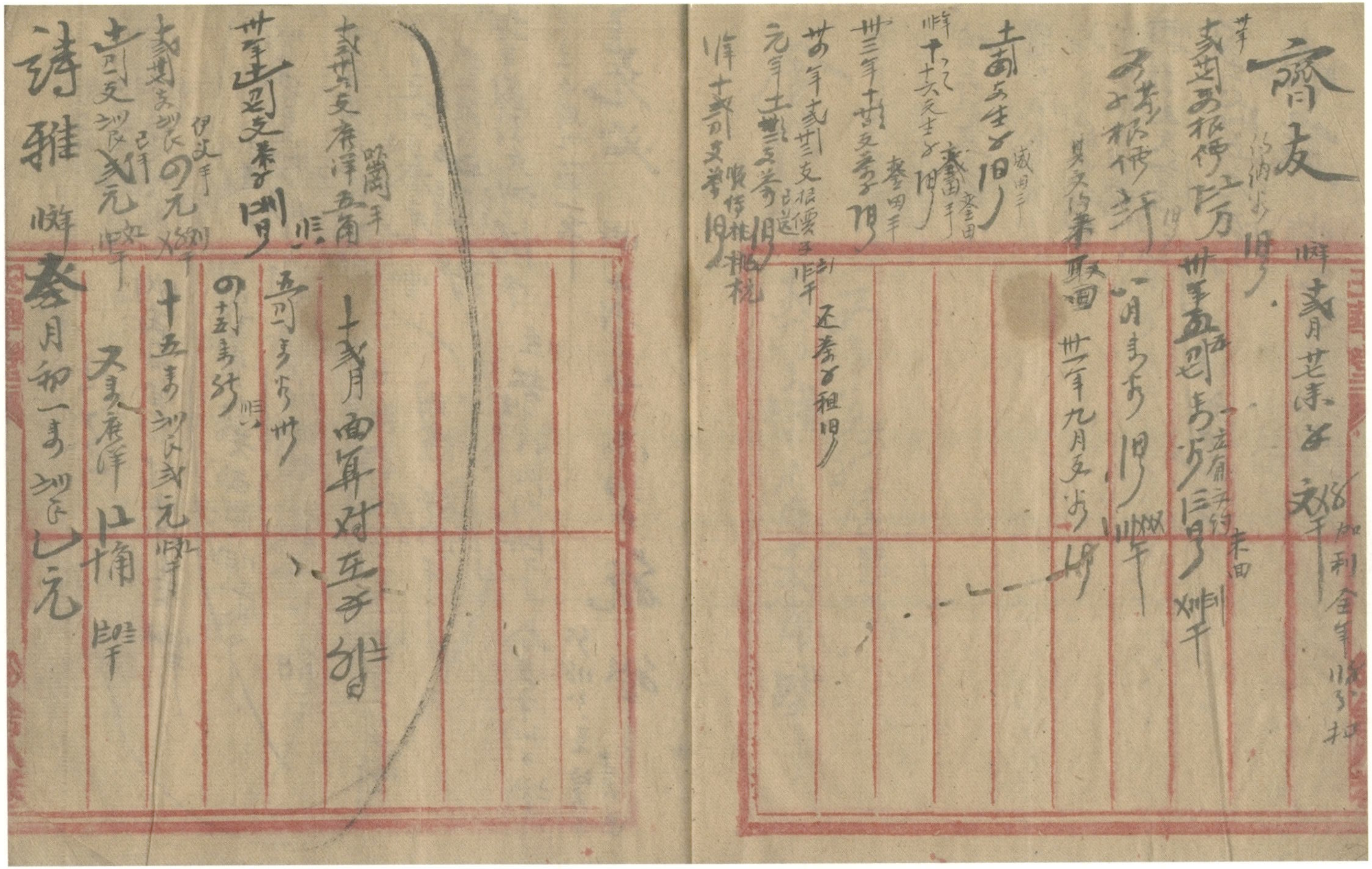

7-3-18-35　清光緒二十九年林珠傳記出入總目（三五）

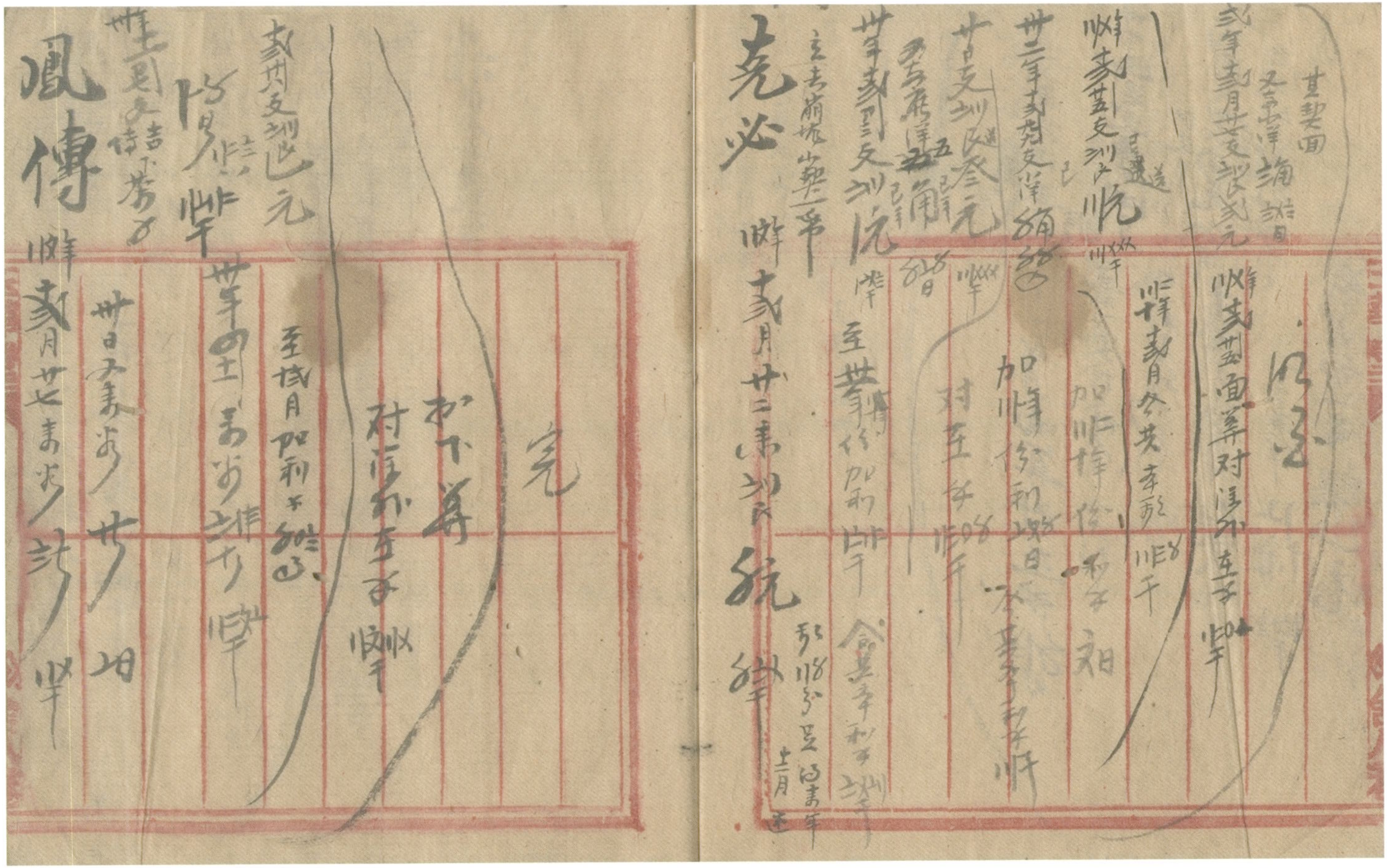

7-3-18-36　清光緒二十九年林珠傳記出入總目（三六）

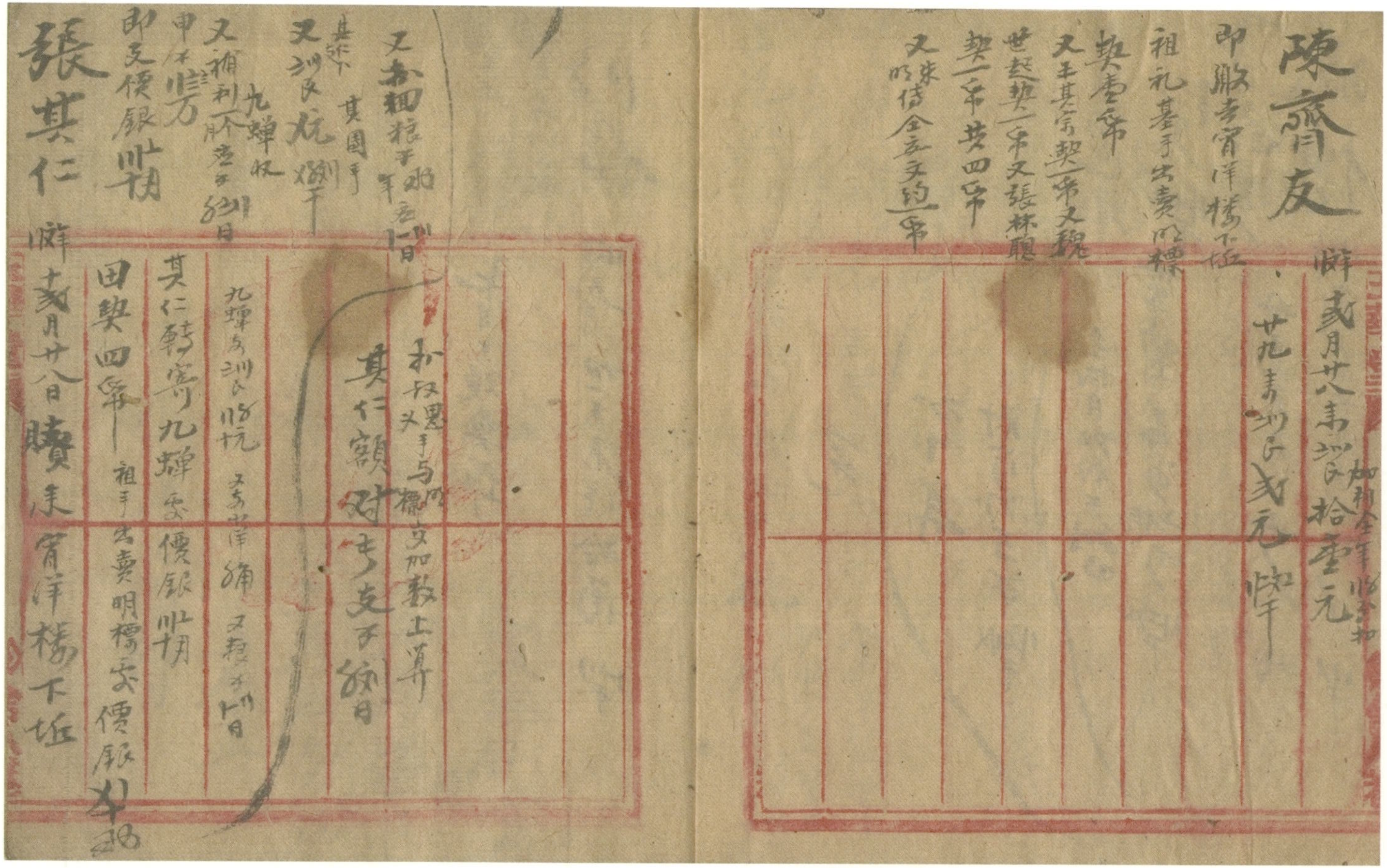

7-3-18-37　清光緒二十九年林珠傳記出入總目（三七）

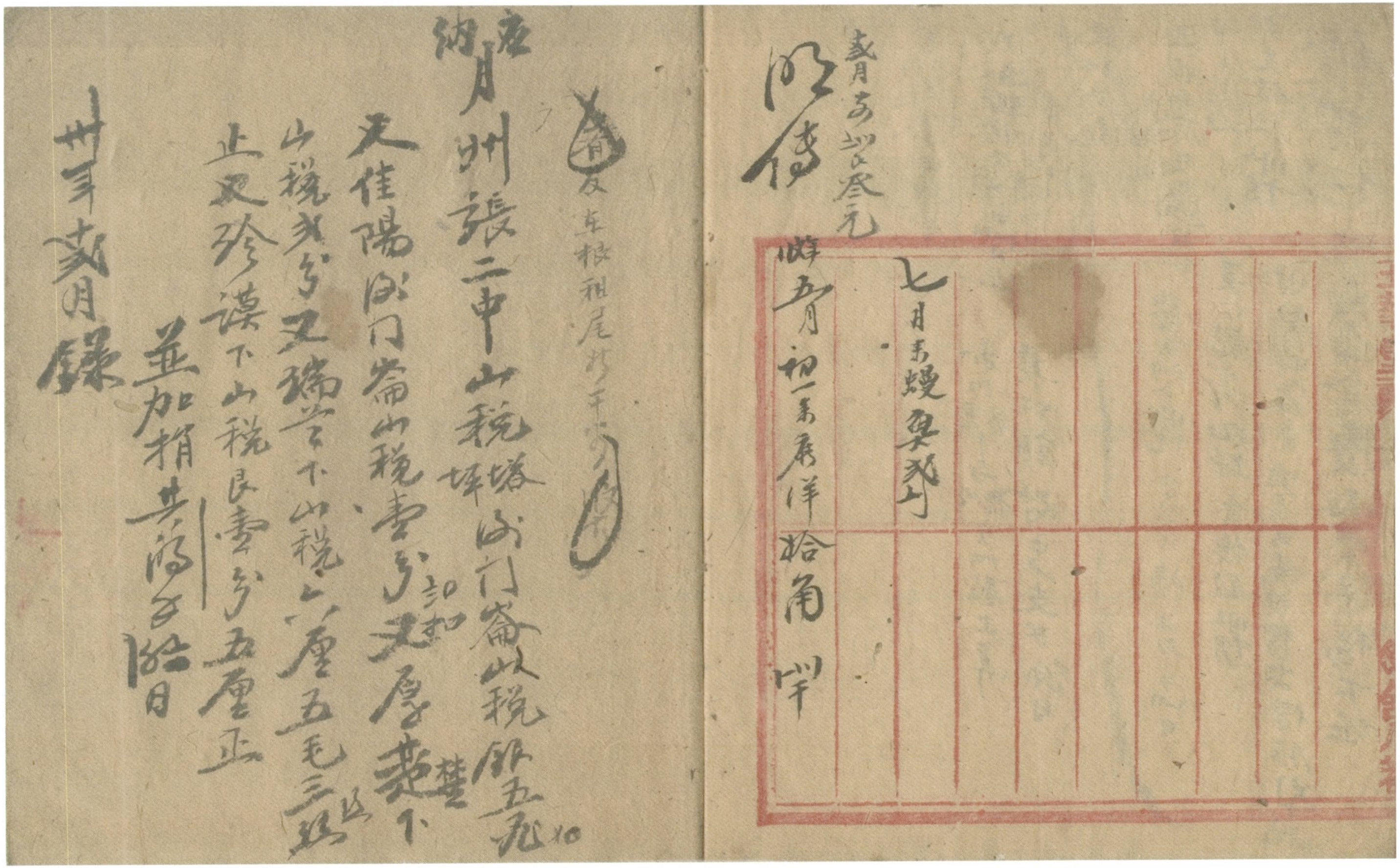

貳月十六日找去洋元
收傳
五月初一日來房洋拾角
七月十五日蠔奠(?)

又　左粮祖尾坎
店月州張二甲山稅坪塔以门崙山稅銀五元
又佳陽以门崙山稅壹分　知　又厘楚下
山稅式分　又瑞吉下山稅六厘五毛三絲
止　又珍溪下山稅良壹分五厘正
並加捐共洋　附目
廿年式月　錄

7-3-13-38　清光緒二十九年林珠傳記出入總目（三八）

7-3-18-39　清光緒二十九年林珠傳記出入總目（三九）

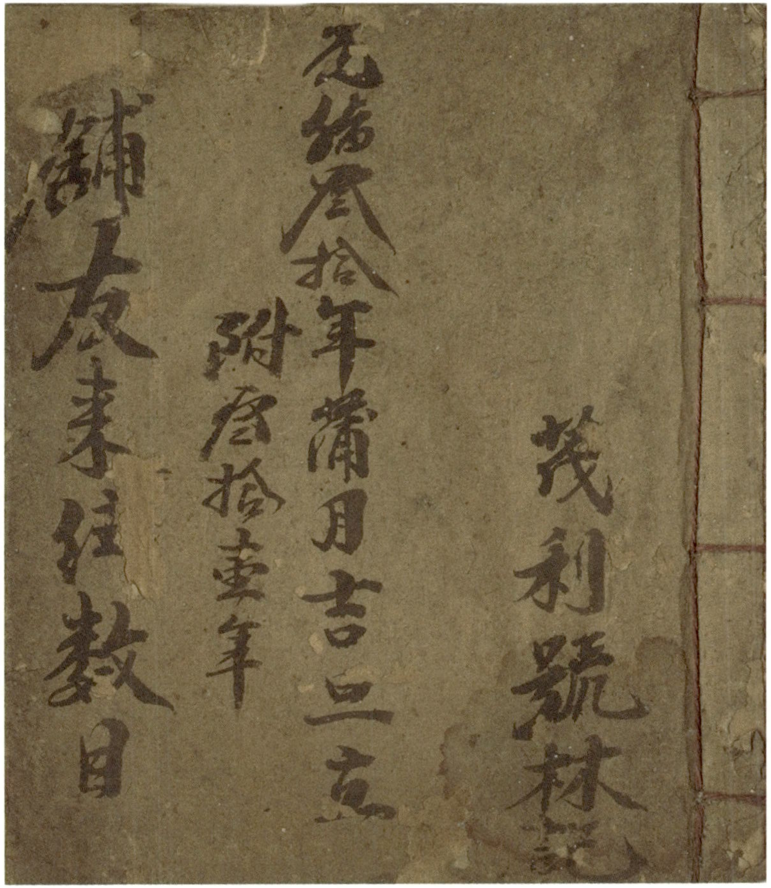
茂利號林記
光緒叁拾年蒲月吉旦立
附叁拾壹年
鋪友來往數目

7-3-19-1　清光緒三十年林氏茂利號記鋪友來往數目（一）

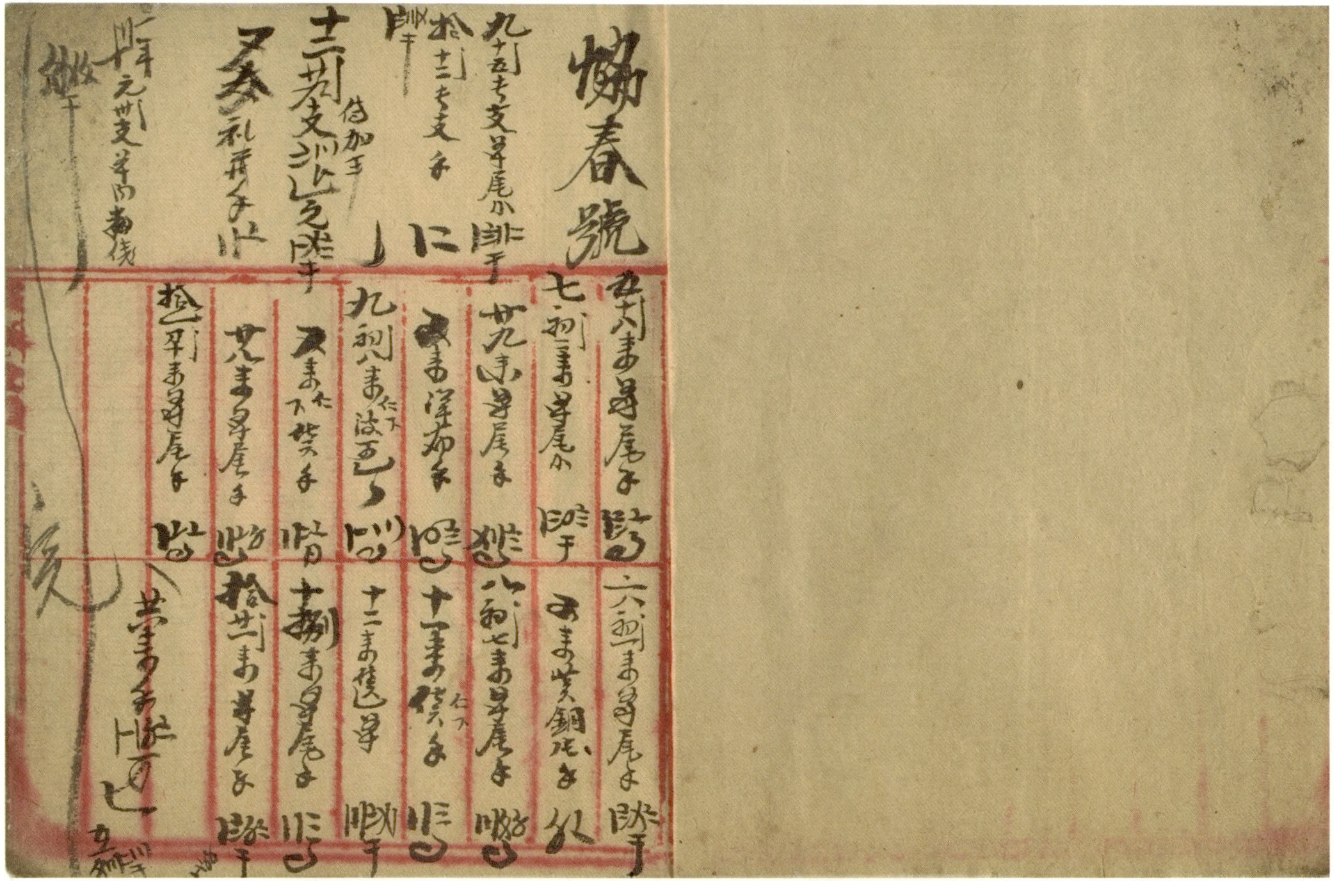

7-3-19-2　清光緒三十年林氏茂利號記鋪友來往數目（二）

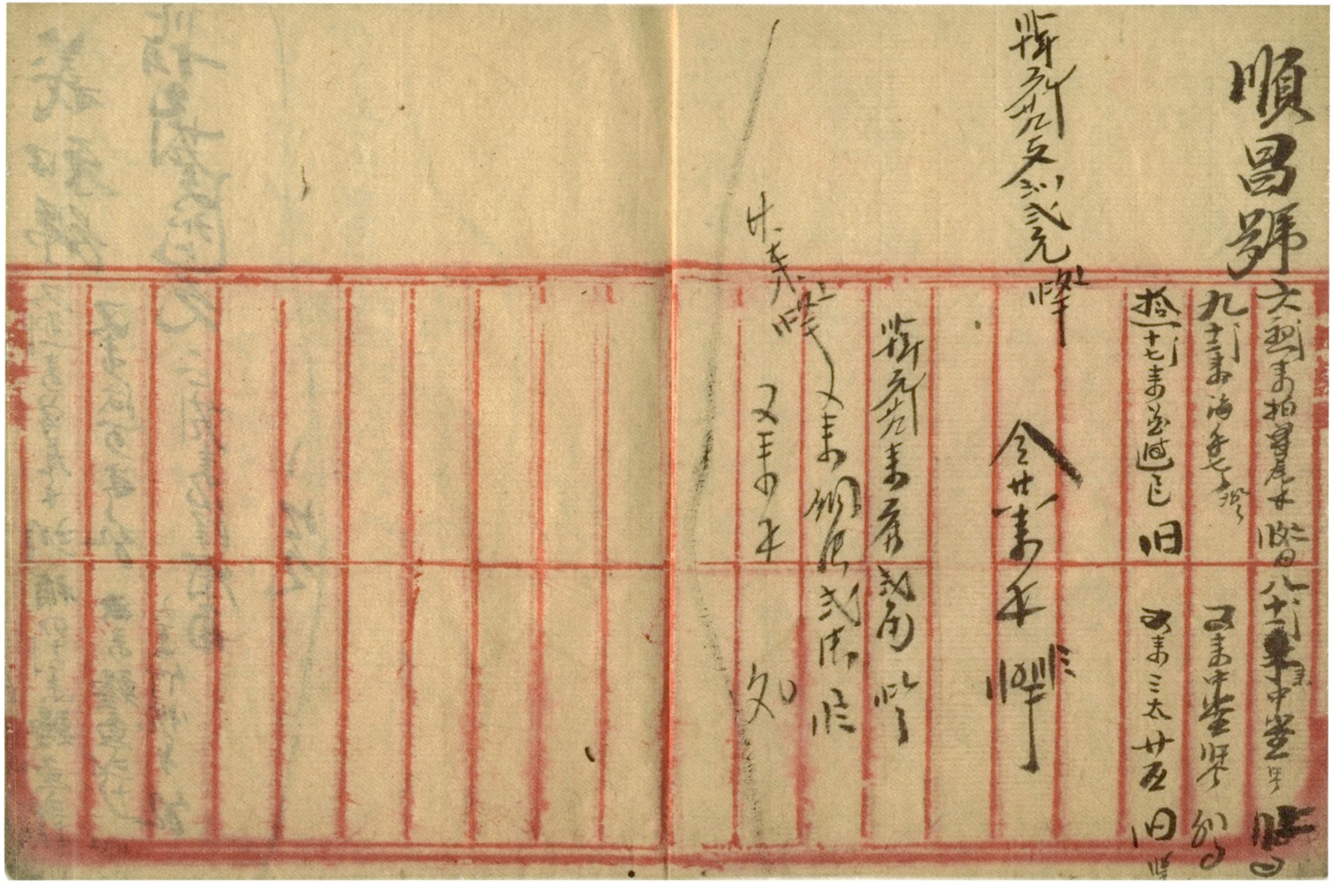

7-3-19-3 清光緒三十年林氏茂利號記鋪友來往數目（三）

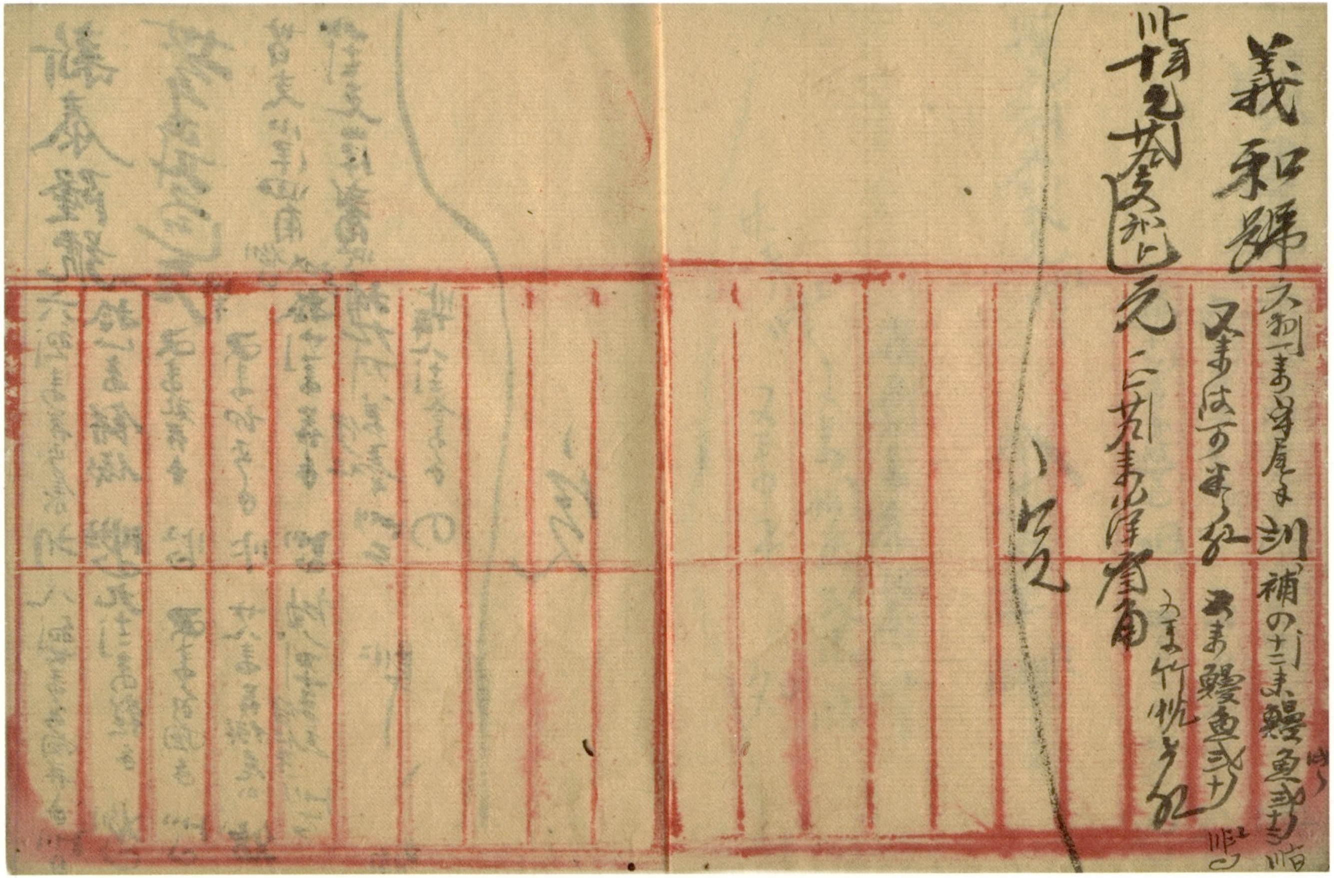

7-3-19-4　清光緒三十年林氏茂利號記鋪友來往數目（四）

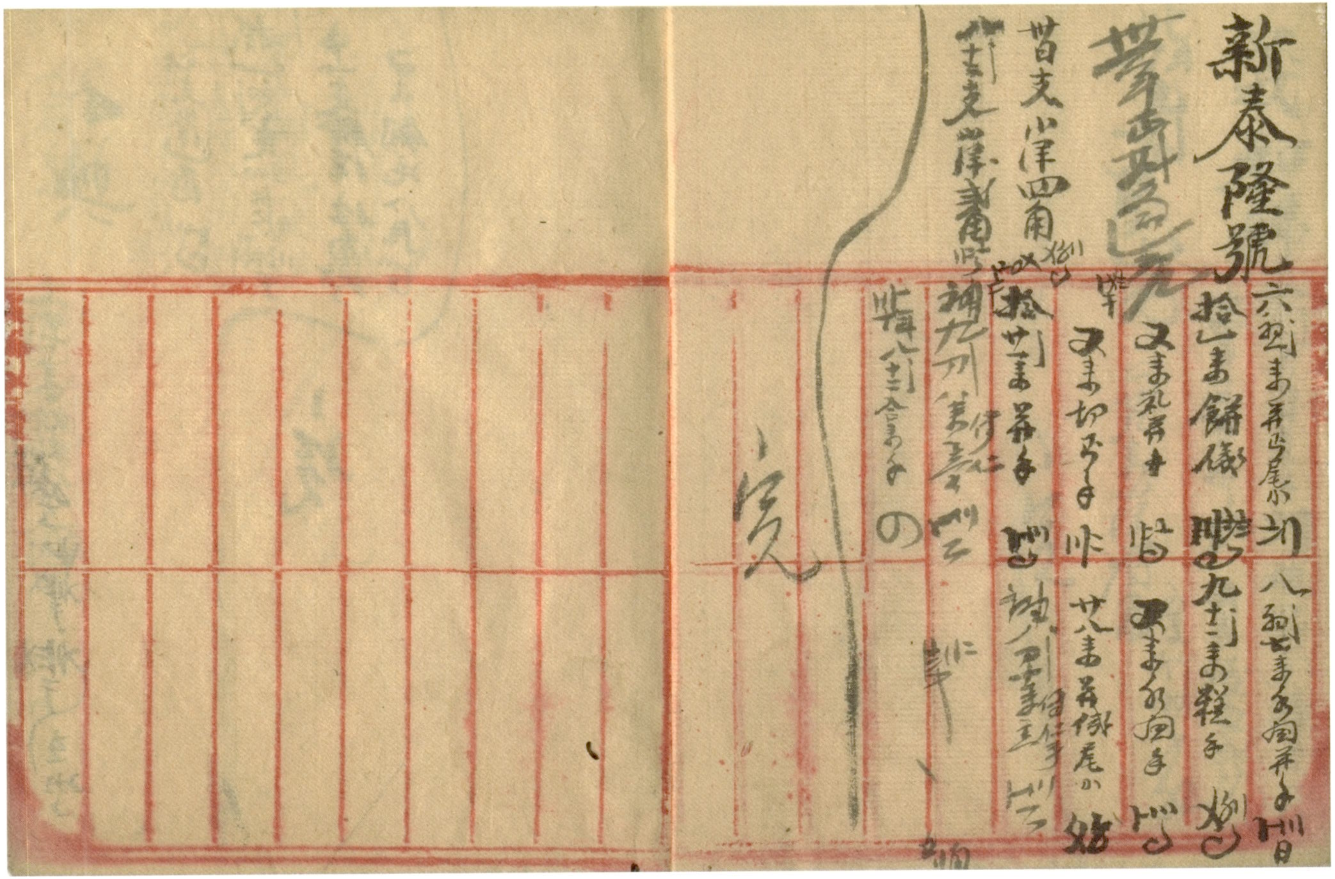

7-3-19-5　清光緒三十年林氏茂利號記鋪友來往數目（五）

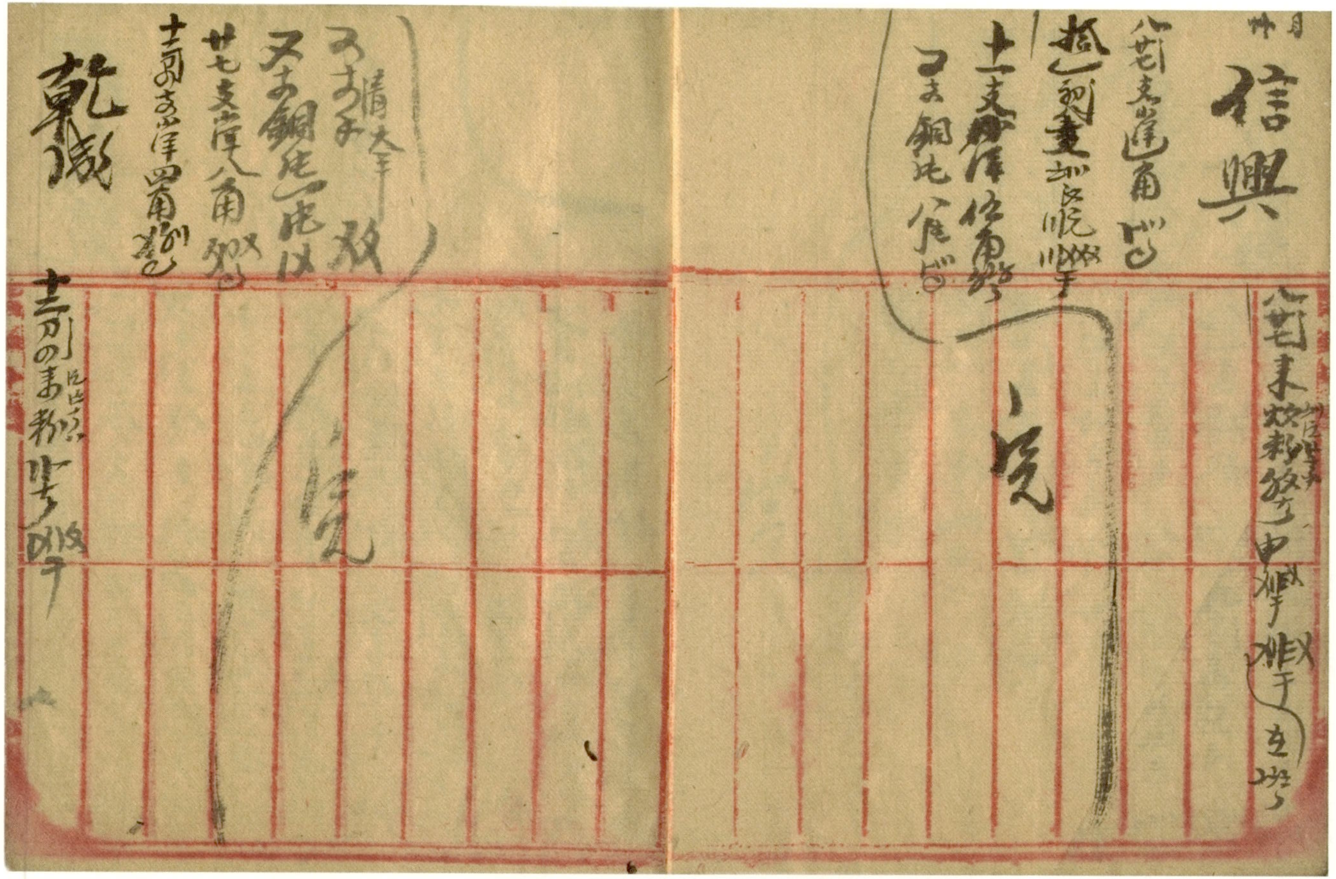

7-3-19-6　清光緒三十年林氏茂利號記鋪友來往數目（六）

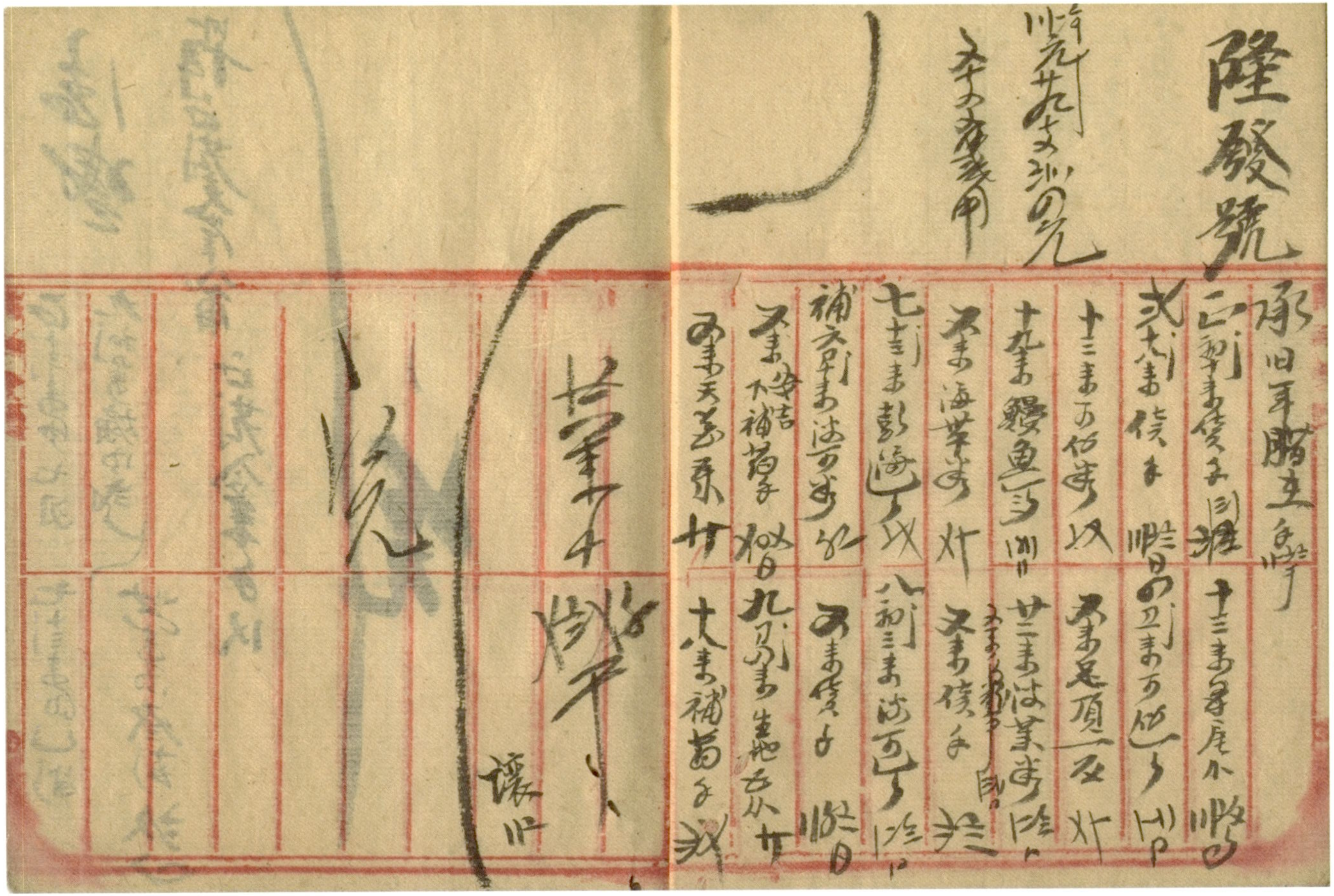

7-3-19-7　清光緒三十年林氏茂利號記鋪友來往數目（七）

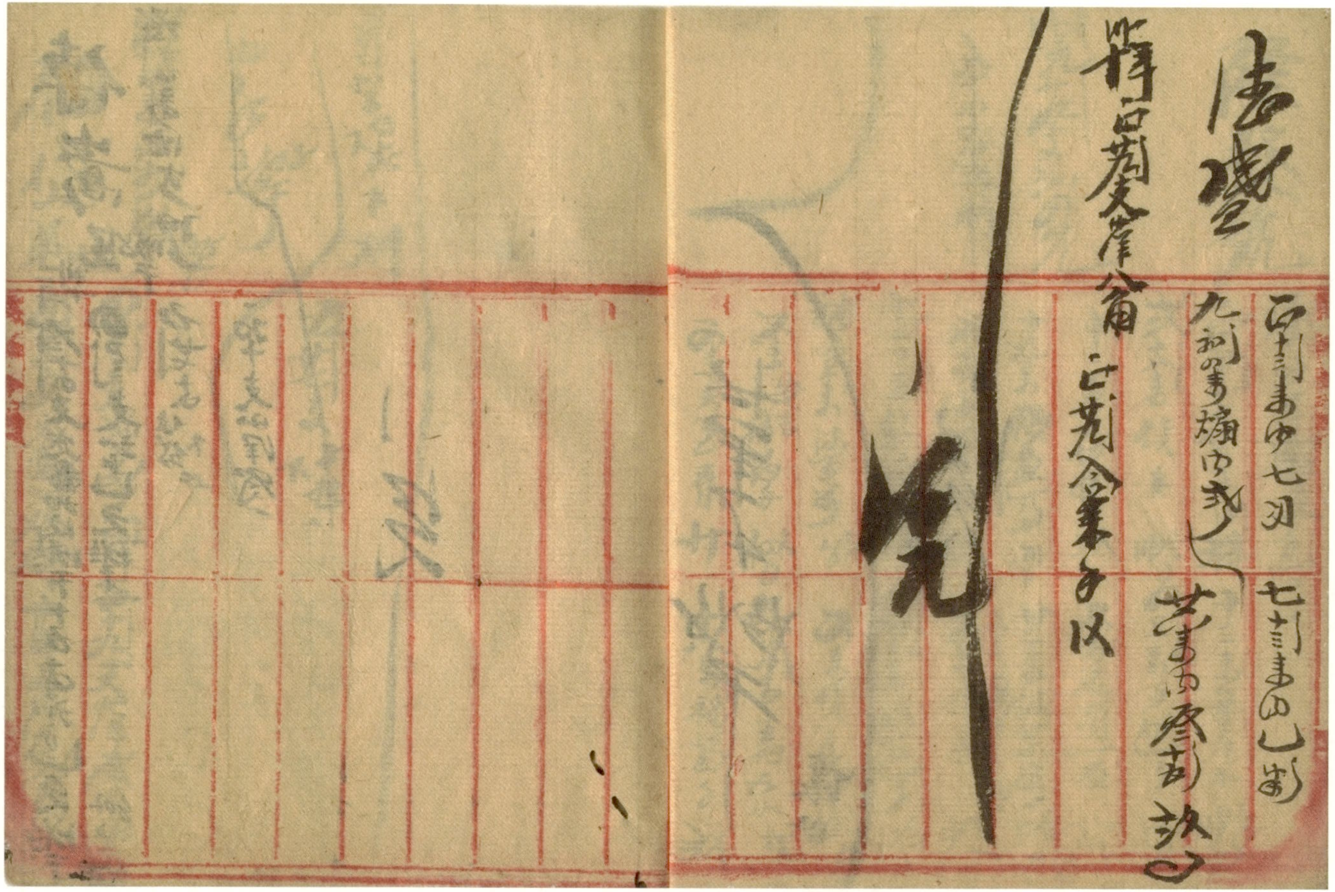

7-3-19-8　清光緒三十年林氏茂利號記鋪友來往數目（八）

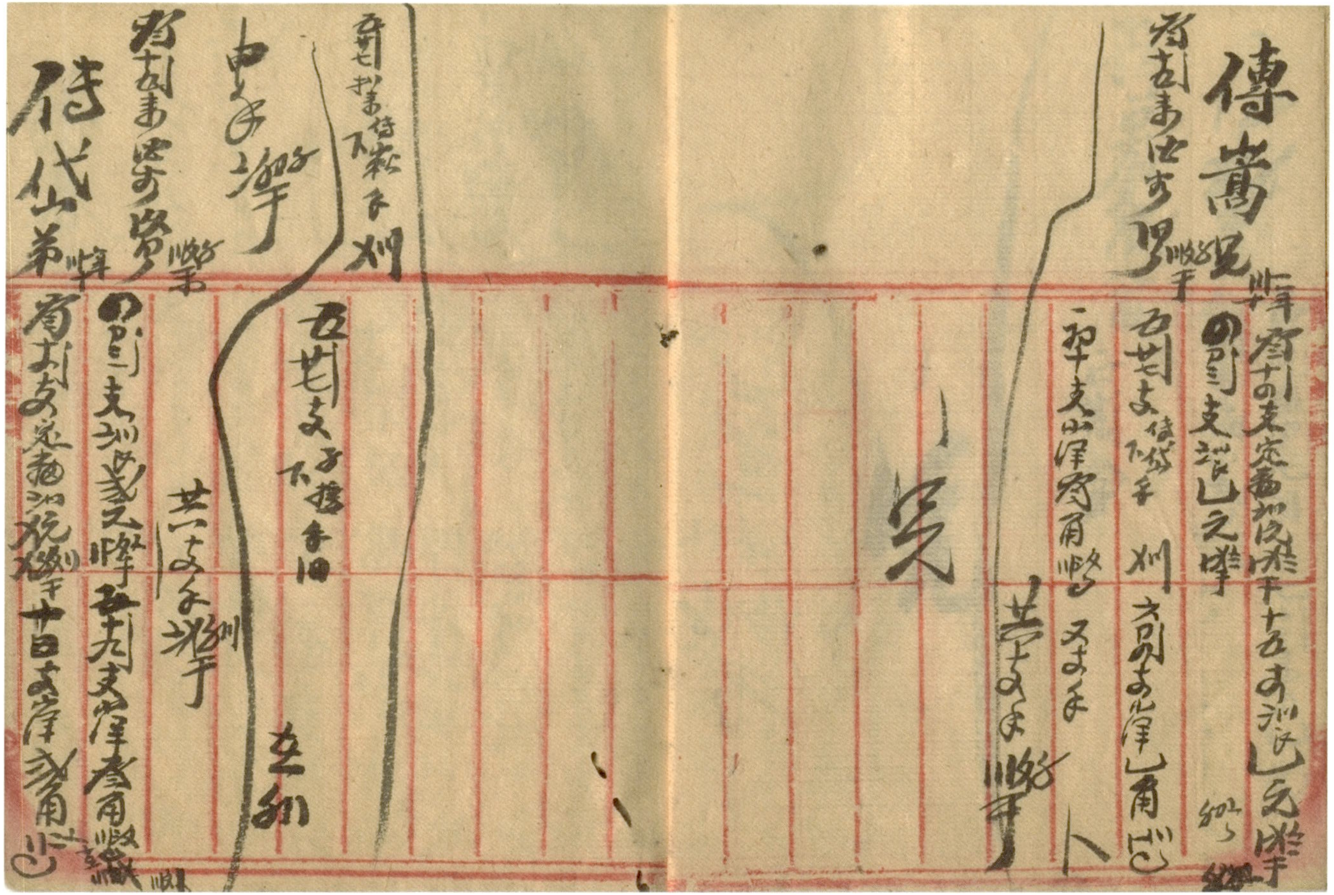

7-3-19-9　清光緒三十年林氏茂利號記鋪友來往數目（九）

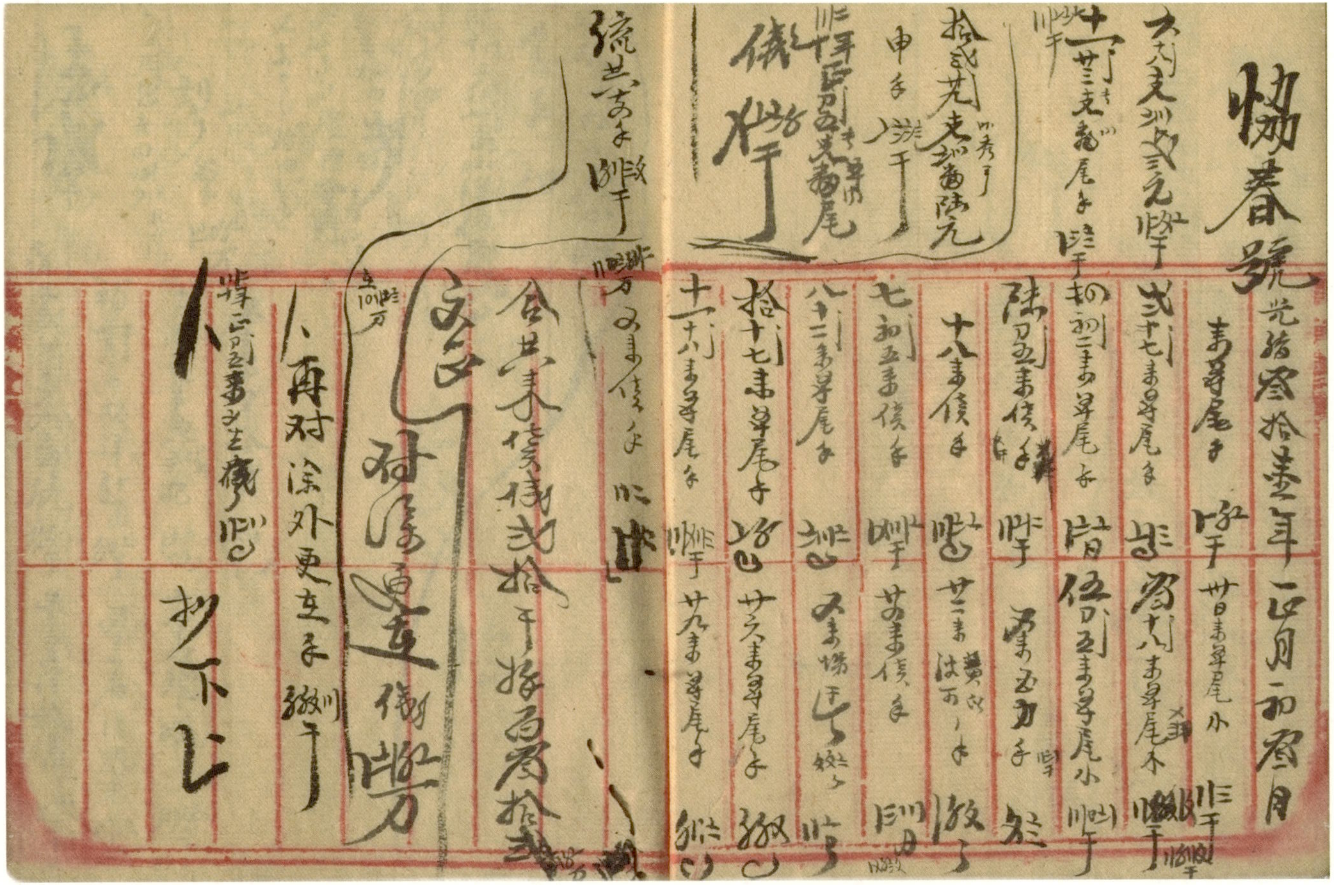

7-3-19-10　清光緒三十年林氏茂利號記鋪友來往數目（一〇）

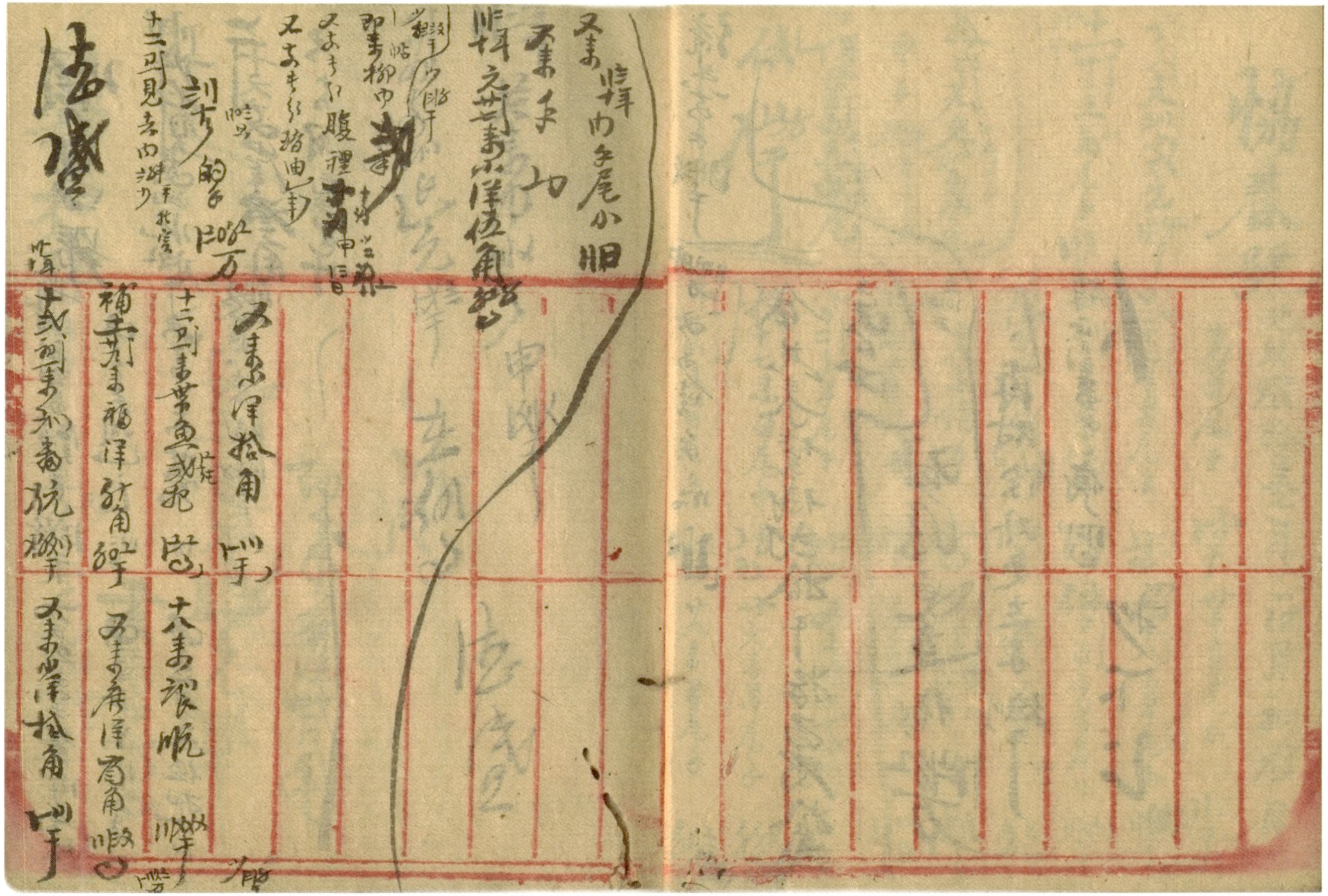

7-3-19-11 清光緒三十年林氏茂利號記鋪友來往數目（一一）

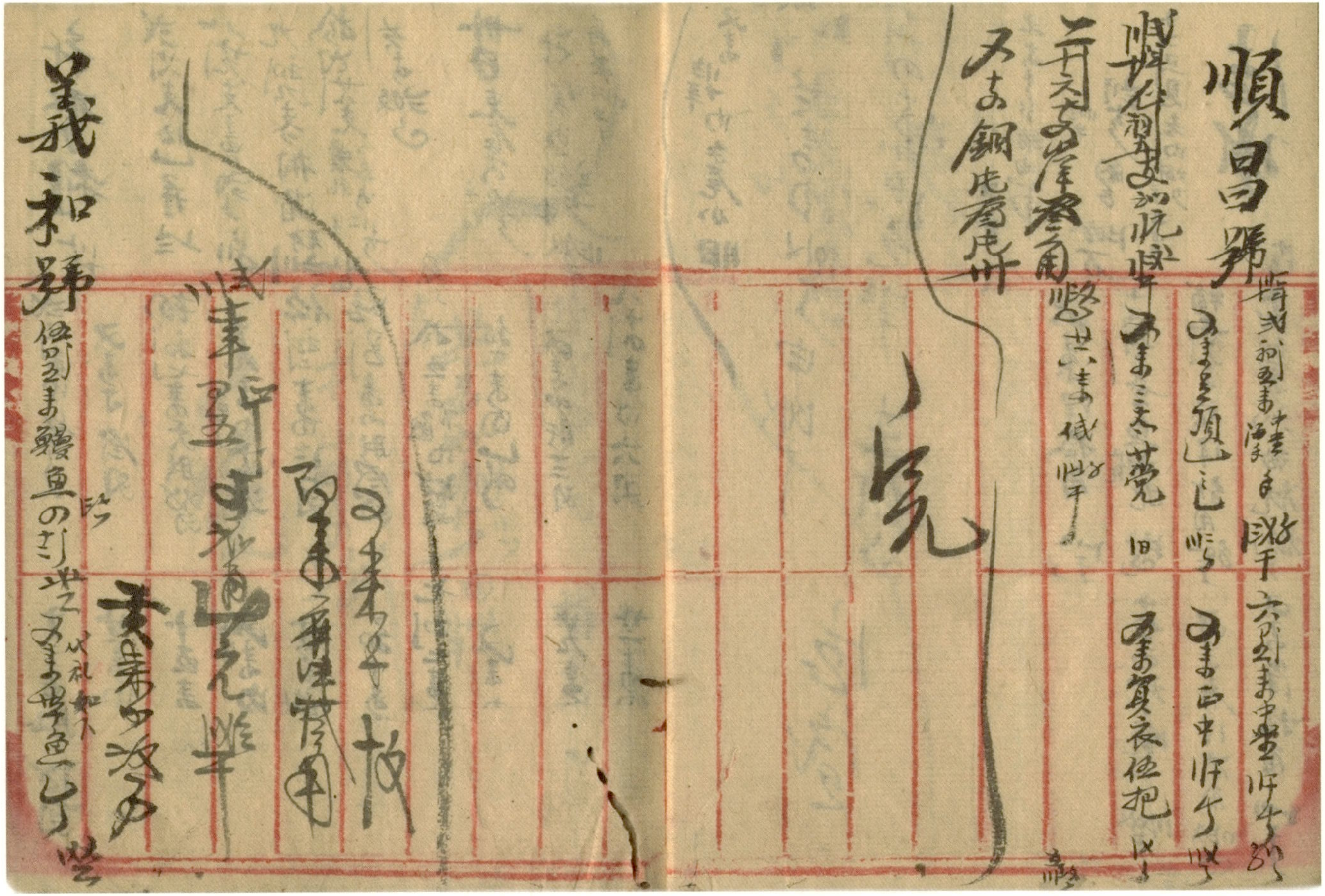

7-3-19-12　清光緒三十年林氏茂利號記鋪友來往數目（一二）

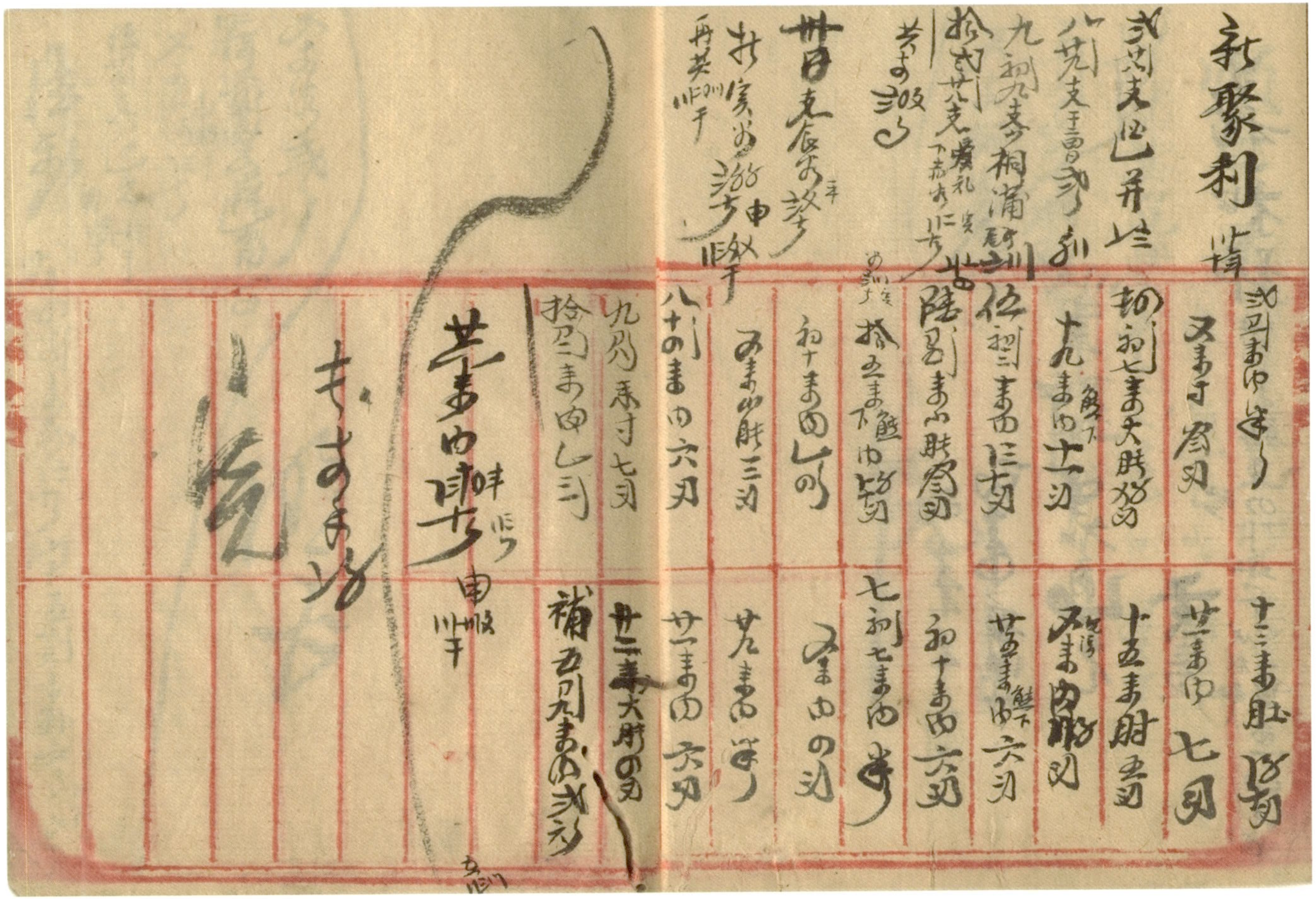

7-3-19-13　清光緒三十年林氏茂利號記鋪友來往數目（一三）

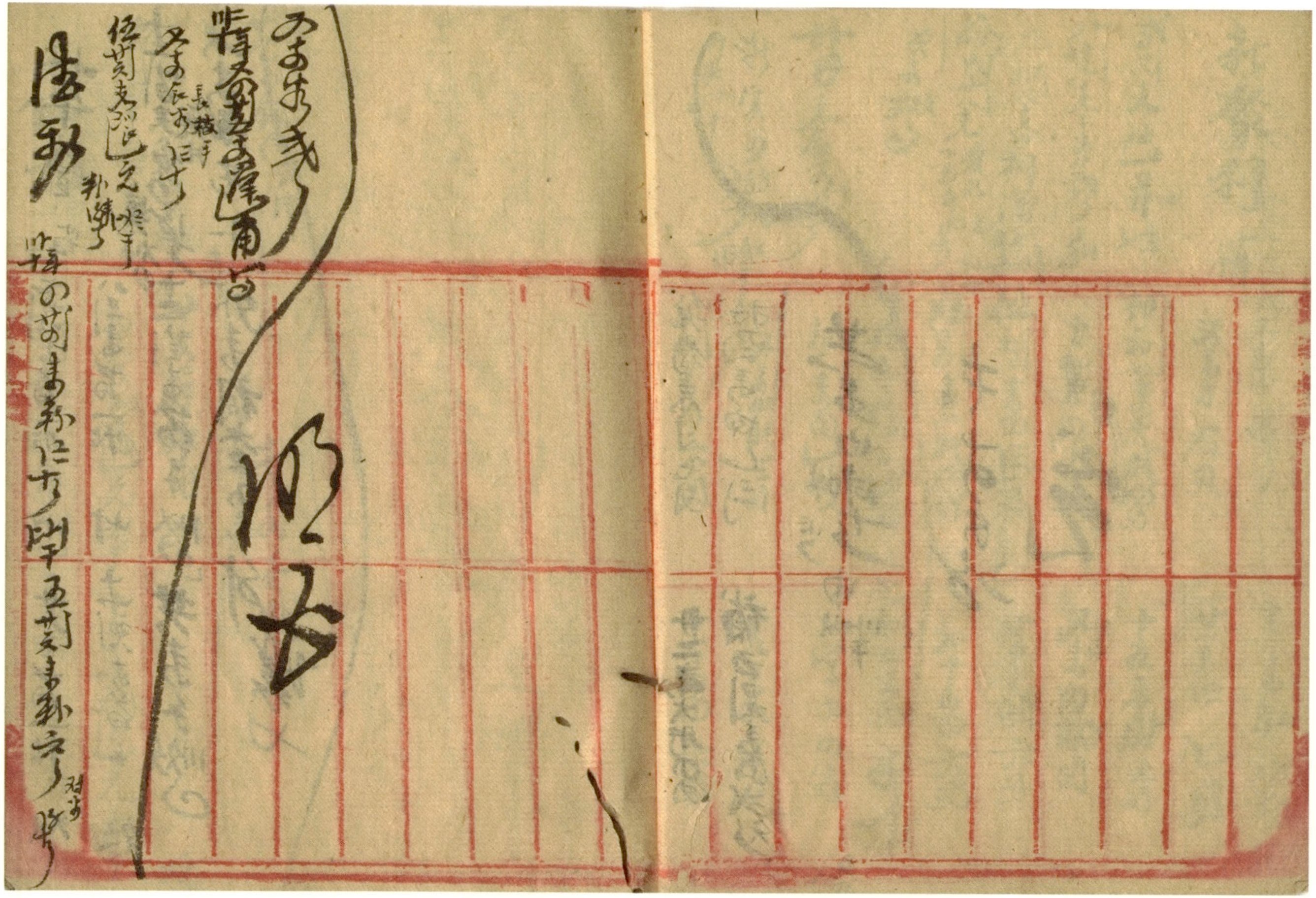

7-3-19-14　清光緒三十年林氏茂利號記鋪友來往數目（一四）

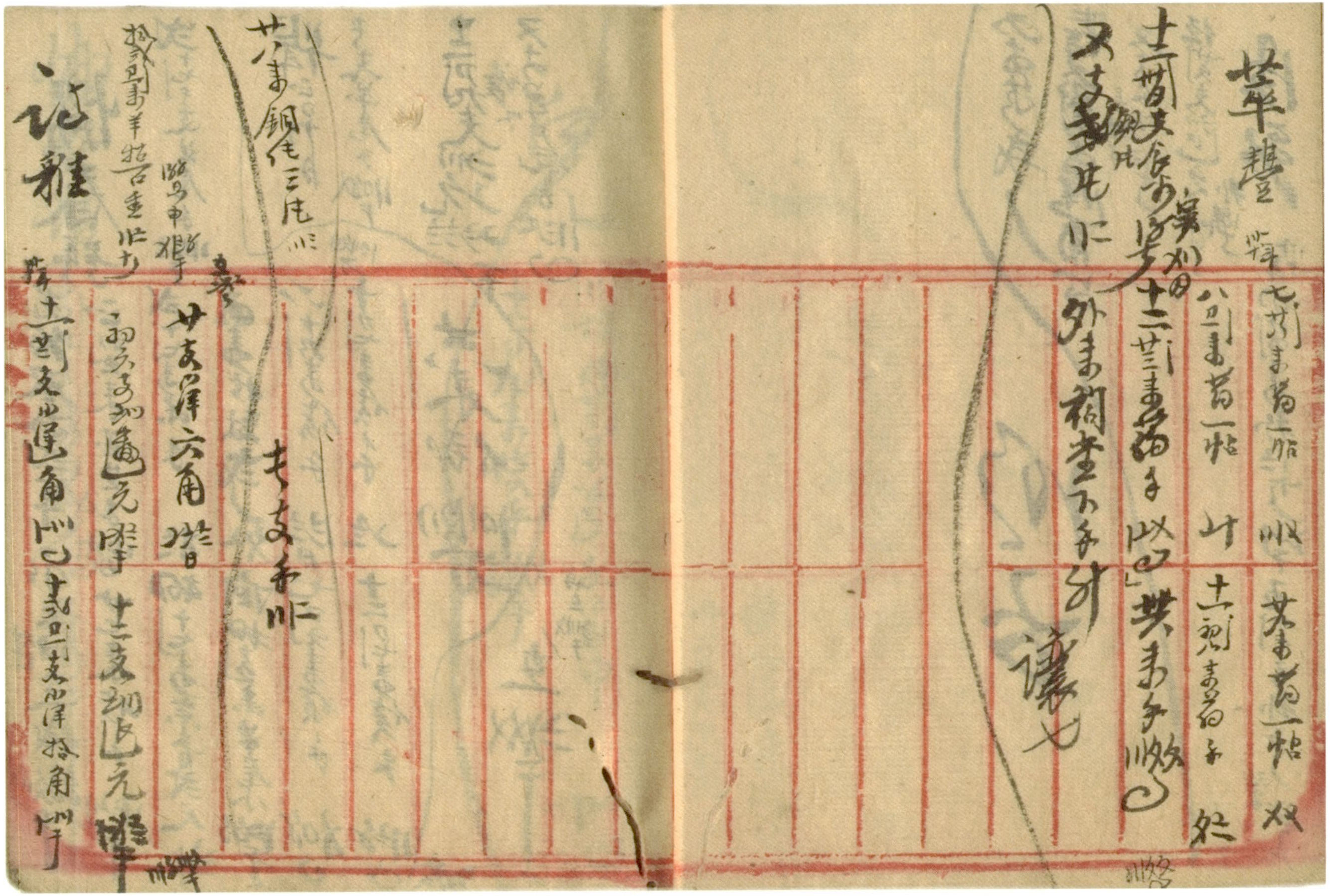

7-3-19-15　清光緒三十年林氏茂利號記鋪友來往數目（一五）

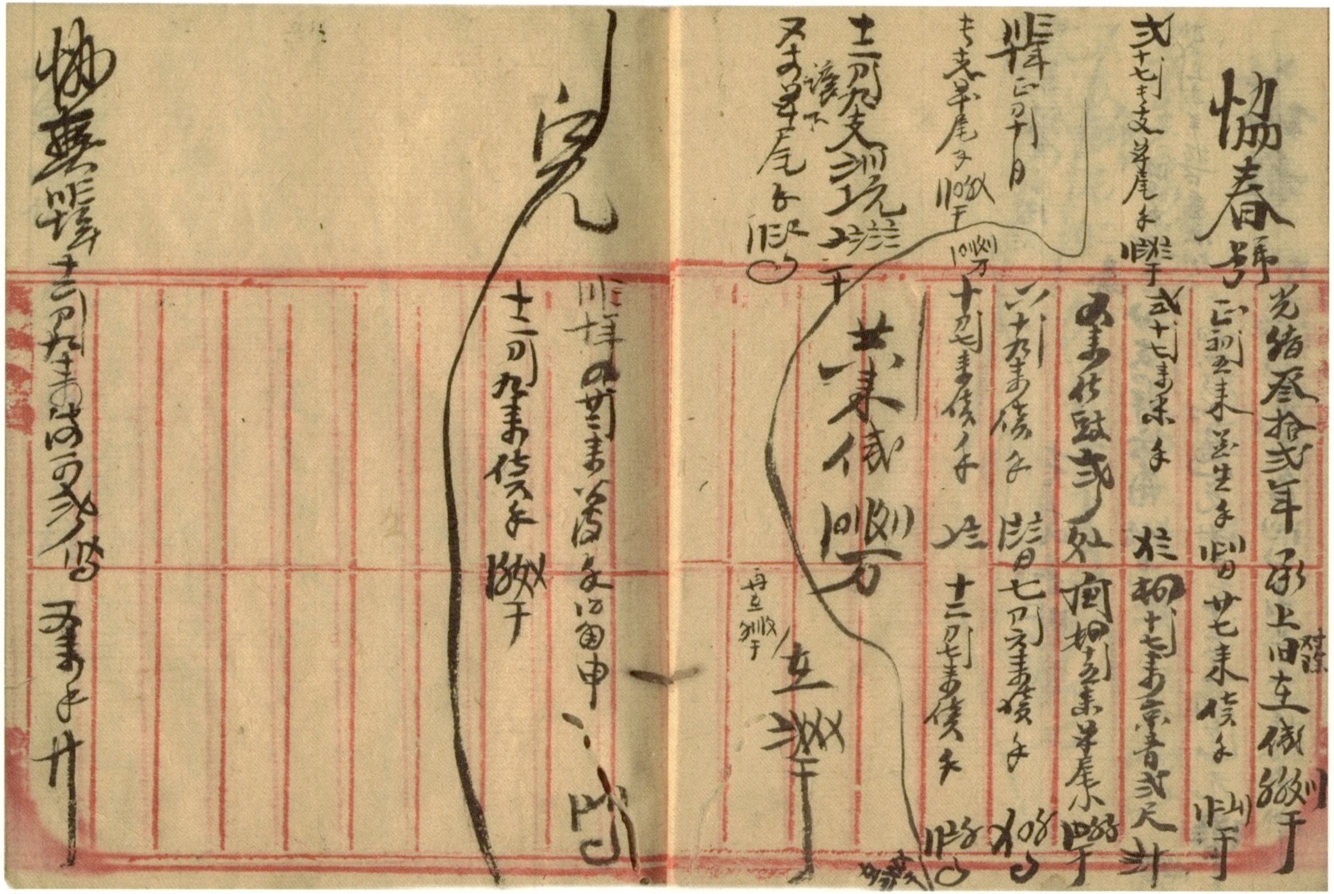

7-3-19-16　清光緒三十年林氏茂利號記鋪友來往數目（一六）

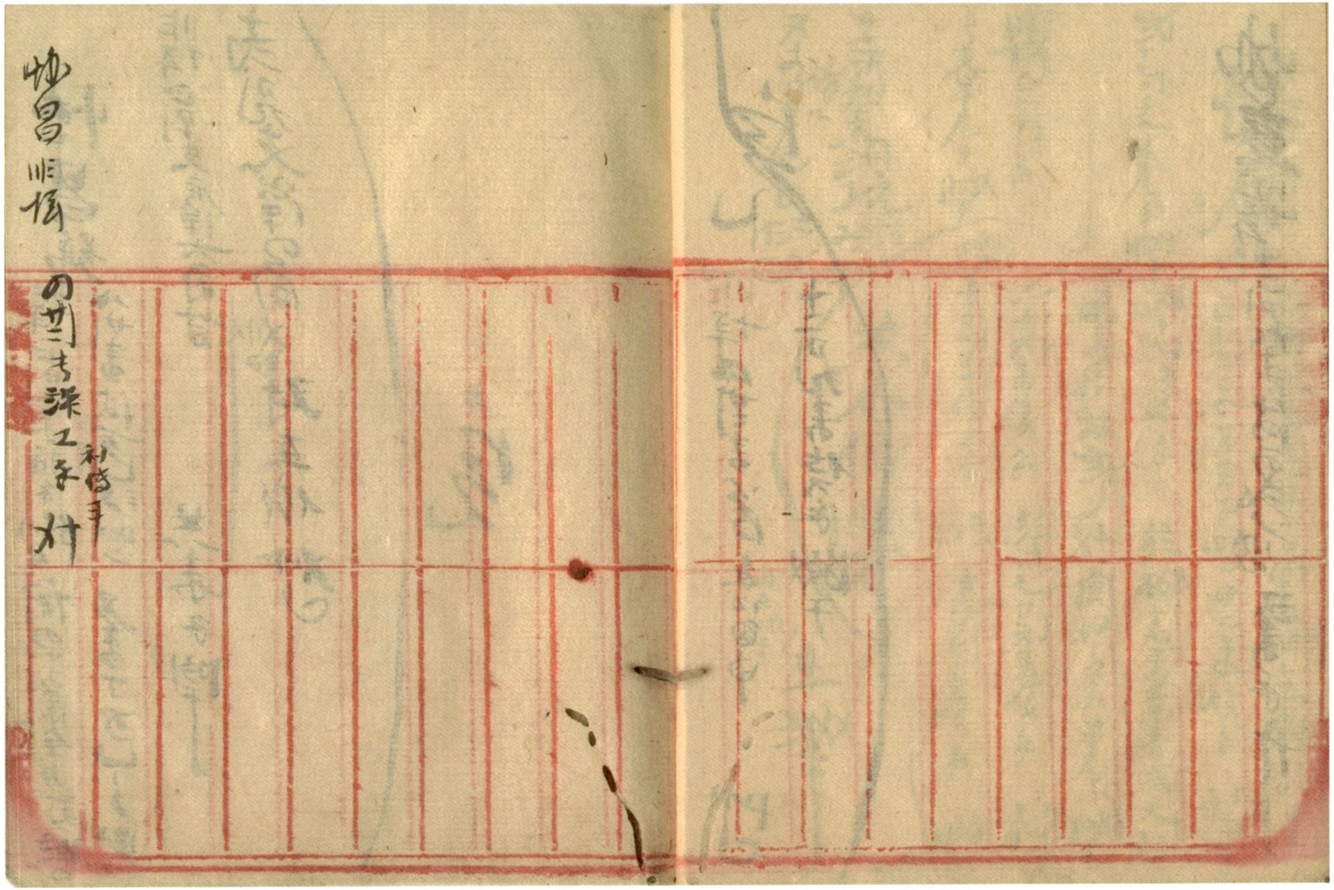

7-3-19-17　清光緒三十年林氏茂利號記鋪友來往數目（一七）

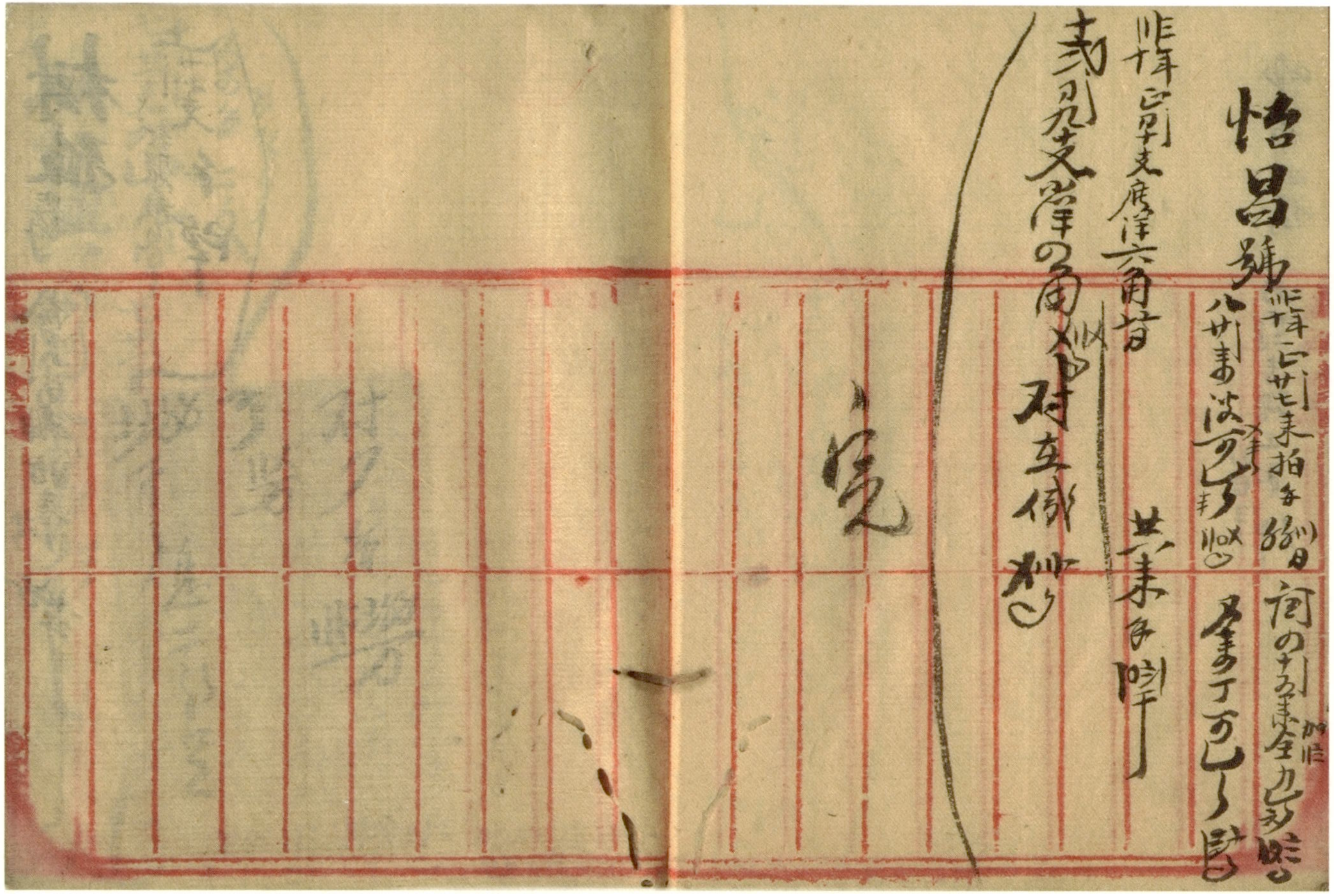

7-3-19-18　清光緒三十年林氏茂利號記鋪友來往數目（一八）

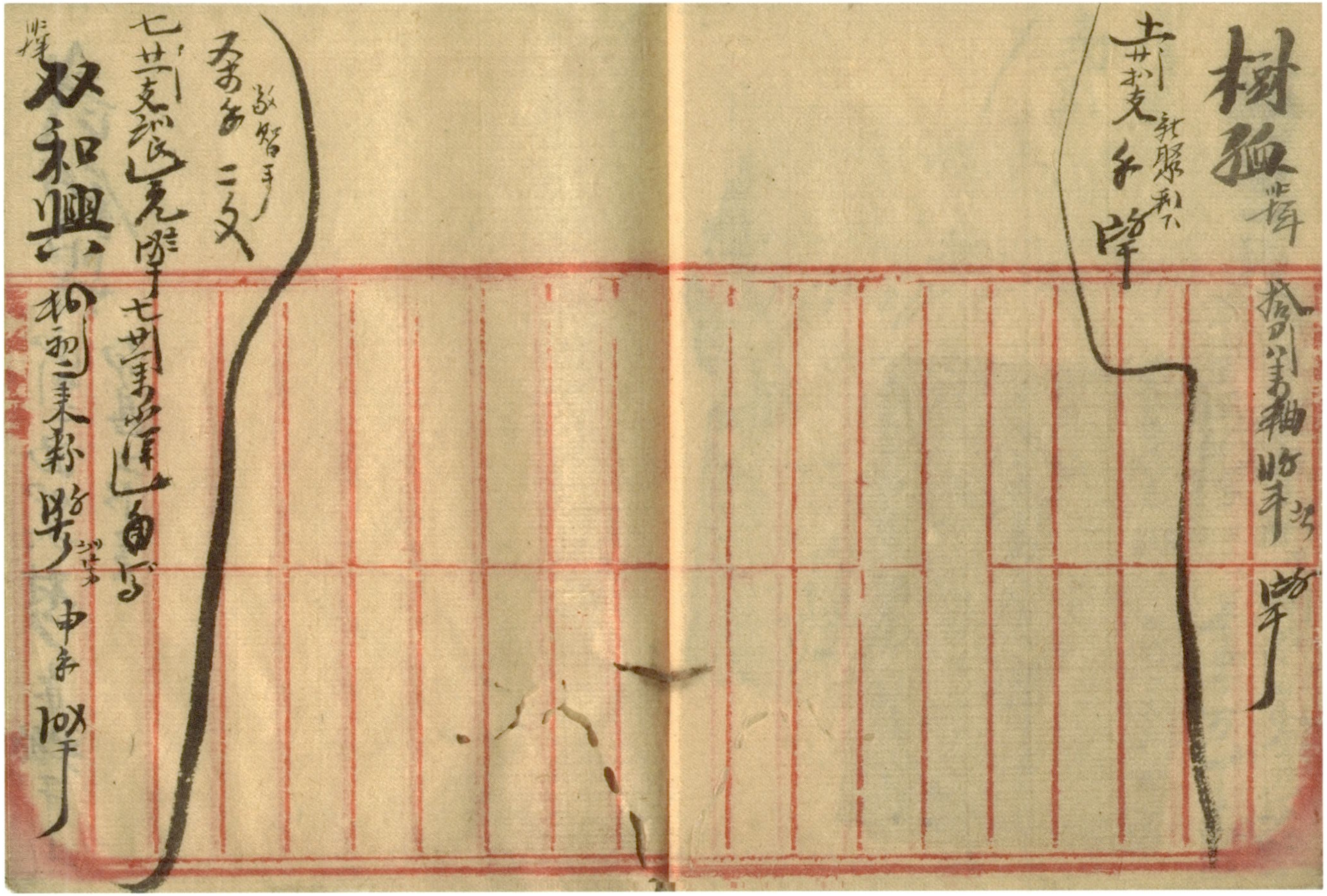

7-3-19-19　清光緒三十年林氏茂利號記鋪友來往數目（一九）

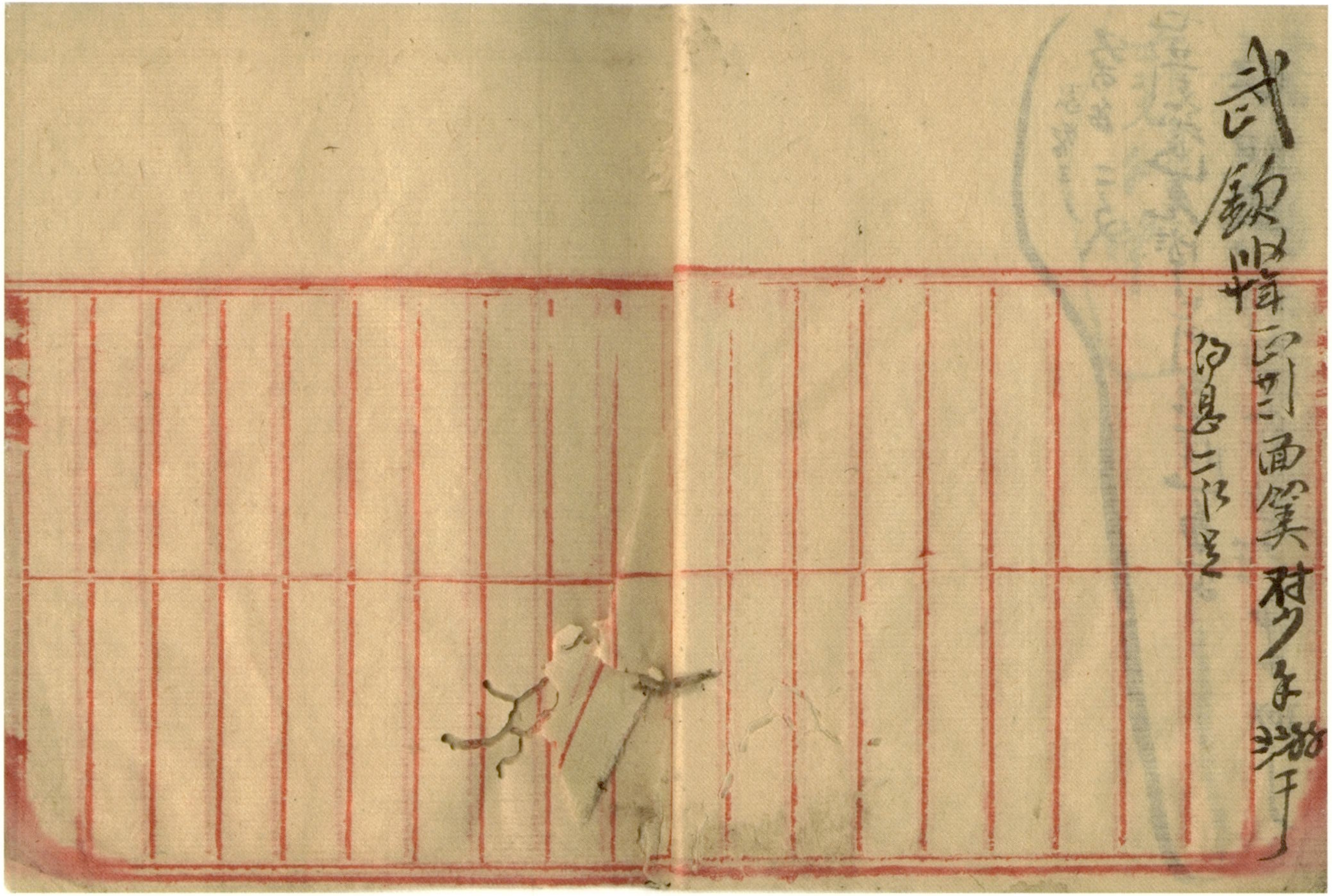

7-3-19-20　清光緒三十年林氏茂利號記鋪友來往數目（二〇）

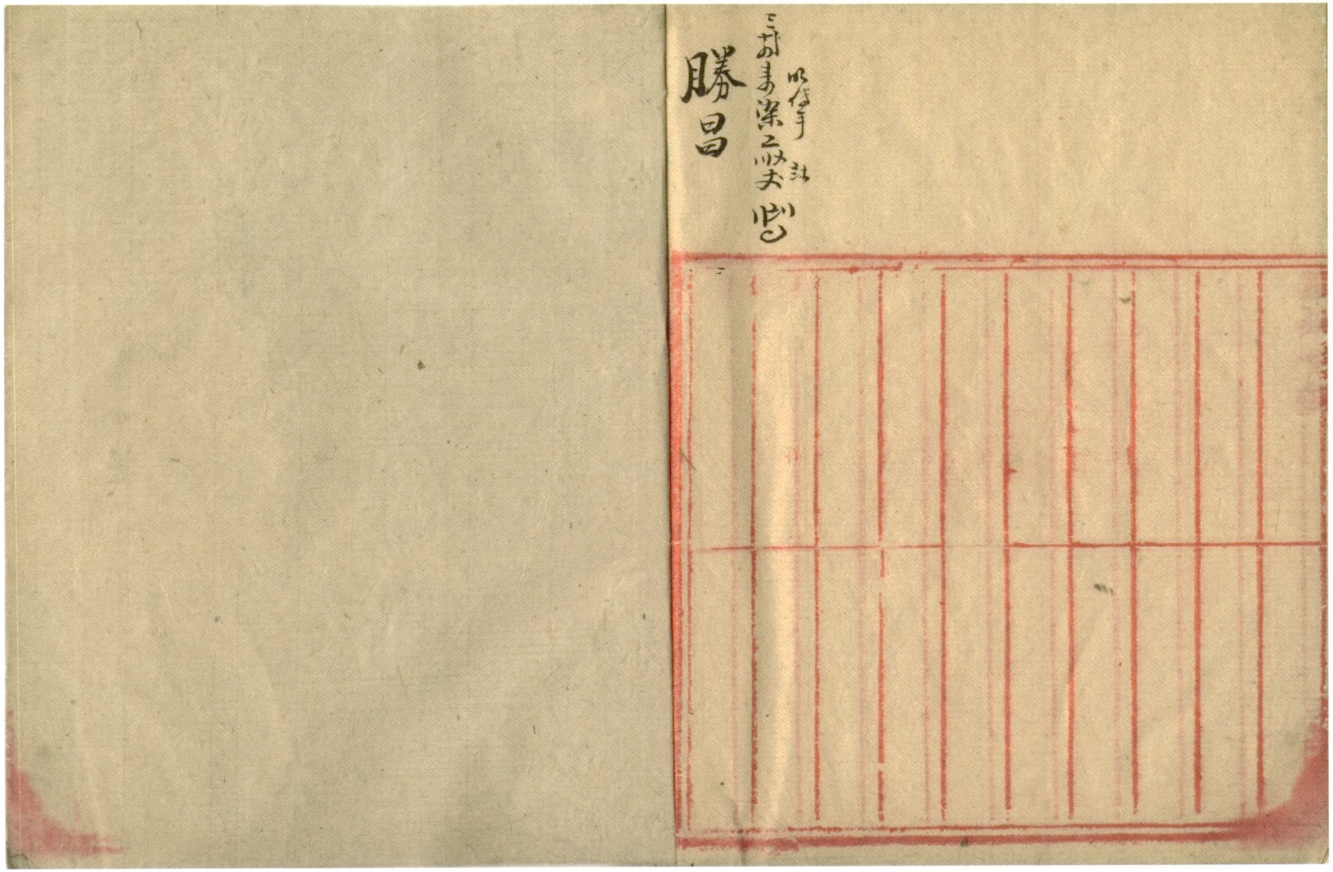

7-3-19-21　清光緒三十年林氏茂利號記鋪友來往數目（二一）

7-3-19-22　清光緒三十年林氏茂利號記鋪友來往數目（二二）

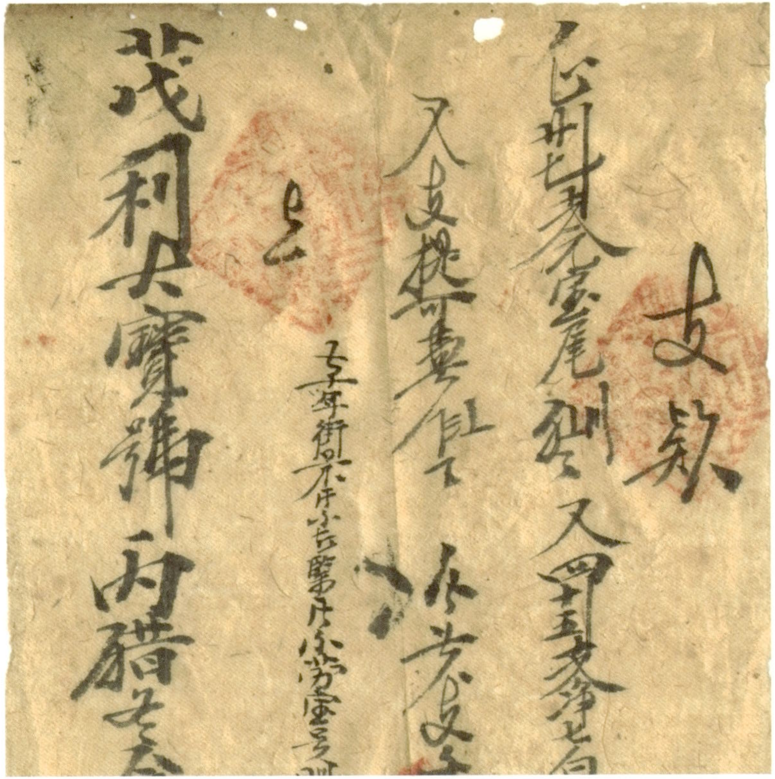

7-3-19-23 清光緒三十年林氏茂利號記鋪友來往數目（夾葉）

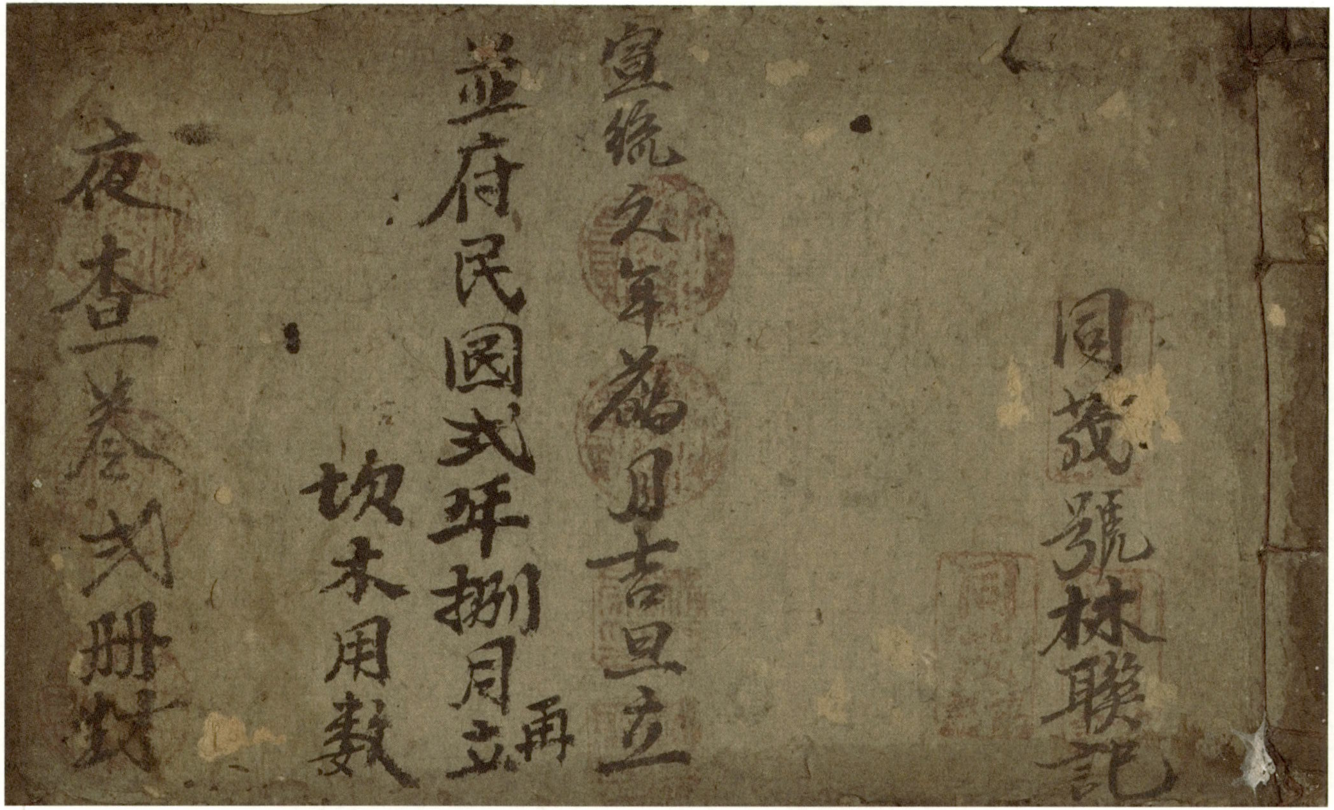

7-3-20-1　清宣統元年同茂號林聯記立賬簿（一）

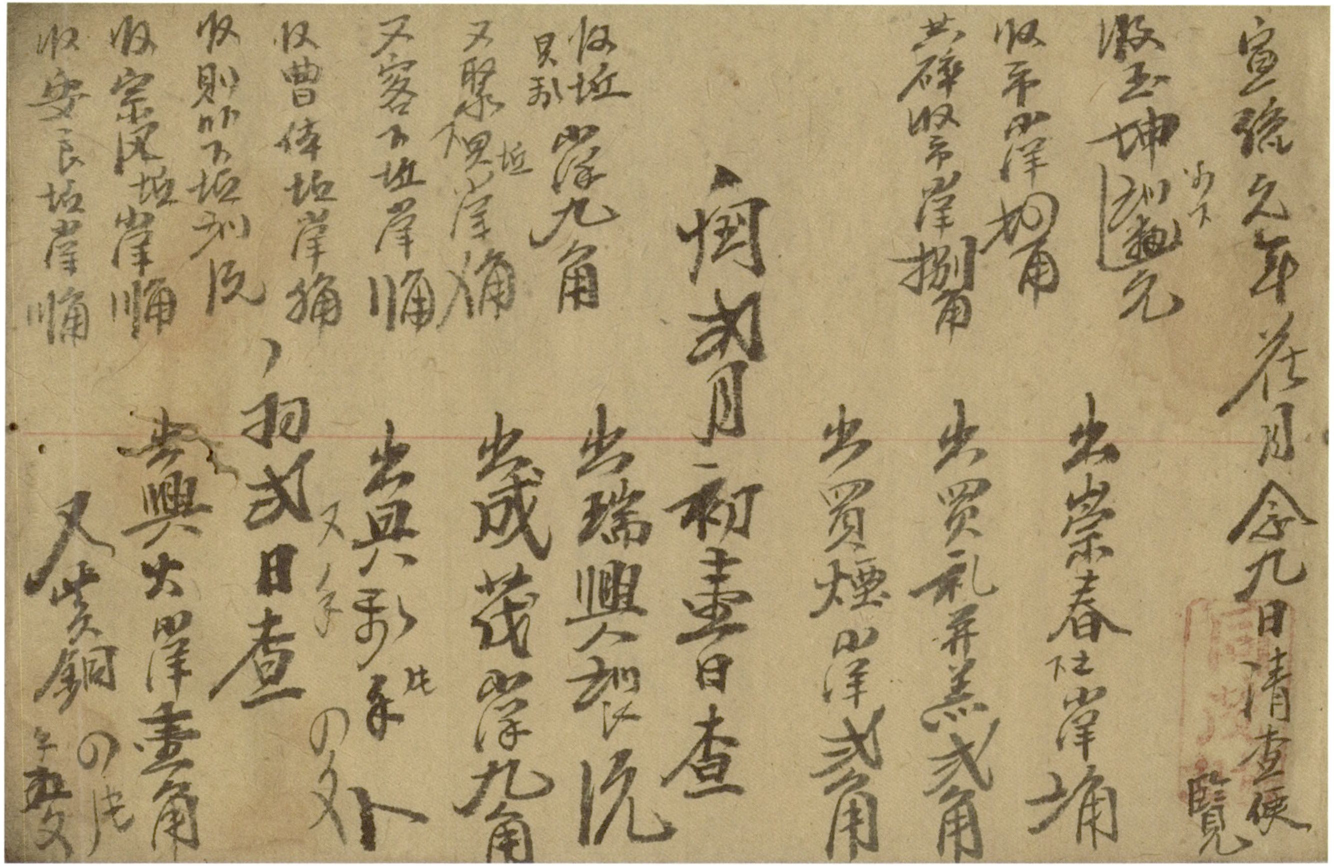

7-3-20-2 清宣統元年同茂號林聯記立賬簿（二）

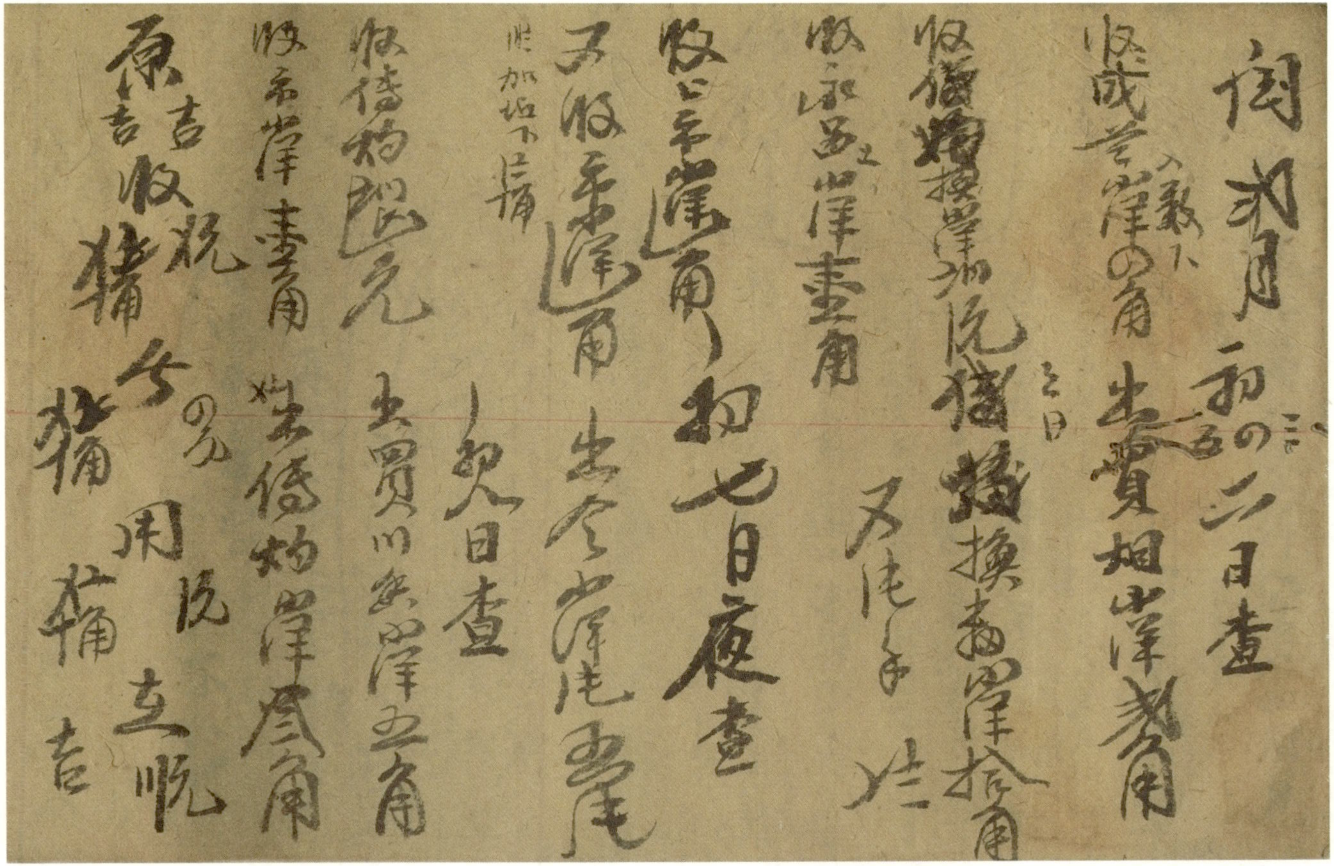

7-3-20-3　清宣統元年同茂號林聯記立賬簿（三）

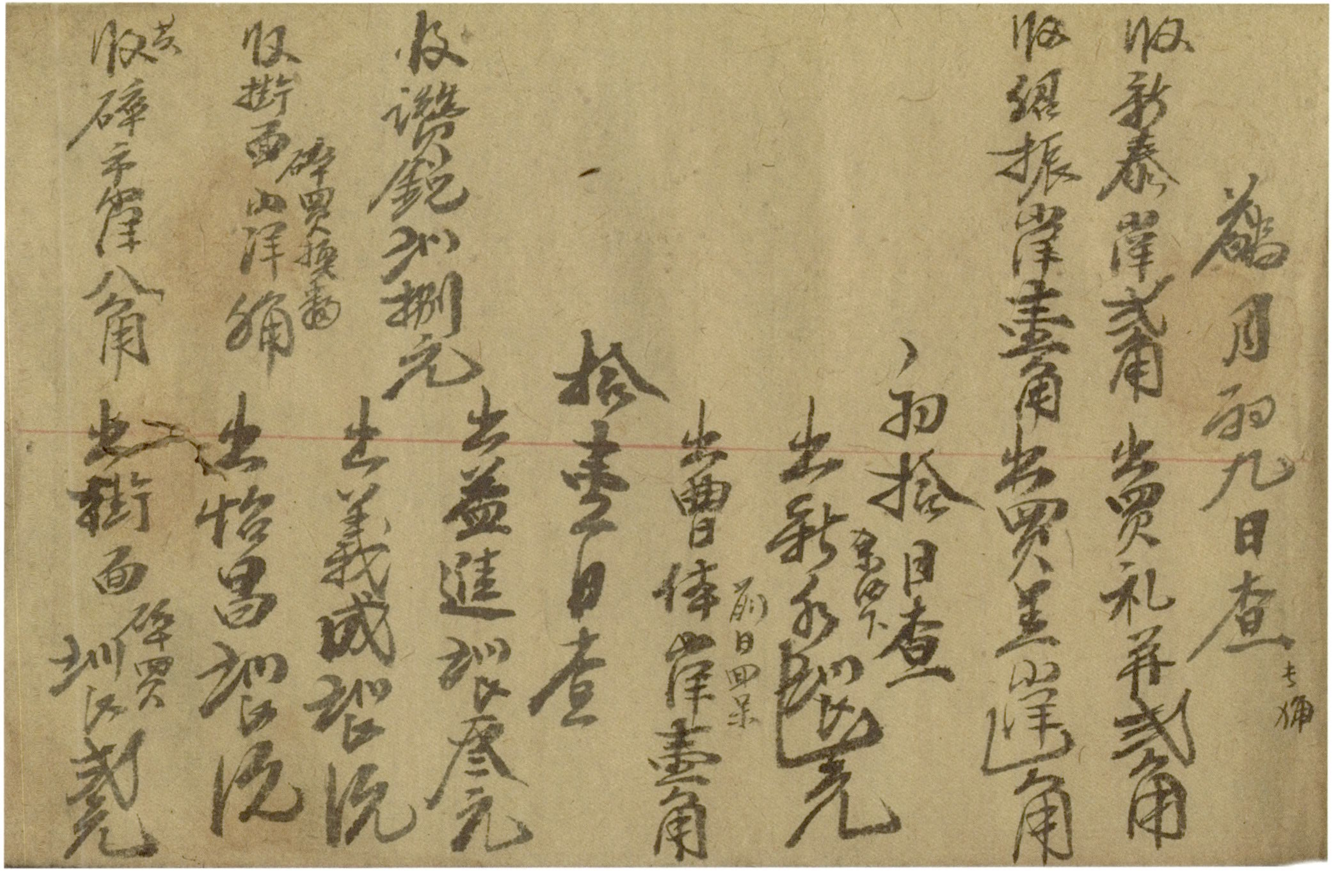
臘月初九日查
收新泰洋貳角 出買礼弟貳角
收綢振洋壹角 出買[illegible]洋[illegible]角
初拾日查
出新和[illegible]元
出曹倖洋壹角
拾壹日查
收讚銳[illegible]元 出益進[illegible]元
收街面山洋[illegible] 出義成[illegible]
收碎平洋八角 出怡昌[illegible]
出街面[illegible]元

7-3-20-4 清宣統元年同茂號林聯記立賬簿（四）

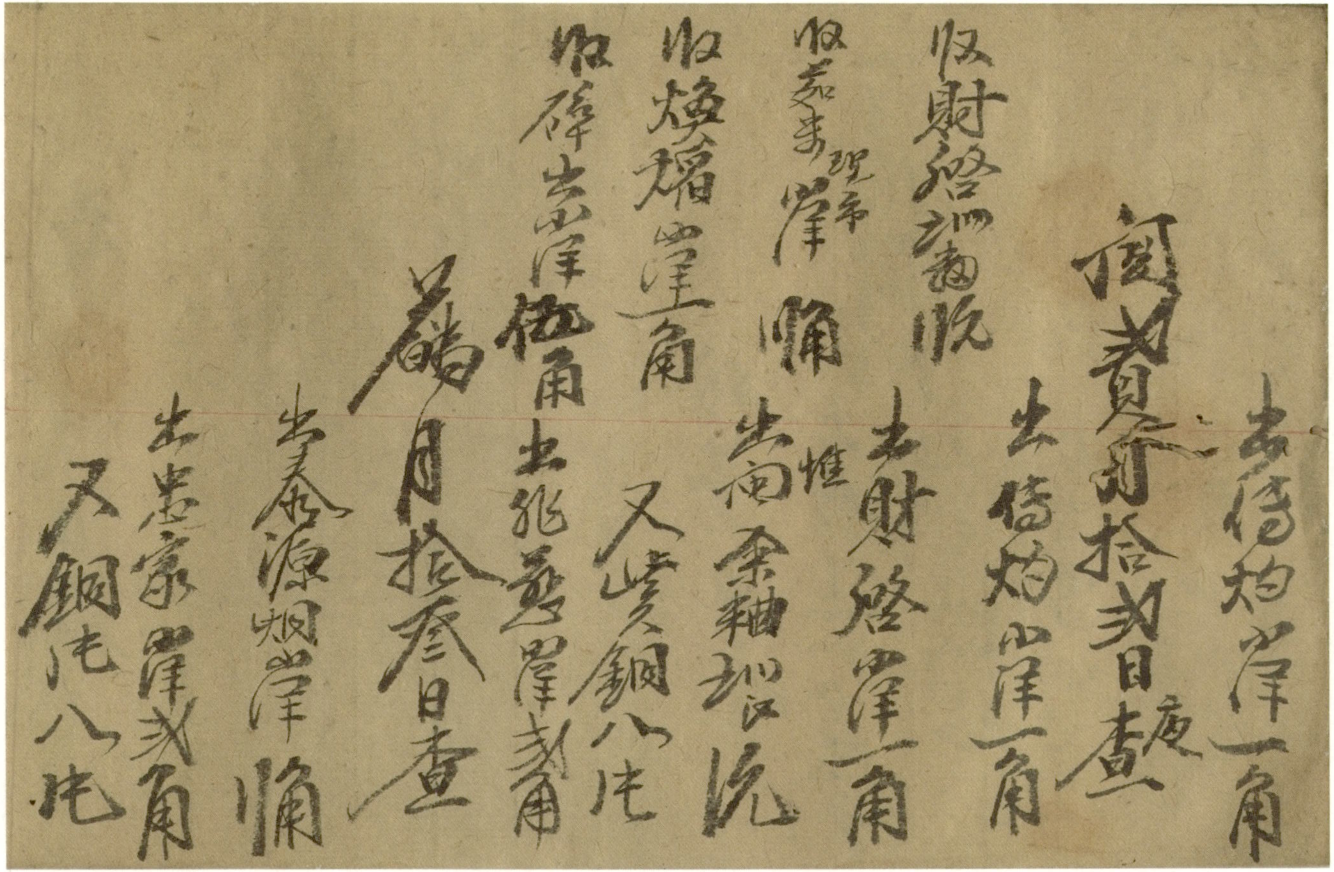

7-3-20-5　清宣統元年同茂號林聯記立賬簿（五）

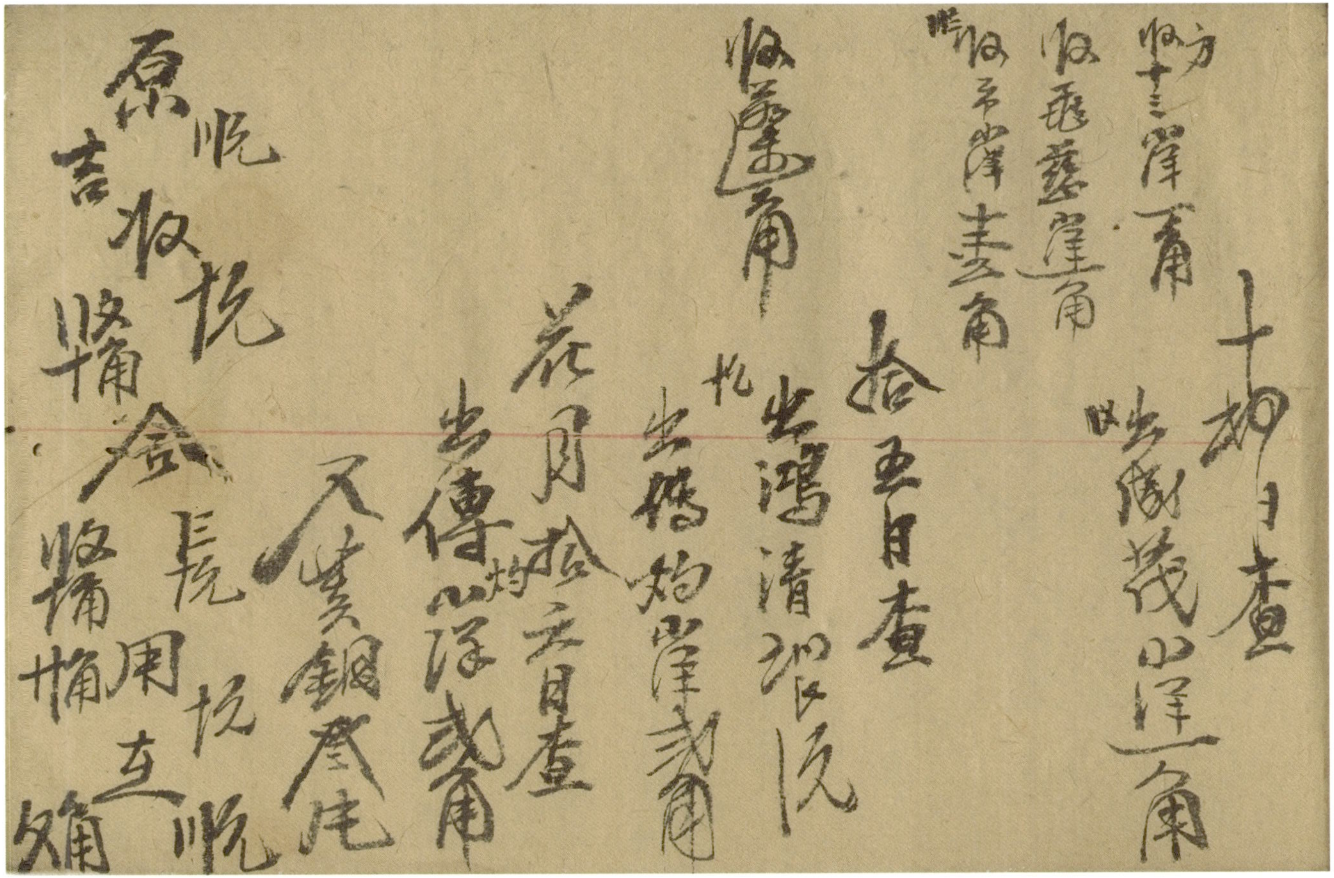

十初一日查
以 出徽錢小洋壹角
方 收十三洋壹角
收丞藝洋壹角
睦 收弟小洋壹角
收義盛角
拾五日查
札 出鴻清細仔洋
出嫣灼洋弍角
花月拾六日查
出傳灼小洋弍角
又美銀叁元
原悦
吉收悦
收備十金長悦
收備十備周悦
支悦
文備

7-3-20-6　清宣統元年同茂號林聯記立賬簿（六）

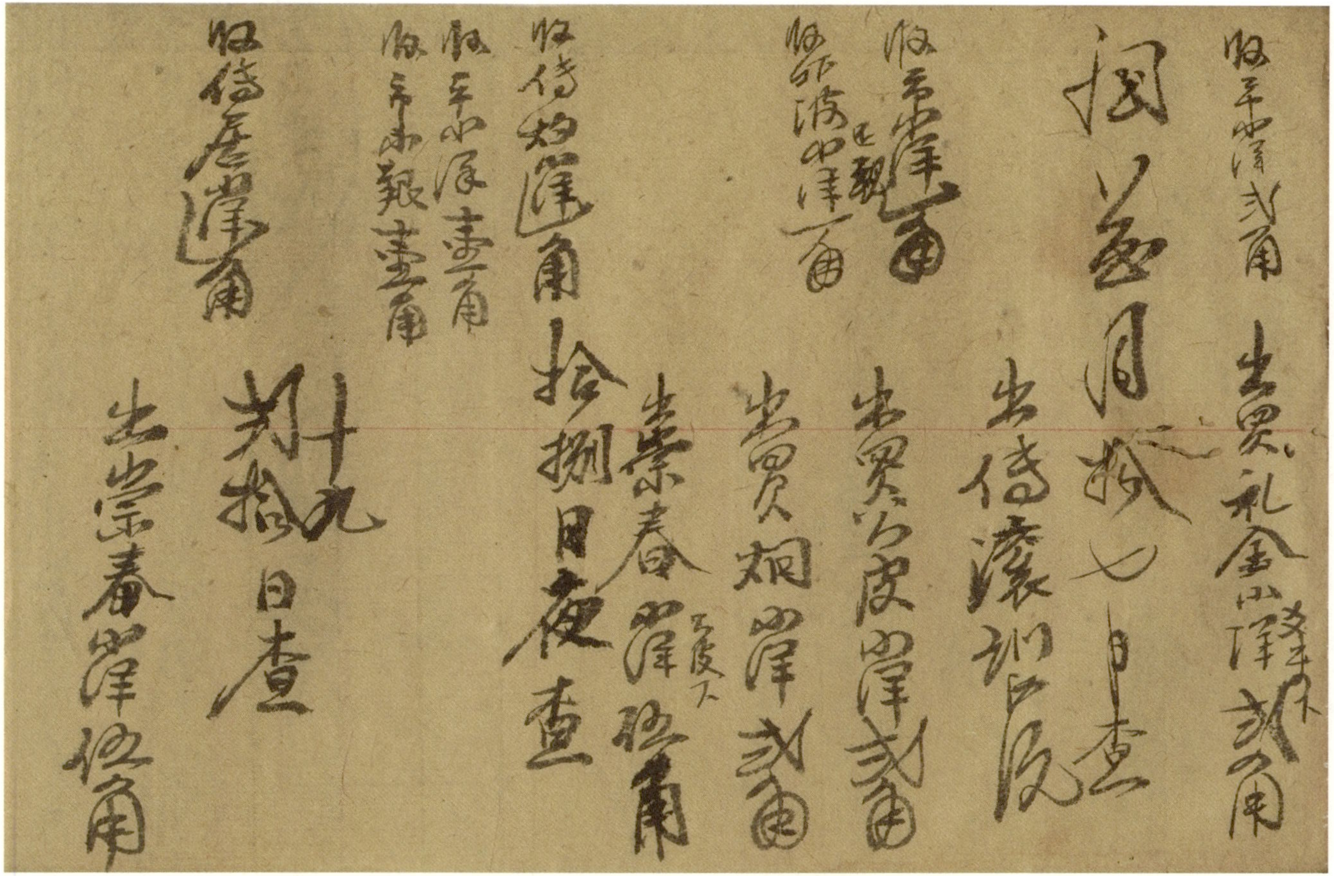

7-3-20-7　清宣統元年同茂號林聯記立賬簿（七）

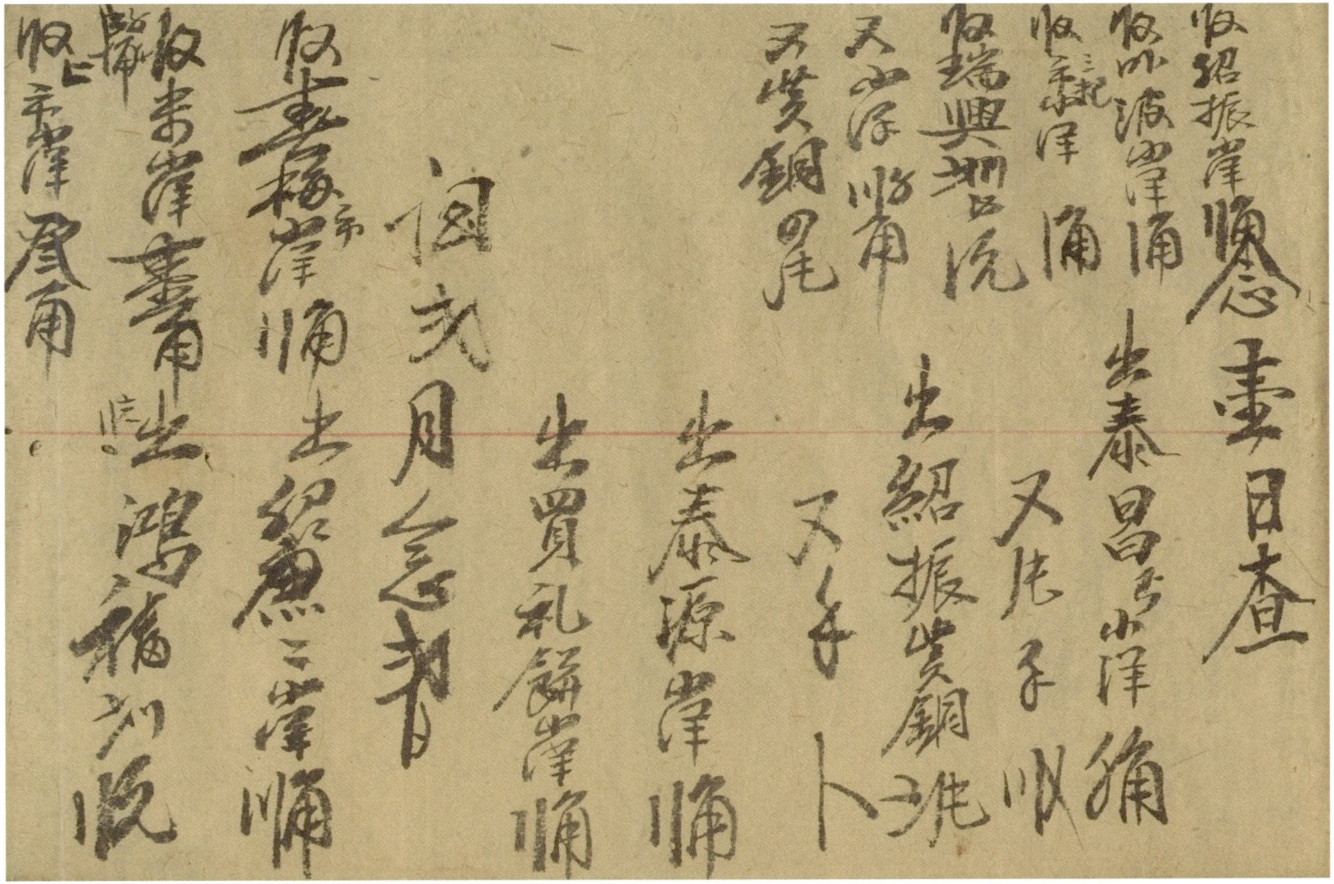

7-3-20-8　清宣統元年同茂號林聯記立賬簿（八）

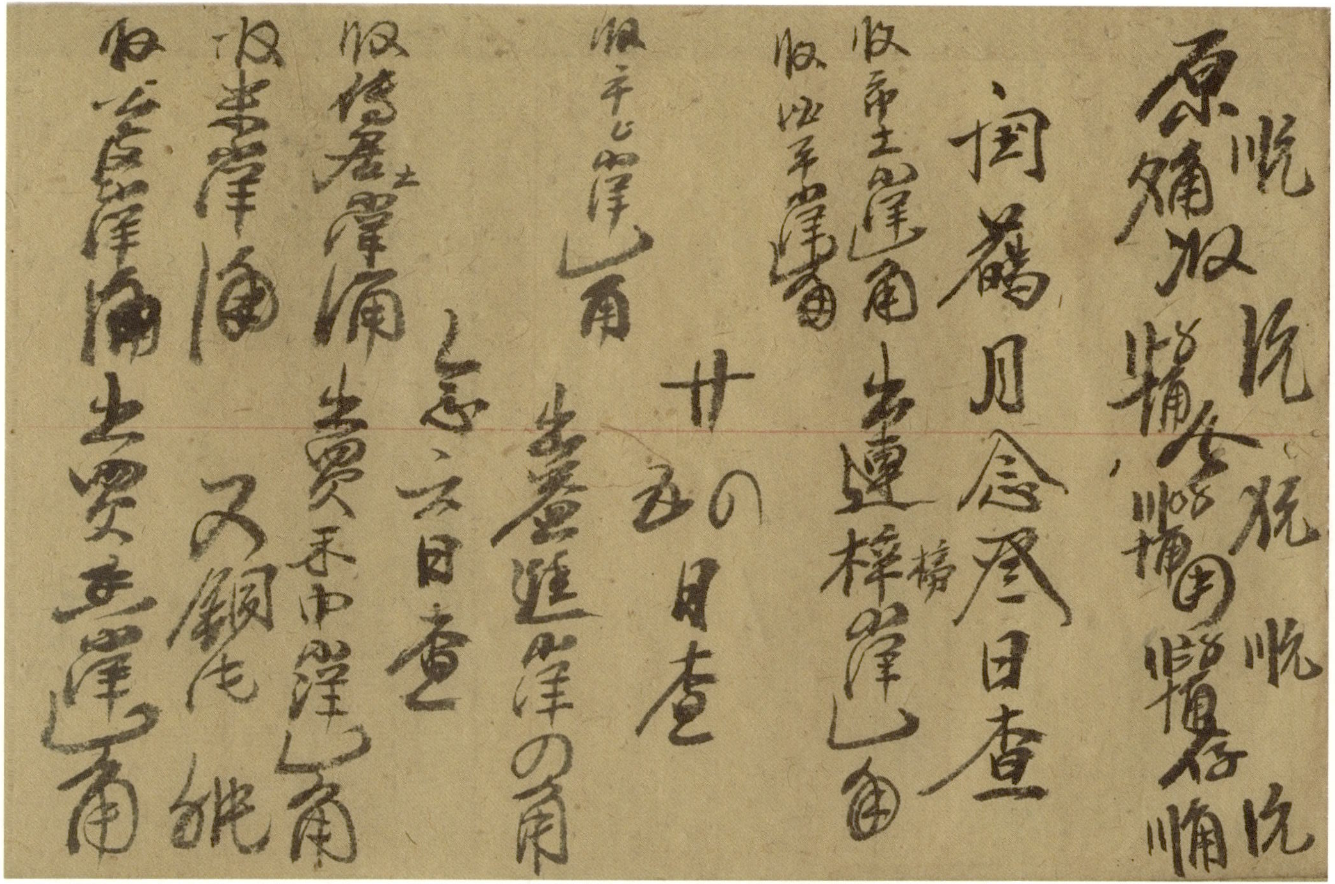

7-3-20-9　清宣統元年同茂號林聯記立賬簿（九）

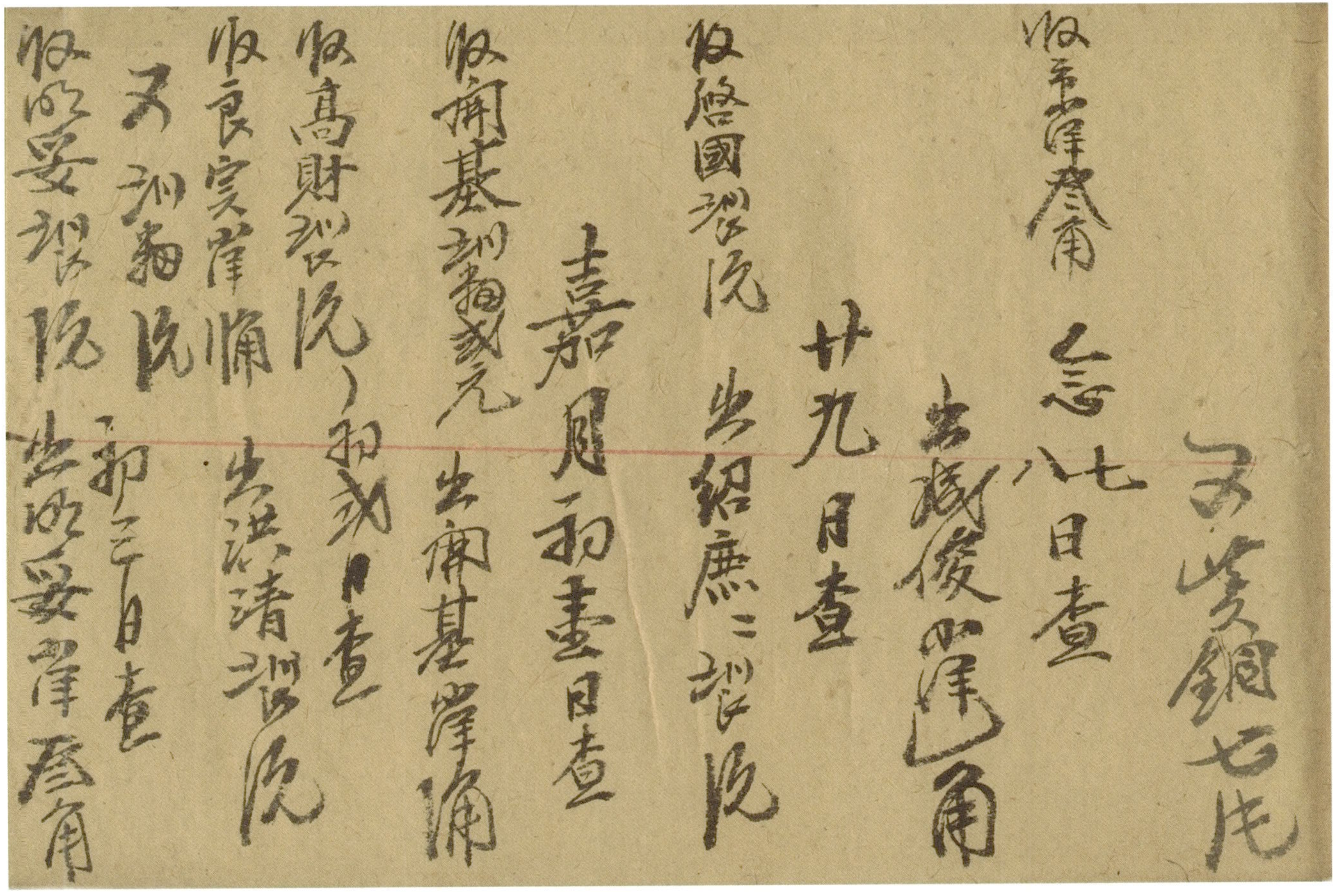
又收銅七仟
收吊洋叁角　念七八日查
出誠俊四洋角
收啟國弍元　廿九日查
出紹應二弍元
嘉月初壹日查
收開基弍角五元　出開基洋角
收高財弍元　初弍日查
出洪清弍元
收良宗洋角
又弍角元　初三日查
收成安弍元　出成安洋叁角

7-3-20-10　清宣統元年同茂號林聯記立賬簿（一〇）

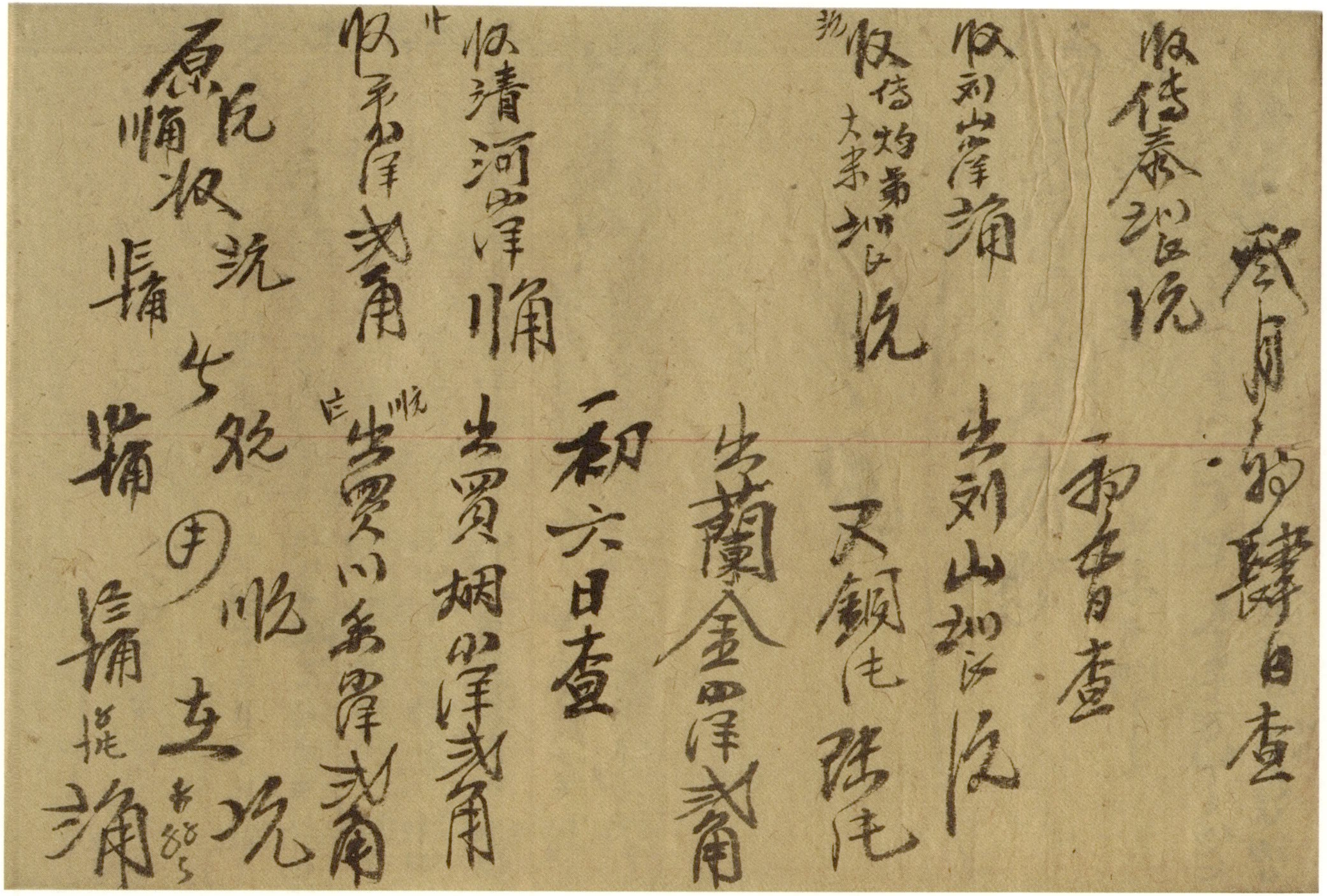

7-3-20-11　清宣統元年同茂號林聯記立賬簿（一一）

嘉月初八日夜查

收錦坪人洲邑　出買川魚式角

收大洋共人洲邑　出買石薜洋四角

又洋壹角　出買烟洋弍角

收平洋壹角　初九十日查

出房主壹洋角

十一日查

收啓洋乙角

收明要洲邑

十六日查

十八日

廿日收

收小洋乙角

收小洋乙角

收小洋式角

出買烟小洋壹角

7-3-20-12　清宣統元年同茂號林聯記立賬簿（一二）

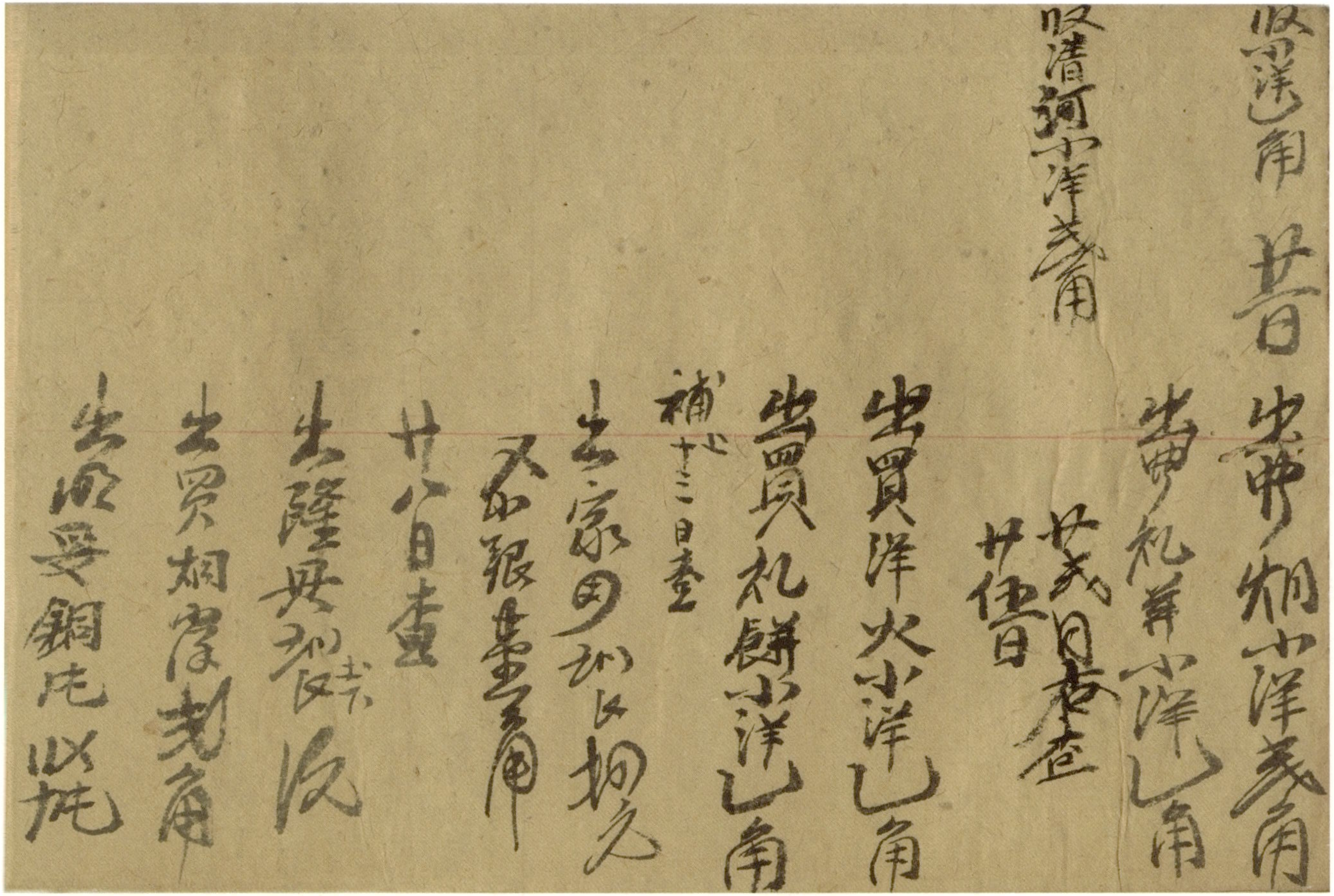

7-3-20-13　清宣統元年同茂號林聯記立賬簿（一三）

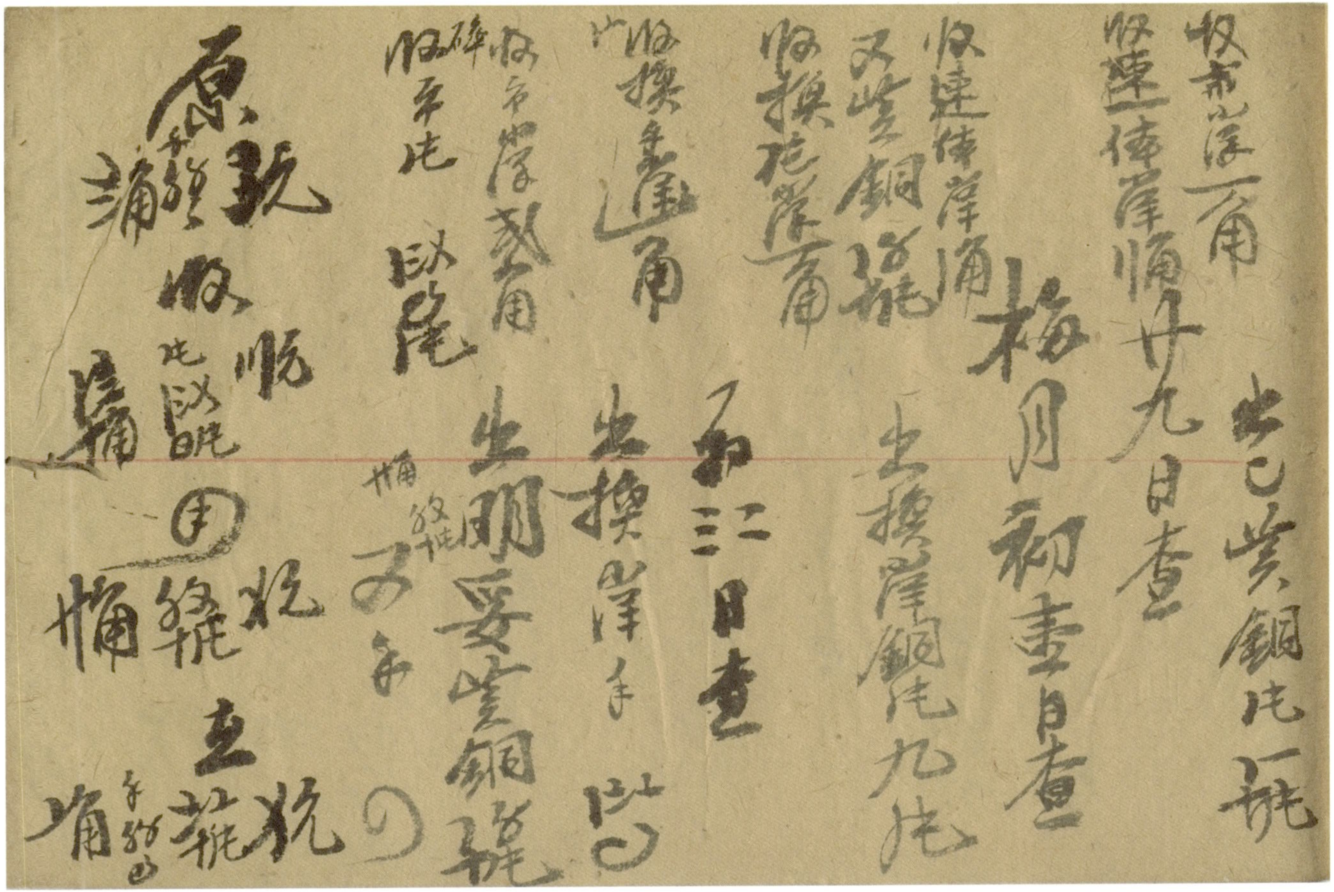

7-3-20-14 清宣統元年同茂號林聯記立賬簿（一四）

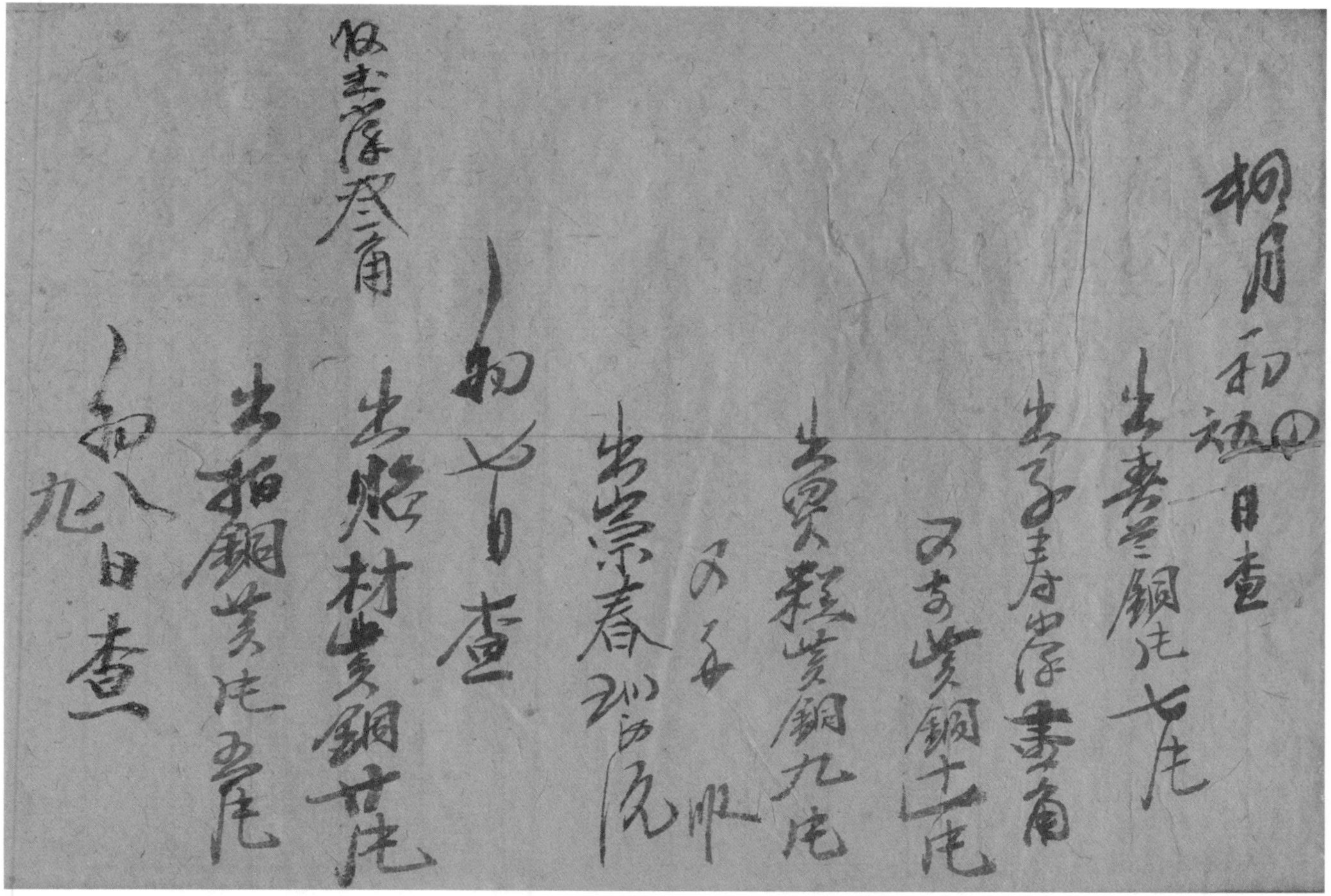

7-3-20-15　清宣統元年同茂號林聯記立賬簿（一五）

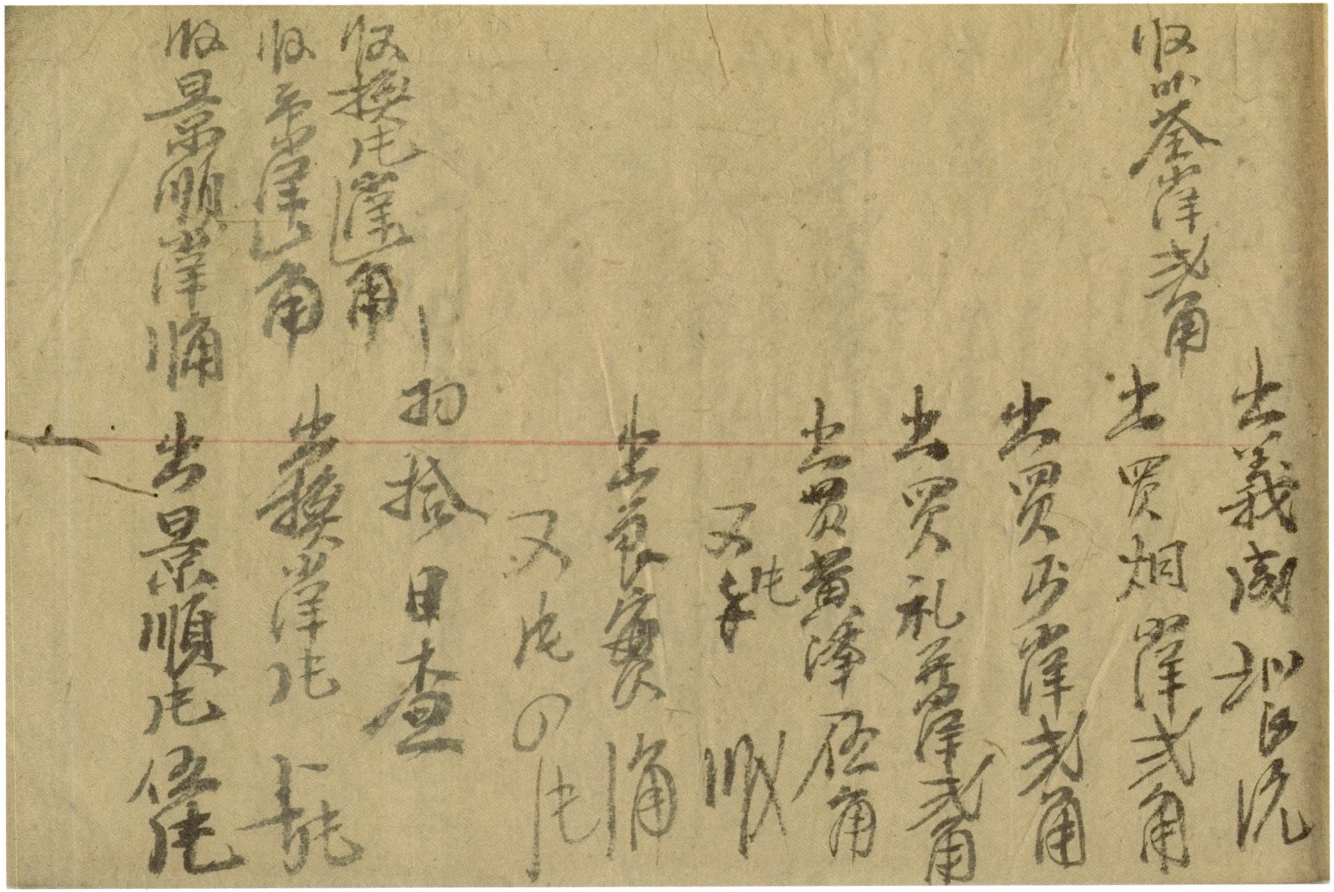

7-3-20-16　清宣統元年同茂號林聯記立賬簿（一六）

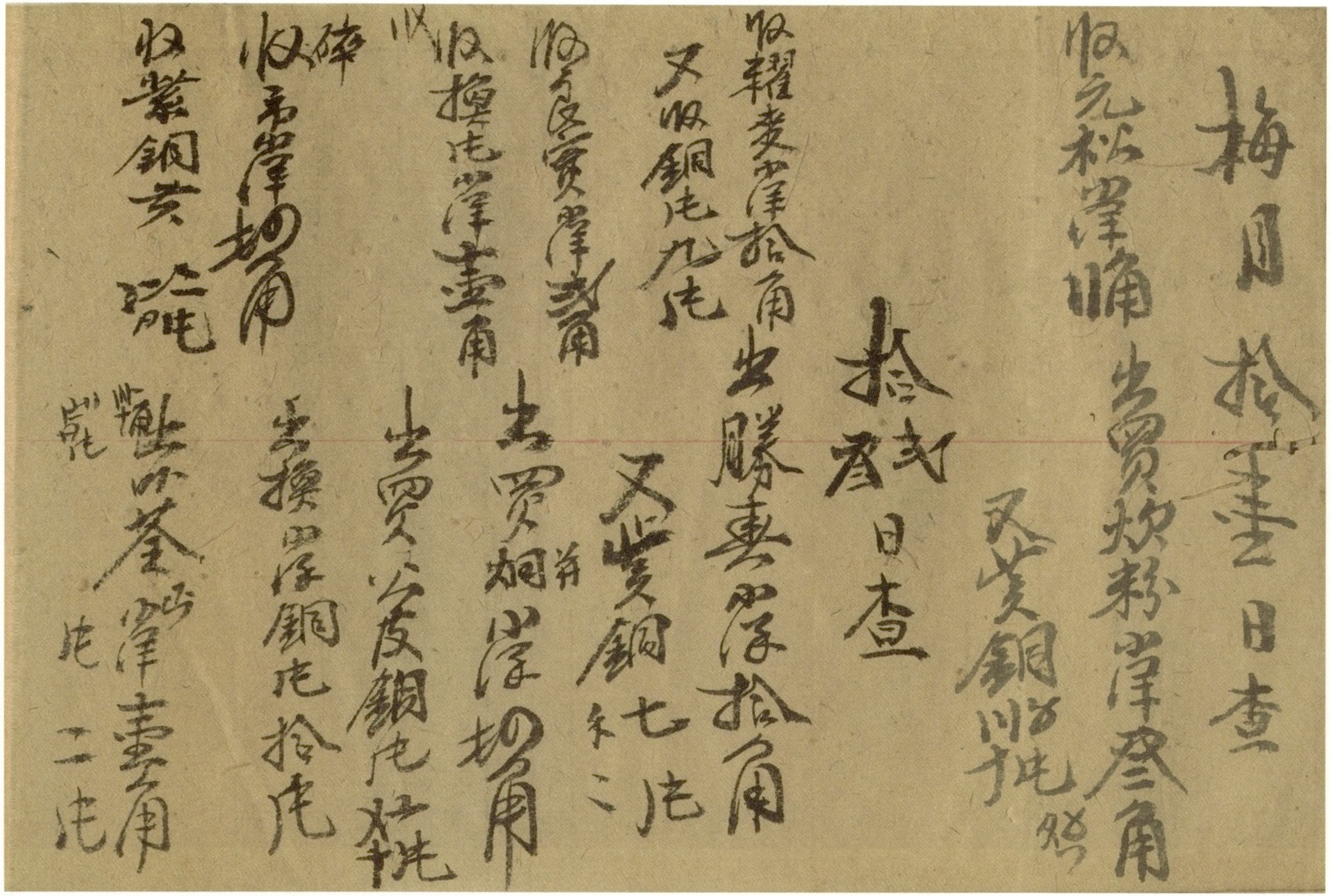

7-3-20-17　清宣統元年同茂號林聯記立賬簿（一七）

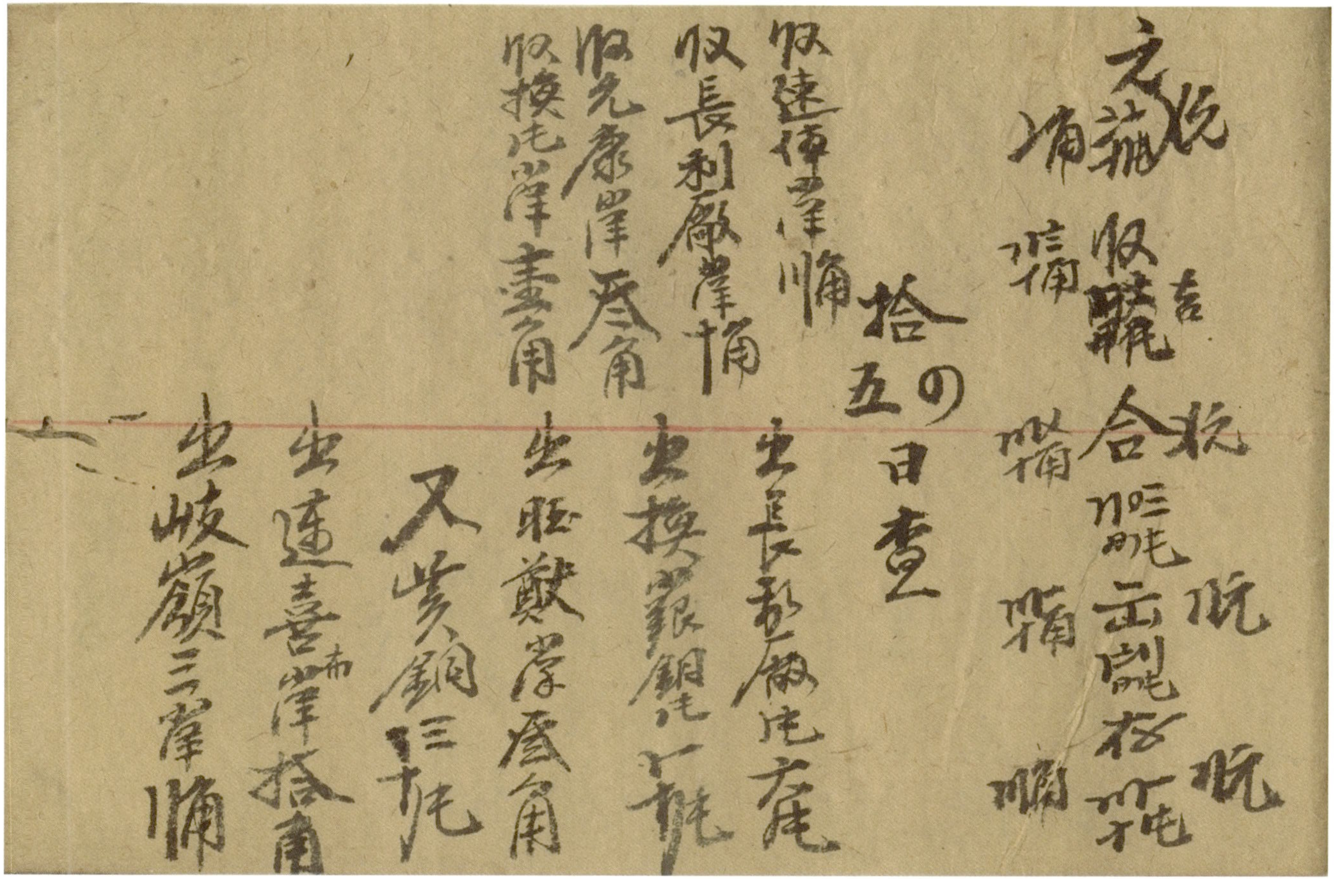

7-3-20-18　清宣統元年同茂號林聯記立賬簿（一八）

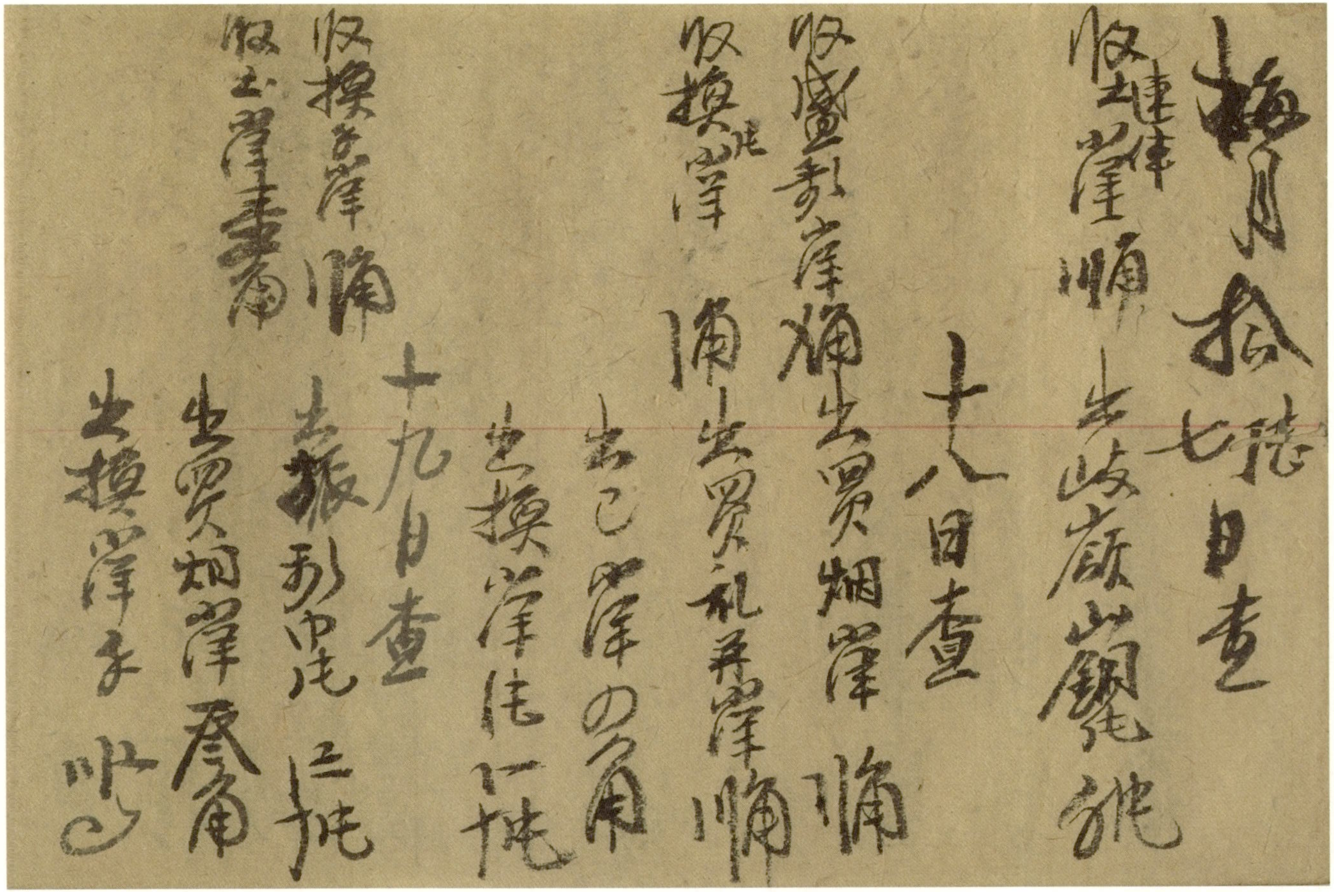

7-3-20-19　清宣統元年同茂號林聯記立賬簿（一九）

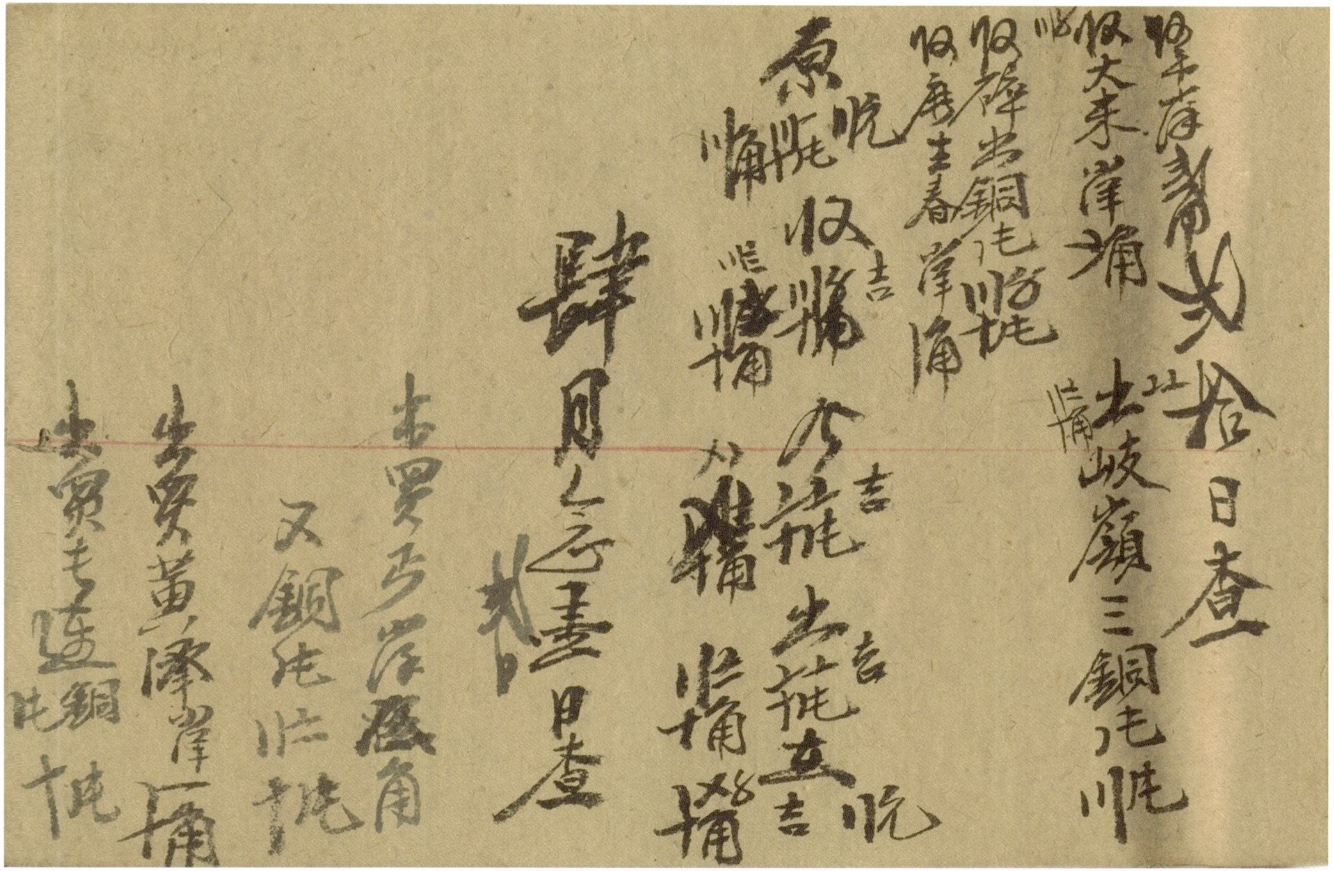

7-3-20-20 清宣統元年同茂號林聯記立賬簿（二〇）

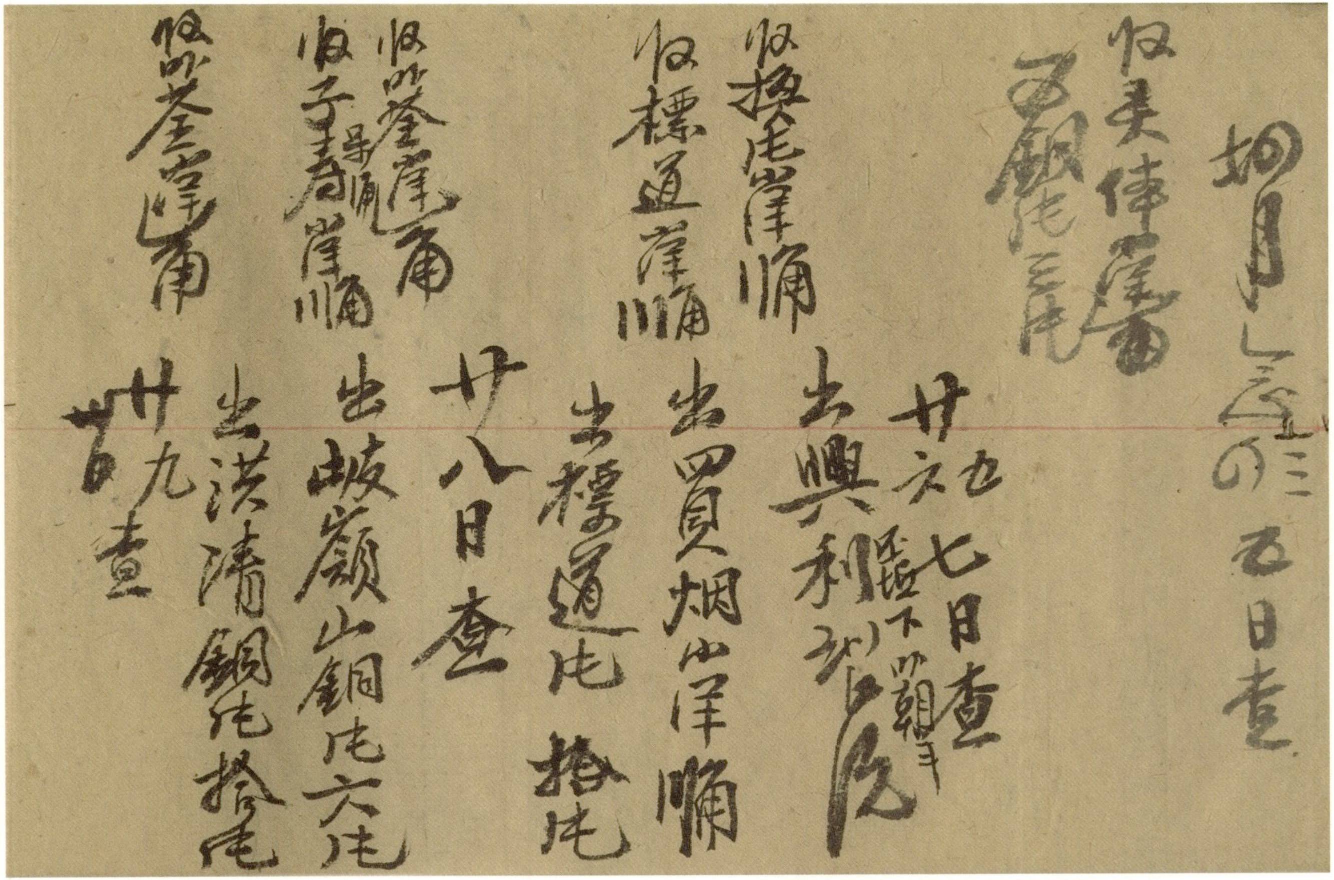

7-3-20-21　清宣統元年同茂號林聯記立賬簿（二一）

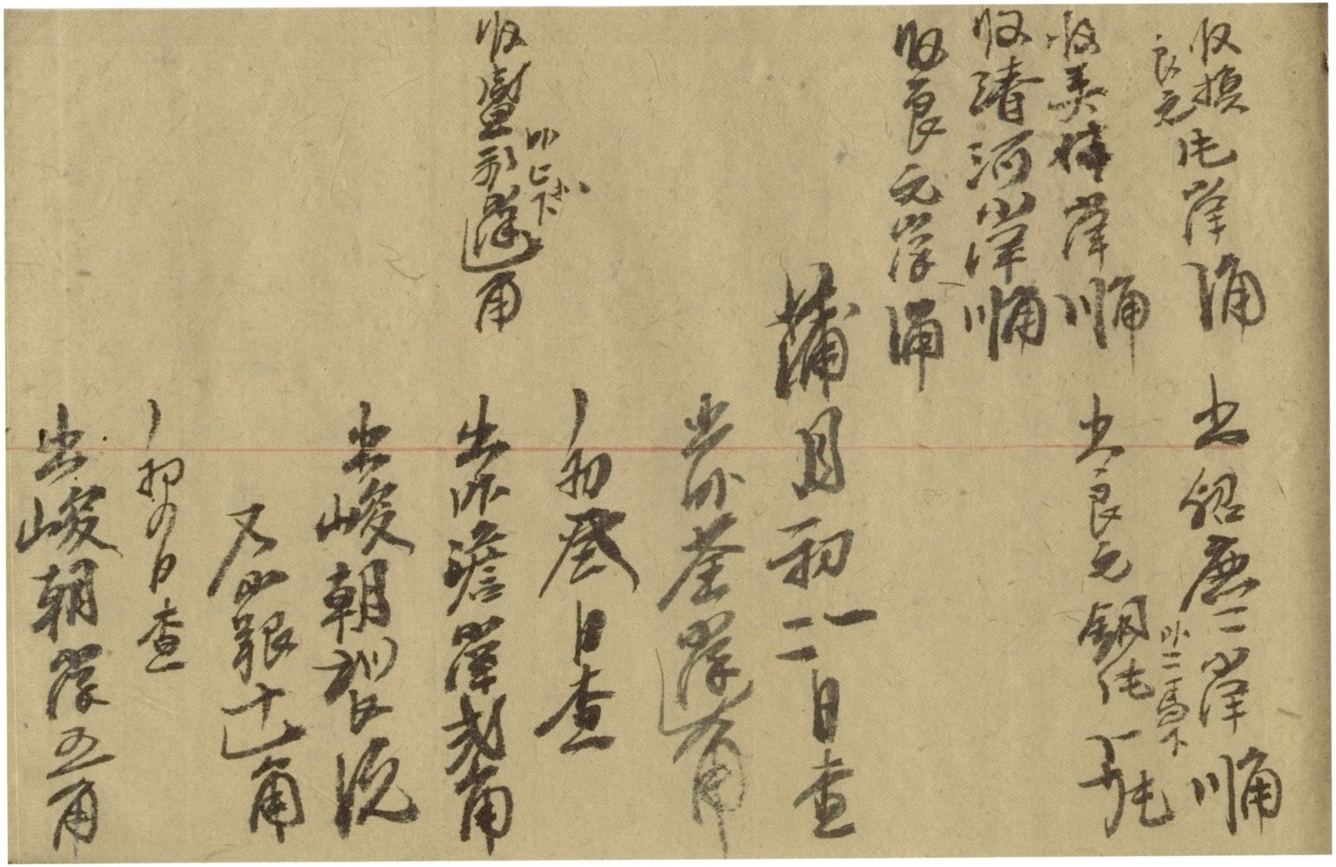
收損佬洋角（良元）　出銀廣二洋川角
收柔椿洋川角　出良元鋼佬一千九（小二馬下）
收諸河洋川角
收良元洋角
收鑾弟洋角
補閏初二日查
出茶洋角
一初三日查
出添澄洋叁角
出峻朝[illegible]
又出銀十一角
一初四日查
出峻朝洋五角

7-3-20-22　清宣統元年同茂號林聯記立賬簿（二二）

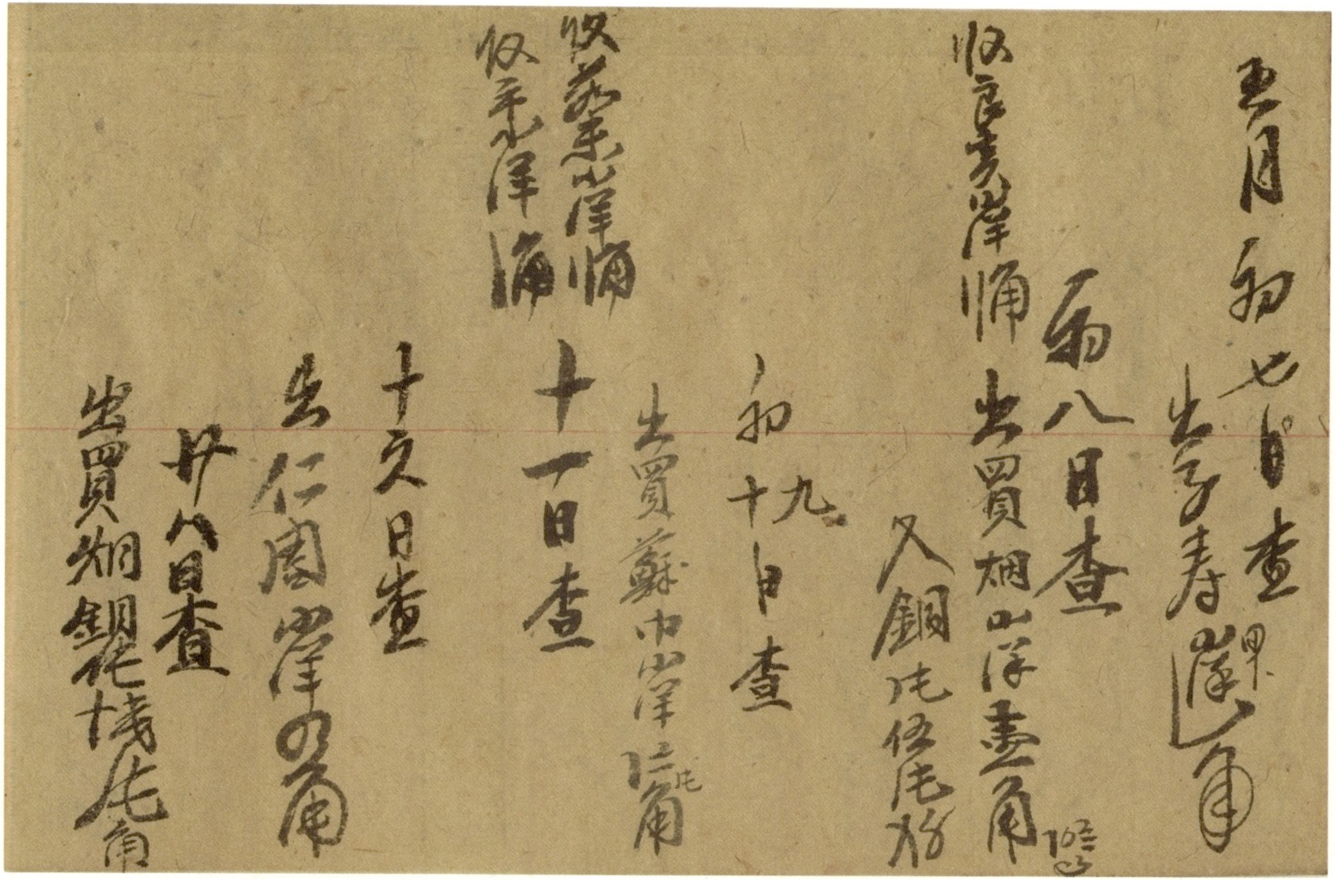

7-3-20-23　清宣統元年同茂號林聯記立賬簿（二三）

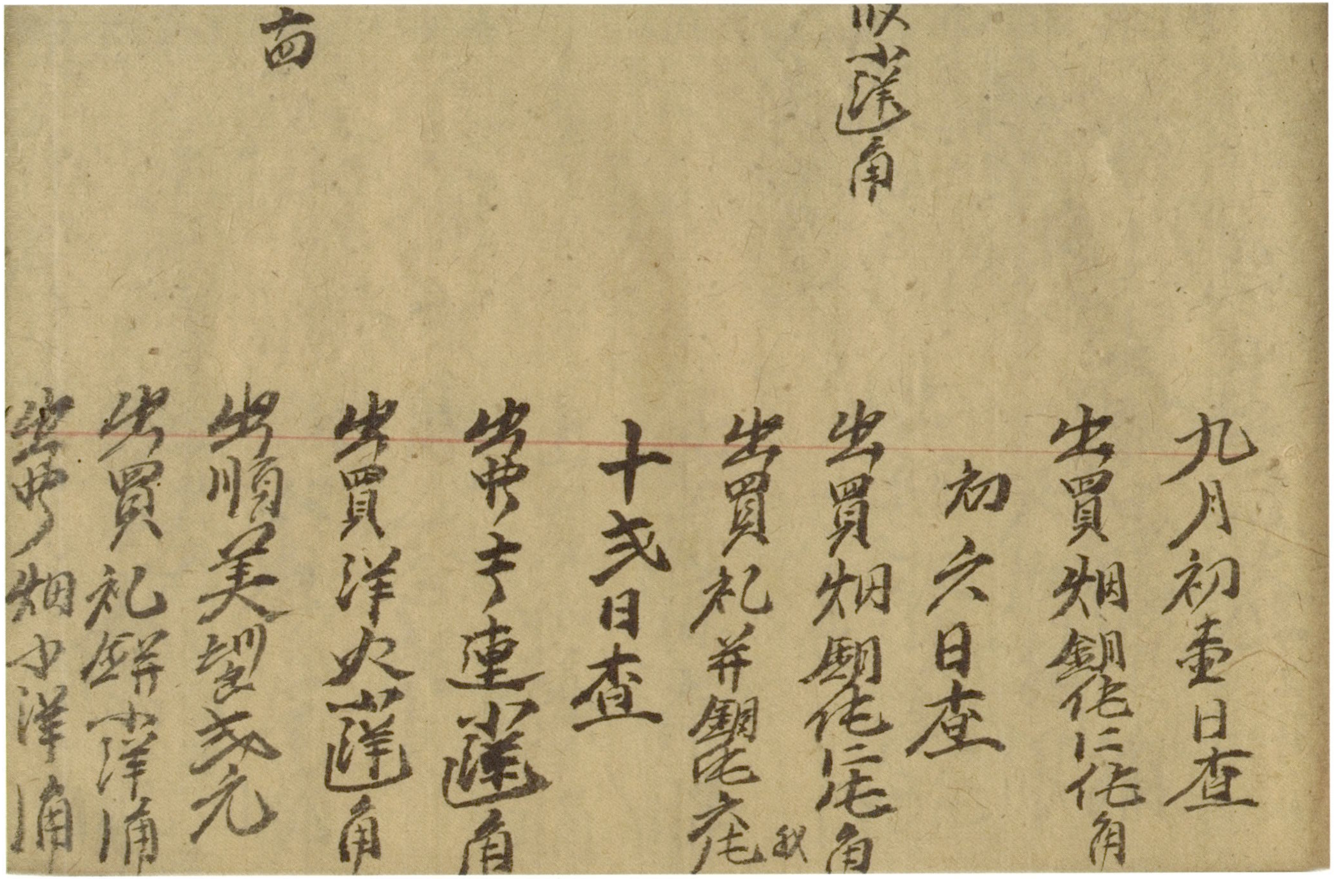

九月初壹日查
出買烟銅□□角
初六日查
出買烟銅□□角
出買札并銅□□
十弍日查
出中□連□洋□角
出買洋火□洋□角
出順美望□元
出買札餅□洋□角
出中烟□洋□角
□洋□角
面

7-3-20-24　清宣統元年同茂號林聯記立賬簿（二四）

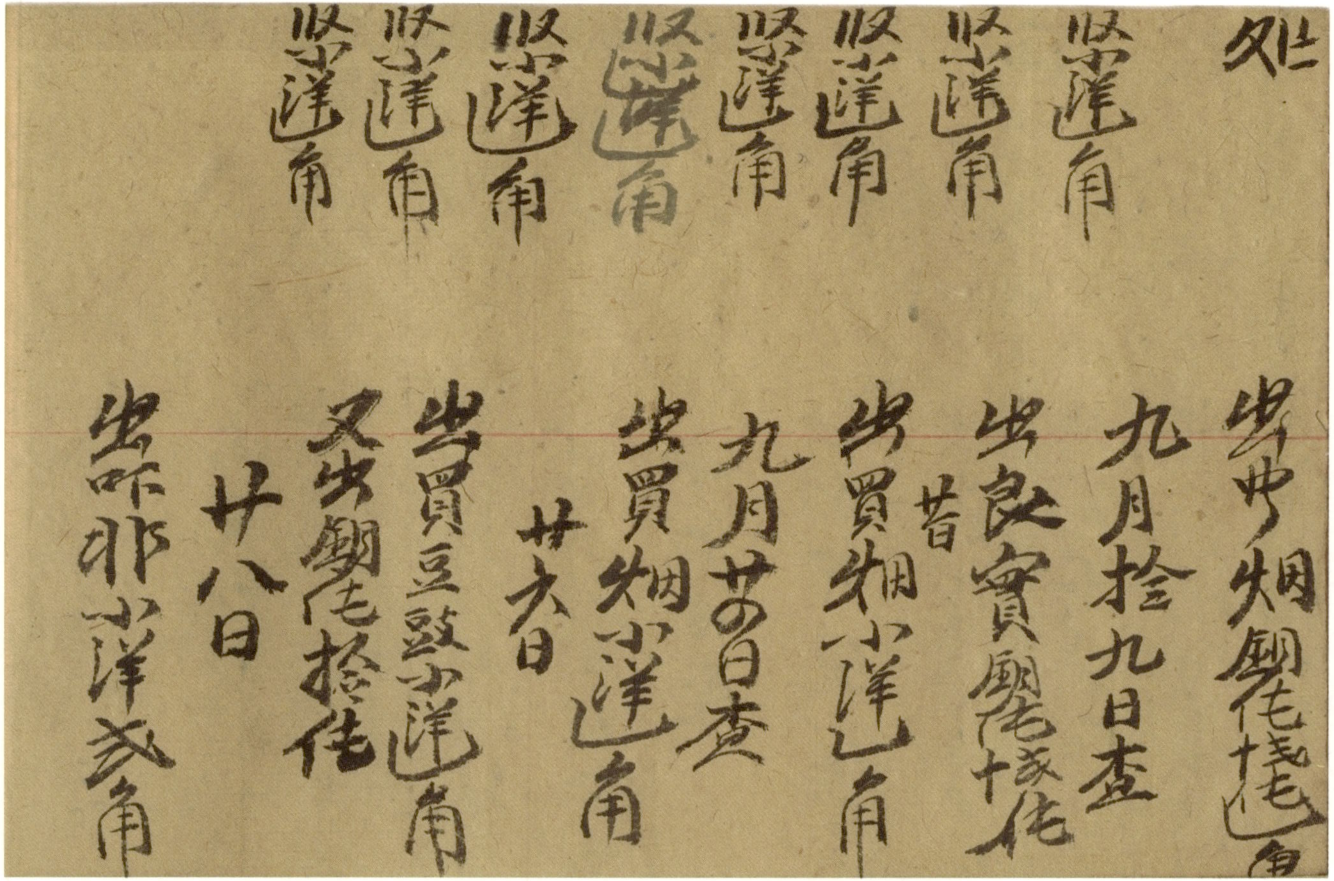

7-3-20-25　清宣統元年同茂號林聯記立賬簿（二五）

拾月初壹日查
出買烟小洋乙角
出炒豆羔米角
出買扎餅小洋乙角
初八日查
出買烟小洋乙角
出買漢炎小洋乙角
拾月初十日
出買化椒小洋乙角
出買洁白小洋乙角
又出烟銅佬七佬
出買豆羔小洋乙角

7-3-20-26　清宣統元年同茂號林聯記立賬簿（二六）

拾壹月廿七日查
出買礼餅小洋[illegible]角
出買仙烟小洋[illegible]角

7-3-20-27　清宣統元年同茂號林聯記立賬簿（二七）

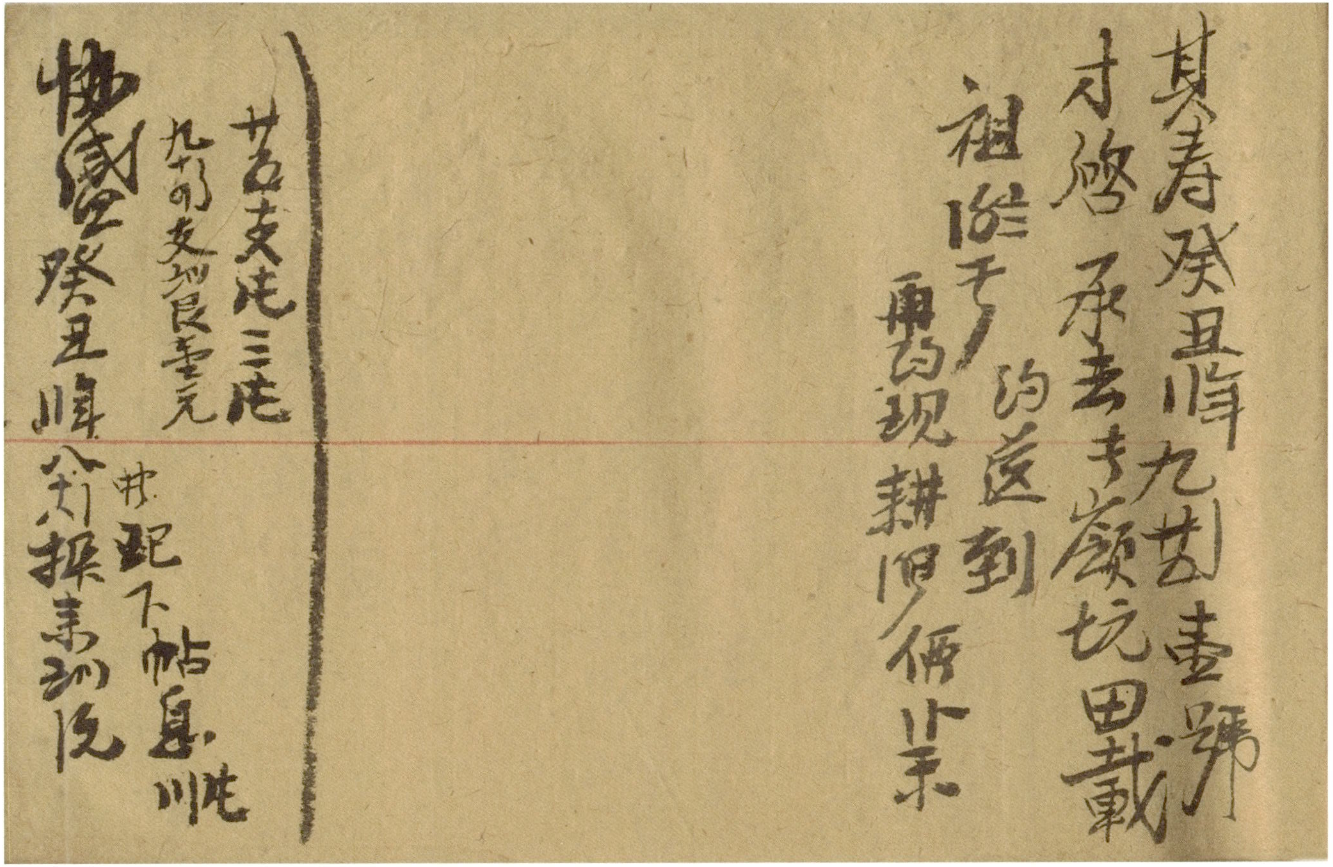

7-3-20-28 清宣統元年同茂號林聯記立賬簿（二八）

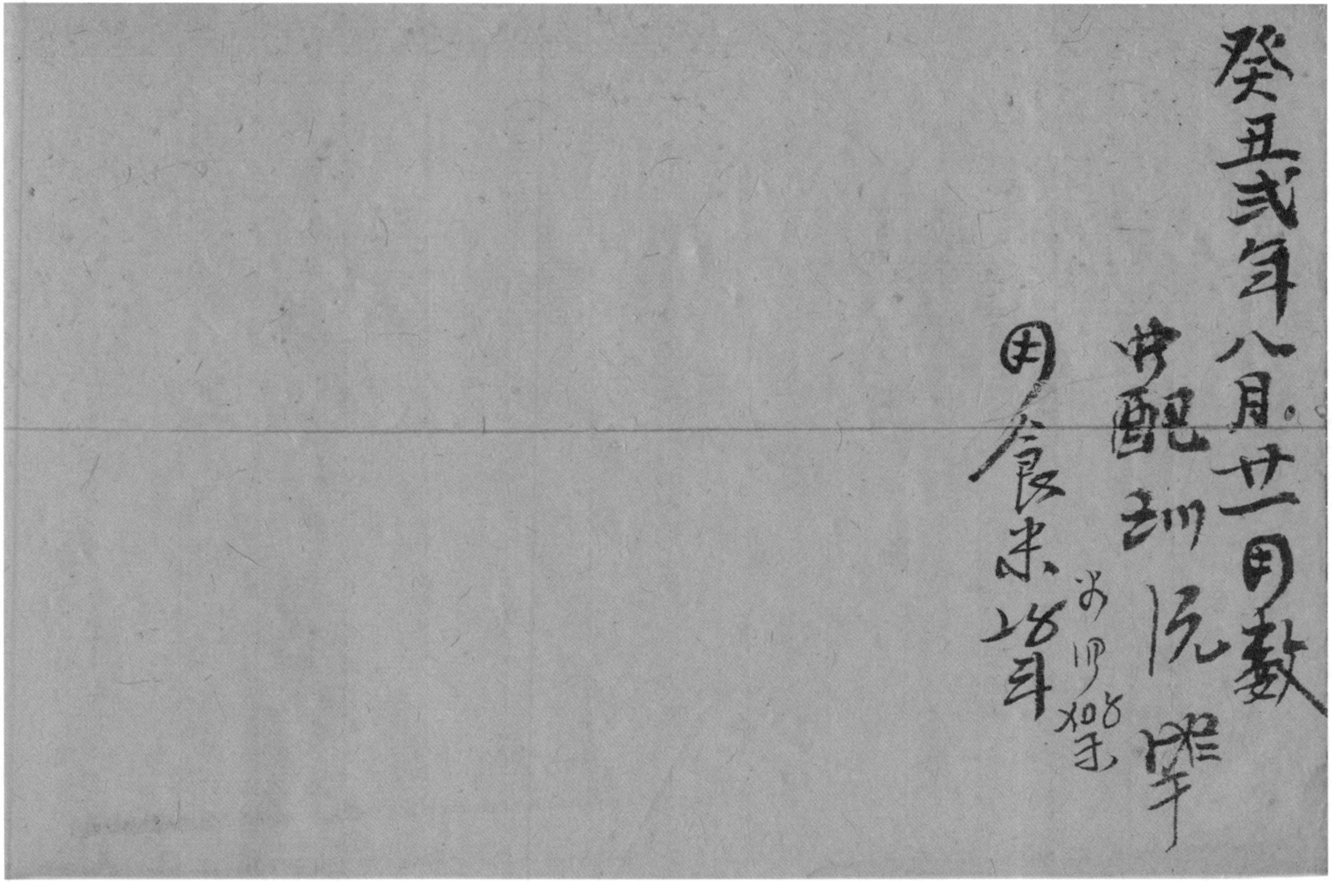

7-3-20-29　清宣統元年同茂號林聯記立賬簿（二九）

7-3-20-30　清宣統元年同茂號林聯記立賬簿（三〇）

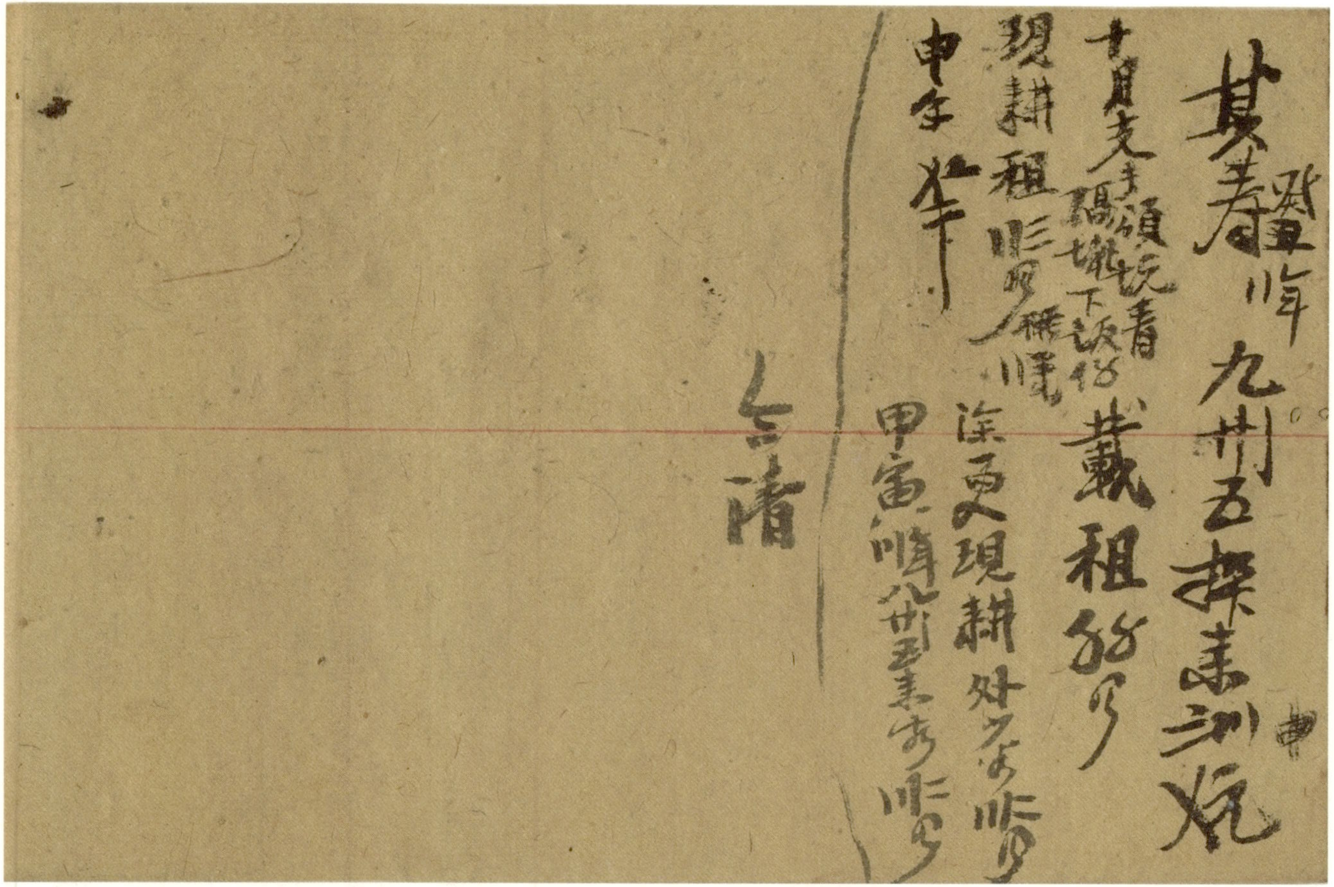

7-3-20-31　清宣統元年同茂號林聯記立賬簿（三一）

卜抄方德

[illegible]月來訓以坑　抄還振和取下

拾壹月來小洋[illegible]角　以腩　[illegible]

又[illegible]洋[illegible]角[illegible]

廿三[illegible]以坑[illegible]

十[illegible]洋[illegible]

[illegible]洋廿角[illegible]

癸支庚洋[illegible]
支光[illegible]拾元[illegible]
甲寅[illegible]叁月[illegible]日

[illegible]拾[illegible]　癸丑[illegible]

7-3-20-32　清宣統元年同茂號林聯記立賬簿（三二）

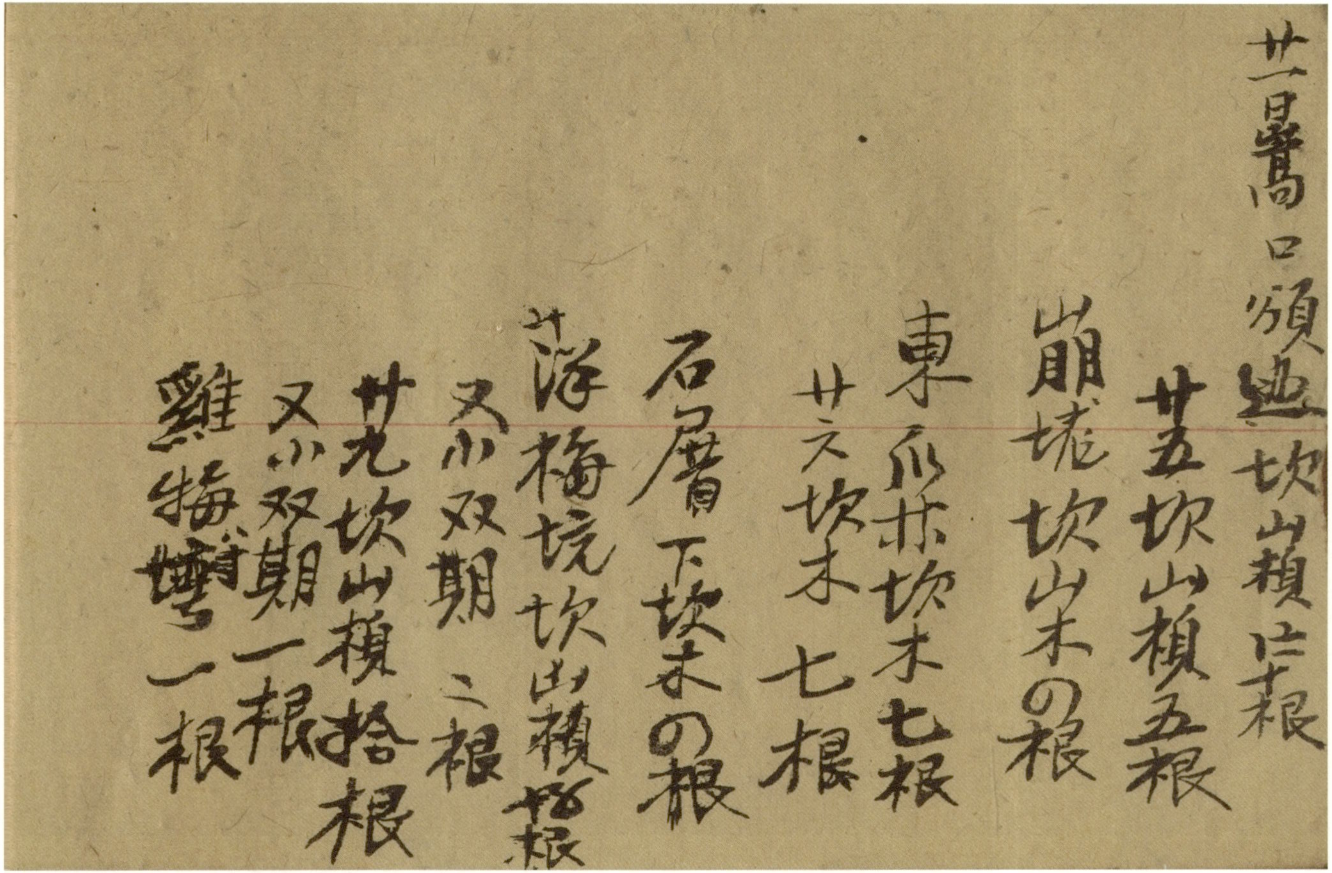

7-3-20-33　清宣統元年同茂號林聯記立賬簿（三三）

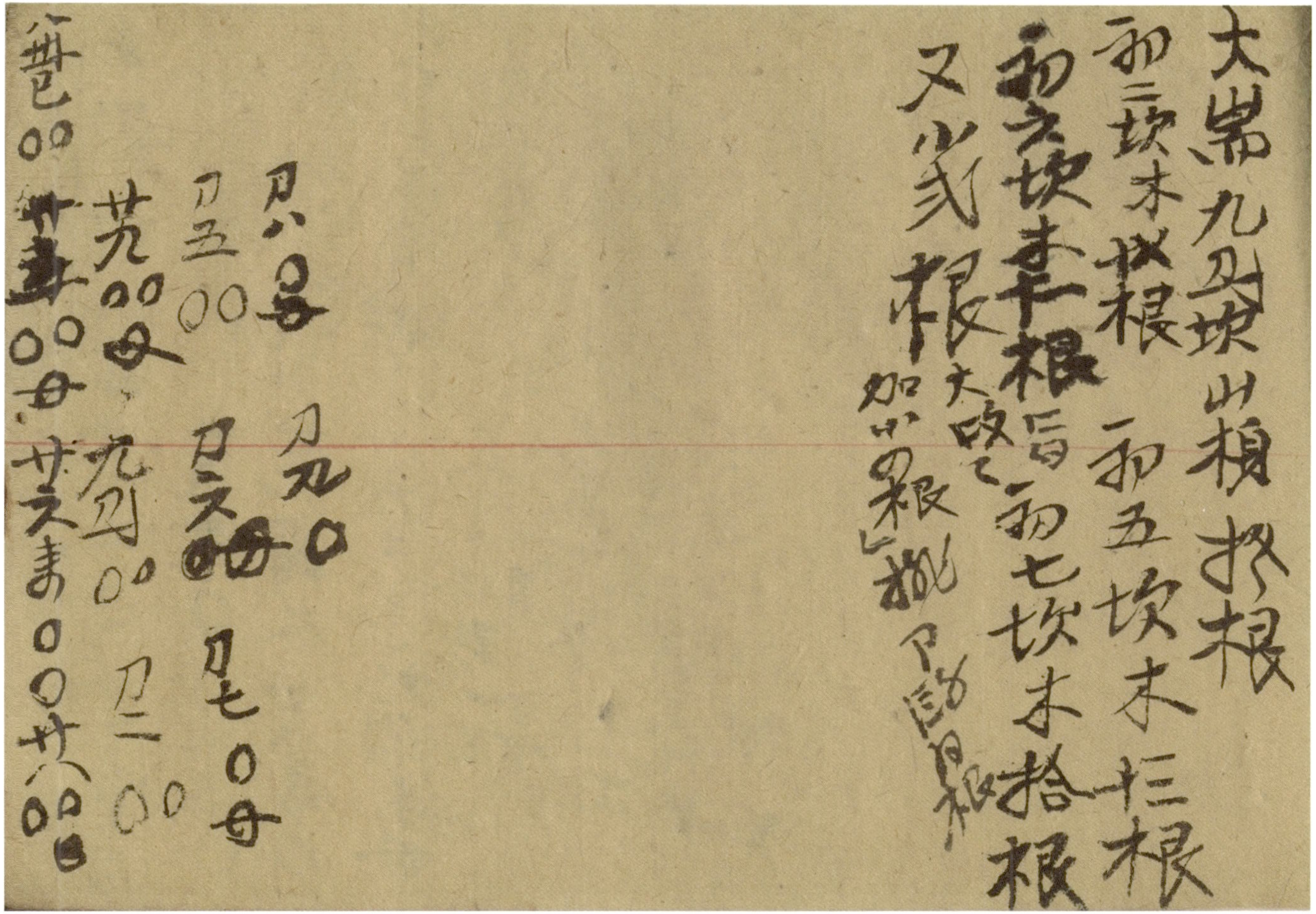
初三坎木拾根 初五坎木十三根
初六坎木十根 初七坎木拾根

7-3-20-34 清宣統元年同茂號林聯記立賬簿（三四）

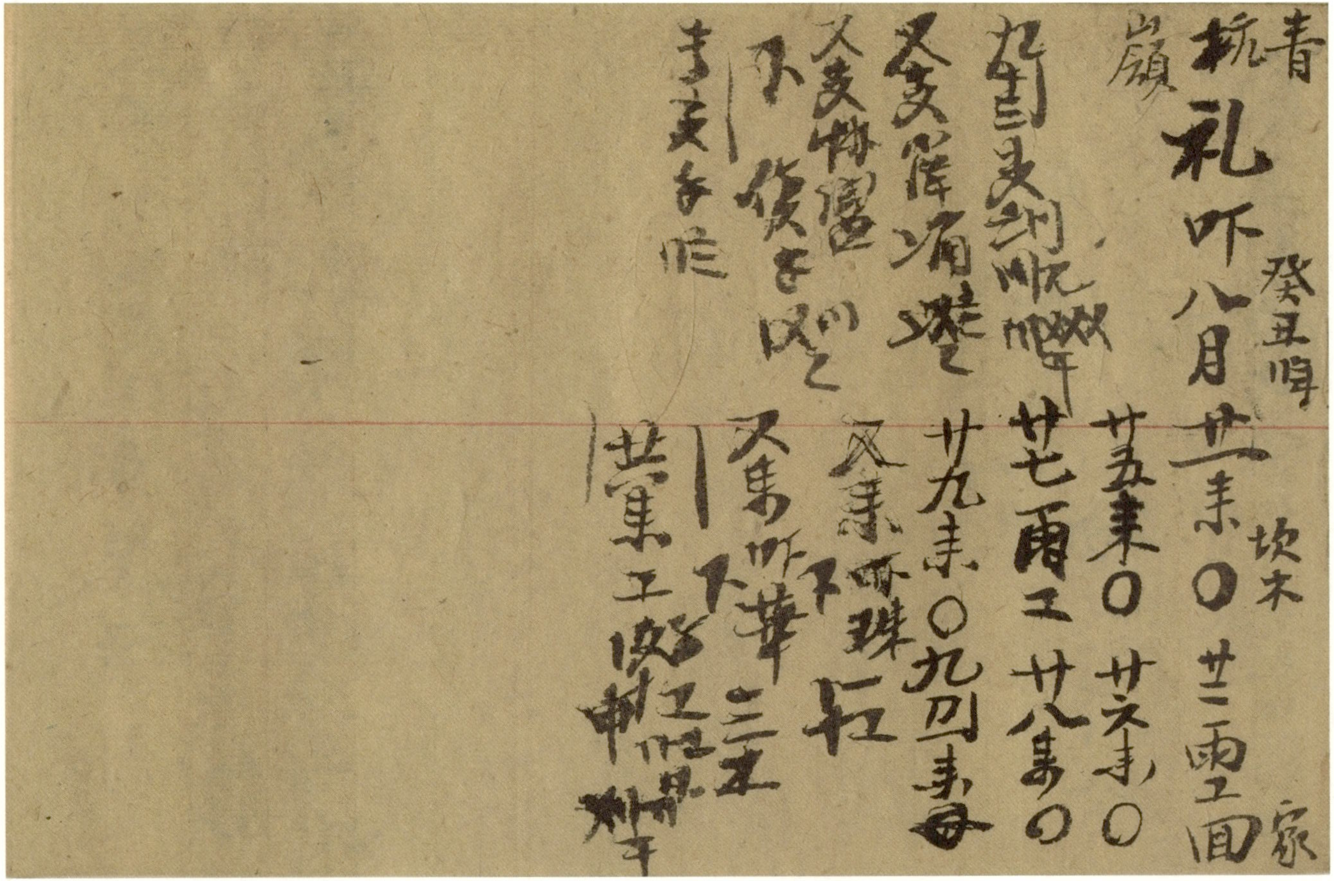

7-3-20-35　清宣統元年同茂號林聯記立賬簿（三五）

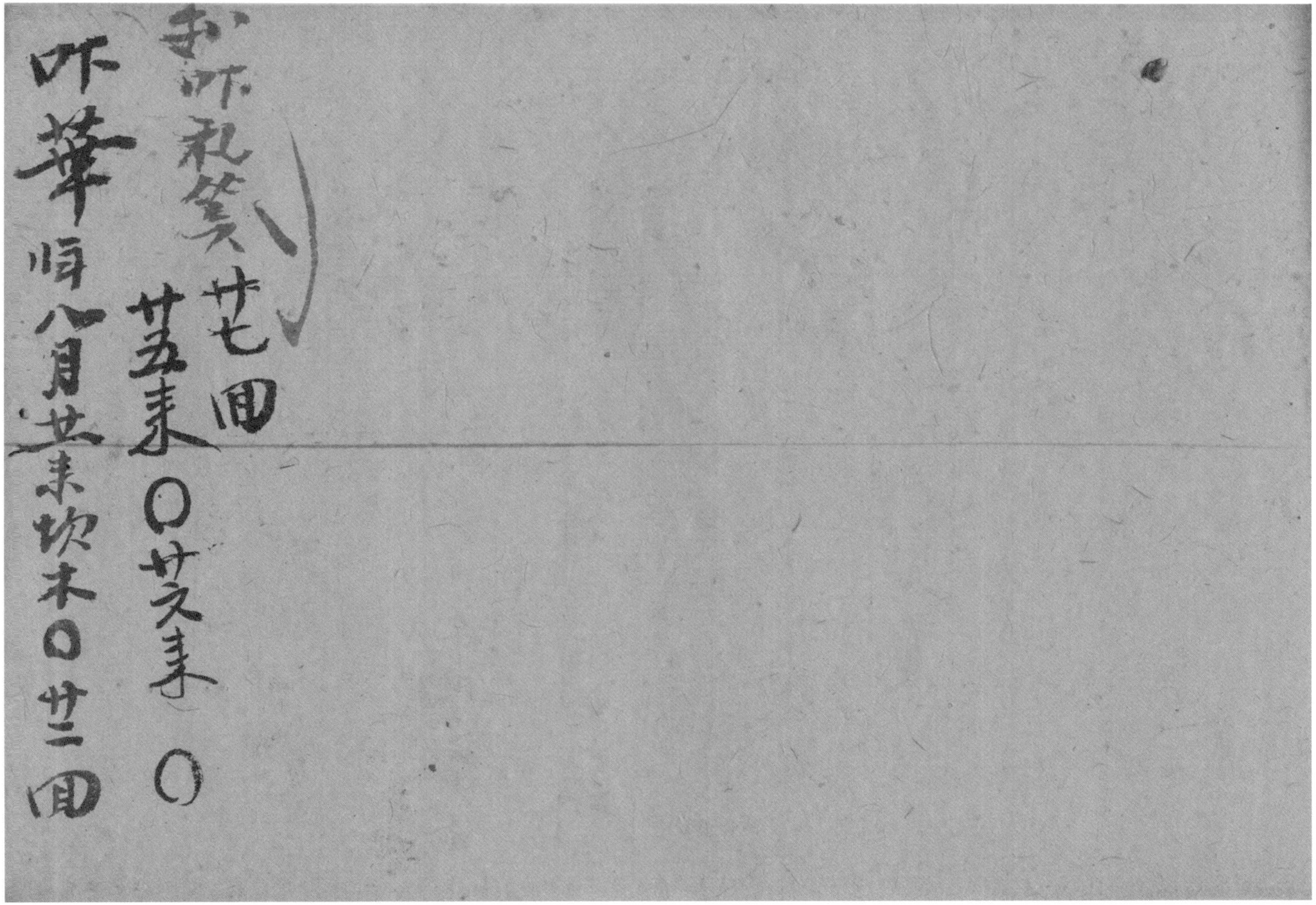

7-3-20-36　清宣統元年同茂號林聯記立賬簿（三六）

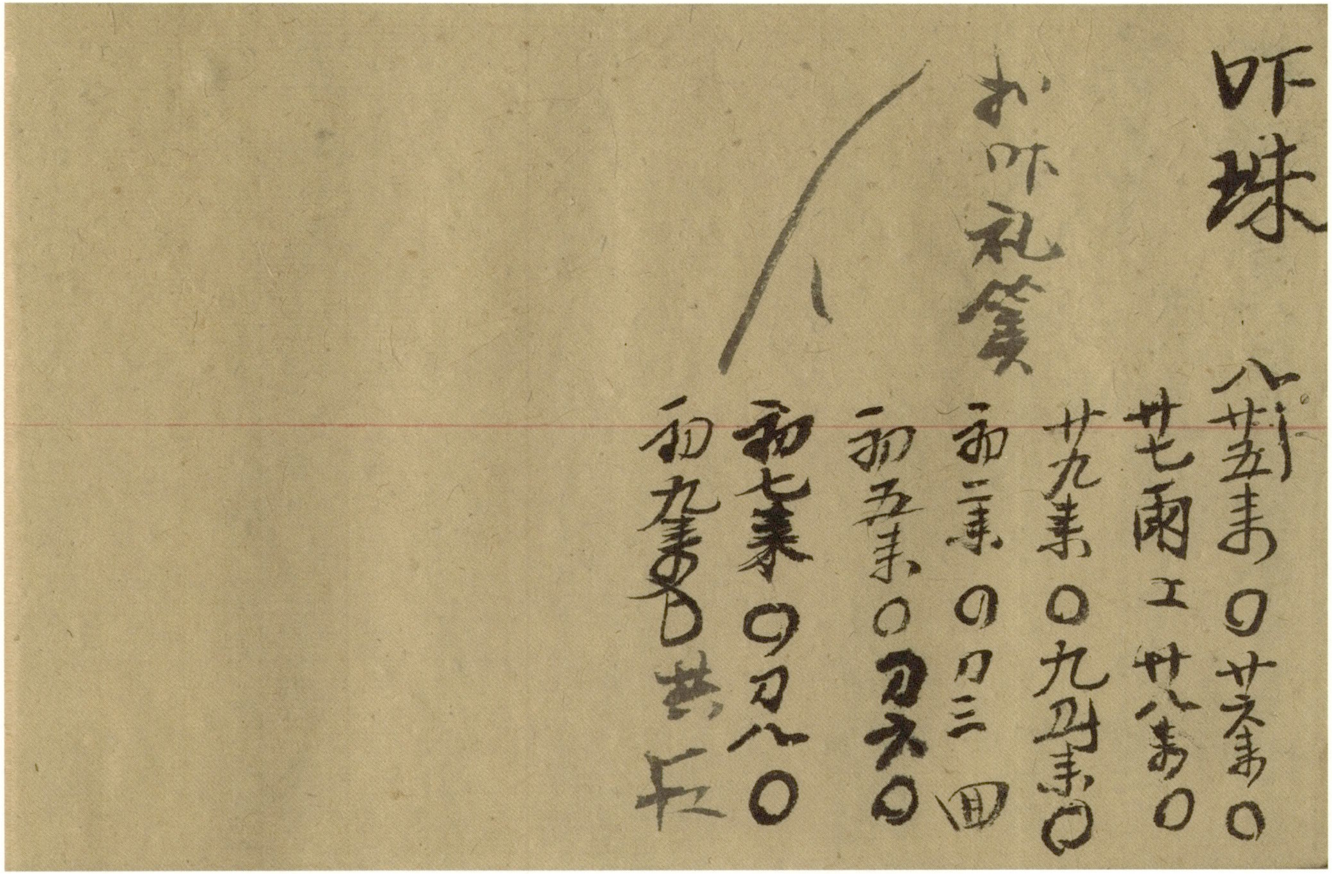

7-3-20-37　清宣統元年同茂號林聯記立賬簿（三七）

7-3-20-38　清宣統元年同茂號林聯記立賬簿（三八）

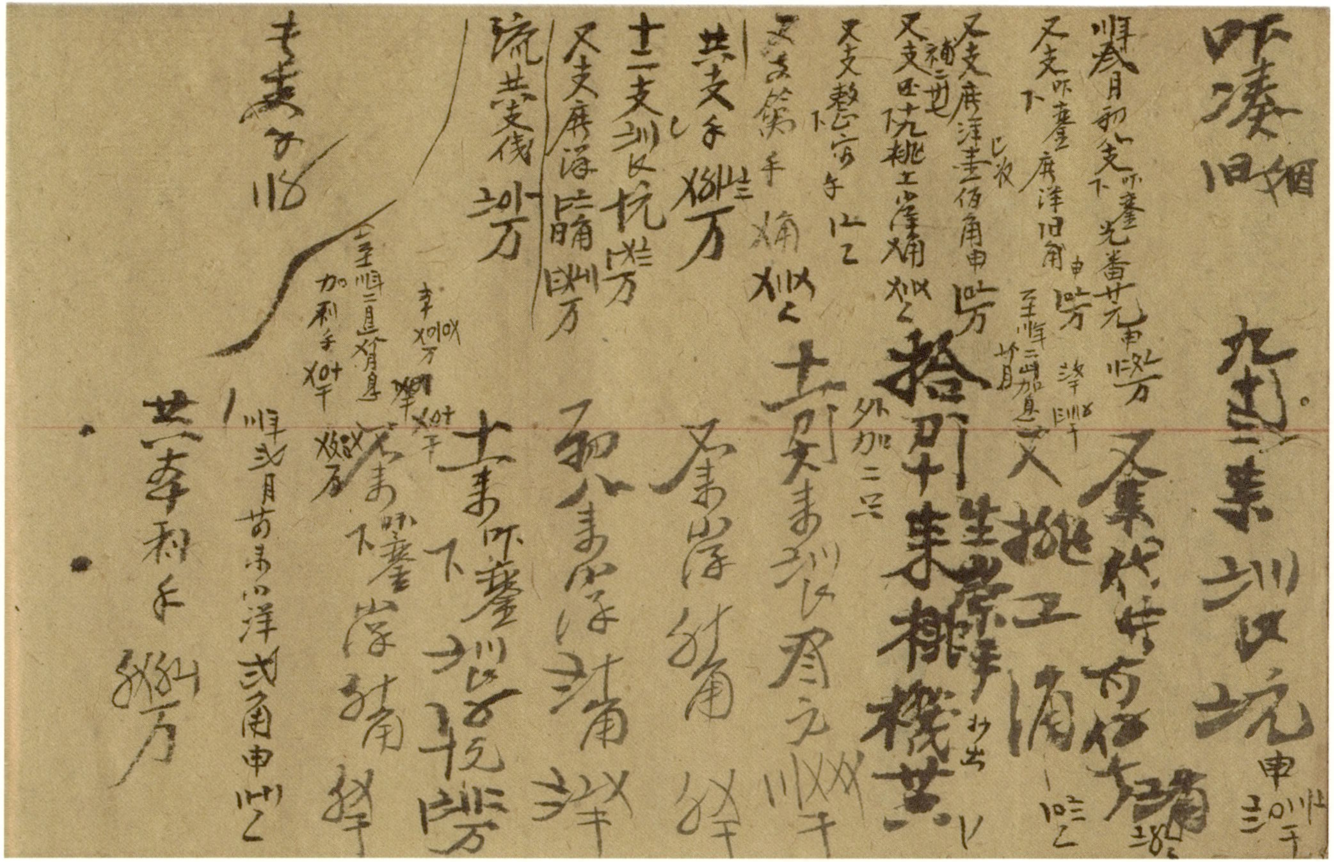

7-3-20-39　清宣統元年同茂號林聯記立賬簿（三九）

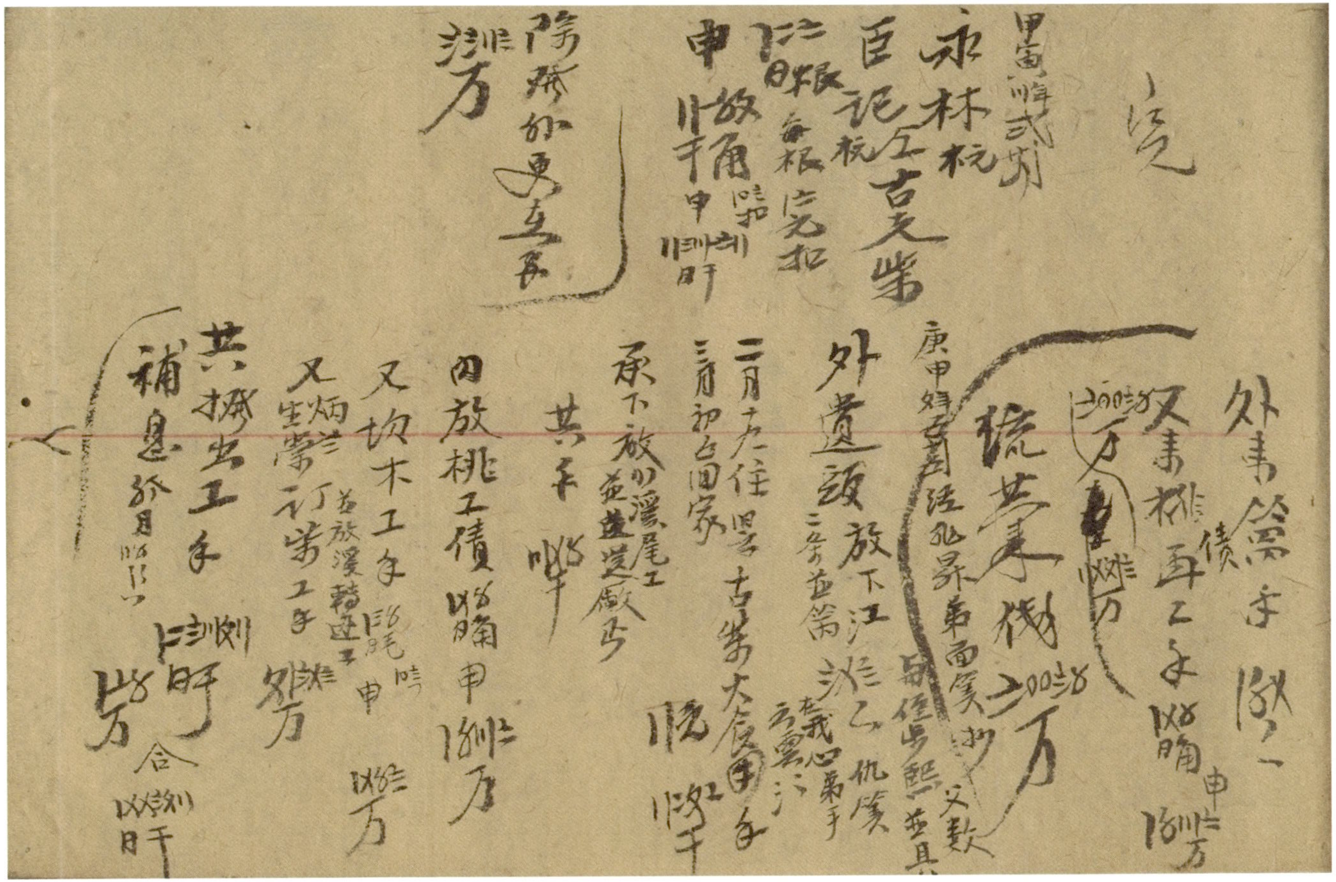

〡〥之

甲寅年貳月
永林杭
巨記全古麦常
〢日根 每根杭 〡〤先扣
申 放〡〤角 〡〢扣 申 〡〩〢
〡〢〩千
除孫份更立〥
〢〣方

外來篇手〥〡一
又來桃債再工手〤角 申〡〩〢方
又〢〇〇〥〤 〢方 〤〥方
統共來機〢〇〇〥〤方
庚申年五月經孤界東面窯抄文數
另侄步熙並具
外遺額放下江〥〢乙 仇債
二條並篇 在我心弟手 云窯六
二月十九往〢〤 古爷大侯(甲)手
三月初六回家
統〡〤〢千
承下放川溪尾工 並並道厰〤
共平〤〥千
因放桃工債〤角 申〡〩〢方
又坎木工手 〤角 毛 〡〣 申 〤〥方
並放溪轄逕手
又炳〣 生棠丁茶工手 〥〤方
共掛出工手〢〣〩 〤〣方
補息於月〡〤〢〡
合〤〥〩千

7-3-20-40 清宣統元年同茂號林聯記立賬簿（四〇）

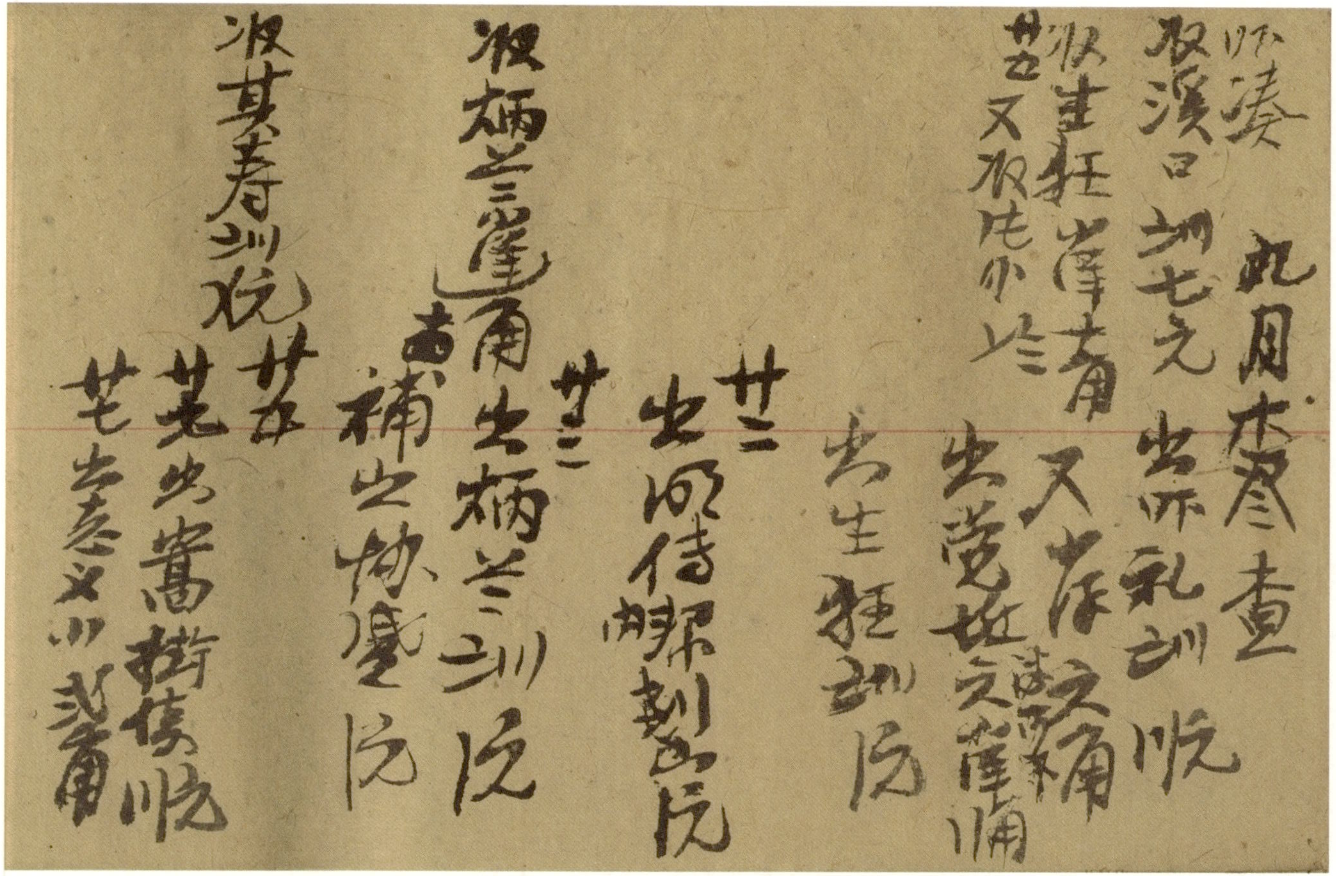

7-3-20-41　清宣統元年同茂號林聯記立賬簿（四一）

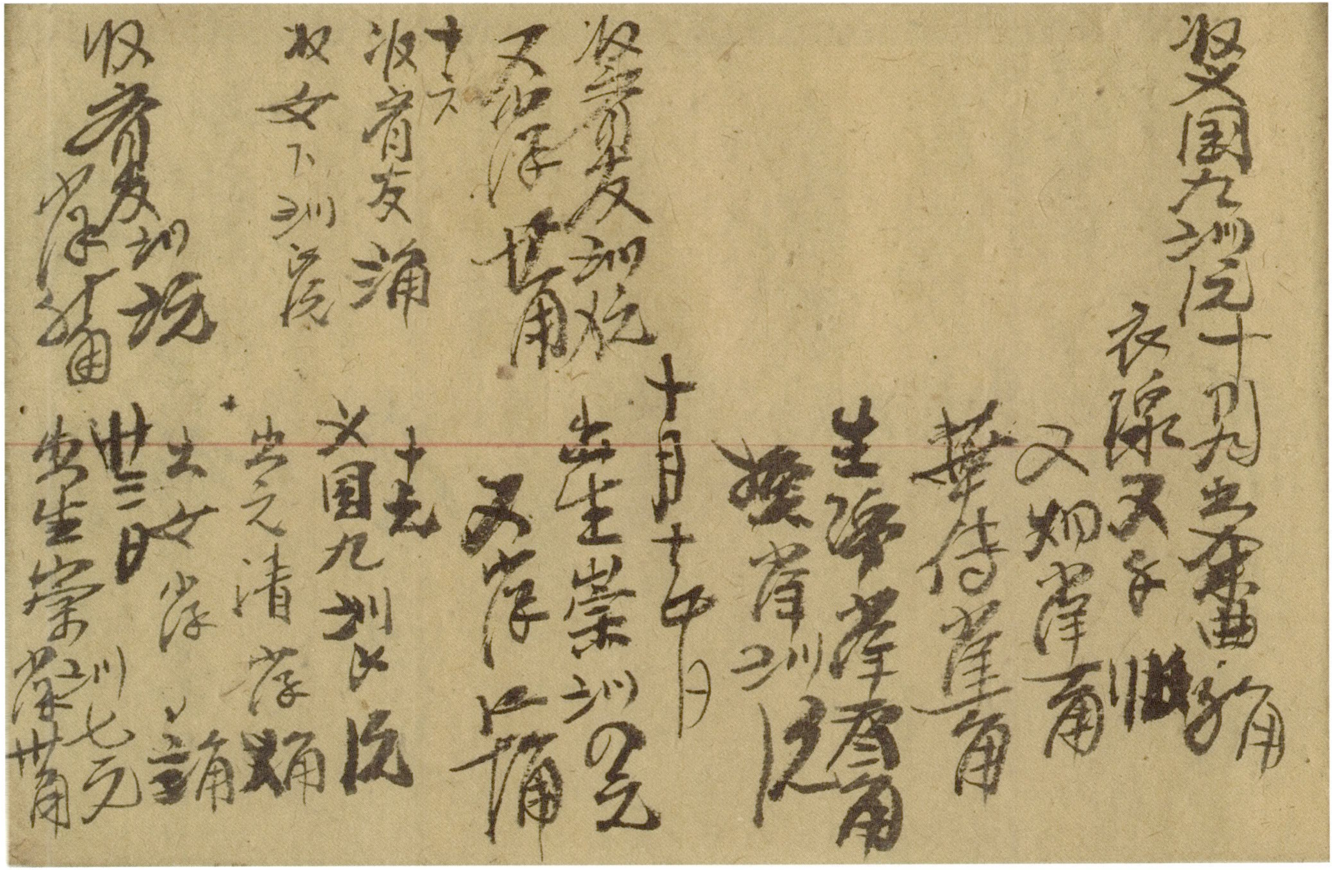

7-3-20-42　清宣統元年同茂號林聯記立賬簿（四二）

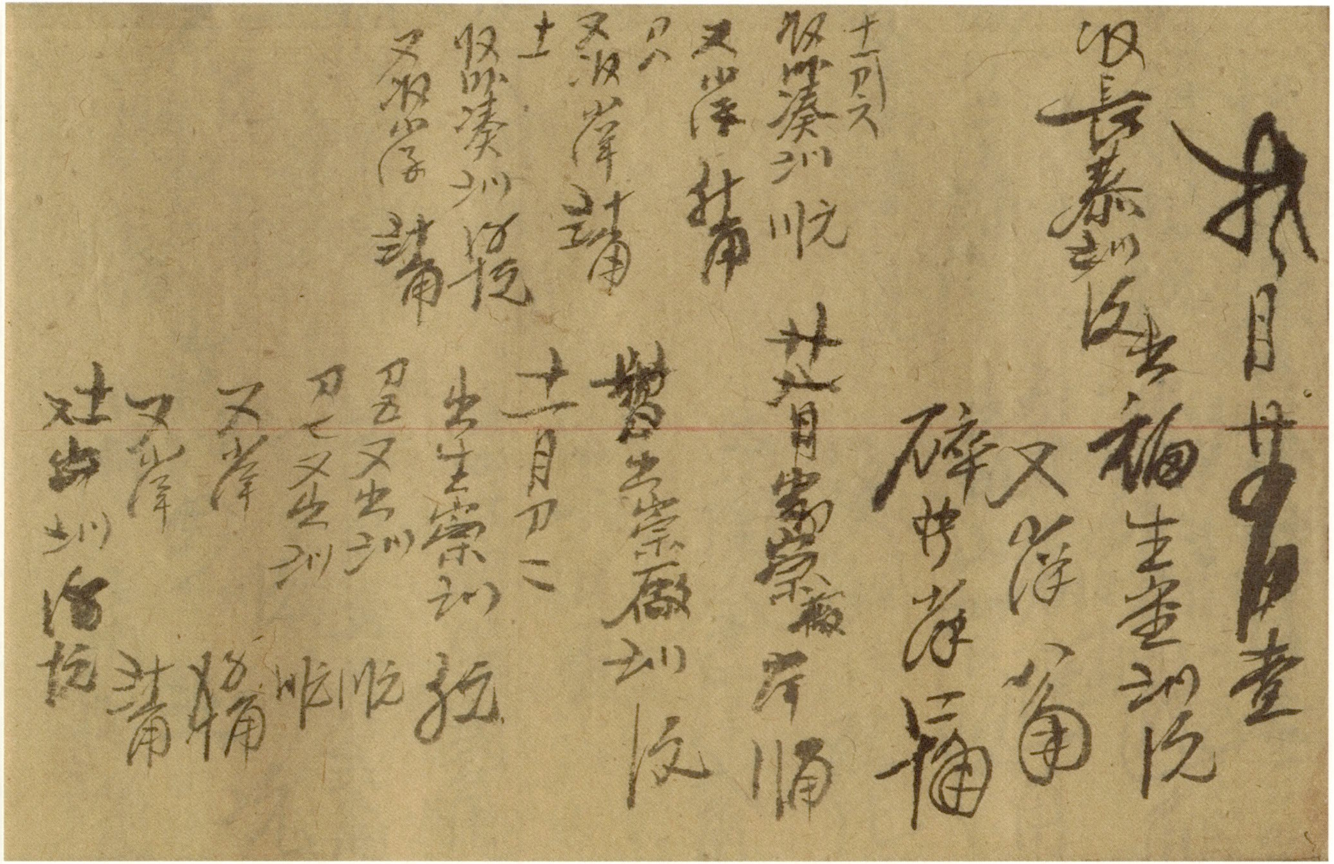

7-3-20-43　清宣統元年同茂號林聯記立賬簿（四三）

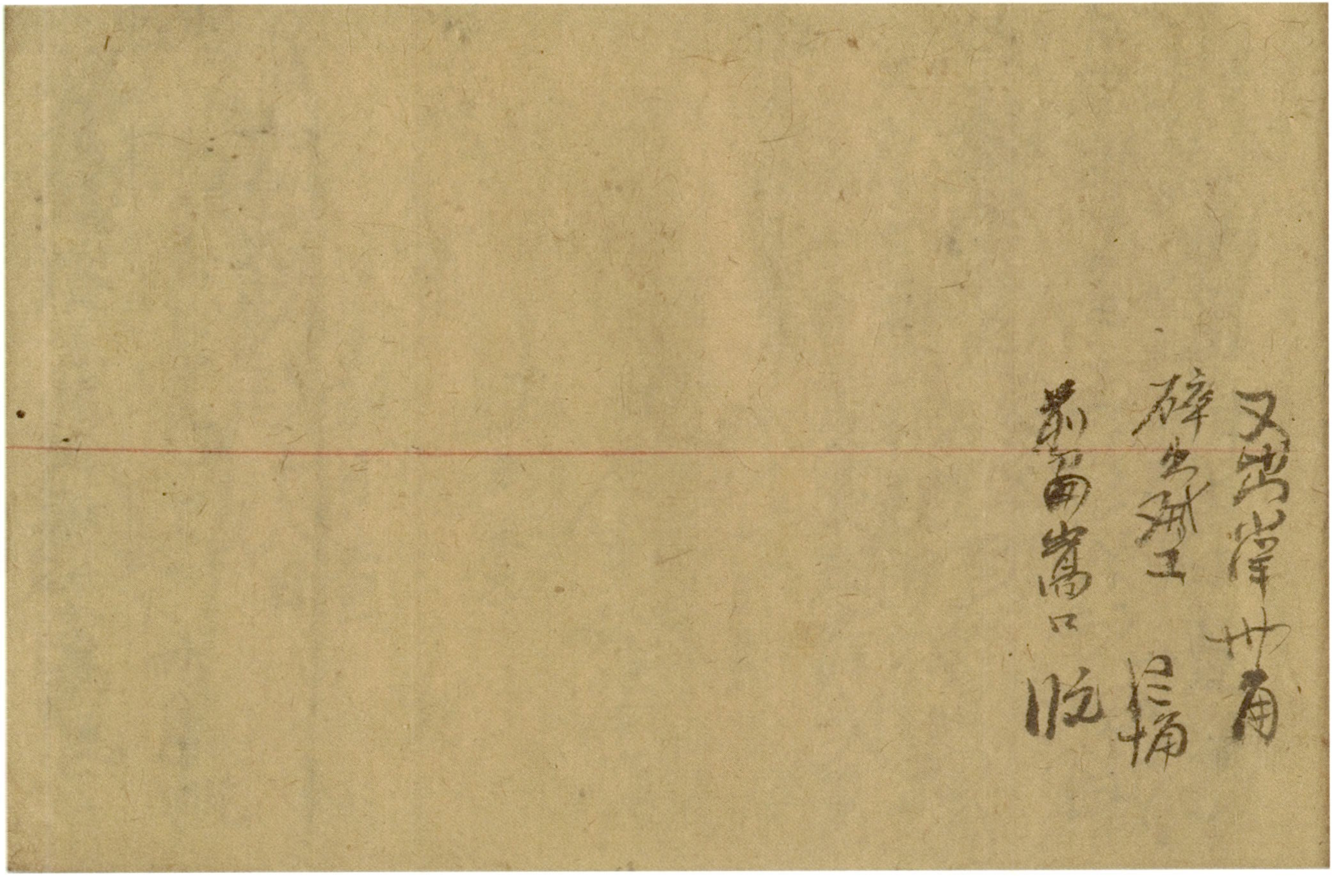

7-3-20-44 清宣統元年同茂號林聯記立賬簿（四四）

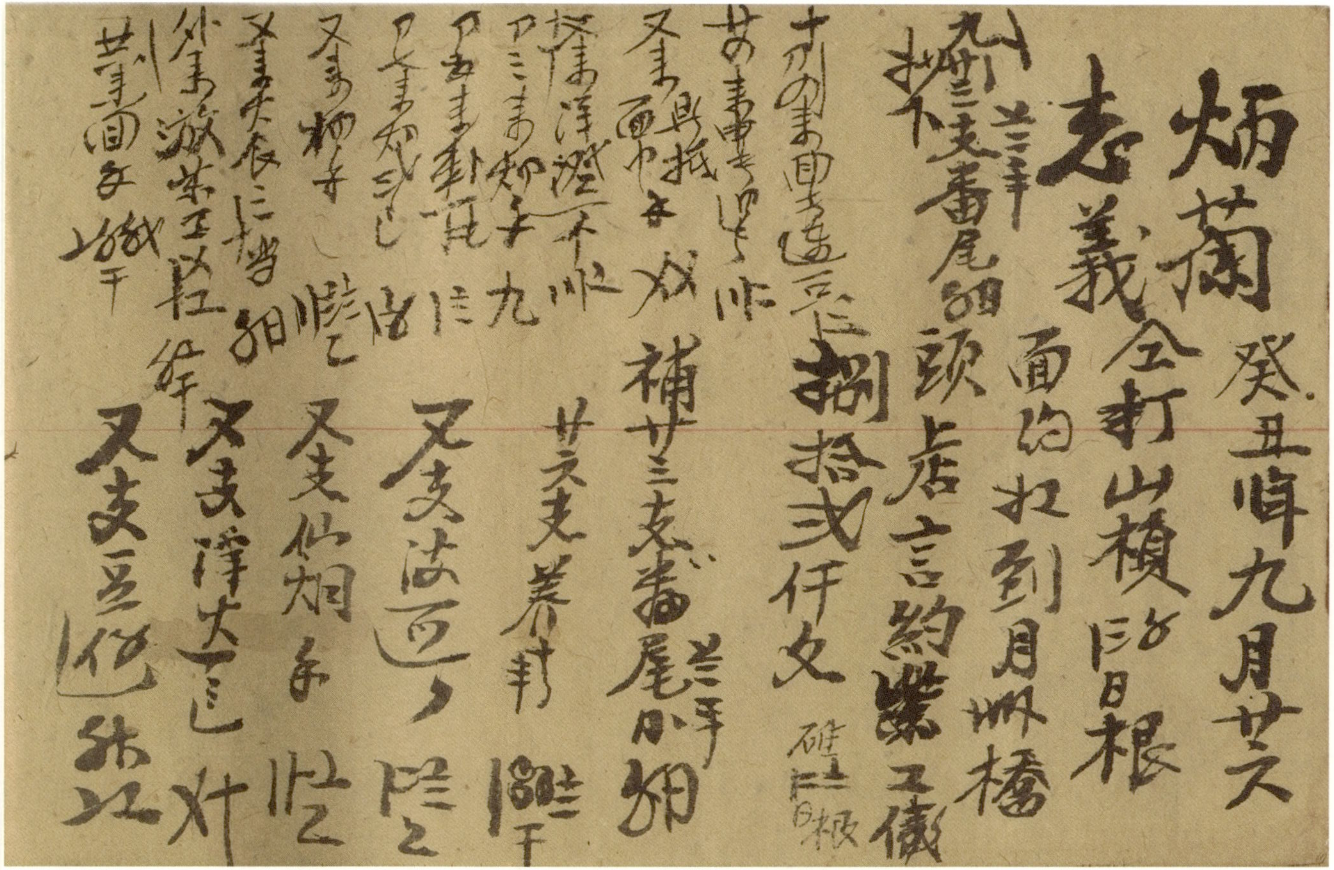

7-3-20-45　清宣統元年同茂號林聯記立賬簿（四五）

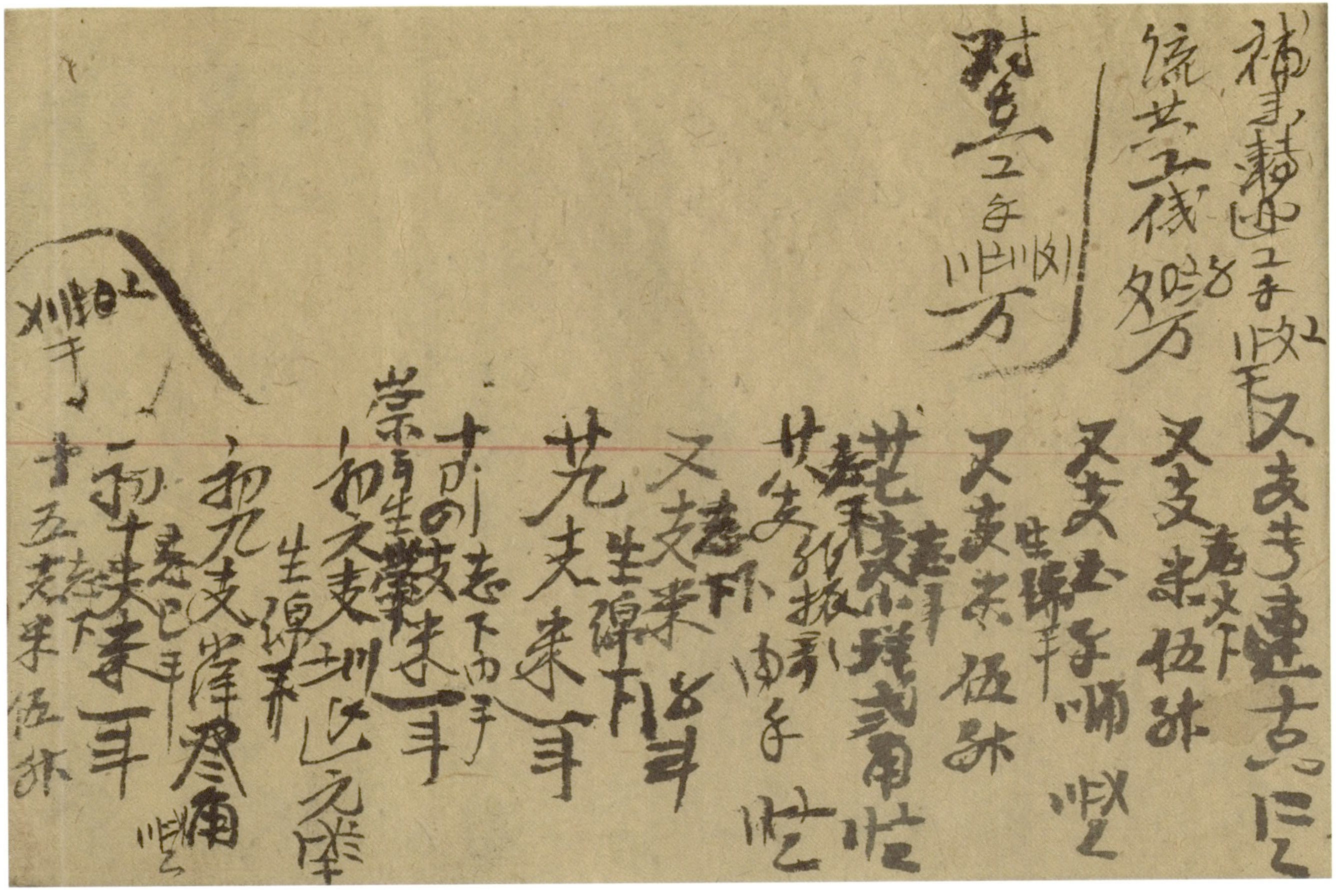

7-3-20-46 清宣統元年同茂號林聯記立賬簿（四六）

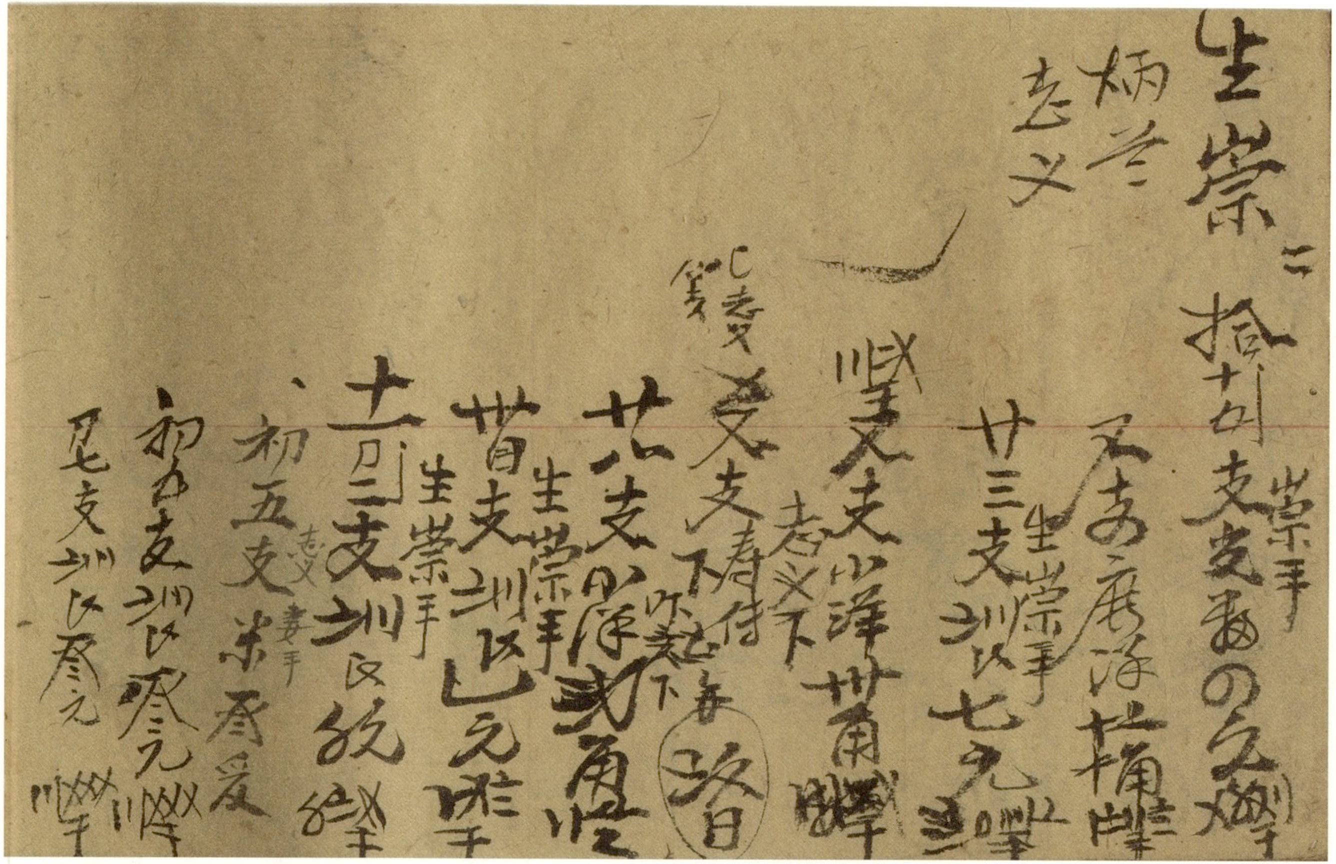

7-3-20-47　清宣統元年同茂號林聯記立賬簿（四七）

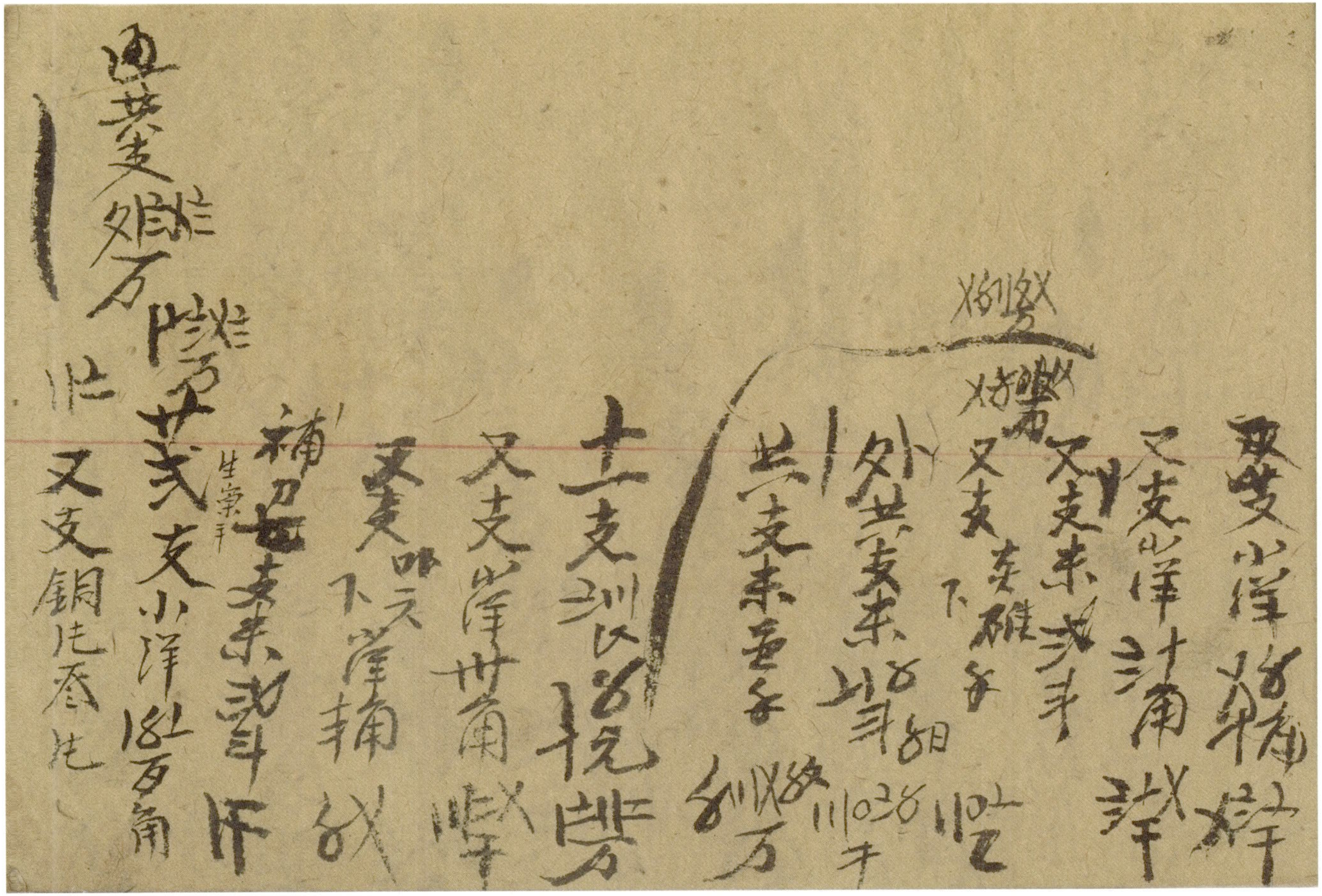

7-3-20-48　清宣統元年同茂號林聯記立賬簿（四八）

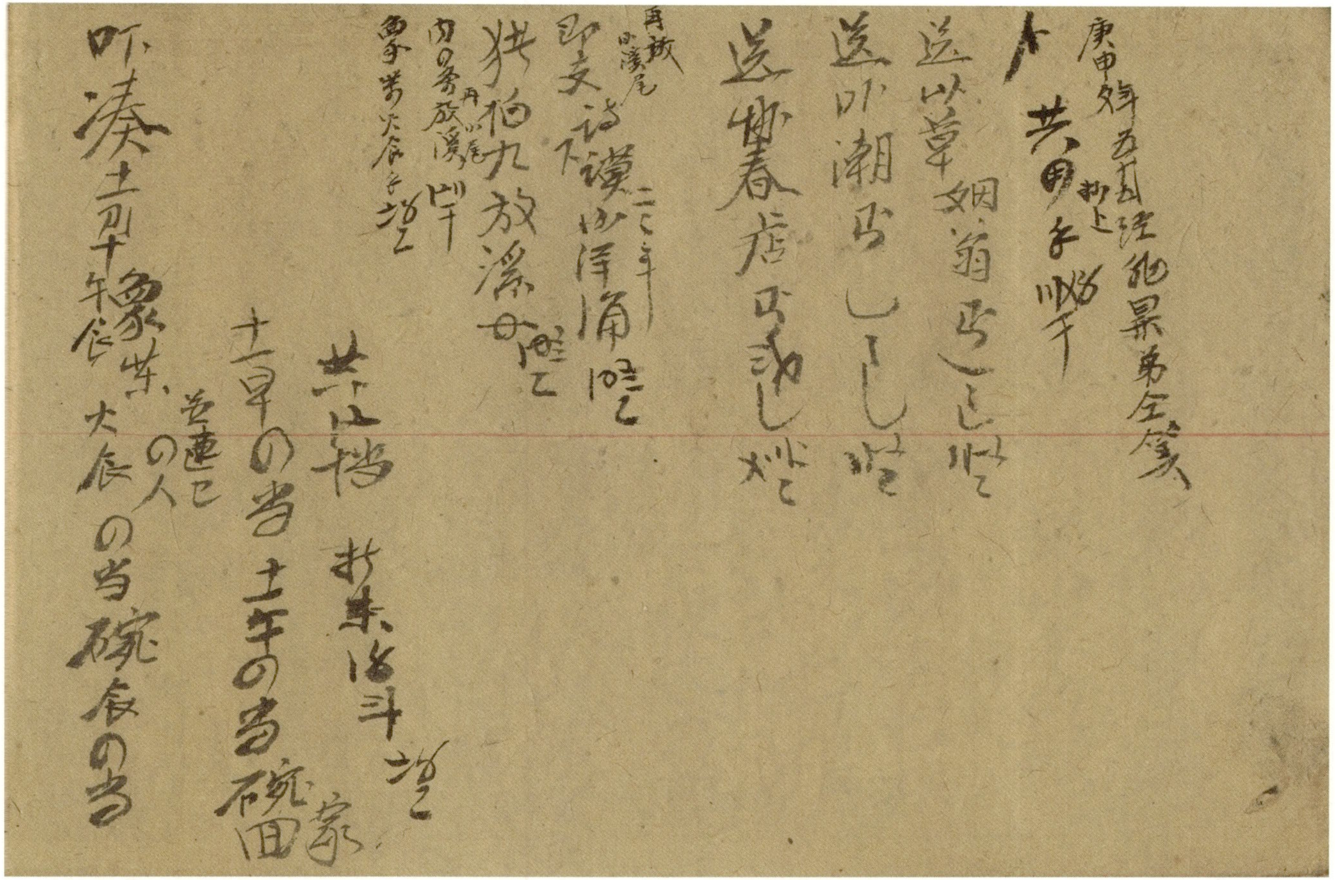

7-3-20-49　清宣統元年同茂號林聯記立賬簿（四九）

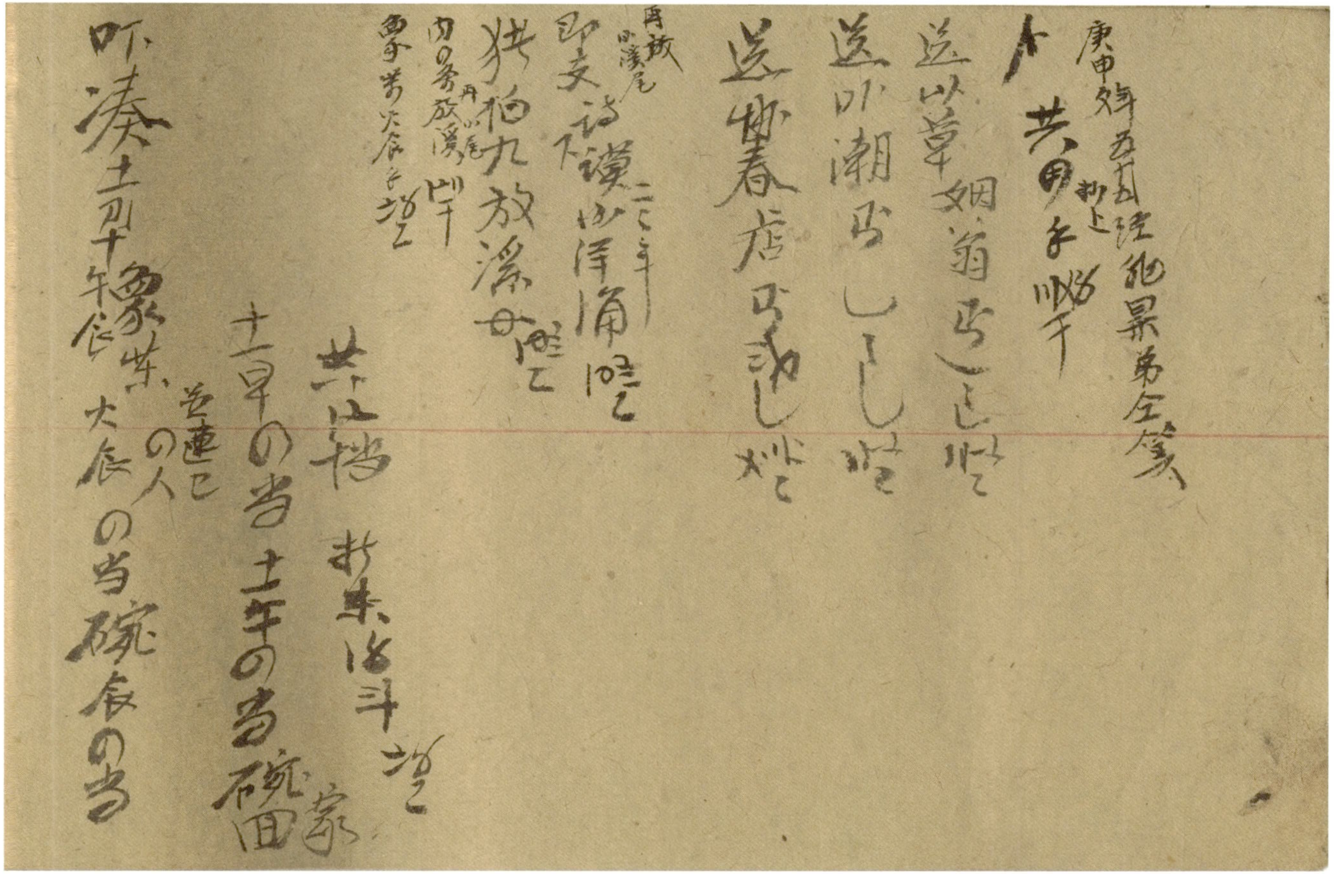

7-3-20-50　清宣統元年同茂號林聯記立賬簿（五〇）

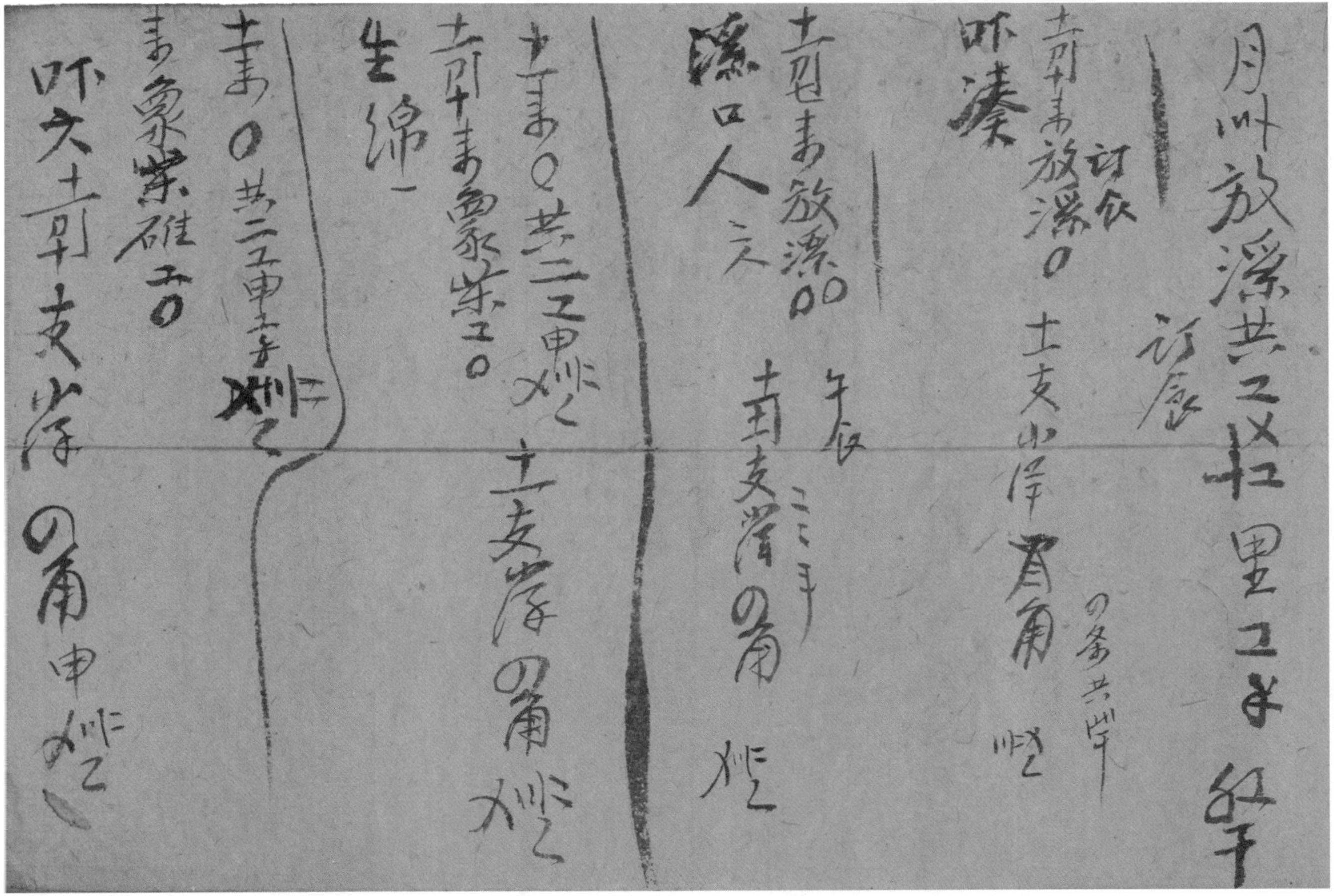

7-3-20-51　清宣統元年同茂號林聯記立賬簿（五一）

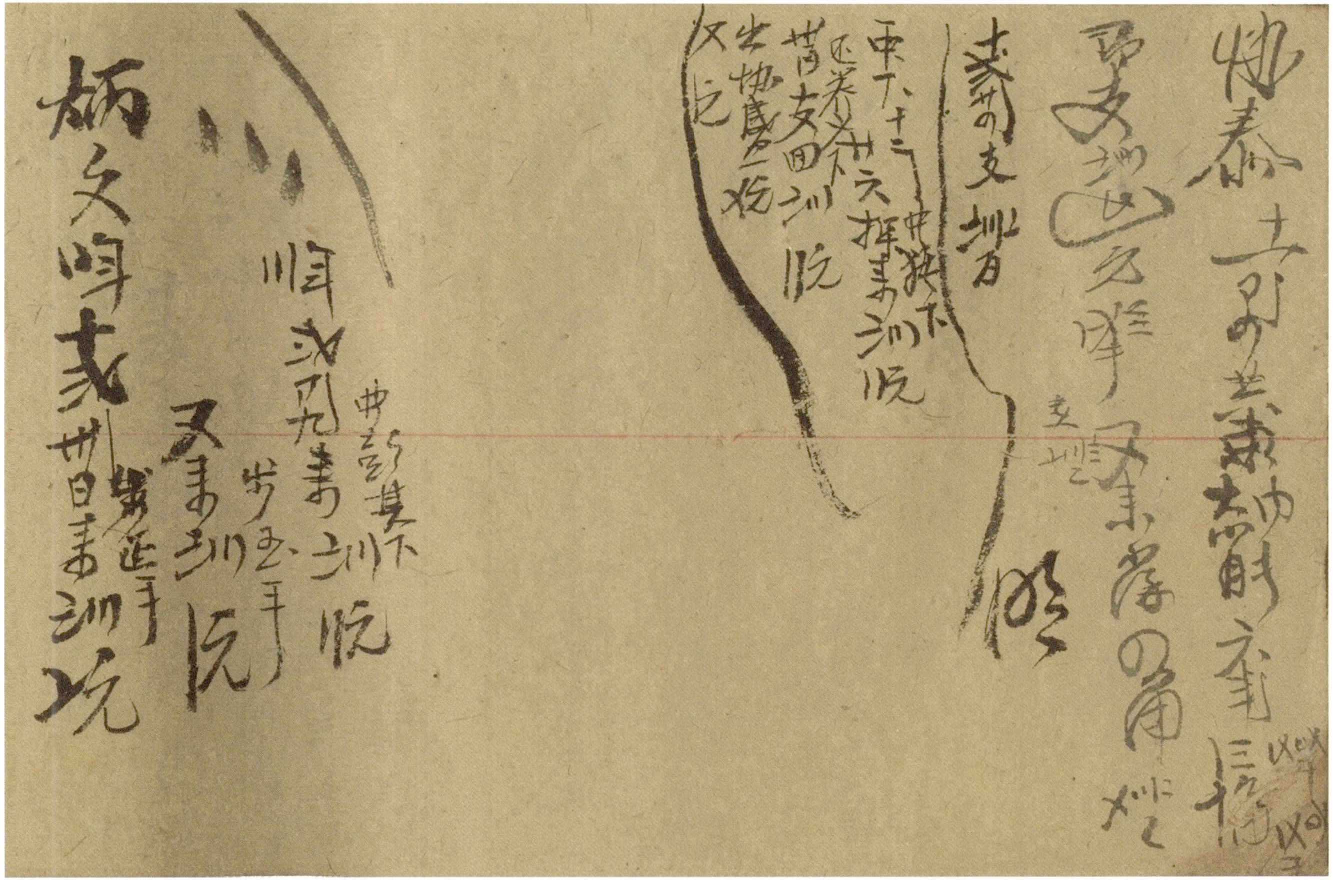

7-3-20-52　清宣統元年同茂號林聯記立賬簿（五二）

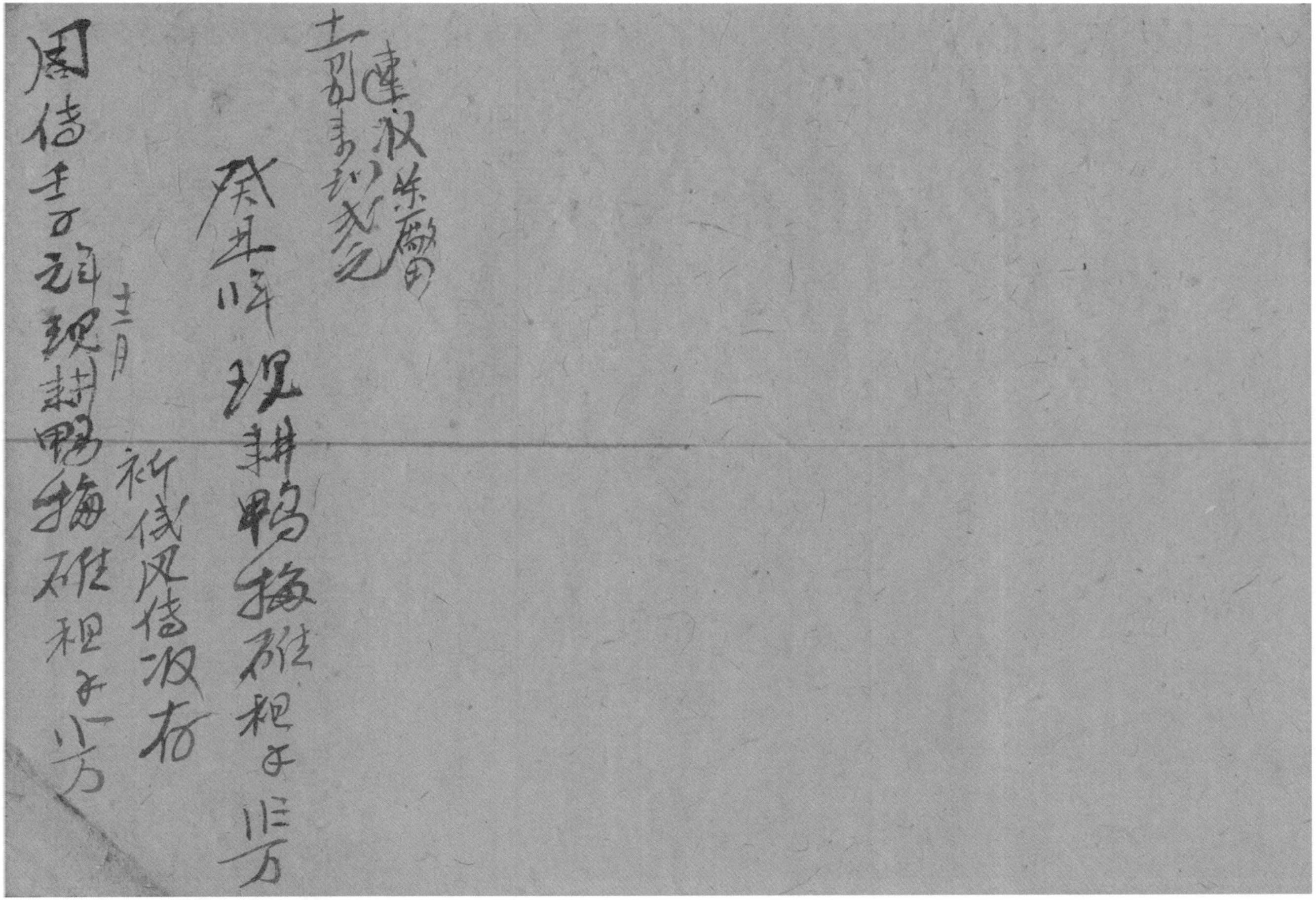

7-3-20-53　清宣統元年同茂號林聯記立賬簿（五三）

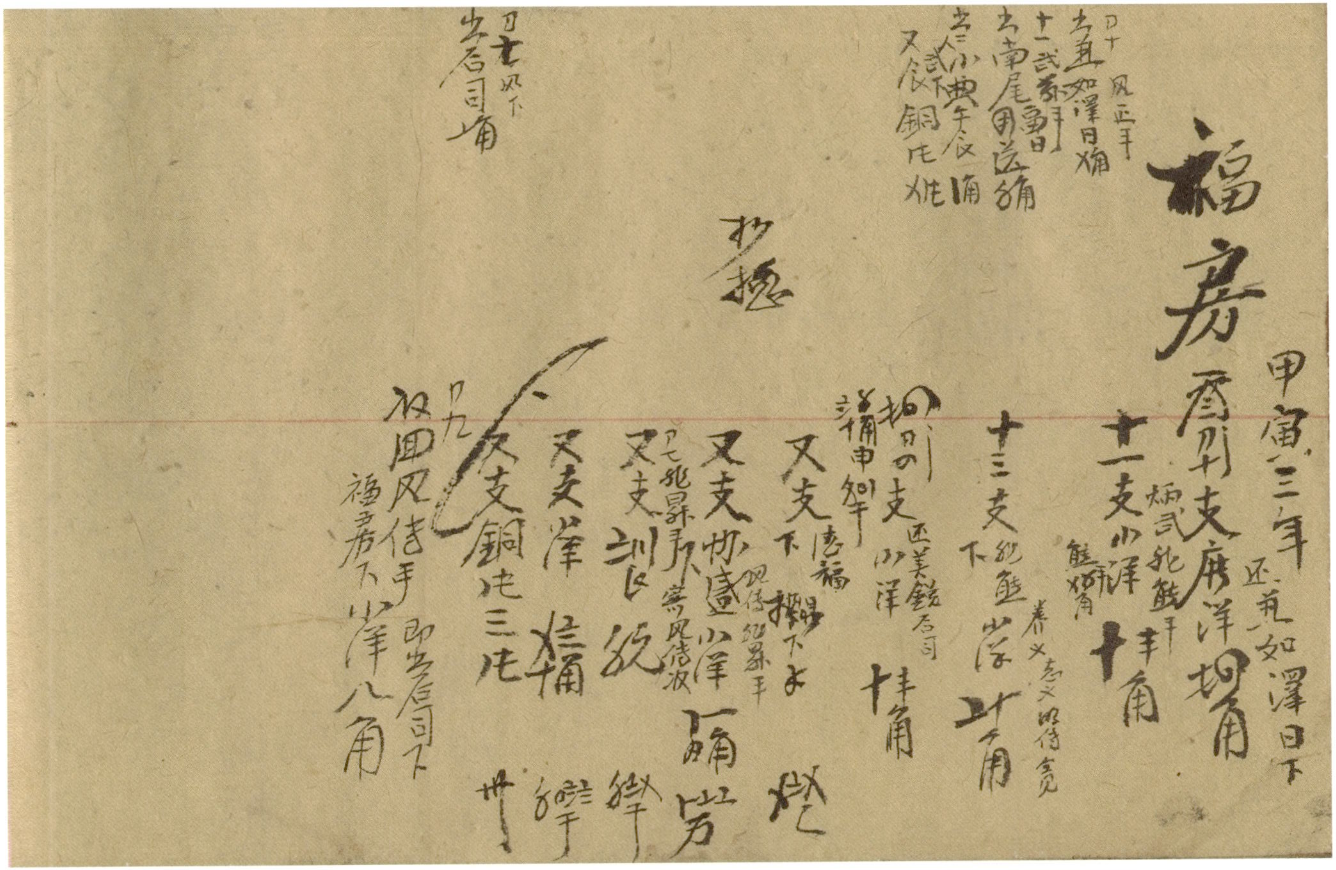

7-3-20-54　清宣統元年同茂號林聯記立賬簿（五四）

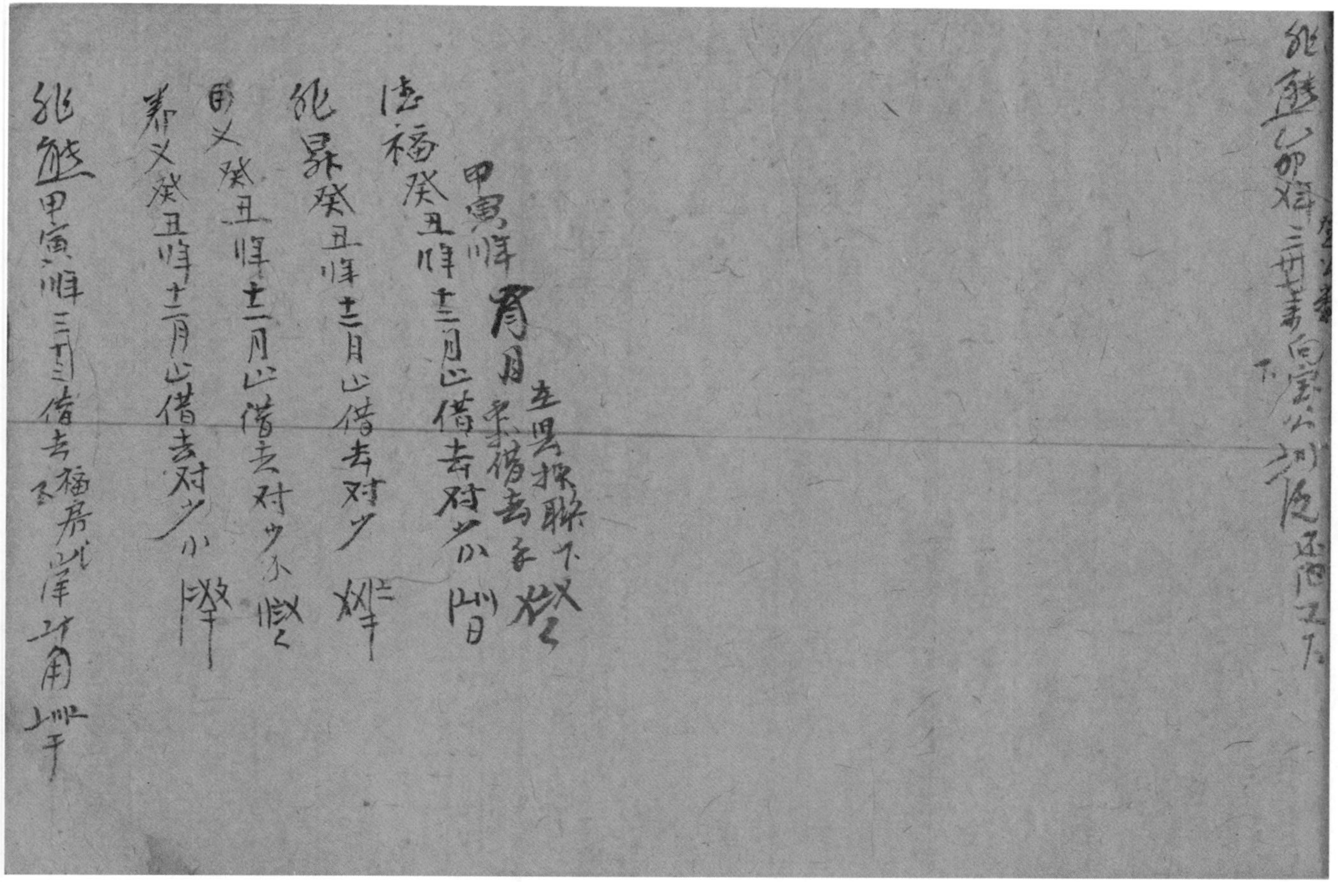

7-3-20-55　清宣統元年同茂號林聯記立賬簿（五五）

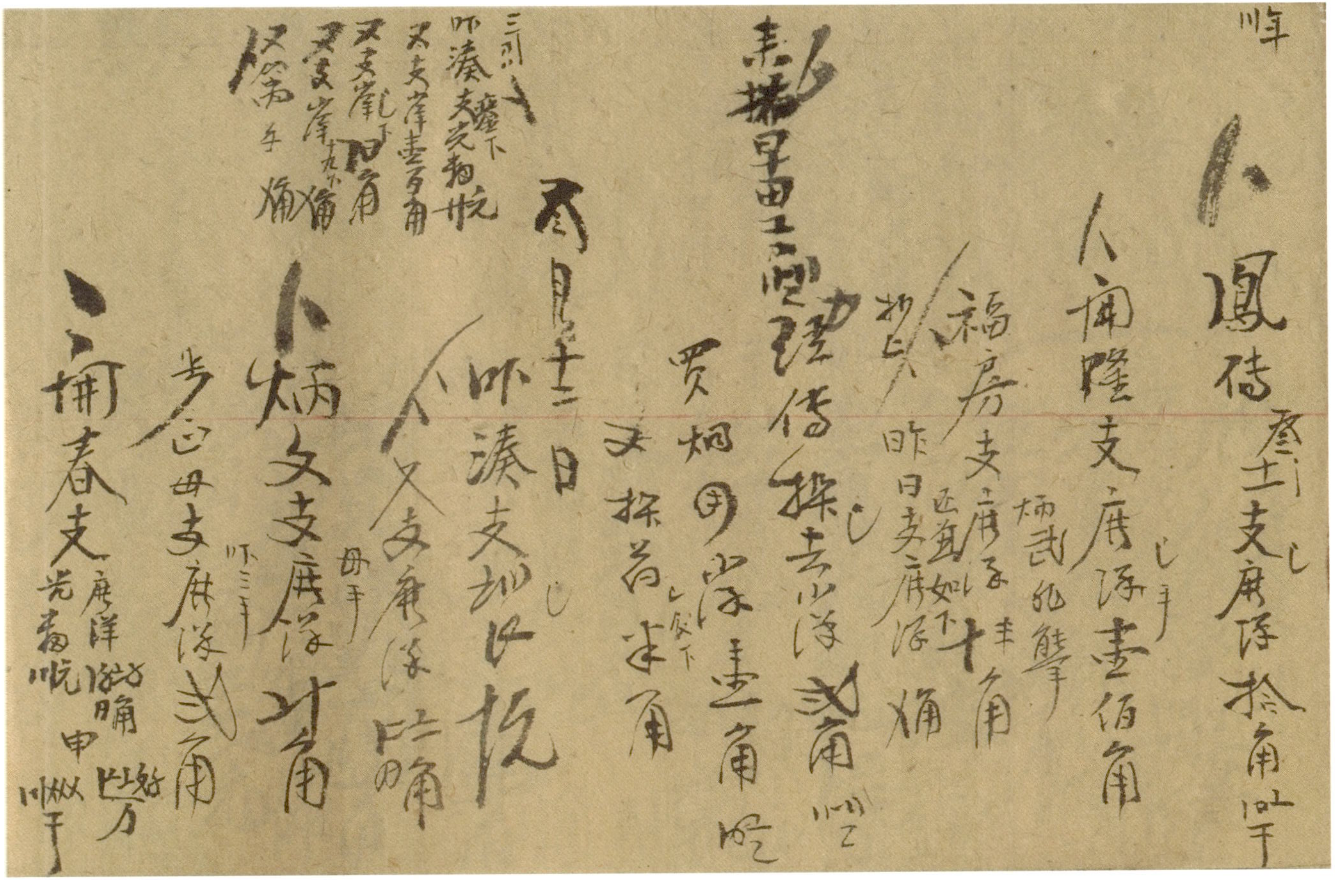

7-3-20-56　清宣統元年同茂號林聯記立賬簿（五六）

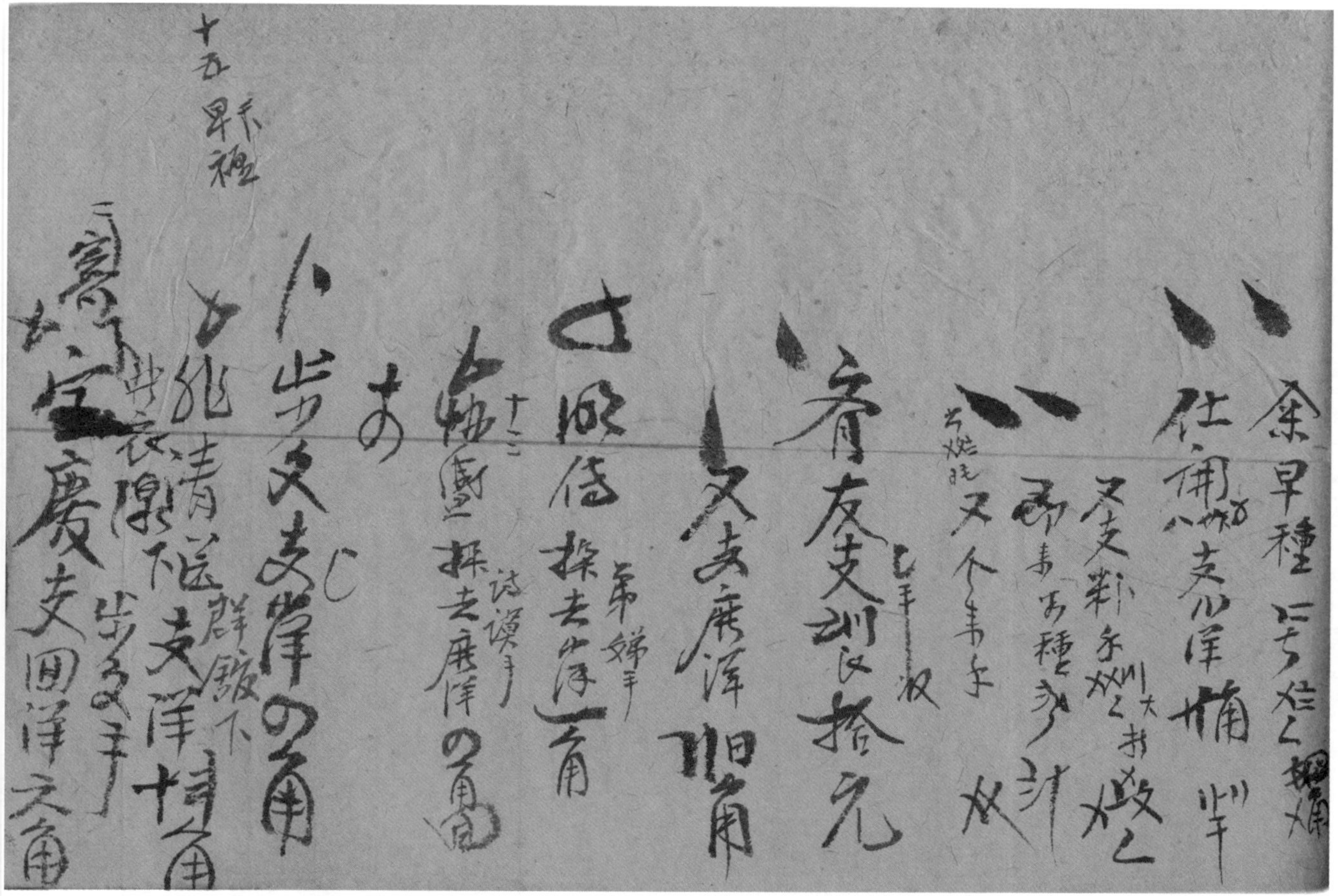

7-3-20-57　清宣統元年同茂號林聯記立賬簿（五七）

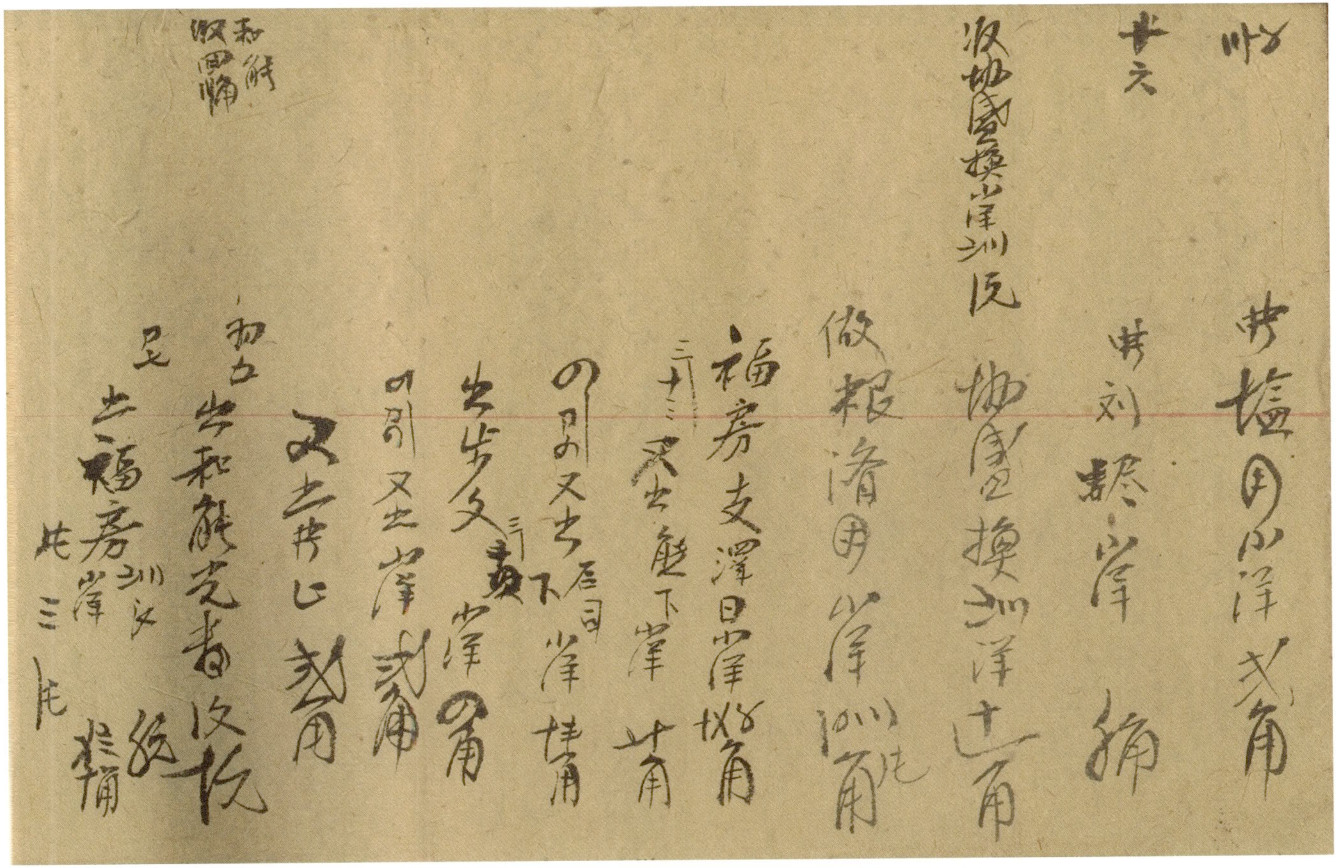
收
廿六
收地瓜換小洋〣〢厄
出塩田小洋弍角
出刻蟳小洋㭉角
地瓜換〣洋七角
做粮備用小洋〣〢角
福房支澤日小洋㭉角
三十三 又出蚊下洋十角
明日又出左日下洋十角
出步文三 下洋〇角
明日又出洋弍角
又出共〢弍角
初五 出和稅光青收伍
足 出福房〣〡文洋 此三托
和稅收四補

7-3-20-58 清宣統元年同茂號林聯記立賬簿（五八）

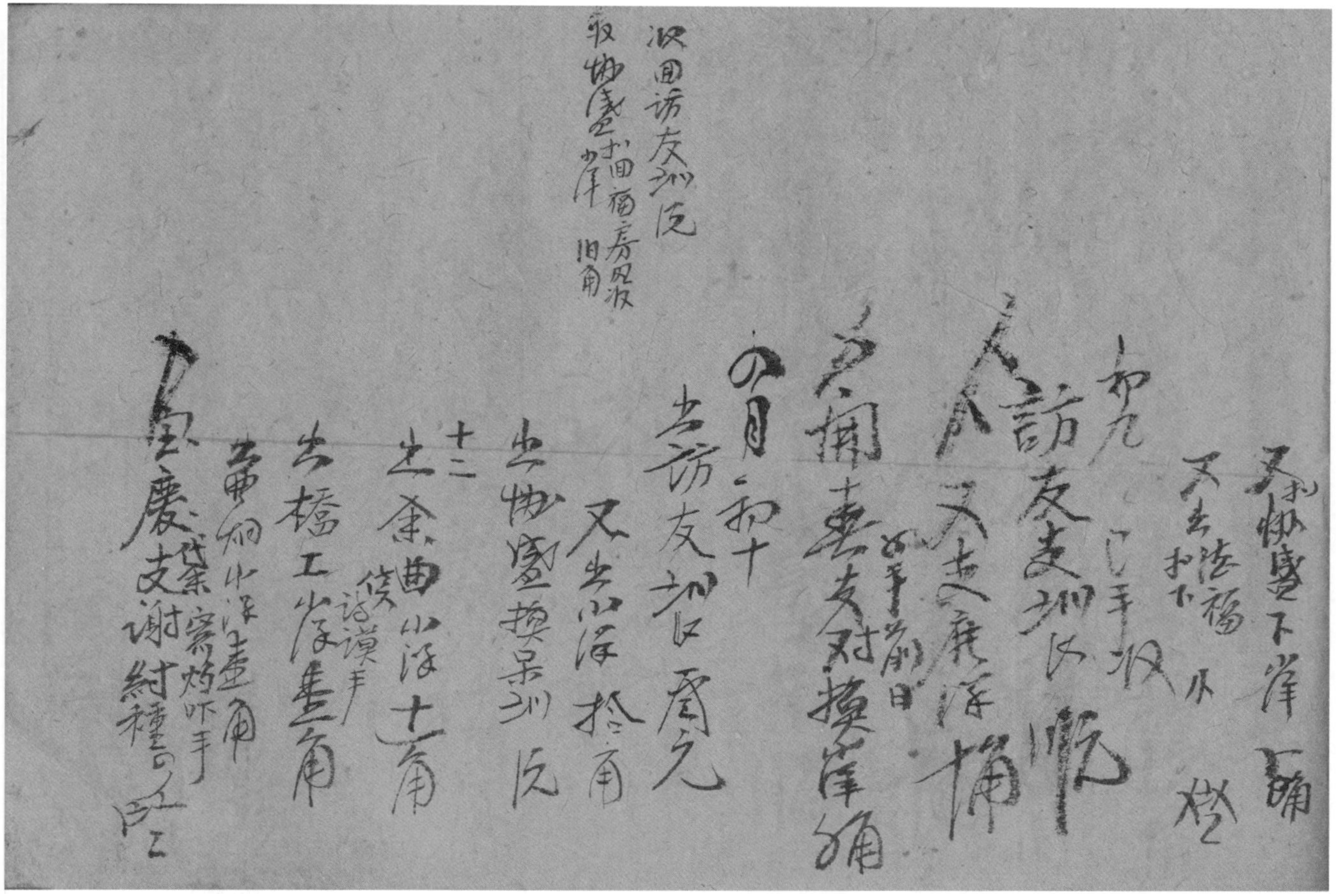

7-3-20-59　清宣統元年同茂號林聯記立賬簿（五九）

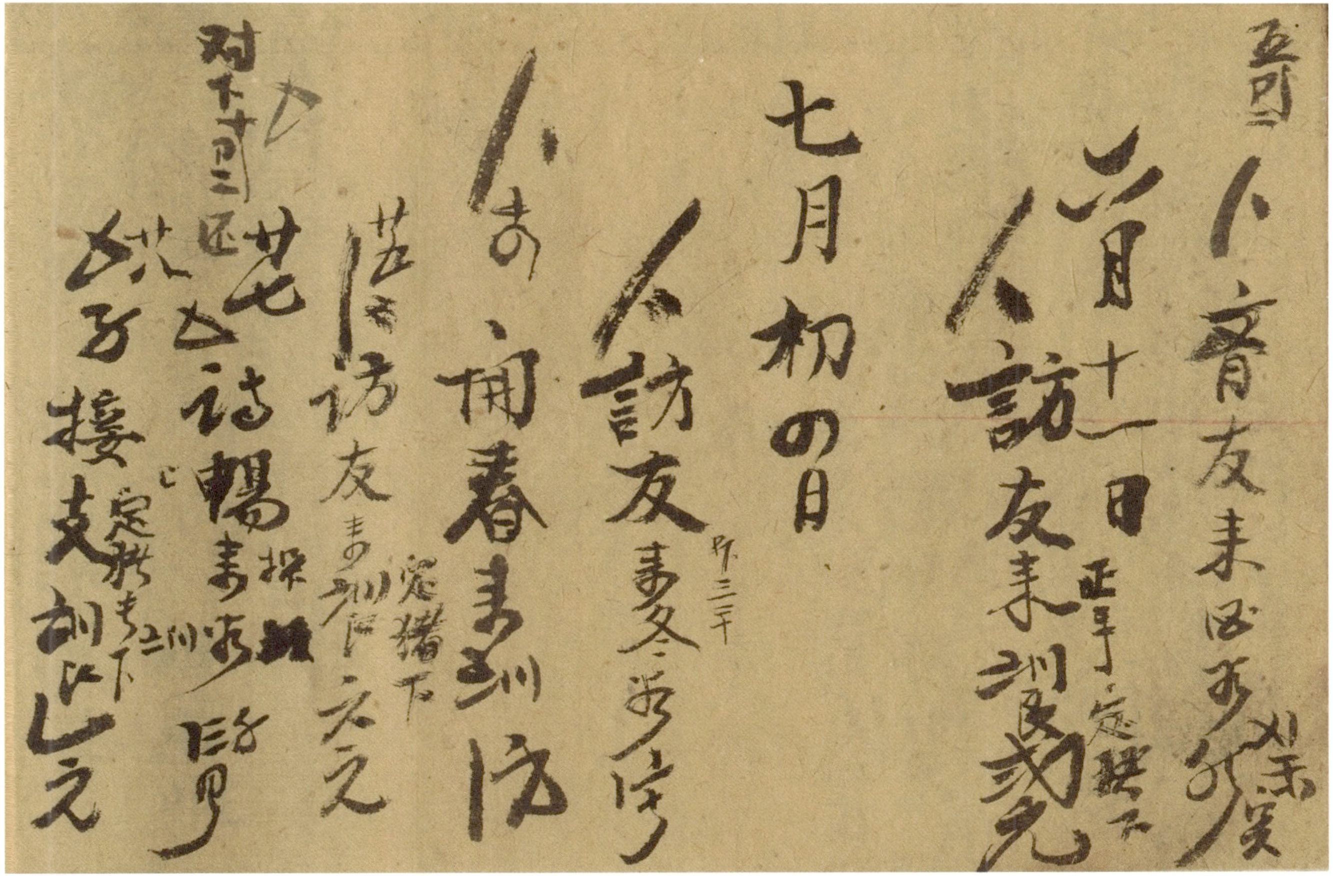

7-3-20-60　清宣統元年同茂號林聯記立賬簿（六〇）

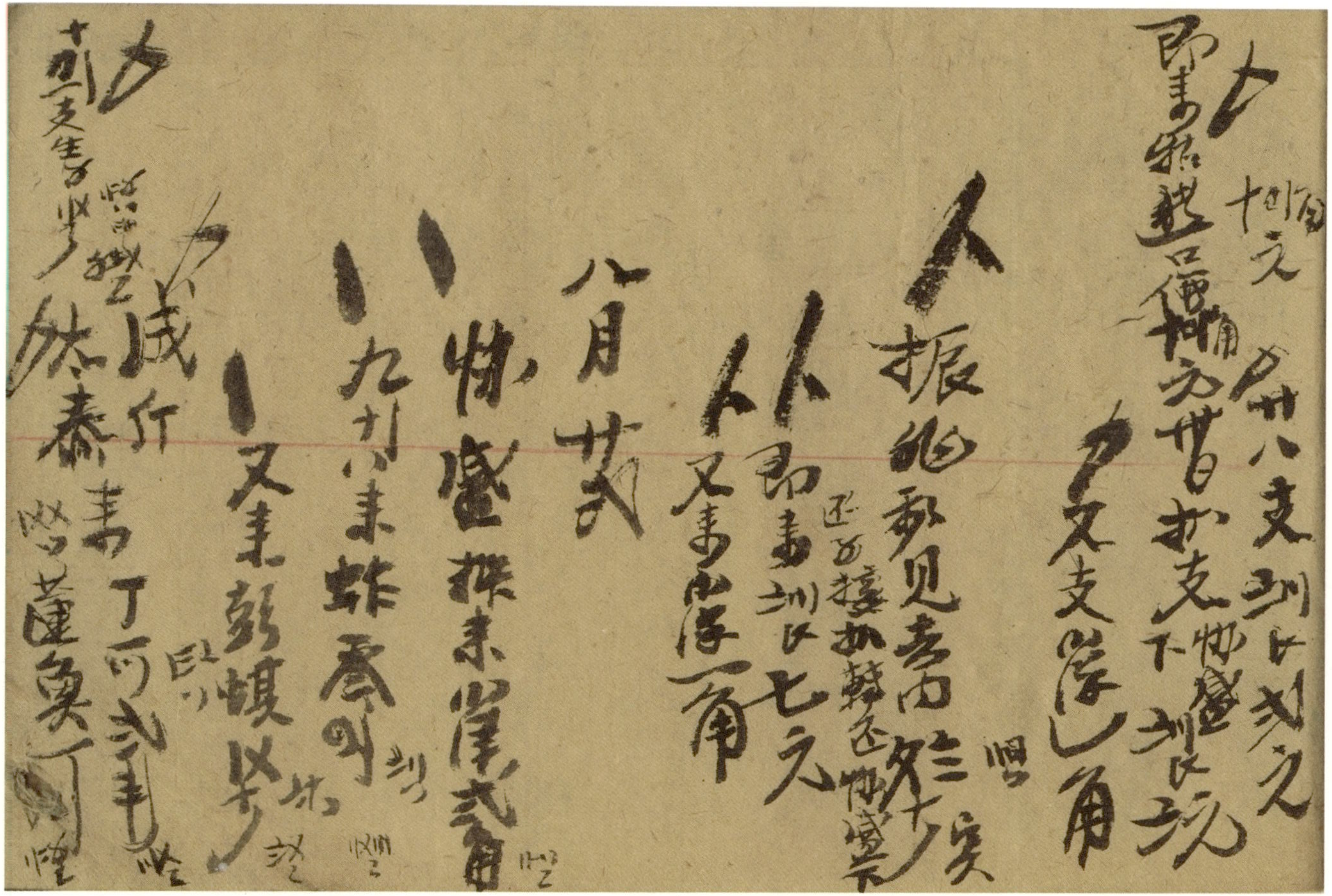

7-3-20-61　清宣統元年同茂號林聯記立賬簿（六一）

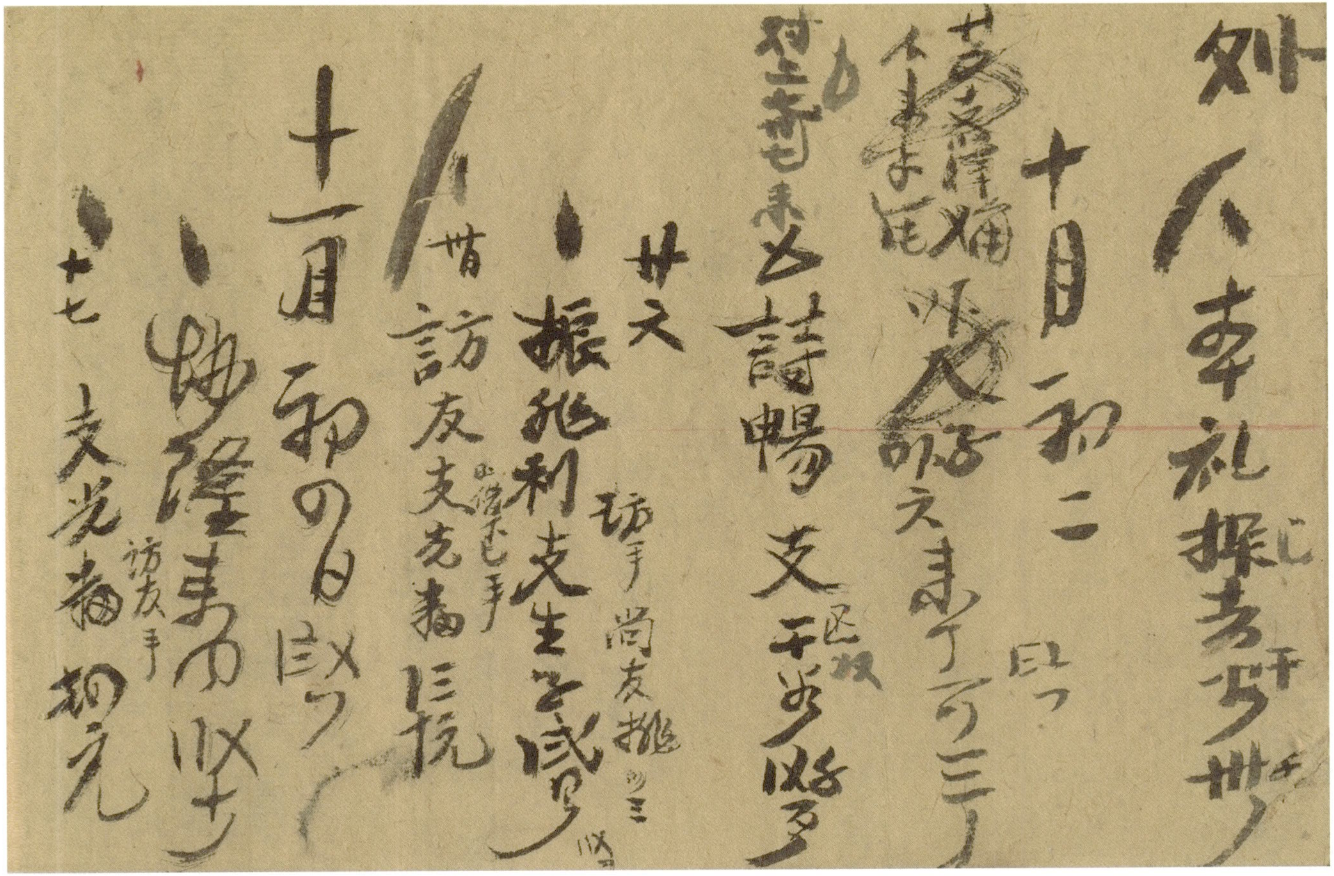

ㄱ-3-20-62　清宣統元年同茂號林聯記立賬簿（六二）

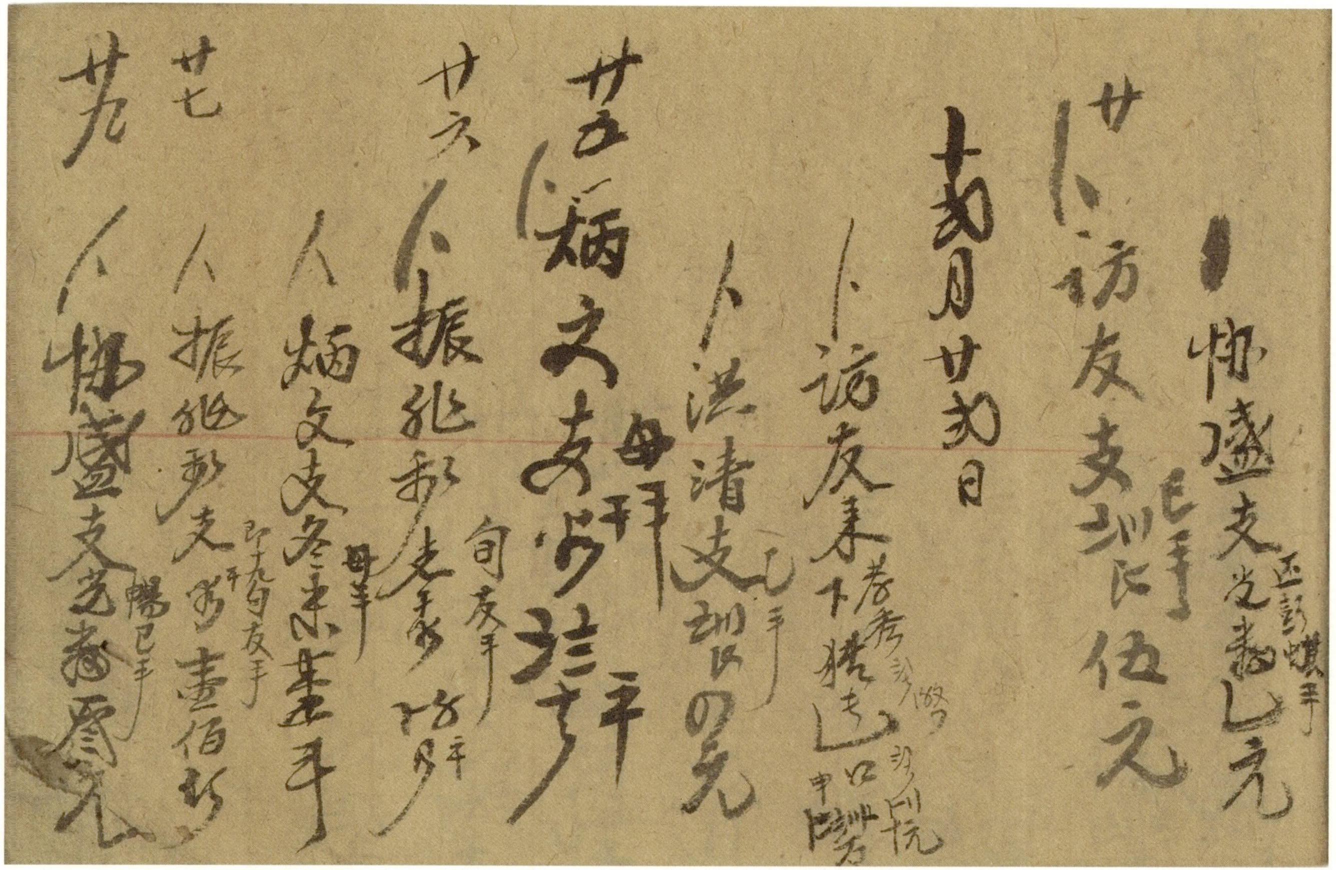

7-3-20-63　清宣統元年同茂號林聯記立賬簿（六三）

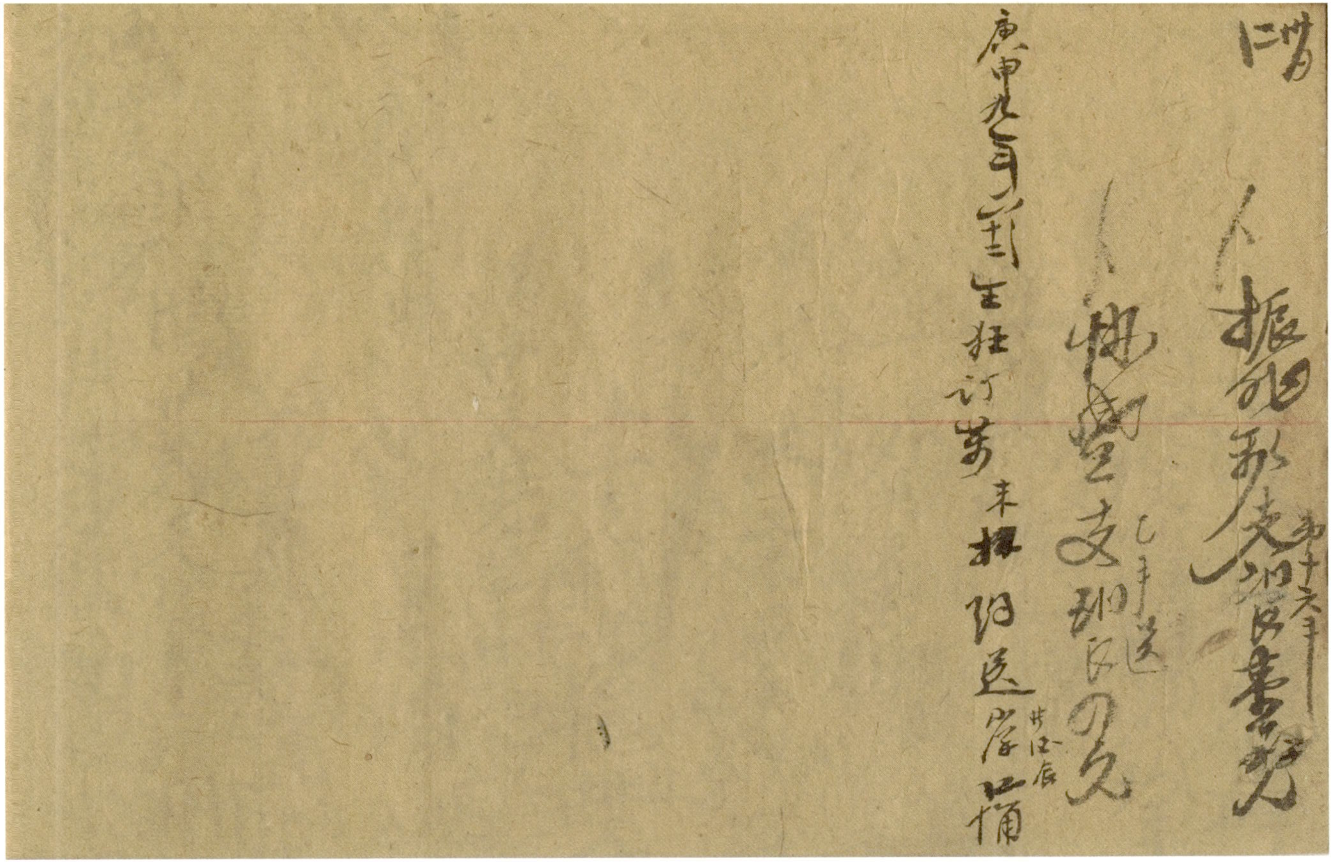

7-3-20-64　清宣統元年同茂號林聯記立賬簿（六四）

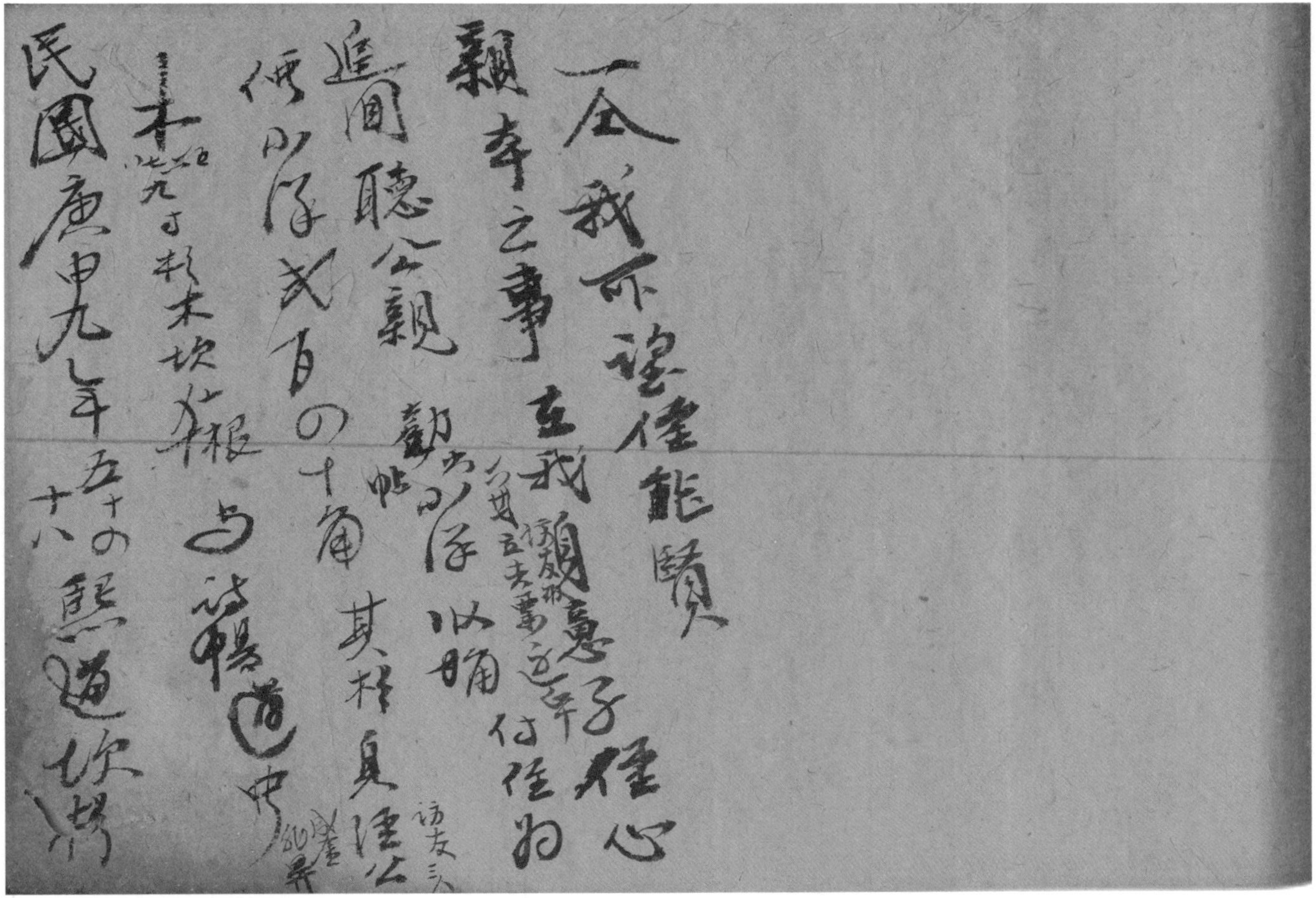

7-3-20-65　清宣統元年同茂號林聯記立賬簿（六五）

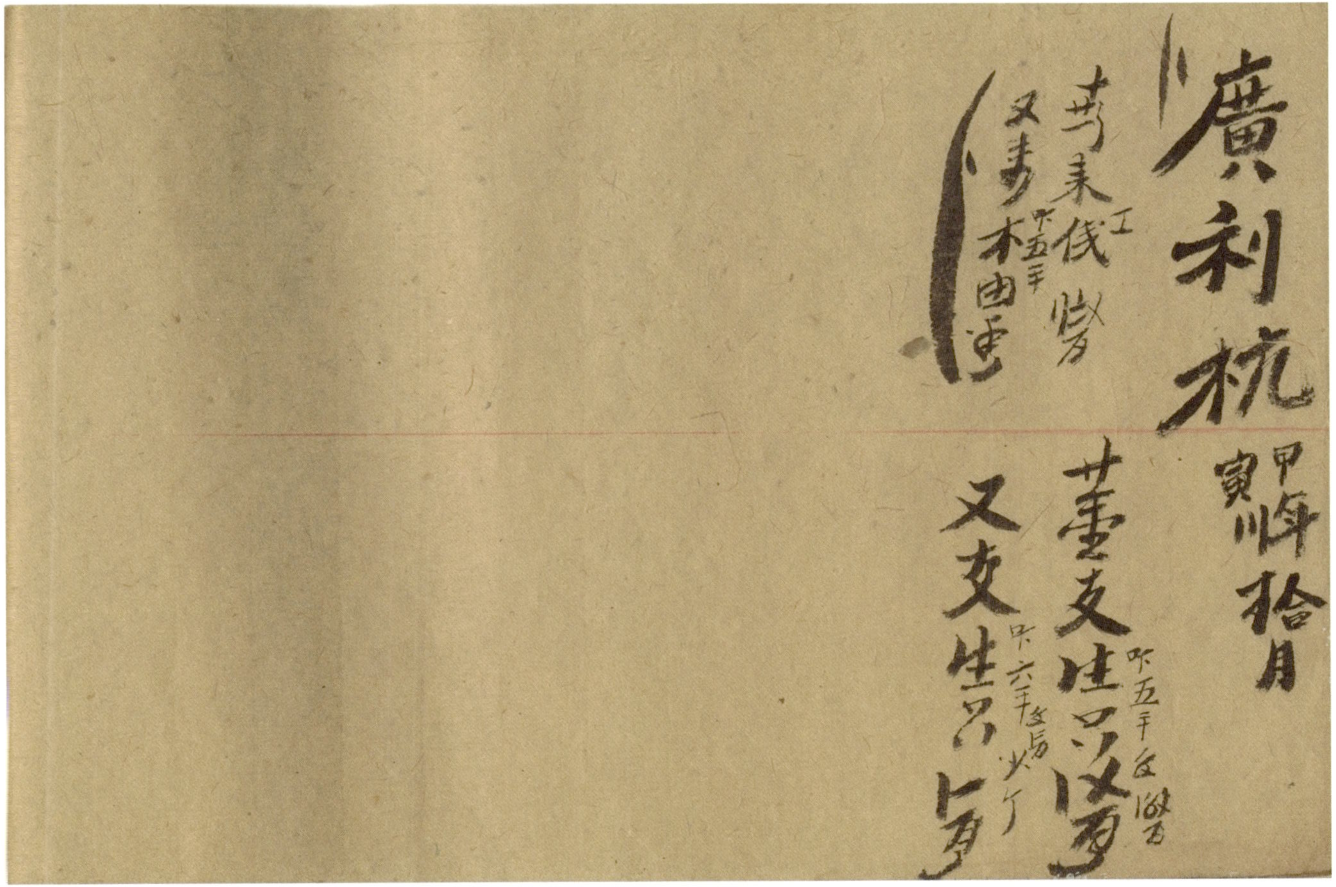
廣利杭
甲寅年拾月
又支

7-3-20-66　清宣統元年同茂號林聯記立賬簿（六六）

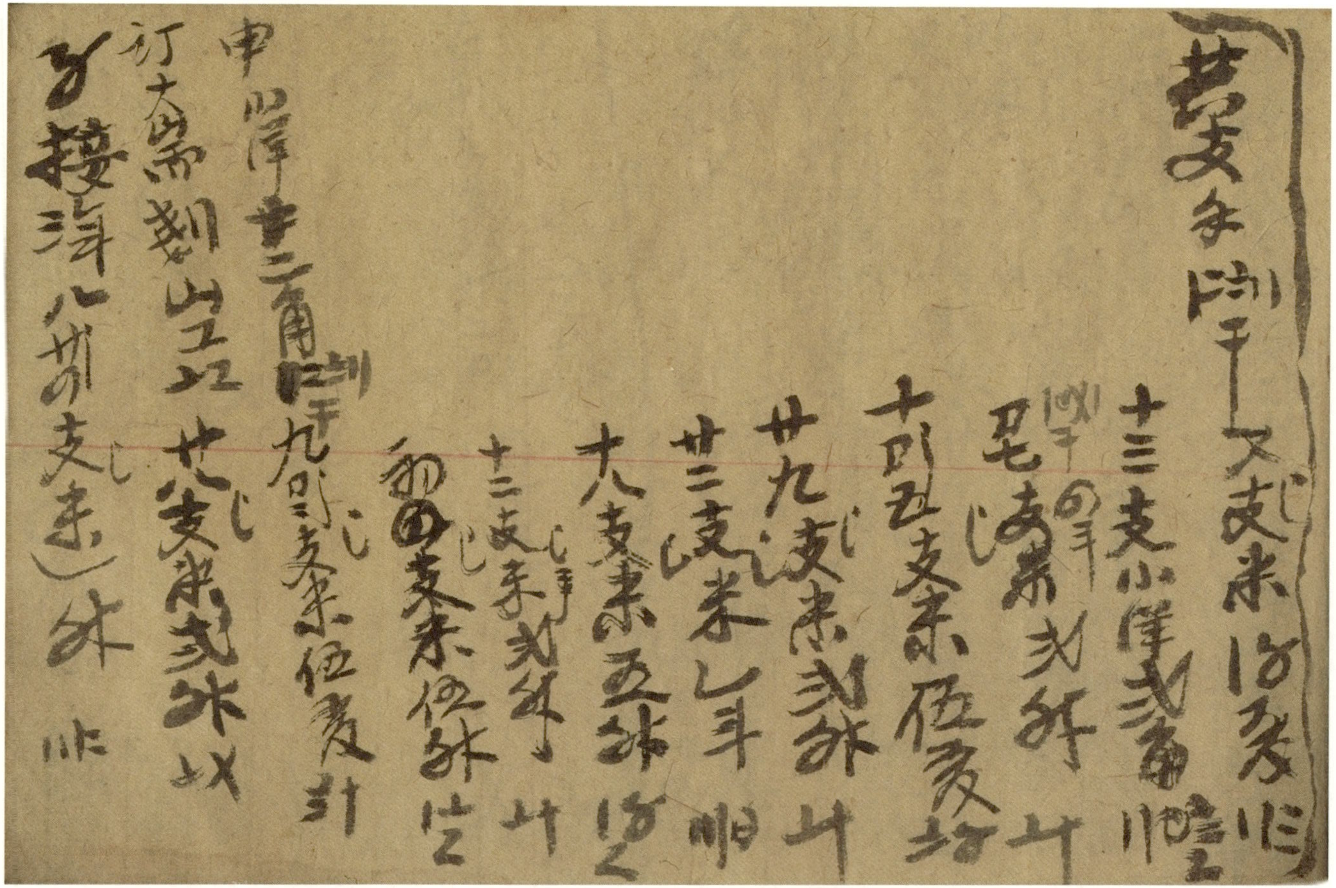

7-3-20-67　清宣統元年同茂號林聯記立賬簿（六七）

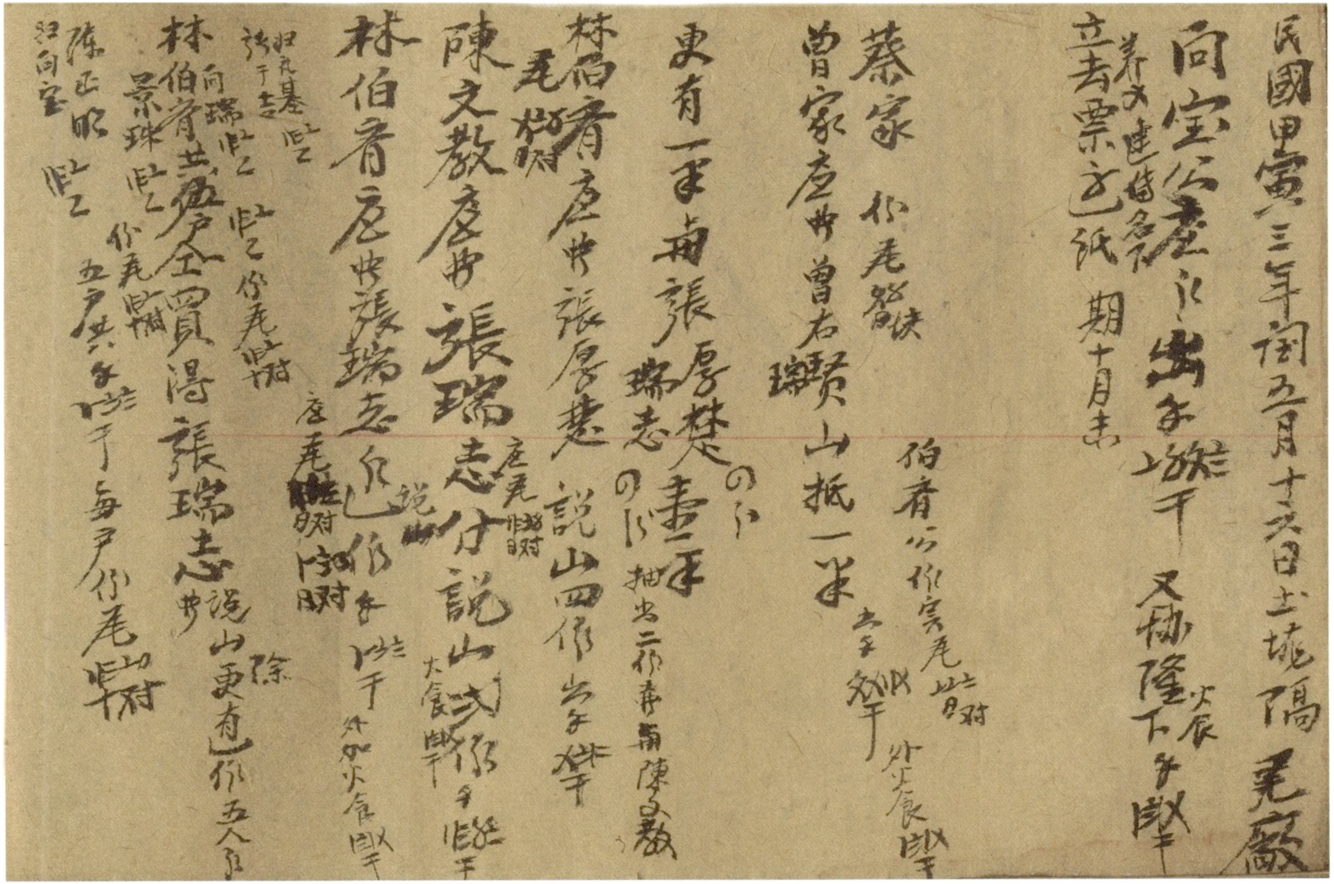

7-3-20-68　清宣統元年同茂號林聯記立賬簿（六八）

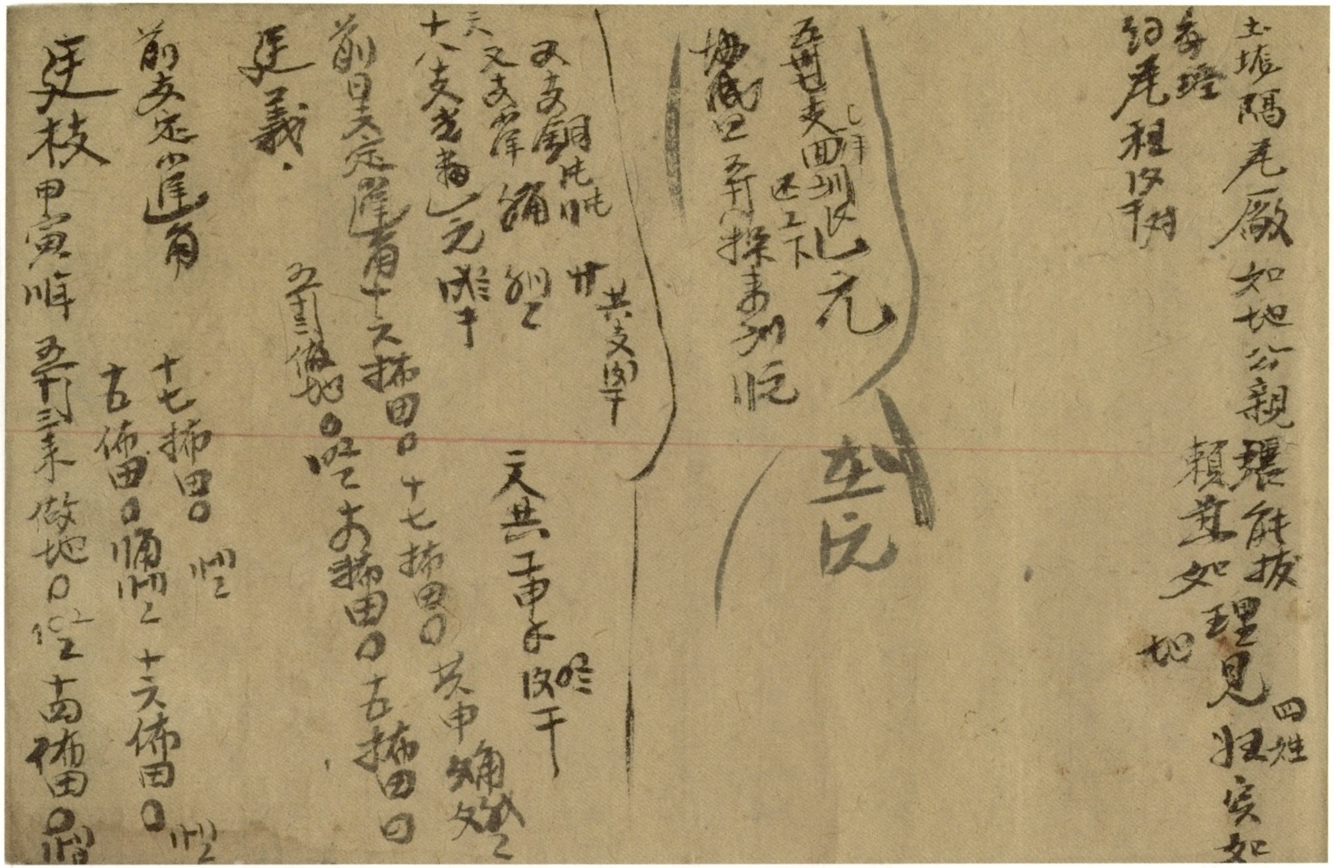

7-3-20-69　清宣統元年同茂號林聯記立賬簿（六九）

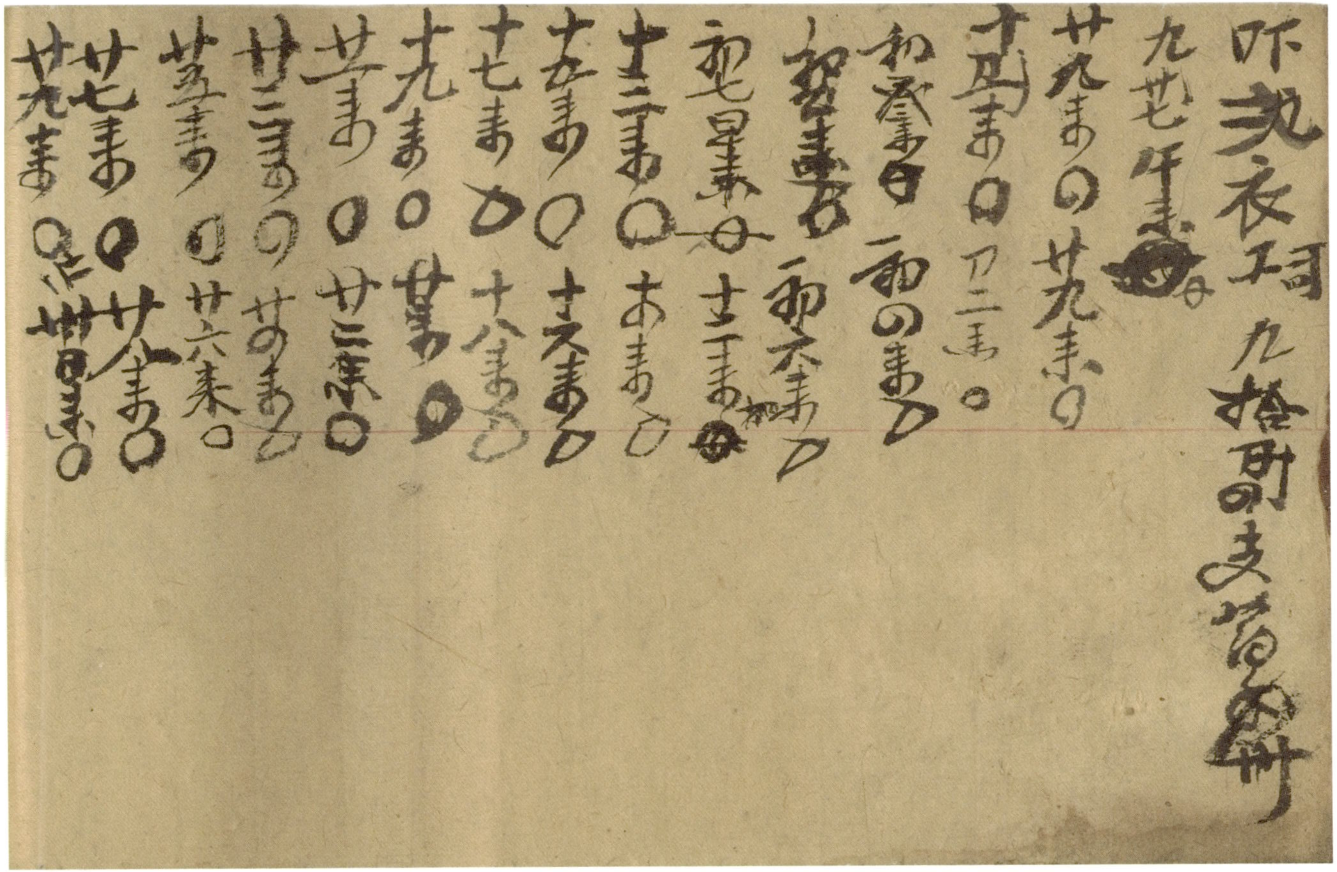

7-3-20-70　清宣統元年同茂號林聯記立賬簿（七〇）

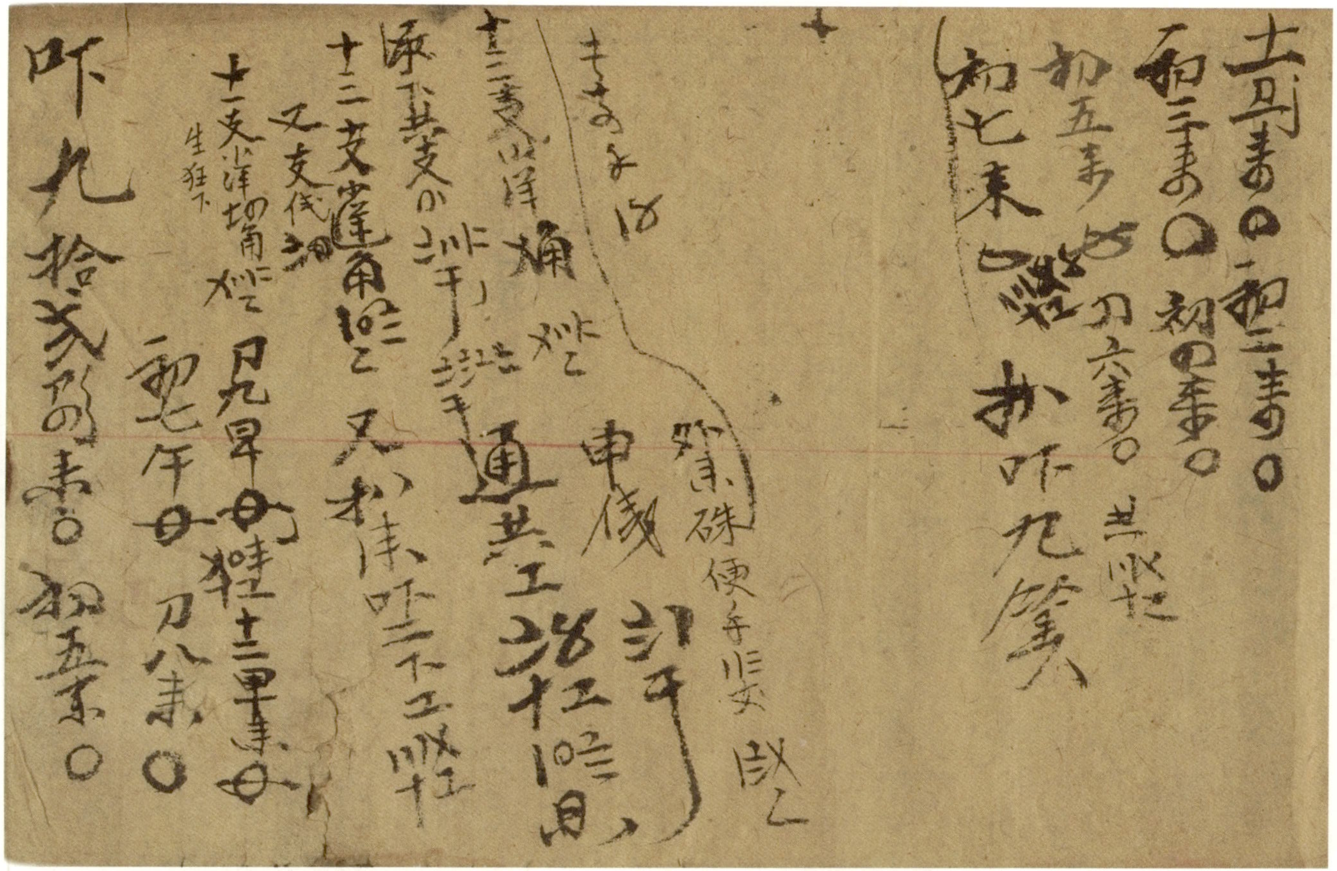

7-3-20-71　清宣統元年同茂號林聯記立賬簿（七一）

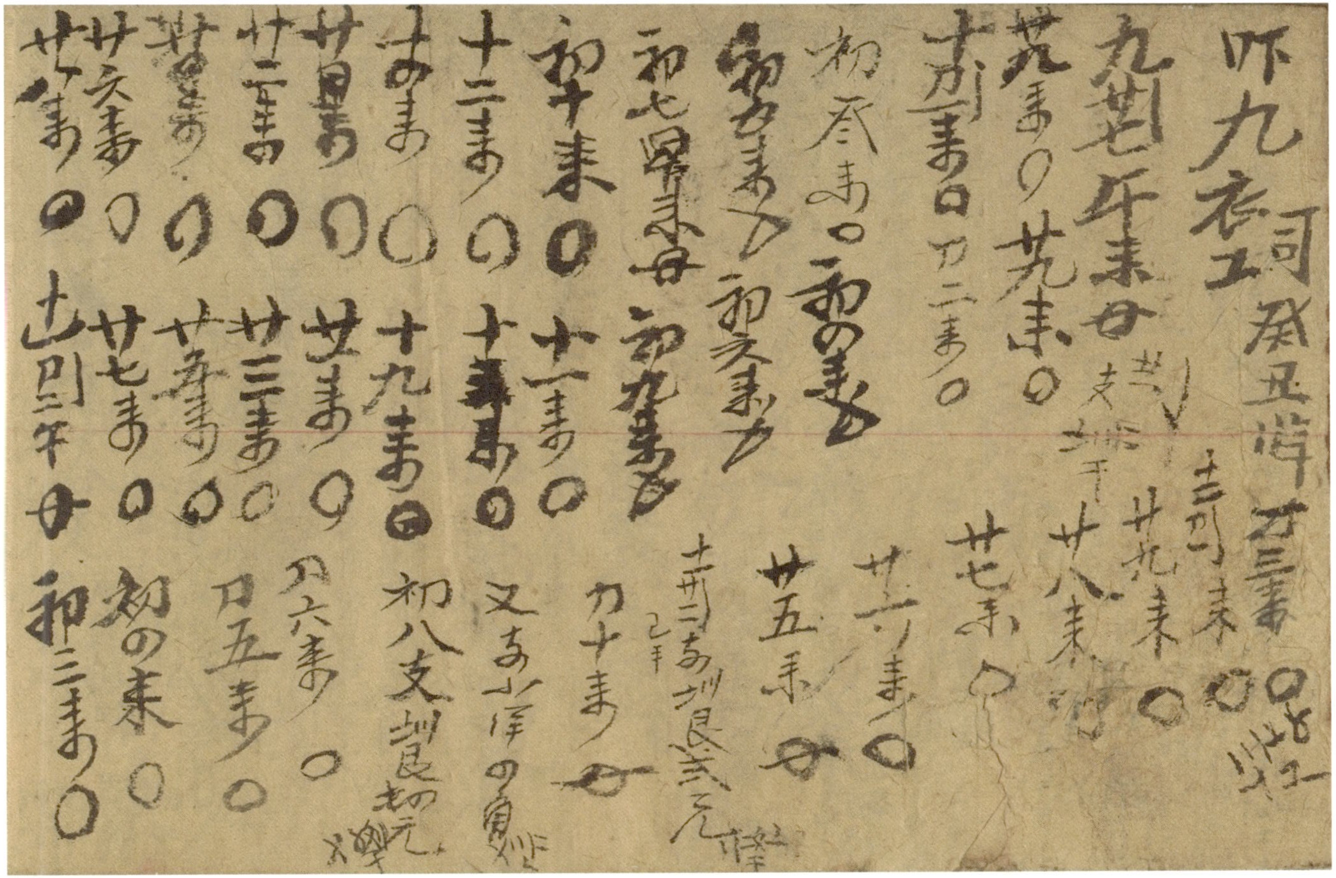

7-3-20-72　清宣統元年同茂號林聯記立賬簿（七二）

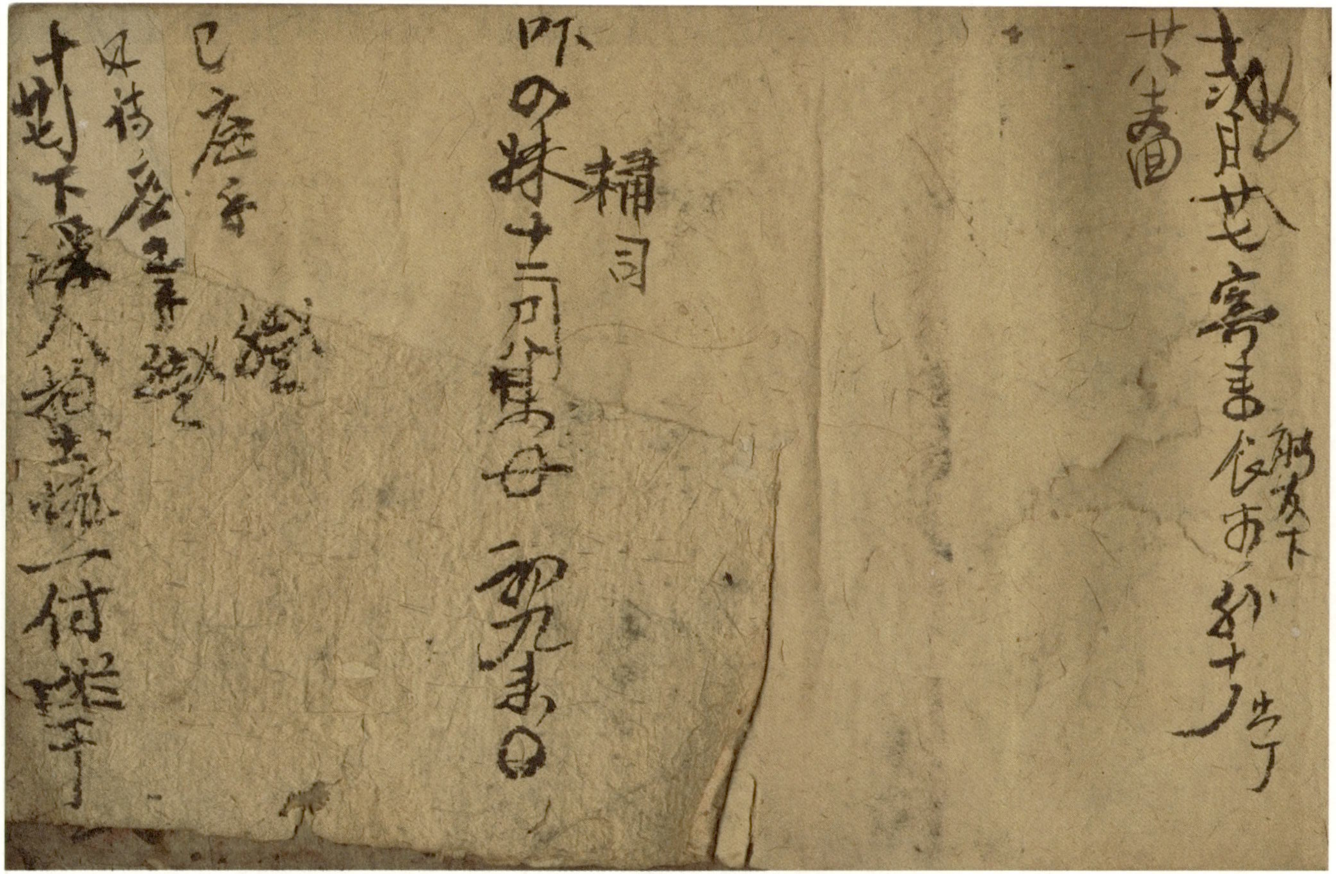

7-3-20-73　清宣統元年同茂號林聯記立賬簿（七三）

7-3-20-74 清宣統元年同茂號林聯記立賬簿（七四）

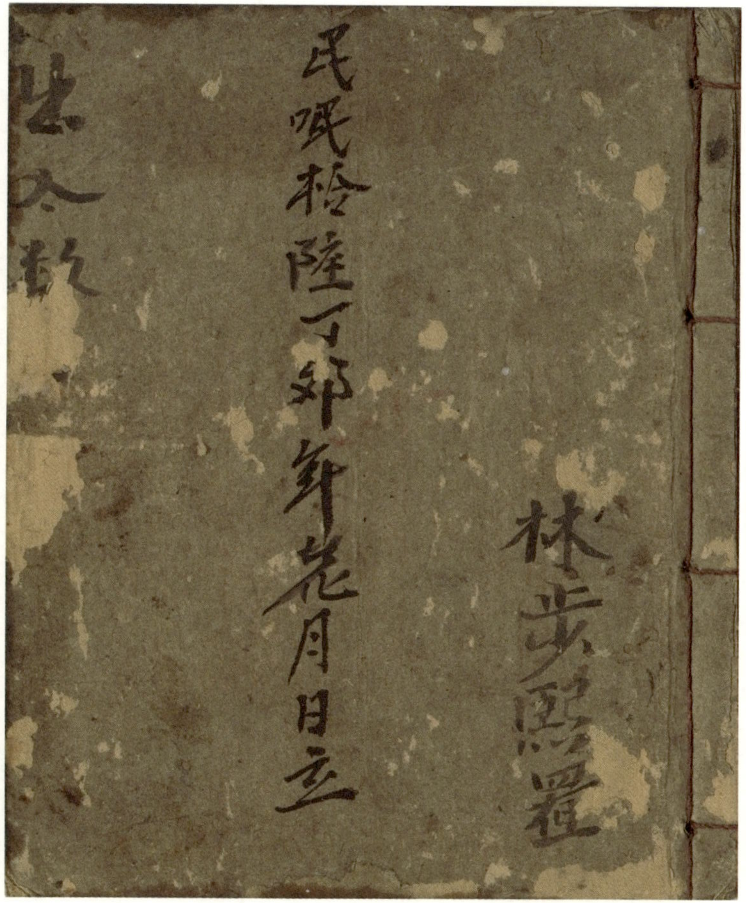
林步熙置
民國拾陸丁卯年花月日立
出入數

7-3-21-1　民國十六年林步熙置出入數目（一）

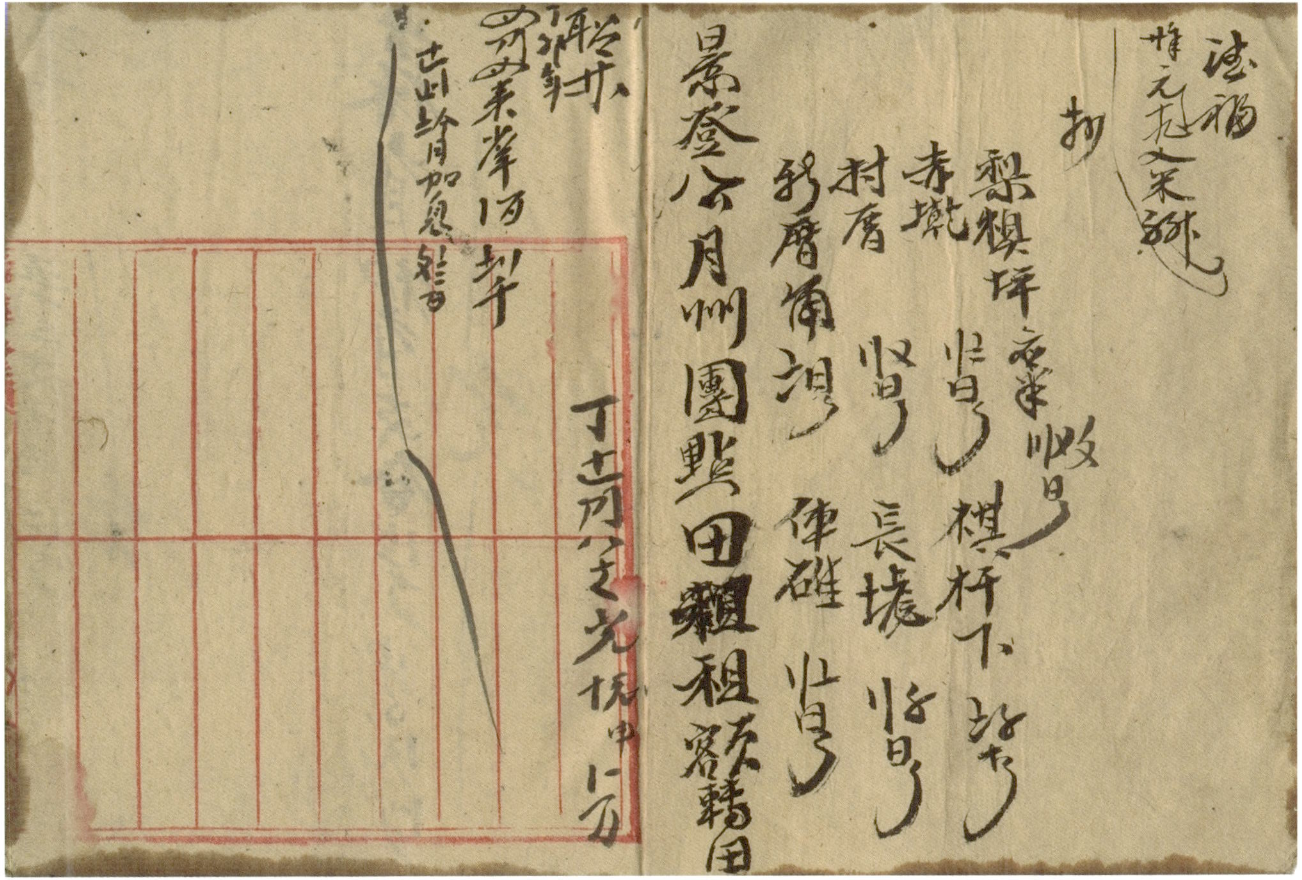

7-3-21-2　民國十六年林步熙置出入數目（二）

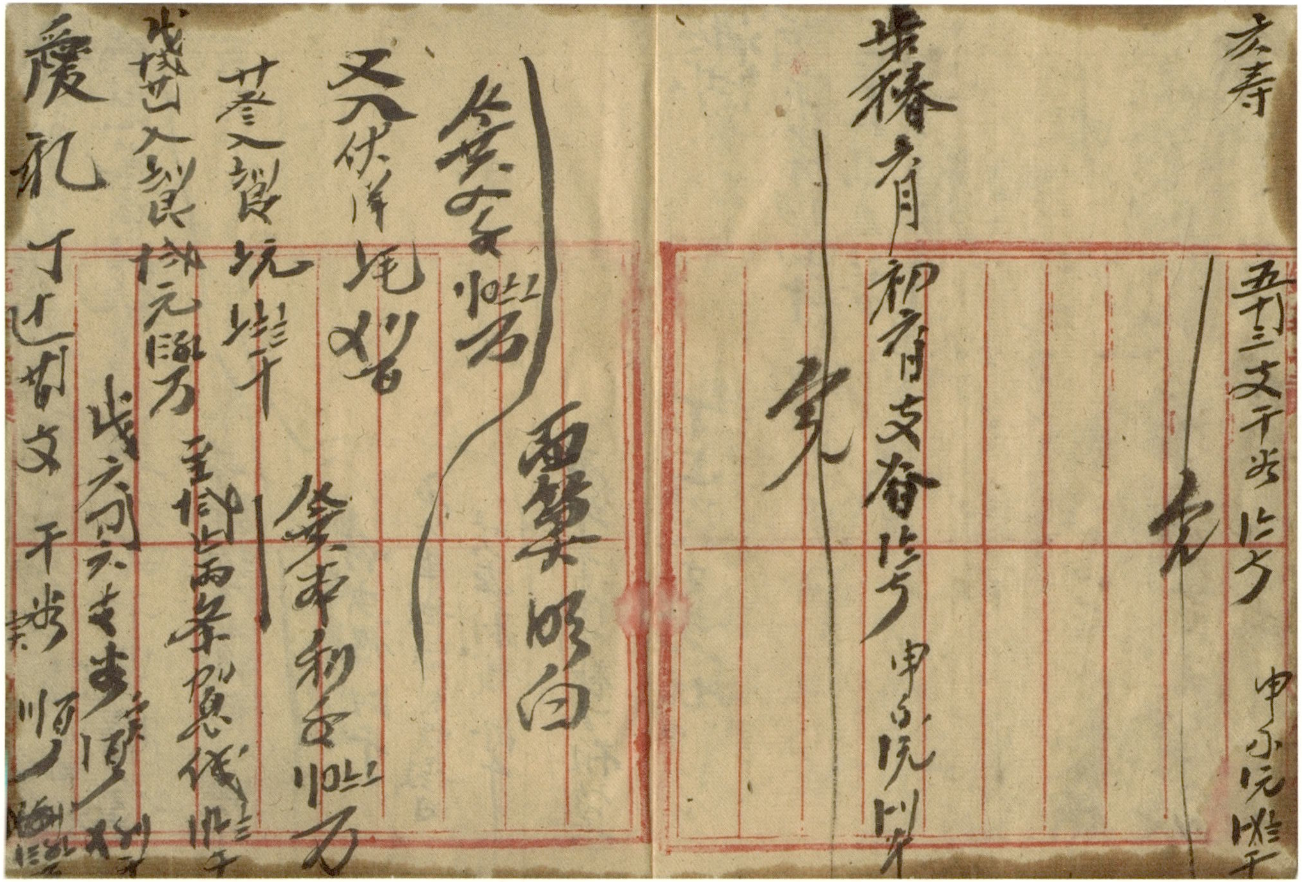

7-3-21-3　民國十六年林步熙置出入數目（三）

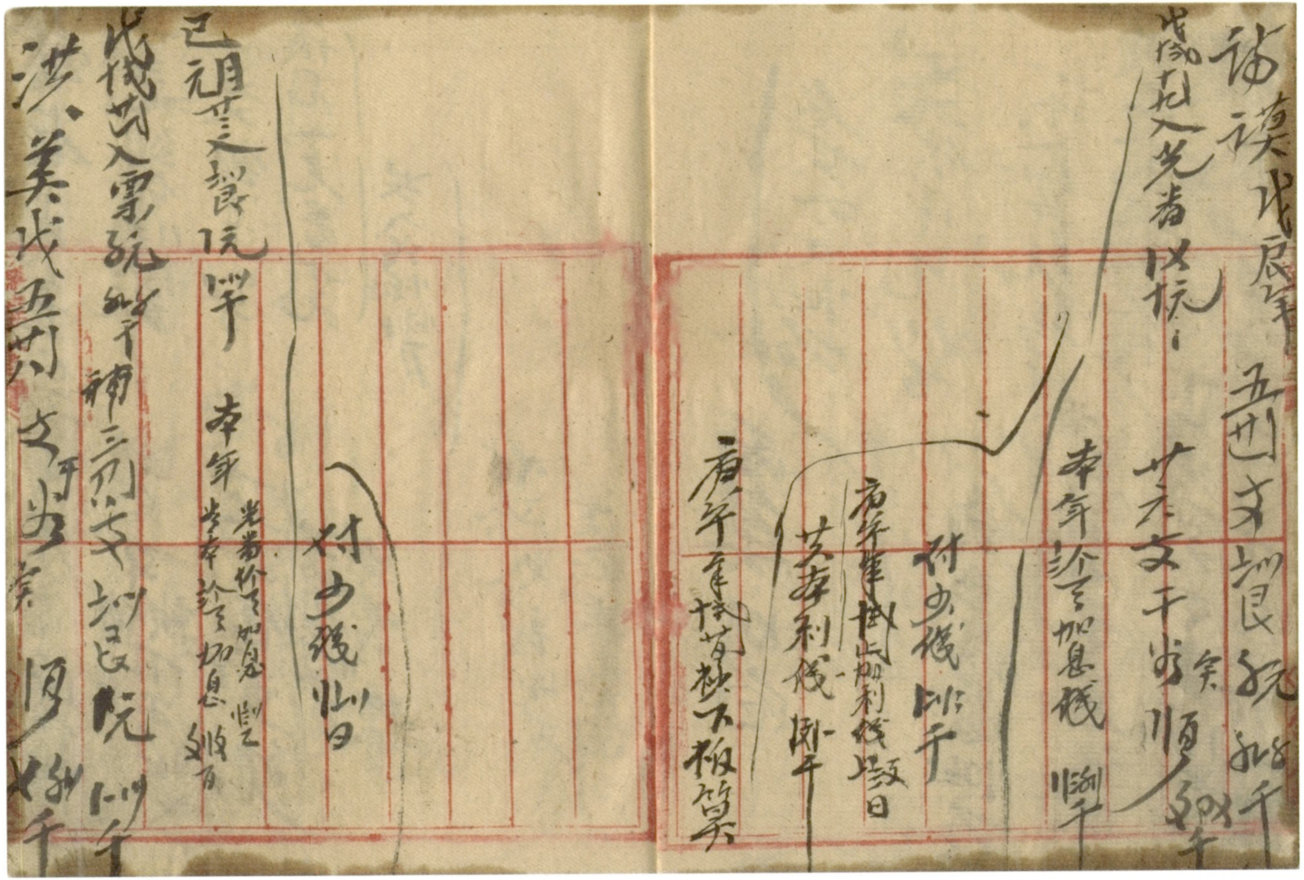

7-3-21-4 民國十六年林步熙置出入數目（四）

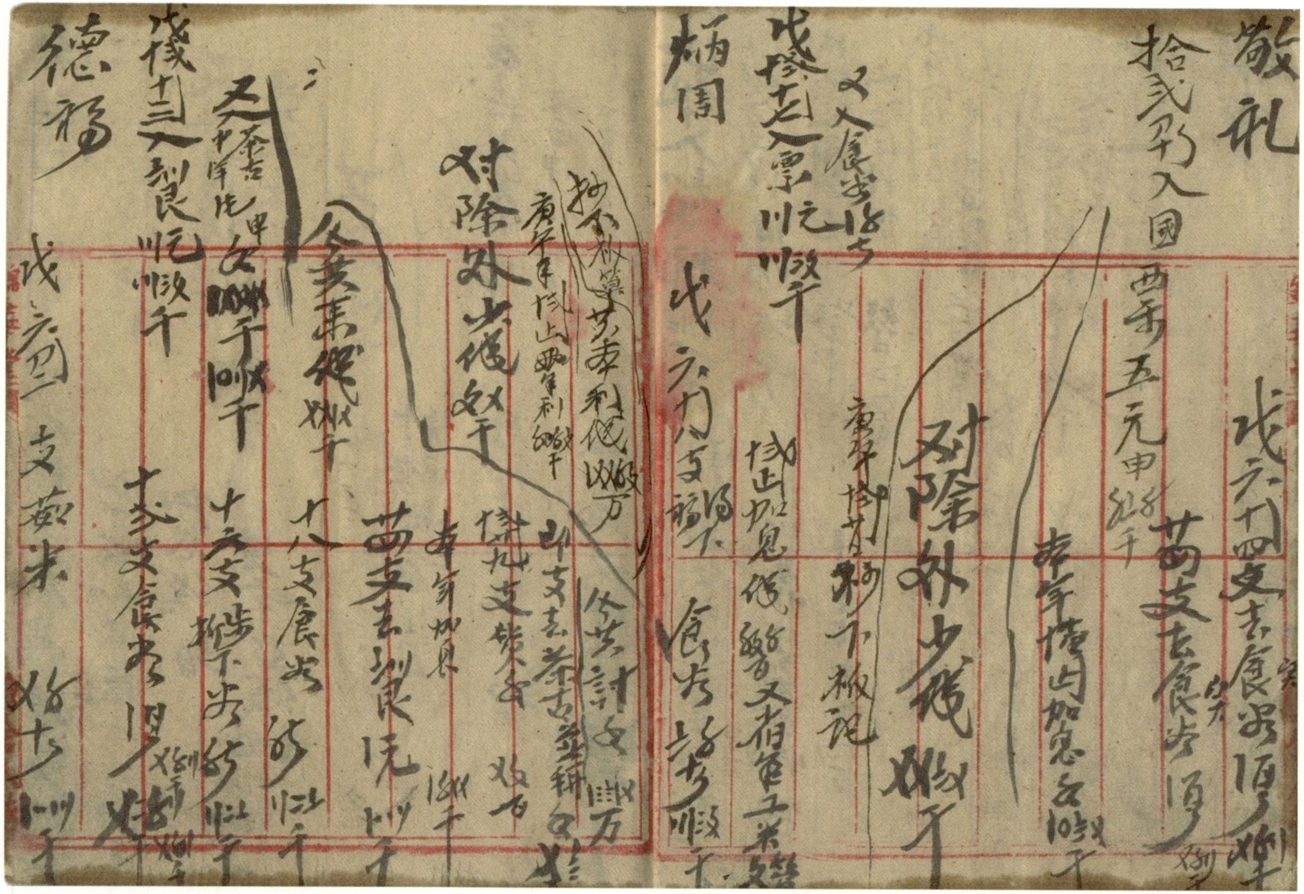

7-3-21-5　民國十六年林步熙置出入數目（五）

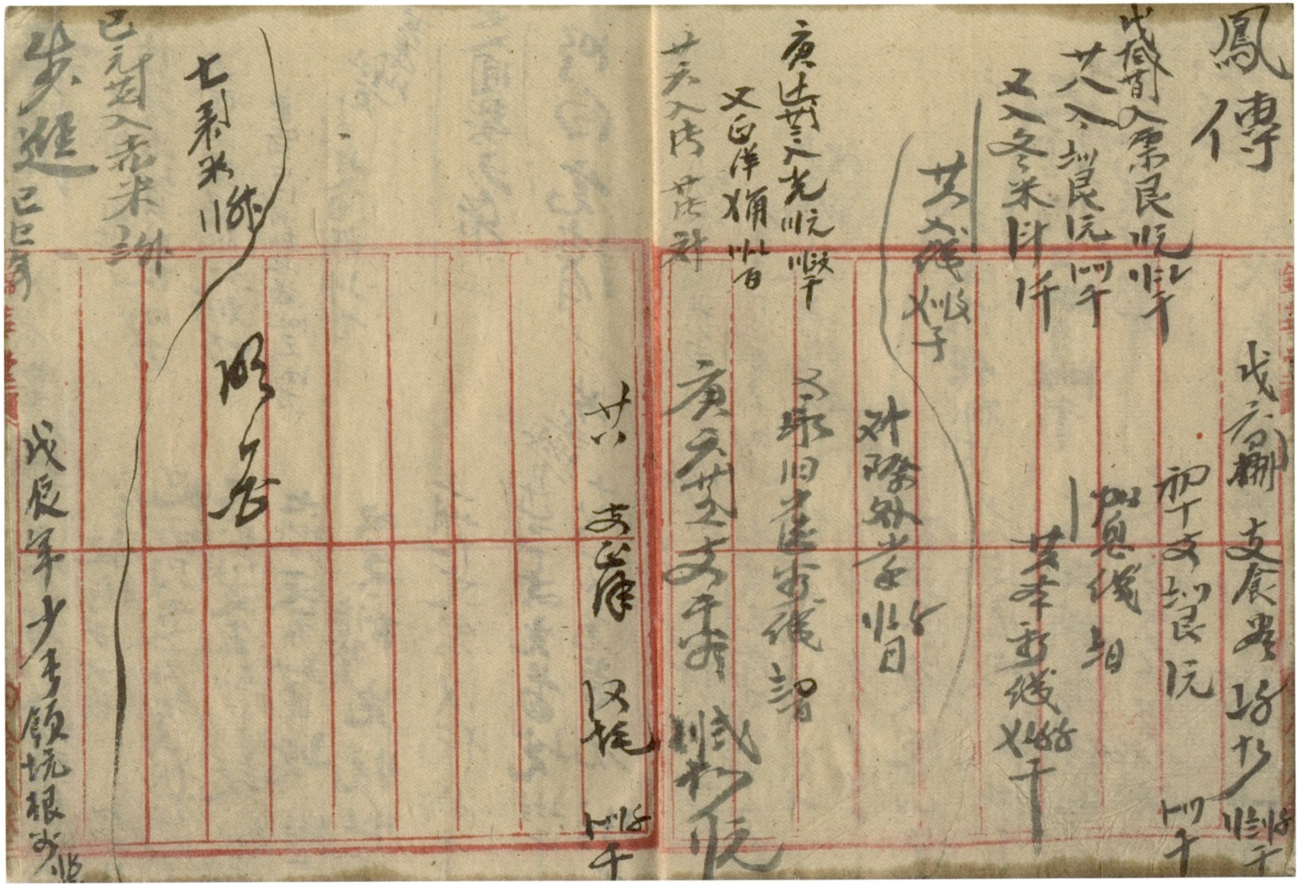

7-3-21-6 民國十六年林步熙置出入數目（六）

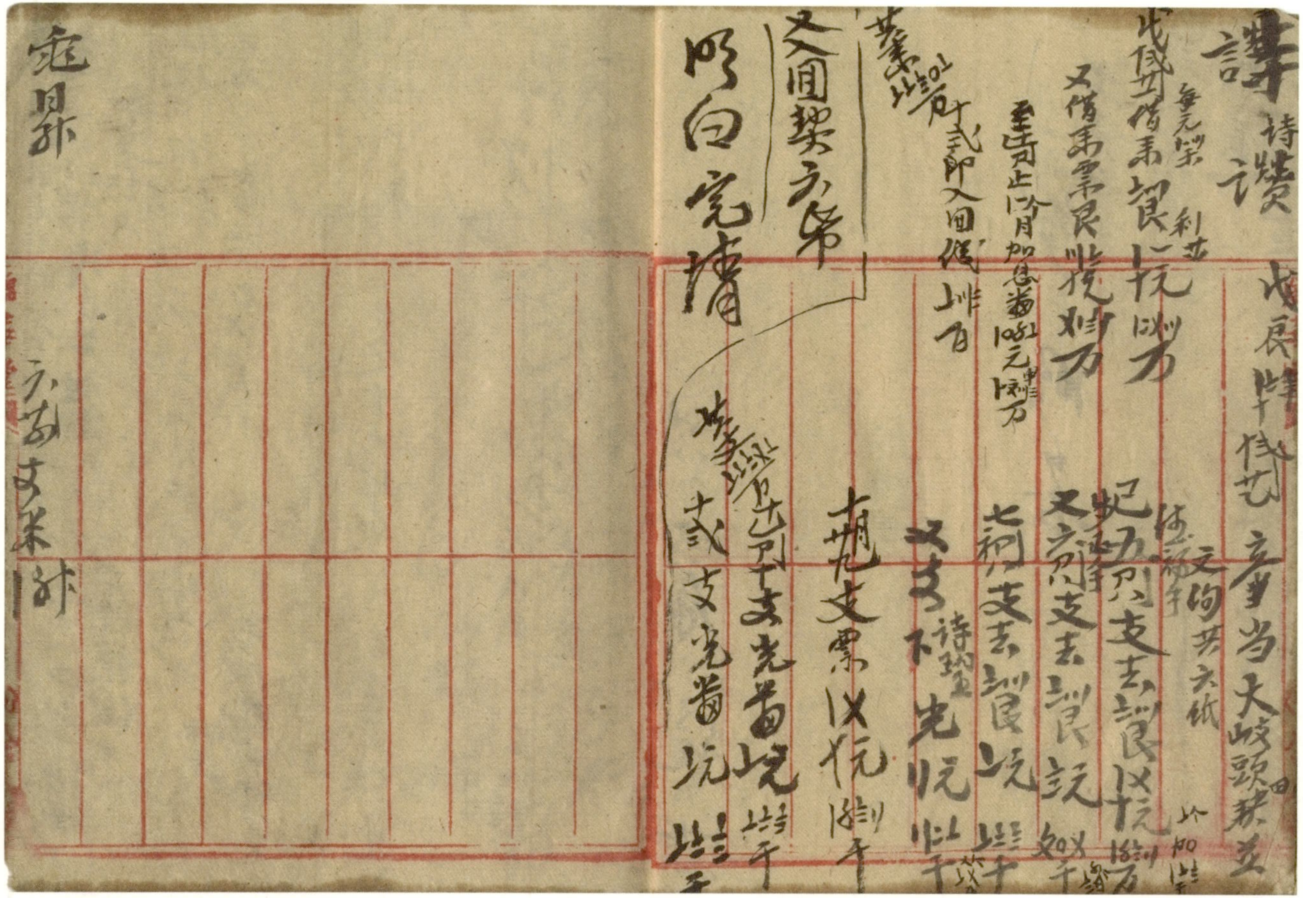

7–3–21–7　民國十六年林步熙置出入數目（七）

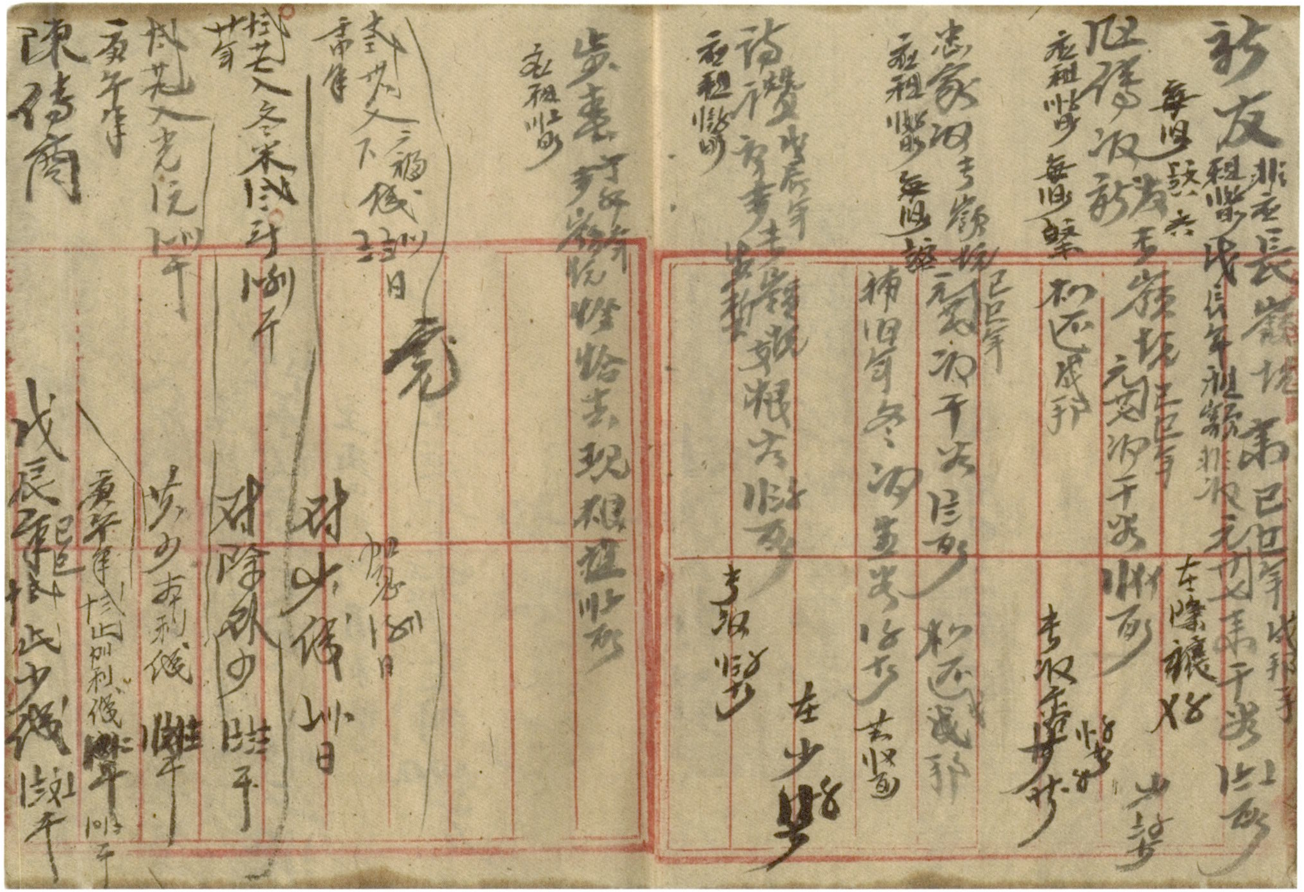

7-3-21-8　民國十六年林步熙置出入數目（八）

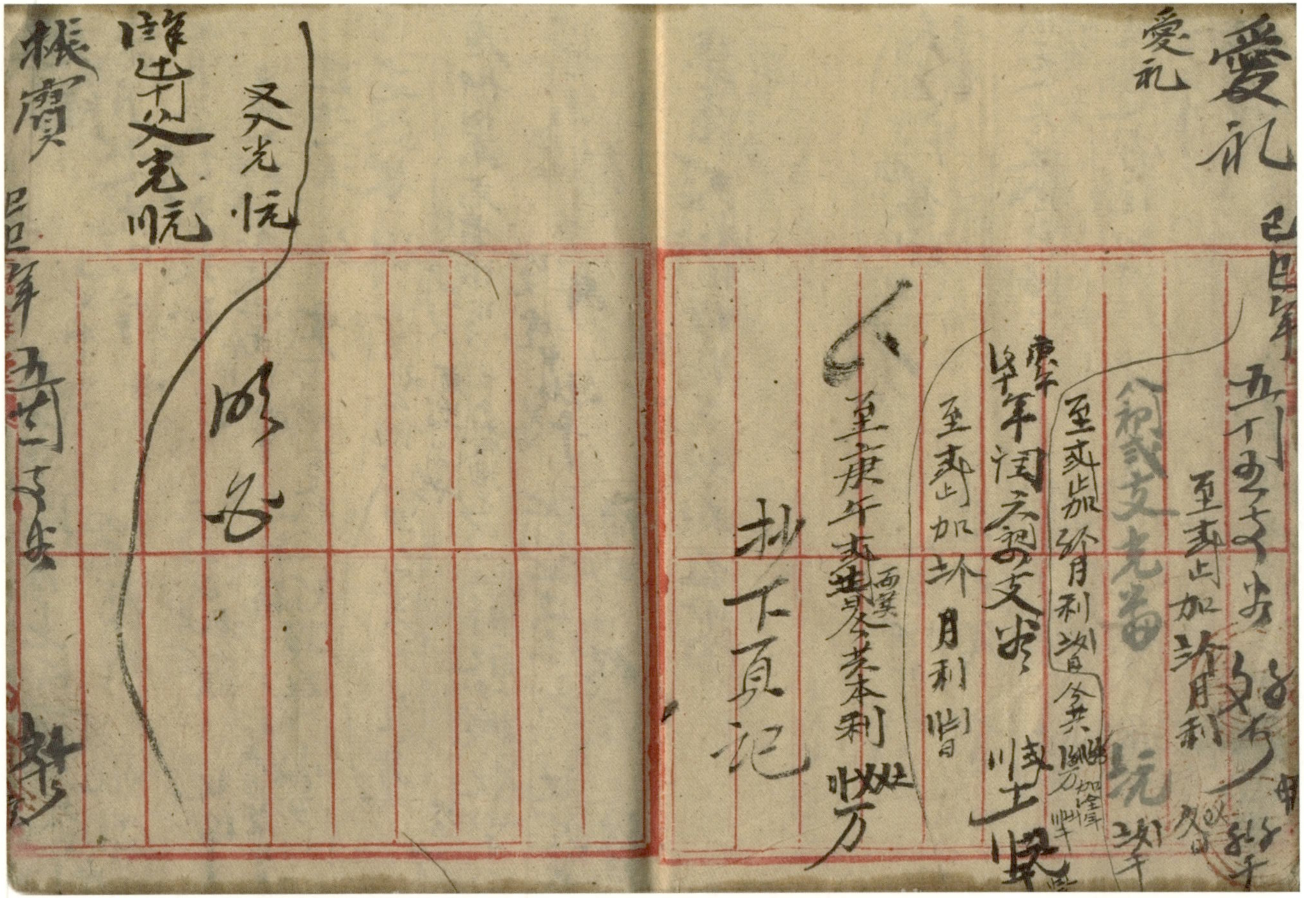

7-3-21-9　民國十六年林步熙置出入數目（九）

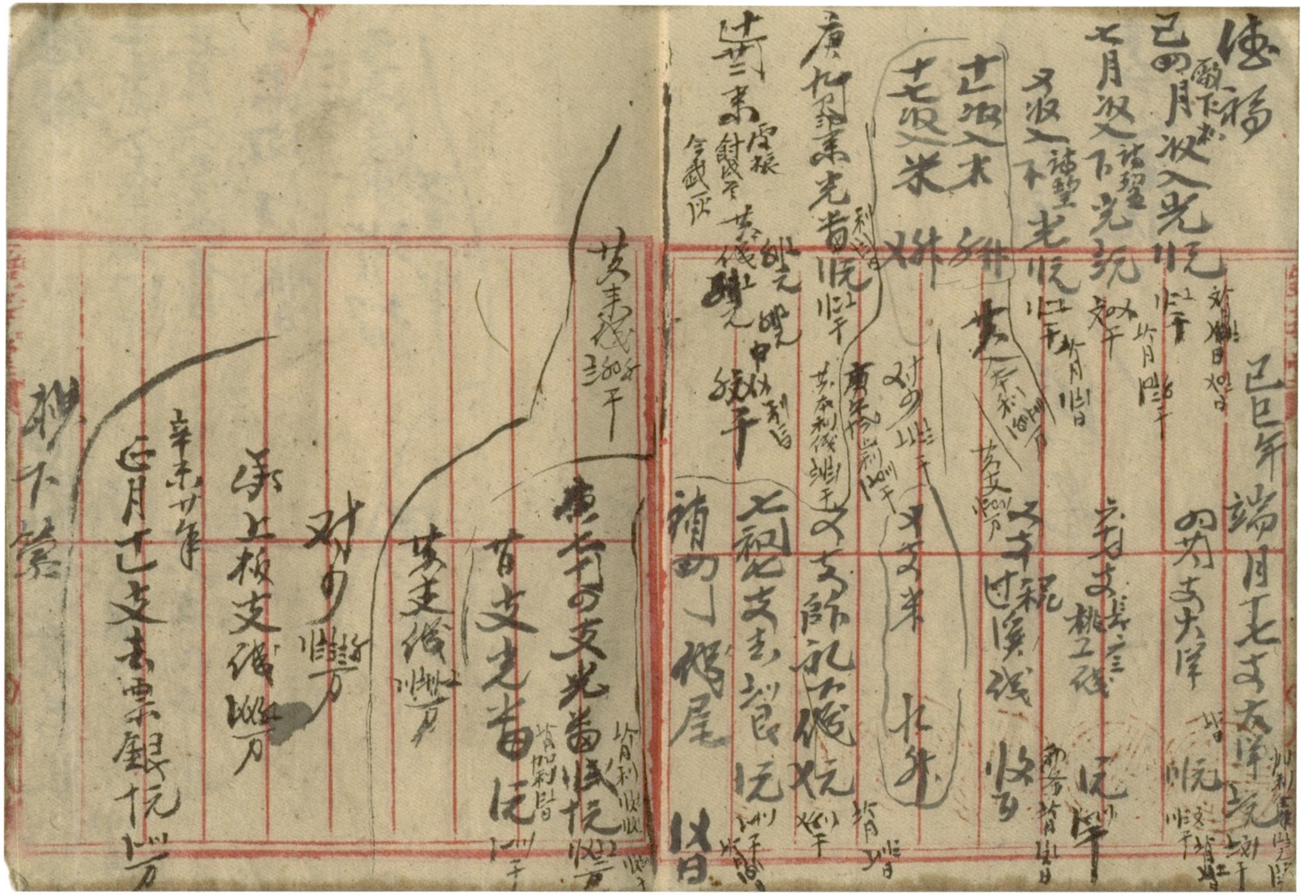

7-3-21-10 民國十六年林步熙置出入數目（一〇）

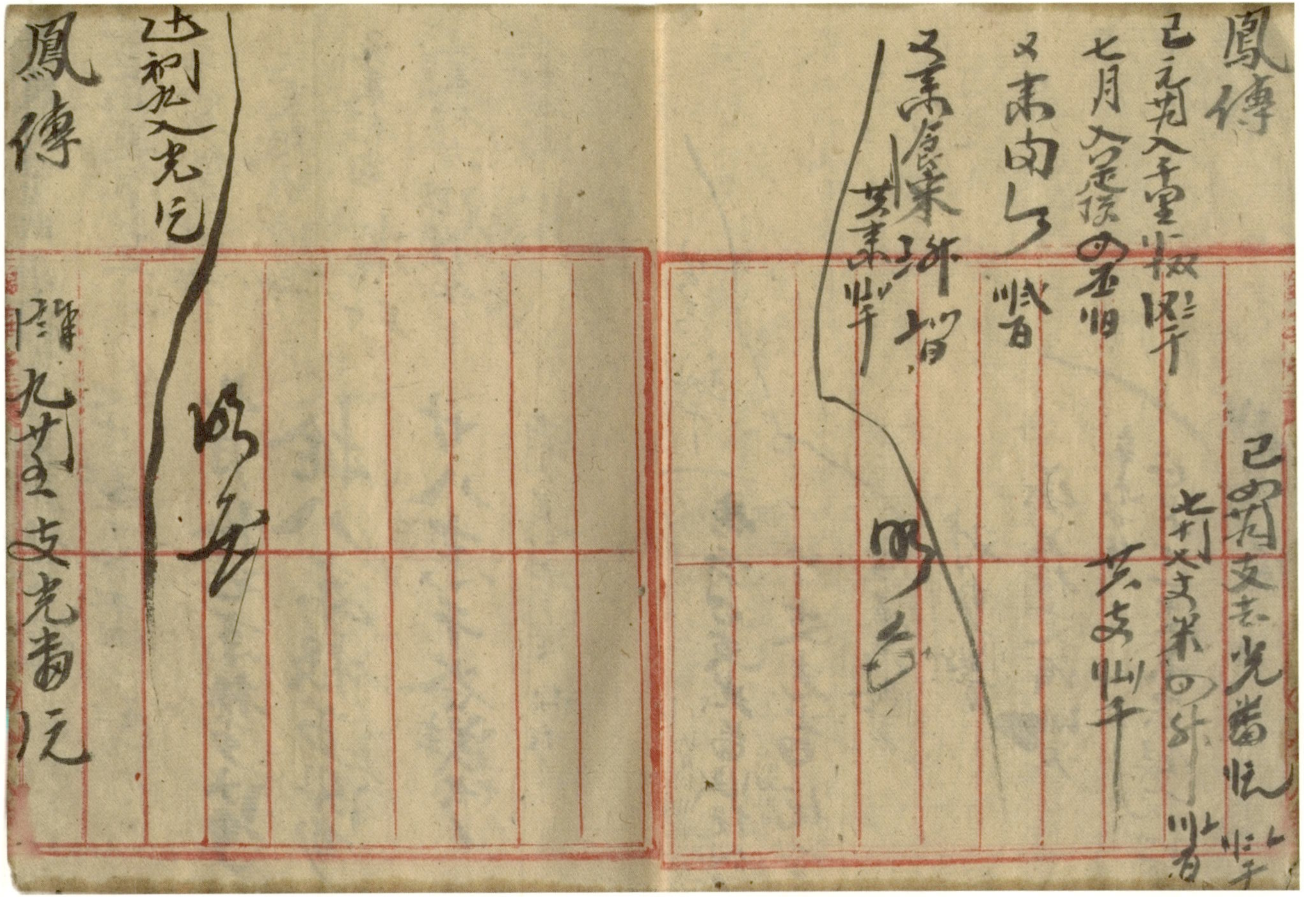

7-3-21-11　民國十六年林步熙置出入數目（一一）

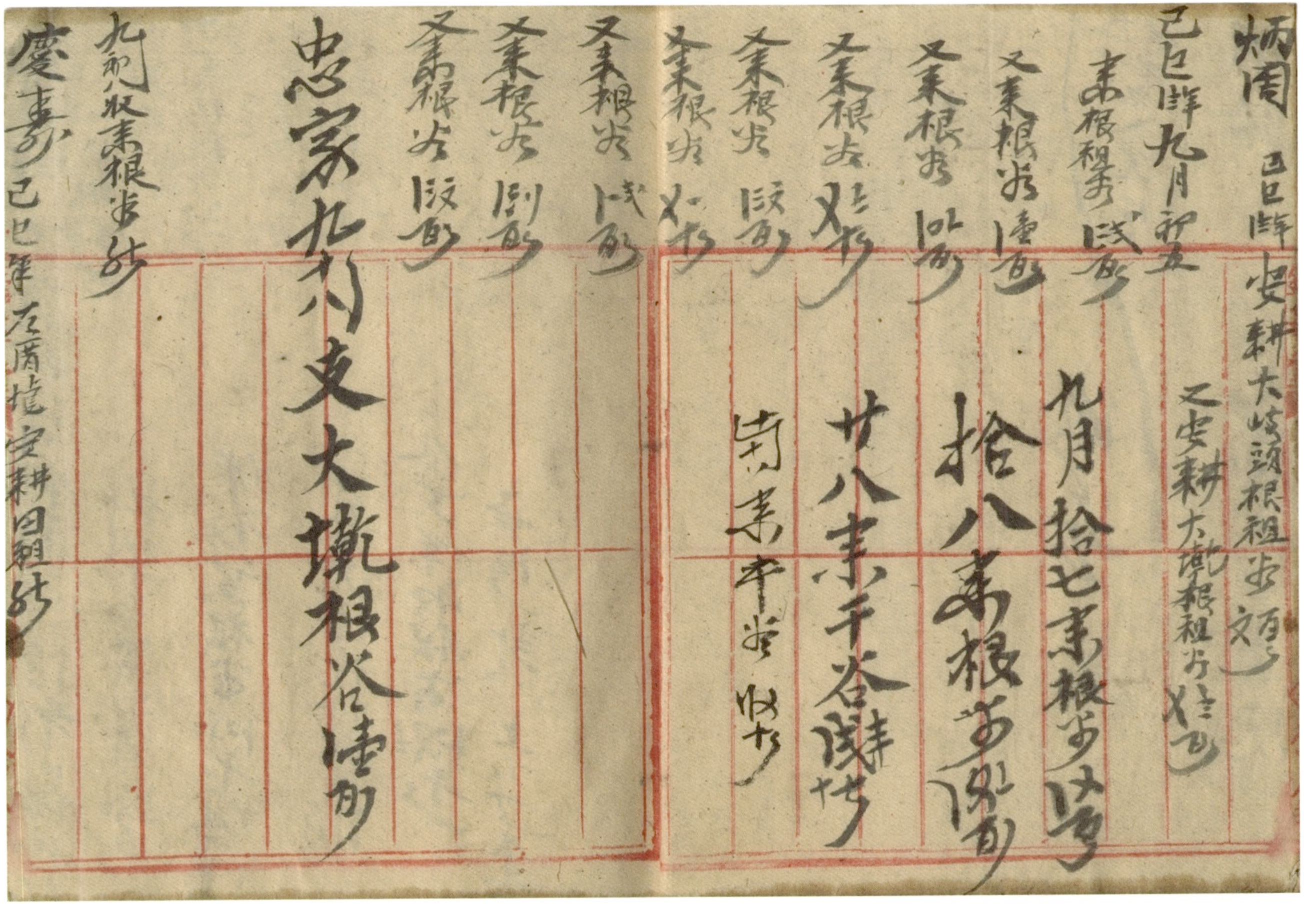
炳周　己巳年安耕大岐頭根租谷〡〢〡文
又安耕大墘根租谷〢〤
己巳年九月初五
束根租谷〢
又束根谷〡〣
又束根谷〢〤
又束根谷〡〢〤
又束根谷〢
又束根谷〡〢〤
又束根谷〡〣
又束根谷〡〢
又束根谷〢
九月拾七束根谷〥〢
拾八束根谷〤〢
廿八束千谷〤〢
閏束伞〡〥
忠家九月廿八支大墘根谷〡〢
九月收束根谷〡〤
慶壽己巳年石厝墘安耕因租〡〤

7-3-21-12　民國十六年林步熙置出入數目（一二）

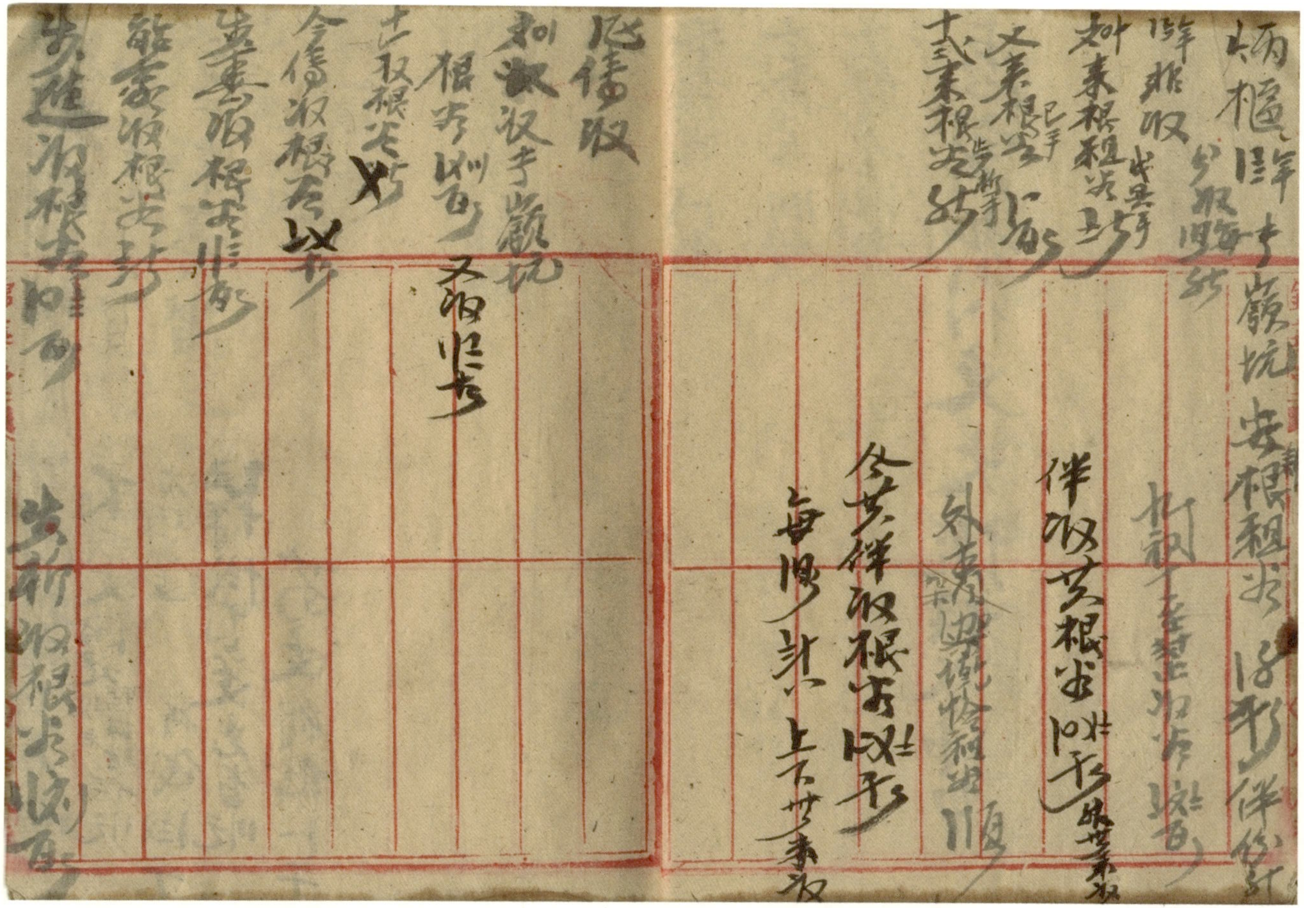

7-3-21-13　民國十六年林步熙置出入數目（一三）

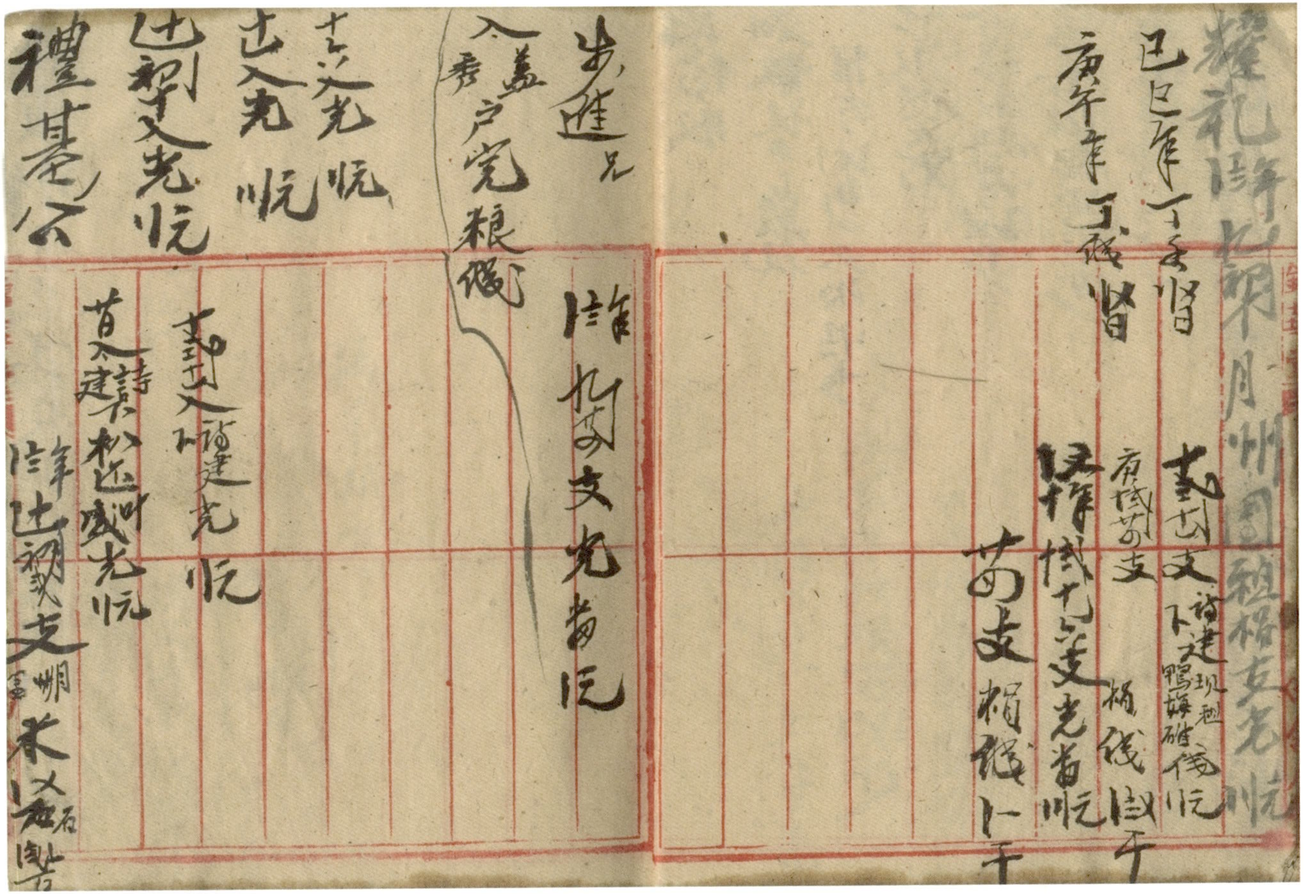

7-3-21-14　民國十六年林步熙置出入數目（一四）

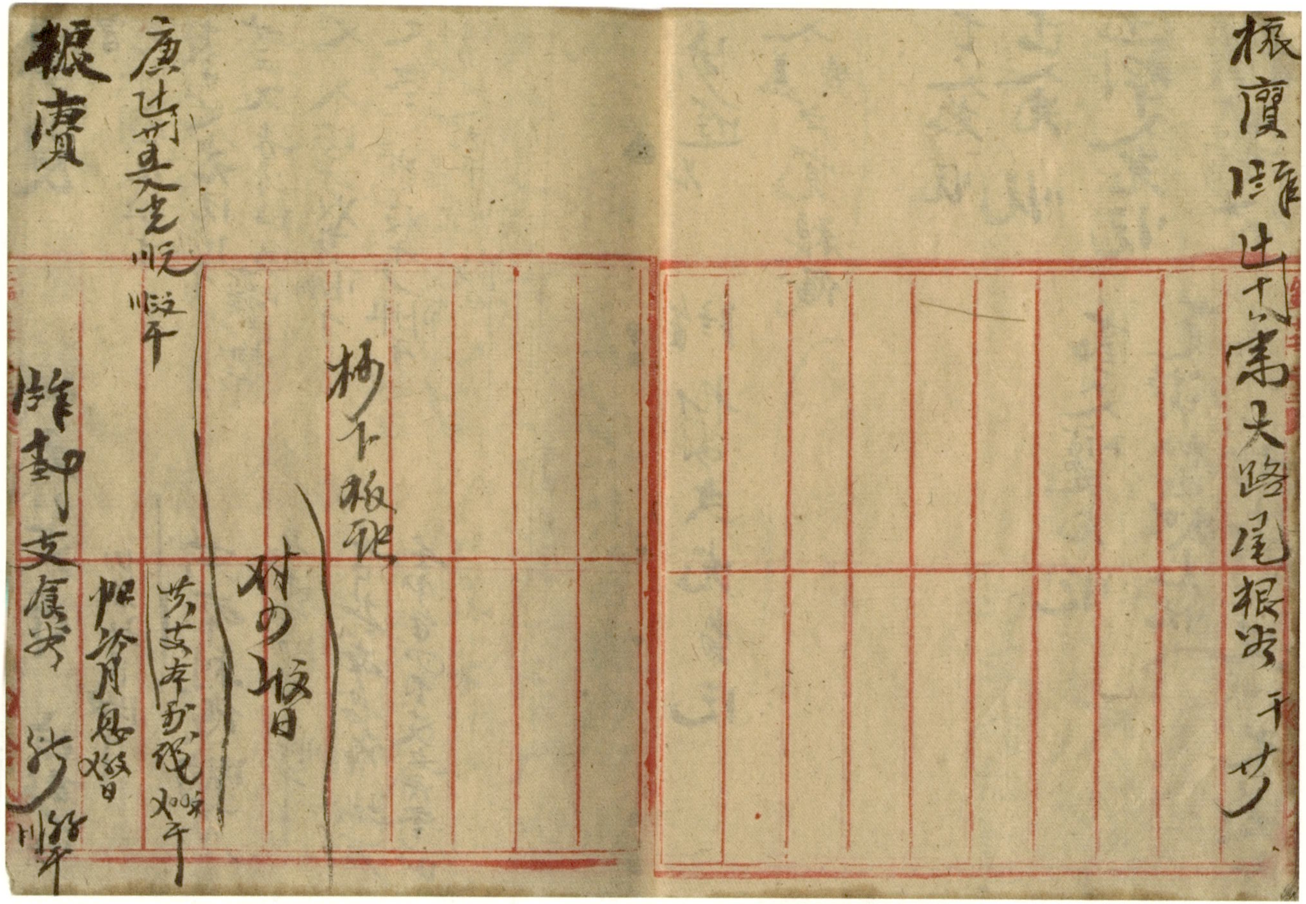

7-3-21-15　民國十六年林步熙置出入數目（一五）

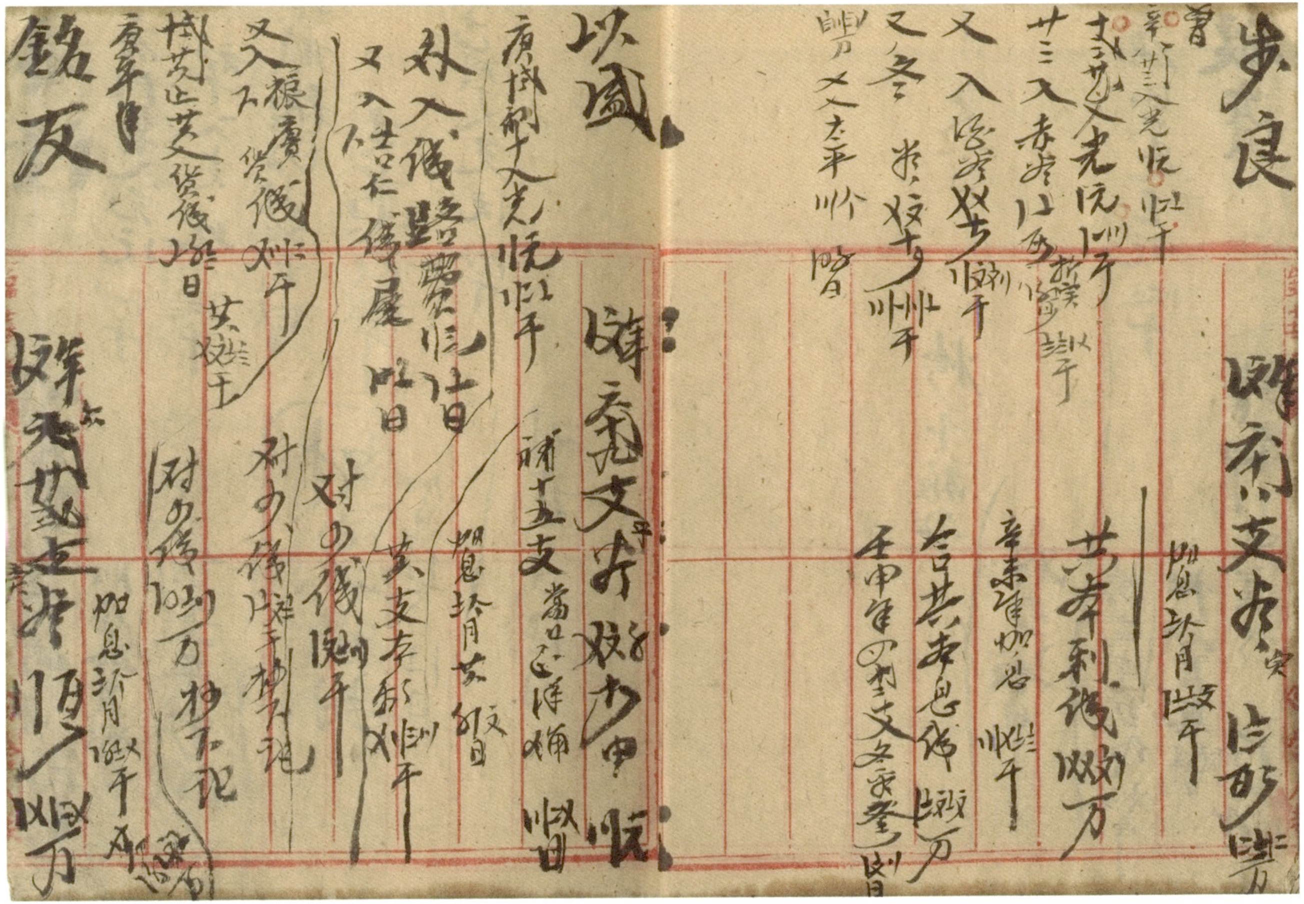

7-3-21-16　民國十六年林步熙置出入數目（一六）

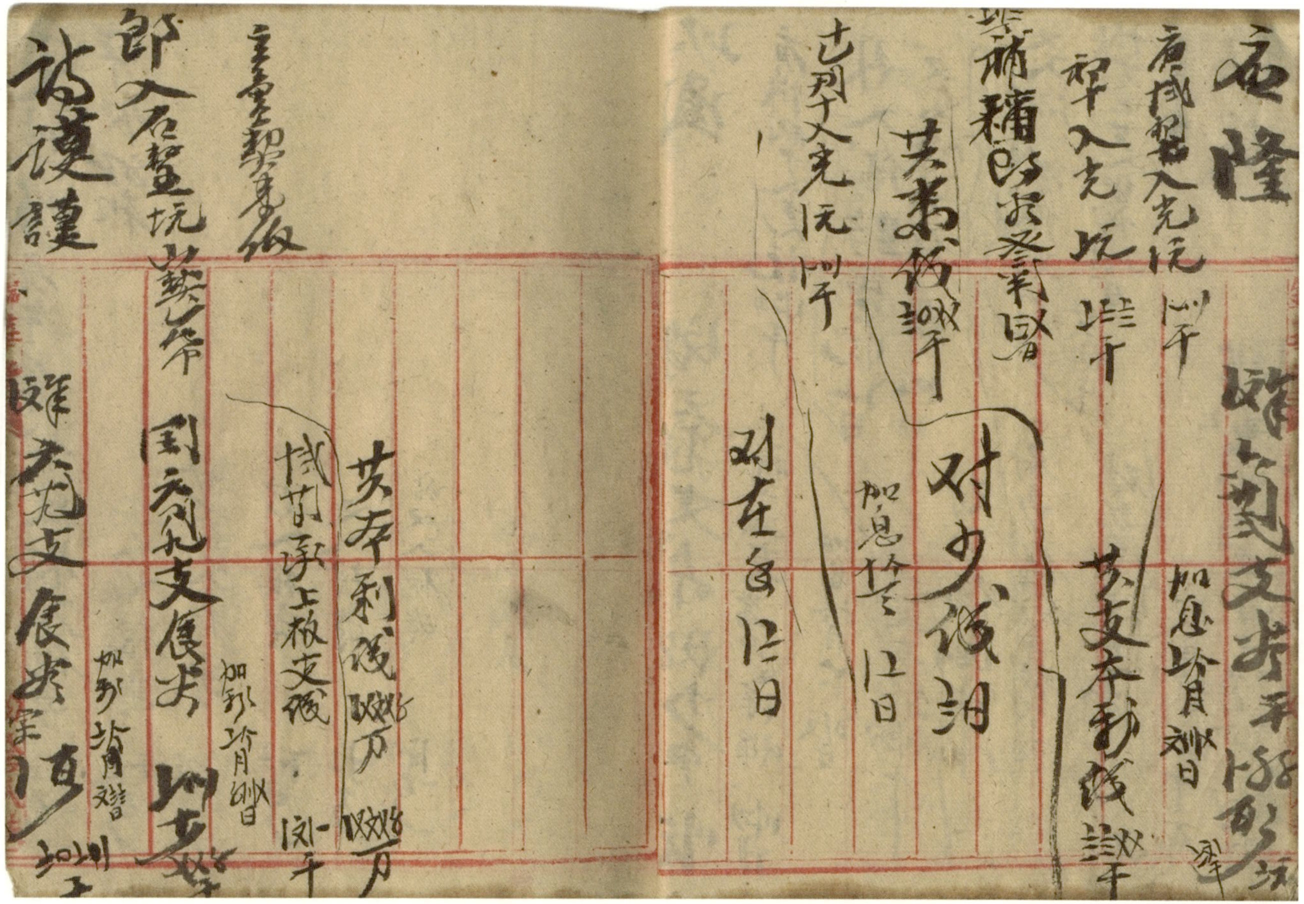

7-3-21-17　民國十六年林步熙置出入數目（一七）

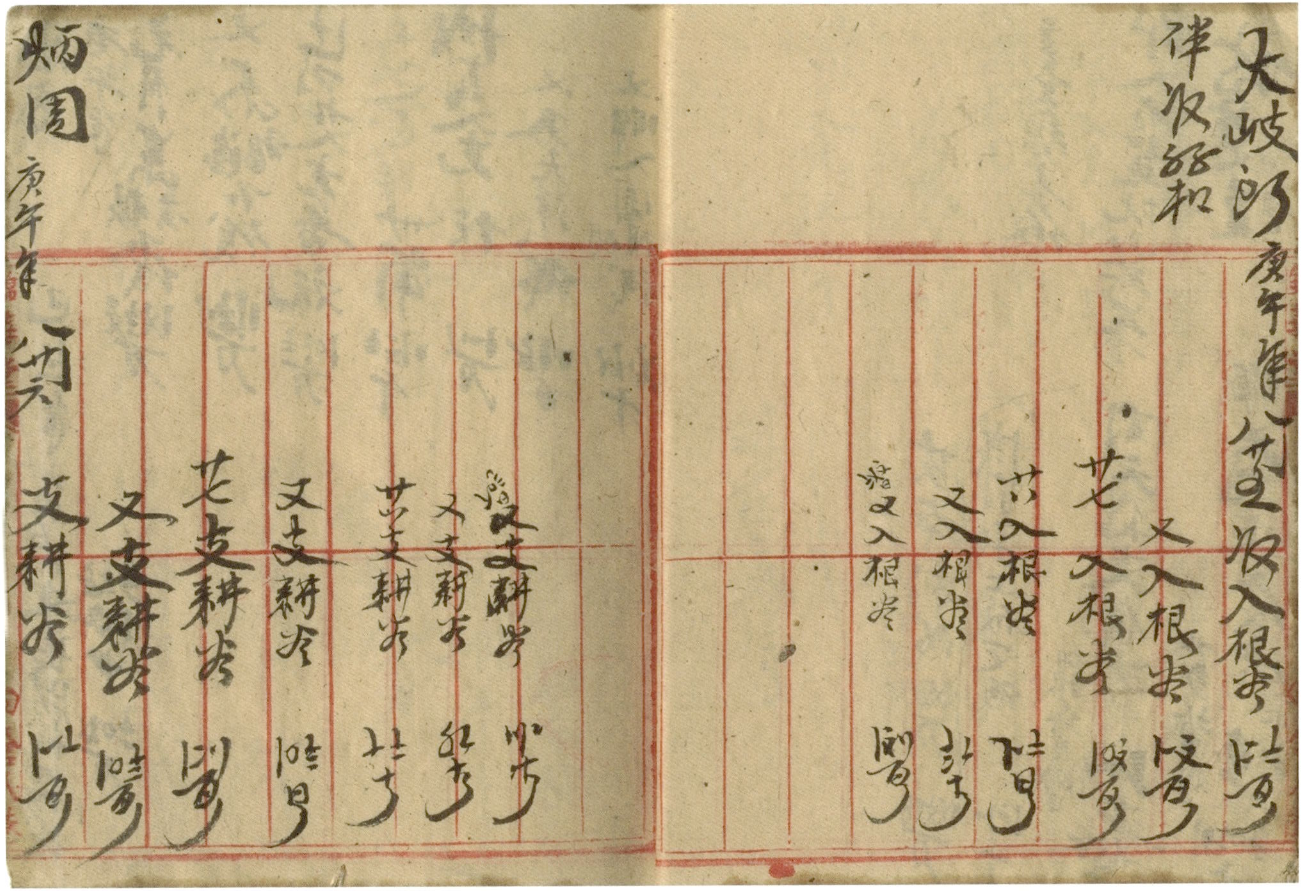

7–3–21–18　民國十六年林步熙置出入數目（一八）

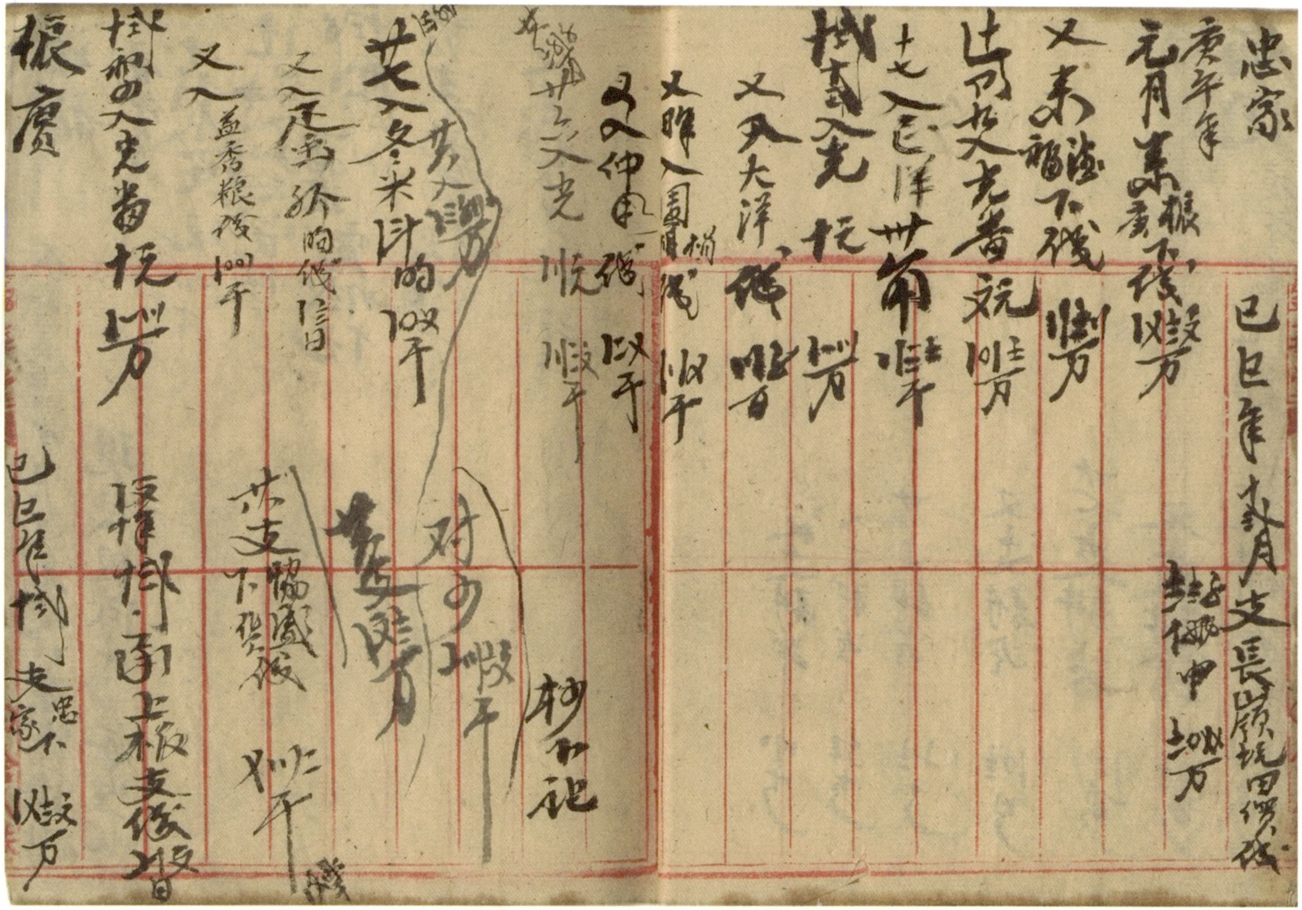

7-3-21-19　民國十六年林步熙置出入數目（一九）

法福

庚午年十月十五　拾壹鴨慢　番佛

現根租試石　每担　叁

庚午年

十月壹入定　英洋　〢千

廿二日入　諸建　收　英洋　〢千

城礽之　諸建　光　英洋

共來光番　英洋　〢千

又來　步諸　光洋　〢千

月州園

風水

庚午收

共支　佳洋　番仁下糧錢大　小

又支　暑萊　公下　糧錢　〢千

又支　龍旧　糧錢　〢

支租　糧錢　〢万

錢三支租　〢

7-3-21-20　民國十六年林步熙置出入數目（二〇）

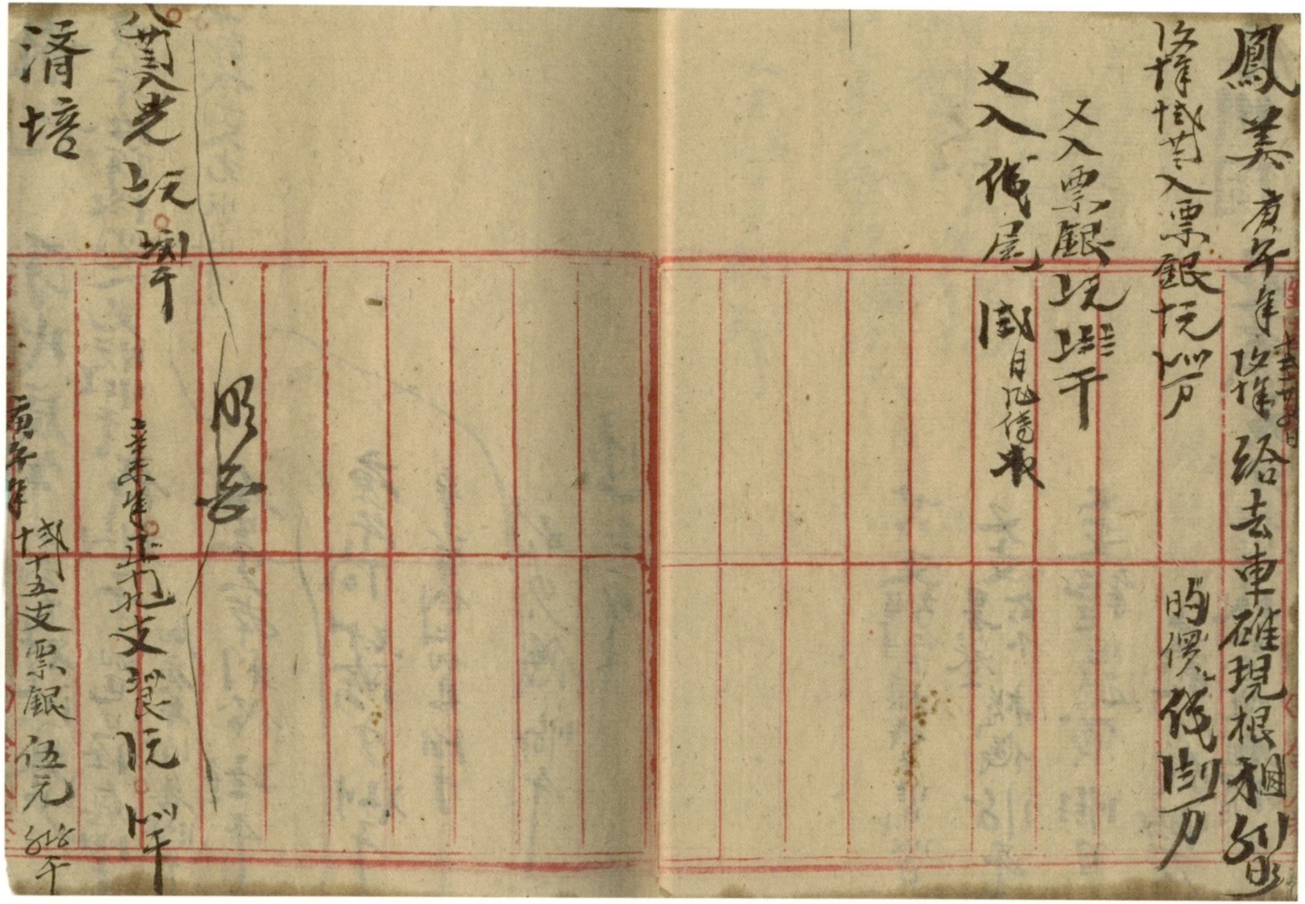
鳳美 庚午年 給去車碓現根租
又入票銀
又入作屋
清培
入光洋
庚午年 支票銀伍元

7-3-21-21　民國十六年林步熙置出入數目（二一）

敬礼

承代辰年十二月对除外少

存谷[illegible]干　加包已全息[illegible]

庚年除借过大光[illegible]

十二年借过大光[illegible]干

合共存利谷[illegible]干

加庚年全息[illegible]干

庚年谷对除少[illegible]干

辛未年谷出加息[illegible]干

对少谷[illegible]干

过下年

7-3-21-22　民國十六年林步熙置出入數目（二二）

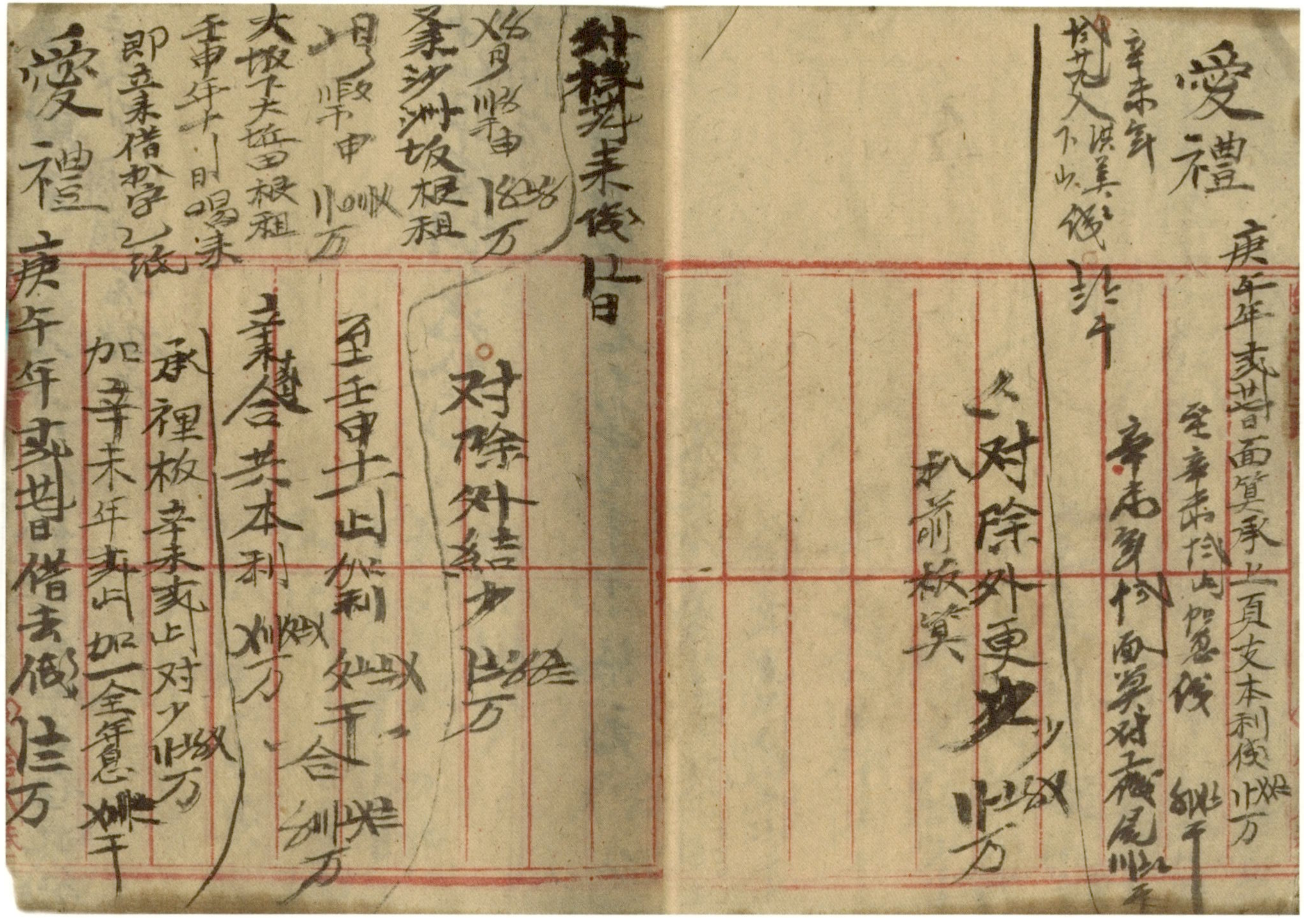

7-3-21-23　民國十六年林步熙置出入數目（二三）

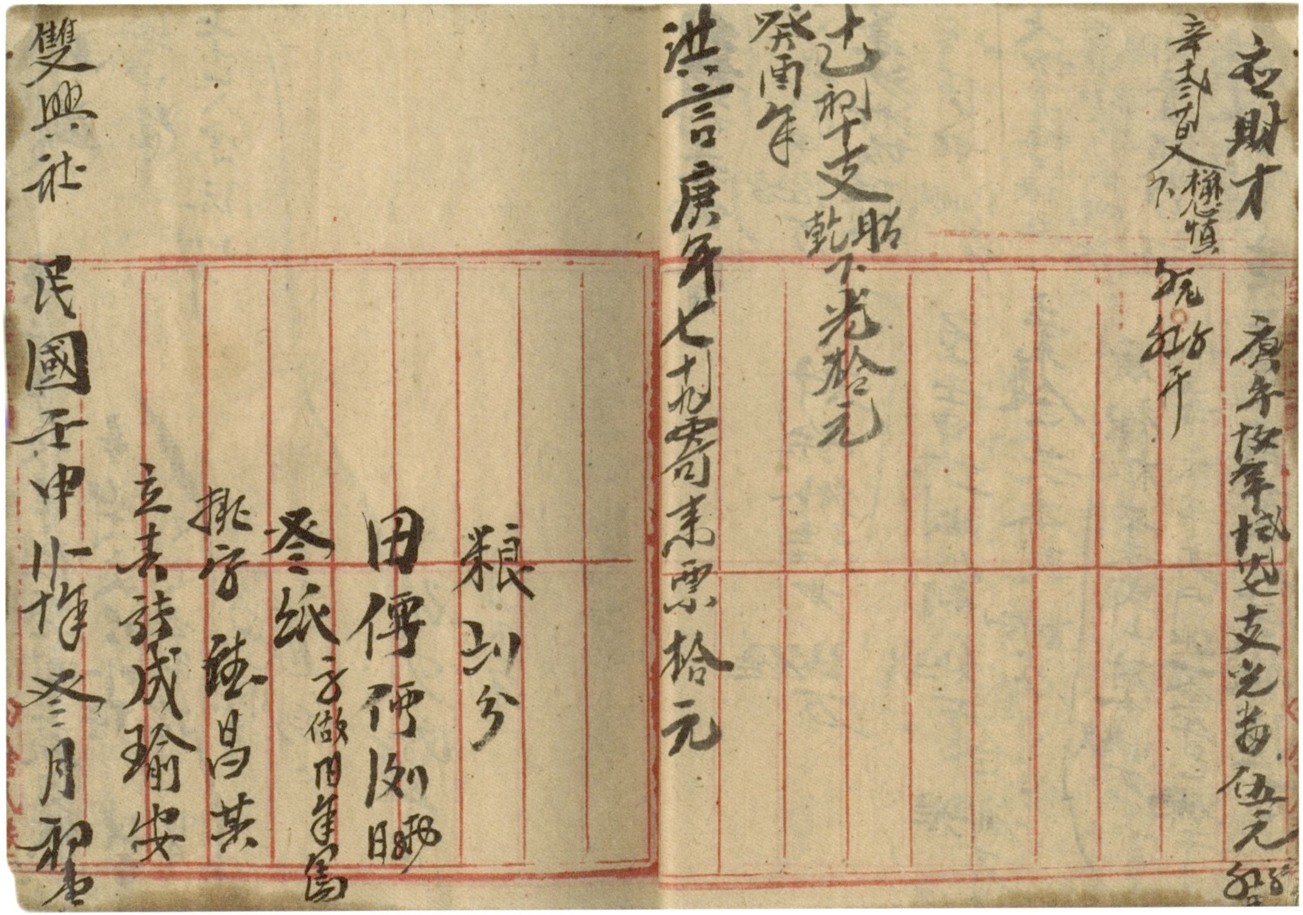

克財才　庚午收年[illegible]支光番伍元
辛未弍百文下　樹心慎　[illegible]九千
十乙初十支　貼　乾下光拾元
癸酉年
洪言　庚午七月初十寄來票拾元
糧　弍分
田傳　傳伽　日[illegible]
叁紙　寸做田集烏
挑存　睦昌其
立書　睦成瑜安
民國壬申廿一年叁月初[illegible]
雙興社

7-3-21-24　民國十六年林步熙置出入數目（二四）

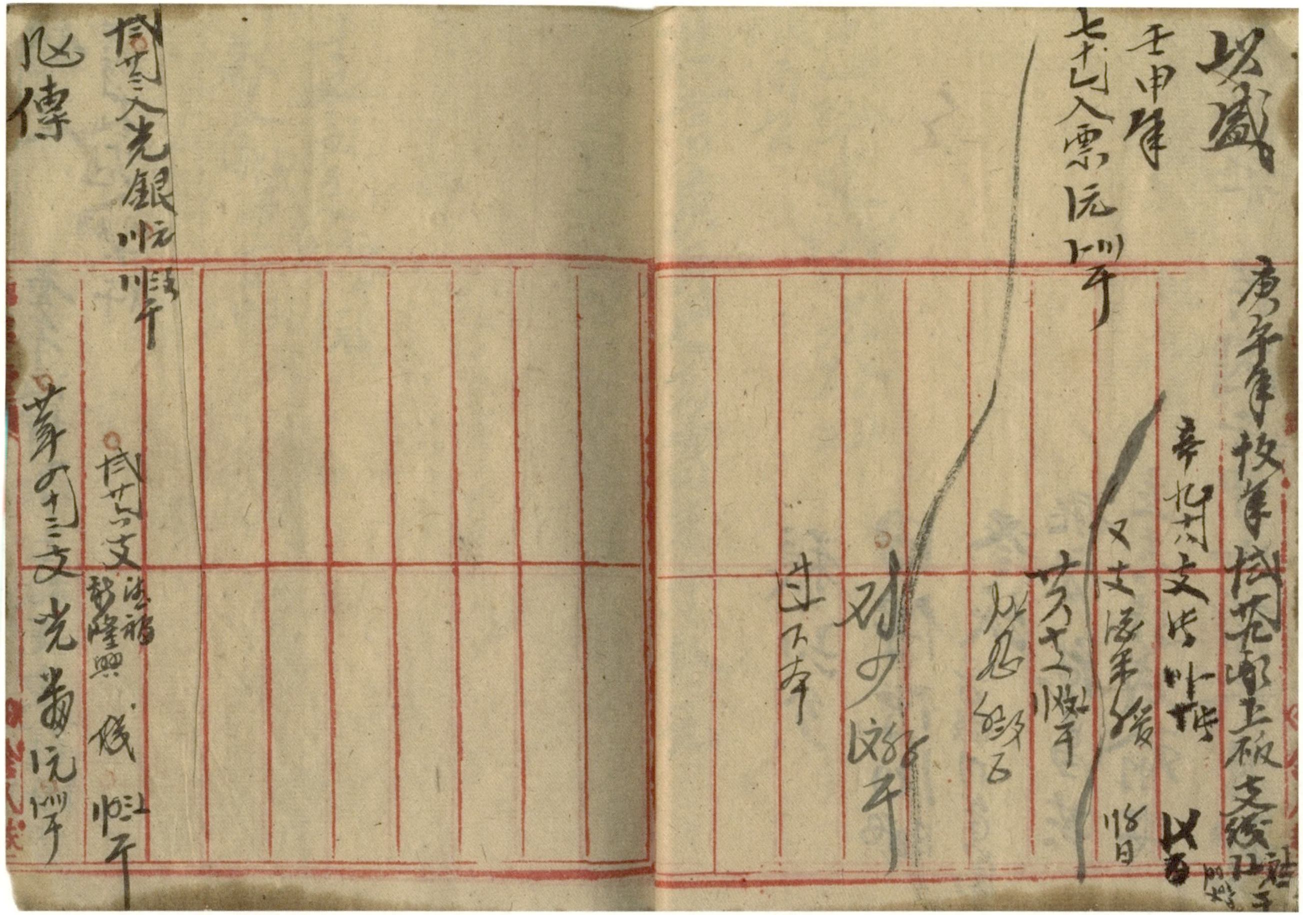

7-3-21-25　民國十六年林步熙置出入數目（二五）

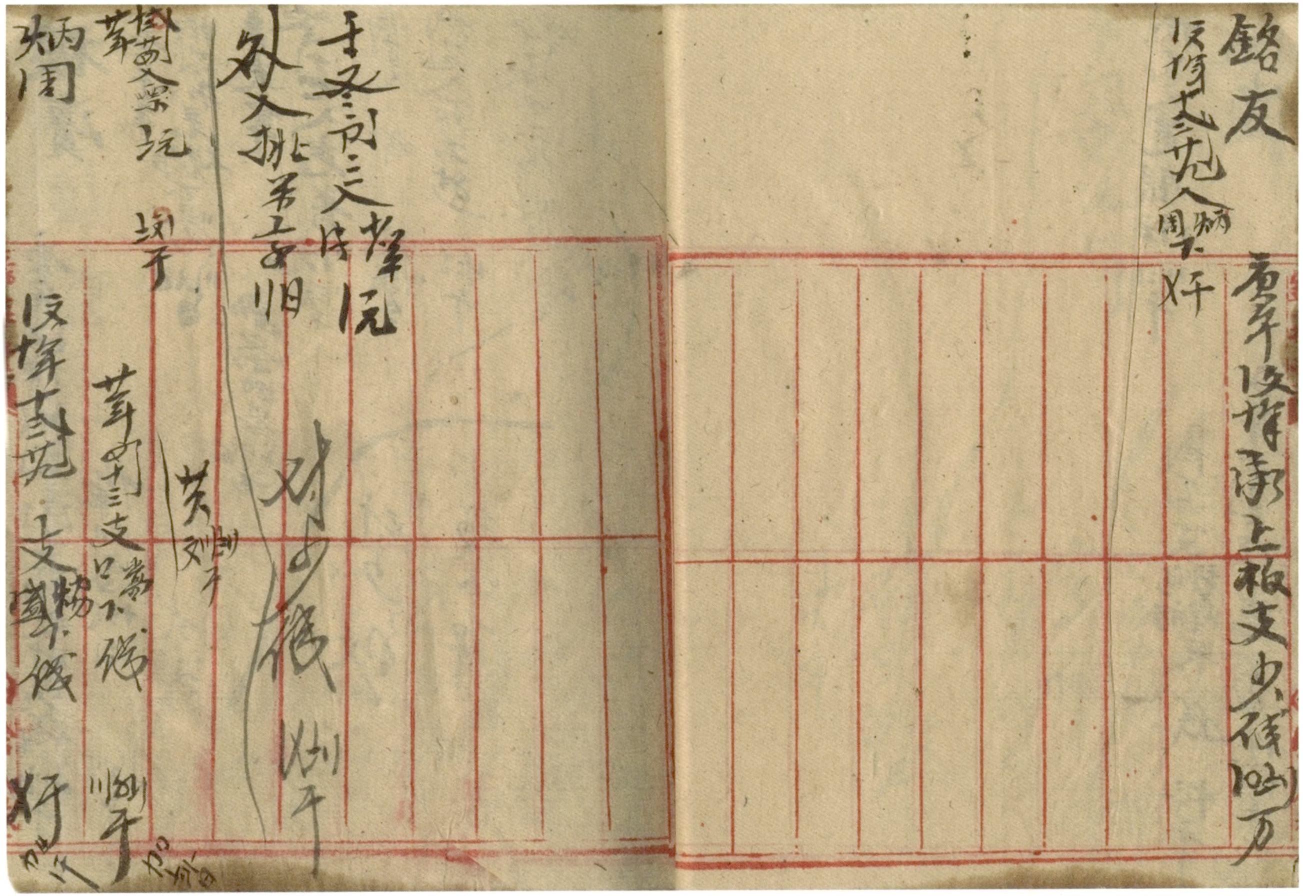

7-3-21-26　民國十六年林步熙置出入數目（二六）

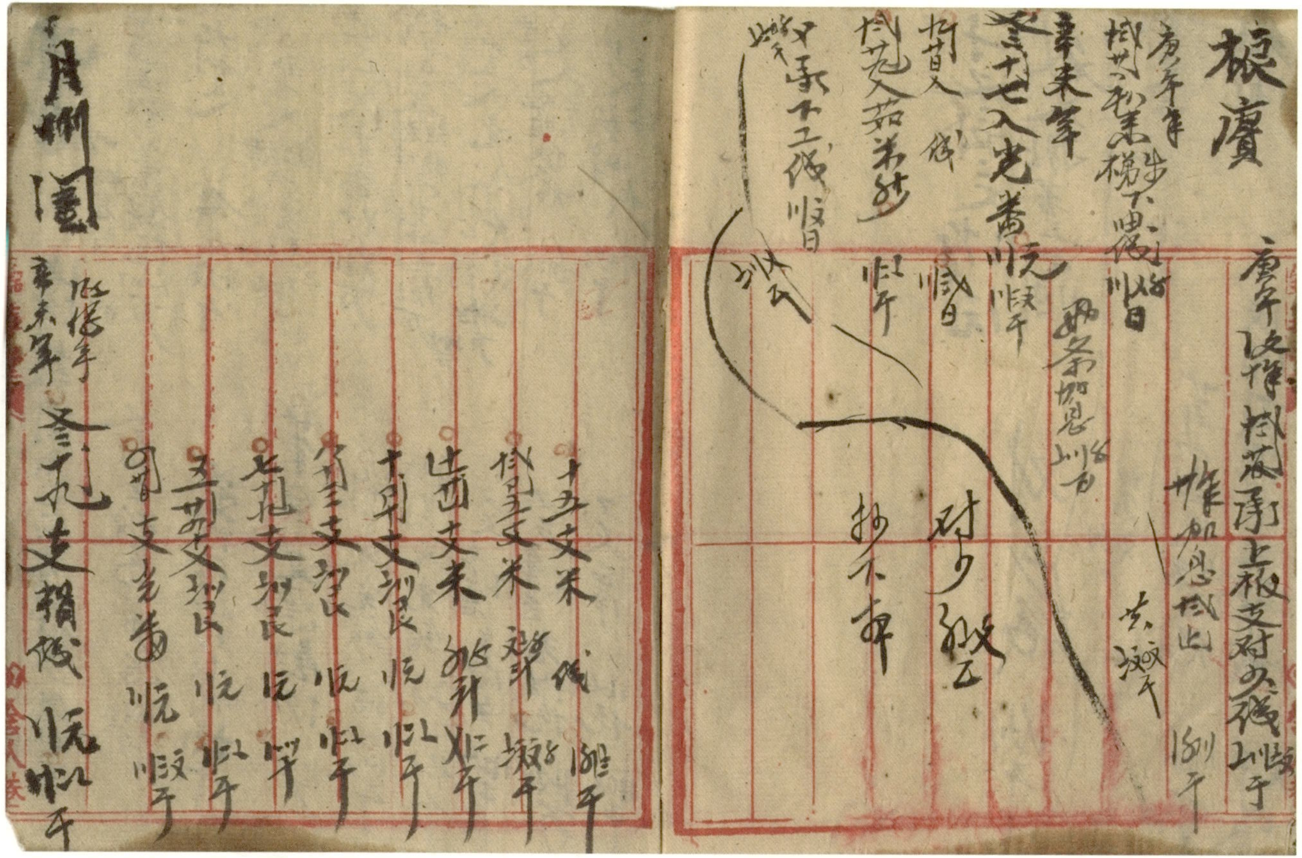

7-3-21-27　民國十六年林步熙置出入數目（二七）

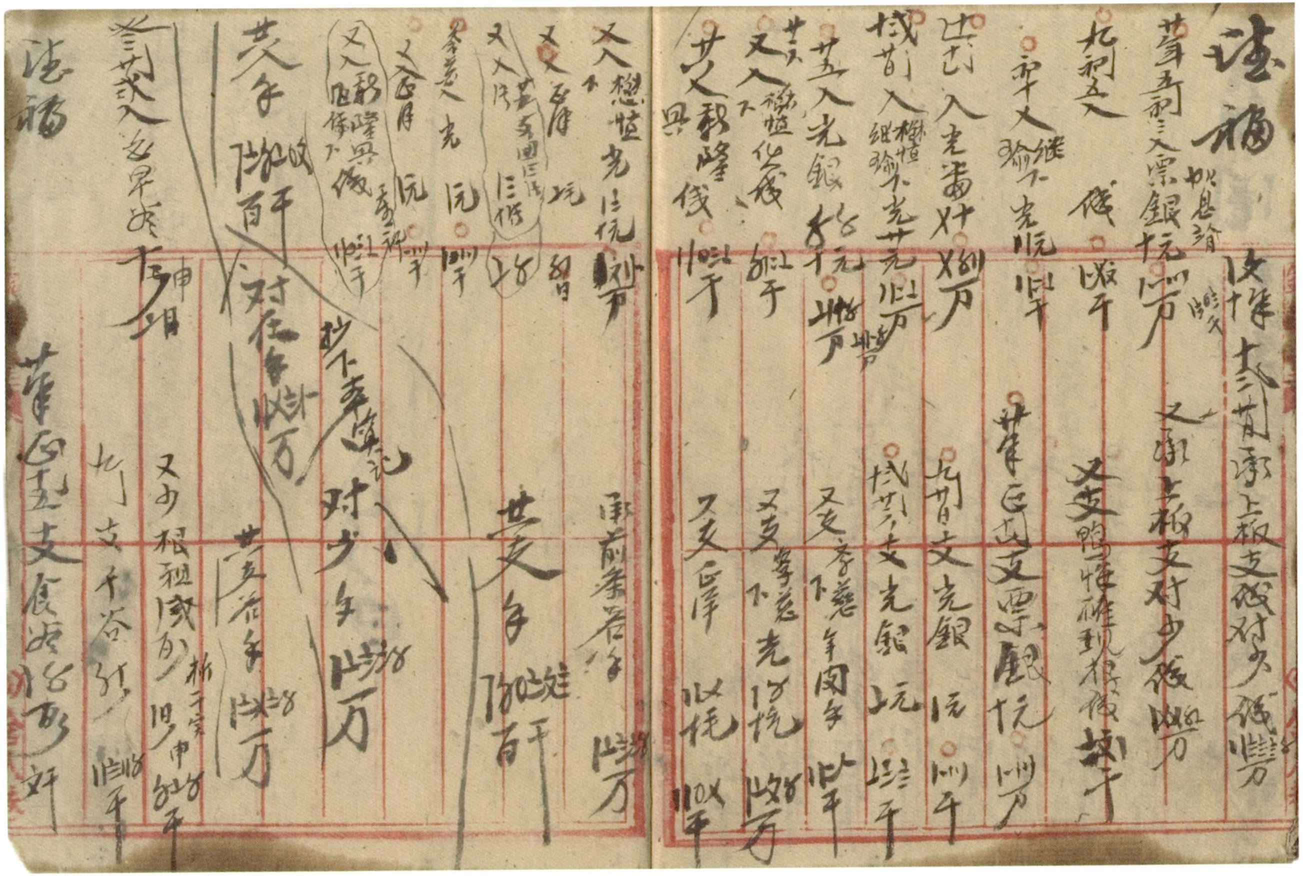

7-3-21-28　民國十六年林步熙置出入數目（二八）

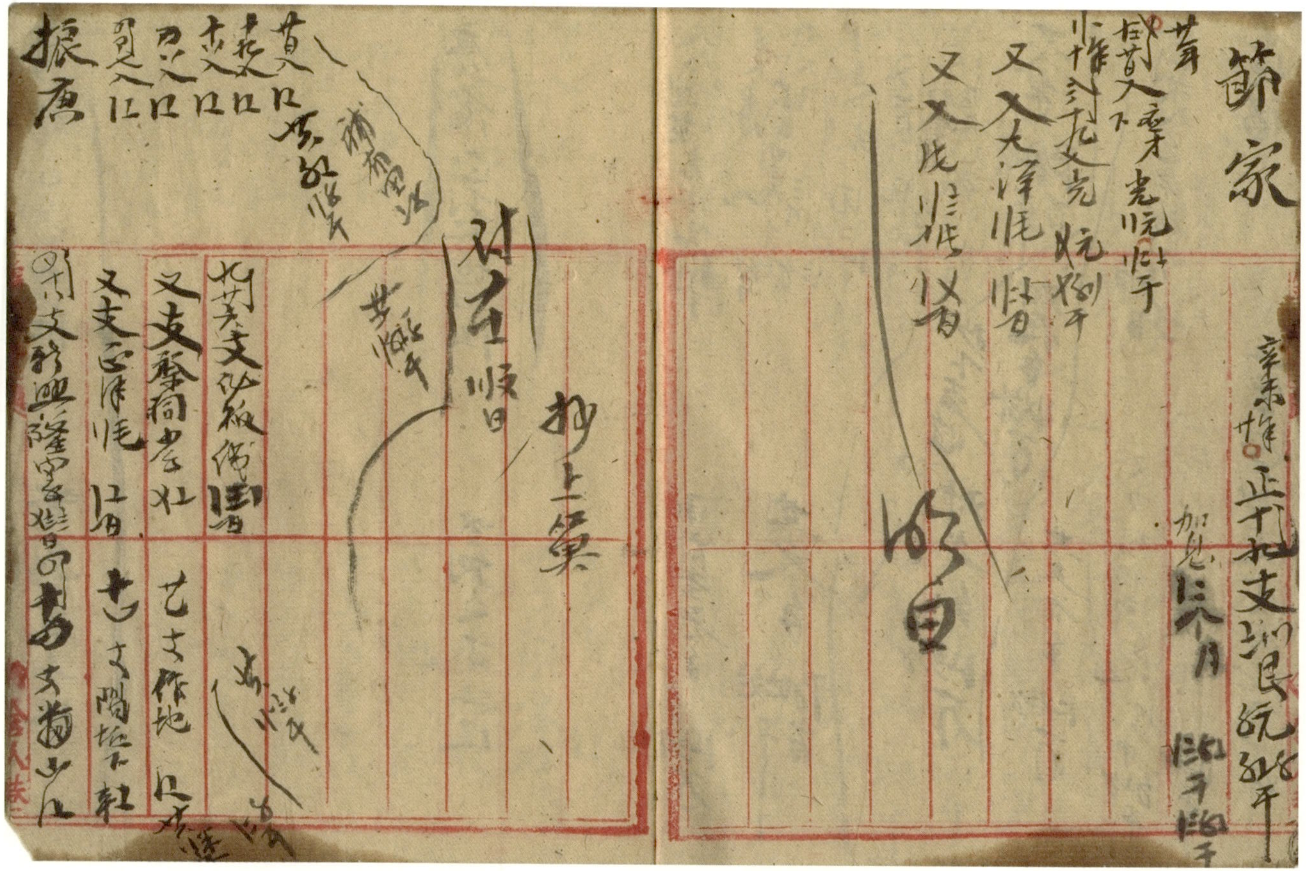

7-3-21-29　民國十六年林步熙置出入數目（二九）

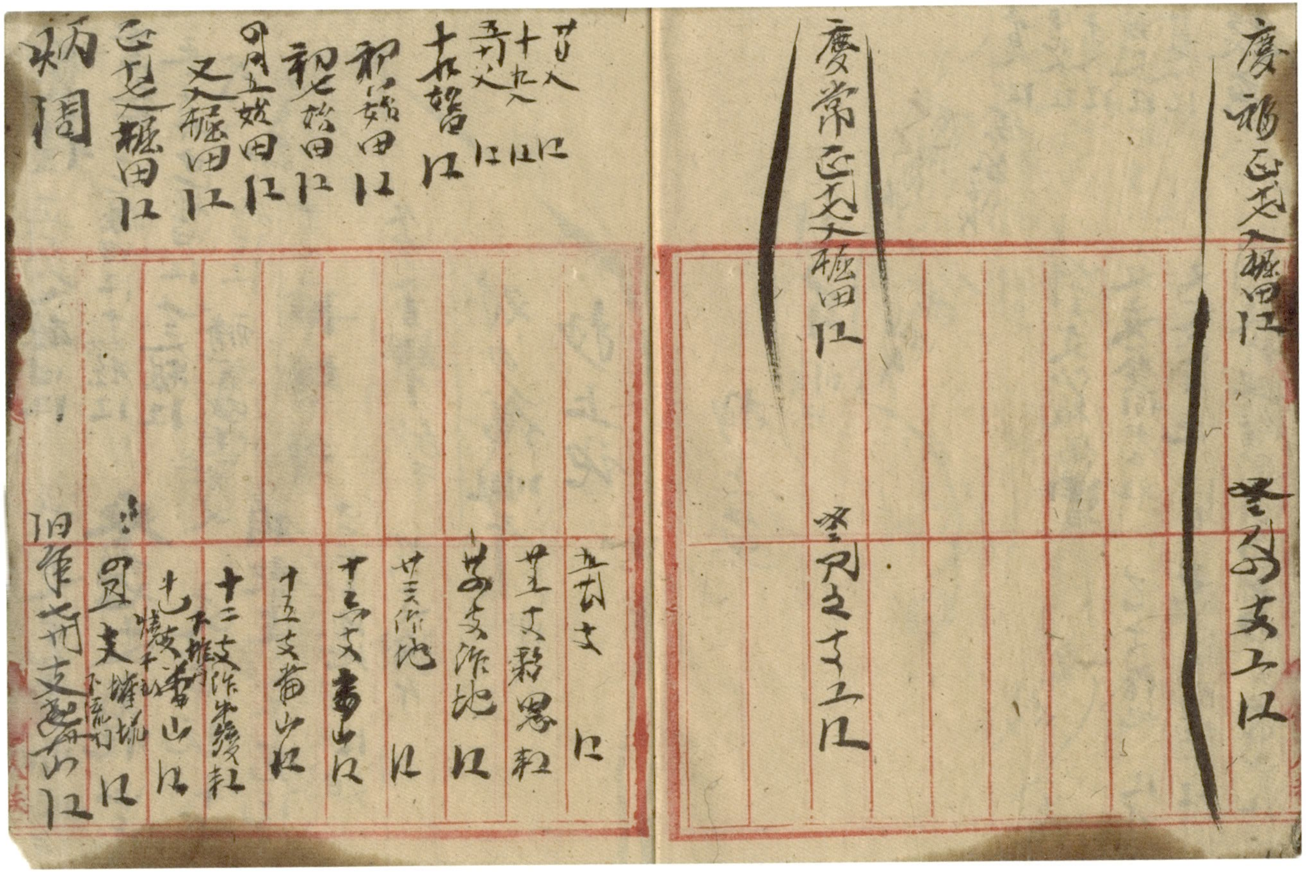

7-3-21-30　民國十六年林步熙置出入數目（三〇）

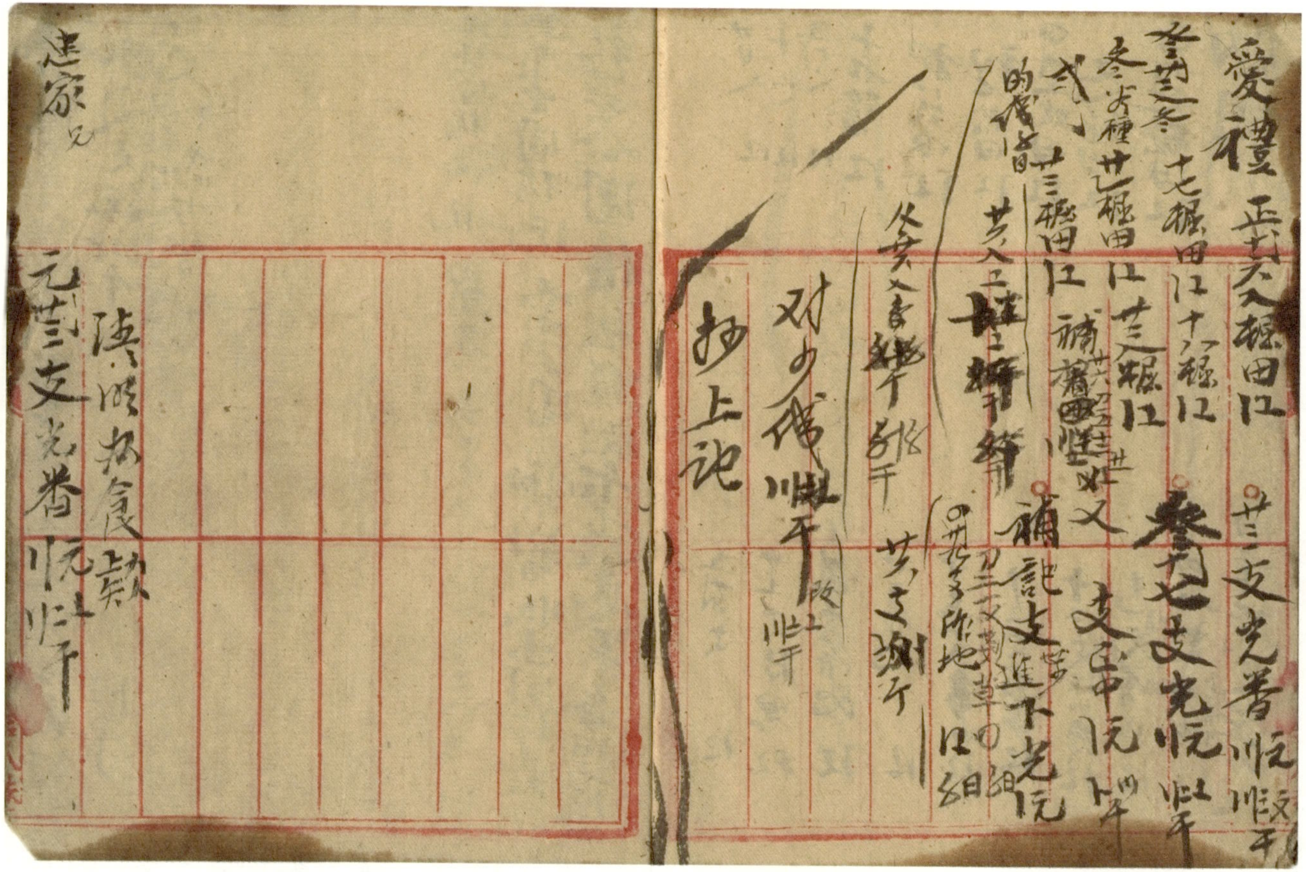

7-3-21-31　民國十六年林步熙置出入數目（三一）

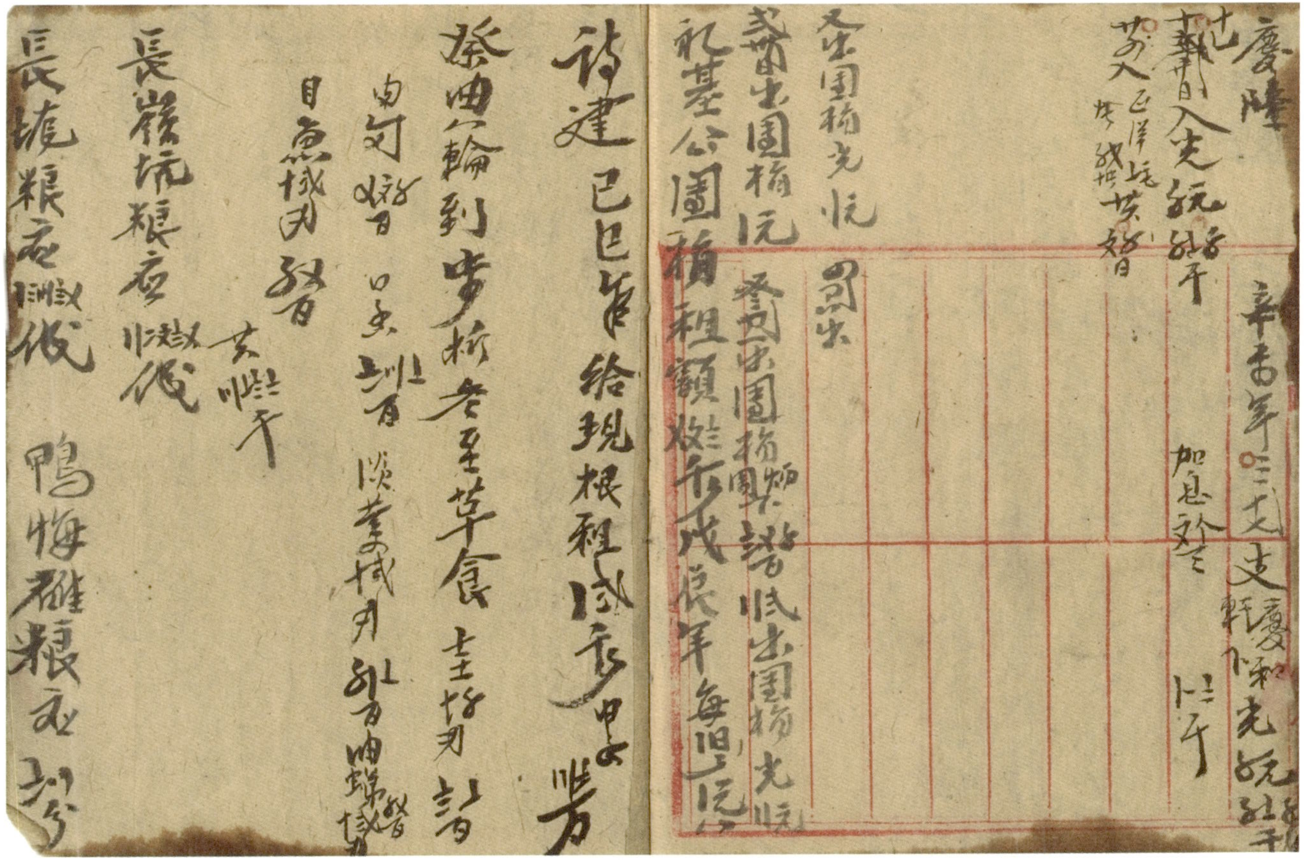

7-3-21-32　民國十六年林步熙置出入數目（三二）

7-3-21-33　民國十六年林步熙置出入數目（三三）

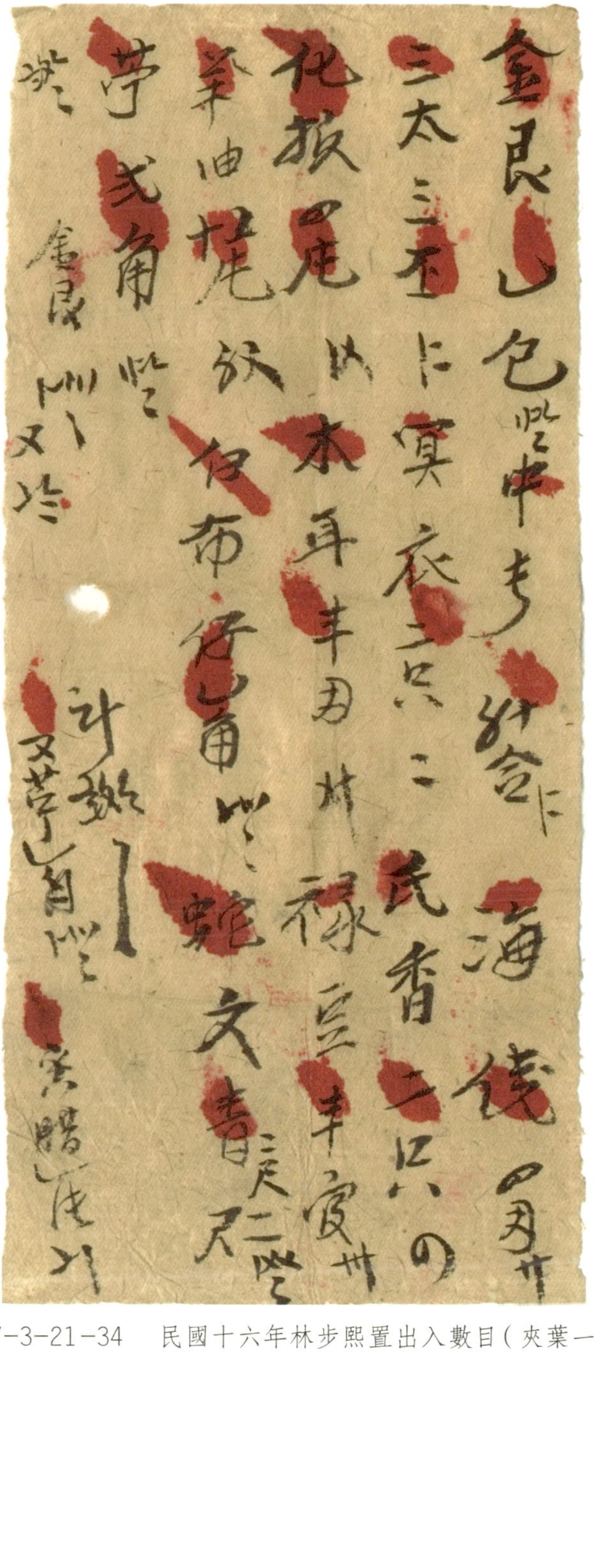

7-3-21-34　民國十六年林步熙置出入數目（夾葉一）

7 3 21-35　民國十六年林步熙置出入數目（夾葉二）

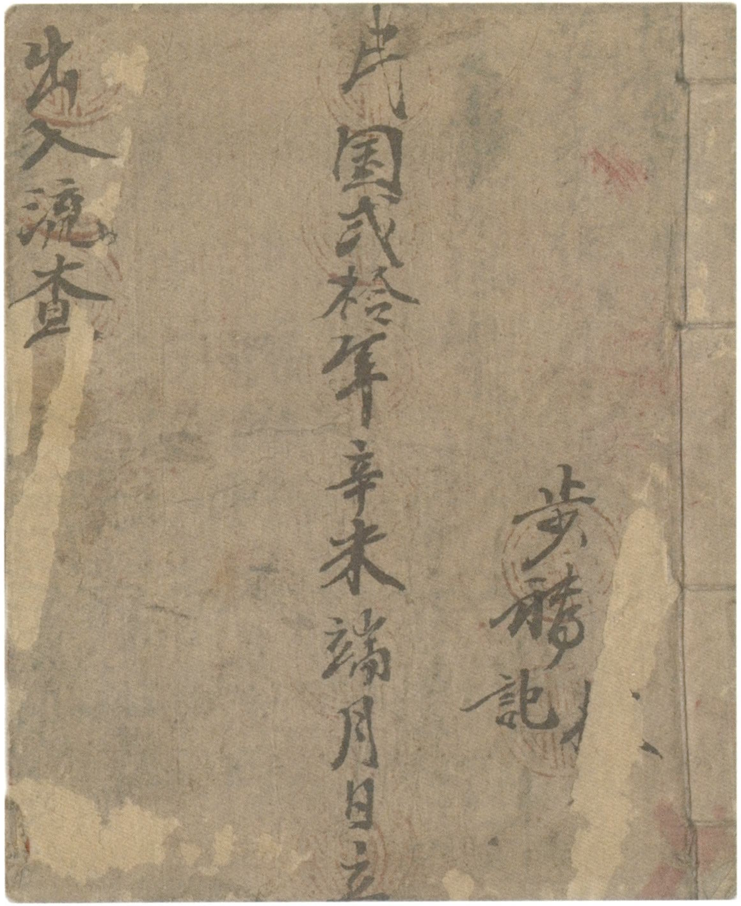

步禧記

民国弍拾年辛未端月日立

出入流查

7-3-22-1　民國二十年林步禧記出入流查（一）

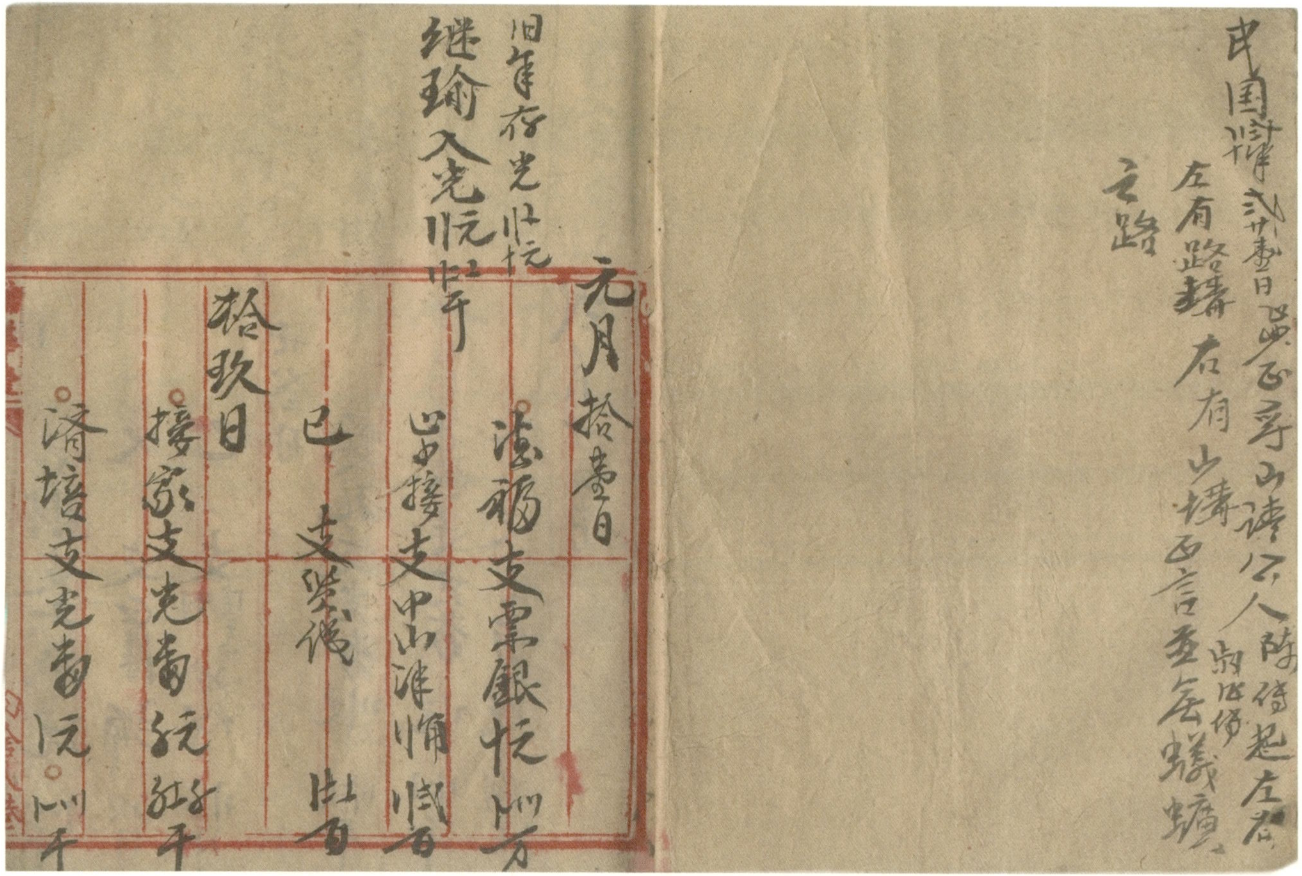

7-3-22-2　民國二十年林步禧記出入流查（二）

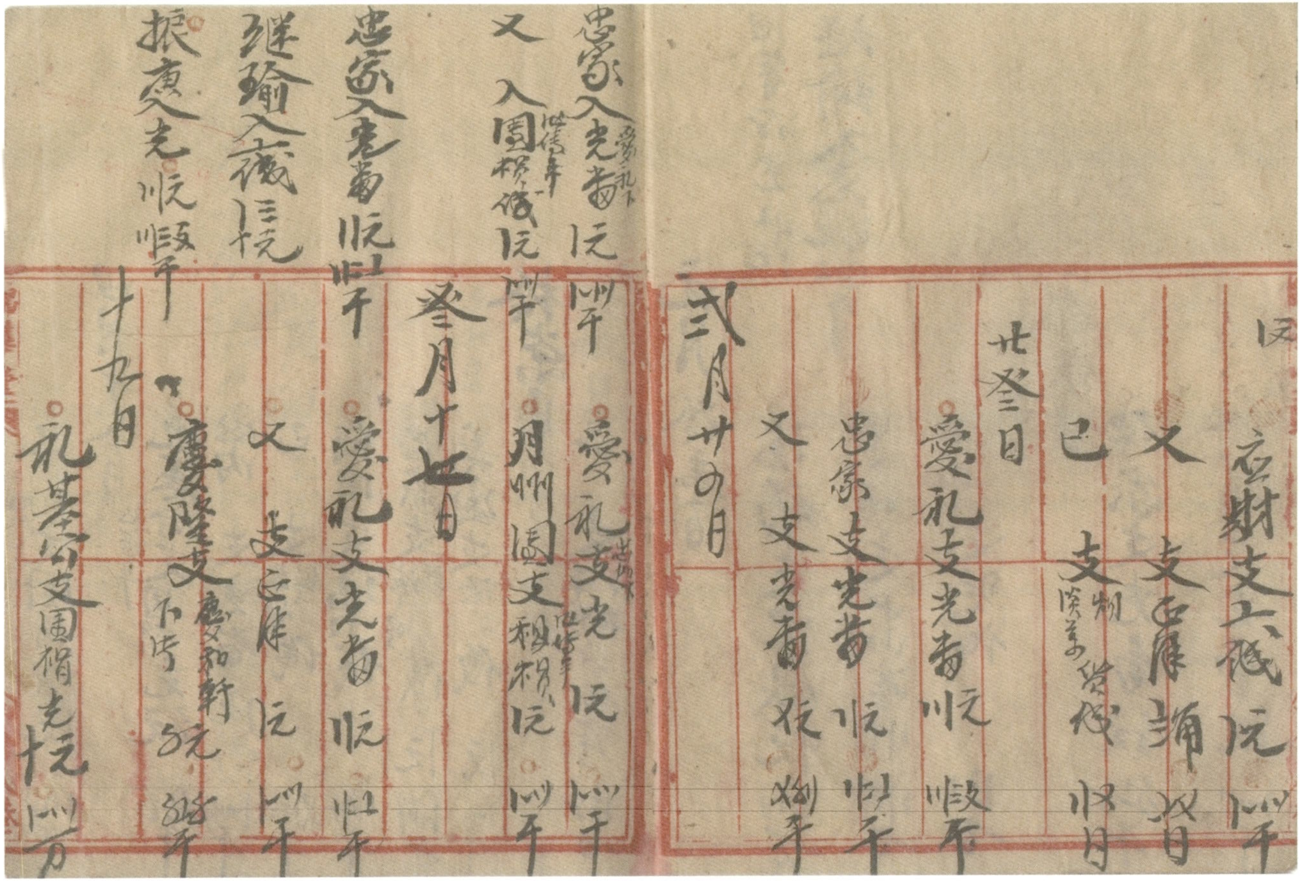

7-3-22-3　民國二十年林步禧記出入流查（三）

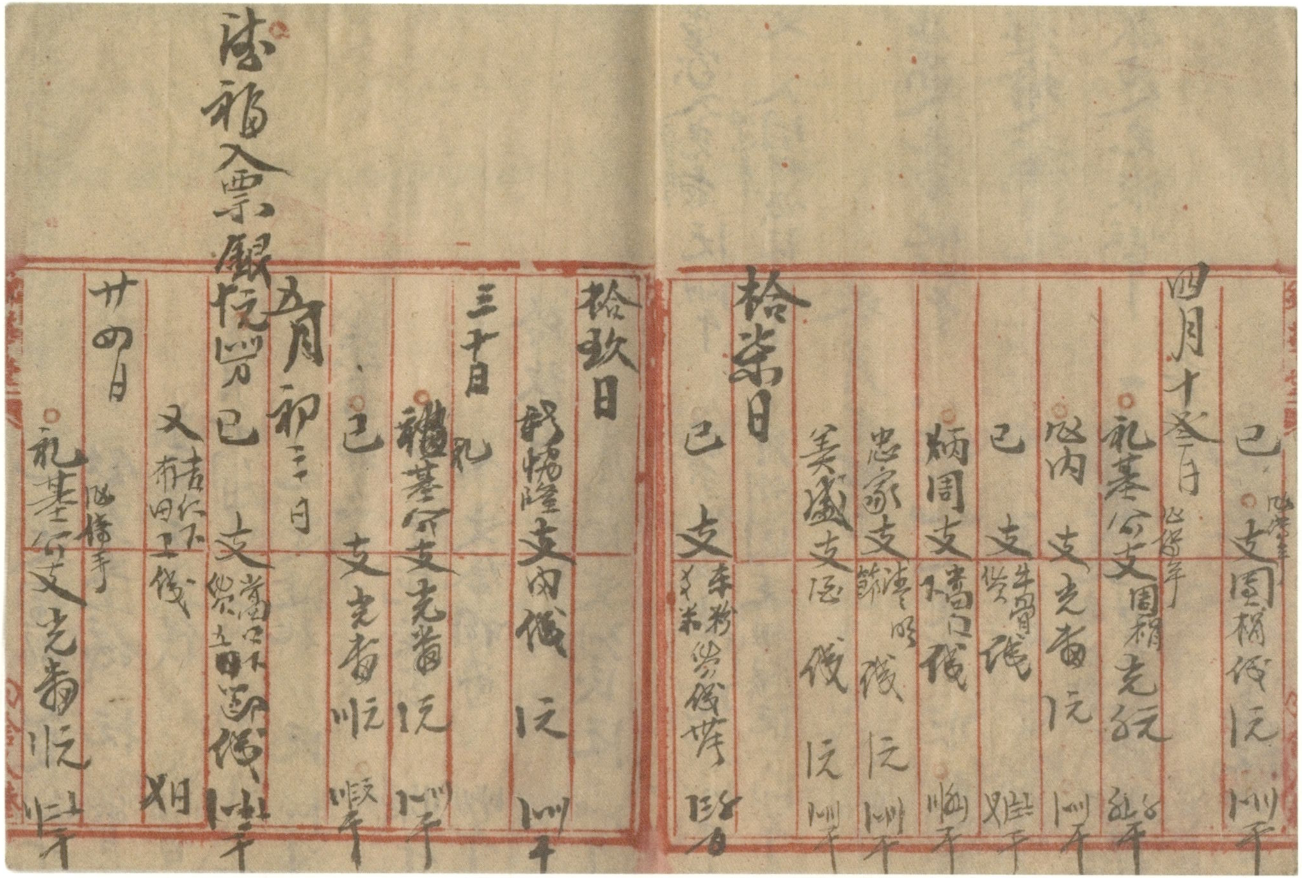

7-3-22-4　民國二十年林步禧記出入流查（四）

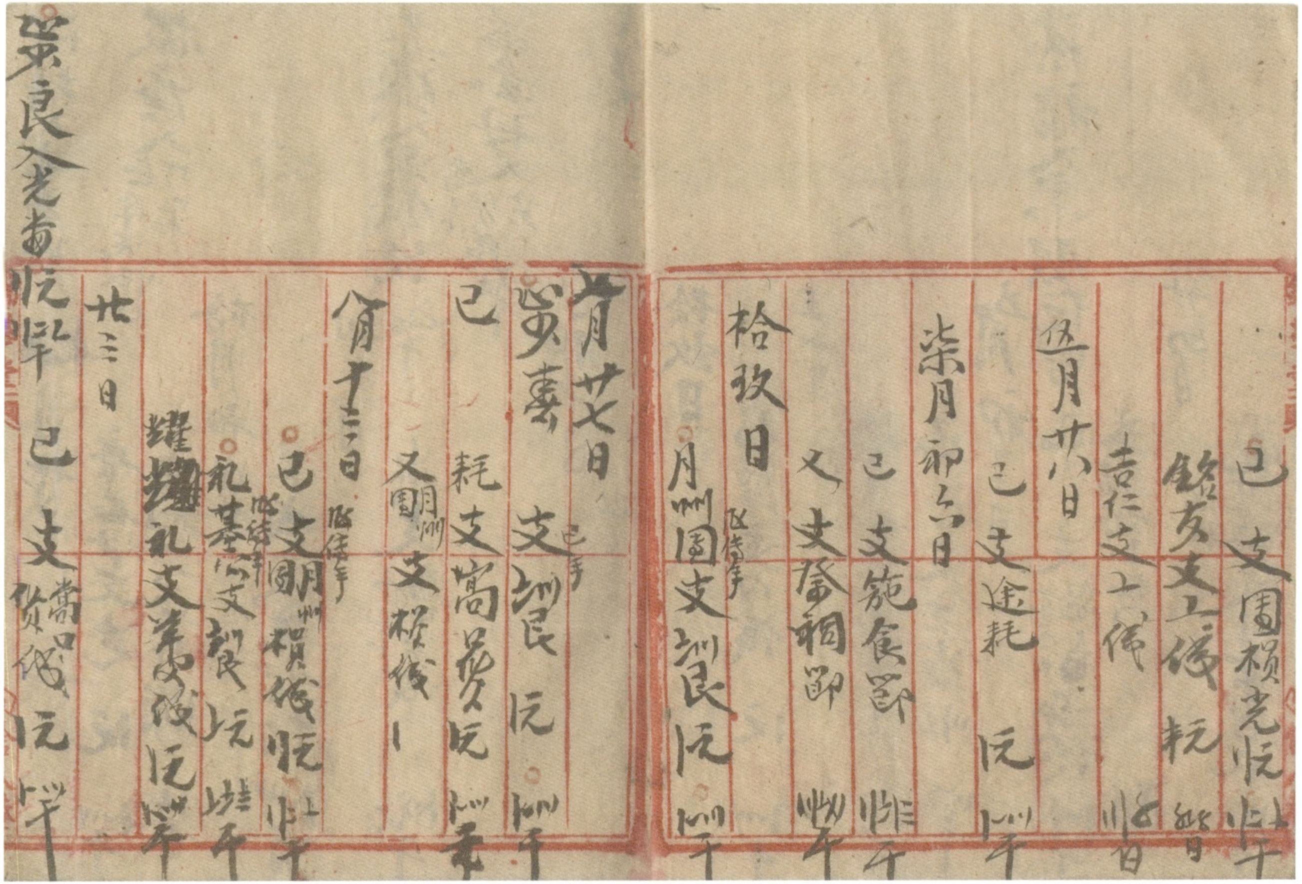

7-3-22-5　民國二十年林步禧記出入流查（五）

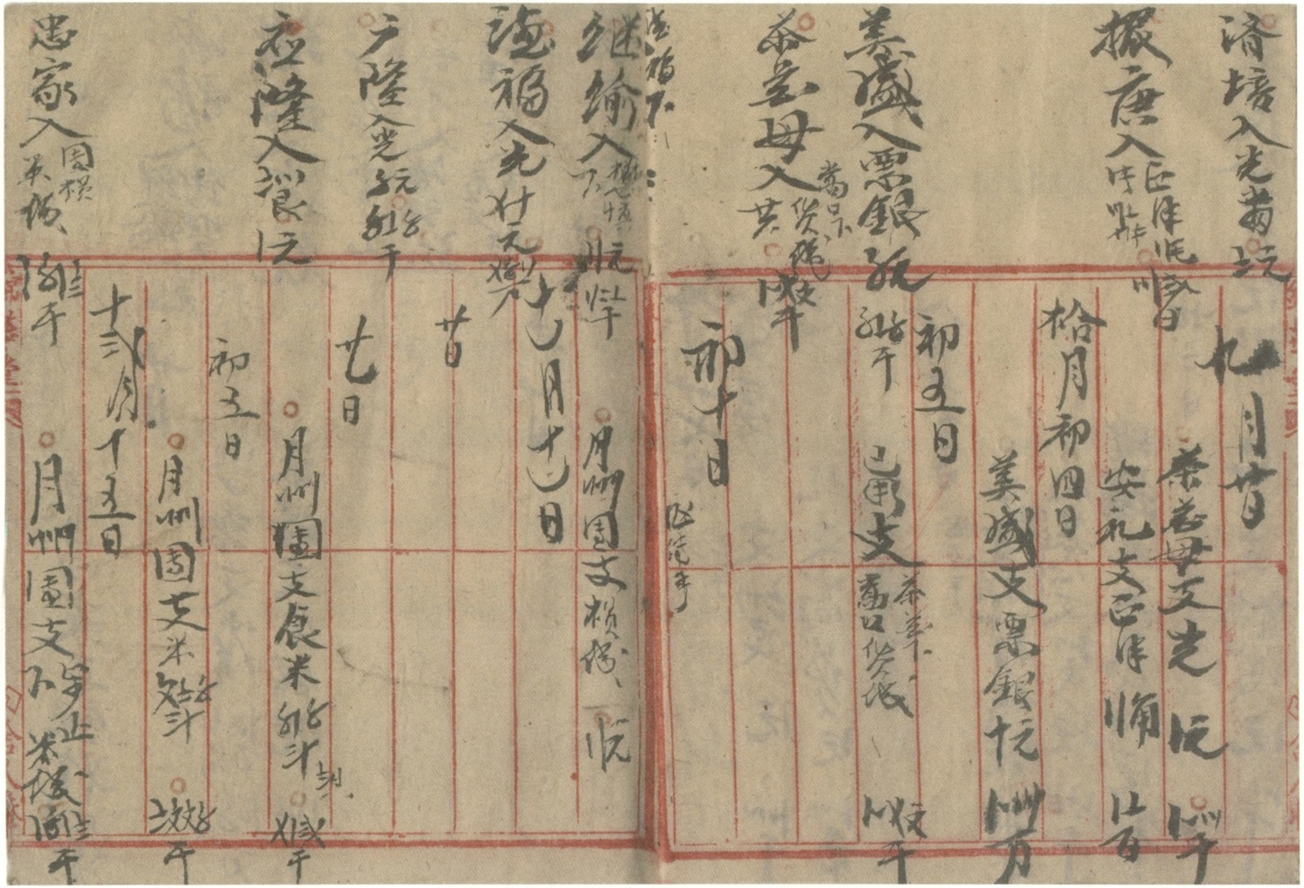

7-3-22-6　民國二十年林步禧記出入流査（六）

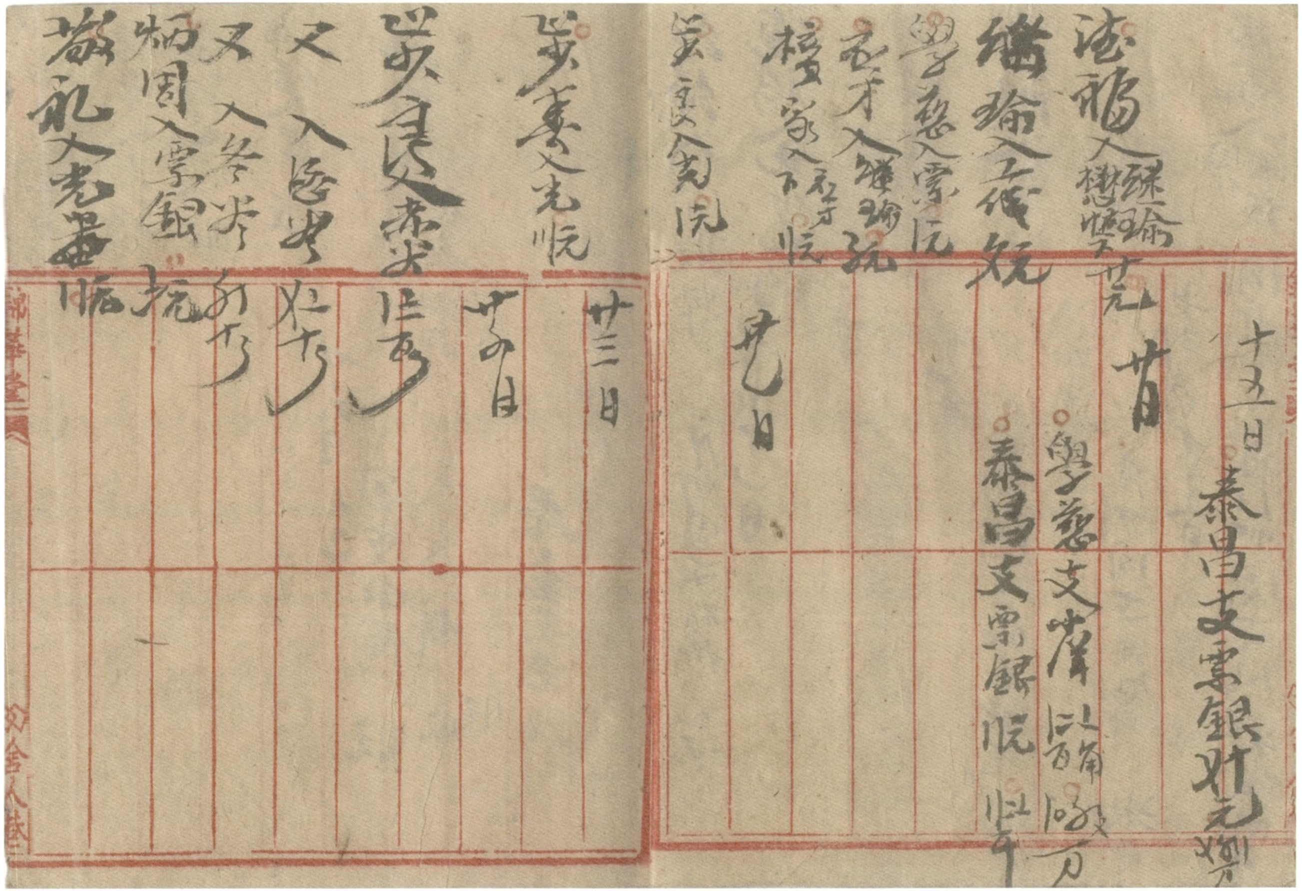

7-3-22-7 民國二十年林步禧記出入流查（七）

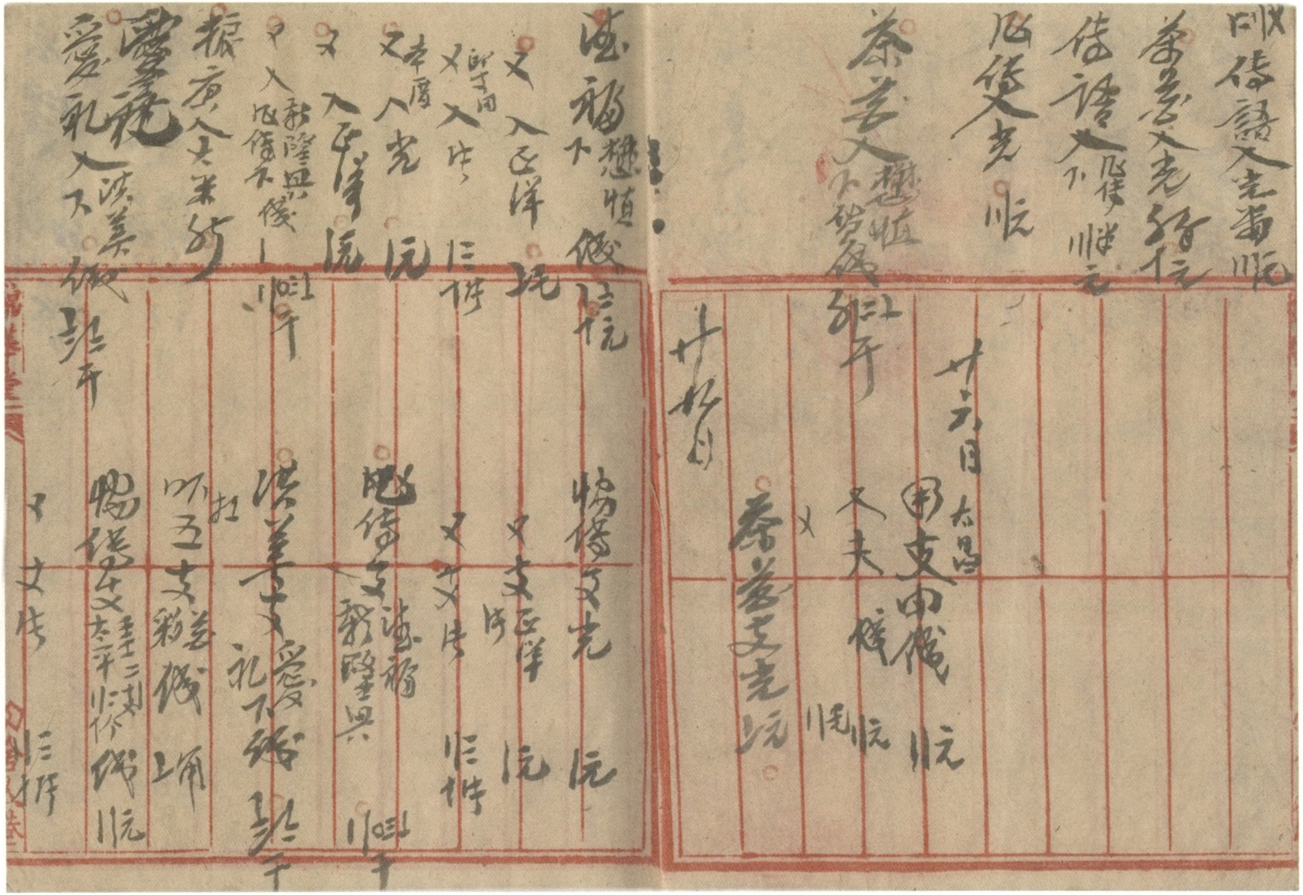

7–3–22–8　民國二十年林步禧記出入流查（八）

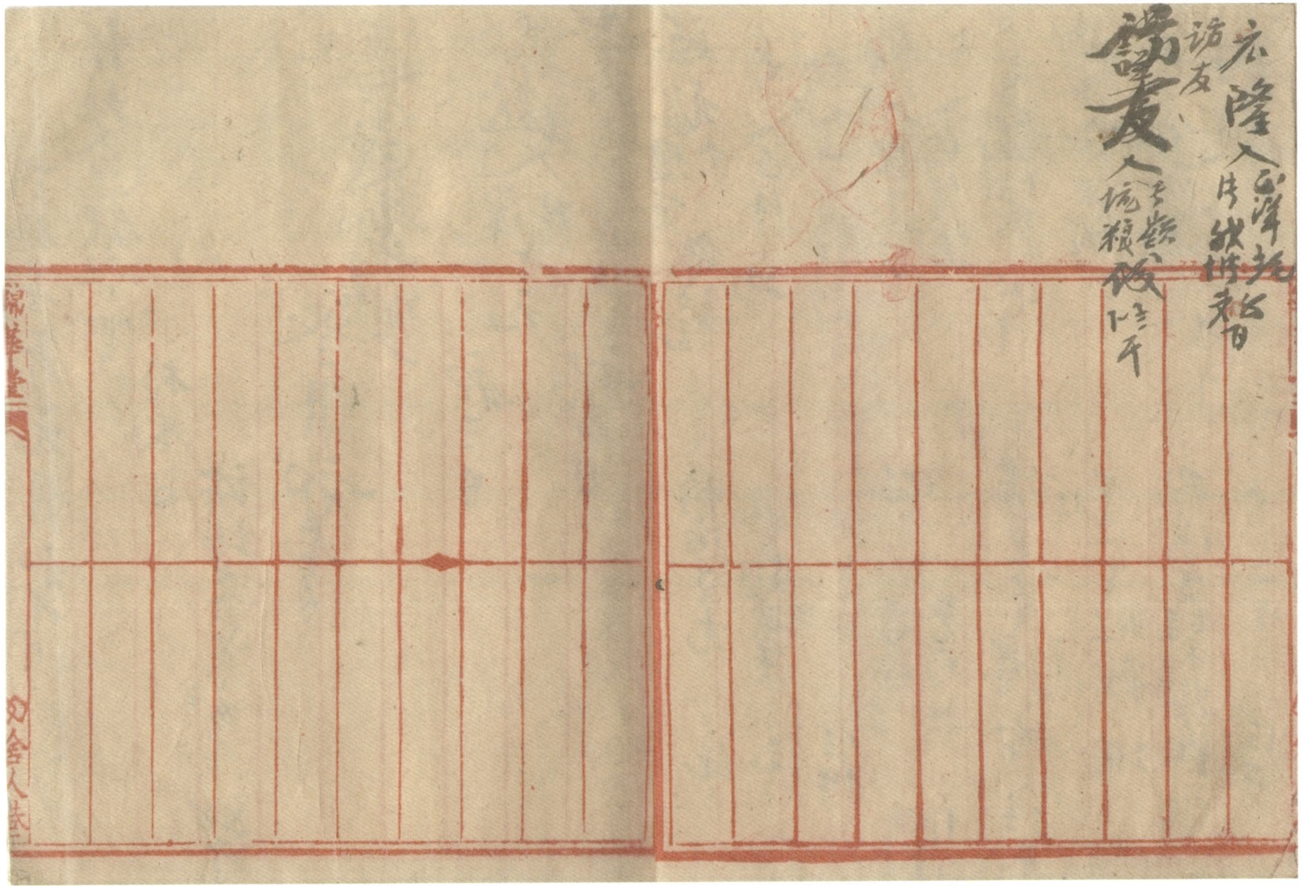

7-3-22-9　民國二十年林步禧記出入流查（九）

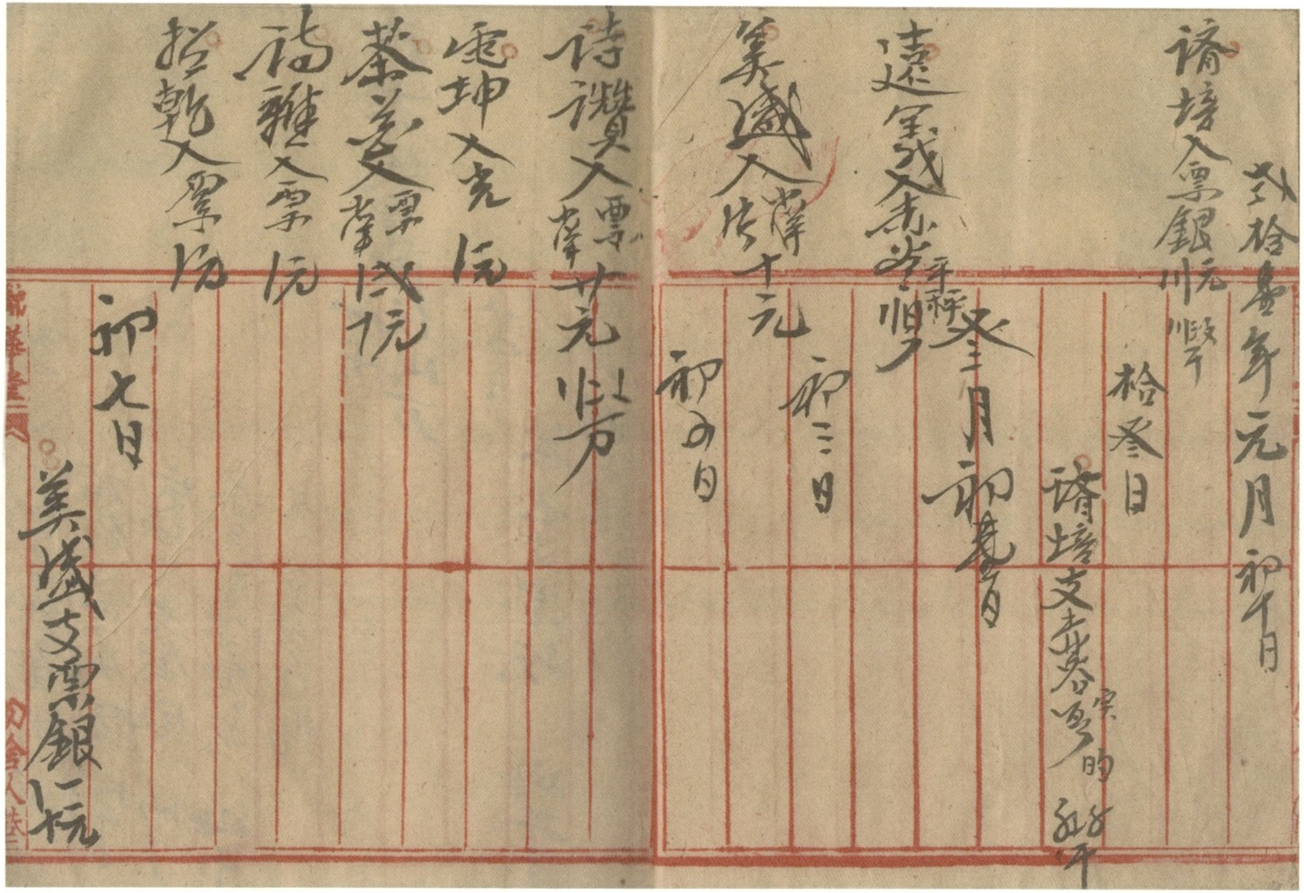

7-3-22-10　民國二十年林步禧記出入流查（一〇）

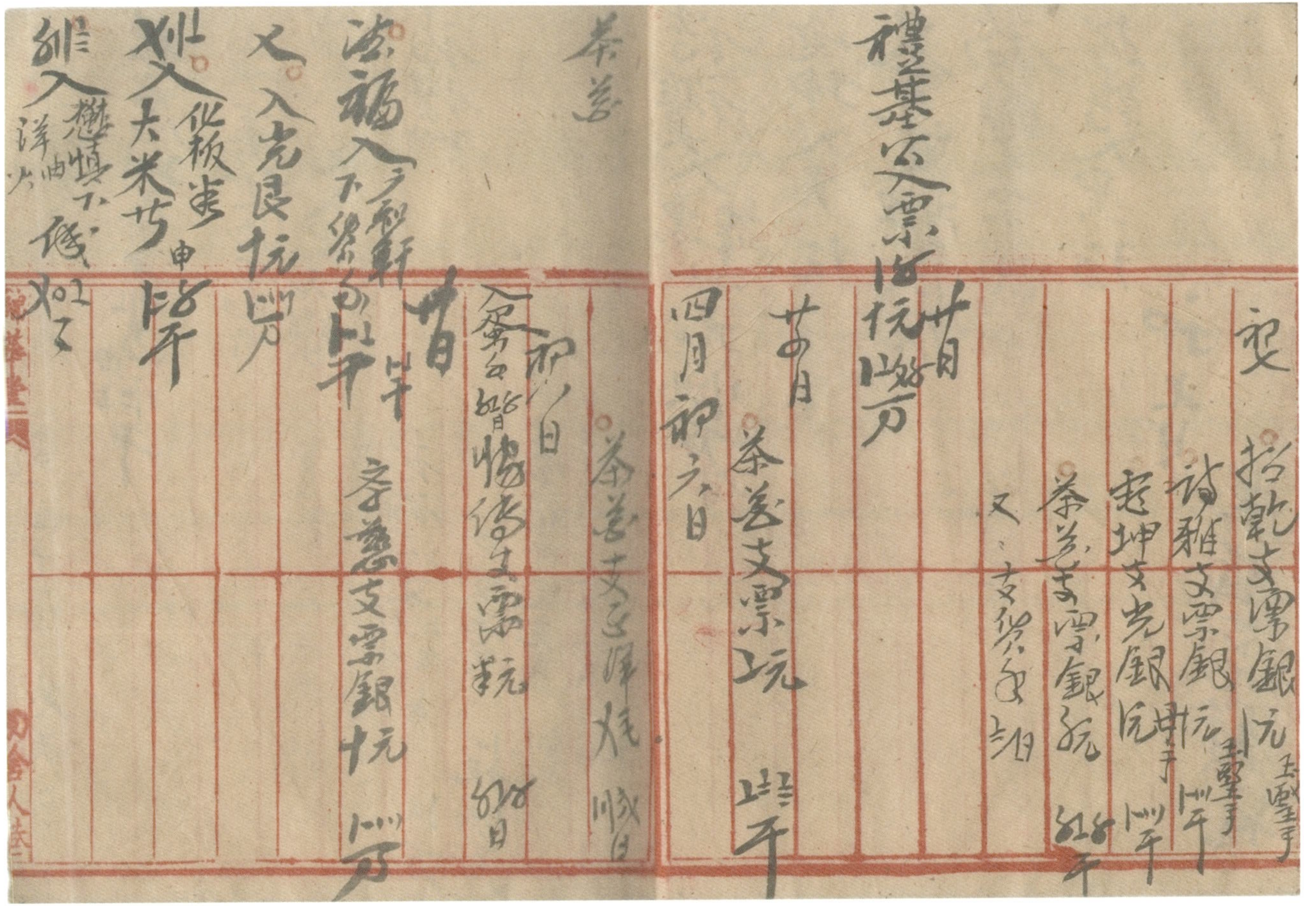

7-3-22-11　民國二十年林步禧記出入流查（一一）

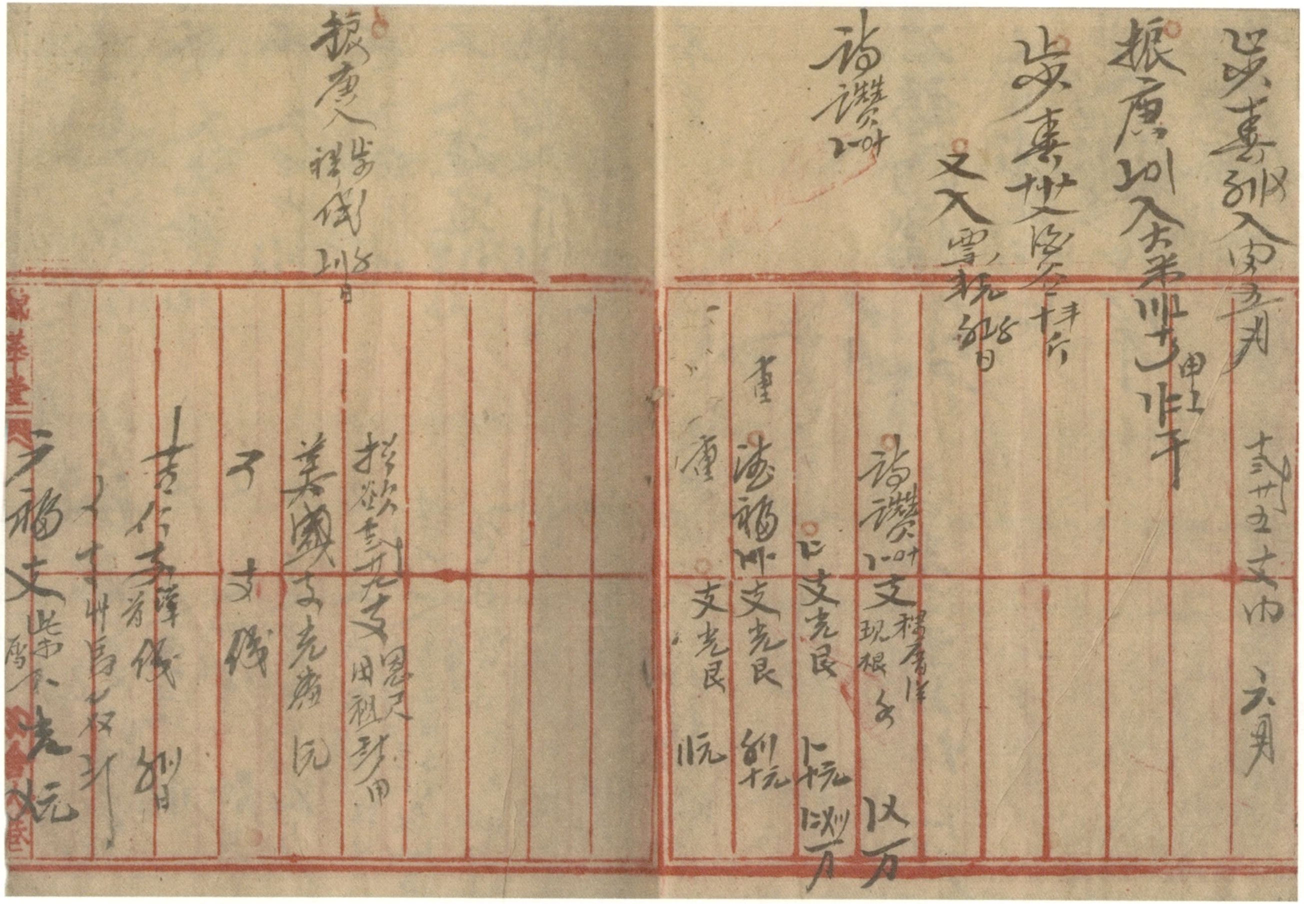

7-3-22-12　民國二十年林步禧記出入流查（一二）

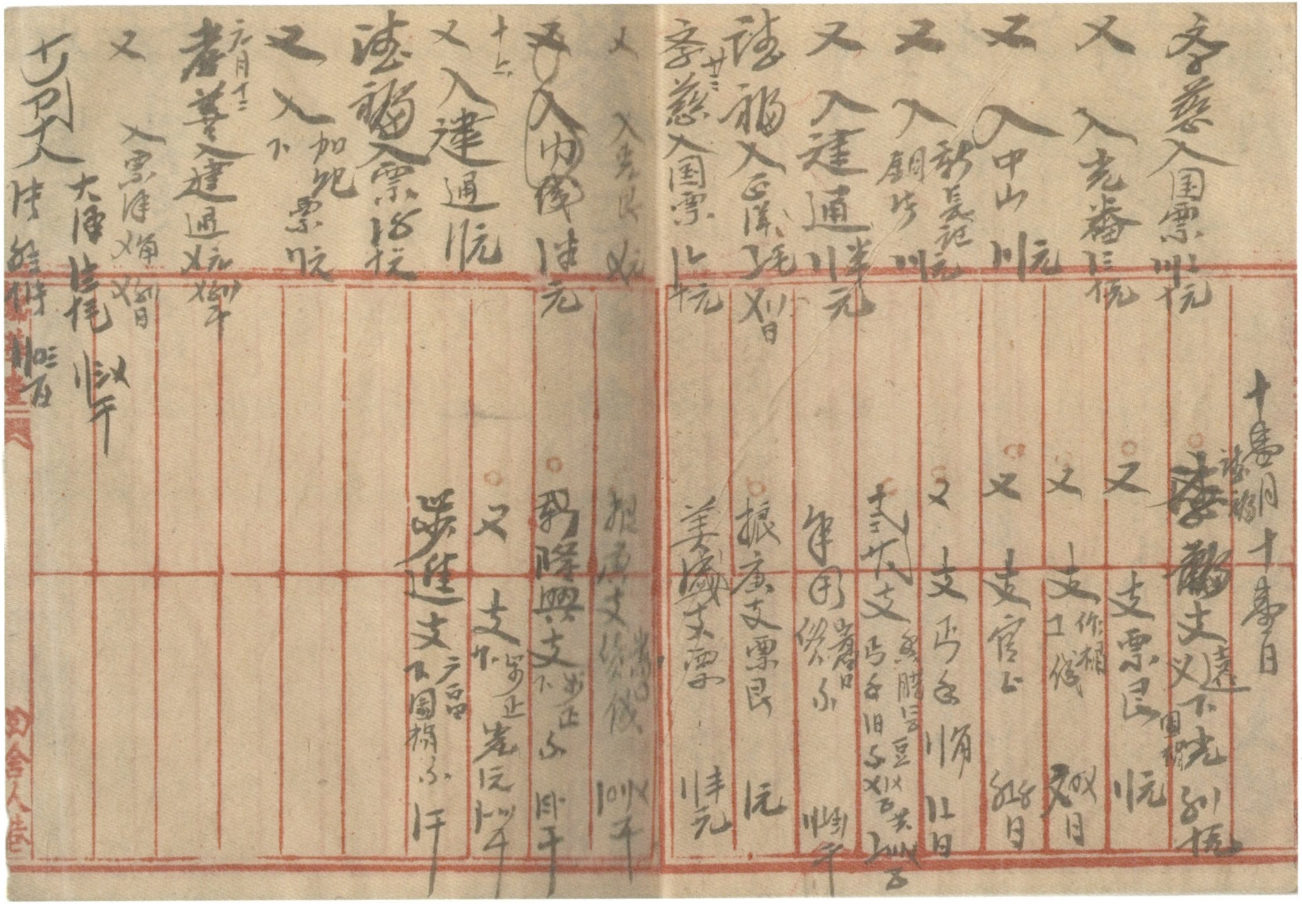

7-3-22-13　民國二十年林步禧記出入流查（一三）

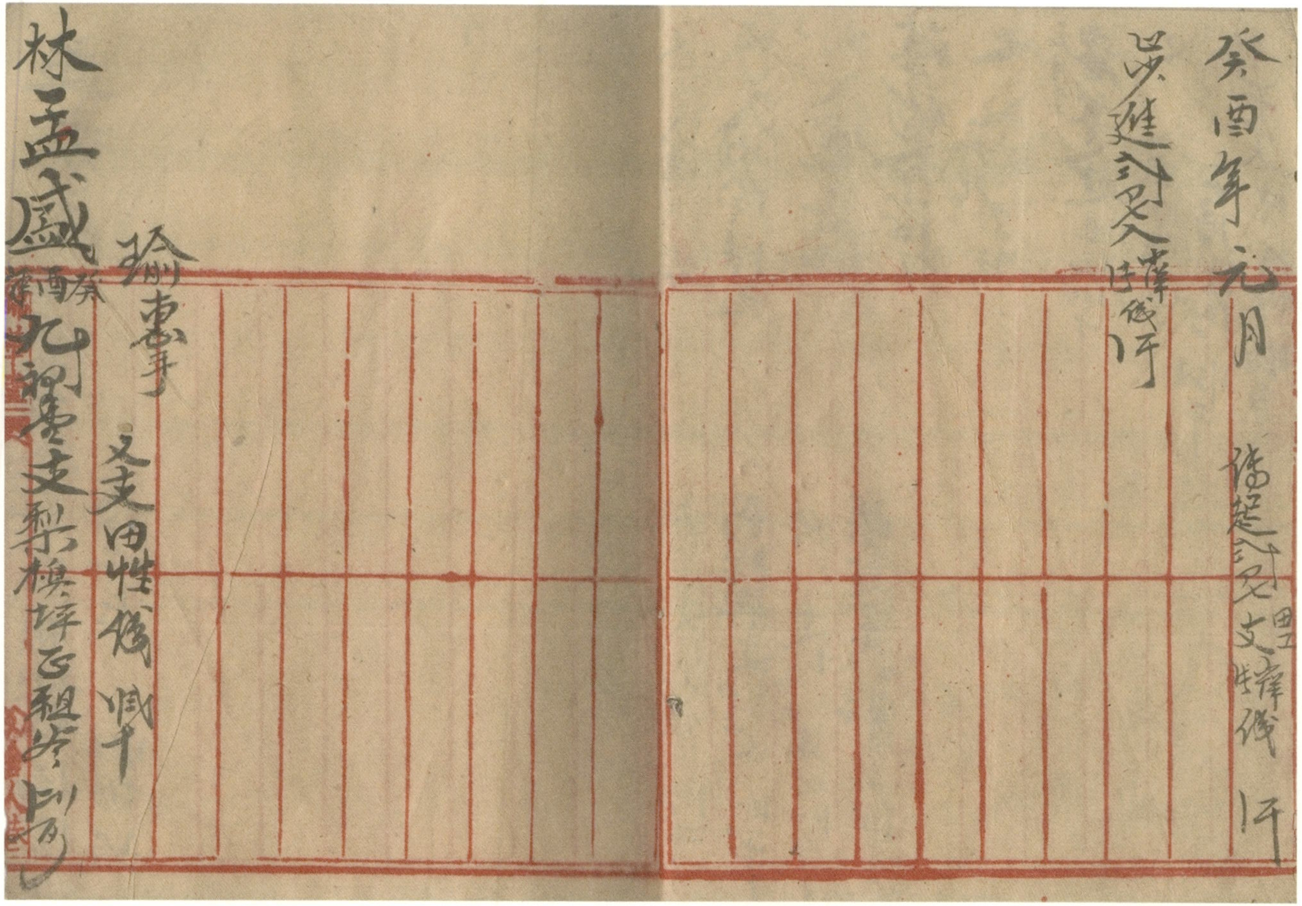

7-3-22-14　民國二十年林步禧記出入流查（一四）

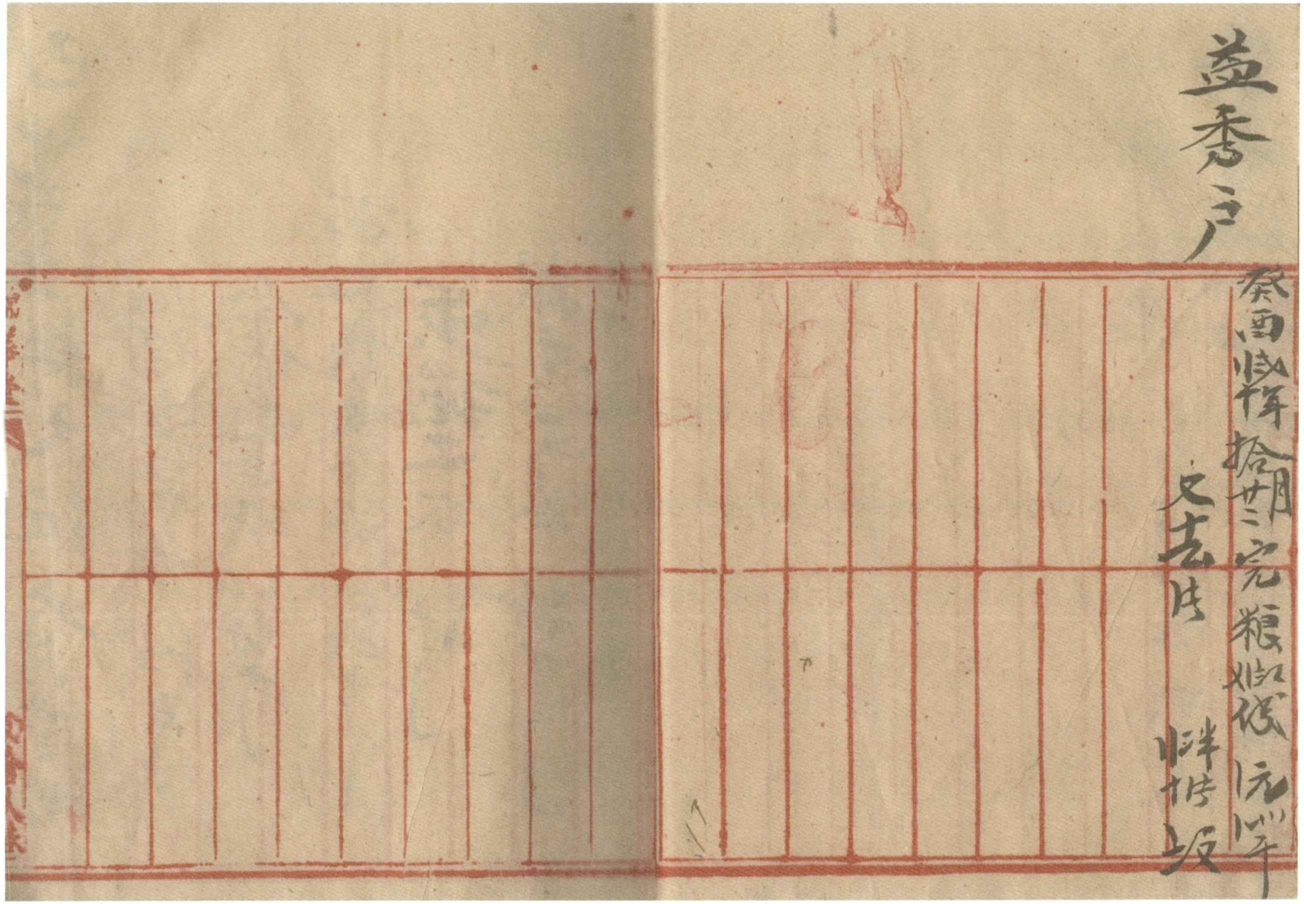

7-3-22-15　民國二十年林步禧記出入流查（一五）

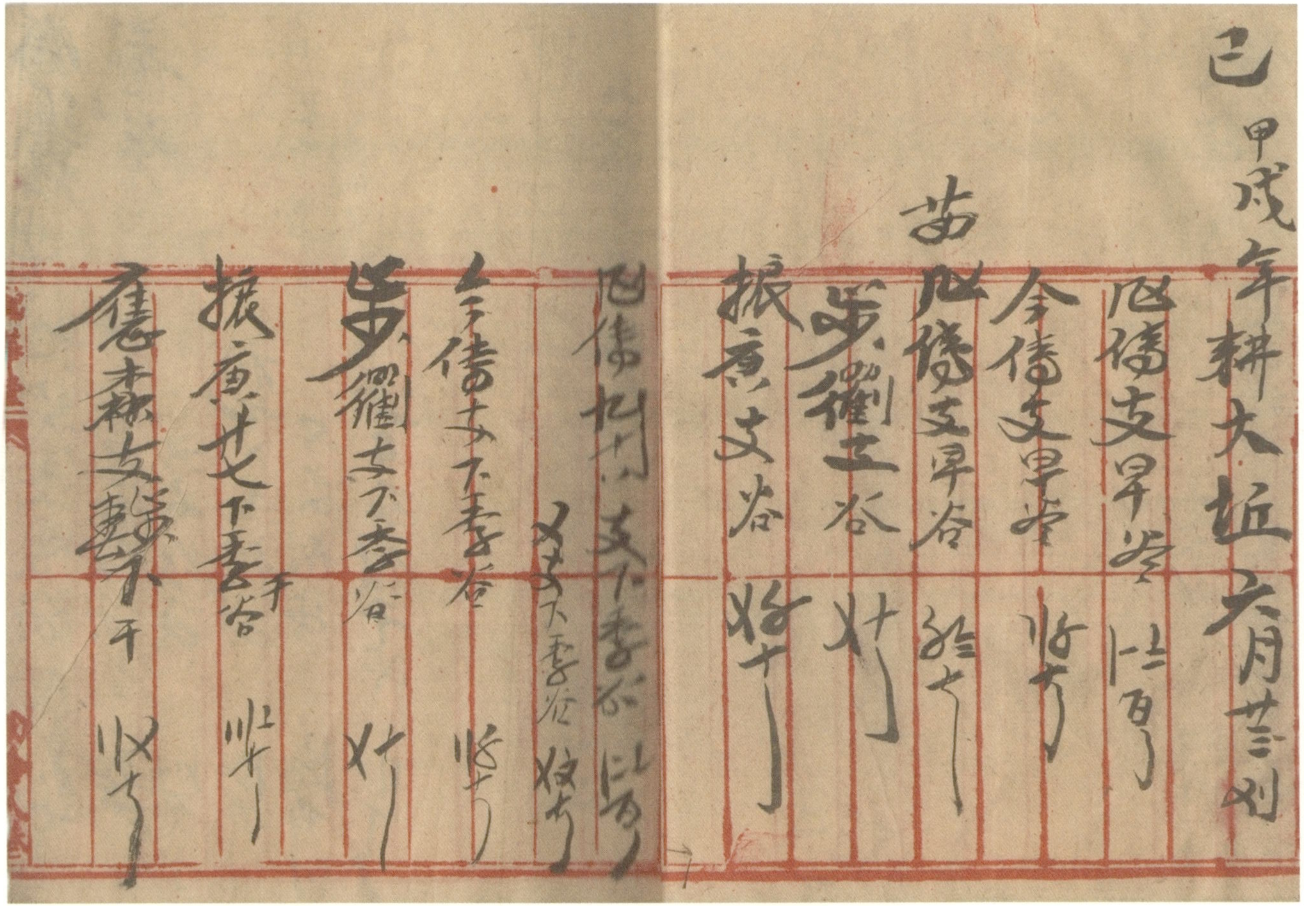

7-3-22-16　民國二十年林步禧記出入流查（一六）

7-3-22-17　民國二十年林步禧記出入流查（一七）

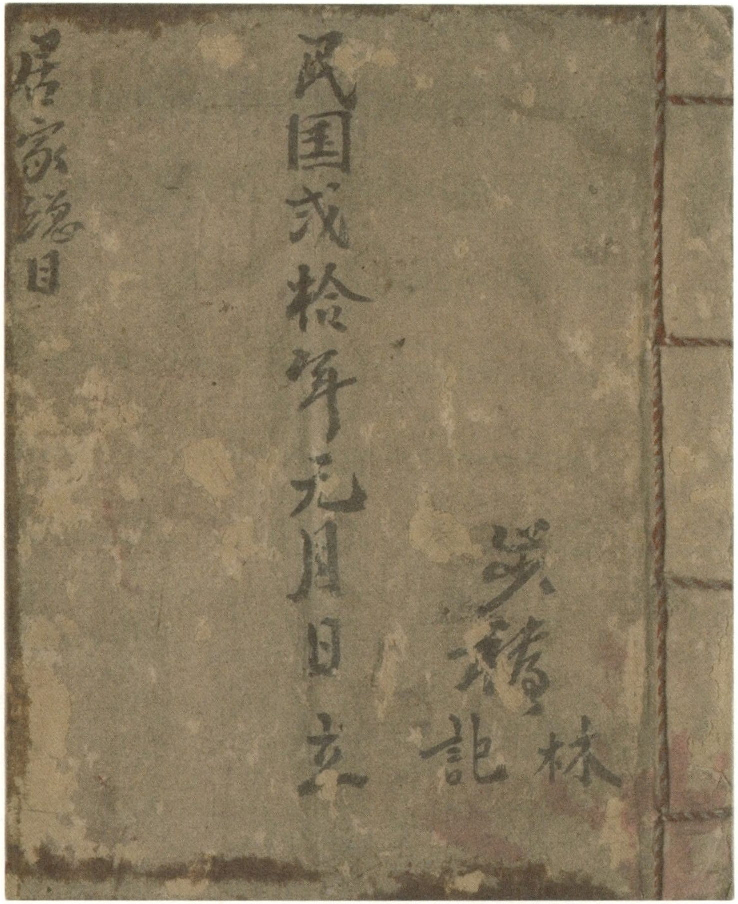

7-3-23-1　民國二十年林步禧記居家總目（一）

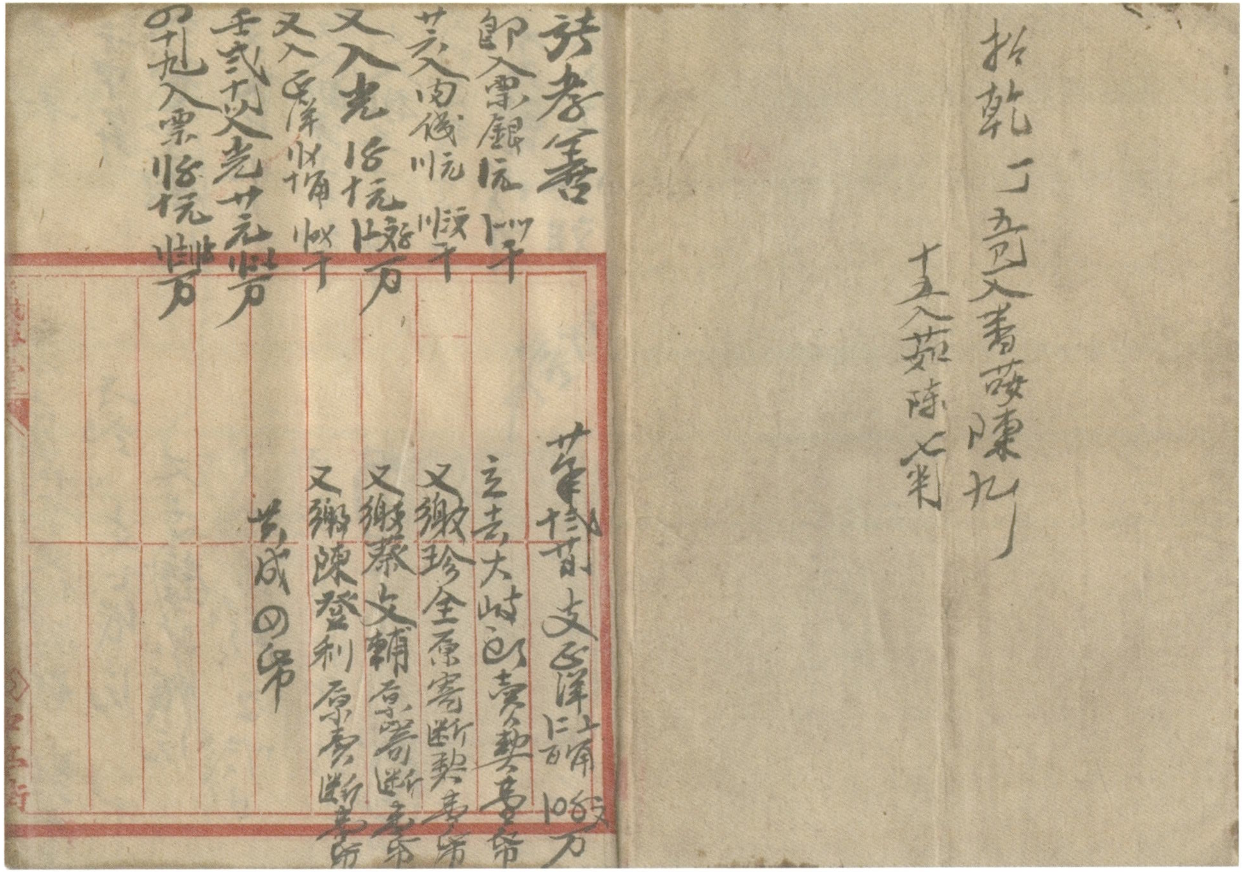

7-3-23-2　民國二十年林步禧記居家總目（二）

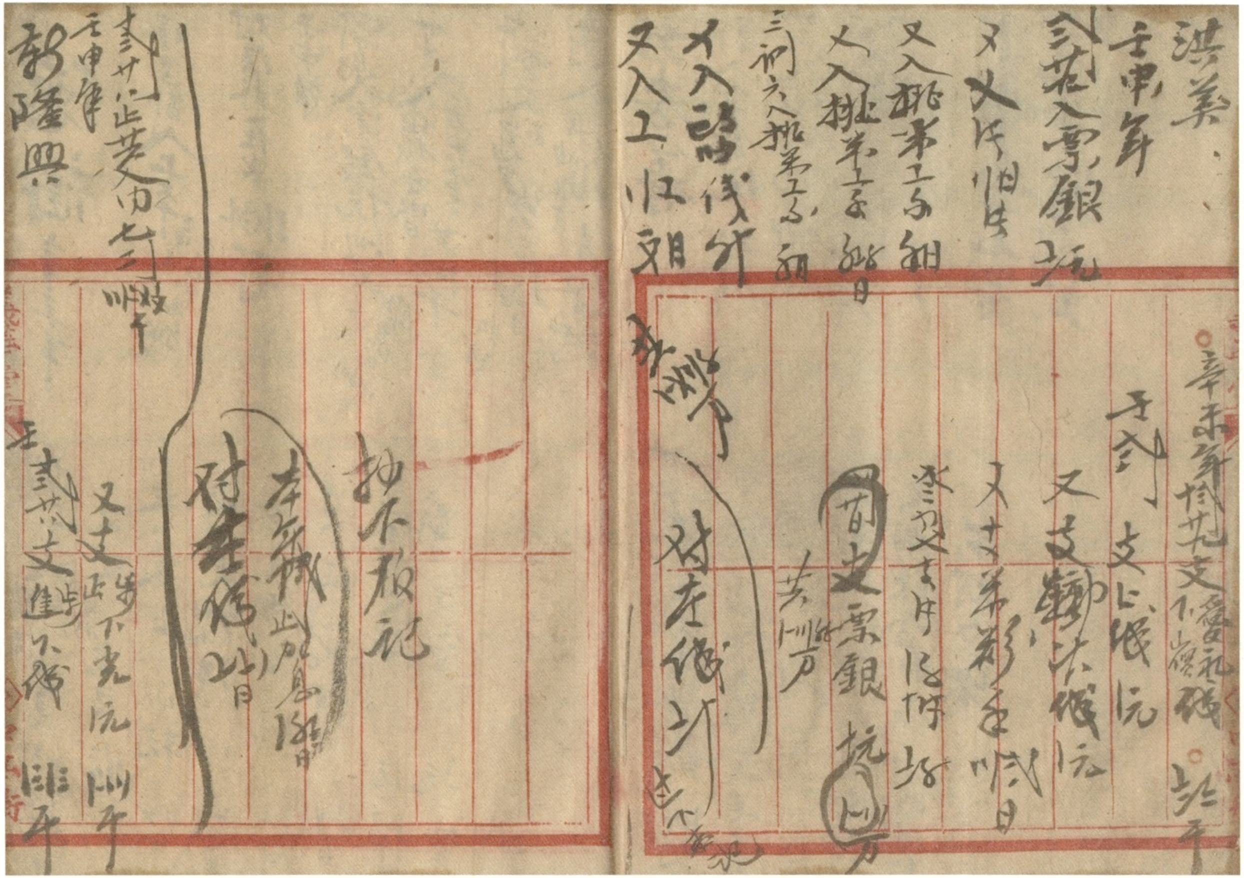

7-3-23-3　民國二十年林步禧記居家總目（三）

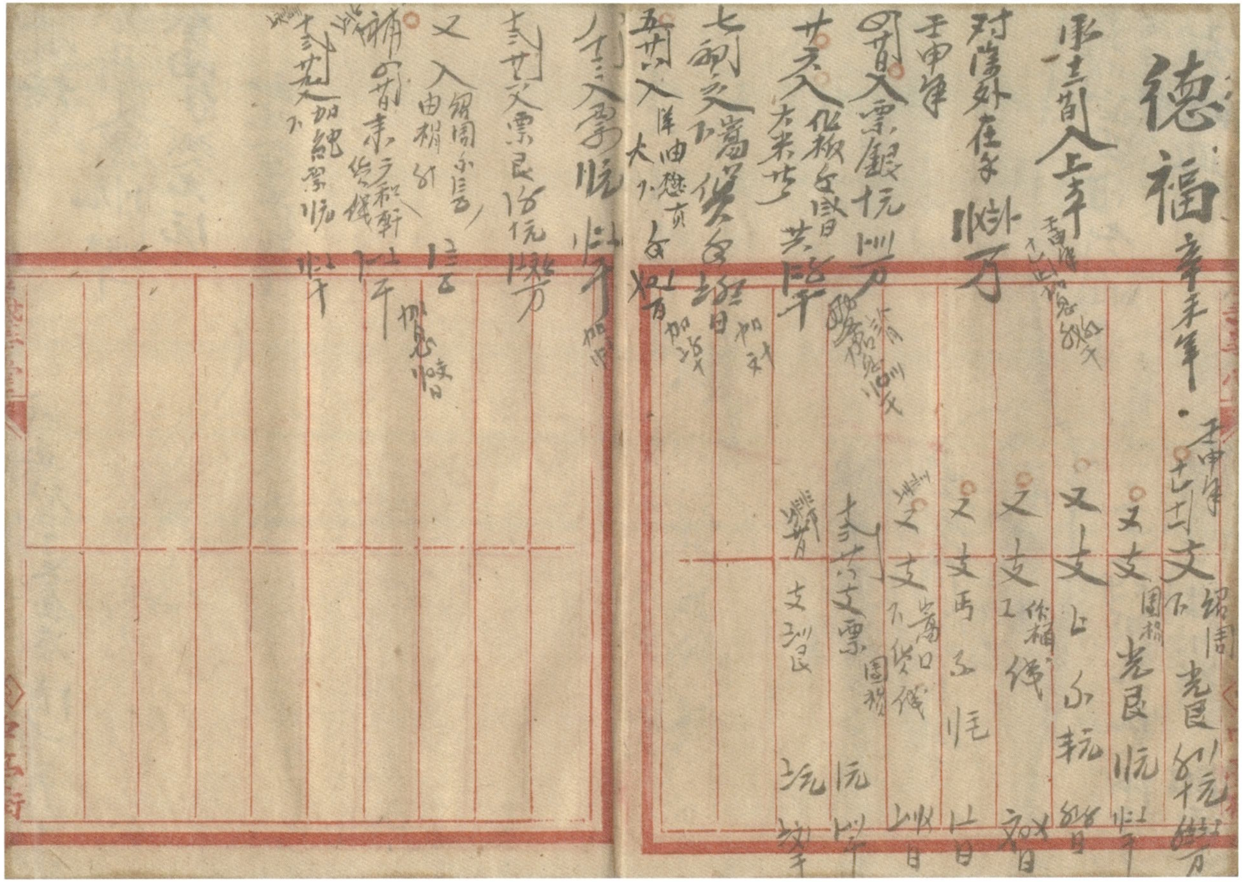

7-3-23-4　民國二十年林步禧記居家總目（四）

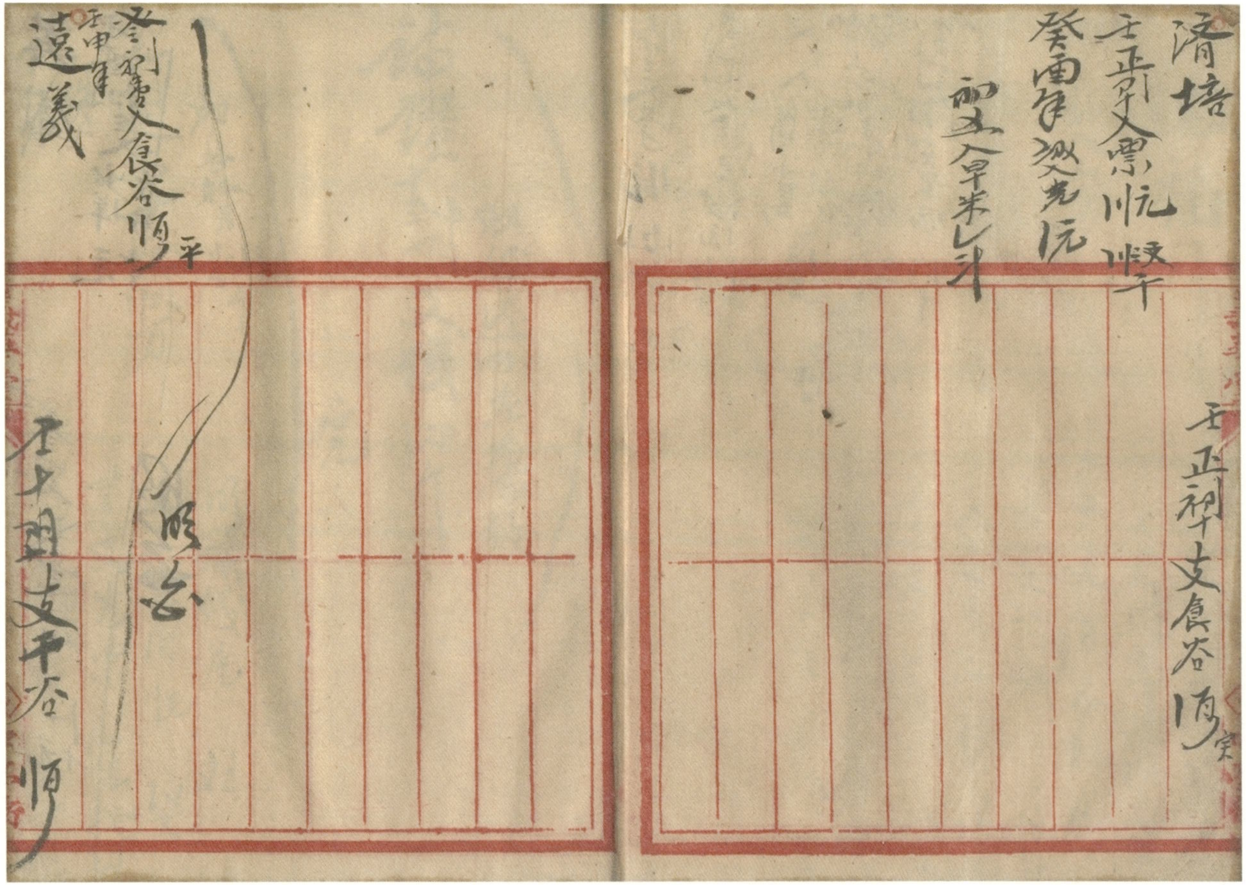

7-3-23-5　民國二十年林步禧記居家總目（五）

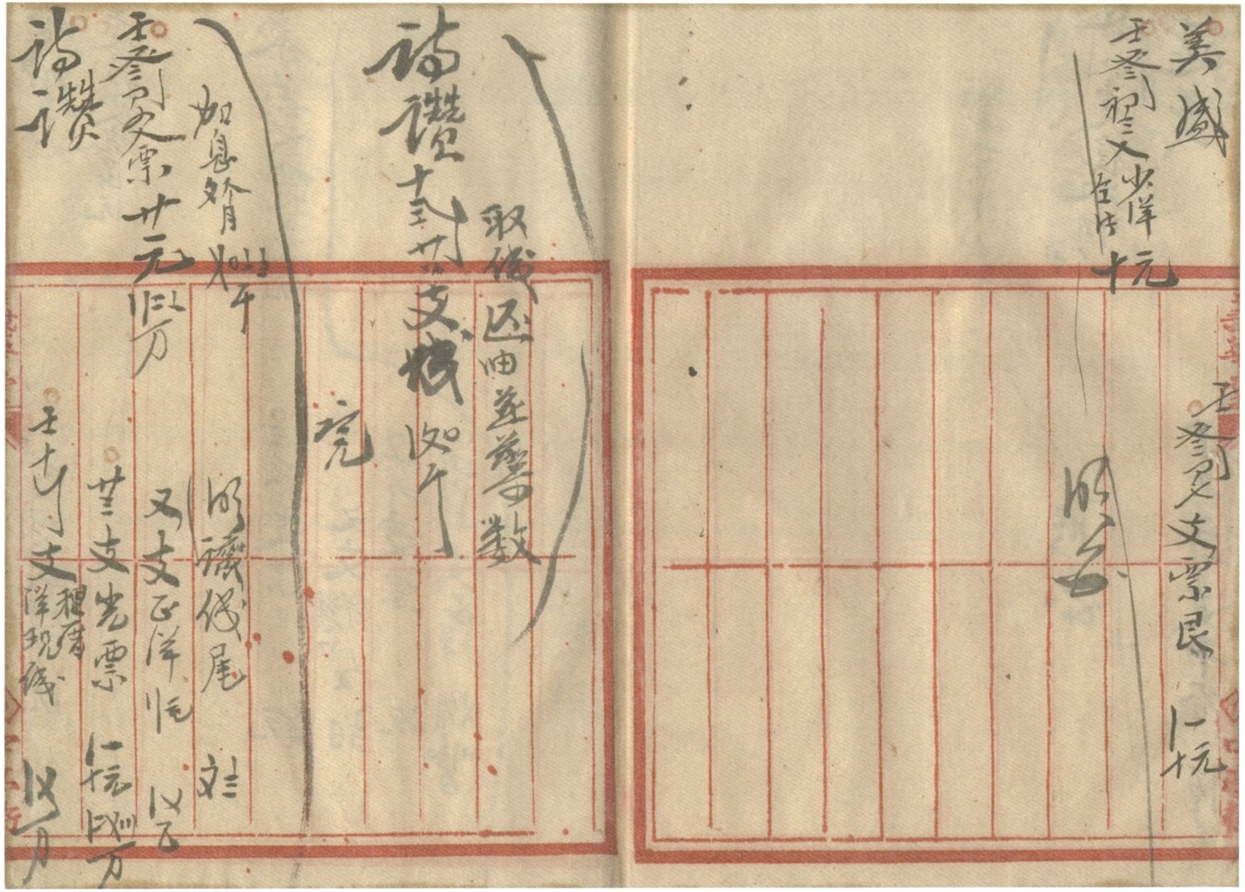

7-3-23-6 民國二十年林步禧記居家總目（六）

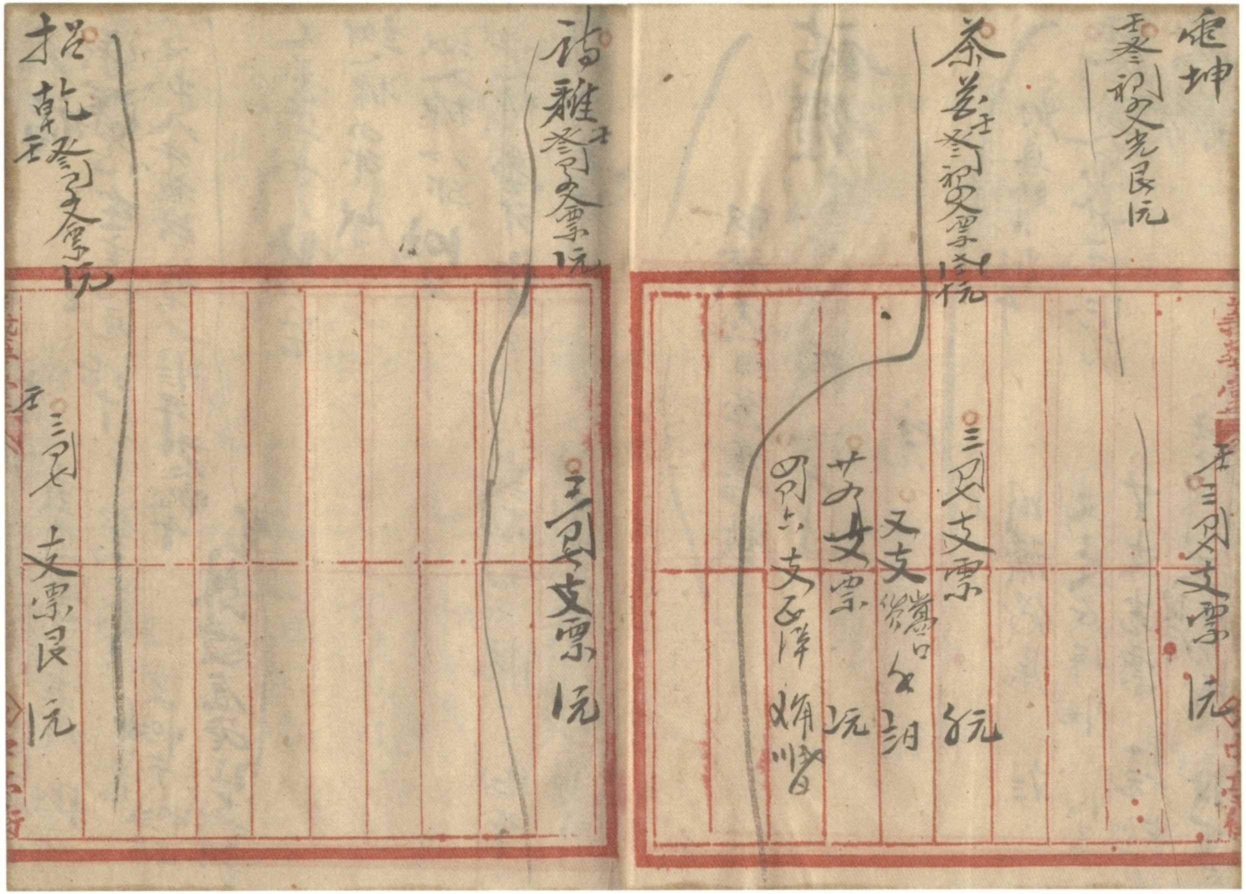

7-3-23-7　民國二十年林步禧記居家總目（七）

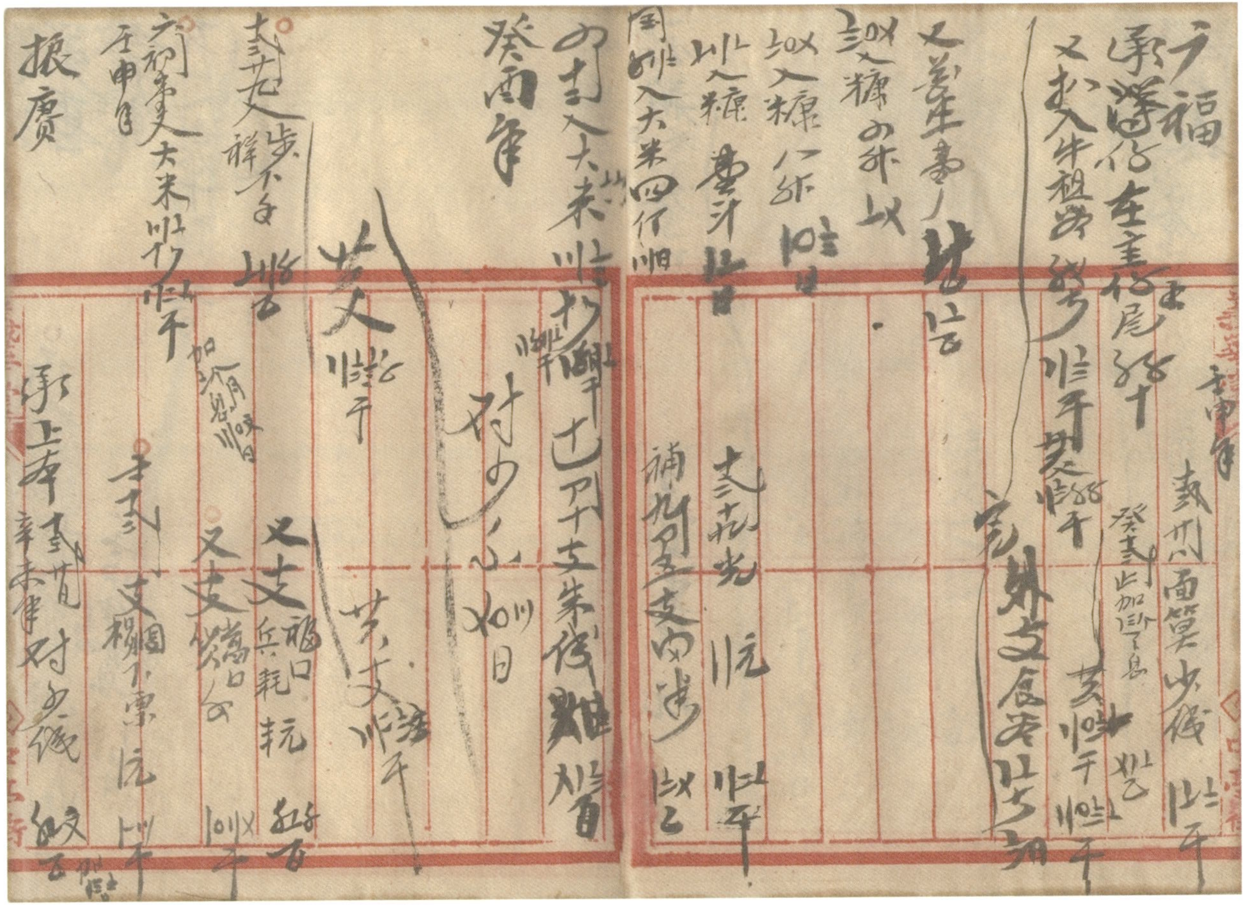

7-3-23-8　民國二十年林步禧記居家總目（八）

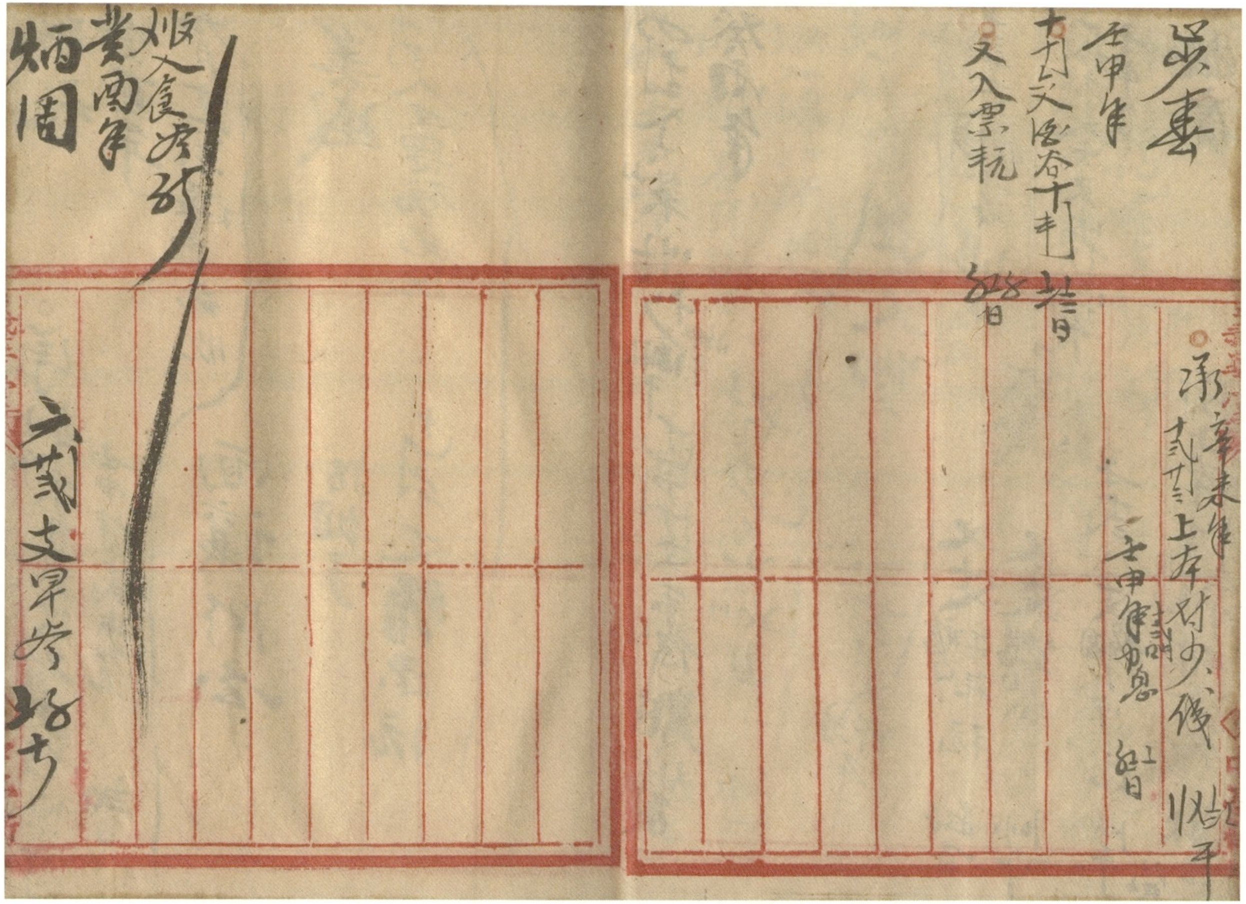

7-3-23-9　民國二十年林步禧記居家總目（九）

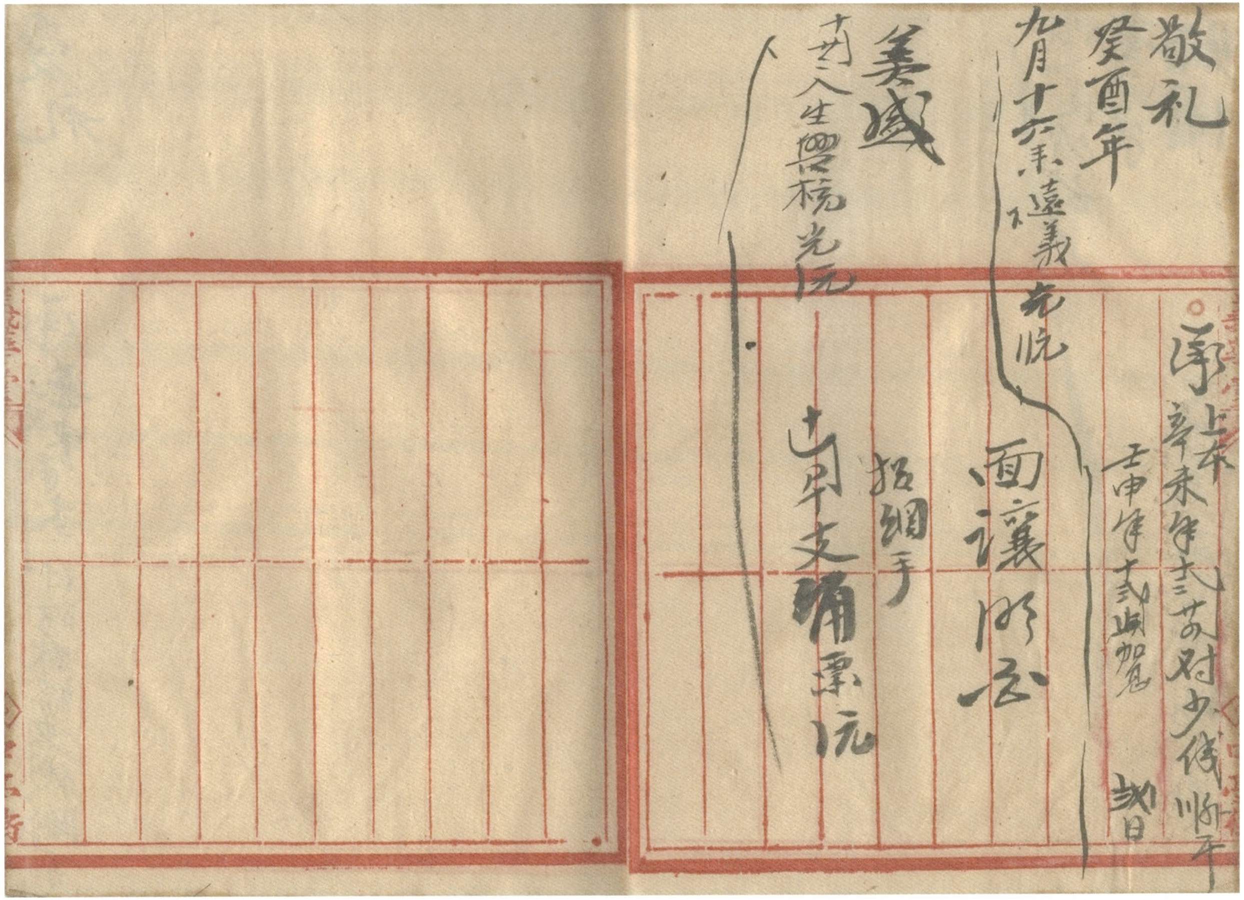

敬礼
癸酉年
九月十六未　遠義光阮
美盛
十月廿三人生　四桃光阮
聘　上年　辛未年十二月初十少代　断平
壬申年十弍　加息　謝目
面議明定
招綢手
十月　丈補票阮

7-3-23-10　民國二十年林步禧記居家總目（一〇）

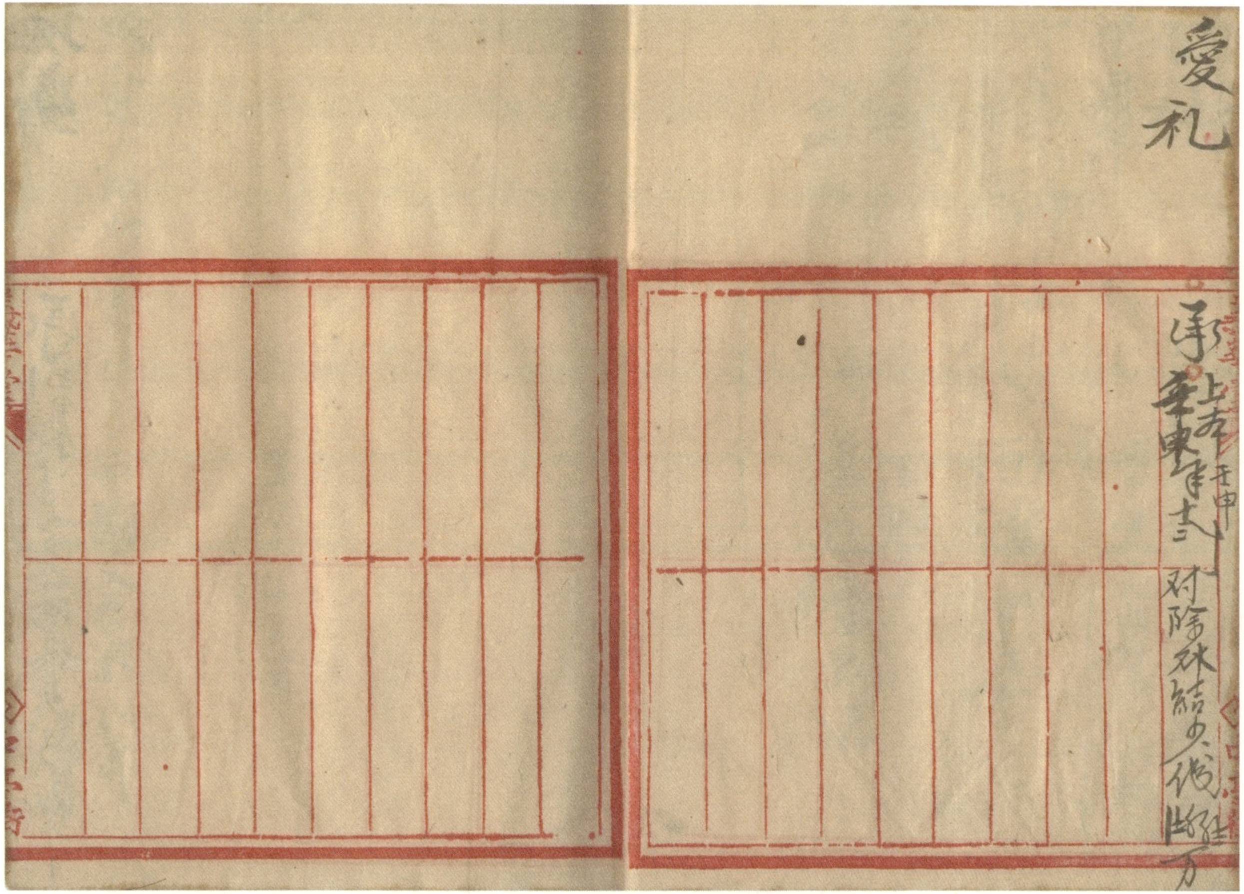

7-3-23-11　民國二十年林步禧記居家總目（一一）

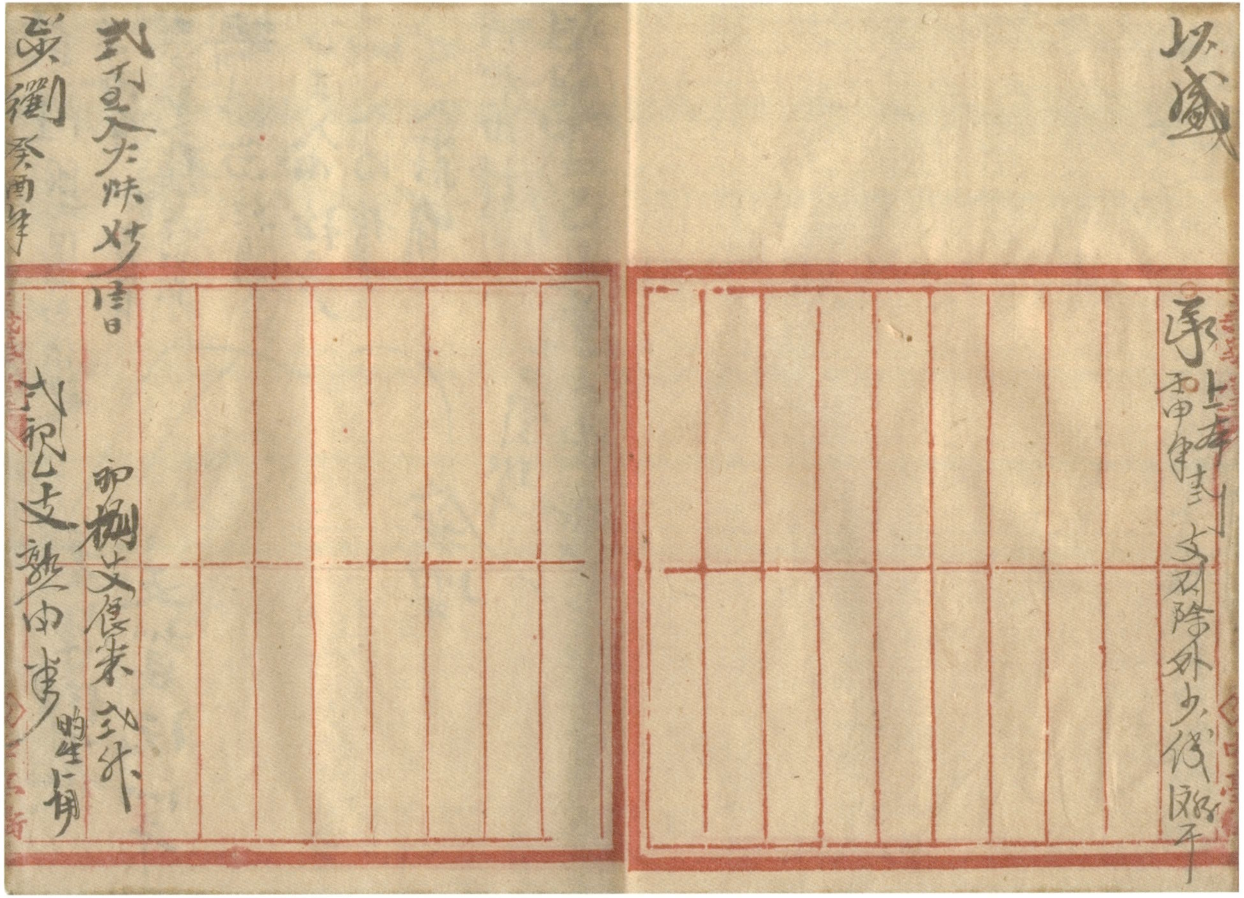

7-3-23-12 民國二十年林步禧記居家總目（一二）

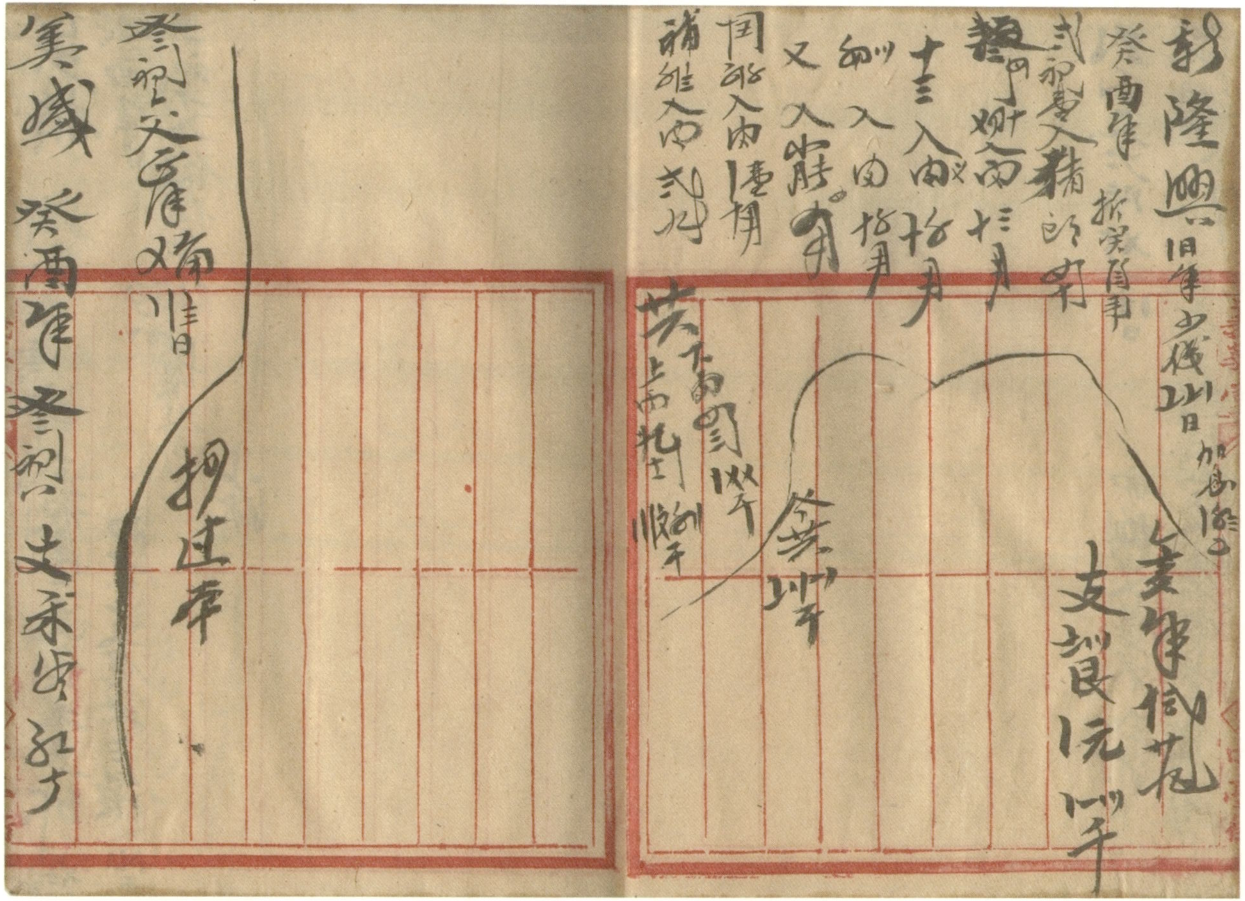

7-3-23-13　民國二十年林步禧記居家總目（一三）

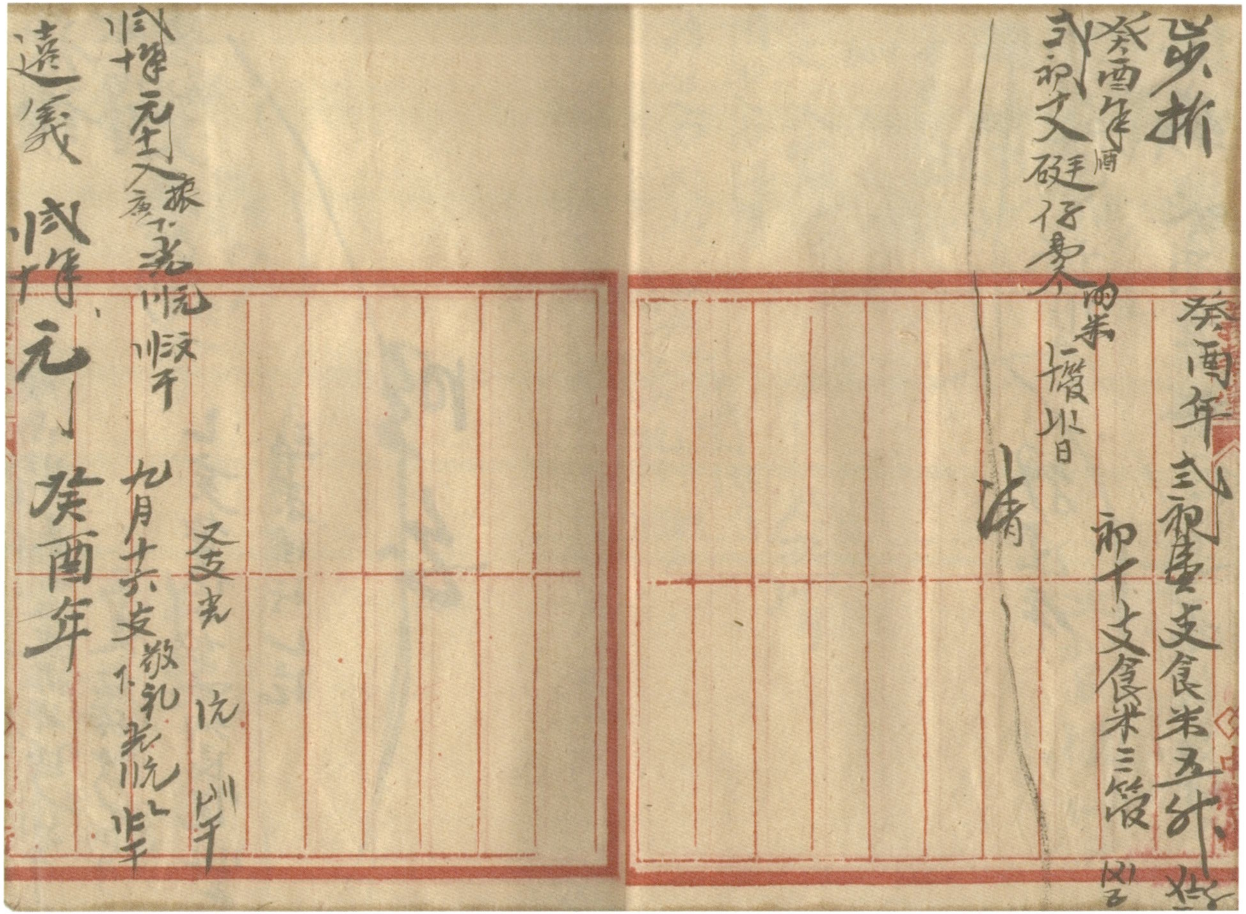

7-3-23-14　民國二十年林步禧記居家總目（一四）

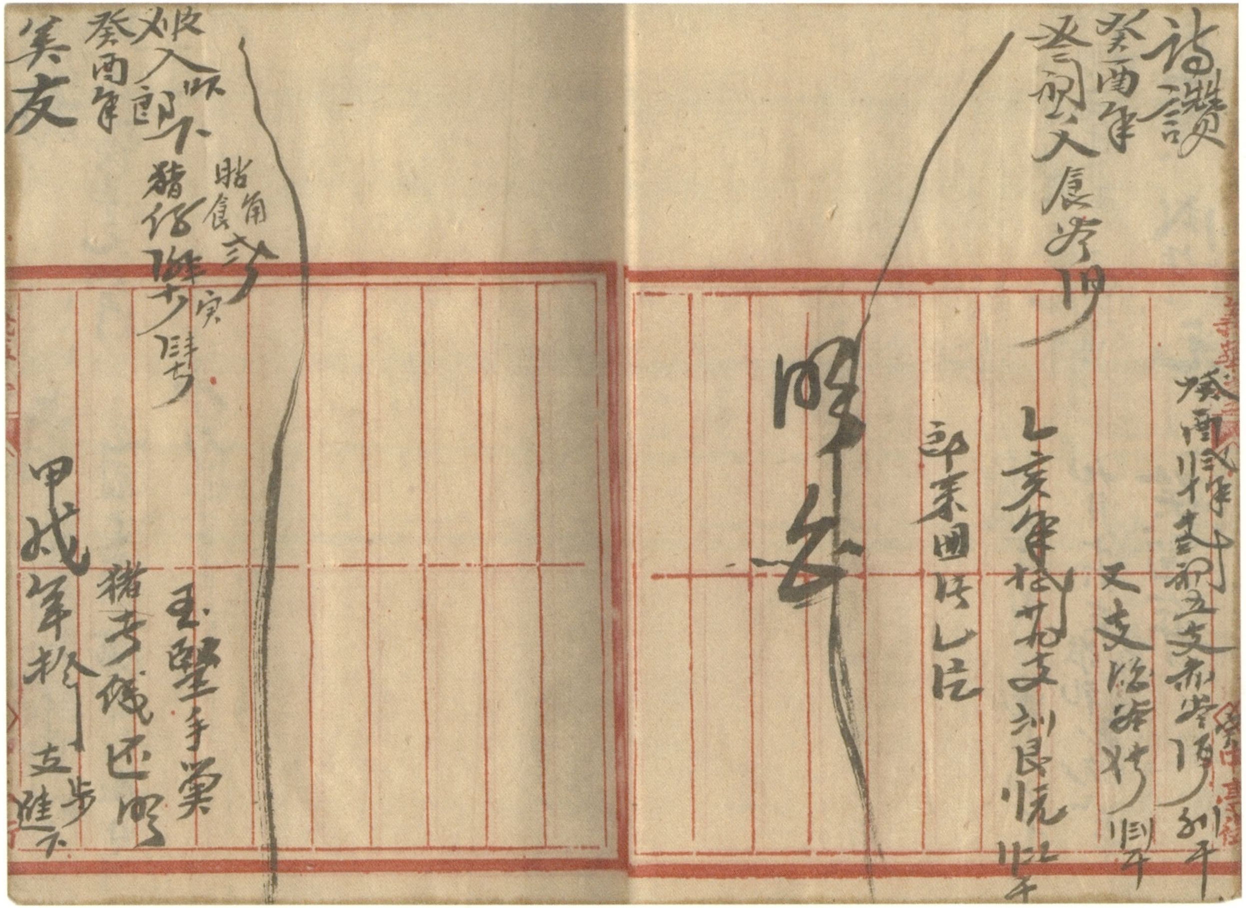

7-3-23-15　民國二十年林步禧記居家總目（一五）

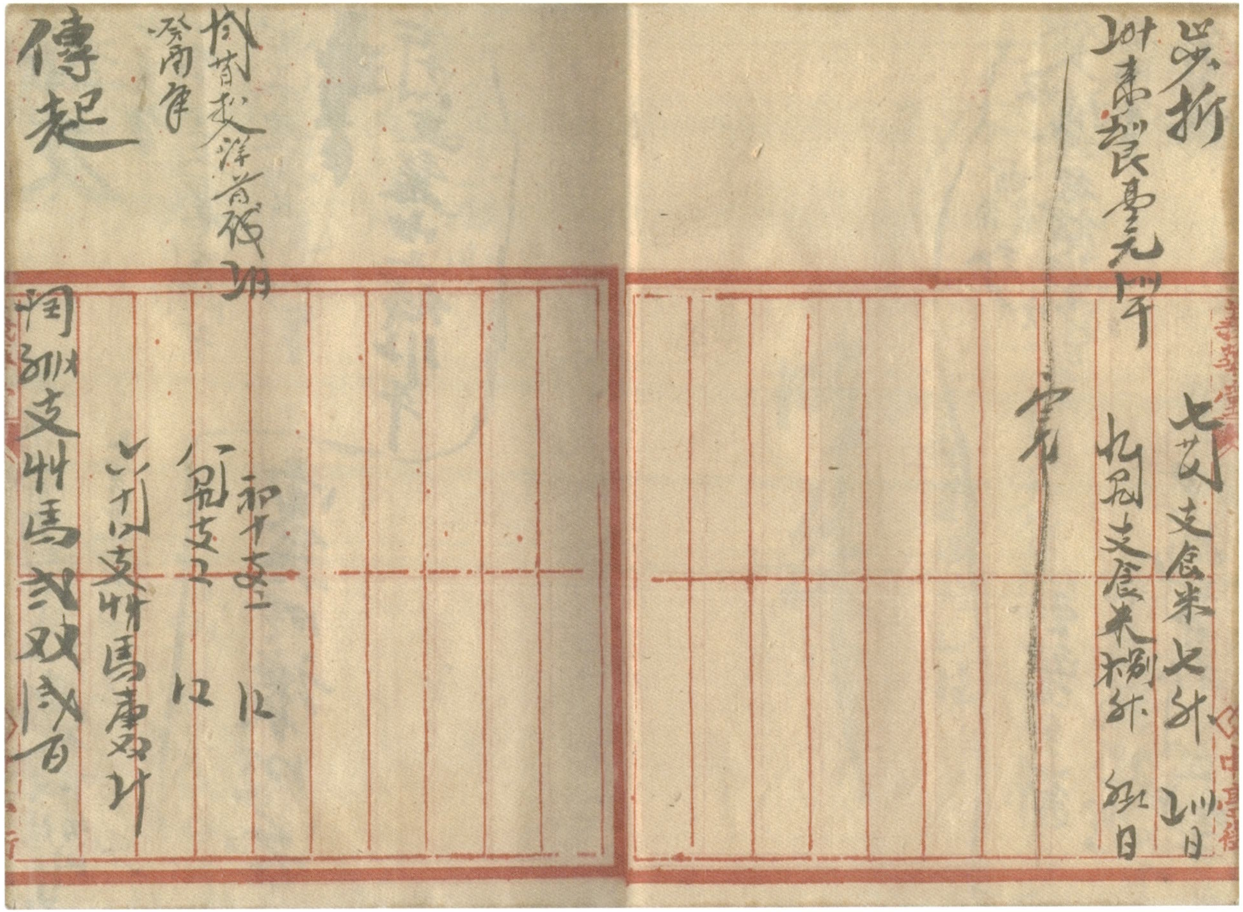

7-3-23-16　民國二十年林步禧記居家總目（一六）

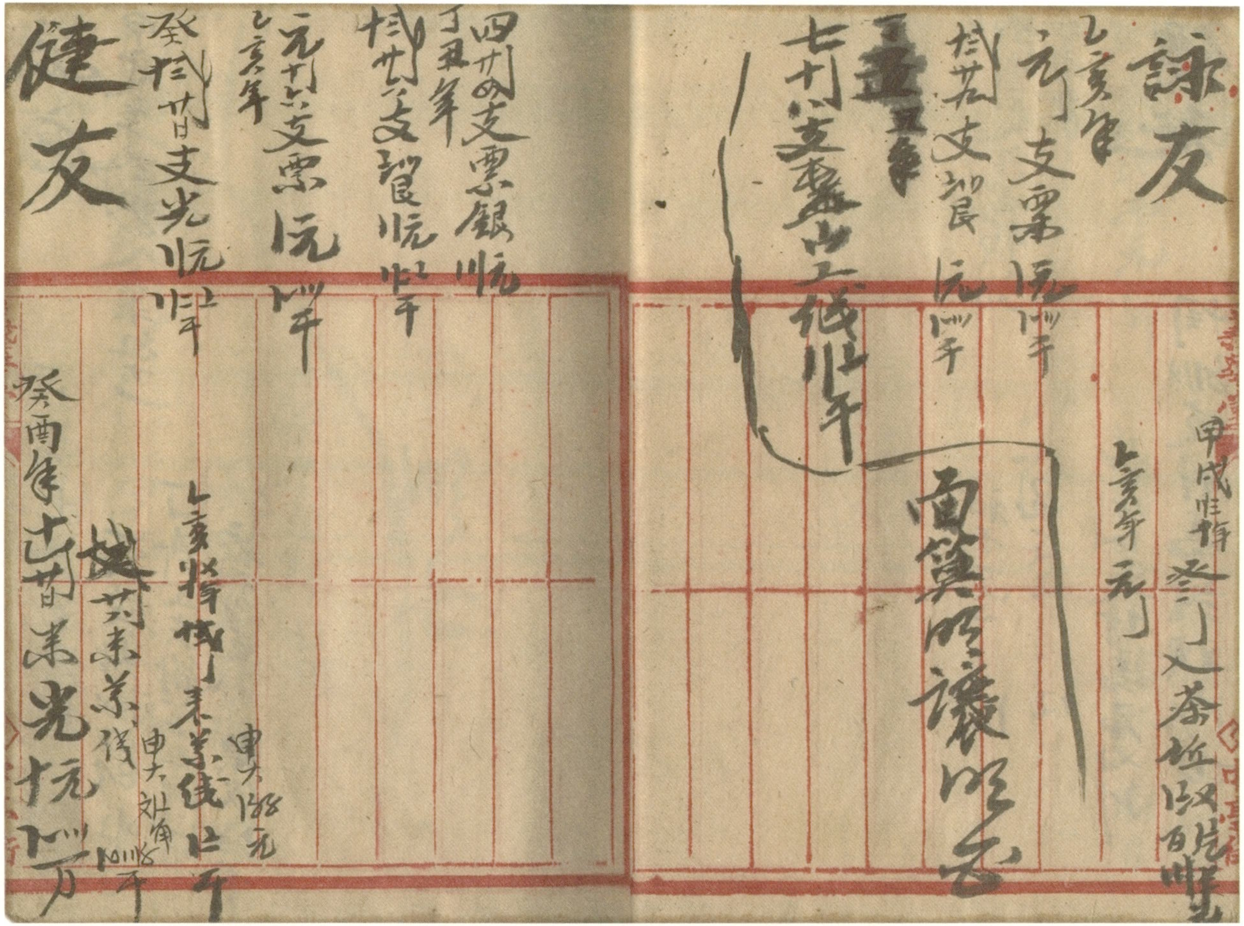

7-3-23-17　民國二十年林步禧記居家總目（一七）

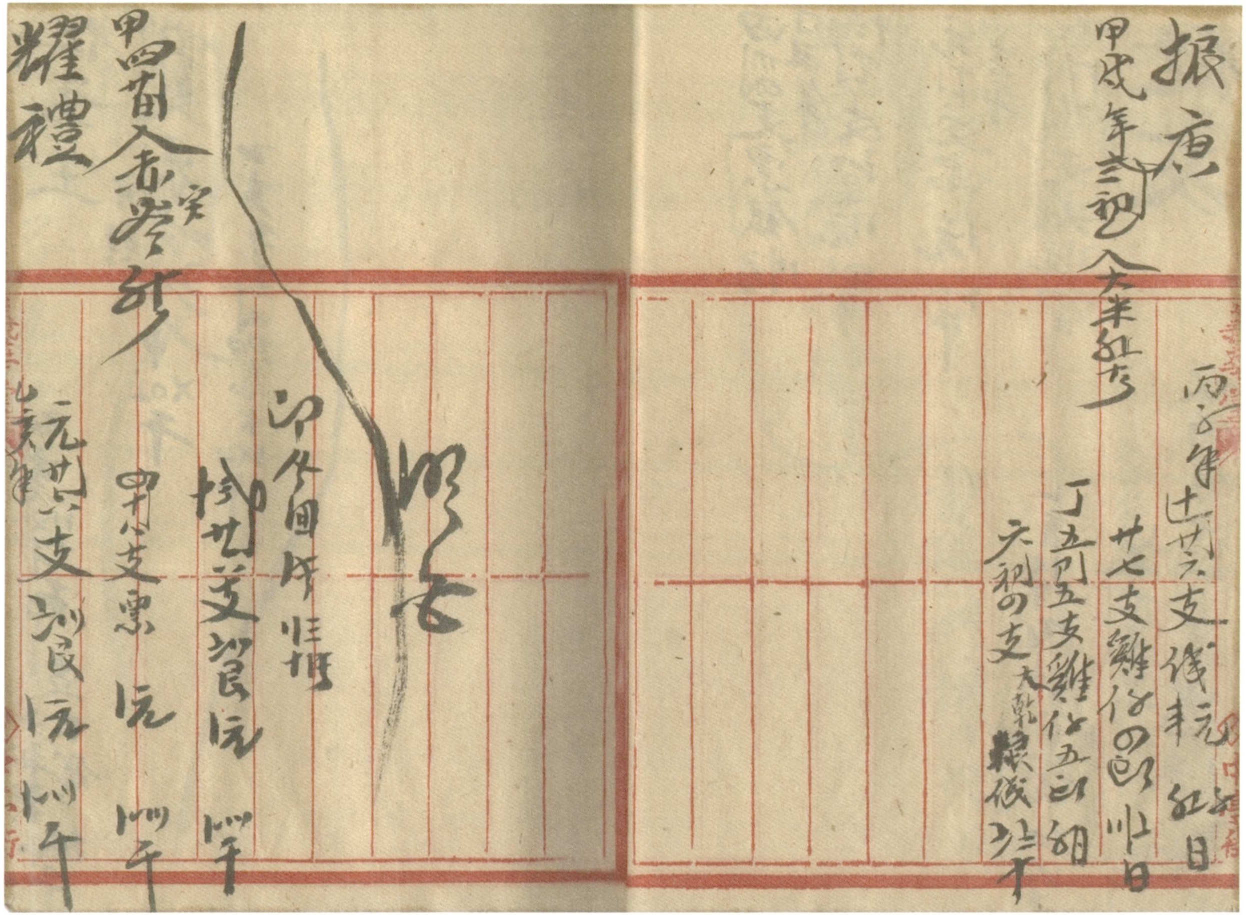

7-3-23-18　民國二十年林步禧記居家總目（一八）

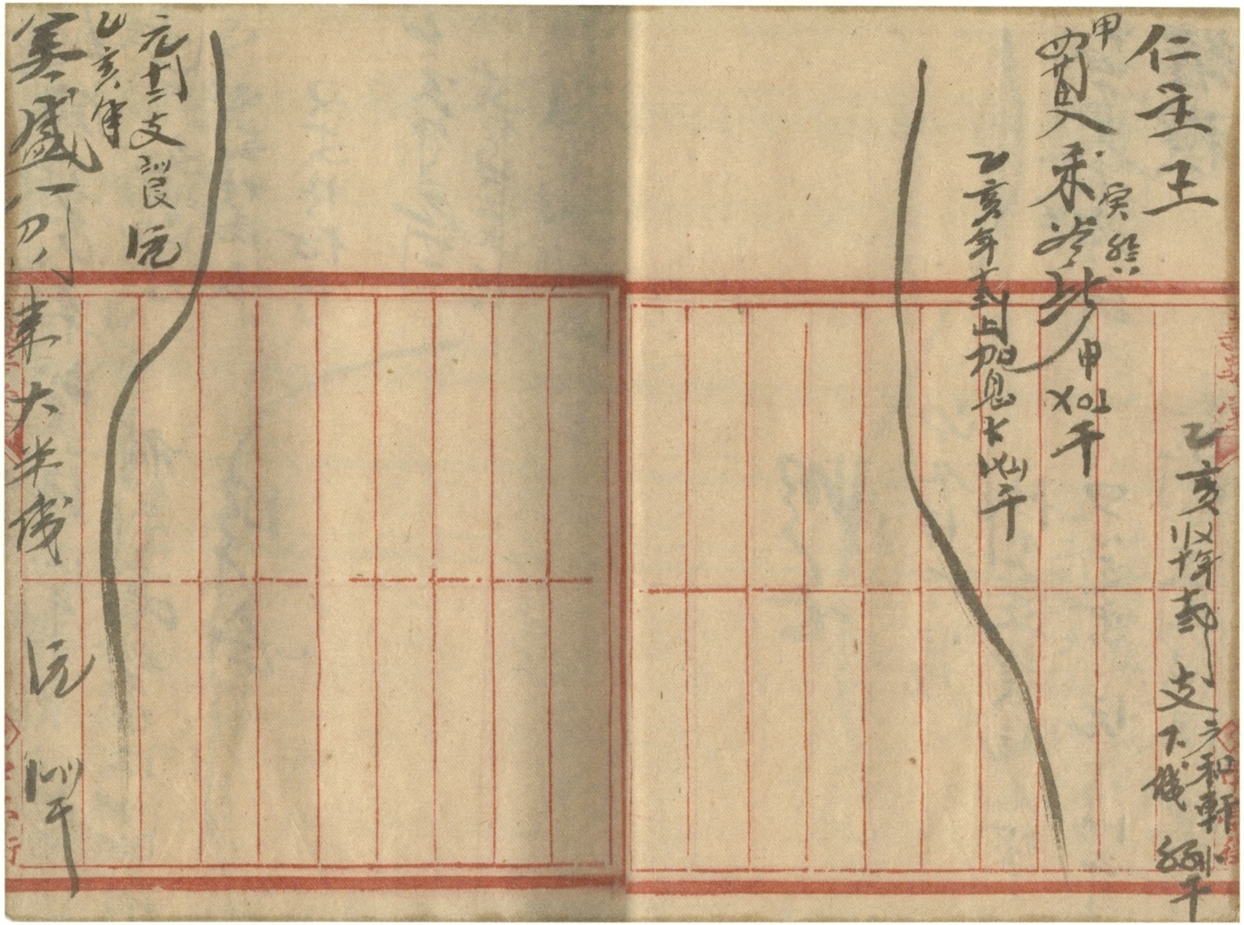

7-3-23-19　民國二十年林步禧記居家總目（一九）

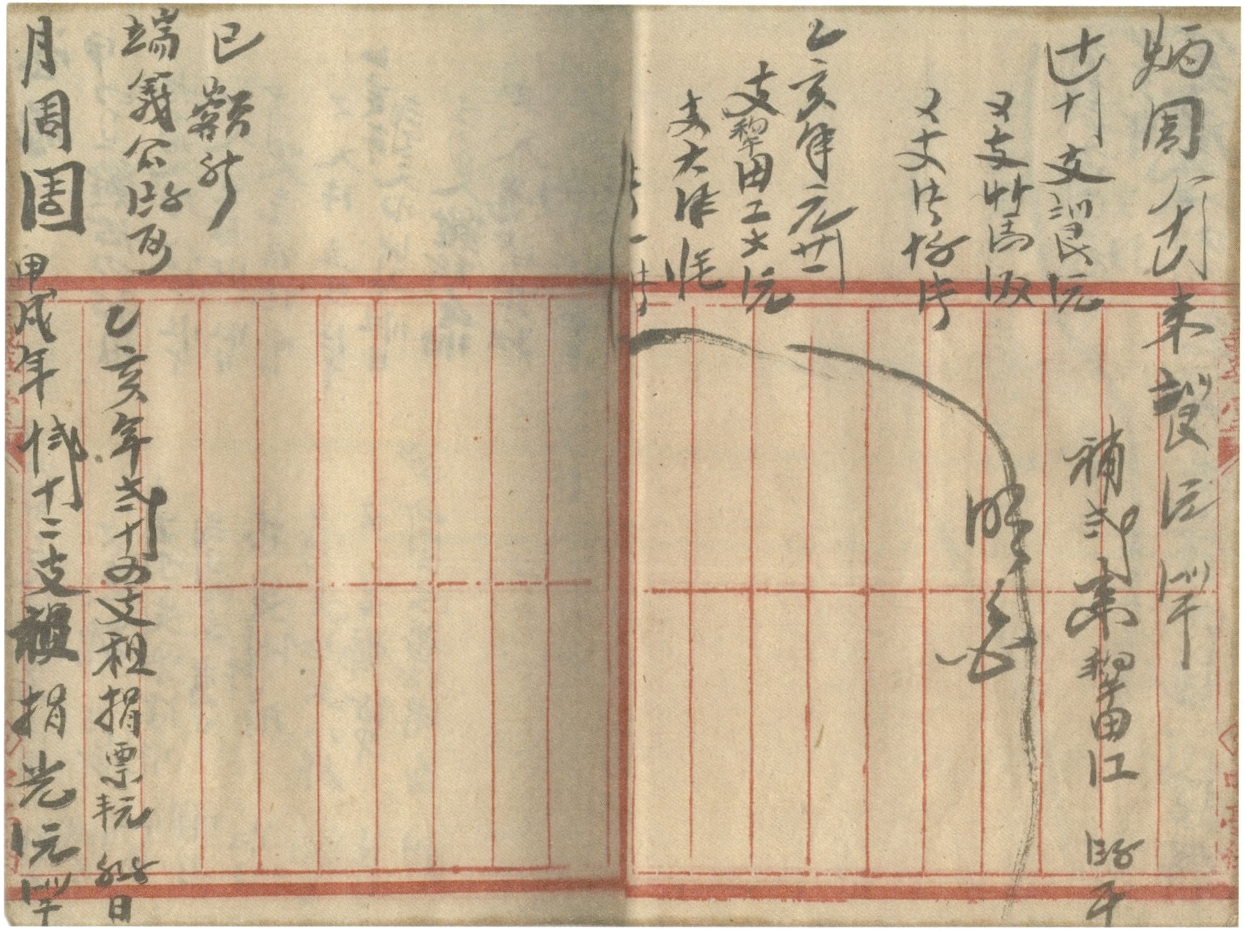

7-3-23-20　民國二十年林步禧記居家總目（二〇）

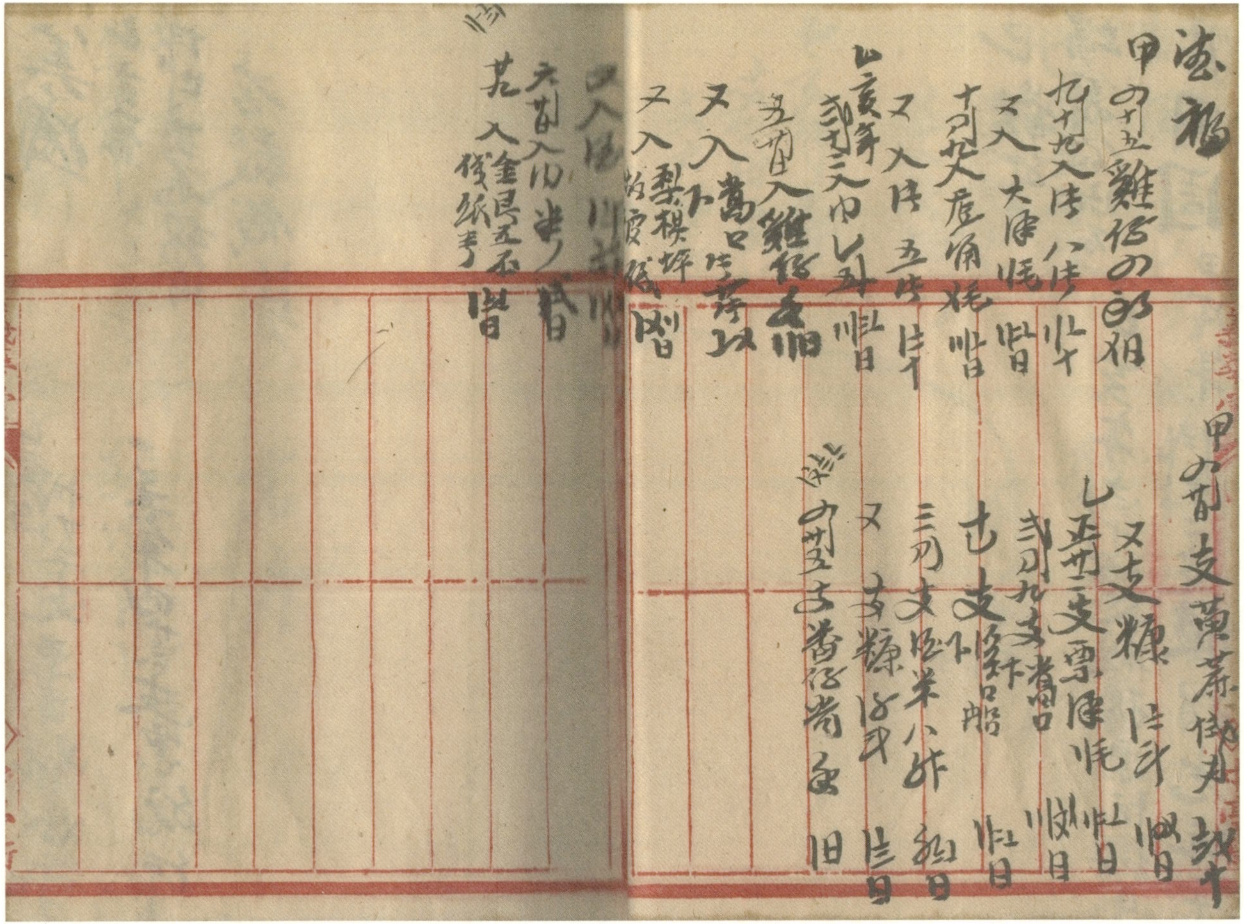

7-3-23-21　民國二十年林步禧記居家總目（二一）

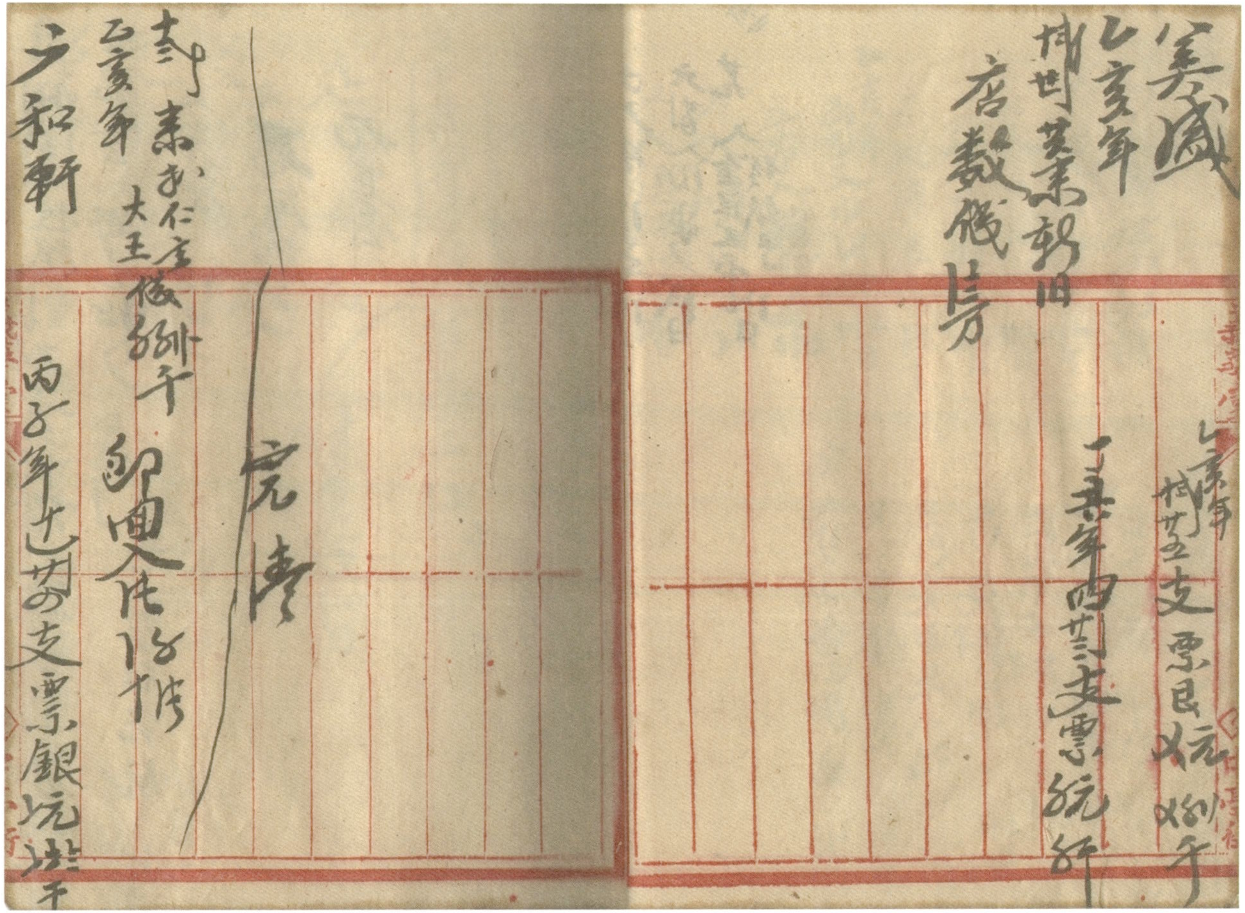

美盛
乙亥年
[illegible]廿某某新旧
唐數錢房

乙亥年
[illegible]廿五支票艮元〤〦千
丁丑年四廿三支票銀元〤千

六和軒
乙亥年
[illegible]素[illegible]仁座
大王後[illegible]千
卸[illegible]由[illegible]
完清
丙子年十一月廿四支票銀元[illegible]千

7-3-23-22　民國二十年林步禧記居家總目（二二）

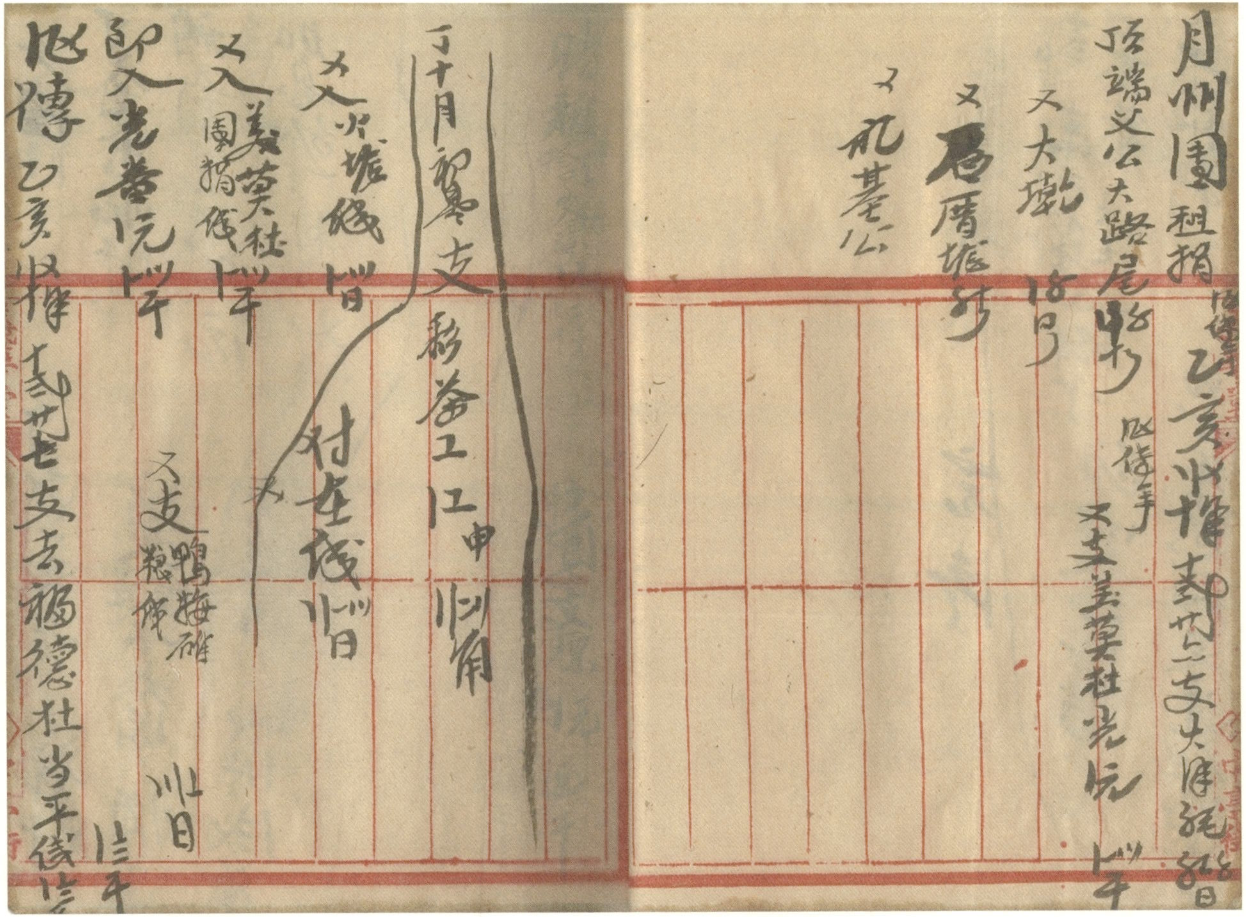

7-3-23-23　民國二十年林步禧記居家總目（二三）

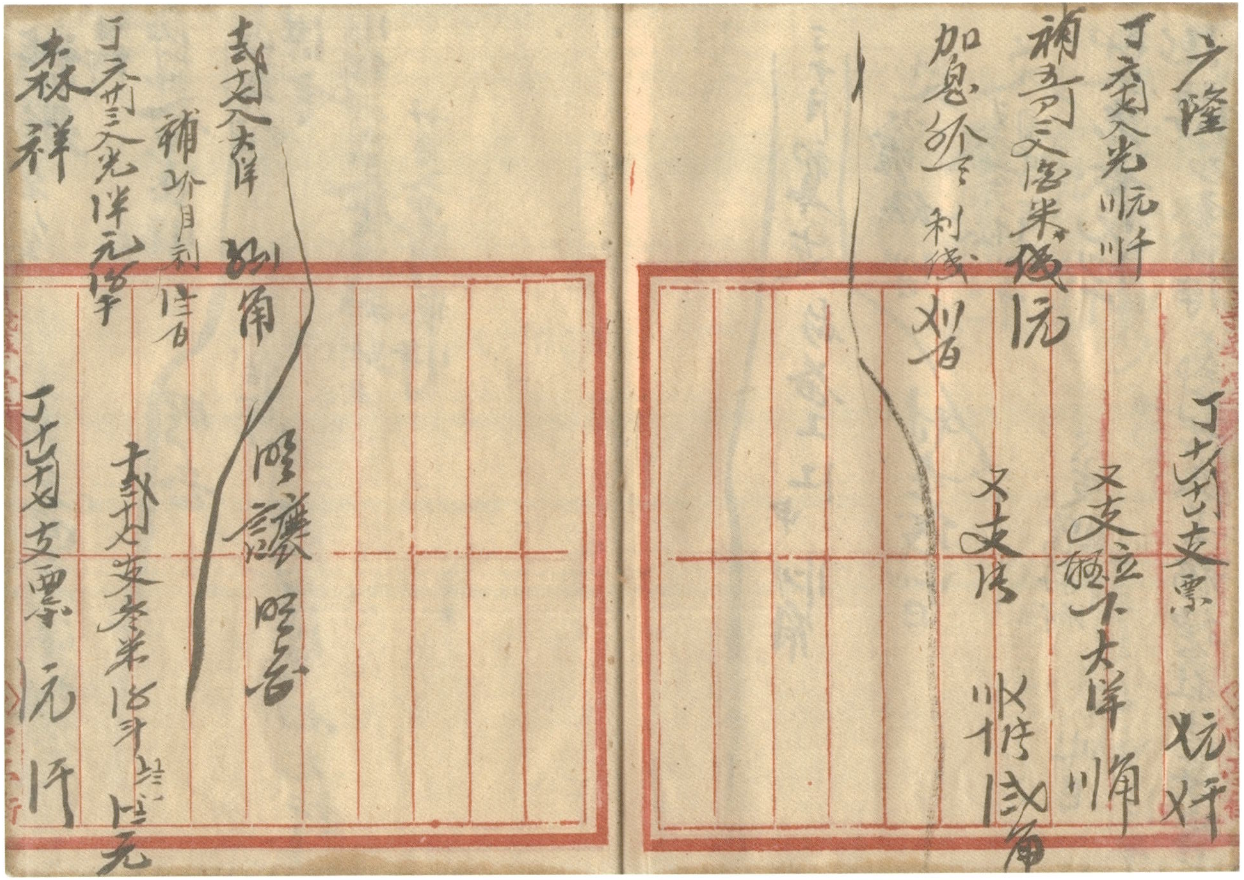

7-3-23-24　民國二十年林步禧記居家總目（二四）

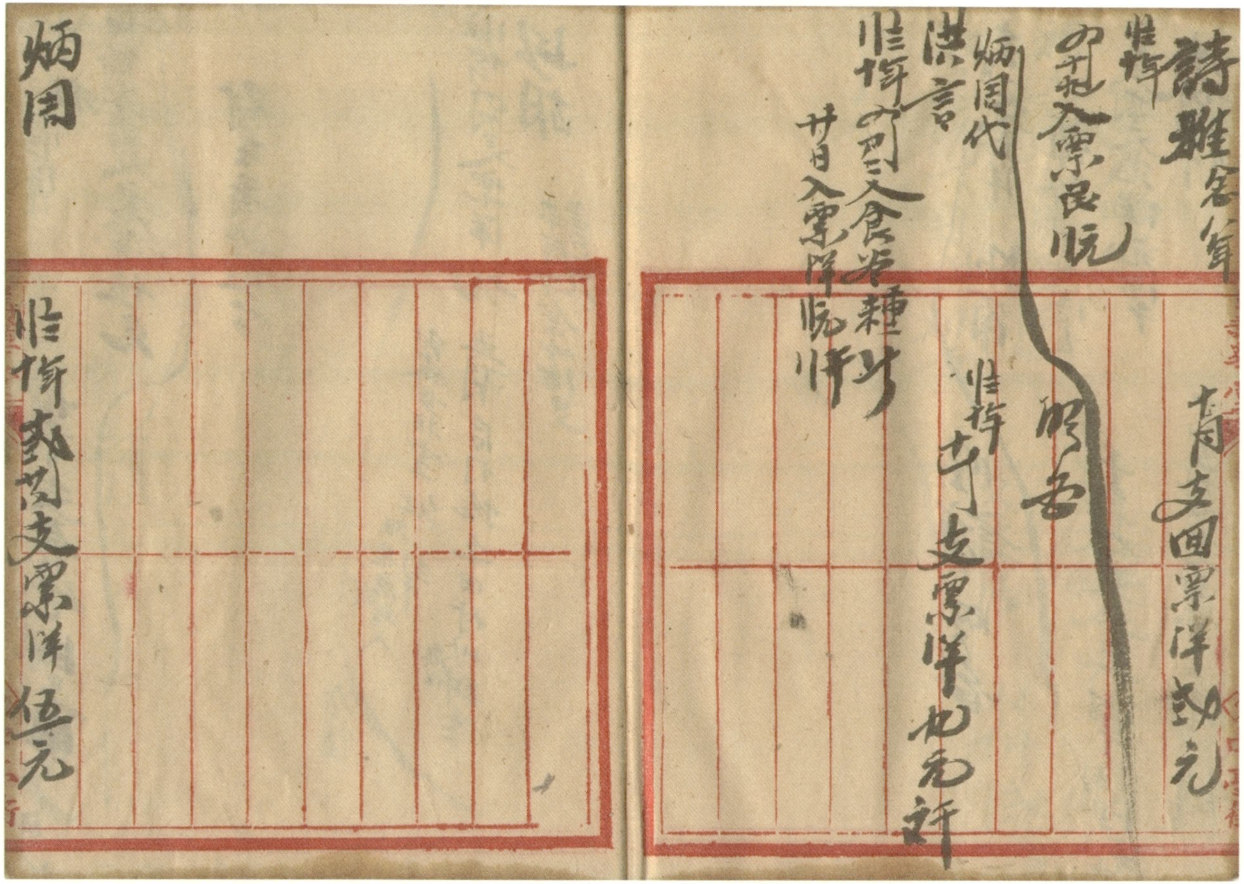

7-3-23-25　民國二十年林步禧記居家總目（二五）

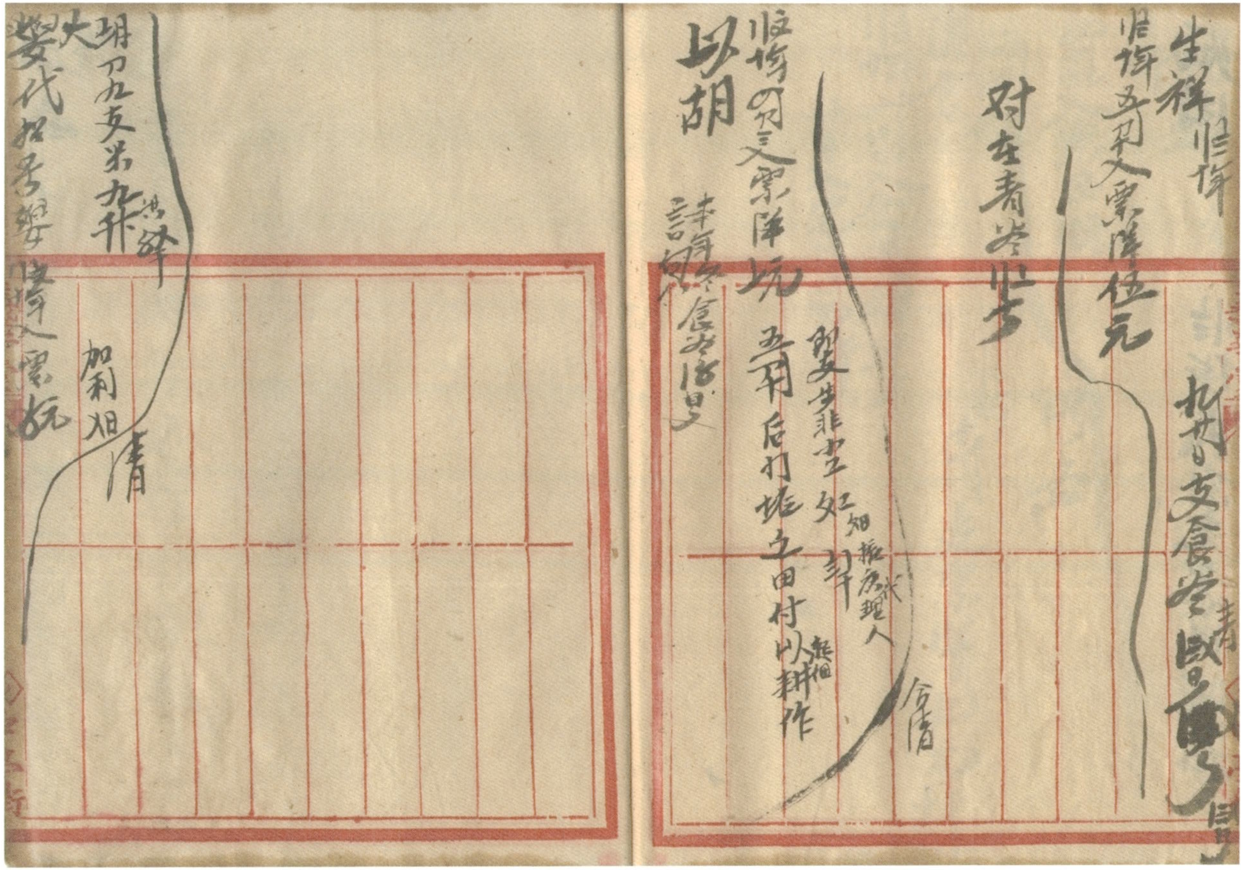

7-3-23-26　民國二十年林步禧記居家總目（二六）

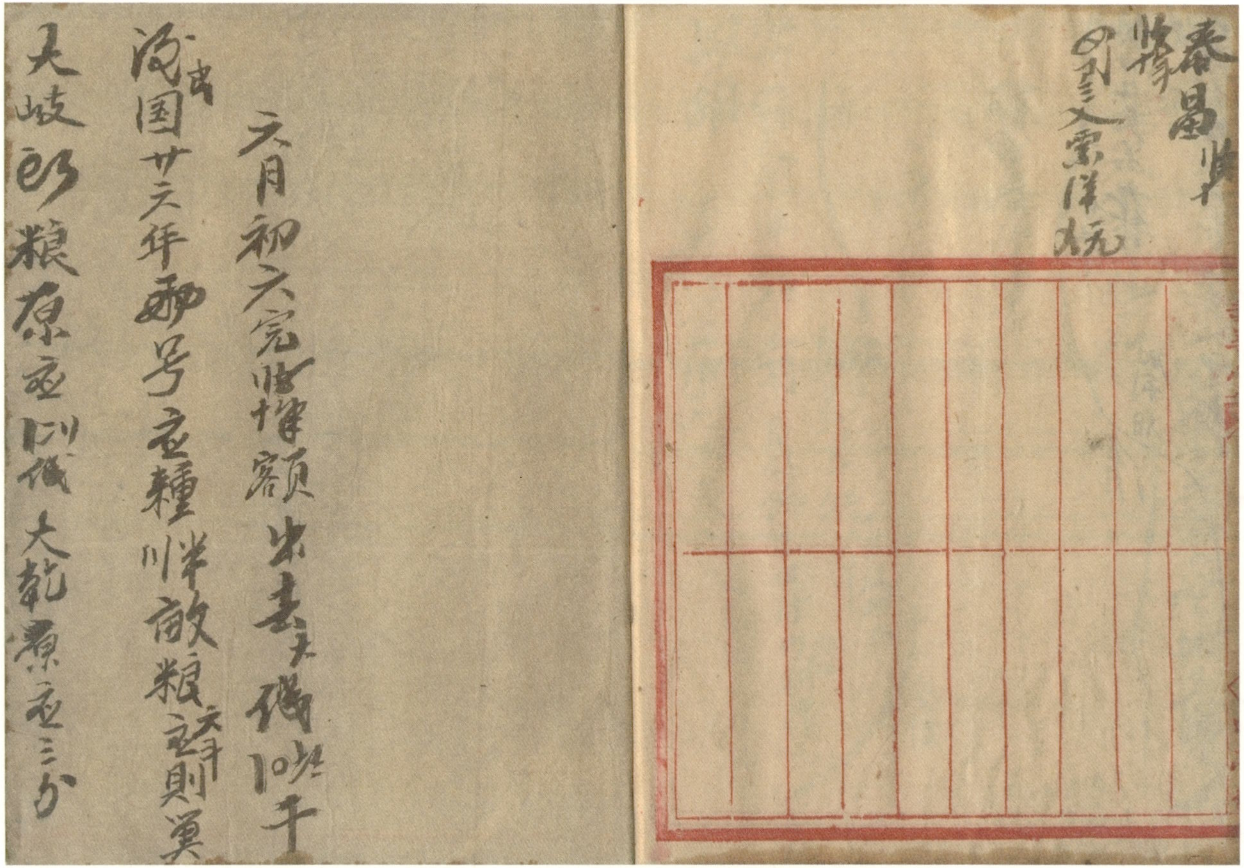

7-3-23-27　民國二十年林步禧記居家總目（二七）

7-3-23-28 民國二十年林步禧記居家總目（二八）

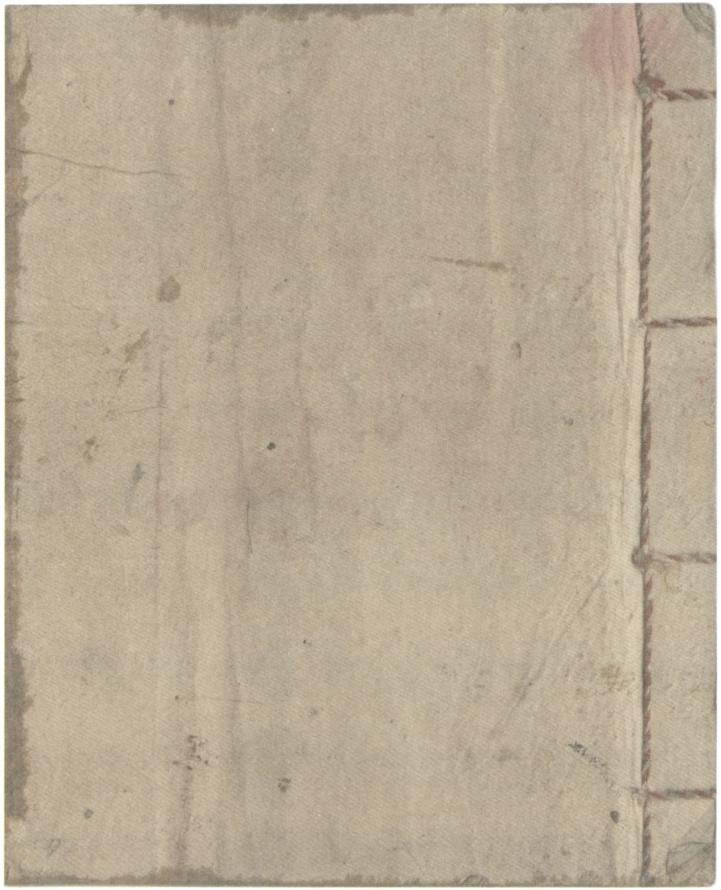

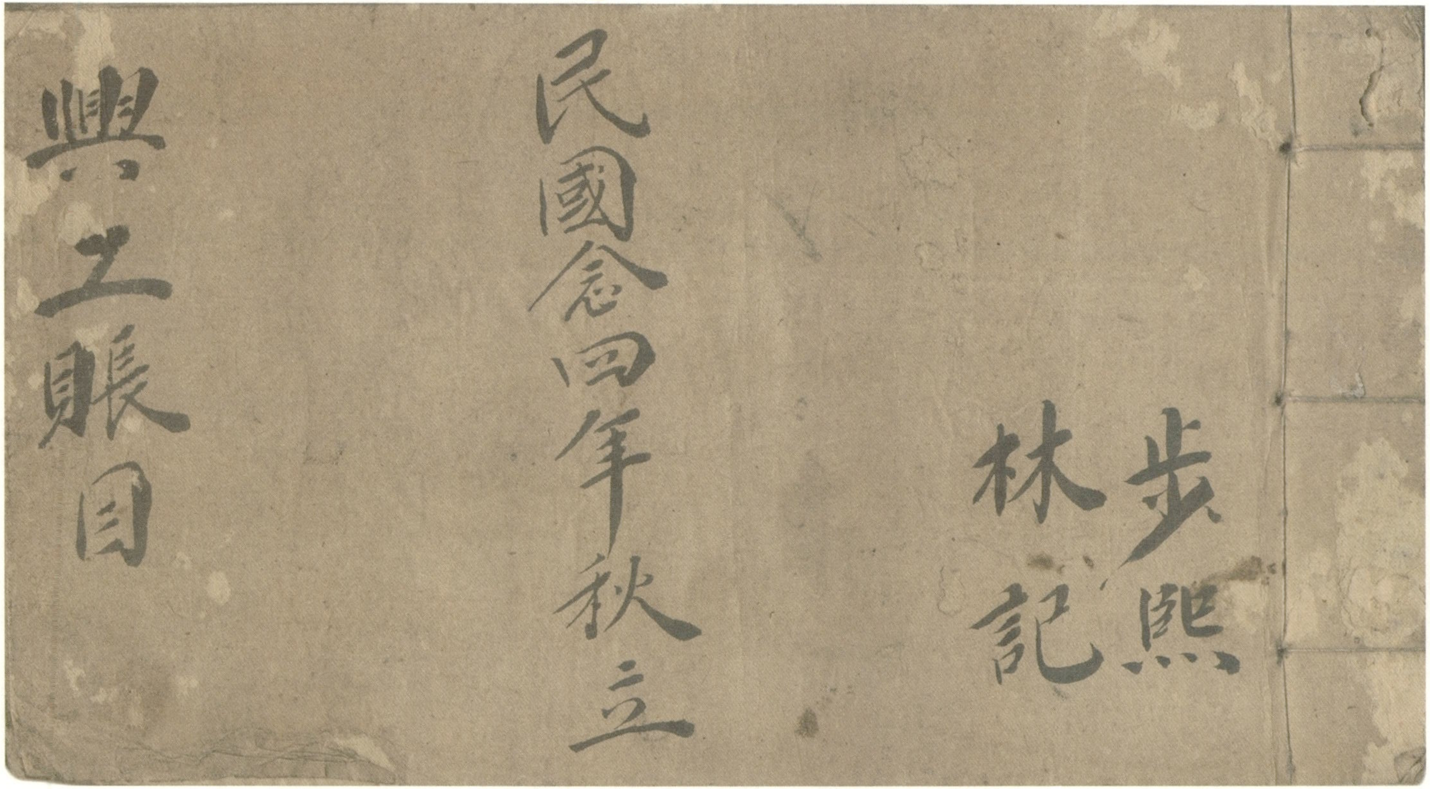
林步熙記

民國念四年秋立

興工賬目

7-3-24-1　民國二十四年林步熙記興工賬目（一）

7-3-24-2 民國二十四年林步熙記興工賬目(二)

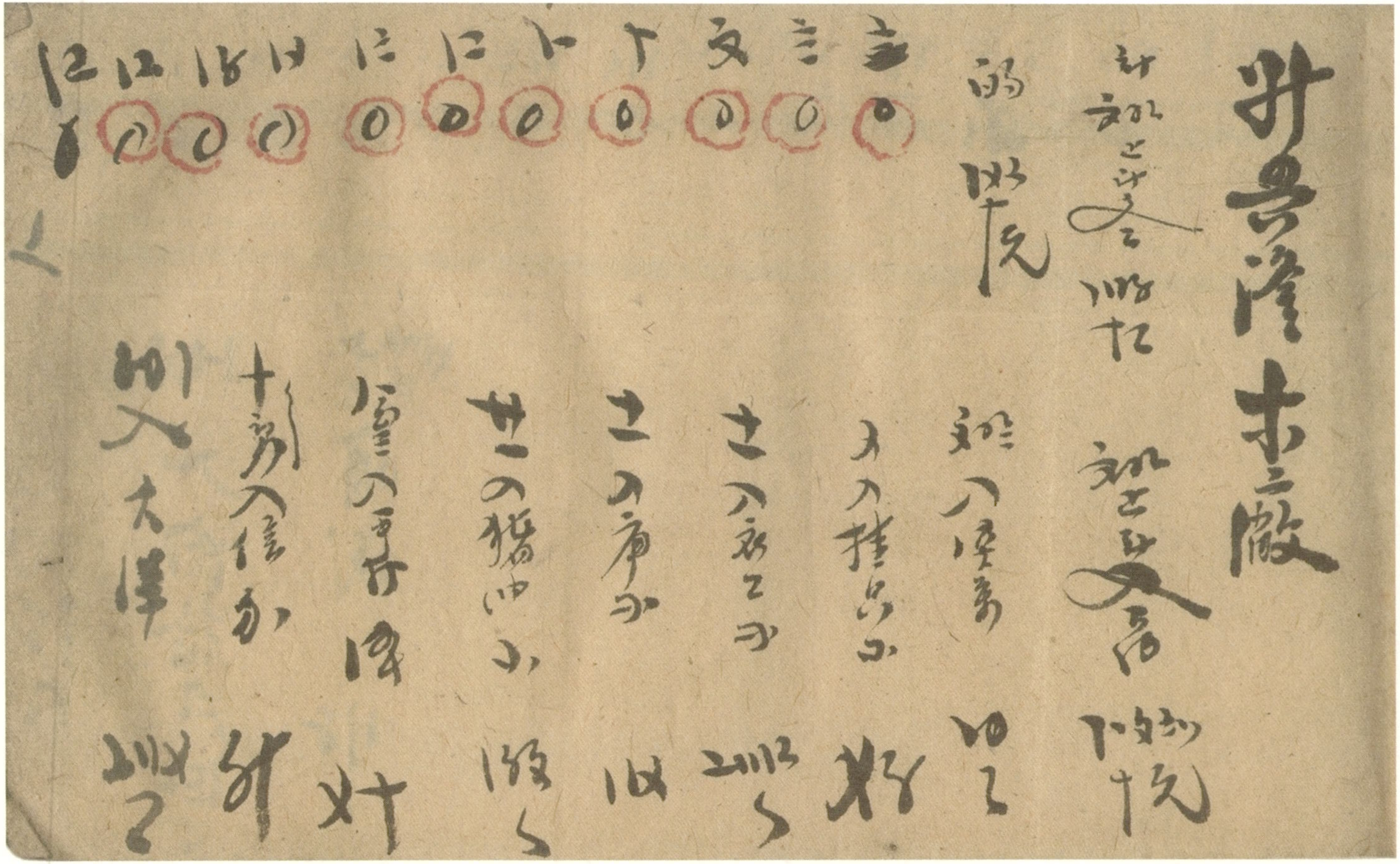

7-3-24-3　民國二十四年林步熙記興工賬目（三）

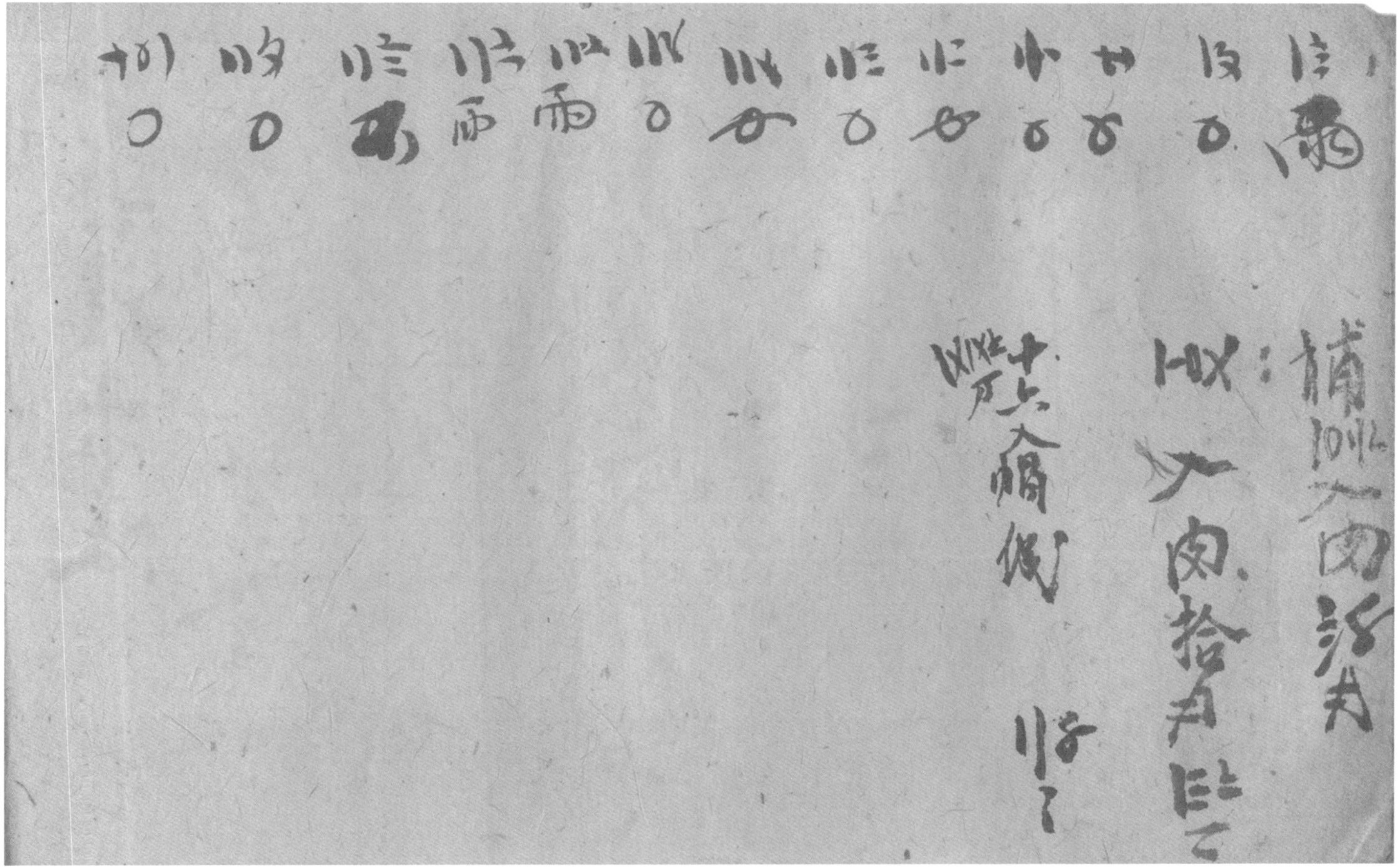

7-3-24-4 民國二十四年林步熙記興工賬目（四）

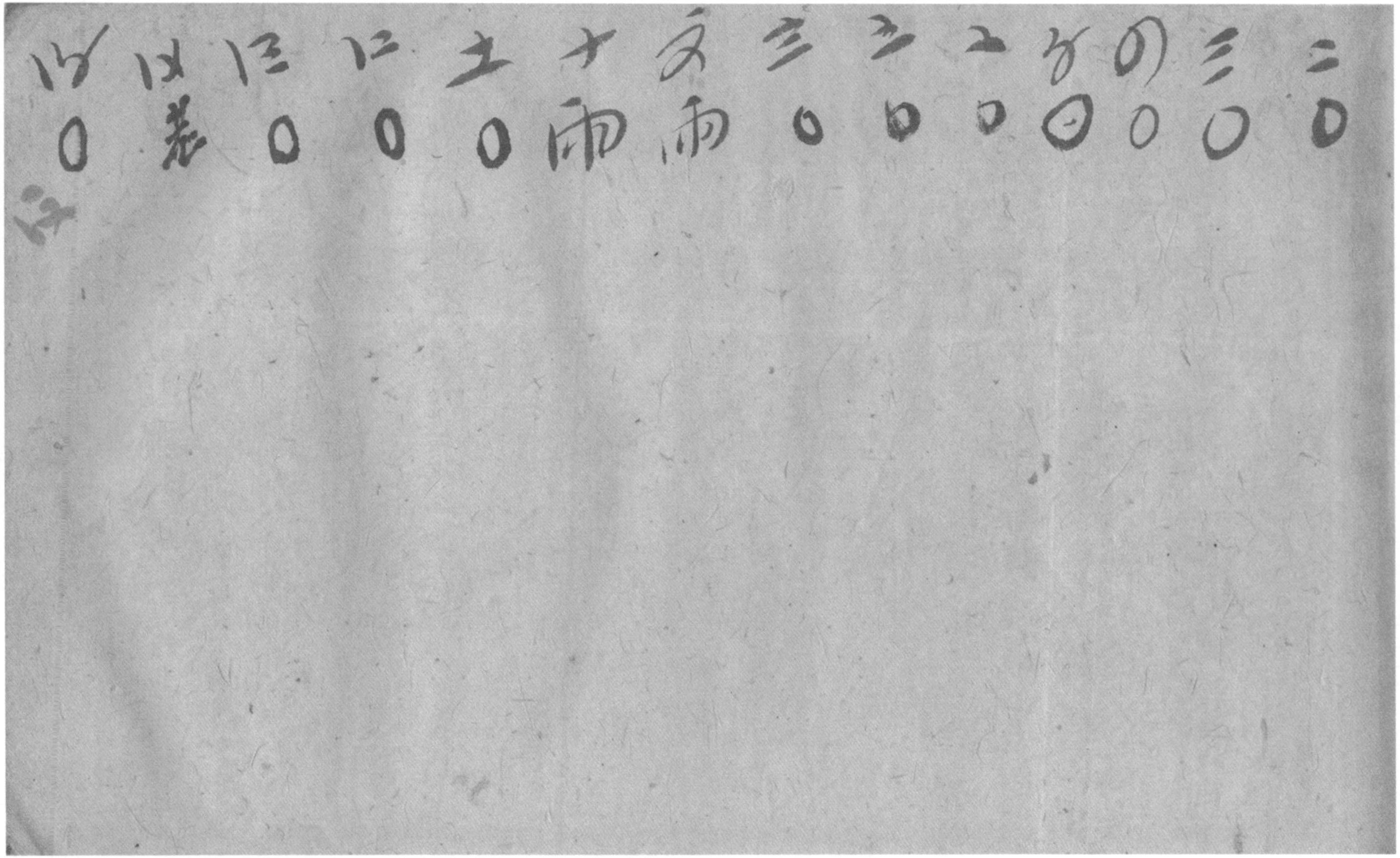

7-3-24-5　民國二十四年林步熙記興工賬目（五）

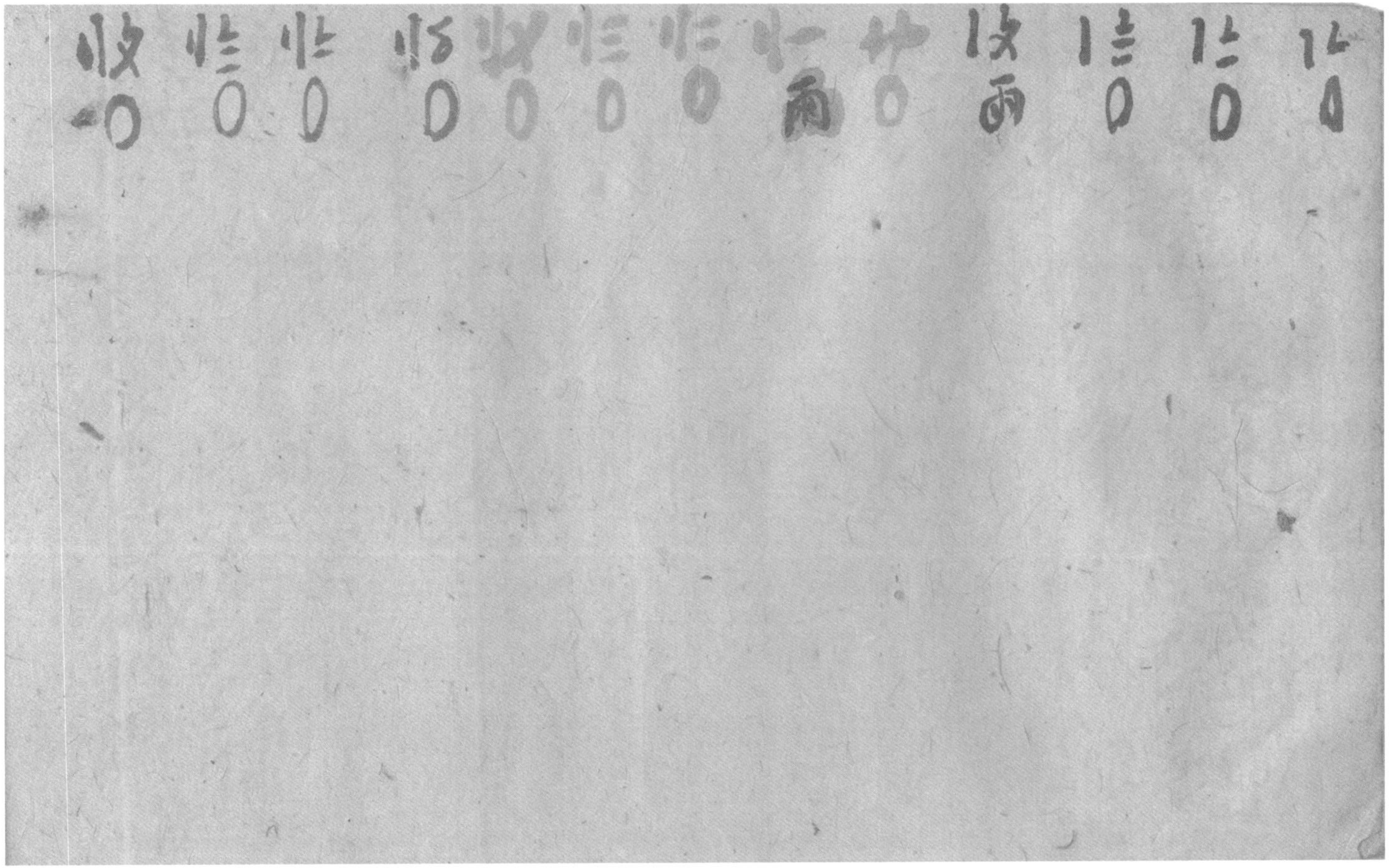

7-3-24-6　民國二十四年林步熙記興工賬目（六）

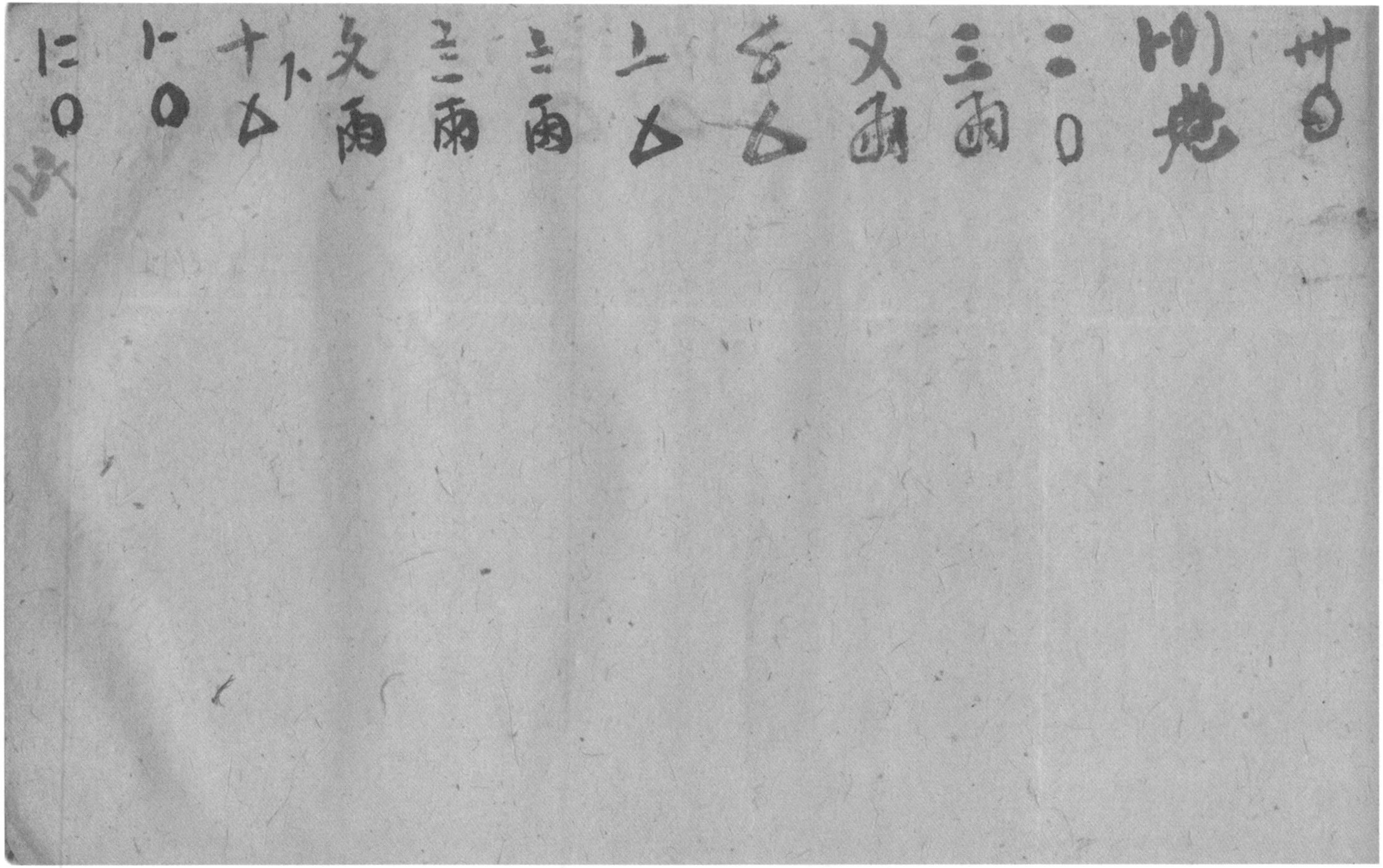

7-3-24-7　民國二十四年林步熙記興工賬目（七）

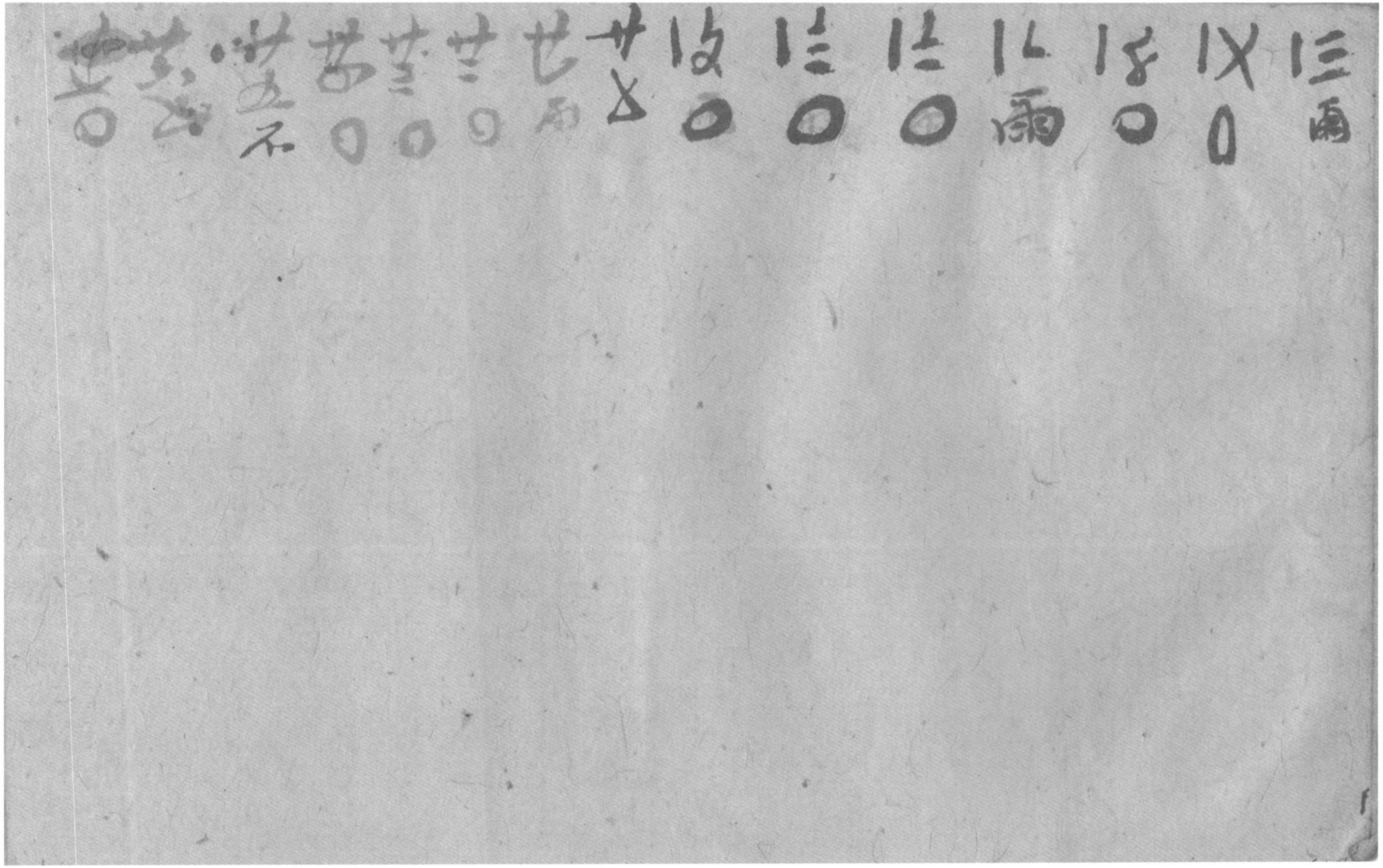

7-3-24-8　民國二十四年林步熙記興工賬目（八）

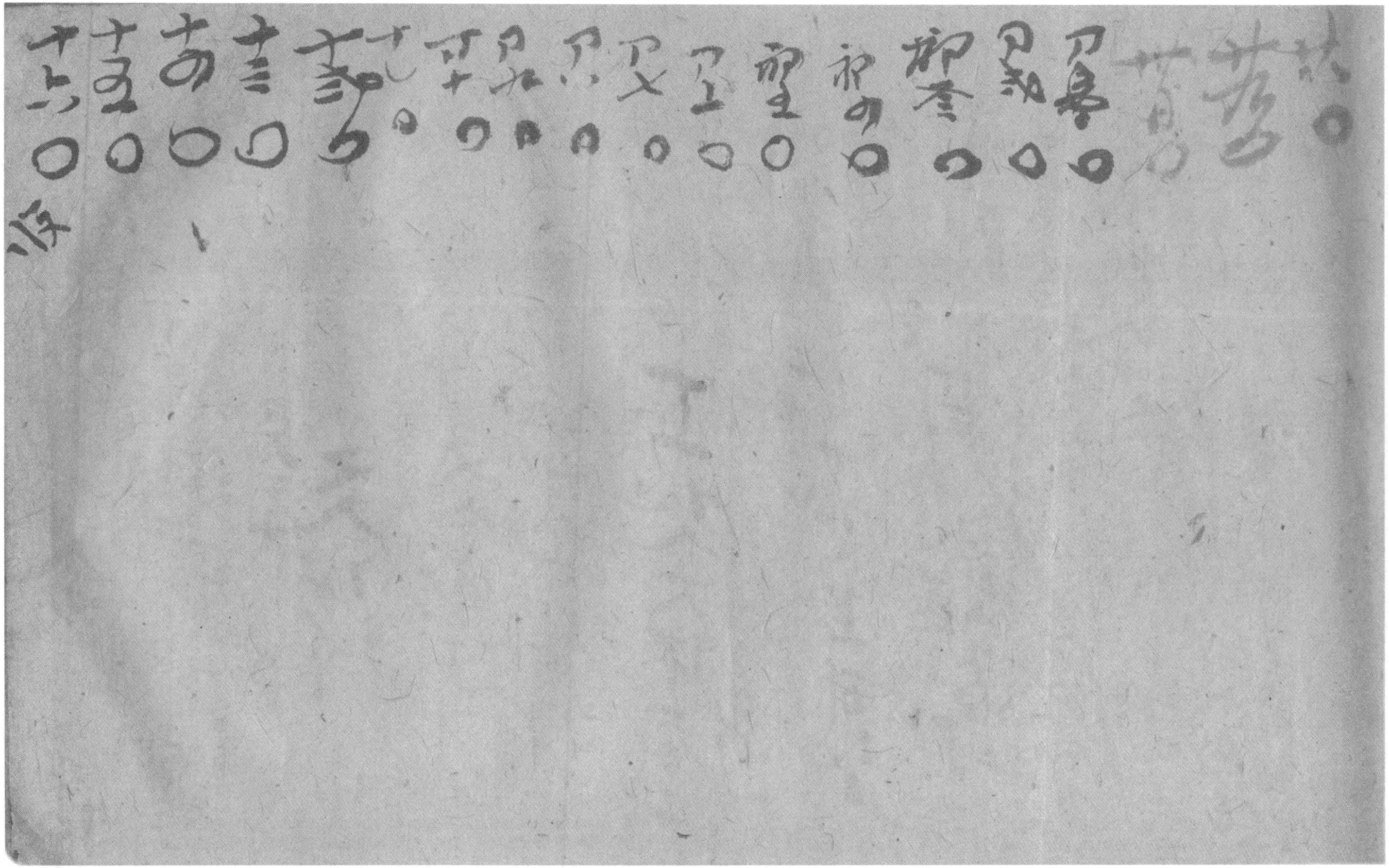

7-3-24-9　民國二十四年林步熙記興工賬目（九）

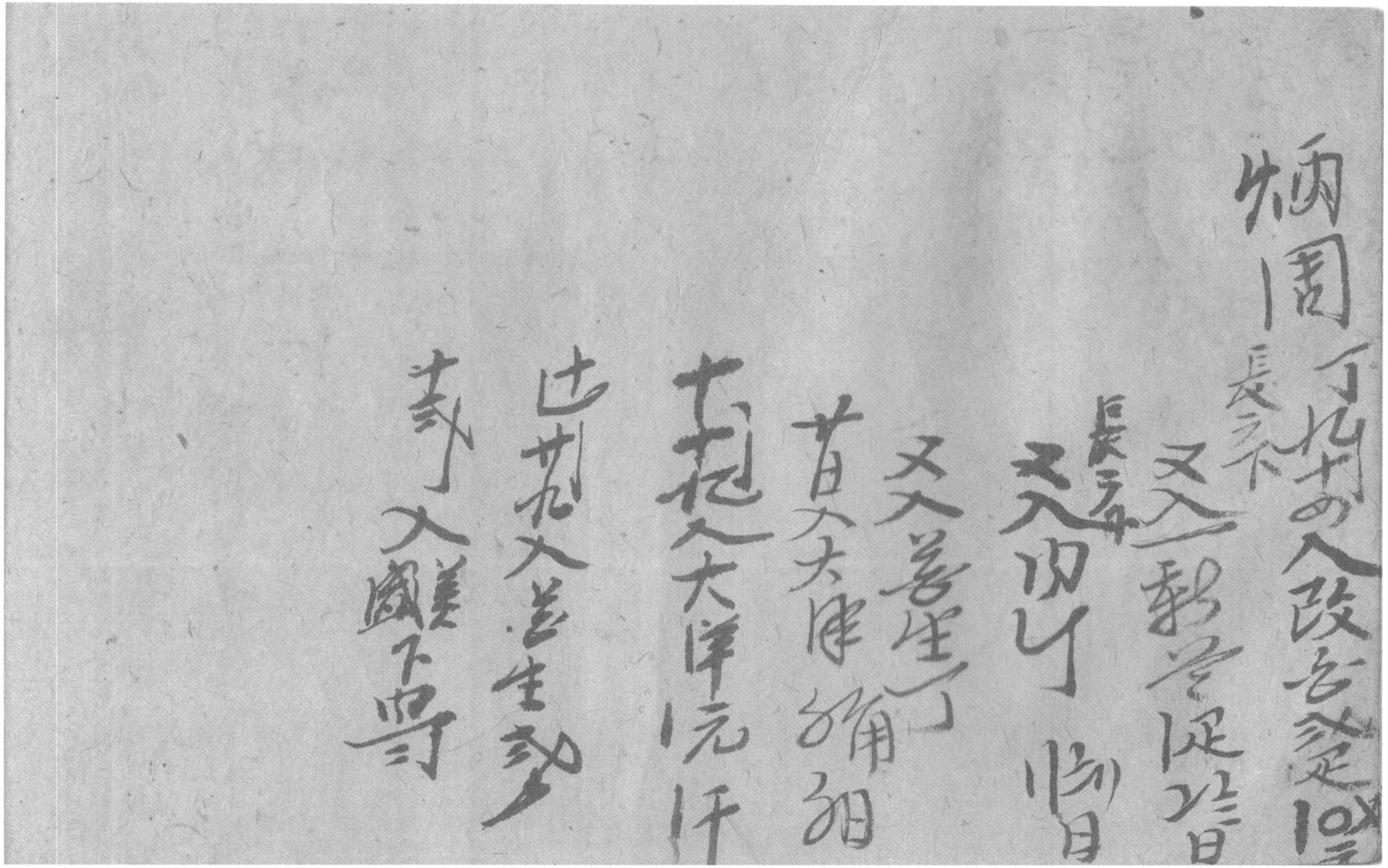

7-3-24-10　民國二十四年林步熙記興工賬目（一〇）

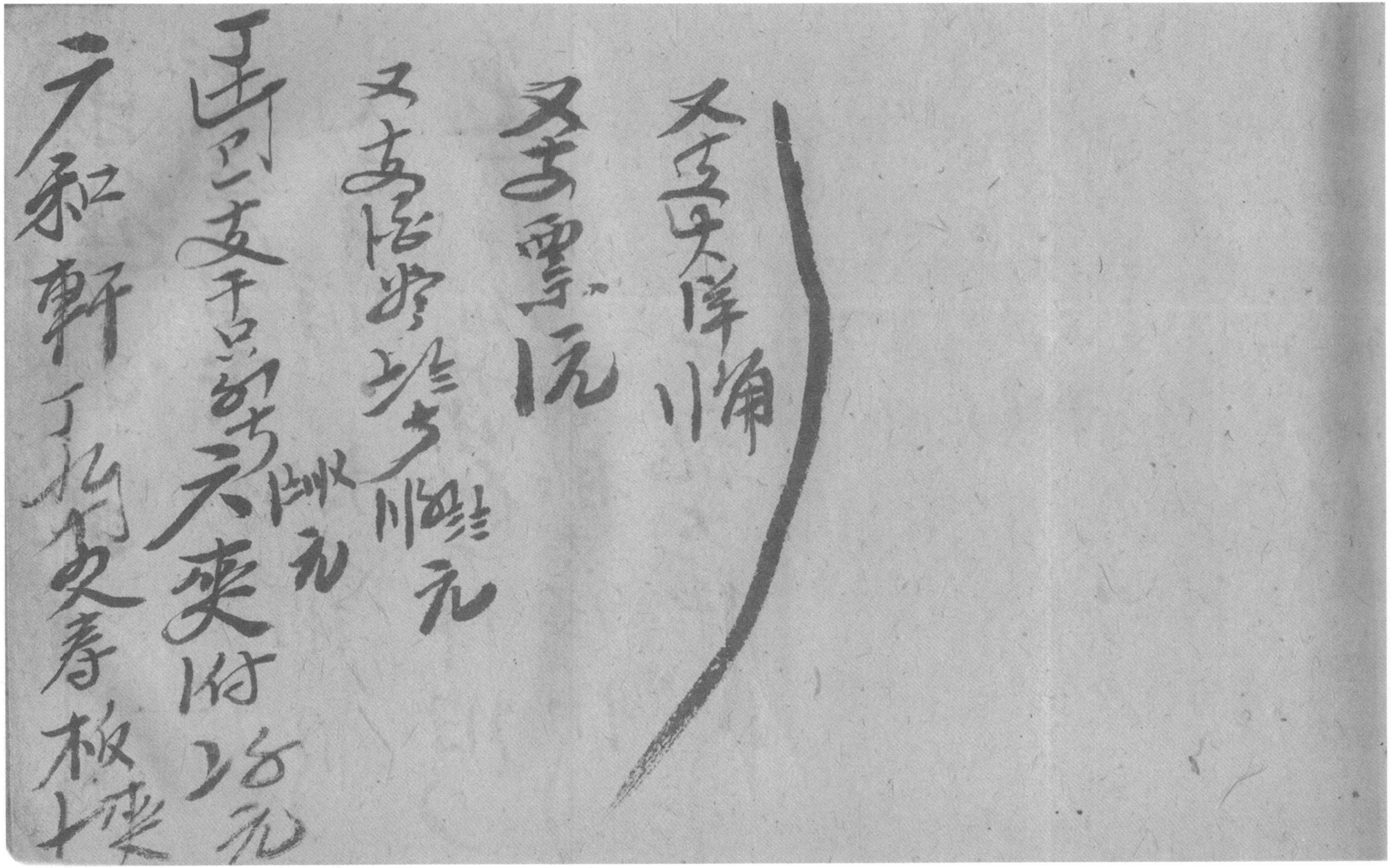

7-3-24-11　民國二十四年林步熙記興工賬目（一一）

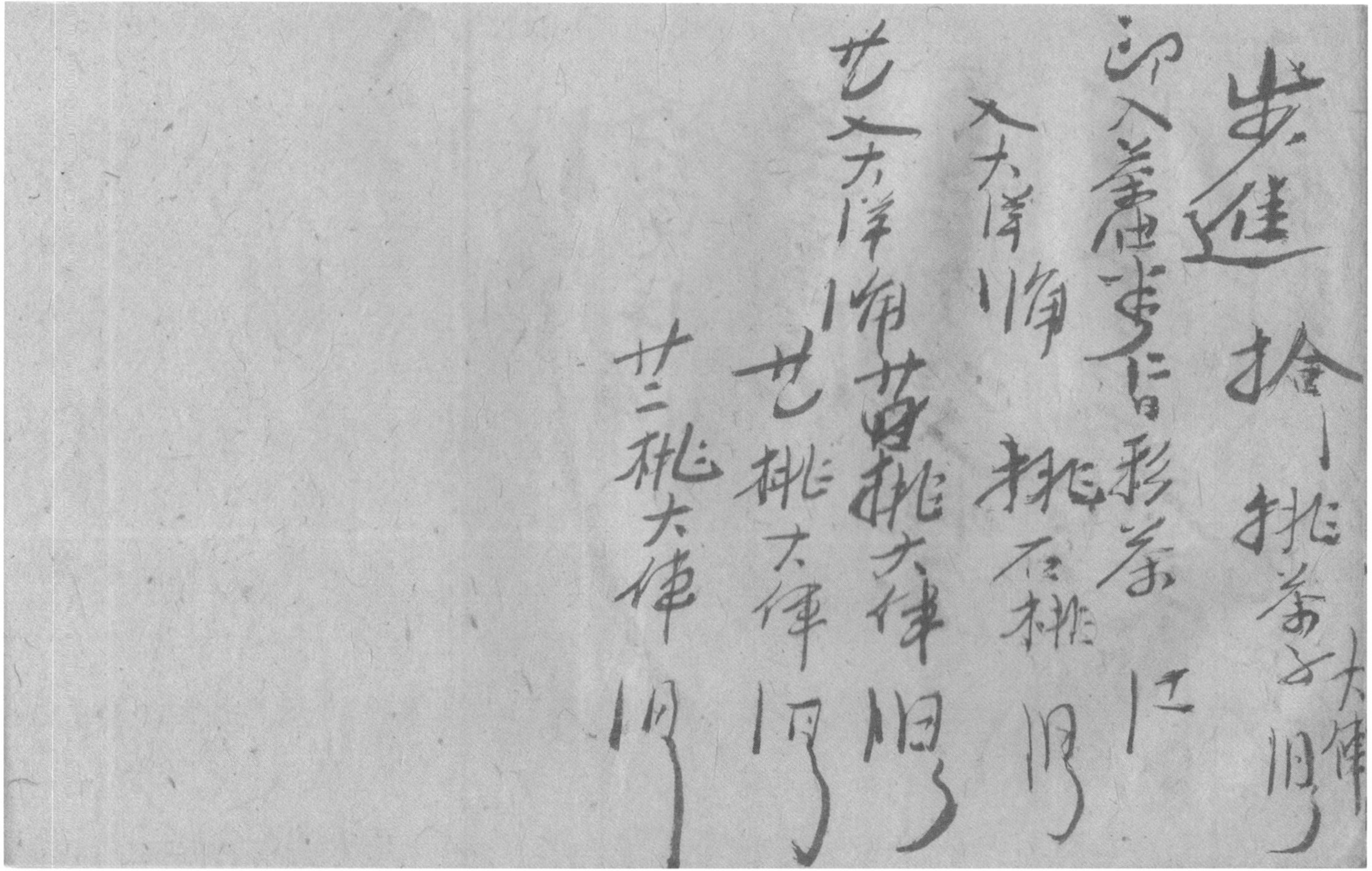

7-3-24-12　民國二十四年林步熙記興工賬目（一二）

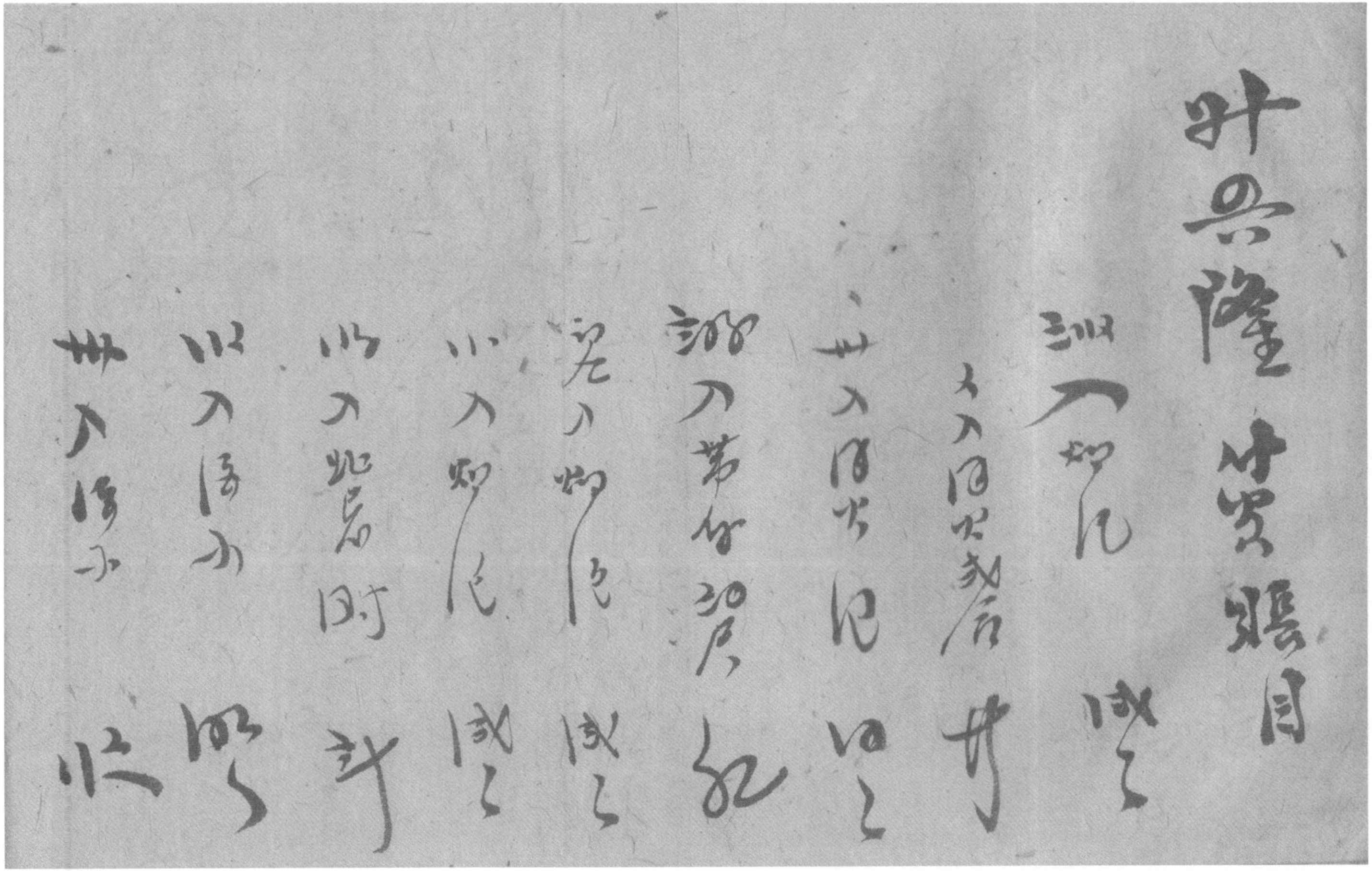

7-3-24-13　民國二十四年林步熙記興工賬目（一三）

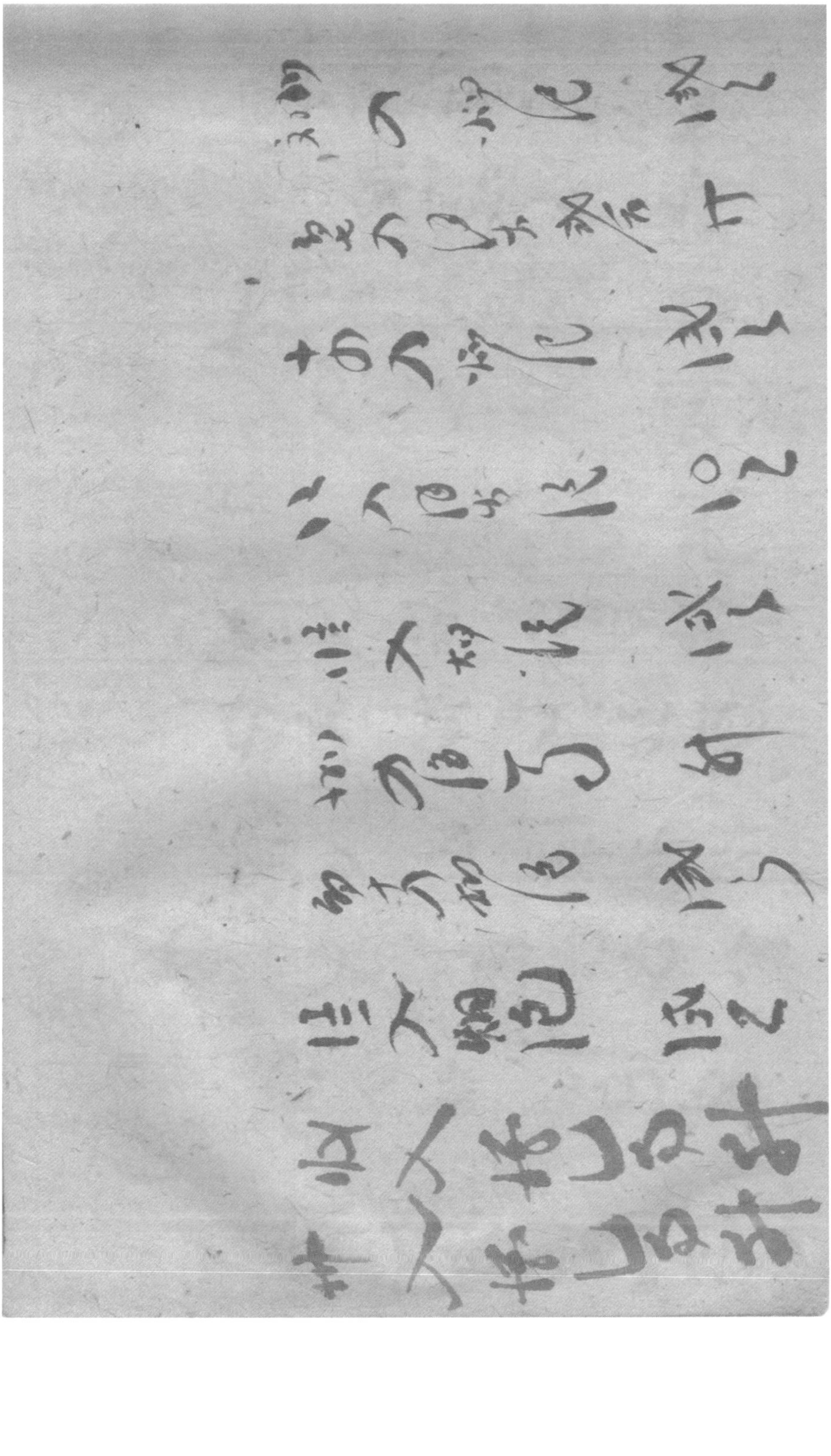

7-3-24-14　民國二十四年林步熙記興工賬目（一四）

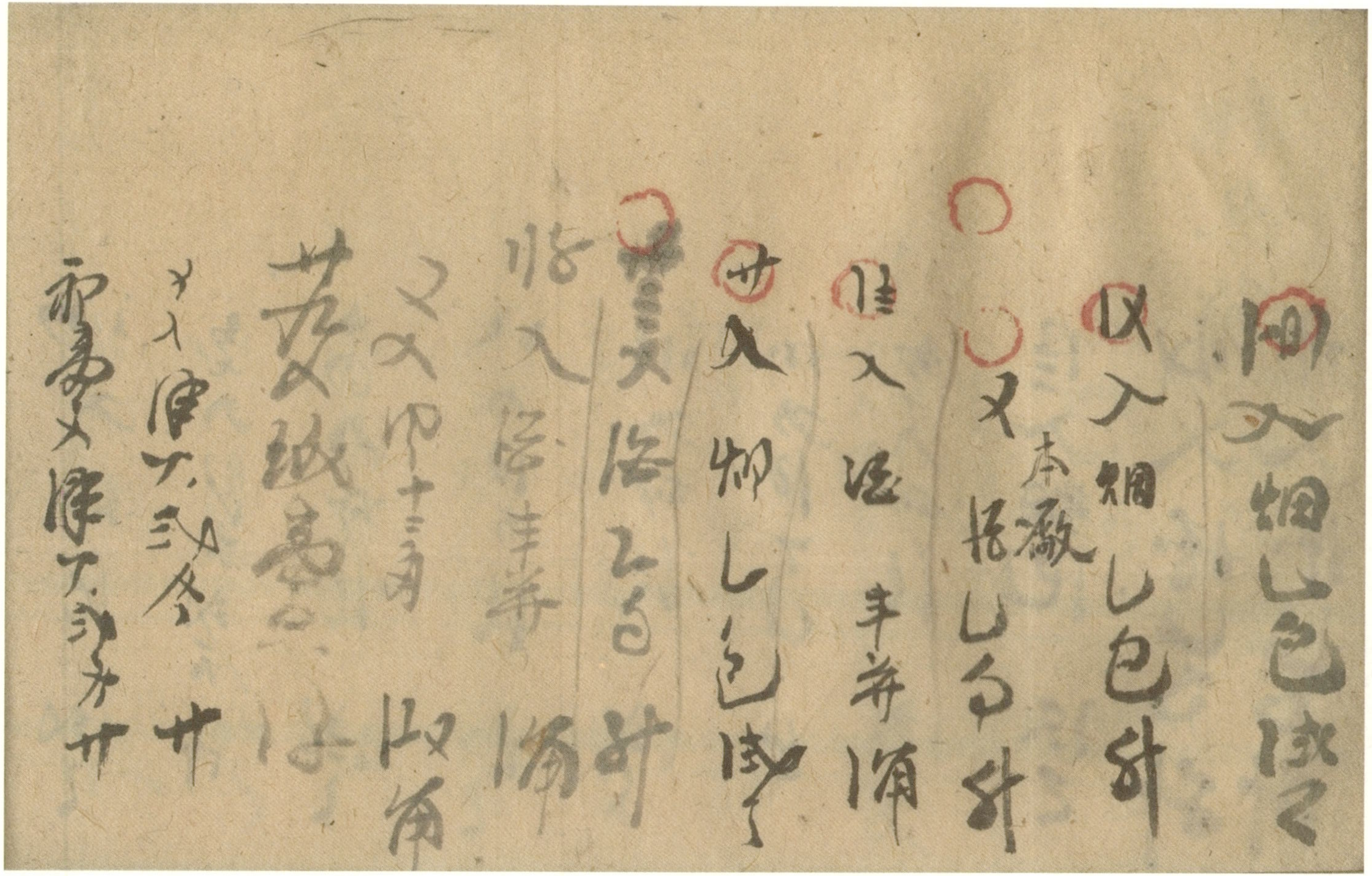

7-3-24-15　民國二十四年林步熙記興工賬目（一五）

7-3-24-16 民國二十四年林步熙記興工賬目（一六）

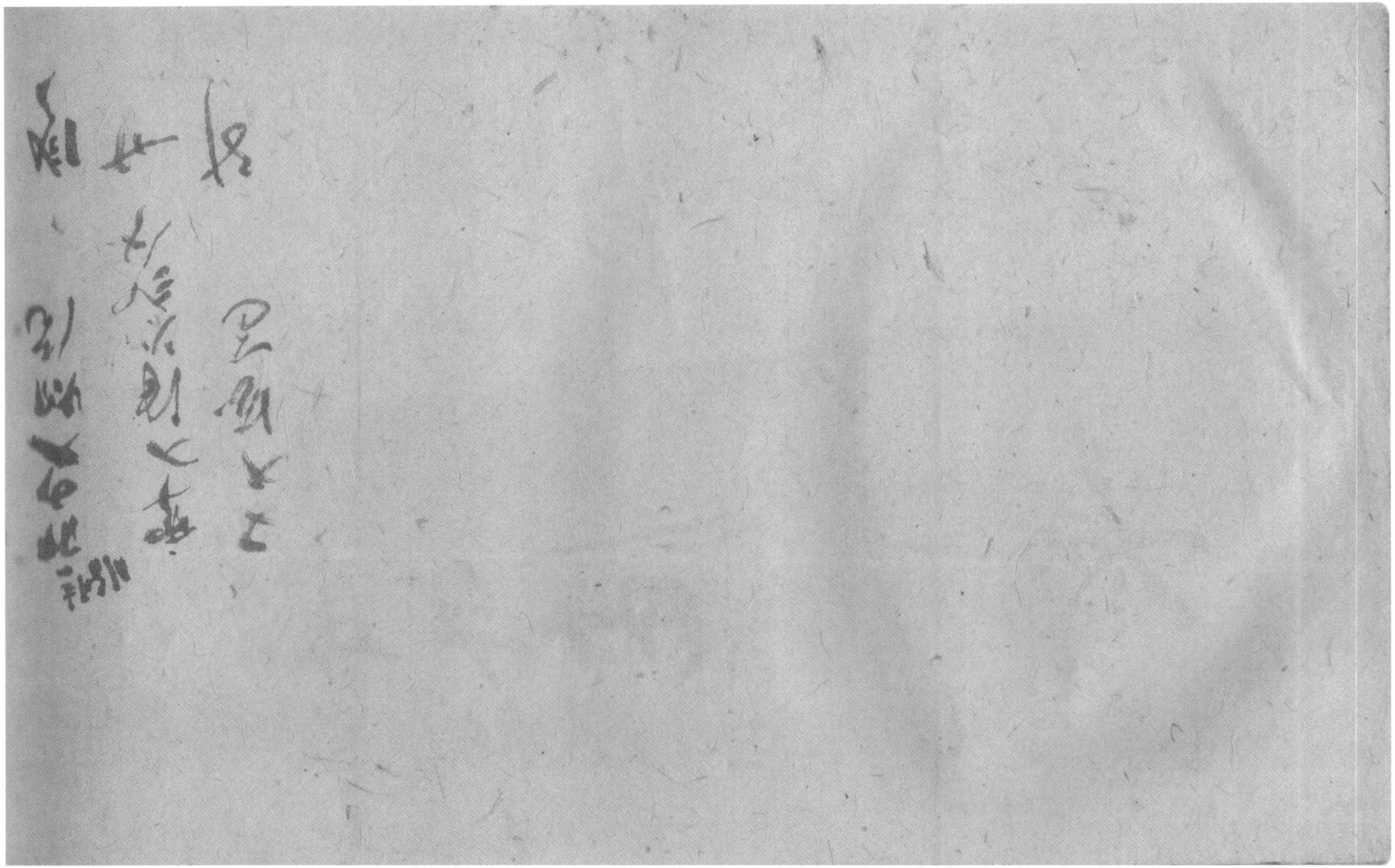

7-3-24-17　民國二十四年林步熙記興工賬目（一七）

圖書在版編目（CIP）數據

福建民間契約文書. 第七卷 : 7册 / 鄭振滿主編. --福州 : 福建人民出版社，2022.10
（八閩文庫. 專題彙編）
ISBN 978-7-211-08909-3

Ⅰ. ①福… Ⅱ. ①鄭… Ⅲ. ①契約—文書—彙編—福建 Ⅳ. ①D927.570.369

中國版本圖書館CIP數據核字（2022）第161533號

福建民間契約文書（第七卷）

主　　編：鄭振滿
編　　者：厦門大學民間歷史文獻研究中心
責任編輯：連天雄　莫清洋　張輝蘭
裝幀設計：張志偉
美術編輯：陳培亮
出版發行：福建人民出版社
電　　話：0591—87533169（發行部）
網　　址：http://www.fjpph.com
電子郵箱：fjpph7221@126.com
地　　址：福建省福州市東水路76號
經　　銷：福建新華發行（集團）有限責任公司
印刷裝訂：雅昌文化（集團）有限公司
地　　址：深圳市南山區深雲路19號
電　　話：0755—86083235
開　　本：787毫米×1092毫米 1/16
印　　張：197
版　　次：2022年10月第1版第1次印刷
書　　號：ISBN 978-7-211-08909-3
定　　價：4200.00元（全7册）

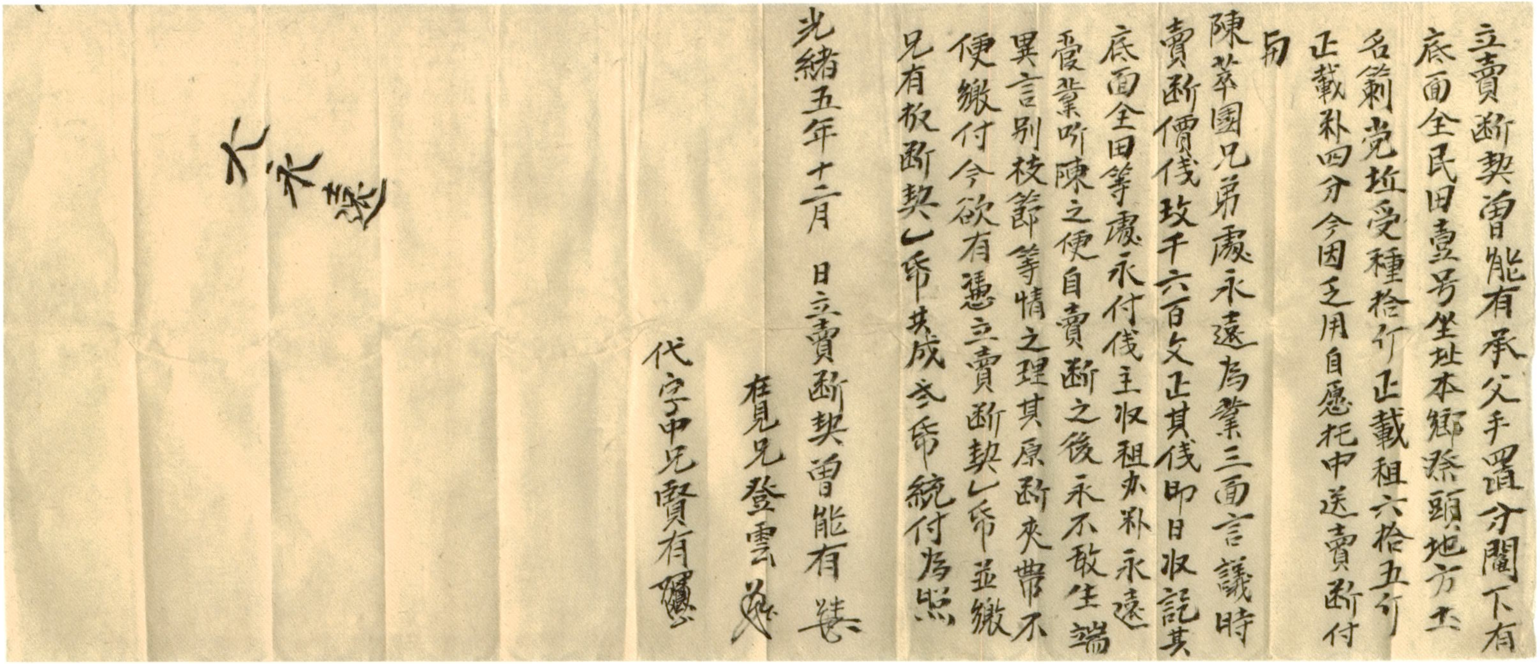
立賣斷契曾能有承父手置分閹下有
底面全民田壹号坐址本鄉孫頭地方土
名箭刺光垇受種拾行正載租六拾五行
正載杉四分今因乏用自愿托中送賣斷付
与
陳萃国兄弟處永遠爲業三面言議時
賣斷價伐玖千六百文正其伐即日收訖其
底面全田等處永付伐主收租办杉永遠
管業听陳之便自賣斷之後永不敢生端
異言別枝節等情之理其原断夹帶不
便繳付今欲有憑立賣斷契乙紙並繳
兄有被断契乙紙共成叁紙付爲照
光緒五年十二月　日立賣斷契曾能有（押）
在見兄登雲（押）
代字中兄賢有（押）
大永遠

7-7-2-1　清光緒五年十二月曾能有立賣斷底面全民田契

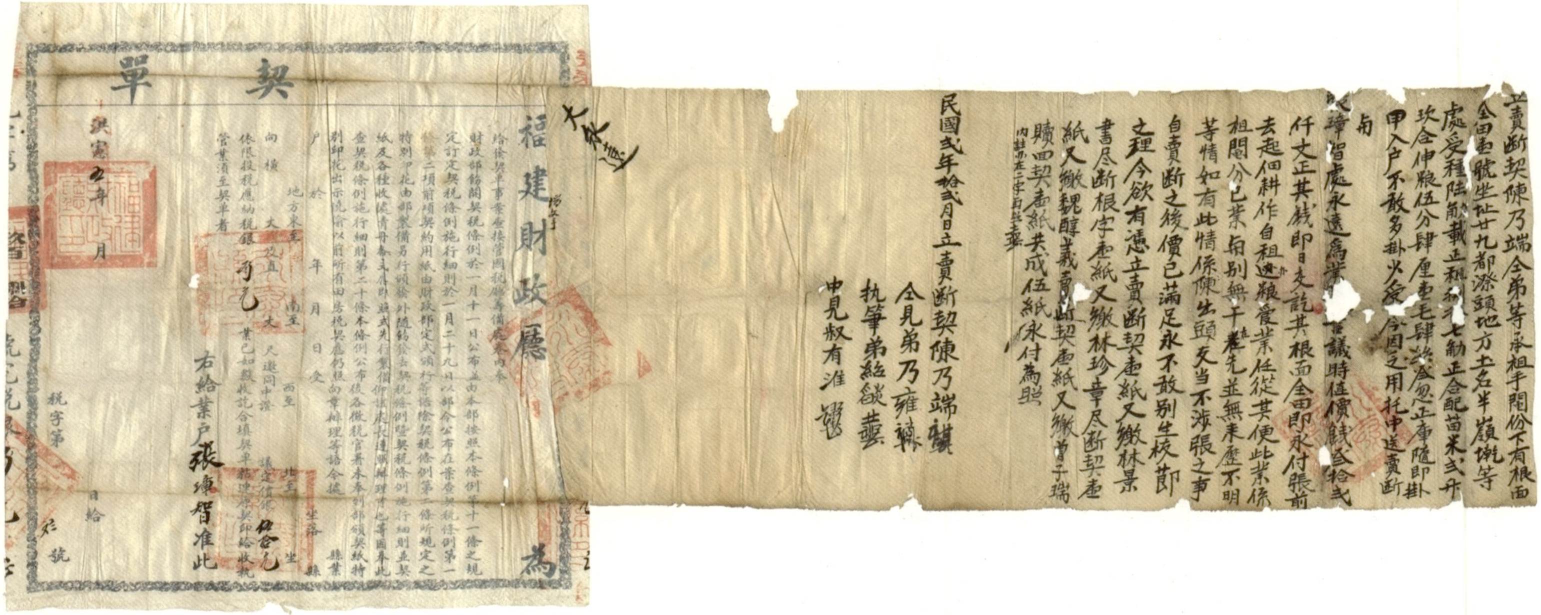

立賣斷契陳乃端仝弟等承祖手鬮份下有根面
全田壹號坐址廿九都漈頭地方土名半嶺墘等
處受種陸觔載正租[illegible]七觔正仝配苗米弍升
玖合伸粮伍分肆厘壹毛肆絲叁忽正，今隨即掛
甲入户不敢多掛少受。今因乏用，托中送賣斷
[illegible]
[illegible]璋智處永遠為業，[illegible]議時值價錢叁拾弍
仟文正，其錢即日支訖，其根面全田即永付張前
去起佃耕作，自租退粮，管業任從其便。此業係
祖鬮分己業，與別無干，並無來歷不明
等情，如有此情，係陳出頭支当，不涉張之事。
自賣斷之後，價已滿足，永不敢別生枝節
之理。今欲有憑，立賣斷契壹紙，又繳林景
書盡斷根字壹紙，又繳林珍章盡斷契壹
紙，又繳魏醇義賣斷契壹紙，又繳曾子瑞
贖田契壹紙，共成伍紙，永付為照。

民國弍年拾弍月　日立賣斷契陳乃端
仝見弟乃雍
执筆弟紹燚
中見叔有淮

福建財政廳　為
契單
右給業戶張璋智准此

7-7-1-3　民國二年十二月陳乃端等立賣斷根面全田契（紅契）

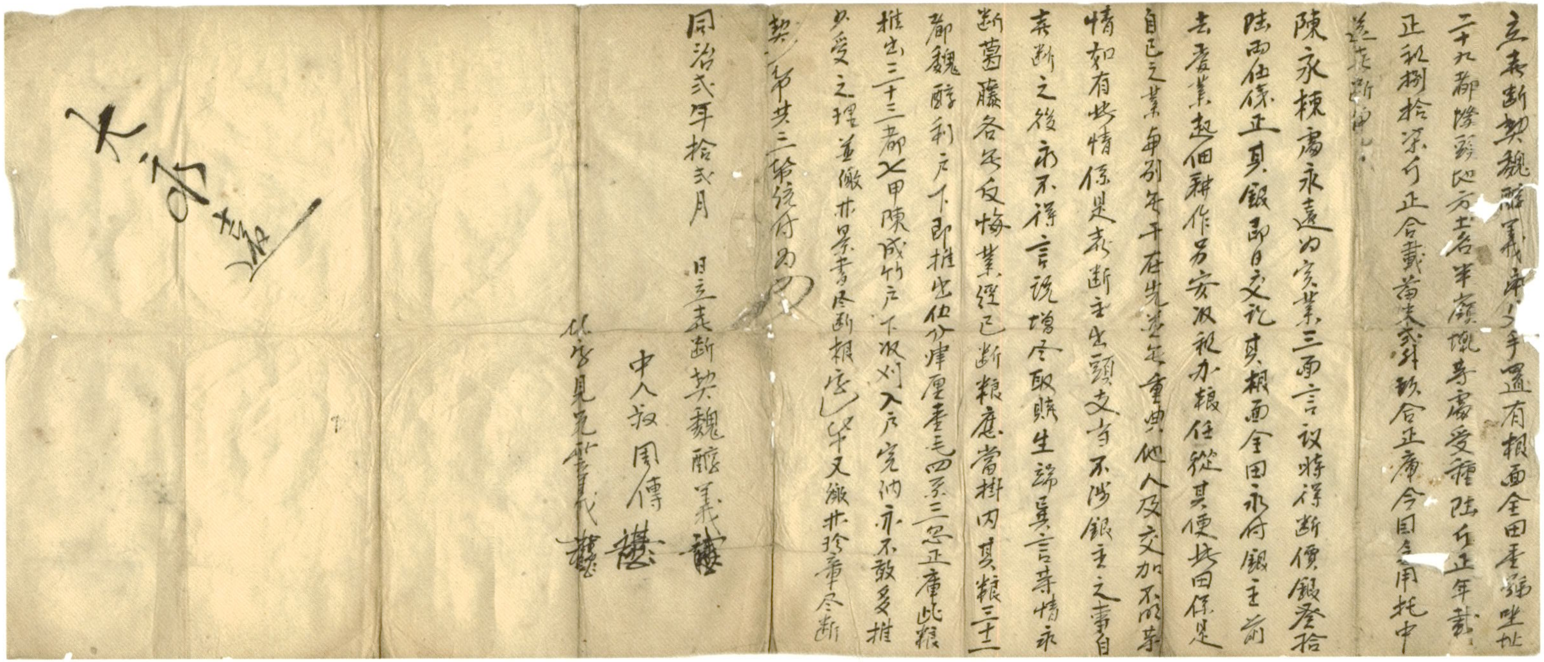
立賣斷契魏醇義承父手置有根面全田壹號坐址
二十九都隆(?)坵方土名半嶺(?)塊等處受種陸斤正年載
正秋租拾[illegible]斤正合載苗米貳升玖合正庫今因乏用托中
送斷與
陳永棟處永遠爲業三面言議時得斷價銀叁拾
陸兩伍錢正其銀即日交訖其根面全田永付銀主前
去管業起佃耕作另安收租办粮任從其便此田係是
自己之業與別房(?)干(?)在先並無重典他人及交加不明等
情如有此情係是賣斷主出頭支當不涉銀主之事自
賣斷之後永不得言說增(?)取贖生端異言等情永
斷葛藤各無反悔業經已斷粮應當掛內其粮三十二
都魏醇利戶下即推出伍分肆厘壹毛四系三忽正庫此粮
推出三十三都七甲陳成竹戶下收入戶完納永不敢多推
少受之理並繳并契書盡斷根[illegible]字又繳并珍(?)筆盡斷
契節共三紙統付照
同治弍年拾弍月　日立賣斷契魏醇義（押）
中人叔周傳（押）
代筆見兄[illegible]（押）
大吉(?)

7-7-1-2　清同治二年十二月魏醇義立賣斷根面全田契

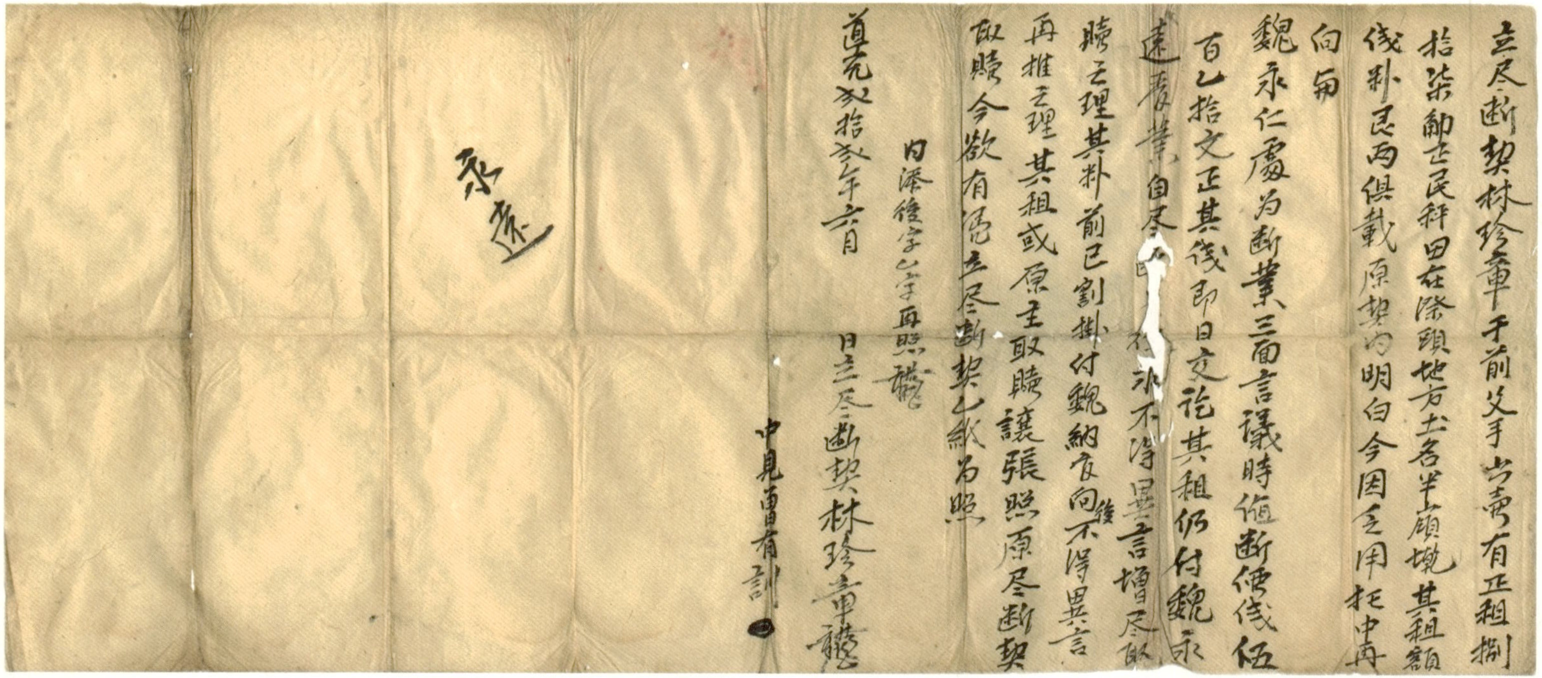
立盡斷契林珍章，于前父手置有正租捌
拾柒斛正民科田在漈頭地方土名半嶺墘，其租額
錢糧已丙俱載原契內明白。今因乏用，托中再
向房
魏承仁處為斷業，三面言議，時值斷價錢伍
百文正，其錢即日交訖，其租仍付魏承
遠管業，自盡斷之後永不得異言增盡取
贖之理，其料前已劃付魏納，後向不得異言
再推之理，其租或原主取贖，讓張照原盡斷契
取贖。今欲有憑，立盡斷契一紙為照。
内添後字一字再照識
道光弍拾弍年六月　日立盡斷契林珍章號
中見曾有訓

7-7-1-1　清道光二十二年六月林珍章立盡斷正租契

第七帙　陳坤亮户

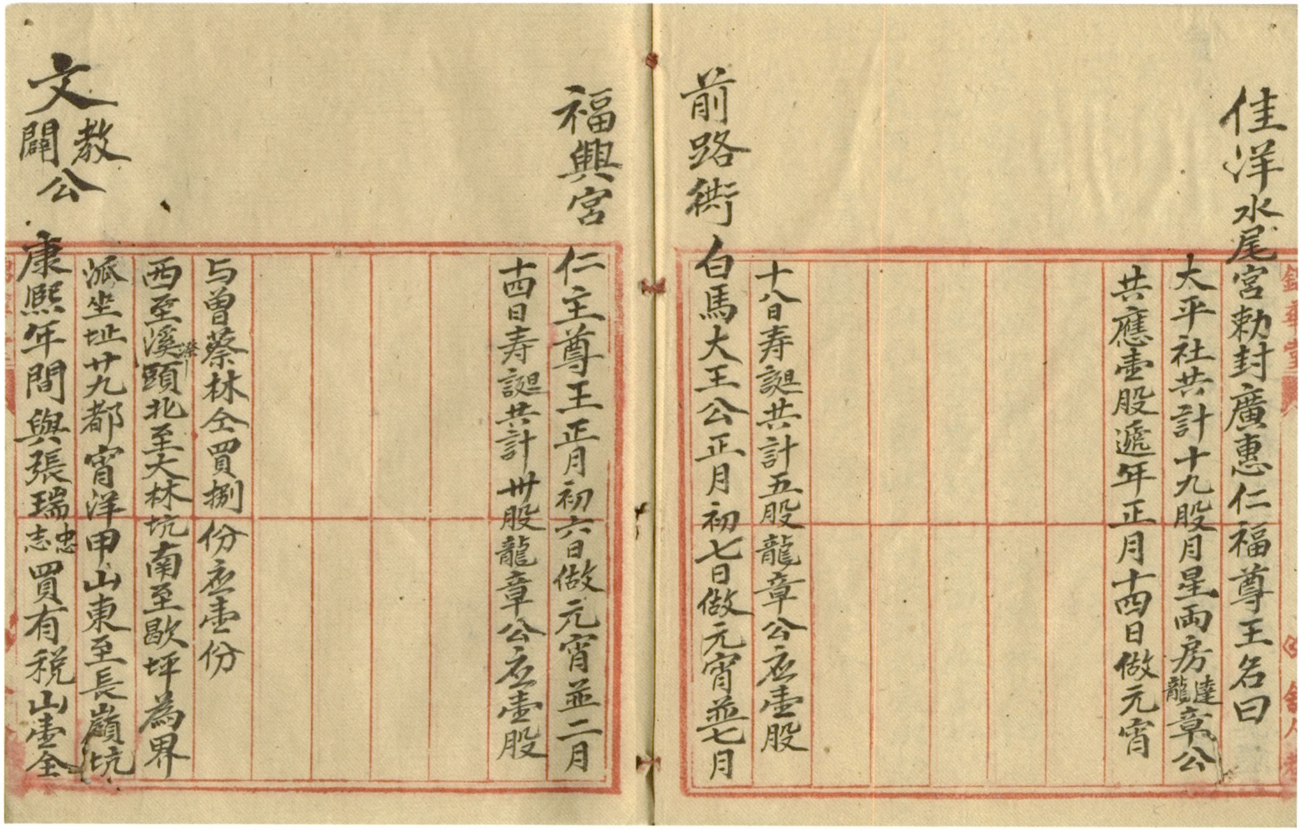
佳洋水尾宮敕封廣惠仁福尊王名曰
太平社共計十九股月星兩房達龍章公
共應壹股遞年正月十四日做元宵

十八日寿誕共計五股龍章公应壹股
前路街白馬大王公正月初七日做元宵並七月

福興宮仁主尊王正月初六日做元宵並二月
十四日寿誕共計卅股龍章公应壹股

文教闢公
康熙年間與張瑞忠志買有稅山壹全
派坐址廿九都宵洋甲山東至長嶺坑
西至溪漈頭北至大林坑南至歇坪為界
与曾蔡林仝買捌份应壹份

7-6-4-22　民國十年陳氏立儉房鬮書（二二）

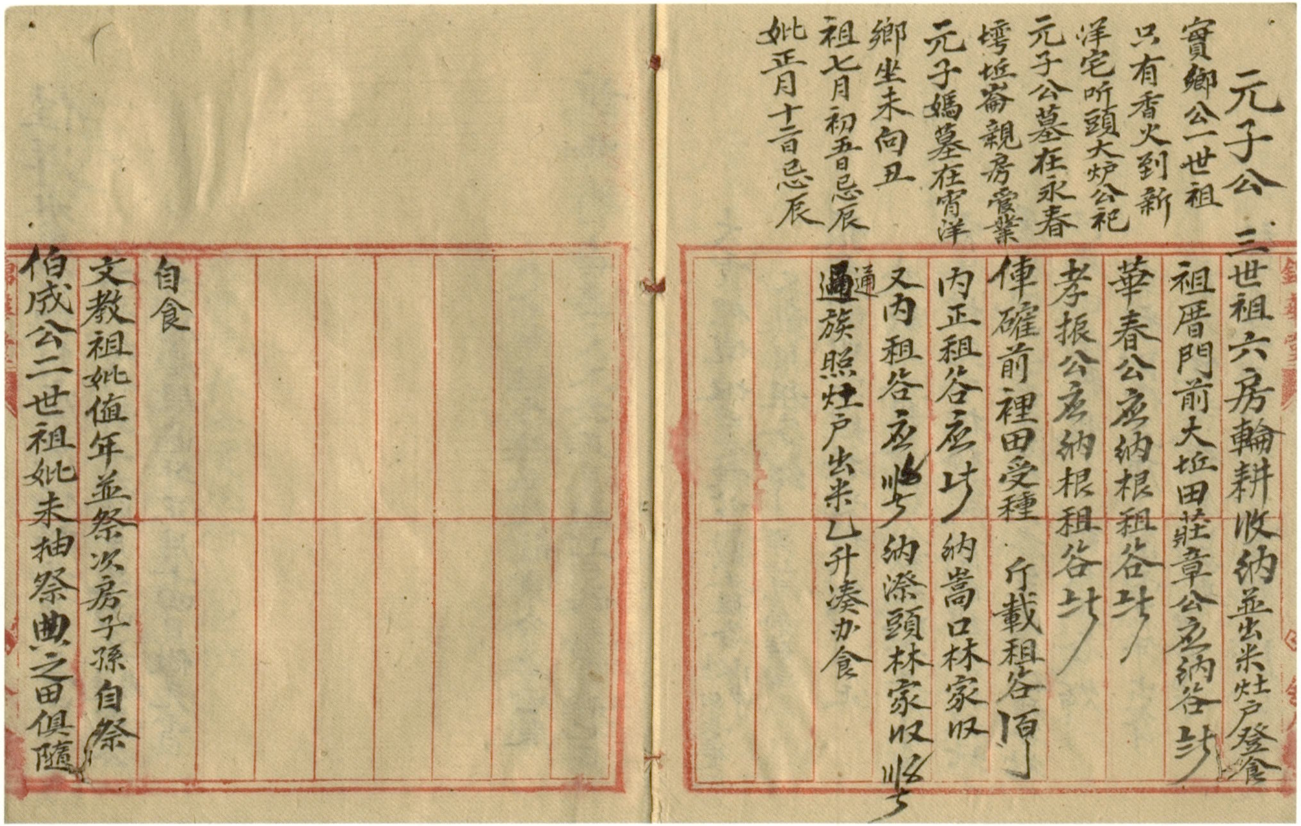
元子公
寶鄉公二世祖
只有香火到新
洋宅吓頭大炉公祀
元子公墓在永春
塆垅崙親房當業
元子媽墓在宵洋
鄉坐未向丑
祖七月初五日忌辰
妣正月十二日忌辰
三世祖六房輪耕收納並出米灶戶叁倉
祖厝門前大垅田莊章公應納谷叁斗
華春公應納根租谷斗
孝振公應納根租谷斗
俥確前裡田受種　斤載租谷佰丁
內正租谷應斗　納嵩口林家收
又內租谷應壹斗　納漈頭林家收訖
通族照灶戶出米乙升湊辦食
自食
文教祖妣值年並祭次房子孫自祭
伯成公二世祖妣未抽祭典之田俱隨

7-6-4-21　民國十年陳氏立儉房鬮書（二一）

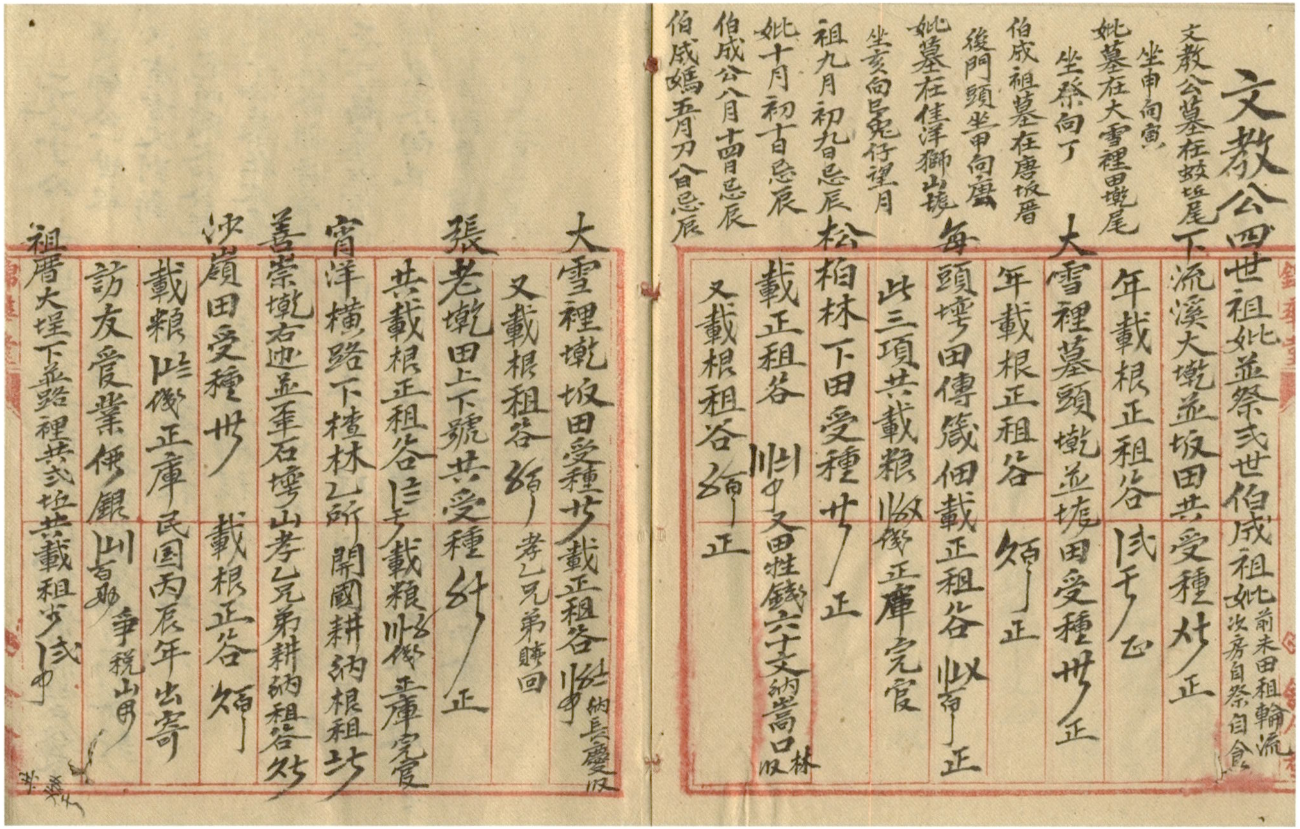
文教公四世祖妣並祭弍世伯成祖妣（前未田租輪流次房自祭自食）

文教公墓在蚊嶺尾 坐申向寅

妣墓在大雪裡田墘尾 坐癸向丁

伯成祖墓在唐坂厝後門頭坐甲向庚

妣墓在佳洋獅山坂 坐亥向巳兎仔裡月

祖九月初九日忌辰

妣十月初十日忌辰

伯成公八月十四日忌辰

伯成媽五月刀八日忌辰

下流溪大墩並坂田共受種廾ノ正

年載根正租谷 [illegible]

大雪裡墓頭墩並垅田受種卅ノ正

年載根正租谷 [illegible]ノ正

每頭墺田傳箴佃載正租谷 [illegible]ノ正

此三項共載粮[illegible] 正庫完官

松柏林下田受種廾ノ正

載正租谷 [illegible] 又田灶錢六十文納嵩口林收

又載根租谷 [illegible]ノ正

大雪裡墩坂田受種廾ノ 載正租谷 [illegible] 納長慶收

又載根租谷 [illegible] 孝乙兄弟贖回

張老墩田上下號共受種[illegible]ノ正

共載根正租谷[illegible] 載粮[illegible] 正庫完官

宵洋横路下植林乙所 開國耕納根租[illegible]

善崇墩右边並峯石墺山 孝乙兄弟耕納租谷[illegible]

沙嶺田受種卅ノ 載根正谷 [illegible]

載粮[illegible] 正庫 民国丙辰年出寄

訪友賣業價銀 [illegible] 吉助 争税山田

祖厝大埕下並路裡共弍坵共載租[illegible]

7-6-4-20　民國十年陳氏立儉房鬮書（二〇）

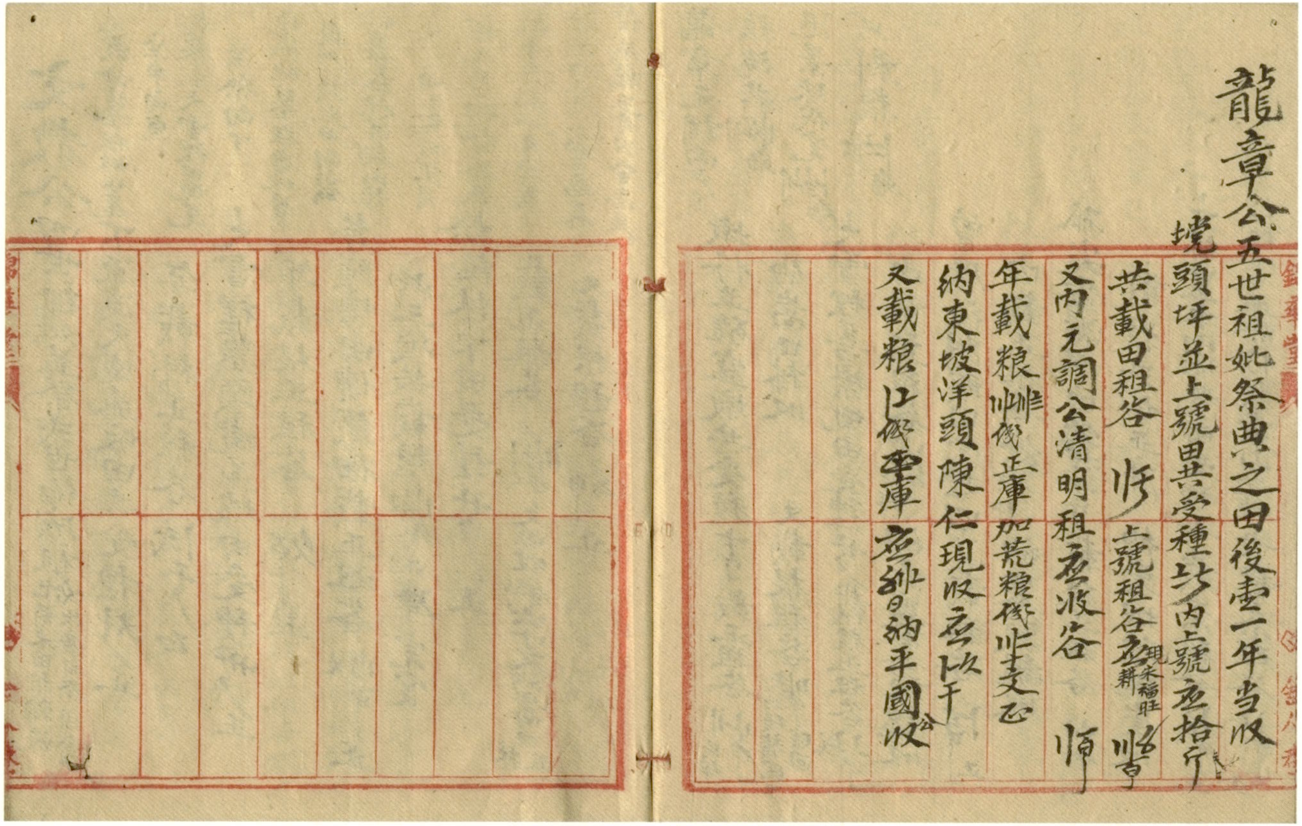
龍章公五世祖妣祭典之田後壹一年当收
墘頭坪並上號田共受種[illegible]內上號叁拾斤
共載田租谷[illegible]　上號租谷叁[illegible]現系福莊耕
又內元調公清明租叁拾谷　[illegible]
年載粮[illegible]正庫加荒粮[illegible]文正
納東坡洋頭陳仁現收叁[illegible]
又載粮[illegible]正庫叁[illegible]納平國收

7-6-4-19　民國十年陳氏立儉房鬮書（一九）

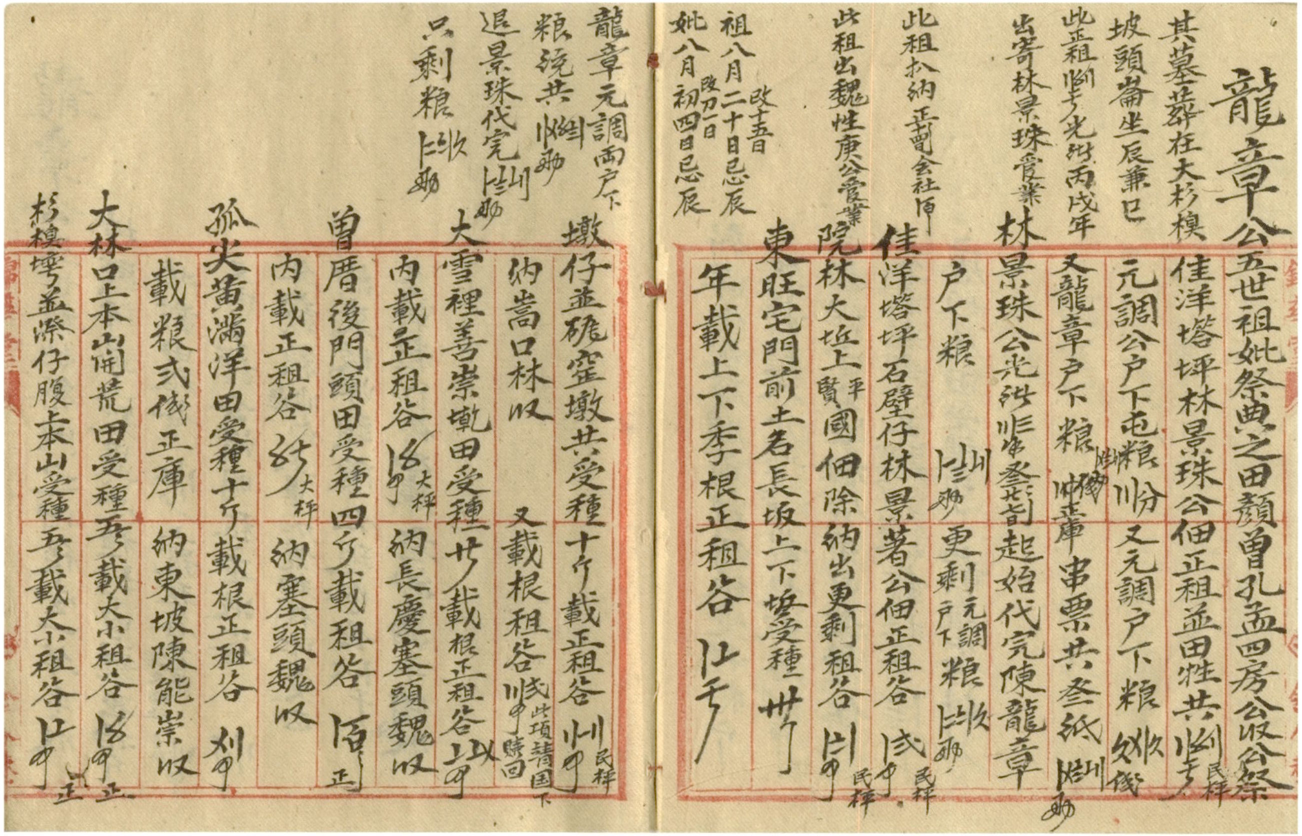

7-6-4-18　民國十年陳氏立儉房鬮書（一八）

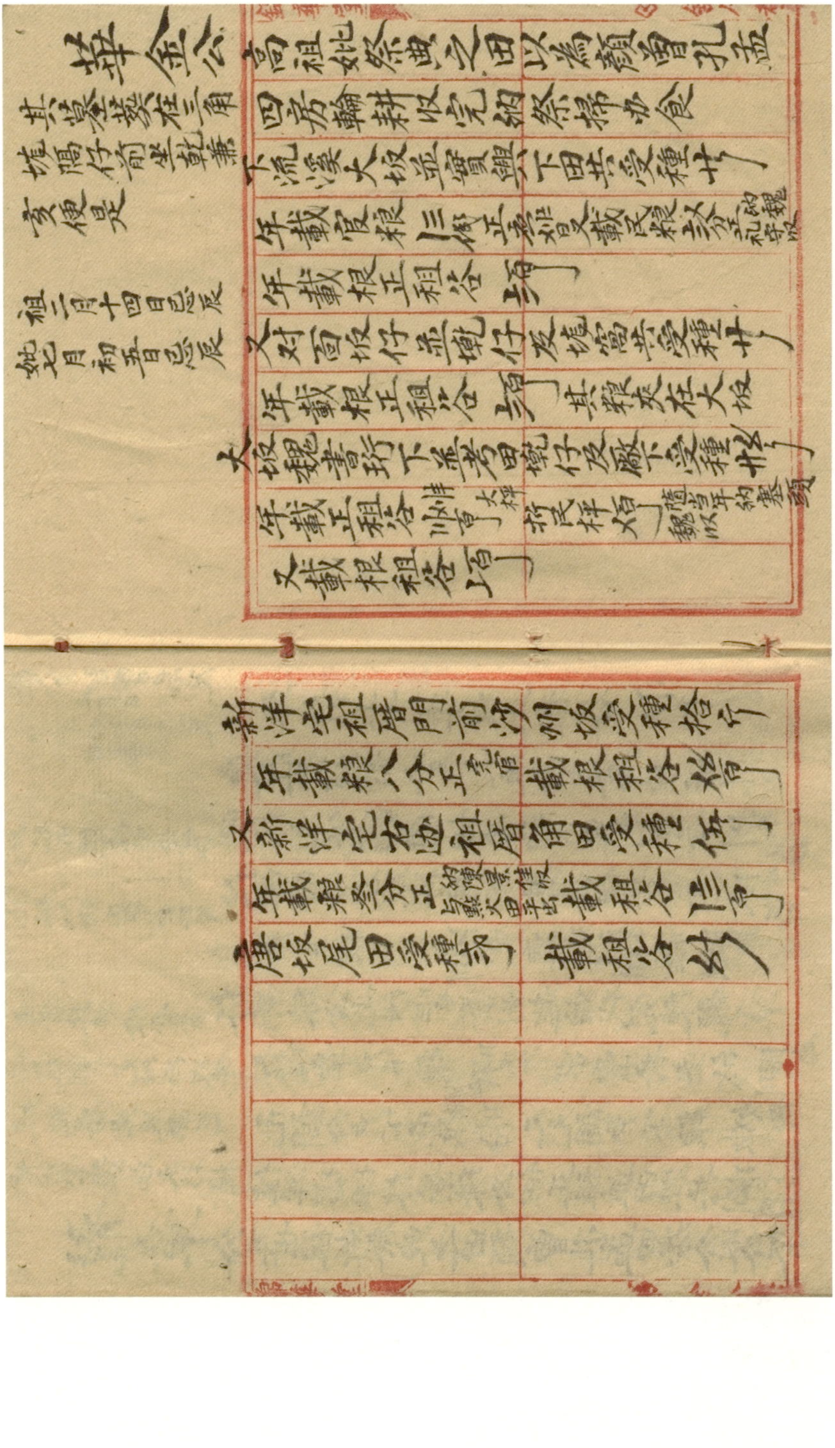

華金公
其墓葬在三角墘隔仔前坐乾兼亥便是
祖二月十四日忌辰
妣七月初五日忌辰

高祖妣祭典之田以為顏曾孔孟
四房輪耕收完納祭掃办食
下流溪大坂并寶興下田共受種廿〢
年載官粮〣𠆤正〤〡〢又載民粮三〥分五 納魏禮守收
年載根正租谷上石丁
又对面坂仔并墘仔及墘窩共受種廿丿
年載根正租〢谷上石丁 其粮夾在大坂
大坂魏書珩下并考田墘仔及厰下受種卅丿
年載正租谷〢〣石丁 大秤 折民秤〥石丁 隨当年納塞頭魏收
又載根租谷上石丁

新洋宅祖厝門前沙州坂受種拾斤
年載粮八分正 完官 載根租谷〤石丁
又新洋宅右边祖厝角田受種伍丁
年載粮叁分正 納陳景佳收 与黙火田平出 載租谷〣石丁
唐坂尾田受種弍丁 載租谷〥丿

7-6-4-17　民國十年陳氏立儉房鬮書（一七）

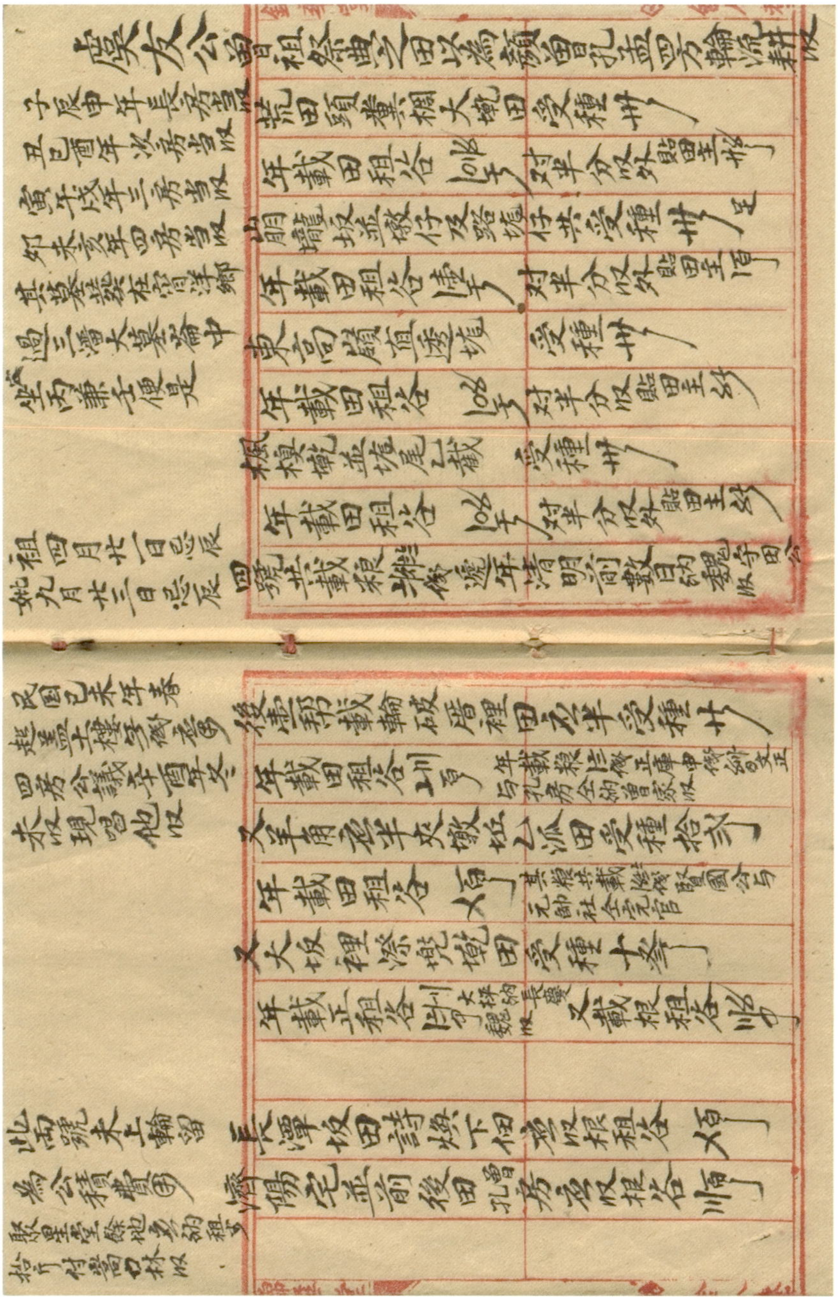

7-6-4-16　民國十年陳氏立儉房鬮書（一六）

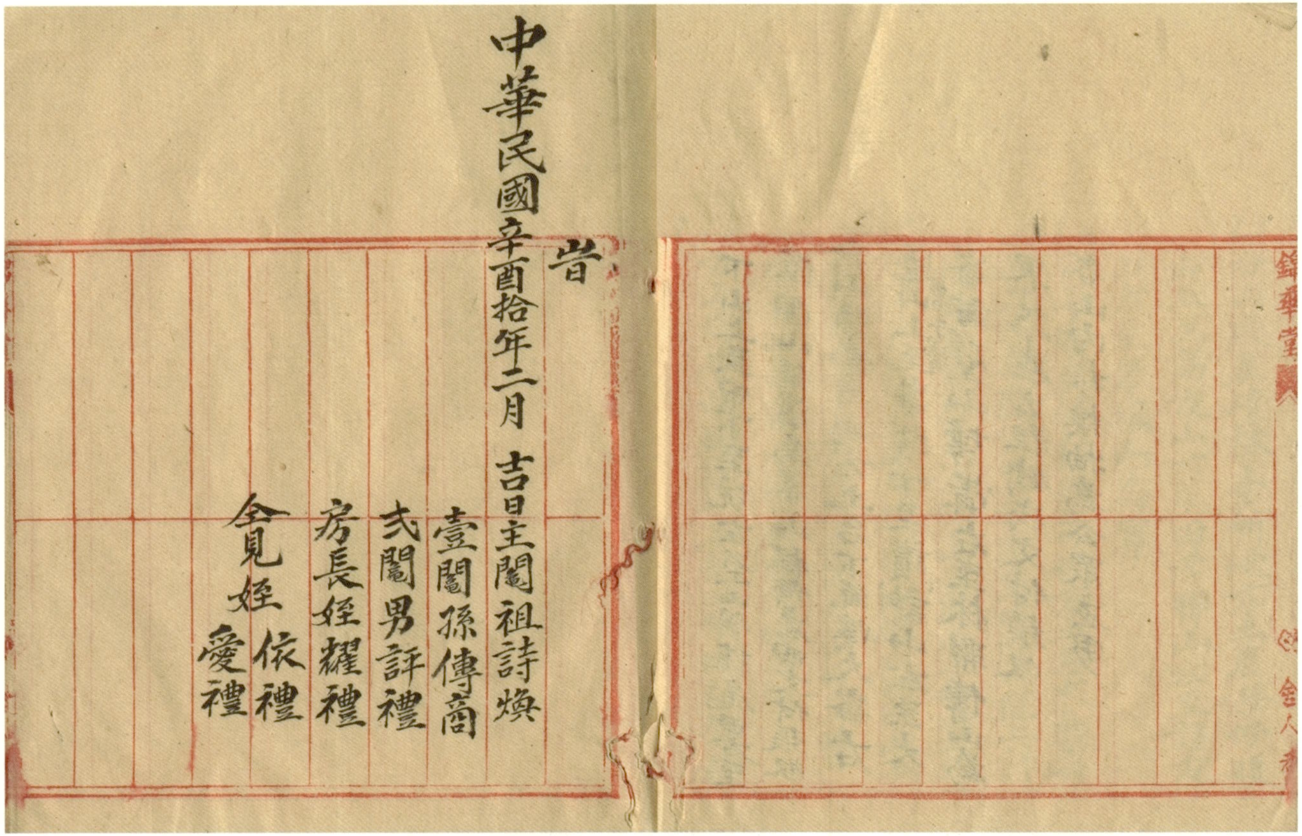
旹中華民國辛酉拾年二月　吉日主鬮祖詩煥
壹鬮孫傳商
弍鬮男詳禮
房長侄耀禮
仝見侄依禮
愛禮

7-6-4-15　民國十年陳氏立儉房鬮書（一五）

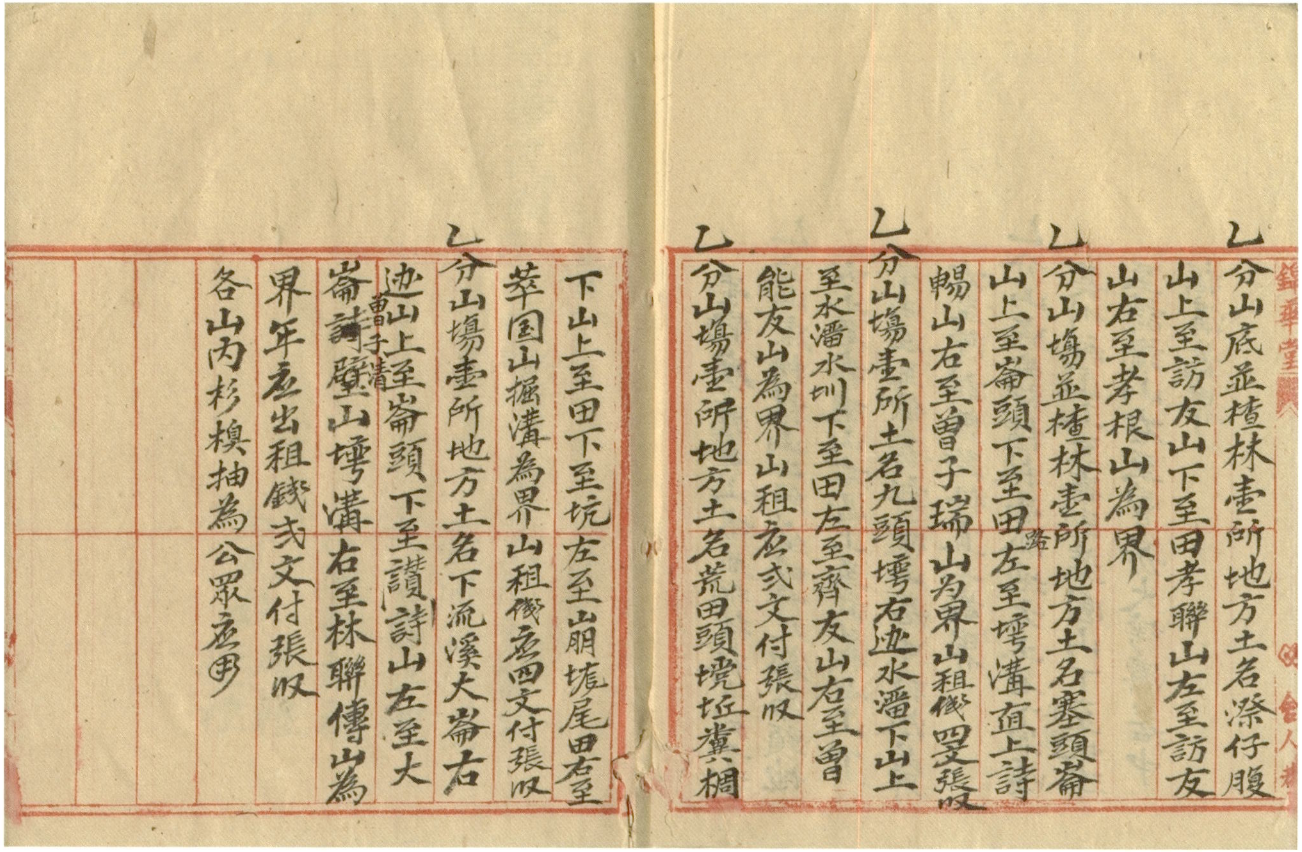

乙分山底並植林壹所地方土名滌仔腹
山上至訪友山下至田孝聯山左至訪友
山右至孝根山為界
乙分山塲並植林壹所地方土名塞頭崙
山上至崙頭下至田（路）左至塆溝直上詩
暢山右至曾子瑞山為界山租錢四文張收
乙分山塲壹所土名九頭塆右迹水潭下山上
至水潭水圳下至田左至齊友山右至曾
能友山為界山租應弍文付張收
乙分山塲壹所地方土名荒田頭境垃糞桐
下山上至田下至坑左至山崩墟尾田右至
萃国山掘溝為界山租錢應四文付張收
乙分山塲壹所地方土名下流溪大崙右
迹山上（曾子清）至崙頭下至讚詩山左至大
崙詩璧山塆溝右至林聯傳山為
界年應出租錢弍文付張收
各山内杉槙抽為公衆應用

7-6-4-14　民國十年陳氏立儉房鬮書（一四）

壹勤房應分山場並桐植林開列于右
山 分山底植林山乙所坐址廿九都漈頭地
方土名赤墘山右迹上至武義七山下
至田左至倹房評禮山居中摇溝為界
右至陳詩暢路仔直上為界
山 分山底並桐植林壹派地方土名下流溪
長圳裡山上至崙頭茾園山下至水圳坑左
至詩讚山右至曾房大墿溝居中
摇溝為界

7-6-4-13 民國十年陳氏立倹房鬮書（一三）

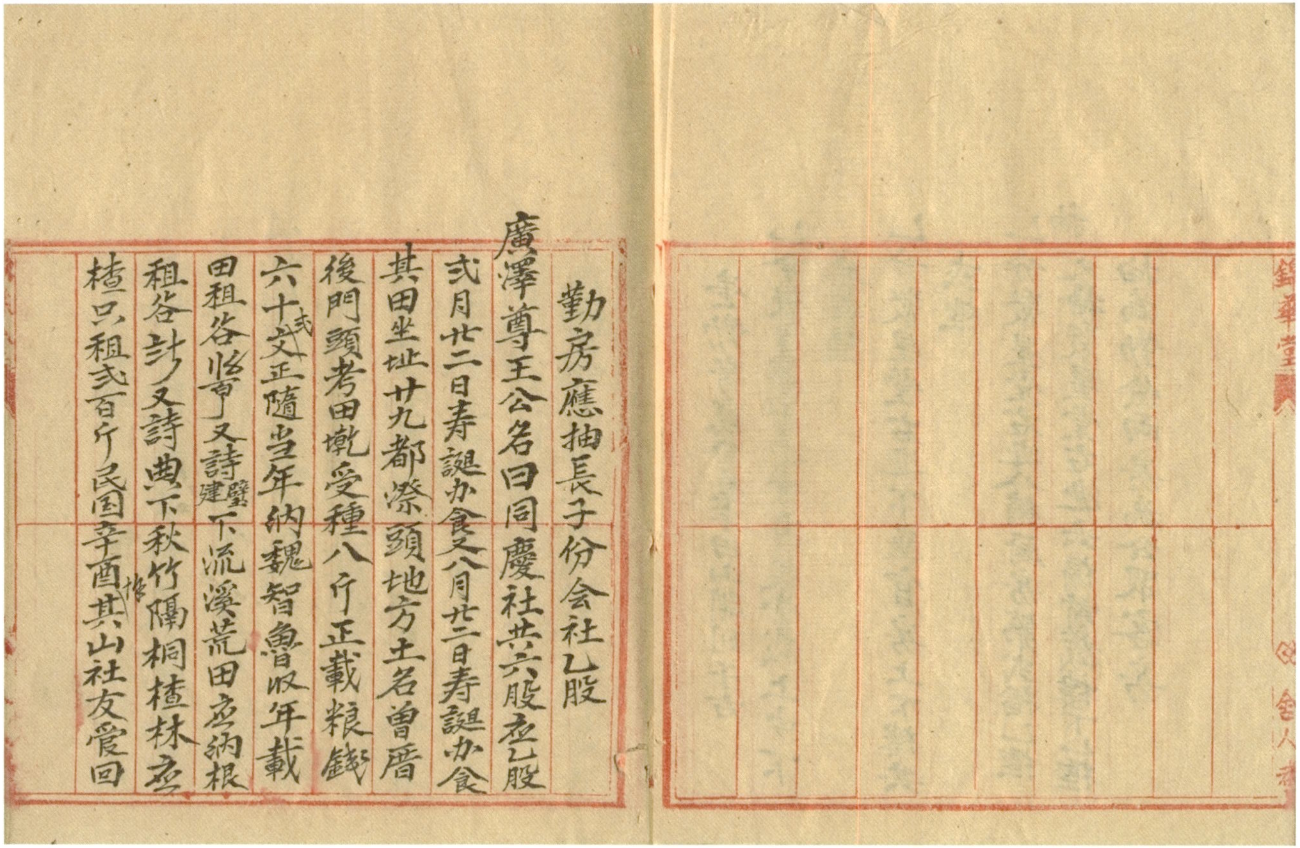

勤房應抽長子份会社乙股
廣澤尊王公名曰同慶社共六股應乙股
弍月廿二日寿誕办食又八月廿二日寿誕办食
其田坐址廿九都漈頭地方土名曾厝
後門頭考田墘受種八斤正載粮錢
六十弍文正隨當年納魏智魯收年載
田租谷[illegible]丁又詩建壁下流溪荒田應納根
租谷[illegible]丿又詩典下秋竹隔桐植林應
植只租弍百斤民国辛酉修其山社友管回

7-6-4-12　民國十年陳氏立儉房鬮書（一二）

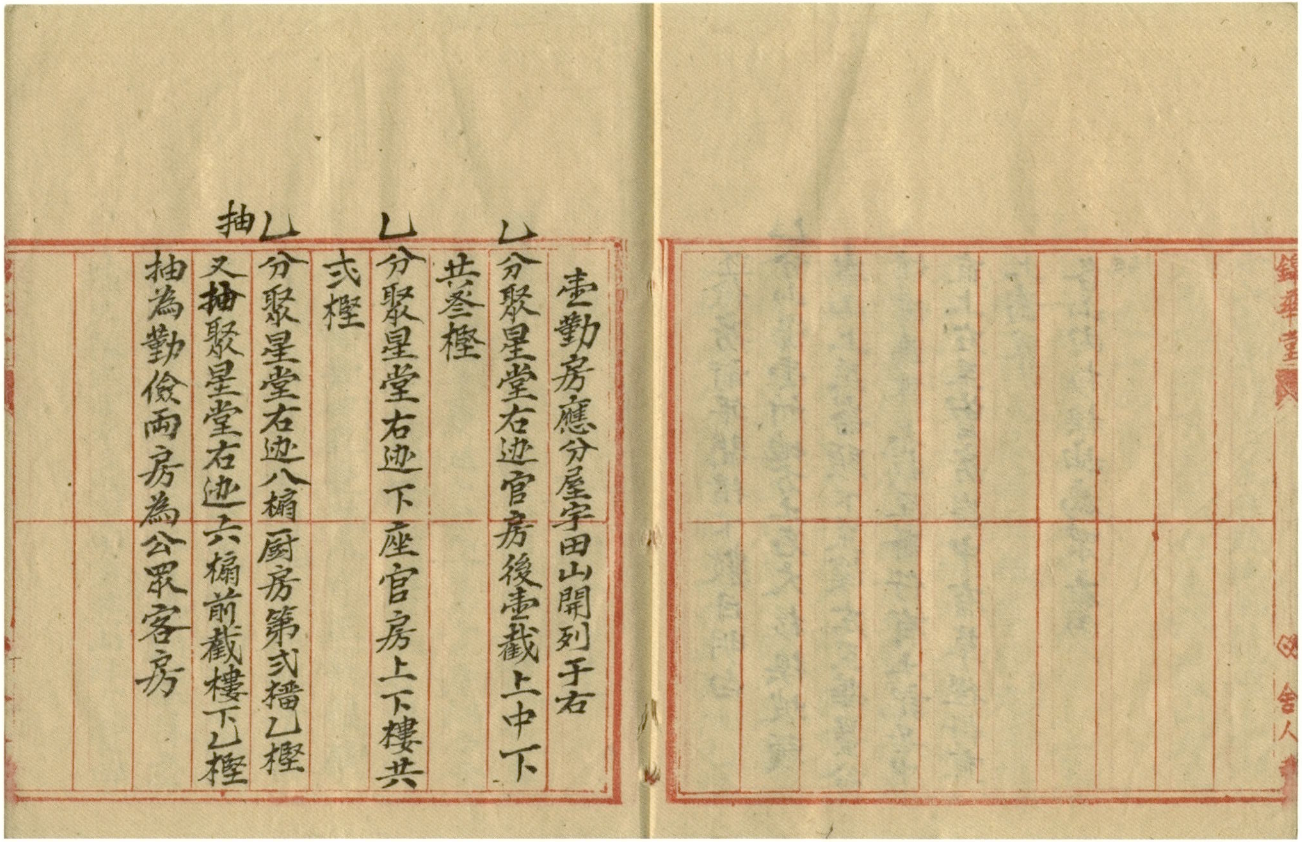

壹勤房應分屋宇田山開列于右
山分聚星堂右边官房後壹截上中下
共叁楹
山分聚星堂右边下座官房上下樓共
弍楹
山分聚星堂右边八桷厨房第弍擋山楹
抽又抽聚星堂右边六桷前截樓下山楹
抽為勤儉兩房為公眾客房

錦華堂

7-6-4-11　民國十年陳氏立儉房鬮書（一一）

山分山底壹所地方土名蚊坵尾龍潭上山
上至崙頭下至溪　左至詩讚山右至
詩建山為界
山分山場壹所地方土名烏榠壿山上至
大路下至坑並破厝裡草腹為界左至坑
右至森權山為界山租錢　交付張收
山分山場並楂林壹所地方土名九頭壿左
迎崩墘山上至崙頭朱位謨下殿下至
田坑左至孔房山右至志禮山為界
山租　交付張收內抽公四年訓艮栈元郎

还儉房前年間借下數目明白
山分山場壹所地方土名大杉榠坡頭
崙山上至崙頭下至溪　左至華量公
壿壿為界上截至崙仔有土記居中
直上右至曾房崙中有草徑仔直
上為界
各山內杉榠抽為眾存用

7-6-4-10　民國十年陳氏立儉房鬮書（一〇）

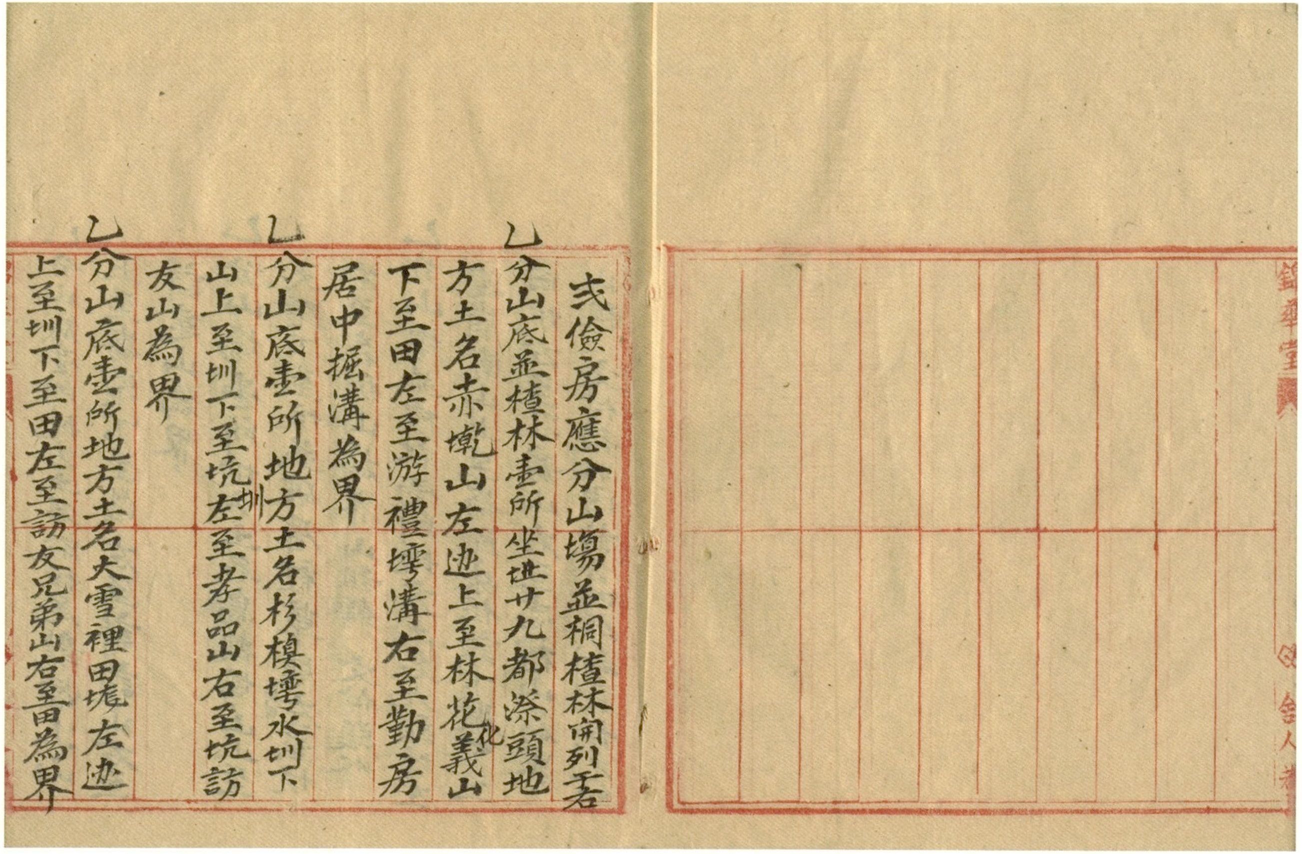
弍儉房應分山塲並桐植林開列于右
一分山底並植林壹所坐址廿九都漈頭地
方土名赤墘山左迹上至林花化義山
下至田左至游禮墿溝右至勤房
居中掘溝為界
一分山底壹所地方土名杉模墿水圳下
山上至圳下至坑圳左至孝品山右至坑訪
友山為界
一分山底壹所地方土名大雪裡田塊左迹
上至圳下至田左至訪友兄弟山右至田為界

7-6-4-9　民國十年陳氏立儉房鬮書（九）

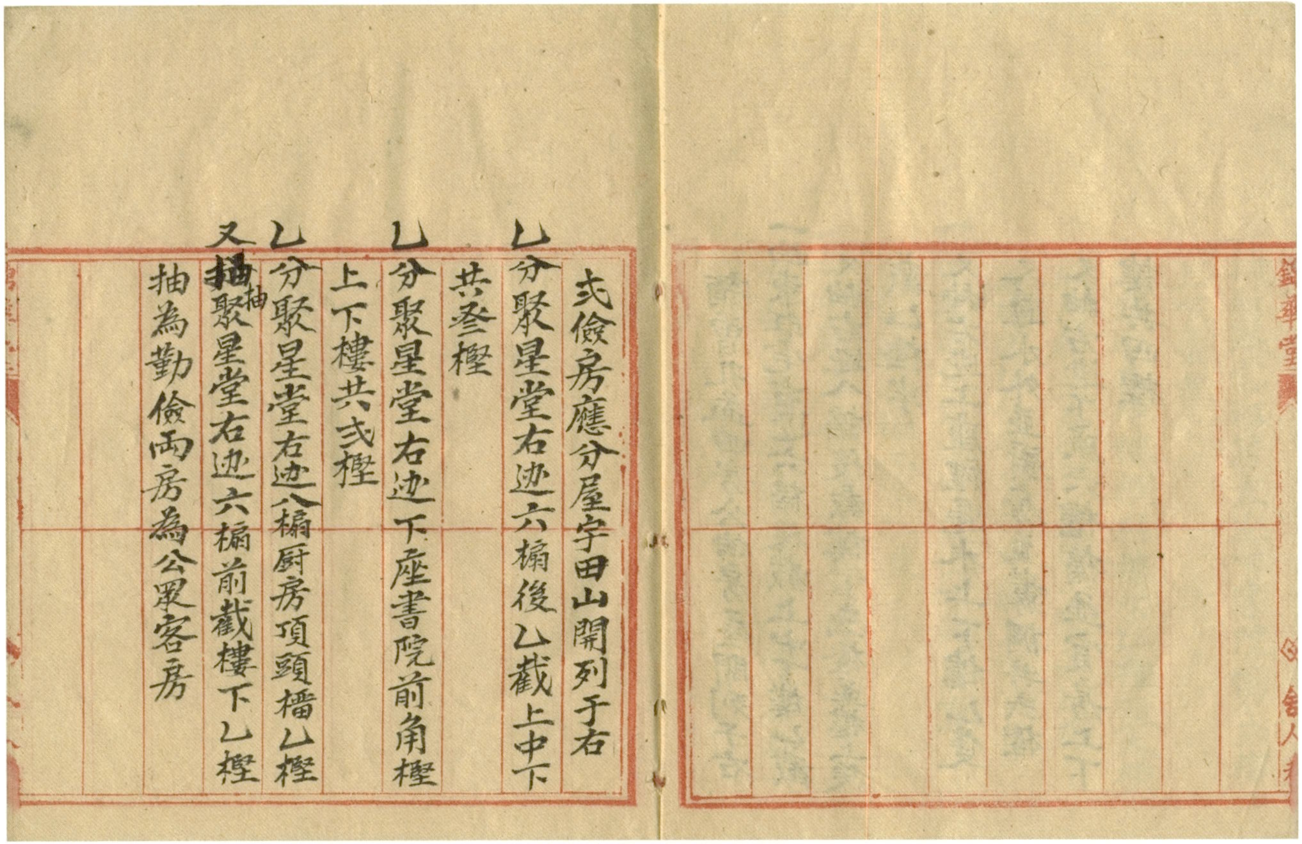
弍儉房應分屋宇田山開列于右
乚分聚星堂右边六桷後乚截上中下
共叁樘
乚分聚星堂右边下座書院前角樘
上下樓共弍樘
乚分聚星堂右边八桷廚房項頭榴乚樘
又抽聚星堂右边六桷前截樓下乚樘
抽為勤儉兩房為公眾客房

7-6-4-8　民國十年陳氏立儉房鬮書（八）

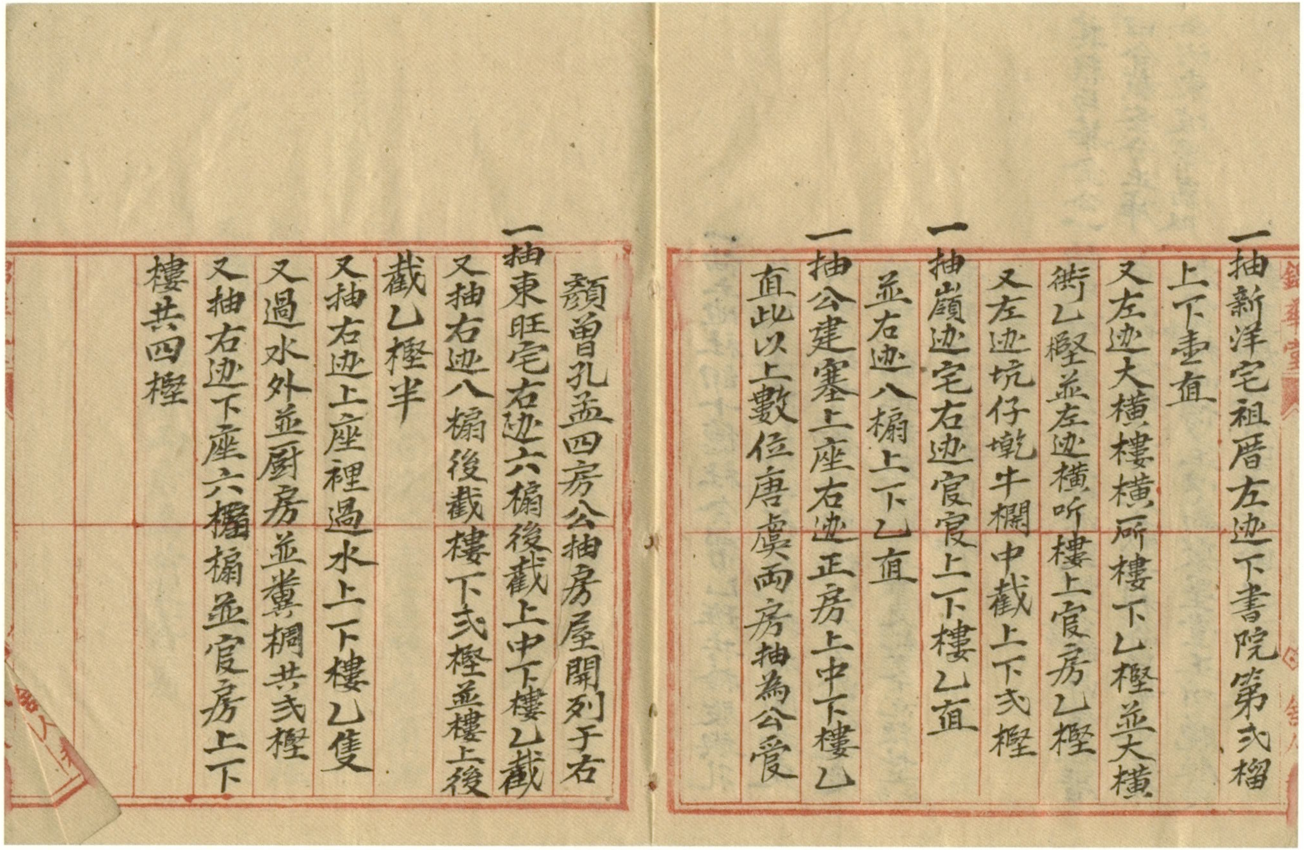

一抽新洋宅祖厝左边下書院第弍榴
上下壹直
又左边大横樓横所樓下乚樫並大横
街乚樫並左边横听樓上官房乚樫
又左边坑仔墘牛㽛中截上下弍樫
一抽巔边宅右边官房上下樓乚直
並右边八㩗上下乚直
一抽公建塞上座右边正房上中下樓乚
直此以上數位唐虞两房抽為公衆

顏曾孔孟四房公抽房屋開列于右
一抽東旺宅右边六㩗後截上中下樓乚截
又抽右边八㩗後截樓下弍樫並樓上後
截乚樫半
又抽右边上座裡過水上下樓乚隻
又過水外並廚房並糞桐共弍樫
又抽右边下座六榴㩗並官房上下
樓共四樫

7-6-4-7　民國十年陳氏立儉房鬮書（七）

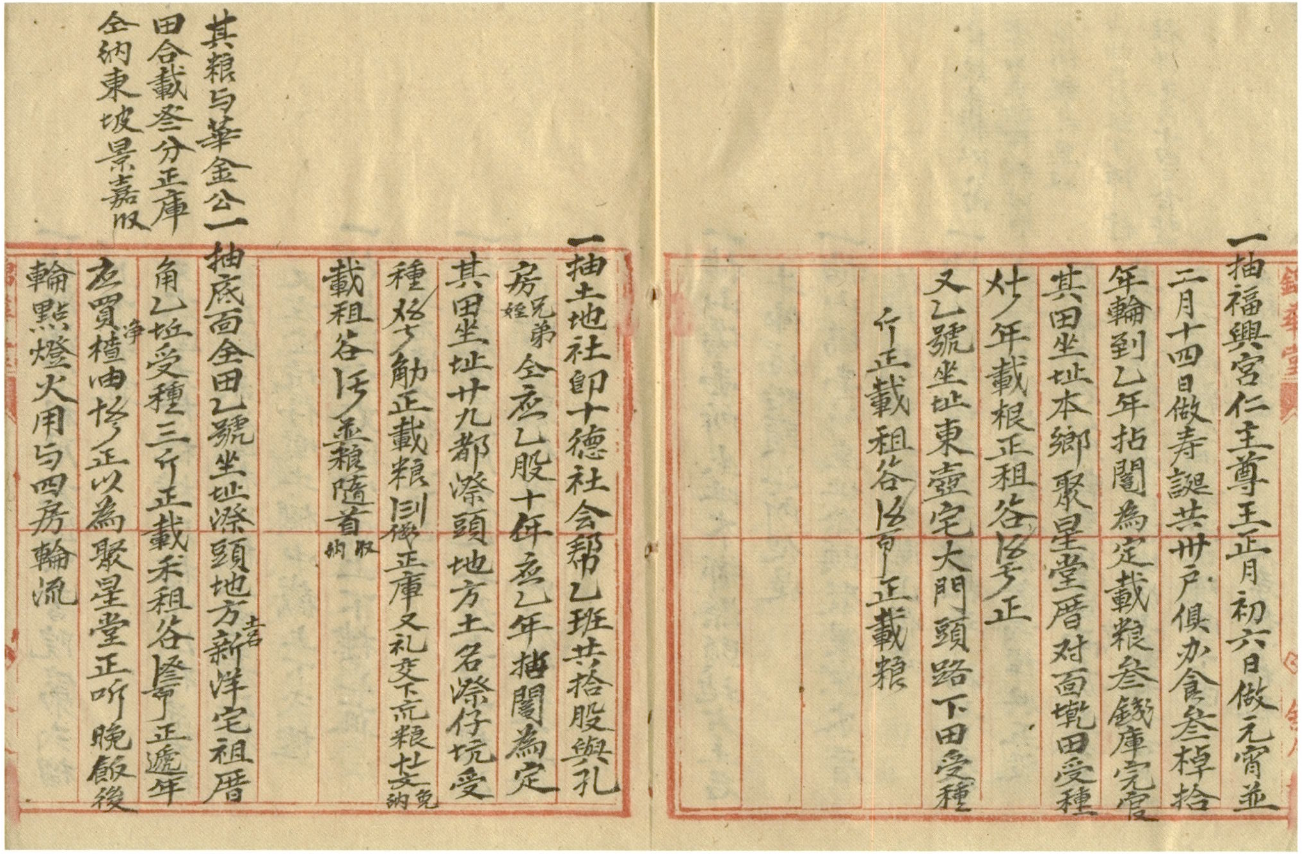

一抽福興宮仁主尊王正月初六日做元宵並
二月十四日做寿誕共卅戶俱办食叁棹拾
年輪到乙年拈鬮為定載粮叁錢庫完官
其田坐址本鄉聚星堂厝对面墘田受種
什乄年載根正租谷伍𠂇正
又乙號坐址東壺宅大門頭路下田受種
斤正載租谷伍𠂇正載粮

一抽土地社帥十德社合帮乙班共拾股與孔
房兄弟侄仝應乙股十年應乙年抽鬮為定
其田坐址廿九都漈頭地方土名漈仔坑受
種乄ㄅ觔正載粮㓒𠆤正庫又礼交下流粮廿文免納
載租谷伍𠂇丕粮隨首收納

其粮与華金公
田合載叁分正庫
仝納東坡景嘉收

一抽底面全田乙號坐址漈頭地方新洋宅祖厝吉
角乙坵受種三斤正載禾租谷叁𠂇正遞年
淨應買檀油拶乄正以為聚星堂正听晚飯後
輪點燈火用与四房輪流

7-6-4-6　民國十年陳氏立儉房鬮書（六）

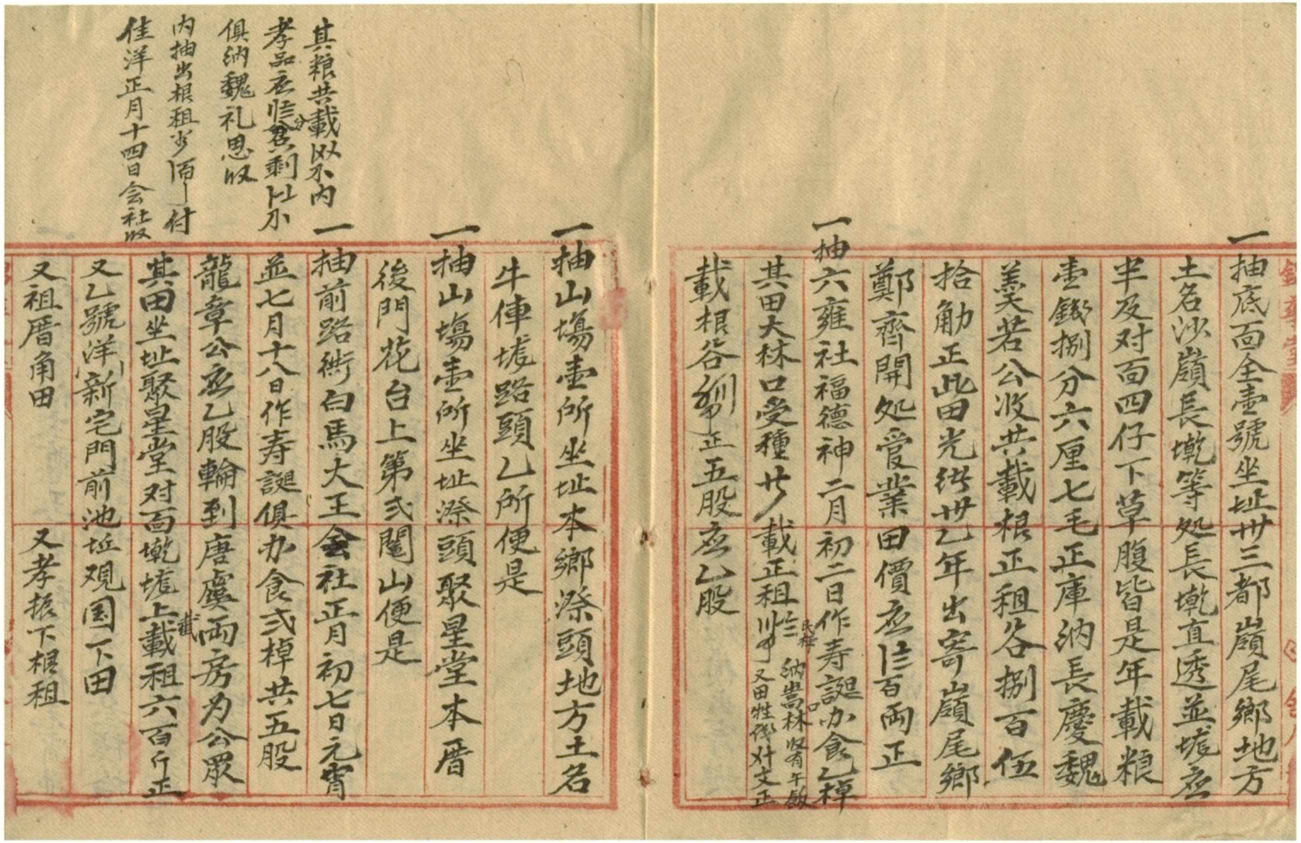

一抽底面全壹號坐址廿三都嶺尾鄉地方
土名沙嶺長墘等処長墘直透並墟𠫭
半及对面四仔下草腹皆是年載粮
壹錢捌分六厘七毛正庫納長慶魏
美若公戶共載根正租谷捌百伍
拾觔正此田光绪廿乙年出寄嶺尾鄉
鄭齊開処𠫭業田價𠫭佰両正
一抽六雍社福德神二月初二日作寿誕办食乙桌
其田大林口受種廿ノ載正租卄三 民種 納嵩林水有午敏 又田牲代对丈正
載根谷捌斗正五股𠫭乙股

其粮共載以外内
孝品𠫭憶分票剩以外
俱納魏礼恩戶
内抽出根租步陌付
佳洋正月十四日会社收

一抽山塲壹所坐址本鄉漈頭地方土名
牛倕墟路頭山所便是
一抽山塲壹所坐址漈頭聚星堂本厝
後門花台上第弍鬮山便是
一抽前路術白馬大王会社正月初七日元宵
並七月十八日作寿誕俱办食弍桌共五股
龍章公𠫭乙股輪到唐虞両房为公衆
其田坐址聚星堂对面墘墟上載租六百斤正 減
又乙號洋新宅門前池垃覌国下田
又祖厝角田
又孝振下根租

7-6-4-5　民國十年陳氏立儉房鬮書（五）

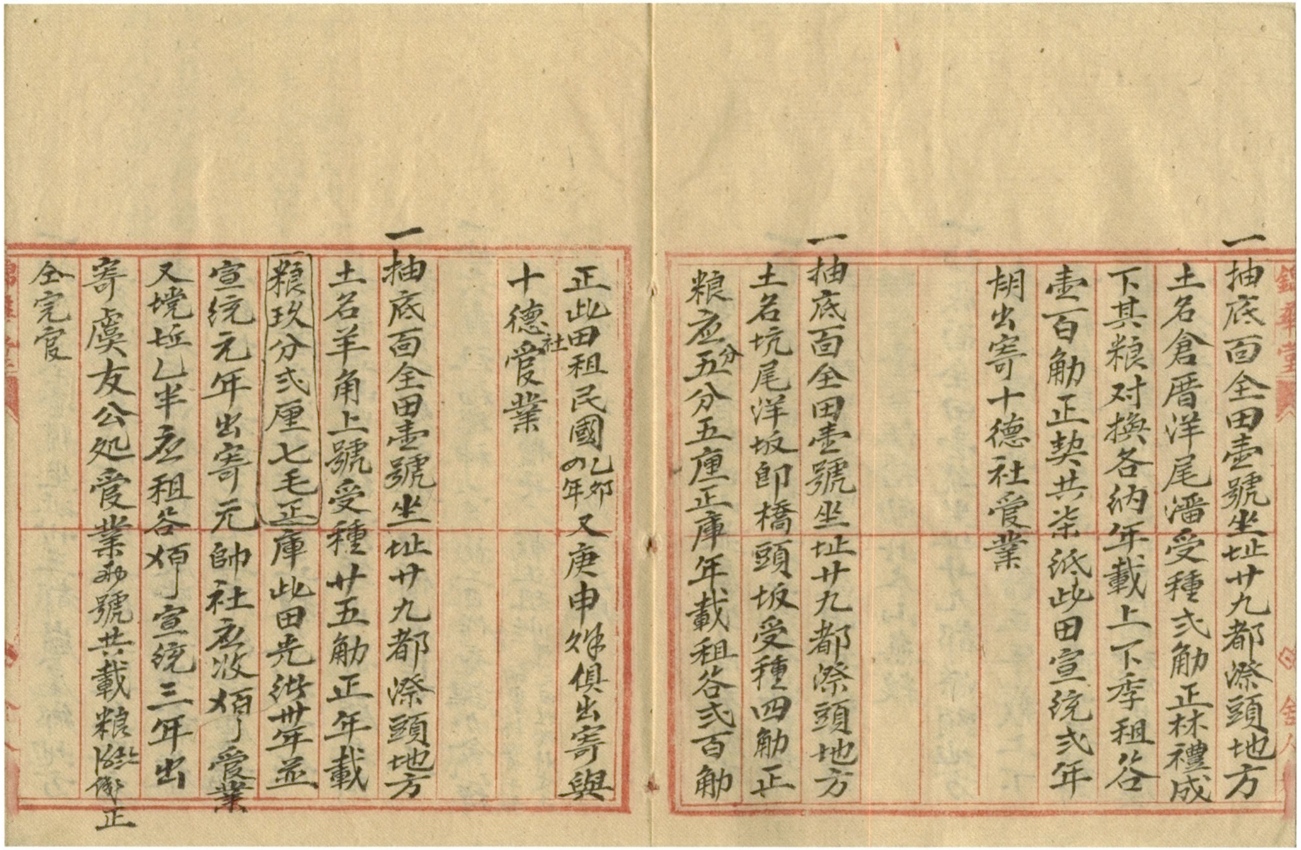
一抽底面全田壹號坐址廿九都漈頭地方
土名倉厝洋尾濇受種弍觔正林禮成
下其粮对換各納年載上下季租谷
壹百觔正契共柒紙此田宣统弍年
胡出寄十德社管業

一抽底面全田壹號坐址廿九都漈頭地方
土名坑尾洋坂郎橋頭坂受種四觔正
粮五分五厘正庫年載租谷弍百觔

正此田租民國乙卯年又庚申年俱出寄與
十德社管業

一抽底面全田壹號坐址廿九都漈頭地方
土名羊角上號受種廿五觔正年載
粮玖分弍厘七毛正庫此田先丗卅年益
宣统元年出寄元帥社𠮷波炣丁管業
又境坵乙半𠮷租谷炣丁宣统三年出
寄虞友公処管業兩號共載粮[illegible]正
全完官

7-6-4-4　民國十年陳氏立儉房鬮書（四）

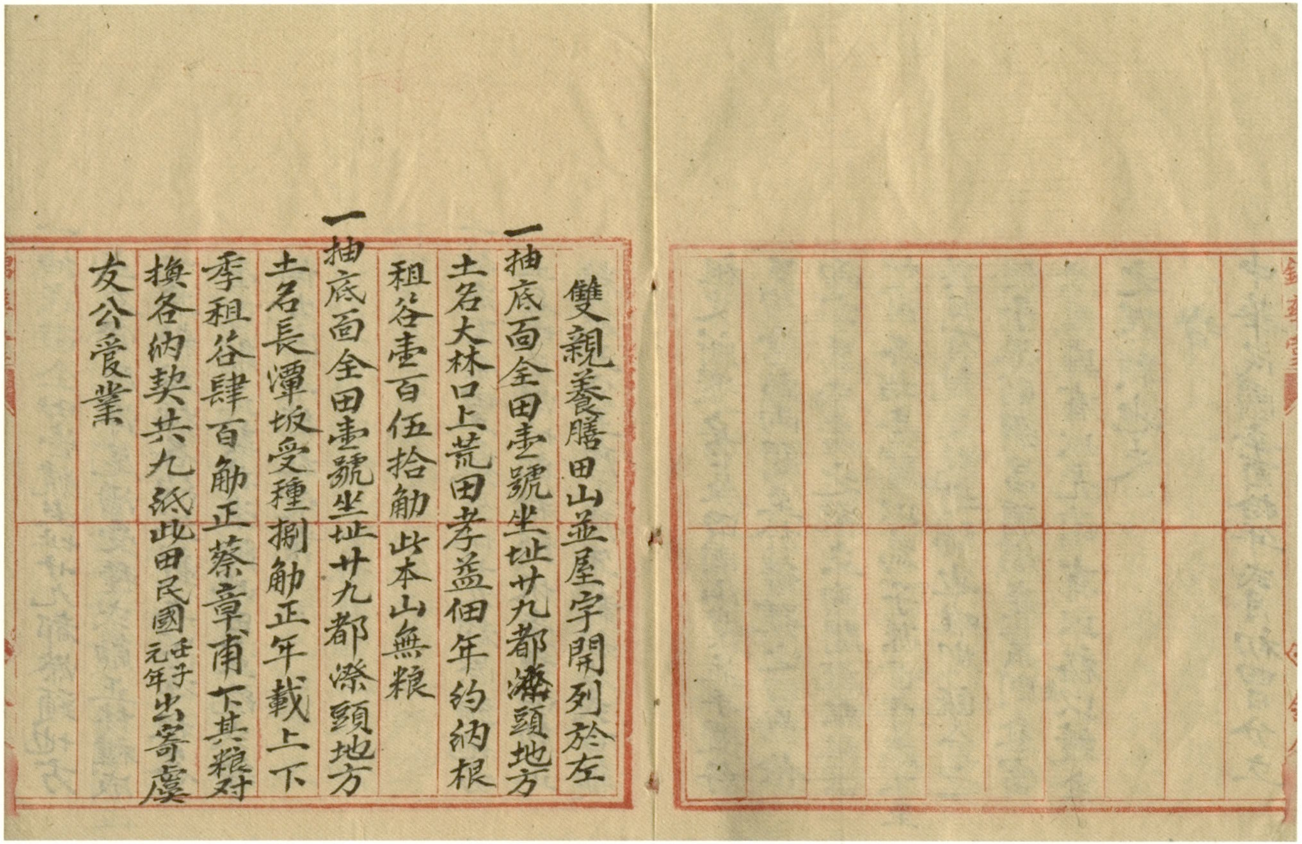
雙親養膳田山並屋宇開列於左
一抽底面全田壹號坐址廿九都濂頭地方
土名大林口上荒田孝盃佃年約納根
租谷壹百伍拾觔　此本山無粮
一抽底面全田壹號坐址廿九都漈頭地方
土名長潭坂受種捌觔正年載上下
季租谷肆百觔正蔡章甫下其粮对
換各納契共九紙此田民國壬子元年出寄虞
友公嘗業

7-6-4-3　民國十年陳氏立儉房鬮書（三）

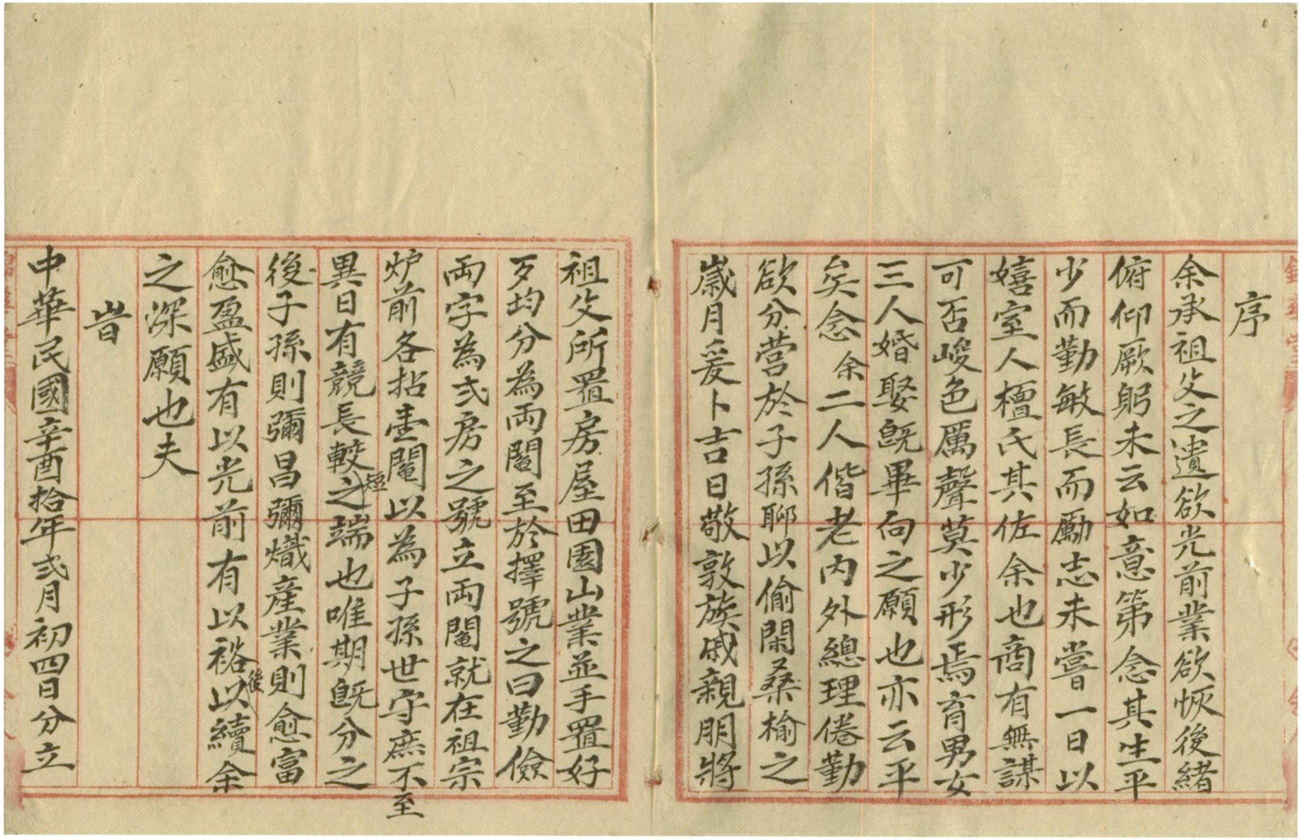
序
余承祖父之遺欲光前業欲恢後緒
俯仰厥躬未云如意第念其生平
少而勤敏長而勵志未嘗一日以
嬉室人檀氏其佐余也商有無謀
可否峻色厲聲莫少形焉育男女
三人婚娶既畢向之願也亦云平
矣念余二人偕老內外總理倦勤
欲分營於子孫聊以偷閒桑榆之
歲月爰卜吉日敬敦族戚親朋將
祖父所置房屋田園山業並手置好
歹均分為兩鬮至於擇號之曰勤儉
兩字為弍房之號立兩鬮就在祖宗
炉前各拈壹鬮以為子孫世守庶不至
異日有競長較短之端也唯期既分之
後子孫則彌昌彌熾產業則愈富
愈盈盛有以光前有以裕後以續余
之深願也夫
皆
中華民國辛酉拾年弍月初四日分立

7-6-4-2　民國十年陳氏立儉房鬮書（二）

7-6-4-1　民國十年陳氏立儉房鬮書（一）

7-6-3-24　民國十年陳氏立勤房鬮書（二四）

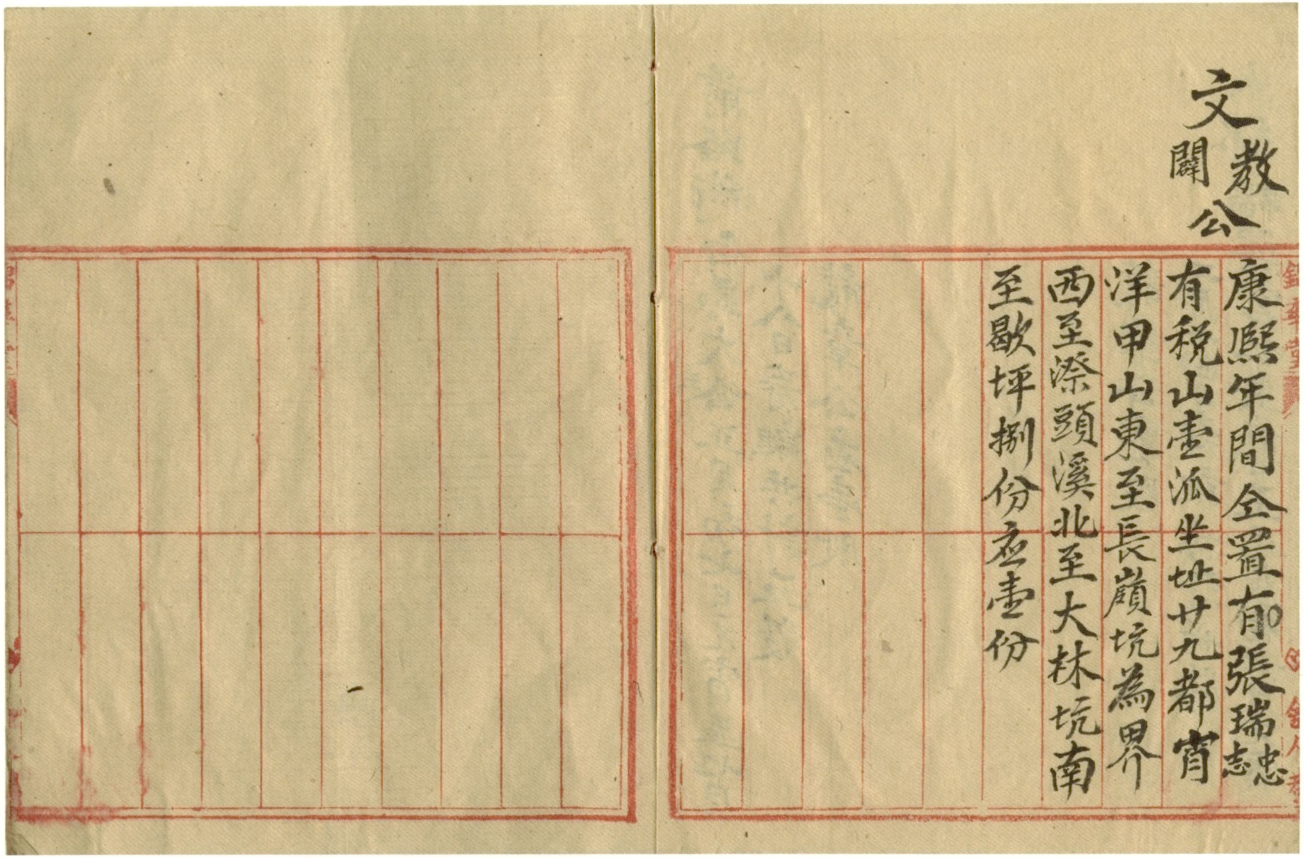
文鬮
敎公
康熙年間仝置向張瑞忠
有稅山壹派坐址廿九都宵
洋甲山東至長嶺坑爲界
西至漈頭溪北至大林坑南
至歇坪捌份應壹份

7-6-3-23　民國十年陳氏立勤房鬮書（二三）

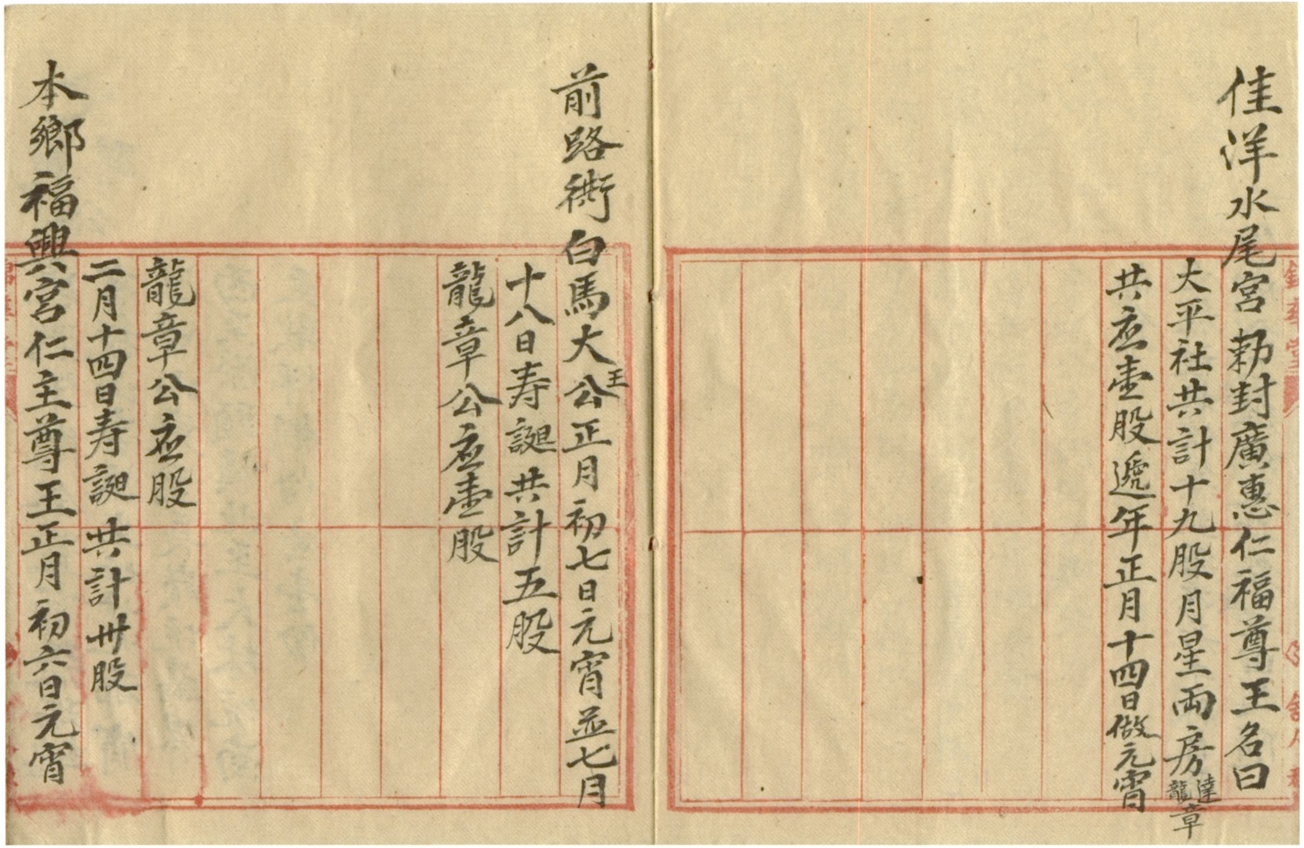
佳洋水尾宮敕封廣惠仁福尊王名曰
大平社共計十九股月星兩房達章
龍章
共應壹股遞年正月十四日做元宵
前路街白馬大王公正月初七日元宵盂七月
十八日寿誕共計五股
龍章公應壹股
本鄉福興宮仁主尊王正月初六日元宵
二月十四日寿誕共計卅股
龍章公應股

7-6-3-22　民國十年陳氏立勤房鬮書（二二）

元子公三世祖六房輪耕收納

寶卿公一世祖

只有香火到新

洋宅听頭公祀

元子公墓在永春

壙坵崙

元子媽墓在

宵洋坐未向丑

祖七月初五日忌辰

妣正月十二日忌辰

祖厝門前大坵田莊章公應納 斗

華春公應納根租谷 斗

孝振公應納根租錢 斗

通族照戶出米 升湊办食

俥確前裡田受種 斤載租 斗隔

內正租谷應 斗 納嵩口林收

又內租谷應 斗 納漈頭林收

自食

文教祖妣值年並祭次房子孫自祭

伯成公二世祖妣未抽祭典之田俱隨

7-6-3-21　民國十年陳氏立勤房鬮書（二一）

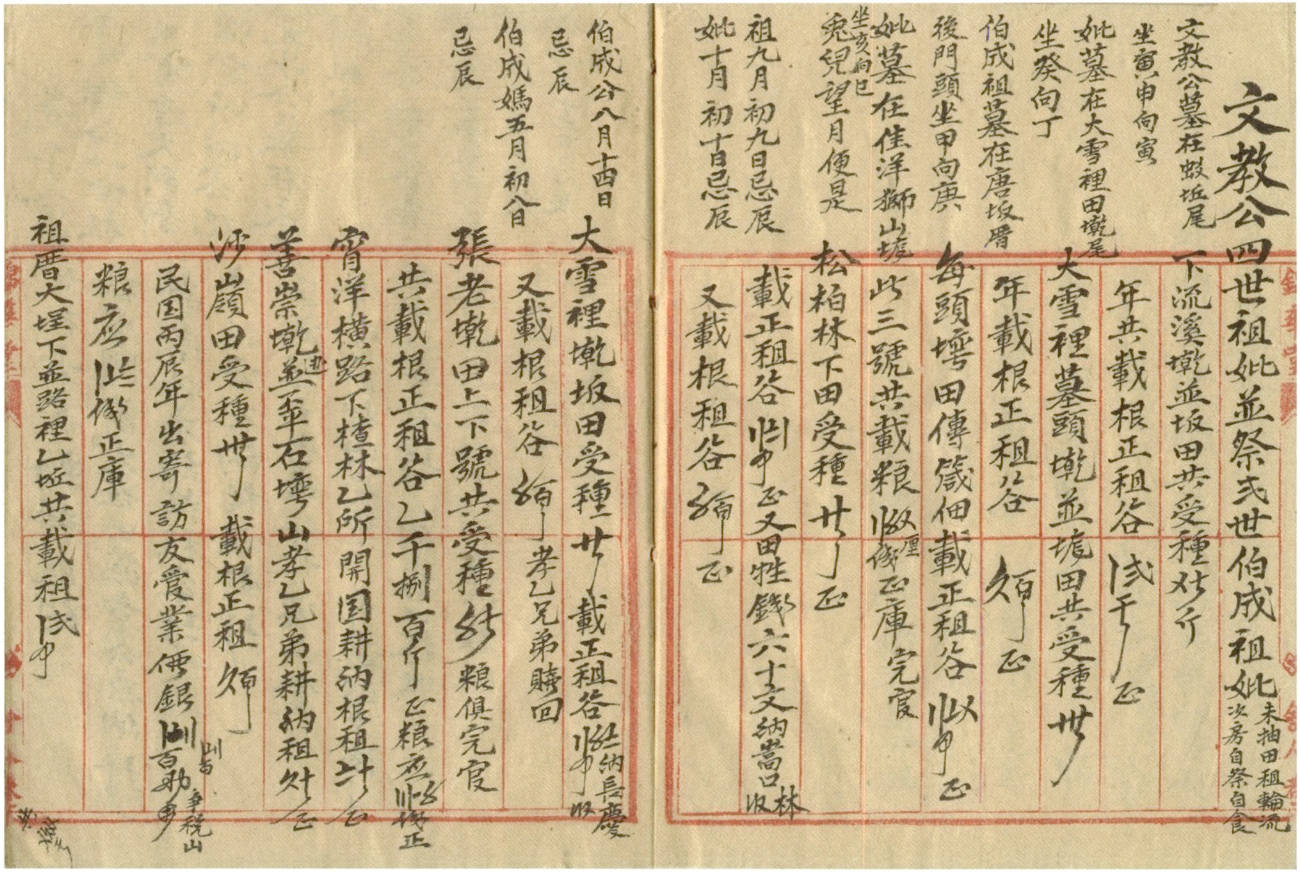
文教公四世祖妣並祭弍世伯成祖妣 未抽田租輪流 次房自祭自食
文教公墓在蚊坂尾 坐寅申向寅
妣墓在大雪裡田墘尾 坐癸向丁
伯成祖墓在唐坂厝後門頭坐甲向庚
妣墓在佳洋獅山墘 坐亥向巳 兔兒望月便是
祖九月初九日忌辰
妣十月初十日忌辰
下流溪墘並坂田共受種〢斤
年共載根正租谷〣千〡乙
大雪裡墓頭墘並墘田共受種廿〡
年載根正租谷〥〡乙
每頭壋田傳氏佃載正租谷〤〡乙
此三號共載粮〤厘〢乙庫完官
松柏林下田受種廿〡乙
載正租谷〨〡乙 又田牲錢六十文納嵩口林收
又載根租谷〥〡乙
伯成公八月十四日忌辰
伯成媽五月初八日忌辰
大雪裡墘坂田受種廿〡 載正租谷〤〡納長慶收
又載根租谷〥〡 孝乙兄弟贖回
張老墘田上下號共受種〦〡 粮俱完官
共載根正租谷乙千捌百斤乙 粮〤〢正
宵洋横路下植林山所 開園耕納根租廿乙
善崇墘並山石壋山 孝乙兄弟耕納租〦乙
沙嶺田受種廿〡 載根正租〥〡
民国丙辰年出寄訪友賣業便銀〥百兩 争税山
粮〢〤厘正庫
祖厝大埕下並路裡山坵共載租〦〡

7-6-3-20　民國十年陳氏立勤房鬮書（二〇）

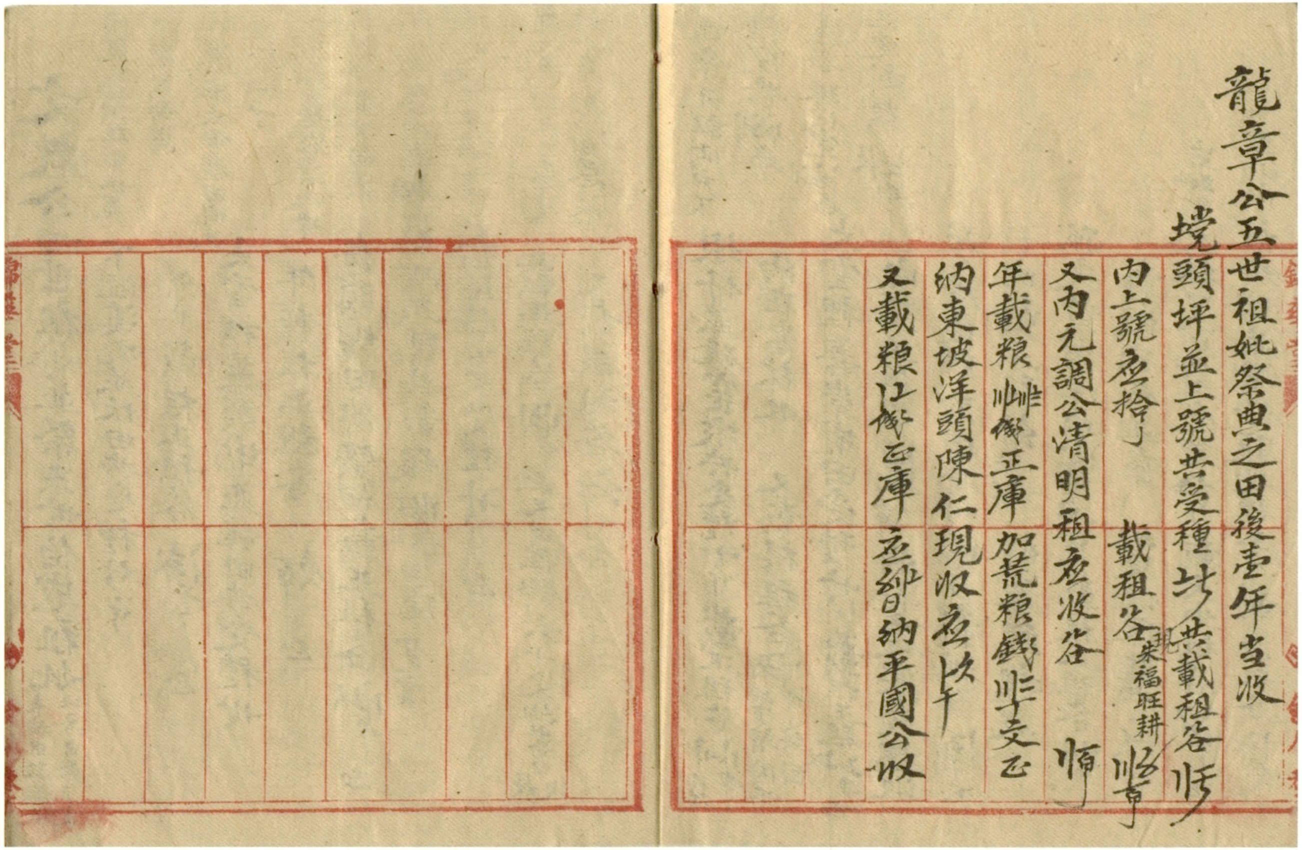
龍章公五世祖妣祭典之田後壹年当收
墘頭坪並上號共受種廿丿共載租谷卄斤
内上號應拾丁 載租谷現朱福旺耕卄斤
又内元調公清明租應收谷 卄斤
年載粮𠁩正庫 加荒粮錢卄文正
納東坡洋頭陳仁現收應卜斗
又載粮𠁩正庫 應貼納平國公收

7-6-3-19 民國十年陳氏立勤房鬮書（一九）

7-6-3-18　民國十年陳氏立勤房鬮書（一八）

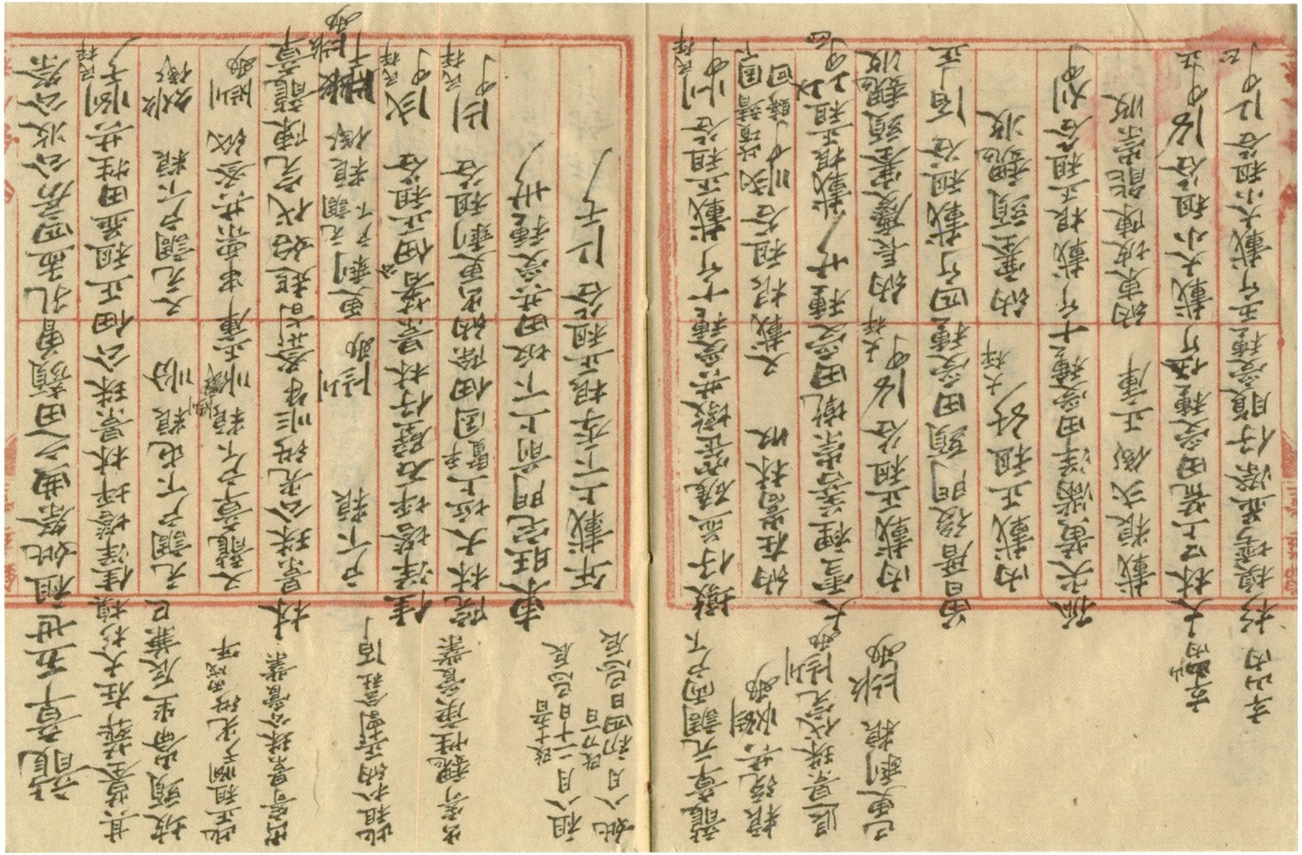

華金公高祖妣祭典之田以為顏曾孔孟四房
輪耕收完納祭掃办食
共墓葬在三角墟
隔仔前坐乾兼
亥便是
下流溪大坂並實興下田共受種卅丁
年載官粮三鄉(?)魚北智 又載民粮玖分正庫 屋 守收 納魏礼
年載根正租谷三百丁
又対面坂仔並墘仔及墟窩共受種廿丁
年載根正租谷二百丁 其粮夾在大坂
祖弍月十四日忌辰
妣七月初五日忌辰
大坂魏書垳下並 魏(?)墘仔 及廠下 共受種卅丁
年載正租谷卅(?)百 墘大梓 折民秤四百丁 隨當年納 塞頭魏收
又載根租谷一百丁
新洋宅祖厝門前沙州坂田受種拾丁
年載粮八分正庫 完官 載根租谷拾百丁
又新洋宅右迹祖厝角田受種伍丁
年載粮叁分庫 納陳景佳收 出灯火田平出 載租谷三百丁
唐坂尾田受種弍丁 載租谷廿丁

7-6-3-17　民國十年陳氏立勤房鬮書（一七）

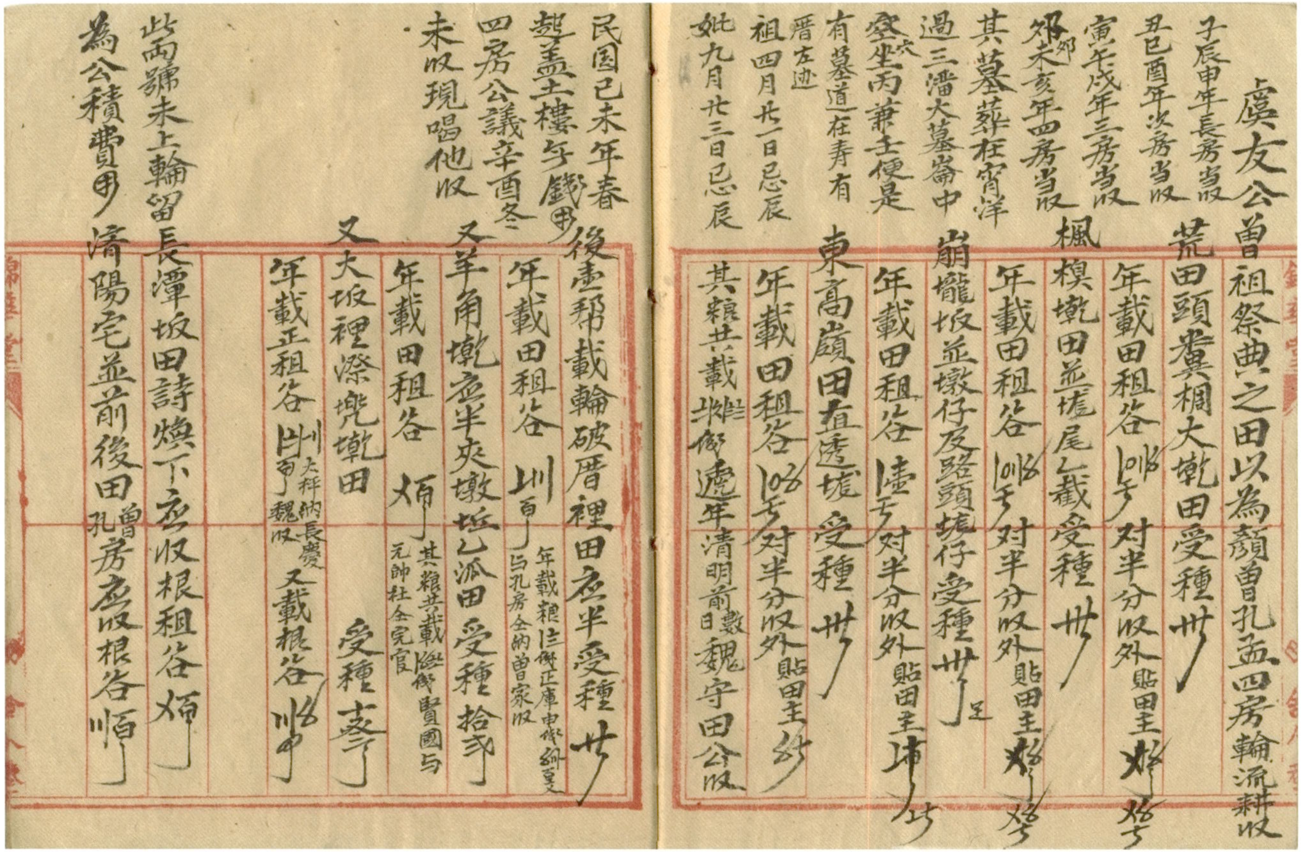
虞友公曾祖祭典之田以為顏曾孔孟四房輪流耕收
子辰申年長房當收
丑巳酉年次房當收
寅午戌年三房當收
卯未亥年四房當收
其墓葬在宵洋
過三灣大墓崙中
癸坐丙兼壬便是
有墓道一在寿有
晋左迹
祖四月廿一日忌辰
妣九月廿三日忌辰
荒田頭糞桐大墘田受種卅ノ
年載田租谷[illegible]对半分收外貼田主[illegible]
楓樸墘田並墟尾乙截受種卅ノ
年載田租谷[illegible]对半分收外貼田主[illegible]
崩壠坂並墩仔及路頭墟仔受種卅ノ
年載田租谷[illegible]对半分收外貼田主[illegible]
東高嶺田並透墟受種卅ノ
年載田租谷[illegible]对半分收外貼田主[illegible]
其粮共載[illegible]遞年清明前日數覲守田公收
民国己未年春
與盂上樓与錢用
四房公議辛酉冬
未收現唱他收
後壺坪載輪破厝裡田应半受種卅ノ
年載田租谷[illegible] 年載粮[illegible]正庫[illegible] 与孔房全納曾家收
又羊角墩应半夾墩垅乙派田受種拾式ノ
年載田租谷[illegible] 其粮共載[illegible] 元帥社全完官
又大坂裡潦墘墩田 受種[illegible]
年載正租谷[illegible] 大秤納長慶觀收 又載根谷[illegible]
此兩踪未上輪留長潭坂田詩煥下应收根租谷[illegible]
為公積費用 清陽宅並前後田曾孔房应收根谷[illegible]

7-6-3-16　民國十年陳氏立勤房鬮書（一六）

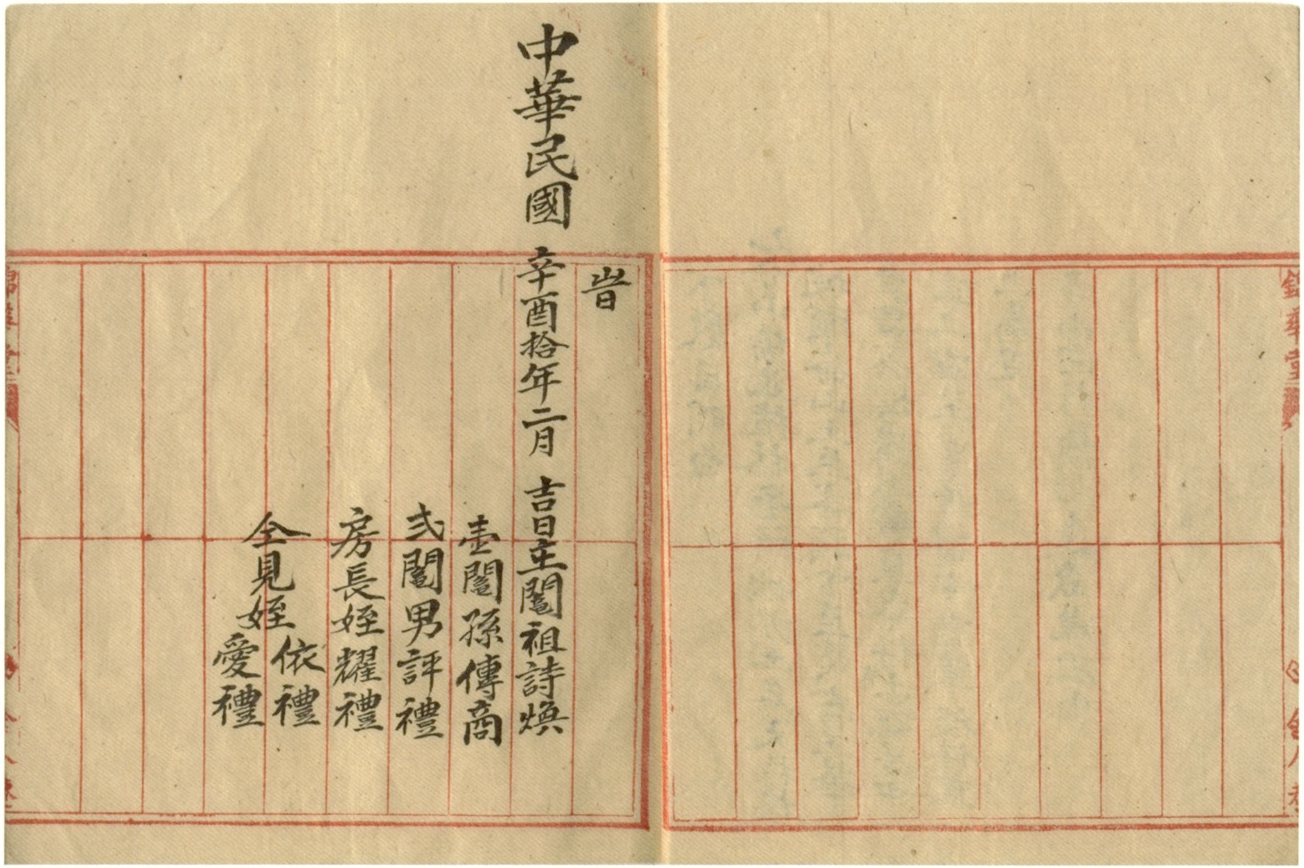

旹
中華民國辛酉拾年二月　吉日立鬮祖詩煥
壹鬮孫傳商
弍鬮男評禮
房長姪耀禮
仝見姪依禮
愛禮

7-6-3-15　民國十年陳氏立勤房鬮書（一五）

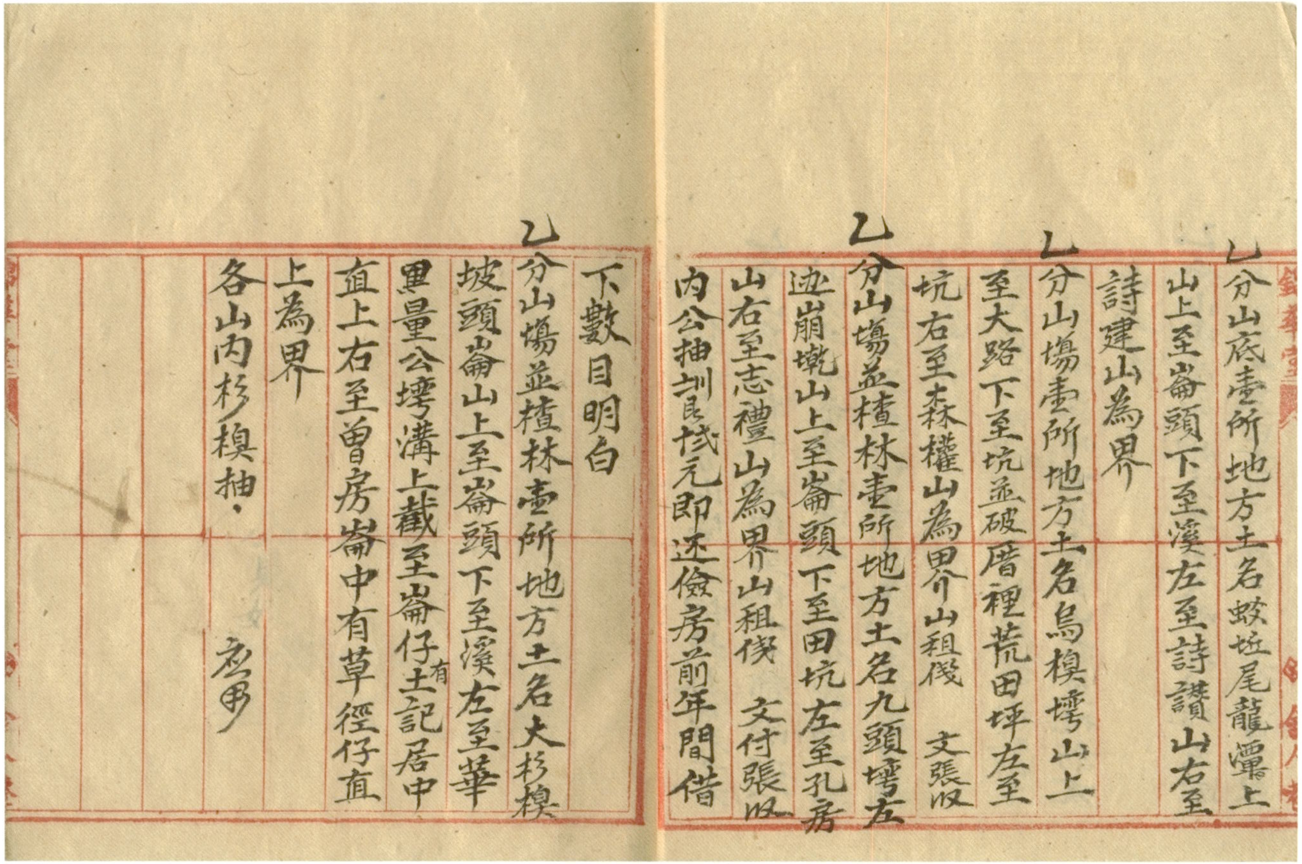
乙分山底壹所地方土名蚣埏尾龍潭上
山上至崙頭下至溪左至詩讃山右至
詩建山為界
乙分山場壹所地方土名烏模壙山上
至大路下至坑並破厝裡荒田坪左至
坑右至森權山為界山租錢　文張收
乙分山場並檟林壹所地方土名九頭壙左
迹崩墘山上至崙頭下至田坑左至孔房
山右至志禮山為界山租錢　文付張收
内公抽訓良栻元即还儉房前年間借
下數目明白
乙分山場並檟林壹所地方土名大杉模
坡頭崙山上至崙頭下至溪左至華
里量公壙溝上截至崙仔有土記居中
直上右至曾房崙中有草徑仔直
上為界
各山内杉模抽。
宏用

7-6-3-14　民國十年陳氏立勤房鬮書（一四）

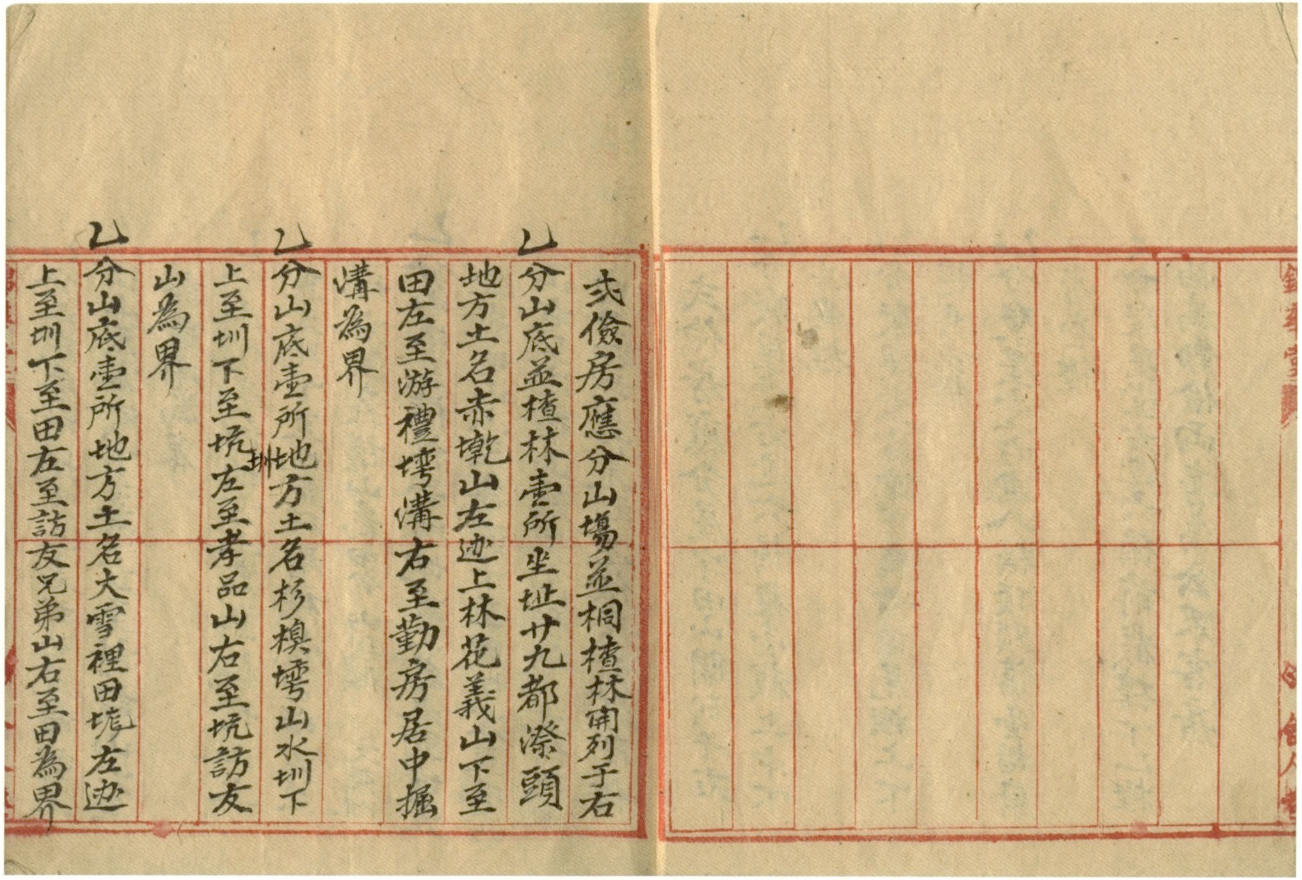

7-6-3-13　民國十年陳氏立勤房鬮書（一三）

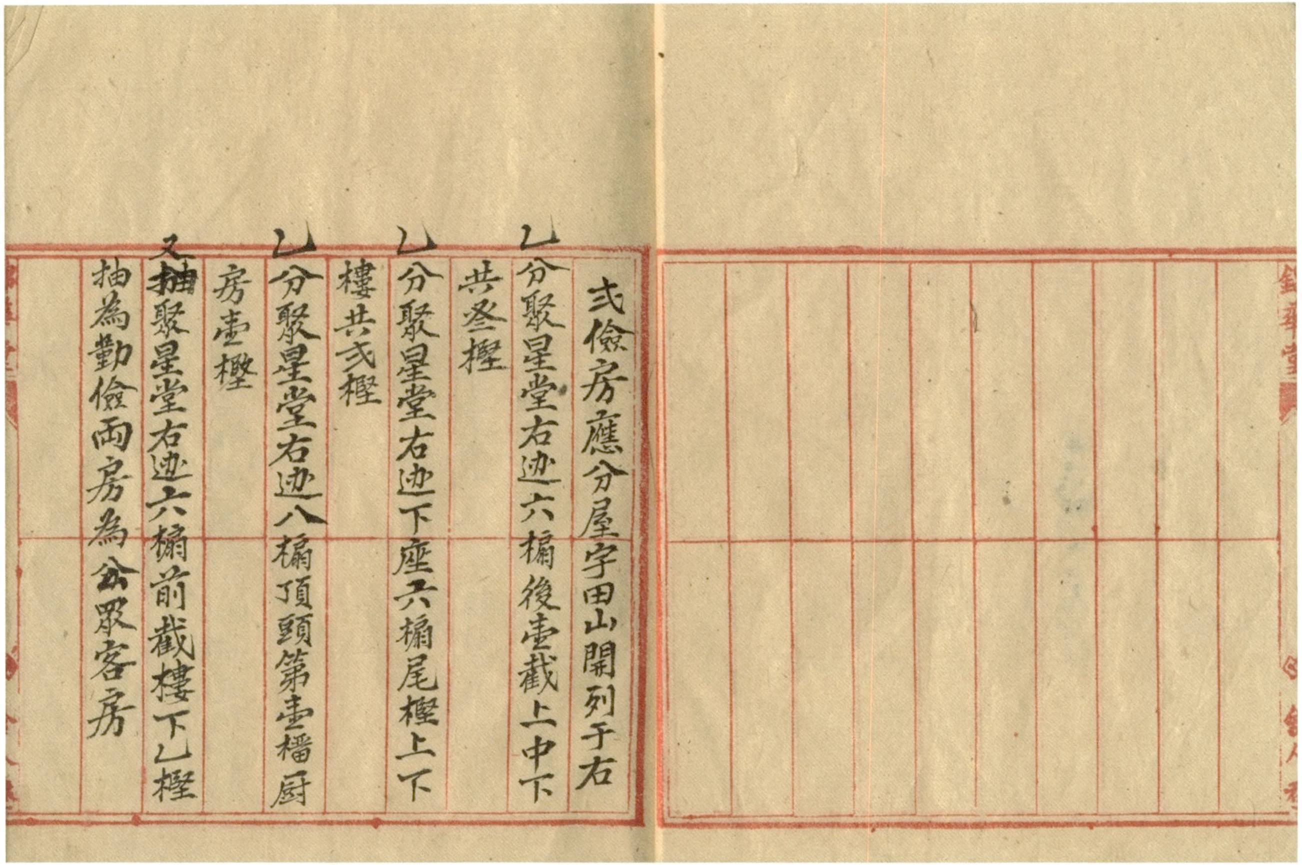
弍儉房應分屋宇田山開列于右
山分聚星堂右边六桷後壹截上中下
共叁㮨
山分聚星堂右边下座六桷尾㮨上下
樓共弍㮨
山分聚星堂右边八桷頂頭第壹橊廚
房壹㮨
又抽聚星堂右边六桷前截樓下山㮨
抽為勤儉兩房為公衆客房

7-6-3-12　民國十年陳氏立勤房鬮書（一二）

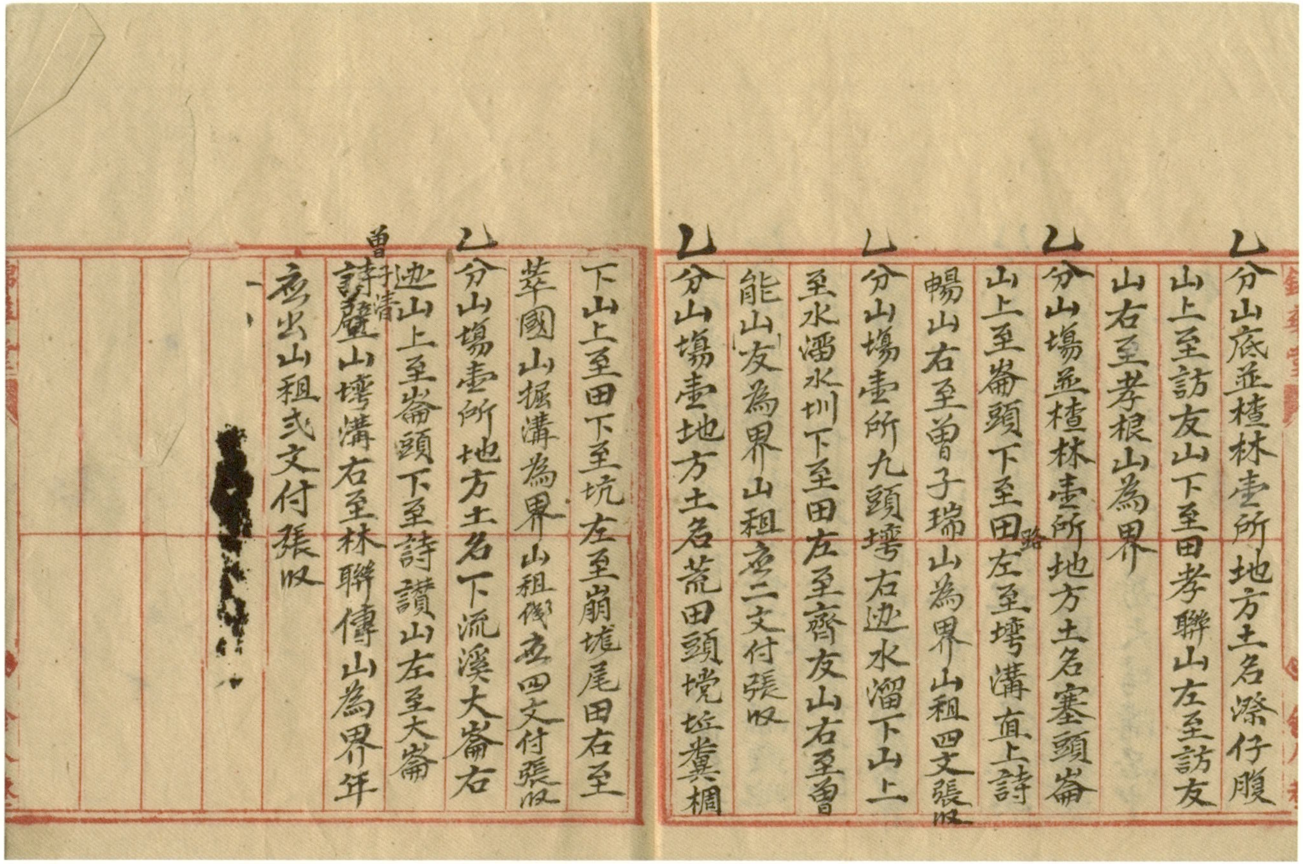

山 分山底並植林壹所地方土名漈仔腹
山上至訪友山下至田孝聯山左至訪友
山右至孝根山為界
山 分山塲並植林壹所地方土名塞頭崙
山上至崙頭下至田路左至墘溝直上詩
暢山右至曾子瑞山為界山租四文張收
山 分山塲壹所九頭墘右邊水溜下山上
至水溜水圳下至田左至齊友山右至曾
能山友為界山租該二文付張收
山 分山塲壹地方土名荒田頭墘並糞桶
下山上至田下至坑左至崩墟尾田右至
萃國山掘溝為界山租衡該四文付張收
山 分山塲壹所地方土名下流溪大崙右
邊山上至崙頭下至詩讚山左至大崙
曾詩清壢山墘溝右至林聯傳山為界年
該出山租弍文付張收

7-6-3-11　民國十年陳氏立勤房鬮書（一一）

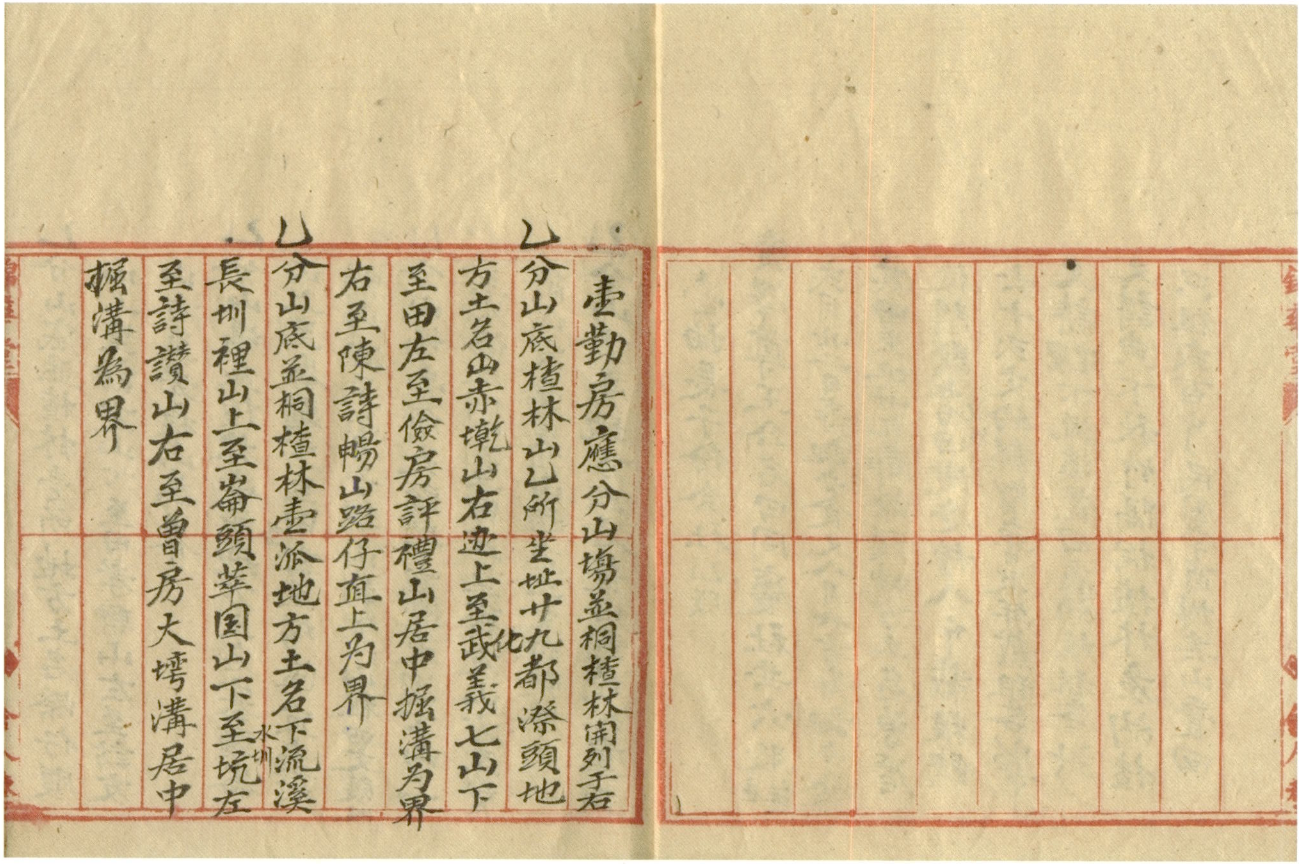
壺勤房應分山場並桐植林開列于右
山　分山底植林山乙所坐址廿九都滌頭地
方土名山赤墘山右边上至化武義七山下
至田左至儉房評禮山居中掘溝為界
右至陳詩暢山路仔直上為界
山　分山底並桐植林壺派地方土名下（水圳）流溪
長圳裡山上至崙頭莘園山下至坑左
至詩讚山右至曾房大壙溝居中
掘溝為界

7-6-3-10　民國十年陳氏立勤房鬮書（一〇）

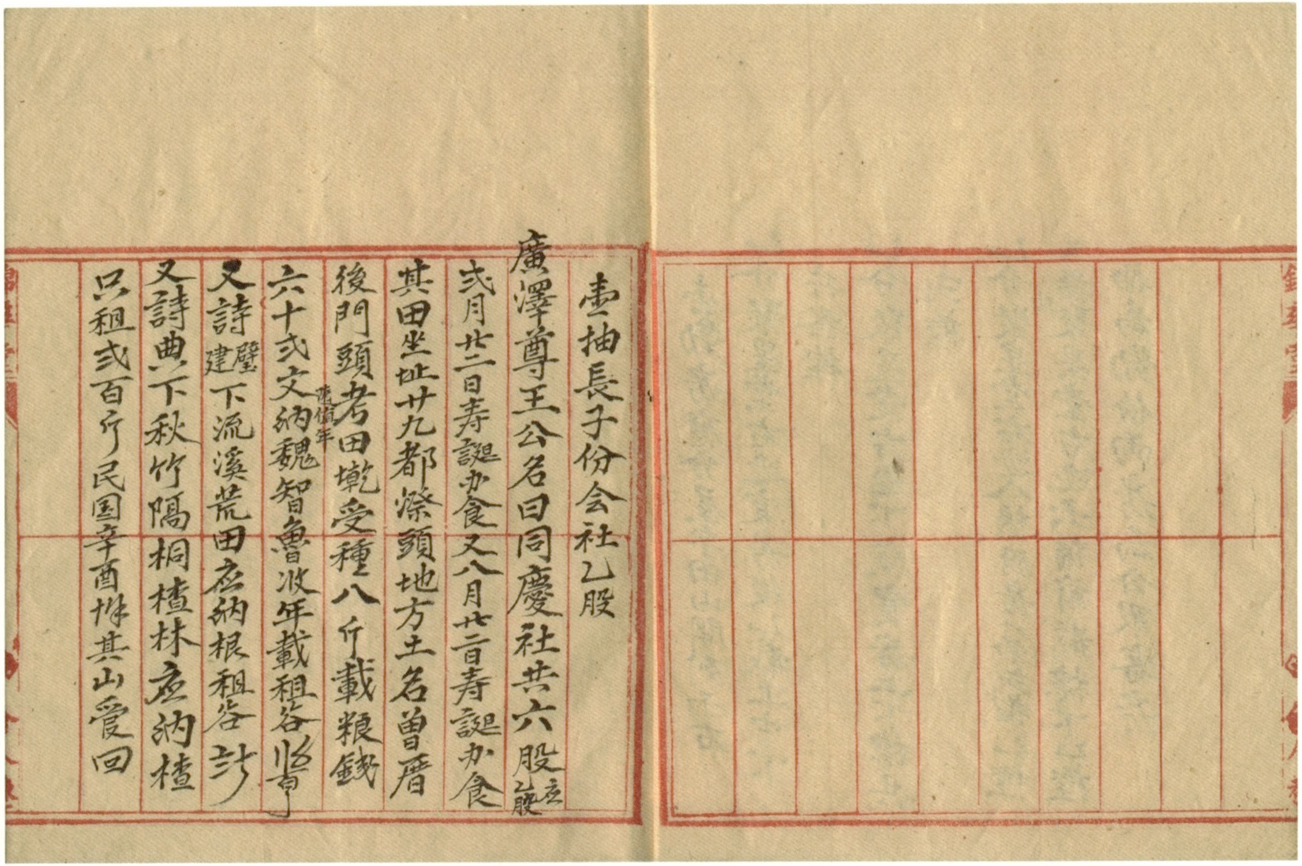
壹抽長子份会社乙股
廣澤尊王公名曰同慶社共六股应乙股
弍月廿二日寿誕办食又八月廿二日寿誕办食
其田坐址廿九都漈頭地方土名曾厝
後門頭考田墘受種八斤載粮錢
六十弍文納魏智魯德俱年派年載租谷訡
又詩壁建下流溪荒田应納根租谷訡
又詩曲下秋竹隔桐植林应納植
只租弍百斤民国辛酉掛其山覆回

7-6-3-9　民國十年陳氏立勤房鬮書（九）

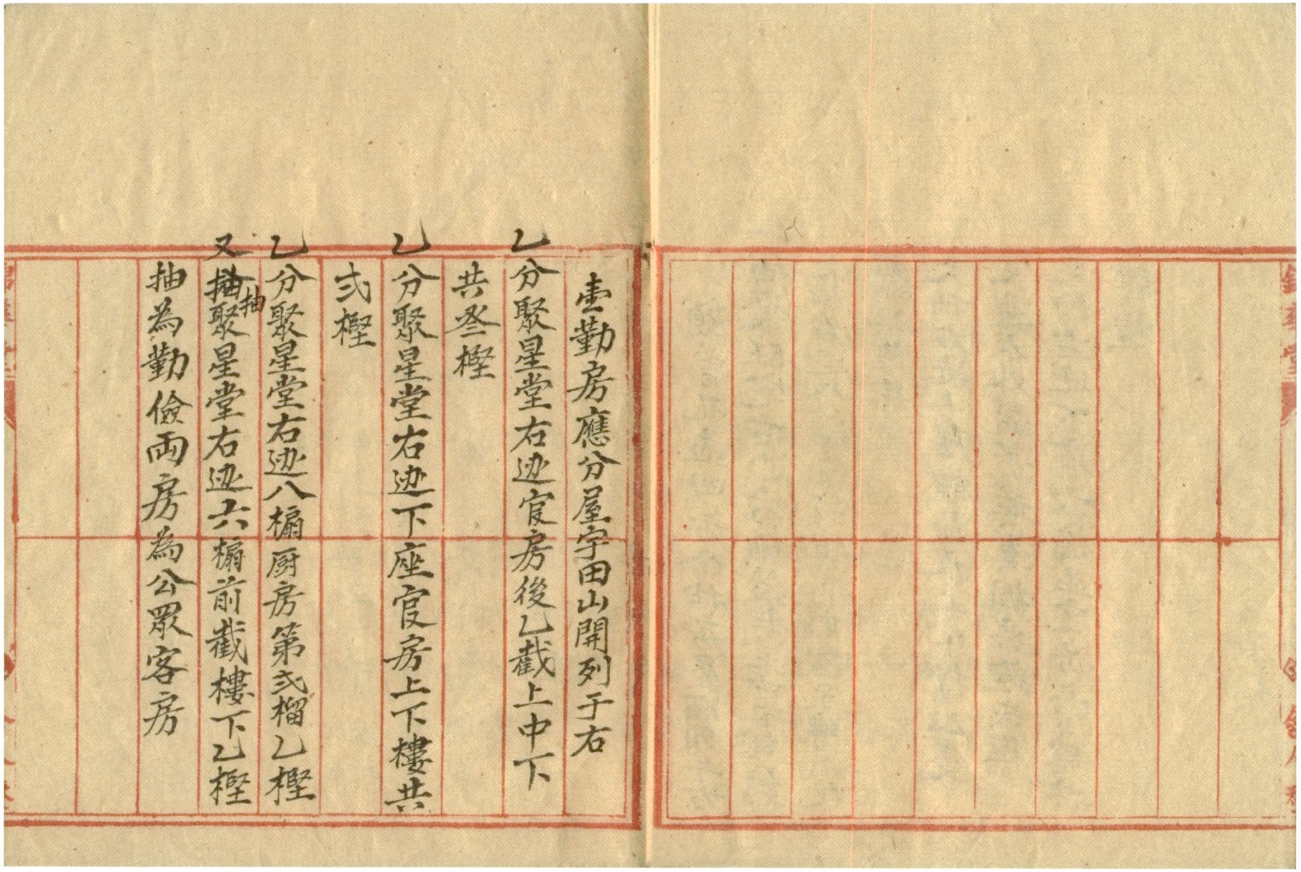

壹勤房應分屋宇田山開列于右
乚分聚星堂右边官房後山截上中下
共叁桱
乚分聚星堂右边下座官房上下樓共
弍桱
乚分聚星堂右边八橺厨房第弍榴山桱
又抽聚星堂右边六橺前截樓下山桱
抽為勤儉兩房為公衆客房

7-6-3-8　民國十年陳氏立勤房鬮書（八）

一抽新洋宅祖厝左边下書院口第弍榴
上下乚直
又左边大横樓横所樓下乚樫並大横衕
乚樫及左边横所樓上官房乚樫
又左边坑仔乾牛欄中截上下弍樫
一抽巔边宅右边官房上下樓乚直
並右边八槅上下乚直
一抽公建塞上座右边正房上中下樓乚
直此以上數位唐虞兩房抽為公賞

顏曾孔孟四房公抽房屋開列于右
一抽東旺宅右边六槅後截上中下樓乚截
又抽右边八槅後截樓下弍樫並樓上後
截乚樫半
又抽右边上座裡過水上下樓乚隻
又過水外厨房並糞椆共樫弍樫
又抽右边下座六槅並官房上下樓共
肆樫

7-6-3-7　民國十年陳氏立勤房鬮書（七）

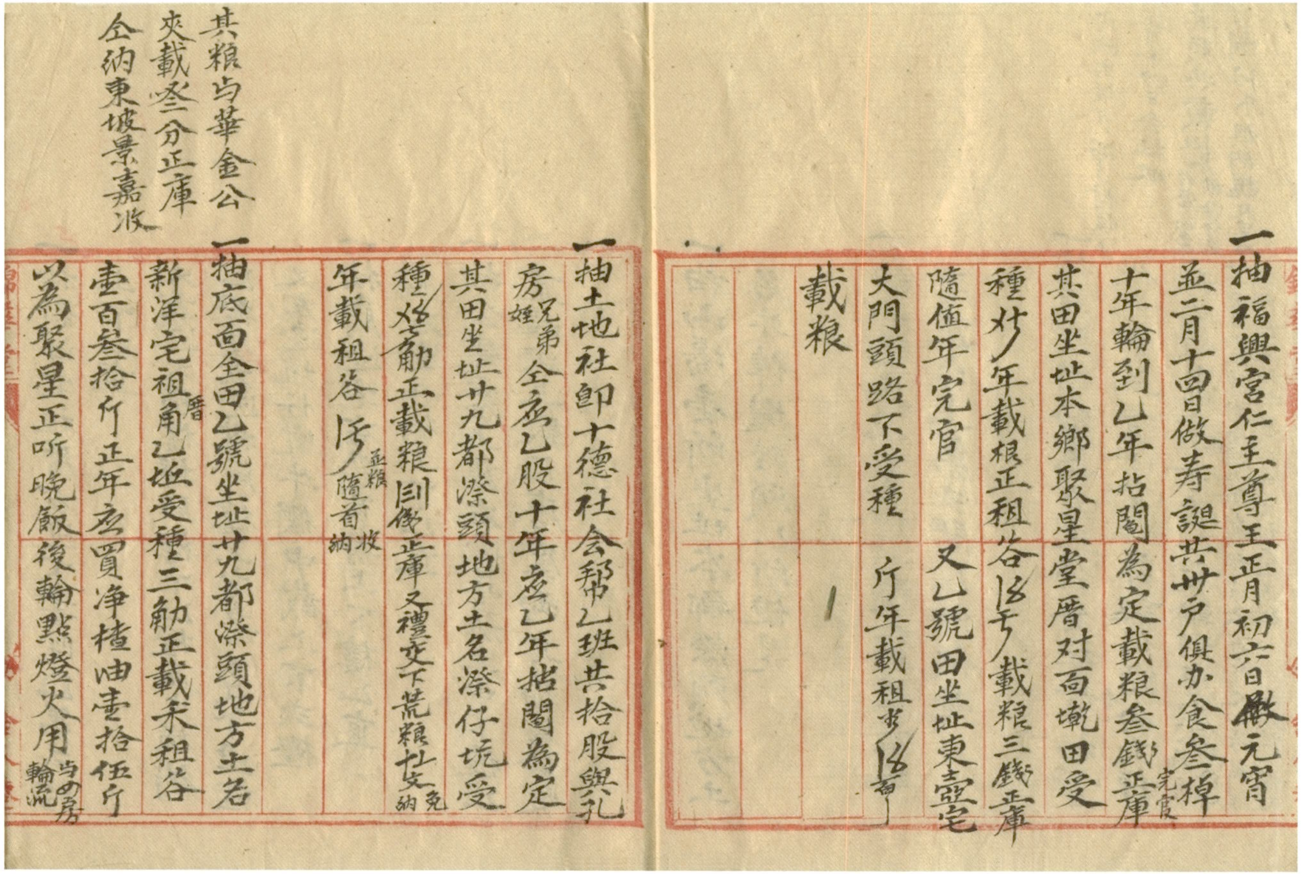

一抽福興宫仁主尊王正月初六日嚴元宵
並二月十四日做寿誕共廿户俱办食叁棹完官
十年輪到乙年拈鬮為定載粮叁錢正庫
其田坐址本鄉聚星堂厝对面墘田受
種乄年載粮正租谷斤乄載粮三錢正庫
隨值年完官　又乙號田坐址東壺宅
大門頭路下受種　斤年載租斤
載粮　|

一抽土地社郎十德社会帮乙班共拾股與孔
房兄弟姪仝应乙股十年应乙年拈鬮為定
其田坐址廿九都漈頭地方土名漈仔坑受
種乄勆正載粮叫錢正庫又禮交下荒粮廿文免納
年載租谷斤並粮隨首收納

一抽底面全田乙號坐址廿九都漈頭地方土名
新洋宅祖角厝乙坵受種三勆正載禾租谷
壹百叁拾斤正年应買淨植油壹拾伍斤
以為聚星正听晚飯後輪點燈火用与四房輪流

共粮与華金公
夾載叁分正庫
仝納東坡景嘉收

7-6-3-6　民國十年陳氏立勤房鬮書（六）

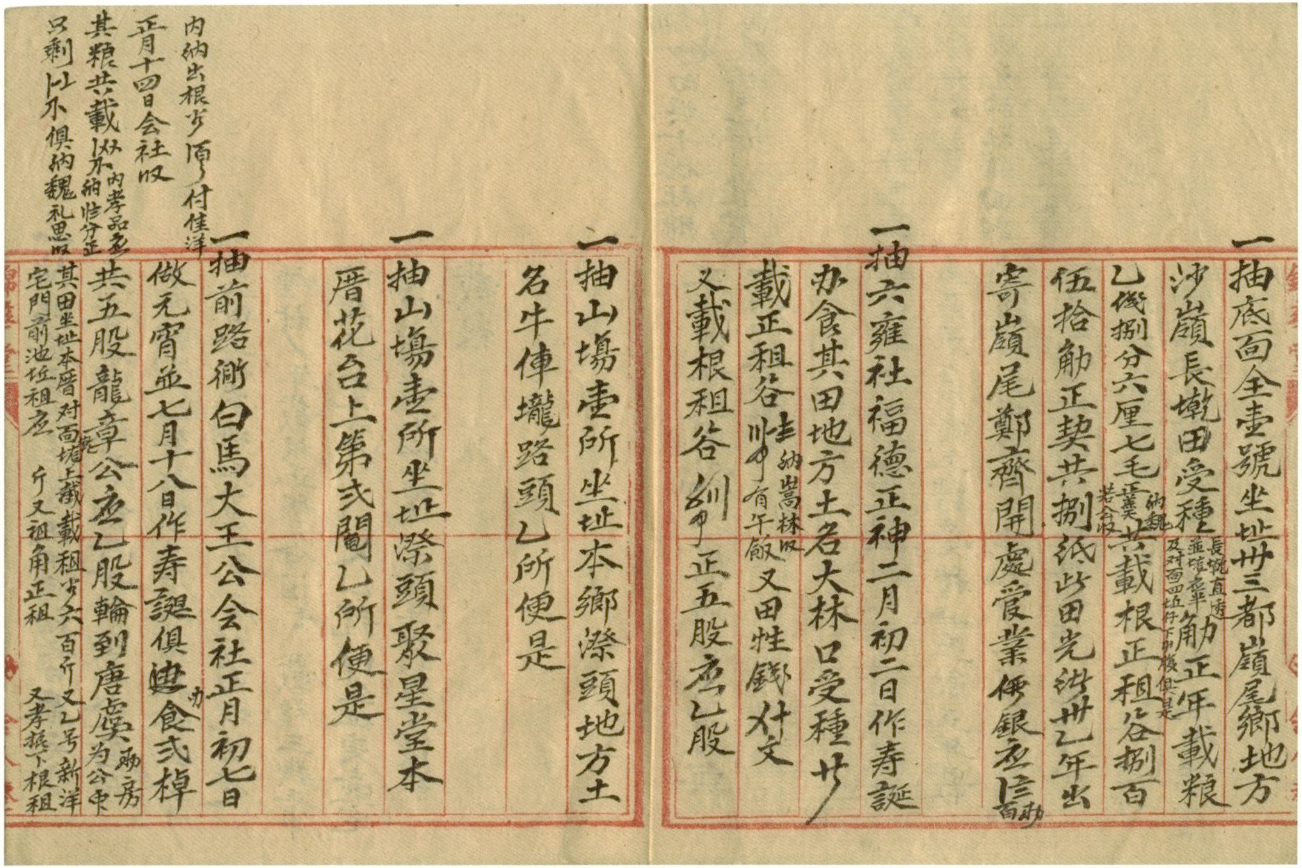

一抽底面全壹號坐址卅三都嶺尾鄉地方
沙嶺長墘田受種（長墘直透並壇壹半）觔正年載粮
乙儎捌分六厘七毛（納耗並養若合收）共載根正租谷捌百
伍拾觔正契共捌紙此田光绪卅乙年出
壽嶺尾鄭齊開處買業價銀壹佰（及対面田四坵什下如股俱是）

一抽六雍社福德正神二月初二日作壽誕
办食其田地方土名大林口受種廿ノ
載正租谷壯卅ノ（納嵩林收有午斂）又田牲錢廿文
又載根租谷卅ノ正五股應乙股

一抽山場壹所坐址本鄉漈頭地方土
名牛俥壠路頭乙所便是

一抽山塲壹所坐址漈頭聚星堂本
厝花台上第弍闌乙所便是

一抽前路衕白馬大王公会社正月初七日
做元宵並七月十八日作壽誕俱办食弍棹
共五股龍章公應乙股輪到唐{}為公
其田坐址本厝对面墻上載載租ケ六百斤又乙号新洋
宅門前池坵租應　斤又祖角正租　又孝振下根租

内納出根ケ陌丿付佳洋
正月十四日会社收
其粮共載乙〇外内孝品多納陸分正
只剩乙〇外俱納魏礼思收

7-6-3-5　民國十年陳氏立勤房鬮書（五）

一抽底面田壹號坐址廿九漈頭地方土名
倉厝洋尾墻受種弍觔正林禮成下
其粮对換各納年載上下季租谷壹
百觔正契共柒紙此田宣統弍年胡出寄
十德社管業

此田民国甲子肆弍
月十九日以交倫錢
捌万向與十德社贖
田根歸侗丁管業

一抽底面全田壹號坐址廿九都漈頭地方
土名坑尾洋坂即橋頭坂受種四觔正粮
□分五分五厘正庫年載租谷弍三百觔

此田民国甲子肆弍月
十九日以交倫出錢四00
(如上) 向與十德社贖
田根租歸侗丁管業

正此田租民国乙卯丁巳庚申年俱出寄與
十德社管業

一抽底面全田壹號坐址廿九都漈頭地方
土名羊角墩上號受種廿五觔正年載
粮玖分弍厘七毛正庫此田先從卅仔蒸宣統
元年出寄元帥社众收租侗丁管業
又塆坵乙半众租歸侗丁宣统三年出寄
虞友公処管業兩號共載粮 [illegible]伴全完官

此田民国甲子肆弍月一
十九日倫錢弍卅万（收）
向與元帥社贖田即
寄夾虞友公管業

7-6-3-4　民國十年陳氏立勤房鬮書（四）

雙親養膳田山並屋宇開列於左

一抽底面全田壹號坐址廿九都漈頭地方

土名大林口上荒田孝益佃年约納根

租谷壹百伍拾觔正此本山無粮

一抽底面全田壹號坐址廿九都漈頭地

方土名長潭坂受種捌觔正年載上下

季租谷肆百觔正蔡章甫下其粮对

換各納契共玖紙此田民国壬子元年出寄虞

友公管業

此田民国甲子肆式月十九日以交倫錢

以上弍方向與虞友公贖回管業根租陌

7-6-3-3　民國十年陳氏立勤房鬮書（三）

序

余承祖父之遺欲光前業欲恢後
緒俯仰厥躬未云如意第念其生
平少而勤敏長而勵志未嘗一日
以嬉室人檀氏其佐余也商有謀無
可否峻色厲聲莫少形焉育諸男
女二人婚娶既畢向之願也亦云平
矣念余二人偕老內外總理倦勤欲
分營於子孫聊以偷閑桑榆之歲
月爰卜吉日敬敦族戚親朋將祖
父所置房屋田園山業並手置好歹均
勻分為兩鬮至於擇號之曰勤儉兩字
為弍房之號立兩鬮就祖宗炉前各拈
壹鬮以為子孫世守庶不至異日有競
長較短之端也唯期既分之後子孫
則彌昌彌熾產業則愈富愈盈盛
有以光前有以裕後以續余之深
願也夫

旹

中華民國辛酉拾年弍月初四日立

7-6-3-2　民國十年陳氏立勤房鬮書（二）

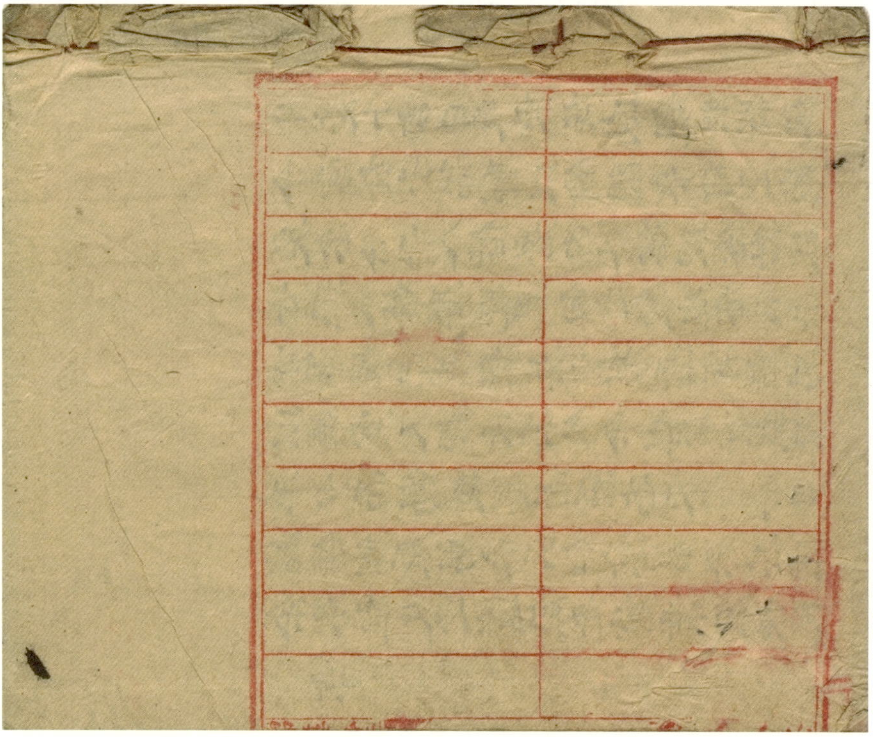

7-6-3-1　民國十年陳氏立勤房鬮書（一）

7-6-2-37　清光緒八年陳詩煥置孟四房鬮書（三七）

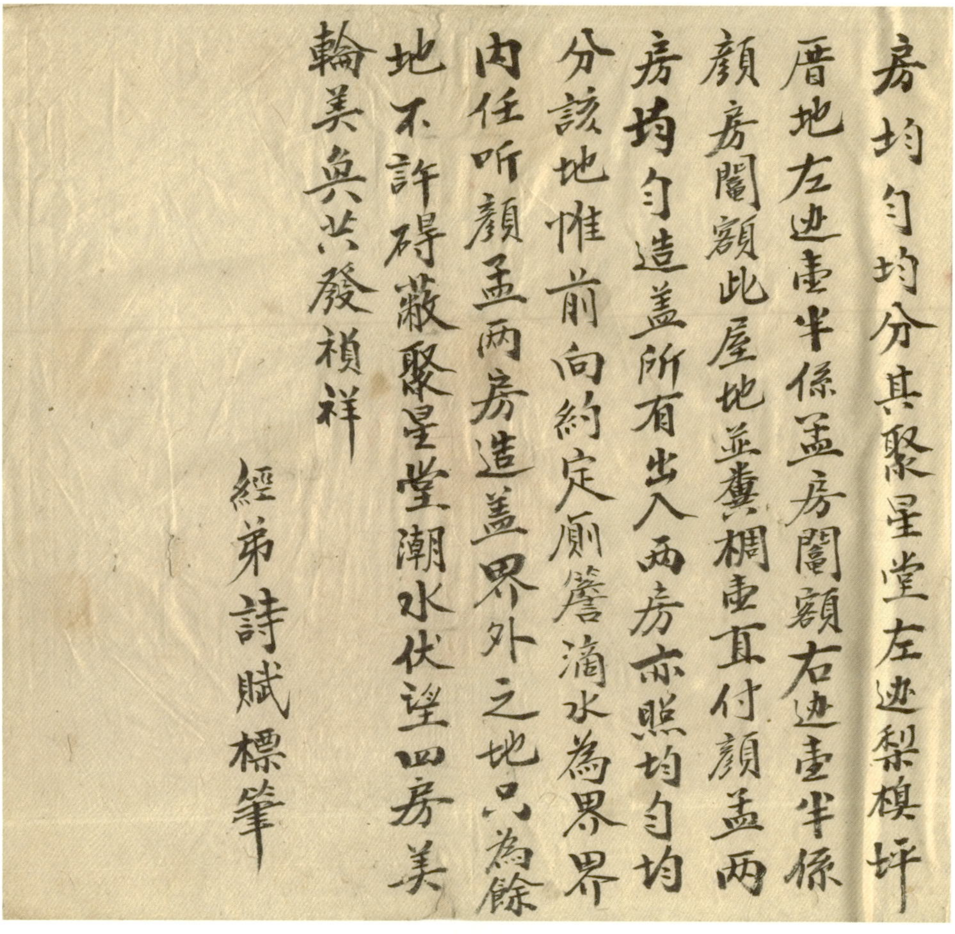

房均匀均分其聚星堂左边梨模坪
厝地左边壹半係孟房闔額右边壹半係
顏房闔額此屋地並糞橺壹直付顏孟兩
房均匀造蓋所有出入兩房亦照均匀均
分該地惟前向約定厠簷滴水為界界
内任听顏孟兩房造蓋界外之地只為餘
地不許碍蔽聚星堂潮水伏望四房美
輪美奐共發禎祥
經弟詩賦標筆

7-6-2-36　清光緒八年陳詩焕置孟四房鬮書（三六）

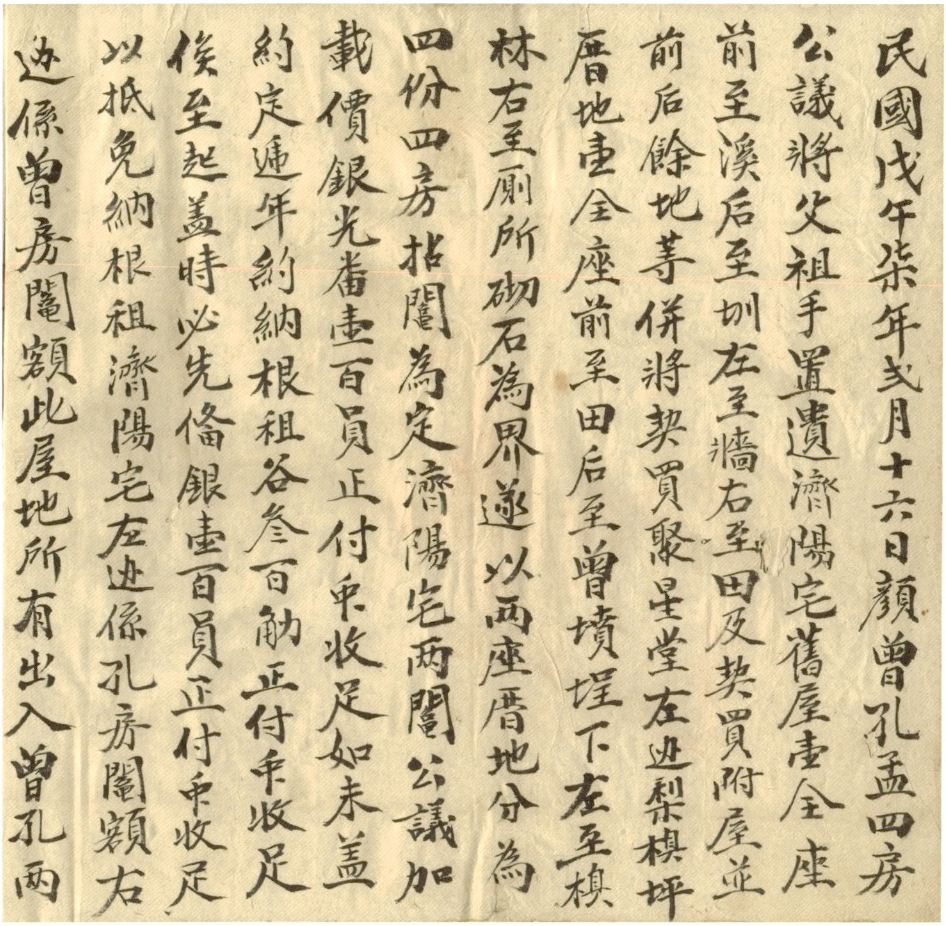
民國戊午柒年弍月十六日顏曾孔孟四房
公議將父祖手置遺濟陽宅舊屋壹全座
前至溪后至圳左至牆右至田及契買附屋並
前后餘地等併將契買聚星堂左边梨槙坪
厝地壹全座前至田后至曾墳埕下左至槙
林右至厕所砌石為界遂以兩座厝地分為
四份四房拈鬮為定濟陽宅兩鬮公議加
載價銀光番壹百員正付乗收足如未盖
約定逓年約納根祖谷叁百觔正付乗收足
後至起盖時必先備銀壹百員正付乗收足
以抵免納根祖濟陽宅左边係孔房鬮額右
边係曾房鬮額此屋地所有出入曾孔兩

7-6-2-35　清光緒八年陳詩煥置孟四房鬮書（三五）

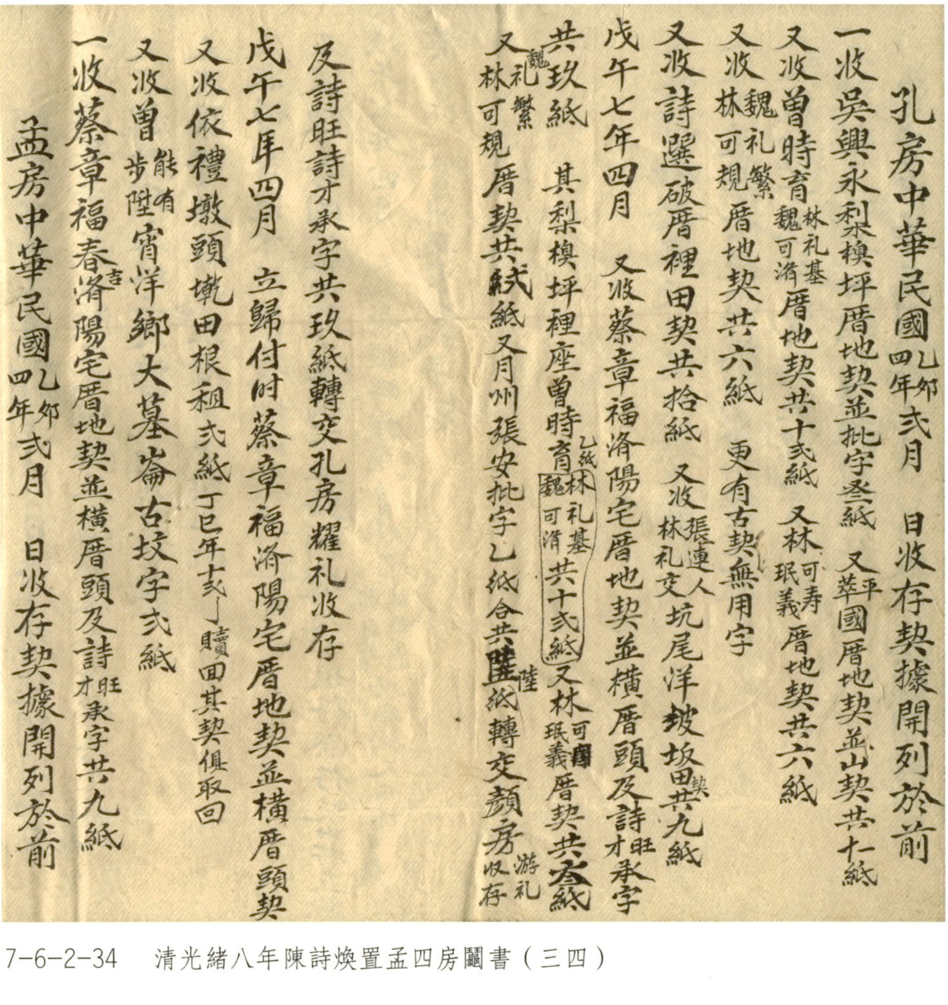
孔房中華民國四年乙卯弍月　日收存契據開列於前
一收吳興永梨樸坪厝地契並批字叁紙　又平華國厝地契並山契共十一紙
又收曾時育林礼基魏可濟厝地契共十弍紙　又林可寿珉義厝地契共六紙
又收魏礼繁林可規厝地契共六紙　更有古契無用字
又收詩選破厝裡田契共拾紙　又收張連人林礼交坑尾洋墩坂田契共九紙
戊午七年四月　又收蔡章福濟陽宅厝地契並橫厝頭及詩旺才承字
共玖紙　其梨樸坪裡座曾時育乙紙林礼基魏可濟共十弍紙又林可□珉義厝契共叁紙
又魏礼繁林可規厝契共貳紙又月州張安批字乙紙合共陸紙轉交顏房游礼收存
及詩旺詩才承字共玖紙轉交孔房耀礼收存
戊午七年四月　立歸付时蔡章福濟陽宅厝地契並橫厝頭契
又收依禮墩頭墘田根租弍紙丁巳年十二月賣田其契俱取回
又收曾有能步陞宵洋鄉大墓崙古坟字弍紙
一收蔡章福春吉濟陽宅厝地契並橫厝頭及詩旺才承字共九紙
孟房中華民國四年乙卯弍月　日收存契據開列於前

7-6-2-34　清光緒八年陳詩煥置孟四房鬮書（三四）

顏房中華民國乙卯四年弍月 日收存契據開列於左

一收陳贊書荒田頭田正租契並斷契及尽找字共九紙義祥乙紙有厤契

又收魏珍珩大坂上大垃田根租契共七紙

又收陳贊輝新洋宅祖厝角田契乙紙

又收曾習連下流溪長圳山契共五紙

又收陳善國荒田頭糞桐下並路頭壠及下坂仔淼仔坑山共五紙

戊午七年四月 又收梨欖坪裡座曽時育魏礼繁林珉義共叁紙又收林可規可国租契弍紙又收月州張家安批字乙紙

又收詩煥長潭坂田根租契共壹紙

又收王孟華下流溪坡頭崙山契共七紙

又收成禮十德社 賣契並歸付字共弍紙

一收陳贊書荒田頭田根租契乙紙

曾房中華民國乙卯四年弍月 日收存契據開列於前

7-6-2-33 清光緒八年陳詩煥置孟四房鬮書（三三）

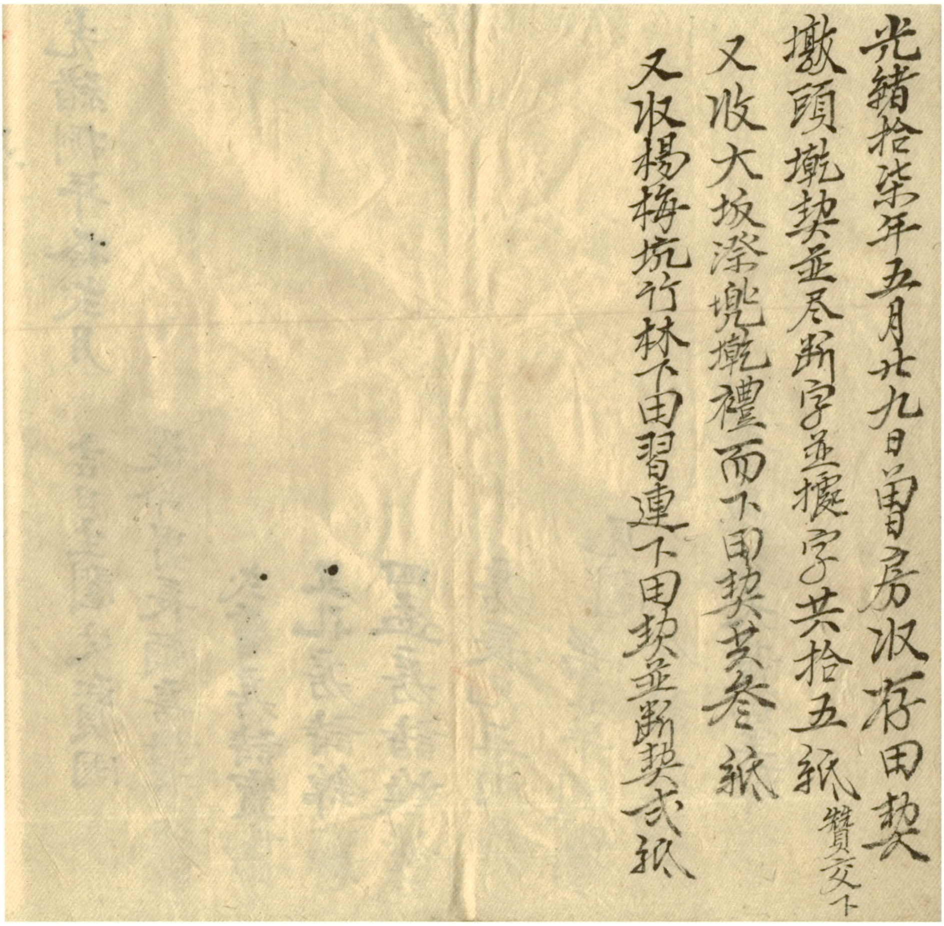

光緒拾柒年五月廿九日曾房收存田契
墩頭墘契並盡斷字並擬字共拾五紙 贊交下
又收大坂漈兜墘禮而下田契共叁紙
又收楊梅坑竹林下田習連下田契並斷契弍紙

7-6-2-32　清光緒八年陳詩煥置孟四房鬮書（三二）

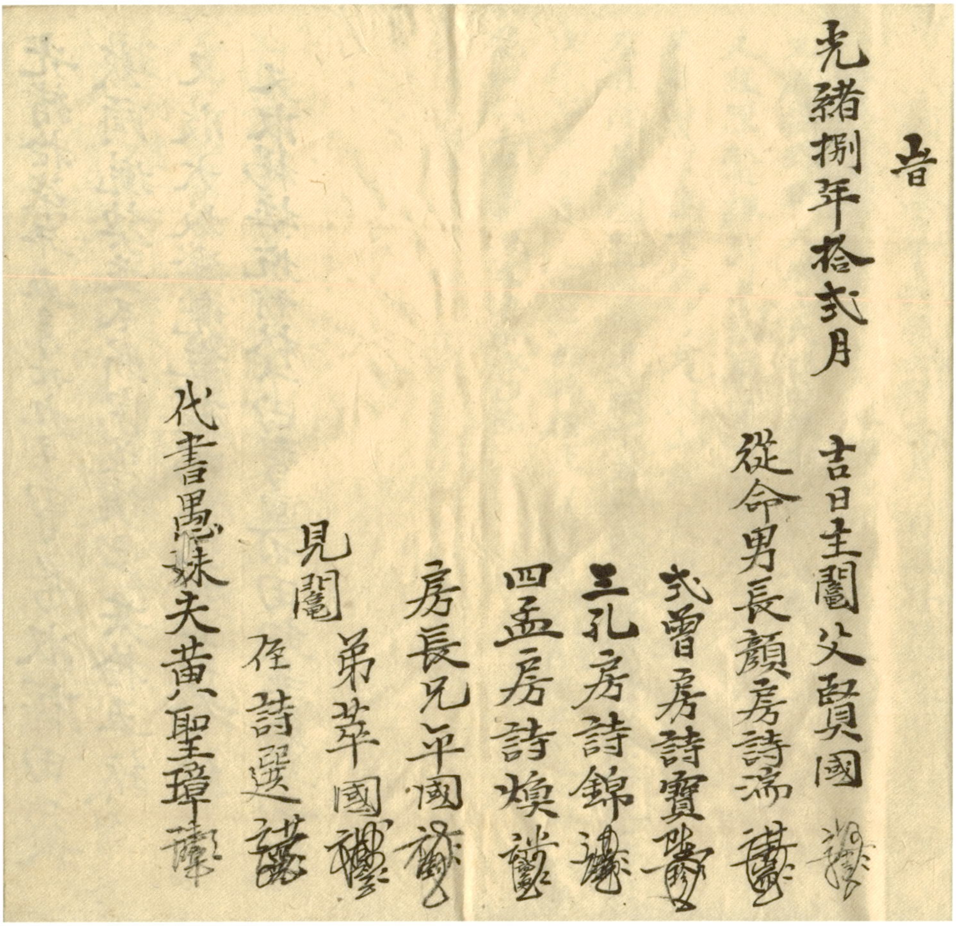

合

光緒捌年拾弍月

吉日主鬮父賢國

從命男長顏房詩添

弍曾房詩寶

三孔房詩錦

四孟房詩煥

房長兄平國

見鬮　弟華國

侄詩選

代書愚妹夫黃聖璋

7-6-2-31　清光緒八年陳詩煥置孟四房鬮書（三一）

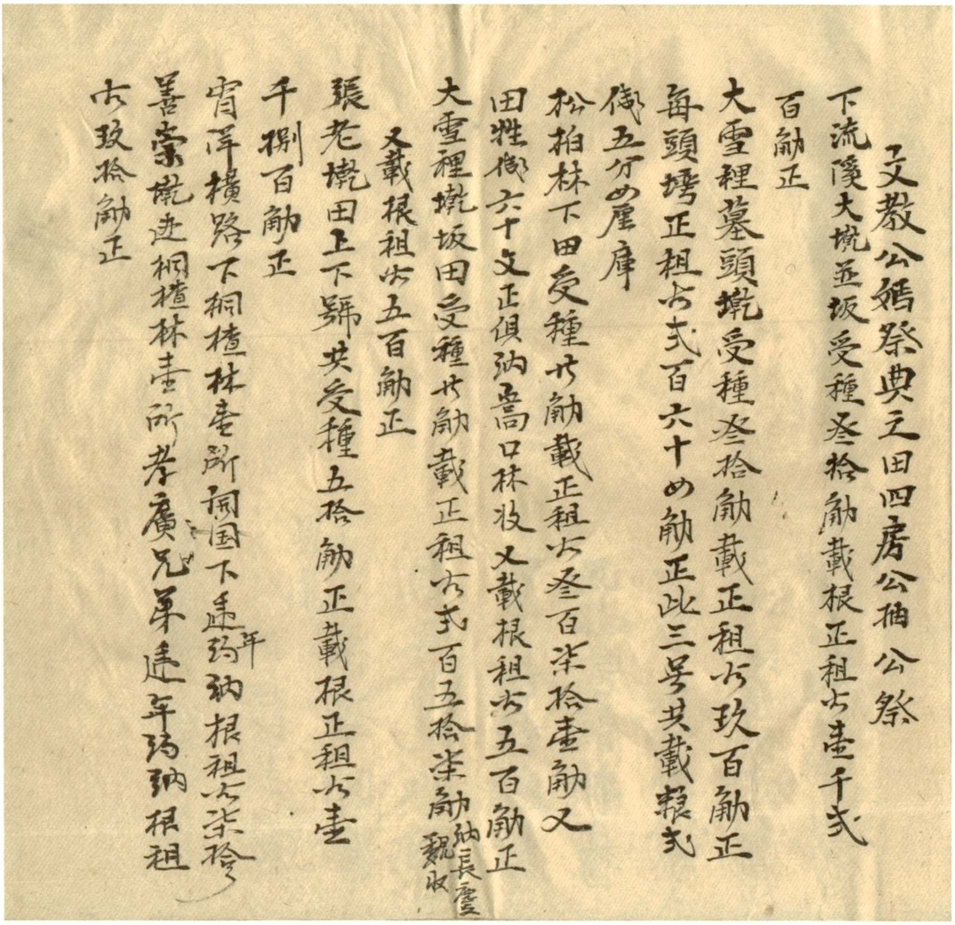

文教公嘗祭典之田四房公抽公祭
下流溪大墘孟坂受種叁拾觔載根正租谷壹千弍
百觔正
大丘裡墓頭墘受種叁拾觔載正租谷玖百觔正
每頭塆正租谷弍百六十〆觔正此三号共載根弍
御五分〆厝庫
松柏林下田受種廿觔載正租谷叁百柒拾壹觔又
田姓御六十文正俱納高口林放又載根租谷五百觔正
大丘裡墘坂田受種廿觔載正租谷弍百五拾柒觔納長房親收
又載根租谷五百觔正
張老墘田上下𨁂共受種五拾觔正載根正租谷壹
千捌百觔正
宵洋橫路下桐植林壹所祠国下逐年均納根租谷柒拾
善棠墘边桐植林壹所孝廣兄弟逐年均納根祖
谷玖拾觔正

7-6-2-30　清光緒八年陳詩煥置孟四房鬮書（三〇）

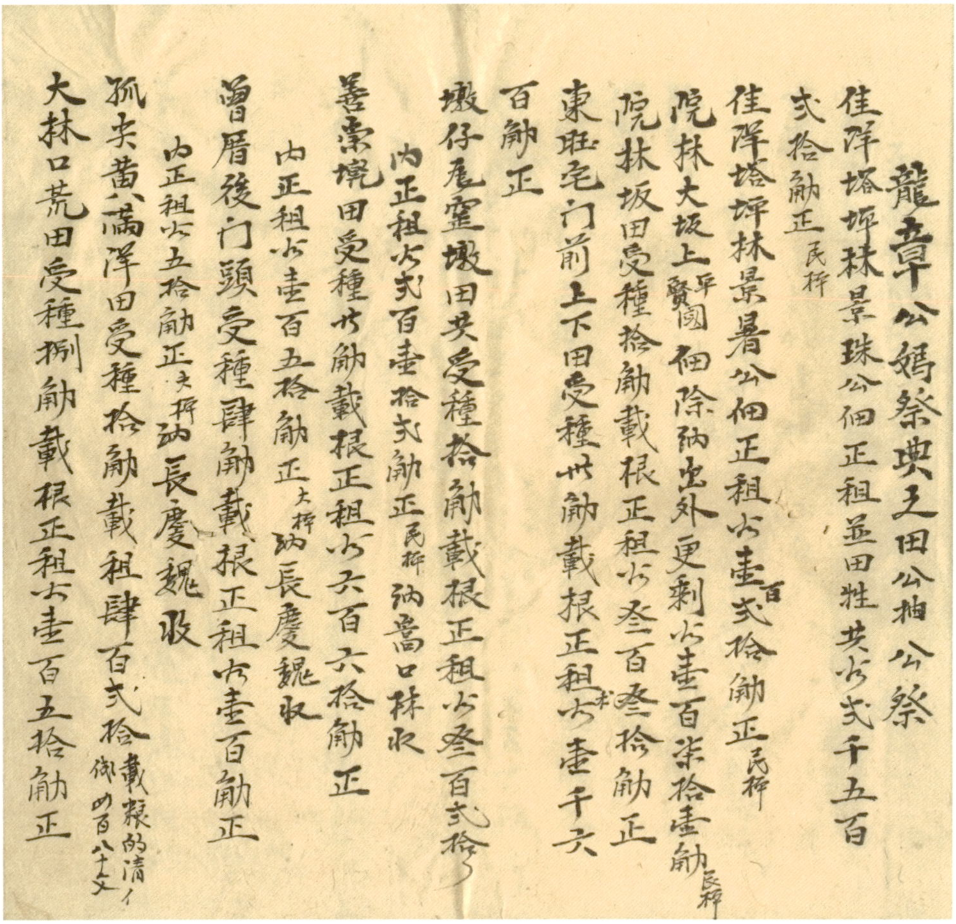

龍章公媽祭典之田公抽公祭

佳洋塔坪林景珠公佃正租並田牲共谷弍千五百弍拾觔正民秤

佳洋塔坪林景暑公佃正租谷壹百弍拾觔正民秤

院林大坂上平賢國佃除納虫外更剩谷壹百柒拾壹觔民秤

院林坂田受種拾觔載根正租谷叁百叁拾觔正

東莊宅门前上下田受種卅觔載根正租老谷壹千六百觔正

墩仔尾窒墩田共受種拾觔載根正租谷叁百弍拾

内正租谷弍百壹拾弍觔正民秤納高口林収

善棗墘田受種廿觔載根正租谷六百六拾觔正

内正租谷壹百五拾觔正大秤納長慶䰟收

曾厝後门頭受種肆觔載根正租谷壹百觔正

内正租谷五拾觔正大秤納長慶䰟收

孤尖黄𣎴满洋田受種拾觔載租肆百弍拾載粮的清イ銀九百八十文

大林口荒田受種捌觔載根正租谷壹百五拾觔正

7-6-2-29　清光緒八年陳詩煥置孟四房鬮書（二九）

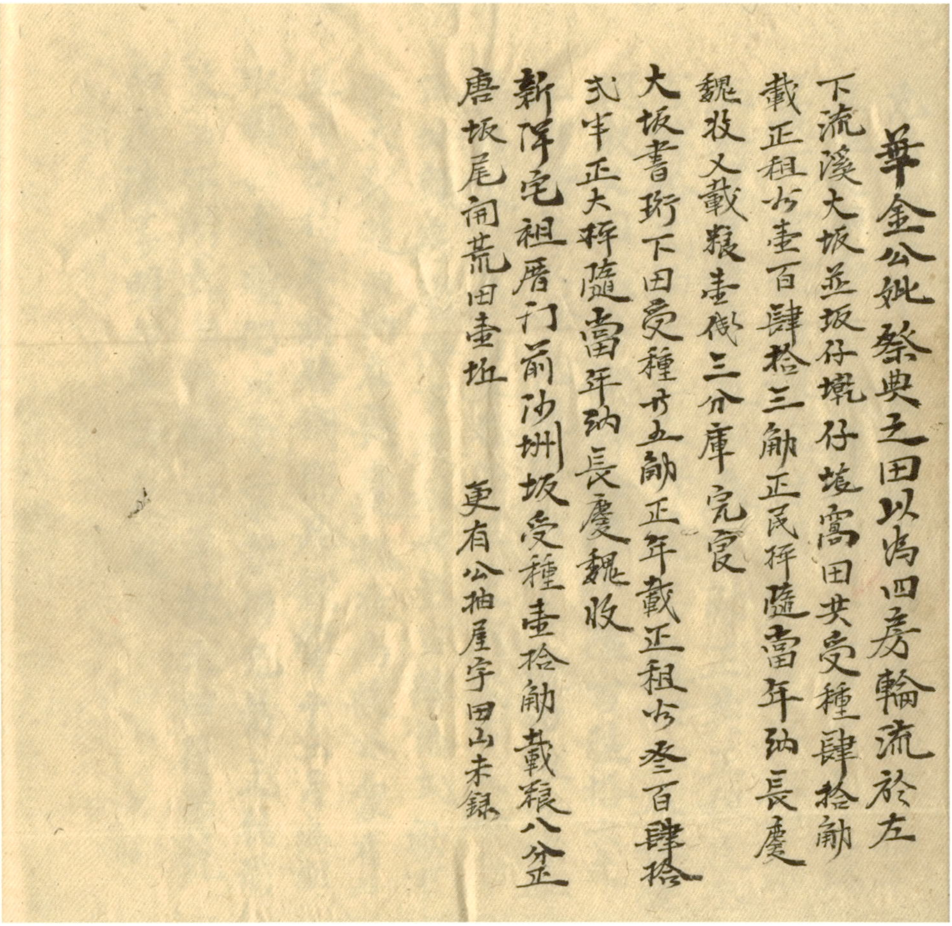

華金公妣 祭典之田以为四房輪流於左
下流溪大坂並坂仔墘仔垱高田共受種肆拾觔
載正租谷壹百肆拾三觔正民秤隨當年納長慶
䰟收又載粮壹錢三分庫完官
大坂書術下田受種廿五觔正年載正租谷叁百肆拾
弍半正大秤隨當年納長慶䰟收
新洋宅祖厝门前沙卅坂受種壹拾觔載粮八分正
唐坂尾涧荒田壹坵　更有公抽屋宇田山未録

7-6-2-28　清光緒八年陳詩煥置孟四房鬮書（二八）

光緒丙子年起蓋時應用顏房錢肆拾千
文正又用曾房錢肆拾千文正即將大坂踹
義下壹號田租谷付顏房應收叁百觔
正付曾房應收心叁百觔正其正租谷叁
百肆拾弍觔半正大秤遞年隨田納在長慶
魏收又用孟房錢肆拾陸千陸百陸拾六文
正即將大坂塗垅珍珩下壹號田租心付孟
房應收谷叁百五拾觔正更剩弍百五拾觔
正分顏房闔份下其正租心叁百肆拾弍觔半
正大秤隨田納在長慶魏收向後公衆有力
之日不拘年期備錢照此錢聲十二月爲期
取贖如來贖仍旧壹業孝傳兄弟之約前
父名下所立向後贖田垦垅之田付曾孔
丙房清筭明白不許衆收

7-6-2-27　清光緒八年陳詩煥置孟四房鬮書（二七）

下至圳左至言國山右至詩蓮山鴻界

一分山底壶泒地方土名大坂頭左迹裡大壋山上至崙頭下至溪左至中崙直上與詩蓮山右至孝益山壋溝内圳下桐林 公劉甲申年起至辛卯年冬止

7-6-2-26　清光緒八年陳詩煥置孟四房鬮書（二六）

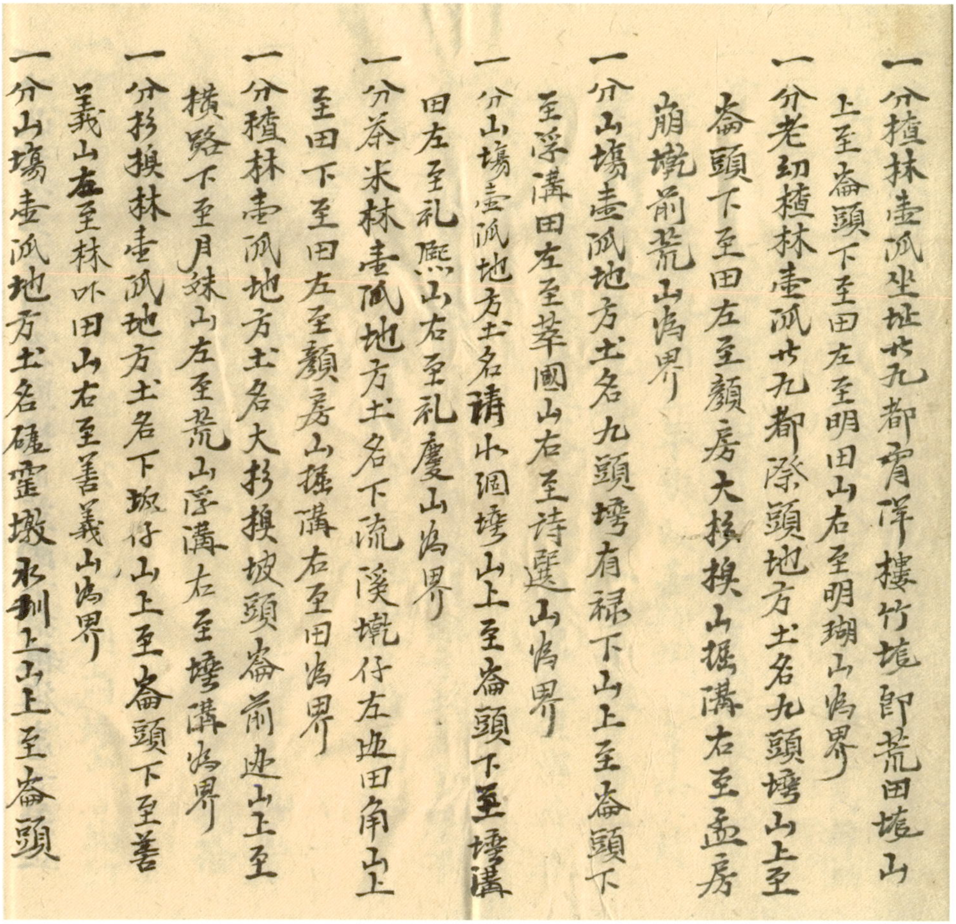

一分植林壹岻坐址廿九都宵洋樓竹墘即荒田墘山
上至崙頭下至田左至明田山右至明瑚山爲界
一分老圳植林壹岻廿九都際頭地方土名九頭墇山上至
崙頭下至田左至顏房大杉換山掘溝右至孟房
崩墘前荒山爲界
一分山場壹岻地方土名九頭墇有禄下山上至崙頭下
至浮溝田左至華國山右至詩選山爲界
一分山場壹岻地方土名請小閫墇山上至崙頭下至墇溝
田左至礼熙山右至礼慶山爲界
一分茶米林壹岻地方土名下流溪墘仔左延田角山上
至田下至田左至顏房山掘溝右至田爲界
一分植林壹岻地方土名大杉換坡頭崙前延山上至
横路下至月妹山左至荒山浮溝右至墇溝爲界
一分杉換林壹岻地方土名下坂仔山上至崙頭下至善
義山左至林吓田山右至善義山爲界
一分山場壹岻地方土名礶壟墩永訓上山上至崙頭

7-6-2-25　清光緒八年陳詩煥置孟四房鬮書（二五）

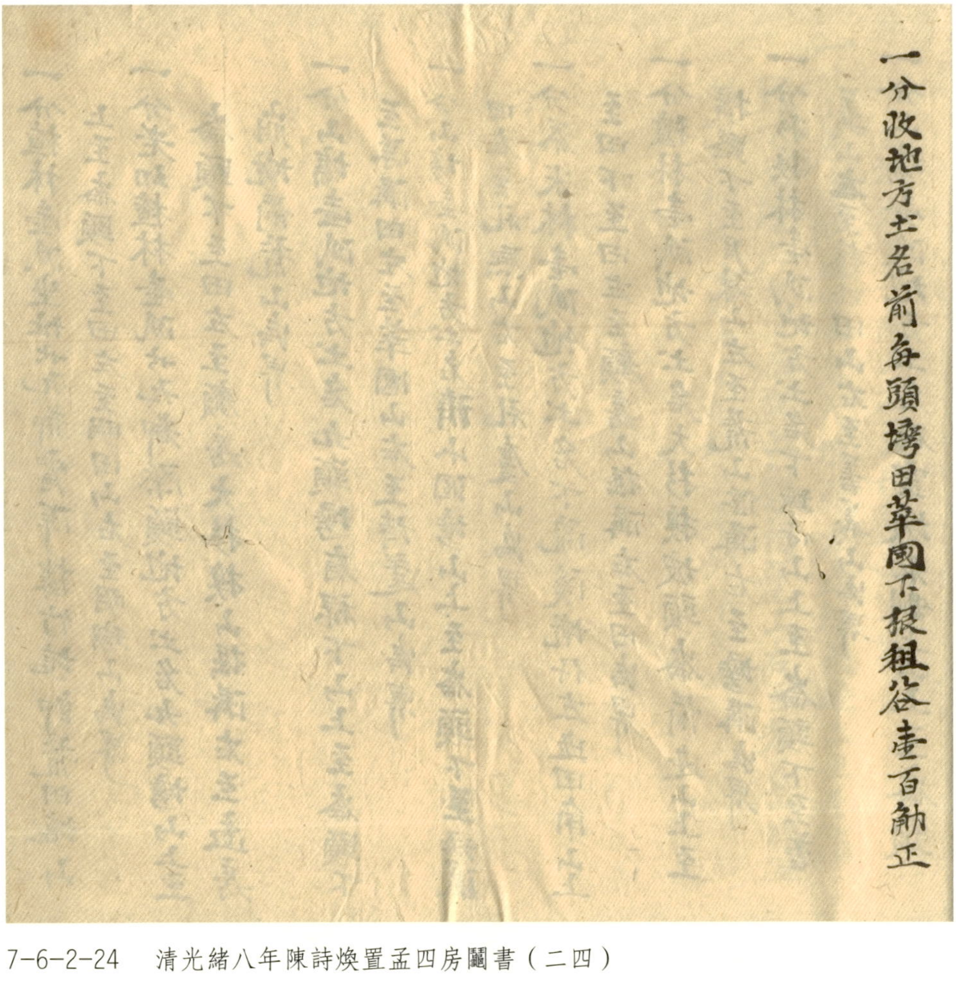

一分收地方土名前角頭墘田蕐園下根租谷壹百觔正

7-6-2-24　清光緒八年陳詩焕置孟四房鬮書（二四）

一分根面全田壹號坐址廿九都際頭地方土名丕岸墘受
種叁拾觔正年載正租谷弍百弍拾壹觔正民揮納
在佳洋林收
一分底面全田壹號坐址廿九都際頭地方土名破厝裡等
處共受種肆拾觔正年載粮壹錢捌分庫與詩
選同納曾家收　年載根正租谷壹千弍百觔正年
載粮的清錢肆百叁拾弍文納曾家收俱與詩選
均納均分
一分底面全田壹號坐址廿九都際頭地方土名倉厝洋
卽呼墓林仔下受種拾觔載租壹百觔載粮的清
錢壹百五拾文正
一分底面全田壹號坐址廿九都際頭地方土名坑尾洋
坂卽呼橋頭坂田尾址壹址載根正租谷壹百捌拾
觔正載粮五分壹厘庫
一分收曾有莊植林山地方土名荒田頭崩墘山言移納
根租谷壹百弍拾觔正

7-6-2-23　清光緒八年陳詩煥置孟四房鬮書（二三）

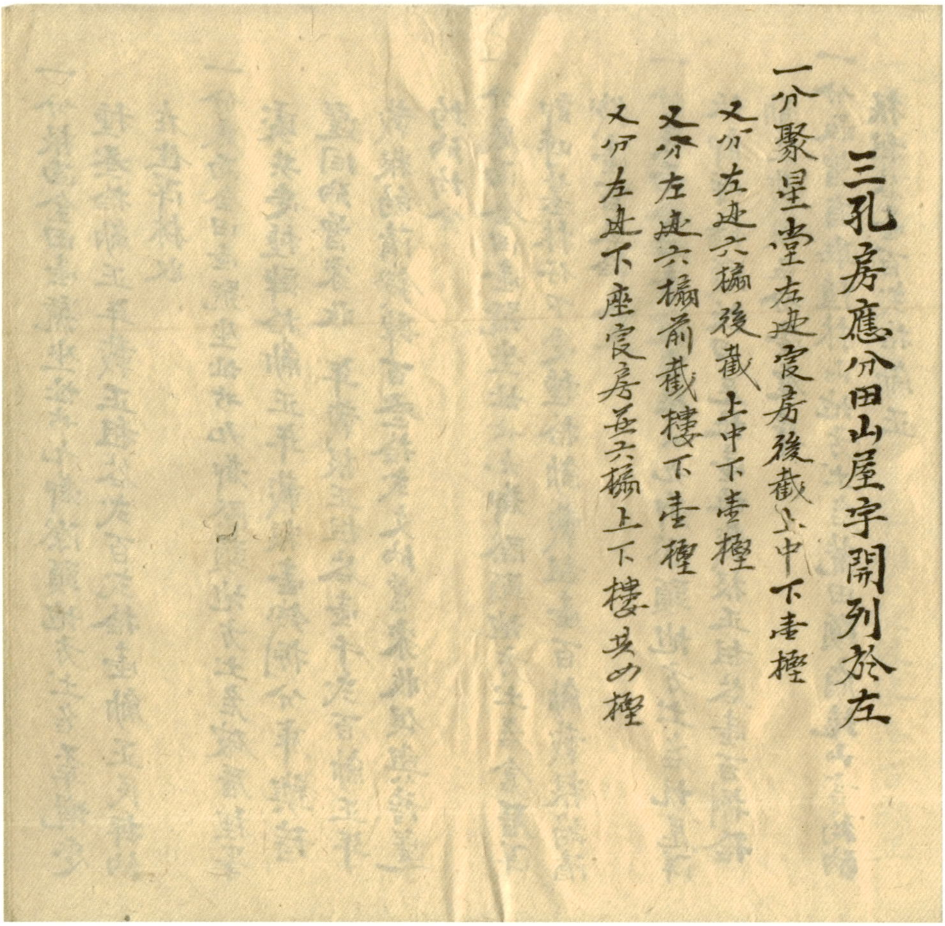
三孔房應分田山屋宇開列於左
一分聚星堂左边底房後截上中下壹植
又分左边六扇後截上中下壹植
又分左边六扇前截樓下壹植
又分左边下座底房并六扇上下樓共四植

7-6-2-22　清光緒八年陳詩煥置孟四房鬮書（二二）

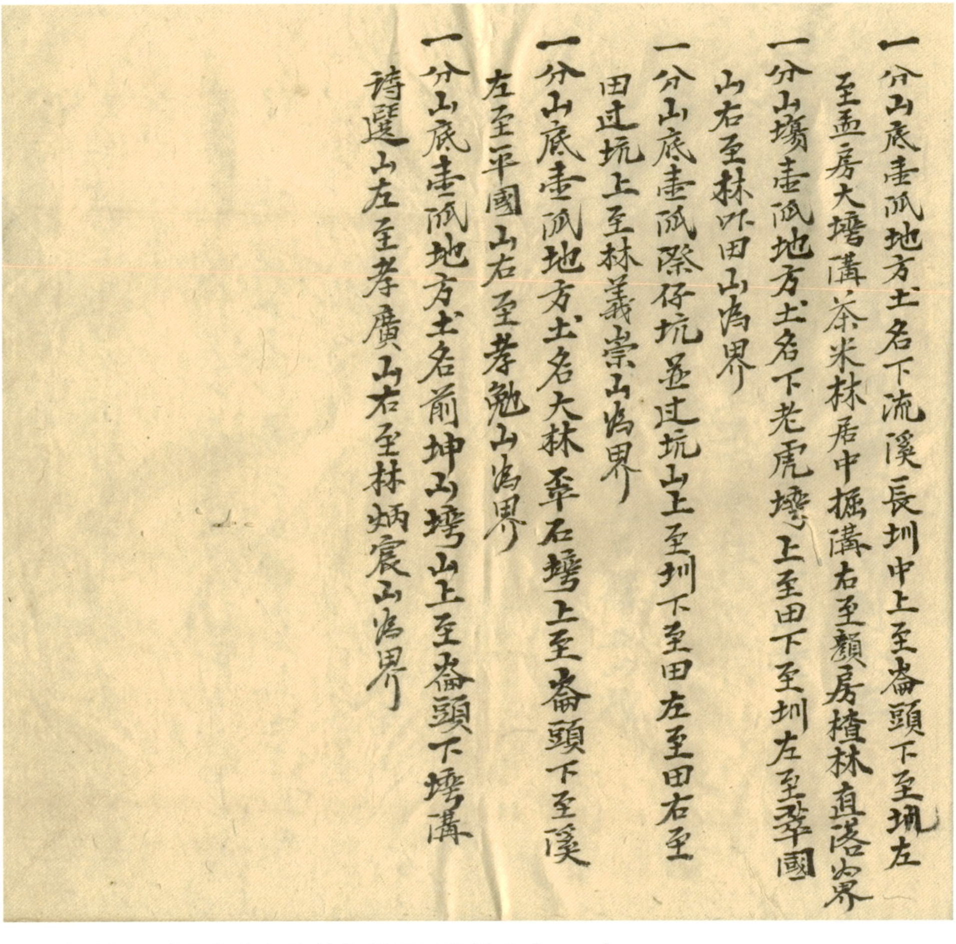

一分山底坐派地方土名下流溪長圳中上至崙頭下至垅左至孟房大塆溝茶米林居中掘溝右至顏房楂林直落為界

一分山塆坐派地方土名下老虎塆上至田下至圳左至華國山右至林吓田山為界

一分山底坐派際仔坑并过坑山上至圳下至田左至田右至田过坑上至林義崇山為界

一分山底坐派地方土名大林華石塆上至崙頭下至溪左至一平國山右至孝勉山為界

一分山底坐派地方土名前坤山塆山上至崙頭下塆溝詩選山左至孝廣山右至林炳宸山為界

7-6-2-21　清光緒八年陳詩煥置孟四房鬮書（二一）

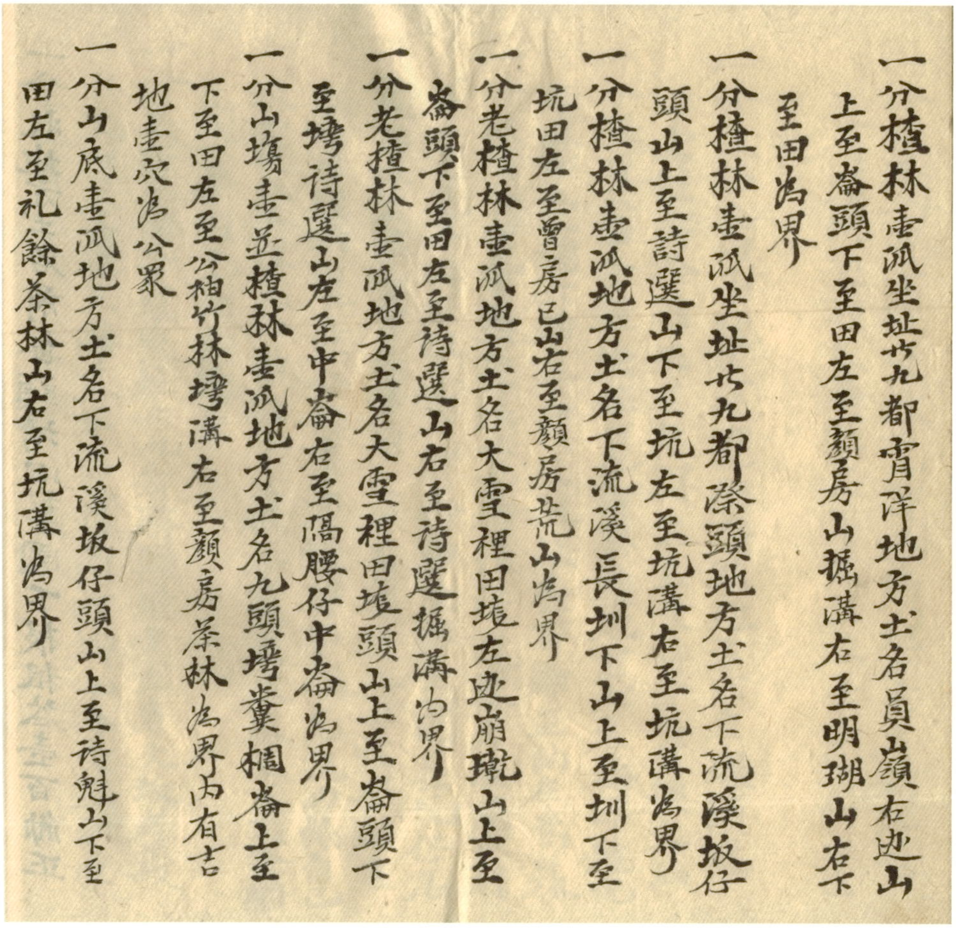

一分楂林壹派坐址廿九都霄洋地方土名員嶺右边山上至崙頭下至田左至顏房山摇溝右至明瑚山右下至田為界
一分楂林壹派坐址廿九都漈頭地方土名下流溪坂仔頭山上至詩選山下至坑左至坑溝右至坑溝為界
一分楂林壹派地方土名下流溪長圳下山上至圳下至坑田左至曾房已山右至顏房荒山為界
一分老楂林壹派地方土名大雪裡田垅左边崩墘山上至崙頭下至田左至詩選山右至詩選摇溝為界
一分老楂林壹派地方土名大雪裡田垅頭山上至崙頭下至墿詩選山左至中崙右至隔腰仔中崙為界
一分山壜壹并楂林壹派地方土名九頭墿糞楣崙上至下至田左至公柏竹林墿溝右至顏房茶林為界内有吉地壹穴為公衆
一分山底壹派地方土名下流溪坂仔頭山上至詩魁山下至田左至礼餘茶林山右至坑溝為界

7-6-2-20　清光緒八年陳詩焕置孟四房鬮書（二〇）

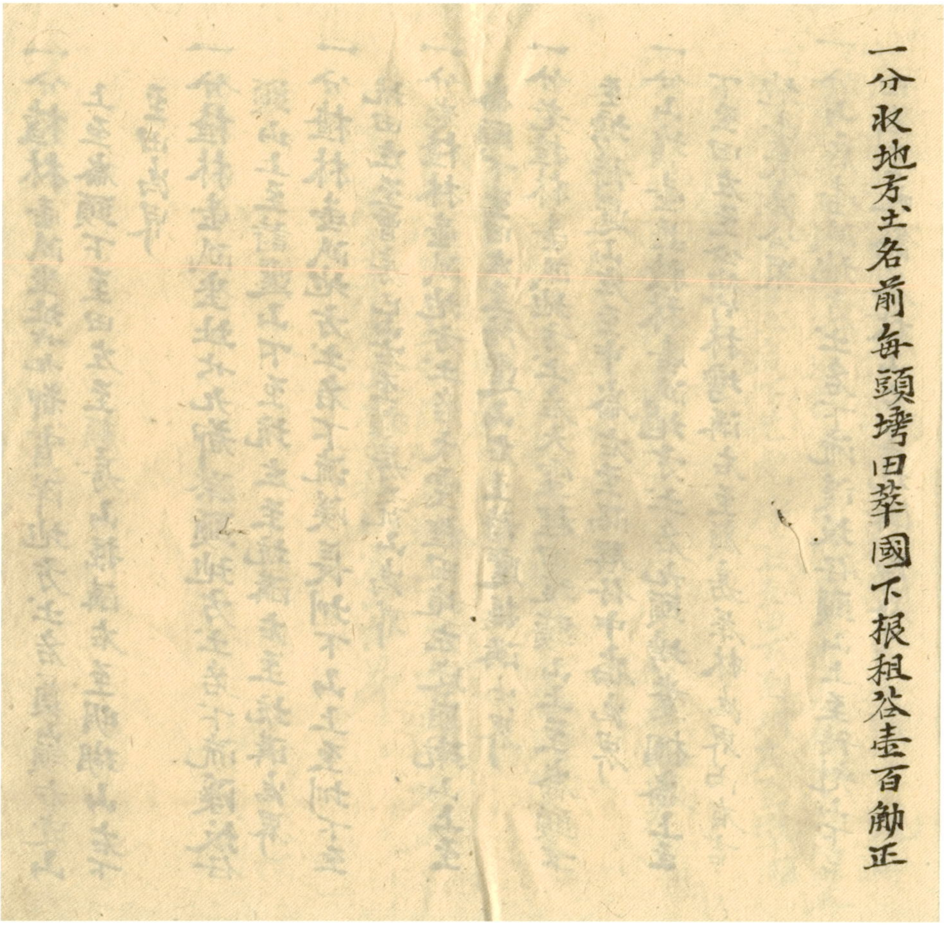

一分收地方土名前每頭塆田萃國下根租谷壹百觔正

7-6-2-19　清光緒八年陳詩焕置孟四房鬮書（一九）

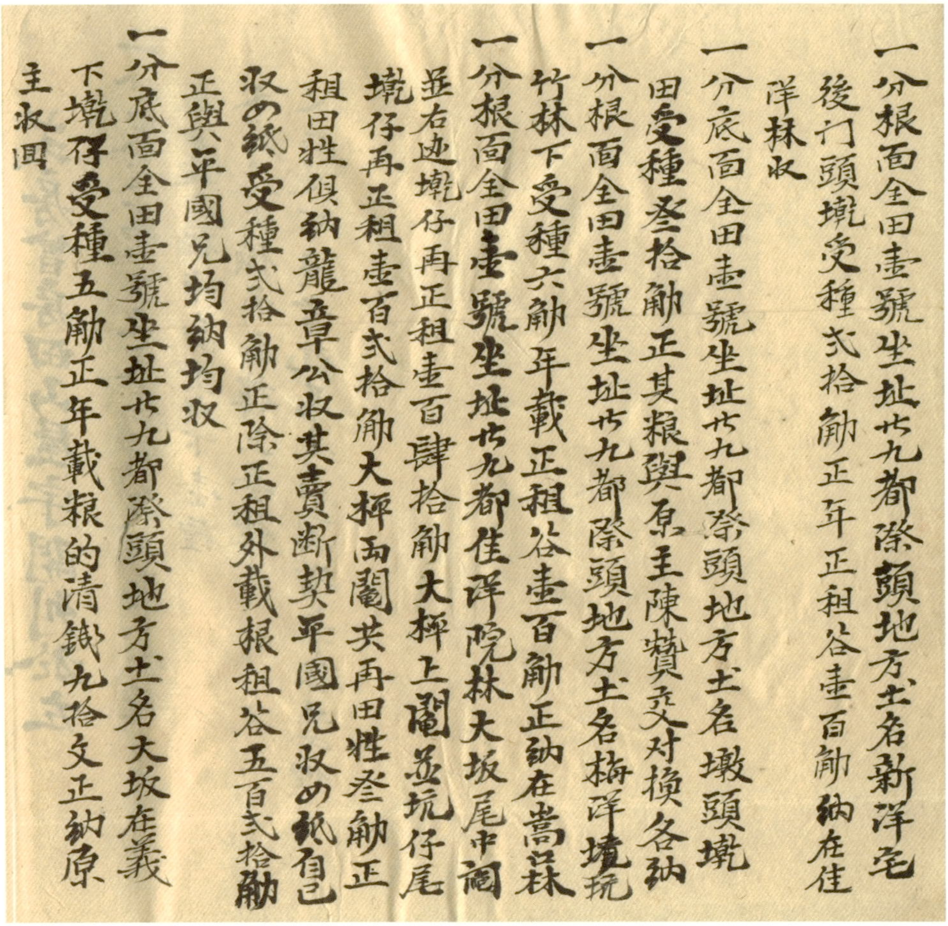

一分根面全田壹號坐址廿九都漈頭地方土名新洋宅後门頭墘受種弍拾觔正年正租谷壹百觔納在佳洋林收
一分底面全田壹號坐址廿九都漈頭地方土名墩頭墘田受種叁拾觔正其粮與原主陳贊交对換各納
一分根面全田壹號坐址廿九都漈頭地方土名梅洋墳坑竹林下受種六觔年載正租谷壹百觔正納在嵩口林
一分根面全田壹號坐址廿九都佳洋院林大坂尾中簡並右边墘仔再正租壹百肆拾觔大秤上闔並坑仔尾墘仔再正租壹百弍拾觔大秤兩闔共再田姓叁觔正租田姓俱納龍章公收其賣斷契平國兄收の紙自己收の紙受種弍拾觔正除正租外載根租谷五百弍拾觔正與平國兄均納均收
一分底面全田壹號坐址廿九都漈頭地方土名大坂在義下墘仔受種五觔正年載粮的清錢九拾文正納原主收回

7-6-2-18　清光緒八年陳詩煥置孟四房鬮書（一八）

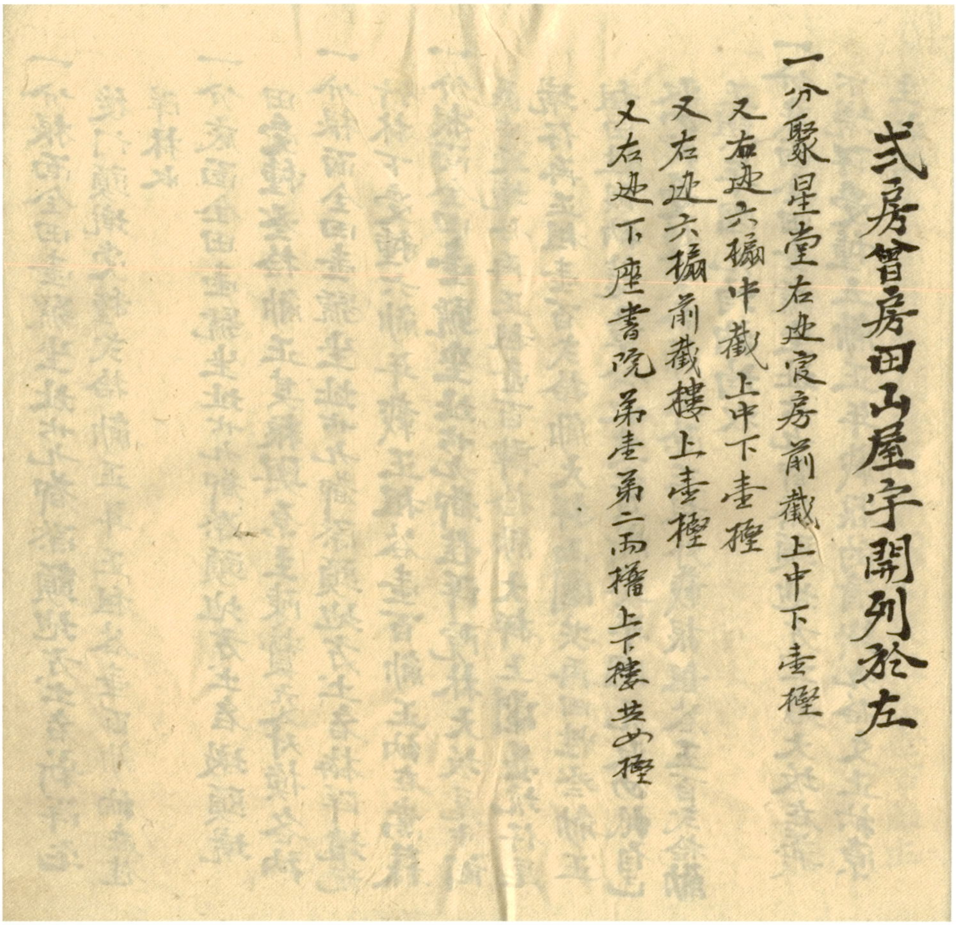

弍房曾房田山屋宇開列於左
一分聚星堂右边宦房前截上中下壹楹
又右边六楄中截上中下壹楹
又右边六楄前截樓上壹楹
又右边下座書院弟壹弟二兩播上下樓共四楹

7-6-2-17　清光緒八年陳詩煥置孟四房鬮書（一七）

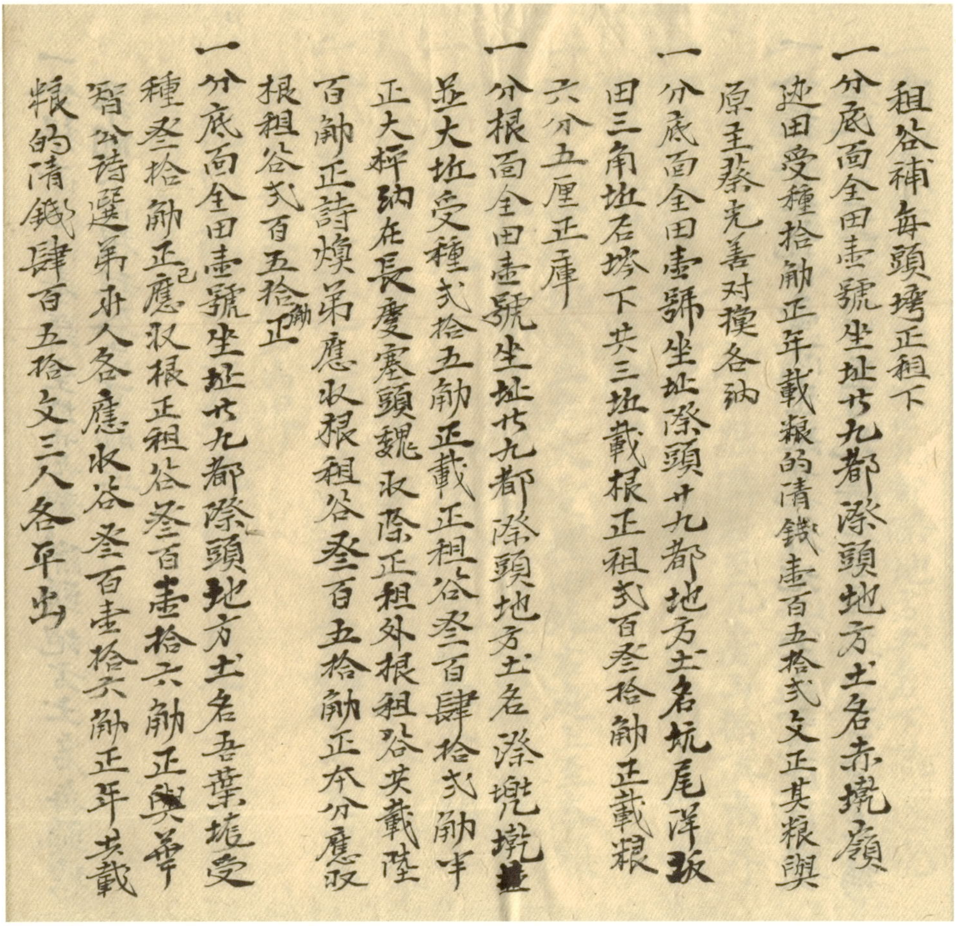
租谷補每頭墱正租下
一分底面全田壹號坐址廿九都漈頭地方土名赤壙嶺
迹田受種拾觔正年載粮的清錢壹百五拾弍文正其粮與
原主蔡光善对换各納
一分底面全田壹號坐址漈頭廿九都地方土名坑尾洋坂
田三角址右塆下共三址載根正租弍百叁拾觔正載粮
六分五厘正庫
一分根面全田壹號坐址廿九都漈頭地方土名漈壙壙址
並大坵受種弍拾五觔正載正租谷叁百肆拾弍觔半
正大秤納在長慶塞頭魏收除正租外根租谷共載陞
百觔正詩煥弟應收根租谷叁百五拾觔正本分應收
根租谷弍百五拾觔正
一分底面全田壹號坐址廿九都漈頭地方土名吾葉垅受
種叁拾觔正已應收根正租谷叁百壹拾六觔正與華
智分詩選弟亦人各應收谷叁百壹拾六觔正年共載
粮的清錢肆百五拾文三人各平出

7-6-2-16　清光緒八年陳詩煥置孟四房鬮書（一六）

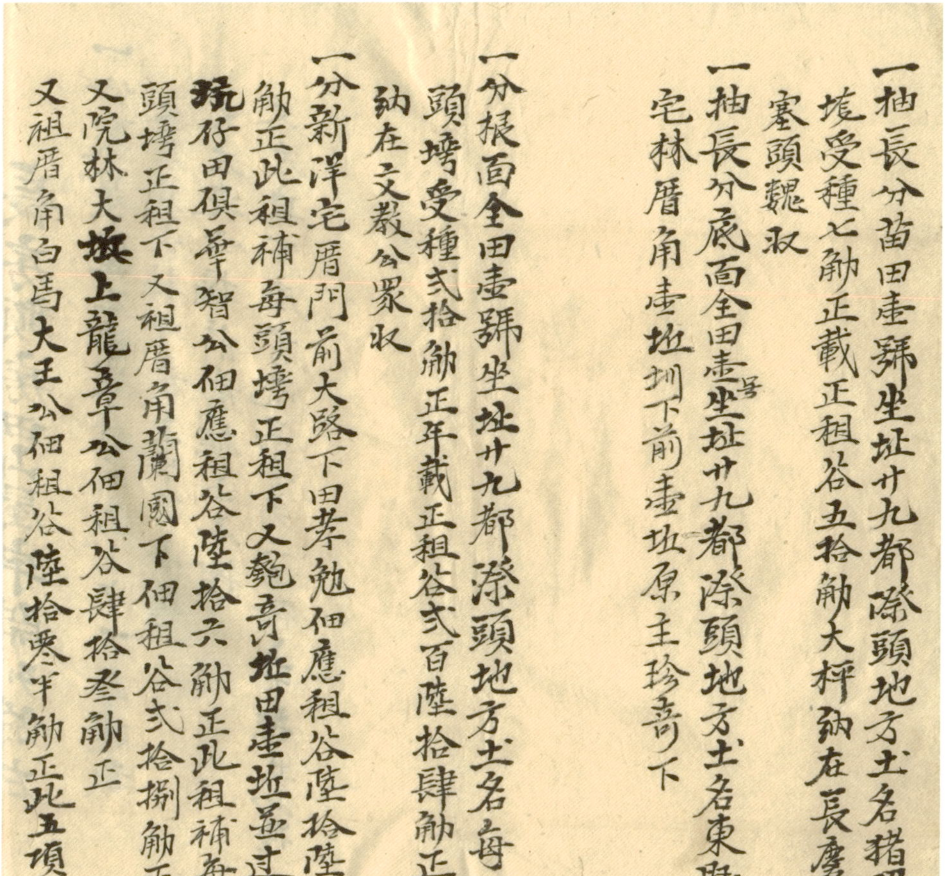
一抽長分苗田壹號坐址廿九都滁頭地方土名豬母
墘受種七斛正載正租谷五拾斛大秤納在長慶
塞頭魏叔
一抽長分底面全田壹號〔号〕坐址廿九都滁頭地方土名東莊
宅林厝角壹坵圳下前壹坵原主珍哥下
一分根面全田壹號坐址廿九都滁頭地方土名每
頭墘受種式拾斛正年載正租谷式百陸拾肆斛正
納在文毅公眾收
一分新洋宅厝門前大路下田苓勉佃應租谷陸拾陸
斛正此祖補每頭墘正租下又魏哥坵田壹坵並過
琉仔田俱尊智公佃應租谷陸拾六斛正此租補每
頭墘正租下 又祖厝角蘭園下佃租谷式拾捌斛正
又院林大坂上龍章公佃租谷肆拾叁斛正
又祖厝角白馬大王公佃租谷陸拾叁斗斛正此五項

7-6-2-15　清光緒八年陳詩煥置孟四房鬮書（一五）

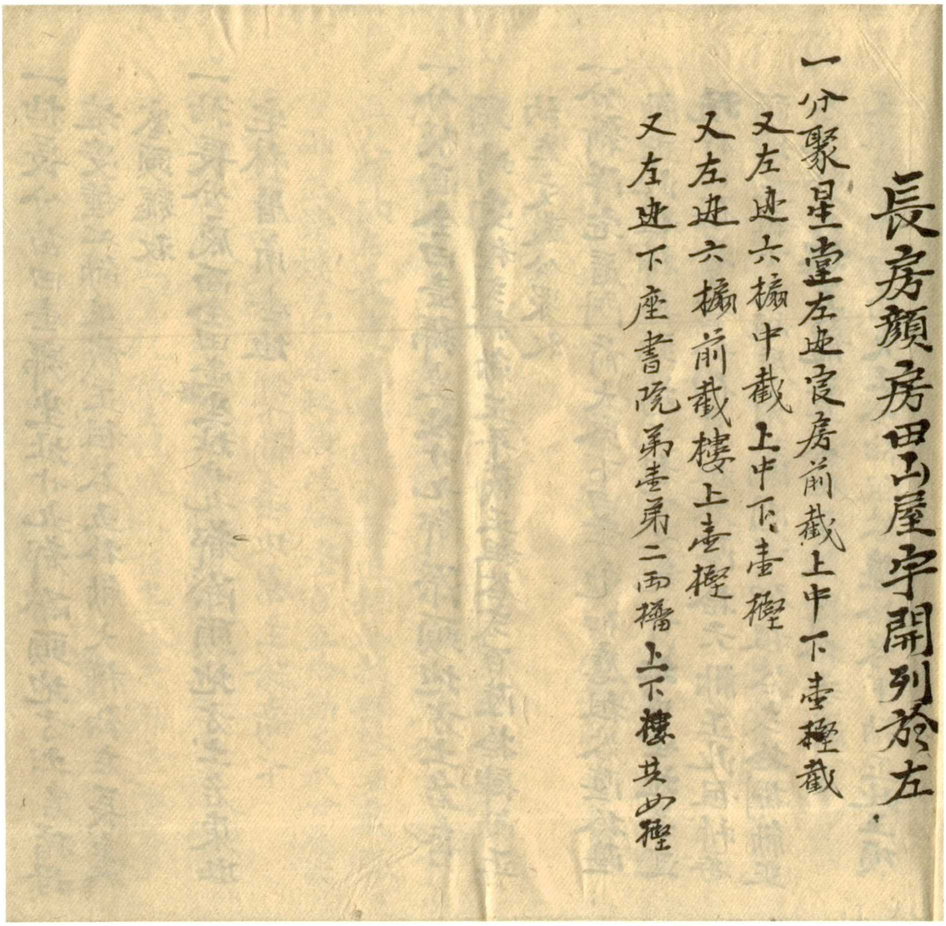

長房顏房田山屋宇開列於左

一分聚星堂左边寝房前截上中下壹桱截

又左边六搧中截上中下壹桱

又左边六搧前截樓上壹桱

又左边下座書院弟壹弟二兩櫓上下樓共四桱

7-6-2-14　清光緒八年陳詩煥置孟四房鬮書（一四）

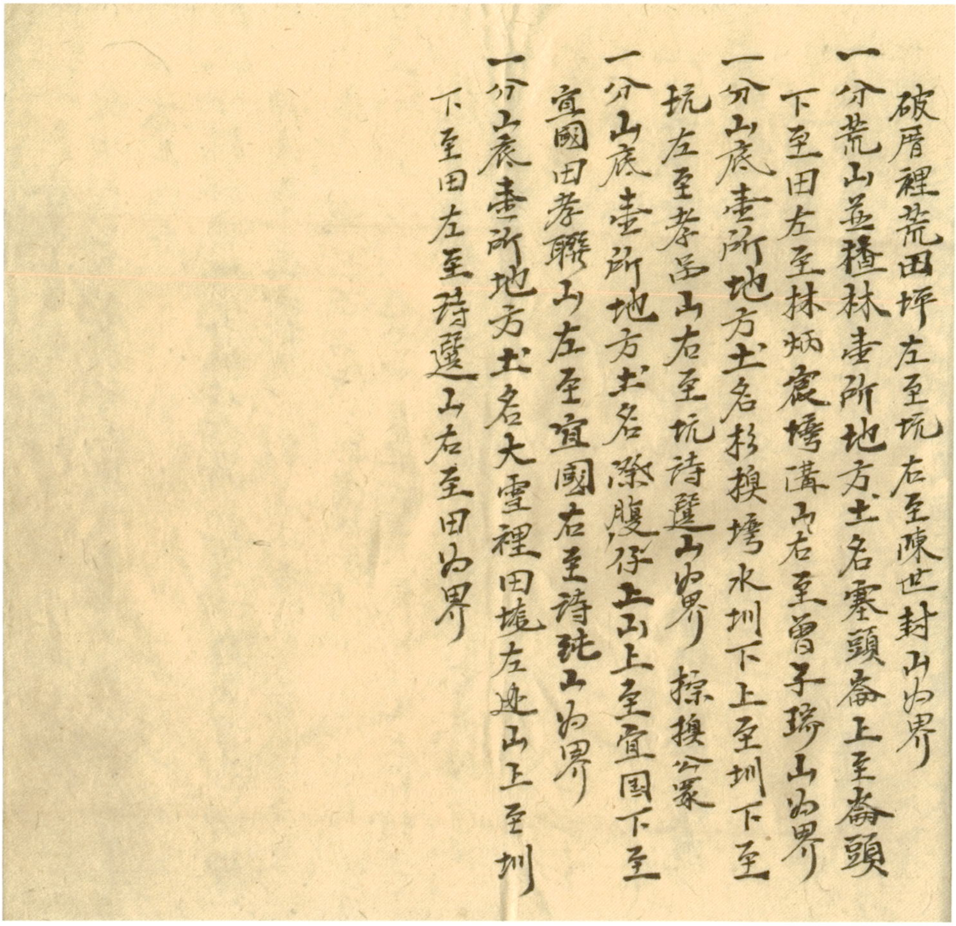
破厝裡荒田坪左至坑右至陳世封山為界
一分荒山並櫧林壹所地方土名塞頭崙上至崙頭
下至田左至林炳宸墳溝山右至曾子瑤山為界
一分山底壹所地方土名杉換墳水圳下上至圳下至
坑左至孝品山右至坑詩選山為界　掠換公眾
一分山底壹所地方土名深腹仔上山上至宜國下至
宜國田孝聯山左至宜國右至詩純山為界
一分山底壹所地方土名大壟裡田墘左至山上至圳
下至田左至詩選山右至田為界

7-6-2-13　清光緒八年陳詩煥置孟四房鬮書（一三）

一分楂林山底壹所坐址廿九都傺頭地方土赤坑山上至
林花義山下至田左至詩濡墘溝為界右至壽國楂
林山為界
一分楂林壹所坐址廿九都地方土名大拐換坡頭
裡邊山上至公柚大拐拍換下至荒山為界下至溪
左至泉水坑溝右至公柚荒山為界
一分山底壹段地方土名下流溪長圳裡山上崙頭下
坑左至林礼晶山右至曾房大墘溝茶米林居中
掘溝為界
一分山墈壹所地方土名荒田頭上老虎墘上至田下至坑
左至坑田右至華国山為界
一分山墈壹所地方土名九頭墘右邊水潽下山上至
水潽下至田左至詩蓬山右至曾能有山為界
一分山墈壹所地方土名九頭墘左邊崩坑山上至崙
頭下至田左至孔房楂林直落右至詩濡山為界
一分楂林壹段並荒山地方土名烏換墘山上至大路下至

7-6-2-12　清光緒八年陳詩煥置孟四房鬮書（一二）

一分底面全田壹號坐址廿九都漈頭地方土名坑尾洋
坂即橋頭坂行路址上下田弍五載根正租谷壹百玖拾
觔正年載粮五分五厘庫丶
一分底面全田壹號坐址廿九都漈頭地方土名大林口
上荒田孝孟兄弟佃年的納根租谷壹百五拾觔正
一分收地方土名每頭墈田萃國下根租谷壹百觔正

7-6-2-11　清光緒八年陳詩煥置孟四房鬮書（一一）

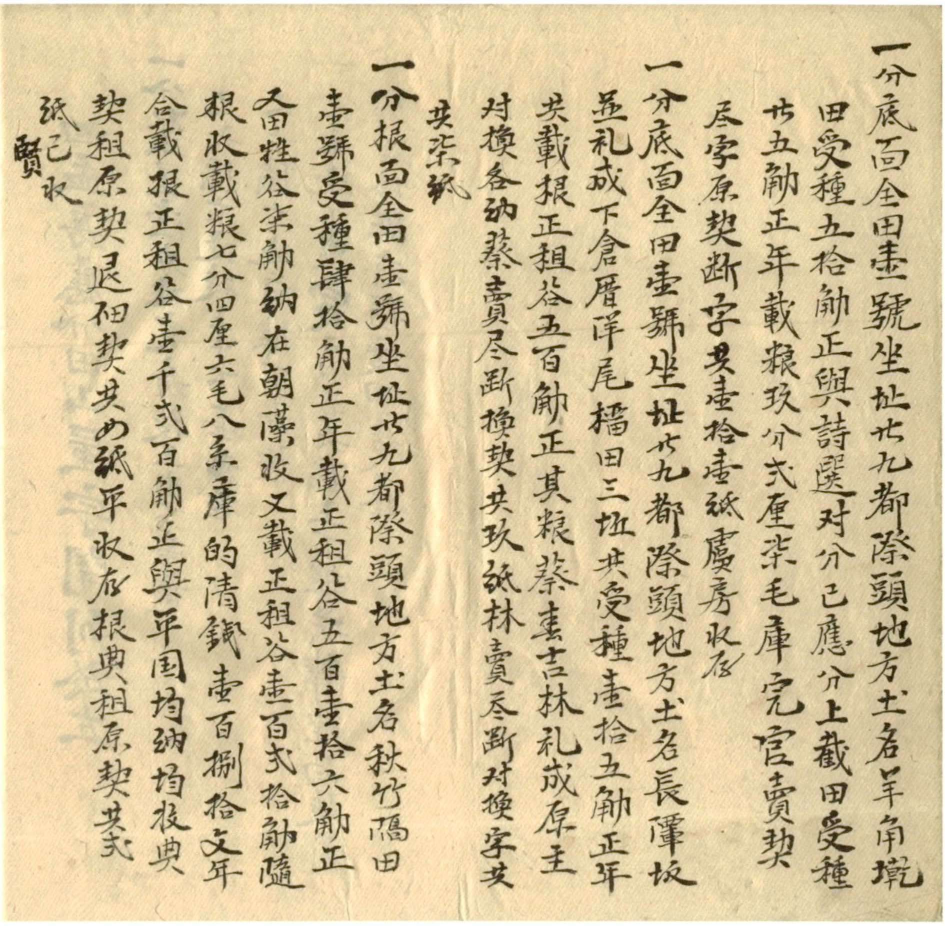

一分底面全田壹號坐址廿九都漈頭地方土名羊角墘
田受種五拾觔正與詩選对分已應分上截田受種
廿五觔正年載粮玖分弍厘柒毛庫完官賣契
尽字原契斷字共壹拾壹紙慶房收存
一分底面全田壹號坐址廿九都漈頭地方土名長潭坂
並礼成下倉層洋尾擋田三坵共受種壹拾五觔正年
共載根正租谷五百觔正其粮蔡圭吉林礼成原主
对換各納蔡賣尽斷換契共玖紙林賣尽斷对換字共
共柒紙
一分根面全田壹號坐址廿九都漈頭地方土名秋竹隔田
壹號受種肆拾觔正年載正租谷五百壹拾六觔正
又田姓谷柒觔納在朝藻收又載正租谷壹百弍拾觔隨
根收載粮七分四厘六毛八系庫的清鈔壹百捌拾文年
合載根正租谷壹千弍百觔正與平国均納掐根典
契租原契退佃契共四紙平收存根典租原契共弍
紙已收
賢

7-6-2-10　清光緒八年陳詩煥置孟四房鬮書（一〇）

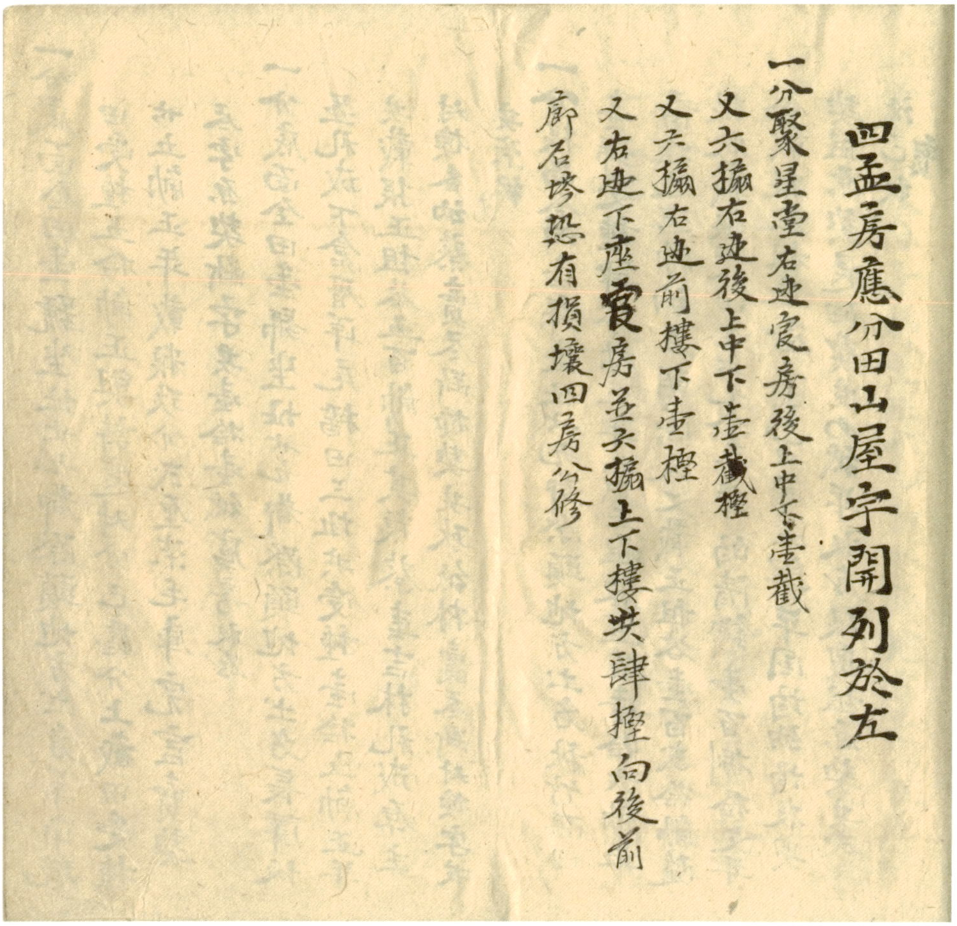

四孟房應分田山屋宇開列於左
一分聚星堂右迹宦房後上中下壹截
又六扇右迹後上中下壹截棧
又六扇右迹前樓下壹棧
又右迹下座實房並六扇上下樓共肆棧向後前
廊右埕恐有損壞四房公修

7-6-2-9　清光緒八年陳詩煥置孟四房鬮書（九）

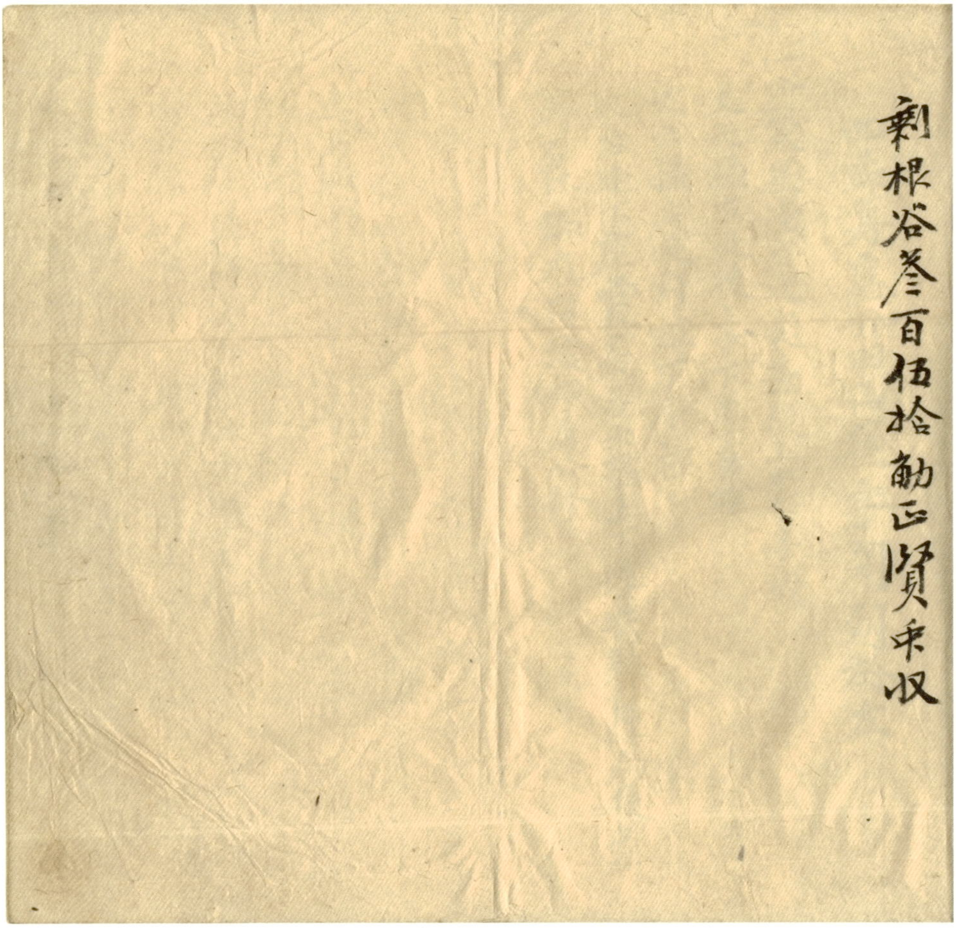
剩根谷叁百伍拾觔正賢秉收

7-6-2-8　清光緒八年陳詩煥置孟四房鬮書（八）

溝右至曾房塝溝山上至田下至田為界　宣統弍年北山分与顏房管業
一抽聚星堂後新樓上壹植
一抽東畔宅右边六扇後上中下壹植
又抽右边八扇後截樓下弍植並樓上後截壹植
半
又抽上座右边裡過水上下樓壹隻
又右边下座官房六扇上下樓共四植
華金公抽交垸尾田角上山宣統弍年分与顏房管業
又抽交垸尾龍潭上山宣統弍年分与孟房管業
民國壬子年十二月備價錢叁万向孟房贖回根
田土名大坂滎墘墩並大垸受種弍拾伍觔正載
正租谷叁百肆拾弍觔半納魏家收載根谷
陸百觔正內詩滿應收根谷弍百伍拾觔正吏

7-6-2-7　清光緒八年陳詩煥置孟四房鬮書（七）

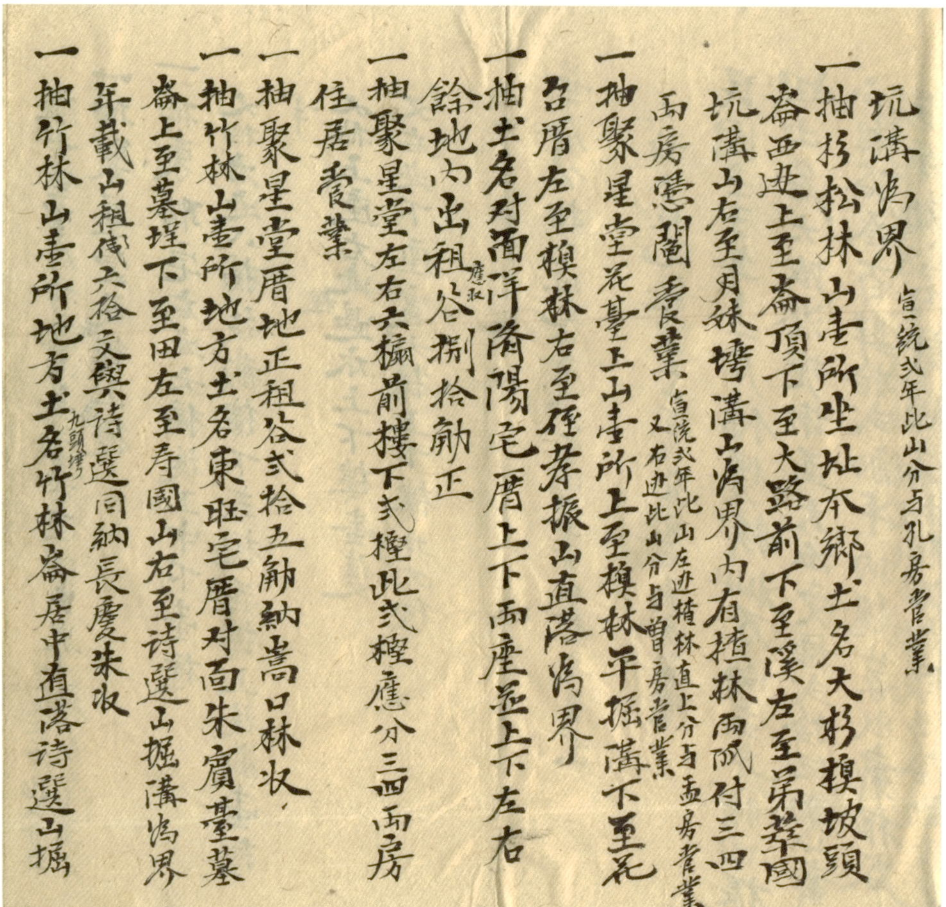

坑溝為界　宣統弍年此山分与孔房管業
一抽杉松林山壹所坐址本鄉土名大杉模坡頭
崙西边上至崙頂下至大路前下至溪左至吊龔國
坑溝山右至月妹壿溝山為界内有楂林両冚付三四
両房憑鬮管業　宣統弍年此山左边楂林直上分与孟房管業　又右边此山分与曾房管業
一抽聚星堂花臺上山壹所上至模林平掘溝下至花
台厝左至模林右至徑孝振山直落為界
一抽土名对面洋脊陽宅厝上下両座並上下左右
餘地内出租谷應收捌拾觔正
一抽聚星堂左右六欄前樓下弍樫此弍樫應分三四両房
住居管業
一抽聚星堂厝地正租谷弍拾五觔納嵩口林收
一抽竹林山壹所地方土名東睚宅厝对面朱賔臺墓
崙上至墓埕下至田左至寿國山右至詩選山掘溝為界
年載山租錢六拾文與詩選同納長慶朱收
一抽竹林山壹所地方土名九頭壿竹林崙居中直落詩選山掘

7-6-2-6　清光緒八年陳詩煥置孟四房鬮書（六）

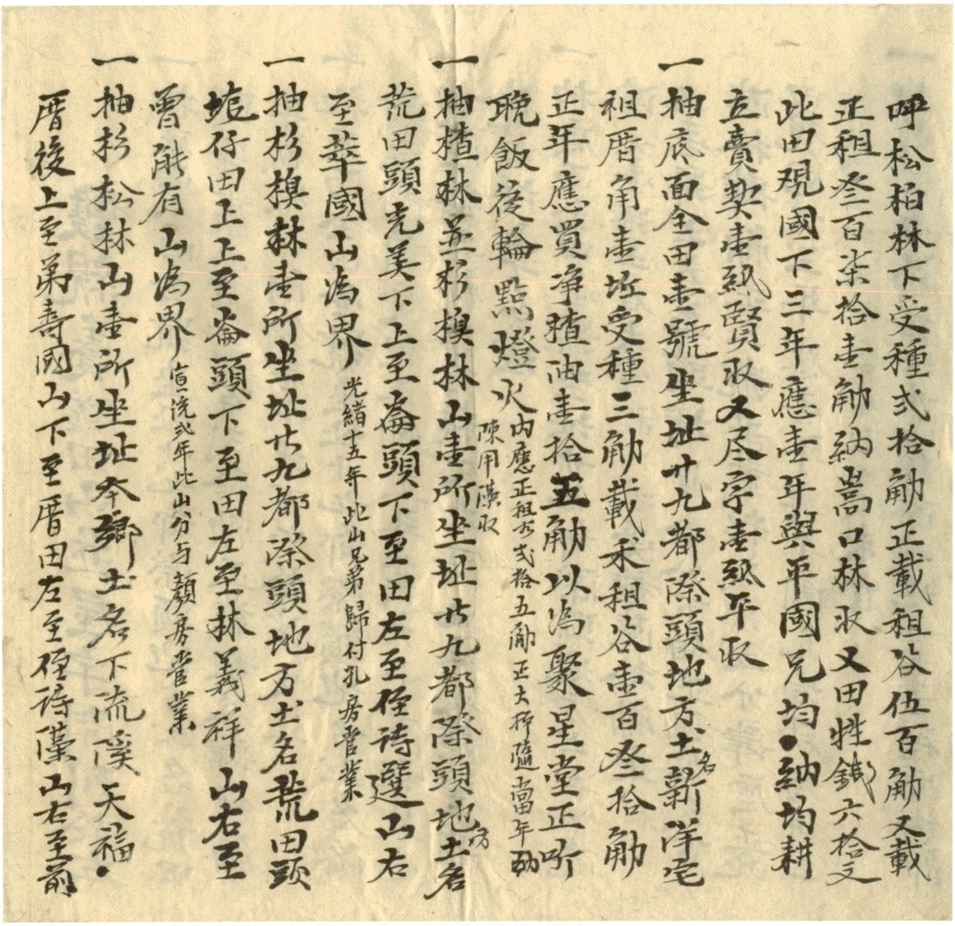

呼松柏林下受種弍拾勈正載租谷伍百勈又載
正租叁百柒拾壹勈納嵩口林家又田粮銀六拾文
此田現國下三年應壹年與平國兄均●納均耕
立賣契壹紙賢取又尽字壹紙平取
一抽底面全田壹號坐址廿九都際頭地方土名新洋宅
祖厝角壹坵受種三勈載禾租谷壹百叁拾勈
正年應買凈植油壹拾五勈以為聚星堂正听
琬飯後輪點燈火 內應正租弍拾五勈正大秤隨當年取
陳用藻取
一抽植林並杉槙林山壹所坐址廿九都際頭地方土名
荒田頭光美下上至崙頭下至田左至侄詩璲山右
至華國山為界 光緒十五年此山兄弟歸付孔房管業
一抽杉槙林壹所坐址廿九都際頭地方土名荒田頭
垱仔田上上至崙頭下至田左至林義祥山右至
曾瑞有山為界 宣統弍年此山分与顏房管業
一抽杉松林山壹所坐址本鄉土名下流溪天福●
厝後上至弟壽國山下至厝田左至侄詩藻山右至前

7-6-2-5　清光緒八年陳詩煥置孟四房鬮書（五）

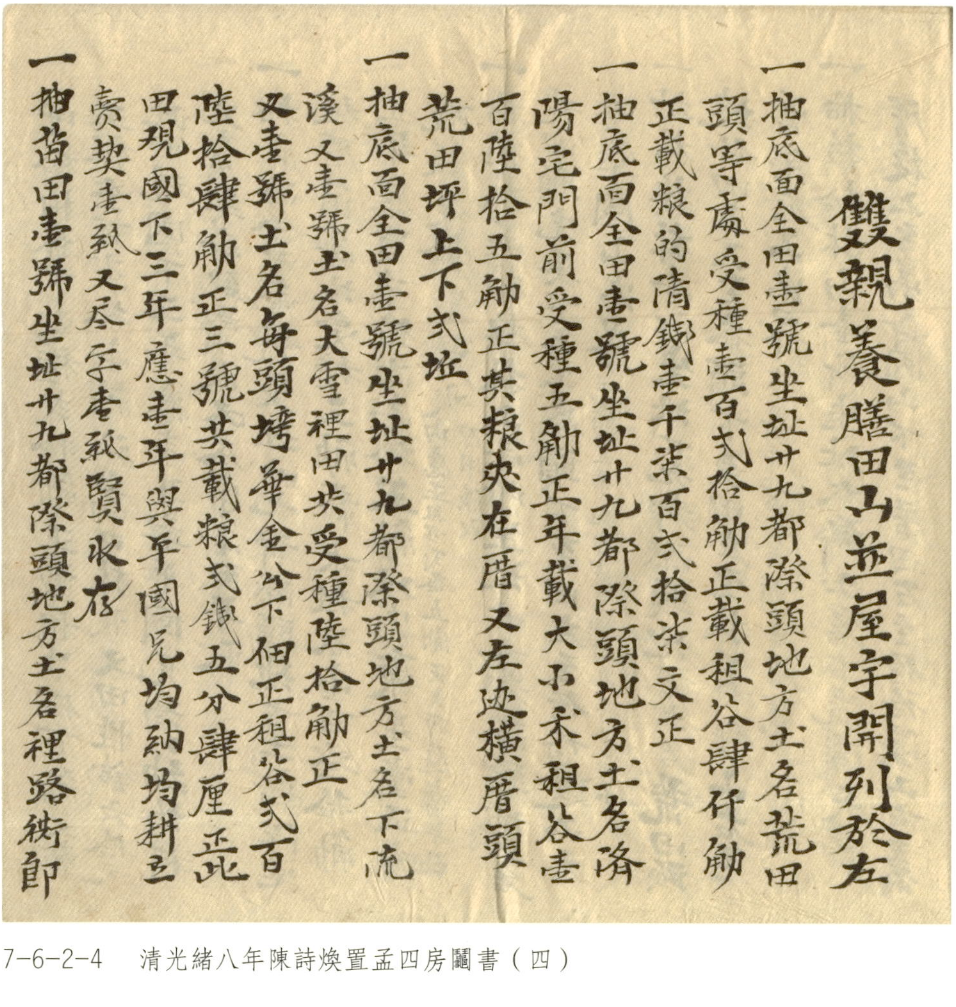
雙親養贍田山並屋字開列於左
一抽底面全田壹號坐址廿九都漈頭地方土名荒田
頭等處受種壹百弍拾觔正載租谷肆仟觔
正載粮的清餉壹千柒百弍拾柒文正
一抽底面全田壹號坐址廿九都漈頭地方土名降
陽宅門前受種五觔正年載大小禾租谷壹
百陸拾五觔正其粮夾在厝又左邊橫厝頭
荒田坪上下弍坵
一抽底面全田壹號坐址廿九都漈頭地方土名下流
溪又壹號土名大雪裡田共受種陸拾觔正
又壹號土名每頭垮華全公下佃正租谷弍百
陸拾肆觔正三號共載粮弍錢五分肆厘正
田現國下三年應壹年與平國兄均納均耕之
賣契壹紙又合字壹紙賢永存
一抽苗田壹號坐址廿九都漈頭地方土名裡路衕郎

7-6-2-4　清光緒八年陳詩煥置孟四房鬮書（四）

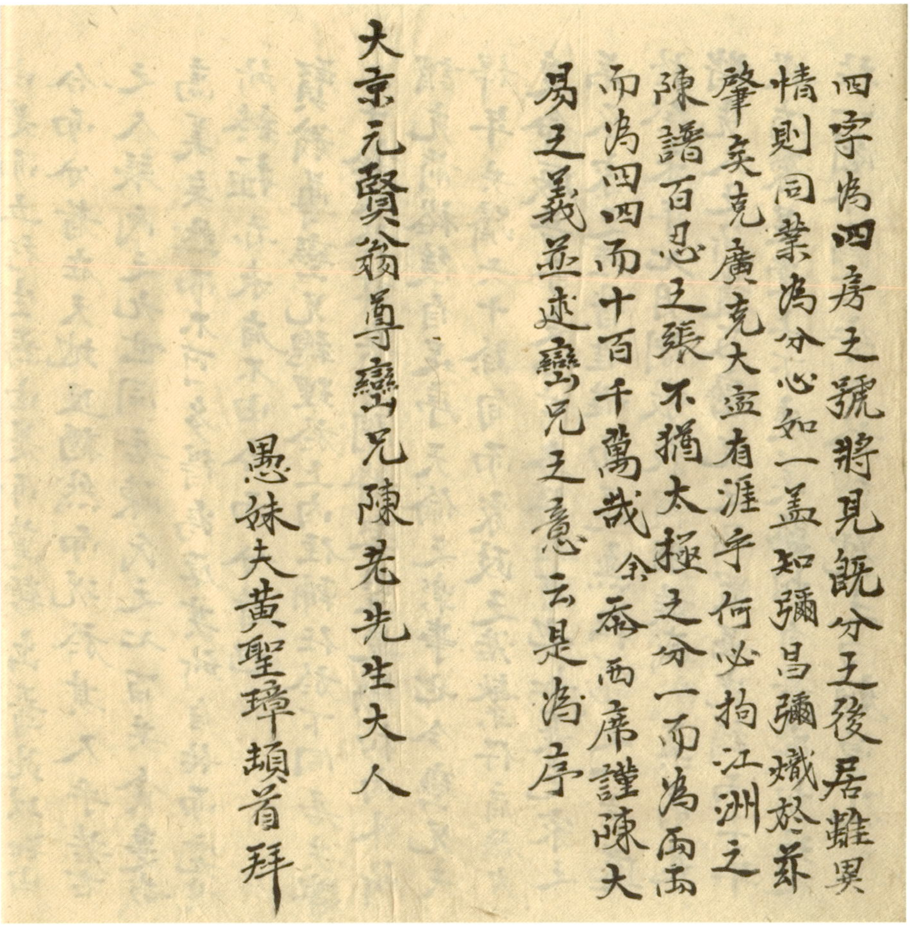
四字為四房之號將見既分之後居雖異
情則同業為分心如一蓋知彌昌彌熾於莽
肇矣克廣克大盍有涯乎何必拘江洲之
陳譜百忍之張不猶太極之分一而為兩兩
而為四四而十百千萬哉余忝西席謹陳大
易之義並述鑾兄之意云是為序

大京元賢翁尊鑾兄陳老先生大人

愚妹夫黃聖璋頓首拜

7-6-2-3　清光緒八年陳詩煥置孟四房鬮書（三）

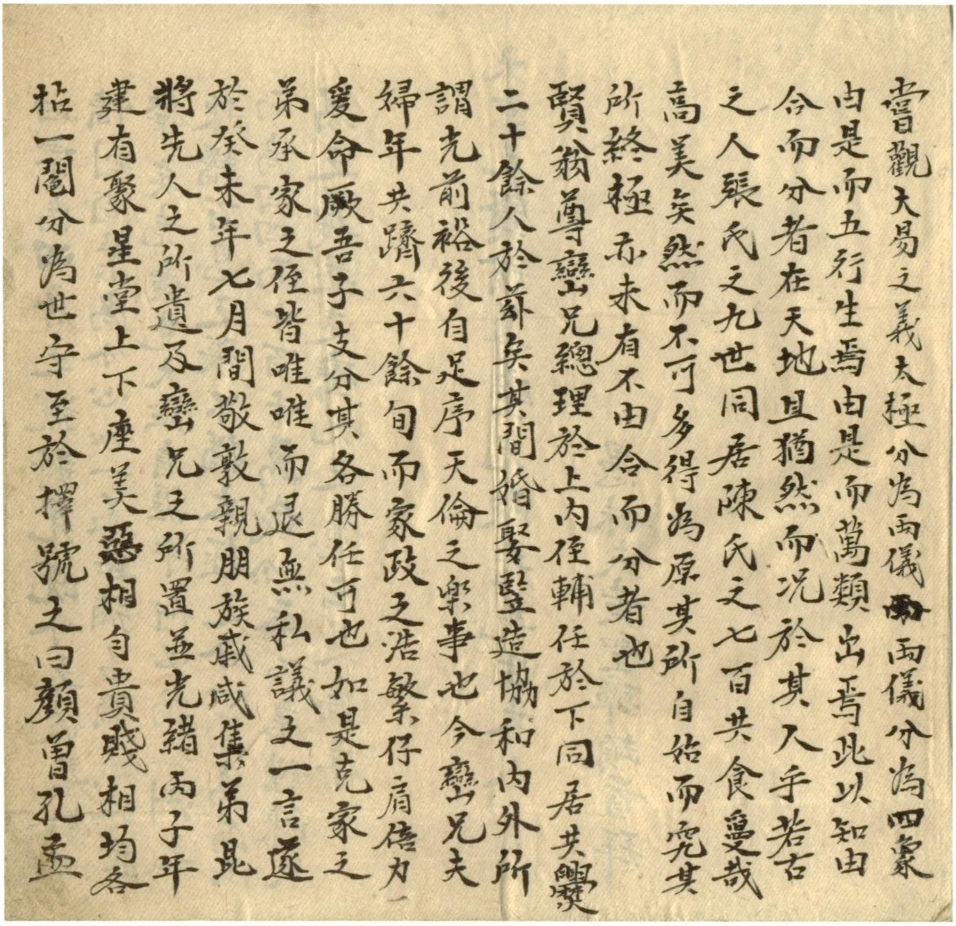
嘗觀大易之義太極分為兩儀兩儀分為四象
由是而五行生焉由是而萬類出焉此以知由
合而分者在天地且猶然而況於其人乎若古
之人張氏之九世同居陳氏之七百共食曼哉
高美矣然而不可多得為原其所自始而究其
所終極亦未有不由合而分者也
賢翁尊鑾兄總理於上內侄輔任於下同居共爨
二十餘人於茲矣其間婚娶豎造協和內外所
謂光前裕後自足序天倫之樂事也今鑾兄夫
婦年共躋六十餘旬而家政之浩繁仔肩倍力
爰命厥吾子支分其各勝任可也如是克家之
弟承家之侄皆唯唯而退無私議之一言遂
於癸未年七月間敬敦親朋族戚咸集弟昆
將先人之所遺及鑾兄之所置並光緒丙子年
建有聚星堂上下座美惡相自貴賤相均各
拈一鬮分為世守至於擇號之曰顏曾孔孟

7-6-2-2　清光緒八年陳詩焕置孟四房鬮書（二）

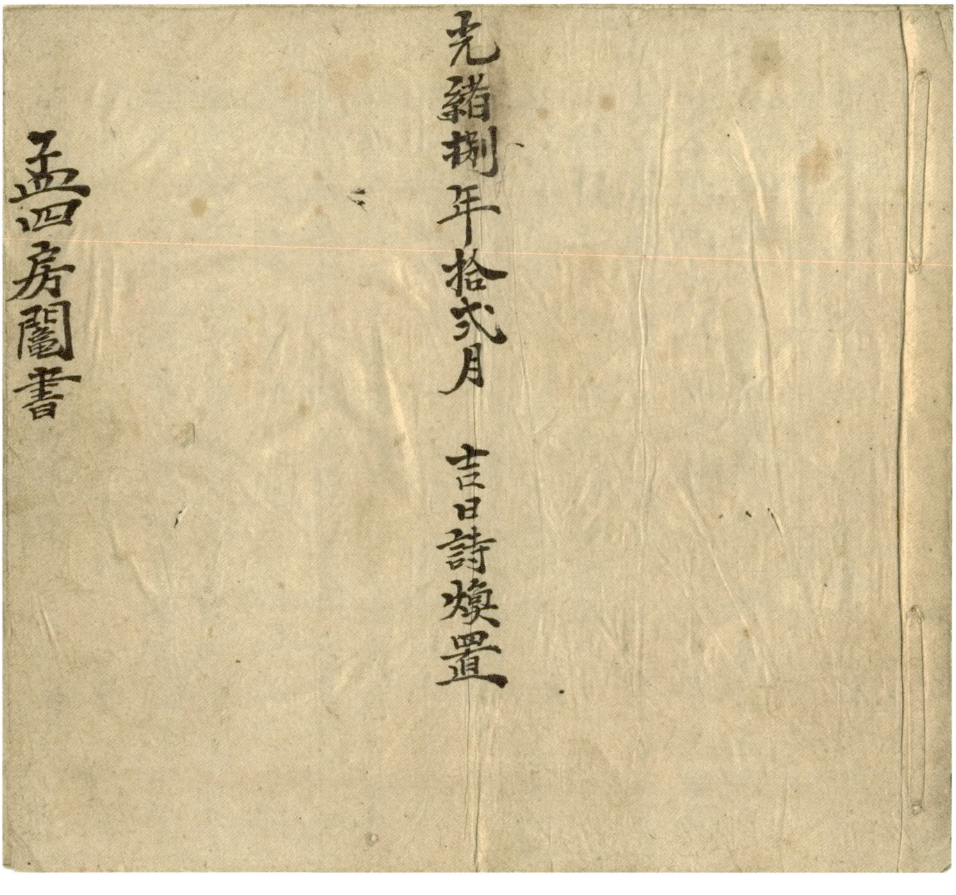
光緒捌年拾弍月　吉日詩煥置

孟四房鬮書

7-6-2-1　清光緒八年陳詩煥置孟四房鬮書（一）

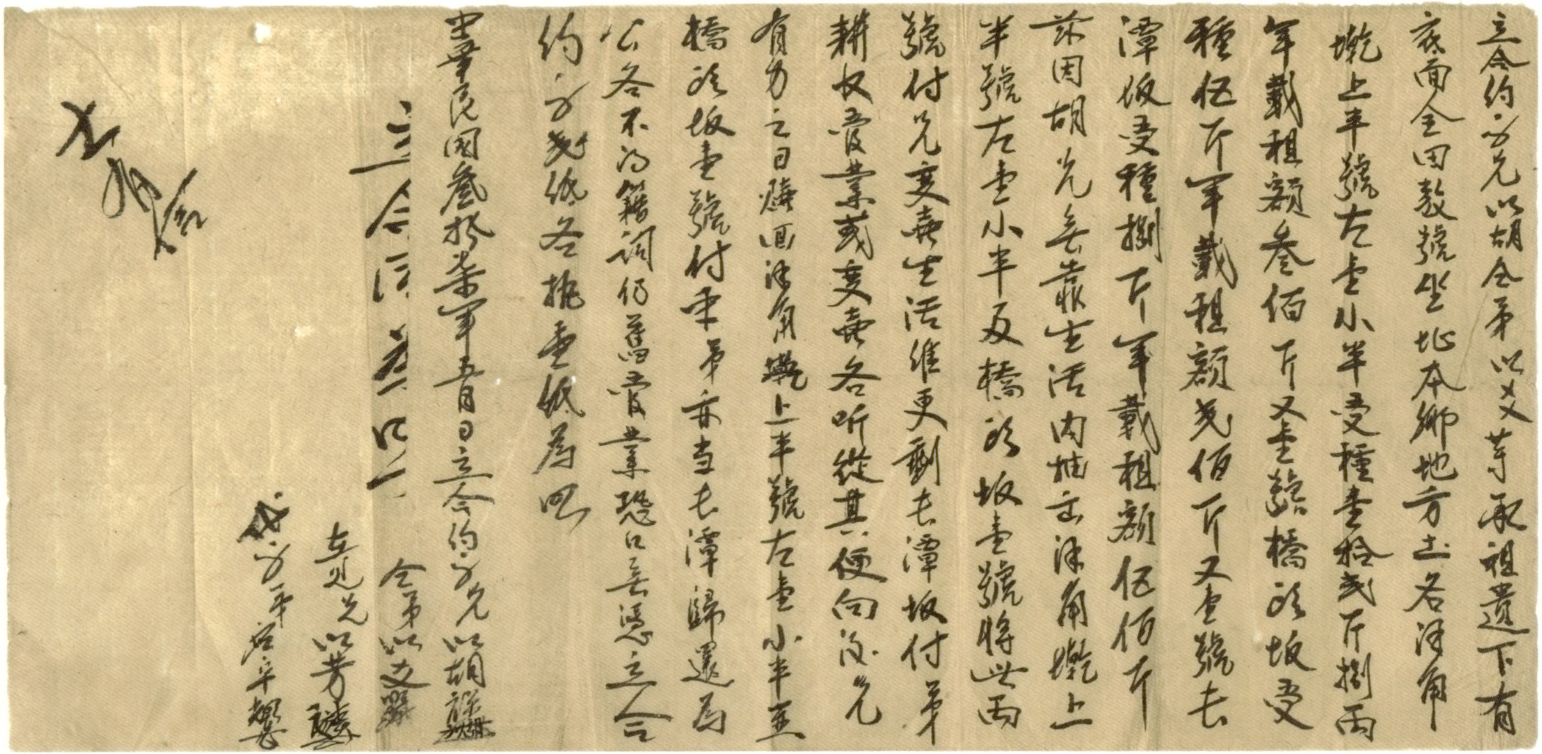

立合約字兄以胡、全弟以文等承祖遺下有
底面全田數號坐址本鄉地方土名洋角
墘上半號右邊小半受種壹拾貳斤捌兩
年載租額叁佰斤又壹號橋頭坂受
種伍斤年載租額柒佰斤又壹號長
潭坂受種捌斤年載租額伍佰斤
弟因胡兄無靠生活內抽出洋角墘上
半號右邊小半及橋頭坂壹號將出兩
號付兄夫妻生活維吏劃長潭坂付弟
耕收管業，或夫妻各聽從其便，向後兄
有力之日歸回洋角墘上半號右邊小半並
橋頭坂壹號付弟，弟亦當長潭歸還為
公，各不得藉詞[illegible]管業，恐口無憑，立合
約字兩紙各執壹紙為照
中華民國叁拾柒年五月日立合約字兄以胡（押）
全弟以文（押）
在見兄以芳（押）
代字[illegible]（押）

7-6-1-15　民國三十七年五月陳以胡等立合約字

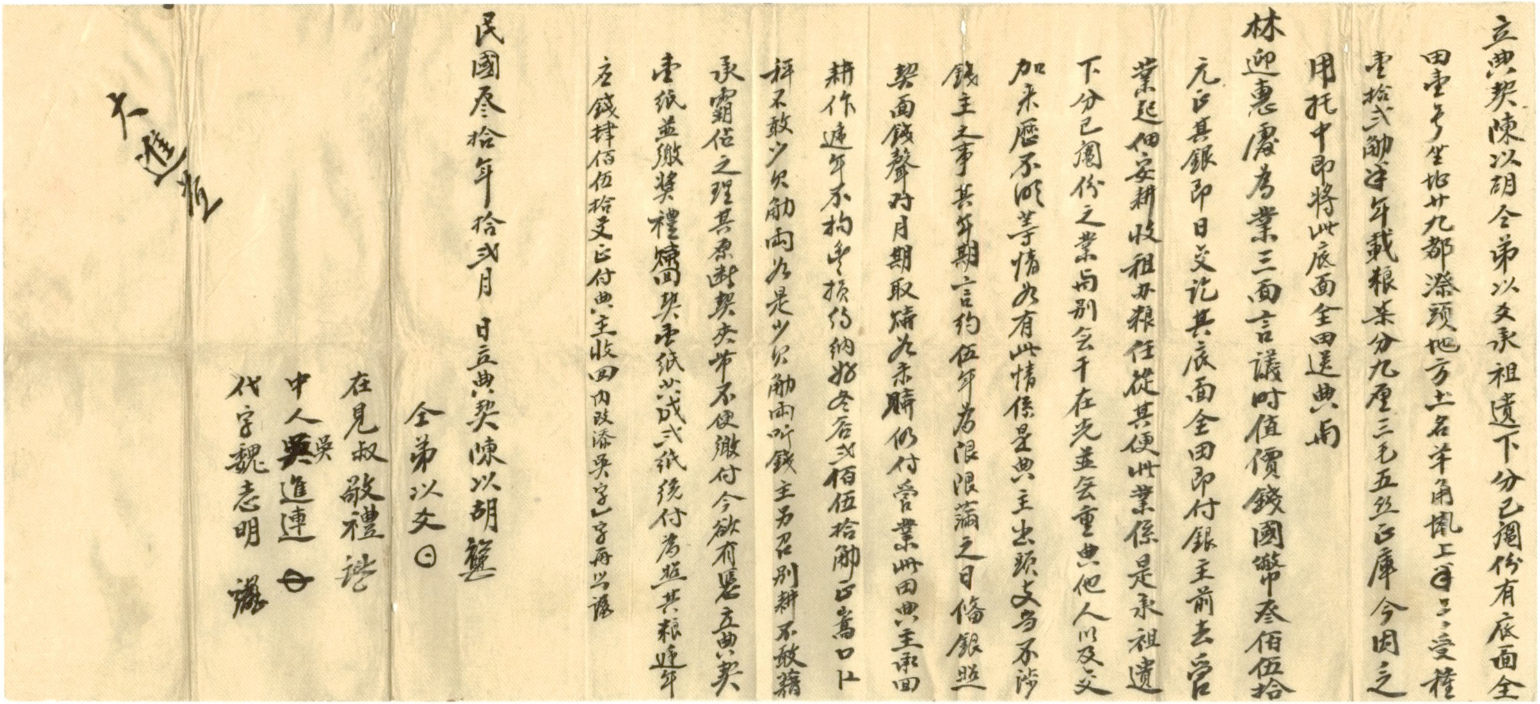
立典契陳以胡仝弟以文承祖遺下分已閹份有底面全
田壹号，坐址廿九都滁頭地方，土名羊角垙上，田□□受種
壹拾弍觔半，年載粮米分九厘三毛五絲正，庫 今因乏
用，托中即將此底面全田送典與
林迎惠處爲業，三面言議時值價錢國幣叁佰伍拾
元正，其銀即日交訖，其底面全田即付銀主前去管
業，延佃安耕，收租办粮，任從其便。此業係是承祖遺
下分已閹份之業，與别無干，在先並無重典他人以及交
加來歷不明等情，如有此情，係是典主出頭支當，不涉
錢主之事。其年期言約伍年爲限，限滿之日，備銀照
契面錢聲對月期取贖，如未贖，仍付管業。此田典主承田
耕作，逐年不拘豐歉，約納乾谷弍佰伍拾觔正，舊口上
秤，不敢少欠觔兩，如是少欠觔兩，聽錢主另召别耕，不敢藉
詞霸佔之理。其原斷契失帶，不便繳付，今欲有憑，立典契
壹紙，並繳契禮墳圖契壹紙，共弍紙，繳付爲照。其粮逐年
應錢肆佰伍拾文正，付典主收回。內改添吳字乙字再照
民國叁拾年拾弍月　日立典契陳以胡（押）
仝弟以文（押）
在見叔敬禮（押）
中人吳進連（押）
代字魏志明（押）
不進退

7-6-1-14　民國三十年十二月陳以胡等立典底面全田契

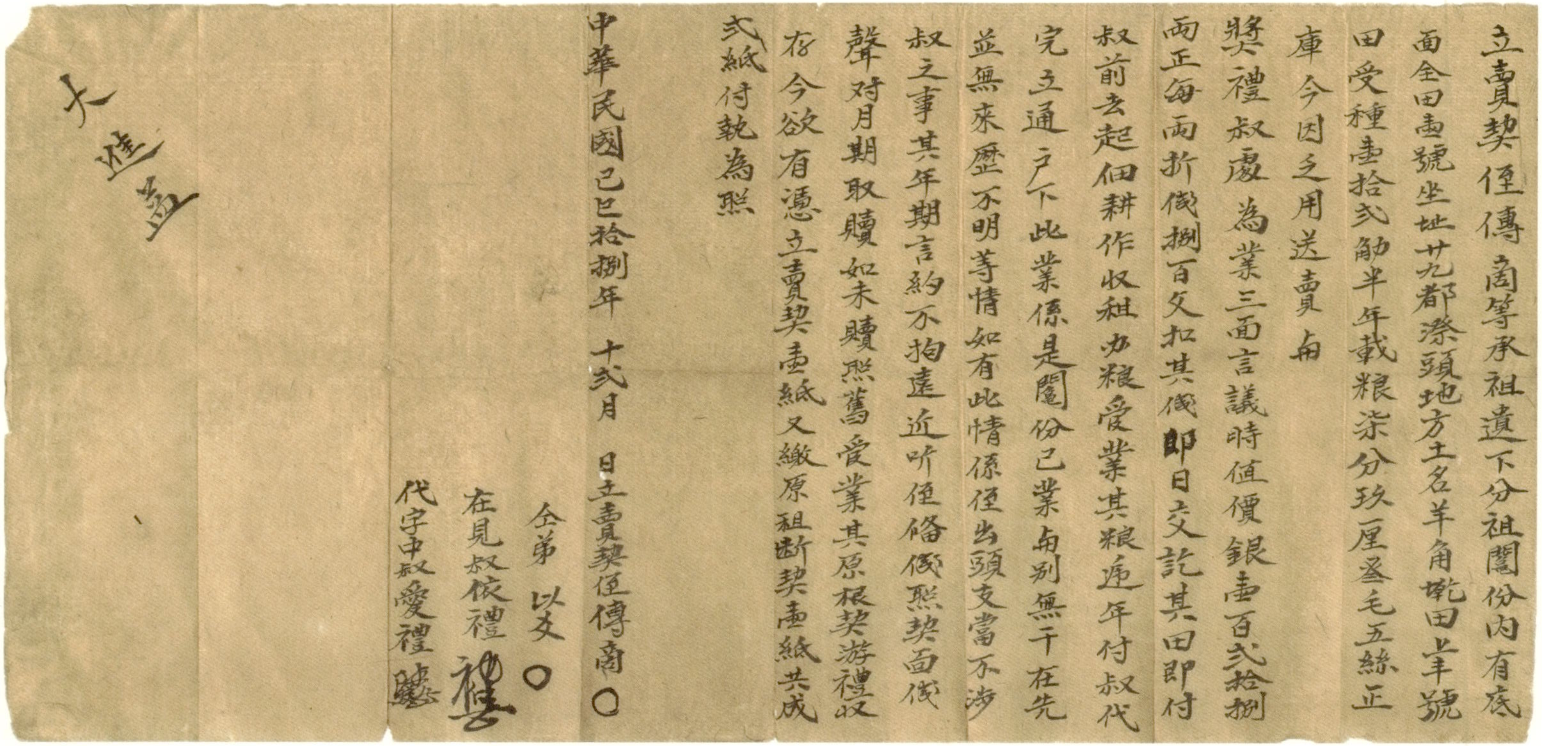
立賣契侄傳商等承祖遺下分祖鬮份內有底
面全田壹號坐址廿九都漈頭地方土名羊角墘田半號
田受種壹拾弍觔半年載粮柒分玖厘叁毛五絲正
庫今因乏用送賣與
奬禮叔處為業三面言議時值價銀壹百弍拾捌
兩正每兩折錢捌百文扣其錢即日交訖其田即付
叔前去起佃耕作收租办粮管業其粮逐年付叔代
完立通户下此業係是鬮份己業與別無干在先
並無來歷不明等情如有此情係侄出頭支當不涉
叔之事其年期言約不拘遠近听侄備錢照契面錢
聲対月期取贖如未贖照舊管業其原根契游禮收
存今欲有憑立賣契壹紙又繳原祖斷契壹紙共成
弍紙付執為照

中華民國己巳拾捌年　十弍月　日立賣契侄傳商〇
仝弟　以文〇
在見叔依禮（押）
代字中叔愛禮（押）

大進益

7-6-1-13　民國十八年十二月陳傳商等立賣底面全田契

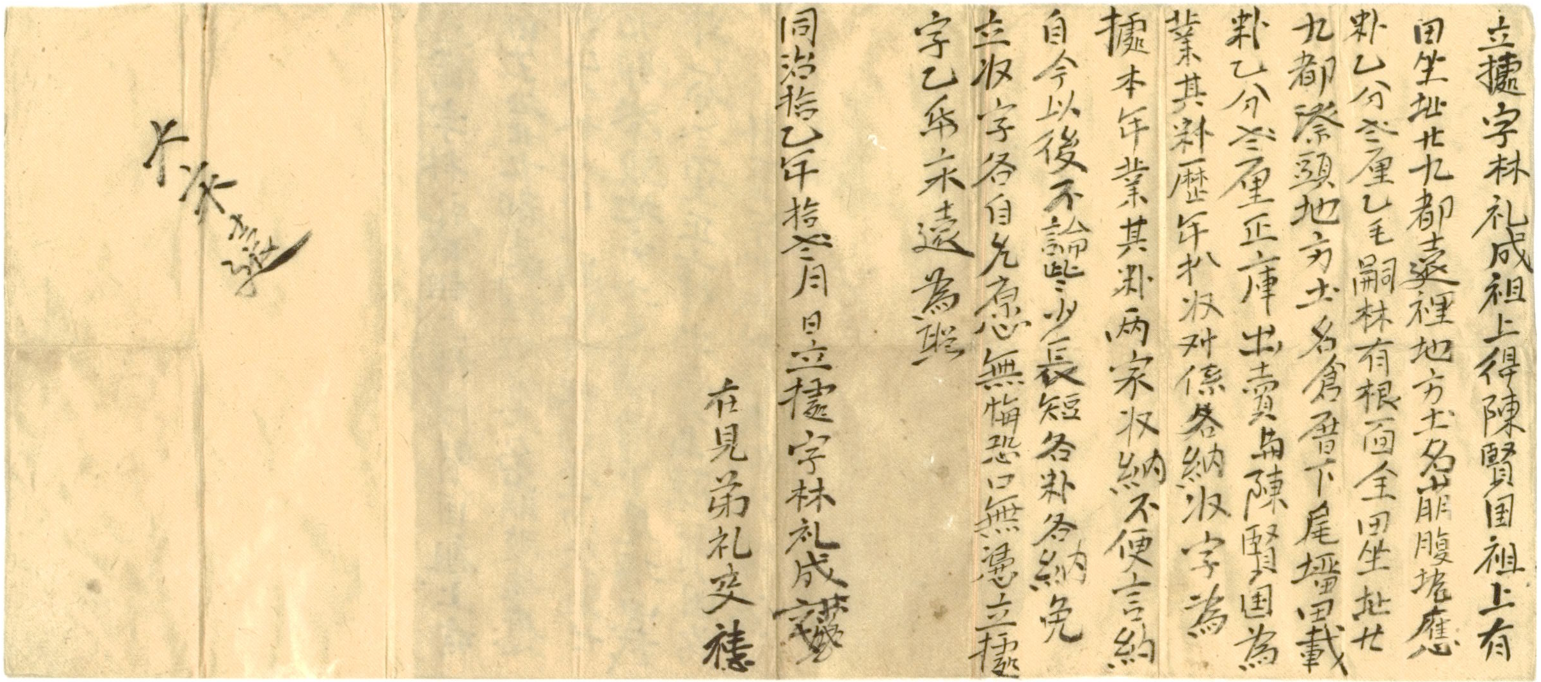
立據字林礼成祖上得陳賢国祖上有
田坐址廿九都遠裡地方土名岀朋腹堵應
粁乙分参厘乙毛嗣林有根面全田坐址廿
九都遠頭地方土名倉厝下尾墘田載
粁乙分参厘正庫出賣与陳賢国為
業其粁歷年扒收廾係各納收字為
據本年業其粁兩家收納不便言約
自今以後不論些少長短各粁各納免
立收字各自允愿無悔恐口無憑立據
字乙紙永遠為照
同治拾乙年拾弍月 日立據字林礼成（押）
在見弟礼交禠

7-6-1-12　清同治十一年十二月林礼成立據字

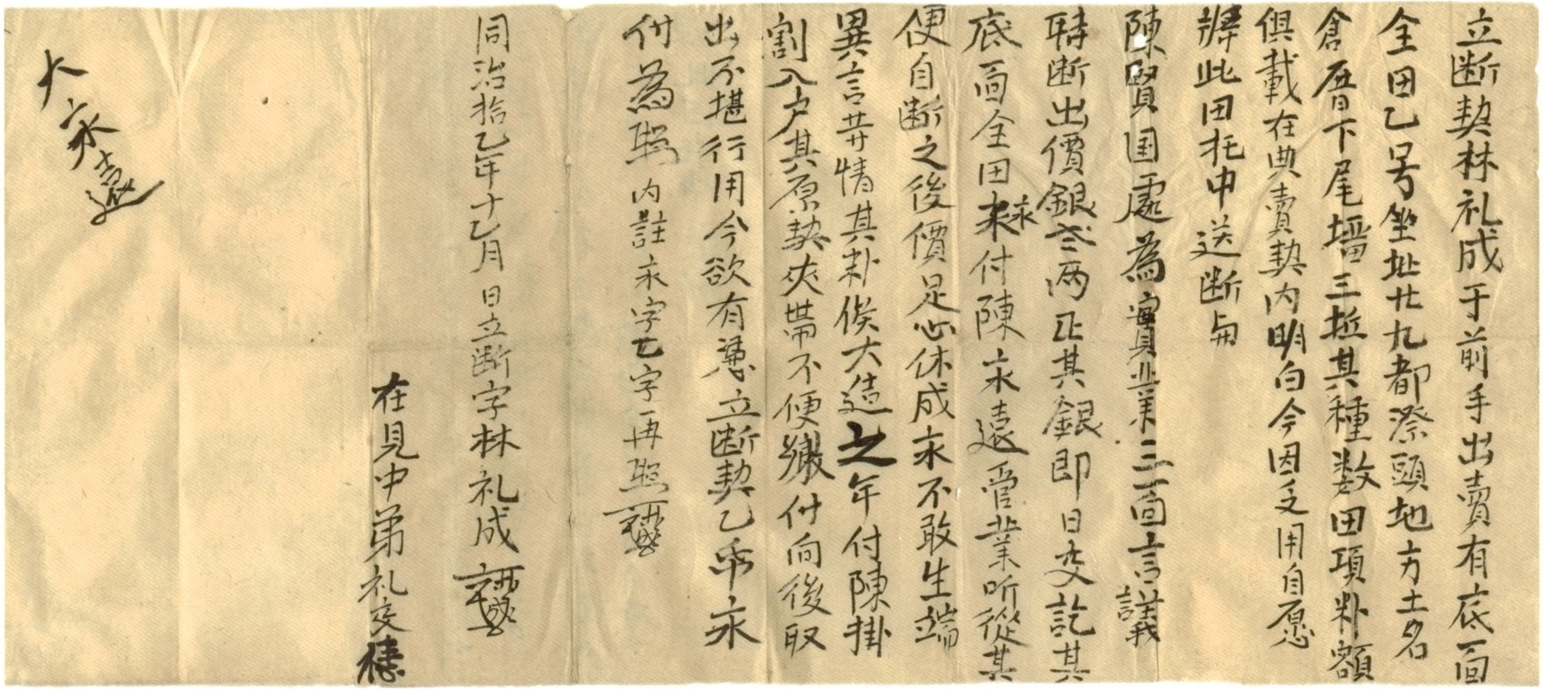

立斷契林礼成于前手出賣有底面
全田乙号坐址廿九都漈頭地方土名
倉厝下尾墻三垃其種數田項料額
俱載在典賣契内明白今因乏用自愿
將此田托中送斷與
陳賢国處爲實業三面言議
時斷出價銀壹兩正其銀即日交訖其
底面全田永付陳永遠管業聽從其
便自斷之後價足心休成永不敢生端
異言并情其外候大造之年付陳掛
割入户其原契夾帶不便繳付向後取
出不堪行用今欲有憑立斷契乙紙永
付爲照 内註永字乙字再照
同治拾乙年十乙月 日立斷字林礼成
在見中弟礼交
大家吉慶

7-6-1-11 清同治十一年十一月林礼成立斷底面全田契

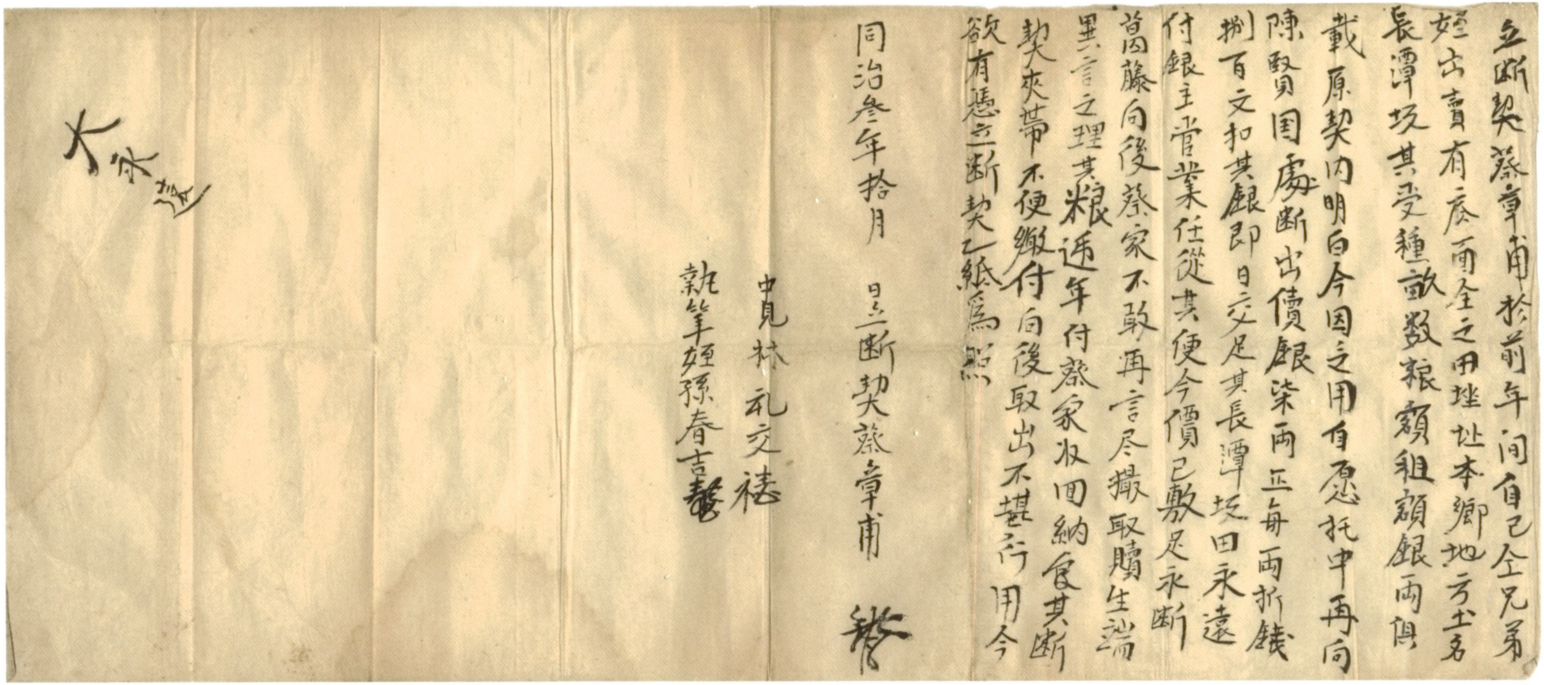

立断契蔡章甫於前年间自己仝兄弟
姪出賣有底面全之田坐址本鄉地方土名
長潭坂其受種畝數粮額租額銀两俱
載原契内明白今因乏用自愿托中再向
陳殿国處断出價銀柒两正每两折錢
捌百文扣其銀即日交足其長潭坂田永遠
付銀主管業任從其便今價已敷足永断
葛藤向後蔡家不敢再言尽撮取贖生端
異言之理其粮逓年付蔡家收回納自其断
契夾帶不便繳付向後取出不堪行用今
欲有憑立断契乙紙爲照

同治叁年拾月　日立断契人蔡章甫（押）

中見林礼交（押）

執筆姪孫春吉（押）

大永遠

7-6-1-10　清同治三年十月蔡章甫立斷底面全田契

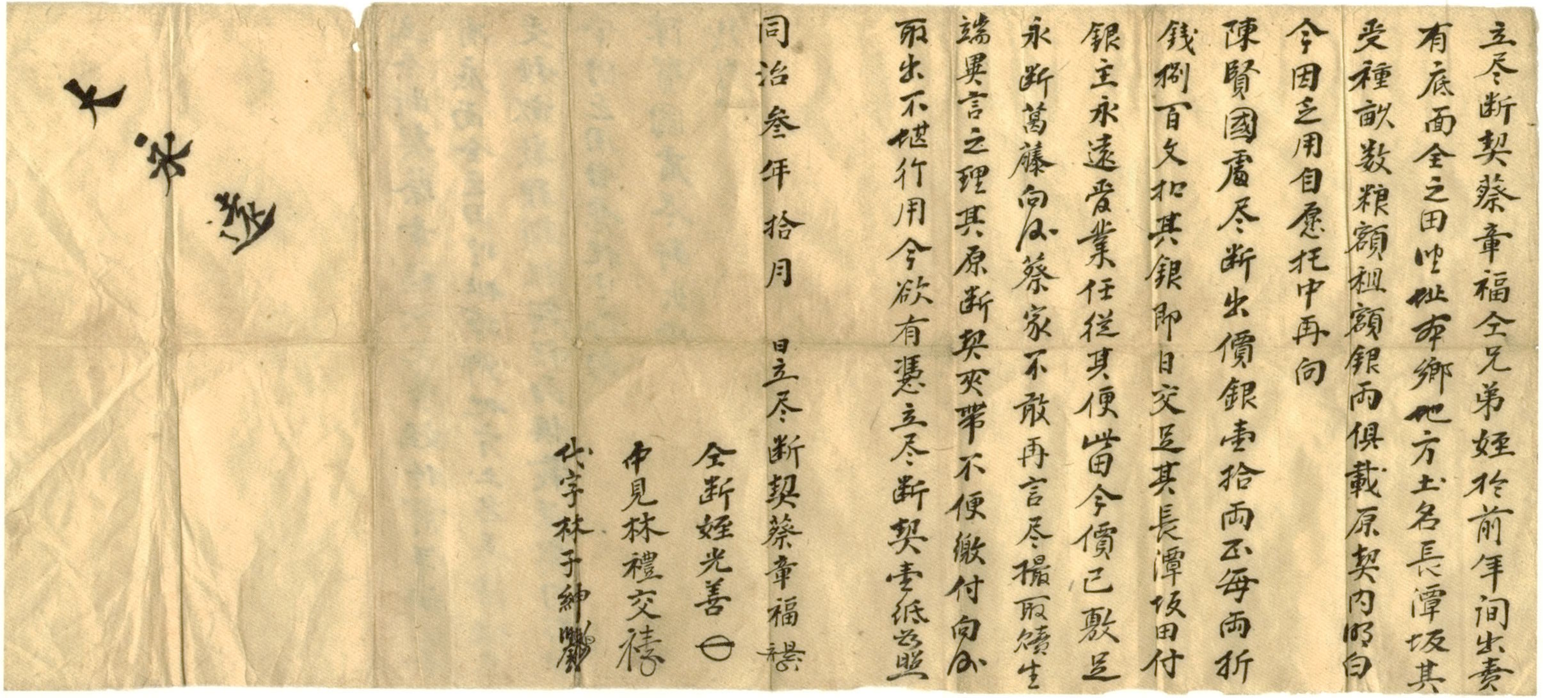
立盡斷契蔡章福仝兄弟侄於前年间出賣
有底面全之田坐址本鄉地方土名長潭坂其
受種畝数粮額租額銀兩俱載原契內明白
今因乏用自愿托中再向
陳賢國處盡斷出價銀壹拾兩正每兩折
钱捌百文扣其銀即日交足其長潭坂田付
銀主永遠管業任從其便當今價已敷足
永斷葛藤向后蔡家不敢再言盡撮取贖生
端異言之理其原斷契夾帶不便繳付向后
取出不堪行用今欲有憑立盡斷契壹紙為照
同治叁年拾月　日立盡斷契蔡章福（押）
仝斷侄光善（押）
中見林禮交（押）
代字林子紳（押）

7-6-1-9　清同治三年十月蔡章福等立盡斷底面全田契

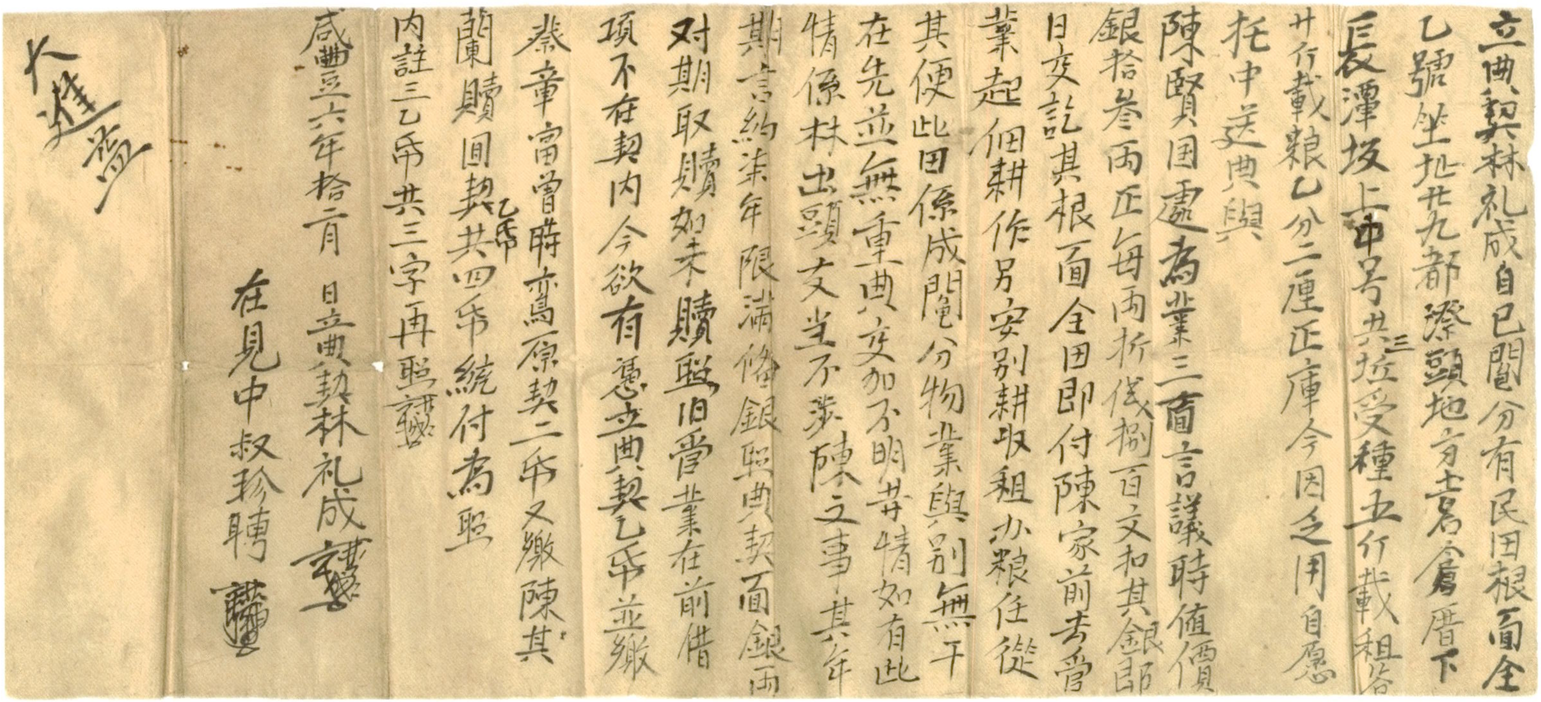
立典契林礼成自己閶分有民田根面全
乙號坐址廿九都𣵀頭地方土名倉厝下
長潭坂上中号共坵三坵受種五斤載租谷
廿斤載粮乙分二厘正庫今因乏用自愿
托中送典與
陳賢国處為業三面言議時值價
銀拾叁兩正每兩折伐捌百文和其銀即
日交訖其根面全田即付陳家前去管
業起佃耕作另安别耕收租办粮任從
其便此田係成閶分物業與别無干
在先並無重典交加不明等情如有此
情係林出頭支当不涉陳之事其年
期言約柒年限滿備銀照典契面銀兩
对期取贖如未贖照旧管業在前借
項不在契内今欲有憑立典契乙帋並繳
祭章當曾時高原契二帋又繳陳其
蘭贖回契共四帋統付為照
内註三乙帋共三字再照
咸豐六年拾弍月　日立典契林礼成
在見中叔孫聘

7-6-1-8　清咸豐六年十二月林礼成立典根面全民田契

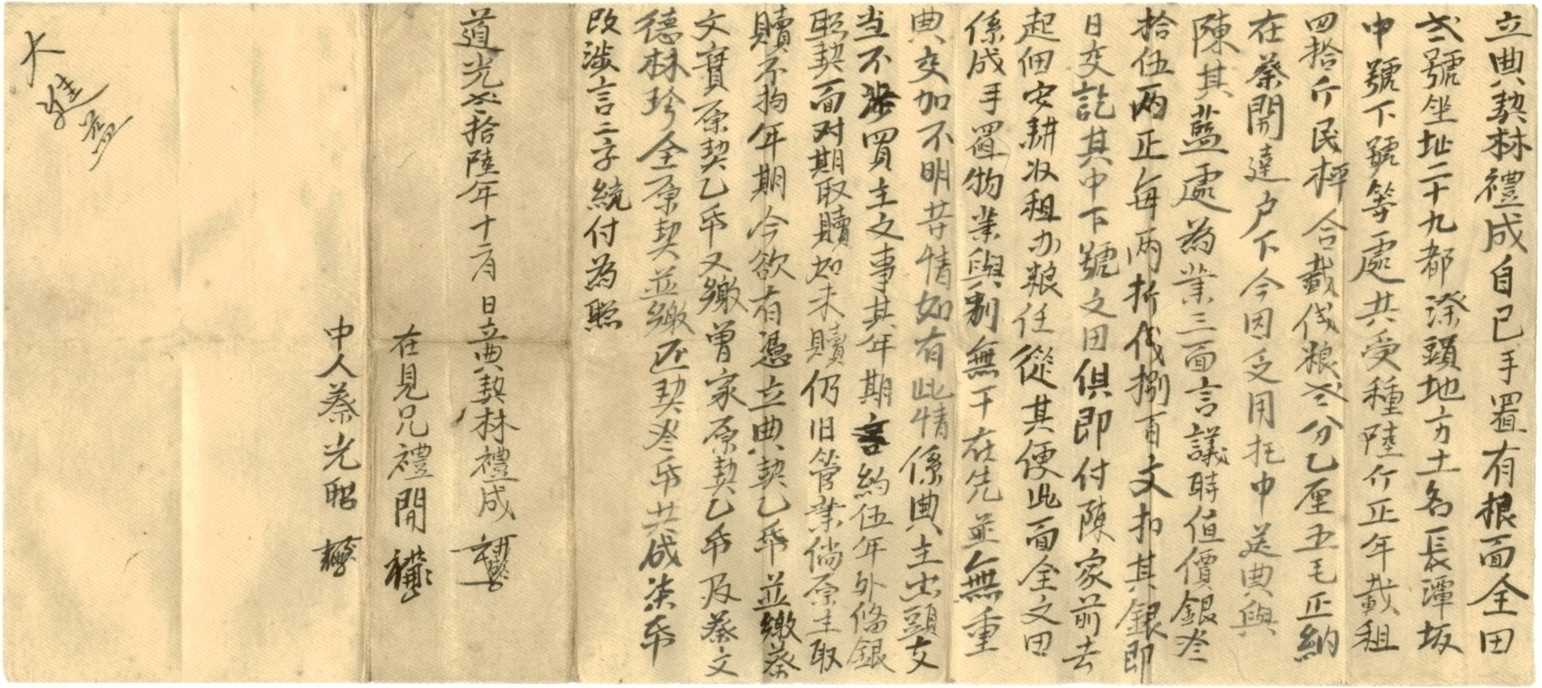
立典契林禮成自己手置有根面全田
弍號坐址二十九都漈頭地方土名長潭坂
中號下號等處共受種陸斤正年載租
四拾斤民秤合載代粮弍分乙厘五毛正納
在蔡閒達户下今因乏用托中送典與
陳其藍處為業三面言議時值價銀叁
拾伍兩正每兩折代捌百文扣其銀即
日交訖其中下號之田俱即付陳家前去
起佃安耕收租办粮任從其便此面全之田
係成手置物業與别無干在先並無重
典交加不明等情如有此情係典主出頭支
当不涉買主之事其年期言約伍年外備銀
照契面对期取贖如未贖仍旧管業備原主取
贖不拘年期今欲有憑立典契乙帋並繳叅
文實原契乙帋又繳曾家原契乙帋及叅文
德林珍全原契並繳乙契叁帋共成柒帋
改添言二字統付為照

道光弍拾陸年十二月　日立典契林禮成（押）
在見兄禮問（押）
中人蔡光昭（押）

7-6-1-7　清道光二十六年十二月林禮成立典根面全田契

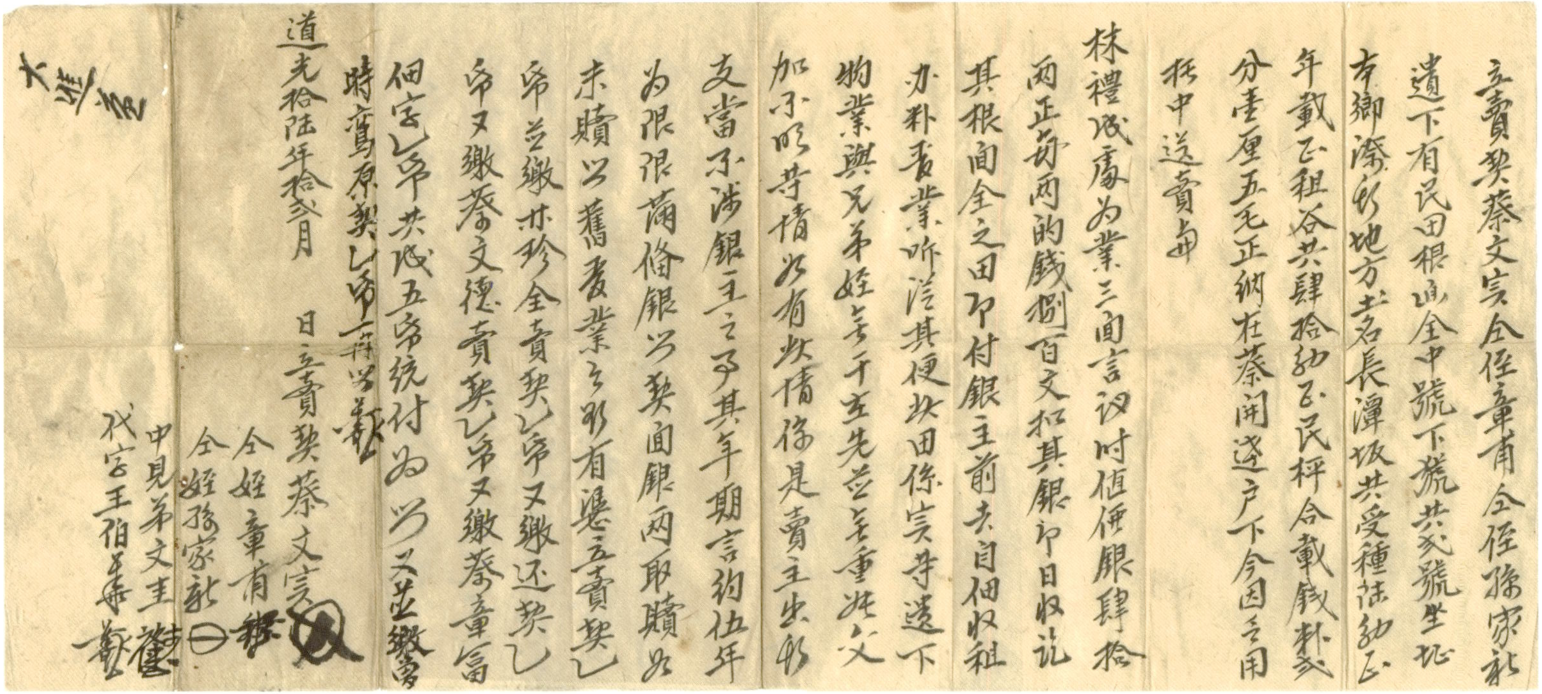
立賣契蔡文寶仝侄章甫仝侄孫家新
遞下有民田根面全中號下荒共弍號坐北
本鄉滄頭地方土名長潭坂共受種陆勺正
年載正租谷共肆拾勺正民秤合載錢糧弍
分壹厘五毛正納在蔡開遂户下今因乏用
托中送賣與
林禮成處為業三面言议时值價銀肆拾
兩正每兩的錢捌百文扣其銀即日收訖
其根面全之田即付銀主前去自佃收租
办粮管業听從其便此田係寶等遞下
物業與兄弟姪子千並先並重張父
加不明等情如有此情係是賣主出抵
支當不涉銀主之事其年期言約伍年
為限限滿備銀照契面銀兩取贖如
未贖照舊管業今欲有憑立賣契
弟並繳卅珍全賣契乙帋又繳还契乙
帋又繳蔡文德賣契乙帋又繳蔡章富
佃字乙帋共成五帋繳付為照又並繳
時寫原契乙帋一并照繳
道光拾陆年拾弍月　日立賣契蔡文寶（押）
仝姪章甫（押）
仝姪孫家新（押）
中見弟文主（押）
代字王伯希（押）
大進之吉

7-6-1-6　清道光十六年十二月蔡文實等立賣根面全民田契

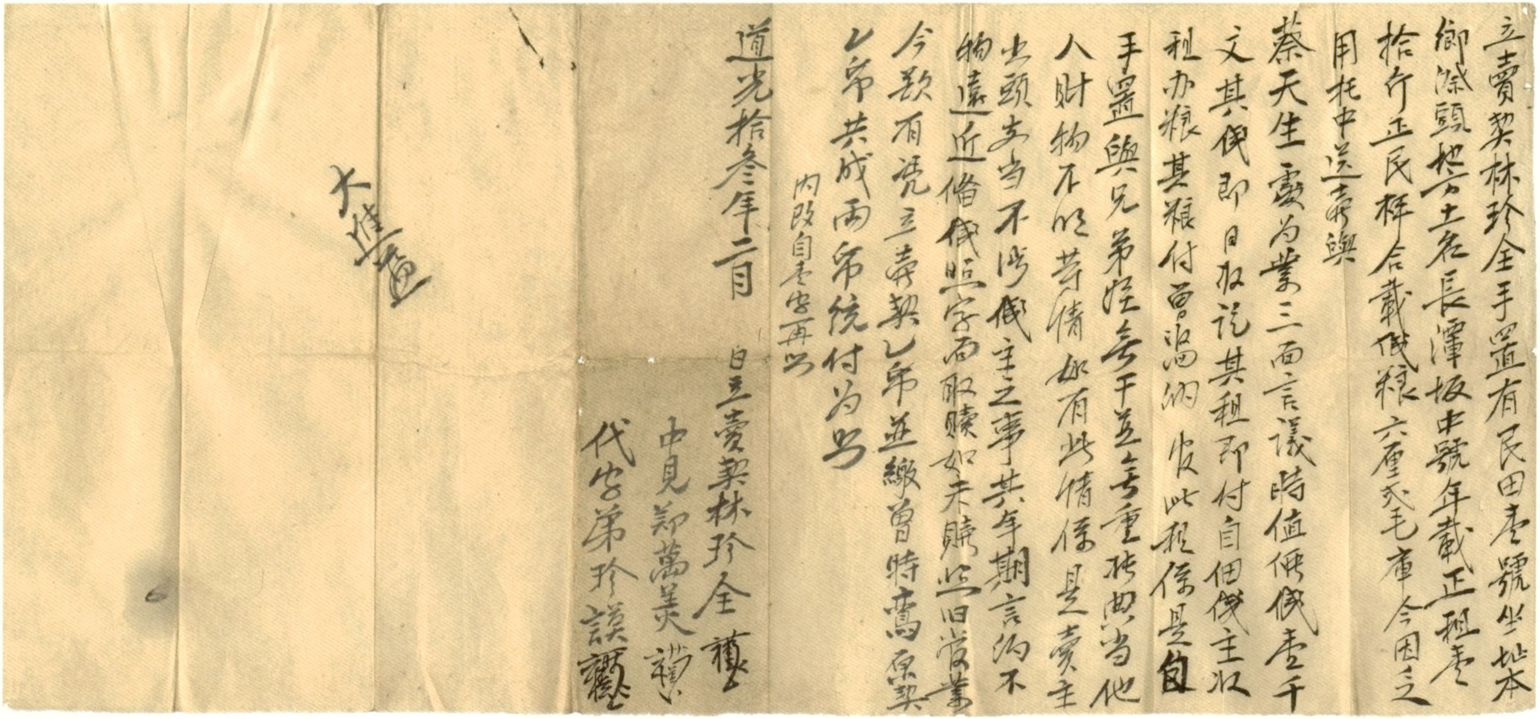
立賣契林珍全手置有民田壹號坐址本
御漈頭地方土名長潭坂中號年載正租壹
拾斤正民粮合載伐粮六厘叁毛正今因乏
用托中送賣與
蔡天生處爲業三面言議時值價錢壹千
文其錢即日收訖其租即付自佃錢主收
租办粮其粮付當過納此租係是自
手置與兄弟侄無干並無重張典當他
人財物不明等情如有此情係是賣主
出頭支當不涉錢主之事其年期言約不
拘遠近備價照字面取贖如未贖照舊管業
今欲有憑立賣契乙帋並繳曽時舊原契
乙帋共成兩帋統付爲照
内改自壹字再照
道光拾叁年二月　日立賣契林珍全（押）
中見鄭萬美（押）
代字弟珍謨（押）
大進通

7-6-1-5　清道光十三年二月林珍全立賣民田契

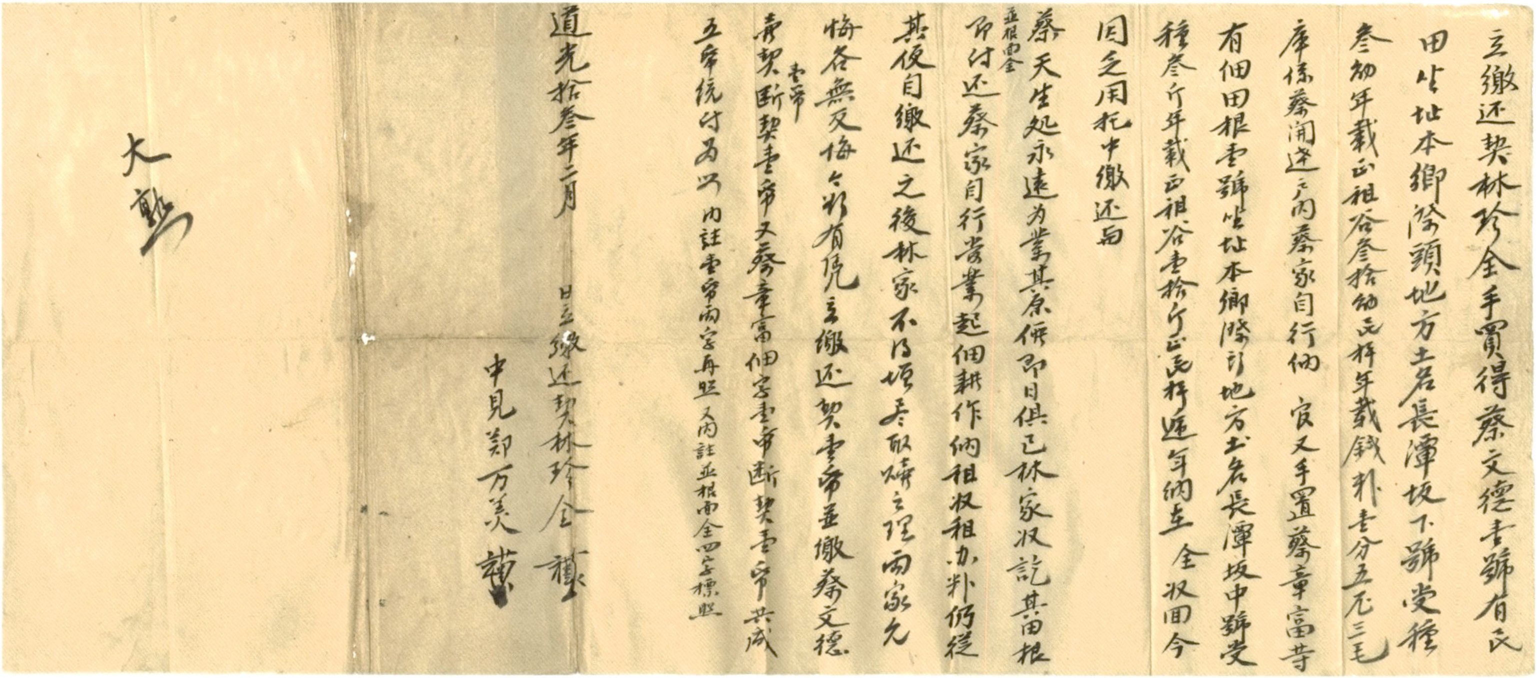
立繳還契林珍全手買得蔡文德壹號有民
田坐址本鄉塔頭地方土名長潭坂下號受種
叁畝年載正租谷叁拾陆石正并年載錢粮壹分五厘三毛
庠係蔡潤述之内蔡家自行佃 官又手置蔡章富等
有佃田根壹號坐址本鄉塔頭地方土名長潭坂中號受
種叁斤年載正租谷壹拾斤正并匯年納左 全收田今
因乏用托中繳還与
蔡天生処永遠为業其原價即日俱已林家收訖其田根
並根面全
即付還蔡家自行耕業起佃耕作納租收租办粮仍從
其便自繳還之後林家不得異取續之理兩家允
悔各無反悔今欲有憑立繳還契壹帋並繳蔡文德
壹帋
賣契斷契壹帋又蔡章富佃字壹帋斷契壹帋共成
五帋统付為照 内註壹字兩字再照 又内註並根面全四字標照
道光拾叁年二月 日立繳還契林珍全 號
中見鄭万美 號
大勢

7-6-1-4　清道光十三年二月林珍全立繳還民田等契

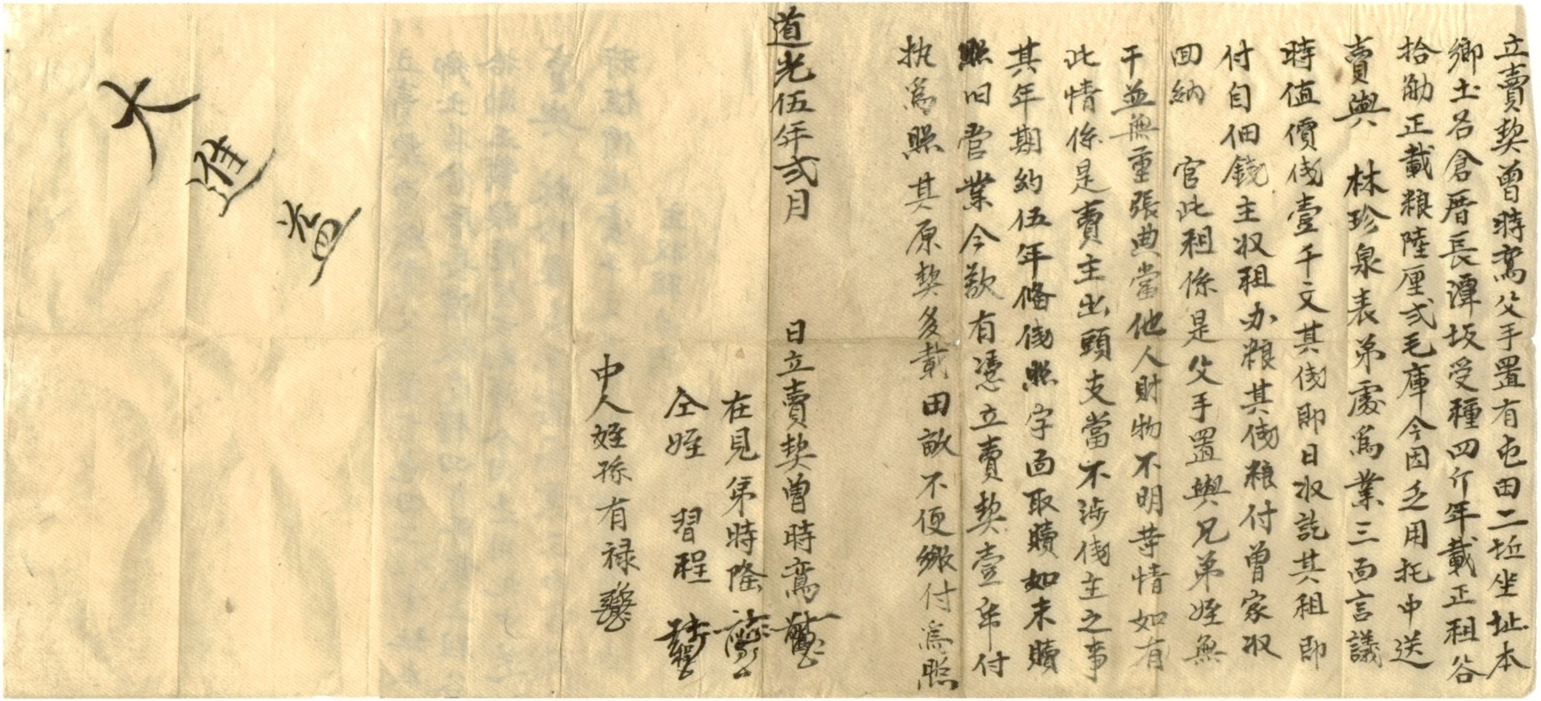

立賣契曾時鳶父手置有屯田二坵坐址本
鄉土名倉厝長潭坂受種四斤年載正租谷
拾觔正載粮陸厘貳毛庫今因乏用托中送
賣與 林珍泉表弟處爲業三面言議
時值價錢壹千文其錢即日收訖其租即
付自佃錢主收租办粮其錢粮付曾家收
回納 官此租係是父手置與兄弟姪無
干並無重張典當他人財物不明等情如有
此情係是賣主出頭支當不涉錢主之事
其年期約伍年備錢照字面取贖如未贖
照旧管業今欲有憑立賣契壹帋付
執爲照 其原契多載田畝不便繳付爲照

道光伍年貳月 日立賣契曾時鳶（押）

在見弟時隆（押）

仝姪 習程（押）

中人姪孫有禄（押）

大進益

7-6-1-3 清道光五年二月曾時鳶立賣屯田契

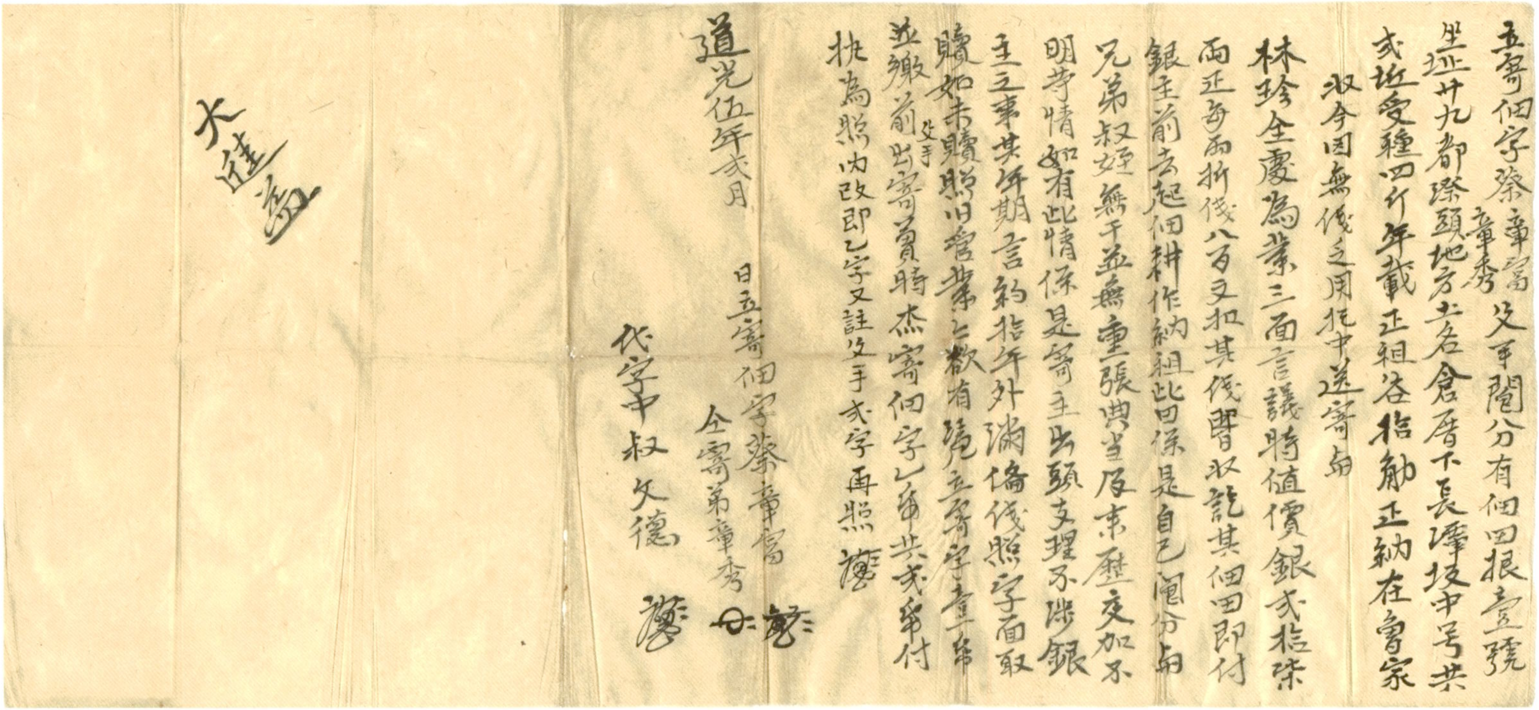
立寄佃字蔡章富、章秀，父手閹分有佃田根壹號，
坐址廿九都瑹頭地方，土名倉厝下長墩坂中，另共
弍坵，受種四斤，年載正租谷拾觔，正納在曾家
收。今因無錢乏用，托中送寄與
林珍全處為業，三面言議，時值價銀弍拾柒
兩正，每兩折錢八百文，扣其錢即收訖，其佃田即付
銀主前去起佃耕作納租。此田係是自己閹分與
兄弟叔姪無干，並無重張典當及來歷交加不
明等情，如有此情，係是寄主出頭支理，不涉銀
主之事。其年期言約拾年外滿，備錢照字面取
贖，如未贖，照旧管業。二欲有憑，立寄字壹紙，
並繳前父手出寄貢時杰寄佃字乙紙，共弍紙付
執為照。內改即乙字，又註父手弍字，再照。
道光伍年弍月　日立寄佃字蔡章富（押）
仝寄弟章秀（押）
代字中叔文德（押）
大進益

7-6-1-2　清道光五年二月蔡章福等立寄佃田根字

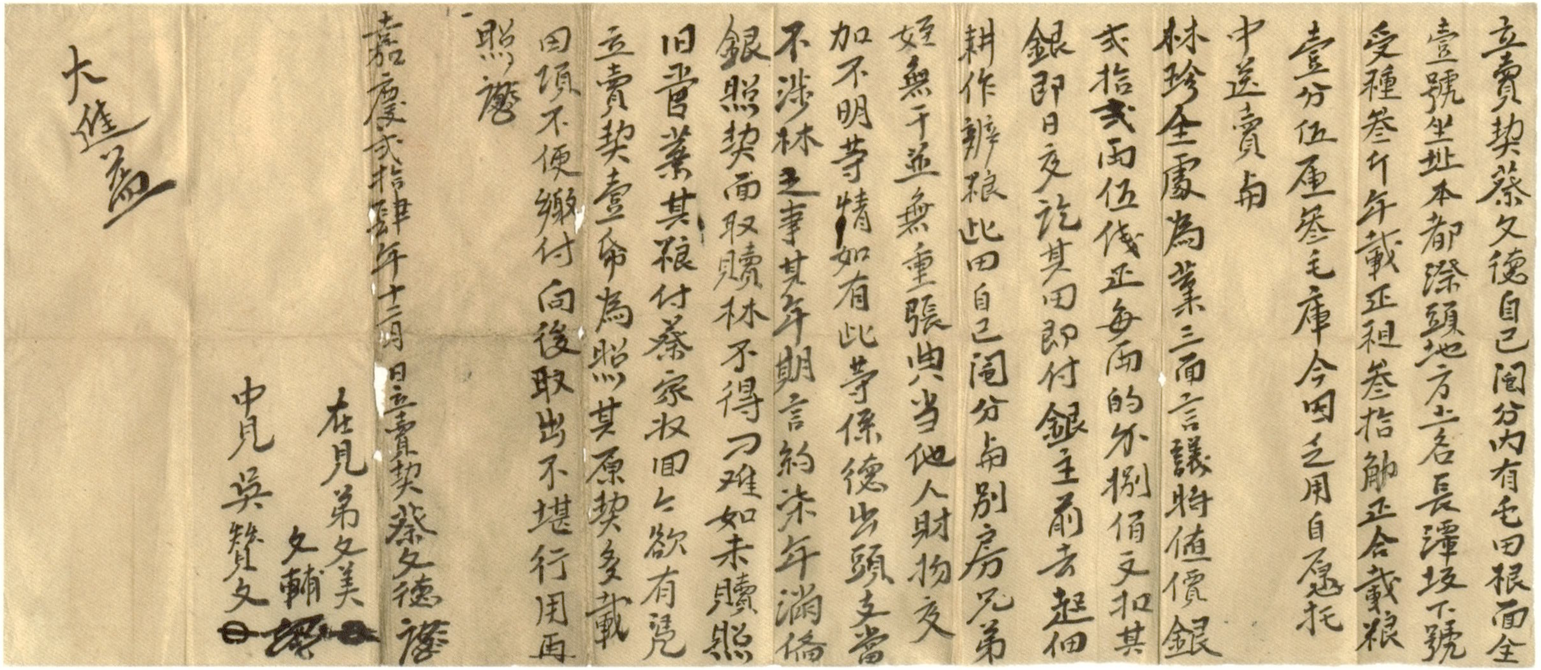
立賣契蔡文德自己閹分內有屯田根面全
壹號坐址本都漈頭地方土名長潭坂下號
受種叁斤年載正租叁拾觔正合載粮
壹分伍厘叁毛庫今因乏用自愿托
中送賣與
林玲全處為業三面言議時值價銀
弍拾弍兩伍錢正每兩的分捌佰文扣其
銀即日交訖其田即付銀主前去起佃
耕作辦粮此田自己閹分與別房兄弟
姪無干並無重張典当他人財物交
加不明等情如有此等係德出頭支當
不涉林之事其年朋言約來年淌倫
銀照契面取贖林不得刁难如未贖照
旧管業其粮付蔡家收回亡欲有憑
立賣契壹紙為照其原契系載
田項不便繳付向後取出不堪行用再
照
嘉慶弍拾肆年十二月　日立賣契蔡文德
在見弟文美
文輔
中見吳贊文
大進益

7-6-1-1　清嘉慶二十四年十二月蔡文德立賣根面全屯田契

第六帙　陳樟東户

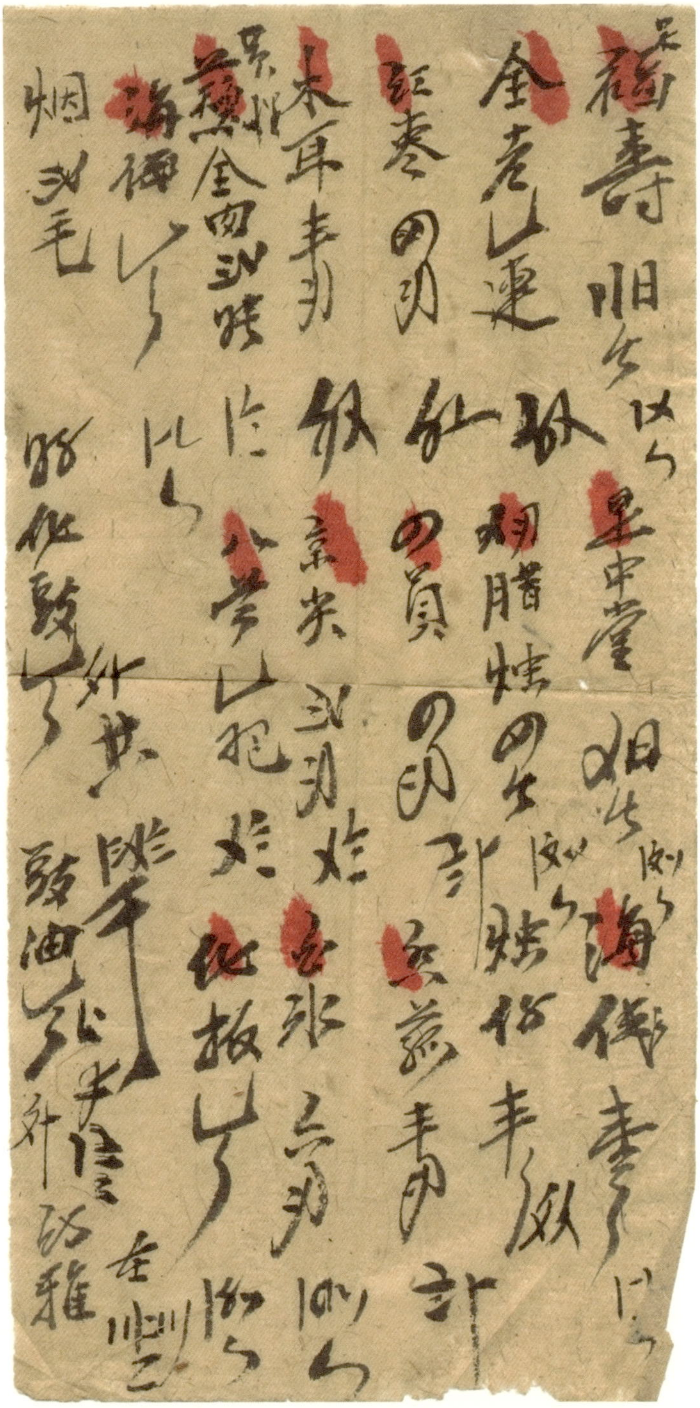

7-5-63-53　民國十六年陳詩雅記往來數目（夾葉）

7-5-63-52　民國十六年陳詩雅記往來數目（五二）

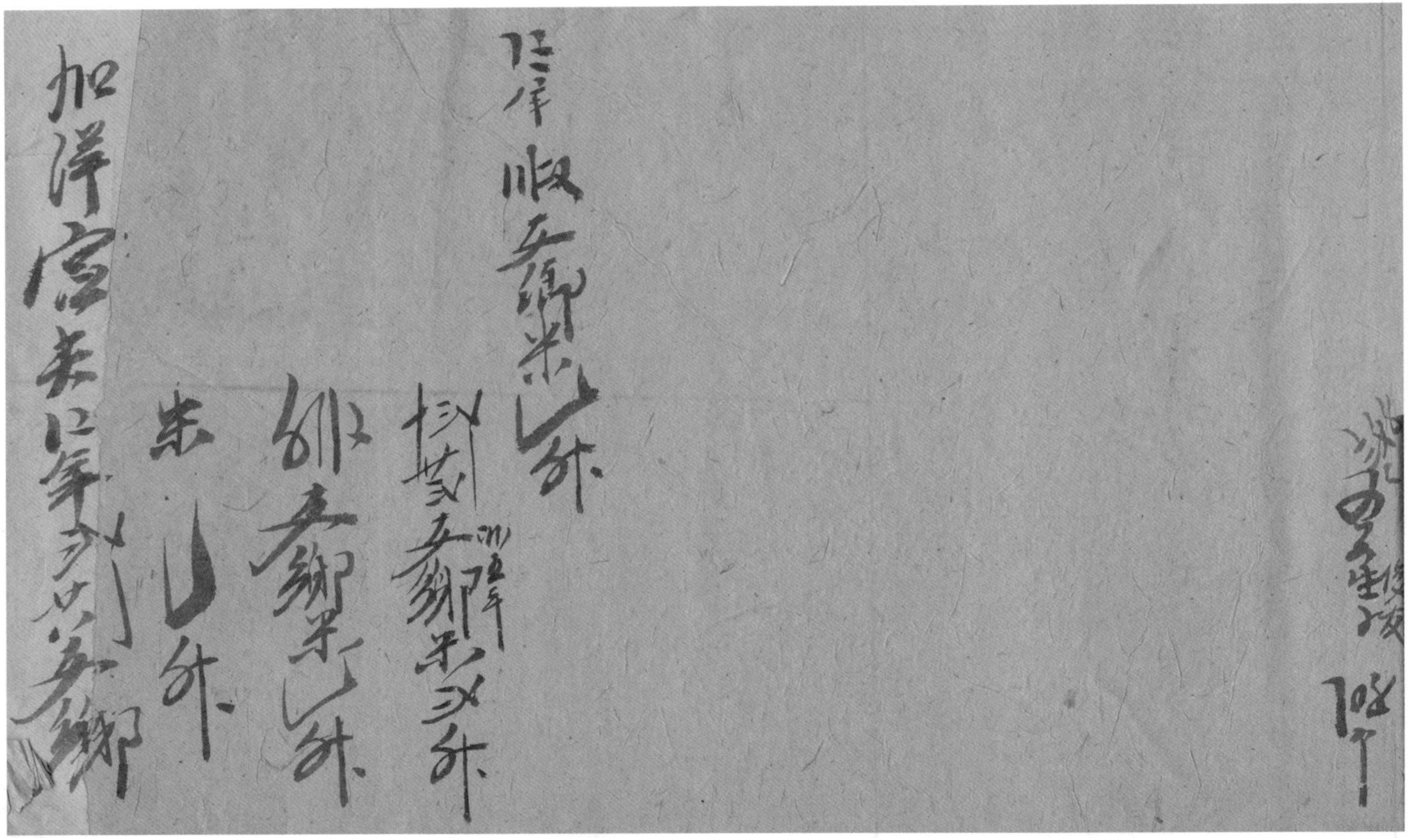

7-5-63-51　民國十六年陳詩雅記往來數目（五一）

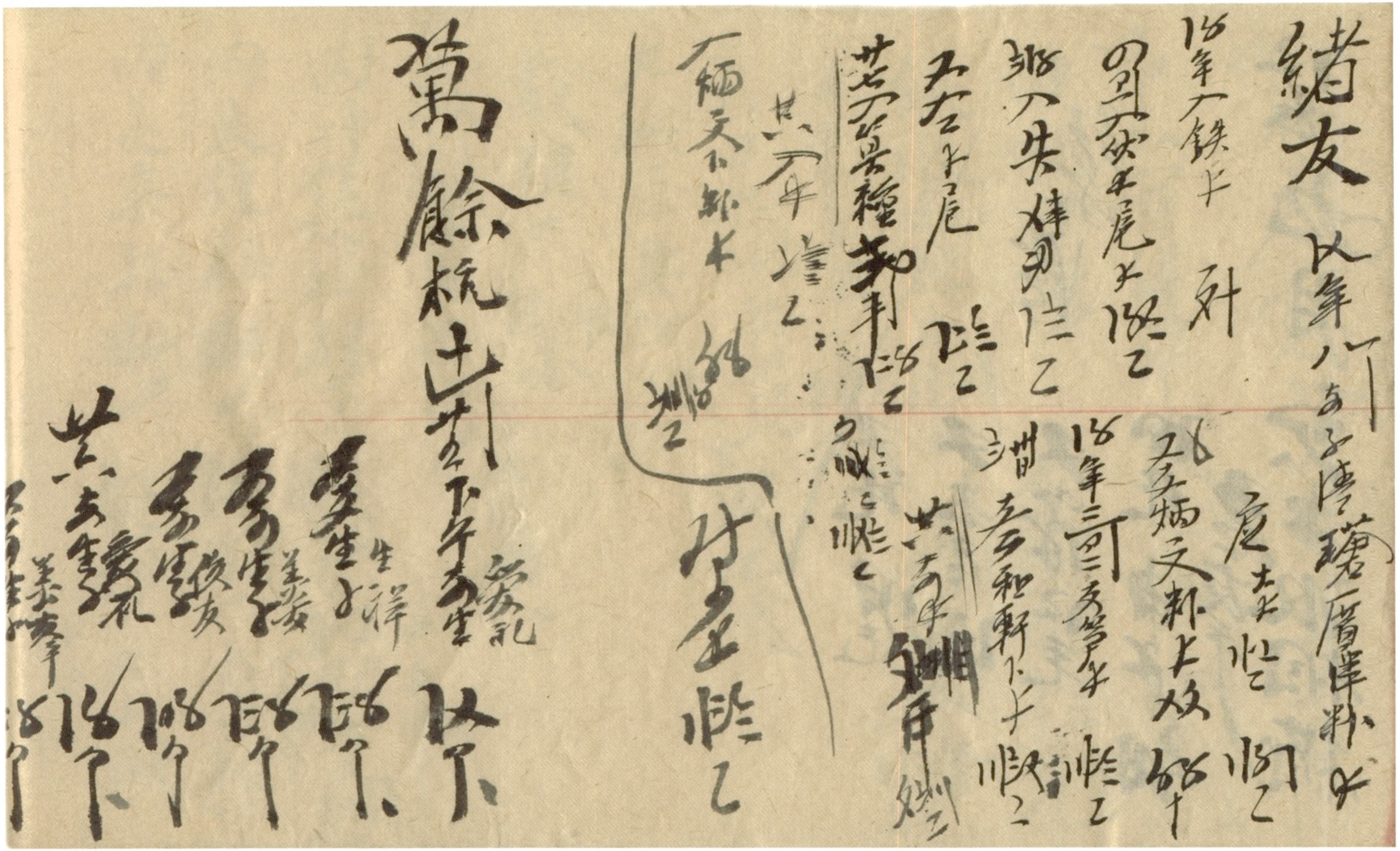

7-5-63-50　民國十六年陳詩雅記往來數目（五〇）

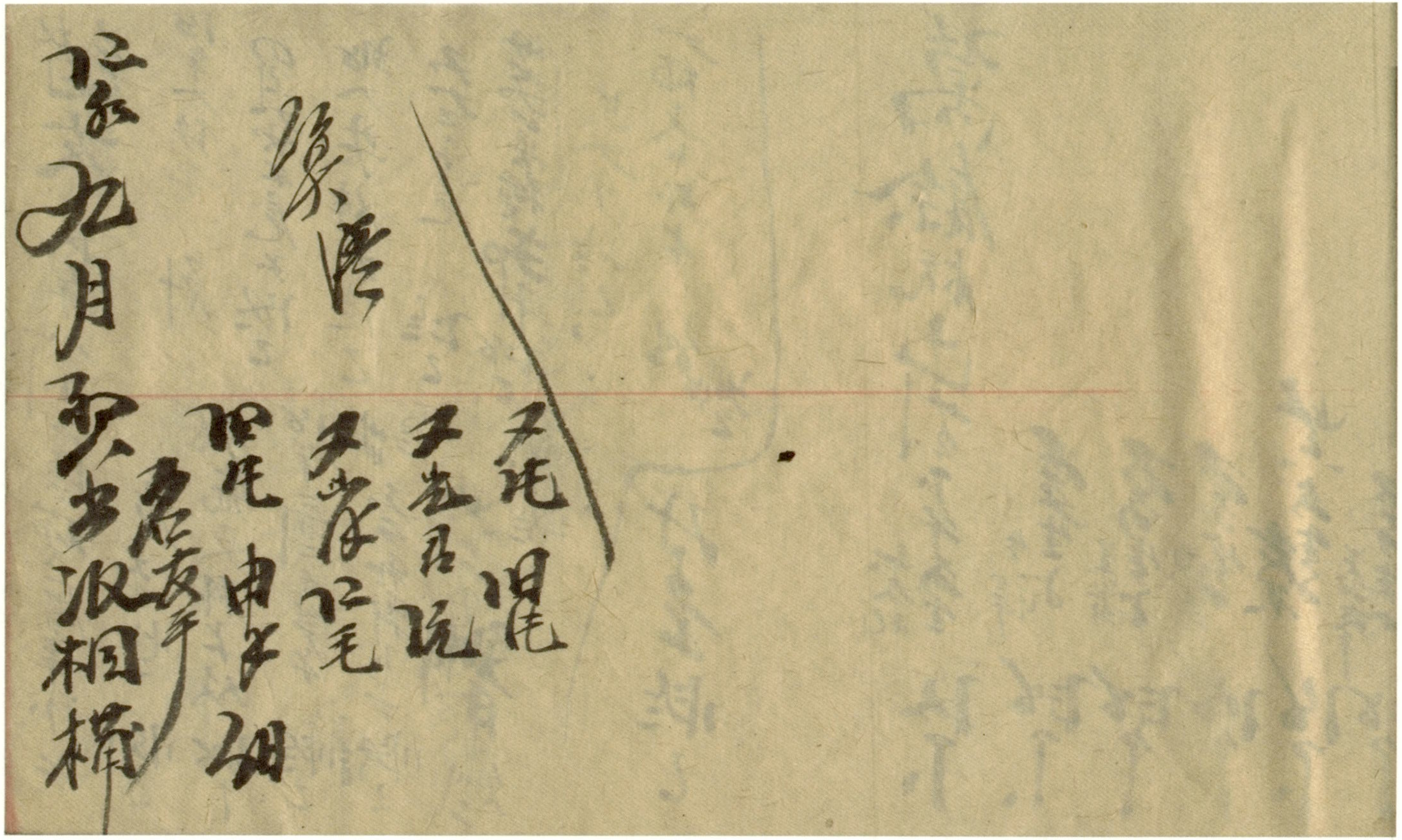

7-5-63-49　民國十六年陳詩雅記往來數目（四九）

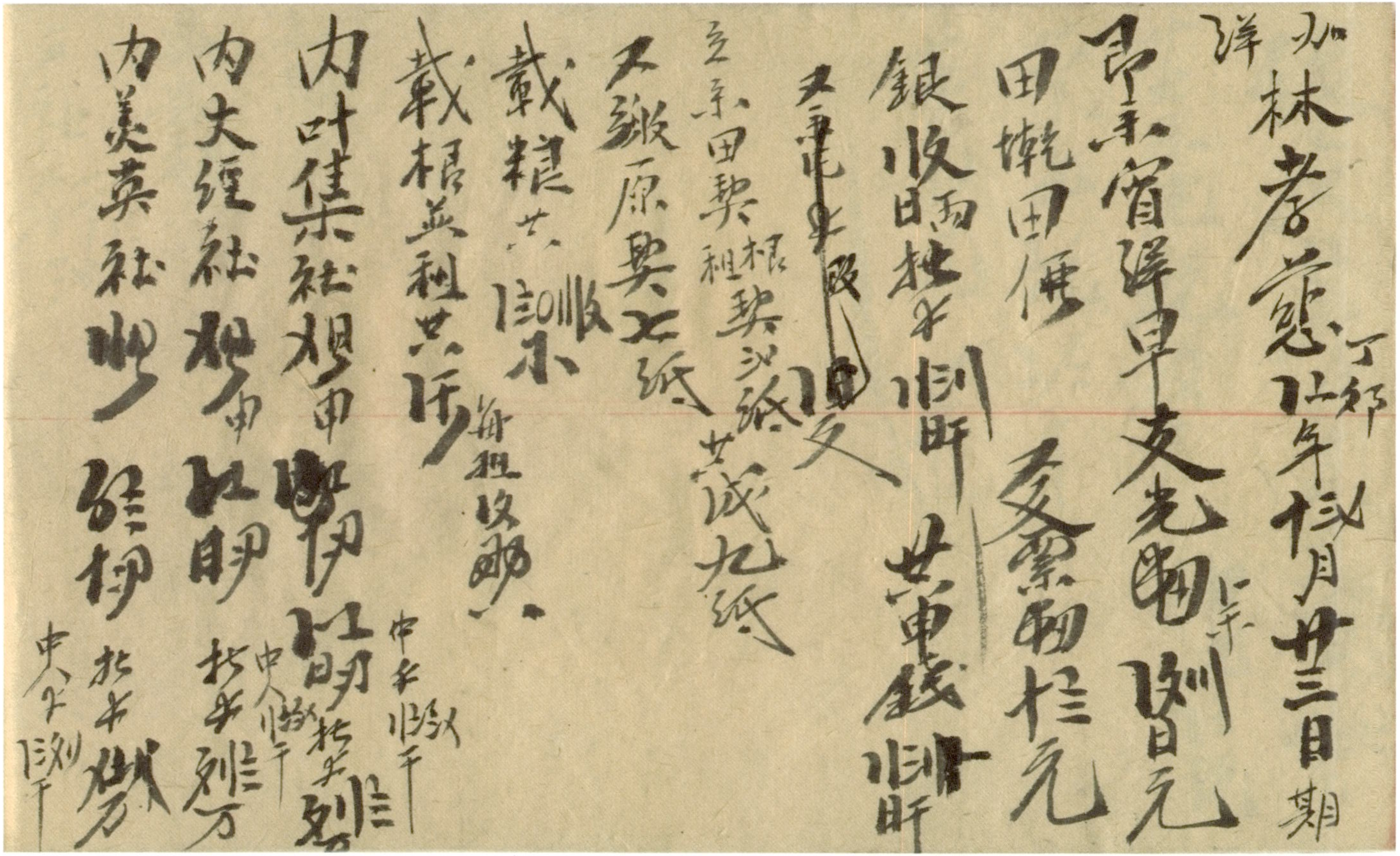

7-5-63-48　民國十六年陳詩雅記往來數目（四八）

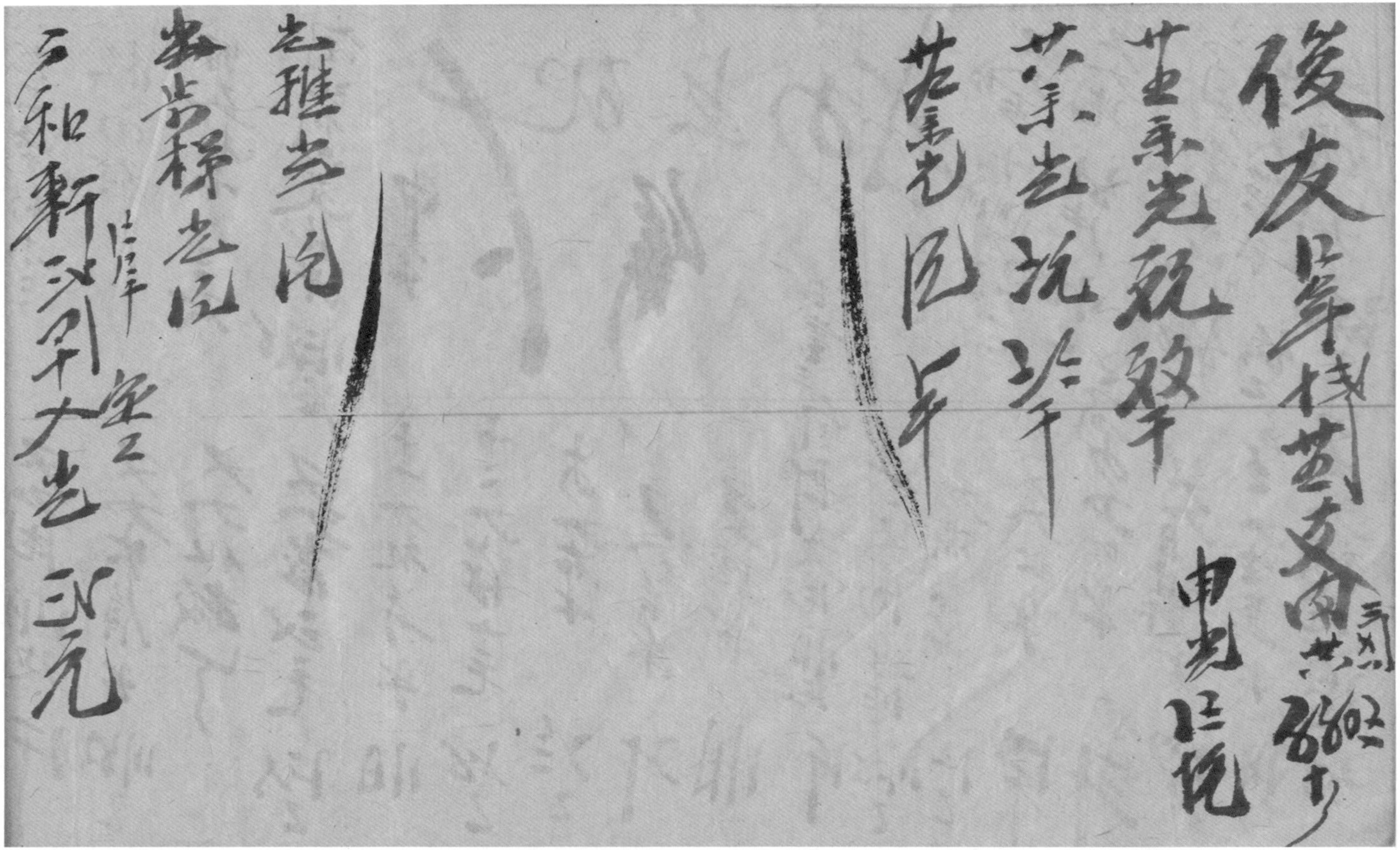

7-5-63-47　民國十六年陳詩雅記往來數目（四七）

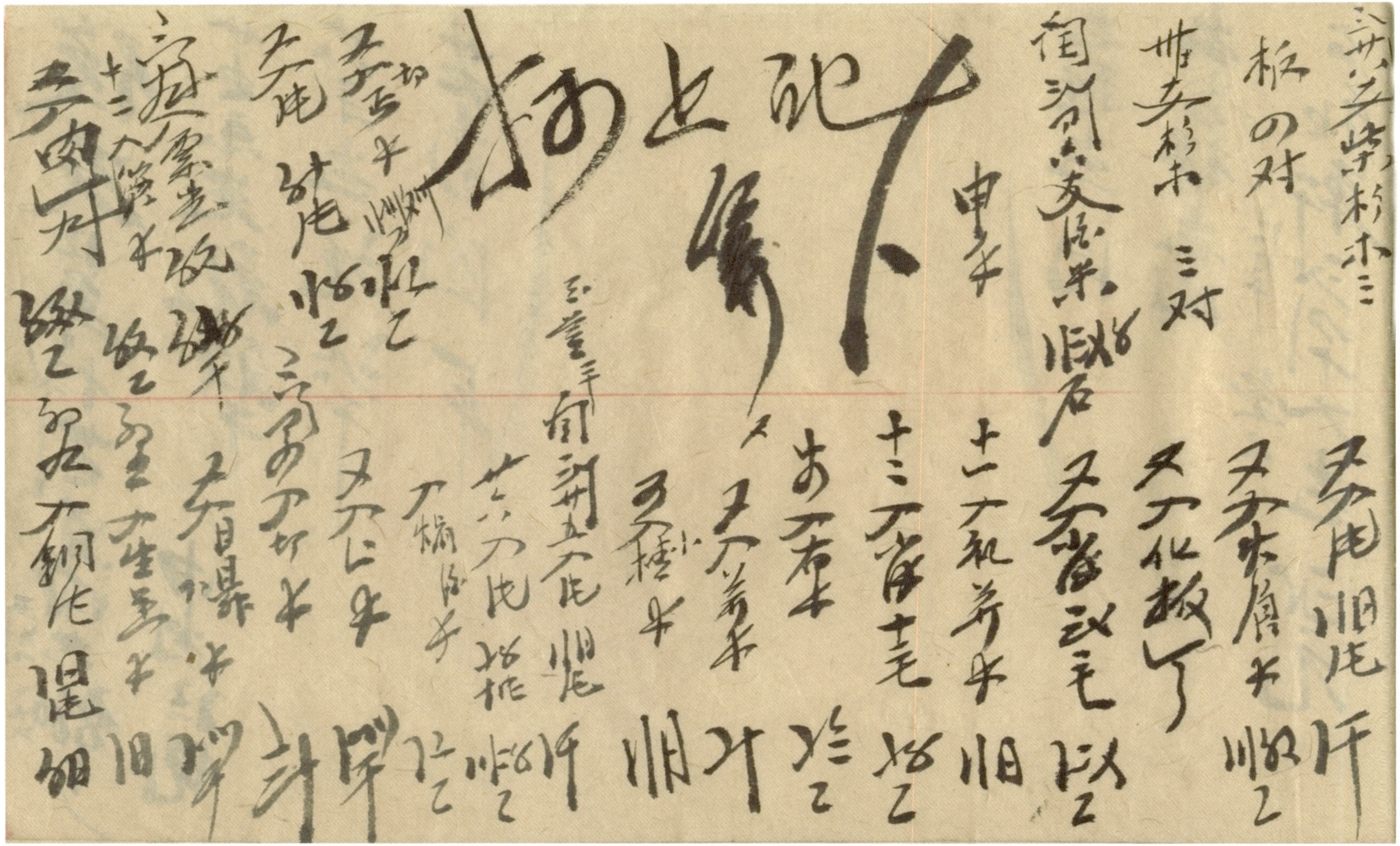

7–5–63–46　民國十六年陳詩雅記往來數目（四六）

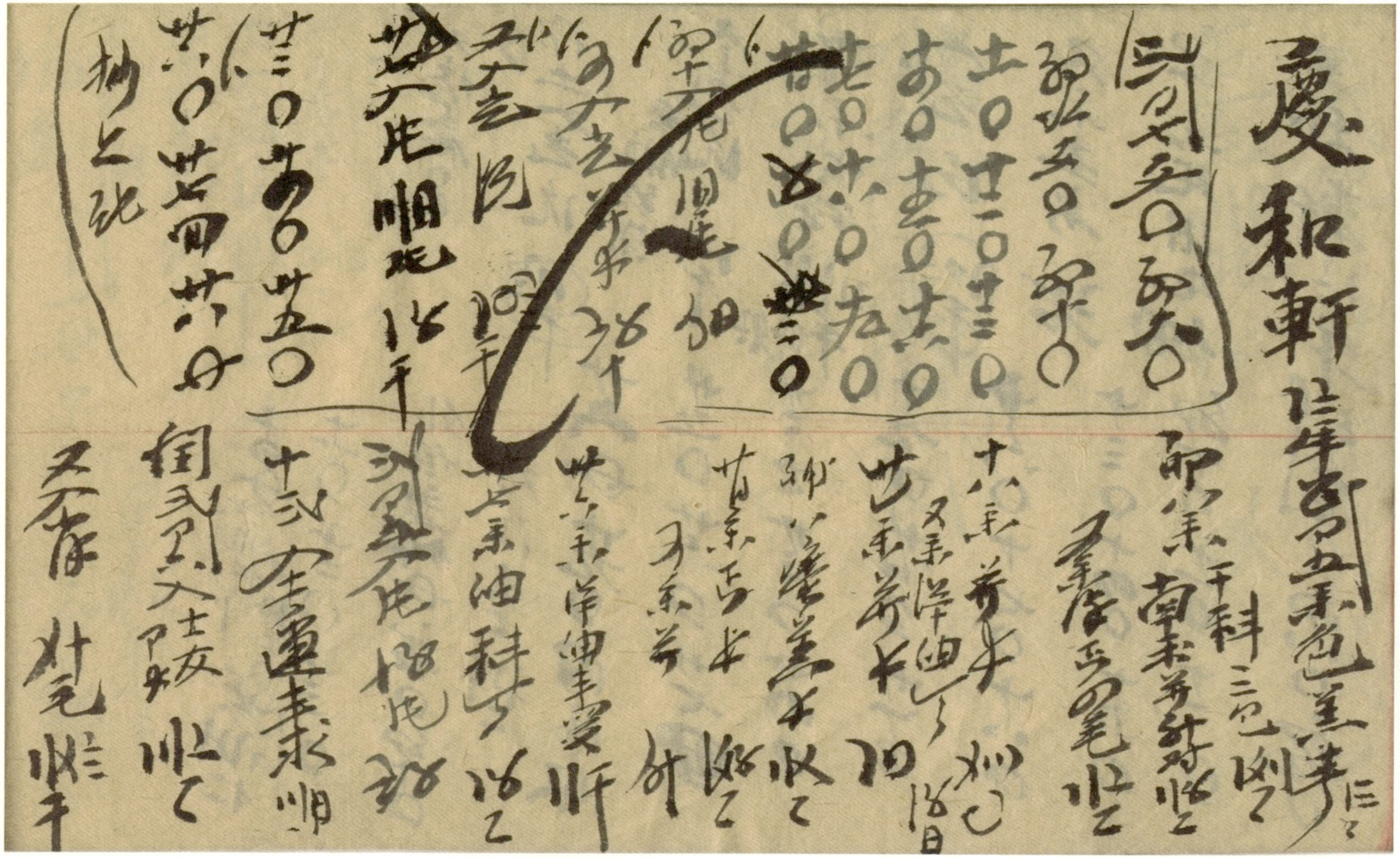

7-5-63-45　民國十六年陳詩雅記往來數目（四五）

7-5-63-44　民國十六年陳詩雅記往來數目（四四）

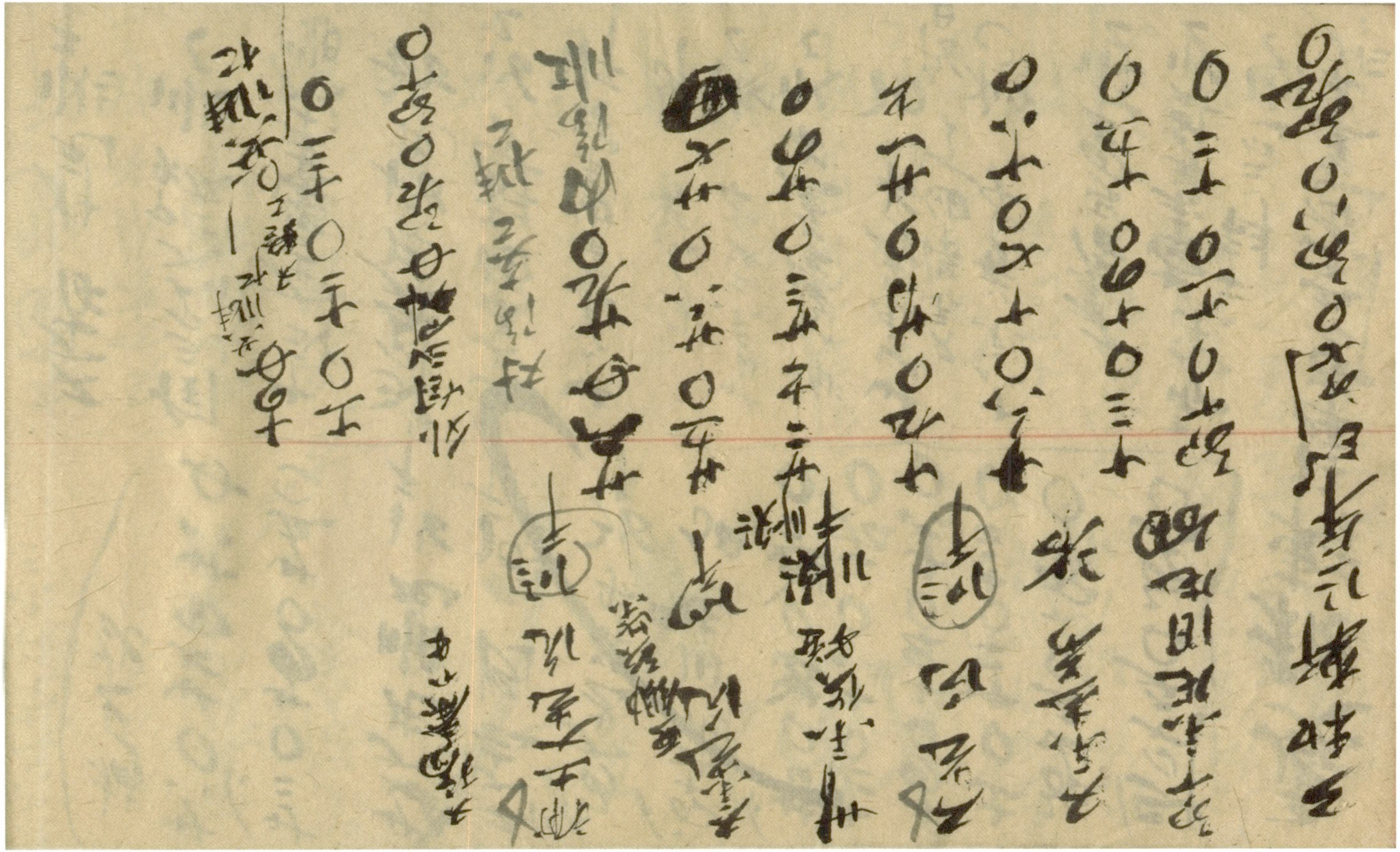

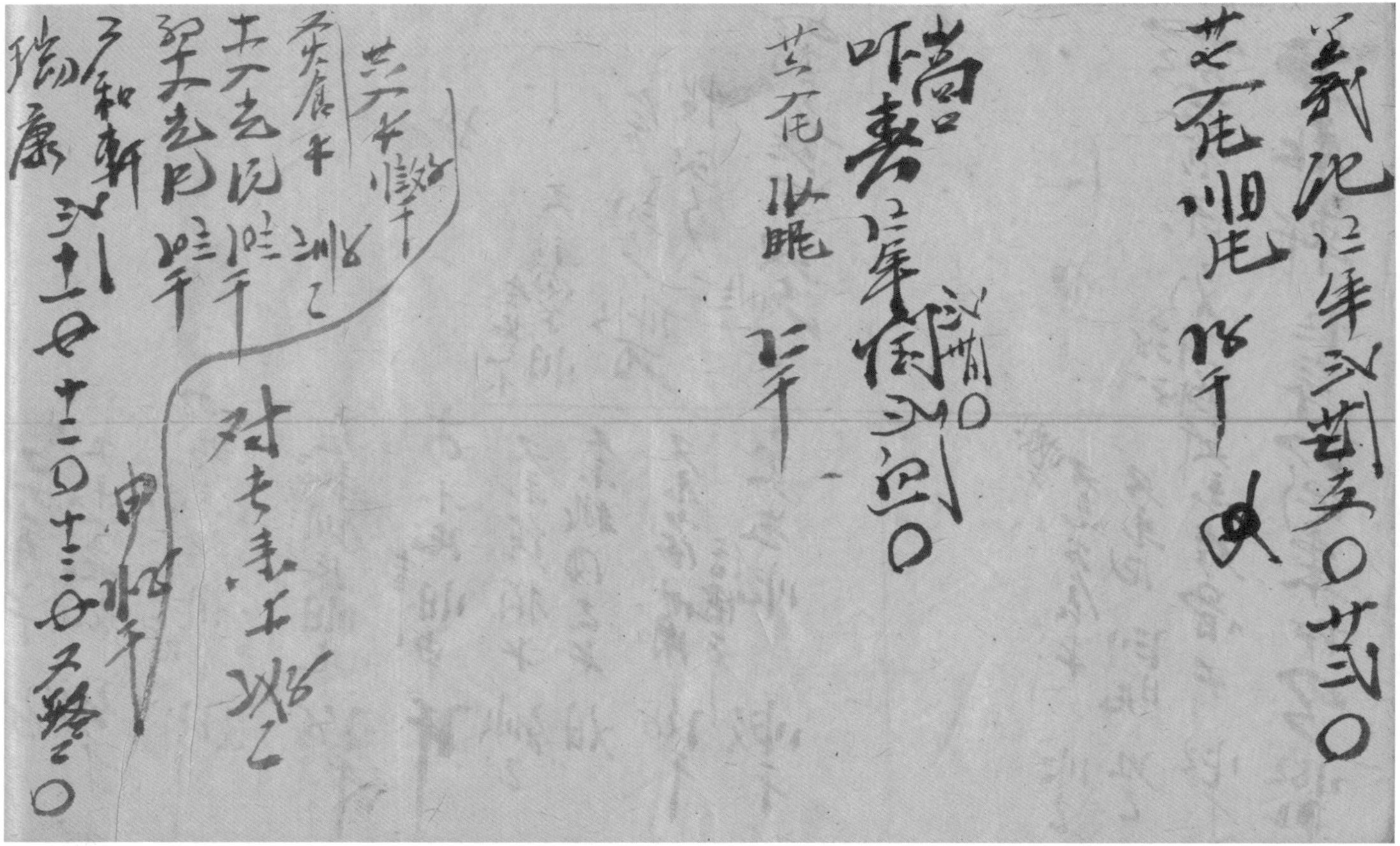

7-5-63-43　民國十六年陳詩雅記往來數目（四三）

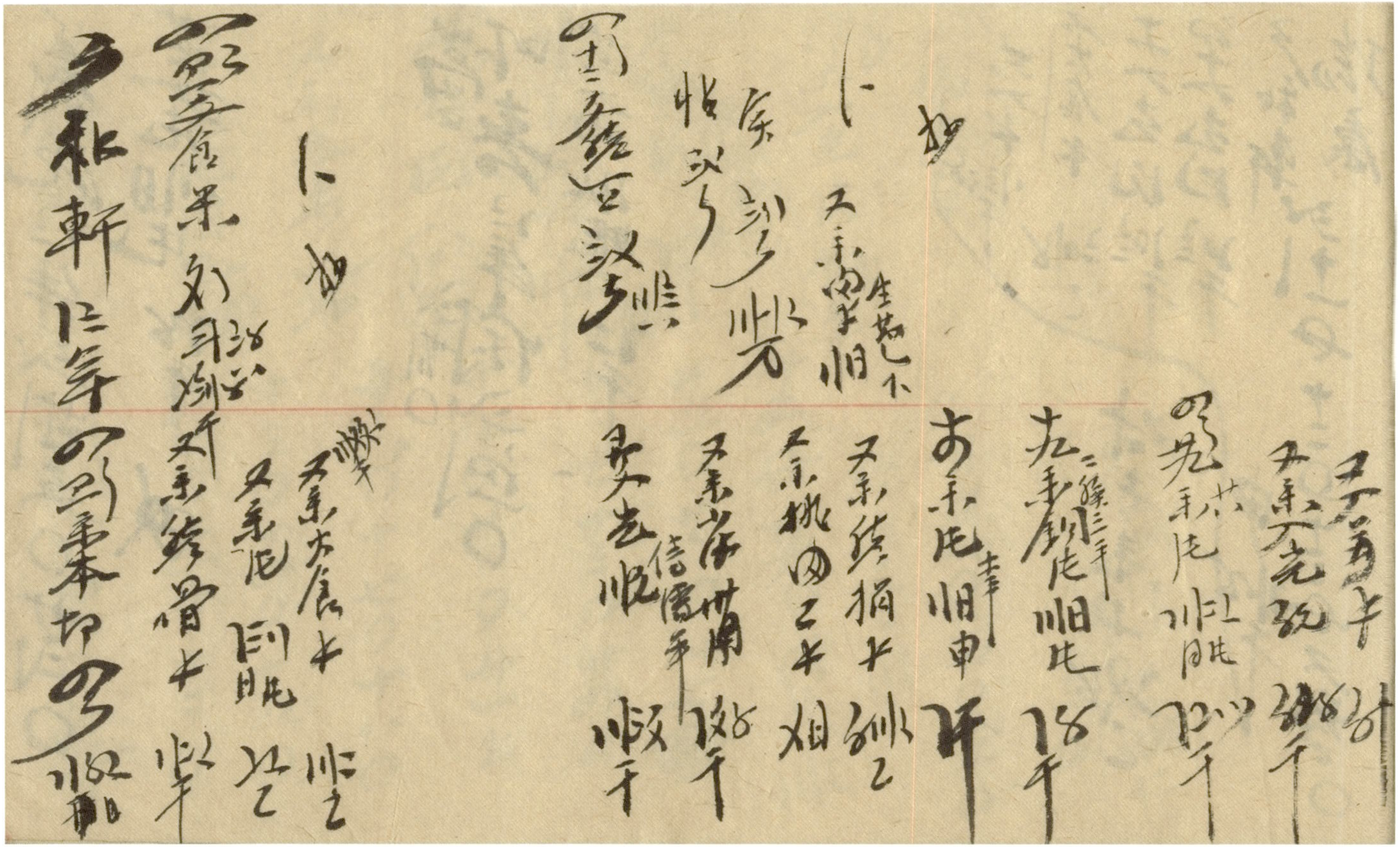

7-5-63-42　民國十六年陳詩雅記往來數目（四二）

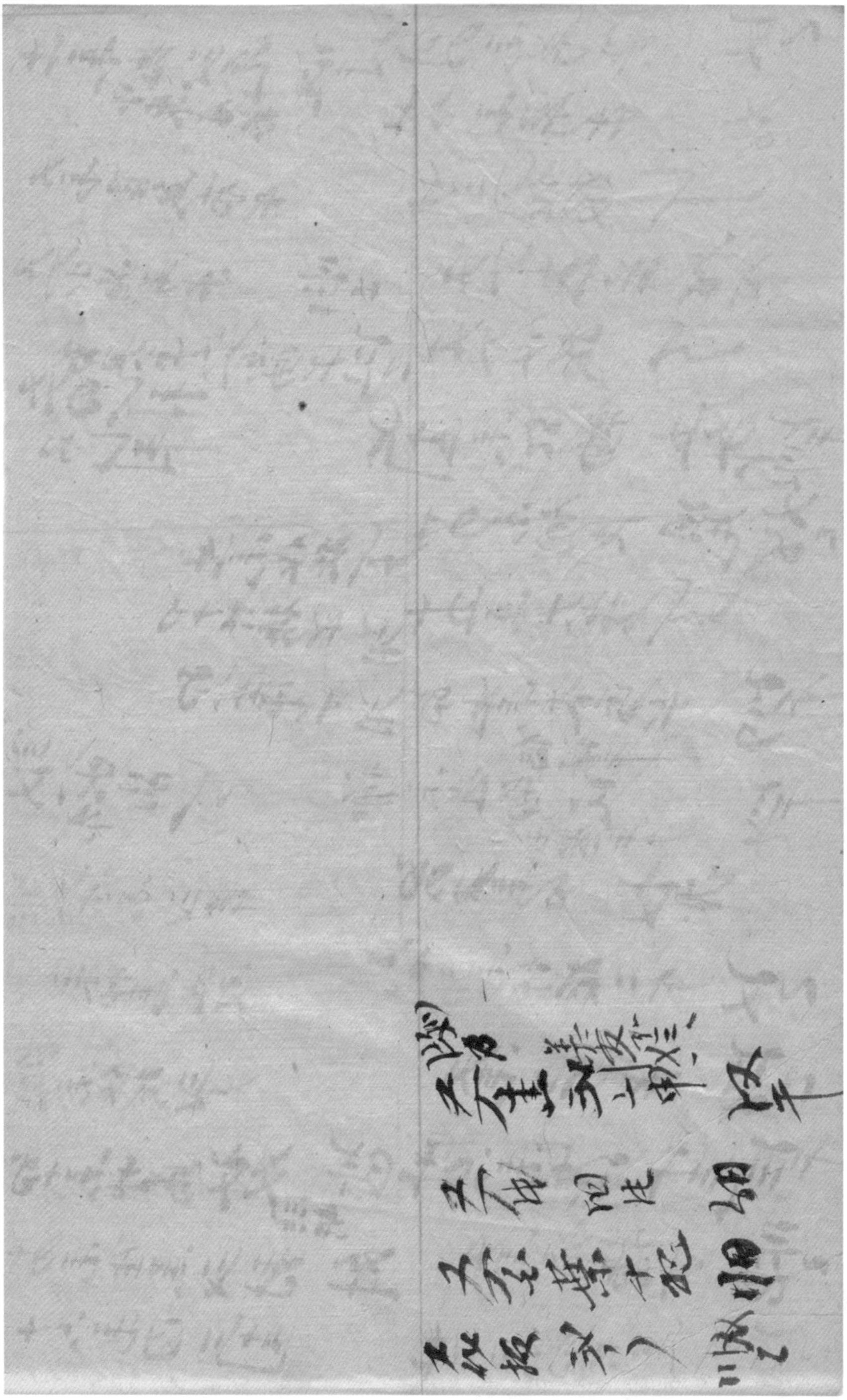

7-5-63-41　民國十六年陳詩雅記往來數目（四一）

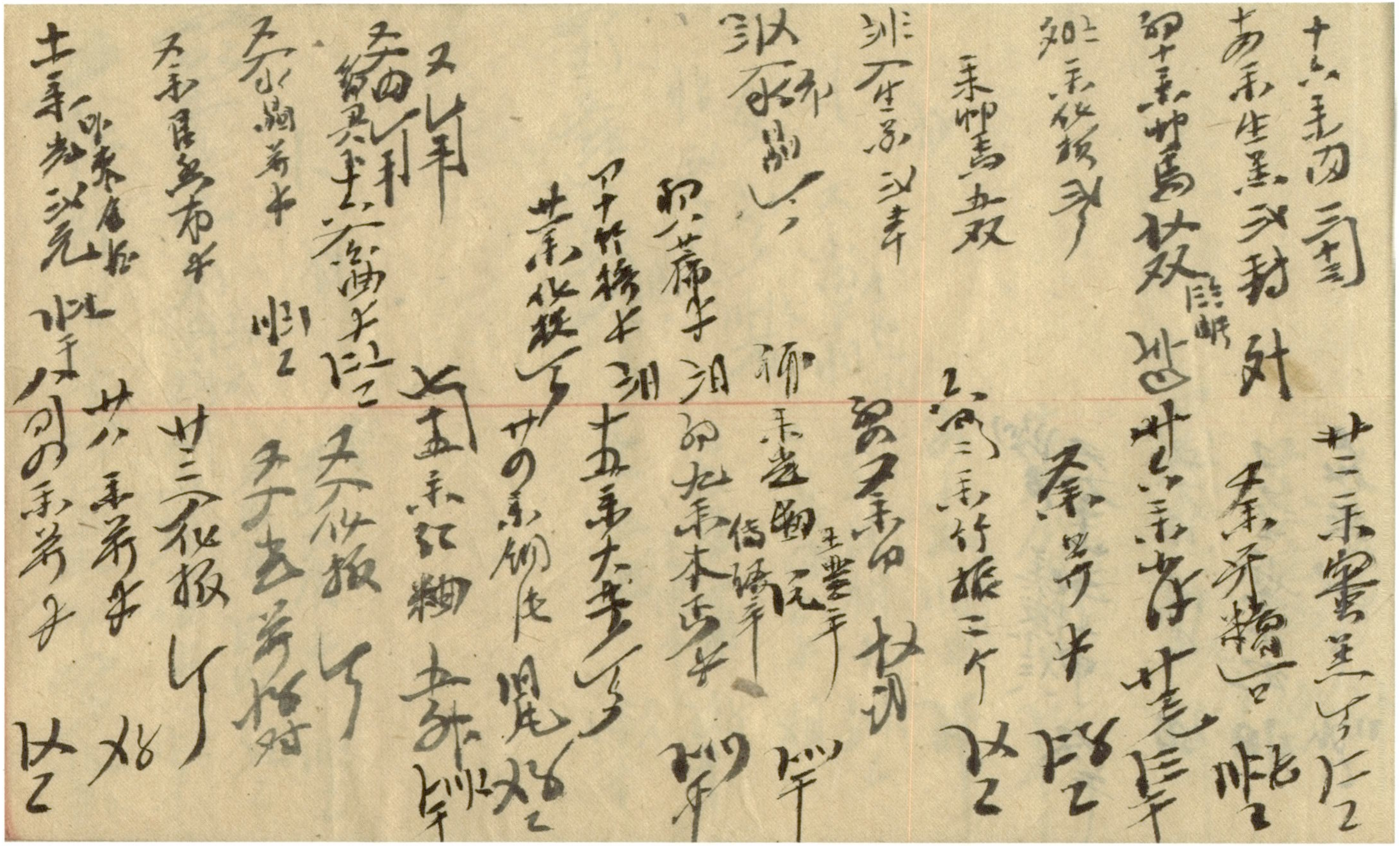

7-5-63-40　民國十六年陳詩雅記往來數目（四〇）

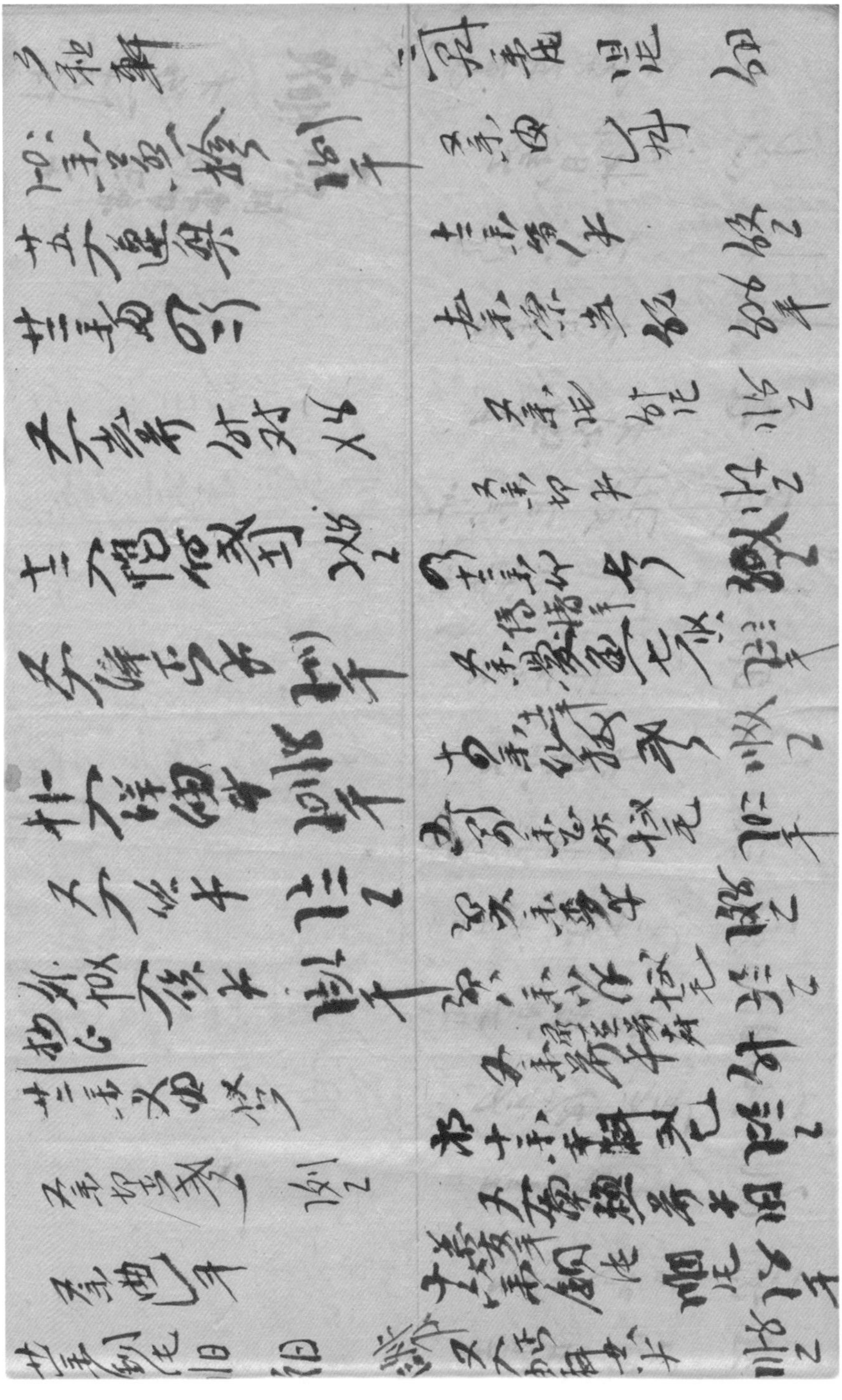

7-5-63-39　民國十六年陳詩雅記往來數目（三九）

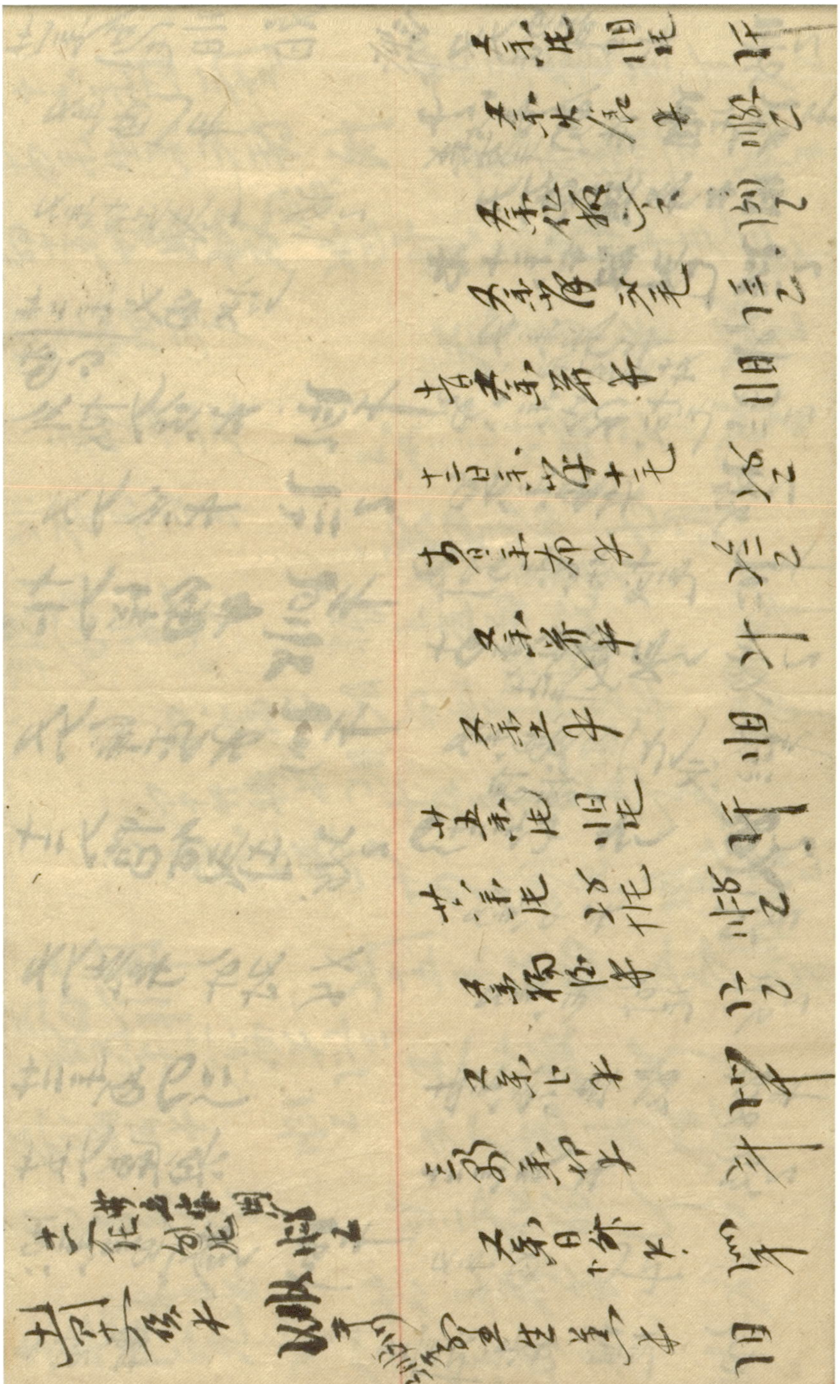

7-5-63-38　民國十六年陳詩雅記往來數目（三八）

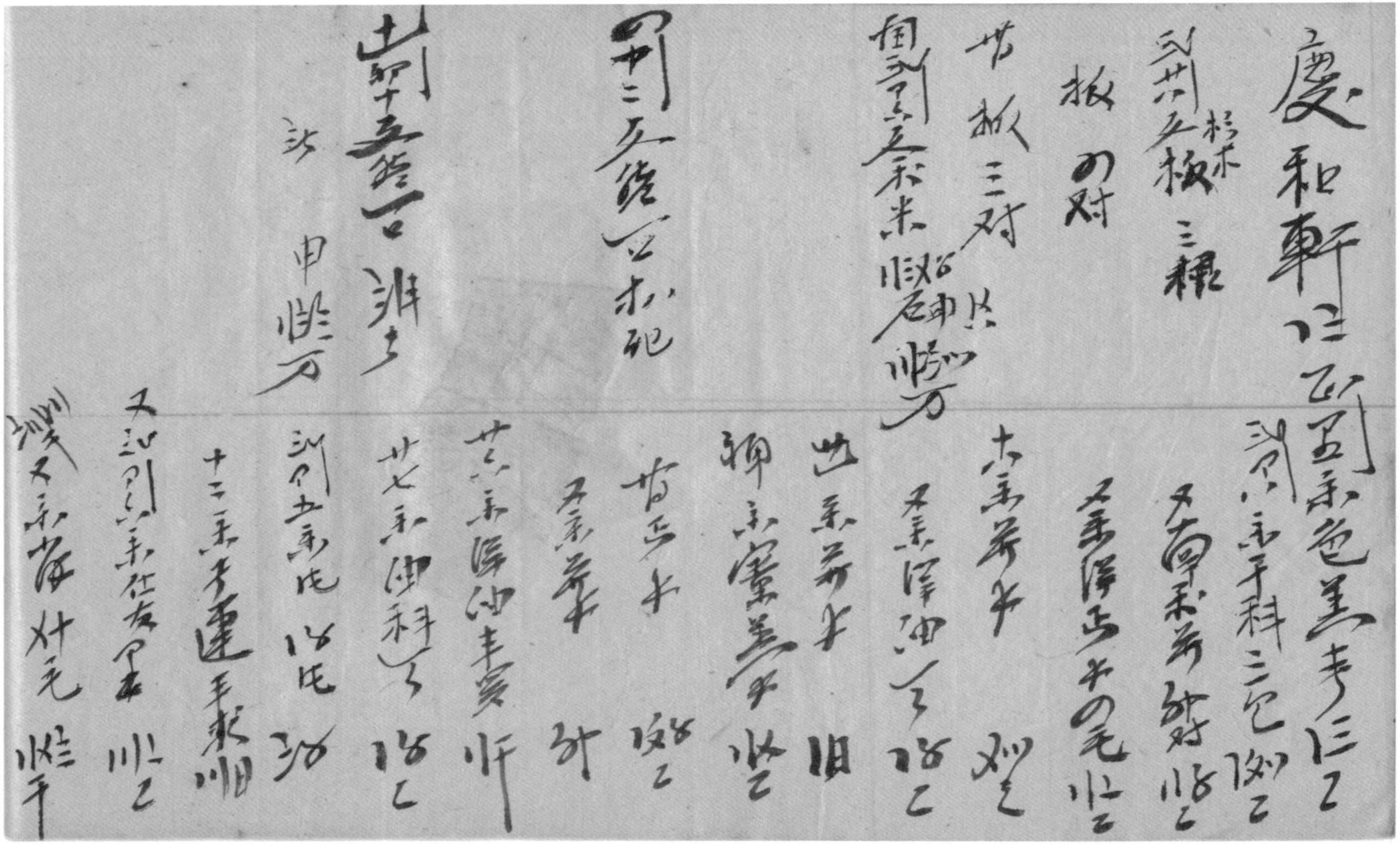

7-5-63-37　民國十六年陳詩雅記往來數目（三七）

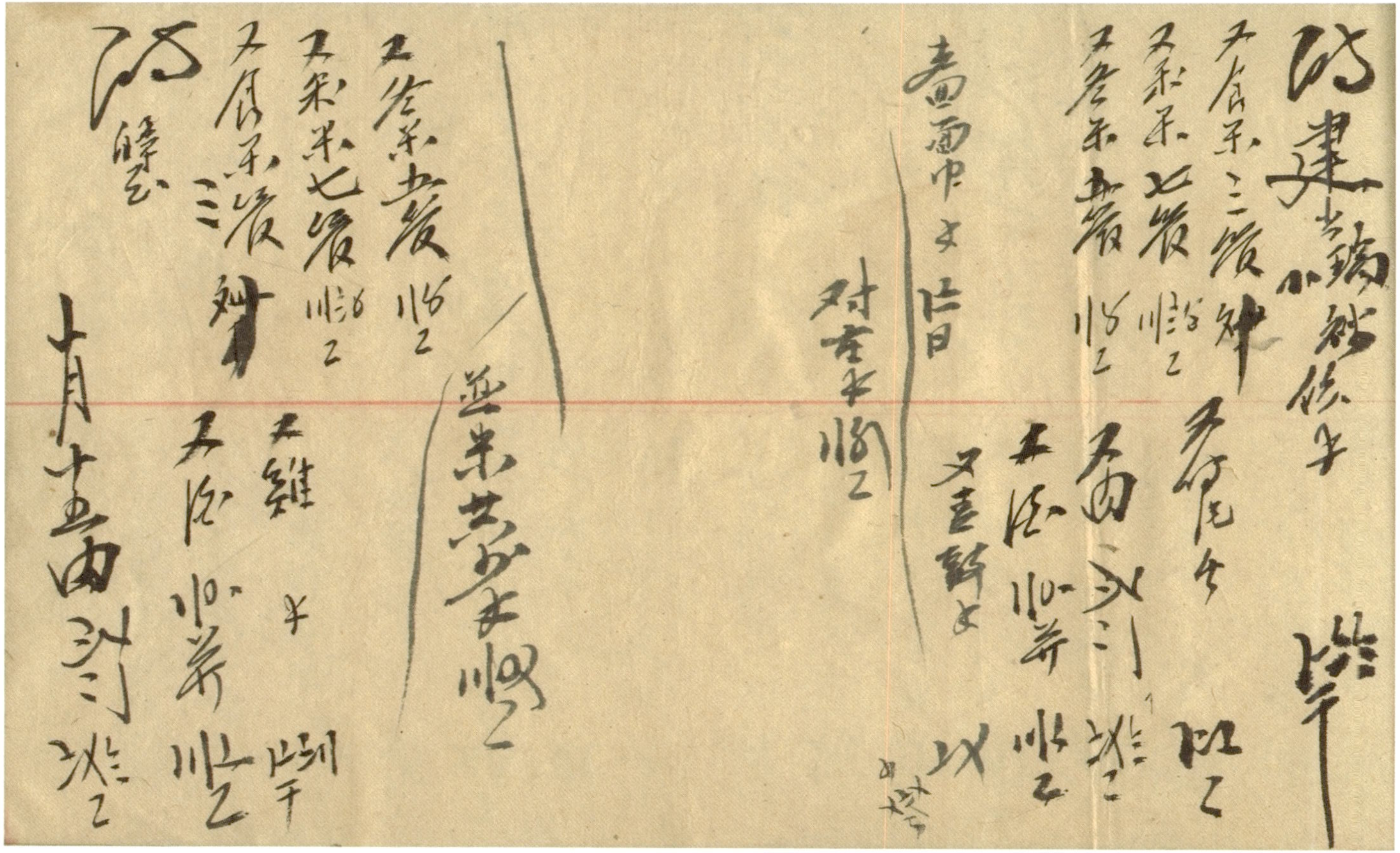

7-5-63-36　民國十六年陳詩雅記往來數目（三六）

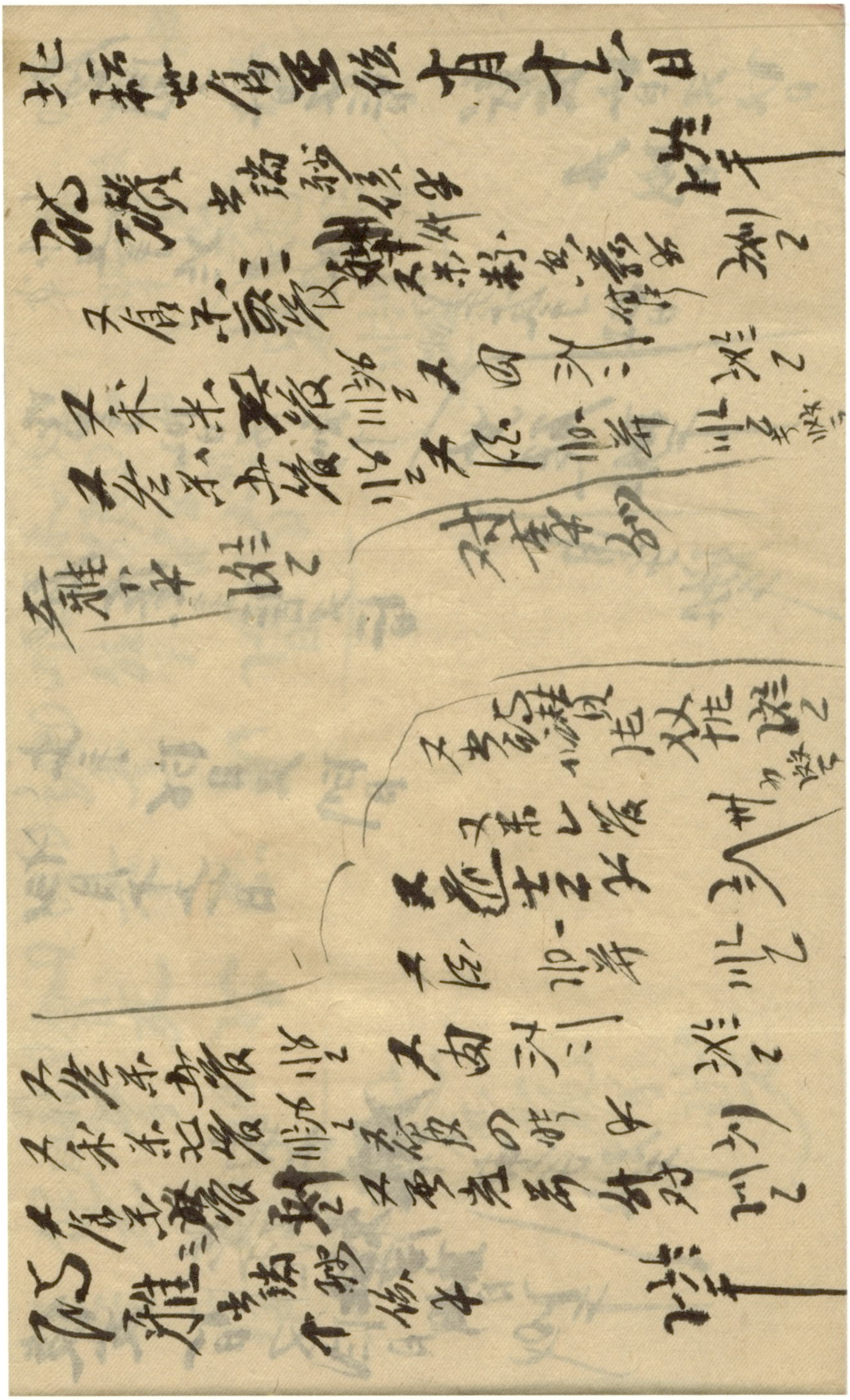

7-5-63-35　民國十六年陳詩雅記往來數目（三五）

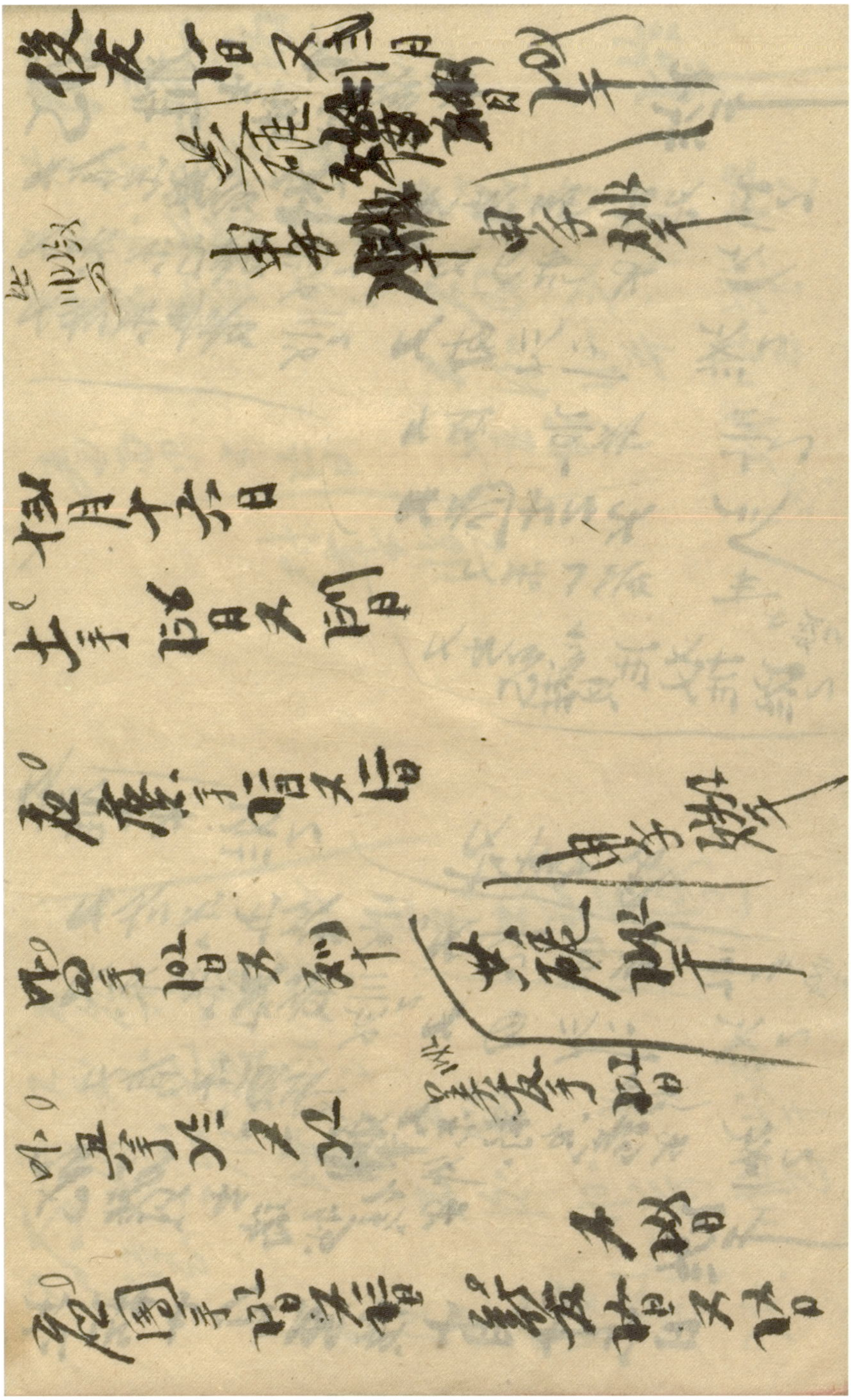

7-5-63-34 民國十六年陳詩雅記往來數目（三四）

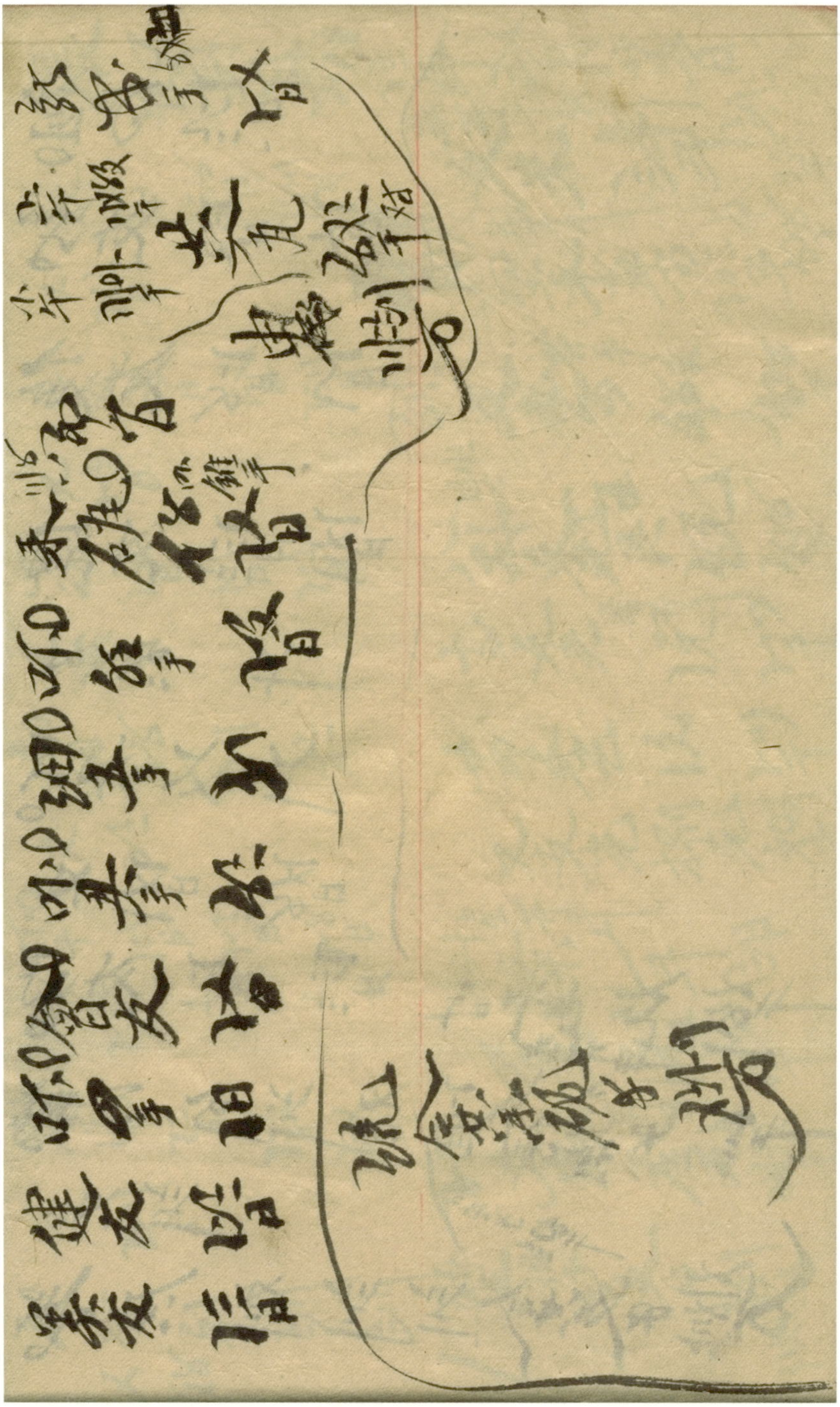

7-5-63-33　民國十六年陳詩雅記往來數目（三三）

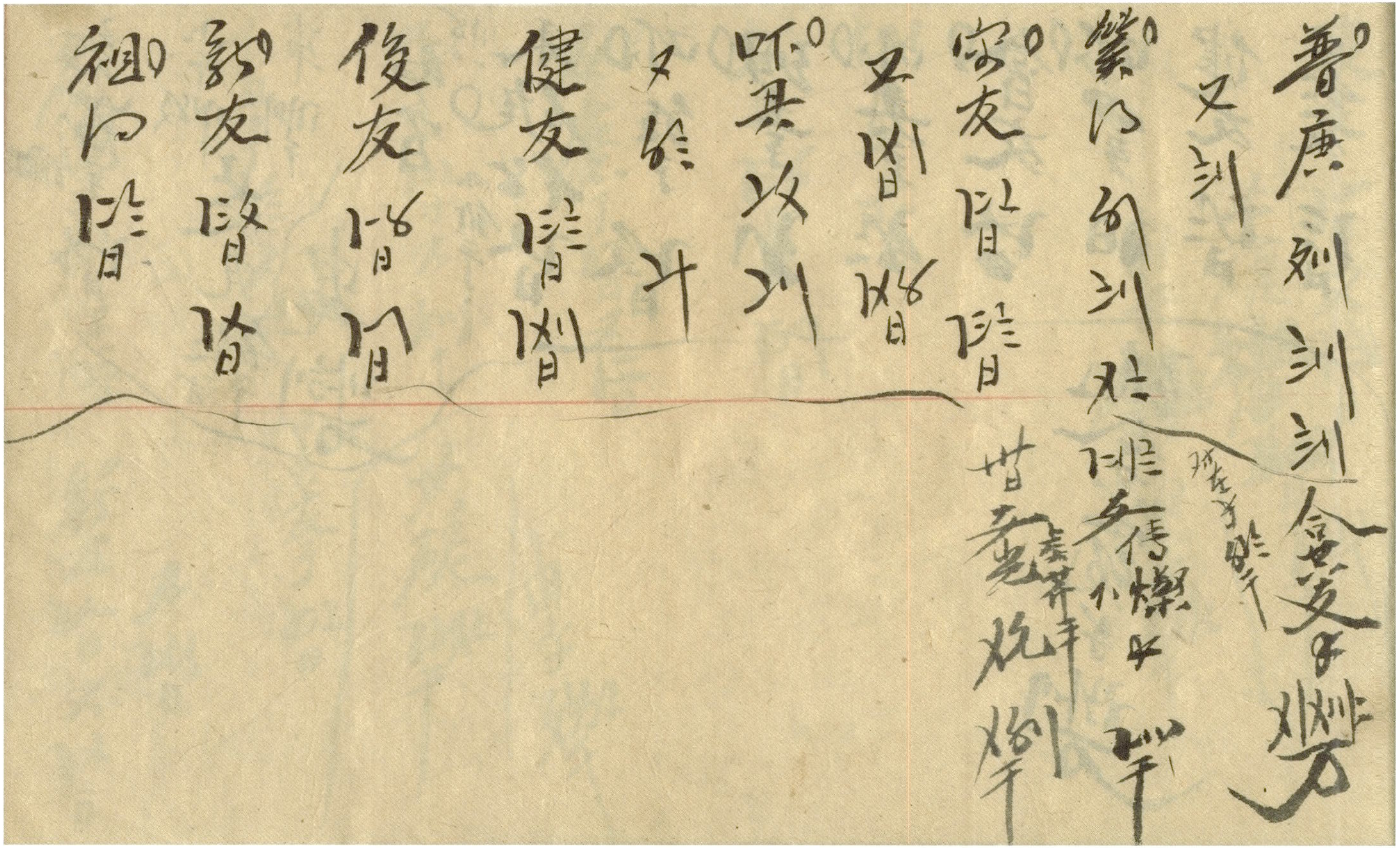

7-5-63-32　民國十六年陳詩雅記往來數目（三二）

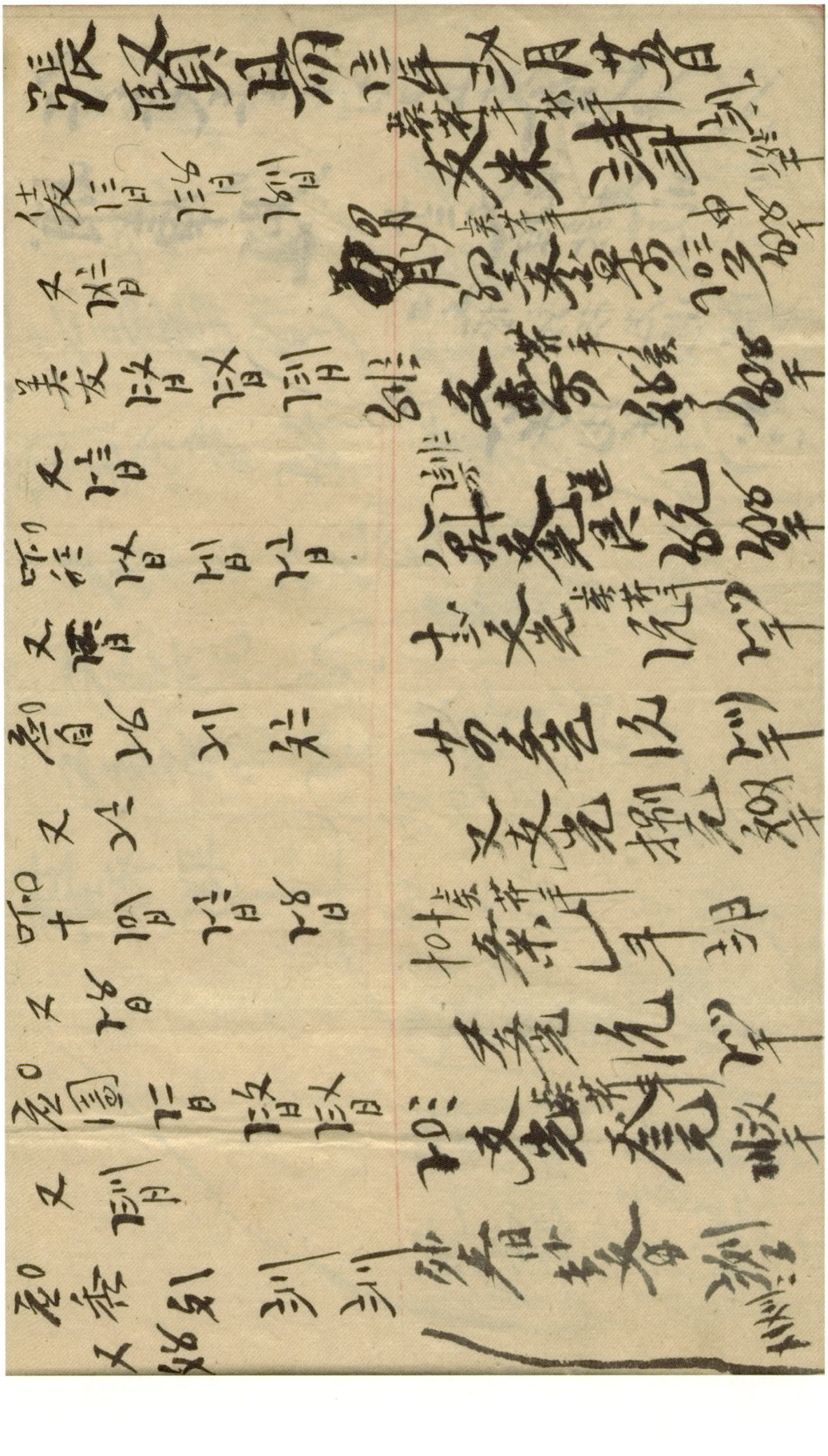

7-5-63-31 民國十六年陳詩雅記往來數目（三一）

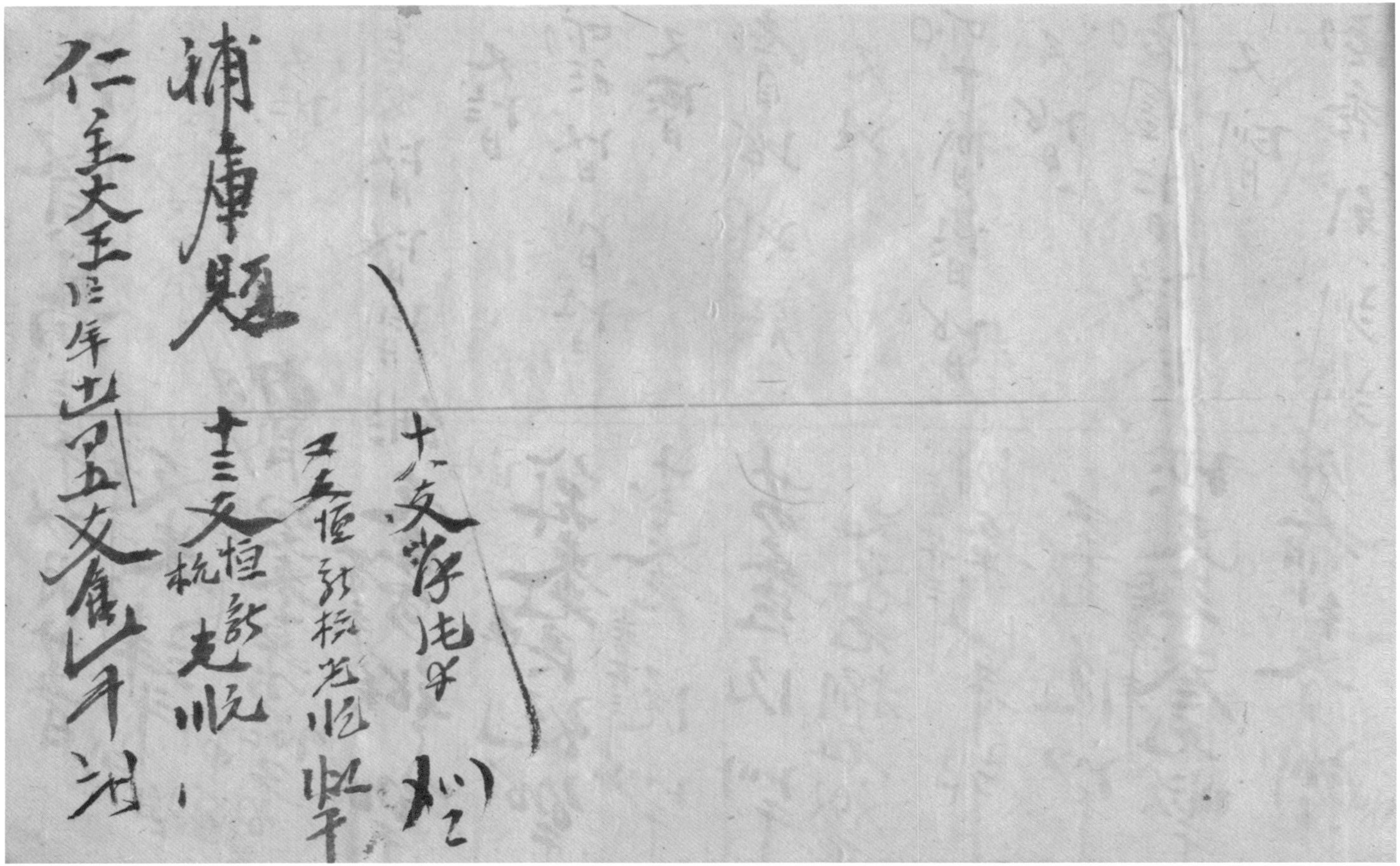

7–5–63–30　民國十六年陳詩雅記往來數目（三〇）

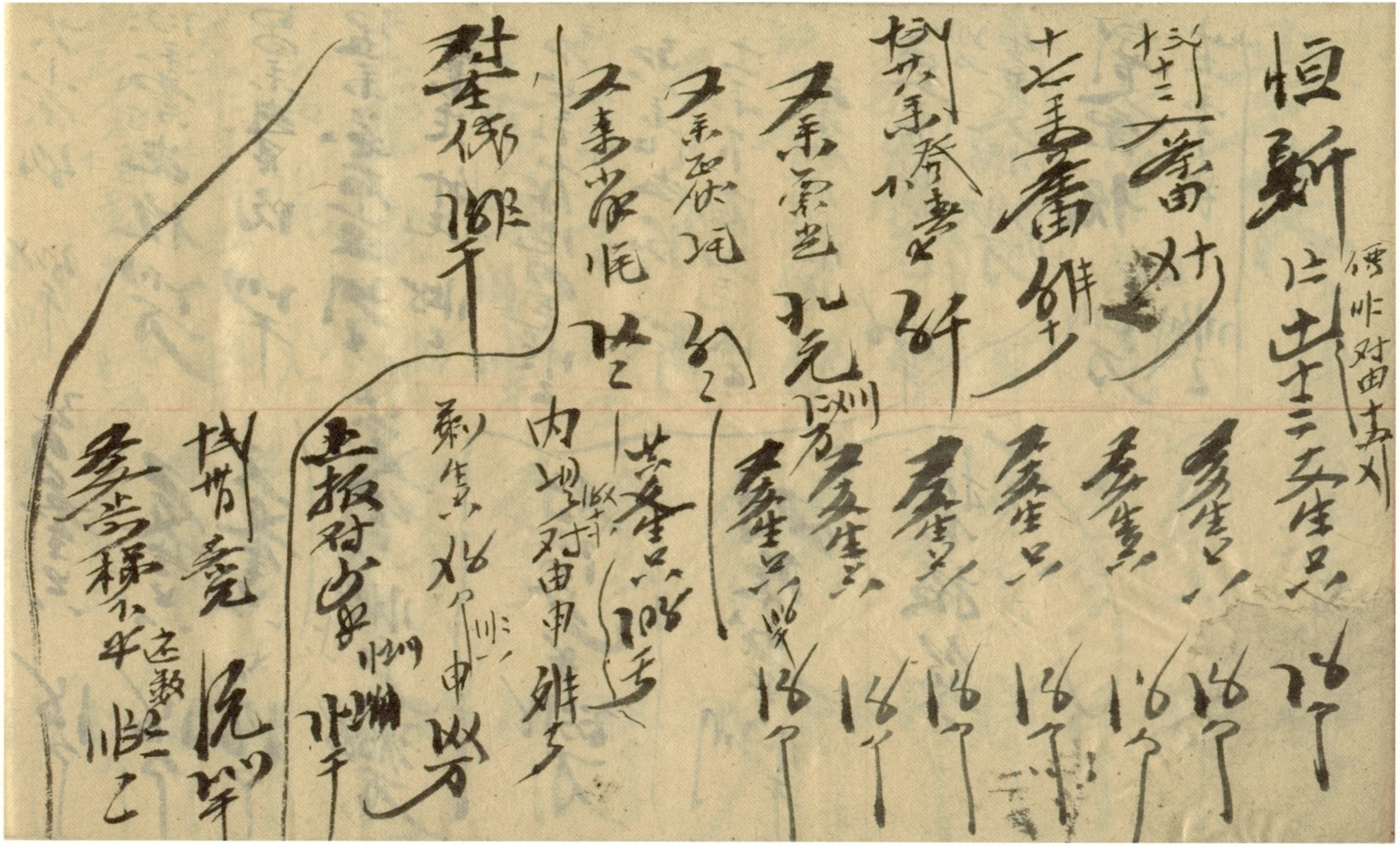

7-5-63-29　民國十六年陳詩雅記往來數目（二九）

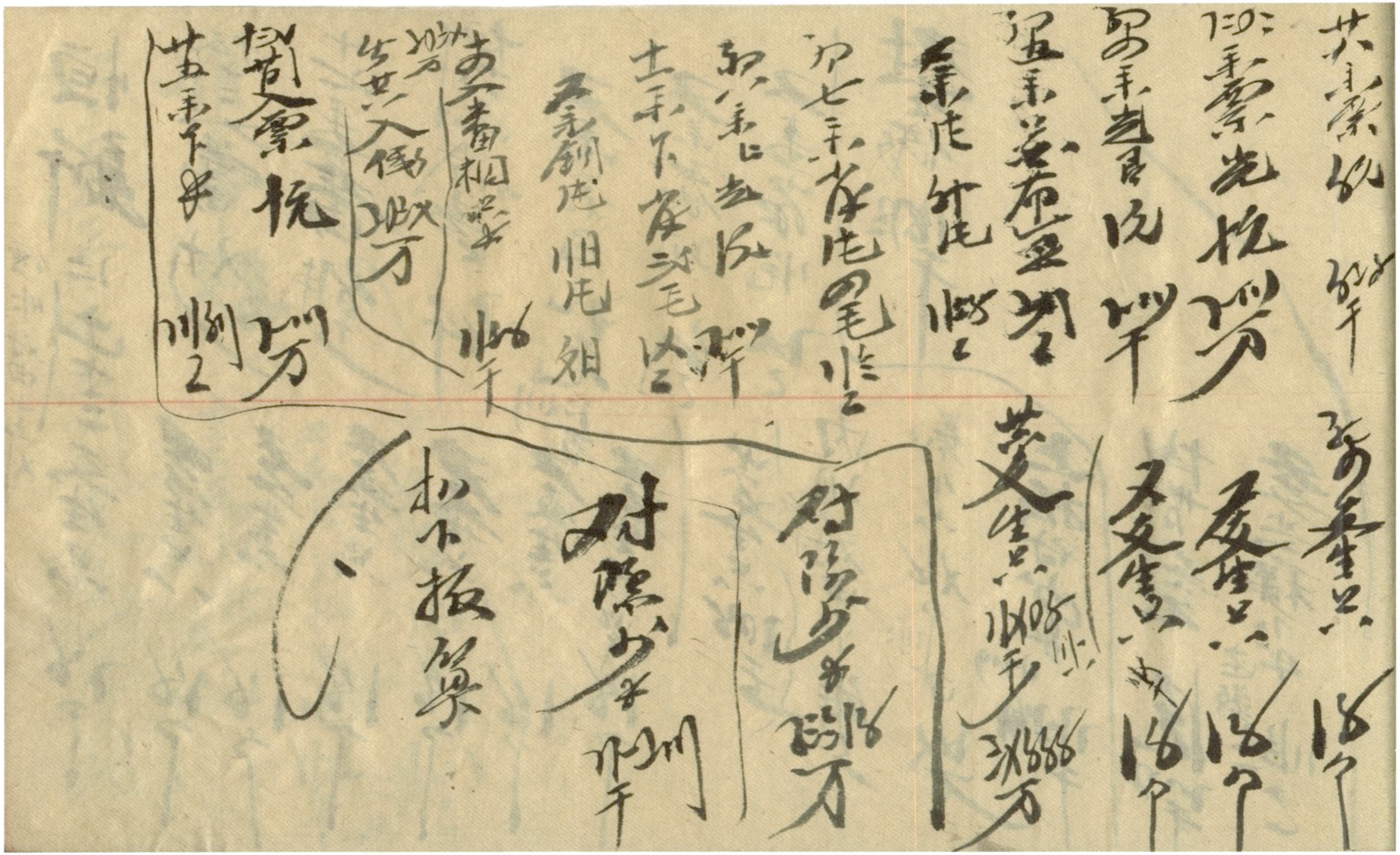

7-5-63-28　民國十六年陳詩雅記往來數目（二八）

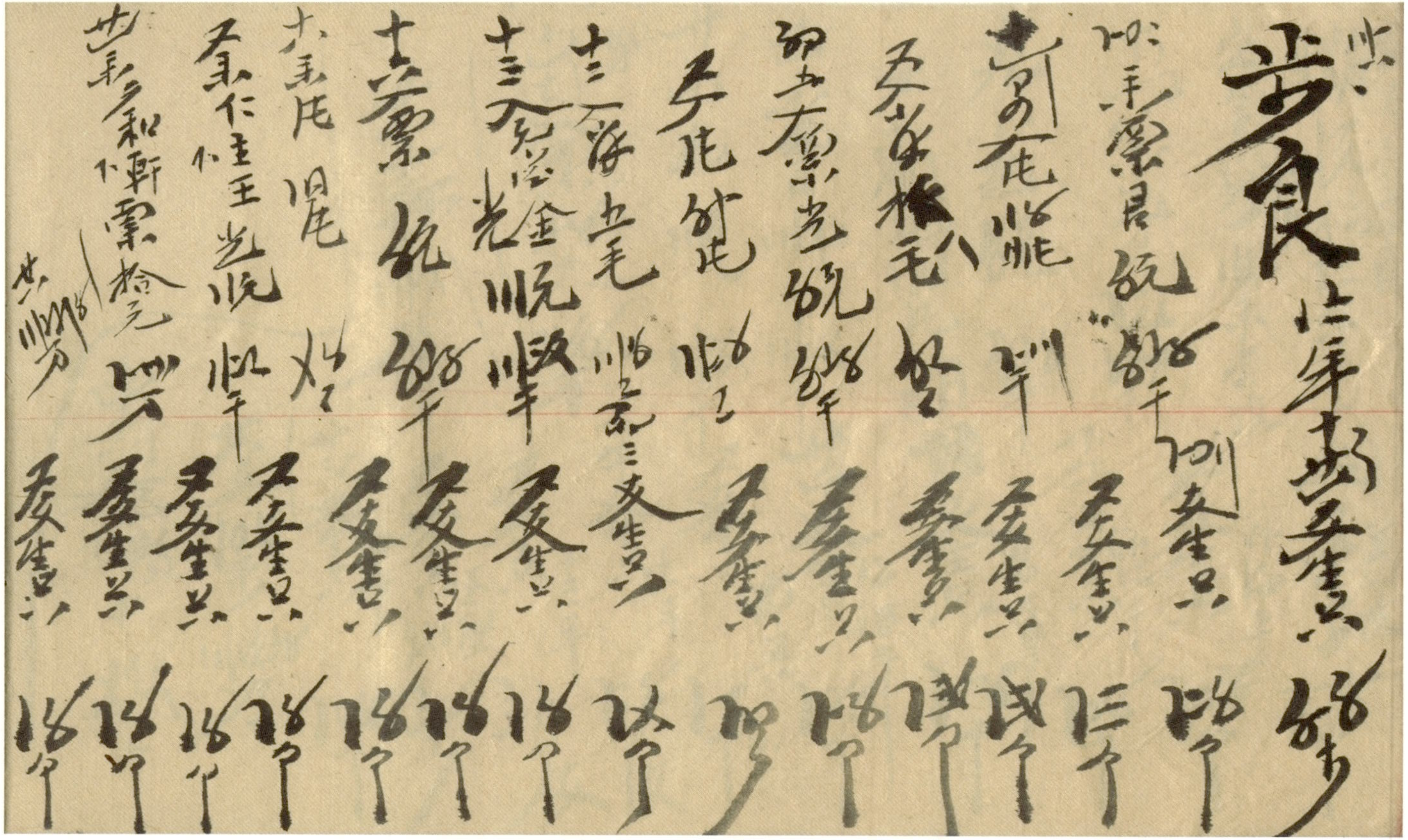

7-5-63-27　民國十六年陳詩雅記往來數目（二七）

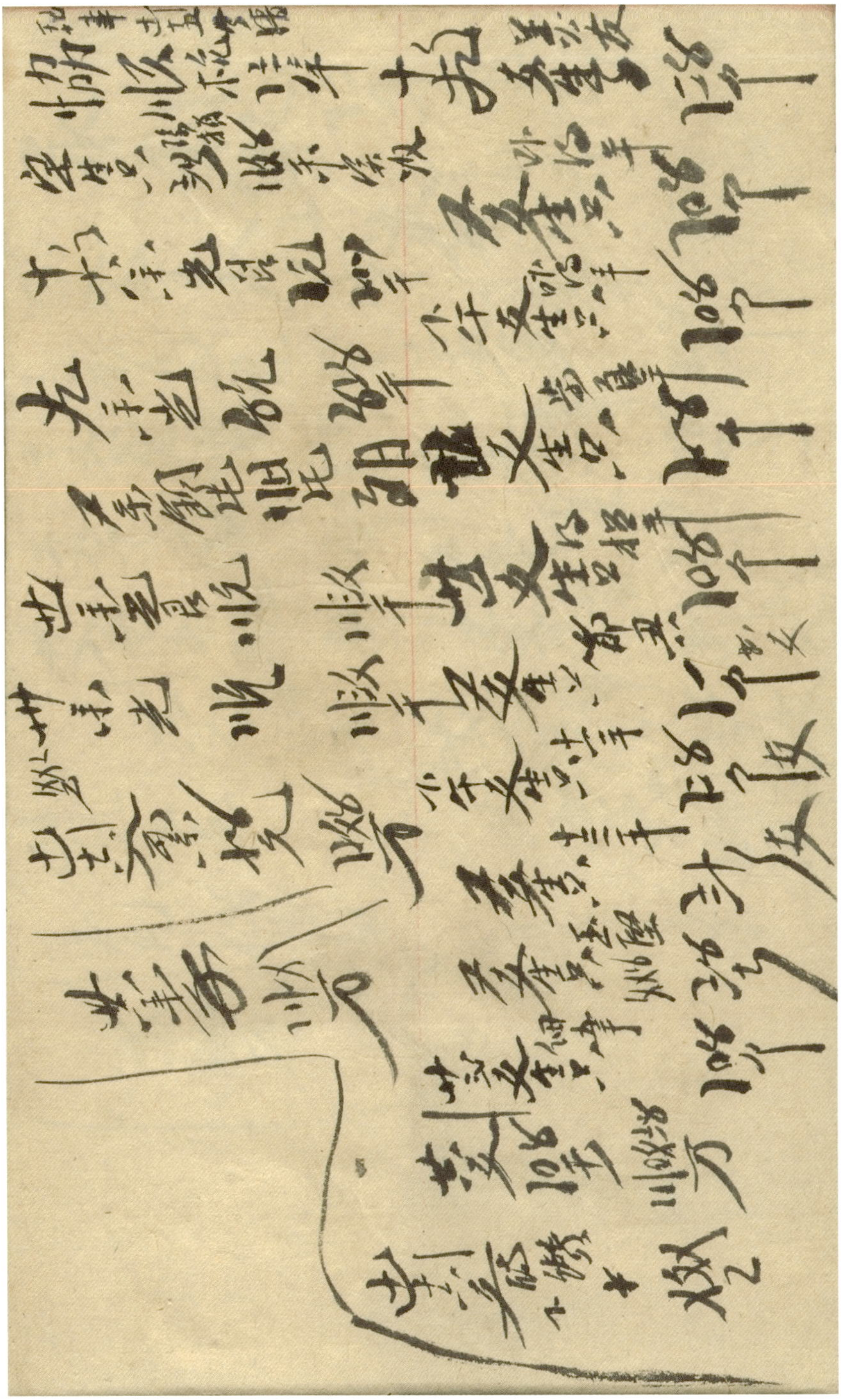

7-5-63-26　民國十六年陳詩雅記往來數目（二六）

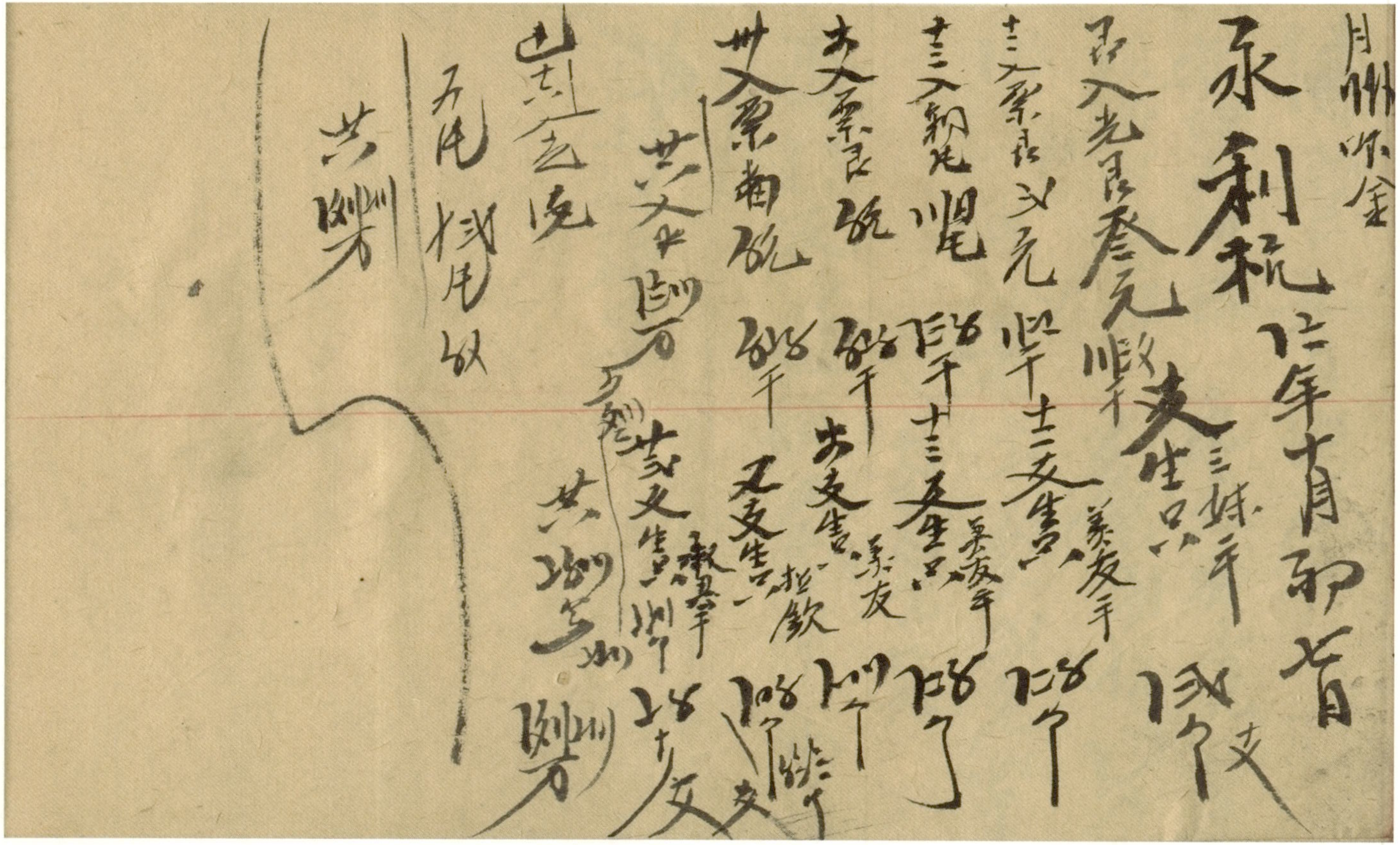

7-5-63-25　民國十六年陳詩雅記往來數目（二五）

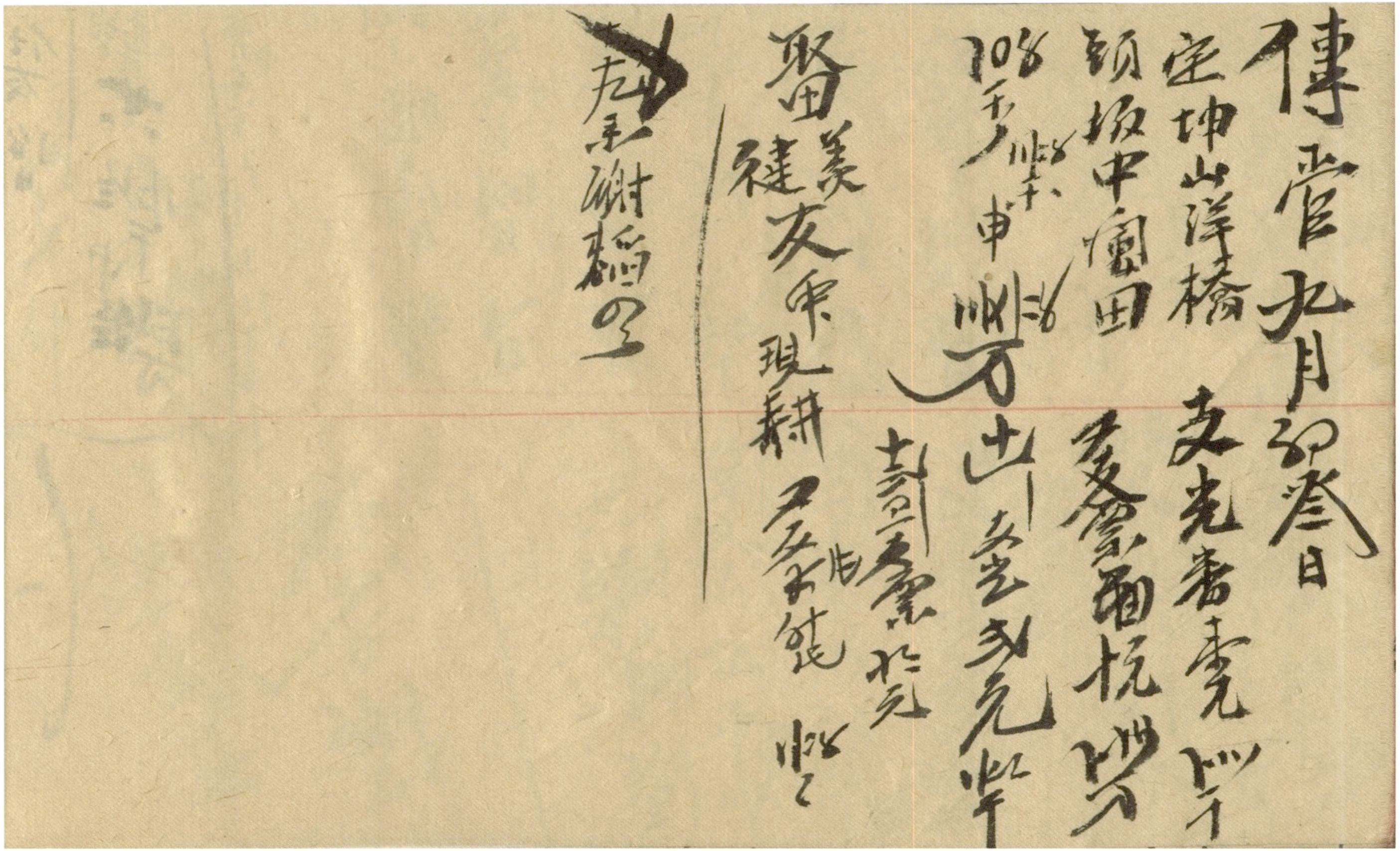

7-5-63-24　民國十六年陳詩雅記往來數目（二四）

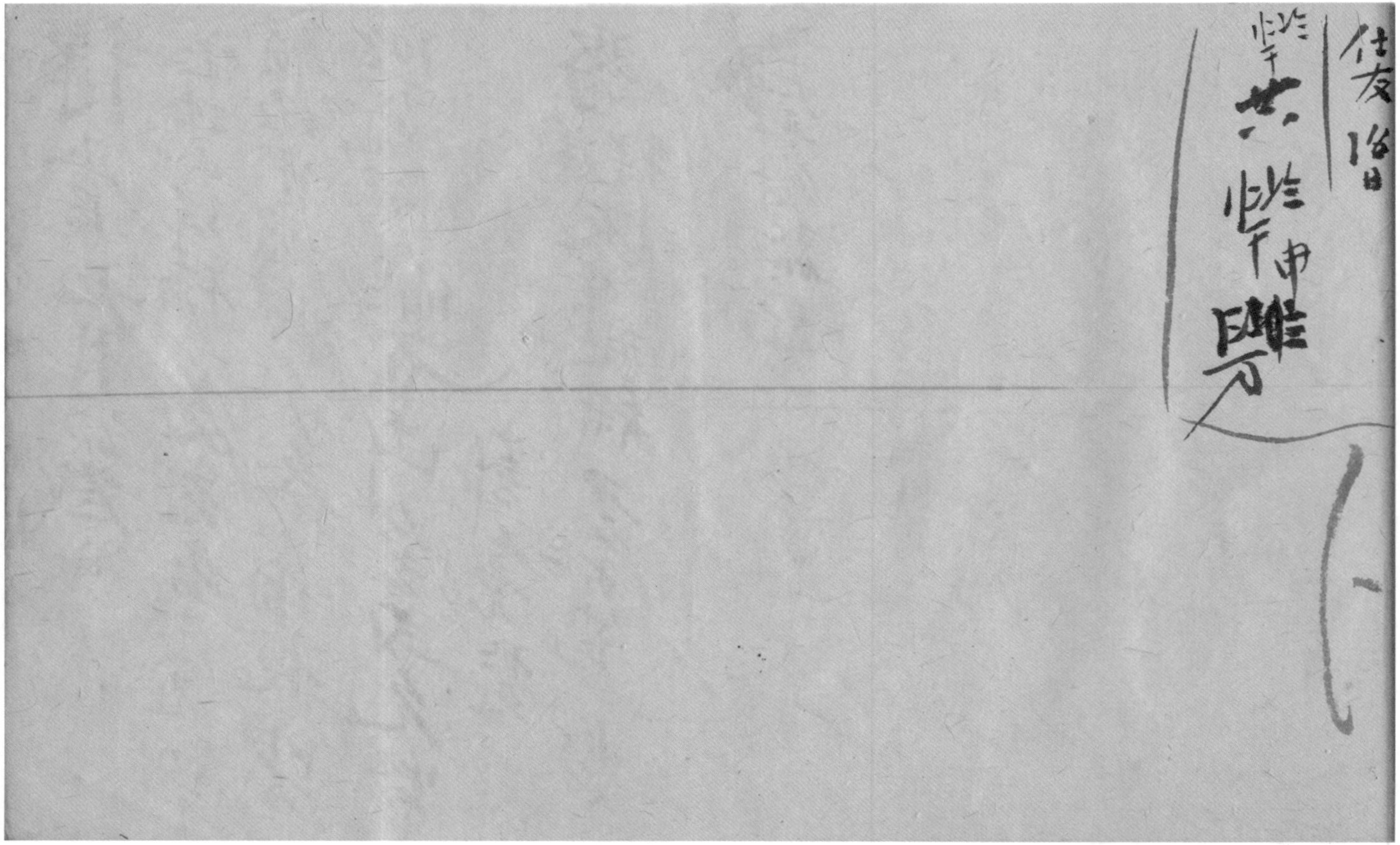

7-5-63-23　民國十六年陳詩雅記往來數目（二三）

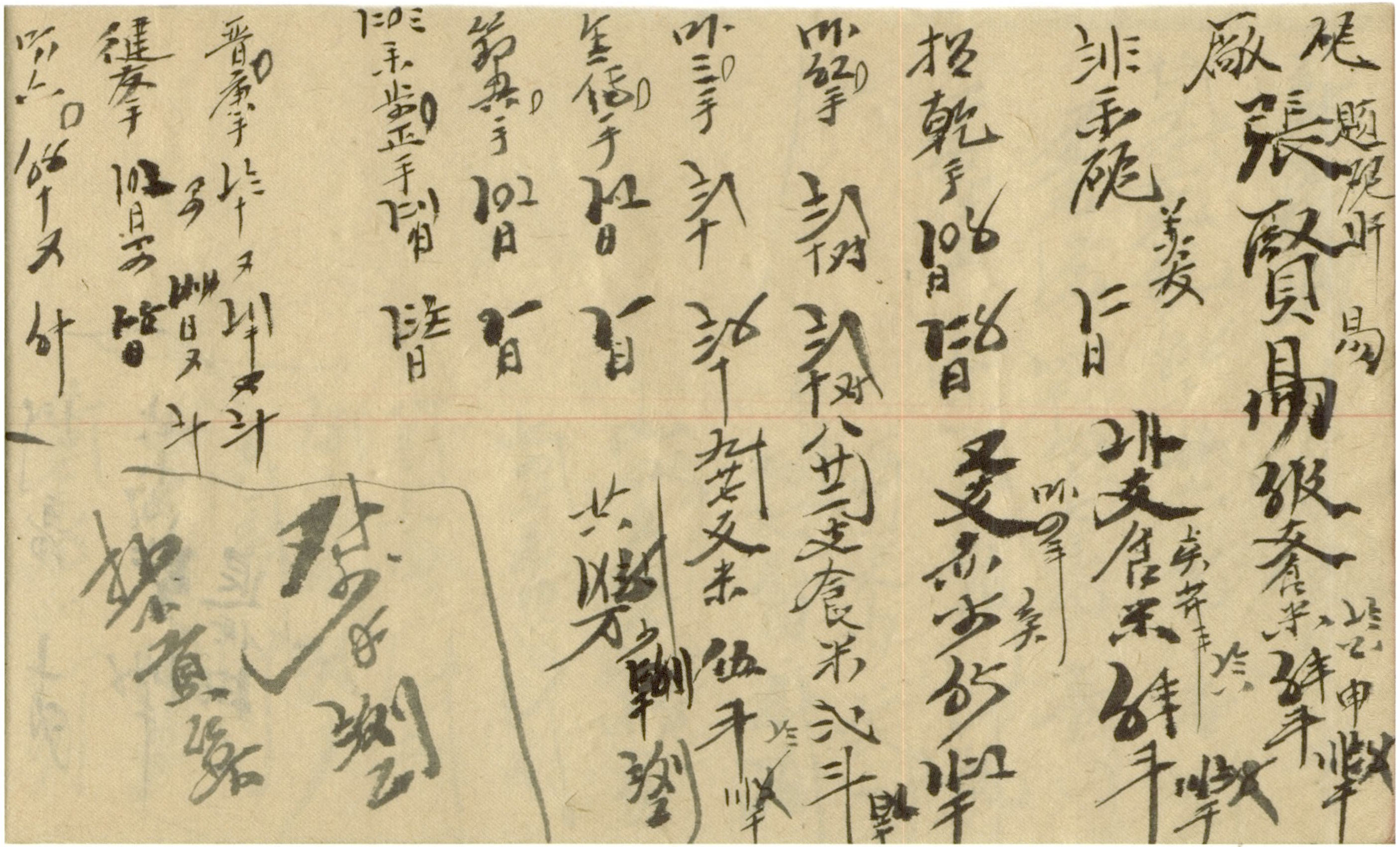

7-5-63-22　民國十六年陳詩雅記往來數目（二二）

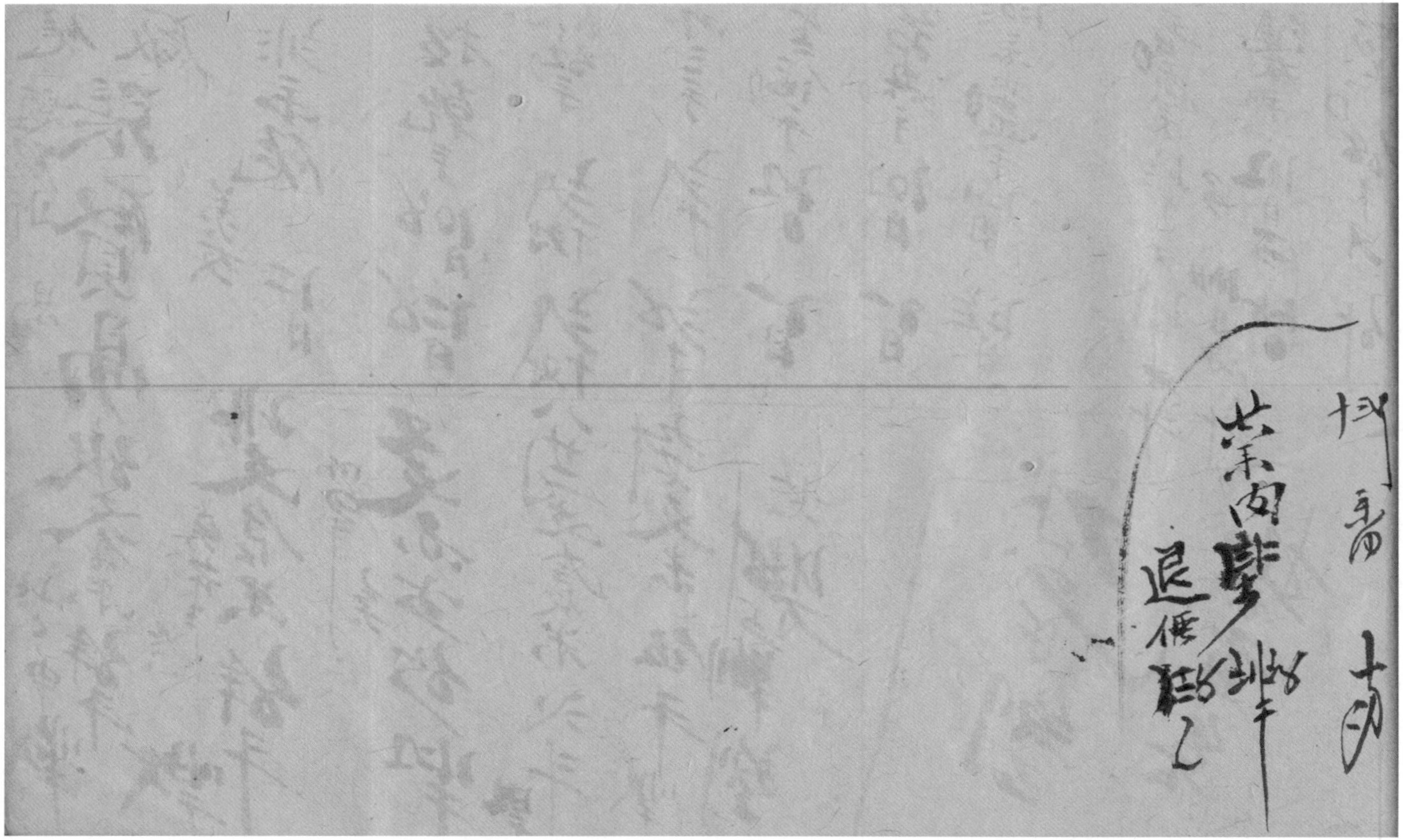

7-5-63-21 民國十六年陳詩雅記往來數目（二一）

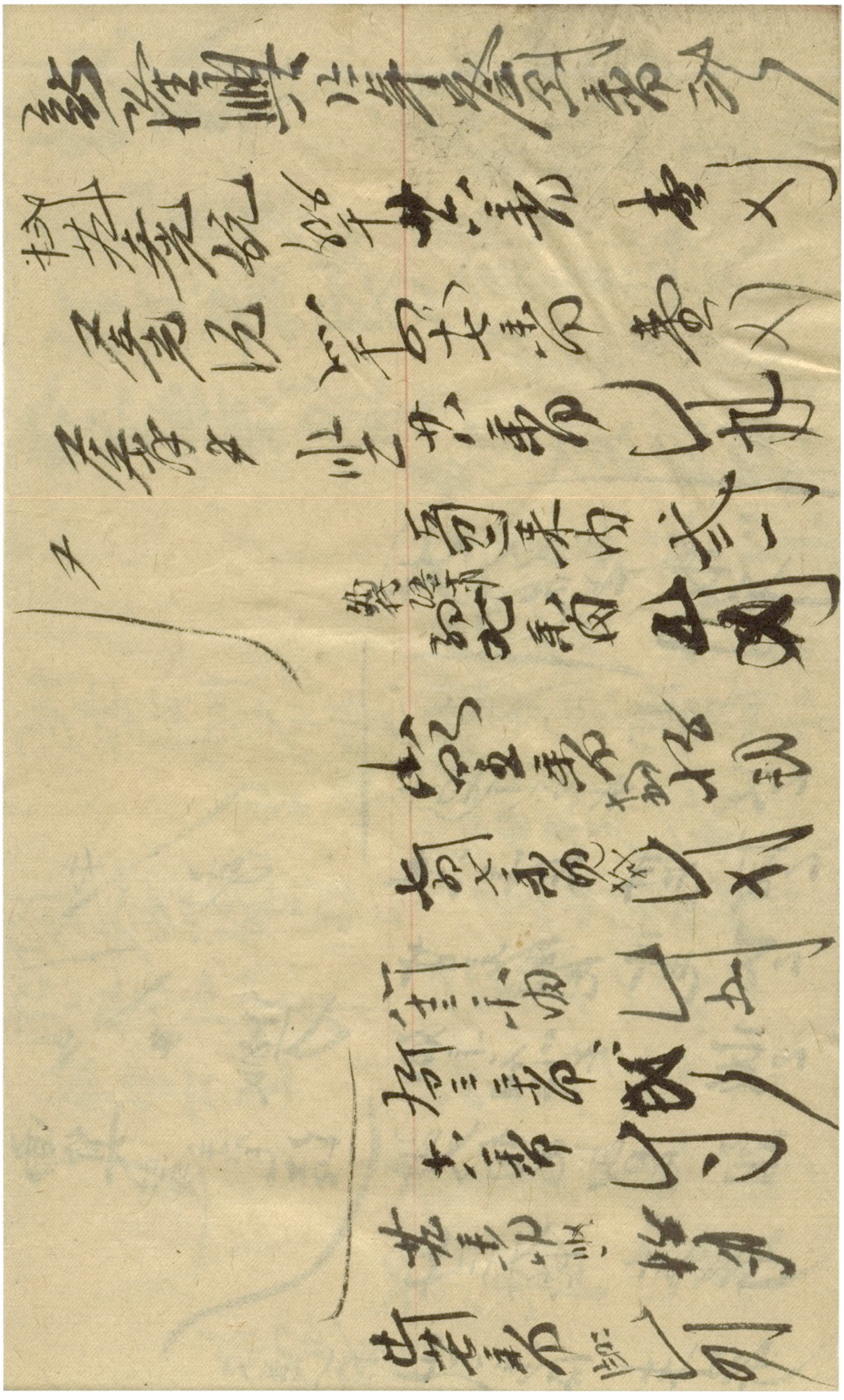

7-5-63-20　民國十六年陳詩雅記往來數目（二〇）

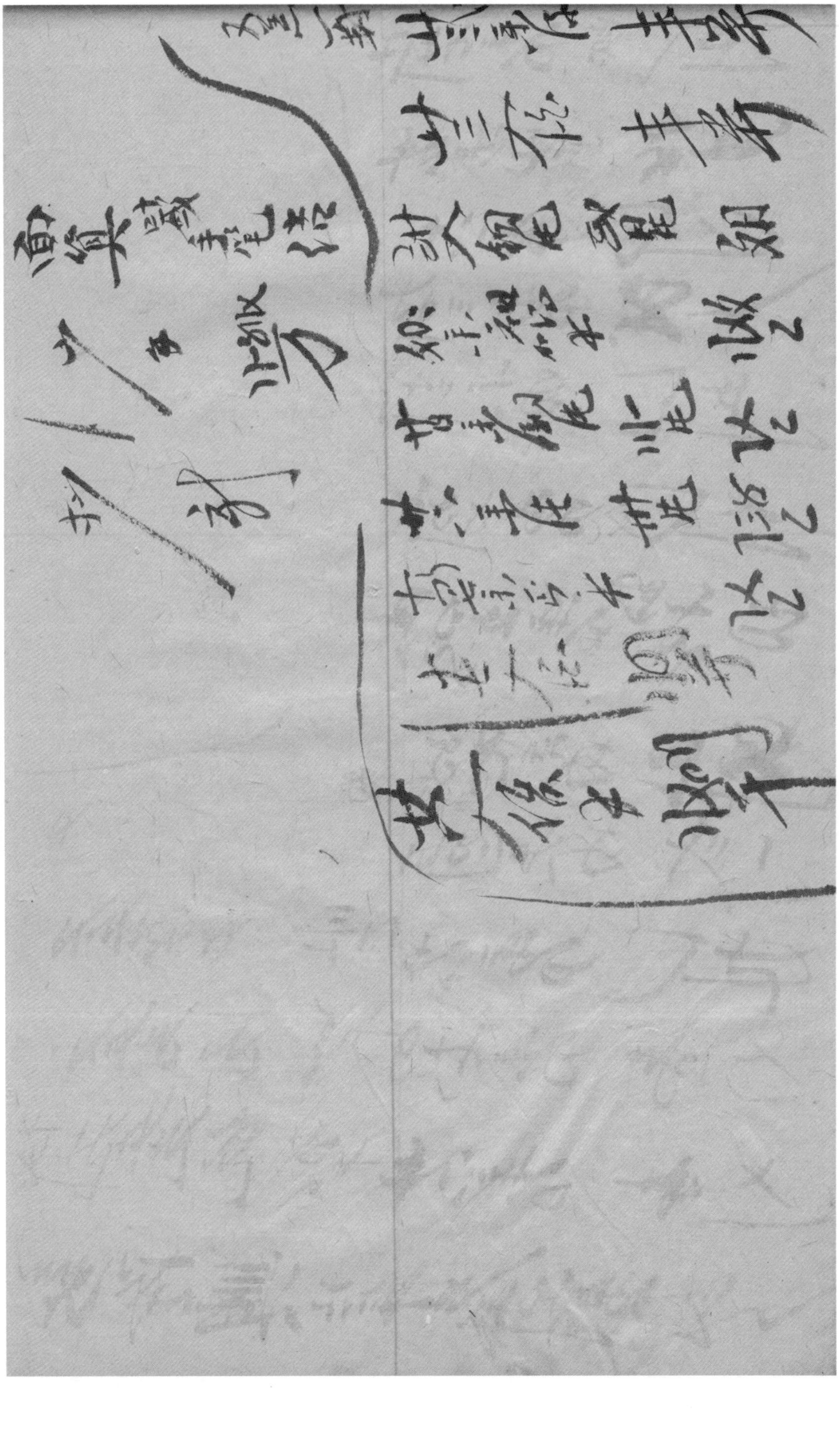

7-5-63-19　民國十六年陳詩雅記往來數目（一九）

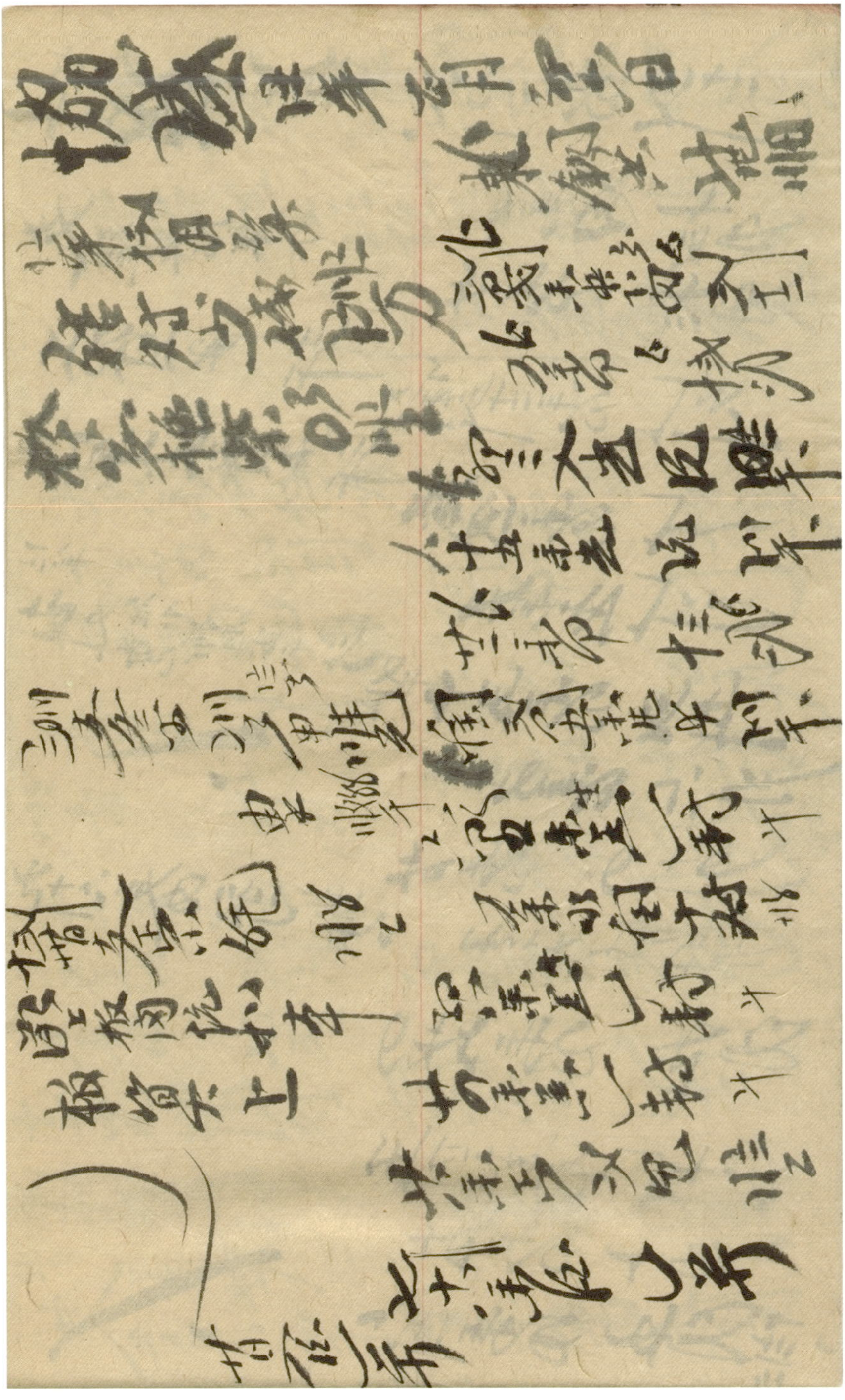

7-5-63-18 民國十六年陳詩雅記往來數目（一八）

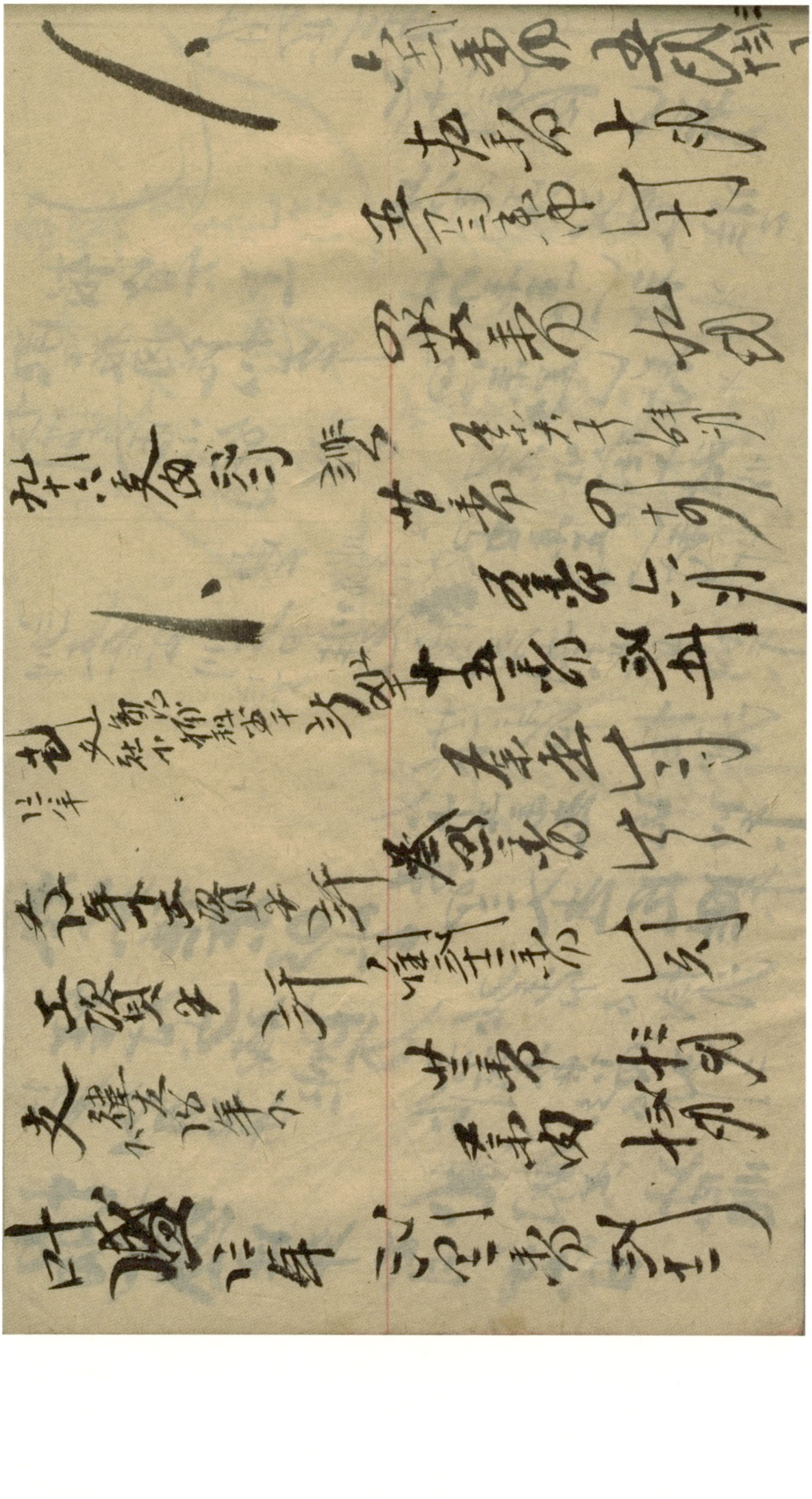

7-5-63-17　民國十六年陳詩雅記往來數目（一七）

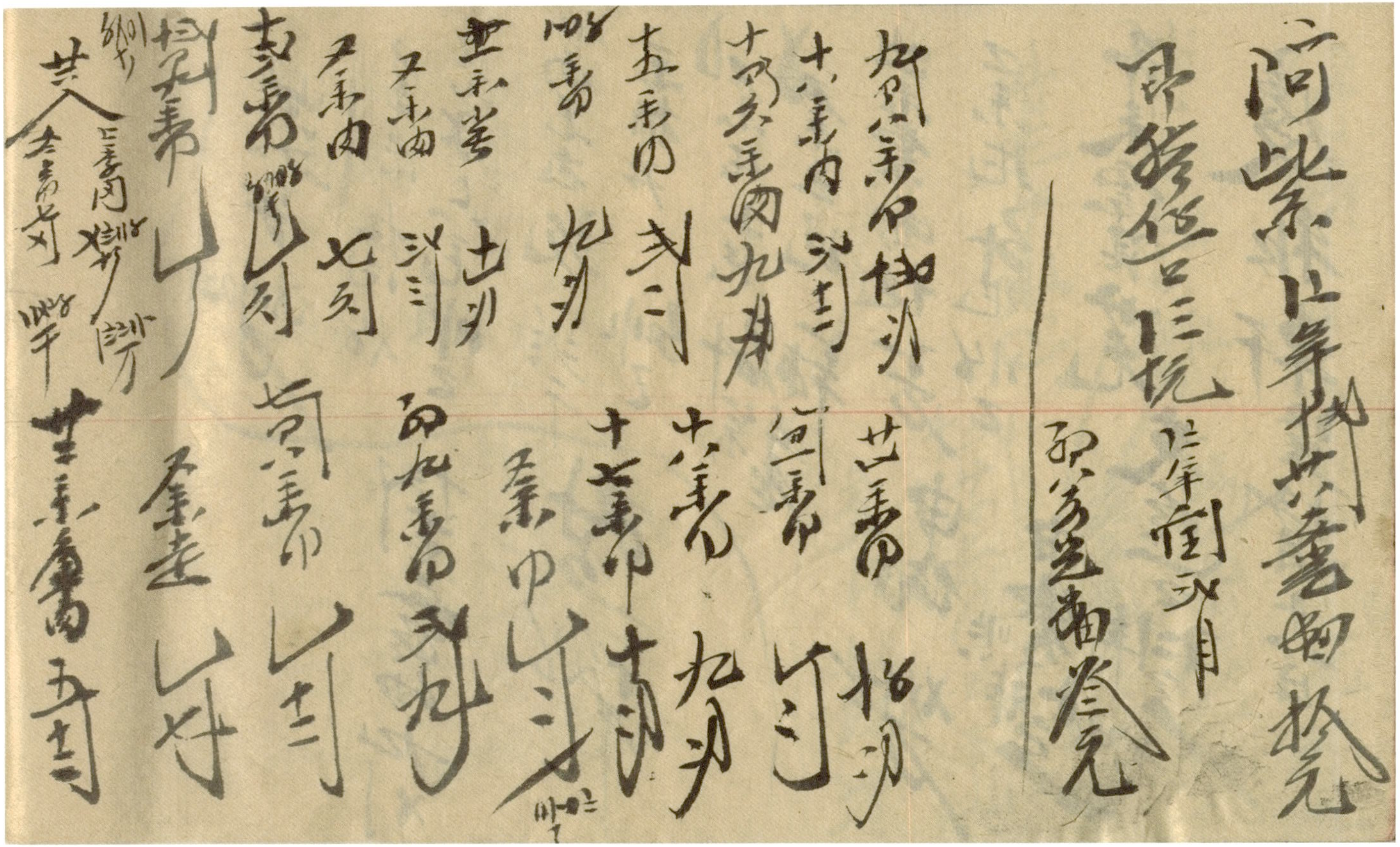

7-5-63-16　民國十六年陳詩雅記往來數目（一六）

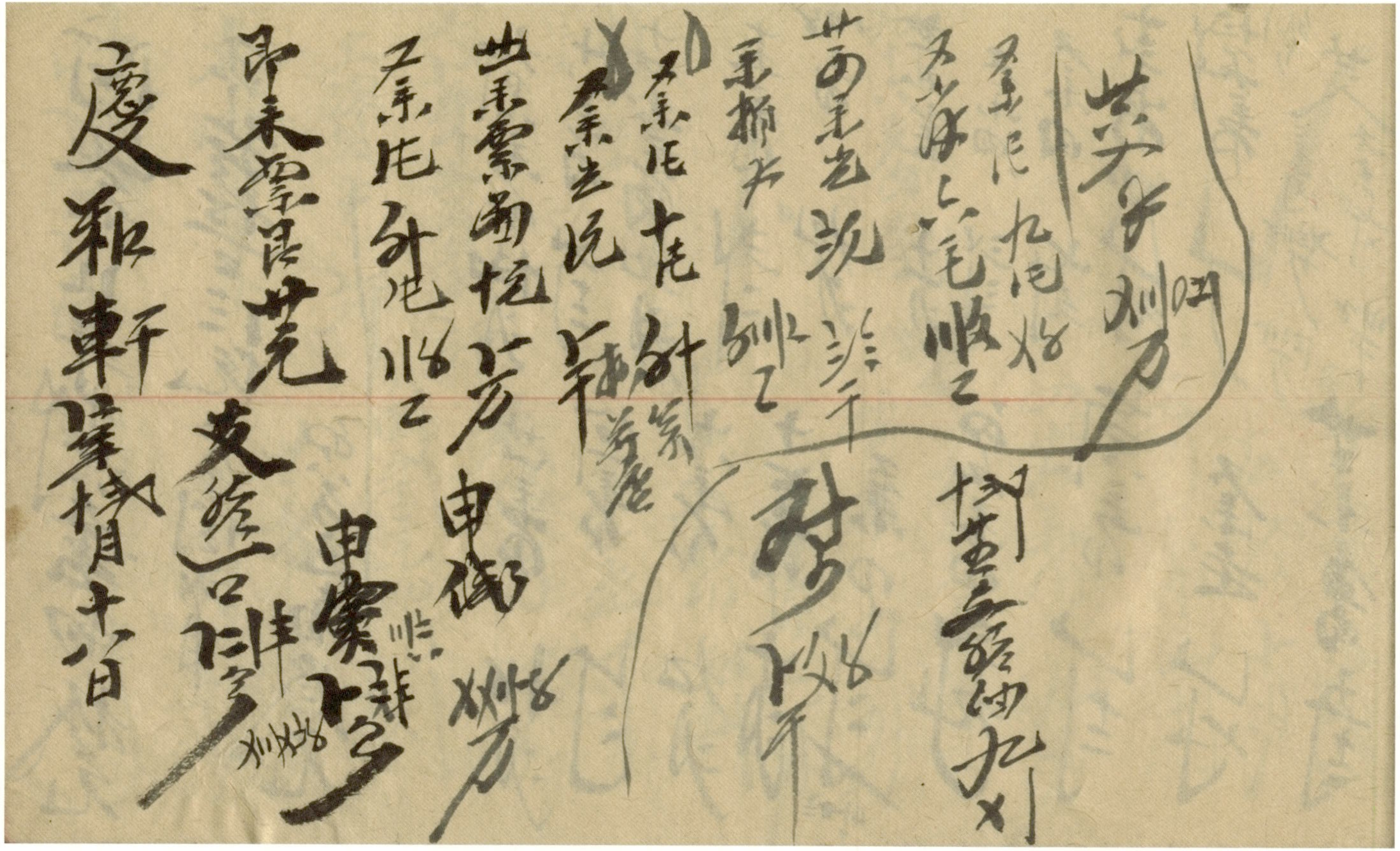

7-5-63-15　民國十六年陳詩雅記往來數目（一五）

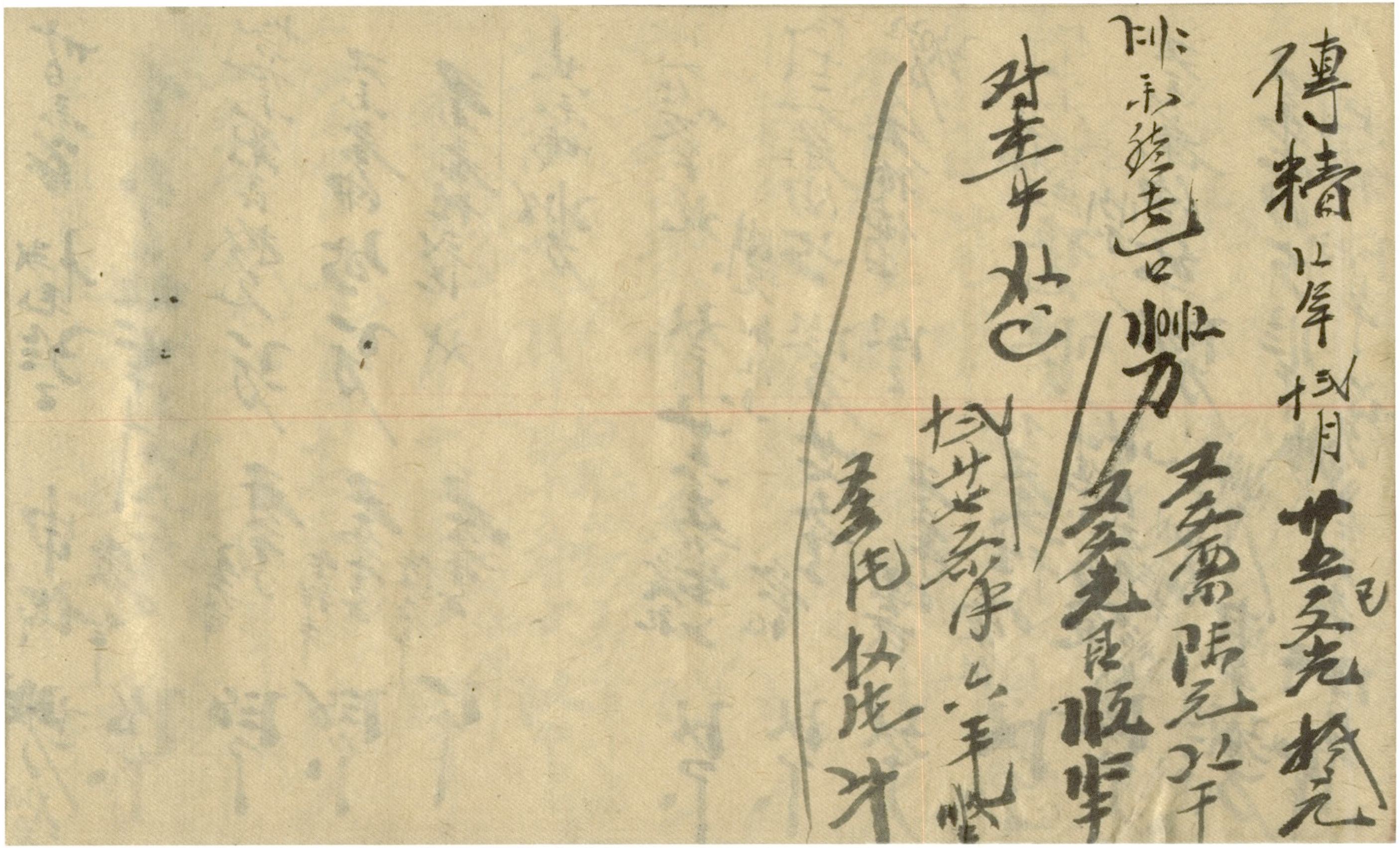

7-5-63-14　民國十六年陳詩雅記往來數目（一四）

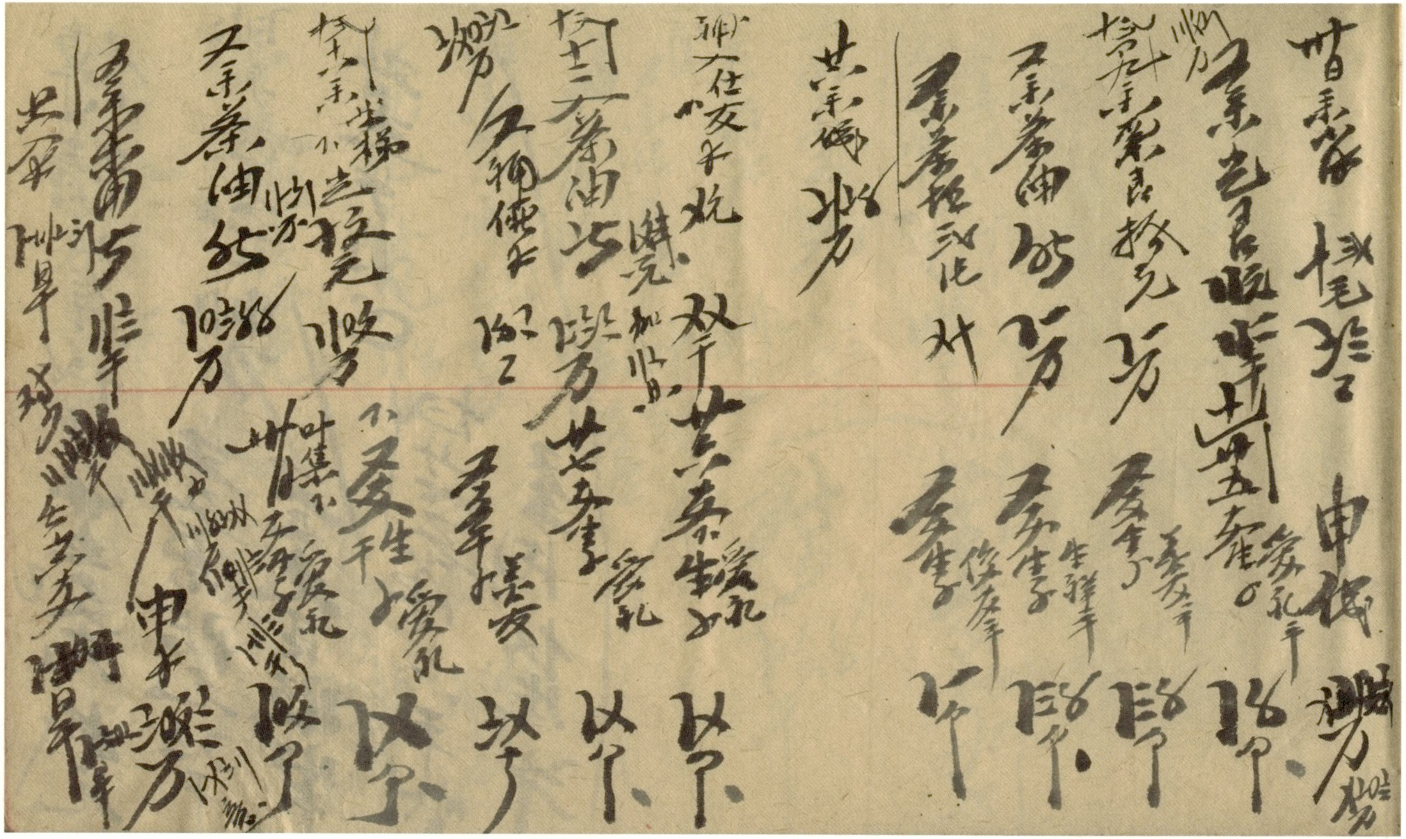

7-5-63-13　民國十六年陳詩雅記往來數目（一三）

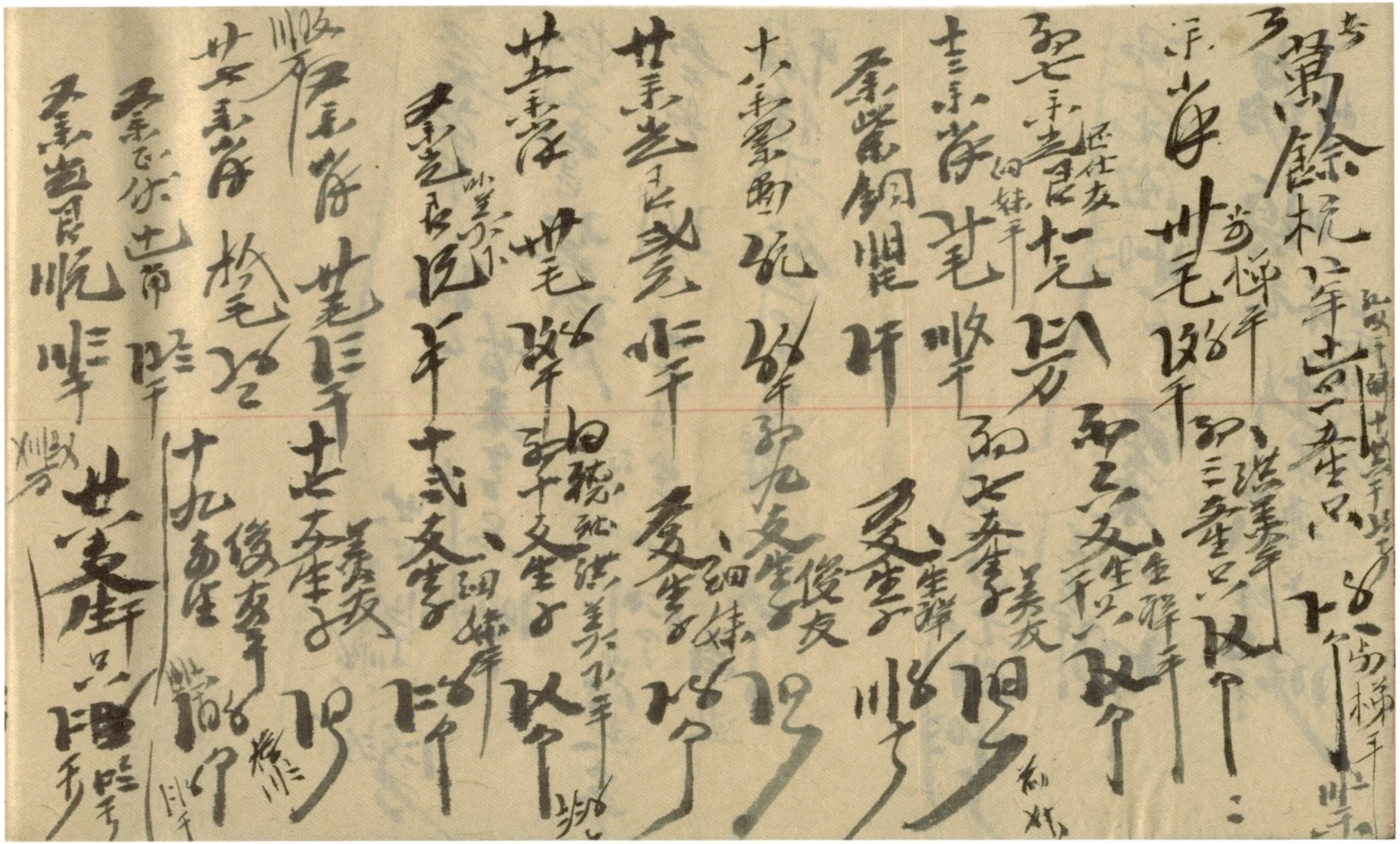

7-5-63-12　民國十六年陳詩雅記往來數目（一二）

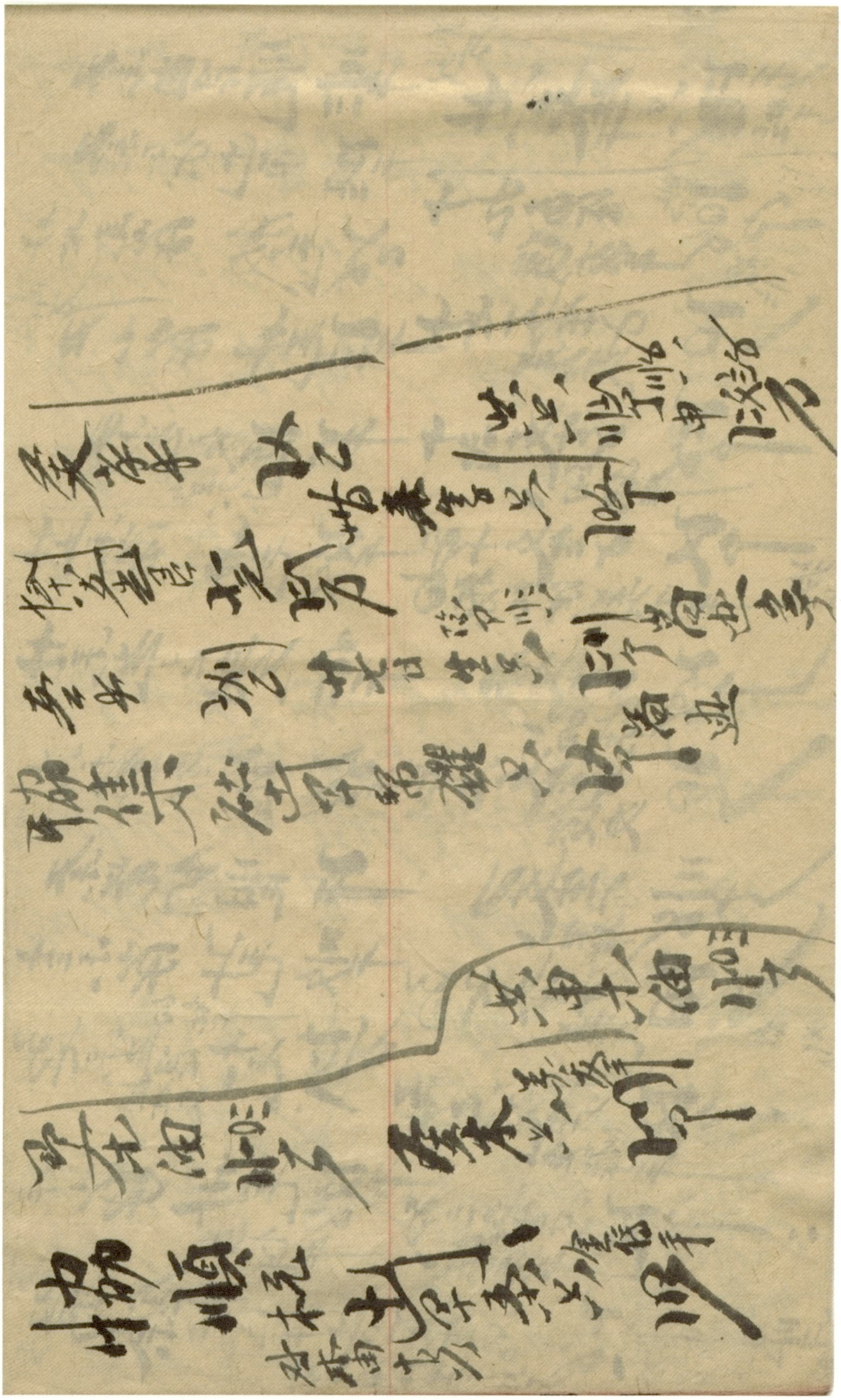

7-5-63-11　民國十六年陳詩雅記往來數目（一一）

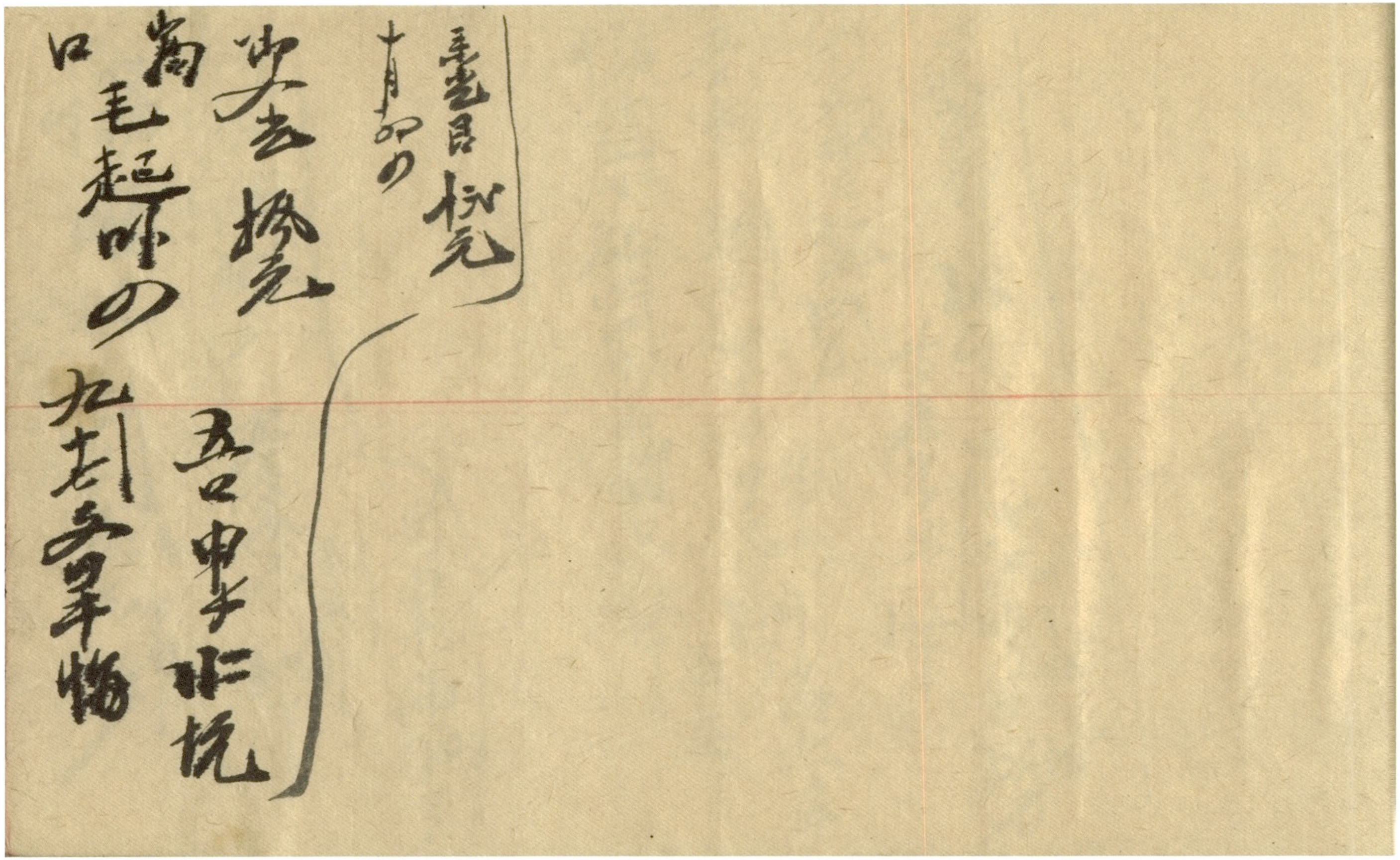

7-5-63-10　民國十六年陳詩雅記往來數目（一〇）

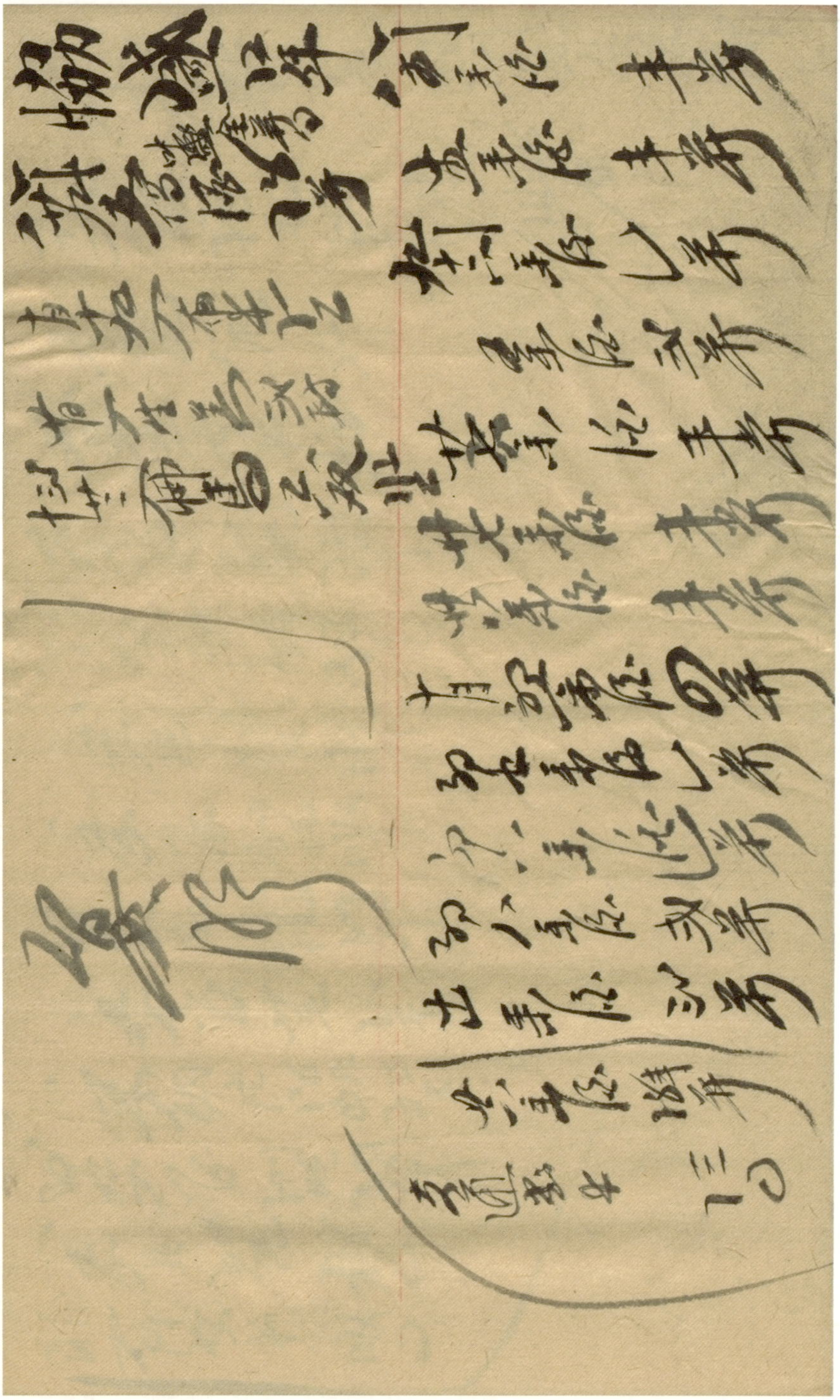

7-5-63-9　民國十六年陳詩雅記往來數目（九）

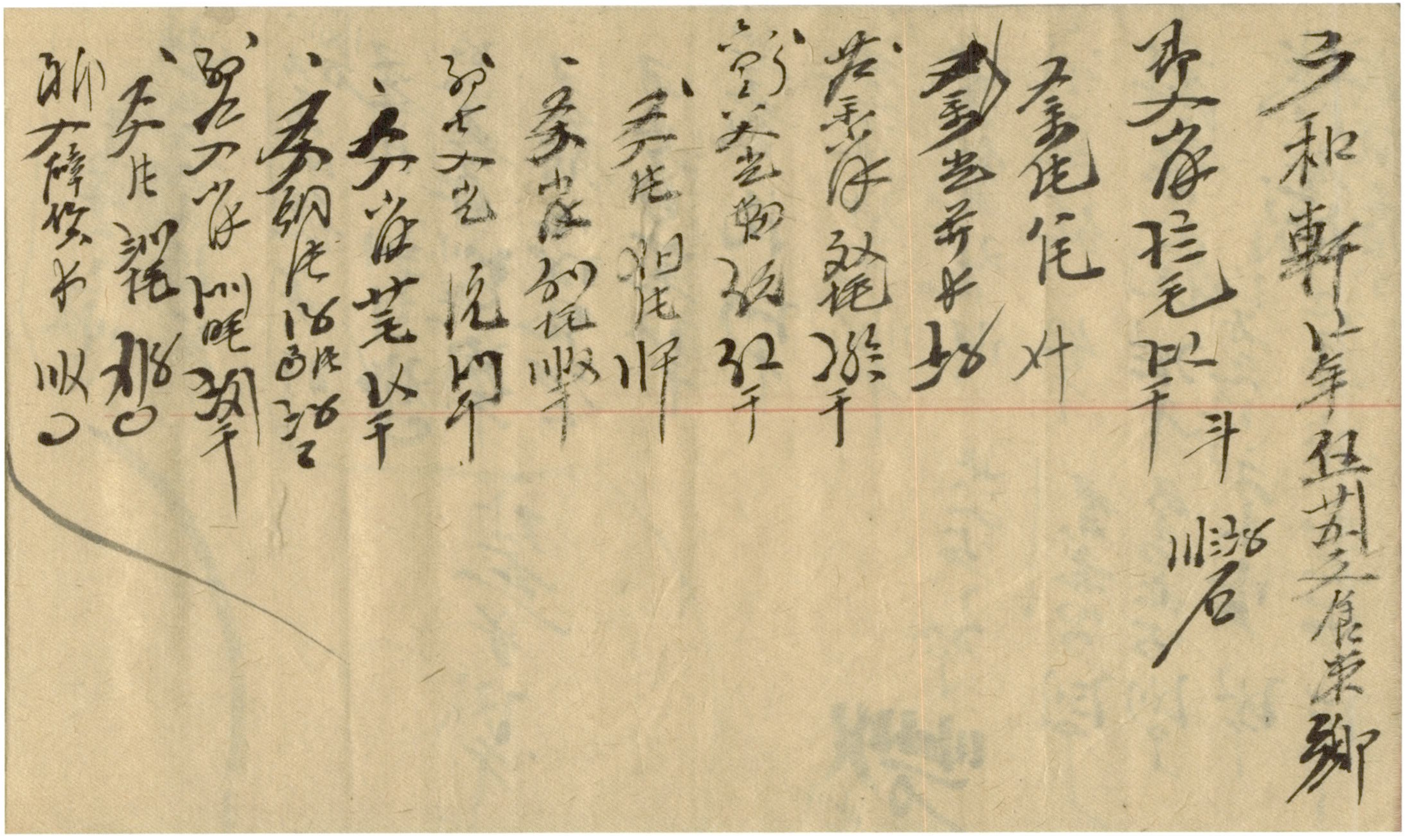

7-5-63-8　民國十六年陳詩雅記往來數目（八）

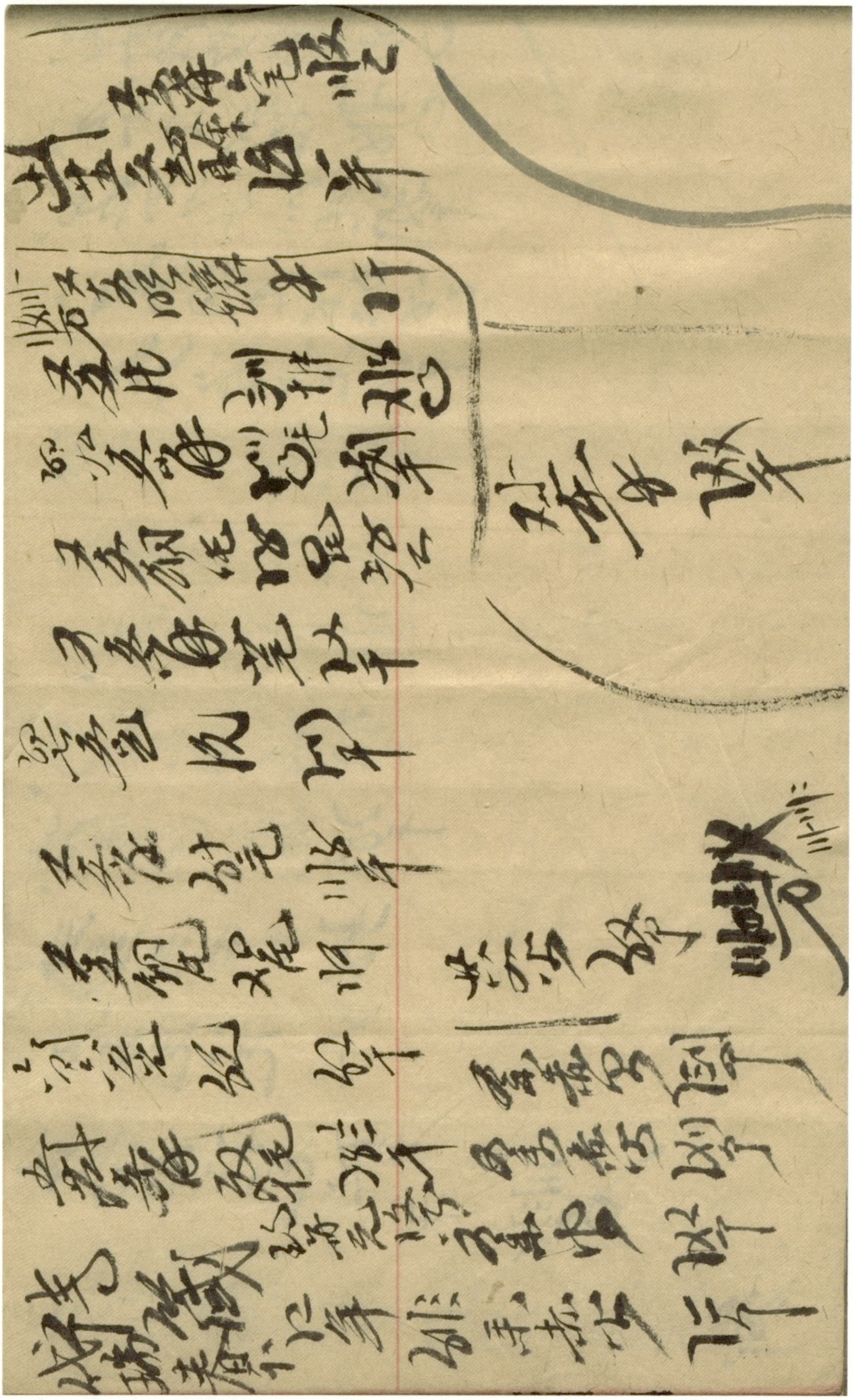

7-5-63-7　民國十六年陳詩雅記往來數目（七）

7-5-63-6　民國十六年陳詩雅記往來數目（六）

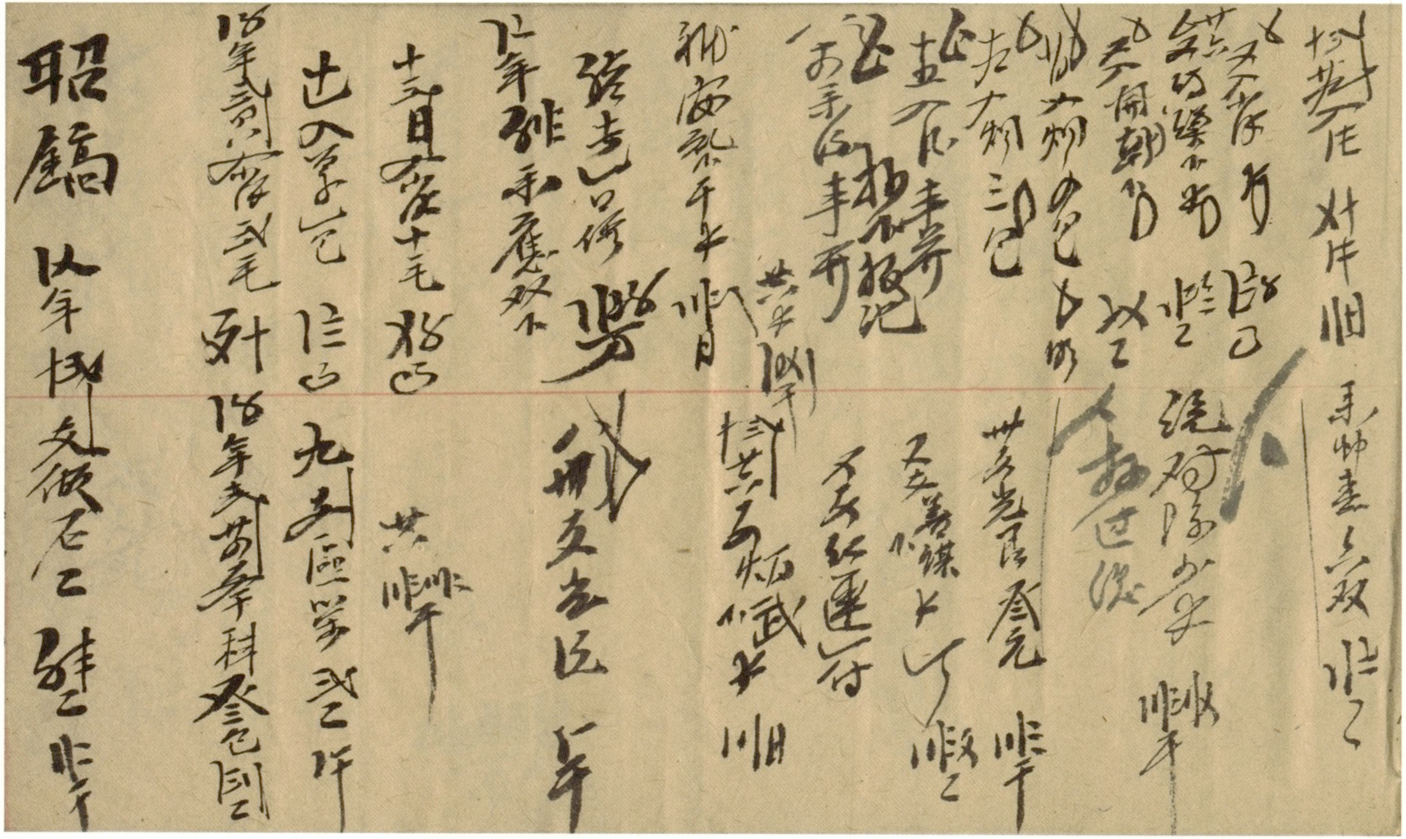

7-5-63-5　民國十六年陳詩雅記往來數目（五）

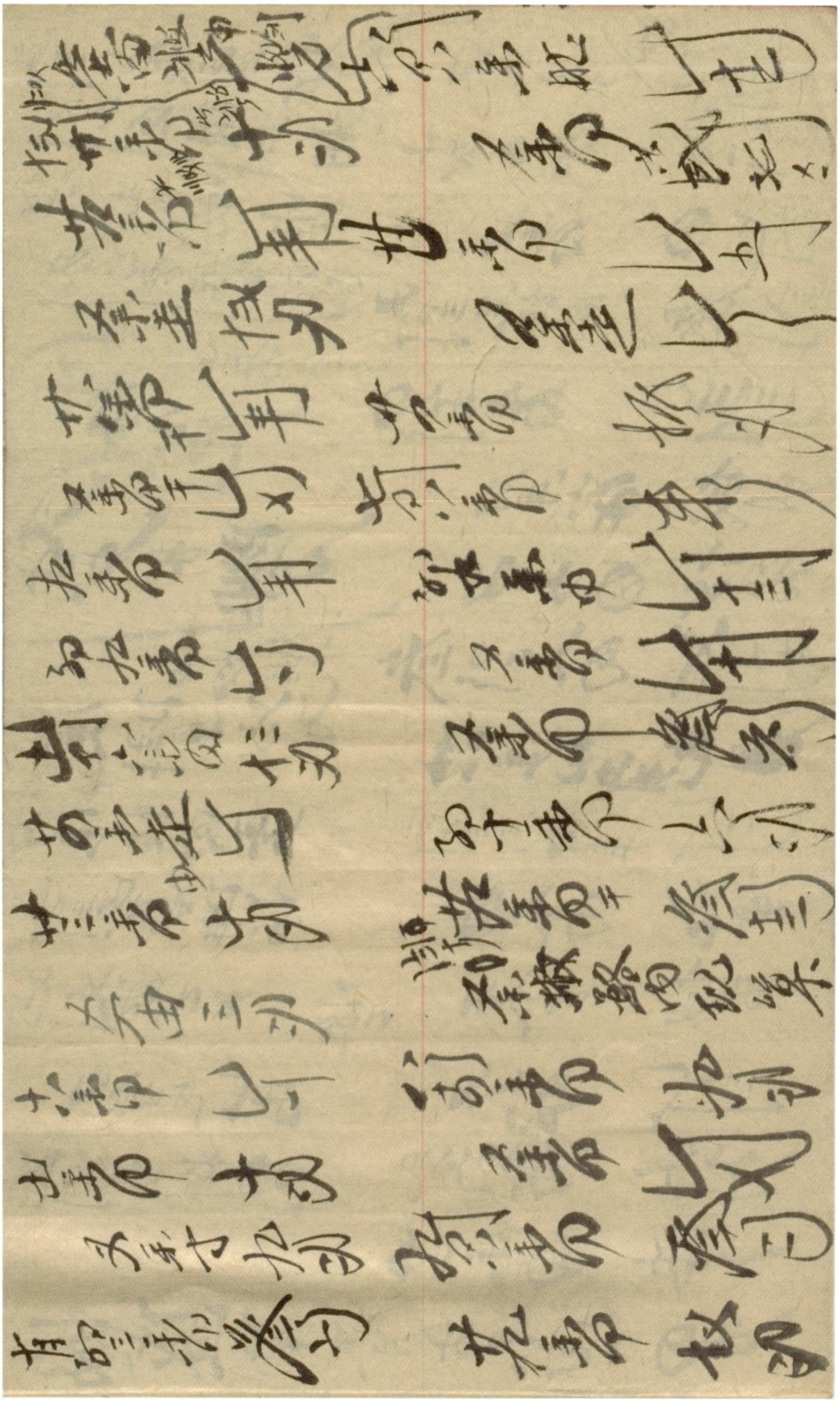

7-5-63-4　民國十六年陳詩雅記往來數目（四）

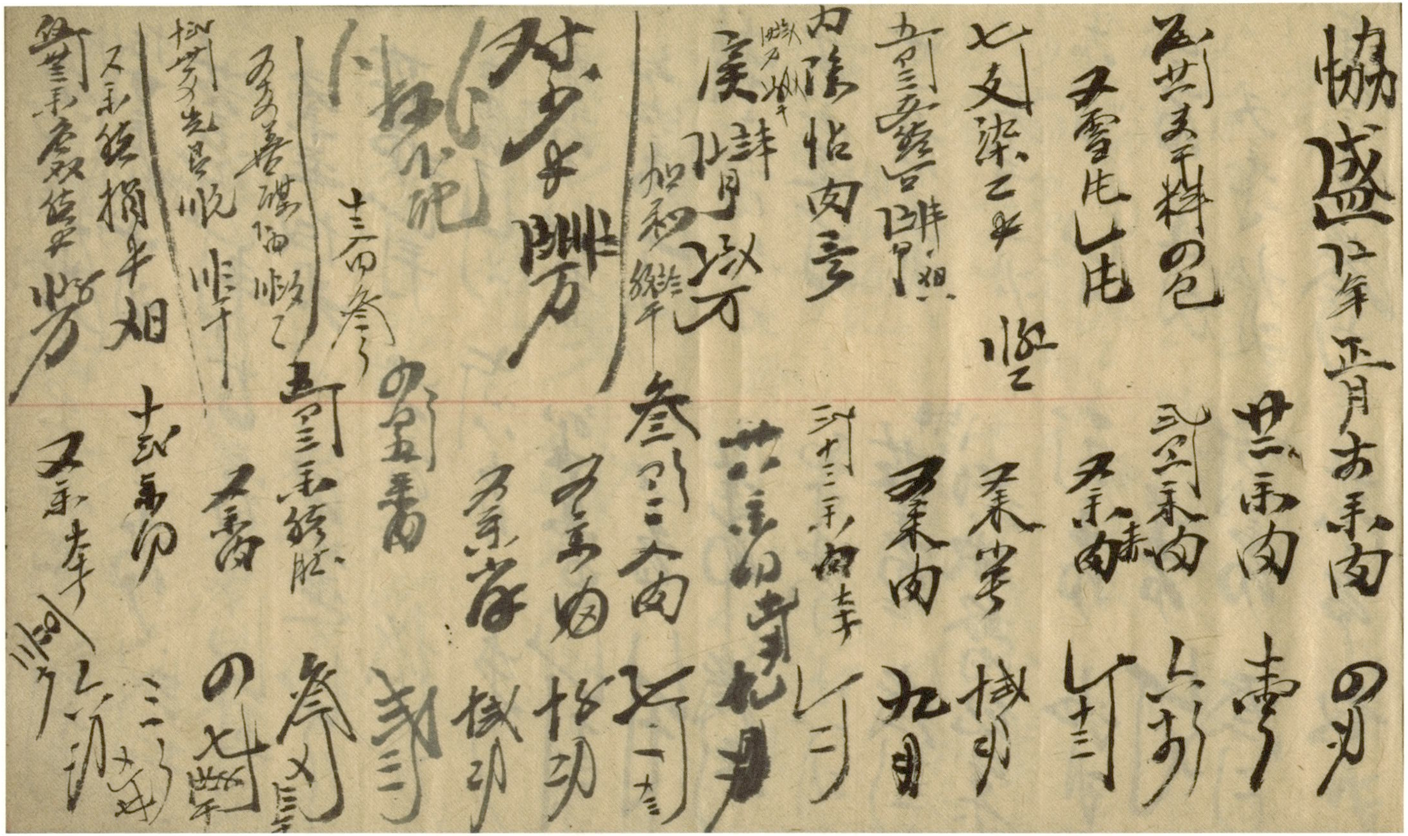

7–5–63–3　民國十六年陳詩雅記往來數目（三）

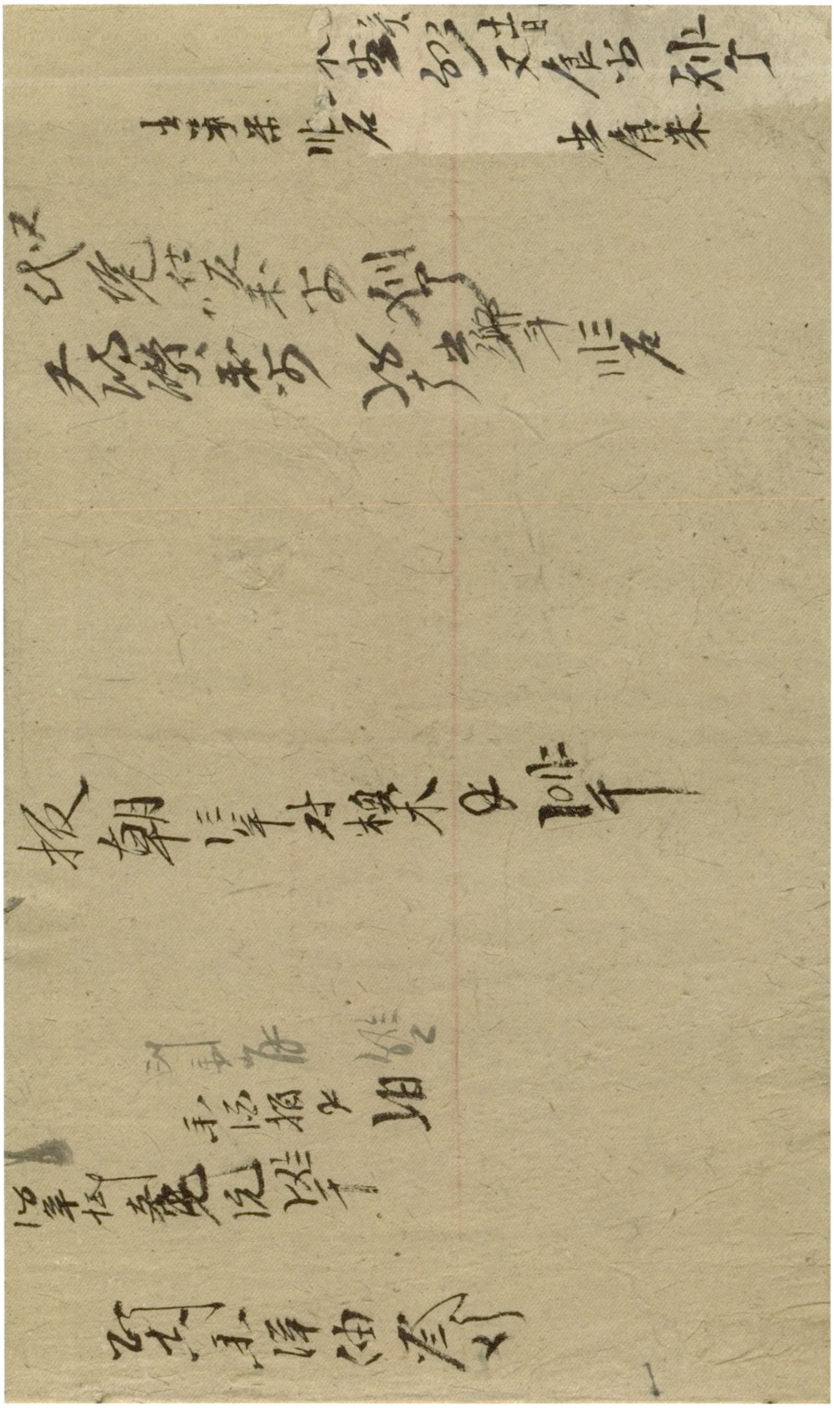

7-5-63-2　民國十六年陳詩雅記往來數目（二）

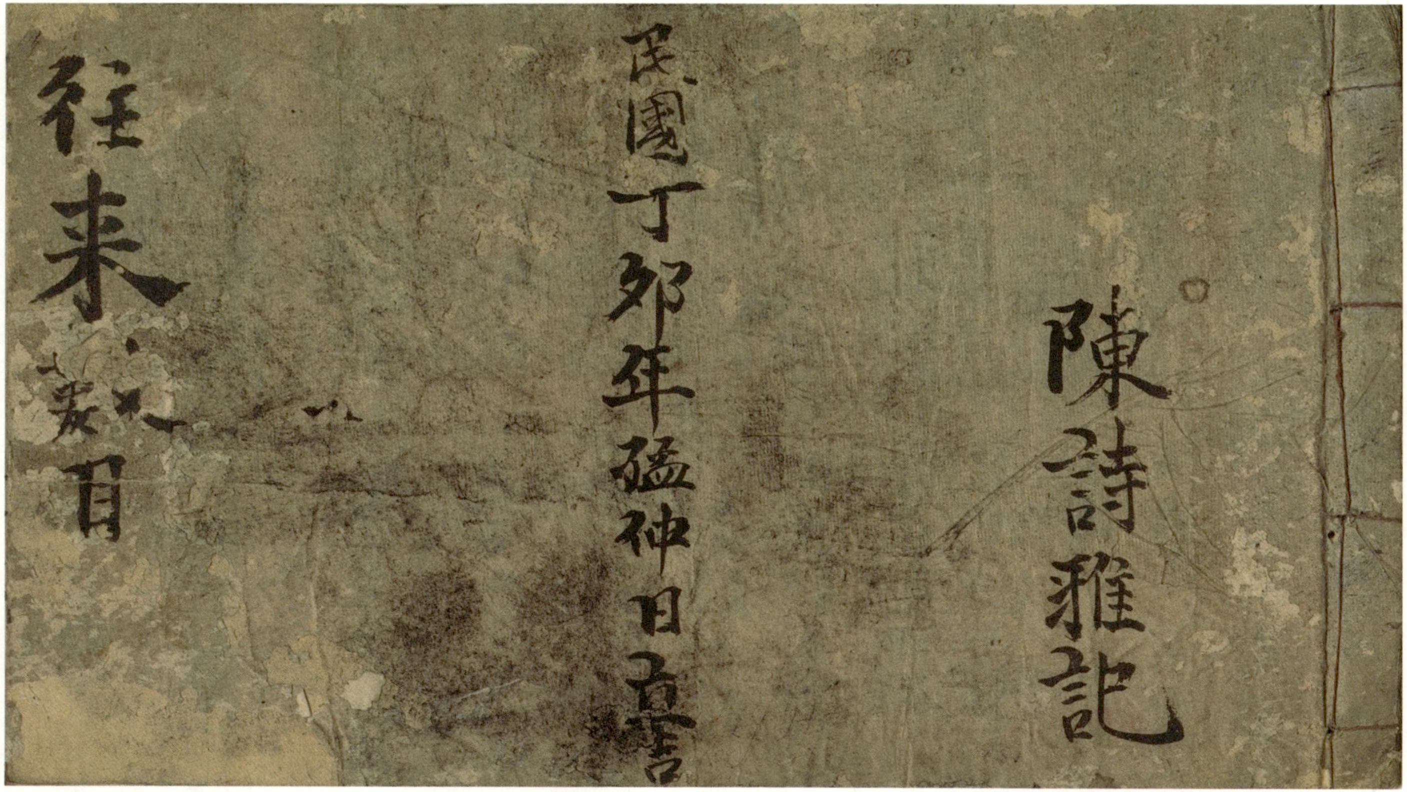

陳詩雅記

民國丁卯年瘟神日立書

往来數目

7-5-63-1　民國十六年陳詩雅記往來數目（一）

7-5-62-18 民國十三年陳詩雅等立起蓋賬簿（一八）

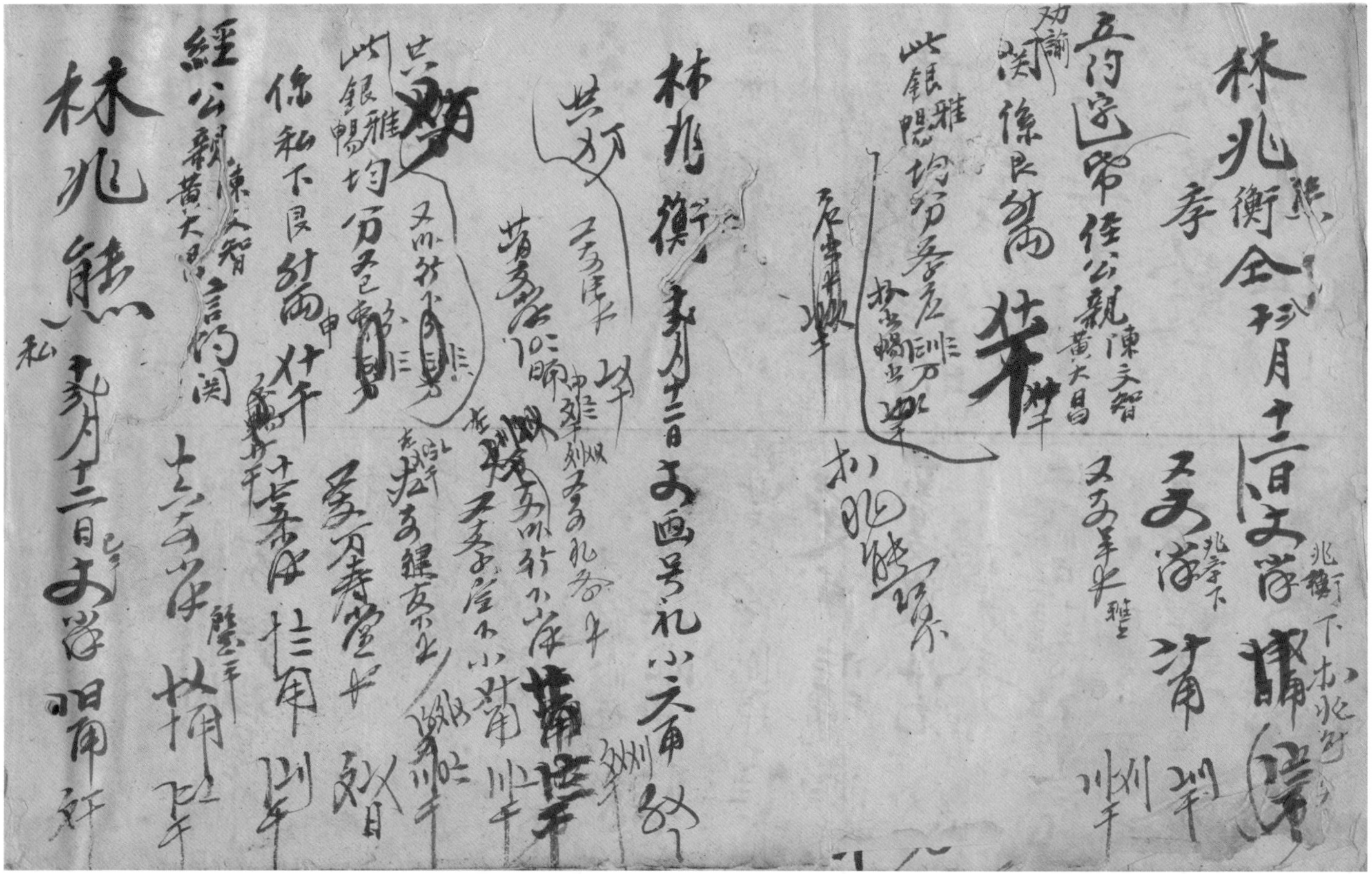

7-5-62-17　民國十三年陳詩雅等立起蓋賬簿（一七）

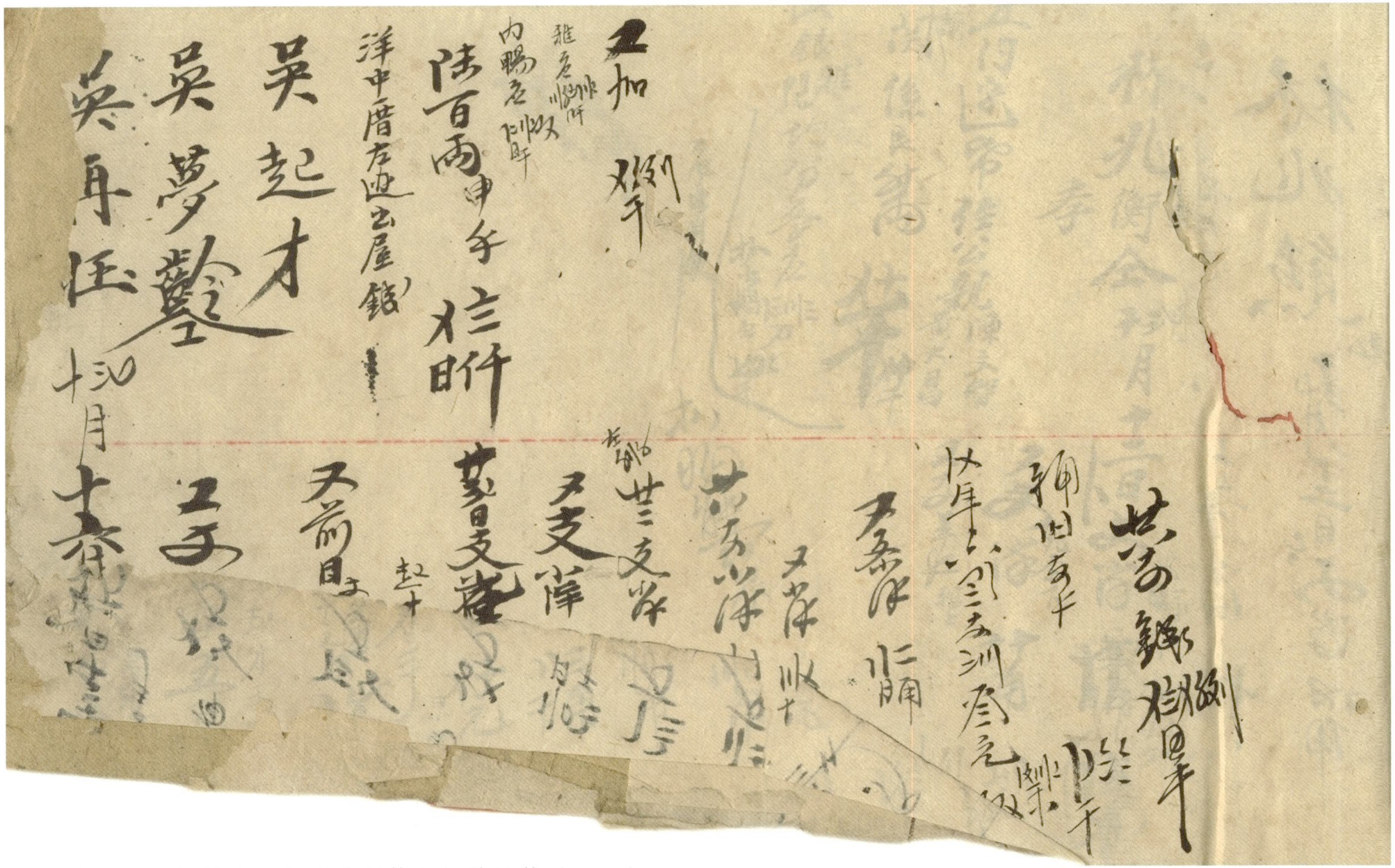

7-5-62-16　民國十三年陳詩雅等立起蓋賬簿（一六）

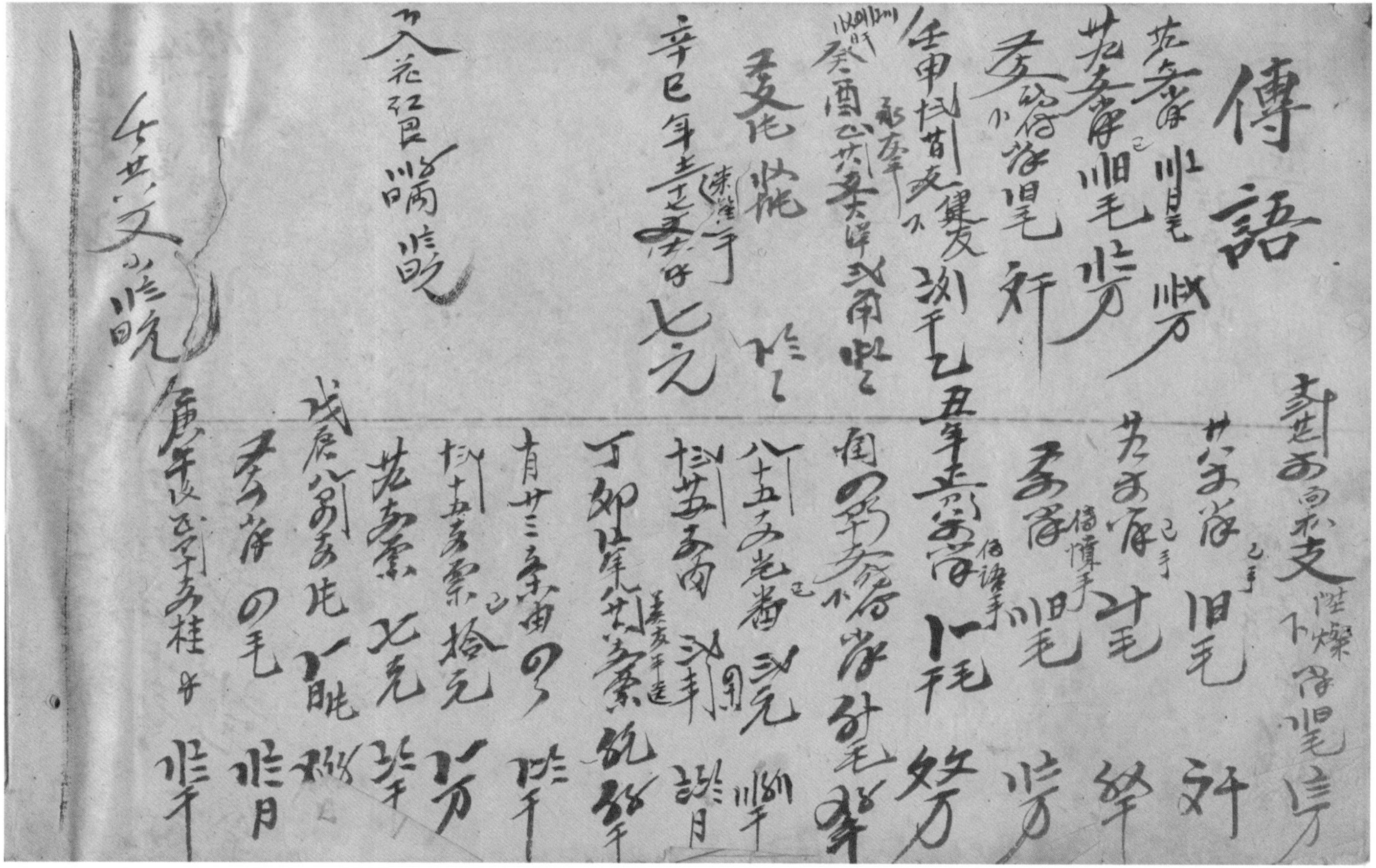

傳語

7-5-62-15　民國十三年陳詩雅等立起蓋賬簿（一五）

7-5-62-14　民國十三年陳詩雅等立起蓋賬簿（一四）

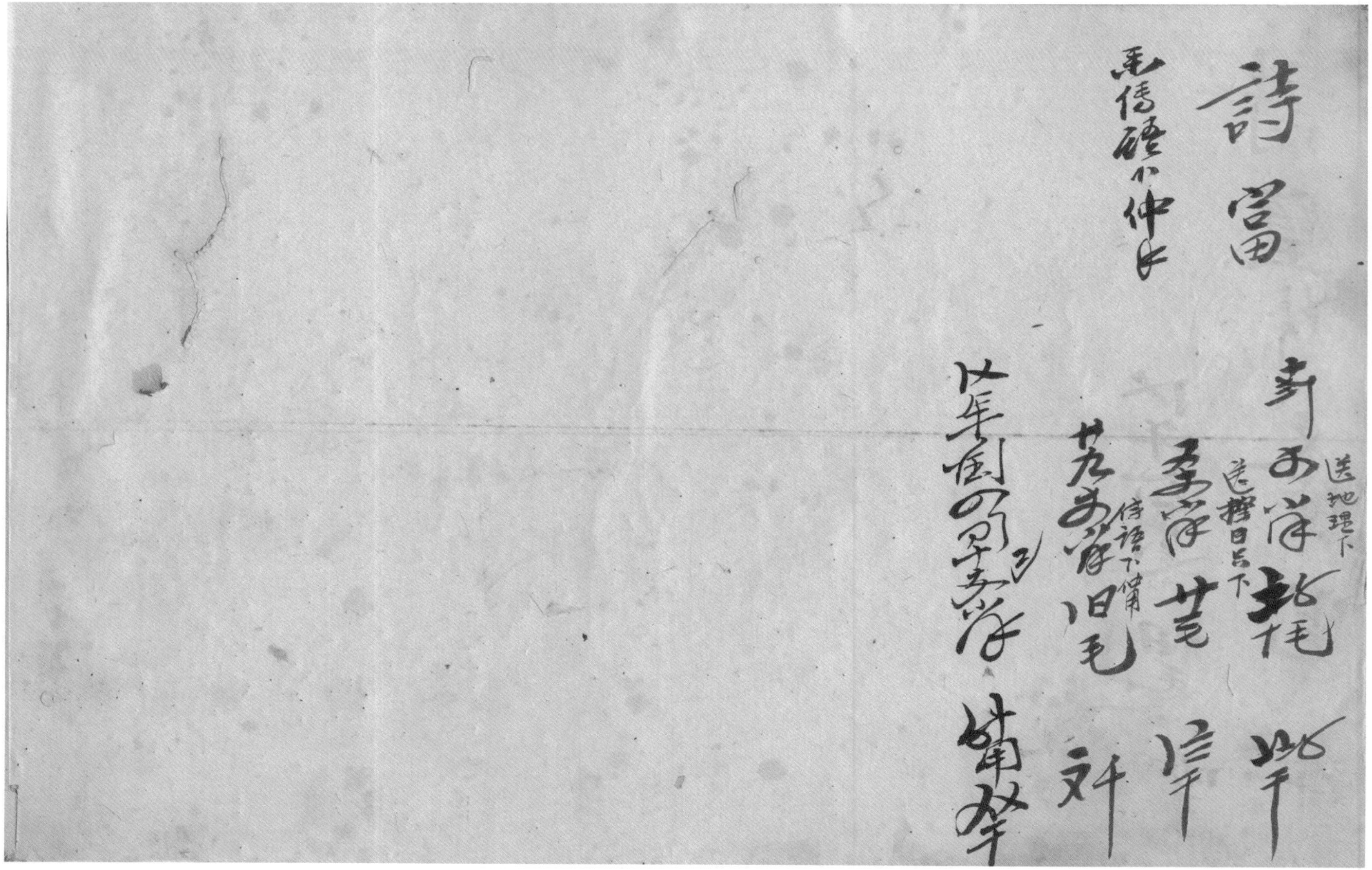

7-5-62-13　民國十三年陳詩雅等立起蓋賬簿（一三）

以年刻[illegible]伯

詩璧博丁文学伯

7-5-62-12　民國十三年陳詩雅等立起蓋賬簿（一二）

詩建三年十二月廿五發旧用工三方

7-5-62-11　民國十三年陳詩雅等立起蓋賬簿（一一）

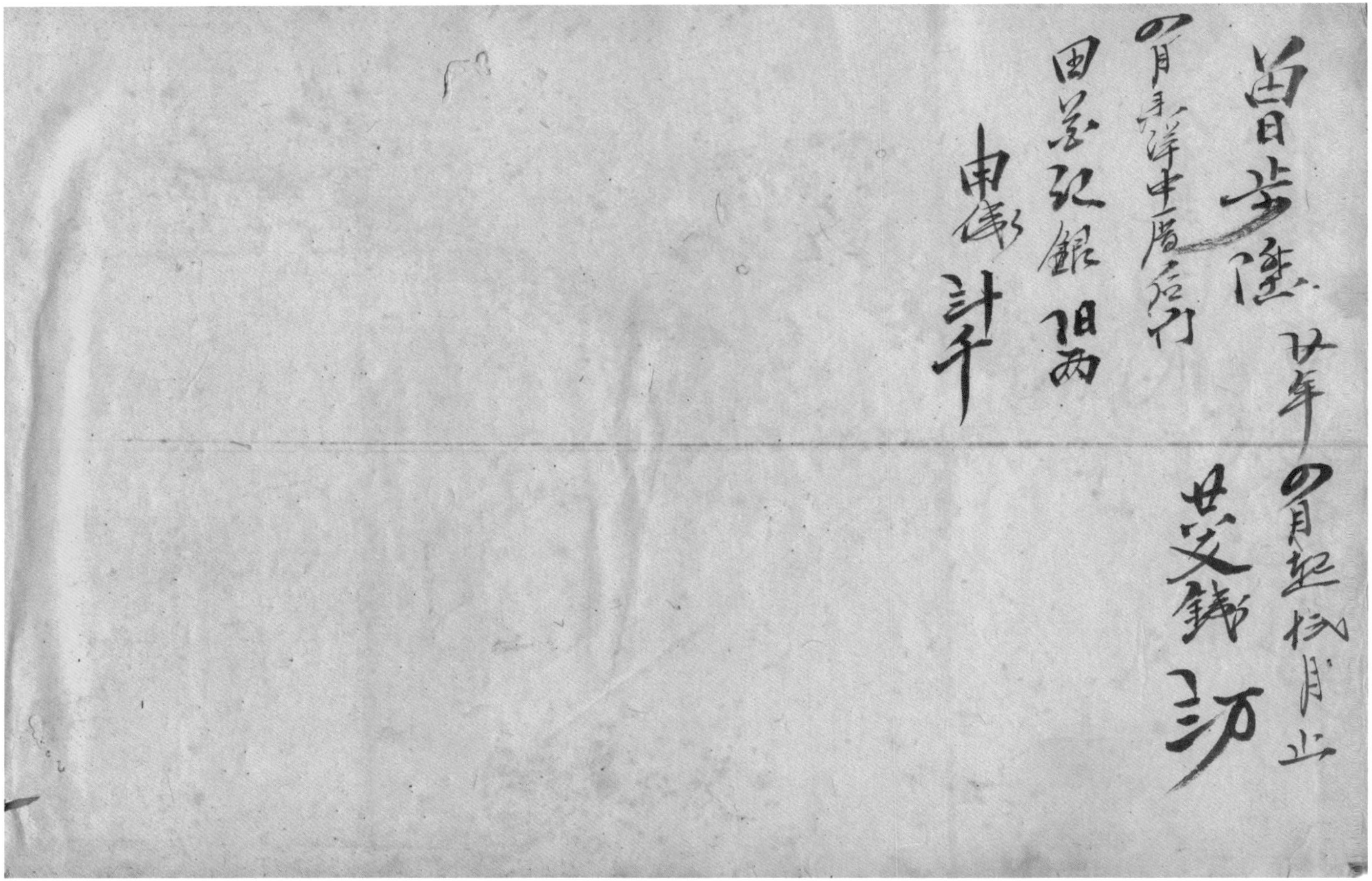

7-5-62-10　民國十三年陳詩雅等立起蓋賬簿（一〇）

7-5-62-9　民國十三年陳詩雅等立起蓋賬簿（九）

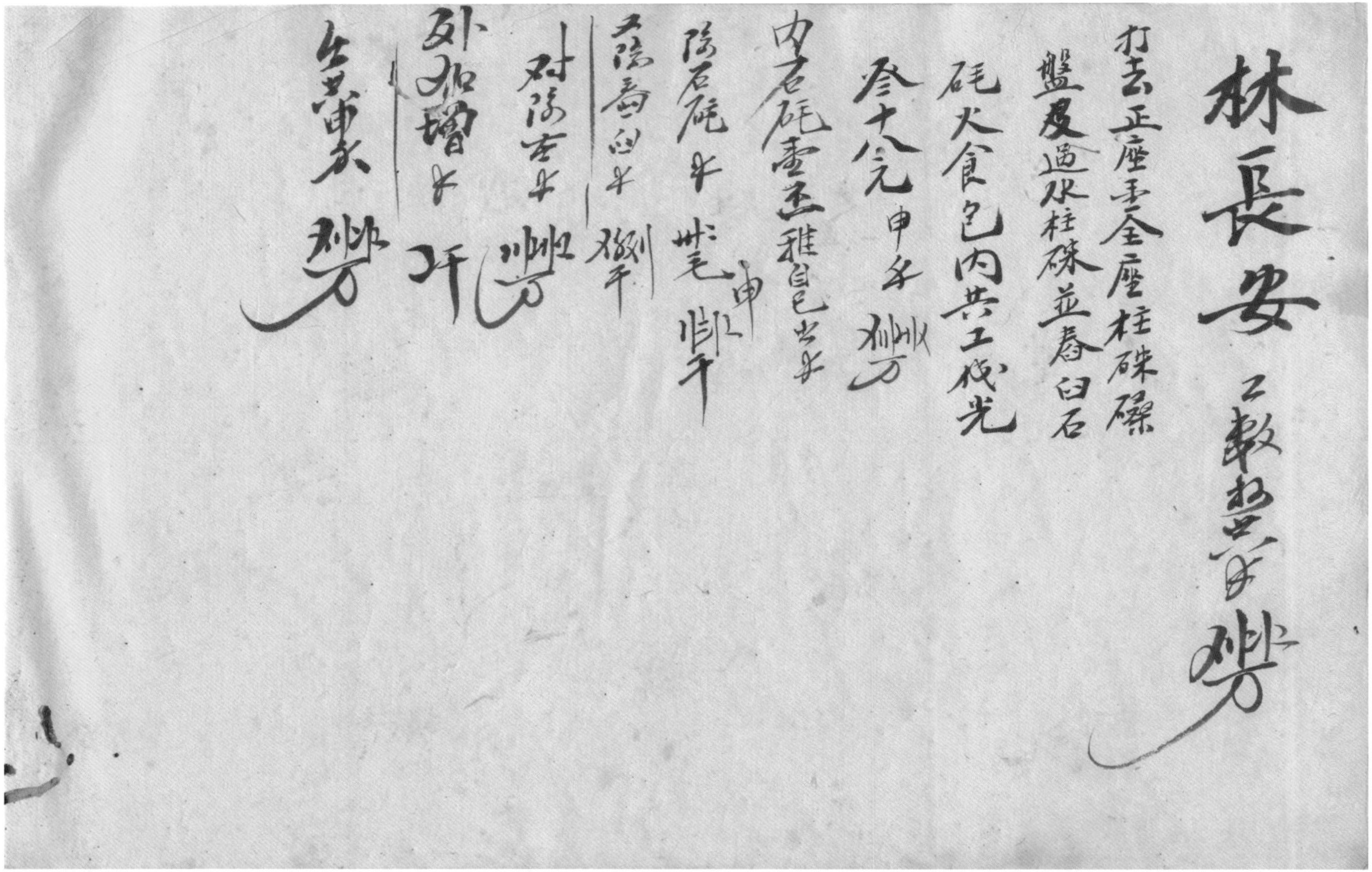

7-5-62-8　民國十三年陳詩雅等立起蓋賬簿（八）

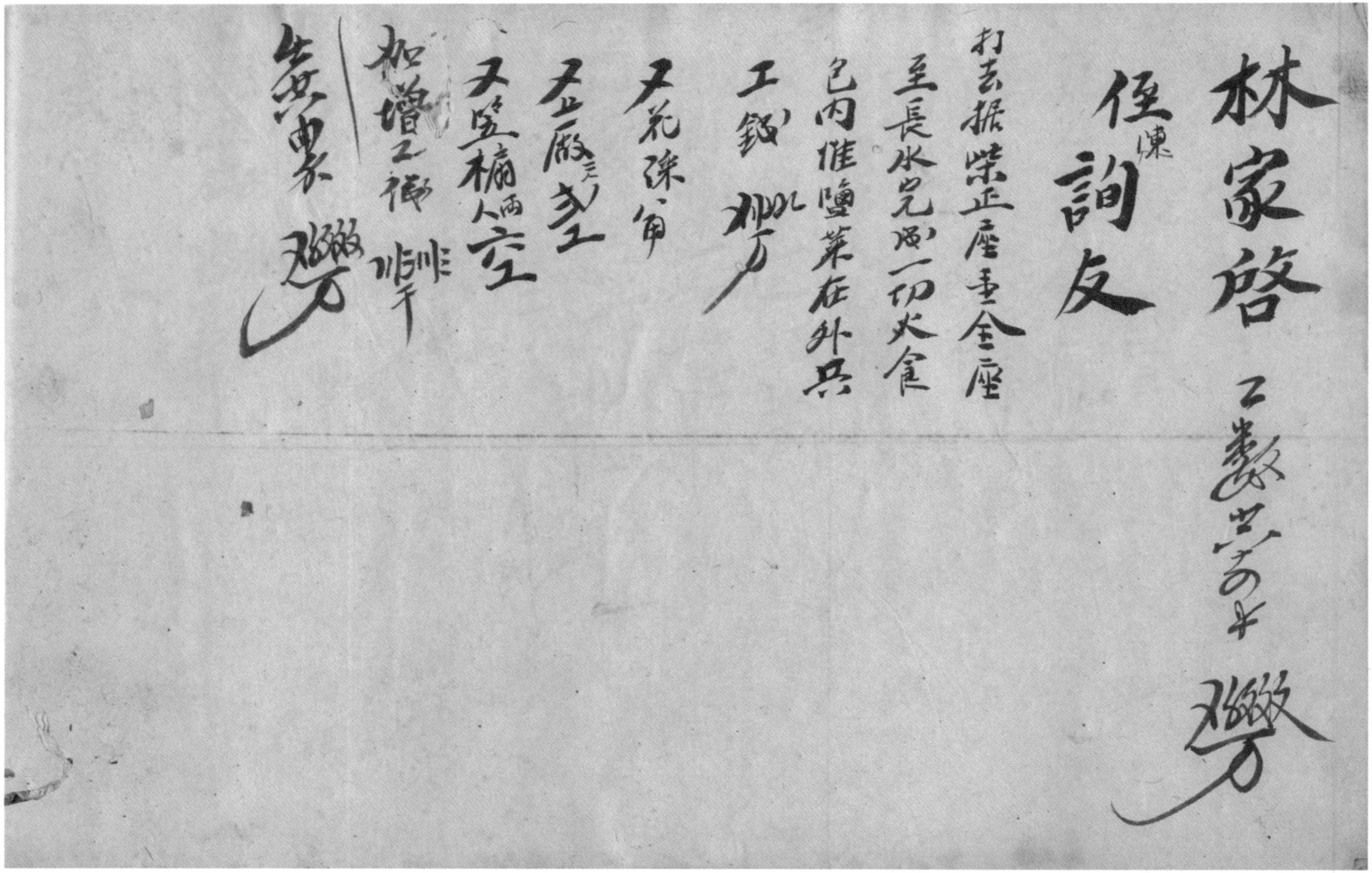
林家啓

侄（陳）詢友

打去据柴正座重全座
至長水兄□一切火食
包内催嗵菜在外只
工錢

7-5-62-7　民國十三年陳詩雅等立起蓋賬簿（七）

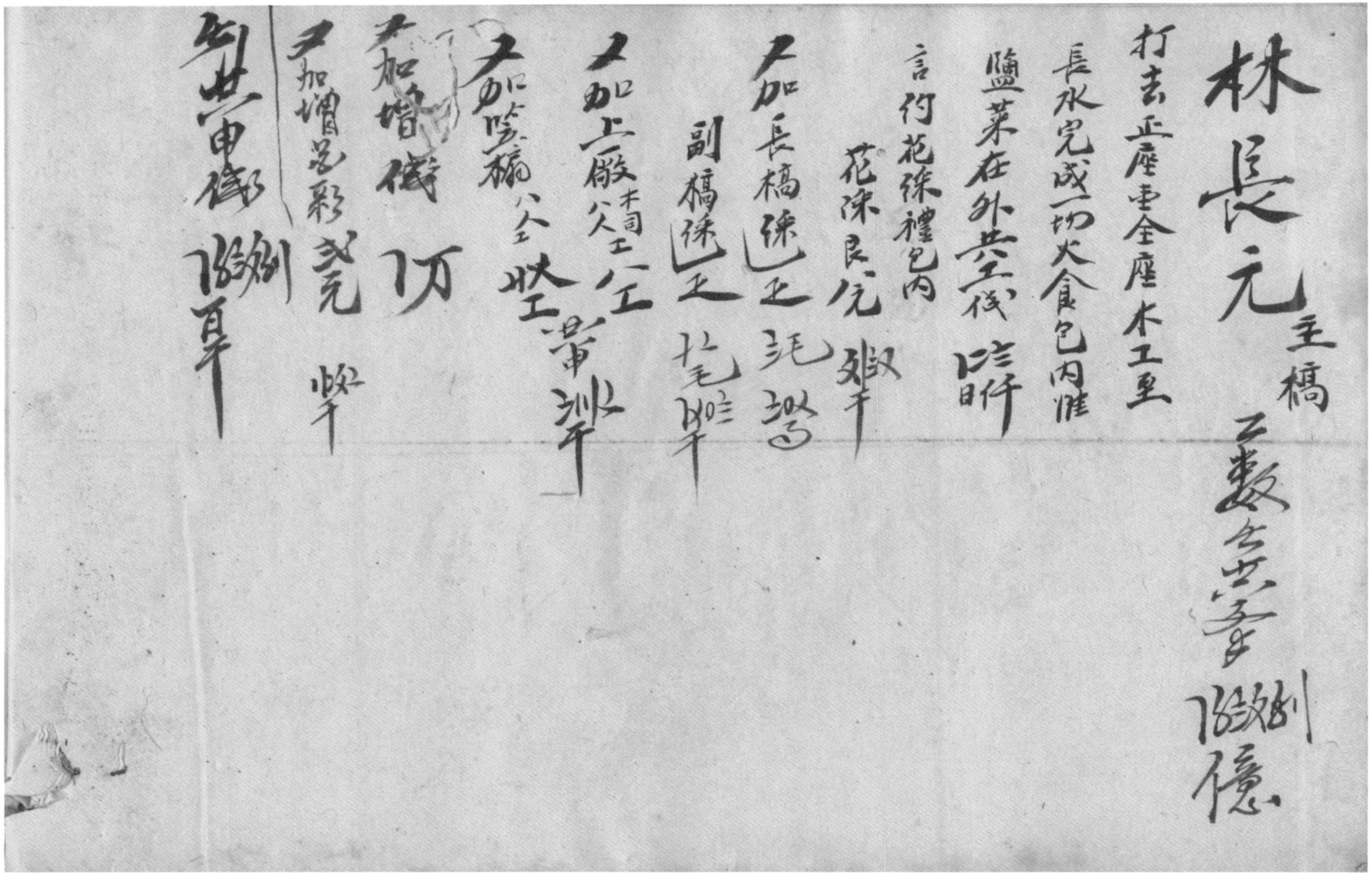

7-5-62-6　民國十三年陳詩雅等立起蓋賬簿（六）

7—5—62—5　民國十三年陳詩雅等立起蓋賬簿（五）

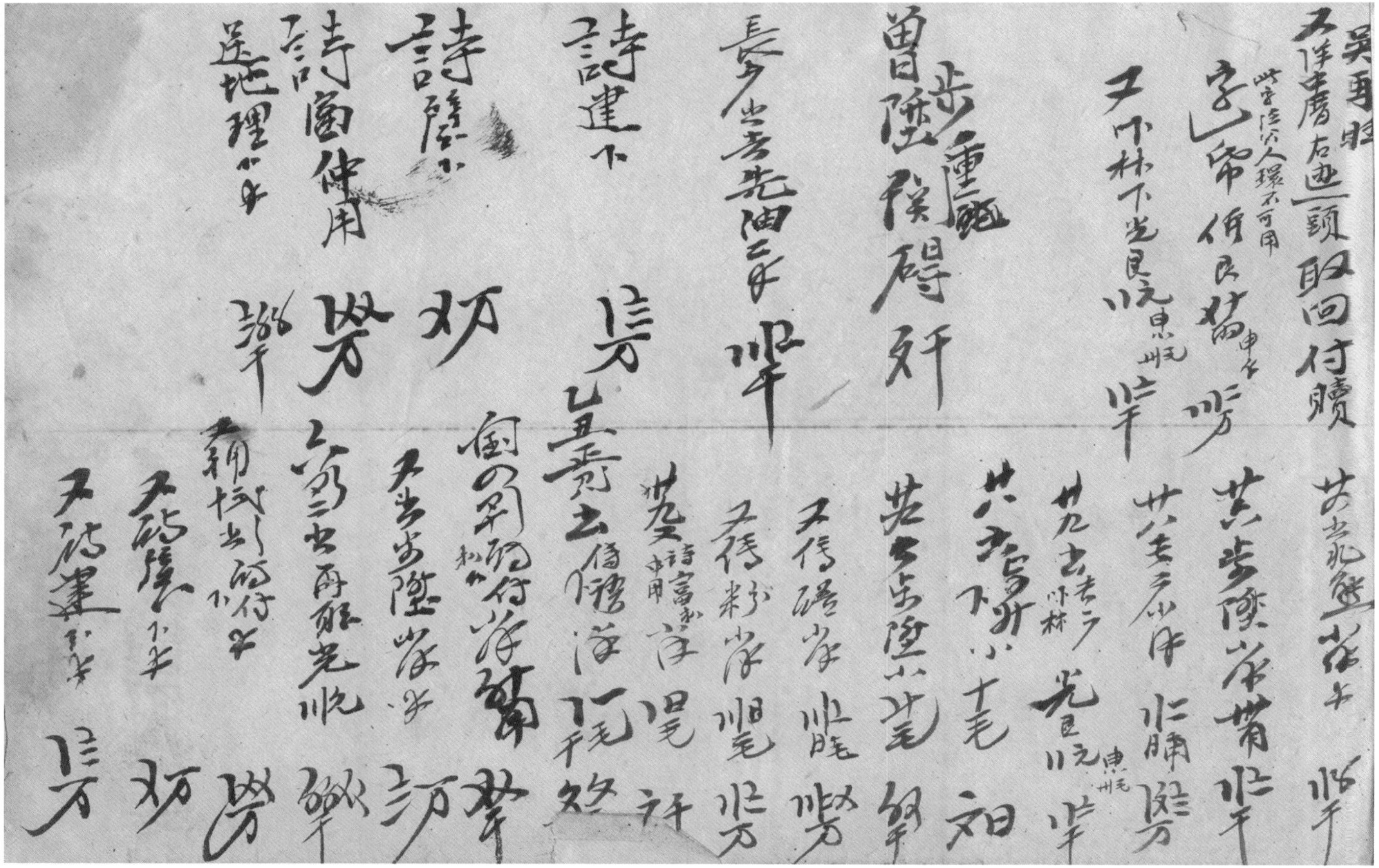

7–5–62–4　民國十三年陳詩雅等立起蓋賬簿（四）

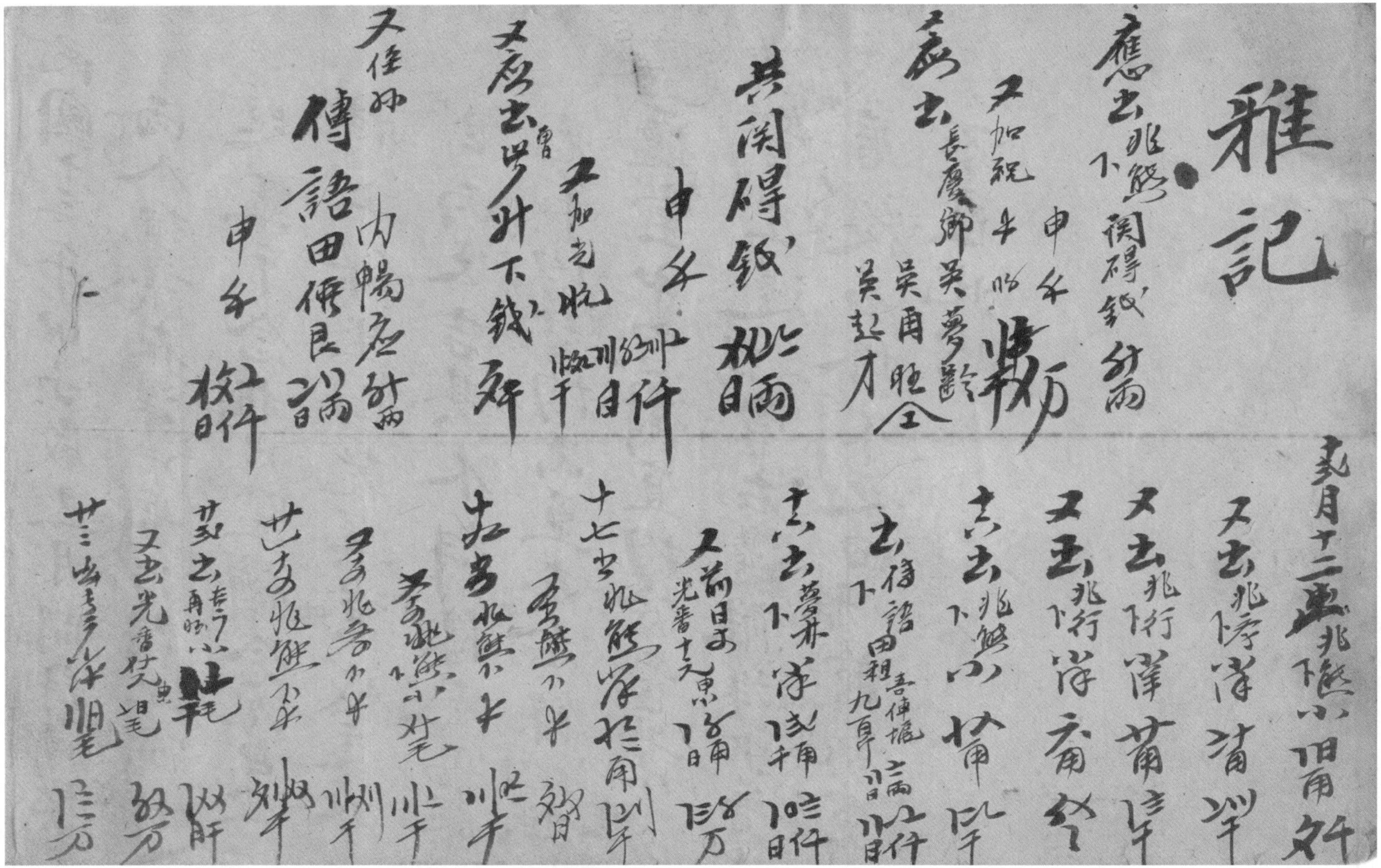

7-5-62-3　民國十三年陳詩雅等立起蓋賬簿（三）

民國十三年甲子歲十一月間詩雅暢兄弟
兩人相議在洋中厝后門上協同
起蓋于念捌日豎桷念九日丑
時上樑坐向乾巽兼戌辰水
出丙大吉其木料椽瓦工耗
兄弟均勻均出至左右餘地照
廳堂中宮對直均分管業雅
管左邊暢管右邊惟洋中厝
厝後石垮下之田雅前契買
不在此內

7-5-62-2　民國十三年陳詩雅等立起蓋賬簿（二）

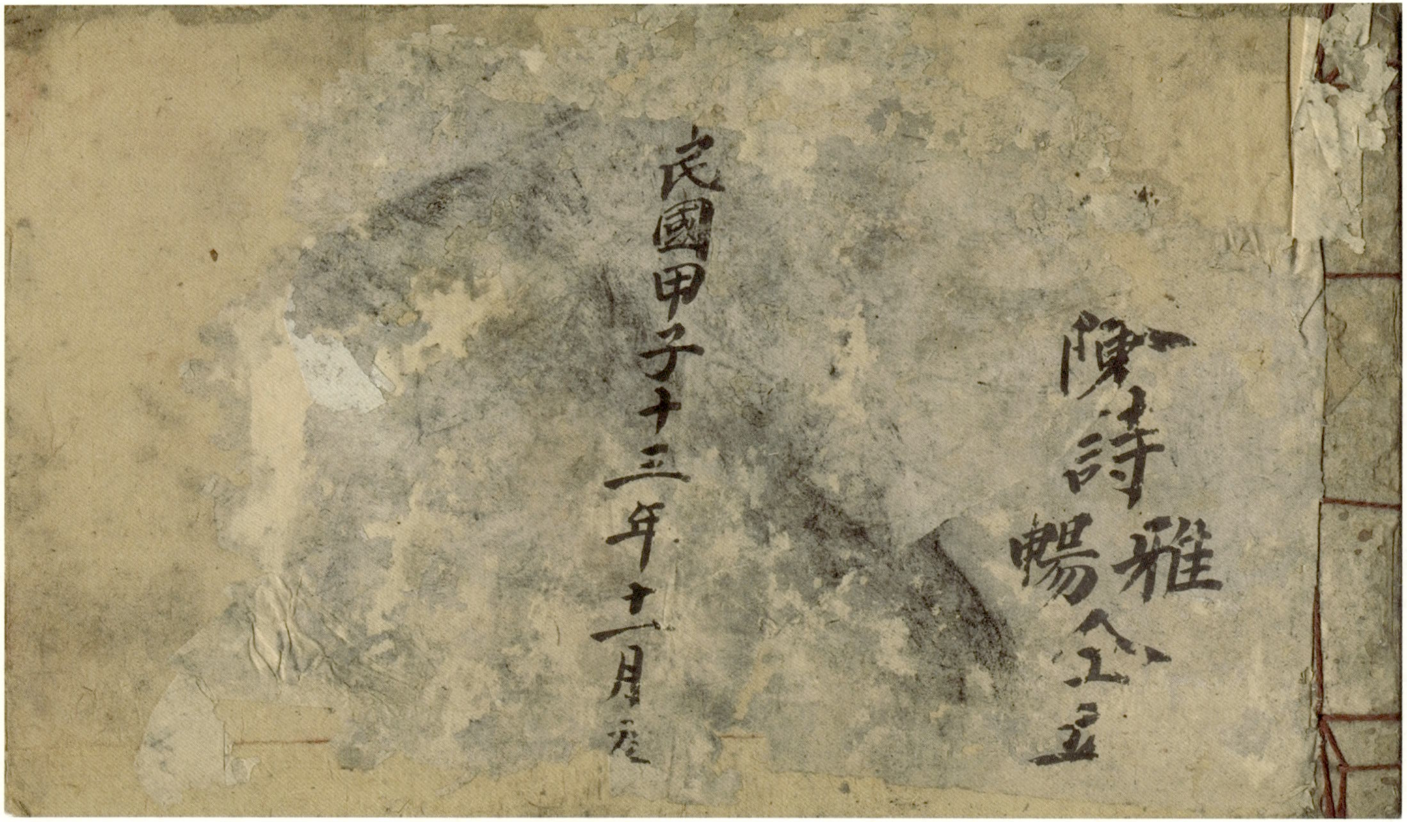

7-5-62-1　民國十三年陳詩雅等立起蓋賬簿（一）

7-5-61-61　民國十三年陳詩雅記亭房起蓋工數（六一）

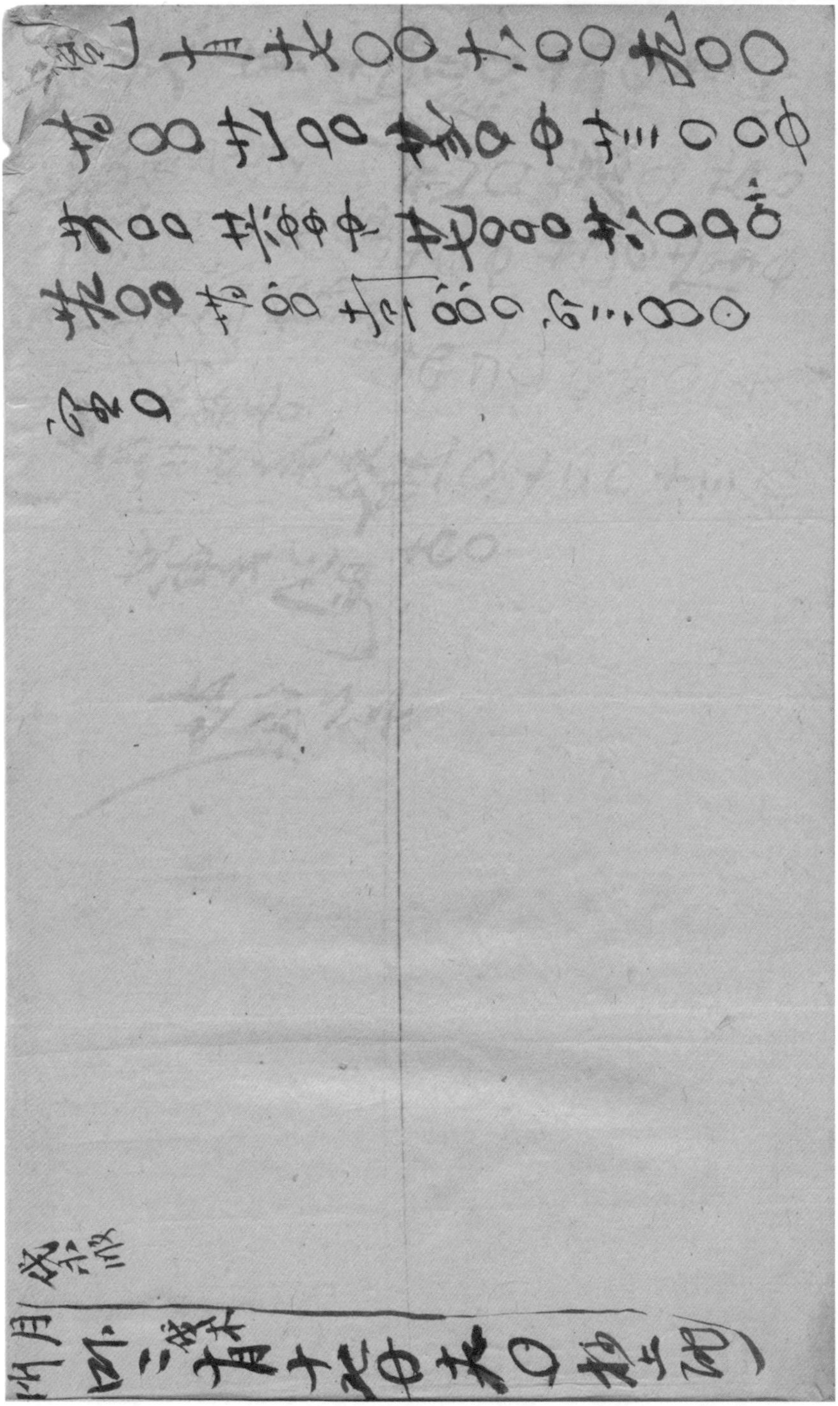

7-5-61-60　民國十三年陳詩雅記亨房起蓋工數（六〇）

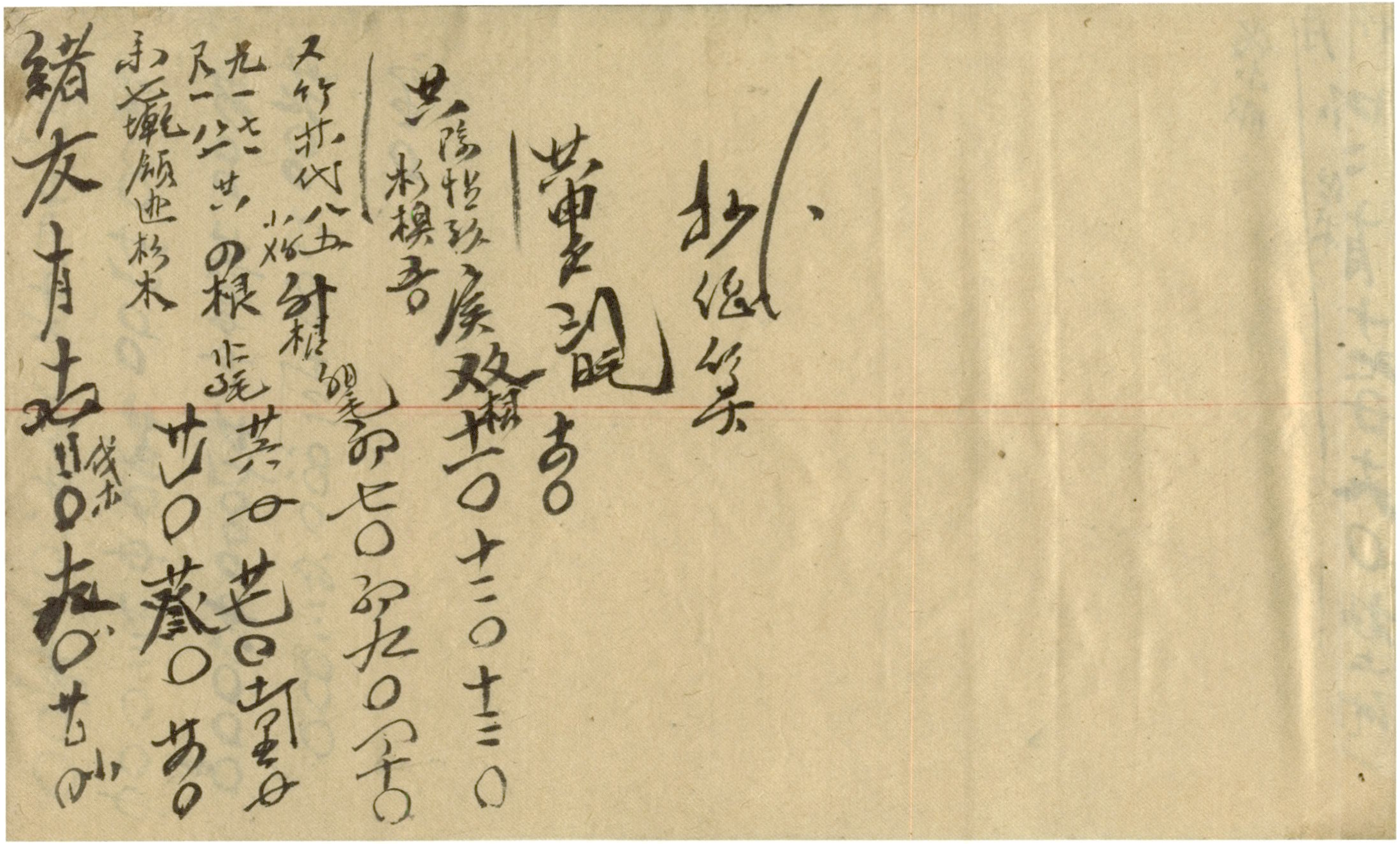

7-5-61-59　民國十三年陳詩雅記亨房起蓋工數（五九）

7-5-61-58　民國十三年陳詩雅記亭房起蓋工數（五八）

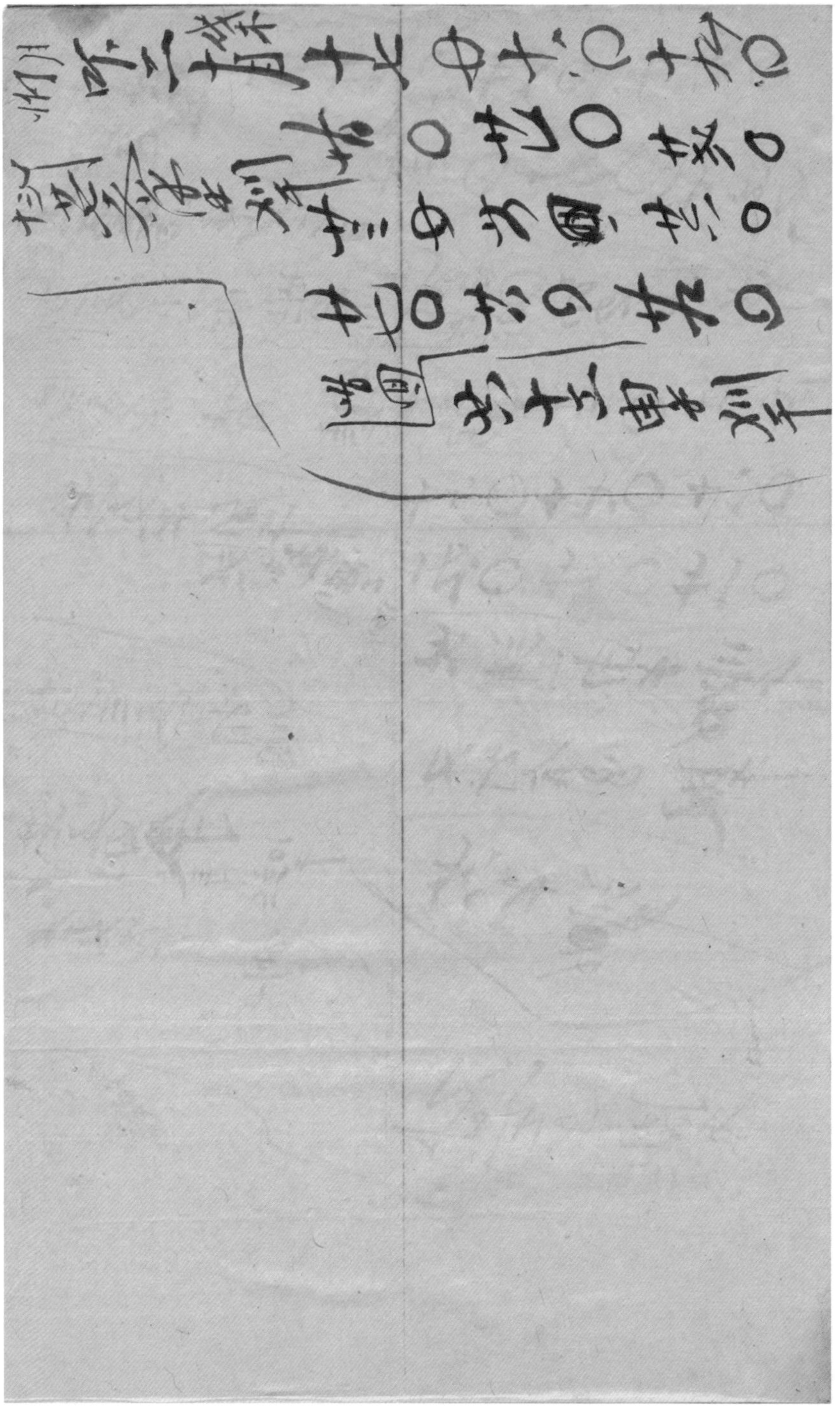

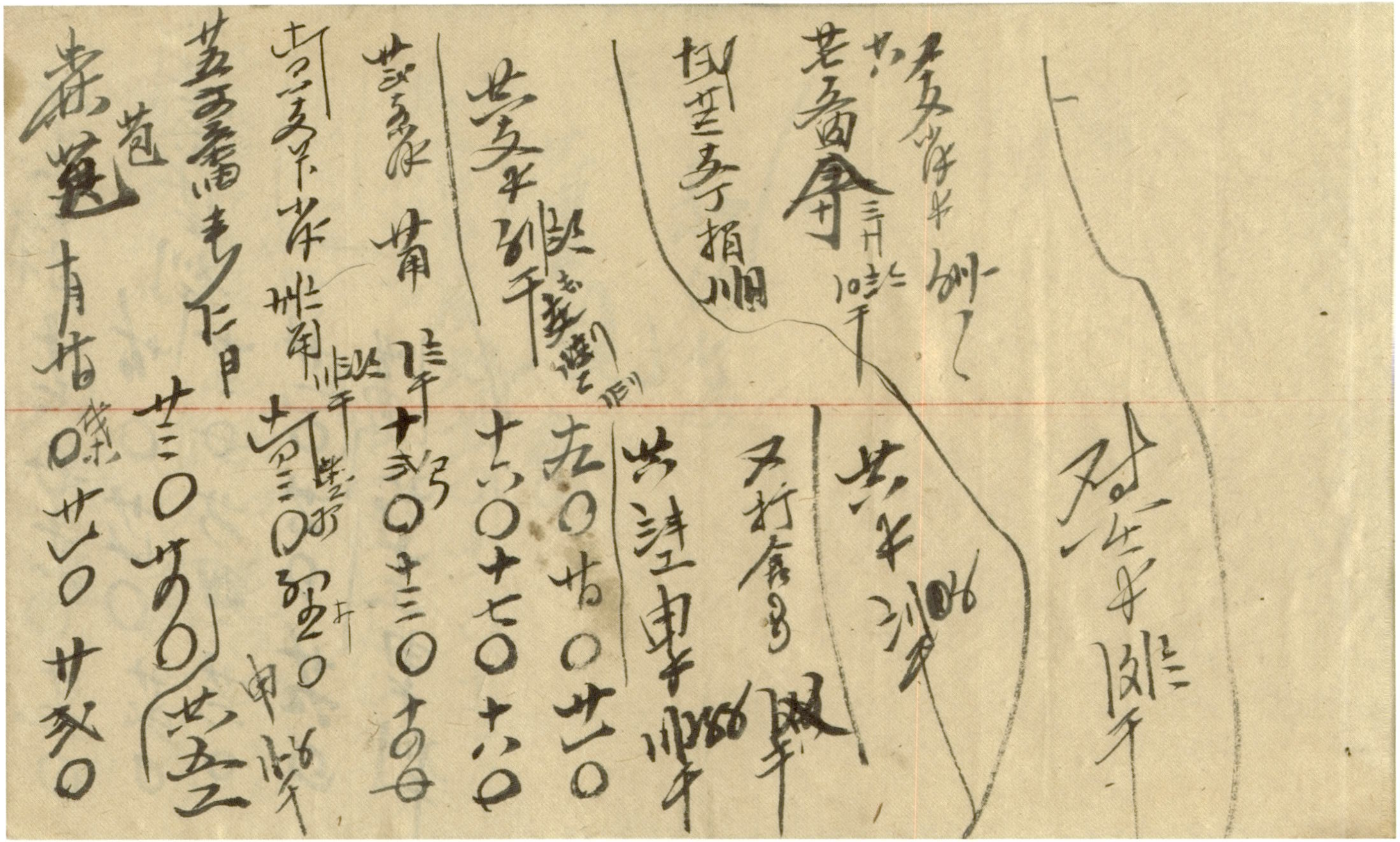

7-5-61-57　民國十三年陳詩雅記亨房起蓋工數（五七）

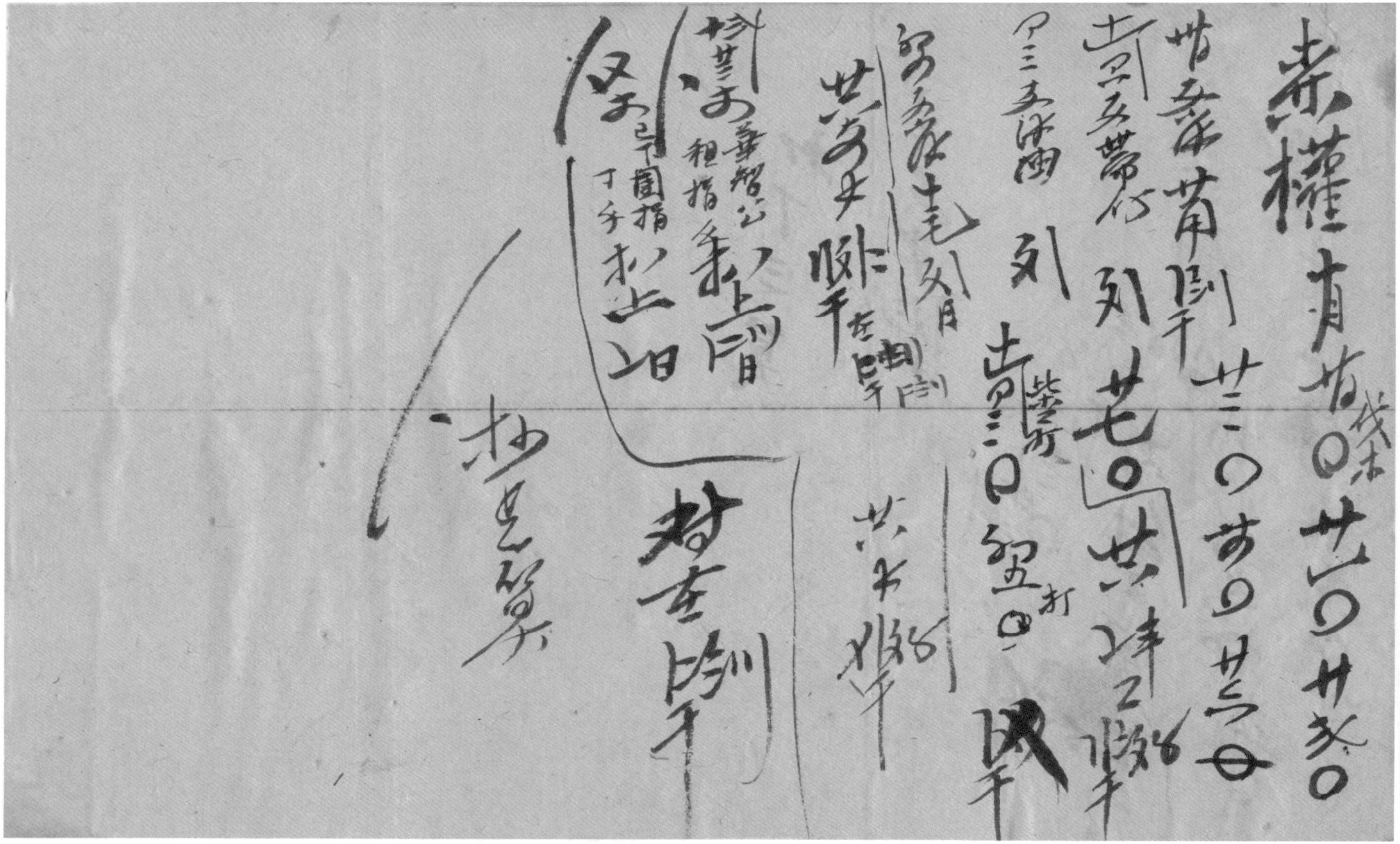

7-5-61-56　民國十三年陳詩雅記亨房起蓋工數（五六）

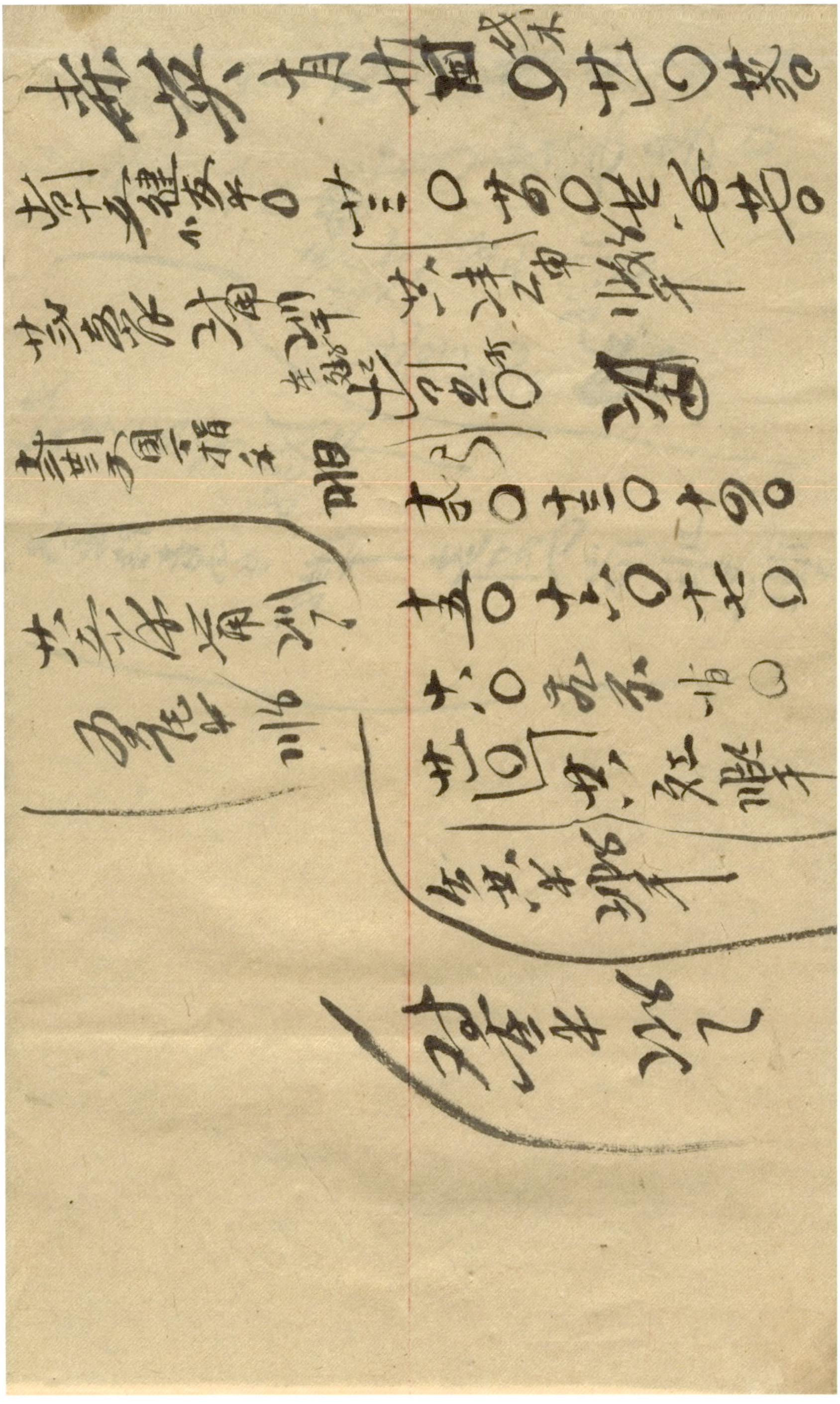

7–5–61–55　民國十三年陳詩雅記亭房起蓋工數（五五）

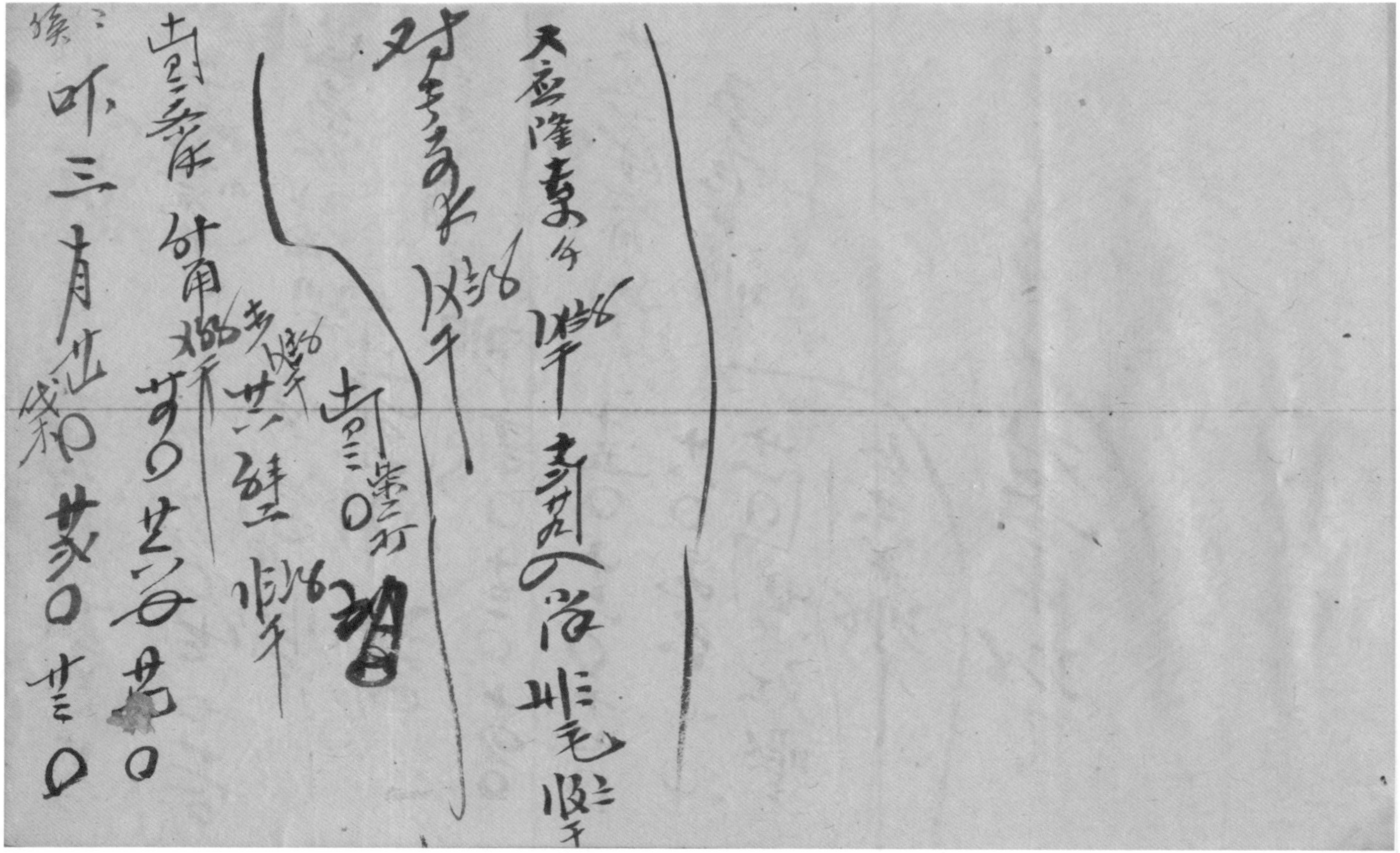

7-5-61-54　民國十三年陳詩雅記亭房起蓋工數（五四）

7-5-61-53　民國十三年陳詩雅記亨房起蓋工數（五三）

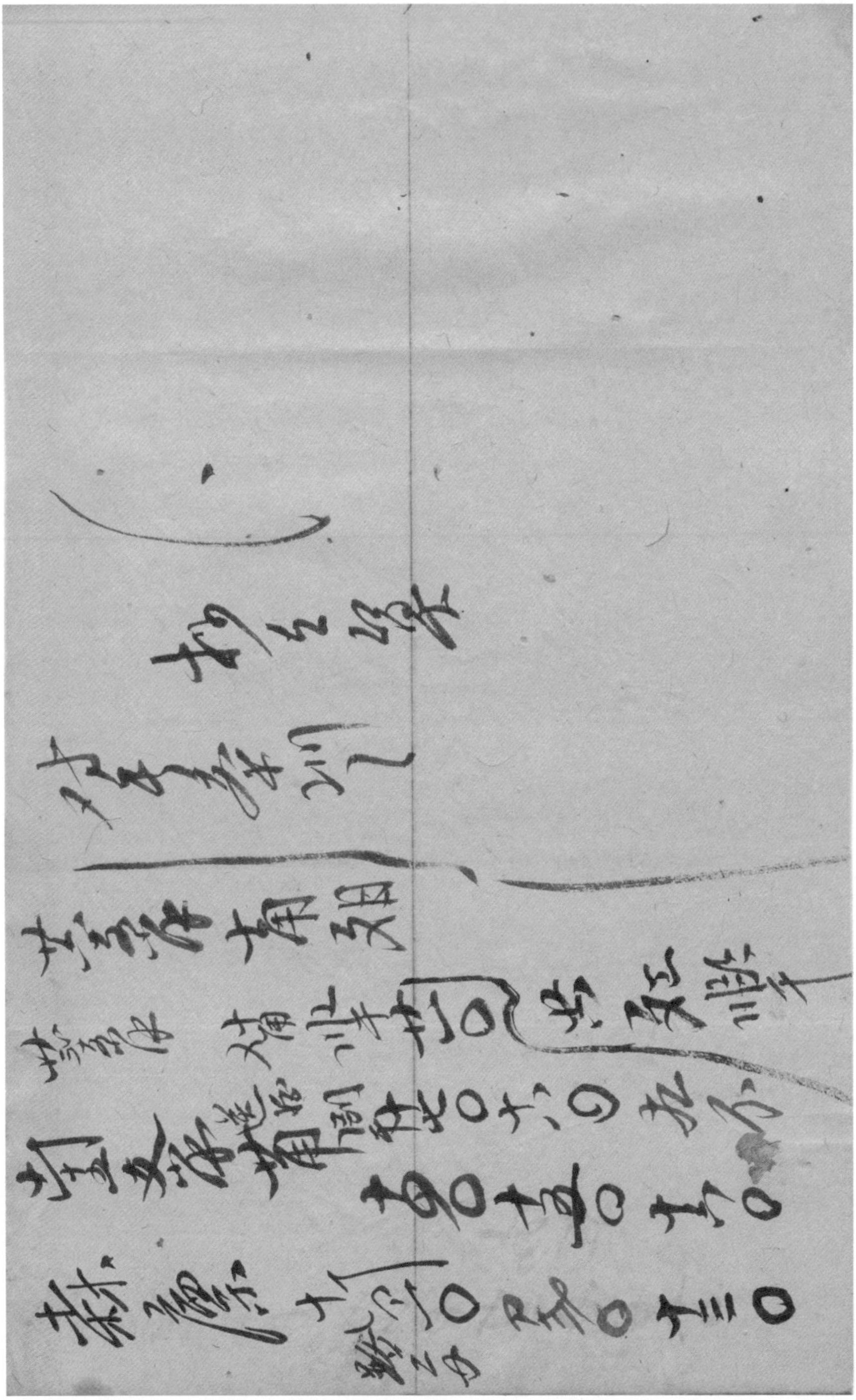

7-5-61-52　民國十三年陳詩雅記亭房起蓋工數（五二）

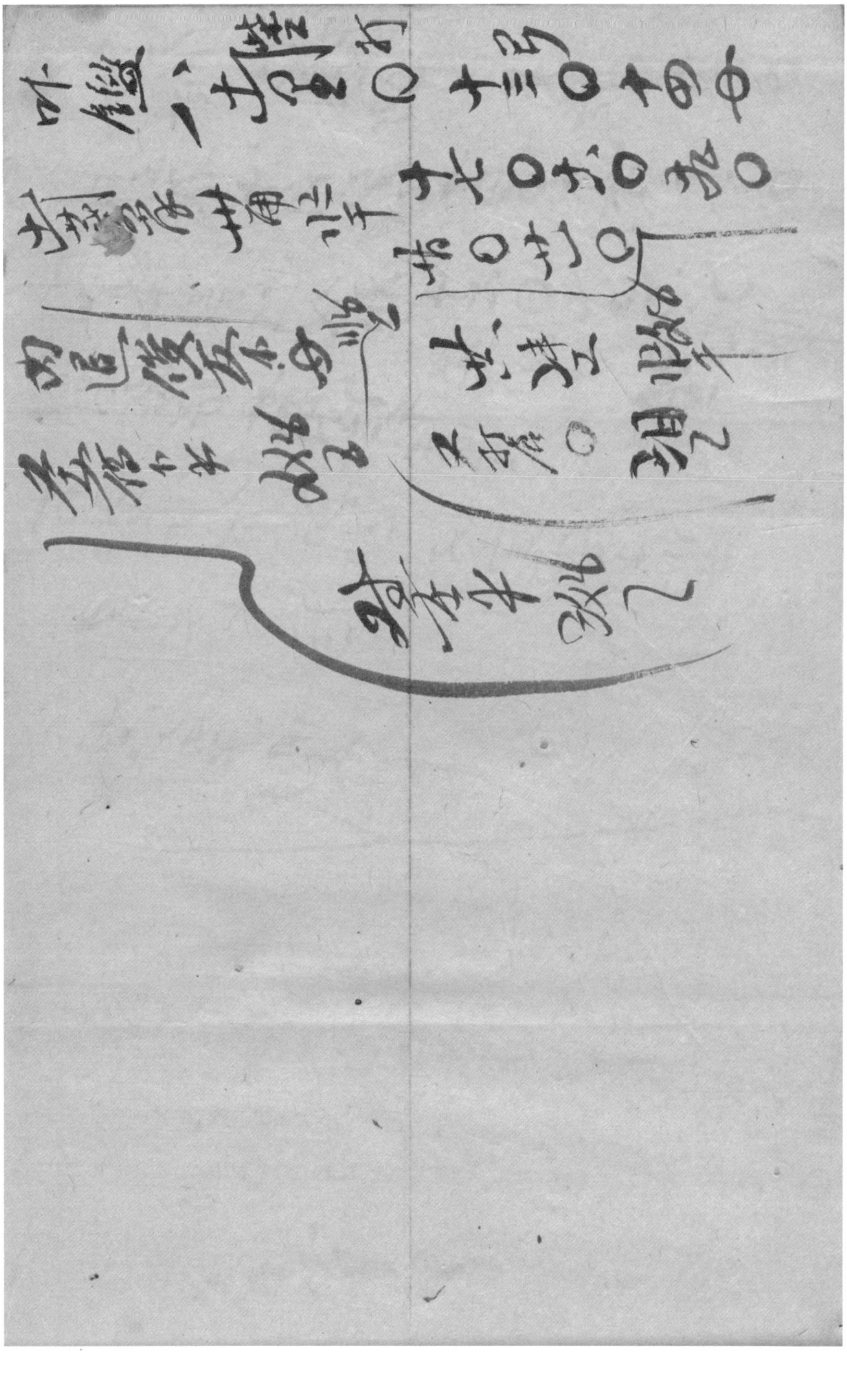

7-5-61-51　民國十三年陳詩雅記亨房起蓋工數（五一）

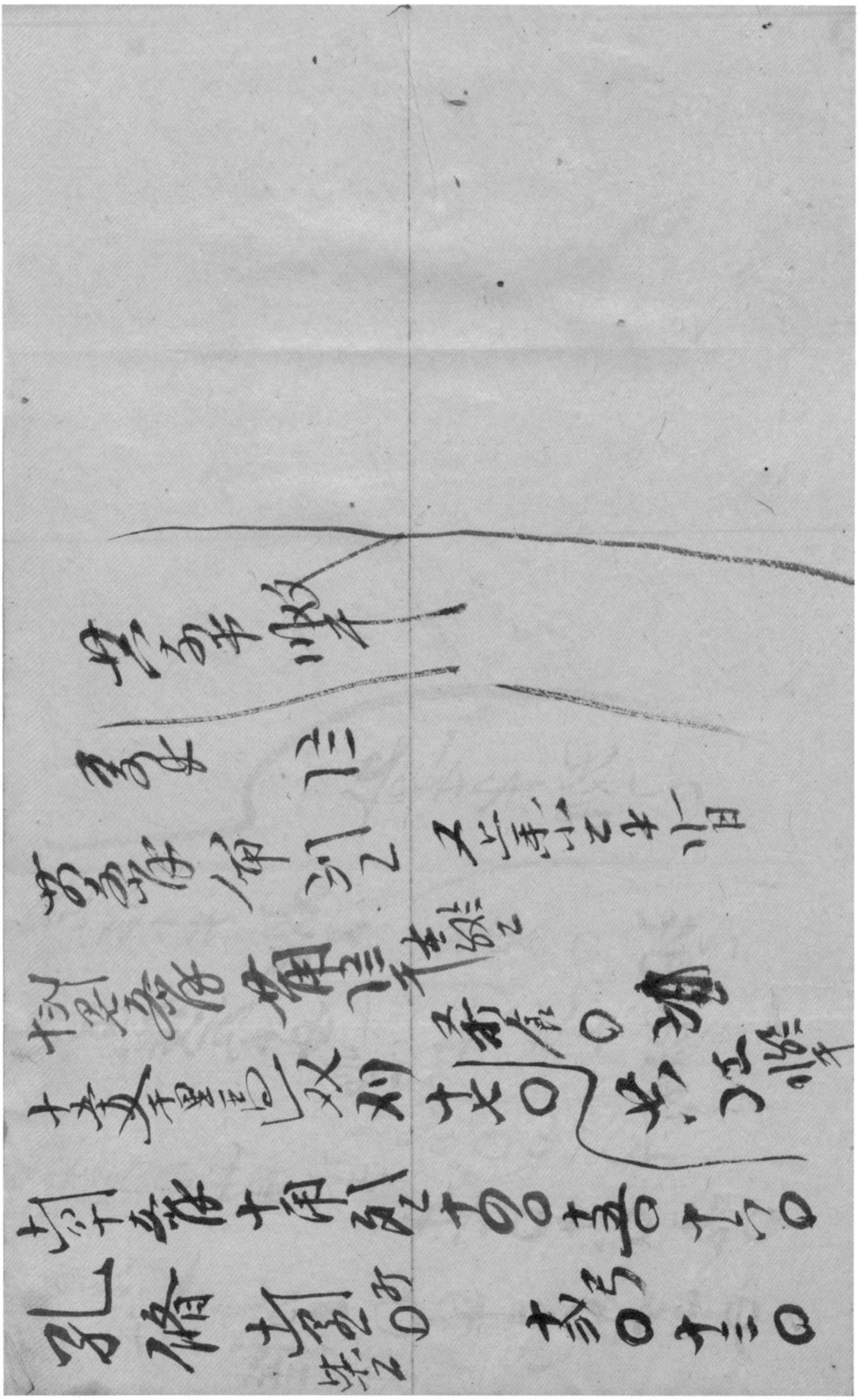

7-5-61-50　民國十三年陳詩雅記亨房起蓋工數（五〇）

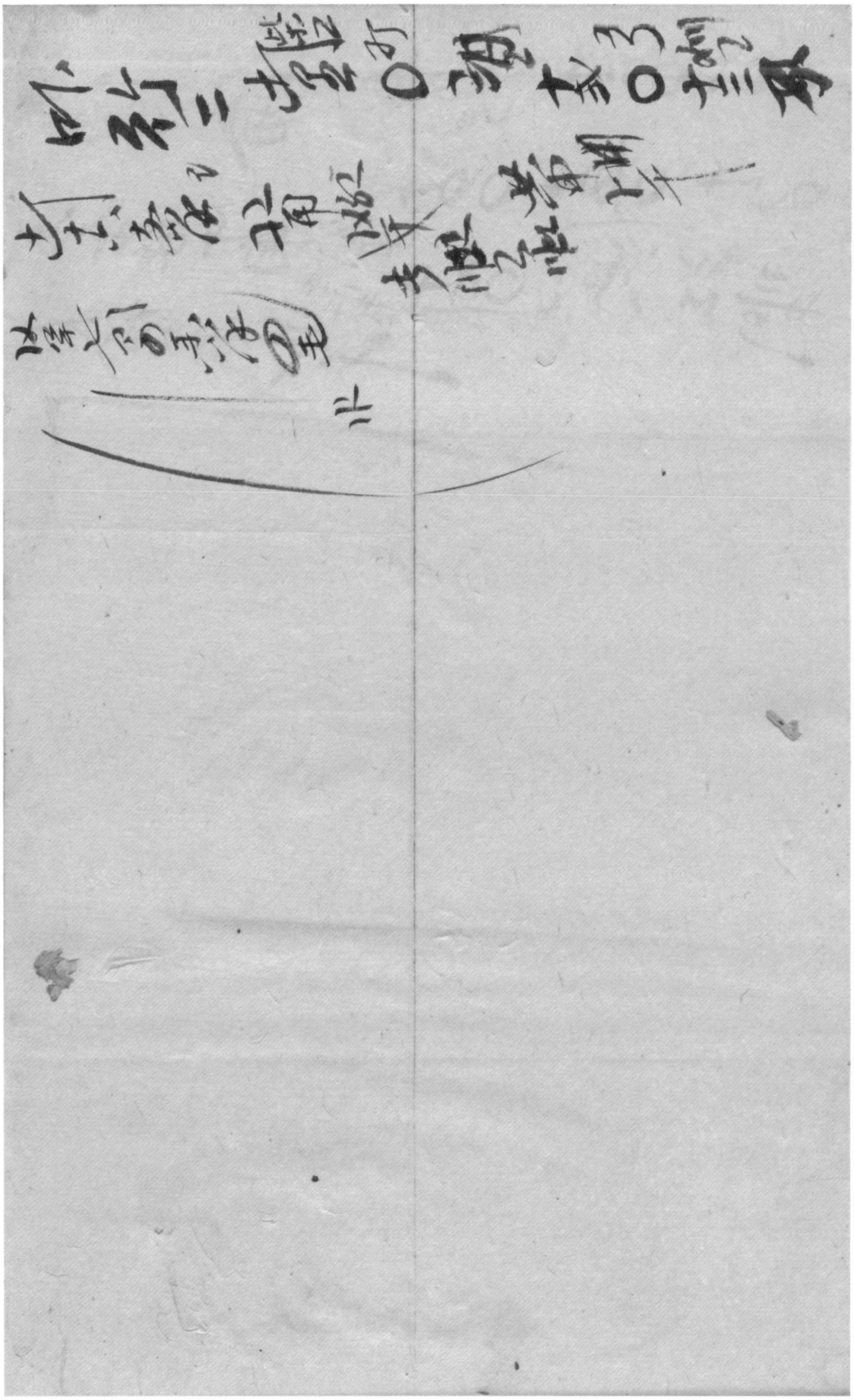

7-5-61-49　民國十三年陳詩雅記亨房起蓋工數（四九）

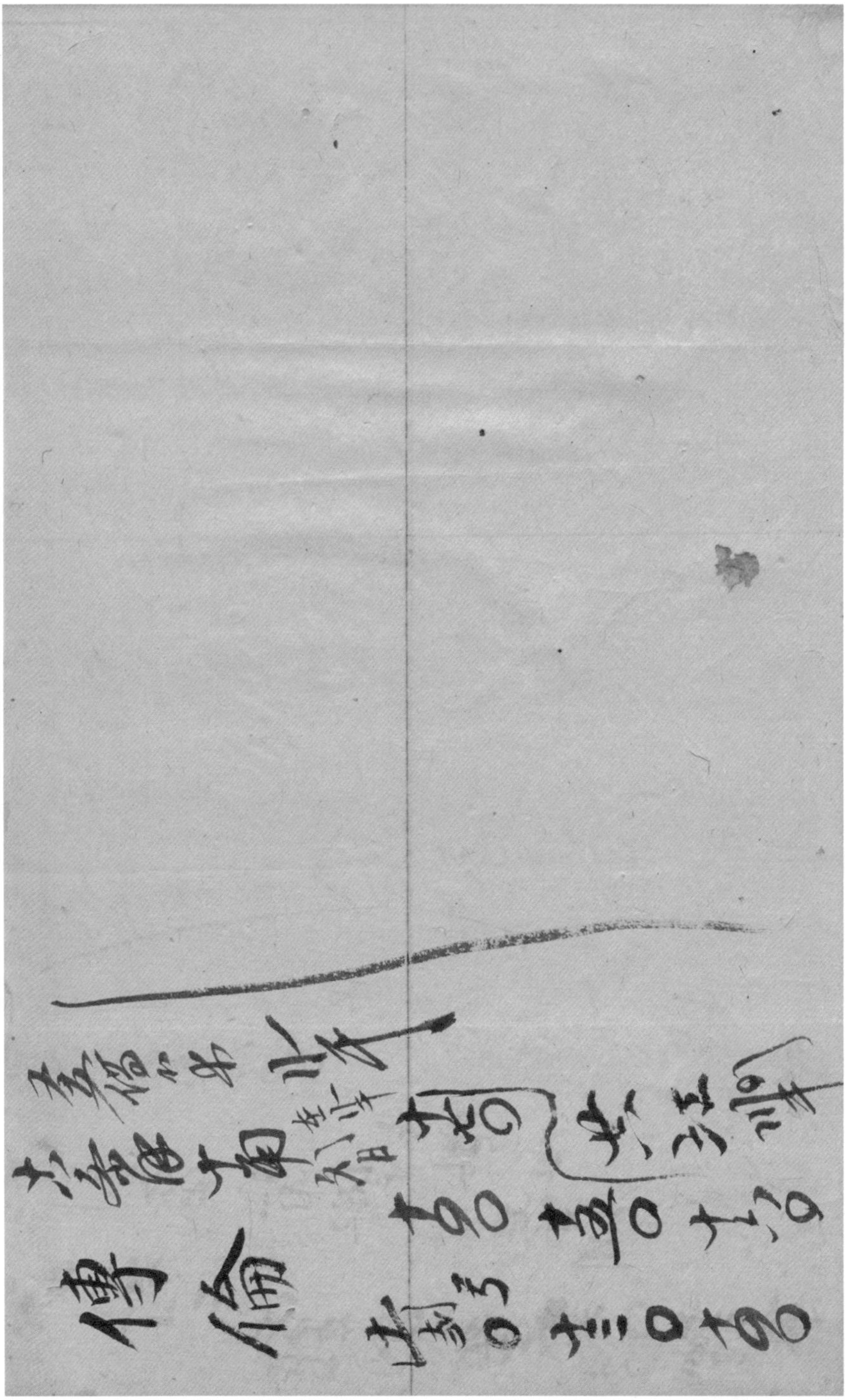

7-5-61-48　民國十三年陳詩雅記亭房起蓋工數（四八）

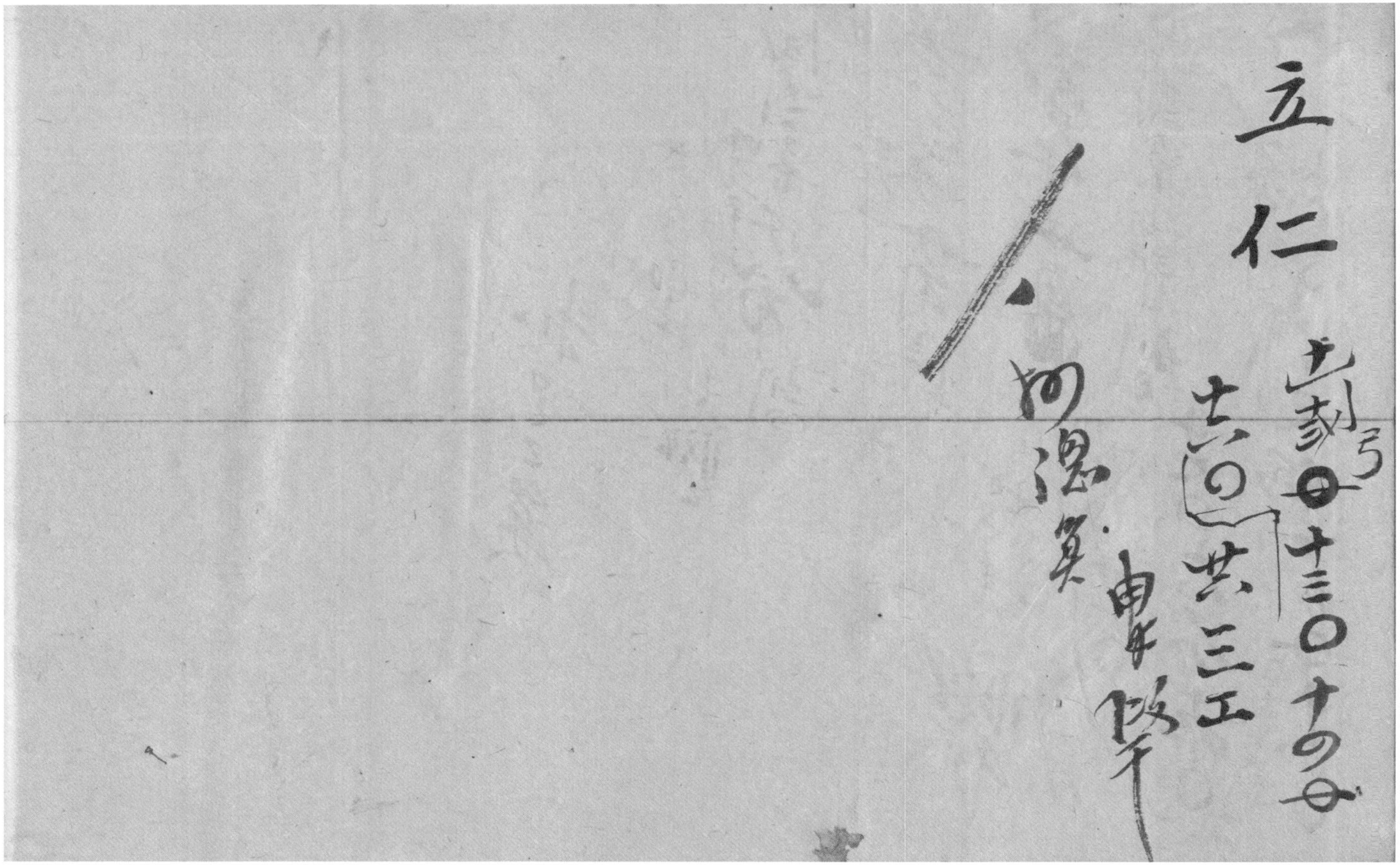

7-5-61-47　民國十三年陳詩雅記亨房起蓋工數（四七）

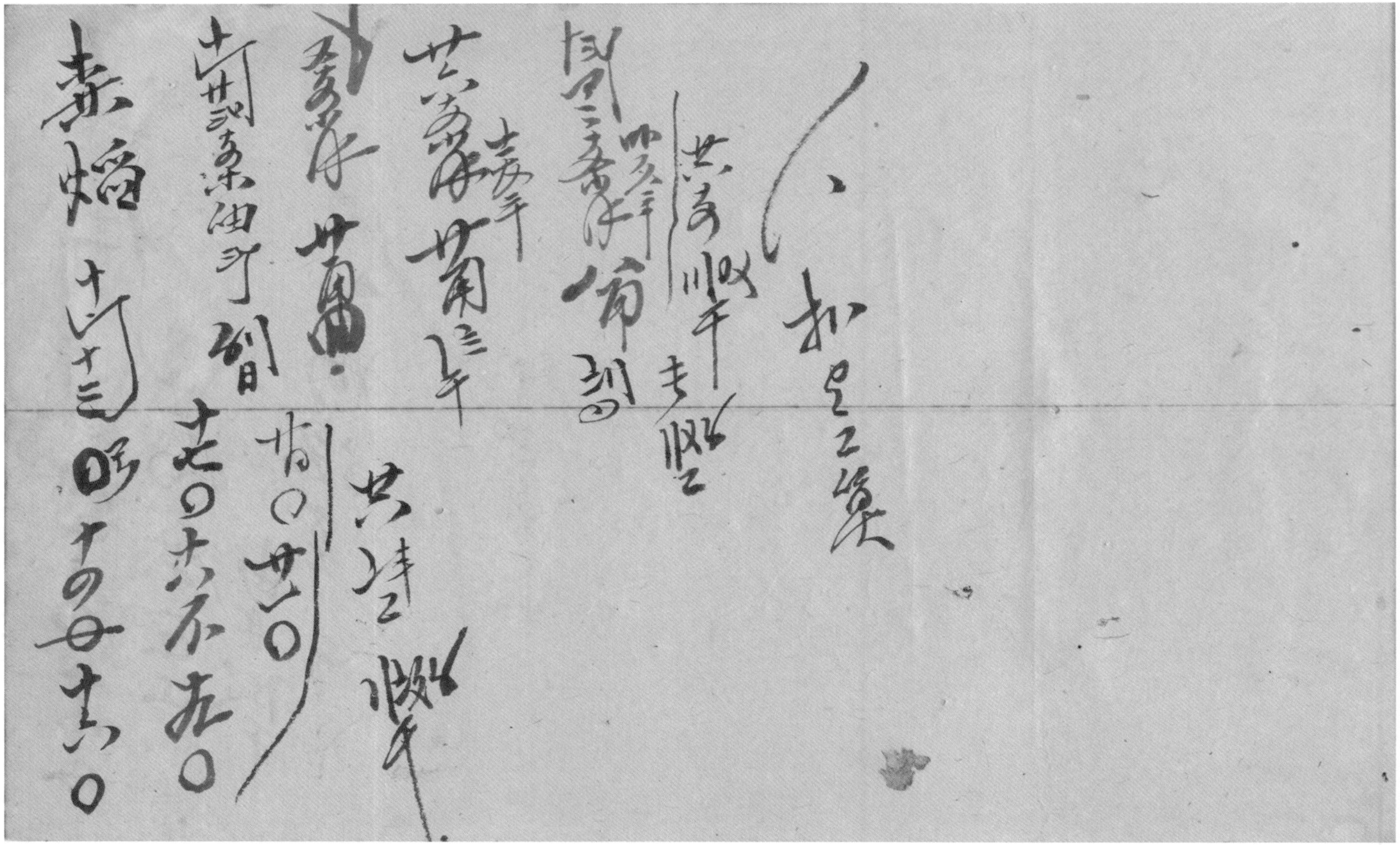

7-5-61-46　民國十三年陳詩雅記亭房起蓋工數（四六）

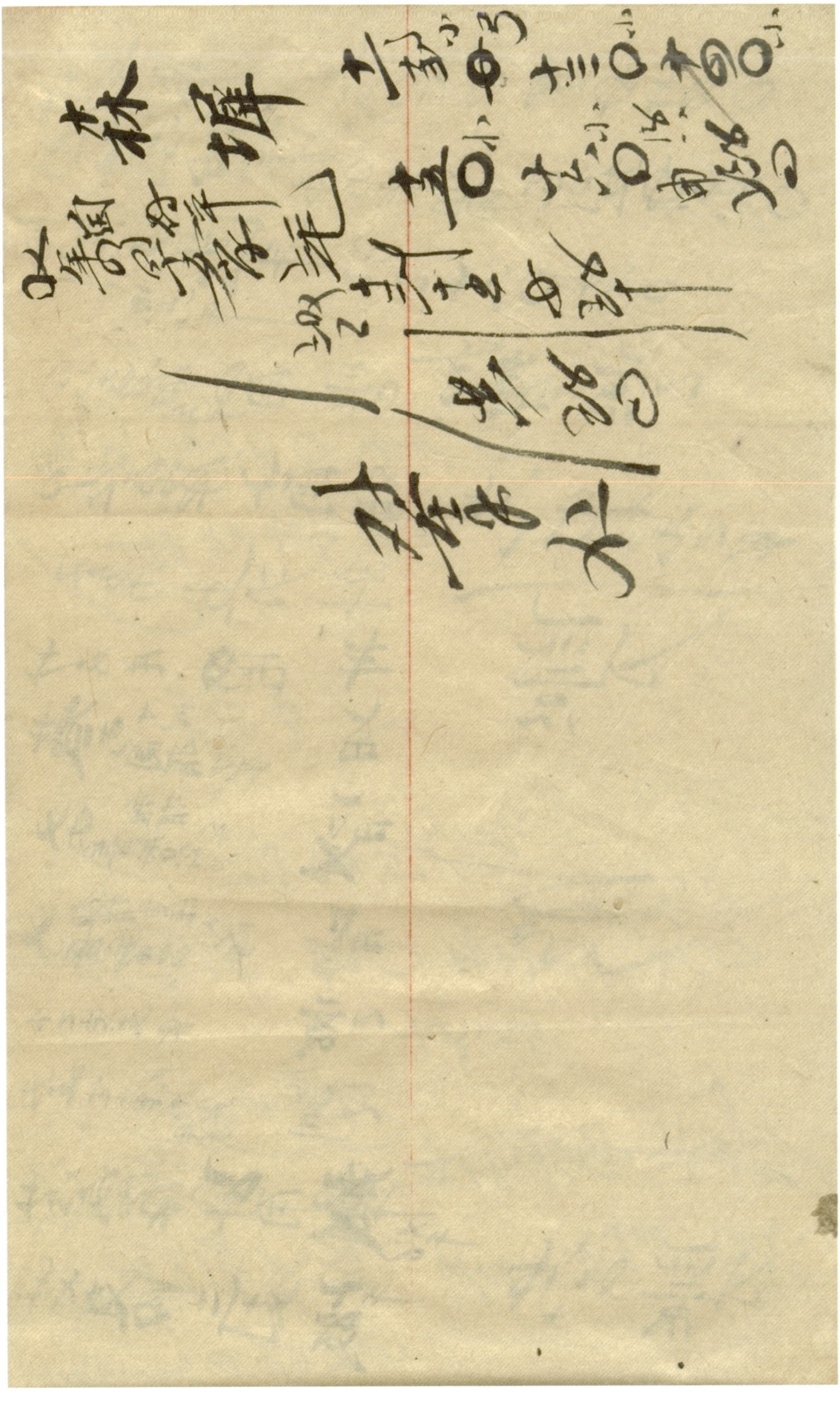

7-5-61-45　民國十三年陳詩雅記亭房起蓋工數（四五）

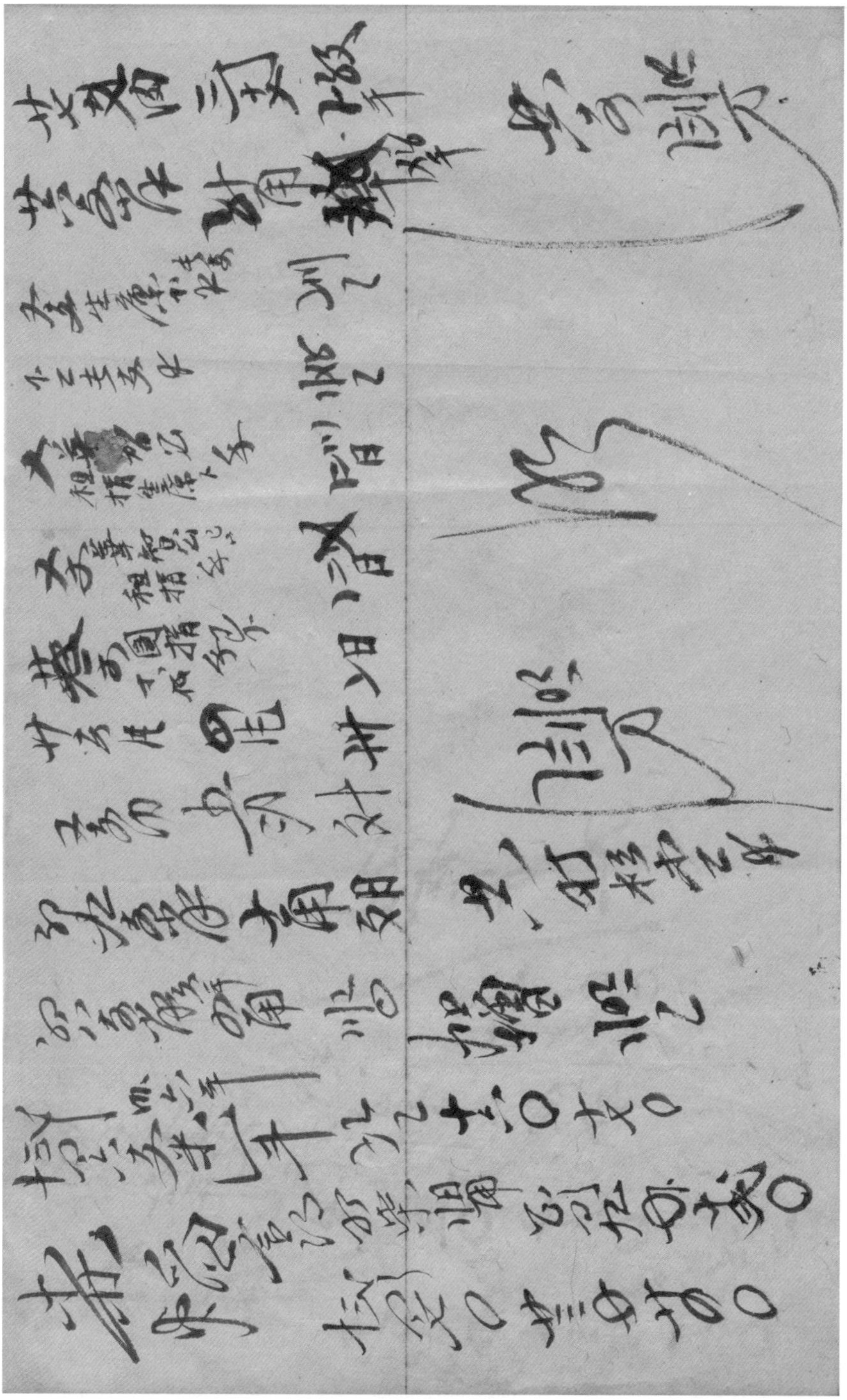

7-5-61-44　民國十三年陳詩雅記亨房起蓋工數（四四）

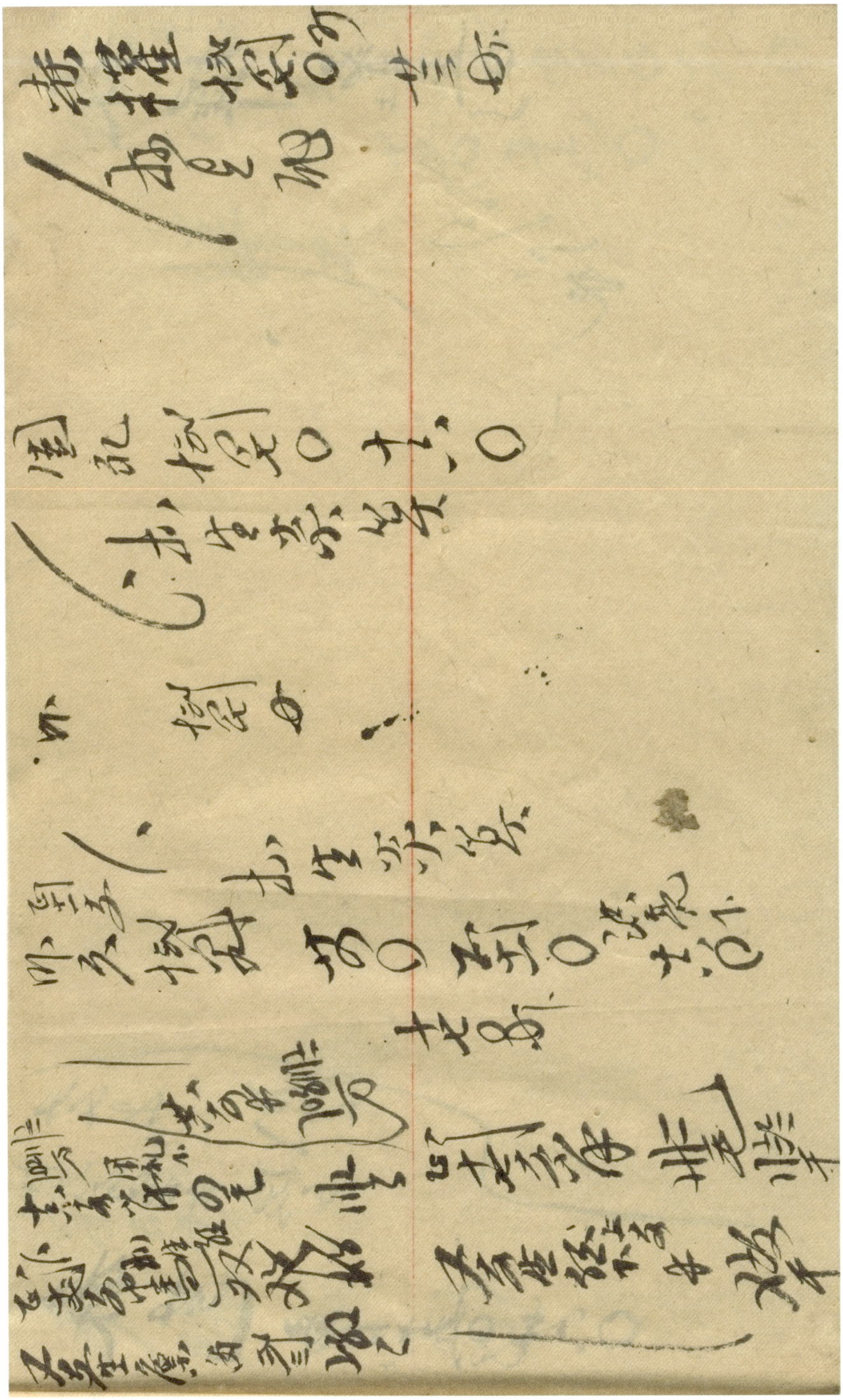

7-5-61-43　民國十三年陳詩雅記亭房起蓋工數（四三）

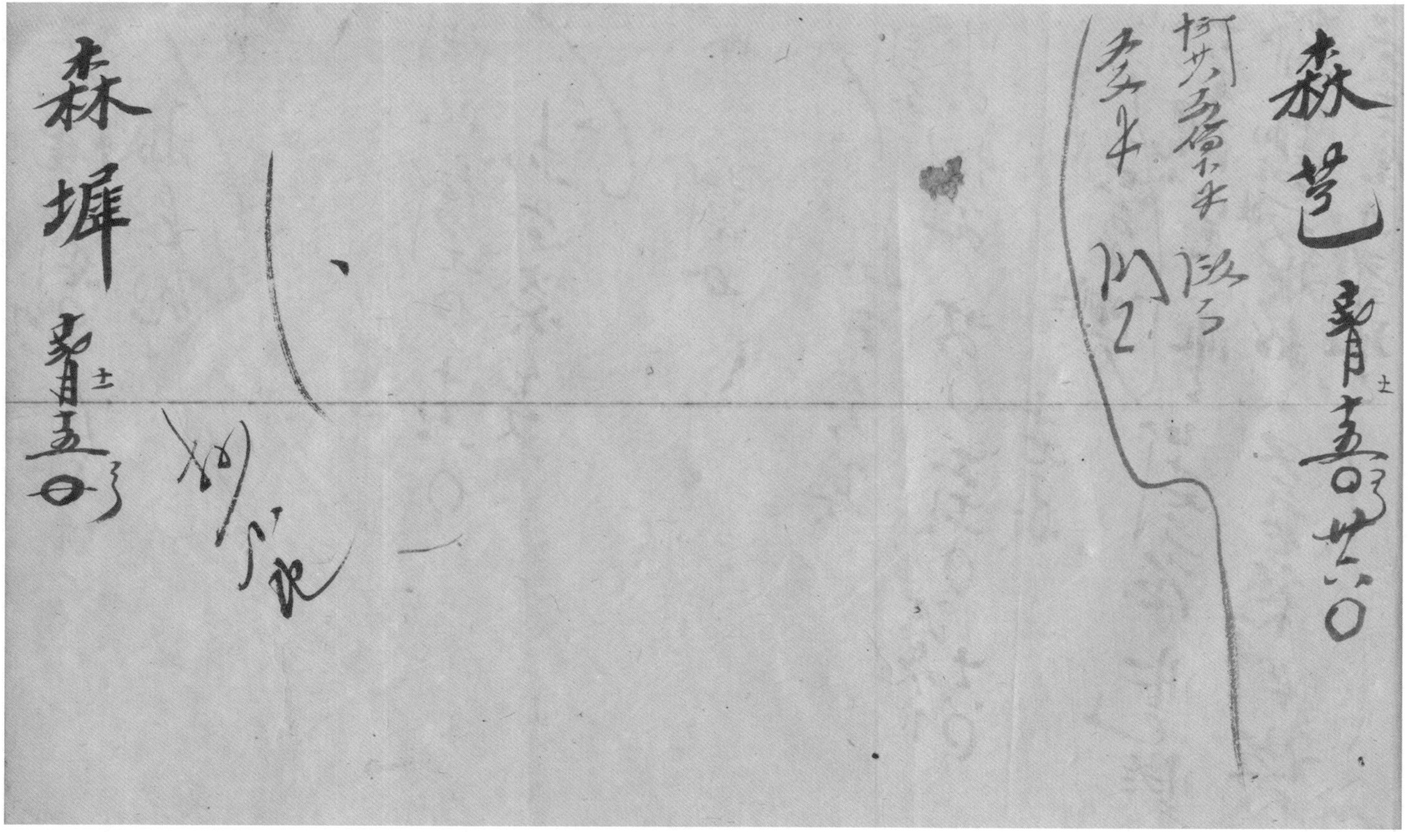

7-5-61-42　民國十三年陳詩雅記亨房起蓋工數（四二）

7-5-61-41　民國十三年陳詩雅記亭房起蓋工數（四一）

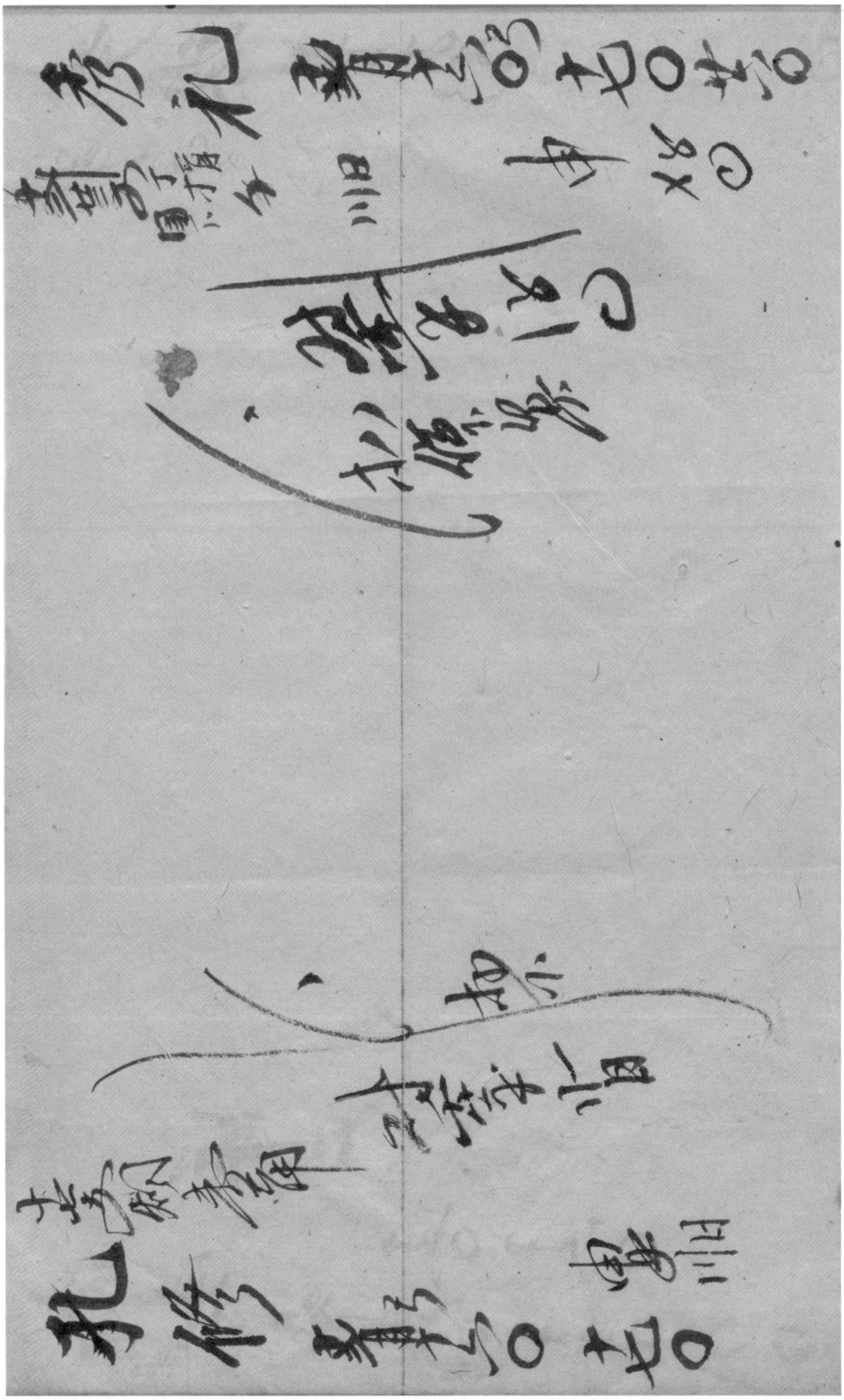

7-5-61-40　民國十三年陳詩雅記亨房起蓋工數（四〇）

7-5-61-39　民國十三年陳詩雅記亭房起蓋工數（三九）

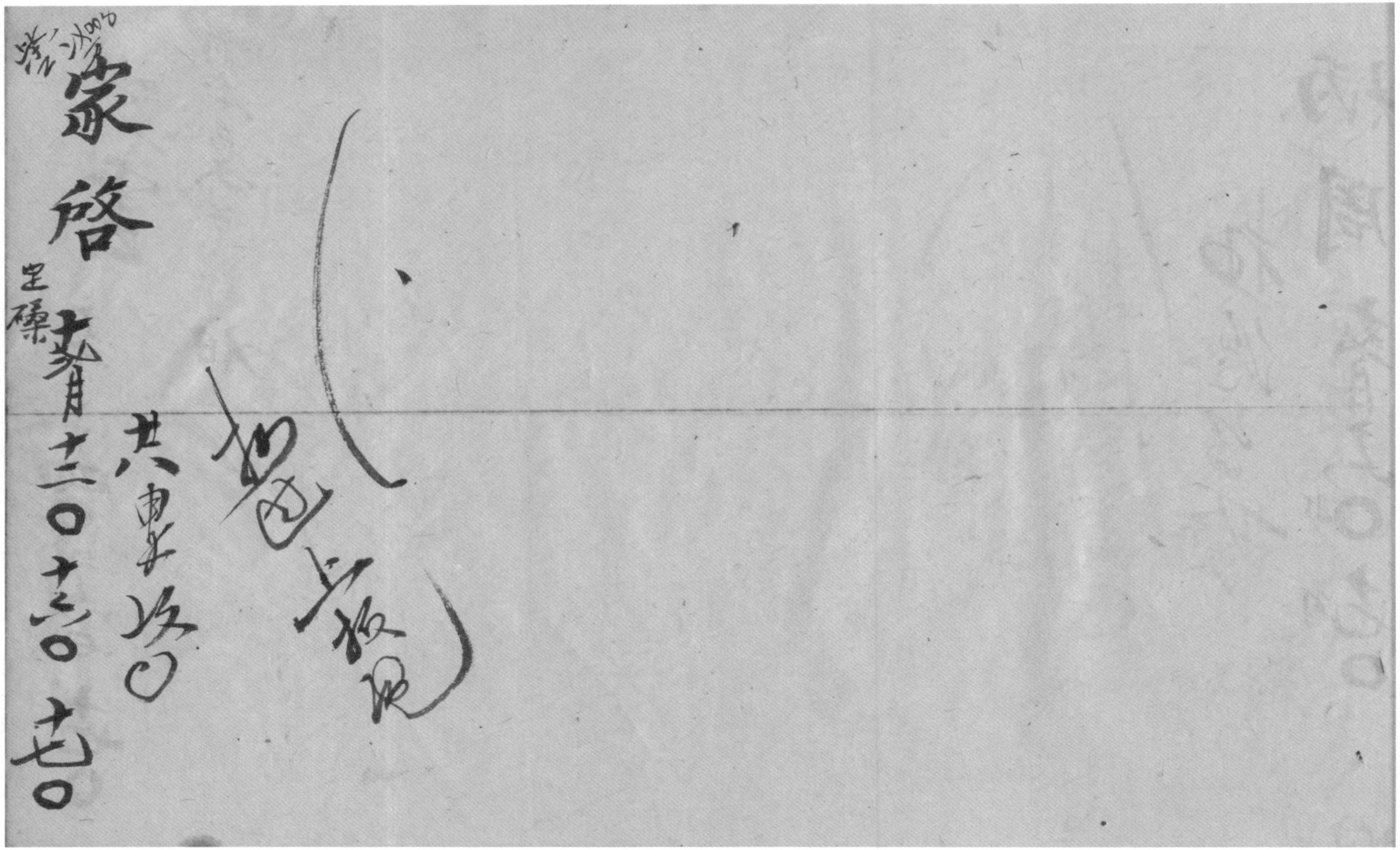

7-5-61-38　民國十三年陳詩雅記亨房起蓋工數（三八）

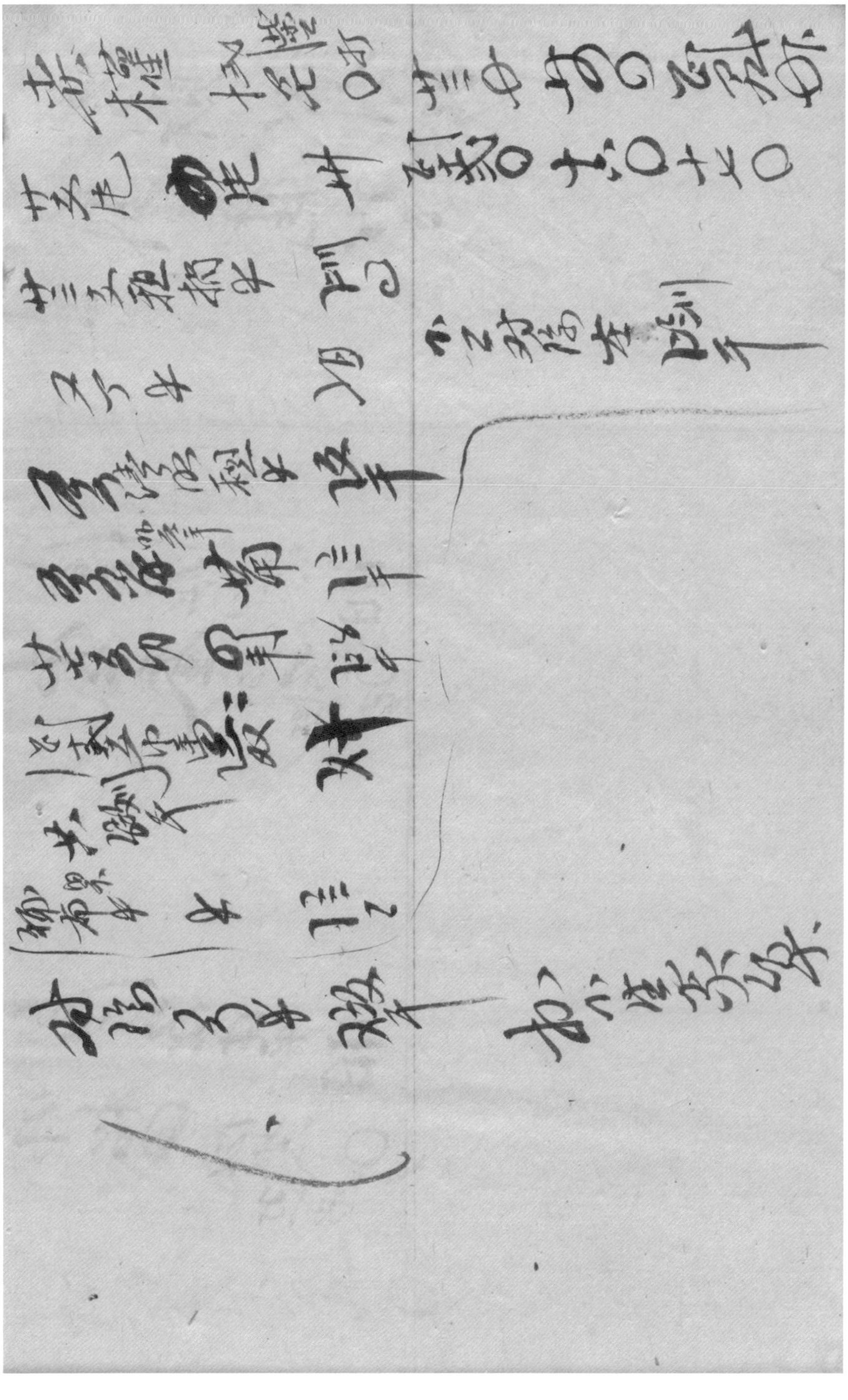

7-5-61-37　民國十三年陳詩雅記亭房起蓋工數（三七）

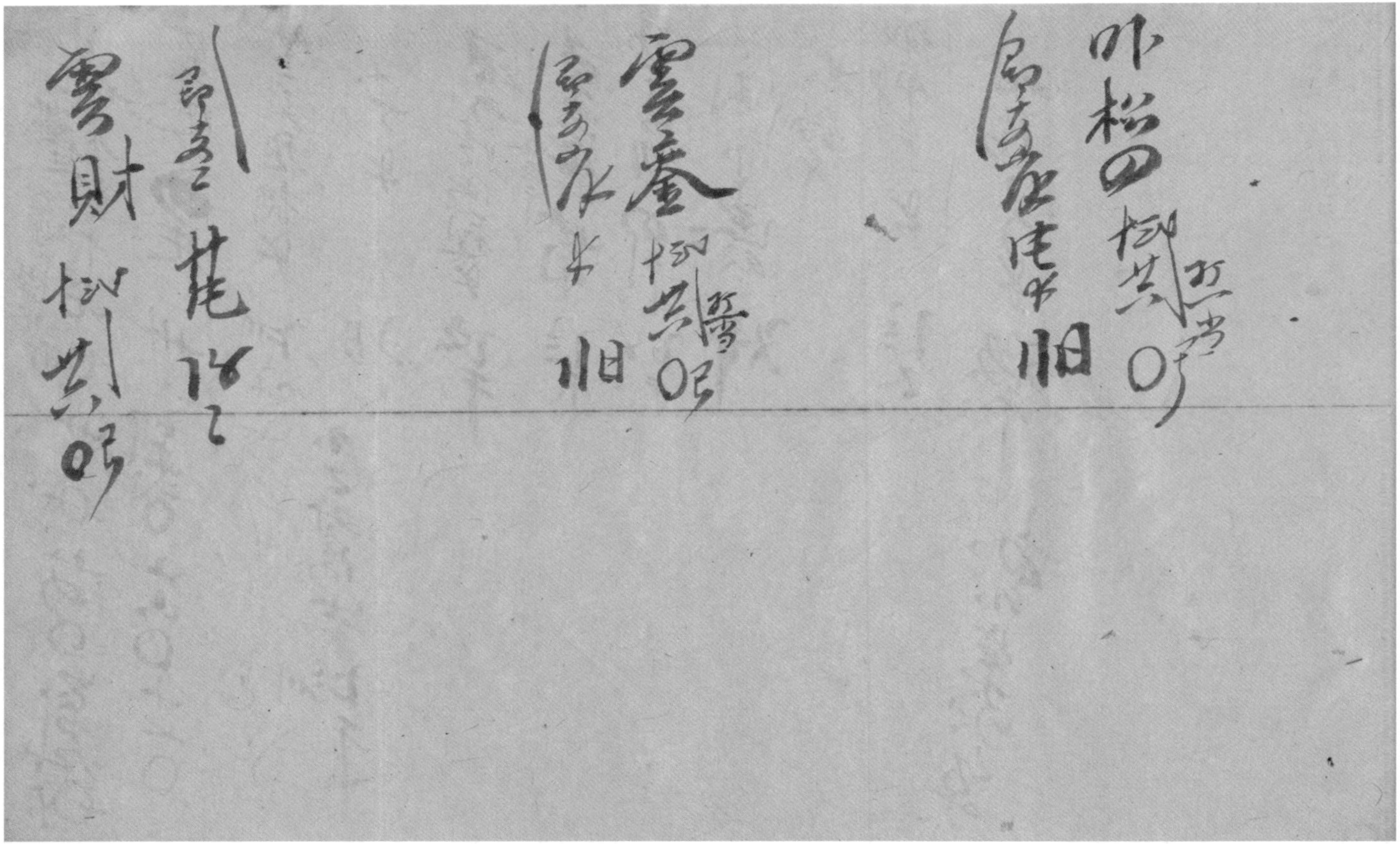

7-5-61-36　民國十三年陳詩雅記亨房起蓋工數（三六）

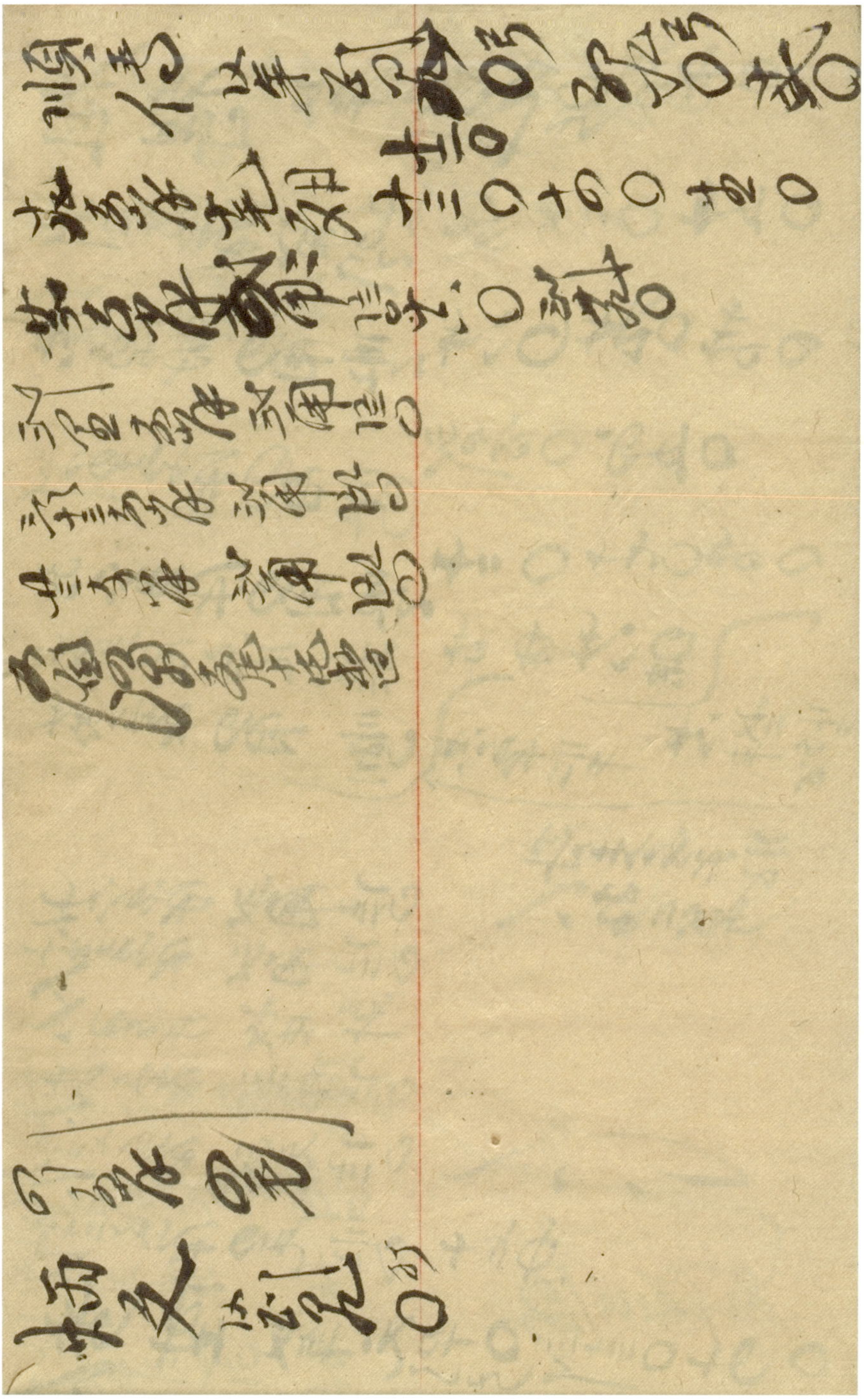

7-5-61-35　民國十三年陳詩雅記亭房起蓋工數（三五）

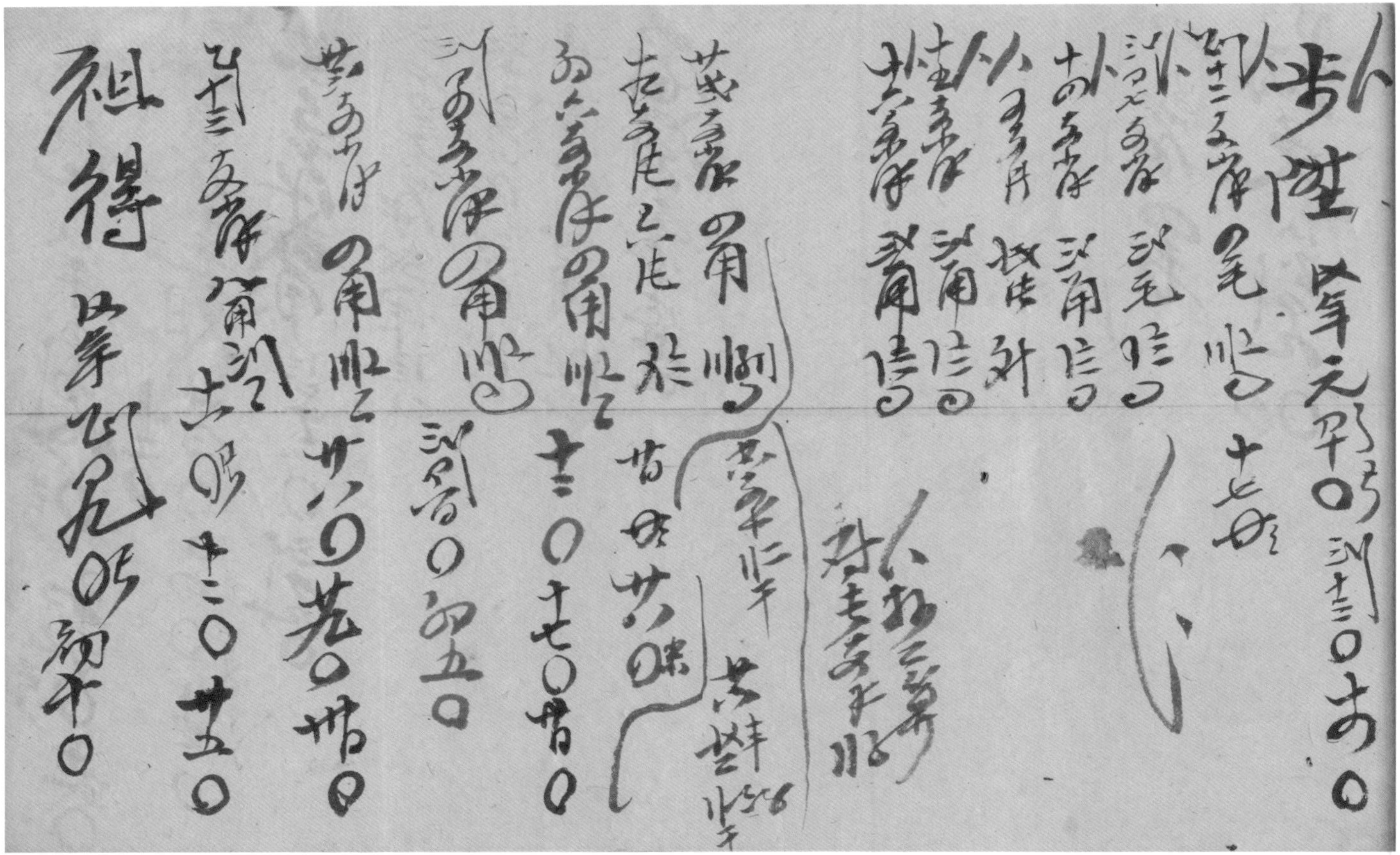

7-5-61-34　民國十三年陳詩雅記亨房起蓋工數（三四）

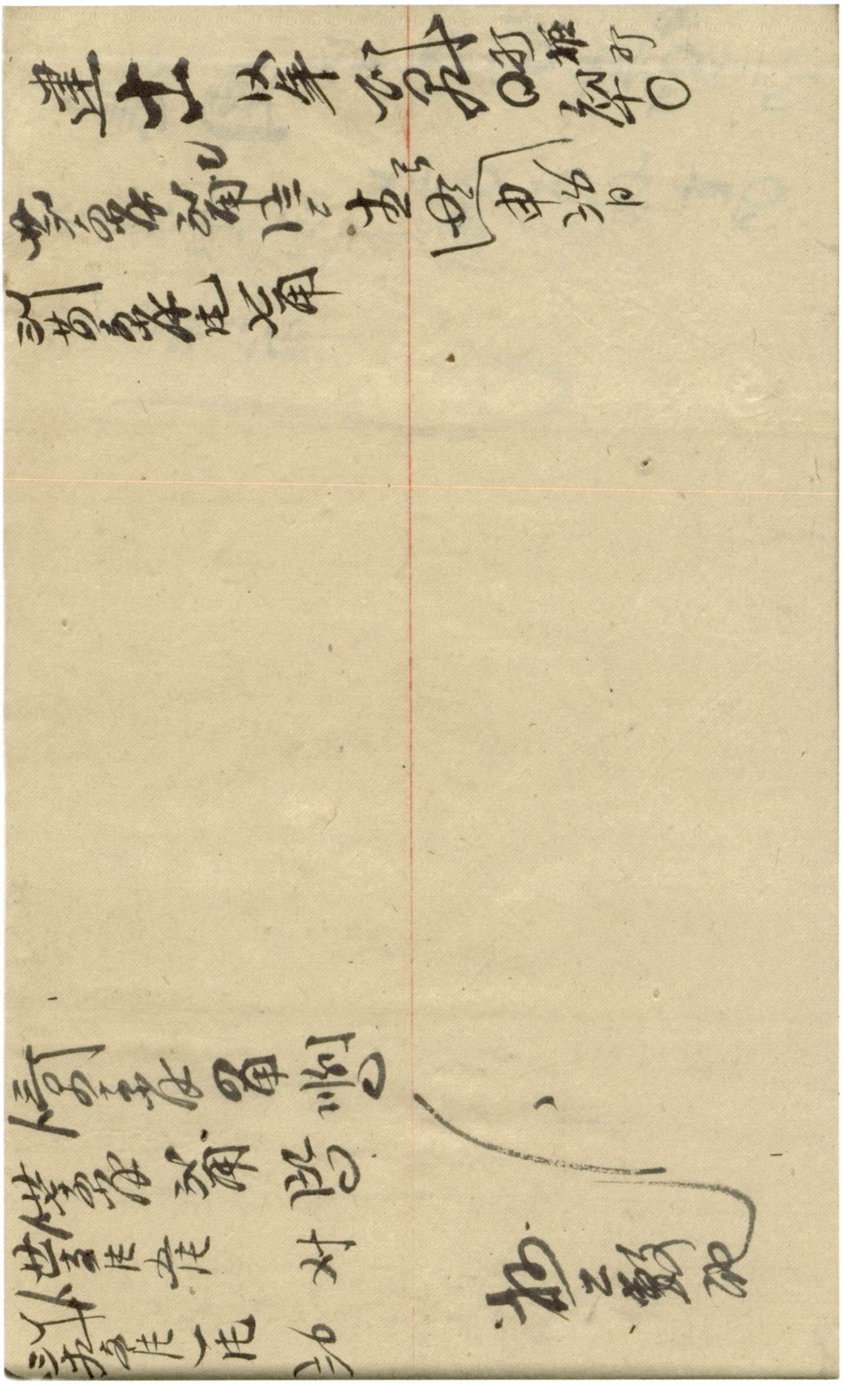

7-5-61-33　民國十三年陳詩雅記亨房起蓋工數（三三）

7-5-61-32　民國十三年陳詩雅記亭房起蓋工數（三二）

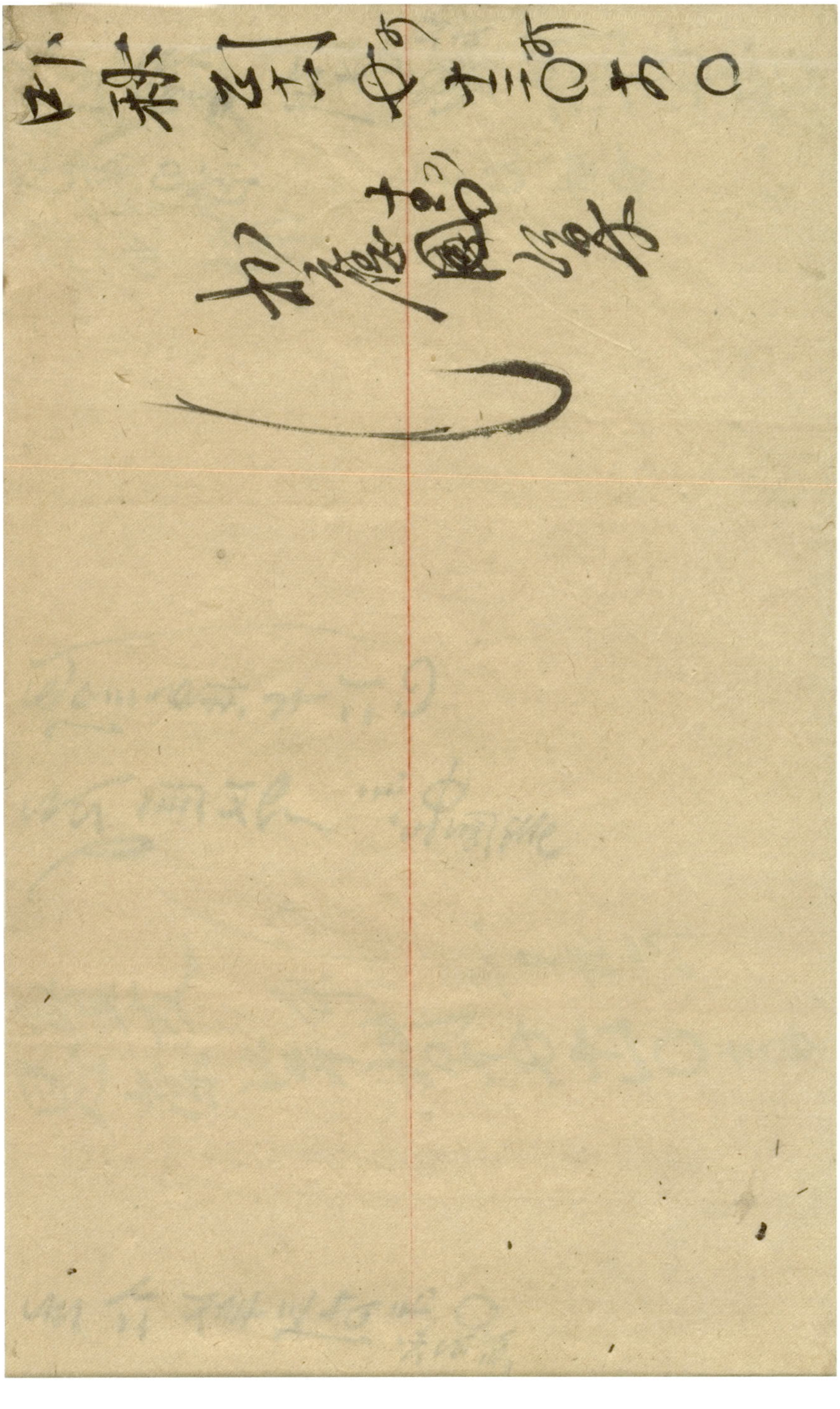

7-5-61-31　民國十三年陳詩雅記亭房起蓋工數（三一）

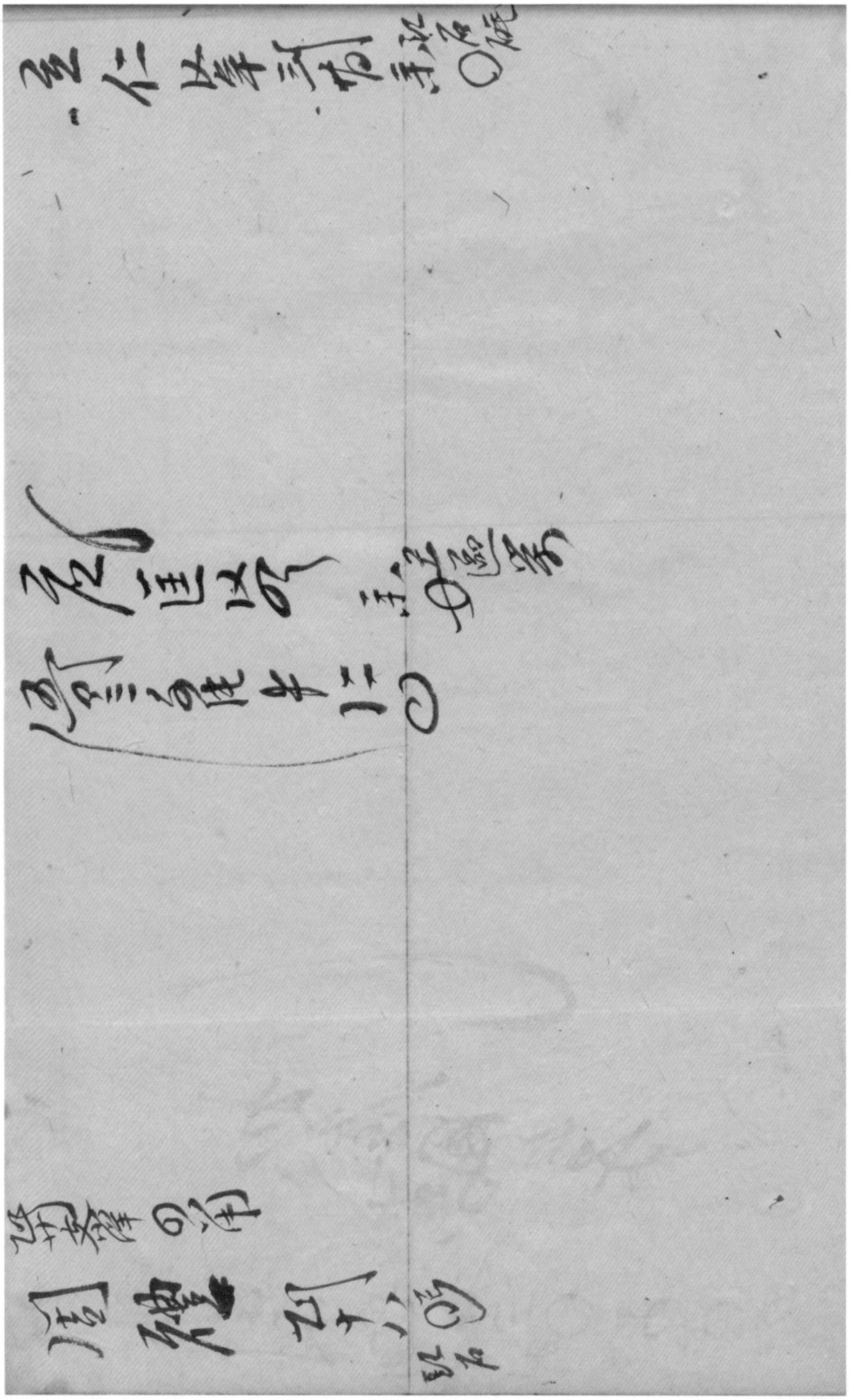

7-5-61-30　民國十三年陳詩雅記亨房起蓋工數（三〇）

7-5-61-29　民國十三年陳詩雅記亨房起蓋工數（二九）

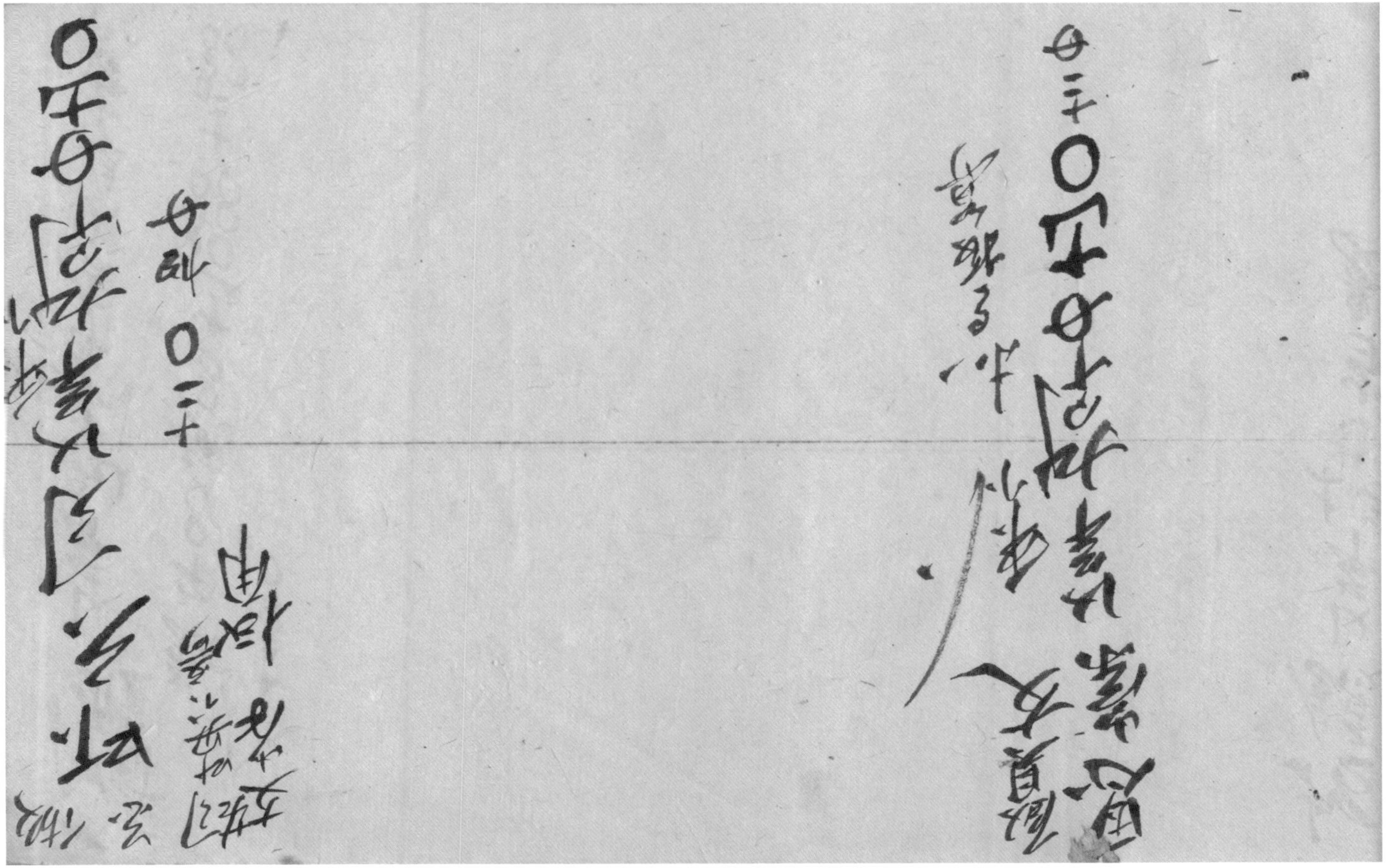

7-5-61-28　民國十三年陳詩雅記亨房起蓋工數（二八）

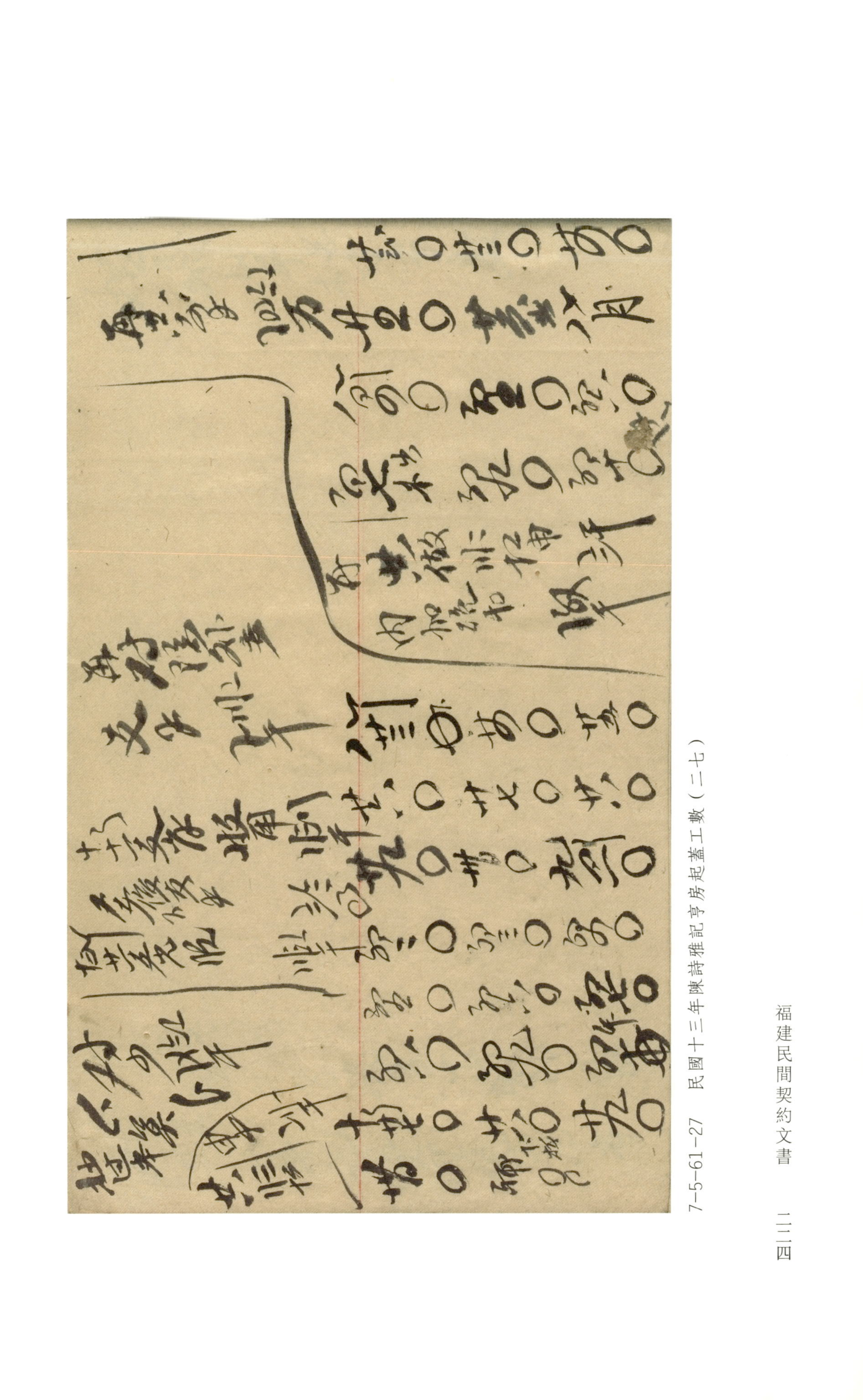

7-5-61-27　民國十三年陳詩雅記亨房起蓋工數（二七）

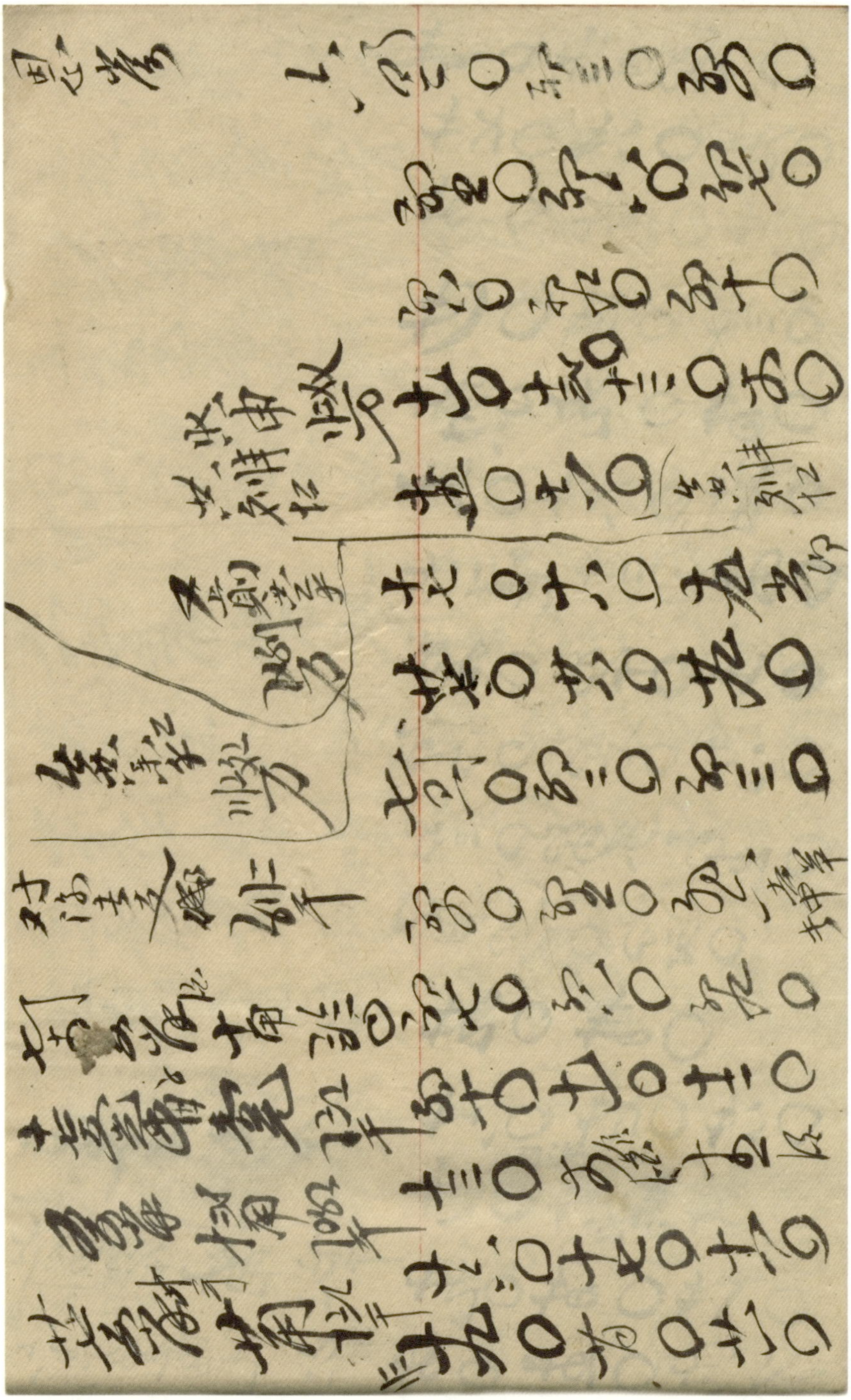

7-5-61-26　民國十三年陳詩雅記亭房起蓋工數（二六）

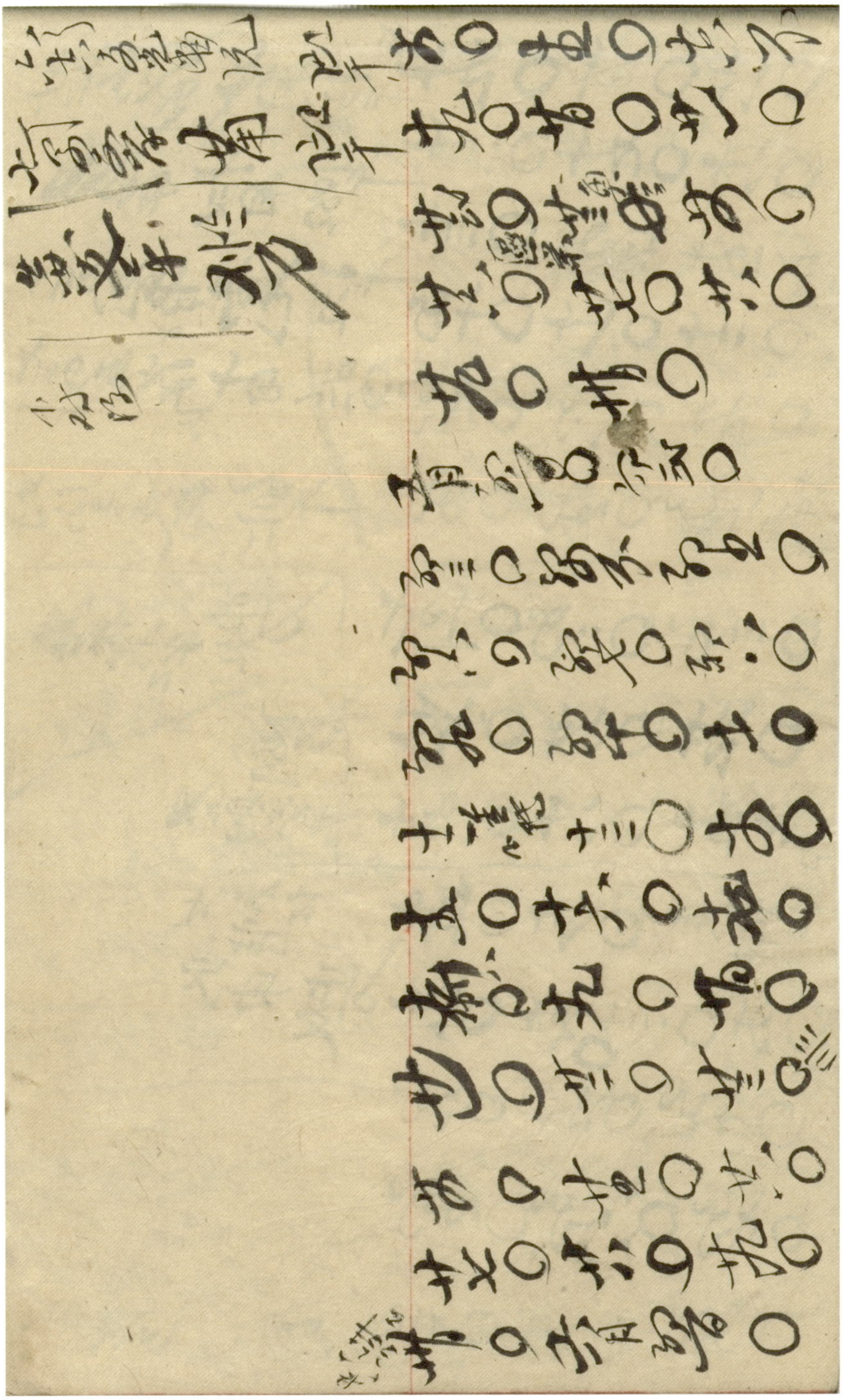

7—5—61—25　民國十三年陳詩雅記亭房起蓋工數（二五）

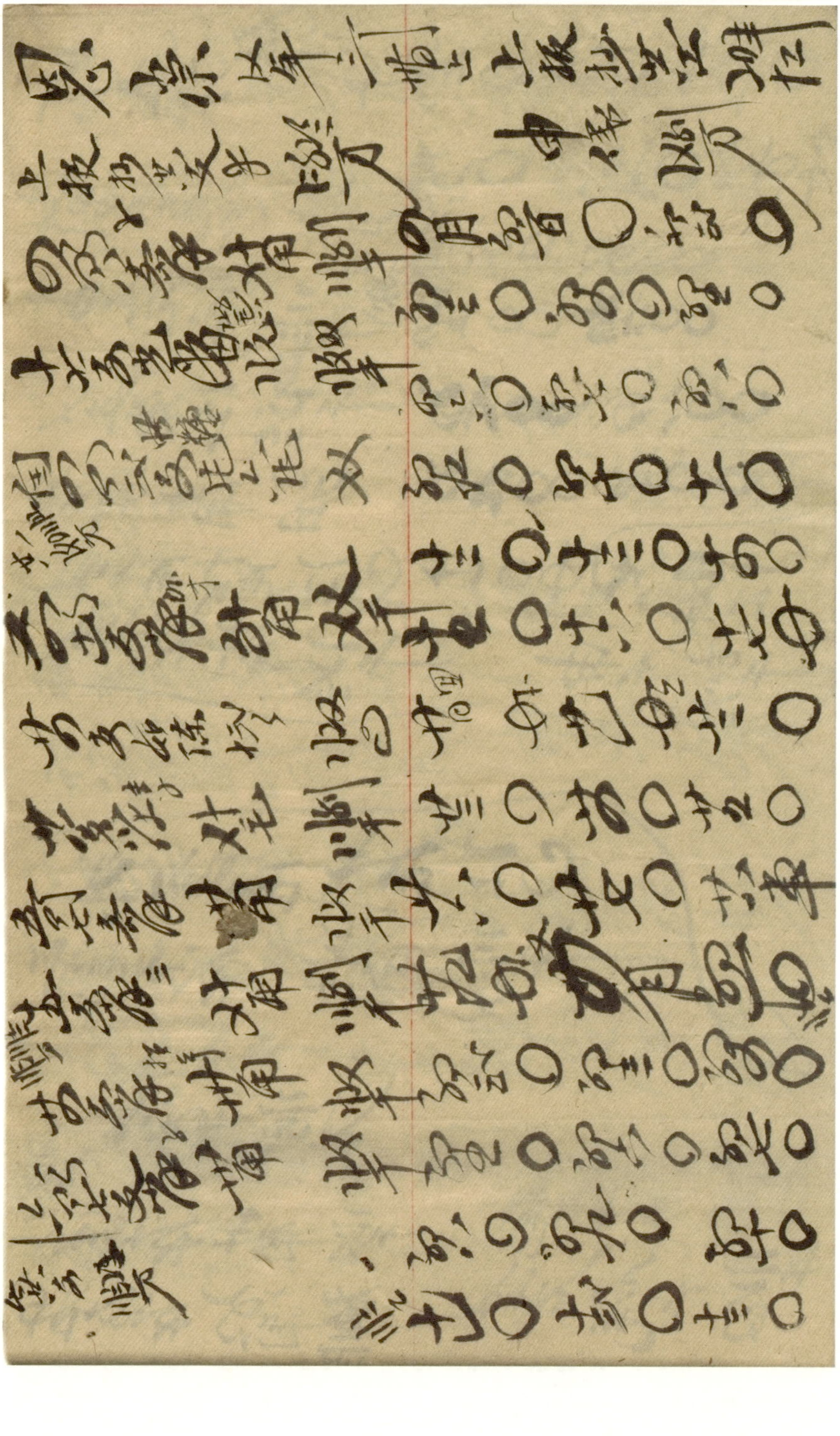

7-5-61-24　民國十三年陳詩雅記亨房起蓋工數（二四）

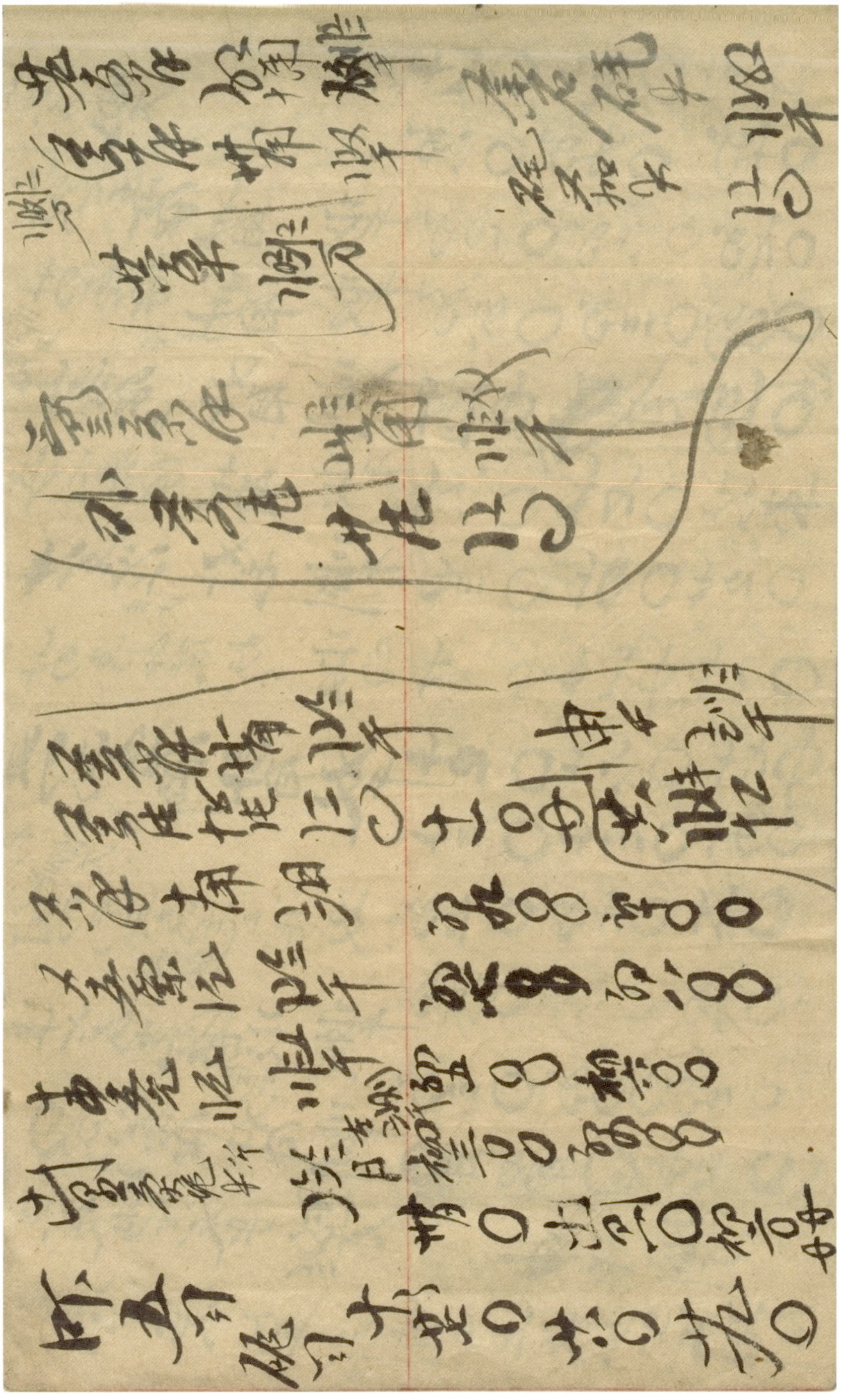

7-5-61-23　民國十三年陳詩雅記亨房起蓋工數（二三）

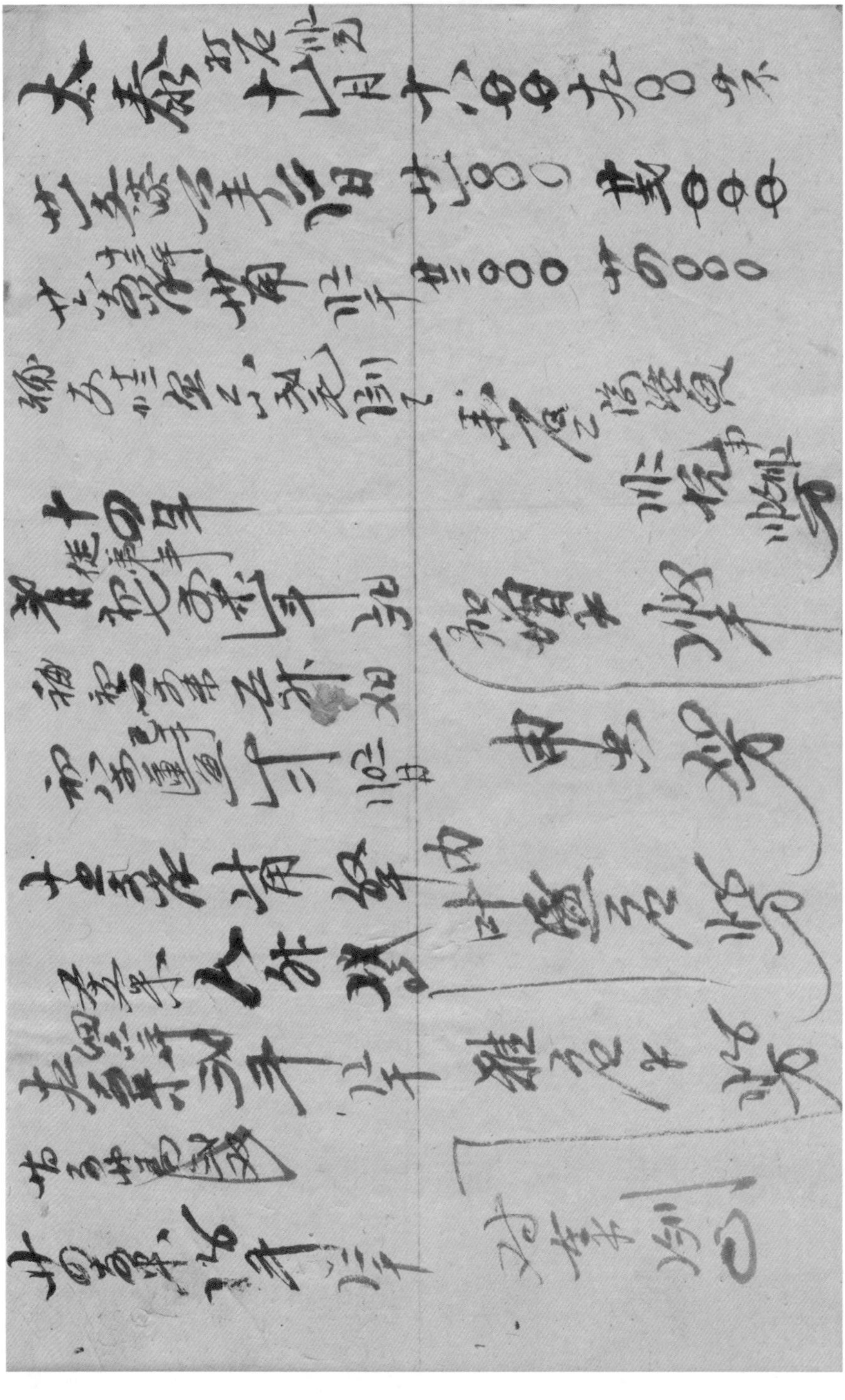

7-5-61-22　民國十三年陳詩雅記亭房起蓋工數（二二）

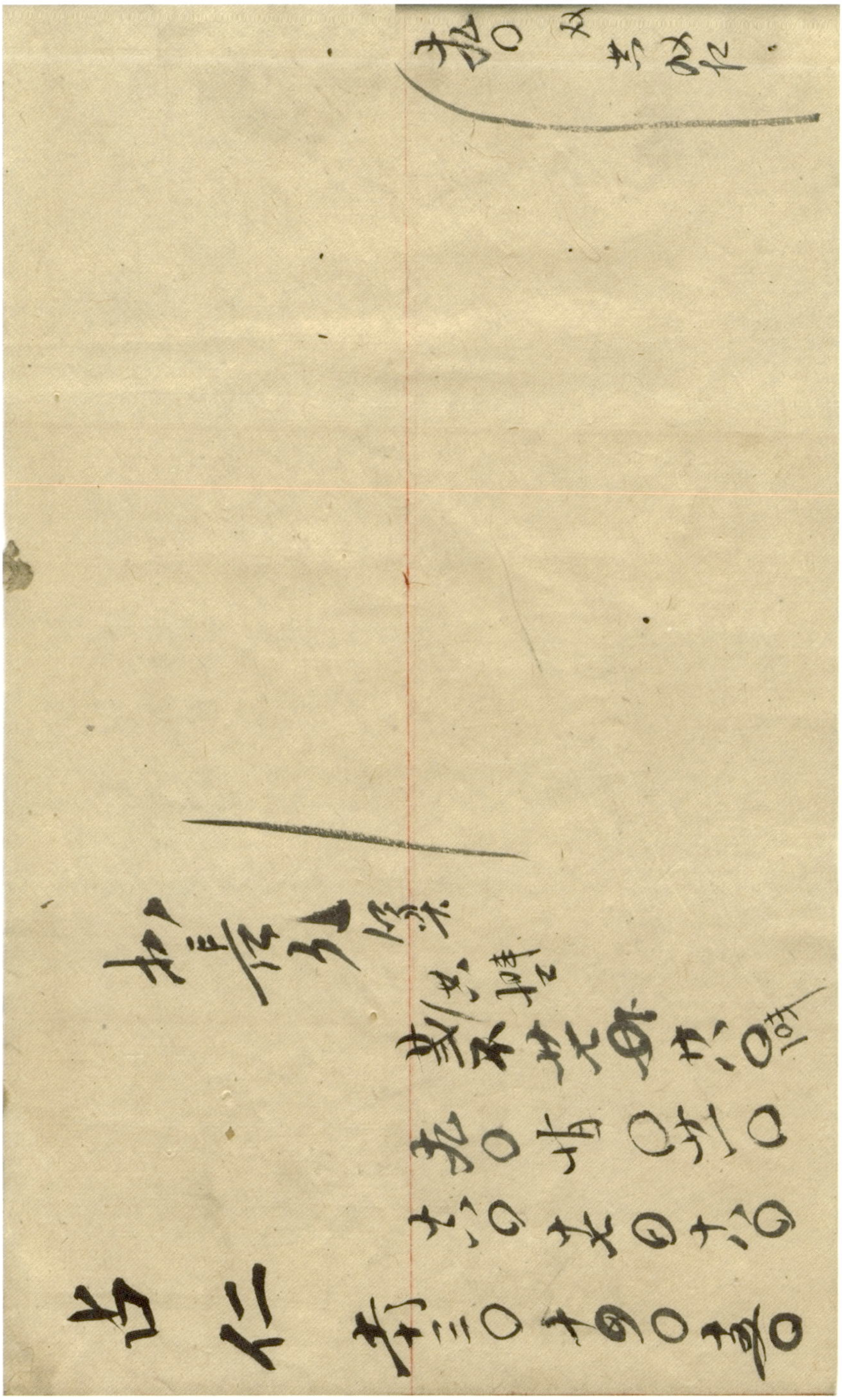

7-5-61-21　民國十三年陳詩雅記亭房起蓋工數（二一）

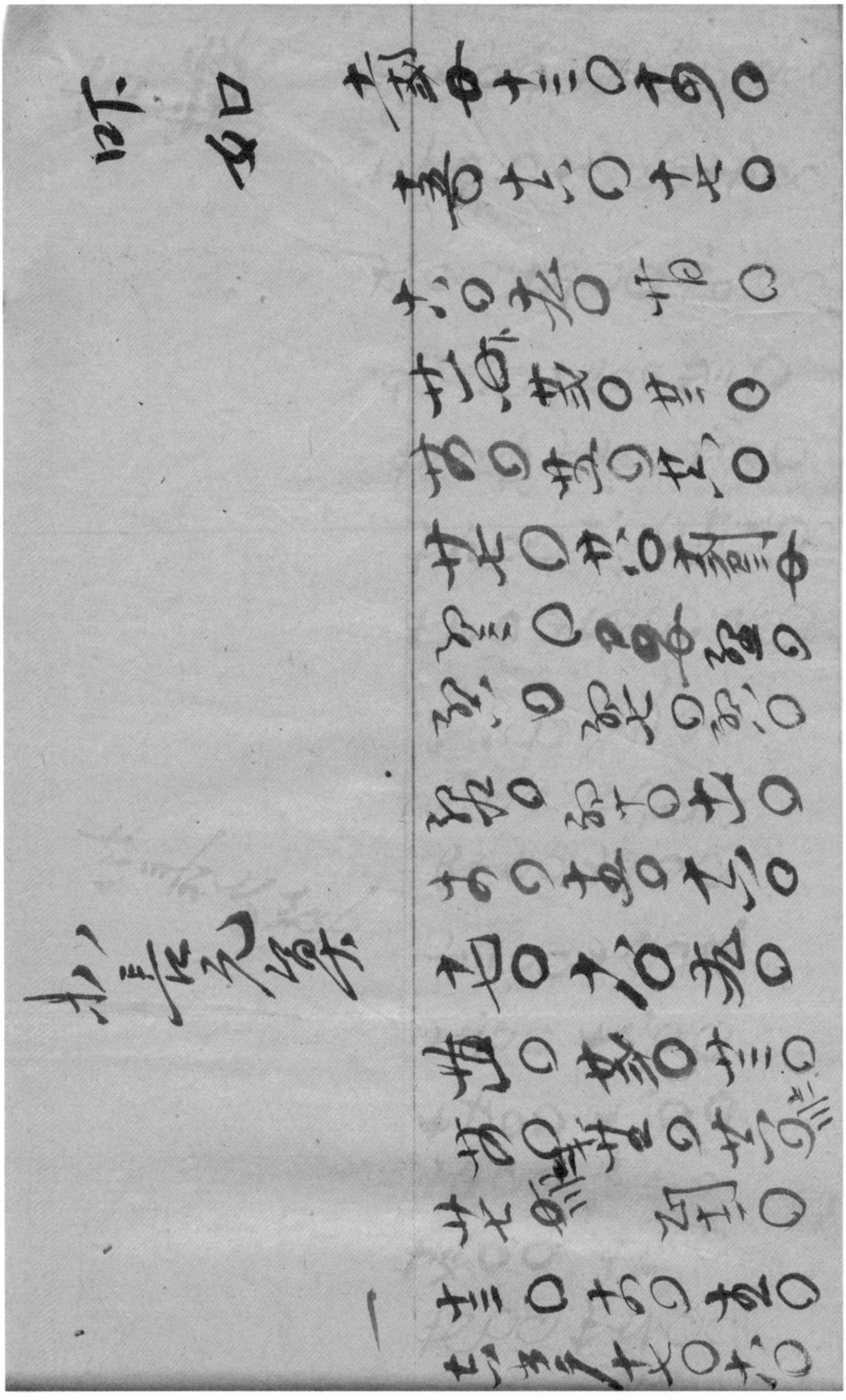

7-5-61-20　民國十三年陳詩雅記亨房起蓋工數（二〇）

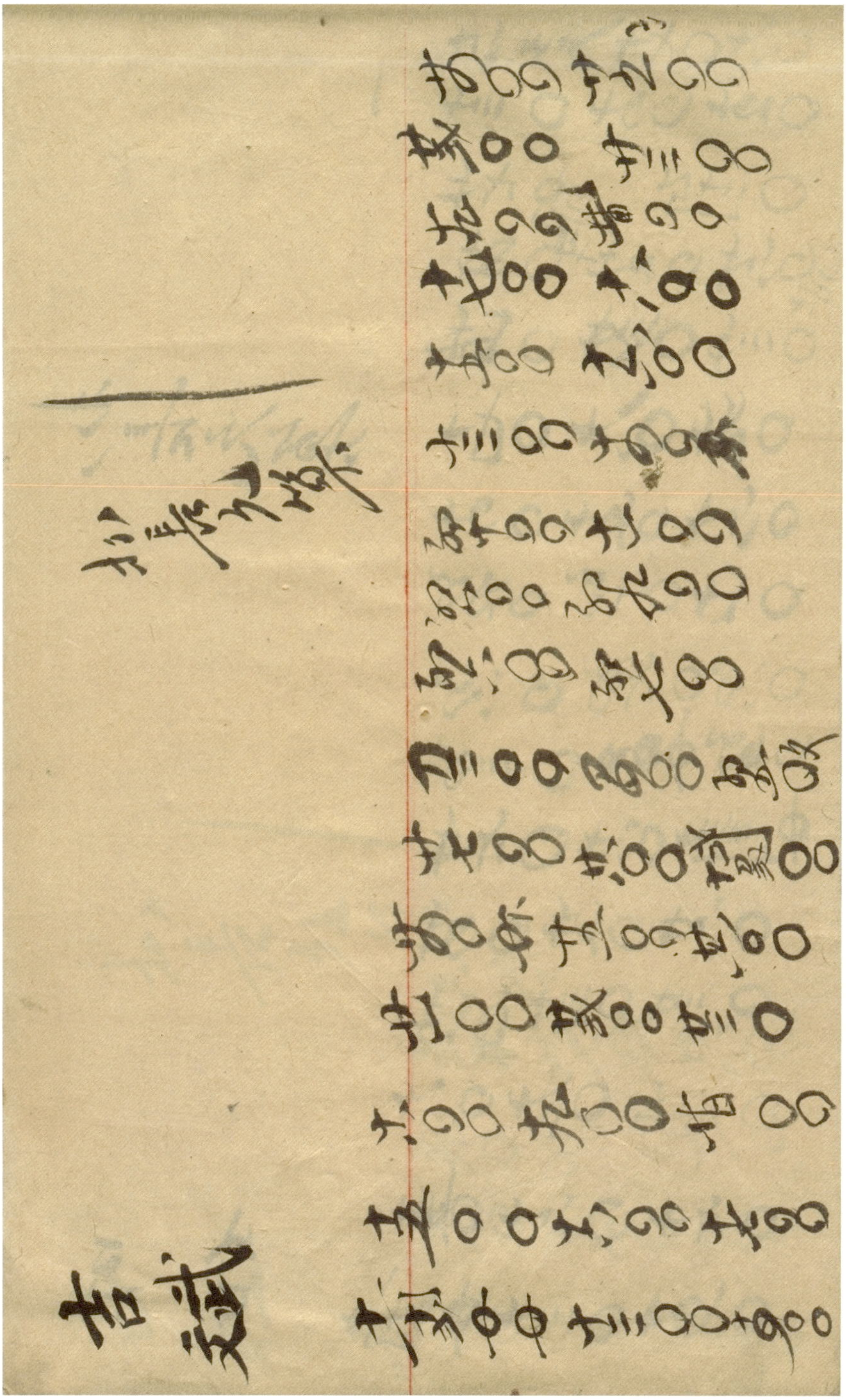

7–5–61–19　民國十三年陳詩雅記亭房起蓋工數（一九）

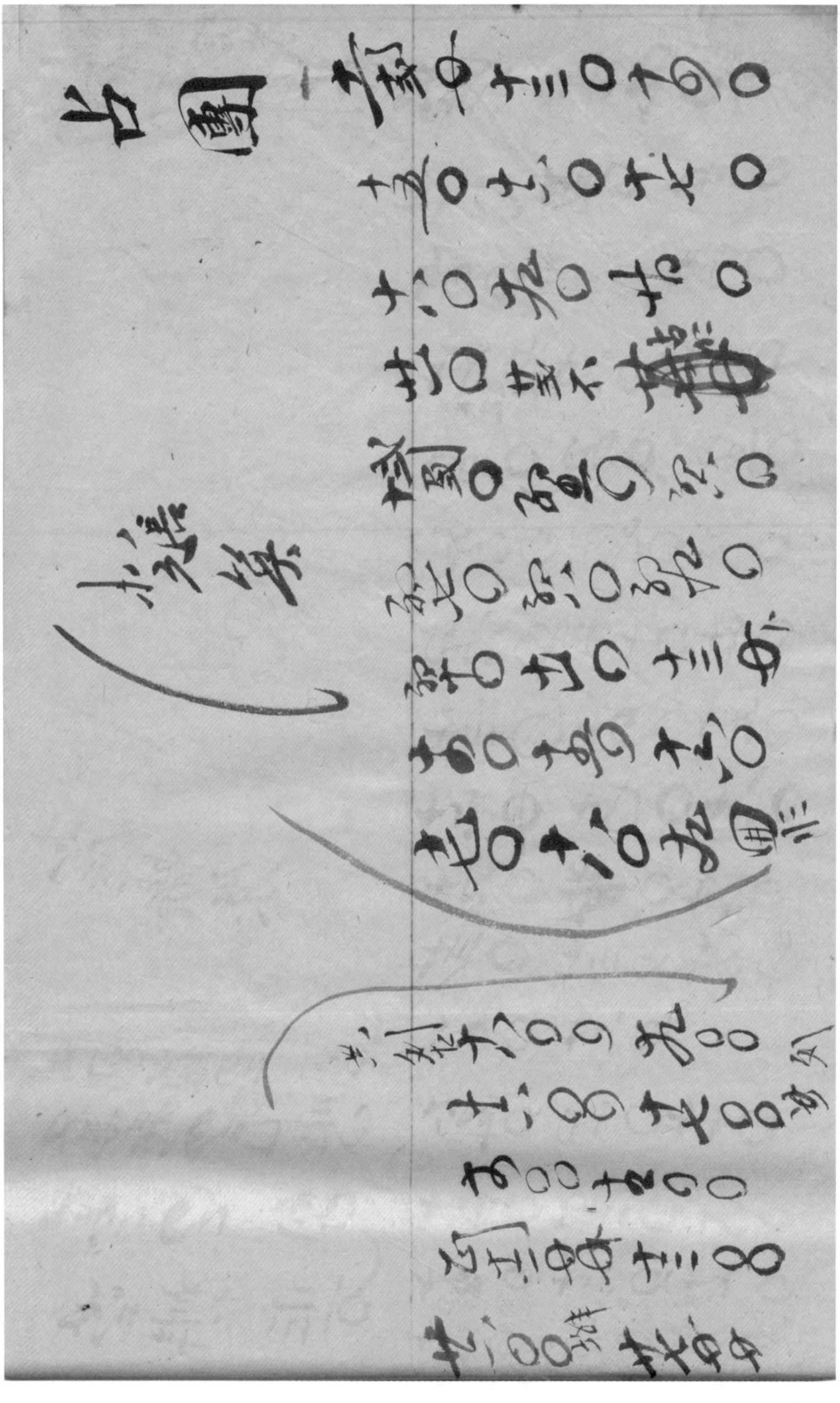

7-5-61-18　民國十三年陳詩雅記亨房起蓋工數（一八）

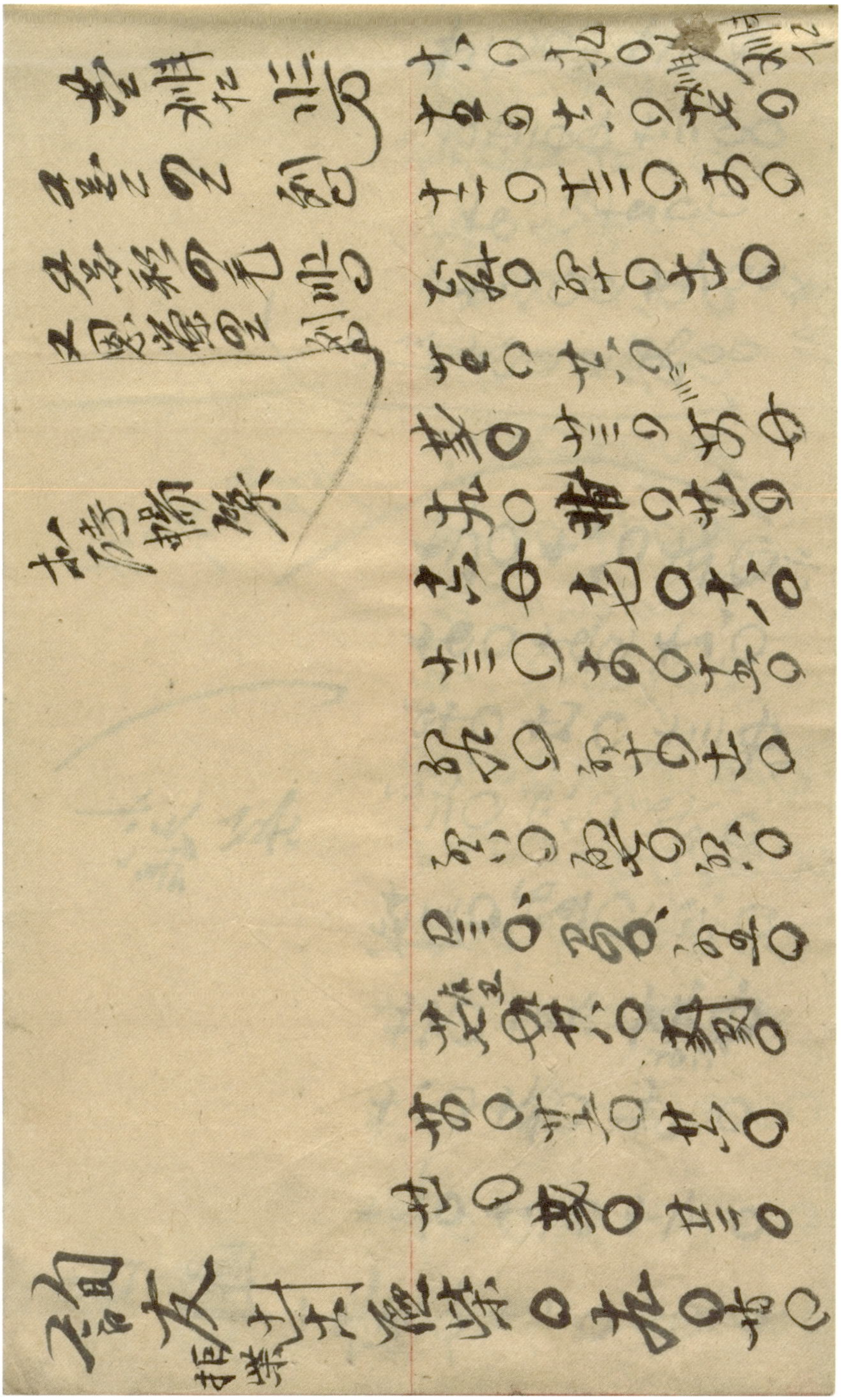

7-5-61-17　民國十三年陳詩雅記亨房起蓋工數（一七）

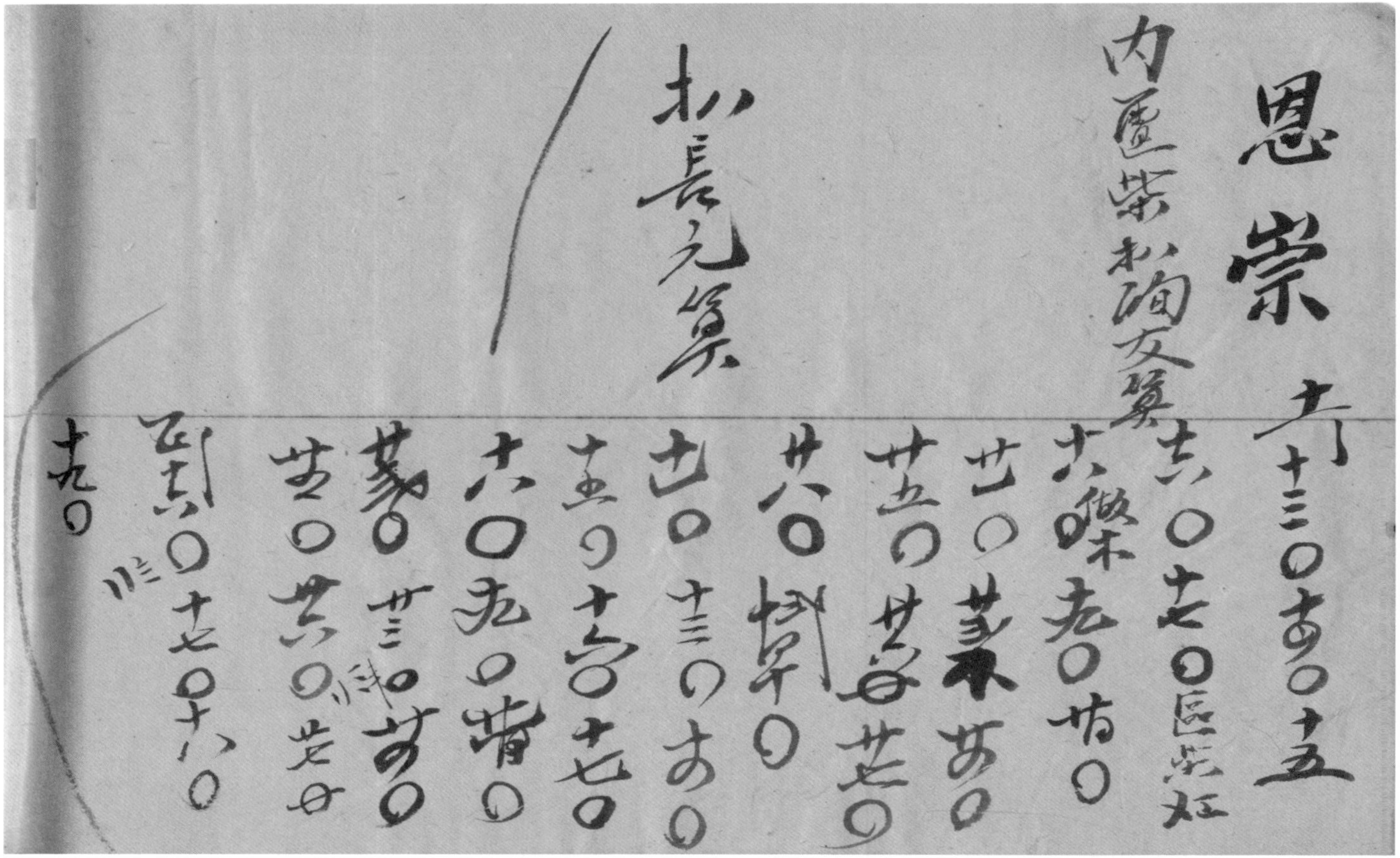

7-5-61-16　民國十三年陳詩雅記亨房起蓋工數（一六）

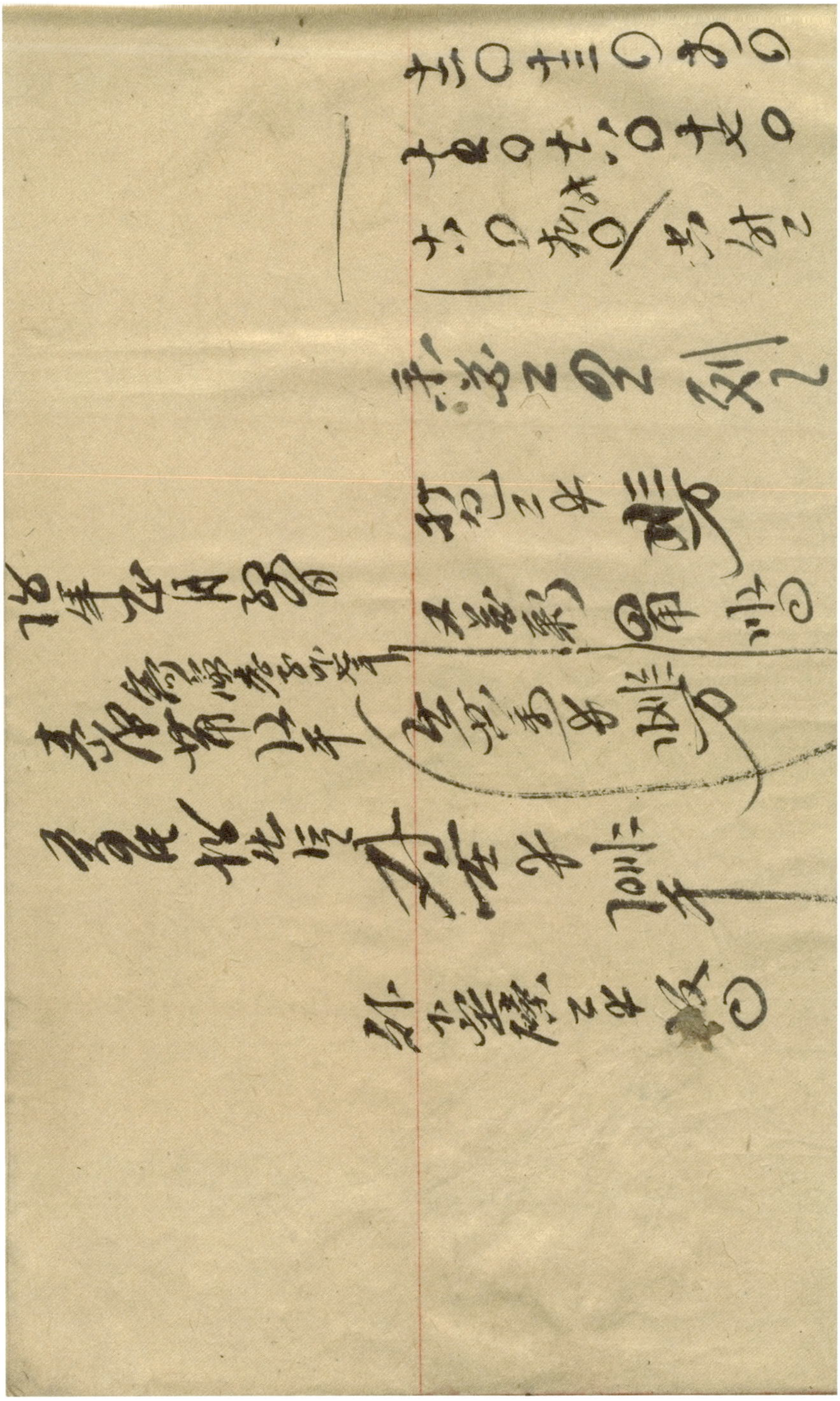

7-5-61-15　民國十三年陳詩雅記亭房起蓋工數（一五）

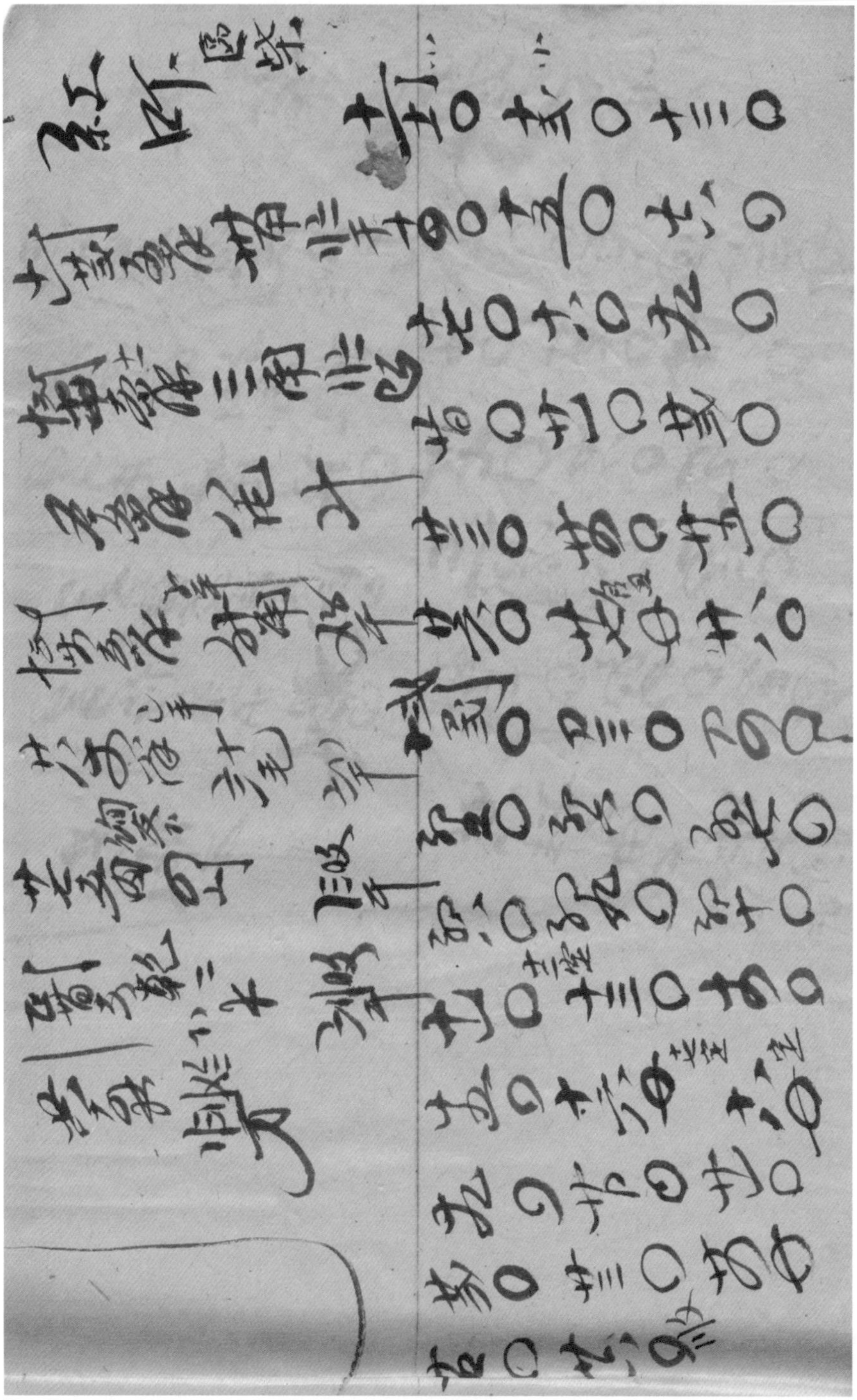

7-5-61-14　民國十三年陳詩雅記亭房起蓋工數（一四）

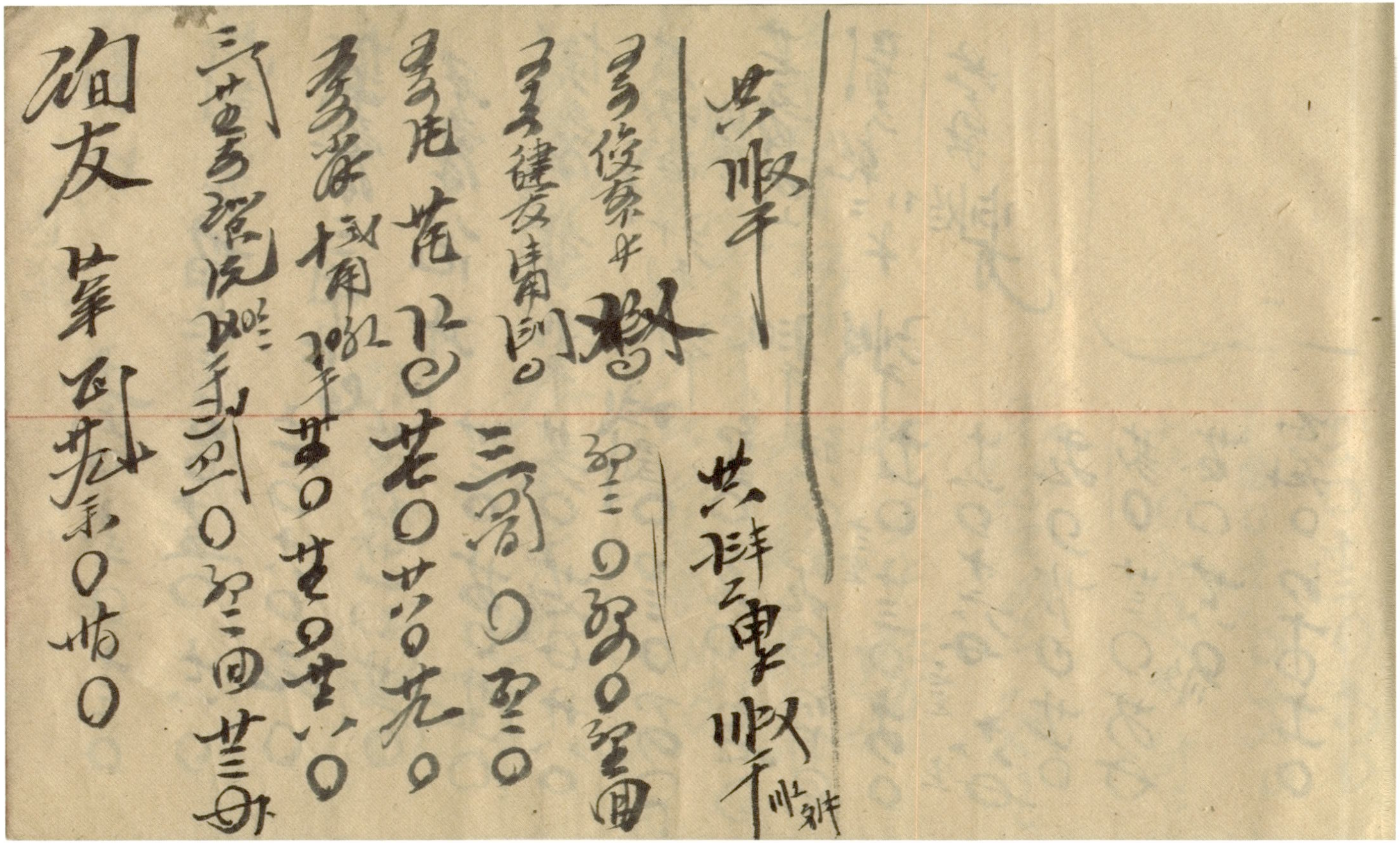

7-5-61-13　民國十三年陳詩雅記亨房起蓋工數（一三）

7-5-61-12　民國十三年陳詩雅記亭房起蓋工數（一二）

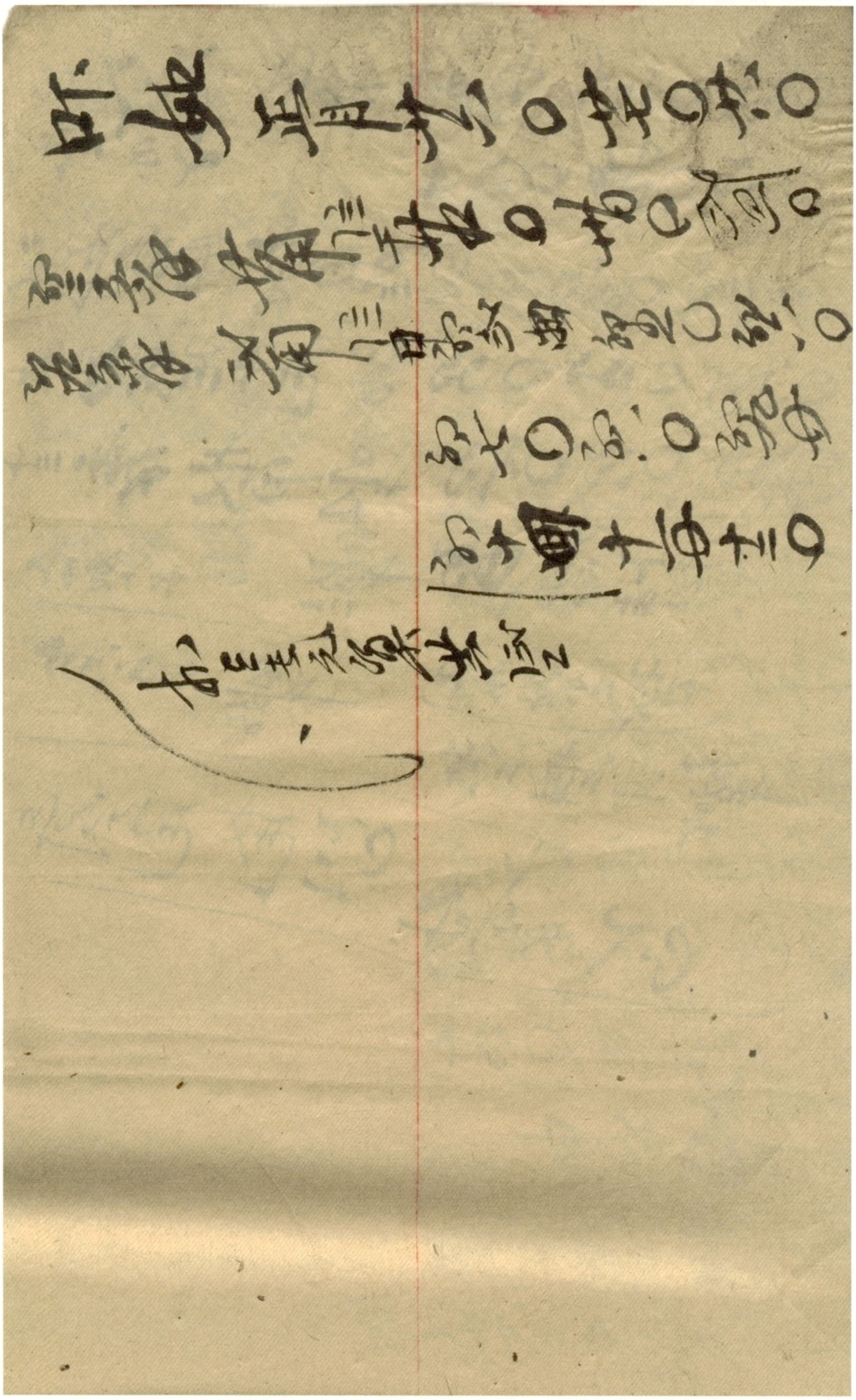

7-5-61-11　民國十三年陳詩雅記亭房起蓋工數（一一）

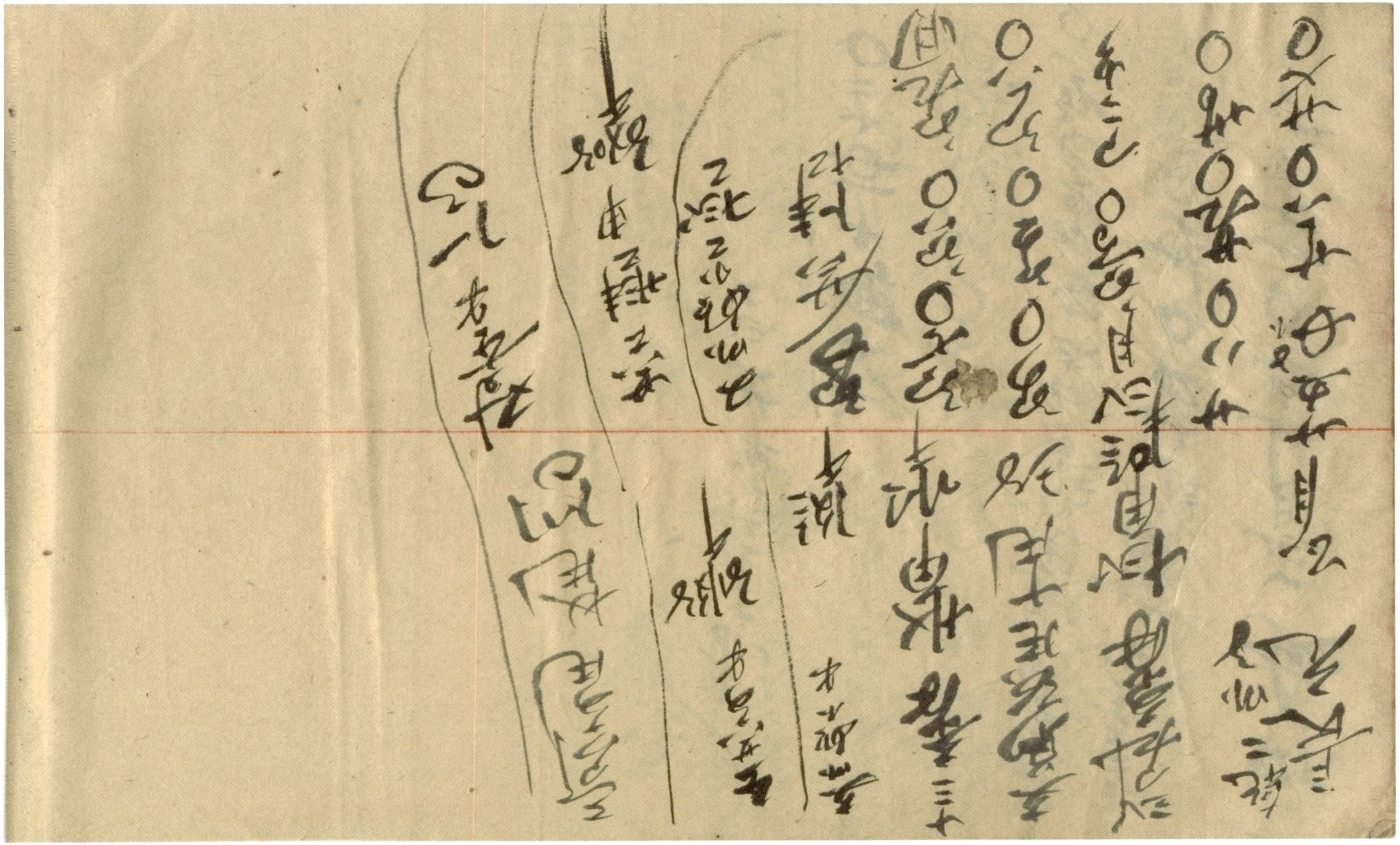

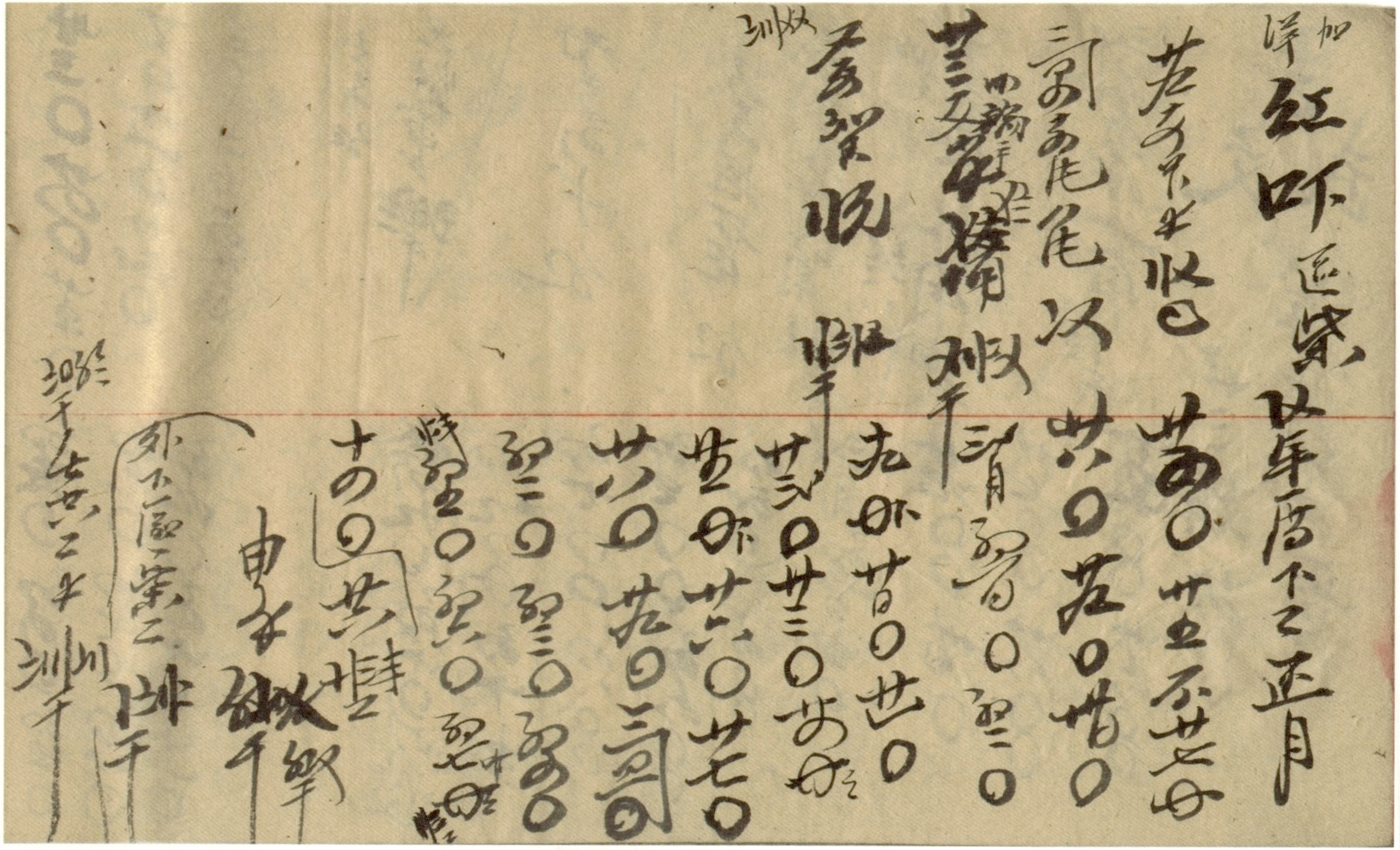

7-5-61-10 民國十三年陳詩雅記亭房起蓋工數（一〇）

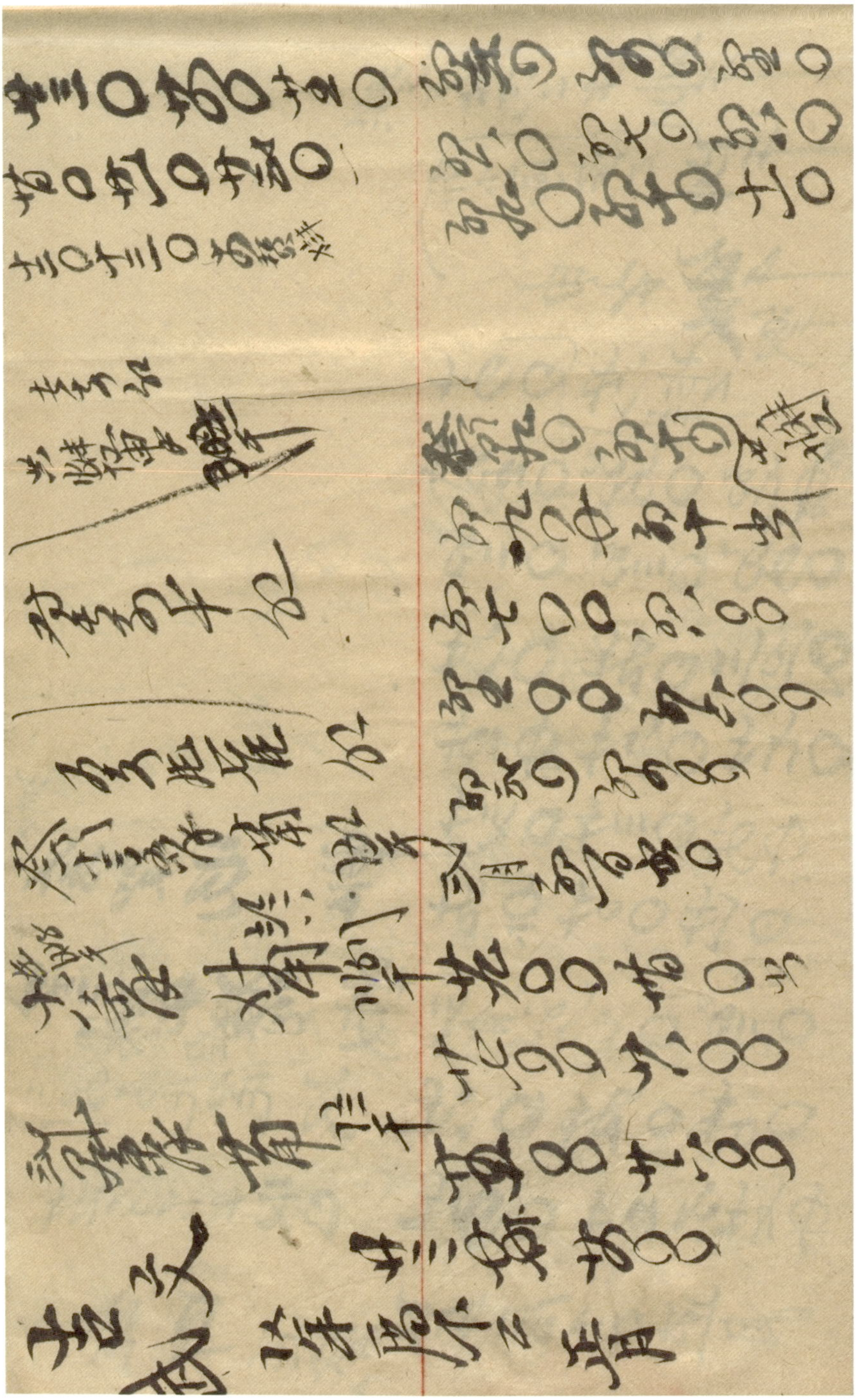

7-5-61-9　民國十三年陳詩雅記亭房起蓋工數（九）

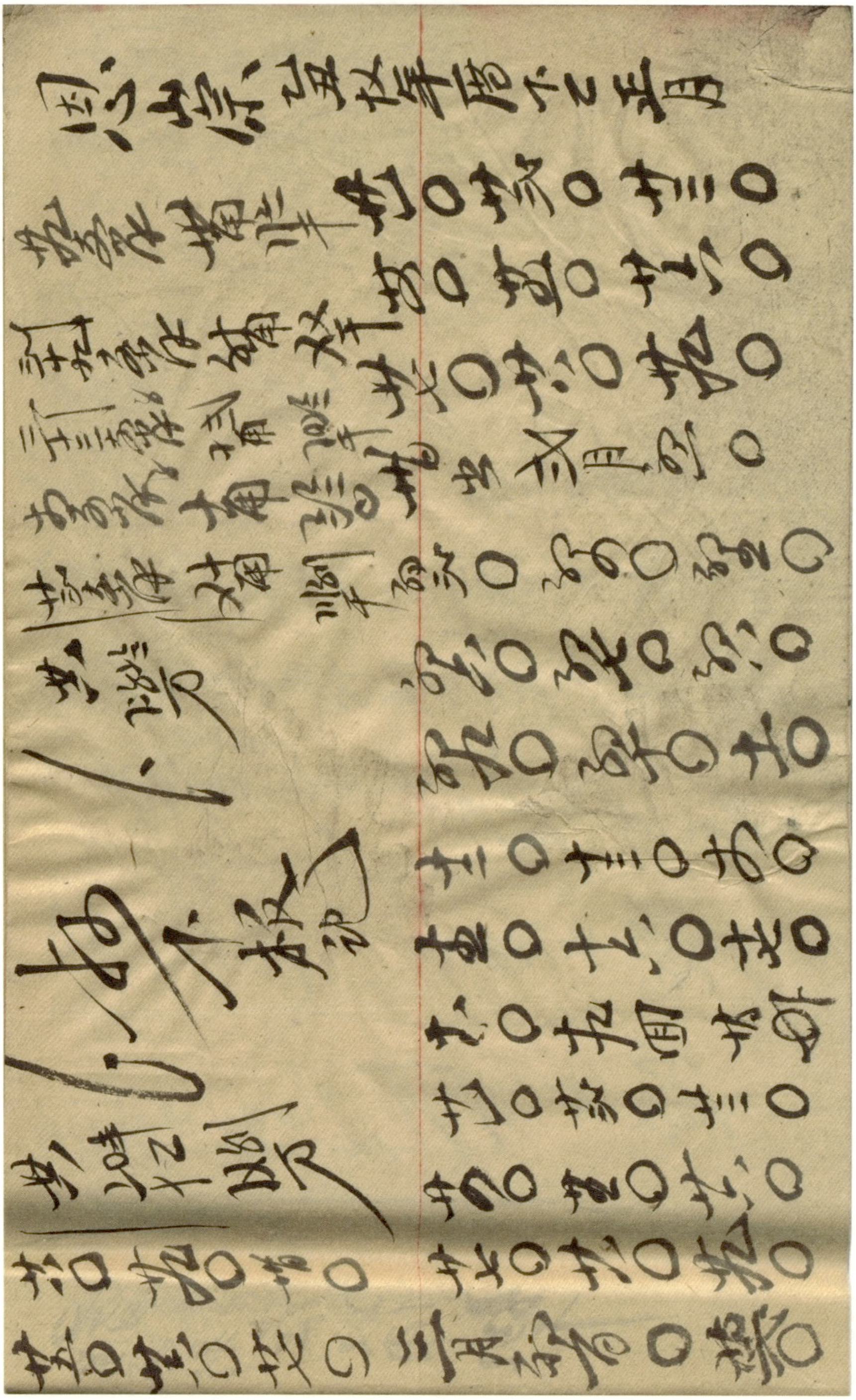

7-5-61-8　民國十三年陳詩雅記亨房起蓋工數（八）

7-5-61-7　民國十三年陳詩雅記亭房起蓋工數（七）

[illegible]

□年新正月

[illegible]

打米工資洋[illegible]

[illegible]

7-5-61-6　民國十三年陳詩雅記亭房起蓋工數（六）

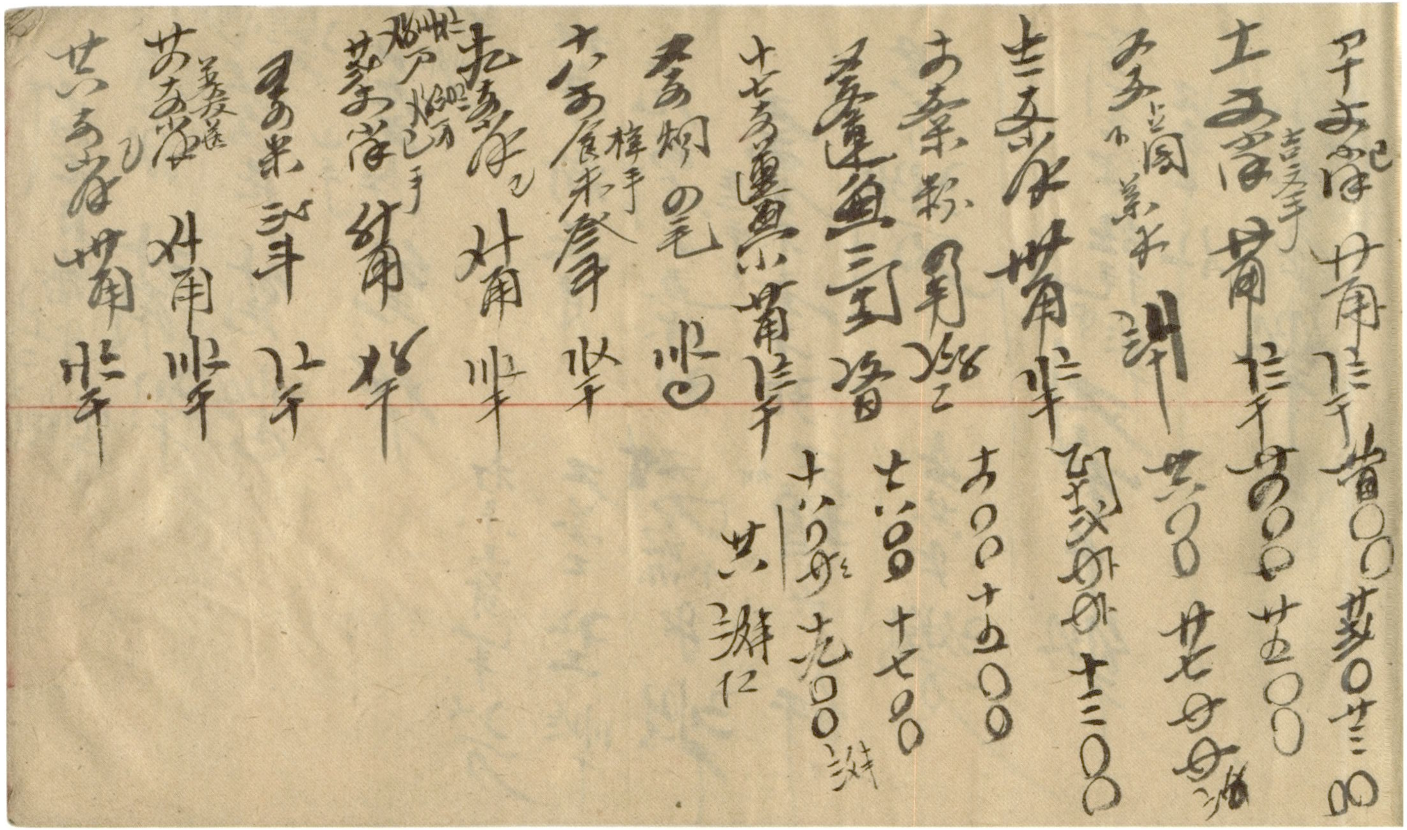

7-5-61-5　民國十三年陳詩雅記亨房起蓋工數（五）

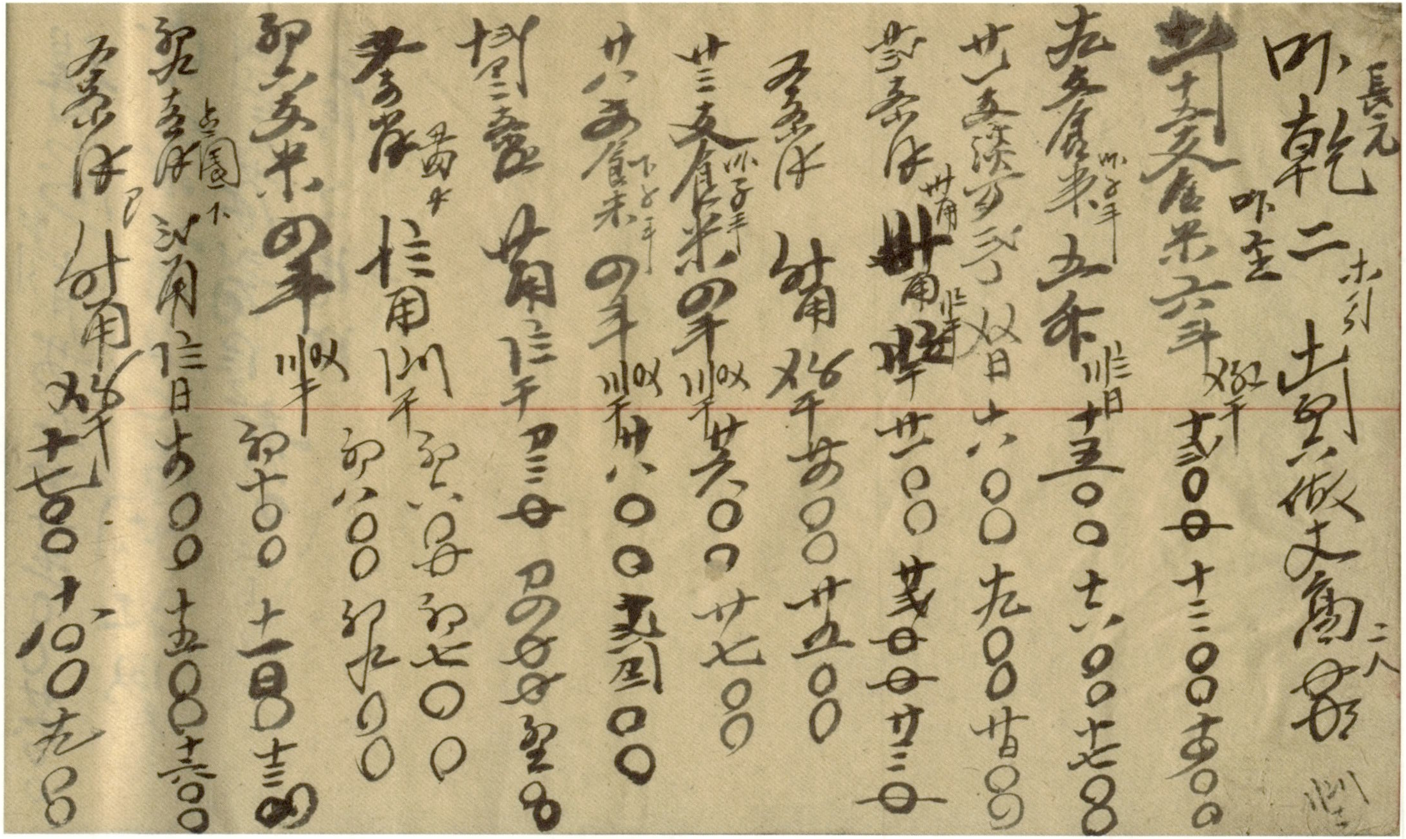

7-5-61-4 民國十三年陳詩雅記亭房起蓋工數（四）

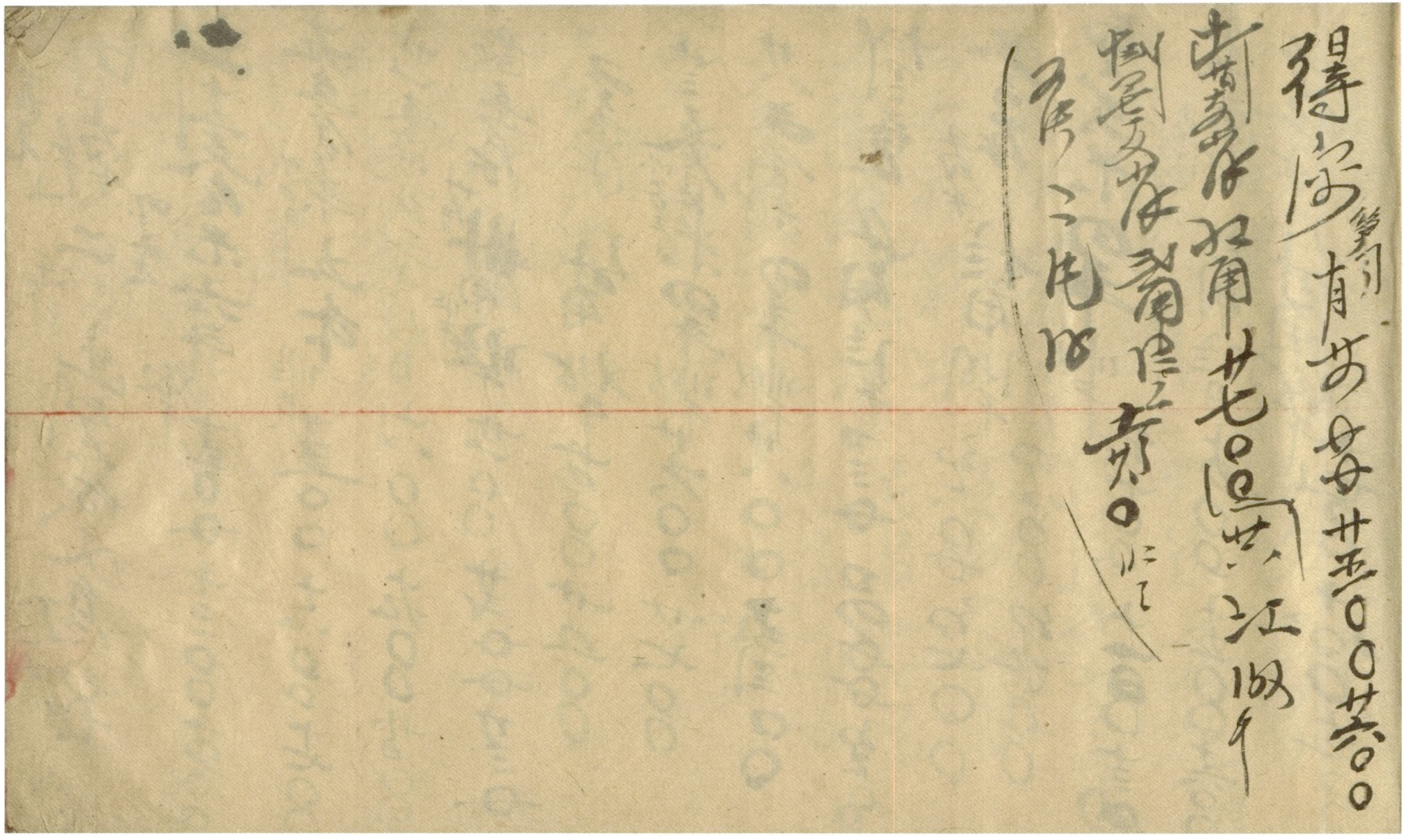

7-5-61-3　民國十三年陳詩雅記亭房起蓋工數（三）

7-5-61-2　民國十三年陳詩雅記亨房起蓋工數（二）

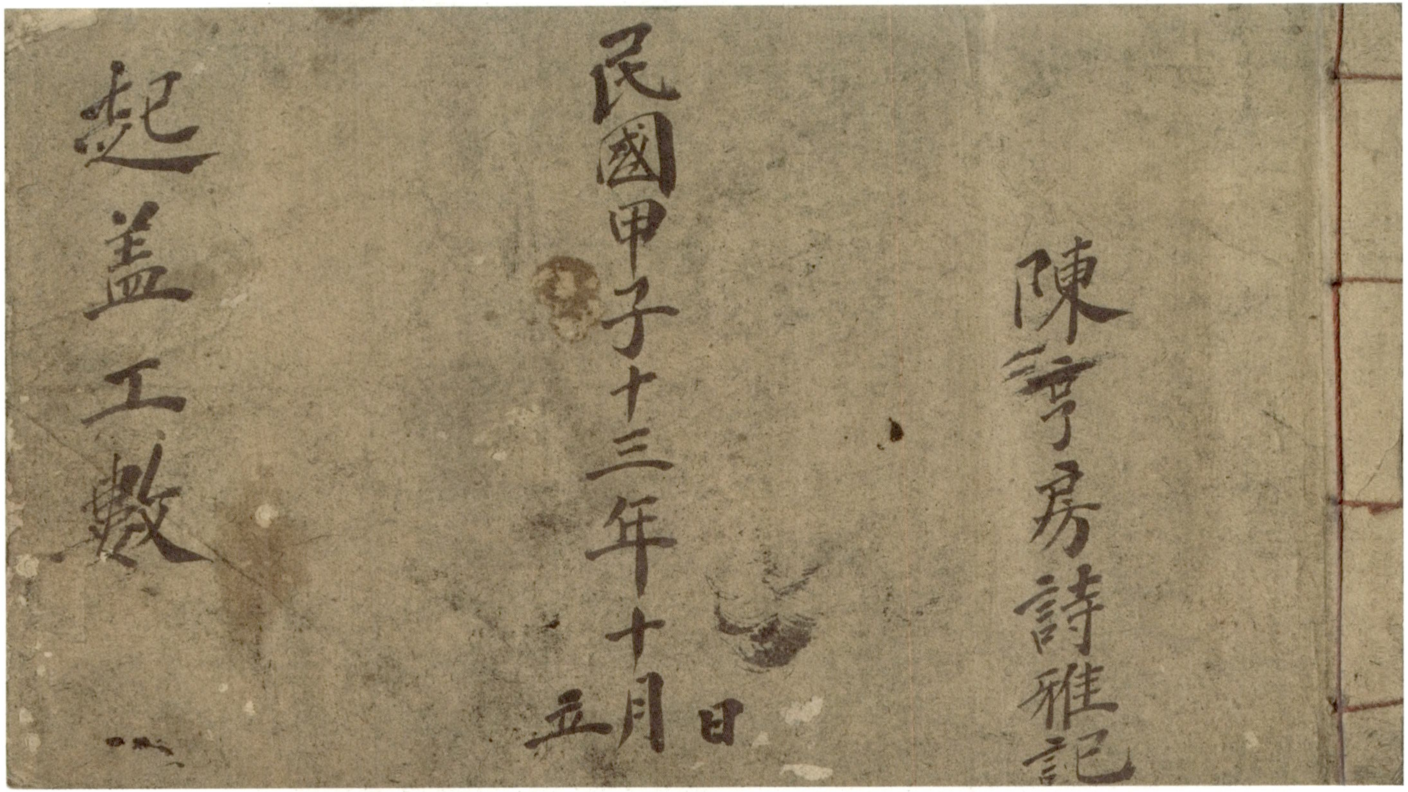

陳亨房詩雅記
民國甲子十三年十月五日
起蓋工數

7-5-61-1　民國十三年陳詩雅記亨房起蓋工數（一）

7-5-60-52 清光緒三十四年陳詩雅置得業數簿（五二）

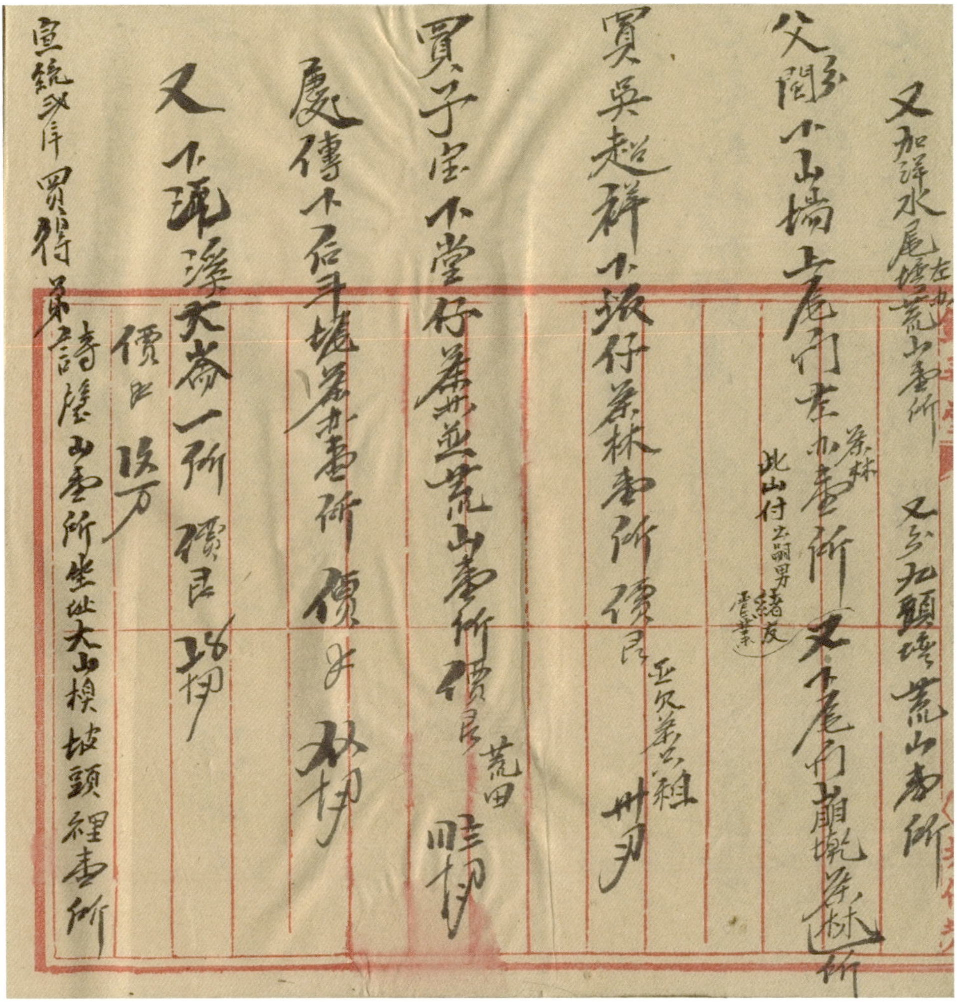
又加洋水尾墘左畔荒山壹所　又乡九頭墘荒山壹所
父闊乡小山墘上尾內左畔茶林壹所　又小尾內崩墈茶林壹所
此山付出嗣男緒友管業
買吳超祥小坂仔茶林壹所　價艮[illegible]　並欠茶山租
買子室小堂仔茶山並荒山壹所　價艮[illegible]　荒田
慶傳小石斗墘茶山壹所　價[illegible]
又小瑶溪大崙一所　價艮[illegible]
價[illegible]
宣統弍年買得弟詩澄山壹所坐址大山模坡頭裡壹所

7-5-60-51　清光緒三十四年陳詩雅置得業數簿（五一）

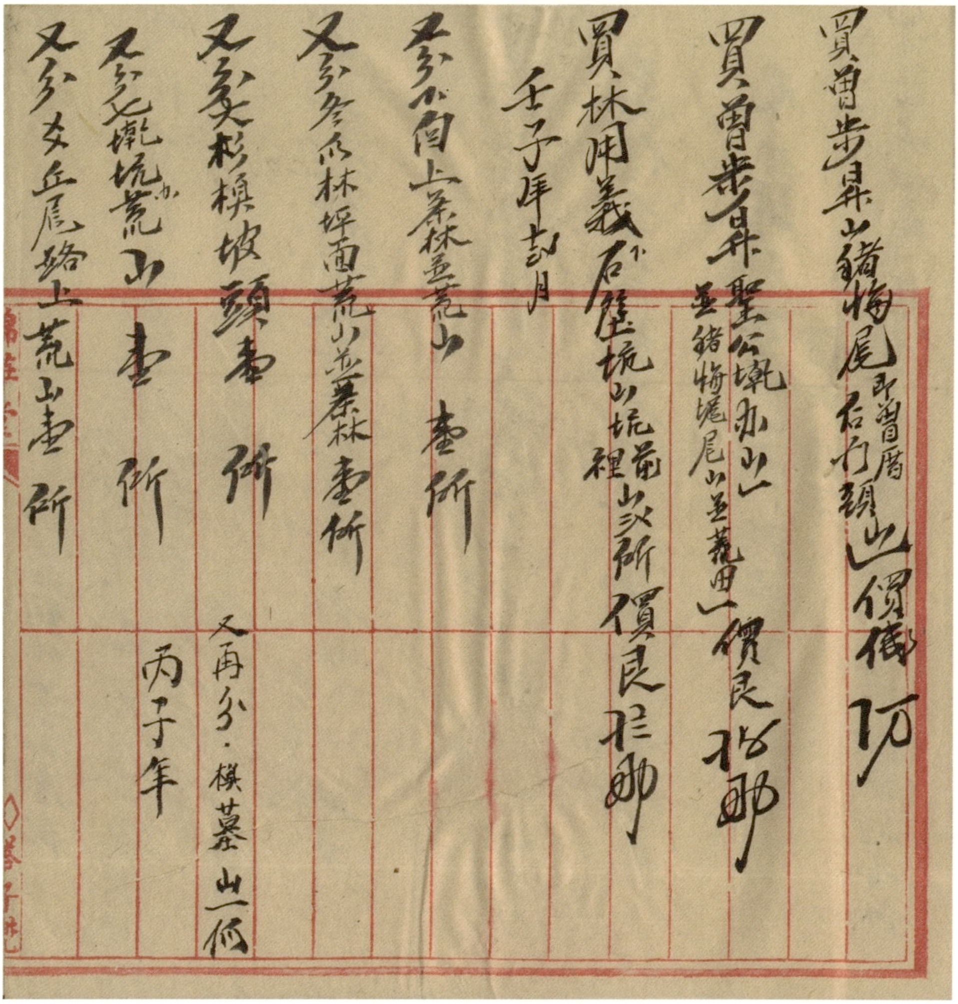
買曾步昇山豬㙟尾下曾厝石竹頭山價錢仟
買曾步昇墾公壠水山一並豬㙟尾山並荒田一價艮拾兩
買林用義石壁坑山坑裡荒山八所價艮拾兩
壬子年五月
又分仰向上茶林並荒山壹所
又分冬瓜林坪面荒山並茶林壹所
又分吳杉模坡頭壹所
又再分·模墓山一仍
又分上墩坑荒山壹所
丙子年
又分大丘尾路上荒山壹所

7-5-60-50　清光緒三十四年陳詩雅置得業數簿（五〇）

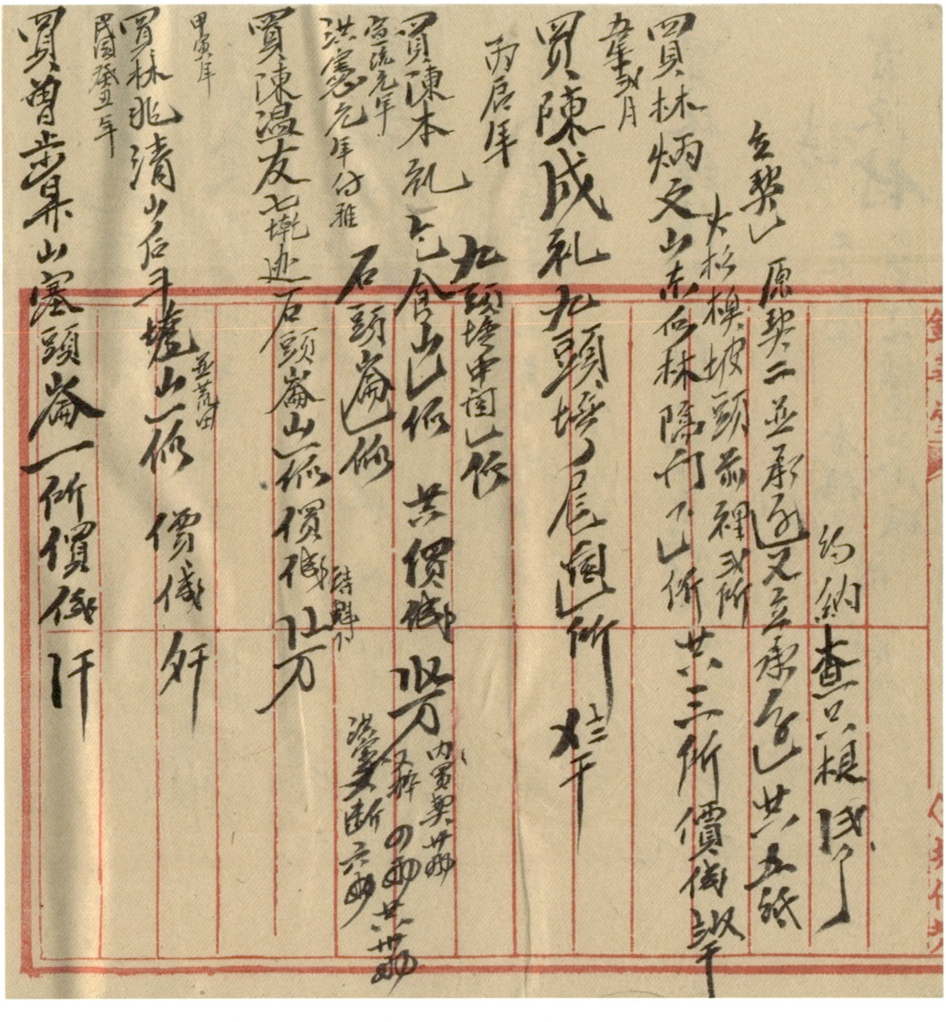

約納查只根民了

立契山原契二並新立遍又立新立遍共五紙

買林炳文山赤石林隔下山所大杉模坡頭荒裡弍所共三所價錢弍千

壬寅弍月
買陳成禮九頭塆尾園山一所十三千

丙辰年
買陳本禮九頭塆中園山一所

宣統元年
洪憲元年仔雅
買陳本禮芒食山一所石頭崙山一所共價錢叁万

內買契廿號又找四號共廿四號
洪憲契斷六號

買陳溫友七墘坑頭石頭崙山一所價錢七万
詩雅鬮下

甲寅年
買林兆清山後手壙山一所並荒田價錢仟

民國癸丑年
買曾丕朱山塞頭崙一所價錢仟

7-5-60-49　清光緒三十四年陳詩雅置得業數簿（四九）

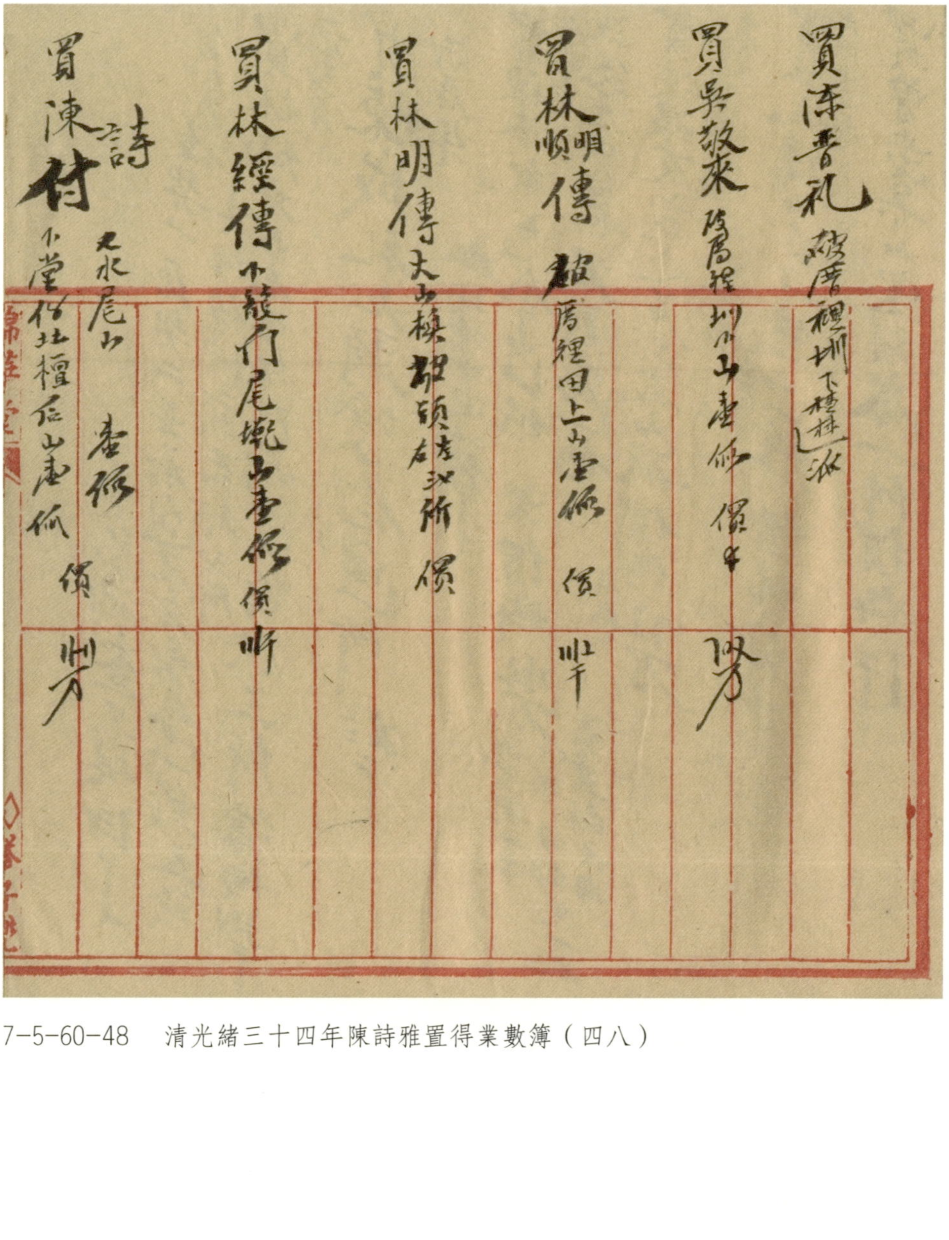

7-5-60-48　清光緒三十四年陳詩雅置得業數簿（四八）

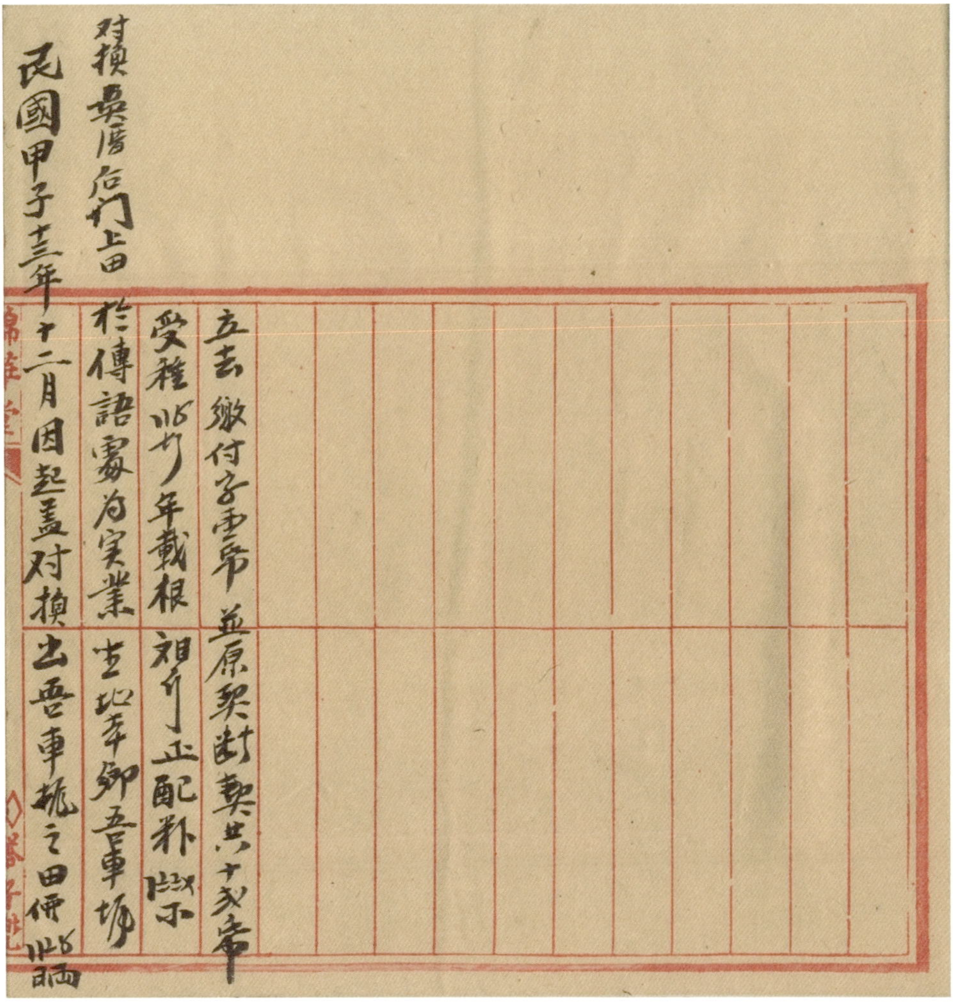

7-5-60-47　清光緒三十四年陳詩雅置得業數簿（四七）

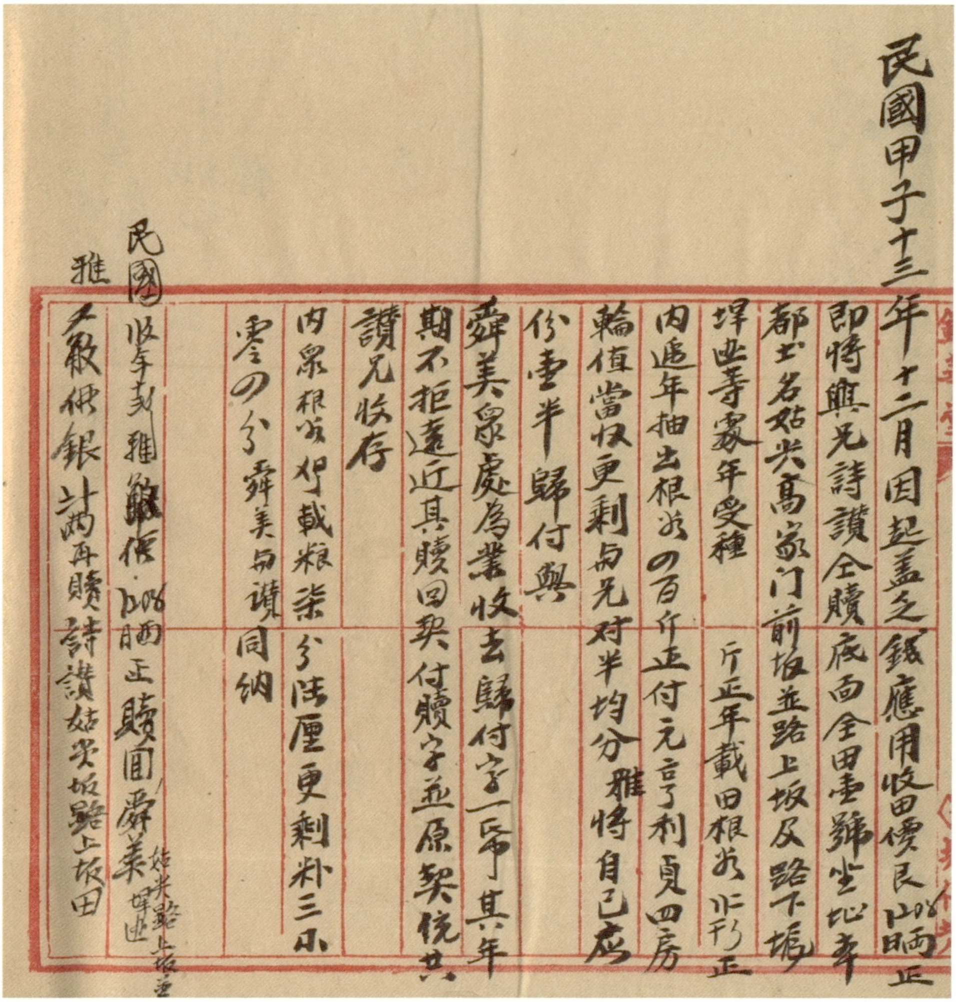
民國甲子十三年十二月因起蓋之錢應用收田價艮[illegible]兩正
即將與兄詩讚全贖底面全田壹號坐址本
都土名姑尖高嶺门前坂並路上坂及路下墘
垾四等處年受種 斤正年載田根谷[illegible]正
内遞年抽出根谷四百斤正付元亨利貞四房
輪值當收更剩與兄對半均分 雅將自己應
份壹半歸付與
舜美衆處為業收去歸付字一紙其年
期不拒遠近其贖回契付贖字並原契繳共
讚兄收存
内衆根谷[illegible]載粮柒分陆厘更剩糾三示
零四分 舜美與讚同納
民國 收年癸 雅銀價[illegible]兩正贖回舜美 姑尖路上坂垄 埠
雅 又叔價銀廿兩再贖詩讚姑尖坂路上坂田

7-5-60-46　清光緒三十四年陳詩雅置得業數簿（四六）

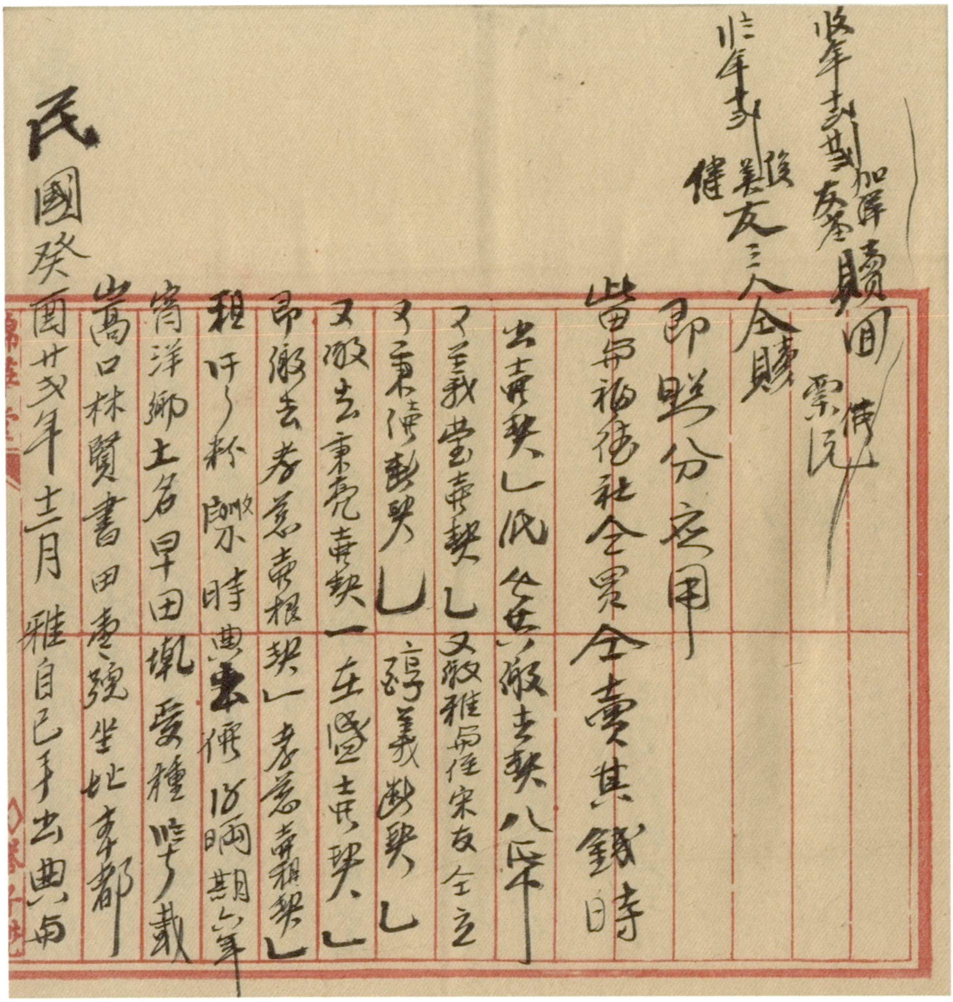
收年十二月加洋交壹贖回 票[illegible]
非年十二月後 義友三人全贖 佳
即照分定用
當與福德社全買全賣其錢時
出賣契乙紙 全年收去契八紙
又義堂賣契乙 又收雅與佳宋友全立
又東德斷契乙 孫義斷契乙
又收去東亮賣契一 在賣契乙
即收去孝慈賣根契乙 孝慈賣租契乙
租仟秭 收贌時典來佛 18晌 期六年
將洋鄉土名旱田壠要種畦載
嵩口林賢書田壹號坐北東都
民國癸酉廿二年十二月 雅自己手出典六十

7-5-60-45　清光緒三十四年陳詩雅置得業數簿（四五）

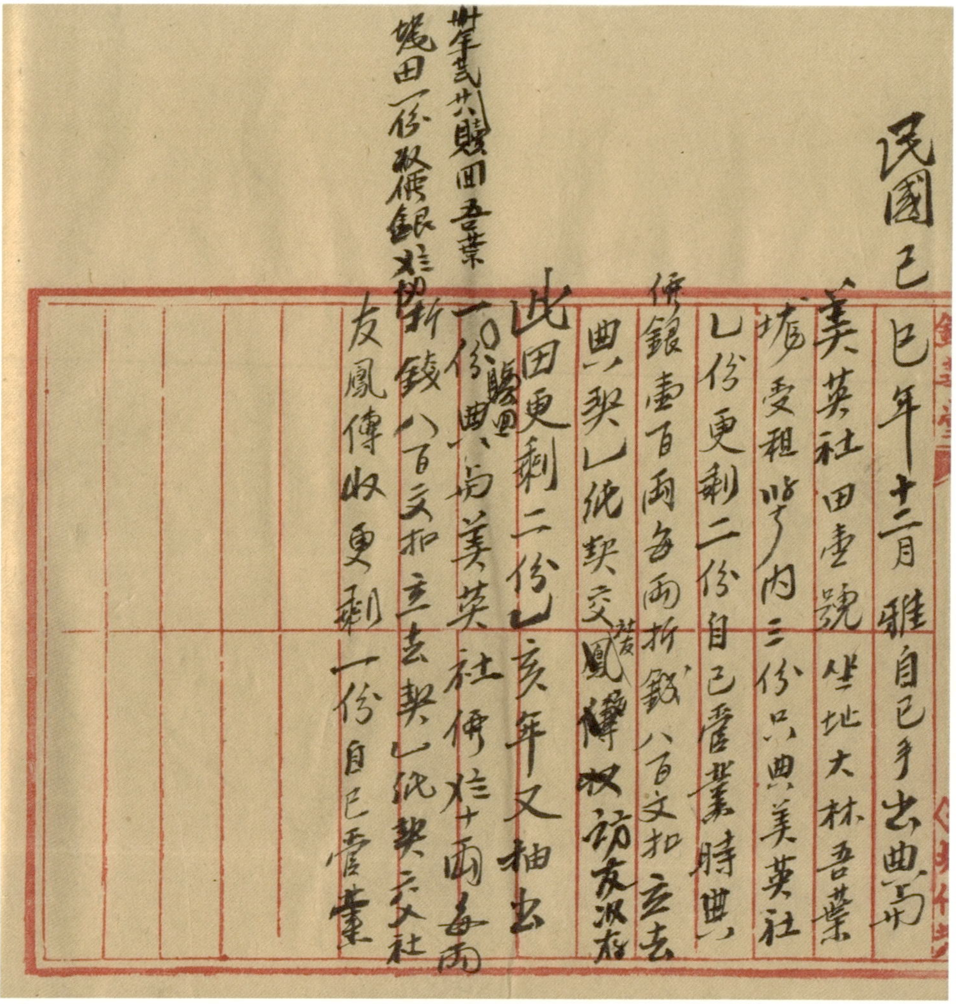
卅年弍六騎田吾葉
墘田一份收價銀拾捌

民國己巳年十二月雅自己手出典與
美英社田壹號坐址大林吾葉
墘受租𠦁內三份只典美英社
乙份更剩二份自己管業時典
價銀壹百兩每兩折錢八百文扣去
典契乙紙契交鳳傳收訪友汲存
此田更剩二份乙亥年又抽出
一份騎田典與美英社價拾十兩每兩
折錢八百文扣去契乙紙契交文社
友鳳傳收更剩一份自己管業

7-5-60-44　清光緒三十四年陳詩雅置得業數簿（四四）

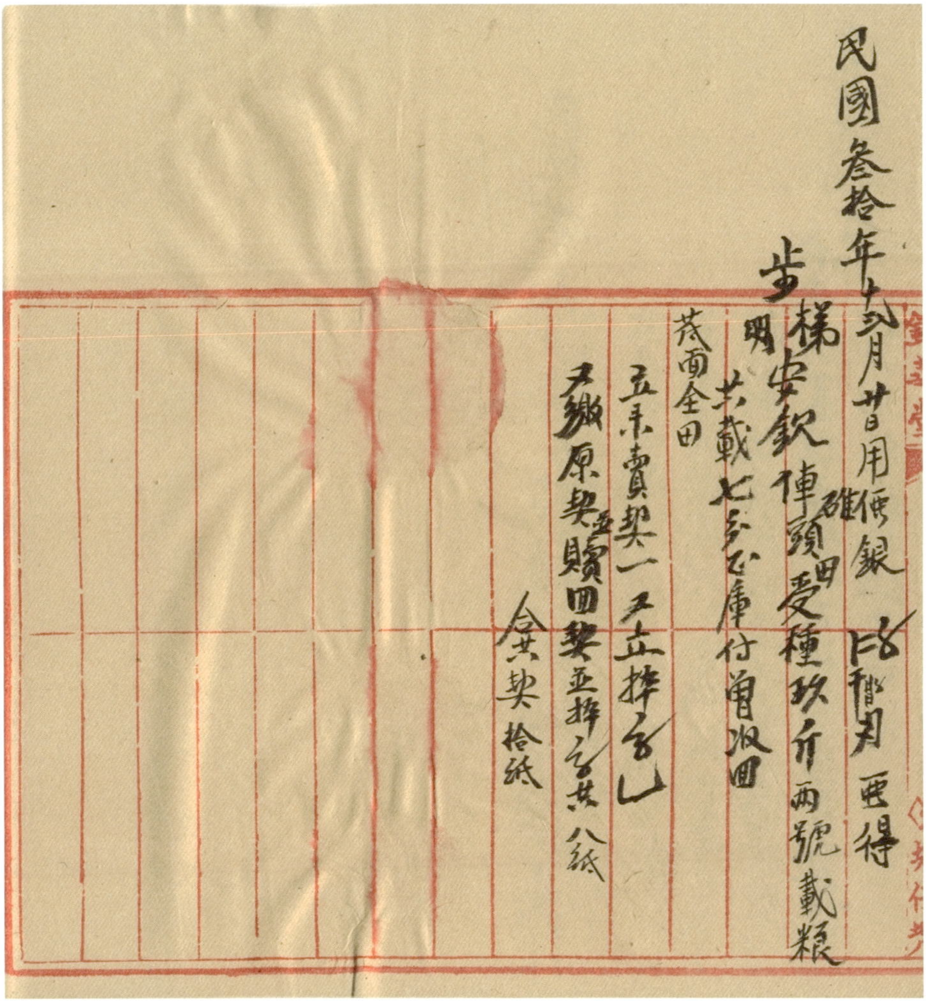

民國叁拾年十弍月廿日用佛銀[illegible]置得

步梯安欽碓陣頭田受種玖斤兩號載粮

明共載七分正庫付曾汲田

茂面全田

立杜賣契一　又立推字乙

又繳原契并贖回契并推字共八紙

合共契拾紙

7-5-60-43　清光緒三十四年陳詩雅置得業數簿（四三）

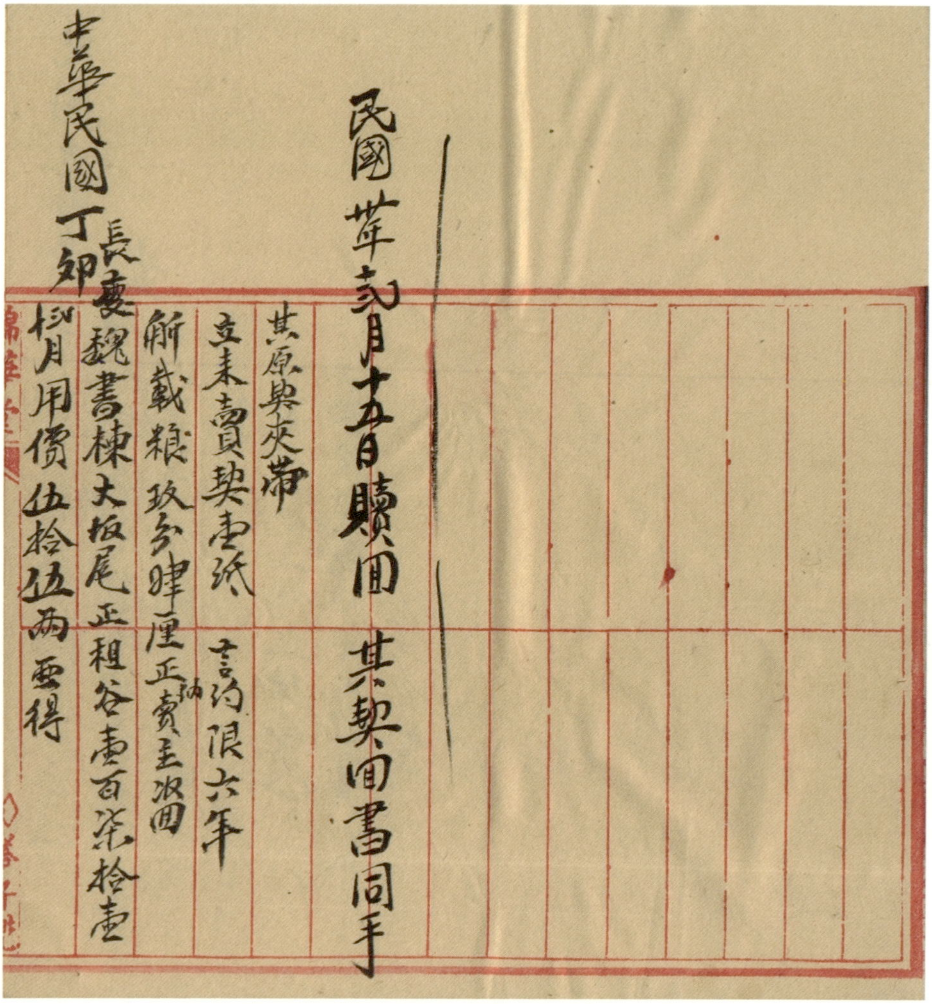
民國廿年弍月十五日贖回 其契回書同手
其原與夾帶
立未賣契壹紙 言約限六年
俯載粮玖分肆厘正 扒賣主收回
長慶魏書棟大坂尾正租谷壹百柒拾壹
中華民國丁卯拾月用價伍拾伍兩正得

7-5-60-42 清光緒三十四年陳詩雅置得業數簿（四二）

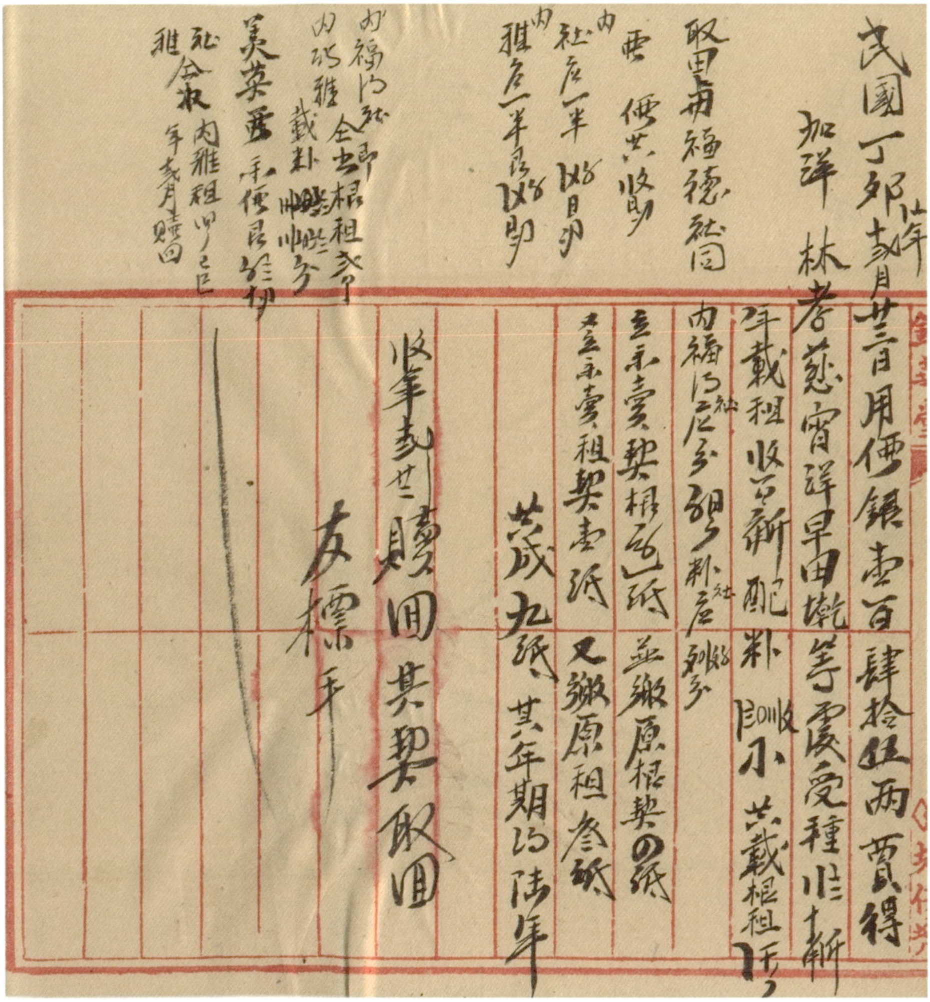

7-5-60-41　清光緒三十四年陳詩雅置得業數簿（四一）

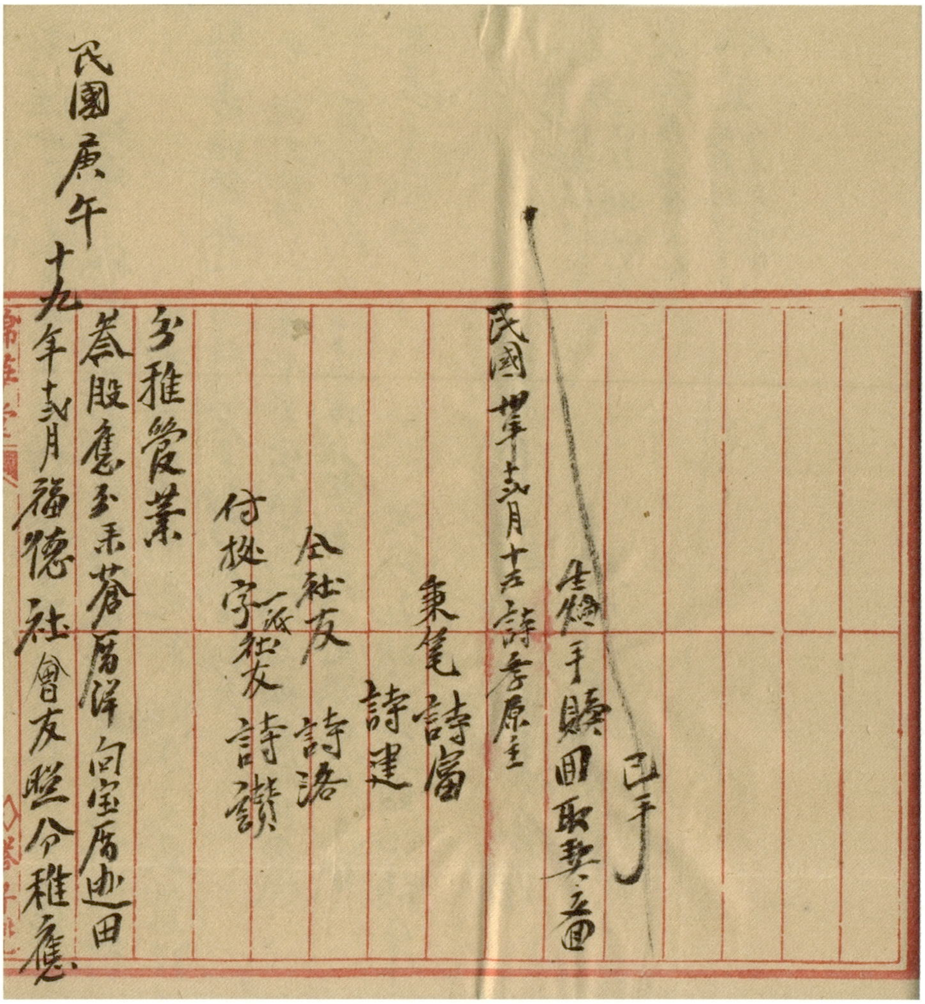
民國庚午十九年五月福德社會友照分稚應
叁股應多禾蒼厝洋向宝厝邊田
多稚管業
付批字 一派社友 詩讚
全社友 詩洛
詩建
秉筆 詩富
民國卅年五月十五 詩孝原主

7-5-60-40　清光緒三十四年陳詩雅置得業數簿（四十）

民國甲子十三年十月

7-5-60-39　清光緒三十四年陳詩雅置得業數簿（三九）

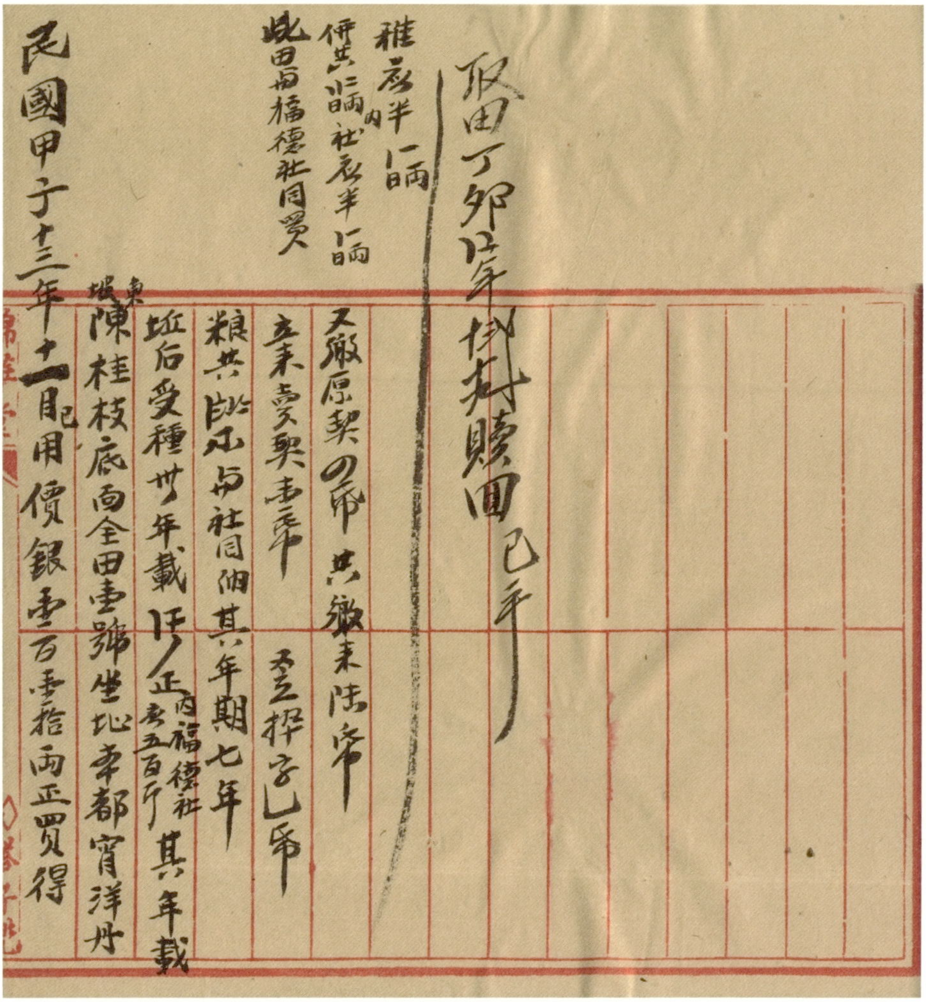

取田丁卯年付對贖回己手

稚爲半一兩
併共二兩內社爲半一兩
此田与福德社同買

又繳原契四吊 共繳來陸吊
立來賣契壹吊 叁拾字一吊
粮共與社同納 其年期七年
址后受種卅年載 仟人正 內福德社秀五百斤 其年載
東坝陳桂枝底面全田壹號坐址本都宵洋丹
民國甲子十三年十一月己用價銀壹百壹拾兩正買得

7-5-60-38　清光緒三十四年陳詩雅置得業數簿（三八）

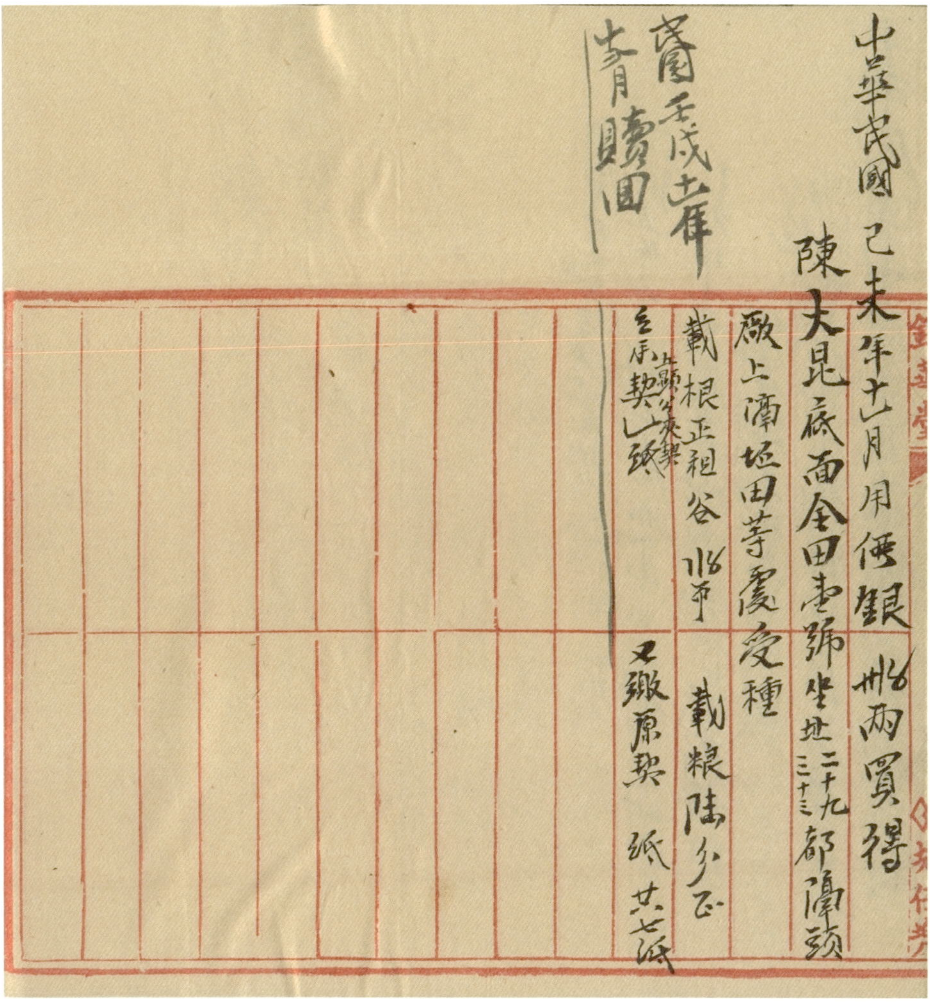
中華民國己未年十二月用價銀卅兩買得
陳大昆底面全田壹號，坐址二十九都漳頭
墩上濟垅田等處，受種
載根正租谷〡〨市，載粮陸分五
上手契一紙，又繳原契紙共七紙
民國壬戌十一年十二月贖回

7-5-60-37　清光緒三十四年陳詩雅置得業數簿（三七）

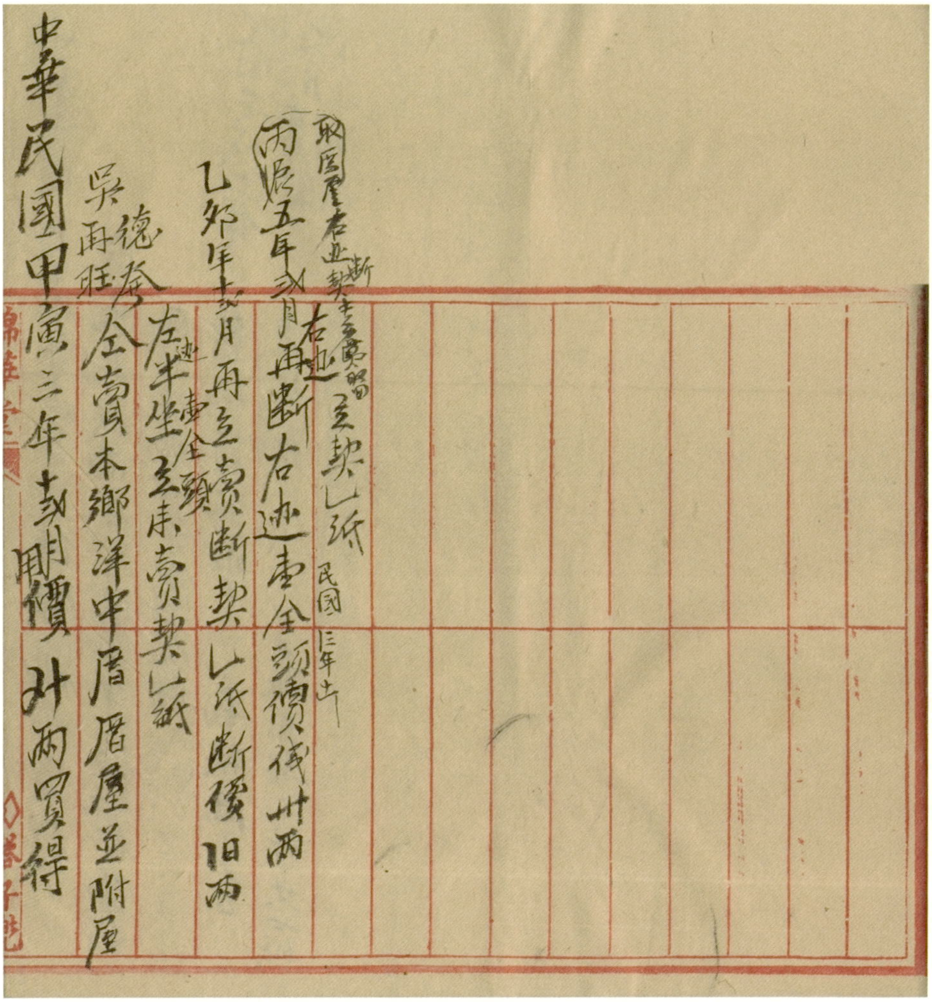

取厝屋右並斷契壹紙留 立契山紙 民國三年立

丙辰五年弍月 右述 再斷右述壹全頭價伐卅兩

乙卯年十弍月再立賣斷契山紙斷價18兩

左半坐 述壹全頭 立未賣契山紙

德恭 全賣本鄉洋中厝厝屋並附屋

吳再旺

中華民國甲寅三年弍月用價卅兩買得

7-5-60-36　清光緒三十四年陳詩雅置得業數簿（三六）

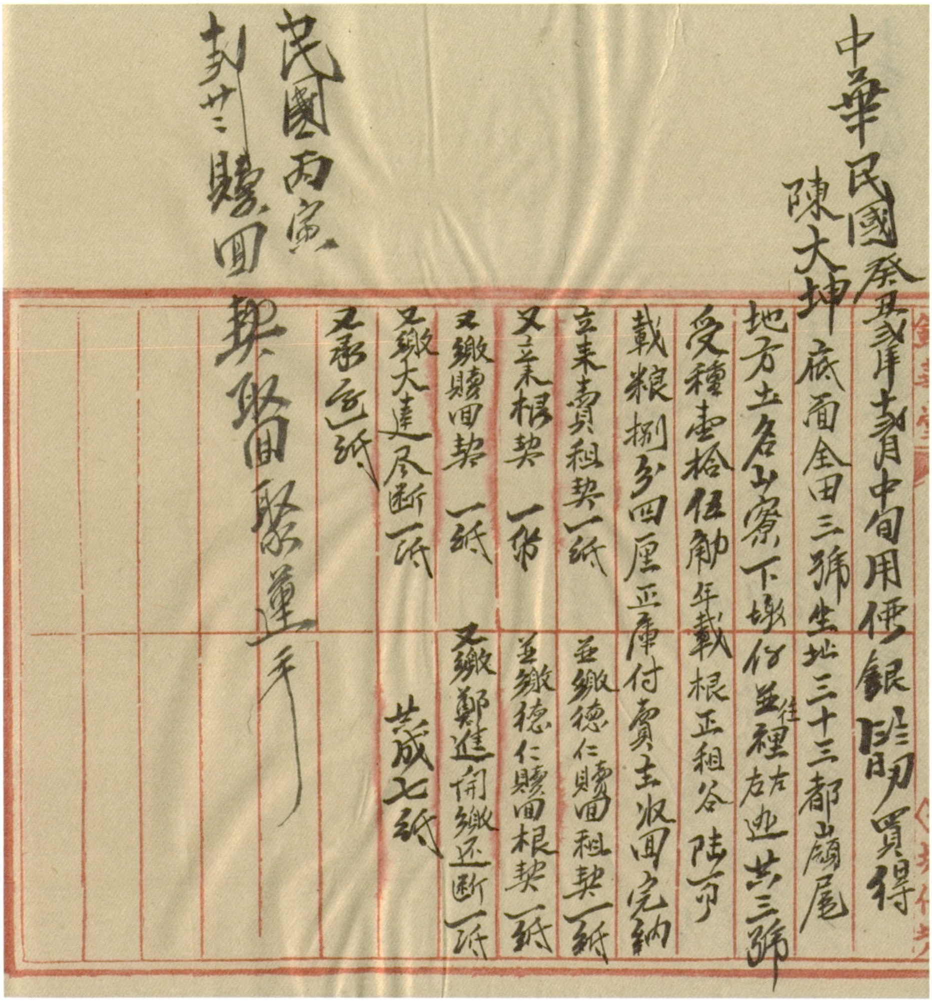
中華民國癸丑年十二月中旬用價銀[illegible]買得
陳大坤底面全田三號坐址三十三都山嶺尾
地方土名山寮下墩付並裡往右左邊共三號
受種壹拾伍觔年載根正租谷陸石
載糧捌分四厘正庫付賣主收回完納
立來賣租契一紙　並繳德仁贖回租契一紙
又立來根契一紙　並繳德仁贖回根契一紙
又繳贖回契一紙　又繳鄭進開繳退斷一紙
又繳大達退斷一紙　共成七紙
又[illegible]合退紙

民國丙寅
契廿三贖回契取回聚蓮手

7-5-60-35　清光緒三十四年陳詩雅置得業數簿（三五）

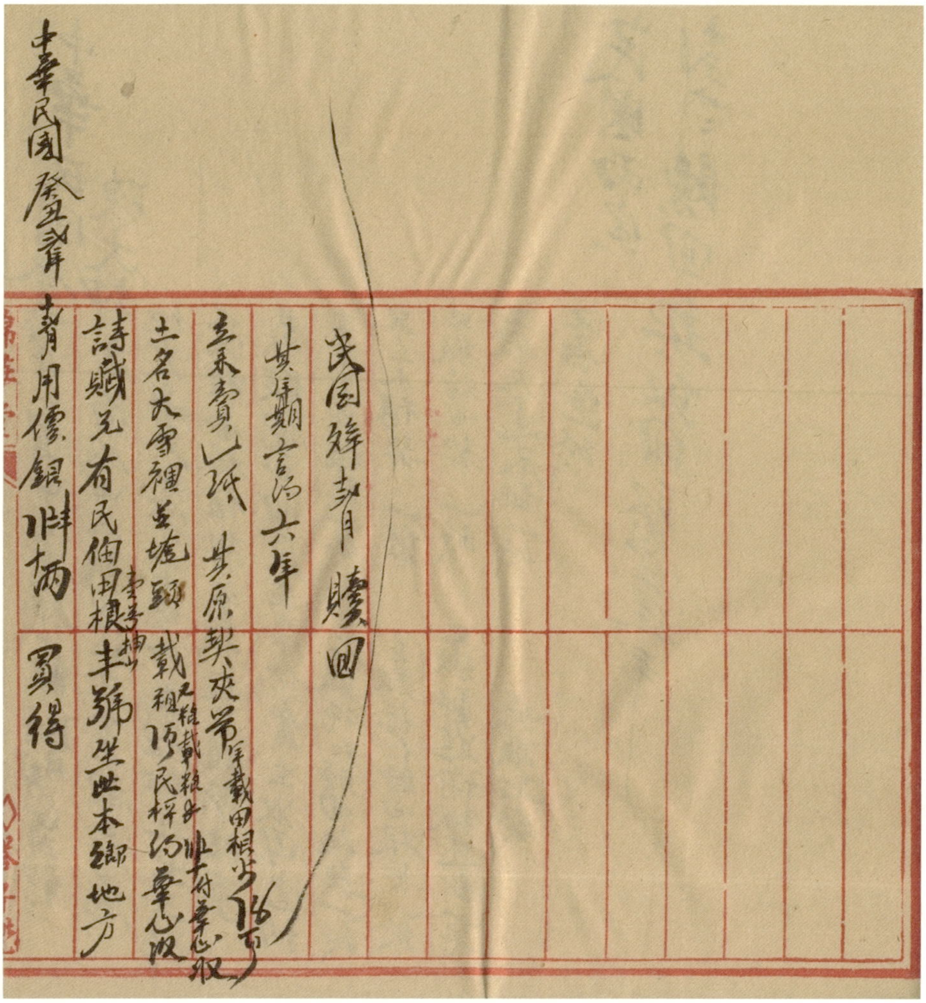

7-5-60-34　清光緒三十四年陳詩雅置得業數簿（三四）

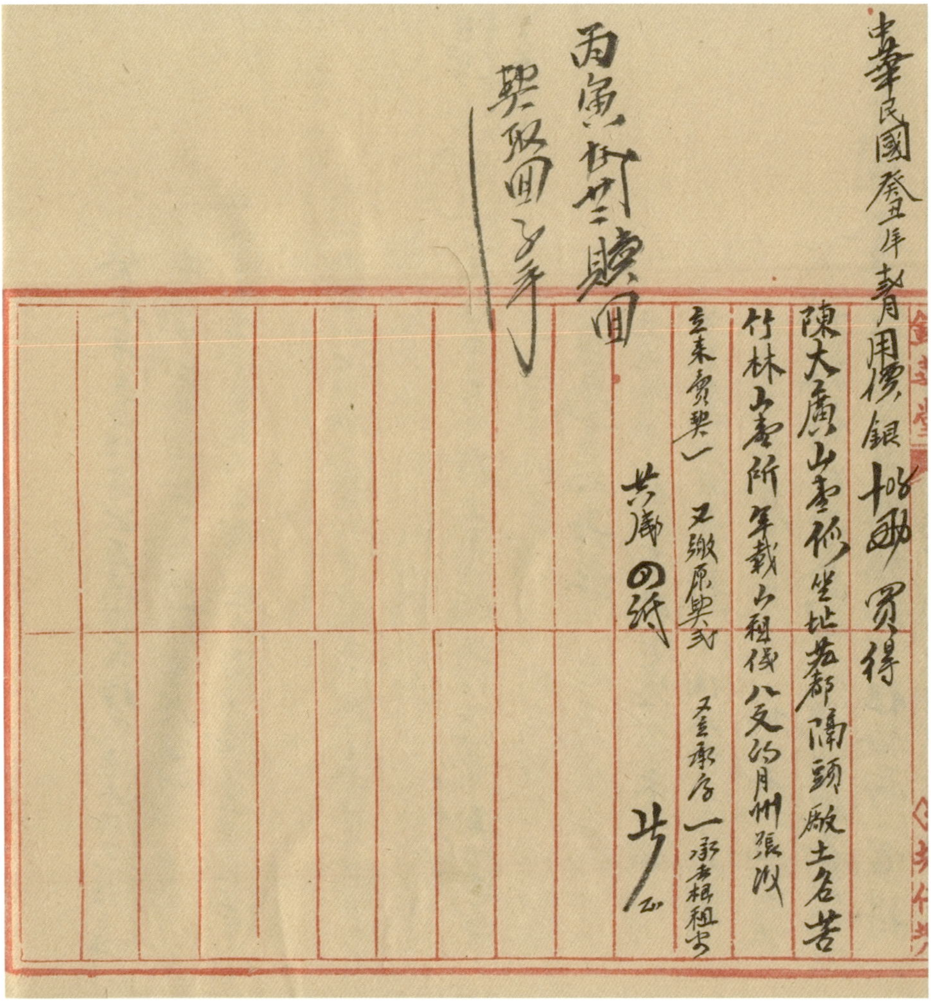
中華民國叁五年拾貳月用價銀拾貳兩買得
陳大廣山壹號坐址若都陽頭厰土名苦
竹林山壹所年載山租錢八文的月卅張收
立來賣契一　又繳原契貳　又立承佃一　承老租字
共帶四紙　共五
丙寅年對出贖回
契取回了手

7-5-60-33　清光緒三十四年陳詩雅置得業數簿（三三）

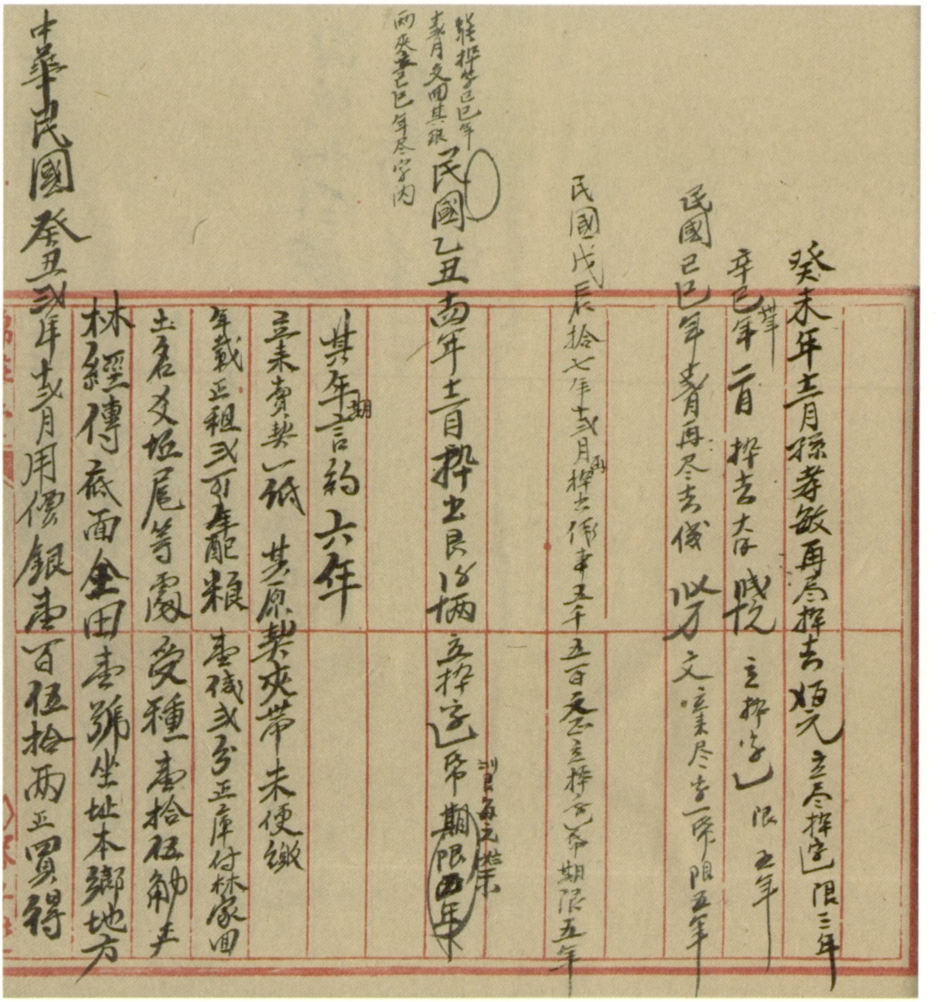

癸未年十二月孫孝敍再盡摋去洋元 立盡摋字退 限三年

辛巳年十二月 摋去大洋 拾元 立摋字退 限五年

民國己巳年十二月再盡去價 [illegible] 文 [illegible] 立盡字一帋 限五年

民國戊辰拾七年十二月摋去佛銀五千五百文 立摋字一帋 期限五年

民國乙丑十四年十二月摋出艮十四兩 立摋字退帋 期限四年

其年期言約六年

立來賣契一紙 其原契夾帶未便繳

年載正租弍百斤配粮壹錢弍分正庫付林家田

土名叉垅尾等處 受種壹拾伍觔去

林經傳祖面全田壹號坐址本鄉地方

中華民國癸丑弍年十二月用價銀壹百伍拾兩正買得

7-5-60-32　清光緒三十四年陳詩雅置得業數簿（三二）

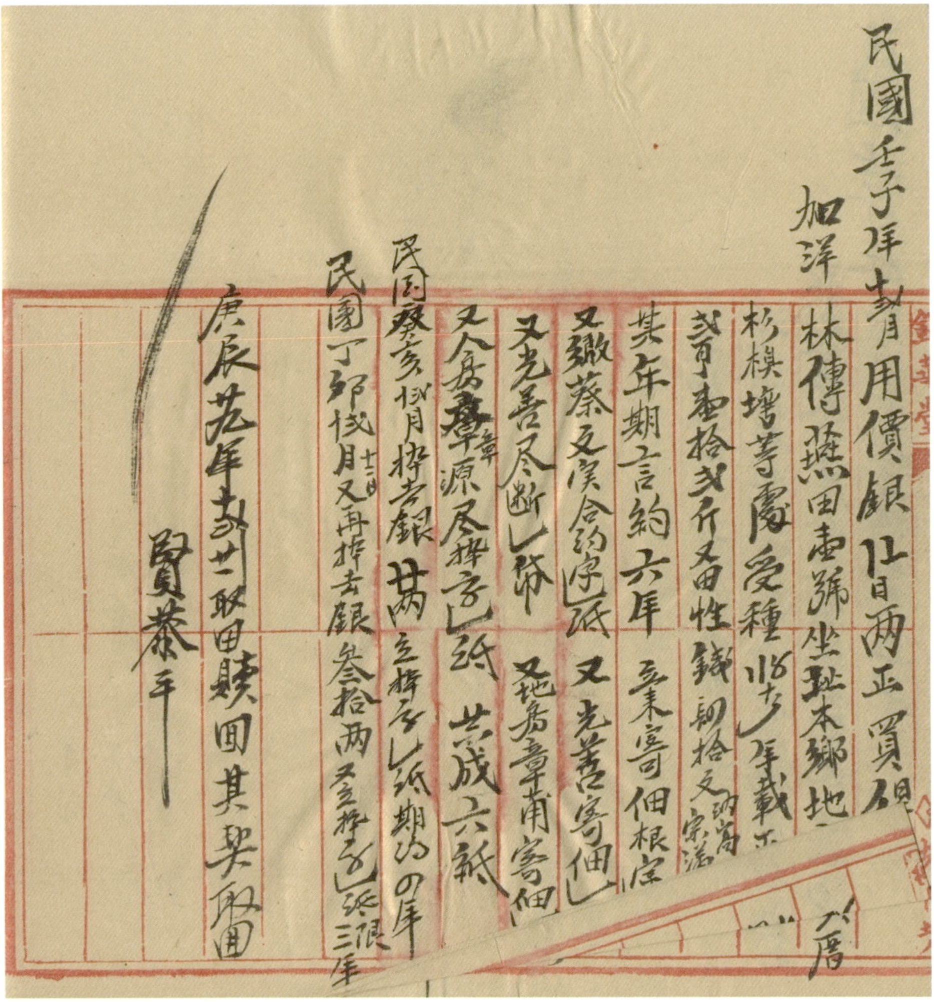
民國壬子年十二月用價銀八百兩正買得
加洋林傳燕田壹號坐址本鄉地
杉模壋等處受種
貳百壹拾貳斤又田牲錢肆拾文
其年期言約六年　立業寄佃根字
又繳蔡文宾合約字一紙　又光善寄佃一
又光善尽斷一紙　又地與章甫寄佃
又八與章源尽找字一紙　共成六紙
民國癸亥十一月找去銀廿兩　立找字一紙期內四年
民國丁卯拾月十二日又再找去銀叁拾兩　又立找字一紙限三年
庚辰前年十二月廿二取田贖回其契取回
賢恭手

7-5-60-31　清光緒三十四年陳詩雅置得業數簿（三一）

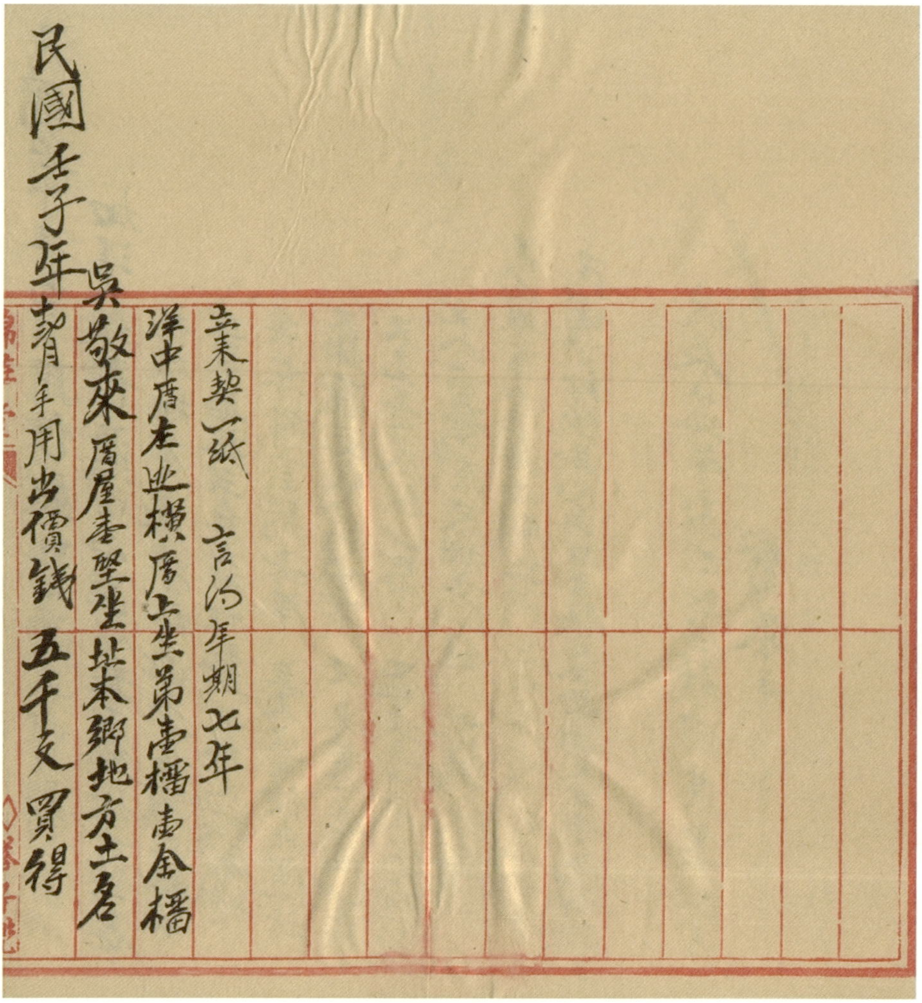
民國壬子年十二月手用出價錢五千文買得

吳敬來厝屋壹坐坐址本鄉地方土名

洋中厝左边横厝上坐第壹播壹全播

立業契一紙　言約年期七年

7-5-60-30　清光緒三十四年陳詩雅置得業數簿（三〇）

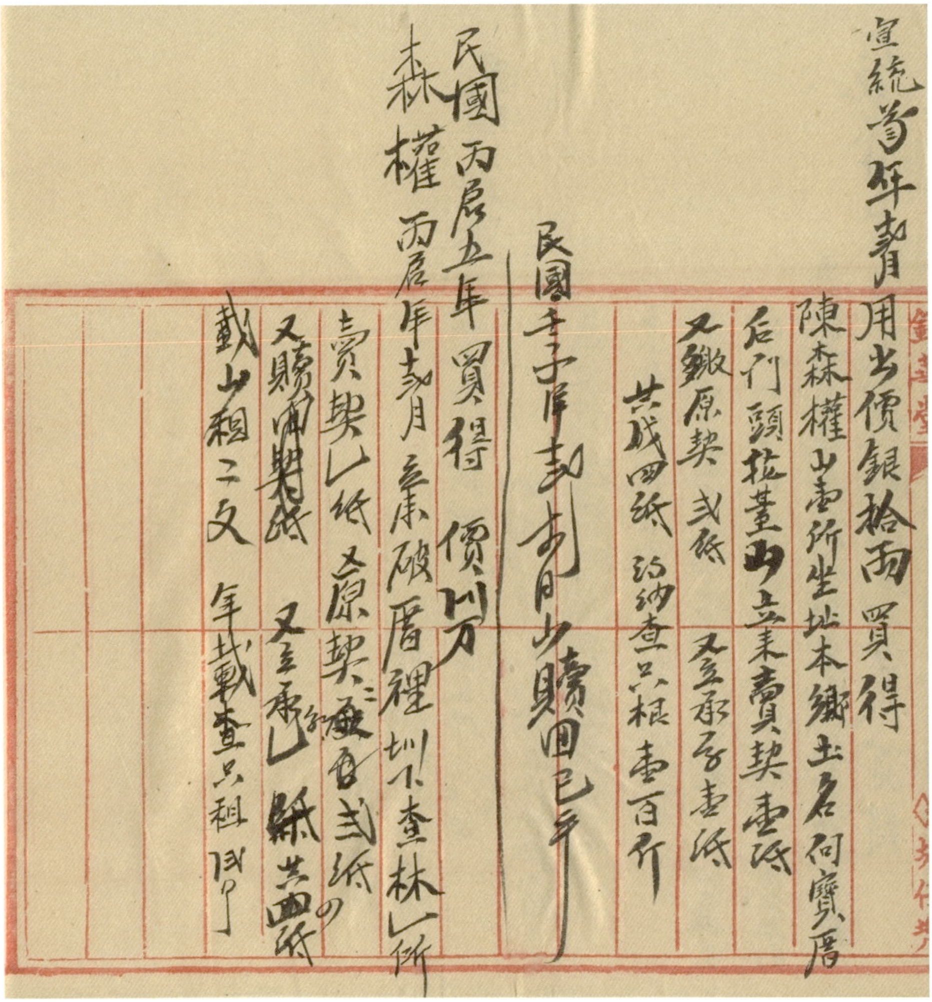

宣統貳年十二月用出價銀拾兩買得
陳森權山壹所坐址本鄉土名何寶厝
后門頭拉荃山立杜賣契壹紙
又繳原契貳紙　又並承字壹紙
共成四紙　該納查只根壹百斤
民國壬子年十二月日山贖回已平
民國丙辰五年買得　價洋
森權丙辰年十月桑破厝裡圳下查林山所
壹賣契山紙　又原契貳紙
又贖回契紙　又並承山紙　共四紙
載山租二文　年載查只租□了

7-5-60-29　清光緒三十四年陳詩雅置得業數簿（二九）

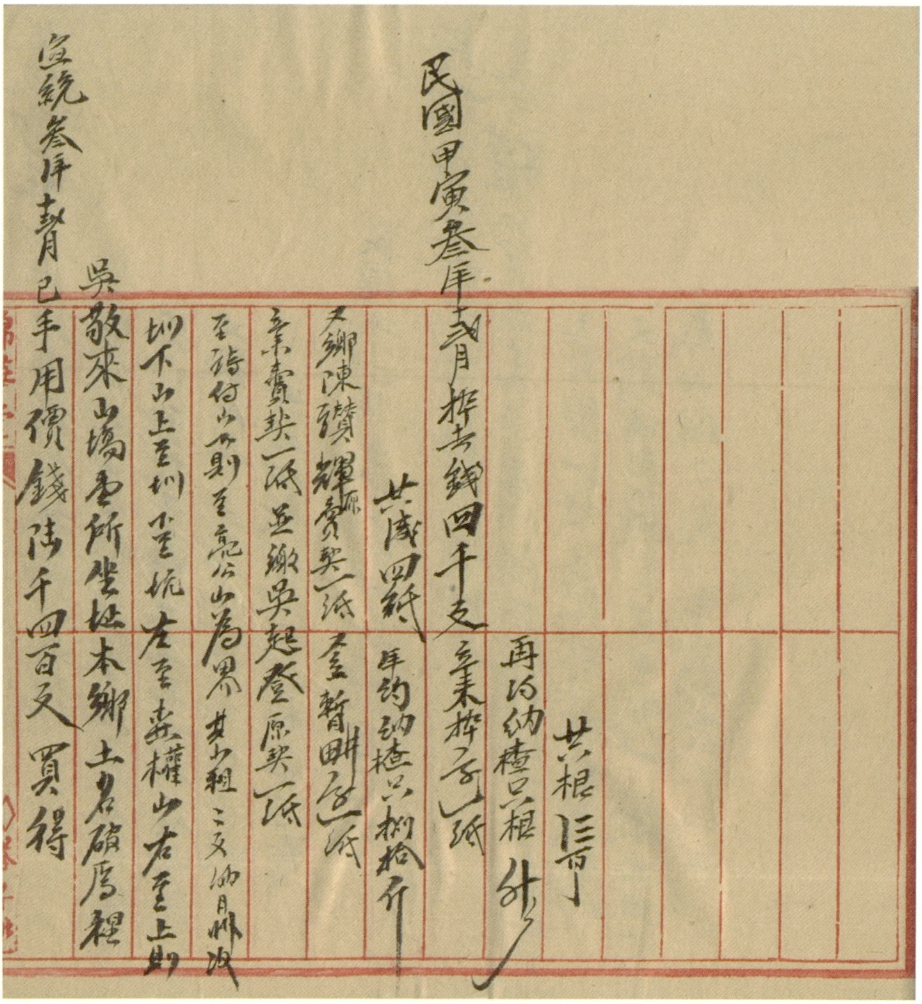
廿根 三百丁
再仍納檀只根 外
民國甲寅叄年十二月捽去錢四千文 主業捽去山紙
廿成四紙 年約納插只桁拾斤
又鄉陳讚輝原賣契一紙 叁暫州色紙
主業賣契一紙 並鄉吳起登原契一紙
至詩付山田則至亮公山為界 其山租二文納月北次
坳下山上至圳 下至坑 左至業權山 右至上助
吳敬來山場壹所坐址本鄉土名碓房裡
宣統叄年十二月己手用價錢陸千四百文 買得

7-5-60-28　清光緒三十四年陳詩雅置得業數簿（二八）

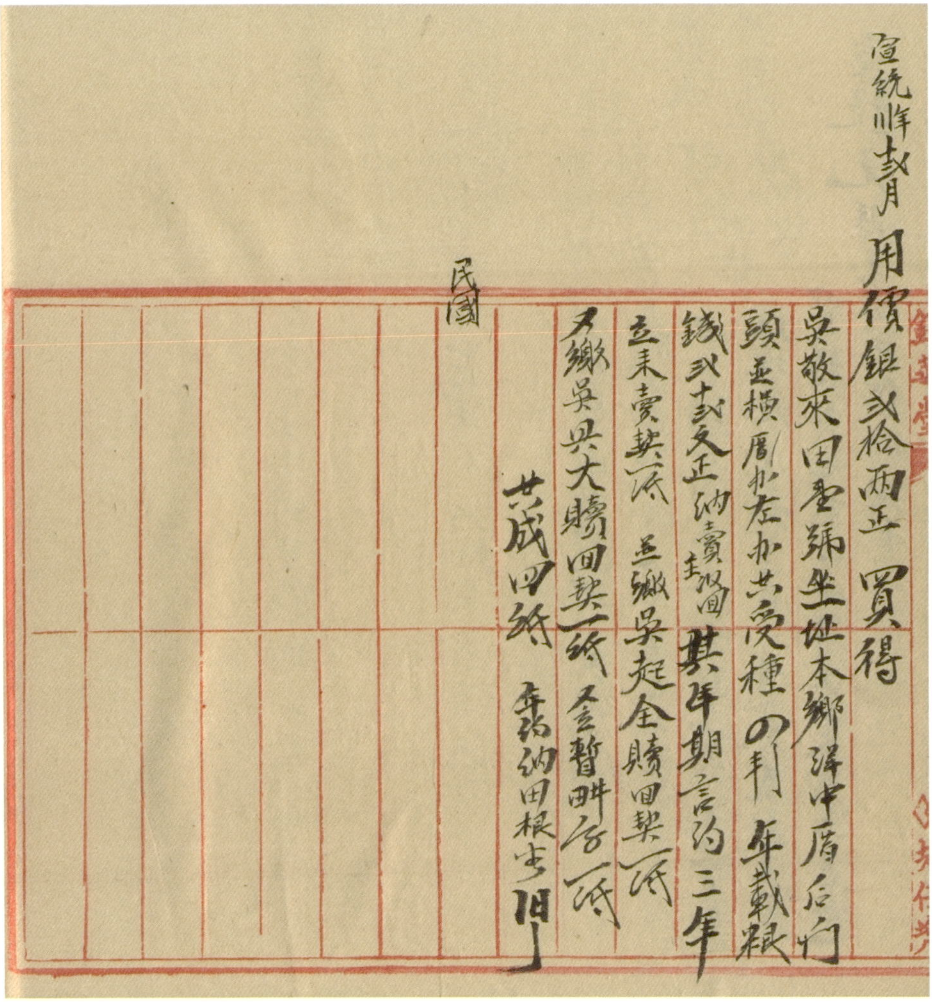
宣統叁年十二月 用價銀弍拾兩正 買得
吳敬來田壹號，坐址本鄉洋中厝后門
頭，土名橫厝下左下，共受種○斗，年載粮
錢弍十弍文正，納賣主收回。其年期言約三年。
並未賣契一紙，並繳吳廷金贖回契一紙，
又繳吳吳大贖回契一紙，又並暫批合一紙，
共成四紙。 本號納田根出門
民國

7-5-60-27　清光緒三十四年陳詩雅置得業數簿（二七）

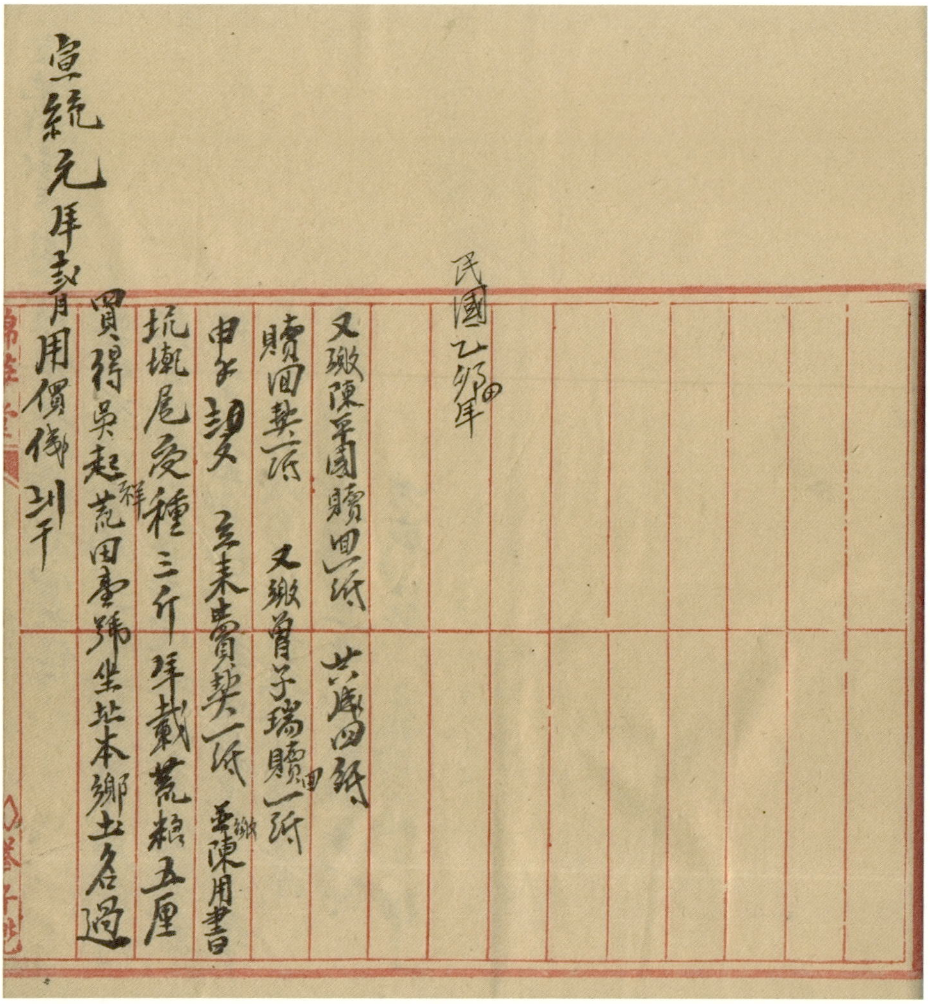
民國乙卯年
又繳陳平國贖田一紙　共贖田紙
贖回契一紙　又繳曾子瑞贖田一紙
申字號　立未曾賣契一紙　無繳陳用書
坑墘尾受種三斤年載荒粮五厘
買得吳起祥荒田壹號坐址本鄉土名過
宣統元年叁月用價錢弍千

7-5-60-26　清光緒三十四年陳詩雅置得業數簿（二六）

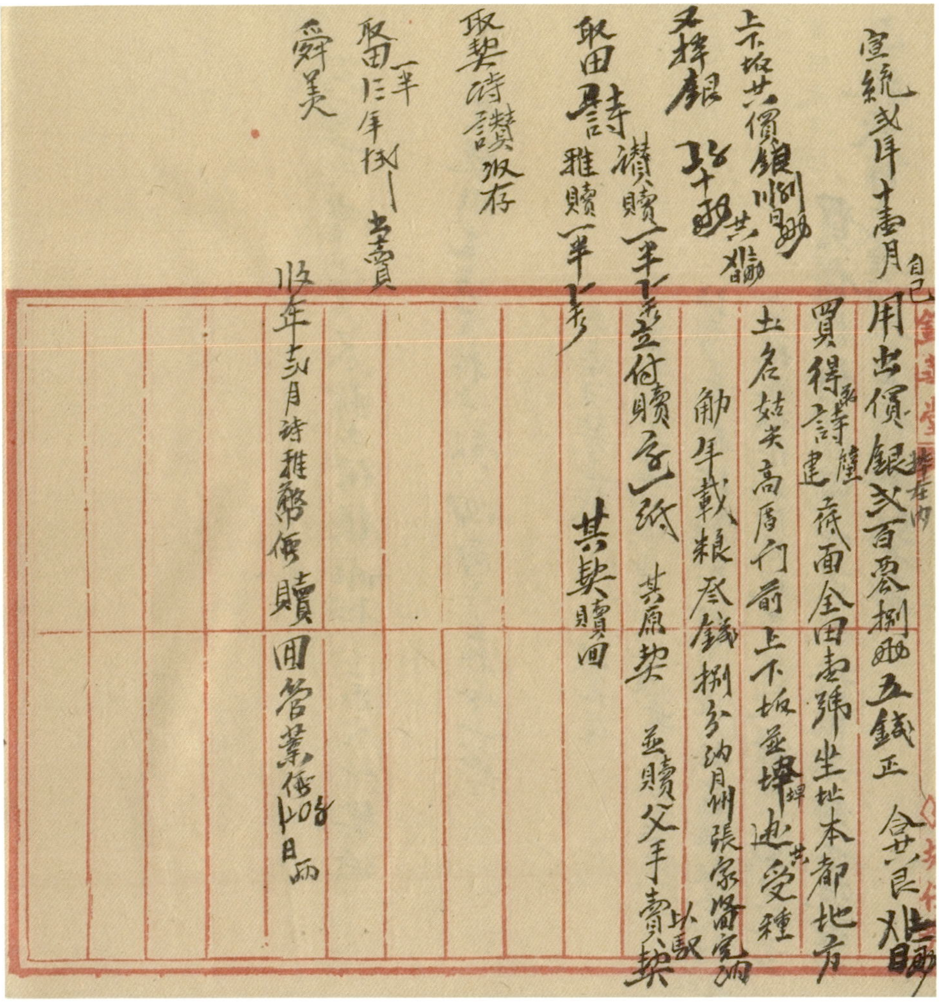
宣統弎年十壹月自己用出價銀弎百叁捌兩五錢正 合廿八艮壯兩
買得詩謹建 承面全田壹號坐址本都地方
土名姑尖高厝门前上下坵並埠埠一共受種
廿年載粮叁錢捌分納月洲張家峪完納
其原契 並贖父手賣契 以款
其契贖回
詩讚贖一半下並付贖字一紙
雅贖一半下歸
上下坵共價銀捌兩 共八兩
又摔銀 廿十兩
取田詩
取契詩讚收存
取田仁年伐一 一半 出賣
舜美
收年弎月詩雅爺便贖回管業價八兩日兩

7-5-60-25　清光緒三十四年陳詩雅置得業數簿（二五）

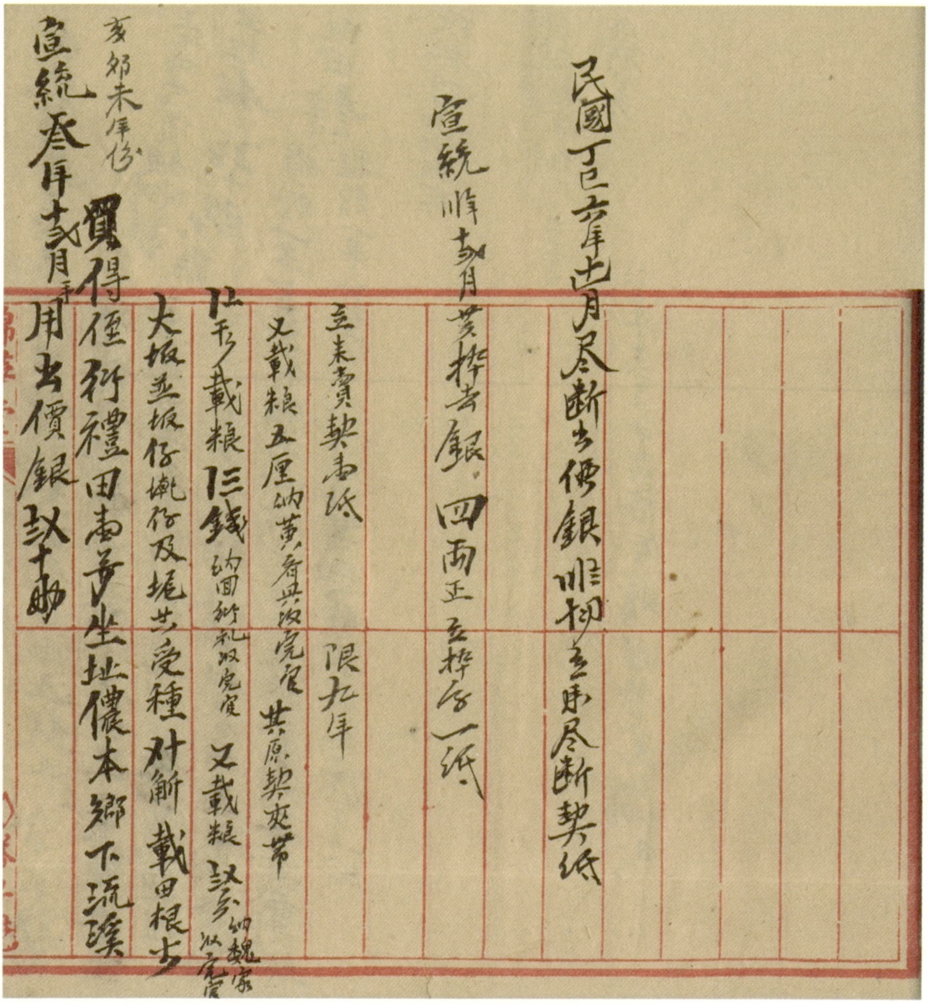

7-5-60-24　清光緒三十四年陳詩雅置得業數簿（二四）

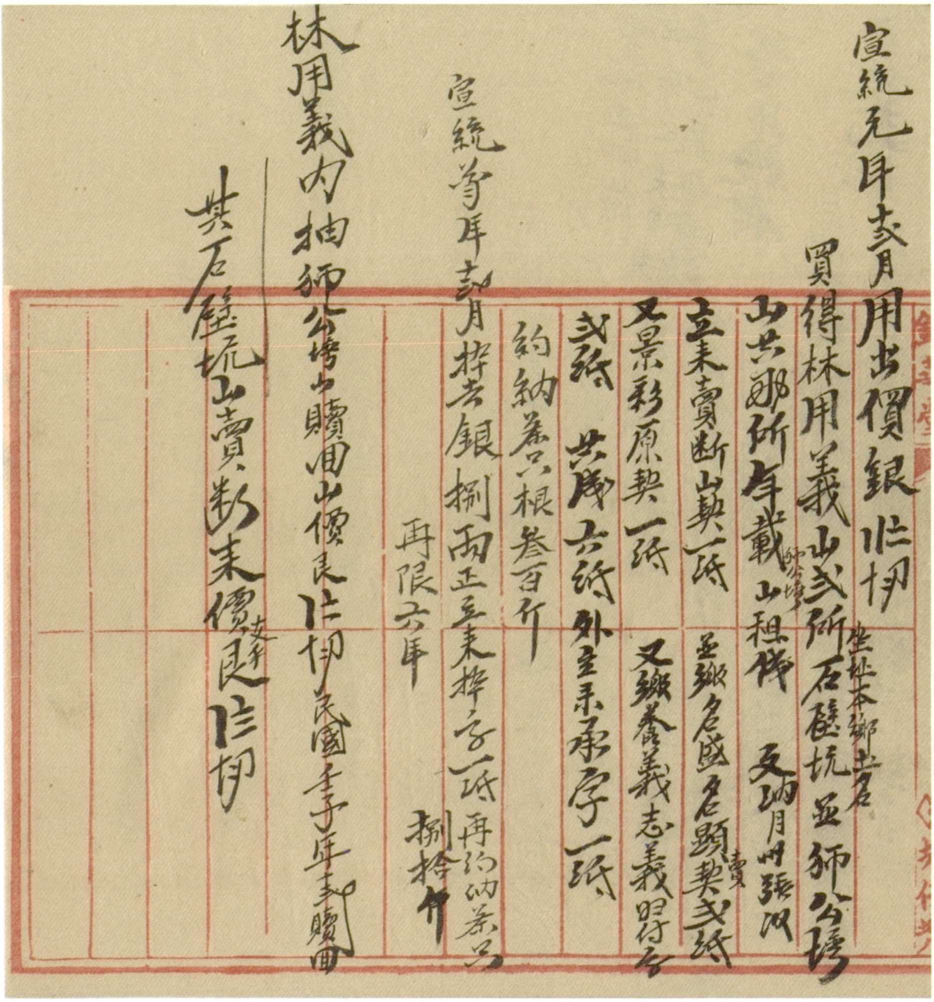
宣統元年十一月用出價銀八仟
買得林用義山弍所坐址本鄉土名石壁坑並獅公崗
山共兩所年載山租 又納月卅張
立來賣斷山契一紙 並鄉名盛名顯賣契弍紙
又景彩原契一紙 又鄉義志義賠付字
弍紙 共計六紙 外立來承字一紙
約納茶只根叁百斤
宣統弍年十一月抽去銀捌兩正立來抽字一紙 再約納茶只
再限六年 捌拾仟
林用義內抽獅公崗山贖回山價良伍仟 民國壬子年十一月贖回
其石壁坑山賣斷來價良伍仟

7-5-60-23　清光緒三十四年陳詩雅置得業數簿（二三）

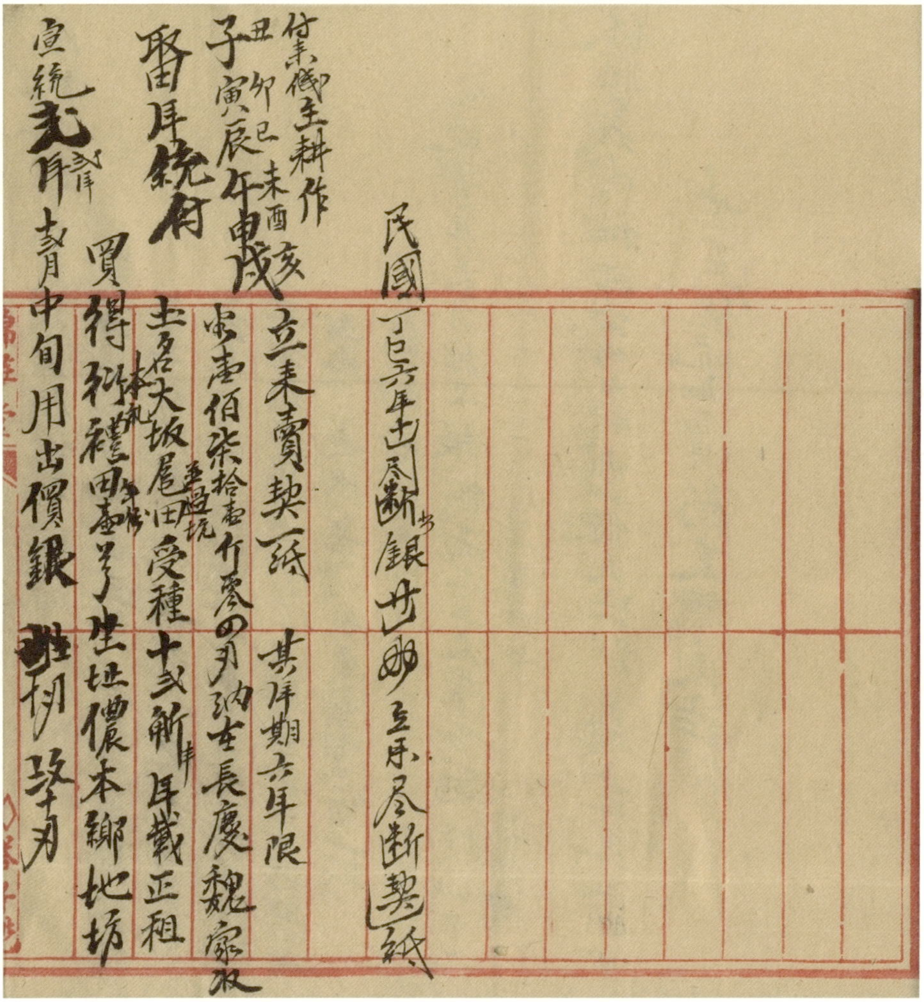

7-5-60-22　清光緒三十四年陳詩雅置得業數簿（二二）

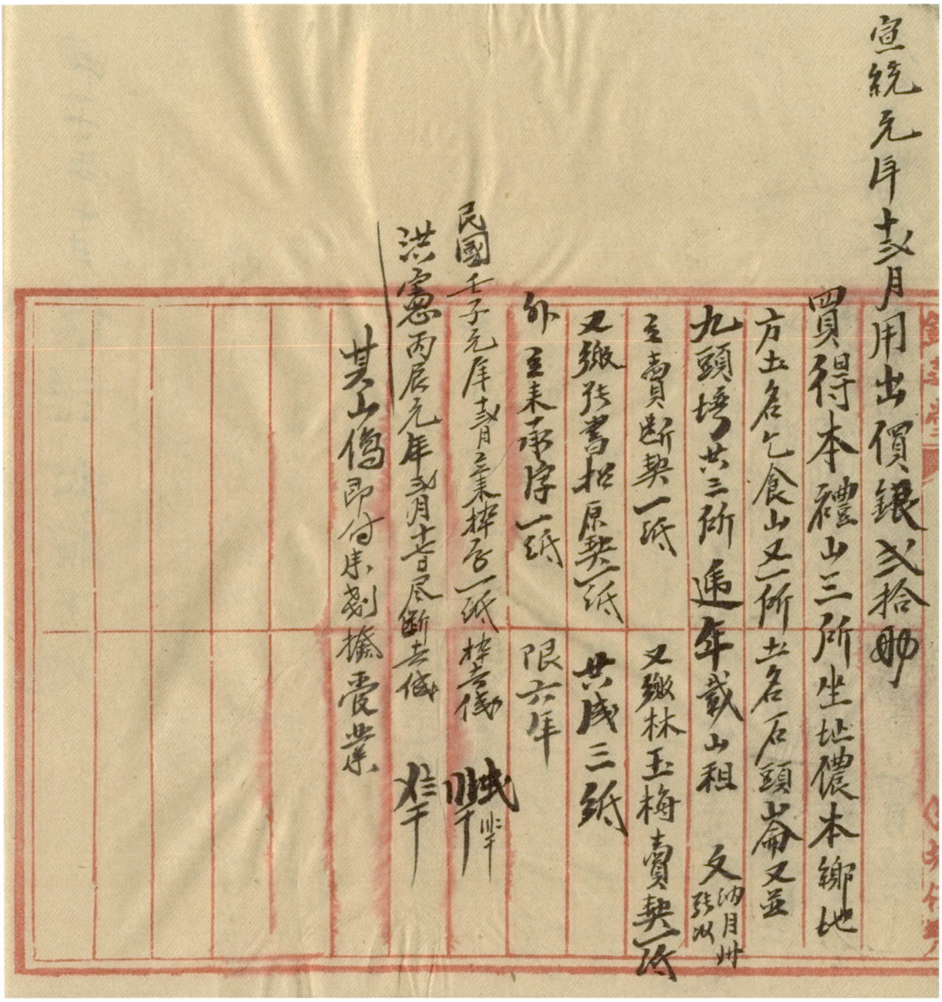
宣統元年十弍月用出價銀弍拾肆
買得本禮山三所坐址儂本鄉地
方土名乞食山又一所土名石頭崙又並
九頭塆共三所 逓年載山租 文納月卅 張收
立賣斷契一紙 又繳林玉梅賣契一紙
又繳張書招原契一紙 共成三紙
外 立來帝字一紙 限六年
民國壬子元年十弍月立兼梓字一紙 梓者仔
洪憲丙辰元年弍月十二日盡斷書一紙
其山偽即付來劃撬賣業

7-5-60-21　清光緒三十四年陳詩雅置得業數簿（二一）

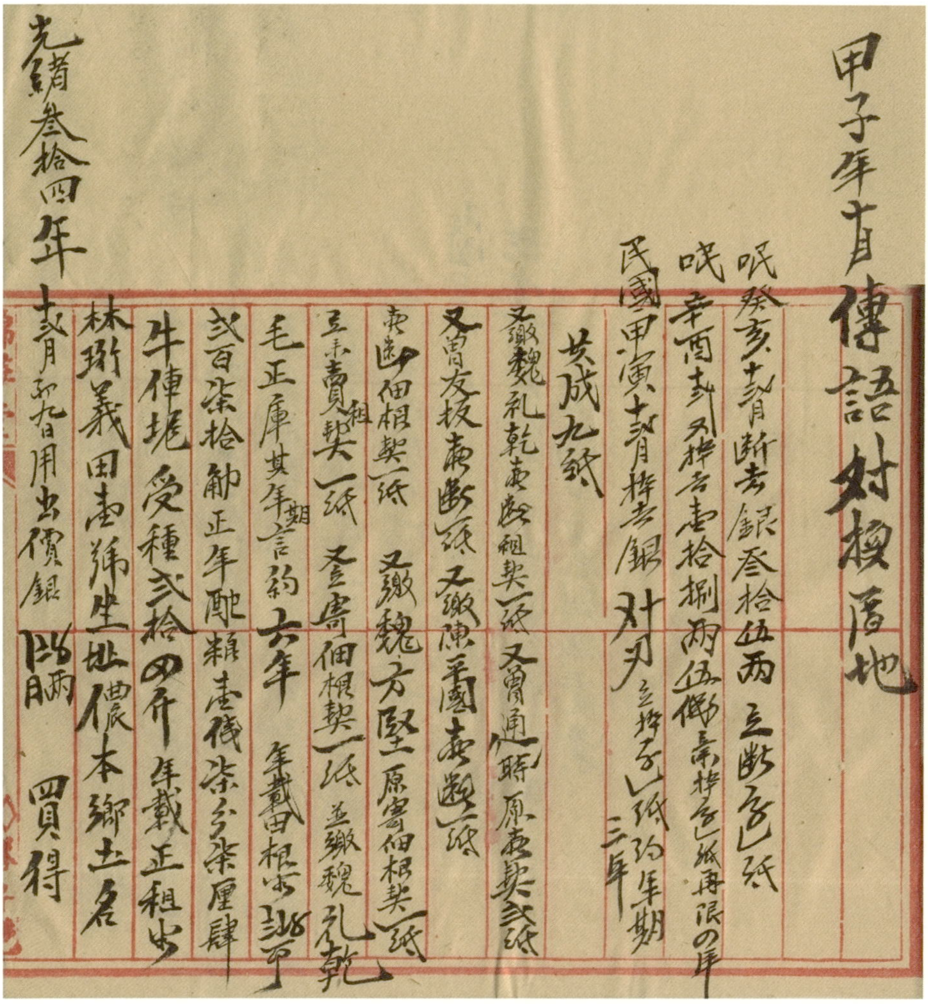
甲子年十一月傳語對換厝地
𠯿癸亥十二月斷出銀叁拾伍兩 立斷字一紙
𠯿辛酉十一月又找出壹拾捌兩伍錢 贖找字一紙再限四年
民國甲寅十二月找出銀卅元 立找字一紙 伍年期 三年
共成九紙
又繳魏礼乾衷斷佃契一紙 又買通聘原衷契貳紙
又買友拔衷斷一紙 又繳陳平園衷斷一紙
衷斷佃相契一紙 又繳魏方堅原寄佃根契一紙
立永賣粗契一紙 叁寄佃根契一紙 並繳魏孔乾
毛正庫其年朗言約六年 年載田根米
貳百柒拾觔正年胚粗壹錢柒分柒厘肆
牛律堤受種貳拾四斤 年載正租米
林珩義田壹號坐址仙岐本鄉土名
光緒叁拾四年十一月初九日用出價銀□兩 買得

7-5-60-20　清光緒三十四年陳詩雅置得業數簿（二〇）

光緒叁拾叁年十弍月用出價銀廿两正

宣統元年十弍月再用

出價銀〢〨十捌

換契賣斷一紙

其山付來逺業

買得弟詩壁山壹所坐址儂本鄉

土名下流溪山上至林礼期山下至田左

至林義璿山又下左至坑右至伯賢國山為

界逓年載山租錢四文玖月卅號收

𠅘業來賣斷山契壹紙

又繳為礼賣斷一紙

又繳時梨原契

共成八紙

又繳詩草贖田契一紙

又繳仙吉原契一紙

又繳詩草贖承字一紙

為礼贖田推字弍紙

外立表承字一紙壓留

7-5-60-19　清光緒三十四年陳詩雅置得業數簿（一九）

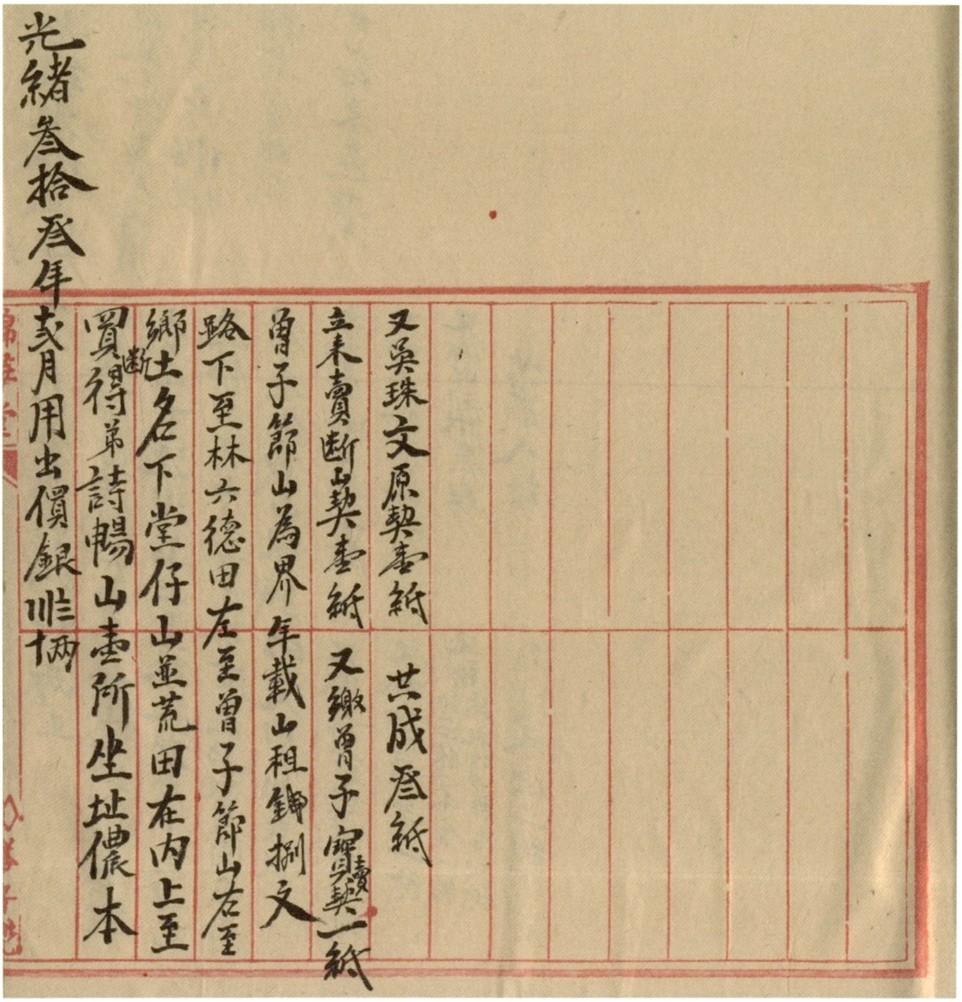
又吴珠文原契壹紙　共成叁紙
立來賣斷山契壹紙　又繳曾子寅賣契一紙
曾子節山爲界年載山租銅捌文
路下至林六德田左至曾子節山右至
鄉土名下堂仔山並荒田在內上至
買斷得弟詩暢山壹所坐址儂本
光緒叁拾叁年弍月用出價銀卌兩

7-5-60-18　清光緒三十四年陳詩雅置得業數簿（一八）

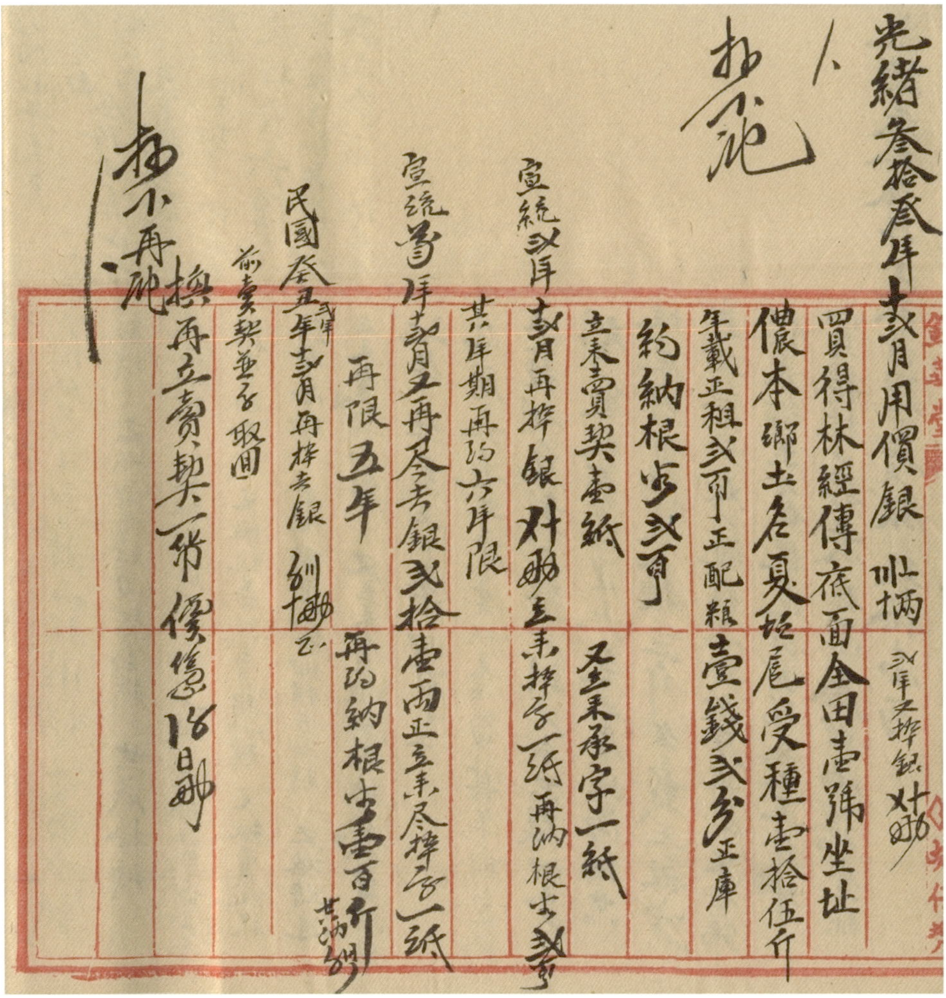

光緒叁拾叁年十弍月用價銀卌兩　弍年又找銀廾兩
買得林經傳底面全田壹號坐址
價本鄉土名夏坑尾受種壹拾伍斤
年載正租弍佰斤正配粮壹錢弍分正庫
約納根谷弍百斤
立夹賣契壹紙　又立夹承字一紙
宣統弍年十弍月再找銀廾兩　立夹找字一紙　再納根谷弍百斤
其年期再限六年限
宣統叁年十弍月又再尽找銀弍拾壹兩正　立夹尽找字一紙
再限五年　再限納根谷壹百斤　廿兩糾
民國叁五年十弍月再找去銀　糾兩正
前賣契並字取回
換再立賣契一紙　價僨廾兩
抄小花
抄小再花

7-5-60-17　清光緒三十四年陳詩雅置得業數簿（一七）

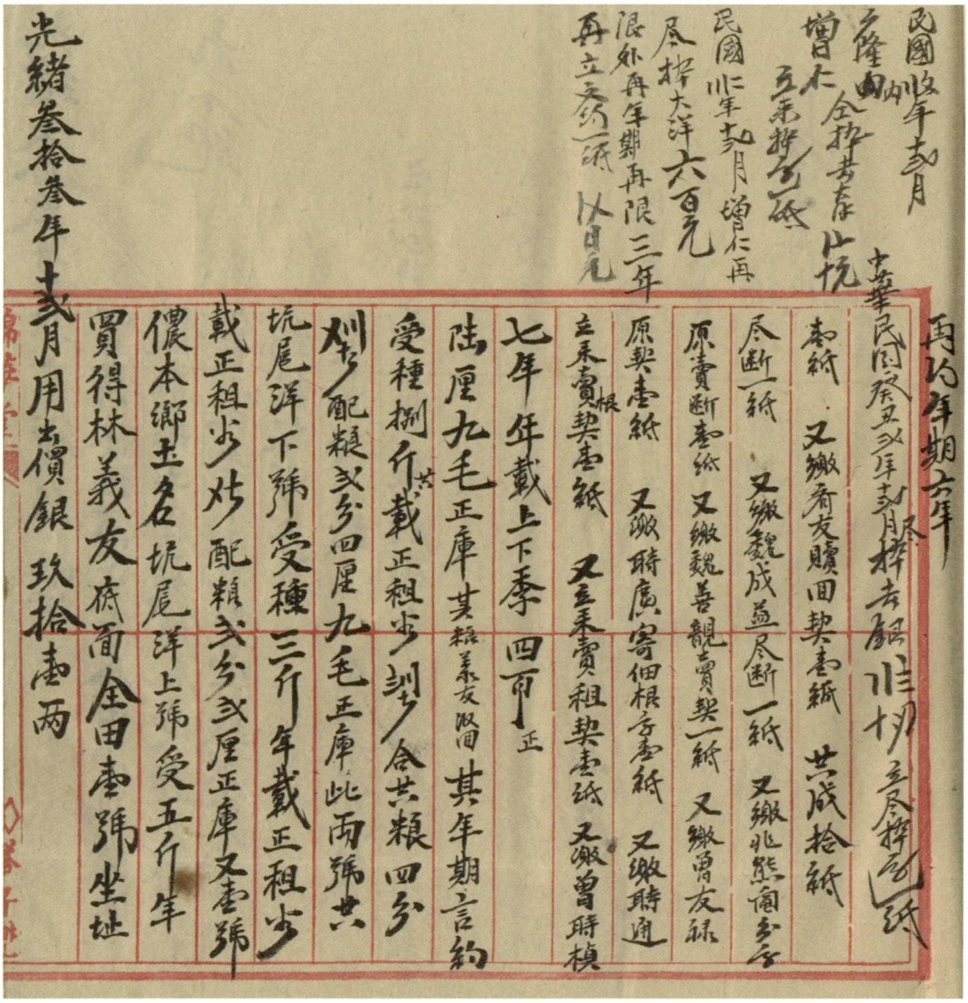

民國卅年貳月
又隆內 全扦去春 仙坑
曾木 立來扦字一紙
民國卅年貳月 曾仁再
盡扦大洋六百元
限外再年期再限三年
再立交約一紙 以日元
再約年期六年
中華民國癸丑年貳月盡扦去銀[illegible] 立盡扦字一紙
壹紙 又繳鄭友贖田契壹紙 共成拾紙
盡斷一紙 又繳魏成益盡斷一紙 又繳兆熊[illegible]
原賣斷壹紙 又繳魏善龍賣契一紙 又繳[illegible]友祿
原契壹紙 又繳聯廣寄佃根字壹紙 又繳聯通
立來賣根契壹紙 又立來賣租契壹紙 又繳曾聯楨
七年年載上下季 四百斤正
陸厘九毛正庫 其糧義友收回 其年期言約
受種捌斤 載正租[illegible] 合共糧四分
[illegible] 配糧貳分四厘九毛正庫 此兩號共
坑尾洋下號受種三斤 年載正租[illegible]
載正租[illegible] 配糧貳分貳厘正庫 又壹號
儂本鄉土名坑尾洋上號受五斤年
買得林義友族面全田壹號坐址
光緒叁拾叁年十貳月 用出價銀玖拾壹兩

7-5-60-16　清光緒三十四年陳詩雅置得業數簿（一六）

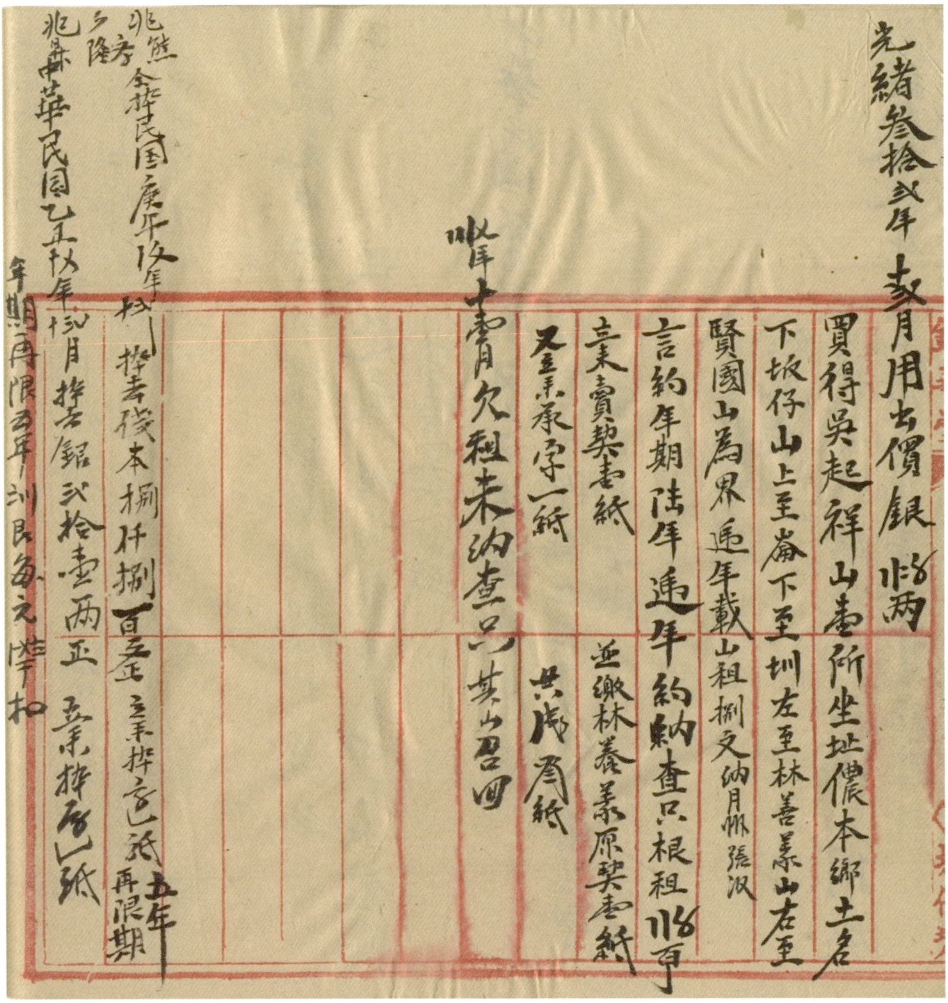

光緒叁拾四年十一月用出價銀[illegible]兩
買得吳起祥山壹所坐址儀本鄉土名
下坂仔山上至崙下至圳左至林善義山右至
賢國山為界逐年載山租捌文納月帋張汲
言約年期陸年逐年約納查只根租[illegible]
立業賣契壹紙　並繳林養義原契壹紙
又立義承字一紙　共[illegible]紙
[illegible]年十二月欠租未納查只　其山召回
兆熊 全摔民国庚午玖年拾[illegible]　摔去價本捌仟捌百正　立業摔字一紙　再限期五年
多隆 孝
兆桑 中華民国乙丑玖年十二月　摔去銀弍拾壹兩正　立業摔字一紙
年期再限五年[illegible]

7-5-60-15　清光緒三十四年陳詩雅置得業數簿（一五）

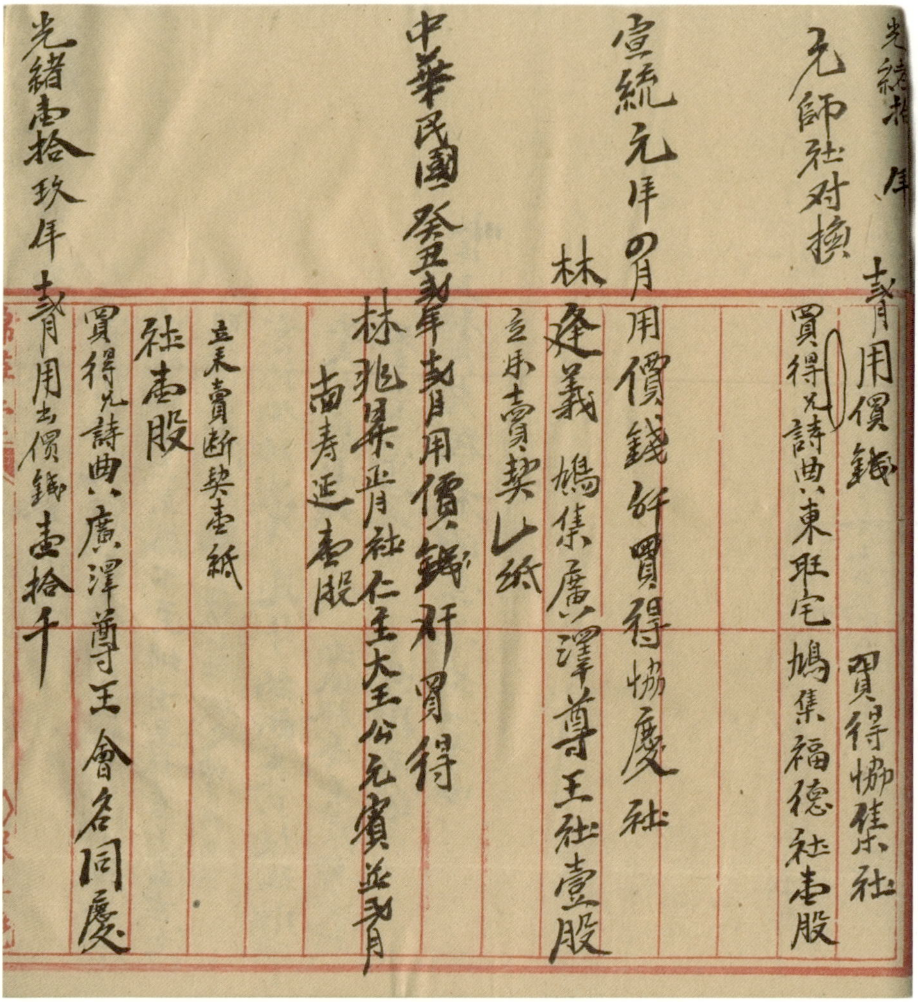

光緒拾 年十二月用價錢買得協集社
元師社对換
買得兄詩典六東耶宅鳩集福德社壹股
宣統元年四月用價錢廿買得協慶社
林逢義 鳩集廣澤尊王社壹股
立承賣契山紙
中華民國癸丑年十二月用價錢廿買得
林兆集正月社仁王大王公元賓延二月
南壽延壹股
立承賣斷契壹紙
社壹股
買得兄詩典六廣澤尊王會名同慶
光緒壹拾玖年十二月用出價錢壹拾千

7-5-60-14　清光緒三十四年陳詩雅置得業數簿（一四）

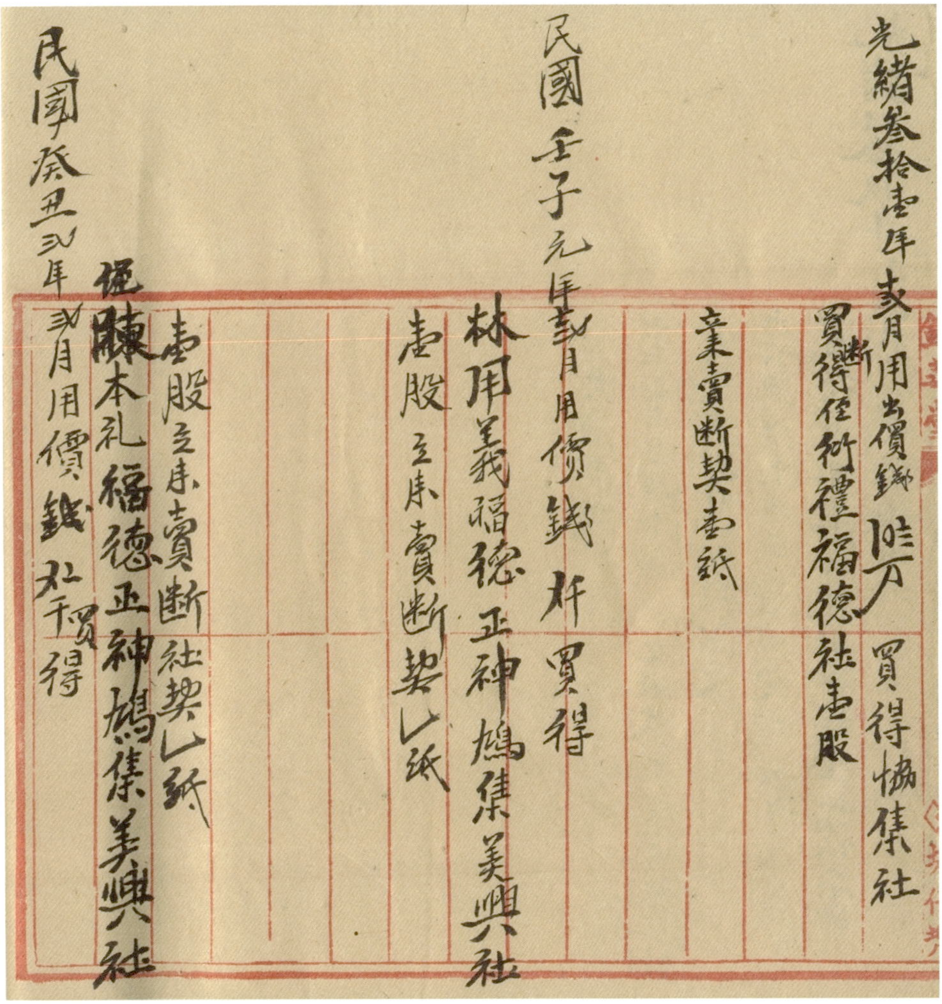
光緒叁拾壹年貳月用出價錢〡〨千買得協集社
買斷得任衍禮福德社壹股
業賣斷契壹紙
民國壬子元年貳月用價錢仟買得
林用義福德正神鳩集美興社
壹股立來賣斷契乙紙
民國癸丑弍年弍月用價錢〤千買得
陳本礼福德正神鳩集美興社
壹股立來賣斷社契乙紙

7-5-60-13　清光緒三十四年陳詩雅置得業數簿（一三）

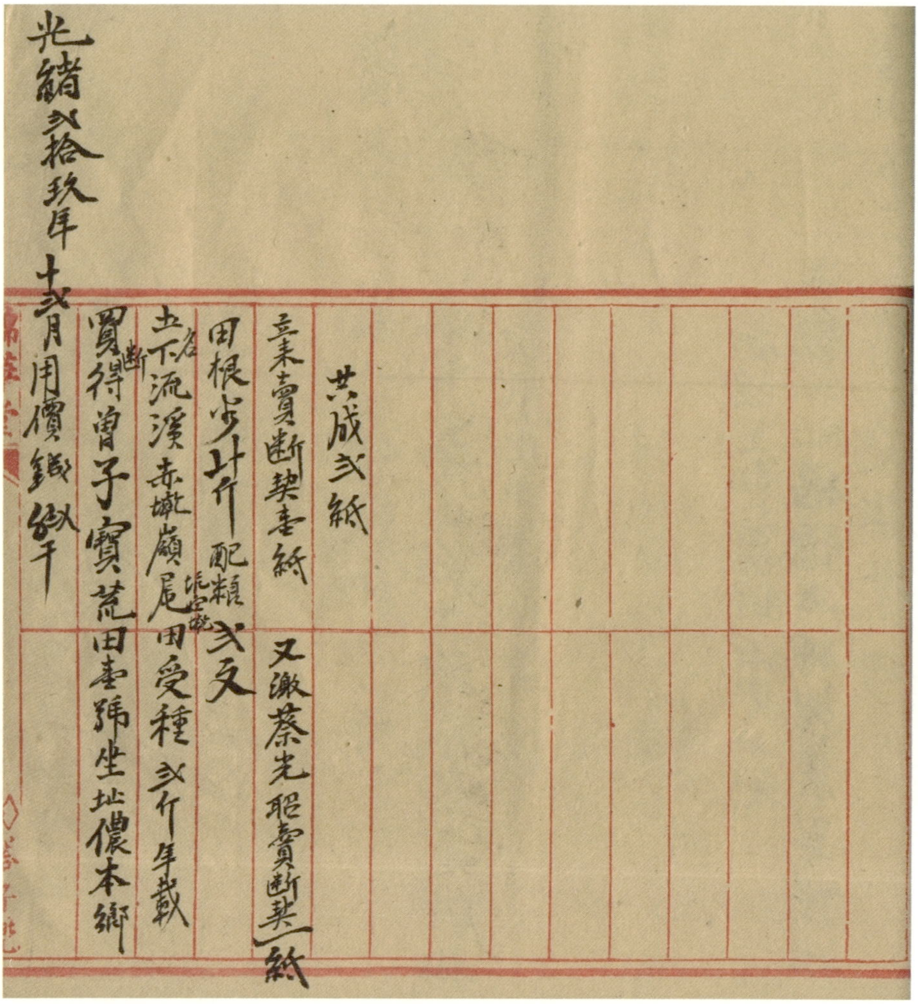

光緒弍拾玖年十弍月用價錢玖千

買斷得曾子寶荒田壹號坐址儂本鄉

土名下流溪赤墩嶺尾田受種弍斤年載

田根少升斤　配粮弍文

立業賣斷契壹紙　又繳蔡光聰賣斷契一紙

共成弍紙

7-5-60-12　清光緒三十四年陳詩雅置得業數簿（一二）

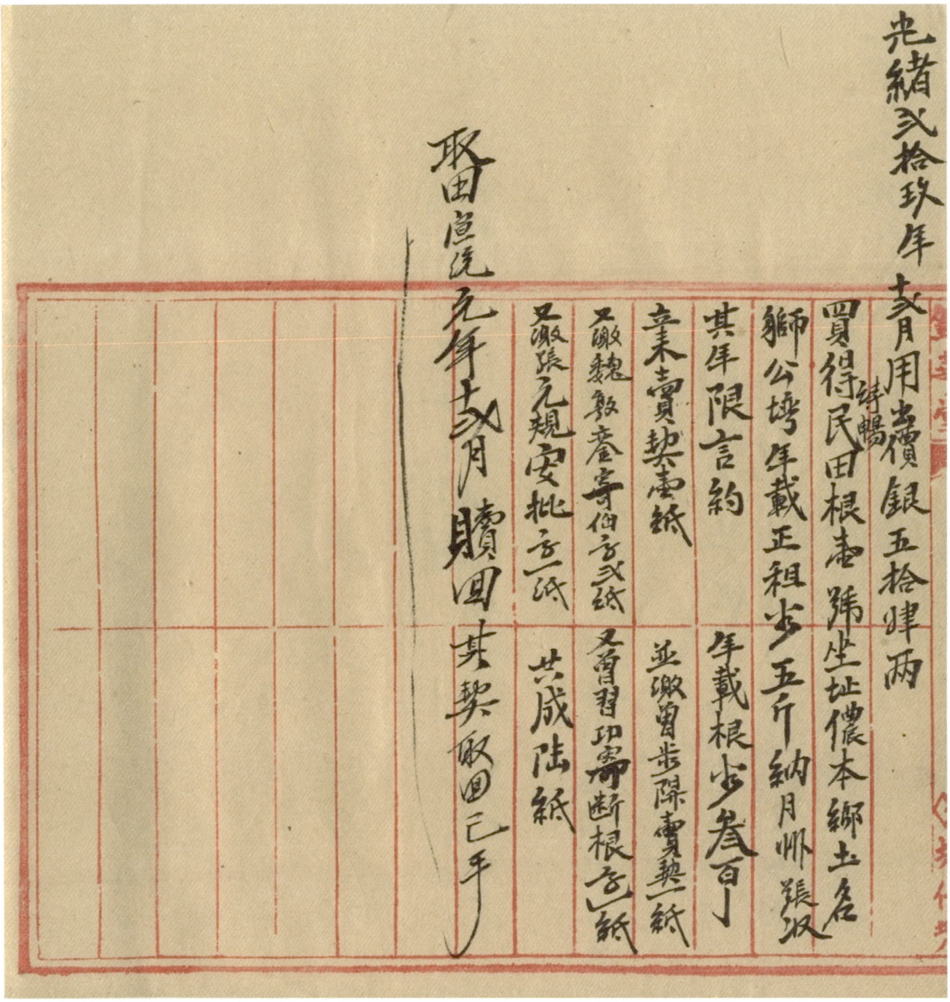
光緒弍拾玖年十二月用出價銀五拾肆兩
買得詩暢民田根壹號坐址儂本鄉土名
獅公墘年載正租少五斤納月卅張汲
年載根少叁百丁
其年限言約
立賣契壹紙
並繳曾步隆賣契一紙
又繳魏敦奢寄佃字弍紙
又繳曾習印壽斷根字一紙
又繳張元規安批字一紙
共成陆紙
取田宣統元年十二月贖回 其契取回已手

7-5-60-11　清光緒三十四年陳詩雅置得業數簿（一一）

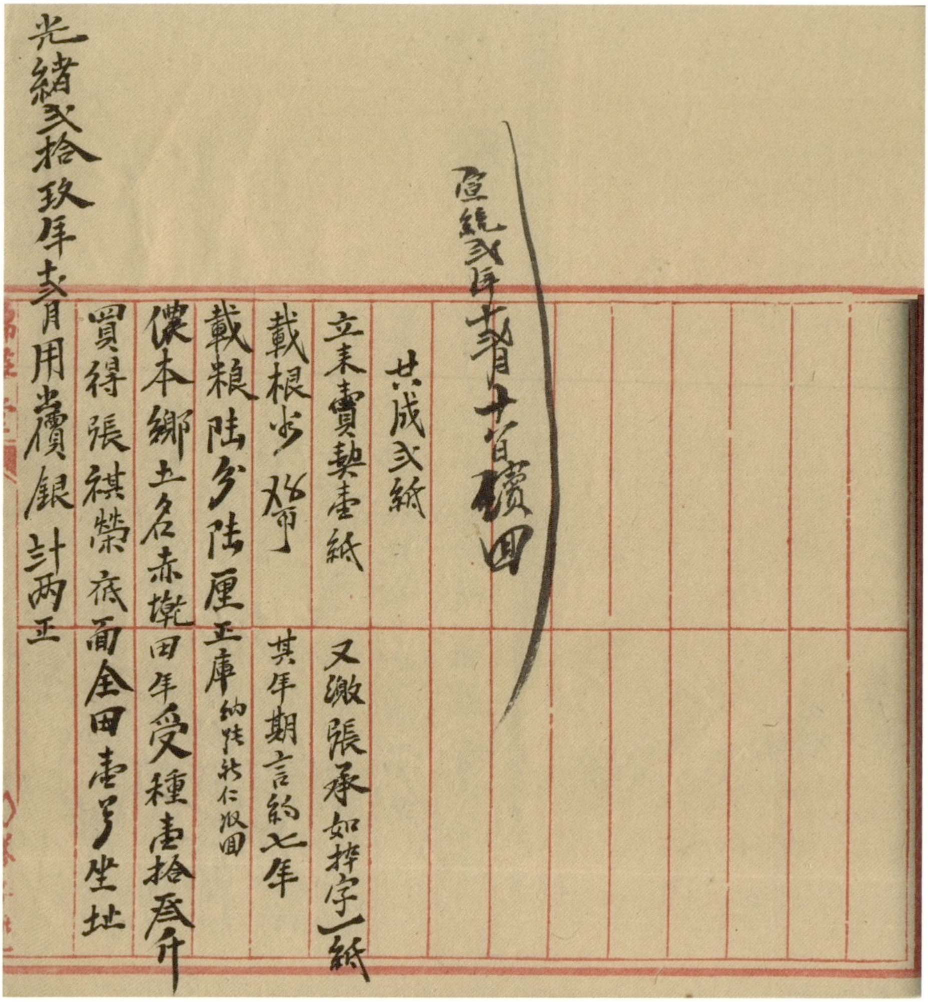
宣統弍年十二月十二日贖田
共成弍紙
立來賣契壹紙　又繳張承如拚字一紙
載根米肆斗　其年期言約七年
載粮陸分陸厘正庫納陸於仁圾田
俱本鄉土名赤墘田年受種壹拾叁斤
買得張祺榮承面全田壹号坐址
光緒弍拾玖年十二月用出價銀廿两正

7-5-60-10　清光緒三十四年陳詩雅置得業數簿（一〇）

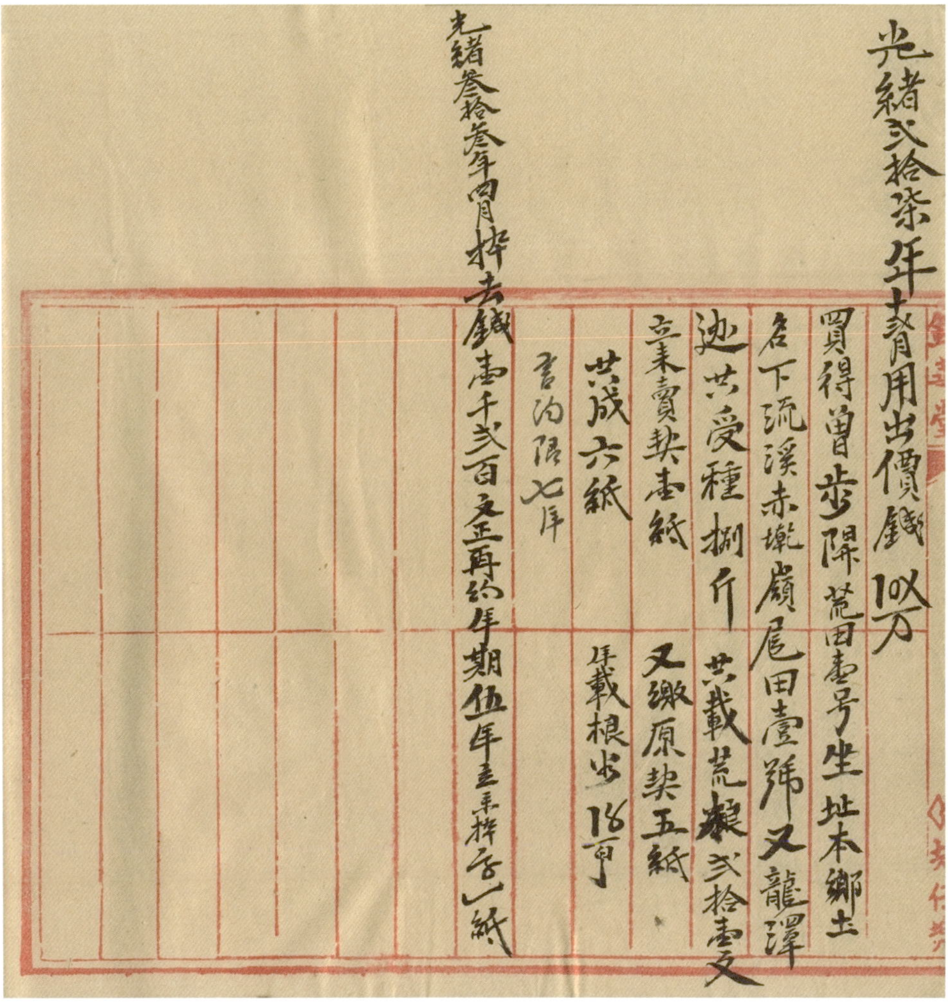
光緒弍拾柒年十貳月用出價錢10以万

買得曾步隱荒田壹号坐址本鄉土

名下流溪赤墘嶺尾田壹號又龍潭

述共受種捌斤　共載荒糧弍拾壹文

立業賣契壹紙　又繳原契五紙

共成六紙　年載糧米18ㄅ

言約限七年

光緒叁拾叁年四月拚去錢壹千弍百文正再約年期伍年至来拚去山紙

7-5-60-9　清光緒三十四年陳詩雅置得業數簿（九）

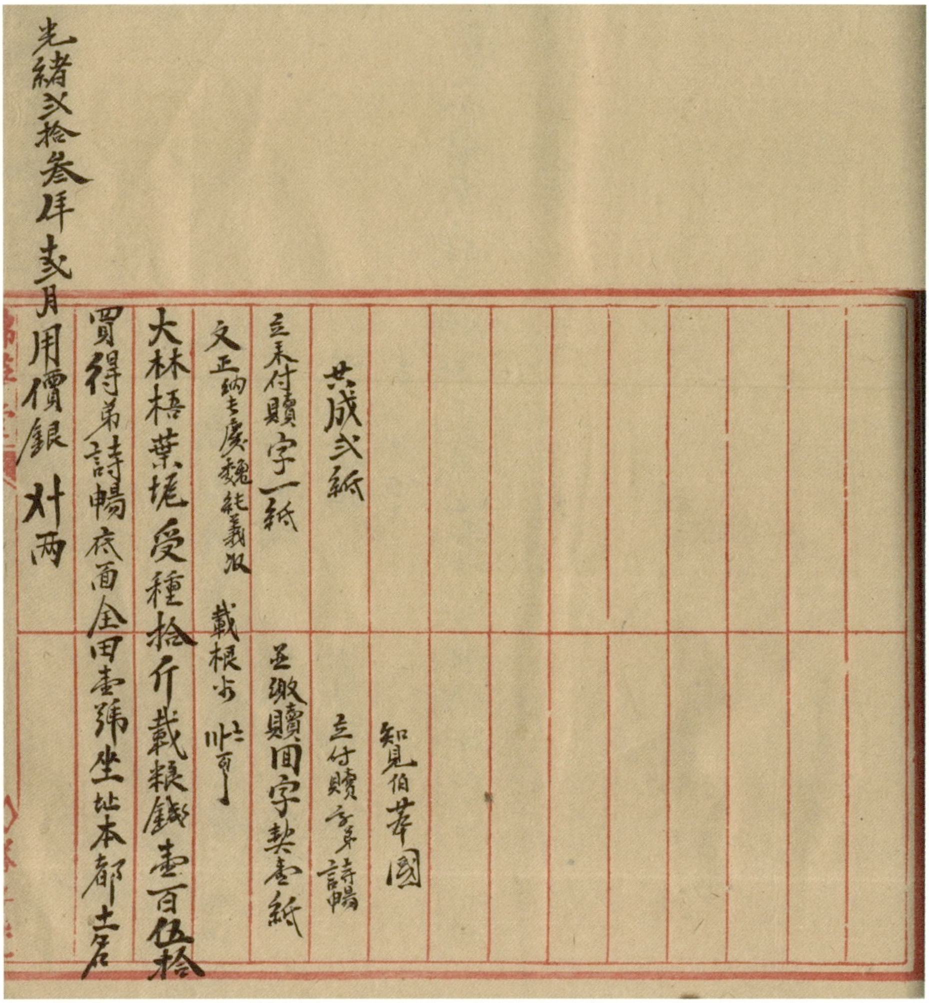
光緒弍拾叁年十二月用價銀对两
買得弟詩暢底面全田壹號坐址本都土名
大林梧葉堀受種拾斤載粮錢壹百伍拾
文正納去處魏純義叔 載根分 卅七百文
立票付贖字一紙 立繳贖田字契壹紙
共成弍紙 立付贖弟詩暢
知見伯華國

7-5-60-8 清光緒三十四年陳詩雅置得業數簿（八）

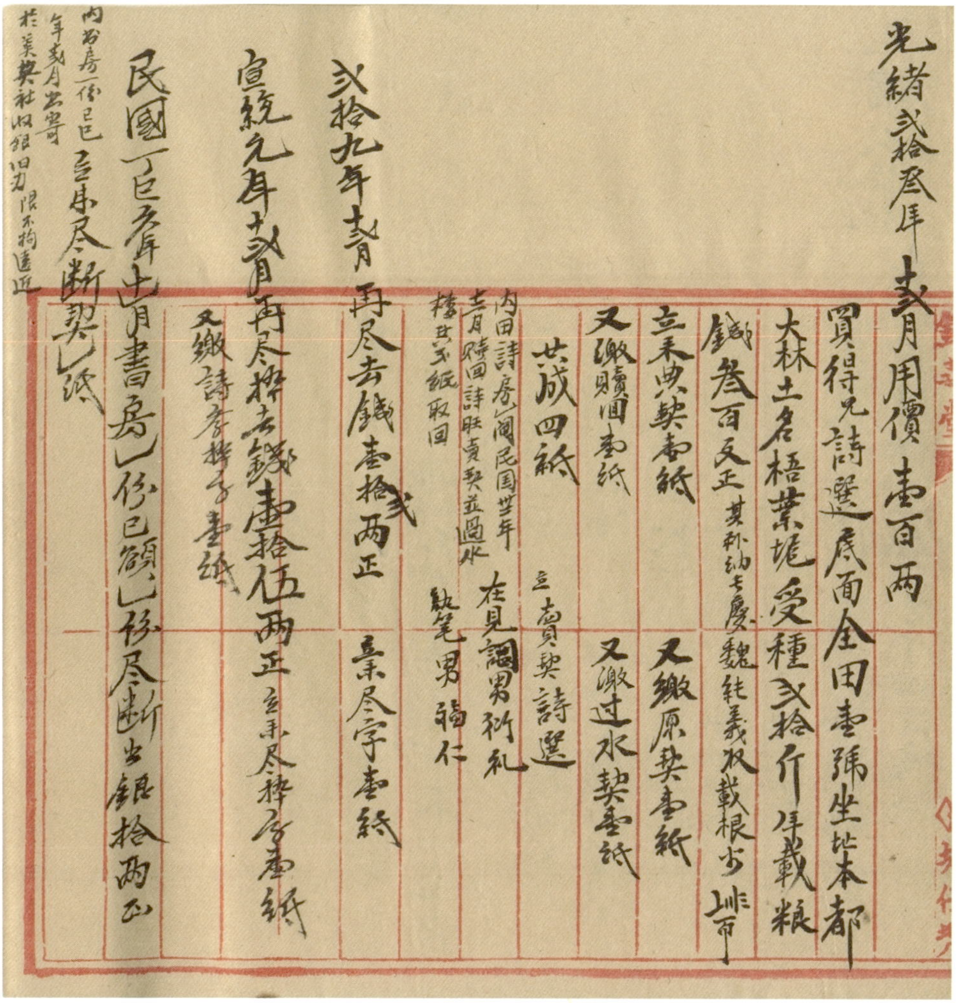

光緒弍拾叁年十弍月用價壹百兩
買得兄詩選處面全田壹號坐址本都
大林土名梧葉坵受種弍拾斤年載粮
錢叁百文正 其科納七廣魏純義收載根少 [illegible]
立來典契壹紙 又繳原契壹紙
又繳贖回壹紙 又繳过水契壹紙
共成四紙 立賣契詩選
內田詩房一間民国廿年十二月贖回詩旺賣契並過水 在見調男衍礼
契廿弍紙取回 執筆男福仁
弍拾九年十弍月再尽去錢壹拾弍兩正 立永尽字壹紙
宣統元年十弍月再尽拚去錢壹拾伍兩正 立永尽拚字壹紙
又繳詩房拚字壹紙
民國丁巳年十弍月書房一份已領一份尽斷出銀拾兩正
立永尽斷契一紙
內書房一份已 年弍月出寄
於某契社收銀旧力限不拘遠近

7-5-60-7　清光緒三十四年陳詩雅置得業數簿（七）

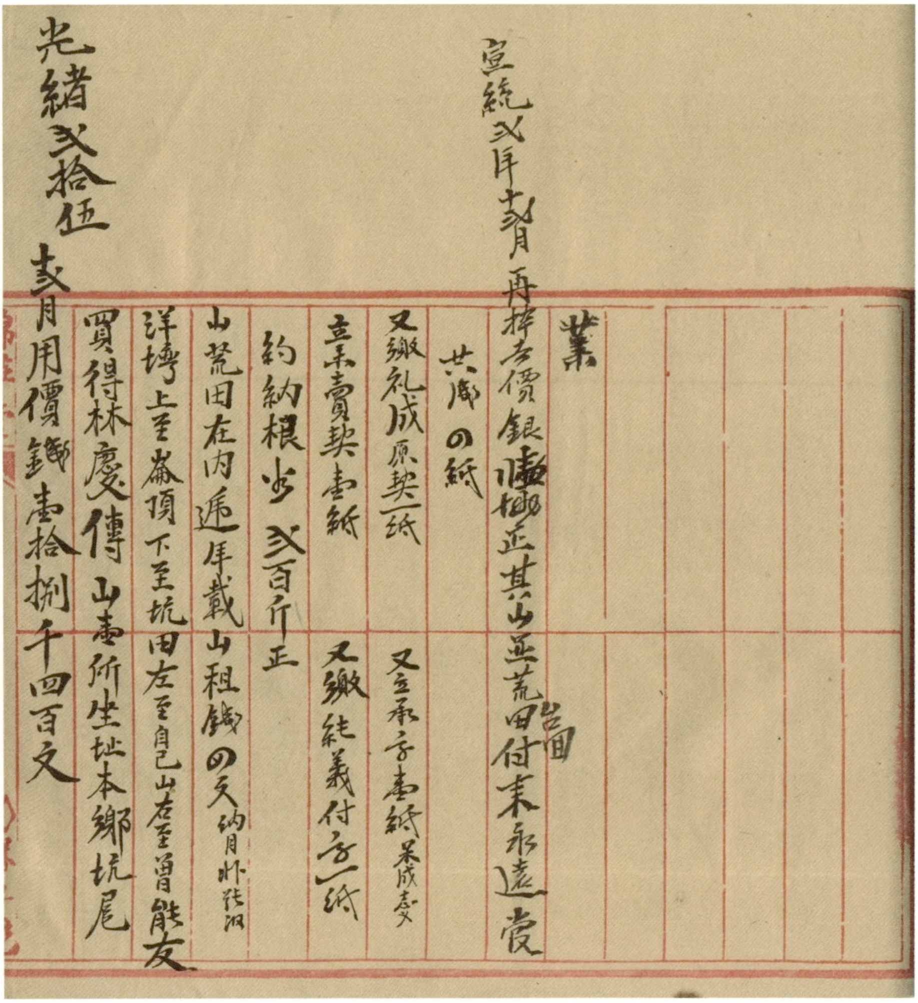
業
宣統弍年十弍月再拺出價銀壹佰兩正其山並荒田当面付來永遠管
共總四紙
又繳私成原契一紙　又立承字壹紙呆成交
立賣契壹紙　又繳純義付字一紙
約納根歩弍百斤正
山荒田在内遞年載山租錢四文
洋塝上至崙頂下至坑田左至自己山右至曾能友
買得林慶傳山壹所坐址本鄉坑尾
光緒弍拾伍玄月用價錢壹拾捌千四百文

7-5-60-6　清光緒三十四年陳詩雅置得業數簿（六）

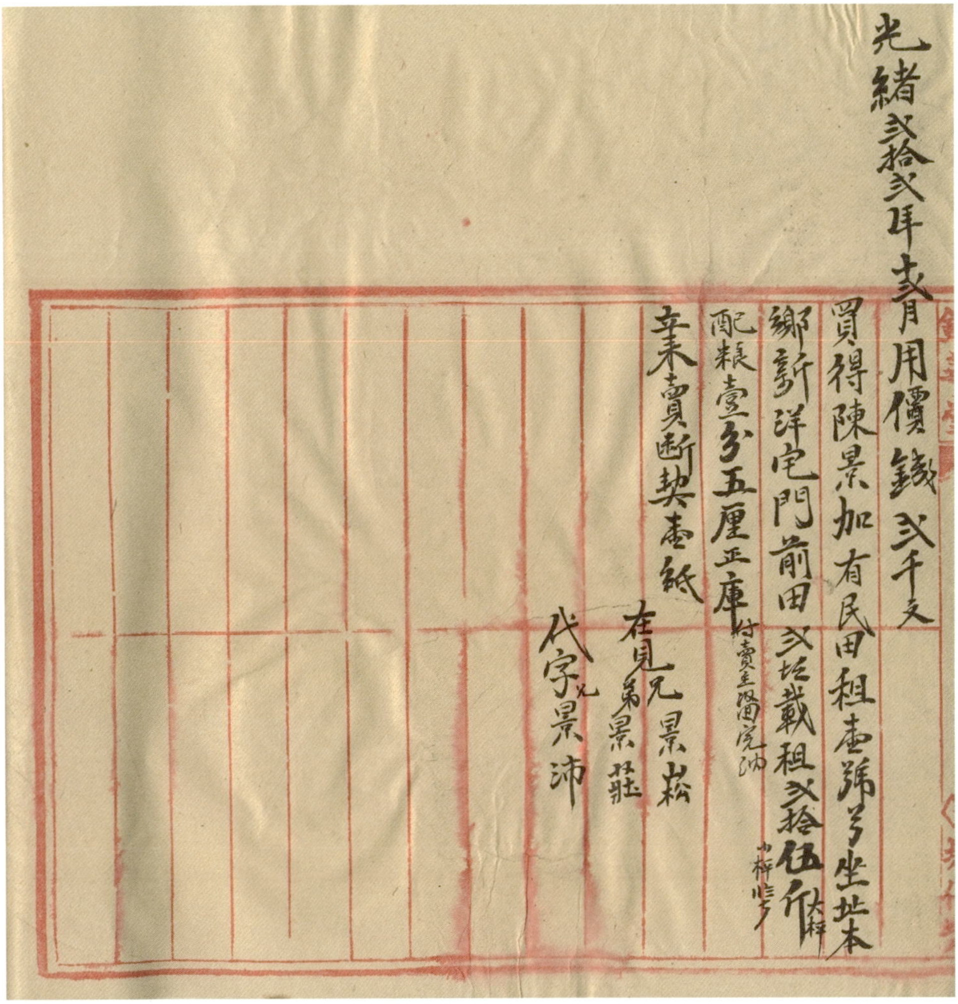
光緒弍拾弍年十弍月用價錢弍千文
買得陳景加有民田租壹號坐址本
鄉新洋宅門前田弍坵載租弍拾伍斤大秤（小秤作[illegible]）
配粮壹分五厘正庫（付賣主收回完納）
來賣斷契壹紙
在見兄景崧
弟景莊
代字兄景沛

7-5-60-5　清光緒三十四年陳詩雅置得業數簿（五）

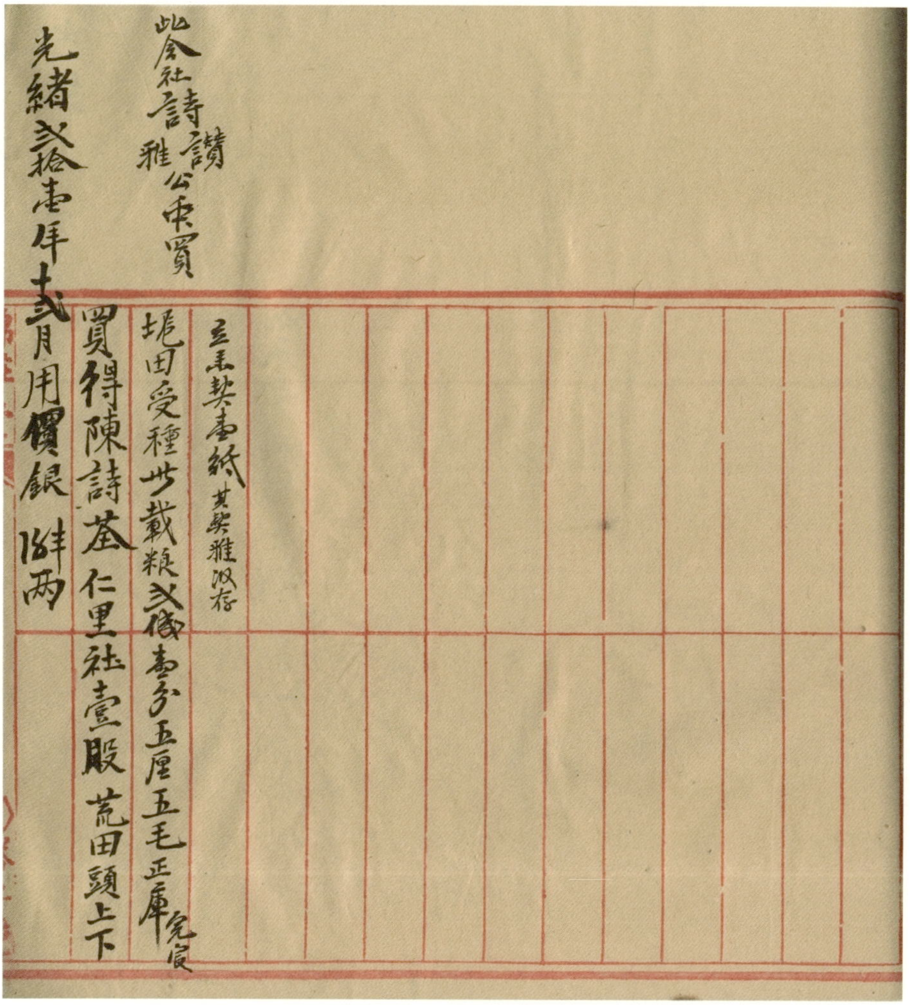
此仝社詩讚雅公承買

立來契壹紙 其契雅收存

埕田受種卅載粮叁錢壹分五厘五毛正庫完良

買得陳詩荃仁里社壹股荒田頭上下

光緒叁拾壹年十弍月用價銀肆兩

7-5-60-4　清光緒三十四年陳詩雅置得業數簿（四）

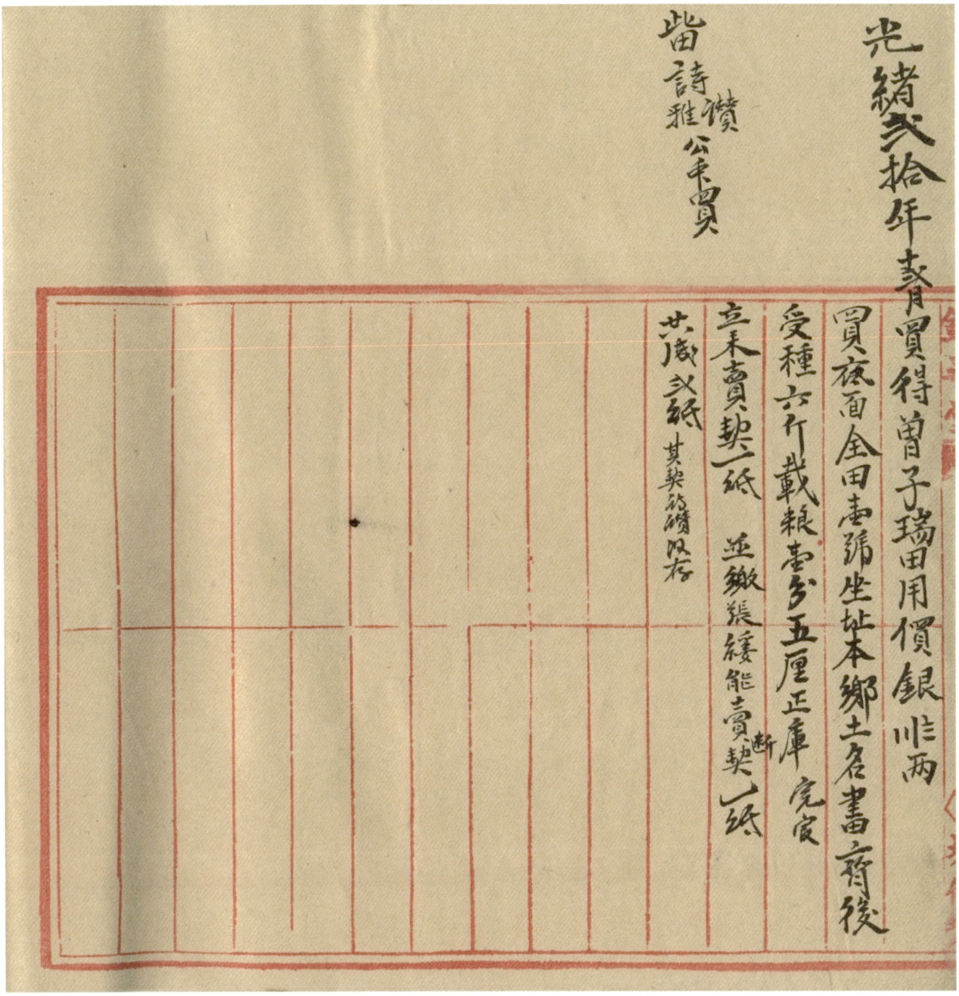
光緒叁拾年壹月買得曾子瑞田用價銀卅両
買夜面金田壹號坐址本鄉土名書齋後
受種六斤載粮壹分五厘正庫完官
立杜賣契一紙 并繳斷絕賣契一紙
共成弍紙 其契在讚收存
當詩讚 詩雅公平買

7-5-60-3　清光緒三十四年陳詩雅置得業數簿（三）

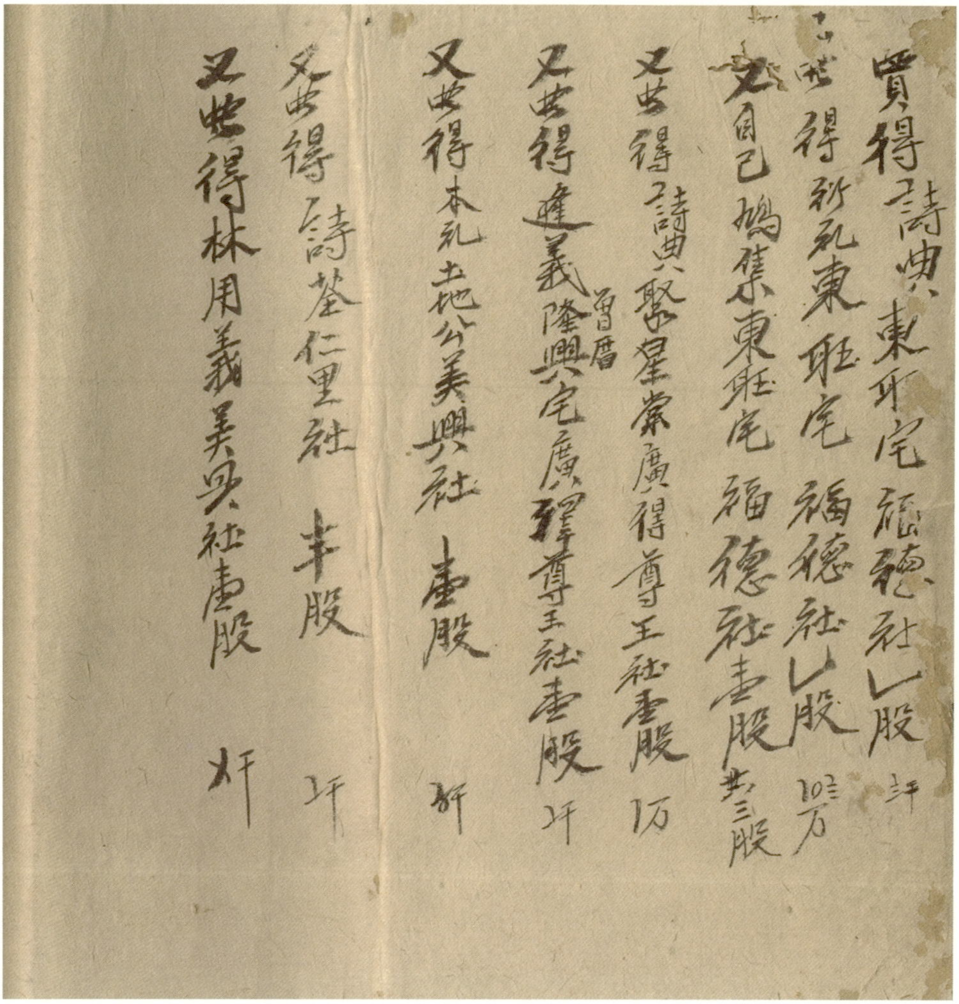
買得詩典東平宅福德社乙股 〣千
十山 世得新孔東班宅福德社乙股 〡〇〣万
又自己鳩集東班宅福德社壹股 共三股
又世得詩典聚星崇廣得尊王社壹股 〡万
又世得進義隆興宅（曾厝）廣釋尊王社壹股 〤千
又世得本孔土地公美興社壹股 [illegible]
又世得詩荃仁里社半股 〢千
又世得林用義美興社壹股 〤千

7-5-60-2　清光緒三十四年陳詩雅置得業數簿（二）

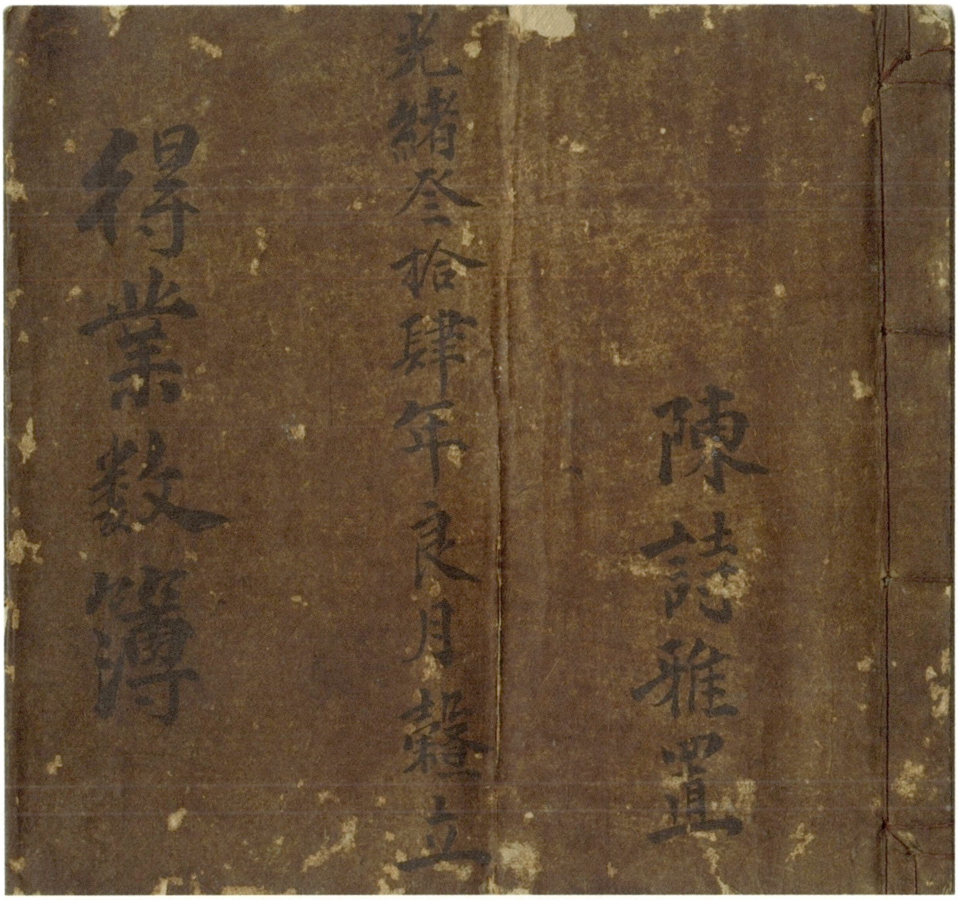

7-5-60-1　清光緒三十四年陳詩雅置得業數簿（一）

7-5-59-5　民國二十四年陳氏立伯成公文教公租業數（五）

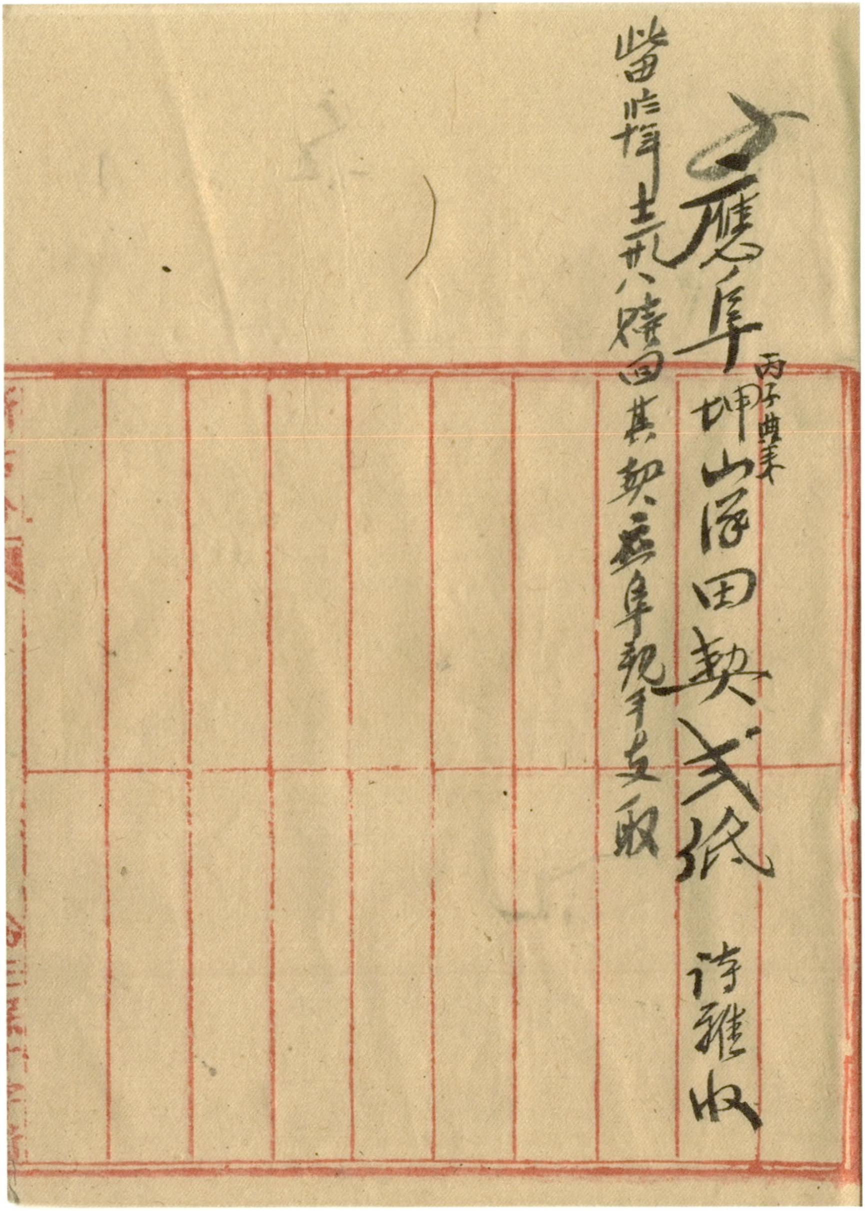
應年丙子典業坤山隔田契弍紙　許雅收
當時將去廿八號贖回其契兹身親手交取

7-5-59-4　民國二十四年陳氏立伯成公文教公租業數（四）

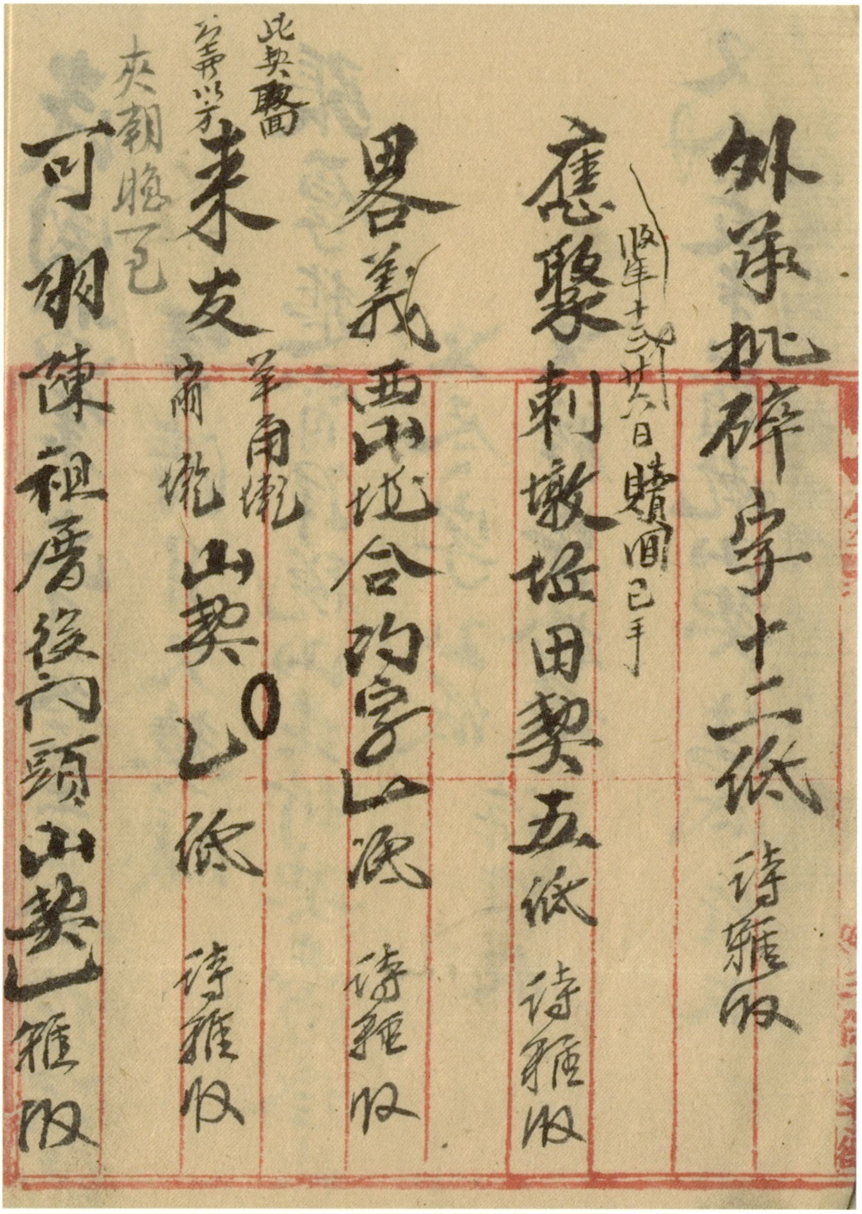
外茅枇碎字十二號 詩雅收
收年十二月廿六日贖回已手
應鑿刺墩垅田契五號 詩雅收
畧義西山垅合約字山號 詩雅收
此契贖回
來友 崙垅 華角垅 山契山號 詩雅收
夾朝晚已
可羽陳祖厝後門頭山契山 雅收

7-5-59-3　民國二十四年陳氏立伯成公文教公租業數（三）

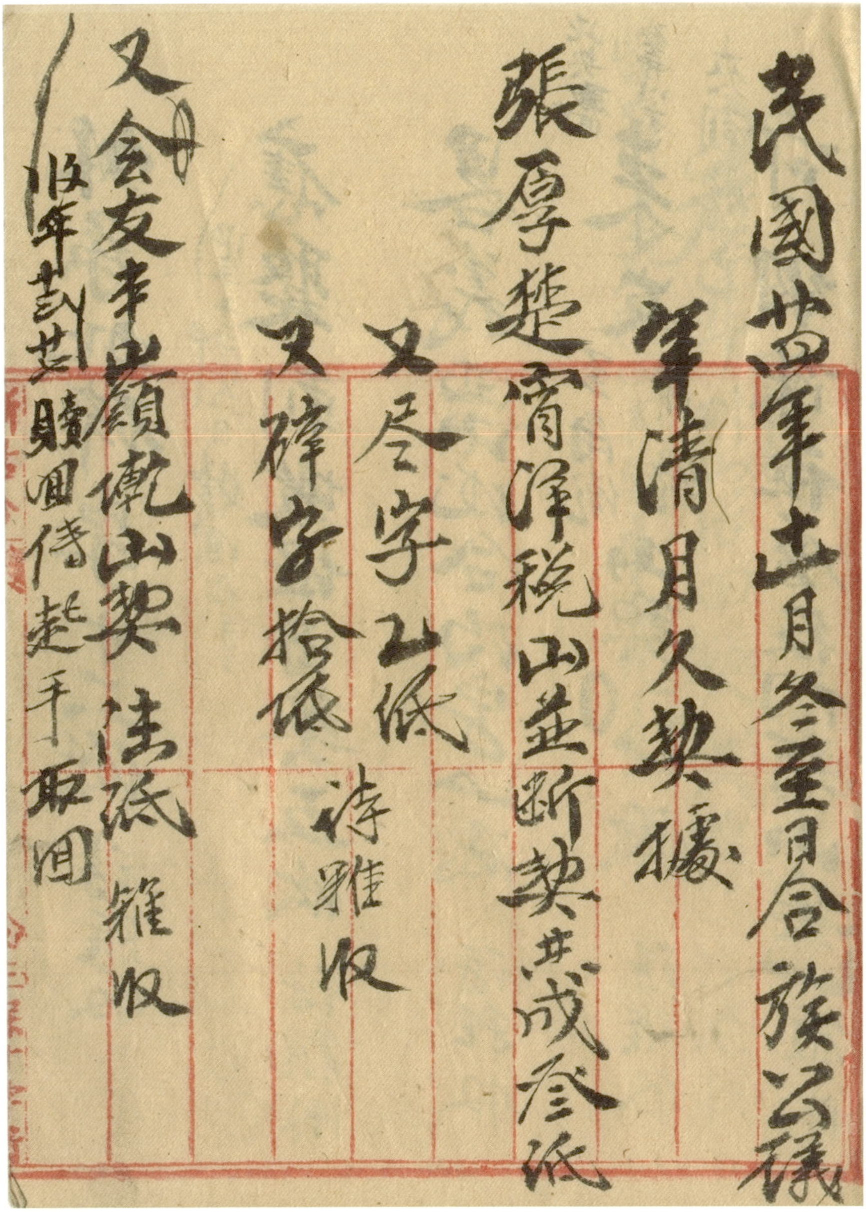
民國廿四年十二月冬至日合族公議
算清月久契據
張厚楚賣洋稅山並斷契共成叁紙
又叁字山紙　詩雅收
又梓字拾紙
又會友來出領伐山契伍紙　雅收
收年貳廿贖回侍起手取回

7-5-59-2　民國二十四年陳氏立伯成公文教公租業數（二）

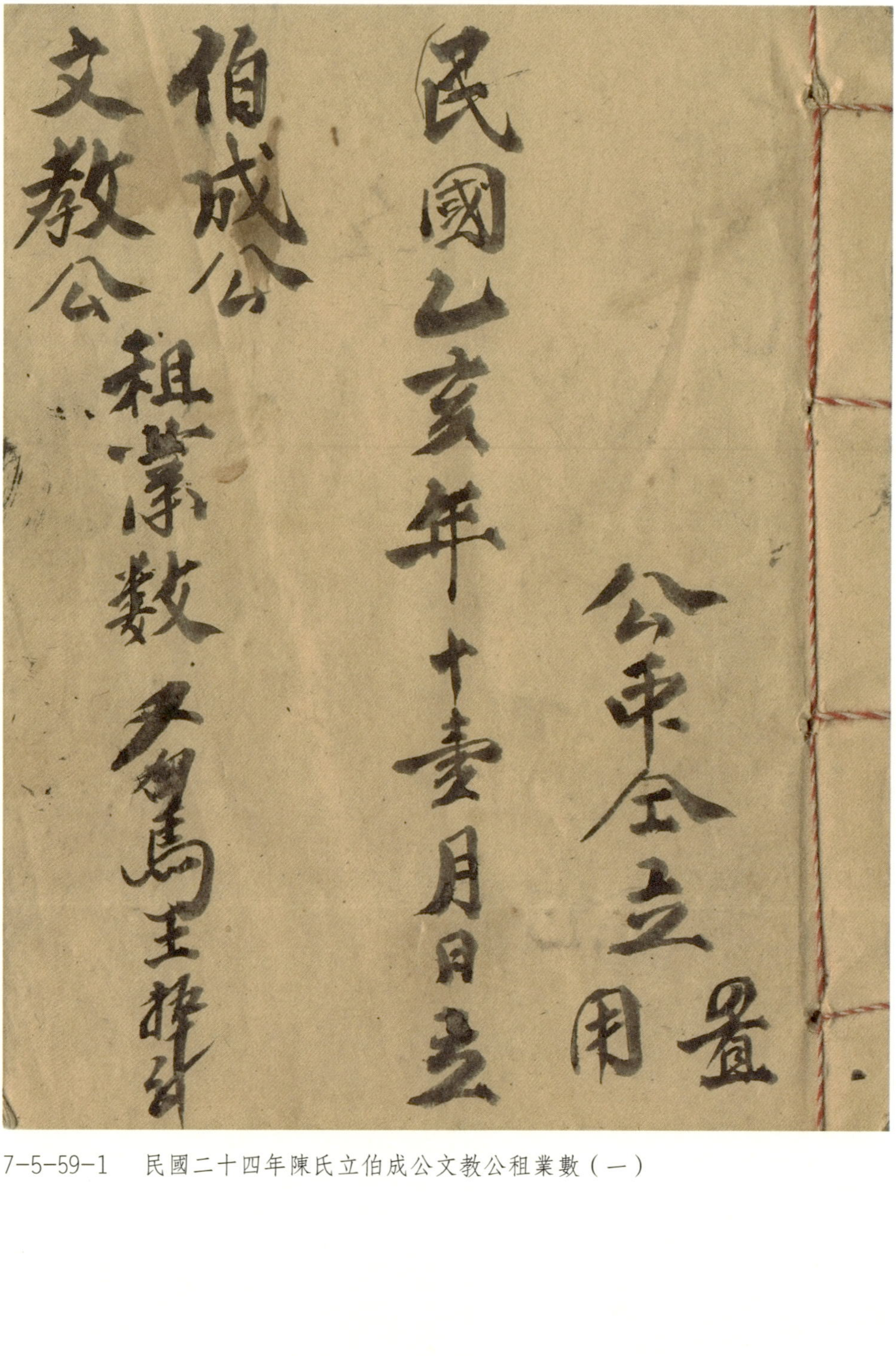

公衆仝立用置

民國乙亥年十壹月日立

伯成公

文教公

祖業數

7-5-59-1　民國二十四年陳氏立伯成公文教公租業數（一）

7-5-58-16　清乾隆四十五年陳氏置星房鬮書簿（一六）

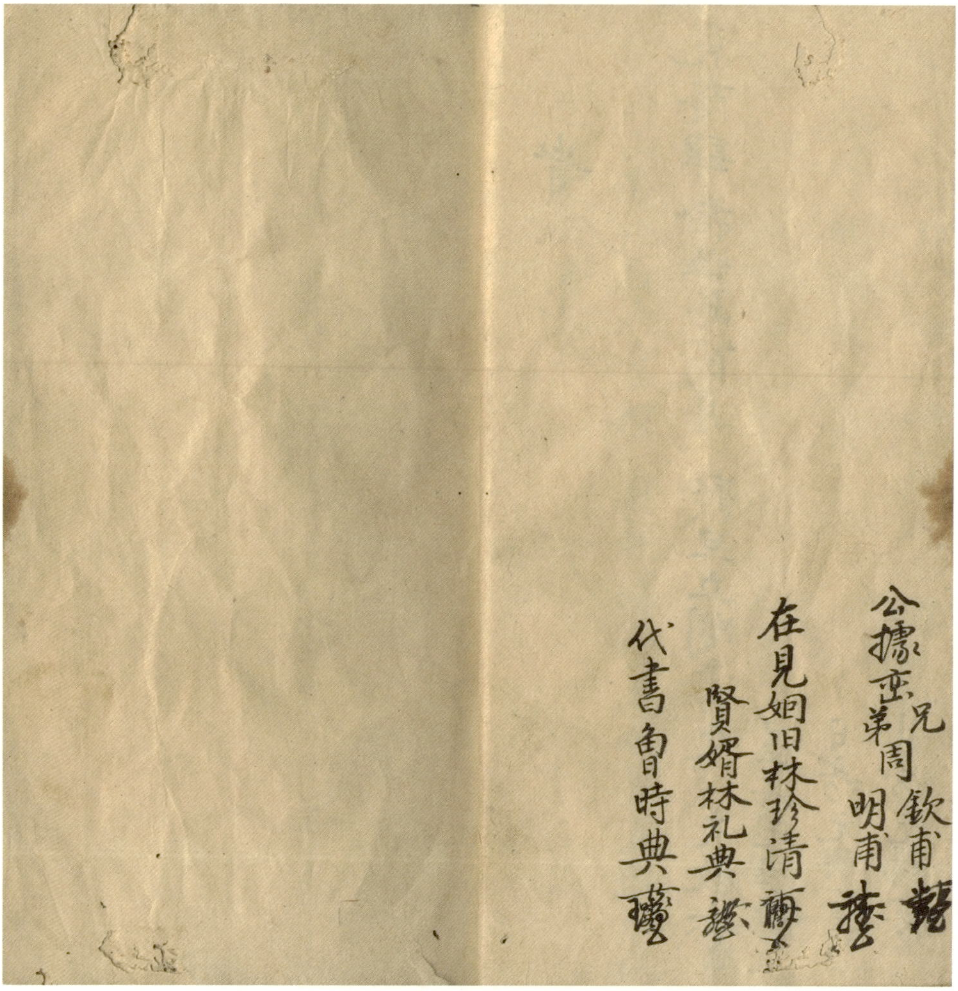

公據堂兄欽甫（押）
　　弟周明甫（押）
在見姻旧林珍清（押）
　賢婿林礼典（押）
代書會時典（押）

7-5-58-15　清乾隆四十五年陳氏置星房鬮書簿（一五）

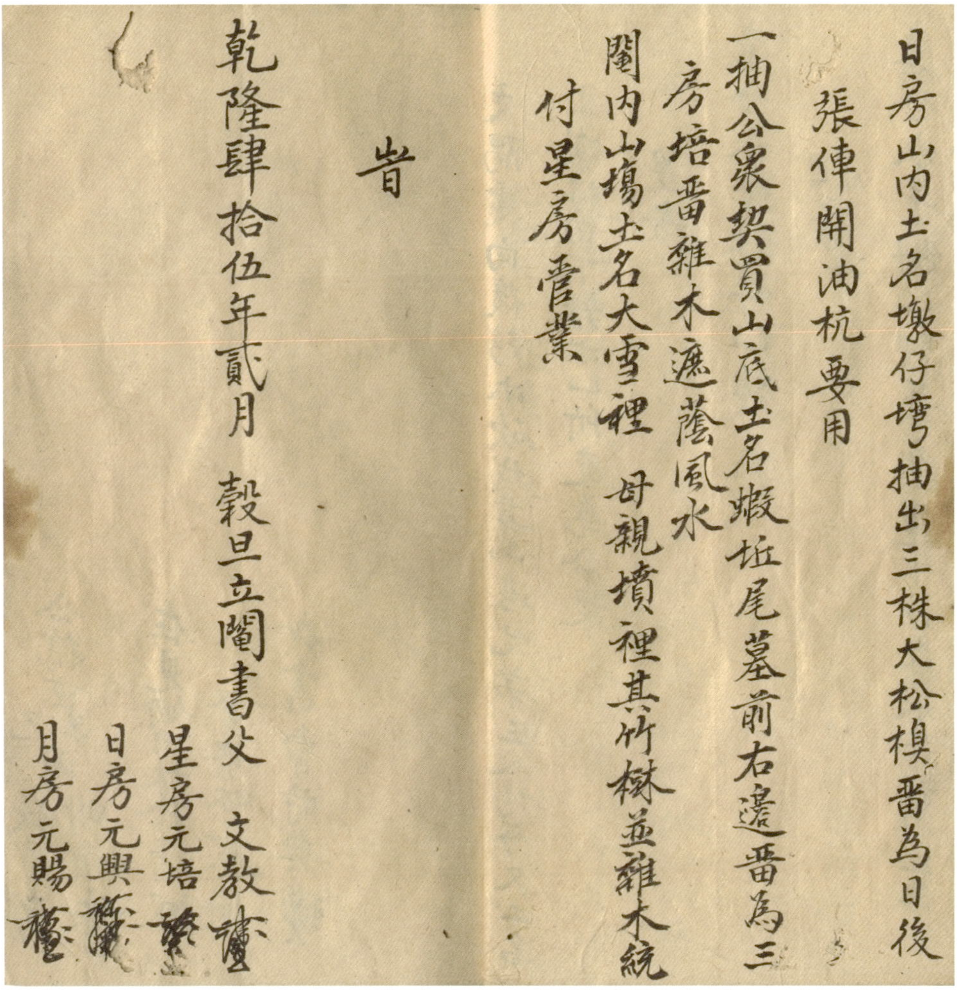
日房山内土名墩仔壙抽出三株大松樸留為日後
張俾開油杭要用
一抽公衆契買山底土名蝦坵尾墓前右邊留為三
房培留雜木遮蔭風水
鬮内山塲土名大雪裡　母親墳裡其竹樹並雜木統
付星房管業

皆

乾隆肆拾伍年貳月　穀旦立鬮書父　文敎（押）
星房元培（押）
日房元興（押）
月房元賜（押）

7-5-58-14　清乾隆四十五年陳氏置星房鬮書簿（一四）

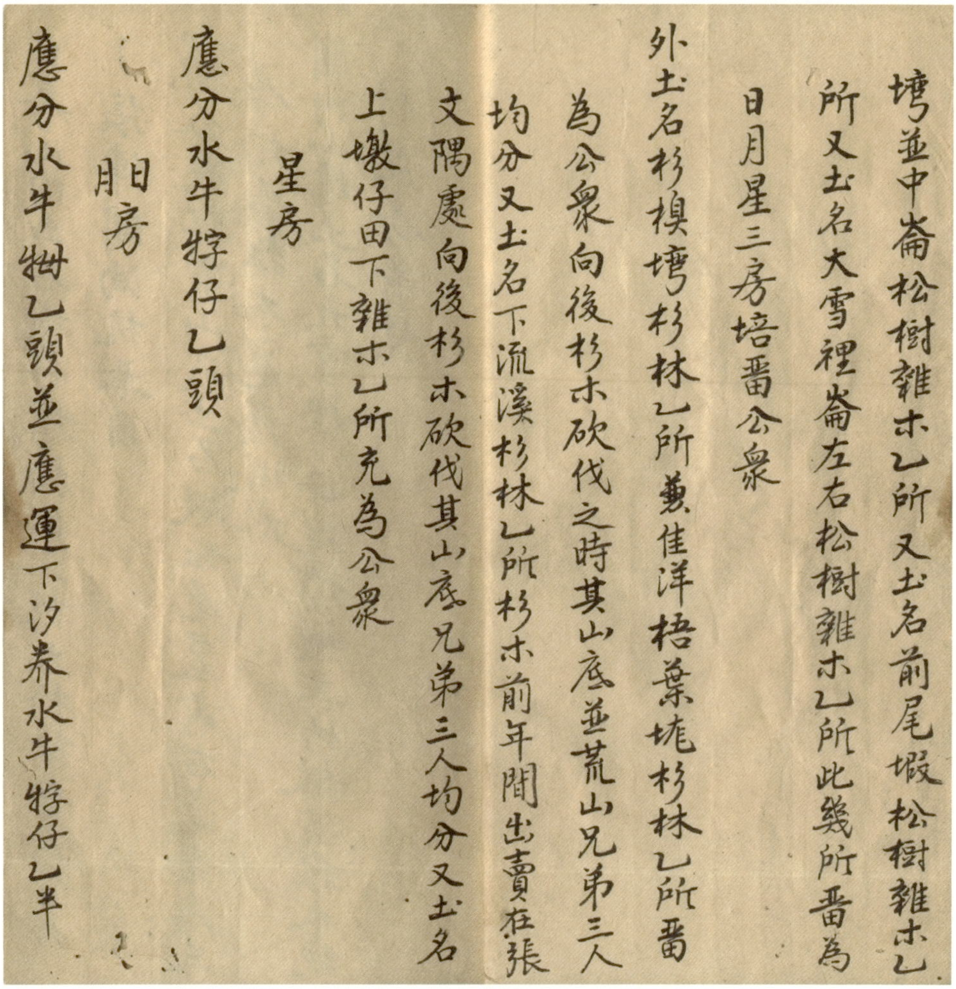
墰並中崙松樹雜木乙所又土名前尾墈松樹雜木乙
所又土名大雪裡崙左右松樹雜木乙所此幾所畱為
日月星三房培畱公衆
外土名杉模墰杉林乙所兼佳洋梧葉垅杉林乙所畱
為公衆向後杉木砍伐之時其山底並荒山兄弟三人
均分又土名下流溪杉林乙所杉木前年開出賣在張
文隅處向後杉木砍伐其山底兄弟三人均分又土名
上墩仔田下雜木乙所充為公衆
星房
應分水牛牸仔乙頭
日月房
應分水牛牳乙頭並應運下汐券水牛牸仔乙半

7-5-58-13　清乾隆四十五年陳氏置星房鬮書簿（一三）

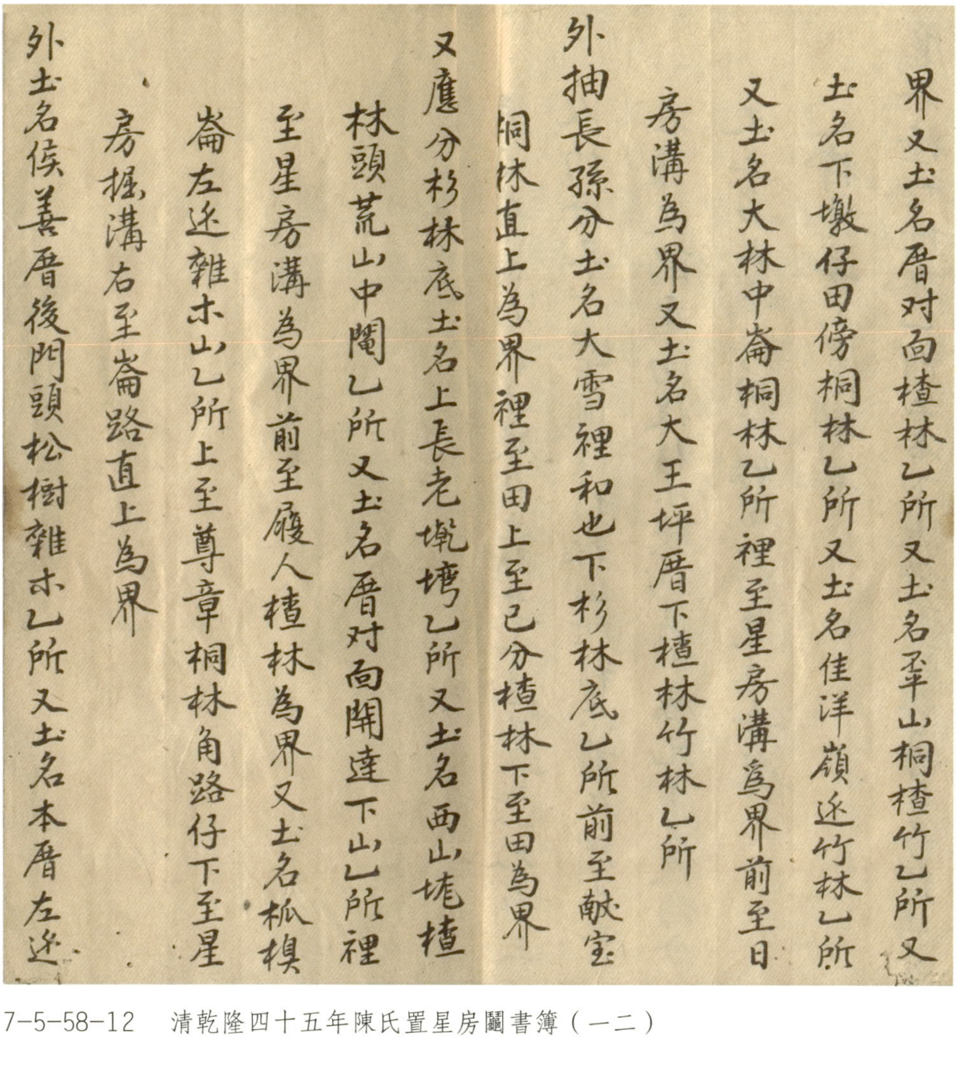

界又土名厝对面楂林乙所又土名巠山桐楂竹乙所又
土名下墩仔田傍桐林乙所又土名佳洋嶺迯竹林乙所
又土名大林中崙桐林乙所裡至星房溝為界前至日
房溝為界又土名大王坪厝下楂林竹林乙所
外抽長孫分土名大雪裡和也下杉林底乙所前至献宝
桐林直上為界裡至田上至己分楂林下至田為界
又塵分杉林底土名上長老墘塼乙所又土名西山坉楂
林頭荒山中閣乙所又土名厝对面闌達下山乙所裡
至星房溝為界前至履人楂林為界又土名柧模
崙左迯雜木山乙所上至尊章桐林角路仔下至星
房掘溝右至崙路直上為界
外土名侯善厝後門頭松樹雜木乙所又土名本厝左迯

7-5-58-12　清乾隆四十五年陳氏置星房鬮書簿（一二）

章山下至横路尊章山前至崙路直上為界
外土名侯善厝後門頭松樹雜木乙所又土名本厝左迯塆
並中崙松樹雜木乙所 又土名前尾墘松樹雜木乙所
又土名大雪裡崙左右松樹雜木乙所此幾所畱為
日月星三房培畱公衆
外土名杉槙塆杉林乙所薰隹洋梧葉埯杉林乙所畱
為公衆向後杉木砍伐之時其山底並荒山兄弟三
人均分又土名下流溪杉林乙所杉木前年闔出賣
在張文陽處向後杉木砍伐其山底兄弟三人均分
又土名上墩仔田下雜木乙所充為公衆
、又將月房山業開具
應分楂竹桐林乙所土名下墩仔前裡俱至星房掘溝為

7-5-58-11　清乾隆四十五年陳氏置星房鬮書簿（一一）

右至坑溝直上爲界又土名油坑上植林並竹乙所左至
坑上至侯善水圳頭平出附隔腰又土名大林口田逐植
林乙所左至杉松樹右至星房掘溝爲界又土名大林逐
桐林乙所尾分裡至月房掘溝爲界又土名裡厝对面前
分植林乙所前至尊章植林裡至星房掘溝爲界又
丑名本厝对向裡分荒山乙所裡至尊章植林前至
此一號即是下開達下乙號
星房掘溝爲界又土名厝对向開達下裡崙山乙所
前至星房掘溝裡至尊章植林爲界又土名西山
垅植林頭荒山乙所左逐乙分又土名大雪裡楚浦下
杉林底並荒山乙所裡至月房杉林底爲界前至自己
杉林底直上爲界内土名油坑上竹林内有大杉木充
爲三房公用又土名枫楻崙右逐雜木山乙所上至尊

7-5-58-10　清乾隆四十五年陳氏置星房鬮書簿（一〇）

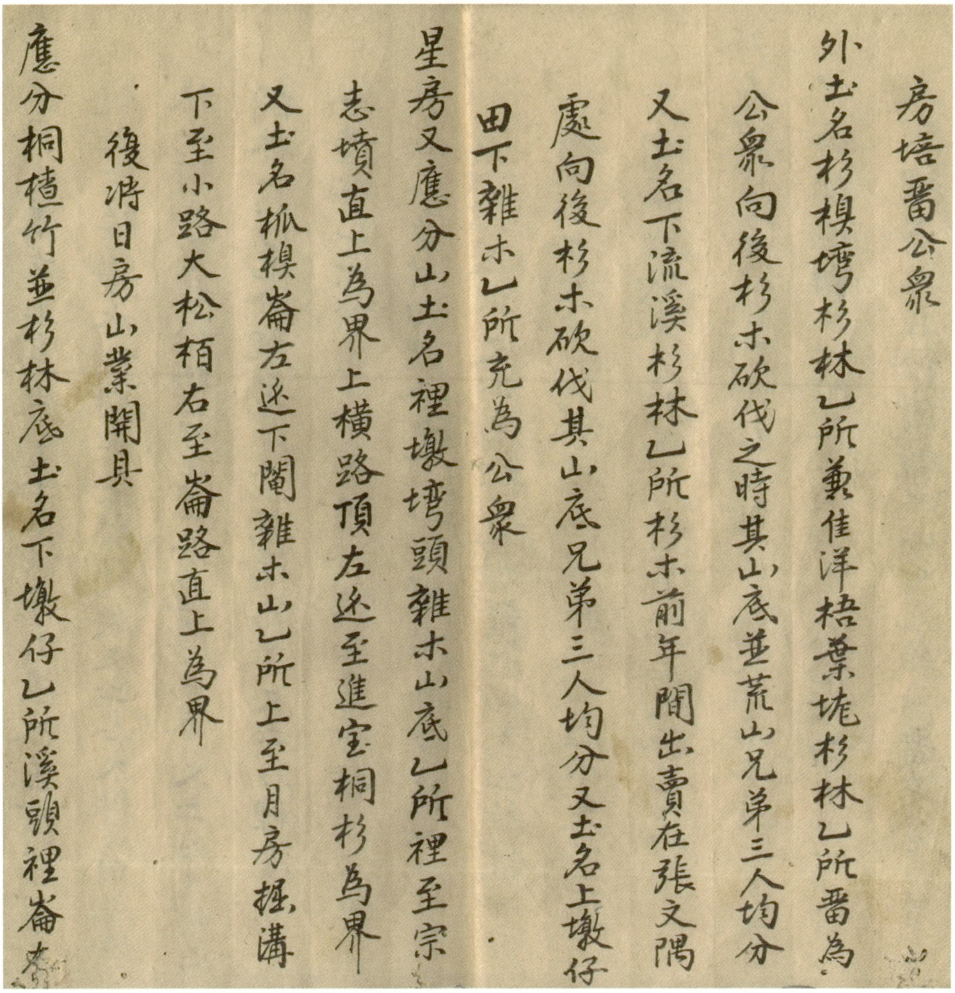
房培番公衆
外土名杉模壋杉林乙所兼佳洋梧葉垅杉林乙所番為
公衆向後杉木砍伐之時其山底并荒山兄弟三人均分
又土名下流溪杉林乙所杉木前年開出賣在張文隅
處向後杉木砍伐其山底兄弟三人均分又土名上墩仔
田下雜木乙所充為公衆
星房又應分山土名裡墩壋頭雜木山底乙所裡至宗
志墳直上為界上横路頂左迯至進宝桐杉為界
又土名柩模崙左迯下閣雜木山乙所上至月房掘溝
下至小路大松栢右至崙路直上為界
後將日房山業開具
應分桐植竹并杉林底土名下墩仔乙所溪頭裡崙杏

7-5-58-9　清乾隆四十五年陳氏置星房鬮書簿（九）

对面開達下中崙山乙所前至月房掘溝裡至日房
掘溝為界又土名佳洋水尾杉林底並荒山乙所又
賣楚浦下杉林左右未賣小杉苗二所又土名西山
垅植林頭右迯荒山乙所又土名大雪裡垅迯左右
荒山式所又土名大雪裡　母親墳裡其竹樹付星
房自己管業其松樹雜木充為日月星三房培蓄
遮蔭風水又土名柳垅頭雜木山底乙所前至尊
章山下至日房掘溝為界此山內雜木充出三房公
用砍伐砍尽之後山底付星房開掘已業
外土名條善暦後岡頭松樹雜木乙所又土名本暦左迯塆並
中崙松樹雜木乙所又土名前尾墈松樹雜木乙所又土名
大雪裡崙左右松樹雜木乙所此幾所蓄為日月星三

7-5-58-8　清乾隆四十五年陳氏置星房鬮書簿（八）

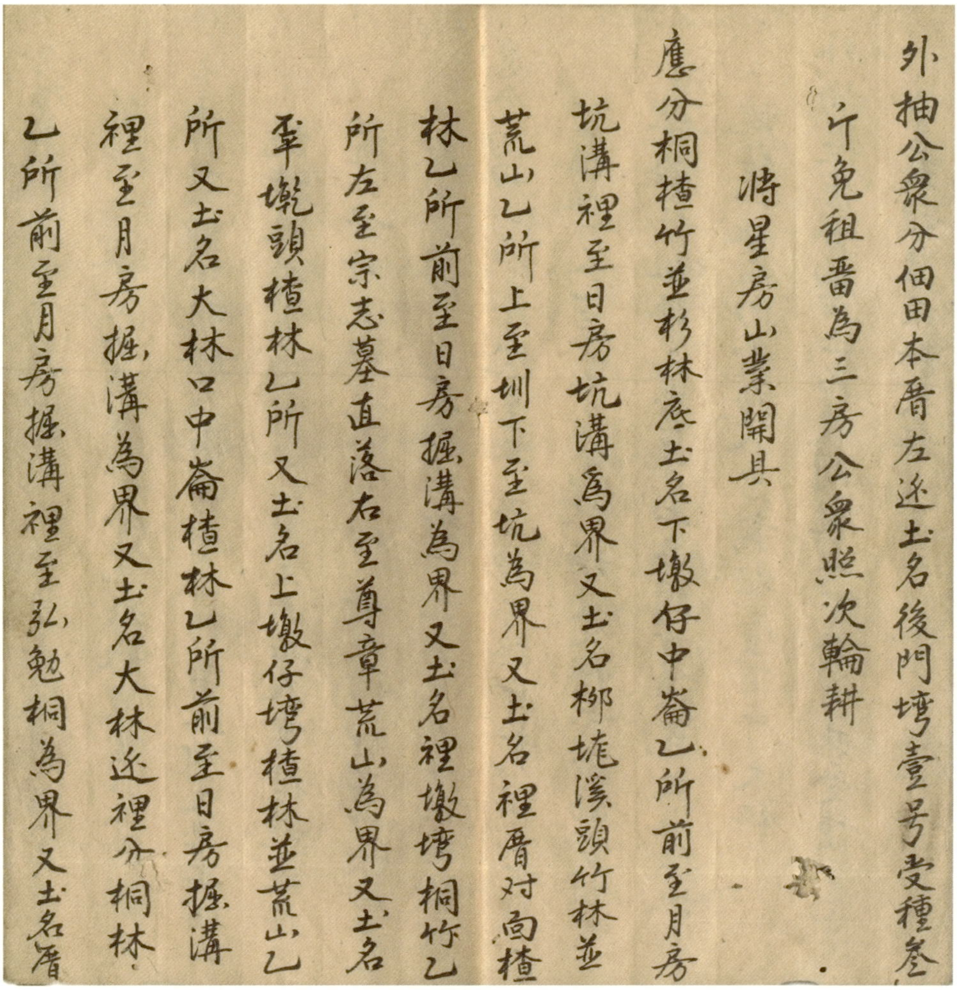
外抽公衆分佃田本厝左迯土名後門塆壹号受種叁
斤免租番爲三房公衆照次輪耕
將星房山業開具
應分桐楂竹並杉林底土名下墩仔中崙乙所前至月房
坑溝裡至日房坑溝爲界又土名柳坭溪頭竹林並
荒山乙所上至圳下至坑爲界又土名裡厝対面楂
林乙所前至日房掘溝爲界又土名裡墩塆桐竹乙
所左至宗志墓直落右至尊章荒山爲界又土名
羊墩頭楂林乙所又土名上墩仔塆楂林並荒山乙
所又土名大林口中崙楂林乙所前至日房掘溝
裡至月房掘溝爲界又土名大林迯裡分桐林
乙所前至月房掘溝裡至弘勉桐爲界又土名厝

7-5-58-7　清乾隆四十五年陳氏置星房鬮書簿（七）

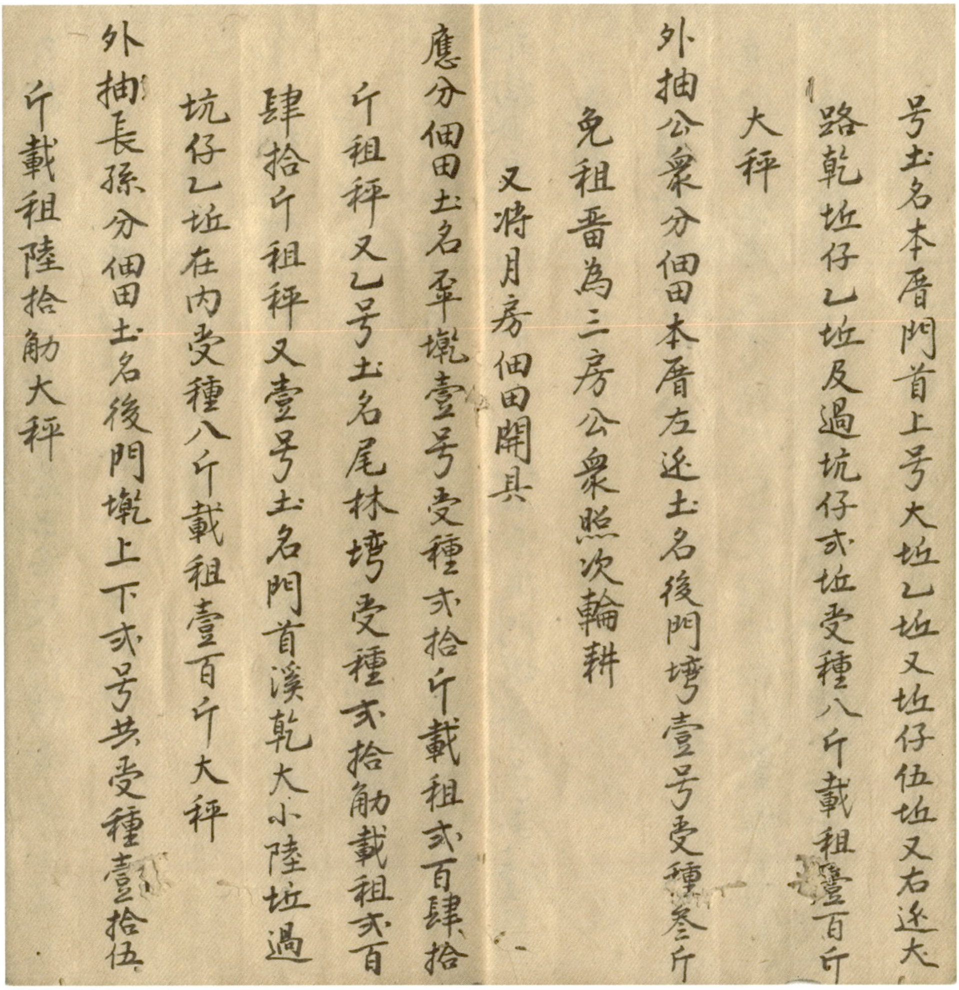
号土名本厝門首上号大坵乙坵又坵仔伍坵又右迯大
路乾坵仔乙坵及過坑仔弍坵受種八斤載租壹百斤
大秤
外抽公衆分佃田本厝左迯土名後門墇壹号受種叁斤
免租番為三房公衆照次輪耕
又將月房佃田開具
應分佃田土名平墘壹号受種弍拾斤載租弍百肆拾
斤租秤又乙号土名尾林墇受種弍拾觔載租弍百
肆拾斤租秤又壹号土名門首溪乾大小陸坵過
坑仔乙坵在内受種八斤載租壹百斤大秤
外抽長孫分佃田土名後門墘上下弍号共受種壹拾伍
斤載租陸拾觔大秤

7-5-58-6　清乾隆四十五年陳氏置星房鬮書簿（六）

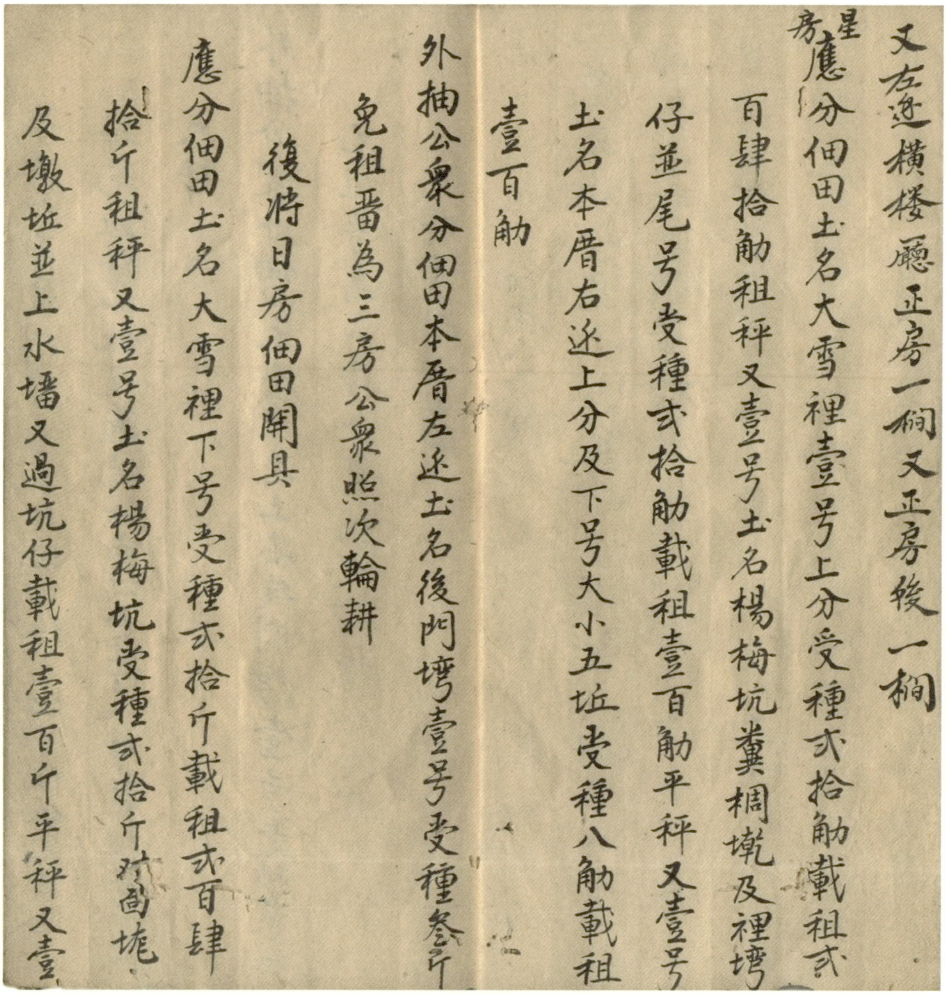
又左迯横楼廳正房一桐又正房後一桐
星房應分佃田土名大雪裡壹号上分受種弍拾觔載租弍
百肆拾觔租秤又壹号土名楊梅坑糞桶墘及裡墫
仔並尾号受種弍拾觔載租壹百觔平秤又壹号
土名本厝右迯上分及下号大小五坵受種八觔載租
壹百觔
外抽公衆分佃田本厝左迯土名後門墫壹号受種叁斤
免租番為三房公衆照次輪耕
後將日房佃田開具
應分佃田土名大雪裡下号受種弍拾斤載租弍百肆
拾斤租秤又壹号土名楊梅坑受種弍拾斤對面墘
及墩坵並上水墻又過坑仔載租壹百斤平秤又壹

7-5-58-5　清乾隆四十五年陳氏置星房鬮書簿（五）

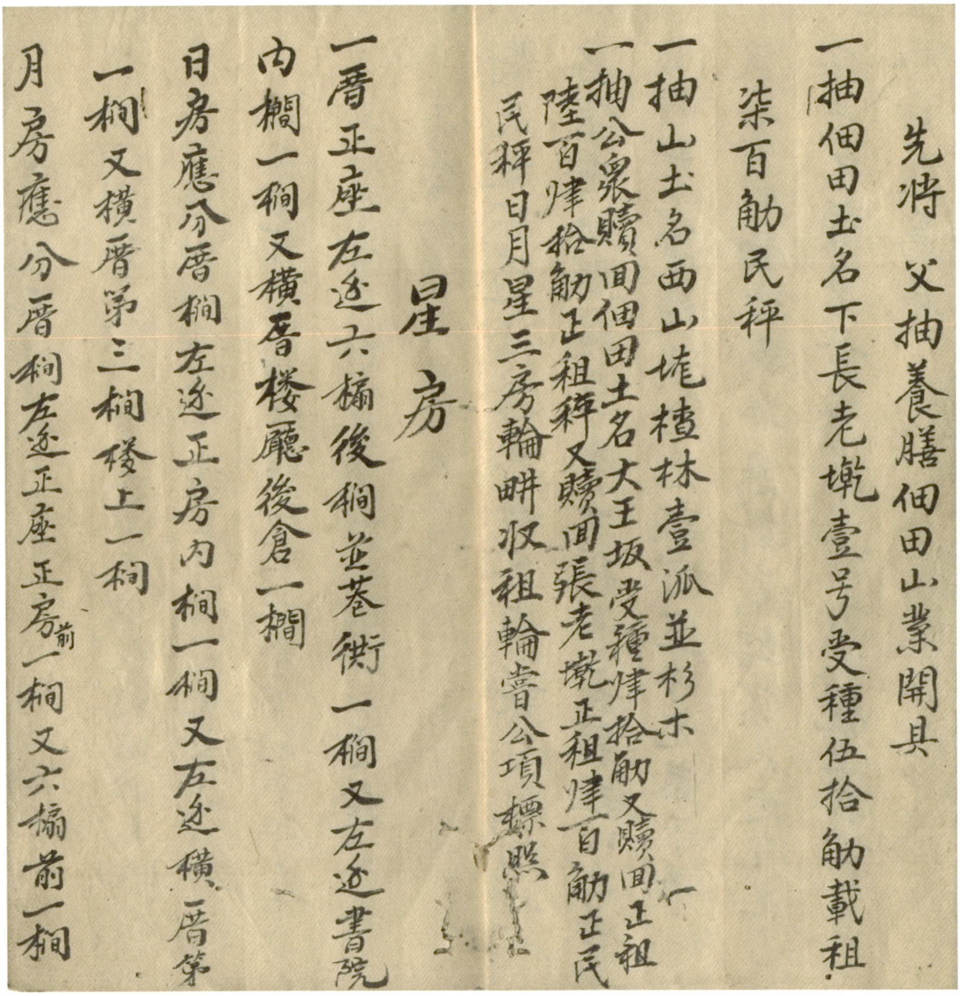
先將　父抽養膳佃田山業開具
一抽佃田土名下長老墘壹号受種伍拾觔載租
柒百觔民秤
一抽山土名西山垵植林壹派並杉木
一抽公衆贖回佃田土名大王坂受種肆拾觔又贖回正租
陸百肆拾觔正祖秤又贖回張老墘正租肆百觔正民
民秤日月星三房輪畊收租輪嘗公項標照

星房
一厝正座左边六扇後桐並巷街一桐又左边書院
内欄一桐又横厝楼廳後倉一欄
日房應分厝桐左边正房内桐一桐又左边横厝第
一桐又横厝第三桐楼上一桐
月房應分厝桐左边正座正房前一桐又六扇前一桐

7-5-58-4　清乾隆四十五年陳氏置星房鬮書簿（四）

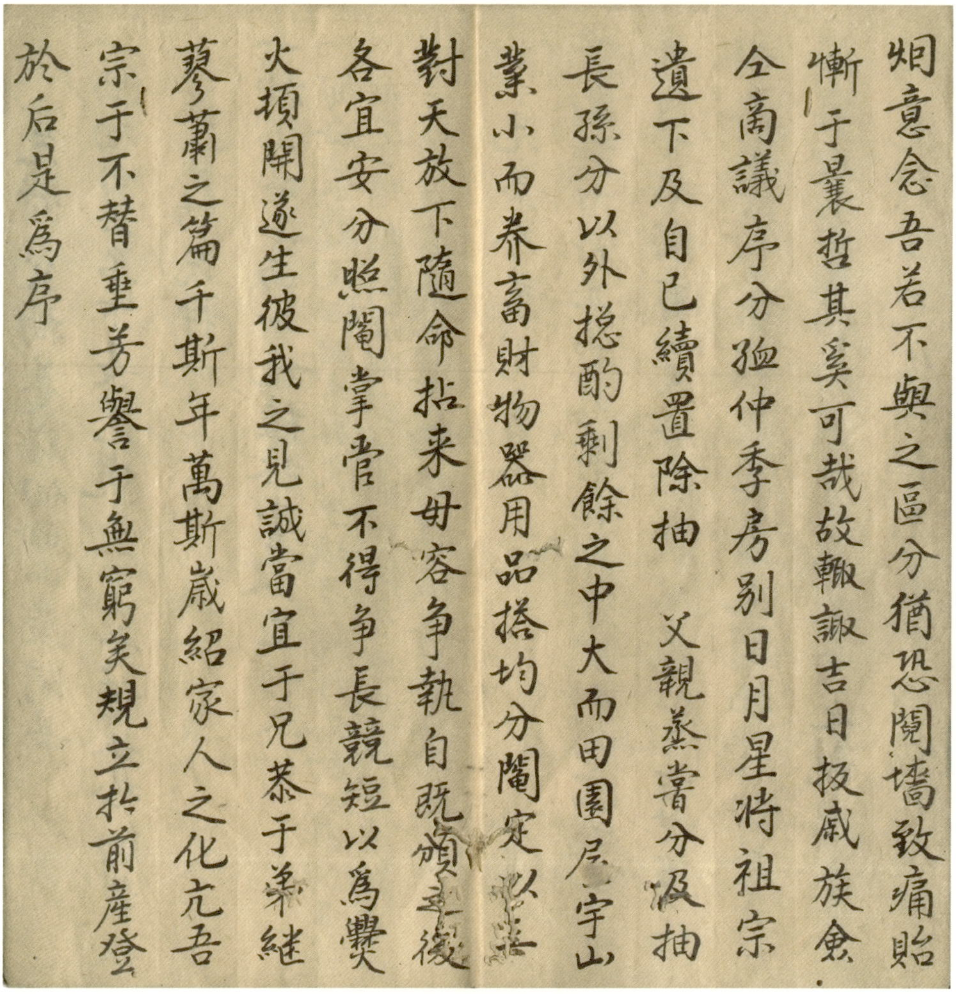
炯意念吾若不與之區分猶恐鬩墻致痛貽
慚于曩哲其奚可哉故輙諏吉日扳戚族僉
仝商議序分孤仲季房别日月星將祖宗
遺下及自己續置除抽　父親蒸嘗分派抽
長孫分以外揔酌剩餘之中大而田園屋宇山
業小而养畜財物器用品搭均分鬮定以垂
對天放下隨命拈來毋容争執自既鬮之後
各宜安分照鬮掌管不得争長競短以爲釁
火頃鬩遂生彼我之見誠當宜于兄恭于弟繼
蓼蕭之篇千斯年萬斯歲紹家人之化亢吾
宗于不替垂芳譽于無窮矣規立於前産登
於后是爲序

7-5-58-3　清乾隆四十五年陳氏置星房鬮書簿（三）

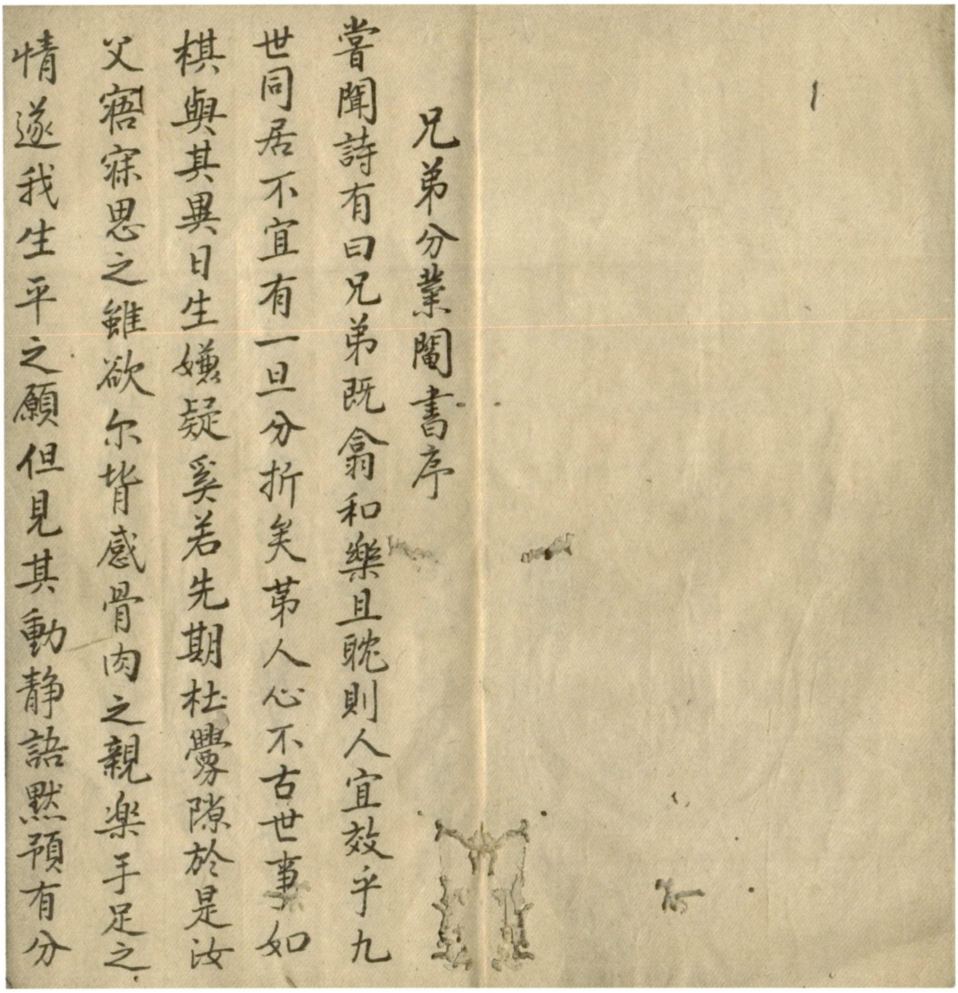
兄弟分業鬮書序
甞聞詩有曰兄弟既翕和樂且耽則人宜效乎九
世同居不宜有一旦分折矣第人心不古世事如
棋與其異日生嫌疑奚若先期杜釁隙於是汝
父寤寐思之雖欲尔皆感骨肉之親樂手足之
情遂我生平之願但見其動静語默頗有分

7-5-58-2　清乾隆四十五年陳氏置星房鬮書簿（二）

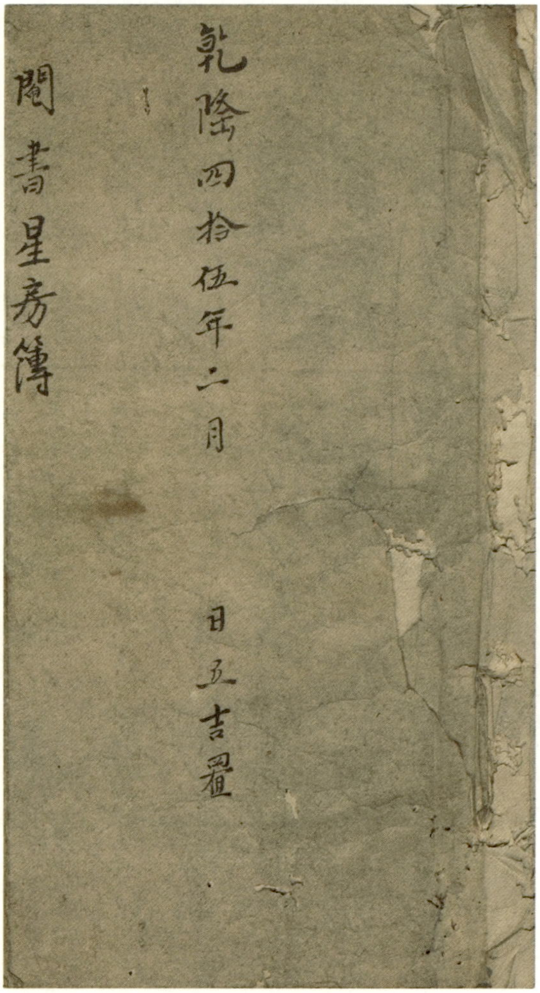
乾隆四拾伍年二月　日立吉置

鬮書星房簿

7-5-58-1　清乾隆四十五年陳氏置星房鬮書簿（一）

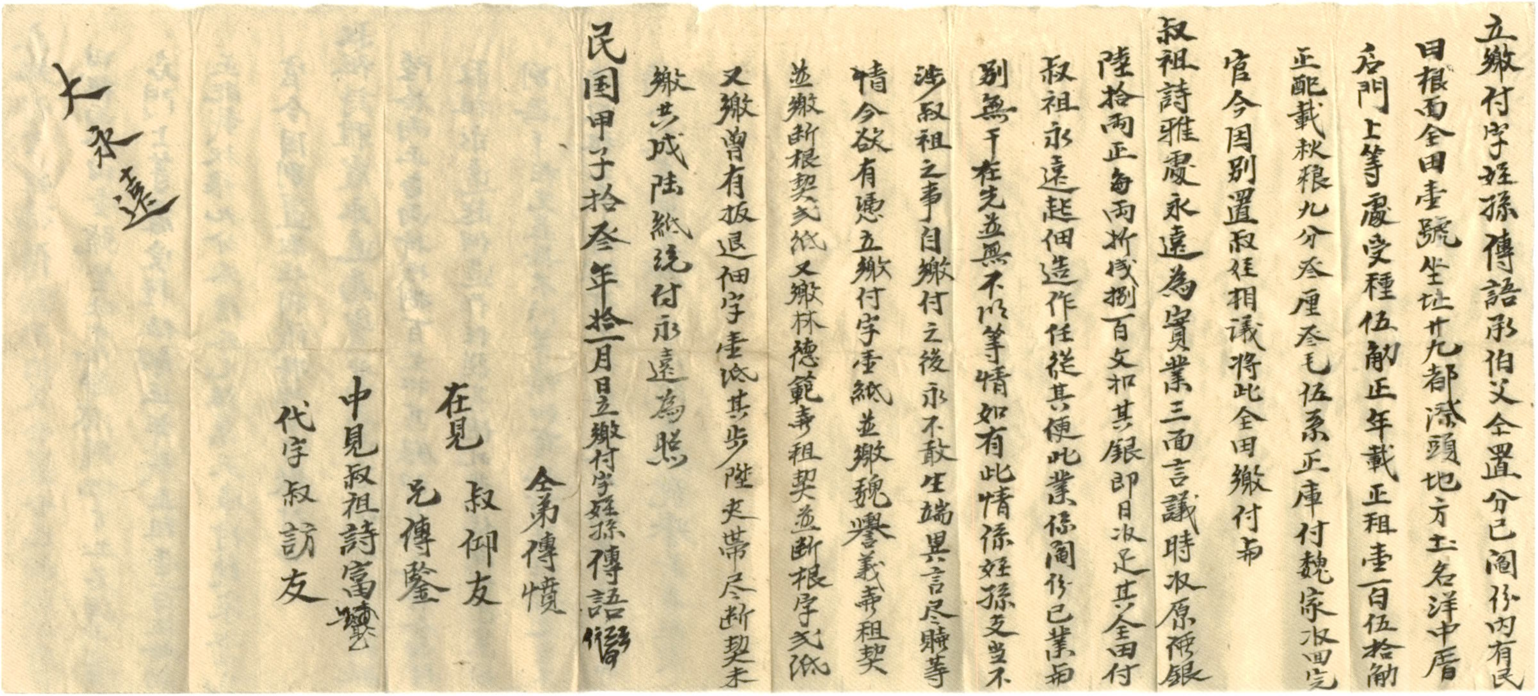

7–5–57–50　民國十三年十一月陳傳語等立繳付根面全民田字

立賣契陳詩雅自己手置有底面全田乙號坐
址廿九都地方土名漈頭嶺坵尾埁乎處受種
壹拾觔正年載糧壹貳合正立庫其糧付
原主收回完納今因乏用自愿托中送賣與
福德正神大王社下處為業三面言議時值價艮伍
拾伍兩正每兩折價捌百文加其價即日交足
訖其底面全田即付價主前去起佃耕作收租永
遠為管業聽從其便此業係是自己手置之業與
別無干在先並無重典他人以及交加來歷不明等
情如有此情係賣主出頭支當不涉買主之事其
年期言約不拘遠近有力之日備銀照賣契面銀
兩對月期取贖如未贖回准作業其原契交帶
不便繳付向後取出不堪行用今欲有憑立
賣契壹紙付執為照

中華民國乙卯四年十一月　日立賣契陳詩雅（押）
在見弟忠友（押）
代字中侄鳳禮（押）

漈頭

7-5-57-49　民國四年十一月陳詩雅立賣底面全田契（紅契）

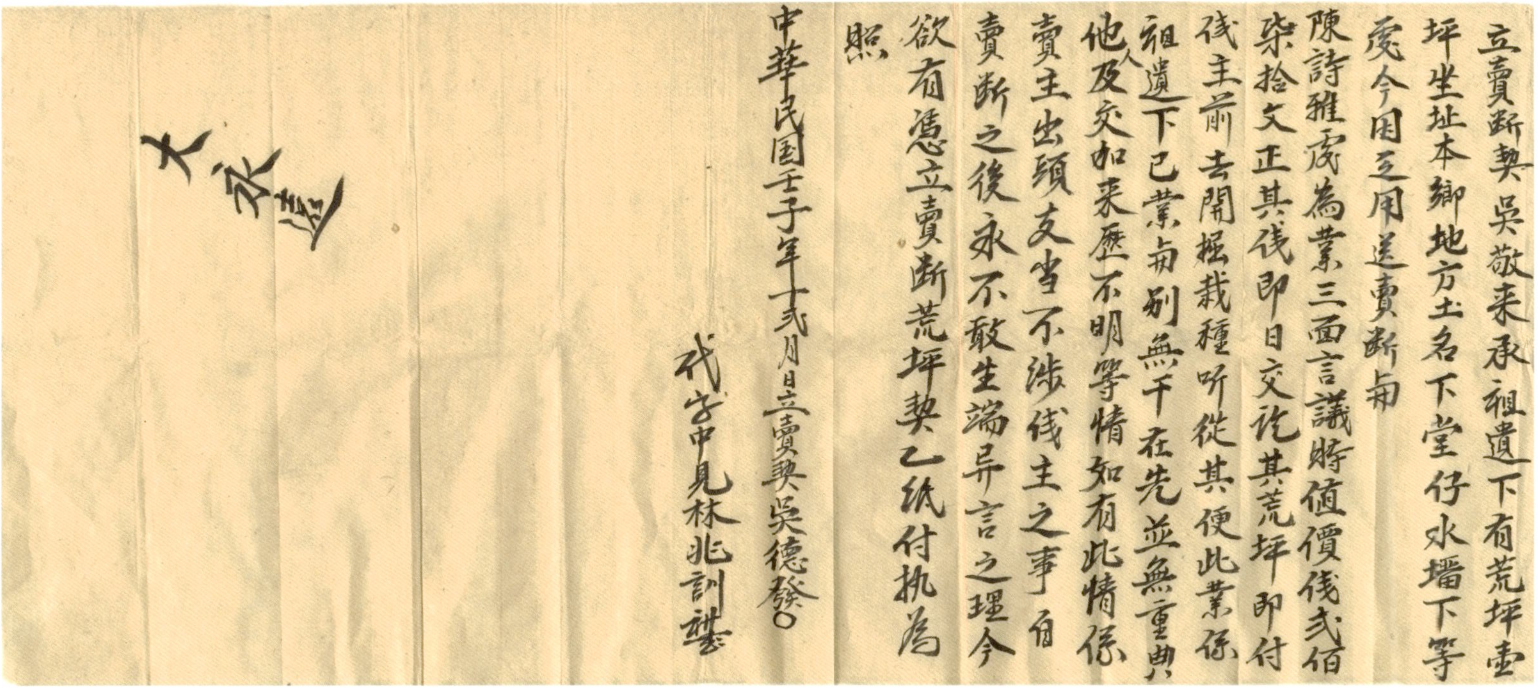

立賣斷契吳敬來承祖遺下有荒坪壹
坪坐址本鄉地方土名下堂仔水墻下等
處今因乏用送賣斷與
陳詩雅處為業三面言議時值價錢弍佰
柒拾文正其錢即日交訖其荒坪即付
錢主前去開掘栽種听從其便此業係
祖遺下己業與別無干在先並無重典
他人及交加來歷不明等情如有此情係
賣主出頭支當不涉錢主之事自
賣斷之後永不敢生端异言之理今
欲有憑立賣斷荒坪契乙紙付執為
照

中華民国壬子年十弍月　日立賣契吳德發○

代字中見林兆訓押

大永遠

7-5-57-48　民國元年十二月吳德發立賣斷荒坪契

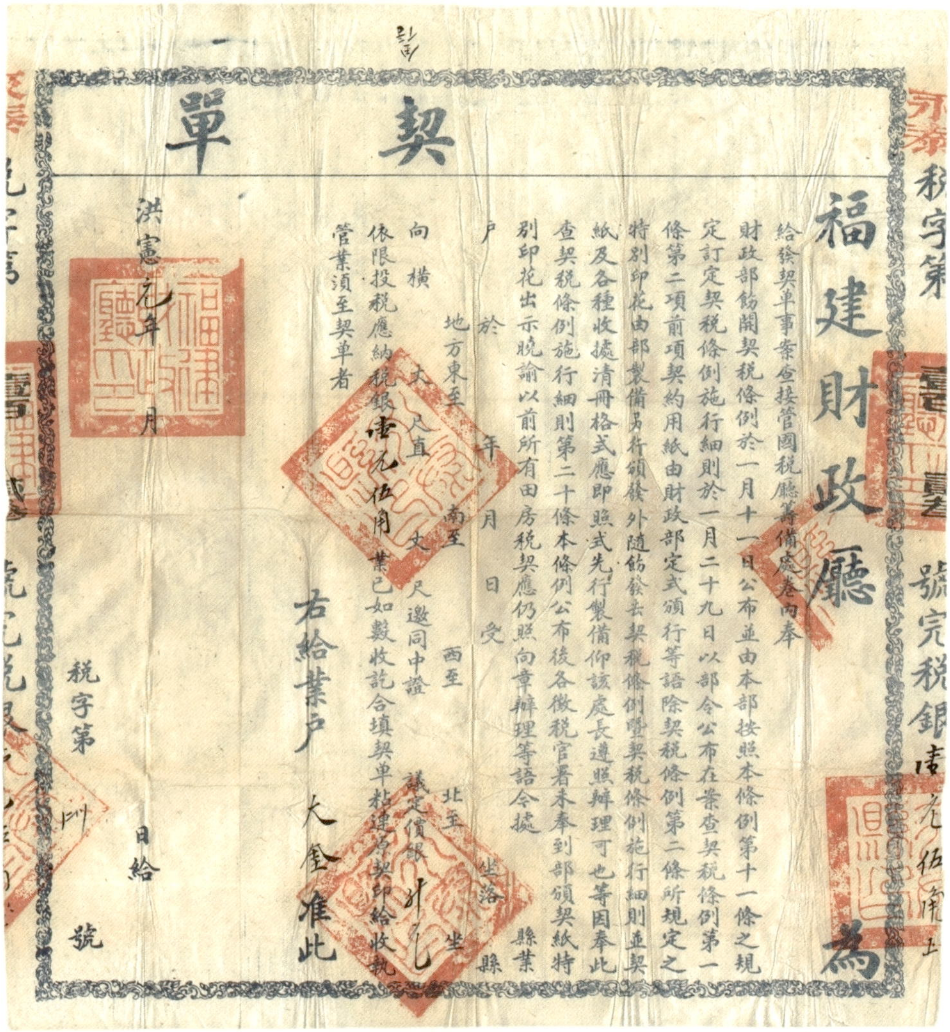
契單

福建財政廳　為

給發契单事案查接管國稅廳籌備處卷内奉

財政部飭開契稅條例於一月十一日公布並由本部按照本條例第十一條之規定訂定契稅條例施行細則於一月二十九日以部令公布在案查契稅條例第一條第二項前項契約用紙由財政部定式頒行等語除契稅條例第二條所規定之特別印花由部製備另行頒發外隨飭發去契稅條例暨契稅條例施行細則並契紙及各種收據清冊格式應即照式先行製備仰該處長遵照辦理可也等因奉此查契稅條例施行細則第二十條本條例公布後各徵稅官署未奉到部頒契紙特別印花出示曉諭以前所有田房稅契應仍照向章辦理等語令據

縣業户　於　年　月　日受　坐落　縣

地方東至　南至　西至　北至　坐

向　橫　丈　尺直　丈　尺邀同中證　議定價銀卅元

依限投稅應納稅銀壹元伍角　業已如數收訖合填契单粘連存契印給收執

管業須至契单者

右給業户　大奎　准此

洪憲元年　月　日給

稅字第　卅　號

永泰　稅字第　號　完稅銀壹元伍角

7-5-57-47　民國五年（洪憲元年）大奎户契單

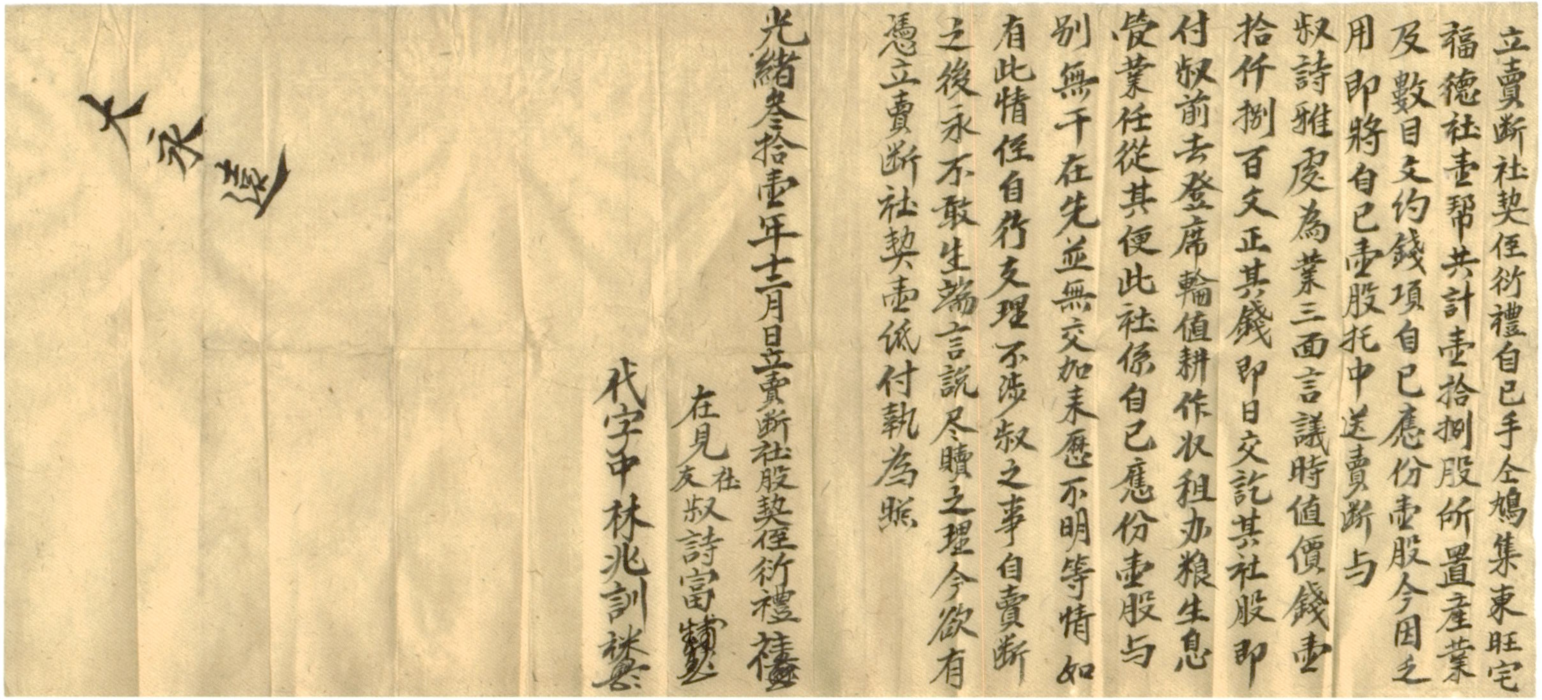
立賣斷社契侄衍禮自己手仝鳩集東旺宅
福德社壹帮共計壹拾捌股所置産業
及數目文約錢項自己應份壹股今因乏
用即將自己壹股托中送賣斷与
叔詩雅處為業三面言議時值價錢壹
拾仟捌百文正其錢即日交訖其社股即
付叔前去登席輪值耕作収租办粮生息
管業任從其便此社係自己應份壹股与
別無干在先並無交加來歷不明等情如
有此情侄自行支理不涉叔之事自賣斷
之後永不敢生端言說尽贖之理今欲有
憑立賣斷社契壹紙付執為照

光緒叁拾壹年十二月日立賣斷社股契侄衍禮
在見社友叔詩富
代字中林兆訓

7-5-57-46　清光緒三十一年十二月陳衍禮立賣斷社股契

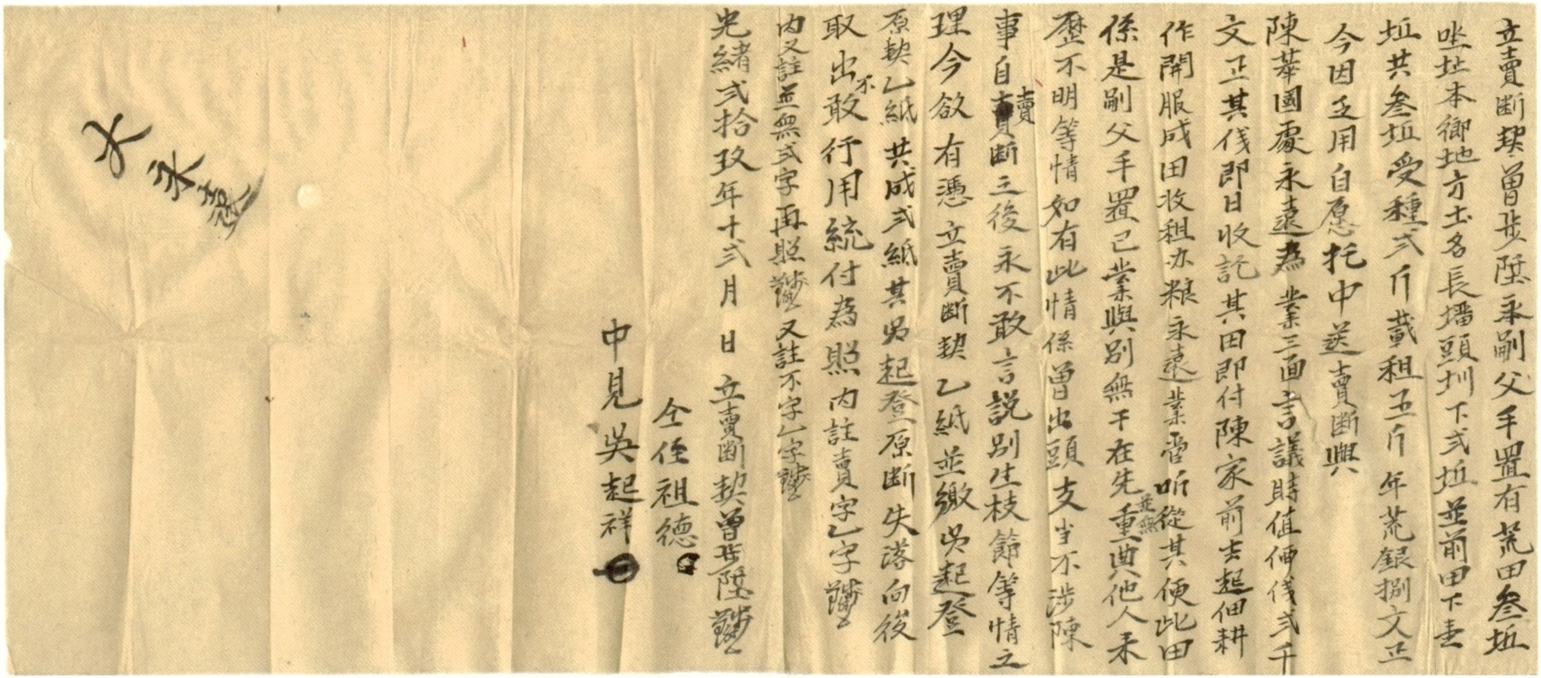
立賣斷契曾步陞承嗣父手置有荒田叁坵
坐址本御地方土名長墻頭圳下弍坵並前田下壹
坵共叁坵受種弍斤載租五斤　年荒銀捌文正
今因乏用自愿托中送賣斷與
陳華國處永遠為業三面言議時值價錢弍千
文正其錢即日收訖其田即付陳家前去起佃耕
作開服成田收租亦粮永遠業管听從其便此田
係是嗣父手置已業與別無干在先並無重典他人未
歷不明等情如有此情係曾出頭支當不涉陳
事自賣斷之後永不敢言說別生枝節等情之
理今欲有憑立賣斷契乙紙並繳吳起叁
原契乙紙共成弍紙其吳起叁原斷失落向後
取出不敢行用統付為照內註賣字乙字證
內又註並無弍字再照證又註不字乙字證
光緒弍拾玖年十弍月　日　立賣斷契曾步陞證
仝侄祖德（押）
中見吳起祥（押）
大吉慶

7-5-57-45　清光緒二十九年十二月曾步陞等立賣斷荒田契

立賣契林義興承祖遺下閩份有山
塲壹所坐址廿九都滌頭地方土名
下流溪過坑墘等處內前有原圳壹
条崩壞今此圳地賣與陳萃國開
復水圳直透左至陳萃國自己田右
至陳賢國田墘尾為界付萃國開
通水圳灌潤田畝听陳從便管業
三面言議時收價錢七百文正其
錢即日交訖其山內之水圳付陳
永遠從便管業林家不敢生端异
言等情之理今欲有憑立賣契
壹紙永付為照。

光緒弍拾七年正月　日立賣契林義興（押）
在見叔禮餘（押）
中見兄義祥（押）
代字侄兆祥（押）

大永遠

7-5-57-44　清光緒二十七年正月林義興立賣圳地契

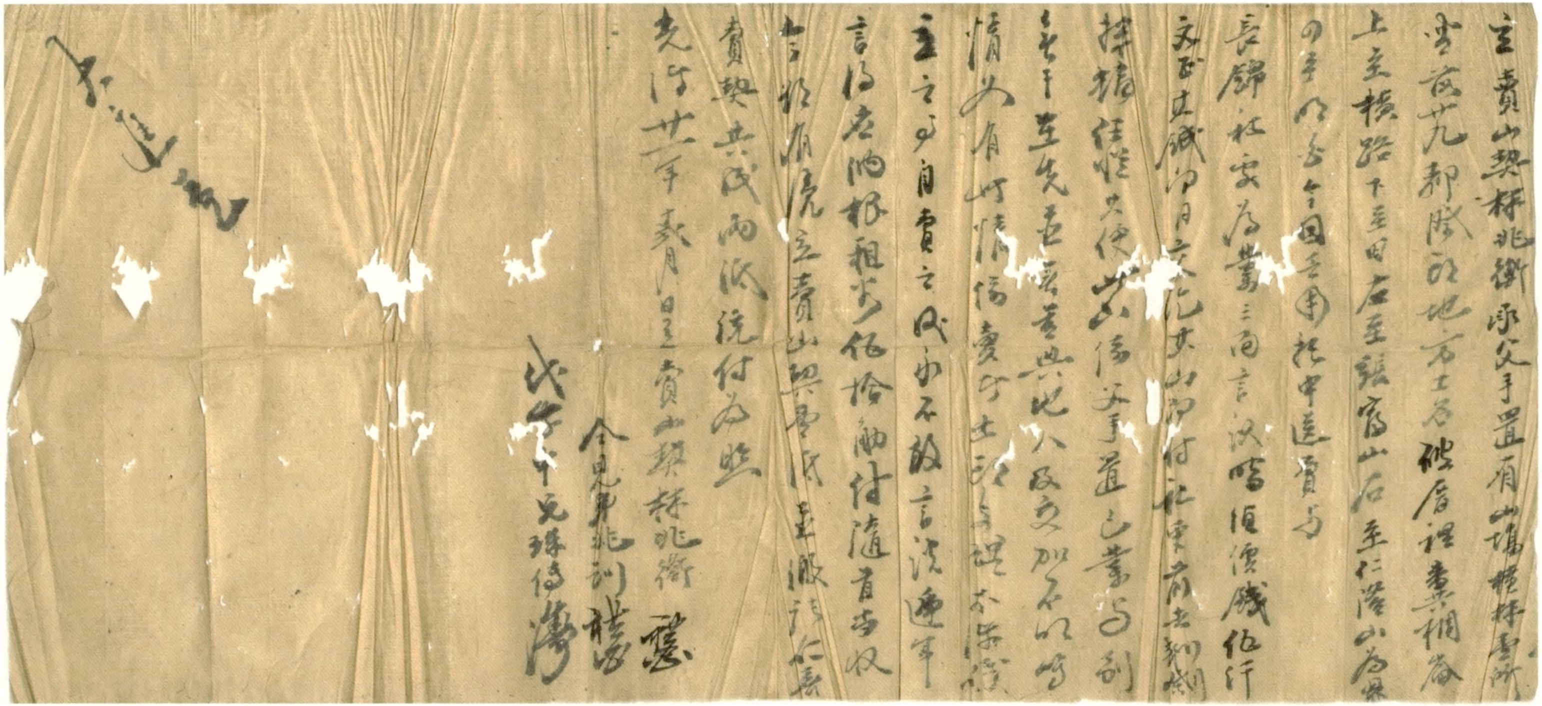

7-5-57-43　清光緒二十一年十二月林兆衡立賣山場等契

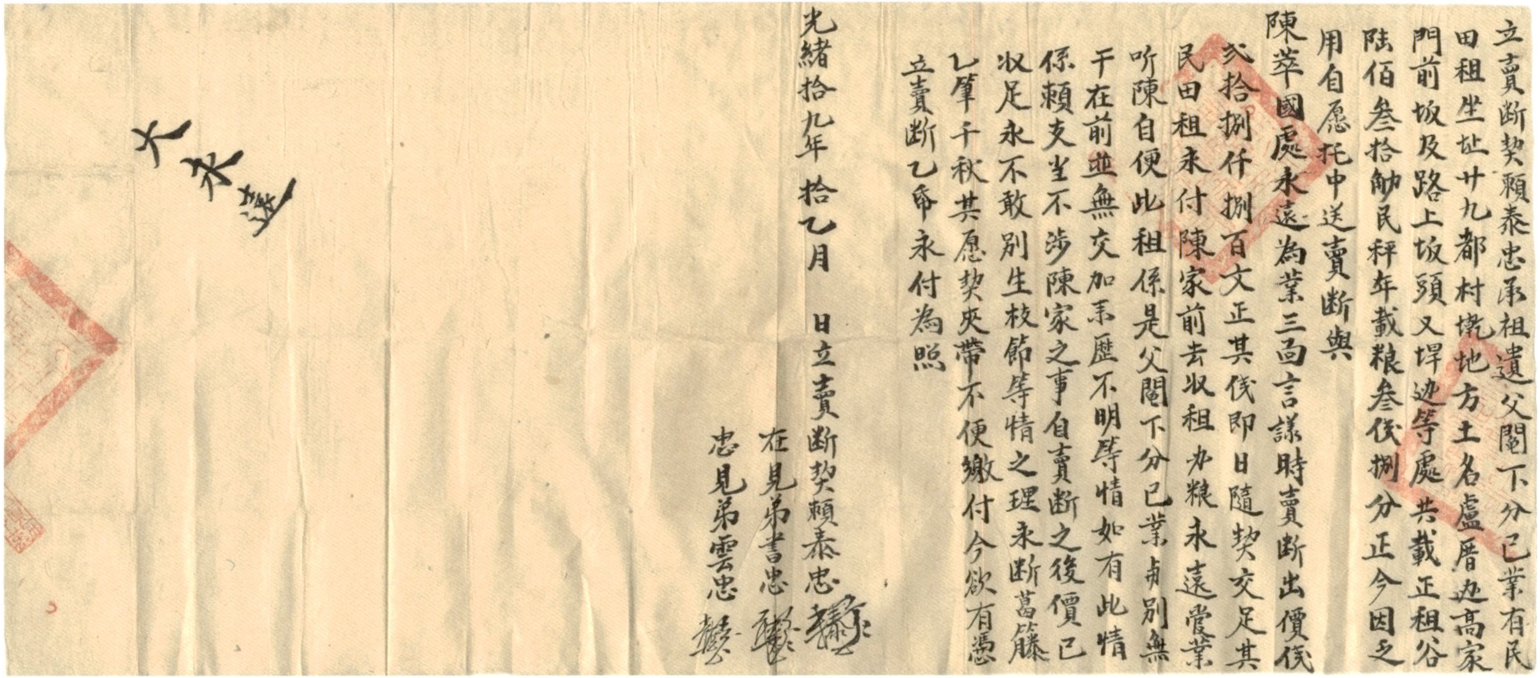
立賣斷契賴泰忠承祖遺父閹下分已業有民
田租坐址廿九都村墘地方土名盧厝边高家
門前坂及路上坂頭又垾边等處共載正租谷
陸佰叁拾觔民秤年載粮叁伕捌分正今因乏
用自愿托中送賣斷與
陳萃國處永遠為業三面言議時賣斷出價伕
弍拾捌仟捌百文正其伕即日隨契交足其
民田租永付陳家前去收租办粮永遠管業
听陳自便此租係是父閹下分已業与別無
干在前並無交加重歷不明等情如有此情
係賴支尘不涉陳家之事自賣斷之後價已
收足永不敢別生枝節等情之理永斷葛藤
乙筆千秋其愿契夾帶不便繳付今欲有憑
立賣斷乙帋永付為照

光緒拾九年拾乙月　日立賣斷契賴泰忠（押）
在見弟書忠（押）
忠見弟雲忠（押）

大來逢

7-5-57-42　清光緒十九年十一月賴泰忠立賣斷民田租契（紅契）

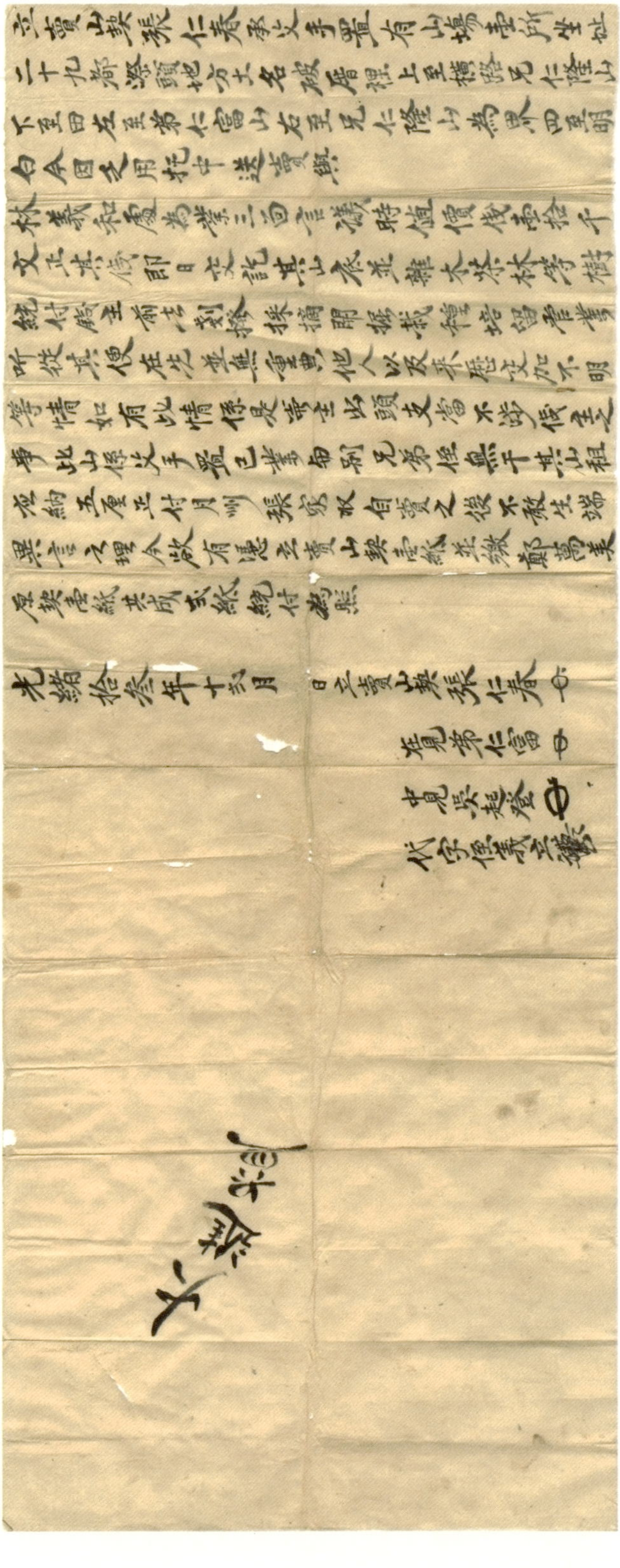

立賣山契張仁春承父手置有山場壹所，坐址二十九都漈頭地方，土名破厝埕，上至横路兄仁隆山，下至田，左至弟仁富山，右至兄仁隆山為界，四至明白。今因乏用，托中送賣與林義[illegible]處為業，三面言議，時值價錢壹拾千文正。其錢即日交訖，其山係雜木、松杉樹，統付與主前去割採、採摘、開掘、栽種、培留、管業，听從其便。在先並無重典他人，以及來歷交加不明等情，如有此情，係是春出頭支當，不涉買主之事。此山係父手置已業，與別兄弟侄無干。其山租應納五厘正，付月州張家收。自賣之後，不敢生端異言之理。今欲有憑，立賣山契壹紙，并繳鄭萬美厝契壹紙，共成貳紙，總付為照。

光緒拾叁年十二月　　日立賣山契張仁春（押）

在見弟仁富（押）

中見吳起登（押）

代字侄義立（押）

7-5-57-41　清光緒十三年十二月張仁春立賣山場契

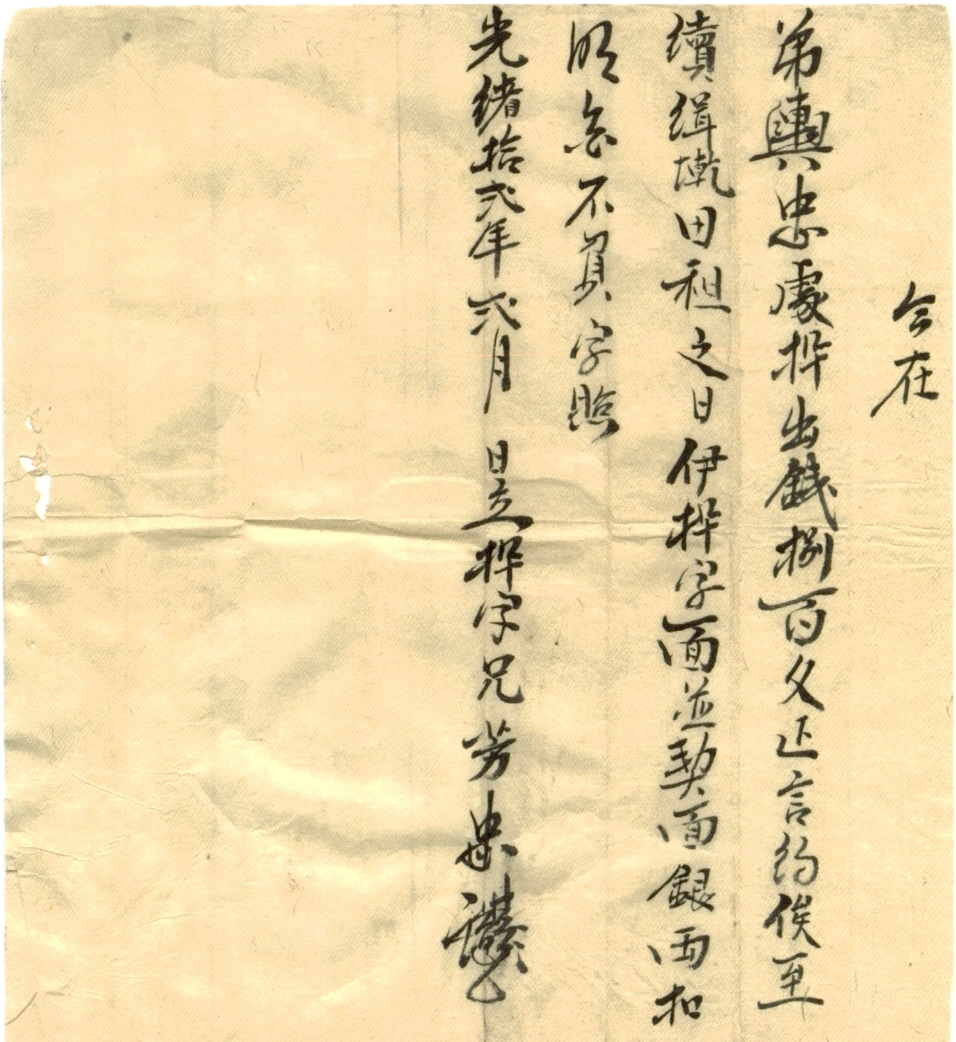
台在
弟興忠處撮出錢捌百文正言約俟至
續緝墩田租之日伊撮字面並契面銀兩扣
明無不負字照
光緒拾弍年弍月　日立撮字兄芳忠（押）

7-5-57-40　清光緒十二年二月芳忠立撮字

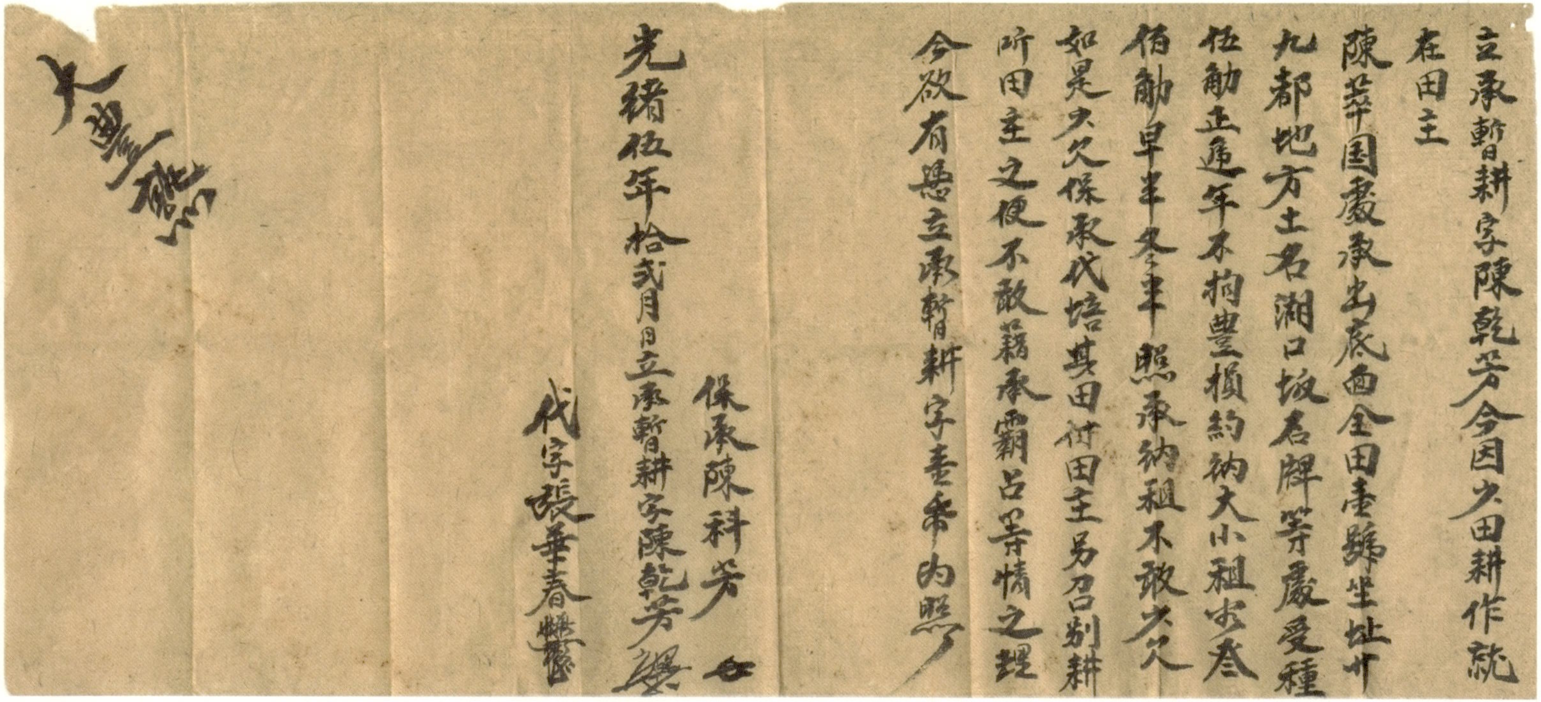

7-5-57-39　清光緒五年十二月陳乾芳立承暫耕底面全田字

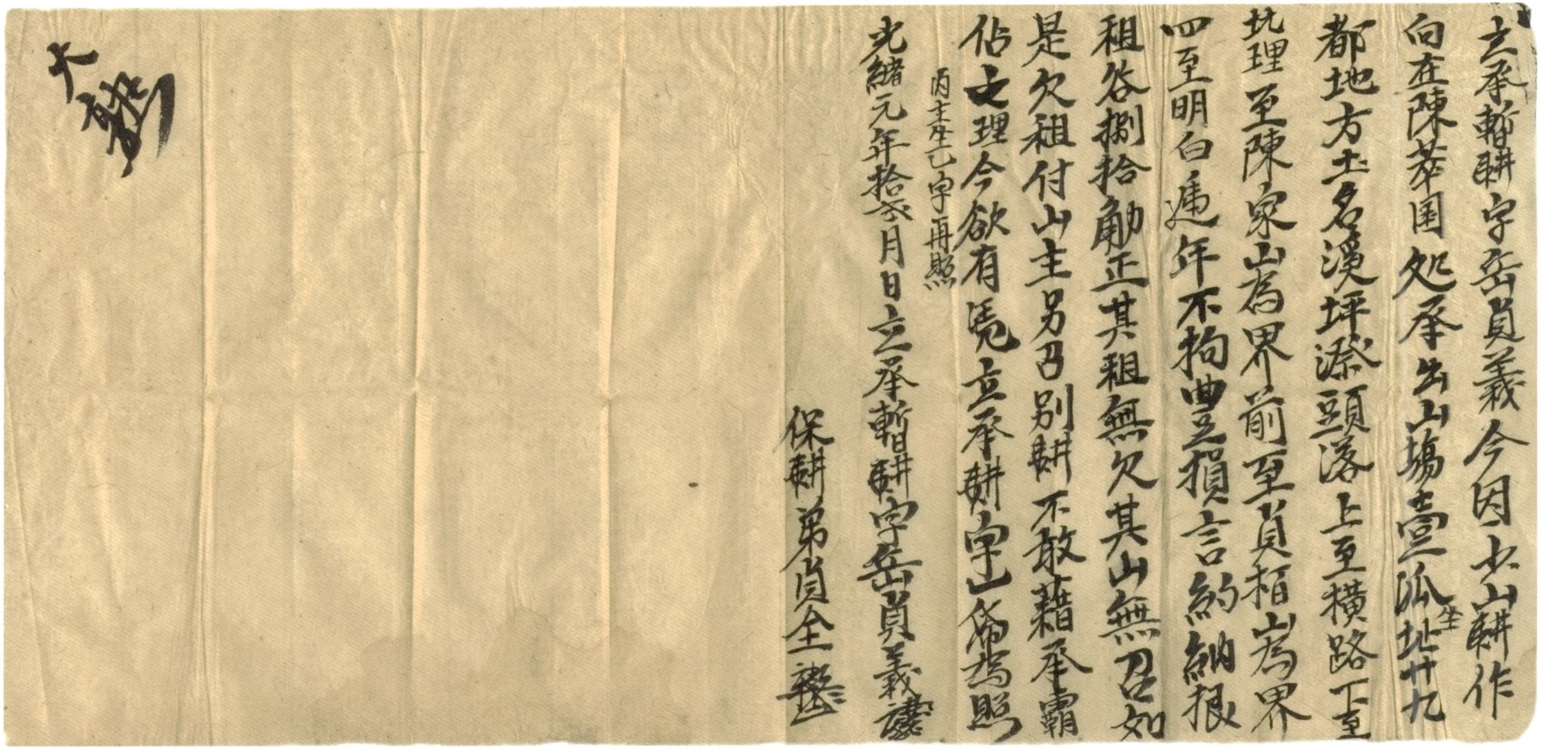
立承暫耕字岳貞義今因出山耕作
向在陳莘園處承出山場壹派坐址廿九
都地方土名漢坪添頭落上至橫路下至
坑理至陳家山為界前至貞相為界
四至明白逓年不拘豐損言約納根
租谷捌拾觔正其租無欠其山無召如
是欠租付山主另召別耕不敢藉承霸
佔之理今欲有憑立承耕字為照
內添坐乙字再照
光緒元年拾弍月日立承暫耕字岳貞義
保耕弟岳貞全
大發

7-5-57-38　清光緒元年十二月岳貞義立承暫耕山場字

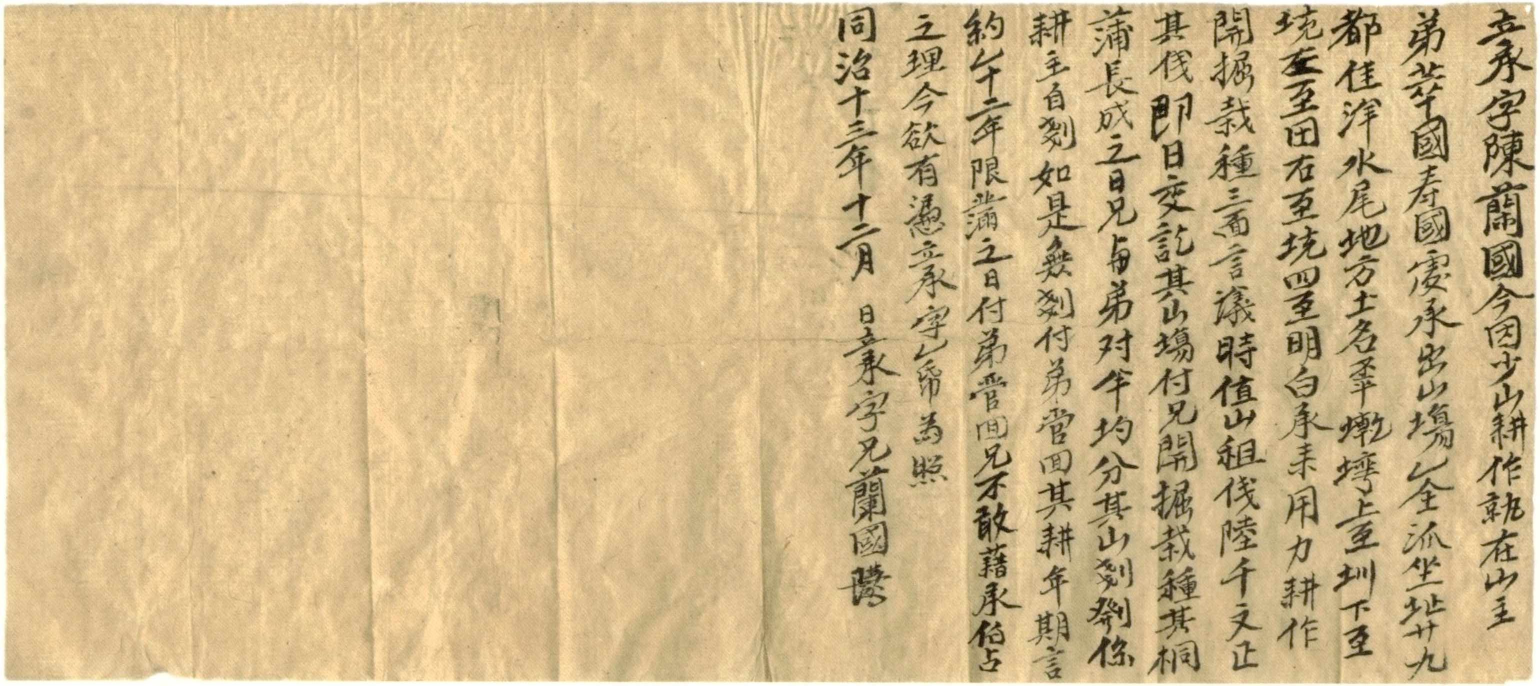

立承字陳蘭國今因少山耕作就在山主
弟華國壽國處承出山場一全址坐址廿九
都佳洋水尾地方土名牽墩埠上至圳下至
坑左至田右至坑四至明白承来用力耕作
開掘栽種三面言議時値山租伐陸千文正
其伐即日交訖其山場付兄開掘栽種其桐
蒲長成之日兄与弟对半均分其山刻刹係
耕主自刻如是无刻付弟管回其耕年期言
約廿二年限滿之日付弟管回兄不敢藉承佔占
立理今欲有憑立承字山帋爲照
同治十三年十二月　日立承字兄蘭國(押)

7-5-57-37　清同治十三年十二月陳蘭國立承山場字

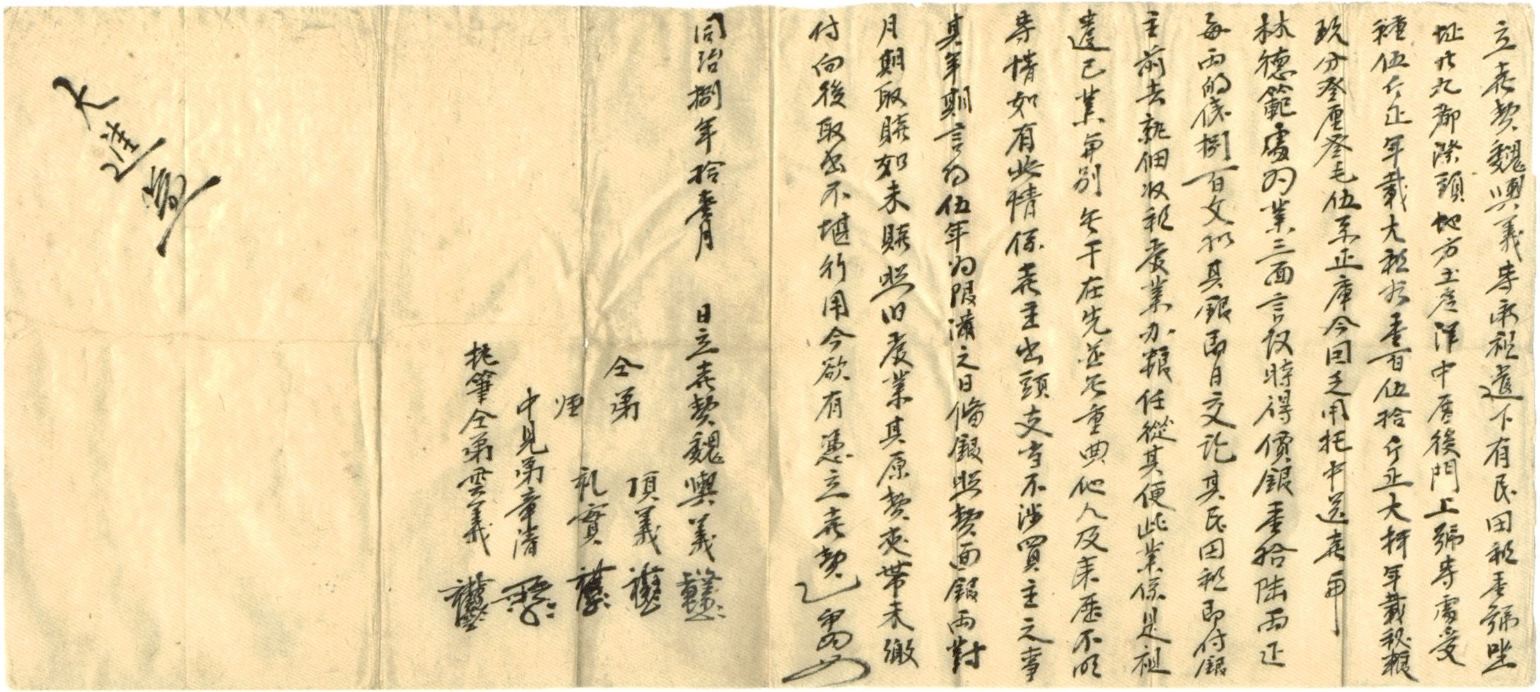

立賣契魏興義等承祖遺下有民田租壹號坐
址本九都洋頭地方土名洋中厝後門上號等處受
種伍分正年載大租谷壹百伍拾斤正大秤年載秋粮
玖分叁厘叁毛伍系正庫，今因乏用，托中送賣與
林德範處為業，三面言議時得價銀壹拾陆两正，
每两的係捌百文扣算，其銀兩自文訖，其民田租即付銀
主前去執佃收租管業，办粮任從其便，此業係是祖
遺己業，與别房伯叔兄弟無干，在先並無重典他人及來歷不明
等情，如有此情，係賣主出頭支當，不涉買主之事。
其業聽言約伍年為限，滿之日備價照契面銀兩對
月取贖，如未贖，照舊管業，其原契並帶未繳
付，向後取出不堪行用。今欲有憑，立賣契一紙為照。

同治捌年拾壹月　日立賣契魏興義（押）
仝弟　項義（押）
孔賓（押）
烟　中見弟章清（押）
代筆仝弟雲義（押）

大進賣

7–5–57–36　清同治八年十一月魏興義等立賣民田租契

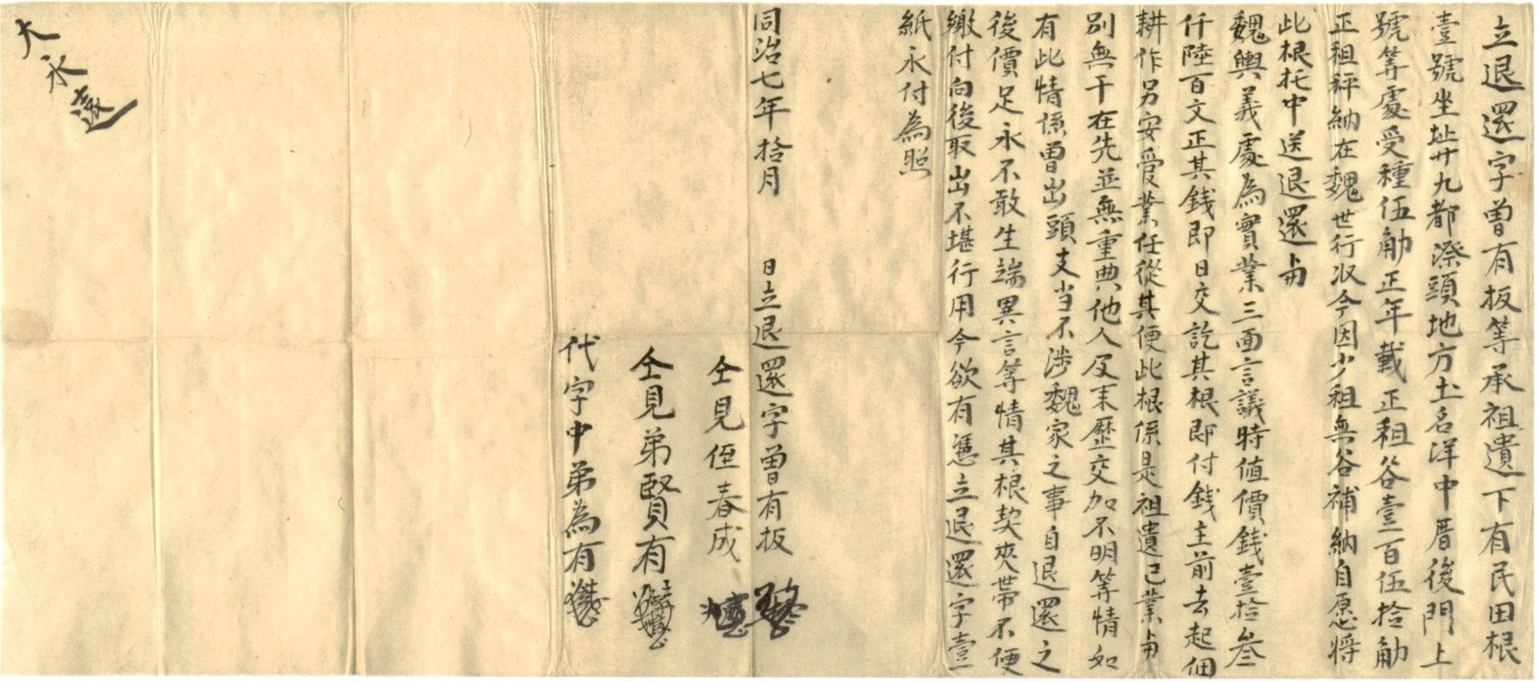

立退還字曾有板等承祖遺下有民田根
壹號坐址廿九都漈頭地方土名洋中厝後門上
號等處受種伍觔正年載正租谷壹百伍拾觔
正租秤納在魏世行收今因少租無谷補納自愿將
此根托中送退還与
魏興義處為實業三面言議時值價錢壹拾叁
仟陸百文正其錢即日交訖其根即付錢主前去起佃
耕作另安管業任從其便此根係是祖遺己業与
别無干在先並無重典他人及未歷交加不明等情如
有此情係曾出頭支当不涉魏家之事自退還之
後價足永不敢生端異言等情其根契夾帶不便
繳付向後取出不堪行用今欲有憑立退還字壹
紙永付為照

同治七年拾月　日立退還字曾有板（押）

全見侄春成（押）

全見弟賢有（押）

代字中弟為有（押）

大永遠

7-5-57-35　清同治七年十月曾有扳立退還民田根字

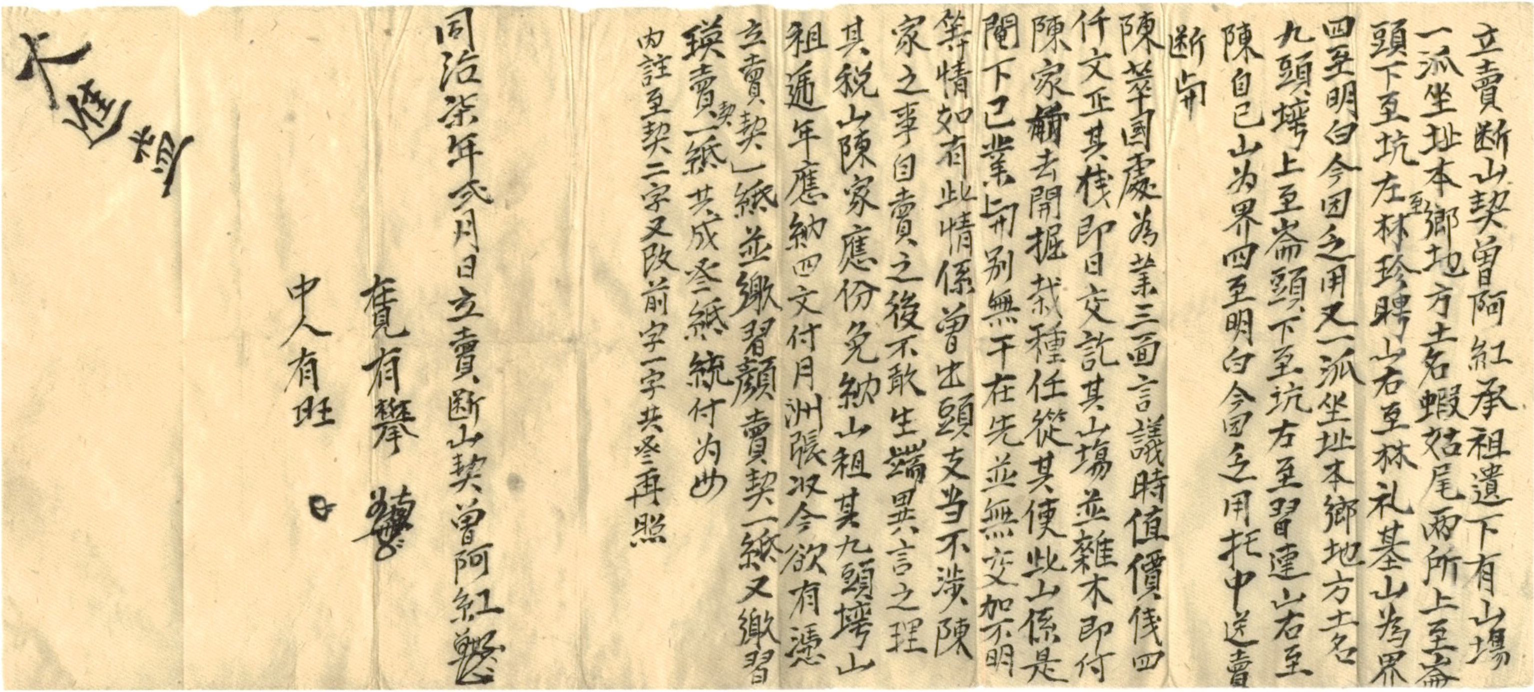

立賣斷山契曾阿紅承祖遺下有山場
一派坐址本鄉地方土名蝦姑尾兩所上至崙
頭下至坑左至林玲聘山右至林礼基山為界
四至明白今因乏用又一派坐址本鄉地方土名
九頭墎上至崙頭下至坑右至習達山右至
陳自己山為界四至明白今因乏用托中送賣
斷與
陳華國處為業三面言議時值價錢四
仟文正其錢即日交訖其山場並雜木即付
陳家前去開掘栽種任從其便此山係是
閹下已業與別無干在先並無交加不明
等情如有此情係曾出頭支当不涉陳
家之事自賣之後不敢生端異言之理
其稅山陳家應份免納山租其九頭墎山
祖遞年應納四文付月洲張坟今欲有憑
立賣契一紙並繳習顏賣契一紙又繳習
瑛賣契一紙 共成叁紙 統付為照
內註至契二字又改前字一字共叁再照

同治柒年弍月日立賣斷山契曾阿紅（押）
在見有攀（押）
中人有旺（押）

大進財

7-5-57-34　清同治七年二月曾阿紅立賣斷山場契

立承批字人振源今在
山主宗兄開國處承出有吉地壹穴
坐址十九都地方土名濟洋鵝柚石
嶺頭橫路坐坤向艮，承來造墳埋
塟親柩，其墓經外四圍各四丈，即付
前遮蔭風水，式年方通利修整，所
從其便。其經外付還山主管業，其花
紅酒醴俱付山主收明。今欲有憑，立
承批字壹帋為照。

[illegible]

同治四年十二月　日立承批字人振元[illegible]

大吉[illegible]

7-5-57-33　清同治四年十二月陳振源立承批吉地字

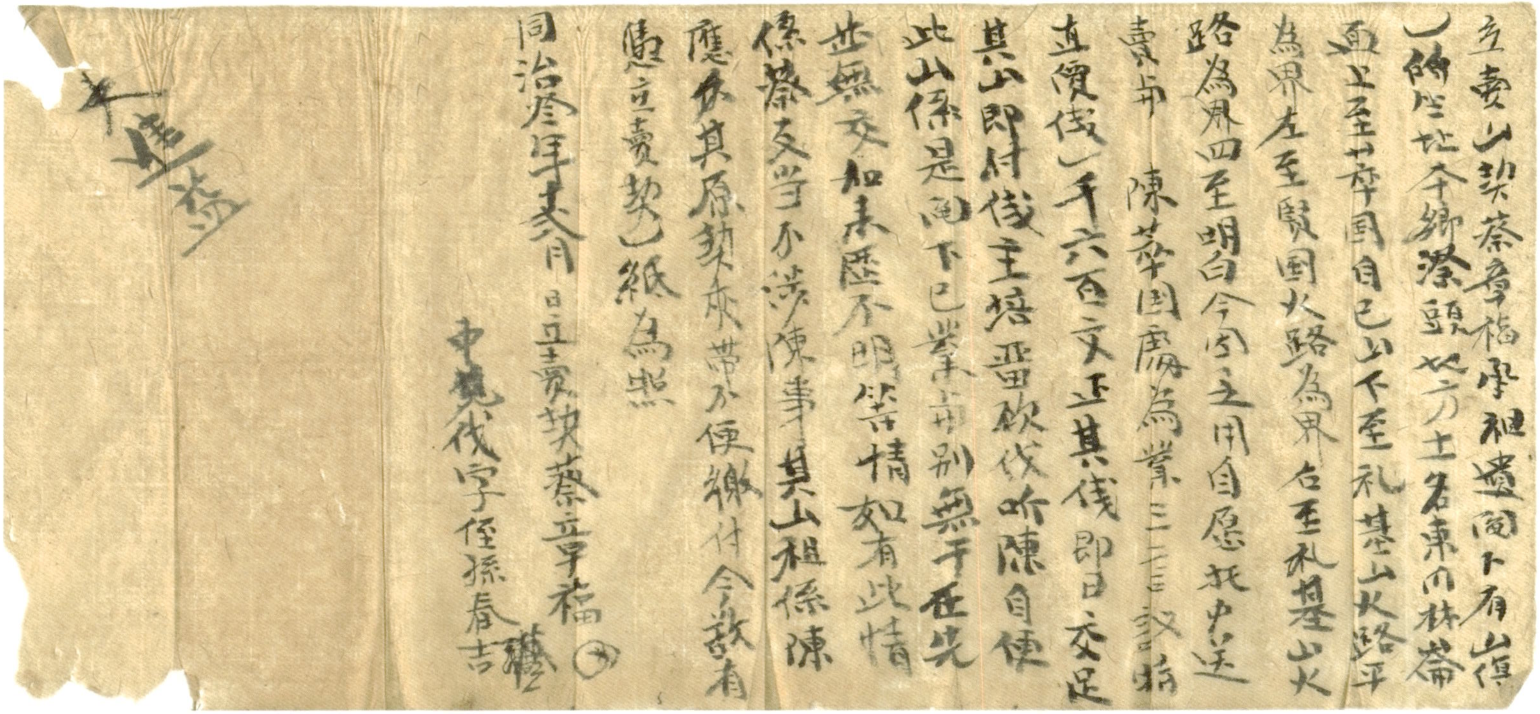
立賣山契蔡章福承祖遺闔下有山場
一所坐址今鄉潦頭地方土名東內林崙
頭上至士蔡國自己山下至礼基山大路平
為界左至賢國火路為界右至礼基山火
路為界四至明白今因乏用自愿托中送
賣與 陳華國處為業三面言議時
直價錢一千六百文正其錢即日交足
其山即付錢主塔瞾砍伐听陳自便
此山係是承下己業亦別無干在先
並無交加未歷不明等情如有此情
係蔡支當不涉陳事其山祖係陳
應承其原契承帶不便繳付今欲有
憑立賣契一紙為照
同治叁年十二月 日立賣契蔡章福（押）
中見代字侄孫春吉（押）

7-5-57-32　清同治三年十二月蔡章福立賣山場契

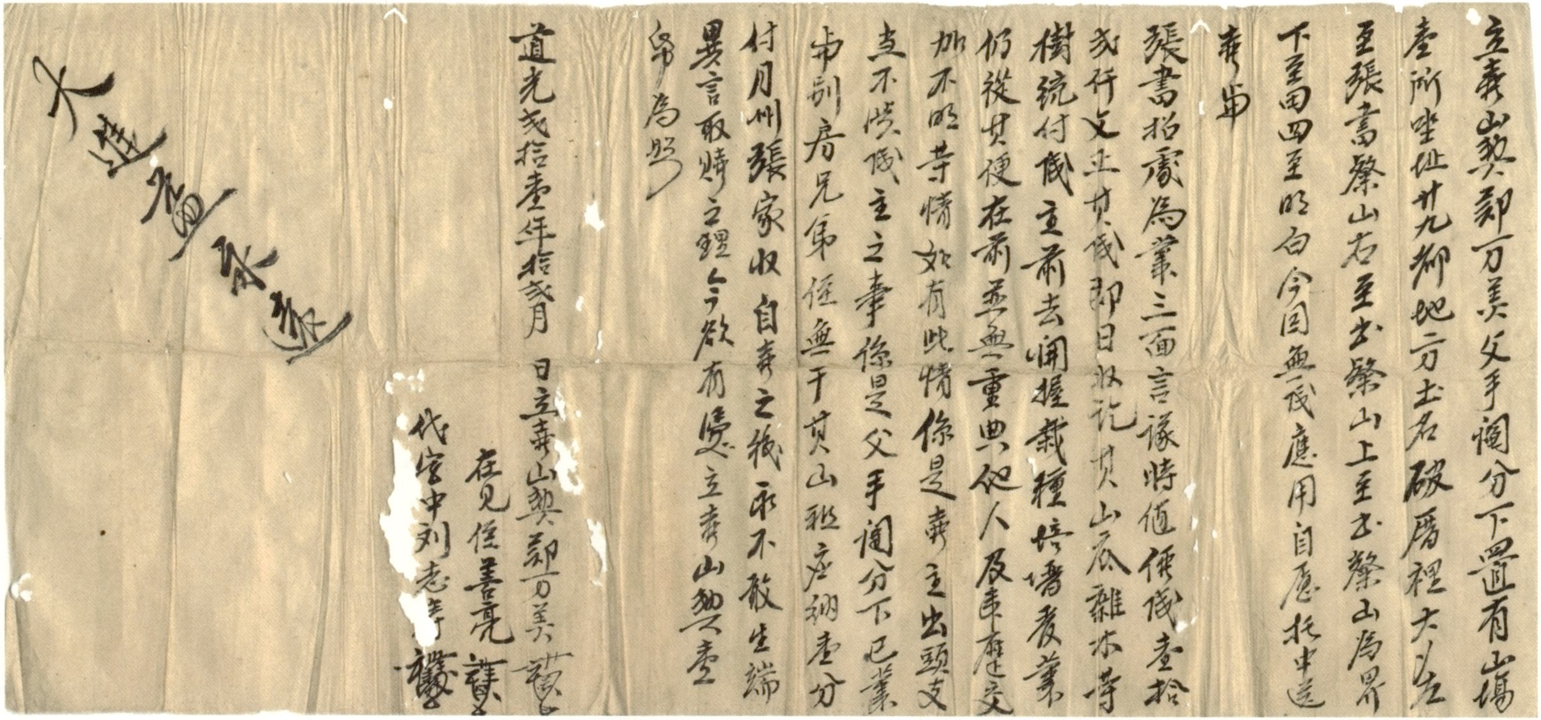

立賣山契鄭万美，父手阄分下置有山場
壹所，坐址廿九都地方，土名破厝裡大丘，左
至張書漈山，右至大漈山，上至大漈山為界，
下至田，四至明白。今因無錢應用，自愿托中送
賣與
張書裕處為業，三面言議，時值價錢壹拾
弍仟文正，其錢即日收訖，其山內雜木等
樹，統付錢主前去開掘栽種，培壅管業，
仍從其便。在前並無重典他人及來歷交
加不明等情，如有此情，係是賣主出頭支
當，不涉錢主之事。係是父手阄分下己業，
非别房兄弟侄無干。其山稅應納壹分，
付月卅張家收。自賣之後，永不敢生端
異言取贖之理。今欲有憑，立賣山契壹
紙為照。
道光弍拾壹年拾弍月　日立賣山契鄭万美
在見侄善亮
代字中刘志考

7-5-57-31　清道光二十一年十二月鄭万美立賣山場契

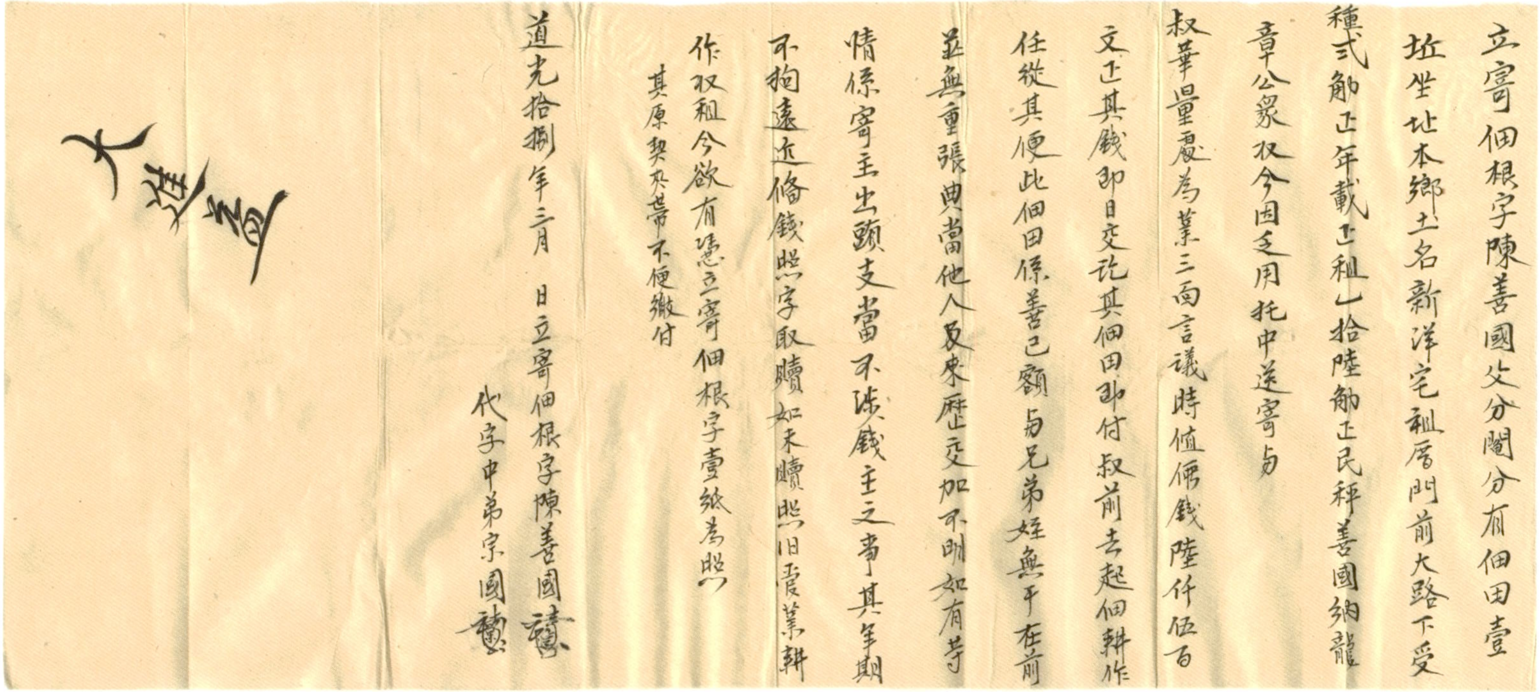
立寄佃根字陳善國父分鬮分有佃田壹
坵坐址本鄉土名新洋宅祖厝門前大路下受
種弍斛正年載正租一拾陸斛正民秤善國納龍
章公衆収今因乏用托中送寄与
叔華量覆為業三面言議時值佛錢陸仟伍百
文正其錢即日交訖其佃田即付叔前去起佃耕作
任從其便此佃田係善己額与兄弟姪無干在前
並無重張典當他人及來歷交加不明如有等
情係寄主出頭支當不涉錢主之事其年期
不拘遠近備錢照字取贖如未贖照旧貰業耕
作収租今欲有憑立寄佃根字壹紙為照
其原契不便繳付
道光拾捌年三月　日立寄佃根字陳善國（押）
代字中弟宗國（押）

7-5-57-30　清道光十八年三月陳善國立寄佃田根字

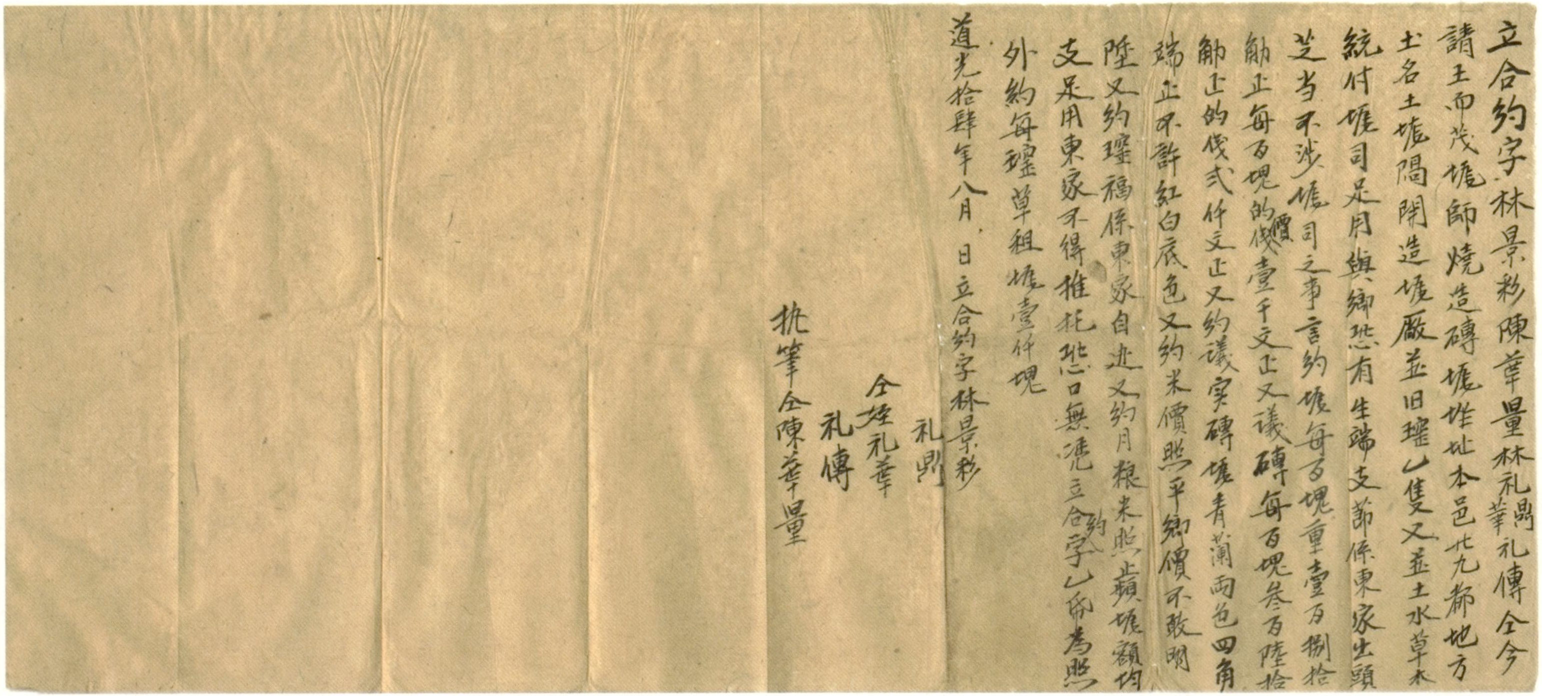
立合約字林景彩陳華量林礼湧礼華礼傳仝今
請主而茂壚師燒造磚壚垟址本邑廿九都地方
土名土壚陽閘造壚廠並旧壟山隻又並土水草木
統付壚司足用與鄉恐有生端支節係東家出頭
芝当不涉壚司之事言約壚每百塊重壹百捌拾
觔止每百塊的價壹千文正又議磚每百塊叁百陸拾
觔止的價式仟文正又約議實磚壚青蘭兩色四角
端正不許紅白底色又約米價照平鄉價不敢明
陞又約壟福係東家自出又約月粮米照止蘋壚額均
支足用東家不得推托恐口無憑立合約字乙帋為照
外約每壟草租壚壹仟塊
道光拾肆年八月　日立合約字林景彩
礼湧
仝姪礼華
礼傳
執筆仝陳華量

7-5-57-29　清道光十四年八月林景彩等立合約字

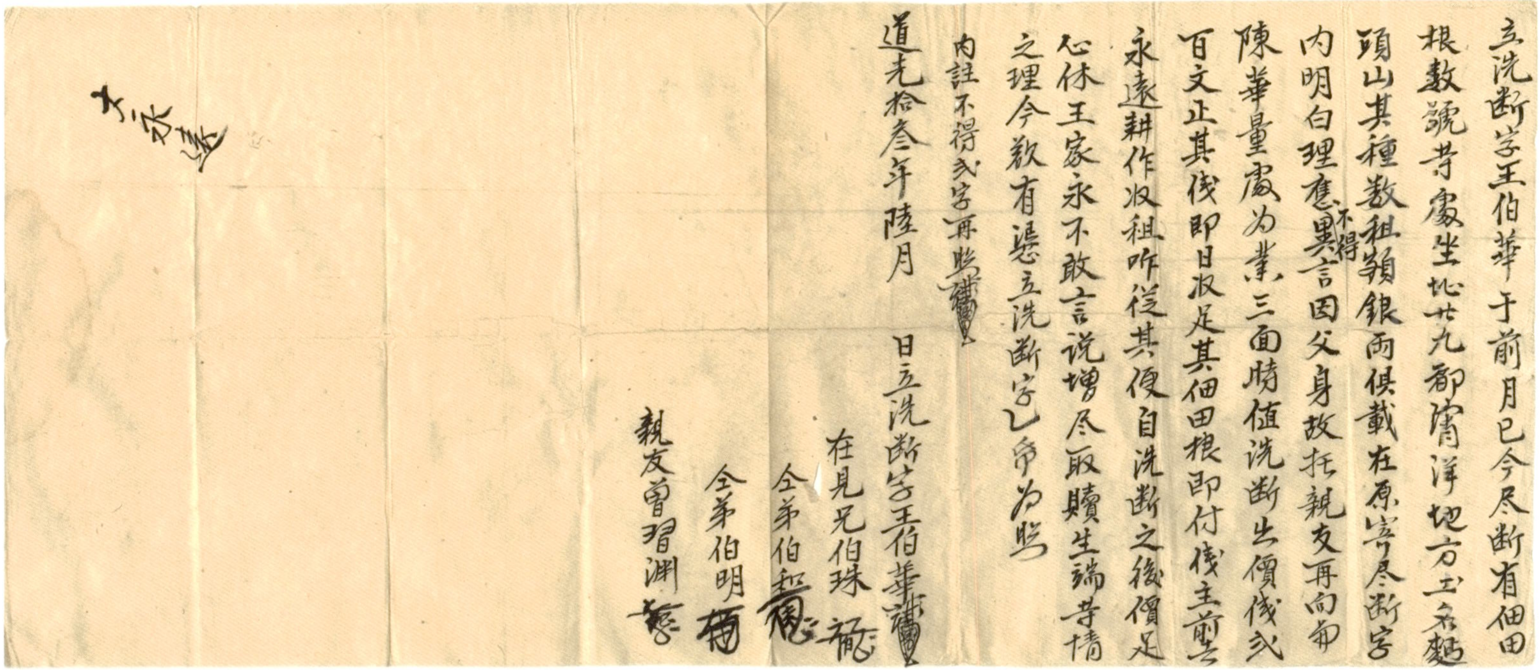
立洗斷字王伯華于前月已今盡斷有佃田
根數號并處坐址廿九都甯洋地方土名魏
頭山其種數租額銀兩俱載在原字盡斷字
內明白理應不得異言因父身故托親友再向爷
陳華量處為業三面時值洗斷出價錢弍
百文正其錢即日收足其佃田根即付錢主前去
永遠耕作收租听從其便自洗斷之後價足
心休王家永不敢言說增盡取贖生端等情
之理今欲有憑立洗斷字一帋為照
內註不得弍字再照
道光拾叁年陸月　日立洗斷字王伯華（押）
在見兄伯珠（押）
仝弟伯和（押）
仝弟伯明（押）
親友曾習渊（押）
大吉永遠

7-5-57-28　清道光十三年六月王伯華立洗斷佃田根字

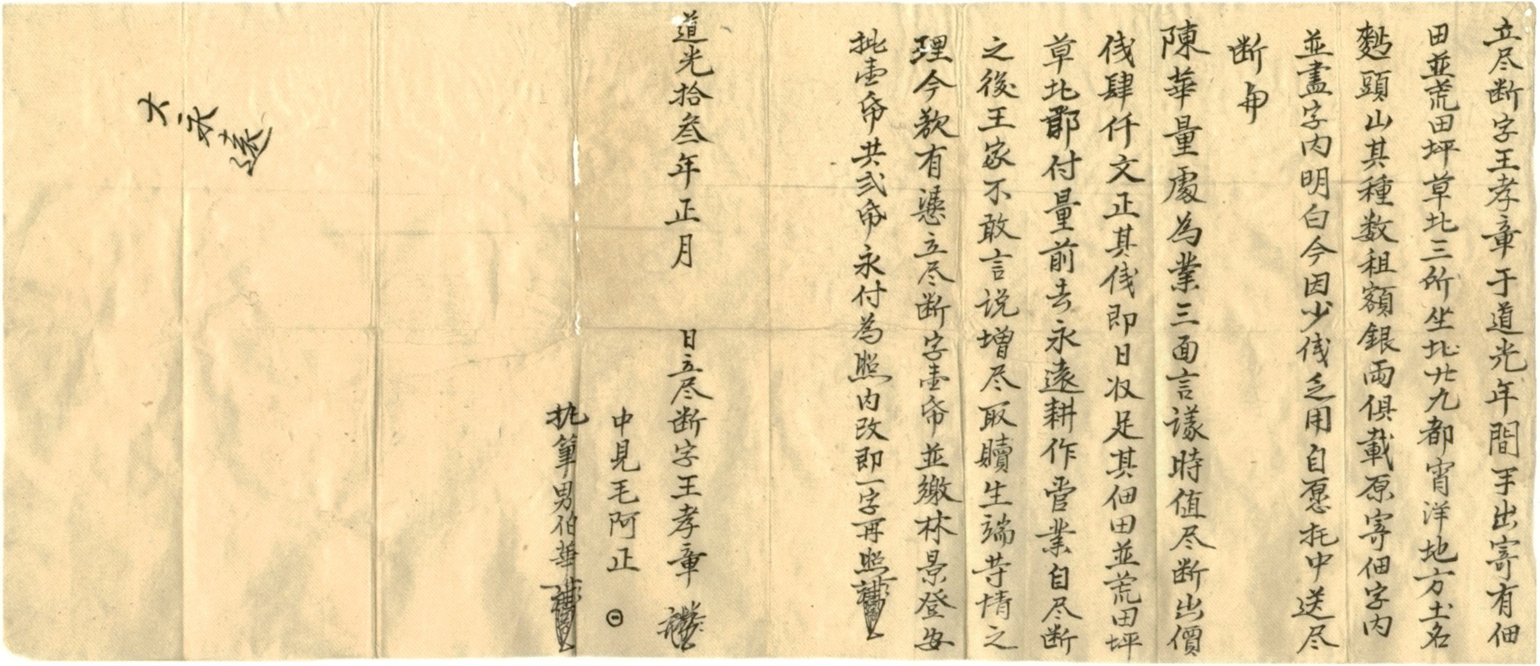

立尽斷字王孝章于道光年間手出寄有佃
田並荒田坪草圵三所坐圵廿九都宵洋地方土名
麵頭山其種數租額銀两俱載原寄佃字內
並盡字內明白今因少錢乏用自愿托中送尽
斷與
陳華量處為業三面言議時值尽斷出價
錢肆仟文正其錢即日收足其佃田並荒田坪
草圵郡付量前去永遠耕作管業自尽斷
之後王家不敢言說增尽取贖生端等情之
理今欲有憑立尽斷字壹紙並繳林景登安
批壹紙共貳紙永付為照　內改即一字再照

道光拾叁年正月　日立尽斷字王孝章

中見毛阿正

執筆男伯華

大永遠

7-5-57-27　清道光十三年正月王孝章立盡斷佃田等字

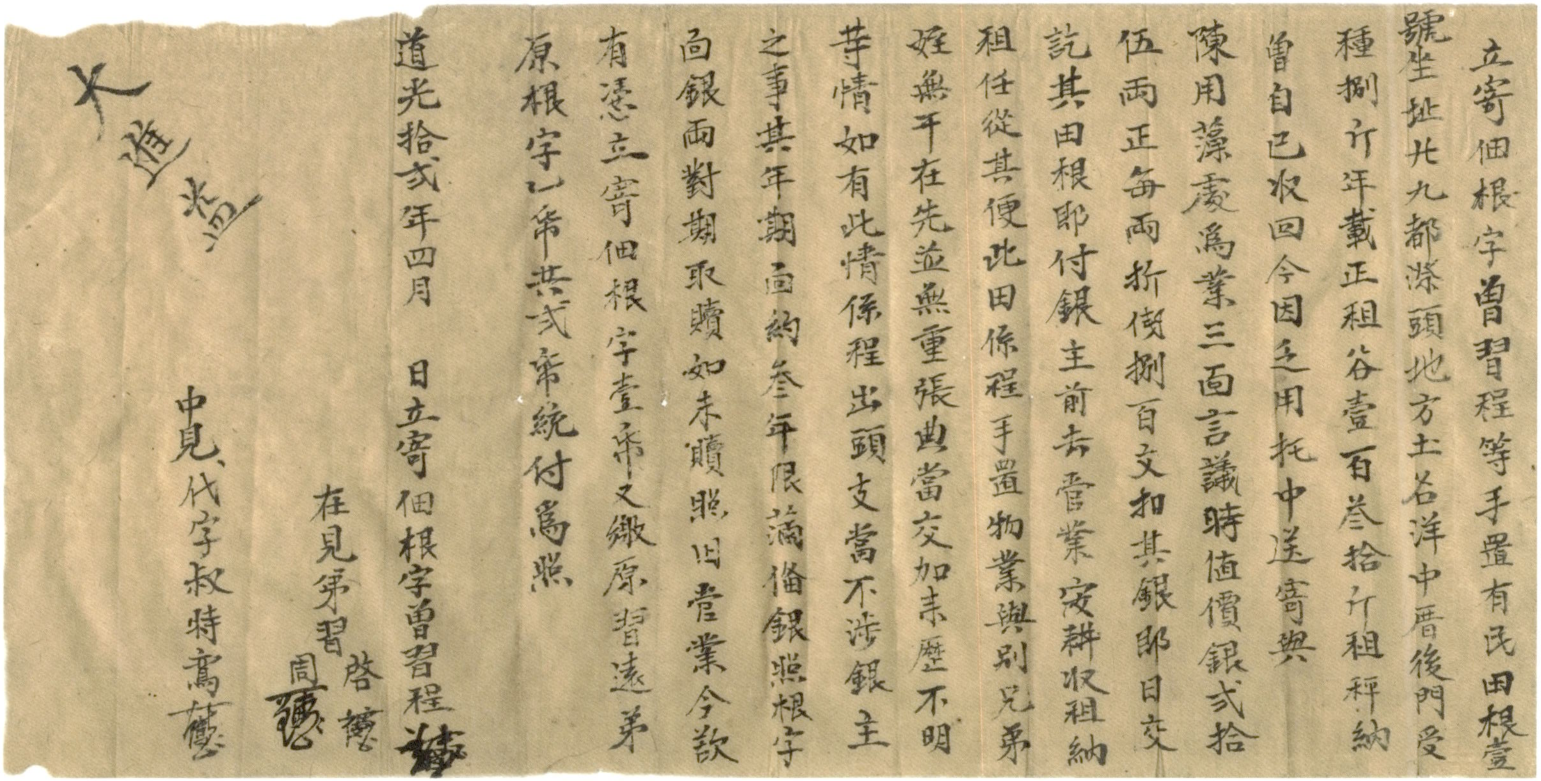
立寄佃根字曾習程等手置有民田根壹
號坐址北九都漈頭地方土名洋中厝後門受
種捌斤年載正租谷壹百叁拾斤租秤納
曾自己收回今因乏用托中送寄與
陳用藻處爲業三面言議時值價銀弍拾
伍兩正每兩折傚捌百文扣其銀即日交
訖其田根即付銀主前去管業安耕收租納
租任從其便此田係程手置物業與别兄弟
姪無干在先並無重張典當交加未歷不明
等情如有此情係程出頭支當不涉銀主
之事其年期面約叁年限滿備銀照根字
面銀兩對期取贖如未贖照旧管業今欲
有憑立寄佃根字壹帋又繳原習遠弟
原根字乙帋共弍帋統付爲照

道光拾弍年四月　日立寄佃根字曾習程（押）

在見弟習啓（押）

周（押）

中見代字叔特高（押）

大道光

7-5-57-26　清道光十二年四月曾習程立寄佃民田根字

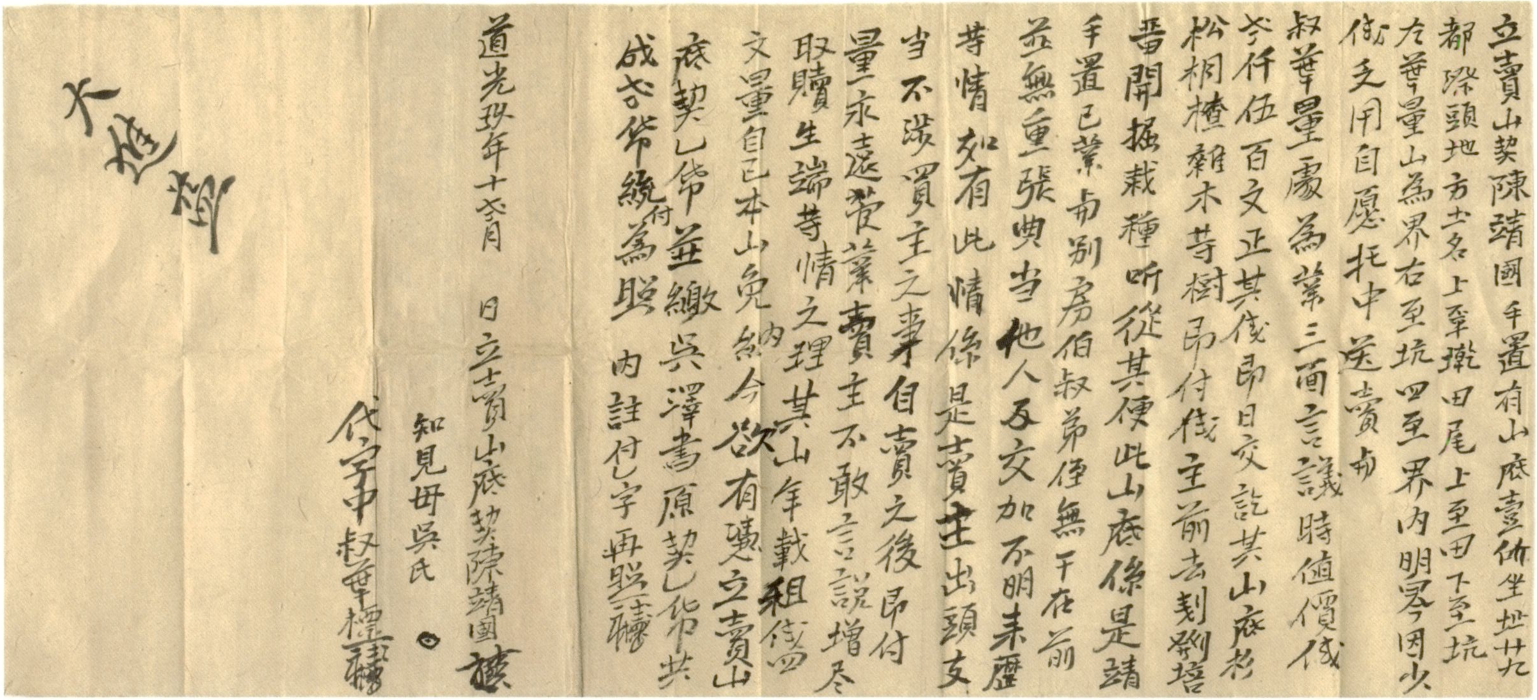

立賣山契陳靖國，手置有山底壹仲，坐址廿九
都漈頭地方，土名上寧墩田尾，上至田，下至坑，
左至華量山為界，右至坑，四至界內明白。今因少
錢乏用，自愿托中送賣與
叔華量處為業，三面言議，時值價錢
六仟伍百文正，其錢即日交訖，其山底杉
松桐檀雜木等樹，即付錢主前去剗劉培
管開掘栽種，聽從其便。此山底係是靖
手置己業，與別房伯叔弟侄無干，在前
並無重張典當他人及交加不明未歷
等情，如有此情，係是賣主出頭支
當，不涉買主之事。自賣之後，即付
量永遠管業，賣主不敢言說增盡
取贖生端等情之理。其山年載租錢四
文，量自己本山免納。今欲有憑，立賣山
底契一紙，並繳吳澤書原契一紙，共
成二紙，付為照。內註付一字，再照。

道光玖年十二月 日立賣山底契陳靖國（押）
知見母吳氏（押）
代字中叔華標（押）

大進順

7-5-57-25 清道光九年十二月陳靖國立賣山底契

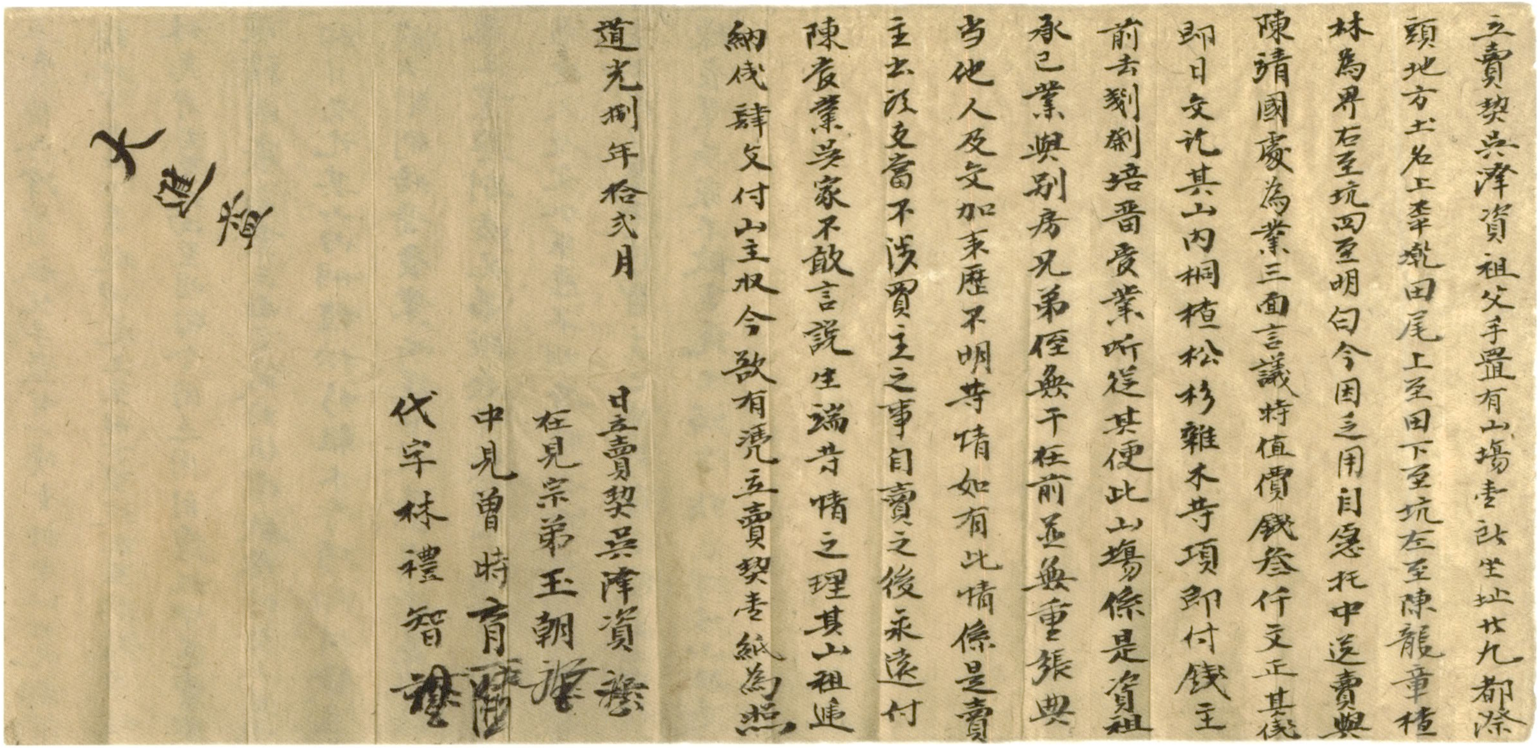

7-5-57-24　清道光八年十二月吳澤資立賣山場契

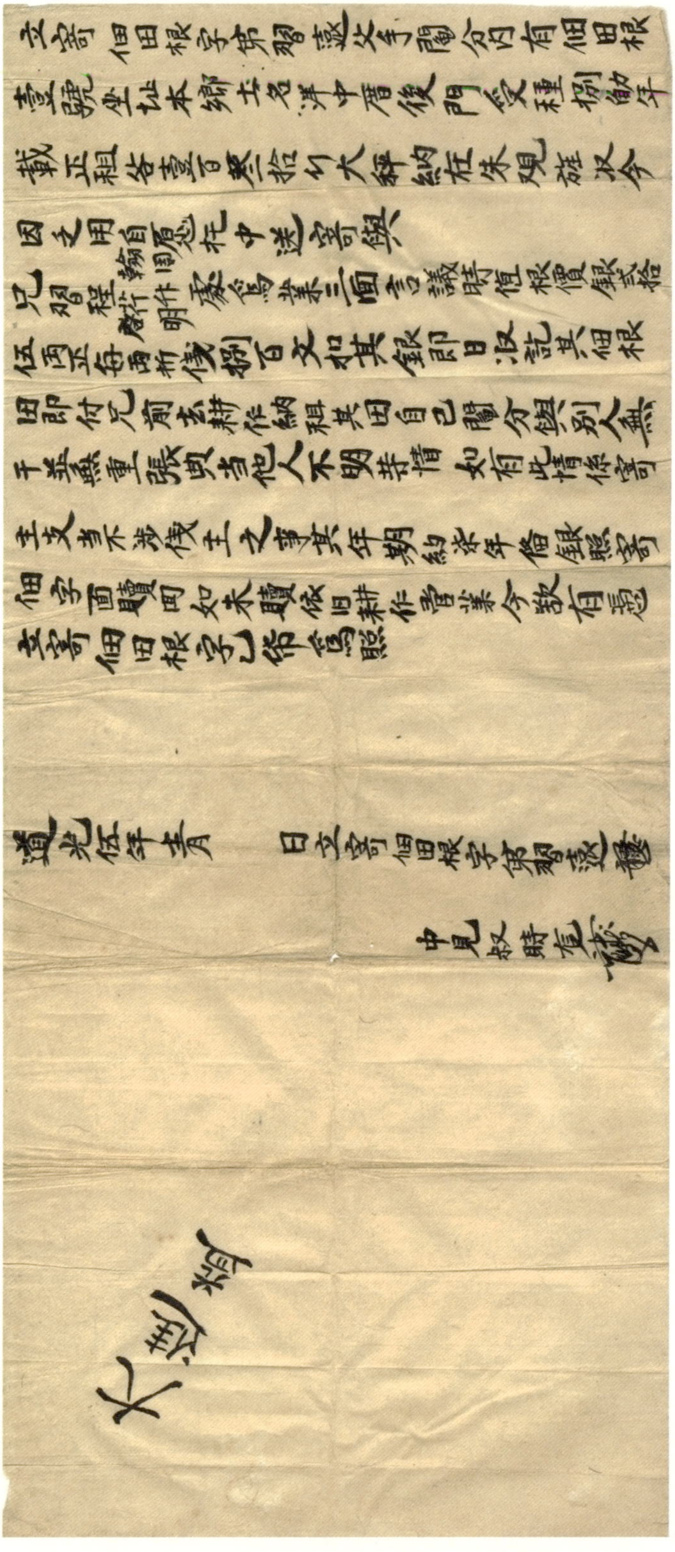

立寄佃田根字曾習遠，承父手鬮分內有佃田根
壹號，坐址本鄉土名洋中厝後門，受種捌觔斗，
載正租谷壹百叁拾勺大斗，納在陳現雄收，今
因乏用，自愿托中送寄與
兄習程、翰衍、明仟、康盛為業，三面言議時值根價銀貳拾
伍兩正，每兩折錢捌百文，扣其銀即日收訖，其佃根
田即付兄前去耕作納租。其田自己鬮分，與別人無
干，並無重張典當他人不明等情，如有此情，係寄
主支當，不涉錢主之事。其年期約遂年備銀照寄
佃字面贖回，如未贖，依舊耕作管業。今欲有憑，
立寄佃田根字一紙為照。

道光伍年十二月　　日立寄佃田根字曾習遠（押）
中見叔時恒（押）

大吉利

7-5-57-23　清道光五年十二月曾習遠立寄佃田根字

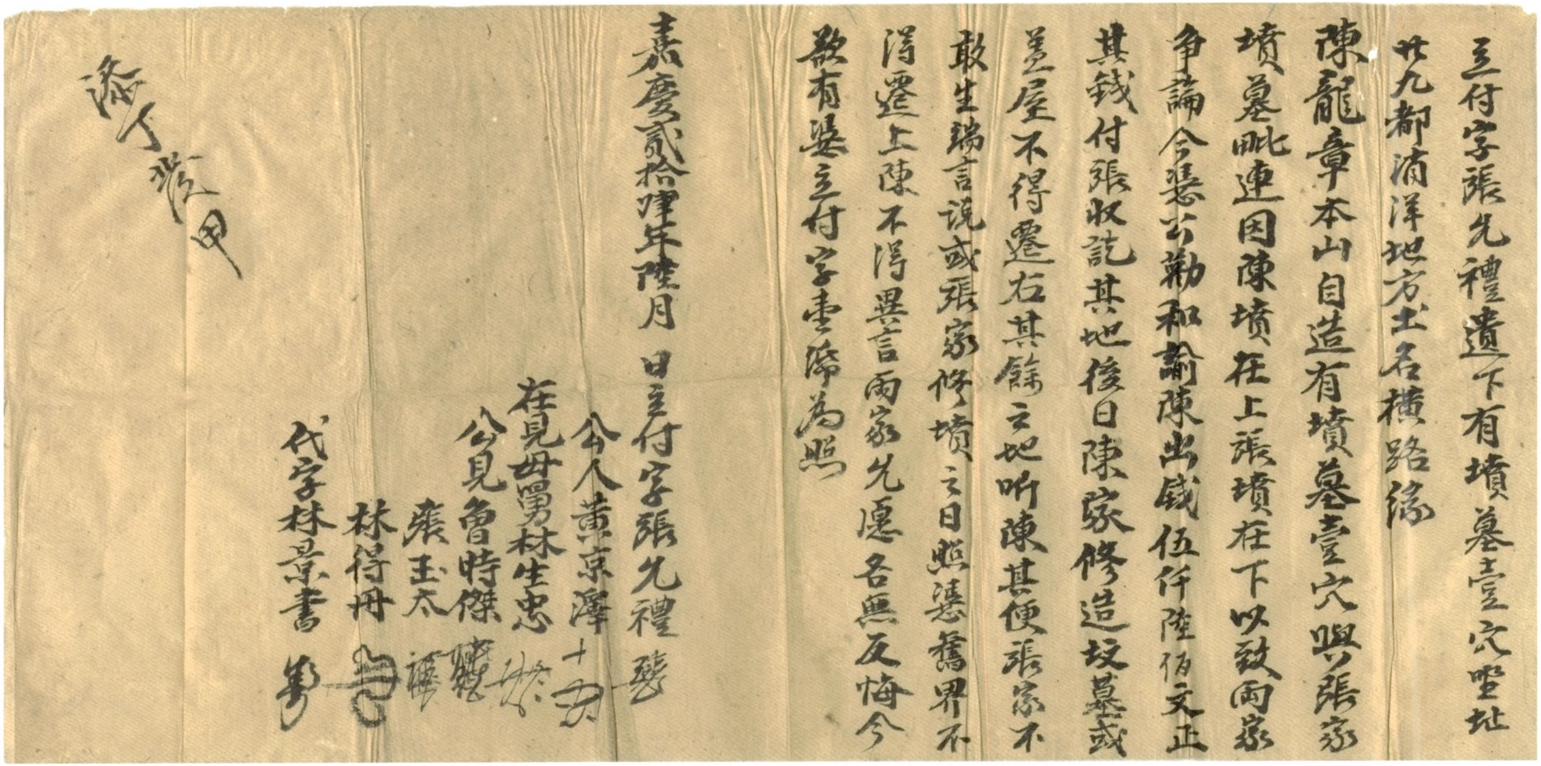
立付字張允禮遺下有墳墓壹穴坐址
廿九都清洋地方土名横路缘
陳龍章本山自造有墳墓壹穴與張家
墳墓毗連因陳墳在上張墳在下以致兩家
争論今憑公勸和諭陳出錢伍仟陸佰文正
其錢付張收訖其地後日陳家修造坟墓或
蓋屋不得遷右其餘之地听陳其便張家不
敢生端言說或張家修墳之日照憑舊界不
得遷上陳不得異言兩家允愿各無反悔今
欲有憑立付字壹紙為照

嘉慶貳拾肆年陸月　日立付字張允禮（押）
公人黄京澤（押）
在見母舅林生忠（押）
公見曾特傑（押）
張玉太（押）
林得丹（押）
代字林景書（押）

添丁發甲

7-5-57-22　清嘉慶二十四年六月張允禮立付墳墓字

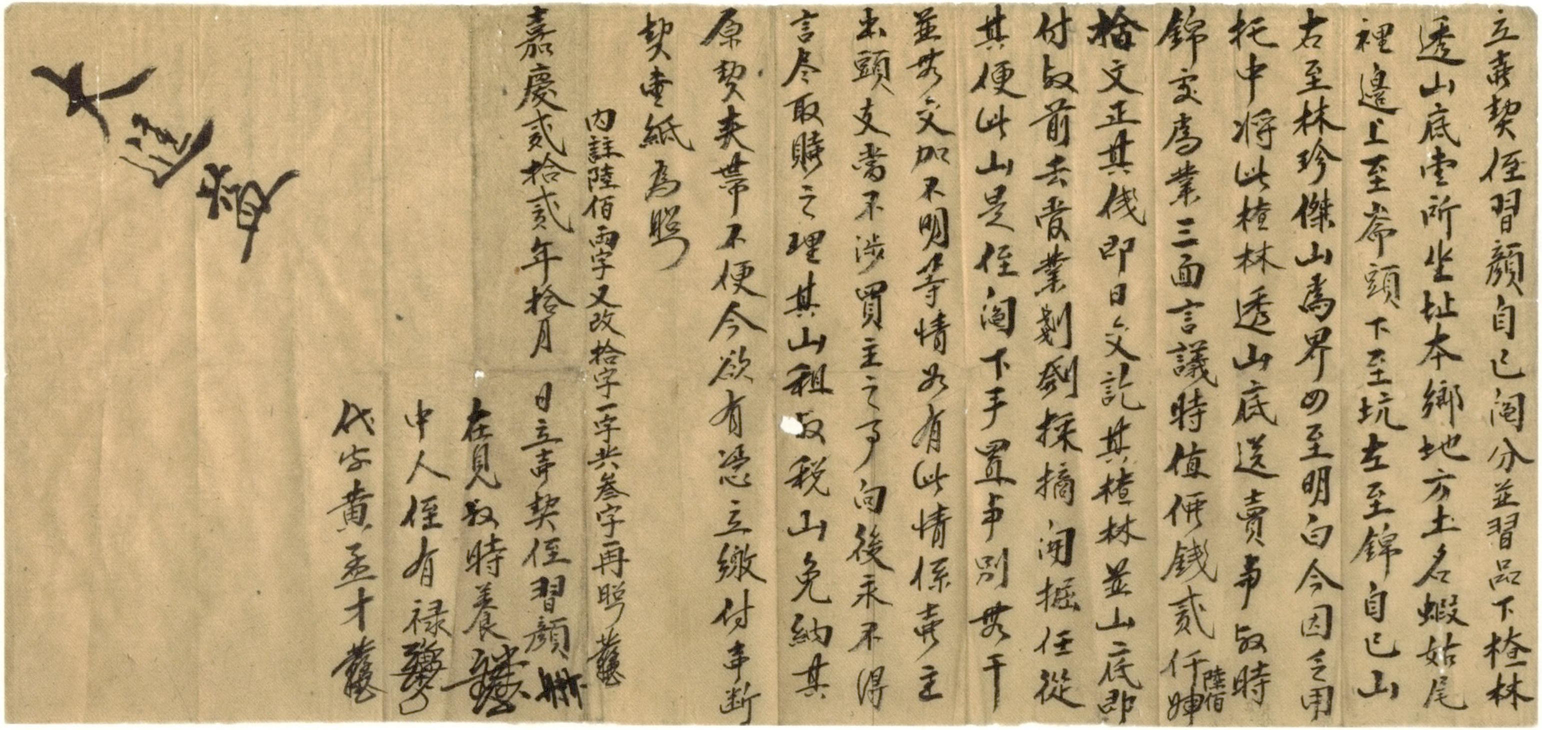

立賣契侄習顏自己阄分並習品下楂林
透山底壹所坐址本鄉地方土名蝦姑尾
裡邊上至岺頭下至坑左至錦自己山
右至林珍傑山為界四至明白今因乏用
托中將此楂林透山底送賣與叔時
錦交為業三面言議特值價錢貳仟陸佰
拾文正其錢即日交訖其楂林並山底即
付叔前去管業劉剗採摘開掘任從
其便此山是侄阄下手置與別無干
並無交加不明等情如有此情係賣主
出頭支當不涉買主之事自後永不得
言盡取贖之理其山租叔稅山免納其
原契未帶不便今欲有憑立繳付與斷
契壹紙為照
内註陸佰兩字又改拾字一字共叁字再照
嘉慶貳拾貳年拾月　日立賣契侄習顏
在見叔特養
中人侄有祿
代字黄孟才

7-5-57-21　清嘉慶二十二年十月曾習顏立賣楂林並山底契

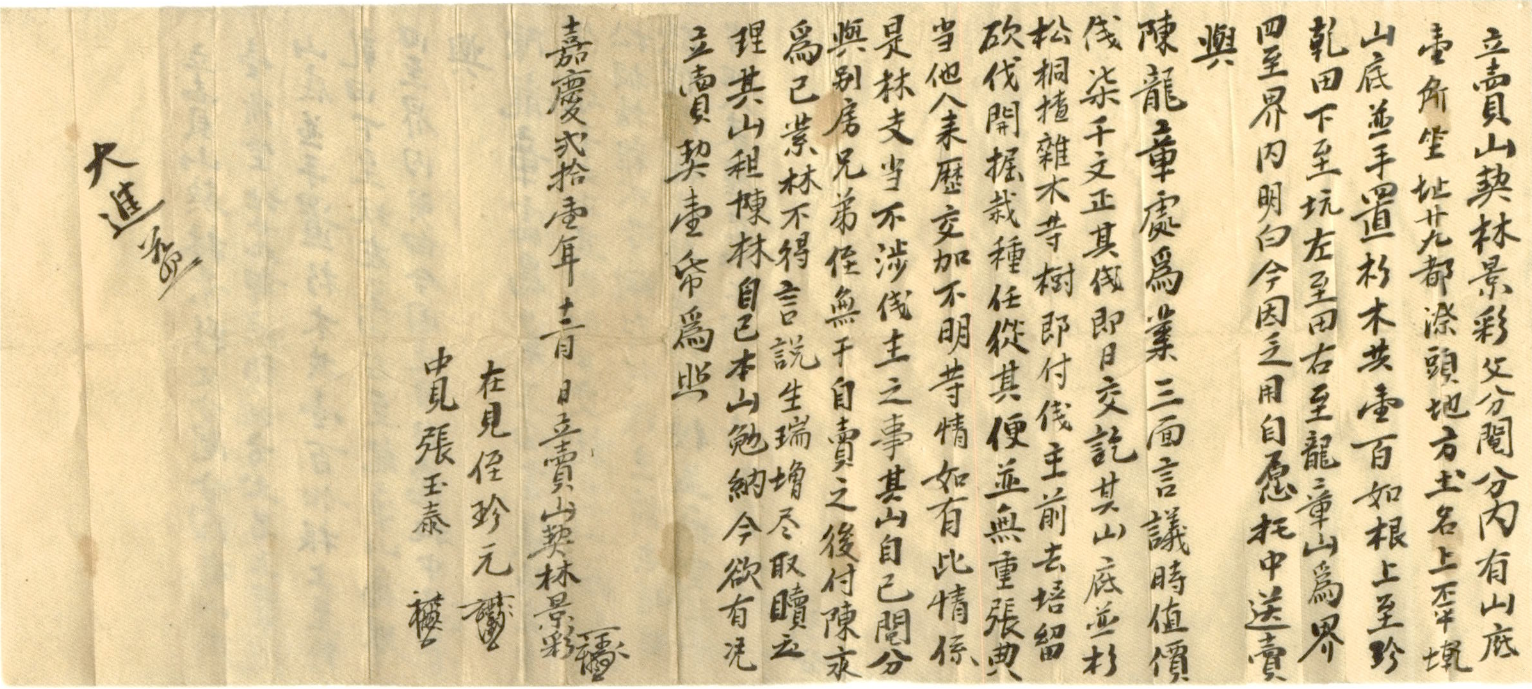
立賣山契林景彩父分閹分內有山底
壹所坐址廿九都漈頭地方土名上石坪墘
山底並手置杉木共壹百如根上至玢
乾田下至坑左至田右至龍章山爲界
四至界內明白今因乏用自愿托中送賣
與
陳龍章處爲業三面言議時值價
錢柒千文正其錢即日交訖其山底並杉
松桐植雜木等樹即付錢主前去培留
砍伐開掘栽種任從其便並無重張典
當他人來歷交加不明等情如有此情係
是林支當不涉錢主之事其山自己閹分
與別房兄弟侄無干自賣之後付陳家
爲己業林不得言說生端增找取贖立
理其山租棟林自己本山勉納今欲有凭
立賣契壹帋爲照
嘉慶贰拾壹年十二月　日立賣山契林景彩
在見侄珍元
中見張玉泰
大進

7-5-57-20　清嘉慶二十一年十二月林景彩立賣山底契

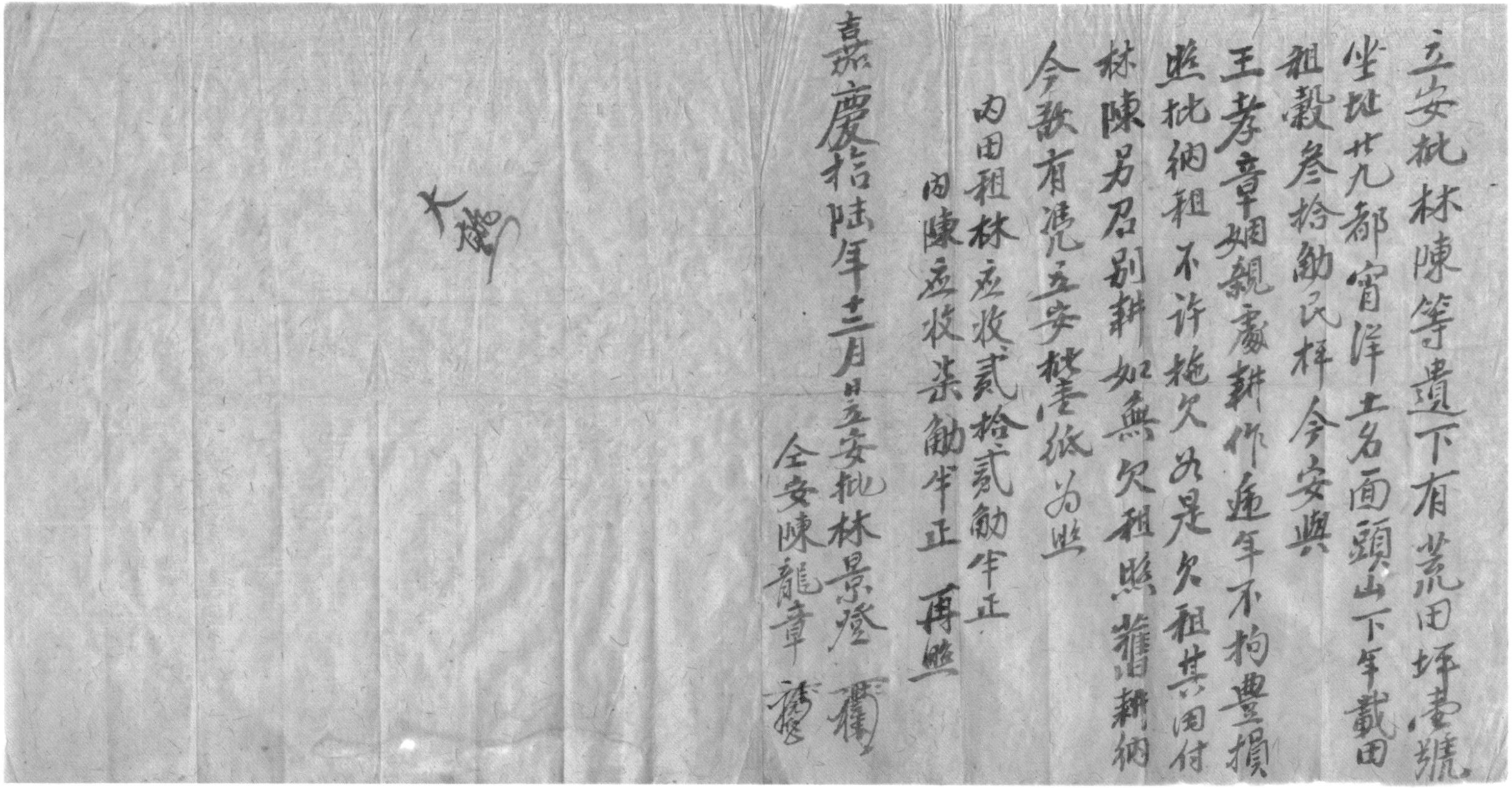
立安批林陳等遺下有荒田坪壹號
坐址廿九都宵洋土名面頭山下年載田
租穀叁拾觔民样　今安與
王孝章姻親處耕作逐年不拘豐損
照批納租不許拖欠如是欠租其田付
林陳另召別耕如無欠租照舊耕納
今欲有憑立安批壹紙為照
内田租林应收貳拾貳觔半正
内陳应收柒觔半正　再照
嘉慶拾陸年十二月　日立安批林景登
仝安陳龍章

7-5-57-19　清嘉慶十六年十二月林景登等立安批荒田坪字

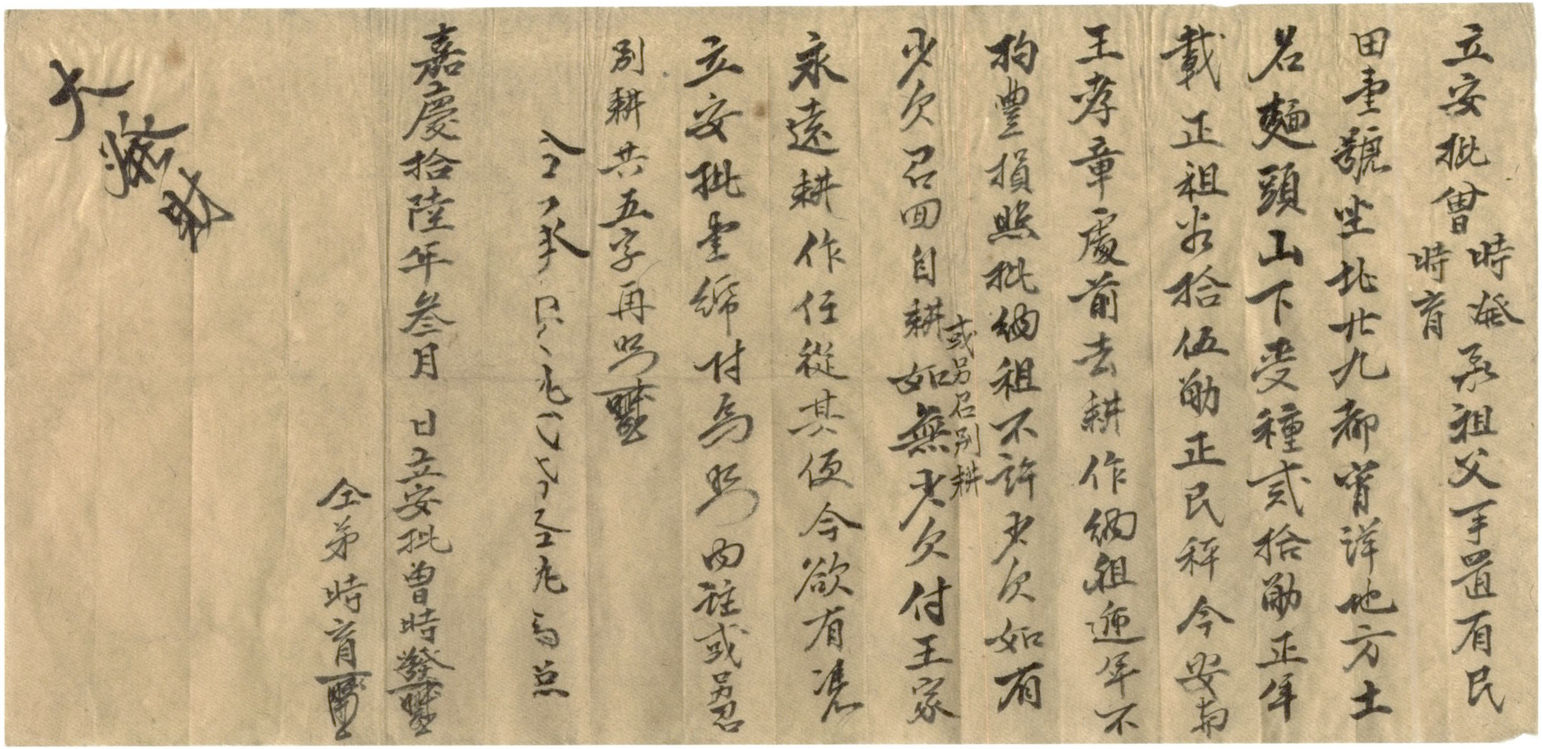
立安批曾時發 時育，系祖父手置有民
田壹號，坐址廿九都宵洋地方，土
名麵頭山下，受種貳拾觔正，年
載正租米拾伍觔正，民租今安與
王孝章處前去耕作，納租逐年不
拘豐損，照批納租，不許欠少，如有
少欠，召回自耕，或另召別耕，如無欠少，付王家
永遠耕作，任從其便。今欲有憑，
立安批壹紙，付為照。內註或另召
別耕共五字再照。
[illegible]
嘉慶拾陸年叁月　日立安批曾時發
仝弟時育

7-5-57-18　清嘉慶十六年三月曾時發等立安批民田字

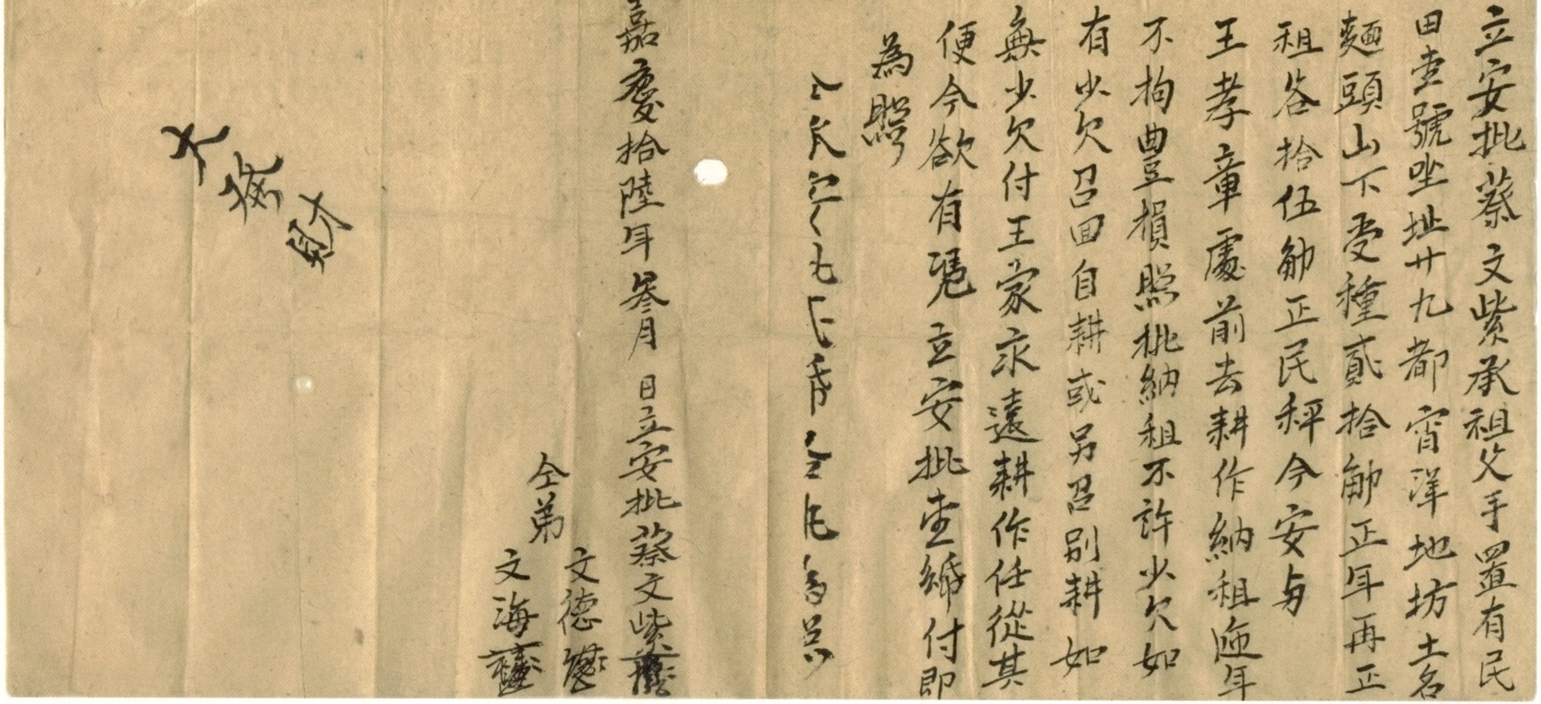
立安批蔡文紫承祖父手置有民
田壹號坐址廿九都霄洋地坊土名
麵頭山下受種貳拾觔正年再正
租谷拾伍觔正民秤今安與
王孝章處前去耕作納租逓年
不拘豊損照批納租不許少欠如
有少欠召回自耕或另召別耕如
無少欠付王家永遠耕作任從其
便今欲有憑立安批壹紙付即
為照
[illegible]
嘉慶拾陸年叁月　日立安批蔡文紫（押）
文德（押）
仝弟
文海（押）
[illegible]

7-5-57-17　清嘉慶十六年三月蔡文紫等立安批民田字

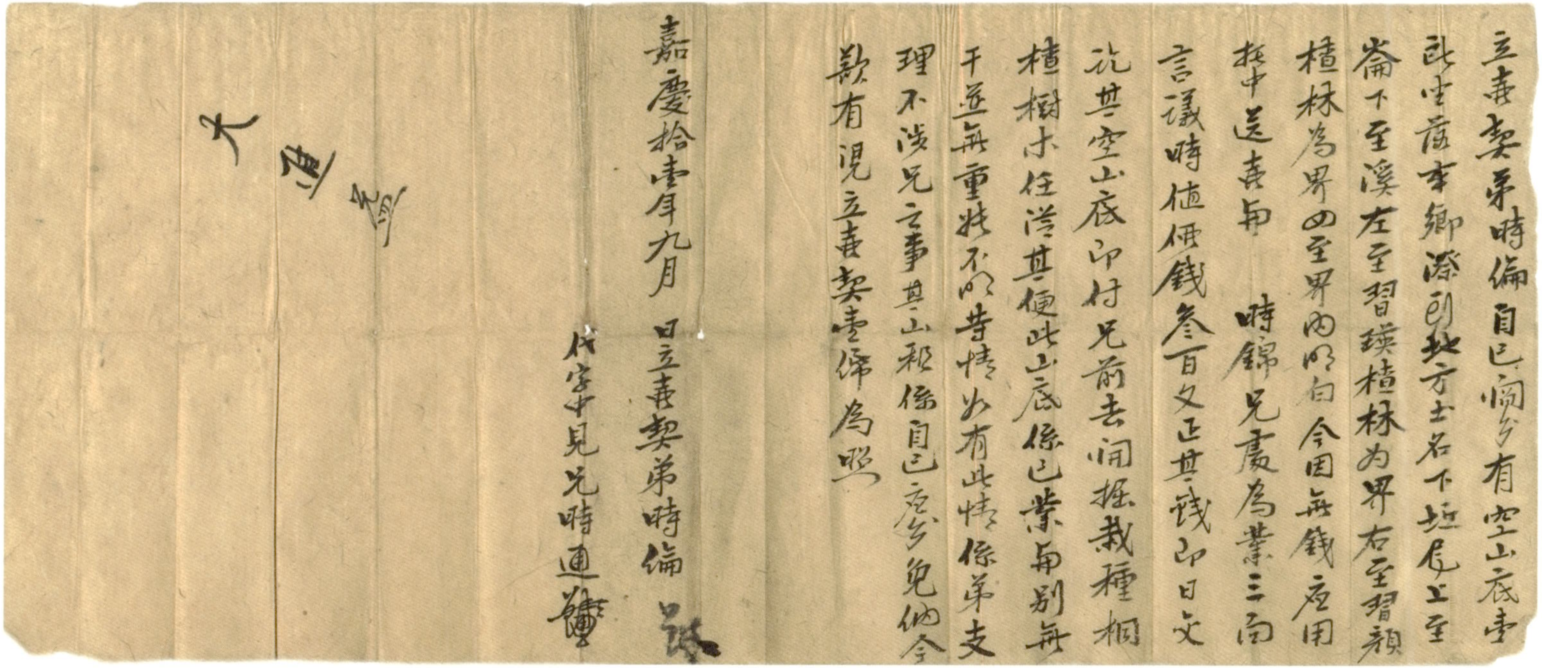
立賣契弟時倫自己鬮分有空山底壹
段，坐落本鄉溶口地方土名下垅尾上至
崙，下至溪，左至習瑛植林為界，右至習穎
植林為界，四至界內明白。今因無錢應用，
托中送賣與　時錦兄處為業，三面
言議時值價錢叁百文正，其錢即日文
訖，其空山底即付兄前去開掘栽種桐
植樹木，任從其便。此山底係己業，與別無
干，并無重張不明等情，如有此情，係弟支
理，不涉兄之事。其山租係自己應分，免佃。今
欲有憑，立賣契壹紙為照。
嘉慶拾壹年九月　日立賣契弟時倫（押）
代字中見兄時通（押）
大吉

7-5-57-16　清嘉慶十一年九月曾時倫立賣空山底契

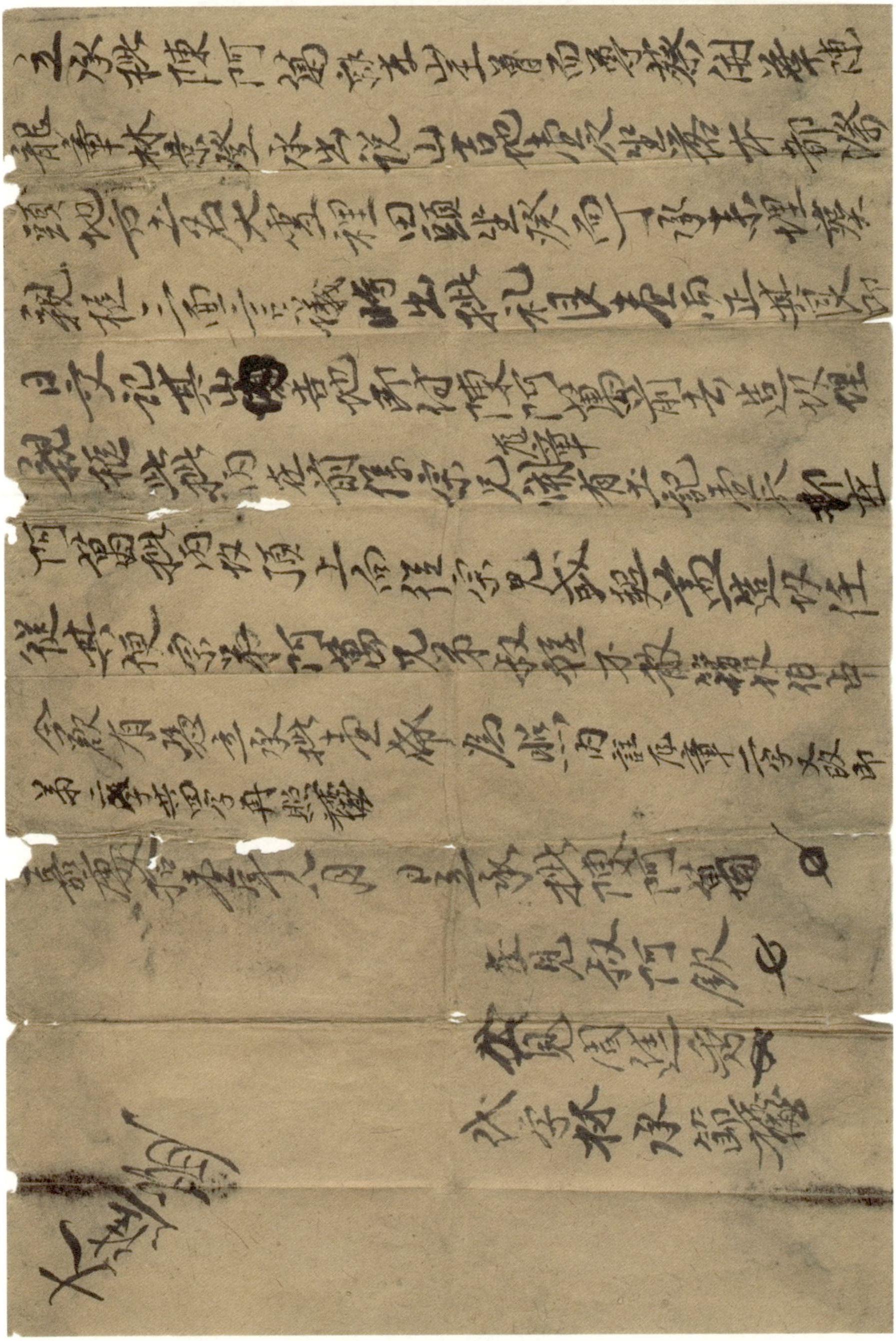

7-5-57-15　清嘉慶十一年八月陳阿萬立承批吉地字

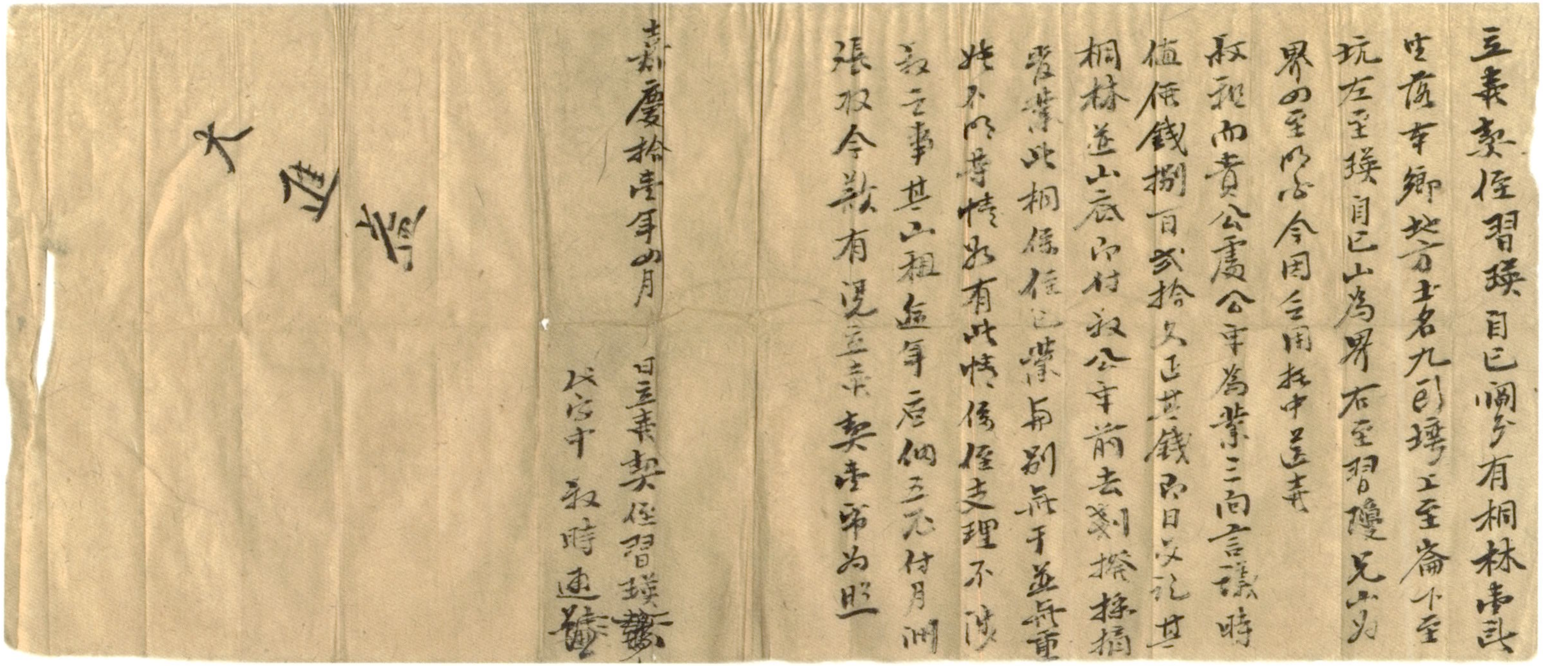
立賣契侄習瑛，自己鬮分有桐林壹處，
坐落本鄉土名九司塅，上至崙，下至
坑，左至瑛自己山為界，右至習攙兄山為
界，四至明白。今因合用，托中送賣與
叔親而貴公處，公平為業。三面言議時
值價錢捌百貳拾文正，其錢即日交訖，其
桐林並山底即付叔公手前去剗搽摘
管業。此桐係侄己業，與別房子孫無重
姓不明等情，如有此情，係侄之理，不涉
叔之事。其山租每年應納三元付月洲
張收。今欲有憑，立賣契壹紙為照。

嘉慶拾壹年四月　日立賣契侄習瑛
代字叔時述

大進喜

7-5-57-14　清嘉慶十一年四月曾習瑛立賣桐林契

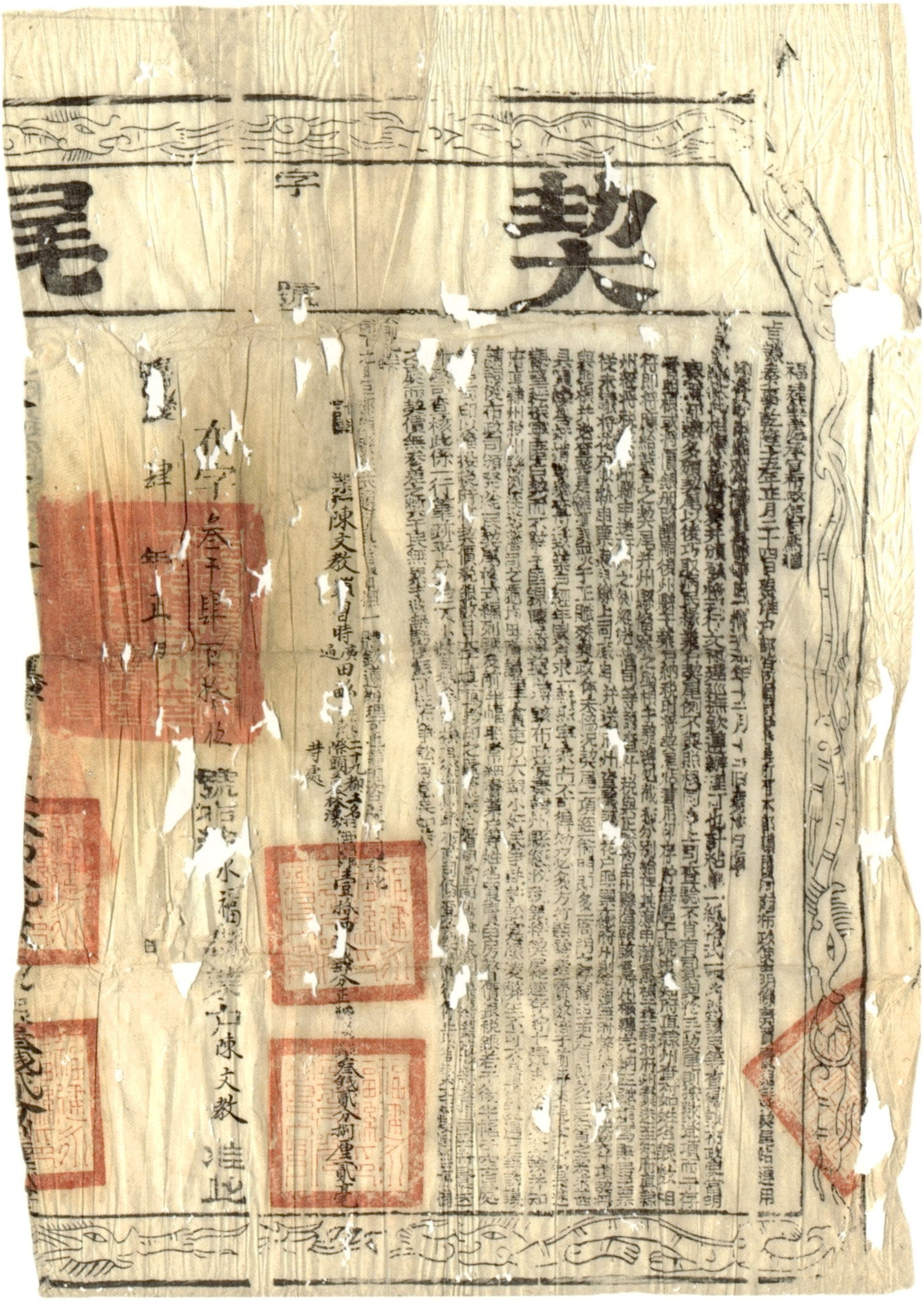

7-5-57-13 清嘉慶四年正月陳文教户契尾

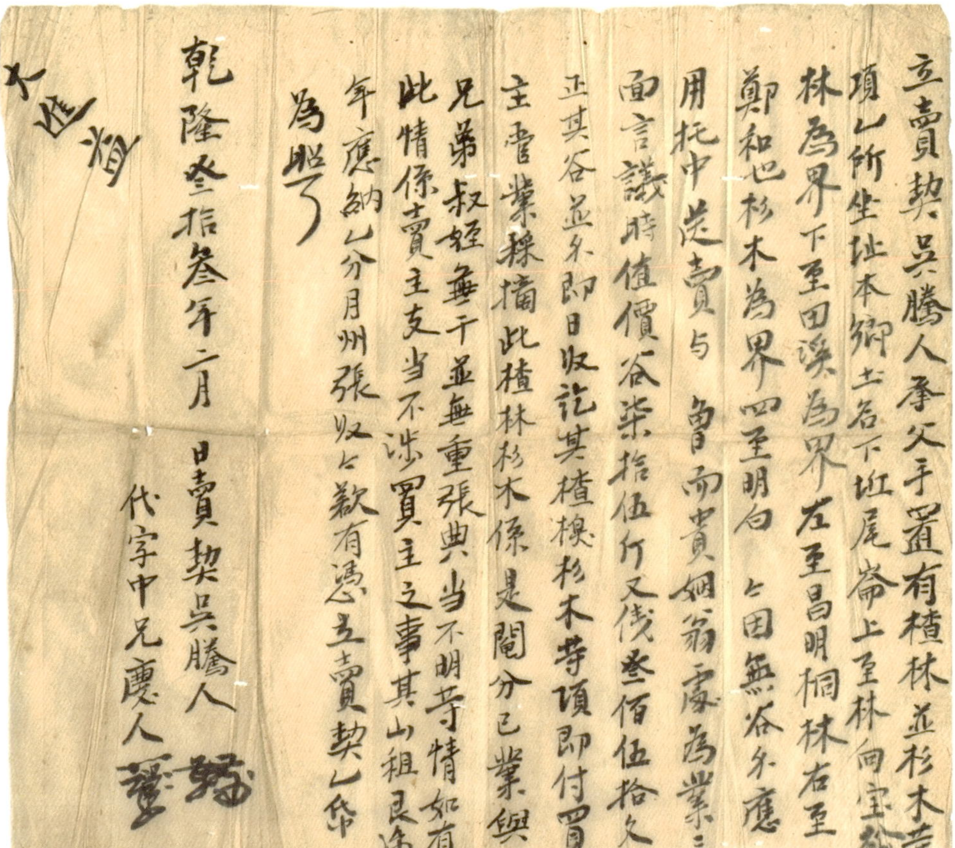

立賣契吳騰人承父手置有楂林并杉木等
項山所坐址本鄉土名下垇尾崙上至林向宝松
林為界下至田溪為界左至昌明桐林右至
鄭和也杉木為界四至明白 今因無谷乏應
用托中送賣与 曾而貴姻翁處為業三
面言議時值價谷柒拾伍斤又錢叁佰伍拾文
正其谷並錢即日收訖其楂樸杉木等項即付買
主管業採摘此楂林杉木係是閹分己業與
兄弟叔姪無干並無重張典当不明等情如有
此情係賣主支当不涉買主之事其山租艮逐
年應納山分月州張收〻歉有憑立賣契一紙
為照
乾隆叁拾叁年二月 日賣契吳騰人(押)
代字中兄慶人(押)
大進精

7-5-57-12　清乾隆三十三年二月吳騰人立賣楂林等契

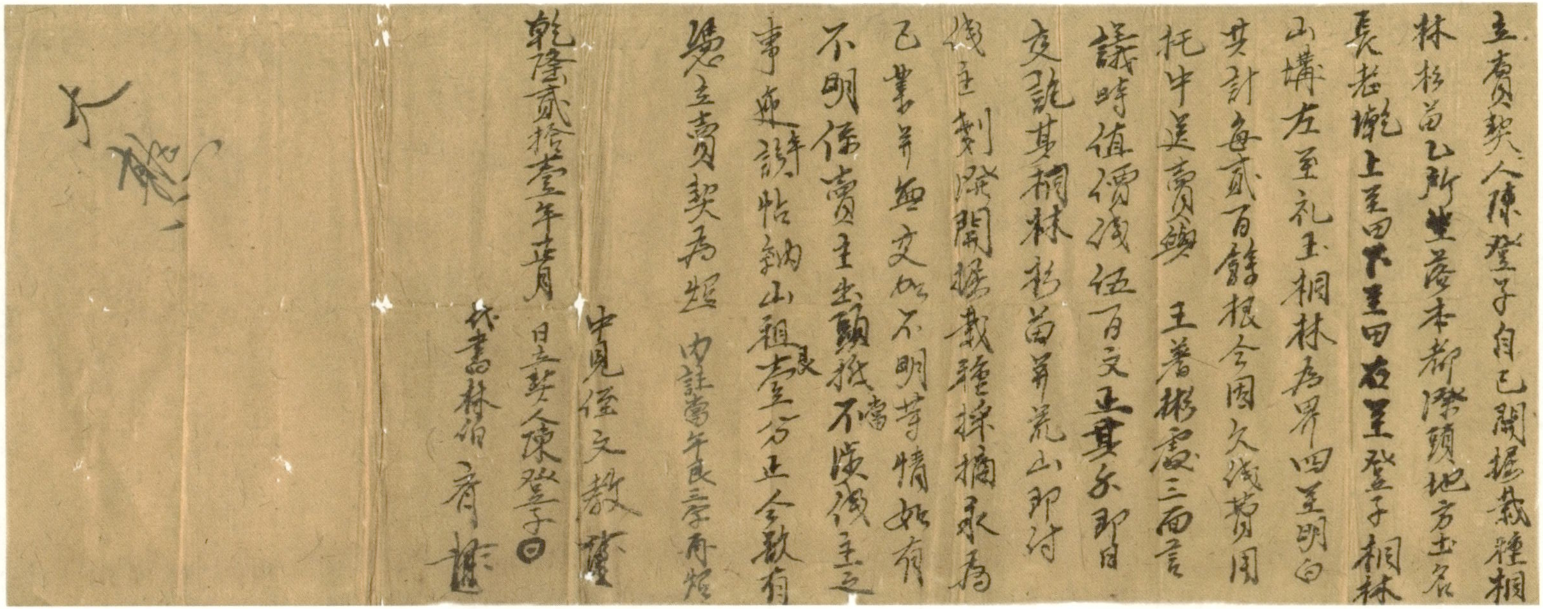

立賣契人陳登子自己開掘栽種桐
林杉苗乙所坐落本都漈頭地方土名
長岩墘上至田下至田右至登子桐林
山壙左至礼玉桐林為界四至明白
共計每貳百餘根今因欠錢費用
托中送賣與　王眷楊處三面言
議時值價錢伍百文正其錢即日
交訖其桐林杉苗并荒山即付
錢主劄從開掘栽種採摘永為
己業并無交加不明等情如有
不明係賣主出頭抵當不涉錢主之
事並該年帖納山租良壹分正今欲有
憑立賣契為照　內註當年良三字為照

中見侄文敎（押）

乾隆貳拾壹年正月　日立契人陳登子（押）

代書林伯齊（押）

大發

7-5-57-11　清乾隆二十一年正月陳登子立賣桐林杉苗契

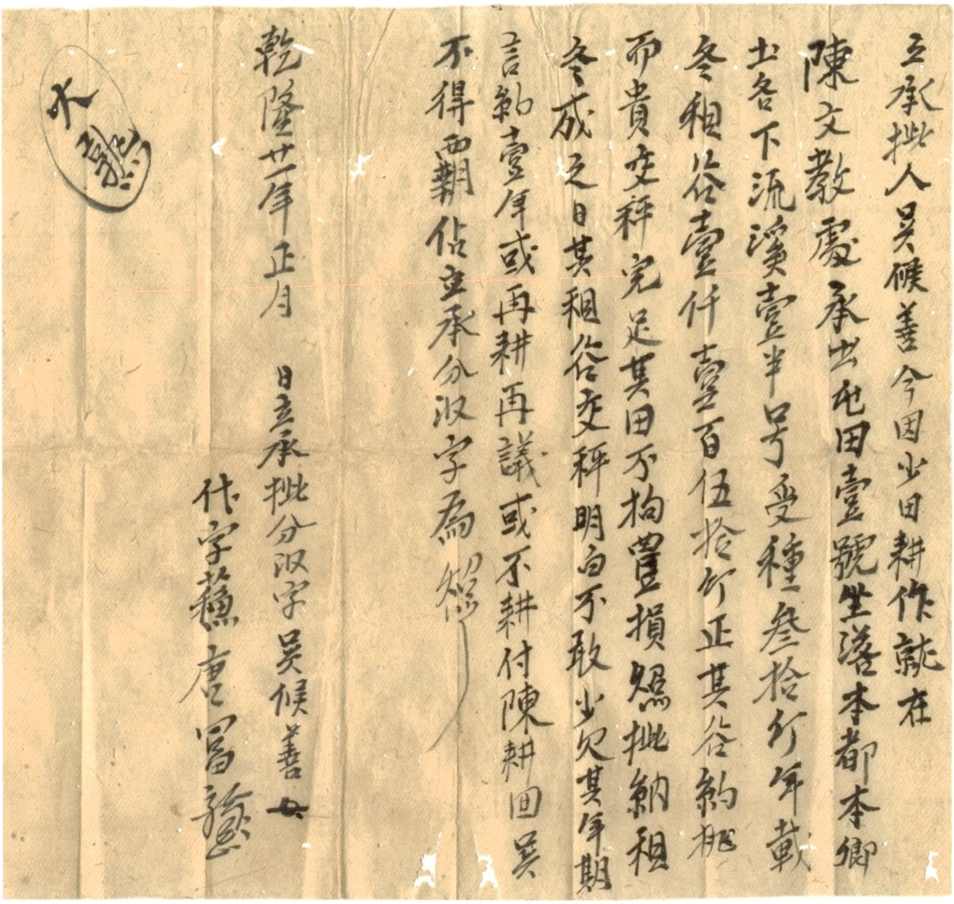
立承批人吳候善今因少田耕作就在
陳文數處承出屯田壹號坐落本都本鄉
土名下流溪壹半号受種叁拾斤年載
冬租谷壹什壹百伍拾斤正其谷約挑
到貴交秤完足其田不拘豐損照批納租
冬成之日其租谷交秤明白不敢少欠其年期
言約壹年或再耕再議或不耕付陳耕回吴
不得再翻佔立承分收字為照
乾隆廿一年正月　日立承批分收字吳候善（押）
代字蘇唐寫（押）

7-5-57-10　清乾隆二十一年正月吴候善立承批分收屯田字

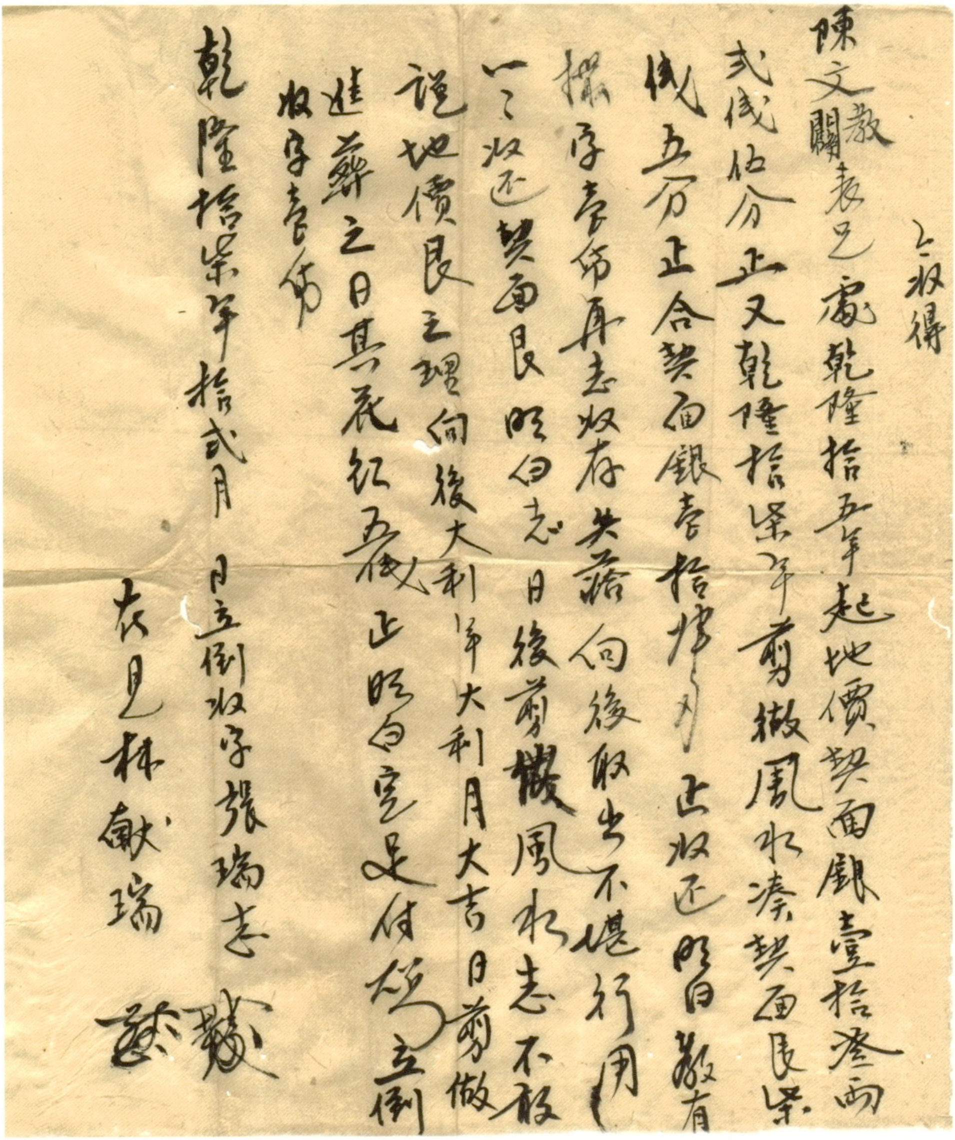
上收得
陳文敘關表兄處乾隆拾五年起地價契面銀壹拾叁兩
貳錢伍分正又乾隆拾柒年剪撤風水湊契面銀柒
錢五分正合契面銀壹拾肆兩正收足明白數有
撤字壹紙再志收存失落向後取出不堪行用
一一收足契面銀明白志日後剪撤風水志不敢
議地價銀之理向後大利年大利月大吉日剪做
進葬之日其表紅五錢正明白完足付銀立倒
收字壹紙
乾隆拾柒年拾貳月　日立倒收字張瑞志
在見林獻瑞

7-5-57-9　清乾隆十七年十二月張瑞志立倒收字

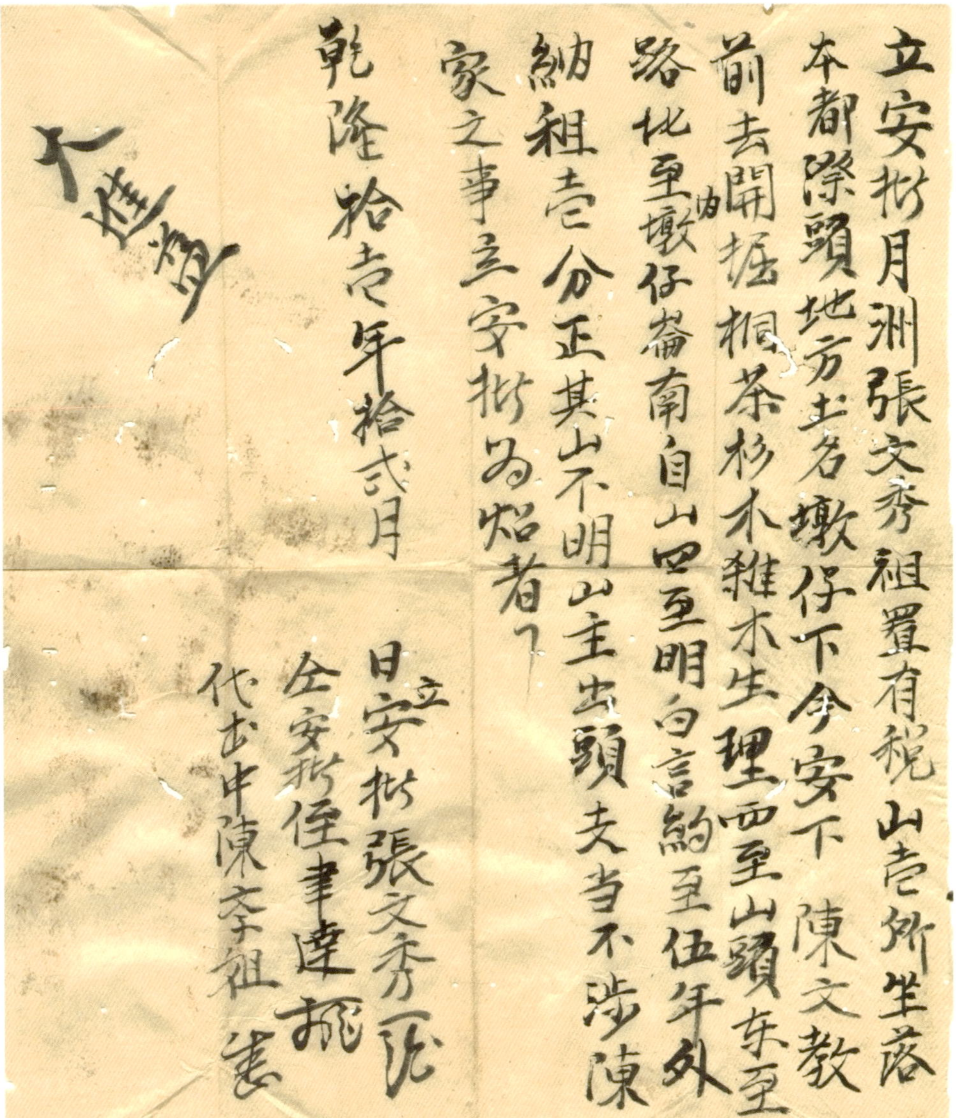
立安批月洲張文秀祖買有稅山壹所坐落
本都際頭地方土名墩仔下今安下陳文教
前去開掘桐茶杉木雜木生理西至山頭东至
路北至墩仔嵛南自山四至明白言約至伍年外
納租壹分正其山不明山主出頭支当不涉陳
家之事立安批為炤着了
乾隆拾壹年拾弍月　日立安批張文秀（押）
仝安批侄聿達（押）
代書中陳李祖（押）

7-5-57-8　清乾隆十一年十二月張文秀等立安批稅山字

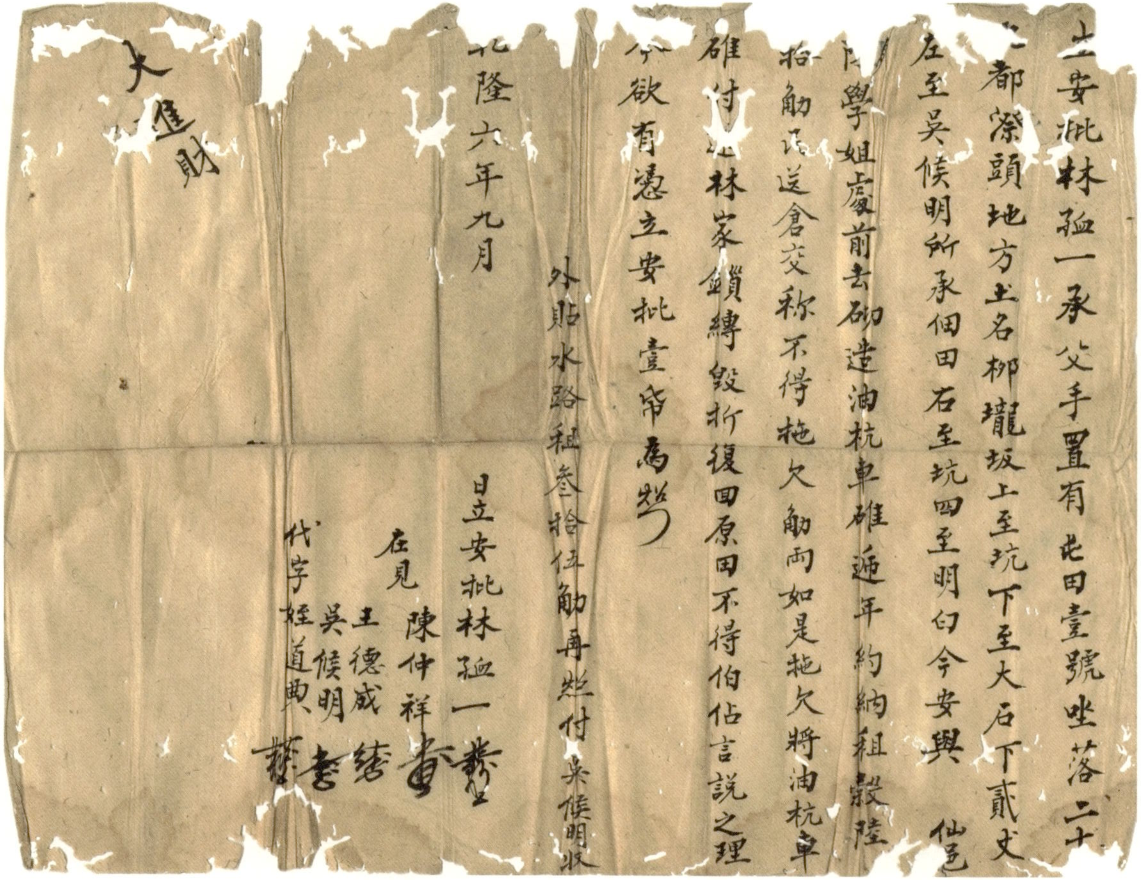

立安批林孟一承父手置有屯田壹號坐落二十
一都漈頭地方土名柳壠坂上至坑下至大石下貳丈
左至吳侯明所承佃田右至坑四至明白今安與仙邑
陳學姐處前去砌造油杭車碓逓年約納租穀陸
拾觔送倉交秤不得拖欠觔兩如是拖欠將油杭車
碓付與林家鎖縛毀折復回原田不得伯佔言說之理
今欲有憑立安批壹帋為照
外貼水路租叁拾伍觔再照付吳侯明收
乾隆六年九月　日立安批林孟一
在見　陳仲祥　王德威　吳侯明
代字　姪道典
大進財

7-5-57-7　清乾隆六年九月林孟一立安批屯田字

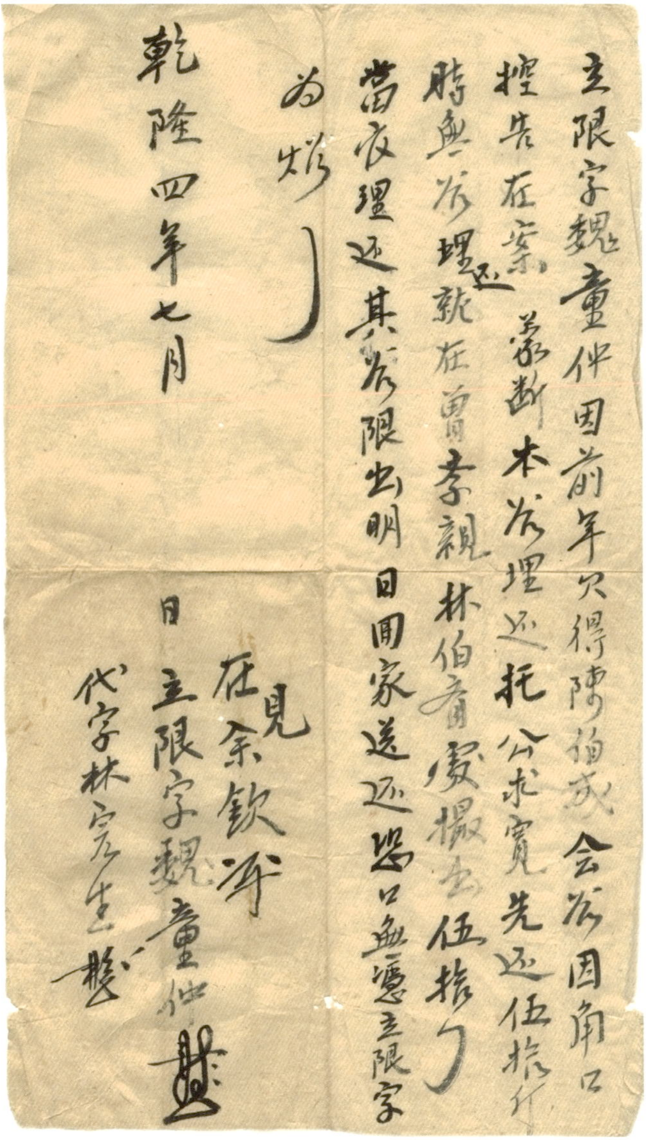

立限字魏童仲因前年只得陳循成会家因角口
控告在案，蒙斷本家理還，托公求寬先還伍拾仟
將典家理還，就在曾李親林伯齋處撮出伍拾仟
當夜理還。其家限出明日回家送還。恐口無憑，立限字
為炤。
乾隆四年七月　　日
在見　余欽峯
立限字魏童仲（押）
代字林宏生（押）

7-5-57-6　清乾隆四年七月魏童仲立限字

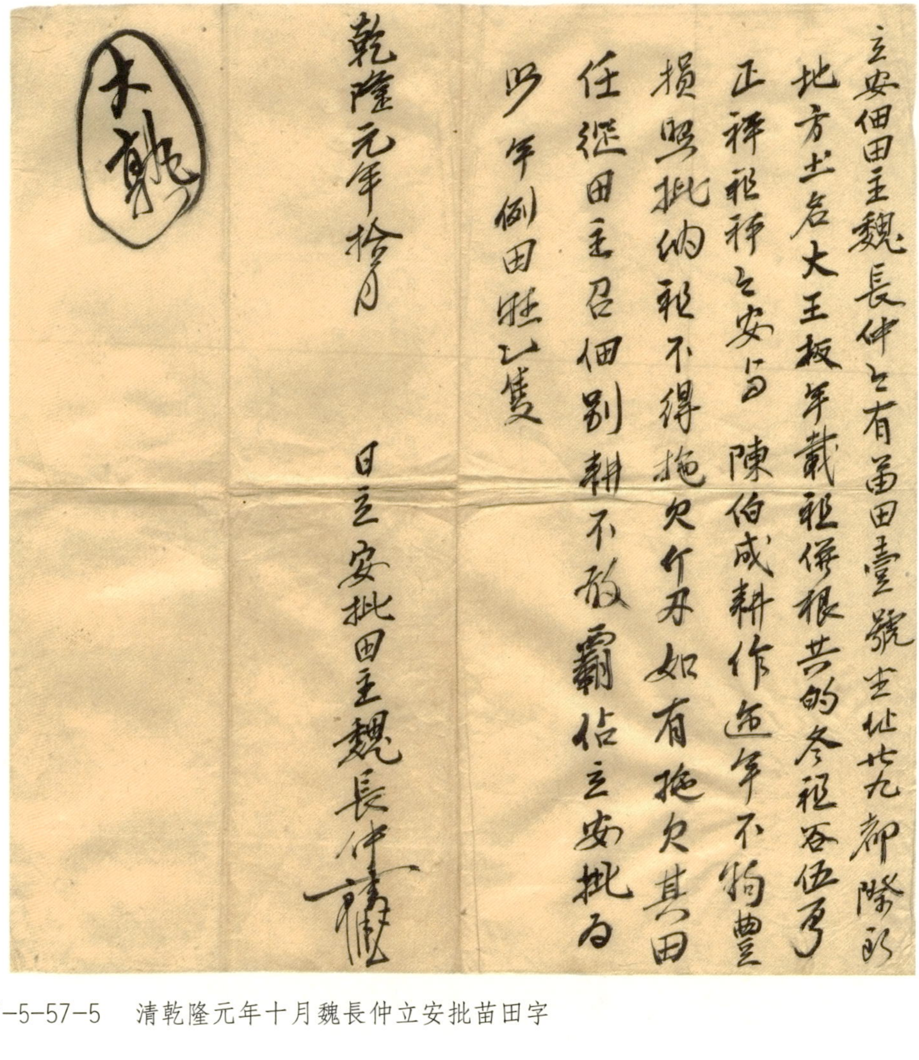
立安佃田主魏長仲今有苗田壹號坐址廿九都際頭
地方土名大王板年載租係根苗的冬租谷伍斗
正秤租秤立安与 陳伯成耕作逐年不拘豊
損照批納租不得拖欠升合如有拖欠其田
任從田主召佃別耕不敢霸佔立安批為
照 年例田粧一隻
乾隆元年拾月 日立安批田主魏長仲押
魏

7-5-57-5　清乾隆元年十月魏長仲立安批苗田字

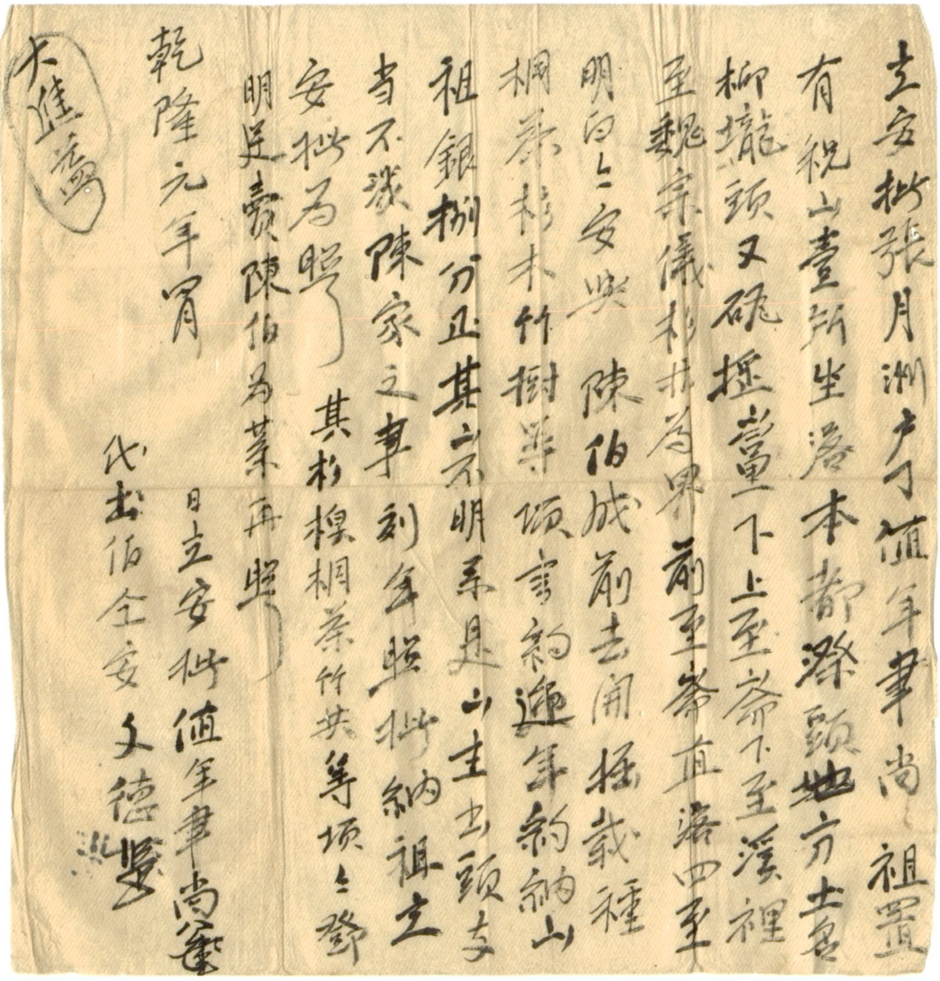
立安批張月洲户下値年聿尚祖置
有稅山壹所坐落本都淼頭地方土名
柳壠頭又碗椏當下上至斋下至溪裡
至魏宗儀杉林爲界前至斋直落四至
明白，上安與陳伯成前去開掘栽種
桐茶杉木竹樹等項，言約遞年約納山
祖銀捌分正，其亦不明，系是山主出頭支
当，不涉陳家之事，到年照批納祖。立
安批爲照。其杉樸桐茶竹共等項，二登
明足壹，陳伯爲業，再照。
乾隆元年四月　日立安批値年聿尚筆
代书伯全安　文德

7-5-57-4　清乾隆元年四月張聿尚立安批稅山字

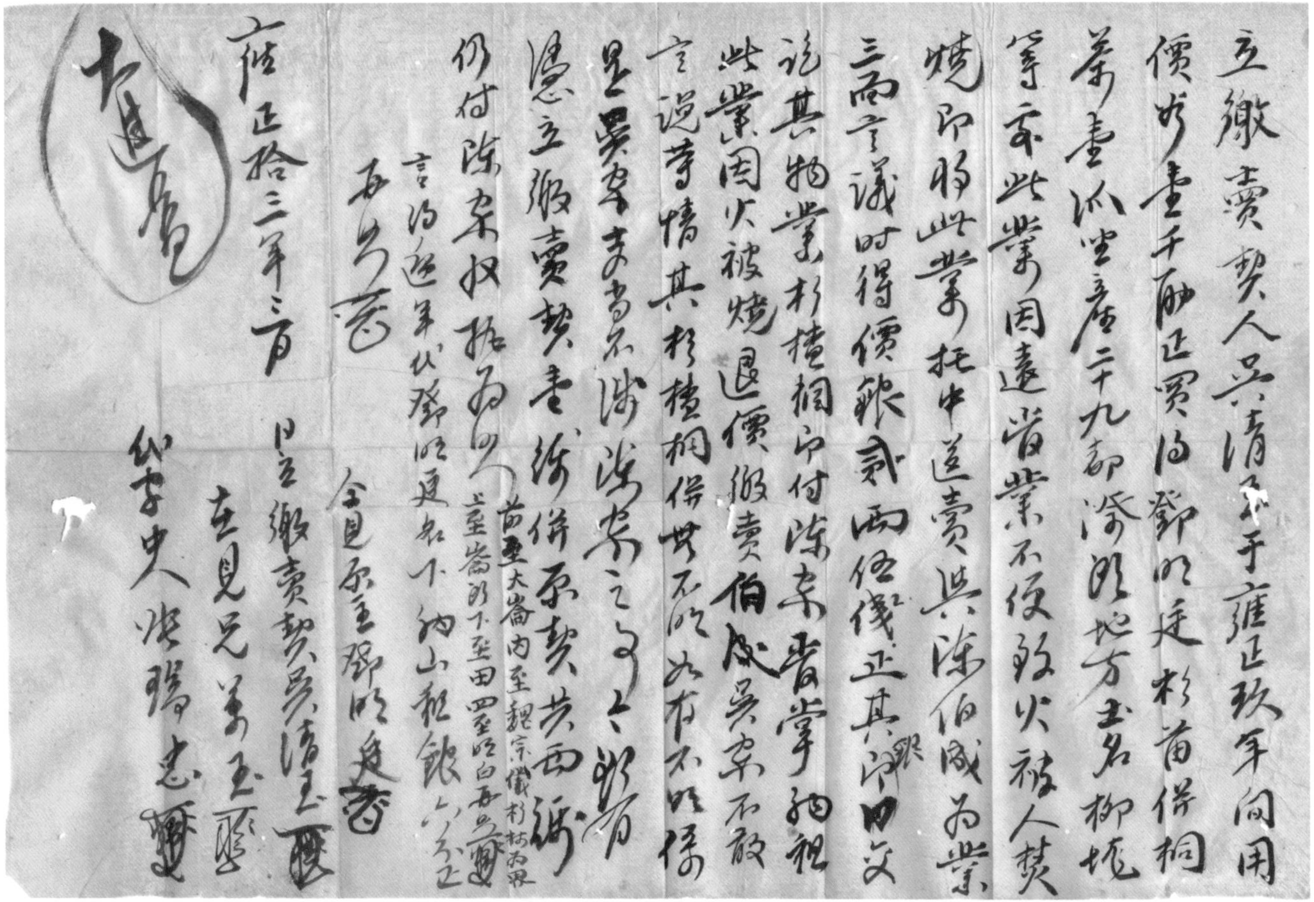

7-5-57-3　清雍正十三年三月吴清玉立繳賣杉苗等契

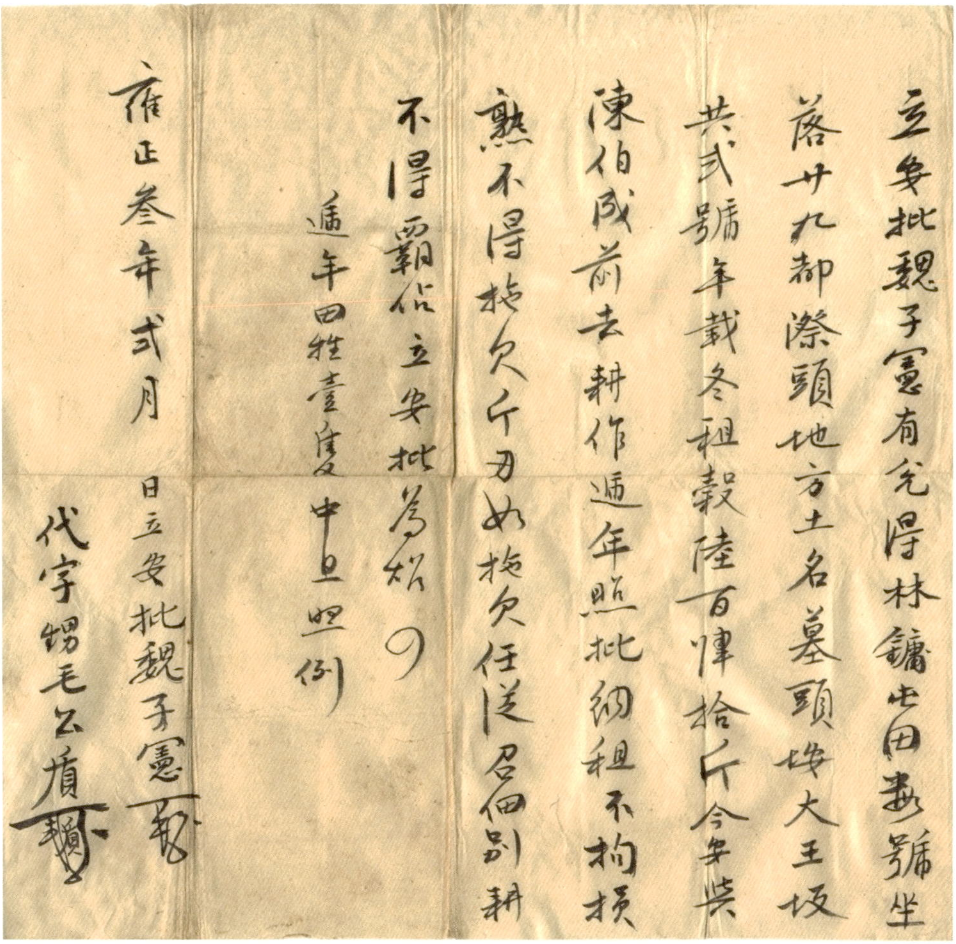

立安批魏子憲有先得林鏞屯田壹號坐
落廿九都漈頭地方土名墓頭坪大王坂
共弍號年載冬租穀陸百肆拾斤今安與
陳伯成前去耕作逓年照批納租不拘損
熟不得拖欠斤两如拖欠任從召佃別耕
不得霸佔立安批爲炤〇
逓年田牲壹隻中旦照例
雍正叁年弍月　日立安批魏子憲（押）
代字錫毛公（押）

7-5-57-2　清雍正三年二月魏子憲立安批屯田字

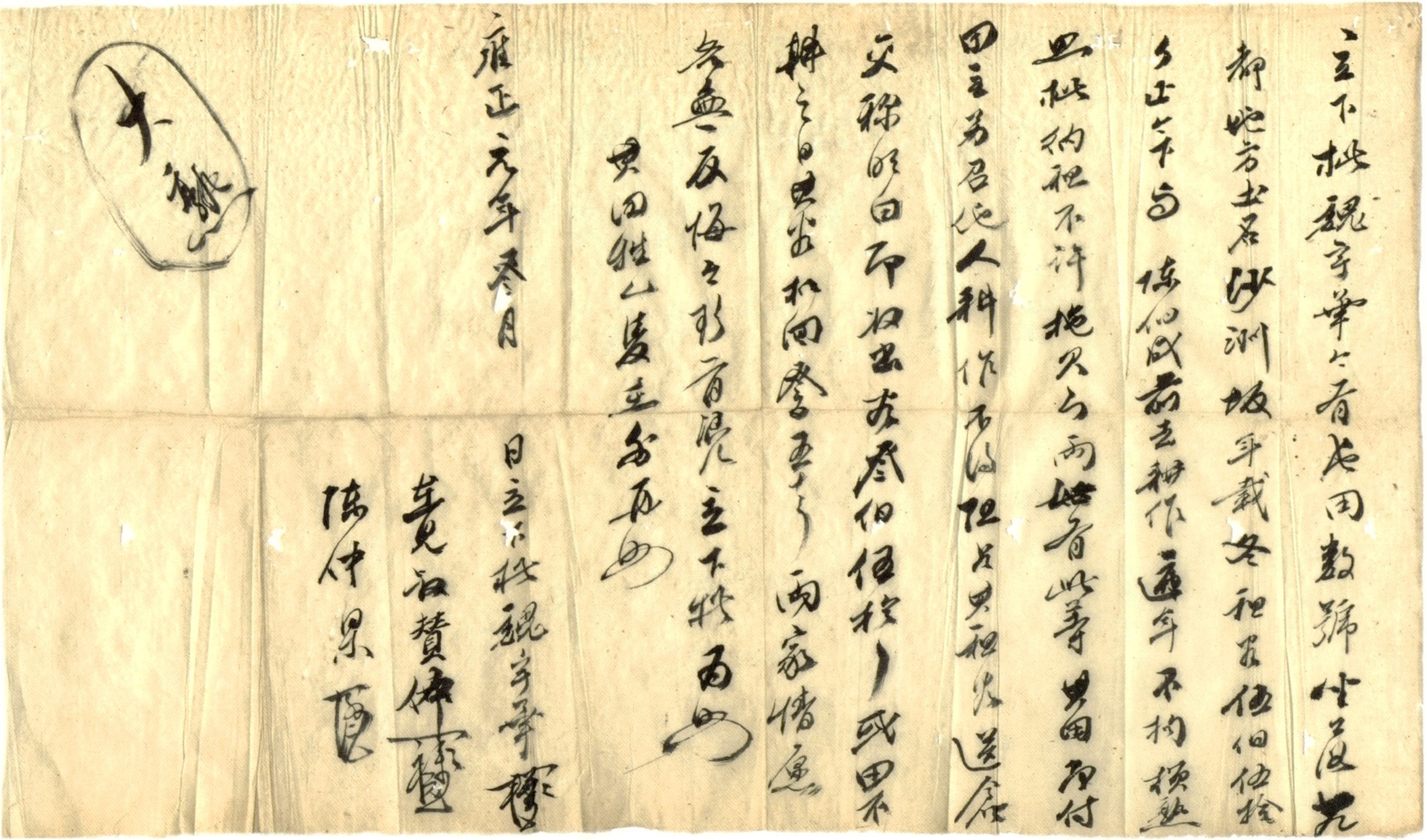
立下批魏宇華，有屯田數號，坐落光
都地方土名沙洲坂，年載冬租五伯伍拾
斤正，今向陳伯臧前去耕作，遞年不拘損熟，
照批納租，不許拖欠分兩。如有此等，其田即付
回主另召他人耕作，不得阻占。其租收送倉
交[illegible]明白，即[illegible]出[illegible]任從[illegible]田不
耕之日，[illegible]兩家情愿，
各無反悔，今欲有憑，立下批為照。
其田[illegible]

雍正元年叁月　日立下批魏宇華（押）
知見[illegible]
[illegible]

7-5-57-1　清雍正元年三月魏宇華立下批屯田字

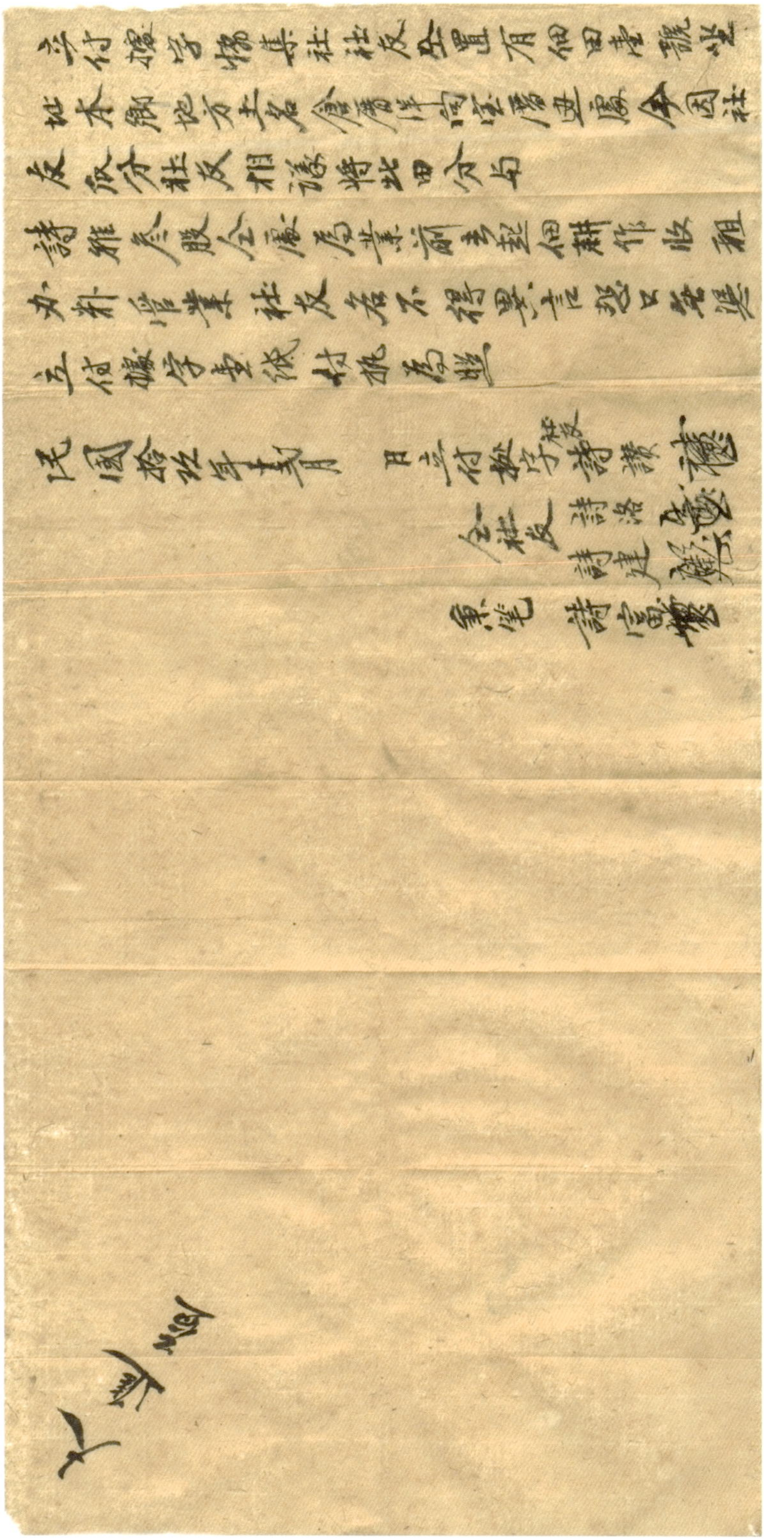
立付據字陳集社社友今置有佃田壹號坐址本鄉地方土名倉前洋內崗頭厝邊一處，今因社友衆分社友相議將此田分與詩雅兄股全處為業，前去起佃耕作收租办納，管業社友各不得異言。恐口無憑，立付據字壹紙付執為照。

民國拾玖年十二月　日立付據字社友詩讚（押）

詩港（押）

仝社友詩建（押）

秉筆詩良（押）

7-5-56-2　民國十九年十二月陳詩讚等立付佃田據字

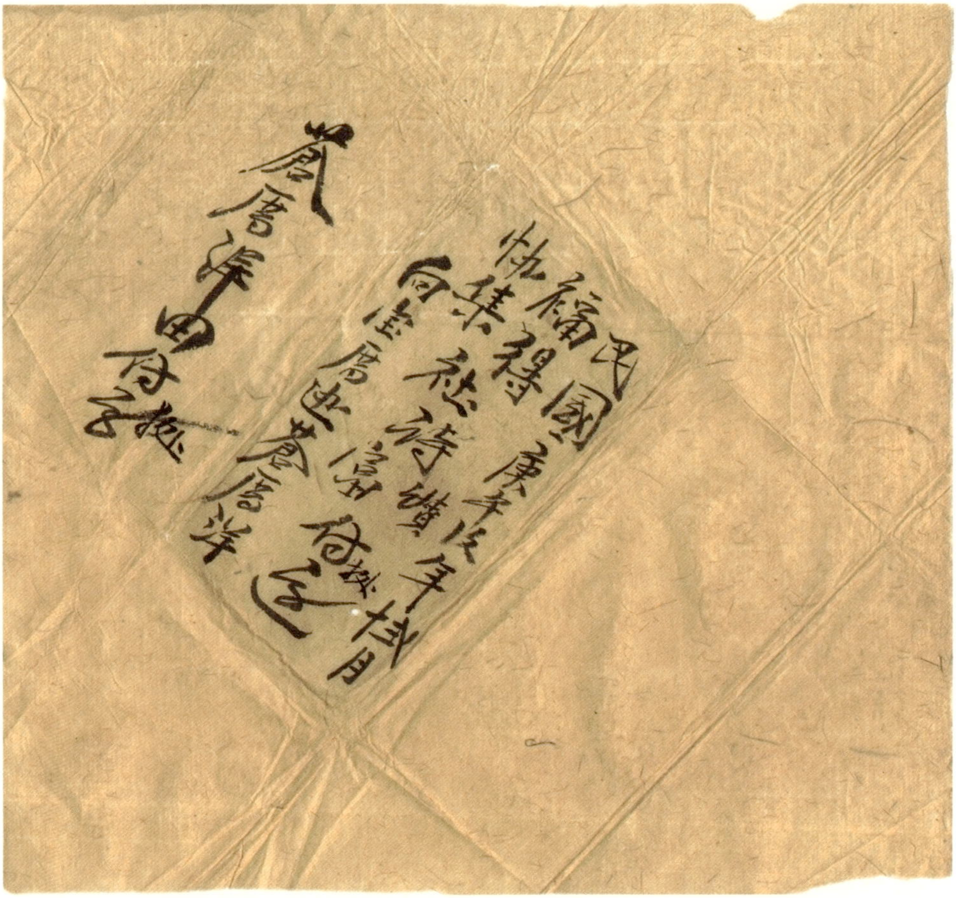

7-5-56-1　包契紙

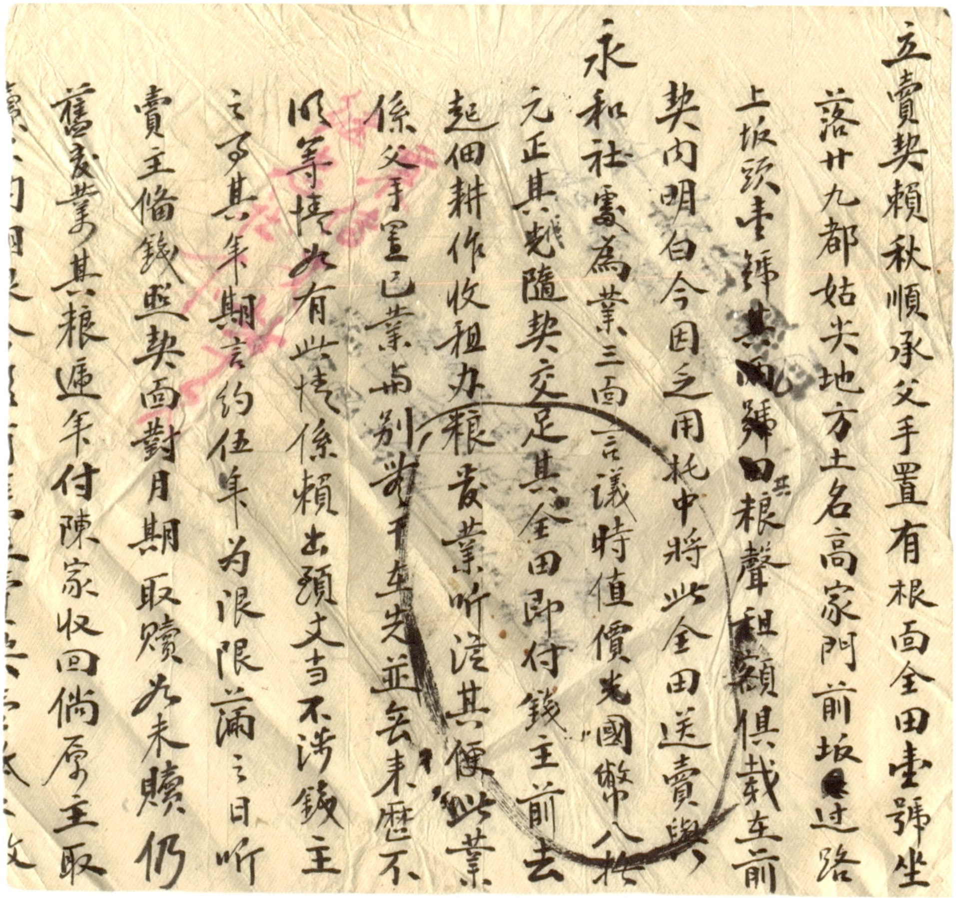
立賣契賴秋順承父手置有根面全田壹號坐
落廿九都姑尖地方土名高家門前坂过路
上坂頭壹號其田號田根聲租額俱載在前
契內明白今因乏用托中將此全田送賣與
永和社處為業三面言議時值價光國幣八拾
元正其艮隨契交足其全田即付錢主前去
起佃耕作收租办粮當業听從其便此業
係父手置己業與別房無干並無來歷不
明等情如有此情係賴出頭支當不涉錢主
之事其年期言約伍年為限限滿之日听
賣主備錢照契面對月期取贖如未贖仍
舊為業其根逓年付陳家收回倘原主取

7-5-55-3　民國時期賴秋順立賣根面全田契（廢契）

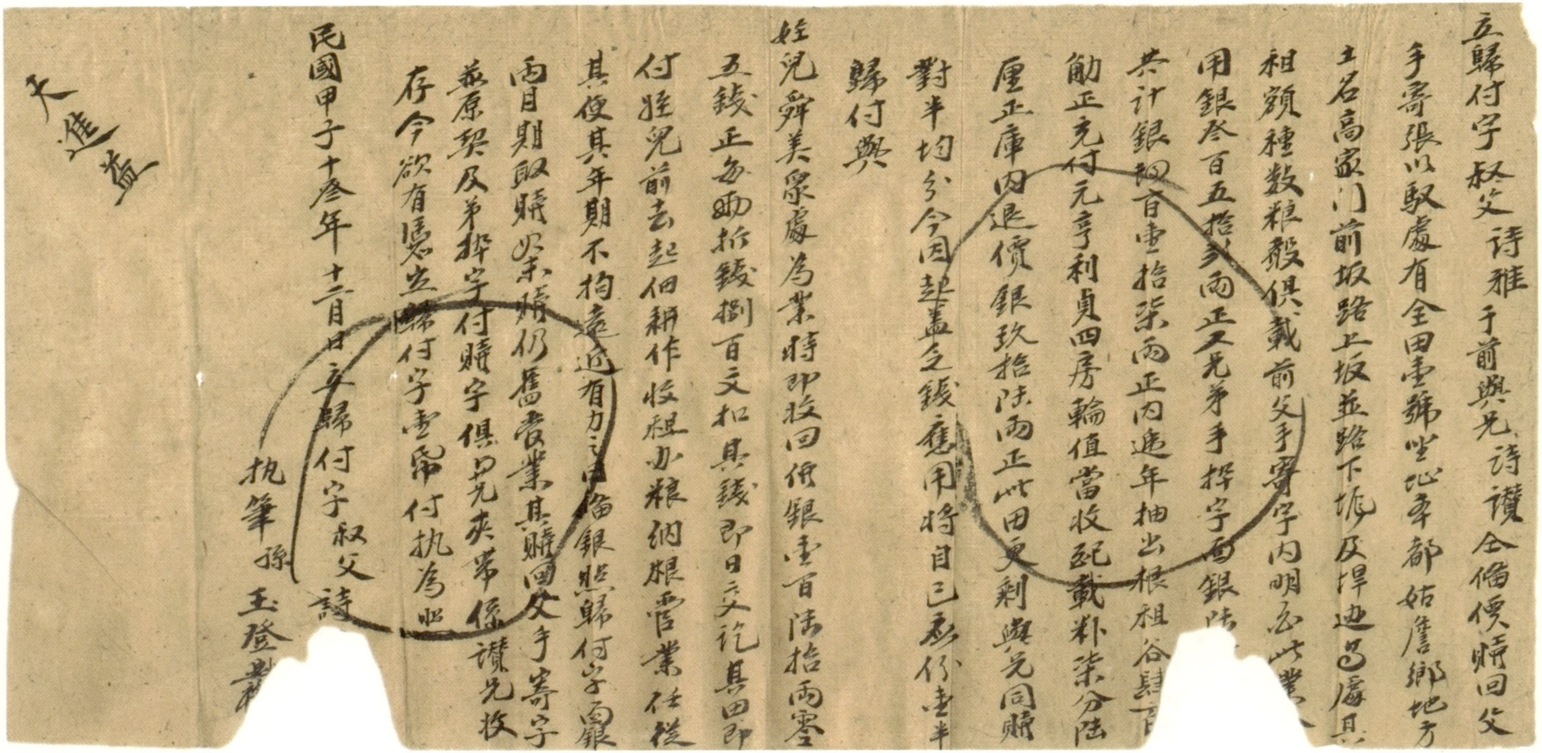
立歸付字叔父詩雅，于前與兄詩讚仝備價贖回父
手寄張以馭處有全田壹號，坐址本都姑詹鄉地方，
土名高崁門前坂路上坂並路下坂及埠邊田壹處，其
租額種数粮般俱載前父手寄字內明白，此業
用銀叁百五拾叁兩正，又兄弟手找字兩銀陸
共計銀四百壹拾柒兩正，因遞年抽出根租谷壹
觔正，兄付元亨利貞四房輪值當收，配載粮柒分陸
厘正，庫內退價銀玖拾陸兩正，此田更剩與兄同贖
對半均分，今因盡之錢應用，將自己應得壹半
歸付與
姪兒舜美衆處為業，時即收回價銀壹百陸拾兩零
五錢正，每兩折錢捌百文扣，其錢即日交訖，其田即
付姪兒前去起佃耕作，收租办粮，納根管業，任從
其便，其年期不拘遠近，有力之日備銀照歸付字面鼎
兩日期取贖，父叔仍舊管業，其贖回父手寄字
并原契及弟找字付贖字，俱與兄夾帶，係讚兄收
存，今欲有憑，立歸付字壹紙付執為照。
民國甲子十叁年十二月日立歸付字叔父詩
執筆孫　玉登
天進

7-5-55-2　民國十三年十二月陳詩雅立歸付田字（廢契）

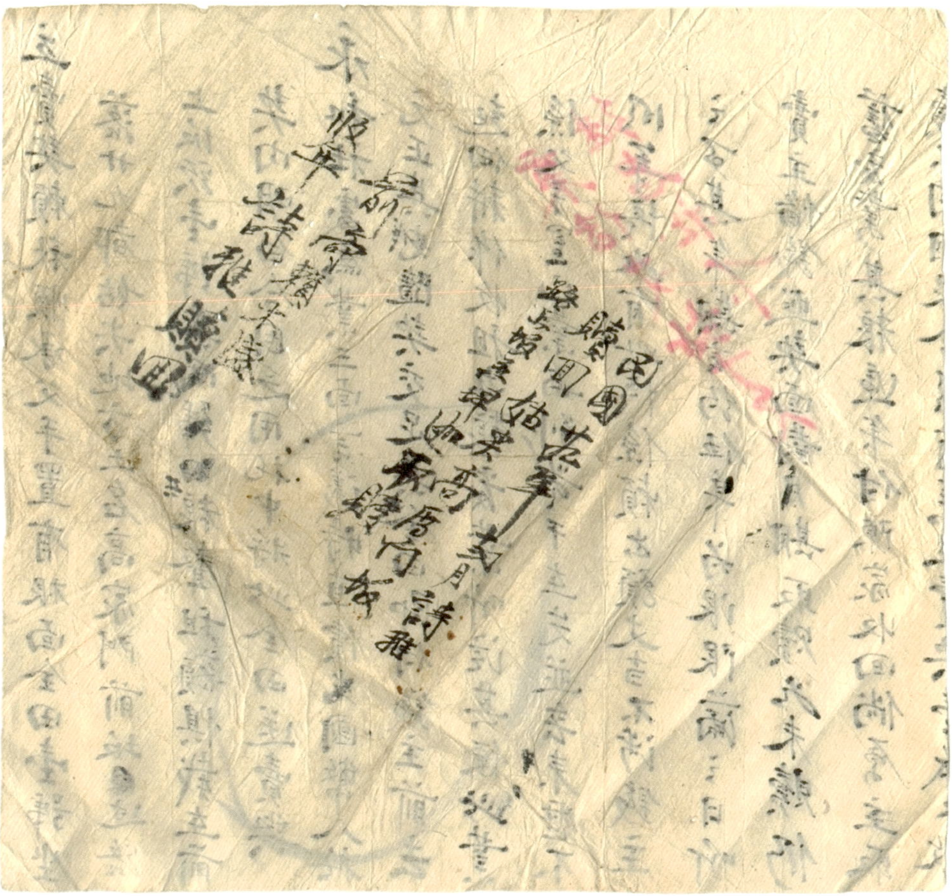

7-5-55-1　包契紙

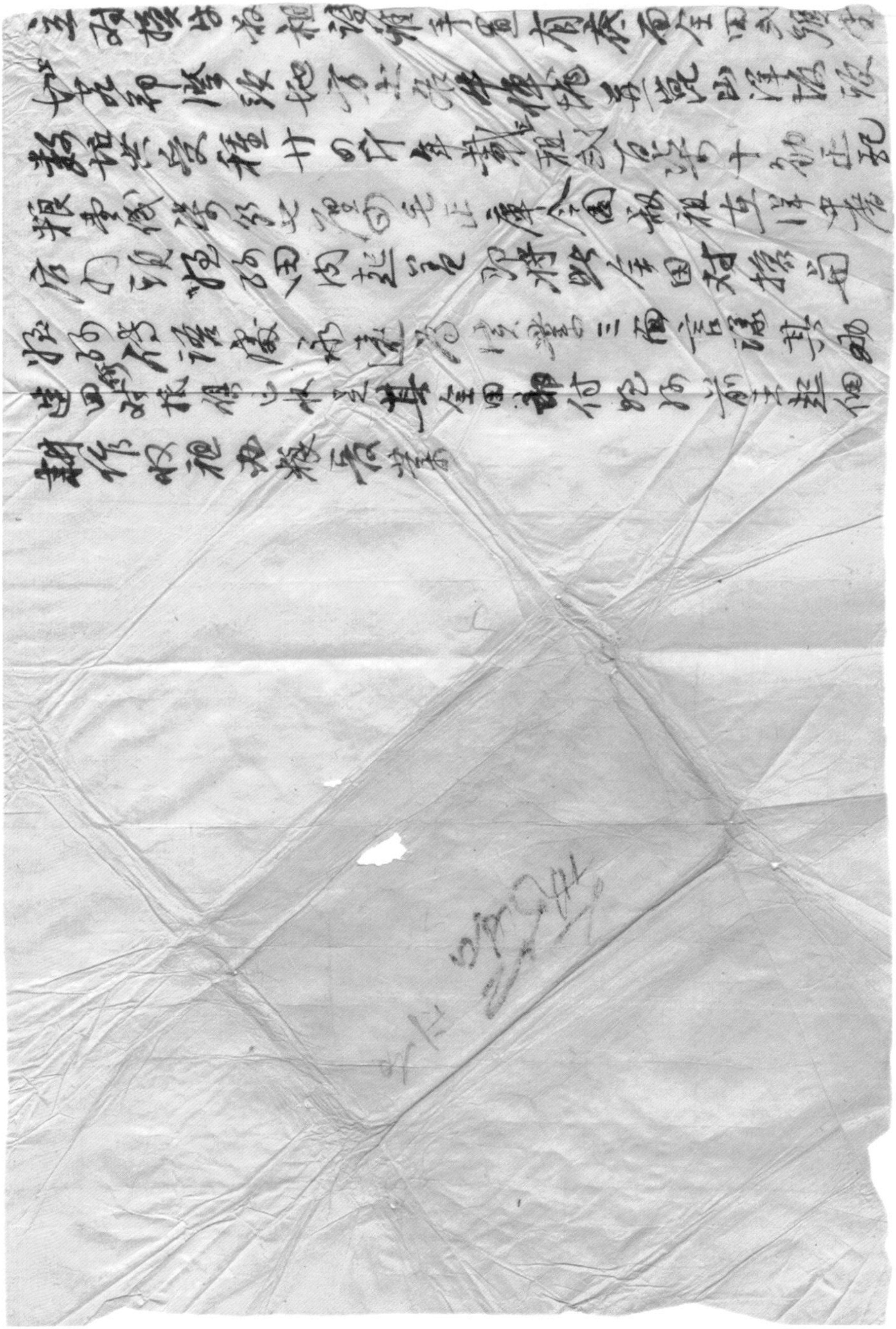

7-5-54-3　民國時期陳詩雅立對換底面全田契（草契）

立繳付字姪孫傳語承伯父全置分已閫份内有
根面全田壹號坐址本都漈頭地方土名洋中厝后
門等處受種捌斛正年載正租壹百叁拾斛正
配載秋粮捌分正庫今因叔祖意欲湊成造蓋叔
姪相議將此全田繳送甫
叔祖詩雅處永遠為寔業湊成起蓋三面言議
時収康傳銀壹百弍拾伍両正每両折伐捌百文扣
其銀即日収足其全田即付叔祖前去湊成起蓋上下
座園築墻垣以及左右輔屋牛欄糞厰餘地門路
通行此全田係阄份已業而別無干在先並無不明
等情如有此情係姪孫支当不涉叔祖之事自繳送
之後永不敢異言生端並不敢再説花红陋礼等情
今欲有憑立繳付字壹紙並繳曾步陞專契並專
尽斷契弍紙又繳林德範專斷根租契弍紙又繳曾友
扳專斷契乙紙又繳朱紹貴尽斷契壹紙又贖習遠
習程原專契共弍紙又繳林傳均專契乙紙共成拾紙
其脊友戶下推出粮捌分正付叔祖掛割入戶統付
永遠為照

民国甲子拾叁年九月日　立繳付字姪孫傳語（押）

全弟傳憤

叔仰友

在見　兄傳鑒

代字中叔　訪友

大發祥

7-5-54-2　民國十三年九月陳傳語等立繳付根面全田字

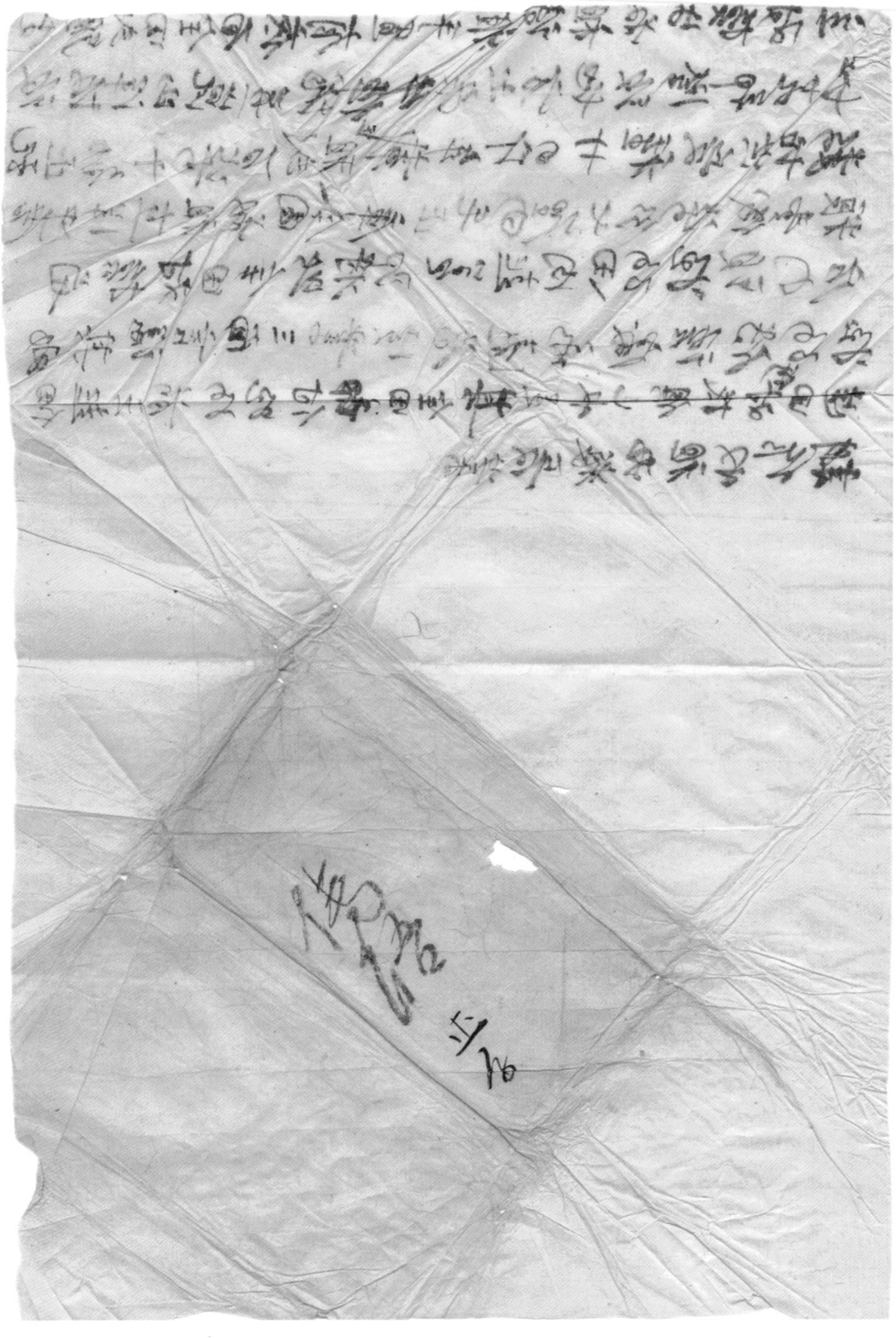

7-5-54-1　包契紙

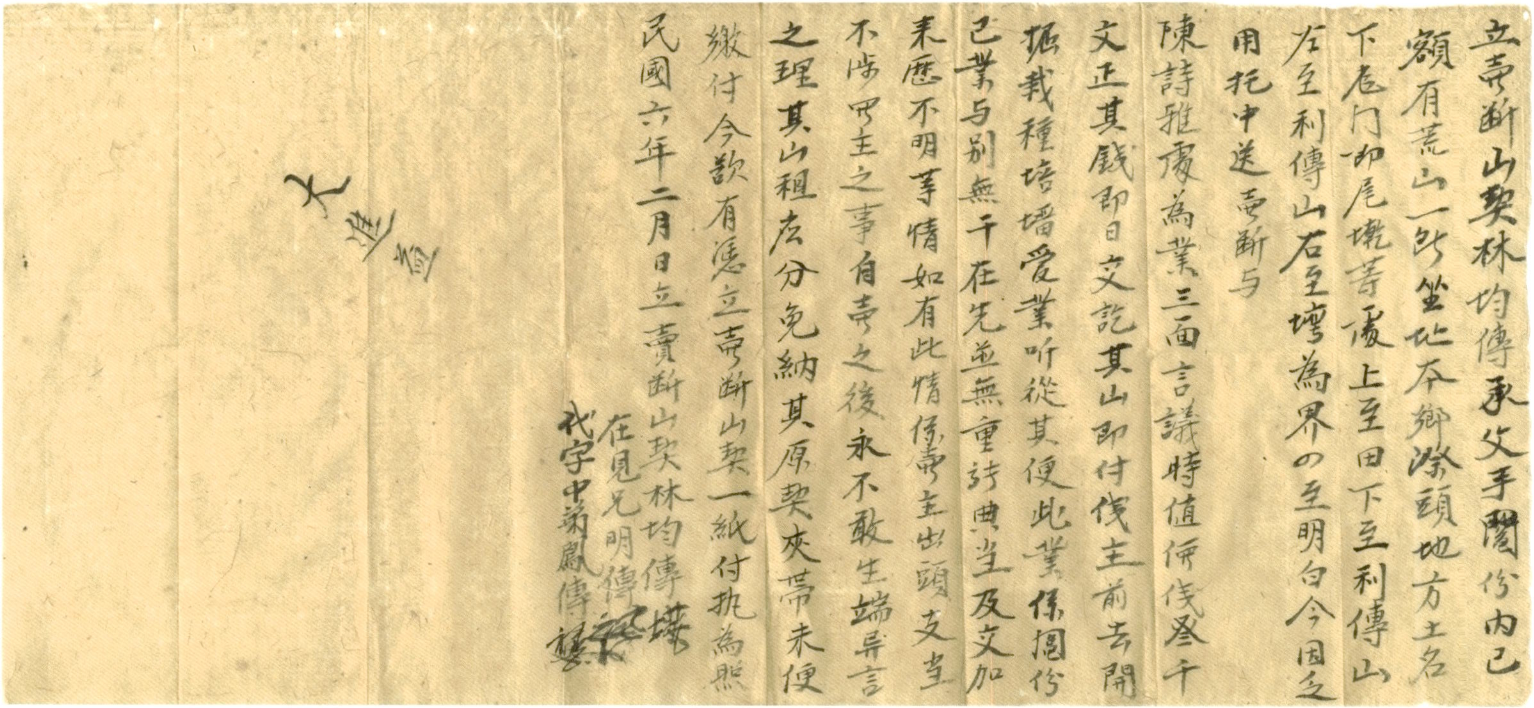
立賣斷山契林均傳承父手鬮份內已
額有荒山一片坐址本鄉漈頭地方土名
下底門切尾境等處上至田下至利傳山
左至利傳山右至壙為界四至明白今因乏
用托中送賣斷与
陳詩雅處為業三面言議時值價錢叁千
文正其錢即日交訖其山即付錢主前去開
掘栽種培墻管業聽從其便此業係鬮份
己業与別無干在先並無重疊典當及交加
來歷不明等情如有此情係賣主出頭支當
不涉買主之事自賣之後永不敢生端異言
之理其山租左分免納其原契夾帶未便
繳付今欲有憑立賣斷山契一紙付執為照
民國六年二月日立賣斷山契林均傳（押）
在見兄明傳（押）
代字中菊勵傳（押）
大進

7-5-53-2　民國六年二月林均傳立賣斷荒山契

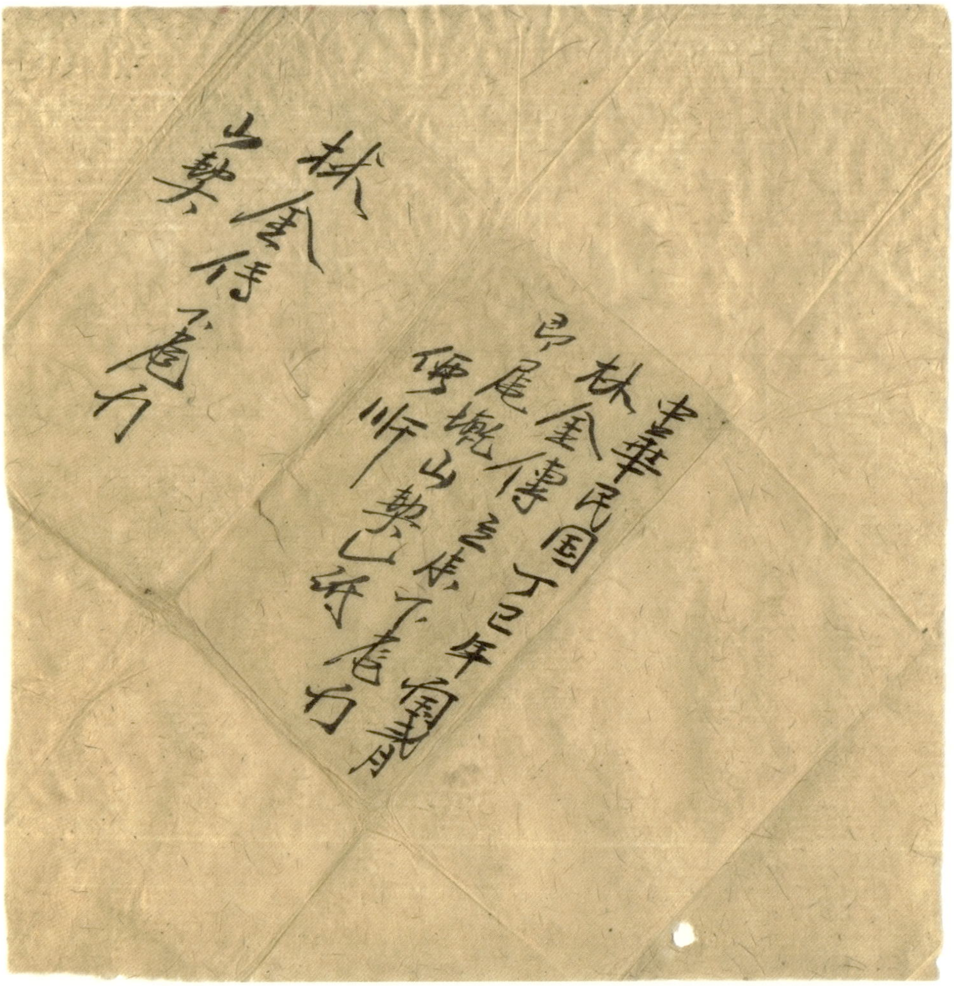

7-5-53-1　包契紙

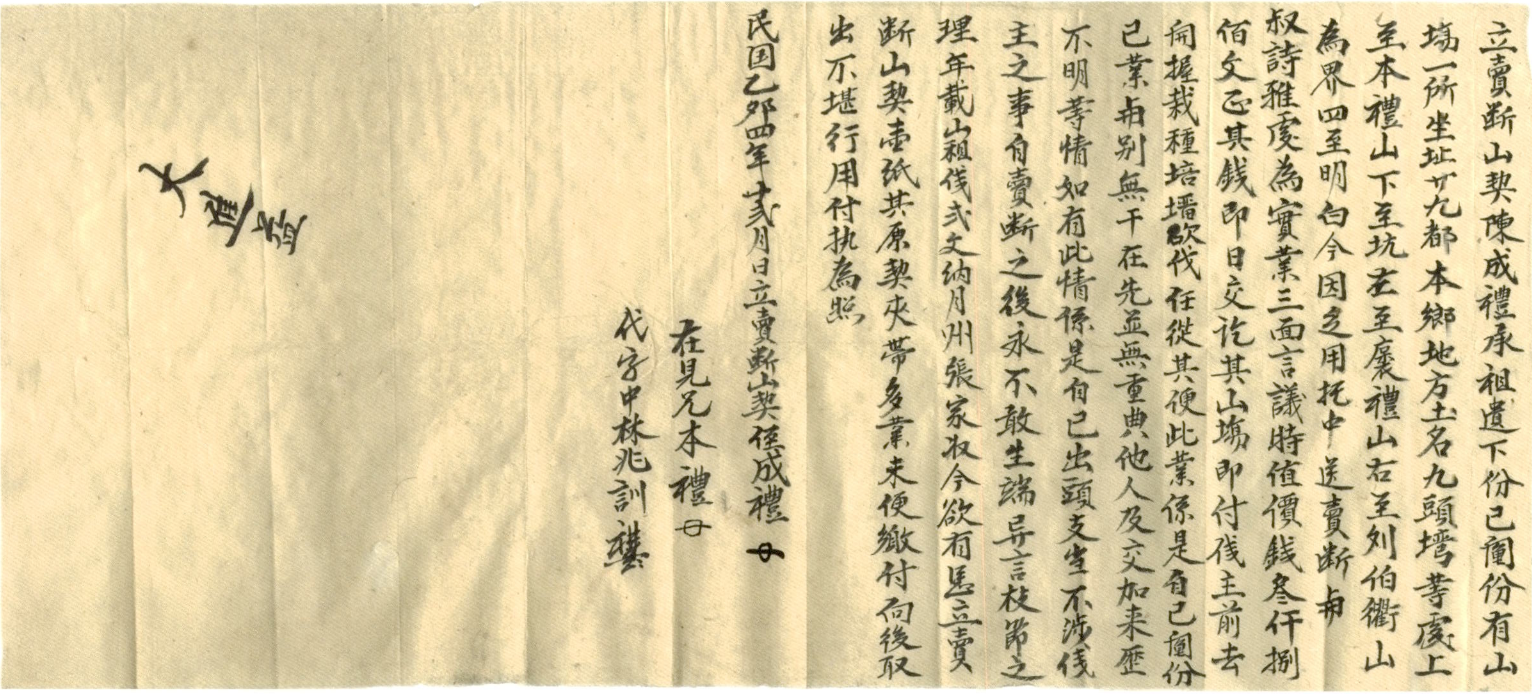
立賣斷山契陳成禮承祖遺下份己𨳝份有山
場一所坐址廿九都本鄉地方土名九頭壋蕃處上
至本禮山下至坑左至廣禮山右至刈伯衢山
為界四至明白今因乏用托中送賣斷與
叔詩雅處為實業三面言議時值價錢叁仟捌
佰文正其錢即日交訖其山場即付伐主前去
開掘栽種培壙砍伐任從其便此業係是自己𨳝份
己業與別無干在先並無重典他人及交加來歷
不明等情如有此情係是自己出頭支當不涉伐
主之事自賣斷之後永不敢生端异言枝節之
理年載山租伐貳文納月州張家收今欲有憑立賣
斷山契壹紙其原契夾帶多業未便繳付向後取
出不堪行用付執為照
民国乙卯四年十貳月日立賣斷山契陳成禮 押
在見兄本禮 押
代字中林兆訓 押
大進壹

7-5-52-2　民國四年十二月陳成禮立賣斷山場契

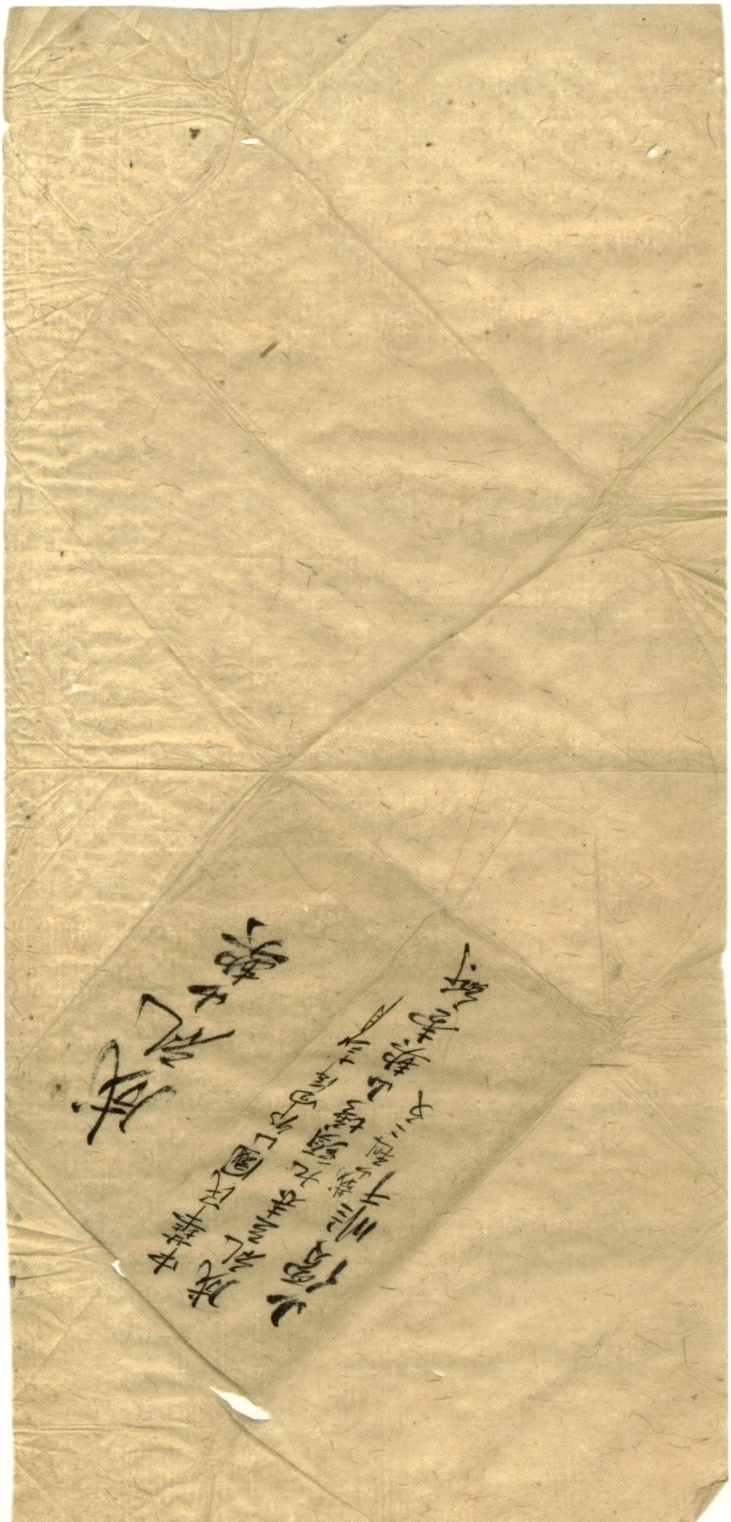

7-5-52-1　包契紙

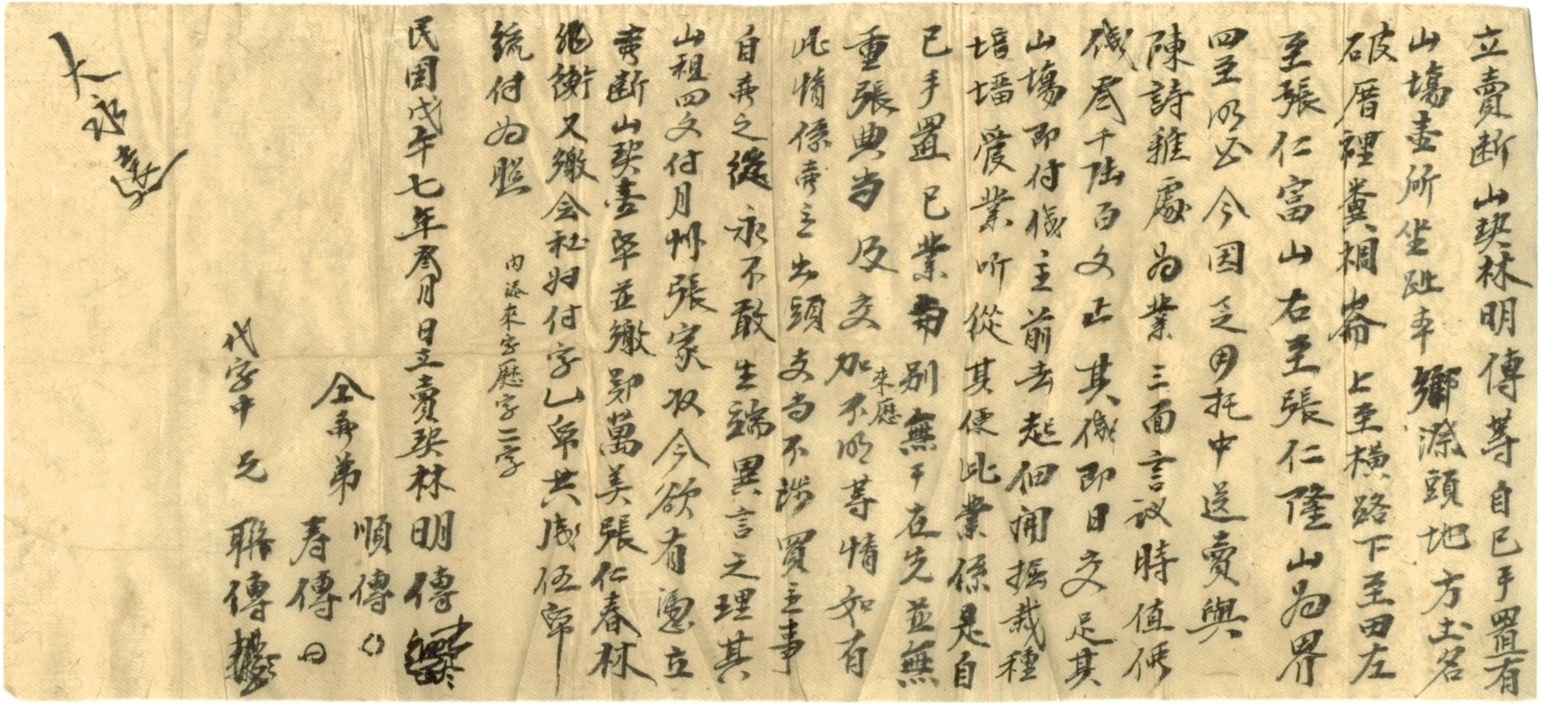
立賣斷山契林明傳等自己手置有
山塲壹所坐趾本鄉漈頭地方土名
破厝裡糞堈崙上至橫路下至田左
至張仁富山右至張仁隆山爲界
四至明白今因乏用托中送賣與
陳詩雜處爲業三面言議時值價
錢貳千陆百文正其錢即日交足其
山塲即付買主前去起佃開掘栽種
培墻管業听從其便此業係是自
己手置已業來歷別無干在先並無
重張典當及交加不明等情如有
此情係賣主出頭支当不涉買主事
自賣之後永不敢生端異言之理其
山租四文付月州張家收今欲有憑立
賣斷山契壹帋並繳郢萬美張仁春林
懇衡又繳全私归付字山帋共成伍帋
統付爲照
內添來歷字二字
民国戊午七年叁月　日立賣契林明傳
仝弟　順傳　壽傳　聯傳
代字中　允
大[illegible]

7–5–51–4　民國七年三月林明傳等立賣斷山場契（二）

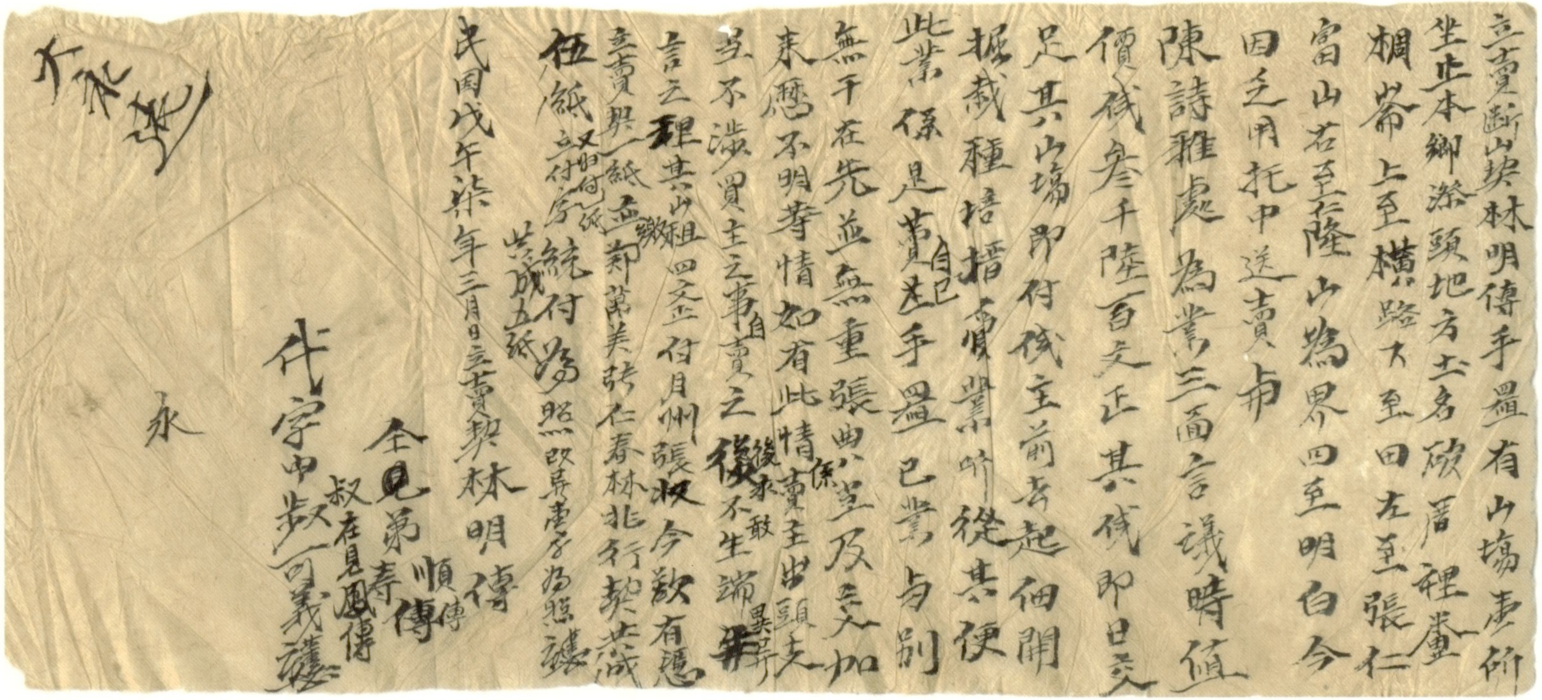
立賣斷山契林明傳手置有山場壹所
坐址本鄉漈頭地方土名破厝裡壟
桐岑上至橫路大至田左至張仁
富山右至陸山爲界四至明白今
因乏用托中送賣於
陳詩雅處爲業三面言議時值
價錢叁千陸百文正其錢即日交
足其山場即付錢主前去起佃開
掘栽種培植管業從其便
此業係是自己手置己業與別
無干在先並無重張典掛及交加
來歷不明等情如有此情係賣主出頭支
当不涉買主之事自賣之後永不敢生端異言
言之理其山祖四至付月州張叔今欲有憑
立賣契一紙並繳鄭萬美轉仁春林兆行契共
伍紙又歸付字一紙統付爲照 共成五紙 叔買壹字爲照據
民國戊午柒年三月日立賣契林明傳
全見弟壽傳 順傳
叔在見鳳傳
代字中叔可義
大永遠
永

7-5-51-3　民國七年三月林明傳等立賣斷山場契（一）

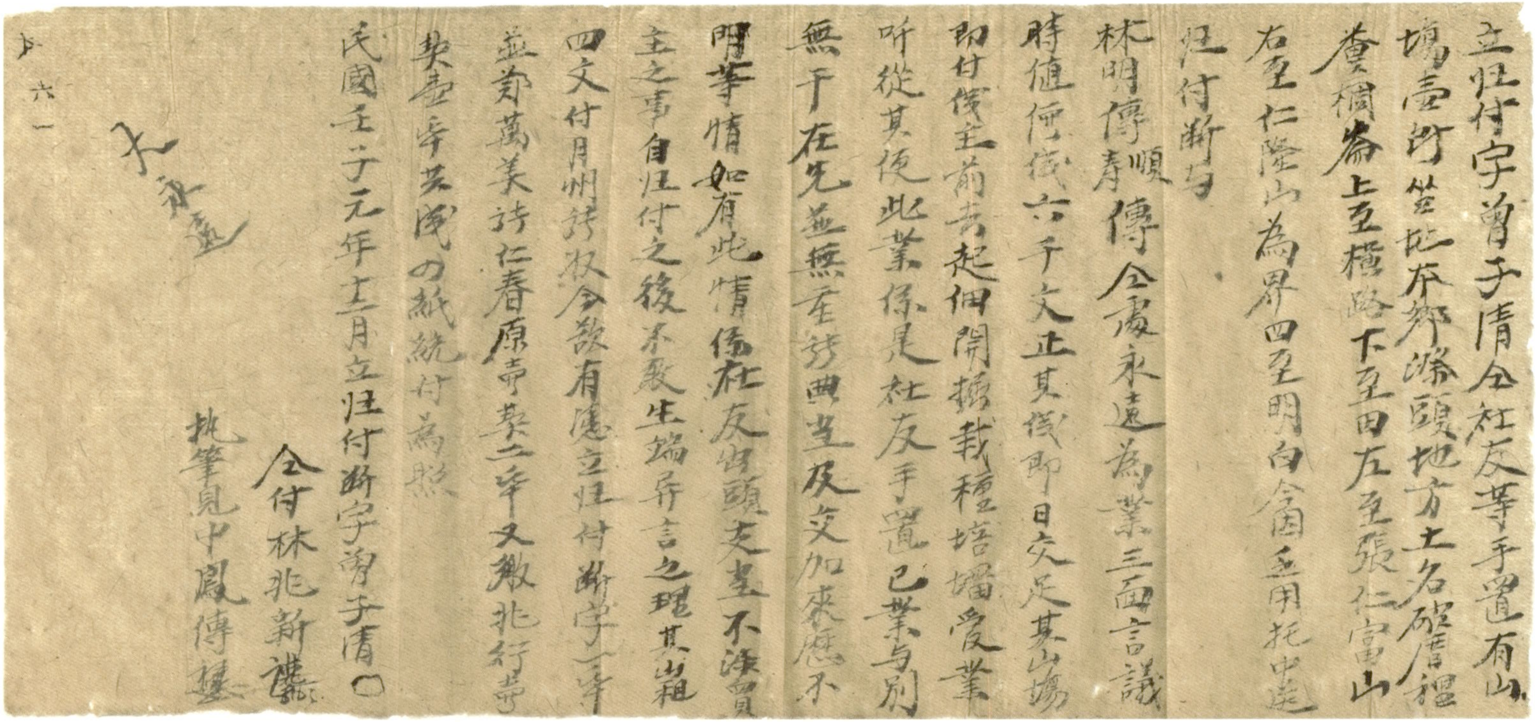

立歸付字曾子清仝社友等手置有山
場壹所坐址本鄉滁頭地方土名碓唐(?)裡
叢(?)欄為上至横路下至田左至張仁富山
右至仁隆山為界四至明白仝同(?)憑托中送
歸付斷与
林明傳壽順傳仝處永遠為業三面言議
時值價錢六千文正其錢即日交足其山場
即付傳主前去起佃開墾栽種培壅管業
聽從其便此業係是社友手置己業与別
無干在先並無重張典當及交加來歷不
明等情如有此情係社友出頭支當不涉買
主之事自歸付之後不敢生端異言之理其山租
四文付月州詩(?)收今欲有憑立歸付斷字一紙
並前(?)萬美詩仁春原壽(?)葵二年文敷兆行壽
契壹字共(?)的紙統付為照
民國壬子元年十二月立歸付斷字曾子清
仝付林兆新
執筆見中鳳傳

7-5-51-2　民國元年十二月曾子清等立歸付斷山場字

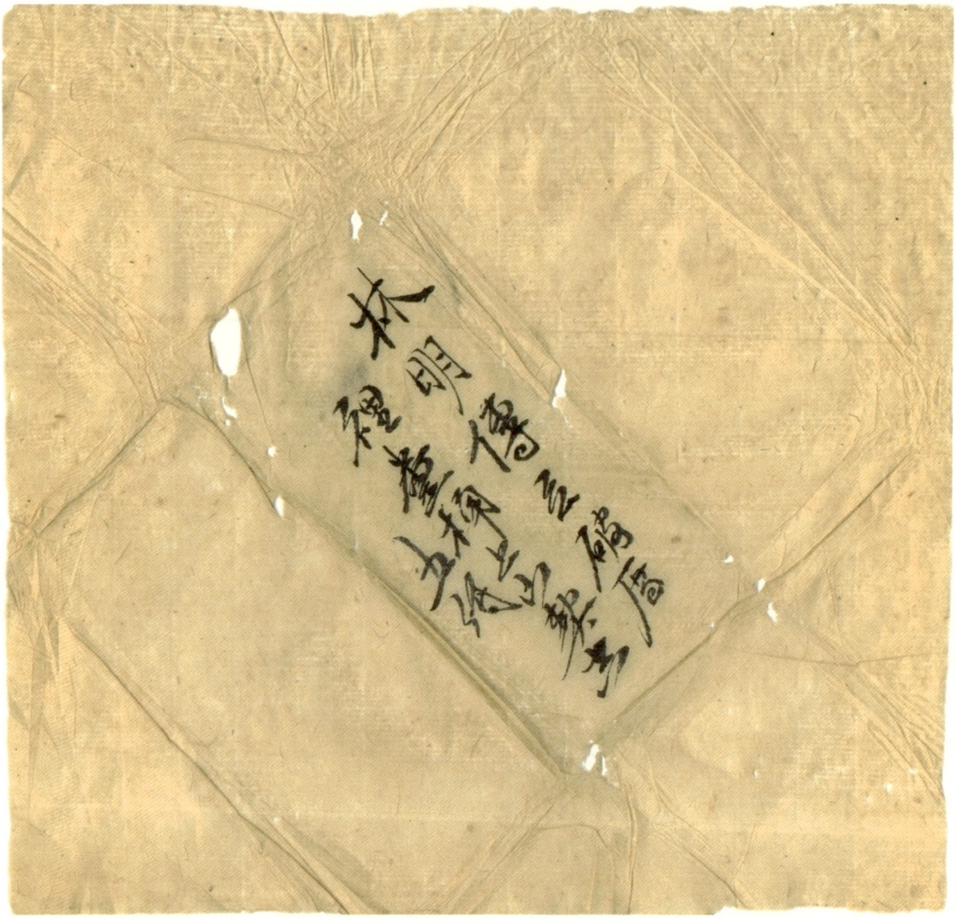

7-5-51-1　包契紙

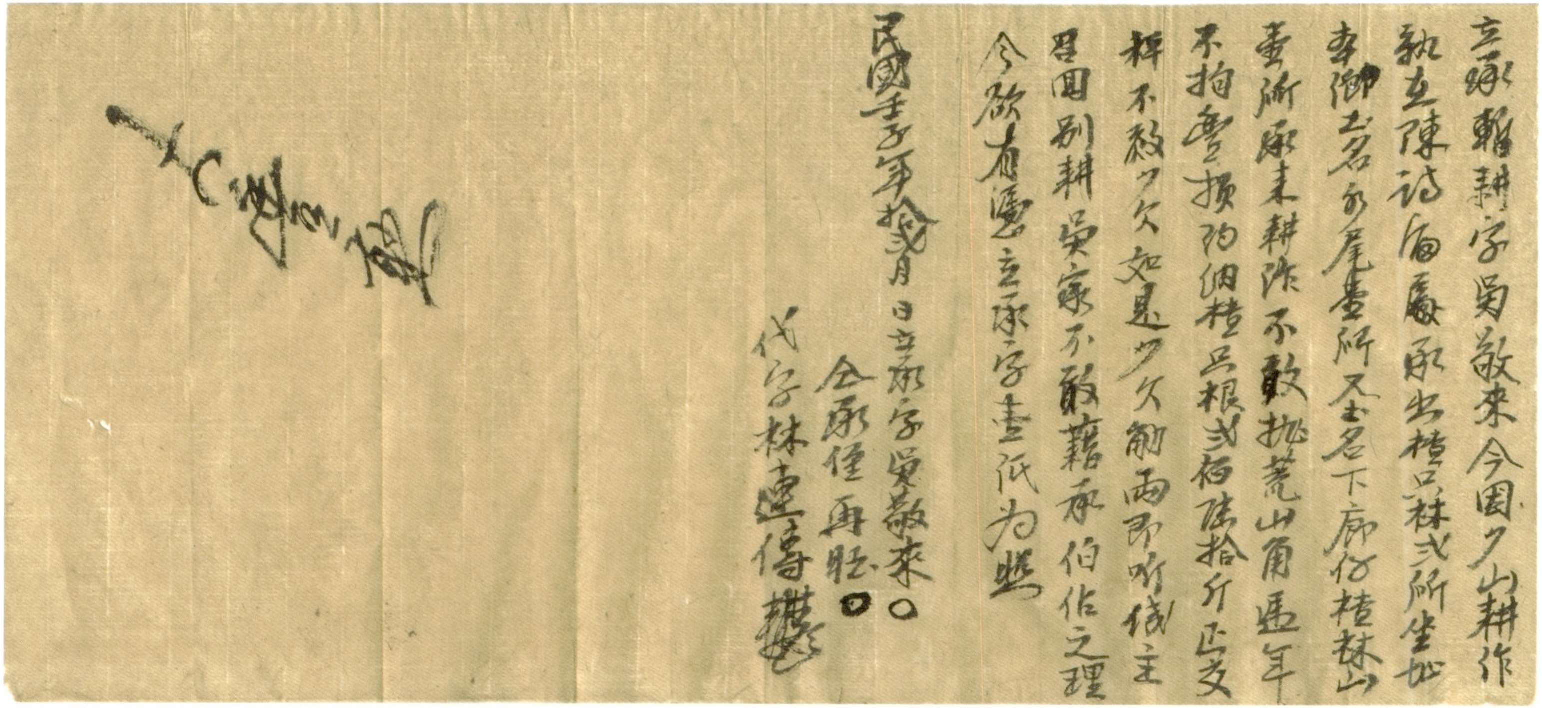

7-5-50-3　民國元年十二月吳敬來等立承暫耕梏林字

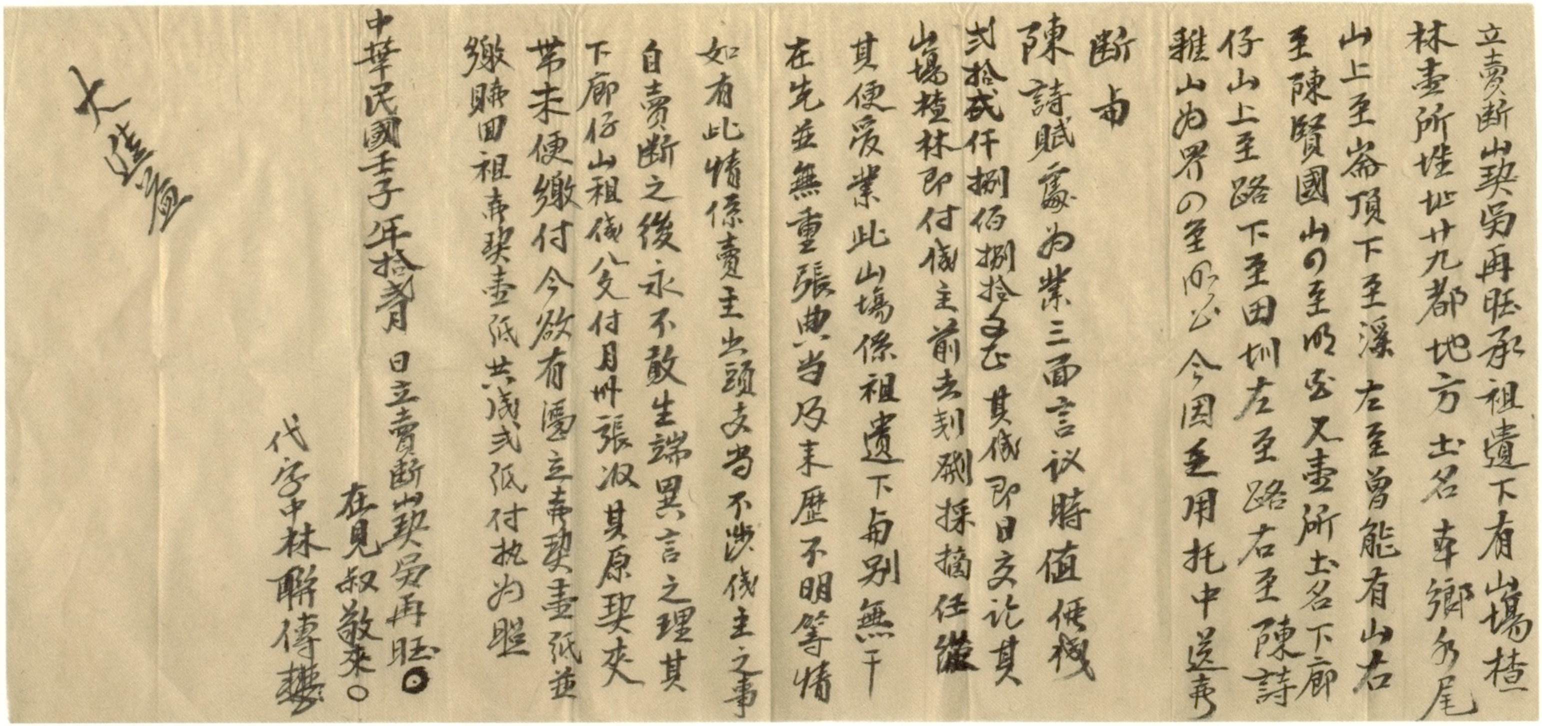

立賣斷山契吳再旺承祖遺下有山場楂
林壹所址廿九都地方土名車鄉尾
山上至崙頂下至溪左至曾能有山右
至陳賢國山四至明白又壹所土名下廊
仔山上至路下至田圳左至路右至陳詩
雜山為界四至明白今因乏用托中送與
斷 向
陳詩賦處爲業三面言議時值價錢
弍拾弍仟捌佰捌拾文正其錢即日交訖其
山場楂林即付錢主前去剃劉採摘任從
其便爲業此山場係祖遺下與別無干
在先並無重張典当及來歷不明等情
如有此情係賣主出頭支当不涉錢主之事
自賣斷之後永不敢生端異言之理其
下廊仔山祖契付身時張叔其原契夾
帯未便繳付今欲有憑立賣契壹紙並
繳睇田祖弍契壹紙共成弍紙付執為照
中華民國壬子年拾弍月 日立賣斷山契吳再旺（押）
在見叔敬來〇
代字中林聯傳（押）
大進寶

7-5-50-2 民國元年十二月吳再旺立賣斷山場楂林契

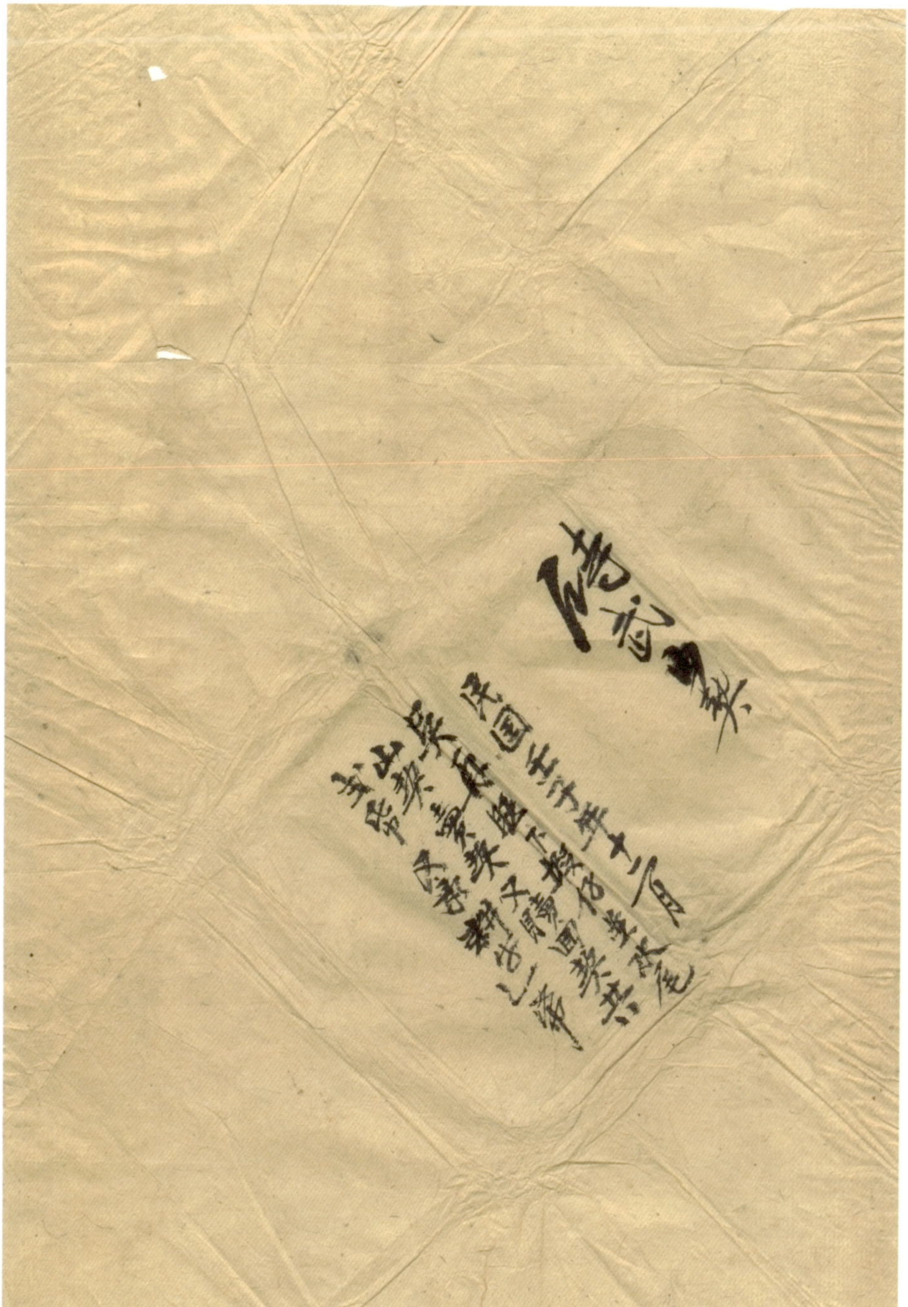

7-5-50-1　包契紙

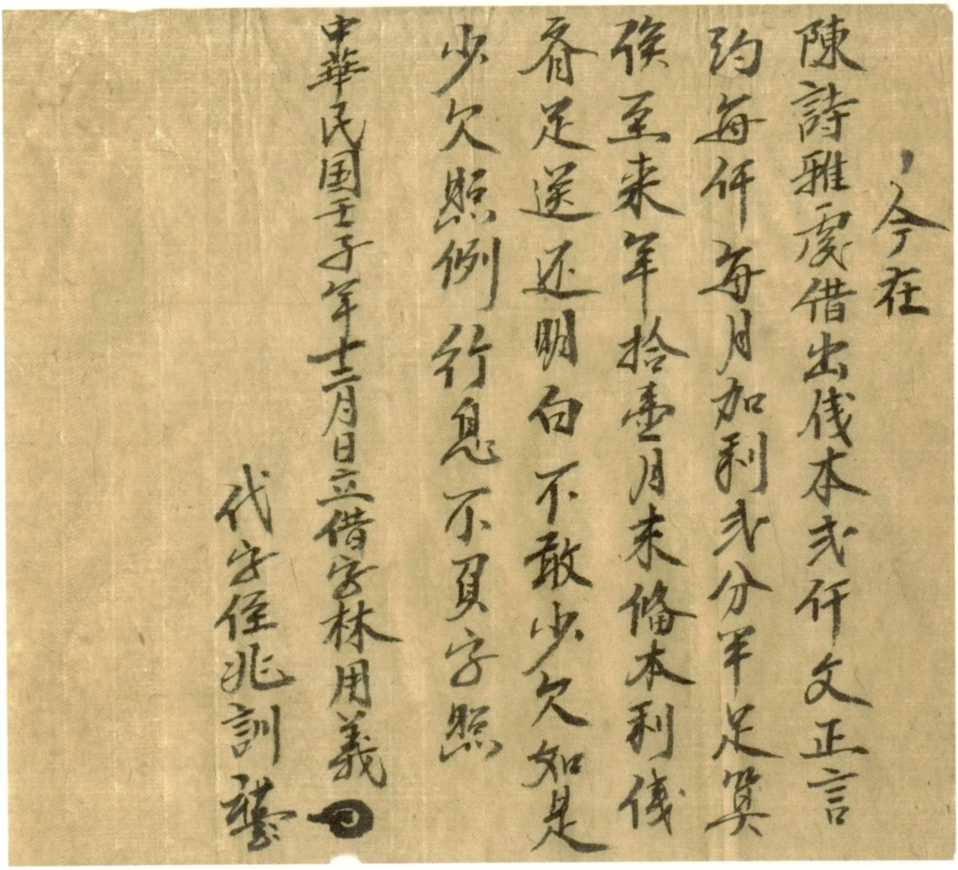

今在
陳詩雅處借出錢本弍仟文正，言
約每仟每月加利弍分算足，其
錢至來年拾壹月來備本利錢
齊足送還明白，不敢少欠，如是
少欠照例行息，不負，字照。
中華民國壬子年十二月　日立借字林用義
代字侄兆訓[illegible]

7-5-49-4　民國元年十二月林用義立借錢字

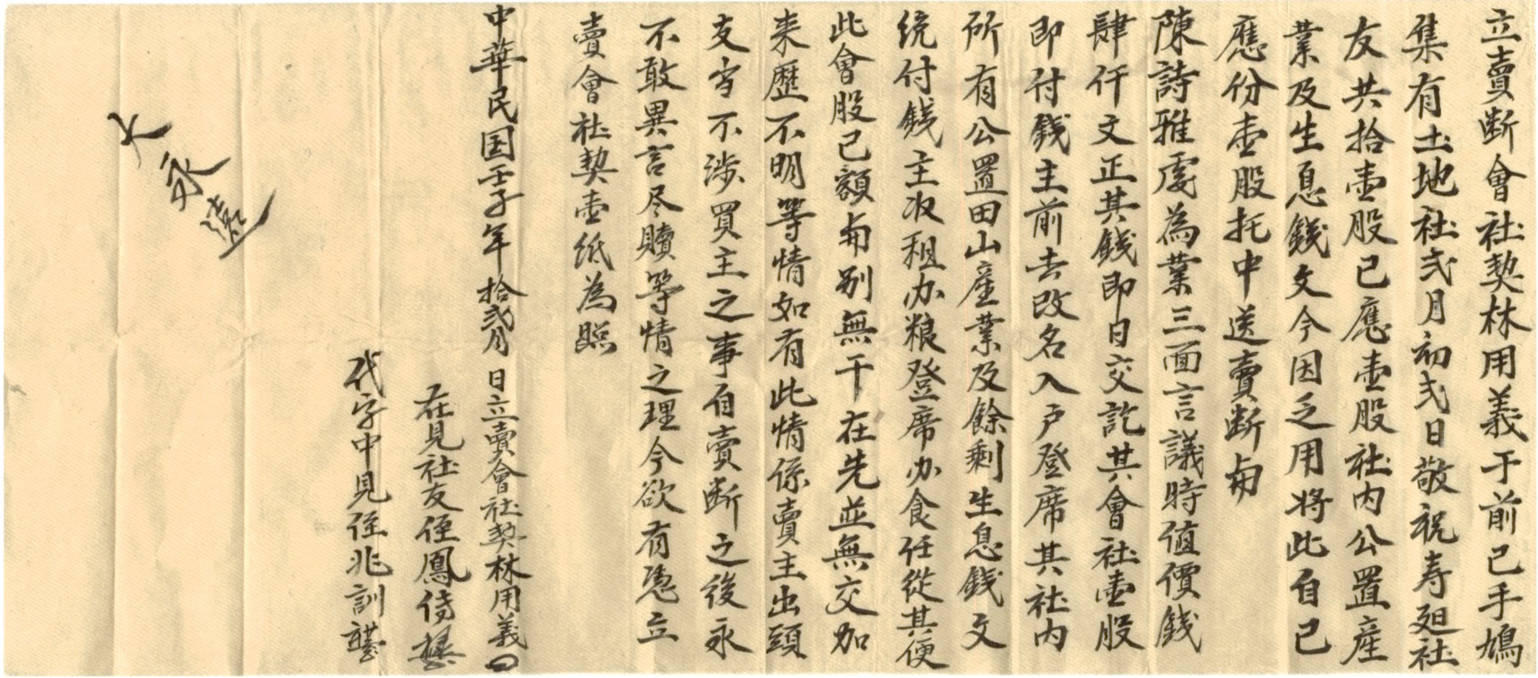
立賣斷會社契林用義于前已手鳩
集有土地社弍月初弍日敬祝壽廼社
友共拾壹股已應壹股社內公置産
業及生息錢文今因乏用將此自己
應份壹股托中送賣斷與
陳詩雅處為業三面言議時値價錢
肆仟文正其錢即日交訖其會社壹股
即付錢主前去改名入户登席其社內
所有公置田山產業及餘剩生息錢文
統付錢主收租办粮登席办食任從其便
此會股已額與别無干在先並無交加
来歷不明等情如有此情係賣主出頭
支當不涉買主之事自賣斷之後永
不敢異言及贖等情之理今欲有憑立
賣會社契壹紙為照
中華民国壬子年拾弍月　日立賣會社契林用義
在見社友侄鳳倚
代字中見侄兆訓

7-5-49-3　民國元年十二月林用義立賣斷會社股契

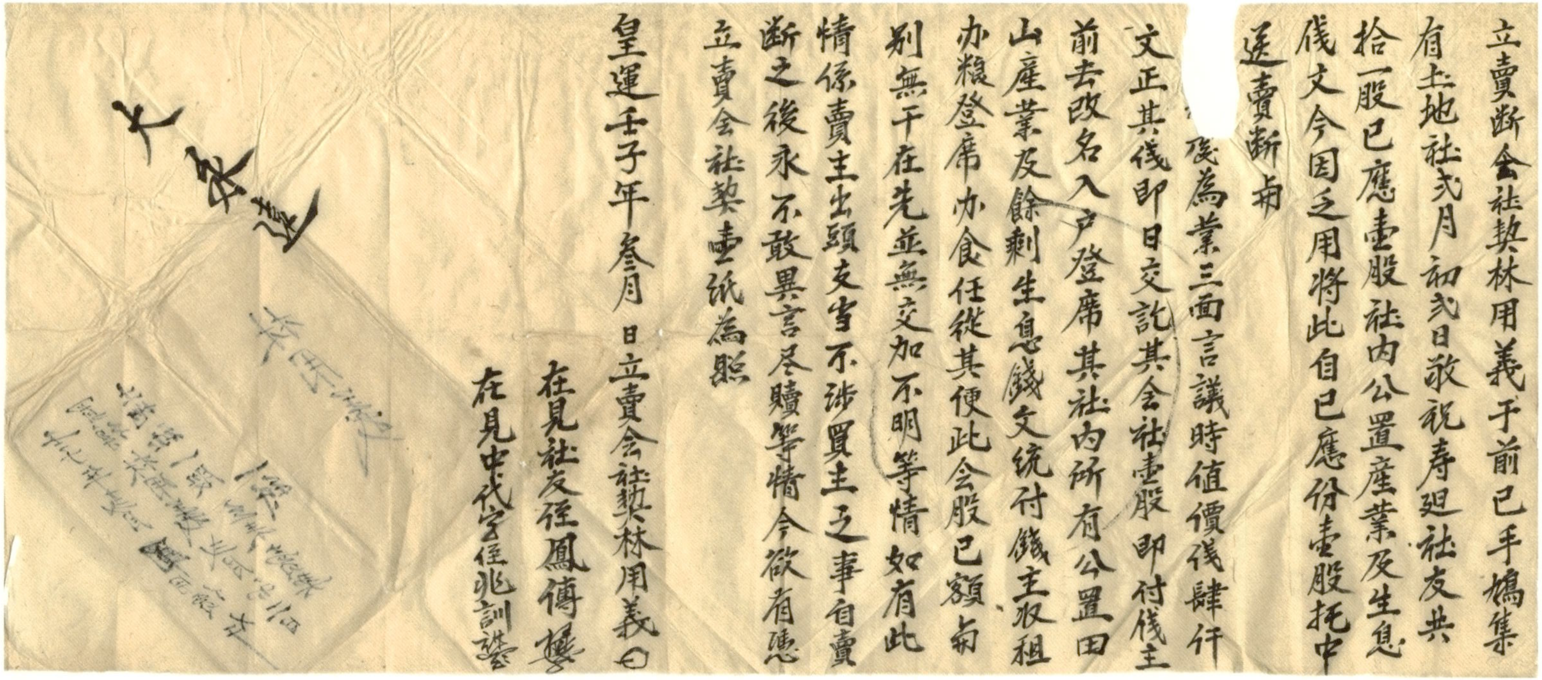

立賣斷会社契林用義于前已手鳩集
有土地社弍月初弍日敬祝壽廻社友共
拾一股已應壹股社内公置産業及生息
錢文今因乏用將此自已應份壹股托中
送賣斷與
陳爲業三面言議時值價錢肆仟
文正其錢即日交訖其会社壹股即付錢主
前去改名入户登席其社内所有公置田
山産業及餘剩生息錢文統付錢主收租
办粮登席办食任從其便此会股已額與
別無干在先並無交加不明等情如有此
情係賣主出頭支當不涉買主之事自賣
斷之後永不敢異言尽贖等情今欲有憑
立賣会社契壹紙爲照

皇運壬子年叁月　日立賣会社契林用義（押）
在見社友侄鳳儔（押）
在見中代字侄兆訓（押）

7-5-49-2　民國元年三月林用義立賣斷會社股契（廢契）

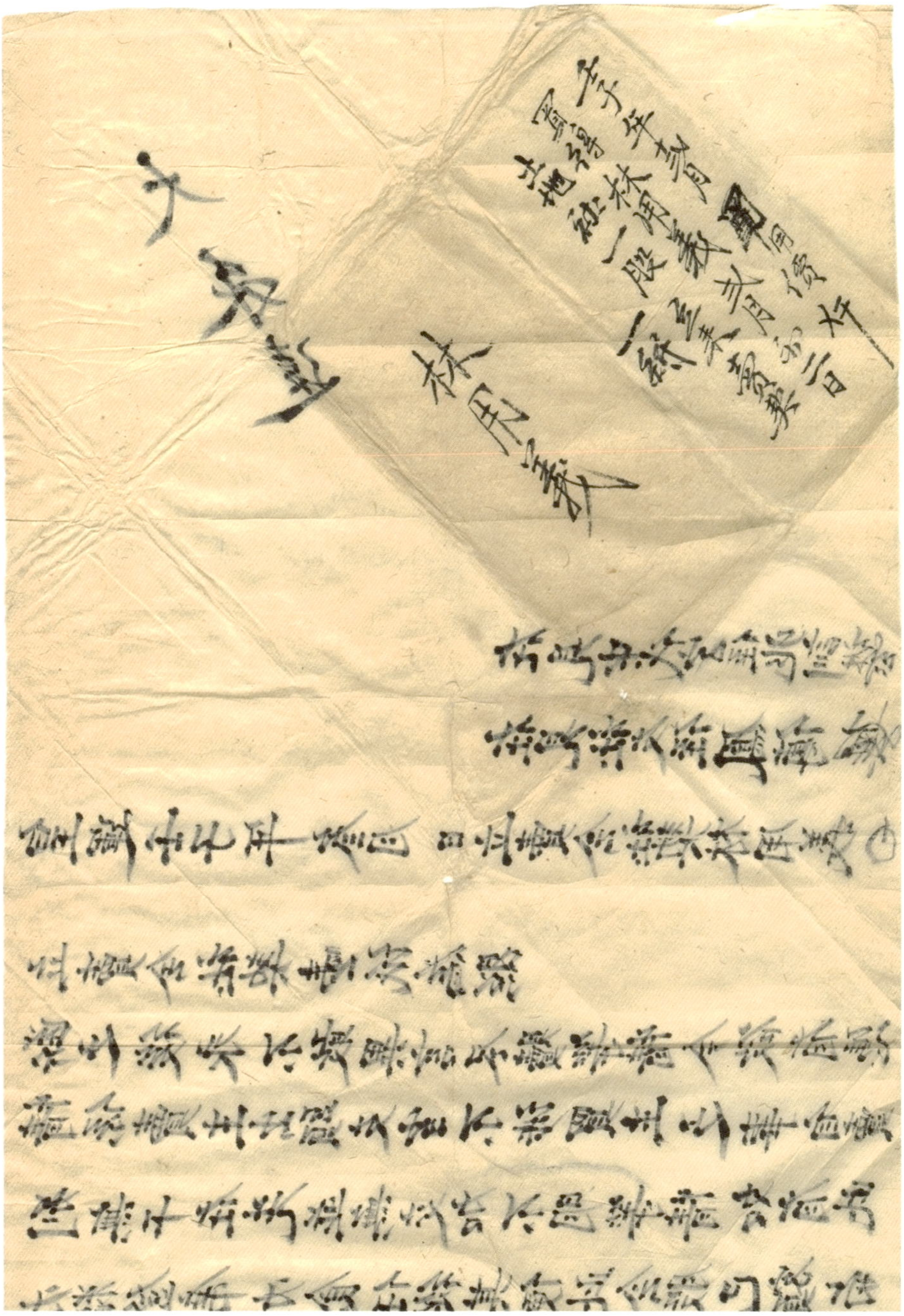

7-5-49-1　包契紙

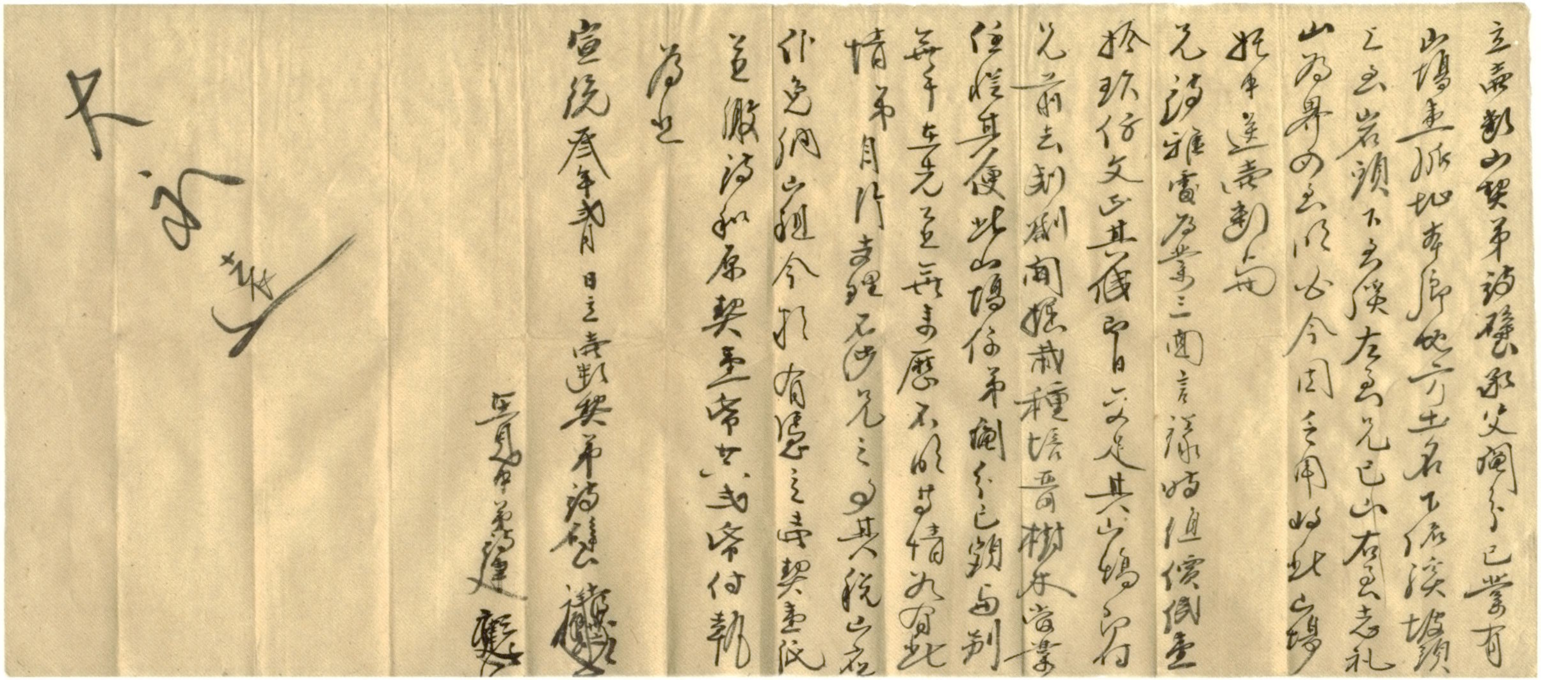

立賣斷山契弟詩璧承父鬮分己業有
山場壹所，坐址本鄉地方土名后溪墘頭
上至岩頭，下至溪，左至兄己山，右至志札
山為界，四至明白，今因乏用，將此山場
托中送賣斷與
兄詩雅處為業，三面言議，時值價錢壹
拾玖仟文正，其錢即日交足，其山場即付
兄前去割削開掘栽種培育樹木，管業
任從其便。此山場係弟鬮分己額，與別
無干，未賣之先，並無重張典當不明等情，如有此
情，弟自行支理，不涉兄之事。其[illegible]山在
[illegible]今批有憑，立賣契壹紙
並繳納原契壹帋，共貳帋付執
為照
宣統叁年貳月　日立賣斷契弟詩璧（押）
在見[illegible]建（押）

7-5-48-2　清宣統三年二月陳詩璧立賣斷山場契

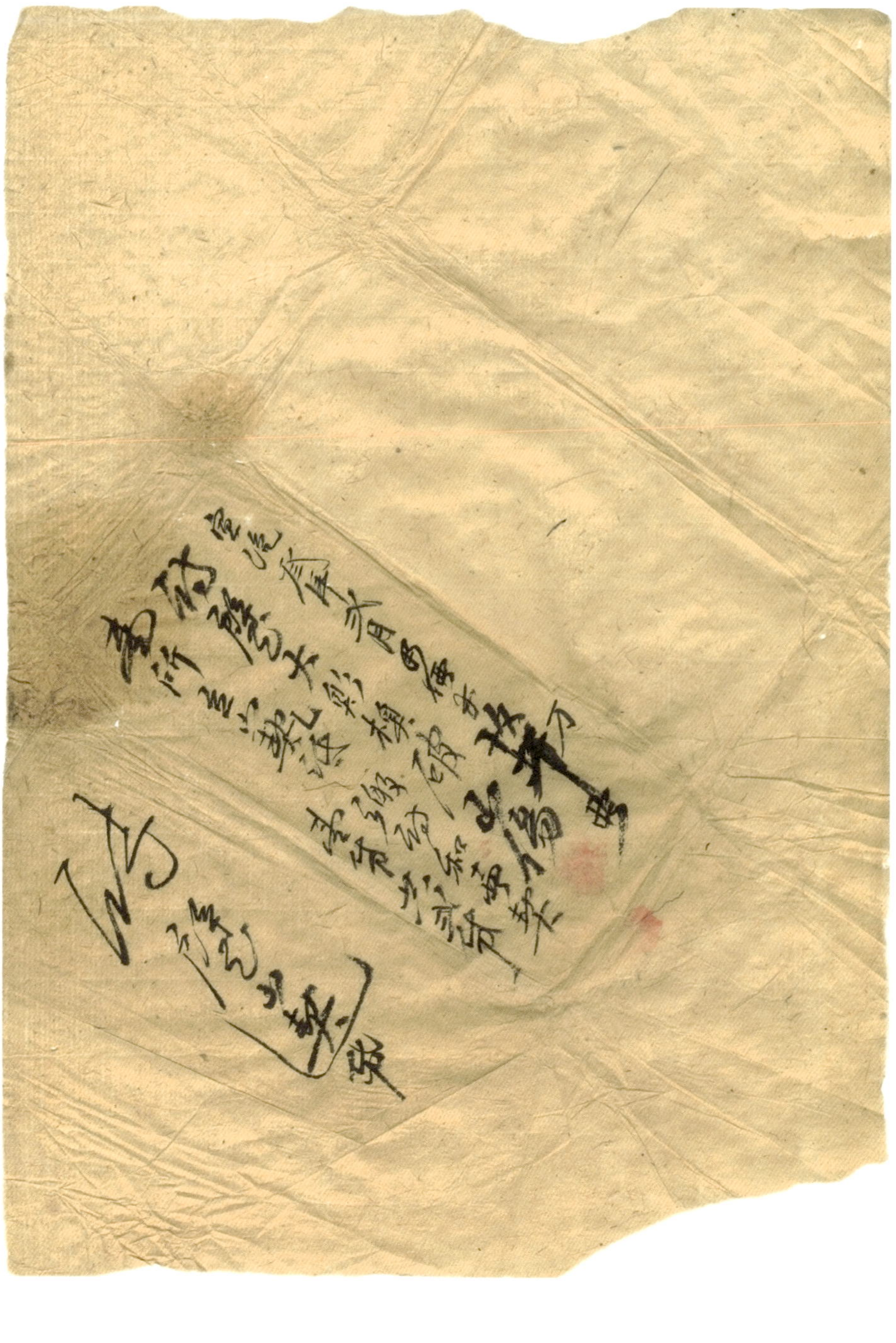

7-5-48-1　包契紙

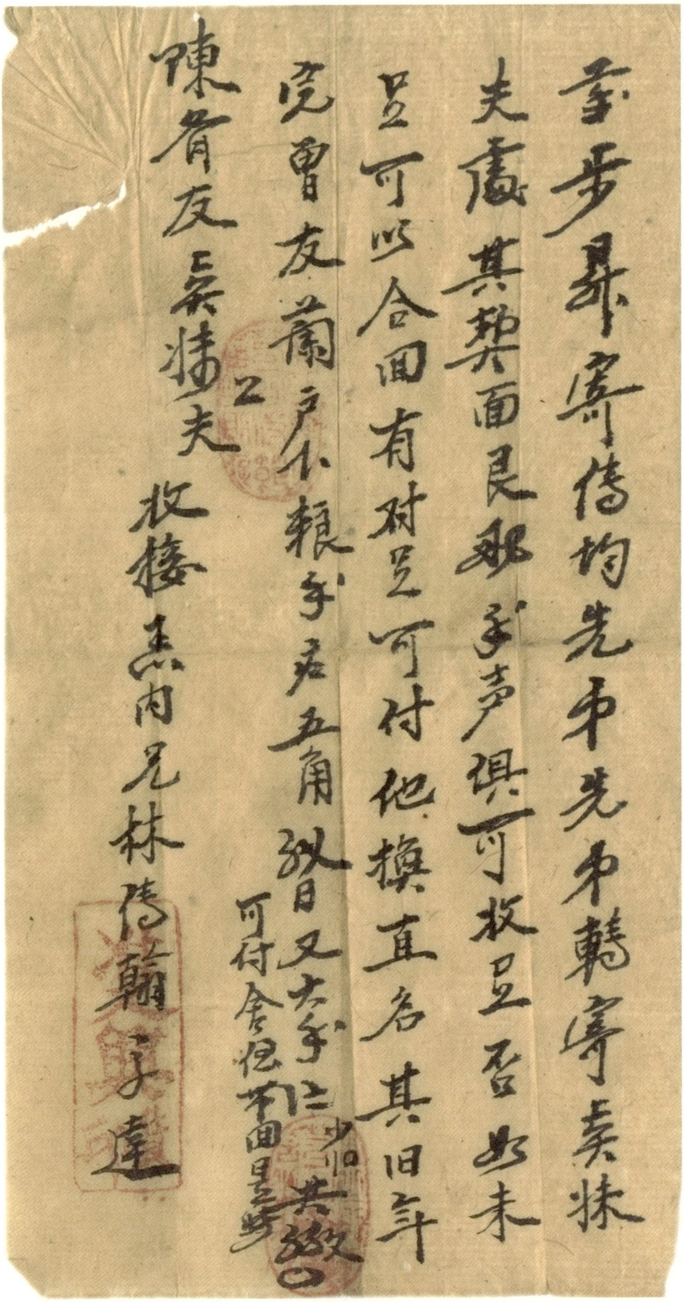

7-5-47-7　民國時期林傳翰致陳齊友書信

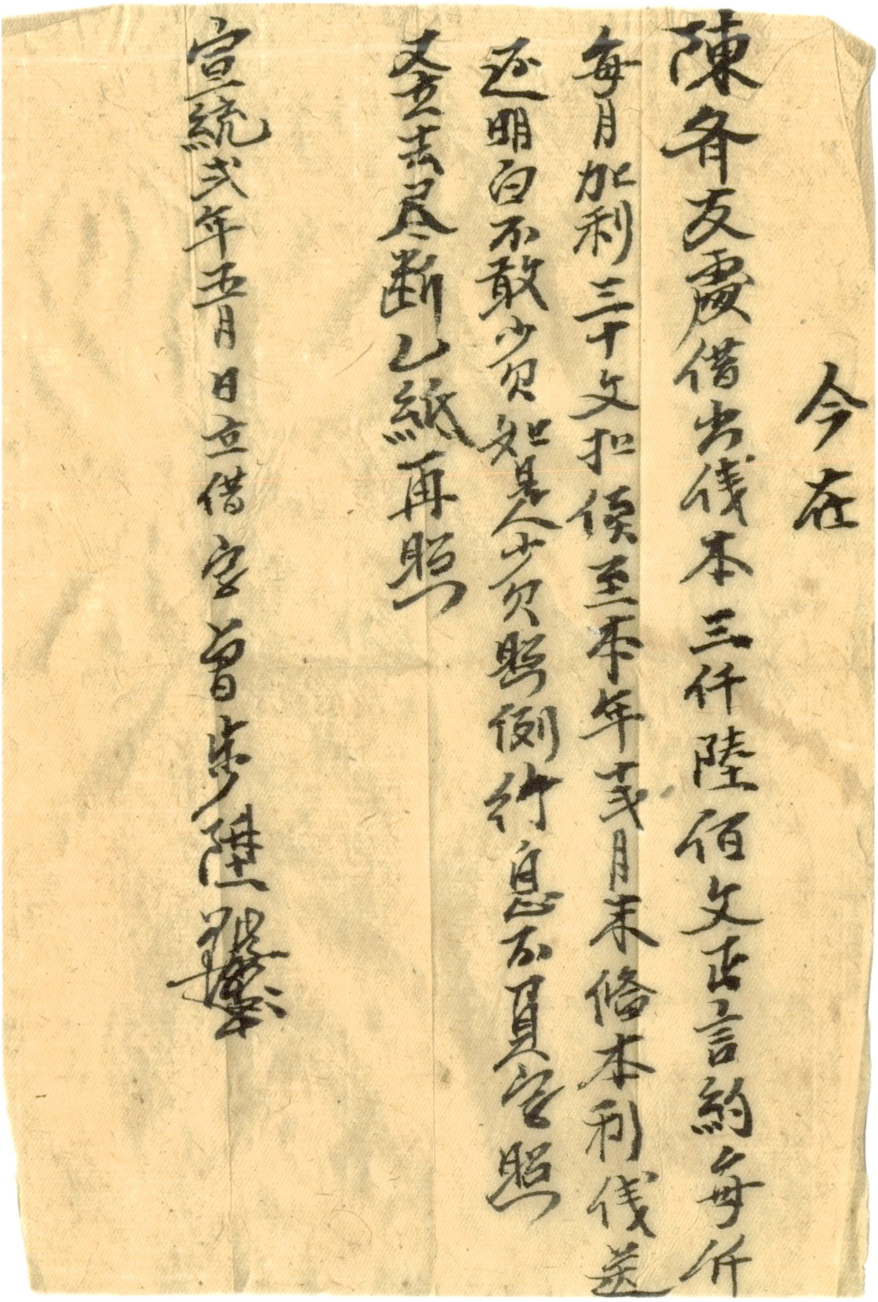
今在
陳爲友處借出錢本三仟陸佰文正言約每仟
每月加利三十文扣係至二年叁月末除本利錢送
还明白不敢少欠如是今少欠照例行息不負字照
交去尽斷此紙再照
宣統弍年五月　日立借字曾步陞（押）

7-5-47-6　清宣統二年五月曾步陞立借錢字

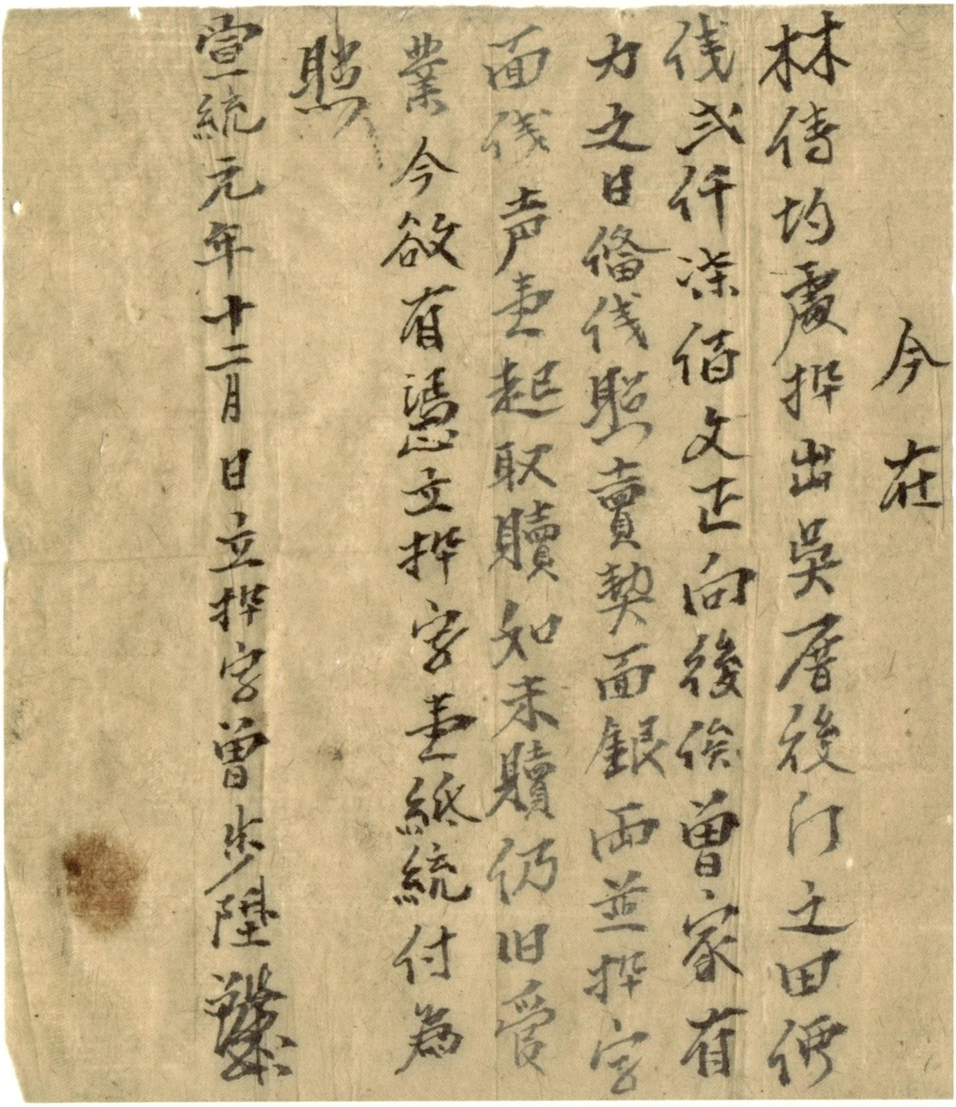

今在
林侍均處撥出吳厝後門土田佃
錢弍仟柒佰文正向後徐曾家有
力之日備錢贖賣契面銀两並撥字
面錢壹并起取贖知未贖仍舊管
業今欲有憑立撥字壹紙統付為
照
宣統元年十二月　日立撥字曾步陞（押）

7-5-47-5　清宣統元年十二月曾步陞立撮字

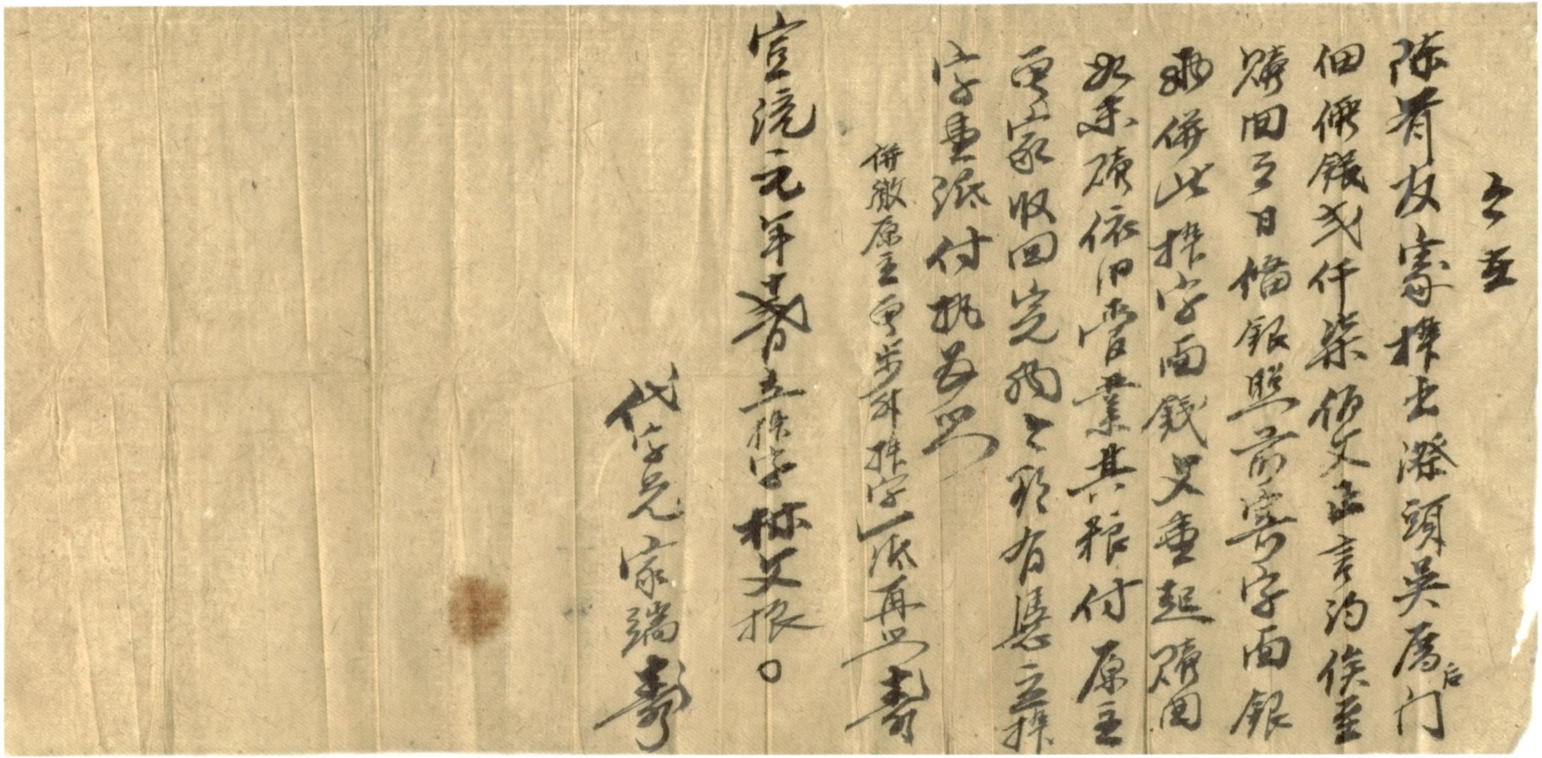

立撥
陳有友寄撥出滌頭吳厝門台
佃價錢弍仟柒佰文正，言約俟至
次年四月備銀照前寄字面銀
兩併此撥字面錢，又重起次年
秋成依舊管業，其粮付原主
本家收回完納，不敢有異言，立撥
字壹張付執爲照。
併繳原主寄字一紙再照。
宣統元年十二月　日立撥字林文振○
代筆兄　家端（押）

7-5-47-4　清宣統元年十二月林文振立撮字

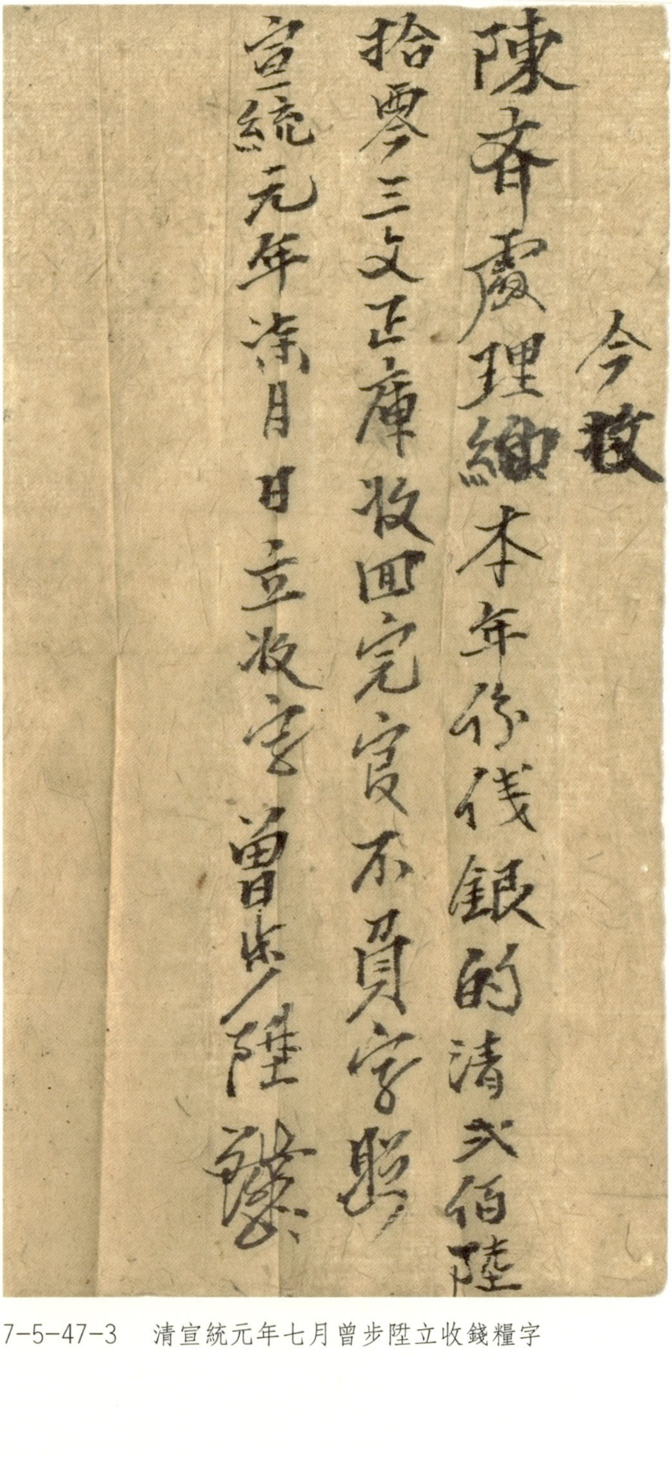

今收
陳齊處理細本年份錢銀的清弍佰陸
拾零三文正庫收回完官不負字照
宣統元年柒月　日立收字　曾步陞號

7-5-47-3　清宣統元年七月曾步陞立收錢糧字

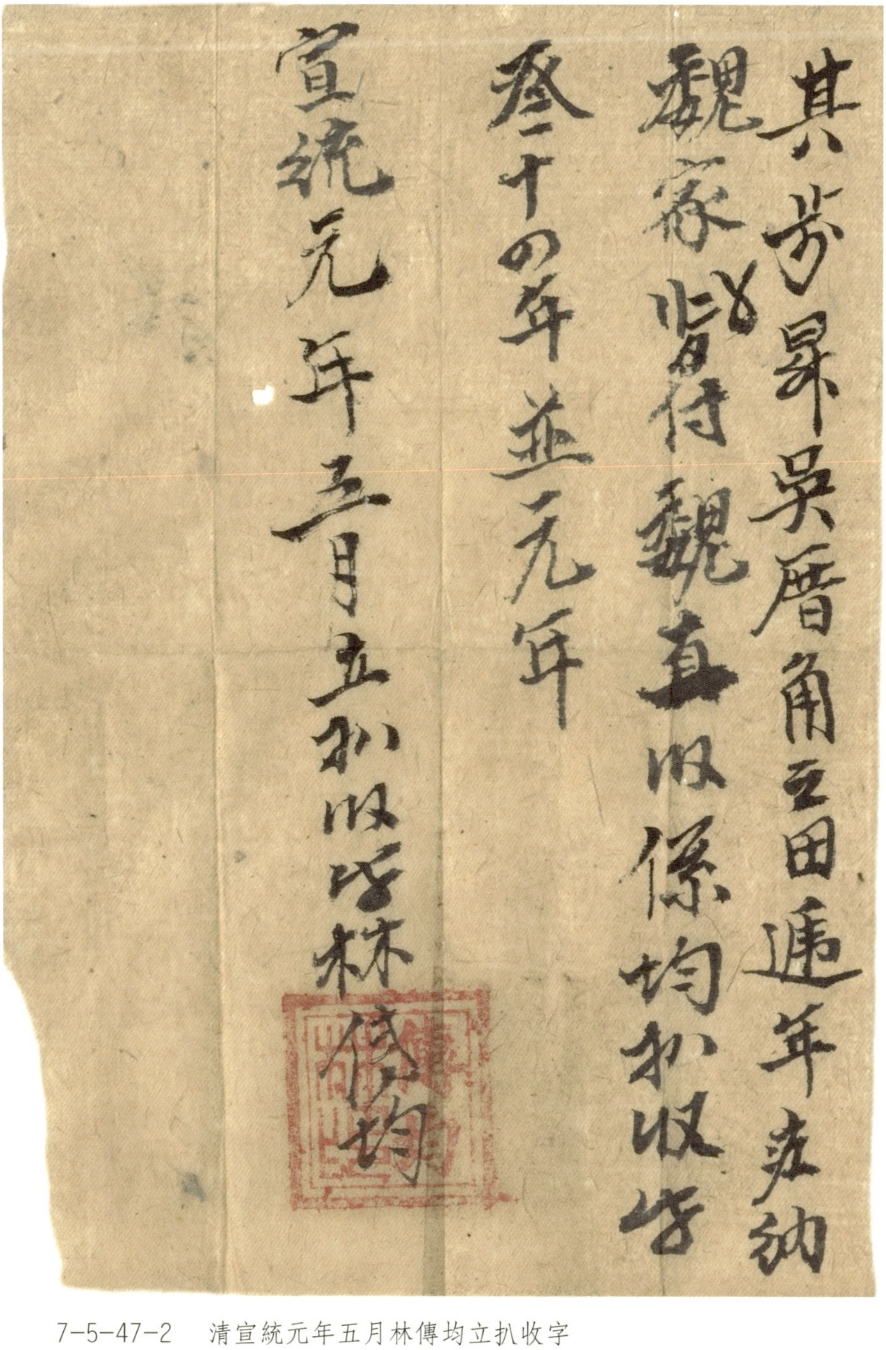
其芳昇吳厝角五田逓年租納
魏家皆付魏直收係均扒收字
叁十四年並元年
宣統元年五月立扒收字林傳均

7-5-47-2　清宣統元年五月林傳均立扒收字

7-5-47-1　包契紙

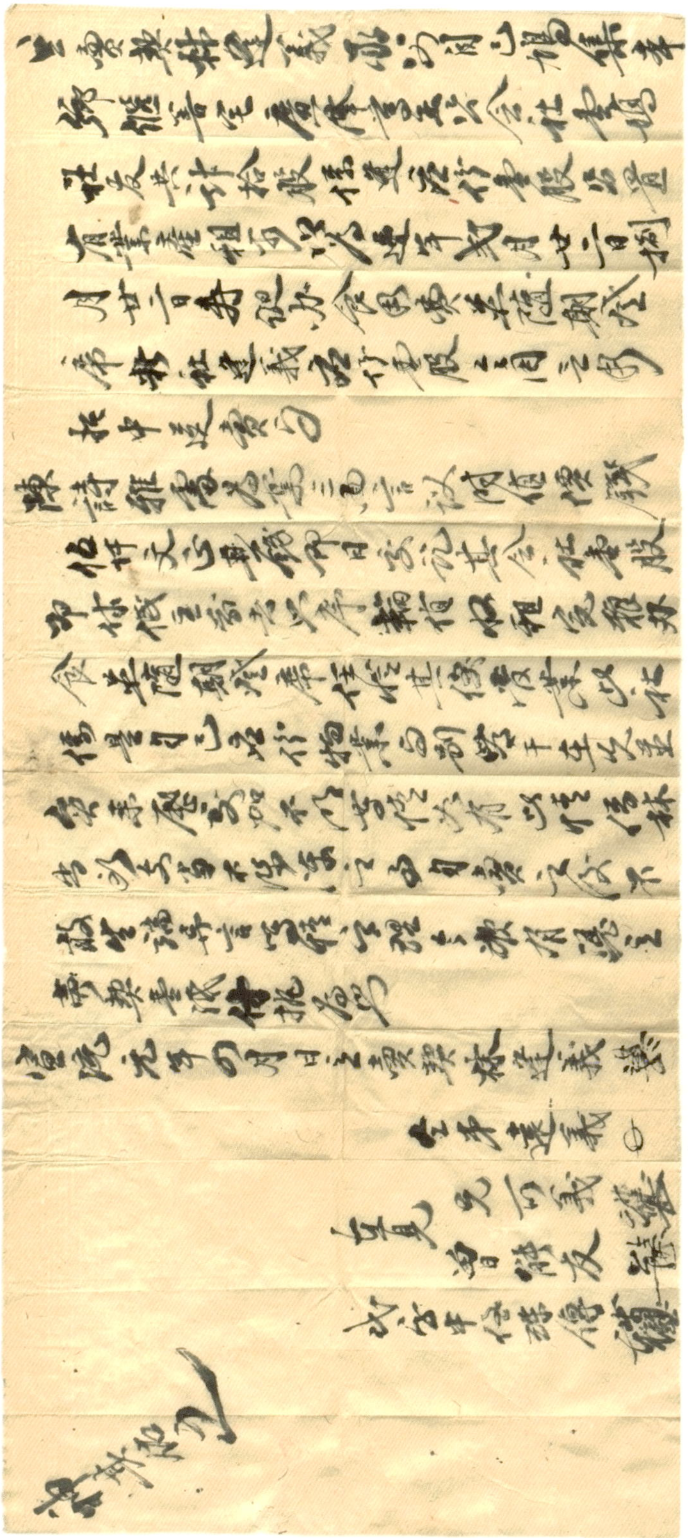

7-5-46-3　清宣統元年四月林逢義等立賣廣澤尊王公會社股契

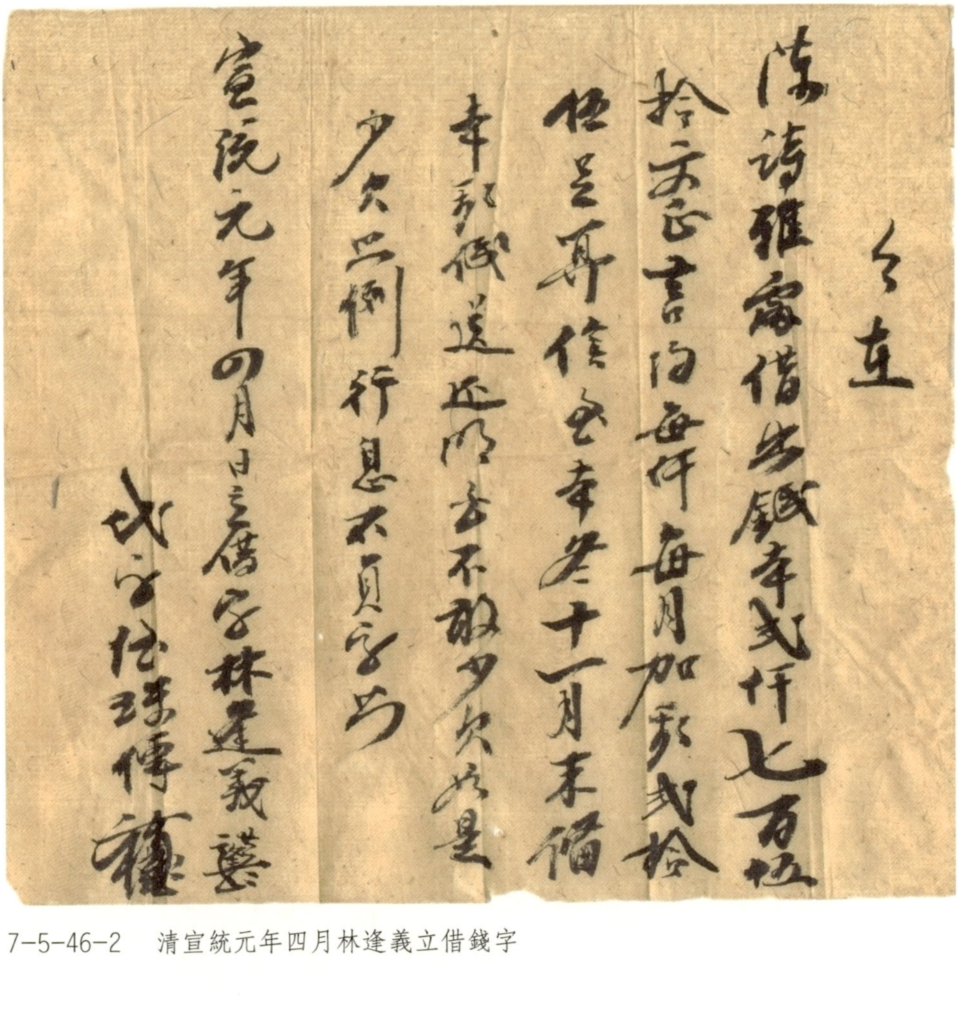

仝立
陳詩雅處借出錢本貳仟七百伍
拾文正，言約每仟每月加利貳拾
伍文算，作息本冬十一月末備
本利錢送還明白，不敢少欠，如是
少欠照例行息，不負字約。
宣統元年四月　日立借字林逢義（押）
代字侄球傳（押）

7-5-46-2　清宣統元年四月林逢義立借錢字

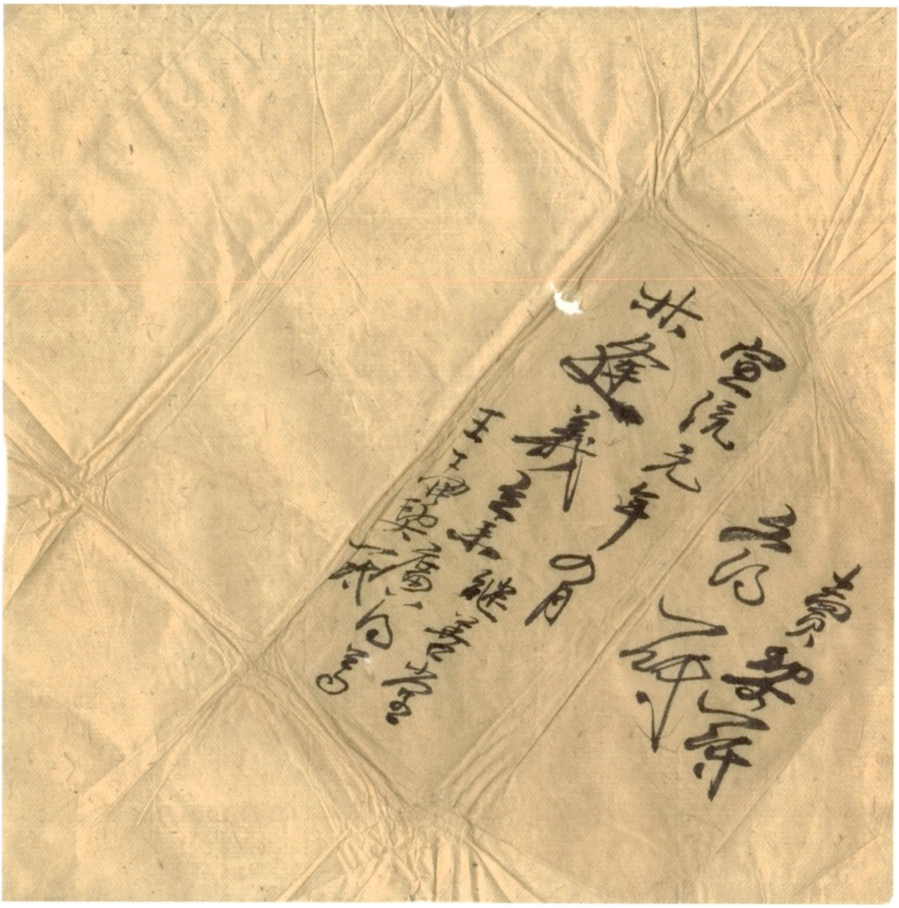

7-5-46-1　包契紙

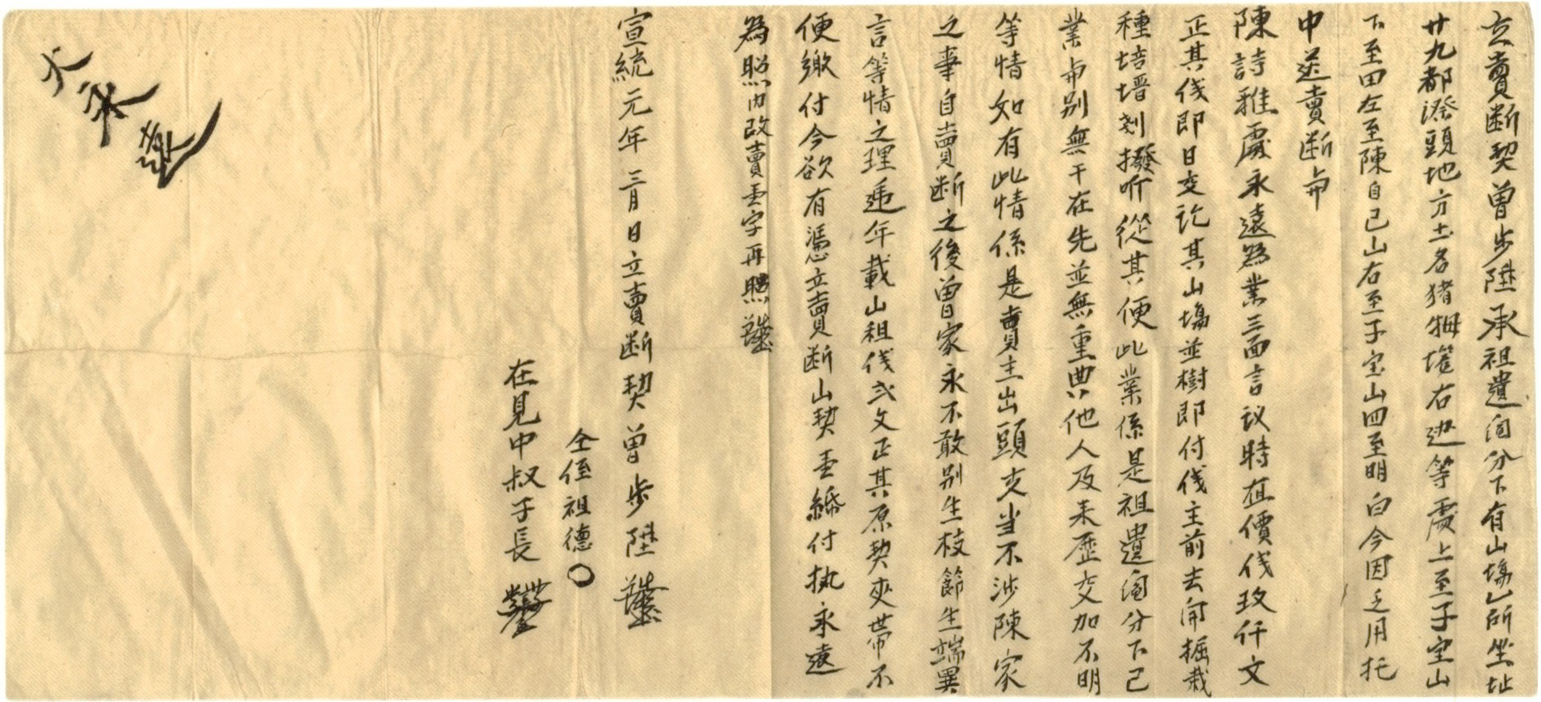

立賣斷契曾步陞承祖遺阄分下有山場一所坐址
廿九都漈頭地方土名猪𤞍墘右边等處上至于宝山
下至田左至陳自己山右至于宝山四至明白今因乏用托
中送賣斷布
陳詩雅處永遠為業三面言议特值價钱玖仟文
正其钱即日交讫其山塲並樹即付钱主前去砍栽
種培壇刘撥听從其便此業係是祖遺阄分下己
業甫別無干在先並無重典他人及未歷交加不明
等情知有此情係是賣主出頭支当不涉陳家
之事自賣斷之後曾家永不敢别生枝節生端異
言等情之理遞年載山祖钱弍文正其原契更世带不
便繳付今欲有憑立賣斷山契壹紙付执永遠
為照　内改賣壹字再照

宣統元年三月　日立賣斷契曾步陞
仝侄祖德〇
在見中叔于長

7-5-45-3　清宣統元年三月曾步陞等立賣斷山場契

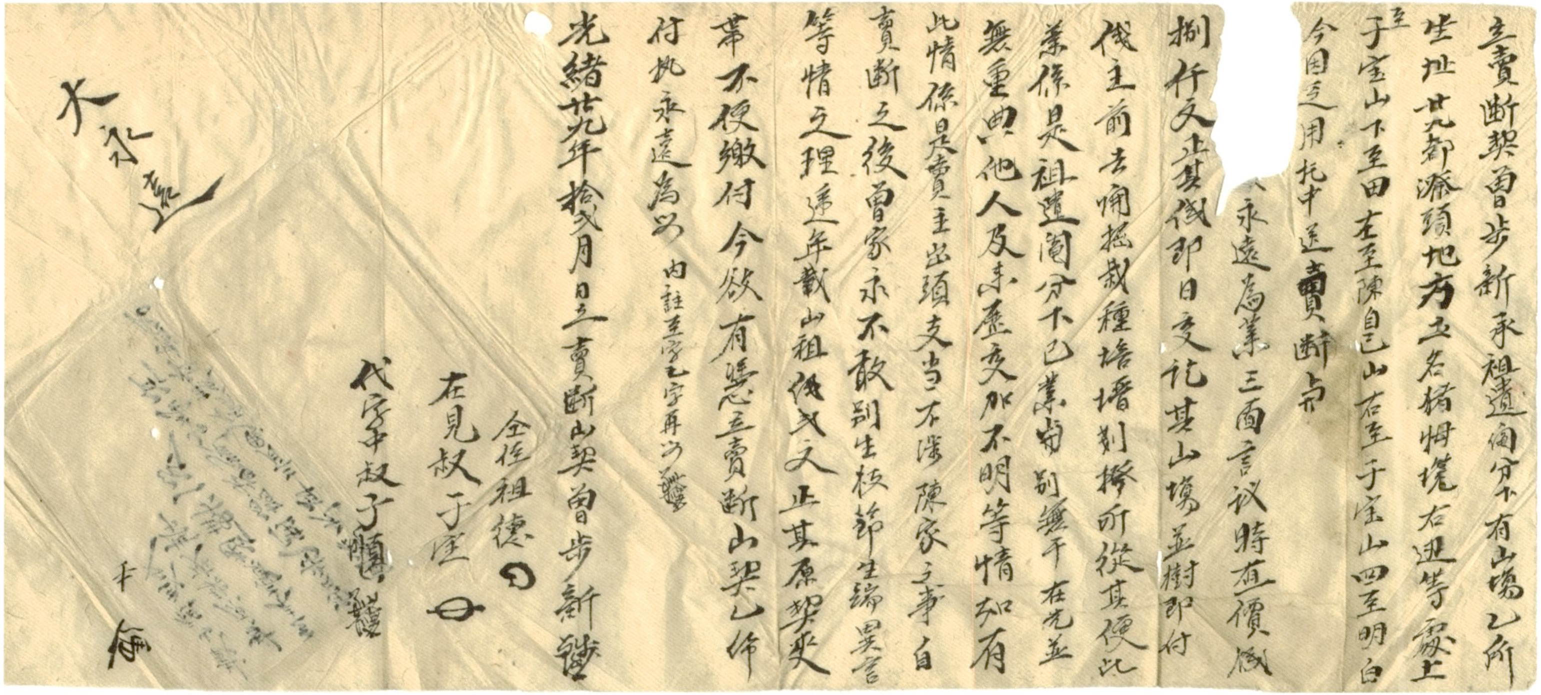

立賣斷契曾步新承祖遺闽分下有山場乙所
坐址廿九都添頭地方土名楮㭎垅右迸等處上
至于宝山下至田左至陳自己山右至于宝山四至明白
今因乏用托中送賣斷与
[illegible]永遠為業三面言议時值價錢
捌仟文正其錢即日交訖其山場並樹即付
錢主前去掘栽種培堷剉擇所從其便此
業係是祖遺闽分下己業与别無干在先並
無重典他人及来歴交加不明等情如有
此情係是賣主出頭支当不涉陳家之事自
賣斷之後曾家永不敢别生枝節生端異言
等情之理遠年載山祖錢文止其原契山
業不便缴付今欲有憑立賣斷山契乙帋
付执永遠為照　内註叁字乙字再照
光緒廿九年拾弍月　日立賣斷山契曾步新
全侄祖德
在見叔于寔
代字叔于[illegible]
大利遠
千古

7-5-45-2　清光緒二十九年十二月曾步新立賣斷山場契

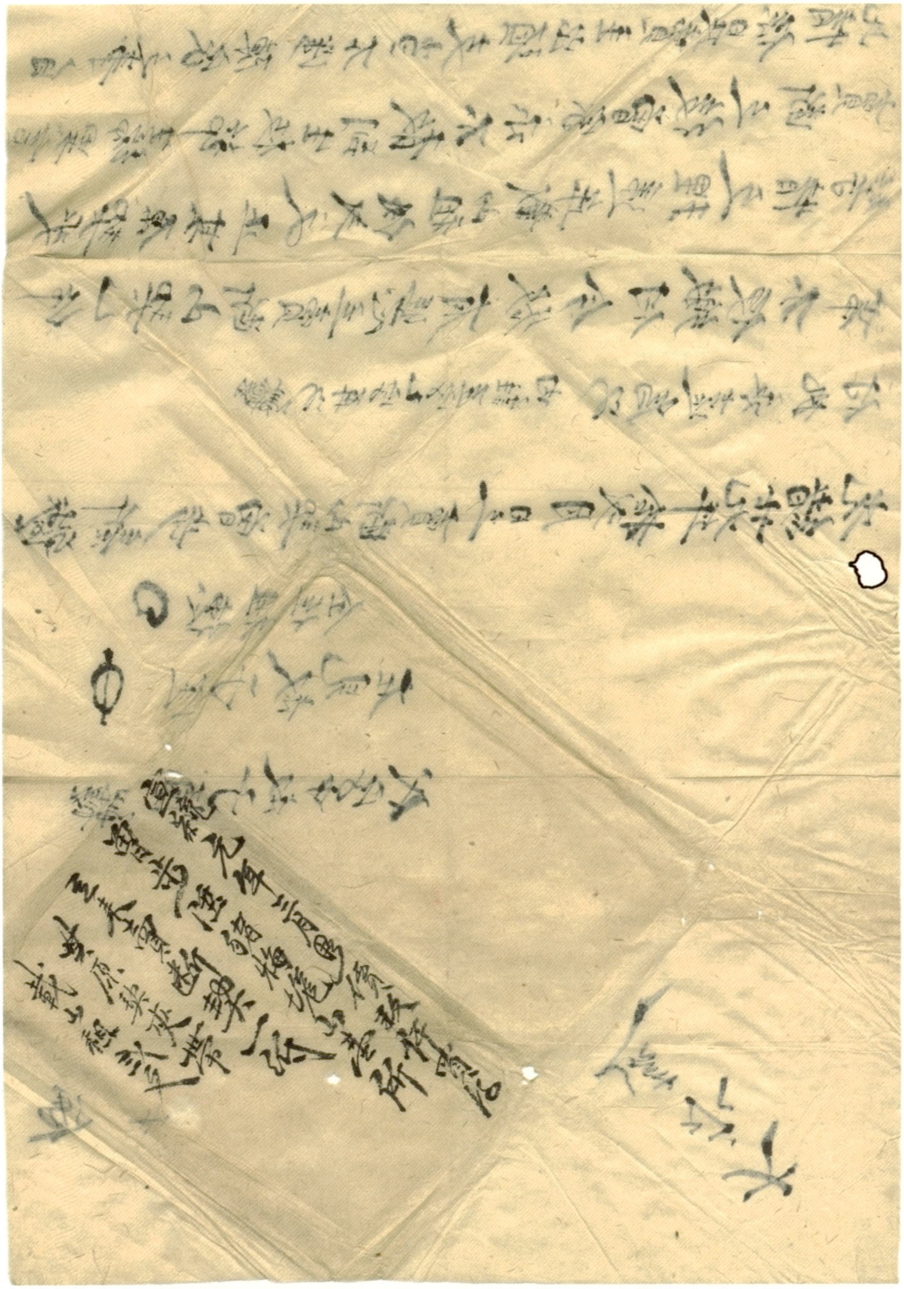

7-5-45-1　包契紙

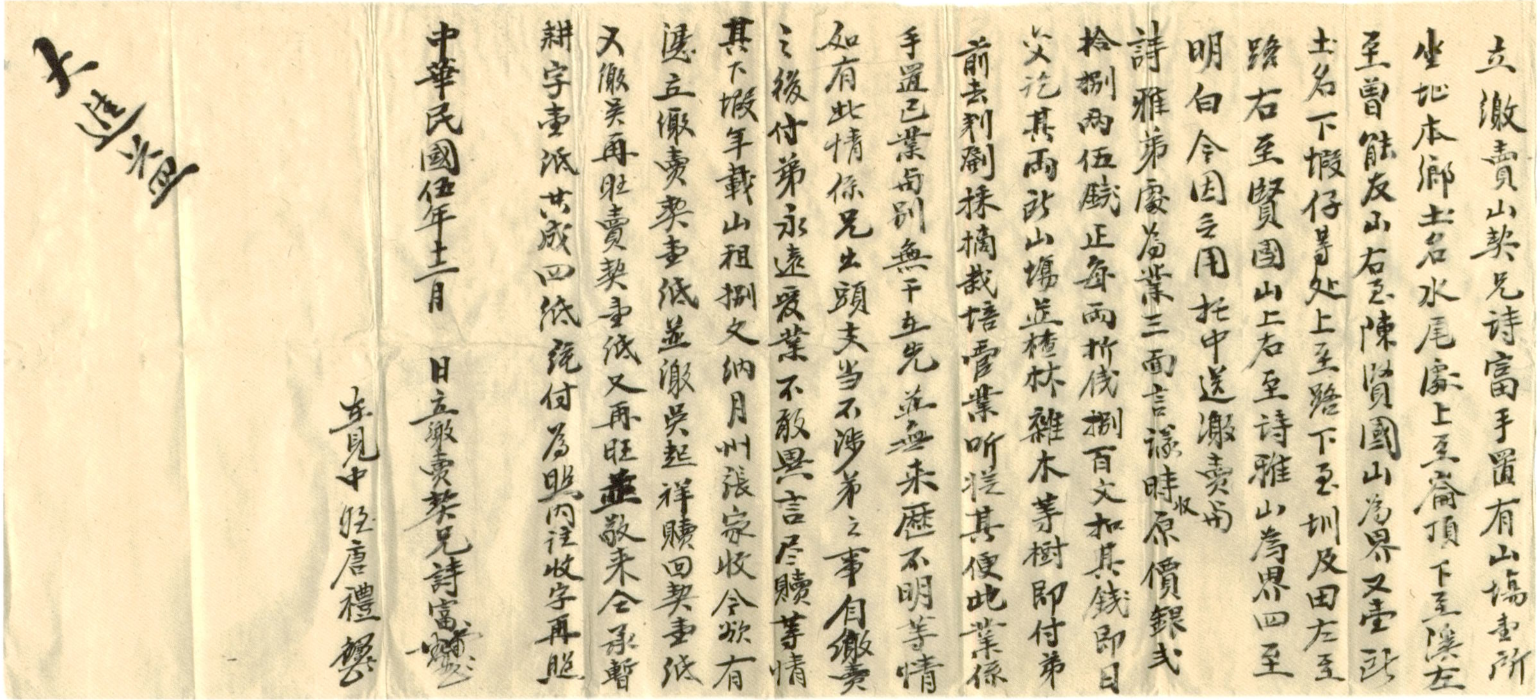
立繳賣山契兄詩富手置有山場壹所
坐址本鄉土名水尾處上至崙頂下至溪左
至曾姓友山右至陳賢國山為界又壹所
土名下墩仔背處上至路下至圳及田左至
路右至賢國山上右至詩雅山為界四至
明白今因乏用托中送繳賣與
詩雅弟處為業三面言議時收原價銀弍
拾捌兩伍錢正每兩折錢捌百文扣其錢即日
交訖其兩所山場並植林雜木等樹即付弟
前去剗劄採摘栽培管業听從其便此業係
手置己業與別無干並先並無來歷不明等情
如有此情係兄出頭支当不涉弟之事自繳賣
之後付弟永遠管業不敢異言尽贖等情
其下墩年載山租捌文納月州張家收今欲有
憑立繳賣契壹紙並繳吳起祥贖回契壹紙
又繳吳再旺賣契壹紙又再旺盡數來仝承暫
耕字壹紙共成四紙統付為照內注收字再照
中華民國伍年十二月　日立繳賣契兄詩富（押）
在見中　姪唐禮（押）

7-5-44-5　民國五年十二月陳詩富立繳賣山場契

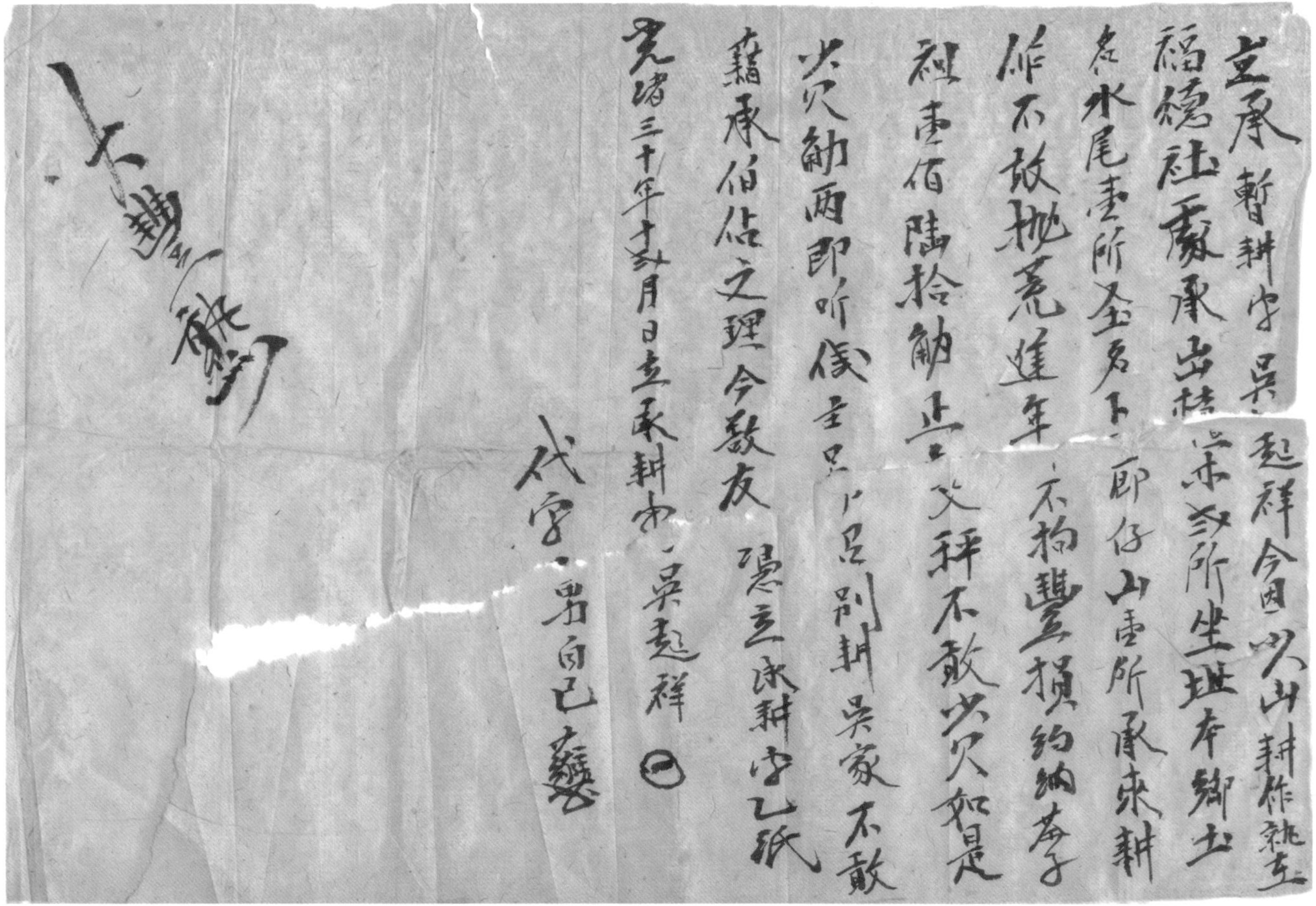
立承暫耕字吴起祥今因以山耕作就土
福德社處承出林宗叔所坐址本鄉土
名水尾壹所全方下即仔山壹所承來耕
作不敢抛荒逐年不拘豐損約納[illegible]
租壹佰陸拾觔正文秤不敢少欠如是
少欠觔兩即听[illegible]另别耕吴家不敢
藉承佔之理今欲有憑立承耕字乙紙
光緒三十年十二月日立承耕字吴起祥
代字男自己

7-5-44-4　清光緒三十年十二月吴起祥立承暫耕植林字

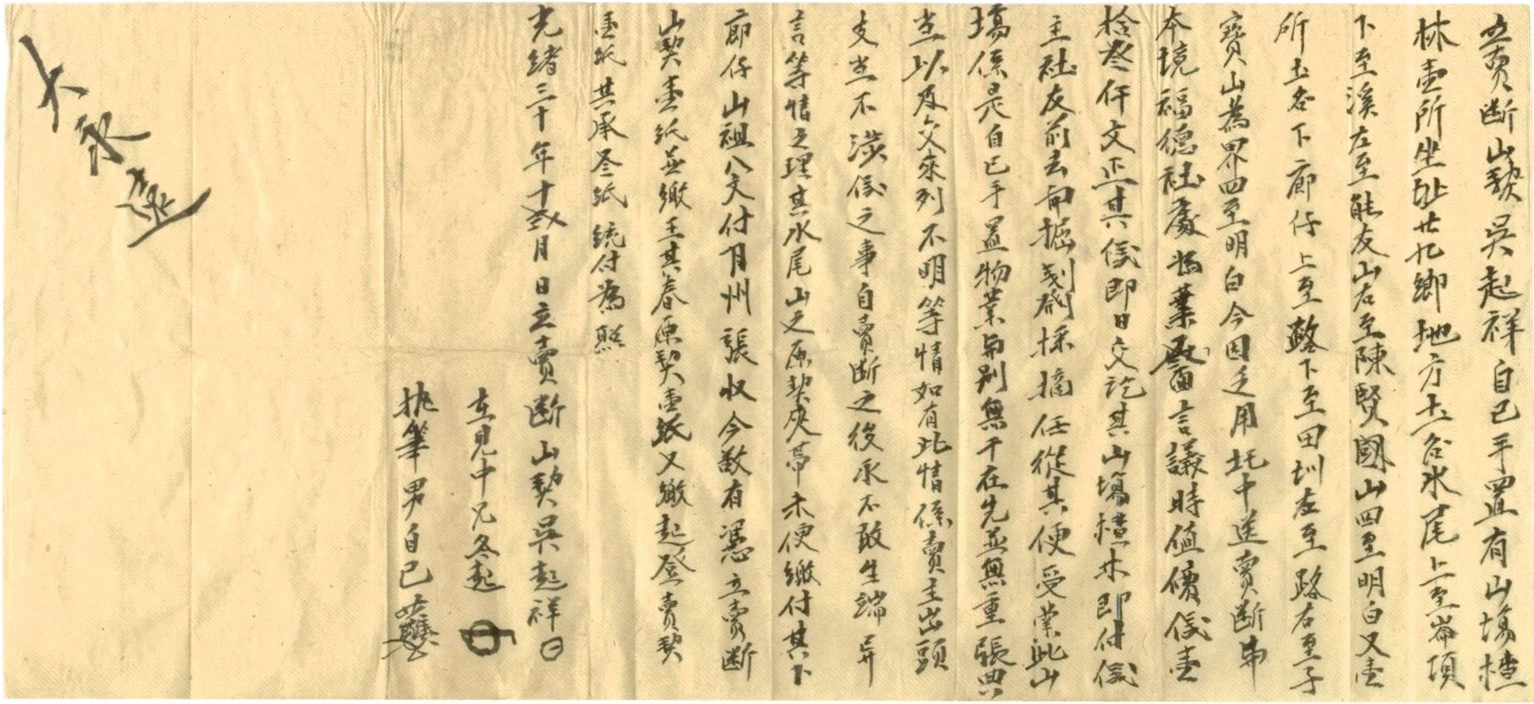
立賣斷山契吳起祥，自己手置有山場楂
林壹所，坐址廿九都地方，土名水尾，上至嶺頂，
下至溪，左至能友山，右至陳賢國山，四至明白。又壹
所土名下廊仔，上至路，下至田圳，左至路，右至子
賣山為界，四至明白。今因乏用，托中送賣斷與
本境福德社處為業，當日三面言議時值價錢壹
拾叁仟文正，其價即日交訖，其山場楂木即付錢
主社友前去砍斫採摘，任從其便受業。此山
場係是自己手置物業，與別無干，在先並無重張典
立以及文來列不明等情，如有此情，係賣主出頭
支當，不涉錢主之事。自賣斷之後，承不敢生端異
言等情之理。其水尾山之原契庚年未便繳付，其下
廊仔山祖八丈付月州張收。今欲有憑，立賣斷
山契壹紙，并繳王其春原契壹紙，又繳起登賣契
壹紙，共承叁紙，統付為照。
光緒三十年十二月　日立賣斷山契吳起祥（押）
在見中兄冬起（押）
執筆男自己（押）
大發達

7-5-44-3　清光緒三十年十二月吳起祥立賣斷山場楂林契

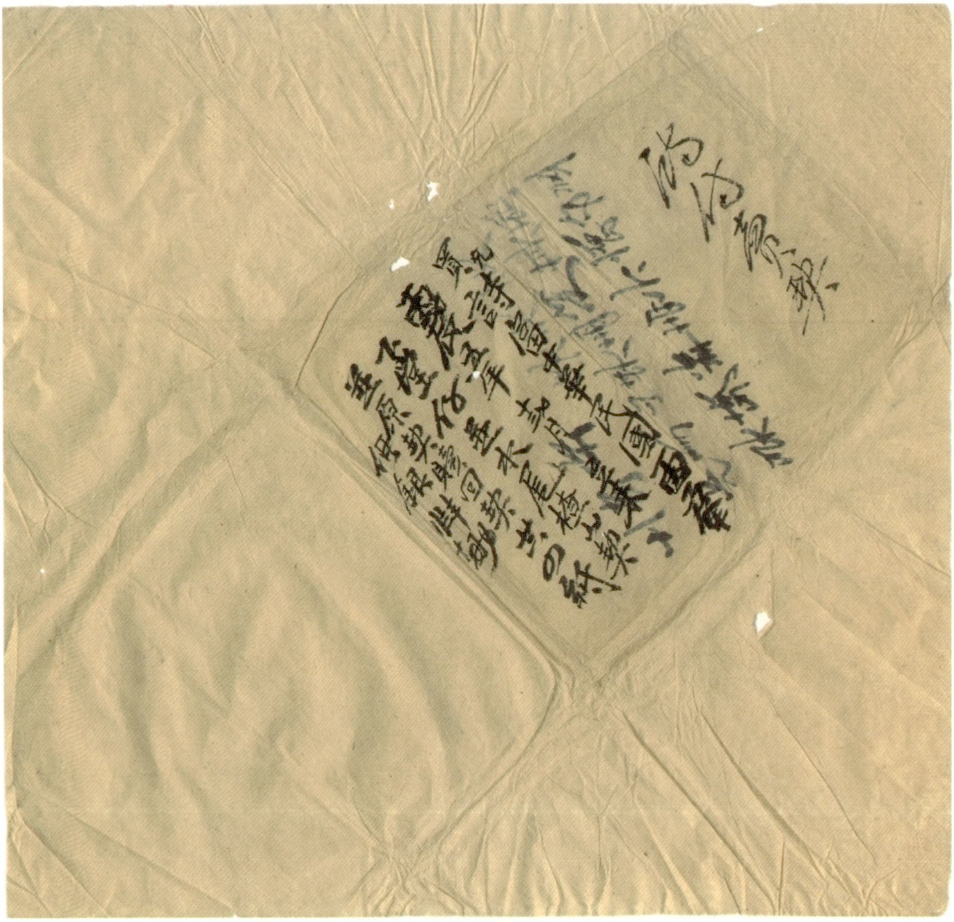

7-5-44-2　包契紙

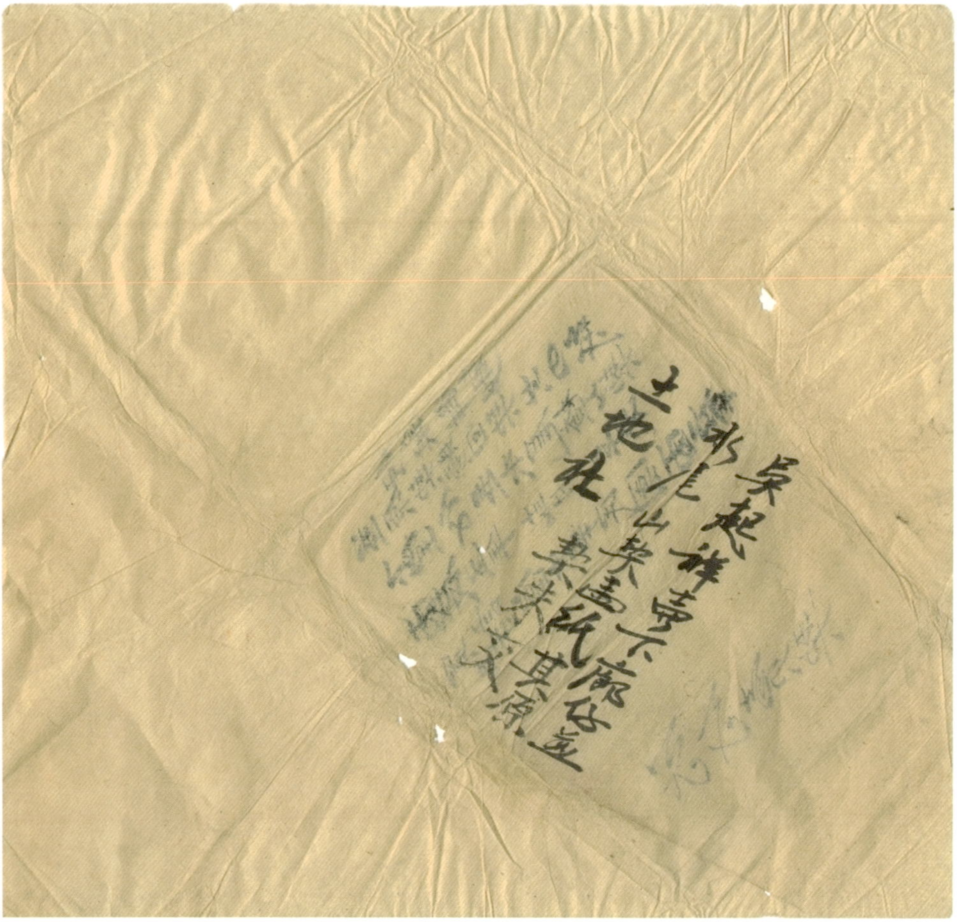

7-5-44-1　包契紙

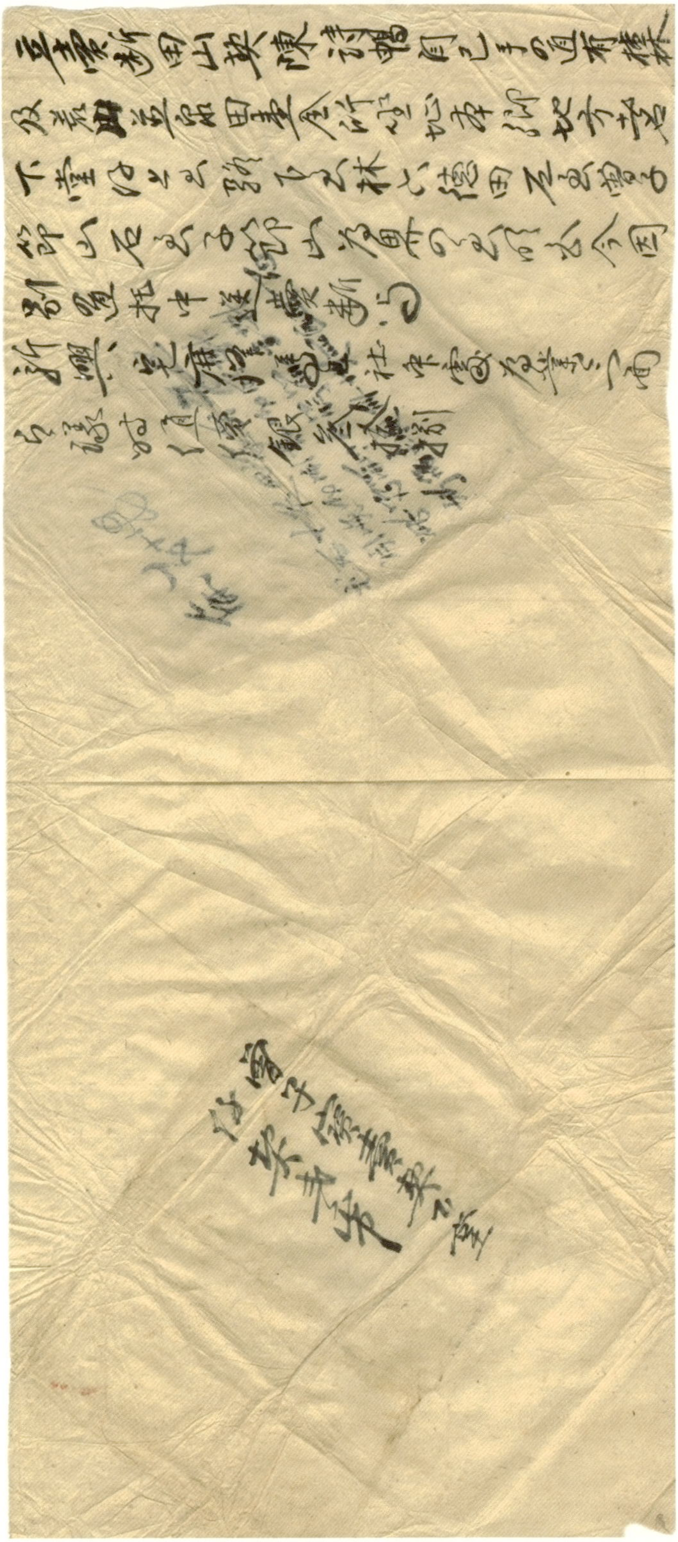

7-5-43-2　晚清民國陳詩暢立賣斷植林等契（草契）

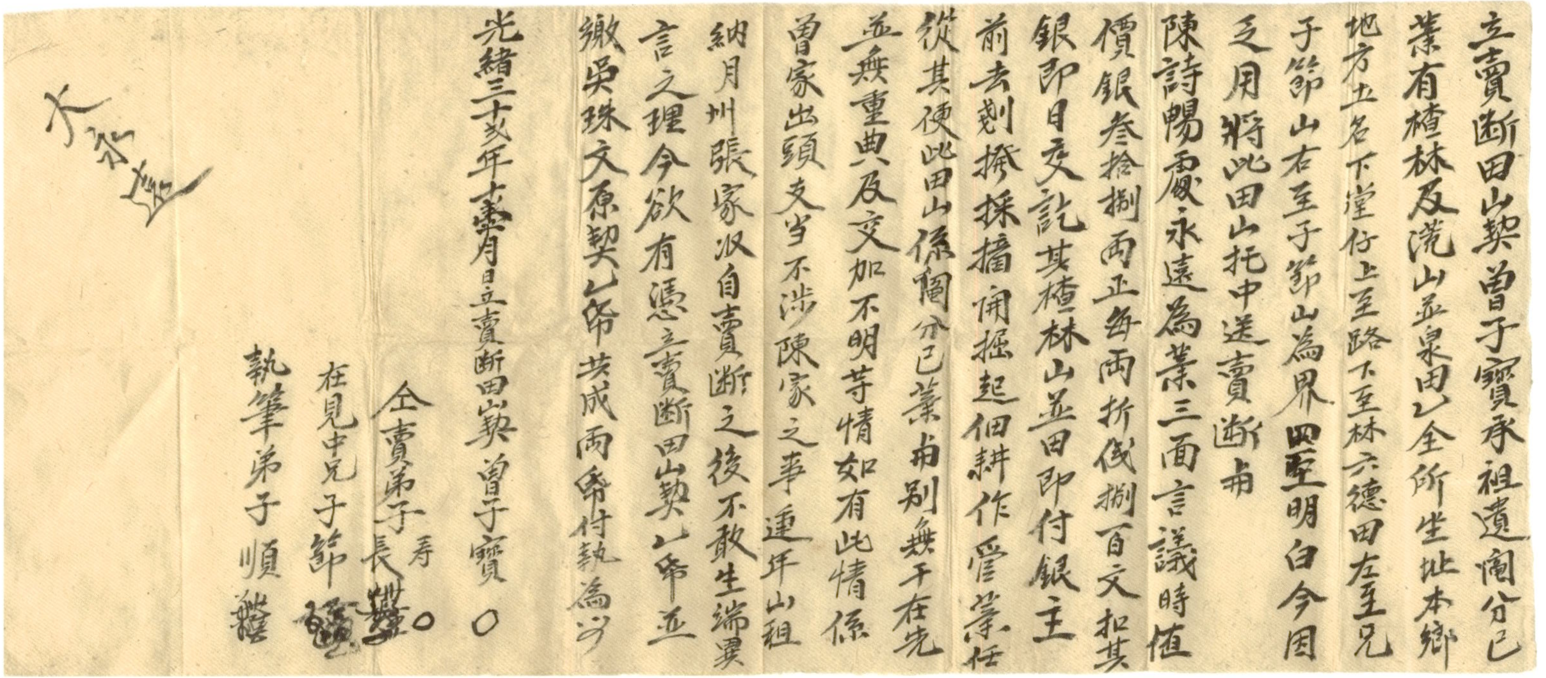

立賣斷田山契曾子寶承祖遺閹分已
業有植林及澆山并泉田山全所坐址本鄉
地方土名下堂仔上至路下至林六德田左至兄
子節山右至子節山為界四至明白今因
乏用將此田山托中送賣斷甫
陳詩暢處永遠為業三面言議時值
價銀叁拾捌兩正每兩折錢捌百文扣其
銀即日交訖其植林山并田即付銀主
前去劏擦採擯開掘起佃耕作管業任
從其便此田山係閹分已業與別無干在先
並無重典及交加不明等情如有此情係
曾家出頭支当不涉陳家之事運年山租
納月州張家汲自賣斷之後不敢生端異
言之理今欲有憑立賣斷田山契一帋並
繳吳珠文原契一帋共成兩帋付執為炤

光緒三十弍年十一月　日立賣斷田山契曾子寶 ○
仝賣弟子長壽 ○
在見中兄子節
執筆弟子順

大發達

7-5-43-1　清光緒三十二年十一月曾子寶等立賣斷田山契

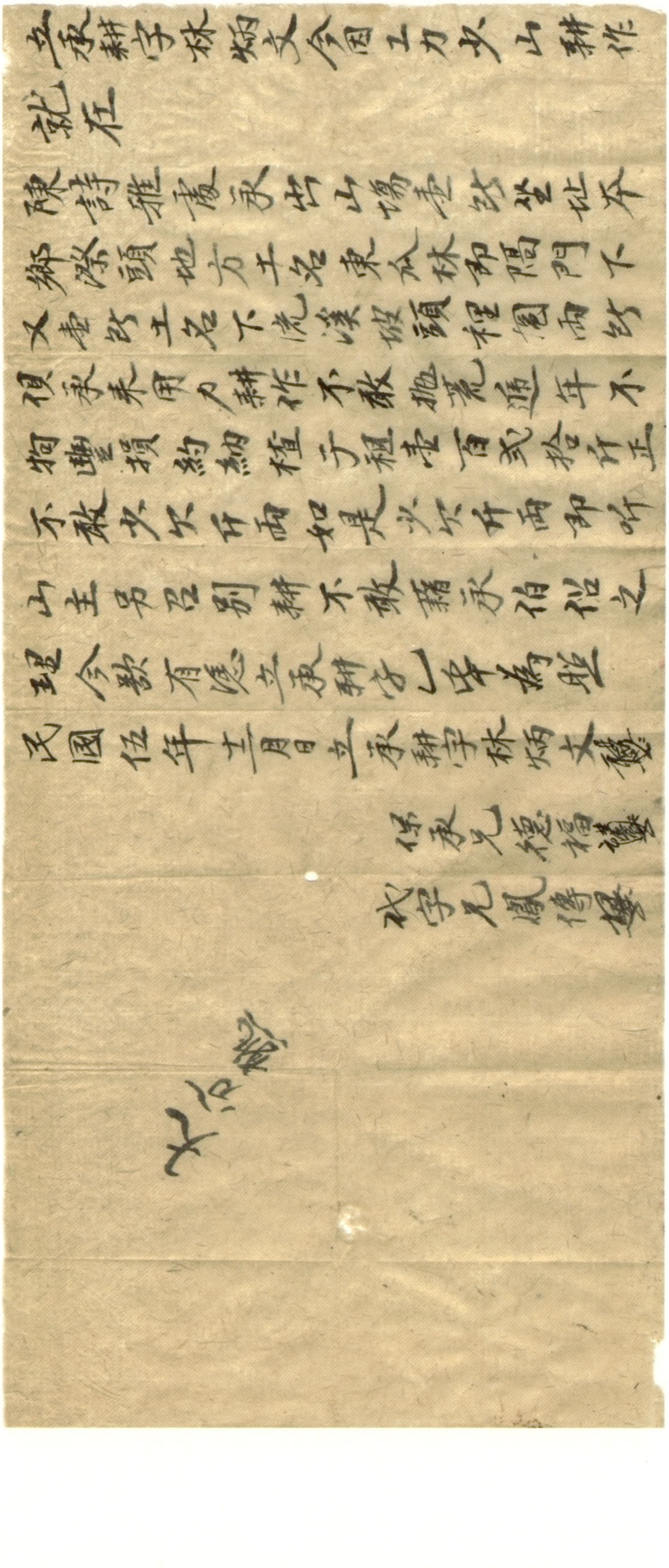

立承耕字林炳文，今因乏力出山耕作，就在陳詩雅處承出山場壹所，坐址本鄉漈頭地方，土名東瓜林即隔門下，又壹所土名下洸溪坡頭程園內所。俍承來用力耕作，不敢拋荒過年。不拘豐歉，約納種子租壹百弍拾斤正，不敢少欠斤兩。如是少欠斤兩，即聽山主另召別耕，不敢霸承佔從之理。今欲有憑，立承耕字一紙為照。

民國伍年十二月　日立承耕字林炳文（押）

保承兄　禧福（押）

代字兄　鳳傳（押）

大吉利

7-5-42-4　民國五年十二月林炳文立承耕山場字

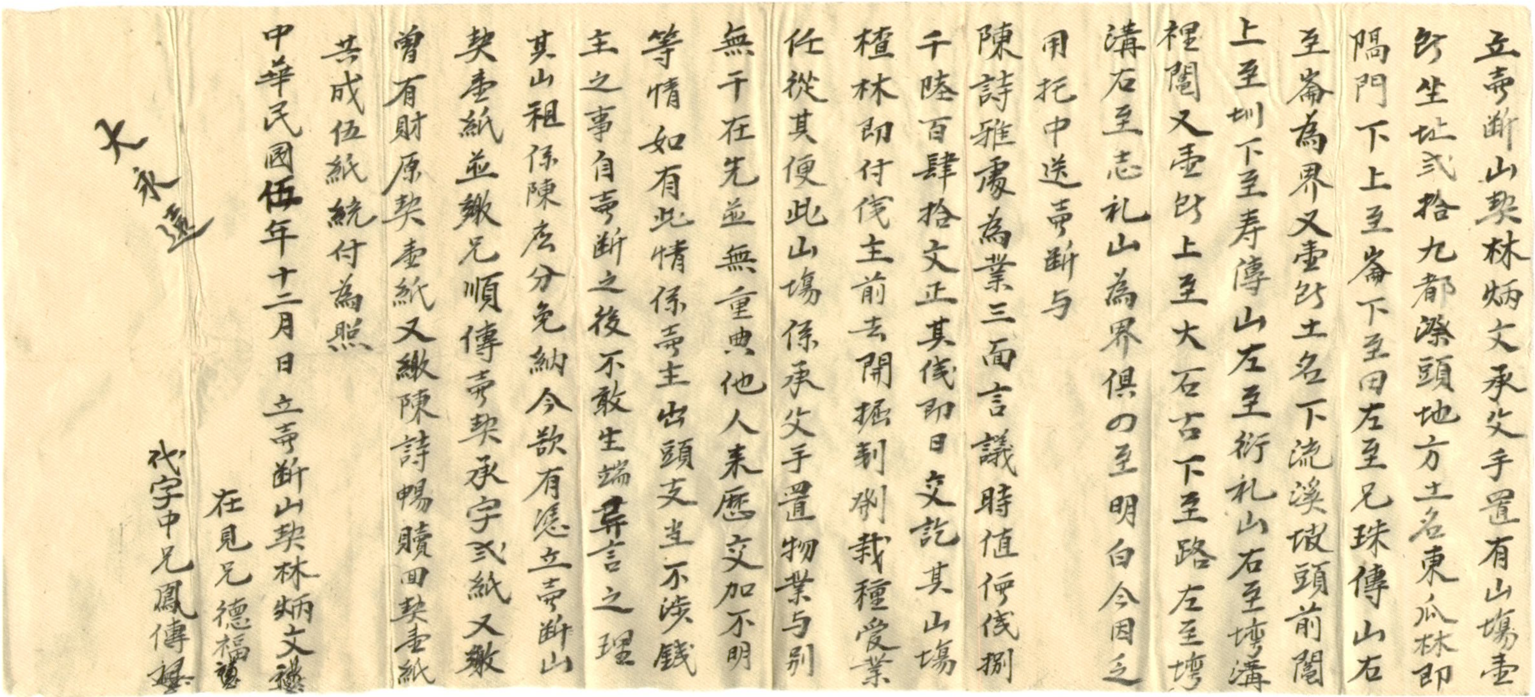

立賣斷山契林炳文承父手置有山場壹
所坐址貳拾九都滌頭地方土名東瓜林即
隔門下上至崙下至田左至兄珠傳山右
至崙為界又壹所土名下流溪坡頭前閣
上至圳下至寿傳山左至衍礼山右至墘溝
裡閣又壹所上至大石古下至路左至墘
溝右至志礼山為界俱の至明白今因乏
用托中送賣斷与
陳詩雅處為業三面言議時值價錢捌
千陸百肆拾文正其錢即日交訖其山場
植林即付錢主前去開掘割劉栽種管業
任從其便此山場係承父手置物業与別
無干在先並無重典他人來歷交加不明
等情如有此情係賣主出頭支當不涉錢
主之事自賣斷之後不敢生端異言之理
其山租係陳左分免納今欲有憑立賣斷山
契壹紙並繳兄順傳賣契承字貳紙又繳
曾有財原契壹紙又繳陳詩暢贖田契壹紙
共成伍紙統付為照
中華民國伍年十二月日　立賣斷山契林炳文（押）
在見兄德福（押）
代字中兄鳳傳（押）
大永遠

7-5-42-3　民國五年十二月林炳文立賣斷山場契

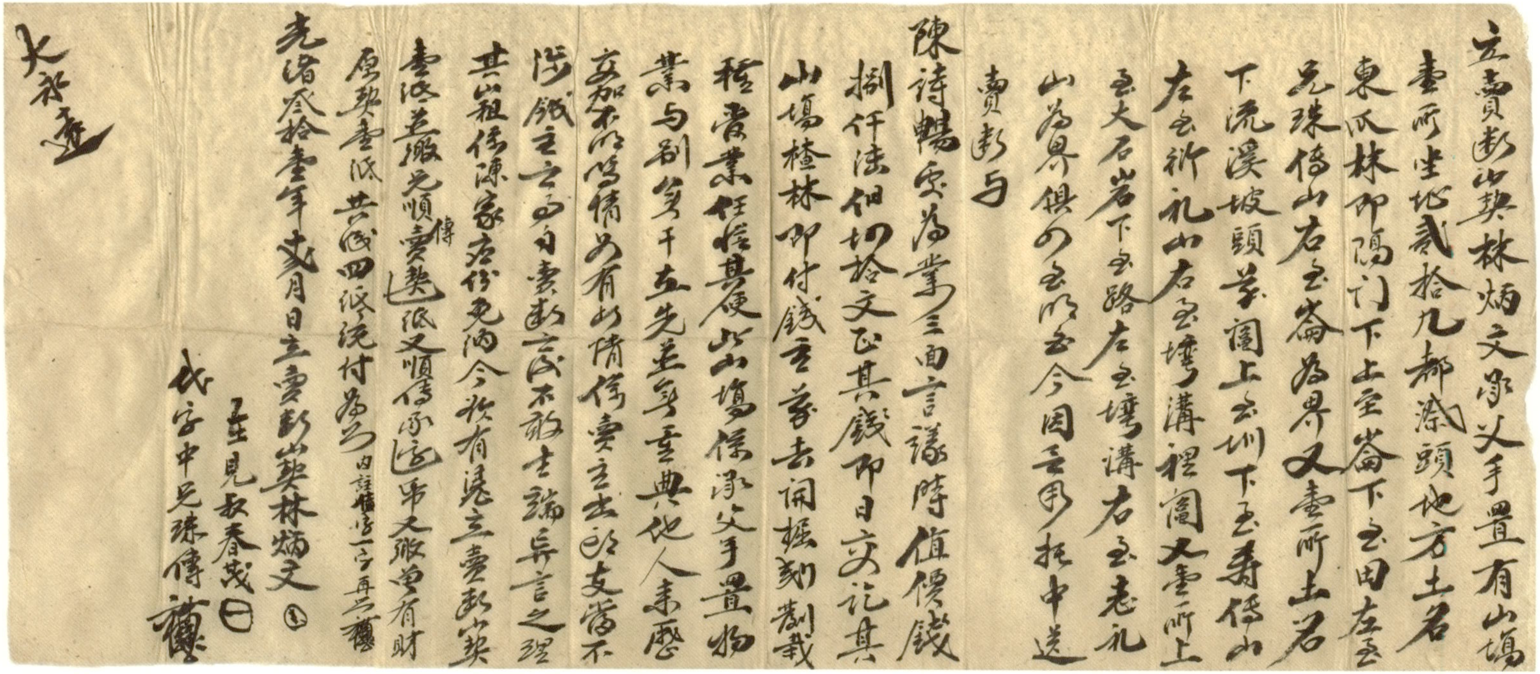

立賣斷山契林炳文，承父手置有山場
壹所，坐址貳拾九都漈頭地方，土名
東洋林卯隔门下，上至崙下，下至田，左至
先珠傳山，右至崙為界。又壹所，土名
下流溪坡頭茶園，上至圳，下至壽侍山，
左至衍禮山，右至塆溝裡園。又壹所，上
至大石岩，下至路，左至塆溝，右至老禮
山為界，俱四至明白。今因無錢，托中送
賣斷與
陳詩聘處為業，三面言議，時值價錢
捌仟陸佰肆拾文足，其錢即日交訖，其
山場杉林即付錢主前去掘栽割截
種賣業，任從其便。此山場係承父手置物
業，与别房兄弟叔侄無干，並無重典他人來歷
交加不明等情，如有此情，係賣主出頭支當，不
涉錢主之事。自賣斷之後，不敢生端异言之理。
其山租係陳家老侍兄納。今欲有憑，立賣斷山契
壹紙，並繳先順（傳）賣契壹紙，又順借字壹紙，并文繳有財
原契壹紙，共成四紙，繳付為照。（內註借字一字，再照）
光緒叁拾壹年十二月日立賣斷山契林炳文（押）
在見叔春茂（押）
代字中兄珠傳（押）

7-5-42-2 清光緒三十一年十二月林炳文立賣斷山場契

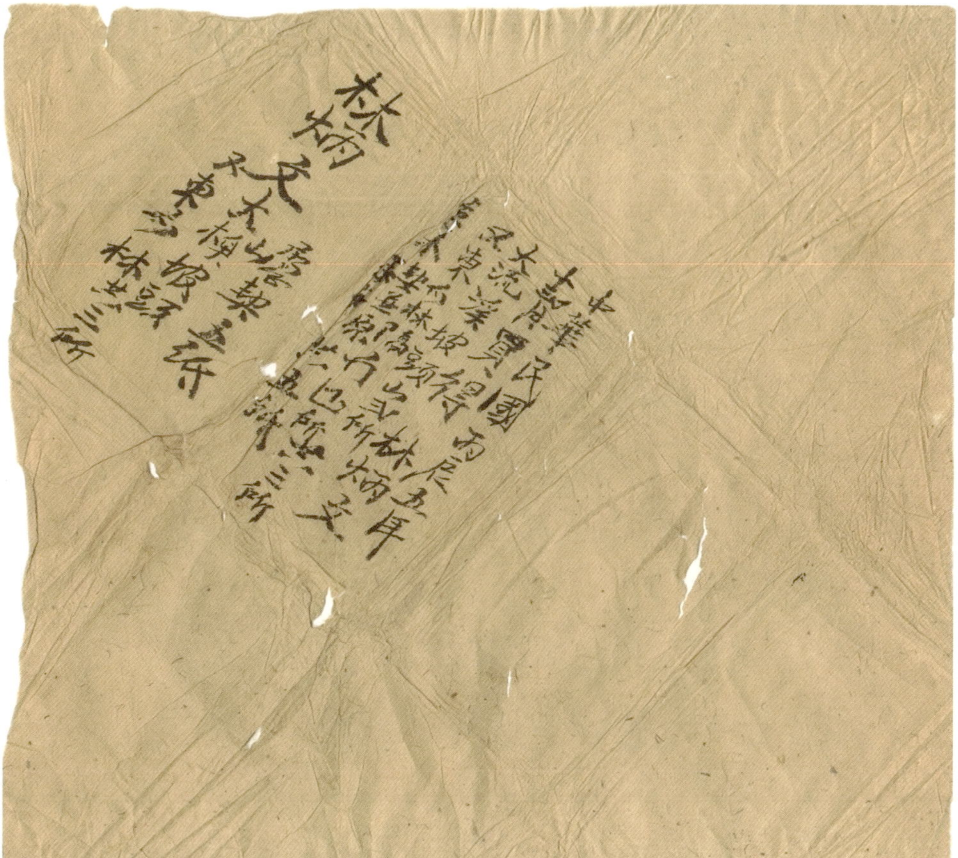

7-5-42-1　包契紙

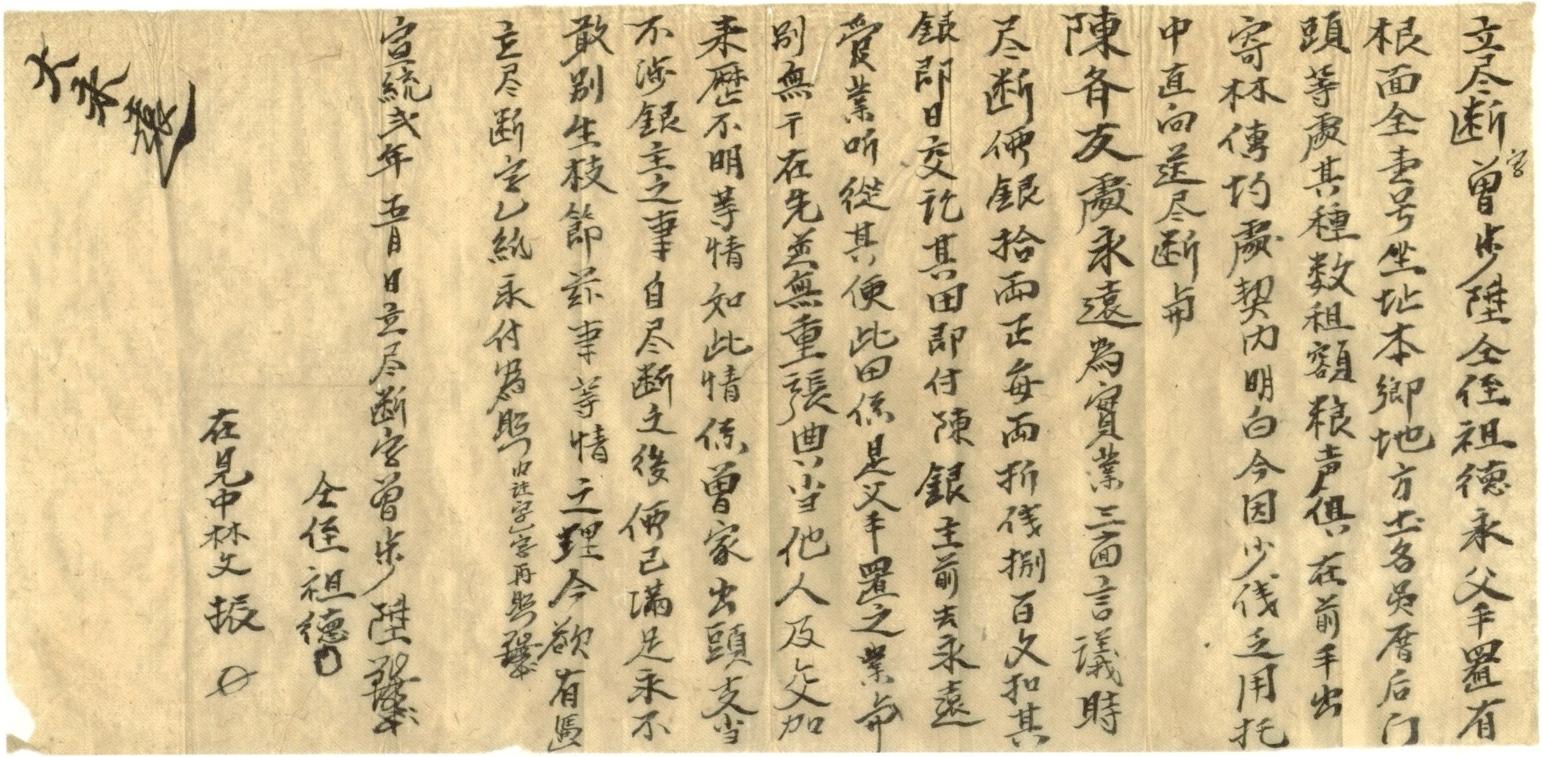
立盡斷字曾步陞仝侄祖德承父手置有
根面全業，坐址本鄉地方土名吳厝后门
頭等處，其種數祖額粮聲俱在前手出
寄林傳均處契內明白。今因少錢乏用，托
中直向送盡斷與
陳齊友處承遠為實業。三面言議時
盡斷價銀拾兩正，每兩折錢捌百文扣。其
銀即日交訖，其田即付陳銀主前去永遠
管業，听從其便。此田係是父手置之業，與
別無干，在先並無重張典当他人及交加
來歷不明等情。如此情係曾家出頭支当，
不涉銀主之事。自盡斷之後，價已滿足，永不
敢別生枝節等情之理。今欲有憑，
立盡斷字乙紙，永付為照。（內註字乙字再照）（押）

宣統弍年五月　日立盡斷字曾步陞（押）
仝侄祖德（押）
在見中林文振（押）

7-5-41-4　清宣統二年五月曾步陞等立盡斷根面全田字

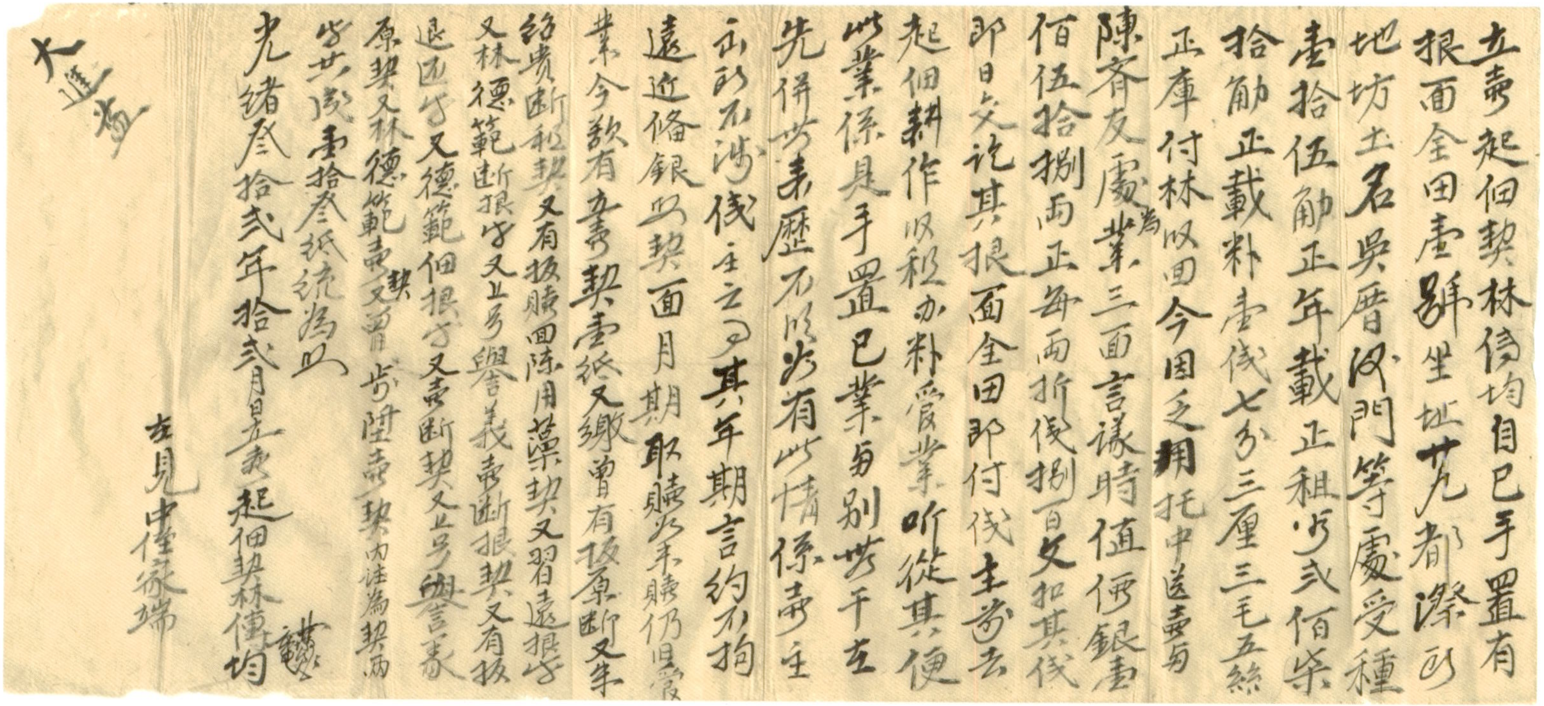
立賣起佃契林傳均自已手置有
根面全田壹號坐址廿九都際頭
地坊土名吳厝洋門等處受種
壹拾伍觔正年載正租谷貳佰柒
拾觔正載粮壹錢七分三厘三毛五絲
正庫付林以田今因乏用托中送賣與
陳齊友處為業，三面言議時值價銀壹
佰伍拾捌兩正每兩折錢捌百文扣其錢
即日交訖其根面全田即付錢主前去
起佃耕作收租辦粮管業，听從其便
此業係是手置已業與別房干在
先併無來歷不明，如有此情，係賣主
一力承當，不涉錢主之事。其年期言約不拘
遠近，備銀照契面月期取贖，如未贖仍舊管
業。今欲有憑，立賣契壹紙，又繳曾有拔原斷契又朱
紹貴斷根契，又有拔贖回陳用藻契，又習遠根字，
又林德範斷根字，又立另與譽義賣斷根契，又有拔
退函字，又德範佃根字，又賣斷契，又立另與譽泰
原契，又林德範賣契，又曾告陞賣契，內注為契兩
字共繳壹拾叁紙，統為照。
光緒叁拾貳年拾貳月日立賣起佃契林傳均
在見中儘欽端
大進壹

7-5-41-3　清光緒三十二年十二月林傳均立賣起佃根面全田契

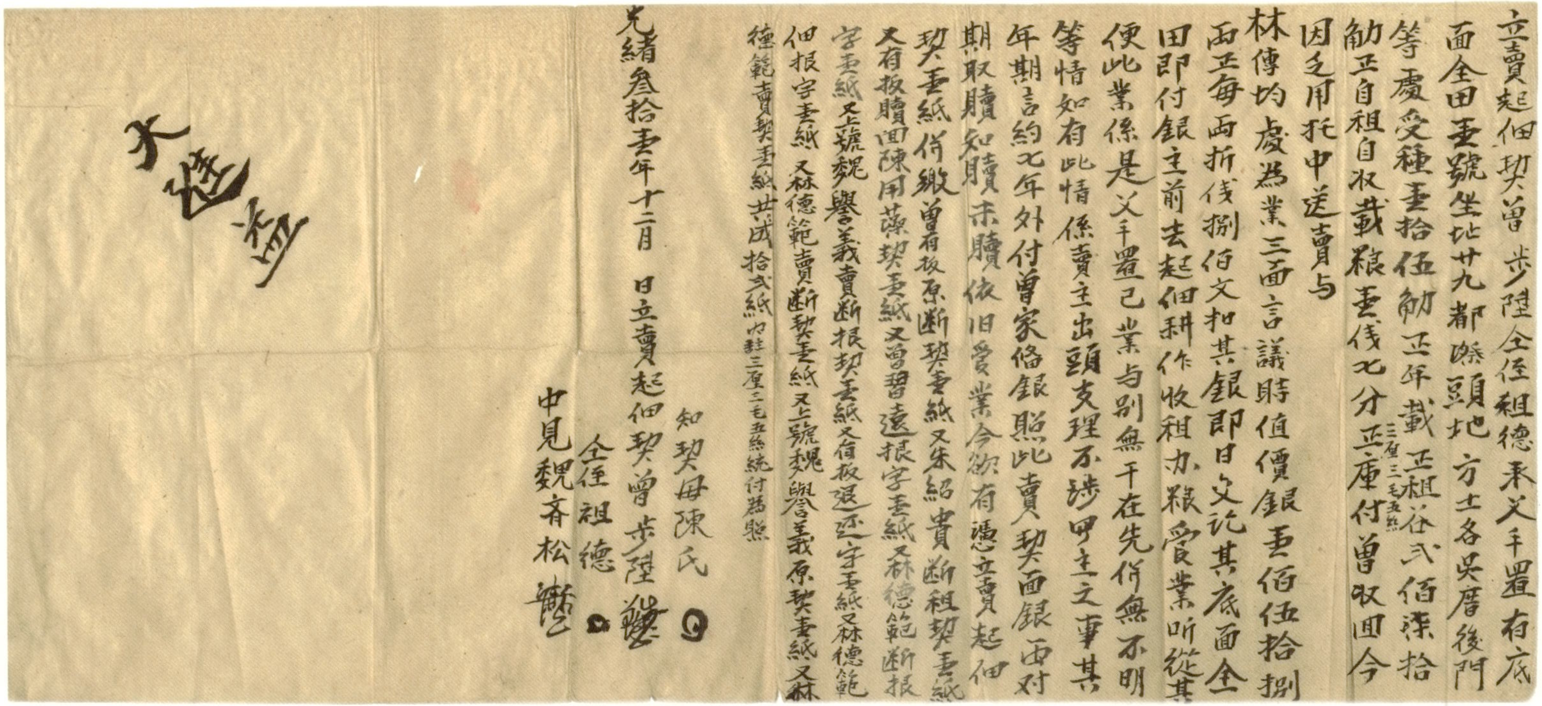
立賣起佃契曾步陞仝侄祖德承父手置有底
面全田壹號坐址廿九都漈頭地方土名吳厝後門
等處受種壹拾伍觔正年載正租谷弍佰柒拾
觔正自祖自收載粮壹錢七分正庫（三厘三毛五絲）付曾收回今
因乏用托中送賣与
林傳灼處為業三面言議時值價銀壹佰伍拾捌
兩正每兩折钱捌佰文扣其銀即日交訖其底面全
田即付銀主前去起佃耕作收租办粮管業听從其
便此業係是父手置已業与別無干在先併無不明
等情如有此情係賣主出頭支理不涉買主之事其
年期言約七年外付曾家備銀照此賣契面銀兩对
期取贖知贖未贖依旧管業今欲有憑立賣起佃
契壹紙併繳曾有板原斷契壹紙又朱紹貴斷租契壹紙
又有板贖回陳開藻契壹紙又曾習遠根字壹紙又林德範斷根
字壹紙又上號魏學義賣斷根契壹紙又有板退還字壹紙又林德範
佃根字壹紙又林德範賣斷契壹紙又上號魏學義原契壹紙又林
德範賣契壹紙共弍拾弍紙（內計三厘三毛五絲付為照）
光緒叁拾壹年十二月　日立賣起佃契曾步陞（押）
知契母陳氏（押）
仝侄祖德（押）
中見魏斉松（押）
大進益

7-5-41-2　清光緒三十一年十二月曾步陞等立賣起佃底面全田契

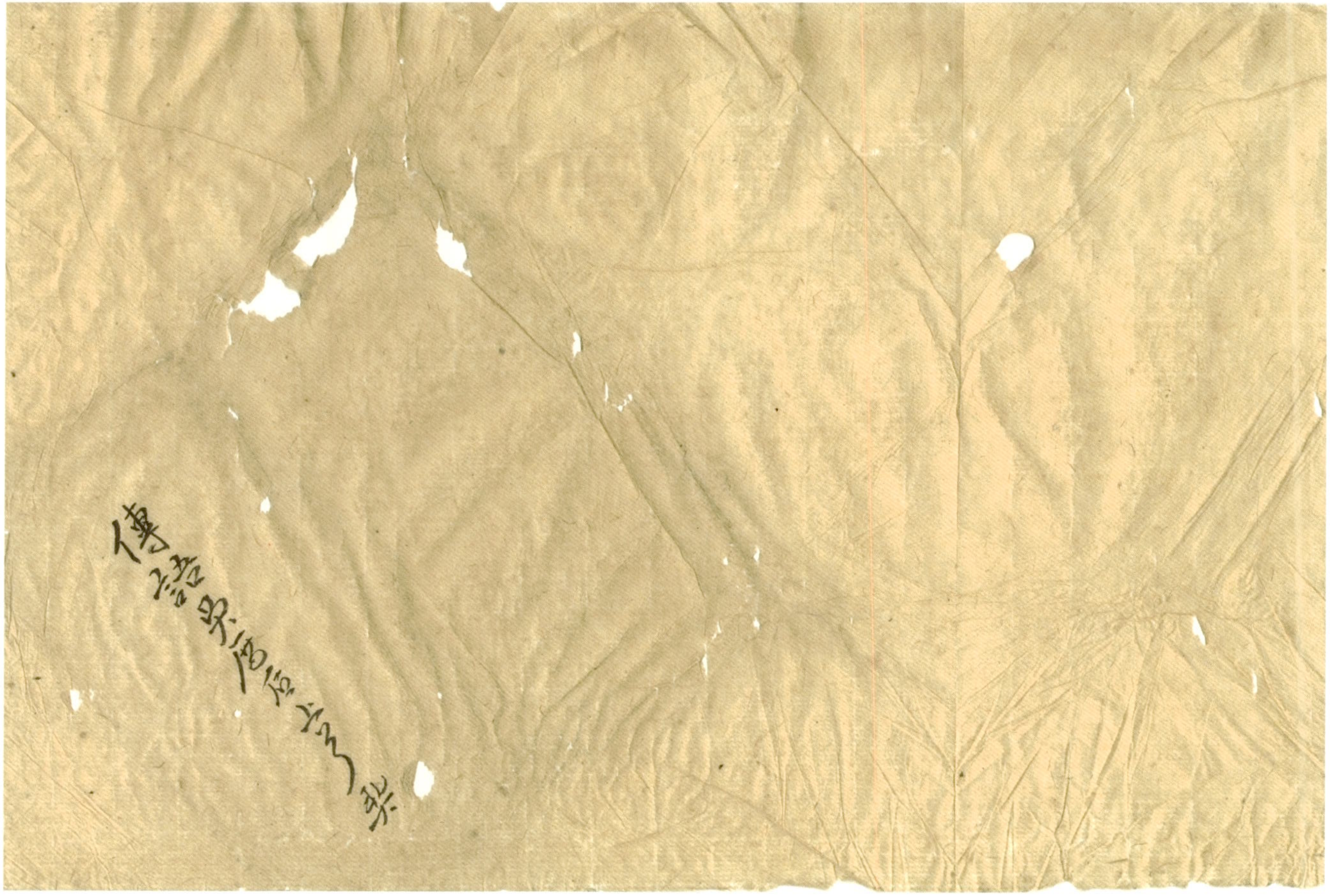

7-5-41-1 包契紙

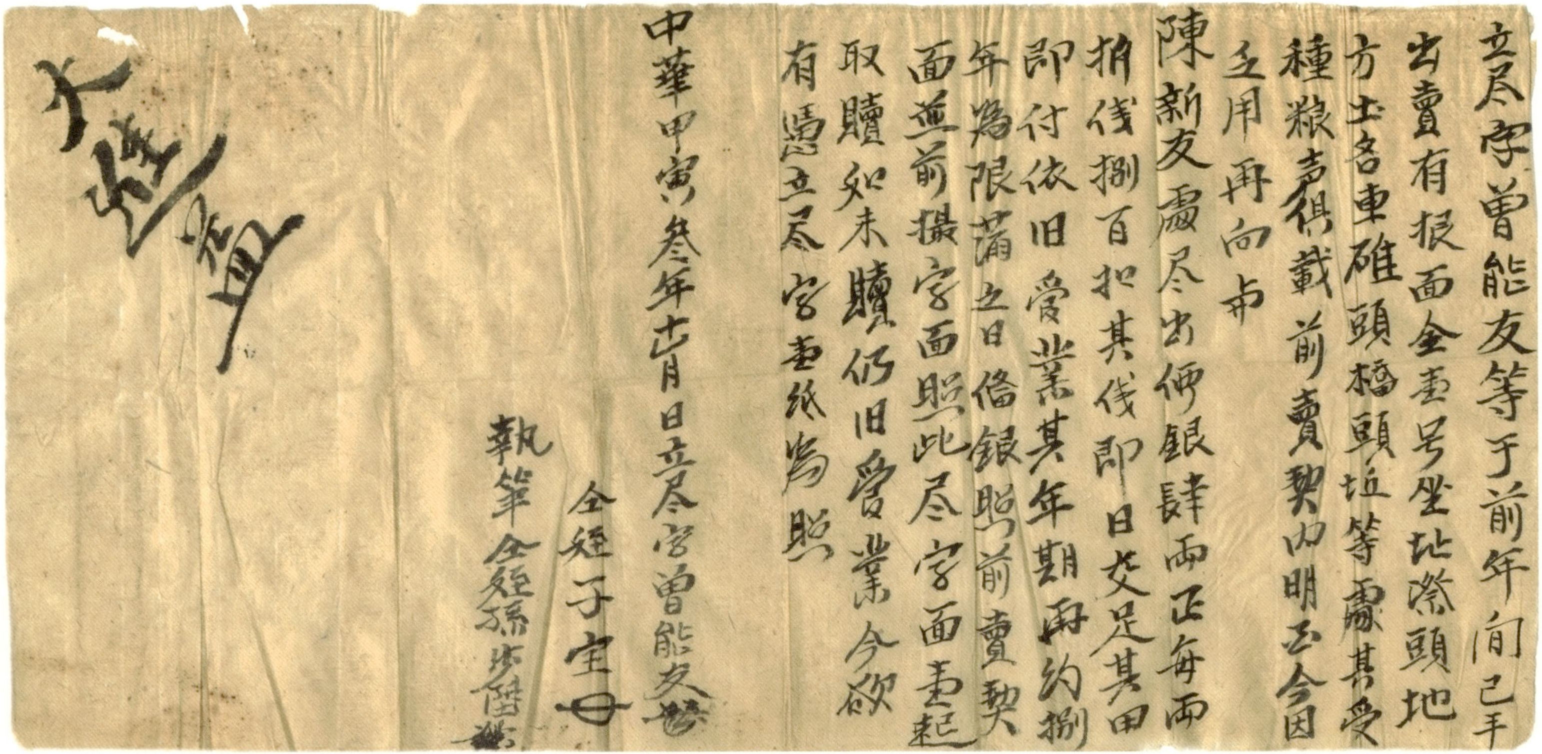

立盡字曾能友等于前年间己手
出賣有根面全畨号坐址漈頭地
方土名東碓頭橋頭垃等處其受
種粮壹斛載前賣契內明今因
乏用再向本
陳新友處盡出佛銀肆兩正每兩
捐伐捌百把其伐即日交足其田
即付依旧管業其年期再約捌
年為限滿之日備銀照前賣契
面並前摃字面照此盡字面畨起
取贖如未贖仍旧管業今欲
有憑立盡字壹纸為照

中華甲寅叁年十一月日立盡字曾能友（押）
仝侄子宝（押）
執筆仝侄孫步階（押）

7-5-40-3 民國三年十一月曾能友等立盡根面全田字

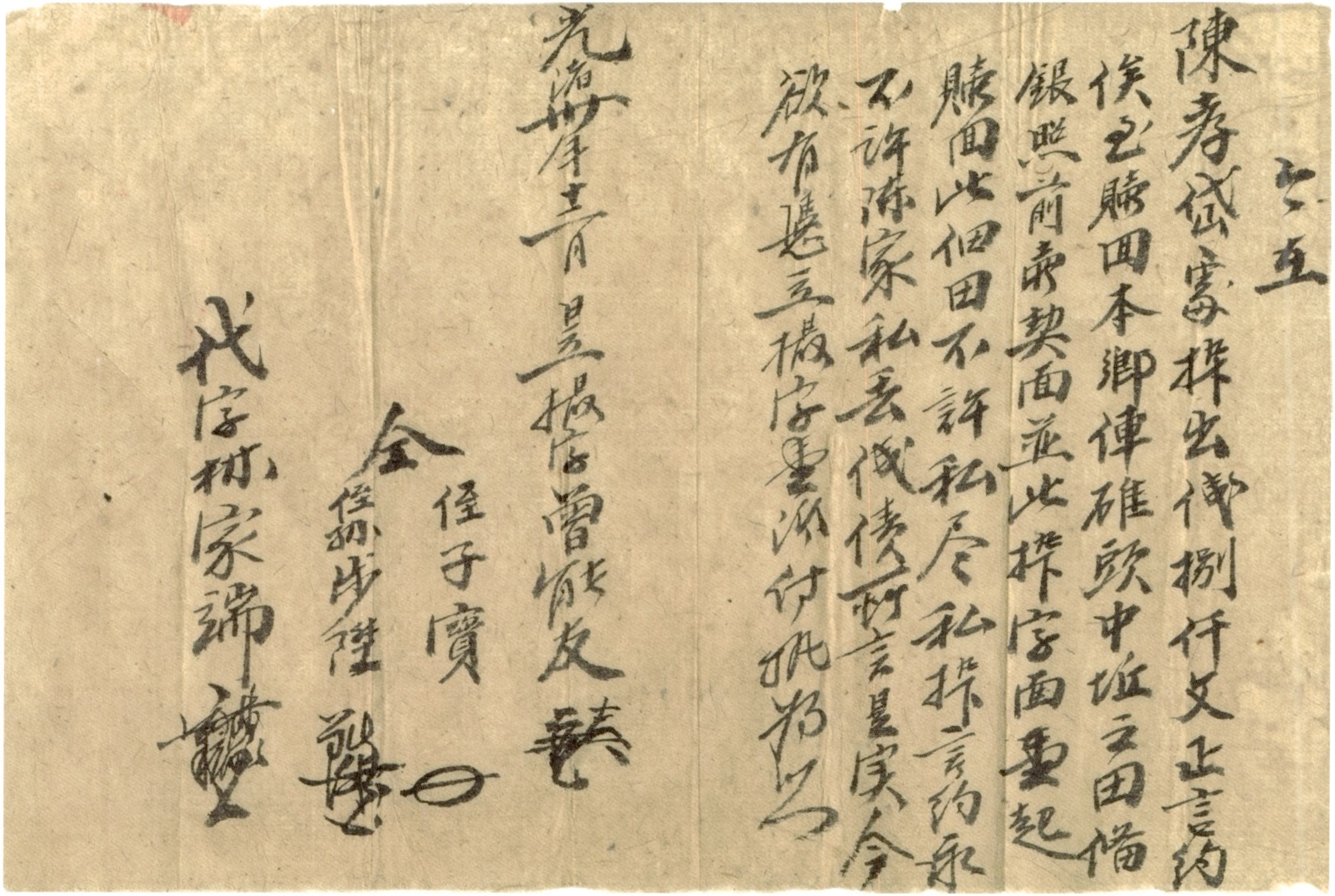

立
陳孝盛寄拚出佃撥付文正言約
侯己贖回本鄉律碓頭中垣之田備
銀照前賣契面並此拚字面重起
贖回此佃田不許私尽私拚言約承
不許陳家私丟佃債所言是實今
欲有憑立撥字壹紙付執為照
光緒卅年十二月 日立撥字曾能友（押）
仝 侄子寶（押）
侄孫步陞（押）
代字林家瑞（押）

7-5-40-2　清光緒三十年十二月曾能友等立撥字

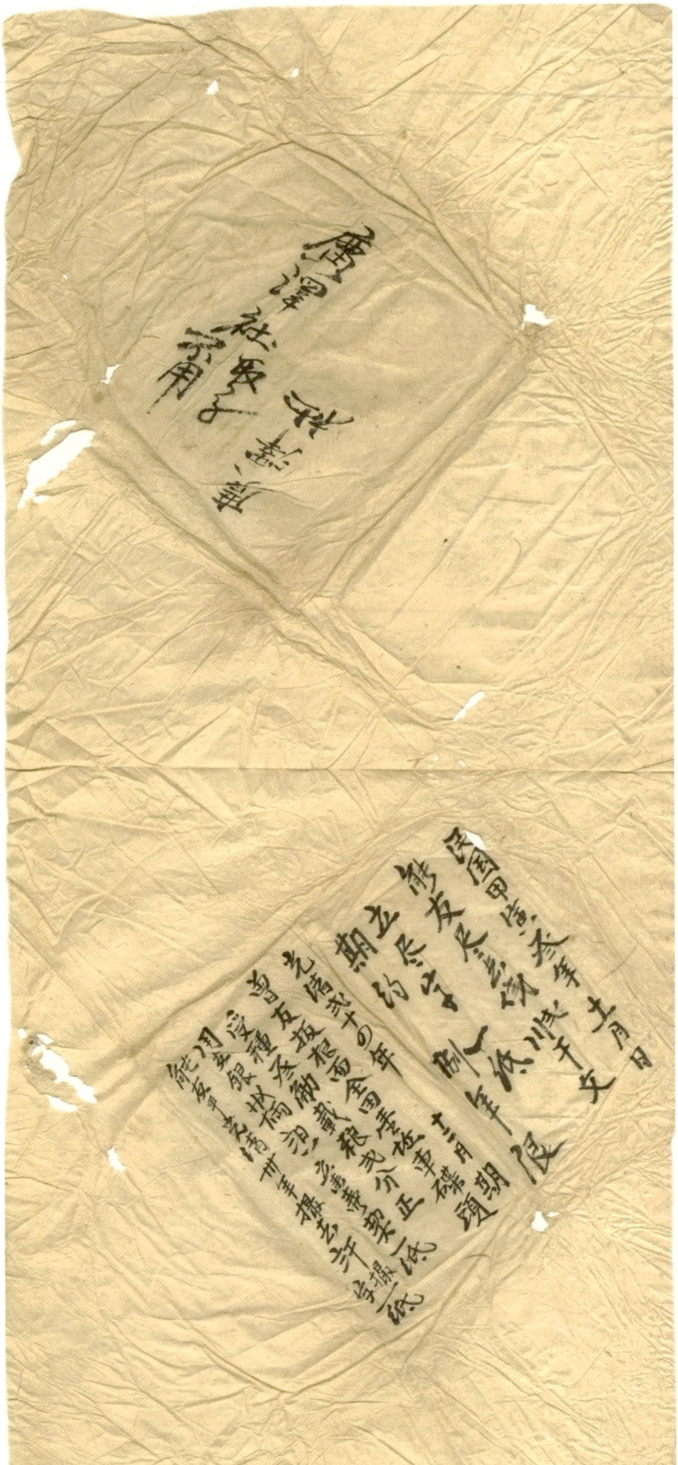

7-5-40-1　包契紙

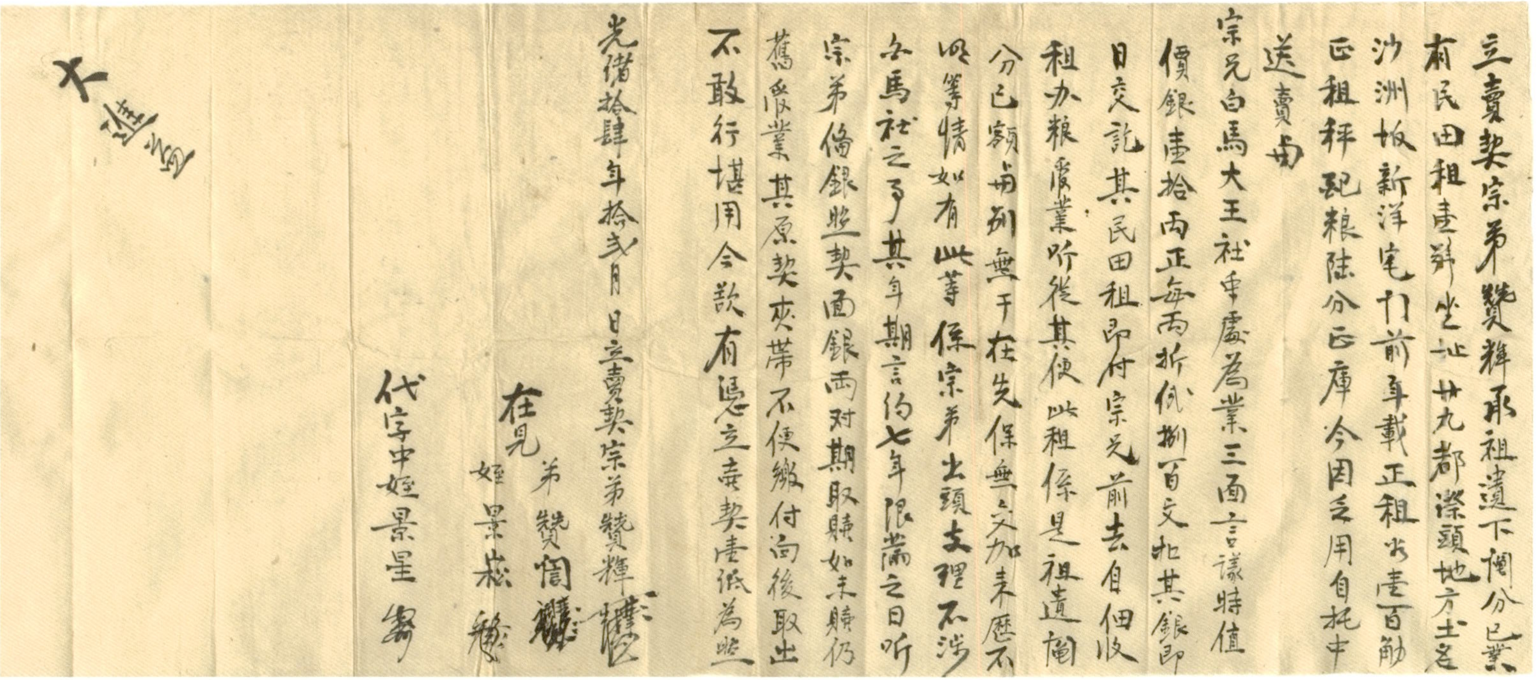
立賣契宗弟贊輝承祖遺下鬮分己業
有民田租壹號坐址廿九都深頭地方土名
沙洲坂新洋宅门前年載正租壹百觔
正租秤配粮陸分正庫今因乏用自托中
送賣與
宗兄白馬大王社爭處爲業三面言議時值
價銀壹拾兩正每兩折㑹捌百文扣其銀即
日交訖其民田租即付宗兄前去自佃收
租办粮管業聽從其便此租係是祖遺鬮
分己額與別無干在先係無文加未歷不
明等情如有此等係宗弟出頭支理不涉
白馬社之事其年期言約七年限滿之日聽
宗弟備銀照契面銀兩对期取贖如未贖仍
舊管業其原契夾帯不便繳付向後取出
不敢行堪用今欲有憑立賣契壹紙爲照

光緒拾肆年拾弍月　日立賣契宗弟贊輝（押）
在見　弟　贊閭（押）
　　　姪　景崧（押）
代字中姪景星（押）

7-5-39-2　清光緒十四年十二月陳贊輝立賣民田租契

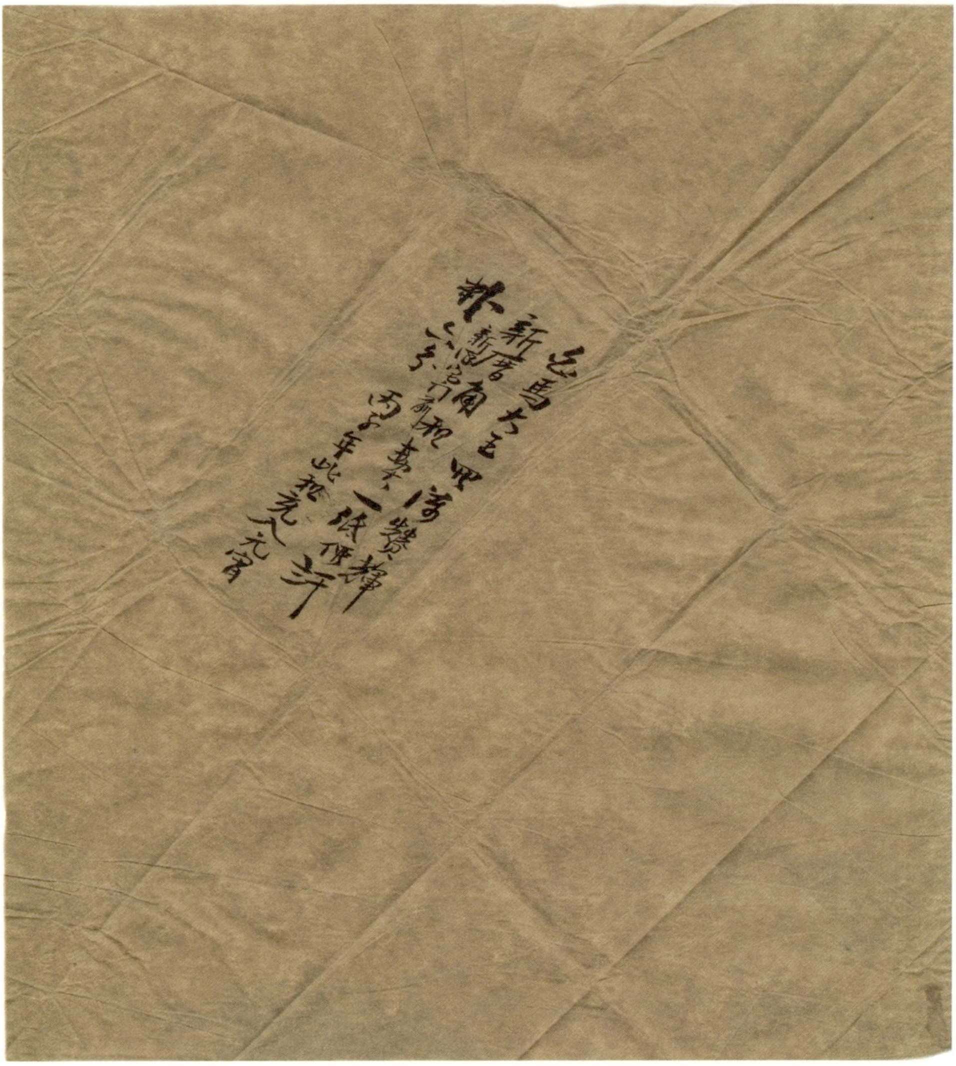

7-5-39-1　包契紙

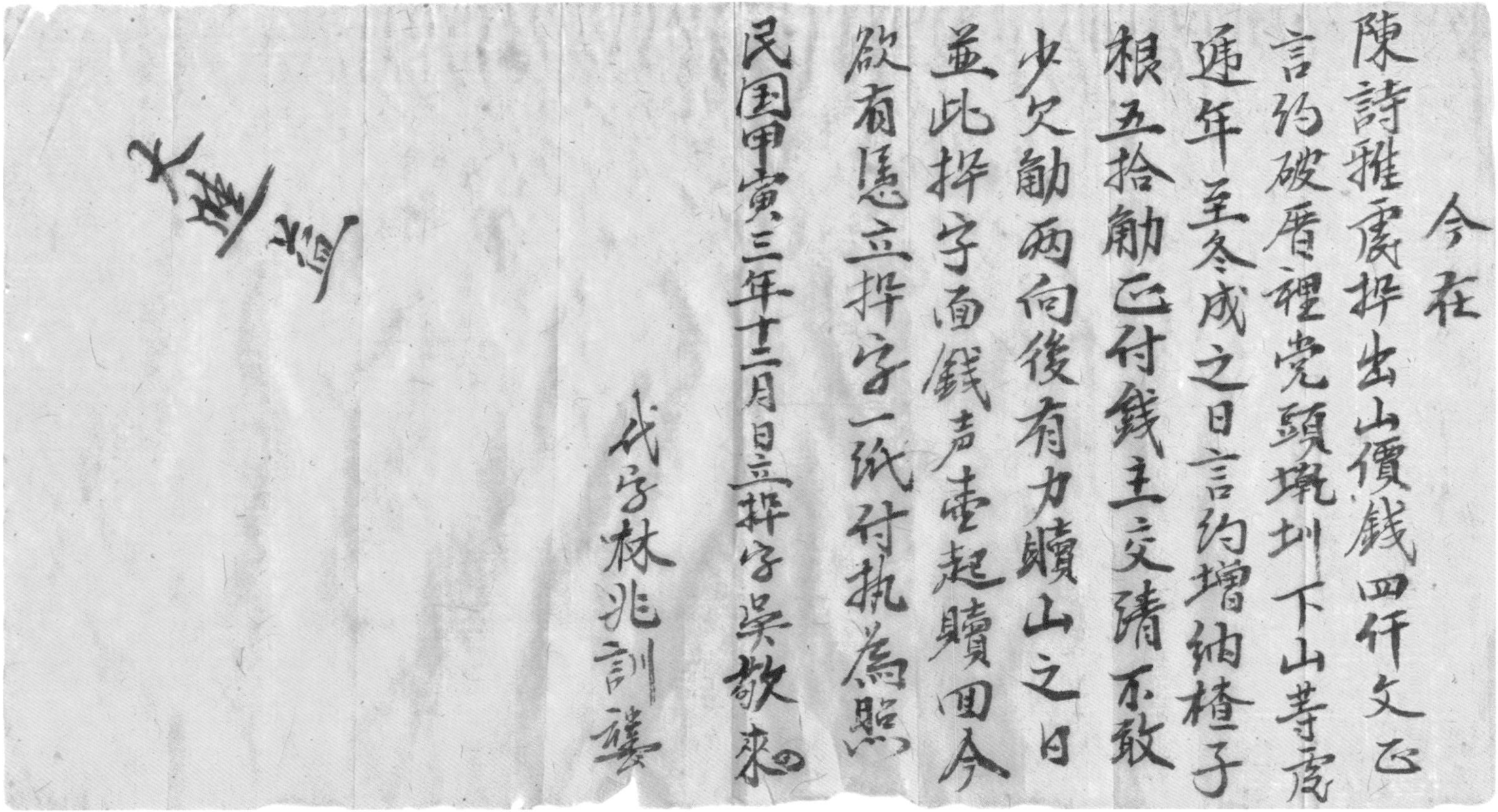
今在
陳詩雅處抨出山價錢四仟文正
言约破厝裡党頭坑圳下山寺處
逓年至冬成之日言约增纳楂子
根五拾觔正付錢主交請不敢
少欠觔兩向後有力贖山之日
並此抨字面錢声壹起贖回今
欲有憑立抨字一纸付执為照
民国甲寅三年十二月日立抨字吴敬來
代字林兆訓筆
大吉昌

7–5–38–6　民國三年十二月吴敬來立撮字

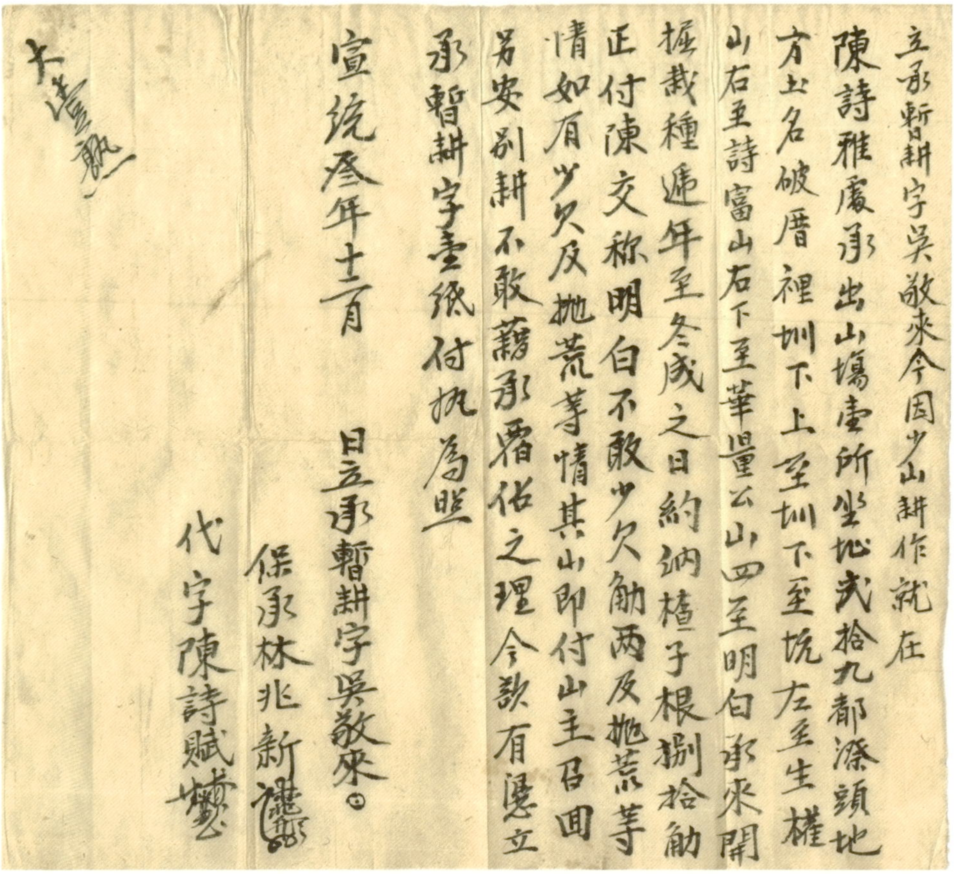

立承暫耕字吳敬來今因少山耕作就在
陳詩雅處承出山場壹所坐址弍拾九都漈頭地
方土名破厝裡圳下上至圳下至坑左至生權
山右至詩富山右下至華量公山四至明白承來開
掘栽種逓年至冬成之日約納楂子根捌拾觔
正付陳文稱明白不敢少欠觔兩及抛荒等
情如有少欠及抛荒等情其山即付山主召回
另安別耕不敢藉承覇佔之理今欲有憑立
承暫耕字壹紙付執爲照

宣統叁年十二月　日立承暫耕字吳敬來
保承林兆新
代字陳詩賦

大清壹號

7-5-38-5　清宣統三年十二月吴敬來立承暫耕山場字

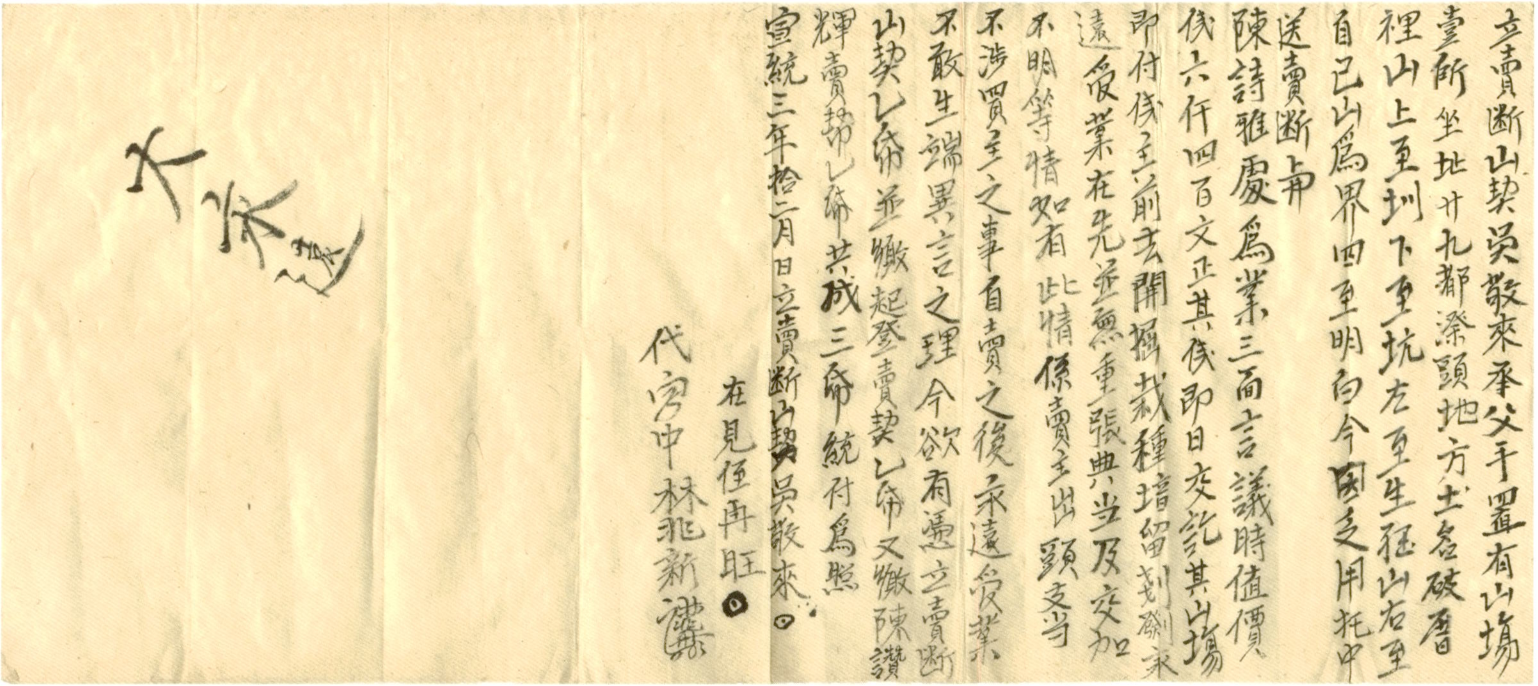
立賣斷山契吴敬來承父手置有山場
壹所坐址廿九都溌頭地方土名破厝
裡山上至圳下至坑左至生垅山右至
自己山爲界四至明白今因乏用托中
送賣斷與
陳詩雅處爲業三面言議時值價
錢六仟四百文正其錢即日交訖其山場
即付錢主前去開掘栽種墥留劃斵永
遠爲業在先並無重張典当及交加
不明等情如有此情係賣主出頭支当
不涉買主之事自賣之後永遠爲業
不敢生端異言之理今欲有憑立賣斷
山契一帋並繳起登賣契一帋又繳陳讃
輝賣契一帋共成三帋統付爲照
宣統三年拾二月日立賣斷山契吴敬來（押）
在見侄再旺（押）
代字中林兆新（押）
大永遠

7-5-38-4　清宣統三年十二月吴敬來立賣斷山場契

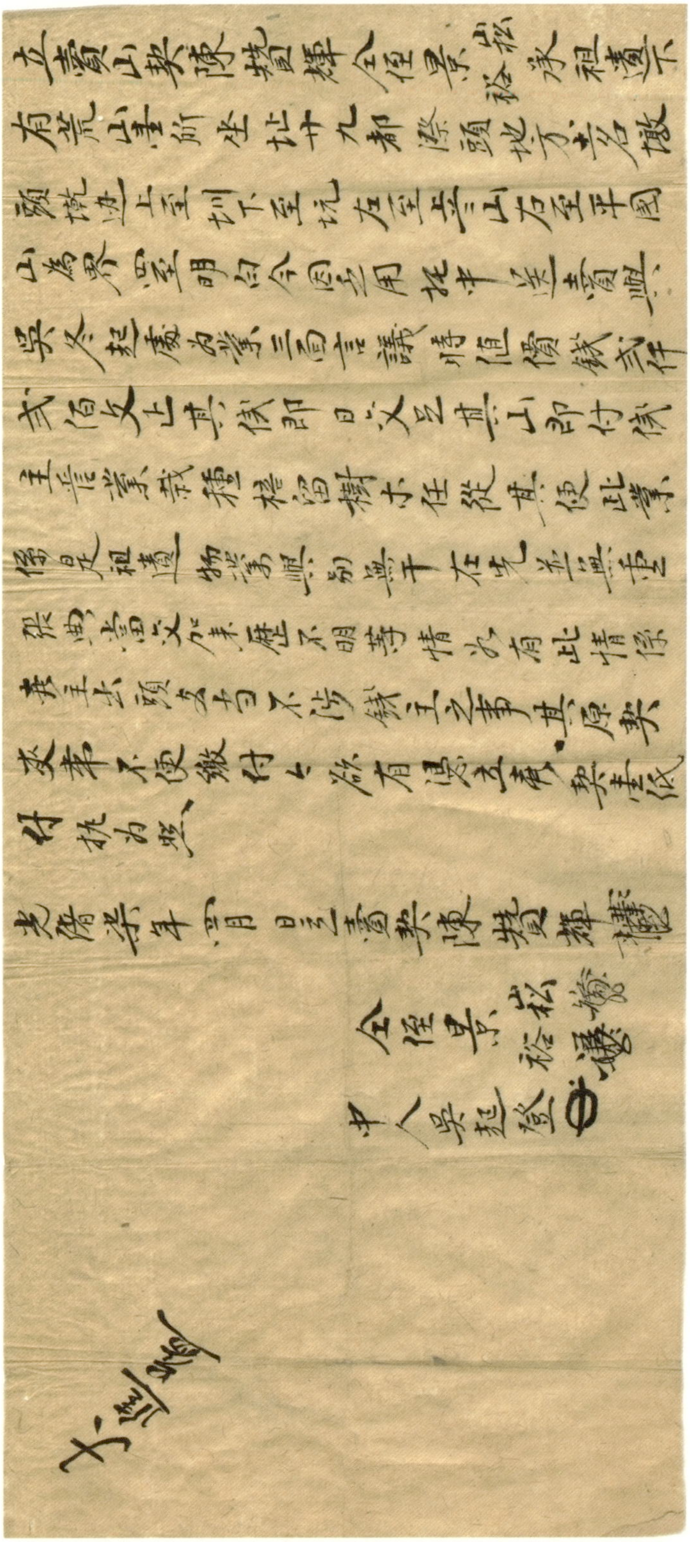
立賣山契陳贊輝仝侄界崧、出崧承祖遺下
有荒山壹所坐址廿九都漈頭地方土名墘
頭坑边上至圳下至坑左至尖山右至平園
山為界四至明白今因正用托中送賣與
吳冬起處為業三面言議時值價錢弍仟
弍佰文正其錢即日交足其山即付錢
主管業栽插杉松樹木任從其便此業
係自己祖遺物業與别房無干在先並無重
張典當文約來歷不明等情如有此情係
賣主出頭支当不涉錢主之事其原契係
交来不便繳付今欲有憑立賣契壹紙
付執為照
光緒柒年四月　日立賣契陳贊輝（押）
仝侄界崧（押）
出崧（押）
中人吳起鎔（押）
[illegible]筆

7-5-38-3　清光緒七年四月陳贊輝等立賣荒山契

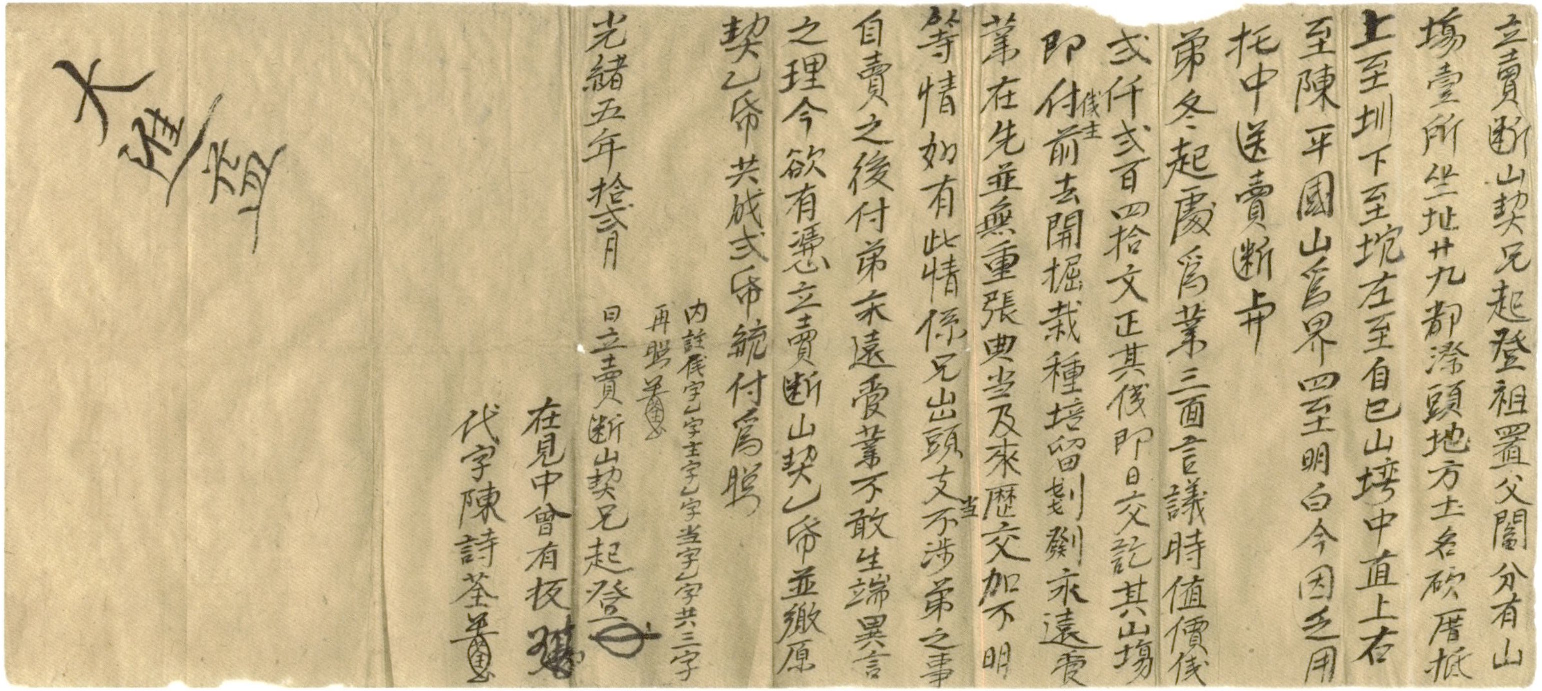

立賣斷山契兄起登祖置父闔分有山
場壹所坐址廿九都滌頭地方土名砍厝坻
上至圳下至坑左至自己山埒中直上右
至陳平國山爲界四至明白今因乏用
托中送賣斷弟
弟冬起處爲業三面言議時值價錢
貳仟貳百四拾文正其錢即日交訖其山場
即付錢主前去開掘栽種培留劃剗永遠管
業在先並無重張典當及來歷交加不明
等情如有此情係兄出頭支當不涉弟之事
自賣之後付弟永遠管業不敢生端異言
之理今欲有憑立賣斷山契乙紙並繳原
契乙紙共成貳紙付爲照
內註錢字乙字主字乙字當字乙字共三字
再照
光緒五年拾貳月　日立賣斷山契兄起登
在見中曾有校
代字陳詩荃

大進登

7-5-38-2　清光緒五年十二月吳起登立賣斷山場契

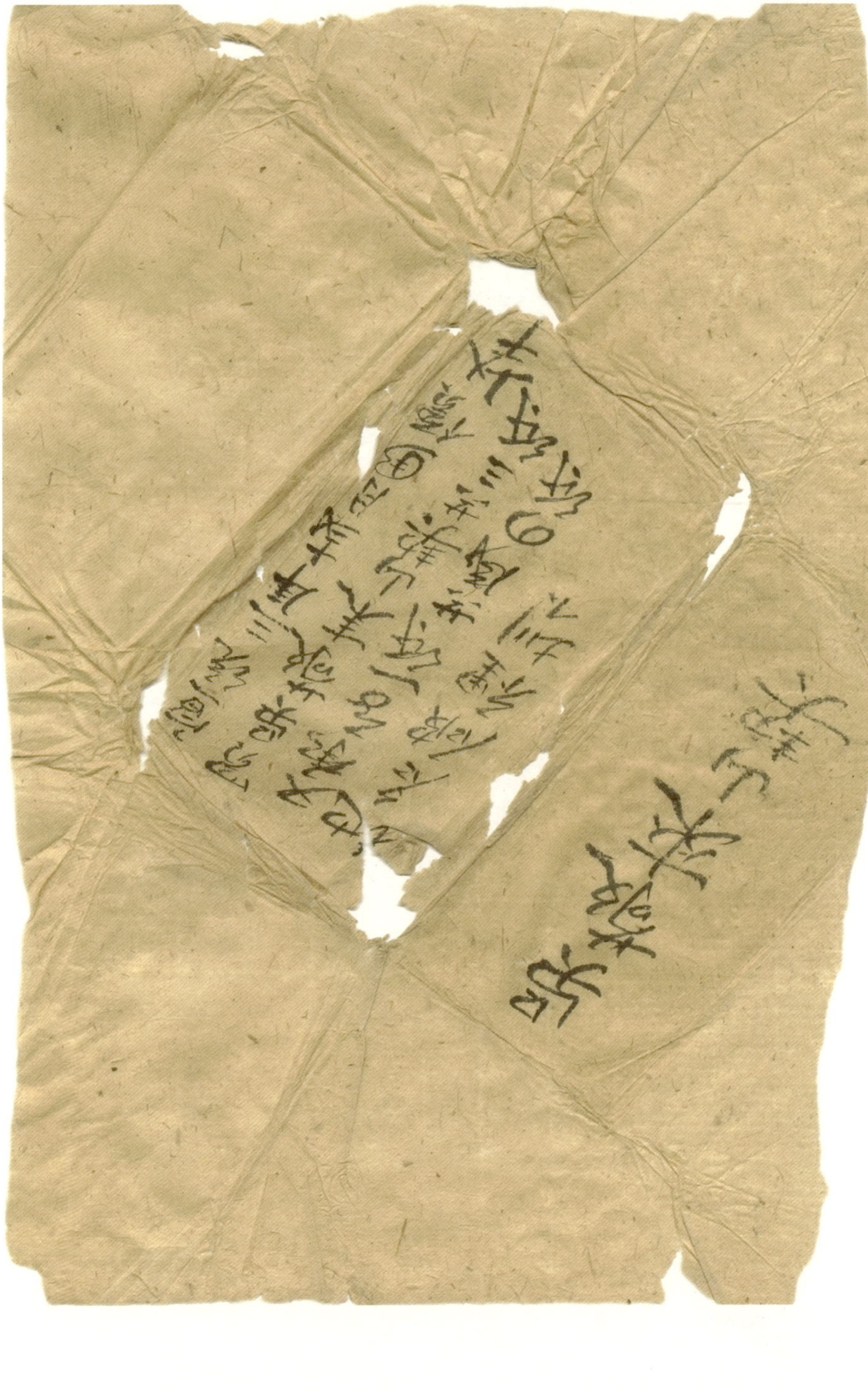

7-5-38-1　包契紙

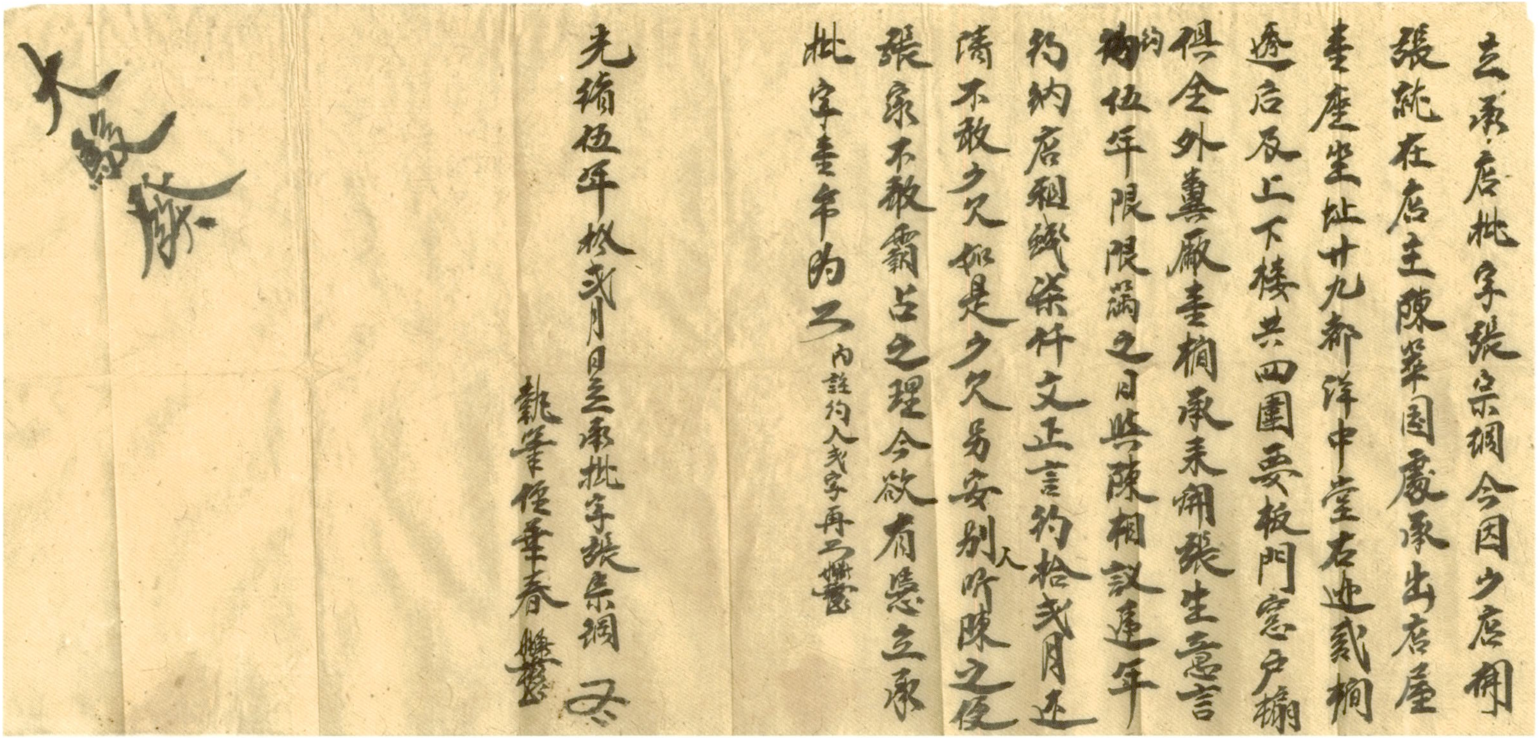
立承店批字張宗綱，今因少店開
張，就在店主陳翠園處承出店屋
壹座，坐址廿九都洋中堂右邊貳榈
透后，及上下樓共四圍要板門窗戶槅
俱全，外集廠壹榈，承来開張生意，言
約伍年限，限滿之日，與陳相議，逐年
約納店租錢柒仟文正，言約拾貳月还
清，不敢少欠。如是少欠，另安別人听陳之便，
張家不敢霸占之理。今欲有憑，立承
批字壹帋為照。
內註約人貳字再照。
光緒伍年拾貳月　日立承批字張宗綱（押）
執筆侄華春（押）
大發財

7-5-37-4　清光緒五年十二月張宗綱立承批店屋字

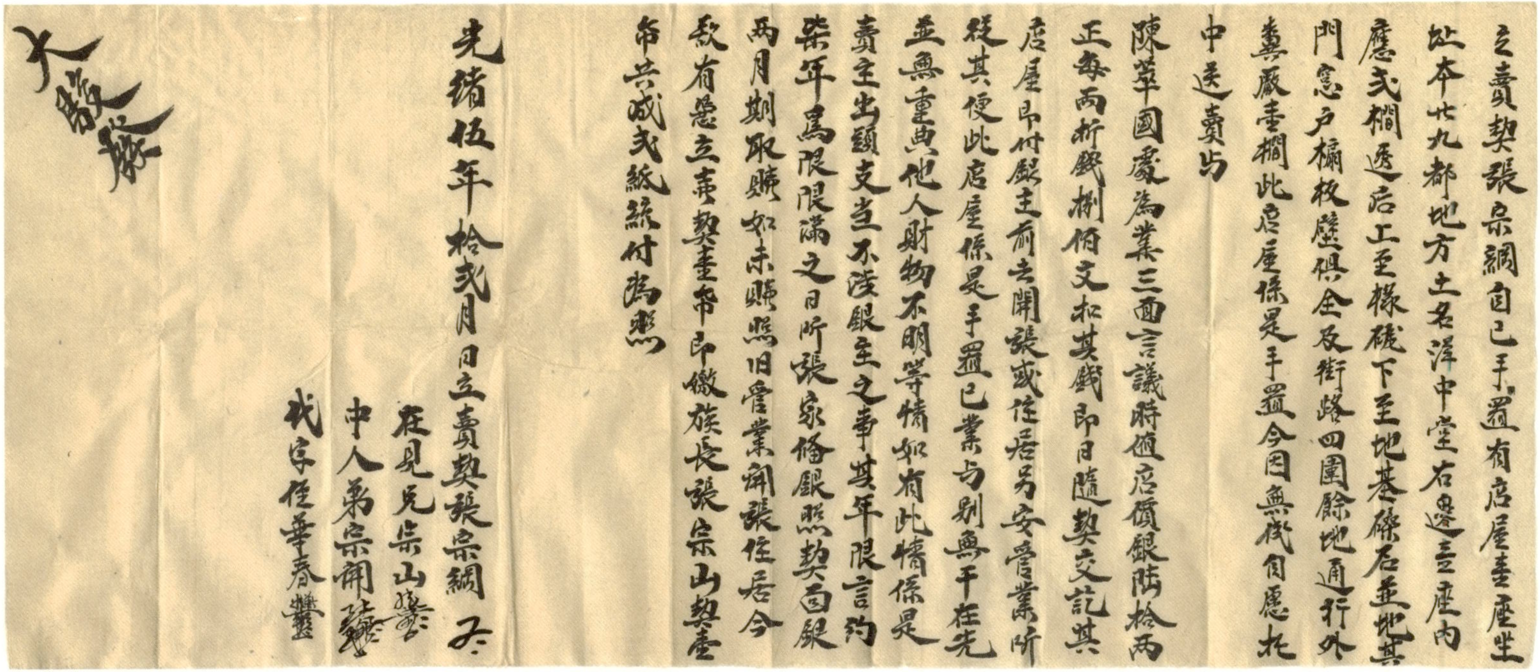

7–5–37–3　清光緒五年十二月張宗綱立賣店屋契

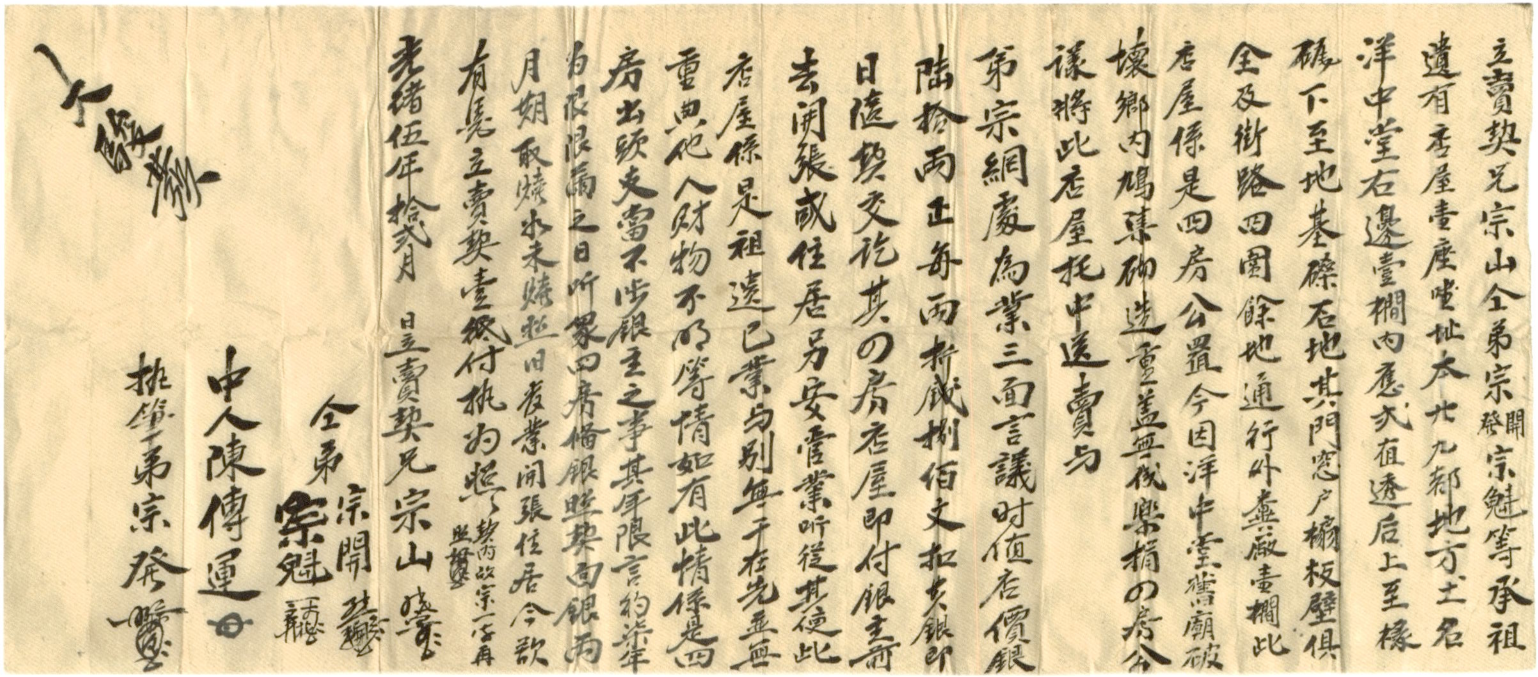
立賣契兄宗山仝弟宗開、癸、宗魁等承祖
遺有店屋壹座，坐址太九都地方，土名
洋中堂右邊壹欄內，應式直透，后上至椽
瓦，下至地基磉石地，其門窗户楹板壁俱
全，及街路四圍餘地通行，外無敞壹欄，此
店屋係是四房公置。今因洋中堂舊廟破
壞，鄉內鳩集砌造，重蓋無代，樂捐の房仝
議，將此店屋托中送賣与
弟宗綢處為業，三面言議，时值店價銀
陸拾兩正，每兩折戲捌佰文，扣艮銀，即
日憑契交訖，其の房店屋即付銀主前
去開張，或住居，另安管業，听從其便。此
店屋係是祖遺己業，与別無干，在先並無
重典他人財物，不明等情，如有此情，係是四
房出頭支當，不涉銀主之事。其年限言約柒年
為限，限滿之日，听衆四房備銀照契面銀兩
月娟取贖，如未贖，照旧管業開張住居。今欲
有憑，立賣契壹紙，付執為照。（契內改宗一字再照）
光緒伍年拾弍月　日立賣契兄宗山
仝弟宗開
宗魁
中人陳傳運
執筆弟宗癸
一大發[illegible]

7-5-37-2　清光緒五年十二月張宗山等立賣店屋契

7-5-37-1　包契紙

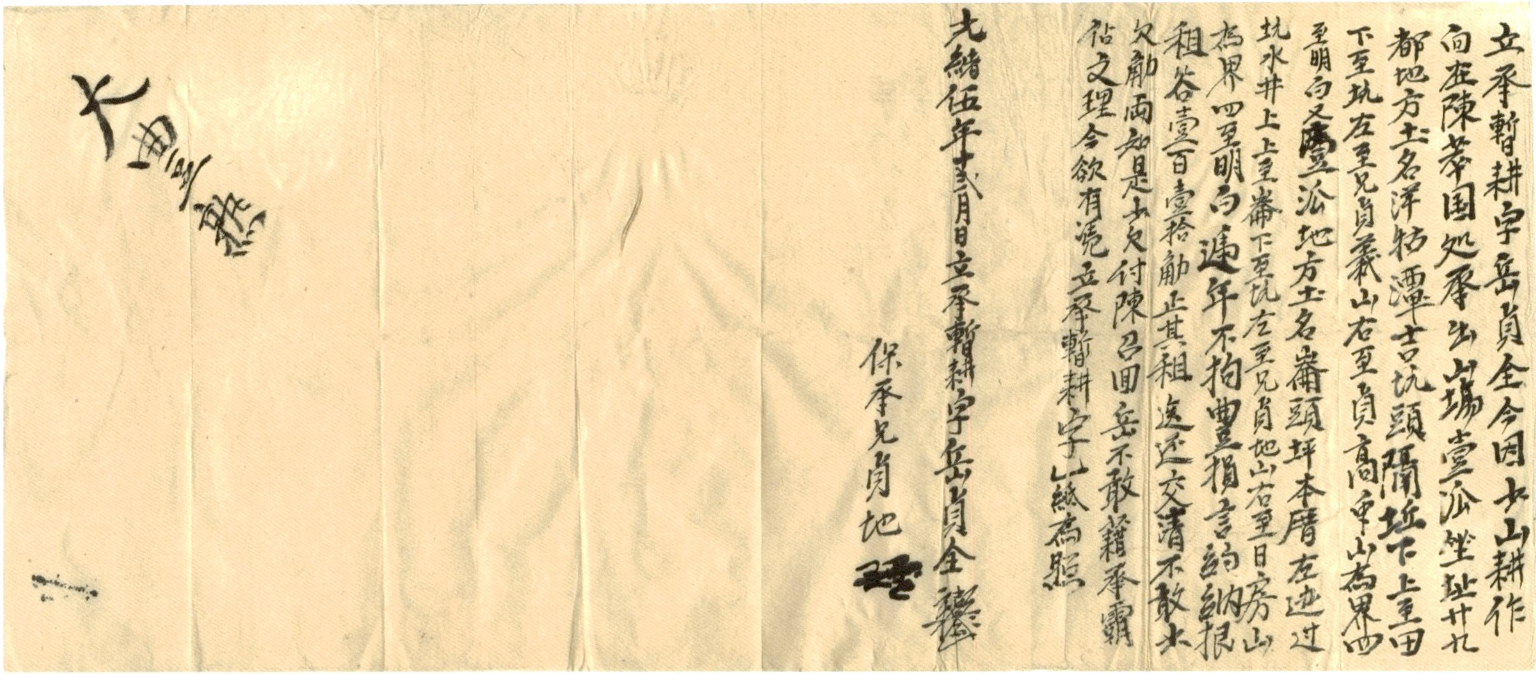
立承暫耕字岳貞全今因本山耕作
向在陳李國処承出山場壹所坐址廿九
都地方土名洋柏潭土名坑頭隔址下上至田
下至坑左至兄貞叢山右至貞高車山為界四
至明白又承壹所坐地方土名畬頭坪本厝左邊過
坑水井上上至畬下至坑左至兄貞地山右至日房山
為界四至明白遞年不拘豐損言約納根
租谷壹百壹拾觔正其租逐年交清不敢欠
欠觔兩如是山欠付陳邑田岳不敢藉承霸
佔之理今欲有憑立承暫耕字山紙為照
光緒伍年十二月日立承暫耕字岳貞全（押）
保承兄貞地（押）

7-5-36-2　清光緒五年十二月岳貞全立承暫耕山場字

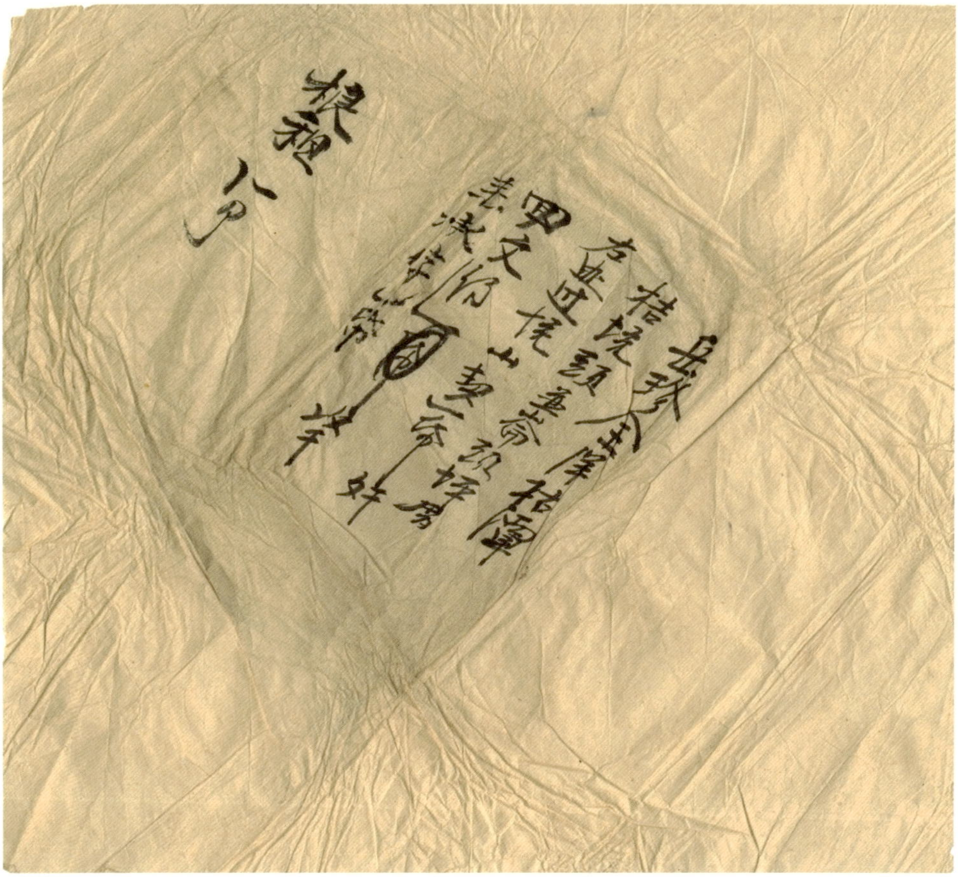

7-5-36-1　包契紙

第五帙 陳在啓户

第七卷　永泰縣嵩口鎮漈頭村契約文書（七）

本卷主編　張澤宇　岳沁之

第七帙　陳坤亮户

第六帙　陳樟東户

本册目録

第七卷　永泰縣嵩口鎮漈頭村契約文書（七）

第五帙　陳在啓户

專題彙編

第二種

福建民間契約文書

廈門大學民間歷史文獻研究中心 編

鄭振滿 主編

34

海峽出版發行集團
THE STRAITS PUBLISHING & DISTRIBUTING GROUP
福建人民出版社

八閩文庫

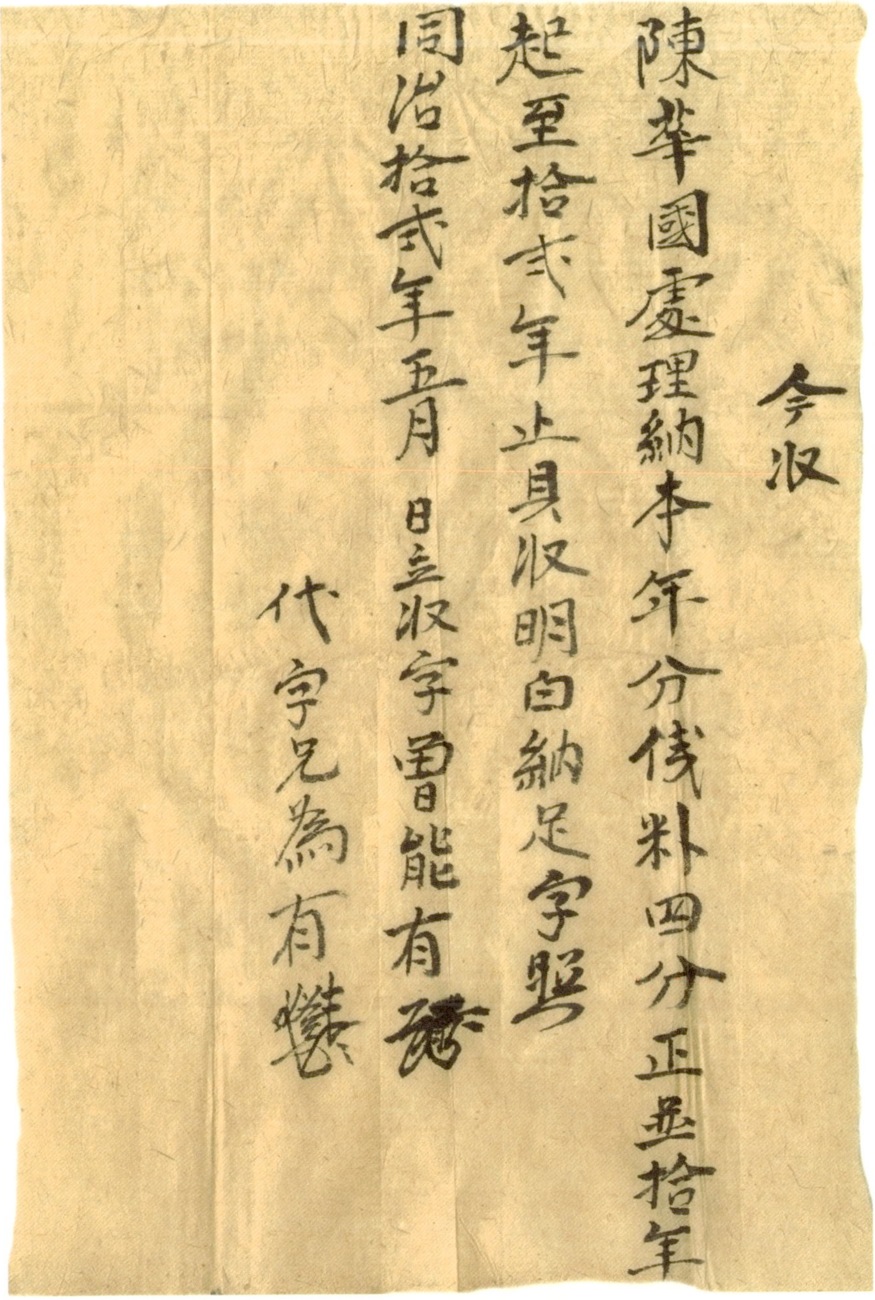
今收
陳華國處理納本年分錢粮四分正並拾年
起至拾弍年止具收明白納足字照
同治拾弍年五月　日立收字曾能有（押）
代字兄爲有（押）

7-5-35-3　清同治十二年五月曾能有立收錢糧字

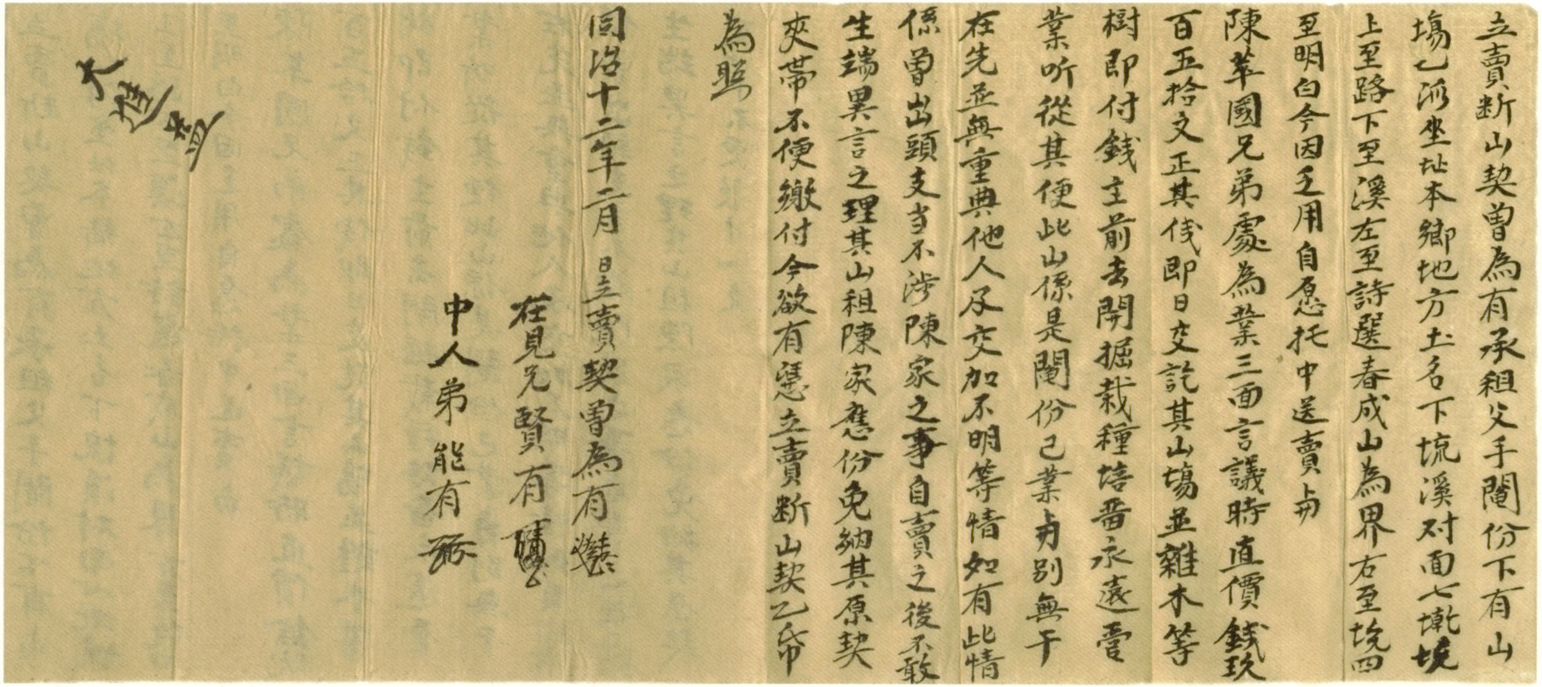
立賣斷山契曾爲有承祖父手鬮份下有山
場乙所坐址本鄉地方土名下坑溪对面七墘坂
上至路下至溪左至詩蹇春成山爲界右至坑回
至明白今因乏用自愿托中送賣与
陳華國兄弟處爲業三面言議時直價錢玖
百五拾文正其錢即日交訖其山場並雜木等
樹即付錢主前去開掘栽種培蕃永遠管
業听從其便此山係是鬮份已業与別無干
在先並無重典他人及交加不明等情如有此情
係曾出頭支当不涉陳家之事自賣之後不敢
生端異言之理其山租陳家應份免納其原契
夾帶不便繳付今欲有憑立賣斷山契乙帋
爲照
同治十二年二月　日立賣契曾爲有
在見兄賢有
中人弟能有
大進昌

7-5-35-2　清同治十二年二月曾爲有立賣斷山場契

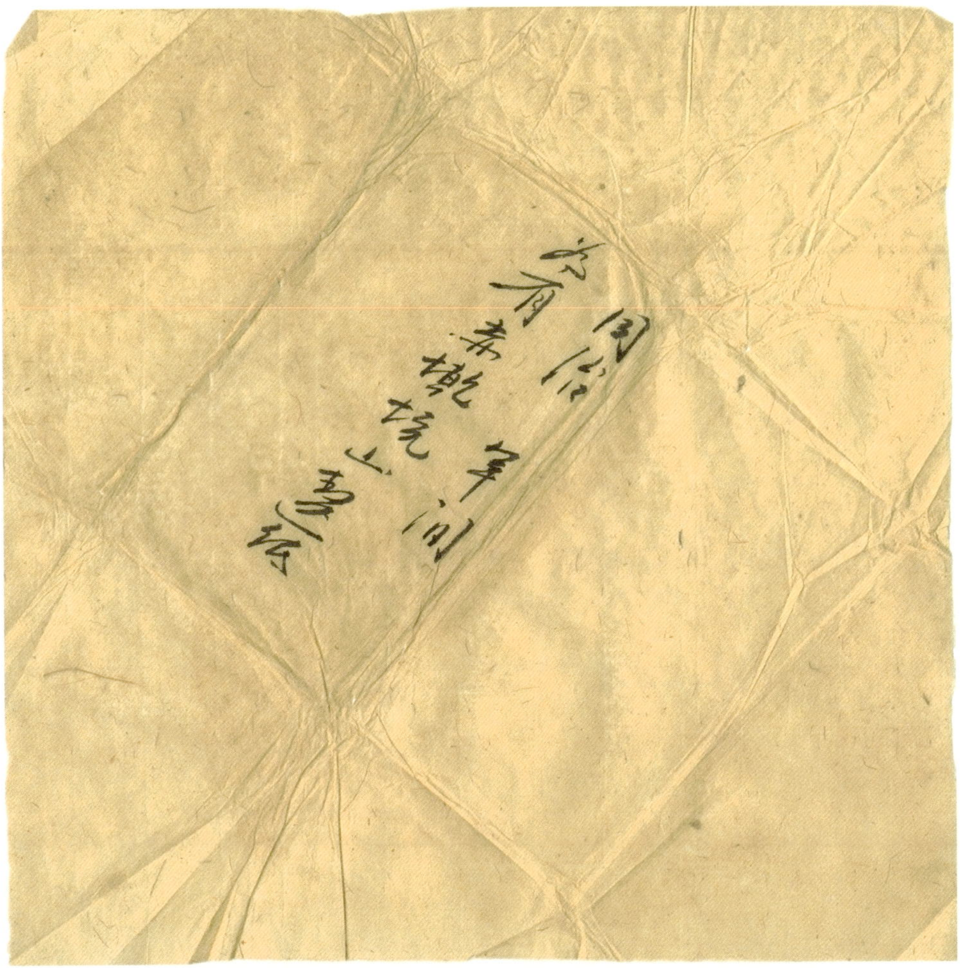

7-5-35-1　包契紙

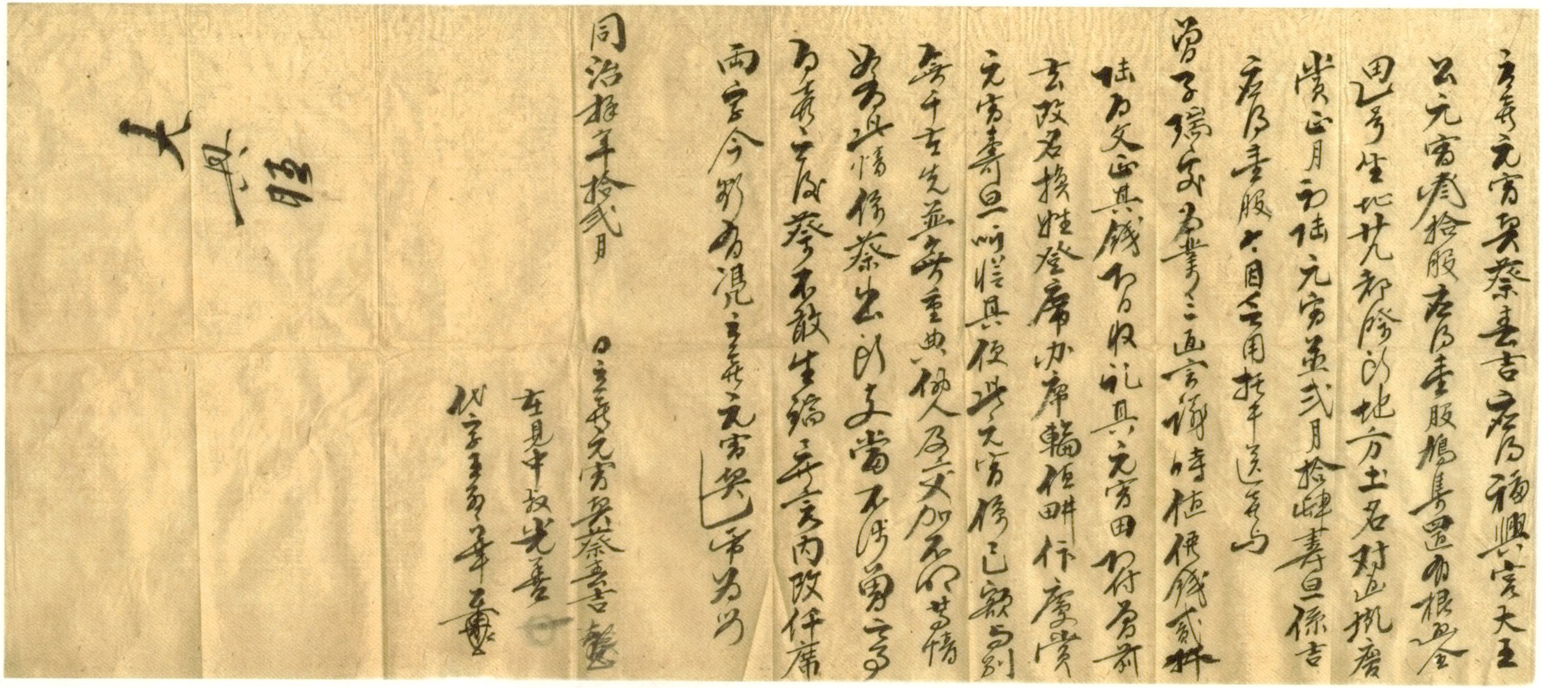

7-5-34-2　清同治八年十二月蔡春吉立賣福興宮大王公元宵股契

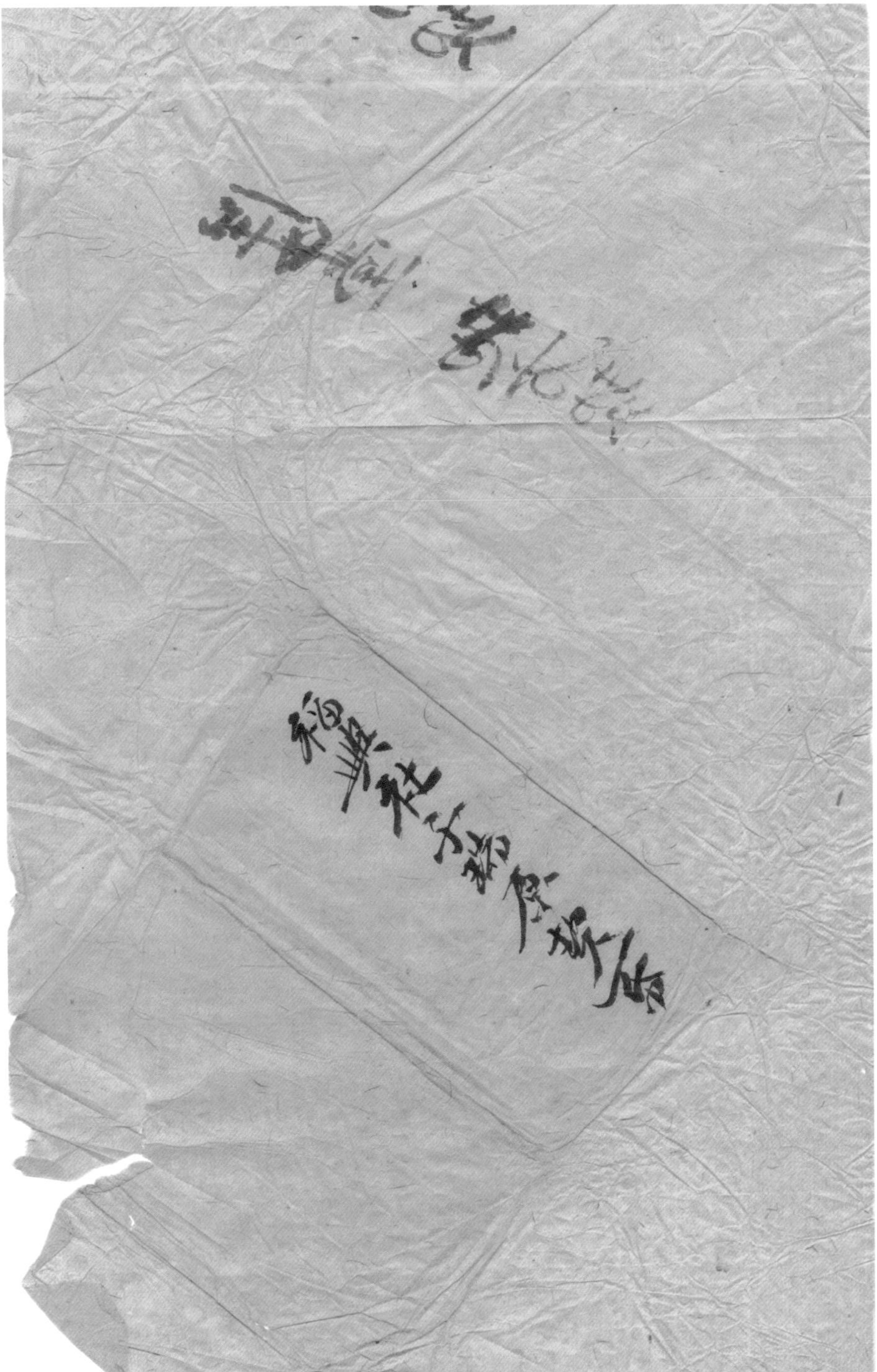

7-5-34-1　包契紙

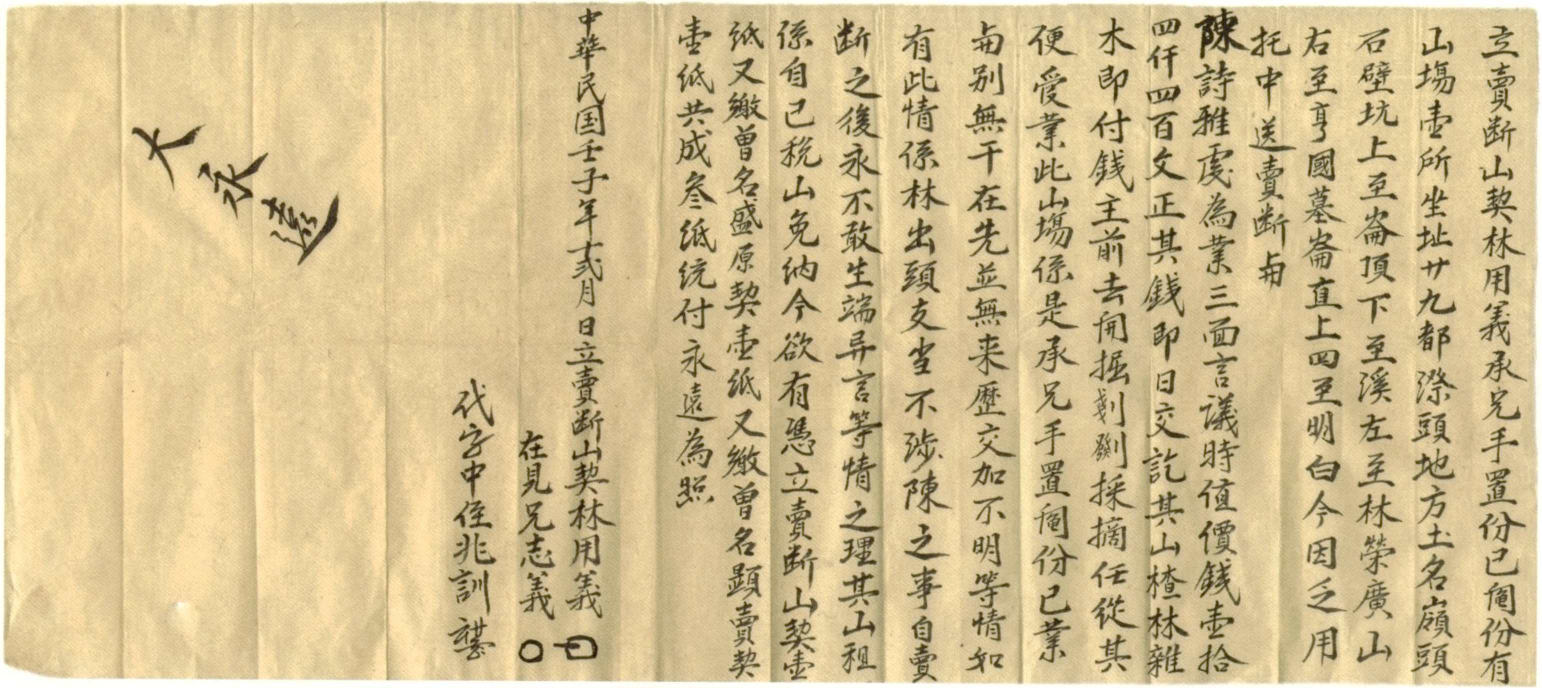
立賣斷山契林用義承兄手置份已阄份有
山場壹所坐址廿九都漈頭地方土名嶺頭
石壁坑上至崙頂下至溪左至林榮廣山
右至亨國墓崙直上四至明白今因乏用
托中送賣斷與
陳詩雅處爲業三面言議時值價錢壹拾
四仟四百文正其錢即日交訖其山楂林雜
木即付錢主前去開掘剗劉採摘任從其
便管業此山場係是承兄手置阄份已業
與別無干在先並無來歷交加不明等情如
有此情係林出頭支當不涉陳之事自賣
斷之後永不敢生端异言等情之理其山租
係自己稅山免納今欲有憑立賣斷山契壹
紙又繳曾名盛原契壹紙又繳曾名顕賣契
壹紙共成叁紙統付永遠爲照

中華民国壬子年十弍月　日立賣斷山契林用義（押）
在見兄志義（押）
代字中侄兆訓（押）

大永遠

7-5-33-5　民國元年十二月林用義立賣斷山場契

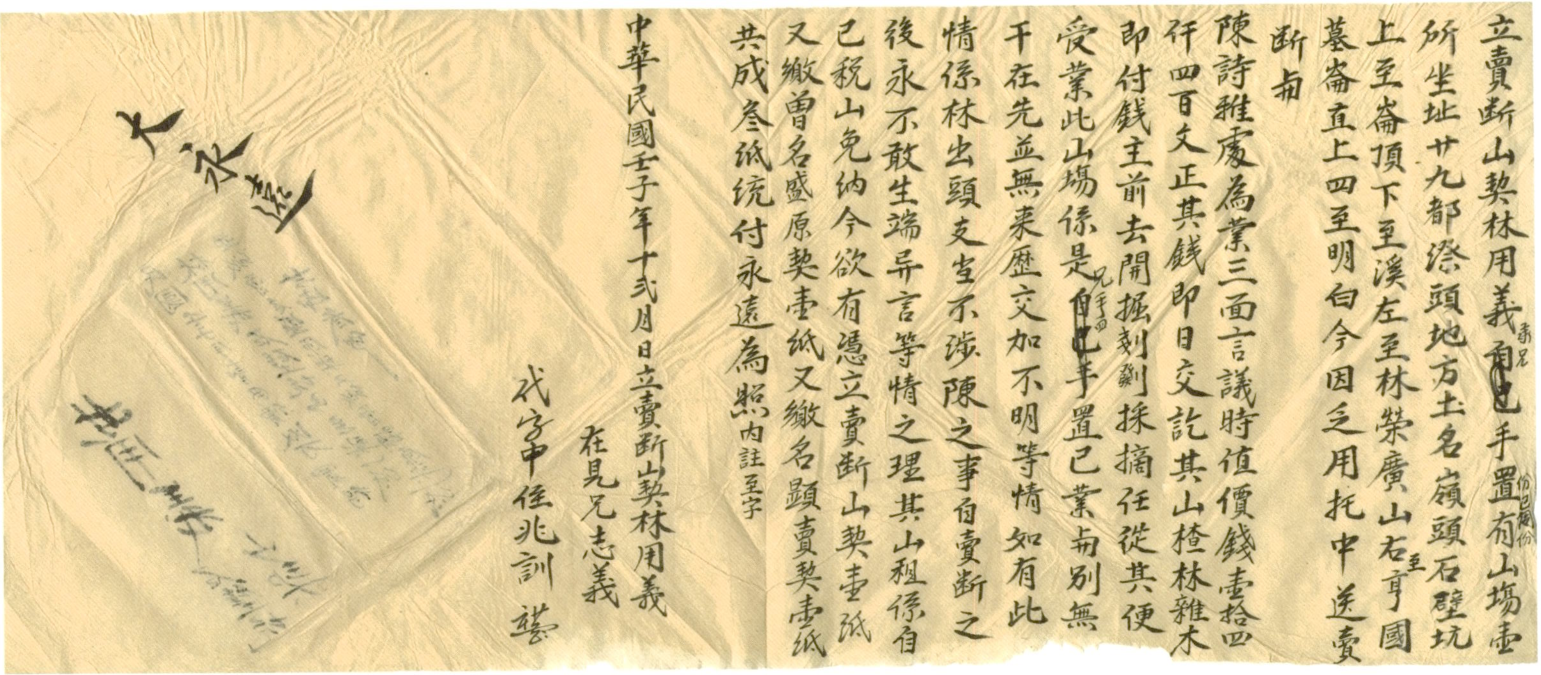
立賣斷山契林用義承兄自己手置有山場壹份己額份
所坐址廿九都淤頭地方土名嶺頭石壁坑
上至崙頂下至溪左至林榮廣山右至亨國
墓崙直上四至明白今因乏用托中送賣
斷與
陳詩雅處為業三面言議時值價錢壹拾四
仟四百文正其錢即日交訖其山楂林雜木
即付錢主前去開掘剝劉採摘任從其便
受業此山場係是兄手內自己手置己業與別無
干在先並無來歷交加不明等情如有此
情係林出頭支當不涉陳之事自賣斷之
後永不敢生端异言等情之理其山租係自
己稅山免納今欲有憑立賣斷山契壹紙
又繳曾名盛原契壹紙又繳名顯賣契壹紙
共成叁紙統付永遠為照 内註至字

中華民國壬子年十弍月日立賣斷山契林用義
在見兄志義
代字中任兆訓

7-5-33-4　民國元年十二月林用義立賣斷山場契（草契）

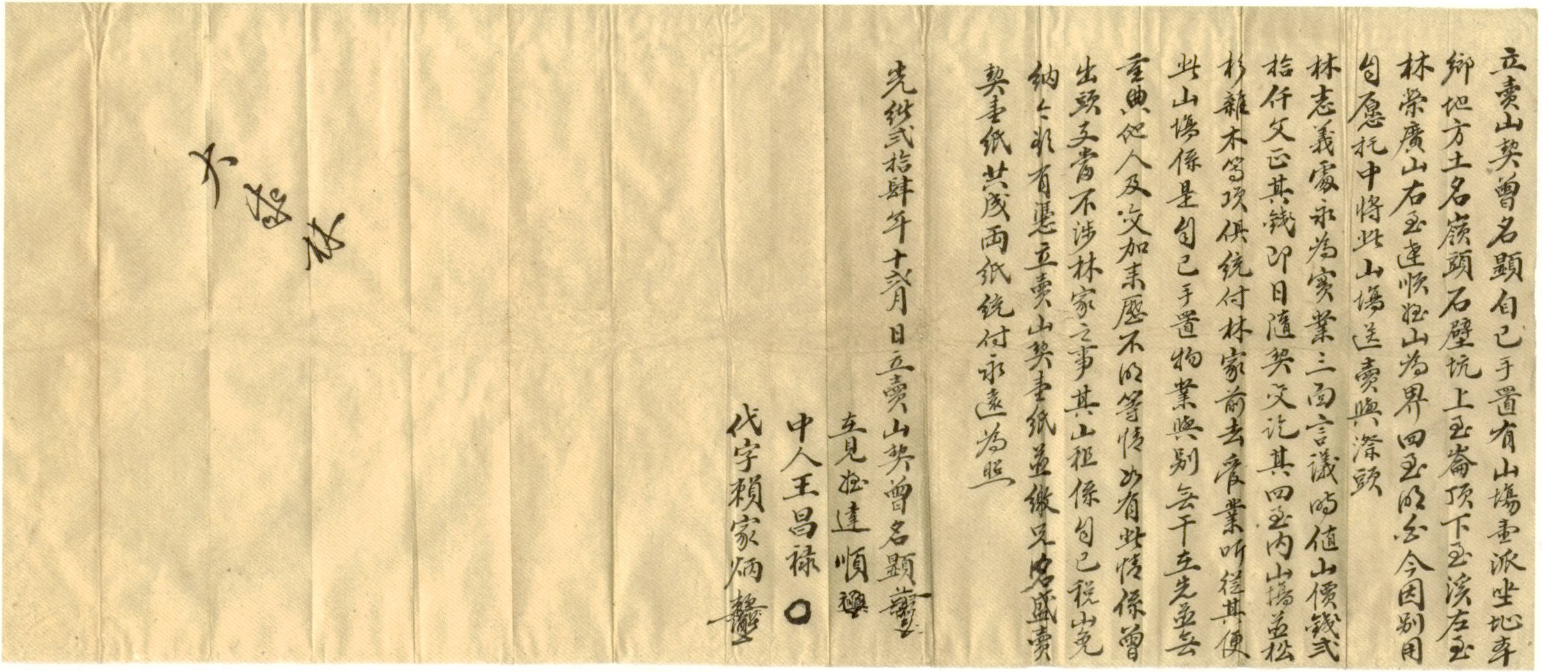
立賣山契曾名顯自己手置有山場壹派坐址本
鄉地方土名嶺頭石壁坑上至崙頂下至溪左至
林榮廣山右至連帳山為界四至明白今因別用
自愿托中將此山場送賣與漈頭
林志義處永為實業三面言議時值山價錢弍
拾仟文正其錢即日隨契交訖其四至內山場並松
杉雜木等項俱統付林家前去管業听從其便
此山場係是自己手置物業與別人無干並無
重典他人及文加未歷不明等情如有此情係曾
出頭支當不涉林家之事其山租係自己稅山完
納今欲有憑立賣山契壹紙並繳上手名盛賣
契壹紙共成兩紙統付永遠為照

光緒弍拾肆年十弍月　日立賣山契曾名顯（押）
在見　達順（押）
中人王昌祿（押）
代字賴家炳（押）

7-5-33-3　清光緒二十四年十二月曾名顯立賣山場契

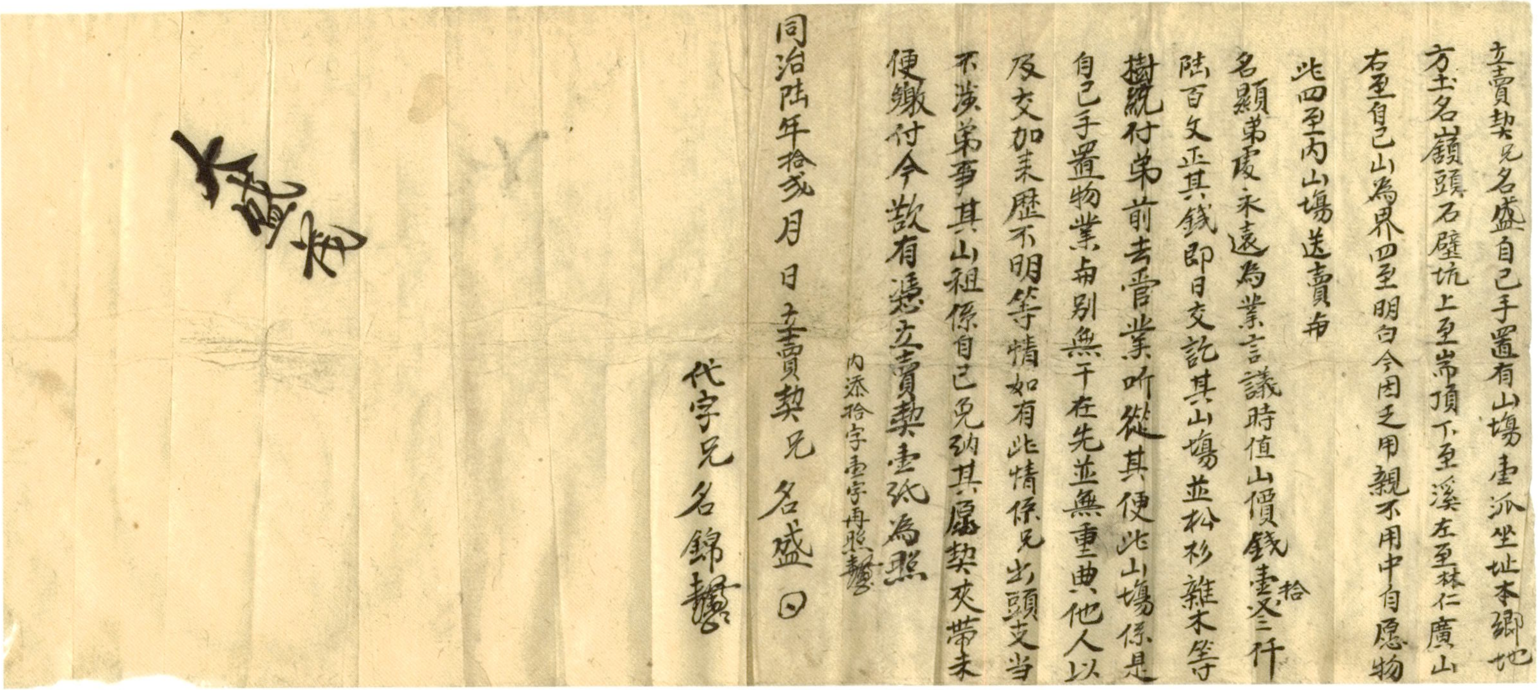
立賣契兄名盛自己手置有山場壹派坐址本鄉地
方土名嶺頭石壁坑上至崇頂下至溪左至林仁廣山
右至自己山為界四至明白今因乏用親不用中自愿物
此四至內山場送賣弟
名顯弟處永遠為業言議時值山價錢壹拾叁仟
陸百文正其錢即日交訖其山場並松杉雜木等
樹盡付弟前去管業听從其便此山場係是
自己手置物業弟別無干在先並無重典他人以
及交加来歷不明等情如有此情係兄出頭支当
不涉弟事其山祖係自己兄納其屋契夾帶未
便繳付今欲有憑立賣契壹紙為照
内添拾字壹字再照
同治陸年拾弍月　日立賣契兄　名盛
代字兄　名錦

7-5-33-2　清同治六年十二月曾名盛立賣山場契

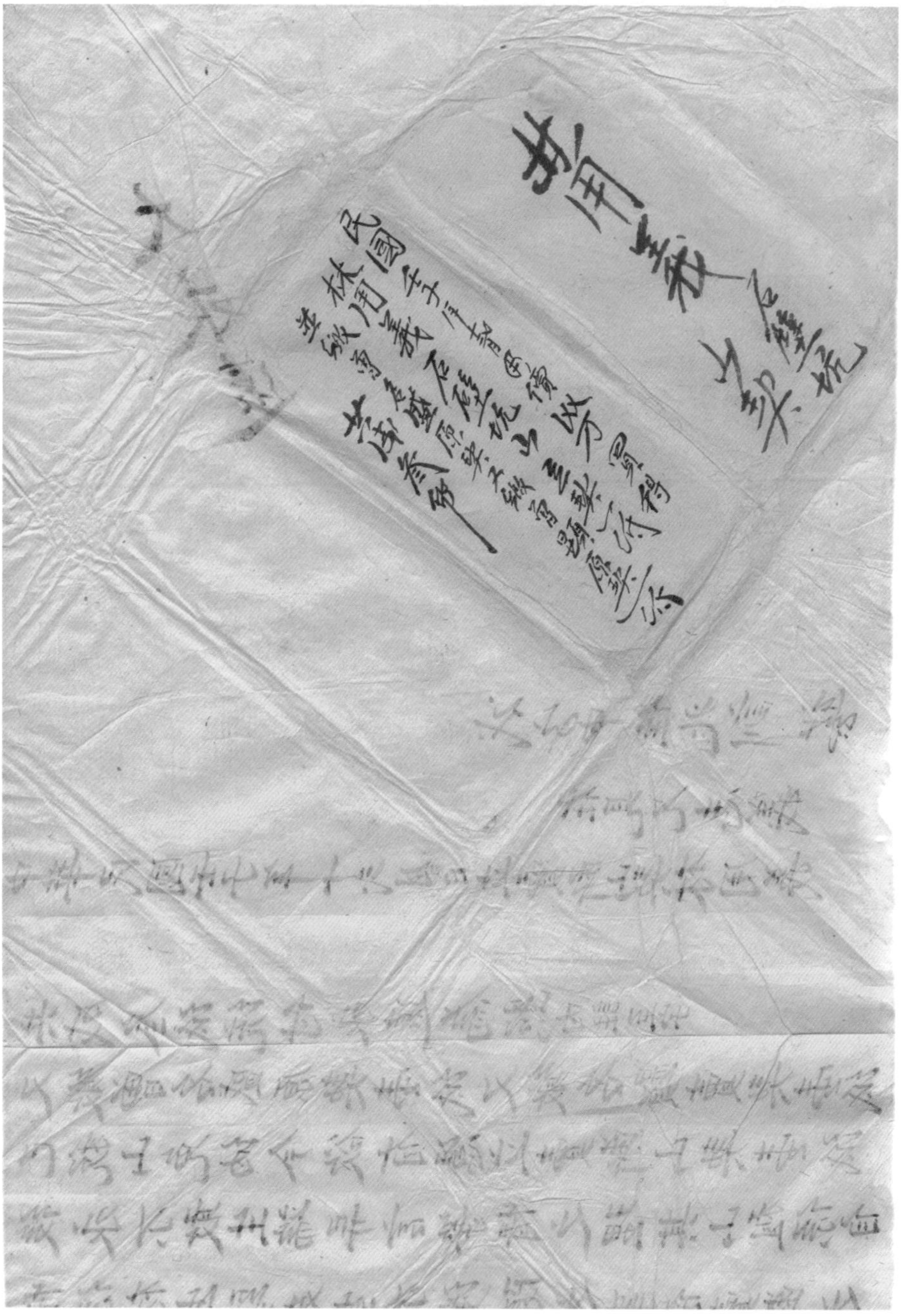

7-5-33-1　包契紙

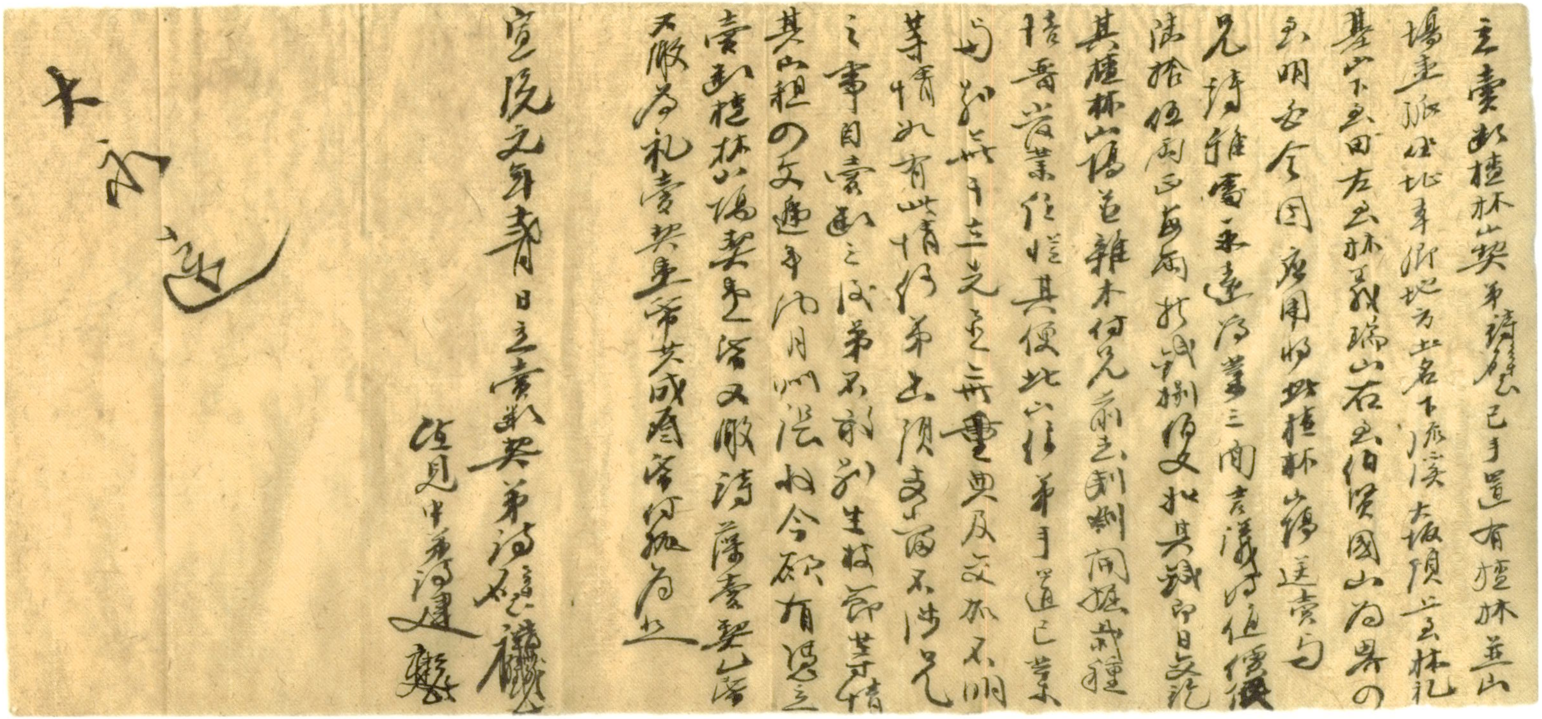

7-5-32-9　清宣統元年十二月陳詩璧立賣斷楂林山場契

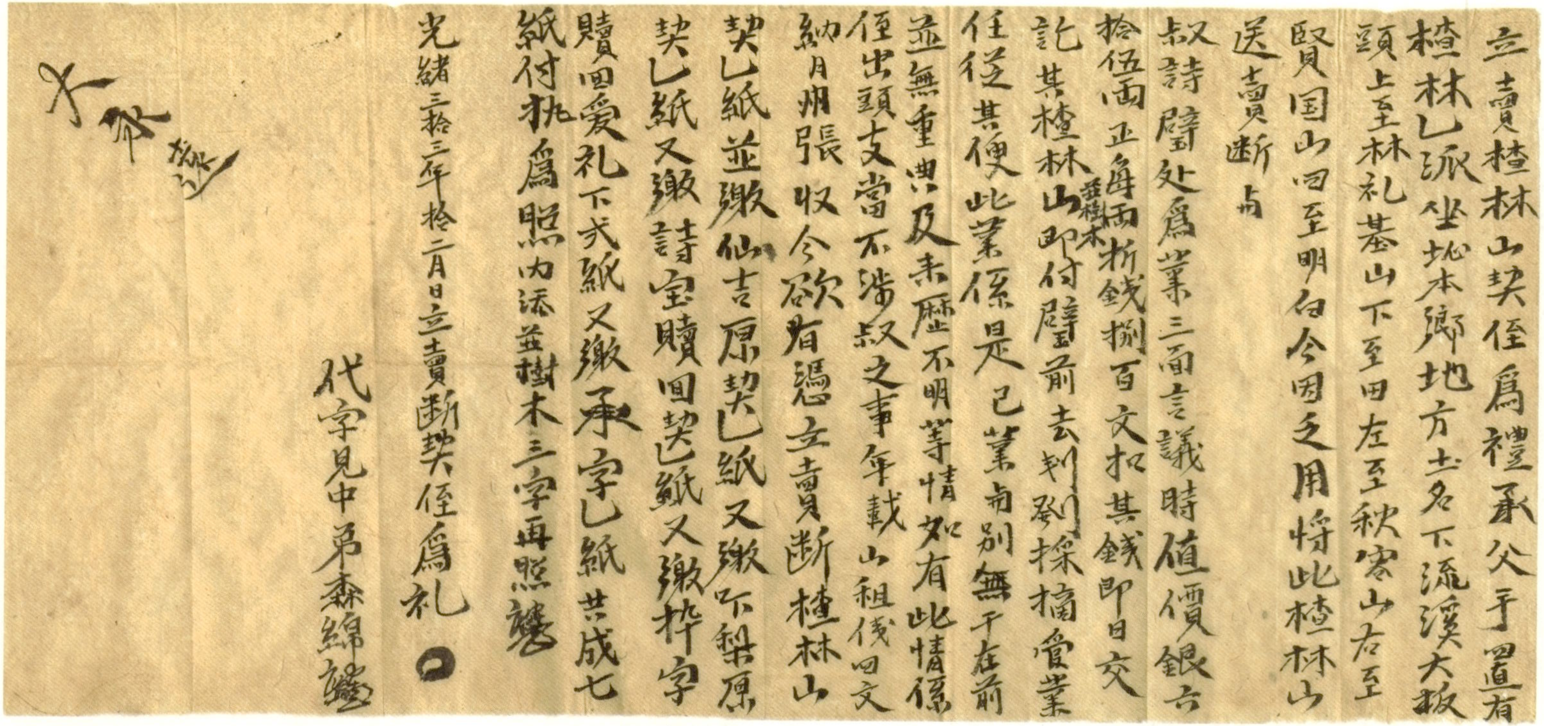
立賣楂林山契侄爲禮承父手置有
楂林山一派坐址本鄉地方土名下流溪大掀
頭上至林礼基山下至田左至秋寮山右至
賢国山四至明白今因乏用将此楂林山
送賣斷与
叔詩闢处爲業三面言議時值價銀六
拾伍兩正每兩七錢折錢捌百文扣其錢即日交
訖其楂林山即付闢前去判劉採摘管業
任從其便此業係是己業与別無干在前
並無重典及未歷不明等情如有此情係
侄出頭支當不涉叔之事年載山租伐四文
納月册張收今欲有憑立賣斷楂林山
契一紙並繳仙吉原契一紙又繳不梨原
契一紙又繳詩宝贖回契一紙又繳梓字
贖回爱礼下式紙又繳承字一紙共成七
紙付執爲照 内添並樹木三字再照號
光緒三拾三年拾二月日立賣斷契侄爲礼
代字見中弟森綿號

7-5-32-8　清光緒三十三年十二月陳爲禮立賣楂林山契

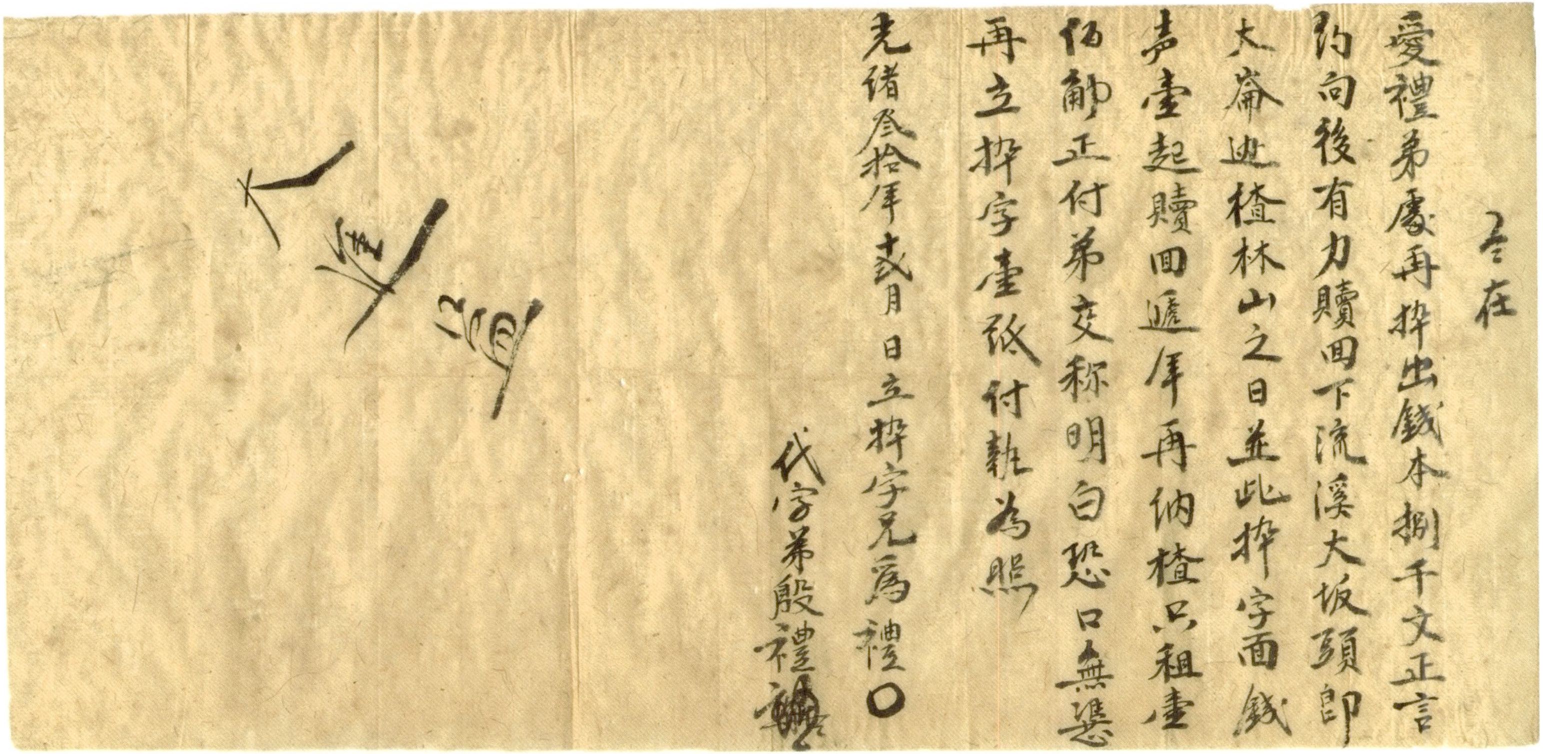
立在
愛禮弟處再撮出錢本捌千文正言
約向後有力贖回下流溪大坂頭郎
太崙迸檔林山之日並此撮字面錢
声壹起贖回遞年再納檔只租壹
佰觔正付弟交稱明白恐口無憑
再立撮字壹紙付執爲照
光緒叁拾年十貳月　日立撮字兄爲禮〇
代字弟殷禮

7-5-32-7　清光緒三十年十二月陳爲禮立撮字

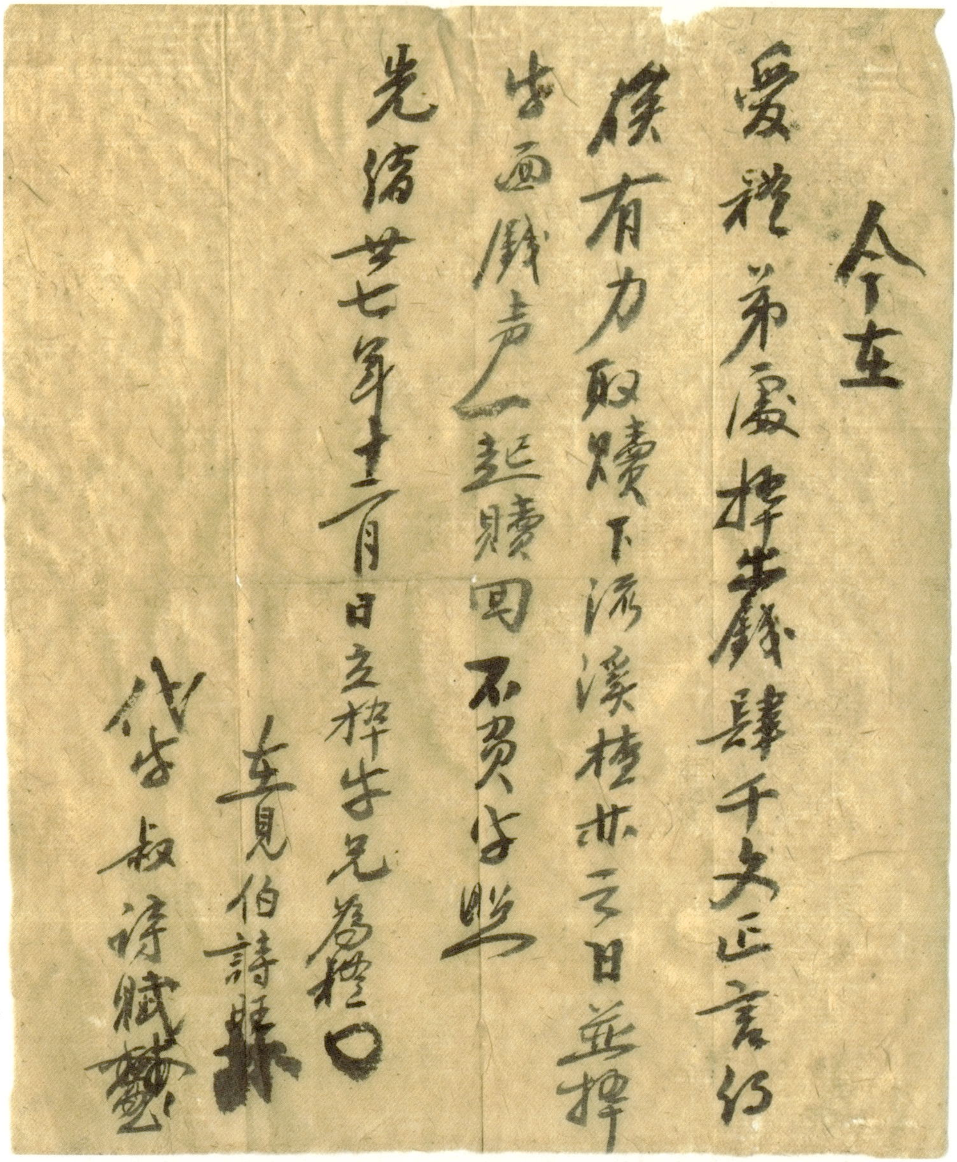
今立
愛禮弟處撮出錢肆千文正言約
係有力取贖下流溪樓卅三日並撮
出過錢声一起贖回不負字照
光緒廿七年十二月　日立撮字兄為禮（押）
在見伯詩旺（押）
代字叔詩賦（押）

7-5-32-6　清光緒二十七年十二月陳爲禮立撮字

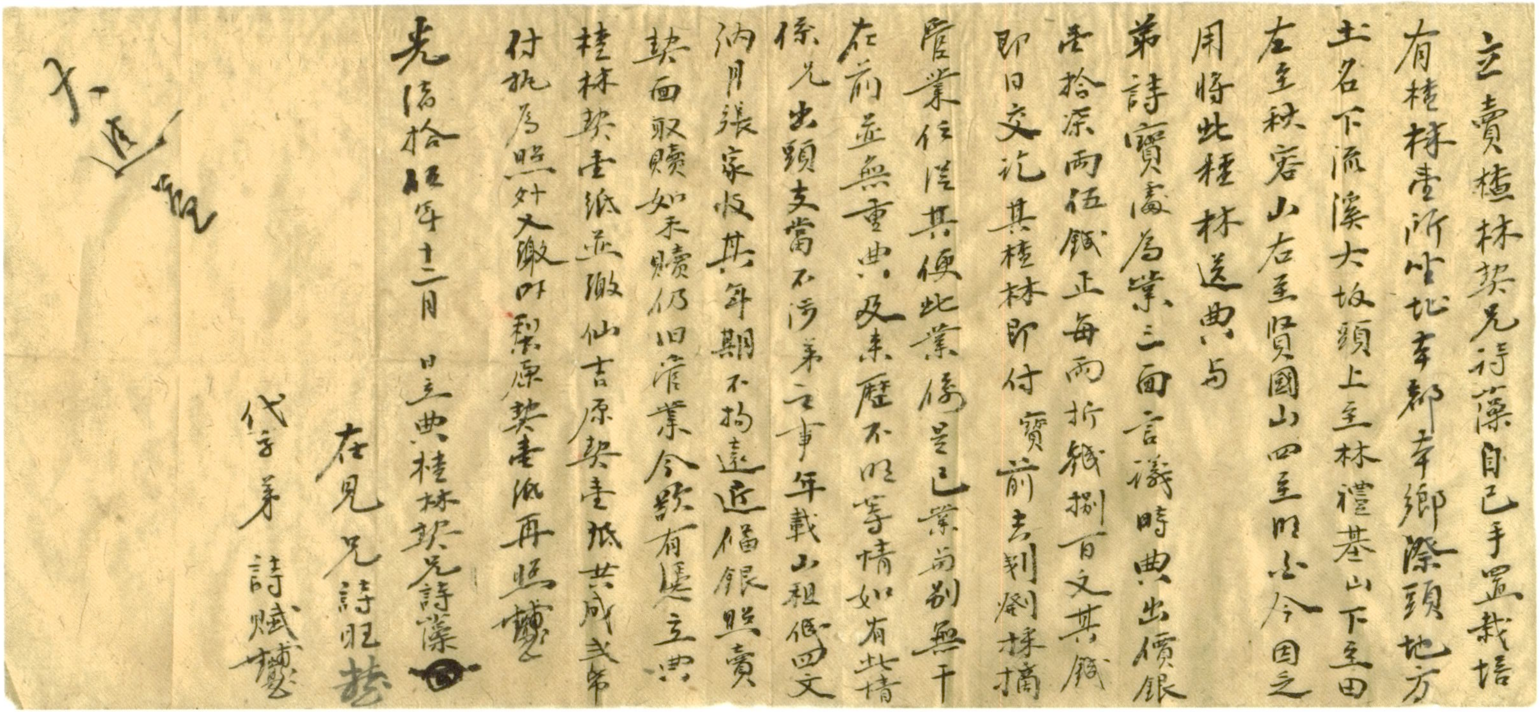

立賣植林契兄詩藻自己手置栽培
有植林壹所坐址本都本鄉際頭地方
土名下流溪大坂頭上至林禮基山下至田
左至秋容山右至賢國山四至明白今因之
用將此植林送典與
弟詩寶處爲業三面言議時典出價銀
壹拾柒兩伍錢正每兩折錢捌百文其錢
即日交訖其植林即付寶前去剗劉採摘
管業任從其便此業係是己業與别無干
在前並無重典及來歷不明等情如有此情
係兄出頭支當不涉弟之事年載山租低四文
納月張家收其年期不拘遠近備銀照賣
契面取贖如未贖仍旧管業今欲有憑立典
植林契壹紙並繳仙吉原契壹紙共成弍帋
付執爲照　外又繳叫梨原契壹紙再照
光緒拾伍年十二月　日立典植林契兄詩藻
在見兄詩旺
代筆　詩賦

7-5-32-5　清光緒十五年十二月陳詩藻立賣植林契

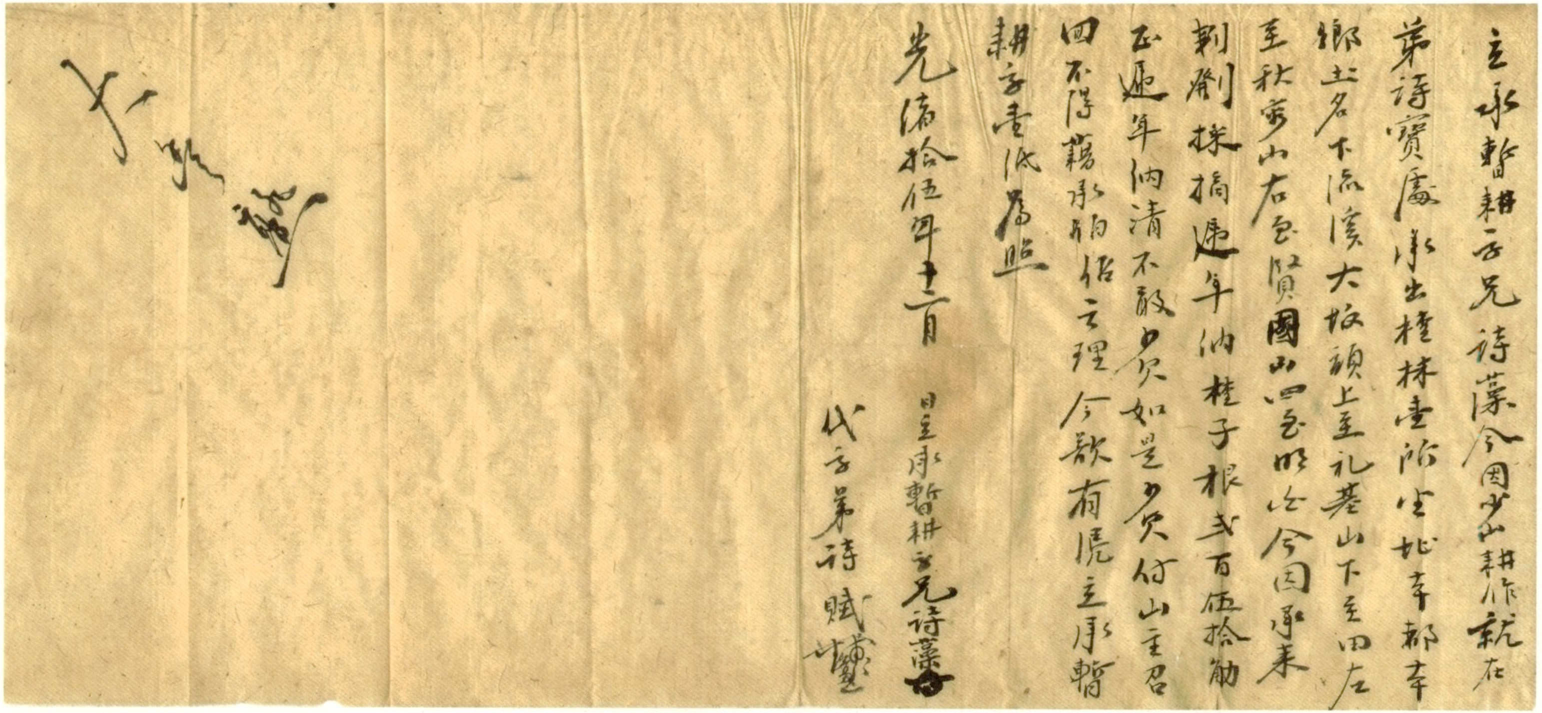
立承暫耕字兄詩藻今因乏山耕作，就在
弟詩賓處承出楂林壹所，坐址本都本
鄉土名下流濱大坂頭，上至礼基山，下至田，左
至秋寮山，右至賢園山，四至明白。今因承來
剉剷採摘，逓年納楂子根弍百伍拾觔
正，逓年納清，不敢少欠，如是少欠，付山主召
回，不得藉端諸理。今欲有憑，立承暫
耕字壹紙為照。
光緒拾伍年十二月　日立承暫耕字兄詩藻（押）
代字弟詩賦（押）

7-5-32-4　清光緒十五年十二月陳詩藻立承暫耕楂林字

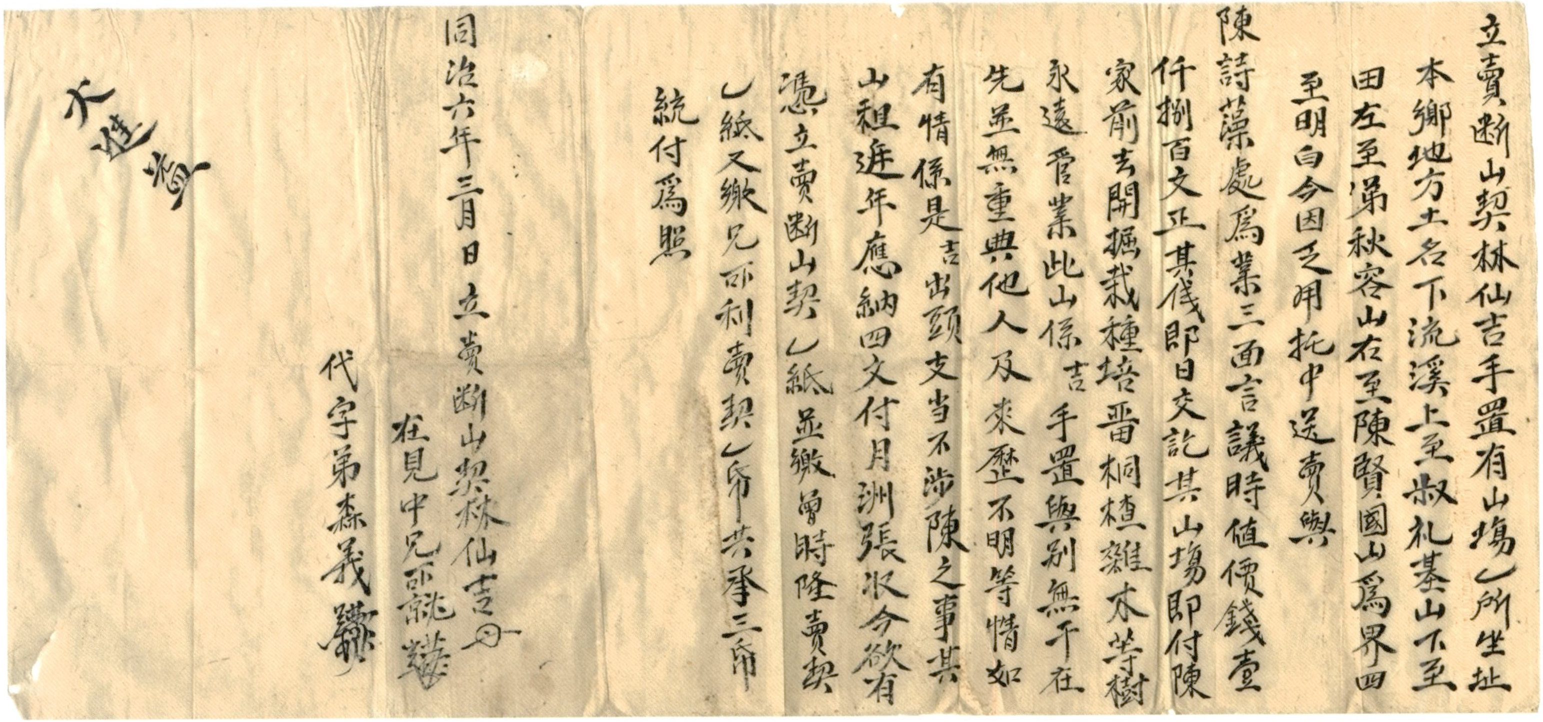

7-5-32-3　清同治六年三月林仙吉立賣斷山場契

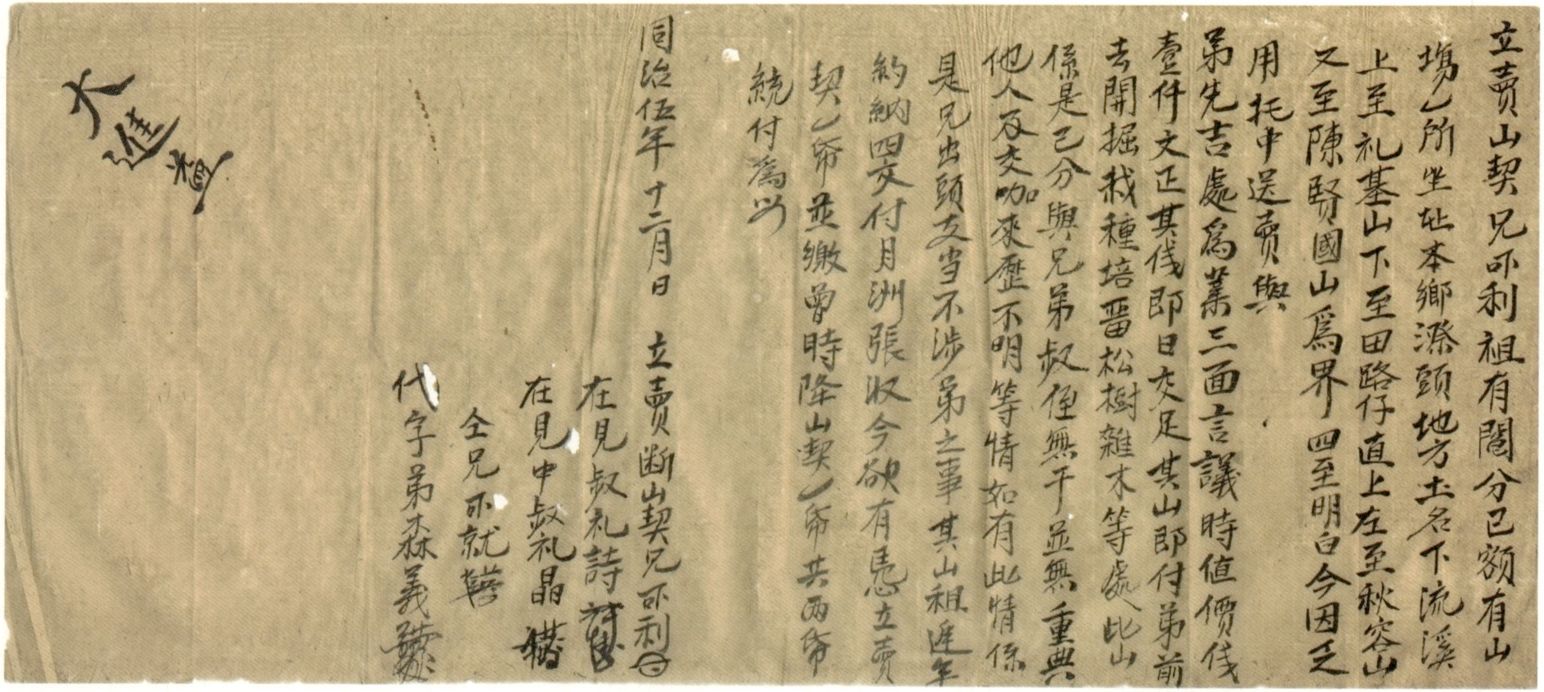
立賣山契兄吓利祖有鬮分已額有山
場乙所坐址本鄉漈頭地方土名下流溪
上至礼基山下至田路仔直上左至秋峇山
又至陳賢國山爲界　四至明白今因乏
用托中送賣與
弟先吉處爲業三面言議時值價錢
壹仟文正其錢即日交足其山即付弟前
去開掘栽種培蓄松樹雜木等處此山
係是已分與兄弟叔侄無干並無重典
他人及交加來歷不明等情如有此情係
是兄出頭支当不涉弟之事其山祖廷年
約納四文付月洲張收今欲有憑立賣
契乙帋並繳曾時除山契乙帋共兩帋
統付爲照

同治伍年十二月日　立賣斷山契兄吓利
在見叔礼詩
在見中叔礼晶
仝兄吓就
代字弟森義

大進

7-5-32-2　清同治五年十二月林吓利立賣山場契

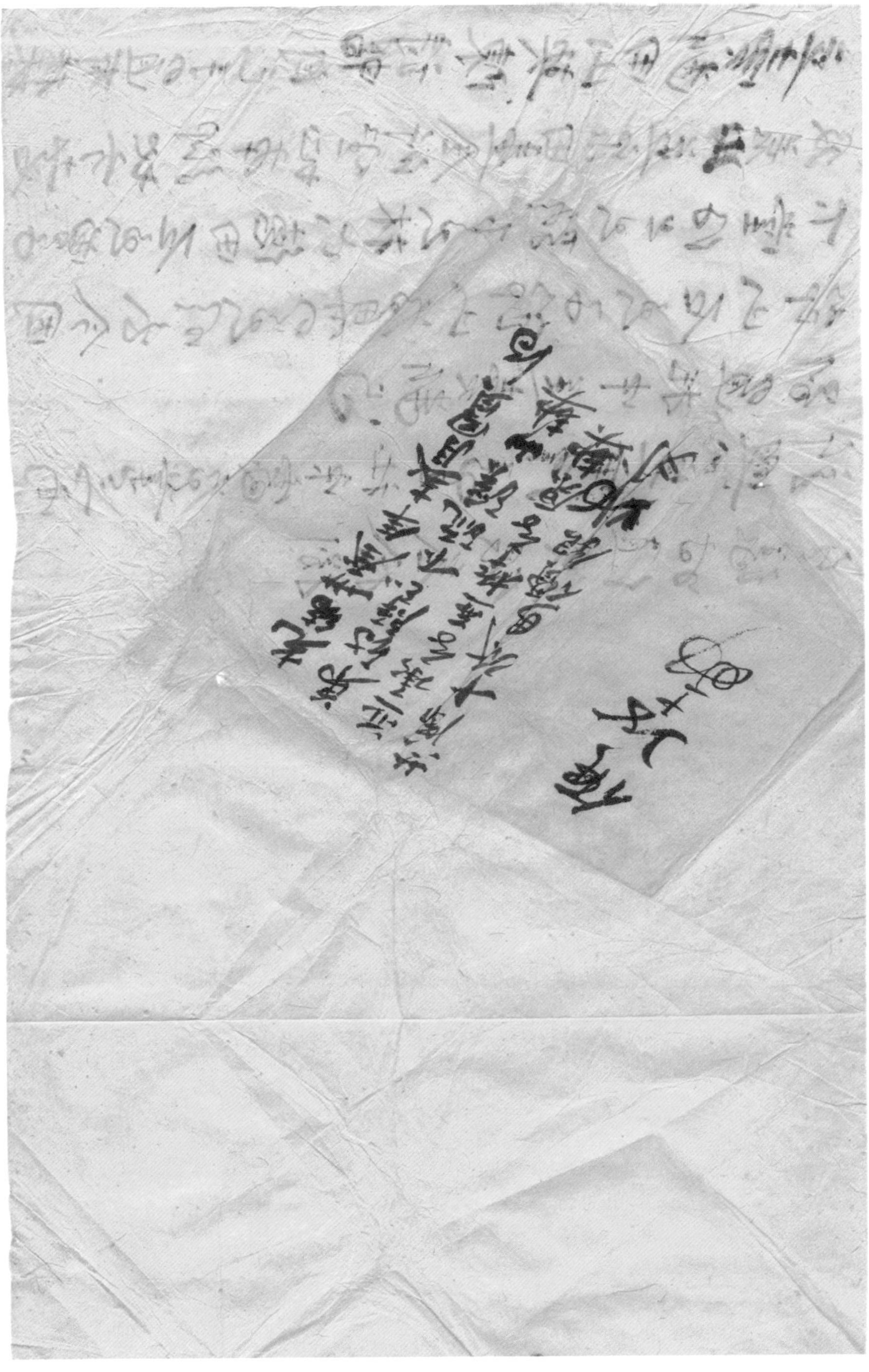

7-5-32-1　包契紙

立賣斷山契人蔡春吉承父手鬮分下有山場乙
所坐址本鄉地方土名石厝下坪面上至路下至曾
習連山左上至林礼詩山左下至曾習連山左上
至曾有標山右下至林礼基山為界四至明白
今因乏用自愿托中送賣斷与
陳華周處為業三面言議時值價錢伍仟
文正其錢即日交訖其山場並植林雜木即付錢
主前去管業剗劉開掘栽種任從其便
此山係是鬮分己業向別無干在先並無重
典他人及未歷交加不明等情如有此情係蔡
出頭支当不涉陳家之事自賣斷之後不敢生
端異言之理其稅山陳家應向晃納山租今欲有
憑立賣斷山契乙紙為照

內註至字乙字再照　蔡

同治四年十二月　日立賣斷山契蔡春吉　押

在見叔祖章甫　押

中人叔光善　押

大進通

7-5-31-2　清同治四年十二月蔡春吉立賣斷山場契

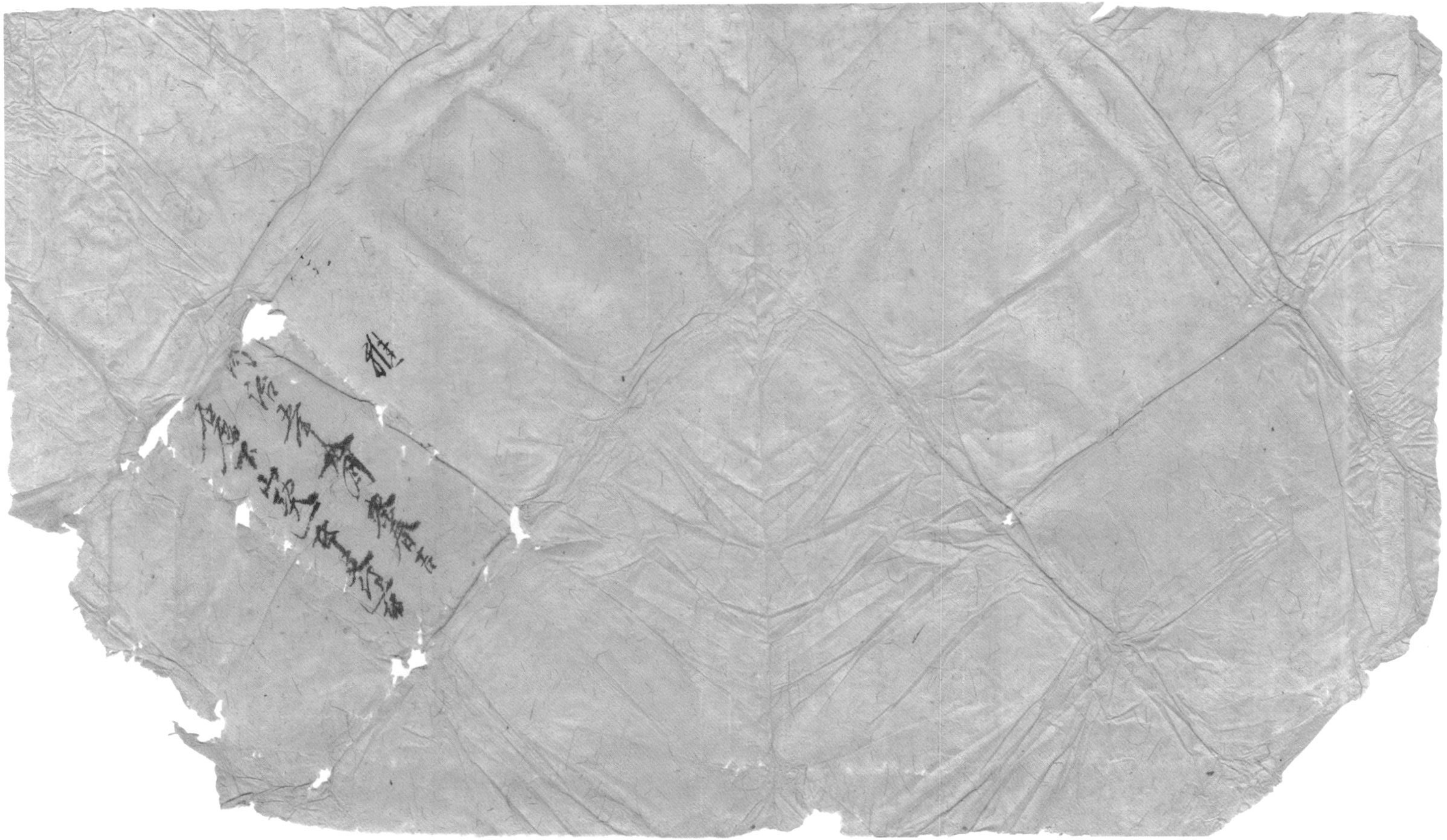

7-5-31-1　包契紙

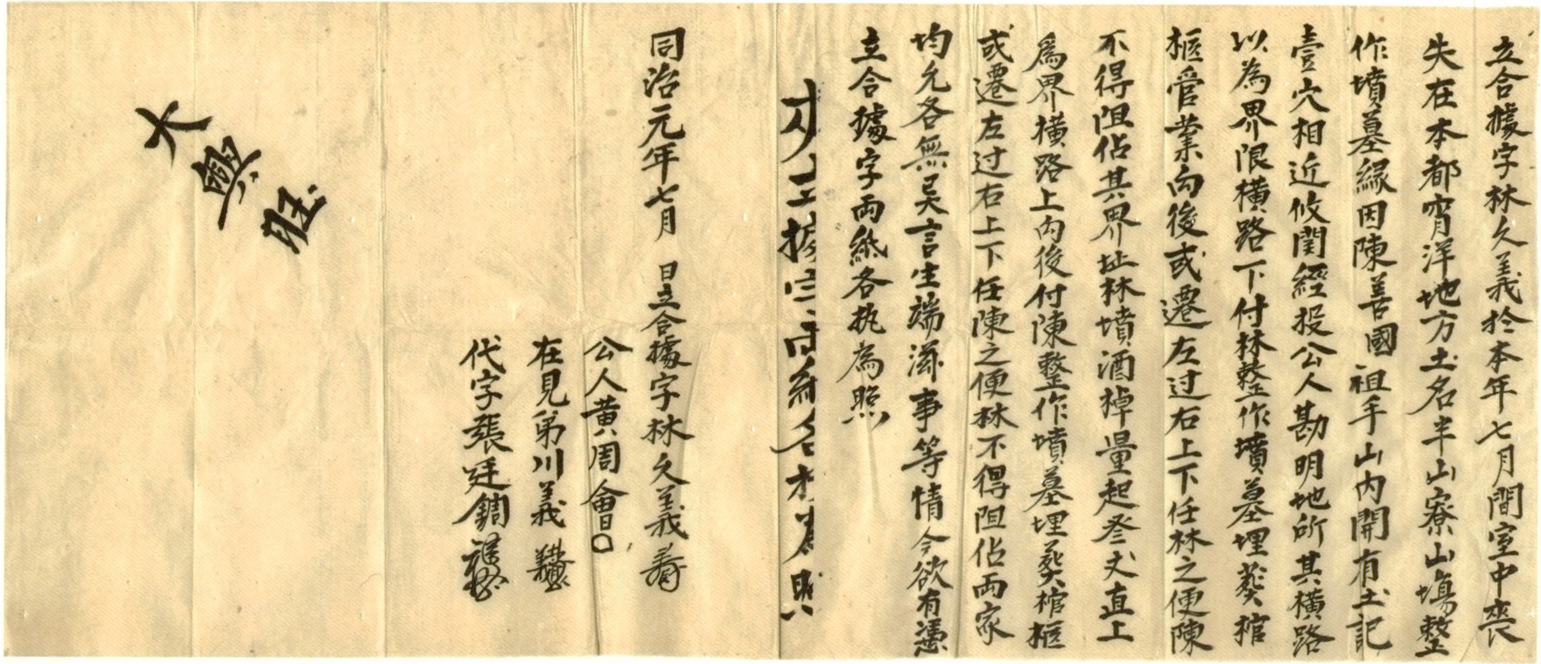

立合據字林久義於本年七月間室中喪
失在本都宵洋地方土名半山寮山塢整
作墳墓緣因陳善國祖手山内開有土記
壹穴相近攸闗經投公人勘明地所其横路
以為界限横路下付林整作墳墓埋葬棺
柩管業向後或遷左过右上下任林之便陳
不得阻佔其界址林墳酒棹量起叁丈直上
為界横路上向後付陳整作墳墓埋葬棺柩
或遷左过右上下任陳之便林不得阻佔两家
均允各無異言生端滋事等情今欲有憑
立合據字两紙各執為照。

同治元年七月　日立合據字林久義
公人黄周會
在見弟川義
代字張廷鏘

7-5-30-3　清同治元年七月林久義立合據字

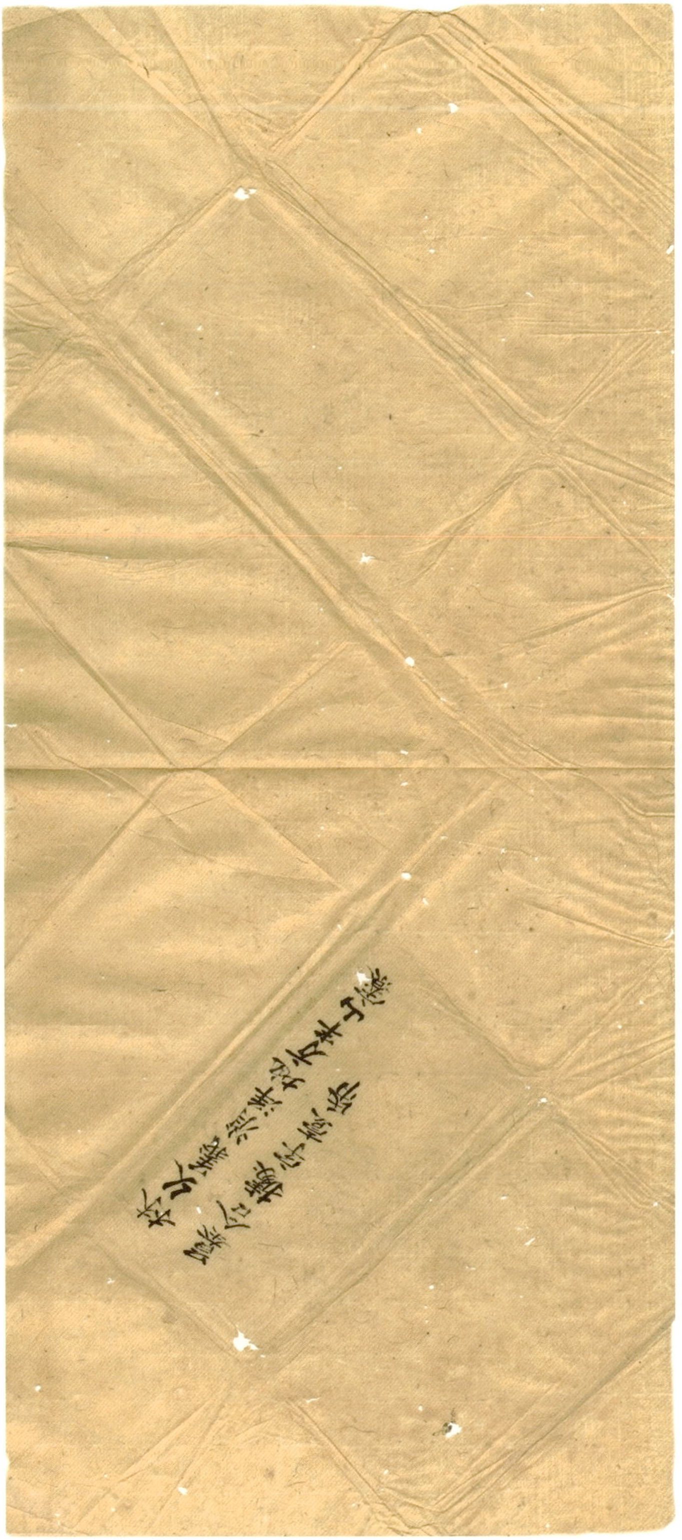

7-5-30-2　包契紙

7-5-30-1　包契紙

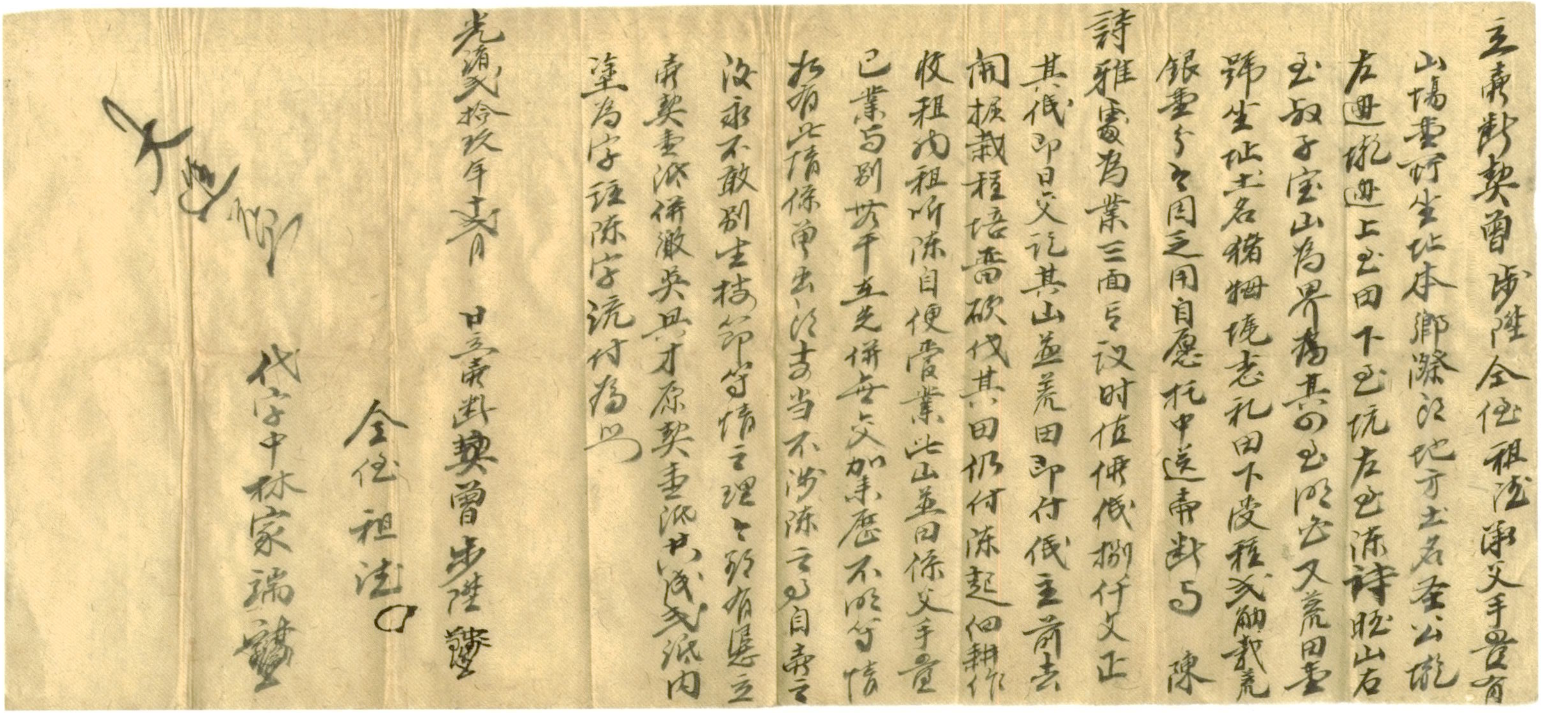
立賣斷契曾步陞仝侄祖法承父手置有
山場壹所坐址本鄉[illegible]頭地方土名[illegible]山坑
左邊坑邊上至田下至坑左至[illegible]詩旺山右
至叔子寶山為界為其四至明白又荒田壹
坵坐址土名豬欄境忠礼田下陂種弍斛載荒
銀壹今因乏用自愿托中送賣斷與 陳
詩雅處為業三面言议时值價價捌仟文正
其價即日交訖其山並荒田即付價主前去
開振栽種培蓄砍伐其田仍付陳起佃耕作
收租內租付陳自便管業此山並田係父手置
已業与別房千五先併無文加業應不明等情
於前此情係甫出、後來当不涉陳之事自賣之
後永不敢別生枝節等情之理、恐有憑立
賣契壹紙併繳[illegible]無才原契壹紙共成弍紙內
塗為字鈺陳字流付為照
光緒弍拾玖年十二月 日立賣斷契曾步陞（押）
仝侄祖法（押）
代字中林家瑞（押）

7-5-29-3　清光緒二十九年十二月曾步陞等立賣斷山場契

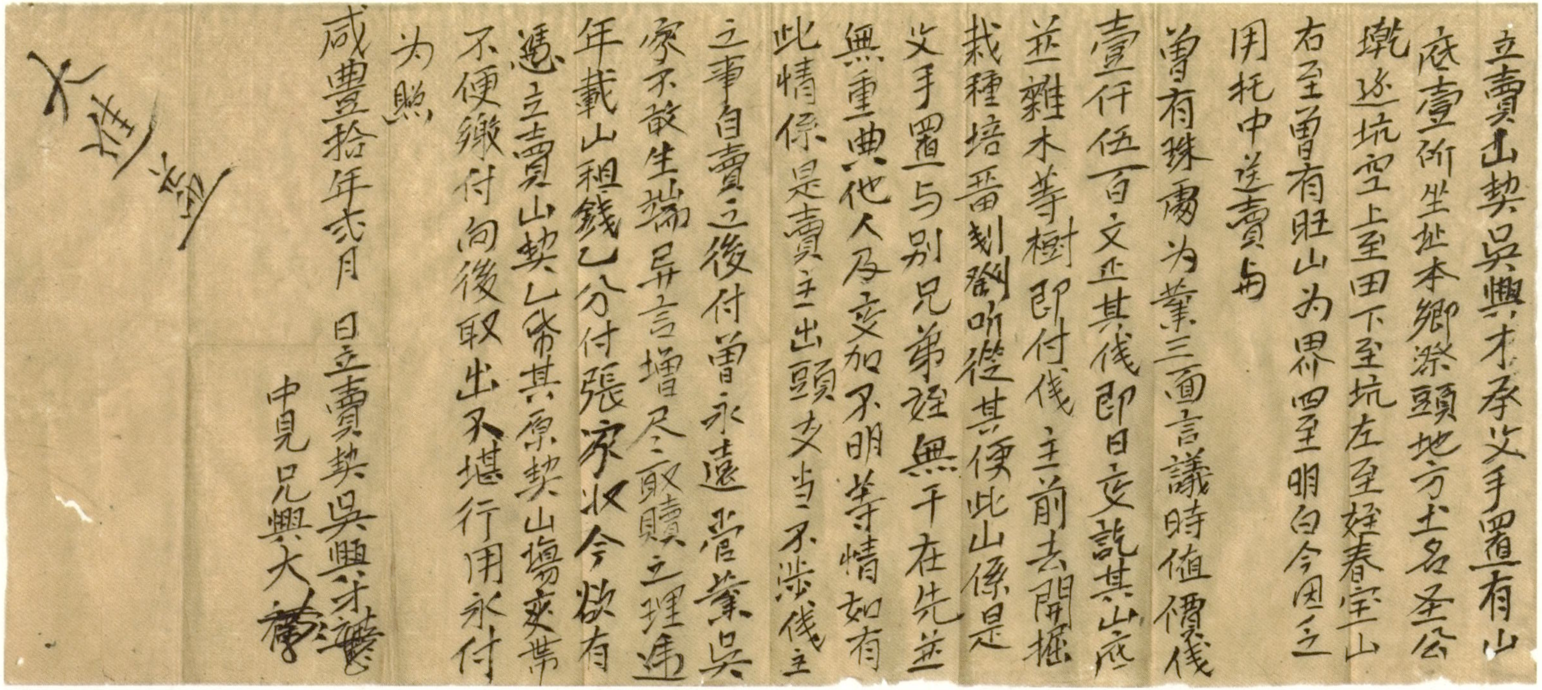
立賣山契吳興才承父手置有山
底壹所坐址本鄉漈頭地方土名丞公
墘迷坑空上至田下至坑左至姪春寀山
右至曾有旺山为界四至明白今因乏
用托中送賣与
曾有珠處为業三面言議時值價錢
壹仟伍百文正其錢即日交訖其山底
並雜木等樹即付錢主前去開掘
栽種培蓄割斫聽從其便此山係是
父手置与別兄弟姪無干在先並
無重典他人及交加不明等情如有
此情係是賣主出頭支当不涉錢主
之事自賣之後付曾永遠管業吳
家不敢生端异言增盡取贖之理遞
年載山租錢乙分付張家收今欲有
憑立賣山契乙帋其原契山場交帯
不便繳付向後取出不堪行用永付
为照
咸豐拾年弍月 日立賣契吳興才
中見兄興大

7-5-29-2 清咸豐十年二月吴興才立賣山底契

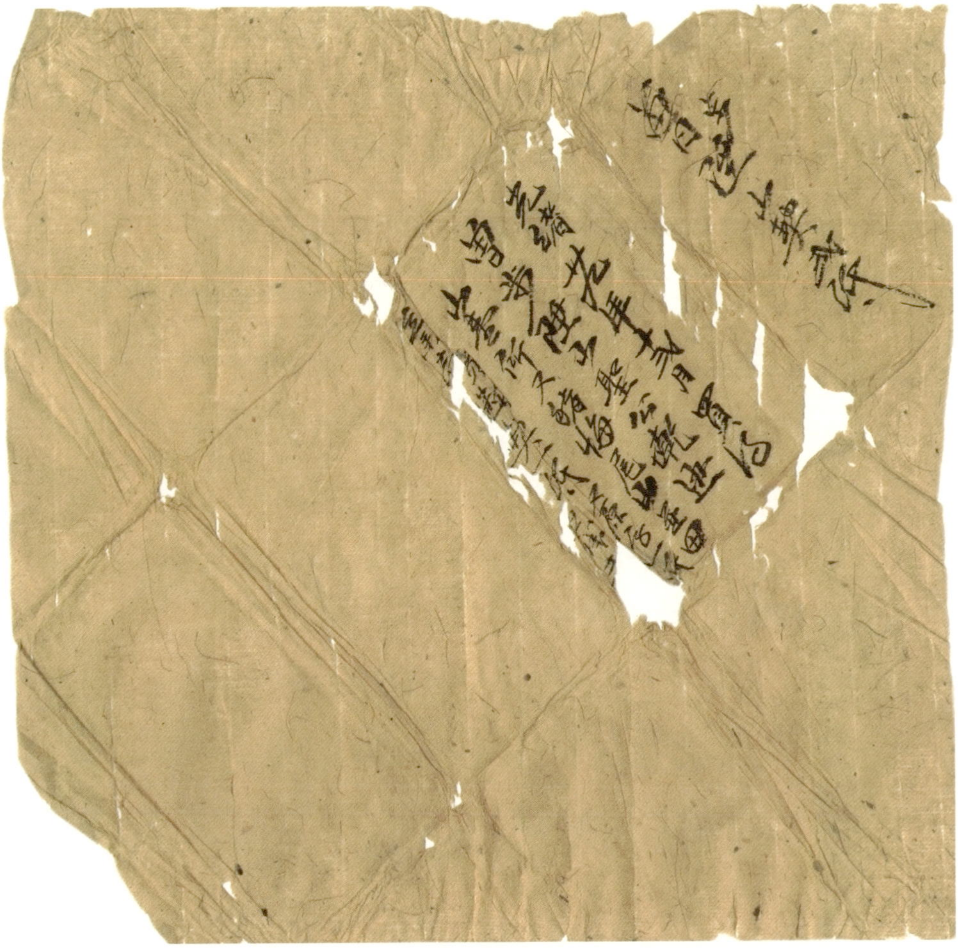

7-5-29-1　包契紙

立賣厝契陳蘭國父分閹分右迯橫厝第
壹榻上下楼式榻上至椽瓦下至地基磉石四
圍明白今因乏用托中送賣与
陳坪量叔處爲業三面言議時値價錢
捌千文正其錢即日交訖其厝樫即付坪量
叔前去收整住居管業听從其便其厝自己閹
分内與别伯叔兄弟姪無干在前並無重張
典当他人及來歷交加不明等情如有此情
係賣主出頭支当不涉買主之事。自賣断之後
付坪量永遠住居後日再爲任從其便住不得
言說生端增找取贖等情之理今欲有憑立
賣契壹帋爲照

咸豐捌年十二月　日立賣厝契陳蘭國（押）

在見中弟才國（押）

大興

7-5-28-2　清咸豐八年十二月陳蘭國立賣厝契

7-5-28-1　包契紙

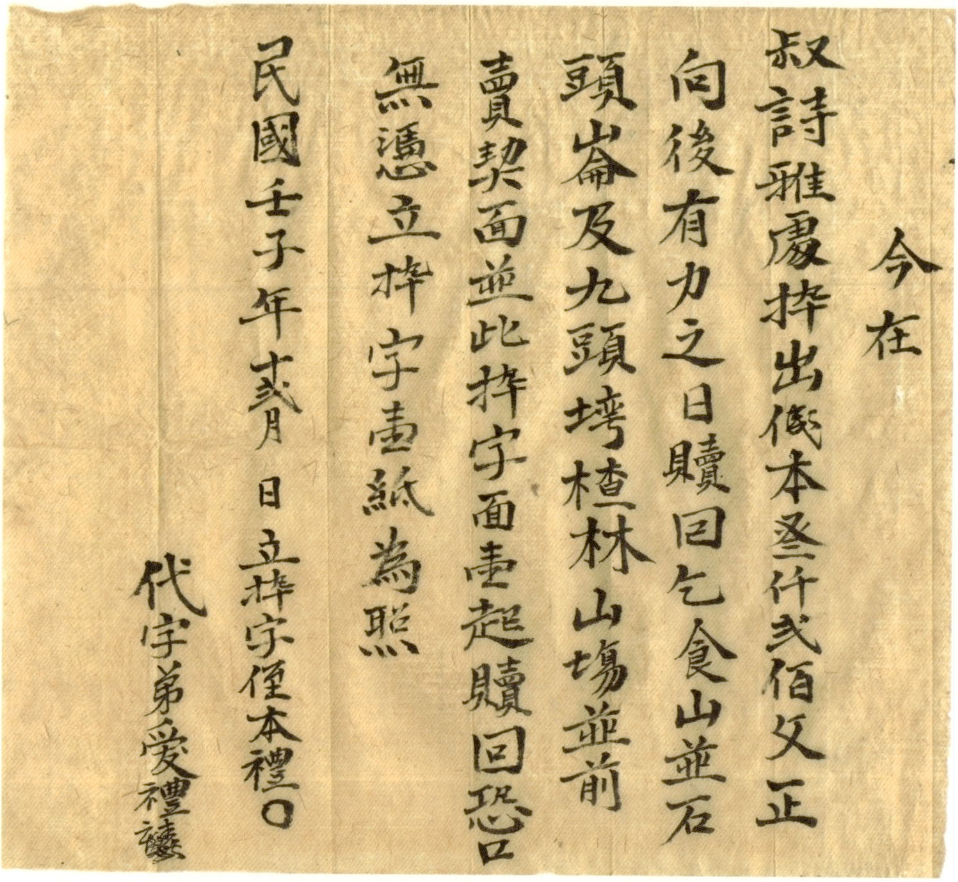

今在
叔詩雅處撮出佛本叁什弍佰文正
向後有力之日贖回乞食山並石
頭崙及九頭垮楂林山場並前
賣契面並此撮字面壹起贖回恐口
無憑立撮字壹紙為照
民國壬子年十二月 日 立撮字侄本禮
代字弟愛禮

7-5-27-6　民國元年十二月陳本禮立撮字

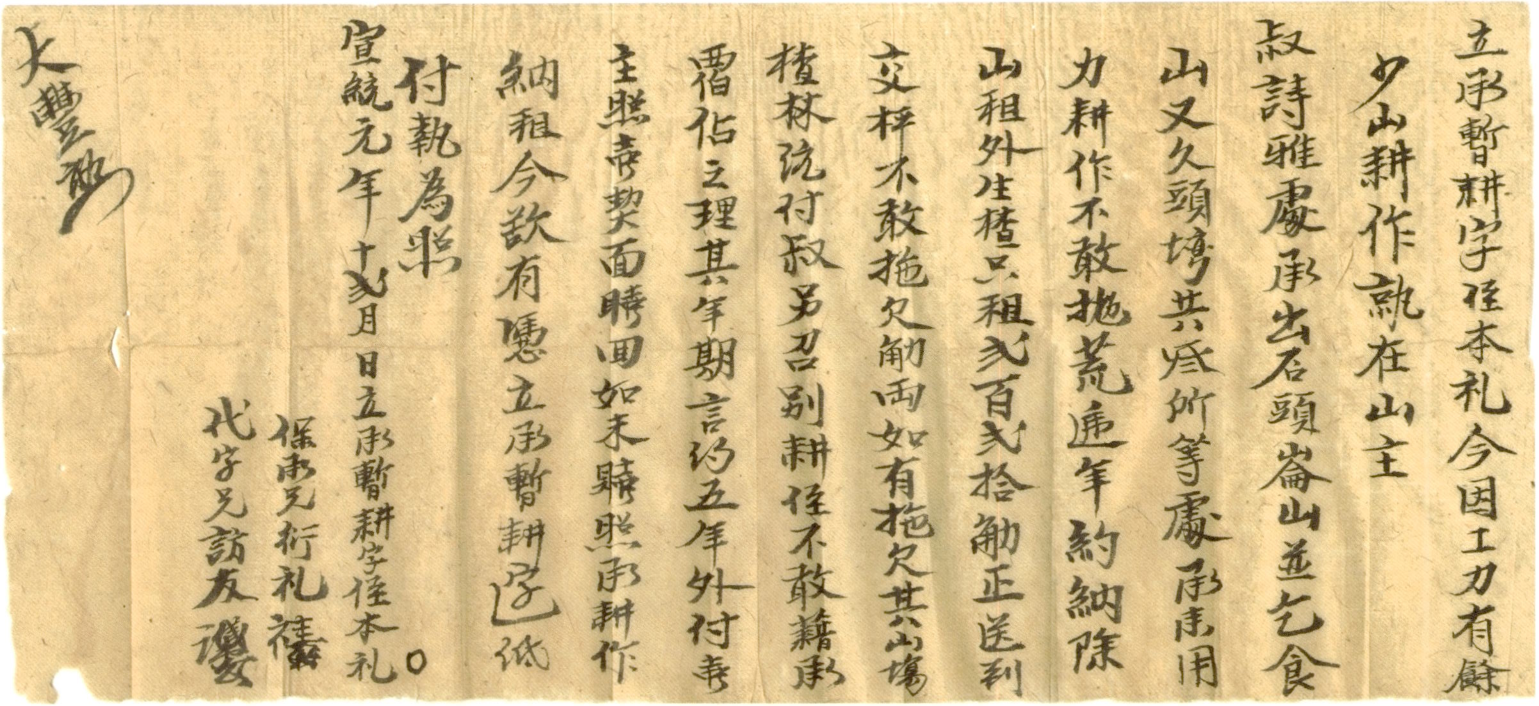

立承暫耕字侄本礼，今因工力有餘，少山耕作，就在山主叔詩雅處承出石頭嶺山並乞食山又久頭塆共壹所等處，承来用力耕作，不敢拋荒。遞年約納除山租外，生楂只租弍百弍拾觔正，送到交秤，不敢拖欠觔两。如有拖欠，其山場楂林說付叔另召别耕，侄不敢藉承覇佔之理。其年期言约五年外付贖主照壹契面贖回，如未贖，照承耕作納租。今欲有憑，立承暫耕字為（紙）付執為照。

宣統元年十弍月　日立承暫耕字侄本礼〇

保甫兄衍礼（押）

代字兄訪友（押）

大豐收

7-5-27-5　清宣統元年十二月陳本礼立承暫耕山字

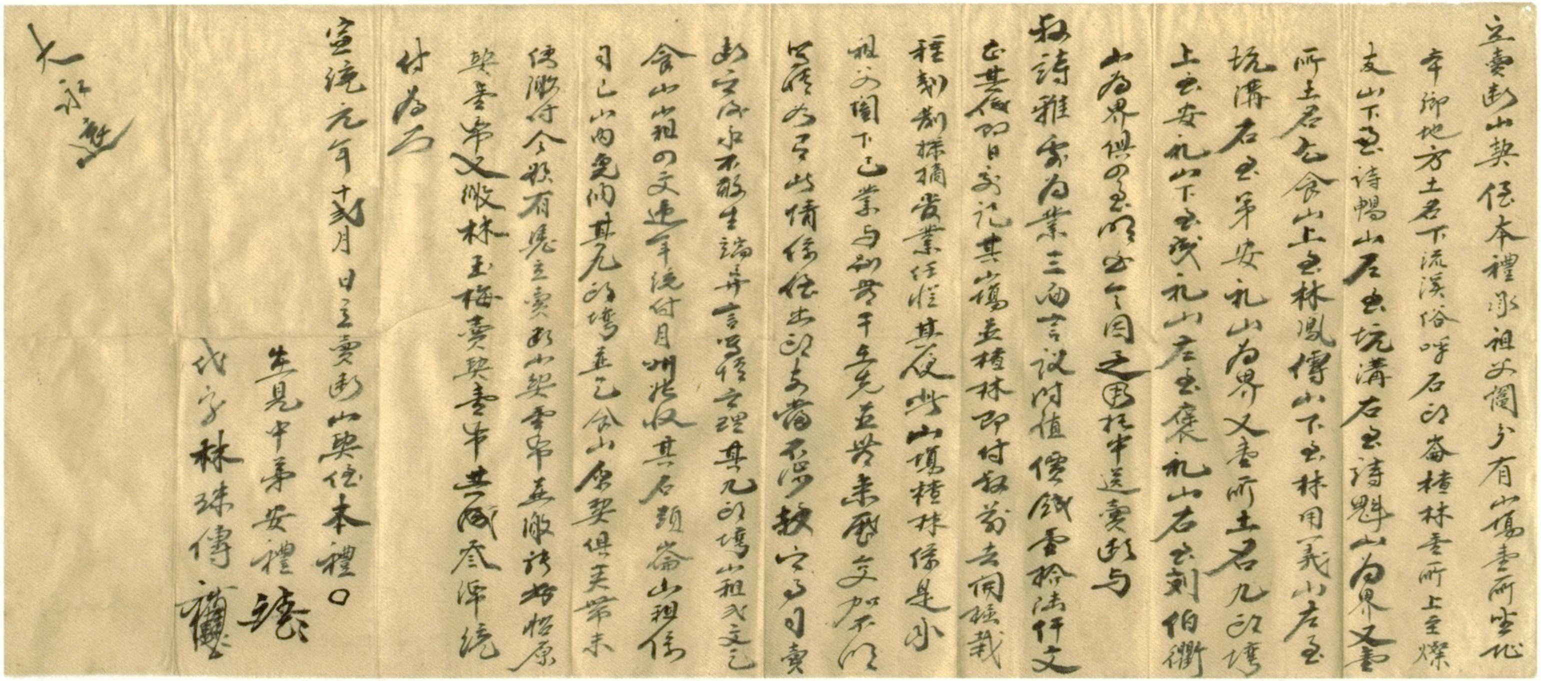
立賣斷山契陳本禮承祖父鬮分有山場壹所坐址
本鄉地方土名下流溪俗呼石頭崙楂林壹所上至燦
支山下至詩暢山左至坑溝右至詩魁山為界又壹
所土名[illegible]食山上至林鳳傳山下至林用義山左至
坑溝右至弟安礼山為界又壹所土名九頭墘
上至安礼山下至茂礼山左至褒礼山右至劉伯衢
山為界俱四至明白今因乏用托中送賣與
叔詩雅處為業三面言議時值價錢壹拾伍仟文
正其價即日交訖其山場並楂林即付叔前去開種栽
種[illegible][illegible]採摘管業任從其便此山場楂林係是承
祖父鬮下之業與別房兄弟無涉未賣之先不曾
[illegible][illegible]他人此係情愿[illegible][illegible]當不得[illegible]說口恐無憑立賣
斷字係[illegible]不敢生端異言[illegible]情之理其九頭墘山祖[illegible]文已
會山祖[illegible]文連年總付月[illegible]收其石頭崙山租係
自己山內免納其九頭墘並己分山原契俱未帶來
[illegible]繳付今將有憑立賣斷山契壹紙並繳[illegible][illegible]原
契壹紙又繳林玉梅賣契壹紙共成叁紙統
付為照

宣統元年十二月　日立賣斷山契陳本禮（押）
在見中弟安禮（押）
代字林珠傳（押）

大[illegible][illegible]

7-5-27-4　清宣統元年十二月陳本禮立賣斷山場契

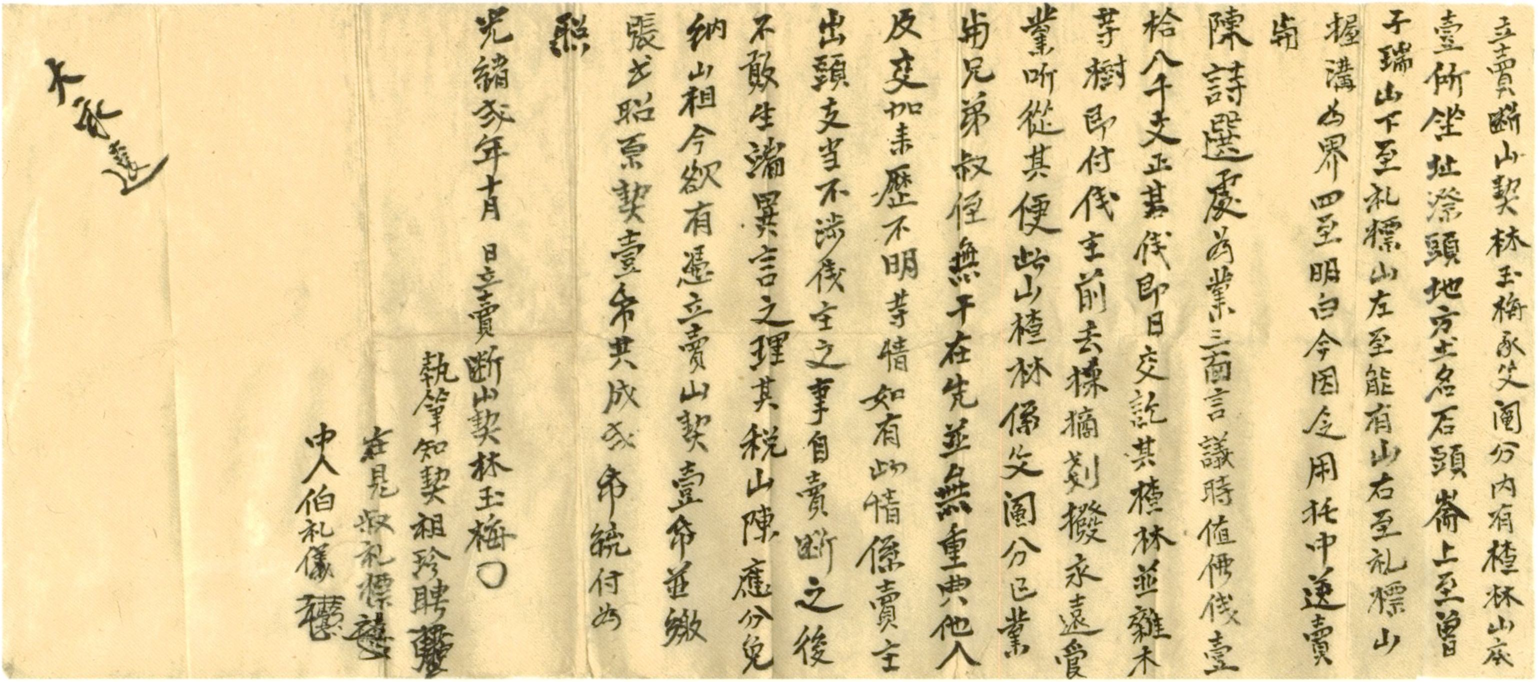
立賣斷山契林玉梅承父闔分内有楂林山乙
壹所坐址溙頭地方土名石頭嵛上至曾
子瑞山下至礼標山左至能有山右至礼標山
握溝為界四至明白今因乏用托中送賣
與
陳詩選處為業三面言議時值價錢壹
拾八千文正其錢即日交訖其楂林並雜木
茅樹即付錢主前去採摘劉撥永遠管
業听從其便此山楂林係父闔分已業
與兄弟叔侄無干在先並無重典他人
及交加来歷不明等情如有此情係賣主
出頭支当不涉錢主之事自賣斷之後
不敢生端異言之理其稅山陳應分兑
納山租今欲有憑立賣山契壹帋並繳
張弍貼京契壹帋共成叁帋統付為
照
光緒叁年十月　日立賣斷山契林玉梅〇
執筆知契祖玲聘
在見叔礼標
中人伯礼儀
大發達

7-5-27-3　清光緒二年十月林玉梅立賣斷楂林山底契

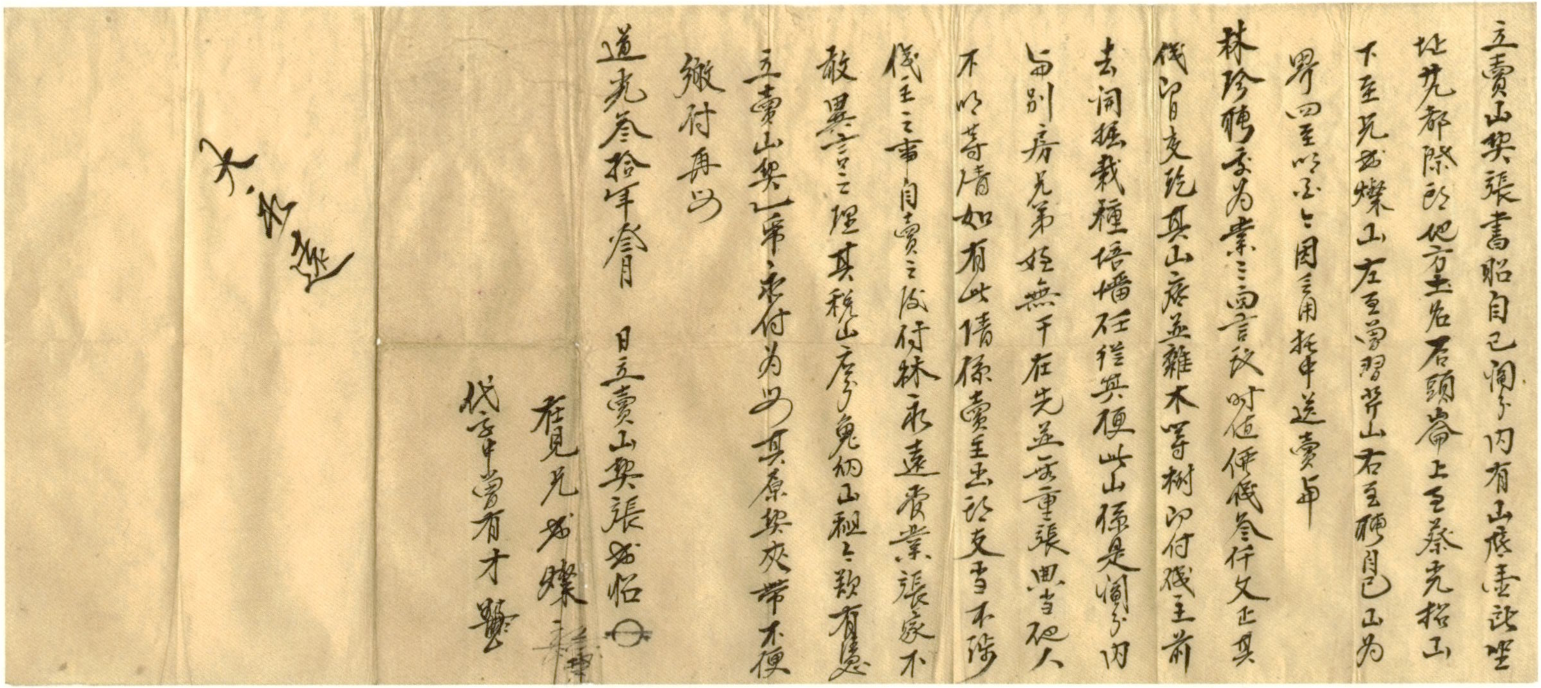
立賣山契張書昭自己鬮分內有山底壹段坐
址光都際的地方土名石頭崙上至蔡光裕山
下至兄書𤇆山左至曾習崙山右至聘自己山為
界四至明白今因乏用托中送賣與
林珍聘承為業三面言議時值價錢叁仟文正其
錢即日交訖其山底並雜木等樹即付錢主前
去開掘栽種培墻任從其便此山係是鬮分內
與別房兄弟姪無干在先並無重張典當他人
不明等情如有此情係賣主出頭支當不涉
錢主之事自賣之後付林永遠管業張家不
敢異言之理其稅山底分免納山租之款有憑
立賣山契一紙交付為照其原契夾帶不便
繳付再照
道光叁拾年叁月　日立賣山契張書昭
在見兄書𤇆
代字中曾有才

7-5-27-2　清道光三十年三月張書昭立賣山底契

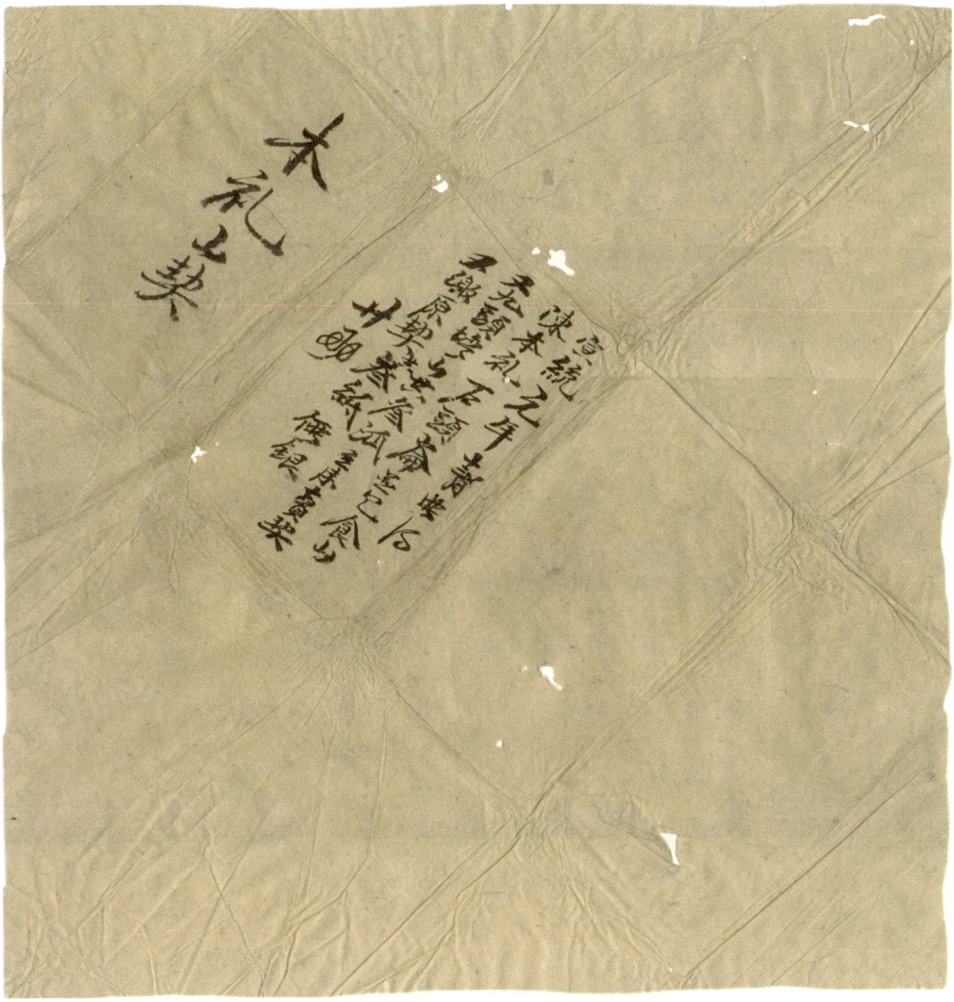

7-5-27-1　包契紙

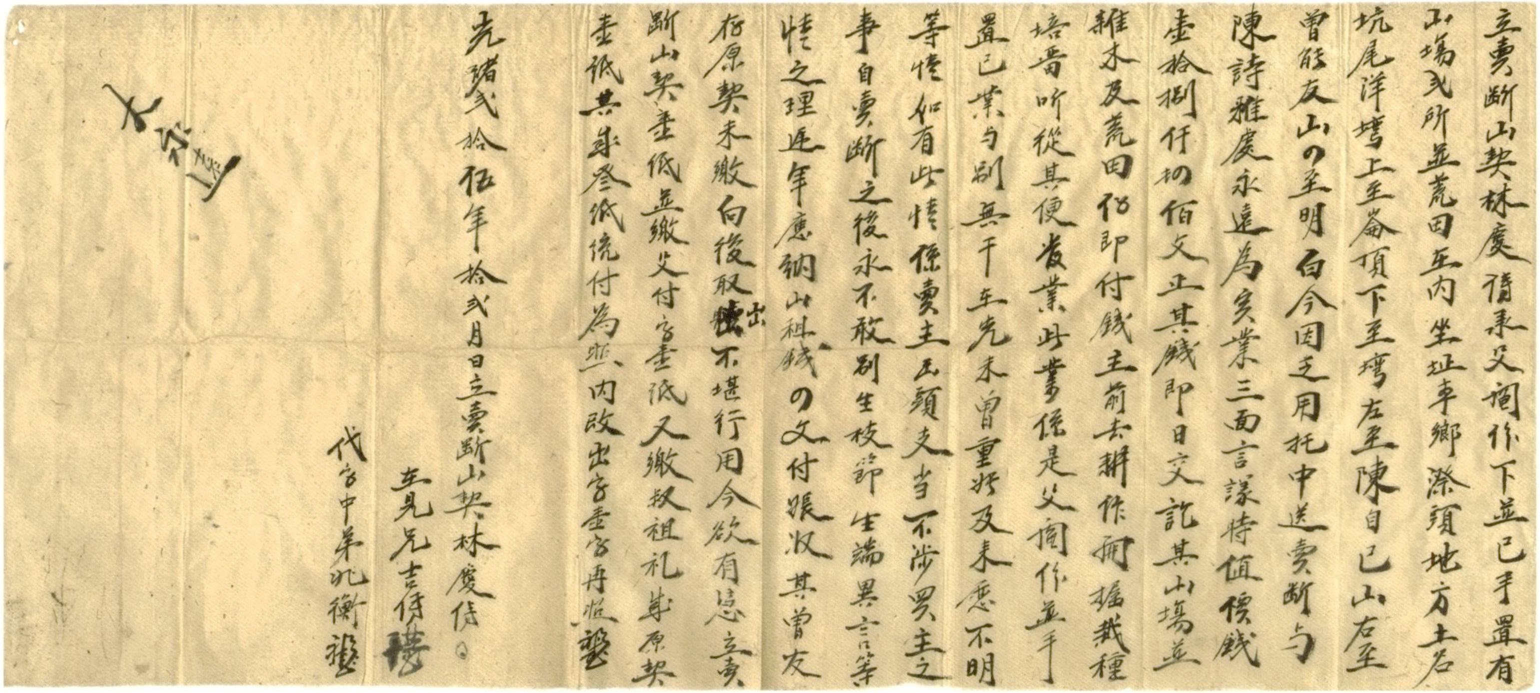
立賣斷山契林慶傳承父阄分下並己手置有
山場弍所並荒田在内，坐址本鄉漈頭地方土名
坑尾洋墘上至崙頂下至墘，左至陳自己山，右至
曾姓交山の至明白。今因乏用，托中送賣斷与
陳詩雅處永遠為實業，三面言議時值價錢
壹拾捌仟捌佰文正，其錢即日交訖，其山場並
雜木及荒田隨即付錢主前去耕作開掘栽種
培晉听從其便，發業此業係是父阄分並手
置己業，与别無干，在先未曾重張典掛及來歷不明
等情，如有此情，係賣主出頭支当，不涉買主之
事。自賣斷之後永不敢別生枝節，生端異言等
情之理。廷年應納山科錢の文付賬收。其曾交
佑原契未繳，向後取出不堪行用。今欲有憑，立賣
斷山契壹紙並繳父付字壹紙、又繳叔祖礼身原契
壹紙共乘叁紙付為照。内改出字壹字再照。
光緒弍拾伍年拾弍月　日立賣斷山契林慶傳（押）
在見兄吉傳（押）
代字中華沁衛（押）
大吉利

7-5-26-6　清光緒二十五年十二月林慶傳立賣斷山場契

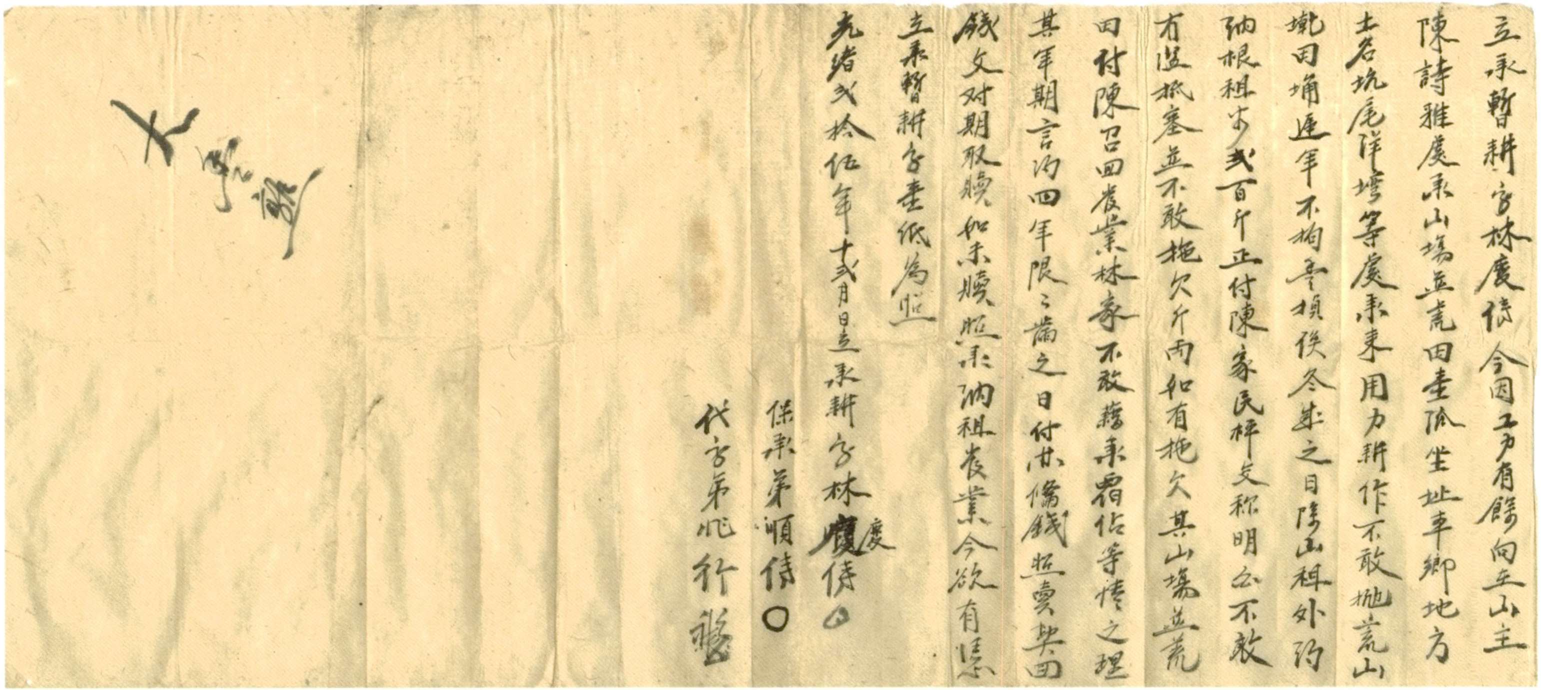

立承暫耕字林慶傳，今因乏力，有錢向在山主
陳詩雅處承山場並荒田壹隴，坐址本鄉地方
土名坑尾洋塆等處，承來用力耕作，不敢拋荒山
塊田埔。逐年不拘多損，俟冬熟之日，除山租外，仍
納根租谷貳百斤正，付陳家民秤交稱明白，不敢
有溢抵塞，並不敢拖欠斤兩。如有拖欠，其山場並荒
田付陳召回，農業林家不敢藉承霸佔等情之理。
其年期言約四年限，限滿之日，付出備錢照賣契田
錢文對期取贖，如未贖照來納租，農業今欲有憑，
立承暫耕字壹紙為照。
光緒貳拾伍年十弍月　日立承耕字林慶傳(押)
保承弟順傳〇
代字弟心衍(押)

7-5-26-5　清光緒二十五年十二月林慶傳立承暫耕山場等字

立付字叔文純義手置有山場壹所坐
址本鄉地方土名坑尾墘下閬之山
上至崙頂下至坑溝左至文陶弟下山石
至弟龍反山為界四至明白今因無
錢應用將此山場付与
四男慶傳兒永遠為業三面言議
時值價錢陸仟捌佰文正其錢即
日交訖其山場即付四男前去開挖
栽種杉松付男永遠管業聽從其便此山
係叔手置已業与别無干並無重張
典當以及文加不明等情如有此情係叔出頭
支當不涉男之事自付之後永不敢言說討
等情存納山租錢四文正年付月州語收 内其
杉樹抽出參拾伍根付叔手管業砍伐以後与兄
弟姪無干今將有見存字壹紙並繳礼成原契
壹紙又繳有存原之原契壹紙共成叁紙统付為照
光緒拾捌年十二月　日立付字叔純義（押）
代字中見姪珠傳（押）

7-5-26-4　清光緒十八年十二月林純義立付山場字

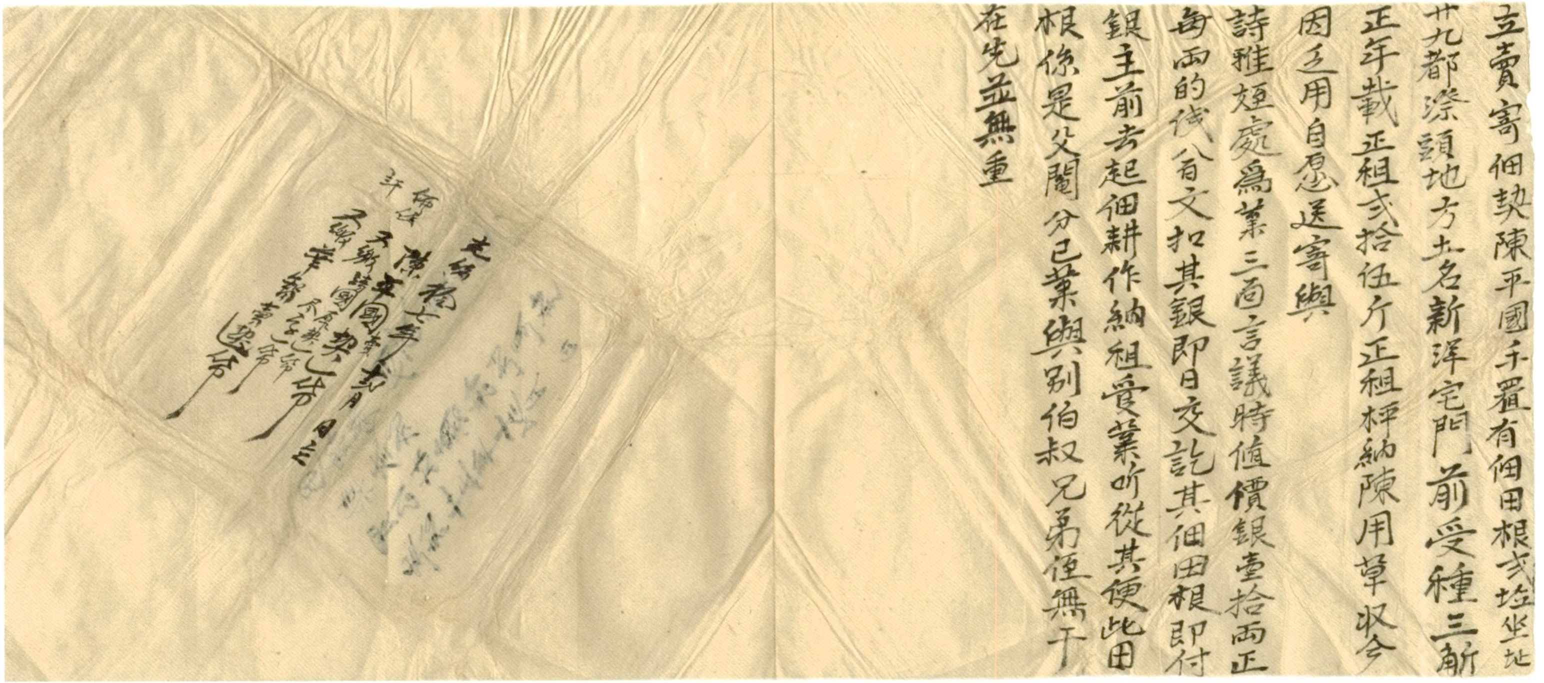

7-5-26-3　清光緒十七年十二月陳平國立賣寄佃田根契（草契）

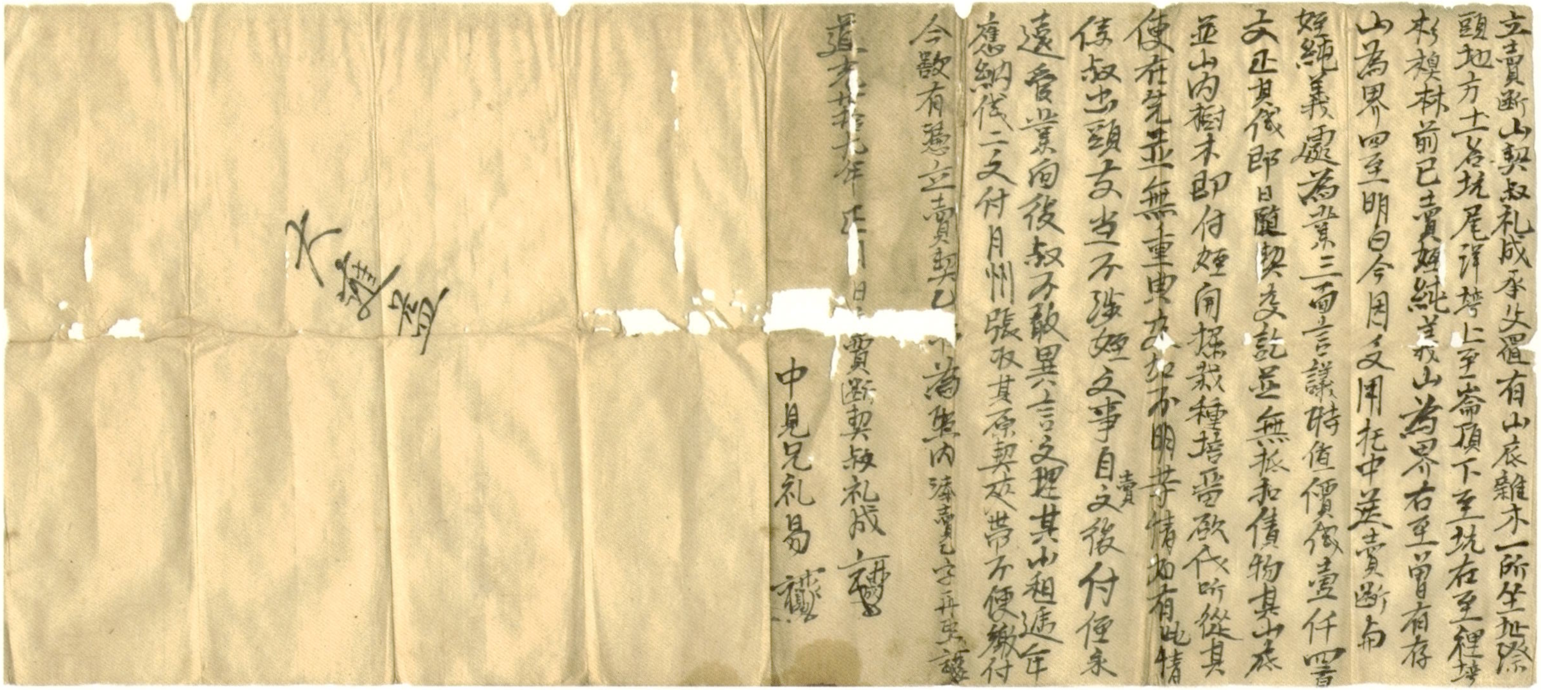

立賣斷山契叔礼成承父置有山底雜木一所坐址漈
頭地方土名坑尾洋坪上至崙頂下至坑右至裡坪
杉模林前已賣侄純美𢦏山為界右至曾宥存
山為界四至明白今因乏用托中送賣斷與
侄純義處為業三面言議時值價錢壹仟四百
文正其錢即日隨契交訖足並無短少債物其山底
並山內樹木即付侄前去採裁種培管顧任從其
便存留並無重典交加不明等情如有此情
係叔出頭支當不涉侄之事自賣之後付侄永
遠管業向後叔不敢異言之理其山祖遞年
應納錢二文付月州張收其原契交帶不便繳付
今欲有憑立賣契乙紙為照　內添賣乙字再照
道光貳拾九年正月　日立賣斷契叔礼成（押）
中見兄礼易（押）

7-5-26-2　清道光二十九年正月林礼成立賣斷山底雜木契

7-5-26-1　包契紙

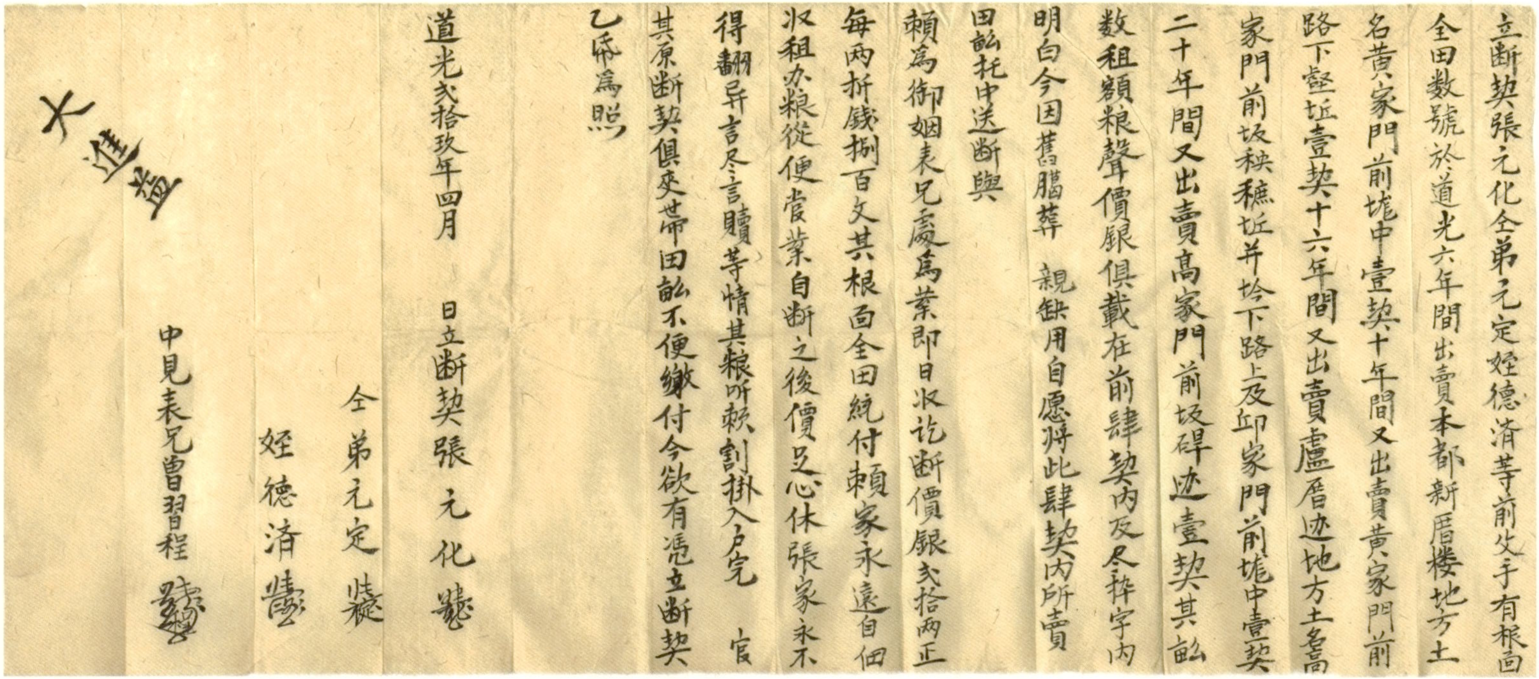

立斷契張元化仝弟元定姪德清等前父手有根面
全田数號於道光六年間出賣本都新厝樓地方土
名黄家門前垅中壹契十年間又出賣黄家門前
路下壟坵壹契十六年間又出賣盧厝迹地方土名高
家門前坂秧穮坵并坵下路上及卬家門前垅中壹契
二十年間又出賣高家門前坂碑迹壹契其畝
数租額粮聲價艮俱載在前肆契內及尽粹字內
明白今因舊臘葬　親缺用自愿將此肆契內所賣
田畝托中送斷與
賴爲御姻表兄處爲業即日収訖断價艮弍拾两正
每两折錢捌百文其根面全田統付賴家永遠自佃
収租办粮從便営業自斷之後價足心休張家永不
得翻异言尽言贖等情其粮所額割掛入户完　官
其原断契俱未出帯田畝不便繳付今欲有憑立断契
乙帋爲照

道光弍拾玖年四月　　日立斷契張元化

仝弟元定

姪德清

中見表兄曾習程

大進益

7-5-25-3　清道光二十九年四月張元化等立斷根面全田契

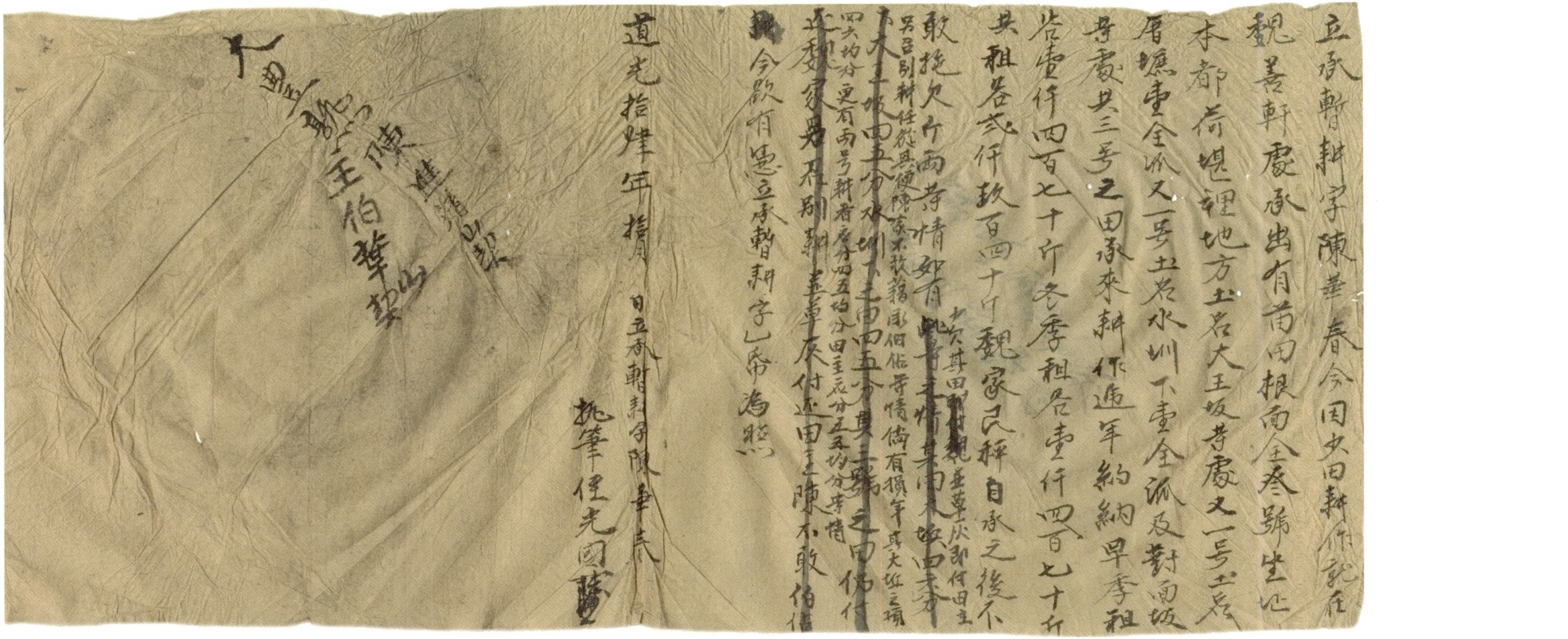

立承暫耕字陳華春，今因乏田耕作，就在
魏善軒處承出有苗田根面全叁號，坐址
本都荷塊裡地方，土名大王坂等處，又一號土名
厝墟壹全坵，又一號土名水圳下壹全坵，及對面坂
等處，共三號之田，承來耕作，逐年納納早季租
谷壹仟四百七十斤，冬季租谷壹仟四百七十斤，
共租谷弍仟玖百四十斤，魏家見秤自承之後，不
敢拖欠斤兩等情。如有[illegible]
另召別耕，任從其便，陳家不敢藉[illegible]佃佔等情。倘有損年，其大坂之墳
四六均分，更有兩號耕者[illegible]分四五均分，田主[illegible]分五五均分等情
[illegible]大坂田五分，水圳下[illegible]田四五分，其三號之田仍付
[illegible]家[illegible]不[illegible]別耕，[illegible]付還田主之陳不敢佰[illegible]
今欲有憑，立承暫耕字一紙為照。

道光拾肆年拾月　日立承暫耕字陳華春

執筆侄光國

[illegible]陳[illegible]契
王伯華契

7-5-25-2　清道光十四年十月陳華春立承暫耕根面全苗田契（草契）

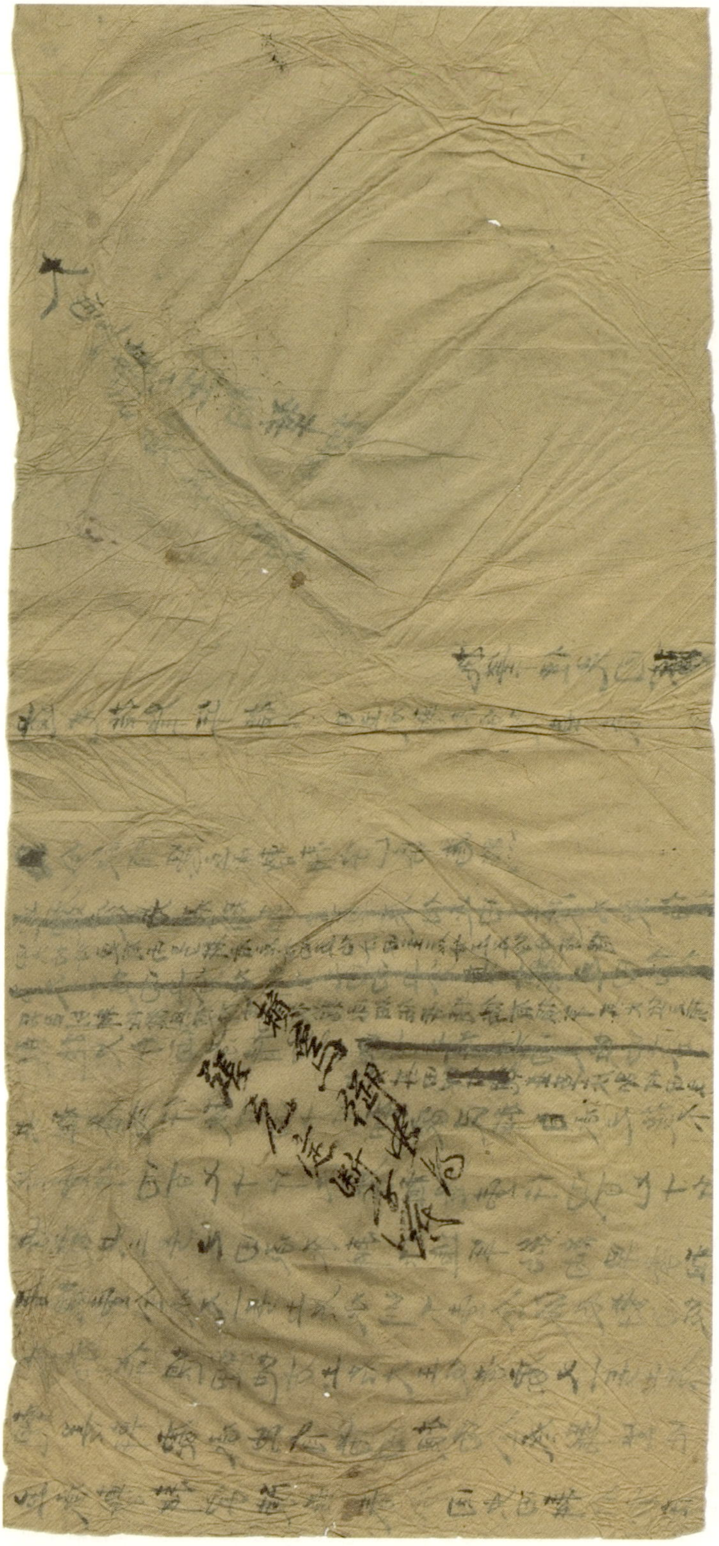

7-5-25-1　包契紙

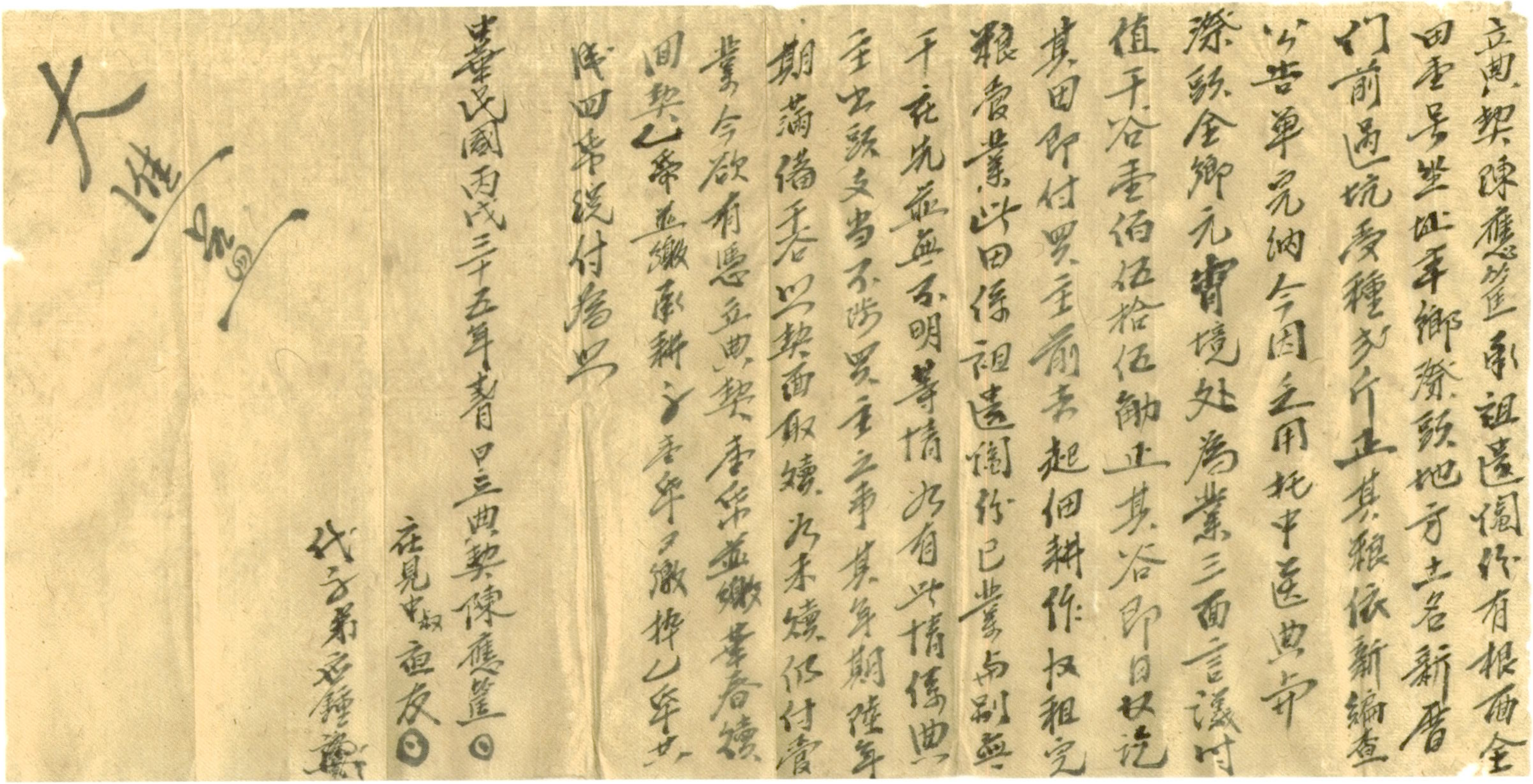

7-5-24-11　民國三十五年十二月陳應筐立典根面全田契

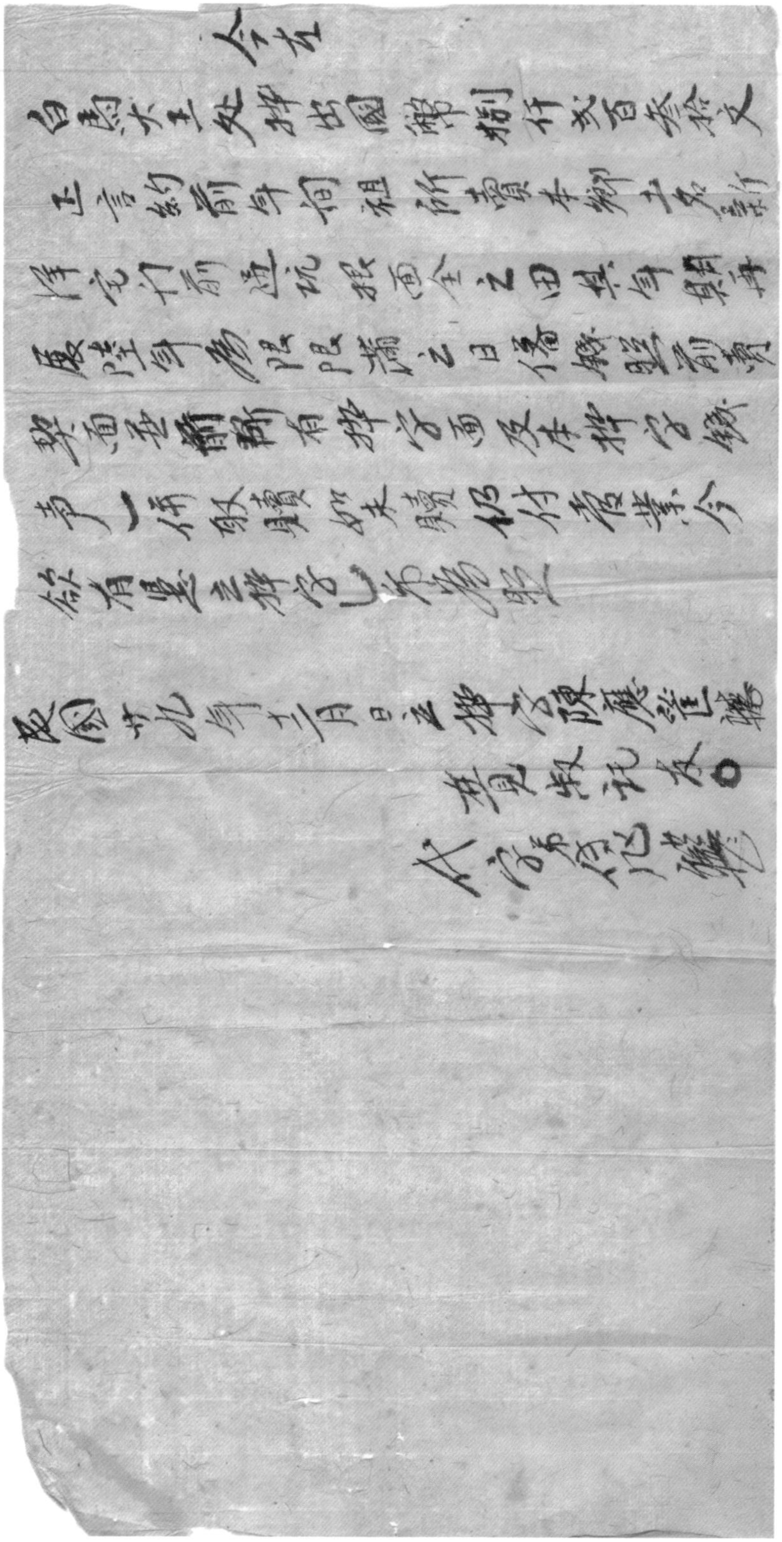

今在
白馬大王处押出國幣捌仟弍百叁拾文
正言約前年向祖所賣本鄉土名新
洋宅门前通坑根面全之田其年期再
展陸年為限限滿之日備錢照前賣
契面並前所有押字面及本押字錢
壹一併取贖如未贖仍付賣業今
欲有憑立押字乙紙為照
民國廿九年十二月日立押字陳應筐號
在見叔託友○
代字弟侍凡號

7-5-24-10　民國二十九年十二月陳應筐立撮字

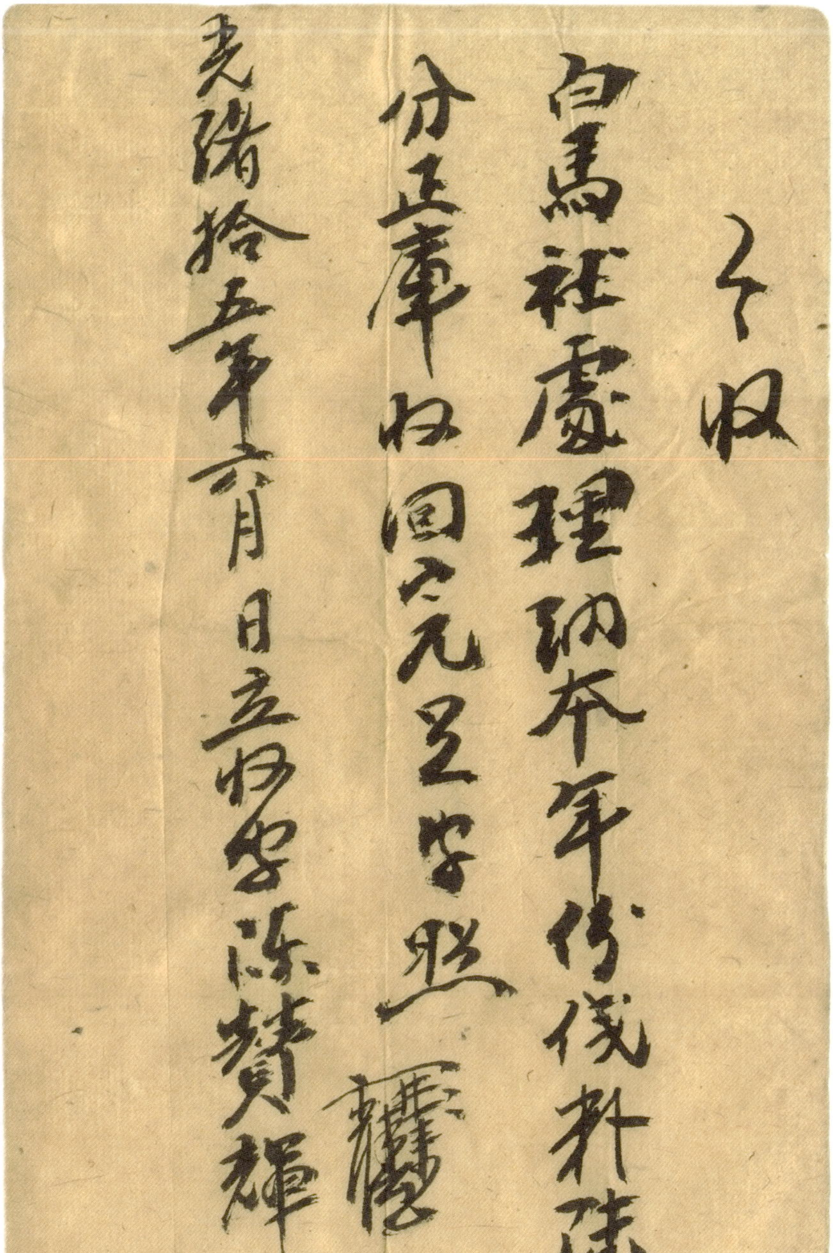
今收
白馬社處理納本年份錢粮陳
分正庫收回完足字照（押）
光緒拾五年六月　日立收字陳贊輝

7-5-24-9　清光緒十五年六月陳贊輝立收錢糧字

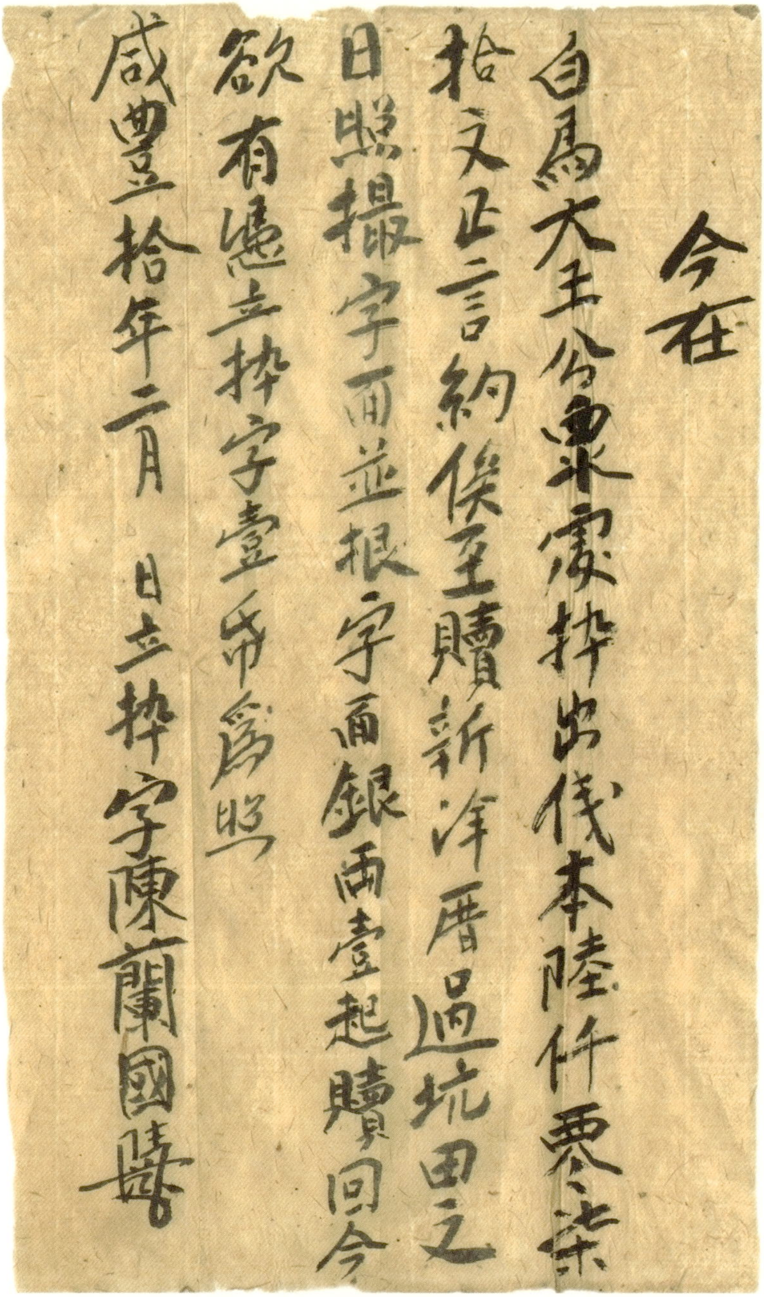
今在
自爲大王公衆處撮出錢本陸仟叁柒
拾文正，言約俟至贖新洋厝過坑田之
日照撮字面並根字面銀兩壹起贖回，今
欲有憑，立撮字壹紙爲照。
咸豐拾年二月　日立撮字陳蘭國睹

7-5-24-8　清咸豐十年二月陳蘭國立撮字

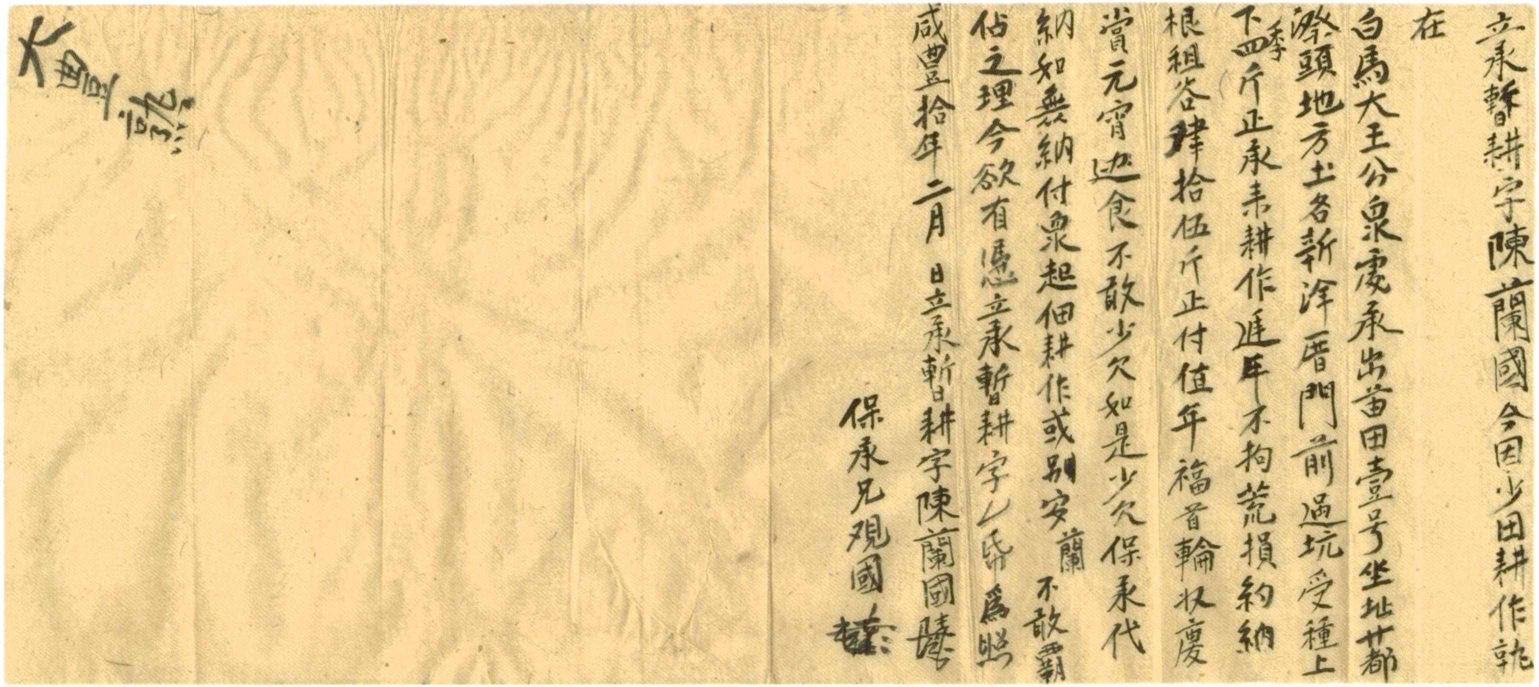
立承暫耕字陳蘭國，今因少田耕作，就
在
白馬大王公泉處承出苗田壹号，坐址廿都
淡頭地方，土名新洋厝門前過坑，受種上
下季四斤正，承来耕作，逓年不拘荒損，約納
根租谷肆拾伍斤正，付值年福首輪收，慶
賞元宵迎食，不敢少欠。如是少欠，保承代
納。如無納付，泉起佃耕作，或别安蘭，不敢覇
佔。立理今欲有憑，立承暫耕字乙紙為照。
咸豐拾年二月　日立承暫耕字陳蘭國
保承兄觀國

7-5-24-7　清咸豐十年二月陳蘭國立承暫耕苗田字

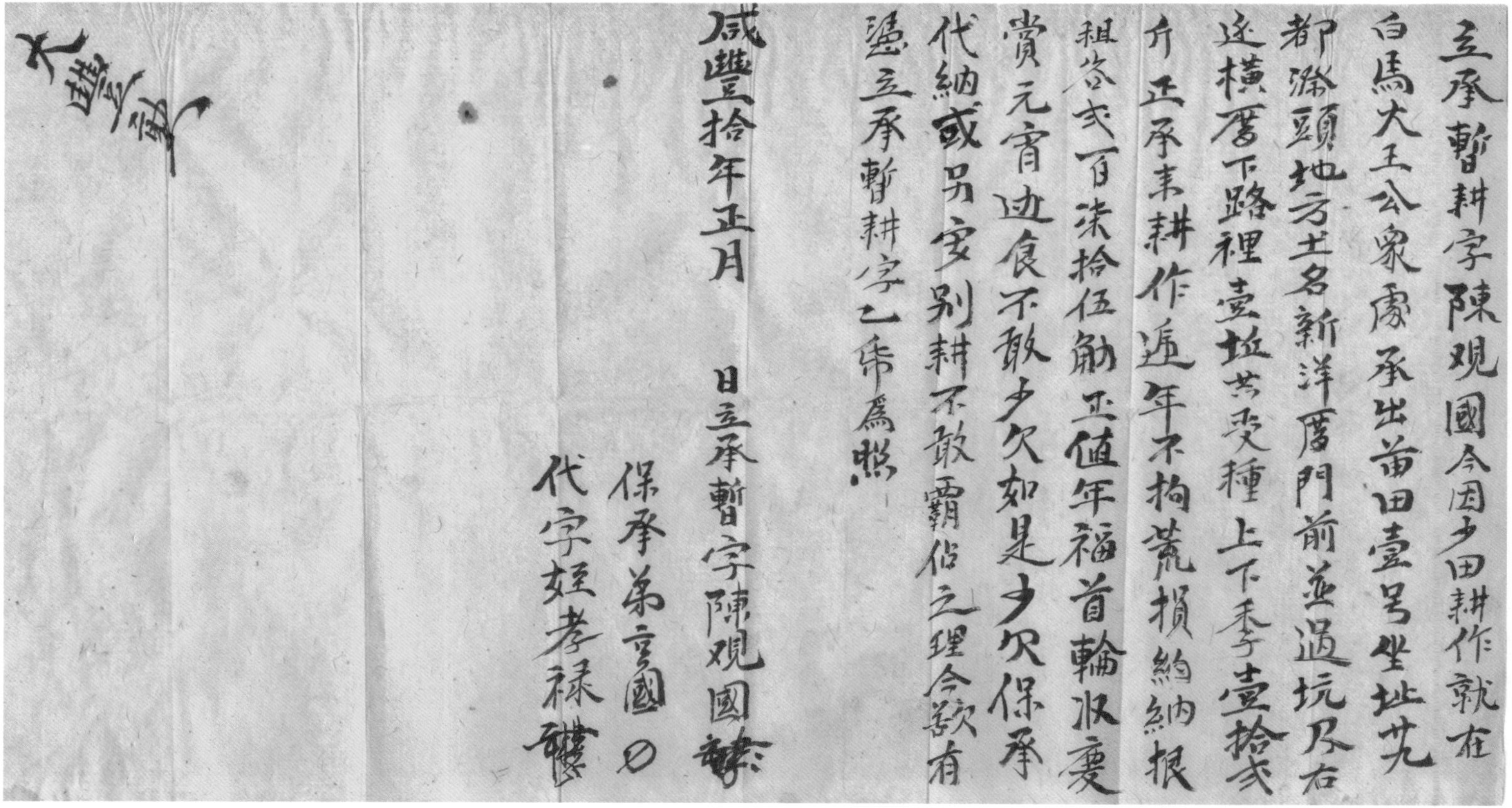

立承暫耕字陳观國今因少田耕作就在
白馬大王公衆處承出苗田壹号坐址廿九
都漈頭地方土名新洋厝門前並過坑及右
边横厝下路裡壹坵共受種上下季壹拾弍
斤正承来耕作逐年不拘荒損約納根
租谷弍百柒拾伍觔正值年福首輪収慶
賞元宵边良不敢少欠如是少欠保承
代納或另安别耕不敢霸佔之理今欲有
憑立承暫耕字乙帋為照

咸豐拾年正月　　日立承暫字陳观國（押）
保承弟亨國（押）
代字姪孝禄（押）

7-5-24-6　清咸豐十年正月陳观國立承暫耕苗田字

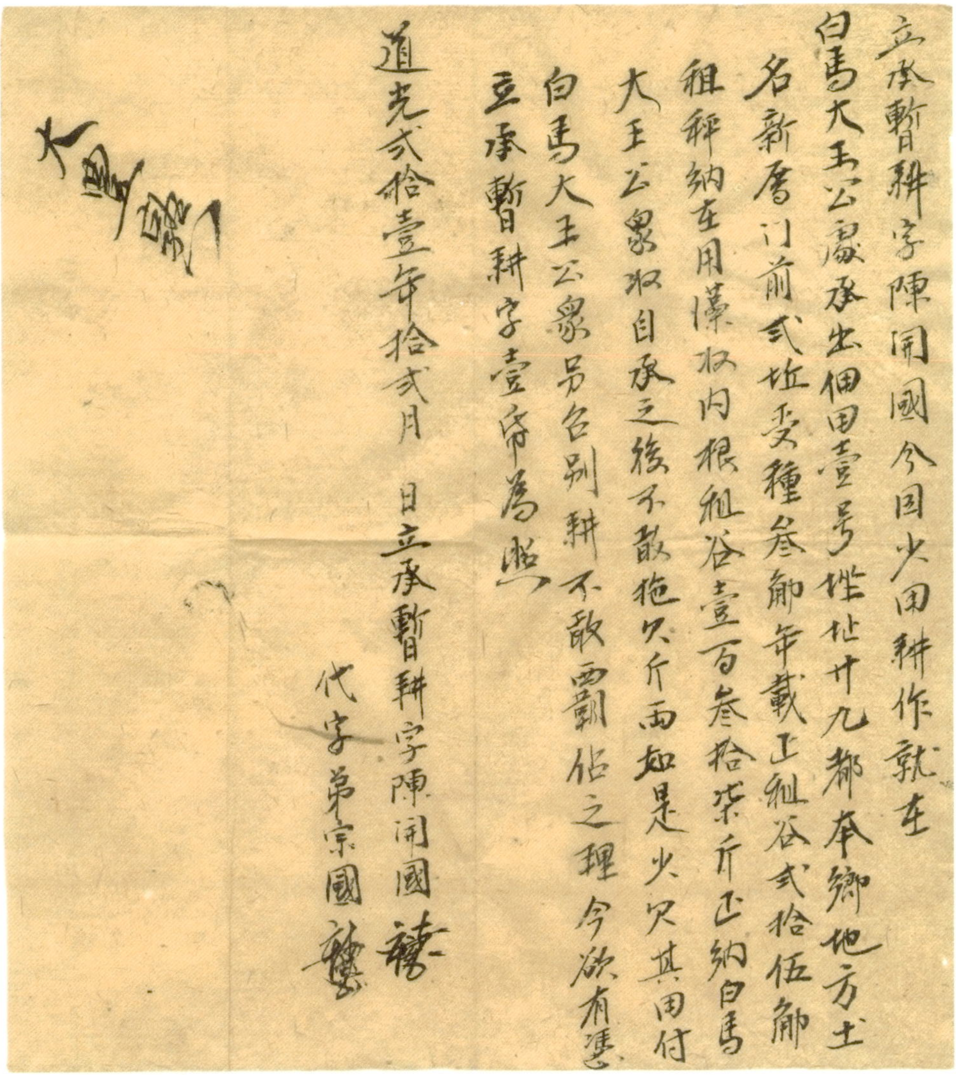

立承暫耕字陳開國今因少田耕作就在
白馬大王公處承出佃田壹号坐址廿九都本鄉地方土
名新厝门前弍坵受種叁觔年載正租谷弍拾伍觔
租秤納在用藻收内根租谷壹百叁拾柒斤正納白馬
大王公衆收自承之後不敢拖欠斤兩如是少欠其田付
白馬大王公衆另召別耕不敢霸佔之理今欲有憑
立承暫耕字壹帋爲照
道光弍拾壹年拾弍月　日立承暫耕字陳開國（押）
代字弟宗國（押）

7-5-24-5　清道光二十一年十二月陳開國立承暫耕佃田字

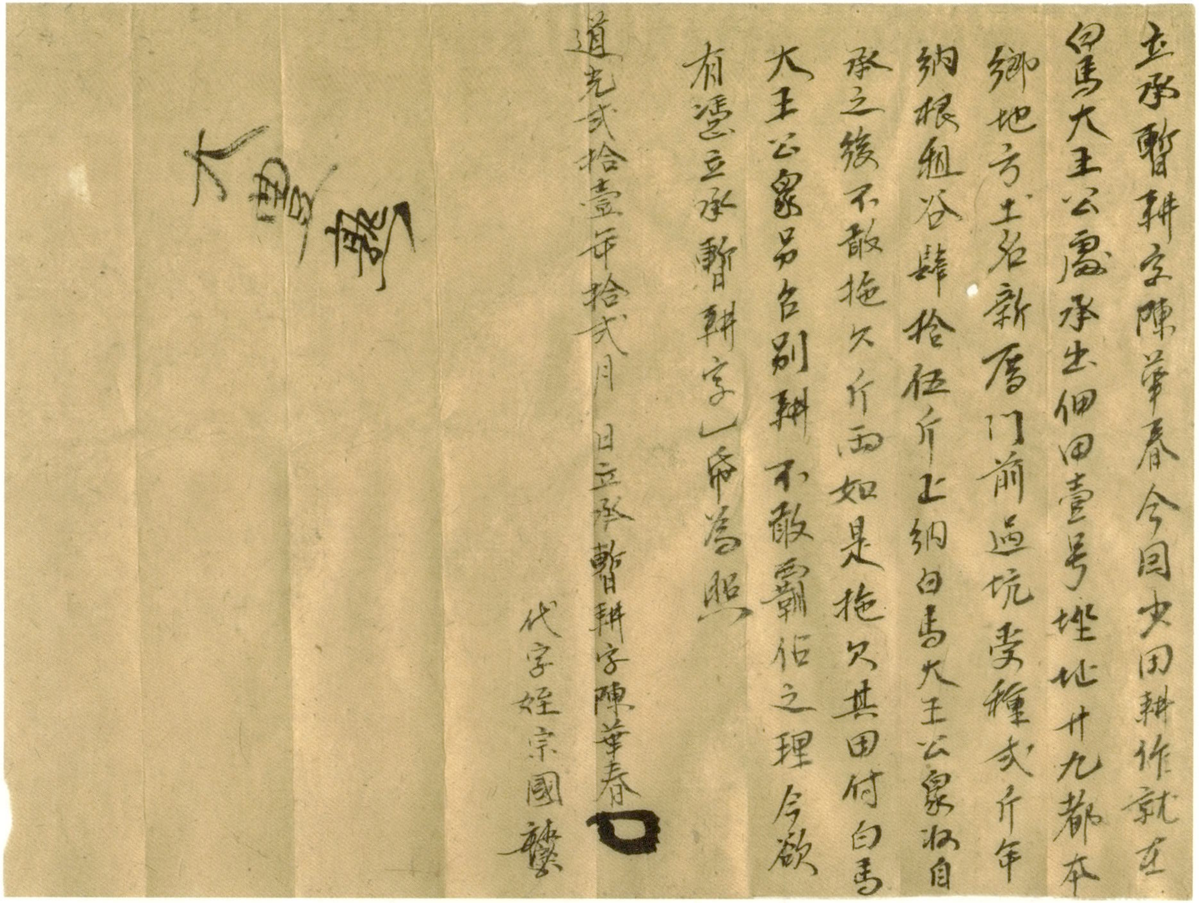

立承暫耕字陳華春今因少田耕作就在
白馬大王公處承出佃田壹号坐址廿九都本
鄉地方土名新厝门前過坑受種弍斤年
納根租谷肆拾伍斤上納白馬大王公衆收自
承之後不敢拖欠斤两如是拖欠其田付白馬
大王公衆另召别耕不敢霸佔之理今欲
有憑立承暫耕字一紙為照

道光弍拾壹年拾弍月　日立承暫耕字陳華春（押）

代字姪宗國（押）

大吉利

7-5-24-4　清道光二十一年十二月陳華春立承暫耕佃田字

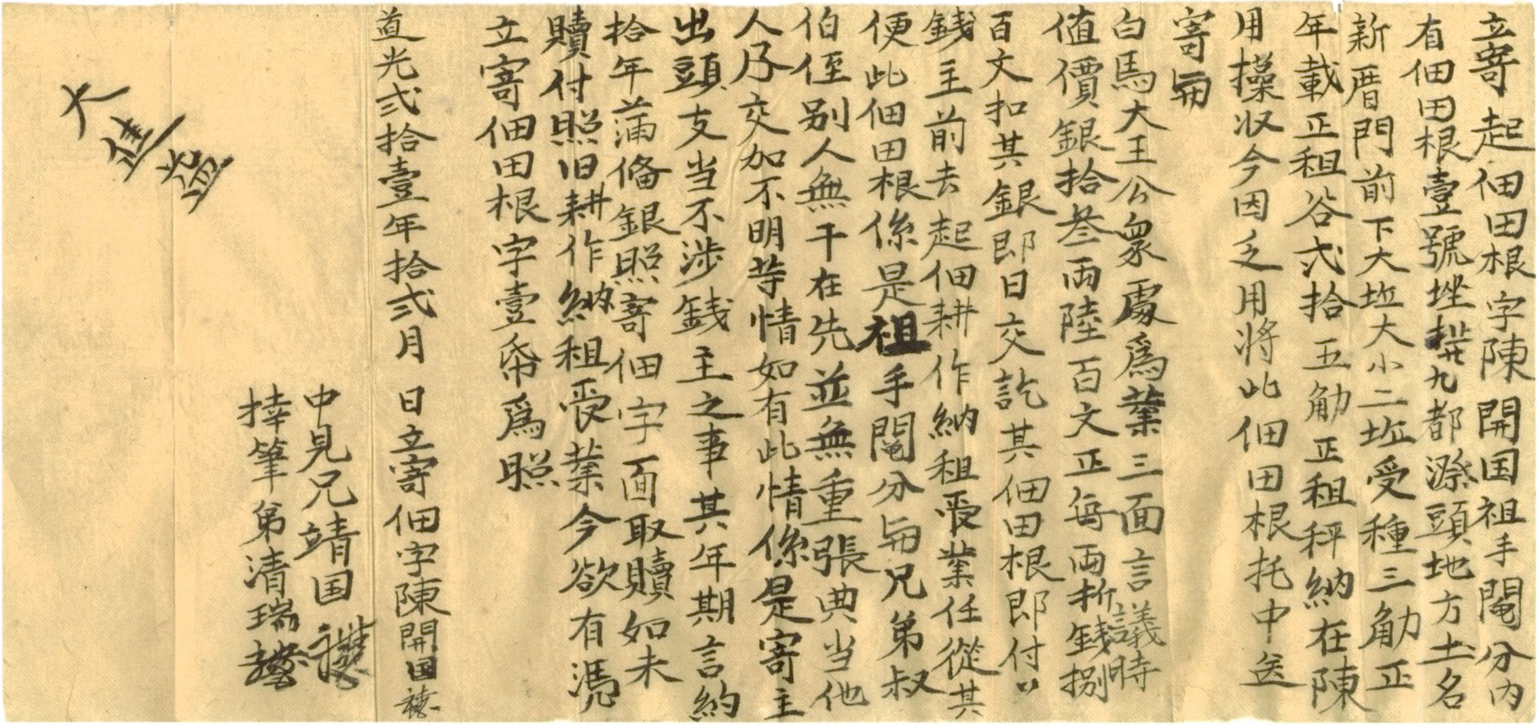
立寄起佃田根字陳開国祖手閹分内
有佃田根壹號址坐卅九都溪頭地方土名
新厝門前下大坵大小二坵受種三觔正
年載正租谷弍拾五觔正租秤納在陳
用擽収今因乏用將此佃田根托中送
寄翁
白馬大王公衆處為業三面言議時
値價銀拾叁兩陸百文正每兩折錢捌
百文扣其銀即日交訖其佃田根即付
錢主前去起佃耕作納租管業任從其
便此佃田根係是祖手閹分兄弟叔
伯侄別人無干在先並無重張典当他
人及交加不明等情如有此情係是寄主
出頭支当不涉錢主之事其年期言約
拾年滿備銀照寄佃字面取贖如未
贖付照旧耕作納租管業今欲有憑
立寄佃田根字壹帋為照
道光弍拾壹年拾弍月　日立寄佃字陳開国
中見兄靖国
捧筆弟清瑞
大進益

7-5-24-3　清道光二十一年十二月陳開国立寄起佃田根字

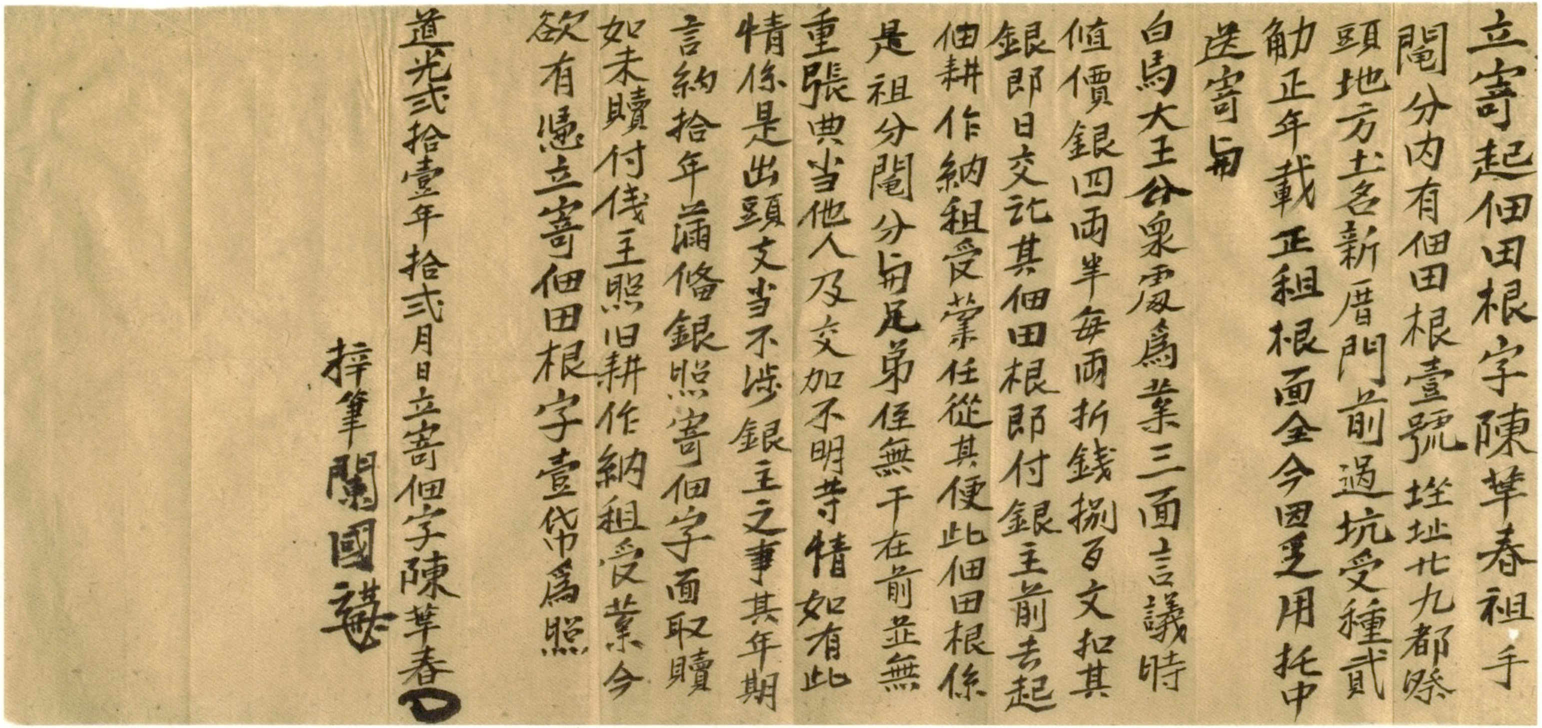
立寄起佃田根字陳華春，祖手
閹分內有佃田根壹號，坐址廿九都漈
頭地方，土名新厝門前過坑，受種貳
觔正，年載正租根面全。今因乏用，托中
送寄與
白馬大王分衆處爲業，三面言議，時
值價銀四兩半，每兩折錢捌百文，扣其
銀即日交訖，其佃田根即付銀主前去起
佃耕作，納租受業，任從其便。此佃田根係
是祖分閹分與兄弟侄無干，在前並無
重張典当他人，及交加不明等情，如有此
情，係是出頭支当，不涉銀主之事。其年期
言約拾年滿，備銀照寄佃字面取贖。
如未贖，付伐主照旧耕作，納租受業。今
欲有憑，立寄佃田根字壹紙爲照。
道光弍拾壹年拾弍月日立寄佃字陳華春（押）
捍筆　闌國禧

7-5-24-2　清道光二十一年十二月陳華春立寄起佃田根字

7-5-24-1　包契紙

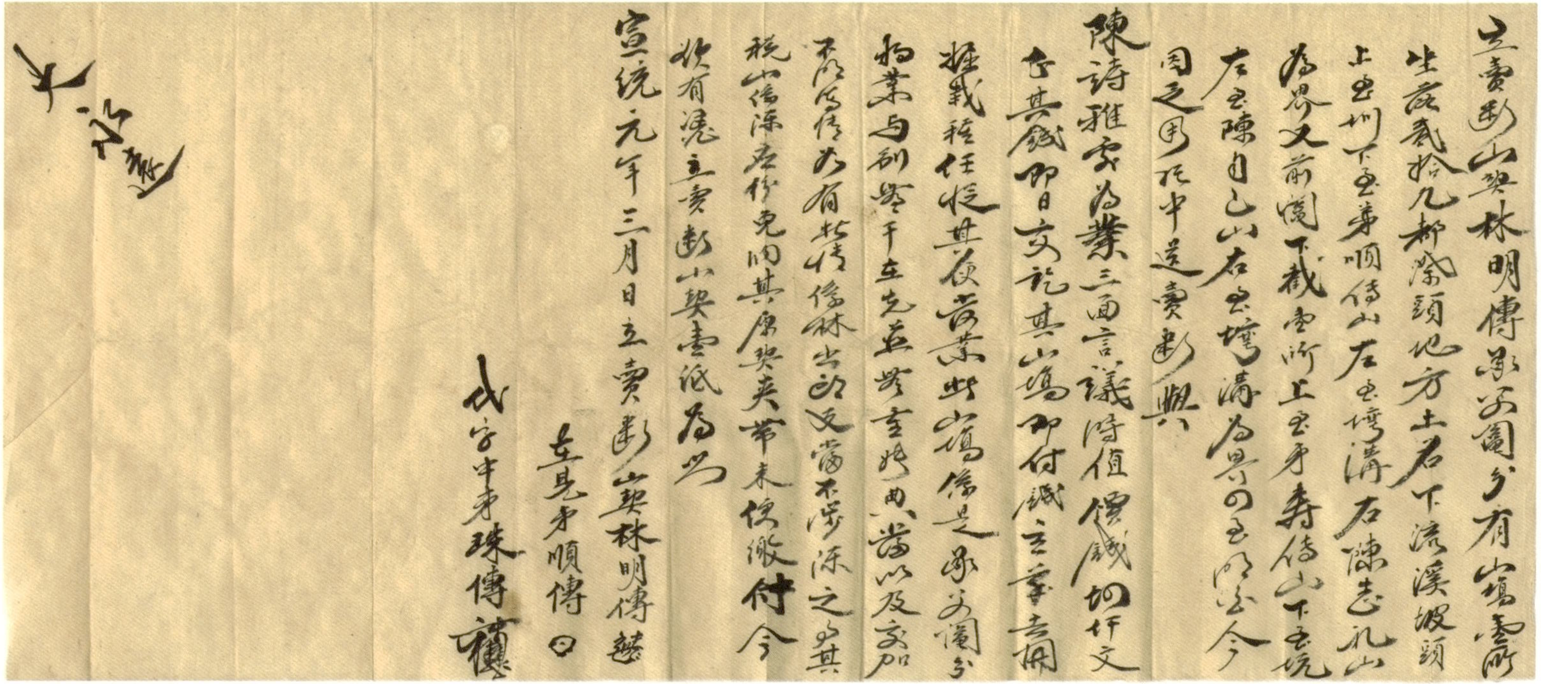
立賣斷山契林明傳，承父鬮分有山場壹所，
坐落貳拾九都漈頭地方，土名下流溪坡頭，
上至圳，下至本身順傳山，左至墘溝，右陳志孔山
為界；又前闊下截，坐所上至本身壽傳山，下至坑，
左至陳日乙山，右至墘溝為界，四至明白。今
因乏用，托中送賣斷與
陳詩雅官為業，三面言議時值價錢捌仟文
正，其錢即日交訖，其山場即付錢主掌開
墾栽種，任從其便。前業此山場係是承父鬮分
物業，與別房兄弟叔侄無干，亦無重張典當以及交加
不明等情，倘有此情，係林出頭支當，不涉錢主之事。其
稅山係原戶完納，其原契夾帶未便繳付。今
欲有憑，立賣斷山契壹紙為照。
宣統元年三月　日立賣斷山契林明傳（押）
在見本身順傳（押）
代字中本身珠傳（押）

7-5-23-5　清宣統元年三月林明傳立賣斷山場契

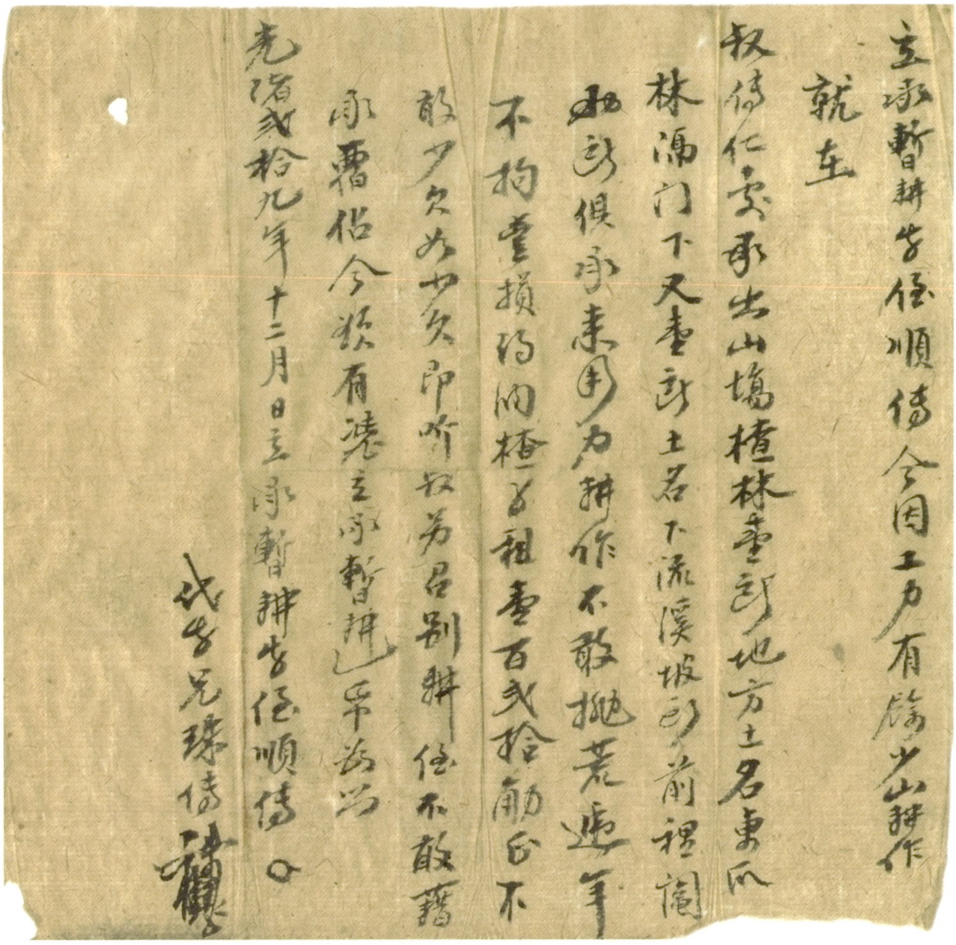

立承暫耕字侄順傳，今因工力有餘，出山耕作
就在
叔侍仁官承出山塲楂林壹所，地方土名東瓜
林源门下，又壹所，土名下流溪坡頭前裡閣
兩所俱承來用力耕作，不敢抛荒，遞年
不拘豐損，納楂林子租壹百貳拾觔正，不
敢少欠，如少欠，即听叔另召別耕，侄不敢藉
承。蕃恐今欲有憑，立承暫耕山字為照。
光緒貳拾九年十二月　日立承暫耕字侄順傳○
代字兄琛傳

7-5-23-4　清光緒二十九年十二月林順傳立承暫耕山場楂林字

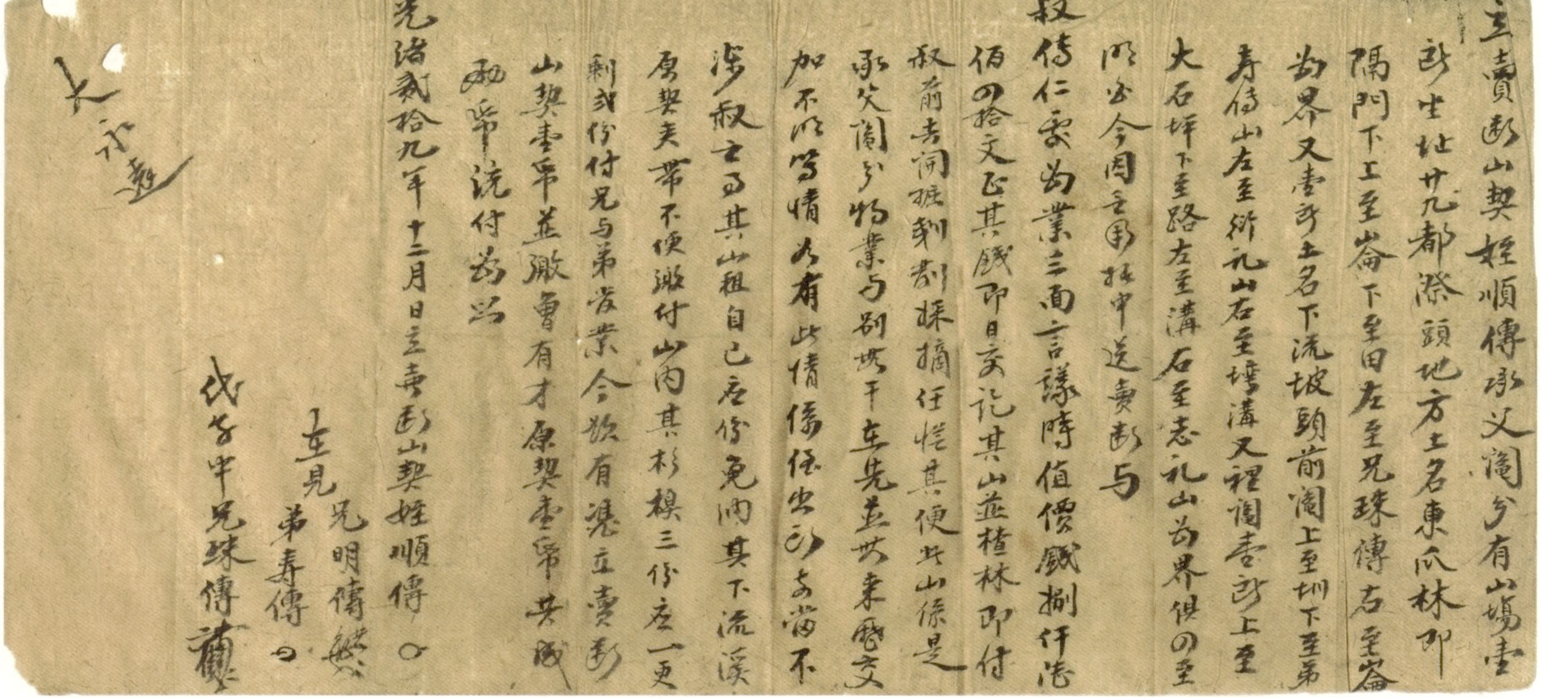

立賣斷山契姪順傳承父遺下有山場壹
所坐址廿九都漈頭地方土名東瓜林卽
隔門下上至崙下至田左至兄球傳右至崙
為界又壹所土名下流坡頭前闊上至圳下至弟
壽傳山左至圳孔山右至墘溝又程闊壹所上至
大石坪下至路左至溝右至志孔山為界俱四至
明出今因乏用托中送賣斷與
叔侍仁家為業三面言議時值價錢捌仟伍
佰四拾文正其錢卽日交訖其山並杉林卽付
叔前去開掘剷割採摘任從其便此山係是
承父闔分物業與別房兄弟無干在先並無重張交
加不明等情如有此情係侄出頭承當不
涉叔之事其山租自己存侄兄內其下流溪
原契夫帶不便繳付山內其杉樹三份存一更
剩式份付兄與弟管業今欲有憑立賣斷
山契壹紙並繳會有才原契壹紙共成
兩紙流付為照
光緒貳拾九年十二月　日立賣斷山契姪順傳
在見　兄明傳
弟壽傳
代字中兄球傳
大吉遂

7-5-23-3　清光緒二十九年十二月林順傳立賣斷山場契

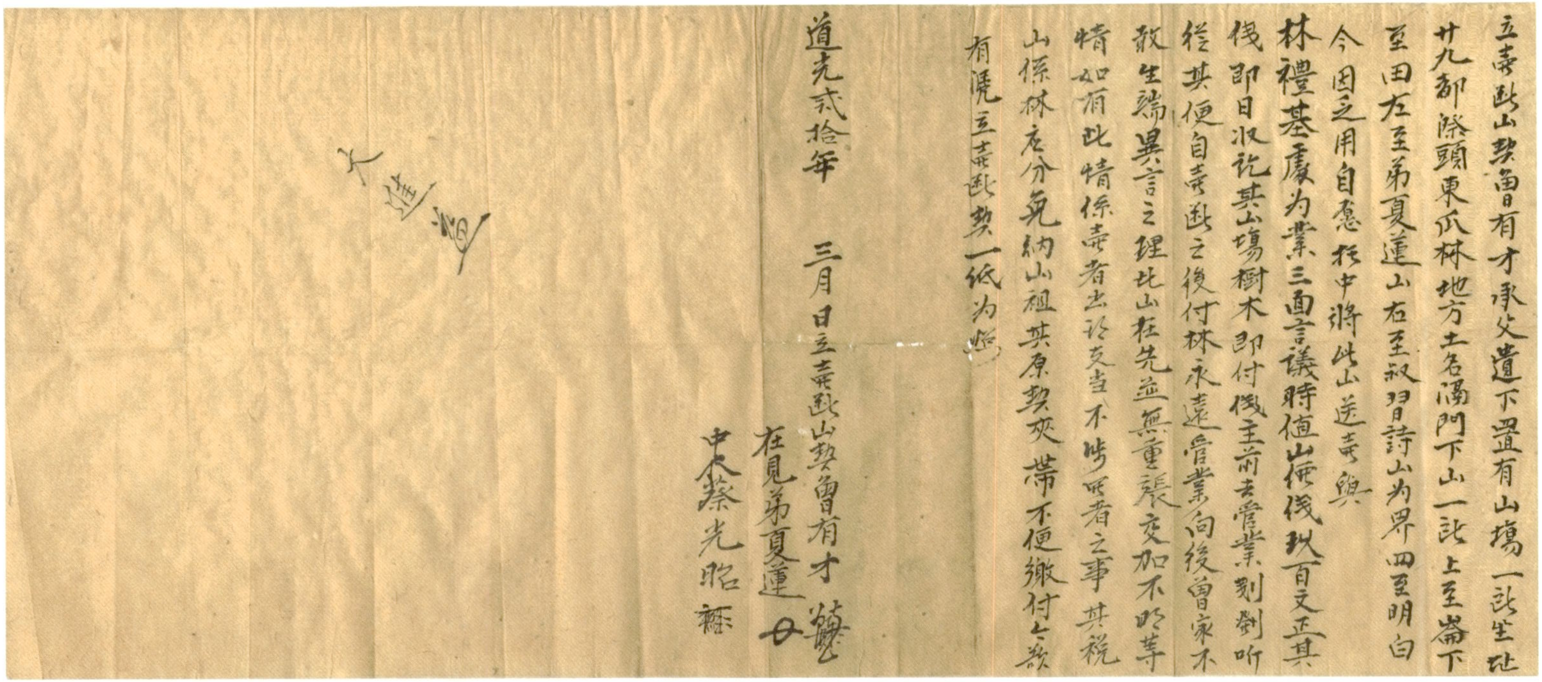

立賣斷山契曾有才承父遺下置有山場一片坐址
廿九都際頭東瓜林地方土名湯門下山一片，上至崙下，
至田，左至弟夏蓮山，右至叔習詩山為界，四至明白。
今因乏用，自愿托中將此山送賣與
林禮基處為業，三面言議時值山價錢玖百文正，其
錢即日收訖，其山場樹木即付錢主前去管業，剗劄听
從其便。自賣斷之後，付林永遠管業，向後曾家不
敢生端異言之理。此山在先並無重張典交加不明等
情，如有此情，係賣者出頭支當，不涉買者之事。其稅
山係林在分兒納山租，其原契交帶不便繳付，今欲
有憑，立賣斷契一紙為照。

道光貳拾年　三月　日立賣斷山契曾有才（押）
在見弟夏蓮（押）
中人蔡光昭（押）

7-5-23-2　清道光二十年三月曾有才立賣斷山場契

7-5-23-1 包契紙

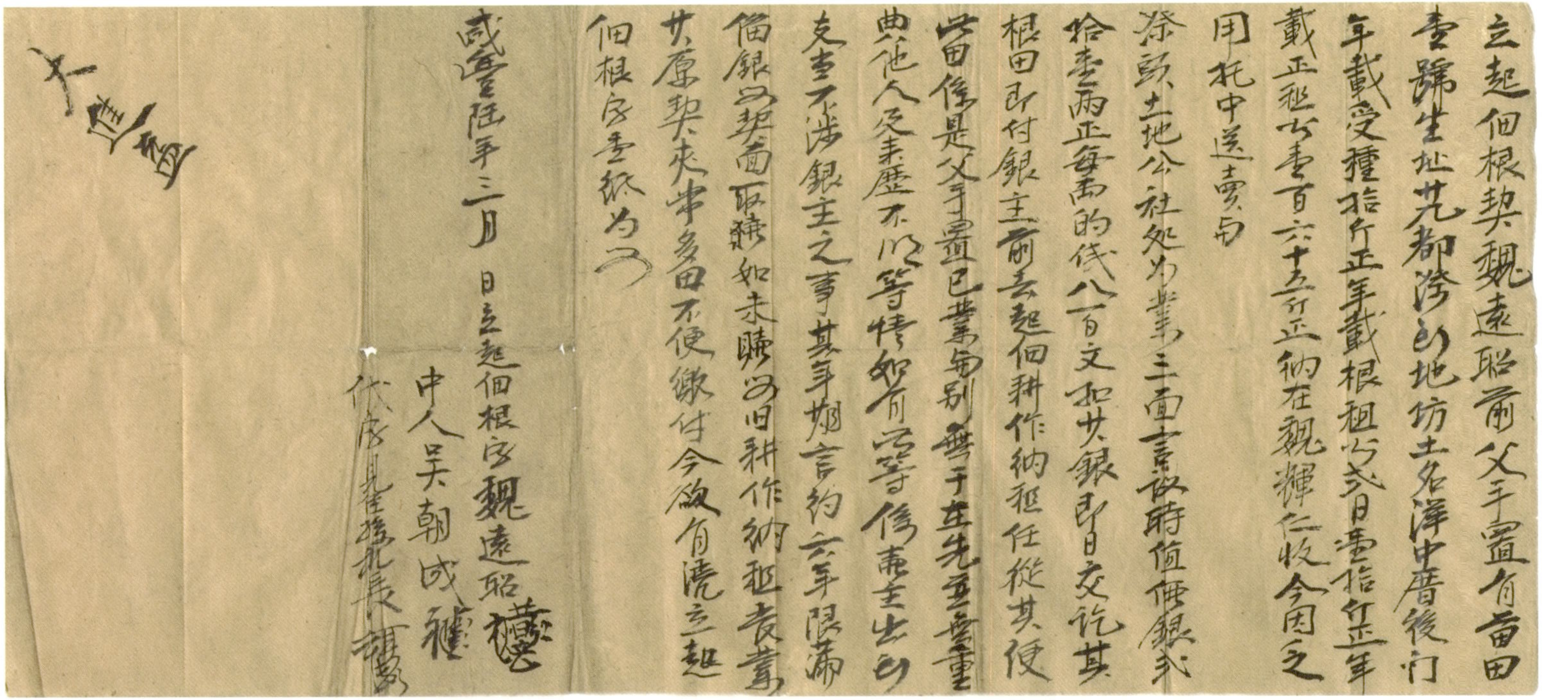

7-5-22-3　清咸豐六年三月魏遠昭立起佃田根契

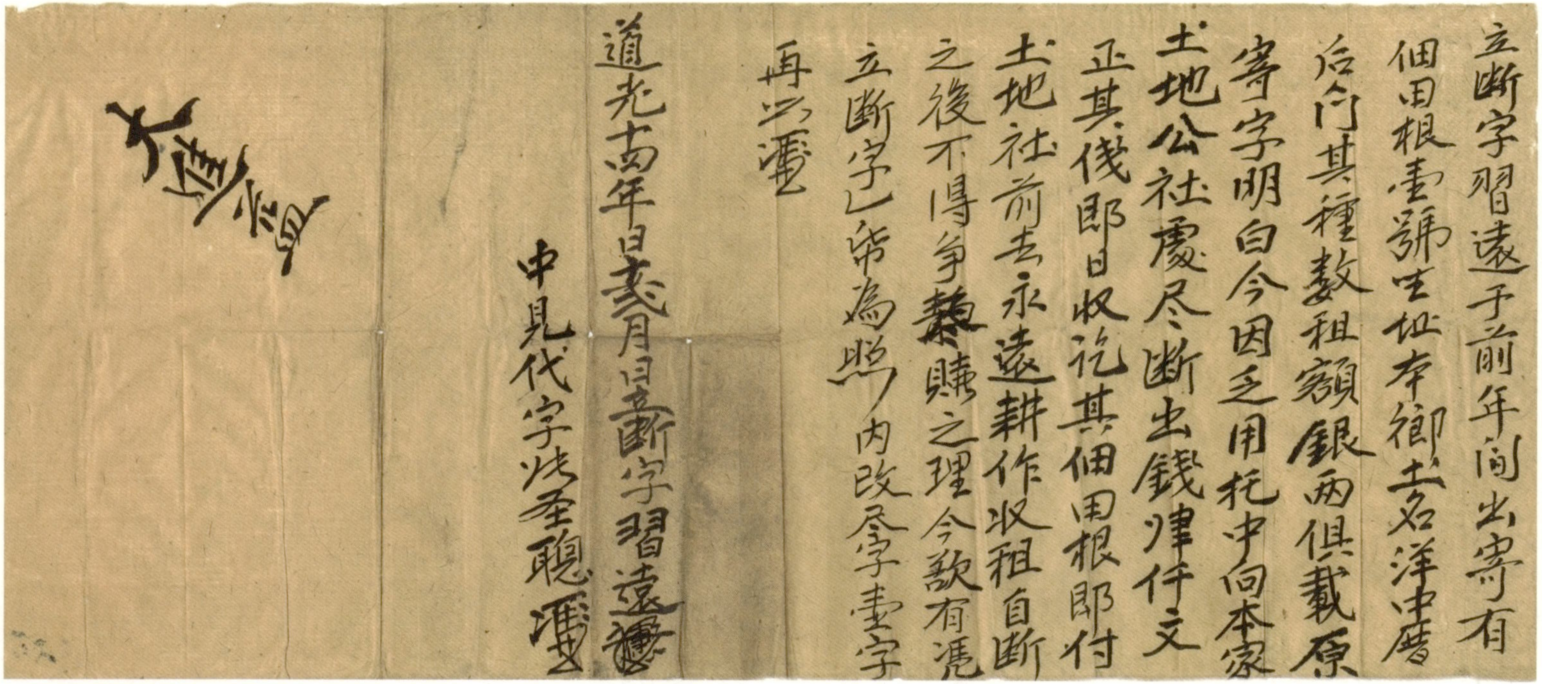
立断字習遠于前年間出寄有
佃田根壹號坐址本御土名洋中厝
后门其種数租額銀兩俱載原
寄字明白今因乏用托中向本家
土地公社處尽断出錢肆仟文
正其錢即日收訖其佃田根即付
土地社前去永遠耕作收租自断
之後不得爭執贖之理今欲有憑
立断字乙帋為照内改叁字壹字
再照
道光十四年十二月　日立断字習遠
中見代字姓聖聰

7-5-22-2　清道光十四年十二月曾習遠立斷佃田根字

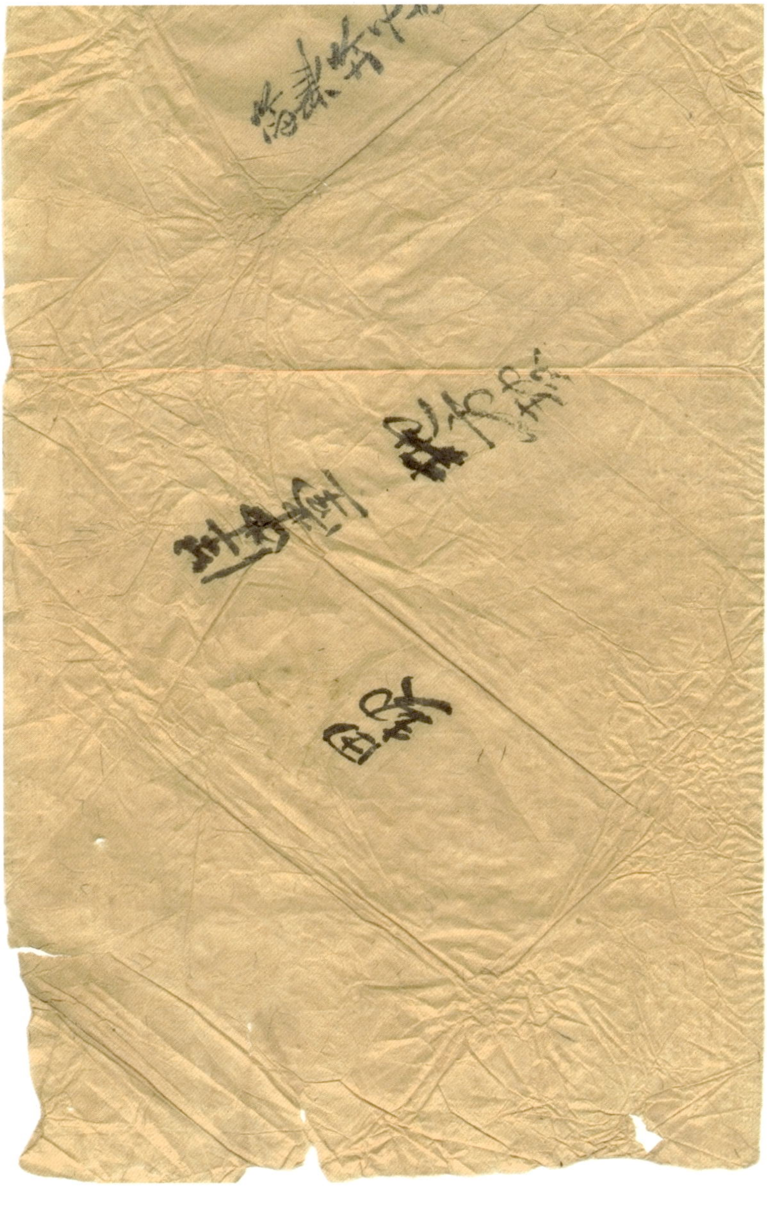

7-5-22-1　包契紙

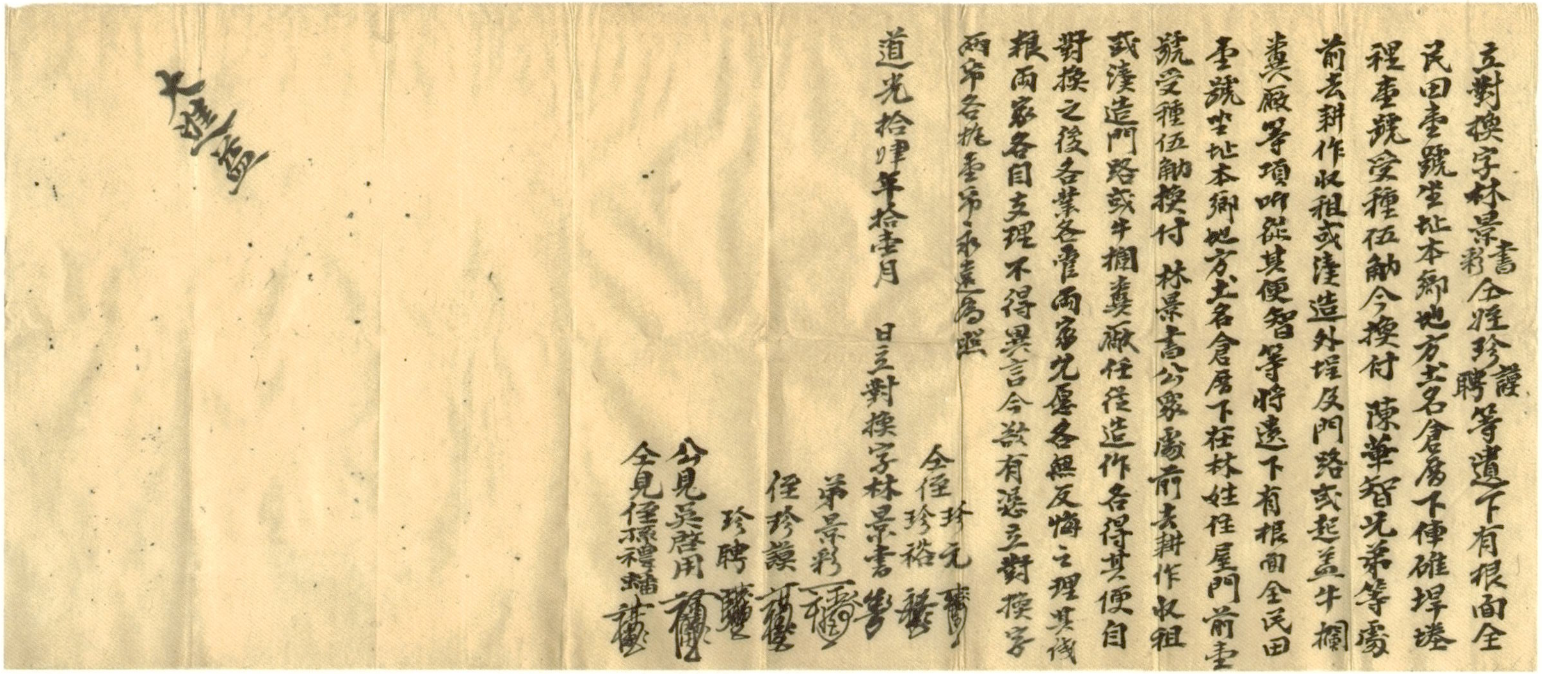

立對換字林景書、彩仝侄珍謨、聘等，遺下有根面全
民田壹號，坐址本鄉地方，土名倉房下俥碓埕邊
種壹號，受種伍觔，今換付　陳華智、光、弟等處
前去耕作收租，或塗造外埕及門路，或起蓋牛欄
糞廄等項，聽從其便。智等將遺下有根面全民田
壹號，坐址本鄉地方，土名倉房下在林姓侄屋門前壹
號，受種伍觔，換付　林景書公家處前去耕作收租
或塗造門路，或牛欄糞廄，任從造作，各得其便。自
對換之後，各業各管，兩家允愿，各無反悔之理。其佃
根兩家各自支理，不得異言。今欲有憑，立對換字
兩帋，各執壹帋，永遠為照。

道光拾肆年拾壹月　日立對換字林景書（押）
仝侄　珍元（押）
　　　珍裕（押）
弟　景彩（押）
侄　珍謨（押）
　　珍聘（押）
公見　吳啟用（押）
仝見　侄孫禮鏞（押）

7-5-21-2　清道光十四年十一月林景書等立對換根面全民田字

7-5-21-1　包契紙

立合約字陳華智曾時薦林景書蔡文輔
吴宣文王伯華等緣智兄弟在本鄉地方土
名大王坂陳家自己田内起蓋住屋壹座
其地與　大王公廟宇毗連，薦憑公理諭勸陳
家捐出銀伍拾两正充與　大王公增置業産付
鄉内衆姓掌管，言約其厝左邊上下座及洋
溝經公人鄉長仝議砌石築墻壹直為界，墻内
听陳造作，墻外所剩之田付陳自耕管業，不
許添盖牛欄糞厰等項。今欲有憑，立合約各
執為照。

立合約两紙各執為照

道光拾肆年拾壹月　日立合約字陳華智（押）
仝約　林景書（押）
蔡文輔（押）
吴宣文（押）
王伯華（押）
曾時薦（押）
吴啓用（押）
代字公見

合同

7-5-20-3　清道光十四年十一月陳華智等立合約字

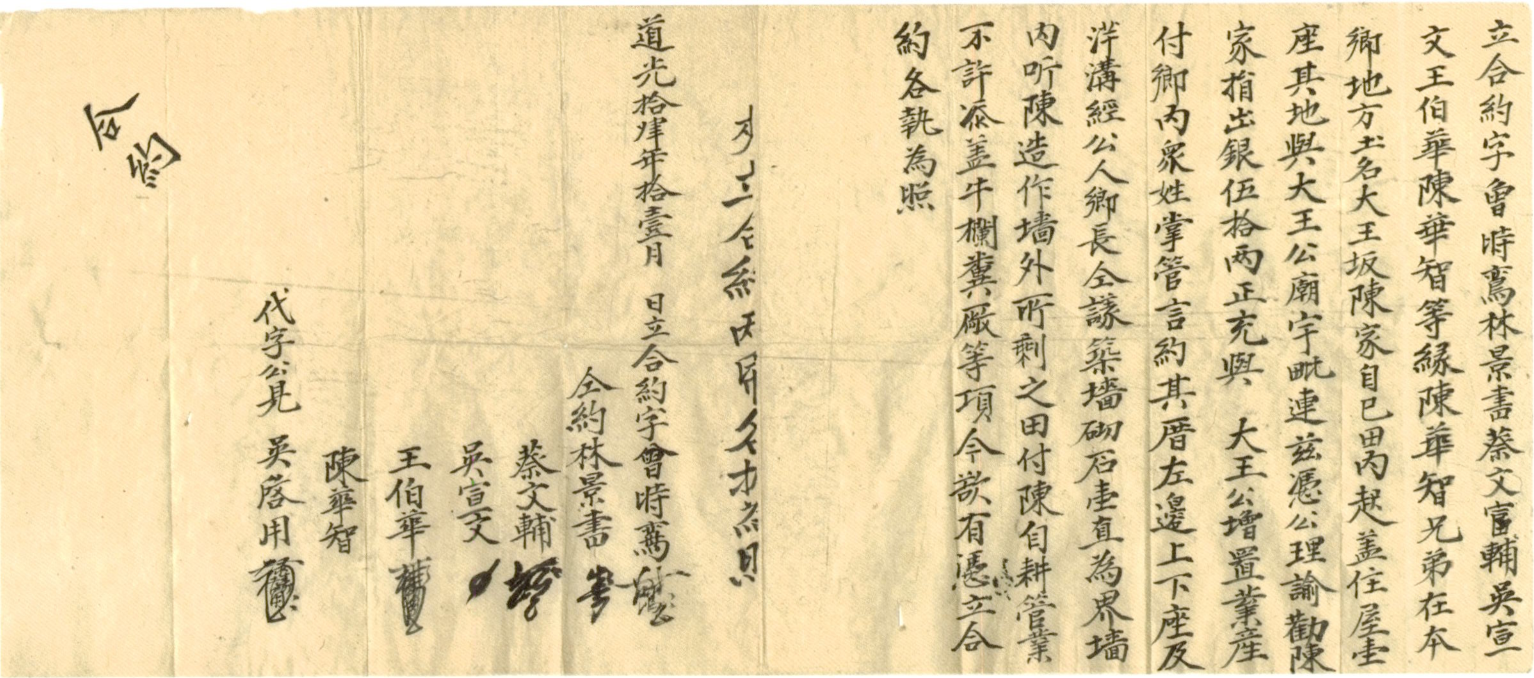
立合約字曾時蔦林景書蔡文輔吳宣
文王伯華陳華智等緣陳華智兄弟在本
鄉地方土名大王坂陳家自己田內起蓋住屋壹
座其地與大王公廟宇毗連茲憑公理諭勸陳
家捐出銀伍拾兩正充與 大王公增置業產
付鄉內衆姓掌管言約其厝左邊上下座及
洋溝經公人鄉長仝議築墻砌石圭直為界墻
內听陳造作墻外所剩之田付陳自耕管業
不許添蓋牛欄糞厰等項今欲有憑立合
約各執為照

道光拾肆年拾壹月 日立合約字曾時蔦
仝約林景書
蔡文輔
吳宣文
王伯華
陳華智
代字公見 吳啓用

7-5-20-2 清道光十四年十一月曾時蔦等立合約字

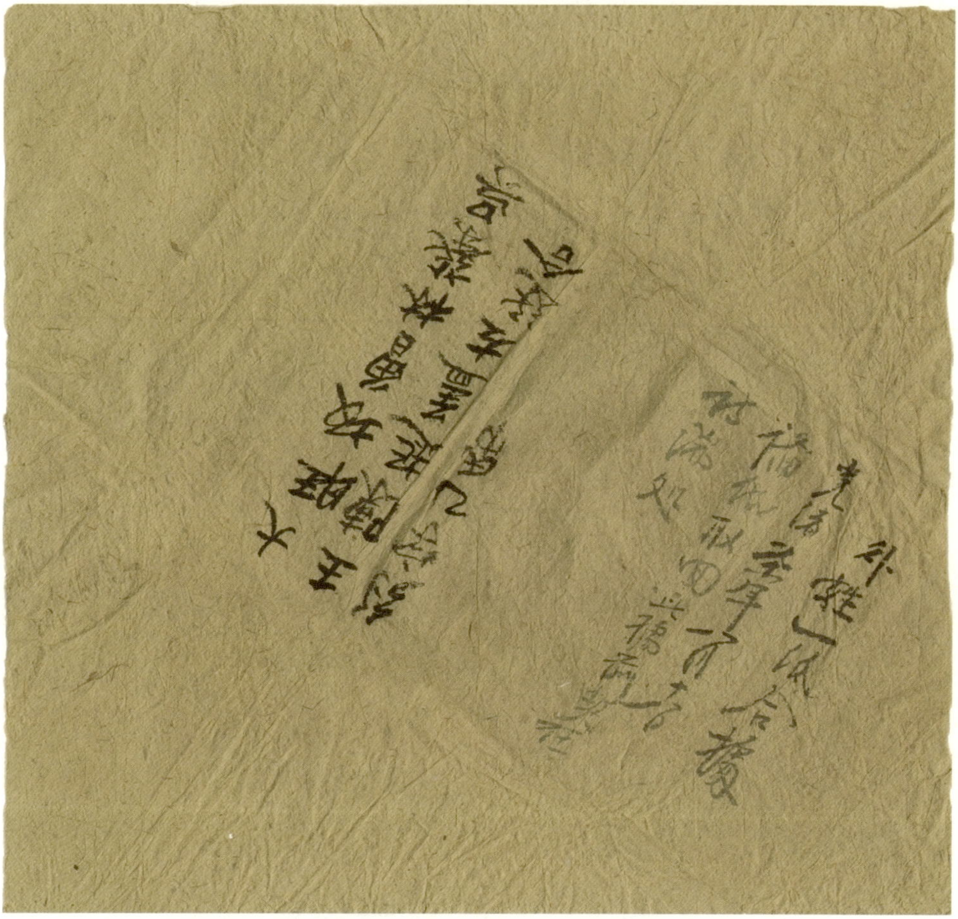

7-5-20-1　包契紙

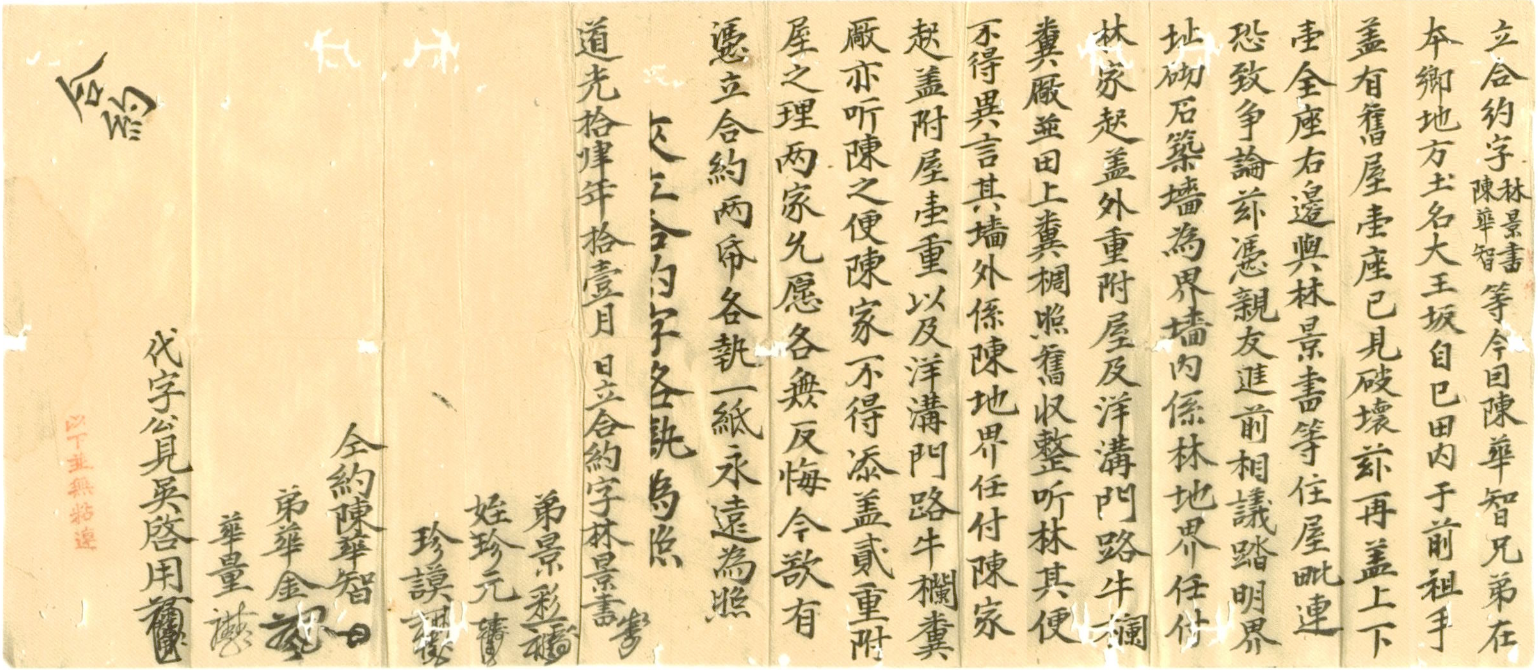
立合約字林景書陳華智等，今因陳華智兄弟在本鄉地方土名大王坂自己田內于前祖手蓋有舊屋圭座，已見破壞，茲再蓋上下圭全座，右邊與林景書等住屋毗連，恐致爭論，茲憑親友進前相議，踏明界址，砌石築墻為界，墻內係林地界，任付林家起蓋外重附屋及洋溝門路牛欄糞厰，並田上糞桐照舊收整，听林其便，不得異言；其墻外係陳地界，任付陳家起蓋附屋圭重以及洋溝門路牛欄糞厰，亦听陳之便，陳家不得添蓋貳重附屋之理。兩家允愿，各無反悔。今欲有憑，立合約兩紙，各執一紙，永遠為照。

又立合約字各執為照

道光拾肆年拾壹月　日立合約字林景書（押）

弟景彩（押）

姪珍元（押）

珍謨（押）

仝約陳華智（押）

弟華金（押）

華量（押）

代字公見吳啓用（押）

合照

以下並無粘連

7-5-19-2　清道光十四年十一月林景書等立合約字

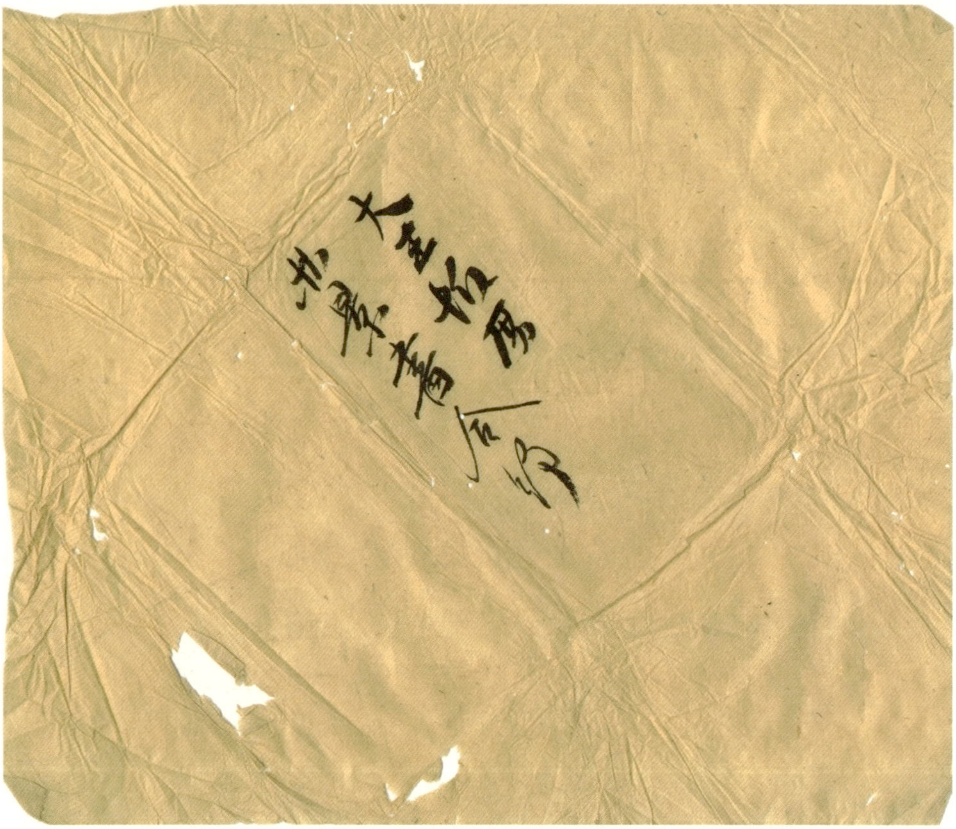

7-5-19-1　包契紙

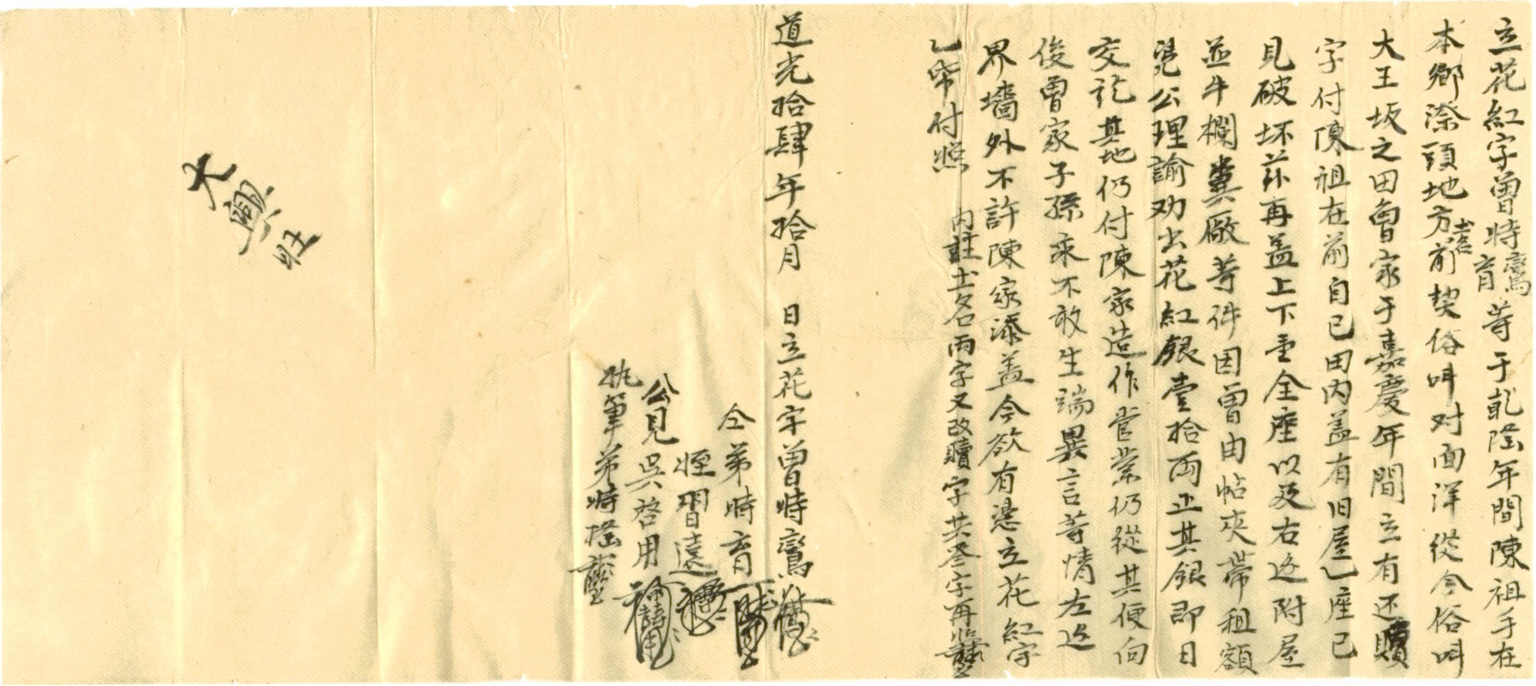

立花紅字曾時鸞、育等，于乾隆年間陳祖手在本鄉滁頭地方，前契价呌对面洋，從今俗呌大王坂之田，曾家于嘉慶年間立有退賣字付陳祖，在前自己田內蓋有旧屋一座，已見破坏，亦再蓋上下重全座，以及右边附屋並牛欄糞廠等件，因曾由帖夾帶租額，憑公理諭，劝出花紅銀壹拾兩正，其銀即日交訖，其地仍付陳家造作管業，仍從其便，向後曾家子孫永不敢生端異言，等情左边界墻外不許陳家添蓋。今欲有憑，立花紅字一帋付照。

内註土夕石两字，又改贖字，共叁字，再照。

道光拾肆年拾月　日立花紅字曾時鸞（押）
　　　　　　　　　　　　　　　育（押）
仝弟　時育（押）
　　　習遠（押）
公見　吳啓用（押）
執筆弟時瑤（押）

大興旺

7-5-18-3　清道光十四年十月曾時鸞等立花紅字

7-5-18-2 包契紙

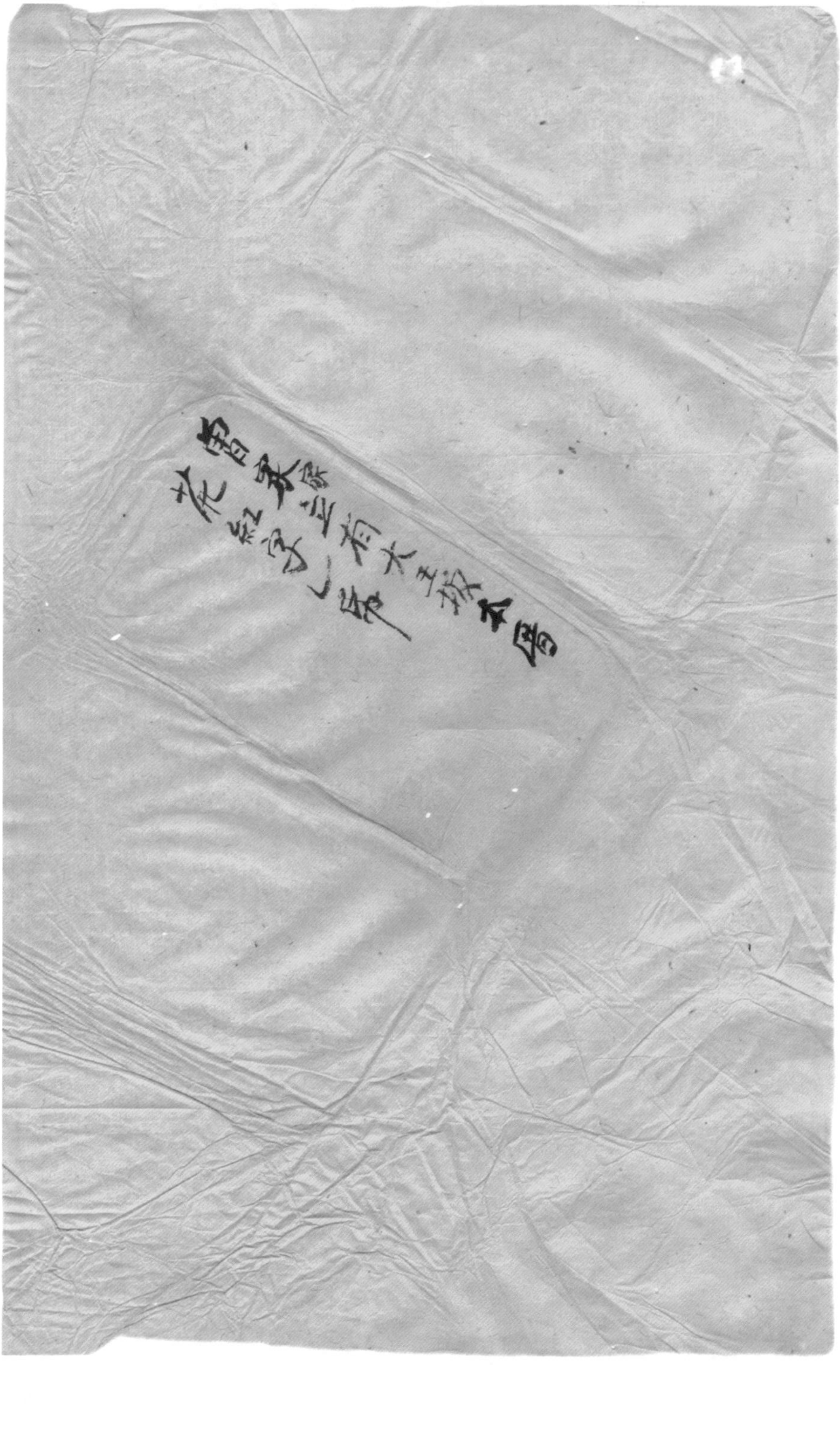

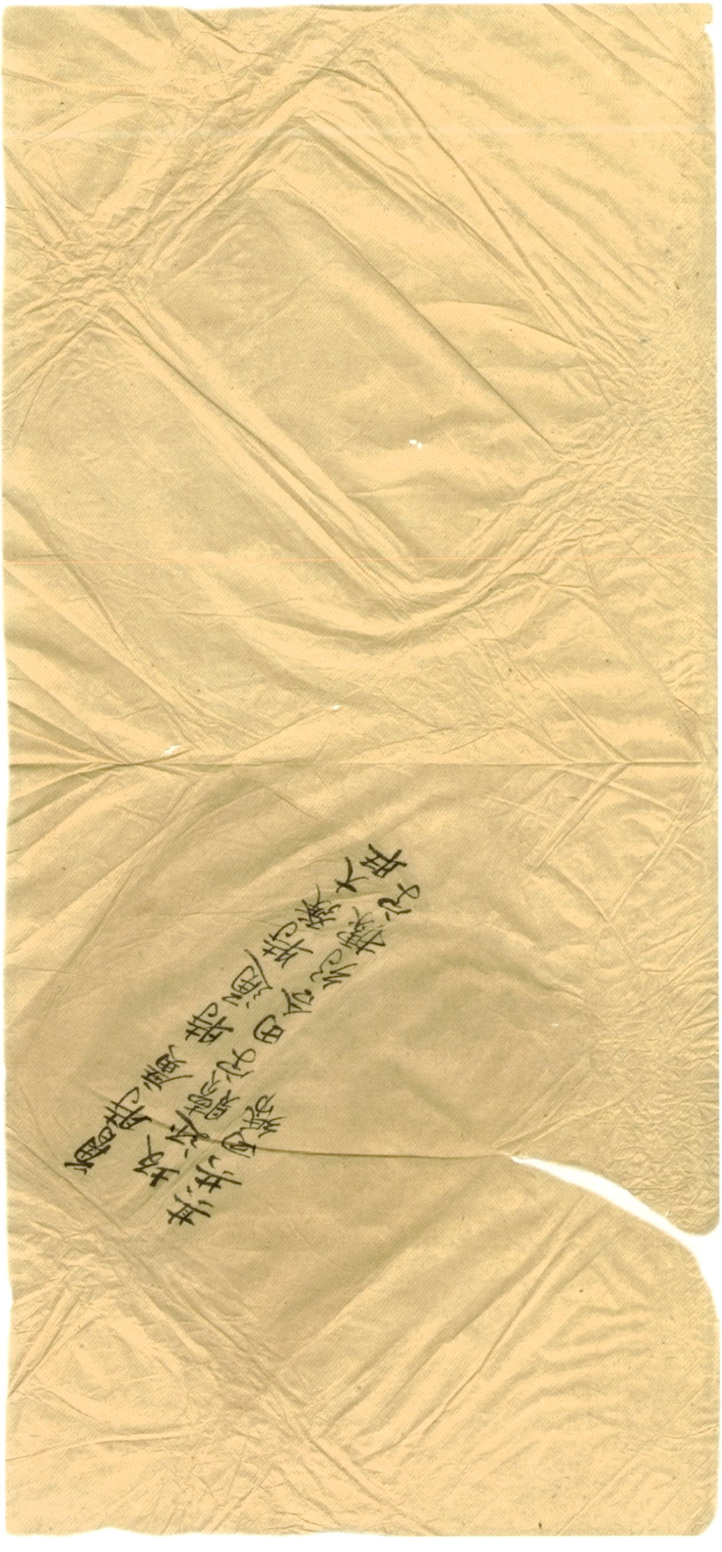

7-5-18-1　包契紙

立賣斷田山契弟詩暢自己手置有
植林及荒山並泉田壹全所坐⋯廿九都
地方土名下堂仔上至路下至林六德田左
至曾子爺山右至子爺山為界四至明白
今因别置將此托中送賣斷与
兄詩雅處永遠為業三面言議時值
價銀叁拾捌兩正每兩折錢八百扣其錢
即日收足其山田即付兄前去刈削開掘
採摘起佃耕作任從其便此業係手置
己業与别無干在先並無來歷不明等
情如有此情係弟支理不累兄之事通
年山租錢納月州將收自賣之後不敢生端
異言之理今欲有憑立賣斷山田契壹紙又
吳珠文原賣契壹紙又繳曾子坐賣契乙紙共
成叁紙流付為照
光緒叁拾叁年十二月　日立賣斷田山契弟詩暢（押）
代字中見姪訪友（押）

7-5-17-3　清光緒三十三年十二月陳詩暢立賣斷田山契

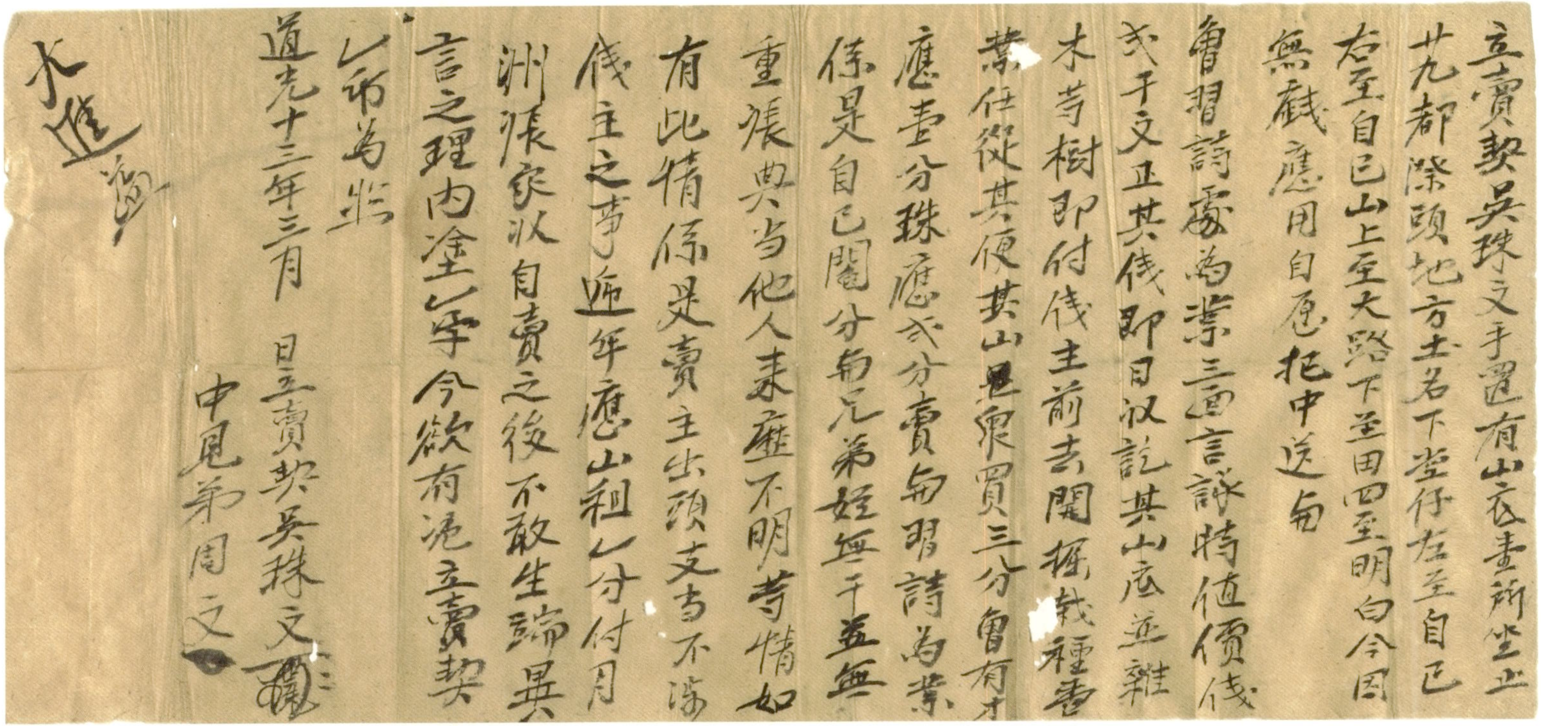
立賣契吳珠文手置有山底壹所坐址
廿九都漈頭地方土名下坐仔左至自己
右至自己山上至大路下至田四至明白今因
無錢應用自愿托中送向
曾習詩爲業三面言議時值價錢
弍千文正其錢即日收訖其山底並雜
木等樹即付錢主前去開掘栽種耆
葉任從其便其山先年買三分曾有才
應壹分珠應弍分賣向習詩爲業
係是自己閹分與兄弟姪無干並無
重張典当他人来歷不明等情如
有此情係是賣主出頭支当不涉
錢主之事逐年應山租乙分付月
洲張家收自賣之後不敢生端異
言之理內塗乙字今欲有憑立賣契
乙紙爲照
道光十三年三月　日立賣契吳珠文（押）
中見弟周文（押）
大進

7-5-17-2　清道光十三年三月吴珠文立賣山底契

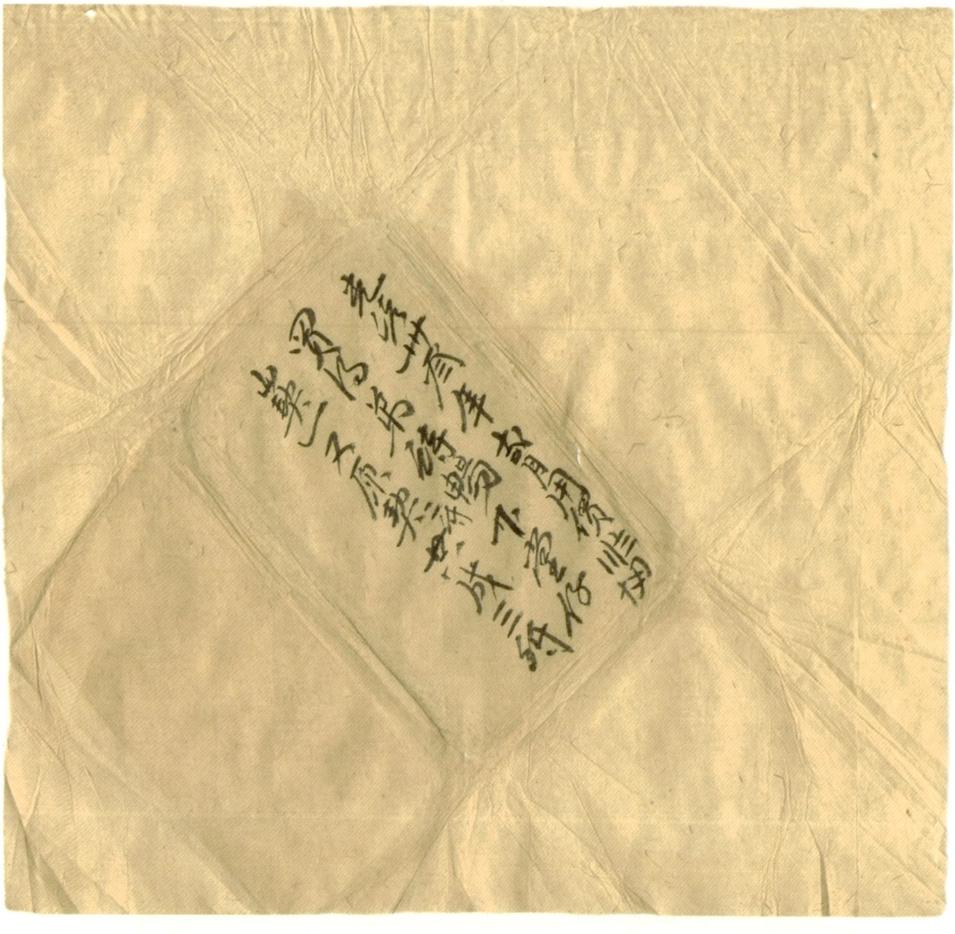

7-5-17-1　包契紙

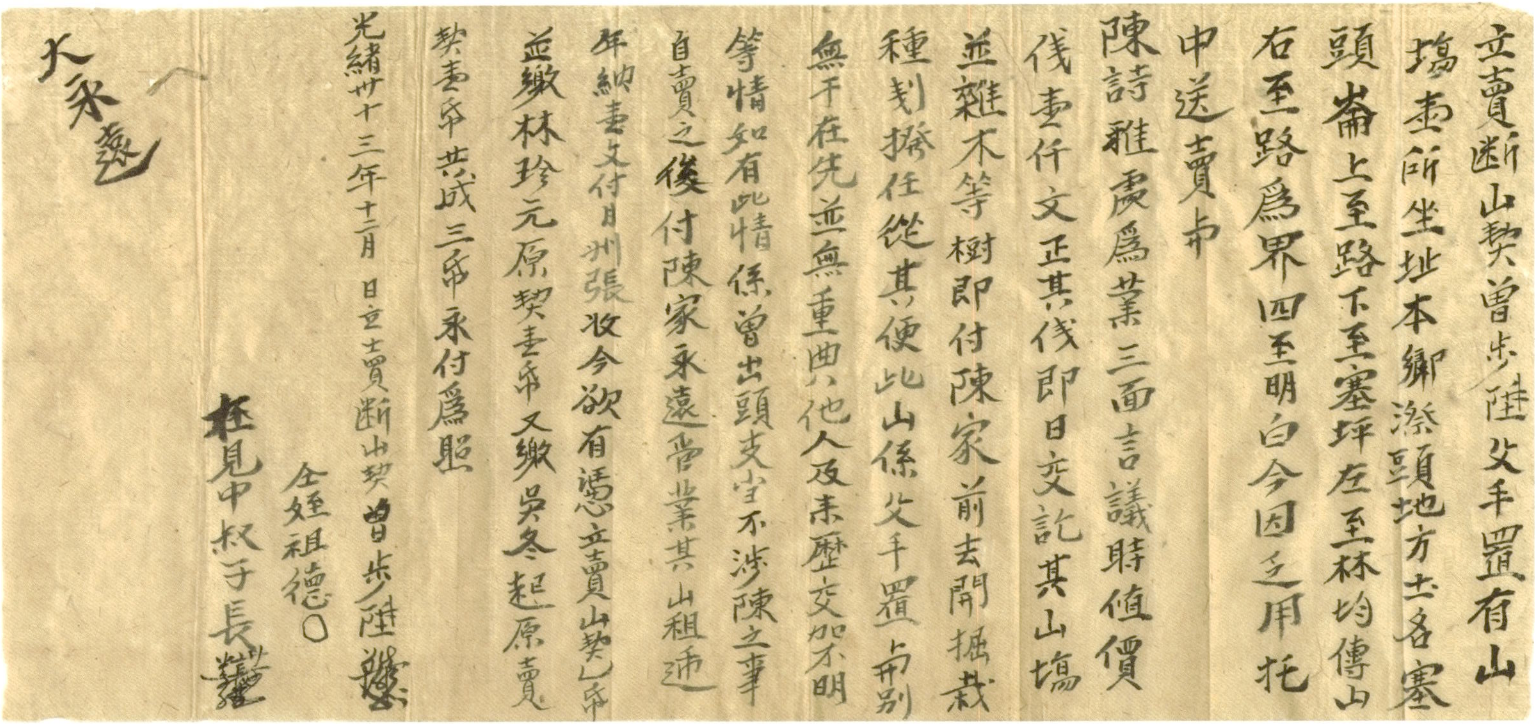
立賣斷山契曾步陞父手置有山
塲壹所坐址本鄉滎頭地方土名塞
頭崙上至路下至塞坪左至林均傳山
右至路爲界四至明白今因乏用托
中送賣與
陳詩稚處爲業三面言議時值價
錢壹仟文正其錢即日交訖其山塲
並雜木等樹即付陳家前去開掘栽
種刈掇任從其便此山係父手置與別
無干在先並無重典他人及未歷交加不明
等情如有此情係曾出頭支當不涉陳之事
自賣之後付陳家永遠管業其山租逓
年納壹文付日洲張收今欲有憑立賣山契一帋
並繳林珍元原契壹帋又繳吳冬起原賣
契壹帋共成三帋永付爲照
光緒卅十三年十二月　日立賣斷山契曾步陞（押）
仝姪祖德〇
在見中叔子長（押）
大采遂

7-5-16-4　清光緒三十三年十二月曾步陞等立賣斷山場契

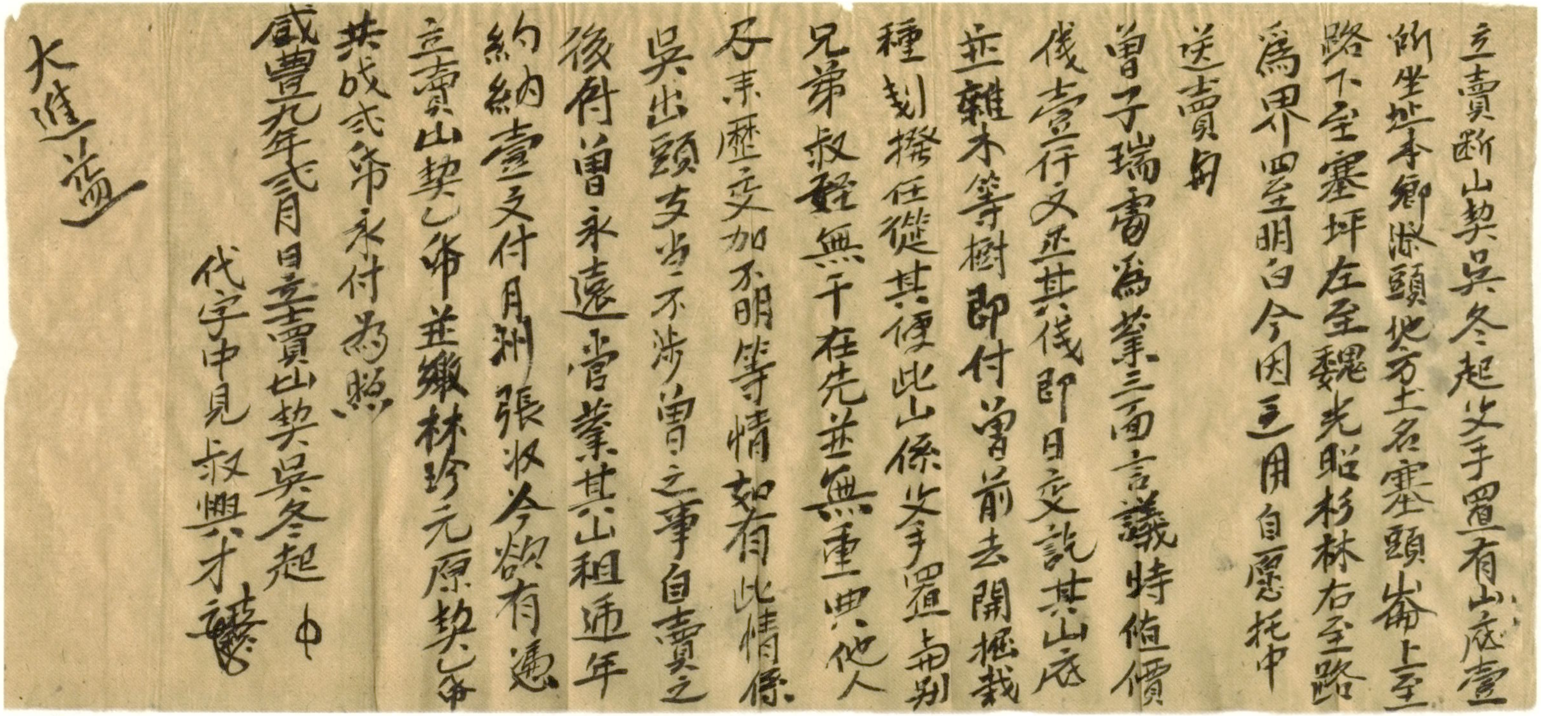
立賣斷山契吳冬起父手置有山底壹
所坐址本鄉漈頭地方土名塞頭崙上至
路下至塞坪左至魏光貽杉林右至路
爲界四至明白今因乏用自愿托中
送賣與
曾子瑞官爲業三面言議時值價
錢壹仟文正其錢即日交訖其山底
並雜木等樹即付曾前去開掘栽
種劃撥任從其便此山係父手置與別
兄弟叔姪無干在先並無重典他人
仔來歷交加不明等情如有此情係
吳出頭支當不涉曾之事自賣之
後付曾永遠管業其山租遞年
約納壹文付月洲張收今欲有憑
立賣山契乙紙並繳林珍元原契乙紙
共成弍紙永付爲照
咸豐九年弍月　日立賣山契吳冬起　中
代字中見叔興才
大進益

7-5-16-3　清咸豐九年二月吳冬起立賣斷山底契

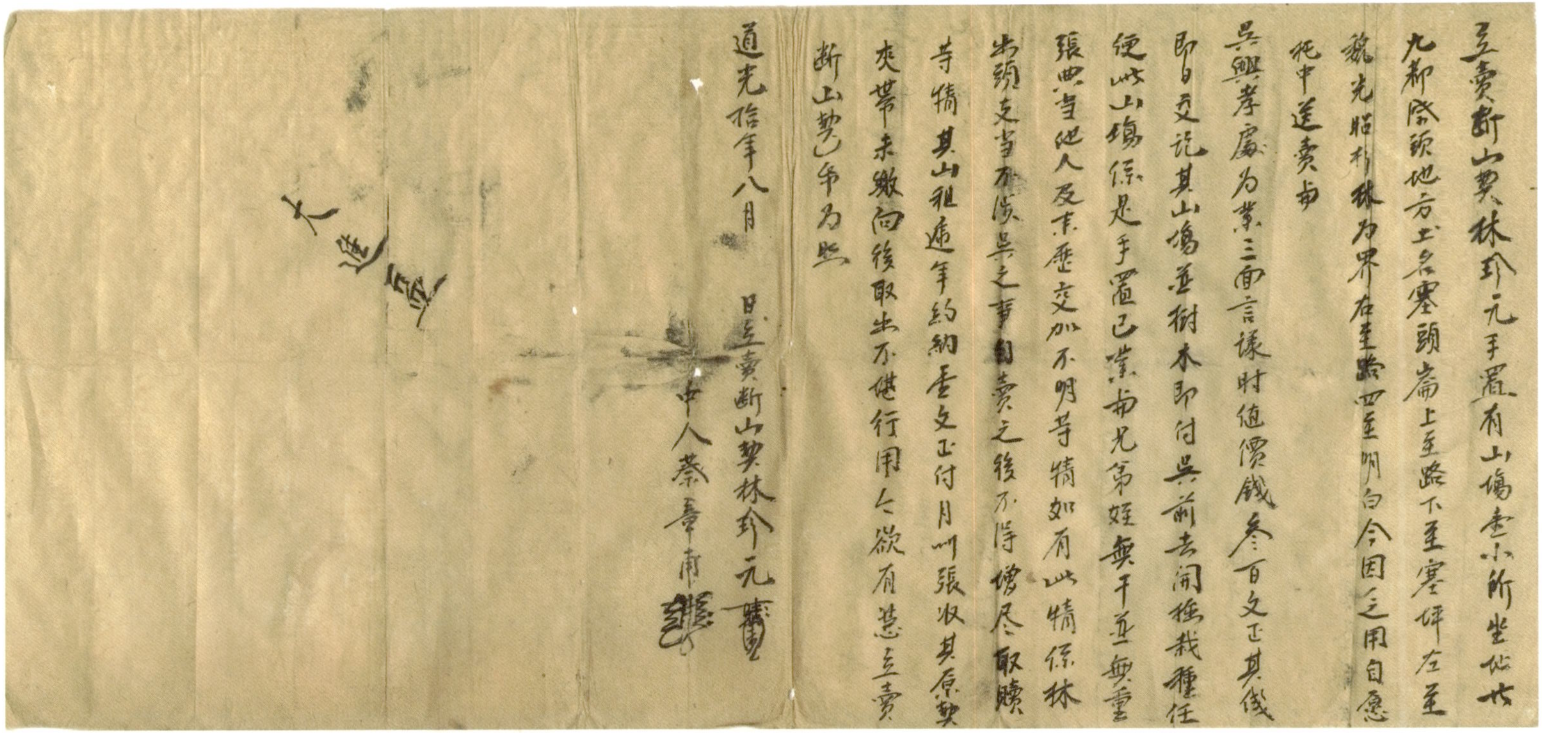

立賣斷山契人林珍元手置有山場壹所坐址七
九都洋頭地方土名塞頭崙上至路下至塞坪左至
魏光昭林為界右至路四至明白今因乏用自愿
托中送賣與
吳興孝處為業三面言議時值價錢叁百文正其錢
即日交訖其山場並樹木即付吳前去開掘栽種任
從此山場係是手置已業弟兄姪無干並無重
張典當他人及未歷交加不明等情如有此情係林
出頭支当不涉吳之事自賣之後不得增尽取贖
等情其山租逐年約納壹文正付月四張收其原契
未帶未繳向後取出不堪行用今欲有憑立賣
斷山契一紙為照

道光拾年八月　日立賣斷山契林珍元（押）

中人蔡亨甫（押）

大吉

7–5–16–2　清道光十年八月林珍元立賣斷山場契

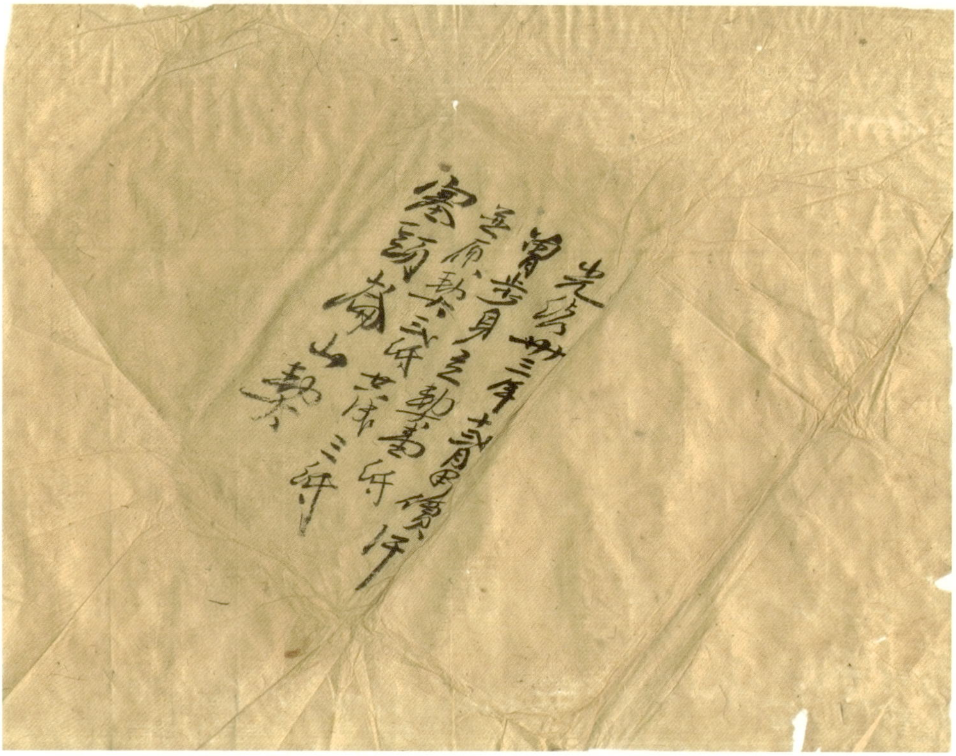

7-5-16-1　包契紙

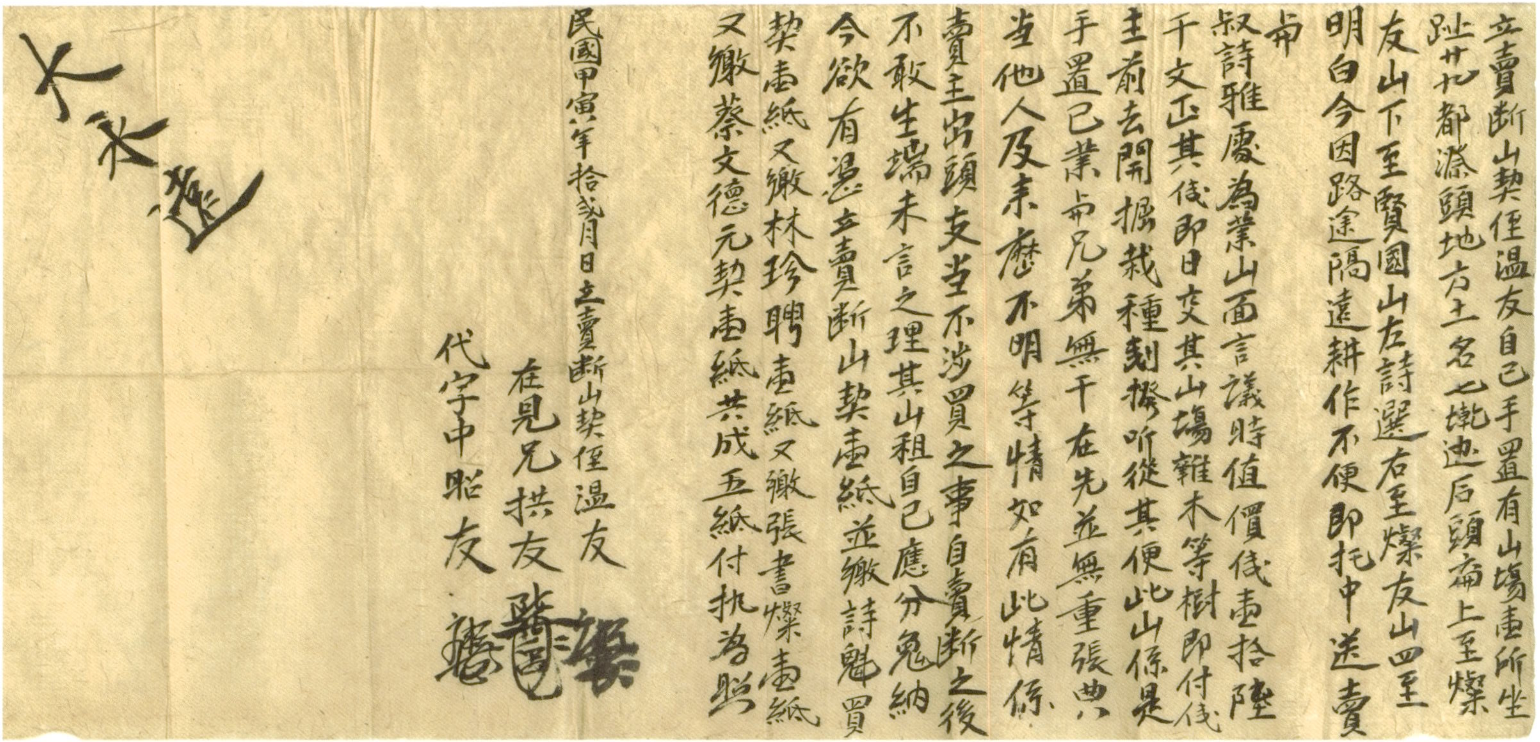

立賣斷山契侄温友自己手置有山場壹所坐
址廿九都滁頭地方土名乜墘迹后頭崙上至燦
友山下至賢國山左詩選右至燦友山四至
明白今因路途隔遠耕作不便即托中送賣
與
叔詩雅處為業山面言議時值價錢壹拾陸
千文正其錢即日交其山場雜木等樹即付錢
主前去開掘栽種剡擀听從其便此山係是
手置已業與兄弟無干在先並無重張典
當他人及未歷不明等情如有此情係
賣主出頭支當不涉買之事自賣斷之後
不敢生端未言之理其山租自己應分兑納
今欲有憑立賣斷山契壹紙並繳詩魁買
契壹紙又繳林珍聘壹紙又繳張書燦壹紙
又繳蔡文德元契壹紙共成五紙付执為照

民國甲寅年拾貳月日立賣斷山契侄温友
在見兄拱友
代字中昭友

大永遠

7-5-15-7　民國三年十二月陳温友立賣斷山場契

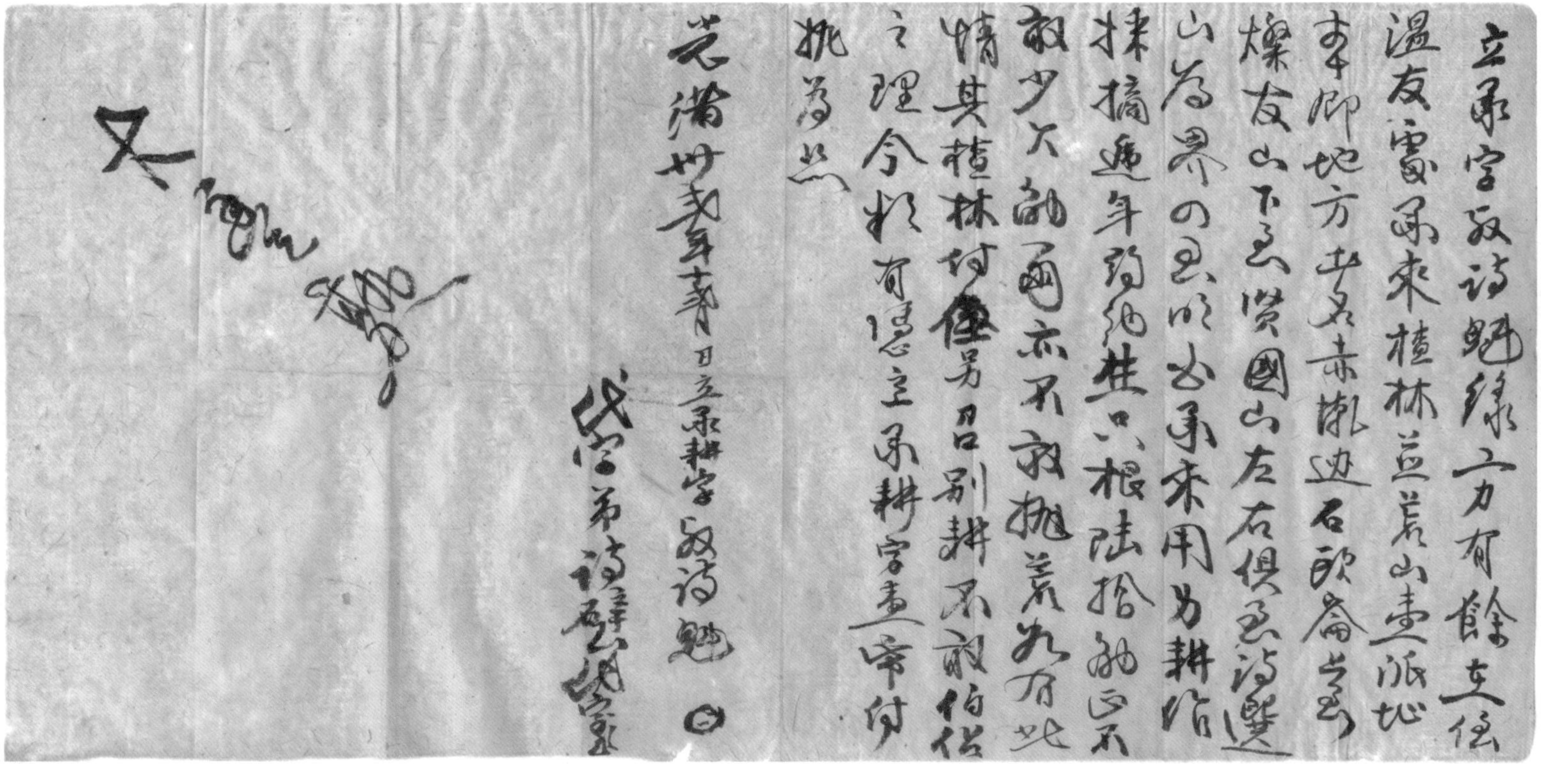

7-5-15-6　清光緒三十二年十二月陳詩魁立承耕植林等字

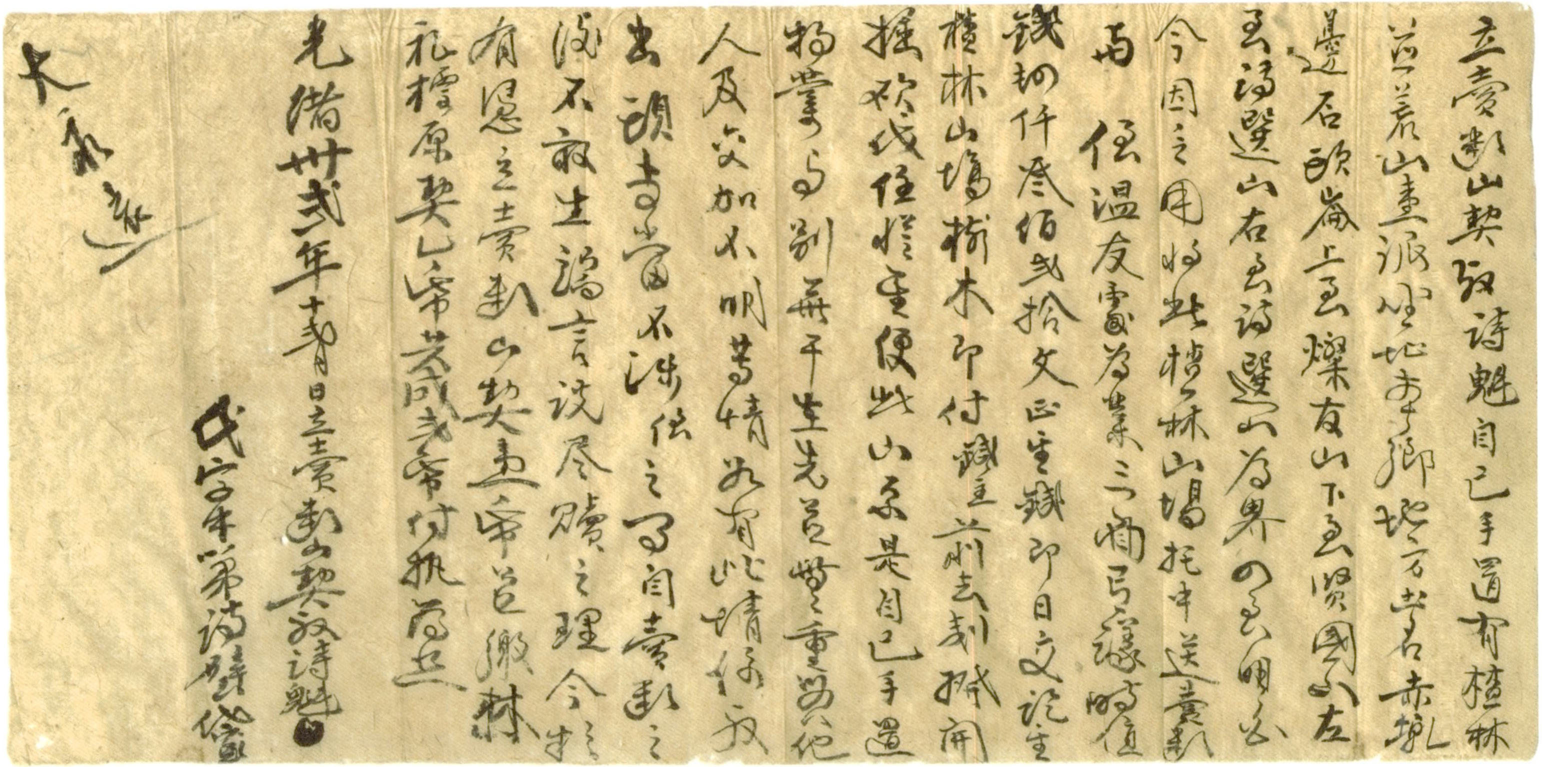
立賣斷山契叔詩魁自己手置有楂林
並荒山壹派，坐址本鄉地方，土名赤坳
邊石頭崙，上至燦友山，下至賢國山，左
至詩選山，右至詩選山為界，四至明白。
今因乏用，將此楂林山場托中送賣斷
與　侄温友處為業，三面言議時值
錢柒仟叁佰貳拾文正，其錢即日交訖，其
楂林山場樹木即付錢主前去[illegible]伐開
掘，砍伐任憑其便。此山系是自己手置
物業，與別無干，並無重張典他
人及交加不明等情，如有此情，係叔
出頭當不涉侄之事。自賣斷之
後，不敢生端言說取贖之理。今恐
有憑，立賣斷山契壹帋，並繳林
札標原契壹帋，共貳帋，付執為照。
光緒卅弍年十二月　日立賣斷山契叔詩魁（押）
代字侄[illegible]詩[illegible]
大[illegible]

7-5-15-5　清光緒三十二年十二月陳詩魁立賣斷楂林等契

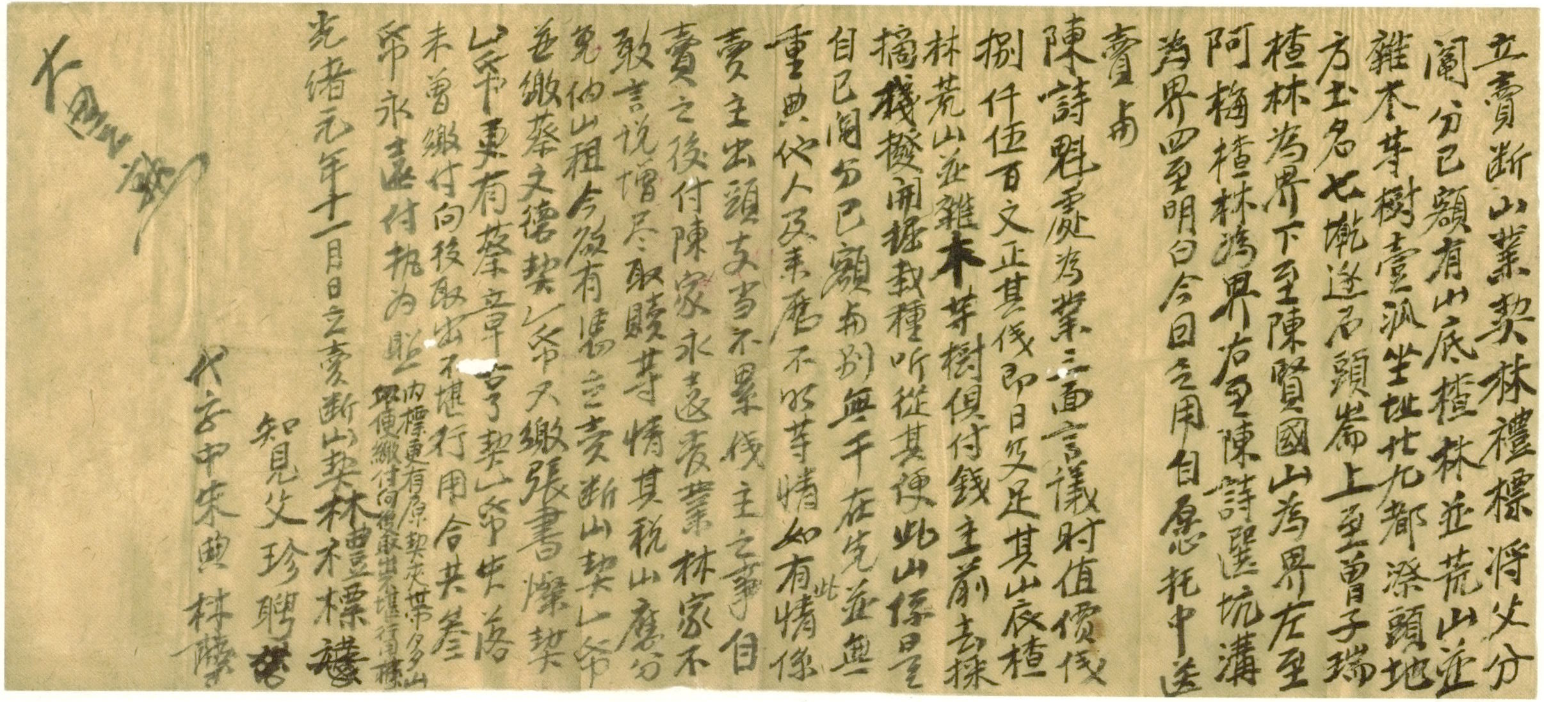
立賣斷山業契林禮標將父分
阄分己額有山底植林並荒山並
雜木等樹壹派坐址廿九都漈頭地
方土名七墘逕石頭嵛上至曾子瑞
植林為界下至陳賢國山為界左至
阿梅植林為界右至陳詩選坑溝
為界四至明白今因乏用自愿托中送
賣與
陳詩魁處為業三面言議時值價錢
捌仟伍百文正其錢即日交足其山底植
林荒山並雜木等樹俱付錢主前去採
摘栽種開掘栽種听從其便此山係是
自己閹分己額亦別無干在先並無
重典他人及来歷不明等情如有此情係
賣主出頭支當不累錢主之事自
賣之後付陳家永遠為業林家不
敢言說增盡取贖等情其稅山糧分
兑伊山租今收有憑立賣斷山契乙帋
并繳蔡文德契乙帋又繳張書燦契
乙帋下更有蔡章奇契乙帋未落
未曾繳付向後取出不堪行用合共叁
帋永遠付執為照
光緒元年十一月日立賣斷山契林禮標
知見父　珍聘
代字中　宋典　林㰖

7-5-15-4　清光緒元年十一月林禮標立賣斷山底等契

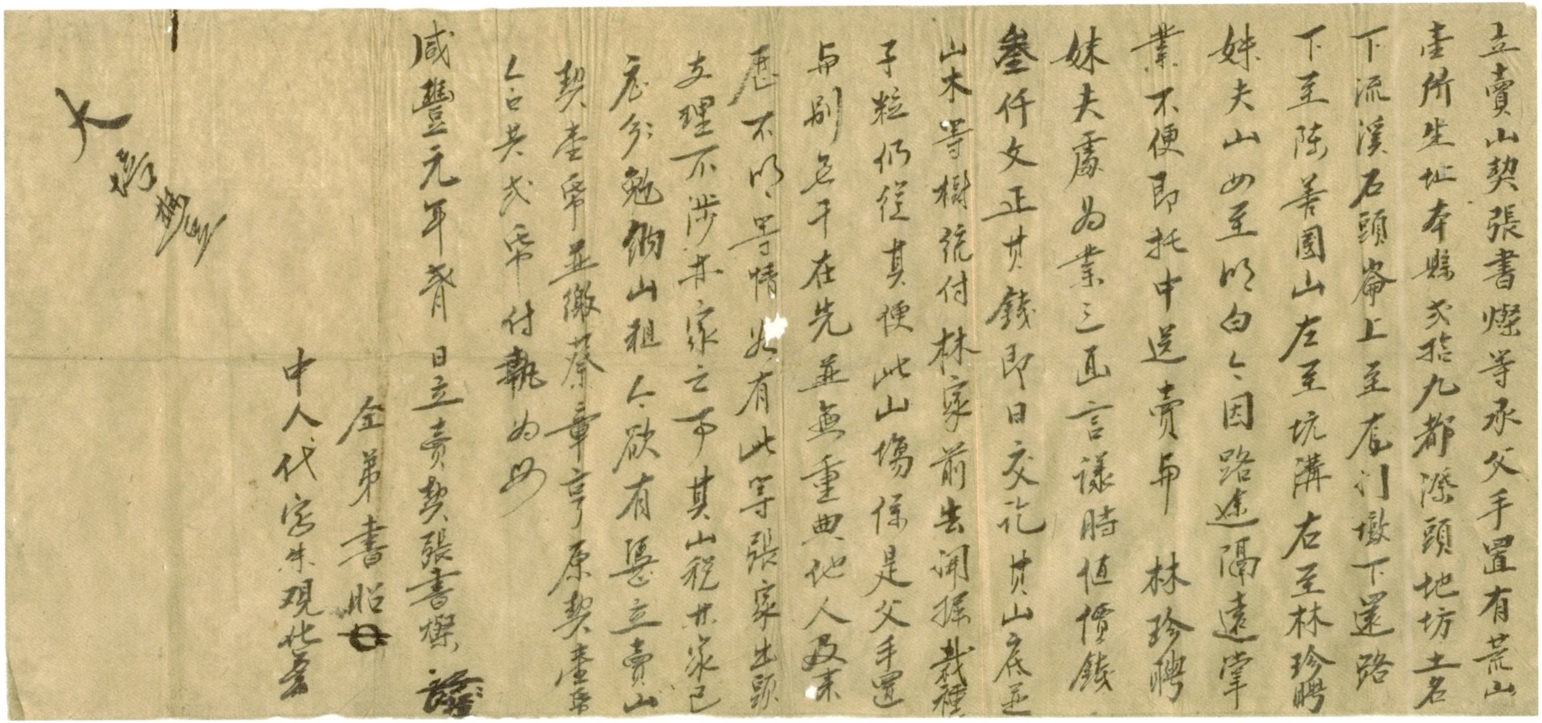

立賣山契張書燦等承父手置有荒山
壹所坐址本縣弍拾九都溪頭地坊土名
下流溪石頭崙上至崔门墩下還路
下至陸姜園山左至坑溝右至林珍聘
姊夫山內至明白今因路途隔遠掌
業不便即托中送賣與　林珍聘
姊夫處為業三面言議時值價錢
叁仟文正其錢即日交訖其山底並
山木等樹統付林家前去開掘栽種
子粒仍從其便此山係是父手置
與別房干在先並無重典他人及來
歷不明等情如有此等張家出頭
支理不涉林家之事其山從林家已
後分魁納山租今欲有憑立賣山
契壹紙並繳蔡章亨原契壹紙
今共弍紙付執為照
咸豐元年二月　日立賣契張書燦
仝弟書昭
中人代字朱觀光

7-5-15-3　清咸豐元年二月張書燦等立賣荒山契

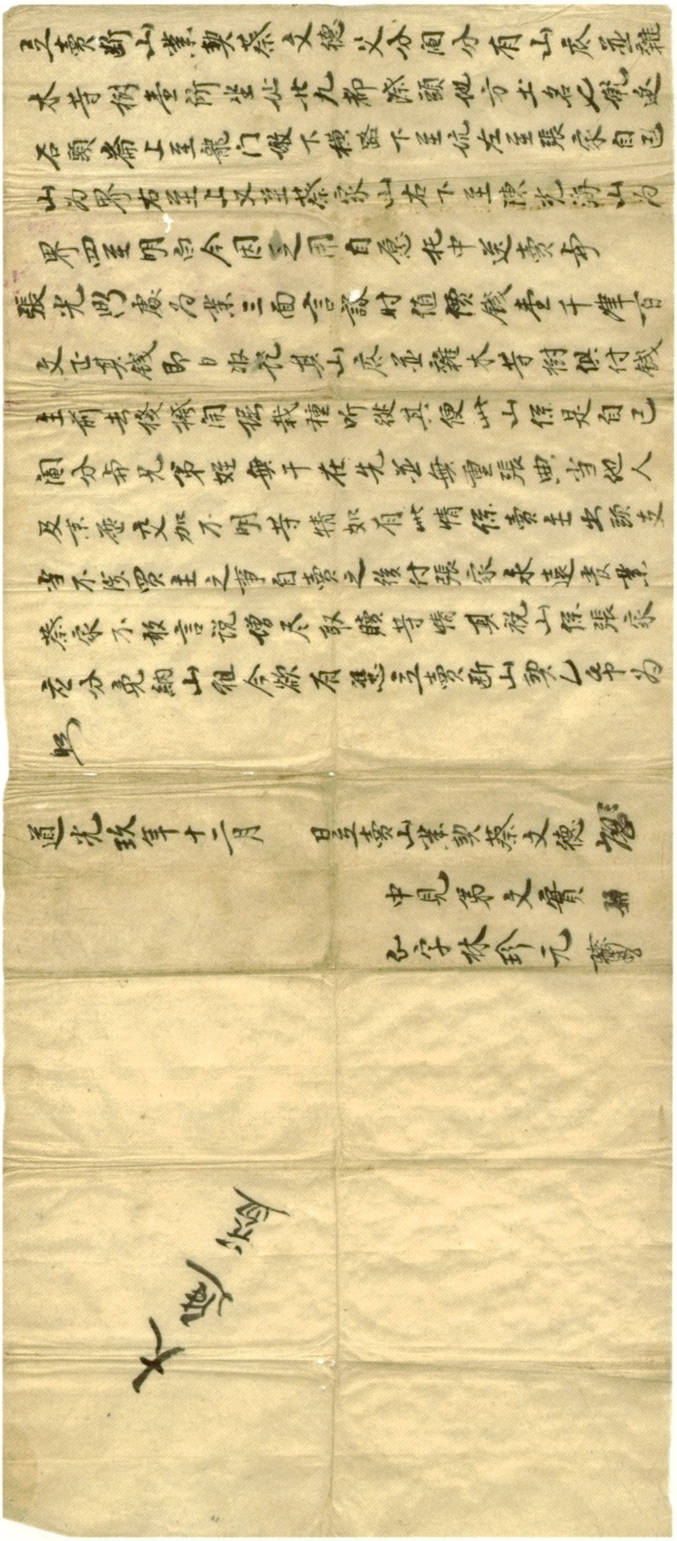

立賣斷山業契蔡文德，兹父分鬮分有山底並雜
木苦竹壹所，坐址九都漈頭地方，土名大嶺邊，
[illegible]上至龍門嶺下[illegible]下至[illegible]，左至張家自己
山為界，右至上[illegible]蔡家山，左下至陳[illegible]山為
界，四至明白。今因乏用，自愿托中送賣與
張光明處為業，三面言議時值價錢壹千肆百
文正，其錢即日收訖，其山底並雜木苦竹任付錢
主前去管掌開墾栽種，聽從其便。此山係是自己
鬮分之業，與兄弟叔侄無干，在先並無重張典當他人
及來歷交加不明等情，如有此情，係賣主出頭支
當，不涉買主之事。自賣之後，任付張家永遠為業，
蔡家不敢言說增找取贖等情，其雜山係張家
[illegible]，今欲有憑，立賣斷山契乙紙為
照。

道光玖年十二月　日立賣山業契蔡文德（押）
中見弟文賓（押）
代字林邦元（押）

7-5-15-2　清道光九年十二月蔡文德立賣斷山底等契

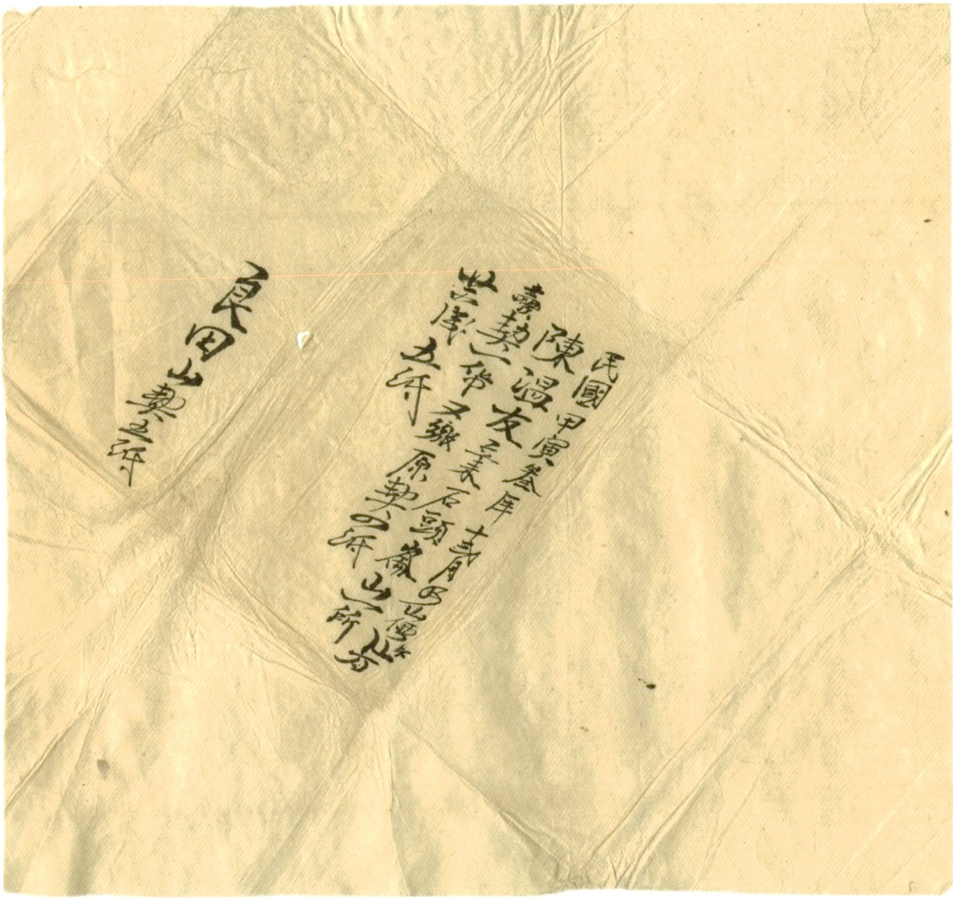
民國甲寅叁年十弍月日立
陳温友立賣石頭崙山一所
賣契一紙又繳原契四紙
出尾五紙
良田山契五紙

7-5-15-1　包契紙

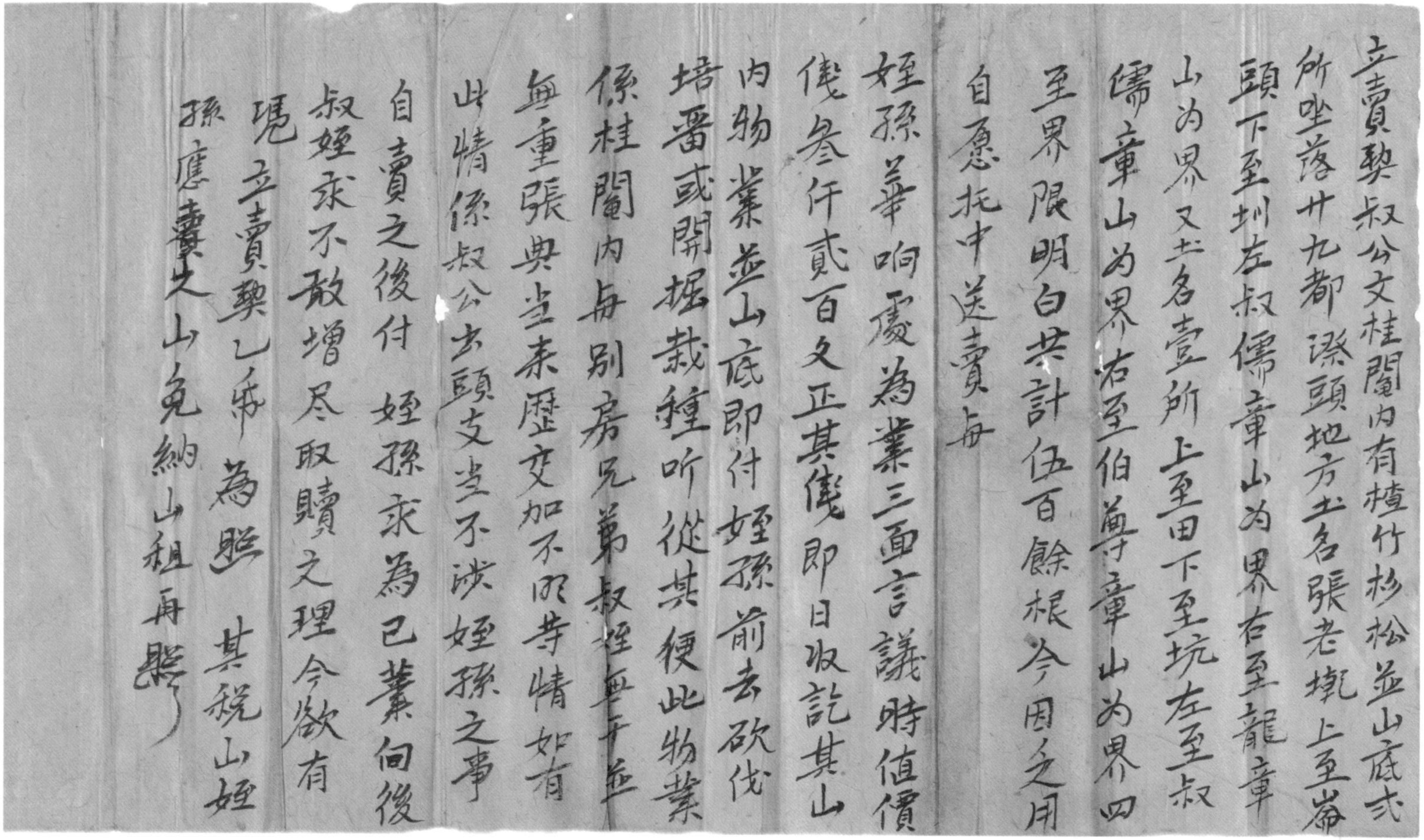

立賣契叔公文桂閬內有楂竹杉松並山底弍
所坐落廿九都漈頭地方土名張老墘上至崙
頭下至圳左叔儒章山為界右至龍章
山為界又土名壹所上至田下至坑左至叔
儒章山為界右至伯尊章山為界四
至界限明白共計伍百餘根今因乏用
自愿托中送賣與
姪孫華响處為業三面言議時值價
錢叁仟貳百文正其錢即日收訖其山
內物業並山底即付姪孫前去砍伐
培蓄或開掘栽種听從其便此物業
係桂閬內與別房兄弟叔姪無干並
無重張典当來歷交加不明等情如有
此情係叔公出頭支当不涉姪孫之事
自賣之後付　姪孫永為己業向後
叔姪永不敢增尽取贖之理今欲有
憑立賣契乙紙為照　其稅山姪
孫應貴之山免納山租再照

7-5-14-5　清道光年間陳文桂立賣楂竹杉松並山底契（草契）

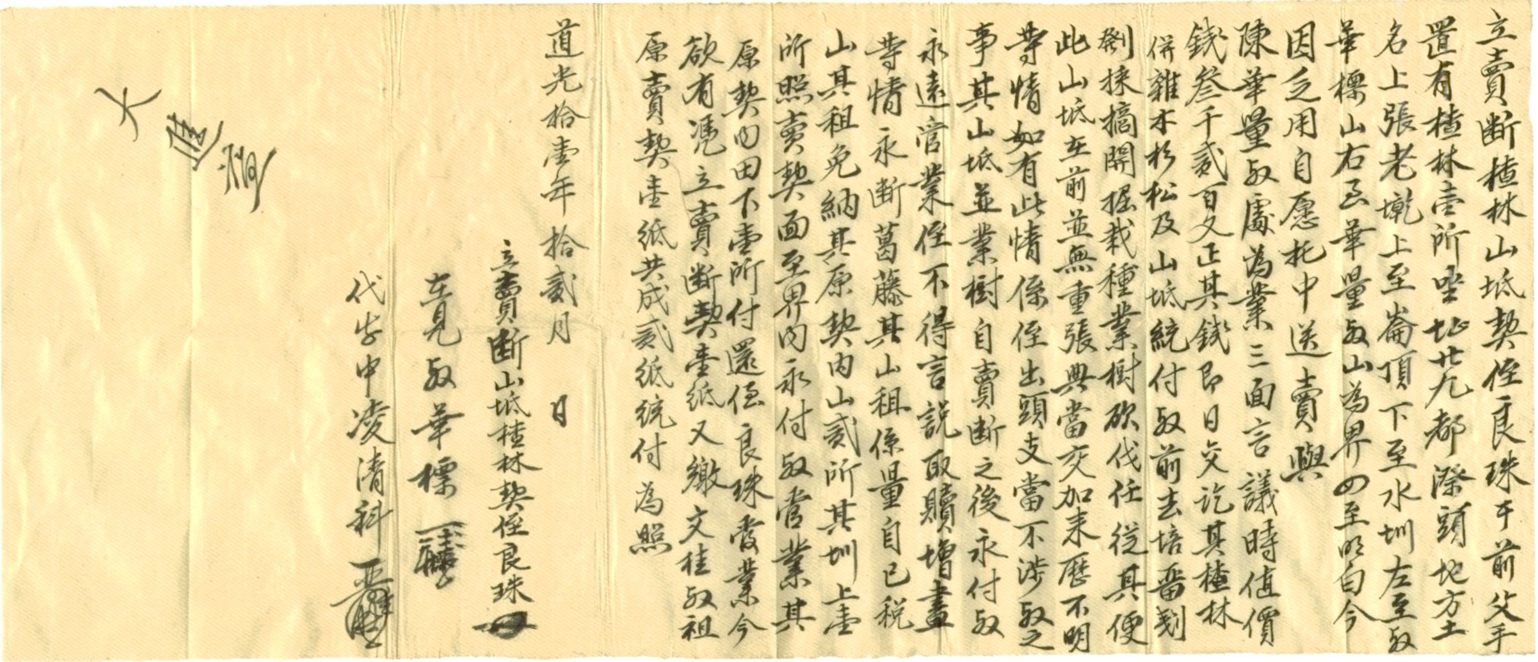
立賣斷楂林山坵契侄良珠，今因前父手
置有楂林壹所，坐址廿九都塗頭地方，土
名上張老墘，上至崙頂，下至水圳，左至叔
華標山，右至華量叔山為界，四至明白。今
因乏用，自愿托中送賣與
陳華量叔處為業，三面言議，時值價
錢叁千貳百文正，其錢即日交訖，其楂林
併雜木杉松及山坵，統付叔前去培蓄剉
剉揀擒開掘栽種業樹，砍伐任從其便。
此山坵在前並無重張典當交加來歷不明
等情，如有此情，係侄出頭支當，不涉叔之
事。其山坵並業樹自賣斷之後，永付叔
永遠管業，侄不得言說取贖增盡
等情，永斷葛藤。其山租係量自己稅
山，其租免納。其原契內山貳所，其圳上壹
所照賣契面至界內永付叔管業，其
原契內田下壹所付還侄良珠管業。今
欲有憑，立賣斷契壹紙，又繳文推叔祖
原賣契壹紙，共成貳紙，統付為照。
道光拾壹年拾貳月　日
立賣斷山坵楂林契侄良珠（押）
在見叔華標（押）
代筆中凌清科（押）

7-5-14-4　清道光十一年十二月陳良珠立賣斷楂林山底契

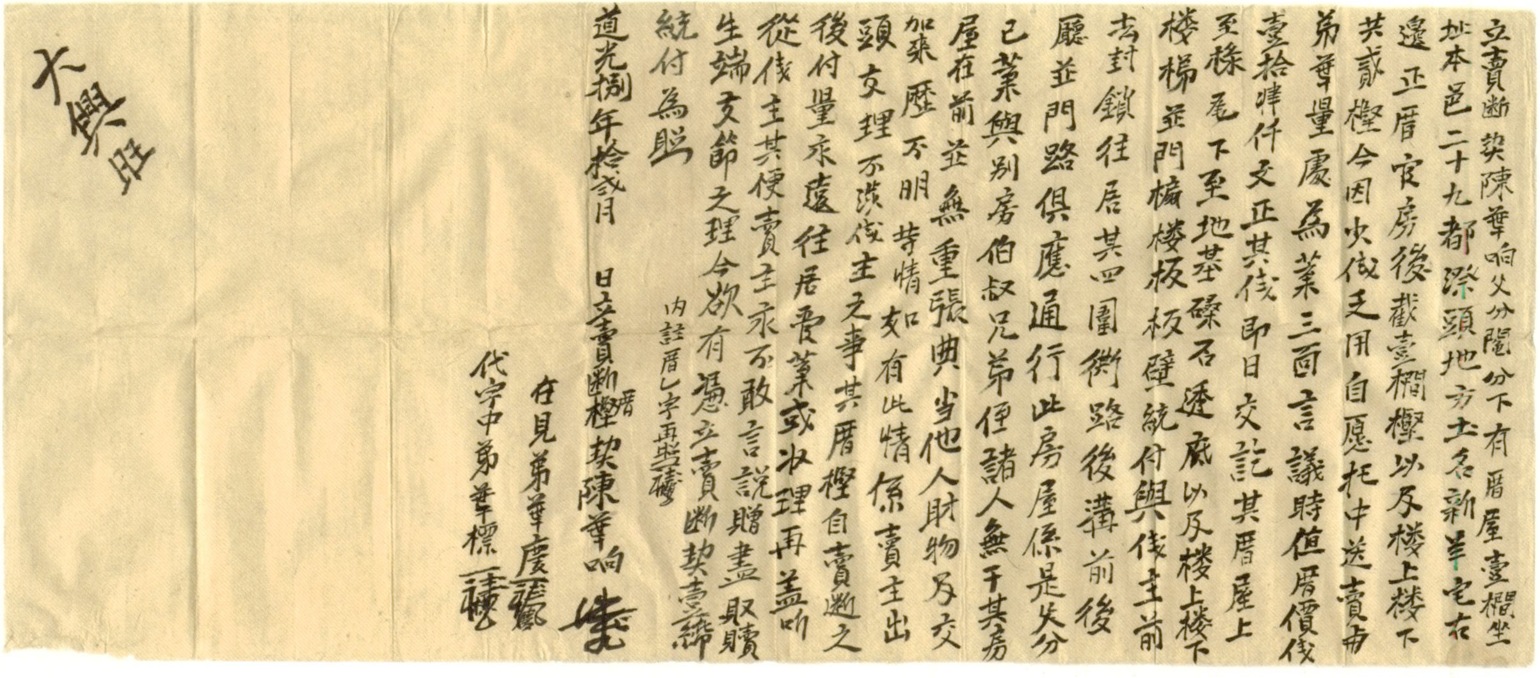

立賣斷契陳華响父分鬮分下有厝屋壹欄坐
址本邑二十九都漈頭地方土名新華宅右
邊正厝官房後截壹櫊樫以及樓上樓下
共貳樫今因火做乏用自愿托中送賣與
弟華量處為業三面言議時值厝價伐
壹拾肆仟文正其伐即日交訖其厝屋上
至椽尾下至地基磉石透底以及樓上樓下
樓梯並門檔樓板板壁統付與伐主前
去封鎖往居其四圍衢路後溝前後
廳並門路俱應通行此房屋係是失分
已業與別房伯叔兄弟侄諸人無干其房
屋在前並無重張典当他人財物及交
加系歷不明等情如有此情係賣主出
頭支理不涉伐主之事其厝樫自賣斷之
後付量永遠往居管業或次理再盖吶
從伐主其便賣主永不敢言說贈盡取贖
生端支節之理今欲有憑立賣斷契壹紙
統付為照
內註厝乚字再照壹字
道光捌年拾貳月　日立賣斷樫契陳華响
在見弟華慶
代字中弟華標
大興

7-5-14-3　清道光八年十二月陳華响立賣斷厝樫契

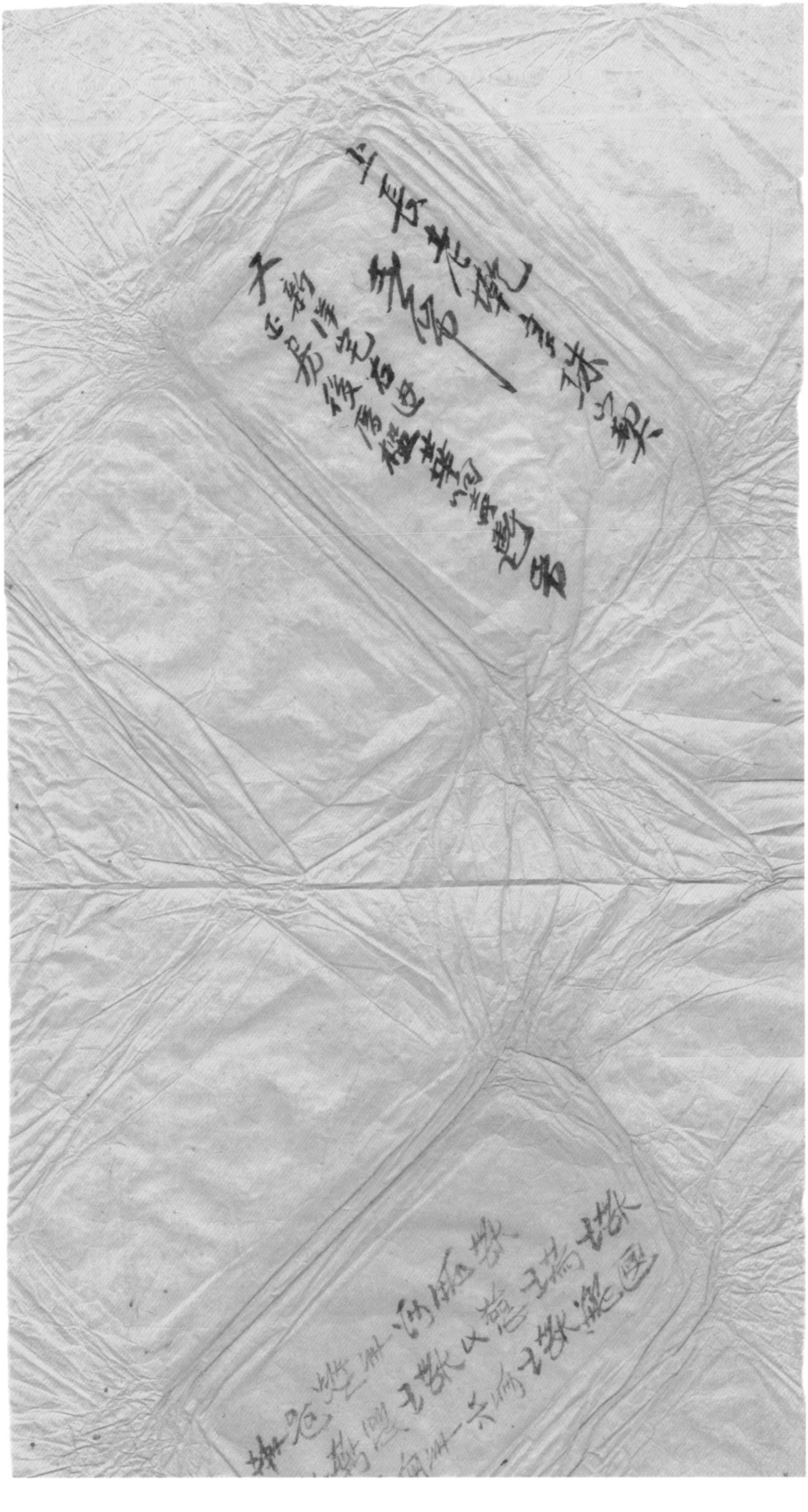

7-5-14-2　包契紙

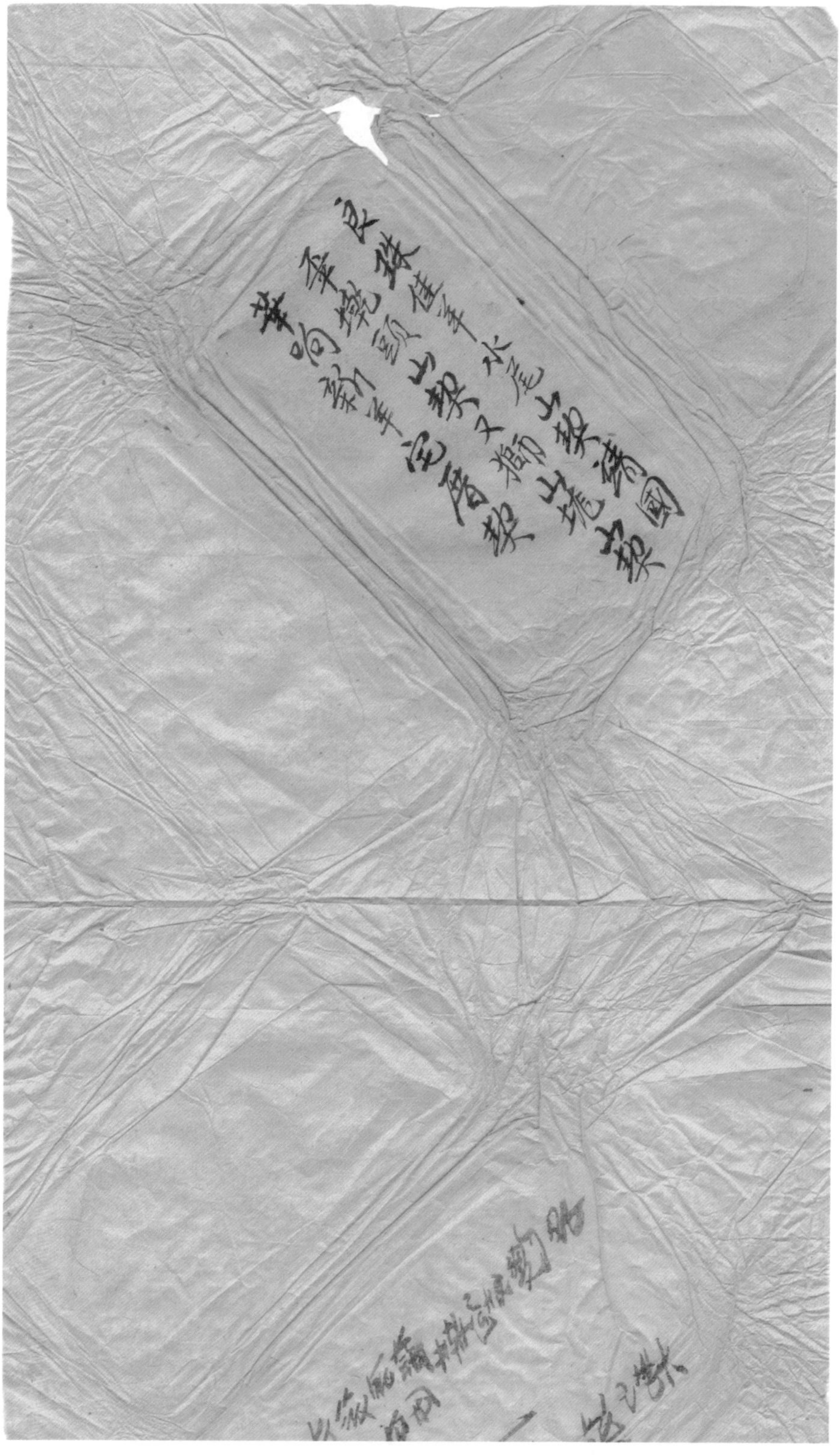

7-5-14-1 包契紙

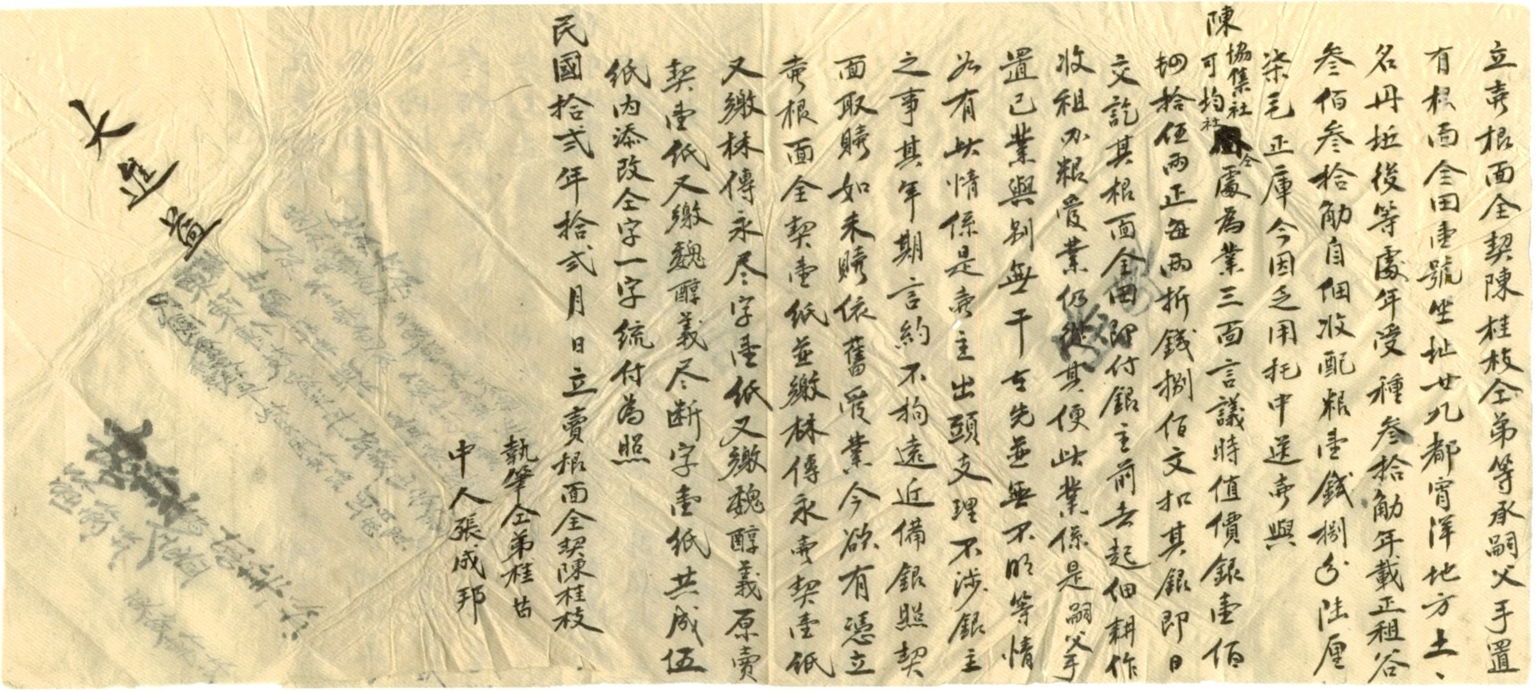

立賣根面全契陳桂枝仝弟等承嗣父手置有根面全田壹號，坐址廿九都宵洋地方，土名丹坵後等處，年受種叁拾觔，年載正租谷叁佰叁拾觔，自佃收配，根壹錢捌分陸厘柒毛正庫。今因乏用，托中送賣與陳協集社、可均社處為業。三面言議時值價銀壹佰捌拾伍兩正，每兩折錢捌佰文扣，其銀即日交訖。其根面全田即付銀主前去起佃耕作收租，办粮管業，仍從其便。此業係是嗣父手置己業，與別無干，支先並無不明等情。如有此情，係是賣主出頭支理，不涉銀主之事。其年期言約不拘遠近，備銀照契面取贖，如未贖，依舊管業。今欲有憑，立賣根面全契壹紙，並繳林傳永賣契壹紙，又繳林傳永盡字壹紙，又繳魏醇義原賣契壹紙，又繳魏醇義盡斷字壹紙，共成伍紙，內添改全字一字，統付為照。

民國拾式年拾式月　日　立賣根面全契陳桂枝

執筆仝弟桂苗

中人張成邦

大進賣

7-5-13-5　民國十二年十二月陳桂枝立賣根面全田契（草契）

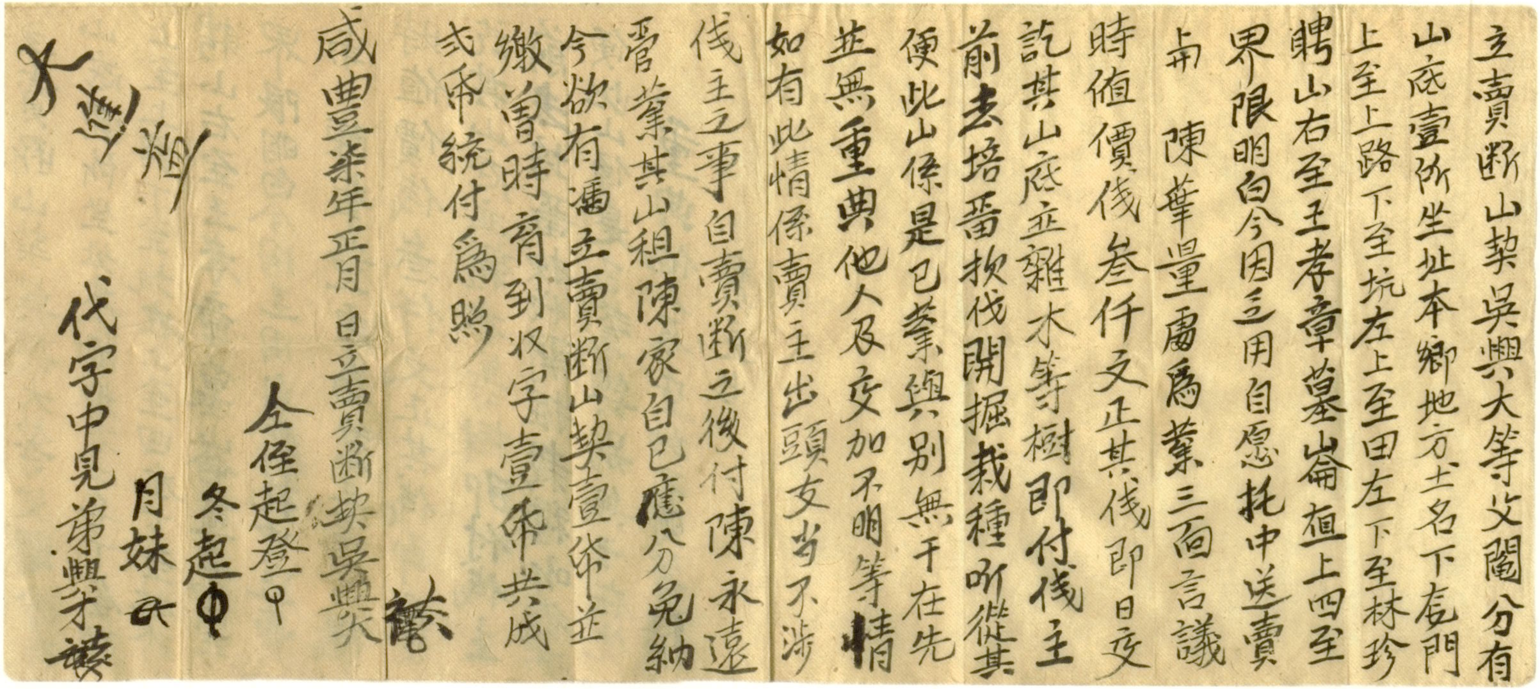
立賣斷山契吴興大等父䦕分有
山底壹所坐址本鄉地方土名下厝門
上至上路下至坑左上至田左下至林珍
聘山右至王孝章墓崙植上四至
界限明白今因乏用自愿托中送賣
與　陳華量處爲業三面言議
時值價錢叁仟文正其錢即日交
訖其山底並雜木等樹即付錢主
前去培畨砍伐開掘栽種所從其
便此山係是己業與別無干在先
並無重典他人及交加不明等情
如有此情係賣主出頭支当不涉
錢主之事自賣斷之後付陳永遠
管業其山租陳家自己應分免納
今欲有憑立賣斷山契壹帋並
繳曾時育到收字壹帋共成
弍帋統付爲照
咸豐柒年正月　日立賣斷山契吴興大
仝侄起登
冬起
月妹
代字中見弟興才

7-5-13-4　清咸豐七年正月吴興大等立賣斷山底契

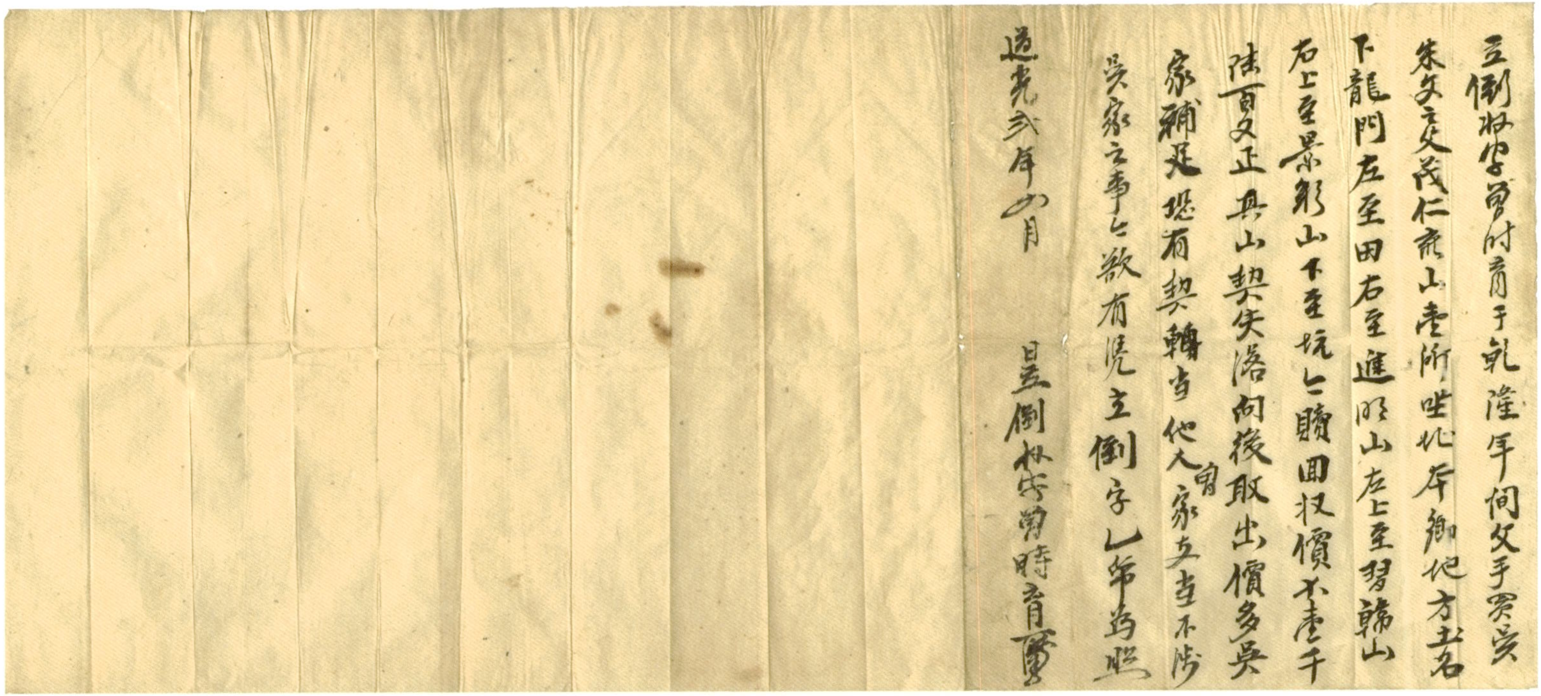
立倒收字曾時育于乾隆年間父手買受
朱文文茂仁承山壹所坐北本鄉地方土名
下龍門左至田右至進明山左上至碧韓山
右上至崇形山下至坑七賸田收價壹千
陆百文正其山契失落向後取出價多吳
家補足恐有契轉曾他人家支查不涉
吳家之事今欲有憑立倒字一帋為照
立倒收字曾時育（押）
道光弍年四月

7-5-13-3　清道光二年四月曾時育立倒收字

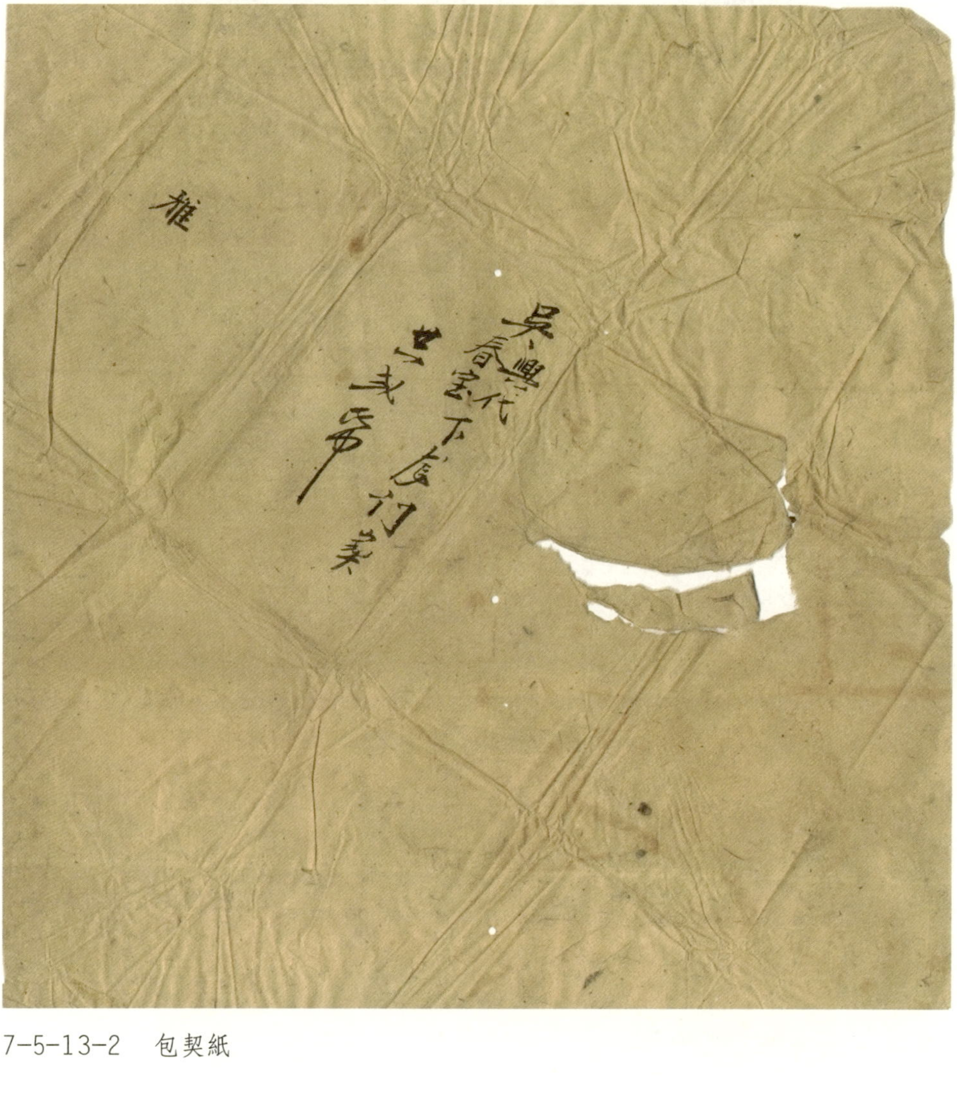

7-5-13-2　包契紙

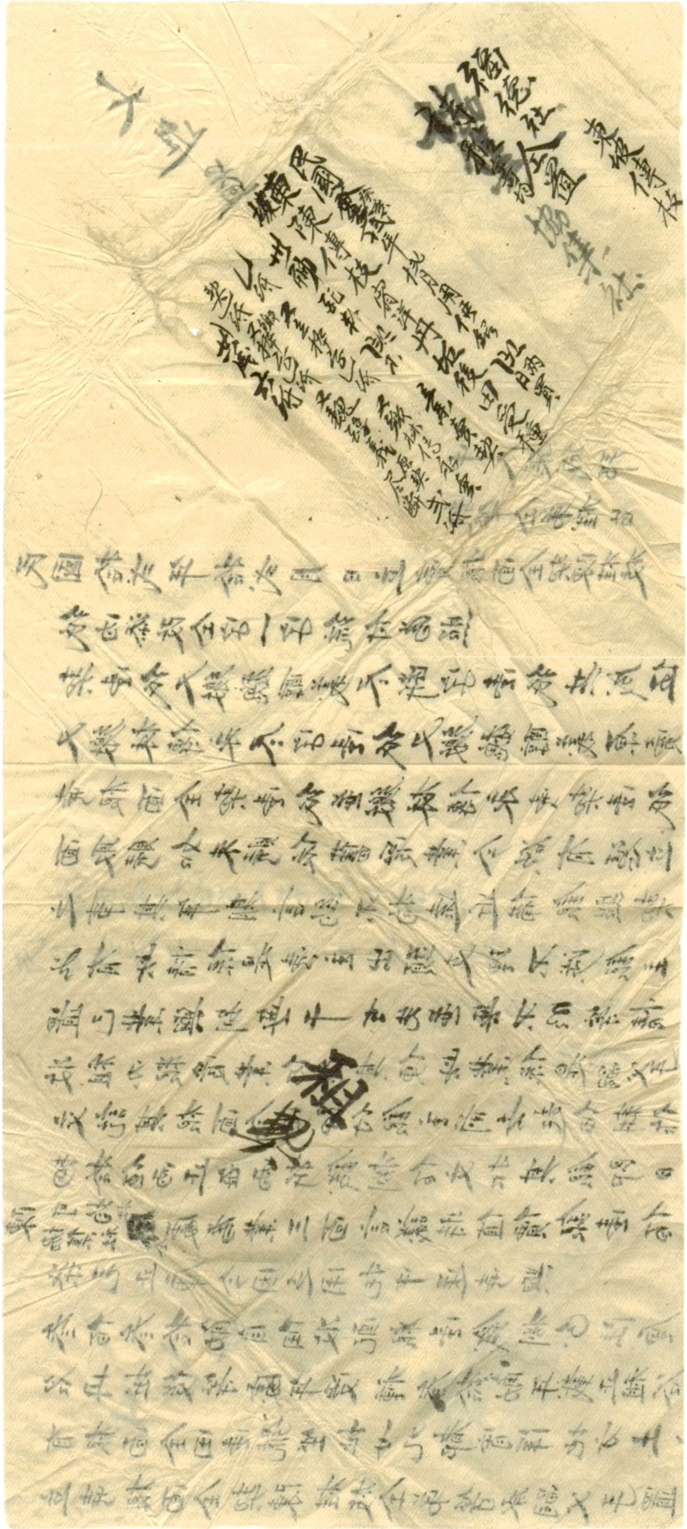

7-5-13-1　包契紙

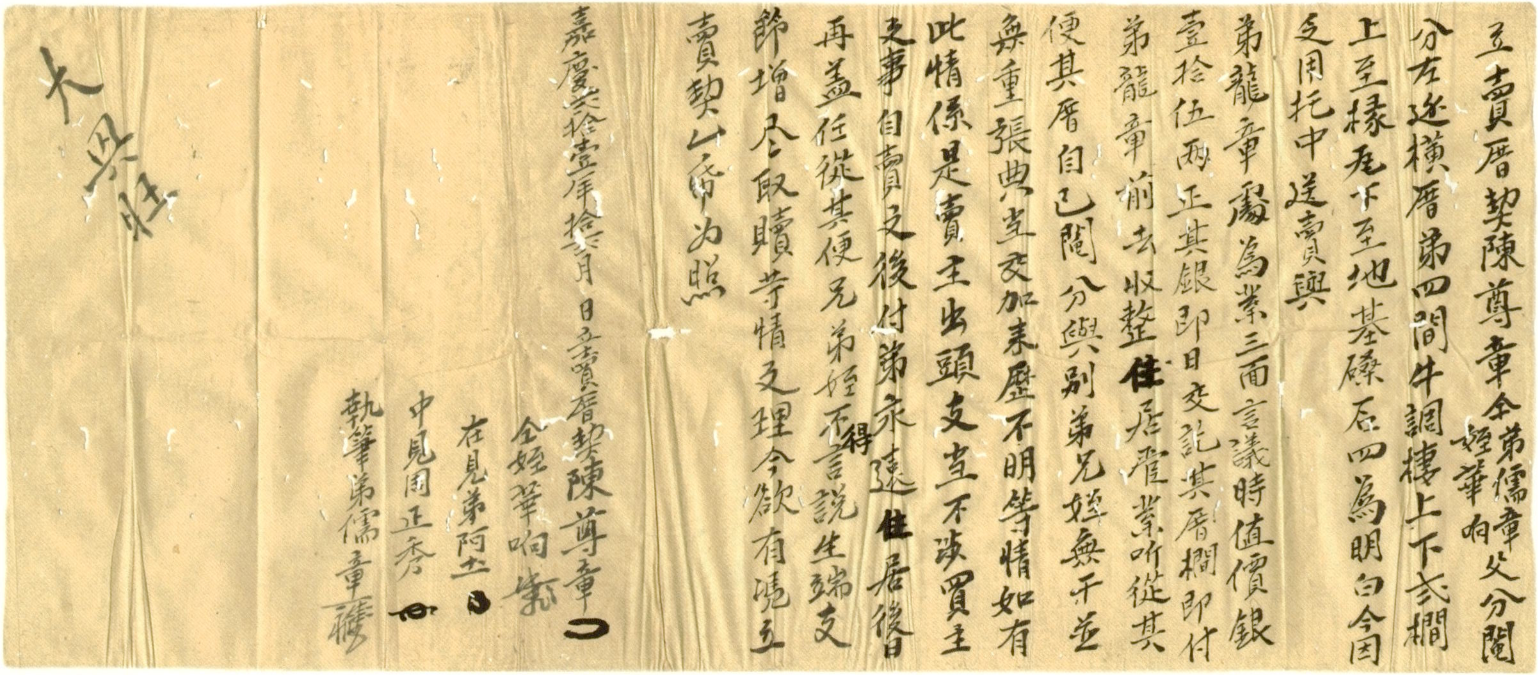
立賣厝契陳尊章仝弟儒章姪華响父分閫
分左迯横厝第四間牛調樓上下弍欄
上至椽尾下至地基礫石四爲明白今因
乏用托中送賣與
弟龍章處爲業三面言議時值價銀
壹拾伍兩正其銀即日交訖其厝欄即付
弟龍章前去收整住居管業听從其
便其厝自己閫分與別弟兄姪無干並
無重張典当交加來歷不明等情如有
此情係是賣主出頭支当不涉買主
之事自賣之後付弟永遠住居管
再益任從其便兄弟姪不得言說生端支
節增找取贖等情支理今欲有憑立
賣契一紙爲照

嘉慶弍拾壹年拾弍月　日立賣厝契陳尊章
仝姪華响
在見弟阿土
中見周正秀
執筆弟儒章

大吉旺

7-5-12-2　清嘉慶二十一年十二月陳尊章等立賣厝契

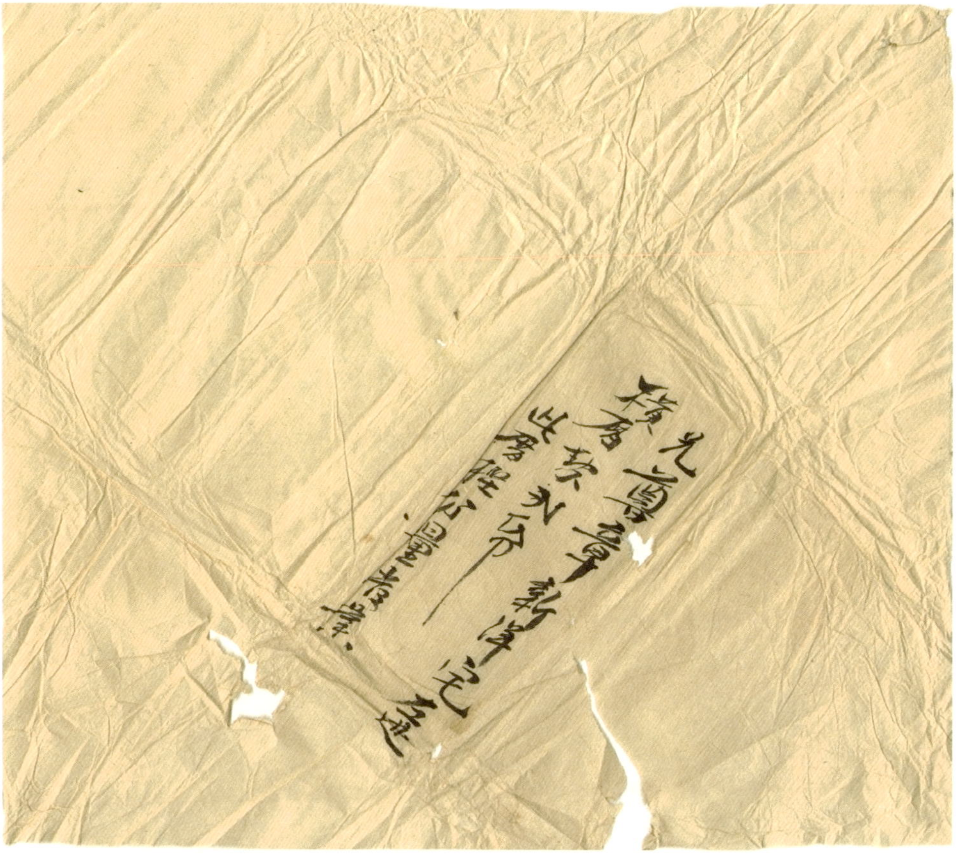

九[illegible]亭新洋宅屋
[illegible]厝契共乙帋
此厝經分歸吉掌

7-5-12-1　包契紙

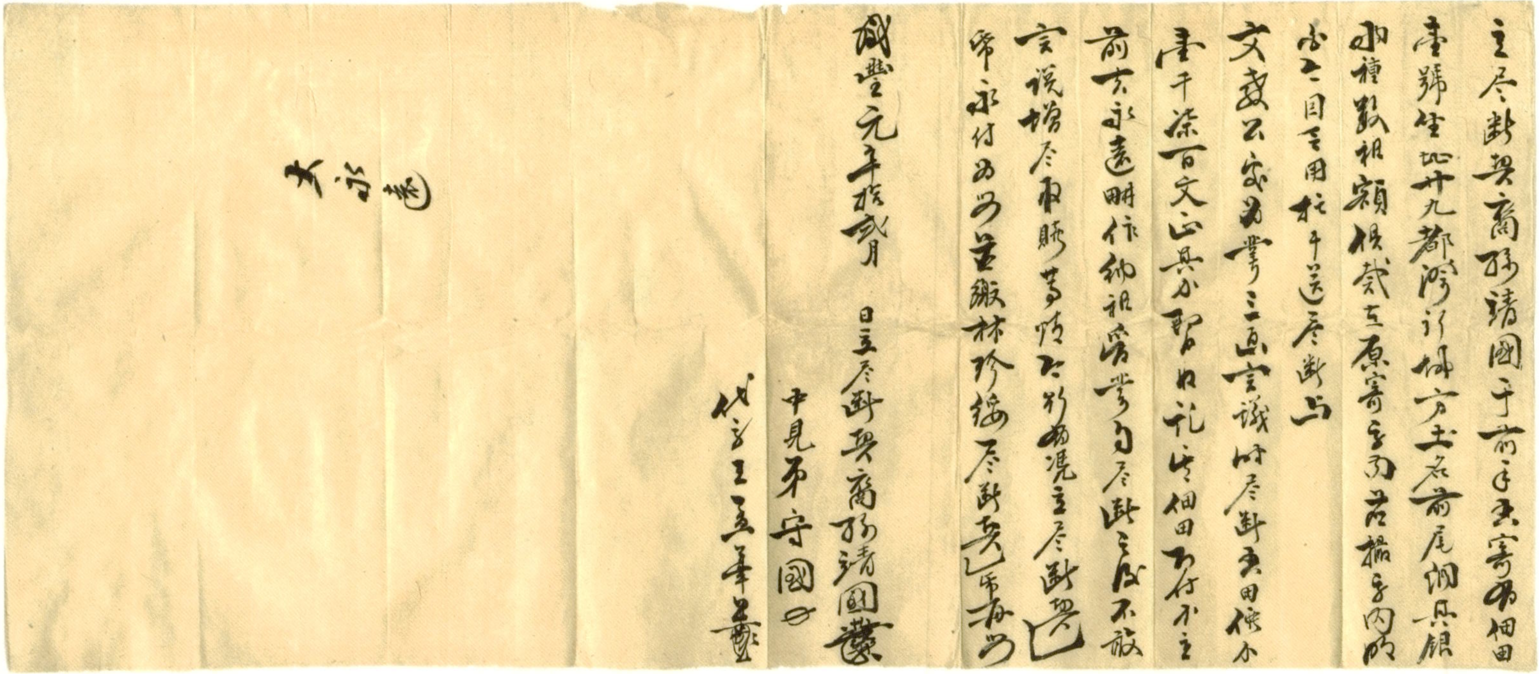
立盡斷契裔孫靖國，于前年承買有佃田
壹號，坐址廿九都漈頭村，土名前尾洋兵館
[illegible]種穀祖額根栽五原寄[illegible][illegible]內的
[illegible]二[illegible][illegible]用於今年送盡斷與
文載公家爲業，三面言議，時盡斷出田價錢
壹千柒百文正，其錢即日收訖，其佃田即付[illegible]主
前去永遠耕作，納祖管業，自盡斷之後不敢
言說增盡取贖等情，此係兩願，立盡斷契
爲永付爲照，並繳林珍緣盡斷契一紙存照
咸豐元年拾貳月　日立盡斷契裔孫靖國
中見弟守國
代筆王孟華

7-5-11-9　清咸豐元年十二月陳靖國立盡斷佃田契

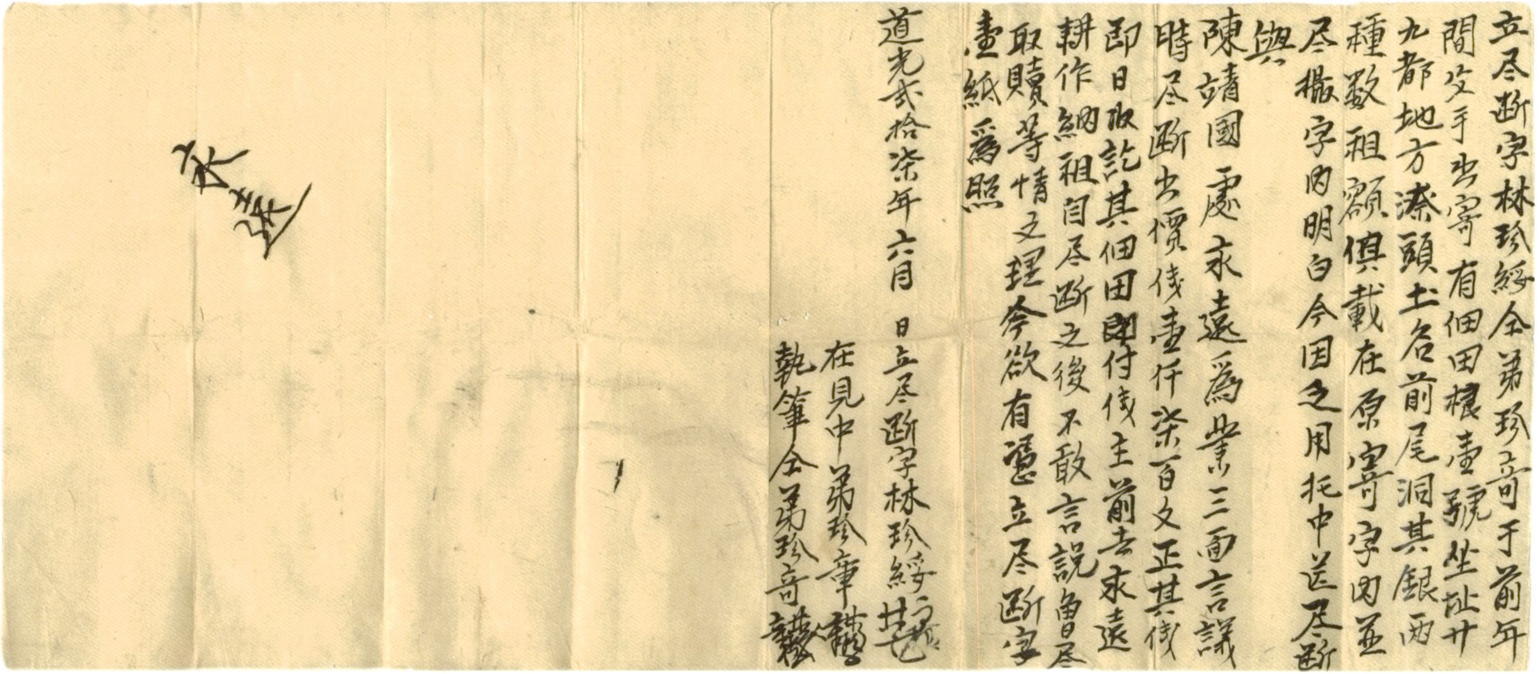

7-5-11-8　清道光二十七年六月林珍綬等立盡斷佃田根字

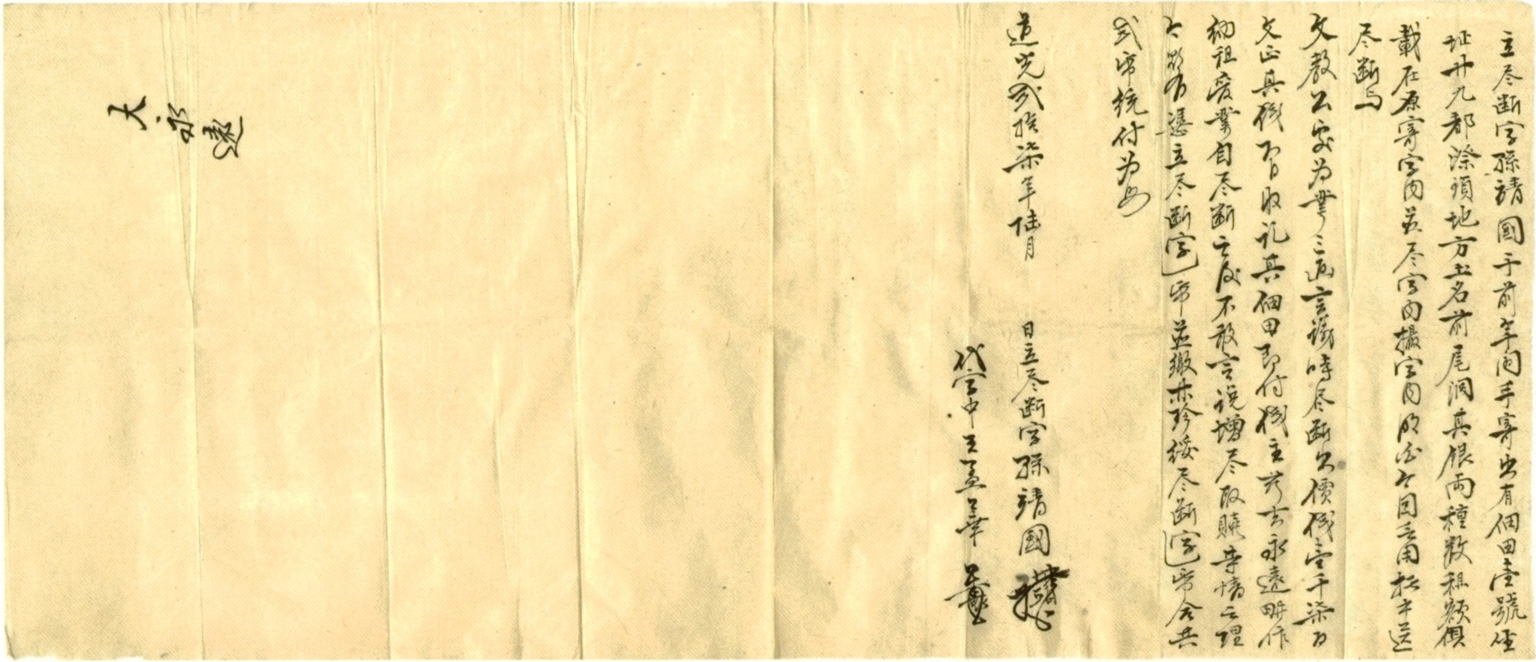
立盡斷字孫靖國于前年間手寄出有佃田壹號坐
址廿九都漈頭地方土名前尾洞其銀兩種穀租穀俱
載在原寄字內茲盡字內撮字內明白今因乏用托中送
盡斷與
文教公處爲業三面言議時盡斷出價錢壹千柒百
文正其錢即日收訖其佃田即付錢主前去永遠耕作
納租資業自盡斷之後不敢言說增盡取贖亦情之理
大明乃憑立盡斷字一紙並繳赤珍綏盡斷字一紙合共
貳紙統付爲照
道光貳拾柒年陆月　　日立盡斷字孫靖國
代字中　王玉章
大吉

7-5-11-7　清道光二十七年六月陳靖國立盡斷佃田字

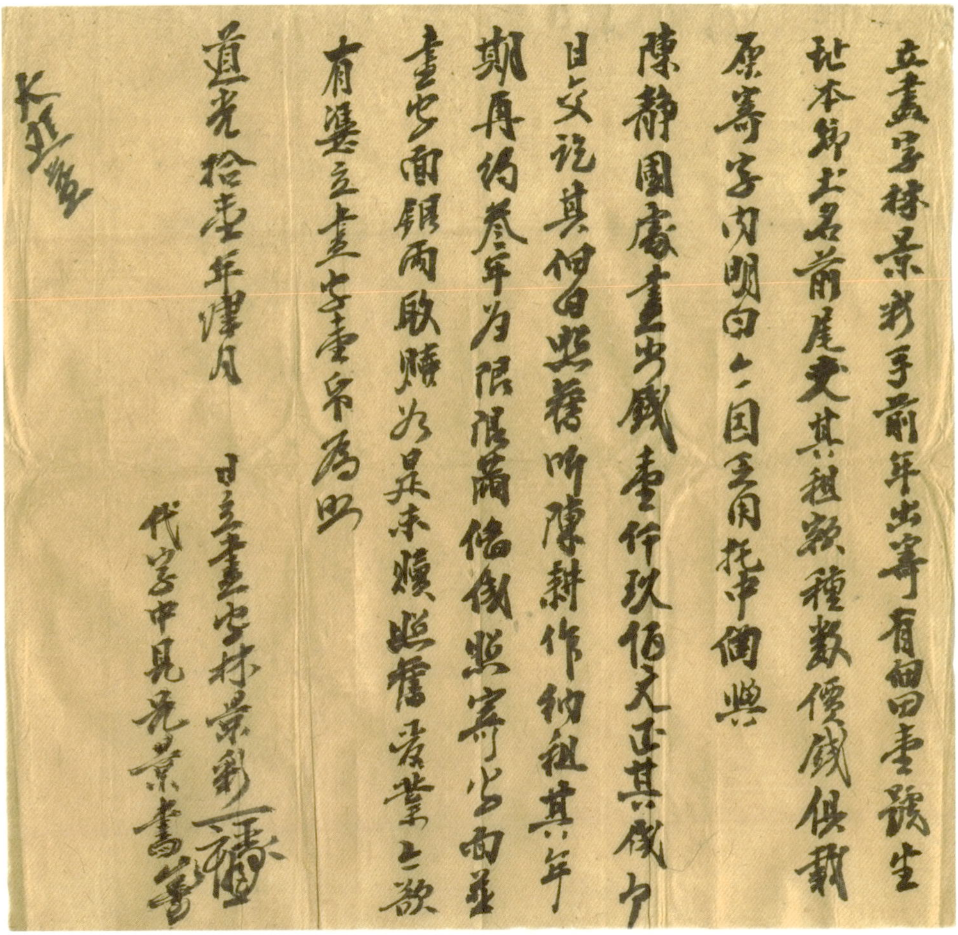

立盡字林景彩，前年出寄有佃田壹號，坐
址本鄉土名前厝丈，其租額、種數、價錢俱載
原寄字内明白。今因乏用，托中備與
陳静園處盡出錢壹仟玖佰文，正其錢即
日交訖。其佃田照舊听陳耕作納租，其年
期再約叁年為限，限滿備錢照寄字面並
盡字面銀兩取贖。如是未贖，照舊管業之款。
有憑，立盡字壹帋為照。

道光拾壹年肆月　日立盡字林景彩（押）

代字中見兄景書（押）

大吉

7-5-11-6　清道光十一年四月林景彩立盡佃田字

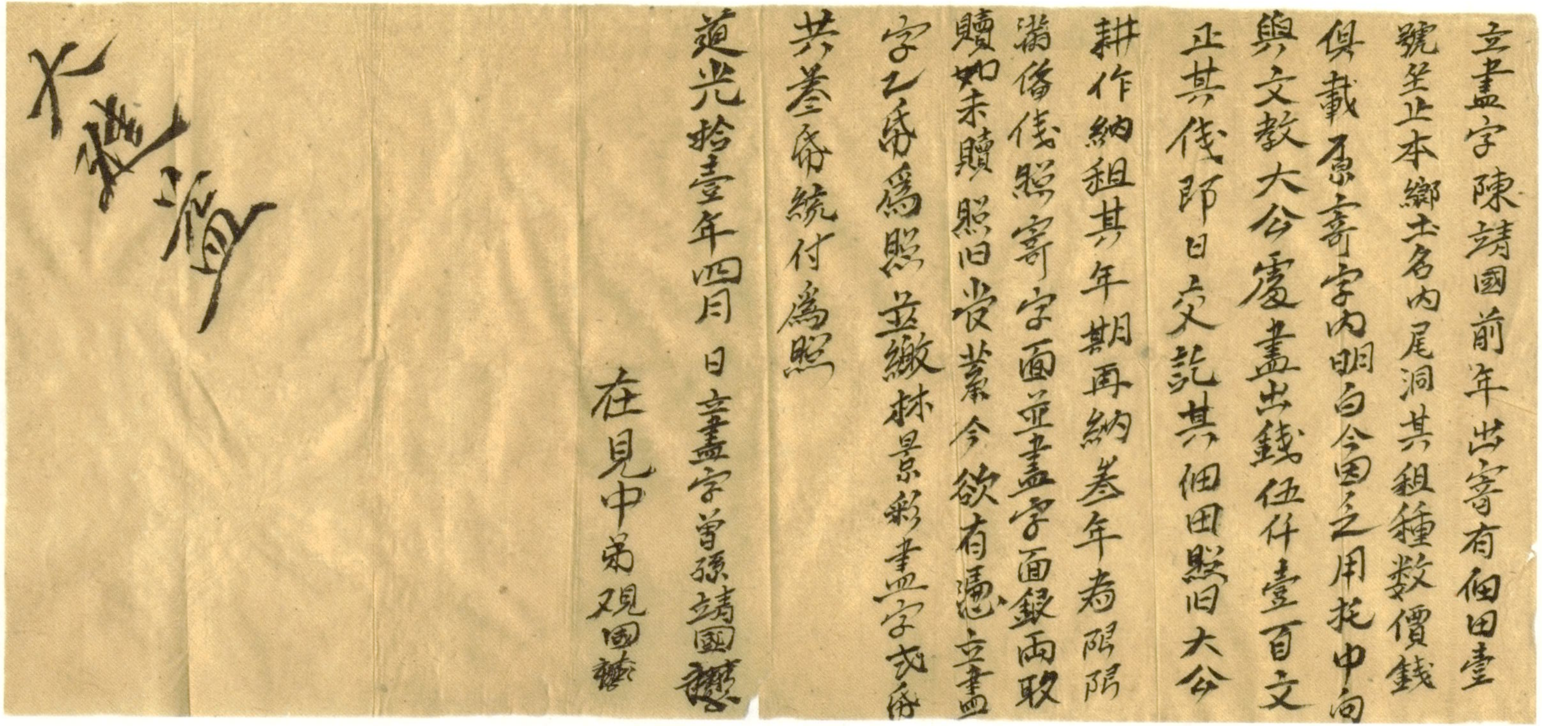

7-5-11-5　清道光十一年四月陳靖國立盡佃田字

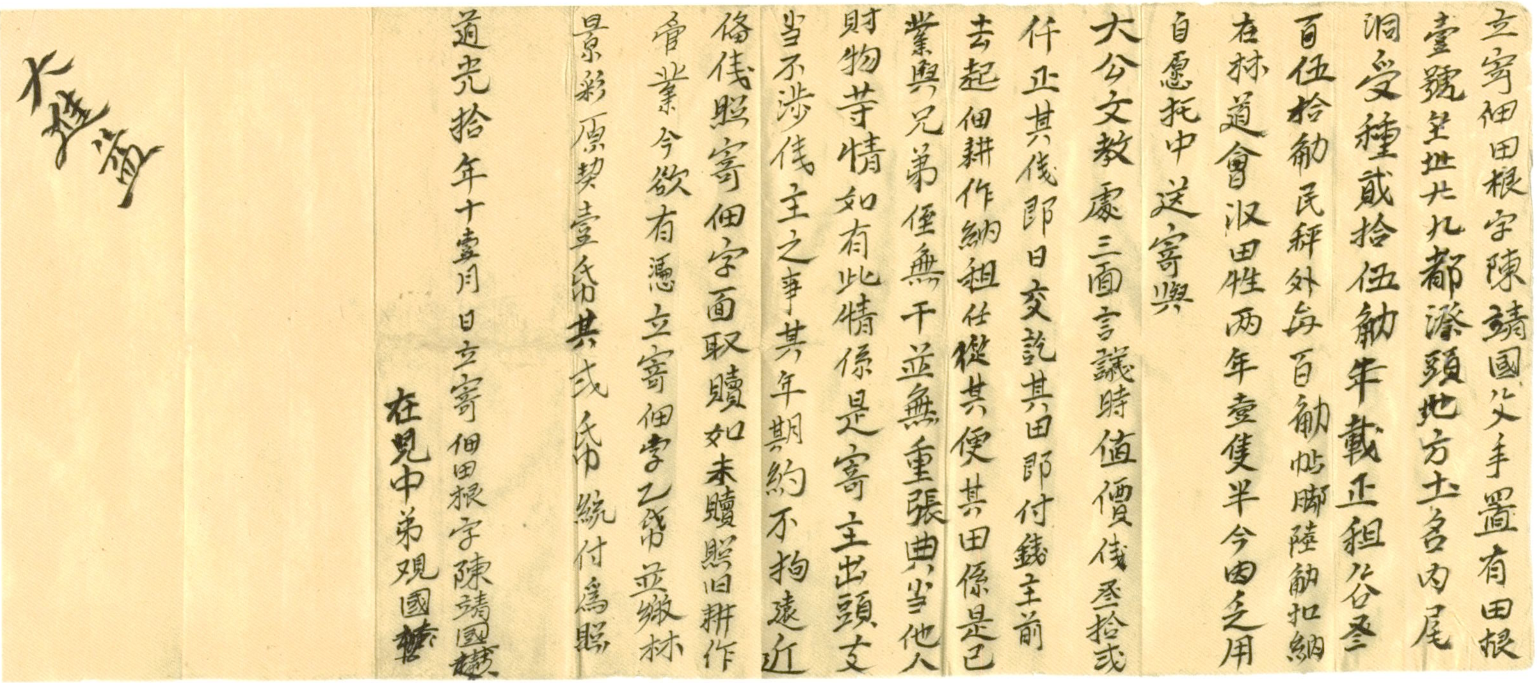
立寄佃田根字陳靖國父手置有田根
壹號坐卅九都漈頭地方土名内尾
洞受種貳拾伍觔半載正租谷叁
百伍拾觔民秤外每百觔帖脚陸觔扣納
在林道會汲田姓兩年壹隻半今因乏用
自愿托中送寄與
大公文教處三面言議時值價錢叁拾弍
仟正其錢即日交訖其田即付錢主前
去起佃耕作納租任從其便其田係是已
業與兄弟侄無干並無重張典當他人
財物等情如有此情係是寄主出頭支
當不涉錢主之事其年期約不拘遠近
備錢照寄佃字面取贖如未贖照旧耕作
會業今欲有憑立寄佃字乙紙並繳林
景彩原契壹紙共弍紙統付爲照
道光拾年十壹月　日立寄佃田根字陳靖國（押）
在見中弟观國（押）
大燈壹

7-5-11-4　清道光十年十一月陳靖國立寄佃田根字

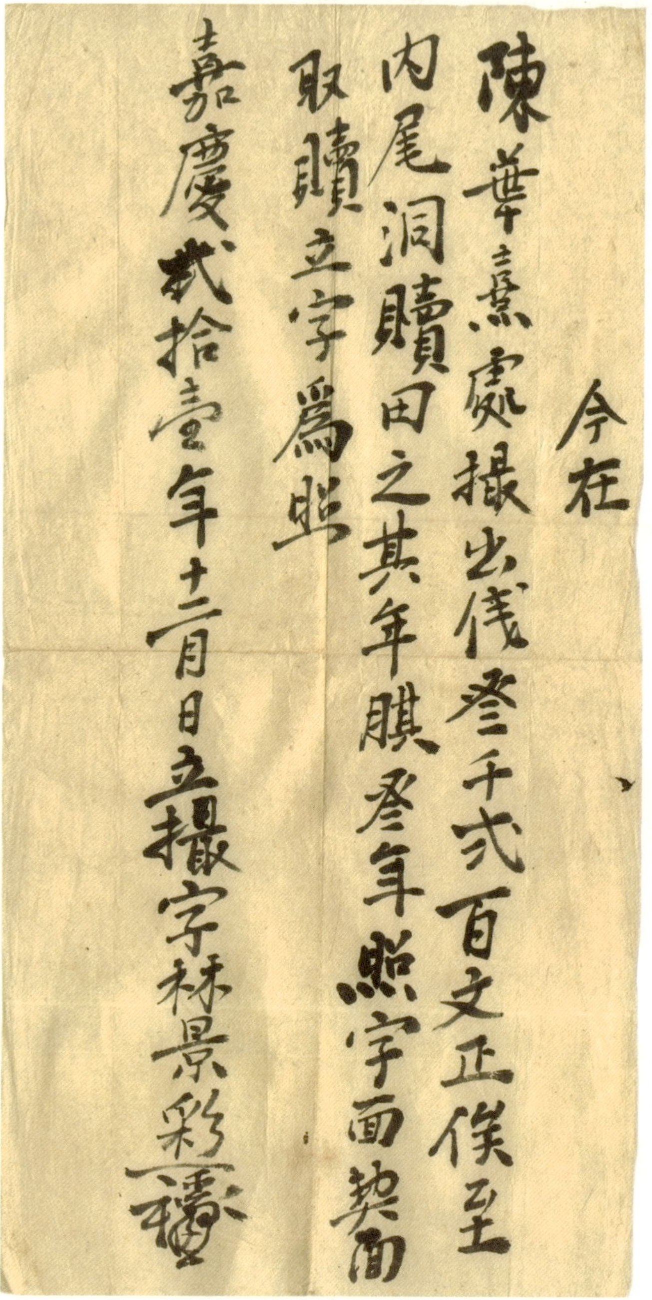

今在
陳華熹處撮出錢叁千弍百文正俟至
內尾洞贖田之其年朞叁年照字面契面
取贖立字爲照
嘉慶貳拾壹年十二月日立撮字林景彩（押）

7-5-11-3　清嘉慶二十一年十二月林景彩立撮字

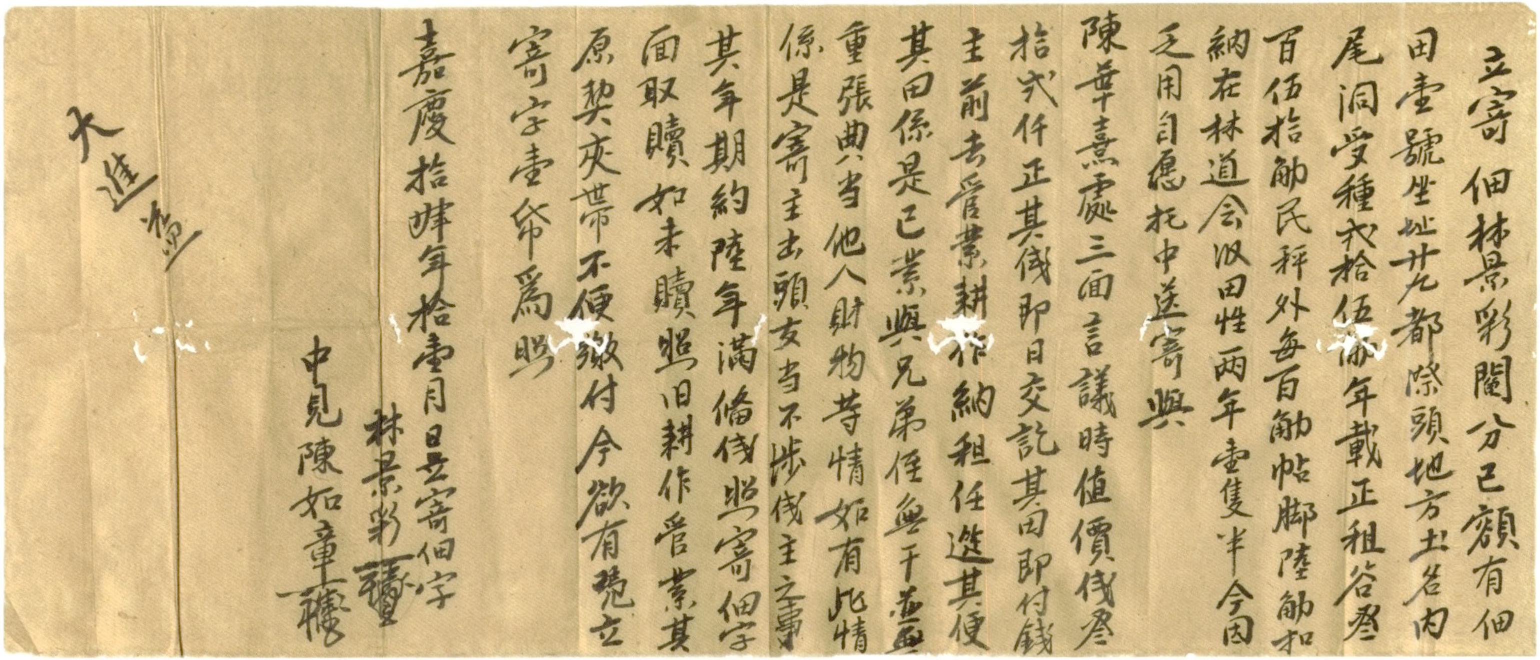

立寄佃林景彩閫分已額有佃
田壹號坐址廿九都際頭地方土名內
尾洞受種弍拾伍秭年載正租谷叁
百伍拾觔民秤外每百觔帖脚陸觔扣
納在林道会汲田牲兩年壹隻半令因
乏用自愿托中送寄與
陳華熹處三面言議時值價钱叁
拾弍仟正其钱即日交訖其田即付钱
主前去管業耕作納租任從其便
其田係是已業與兄弟侄無干並無
重張典当他人財物等情如有此情
係是寄主出頭支当不涉钱主之事
其年期約陸年滿備钱照寄佃字
面取贖如未贖照旧耕作管業其
原契夾帶不便繳付今欲有憑立
寄字壹紙為照

嘉慶拾肆年拾壹月日立寄佃字 林景彩（押）
中見陳如章（押）

大進

7-5-11-2　清嘉慶十四年十一月林景彩立寄佃田字

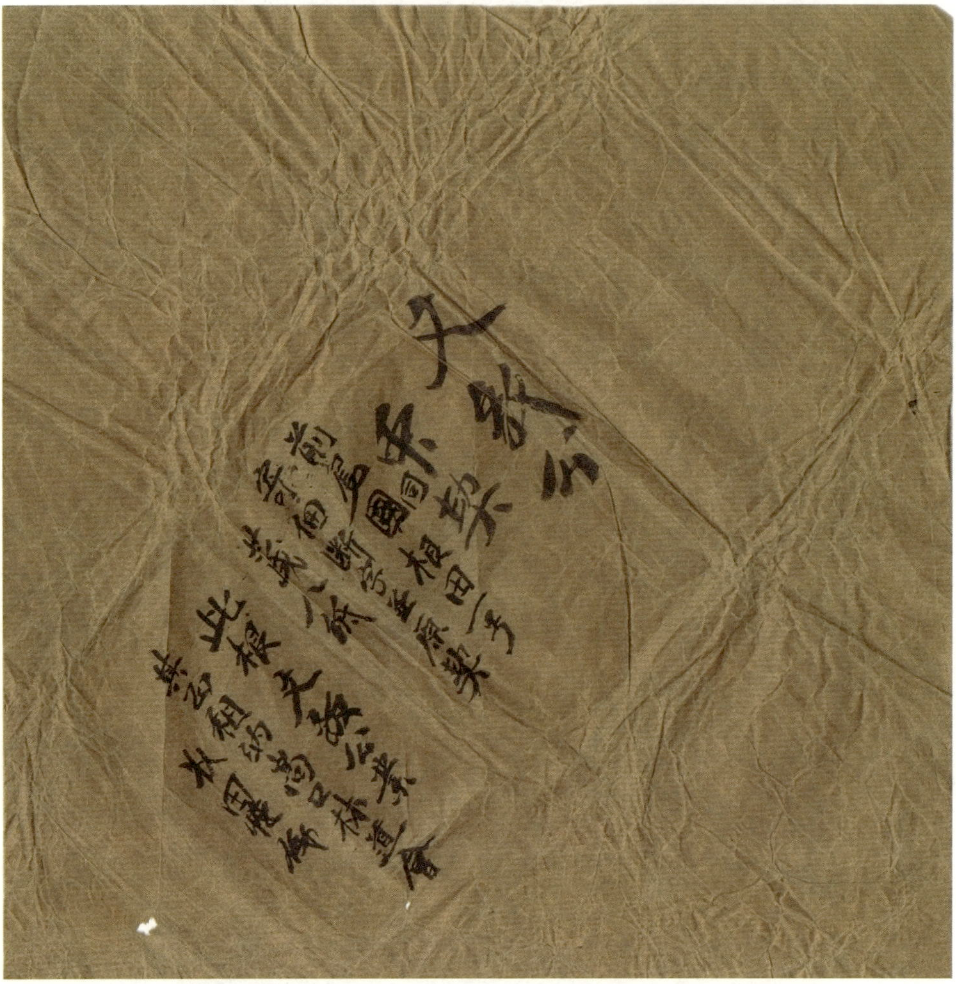

7-5-11-1　包契紙

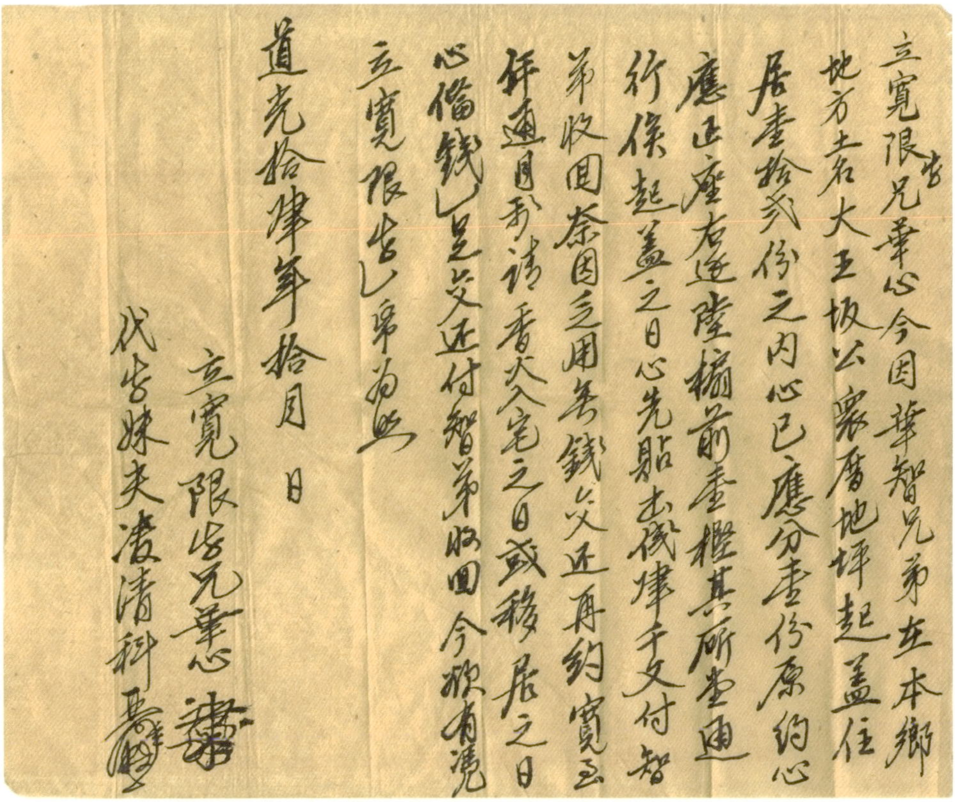
立寬限字兄華心今因華智兄弟在本鄉
地方土名大王坂公衆厝地坪起蓋住
居壹拾弍份之内心已應分壹份原約心
應還座右邊陞欄前壹擺其所壹通
行係起蓋之日心先貼出錢肆千文付智
弟收回奈因乏用無錢以交還再約寬至
許通目我請香火入宅之日或移居之日
心備錢以足交還付智弟收回今欲有憑
立寬限字以帋爲照
道光拾肆年拾月　日
立寬限字兄華心（押）
代字妹夫凌清科（押）

7-5-10-4　清道光十四年十月陳華心立寬限字

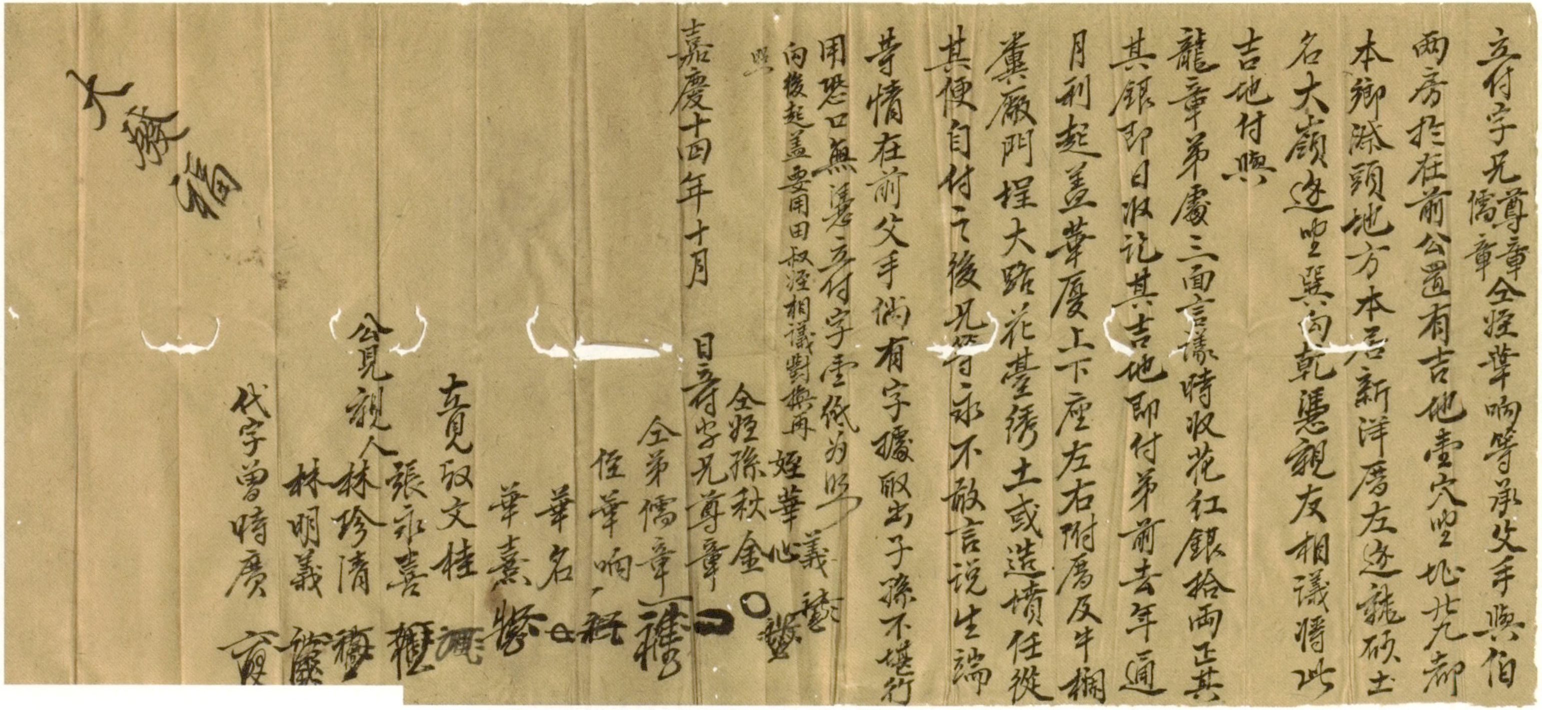
立付字兄尊章 儒章 仝姪華响等承父手與伯
兩房於在前公置有吉地壹穴坐址廿九都
本鄉漈頭地方本石新洋厝左邊號硋土
名大嶺邊坐巽向乾憑親友相議將此
吉地付與
龍章弟處三面言議時收花紅銀拾兩正其
其銀即日收訖其吉地即付弟前去年通
月利起蓋葬廈上下座左右附厝及牛欄
糞廠門埕大路花臺綉土或造墳任從
其便自付之後兄等永不敢言說生端
其情在前父手倘有字據取出子孫不堪行
用恐口無憑立付字壹紙為照
向後起蓋要用田坂徑相議對換再照

嘉慶十四年十月　日立付字兄尊章
仝弟儒章
仝姪孫秋金
姪華心
義
侄華响
華名
華熹
在見叔文桂
張永喜
公見親人林珍清
林明義
代字曾時廣

大家福

7-5-10-3　清嘉慶十四年十月陳尊章等立付吉地字

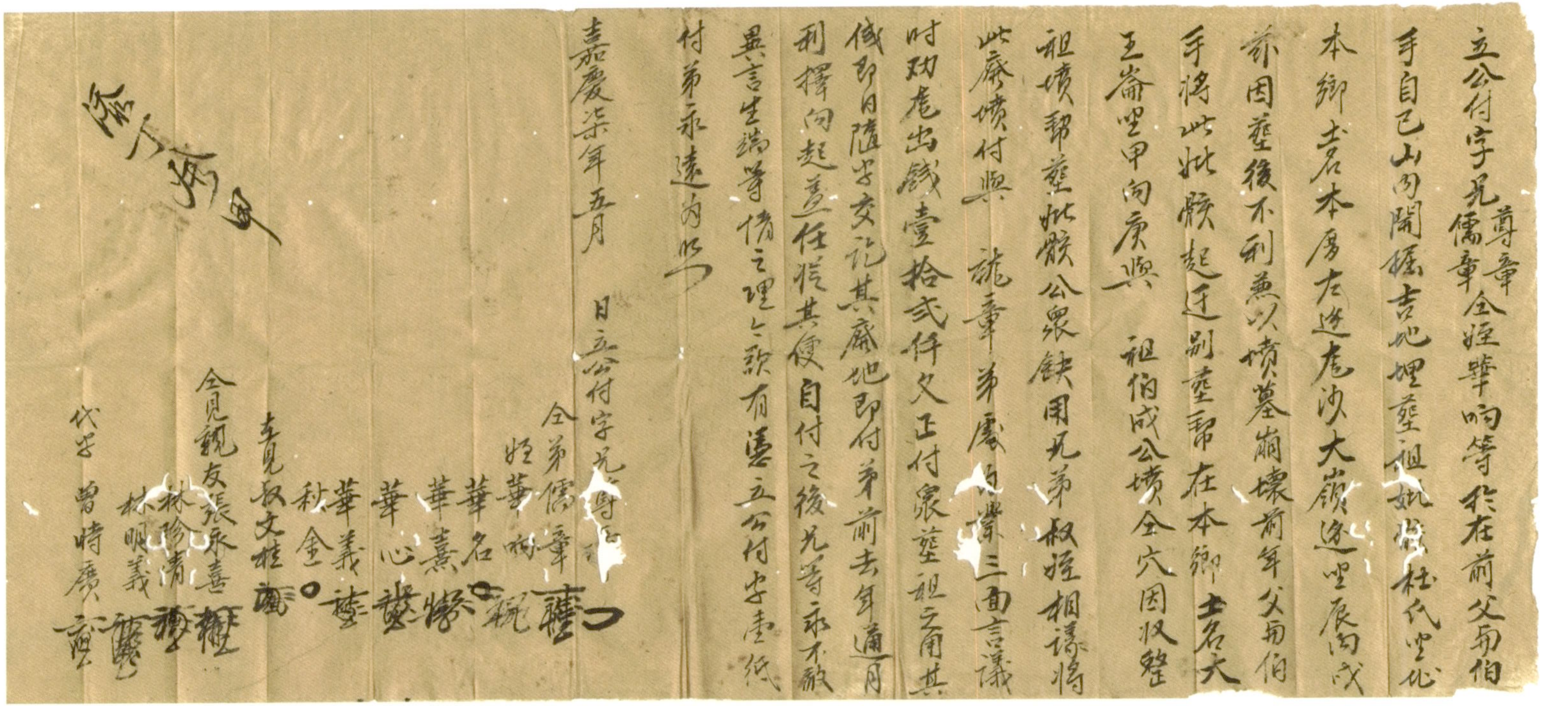

立公付字兄尊章、仝姪華响等，於在前父兄伯
手自己山内開摇吉地，埋葬祖妣杜氏，坐化
本鄉土名本房左邊庵次大嶺邊，坐辰向戌。
爺因葬後不利，兼以墳墓崩壞，前年父兄伯
手將此壯骸起送別葬，現在本鄉土名大
王崙坐甲向庚兴。 祖伯成公墳全穴，因收塋
祖墳，即葬此骸，公衆缺用，兄弟叔姪相議，將
此廢墳付與 詵章弟處，三面言議，
时劝庵出錢壹拾式仟文，正付衆葬祖之用。其
錢即日隨字交訖。其廢地即付弟前去，年通月
利，擇向起造，任從其便。自付之後，兄等永不敢
異言生端等情之理，口說無憑，立公付字壹紙
付弟永遠為照。

添丁發甲

嘉慶柒年五月 日立公付字兄尊章（押）

仝弟儒章（押）

姪華响（押）

華名（押）

華熹（押）

華心（押）

華義（押）

秋金（押）

在見叔文桂（押）

仝見親友張永熹（押）

林珍清（押）

林明義（押）

代字 曾時廣（押）

7-5-10-2 清嘉慶七年五月陳尊章等立公付吉地字

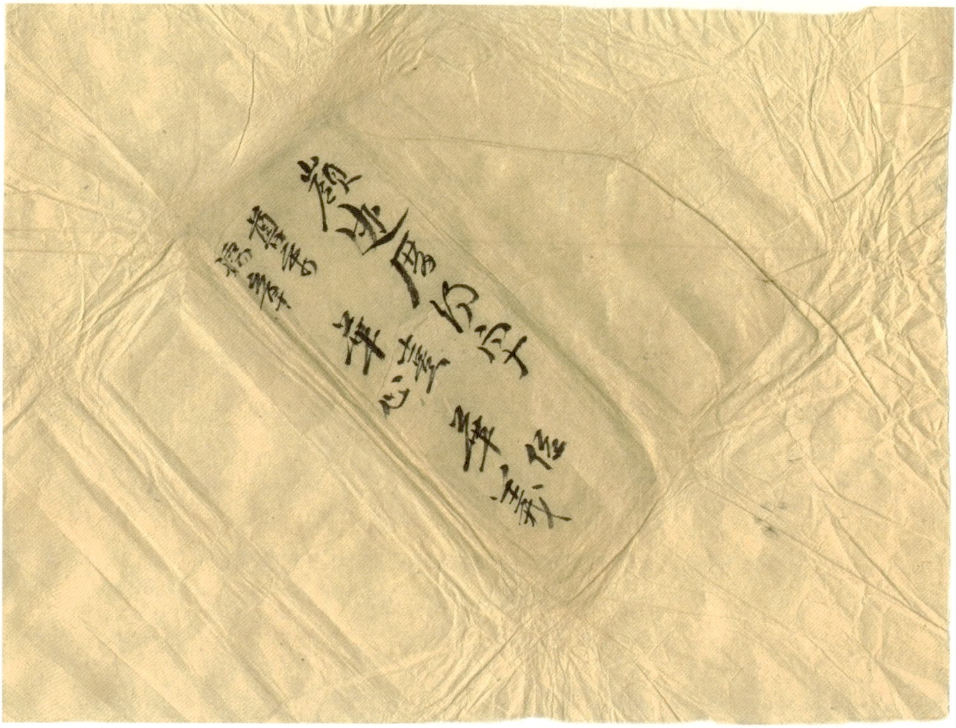

7-5-10-1　包契紙

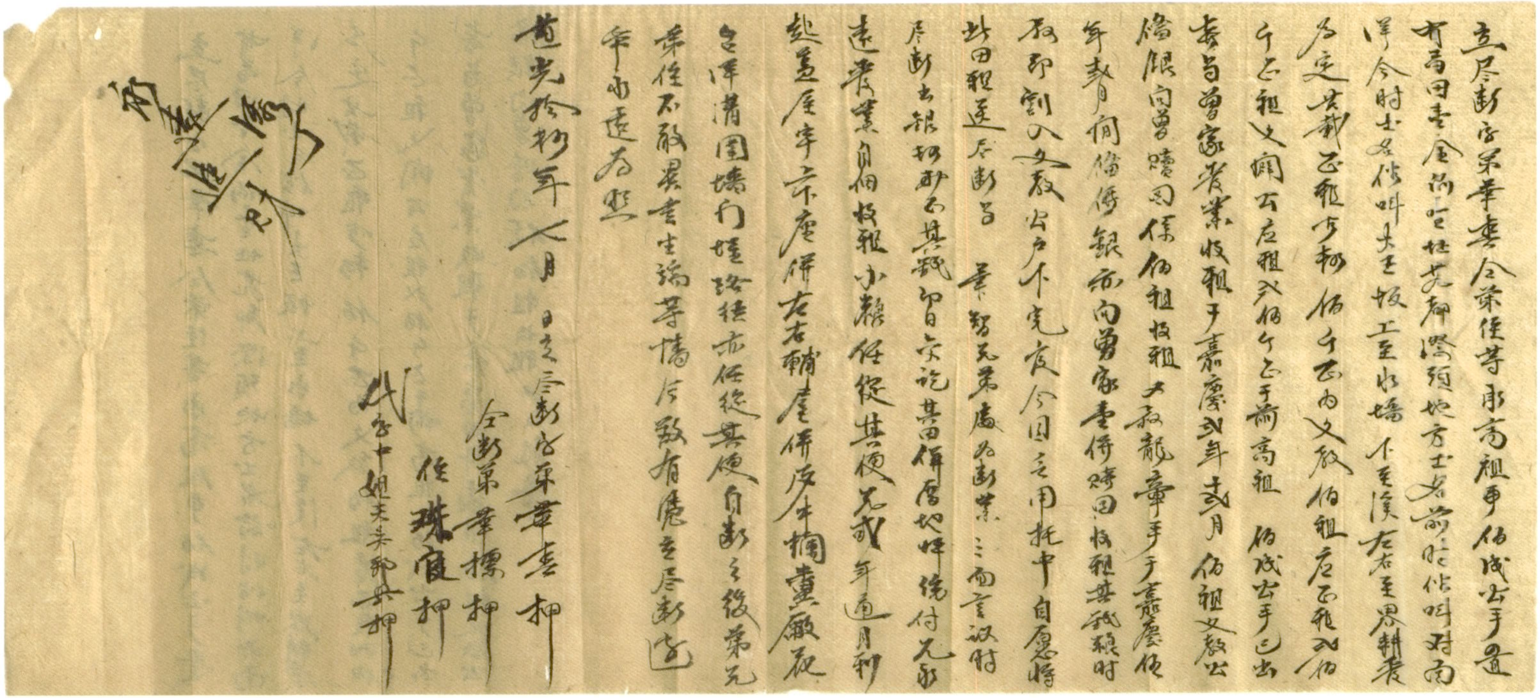
立盡斷字弟華春仝弟侄等承高祖手伯成出手置
有苗田壹仝，尚屯杜光卿際頭地方，土名前[illegible]作叫對面
洋，今將土名作叫大王坂工至水墻，下至溪，左右至界，耕長
為定，共載正租乙拾伍斤正，內文敘伯祖應正租弍伯
斤正，祖文開公應租弍伯斤正，手前高祖　伯成出手已出
賣與曾家為業，收租于嘉慶弍年弍月，伯祖文敘公
備銀向曾贖回，係伯祖收租。文敘、龍章手于嘉慶伍
年又備價銀前向曾家壹併贖回，收租無異。維時
叔郎劃入文敘公戶下完[illegible]。今因乏用，托中自愿將
此田租送盡斷與　表姪元英處為斷業，三面言議時
盡斷出銀拾柒兩正，其銀即日交訖，其田併及地坪悉付元英
遠業，自佃收租，小[illegible]任從其便。[illegible]年通月利
起蓋屋宇，亦應併左右輔屋併及牛欄畫廠[illegible]
[illegible]俾清園墻門塘路徑，亦任從其便。自斷之後，弟兄
叔侄不敢異言生端等情。今欲有憑，立盡斷字
[illegible]永遠為照。
道光拾肆年七月　日立盡斷字弟華春　押
仝斷弟華標　押
侄璣官　押
代字中姐夫吳[illegible]安　押
[illegible]

7-5-9-4　清道光十四年七月陳華春等立盡斷苗田字

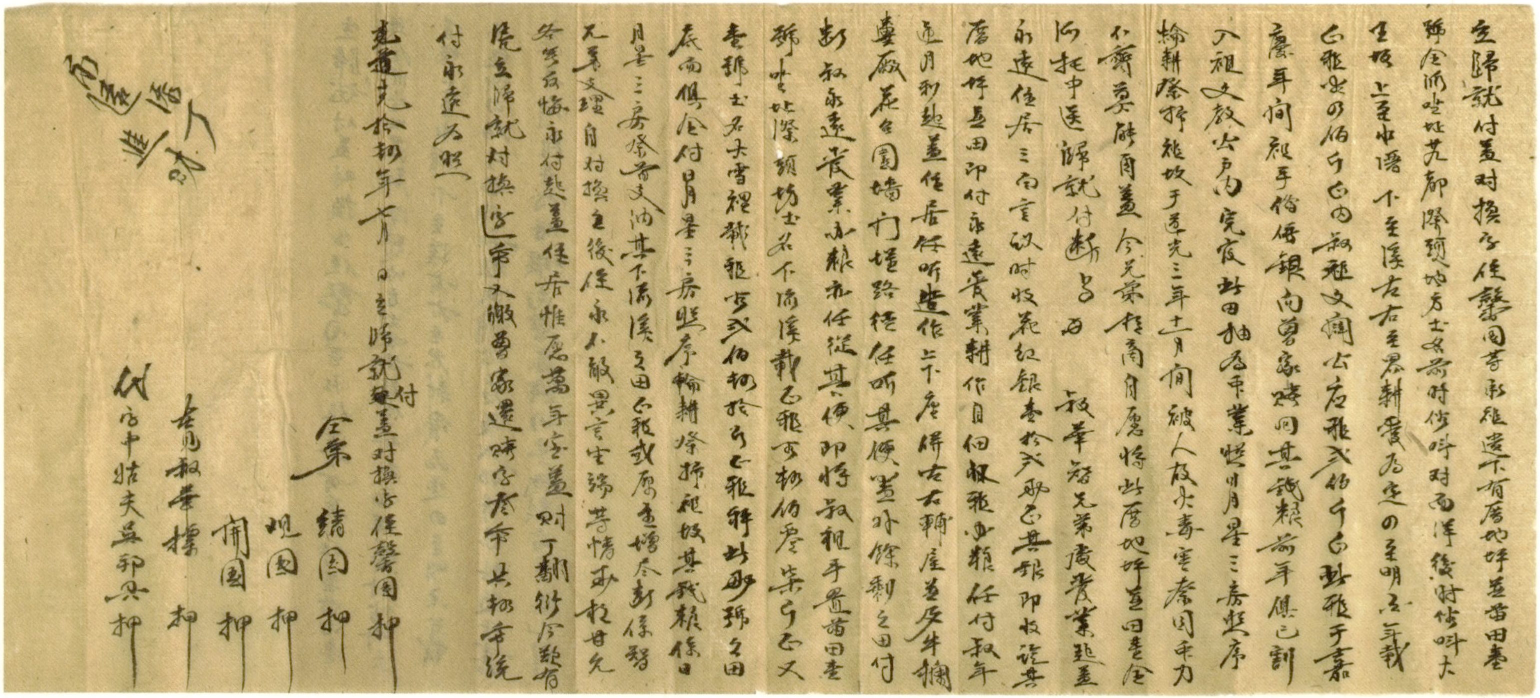

7-5-9-3　清道光十四年七月陳馨國等立歸就付蓋對換厝地等字

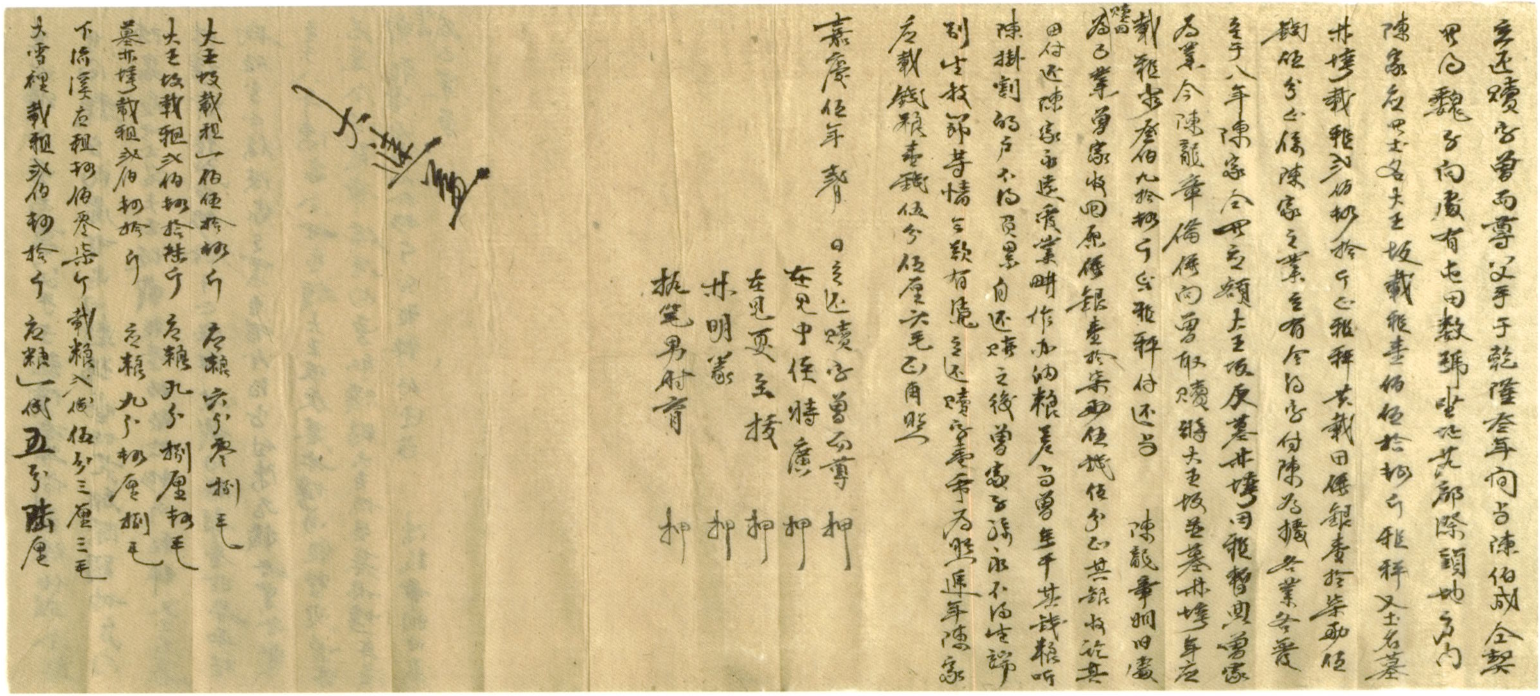

7–5–9–2　清嘉慶五年十二月曾而尊立還贖屯田字

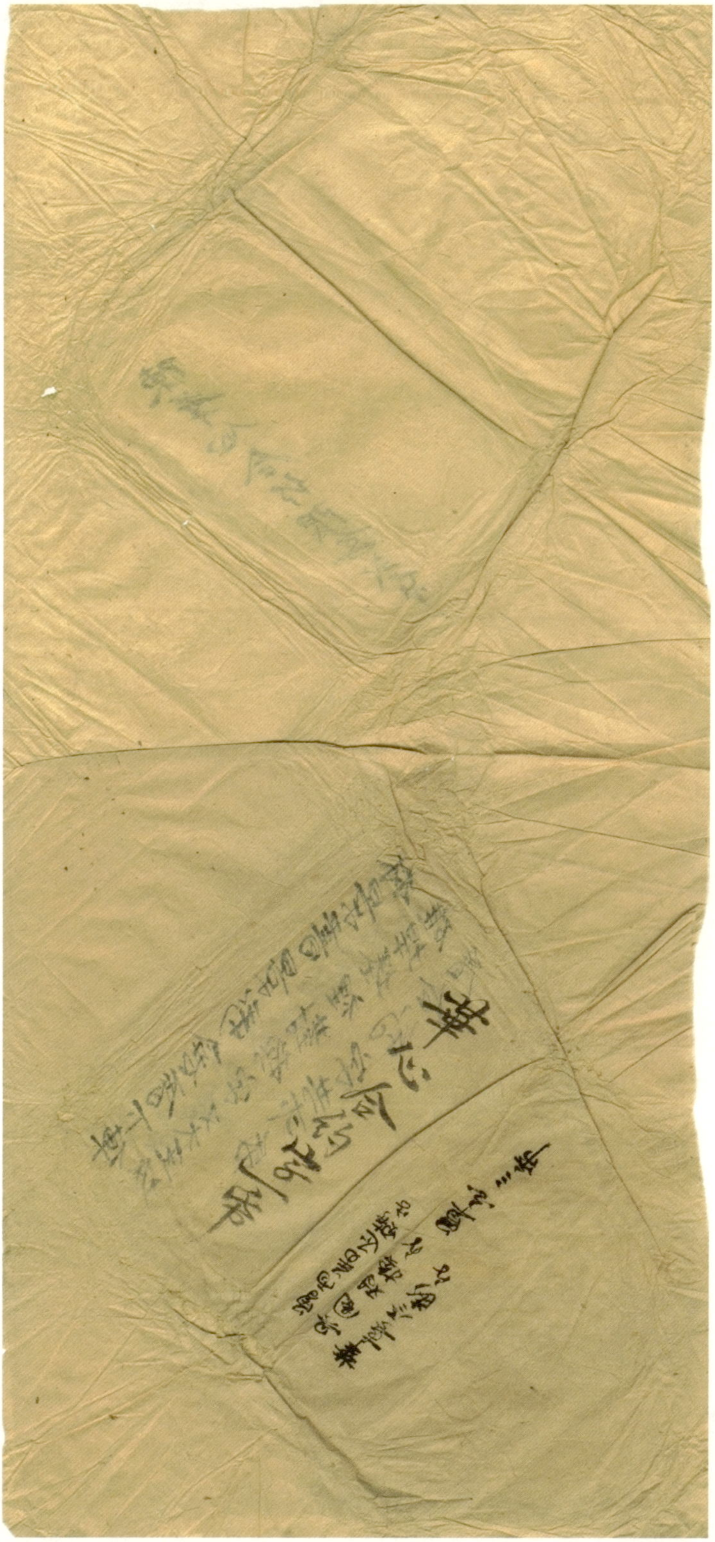

7-5-9-1　包契紙

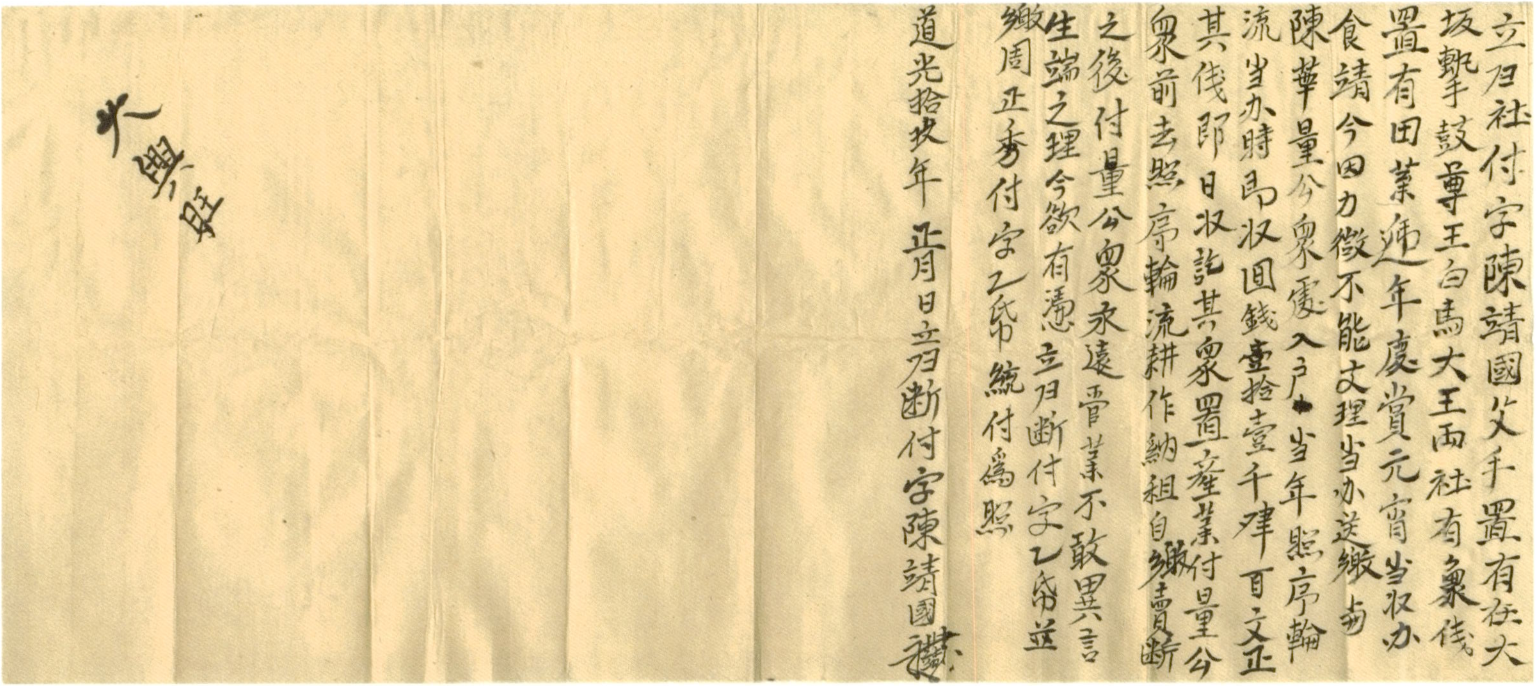
立歸社付字陳靖國父手置有在大
坂墘手鼓尊王白馬大王兩社有眾伐
置有田業迎年慶賞元宵当收办
食靖今因力徵不能支理当办送缴与
陳華量公眾處入户当年照亭輪
流当办時得收回錢壹拾壹千肆百文正
其錢即日收訖其眾置產業付量公
眾前去照亭輪流耕作納租自缴賣斷
之後付量公眾永遠管業不敢異言
生端之理今欲有憑立歸斷付字乙紙並
缴周正秀付字乙紙統付為照
道光拾玖年正月日立歸斷付字陳靖國
大興旺

7-5-8-7　清道光十九年正月陳靖國立歸斷付社田字

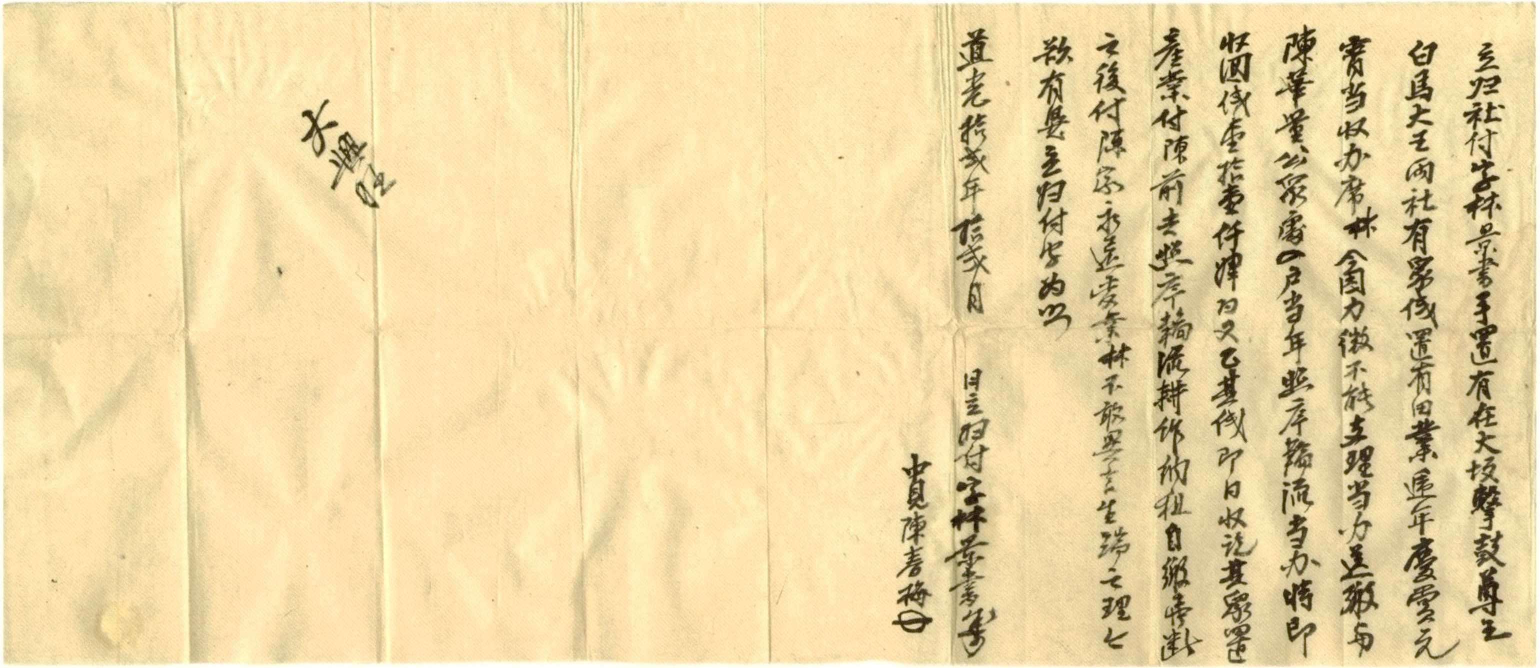

立归社付字林景書手置道有在大坂擊鼓尊王
白馬大王兩社有眾伐置有田業逐年慶雲元
宵当收办席林　今因力微不能主理当办送與弟
陳華置公家處一户当年照序輪流当办時即
收回伐壹拾壹仟[illegible]文乙其伐即日收訖其眾置
產業付陳前去照序輪流耕作納租自鄉[illegible]斷
不後付陳家再[illegible]產業林不敢異言生端之理此
欲有憑立归付字為照

道光拾貳年拾貳月　日立归付字林景書（押）
中見陳壽梅（押）

7-5-8-6　清道光十二年十二月林景書立歸付社田字

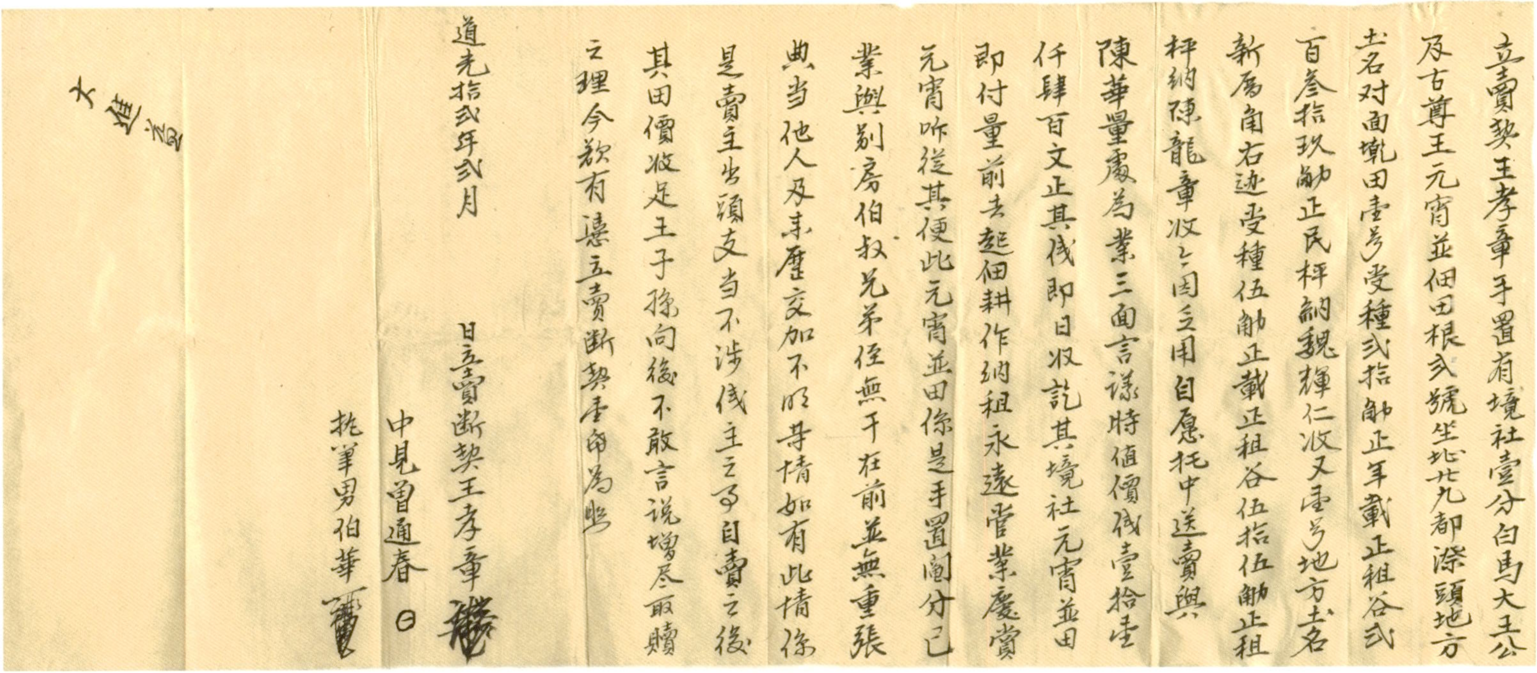
立賣契王孝章手置有境社壹分白馬大王公
及古尊王元宵並佃田根弍號坐北廿九都滌頭地方
土名对面墘田壹号受種弍拾觔正年載正租谷弍
百叁拾玖觔正民秤納魏輝仁収又壹号地方土名
新厝角右迹受種伍觔正載正租谷伍拾伍觔正租
秤納陳龍章収今因乏用自愿托中送賣與
陳華量處為業三面言議時值價錢壹拾壹
仟肆百文正其錢即日収訖其境社元宵並田
即付量前去起佃耕作納租永遠管業慶賞
元宵听從其便此元宵並田係是手置閩分已
業與别房伯叔兄弟侄無干在前並無重張
典当他人及未歷交加不明等情如有此情係
是賣主出頭支当不涉錢主之事自賣之後
其田價收足王子孫向後不敢言說增尽取贖
之理今欲有憑立賣斷契壹帋為照
道光拾弍年弍月　日立賣斷契王孝章（押）
中見曾通春（押）
執筆男伯華（押）
大進益

7-5-8-5　清道光十二年二月王孝章立賣斷會社元宵並佃田根契

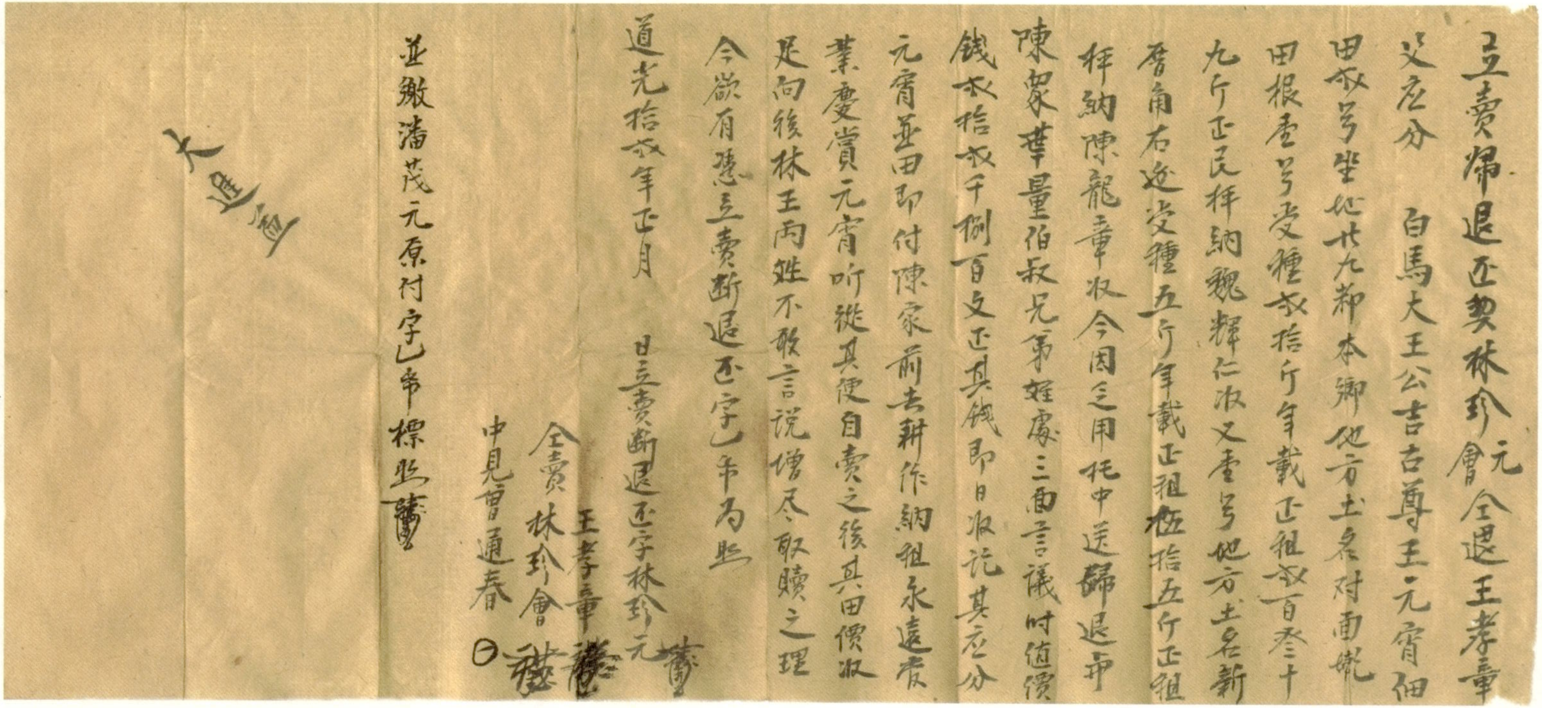
立賣歸退还契林珍元會仝退王孝章
父应分　白馬大王公吉吉尊王元宵佃
田贰号坐址廿九都本鄉地方土名对面崐
田根壹号受種贰拾斤年載正租贰百叁十
九斤正民秤納魏輝仁收又壹号地方土名新
厝角右边受種五斤年載正租伍拾五斤正租
秤納陳龍章收今因乏用托中送歸退还
陳家華量伯叔兄弟侄處三面言議时值價
錢贰拾贰千捌百文正其錢即日收讫其应分
元宵並田即付陳家前去耕作納租永遠管
業慶賞元宵听從其便自賣之後其田價收
足向後林王兩姓不敢言說增尽取贖之理
今欲有憑立賣斷退还字乙帋為照
道光拾贰年正月　日立賣斷退还字林珍元
王孝章
仝賣　林珍會
中見曾通春
並繳潘茂元原付字乙帋標照
大進[illegible]

7-5-8-4　清道光十二年正月林珍元等立賣歸退還元宵佃田契

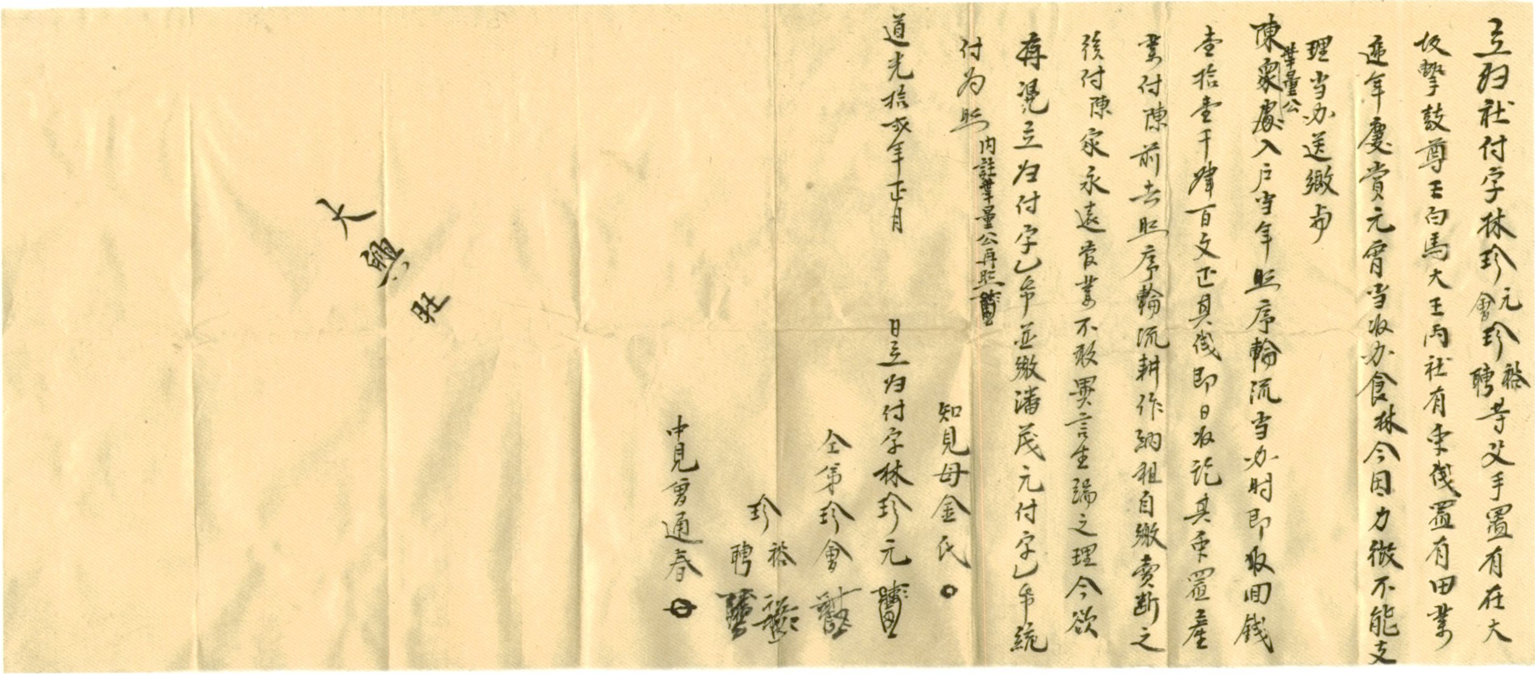

立歸社付字林珍元、會珍、聘、裕等，父手置有在大
坎墘(?)鼓尊王白馬大王內社有季(?)伐(?)置有田業，
逐年慶賞元宵當收办食，林今因力微不能支
理當办，送缴本
陳衆(?)處（華量公）入戶當年照序輪流當办，時即收回錢
壹拾壹千肆百文正，其錢即日收訖，其秉置產
業付陳前去照序輪流耕作納租自缴，賣斷之
後付陳家永遠管業，不敢異言重端之理。今欲
有憑，立歸付字乙帋，並缴瀋(?)民元付字乙帋，統
付為照。內註華量公再照。

知見母金氏
道光拾貳年正月　日立歸付字林珍元
全弟珍會
珍裕
聘
中見曹(?)通春

大(?)　旺(?)

7-5-8-3　清道光十二年正月林珍元等立歸付社田字

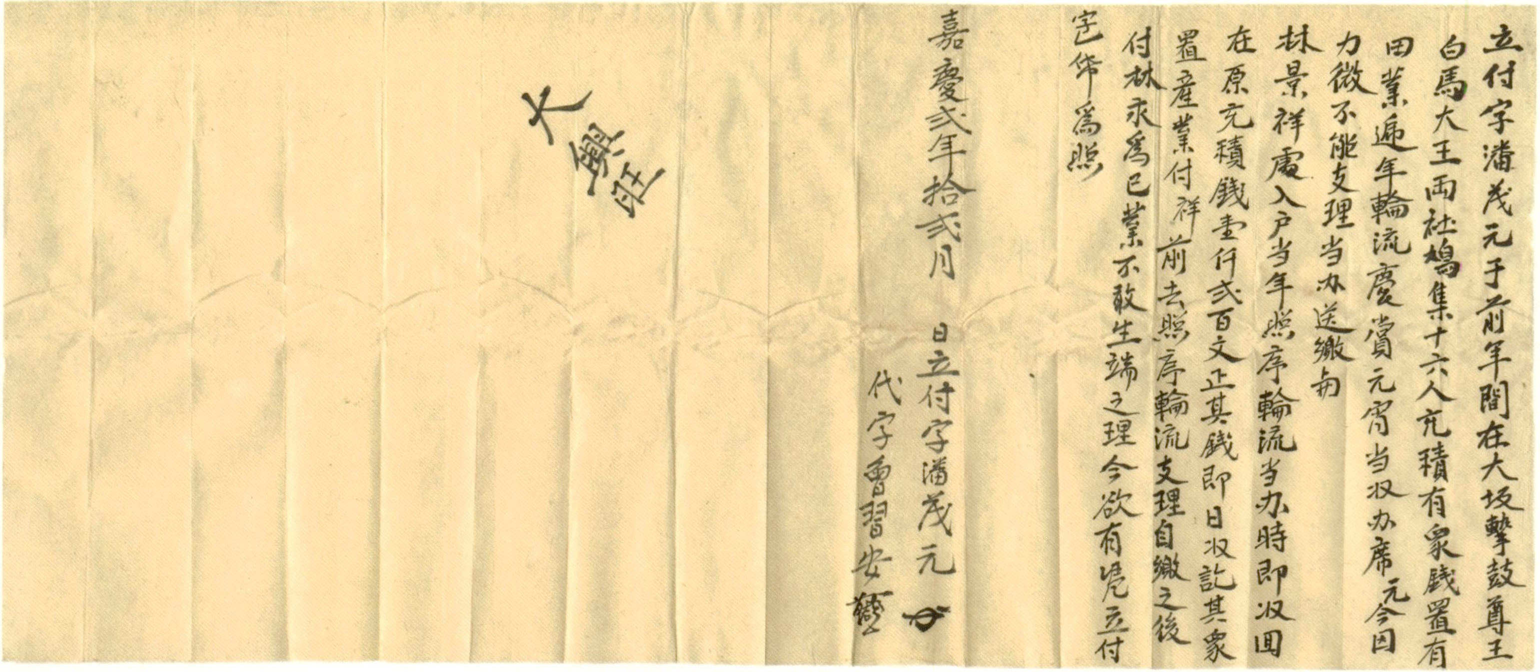

立付字潘茂元于前年間在大坂擊鼓尊王
白馬大王两社鳩集十六人充積有衆錢置有
田業逓年輪流慶賞元宵当収办席元今因
力微不能支理当亦送缴前
林景祥處入户当年照序輪流当办時即収回
在原充積錢壹仟弍百文正其錢即日収訖其衆
置産業付祥前去照序輪流支理自缴之後
付林永為已業不敢生端之理今欲有憑立付
字佇為照

嘉慶弍年拾弍月　日立付字潘茂元（押）
代字曾習安（押）

大吉

7-5-8-2　清嘉慶二年十二月潘茂元立付會社田字

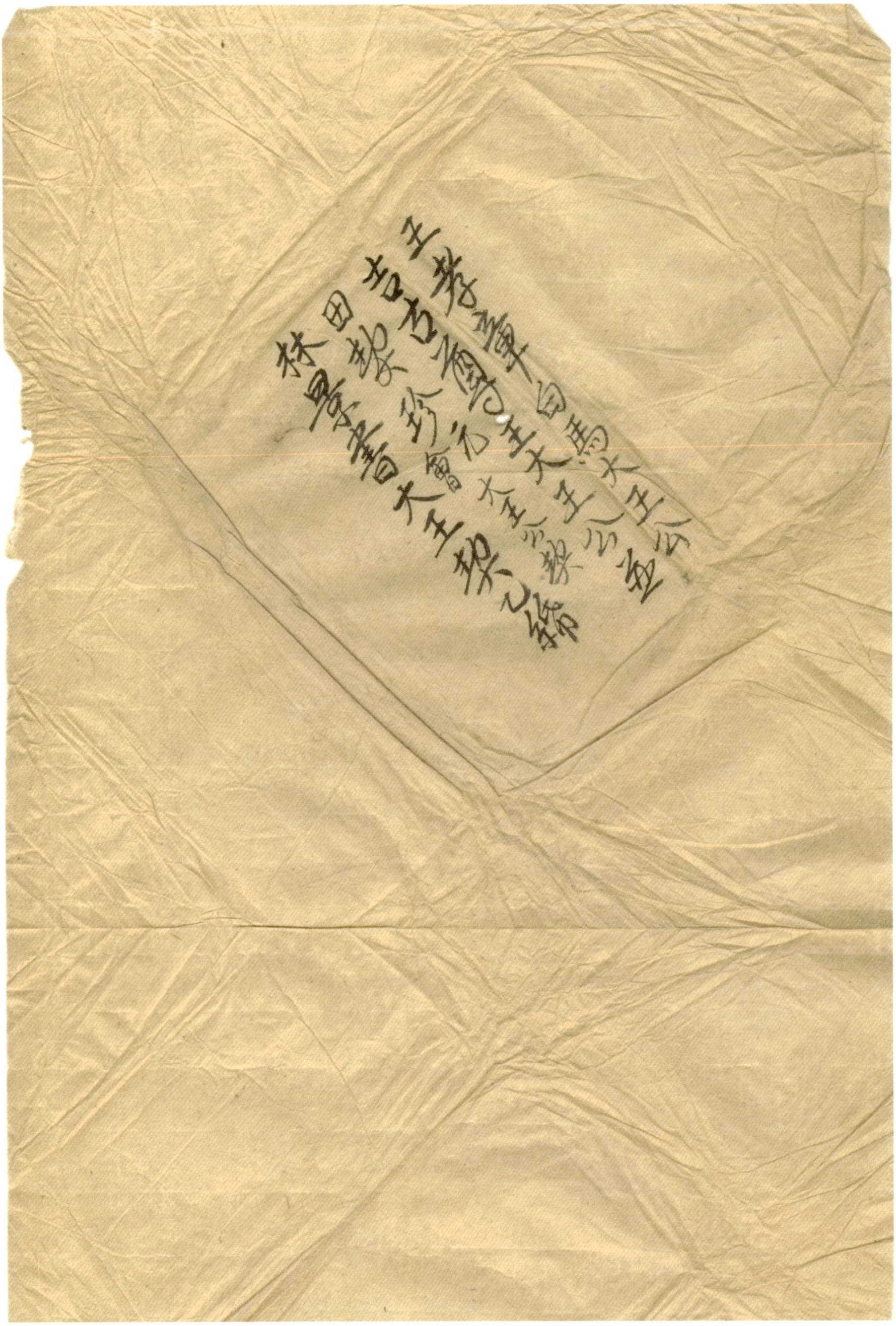

7-5-8-1　包契紙

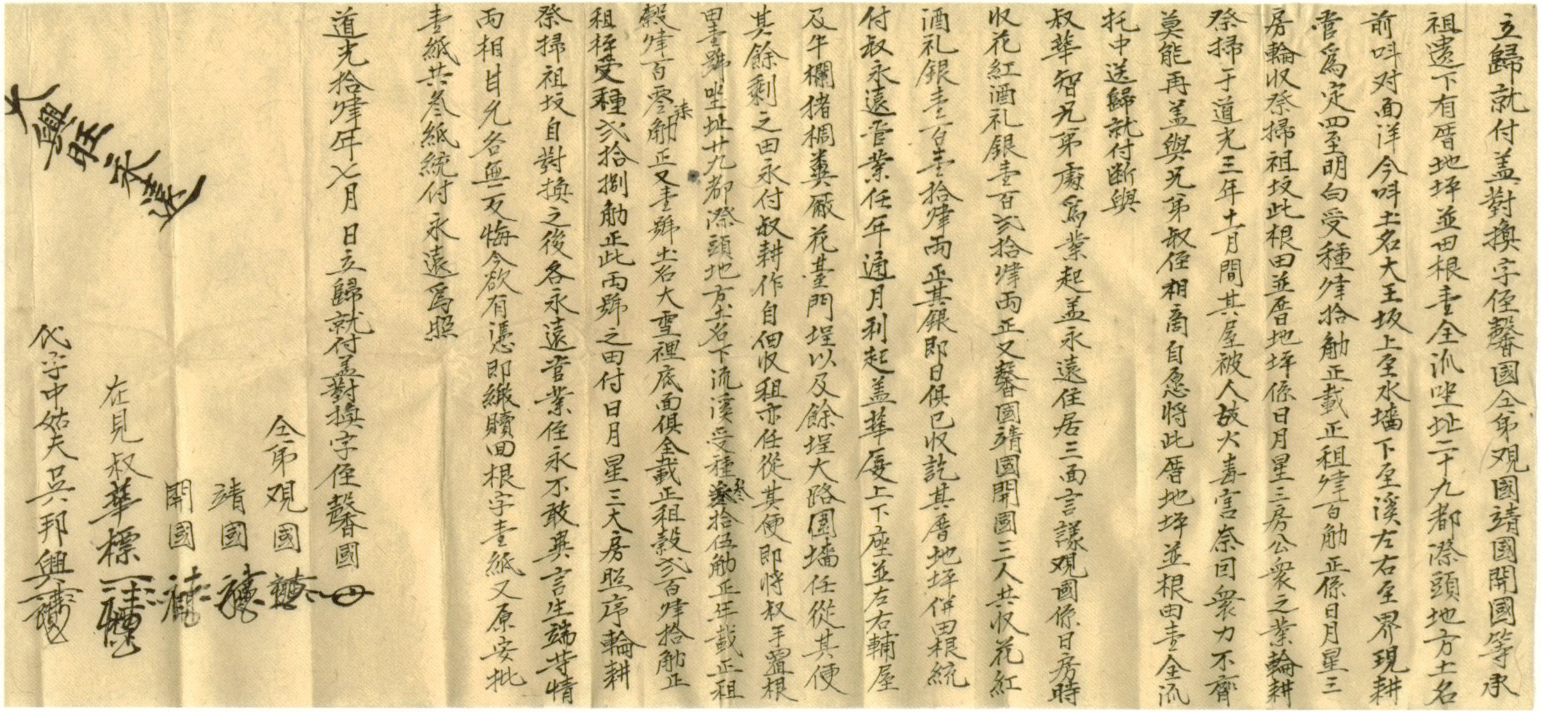
立歸就付蓋對換字侄馨國仝弟观國靖國開國等，承
祖遺下有厝地坪並田根壹全泒，坐址二十九都漈頭地方，土名
前吽对面洋，今吽土名大王坂，上至水墙，下至溪，左右至界，現耕
壹為定，四至明白，受種肆拾觔正，載正租肆百觔正，係日月星三
房輪收祭掃祖坟。此根田並厝地坪係日月星三房公衆之業，輪耕
祭掃。于道光三年十一月間，其屋被人放火毒害，奈因衆力不齊，
莫能再蓋，與兄弟叔侄相商，自愿將此厝地坪並根田壹全泒
托中送歸就付斷與
叔華智兄弟處為業，起蓋永遠住居。三面言議，观國係日房，時
收花紅酒礼銀壹百弍拾肆两正；又馨國、靖國、開國三人共收花紅
酒礼銀壹百壹拾肆两正。其銀即日俱已收訖，其厝地坪併田根，統
付叔永遠管業，任年通月利起蓋華廈，上下座並左右輔屋
及牛欄、豬椆、糞廠、花臺、門埕以及餘埕、大路、園墙，任從其便。
其餘剩之田永付叔耕作，自佃收租，亦任從其便。即將叔手置根
田壹號，坐址廿九都漈頭地方，土名下流溪，受種叁拾伍觔正，年載正租
穀肆百零觔正（添），又壹號土名大壟裡底，面俱全載正租穀弍百肆拾觔正，
租存受種弍拾捌觔正，此两號之田付日月星三大房照序輪耕
祭掃祖坟。自對換之後，各永遠管業，任永不敢異言生端等情，
两相甘允，各無反悔。今欲有憑，即繳贖田根字壹紙，又原安批
壹紙，共叁紙，統付永遠為照。

道光拾肆年七月　日立歸就付蓋對換字侄馨國（押）
仝弟观國（押）
靖國（押）
開國（押）
在見叔華標（押）
代字中姑夫吳邦興（押）

大興旺業

7-5-7-6　清道光十四年七月陳馨國等立歸就付蓋對換厝地等字（二）

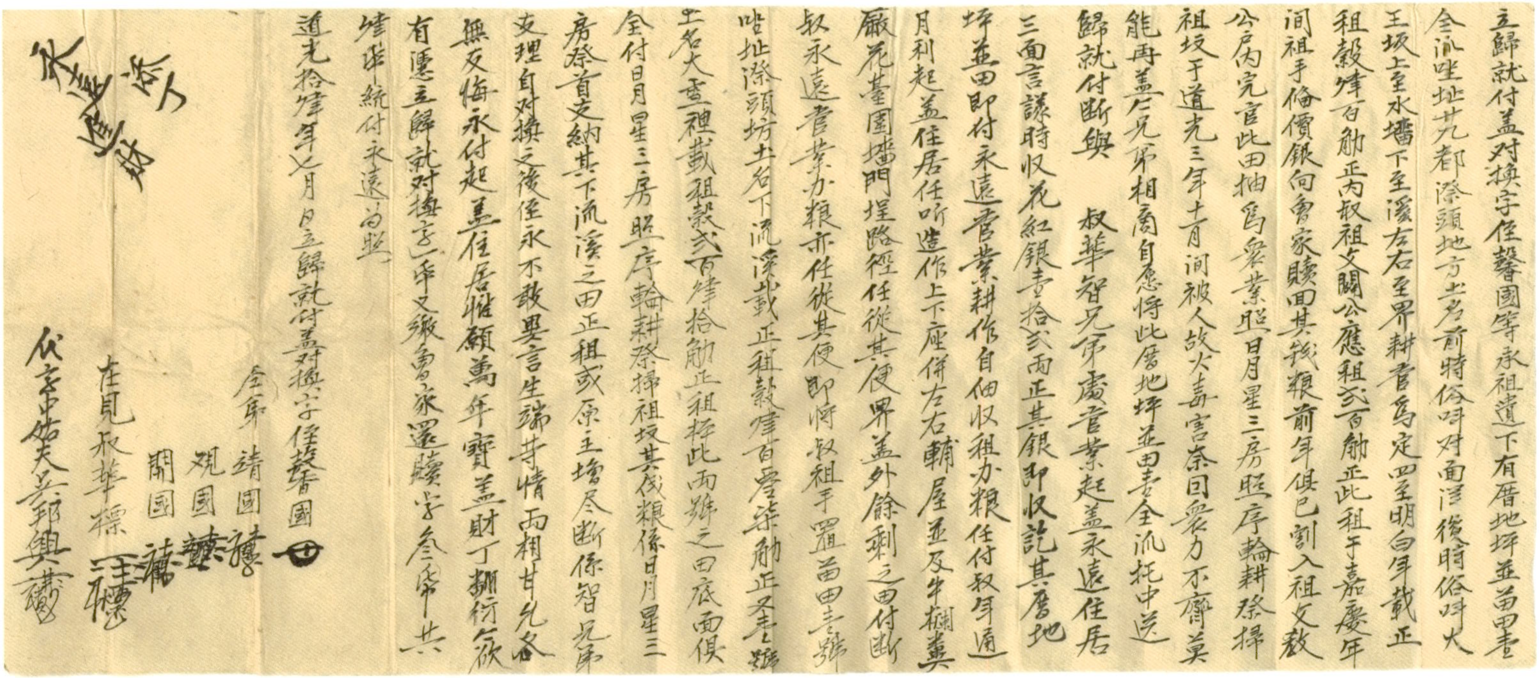

立歸就付蓋对換字侄馨國等承祖遺下有厝地坪並苗田壹
全派坐址廿九都滌頭地方土名前特俗呼对面洋後時俗呼大
王坂上至水墻下至溪左右至界耕管爲定四至明白年載正
租穀肆百觔正內叔祖文闕公應租弍百觔正此租于嘉慶年
間祖手倫價銀向曾家贖田其錢粮前年俱已劃入祖文教
公戶內完官此田抽爲衆業照日月星三房照序輪耕祭掃
祖坟于道光三年十月間被人故火毒害奈因衆力不齊莫
能再蓋今兄弟相商自愿将此厝地坪並田壹全派托中送
歸就付斷與　叔華智兄弟處管業起蓋永遠住居
三面言議時收花紅銀壹拾弍两正其銀即收訖其厝地
坪並田即付永遠管業耕作自佃收租办粮任付叔身通
月利起蓋住居任听造作上下座併左右輔屋並及牛欄糞
廠花臺園墻門埕路徑任從其便界蓋外餘剩之田付斷
叔永遠管業办粮亦任從其便即將叔祖手置苗田壹號
坐址滌頭坊土名下流溪㘭載正租穀肆百零柒觔正又壹號
土名大壟裡載租穀弍百肆拾觔正祖将此两號之田底面俱
全付日月星三房照序輪耕祭掃祖坟其錢粮係日月星三
房祭首支納其下流溪之田正租或原主增添斷係智兄弟
支理自对換之後侄永不敢異言生端等情兩相甘允各
無反悔永付起蓋住居惟願萬年寶蓋財丁擲衍今欲
有憑立歸就对換字一帋又繳曾家還贖字叁帋共
肆帋統付永遠為照

道光拾肆年七月　日立歸就付蓋对換字侄馨國（押）

仝弟　靖國（押）

觀國（押）

開國（押）

在見叔華標（押）

代字中姑夫吳邦興（押）

永遠發丁財

7-5-7-5　清道光十四年七月陳馨國等立歸就付蓋對換厝地等字（一）

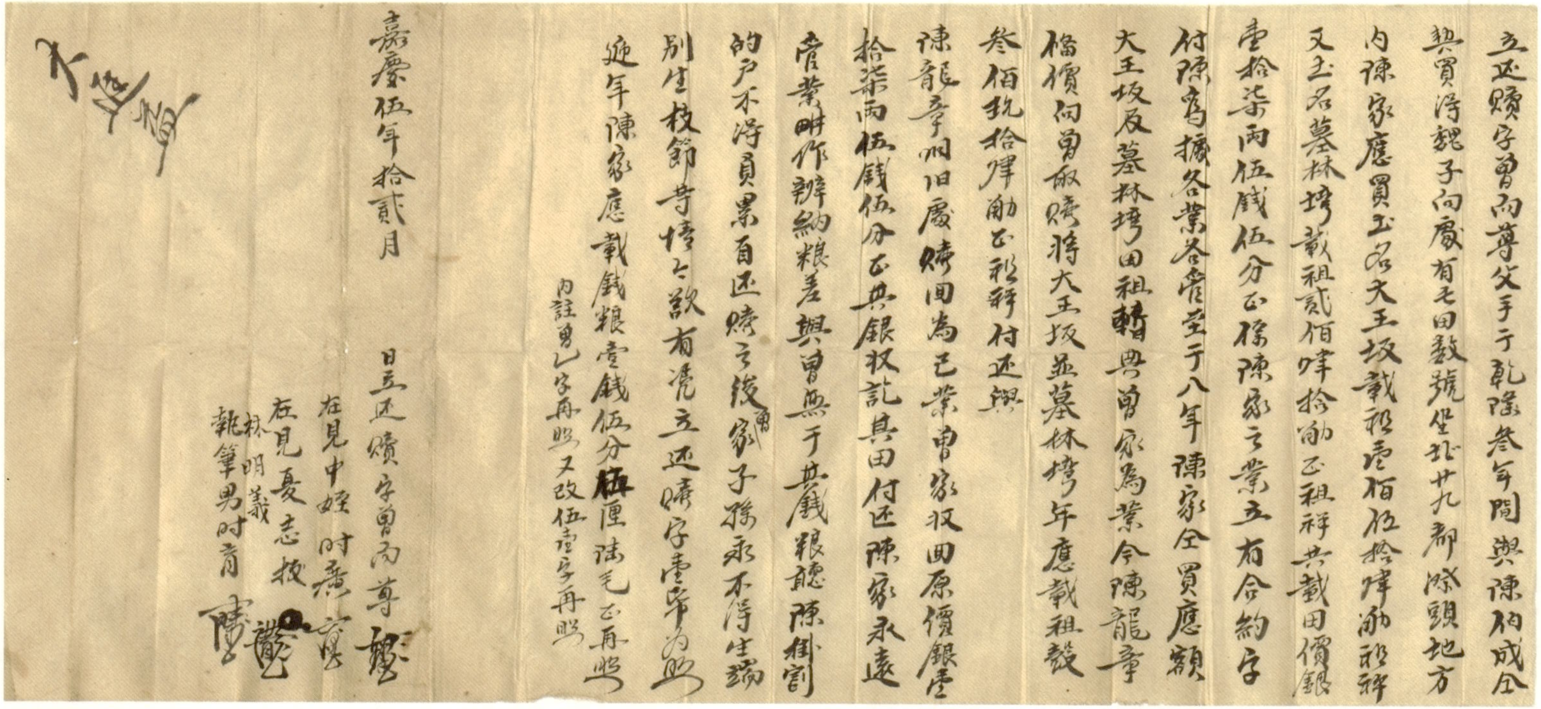
立还贖字曾而尊父手于乾隆叁年間與陳伯成仝
契買得魏子向處有屯田數號坐址廿九都漈頭地方
内陳家應買土名大王坂載租壹佰伍拾肆觔租秤
又土名墓林墘載租貳佰肆拾觔正租秤共載田價銀
壹拾柒兩伍錢伍分正係陳家之業立有合約字
付陳為據各業各管至于八年陳家仝買應額
大王坂及墓林墘田租轉典曾家為業今陳龍章
備價向曾敘贖將大王坂並墓林墘年應載租穀
叁佰玖拾肆觔正租秤付还與
陳龍章收回原處贖田為己業曾家收田原價銀壹
拾柒兩伍錢伍分正其銀收訖其田付还陳家永遠
管業耕作辦納粮差與曾無干其錢粮聽陳掛割
的户不得負累自还贖之後曾家子孫永不得生端
別生枝節等情之款有憑立还贖字壹帋為照
延年陳家應載錢粮壹錢伍分捌厘陆毛正再照
内註曾山字再照又改伍壹字再照
嘉慶伍年拾貳月　日立还贖字曾而尊
在見中姪　时應
在見夏志枝
林明義
執筆男　时育

7-5-7-4　清嘉慶五年十二月曾而尊立還贖屯田字

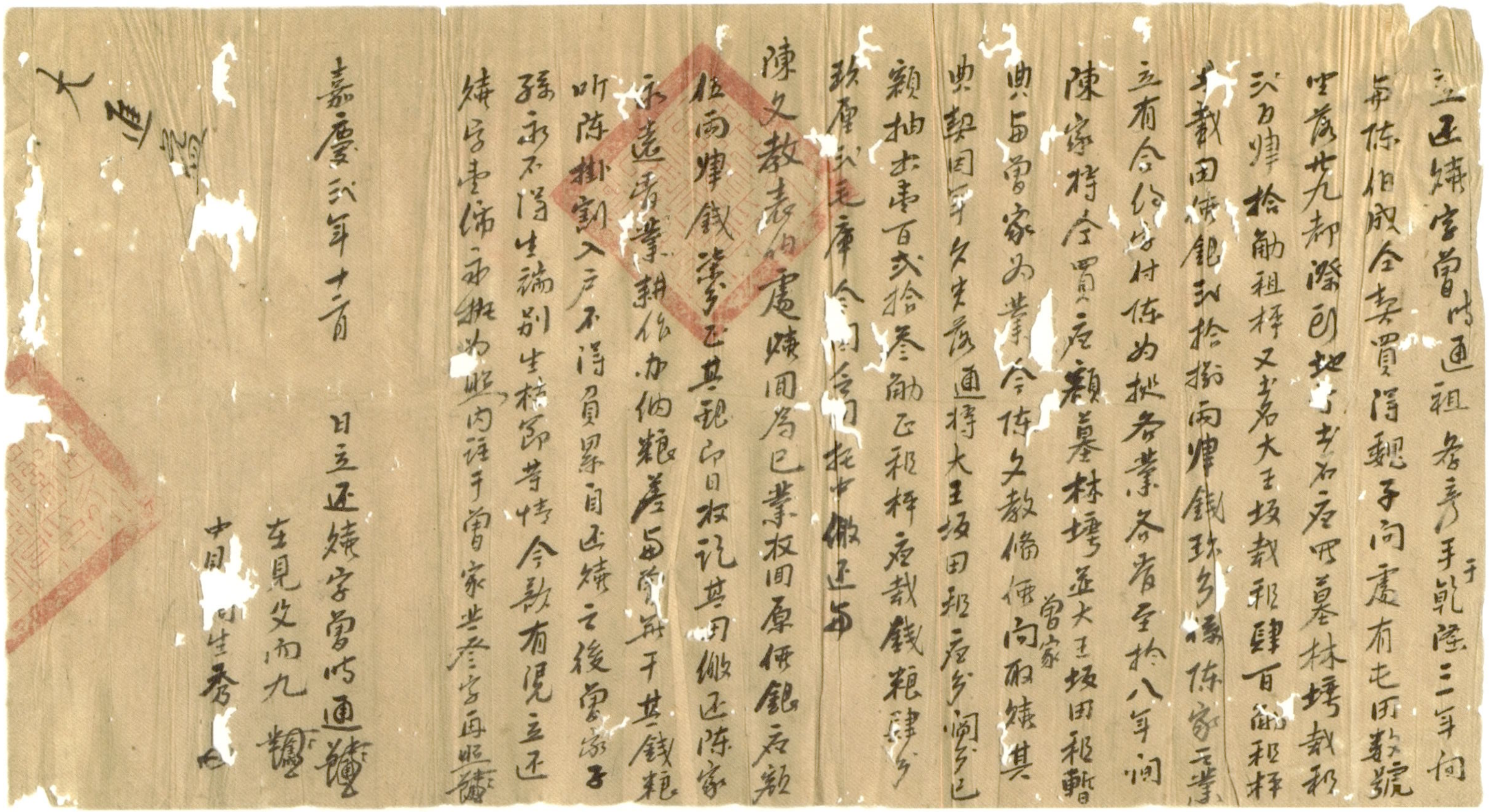
立還贖字曾時通，祖父彥于手乾隆三十年向
弟侄伯成仝妻買得魏子向處有屯田數號，
坐落廿九都磜口地方，土名后門墓林塘，載租
弍石肆拾觔租秤；又土名大王坂，載租肆百觔租秤，
共載田價銀弍拾捌兩肆錢玖分，係陳家之業，
立有合約付陳為據，各業各管。至於八年間，
陳家將仝買之屯，願墓林塘並大王坂田租暫
典與曾家為業。今陳文教備價向取贖其
典契，因年久未落，通將大王坂田租居多，向乃已
願抽出壹百弍拾叁觔正租秤，在載錢糧肆分
玖厘弍毛，庫人合約抽出繳還，與
陳文教處贖回為己業，收回原價銀，后願
作兩肆錢叁分正，其銀即日收訖，其田繳還陳家
永遠為業，耕作辦納糧差，與曾家無干，其錢糧
听陳撥割入戶，不得貽累。自還贖之後，曾家子
孫永不得生端別生枝節等情。今欲有憑，立還
贖字壹紙，亦批明照內註：曾家共叁字再照。

嘉慶弍年十二月　日立還贖字曾時通（押）
在見父雨九（押）
中見日生秀（押）

大利

7-5-7-3　清嘉慶二年十二月曾時通立還贖屯田字（紅契）

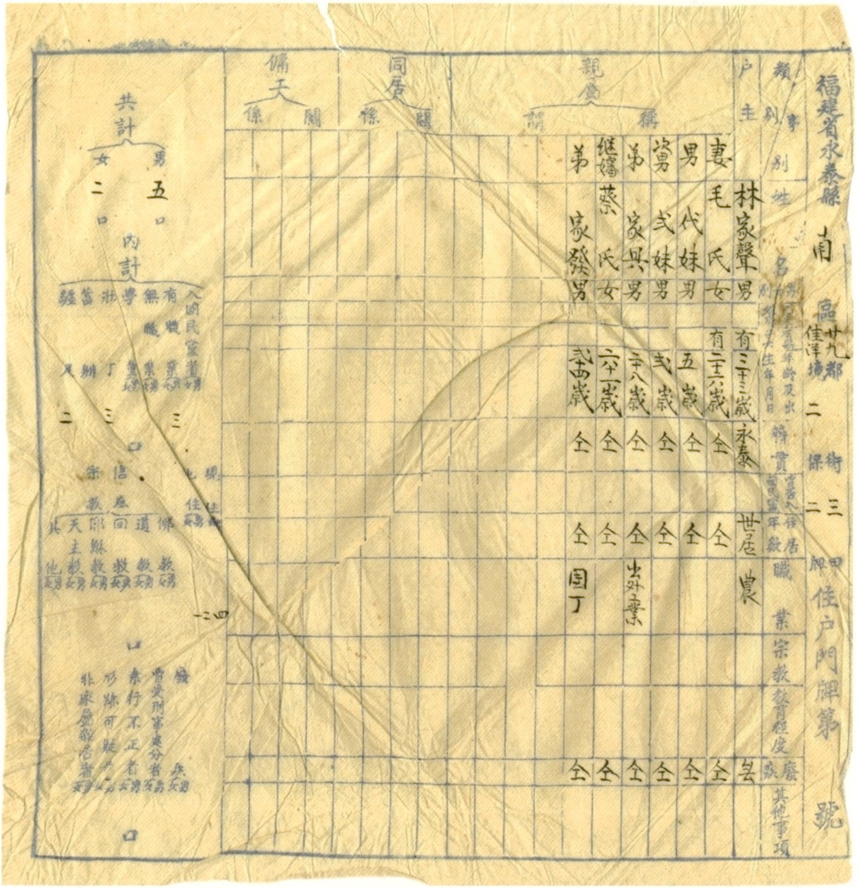

福建省永泰縣 嵩 區廿九都 佳洋境 二 保 三 甲 二 牌 住户門牌第 號

類別 事項	户主	親屬					
稱謂		妻	男	次男	弟	媳婦	弟
姓名	林家聲	毛氏	代妹	式妹	家興	蔡氏	家發
性別	男	女	男	男	男	女	男
年齡及出生年月日	有三十三歲	有三十六歲	五歲	弍歲	二十八歲	二十一歲	弍十四歲
籍貫	永泰	仝	仝	仝	仝	仝	仝
住居年數	世居	仝	仝	仝	仝	仝	仝
職業	農				出外棄		园丁
宗教							
教育程度							
廢疾	[illegible]	仝	仝	仝	仝	仝	仝
其他事項							

共計 男 五口 女 二口

內計 有職業 三口 無職業 [illegible] 學齡兒童 [illegible] 壯丁 三 殘疾 二

7-5-7-2 包契紙

第七卷 永泰縣嵩口鎮漈頭村契約文書 第五帙 陳在啓户

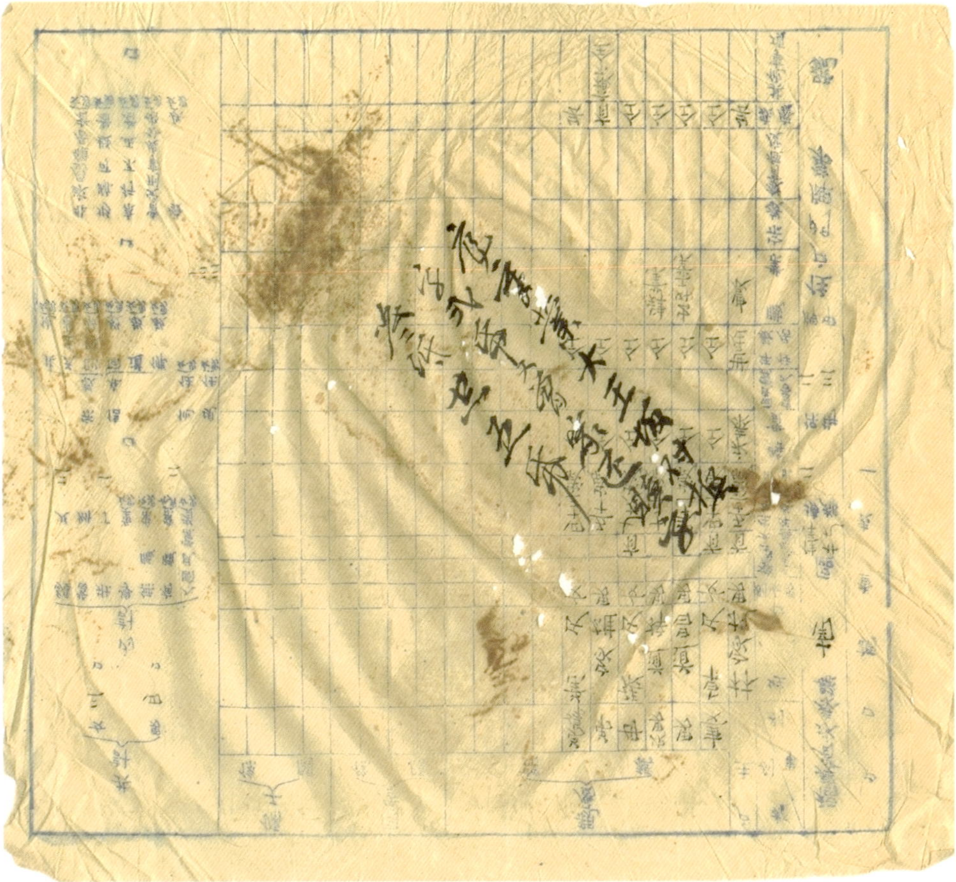

7-5-7-1　包契紙

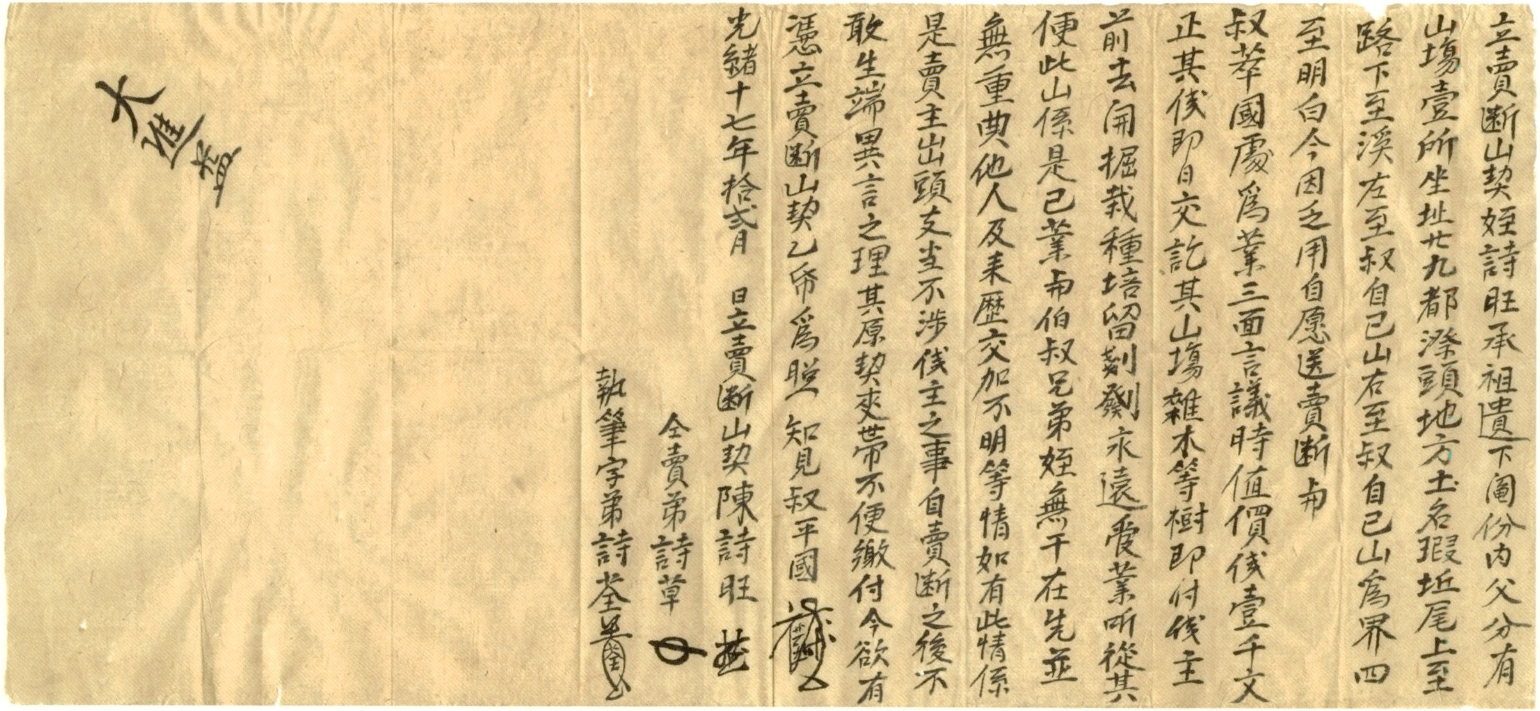

立賣斷山契姪詩旺承祖遺下閹份内父分有
山場壹所坐址廿九都漈頭地方土名瑕坵尾上至
路下至溪左至叔自己山右至叔自己山爲界四
至明白今因乏用自愿送賣斷與
叔萃國處爲業三面言議時值價錢壹千文
正其錢即日交訖其山場雜木等樹即付錢主
前去開掘栽種培留剗劖永遠爲業聽從其
便此山係是己業與伯叔兄弟姪無干在先並
無重典他人及來歷交加不明等情如有此情係
是賣主出頭支當不涉錢主之事自賣斷之後不
敢生端異言之理其原契夾帶不便繳付今欲有
憑立賣斷山契乙紙爲照　知見叔平國（押）
光緒十七年拾貳月　日立賣斷山契陳詩旺（押）
仝賣弟詩草（押）
執筆字弟詩奎（押）

7-5-6-3　清光緒十七年十二月陳詩旺等立賣斷山場契

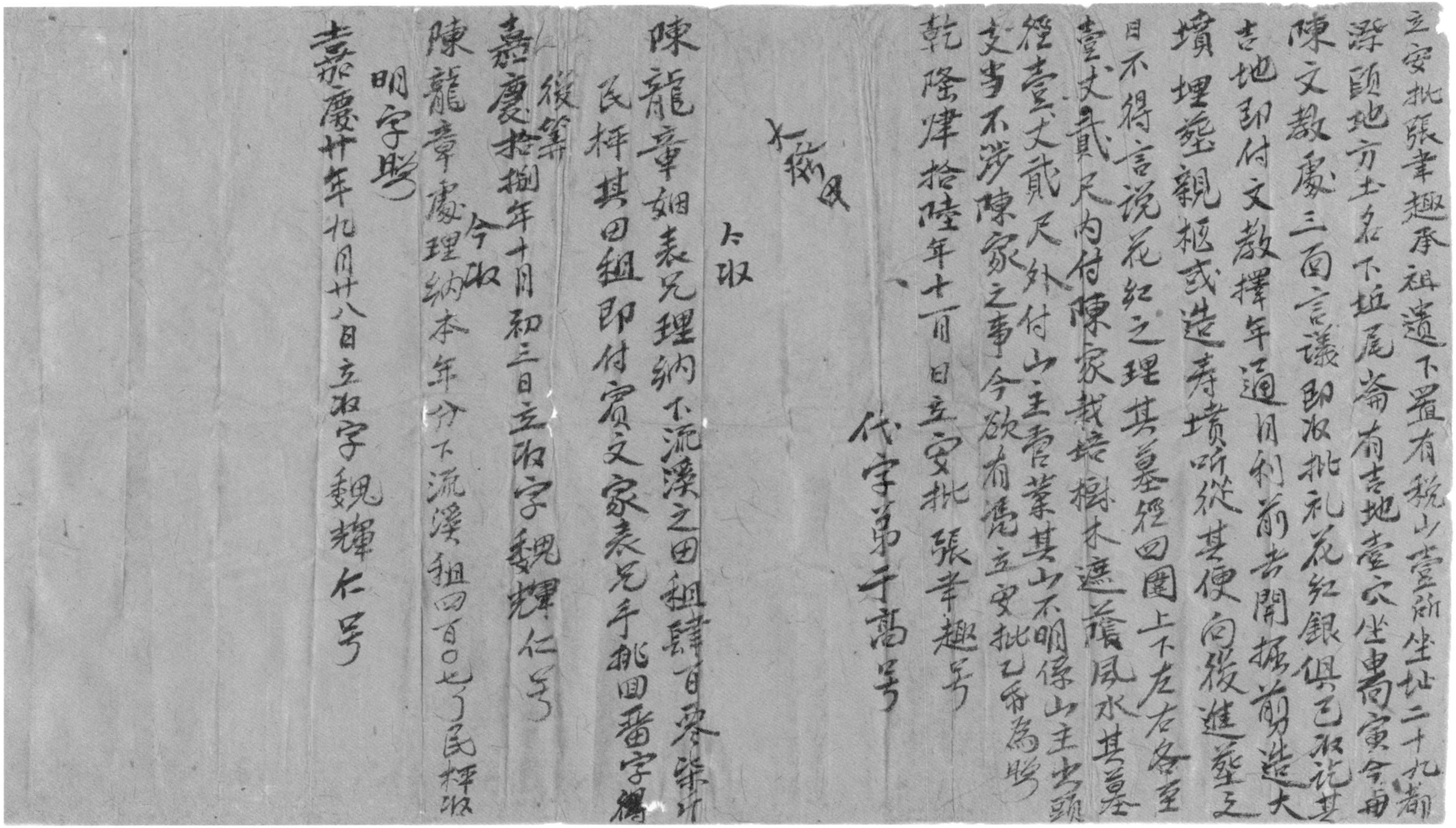

立安批張聿趣承祖遺下置有稅山壹所坐址二十九都
溌頭地方土名下垣尾崙有吉地壹穴坐東向寅今命
陳文毅處三面言議即收批礼花紅銀俱已收訖其
吉地即付文毅擇年通月利前去開掘剪造大
墳埋塟親柩或造壽墳聽從其便向後進塟之
日不得言說花紅之理其墓經四圍上下左右各至
壹丈貳尺內付陳家栽培樹木遮蔭風水其墓
經壹丈貳尺外付山主管業其山不明係山主出頭
支当不涉陳家之事今欲有憑立安批乙帋為照
乾隆肆拾陸年十一月　日立安批　張聿趣　号
代字弟　子高　号

大發

今收
陳龍章姻表兄理納下流溪之田租肆百柒拾斤
民梓其田租即付賓文家表兄手抛回番字據
從筆
嘉慶拾捌年十月初三日立收字　魏輝仁　号

今收
陳龍章處理納本年分下流溪租四百〇七斤　民梓收
明字照
嘉慶廿年九月廿八日立收字　魏輝仁　号

7-5-6-2　清乾隆四十六年十一月張聿趣立安批吉地字

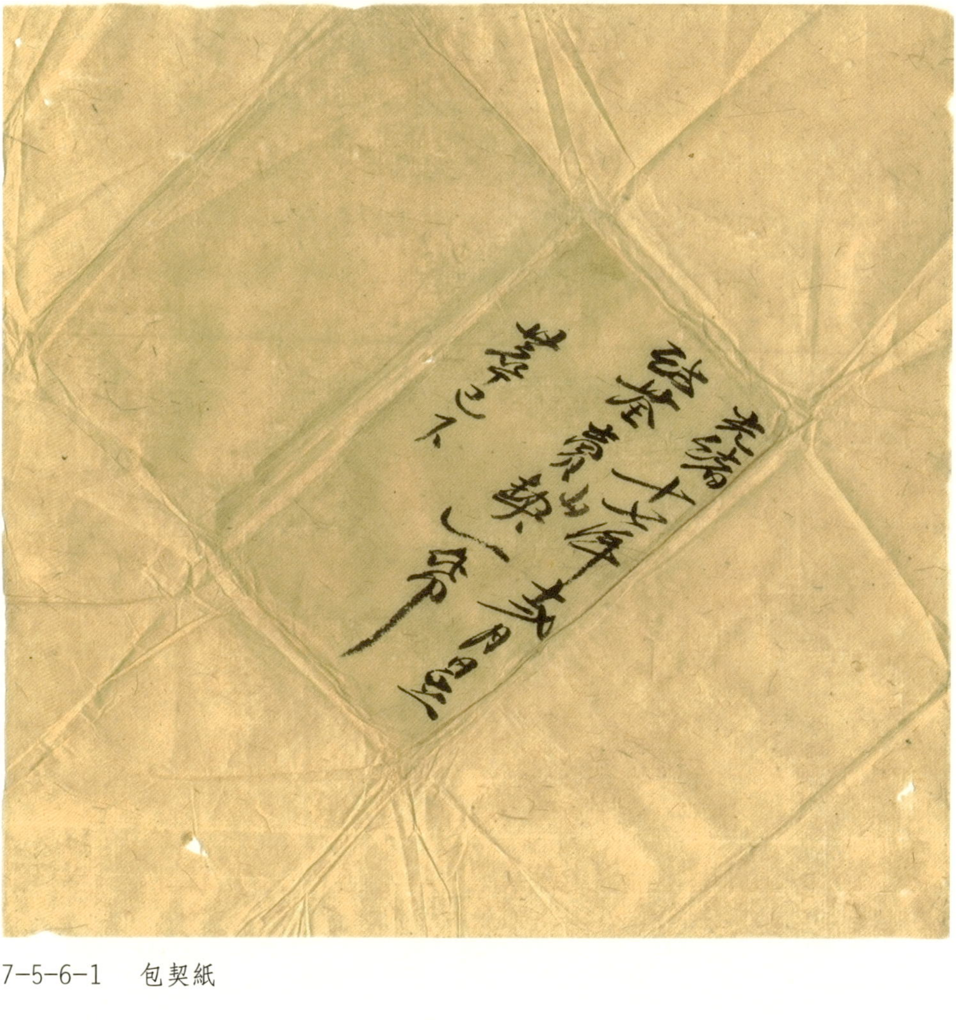
陳在賣山契一紙

7-5-6-1　包契紙

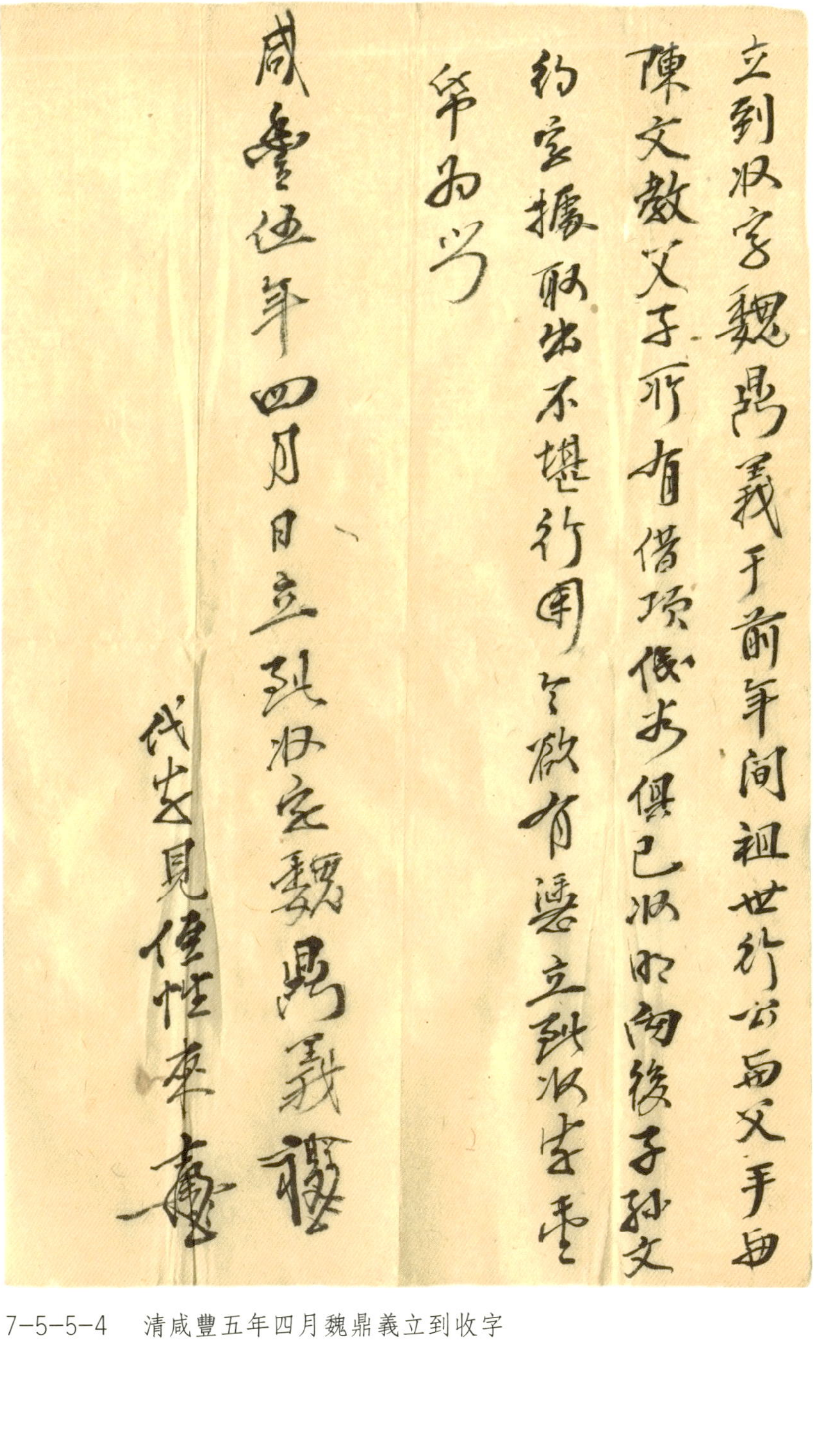
立到收字魏鼎義于前年間祖世行公兩父手由
陳文敎父子所有借項俱已收明，後子孫文
約字據取出不堪行用，今欲有憑，立到收字壹
紙為照。
咸豐伍年四月　日立到收字魏鼎義（押）
代字見侄性本（押）

7-5-5-4　清咸豐五年四月魏鼎義立到收字

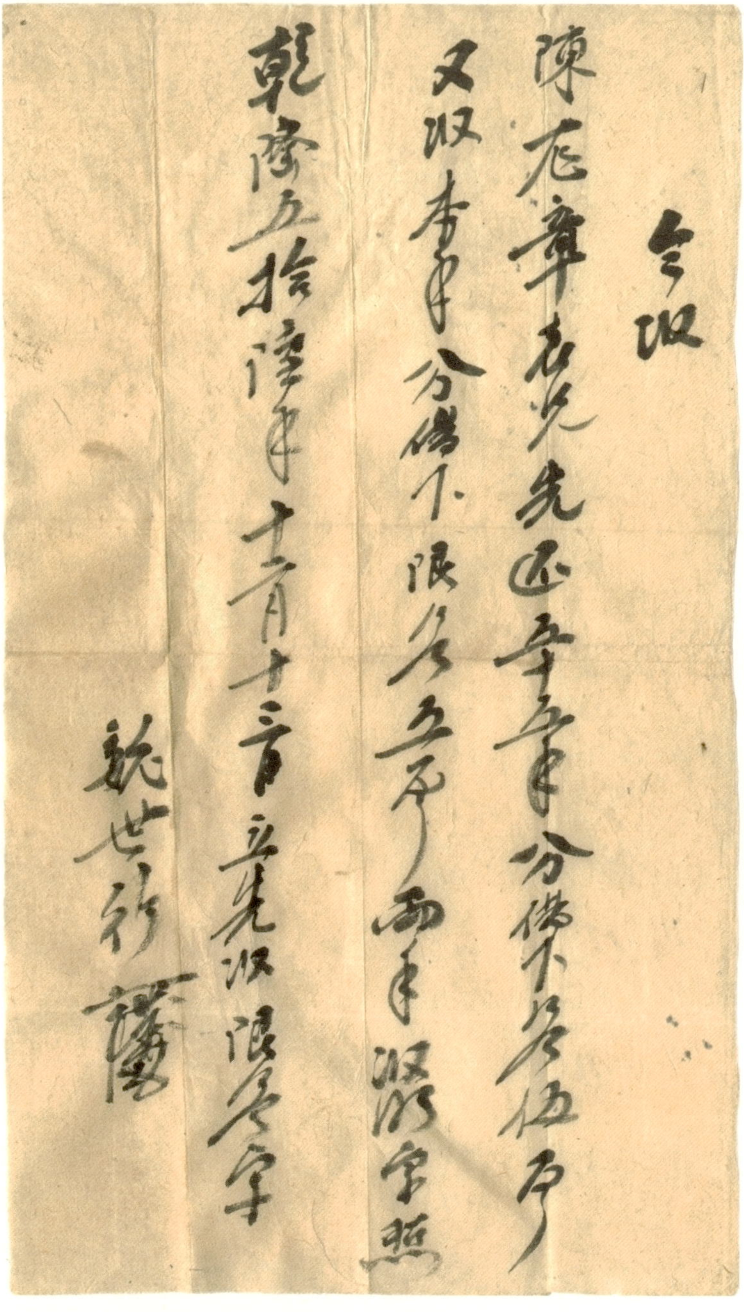

今收

陳在章處先還本年分借下銀伍兩

又收本年分借下限銀五兩，兩共收限字照

乾隆五拾陸年十二月十二日立先收限字

魏世行（押）

7-5-5-3　清乾隆五十六年十二月魏世行立先收限字

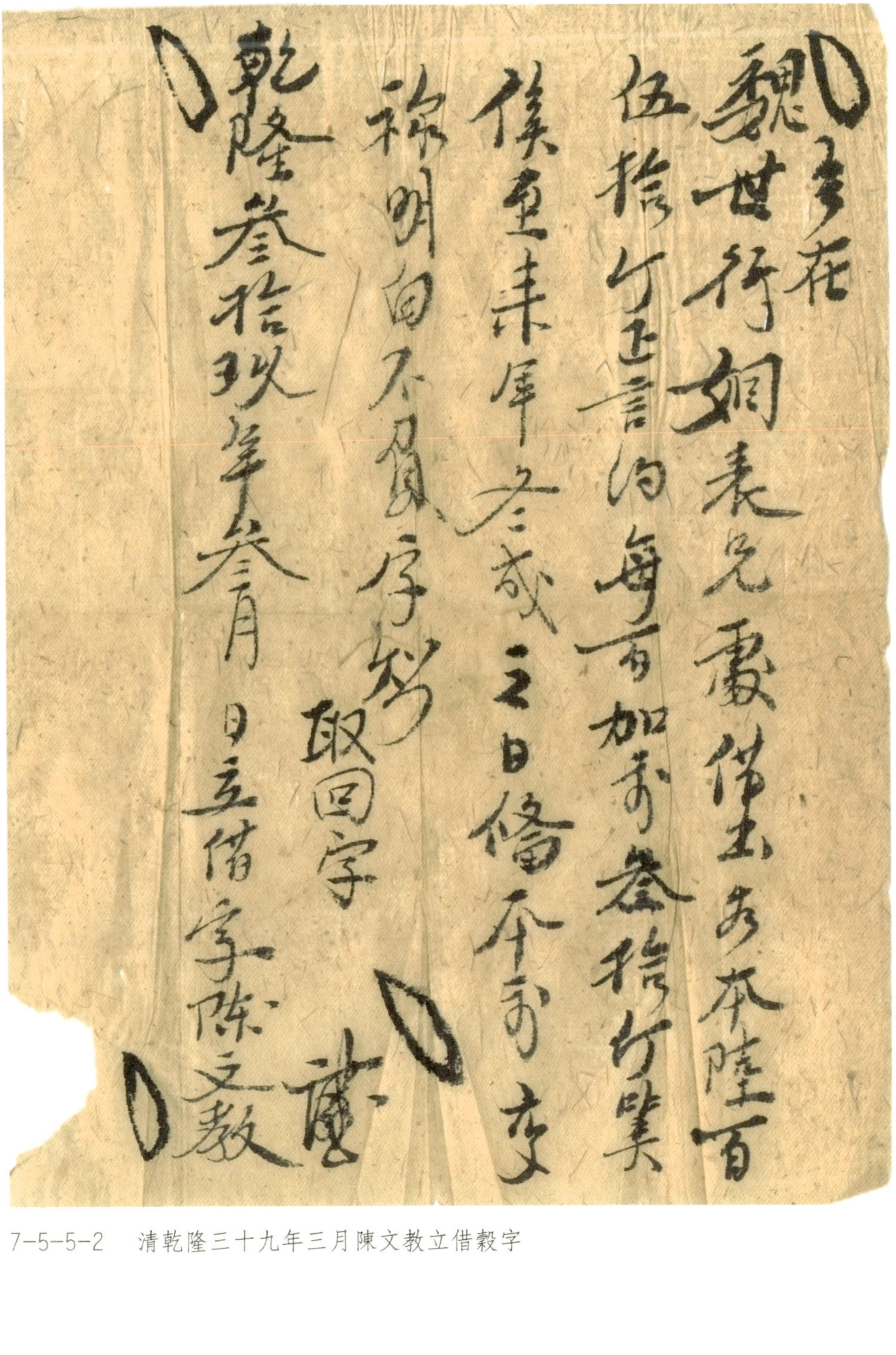
手在
親世仍姻表兄處借出谷本陸百
伍拾斤正言約每百加利叁拾斤其
谷至來年冬成之日備本利交
還明白不得少欠
取回字
乾隆叁拾玖年叁月　日立借字陳文教
讀

7-5-5-2　清乾隆三十九年三月陳文教立借穀字

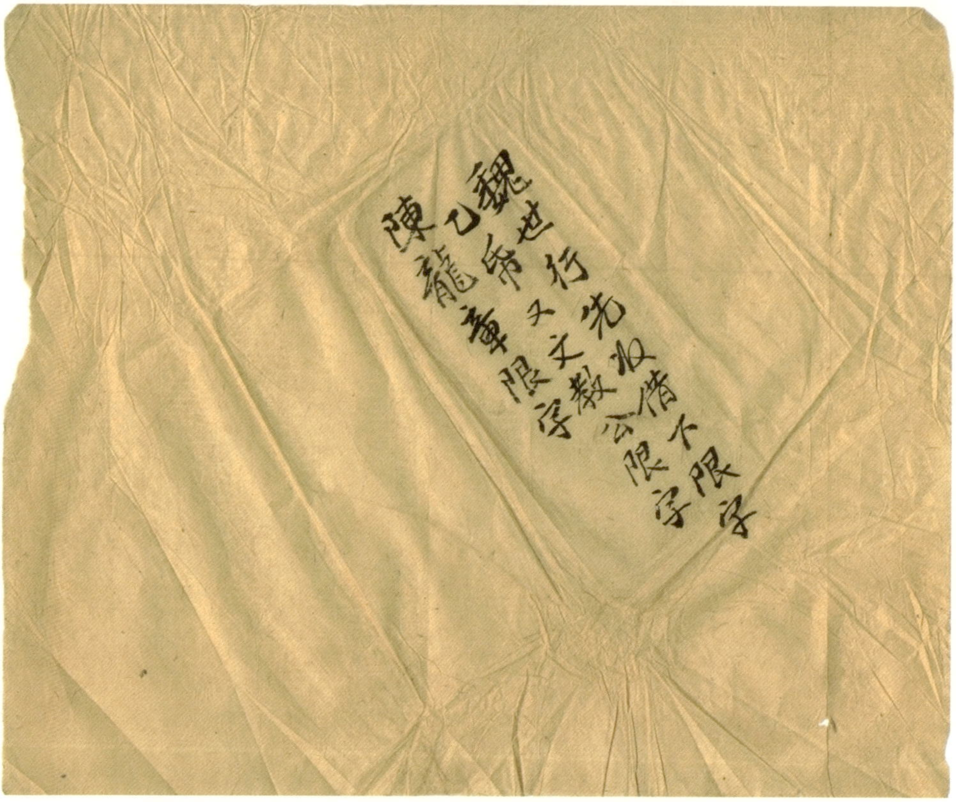
魏世行先收借下限字
乙帝又文穀公限字
陳龍華限字

7-5-5-1　包契紙

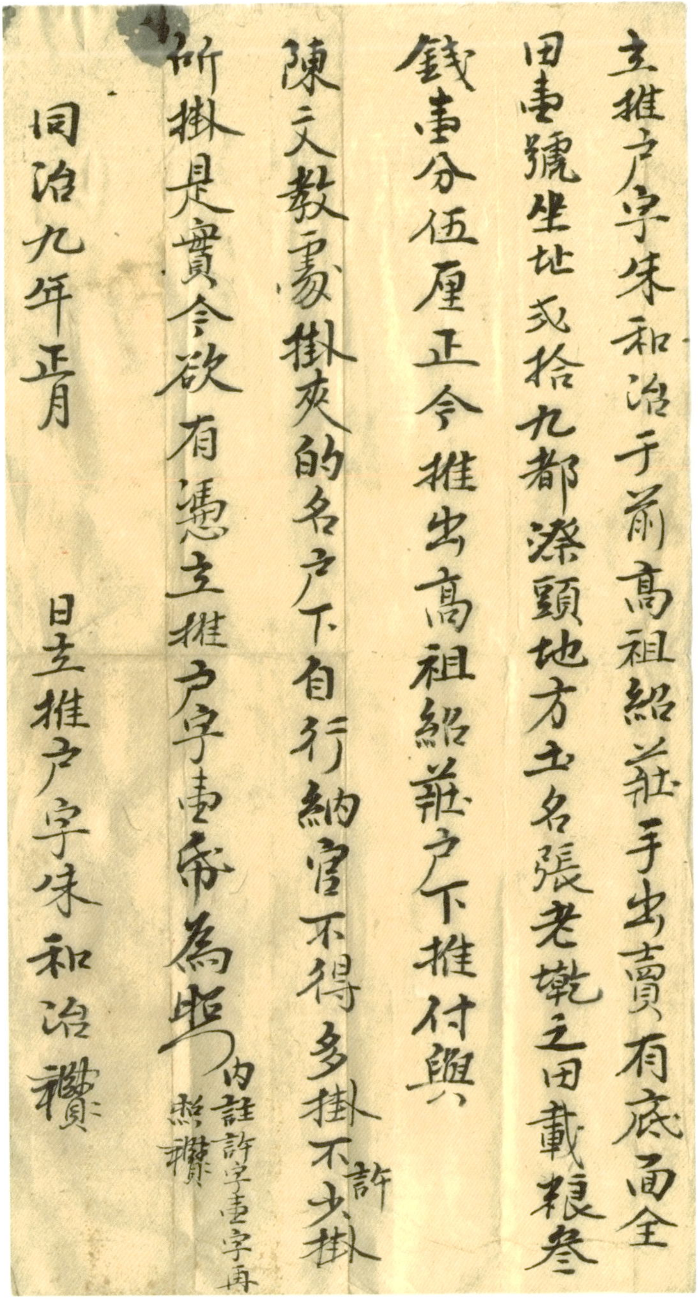
立推户字朱和治于前高祖紹莊手出賣有底面全
田壹號坐址式拾九都漈頭地方土名張老墘之田載粮叁
錢壹分伍厘正今推出高祖紹莊户下推付與
陳文敷家掛夾的名户下自行納官不得多掛不許少掛
所掛是實今欲有憑立推户字壹帋為照　内註許字壹字再照　贊
同治九年正月　日立推户字朱和治贊

7-5-4-10　清同治九年正月朱和治立推户字

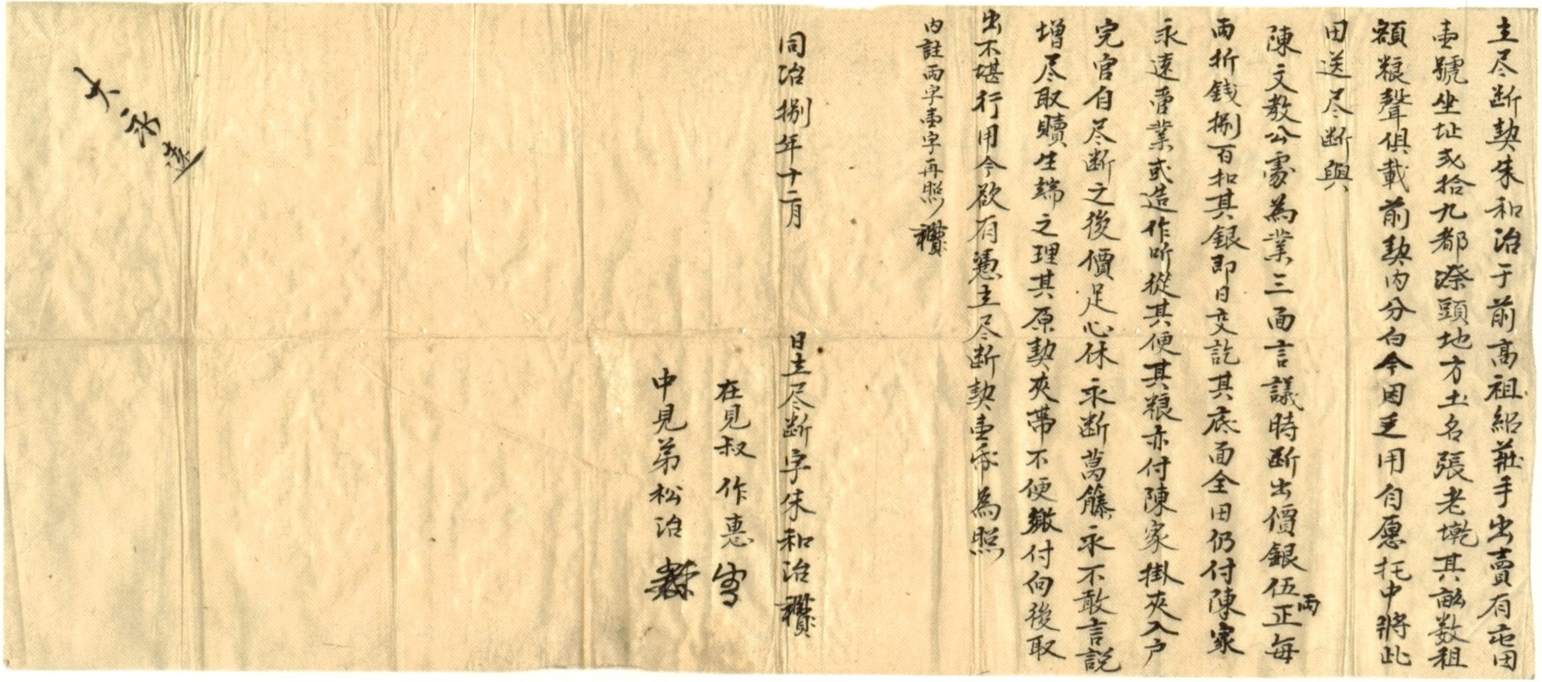

立尽断契朱和治，于前高祖紹莊手出賣有屯田
壹號，坐址貳拾九都漈頭地方，土名張老墘，其畝數租
額粮聲俱載前契內分白。今因乏用，自愿托中將此
田送尽断與
陳文教公處為業。三面言議，時断出價銀伍兩正，每
兩折錢捌百和。其銀即日交訖，其底面全田仍付陳家
永遠管業，或造作，聽從其便。其粮亦付陳家掛夾入戶
完官。自尽断之後，價足心休，永断葛籐，永不敢言說
增尽取贖生端之理。其原契夾帶不便繳付，向後取
出不堪行用。今欲有憑，立尽断契壹紙為照。
內註兩字，壹字再照（押）

同治捌年十二月　日立尽断字朱和治（押）
在見叔　作惠（押）
中見弟　松治（押）

7-5-4-9　清同治八年十二月朱和治立盡斷屯田契

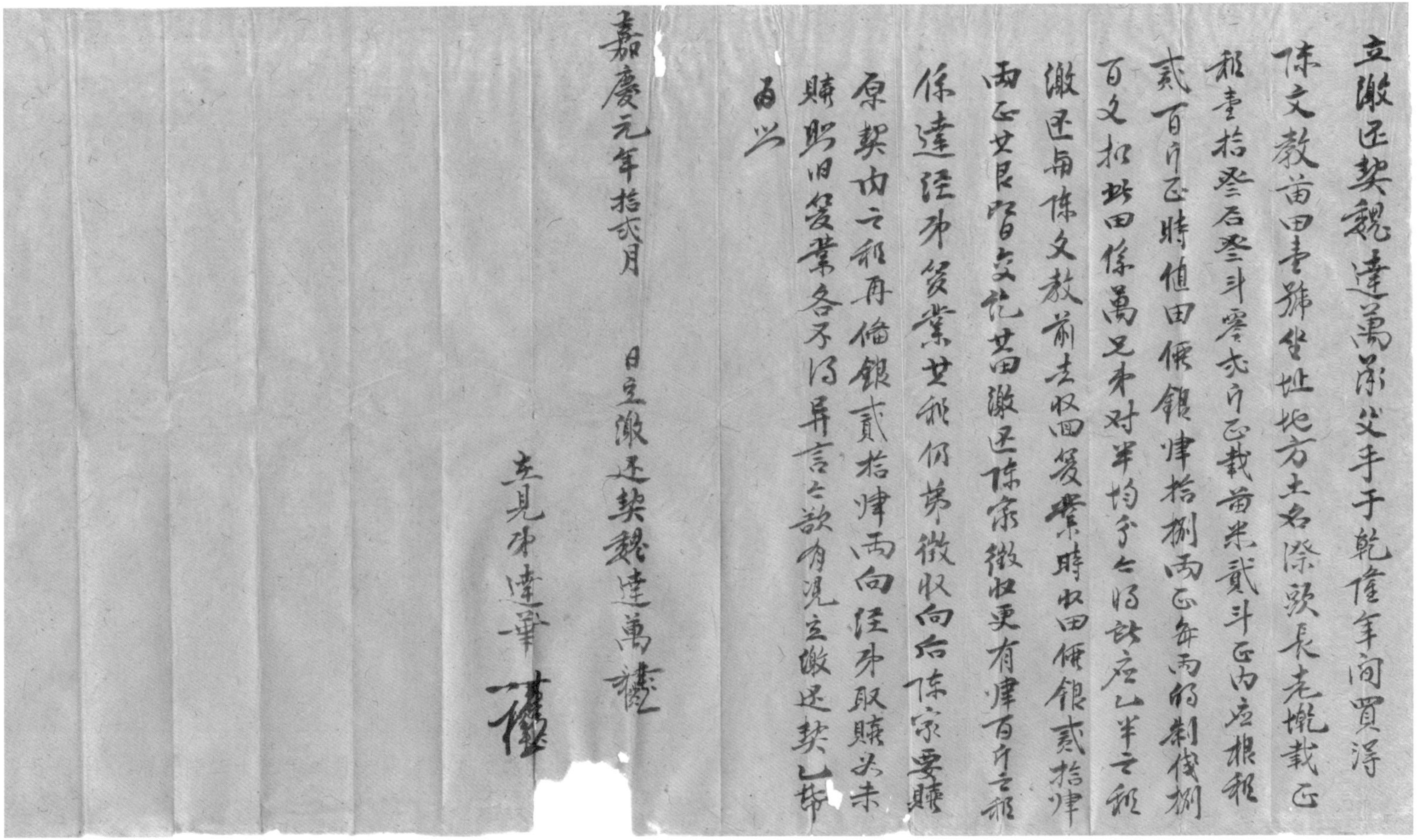

立繳還契魏達萬承父手于乾隆年间買得
陳文教苗田壹號坐址地方土名添頭長老墘載正
租壹拾叁石叁斗零弍斤正載苗米貳斗正內應根租
貳百斤正時值田價銀肆拾捌兩正每兩的制錢捌
百文扣此田係萬兄弟对半均分七得該應一半之租
繳還與陳文教前去收回管業時收田價銀貳拾肆
兩正其艮皆交訖其田繳還陳宗徵收更有肆百斤之租
係達經弟管業其租仍弟徵收向后陳宗要贖
原契內之租再備銀貳拾肆兩向經弟取贖此未
贖照舊管業各不得異言之款今見立繳還契一紙
為照

嘉慶元年拾弍月　　日立繳還契魏達萬（押）

在見弟達華（押）

7-5-4-8　清嘉慶元年十二月魏達萬立繳還苗田契

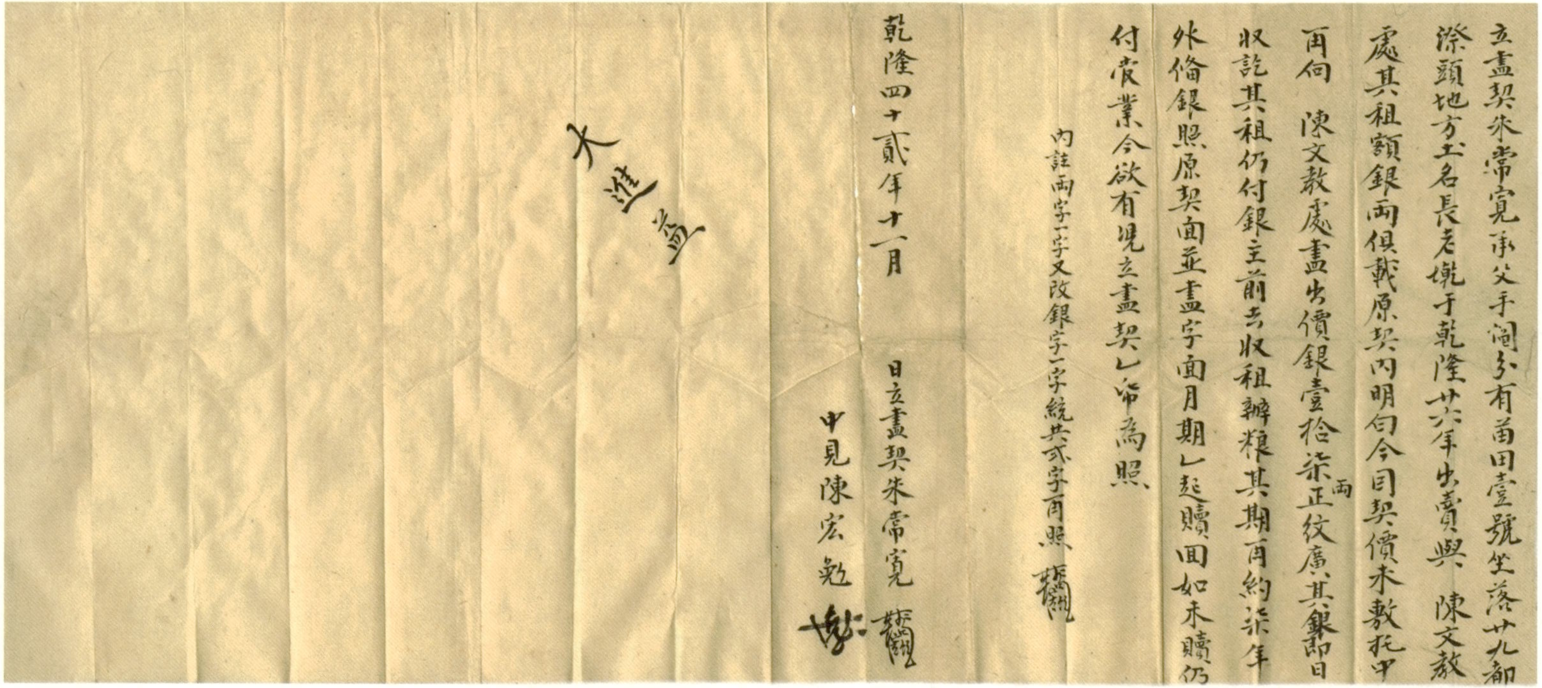

立盡契朱常寬承父手置有苗田壹號坐落廿九都
漈頭地方土名長老坑于乾隆卅六年出賣與　陳文教
處其租額銀兩俱載原契内明白今因契價未敷托中
再向　陳文教處盡出價銀壹拾柒兩正紋廣其銀即日
收訖其租仍付銀主前去收租辦粮其期再約柒年
外備銀照原契面並盡字面月期一起贖回如未贖仍
付銀業今欲有憑立盡契一帋為照
内註兩字一字又改銀字一字統共弍字再照　押
乾隆四十弍年十一月　日立盡契朱常寬　押
中見陳宏勉　押
大進益

7-5-4-7　清乾隆四十二年十一月朱常寬立盡苗田契

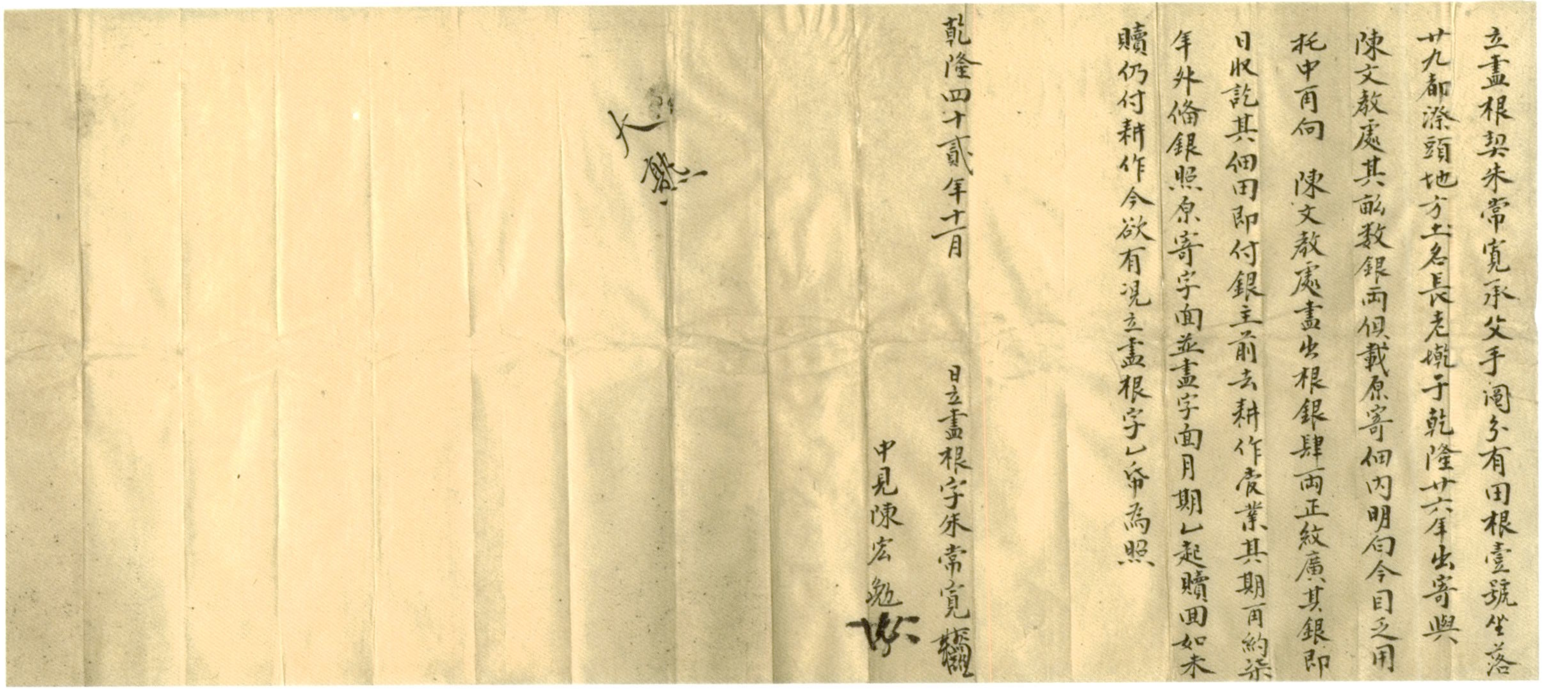

立盡根契朱常寛承父手阄分有田根壹號坐落
廿九都滌頭地方土名長老墘于乾隆廿六年出寄與
陳文敎處其畝數銀両俱載原寄佃内明白今因乏用
托中再向　陳文敎處盡出根銀肆両正紋廣其銀即
日收訖其佃田即付銀主前去耕作管業其期再約柒
年外備銀照原寄字面並盡字面月期之起贖田如未
贖仍付耕作今欲有憑立盡根字一紙為照

乾隆四十貳年十一月　日立盡根字朱常寛（押）

中見陳宏勉（押）

大發

7-5-4-6　清乾隆四十二年十一月朱常寛立盡田根契

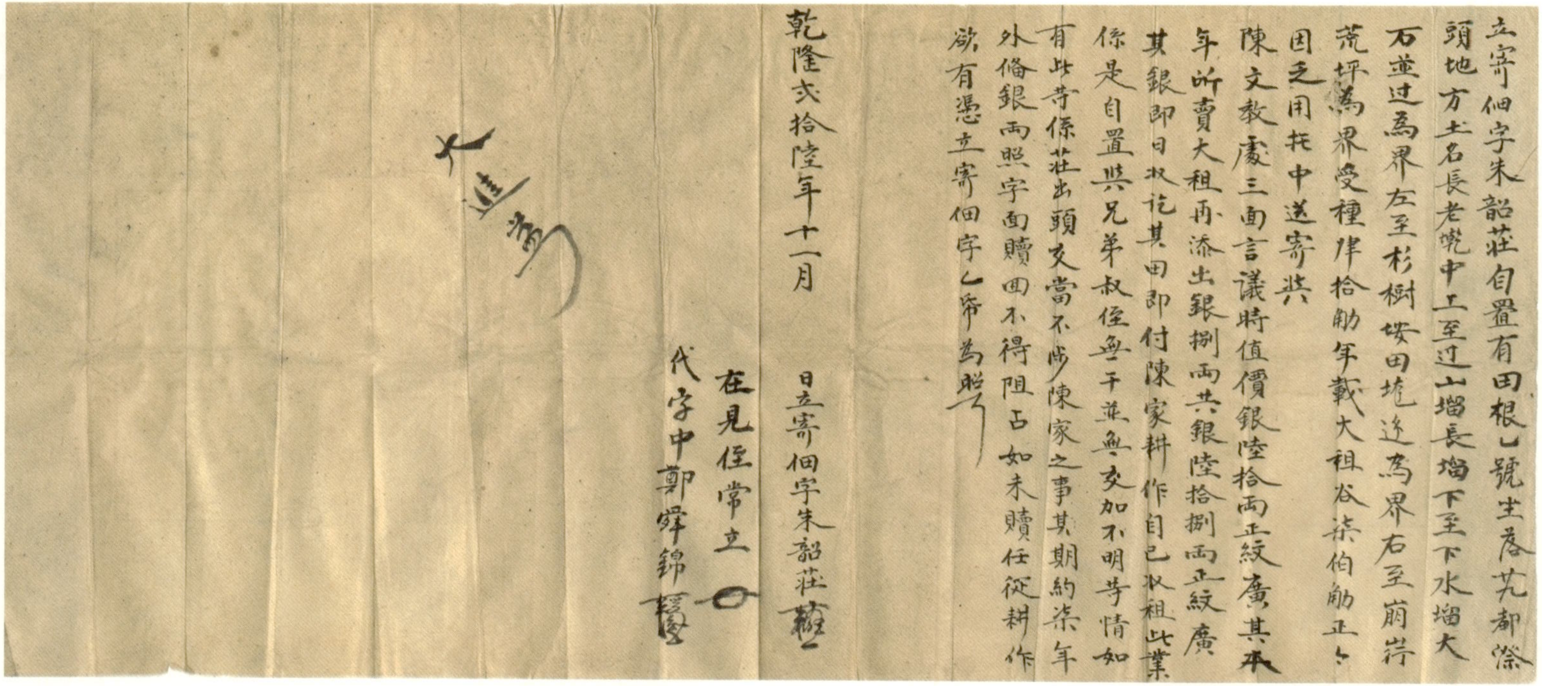
立寄佃字朱韶莊自置有田根乙號坐落廿九都漈
頭地方土名長老坵中上至过山墘長墘下至下水墘大
石並过為界左至杉樹坵田埕迸為界右至崩岸
荒坪為界受種伴拾觔年載大租谷柒伯觔正乙
因乏用托中送寄與
陳文教處三面言議時值價銀陸拾兩正紋廣其本
年所賣大租再添出銀捌兩共銀陸拾捌兩正紋廣
其銀即日收訖其田即付陳家耕作自己收租此業
係是自置與兄弟叔侄無干並無交加不明等情如
有此等係莊出頭支當不涉陳家之事其期約柒年
外備銀兩照字面贖回不得阻占如未贖任從耕作
欲有憑立寄佃字乙帋為照
乾隆弍拾陸年十一月　日立寄佃字朱韶莊（押）
在見侄常立（押）
代字中鄭舜錦（押）
大吉

7-5-4-5　清乾隆二十六年十一月朱韶莊立寄佃田根字

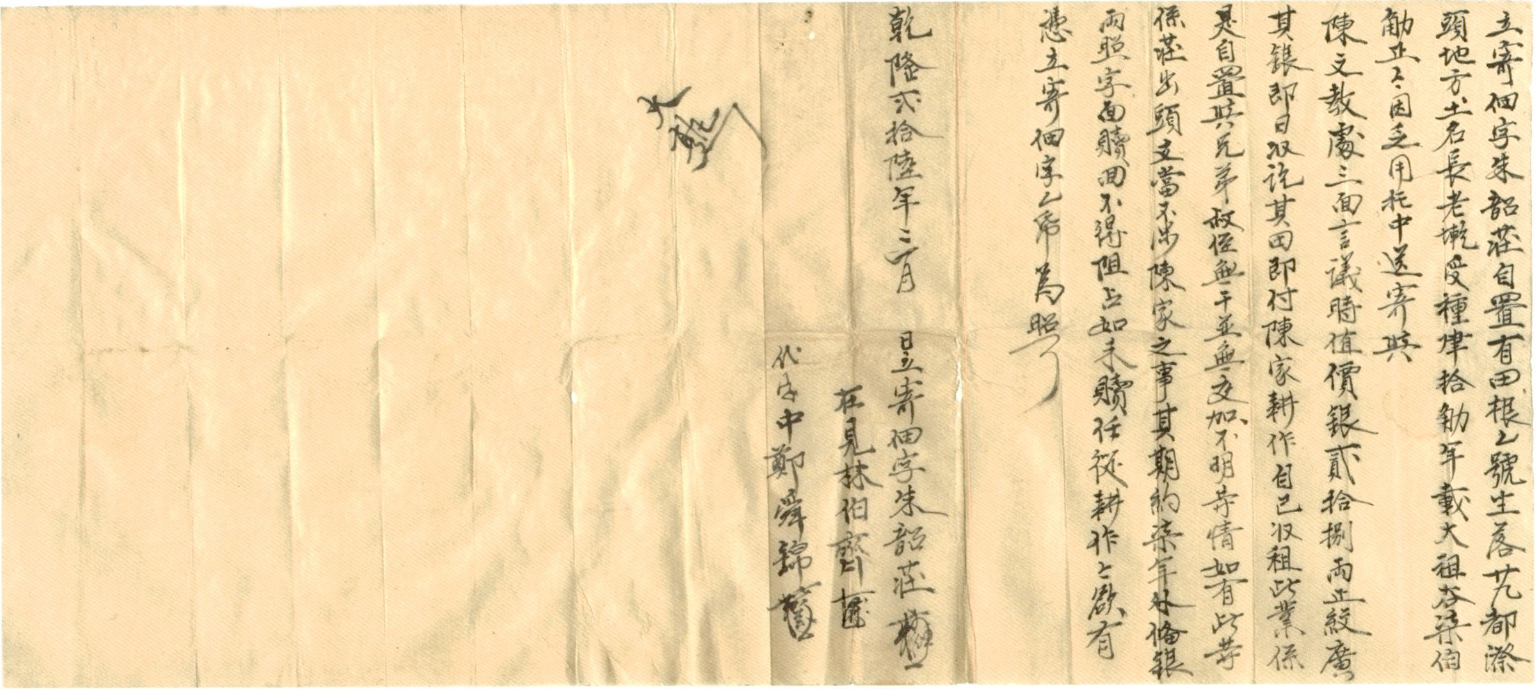
立寄佃字朱韶莊自置有田根乙號坐落廿九都滁
頭地方土名長老坑受種肆拾觔年載大租谷柒佰
觔正今因乏用托中送寄與
陳文教處三面言議時值價銀貳拾捌兩正紋廣
其銀即日収訖其田即付陳家耕作自己収租此業係
是自置與兄弟叔侄無干並無交加不明等情如有此等
係莊出頭支當不涉陳家之事其期約柒年外備銀
兩照字面贖回不得阻占如未贖任從耕作今欲有
憑立寄佃字乙帋為照
乾隆弍拾陸年三月　日立寄佃字朱韶莊
在見林伯齊
代字中鄭舜錦

7-5-4-4　清乾隆二十六年三月朱韶莊立寄佃田根字

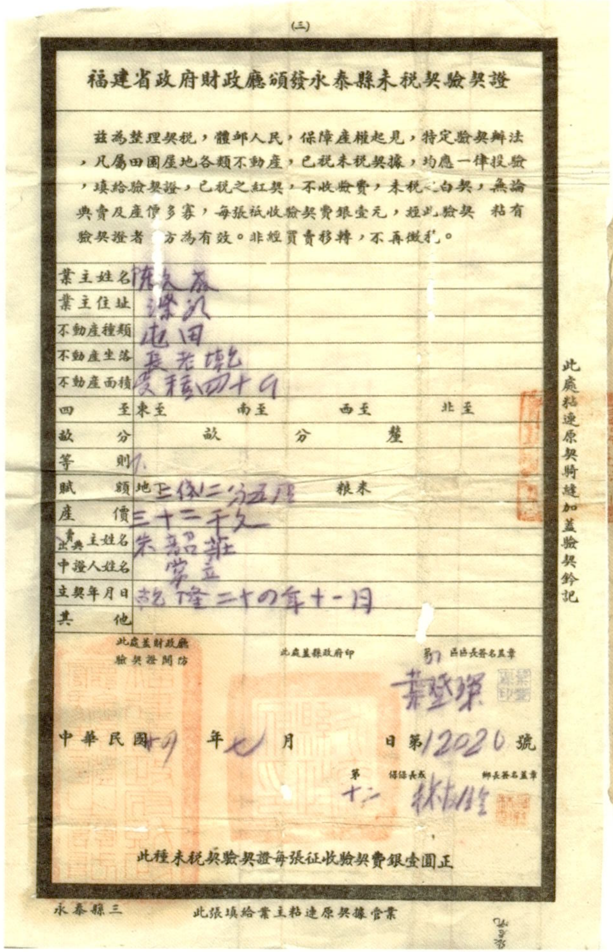
(三)

福建省政府財政廳頒發永泰縣未稅契驗契證

茲為整理契税，體卹人民，保障產權起見，特定驗契辦法，凡屬田園屋地各類不動產，已稅未稅契據，均應一律投驗，填給驗契證，已稅之紅契，不收驗費，未稅之白契，無論典賣及產價多寡，每張祇收驗契費銀壹元，經此驗契　粘有驗契證者　方為有效。非經買責移轉，不再繳税。

業主姓名	陳在啓
業主住址	漈頭
不動產種類	屯田
不動產坐落	長老墘
不動產面積	受種四十斤
四至	東至　南至　西至　北至
畝分	畝　分　釐
等則	
賦額	地　粮米
產價	三十二千文
出典賣主姓名	朱韶莊
中證人姓名	任常立
立契年月日	乾隆二十四年十一月
其他	

此處蓋財政廳驗契證關防　此處蓋縣政府印　區長簽名蓋章 葉聲璪

中華民國廿四年七月　日第12020號

第十二保保長 林相桂　鄉長簽名蓋章

此種未稅契驗契證每張征收驗契費銀壹圓正

永泰縣三　此張填給業主粘連原契據會業

此處粘連原契騎縫加蓋驗契鈐記

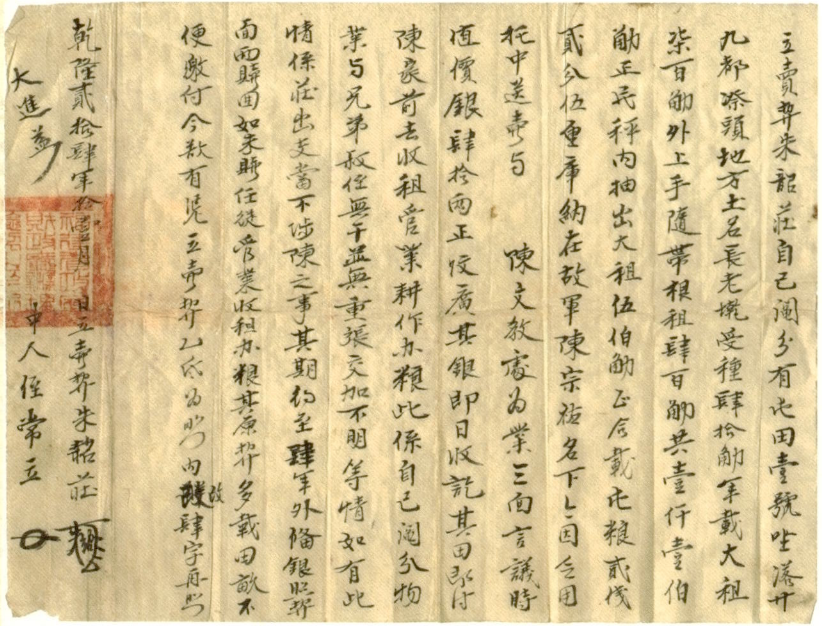
立賣契朱韶莊自己閫分有屯田壹號坐落廿九都漈頭地方土名長老墘受種肆拾觔年載大租柒百觔外上手隨帶根租肆百觔共壹仟壹伯觔正民秤內抽出大租伍伯觔正合載屯粮貳錢貳分伍重庫納在故軍陳宗祐名下乙図今因托中送與　陳文敘處為業三面言議時值價銀肆拾兩正紋廣其銀即日收訖其田聽付陳處前去收租管業耕作辦粮此係自己閫分物業與兄弟叔侄無干並無重張交加不明等情如有此情係莊出支當不涉陳之事其期約至肆年外備銀照契面兩贖回如未贖任從管業收租辦粮其原契多載田畝不便繳付今欲有憑立賣契乙紙為照　內改肆字再照

乾隆貳拾肆年拾壹月　日立賣契朱韶莊

中人任常立

大進筆

7-5-4-3　清乾隆二十四年十一月朱韶莊立賣屯田契（紅契）

7-5-4-2　包契紙

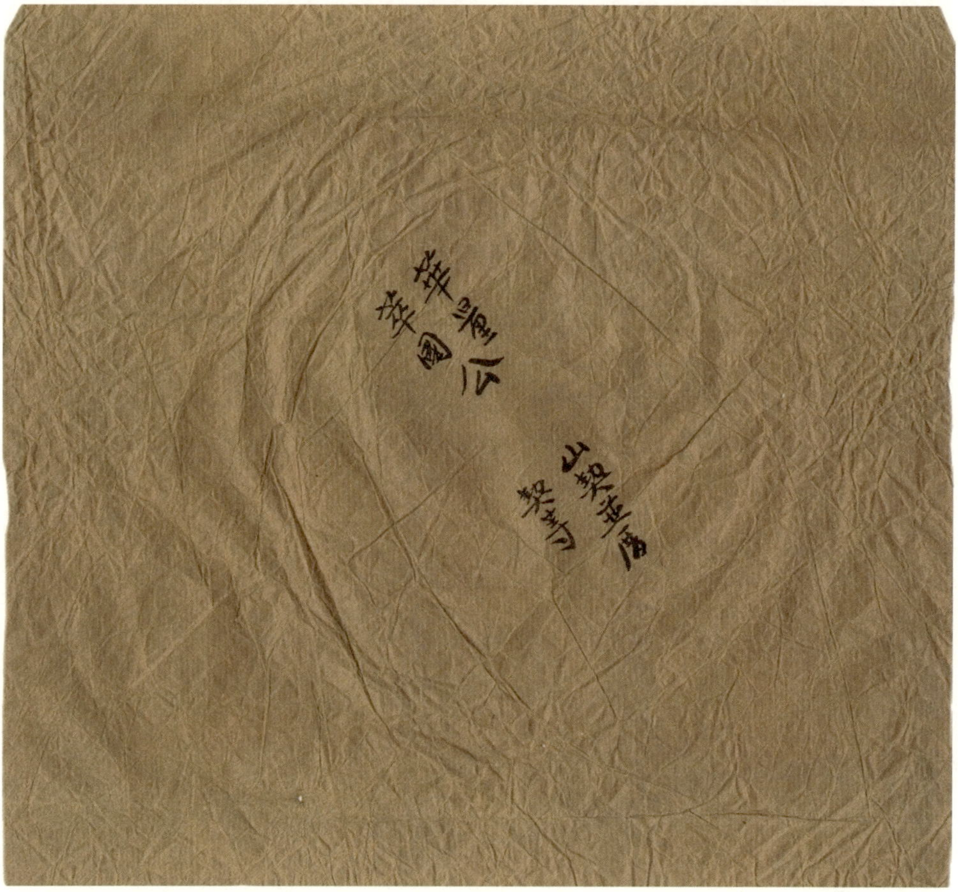

7-5-4-1　包契紙

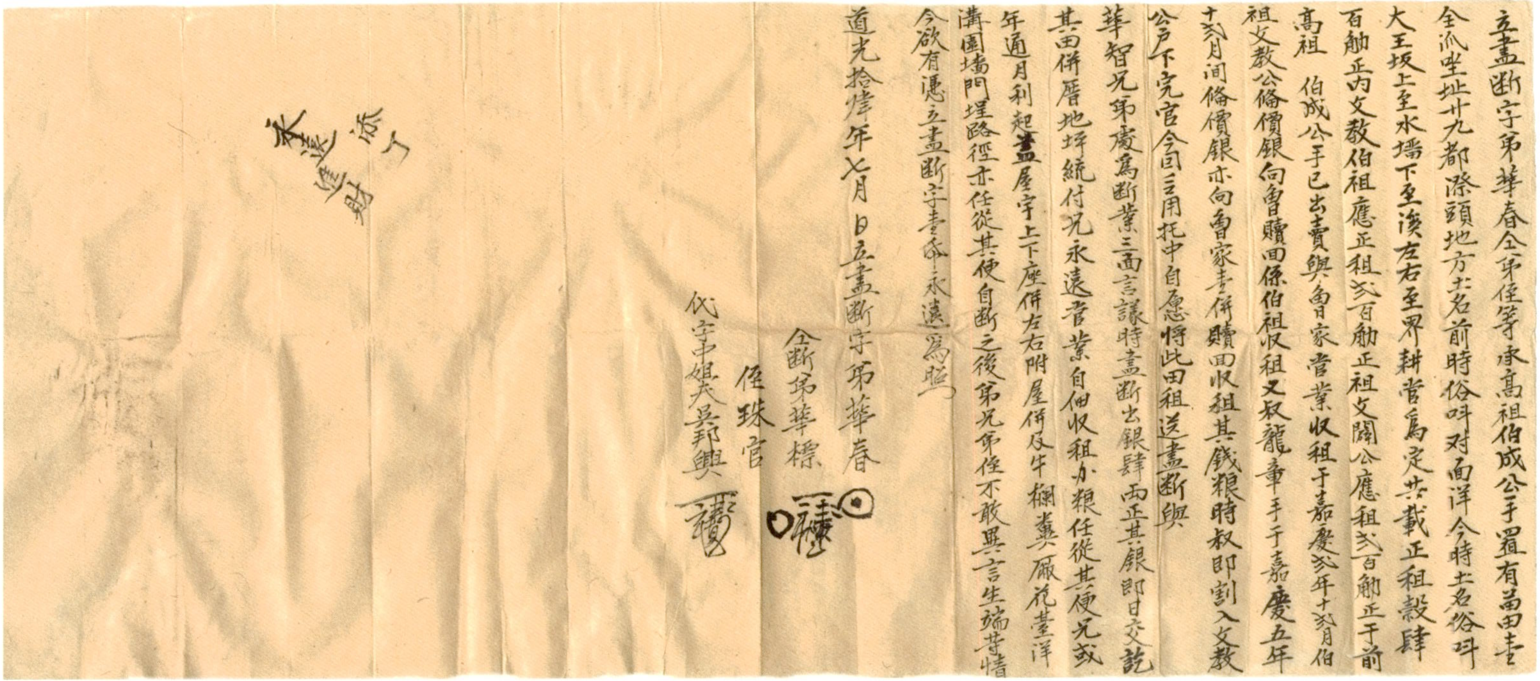

立盡斷字弟華春仝弟侄等承高祖伯成公手置有苗田壹
全泒坐址廿九都漈頭地方土名前時俗呌对面洋今時土名俗呌
大王坂上至水墘下至溪左右至畀耕晉爲定共載正租穀肆
百觔正內文教伯祖應正租叁百觔正祖文闕公應租弍百觔正于前
高祖 伯成公手已出賣與魯家晉業收租于嘉慶叁年十弍月伯
祖文教公備價銀向魯贖田係伯祖收租又叔龍章手于嘉慶五年
十弍月间備價銀亦向魯家手併贖田收租其錢粮時叔即割入文教
公戶下完官今因乏用托中自愿將此田租送盡斷與
華智兄弟處爲斷業三面言議時盡斷出銀肆兩正其銀即日交訖
其田併厝地坪統付兄永遠管業自佃收租办粮任從其便兄或
年通月利起盡厝宇上下座併左右附屋併及牛欄糞廁花臺洋
溝園墻門埕路徑亦任從其便自斷之後弟兄弟侄不敢異言生端苛情
今欲有憑立盡斷字壹紙永遠爲照

道光拾肆年七月 日立盡斷字弟華春
仝斷弟華標
侄珠官
代字中姐夫吳邦興

添丁

7-5-3-12 清道光十四年七月陳華春等立盡斷苗田字

立歸賣契兄尊章仝弟儒章仝姪華响前父手与伯
在本鄉地方土名大王坂同蓋有屋壹座四欄叁欄
伯應貳分儒父應壹分但此屋地佃田係伯自己鬮分
已業此屋地前父言約踏田換伯尊父未曾踏田
抵換因旧屋年久壞斜尊兄弟侄等不能修整自情愿此
屋壹分托中歸賣與
弟龍章兄弟日月星三房處為公屋三面言議
時收價銀壹拾伍兩正其銀即日交訖其屋即付
弟龍章前去掌管或折毀再蓋或修整任從
其便自歸賣之後付弟日月星修整自蓋住居
尊兄弟侄等不得言說增找取贖及花紅酒醴有
地界亦不敢生端枝節等情之理今欲憑立
歸賣斷契壹帋永遠付執為照　内註有一字
再照

嘉慶貳拾貳年拾貳月　日立歸賣契兄尊章
仝長侄華响
在見中鄭信智
代字弟儒章

大興旺

7-5-3-11　清嘉慶二十二年十二月陳尊章等立歸賣屋契

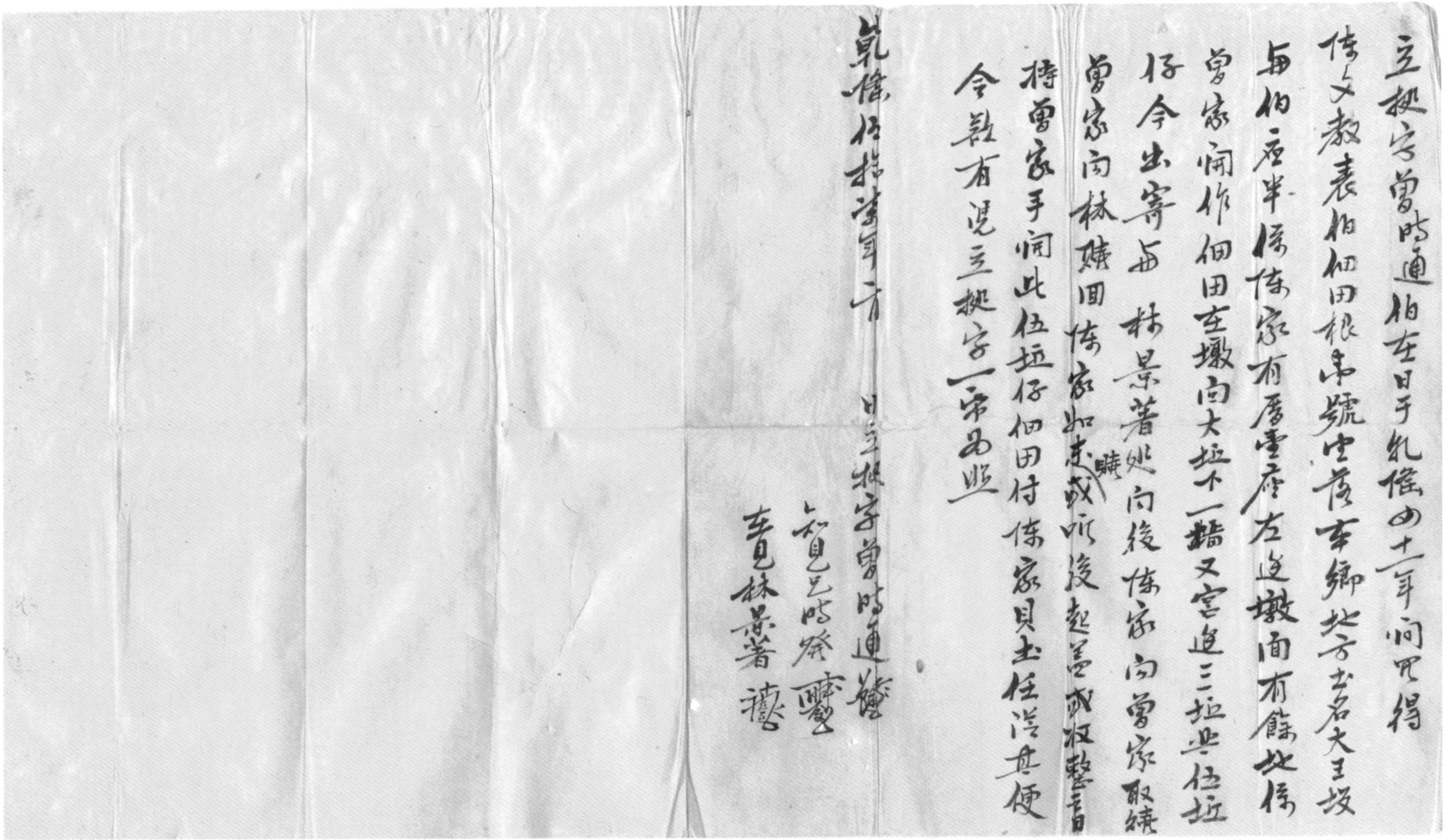
立據字曾時通伯在日于乾隆四十一年間買得
侯〻文教表伯佃田根壹號坐落本鄉北方土名大王坡
與伯二座半係侯家有厝壹座左邊墩面有餘地係
曾家開作佃田在墩向大坵下一㙇又宮邊三坵共伍坵
仔今出寄與林景著處向後侯家向曾家取贖
曾家向林贖回侯家如未贖或所後起蓋或收整言
聽曾家手開此伍坵仔佃田付侯家貝土任從其便
今欲有憑立據字一紙為照
乾隆伍拾柒年二月　日立據字曾時通（押）
在見兄時發（押）
寄見林景著（押）

7-5-3-10　清乾隆五十七年二月曾時通立據字

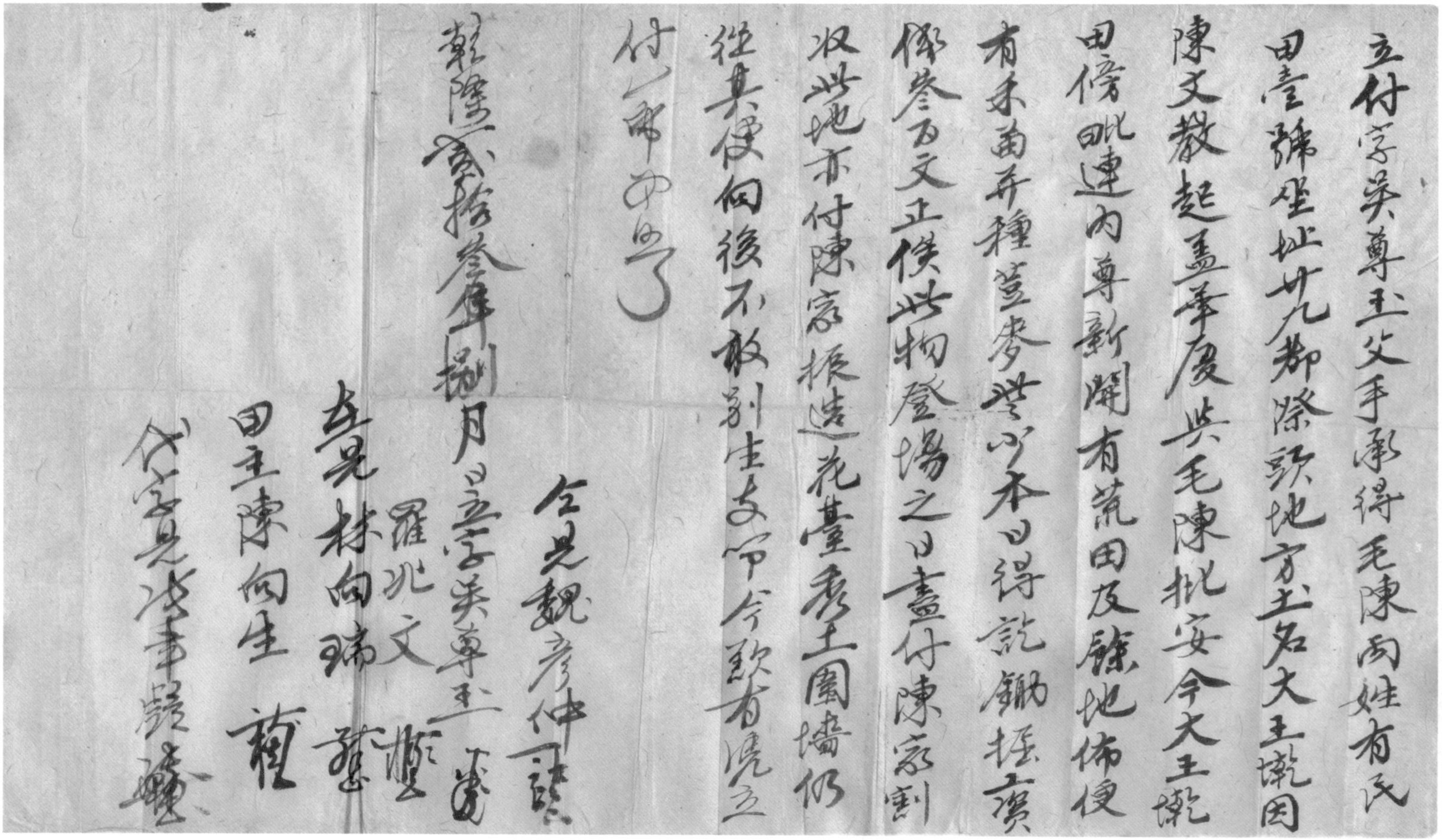
立付字吳尊玉父手承得毛陳兩姓有民
田壹號坐址廿九都漈頭地方土名大王墩田
陳文教起蓋華屋共毛陳批安令大王墩
田傍毗連內尊新開有荒田及餘地佈使
有禾苗并種荳麥等本日得訖鋤插資
係叁百文正併此物登場之日盡付陳家副
收此地亦付陳家振造花臺并土園墻仍
從其便向後不敢別生支節今欲有憑立
付字一紙為照
乾隆貳拾叁年捌月　日立付字吳尊玉（押）
仝見親彥仲（押）
羅兆文（押）
在見林向瑞（押）
田主陳向生（押）
代字見孫吳承斐（押）

7-5-3-9　清乾隆二十三年八月吳尊玉立付民田字

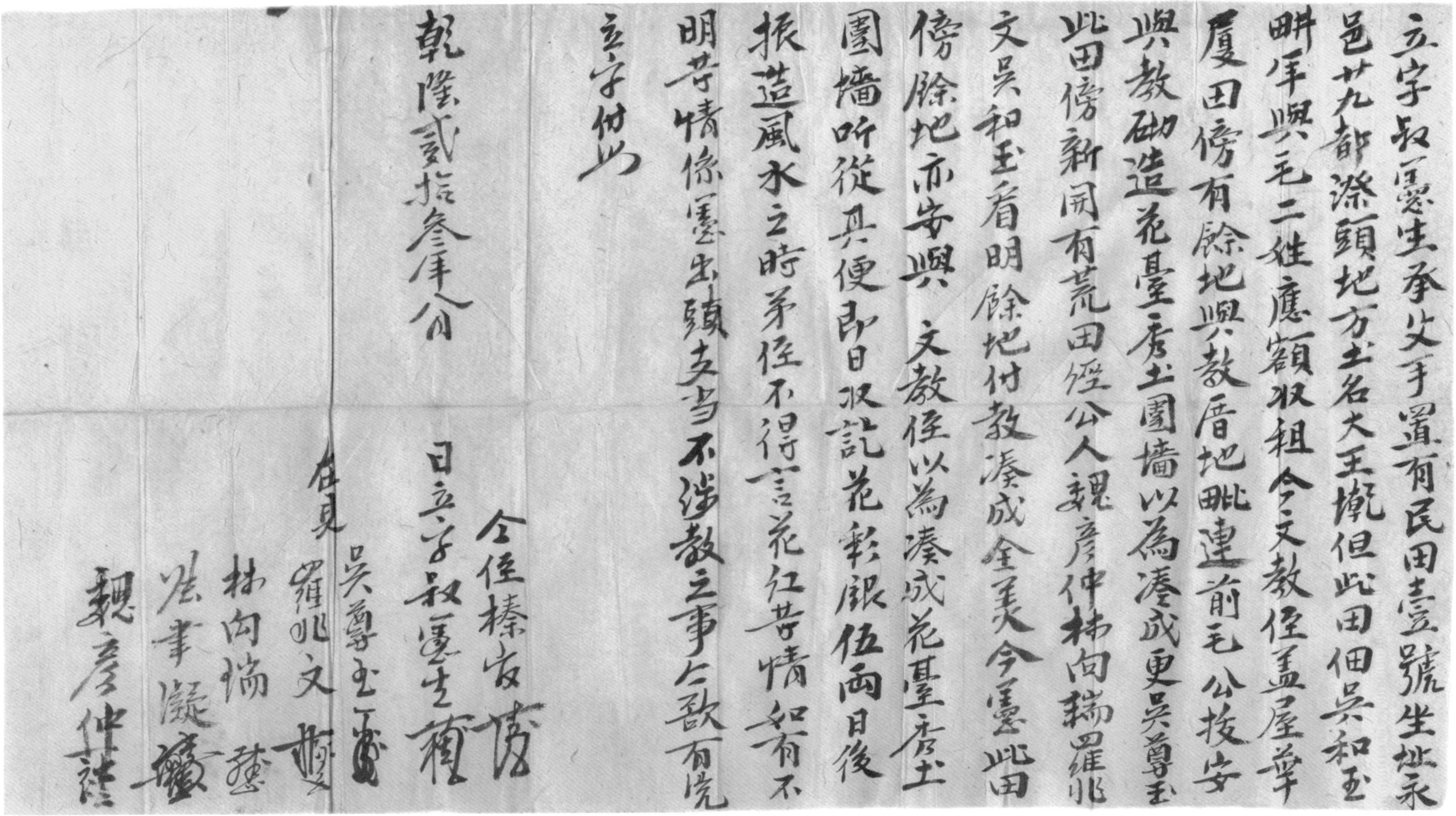
立字叔憲生承父手置有民田壹號坐址永
邑廿九都漈頭地方土名大王墘但此田佃吳和玉
明年興毛二姓應額收租今文教侄蓋屋華
厦田傍有餘地與教厝地毗連前毛公拔安
興教砌造花臺磨圍墻以爲湊成更吳尊玉
此田傍新開有荒田經公人親房仲林向瑞羅兆
文吳和玉看明餘地付教湊成全美今憲此田
傍餘地亦安興　文教侄以爲湊成花臺磨土
圍墻听從其便即日收訖花彩銀伍兩日後
振造風水之時弟侄不得言花紅甚情如有不
明甚情係憲出頭支當不涉教之事今欲有憑
立字付照

乾隆貳拾叁年八月　日立字叔憲生（押）
仝侄榛安（押）
吳尊玉（押）
在見　羅兆文（押）
林向瑞（押）
代書凝（押）
親房仲禧

7-5-3-8　清乾隆二十三年八月陳憲生等立安批民田字

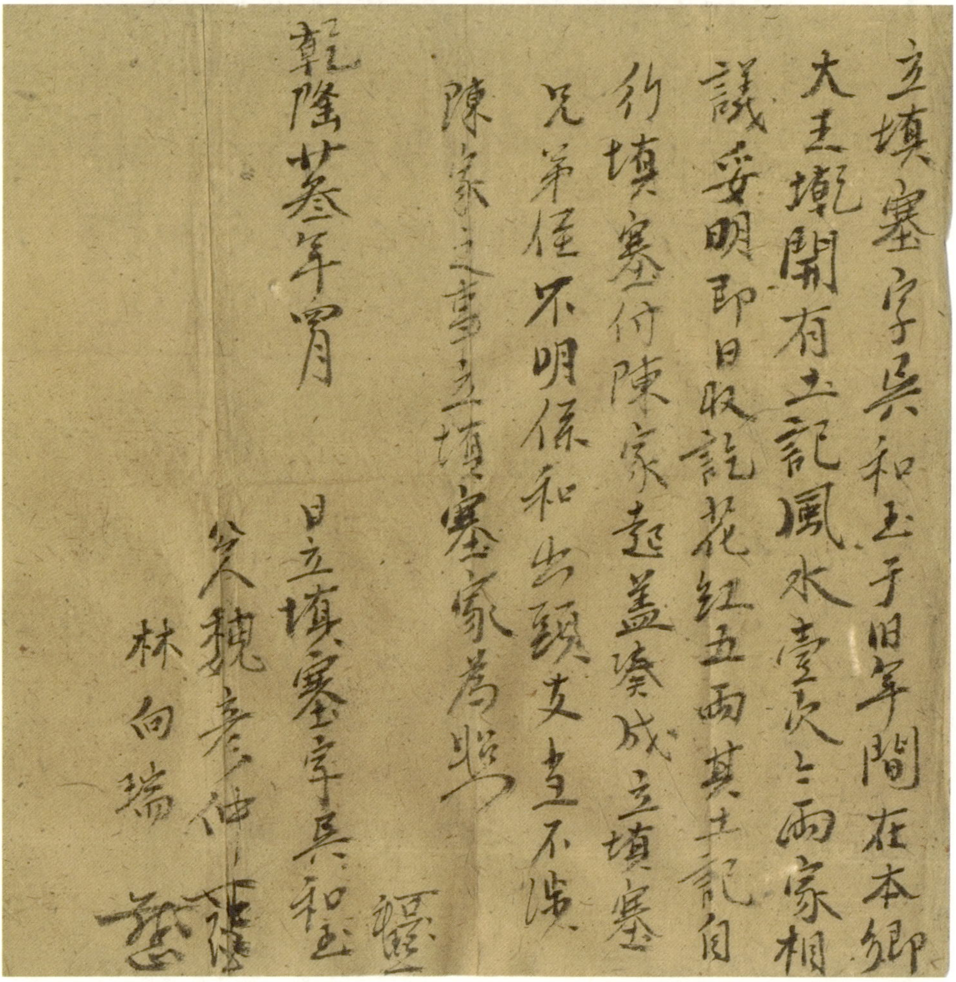

立填塞字吳和玉于旧年間在本鄉
大圭壠開有土記風水壹穴兩家相
議妥明即日收訖花紅五両其土記自
行填塞付陳家起蓋湊成立填塞
兄弟侄不明係和出頭支當不涉
陳家之事立填塞字為照
乾隆廿叁年四月　日立填塞字吳和玉
公人魏彥仲
林向瑞

7-5-3-7　清乾隆二十三年四月吳和玉立填塞土記風水字

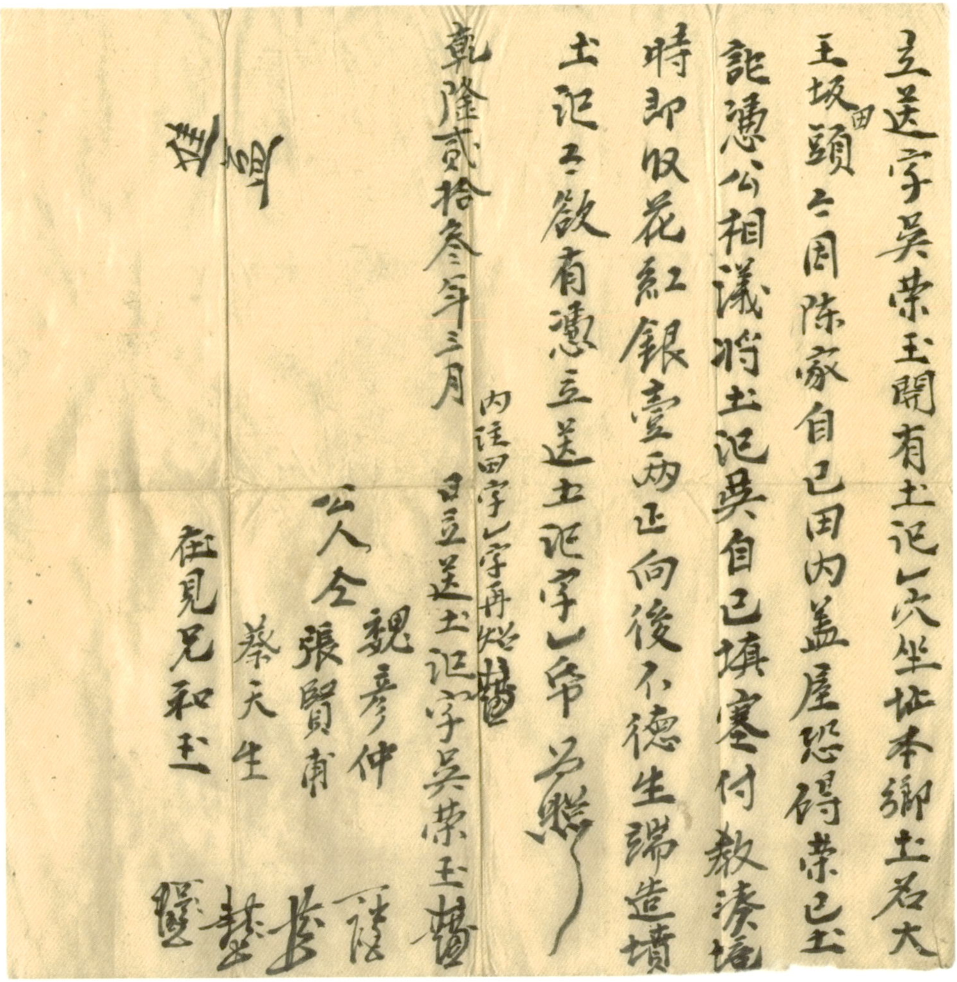

立送字吴荣玉開有土记一穴坐址本鄉土名大王坂田頭二周陈家自己田内盖屋恐碍荣己土記憑公相議將土记與自己填塞付敎湊培時即收花紅銀壹两正向後不德生端造墳土记二欲有憑立送土记字一帋為照

内注田字一字再炤

乾隆貳拾叁年三月　日立送土记字吴荣玉

親彦仲

公人仝　張賢甫

蔡天生

在見兄和玉

7-5-3-6　清乾隆二十三年三月吴荣玉立送土記字

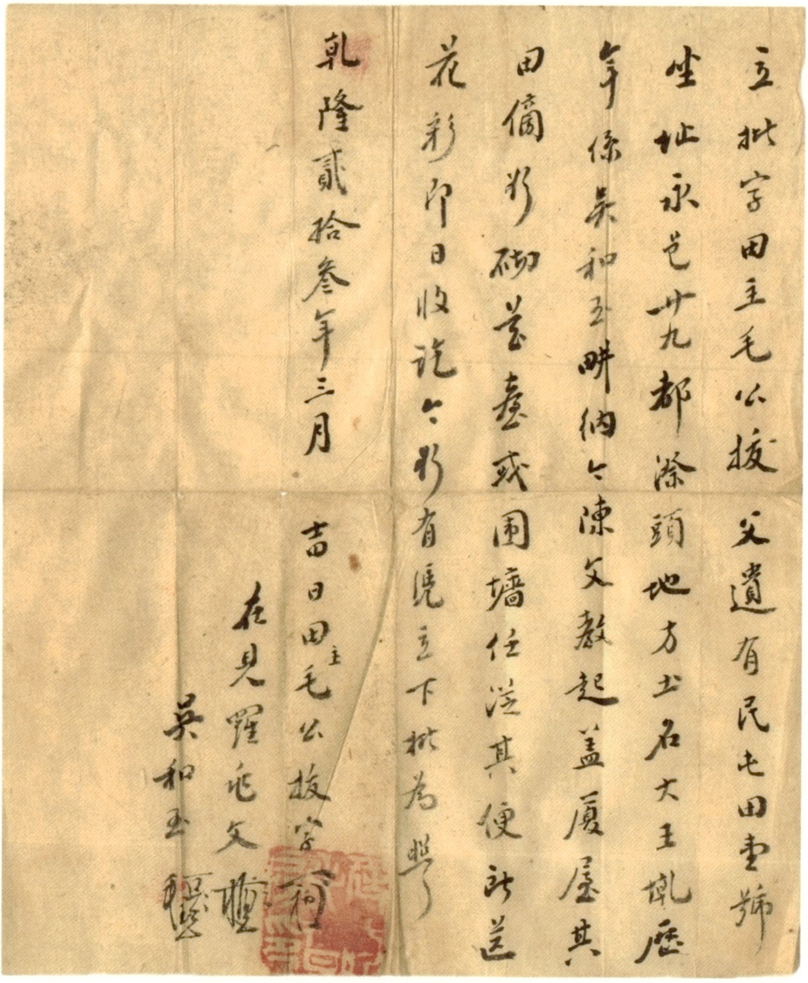
立批字田主毛公拔父遺有民屯田壹號
坐址永邑廿九都漈頭地方土名大王墩歷
年係吳和玉耕納，今陳文教起蓋厦屋，其
田倘彩砌並臺或圍墻任從其便，許送
花彩即日收訖，今彩有憑，立下批為照。
乾隆貳拾叁年三月 吉日田主毛公拔字
在見羅乞文
吳和玉

7-5-3-5 清乾隆二十三年三月毛公拔立批民屯田字

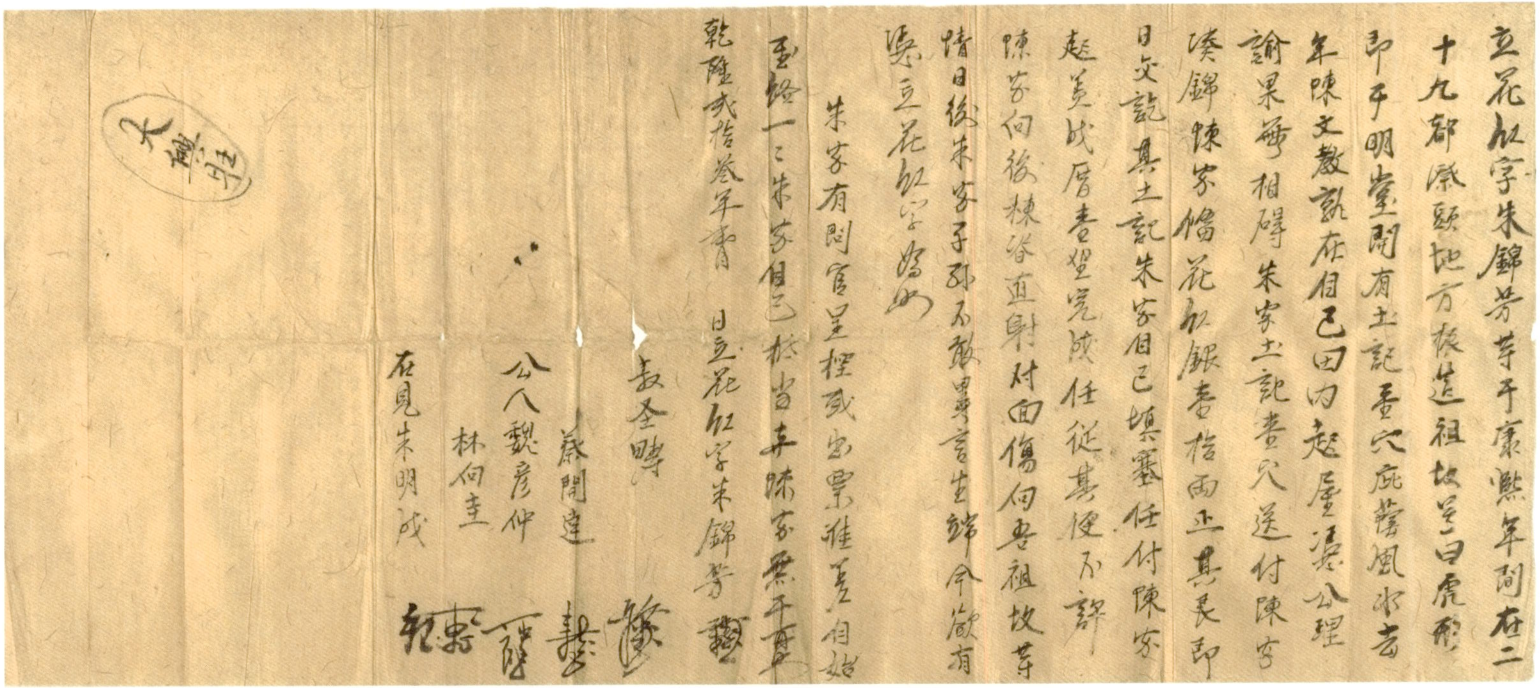
立花紅字朱錦芳，茅平康熙年間在二
十九都深頭地方，葬造祖妣吳氏曰虎形，
即于明堂開有土記叁穴，庇蔭風水。去
年陳文數就在自己田内起屋，憑公理
諭，果礙相碍朱家土記叁穴，送付陳家。
湊錦陳家備花紅銀叁拾兩正，其艮即
日交訖，其土記朱家自己填塞，任付陳家
起造成層叁堂完成，任從其便，不許
陳家向後棟脊直射，付面傷向吾祖故茅
情。日後朱家子孫不敢異言生端。今欲有
憑，立花紅字爲照。
朱家有問官呈控或出衆誰差，自始
至終一一朱家自己抵當，與陳家無干。再照。
乾隆戊拾叁年貳月　日立花紅字朱錦芳（押）
叔全時（押）
蔡開達（押）
公人魏彥仲（押）
林向圭（押）
在見朱明成（押）

7-5-3-4　清乾隆二十三年二月朱錦芳立花紅字

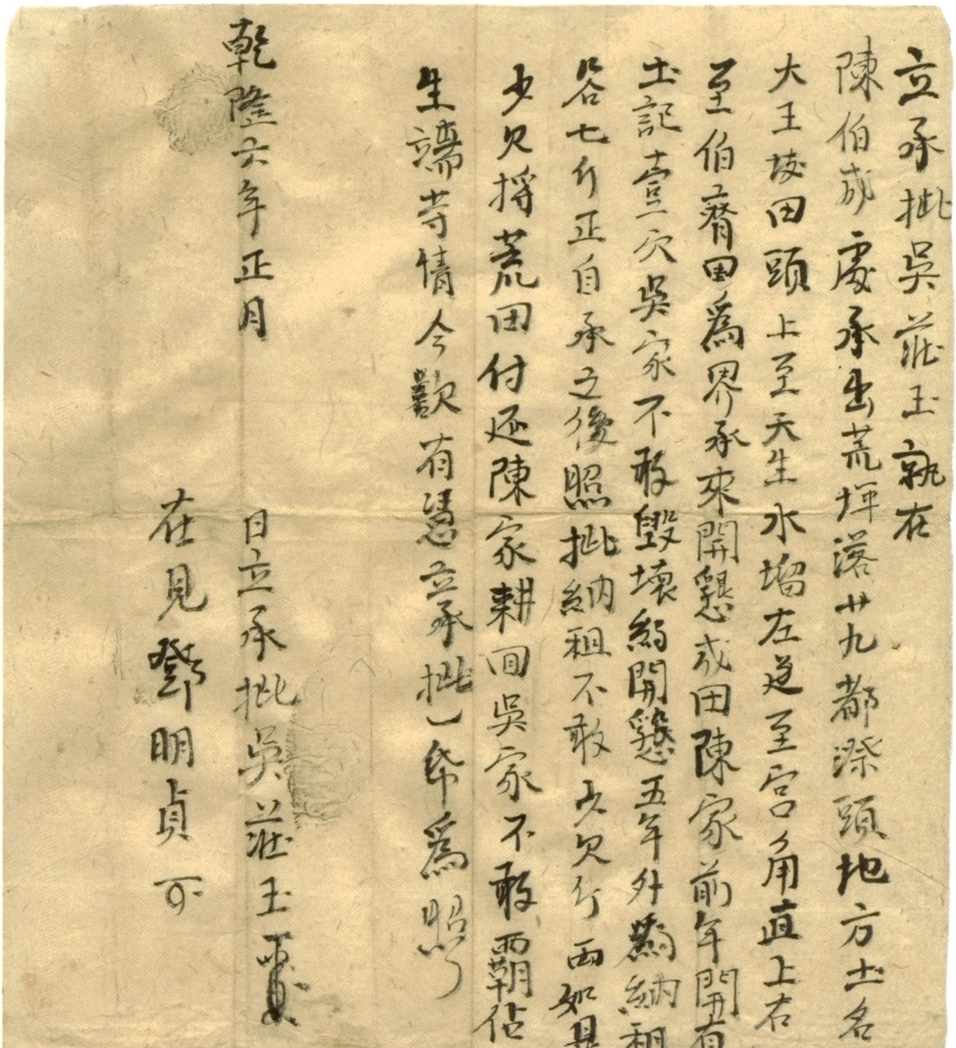
立承批吳莊玉執在
陳伯慶承去荒坪落廿九都漈頭地方土名
大王坡田頭上至天生水墻左邊至宮角直上右
至伯齊田爲界承來開懇成田陳家前年開有
土記壹穴吳家不敢毀壞約開懇五年外爲納租
谷七斤正自承之後照批納租不敢少欠斤兩如是
少欠將荒田付還陳家耕回吳家不敢覇佔
生端寄情今欲有憑立承批一紙爲照
乾隆六年正月　日立承批吳莊玉（押）
在見鄭明貞（押）

7-5-3-3　清乾隆六年正月吳莊玉立承批荒坪字

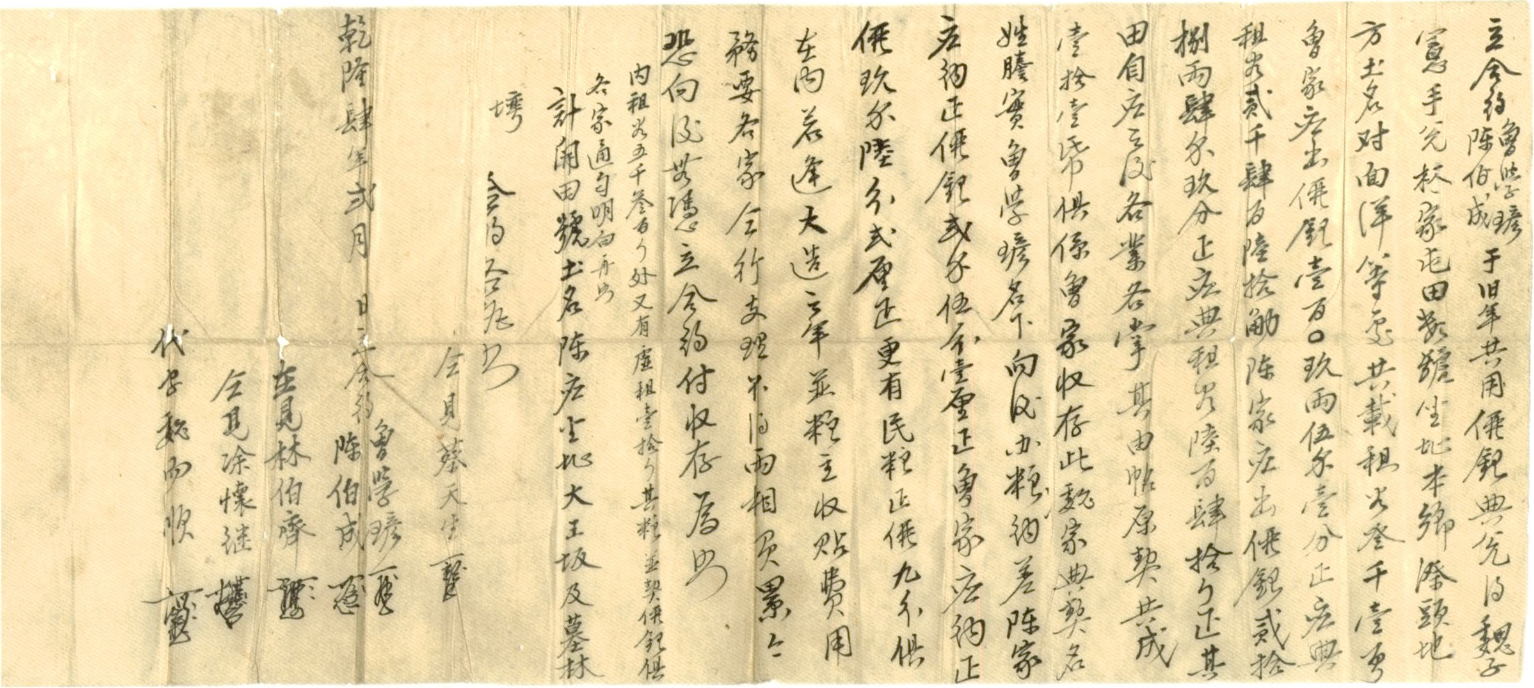

7-5-3-2　清乾隆四年二月曾學珍等立合約

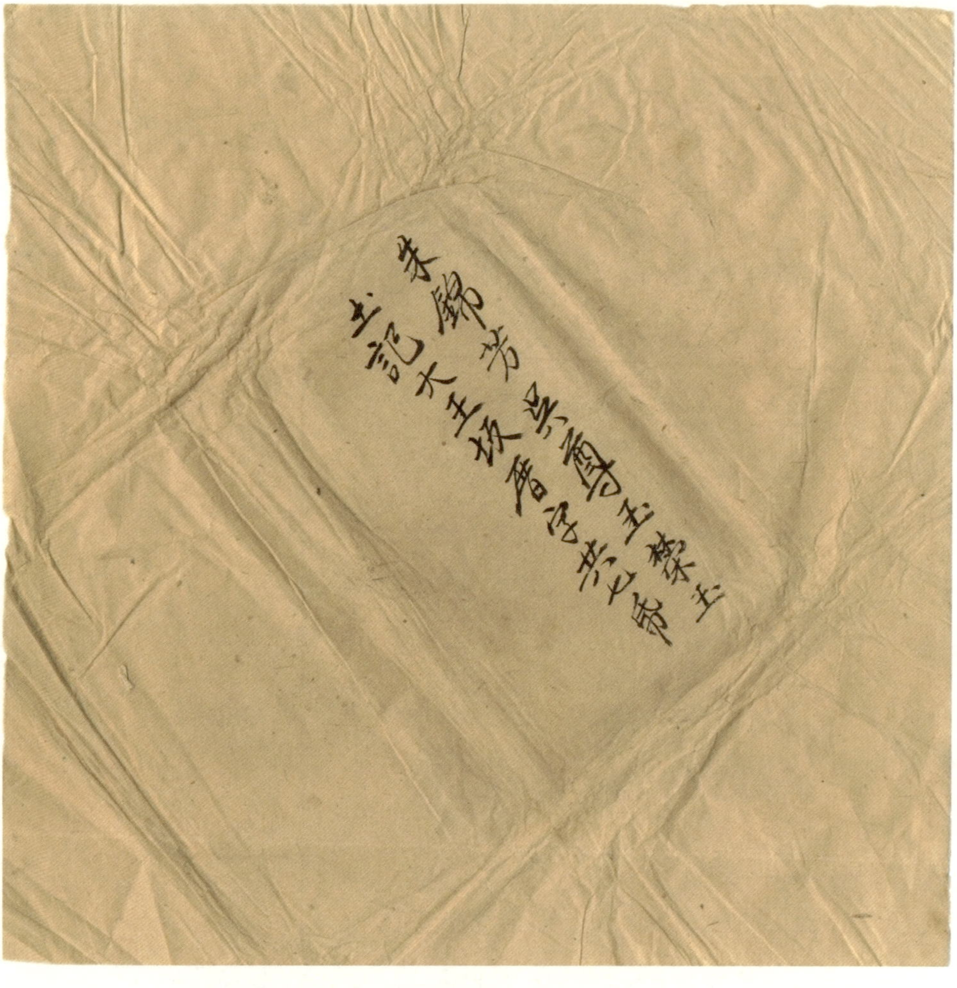

7-5-3-1　包契紙

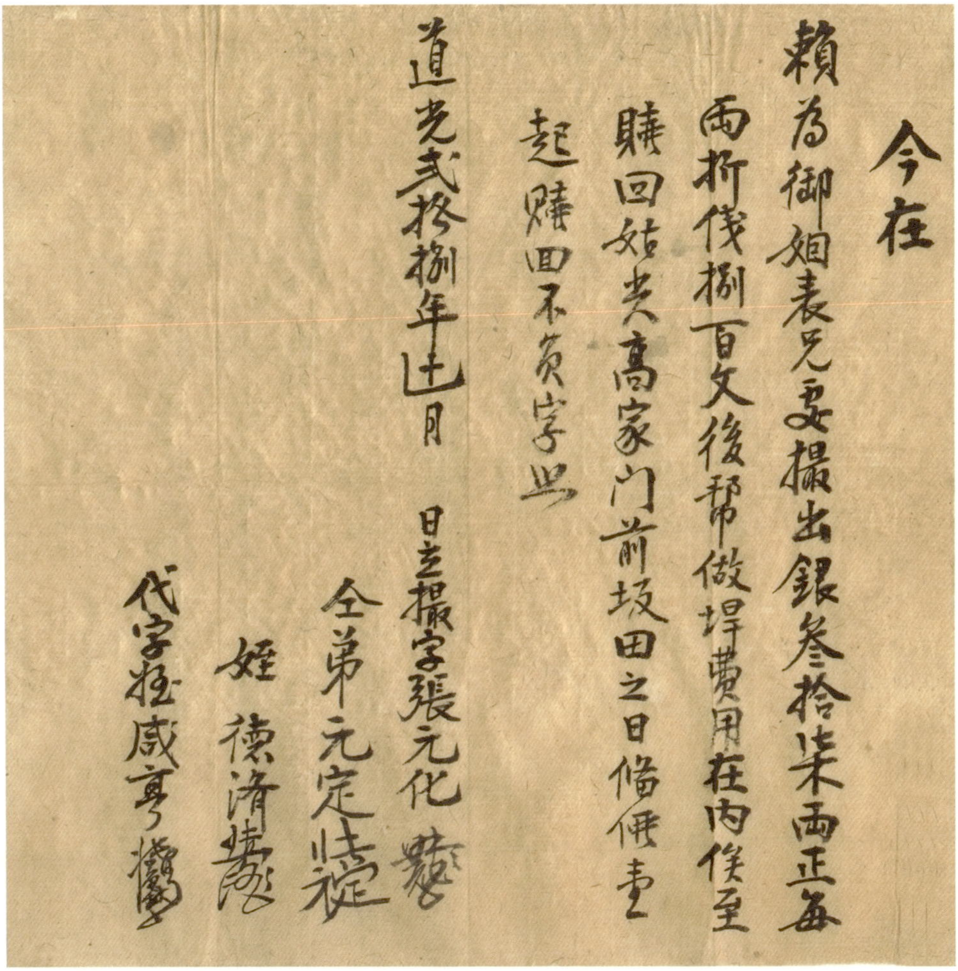

今在

賴為御姻表兄晏撮出銀叁拾柒兩正每

兩折伐捌百文後帮做埕費用在內俟至

贖回姑夫高家门前坡田之日備便壹

起贖田不負字照

道光貳拾捌年十一月　日立撮字張元化

仝弟元定

姪　德濟

代字姪　咸亨

7-5-2-10　清道光二十八年十一月張元化等立撮字

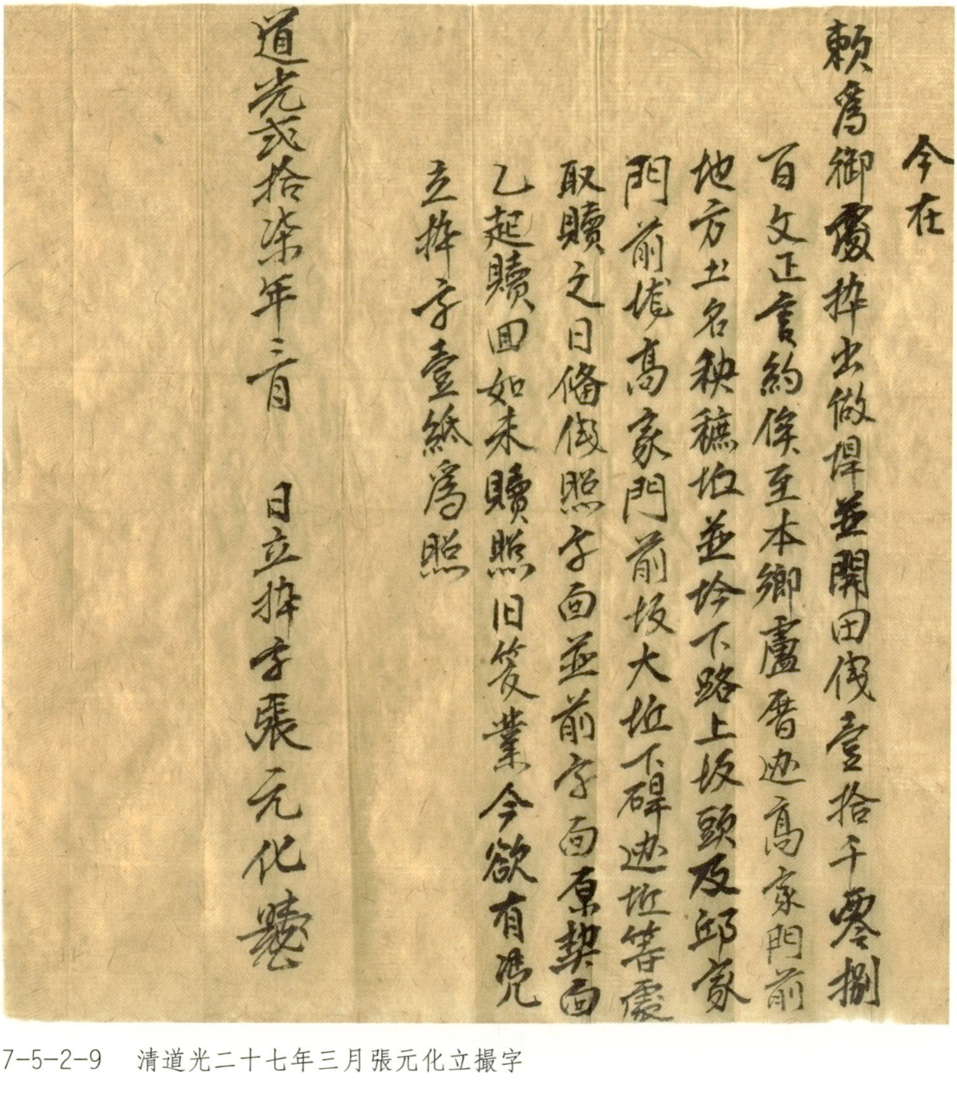
今在
賴爲御處撥出做得並開田價壹拾千零捌
百文正賣約係至本鄉盧厝邊高家門前
地方土名秧穮坵並坽下路上坂頭及邱家
門前後高家門前坂大坵下碑邊坵等處
取贖之日備價照字面並前字面原契面
乙起贖回如未贖照旧管業今欲有憑
立撥字壹紙爲照
道光貳拾柒年三月
日立撥字張元化（押）

7-5-2-9　清道光二十七年三月張元化立撮字

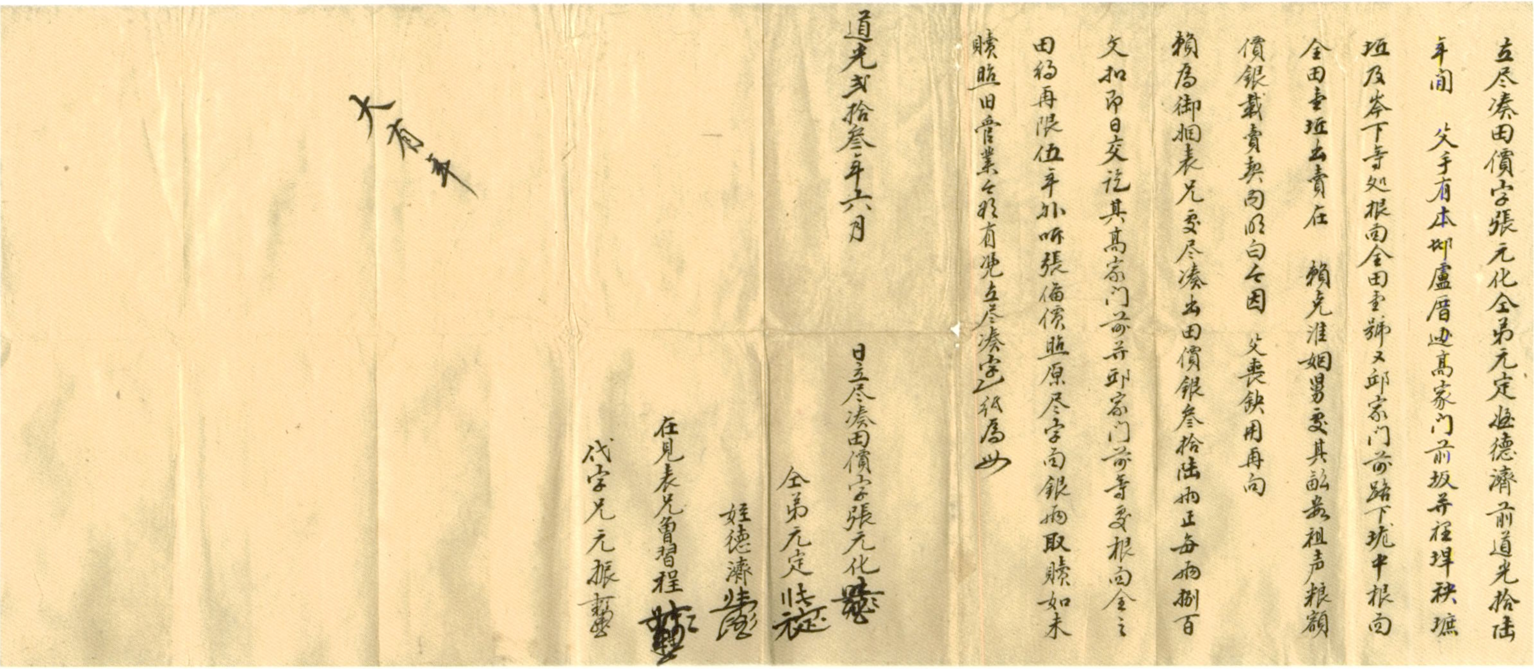

立尽湊田價字張元化仝弟元定姪德濟前道光拾陆
年間 父手有本鄉盧厝边高家門前坂弄程埕秧塭
坵及岑下寺処根面全田壹號又鄉宗門前路下坑中根面
全田壹坵出賣在 賴允淮姻舅叟其畝安祖声粮額
價銀載賣契內明白今因 父喪缺用再向
賴爲御姻表兄叟尽湊出田價銀叁拾陆兩正每兩捌百
文扣即日交訖其高宗门前并鄉宗門前等处根面全之
田俗再限伍年外听張備價照原尽字內銀兩取贖如未
贖照田管業今欲有凭立尽湊字一紙爲照

道光弍拾叁年六月 日立尽湊田價字張元化（押）
仝弟元定（押）
姪德濟（押）
在見表兄曾習程（押）
代字兄元振（押）

大有年

7-5-2-8　清道光二十三年六月張元化等立盡湊田價字

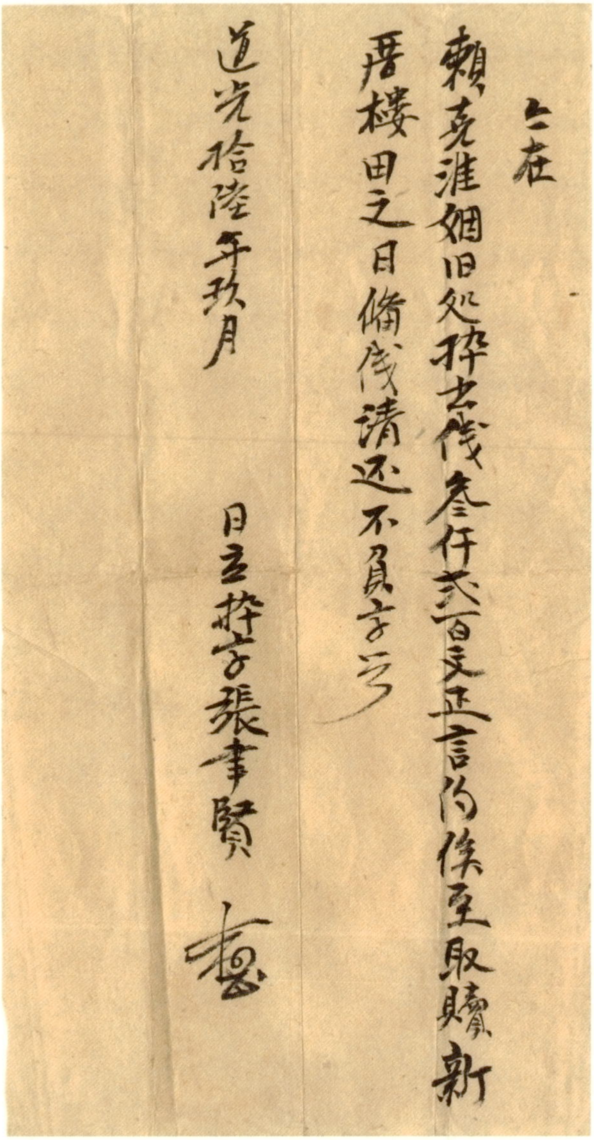

亡在
賴堯淮姻旧処撮出錢叁仟弍百文正言約候至取贖新
厝樓田之日備錢清还不負字云
道光拾陸年玖月　日立撮字張聿賢（押）

7-5-2-7　清道光十六年九月張聿賢立撮字

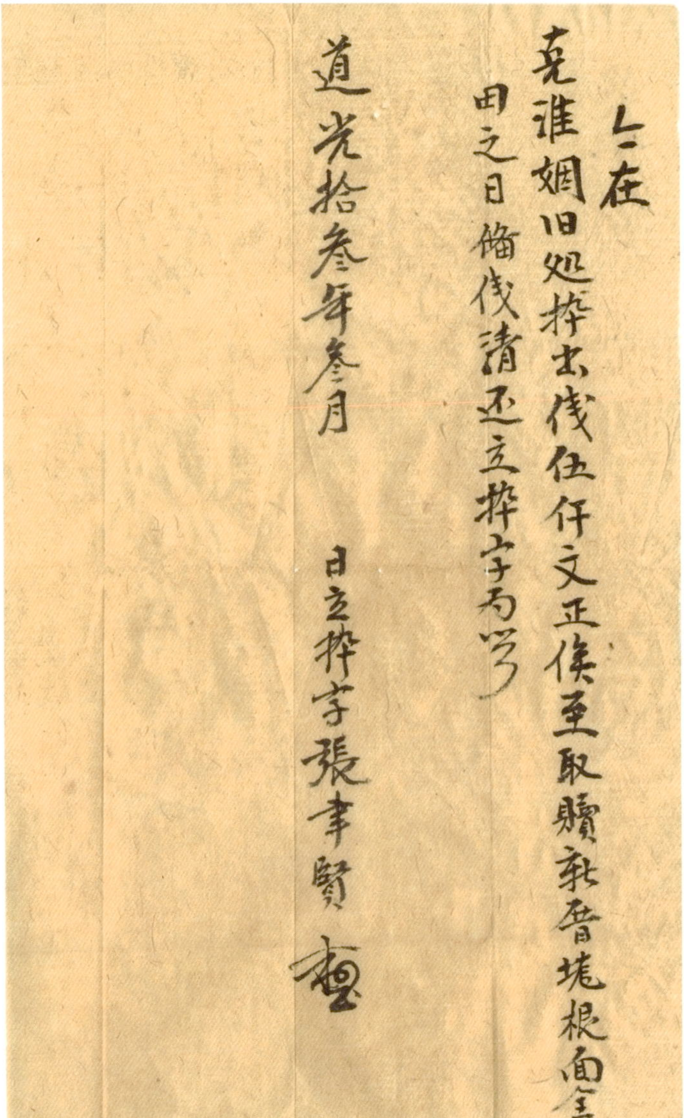
仝在
克淮姻旧処撮出錢伍仟文正係至取贖執厝堪根面全
田之日備錢清还立撮字為照
道光拾叁年叁月　日立撮字張聿賢　押

7-5-2-6　清道光十三年三月張聿賢立撮字

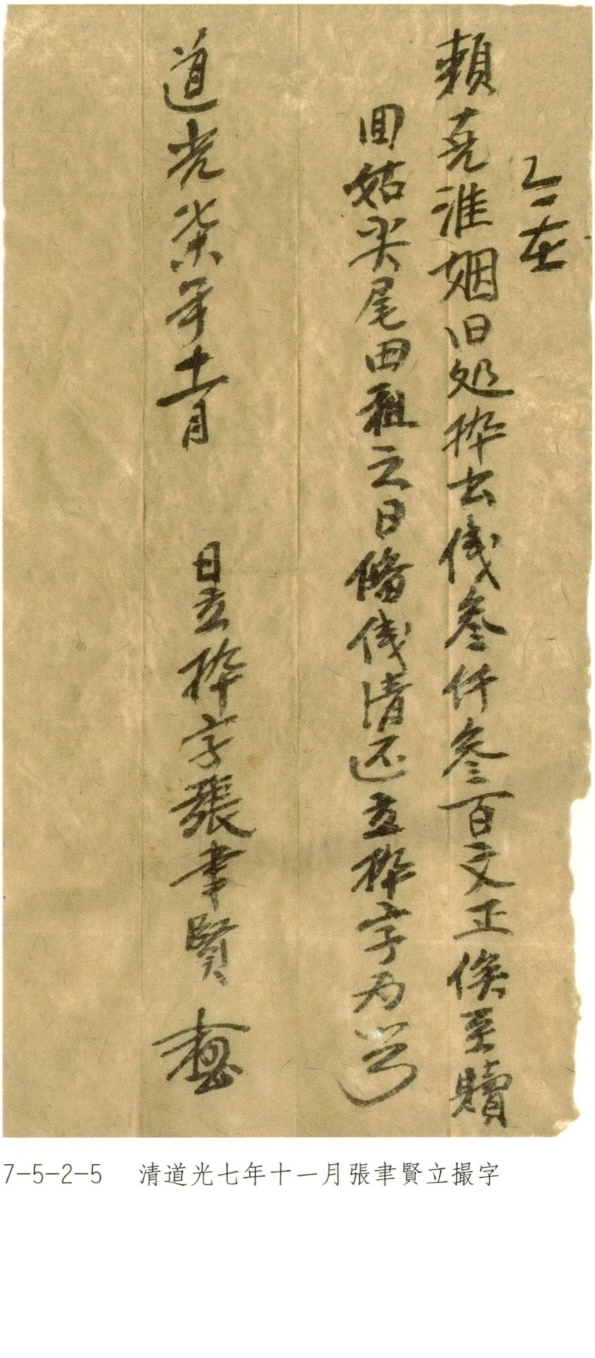
賴堯淮姻舊処撮出錢叁仟叁百文正係是贖
回姑尖尾田租之日備錢清還立撮字為照
道光柒年十一月
日立撮字張聿賢 押

7-5-2-5　清道光七年十一月張聿賢立撮字

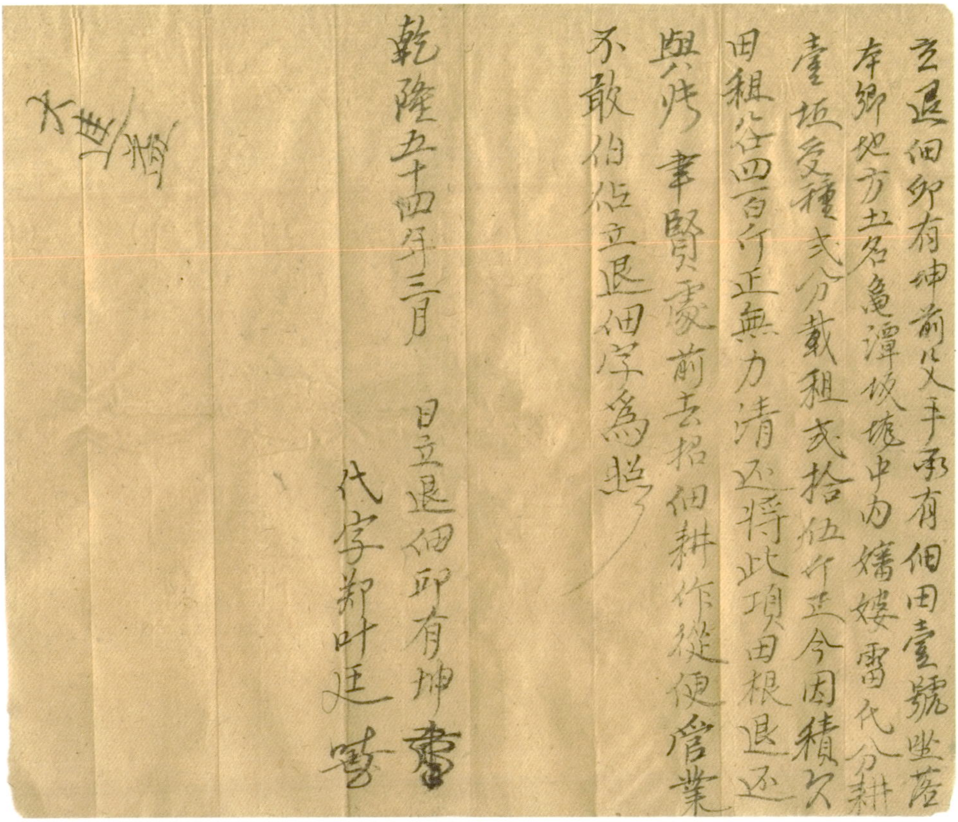
立退佃契邱有坤前父手承有佃田壹號坐落
本鄉地方土名龜潭坂墘中内嬸婆雷代分耕
壹坵受種弍分載租弍拾伍斤正今因積欠
田租谷四百斤正無力清還將此項田根退還
與房 聿賢處前去招佃耕作從便管業
不敢伯佔立退佃字為照
乾隆五十四年三月 日立退佃邱有坤（書）
代字鄭叶廷（書）
大進堂

7-5-2-4 清乾隆五十四年三月邱有坤立退佃田字

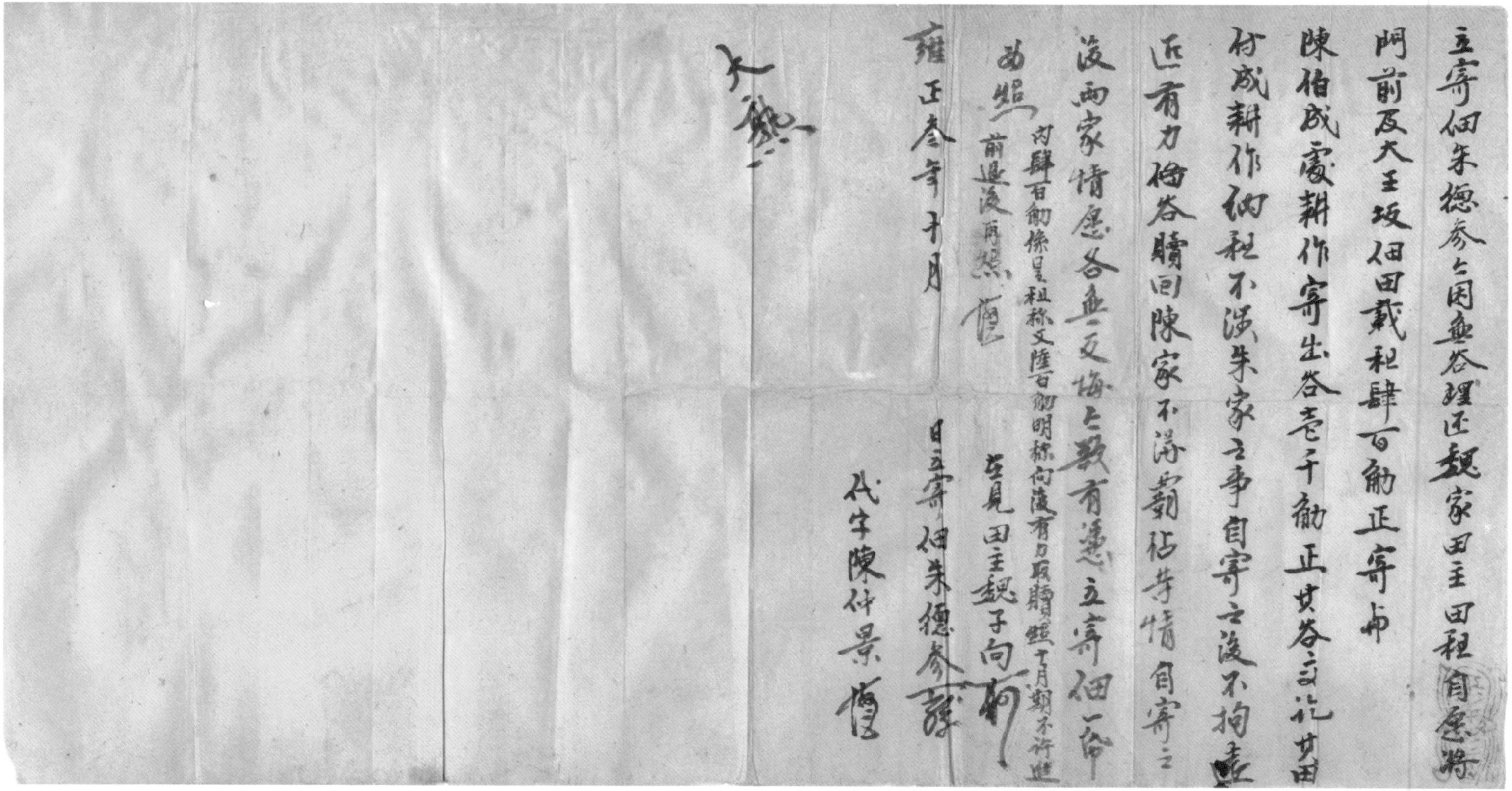

立寄佃朱德參今因無谷理还魏家田主田租，自愿將
門前及大王坂佃田載租肆百觔正寄与
陳伯成處耕作，寄出谷壹千觔正，其谷交訖，其田
付成耕作納租，不涉朱家之事。自寄之後，不拘遠
近有力備谷贖回，陳家不得霸佔等情。自寄之
後兩家情愿，各無反悔。今欲有憑，立寄佃一紙
為照。
內肆百觔係是租秤，又陸百觔明秤，向後有力取贖，照十月期，不許遲
前退後兩照
雍正叁年十月　日立寄佃朱德參
在見田主魏子向
代字陳仲景

7-5-2-3　清雍正三年十月朱德參立寄佃田字

7-5-2-2　包契紙

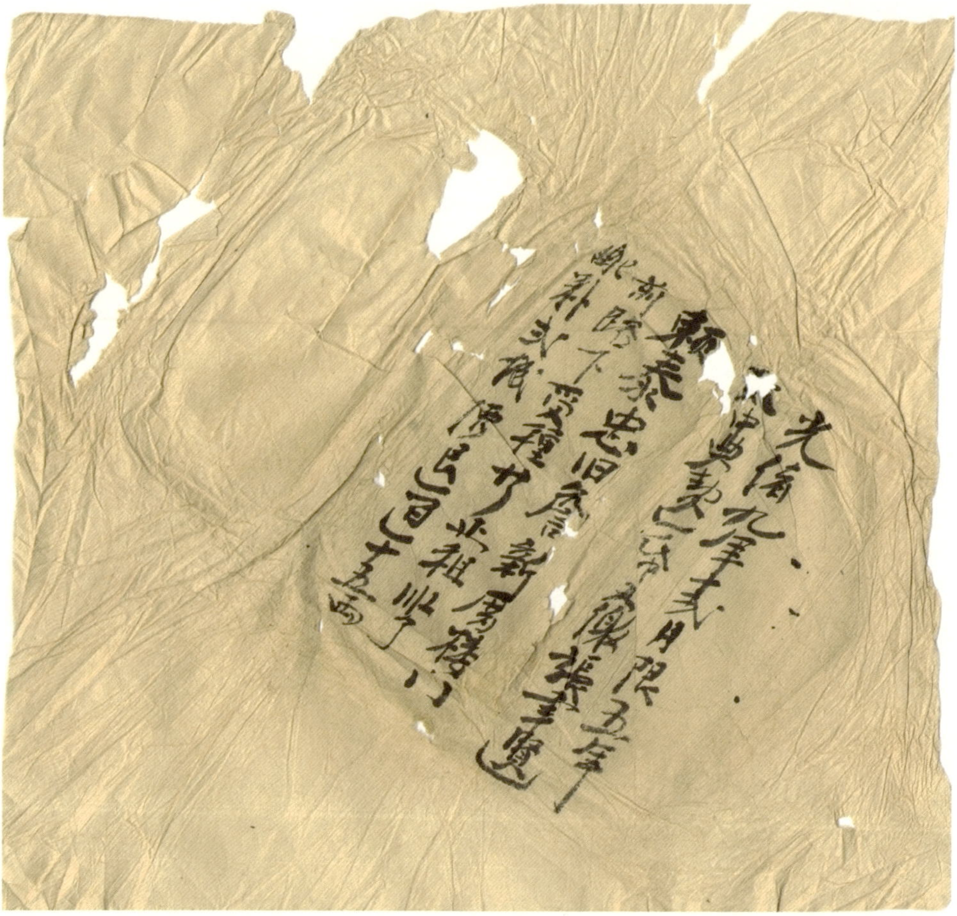

7-5-2-1　包契紙

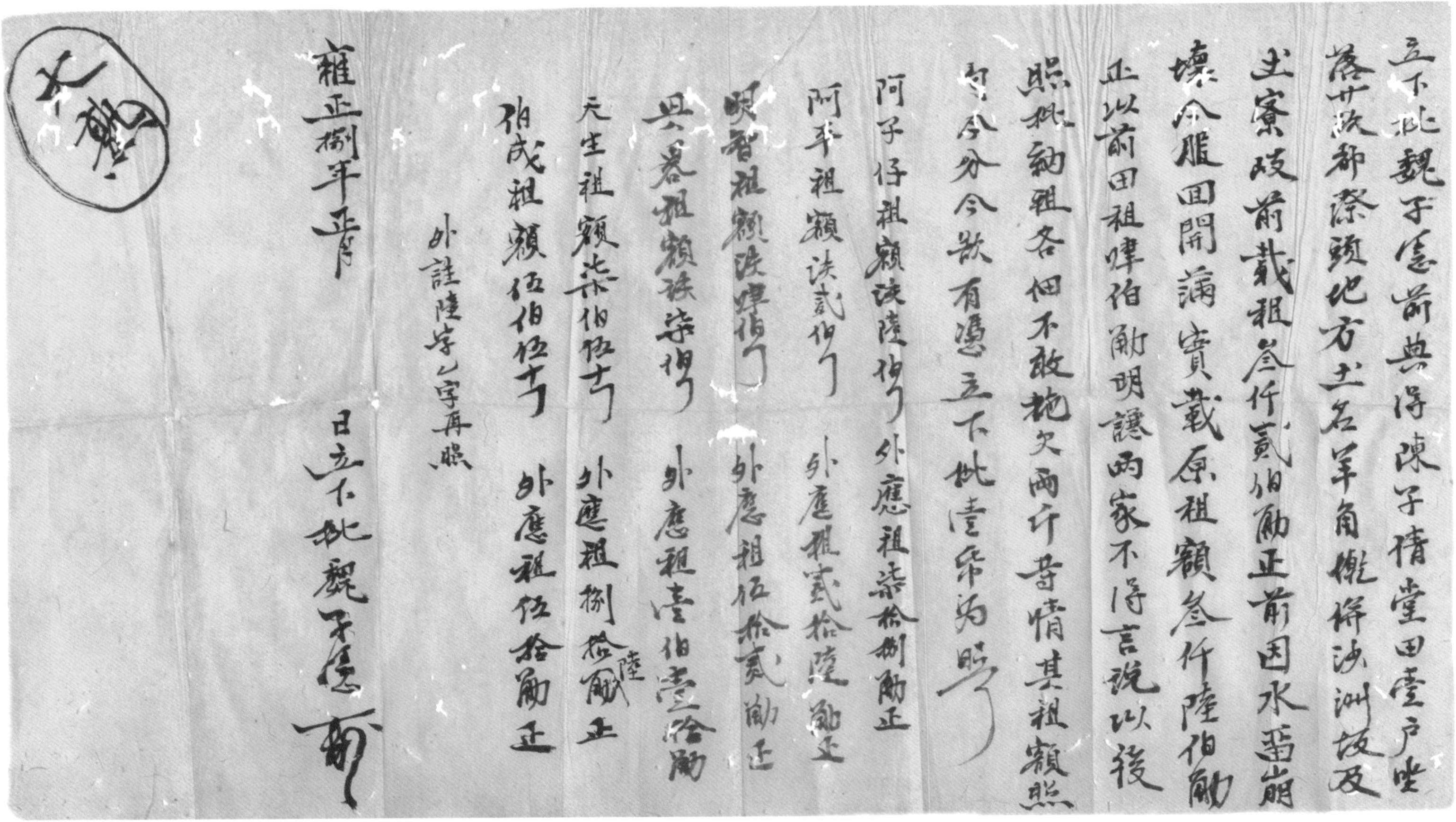
立下批魏子憲前與得陳子情堂田壹戶坐
落廿玖都際頭地方土名羊角概將洲坡及
土寮歧前載租叁仟貳伯觔正前因水蕩崩
壞今雇田開滿實載原租額叁仟陸伯觔
正以前田租肆伯觔明讓兩家不得言說以後
照批納租各佃不敢拖欠兩斤奇情其租額照
甲分分今欲有憑立下批壹帋為照

阿子仔租額玖陸伯觔　外應租柒拾捌觔正
阿平租額玖貳伯觔　外應租貳拾陸觔正
明智租額玖肆伯觔　外應租伍拾貳觔正
丹春租額玖柒伯觔　外應租壹伯壹拾觔
天生租額柒伯伍十觔　外應租捌拾陸觔正
伯成租額伍伯伍十觔　外應租伍拾觔正

外註陸字乙字再照

雍正捌年正月　日立下批魏子憲（押）

7-5-1-4　清雍正八年正月魏子憲立下批田字

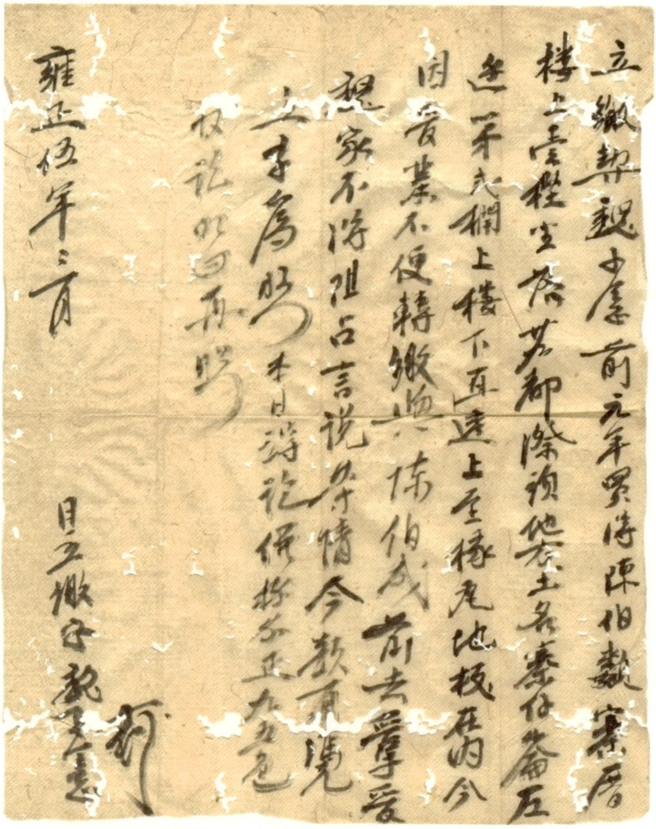

立繳契魏子憲，前元年買得陳伯欽寨厝
樓上壹槛，坐落嵩口鄉漈頭地方，土名寨后，併前左
邊一半，於欄上樓下直透，上至椽瓦，地板在內。今
因管業不便，轉繳與陳伯成前去掌管，
魏家不得阻占言說。此系情愿，今欲有憑，
立繳字為照。本日得訖價銀肆兩正九五色
收訖，批明再照。
雍正伍年三月　日立繳字魏子憲（花押）

7-5-1-3　清雍正五年三月魏子憲立繳寨厝契

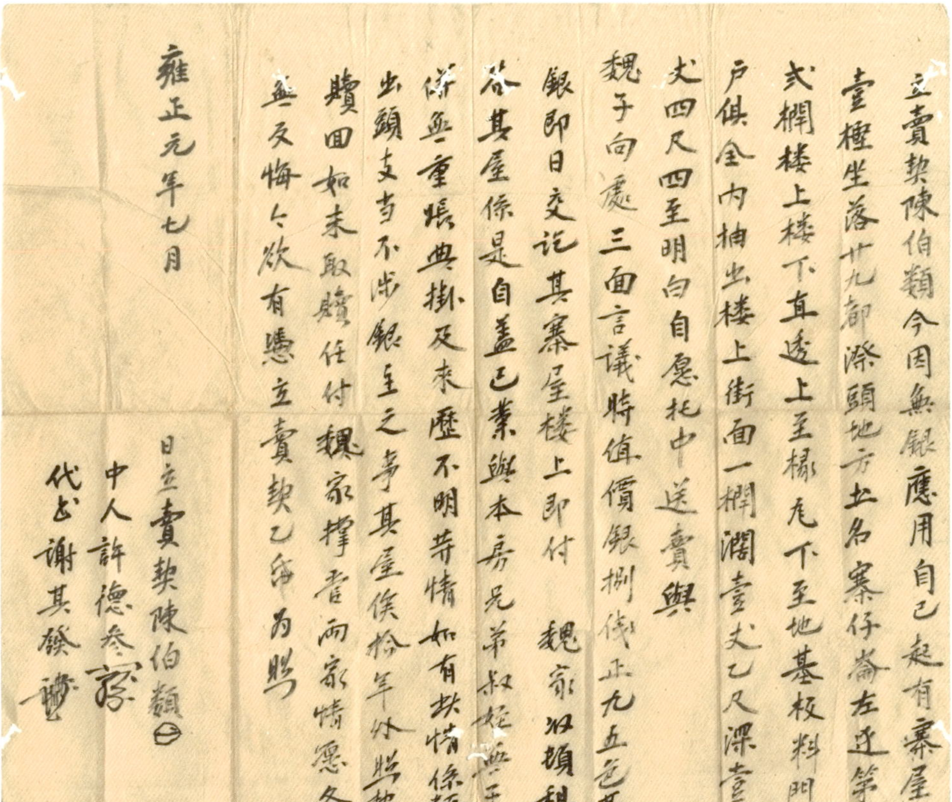
立賣契陳伯類今因無銀應用自己起有寨屋
壹植坐落廿九都滌頭地方土名寨仔崙左边第
弍榈楼上楼下直透上至椽瓦下至地基板料門
户俱全内抽出楼上街面一榈濶壹丈乙尺深壹
丈四尺四至明白自愿托中送賣與
魏子向處三面言議時值價銀捌伐正九五色其
銀即日交訖其寨屋楼上即付　魏家収領租
谷其屋係是自蓋己業與本房兄弟叔姪無干
并無重張典掛及來歷不明等情如有此情係類
出頭支当不涉銀主之事其屋俟拾年外照契
贖回如未取贖任付魏家掌管两家情愿各
無反悔今欲有憑立賣契乙紙為照
雍正元年七月
日立賣契陳伯類（押）
中人許德叅（押）
代書謝其發（押）

7-5-1-2　清雍正元年七月陳伯類立賣寨屋契

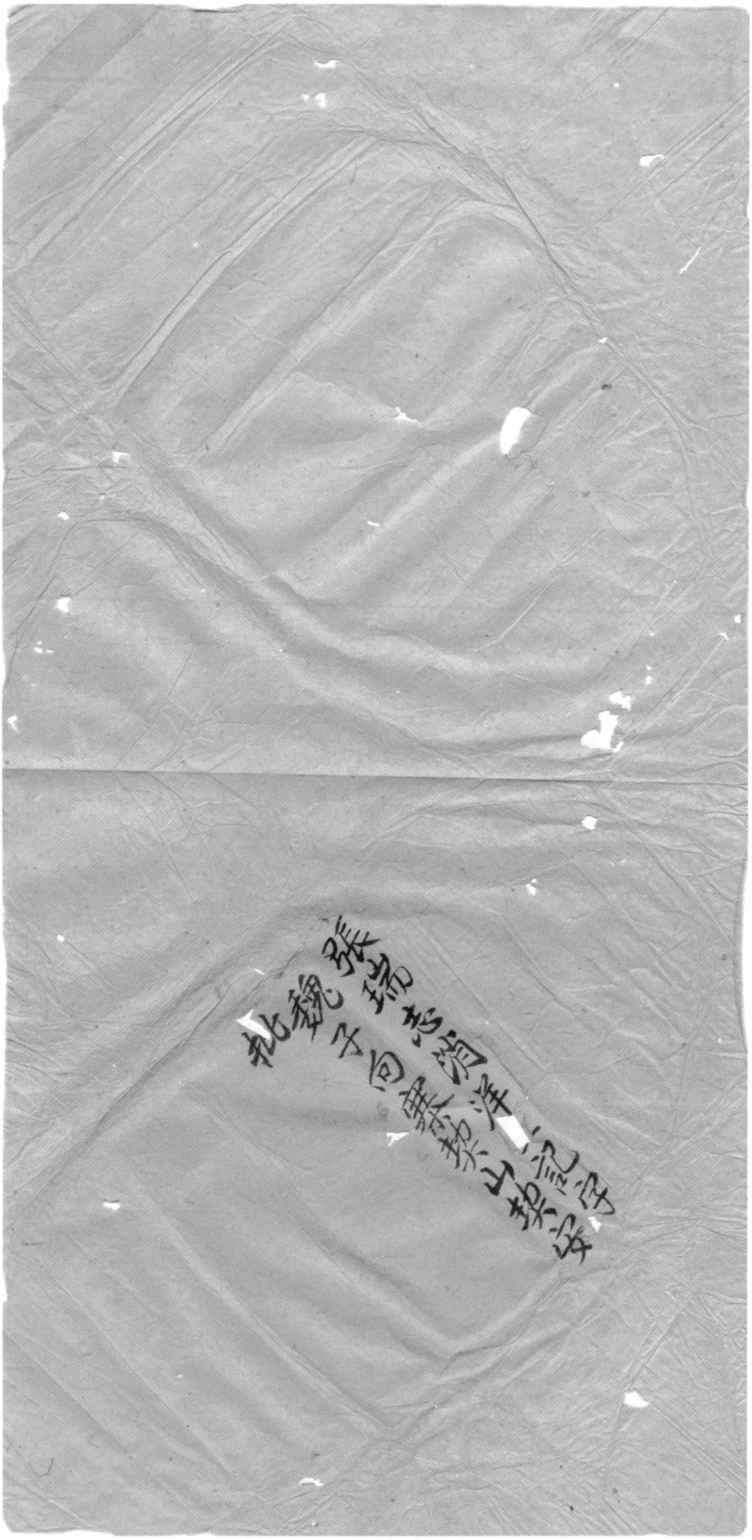

7-5-1-1 包契紙

第五帙　陳在啓户

7-4-46-27　民國三十六年陳昭鎬立母喪人情簿（二七）

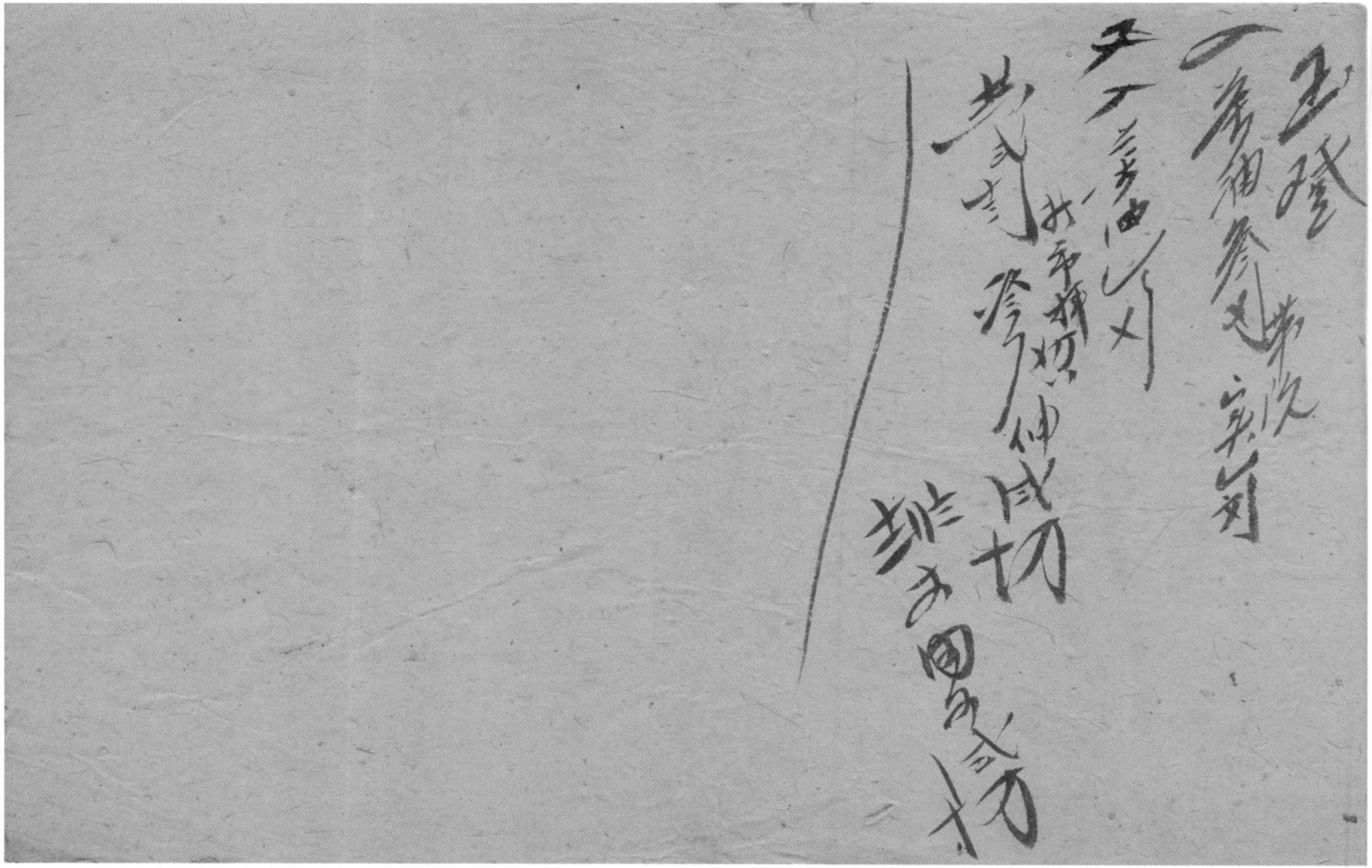

7-4-46-26　民國三十六年陳昭鎬立母喪人情簿（二六）

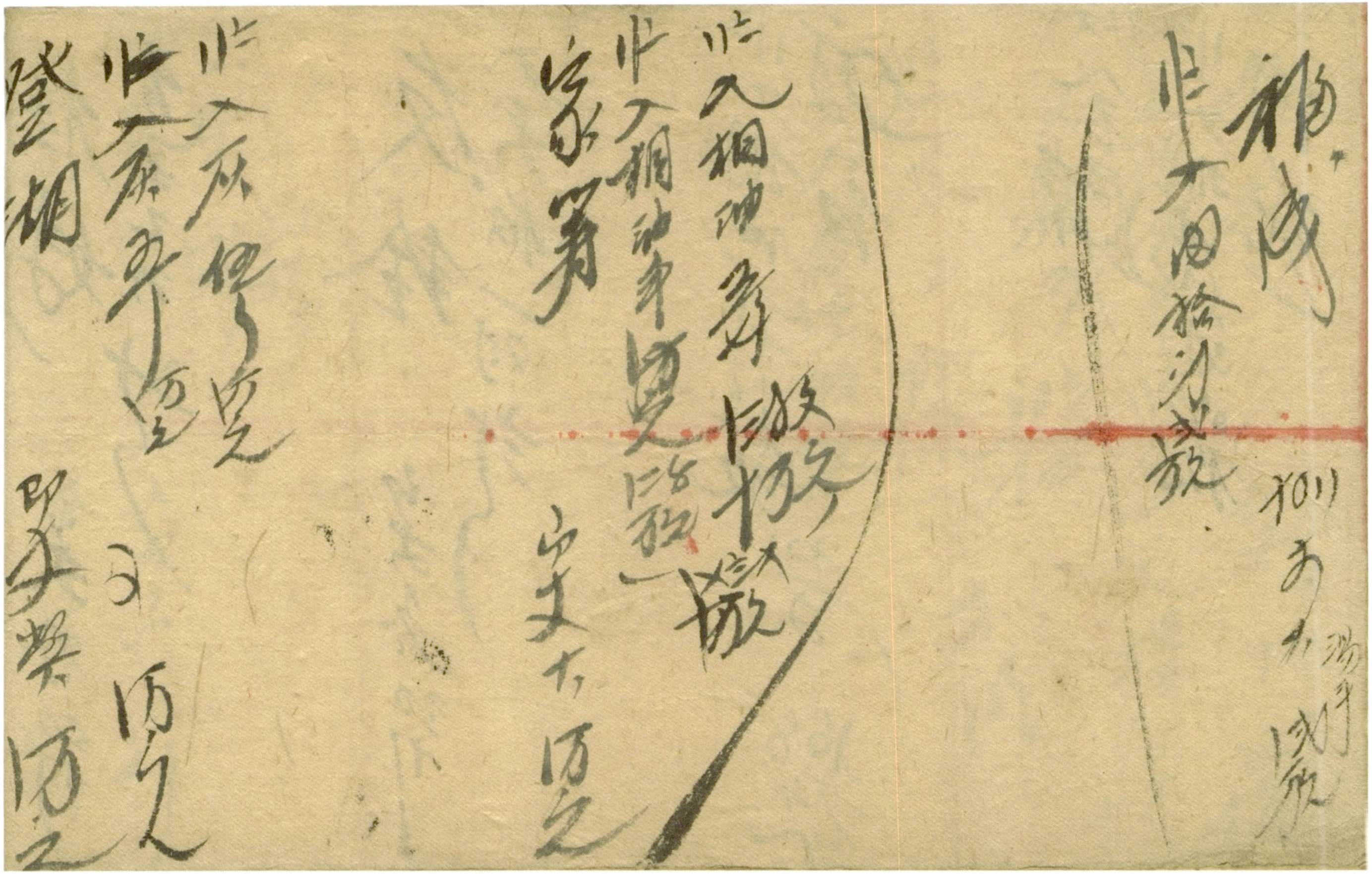

7-4-46-25　民國三十六年陳昭鎬立母喪人情簿（二五）

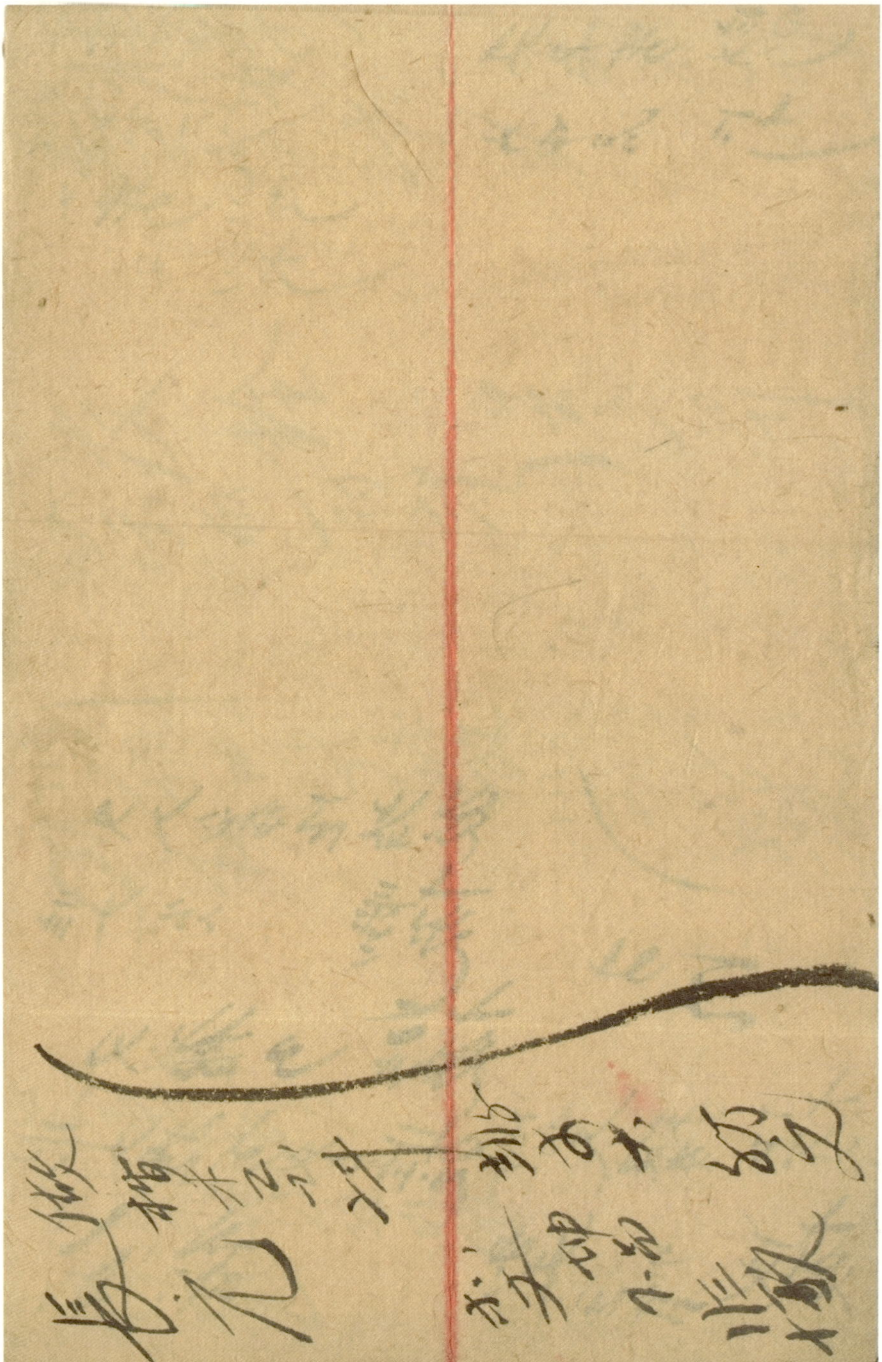

7-4-46-24　民國三十六年陳昭鎬立母喪人情簿（二四）

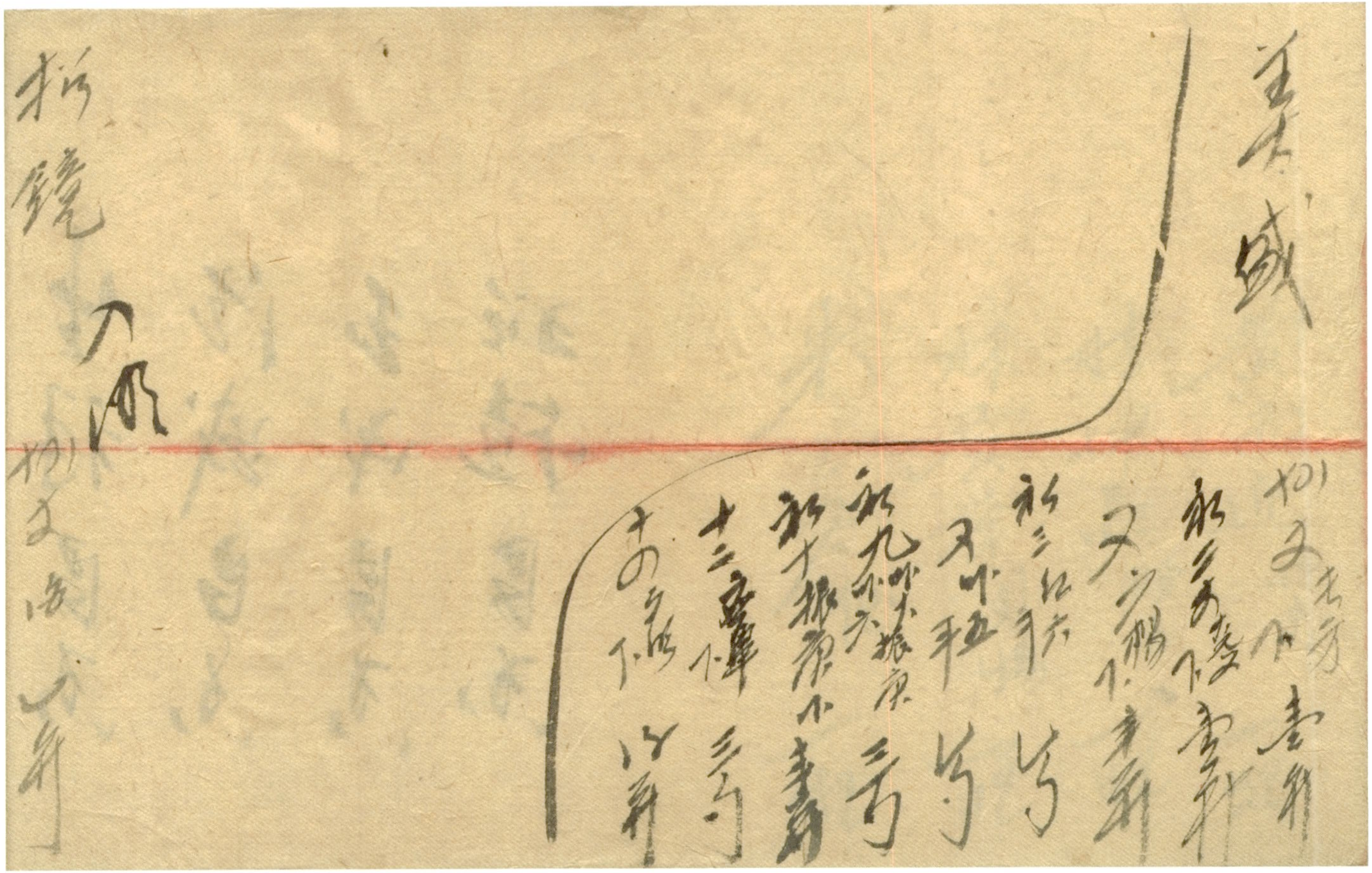

7-4-46-23　民國三十六年陳昭鎬立母喪人情簿（二三）

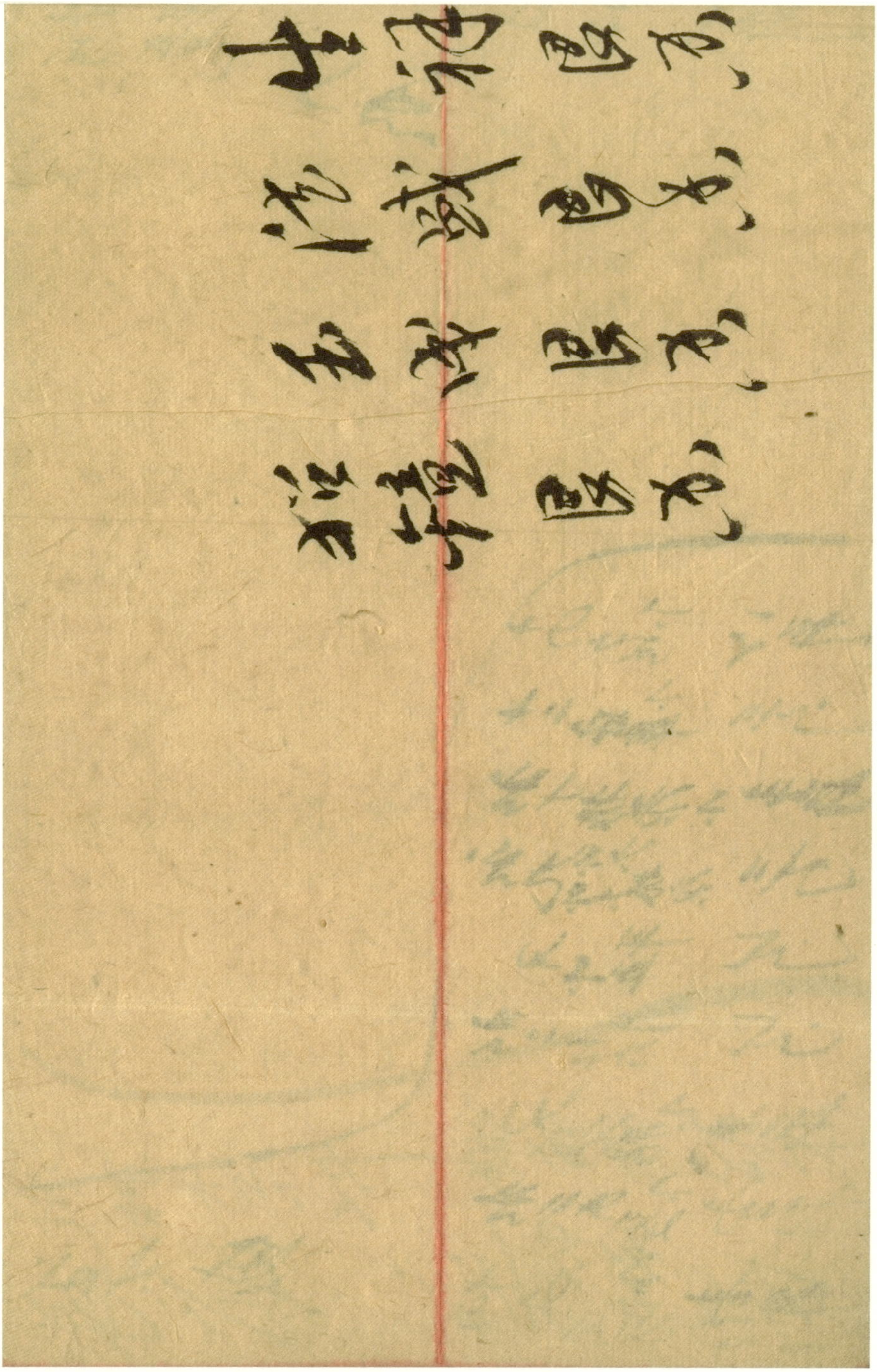

7-4-46-22　民國三十六年陳昭鎬立母喪人情簿（二二）

黃西迎 姊夫 一担

林坤品 姊夫 一担

林貴洋 外甥 一担

朱玉容 侄 一担

7-4-46-21　民國三十六年陳昭鎬立母喪人情簿（二一）

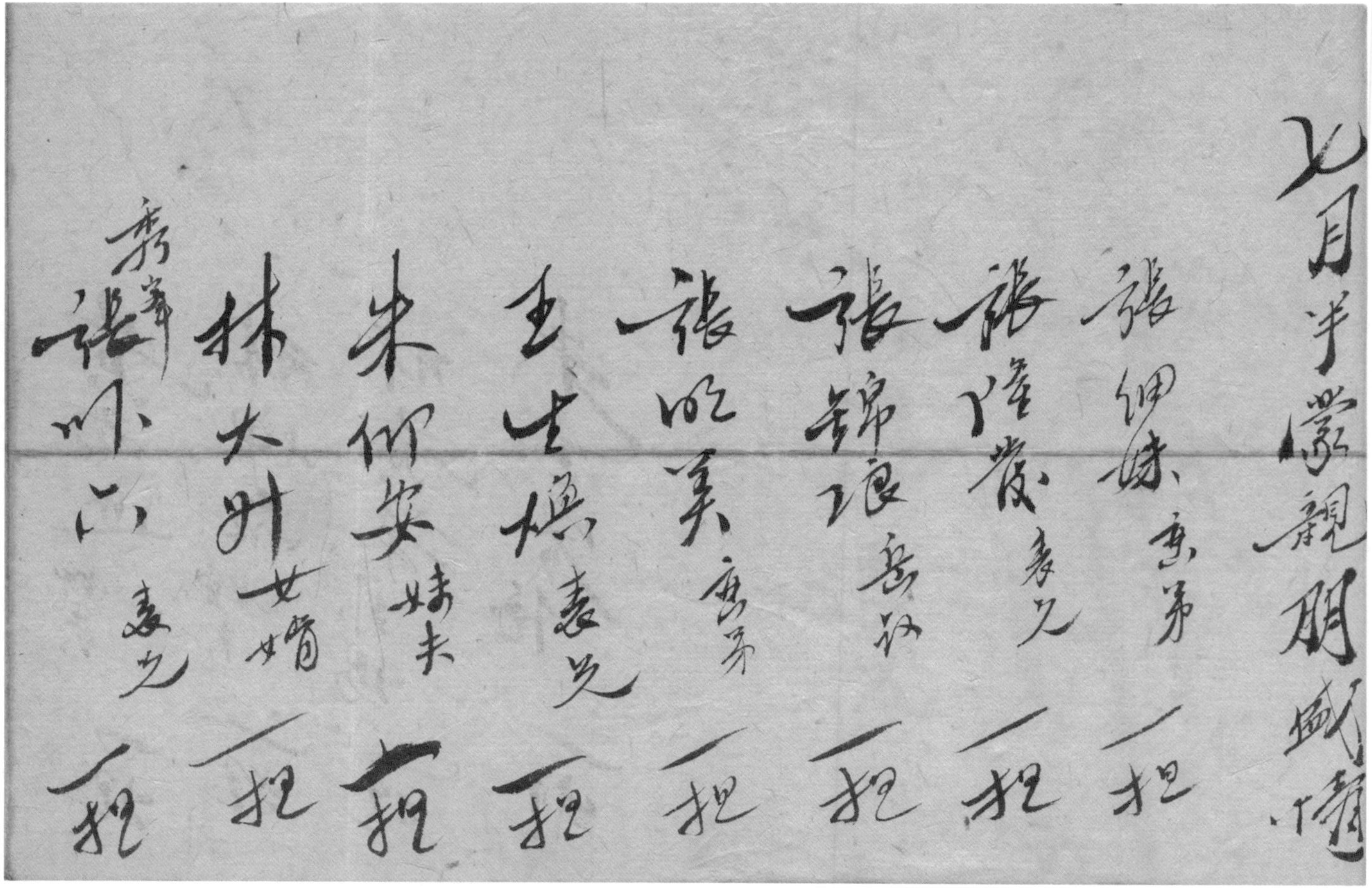
七月半嘗親朋感情
張伊珠 表弟 一担
張隆發 表兄 一担
張錦瑯 表叔 一担
張昭美 表弟 一担
王士煥 表兄 一担
朱仰安 姊夫 一担
林大冊 女婿 一担
秀峯 張以六 表兄 一担

7-4-46-20　民國三十六年陳昭鎬立母喪人情簿（二〇）

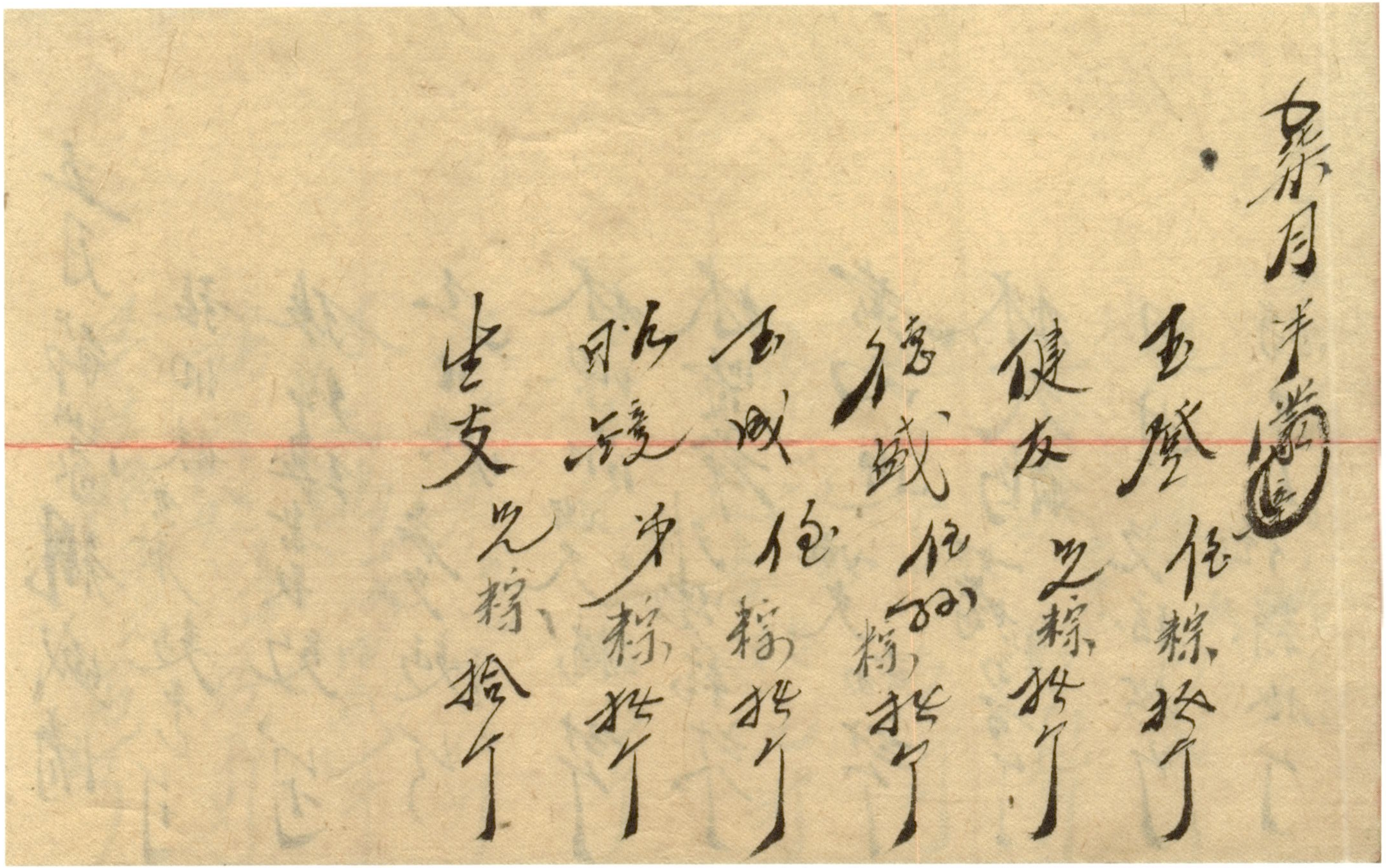
泰月半嵓
玉麐 侄 粽拾斤
健友 兄 粽拾斤
德盛 侄孫 粽拾斤
玉成 侄 粽拾斤
昭鏡 弟 粽拾斤
坐支 兄 粽拾斤

7-4-46-19　民國三十六年陳昭鎬立母喪人情簿（一九）

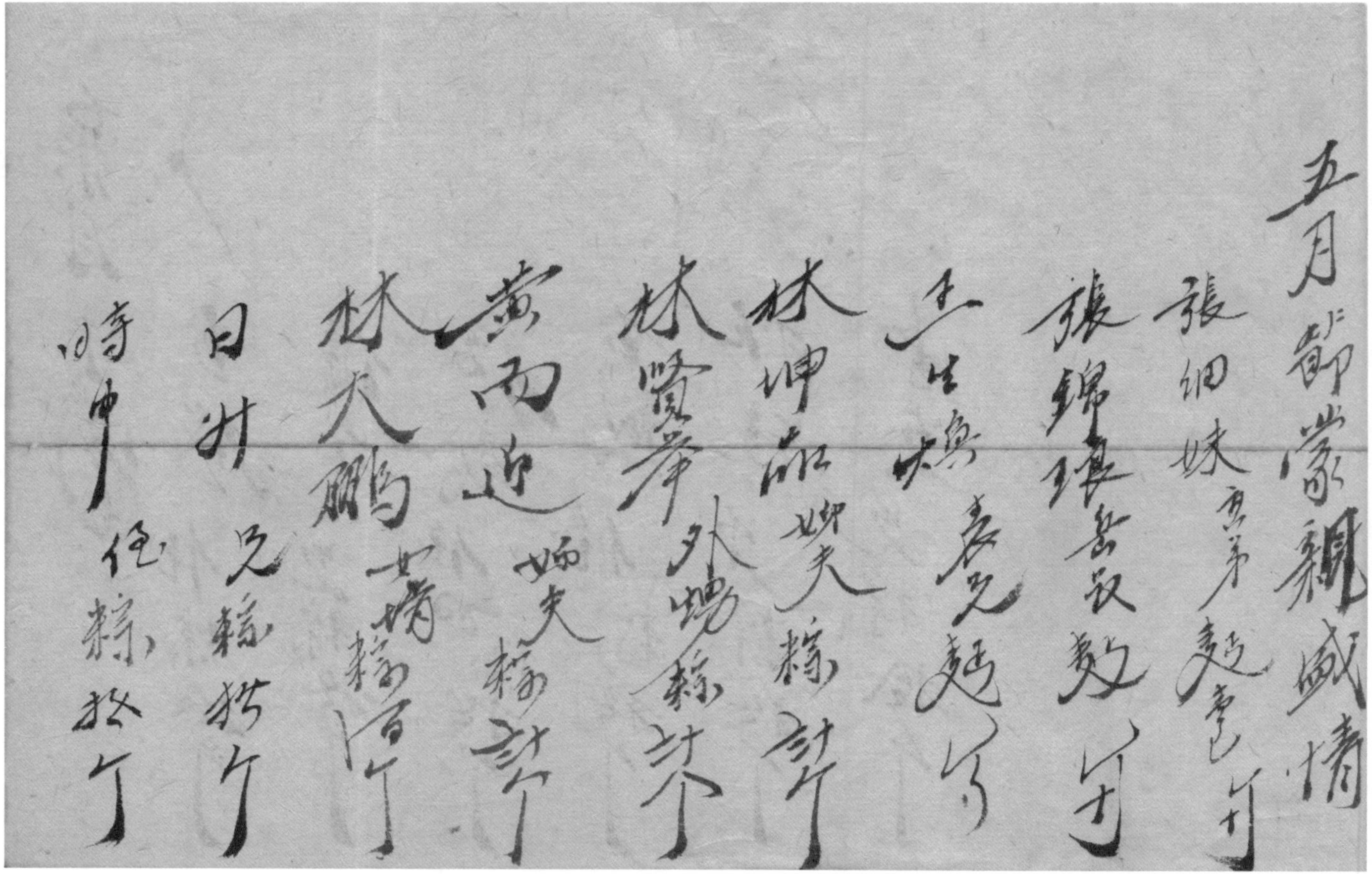

7-4-46-18　民國三十六年陳昭鎬立母喪人情簿（一八）

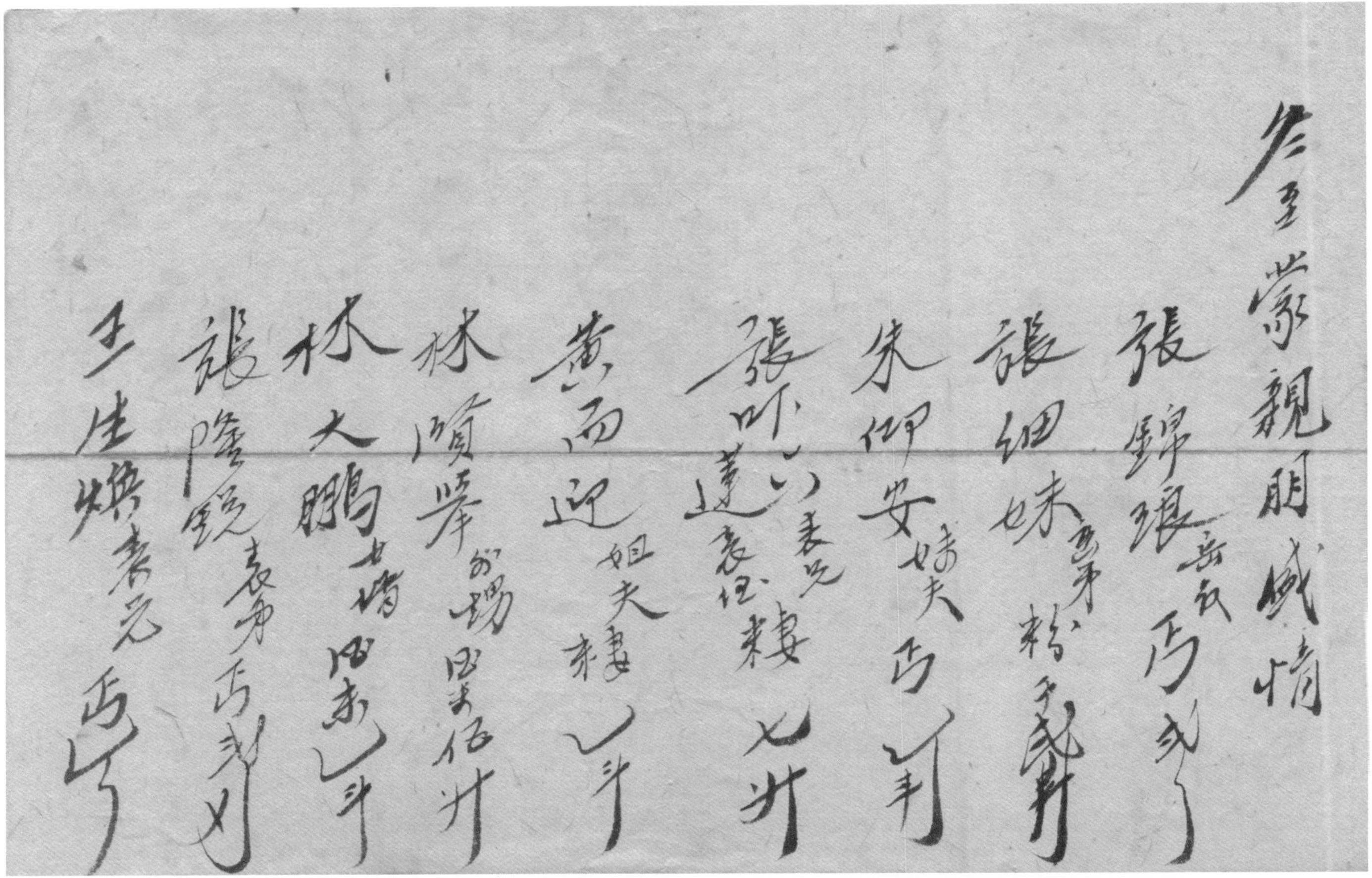

7-4-46-17　民國三十六年陳昭鎬立母喪人情簿（一七）

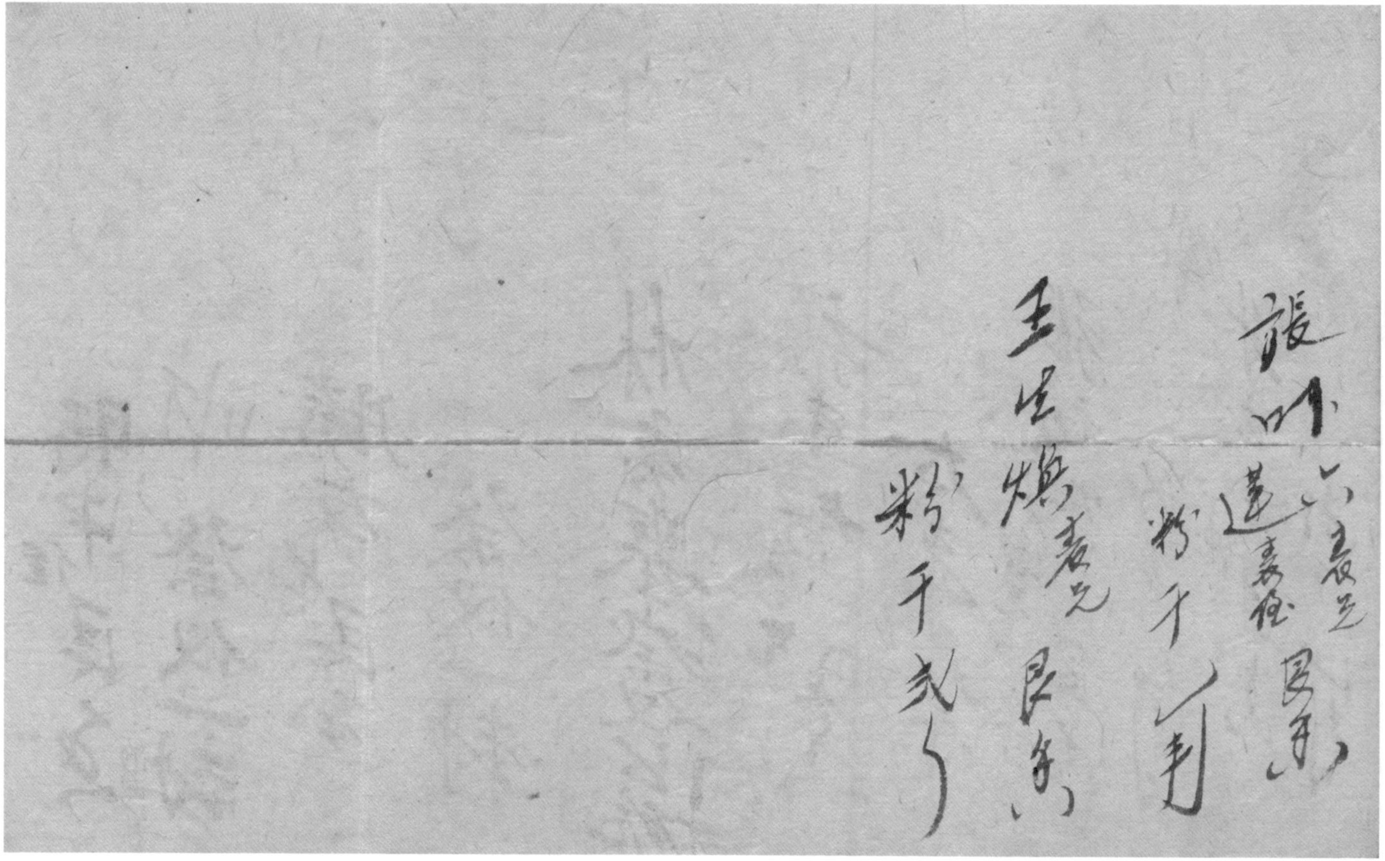

7-4-46-16　民國三十六年陳昭鎬立母喪人情簿（一六）

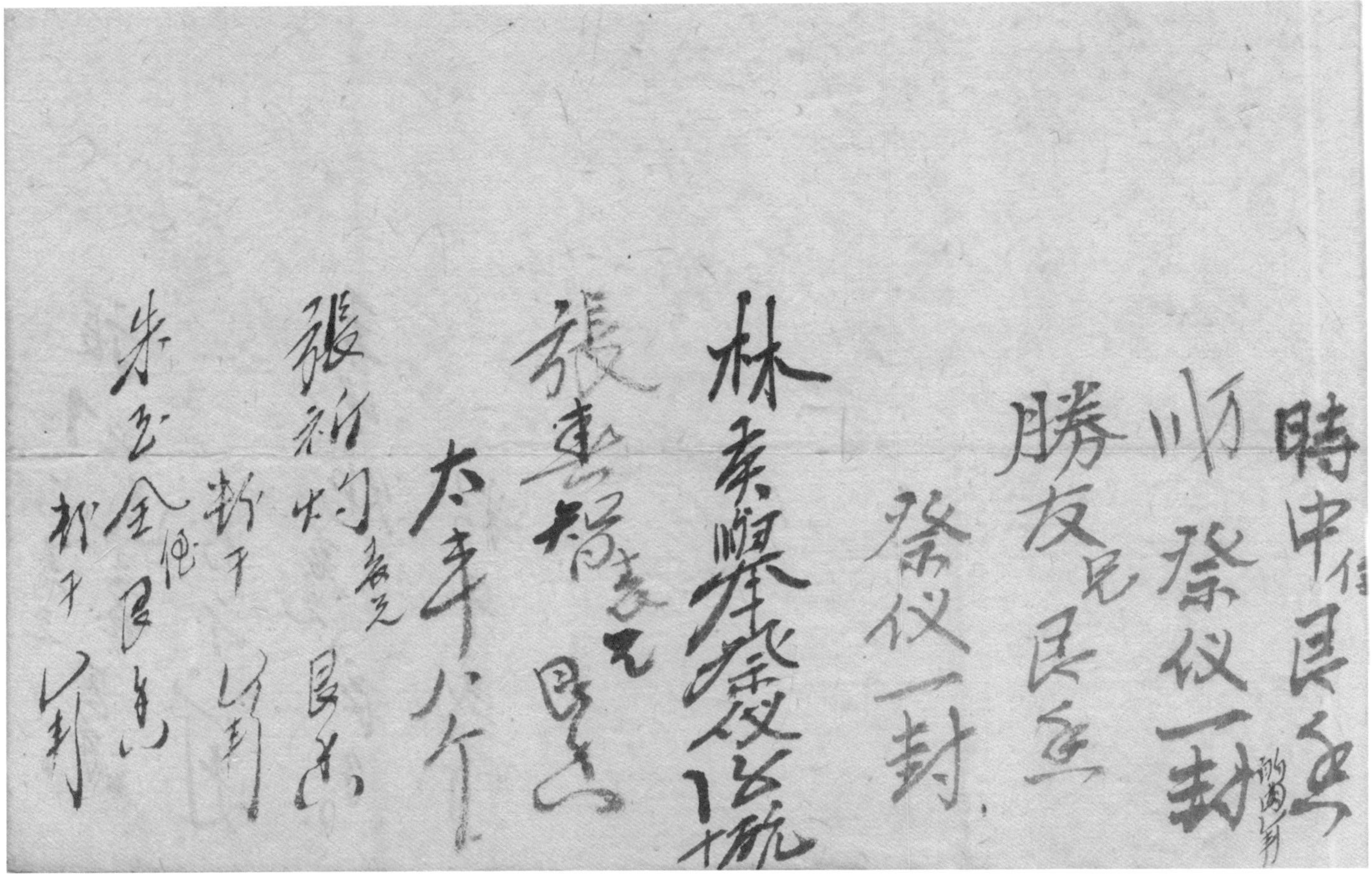

7-4-46-15　民國三十六年陳昭鎬立母喪人情簿（一五）

三峯前

張隆銑　发　祭仪の包

雲　庫艮三十快

張礼敏表兄　祭礼式包　庫艮[illegible]

礼為表兄　礼式包　艮五

黃迎娣　杖　祭仪式包

庫銀の快

大艮弍元　襲[illegible]

朱玉容盟　祭仪式包

艮五元

7-4-46-14　民國三十六年陳昭鎬立母喪人情簿（一四）

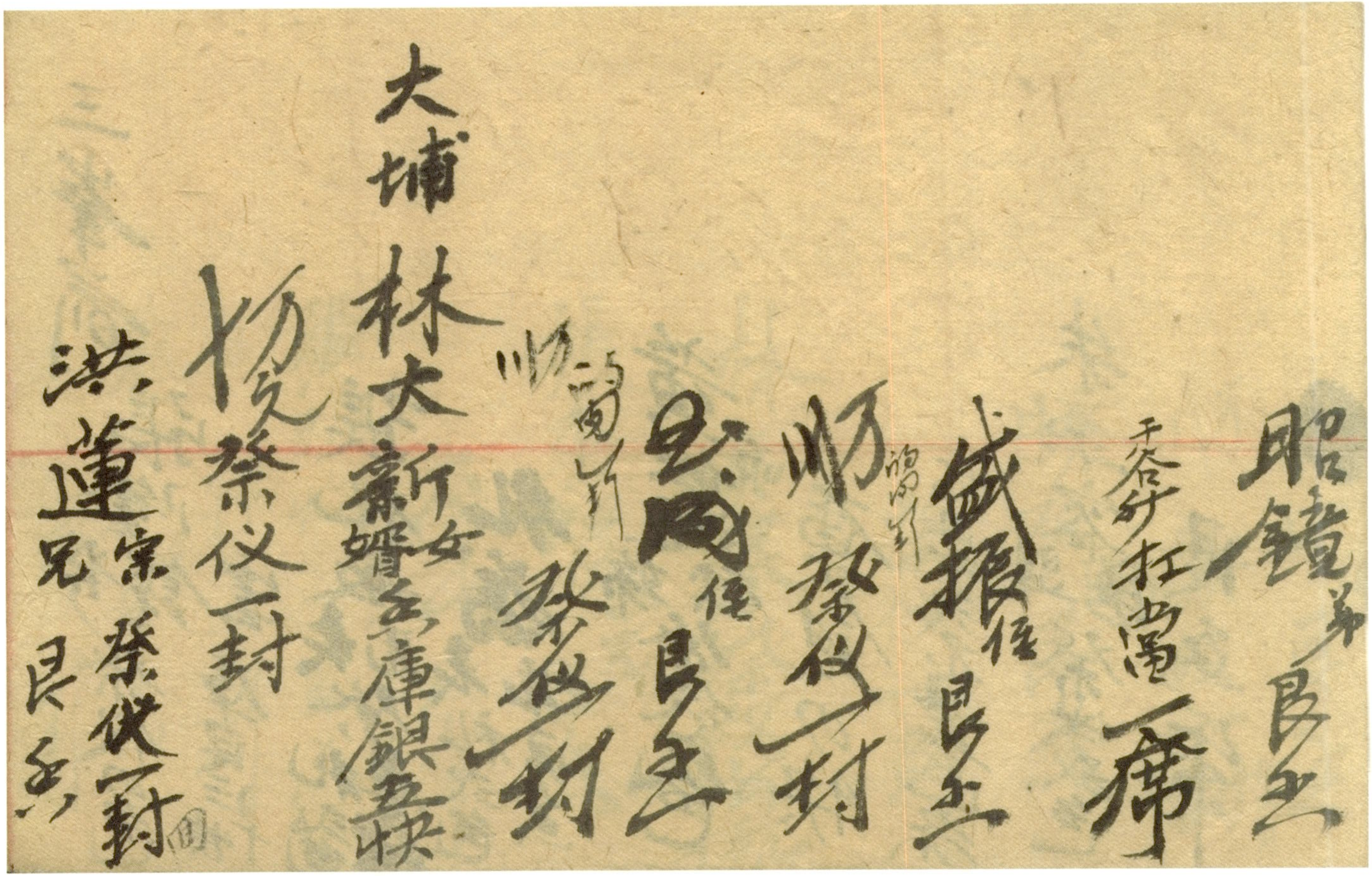

7-4-46-13　民國三十六年陳昭鎬立母喪人情簿（一三）

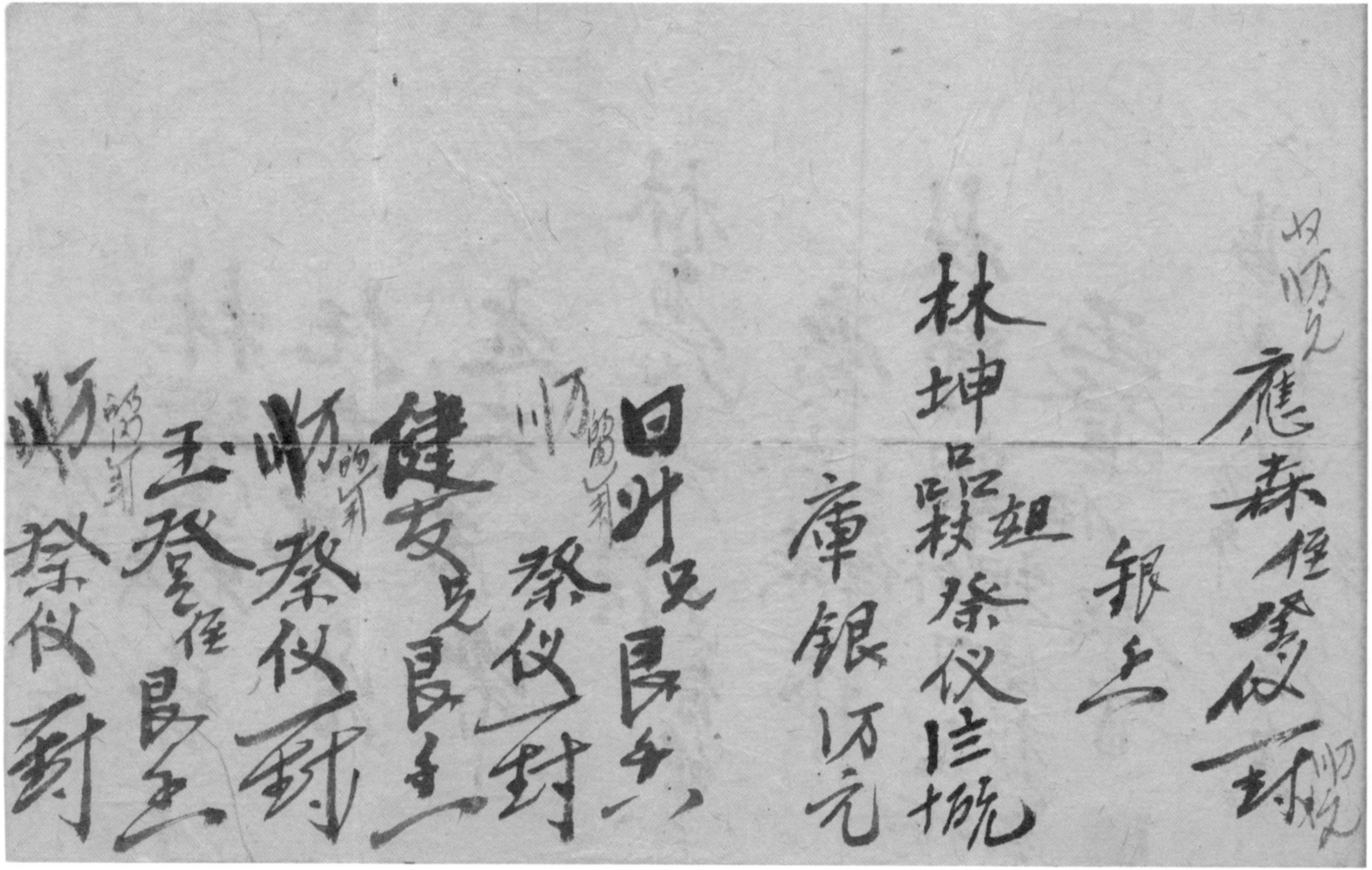

7-4-46-12　民國三十六年陳昭鎬立母喪人情簿（一二）

昭鏡 弟 艮 壹

林洪美 表兄 帳

托友 鳳 帳

直友 弟 聯

林慶壽 表侄 艮香聯

慶芳 表侄 帳

林賢舉 外甥 艮金帳

生甥 債布山茶

王發 侄 銀香

張細妹 錢物 艮壹元

雞 介 斤 打

7-4-46-11　民國三十六年陳昭鎬立母喪人情簿（一一）

林森祥兄　太平四斤　艮壹元　係
禮盛孫侄　太平四斤　艮壹元　係
德亭侄　艮壹元　係
應程侄　紙
慶軒侄孫　紙
生晃兄　艮壹元
林慶福表侄　係
張隆銳表弟　艮壹元
儀壹康

7-4-46-10　民國三十六年陳昭鎬立母喪人情簿（一〇）

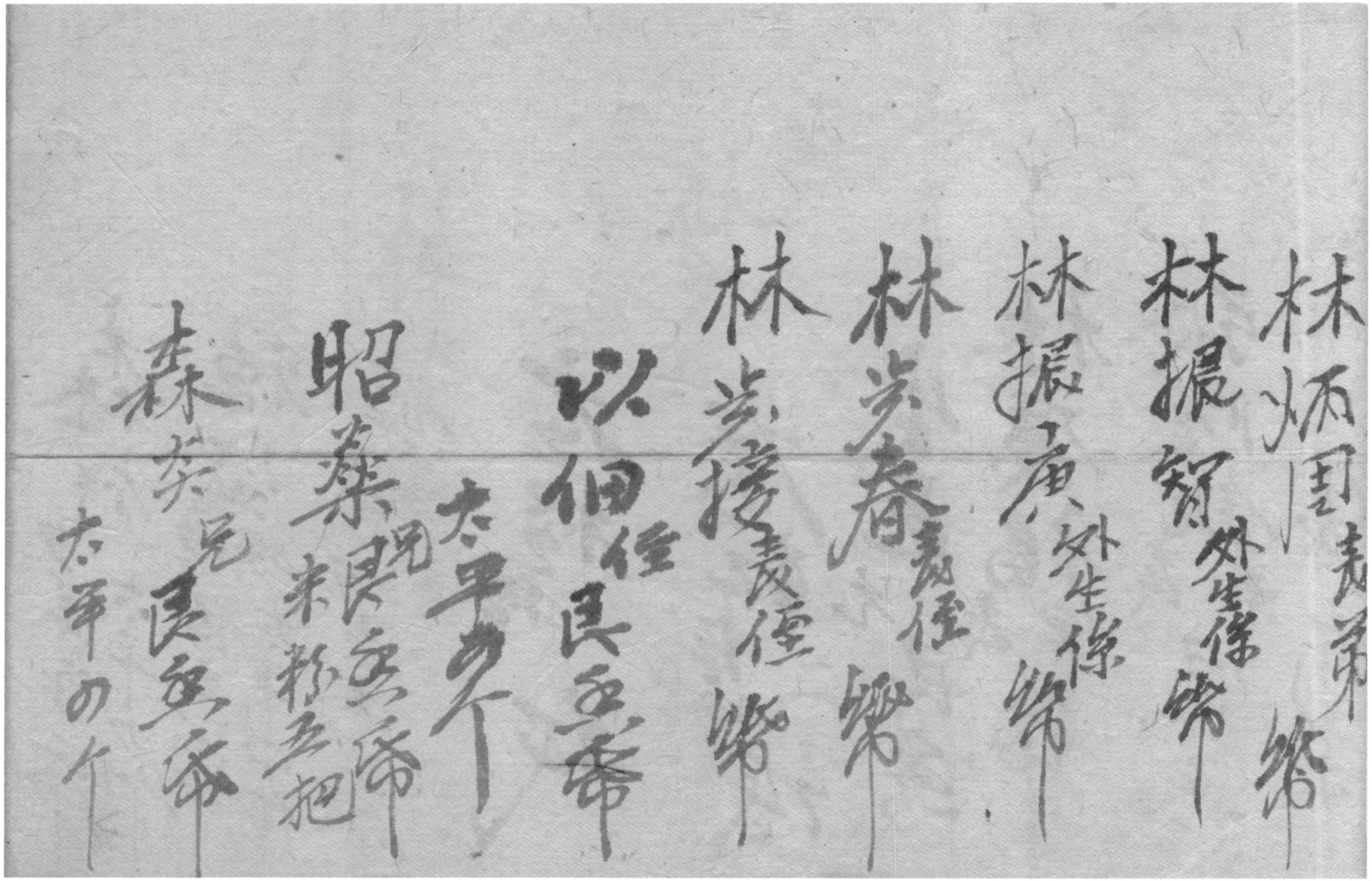
林炳图 表弟 綿一
林振賀 外生孫 綿一
林振庚 外生孫 綿一
林岁春 表侄 綿一
林岁璋 表侄 綿一
以佃 侄 艮五角
太平四个一
昭藥 胞兄 艮五角
米粿五把
森炎 兄 艮五角
太平四个一

7-4-46-9 民國三十六年陳昭鎬立母喪人情簿（九）

以瓊侄　艮壹紙
粉干五把

德餘侄孙　艮壹紙
粉干五把

仁桂侄　艮五角
米粉五把

启璋侄　帋

傳彬侄　綿帋

启草侄　綿帋

林遠義　表延太平布
昌香綿帋

7-4-46-8　民國三十六年陳昭鎬立母喪人情簿（八）

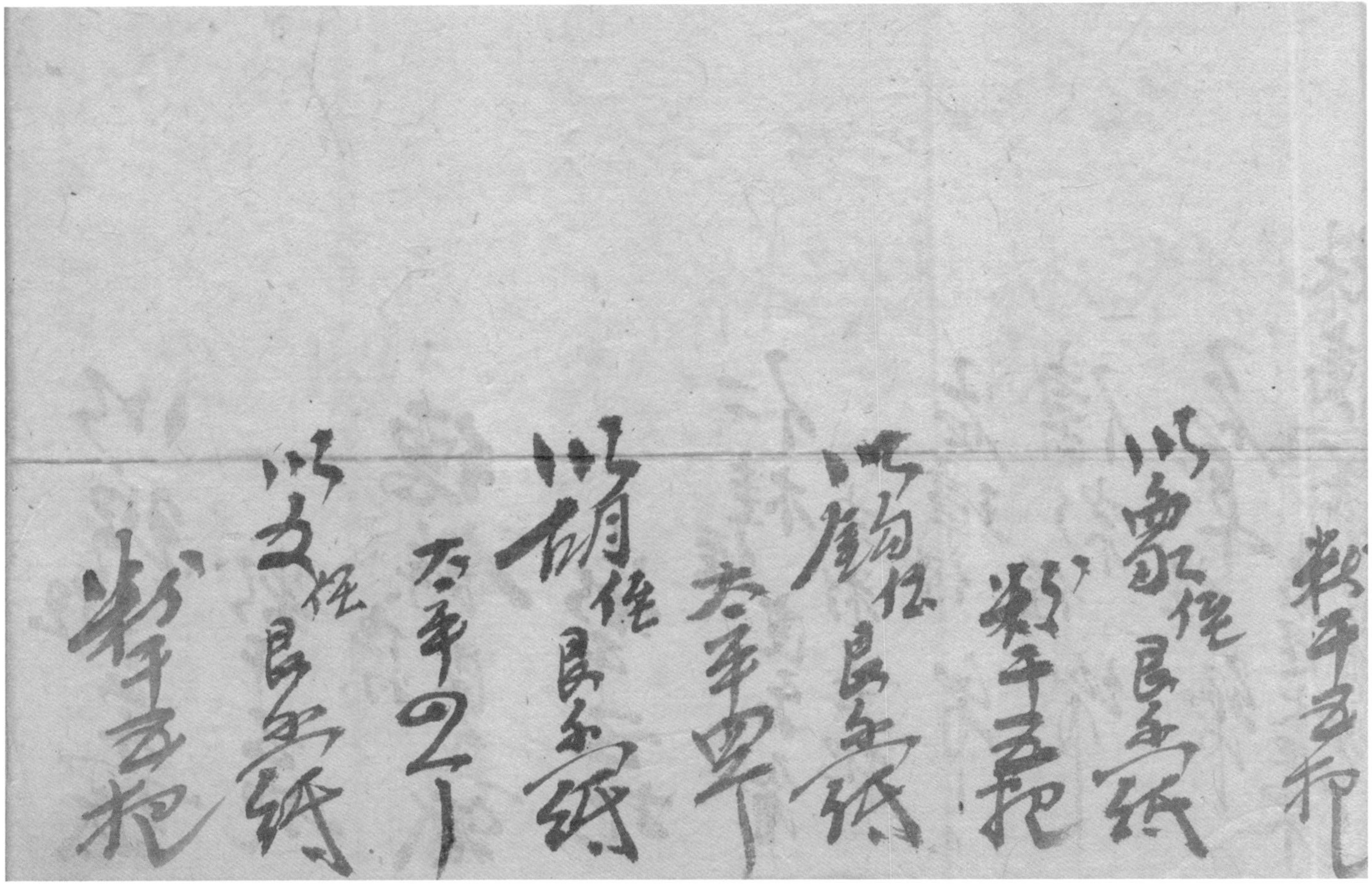

7-4-46-7　民國三十六年陳昭鎬立母喪人情簿（七）

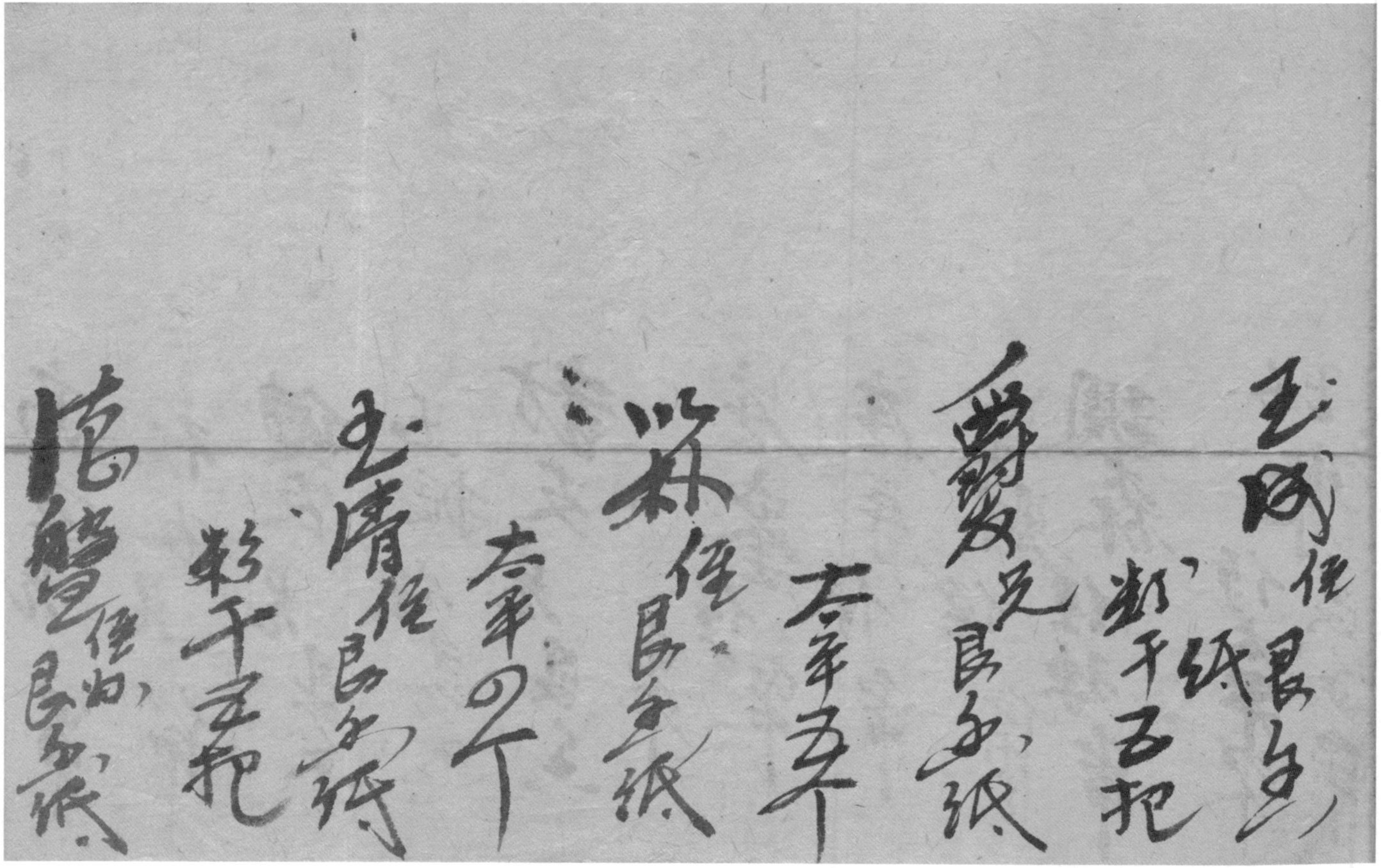

7-4-46-6　民國三十六年陳昭鎬立母喪人情簿（六）

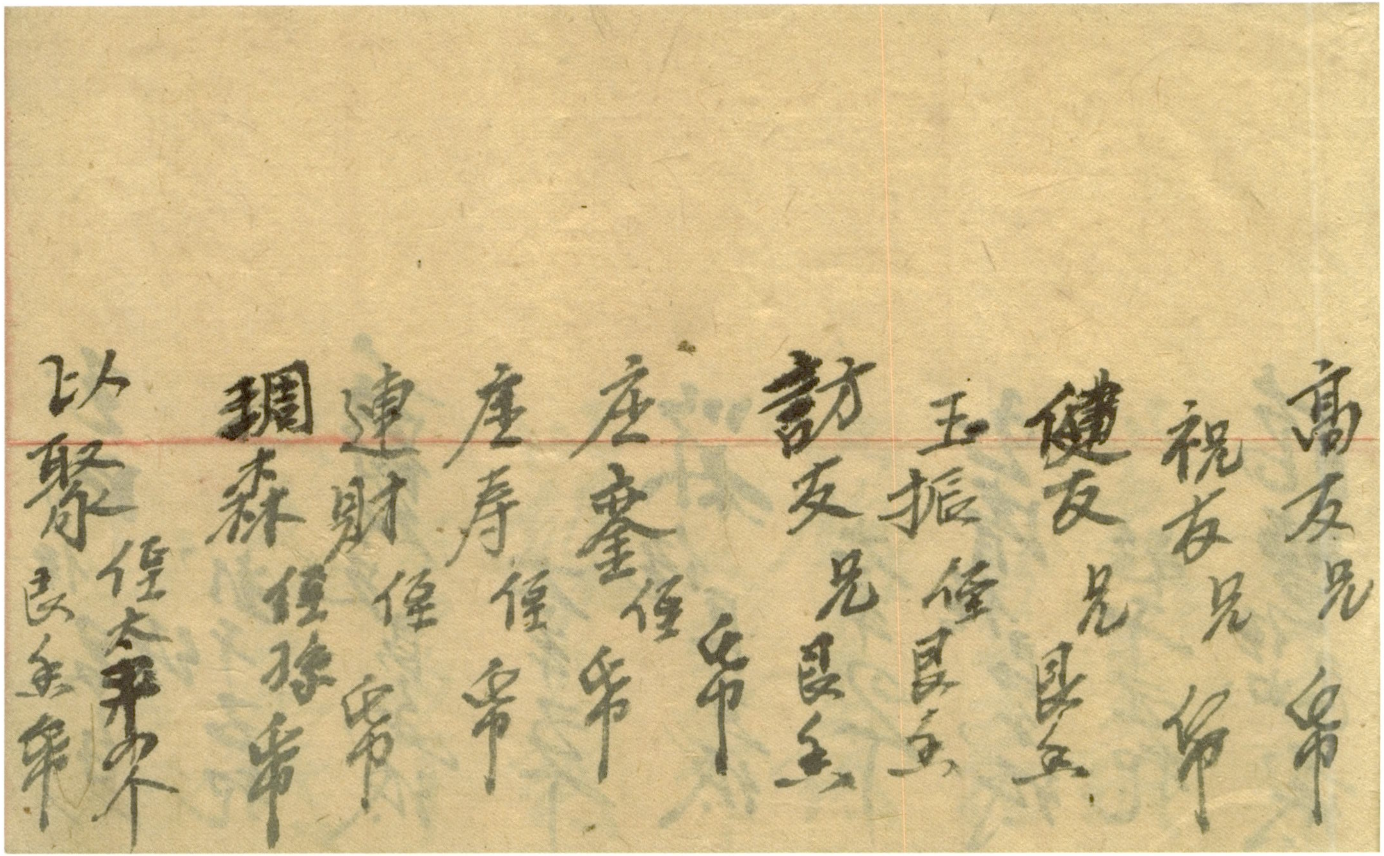

7-4-46-5　民國三十六年陳昭鎬立母喪人情簿（五）

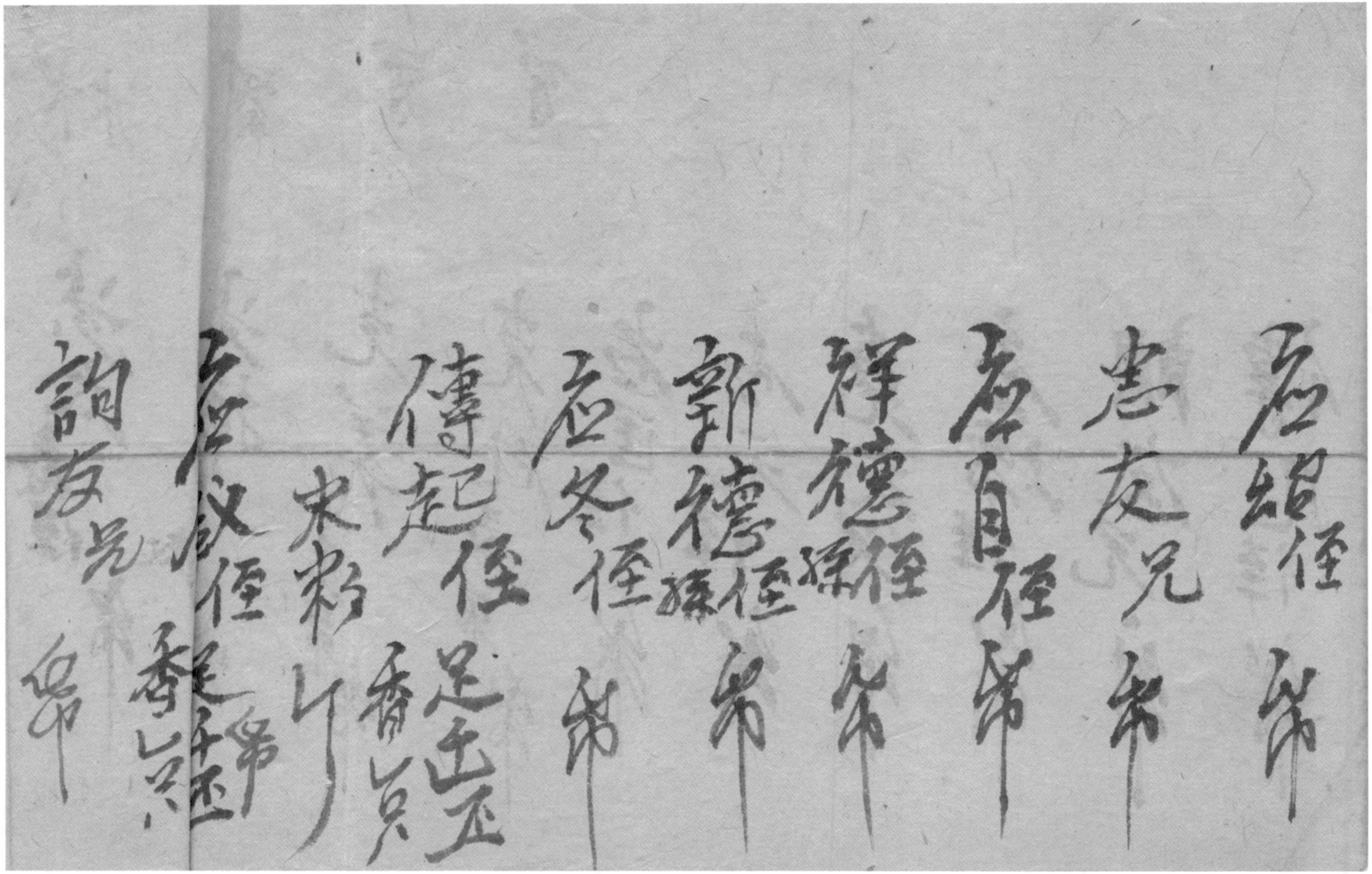

7-4-46-4　民國三十六年陳昭鎬立母喪人情簿（四）

林　芳太表侄　帋
曾　芳揉表叔足　帋
曾　克義表弟　帋
曾　克孔表弟　帋
名匡侄　帋
名元侄　帋
堯友兄　帋
名墉侄　帋
韻友兄　帋
傳心侄　帋

7-4-46-3　民國三十六年陳昭鎬立母喪人情簿（三）

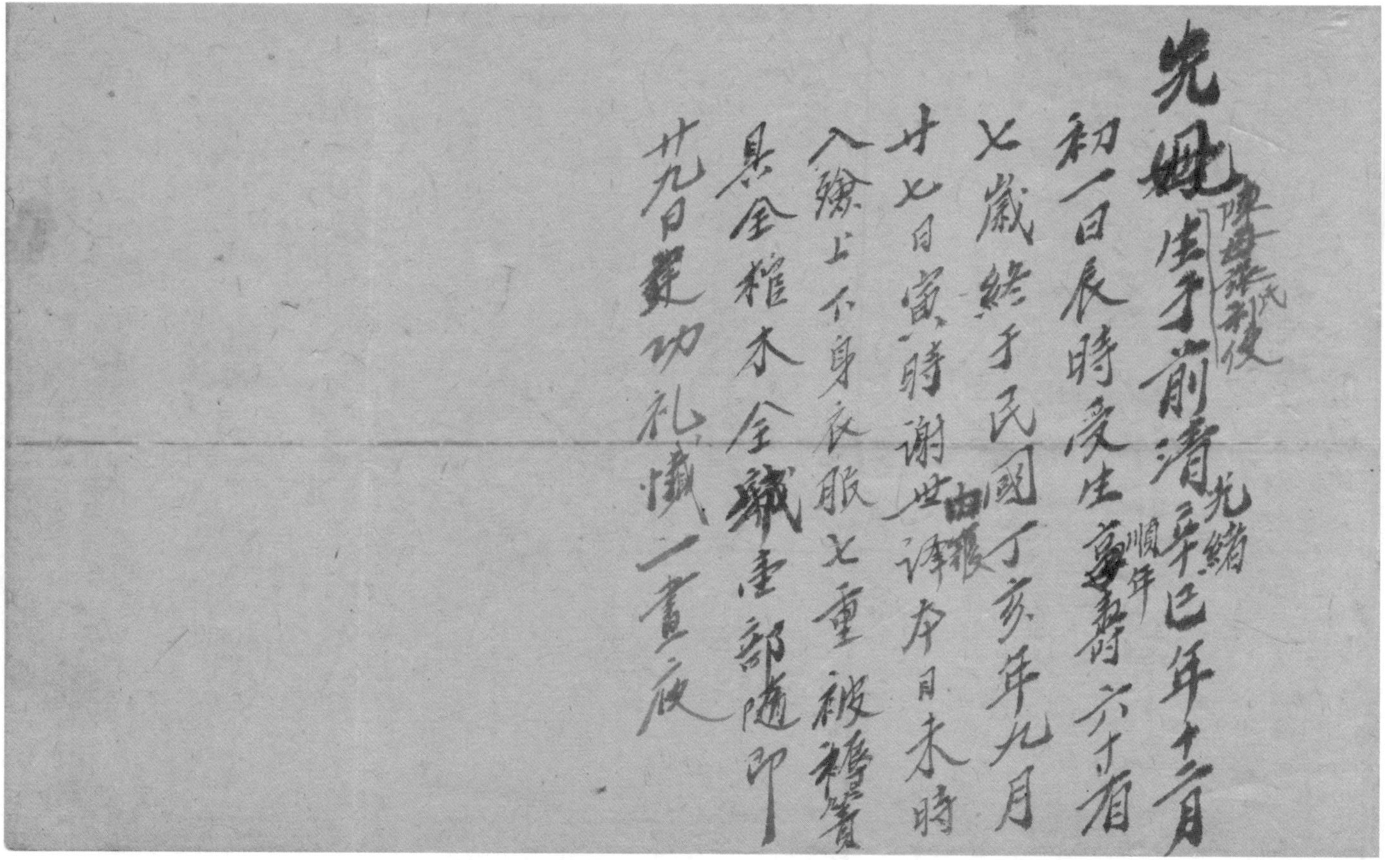
先妣陳母葉氏利俵生于前清光緒辛巳年十二月
初一日辰時受生壽六十有
七歲終于民國丁亥年九月
廿七日寅時謝世由擇本月未時
入殮上下身衣服七重被褥
具全棺木全藏重部隨即
廿九日發功礼儀一晝夜

7-4-46-2　民國三十六年陳昭鎬立母喪人情簿（二）

7-4-46-1　民國三十六年陳昭鎬立母喪人情簿（一）

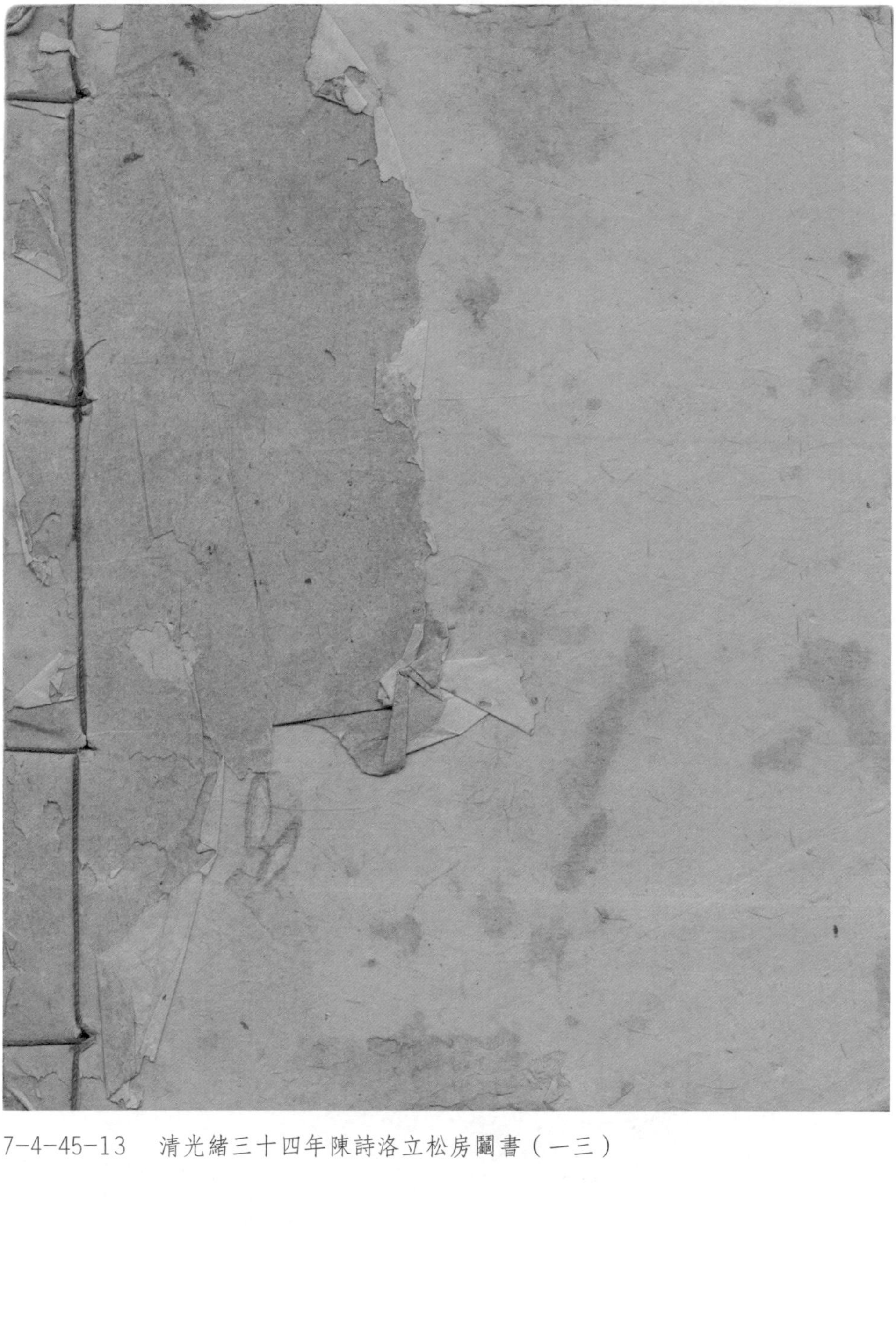

7-4-45-13　清光緒三十四年陳詩洛立松房鬮書（一三）

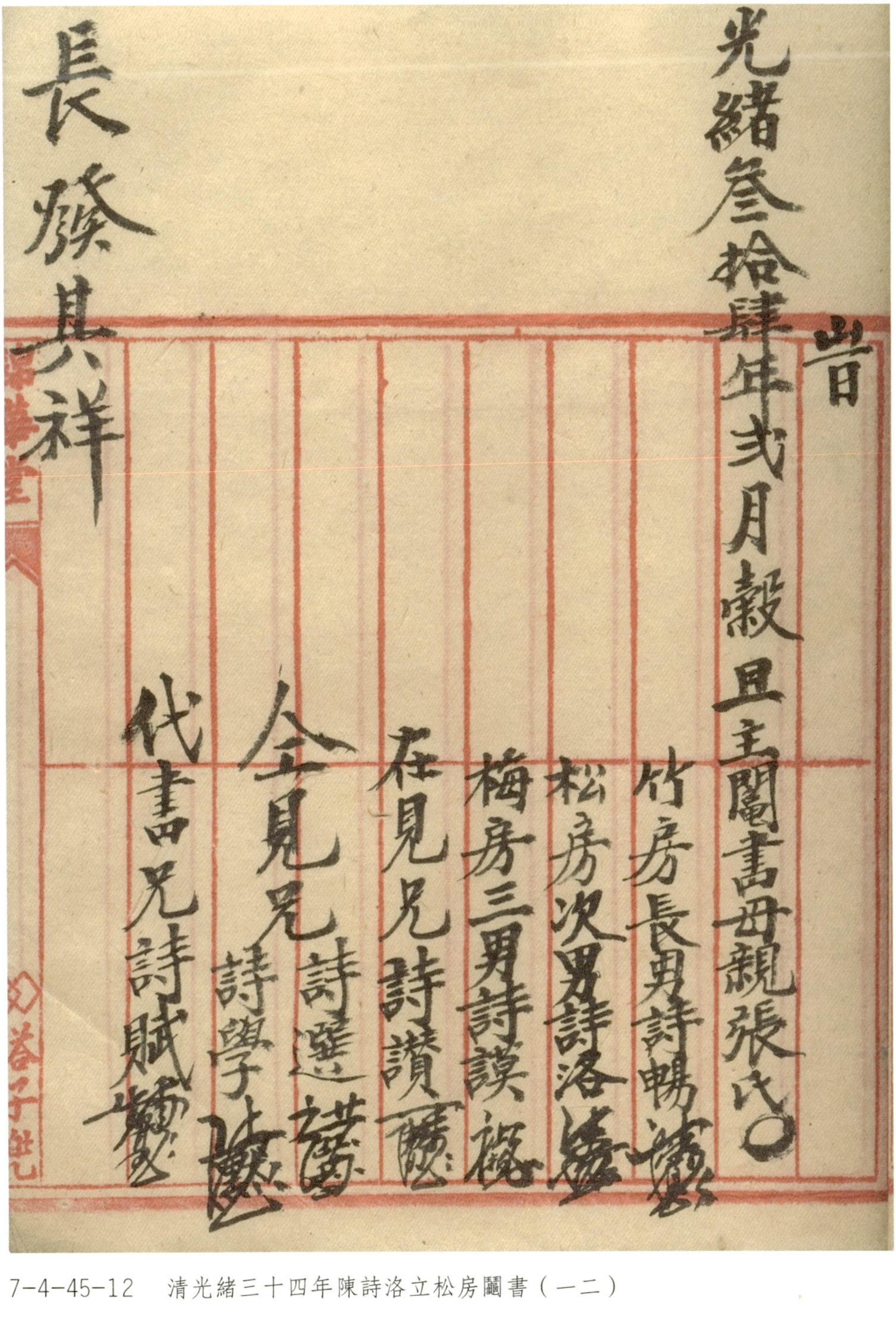
峕
光緒叁拾肆年戊月穀旦主閹書母親張氏○
竹房長男詩暢
松房次男詩洛
梅房三男詩謨
在見兄詩讚
仝見兄詩選
詩學
代書兄詩賦
長發其祥

7-4-45-12　清光緒三十四年陳詩洛立松房鬮書（一二）

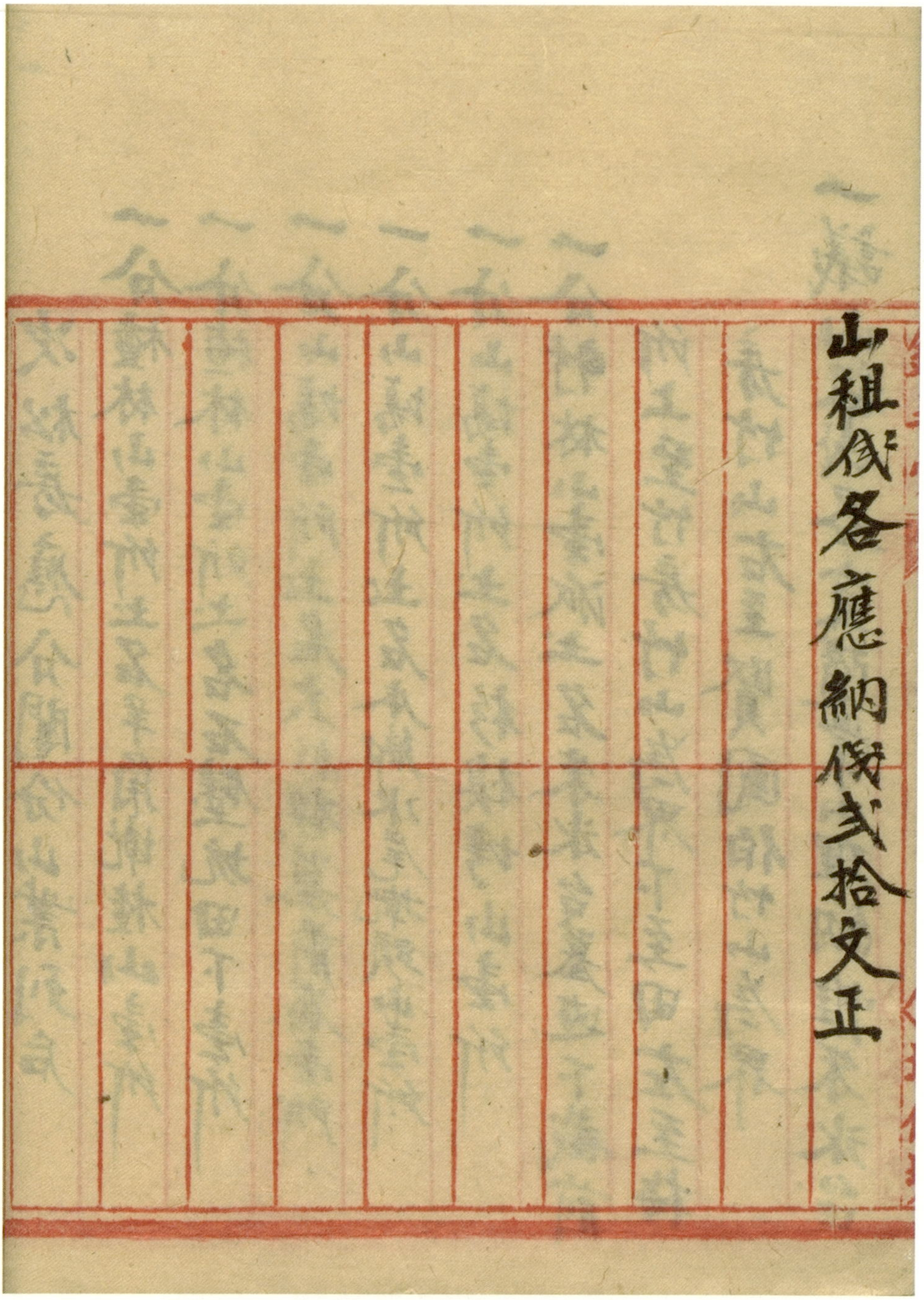
山租伐各應納價弍拾文正

7-4-45-11　清光緒三十四年陳詩洛立松房鬮書（一一）

次松房應分鬮份山業列后

一分樟林山壹所土名羊角墘樟山壹所

一分樟林山壹所土名石壁坑田下壹所

一分山場壹所土名大杉椇墓前崙壹所

一分山場壹所土名本鄉水尾墘頭山壹所

一分山場壹所土名杉椇墱山壹所

一分竹林山壹所派土名朱氷台墓邊下截前

所上至竹房竹山為界下至田左至梅

房竹山右至賢國伯竹山為界

一議山租伐各宜隨掌山理納惟朱氷台

7-4-45-10　清光緒三十四年陳詩洛立松房鬮書（一〇）

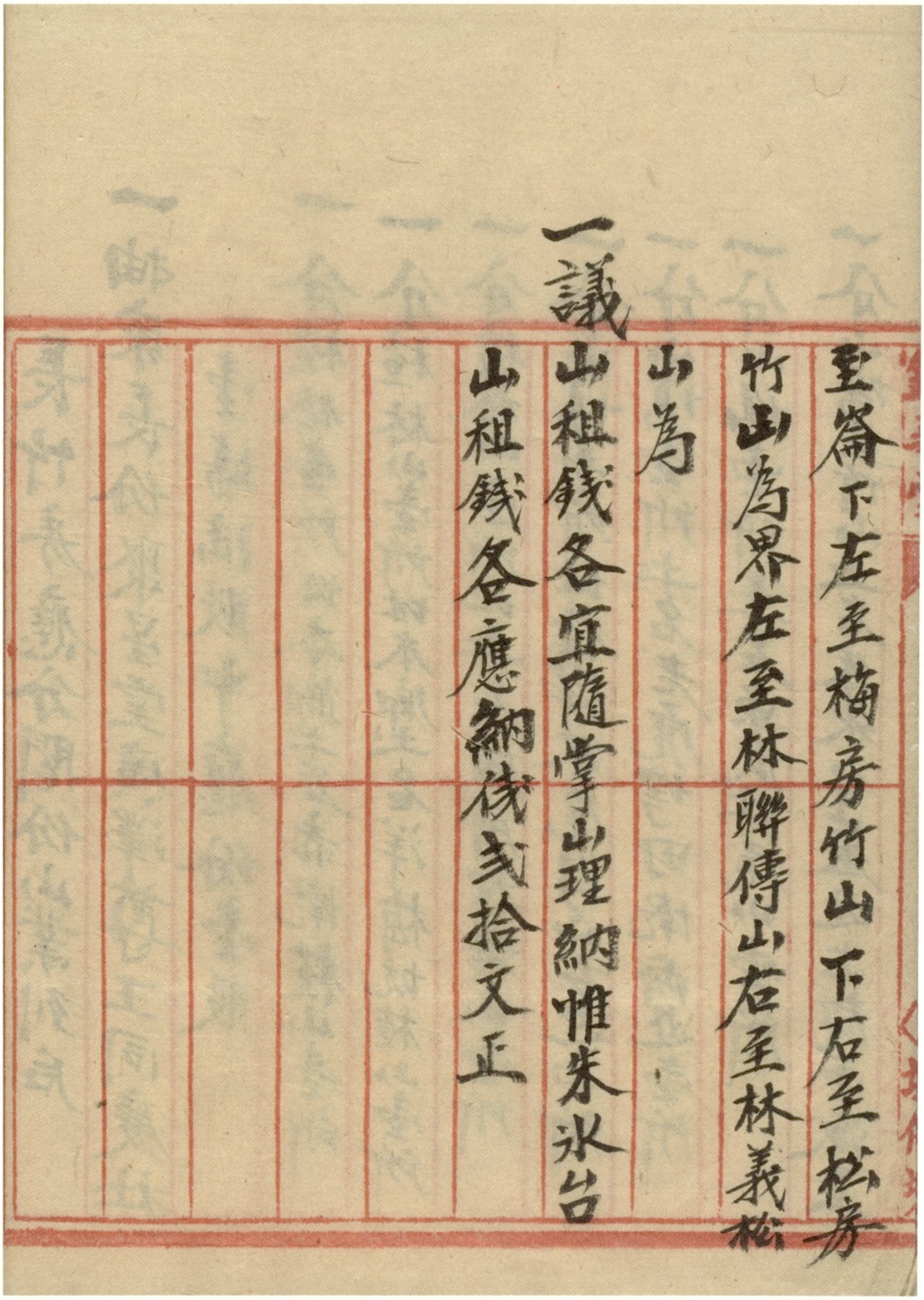

至崙下左至梅房竹山下右至松房
竹山為界左至林聯傳山右至林義松
山為
一議山租钱各宜隨掌山理納惟朱冰台
山租钱各應納钱弍拾文正

7-4-45-9　清光緒三十四年陳詩洛立松房鬮書（九）

一長竹房應分鬮份山業列后
一抽家長份聚星堂廣澤尊王同慶社
壹場陆股中應份壹股
一分檟林壹所址本鄉土名赤墘檟山壹所
一分檟林山壹所址本鄉土名洋梅坑檟山壹所
一分檟林山壹所址土名破厝裡檟山壹所
一分山墹壹所址佳洋水尾墘山左边壹所
一分山墹壹所土名老虎墘田墘西边壹所
一分山墹壹所土名東依林尾山壹所
一分山墹並竹山土名朱氷台墓边上截壹派上

7-4-45-8　清光緒三十四年陳詩洛立松房鬮書（八）

山右至松房竹山為界

一議山租錢各宜隨掌山理納惟朱

冰台山租錢各應納錢弍拾文正

7-4-45-7　清光緒三十四年陳詩洛立松房鬮書（七）

三梅房應分鬮份山業列后

一分楂林山壹所土名大岐頭楂山壹所

一分楂林壹所土名下流溪楂山壹所

一分楂林壹所土名大岐頭坪墘面楂山壹所

一分山塲壹所土名九頭壙水壋下山壹所

一分山塲壹所土名新洋宅后門崙山壹所

一分山塲壹所土名隔頭廠山壹所

一分山塲壹所土名蝦坵尾路上路下山壹所

一分竹林山壹派土名朱氷台墓迹下截裡

所上至竹房竹山下至田左至林聯傳

7-4-45-6　清光緒三十四年陳詩洛立松房鬮書（六）

一抽東旺宅田公元帥爺社壹塲四股中應份壹股

一抽東旺宅福德社壹塲十八股中應份貳股

7-4-45-5　清光緒三十四年陳詩洛立松房鬮書（五）

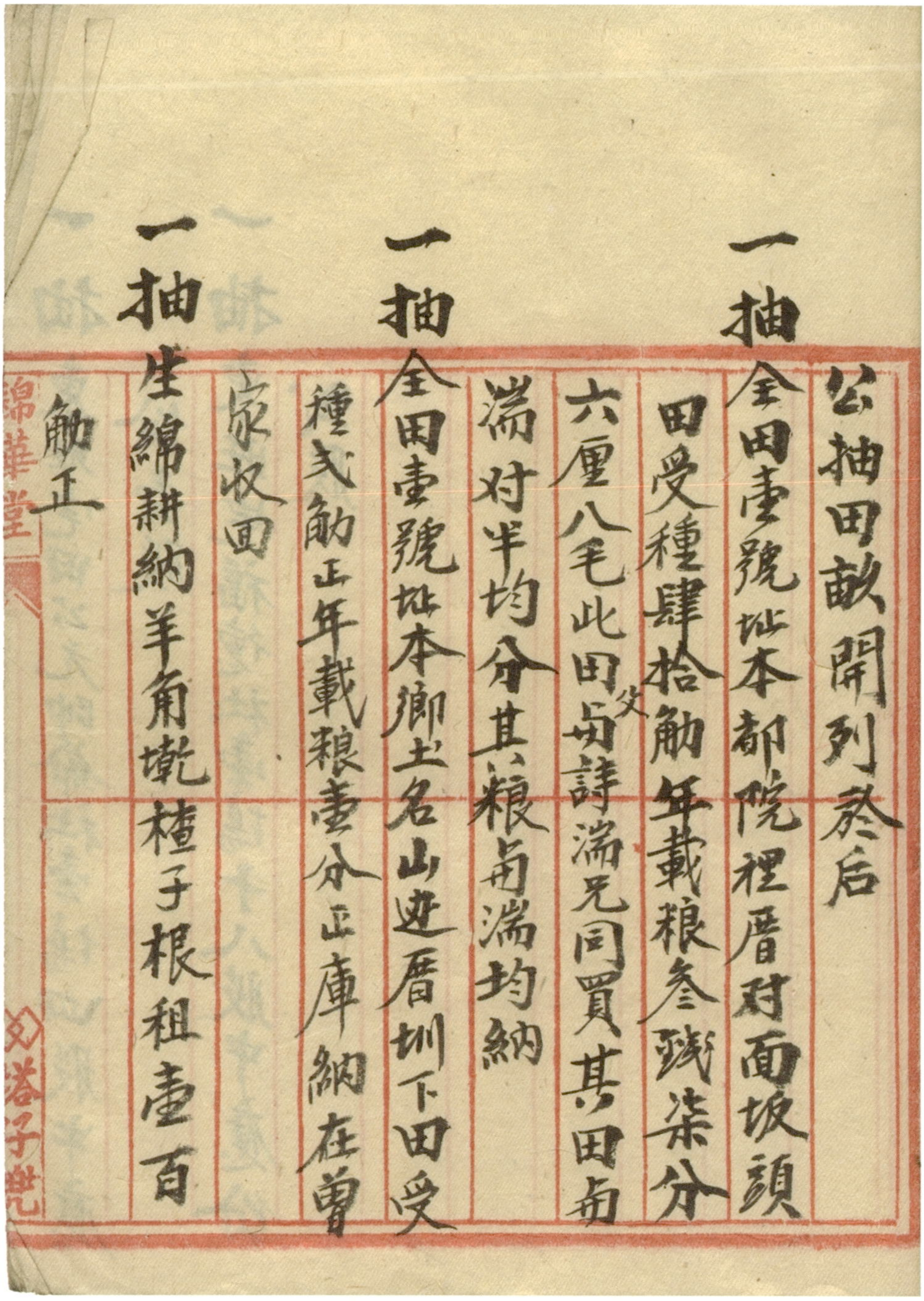

公抽田畝開列於后

一抽全田壹號址本都院裡厝對面坂頭田受種肆拾觔年載粮叁錢柒分六厘八毛此田父與詩滿兄同買其田與滿對半均分其粮與滿均納

一抽全田壹號址本鄉土名山邊厝圳下田受種弍觔正年載粮壹分正庫納在曾家收回

一抽生綿耕納羊角墘楂子根租壹百觔正

7-4-45-4　清光緒三十四年陳詩洛立松房鬮書（四）

歸姓各營產業遂定為房號
竹松梅爰立鬮書公抽倉廩聊
為娛老之資各授田廬權作課
生之計裒多益寡原無兄瘦
而弟肥類聚群分必别此疆而
彼界勿争卜氏之田仍共姜肱
之被推梨讓棗愛敬如初業
雖分而氣相同則雖分亦若未
分也是為序

7-4-45-3　清光緒三十四年陳詩洛立松房鬮書（三）

序

嘗思庭植紫荊爭傳田氏樓名花萼誌美唐家追慕古風忍離同氣然而木必分植而後蕃水必分流而後大與其聚而强合恐生縫布之謠孰若散而分營悉泯角弓之怨夫吾也紹夫翁之緒業擔荷無窮承先世之箕裘仔肩倍力加以萱年逢暮頹倦經營家政浩繁难於措理故命爾支分子

7-4-45-2　清光緒三十四年陳詩洛立松房鬮書（二）

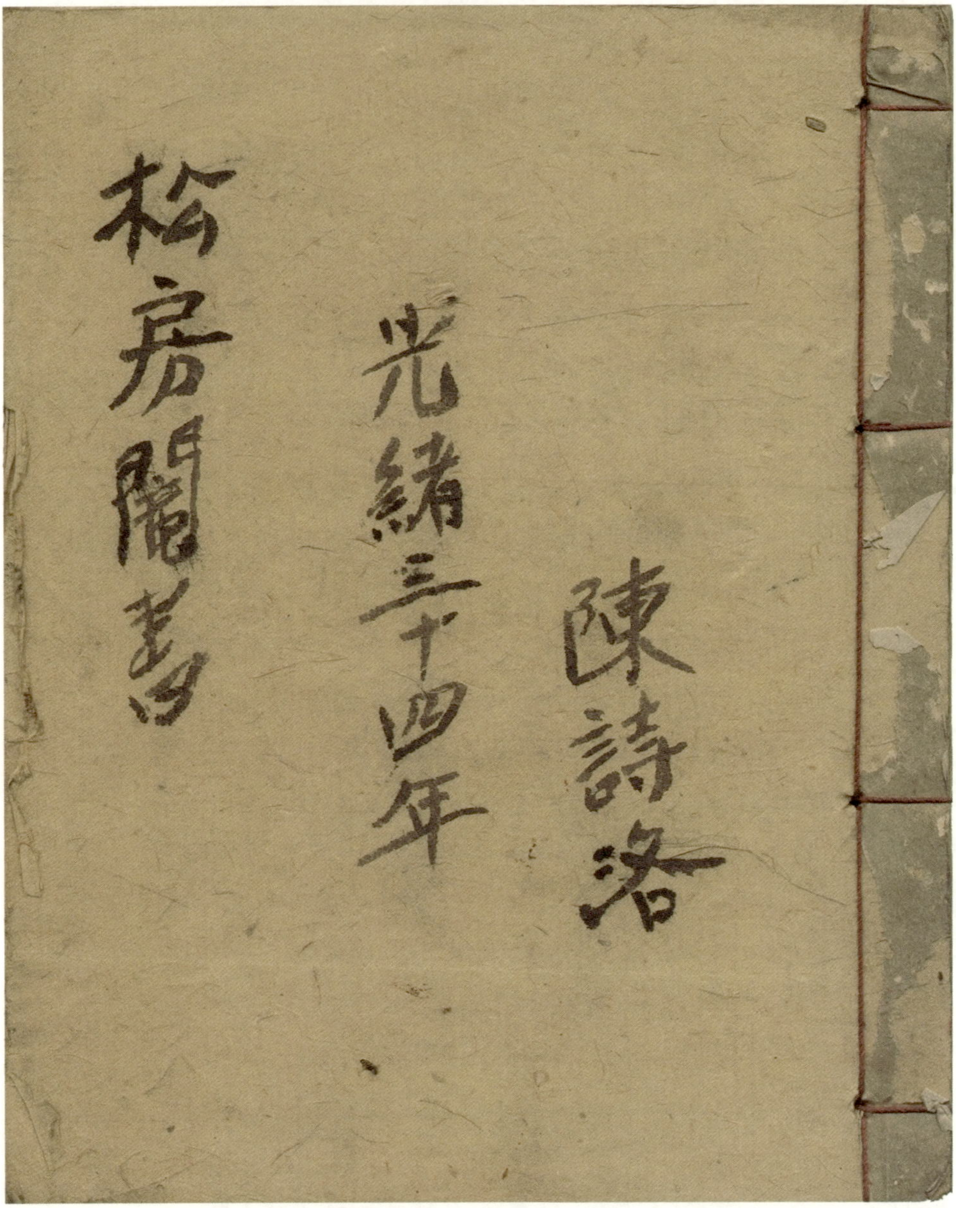

陳詩洛

光緒三十四年

松房鬮書

7-4-45-1　清光緒三十四年陳詩洛立松房鬮書（一）

7-4-44-13　清光緒三十四年陳詩暢立竹房鬮書（一三）

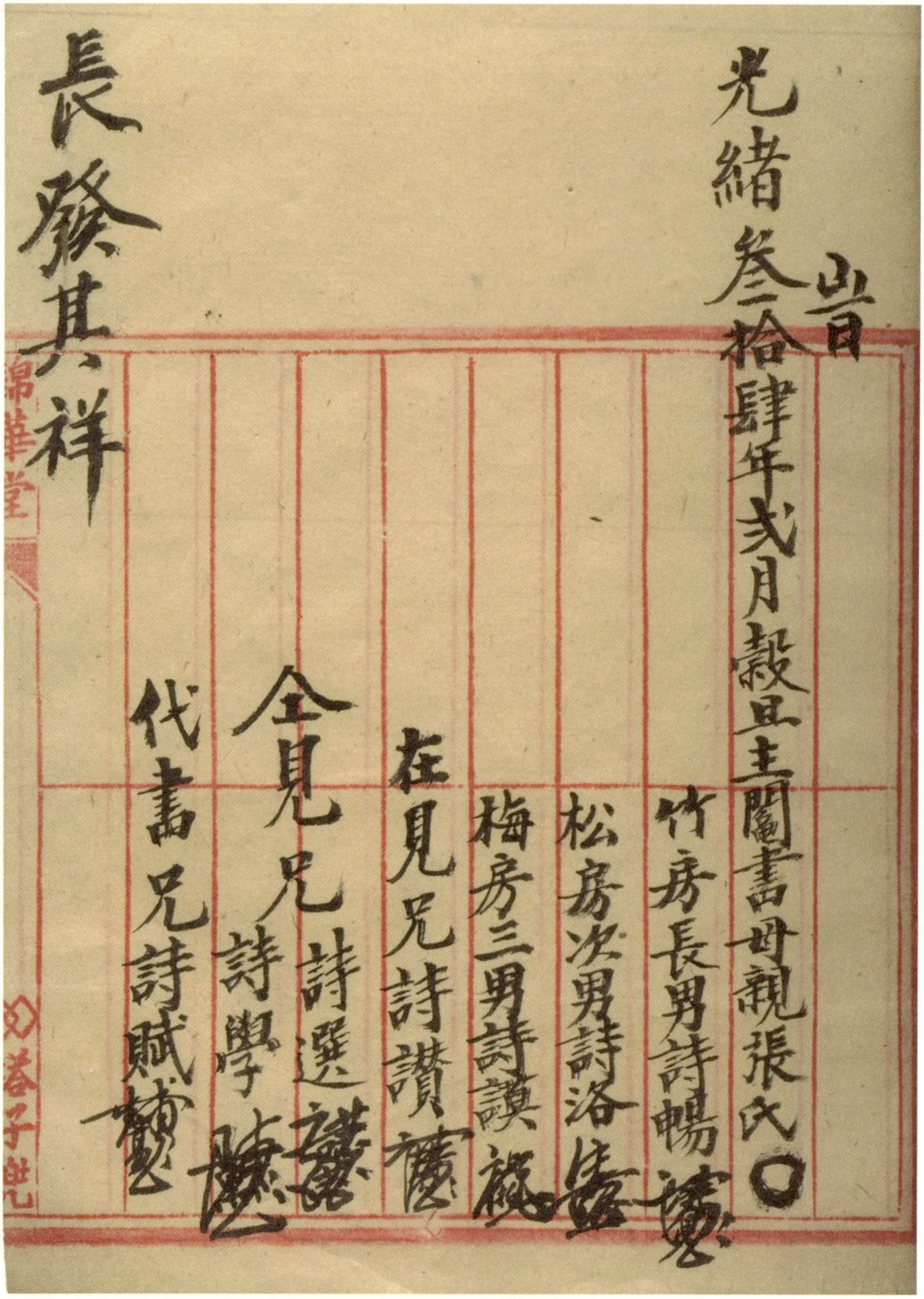
光緒叁拾肆年弍月穀旦立鬮書母親張氏〇
竹房長男詩暢
松房次男詩洛
梅房三男詩讓
在見兄詩讚
仝見兄詩選
兄詩學
代書兄詩賦
長發其祥

7-4-44-12　清光緒三十四年陳詩暢立竹房鬮書（一二）

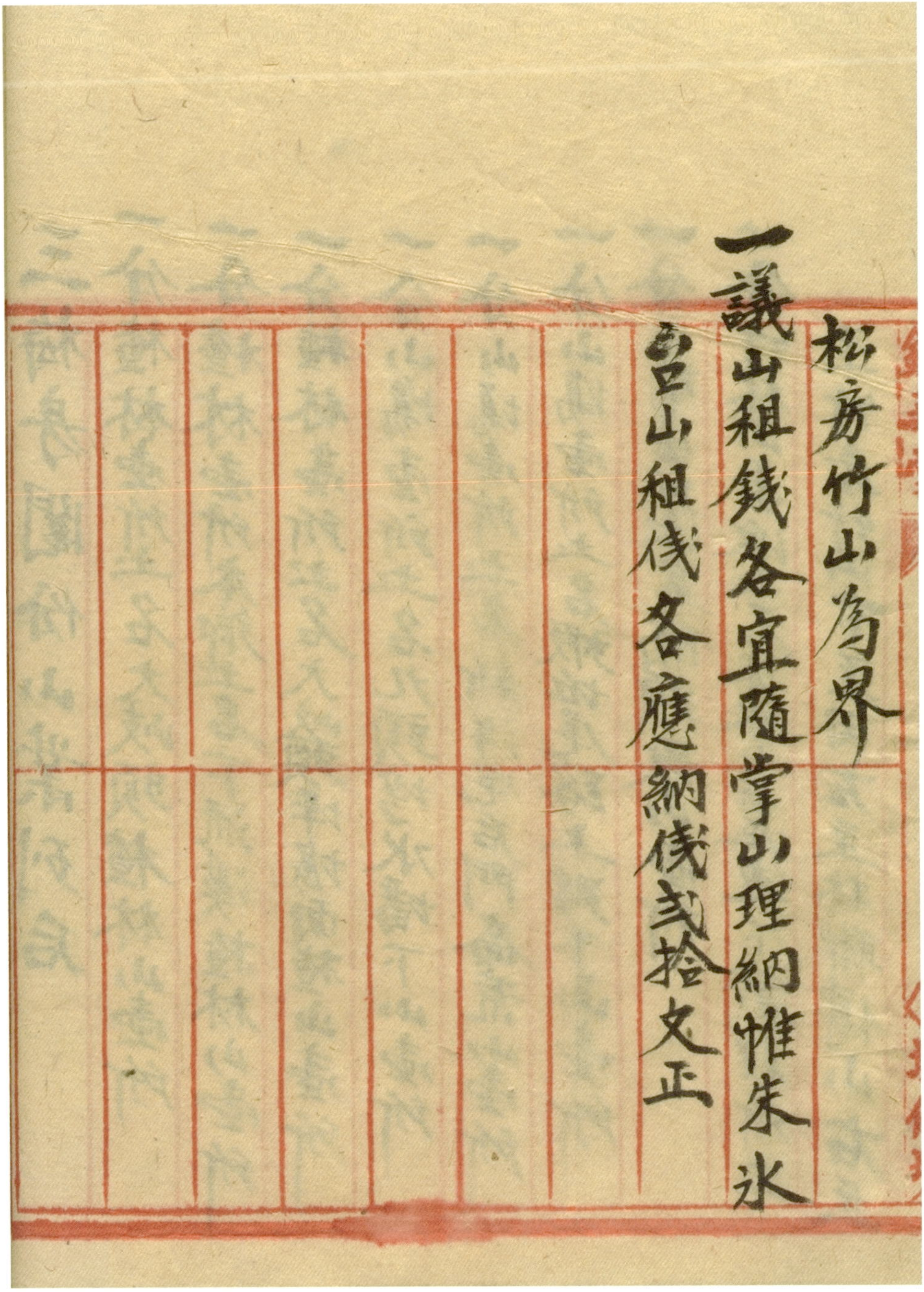
松房竹山為界
一議山租錢各宜隨掌山理納帷朱氷
台山租伐各應納伐弍拾文正

7-4-44-11　清光緒三十四年陳詩暢立竹房鬮書（一一）

三梅房鬮份山業列后
一分楂林壹所土名大岐頭楂林山壹所
一分楂林壹所本鄉土名下流溪楂林山壹所
一分楂林壹所土名大岐頭坪墈面楂山壹所
一分山塲壹所土名九頭塆水壖下山壹所
一分山塲壹所土名新洋宅后門崙荒山壹所
一分山塲壹所土名蝦姑尾路上路下山壹所
一分山塲壹所土名陽頭厰山壹所
一分竹林山壹派土名朱氷台墓邊下截裡所上
至竹房竹山下至田左至林聯傳山右至

7-4-44-10　清光緒三十四年陳詩暢立竹房鬮書（一〇）

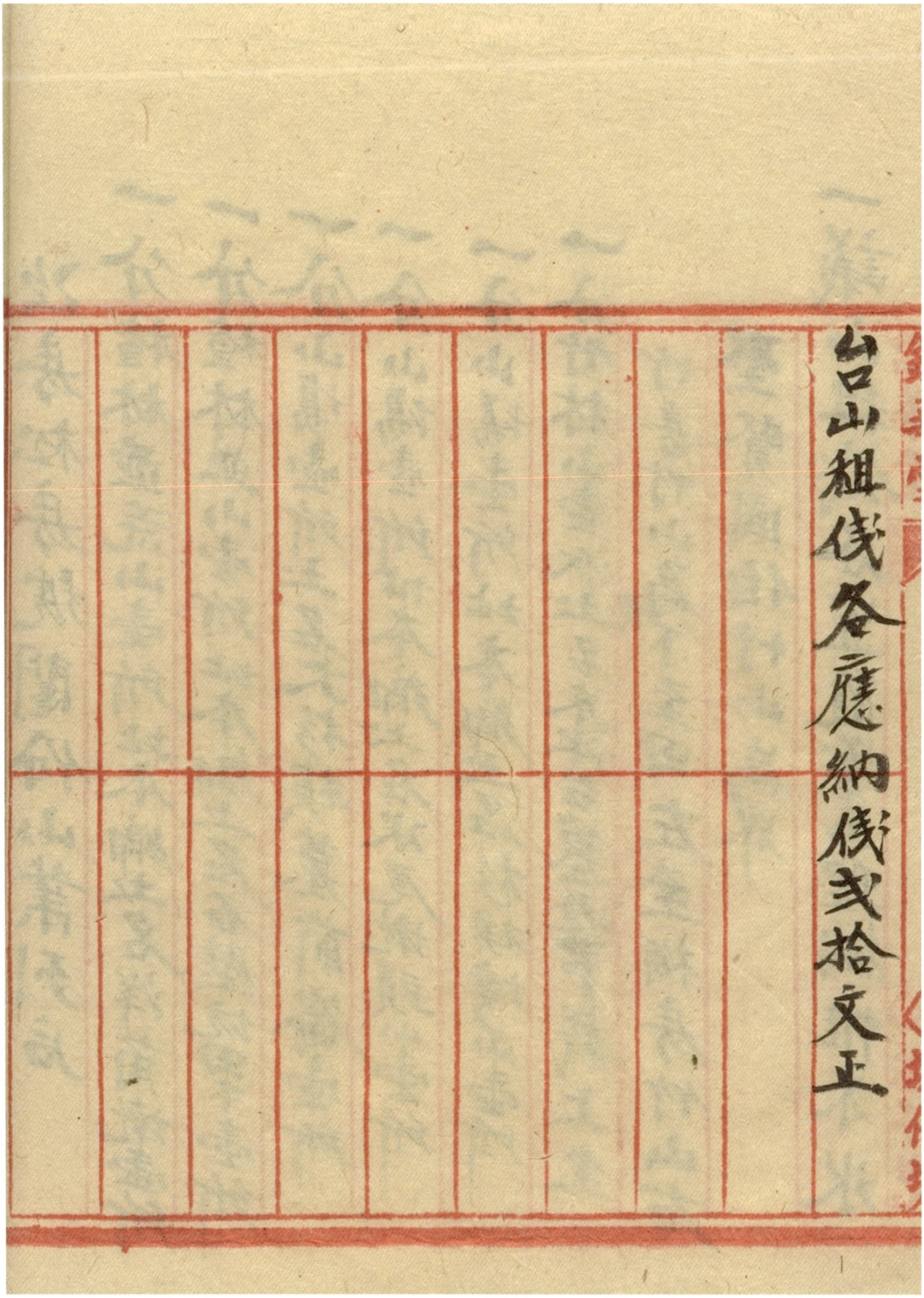

台山祖佃各應納佃弍拾文正

7-4-44-9　清光緒三十四年陳詩暢立竹房鬮書（九）

次房松房號鬮份山業列后
一分楂林並荒山壹所址本鄉土名洋角墘壹所
一分楂林並山壹所址本鄉土名石壁坑田下壹所
一分山塲壹所土名大杉模墓前崙壹所
一分山塲壹所址本鄉土名水尾墘頭山壹所
一分山塲壹所址本鄉土名杉模墘山壹所
一分竹林山壹派土名宋氷台墓進下截上至
竹房竹山為界下至田左至梅房竹山右
聖賢國伯竹山為界
一議山租銭各宜隨掌山理納帷宋氷

7-4-44-8　清光緒三十四年陳詩暢立竹房鬮書（八）

至崙左至林聯傳山右至林義松山下
左至梅房竹林下右至松房竹林
一議山租钱各宜隨掌山理納惟朱冰台
山租钱各應納钱弍拾文正

7-4-44-7　清光緒三十四年陳詩暢立竹房鬮書（七）

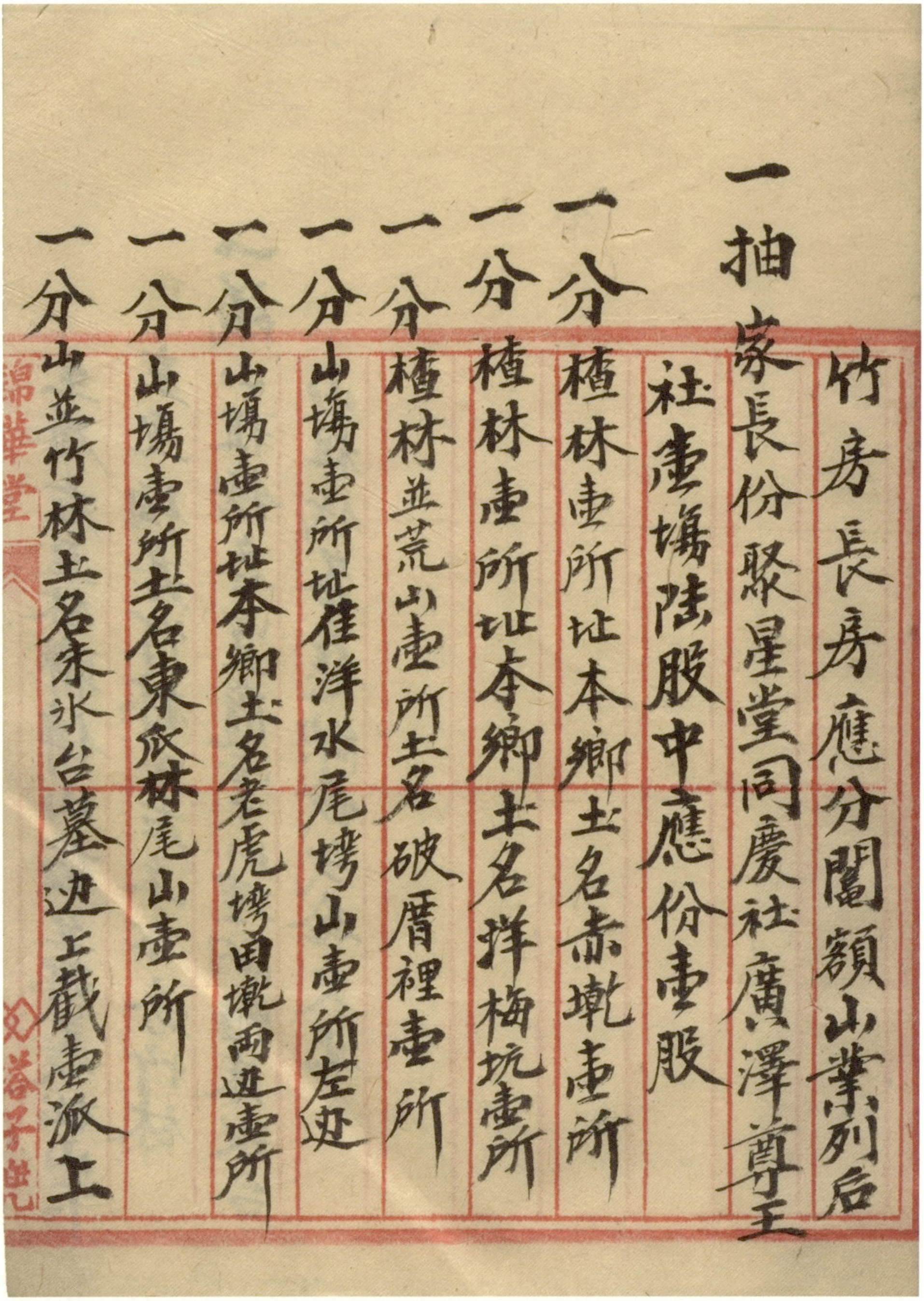

一抽竹房長房應分闔額山業列后
家長份聚星堂同慶社廣澤尊王
社壹墦陸股中應份壹股
一分楂林壹所址本鄉土名赤墘壹所
一分楂林壹所址本鄉土名拌梅坑壹所
一分楂林並荒山壹所土名破厝裡壹所
一分山墦壹所址往洋水尾墘山壹所左边
一分山墦壹所址本鄉土名老虎墘田墘兩边壹所
一分山墦壹所土名東坑林尾山壹所
一分山並竹林土名宋水台墓边上截壹派上

7-4-44-6　清光緒三十四年陳詩暢立竹房鬮書（六）

一抽東旺宅田公元帥爺會社壹場四股應份壹股

一抽東旺宅福德社壹場拾捌股中應份弍股

7-4-44-5　清光緒三十四年陳詩暢立竹房鬮書（五）

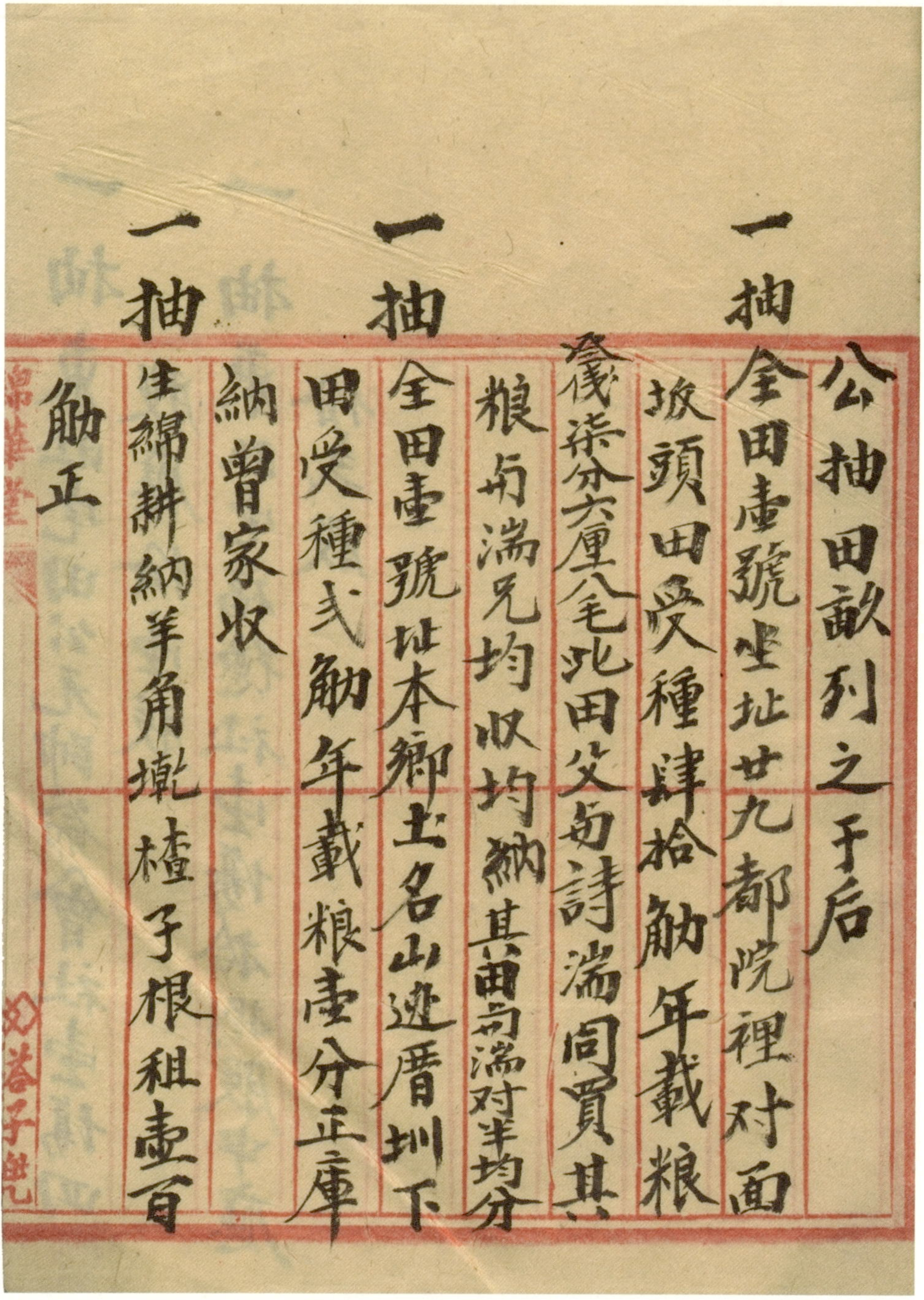
公抽田畝列之于后
一抽全田壹號坐址廿九都院裡对面
垅頭田受種肆拾觔年載粮
錢柒分六厘八毛此田父与詩端同買其
粮与端兄均收均納其田与端对半均分
一抽全田壹號址本鄉土名山边厝圳下
田受種弍觔年載粮壹分五厘
納曾家收
一抽生綿耕納羊角墘樝子根租壹百
觔正

7-4-44-4　清光緒三十四年陳詩暢立竹房鬮書（四）

子婦姪各營產業遂定房號
竹松梅爰立鬮書公抽倉廪
聊為娱老之資各撥田廬
權作謀生之計裒多益寡原
無兄瘦而弟肥類聚群分必
別此疆而彼界勿争卜氏之田
仍共姜肱之被推梨讓棗爰
敦如初業雖分而氣相同財雖
分亦若未分也是為序

7-4-44-3　清光緒三十四年陳詩暢立竹房鬮書（三）

序

嘗思庭植紫荆爭傳田氏樓名花萼
誌美唐家追慕古風忍離同氣然
而木必分植而後蕃水必分流而後
大與其聚而强合恐生縫布之謠
孰若散而分營悉泯角弓之怨
夫吾也紹夫翁之緒業擔荷無
窮承先世之箕裘仔肩倍力加
以萱年遲暮頹倦經營家政
浩繁难於措理故命爾支分

7-4-44-2　清光緒三十四年陳詩暢立竹房鬮書（二）

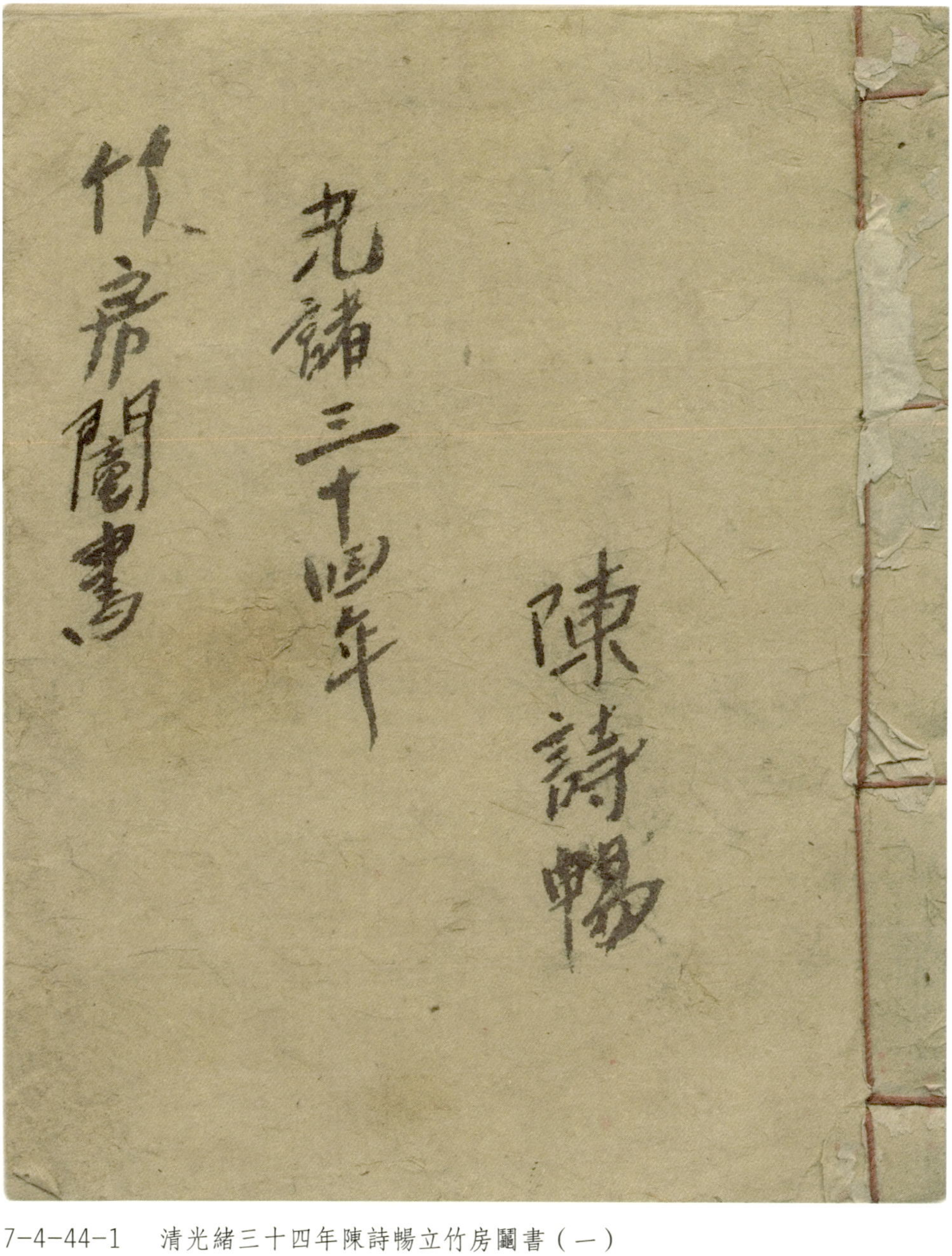
陳詩暢
光緒三十四年
竹房鬮書

7-4-44-1　清光緒三十四年陳詩暢立竹房鬮書（一）

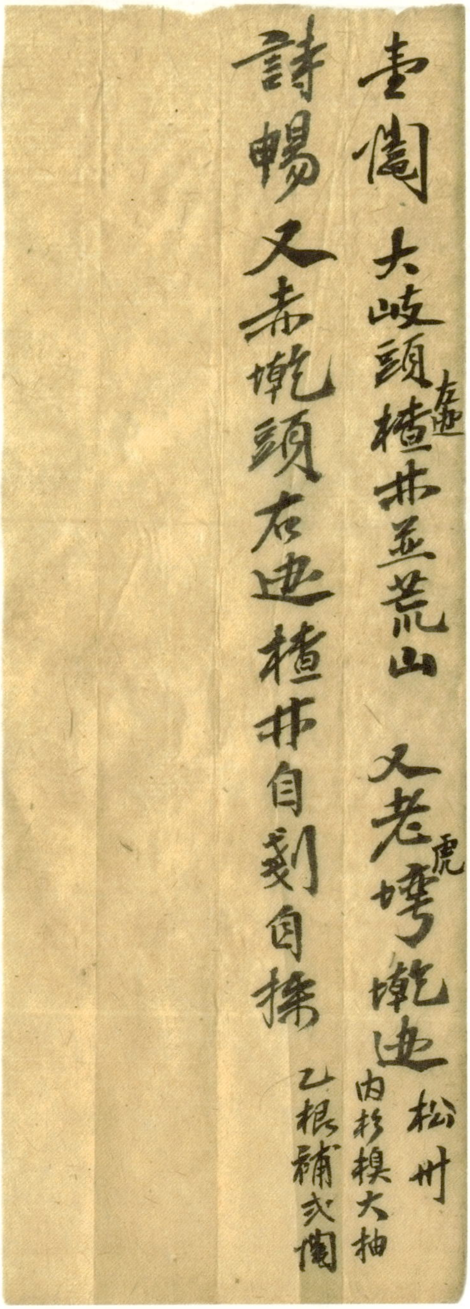
壹鬮 大岐頭植林并荒山 左邊 又老塆墘邊 虎 松卅
內杉模大抽
乙根補弍鬮
詩暢 又赤墘頭右邊植林自刻自採

7-4-43-27 民國時期陳詩暢鬮單

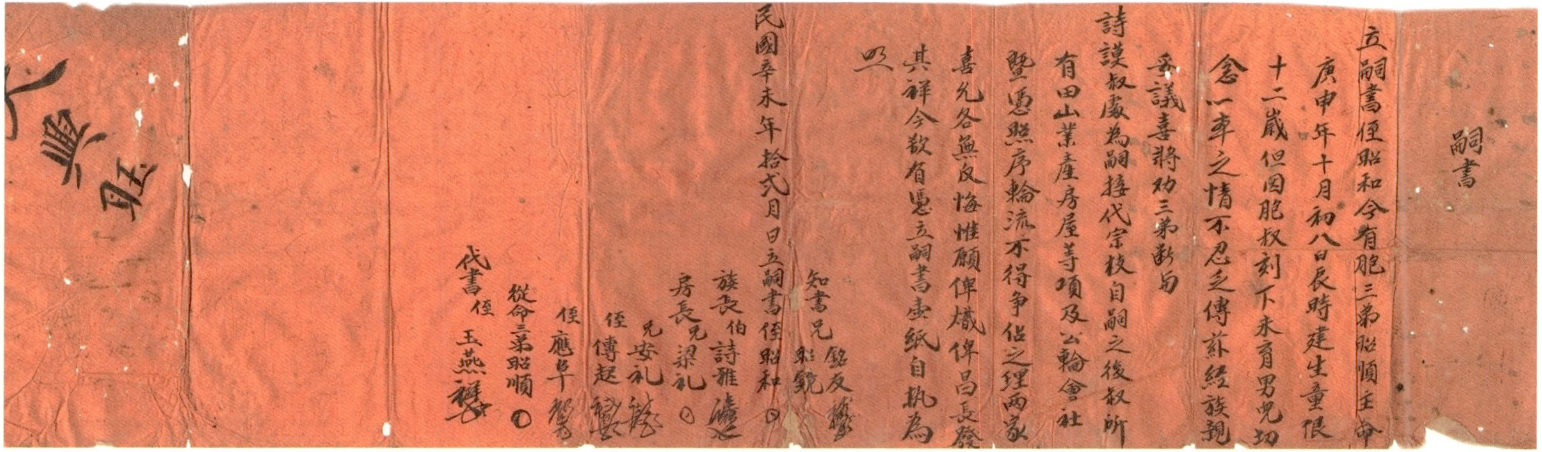
嗣書

立嗣書侄昭和今有胞三弟昭順壬命
庚申年十月初八日辰時建生童限
十二歲但因胞叔刻下未育男兒切
念一本之情不忍乏傳蔣經族親
丞議喜將劝三弟斷与
詩謨叔處為嗣接代宗枝自嗣之後叔所
有田山業產房屋等項及公輪會社
暨憑照房輪流不得爭佔之理兩家
喜允各無反悔惟願俾熾俾昌長發
其祥今欲有憑立嗣書壹紙自執為
照

民國辛未年拾弍月　日立嗣書侄昭和

知書兄　鉦友　昭鏡
族長伯　詩雅
房長兄　梁礼
兄　安礼
侄　傳起
侄　應卑
從命三弟　昭順
代書侄　玉燕

7-4-43-26　民國二十年十二月陳昭和立嗣書

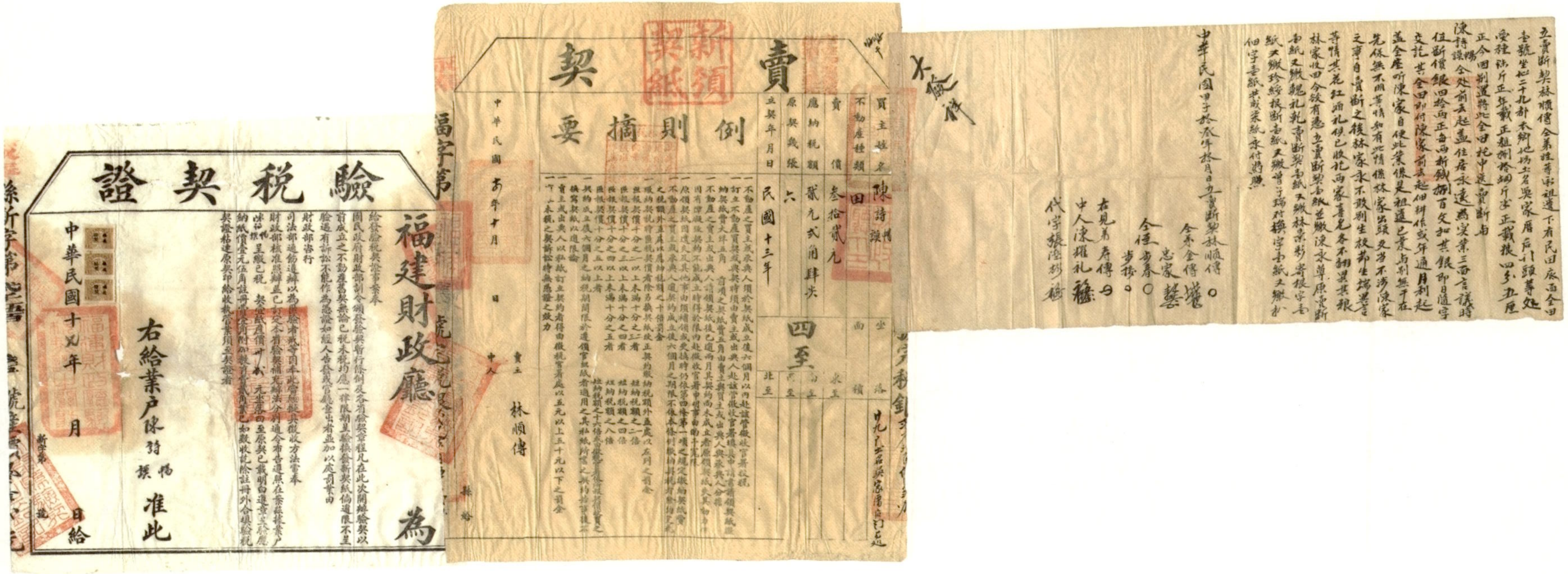

7-4-43-25　民國十三年十月林順傳等立賣斷底面全民田契（紅契）

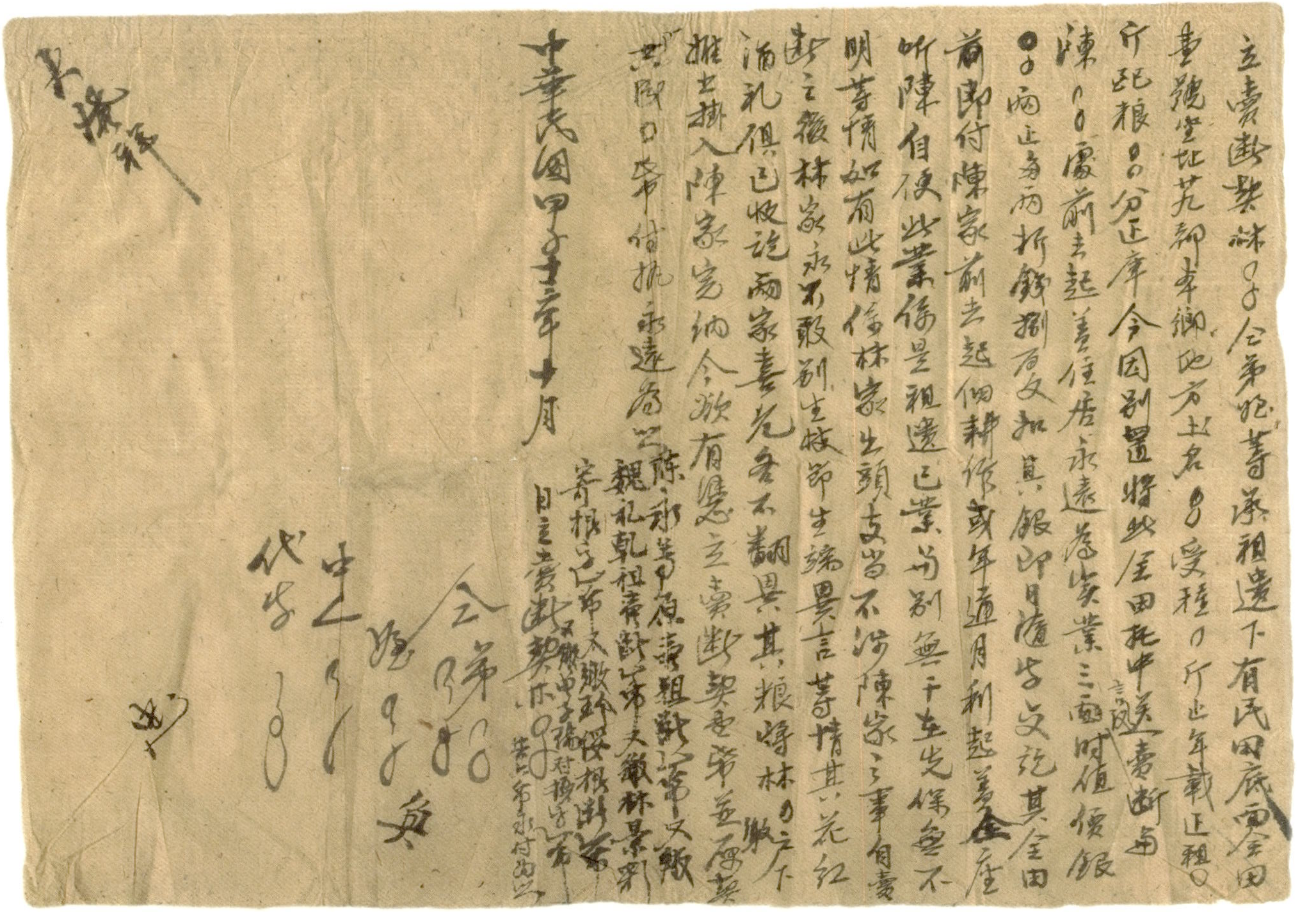

7-4-43-24　民國十三年十月林順傳等立賣斷底面全民田契（草契）

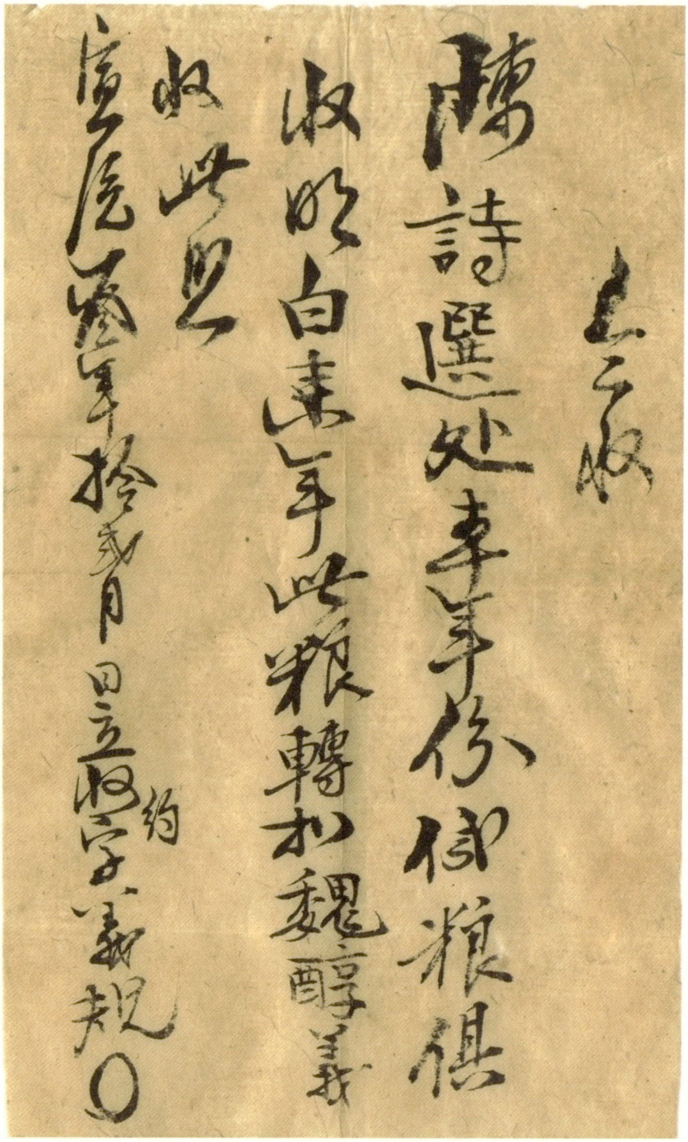
立收
陳詩選处来年份御粮俱
收明白来年此粮轉扒魏醇義
收此照
宣統叁年拾貳月　日立收字约　張義規○

7-4-43-23　清宣統三年十二月張義規立收錢糧字

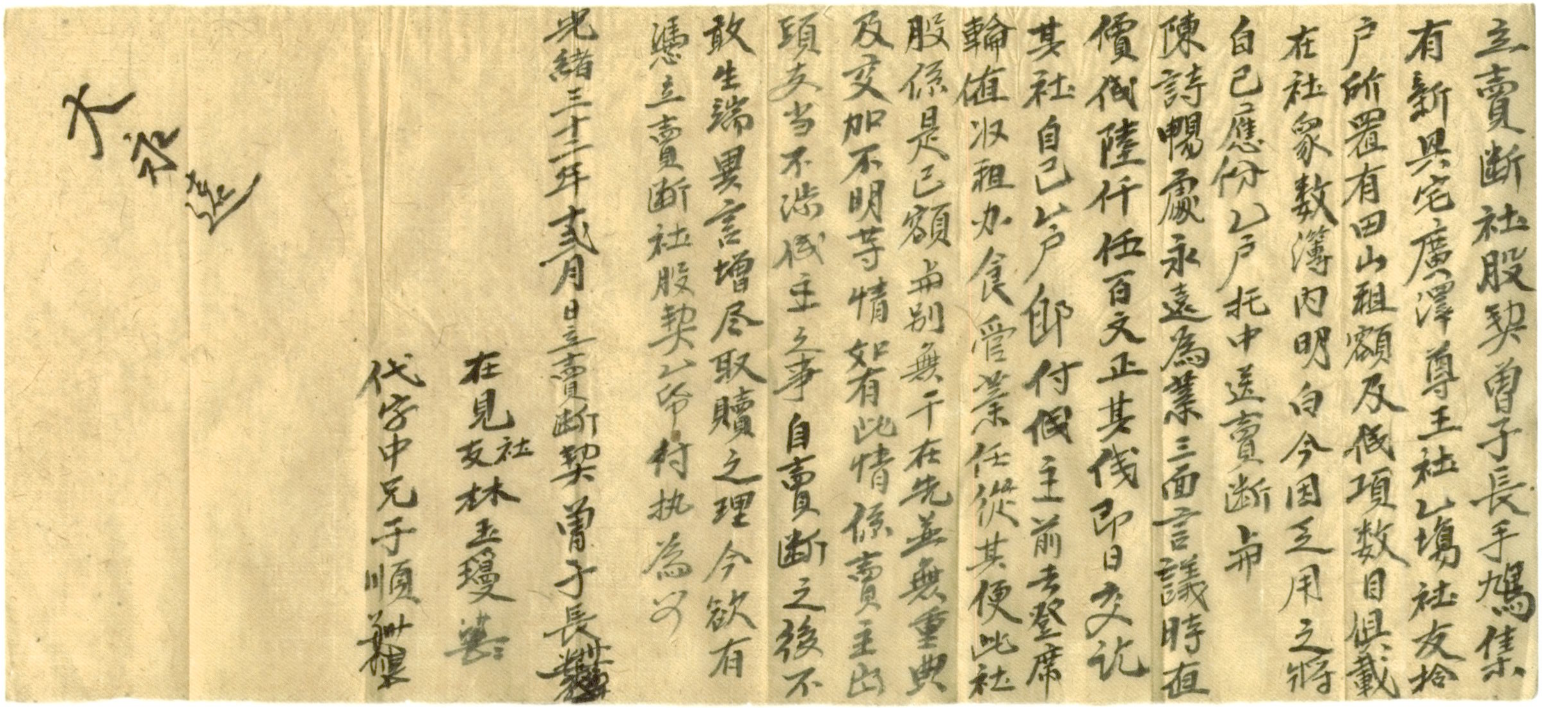
立賣斷社股契曾子長，手鳩集
有新興宅廣澤尊王社，鳩社友拾
戶，所置有田山租額及低項數目俱載
在社家數簿內明白。今因乏用，之將
自己應份乙戶，托中送賣斷與
陳詩幌處永遠為業，三面言議時值
價低陸仟伍百文正，其錢即日交訖，
其社自己乙戶即付低主前去登席
輪值收租辦食，嘗業任從其便，此社
股係是己額，與別無干，在先並無重典
及交加不明等情，如有此情，係賣主出
頭支當，不涉低主之事。自賣斷之後，不
敢生端異言增找取贖之理。今欲有
憑，立賣斷社股契乙紙，付執為照。
光緒三十二年弍月　日立賣斷契曾子長(押)
在見社友林玉瓊(押)
代字中兄子順(押)
大發

7-4-43-22　清光緒三十二年十二月曾子長立賣斷社股契

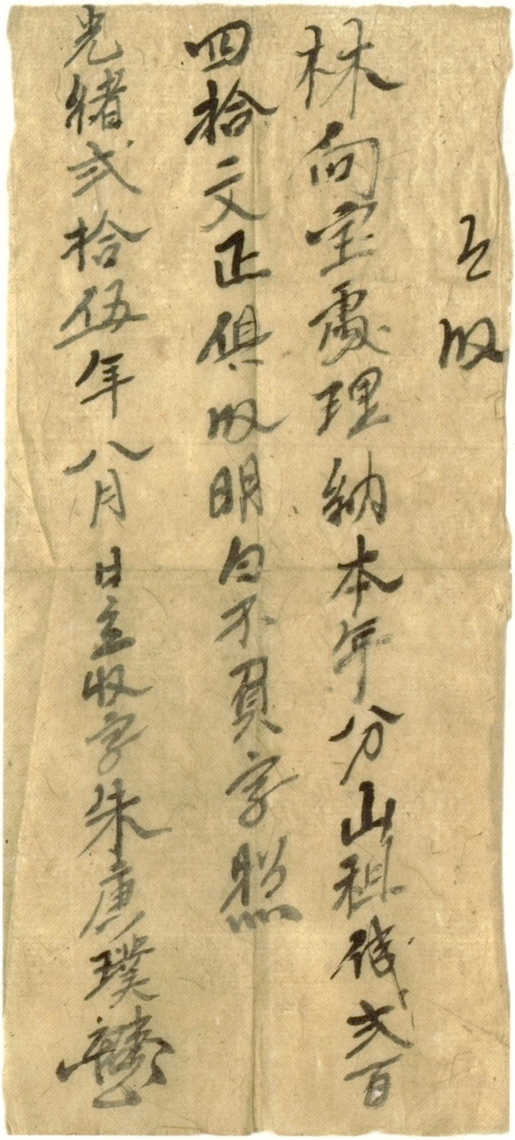
立收
林向宝處理納本年分山租錢文百
四拾二文正俱收明白不負字照
光緒貳拾伍年八月　日立收字朱庚璞

7-4-43-21　清光緒二十五年八月朱庚璞立收山租字

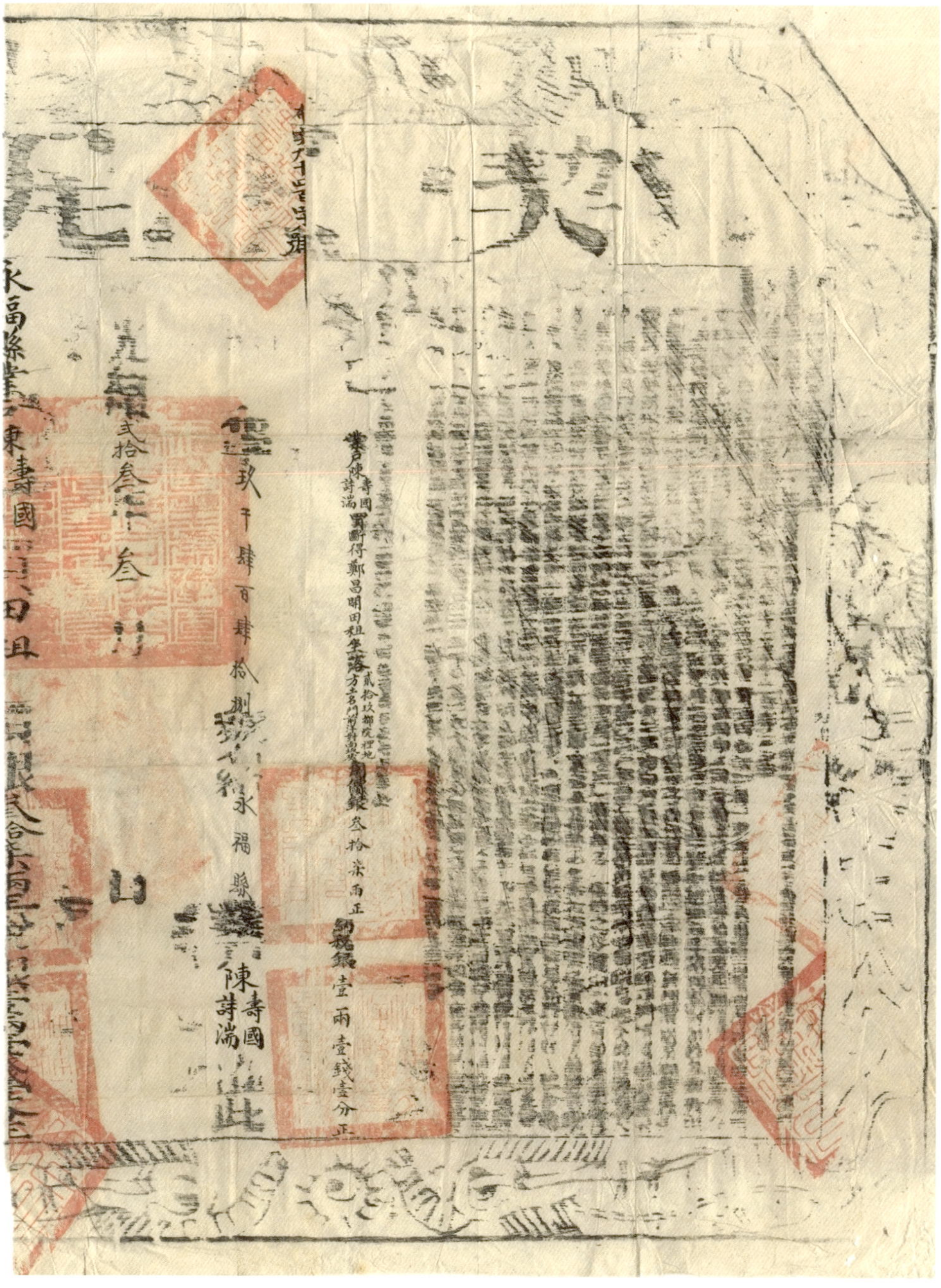

7-4-43-20　清光緒二十三年三月陳壽國等户契尾

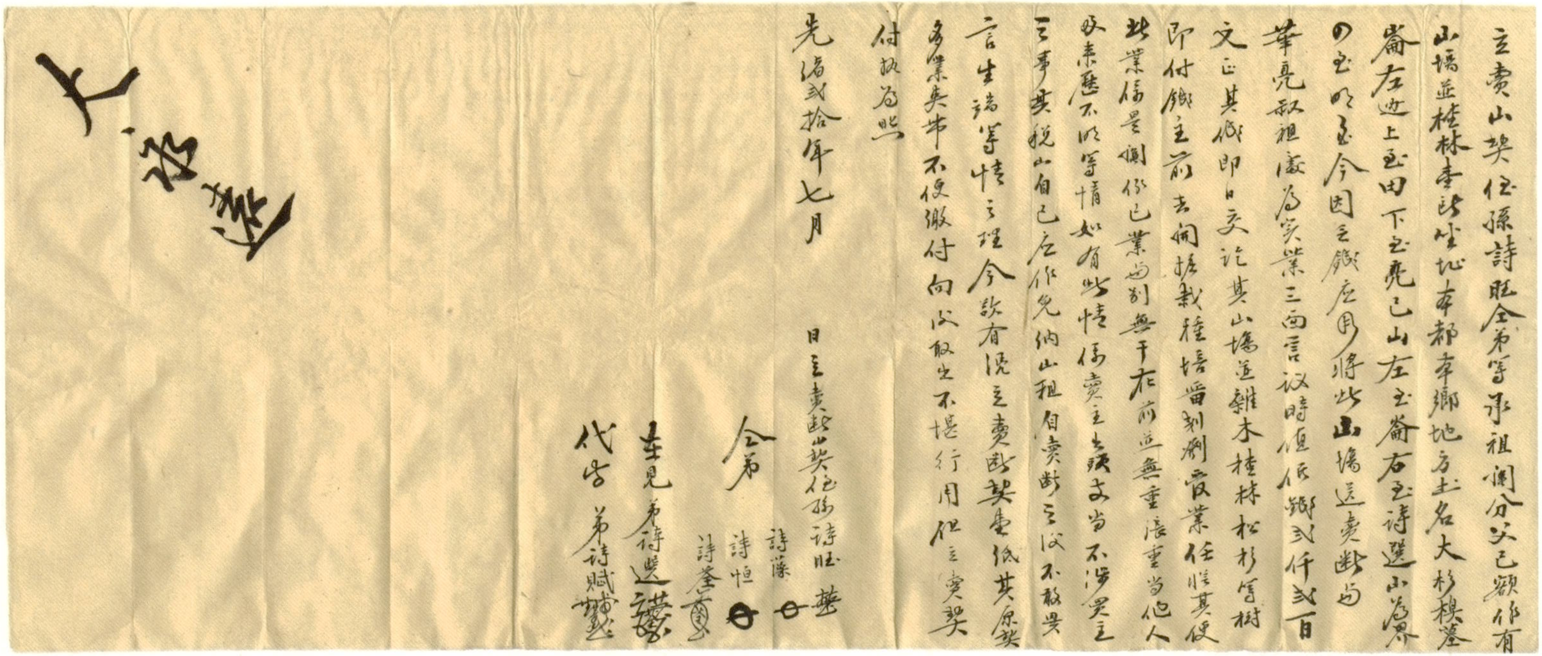
立賣山契侄孫詩旺仝弟等承祖鬮分父己撥作有
山場並桂林李毗坐址本都本鄉地方土名大杉模基
崙左边上至田下至兜山左至崙右至詩選山為界
四至明白今因乏銀応用將此山場送賣斷出
華亮叔祖處為業三面言议時值价銀弍仟弍百
文正其銀即日交訖其山場並雜木桂林松杉等樹
即付銀主前去掏掘栽種培晉剃刪管業任從其便
此業係是侄己業與别無干在前並無重張重當他人
以來歷不明等情如有此情係賣主支當不涉買主
之事其稅山自己應作兑納山租自賣斷之後不敢異
言生端等情之理今欲有憑立賣斷契壹紙其原契
多業共串不便繳付向後取出不堪行用但立賣契
付执為照

光緒弍拾年七月　日立賣斷山契侄孫詩旺（押）
仝弟　詩滌（押）
　　　詩恒（押）
　　　詩全（押）
在見　弟詩選（押）
代字　弟詩賦（押）

7-4-43-19　清光緒二十年七月陳詩旺等立賣斷山場等契

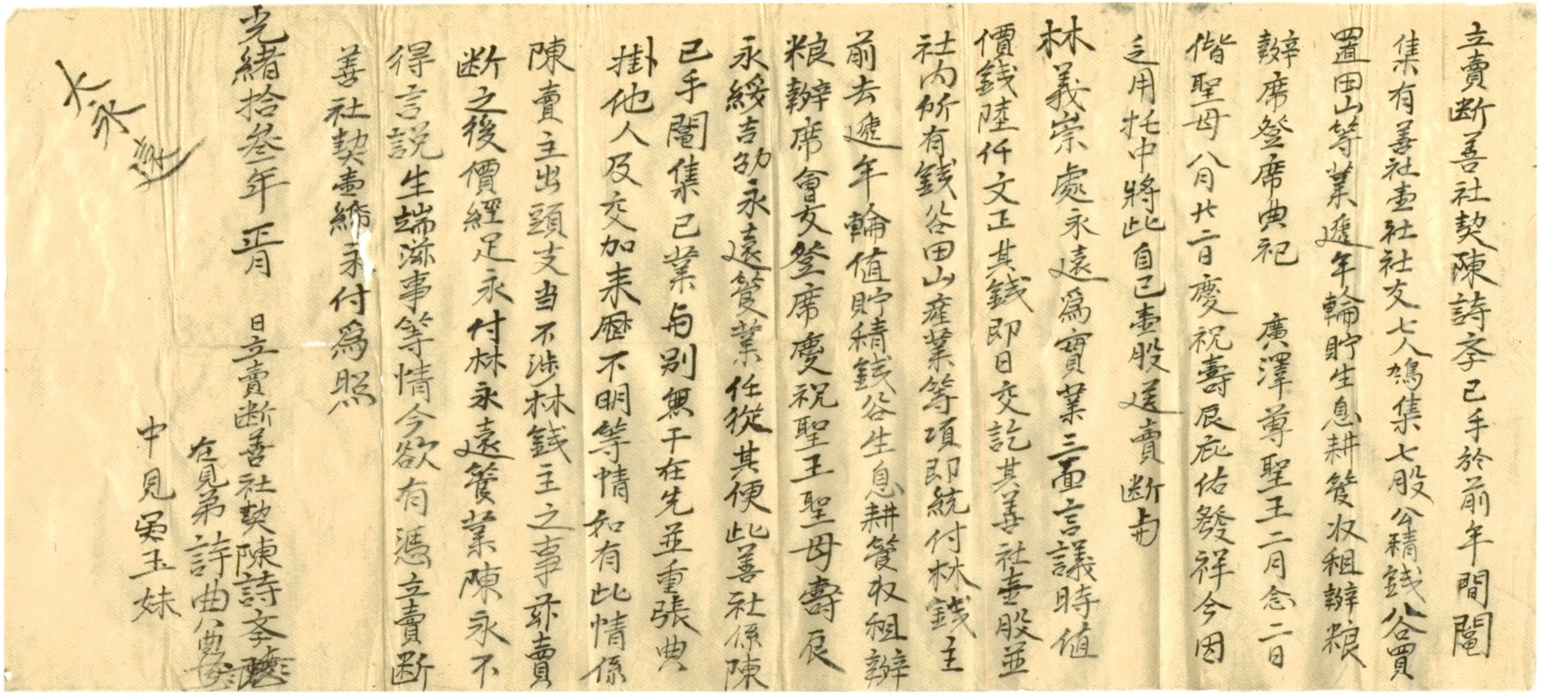
立賣斷善社契陳詩孝己手於前年間閭
集有善社壹社社友七人鳩集七股公積錢八員合買
置田山等業逐年輪貯生息耕贌收租辦粮
辦席登席典祀　廣澤尊王二月念二日
偕聖母八月廿三日慶祝壽辰庇佑發祥今因
乏用托中將此自己壹股送賣斷與
林義崇處永遠爲實業三面言議時值
價錢陸仟文正其錢即日交訖其善社壹股並
社內所有錢谷田山產業等項即統付林錢主
前去逐年輪值貯積錢谷生息耕贌收租辦
粮辦席會友登席慶祝聖王聖母壽辰
永綏吉叻永遠贌業任從其便此善社係陳
己手閭集已業與別無干在先並重張典
掛他人及交加來歷不明等情如有此情係
陳賣主出頭支当不涉林錢主之事亦賣
斷之後價經足永付林永遠贌業陳永不
得言說生端滋事等情今欲有憑立賣斷
善社契壹紙永付爲照
光緒拾叁年正月　日立賣斷善社契陳詩孝
在見弟詩曲
中見吳玉妹
大發

7-4-43-18　清光緒十三年正月陳詩孝立賣斷善社股契

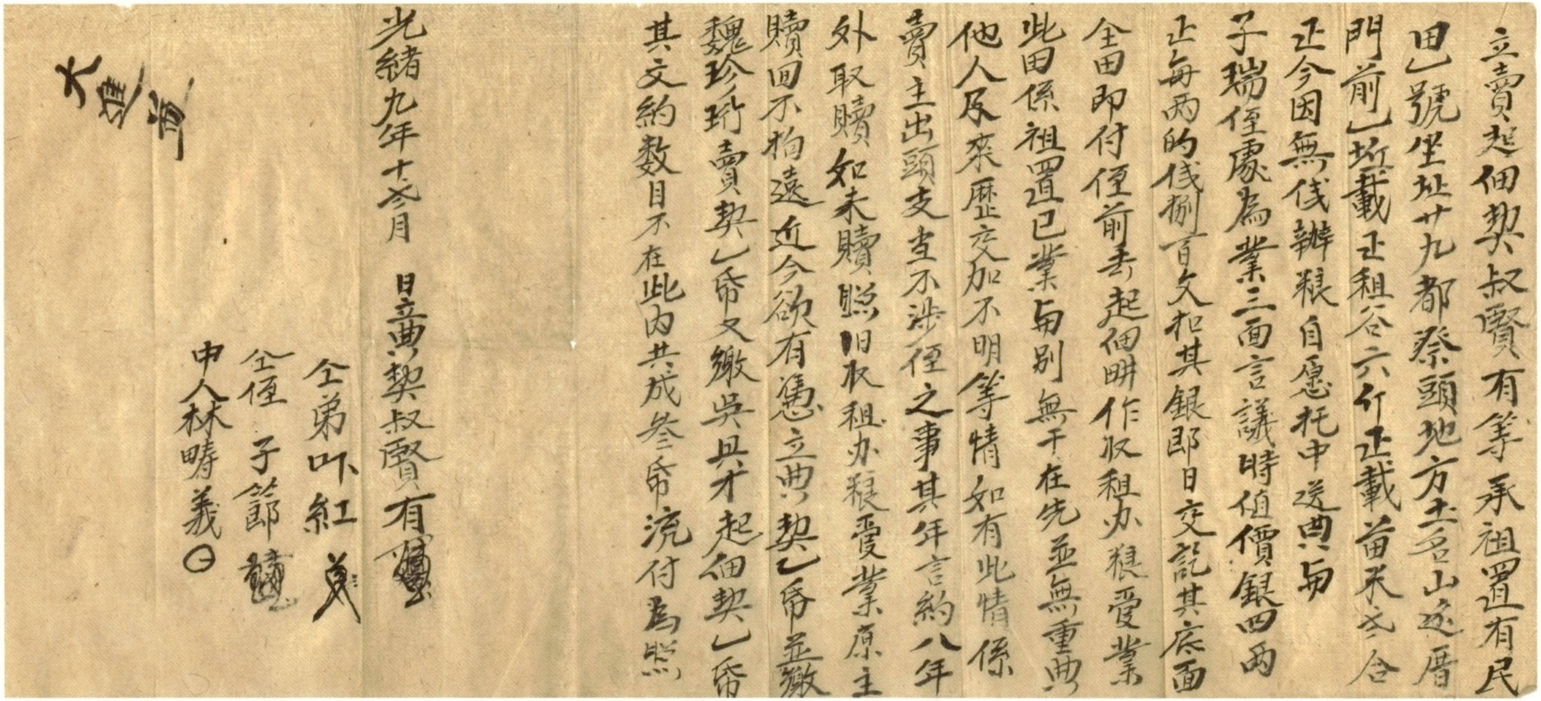

立賣起佃契叔賢有等承祖置有民
田乙號坐址廿九都漈頭地方土名山迳厝
門前乙坵載正租谷六斤正載苗禾乙合
正今因無錢辦粮自愿托中送典與
子瑞侄處為業三面言議時值價銀四兩
正每兩的錢捌百文扣其銀即日交訖其底面
全田即付侄前去起佃耕作收租辦粮管業
此田係祖置已業與別無干在先並無重典
他人及來歷交加不明等情如有此情係
賣主出頭支當不涉侄之事其年言約八年
外取贖如未贖照舊收租辦粮管業原主
贖回不拘遠近今欲有憑立典契乙帋並繳
魏珍珩賣契乙帋又繳吳其才起佃契乙帋
其文約數目不在此內共成叁帋流付為照

光緒九年十弍月　日立典契叔賢有（押）
仝弟吓紅（押）
仝侄　子節（押）
中人林疇義（押）

大吉昌

7-4-43-17　清光緒九年十二月曾賢有等立賣起佃民田契

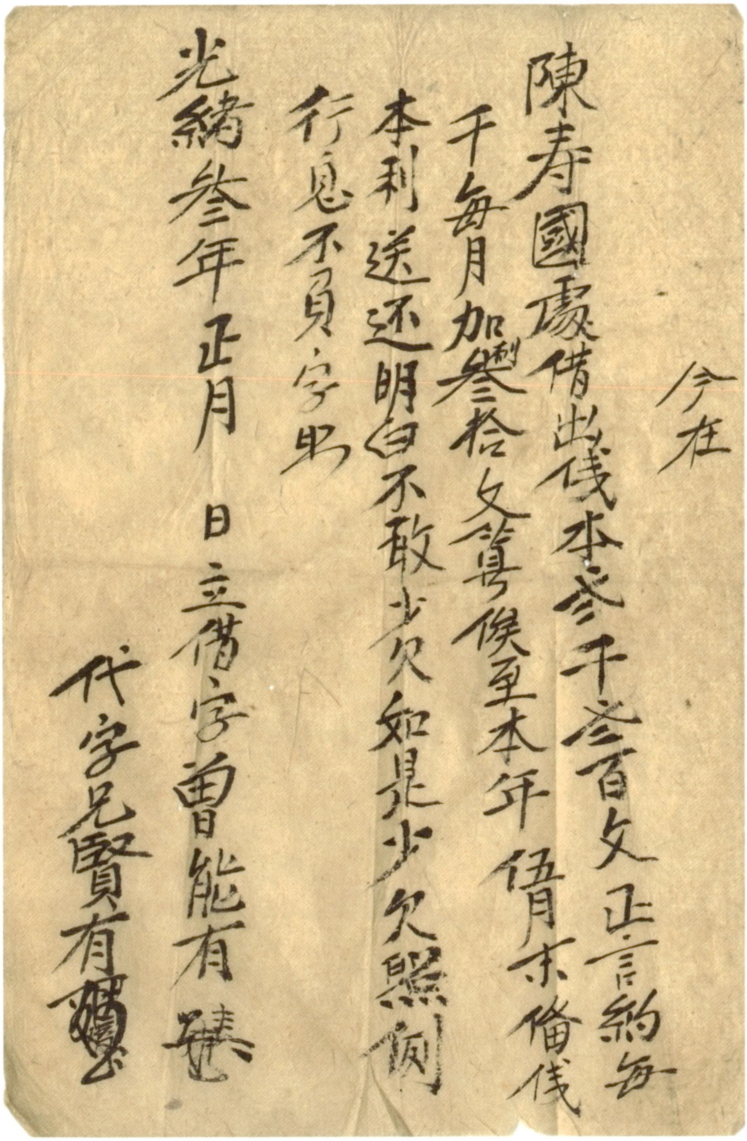
今在
陳寿國處借出钱本叁千叁百文正言約每
千每月加叁拾文算候至本年伍月末備钱
本利送还明白不敢少欠如是少欠照例
行息不負字照
光緒叁年正月　日立借字曾能有（押）
代字兄賢有（押）

7-4-43-16　清光緒三年正月曾能有立借錢字

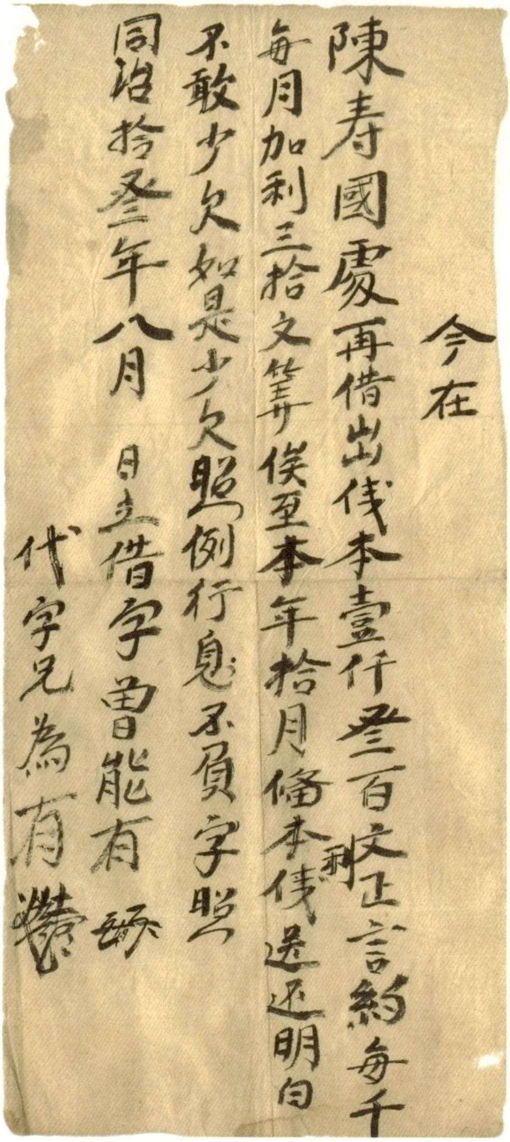
今在
陳壽國處再借出錢本壹仟叁百文正言約每千
每月加利三拾文算俟至本年拾月備本利錢送还明白
不敢少欠如是少欠照例行息不負字照
同治拾叁年八月 日立借字曾能有
代字兄為有

7-4-43-15　清同治十三年八月曾能有立借錢字

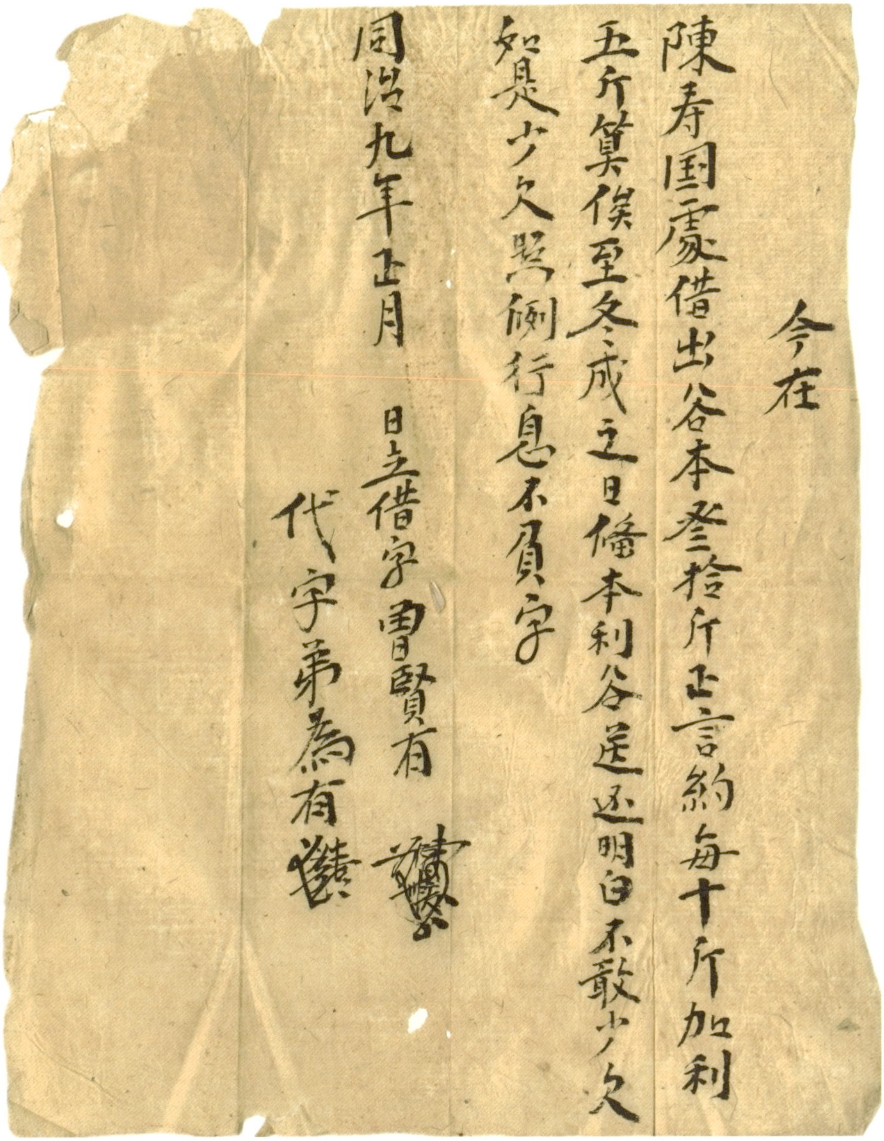

今在
陳寿国處借出谷本叁拾斤正言約每十斤加利
五斤算俟至冬成之日備本利谷足还明白不敢少欠
如是少欠照例行息不負字
同治九年正月　日立借字曾賢有（押）
代字弟為有（押）

7-4-43-14　清同治九年正月曾賢有立借穀字

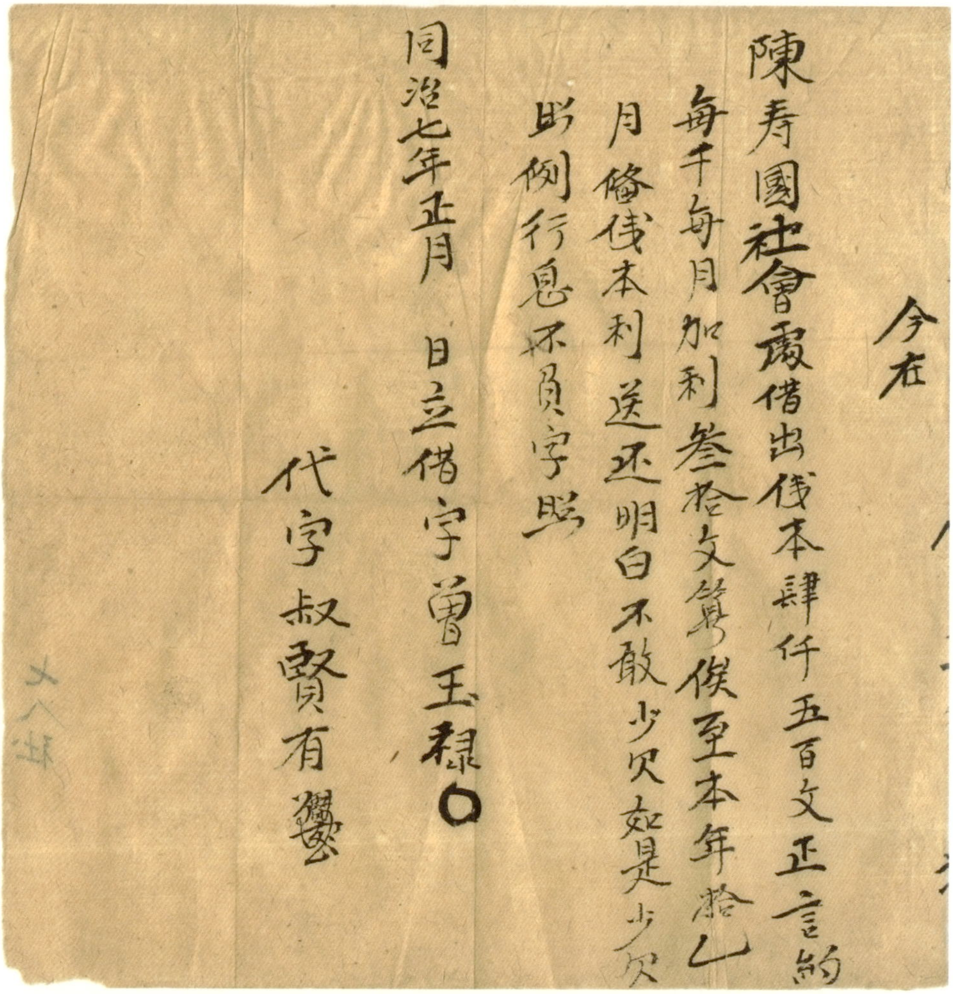

今在
陳寿國社會處借出錢本肆仟五百文正言約
每千每月加利叁拾文算俟至本年拾乙
月備錢本利送還明白不敢少欠如是少欠
照例行息不負字照
同治七年正月　日立借字曾玉禄 ○
代字叔賢有

7-4-43-13　清同治七年正月曾玉禄立借錢字

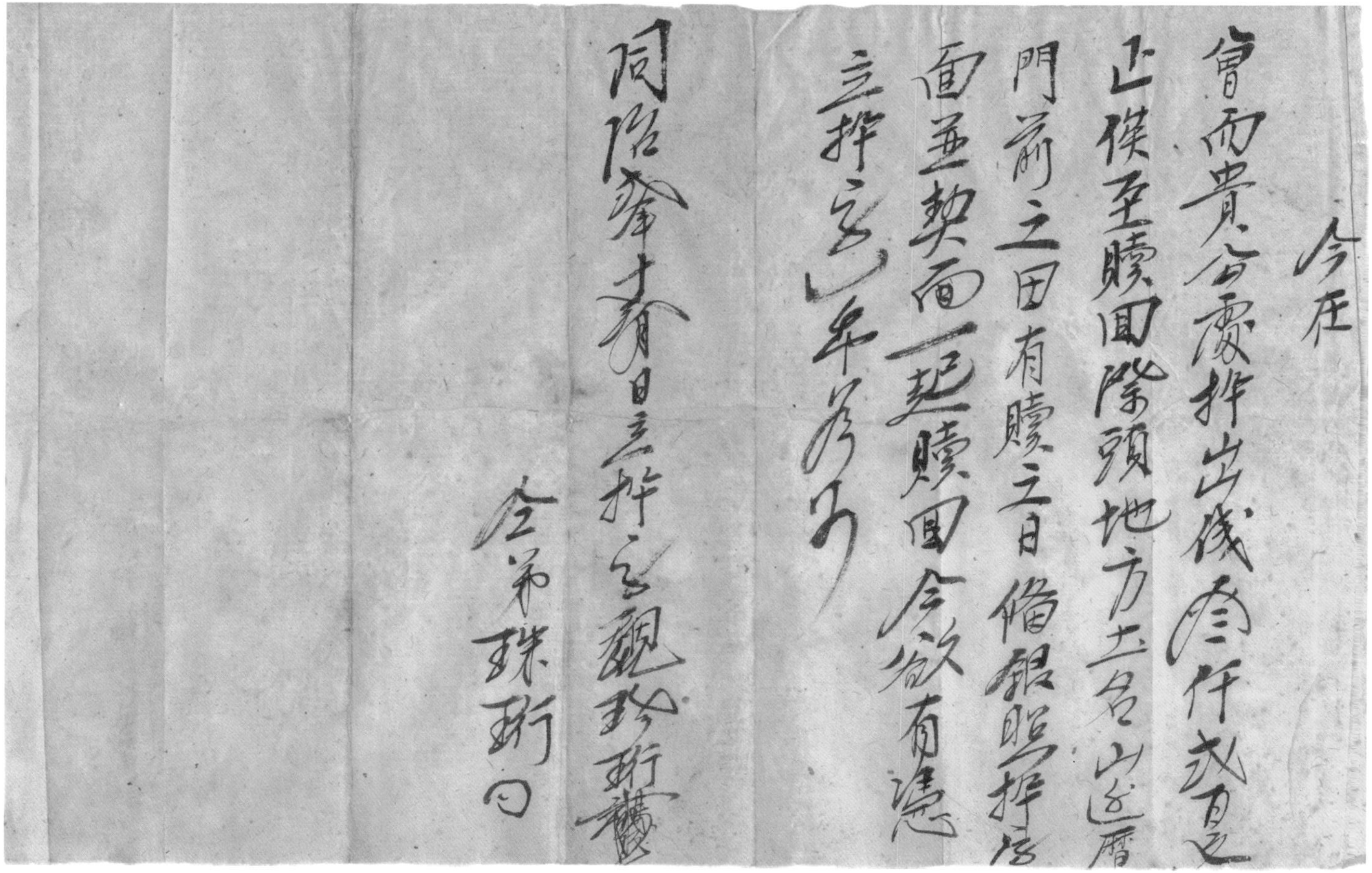
今在
會而貴分處撮出錢叁仟弍百足
正僕至贖回際頭地方土名山边厝
門前之田有贖之日備銀照撮為
面並契面一起贖回今欲有憑
立撮字乙紙存照
同治弍年十二月日立撮字魏珍珩（押）
仝弟珠珩（押）

7-4-43-12　清同治二年十二月魏珍珩等立撮字

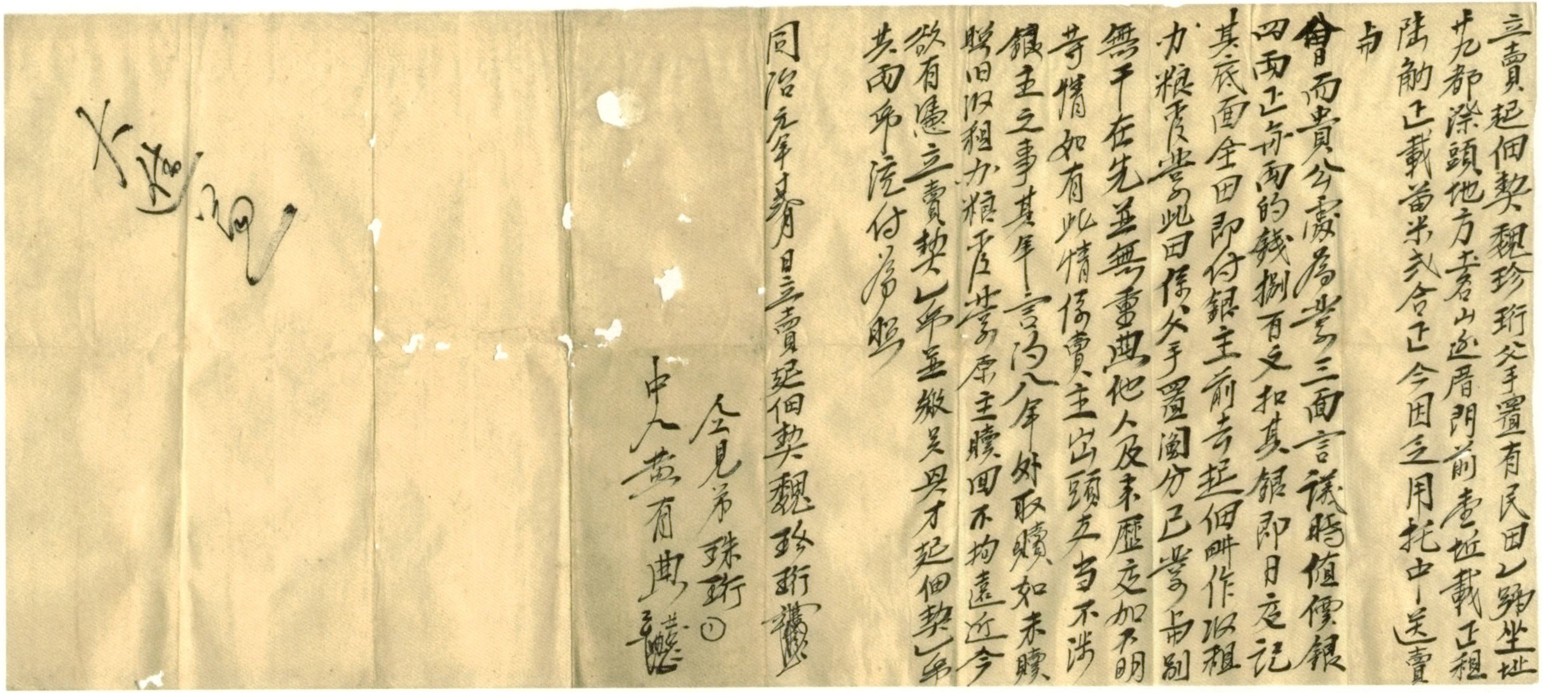

7-4-43-11　清同治元年十二月魏珍珩立賣起佃民田契

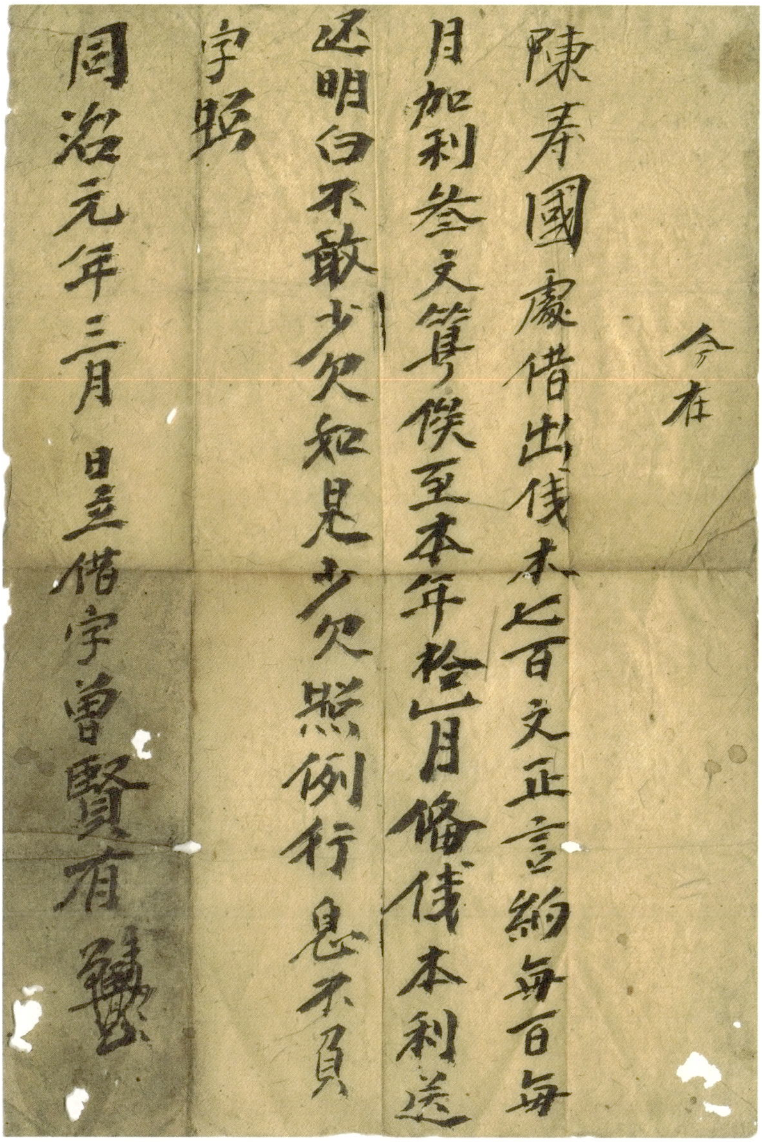
今在
陳寿國處借出錢七百文正言約每百每
月加利叁文算俟至本年拾一月備錢本利送
還明白不敢少欠知是少欠照例行息不負
字照
同治元年三月　日立借字曾賢有（押）

7-4-43-10　清同治元年三月曾賢有立借錢字

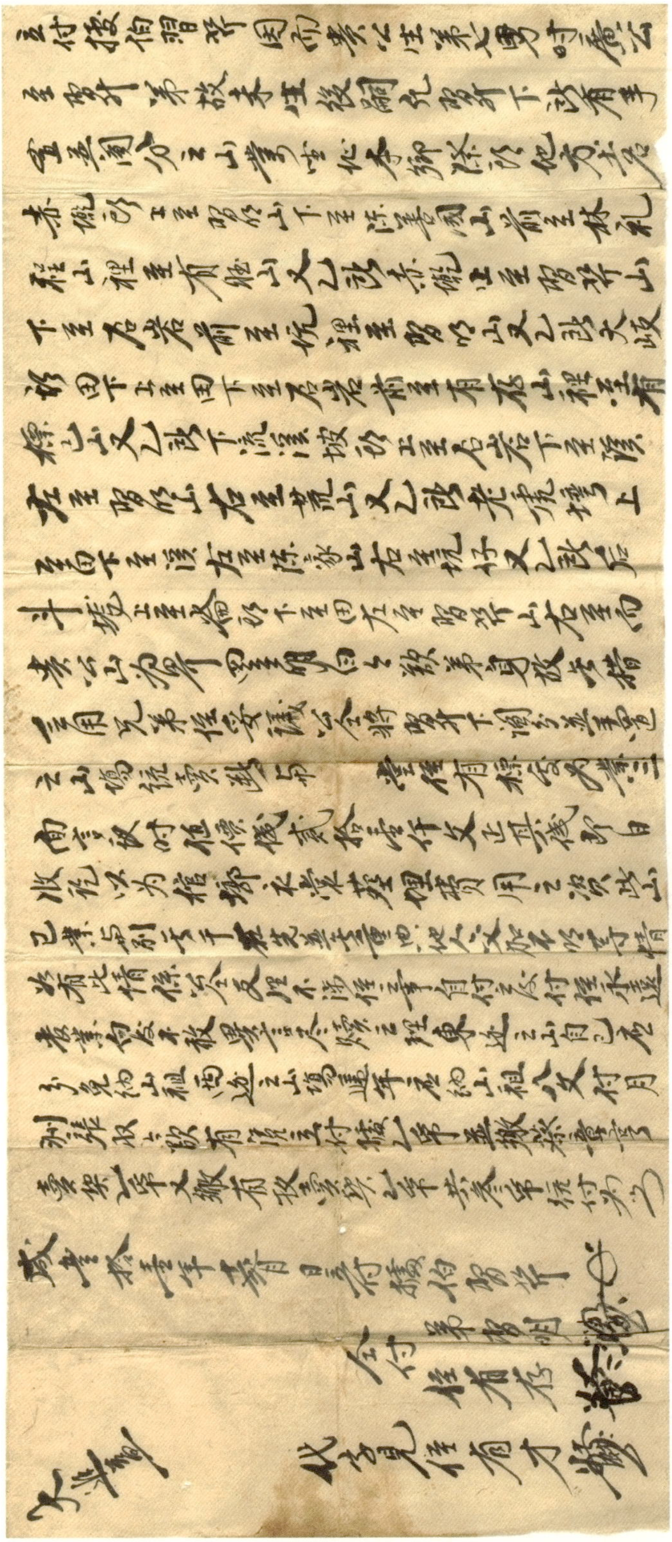

7-4-43-9　清咸豐十一年十二月曾習芹等立付據字

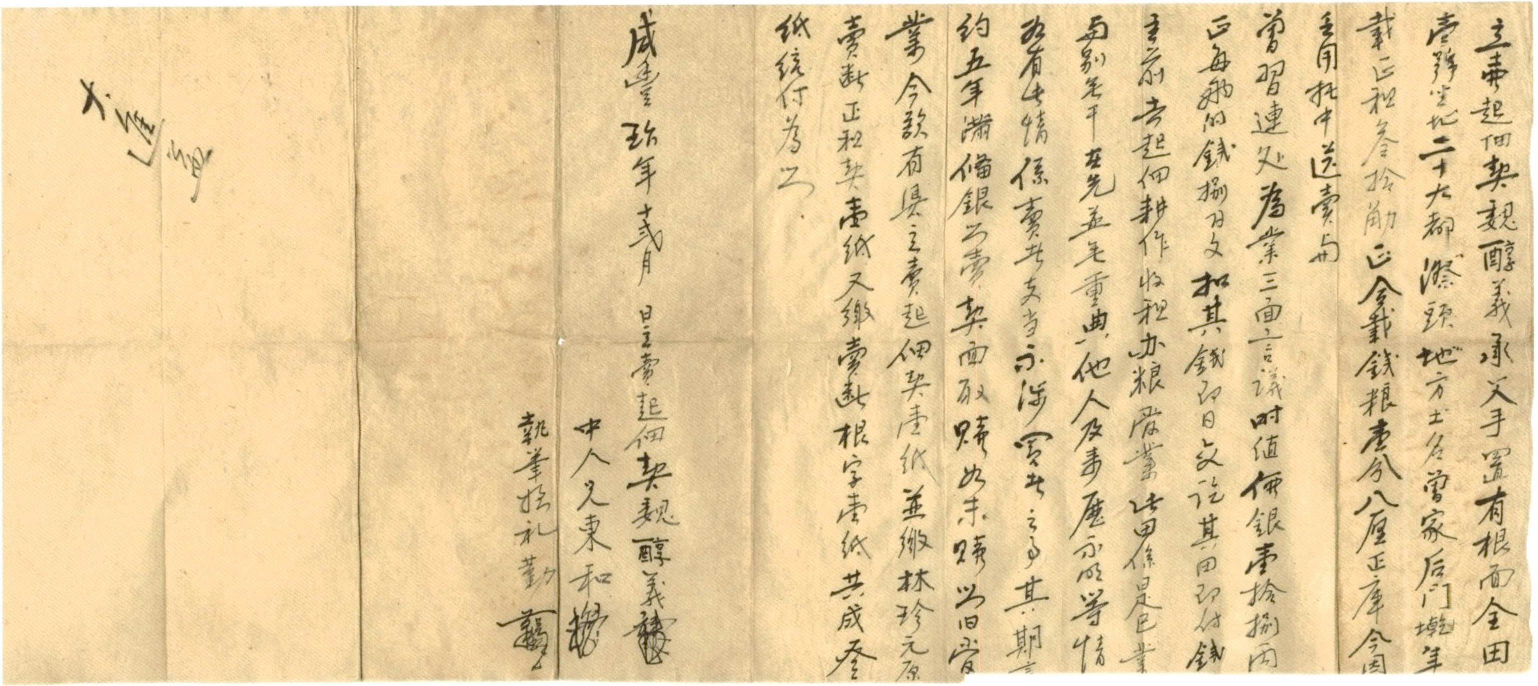

7-4-43-8　清咸豐九年十二月魏醇義立賣起佃根面全田契

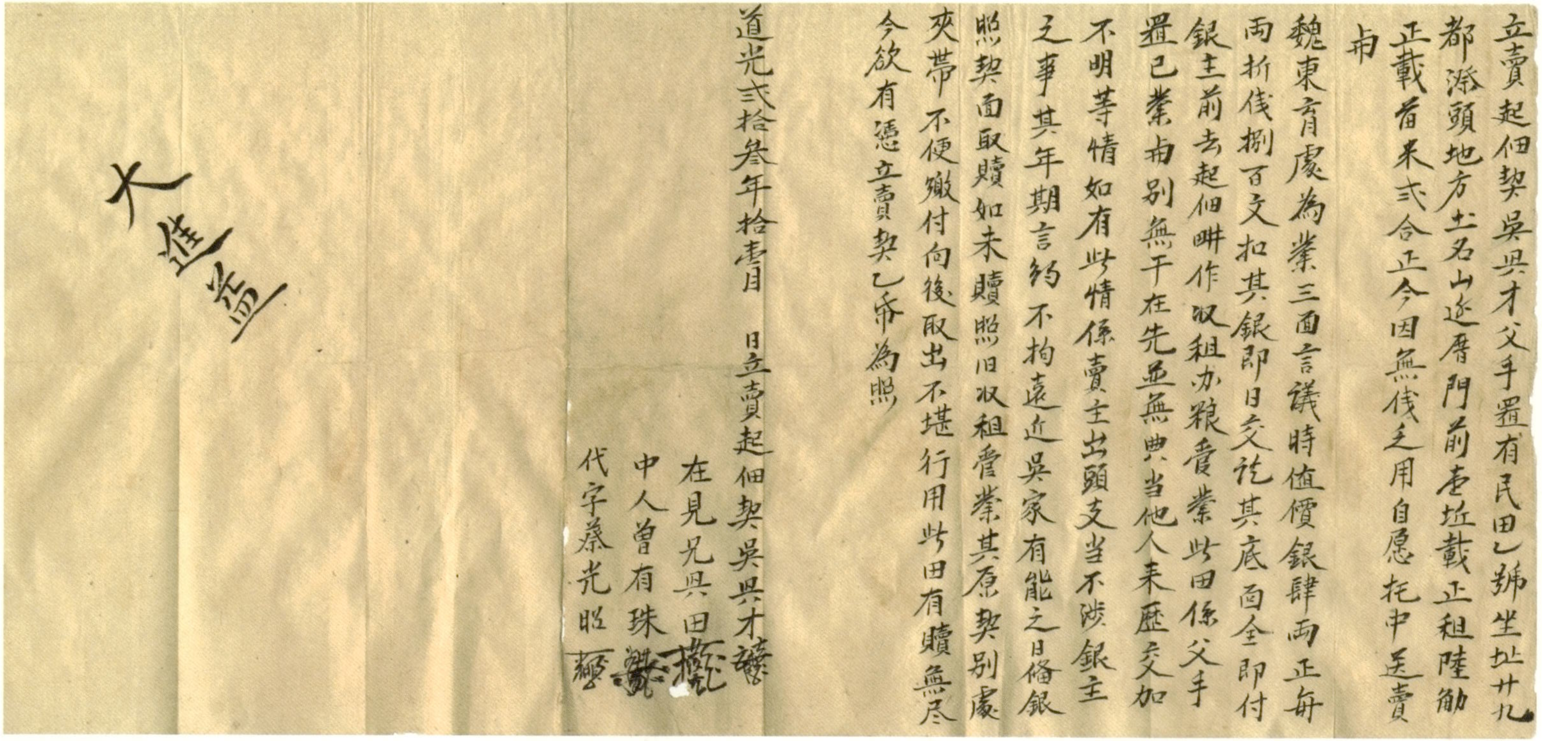

立賣起佃契吴巺才父手置有民田乙號坐址廿九
都漈頭地方土名山迭厝門前壹坵載正租陸觔
正載苗米弍合正今因無錢乏用自愿托中送賣
與
魏東育處為業三面言議時值價銀肆兩正每
兩折錢捌百文扣其銀即日交訖其底面全即付
銀主前去起佃耕作收租办粮管業此田係父手
置已業與別無干在先並無典當他人來歷交加
不明等情如有此情係賣主出頭支當不涉銀主
之事其年期言約不拘遠近吴家有能之日備銀
照契面取贖如未贖照旧收租管業其原契別處
夾帶不便繳付向後取出不堪行用此田有贖無盡
今欲有憑立賣契乙帋為照

道光弍拾叁年拾壹月　日立賣起佃契吴巺才（押）
在見兄吴巺田（押）
中人曾有珠（押）
代字蔡光昭（押）

大進益

7-4-43-7　清道光二十三年十一月吴巺才立賣起佃民田契

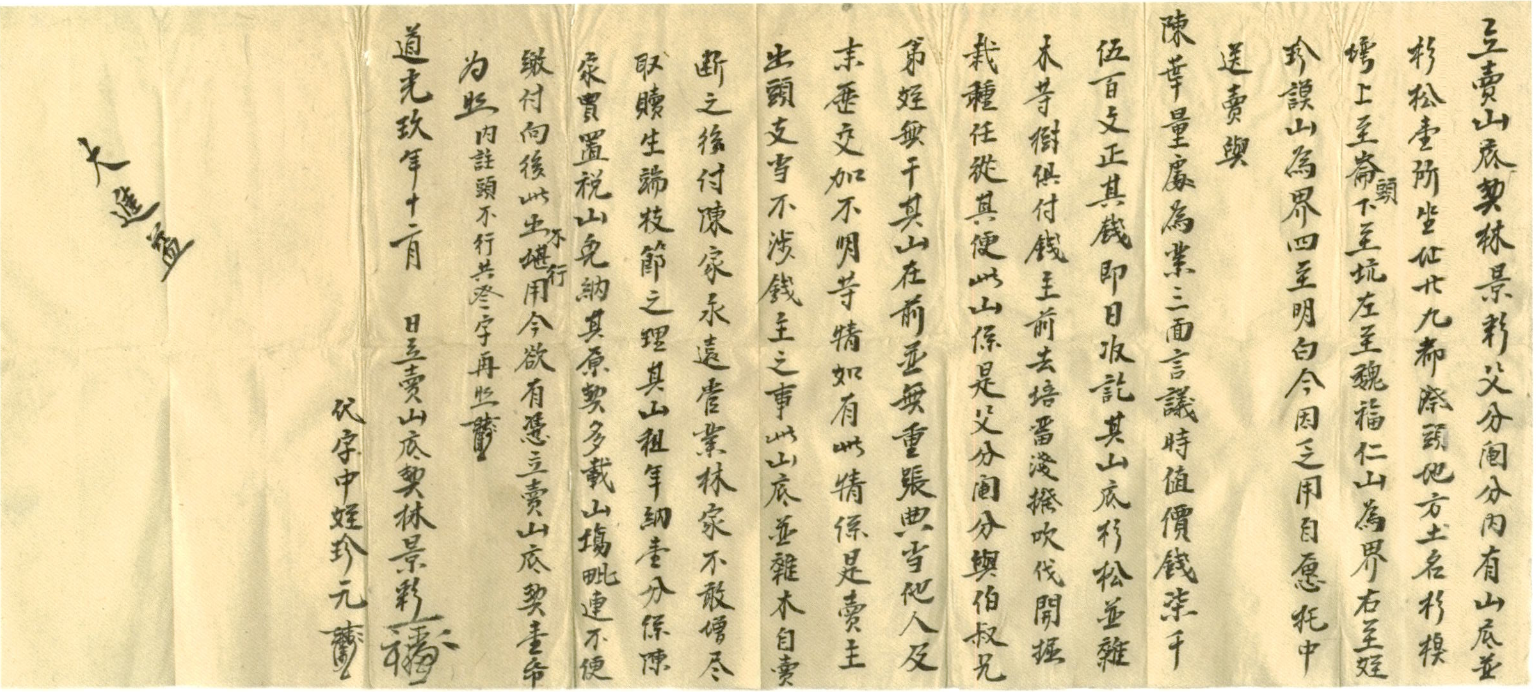
立賣山底契林景彩，父分閫分內有山底並
杉松壹所，坐仕廿九都際頭，地方土名杉模
塆，上至嶺頭，下至坑，左至魏福仁山為界，右至姪
珍謨山為界，四至明白。今因乏用，自愿托中
送賣與
陳華量處為業，三面言議，時值價錢柒千
伍百文正，其錢即日收訖。其山底杉松並雜
木等樹，俱付錢主前去培當澄搽吹伐開掘
栽種，任從其便。此山係是父分閫分，與伯叔兄
弟姪無干。其山在前並無重張典當他人，及
未歷交加不明等情，如有此情，係是賣主
出頭支當，不涉錢主之事。此山底並雜木自賣
斷之後，付陳家永遠管業，林家不敢僭尽
取贖生端枝節之理。其山租年納壹分，係陳
家買置稅山免納。其原契多載山塲，毗連不便
繳付，向後此出不行堪用。今欲有憑，立賣山底契壹帋
為照。內註頭不行共叁字再照。
道光玖年十二月　日立賣山底契林景彩（押）
代字中姪珍元（押）
大進益

7-4-43-6　清道光九年十二月林景彩立賣山底等契

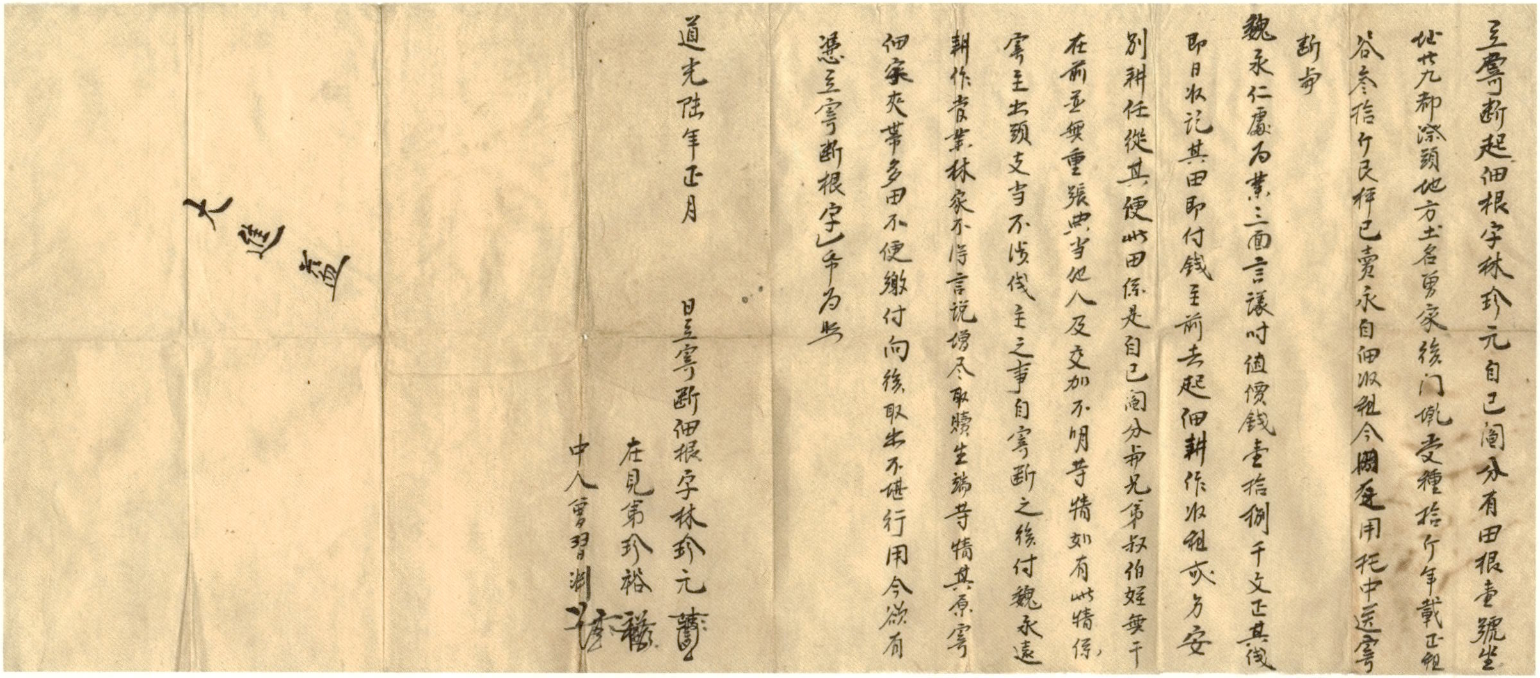
立寄斷起佃根字林珍元，自己阄分有田根壹號，坐
址十九都漈頭地方，土名勇家後门[illegible]，受種拾斤，年載正租
谷叁拾斤民秤，已賣永自佃収租。今因乏用，托中送寄
斷與
魏永仁處為業。三面言議，时值價錢壹拾捌千文正。其錢
即日收訖，其田即付錢主前去起佃耕作收租，或另安
別耕，任從其便。此田係是自己阄分，弟兄叔伯姪無干，
在前並無重張典当他人及交加不明等情，如有此情，係
寄主出頭支当，不涉錢主之事。自寄斷之後，付魏永遠
耕作管業，林家不得言說價不敷贖生端等情。其原寄
佃家夾帯多田不便繳付，向後取出不堪行用。今欲有
憑，立寄斷根字一紙為照。

道光陸年正月　日立寄斷佃根字林珍元（押）
在見弟珍裕（押）
中人曾習渊（押）

大[illegible]

7-4-43-5　清道光六年正月林珍元立寄斷起佃田根字

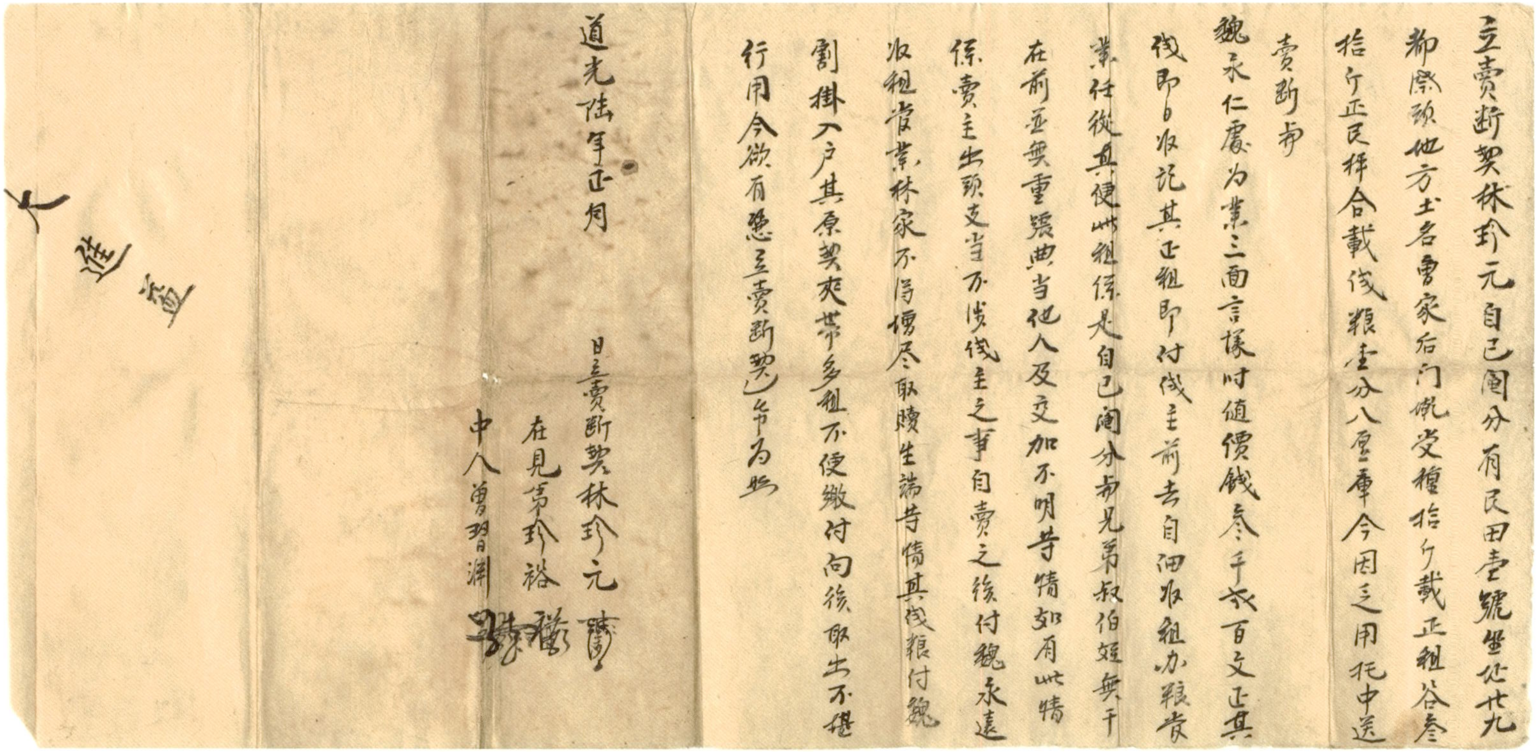
立賣斷契林珍元自己閹分有民田壹號坐址廿九
都㘵頭地方土名曹家后门𫝑受種拾斤載正租谷叁
拾斤正民秤合載米糧壹分八厘𫝑今因乏用托中送
賣斷與
魏永仁處為業三面言議时值價錢叁千六百文正其
錢即日收訖其正租即付錢主前去自佃收租办粮管
業任從其便此租係是自己閹分與兄弟叔伯侄無干
在前並無重張典当他人及交加不明等情如有此情
係賣主出頭支当不涉錢主之事自賣之後付魏永遠
收租管業林家不得憑尽取贖生端等情其米粮付魏
割掛入户其原契夾帶多租不便繳付向後取出不堪
行用今欲有憑立賣斷契一帋為照
道光陸年正月　日立賣斷契林珍元（押）
在見弟珍裕（押）
中人曾習渊（押）

7-4-43-4　清道光六年正月林珍元立賣斷民田契

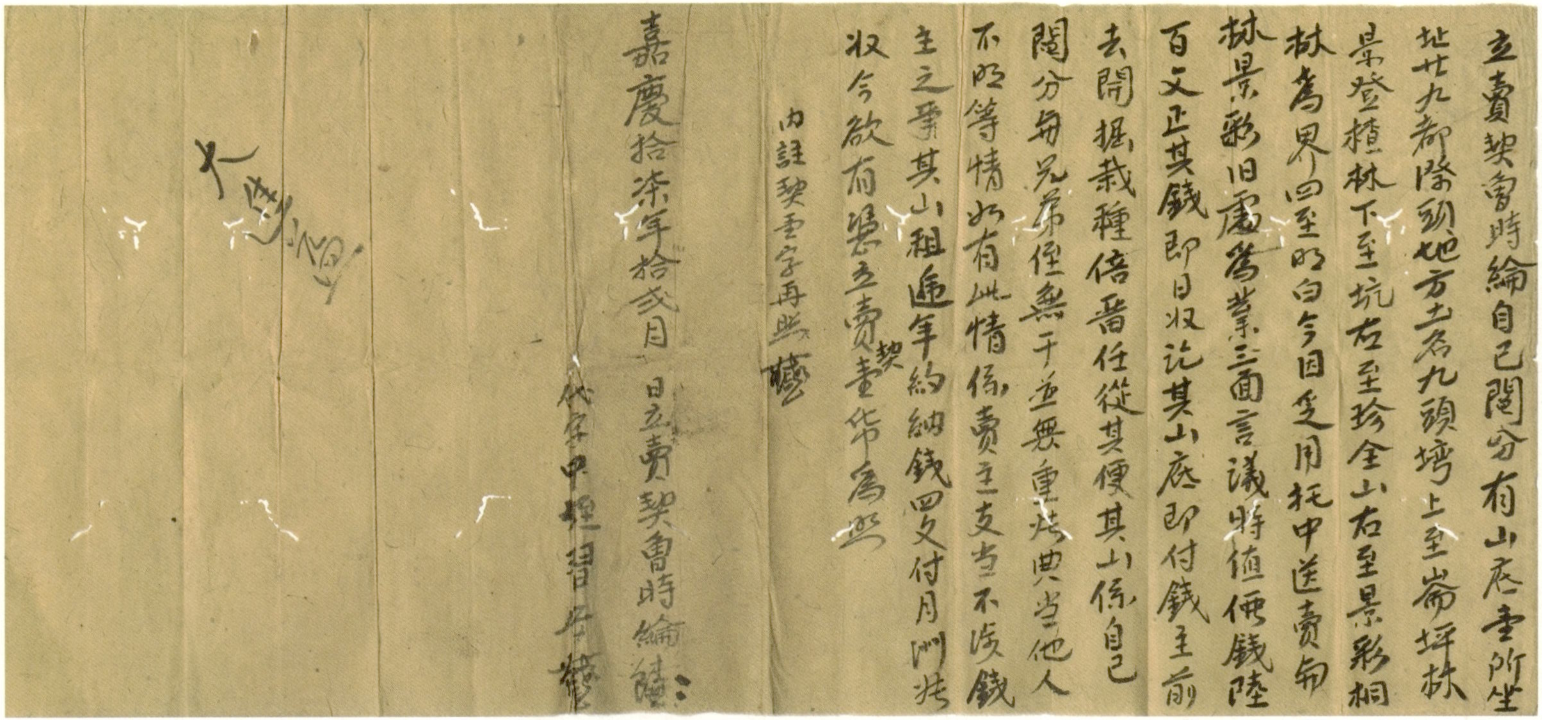
立賣契曾時綸自己閩分有山底壹所坐
址廿九都際頭地方土名九頭塆上至崙坪林
景登植林下至坑左至珍全山右至景彩桐
林為界四至明白今因乏用托中送賣與
林景彩旧處為業三面言議時值價錢陸
百文正其錢即日收訖其山底即付錢主前
去開掘栽種倍晋任從其便其山係自己
閩分與兄弟侄無干並無重張典当他人
不明等情如有此情係賣主一支当不涉錢
主之事其山租遞年約納錢四文付月洲裴
收今欲有憑立賣契一紙為照
內註契壹字再照
嘉慶拾柒年拾弍月　日立賣契曾時綸（押）
代字中見□習存（押）

7-4-43-3　清嘉慶十七年十二月曾時綸立賣山底契

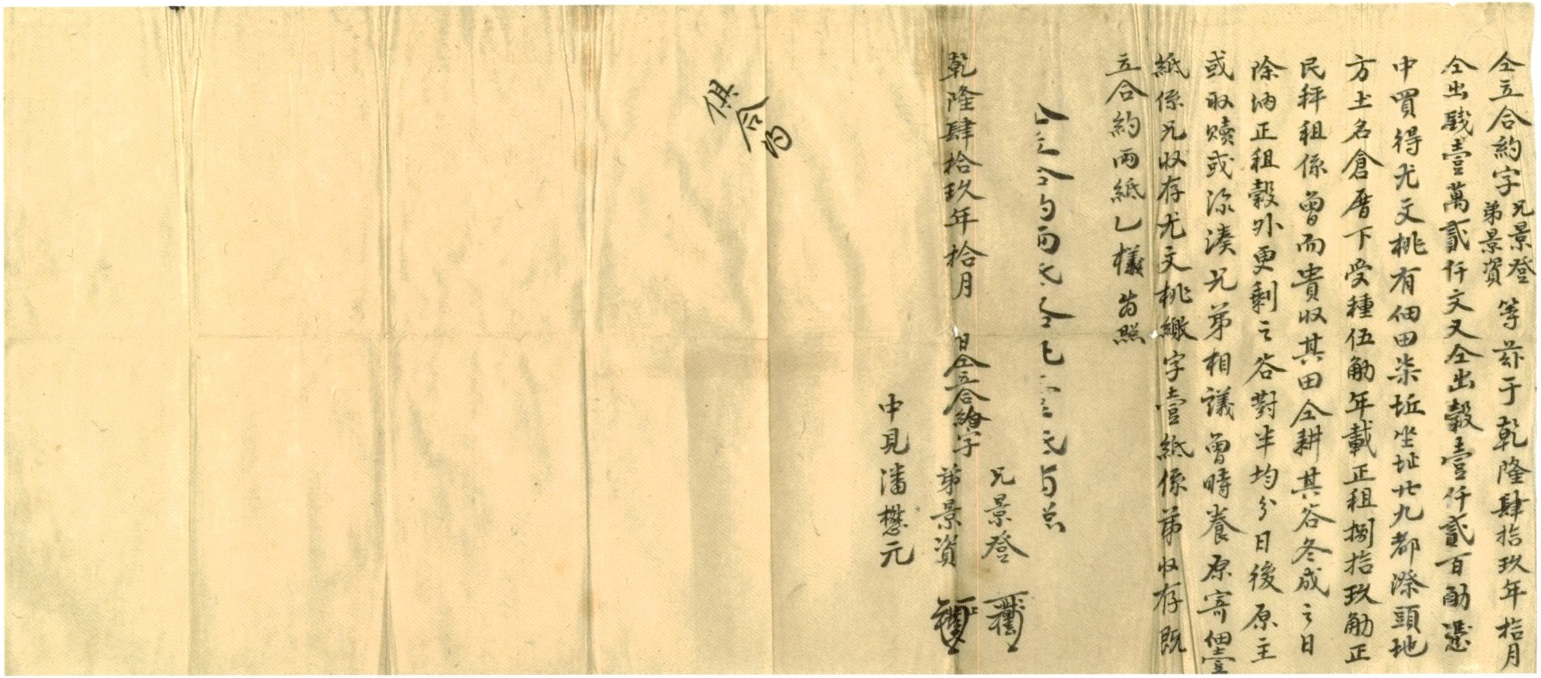
仝立合約字兄景登
弟景資等許于乾隆肆拾玖年拾月
仝出銀壹萬貳仟文又仝出穀壹仟貳百觔憑
中買得兄文桃有佃田柒坵坐址廿九都漈頭地
方土名倉厝下受種伍觔年載正租捌拾玖觔正
民耕租係曾雨貴收其田仝耕其谷冬成之日
除納正租穀外更剩之谷對半均分日後原主
或取贖或添湊兄弟相議曾晴養原寄佃壹
紙係兄收存兄文桃繳字壹紙係弟收存既
立合約兩紙一樣爲照

[illegible]

乾隆肆拾玖年拾月　日仝立合約字　兄景登　弟景資
中見潘懋元

7-4-43-2　清乾隆四十九年十月林景登等立合約字

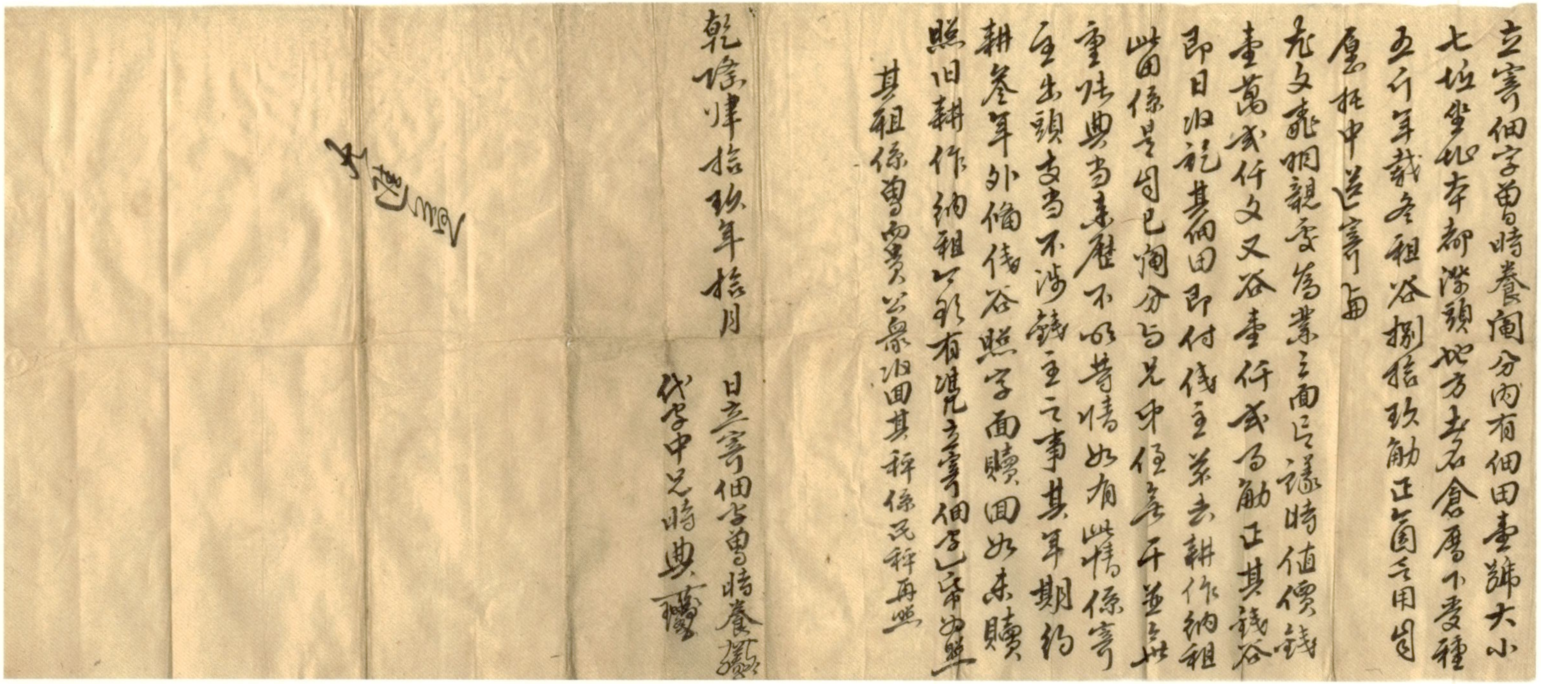

立寄佃字曾時養，閫分內有佃田壹號，大小
七坵，坐落本都漈頭地方，土名倉厝下，受種
五斤，年載冬租谷捌拾玖觔正，今因乏用，自
願托中送寄與
兆文、兆桐親叔為業，三面言議時值價錢
壹萬貳仟文，又谷壹仟貳百觔正，其錢谷
即日收訖，其佃田即付錢主前去耕作納租，
此係是自己閫分，與兄弟侄無干，並無
重張典當來歷不明等情，如有此情，係寄
主出頭支當，不涉錢主之事。其年期約
耕叁年外，備價谷照字面贖回，如未贖，
照旧耕作納租，不敢有混，立寄佃字一帋為照。
其租係曾家公衆旧田，其秤係民秤，再照。

乾隆肆拾玖年拾月　日立寄佃字曾時養（押）
代字中兄時典（押）

7-4-43-1　清乾隆四十九年十月曾時養立寄佃田字

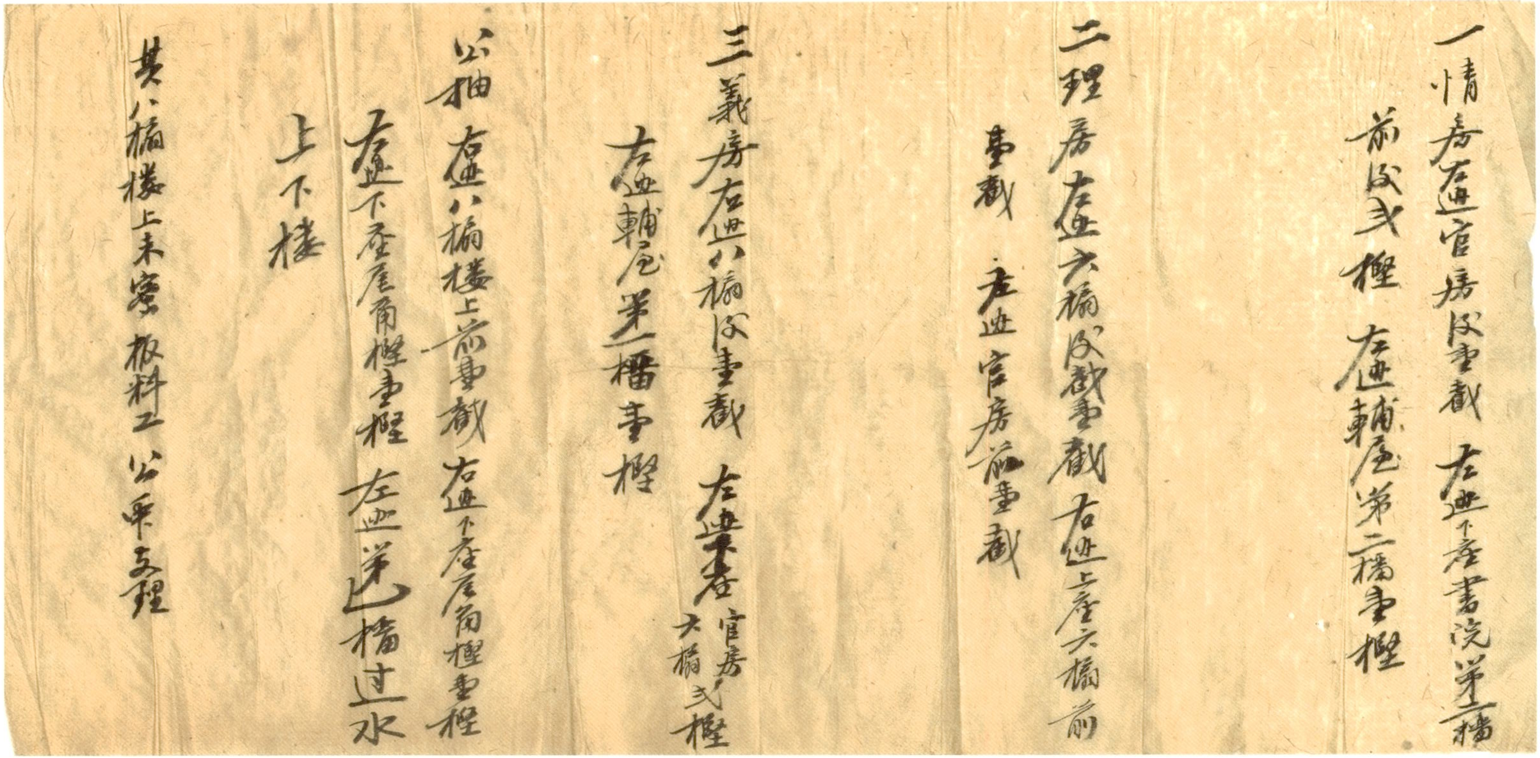
一情房左边官房段壹截 左边下座書院第二橋
前段弍極 左边輔厝第二橋壹極
二理房左边六橋段截壹截 右边上座六橋前
壹截 左边官房前壹截
三義房左边八橋段壹截 左边業厝官房大橋弍極
左边輔厝第二橋壹極
公抽 左边八橋樓上前壹截 右边下座厝角極壹極
左边下座厝角極壹極 左边第乙橋過水
上下樓
其八橋樓上未完 板料工 公平支理

7-4-42-3 民國時期陳氏情理義三房鬮份單（二）

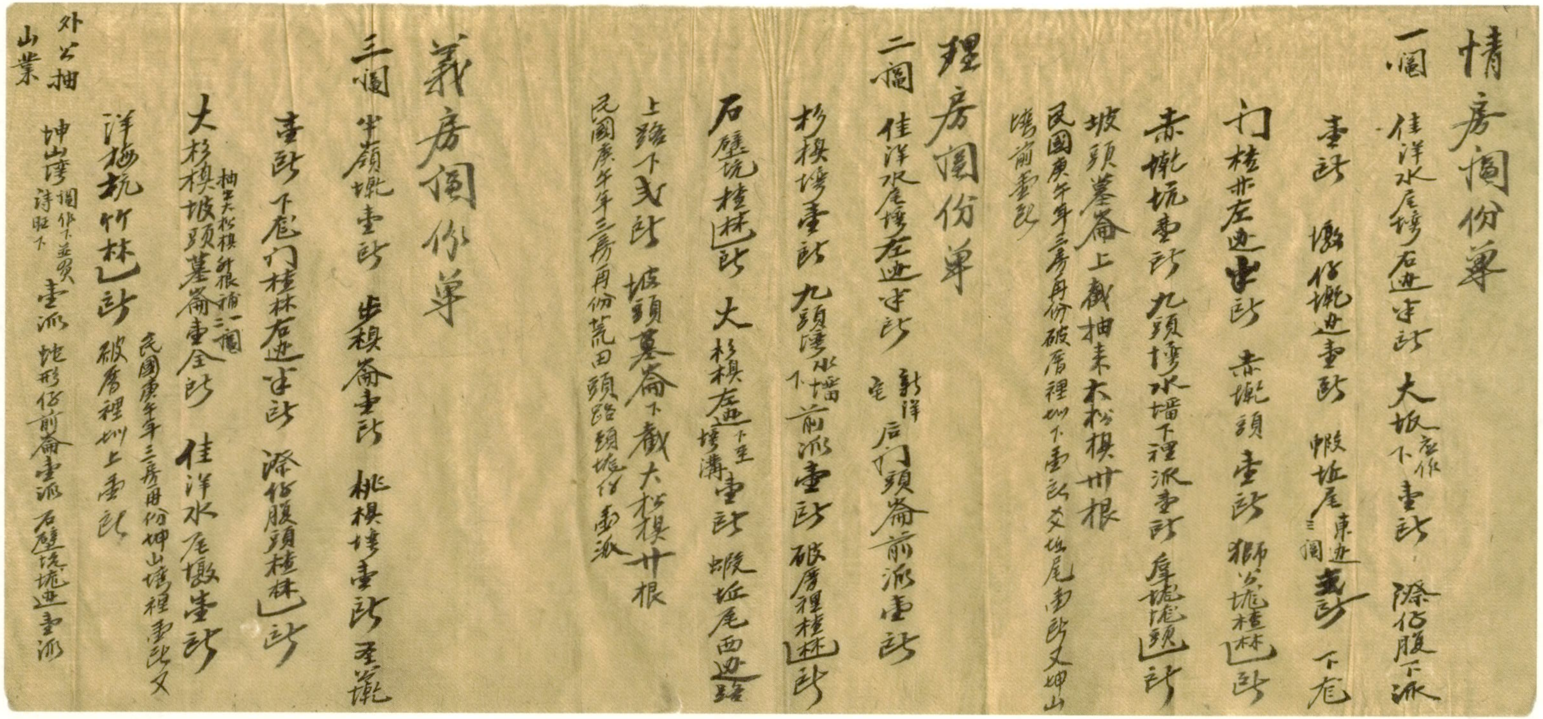

7-4-42-2　民國時期陳氏情理義三房鬮份單（一）

7-4-42-1　包契紙

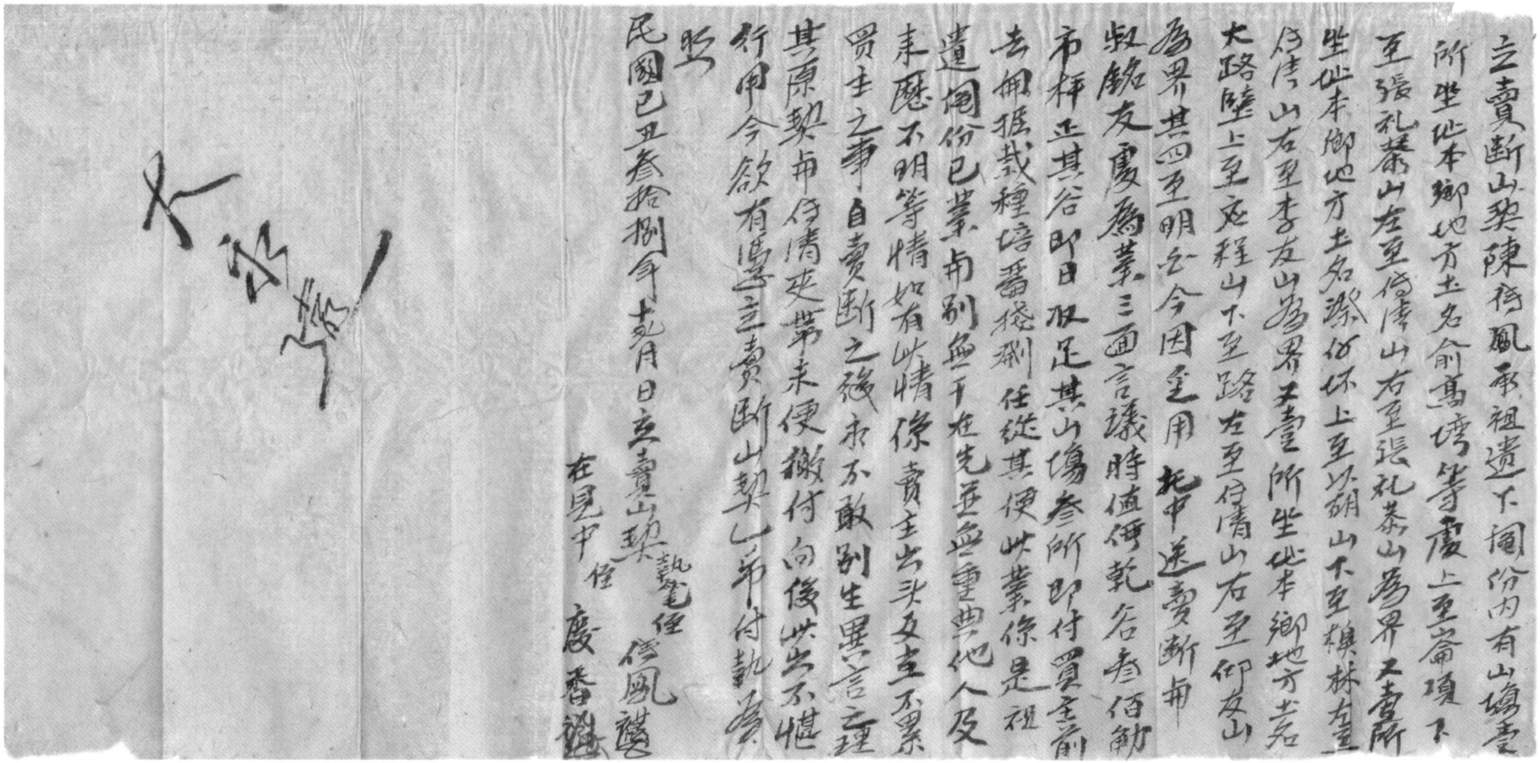
立賣斷山契陳傳鳳承祖遺下閫份內有山場壹
所坐址本鄉地方土名俞厝墘等處上至崙頂下
至張礼恭山左至傳清山右至張礼恭山為界又壹所
坐址本鄉地方土名漈仔坪上至以胡山下至棋林左至
傳清山右至李友山為界又壹所坐址本鄉地方土名
大路墘上至應程山下至路左至傳清山右至仰友山
為界其四至明白今因乏用托中送賣斷与
叔銘友慶為業三面言議時值價乾谷叁佰觔
市秤正其谷即日收足其山場叁所即付買主前
去開掘栽種培蓄樵刈任從其便此業係是祖
遺閫份已業与別無干在先並無重典他人及
未歷不明等情如有此情係賣主出頭支當不累
買主之事自賣斷之後亦不敢別生異言之理
其原契与傳清共帶未便繳付向後此出不憑
行用今欲有憑立賣斷山契一帋付執為
照
民國己丑叁拾捌年十二月日立賣山契 傳鳳
執筆侄
在見中侄 慶香
大發

7-4-41-2 民國三十八年十二月陳傳鳳立賣斷山場契

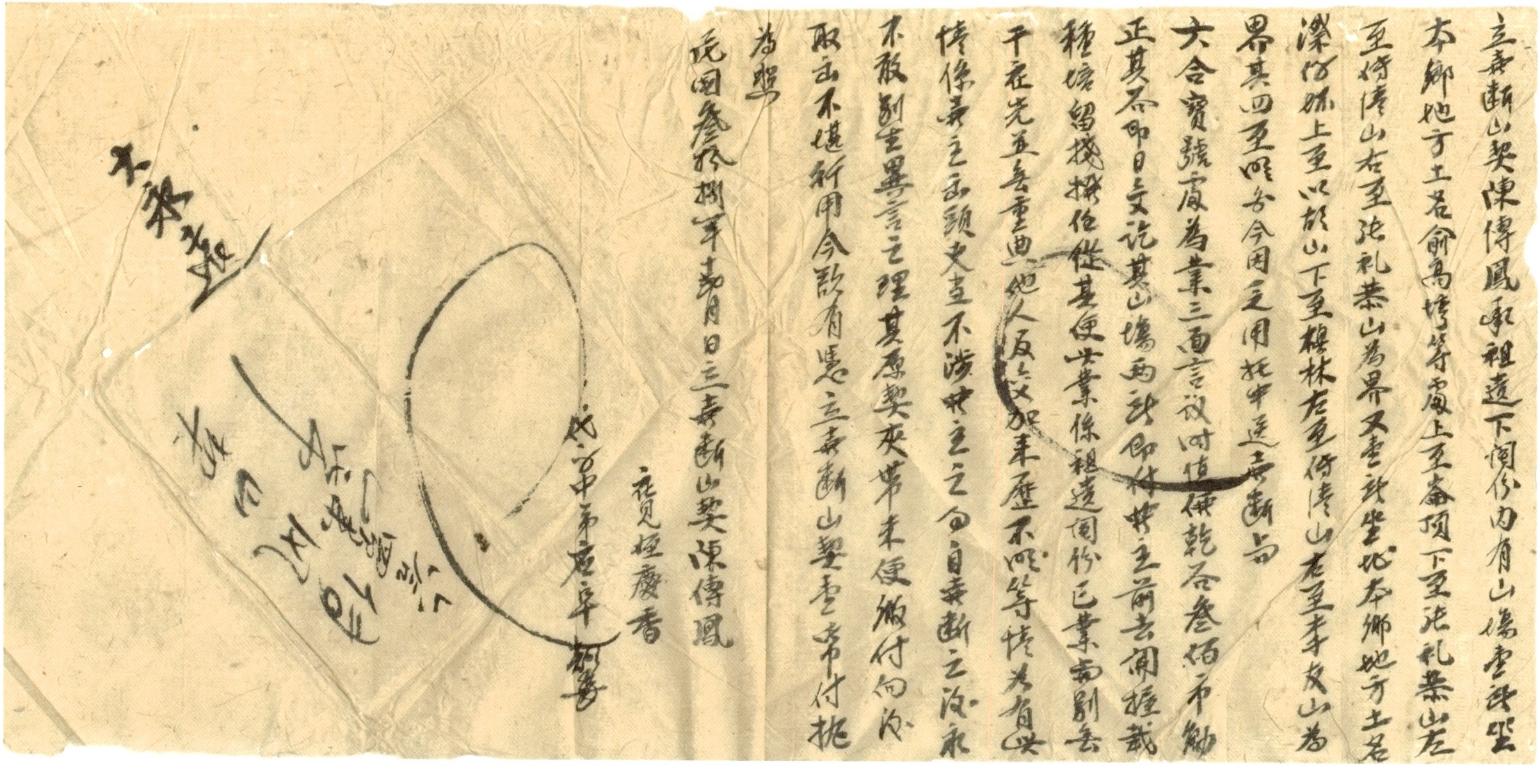
立賣斷山契陳傳鳳承祖遺下閩份內有山場壹段坐
本鄉地方土名俞高塆等處上至崙頂下至兆礼芣山左
至侍侍山右至兆礼芣山為界又壹段坐此本鄉地方土名
深坑林上至以故山下至樅林左至侍侍山右至李文山為
界其四至明白今因乏用托中送賣斷與
大合寶號處為業三面言議时值價乾谷叁佰市觔
正其谷即日文訖其山場两訖即付買主前去開掘栽
種培留栽插任從其便其業係祖遺閩份已業与別無
干在先並無重典他人反以加來歷不明等情为有此
情係賣主承頭支當不涉買主之事自賣斷之後永
不敢別生異言之理其原契來第未便繳付向後
取出不堪行用今欲有憑立賣斷山契壹帋付執
為照
民國叁拾捌年拾貳月日立賣斷山契陳傳鳳
在見 極慶 香
代筆中 高庭 平 押

7-4-41-1　民國三十八年十二月陳傳鳳立賣斷山場契（廢契）

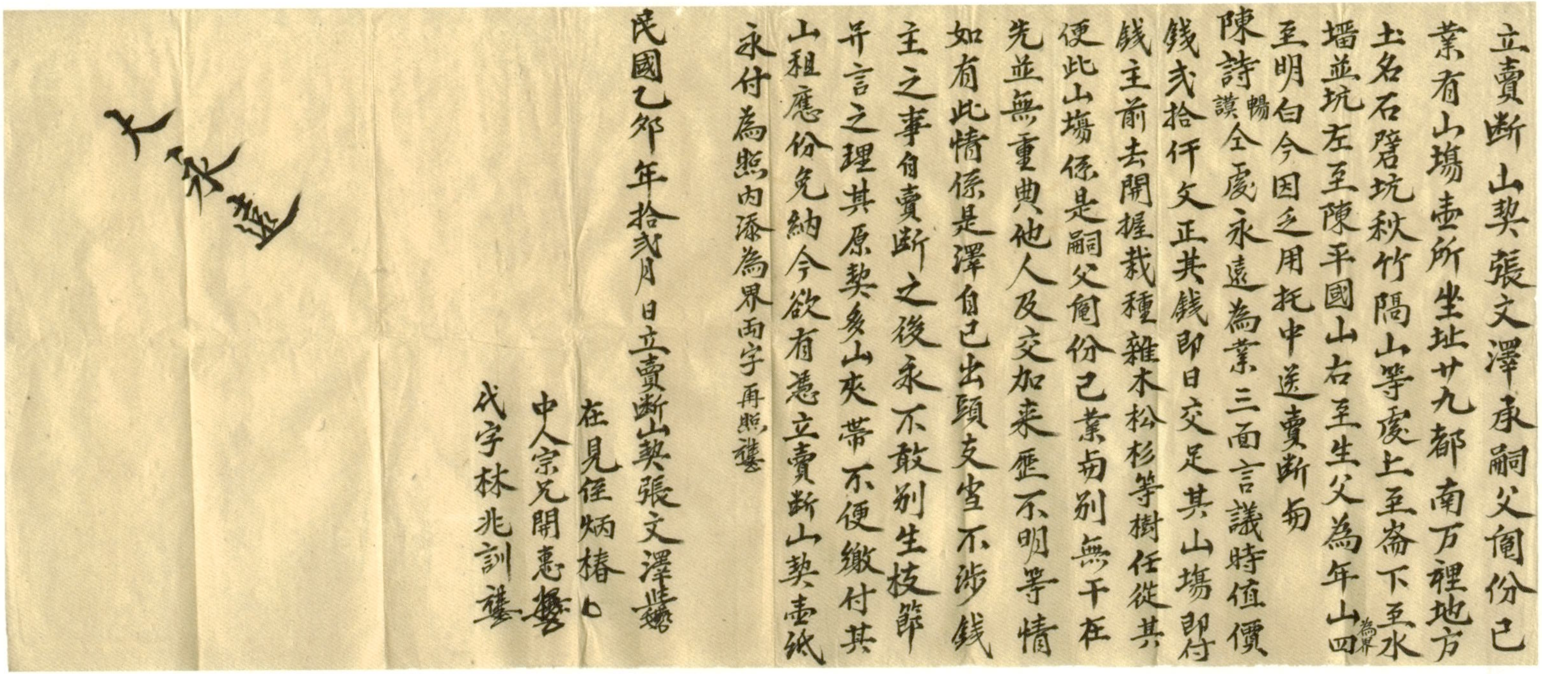

立賣斷山契張文澤承嗣父阎份已
業有山場壹所坐址廿九都南万裡地方
土名石磴坑秋竹隔山等處上至崙下至水
墹並坑左至陳平國山右至生父為年山四[為界]
至明白今因乏用托中送賣斷與
陳詩讃[暢]仝處永遠為業三面言議時值價
錢弍拾仟文正其錢即日交足其山場即付
錢主前去開掘栽種雜木松杉等樹任從其
便此山場係是嗣父阎份已業與別無干在
先並無重典他人及交加來歷不明等情
如有此情係是澤自己出頭支當不涉錢
主之事自賣斷之後永不敢別生枝節
廾言之理其原契多山夾帶不便繳付其
山租應份免納今欲有憑立賣斷山契壹紙
永付為照 内添為界兩字再照[押]

民國乙卯年拾弍月 日立賣斷山契張文澤[押]
在見侄炳椿[押]
中人宗兄開惠[押]
代字林兆訓[押]

大永遠

7-4-40-2 民國四年十二月張文澤立賣斷山場契

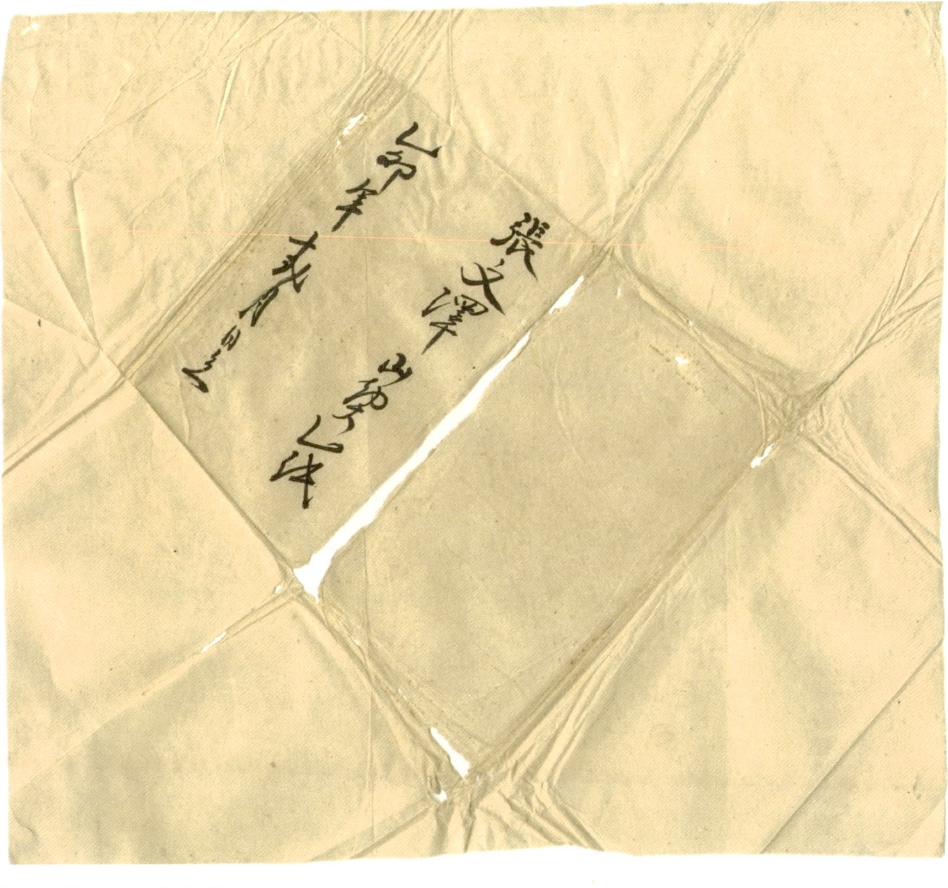

7-4-40-1　包契紙

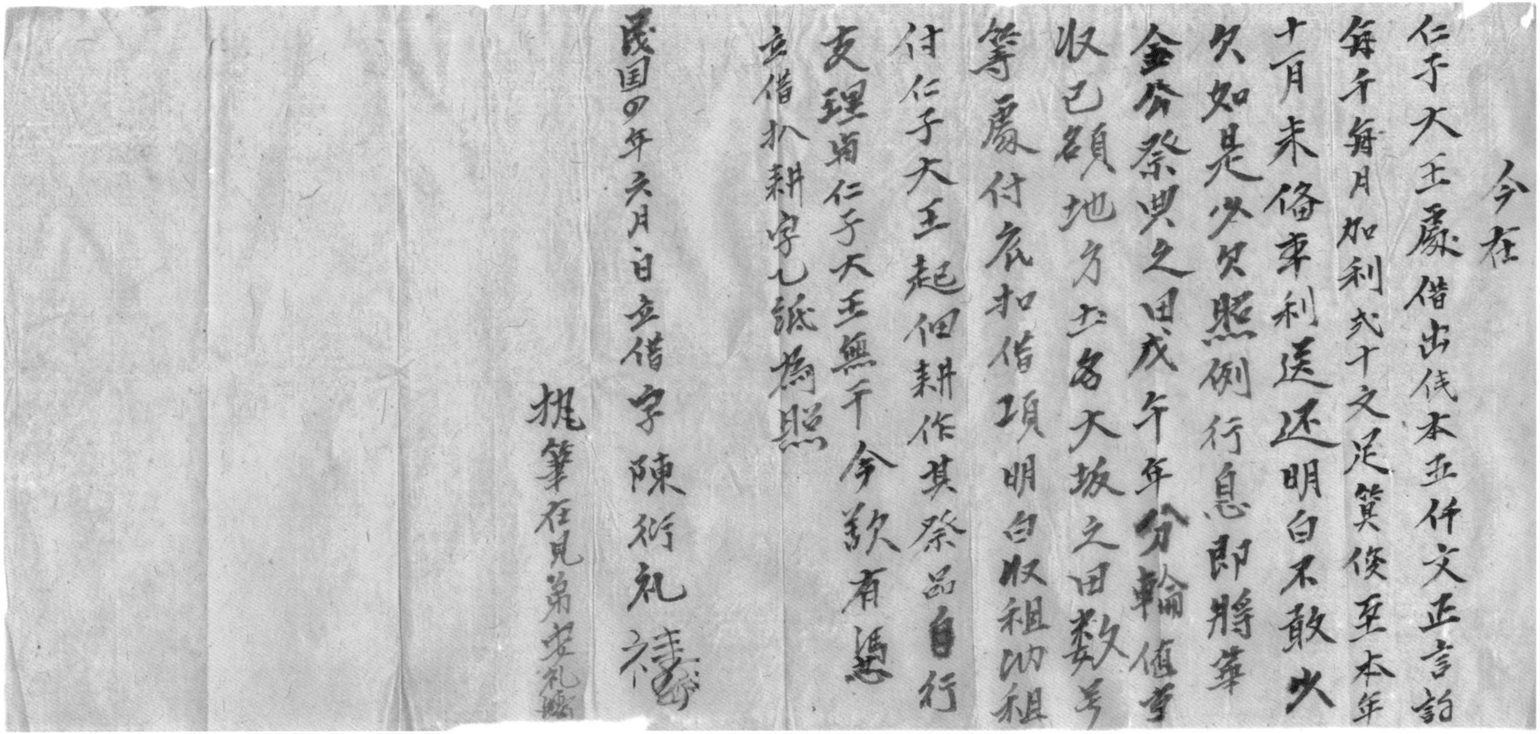
今在
仁子大王處借出錢本弍仟文正，言訂
每千每月加利弍十文足算，俟至本年
十月末備本利送還明白，不敢少
欠。如是少欠，照例行息，即將本
金分祭典之田，戊午年分輪值本
收己額地方土名大坂之田數号
等處付侯扣借項明白，收租納租
付仁子大王起佃耕作，其祭品自行
支理，與仁子大王無干。今欲有憑，
立借批耕字乙紙為照。
民國四年六月　日立借字陳衍礼（押）
執筆在見弟安礼（押）

7-4-39-3　民國四年六月陳衍礼立借錢字

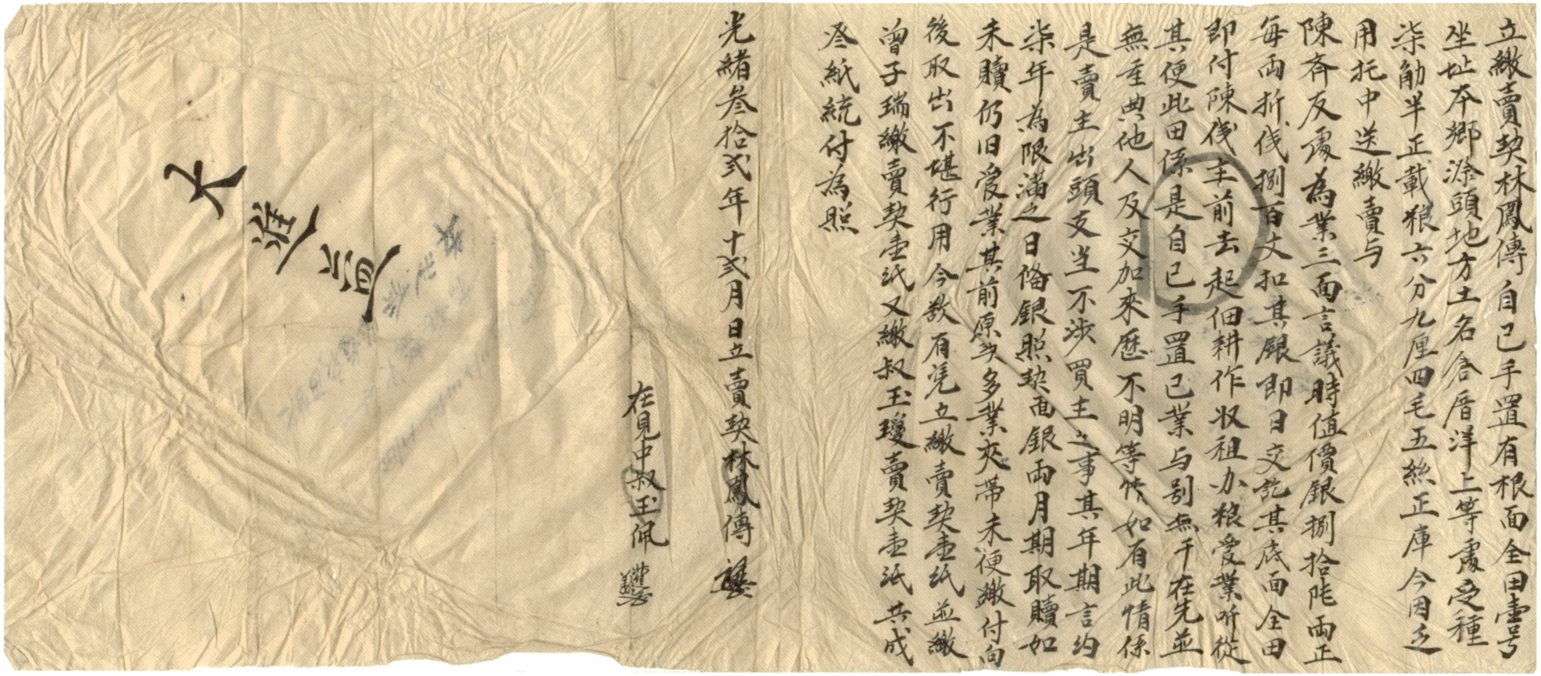
立繳賣契林鳳傳自己手置有根面全田壹号
坐址本鄉涂頭地方土名倉厝洋上等處受種
柒觔半正載粮六分九厘四毛五絲正庫今因乏
用托中送繳賣与
陳斉友處為業三面言議時值價銀捌拾陆両正
每両折伐捌百文扣其銀即日交訖其底面全田
即付陳伐手前去起佃耕作收租办粮受業听從
其便此田係是自己手置已業与别無干在先並
無重典他人及交加來歷不明等情如有此情係
是賣主出頭支当不涉買主之事其年期言约
柒年為限滿之日備銀照契面銀両月期取贖如
未贖仍旧管業其前原买多業夾帶未便繳付向
後取出不堪行用今欲有凭立繳賣契壹纸並繳
曾子瑞繳賣契壹纸又繳叔玉瓊賣契壹纸共成
叁紙統付為照

光緒叁拾弍年十弍月　日立賣契林鳳傳
在見中叔玉佩

7-4-39-2　清光緒三十二年十二月林鳳傳立繳賣根面全田契（廢契）

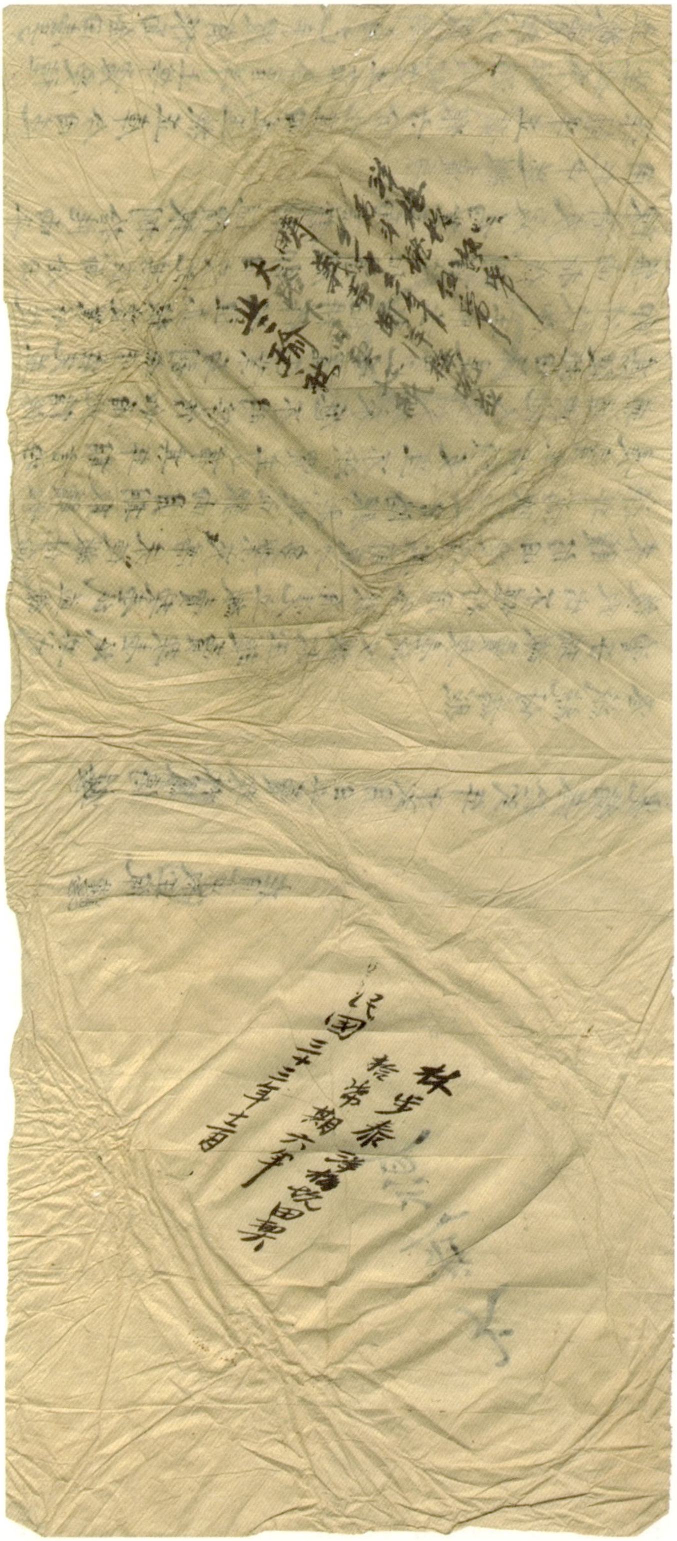

7-4-39-1　包契紙

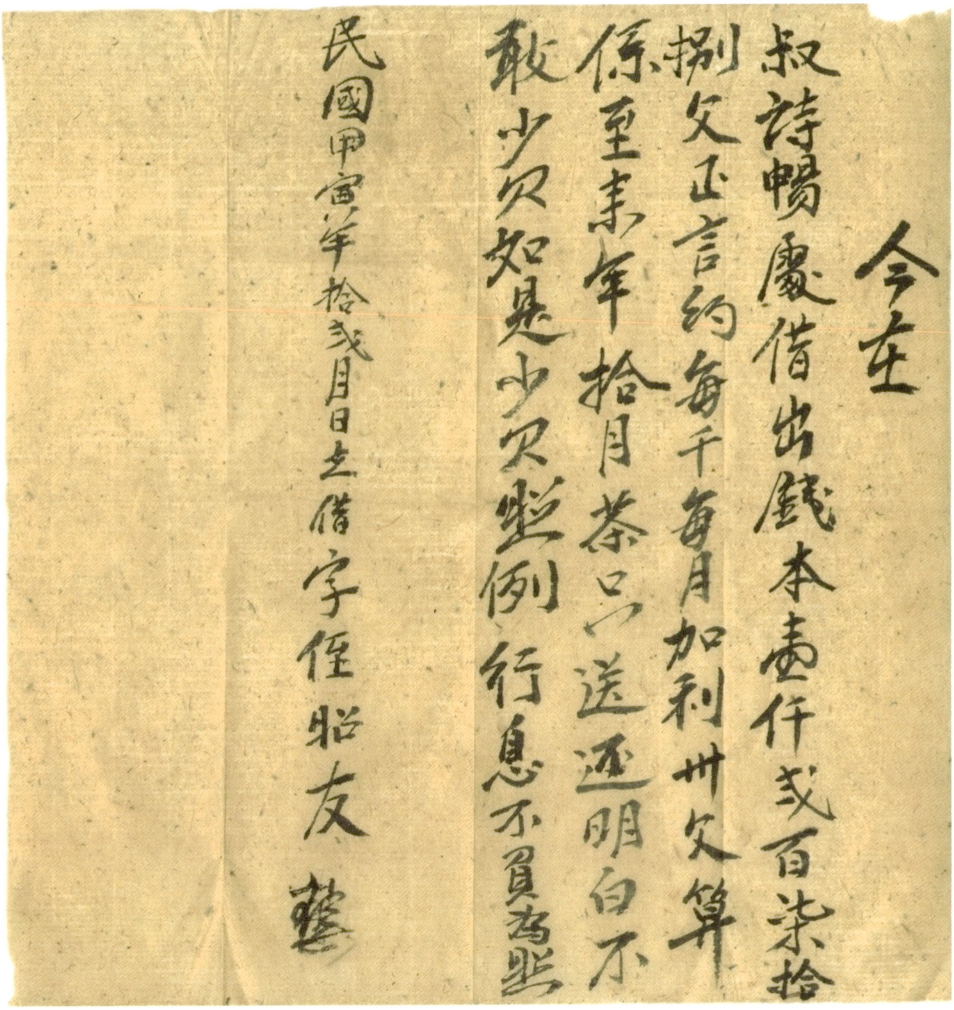
今立
叔詩暢處借出錢本壹仟弍百柒拾
捌文正言約每千每月加利卅文算
係至末年拾月茶口送还明白不
敢少欠如是少欠照例行息不負為照
民國甲寅年拾弍月日立借字侄昭友

7-4-38-2　民國三年十二月陳昭友立借錢字

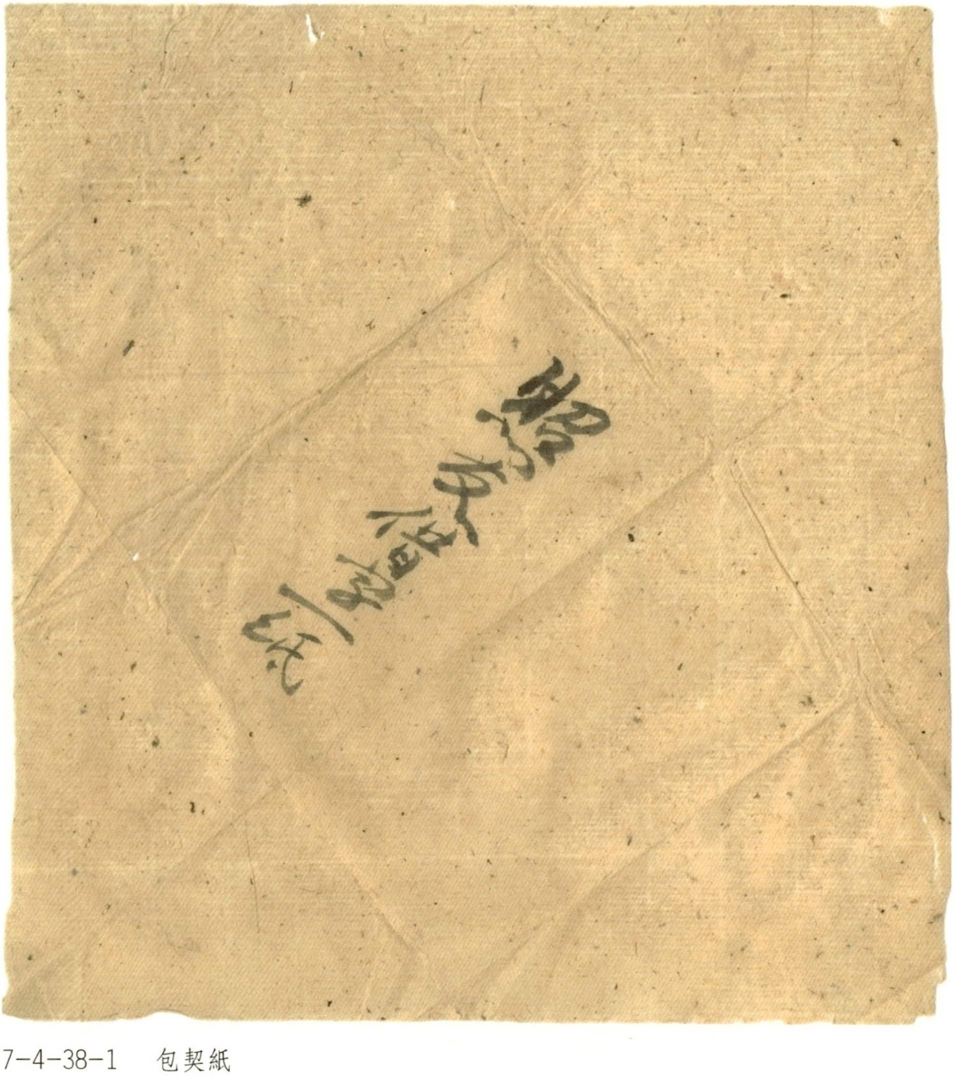

7-4-38-1　包契紙

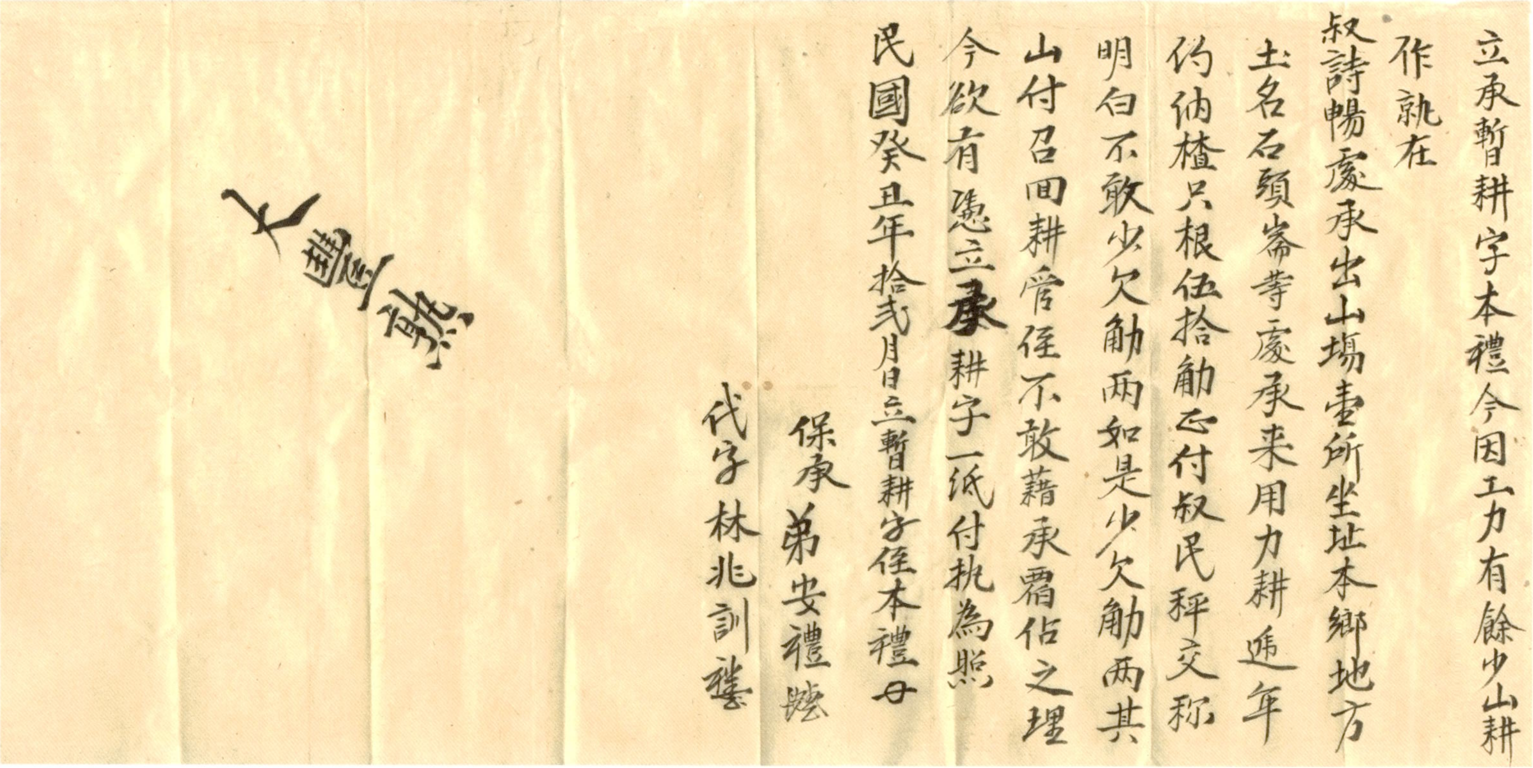
立承暫耕字本禮今因工力有餘少山耕
作就在
叔詩暢處承出山場壹所坐址本鄉地方
土名石頭崙等處承来用力耕遞年
仍納楂只根伍拾觔正付叔民秤交称
明白不敢少欠觔兩如是少欠觔兩其
山付召回耕管任不敢藉承霸佔之理
今欲有憑立承耕字一紙付执為照
民國癸丑年拾弍月日立暫耕字侄本禮（押）
保承弟安禮（押）
代字林兆訓（押）

7-4-37-3　民國二年十二月陳本禮立承暫耕山場字

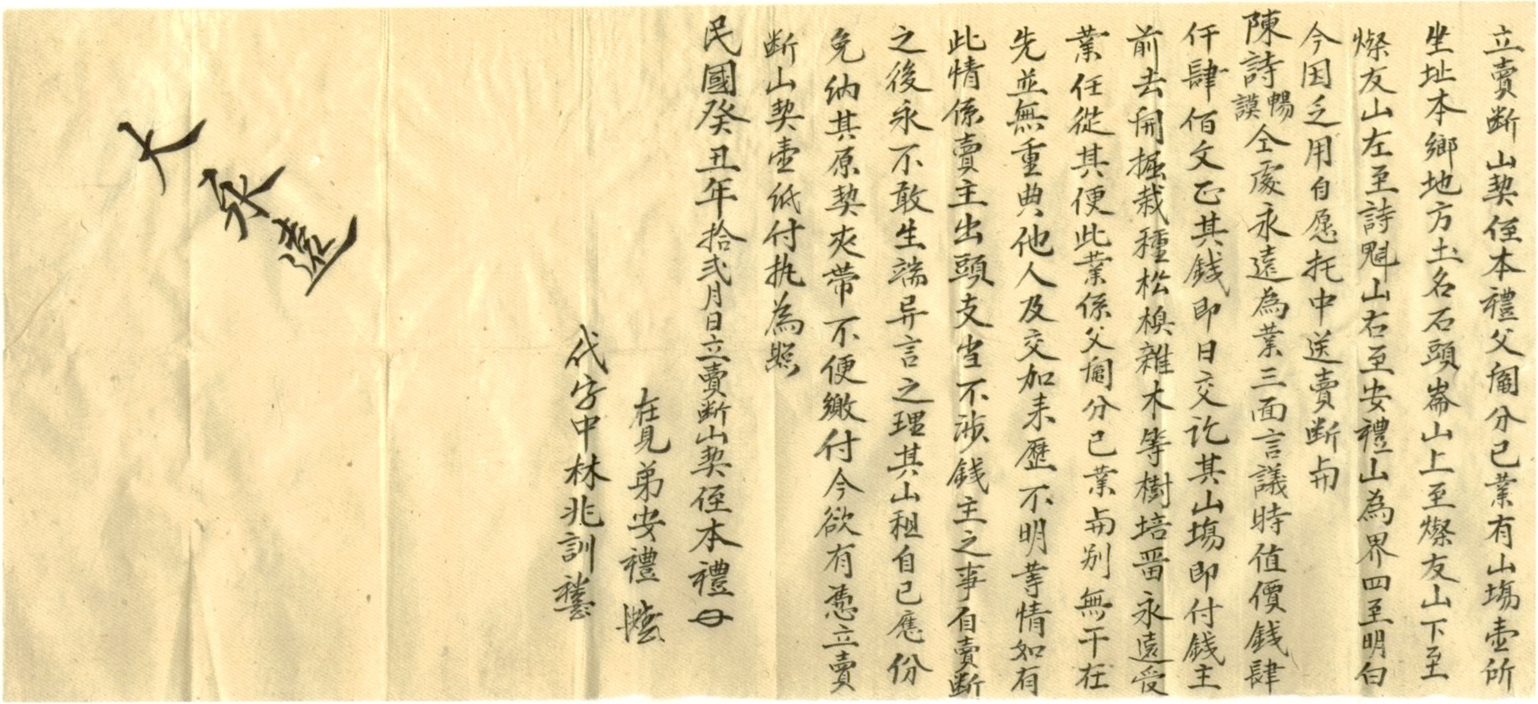
立賣斷山契侄本禮父閹分已業有山場壹所
坐址本鄉地方土名石頭嶺山上至燦友山下至
燦友山左至詩魁山右至安禮山為界四至明白
今因乏用自愿托中送賣斷與
陳詩暢謨仝處永遠為業三面言議時值價錢肆
仟肆佰文正其錢即日交訖其山場即付錢主
前去開掘栽種松杉雜木等樹培蓄永遠受
業任從其便此業係父閹分已業與別無干在
先並無重典他人及交加未歷不明等情如有
此情係賣主出頭支當不涉錢主之事自賣斷
之後永不敢生端异言之理其山租自已應份
免納其原契夾帶不便繳付今欲有憑立賣
斷山契壹紙付執為照
民國癸丑年拾弍月日立賣斷山契侄本禮（押）
在見弟安禮（押）
代字中林兆訓（押）
大發達

7-4-37-2　民國二年十二月陳本禮立賣斷山場契

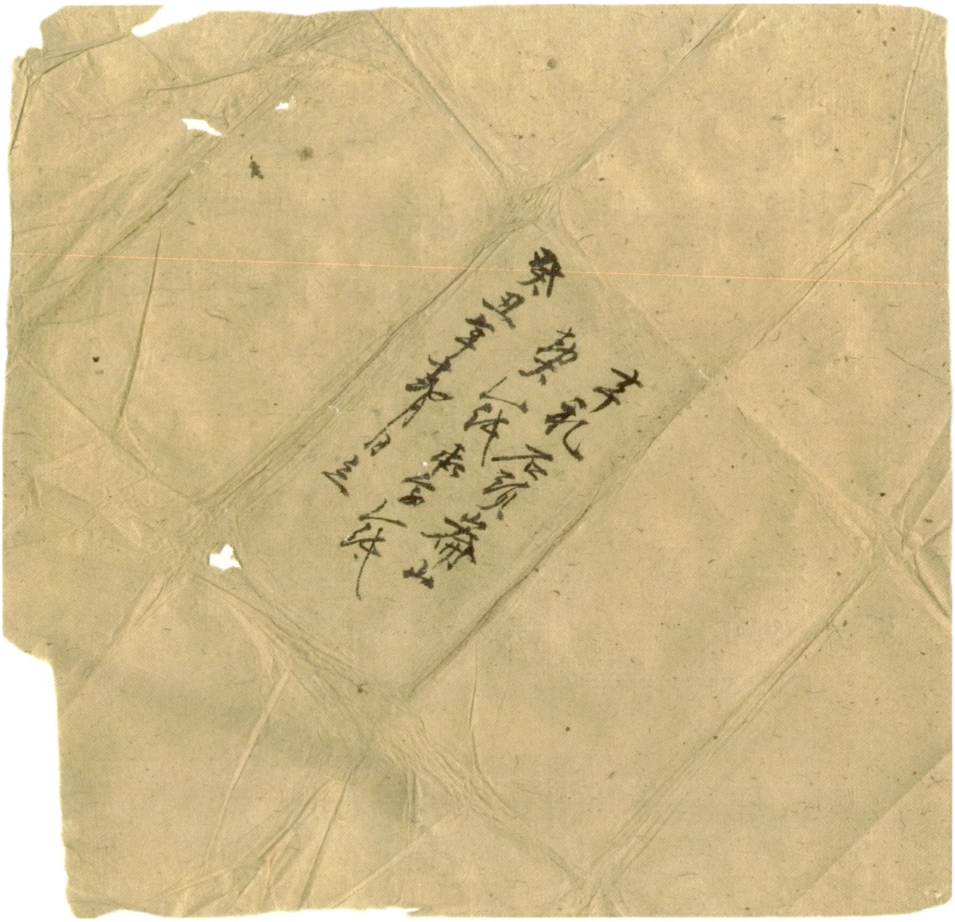

7-4-37-1　包契紙

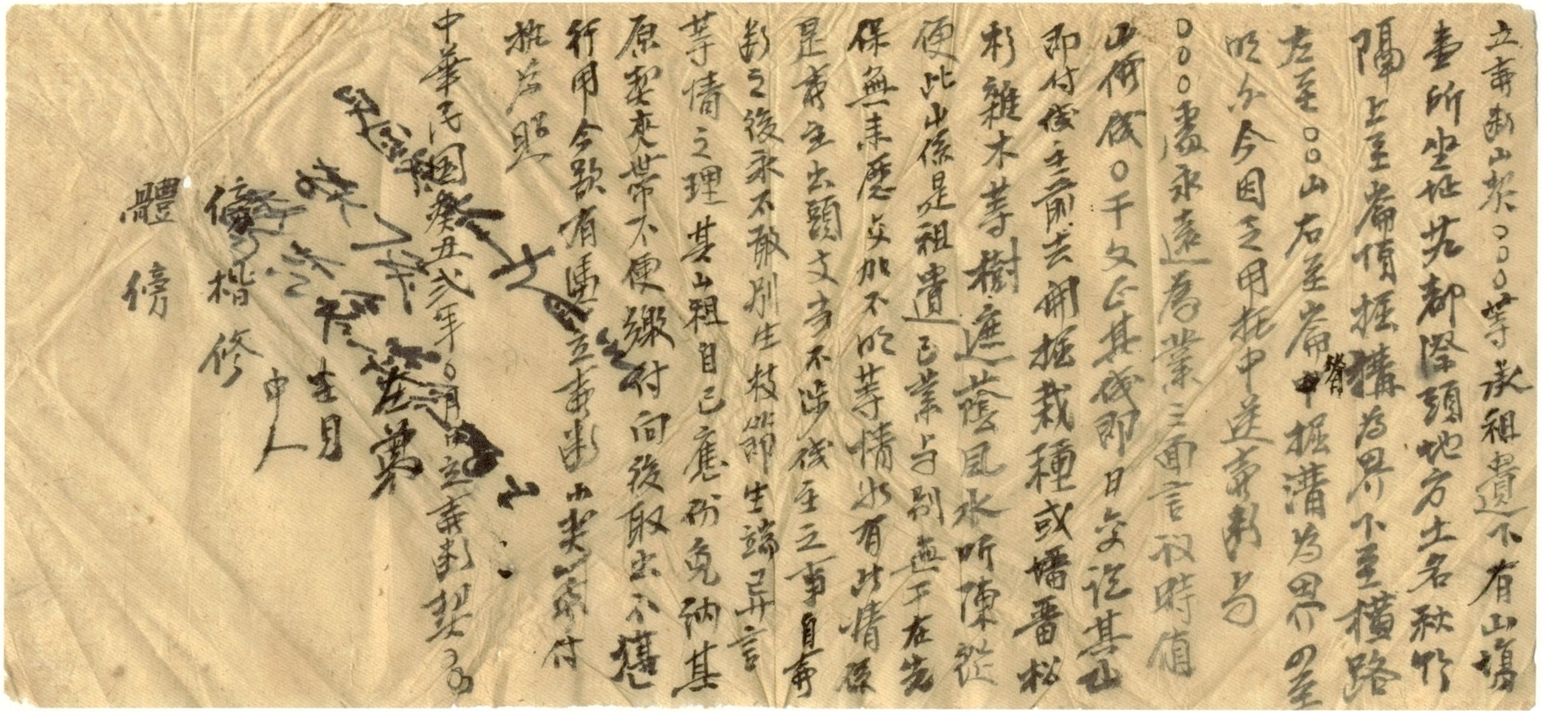
立賣斷山契○○○等，承祖遺下有山場
壹所，坐址茂都漈頭地方，土名秋竹
隔，上至崙頂掘構為界，下至橫路，
左至○○山，右至崙脊中掘溝為界，四至
明白。今因乏用，托中送賣與
○○○邊永遠為業。三面言議時值
山價錢○千文正，其錢即日交訖。其山
即付錢主前去開掘栽種，或播番松
杉雜木等樹，遮蔭風水，聽陳從
便。此山係是祖遺己業，與別無干。在先
保無來歷交加不明等情，如有此情，係
是賣主出頭支當，不涉錢主之事。自賣
斷之後，永不敢別生枝節，生端異言
等情之理。其山租自己應納，免納其
原契老契帶不便繳付，向後取出不堪
行用。今欲有憑，立賣斷山契壹紙付
執為照。
中華民國癸丑貳年○月 日立賣斷山契○○○
中人
禮儀
楷修

7-4-36-3 民國二年□月某某立賣斷山場契（草契）

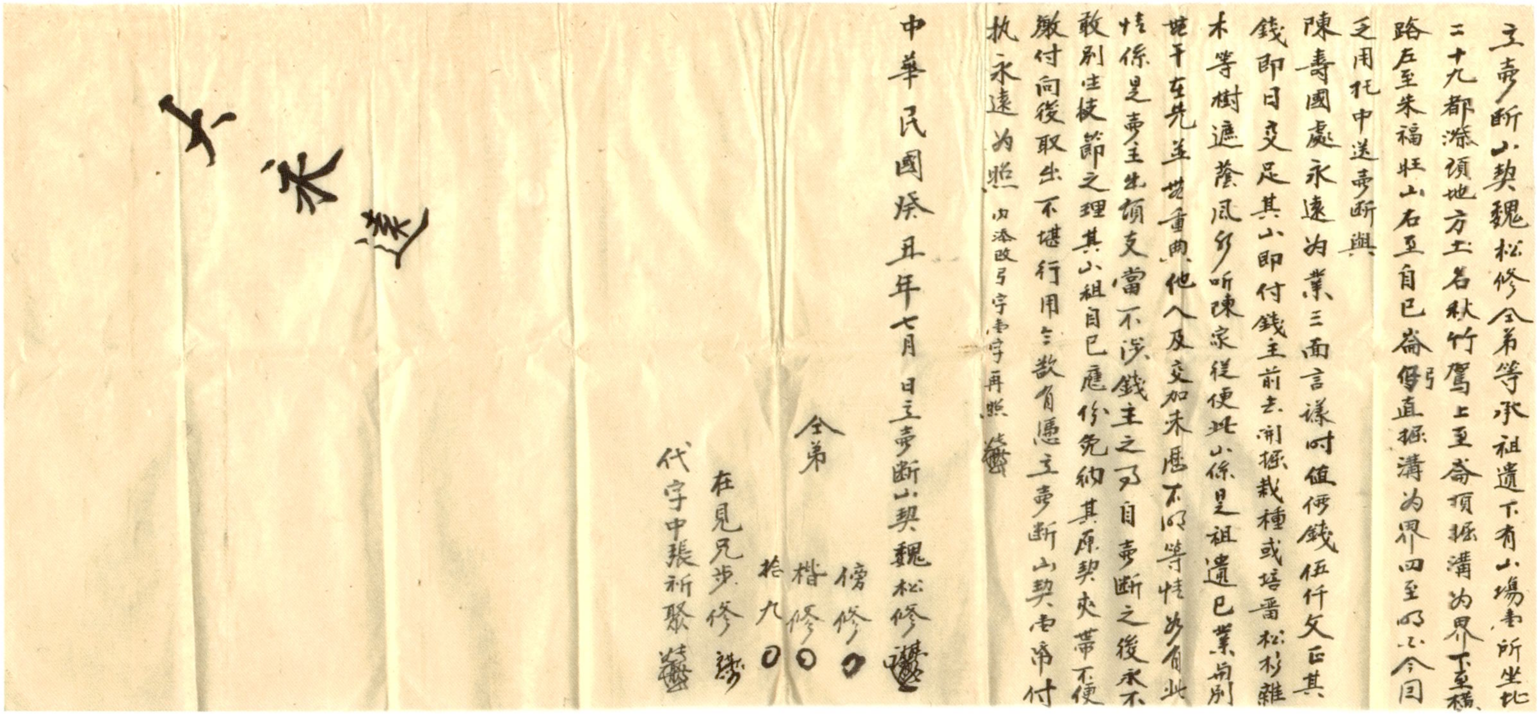
立賣斷山契魏松修仝弟等承祖遺下有山場壹所坐北
二十九都濂頭地方土名杕竹窩上至崙頂摁溝為界下至橫
路左至朱福旺山右至自己崙引直摁溝為界四至明白今因
乏用托中送賣斷與
陳壽國處永遠為業三面言議時值價錢伍仟文正其
錢即日交足其山即付錢主前去開摁栽種或培番松杉雜
木等樹遮蔭風水听陳家從便此山係是祖遺己業前則
世平在先並無重典他人及交加未明不明等情如有此
情係是賣主出頭支當不涉錢主之事自賣斷之後永不
敢刷生枝節之理其山祖自己應修免納其原契夾帶不便
繳付向後取出不堪行用之數有憑立賣斷山契壹帋付
執永遠為照 內添改弓字壹字再照

中華民國癸丑年七月 日立賣斷山契魏松修

仝弟 傍修 楷修 拾九

在見兄步修

代字中張祈聚

大永遠

7-4-36-2　民國二年七月魏松修等立賣斷山場契

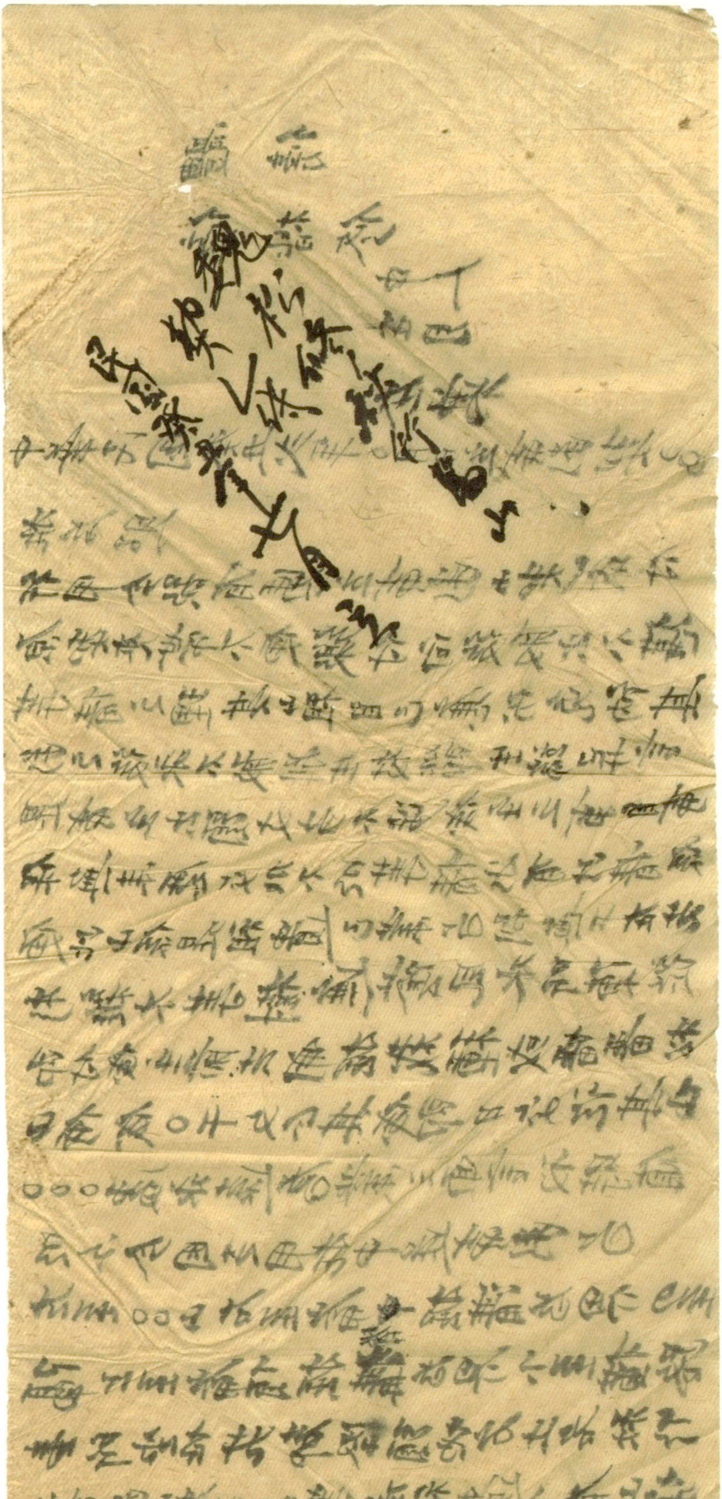

7-4-36-1　包契紙

立賣斷林逢義承父手置有會社壹
場在同鄉鳩集福興宮仁主尊王之
社共計社友叁拾服公置田畝增置業物
更有錢項等處逓年正月初陸日慶賞
並弍月拾四日千秋壽廷用費办食隨
首輪值当在内此會社自己逢義係應壹
服將此會社送賣斷与
陳詩讃暢仝處永遠為業三面言議時值價
錢肆仟文正其錢即日交訖其會社自
已壹服即付錢主前去照序隨首輪並
隨期登席与逢無干在先並無重典他
人以及交加来歷不明等情如有此情係
賣主出頭支当不涉錢主之事自賣斷
之後永不敢生端异言之理其田粮声隨
首完纳今欲有憑立賣斷契壹紙其原契
取出不堪行用统付為照

中華民國癸丑年正月日立賣斷契林逢義（押）

仝弟遠義（押）

在見兄義興（押）

代字筆侄兆訓（押）

有求畢應

7-4-35-2　民國二年正月林逢義等立賣斷會社契

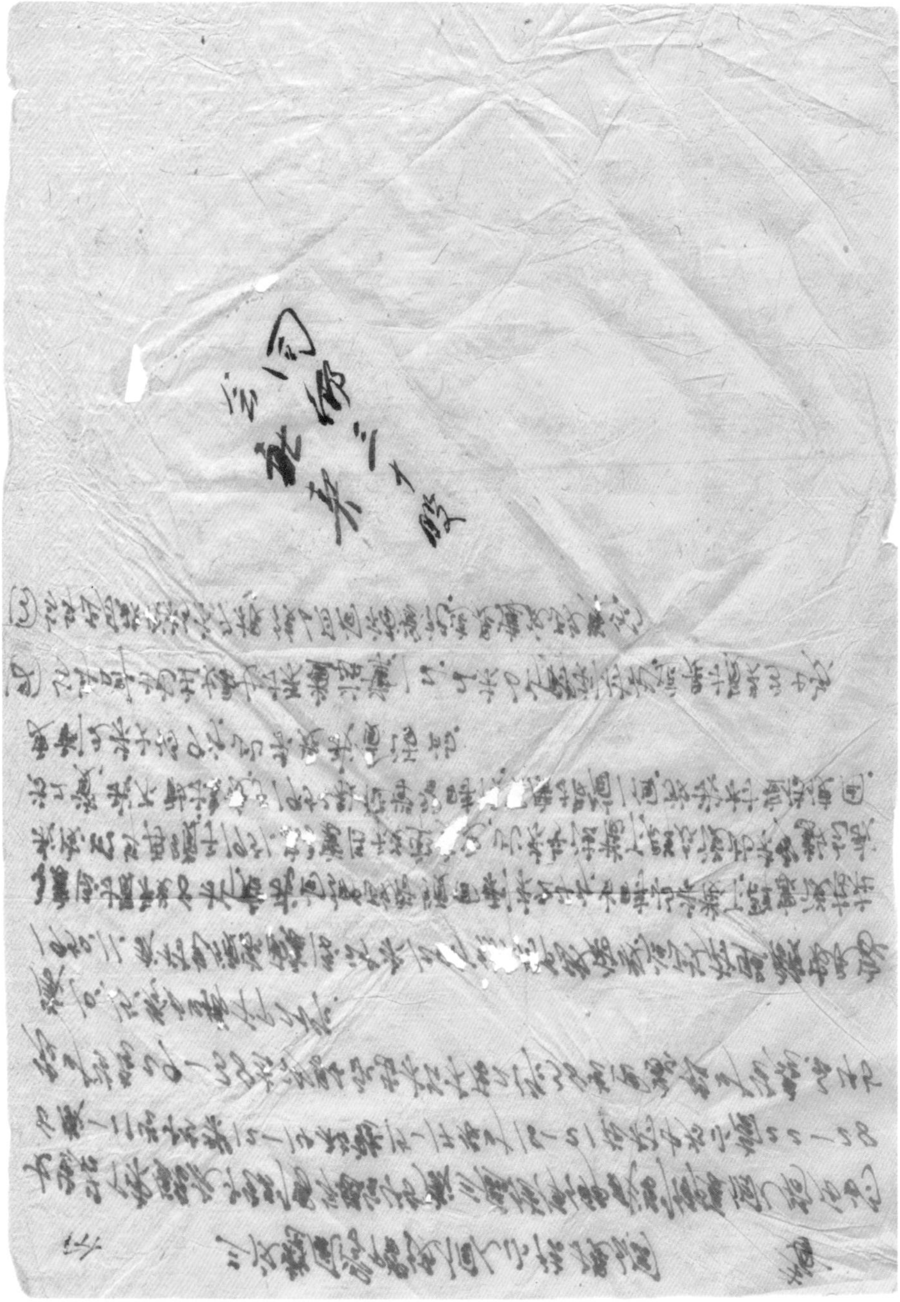

7-4-35-1　包契紙

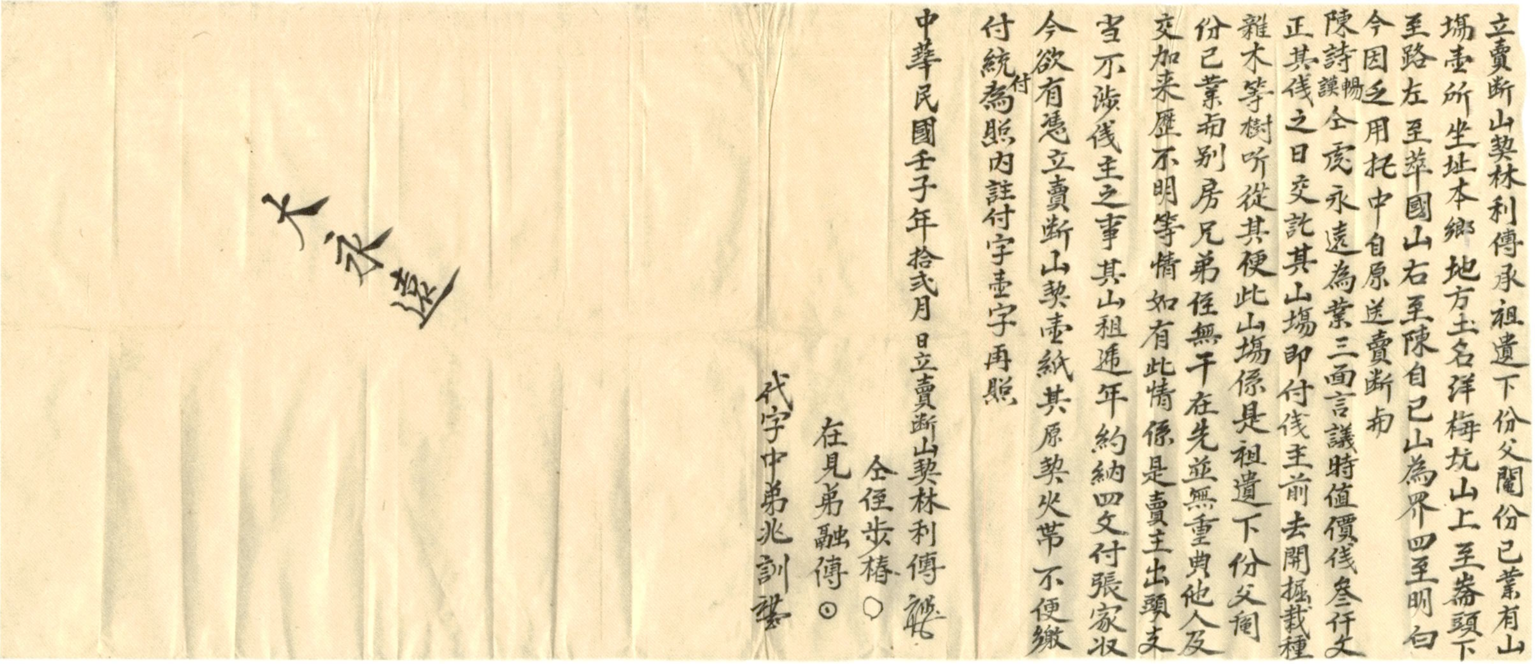

立賣斷山契林利傳承祖遺下份父鬮份已業有山
場壹所坐址本鄉地方土名洋梅坑山上至崙頭下
至路左至萃國山右至陳自己山為界四至明白
今因乏用托中自原送賣斷布
陳詩讓暢仝虎永遠為業三面言議時值價錢叁仟文
正其錢之日交訖其山場即付錢主前去開掘栽種
雜木等樹听從其便此山場係是祖遺下份父鬮
份已業與別房兄弟侄無干在先並無重典他人及
交加來歷不明等情如有此情係是賣主出頭支
當不涉錢主之事其山祖遞年約納四文付張家收
今欲有憑立賣斷山契壹紙其原契火帶不便繳
付統付為照內註付字壹字再照

中華民國壬子年拾弍月　日立賣斷山契林利傳
仝侄步椿 ○
在見弟融傳 ⊙
代字中弟兆訓

大永遠

7-4-34-2　民國元年十二月林利傳等立賣斷山場契

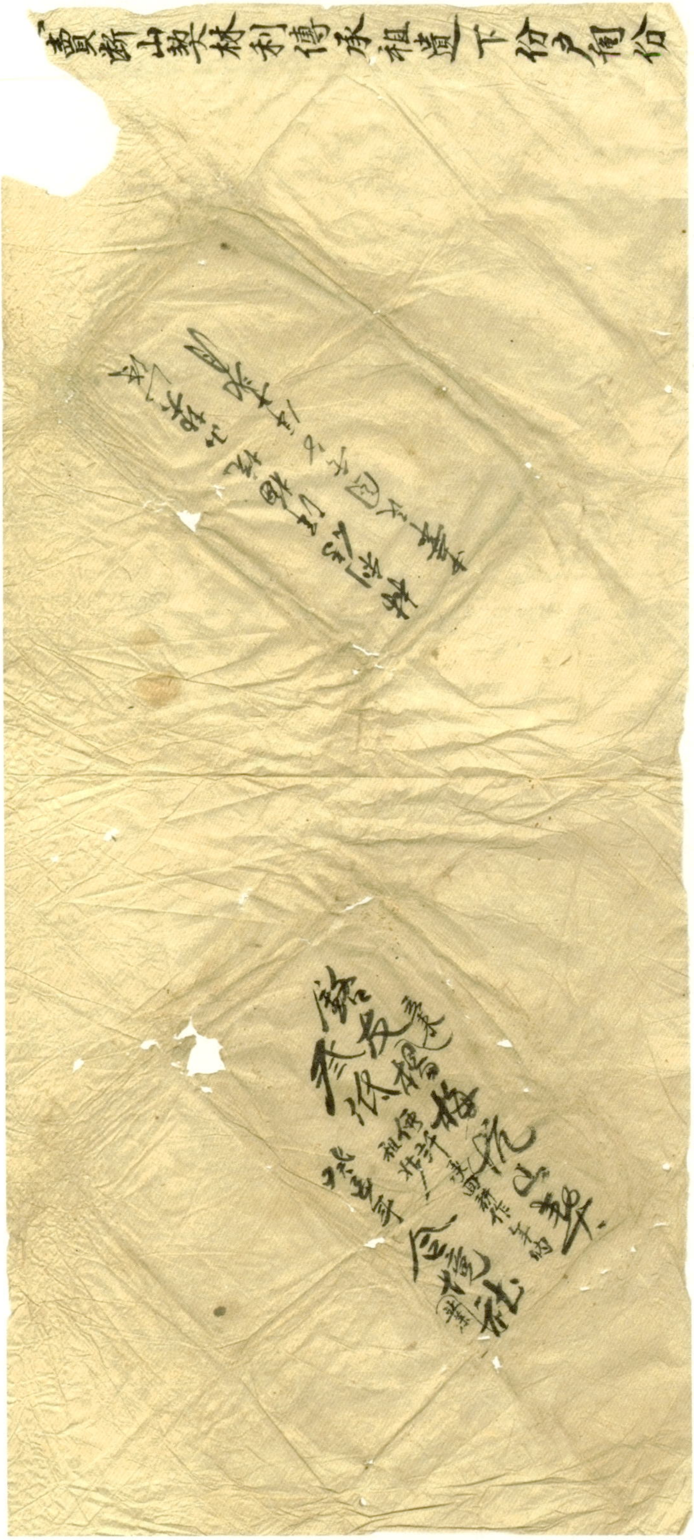

7-4-34-1　包契紙

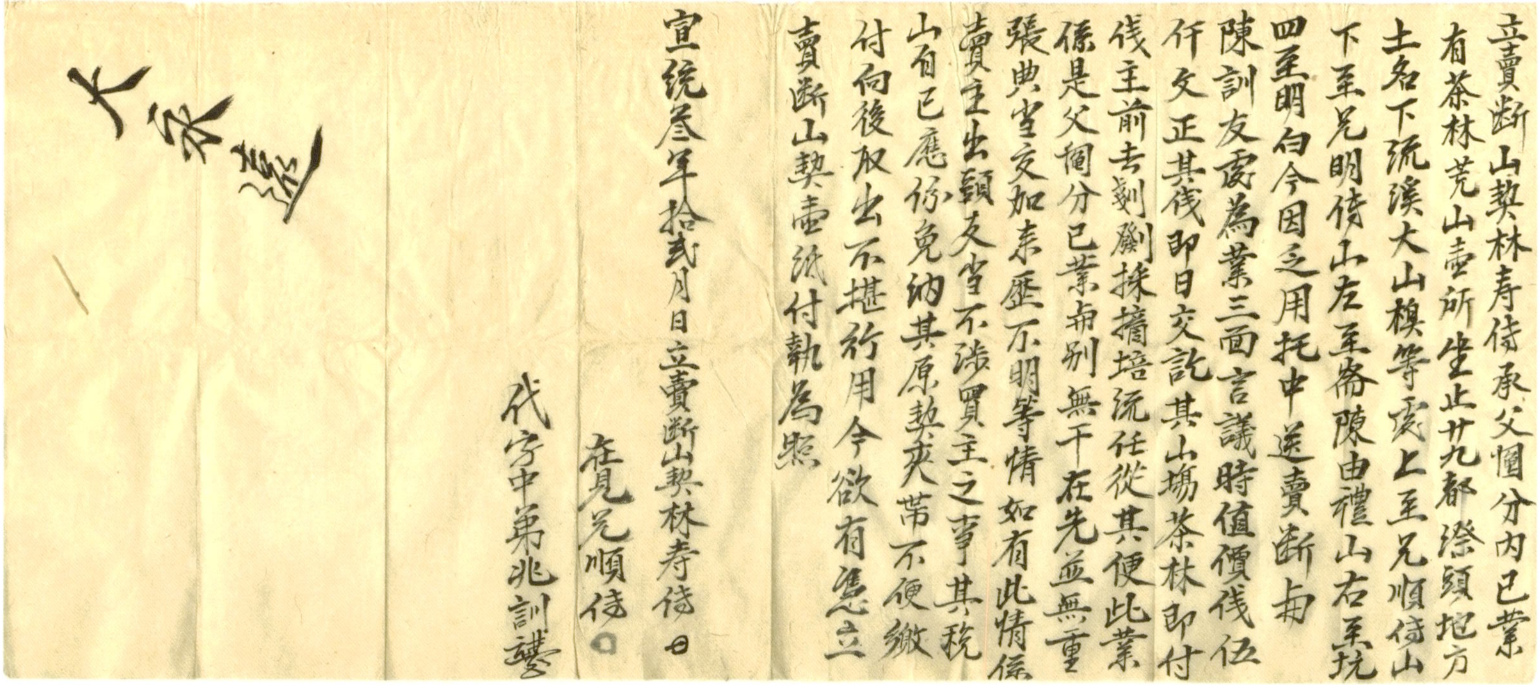
立賣斷山契林寿傳承父阄分内已業
有茶林荒山壹所坐址廿九都滁頭垱方
土名下流溪大山槙等處上至兄順傳山
下至兄明傳山左至爺陳由禮山右至坑
四至明白今因乏用托中送賣斷与
陳訓友處爲業三面言議時值價錢伍
仟文正其錢即日交訖其山場茶林即付
錢主前去剗劉採擷培流任從其便此業
係是父阄分已業弟別無干在先並無重
張典當交加來歷不明等情 如有此情係
賣主出頭支當不涉買主之事其稅
山旨已應行兑納其原契夾帯不便繳
付向後取出不堪行用今欲有憑立
賣斷山契壹紙付執爲照
宣統叁年拾弍月日立賣斷山契林寿傳 ㊞
在見兄順傳 ㊞
代字中弟兆訓 ㊞

7-4-33-3　清宣統三年十二月林寿傳立賣斷茶林荒山契

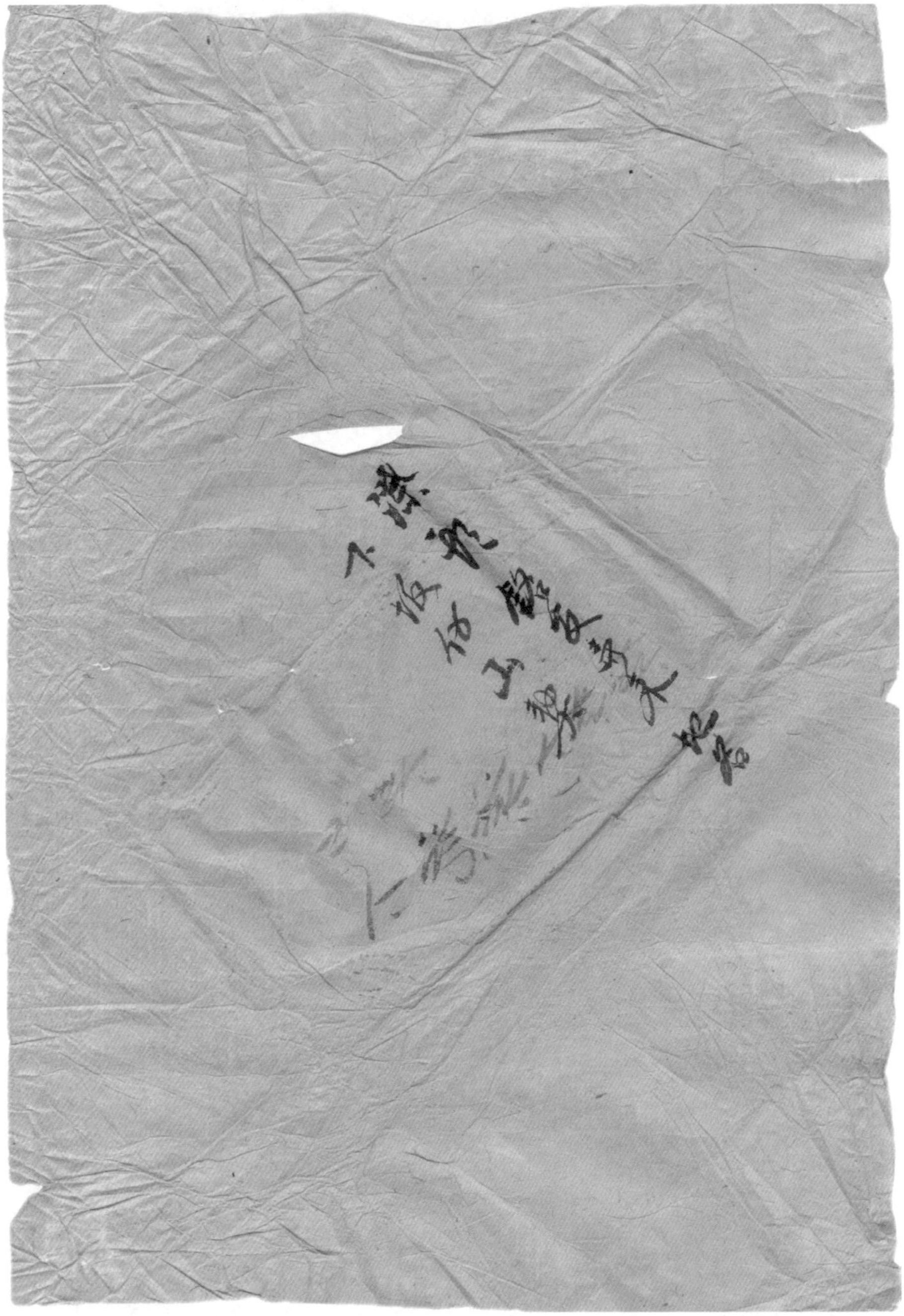

7-4-33-2　包契紙

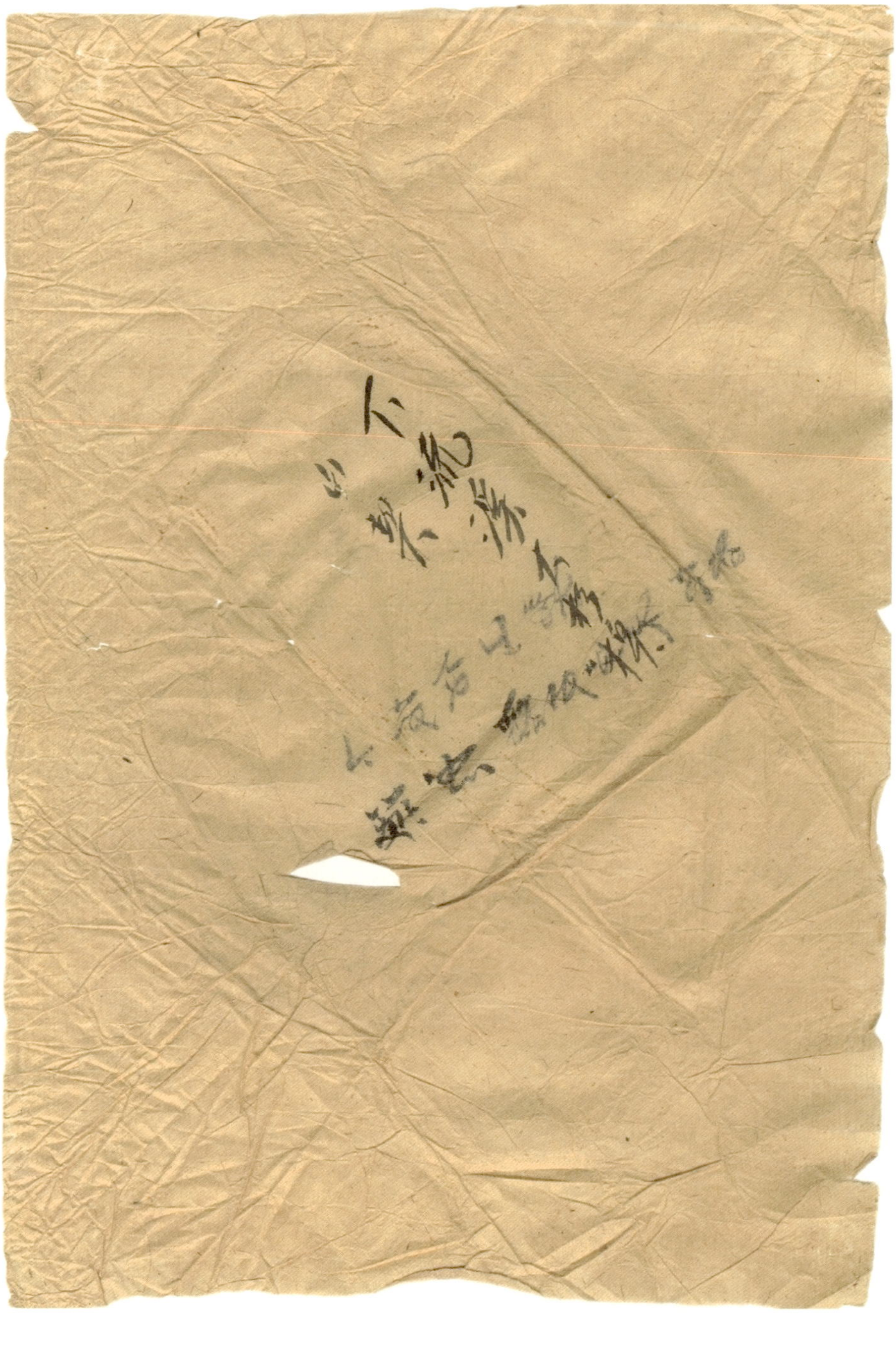

7-4-33-1 包契紙

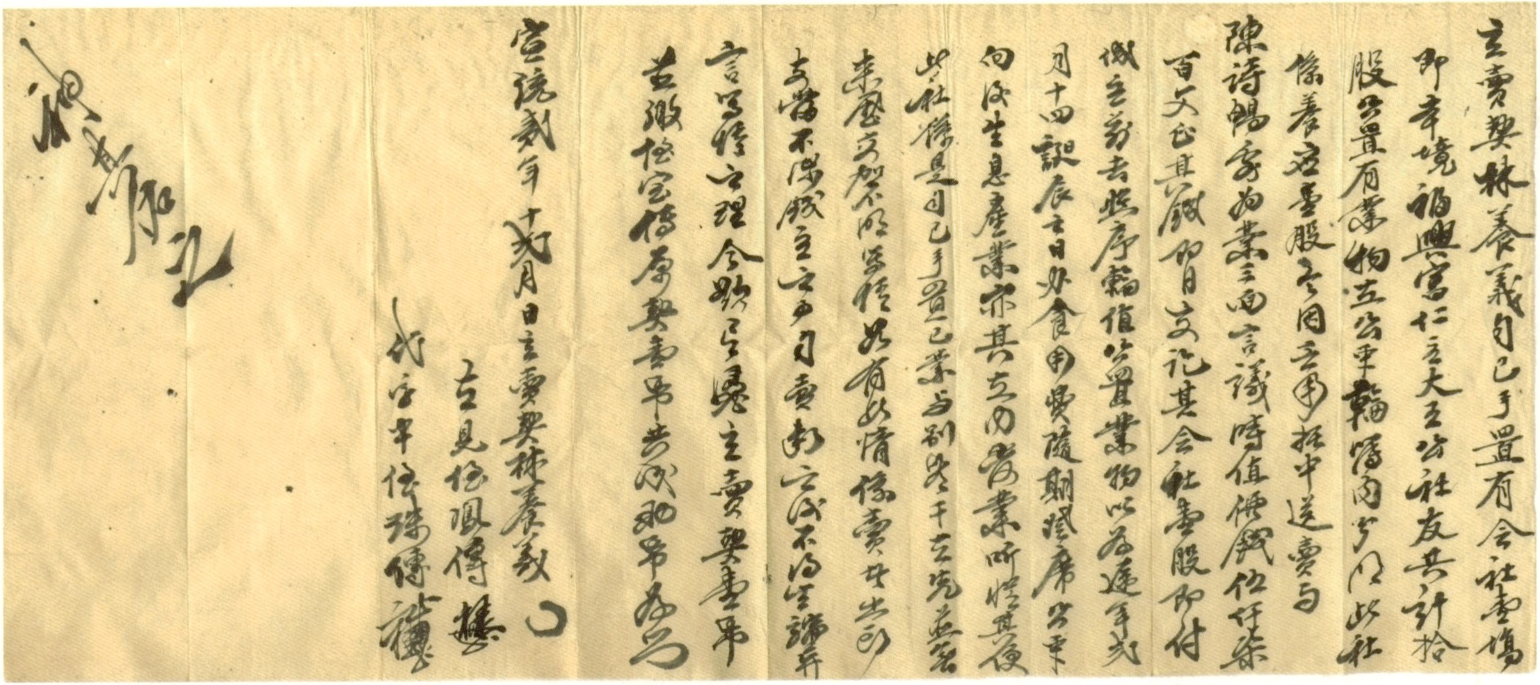

7-4-32-2 清宣統二年十二月林養義立賣會社股契

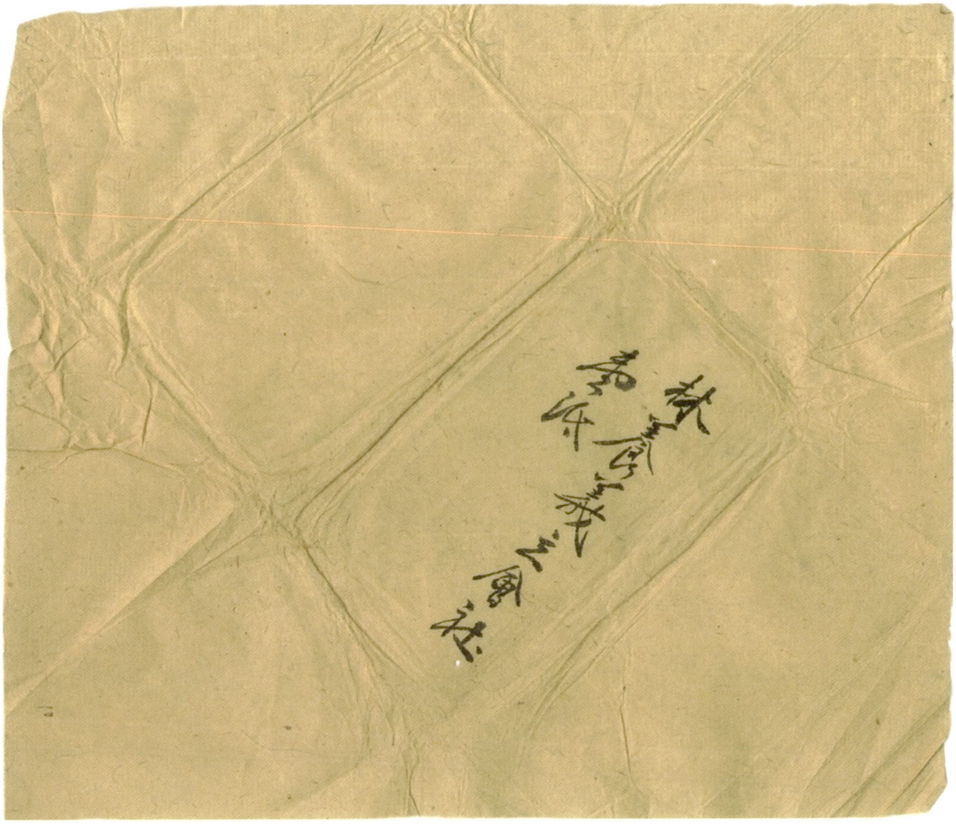

7-4-32-1　包契紙

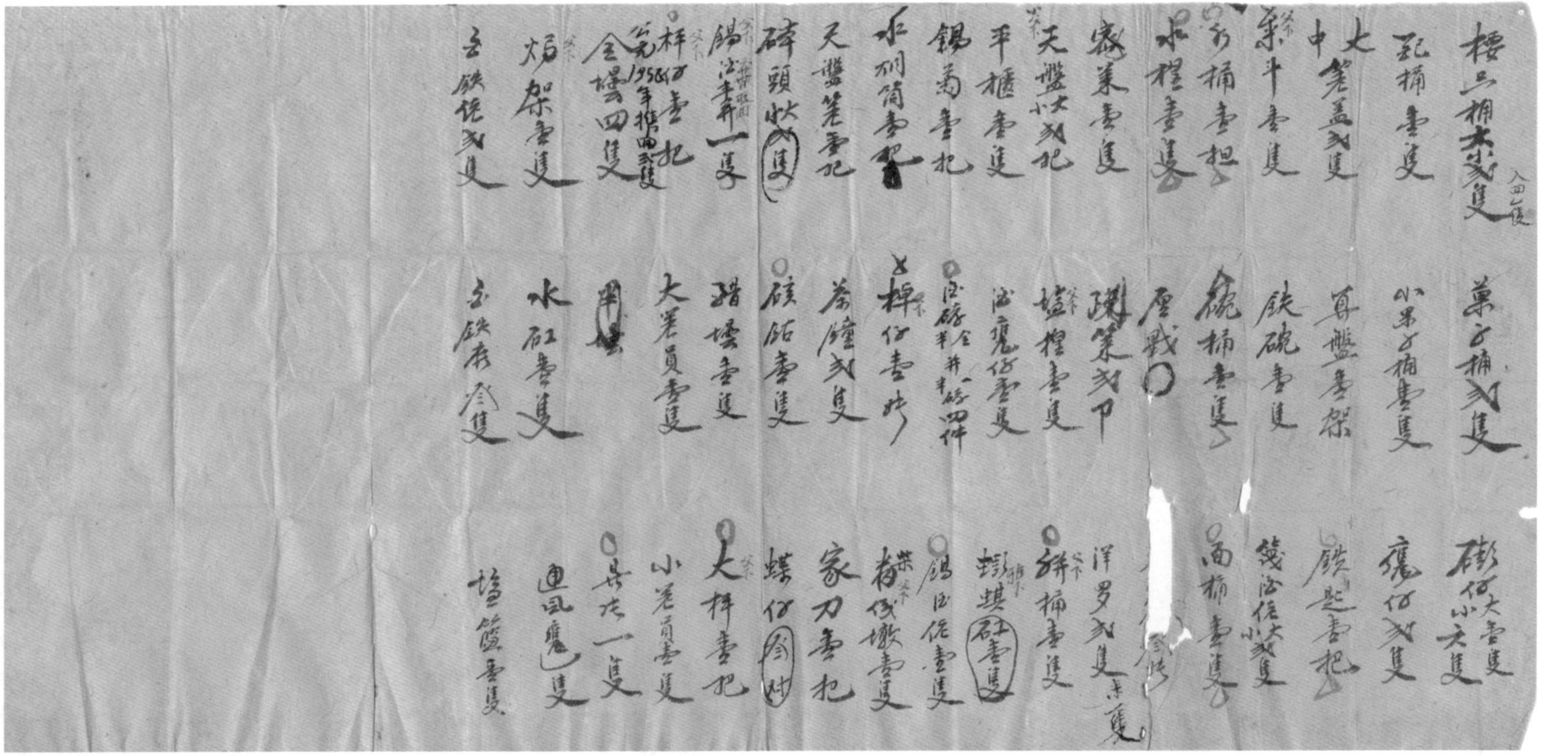

7-4-31-3　清光緒三十二年林詩璧立付協成號器具清單

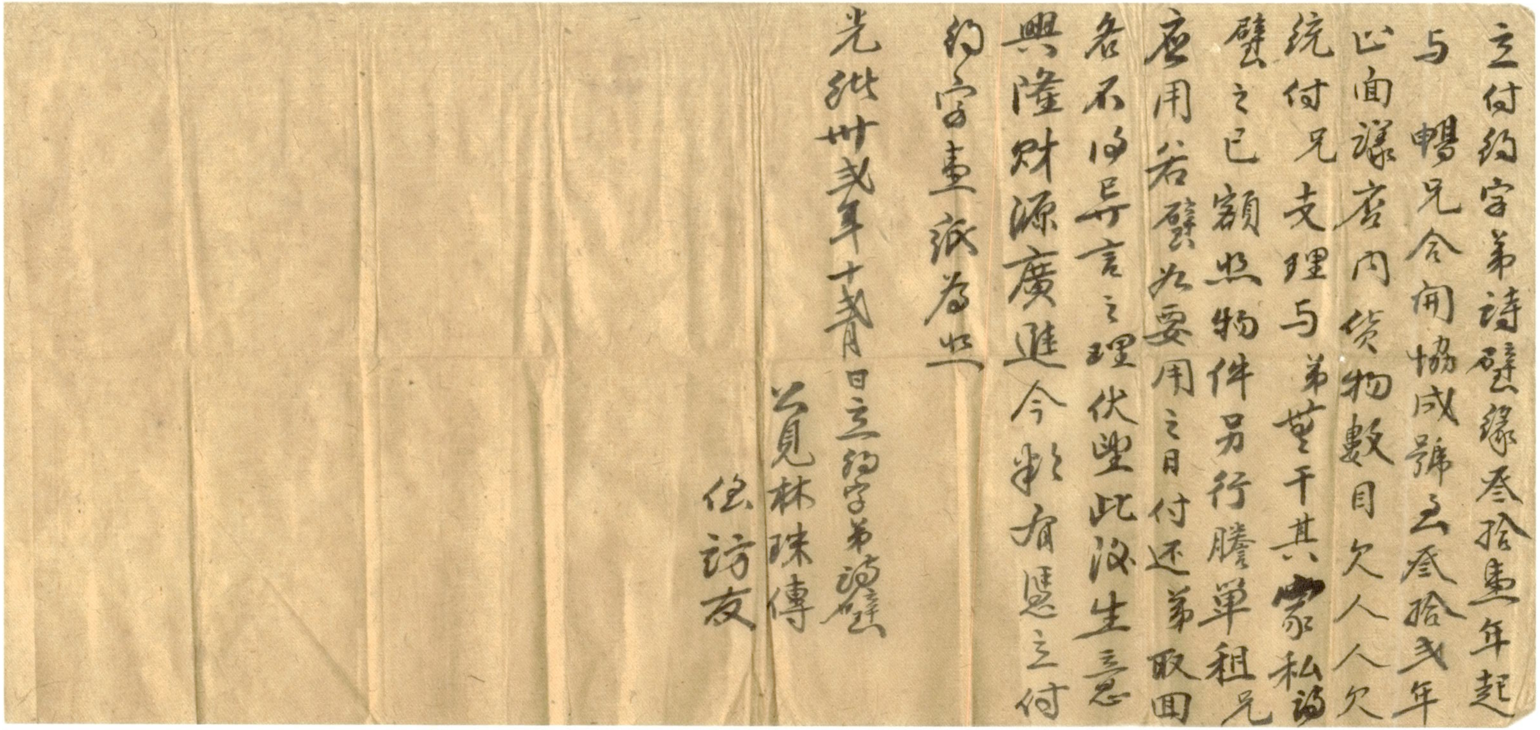

7-4-31-2　清光緒三十二年十二月陳詩璧立付約字

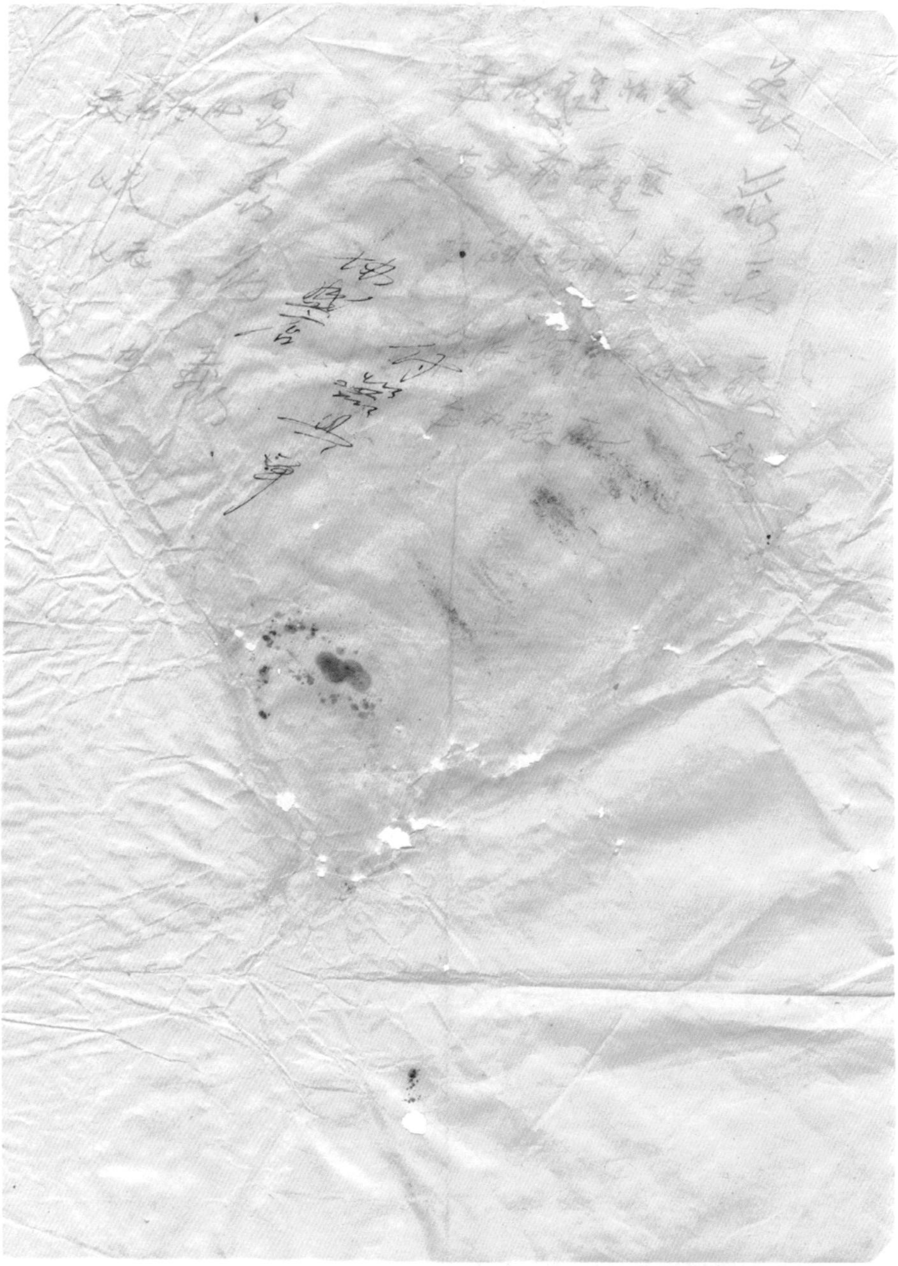

7-4-31-1　包契紙

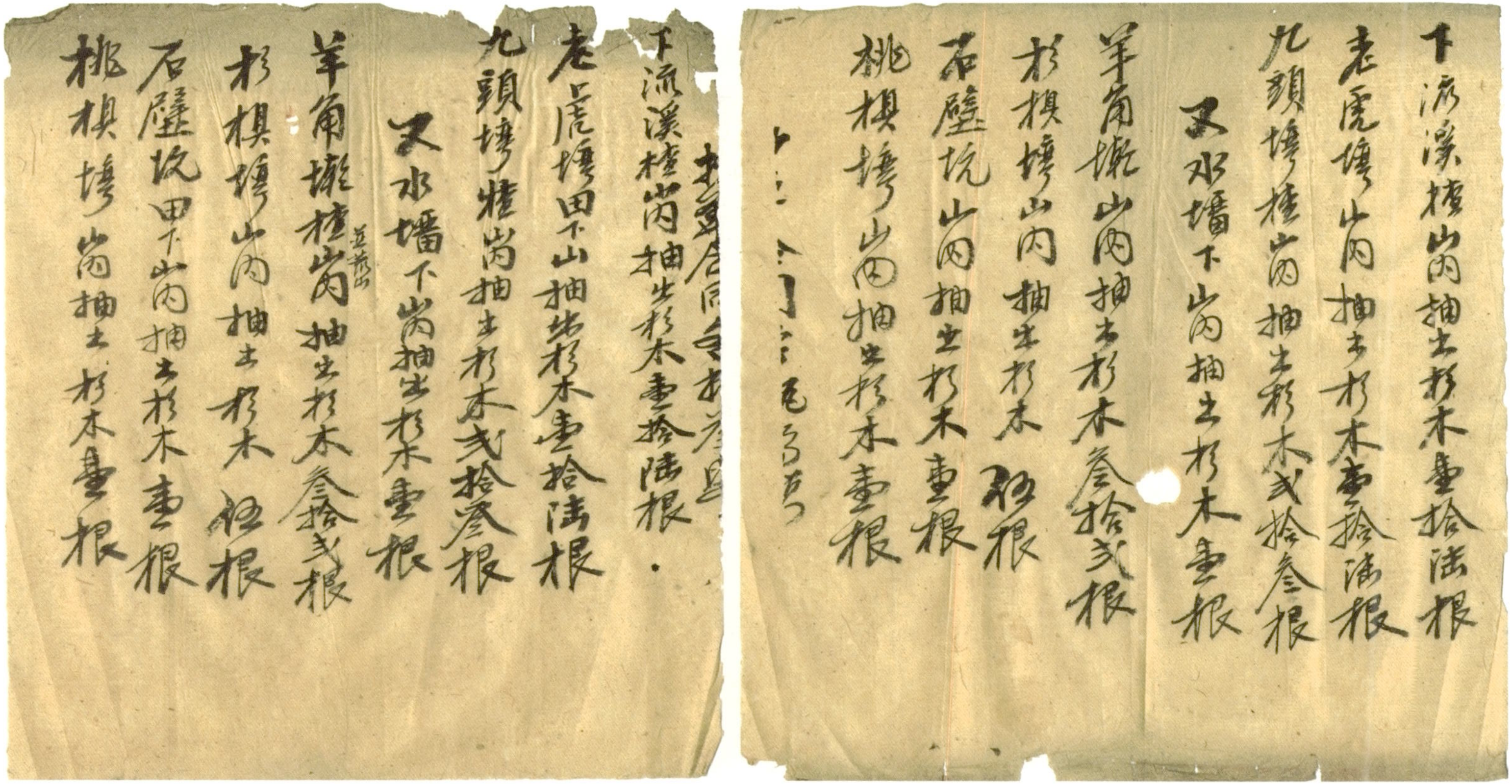

7-4-30-5　抽出杉木合同（年代不詳）

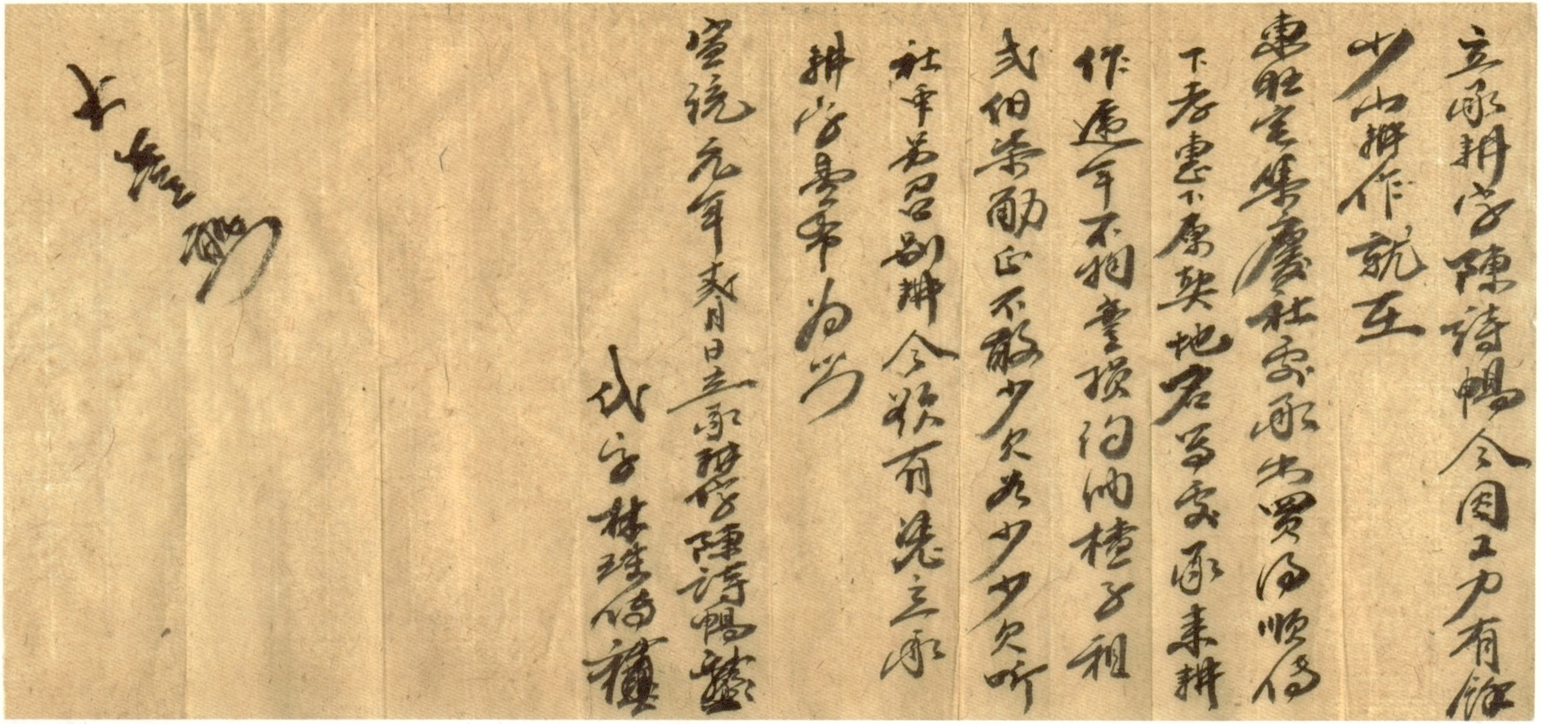

7-4-30-4　清宣統元年十二月陳詩暢立承耕山字

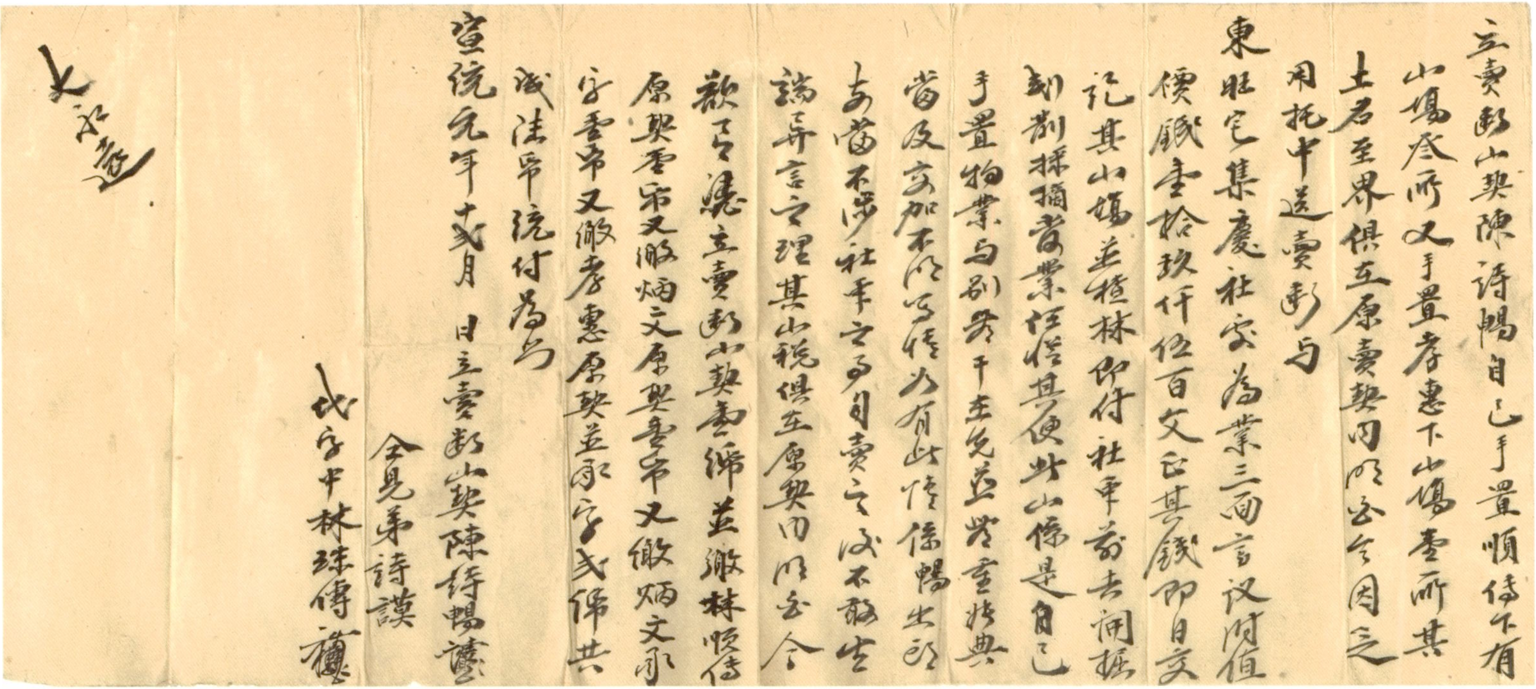
立賣斷山契陳詩暢，自己手置順侍下有
山場叁所，又手置孝惠下山場壹所，其
土名至界俱在原賣契內明白，今因乏
用，托中送賣斷與
東[illegible]集慶社[illegible]為業，三面言議，時值
價錢叁拾玖仟伍百文，其錢即日交
訖，其山場並植林即付社[illegible]前去開掘
刻[illegible]採摘，當業任從其便，此山係是自己
手置物業，與別房兄弟無涉，並無重張典
當及交加不明為礙，如有此情，係暢出頭
支當，不涉社[illegible]之事，自賣之後不敢生
端異言之理，其山稅俱在原契內明白，今
欲有憑，立賣斷山契壹紙，並繳林暢侍
原契壹紙，又繳烟文原契壹紙，又繳烟文承
分壹紙，又繳孝惠原契並承分貳紙，共
成法紙，統付為照。
宣統元年十二月　日立賣斷山契陳詩暢（押）
全見弟詩謨
代字中林珠傳（押）

7-4-30-3　清宣統元年十二月陳詩暢立賣斷山場契

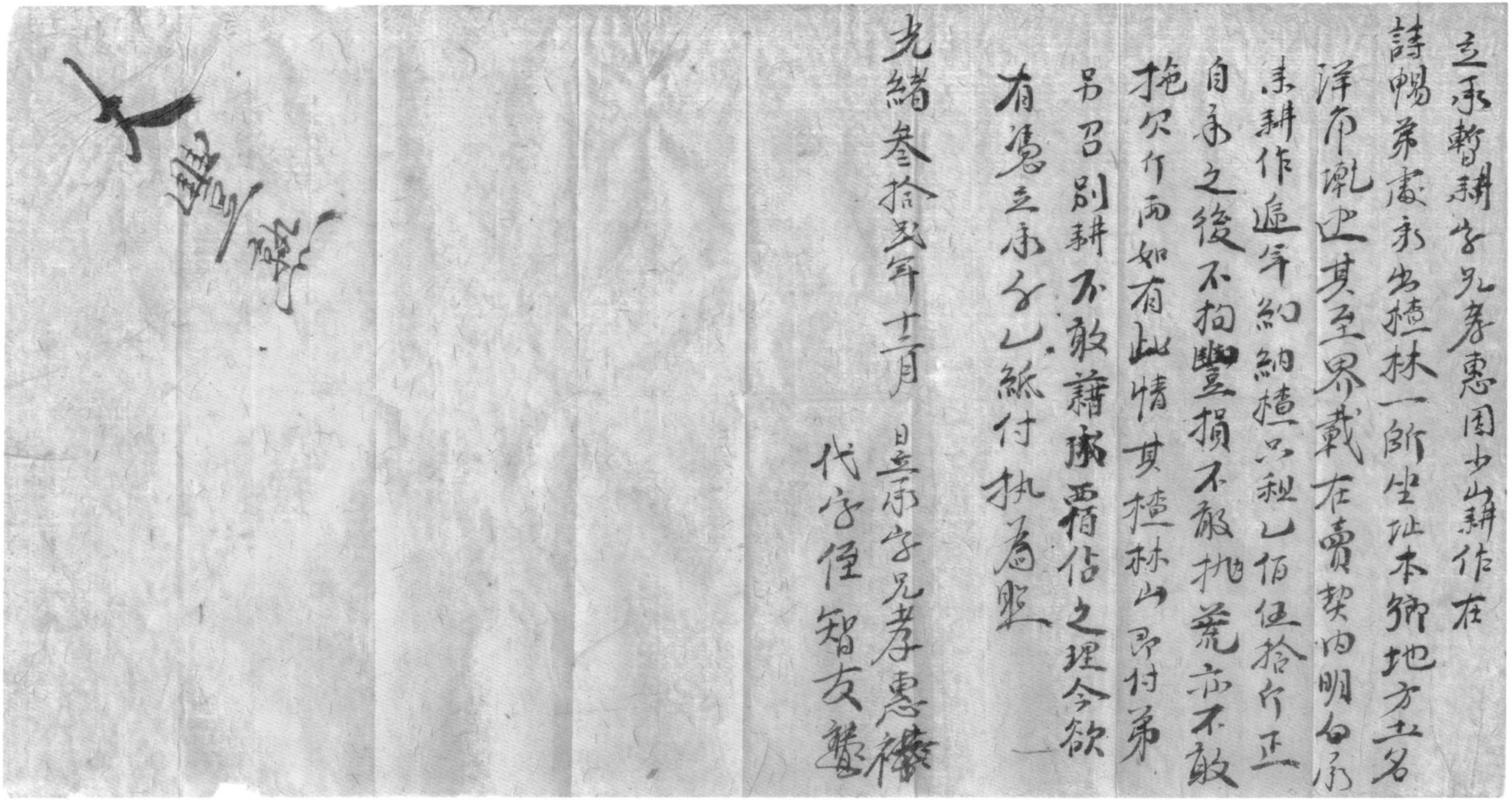
立承暫耕字兄孝惠因乏山耕作在
詩暢弟處承出楂林一所，坐址本鄉地方，土名
洋布墘，其至界載在賣契內明白，承
來耕作，逐年約納楂只租山佰伍拾斤正。
自承之後，不拘豐損，不敢抛荒，亦不敢
拖欠斤两。如有此情，其楂林山即付弟
另召別耕，不敢藉端霸佔之理。今欲
有憑，立承字山一紙付执爲照。
光緒叁拾贰年十二月　日立承字兄孝惠（押）
代字侄智友（押）

7-4-30-2　清光緒三十二年十二月陳孝惠立承暫耕楂林字

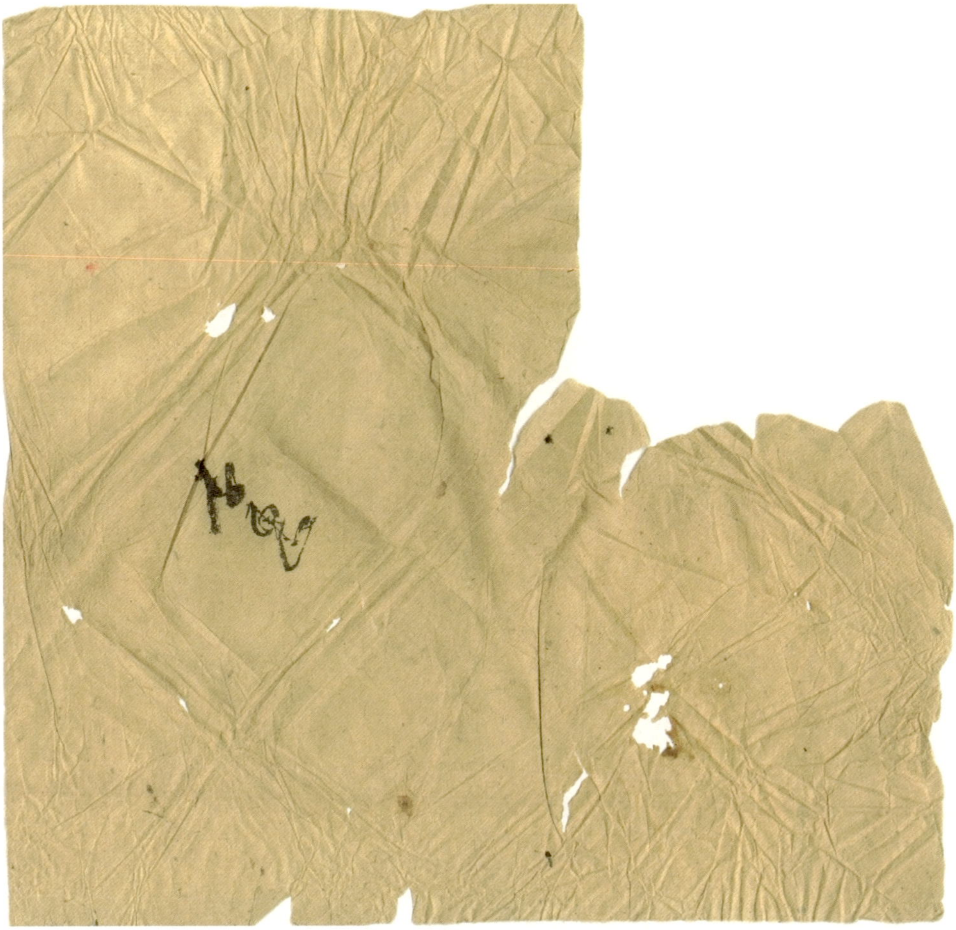

7-4-30-1　包契紙

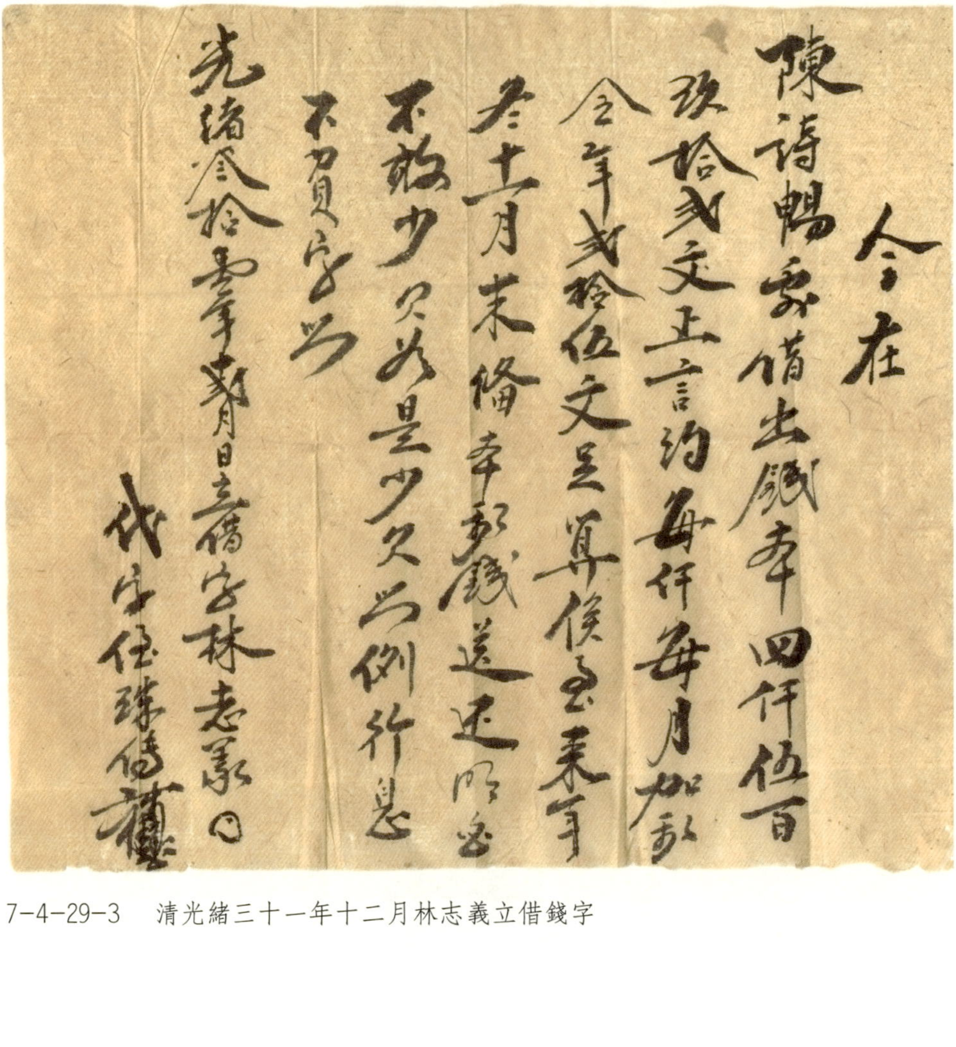

今在
陳詩暢處借出錢本四仟伍百
玖拾貳文正言約每仟每月加貳
全年貳拾伍文足算俟至來年
冬十月末將本利錢送還明白
不敢少欠如是少欠照例行息
不得負字為照
光緒叁拾壹年十二月 日立借字林志義
代字任珠倚筆

7-4-29-3　清光緒三十一年十二月林志義立借錢字

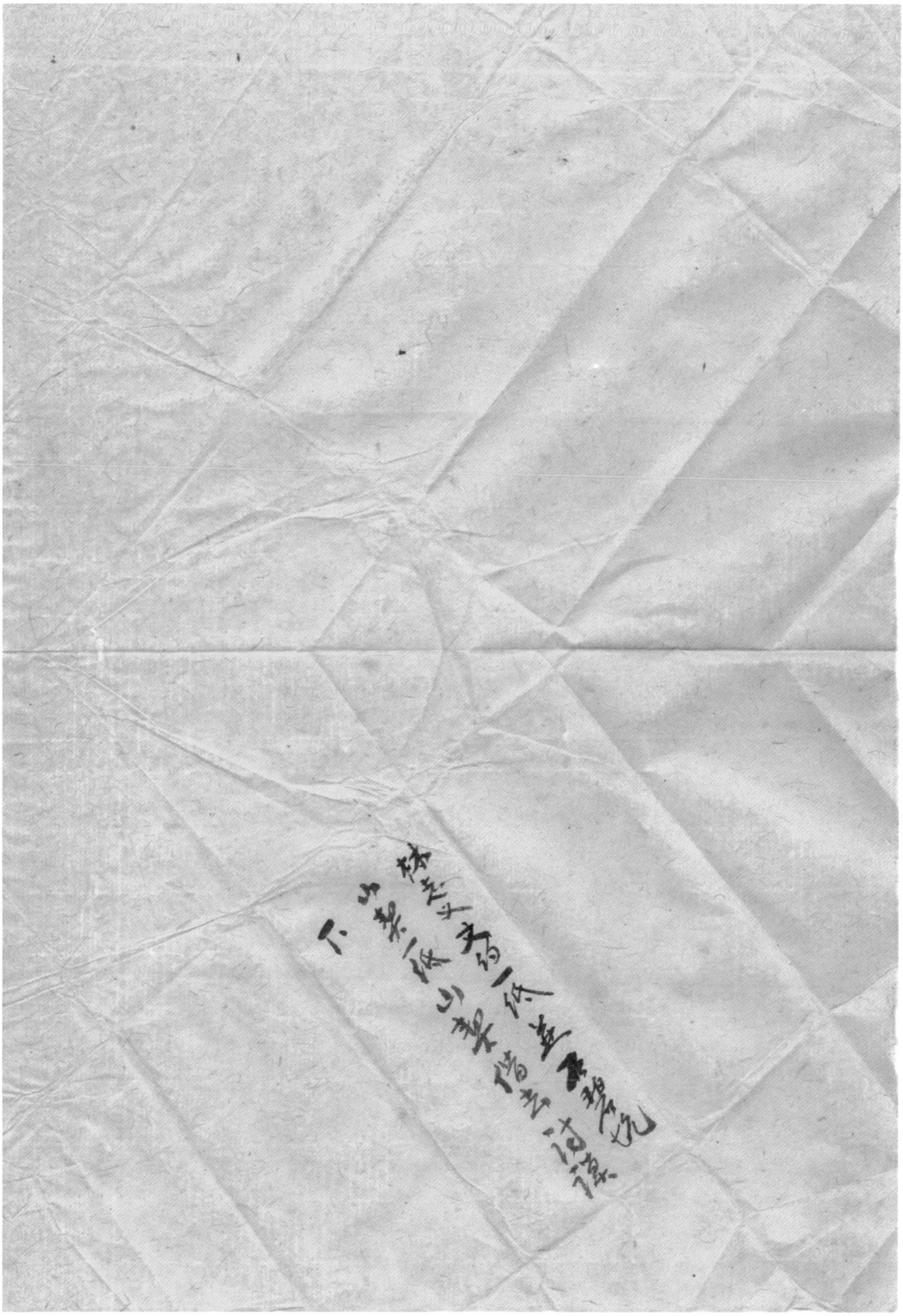

7-4-29-2　包契紙

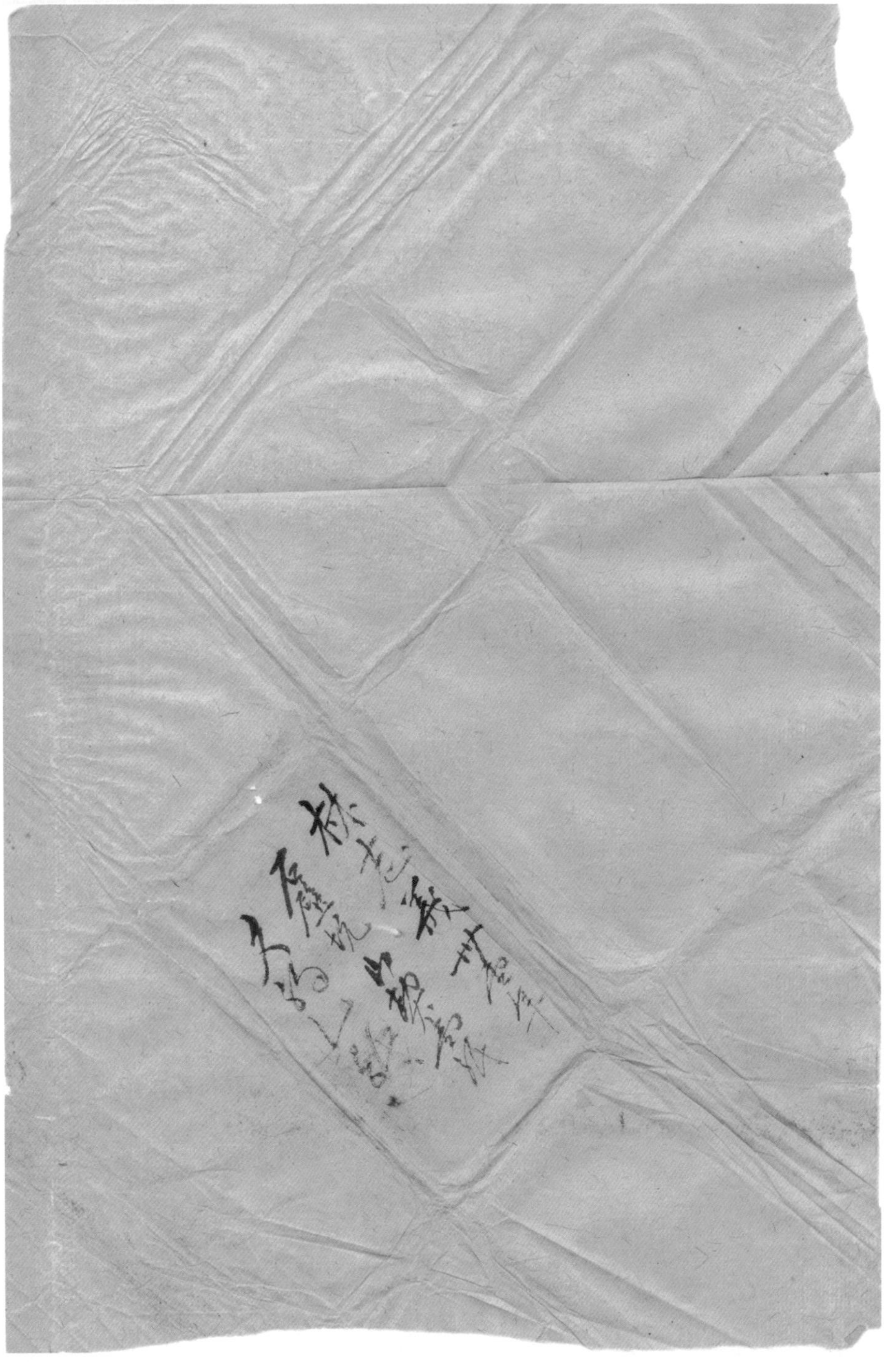

7-4-29-1　包契紙

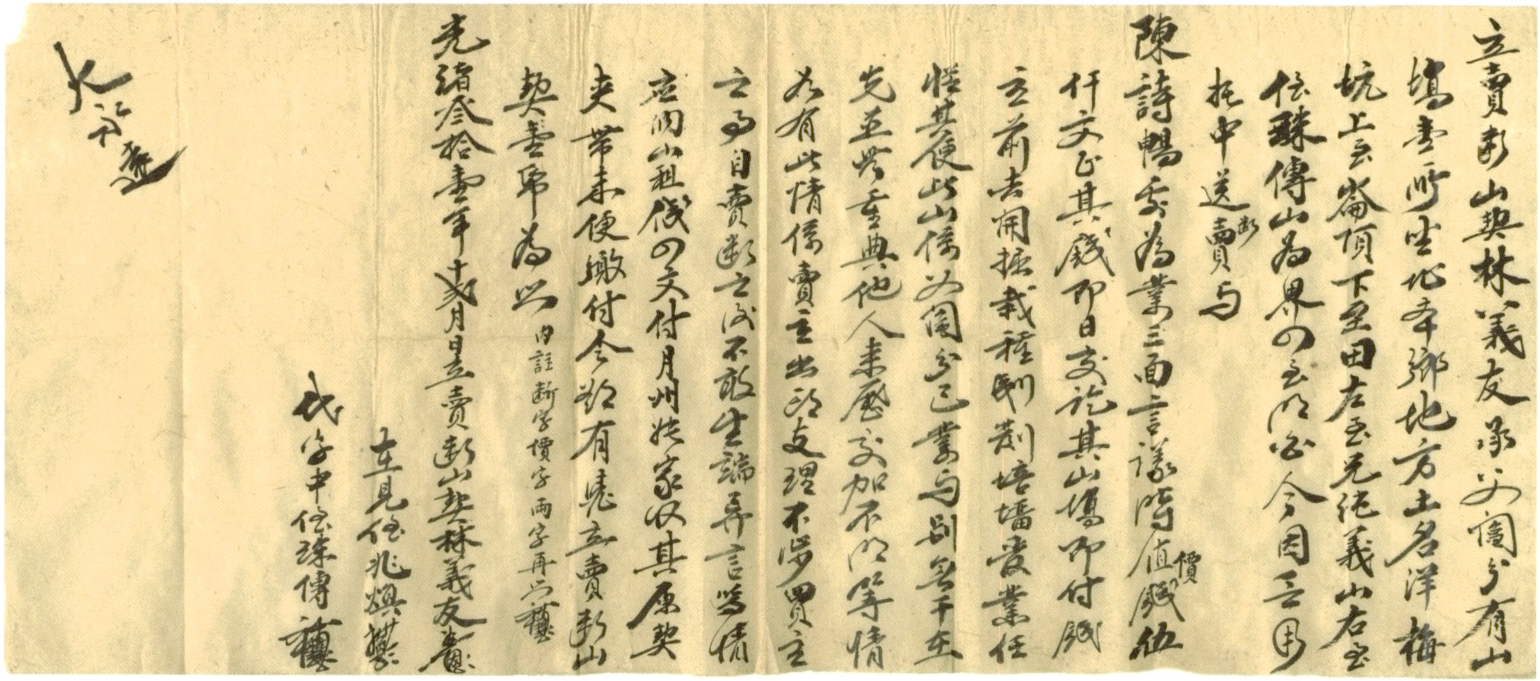
立賣斷山契林義友，承父置有山
場壹所，坐北本鄉地方，土名洋梅
坑，上至嶺頂，下至田，左至老義山，右至
依珠傳山為界，四至分明。今因要用，
托中送賣斷與
陳詩暢爲業，三面言議時值價錢伍
仟文正，其錢即日交訖，其山場即付錢
主前去開掘栽種，剷割培墻管業，任
從其便。此山係承阄分之業，與別房無干，在
先並無重典他人來歷，亦無不明等情，
如有此情，係賣主出頭支理，不涉買主
之事。自賣斷之後，不敢生端異言滋情，
應納山租錢，照丈付月州於家收，其原契
未帶，未便繳付，今欲有憑，立賣斷山
契壹紙為照。內註斷字、價字兩字，再照。
光緒叁拾壹年十二月 日立賣斷山契林義友
在見侄兆熾
代字中依珠傳

7-4-28-2　清光緒三十一年十二月林義友立賣斷山場契

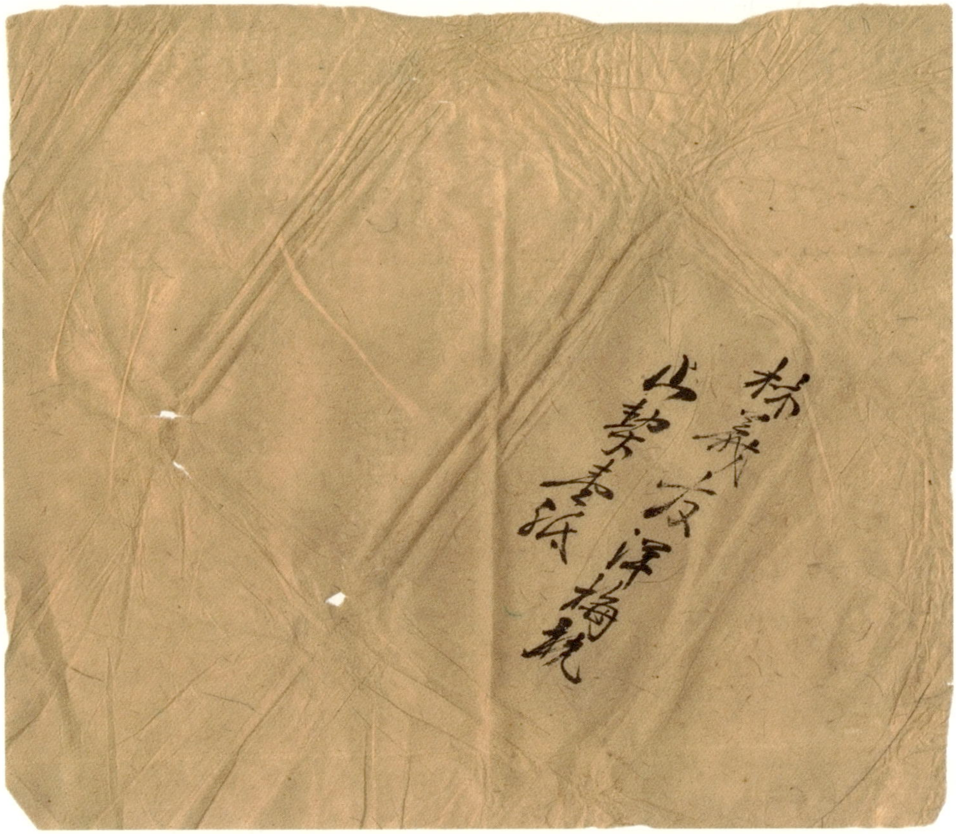
楊義衣洋梅坑
山契壹紙

7-4-28-1　包契紙

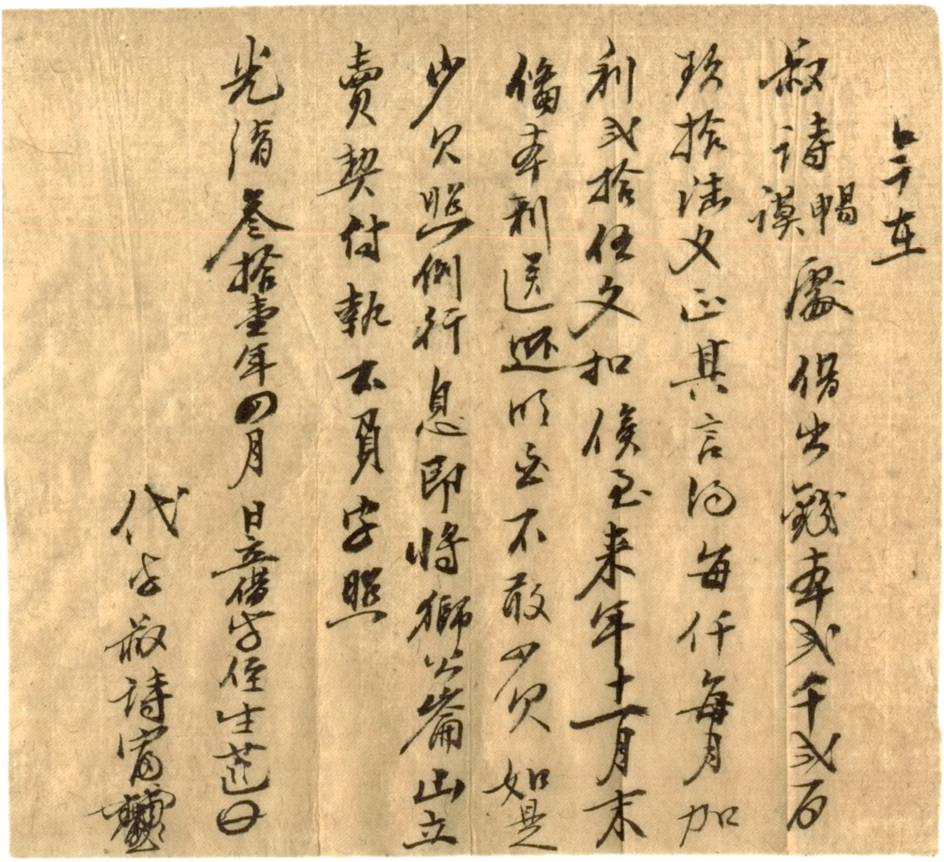

今在
叔詩暢漢處借出錢本貳千貳百
玖拾清文正，其言約每仟每月加
利貳拾伍文，扣候至来年十一月末
備本利送還，所至不敢少欠，如是
少欠照例行息，即將鄉山崙山立
賣契付執，不負字照
光緒叁拾壹年四月　日立借字侄生苞（押）
代字叔詩甫（押）

7-4-27-3　清光緒三十一年四月陳生苞立借錢字

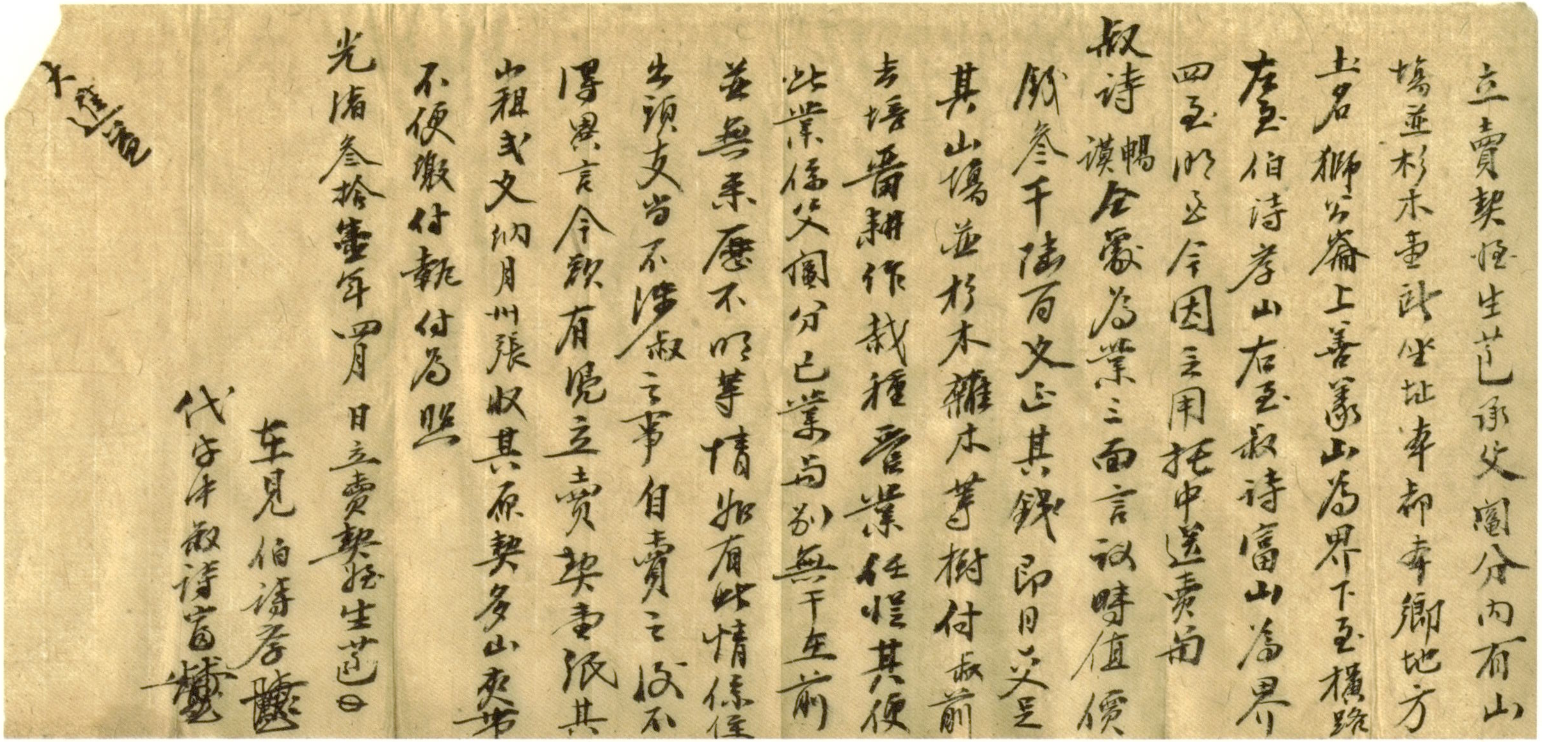

立賣契姪生苞承父阄分内有山
場並杉木壹處坐址本都本鄉地方
土名獅公崙上善篆山為界下至橫路
崖至伯詩孝山右至叔詩富山為界
四至明白今因乏用托中送賣與
叔詩漢暢合家為業三面言議時值價
錢叁千陸百文正其錢即日交足
其山場並杉木雜木等樹付叔前
去培養耕作栽種管業任從其便
此業係父阄分已業與别房無干先前
並無來歷不明等情如有此情係侄
出頭支當不涉叔之事自賣之後不
得異言今欲有憑立賣契壹張其
山租弍文納月卅張收其原契多山來字
不便繳付執付為照
光緒叁拾壹年四月　日立賣契姪生苞（押）
在見伯詩孝（押）
代字仲叔詩富（押）

7-4-27-2　清光緒三十一年四月陳生苞立賣山場等契

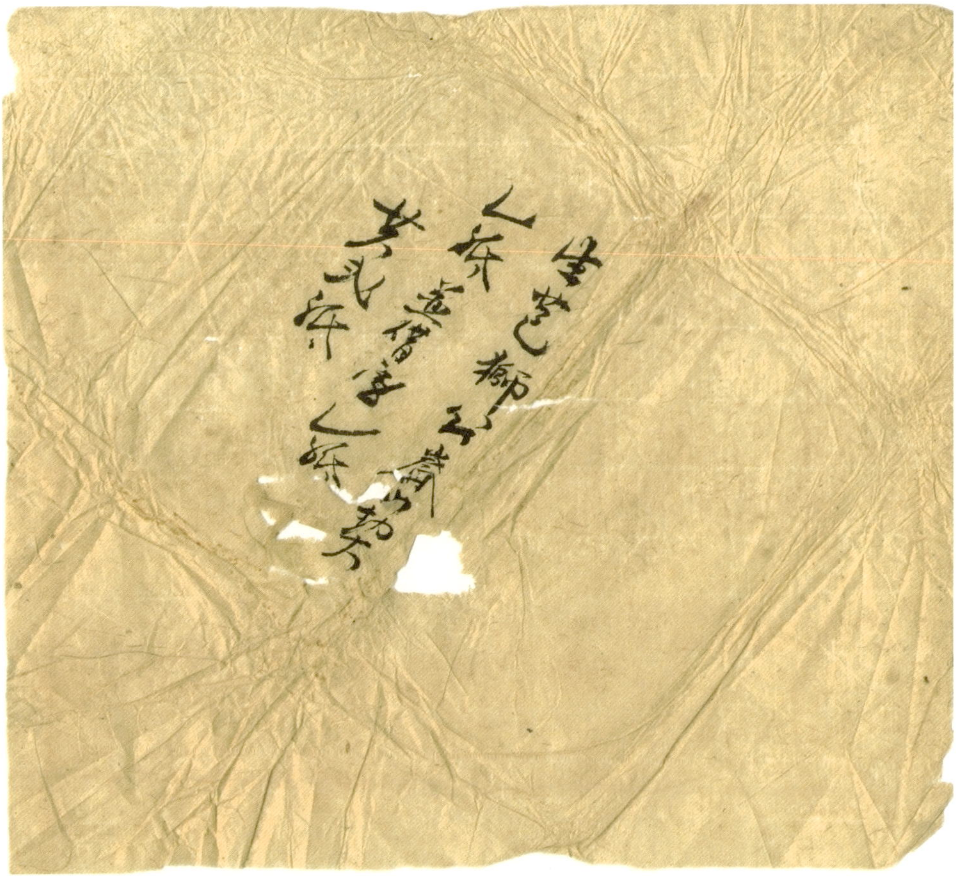

7-4-27-1　包契紙

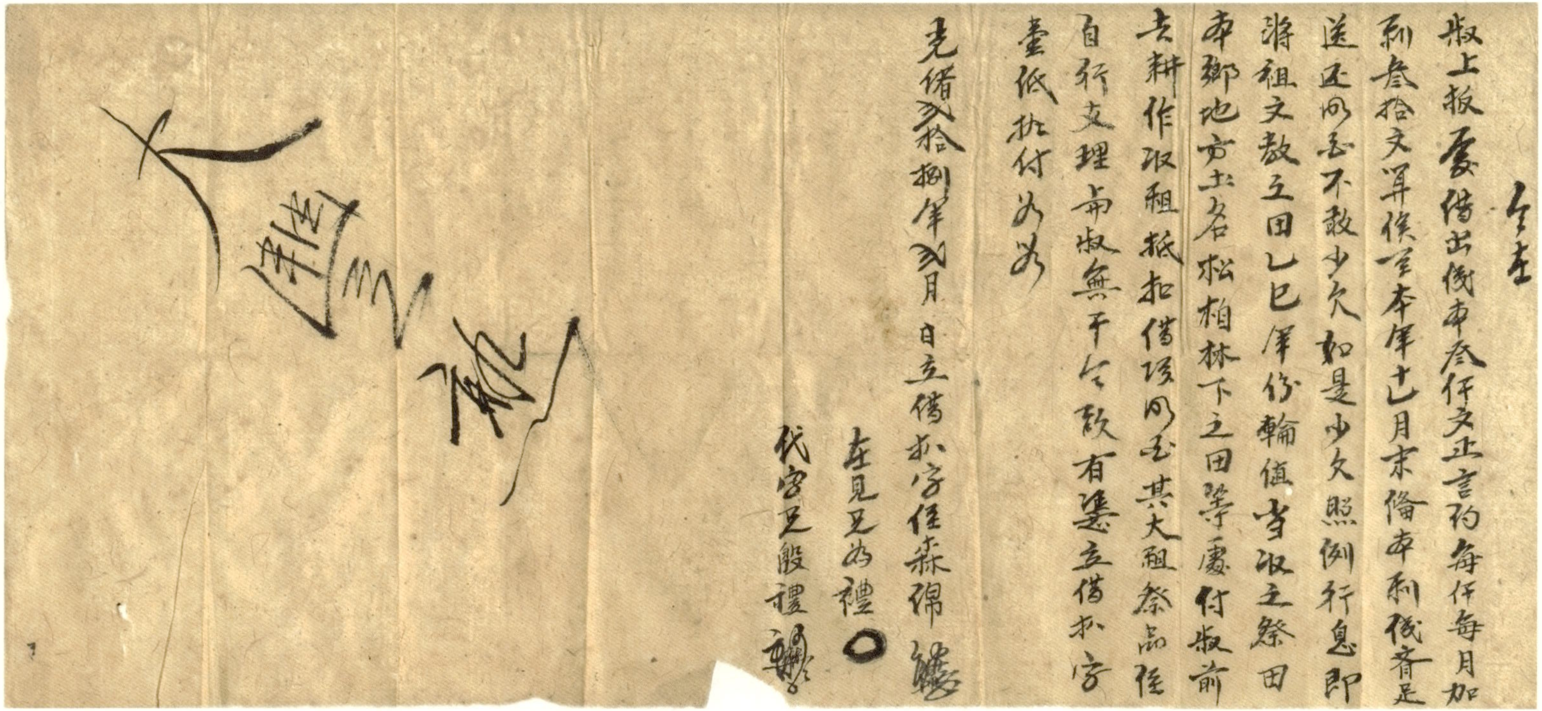
叔上扳處借出錢本叁仟文正言約每仟每月加
利叁拾文算係至本年十二月末備本利錢齊足
送還約不敢少欠如是少欠照例行息即
將祖父數立田乙叚仟輪值當收立祭田
本鄉地方土名松柏林下立田等處付叔前
去耕作收租抵扣借項約至其大租祭品任
自行支理與叔無干今欲有憑立借扒字
壹紙扒付為照
光緒貳拾捌年貳月　日立借扒字侄森綿
在見兄為禮
代字兄殷禮

7-4-26-2　清光緒二十八年二月陳森綿立借扒錢字

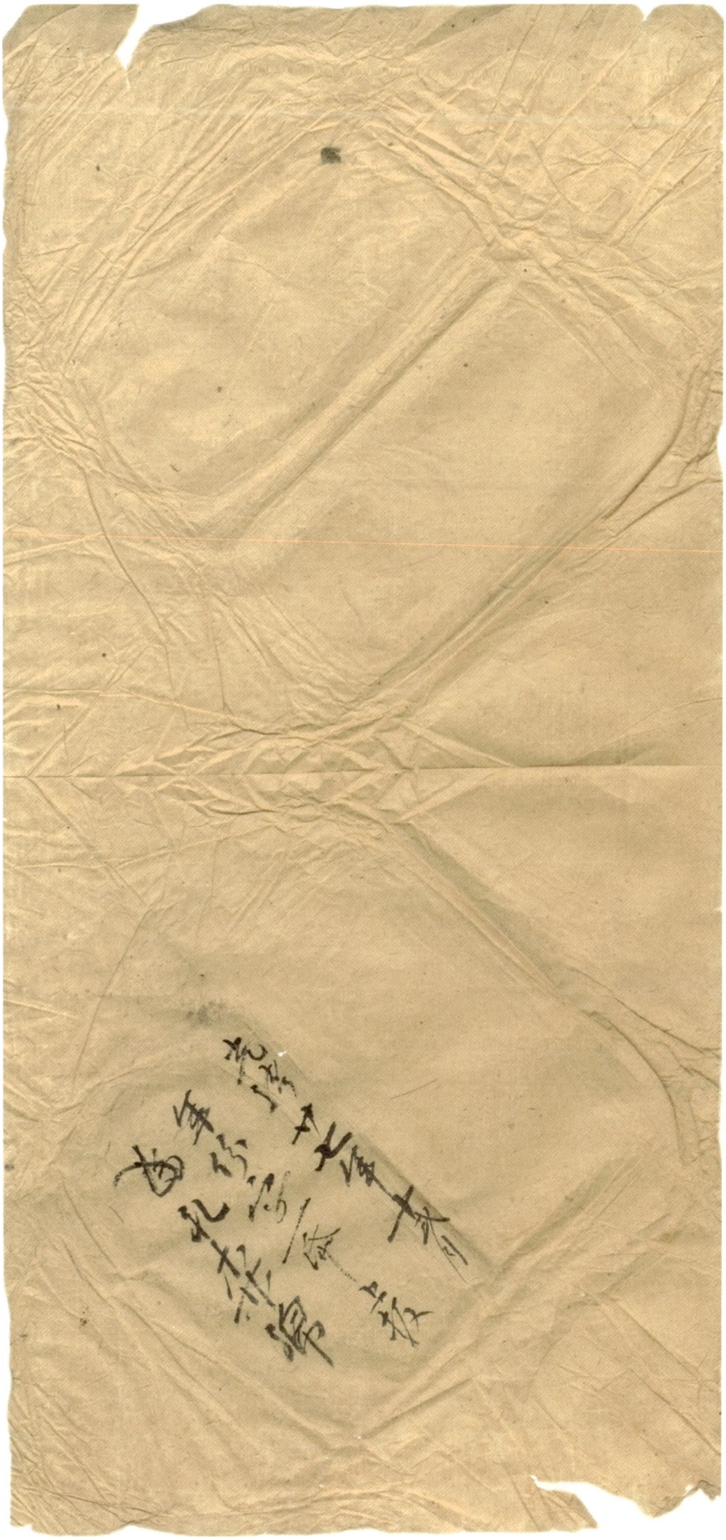

7-4-26-1　包契紙

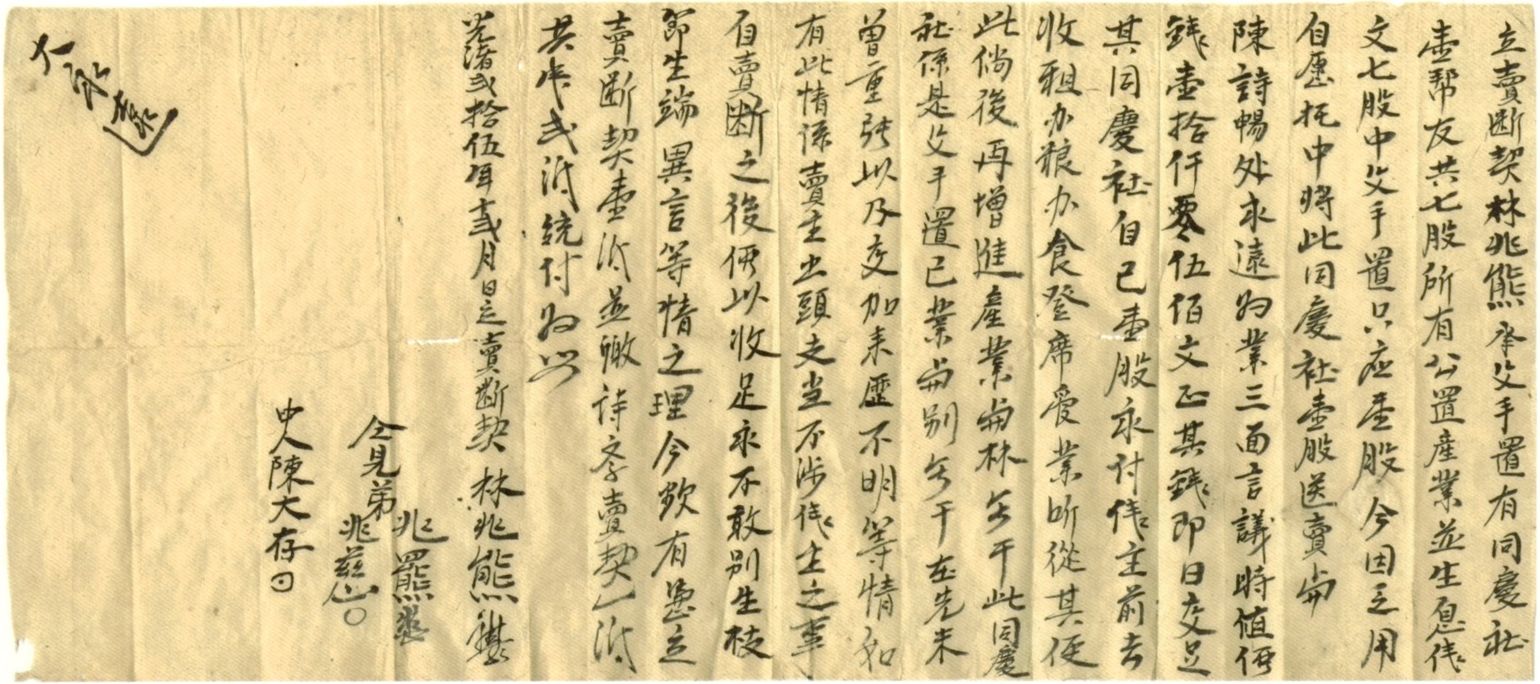
立賣斷契林兆熊承父手置有同慶社
壹帮友共七股所有公置產業並生息錢
文七股中父手置只應壹股今因乏用
自愿托中將此同慶社壹股送賣與
陳詩暢外永遠為業三面言議時值價
錢壹拾仟零伍佰文正其錢即日交足
其同慶社自己壹股永付錢主前去
收租办粮办食登席受業聽從其便
此係後再增進產業與林公干此同慶
社係是父手置已業與別公干在先未
曾重張以及交加來歷不明等情如
有此情係賣主出頭支當不涉錢主之事
自賣斷之後任從收足永不敢別生枝
節生端異言等情之理今欲有憑立
賣斷契壹紙並繳詩孝賣契一紙
共成式紙統付為照
光緒式拾伍年式月　日立賣斷契　林兆熊
仝見弟　兆羆　兆蕤
中人陳大存

7-4-25-2　清光緒二十五年十二月林兆熊立賣斷社股契

7-4-25-1　包契紙

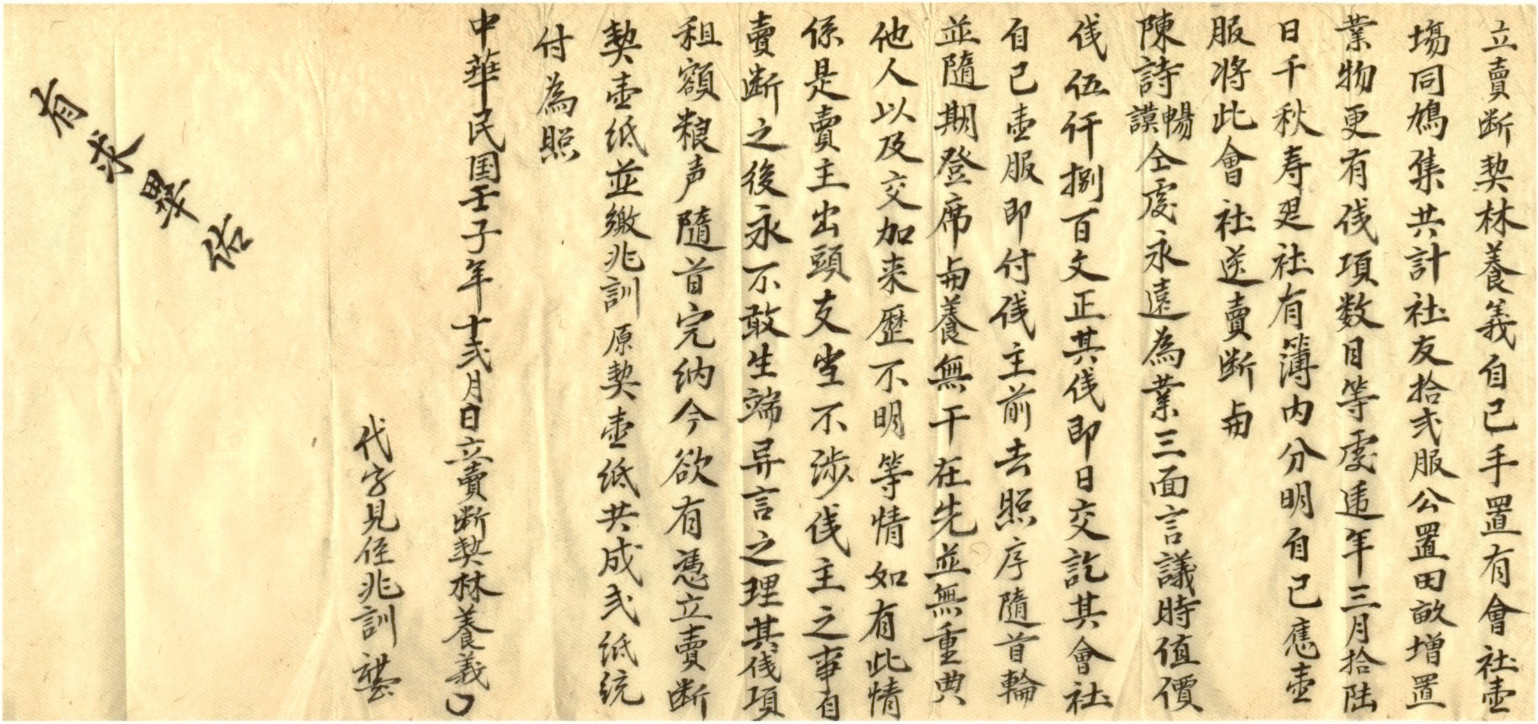

立賣斷契林養義自己手置有會社壹
場同鳩集共計社友拾弍服公置田畝增置
業物更有伐項數目等處逓年三月拾陆
日千秋寿是社有薄内分明自己應壹
服將此會社送賣斷与
陳詩讃暢仝處永遠為業三面言議時值價
伐伍仟捌百文正其伐即日交訖其會社
自己壹服即付伐主前去照序隨首輪
並隨期登席与養無干在先並無重典
他人以及交加來歷不明等情如有此情
係是賣主出頭支当不涉伐主之事自
賣斷之後永不敢生端异言之理其伐項
租額粮声隨首完納今欲有憑立賣斷
契壹纸並繳兆訓原契壹纸共成弍纸统
付為照
中華民国壬子年十弍月　日立賣斷契林養義〇
代字見侄兆訓　書
有求畢給

7-4-24-5　民國元年十二月林養義立賣斷會社股契

立賣契林兆訓自己手置有鳩集會
社一塲即三月十六大王公處共成十二股
訓應一壹股社内置有業產俱在契内
明白此會社壹賜係是與會友輪收今
因乏用將此會社應一壹股托中送賣
与
陳脊友處為業三面言議時值價錢六仟
文正其錢即日交訖其會社壹股即付錢
主前去逢期登席照序輪收向後社内增
置有業產錢項統付錢主照期輪值自賣
之後訓永不敢异言增尽之理今欲有憑
立賣契壹紙為照

光緒弍拾伍年十弍月日立賣契林兆訓
在見兄兆衡
會友知見慶傳
仝見吳起祥

大吉

7-4-24-4　清光緒二十五年十二月林兆訓立賣會社股契

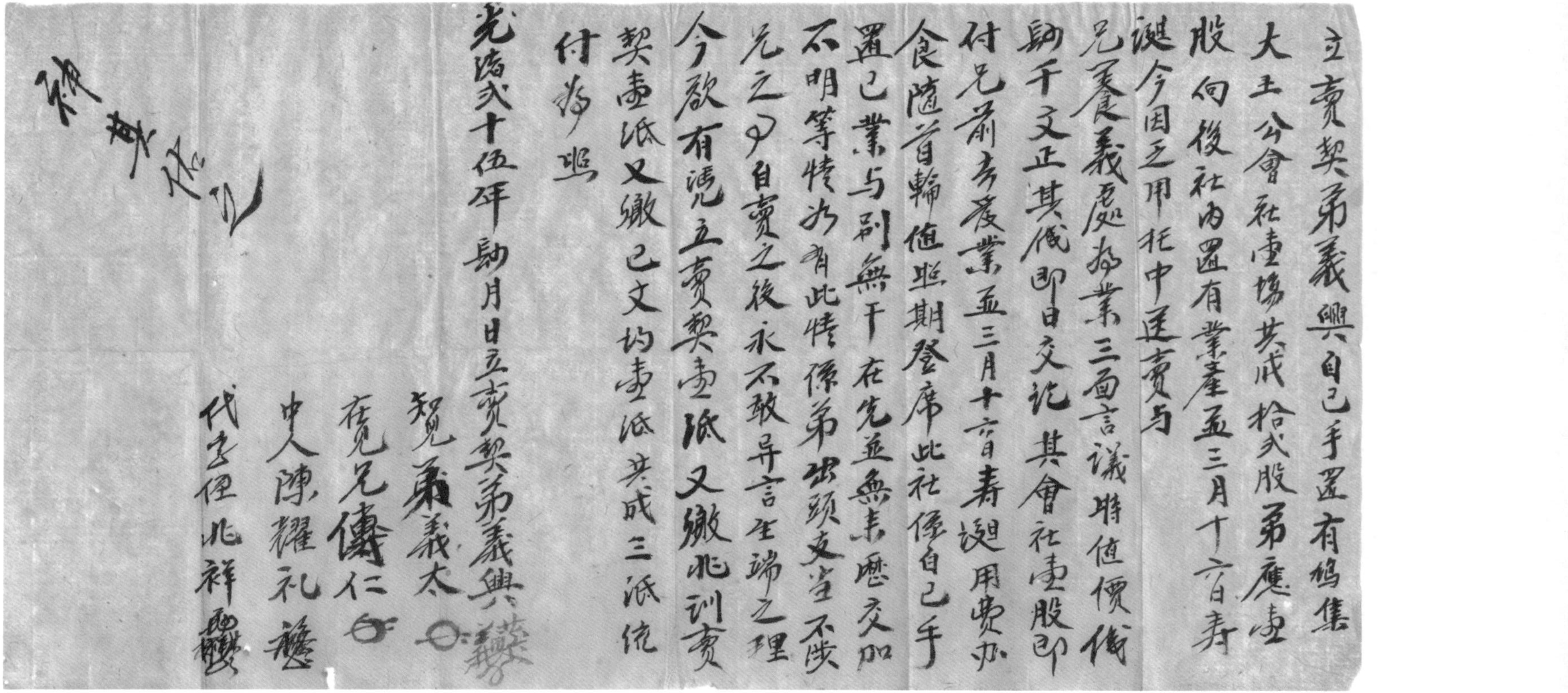
立賣契弟義興自己手置有鳩集
大王公會社壹場共貳拾式股，弟應壹
股，向後社內置有業產孟三月十六日壽
誕。今因乏用，托中送賣與
兄慶義處為業，三面言議時值價錢
壹千文正，其錢即日交訖，其會社壹股即
付兄前去管業。孟三月十六日壽誕用費办
食，隨首輪值照期登席，此社係自己手
置已業，與別無干，在先並無來歷交加
不明等情；如有此情，係弟出頭支當，不涉
兄之事。自賣之後，永不敢異言生端之理。
今欲有憑，立賣契壹紙，又繳批訓賣
契壹紙，又繳已文約壹紙，共成三紙，繳
付為照。
光緒貳拾伍年肆月　日立賣契弟義興（押）
知見弟義太（押）
在見兄傳仁（押）
中人陳耀礼（押）
代字侄兆祥（押）
[illegible]

7-4-24-3　清光緒二十五年四月林義興立賣會社股契

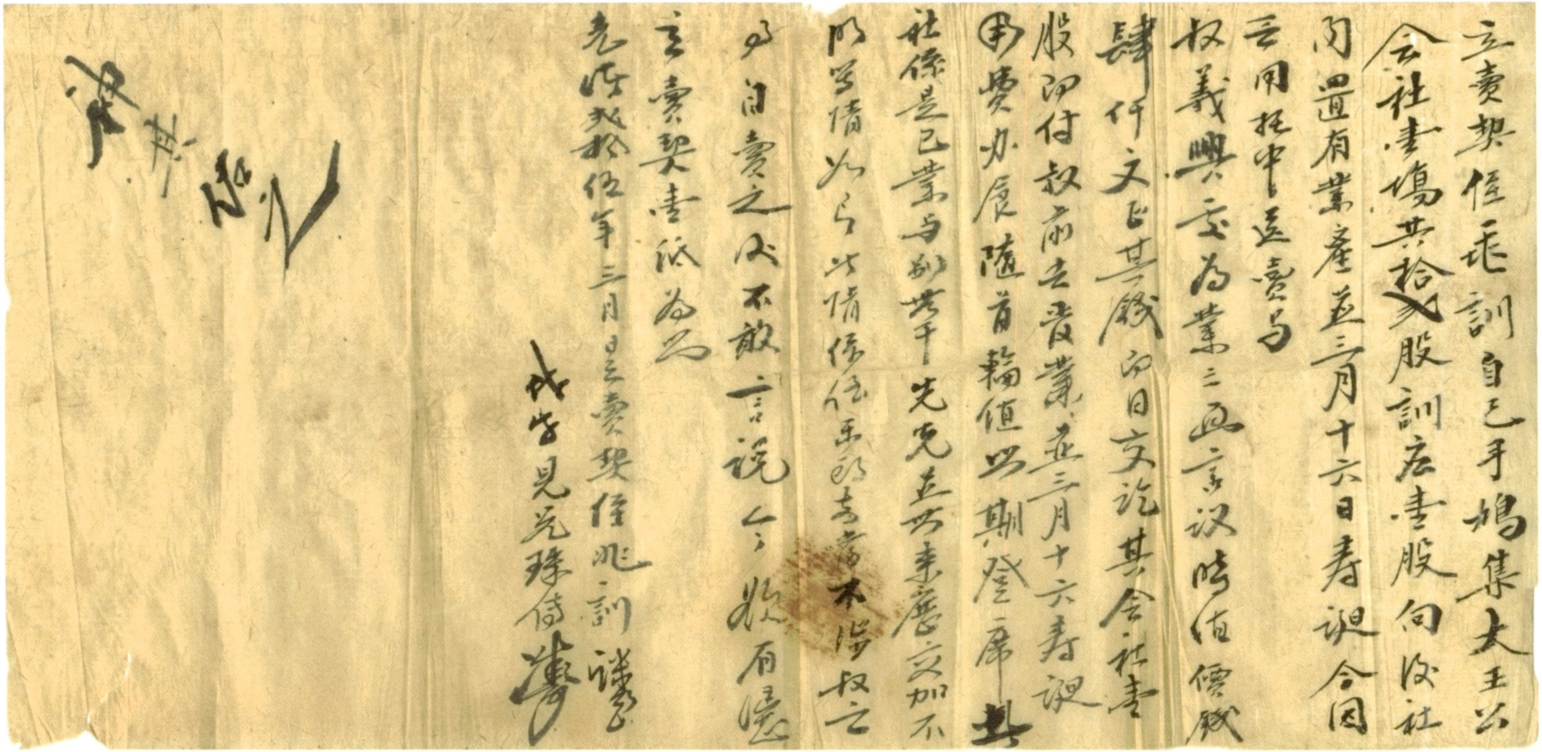

立賣契侄兆訓自己手鳩集大王公
会社壹塢共拾叁股訓应壹股向收社
内置有業産並三月十六日壽誕合同
云用托中送賣与
叔義興爲業三面言议時值價錢
肆仟文正其錢即日交訖其会社壹
股即付叔前去管業並三月十六壽誕
用費办應隨首輪值以期登席其
社係是已業与别房叔姪无干先兌並未重張交加不
明等情如有此情係侄出頭抵當不涉叔之
事自賣之後不敢言說贖收回憑
立賣契壹紙爲照
光緒貳拾伍年三月日立賣契侄兆訓（押）
代書見兄兆珠（押）

7-4-24-2　清光緒二十五年三月林兆訓立賣會社股契

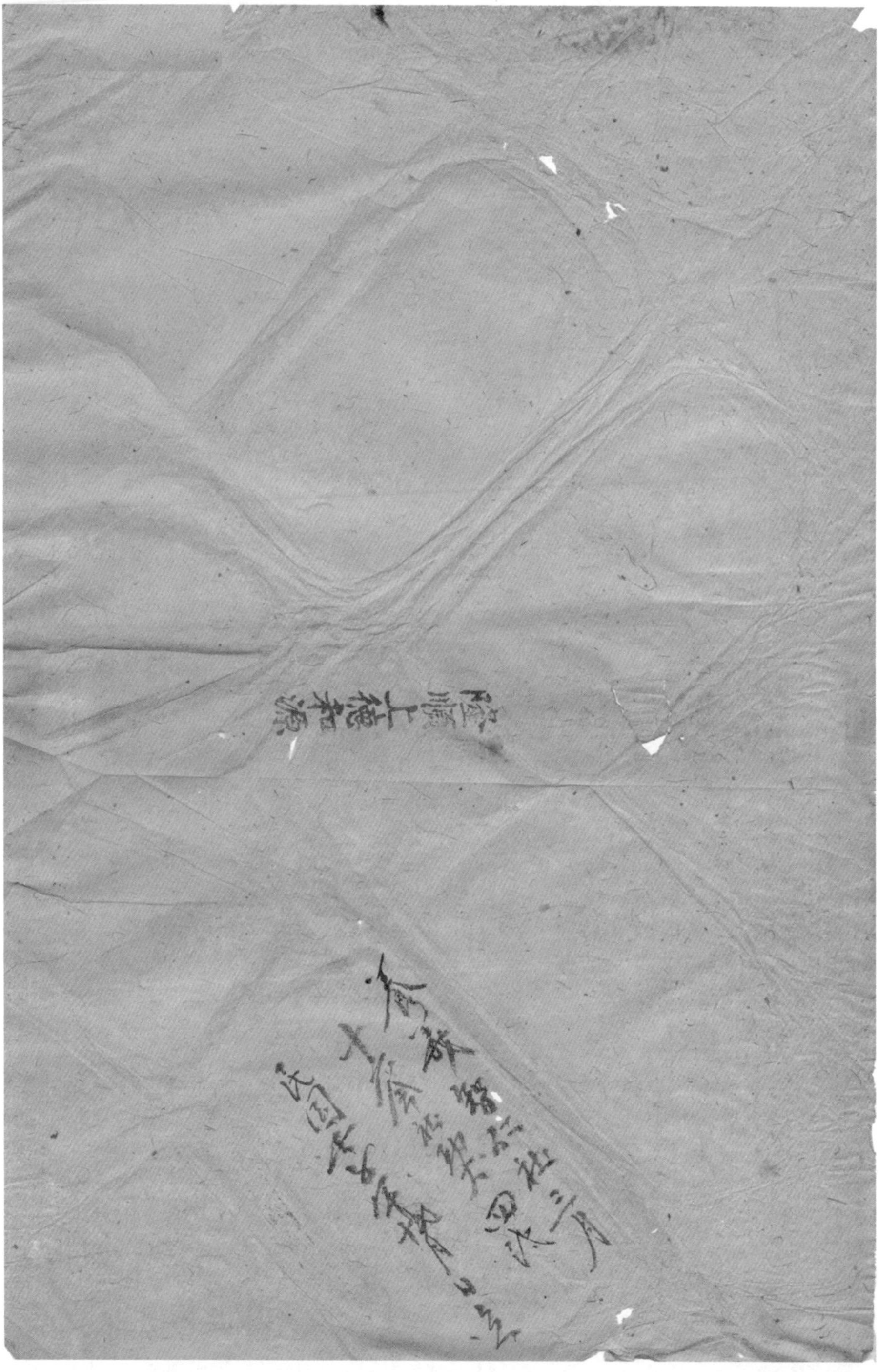

7-4-24-1　包契紙

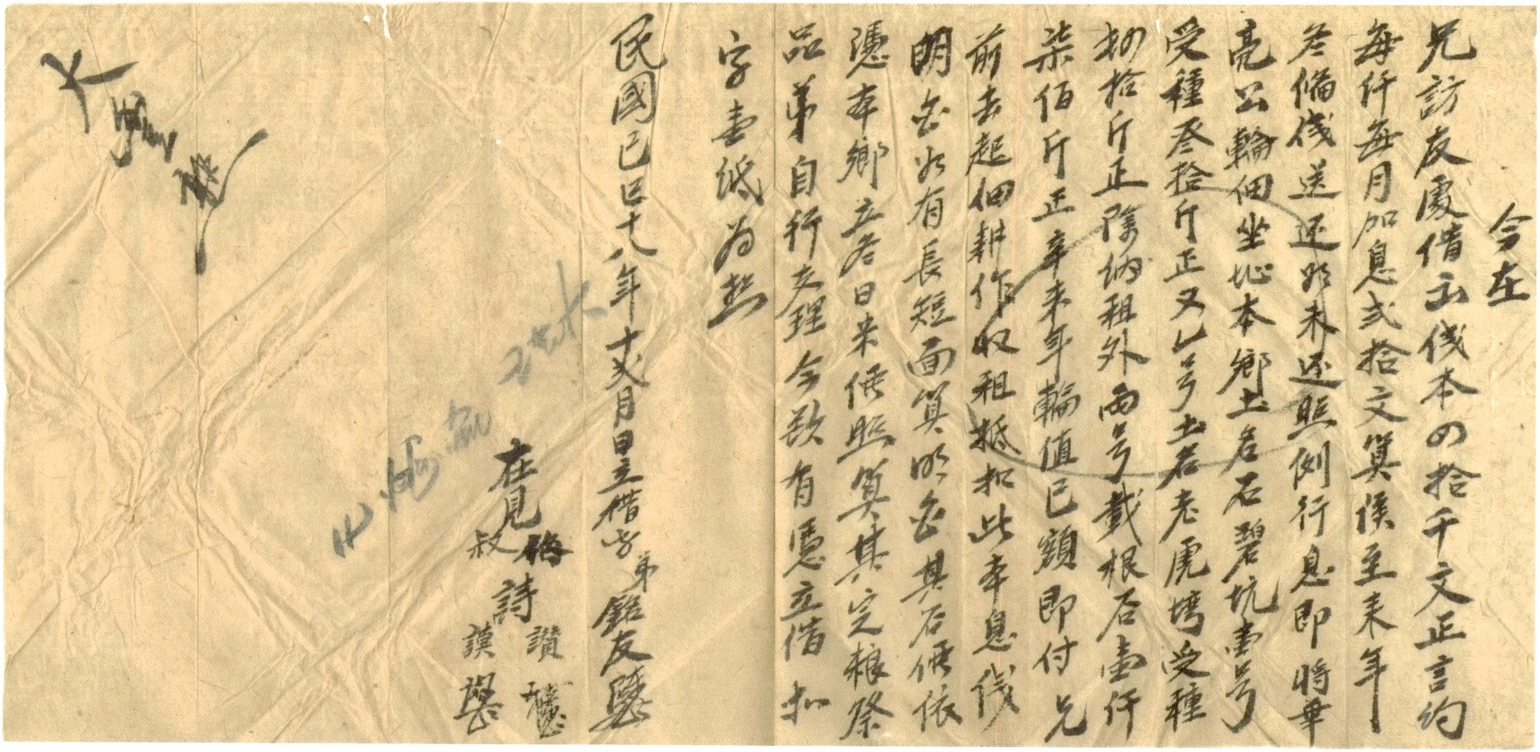

今在
兄訪友處借出錢本の拾千文正言約
每仟每月加息弍拾文算俟至來年十
冬備錢送還如未還照例行息即將華
亮公輪佃坐址本鄉土名石碧坑壹号
受種叁拾斤正又山号土名老虎塆受種
捌拾斤正除納租外面号載根石壹仟
柒佰斤正本年輪值已額即付兄
前去起佃耕作收租抵扣此本息錢
明無少有長短面算明無異言係依
憑本鄉立名日來係照算其定根祭
品弟自行支理無敢有憑立借扣
字壹紙為照

民國己巳十八年十弍月日立借字弟銘友（押）

在見叔 銘詩 讚 謨

7-4-23-6　民國十八年十二月陳銘友立借錢字

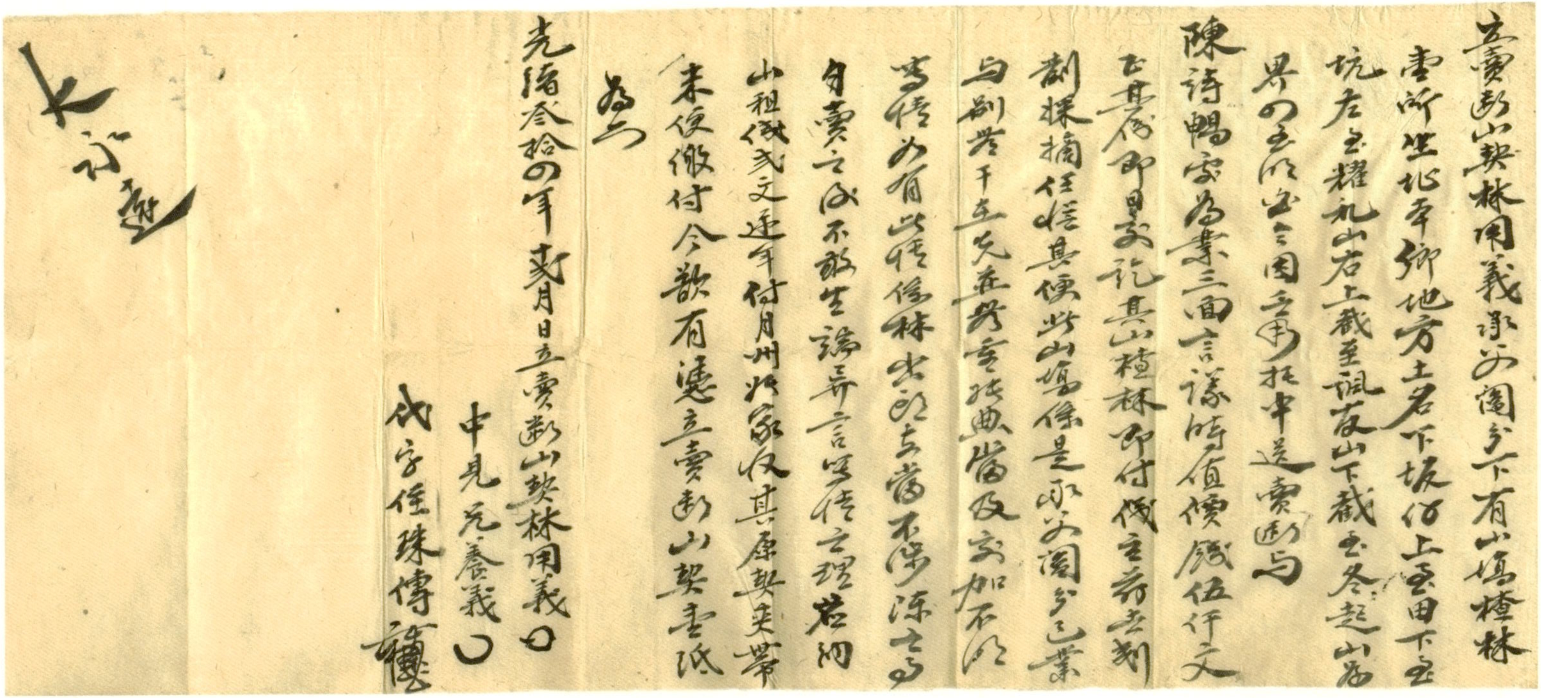

7-4-23-5　清光緒三十四年十二月林用義立賣斷山場楂林契

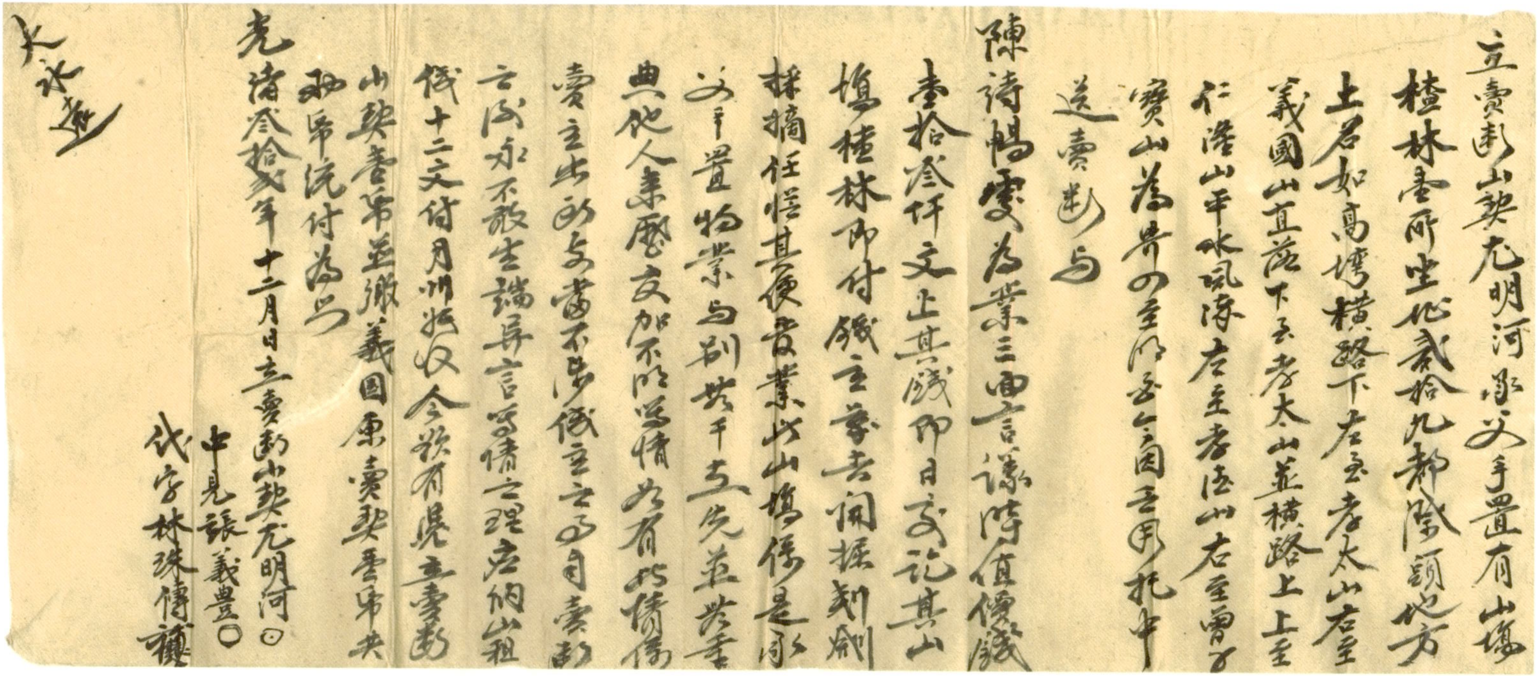

立賣斷山契尤明河承父手置有山場
楂林壹所坐落貳拾九都際頭地方
土名如高塆橫路下左至考太山右至
義國山直落下至考太山並橫路上上至
仁澄山平水爲界左至考德山右至曾丁
寶山爲界四至明白今因乏用托中
送賣斷與
陳詩暢處爲業三面言議時值價錢
壹拾叁仟文正其錢即日交訖其山
場楂林即付錢主管業開掘斬劍
採摘任從其便管業此山場係是承
父手置物業與別無干亦先並無重
典他人未曾交加不明等情如有此情係
賣主出頭支當不涉錢主之事自賣斷
之後永不敢生端異言等情之理應納山租
錢十二文付月洲收今欲有憑立賣斷
山契壹帋並繳義國東賣契壹帋共
貳帋付爲照
光緒叁拾貳年十二月日立賣斷山契尤明河（押）
中見張義豐（押）
代字林珠傳（押）

7-4-23-4　清光緒三十二年十二月尤明河立賣斷山場楂林契

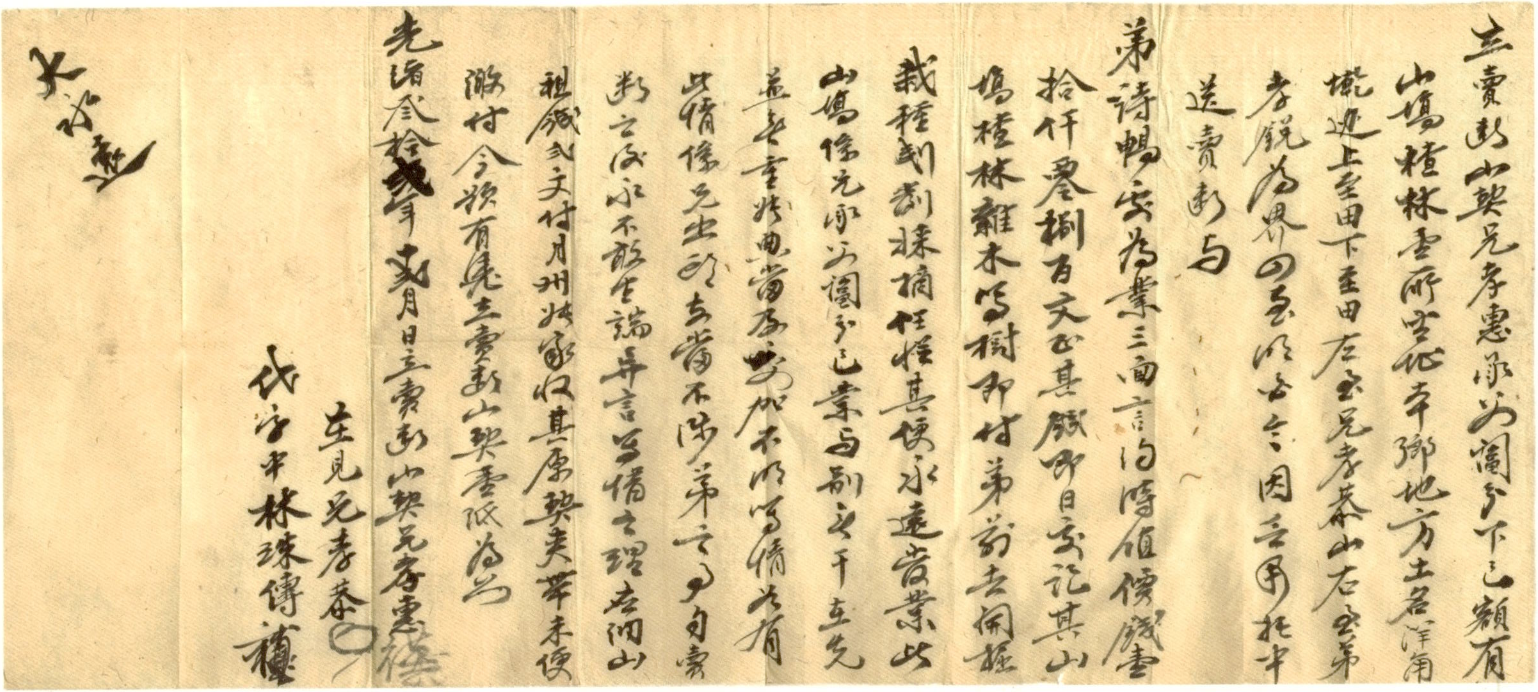

7-4-23-3　清光緒三十二年十二月陳孝惠立賣斷山場等契

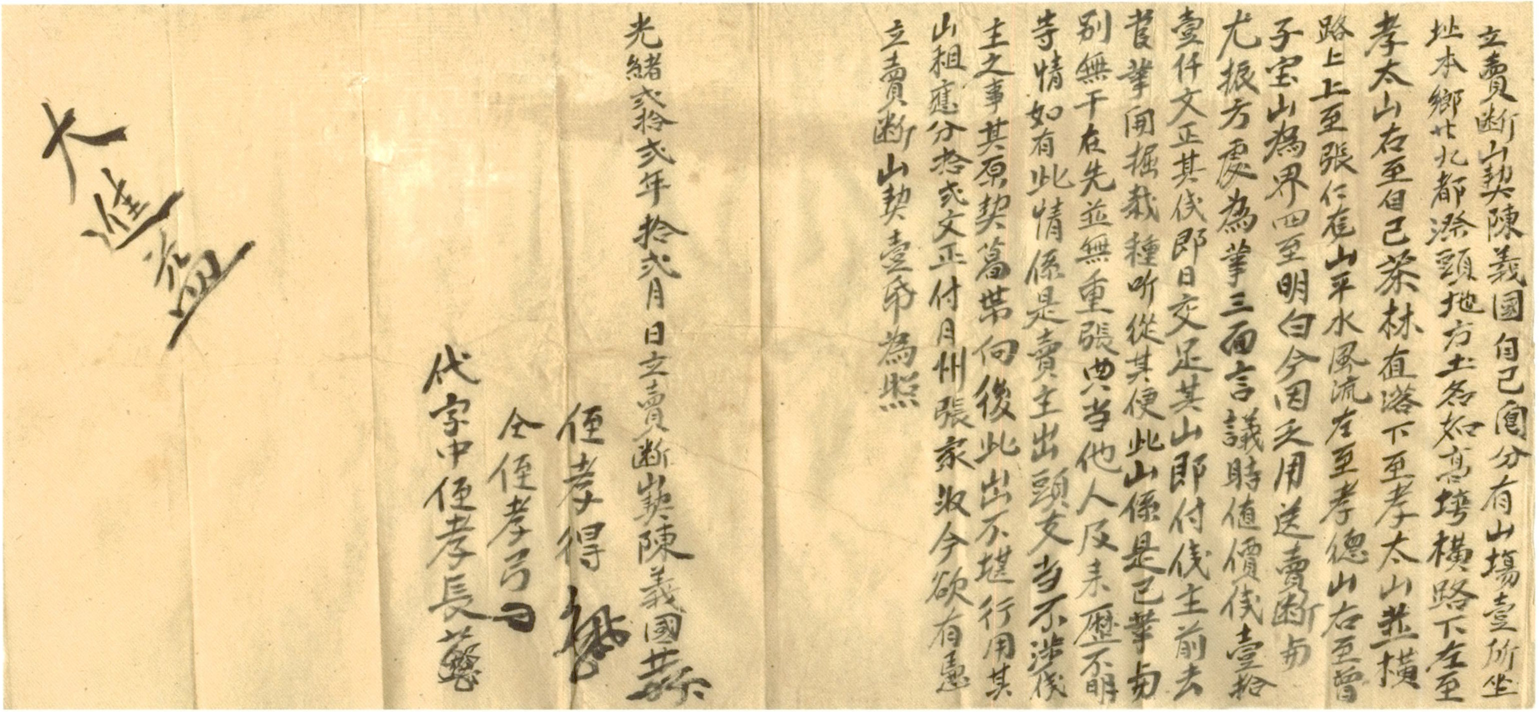
立賣斷山契陳義國自己阄分有山場壹所坐
址本鄉廿九都溪頭地方土名如意塆橫路下左至
孝太山右至自己茶林直落下至孝太山並橫
路上上至張仁在山平水屈流左至孝德山右至曾
子宏山為界四至明白今因乏用送賣斷与
尤振方處為業三面言議時值價錢壹拾
壹仟文正其錢即日交足其山即付錢主前去
管業開掘栽種听從其便此山係是己業与
別無干在先並無重張典当他人反未曆不明
等情如有此情係是賣主出頭支当不涉錢
主之事其原契篇帶向後此出不堪行用其
山祖遺分拾弍文正付月卅張家收今欲有憑
立賣斷山契壹帋為照

光緒弍拾弍年拾弍月　日立賣斷山契陳義國
侄孝得
仝侄孝弓
代字中侄孝長

大進益

7-4-23-2　清光緒二十二年十二月陳義國等立賣斷山場契

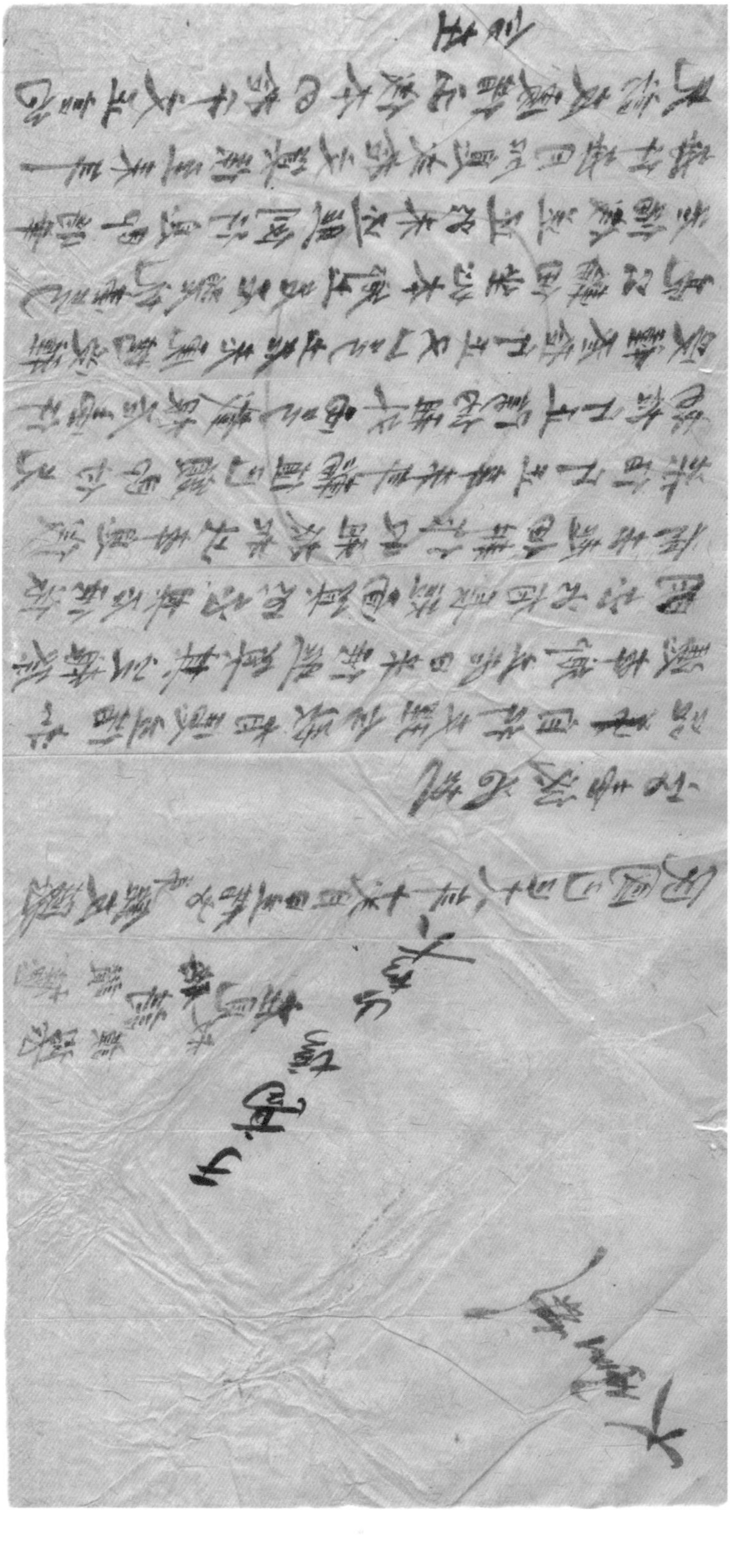

7-4-23-1　包契紙

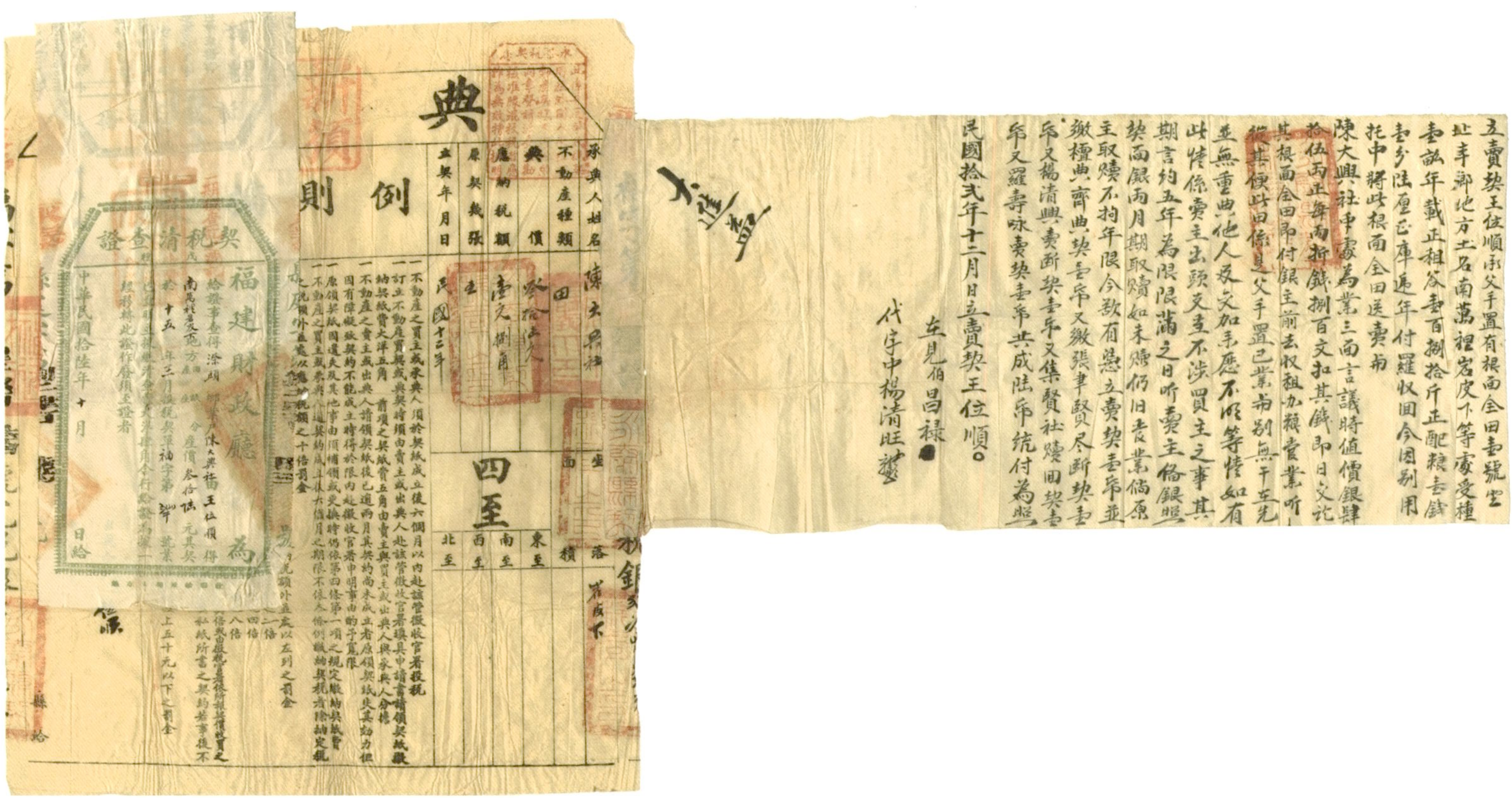

7-4-22-4　民國十二年十二月王位順立賣根面全田契（紅契）

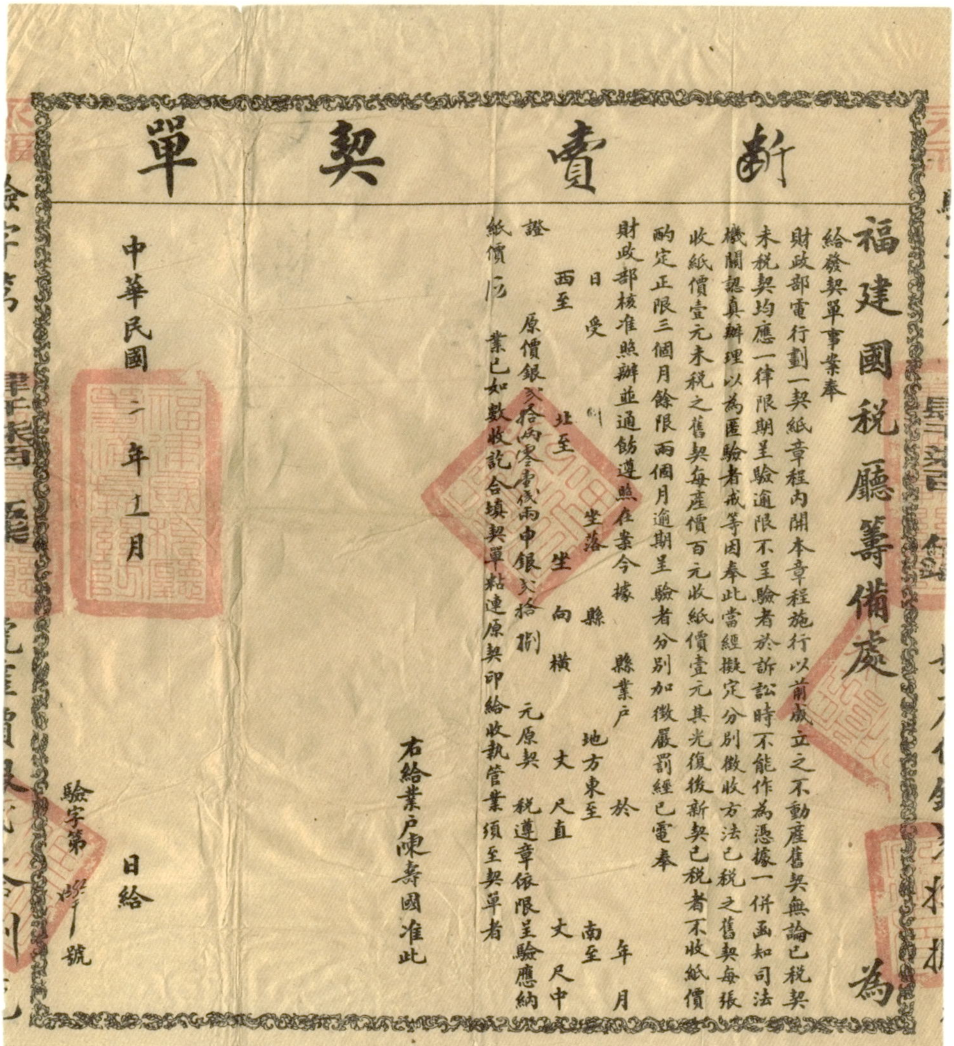
斷賣契單

福建國稅廳籌備處　為
給發契單事案奉
財政部電行劃一契紙章程內開本章程施行以前成立之不動產舊契無論已稅契
未稅契均應一律限期呈驗逾限不呈驗者於訴訟時不能作為憑據一併函知司法
機關認真辦理以為匿驗者戒等因奉此當經擬定分別徵收方法已稅之舊契每張
收紙價壹元未稅之舊契每產價百元收紙價壹元其光復後新契已稅者不收紙價
酌定正限三個月餘限兩個月逾期呈驗者分別加徵嚴罰經已電奉
財政部核准照辦並通飭遵照在案今據　　縣業户　　於　　年　　月
日受　　　　縣　　地方東至　　　南至
西至　　北至　　坐落　　坐　　向　　横　　丈　　尺直　　丈　　尺中
證　　原價銀弍拾兩零壹錢兩中銀弍拾捌　　元原契　　稅遵章依限呈驗應納
紙價㐌　　業已如數收訖合填契單粘連原契印給收執管業須至契單者

右給業户陳壽國准此

中華民國二年十一月　　日給

驗字第　　號

7-4-22-3　民國二年十一月業户陳壽國斷賣契單

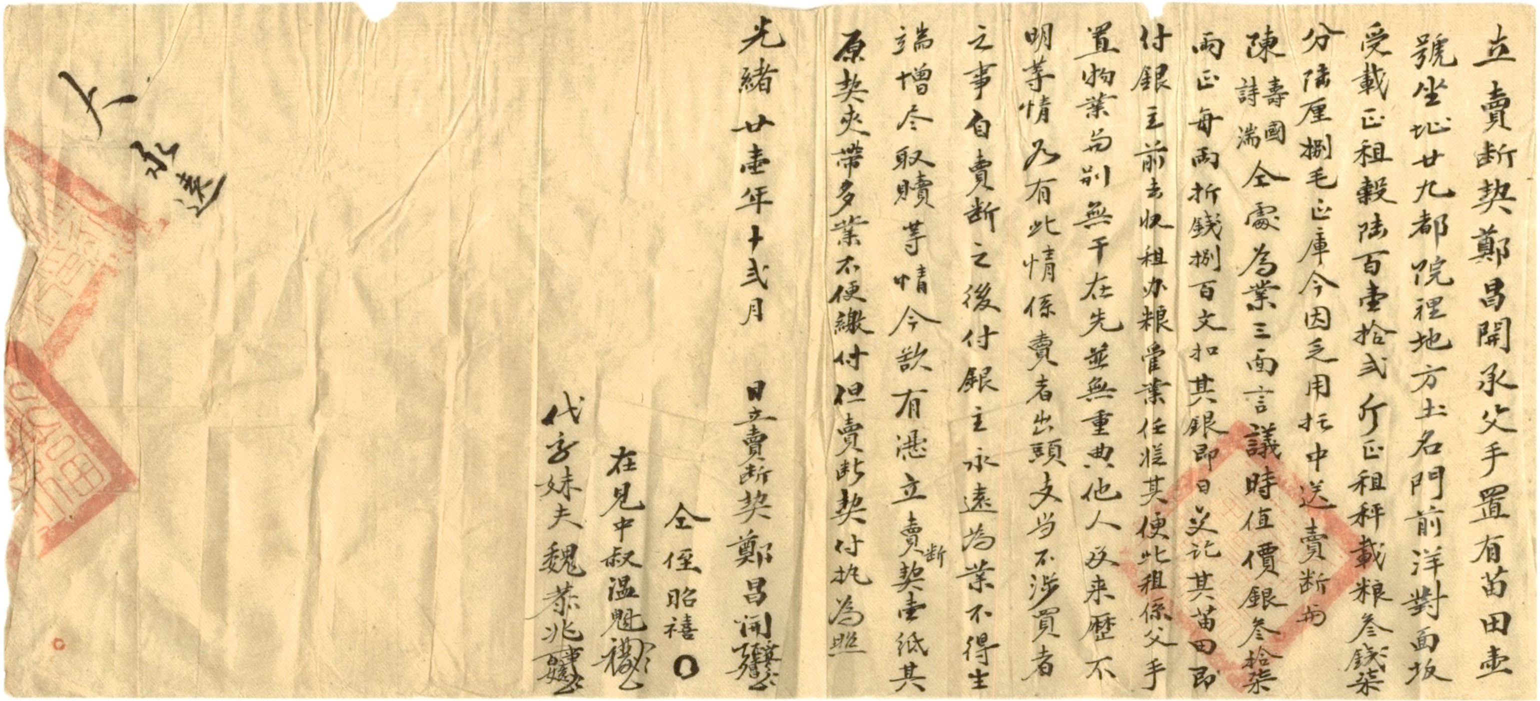

立賣斷契鄭昌開承父手置有苗田壹
號坐址廿九都浣裡地方土名門前洋對面坂
受載正租穀陸百壹拾弍觔正租秤載粮叁錢柒
分陸厘捌毛正庫今因乏用托中送賣斷與
陳壽國詩端仝處為業三面言議時值價銀叁拾柒
兩正每兩折錢捌百文扣其銀即日父訖其苗田即
付銀主前去收租办粮當業任從其便此租係父手
置物業另別無干在先並無重典他人及來歷不
明等情乃有此情係賣者出頭支当不涉買者
之事自賣斷之後付銀主永遠為業不得生
端增添取贖等情今欲有憑立賣斷契壹紙其
原契夾帶多業不便繳付但賣斷契付執為照
光緒廿壹年十弍月　日立賣斷契鄭昌開
仝侄昭禧
在見中叔温魁
代字妹夫魏恭兆

7-4-22-2　清光緒二十一年十二月鄭昌開等立賣斷苗田契（紅契）

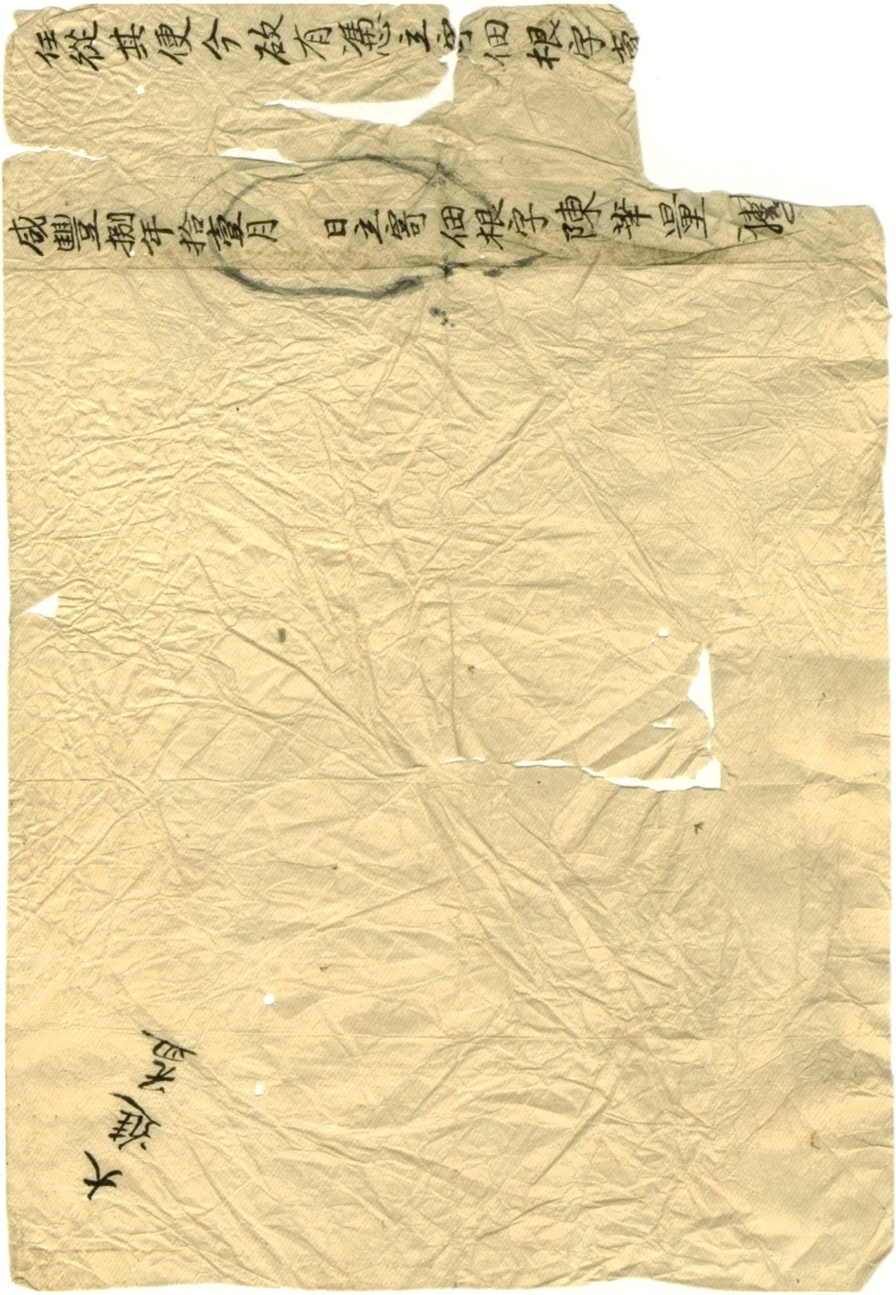
任從其便今故有憑立字佃根字壹
咸豐捌年拾壹月　日立字佃根字陳華畧據

7-4-22-1　包契紙

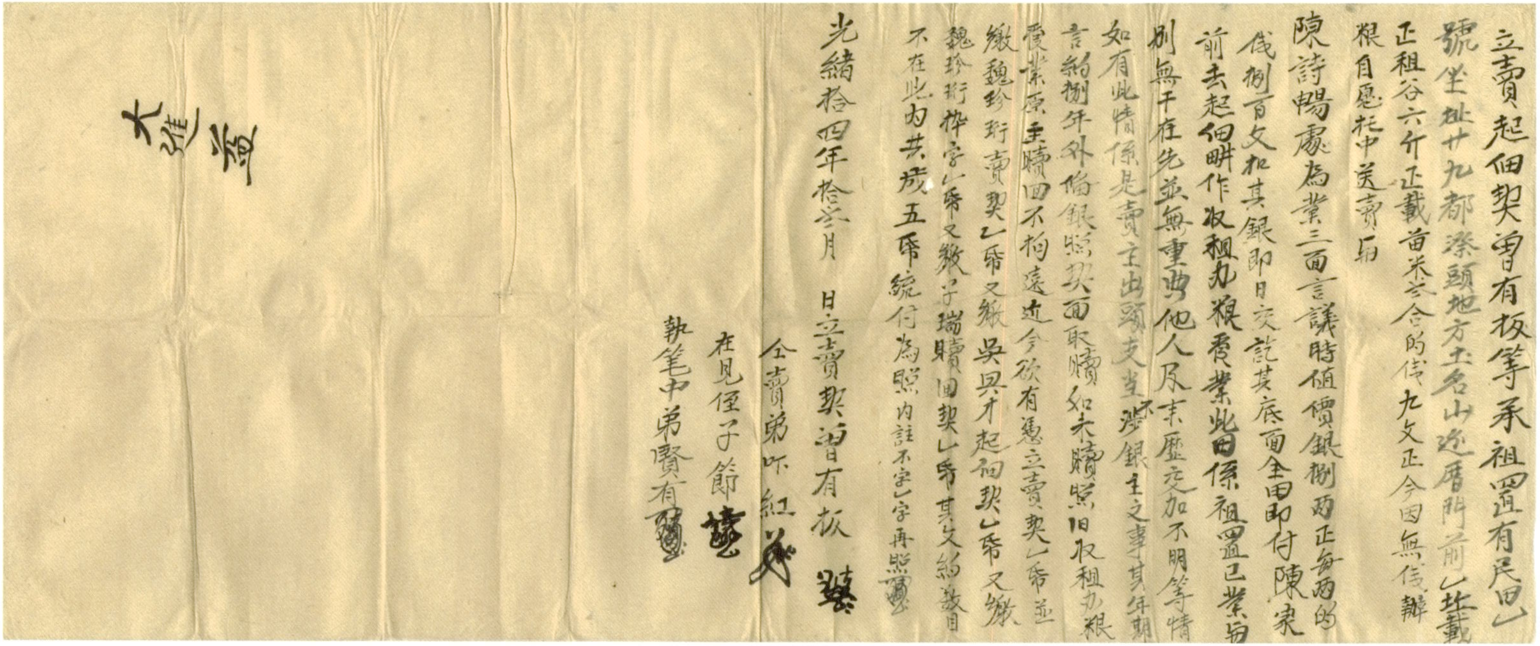
立賣起佃契曾有扳等承祖置有民田乙
號坐址廿九都滁頭地方土名山逕厝門前乙坵，載
正租谷六斤正，載苗米三合的，佃九文正。今因無錢辦
糧，自愿托中送賣与
陳詩暢處為業，三面言議時值價銀捌兩正，每兩的
錢捌百文，扣其銀即日交訖，其底面全田即付陳家
前去起佃耕作，收租办糧。賣業此田係祖置已業，与
別無干，在先並無重典他人尺寸，來歷交加不明等情，
如有此情，係是賣主出頭支当，不涉銀主之事。其年期
言約捌年外，備銀照契面取贖，如未贖，照旧收租办糧。
賣業原系贖回，不拘遠近，今欲有憑，立賣契乙帋，並
繳魏珍珩賣契乙帋，又繳吳興才起佃契乙帋，又繳
魏珍珩杵字乙帋，又繳子瑞贖回契乙帋，其文約数目
不在此內，共成五帋，繳付為照。內註不字乙字，再照。
光緒拾四年拾二月　日立賣契曾有扳（押）
仝賣弟吓紅（押）
在見侄子節（押）
執筆中弟賢有（押）
大進益

7-4-21-2　清光緒十四年十二月曾有扳等立賣起佃民田契

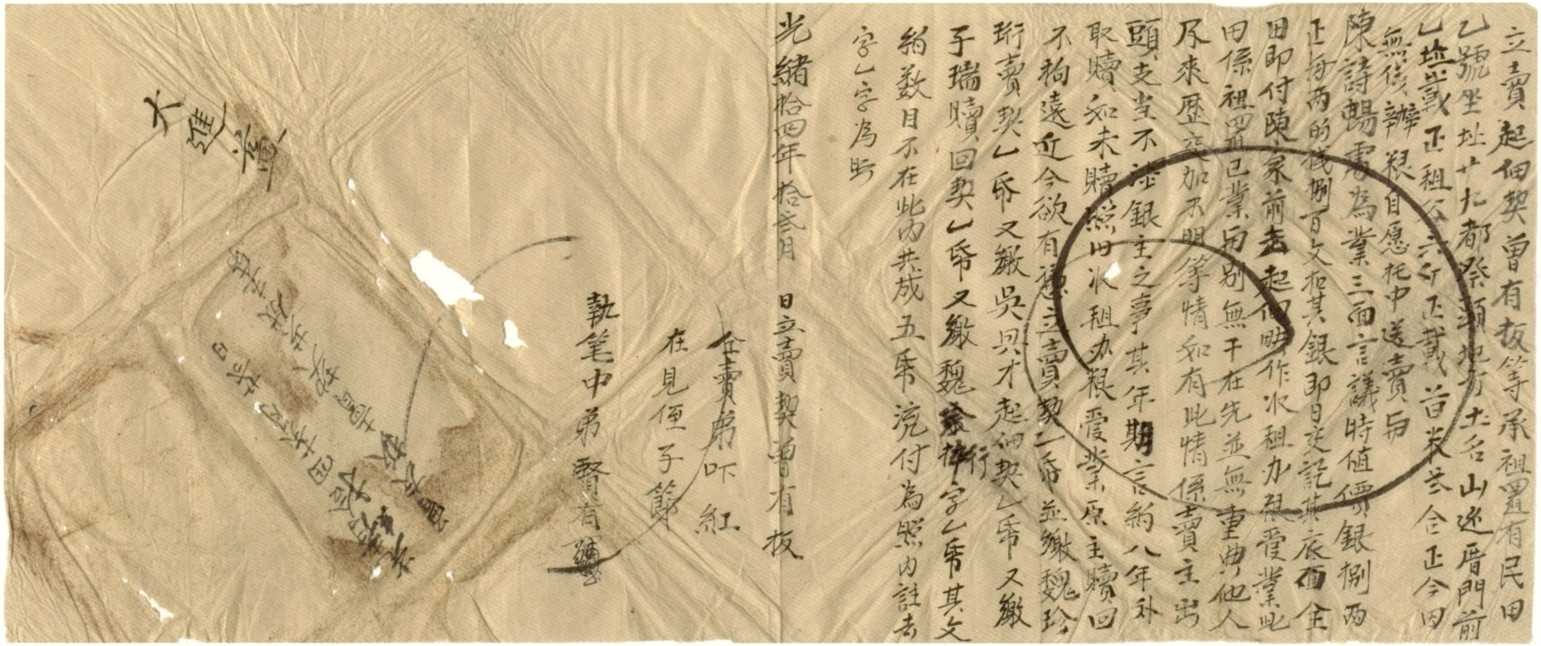

7-4-21-1　清光緒十四年十二月曾有扳等立賣起佃民田契（草契）

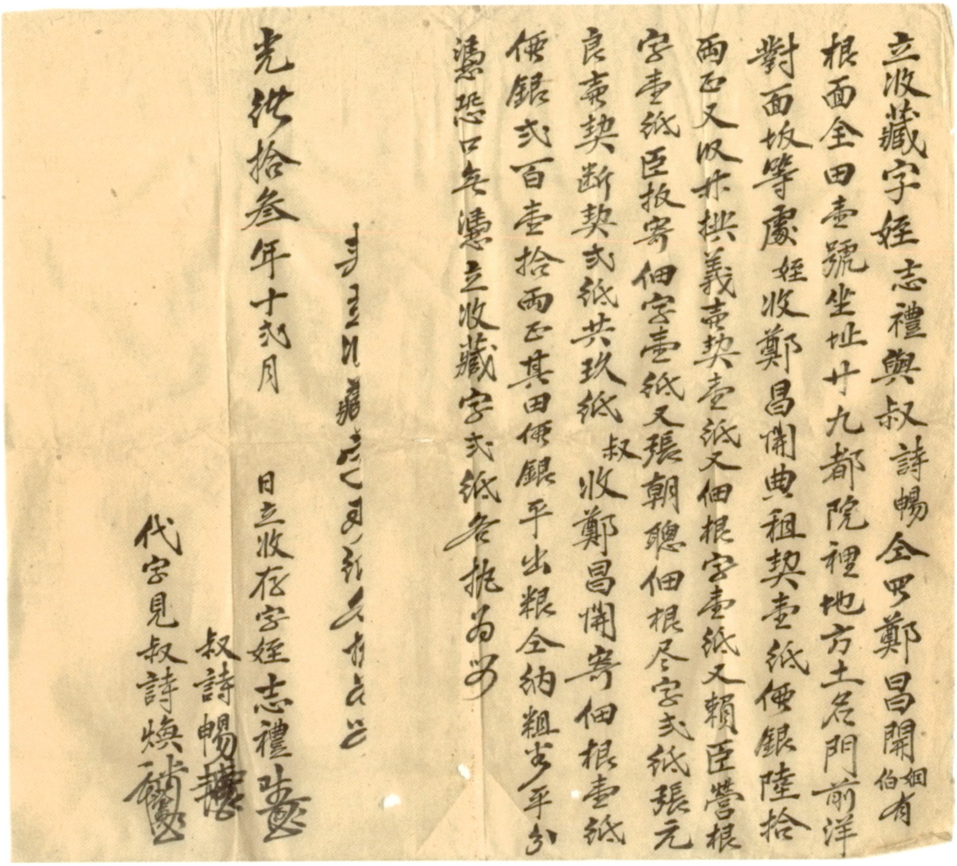

立收藏字姪志禮與叔詩暢仝買鄭昌開姻伯有
根面全田壹號坐址廿九都院裡地方土名門前洋
對面坂等處 姪收鄭昌開典租契壹紙價銀陸拾
两正又收林拱義売契壹紙又佃根字壹紙又賴臣營根
字壹紙臣报寄佃字壹紙又張朝聰佃根尽字弍紙張元
良売契斷契弍紙共玖紙 叔收鄭昌開寄佃根壹紙
價銀弍百壹拾两正其田價銀平出粮仝納粗米平分
憑恐口無憑立收藏字弍紙各執為炤
[illegible]
光緒拾叁年十弍月 日立收藏字姪志禮
叔詩暢
代字見叔詩煥

7-4-20-2　清光緒十三年十二月陳志禮等立收藏契約字

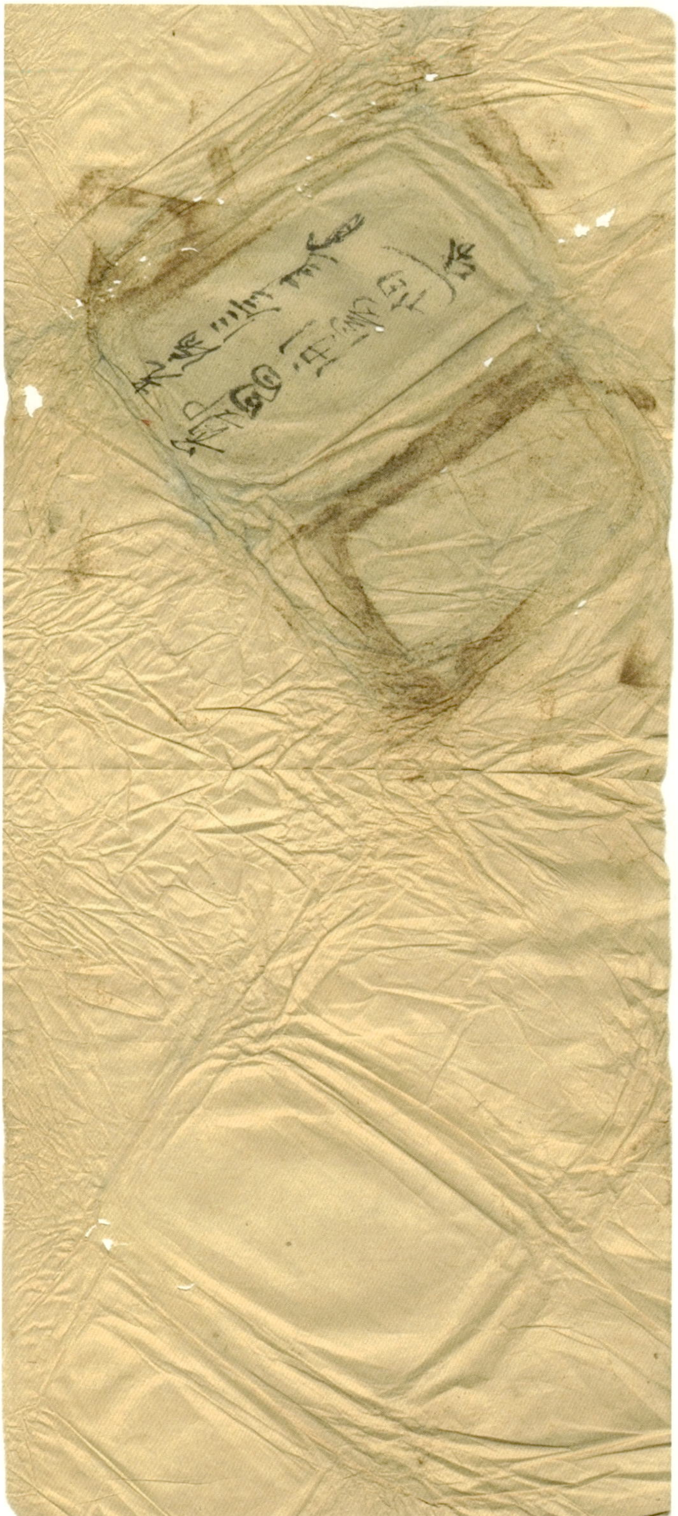

7-4-20-1　包契紙

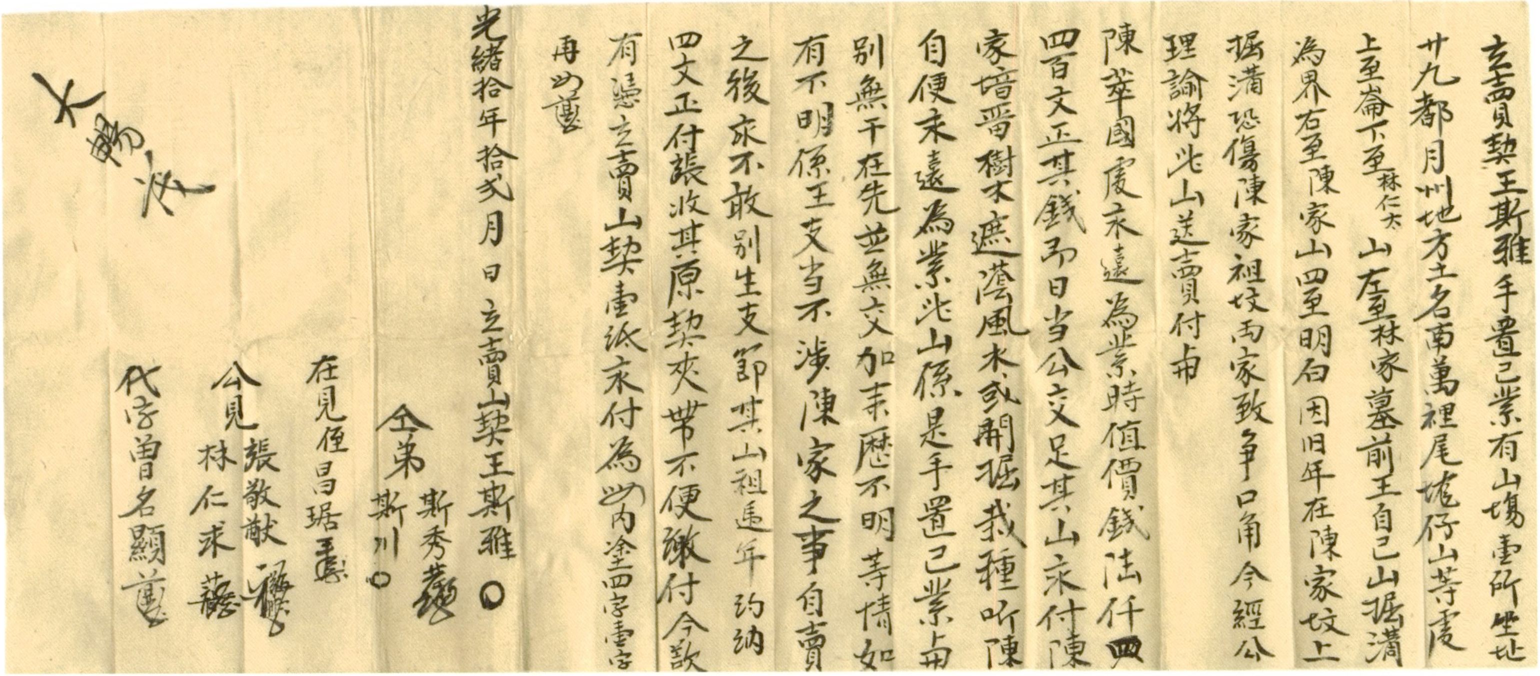
立賣契王斯雅手置己業有山場壹所坐址
廿九都月洲地方土名南萬裡尾坨仔山等處
上至崙下至林仁太山左至林家墓前王自己山據濆
為界右至陳家山四至明白因旧年在陳家坟上
據濆恐傷陳家祖坟兩家致爭口角今經公
理論將此山送賣付與
陳華國處承過為業時值價錢陆仟四
百文正其錢即日当公交足其山承付陳
家培晉樹木遮蔭風水或開據栽種听陳
自便永遠為業此山係是手置己業与
別無干在先並無文加來歷不明等情如
有不明係王支当不涉陳家之事自賣
之後永不敢別生支節其山祖遞年約納
四文正付張收其原契夾帯不便繳付今欲
有憑立賣山契壹紙永付為照　内塗四字壹字
再照
光緒拾年拾弍月　日　立賣山契王斯雅 ○
仝弟　斯秀　斯川
在見侄昌琚
公見　張敬献　林仁求
代字曽名顯
大吉

7-4-19-4　清光緒十年十二月王斯雅等立賣山場契

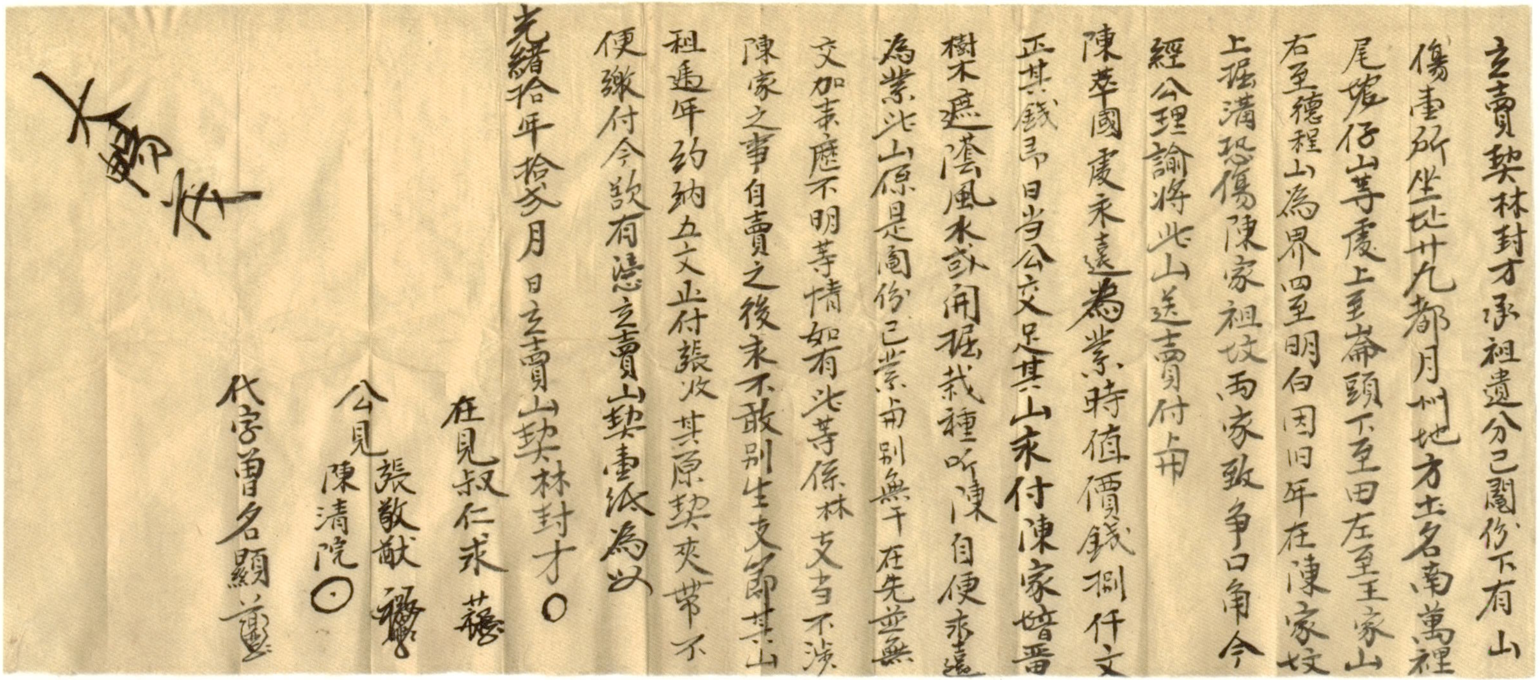

立賣契林封才承祖遺分己鬮份下有山
場壹所坐址廿九都月州地方土名南萬裡
尾坡仔山等處上至崙頭下至田左至王家山
右至穗程山為界四至明白因旧年在陳家坟
上掘溝恐傷陳家祖坟兩家致争口角今
經公理諭將此山送賣付與
陳華國處永遠為業時值價錢捌仟文
正其錢即日当公交足其山永付陳家[illegible][illegible]
樹木遮蔭風水或開掘栽種聽陳自便永遠
為業此山原是鬮份己業與別無干在先並無
文加未歷不明等情如有此等係林支当不涉
陳家之事自賣之後永不敢別生支節其山
租逓年約納五文止付張次其原契夾帶不
便繳付今欲有憑立賣山契壹紙為照
光緒拾年拾弍月　日立賣山契林封才〇
在見叔仁求
公見　張敬猷
陳清浣〇
代字曾名顯

7-4-19-3　清光緒十年十二月林封才立賣山場契

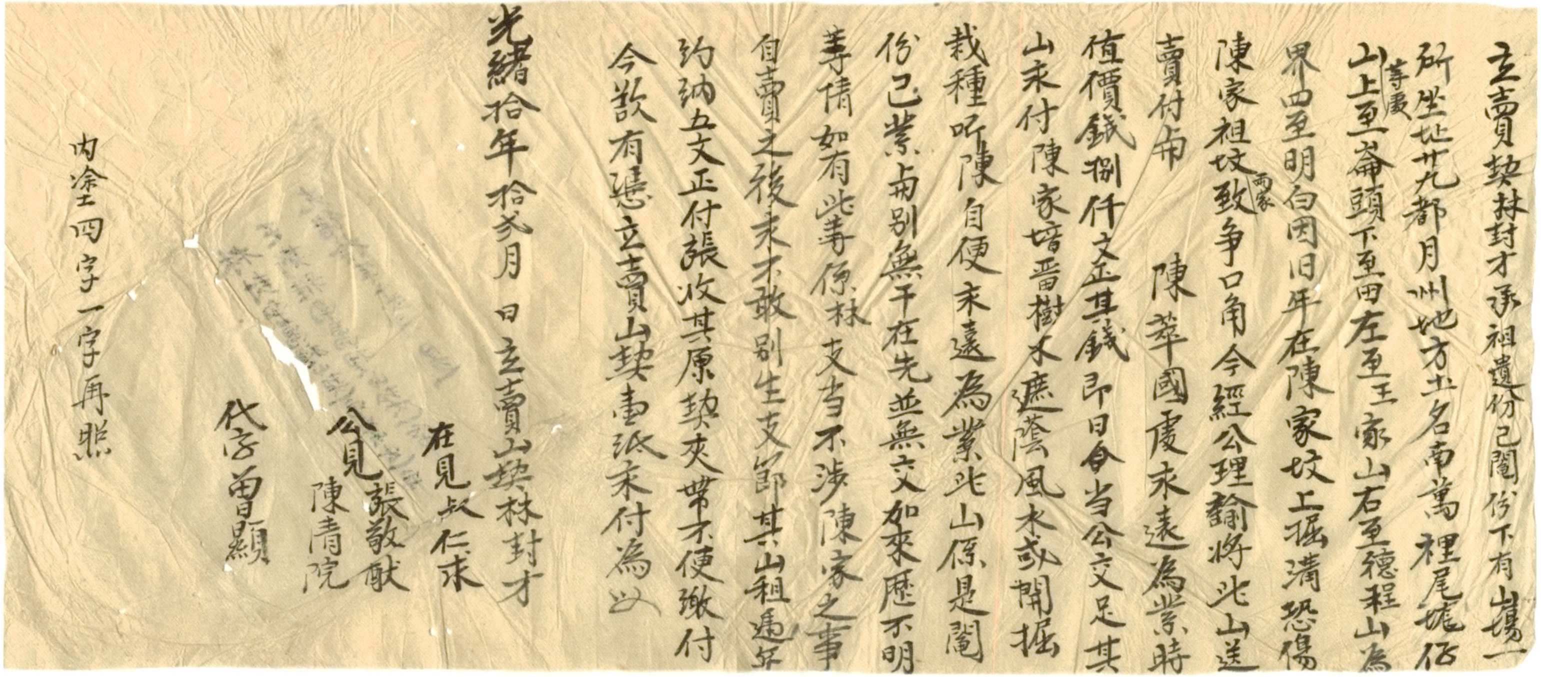

立賣契林封才承祖遺份己闔份下有山場一
所坐址廿九都月洲地方土名南萬裡尾坵佔等處
山上至嶺頭下至田左至王家山右至德程山為
界四至明白因旧年在陳家坟上掘溝恐傷
陳家祖坟致兩家争口角今經公理論將北山送
賣付布　陳萃國處永遠為業時
值價錢捌仟文正其錢即日仝当公交足其
山來付陳家培晋樹木遮蔭風水或開掘
栽種听陳自便永遠為業此山係是闔
份己業與别無干在先並無文加來歷不明
等情如有此等係林支当不涉陳家之事
自賣之後永不敢別生支節其山租遞年
約納五文正付張收其原契夾帶不便繳付
今欲有憑立賣山契壹紙永付為照

光緒拾年拾弍月　日立賣山契林封才
在見叔　仁求
公見　張敬猷
　　　陳青院
代字　曾顯

內塗四字一字再照

7-4-19-2　清光緒十年十二月林封才立賣山場契（草契）

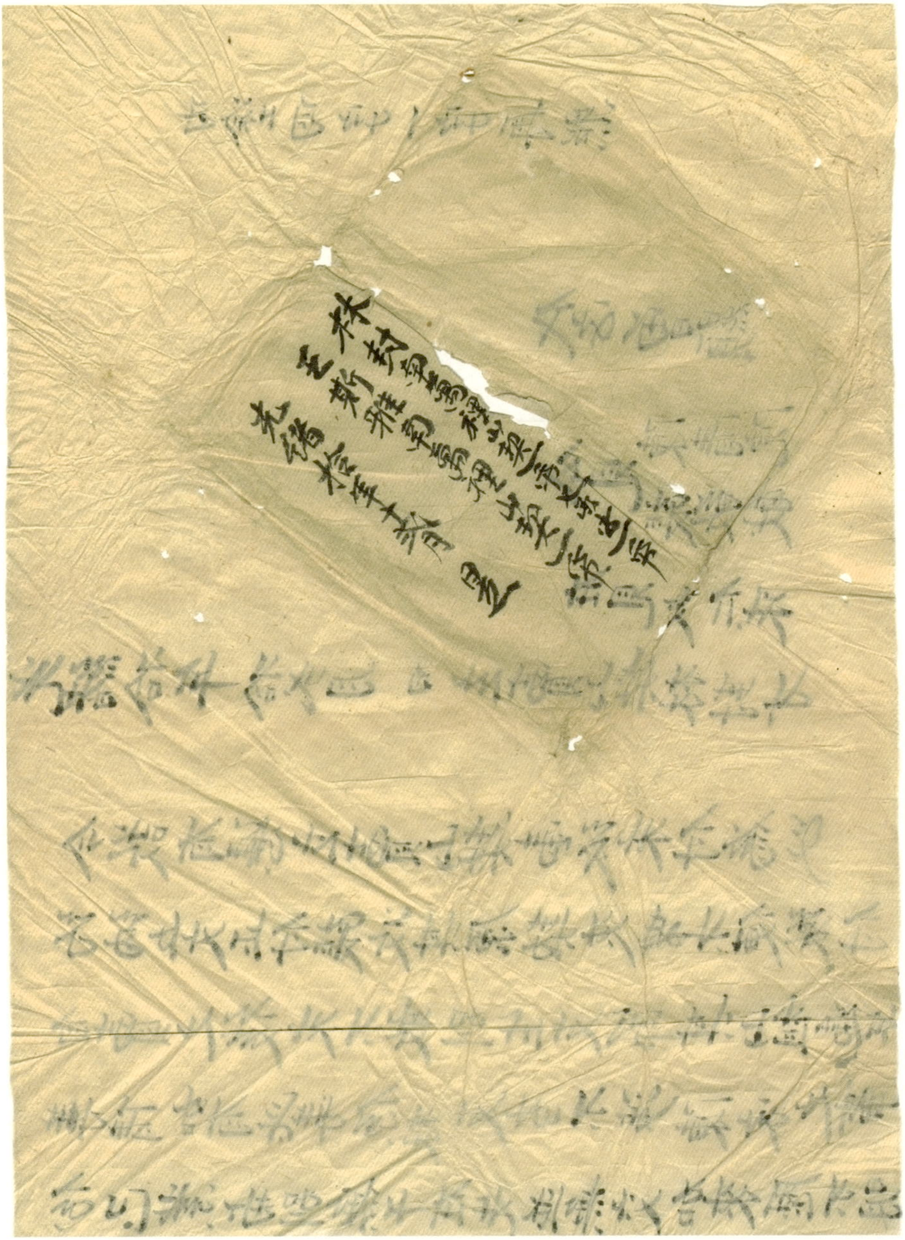

7-4-19-1　包契紙

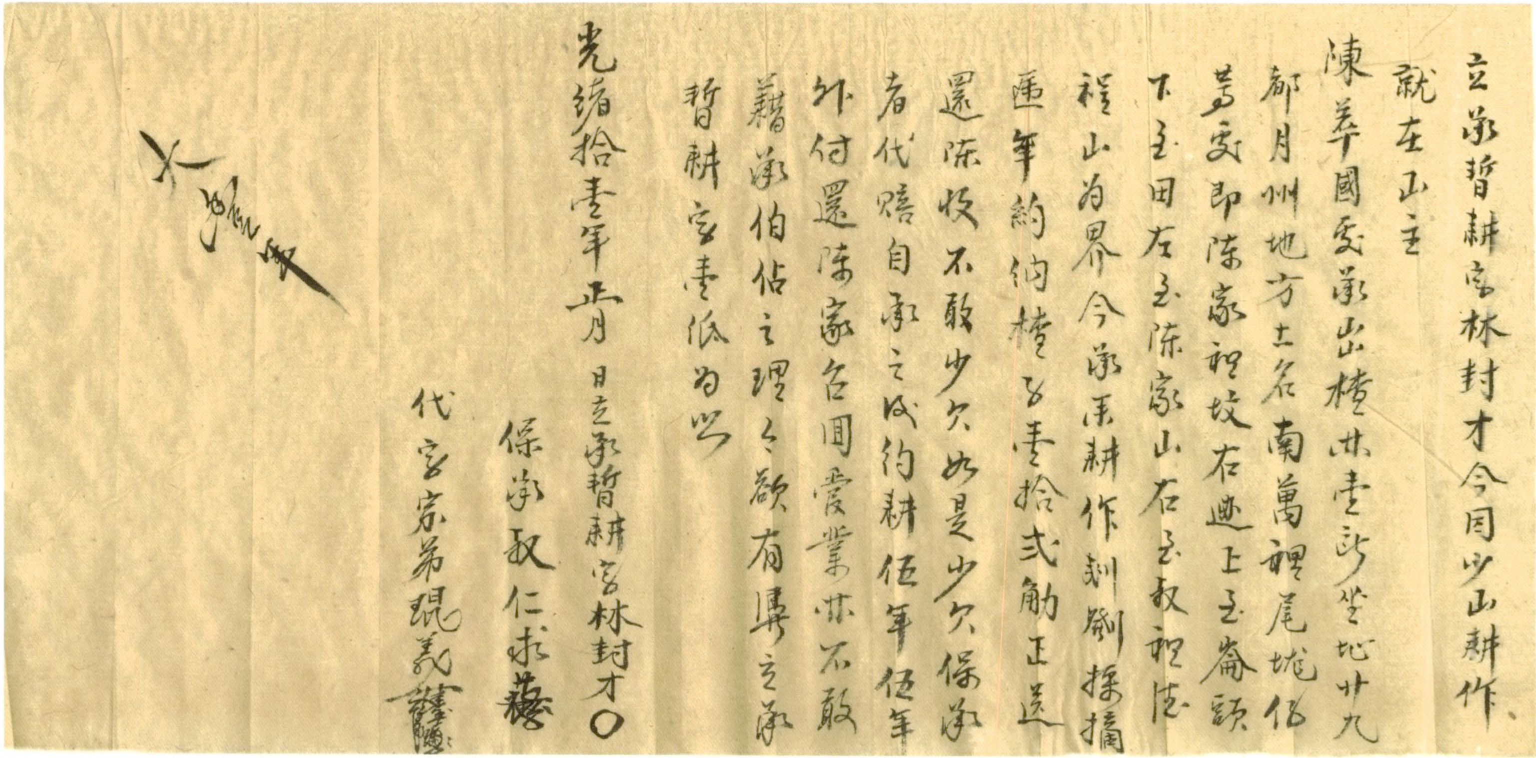
立承暫耕字林封才今因少山耕作
就在山主
陳華國受承出楂林壹所坐址廿九
都月洲地方土名南萬裡尾坑仔
其界即陳家祖坟右边上至崙頭
下至田左至陳家山右至叔祖陸
種山為界今承来耕作剗劉採摘
匪年約納楂子壹拾式觔正送
還陳收不敢少欠如是少欠保承
者代賠自承之後約耕伍年伍年
外付還陳家合同管業不敢
籍承伯佔之理今欲有憑立承
暫耕字壹紙為照
光緒拾壹年正月　日立承暫耕字林封才〇
保承叔仁求
代字宗弟琨義

7-4-18-4　清光緒十一年正月林封才立承暫耕楂林字

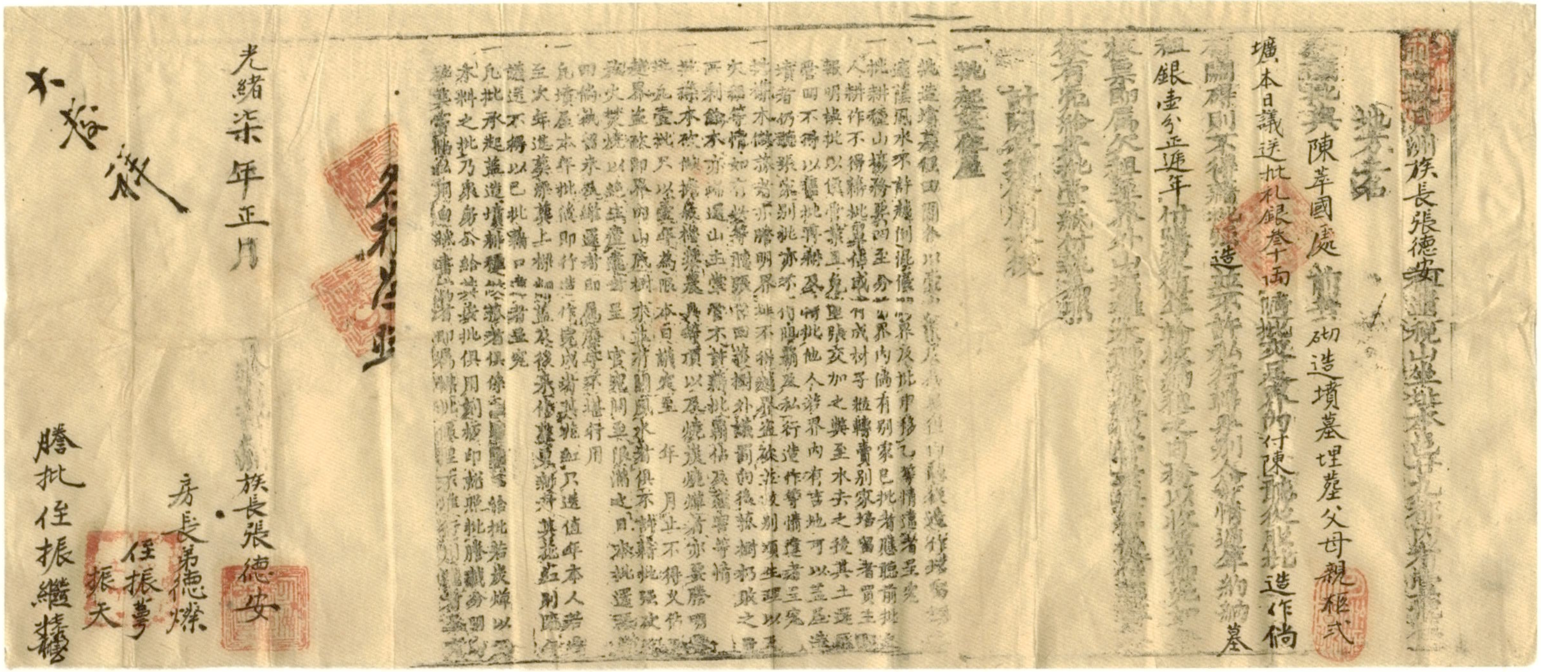
族長張德安
與陳華國處
砌造墳墓埋塟父母親柩式
本日議送批札銀叁拾兩
光緒柒年正月
族長張德安
房長弟德燦
侄振夢
振天
謄批　侄振繼

7-4-18-3　清光緒七年正月張德安立給稅山批

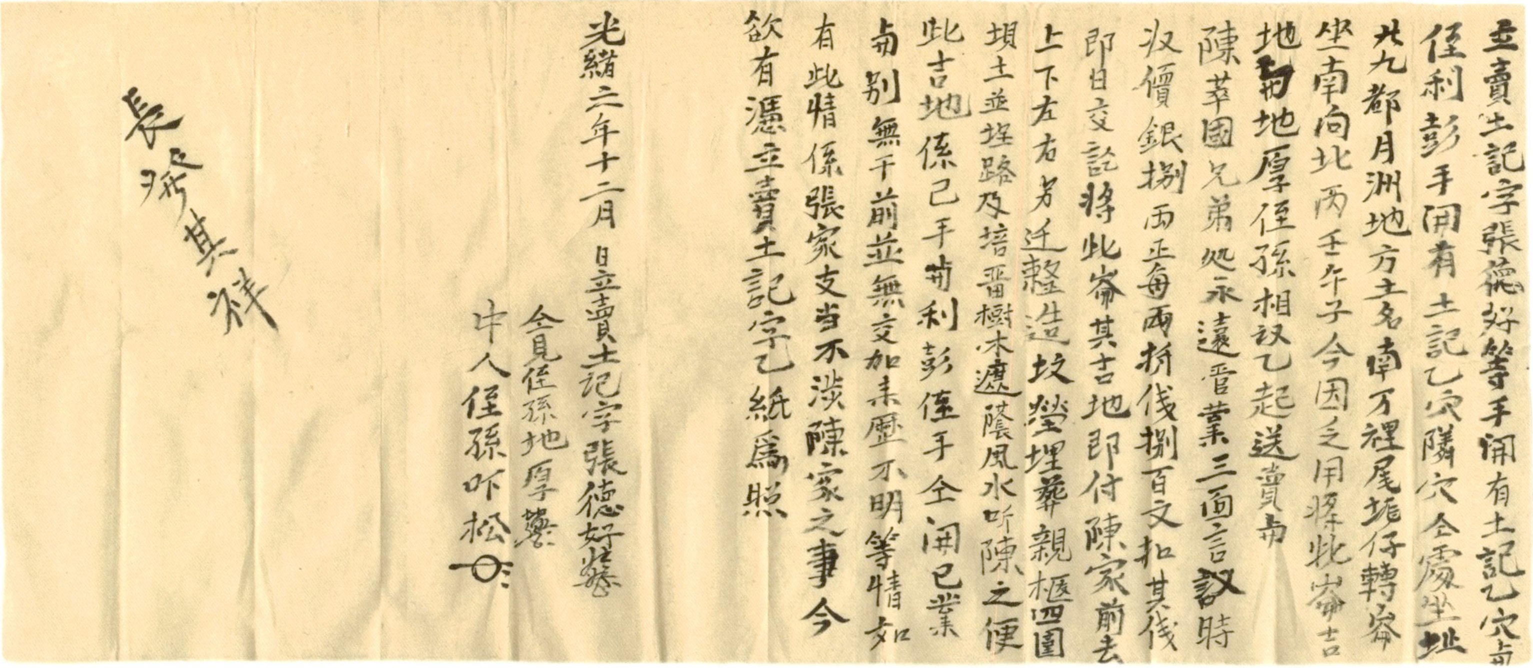
立賣土記字張德好等手開有土記乙穴坐
侄利彰手開有土記乙穴隣穴仝處坐址
北九都月洲地方土名南方裡尾垢仔轉崙
坐南向北丙壬午子今因乏用將此崙吉
地[illegible]地厚侄孫相議乙起送賣與
陳華國兄弟爲永遠晋葬三面言議時
收價銀捌両正每両折伐捌百文扣其伐
即日交訖將此崙其吉地即付陳家前去
上下左右前後造坟塋埋葬親柩四圍
培土並埕路及培晋樹木遮蔭風水听陳之便
此吉地係己手并利彰侄手仝開已業
與别無干前並無交加來歷不明等情如
有此情係張家支当不涉陳家之事今
欲有憑立賣土記字乙紙爲照

光緒六年十二月　日立賣土記字張德好
仝見侄孫地厚
中人侄孫吓松

長孫其祥

7-4-18-2　清光緒六年十二月張德好立賣土記字

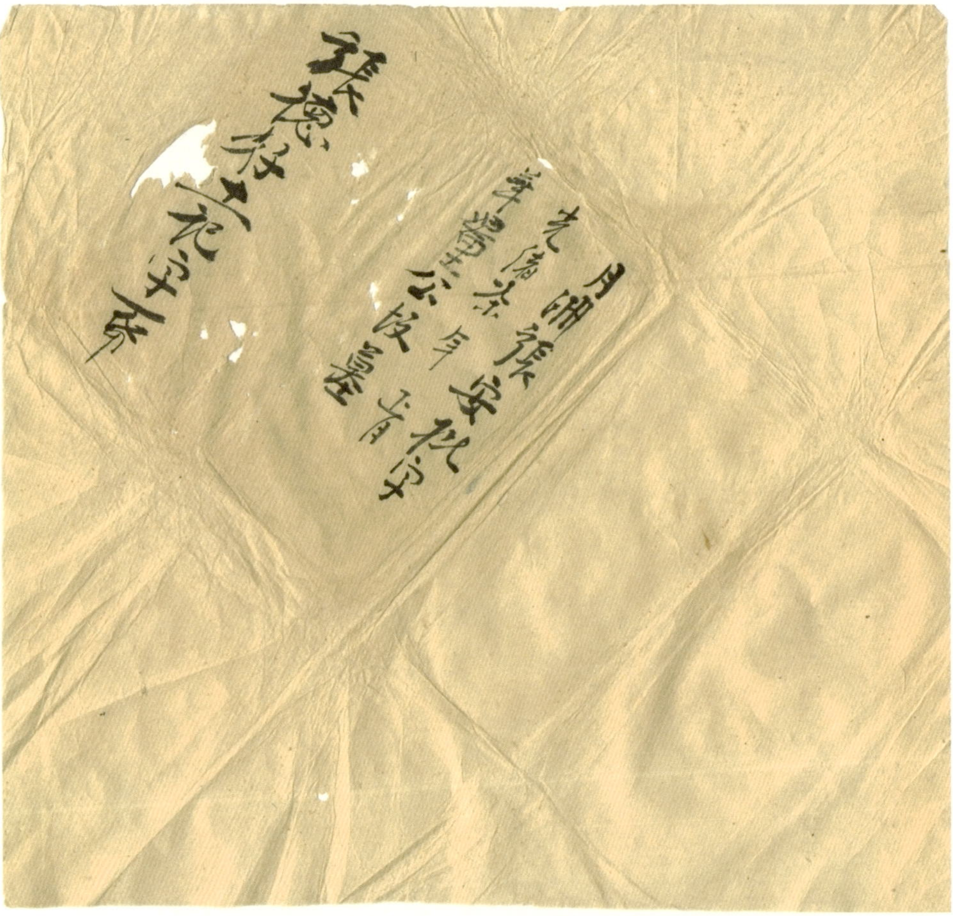

7-4-18-1　包契紙

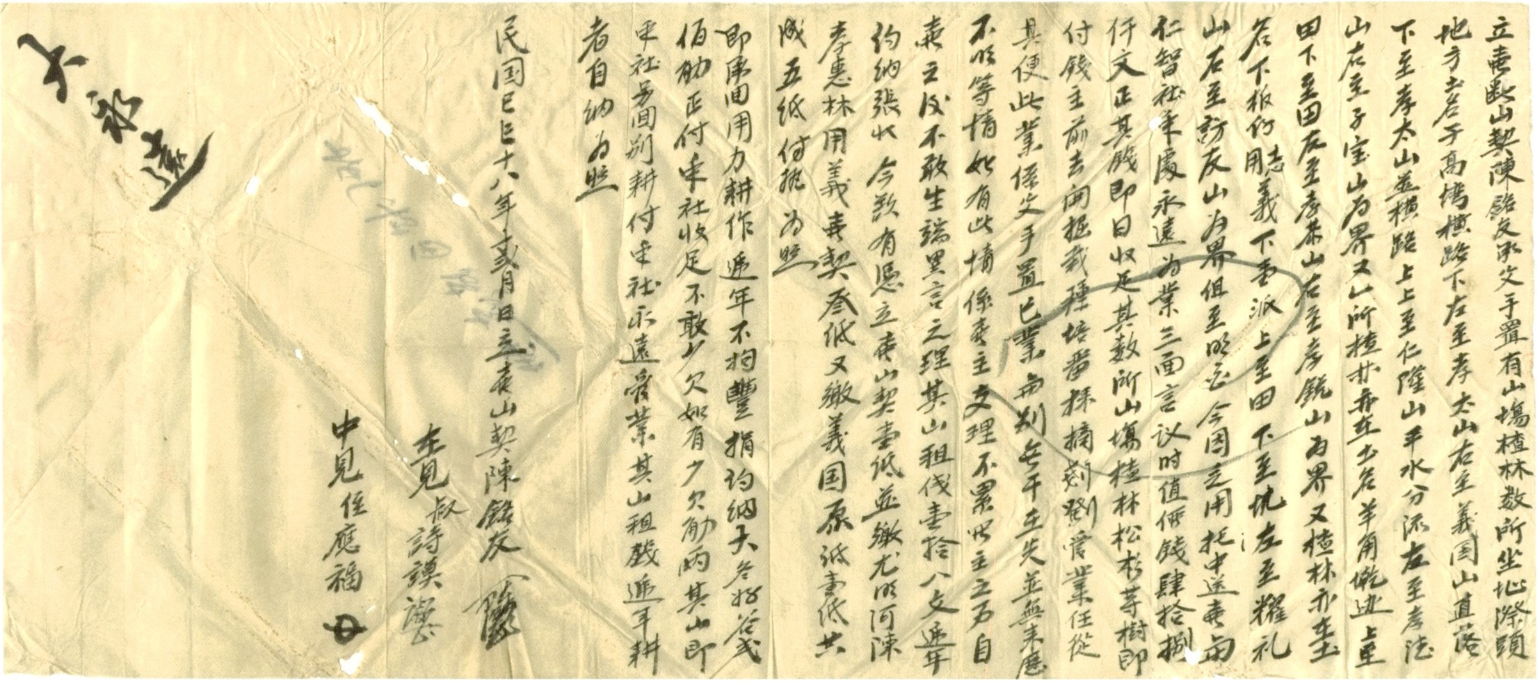
立賣斷山契陳銘友承父手置有山場植林數所坐址際頭
地方土名手高塘横路下左至孝太山右至義国山直落
下至孝太山並横路上上至仁隆山平水分派左至孝恁
山右至子宝山为界又山所植杉木在土名羊角岐上至
田下至田左至孝恭山右至孝銳山为界又植林亦坐
名下楓竹用義下至派上至田下至仇左至耀礼
山右至訪友山为界俱立明白今因乏用托中送賣向
仁智社年度永遠为業三面言议时值價錢肆拾捌
仟文正其錢即日收足其數所山場植林松杉等樹即
付錢主前去開掘栽種培蓄採摘劉管業任從
其便此業係父手置已業與別房子无干並無來歷
不明等情如有此情係賣主支理不累買主之事自
賣之後不敢生端異言之理其山租伐賣拾八文逐年
約納張以今欲有憑立賣山契壹紙並繳尤河陳
孝惠林用義賣契叁紙又繳義国原紙壹紙共
成五紙付執为照
即原田用力耕作逐年不拘豐歉約納大谷拾谷
佰觔正付本社收足不敢少欠如有少欠觔两其山即
本社另召别耕付本社永遠管業其山租錢逐年耕
者自納为照
民国已巳十八年十弍月日立賣山契陳銘友（押）
在見叔詩謨（押）
中見任應福（押）

7-4-17-5　民國十八年十二月陳銘友立賣斷山場植林契（廢契）

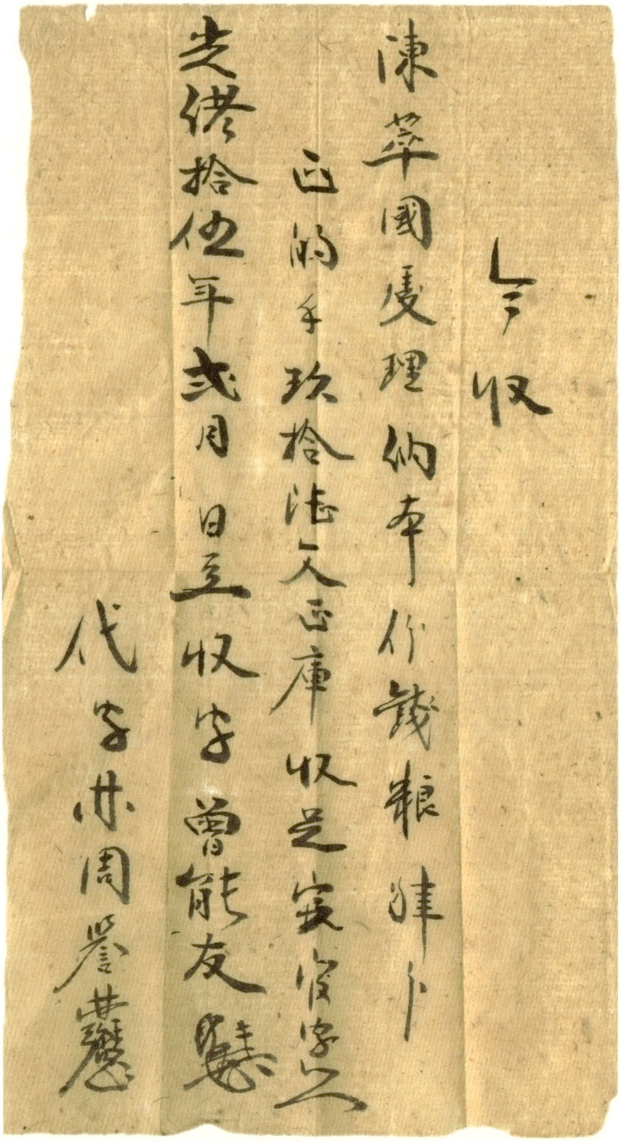
今收
陳萃國處理納本年錢粮肆卜
正納手玖拾陆文正庫收足安宜字之
光緒拾伍年弍月日立收字曾能友號
代字世周譽書

7-4-17-4　清光緒十五年二月曾能友立收錢糧字

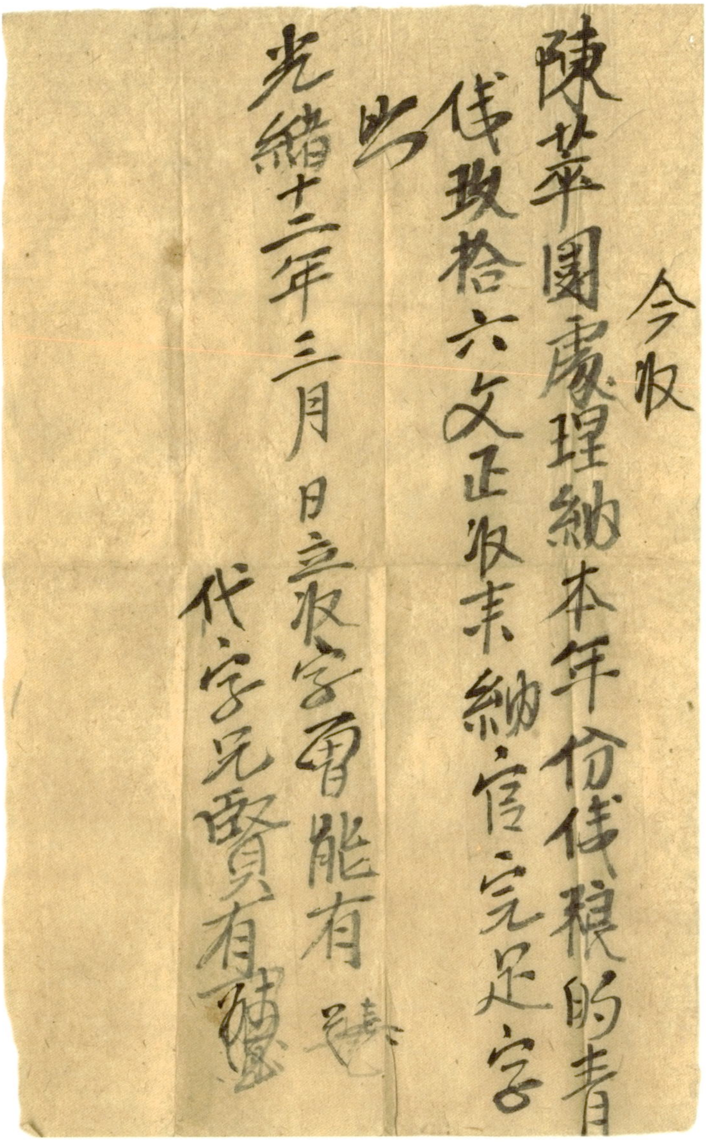
今收
陳芷華園處理納本年份錢糧的青
錢玖拾六文正收未納官完足字
出
光緒十二年三月　日立收字曾能有
代字兄賢有

7-4-17-3　清光緒十二年三月曾能有立收錢糧字

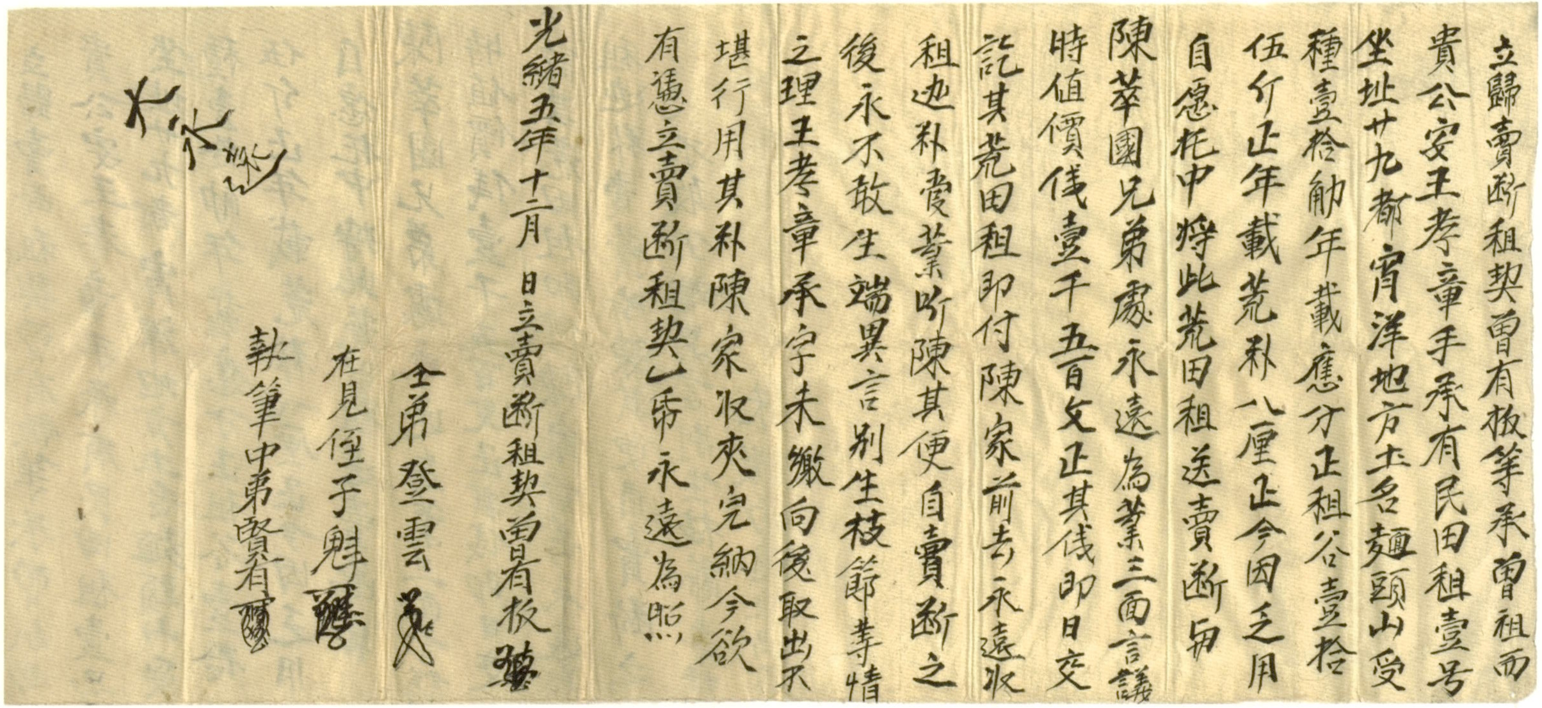

立歸賣斷租契曾有扳等承曾祖而
貴公安王孝章手承有民田租壹号
坐址廿九都宵洋地方土名麵頭山受
種壹拾觔年載應分正租谷壹拾
伍斤正年載荒朴八厘正今因乏用
自愿托中将此荒田租送賣斷与
陳華國兄弟處永遠為業三面言議
時值價钱壹千五百文正其钱即日交
訖其荒田租即付陳家前去永遠收
租边朴管業听陳其便自賣斷之
後永不敢生端異言别生枝節等情
之理王孝章承字未繳向後取出不
堪行用其朴陳家收夾完納今欲
有憑立賣斷租契乙帋永遠為照

光緒五年十二月　日立賣斷租契曾有扳
仝弟　登雲
在見侄子魁
執筆中弟曾有
大吉

7-4-17-2　清光緒五年十二月曾有扳等立歸賣斷民田租契

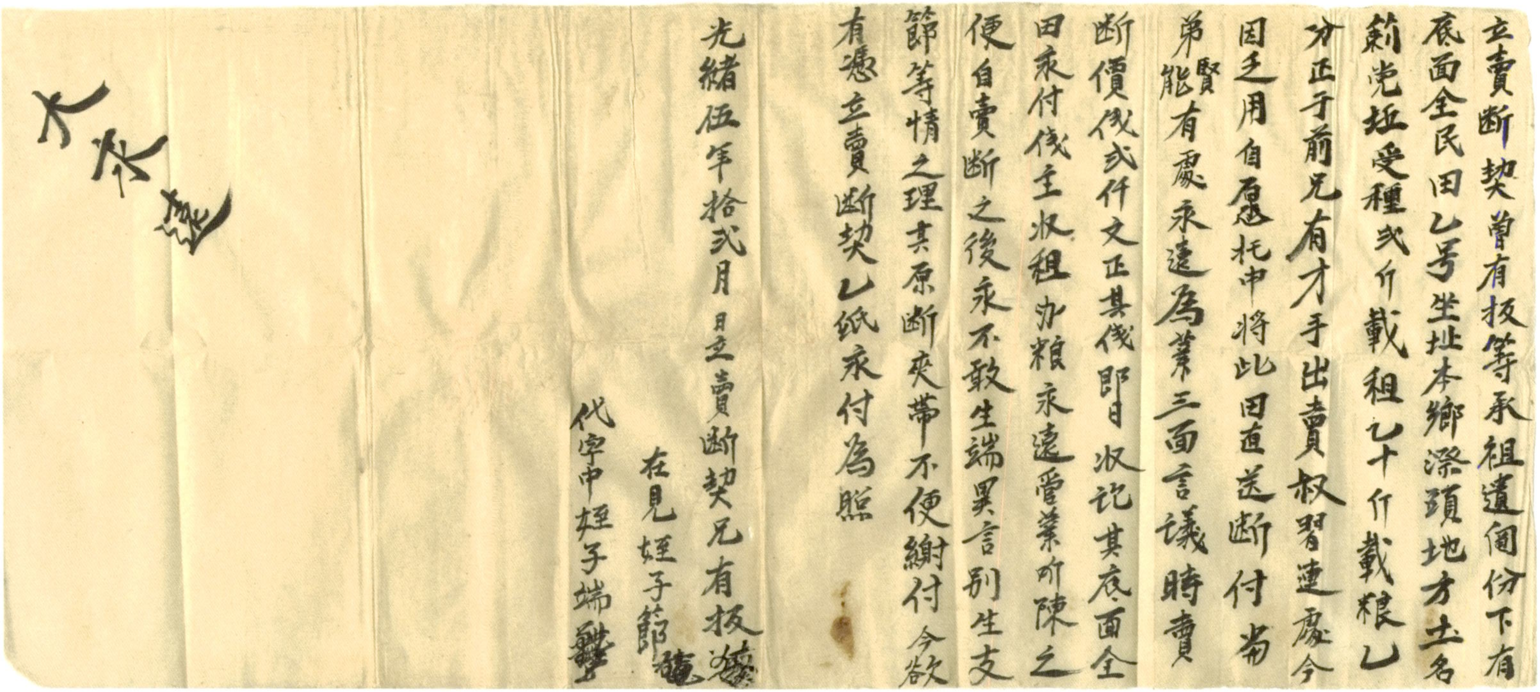
立賣斷契曾有扳等承祖遺閫份下有
底面全民田乙号坐址本鄉漈頭地方土名
莿光坵受種弍斤載租乙十斤載粮乙
分正于前兄有才手出賣叔習連處今
因乏用自愿托中將此田直送斷付當
賢弟能有處永遠為業三面言議時賣
斷價伐弍仟文正其伐即日收訖其底面全
田永付伐主收租办粮永遠管業所陳之
便自賣斷之後永不敢生端異言別生支
節等情之理其原斷夾帯不便繳付今欲
有憑立賣斷契乙紙永付為照
光緒伍年拾弍月　日立賣斷契兄有扳
在見姪子節
代字中姪子端

7-4-17-1　清光緒五年十二月曾有扳等立賣斷底面全民田契

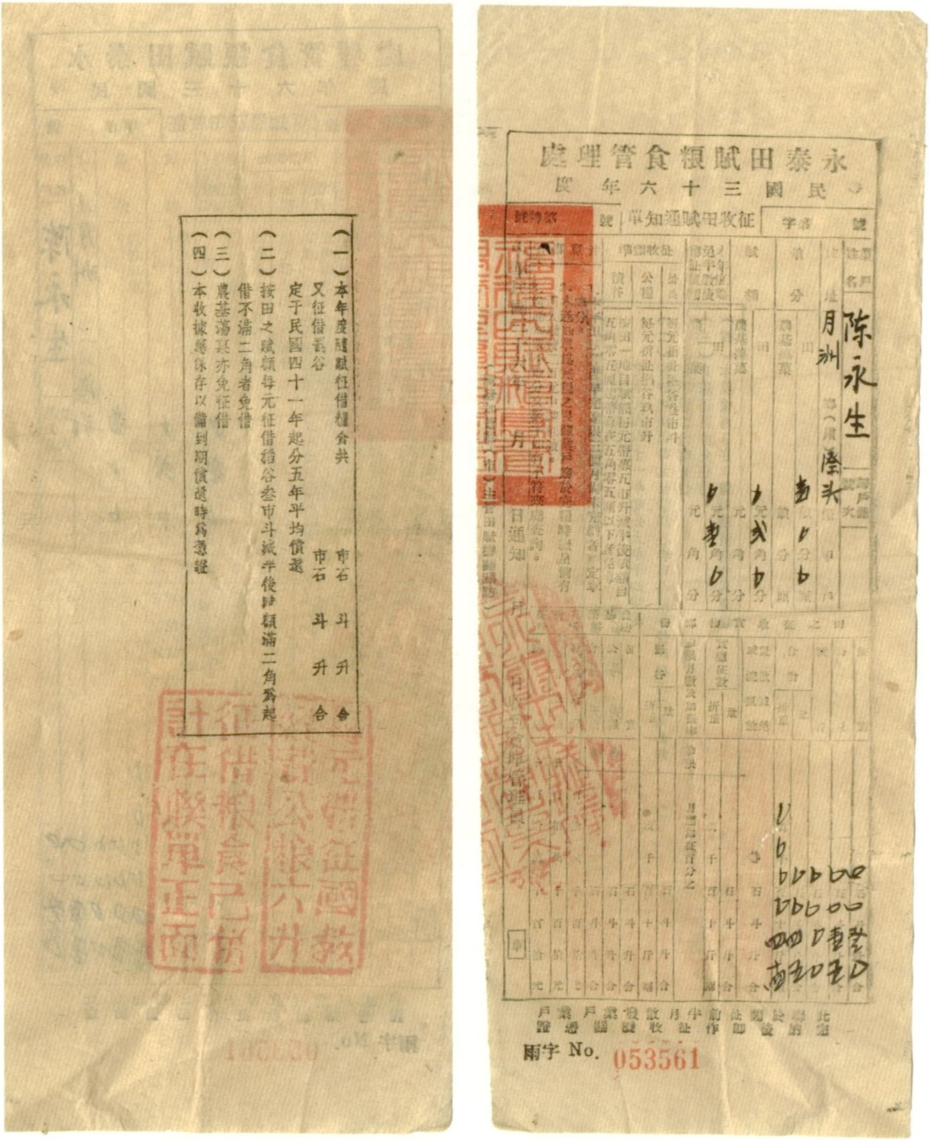
（一）本年度隨賦征借糧食共　市石　斗　升　合
又征借穀谷　市石　斗　升　合
定于民國四十一年起分五年平均償還
（二）按田之賦額每元征借稻谷叁市斗減半後肆額滿二角爲起
借不滿二角者免借
（三）農藷蕩其亦免征借
（四）本收據應保存以備到期償還時爲憑證

永泰田賦糧食管理處
民國三十六年度
征收田賦通知單
陳永生
月洲
No. 053561

7-4-16-4　民國三十六年陳永生户田賦通知單

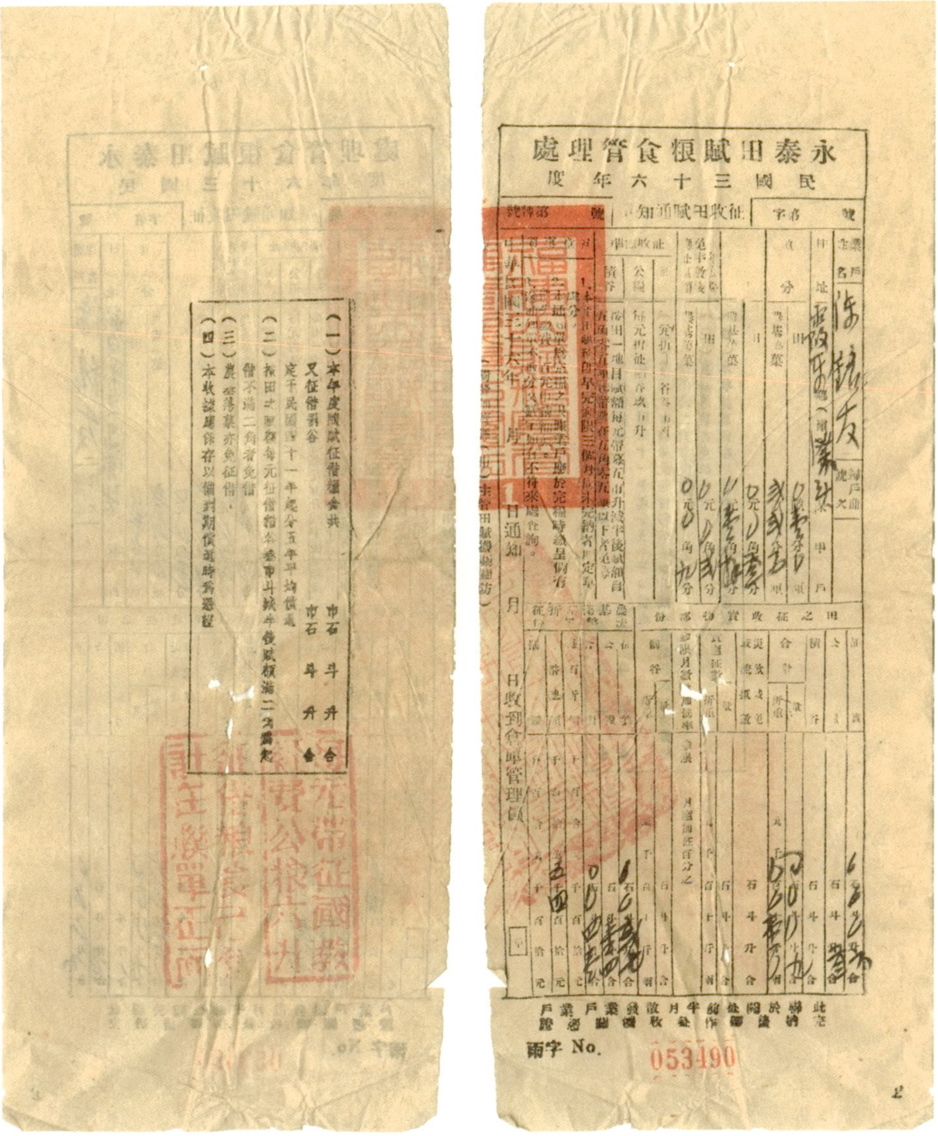

7-4-16-3　民國三十六年陳銘友户田賦通知單

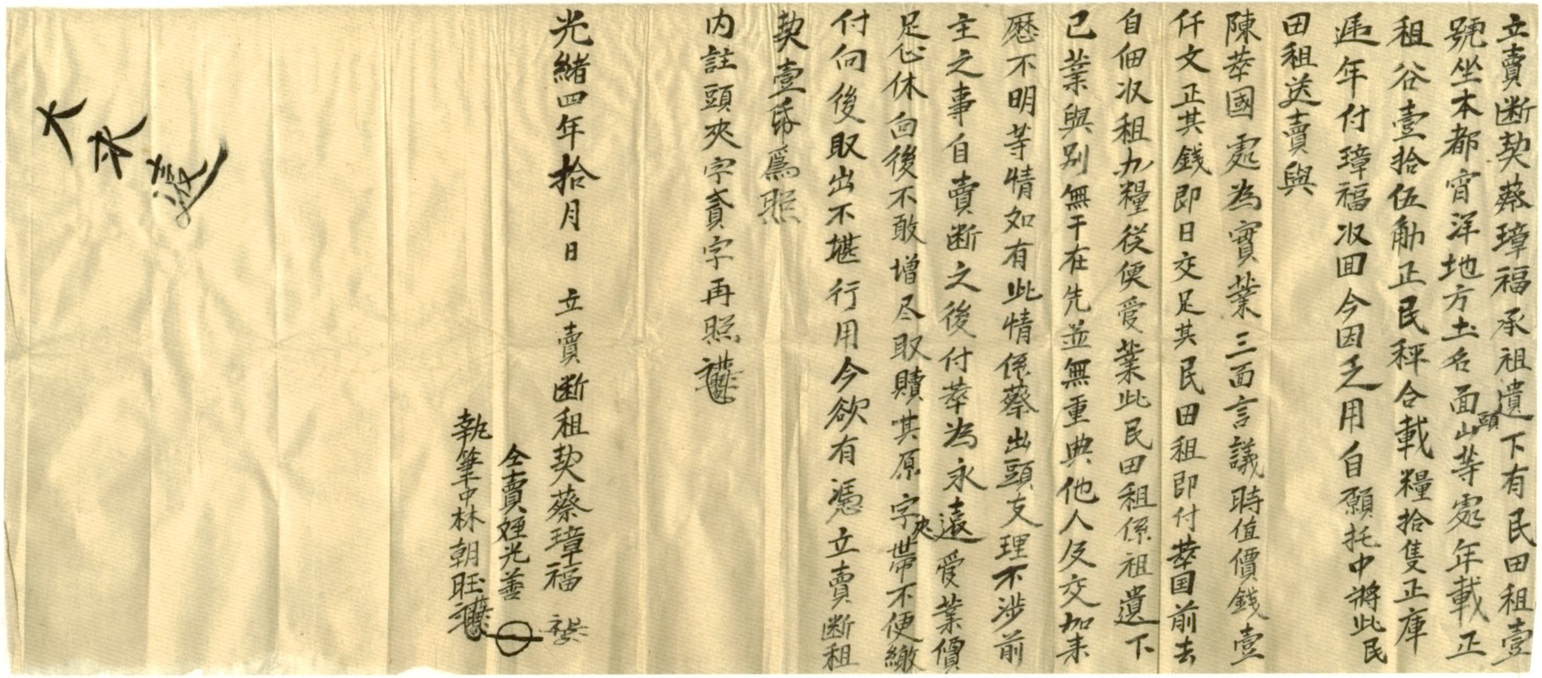

立賣斷契蔡璋福承祖遺下有民田租壹
號坐本都宵洋地方土名面山頭等處年載正
租谷壹拾伍觔正民秤合載糧拾隻正庫
延年付璋福收田今因乏用自願托中將此民
田租送賣與
陳華國處為實業三面言議時值價錢壹
仟文正其錢即日交足其民田租即付華国前去
自佃收租办糧從便管業此民田租係祖遺下
己業與別無干在先並無重典他人及交加未
歷不明等情如有此情係蔡出頭支理不涉前
主之事自賣斷之後付華為永遠管業價
足心休向後不敢增找取贖其原字夾帶不便繳
付向後取出不堪行用今欲有憑立賣斷租
契壹紙為照
内註頭夾字賣字再照
光緒四年拾月　日　立賣斷租契蔡璋福
仝賣姪光善
執筆中林朝旺
大吉

7-4-16-2　清光緒四年十月蔡璋福等立賣斷民田租契

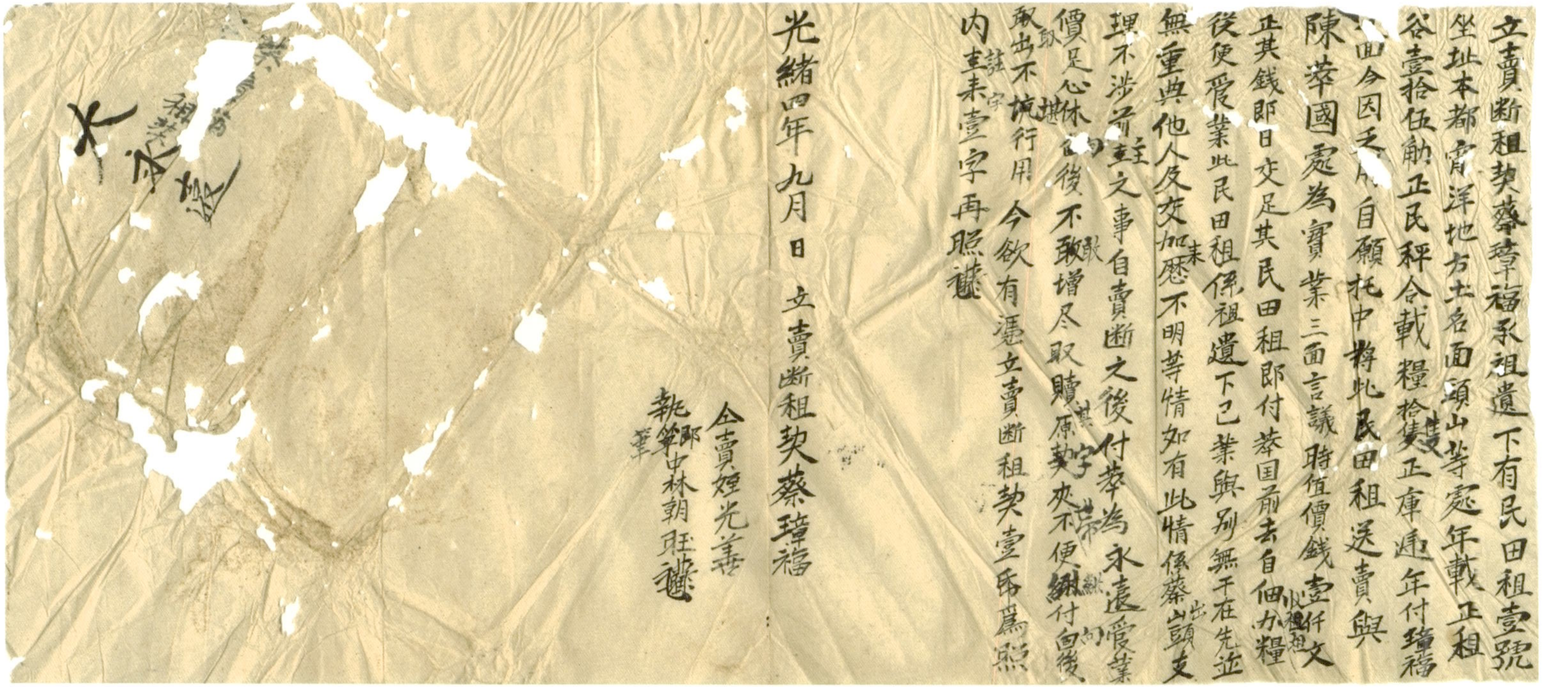
立賣斷租契蔡璋福承祖遺下有民田租壹號
坐址本都霄洋地方土名面頭山等處，年載正租
谷壹拾伍斛正，民秤合載糧拾隻正，庫递年付璋福
□田今因乏用，自願托中將此民田租送賣與
陳萃國處為實業，三面言議時值價錢壹仟文
正，其錢即日交足，其民田租即付萃国前去自佃收租，办糧
從便管業。此民田租係祖遺下己業，與別無干，在先並
無重典他人及交加未歷不明等情，如有此情，係蔡出頭支
理，不涉萃主之事。自賣斷之後，付萃為永遠管業，
價足心休，日後不敢增尽取贖，原契字夾不便繳付，自後
取出不堪行用。今欲有憑，立賣斷租契壹紙為照。
內註字未壹字再照。
光緒四年九月　日　立賣斷租契蔡璋福
仝賣姪光善
執筆中林朝旺

7-4-16-1　清光緒四年九月蔡璋福等立賣斷民田租契（草契）

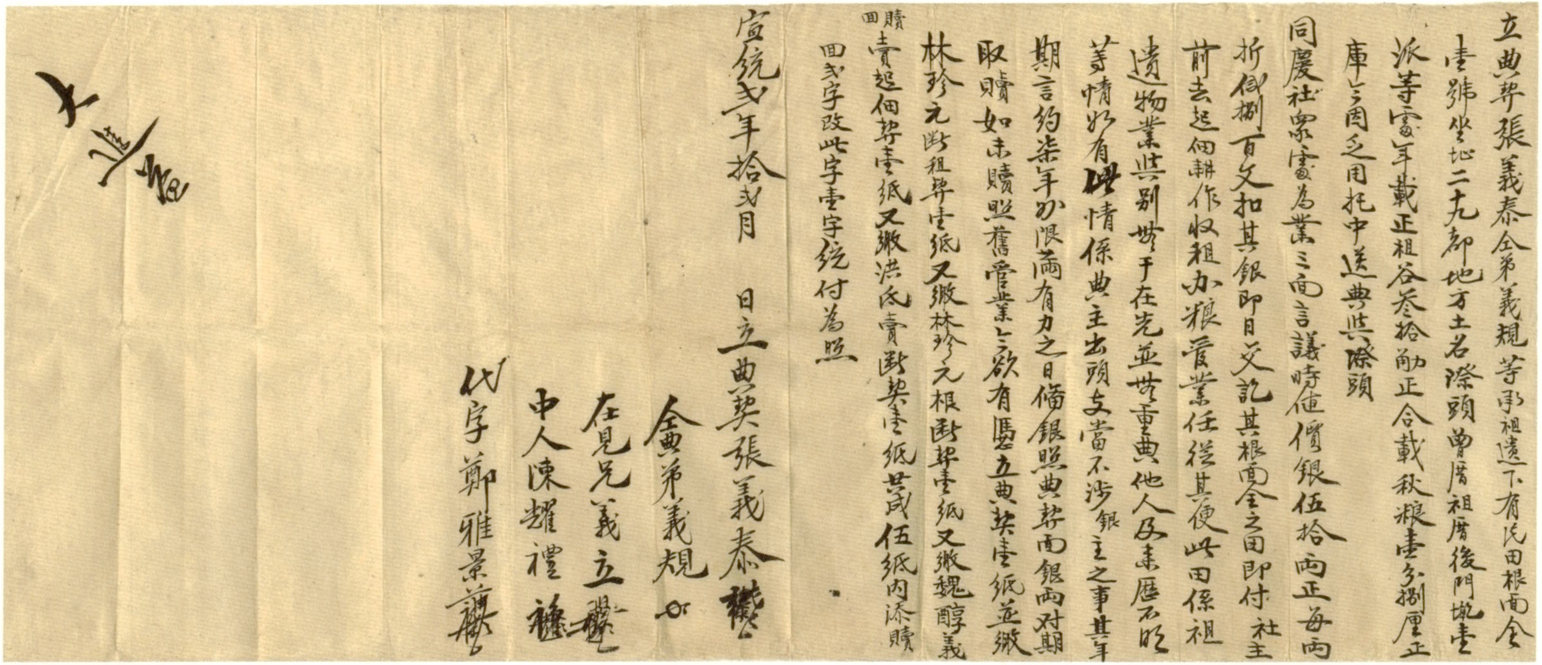

立典契張義泰仝弟義規等承祖遺下有民田根面仝
壹號坐址二九都地方土名漈頭曾厝祖厝後門垅壹
派等處年載正祖谷叁拾斤正仝載秋粮壹分捌厘正
庫〻因乏用托中送典與漈頭
同慶社衆處為業三面言議時值價銀伍拾両正每両
折伸捌百文扣其銀即日交訖其根面仝之田即付社主
前去起佃耕作收租办粮管業任從其便此田係祖
遺物業與别房無干在先並無重典他人及未歷不明
等情如有此情係典主出頭支當不涉銀主之事其年
期言約柒年办限滿有力之日備銀照典契面銀両对期
取贖如未贖照舊管業〻欲有憑立典契壹紙並缴
林珍元断祖契壹紙又缴林珍元根断契壹紙又缴魏醇義
贖田 賣起佃契壹紙又缴洪氏賣断契壹紙共計伍紙内添贖
田弍字改此字壹字統付為照

宣統弍年拾弍月　日立典契張義泰（押）
仝典弟義規（押）
在見兄義立（押）
中人陳耀禮（押）
代字鄭雅景（押）

7-4-15-3　清宣統二年十二月張義泰等立典根面全民田契

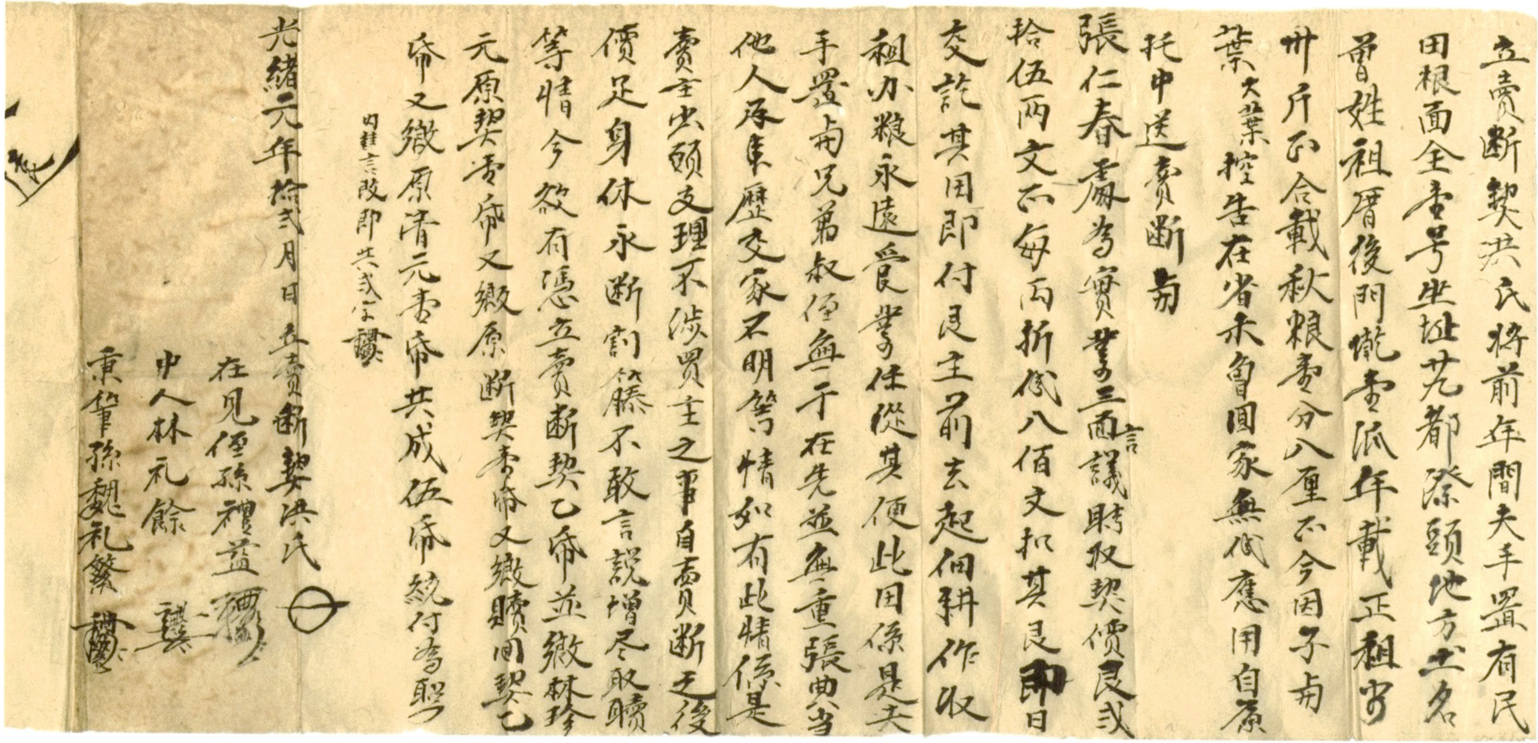
立賣斷契洪氏將前年閘夫手置有民
田根面全壹号坐址芄都𡾰頭地方土名
曾姓祖厝後門墘壹派，年載正租谷
卅斤，又合載秋粮壹分八厘。今因乏用
業大業控告在省，未曾回家，無從應用，自愿
托中送賣斷与
張仁春處為業，三面言議時價契價良弍
拾伍兩文，又每兩折伐八佰文扣，其良即日
交訖，其田即付良主前去起佃耕作收
租办粮，永遠管業，任從其便。此田係是夫
手置，与兄弟叔侄無干，在先並無重張典当
他人，承東歷交家不明等情；如有此情，係是
賣主出頭支理，不涉買主之事。自賣斷之後，
價足身休，永斷割籐，不敢言說增盡取贖
等情。今欲有憑，立賣斷契乙帋，並繳林珍
元原契壹帋，又繳原斷契壹帋，又繳贖回契乙
帋，又繳原清元壹帋，共成伍帋，繳付為照。
日推言改即共弍字
光緒元年拾弍月 日立賣斷契洪氏
在見侄孫禮益
中人林礼餘
秉筆孫魏礼鰲

7-4-15-2　清光緒元年十二月洪氏立賣斷根面全民田契

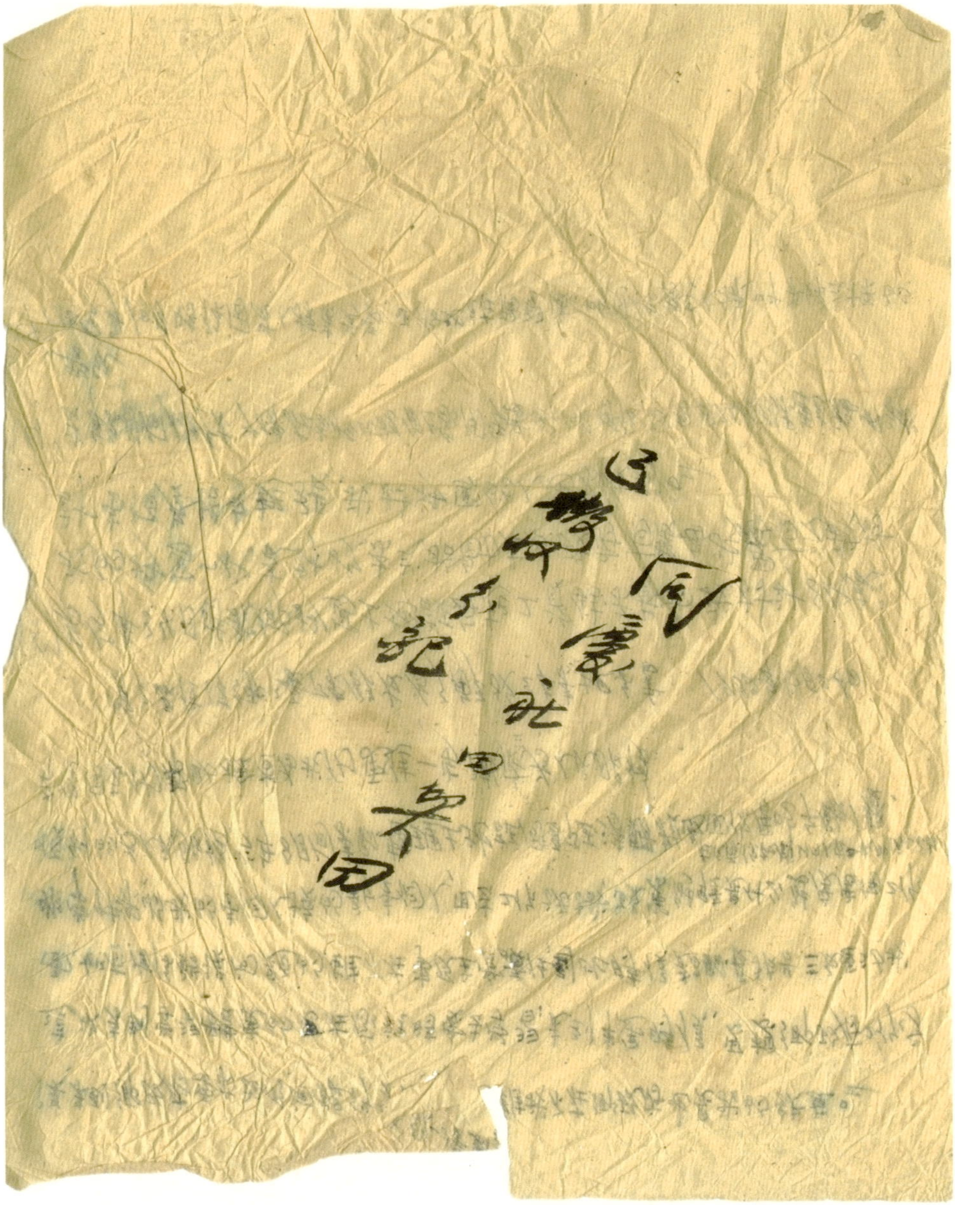

7-4-15-1　包契紙

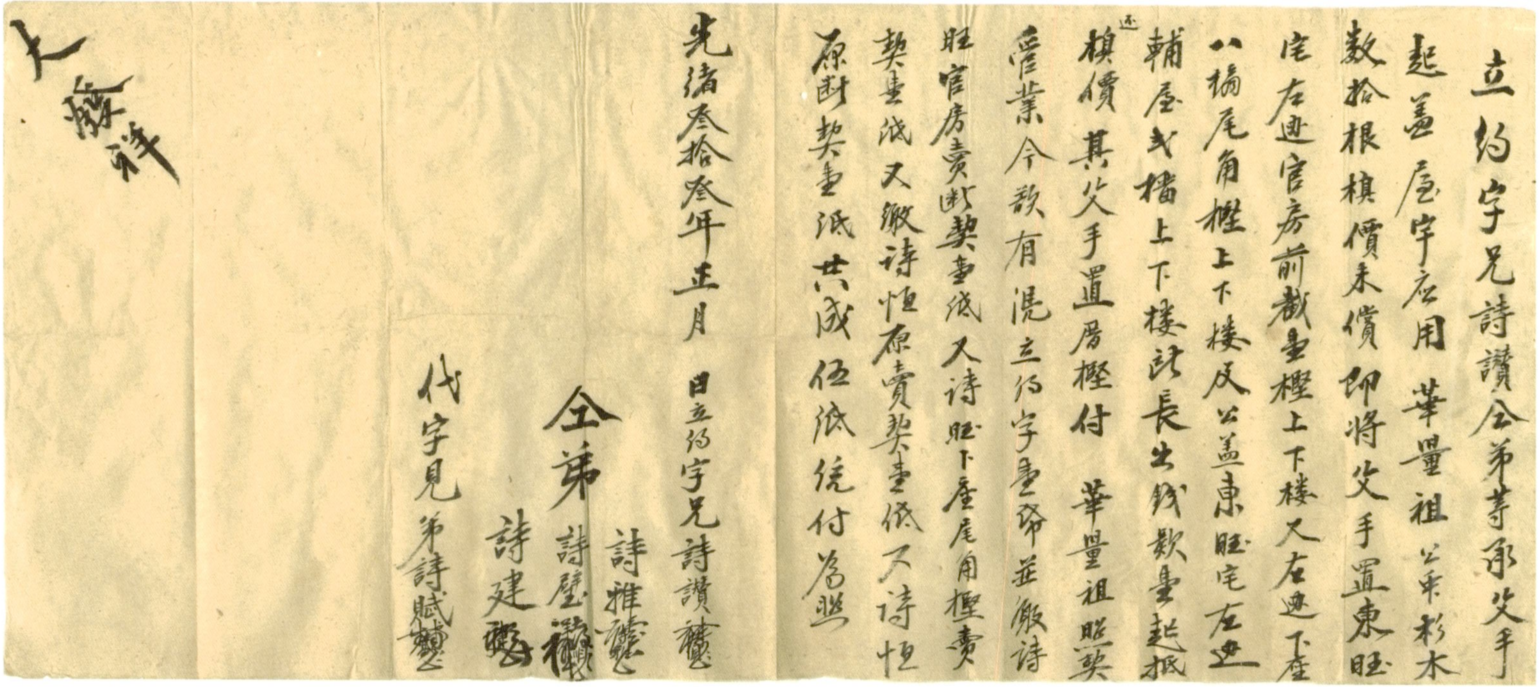

立約字兄詩讚仝弟菁承父手
起蓋屋宇應用　華量祖公栄彩木
數拾根槙價未償，即將父手置東旺
宅左邊官房前截壹櫈上下樓又右邊下座
八橋尾角櫈上下樓及公蓋東旺宅左邊
輔屋弍播上下樓計長出錢款壹起抵
槙價，其父手置房櫈付　華量祖照契
管業。今款有混，立約字壹帋並繳詩
旺官房賣斷契壹紙，又詩旺下座尾角櫈賣
契壹紙，又繳詩恒原賣契壹紙，又詩恒
原斷契壹紙，共成伍紙，繳付為照。
光緒叁拾叁年正月　　日立約字兄詩讚
仝弟　詩雅　詩壁　詩建
代字見弟詩賦
大發祥

7-4-14-8　清光緒三十三年正月陳詩讚等立約字

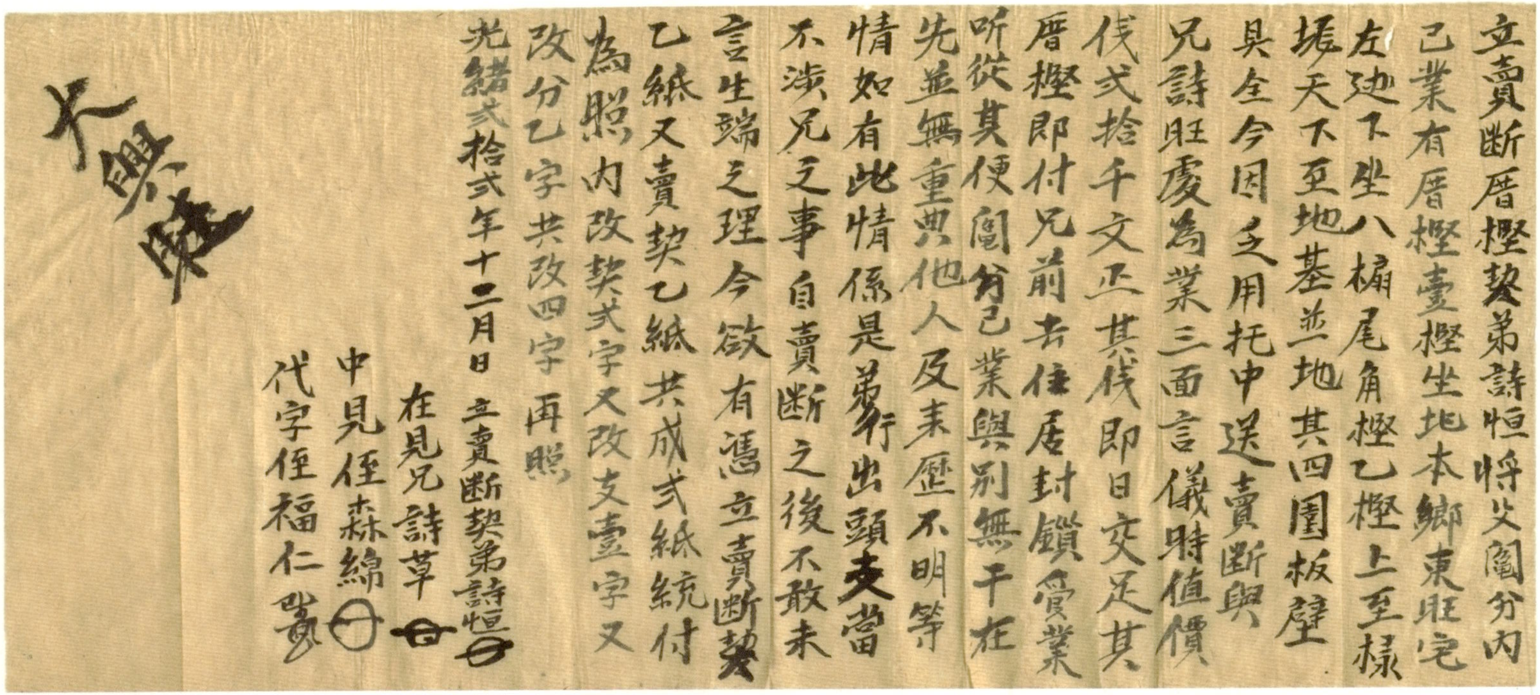

立賣斷厝樫契弟詩恒将父閹分内
己業有厝樫壹樫坐址本鄉東莊宅
左边下坐八桷尾角樫乙樫上至椽
堤天下至地基並地其四圍板壁
具全今因乏用托中送賣斷與
兄詩莊處為業三面言儀時值價
伐弍拾千文正其伐即日交足其
厝樫即付兄前去住居封鎖管業
听從其便閹分己業與別無干在
先並無重典他人及來歷不明等
情如有此情係是弟行出頭支當
不涉兄之事自賣斷之後不敢未
言生端之理今欲有憑立賣斷契
乙紙又賣契乙紙共成弍紙統付
為照内改契弍字又改支壹字又
改分乙字共改四字再照
光緒弍拾弍年十二月日 立賣斷契弟詩恒（押）
在見兄詩草（押）
中見侄森綿（押）
代字侄福仁（押）

7-4-14-7 清光緒二十二年十二月陳詩恒立賣斷厝樫契

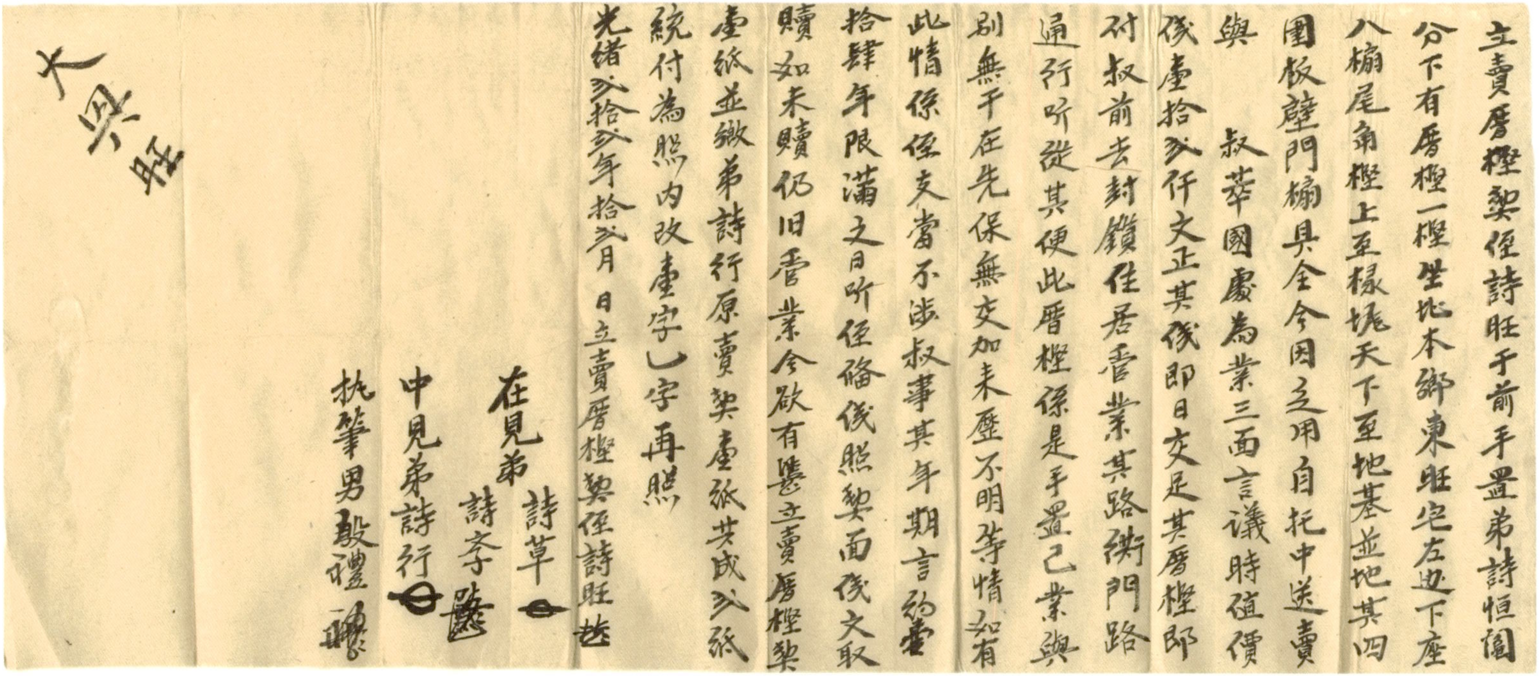

立賣厝樫契侄詩旺于前手置弟詩恒闔
分下有厝樫一樫坐北本鄉東旺宅左边下座
八桷尾角樫上至椽梶天下至地基並地其四
圍板壁門桷具全今因乏用自托中送賣
與　叔華國處為業三面言議時值價
錢壹拾弍仟文正其錢即日交足其厝樫即
付叔前去封鎖住居管業其路衕門路
通行听從其便此厝樫係是手置己業與
別無干在先保無交加未歷不明等情如有
此情係侄支當不涉叔事其年期言約壹
拾肆年限滿之日听侄備錢照契面錢文取
贖如未贖仍旧管業今欲有憑立賣厝樫契
壹紙並繳弟詩行原賣契壹紙共成弍紙
統付為照内改壹字乚字再照
光緒弍拾弍年拾弍月　日立賣厝樫契侄詩旺（押）
在見弟　詩草（押）
詩孝（押）
中見弟詩行（押）
執筆男駿禮（押）

大興旺

7-4-14-6　清光緒二十二年十二月陳詩旺立賣厝樫契

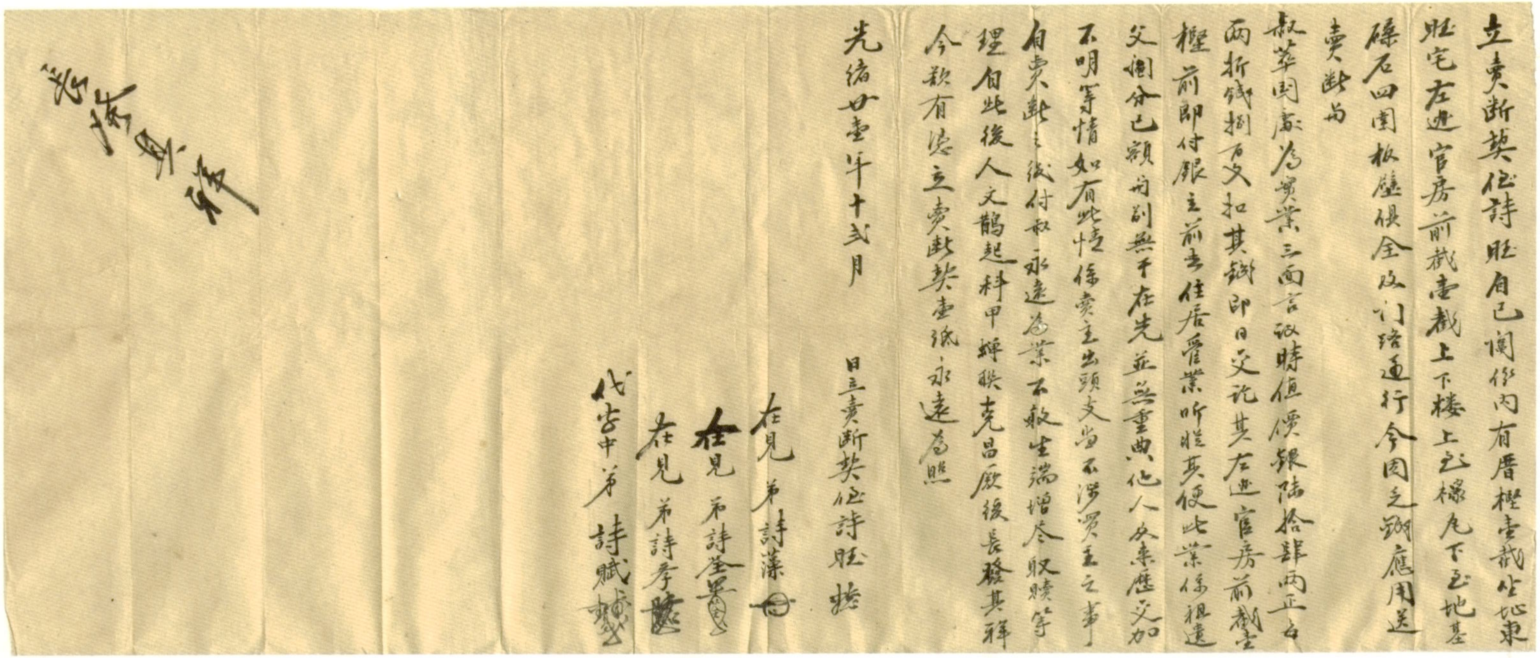

7-4-14-5　清光緒二十一年十二月陳詩旺立賣斷厝樫契

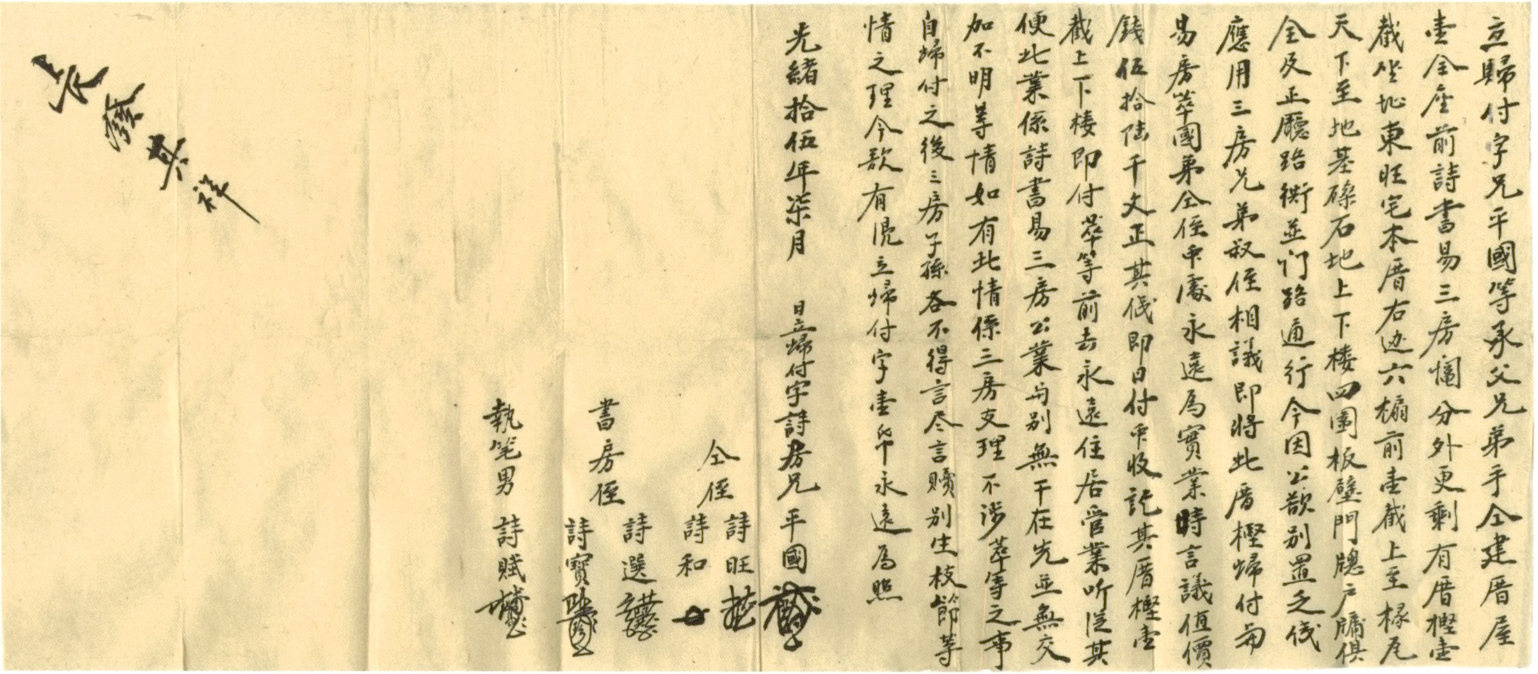

立歸付字兄平國等承父兄弟手仝建厝屋
壹仝座前詩書易三房阄分外更剩有厝樫壹
截坐址東旺宅本厝右边六櫥前壹截上至椂尾
天下至地基磉石地上下楼四圍板壁門牕戶牖俱
全及正廳路街並门路通行今因公欵别置乏钱
應用三房兄弟叔侄相議即將此厝樫婦付弟
易房萃國弟仝侄出處永遠爲實業時言議值價
錢伍拾陆千文正其钱即日付出收訖其厝樫壹
截上下楼即付萃等前去永遠住居管業听從其
便此業係詩書易三房公業尚别無干在先並無交
加不明等情如有此情係三房支理不涉萃等之事
自婦付之後三房子孫各不得言尽言贖别生枝節等
情之理今欵有憑立婦付字壹紙永遠爲照

光緒拾伍年柒月　日立婦付字詩房兄平國（押）

仝侄詩旺（押）

詩和（押）

書房侄詩選（押）

詩寶（押）

執笔男詩賦（押）

長發其祥

7-4-14-4　清光緒十五年七月陳平國等立歸付厝樫字

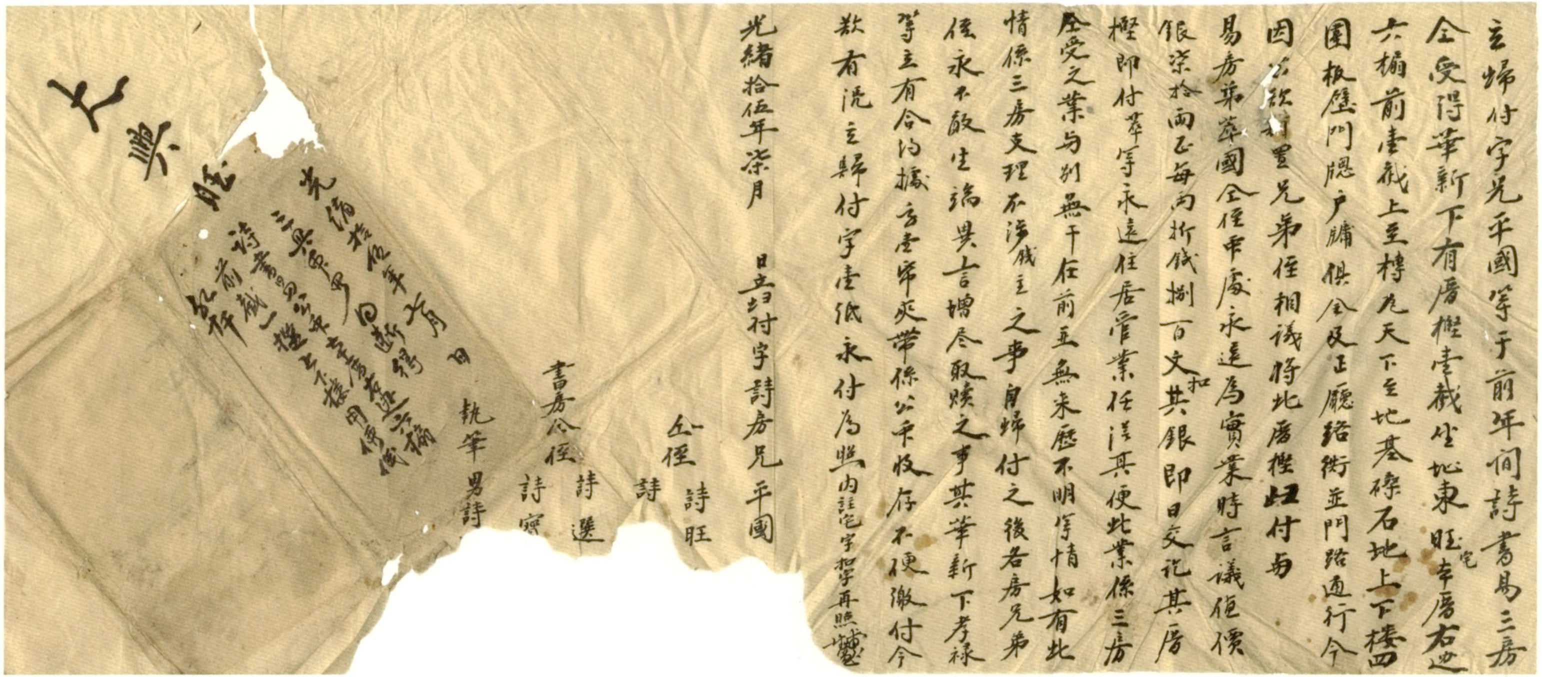

7-4-14-3　清光緒十五年七月陳平國等立歸付厝楻字

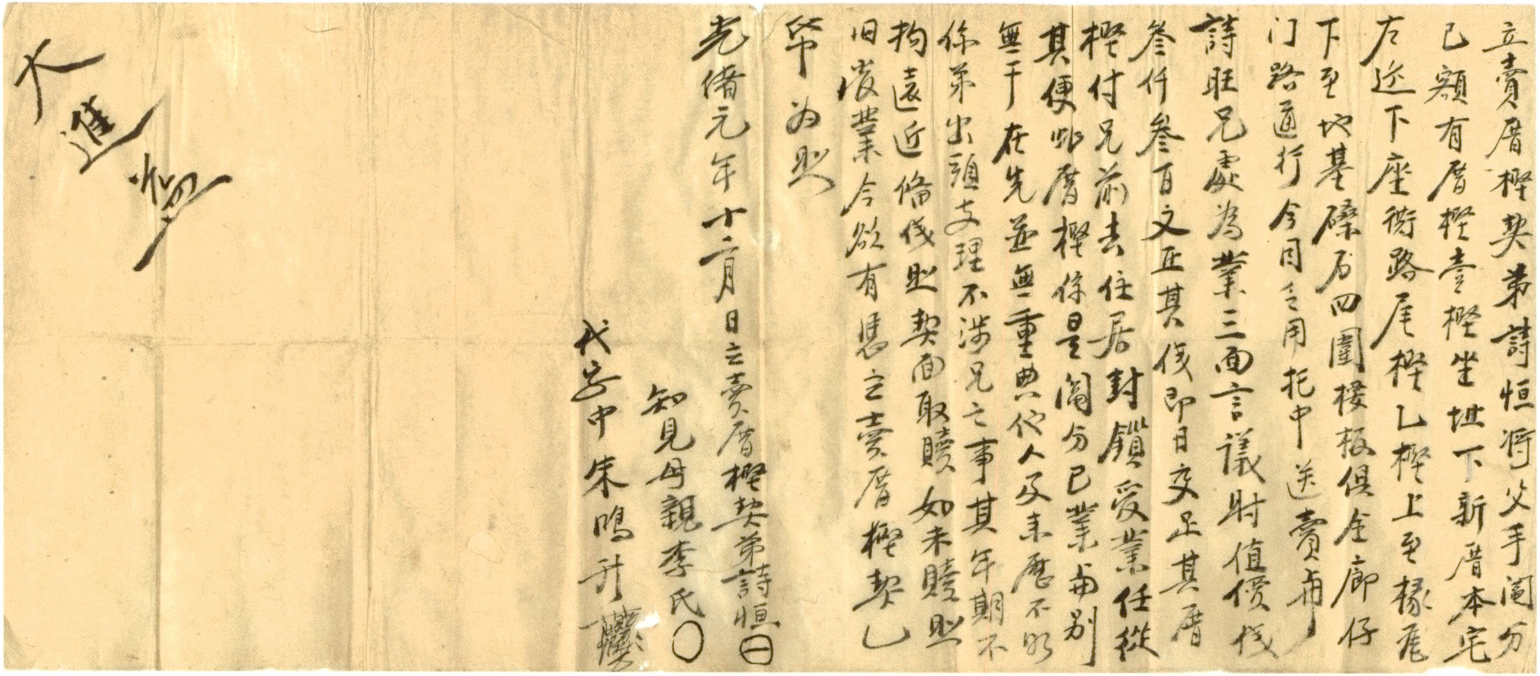
立賣厝樫契弟詩恒將父手阄分
已額有厝樫壹樫坐址下新厝本宅
左近下座衙路尾樫山樫上至椽尾
下至地基磉石四圍樓板俱全廊仔
门路通行今因乏用托中送賣与
詩莊兄處為業三面言議時值價錢
叁仟叁百文正其錢即日交足其厝
樫付兄前去住居封鎖管業任從
其便此厝樫係是阄分己業未別
無干在先並無重典他人及來歷不明
係弟出頭支理不涉兄之事其年期不
拘遠近備錢此契面取贖如未贖此
旧業今欲有憑立賣厝樫契乙
帋為照
光緒元年十二月日立賣厝樫契弟詩恒（押）
知見母親李氏（押）
代字中朱鳴钎（押）
大進[illegible]

7-4-14-2　清光緒元年十二月陳詩恒立賣厝樫契

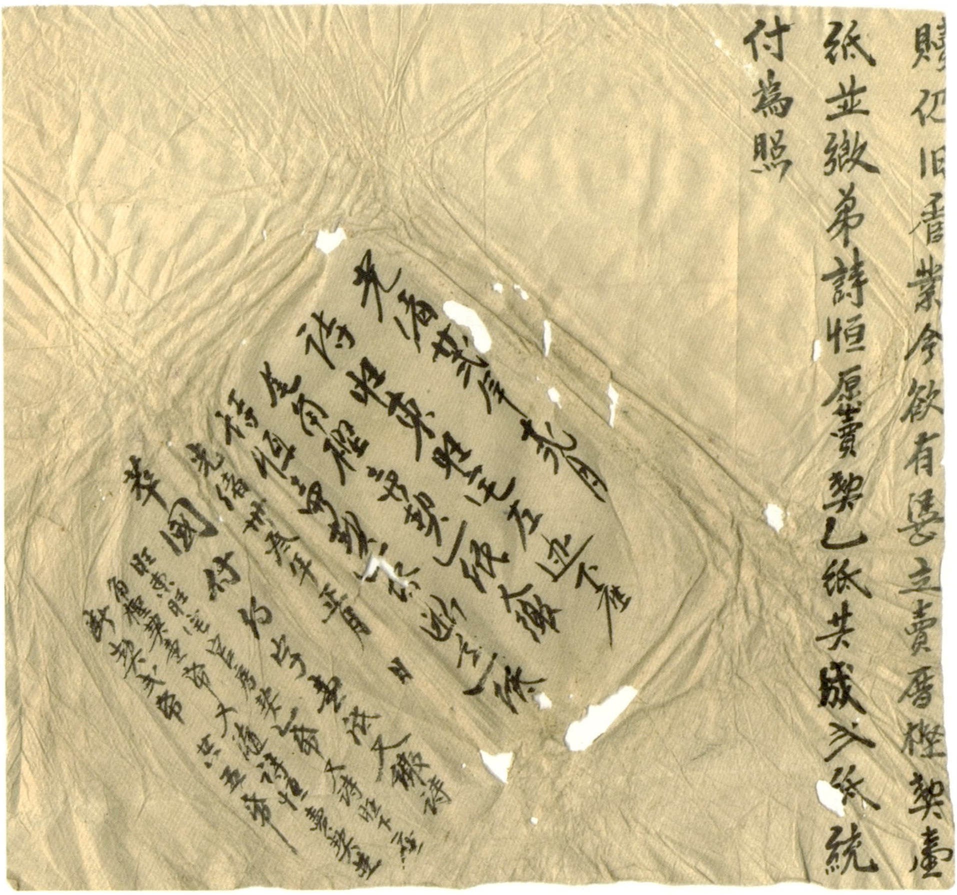
贖仍旧管業今欲有憑立賣盡根契臺
紙並繳弟詩恒原賣契乙紙共成弍紙統
付為照

7-4-14-1　包契紙

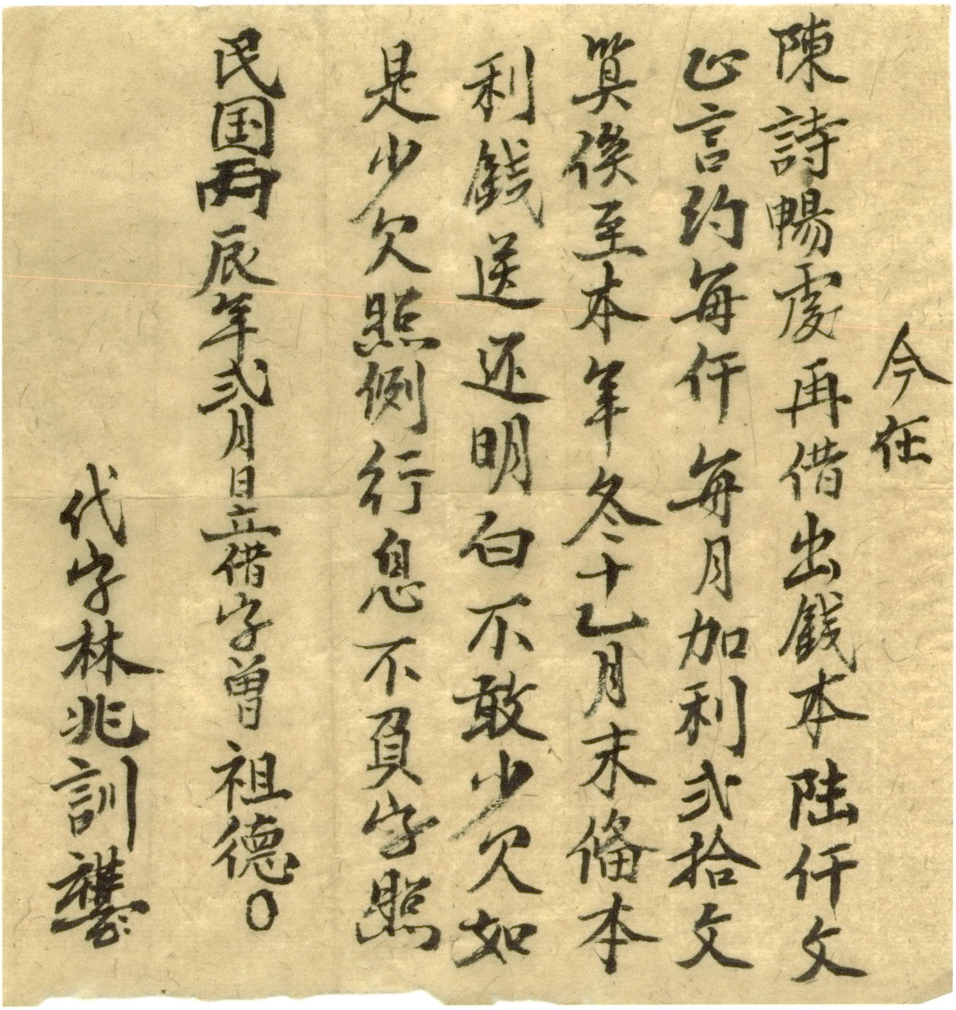
今在
陳詩暢處再借出錢本陸仟文
心言约每仟每月加利弍拾文
算後至本年冬十乙月末備本
利錢送还明白不敢少欠如
是少欠照例行息不負字照
民国丙辰年弍月日立借字曾祖德〇
代字林兆訓筆

7-4-13-10　民國五年二月曾祖德立借錢字

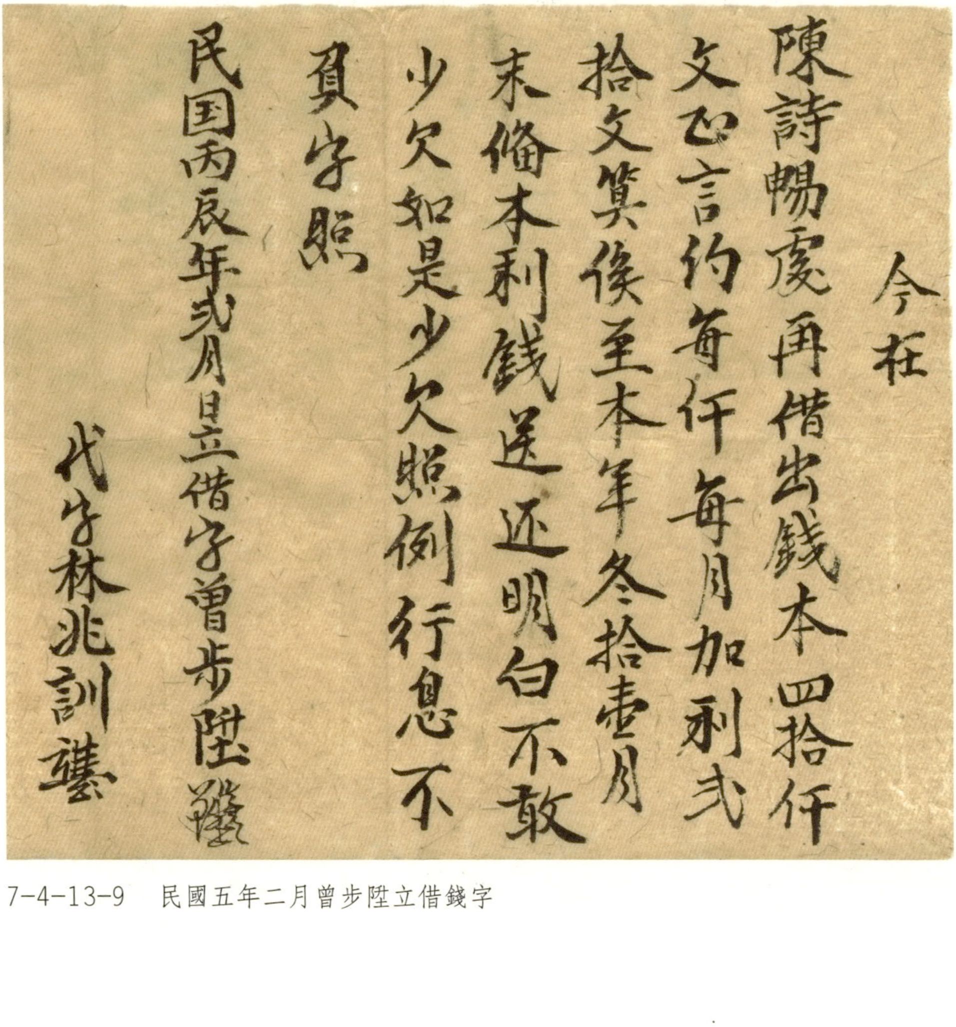

今在
陳詩暢處再借出錢本四拾仟
文正言约每仟每月加利弍
拾文算後至本年冬拾壹月
末備本利錢送还明白不敢
少欠如是少欠照例行息不
負字照
民国丙辰年弍月日立借字曾步陞（押）
代字林兆訓（押）

7-4-13-9　民國五年二月曾步陞立借錢字

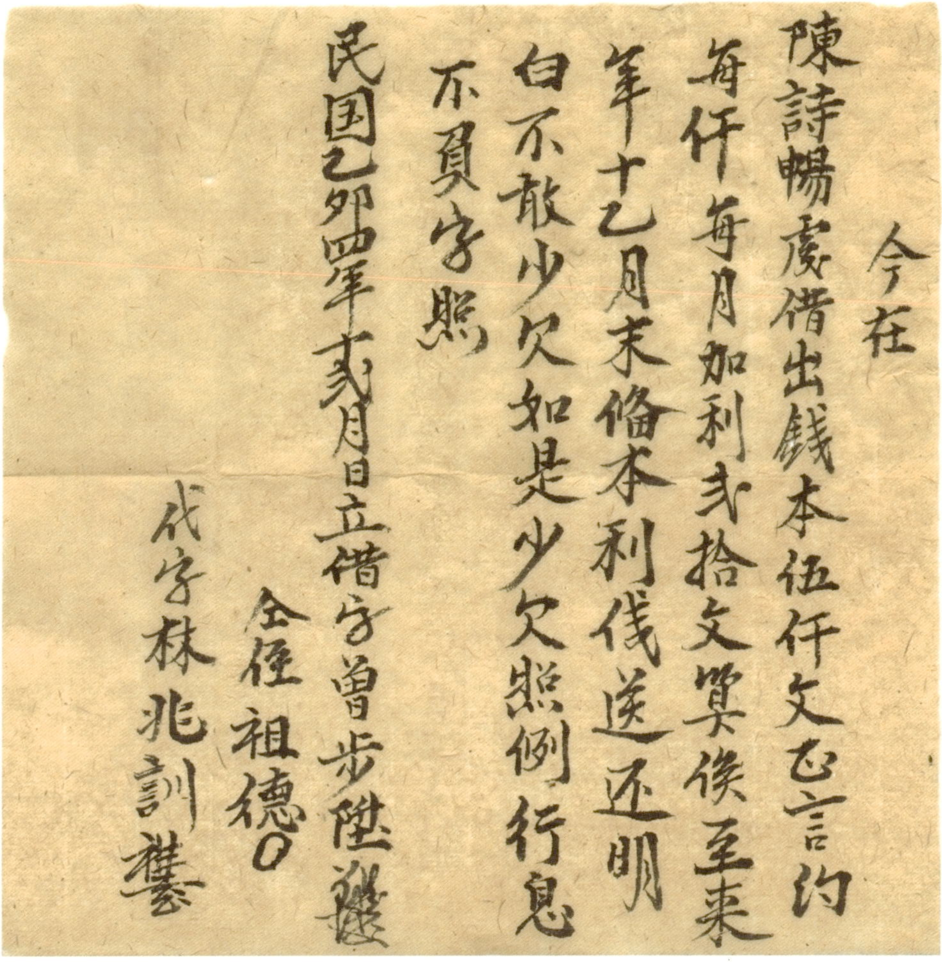

今在
陳詩暢處借出錢本伍仟文正言約
每仟每月加利弍拾文筭候至來
年十乙月末備本利銭送还明
白不敢少欠如是少欠照例行息
不負字照
民国乙卯四年十弍月日立借字曾步陞
仝侄祖德
代字林兆訓

7-4-13-8　民國四年十二月曾步陞等立借錢字

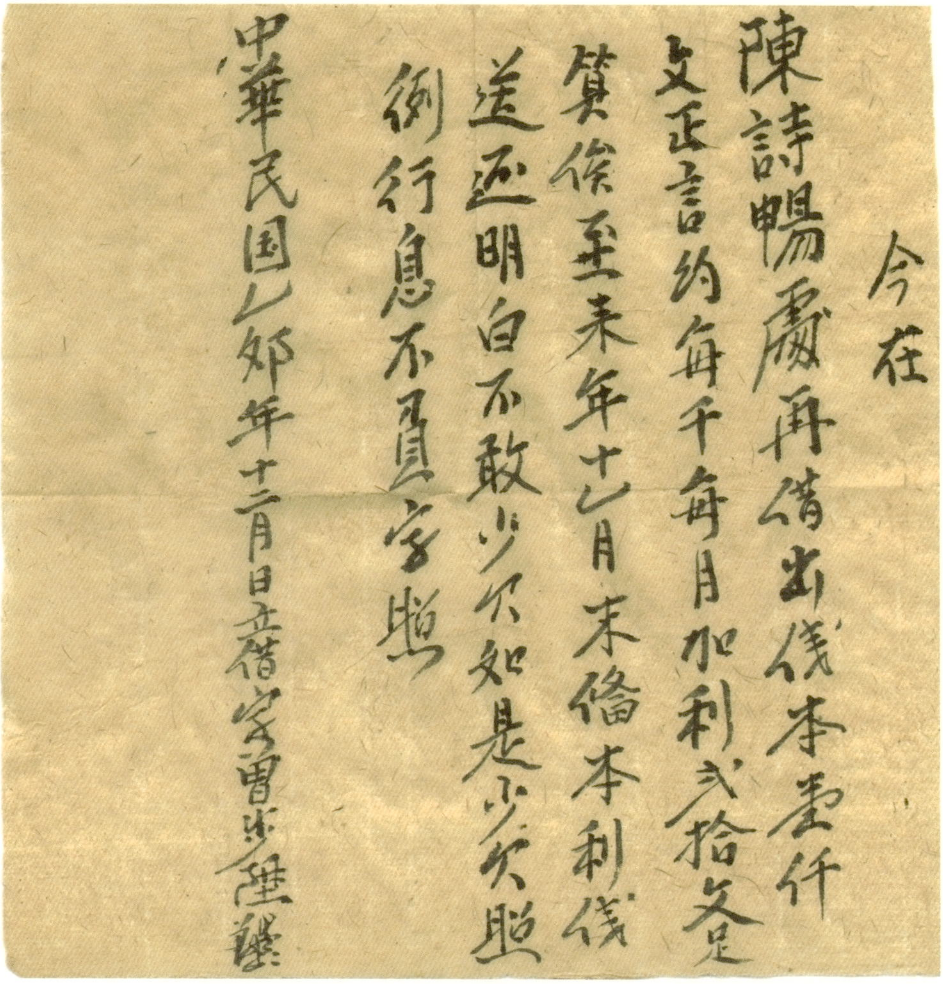
今在
陳詩暢處再借出錢本壹仟
文正言約每千每月加利弍拾文足
算俟至来年十二月末倫本利錢
送還明白不敢少欠如是少欠照
例行息不負字照
中華民国四年十二月日立借字曾步陞

7-4-13-7　民國四年十二月曾步陞立借錢字

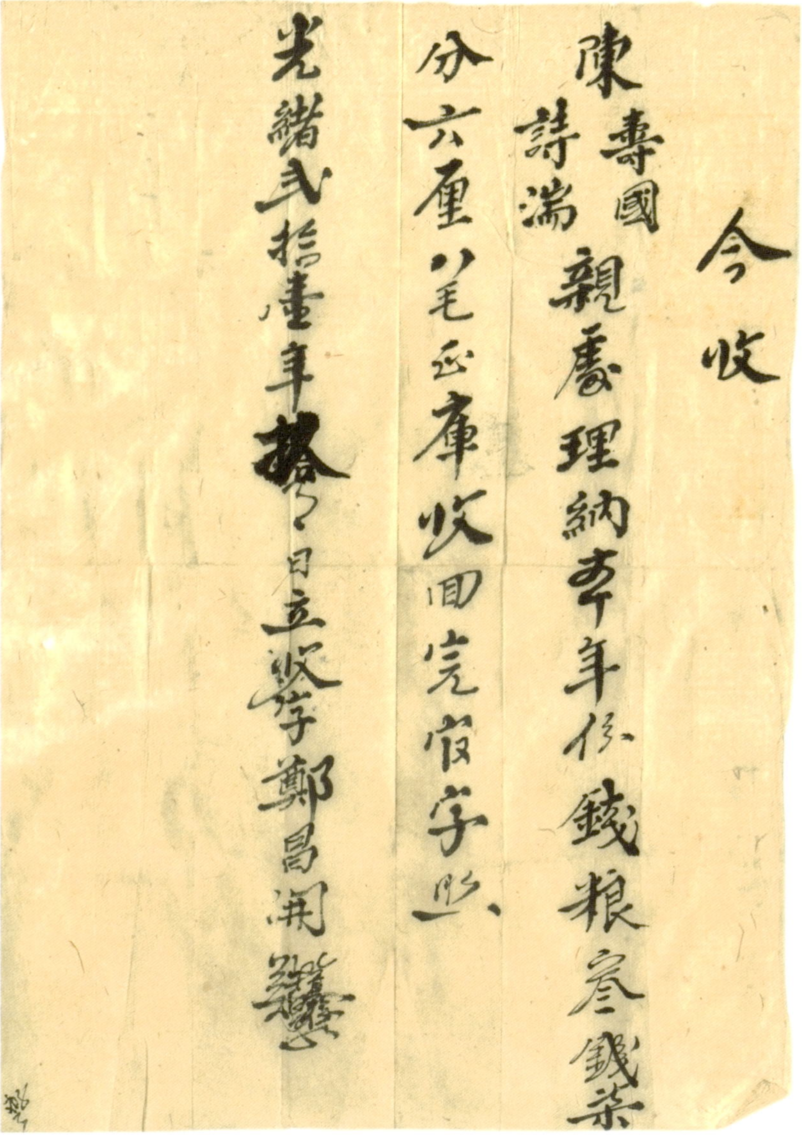

今收

陳壽國
詩滿親耆理納本年份錢粮叁錢柒
分六厘八毛正庫收回完官字照、

光緒弍拾壹年拾月　日立收字鄭昌開（押）

7-4-13-6　清光緒二十一年十月鄭昌開立收錢糧字

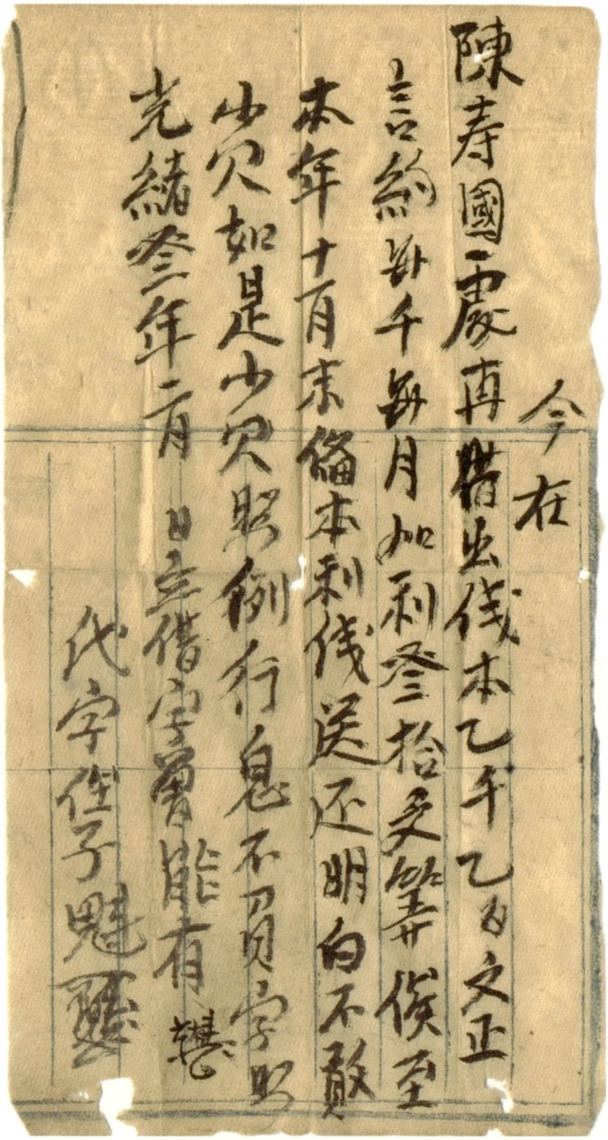

今在陳壽國、慶再借出錢本乙千乙百文正，
言約每千每月加利叁拾文算，候至
本年十月末備本利錢送还明白，不敢
少欠。如是少欠，照例行息，不負字照。
光緒叁年二月　日立借字曾能有（押）
代字侄子魁

7-4-13-5　清光緒三年二月曾能有立借錢字

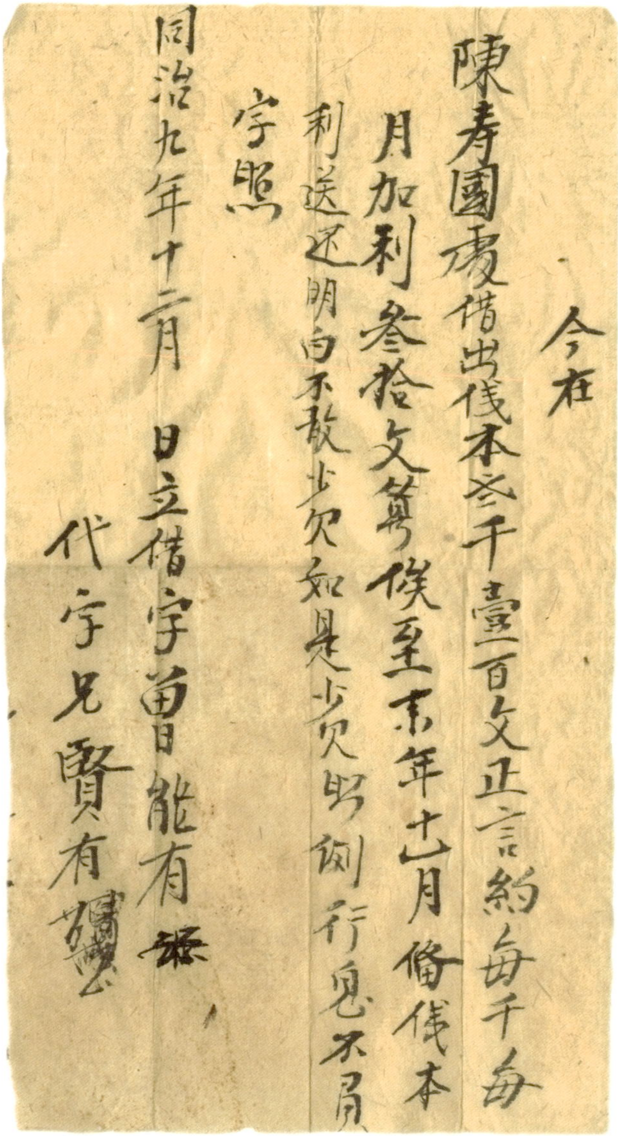

今在
陳壽國處借出錢本叁千壹百文正言約每千每
月加利叁拾文算候至来年十二月備錢本
利送还明白不敢少欠如是少欠照例行息不員
字照
同治九年十二月　日立借字曾能有
代字兄賢有

7-4-13-4　清同治九年十二月曾能有立借錢字

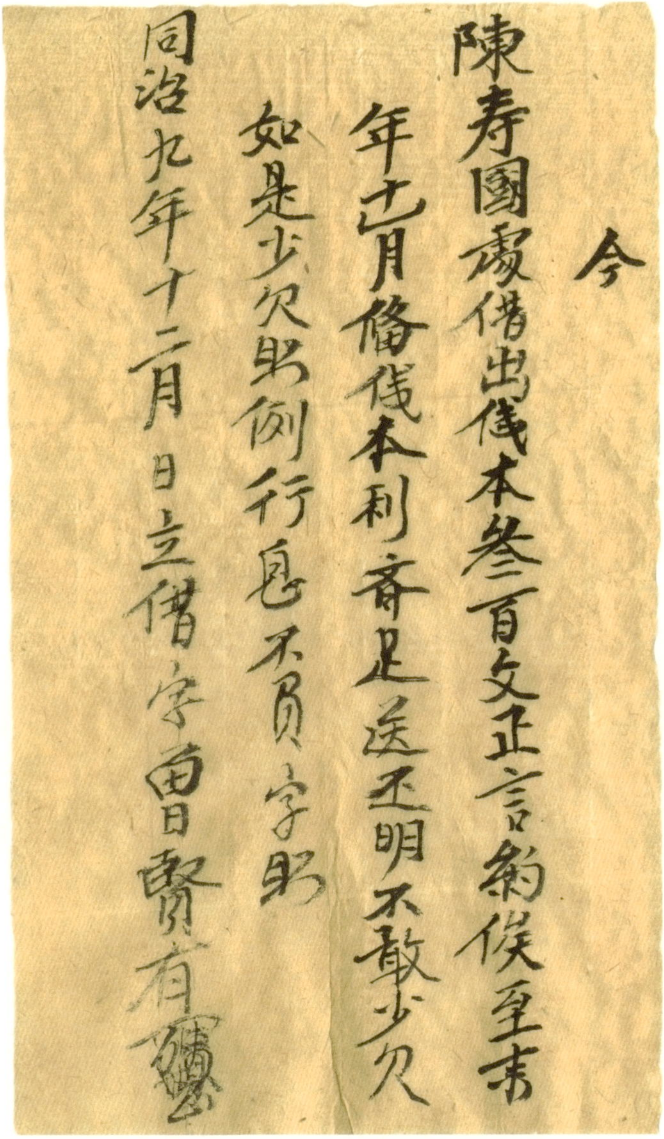

今
陳壽國處借出錢本叁百文正言約俟至來
年十二月備錢本利齊足送還明不敢少欠
如是少欠照例行息不負字照
同治九年十二月　日立借字曾賢有

7-4-13-3　清同治九年十二月曾賢有立借錢字

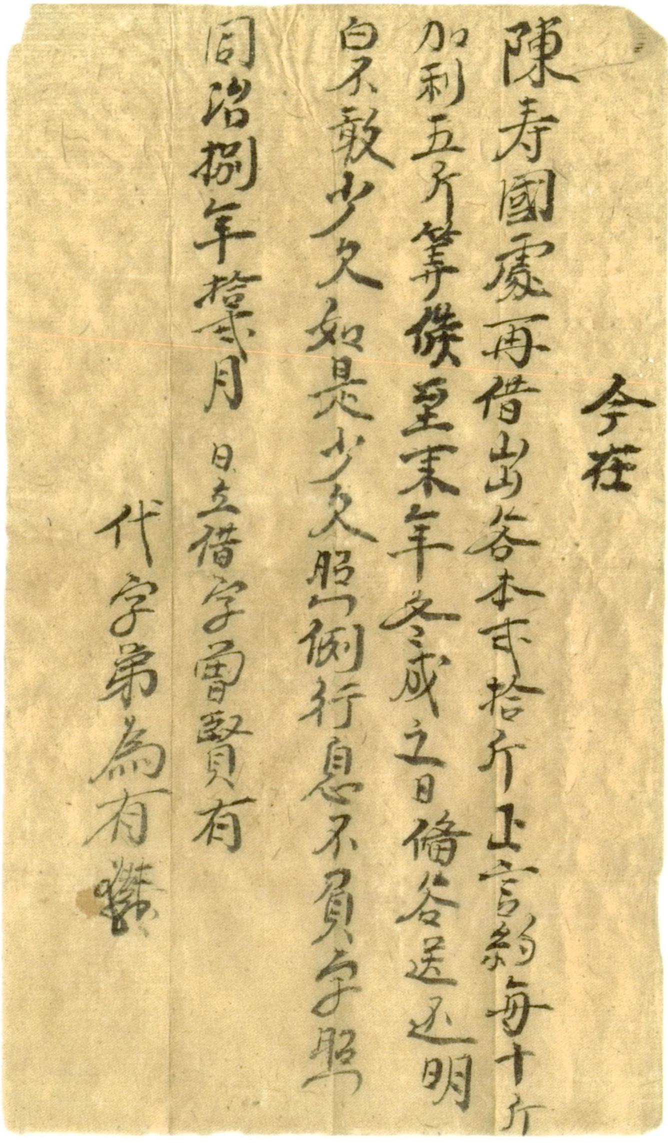

今在
陳寿國處再借出谷本弍拾斤正言約每十斤
加利五斤算俟至末年冬成之日備谷送还明
白不敢少欠如是少欠照例行息不負字照
同治捌年拾弍月　日立借字曾賢有
代字弟為有

7-4-13-2　清同治八年十二月曾賢有立借穀字

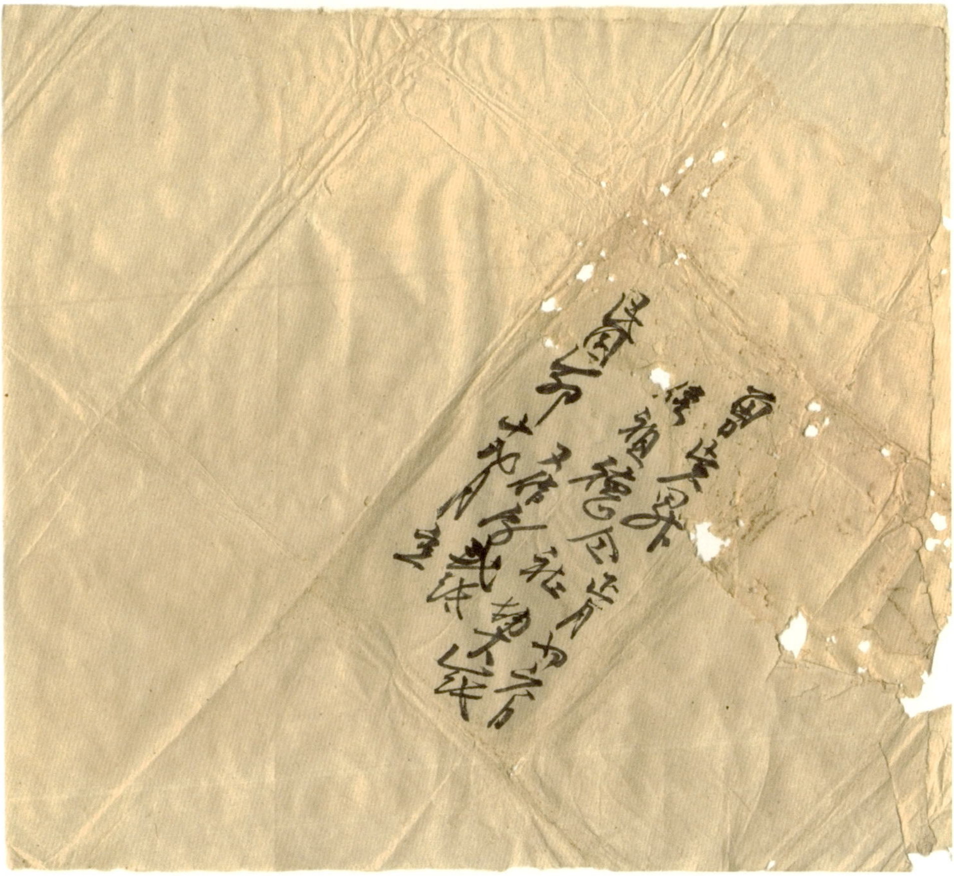

7-4-13-1　包契紙

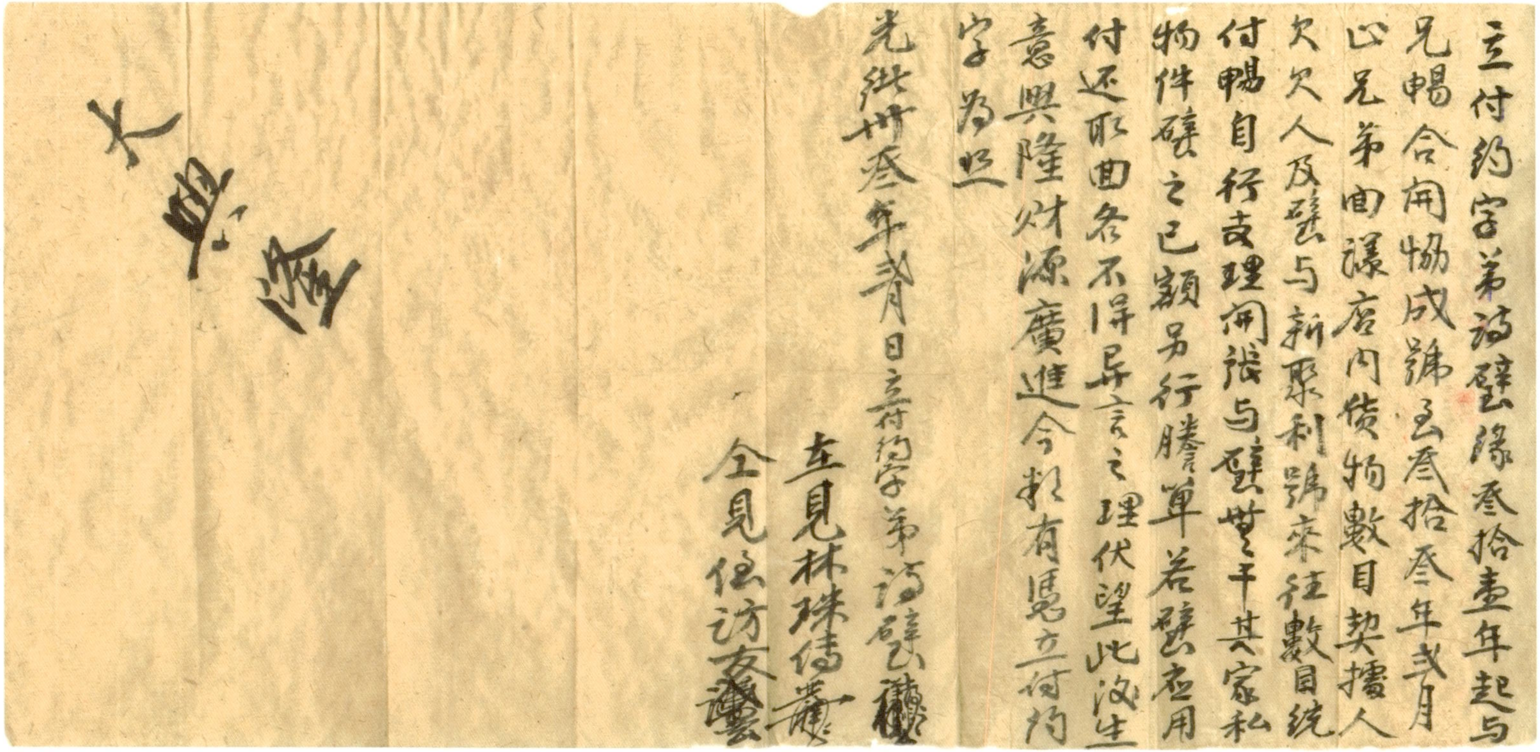

立付約字弟詩璧緣叁拾壹年起与
兄暢合開協成號至叁拾叁年弍月
止兄弟面議店內貨物數目契據人
欠欠人及璧与新聚利號來往數目統
付暢自行支理開張与璧無干其家私
物件璧之已額另行謄單若璧應用
付還取回各不得异言之理伏望此後生
意興隆財源廣進今欲有憑立付約
字為照

光緒卅叁年弍月　日立付約字弟詩璧（押）
在見林珠倩（押）
仝見伍訪友（押）

大吉慶

7-4-12-5　清光緒三十三年二月陳詩璧立付約字

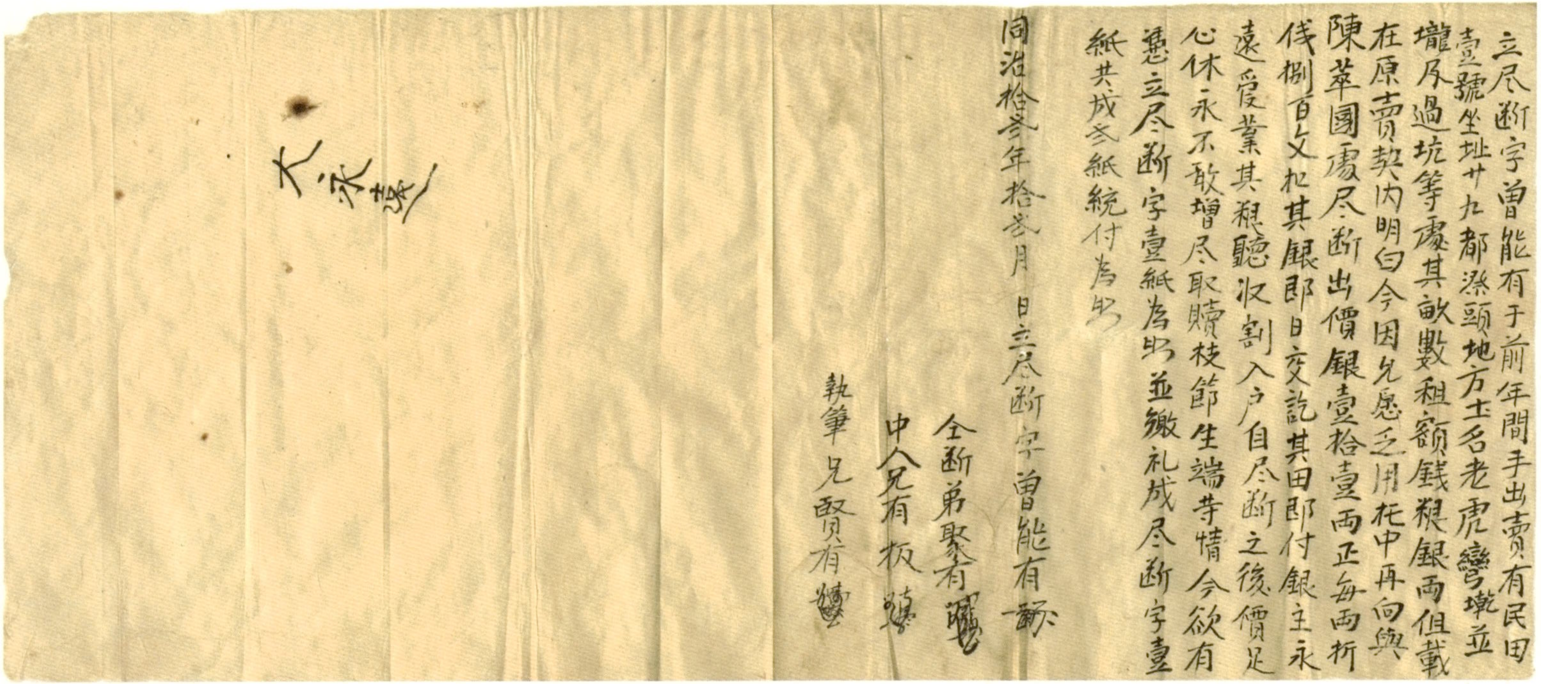
立尽断字曾能有于前年間手出賣有民田壹號坐址廿九都漈頭地方土名老虎灣墘並壠尽過坑等處其畝數租額銭粮銀両但載在原賣契内明白今因乏急乏用托中再向與陳華國處尽断出價銀壹拾壹両正每両折伐捌百文扎其銀即日交訖其田即付銀主永遠管業其粮聽收割入户自尽断之後價足心休永不敢增尽取贖枝節生端等情今欲有憑立尽断字壹紙為照並繳礼成尽断字壹紙共成貳紙統付為照

同治拾貳年拾貳月　日立尽断字曾能有(押)

仝断弟聚有(押)

中人兄有板(押)

執筆兄賢有(押)

大永遠

7-4-12-4　清同治十二年十二月曾能有等立盡斷民田字

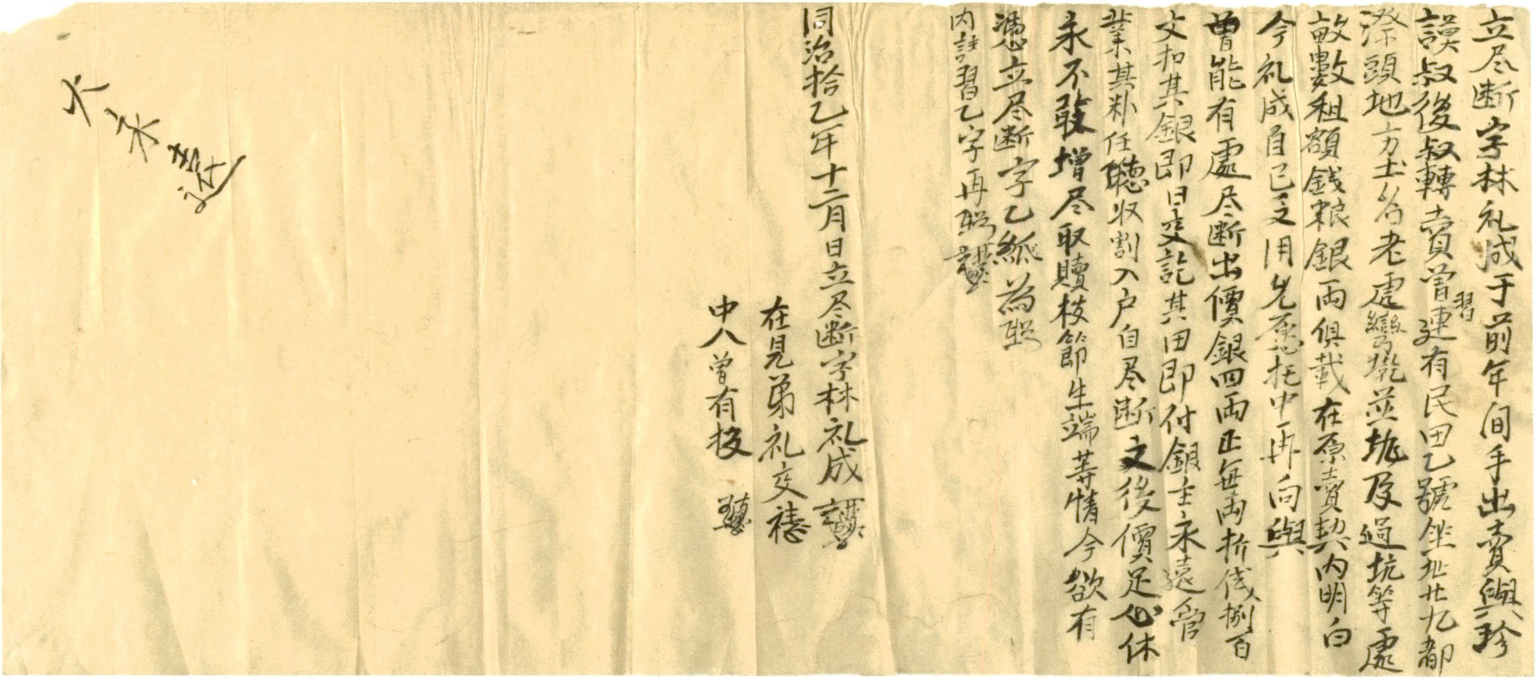
立盡斷字林礼成于前年间手出賣與珍
誤叔後叔轉賣曾習連有民田乙號坐址廿九都
滁頭地方土名老虎巒坑並墘頭過坑等處
畝數租額錢粮銀両俱載在原賣契內明白
今礼成自己乏用托中再向與
曾能有處盡斷出價銀四両正每両折錢八捌百
文和其銀即日交訖其田即付銀主永遠會
業其楙任聽收割入户自盡斷文後價足心休
永不敢增盡取贖枝節生端等情今欲有
憑立盡斷字乙紙為照
内註習乙字再照
同治拾乙年十二月日立盡斷字林礼成
在見弟礼交
中人曾有枝

7-4-12-3　清同治十一年十二月林礼成立盡斷民田字

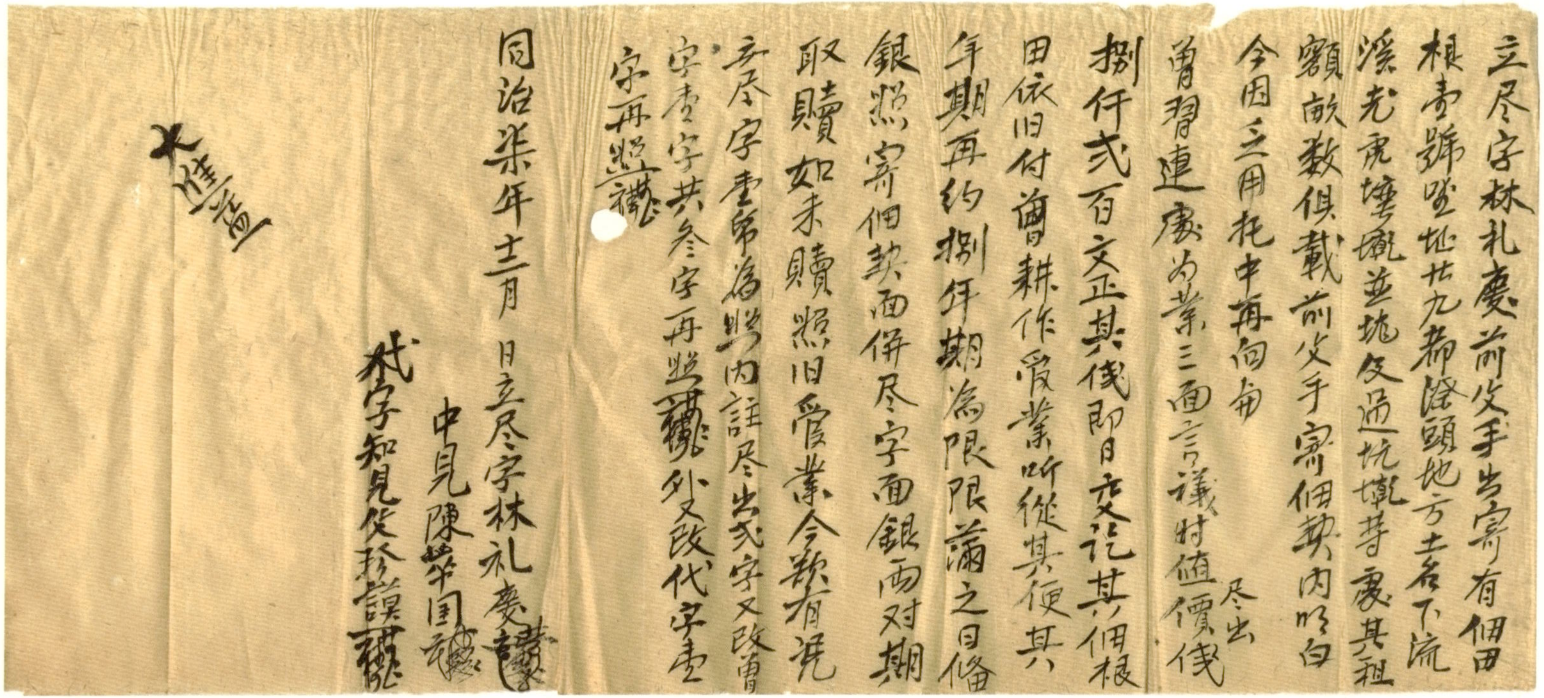

立盡字林礼慶前父手出寄有佃田
根壹號坐址廿九都漈頭地方土名下流
溪尾虎墘壋並坵交過坑墘等處其租
額畝數俱載前父手寄佃契內明白
今因乏用托中再向本
曾碧連處為業三面言議时值價錢盡出
捌仟弍百文正其錢即日交訖其佃根
田依旧付曾耕作管業听從其便其
年期再約捌年期為限限滿之日備
銀照寄佃契面併盡字面銀兩对期
取贖如未贖照旧管業今欲有凭
立盡字壹帋為照　内註盡出弍字又改曾
字壹字共叁字再照　外又改代字壹
字再照

同治柒年十二月　日立盡字林礼慶
中見陳茟同
代字知見父孫謨

7-4-12-2　清同治七年十二月林礼慶立盡佃田根字

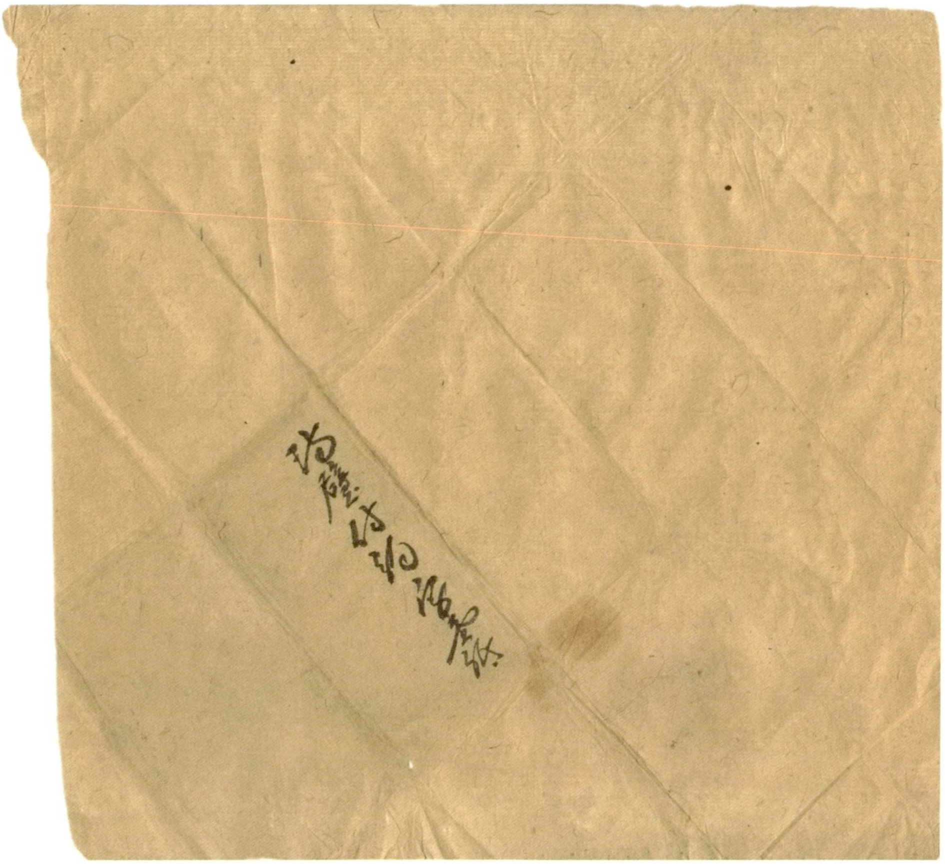

7-4-12-1　包契紙

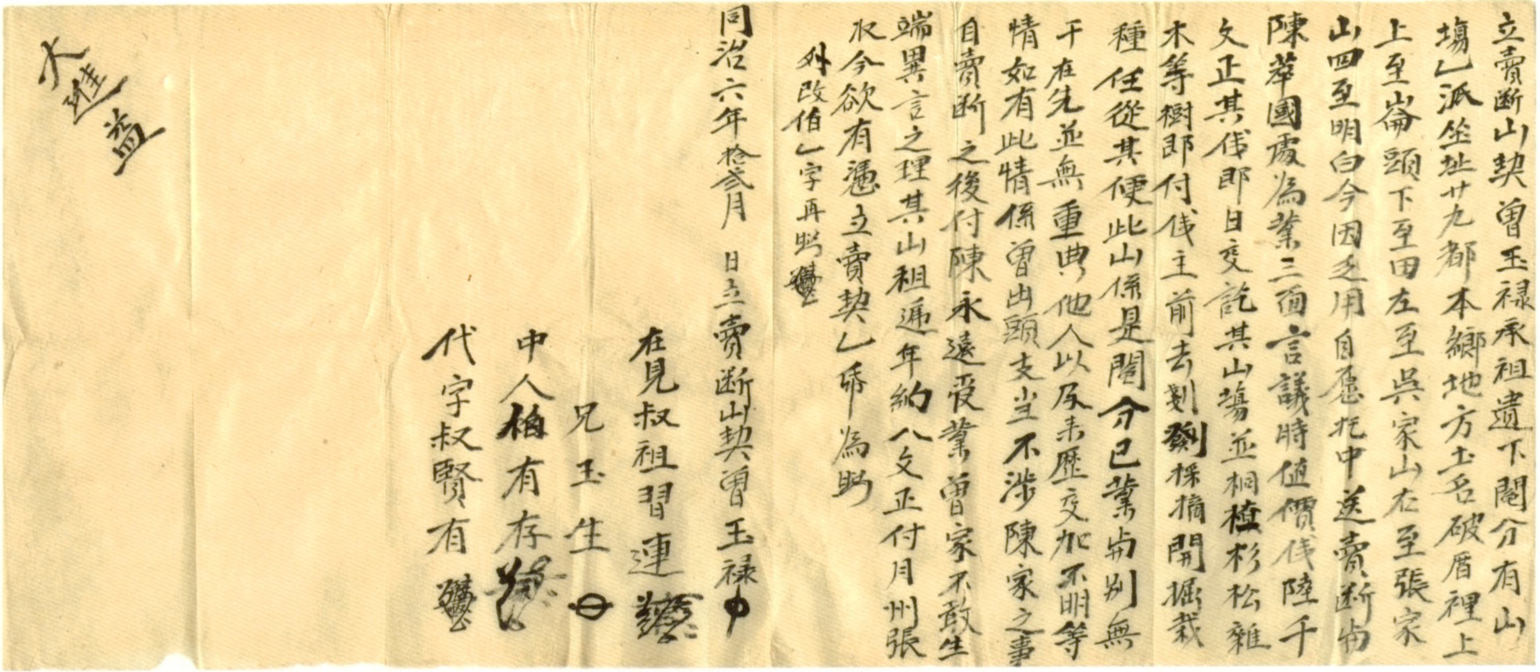

立賣斷山契曾玉禄承祖遺下閹分有山
場乙派坐址廿九都本鄉地方土名破厝裡上
上至崙頭下至田左至吳家山右至張家
山四至明白今因乏用自愿托中送賣斷與
陳華國處為業三面言議時值價錢陸千
文正其錢即日交訖其山場並桐植杉松雜
木等樹即付錢主前去劉劉採摘開掘栽
種任從其便此山係是閹分已業與别無
干在先並無重典他人以及未歷交加不明等
情如有此情係曾出頭支当不涉陳家之事
自賣斷之後付陳永遠為業曾家不敢生
端異言之理其山租逓年約八文正付月州張
收今欲有憑立賣契乙帋為照
外改佰乙字再照

同治六年拾弍月　日立賣斷山契曾玉禄（押）
在見叔祖習連（押）
兄玉生（押）
中人柏有存（押）
代字叔賢有（押）

大進益

7-4-11-2　清同治六年十二月曾玉禄立賣斷山場契

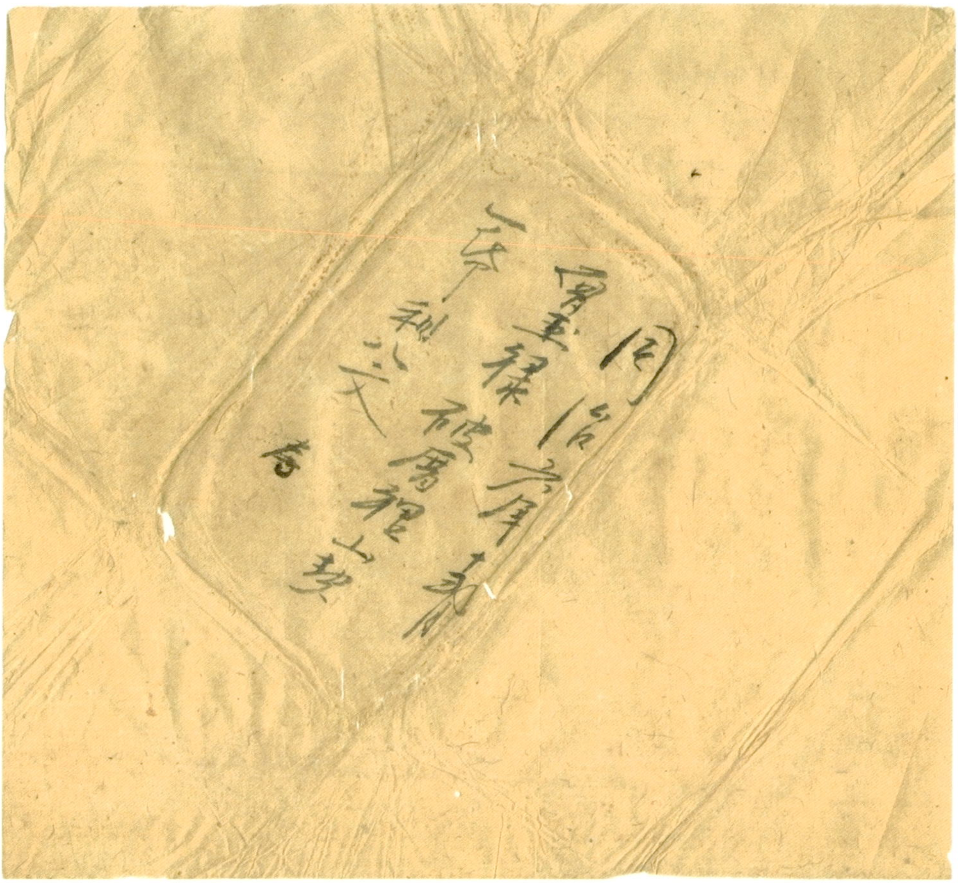

7-4-11-1　包契紙

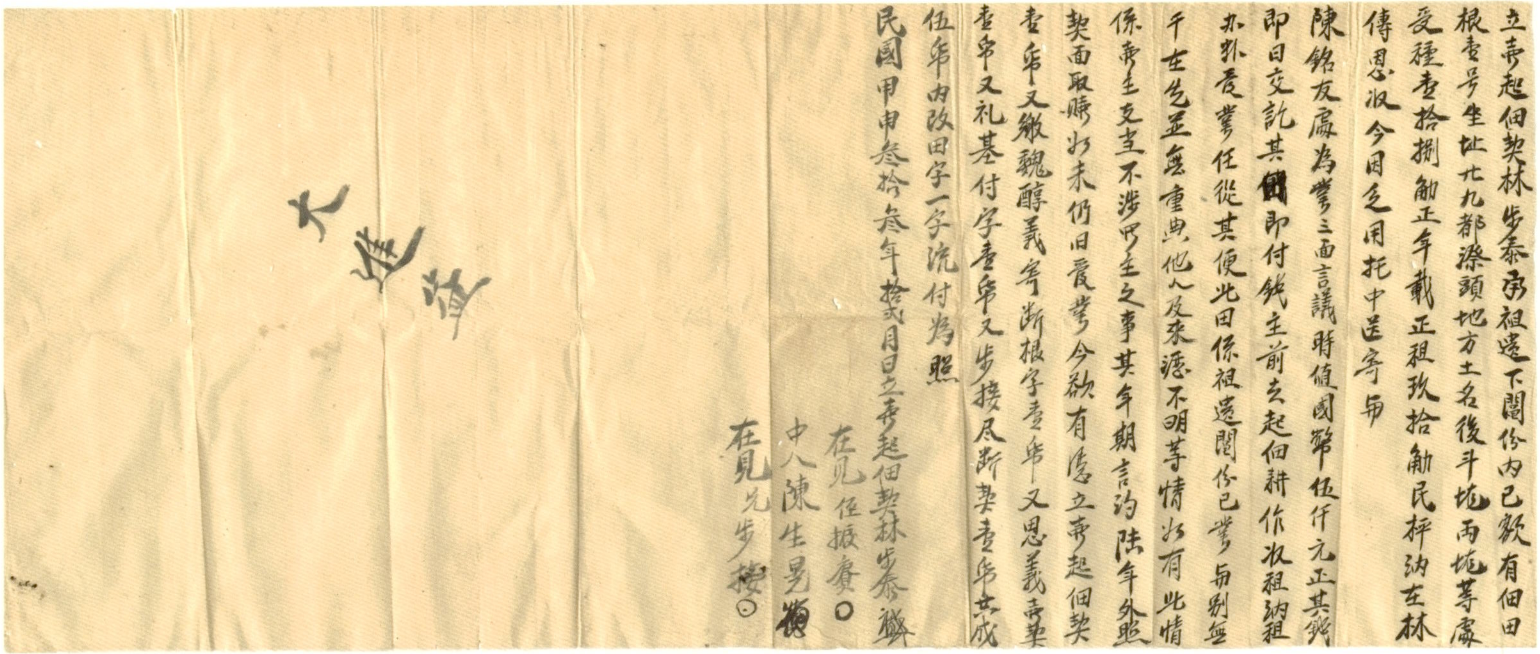
立賣起佃契林步泰承祖遺下閩你內己欵有佃田
根壹號坐址七九都漈頭地方土名後斗坵兩坵等處
受種壹拾捌觔正年載正租玖拾觔民秤納在林
傳恩汲今因乏用托中送與
陳銘友處為業三面言議時值國幣伍仟元正其錢
即日交訖其田即付錢主前去起佃耕作汲租納租
永遠為業任從其便此田係祖遺閩你己業與別無
干在包並無重典他人及來歷不明等情如有此情
係賣主支當不涉買主之事其年朗言約陸年外照
契面取贖如未仍旧為業今欲有憑立賣起佃契
壹帋又繳醜醇義寄斷根字壹帋又思義賣契
壹帋又礼基付字壹帋又步援尽斷契壹帋共成
伍帋内改田字一字流付為照
民國甲申叁拾叁年拾貳月日立賣起佃契林步泰[illegible]
在見 侄振賡○
中人 陳生晃
在見 兄 步援○
大進

7-4-10-6　民國三十三年十二月林步泰立賣起佃田根契

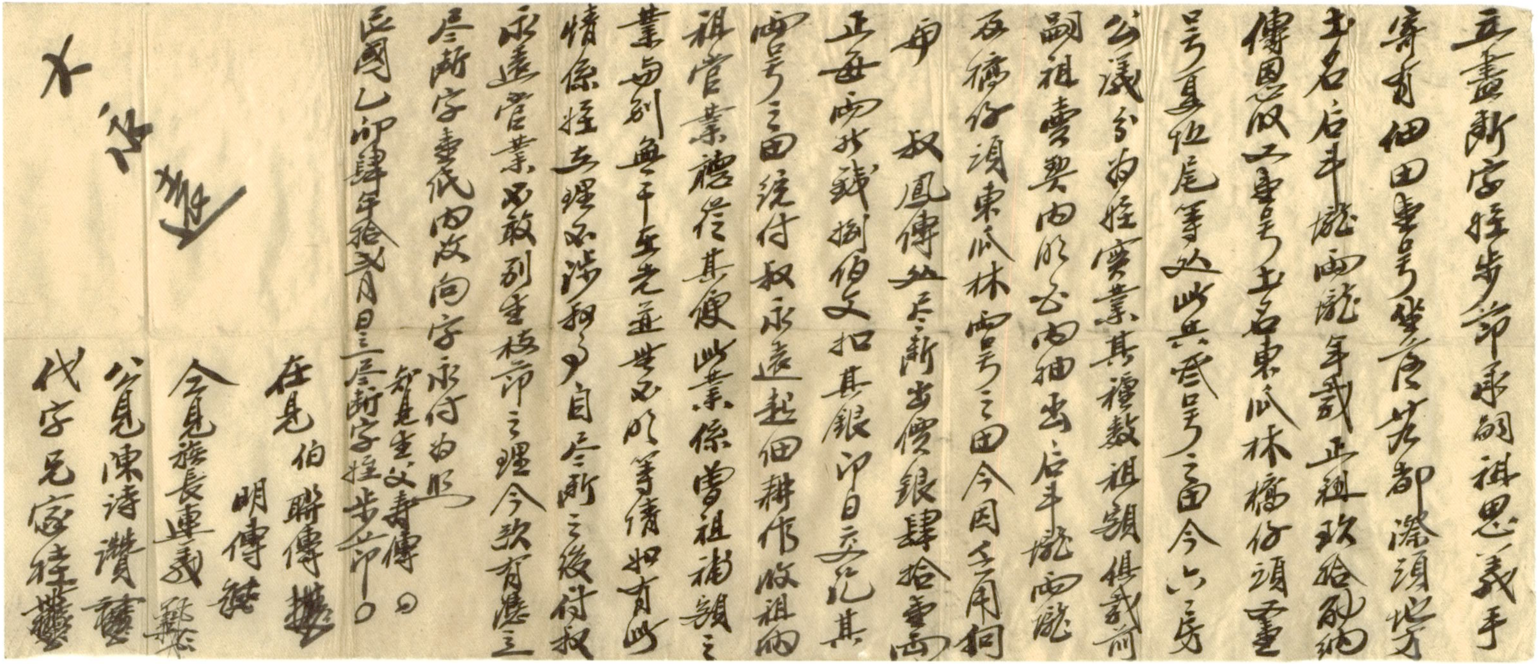

立盡斷字侄步節承闔祖思義手
置有佃田壹號，坐落茶都濂頭地方，
土名后半垅兩號，年載正租玖拾觔納
傳恩叔二號，土名東瓜林橋仔頭壹
號、夏垇尾等處，此共貳號，三田今六房
公議分與侄實業，其種數祖額俱載前
闔祖書契內明，分內佃出后半垅兩號
及橋仔頭東瓜林壹號，三田今因乏用，托
中　叔鳳傳為[illegible]斷出價銀肆拾壹兩
正，每兩折錢捌佰文，扣其銀即日交訖，其
田壹號三田統付叔永遠起佃耕作，收租納
祖管業，聽從其便，此業係曾祖補額之
業，與別無干，並無先生明等情，如有此
情係侄自理，不涉叔之事，自盡斷之後，付叔
永遠管業，不敢別生枝節之理，今欲有憑，立
盡斷字壹紙，付叔收執，永付為照。
知見重叔文壽傳
民國乙卯肆年拾貳月　日立盡斷字侄步節
在見伯　聯傳
明傳
仝見族長連義
公見陳詩讚
代字兄家[illegible]

7-4-10-5　民國四年十二月林步節立盡斷佃田字

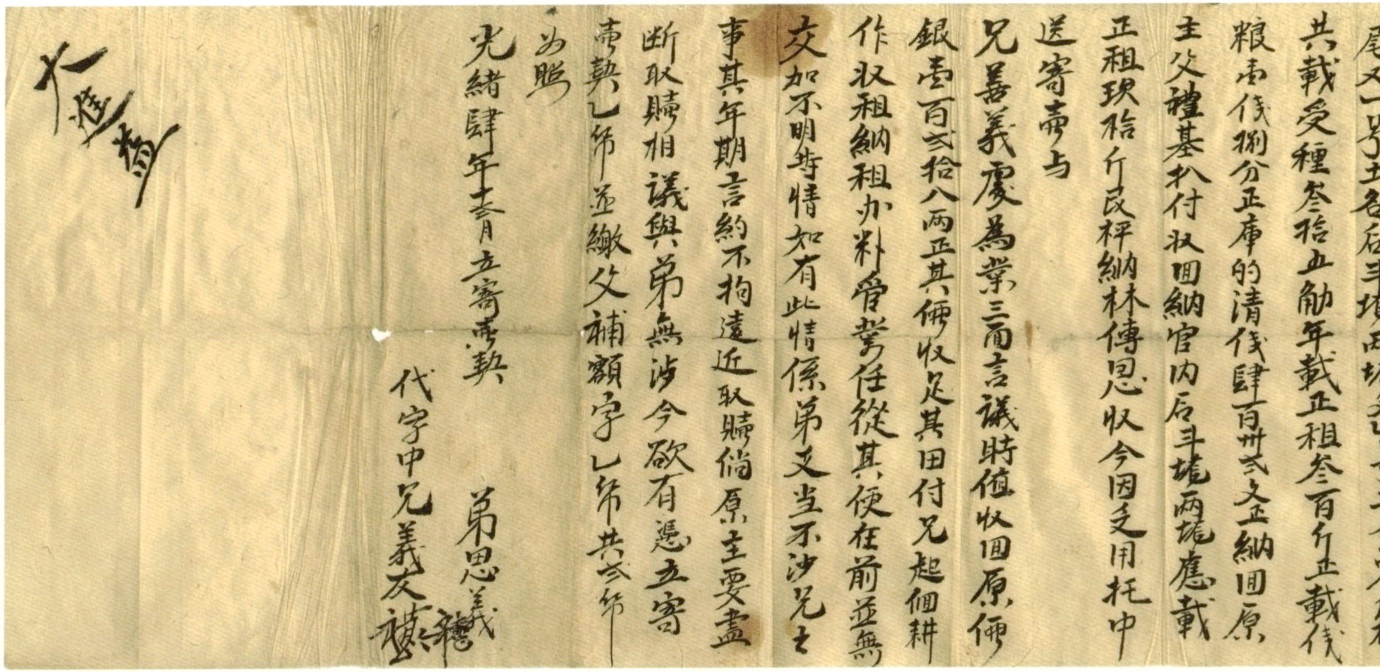
立繳賣寄佃字弟思義手置有底面
全並佃田根叁号坐址漈頭地方土名夏垅
尾又一号土名后斗垅兩坵又乙号土名東瓜林
共載受種叁拾五觔年載正租叁百斤正載伐
粮米伐捌分正庫的清伐肆百卅文正納田原
主父禮基扒付收回納官內后斗垅兩坵應載
正租玖拾斤民秤納林傳恩收今因乏用托中
送寄賣与
兄善義處為業三面言議時值收回原價
銀壹百叁拾八兩正其價收足其田付兄起佃耕
作收租納租办料管業任從其便在前並無
交加不明等情如有此情係弟支当不涉兄之
事其年期言約不拘遠近取贖備原主要盡
断取贖相議與弟無涉今欲有憑立寄
賣契乙帋並繳父補額字乙帋共叁帋
為照
光緒肆年十二月　立寄賣契
弟思義
代字中兄義友

7-4-10-4　清光緒四年十二月林思義立繳賣寄底面全並佃田根字

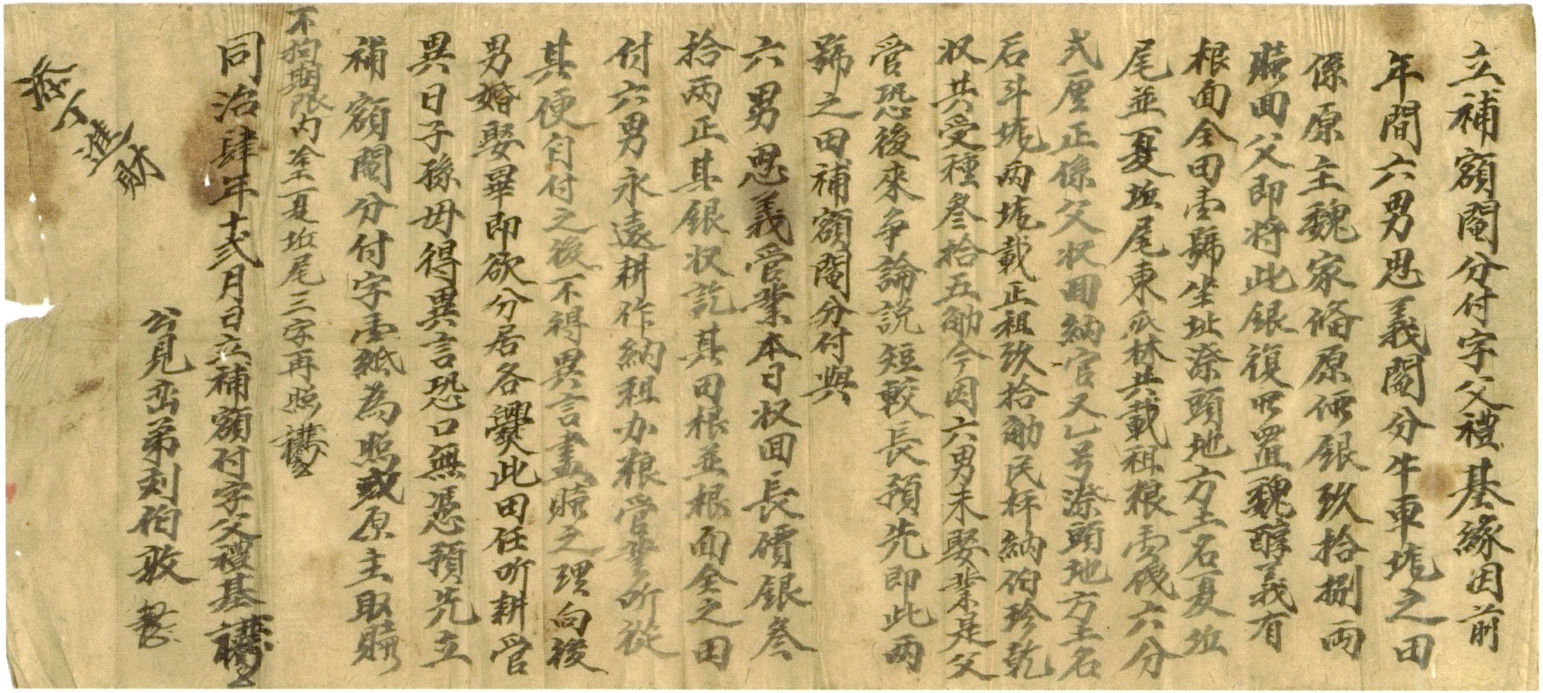
立補領闔分付字父禮基緣因前
年間六男思義闔分牛車坵之田
係原主魏家備原價銀玖拾捌兩
贖回父即將此銀復買置魏醇義有
根面全田壹號坐址滁頭地方土名夏坵
尾並夏坵尾東瓜林共載租粮壹錢六分
弍厘正係父收回納官又山另滁頭地方土名
后斗坵兩坵載正租玖拾觔民杯納佃[illegible]乾
收共受種叁拾五觔今因六男未娶業是父
管恐後來爭論說短較長預先即此兩
號之田補領闔分付與
六男思義管業本日收回長價銀叁
拾兩正其銀收訖其田根並根面全之田
付六男永遠耕作納租办粮管業所從
其便自付之後不得異言盡贖之理向後
男婚娶畢即欲分居各爨此田任所耕管
異日子孫毋得異言恐口無憑預先立
補領闔分付字壹紙為照[illegible]原主取贖
不拘年限內塗一夏坵尾三字再照 禮基
同治肆年十弍月日立補領付字父禮基
[illegible]見[illegible]弟[illegible]佑[illegible]
添丁進財

7-4-10-3　清同治四年十二月林禮基立補領鬮分付字

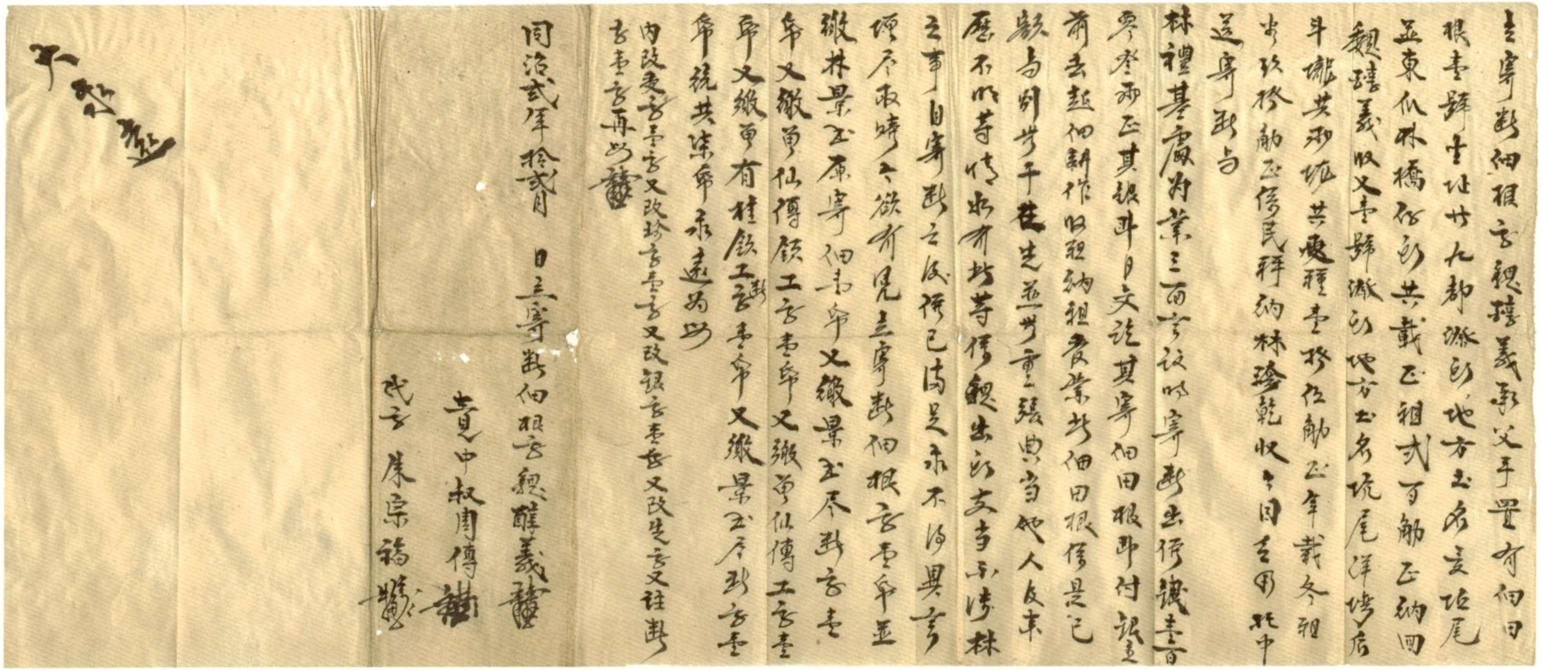

7-4-10-2　清同治二年十二月魏醇義立寄斷佃田根字

林步森启字號丙號
田契伍张期六字
民国卅三年十二月置

7-4-10-1　包契紙

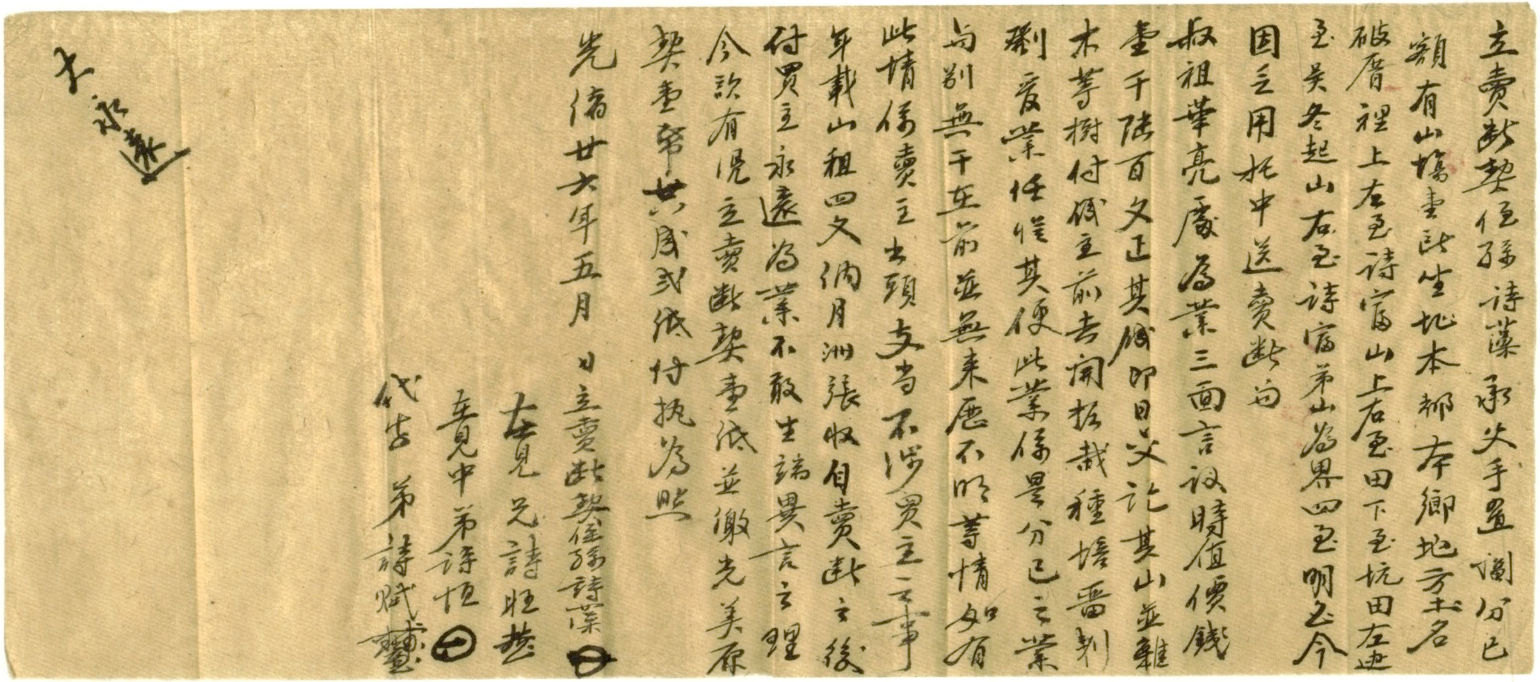
立賣斷契侄孫詩藻承父手置鬮分已
額有山場壹號坐址本都本鄉地方土名
破厝裡上右至詩富山上右至田下至坑田左並
至吳各起山右至詩富弟山為界四至明白今
因乏用托中送賣斷與
叔祖華亮處為業三面言議時值價錢
壹千陸百文正其錢即日交訖其山並雜
木等樹付錢主前去開掘栽種墳番剝
剝實業任從其便此業係是分已之業
與別無干在前並無來歷不明等情如有
此情係賣主出頭支當不涉買主之事
年載山租四文倘月洲張收自賣斷之後
付買主永遠為業不敢生端異言之理
今欲有憑立賣斷契壹紙並繳先美原
契壹紙共貳紙付執為照
光緒廿六年五月　日立賣斷契侄孫詩藻（押）
在見兄詩旺（押）
爲中弟詩恒（押）
代字弟詩斌（押）
大永遠

7-4-9-4　清光緒二十六年五月陳詩藻立賣斷山場契

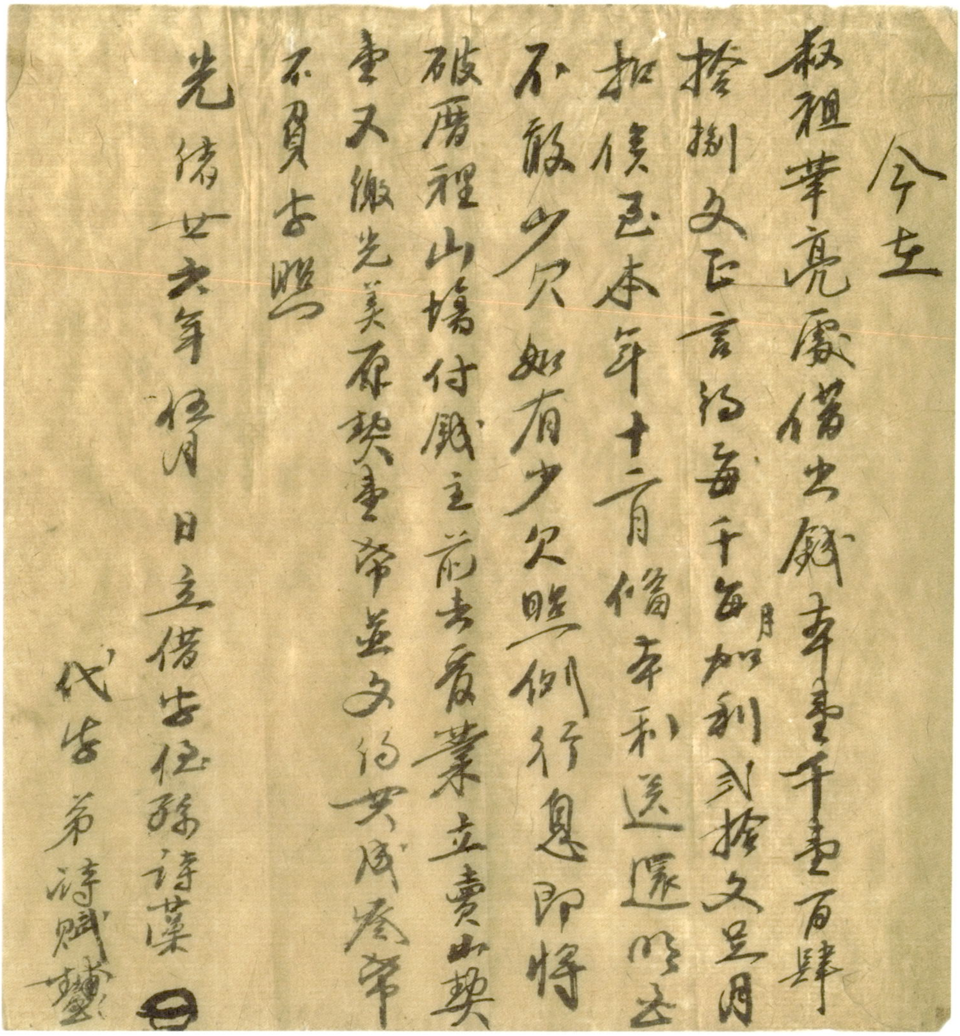

今立
叔祖華亮處借出錢壹千壹百肆
拾捌文正言約每千每月加利弍拾文足月
扣候至本年十二月備本利送還明白
不敢少欠如有少欠照例行息即將
破厝裡山墻付錢主前去實業立賣出契
重又繳光美原契壹帋並文約共成叁帋
不負字照
光緒廿六年伍月 日立借字侄孫詩藻
代字 弟詩賦

7-4-9-3　清光緒二十六年五月陳詩藻立借錢字

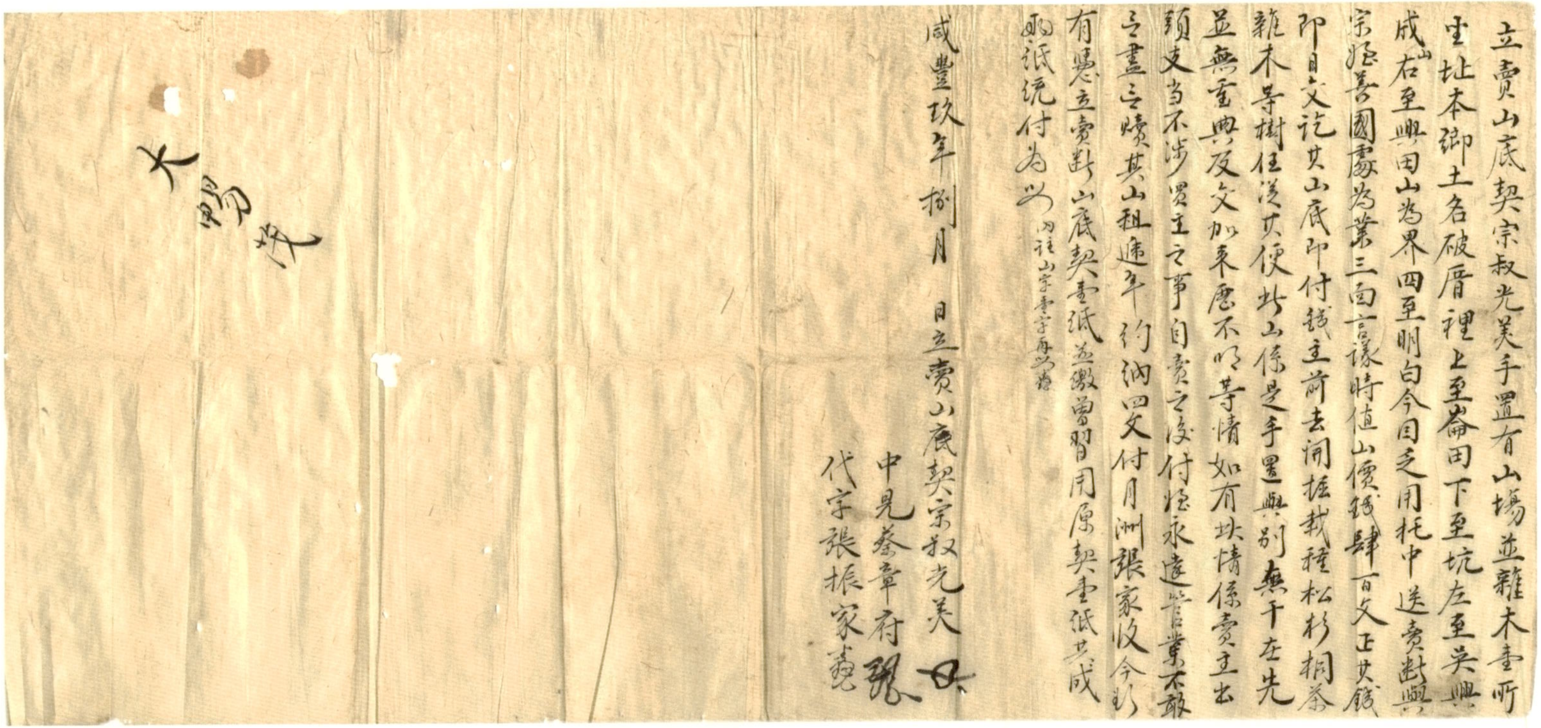

立賣山底契宗叔光美手置有山場並雜木壹所
坐址本鄉土名破厝裡上至崙田下至坑左至吳興
成山右至興田山為界四至明白今因乏用托中送賣與
宗姪在國處為業三面言議時值山價錢肆百文正其錢
即日交訖其山底即付錢主前去開掘栽種松杉桐茶
雜木等樹任從其便此山係是手置與別無干在先
並無重典反文加未應不明等情如有此情係賣主出
頭支当不涉買主之事自賣之後付姪永遠管業不敢
言盡言贖其山租遞年約納四文付月洲張家收今欲
有憑立賣斷山底契壹紙並繳曾習用原契壹紙共成
兩紙統付為照

咸豐玖年捌月　日立賣山底契宗叔光美（押）
中見蔡章府（號）
代字張振家（號）

大[illegible]

7-4-9-2　清咸豐九年八月陳光美立賣山場等契

7-4-9-1　包契紙

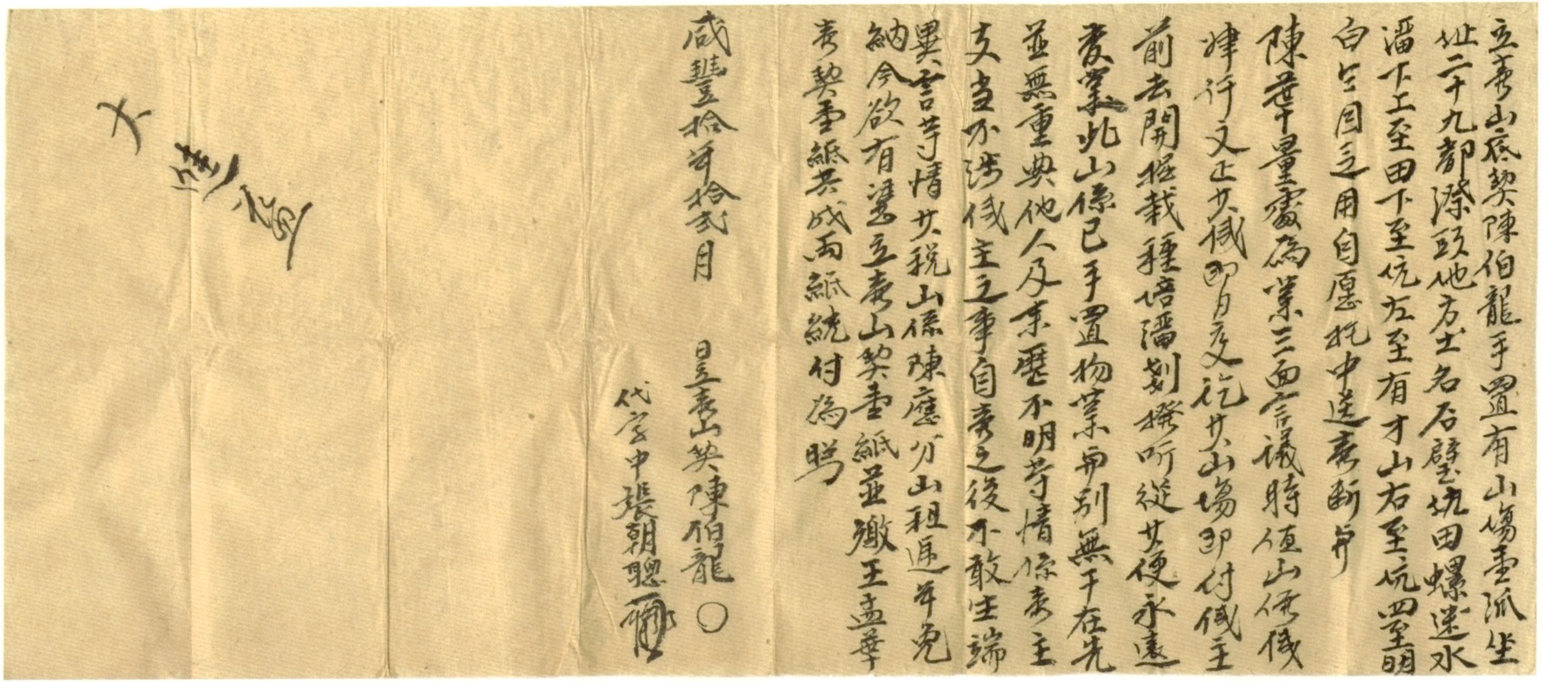
立賣山底契陳伯龍手置有山場壹派坐
址二十九都漈頭地方土名石壁坑田螺迷水
漯下上至田下至坑左至有才山右至坑四至明
白今因乏用自愿托中送賣斷與
陳華量處為業三面言議時值山價
津行文正共錢四千文足其山場即付錢主
前去開掘栽種培漯割採聽從其便永遠
貴業此山係已手置物業與別無干在先
並無重典他人及來歷不明等情係賣主
支當不涉錢主之事自賣之後不敢生端
異言等情其稅山係陳應分山租退年完
納今欲有憑立賣山契壹紙並繳王孟華
賣契壹紙共成兩紙繳付為照

咸豐拾年拾弍月　日立賣山契陳伯龍〇
代字中張朝聰（押）

大吉利

7-4-8-3　清咸豐十年十二月陳伯龍立賣山場契

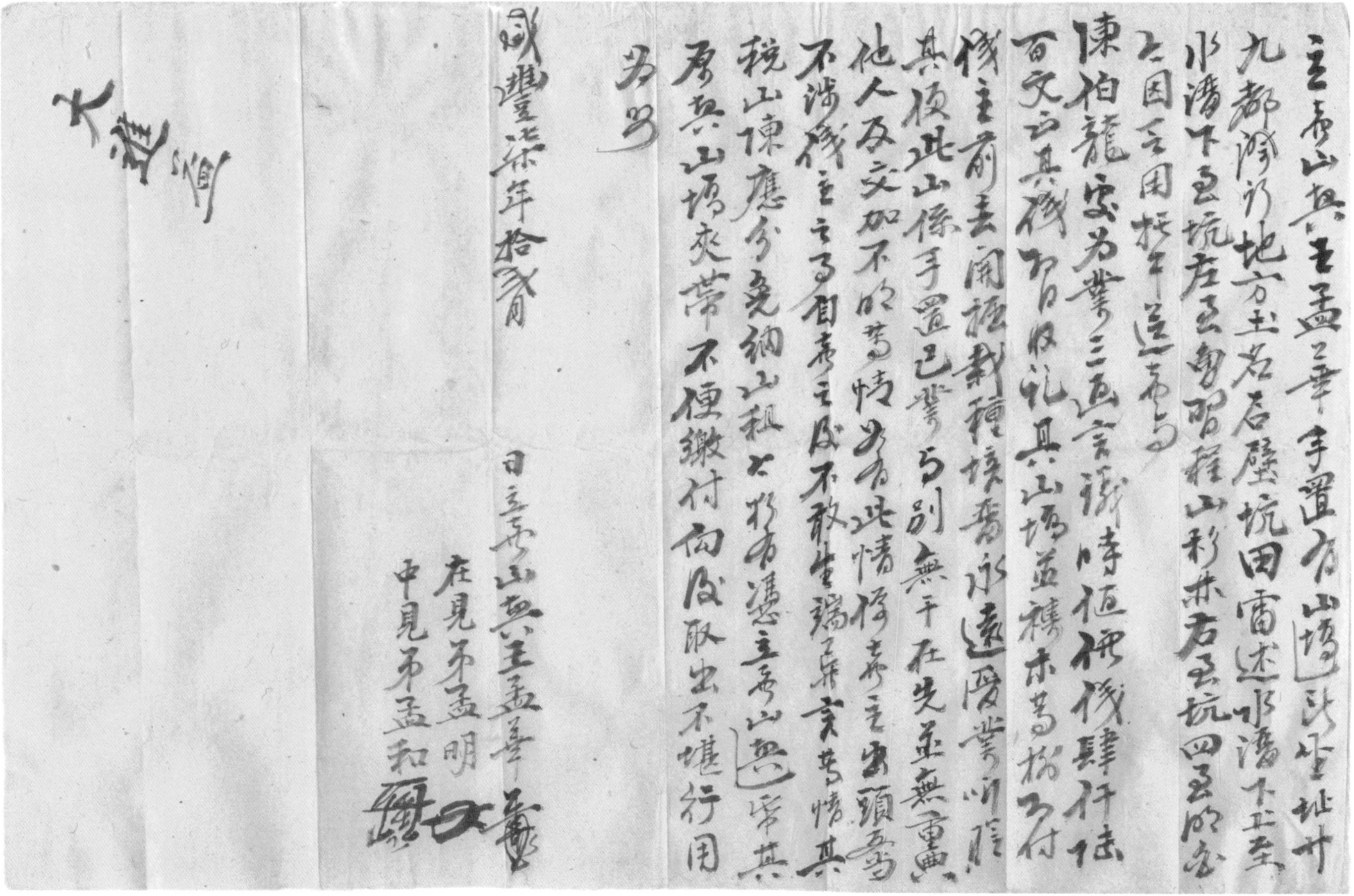
立賣山契人王孟華，有手置有山場一處，坐址廿
九都[illegible]坊地方，土名石壁坑田，當述水漈下止，至
水漈下岳坑，左至魯明程山，彩赤右至坑，四至明白。
二因乏用，托中送與
陳伯龍處為業，三面言議，時值價錢肆仟拾
百文，其錢即日收訖，其山場並樣赤當[illegible]付
錢主前去開種栽種，[illegible]為永遠管業。所賣
其[illegible]此山係手置己業，與別無干，在先並無重典
他人及交加不明等情，如有此情，係賣主出頭承當，
不涉錢主之事。自賣之後，不敢生端之弊。[illegible]
稅山陳應分免納山租，亦[illegible]立賣山契，其
原其山場夾帶，不便繳付，向後取出不堪行用。
為照

咸豐柒年拾貳月 日立賣山契人王孟華（押）
在見弟孟明
中見弟孟和（押）

大[illegible]

7-4-8-2　清咸豐七年十二月王孟華立賣山場契

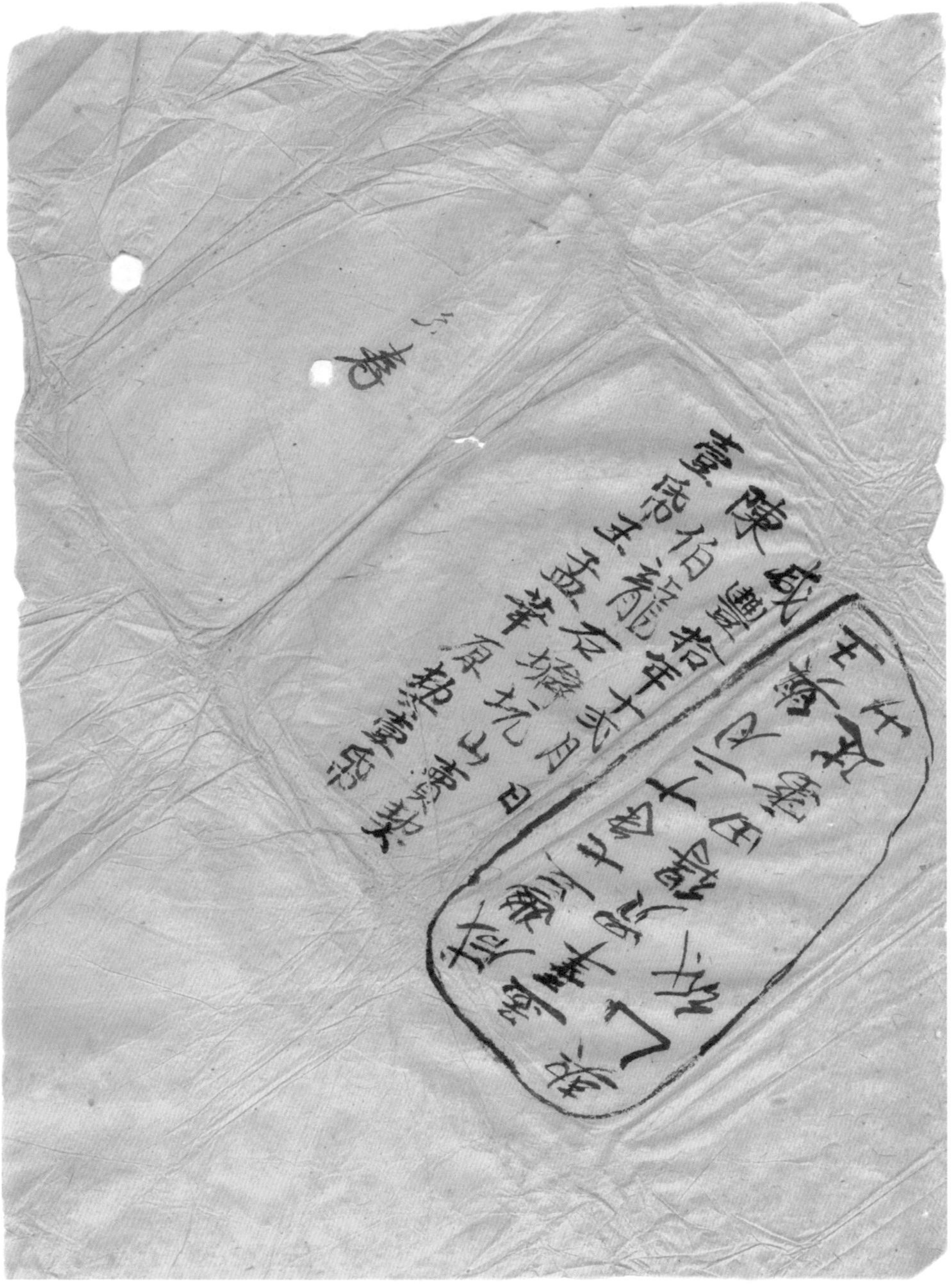
咸豐拾年十弍月　日
陳伯龍在壚坑出賣契

7-4-8-1　包契紙

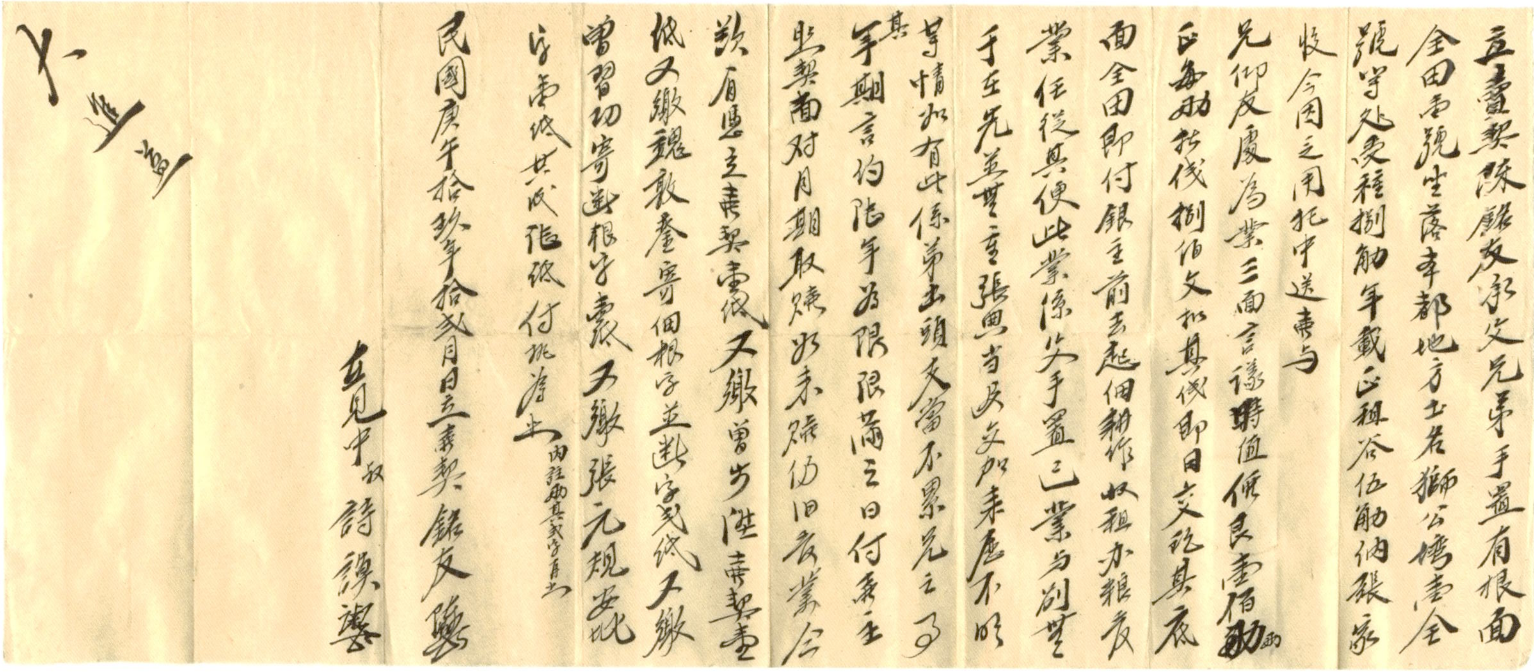

立賣契陳銘友承父兄弟手置有根面
全田壹號坐落本都地方土名獅公嶠壹全
號守處受種捌觔年載正租谷伍觔納張家
收今因乏用托中送賣與
兄仰友處爲業三面言議時值價艮壹佰觔觔
正每觔折錢捌伯文扣其錢即日交訖其根
面全田即付銀主前去起佃耕作收租办粮及
業任從其便此業係父手置之業与別無
干在先並無重張典當及支加未處不明
等情如有此係弟出頭支當不累兄之事
其年期言約限年爲限限滿之日付壹主
出契面對月期取贖如未贖仍旧衣業仝
欲有憑立賣契壹紙又繳曾步陞賣契壹
紙又繳魏敦耋寄佃根字並繳字乙紙又繳
曾習功寄繳根字壹紙又繳張元規安批
字壹紙共成張紙付執存照 內註觔貳字再照
民國庚午拾玖年拾貳月　日立賣契　銘友
在見中叔　詩謨

7-4-7-6　民國十九年十二月陳銘友立賣根面全田契

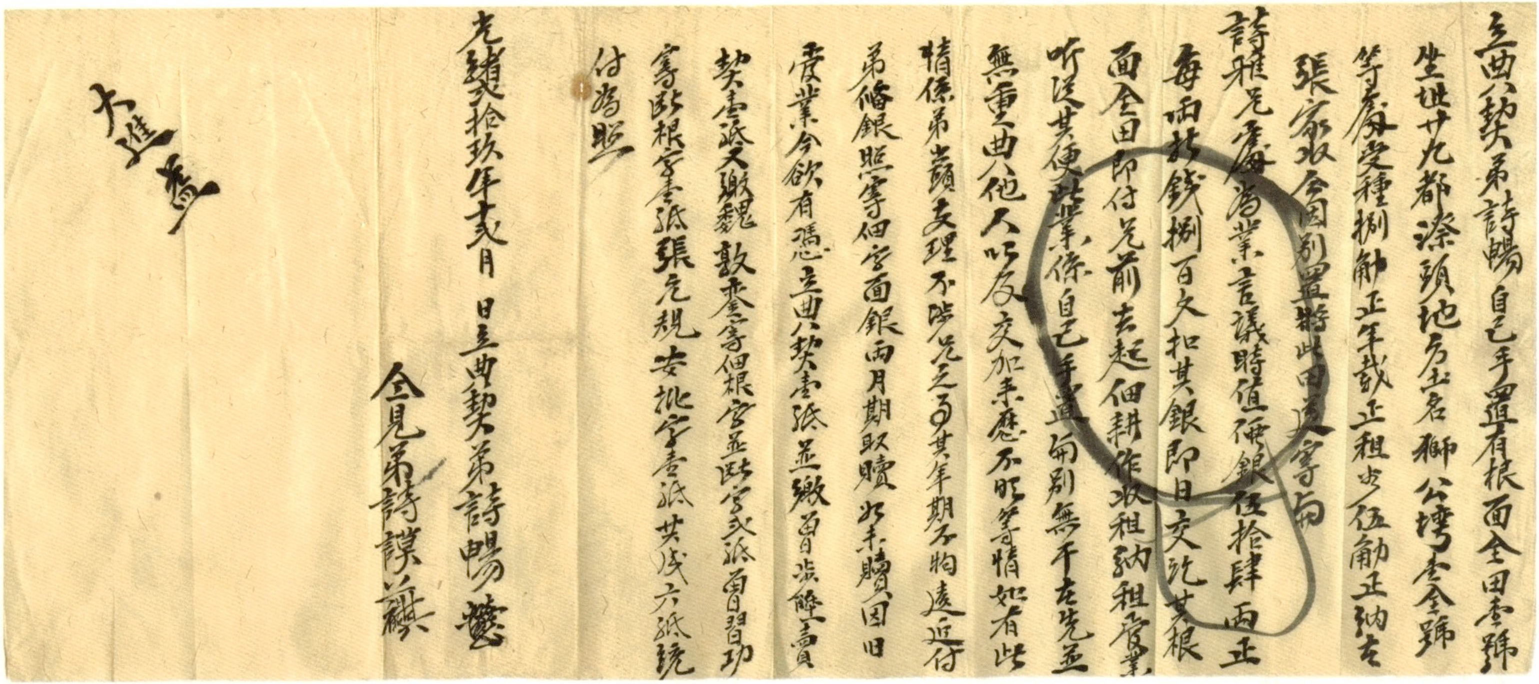

7-4-7-5　清光緒二十九年十二月陳詩暢立典根面全田契（廢契）

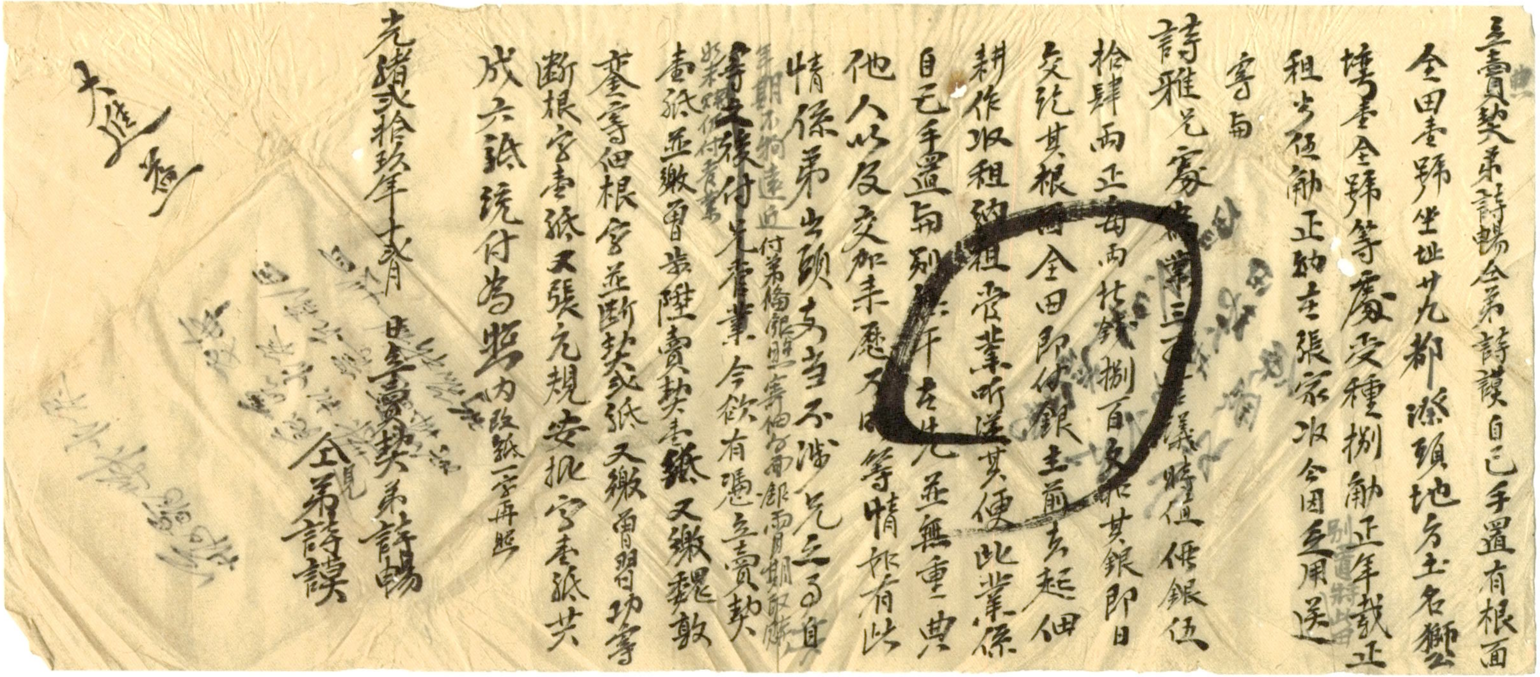

7-4-7-4　清光緒二十九年十二月陳詩暢等立賣根面全田契（廢契）

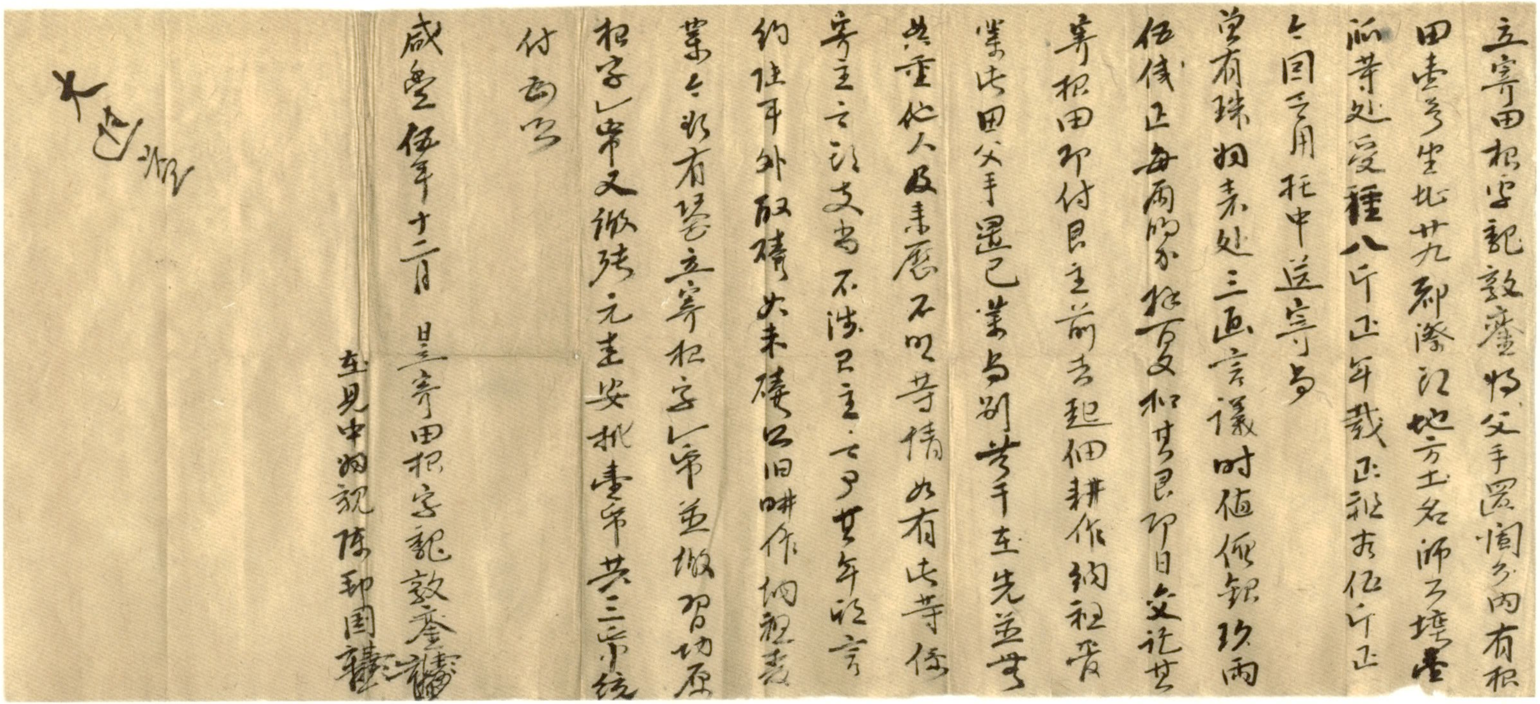
立寄田根字魏敦奎，將父手置閩分內有根
田壹號，坐址廿九都漈頭地方，土名師姑壠墘
洋處，受種八斤正，年載正租伍斤正，
今因乏用，托中送寄與
堂有珠姻親處，三面言議，時值價銀玖兩
伍錢正，每兩□□按冬加利，其銀即日交訖。其
寄根田即付銀主前去起佃耕作納租，及
業此田，父手置已業，與別房兄弟無干，先並無
典重他人及來歷不明等情，如有此等係
寄主之事，與銀主不涉。只立之日，其年約言
約限年外，取贖如來，按照舊時作納租穀。
業之所有，恐立寄根字並繳□契、
根字上手文契併炳元圭安批壹帝共三帝繳
付為照。
咸豐伍年十二月　日　立寄田根字魏敦奎
在見中姻親陳邦國

7-4-7-3　清咸豐五年十二月魏敦奎立寄田根字

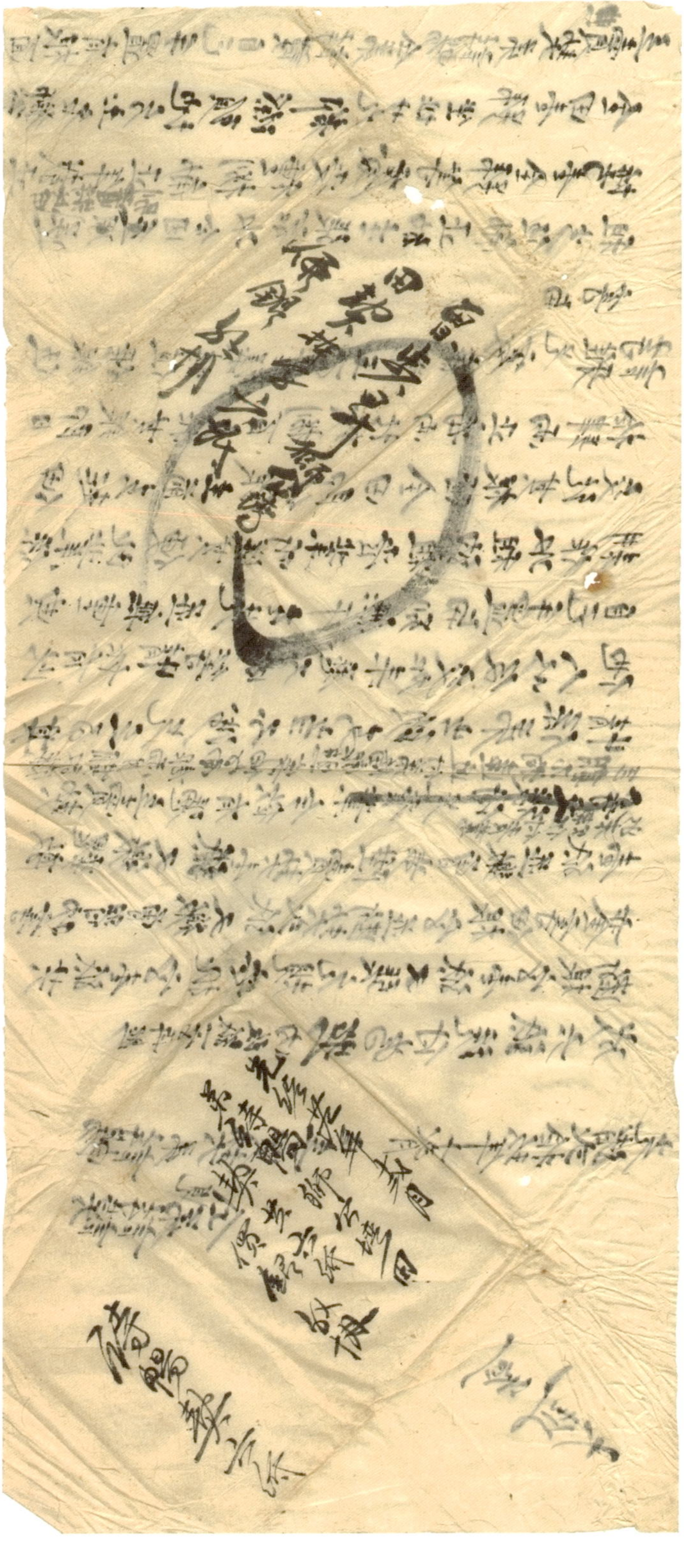

7-4-7-2　包契紙

7-4-7-1　包契紙

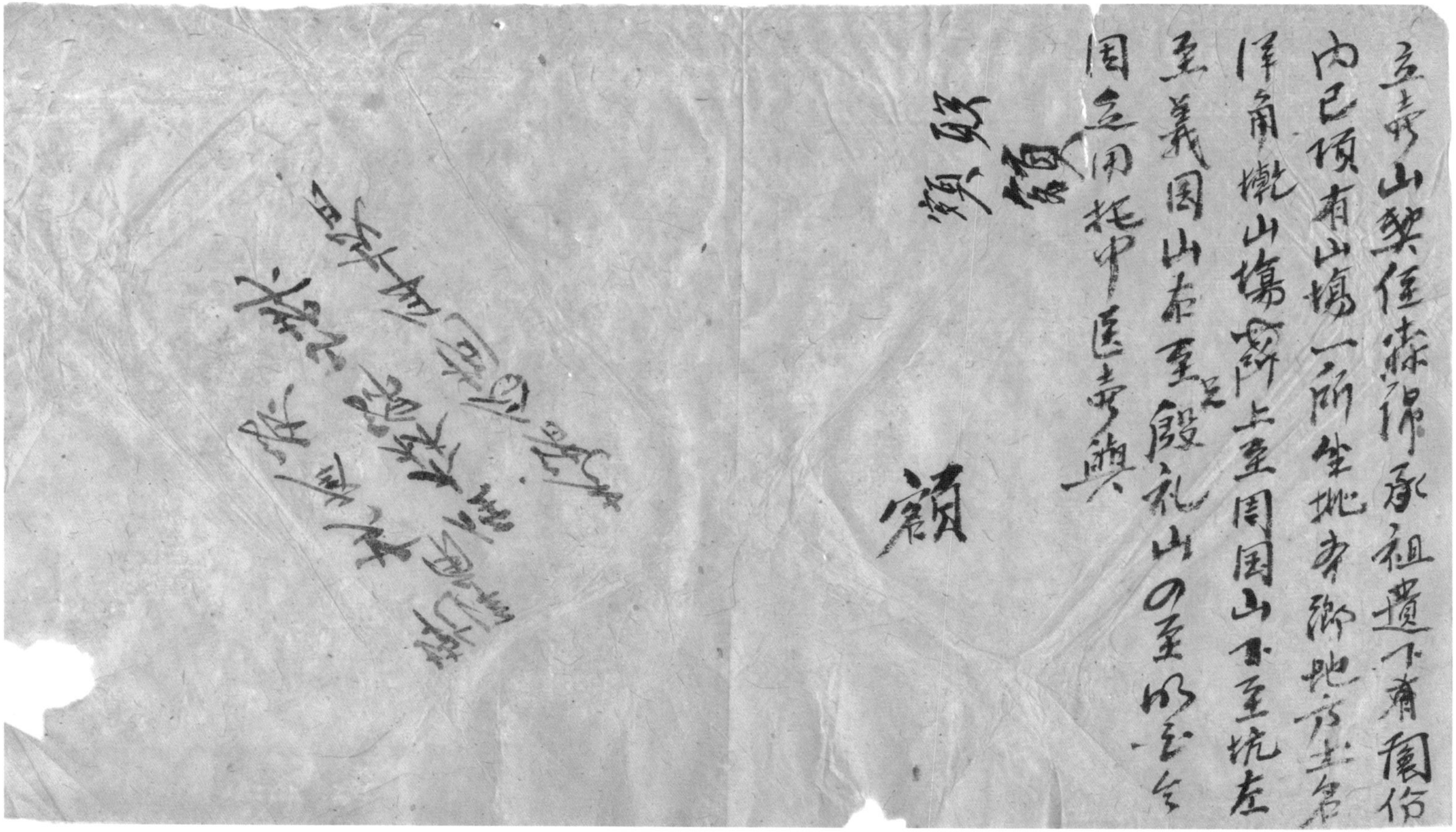

7-4-6-6　清光緒年間陳森綿立賣山場契（草契）

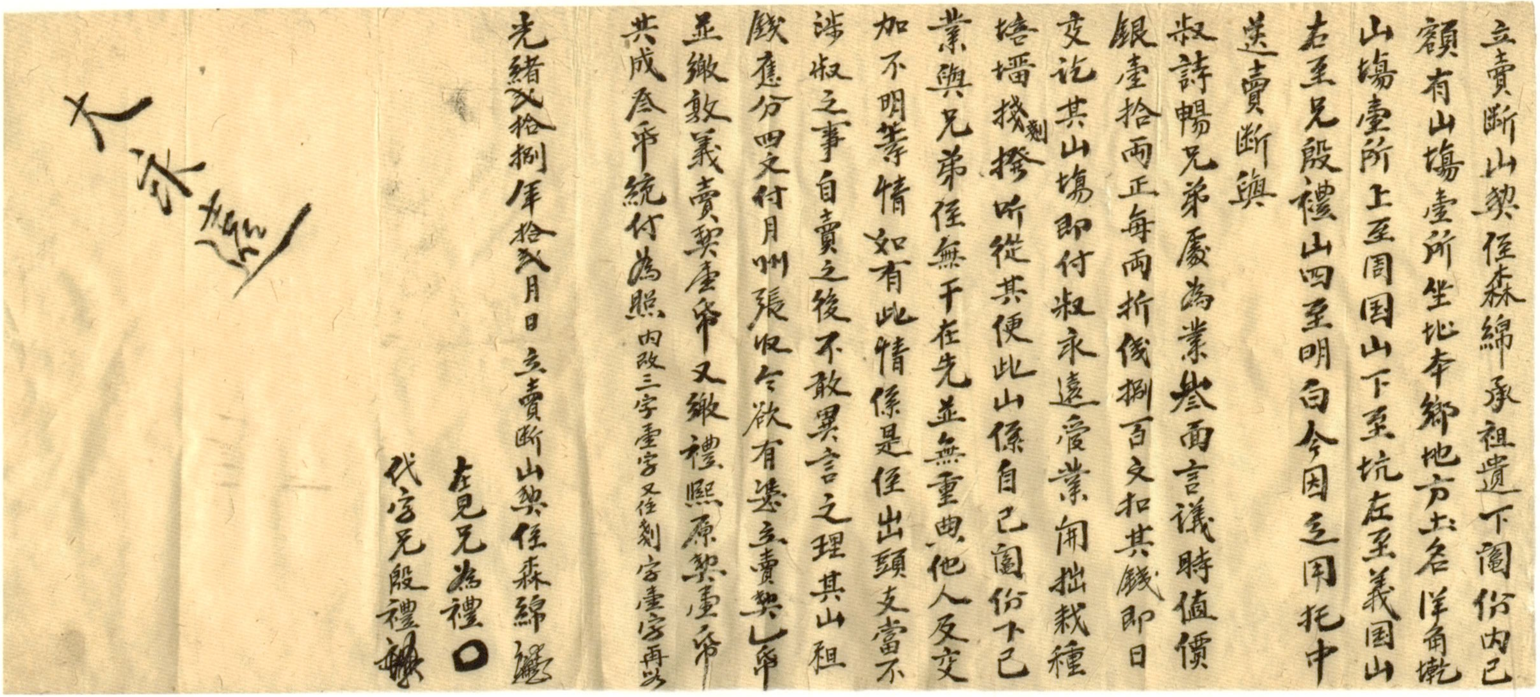

立賣斷山契侄森綿承祖遺下鬮份内已
額有山塲壹所坐址本鄉地方土名洋角墘
山塲壹所上至周園山下至坑左至義園山
右至兄殷禮山四至明白今因乏用托中
送賣斷與
叔詩暢兄弟處爲業叁面言議時值價
銀壹拾兩正每兩折錢捌百文扣其錢即日
交訖其山塲即付叔永遠管業開拙栽種
培墻掺剗聽從其便此山係自己鬮份下已
業與兄弟侄無干在先並無重典他人及交
加不明等情如有此情係是侄出頭支當不
涉叔之事自賣之後不敢異言之理其山租
錢進分四文付月卅張收今欲有憑立賣契乙帋
並繳敦義賣契壹帋又繳禮熙原契壹帋
共成叁帋統付爲照　内改三字壹字又任剗字壹字再照

光緒弍拾捌年拾弍月　日　立賣斷山契侄森綿（押）
在見兄爲禮 ○
代字兄殷禮（押）

大吉慶

7-4-6-5　清光緒二十八年十二月陳森綿立賣斷山場契

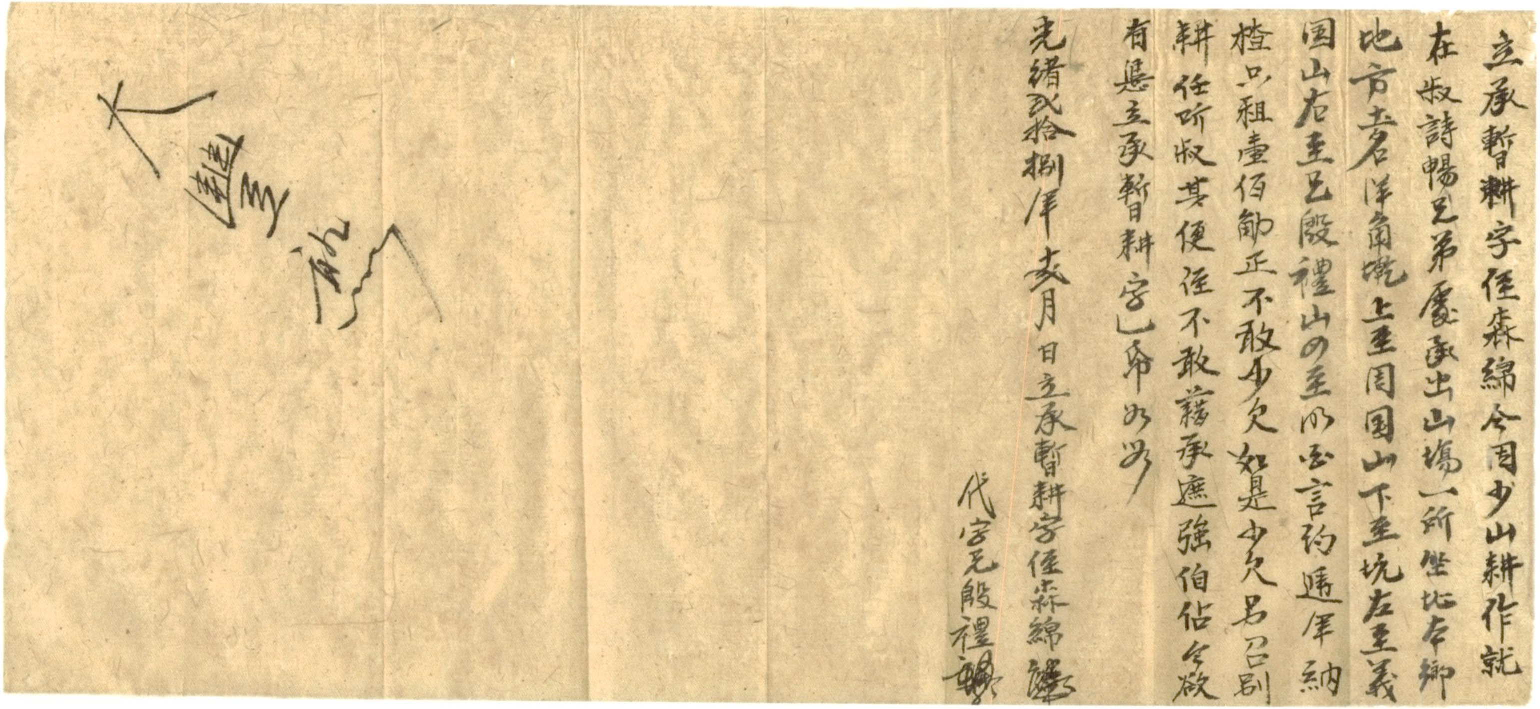

立承暫耕字侄森綿，今因乏山耕作，就在叔詩暢兄弟處承出山場一所，坐址本鄉地方土名洋角垅，上至周国山，下至坑，左至義国山，右至己殷禮山為至，四至言約逐年納橙只租壹佰觔正，不敢少欠。如是少欠，另召別耕，任听叔其便，侄不敢藉承，應強伯佔。今欲有憑，立承暫耕字一帋為照。

光緒貳拾捌年十二月　日立承暫耕字侄森綿（押）

代字兄殷禮（押）

7-4-6-4　清光緒二十八年十二月陳森綿立承暫耕山場字

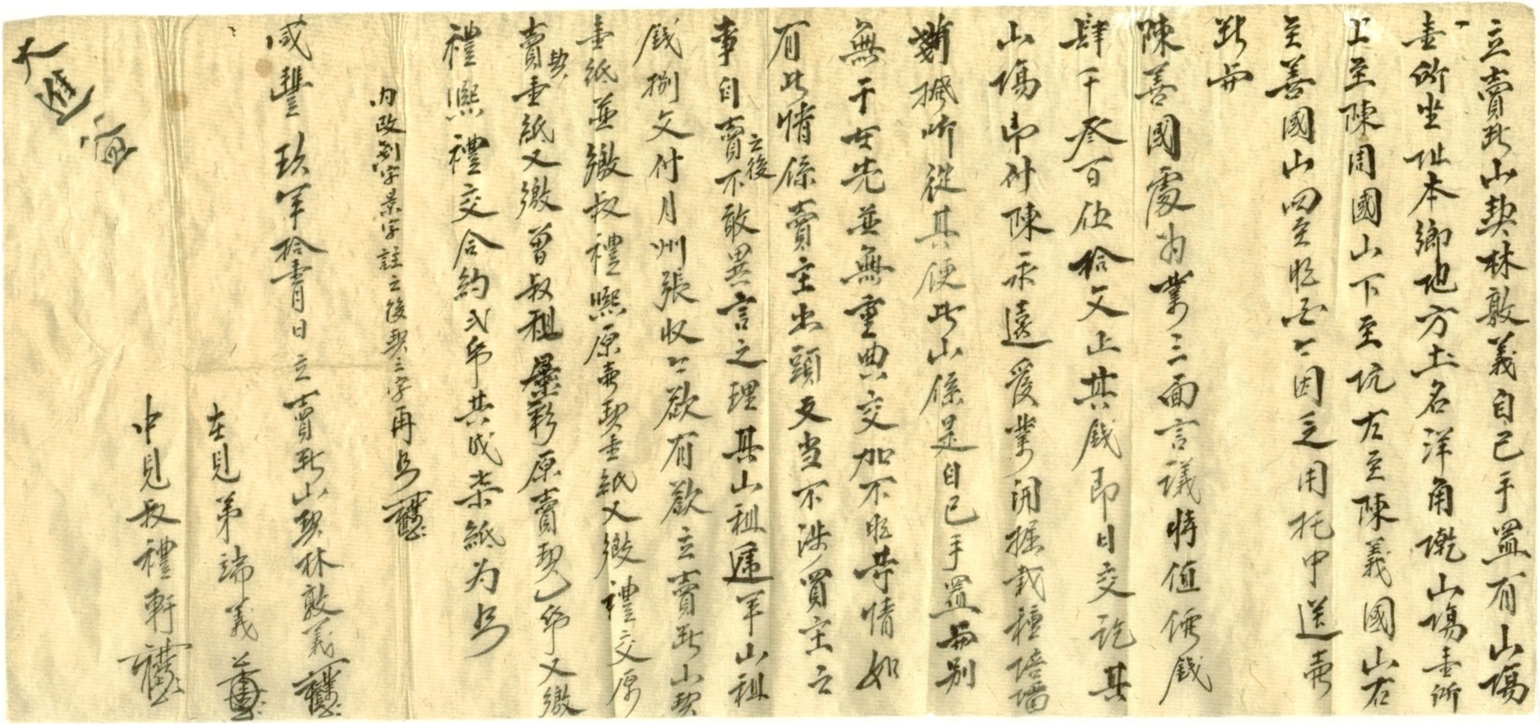
立賣斷山契林敦義，自己手置有山場
壹所，坐址本鄉地方，土名洋角坑山場壹所，
上至陳周國山，下至坑，左至陳義國山，右
至善國山，四至明白。今因乏用，托中送與
叔弟
陳善國處出業，三面言議，時值價錢
肆千叁百伍拾文，其錢即日交訖，其
山場中付陳永遠管業，開掘栽種培埴
斷，掘斫從其便。此山係是自己手置物，別
無干，並先並無重典交加不明等情，如
有此情，係賣主出頭支當，不涉買主之
事。自賣之後，不敢異言之理。其山租遲年山租
錢捌文，付月洲張收。今欲有憑，立賣斷山契
壹紙，並繳叔禮熙原來契壹紙，又繳禮交原
賣壹紙，又繳曾叔祖彩原賣契乙紙，又繳
禮熙、禮交合約乙紙，共成叁紙為照。
內改劃字壹字，註立後契三字，再照。
咸豐玖年拾壹月 日 立賣斷山契林敦義（押）
在見弟 瑞義（押）
中見叔 禮軒（押）
大通

7-4-6-3 清咸豐九年十一月林敦義立賣斷山場契

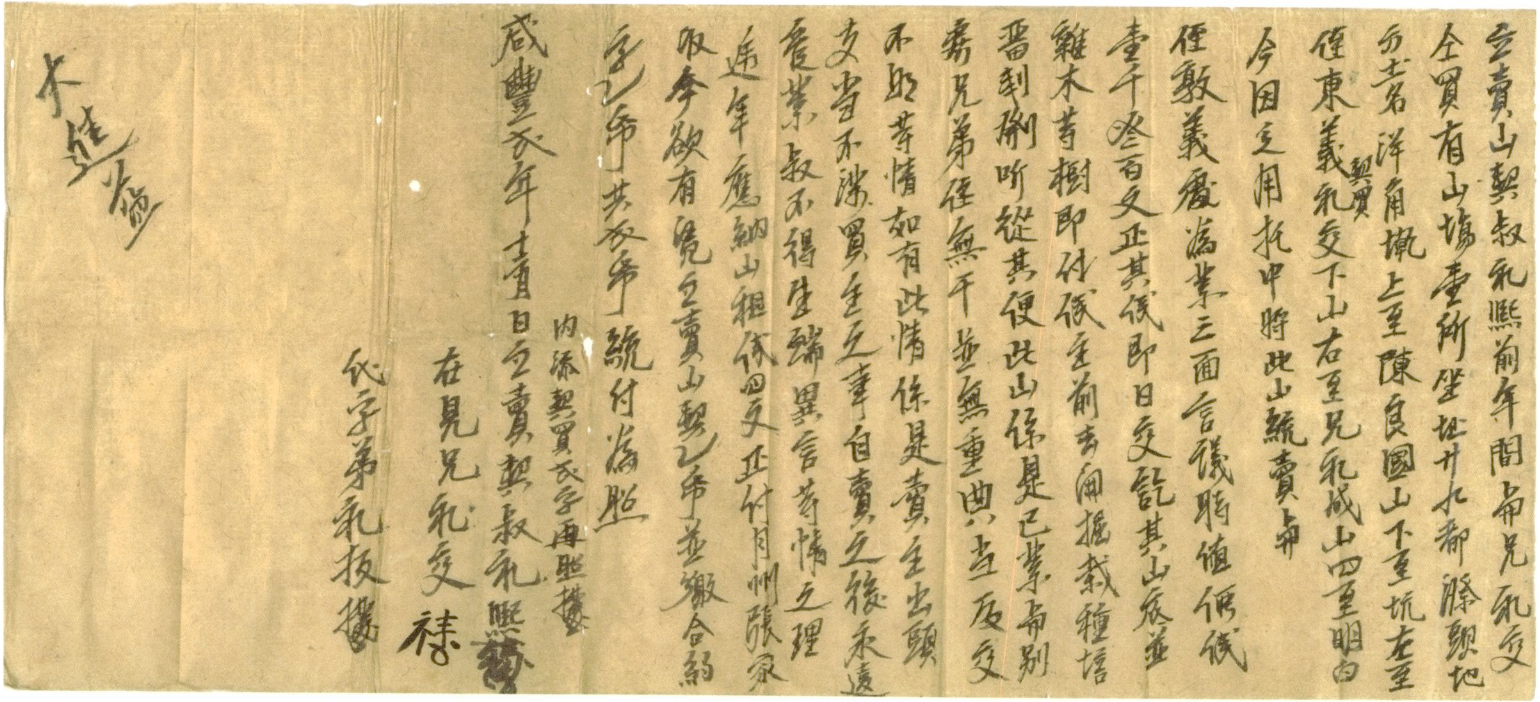

立賣山契叔礼熙前年間向兄礼交
仝買有山場壹所坐址廿九都際頭地
方土名洋角墘上至陳良國山下至坑左至
侄東義礼交契買下山右至兄礼城山四至明白
今因乏用托中將此山就賣与
侄敦義處為業三面言議時值價錢
壹千叁百文正其錢即日交訖其山底並
雜木等樹即付錢主前去開掘栽種培
晋割削听從其便此山係是己業与別
房兄弟侄無干並無重典生反交
不明等情如有此情係是賣主出頭
支当不涉買主之事自賣之後永遠
管業叔不得生端異言等情之理
逐年應納山租錢四文正付月卅張家
收今欲有憑立賣山契乙帋並繳合約
乙帋共叁帋統付為照
內添契買二字再照
咸豐貳年十二月日立賣山契叔礼熙
在見兄礼交
代字弟礼援

7-4-6-2　清咸豐二年十二月林礼熙立賣山場契

7-4-6-1　包契紙

立賣契陳銘友承父手置有根全田壹號坐
址廿九都地方土名南萬裡岩皮下等处受種
壹畝，年載正租壹佰捌拾觔，配粮壹錢壹分伍
厘正，逐年付羅家收回。今因將此送賣與
兄仰友處為業，言議時值價銀壹佰觔正，每
觔折伐捌佰文扣，其伐即日交訖，其根面全
田即付良主前去起佃耕作，收租办粮管業，
任從其便。此業係父手置之業，與別業干
立先並重張典當及交加來歷不明等情，
如有此情，係弟出頭承當，不涉兄之事。其
年期言約陸年為限，限滿之日付賣主照契
面良助对期取贖，如未贖，仍旧管業。今欲有
憑，立賣契壹紙，又繳王位順賣契壹紙，又繳檀
典、齊典契壹紙，又繳張事賢尽斷契壹紙，又繳楊
清興、蕭鼎契壹紙，又繳葉贊贖田契壹紙，又繳羅
壽泳賣契壹紙，又羅壽咏尽斷契壹紙，共成八紙繳
付為照。

民國庚午拾九年十二月日立賣契 陳銘友（押）

7-4-5-9 民國十九年十二月陳銘友立賣根面全田契（廢契）

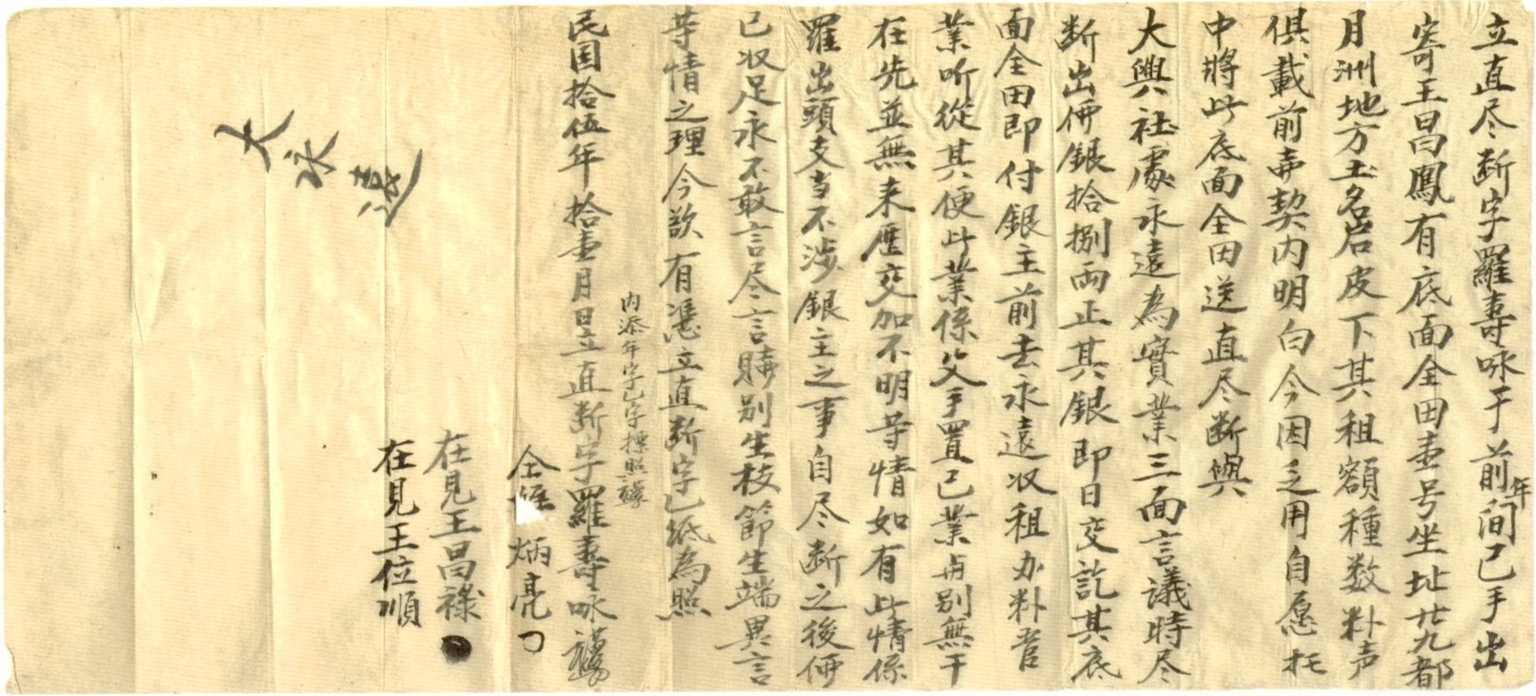
立直尽断字羅壽咏于前年間已手出
寄王昌鳳有底面全田壹号坐址廿九都
月洲地方土名岩皮下其租額種数料声
俱載前声契内明白今因乏用自愿托
中將此底面全田送直尽断與
大興社處永遠為實業三面言議時尽
断出價銀拾捌兩正其銀即日交訖其底
面全田即付銀主前去永遠収租办粮耆
業听從其便此業係父手置已業與別無干
在先並無來歷交加不明等情如有此情係
羅出頭支当不涉銀主之事自尽断之後價
已収足永不敢言尽言贖別生枝節生端異言
等情之理今欲有憑立直断字乙紙為照
内添年字乙字標照
民国拾伍年拾壹月日立直断字羅壽咏
全侄　炳亮
在見王昌祿
在見王位順
大吉

7-4-5-8　民國十五年十一月羅壽咏等立直盡斷底面全田字

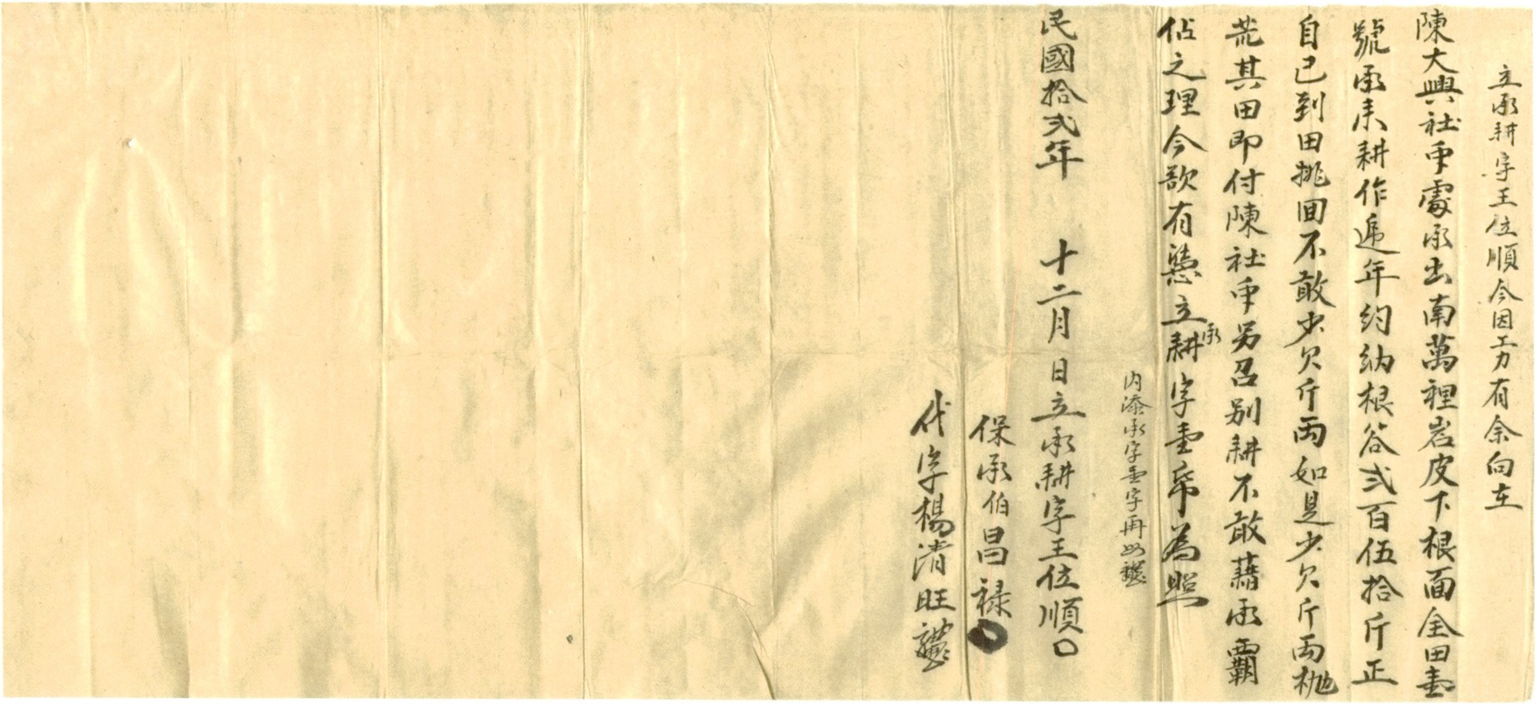
立承耕字王位順今因工力有余向在
陳大興社手處承出南萬裡岩皮下根面全田壹
號承來耕作逐年約納根谷弍百伍拾斤正
自己到田挑回不敢少欠斤兩如是少欠斤兩拋
荒其田即付陳社手另召別耕不敢藉端霸
佔之理今欲有憑立承耕字壹帋為照
內添承字壹字再照
民國拾弍年　十二月　日立承耕字王位順口
保承伯昌祿
代字楊清旺

7-4-5-7　民國十二年十二月王位順立承耕根面全田字

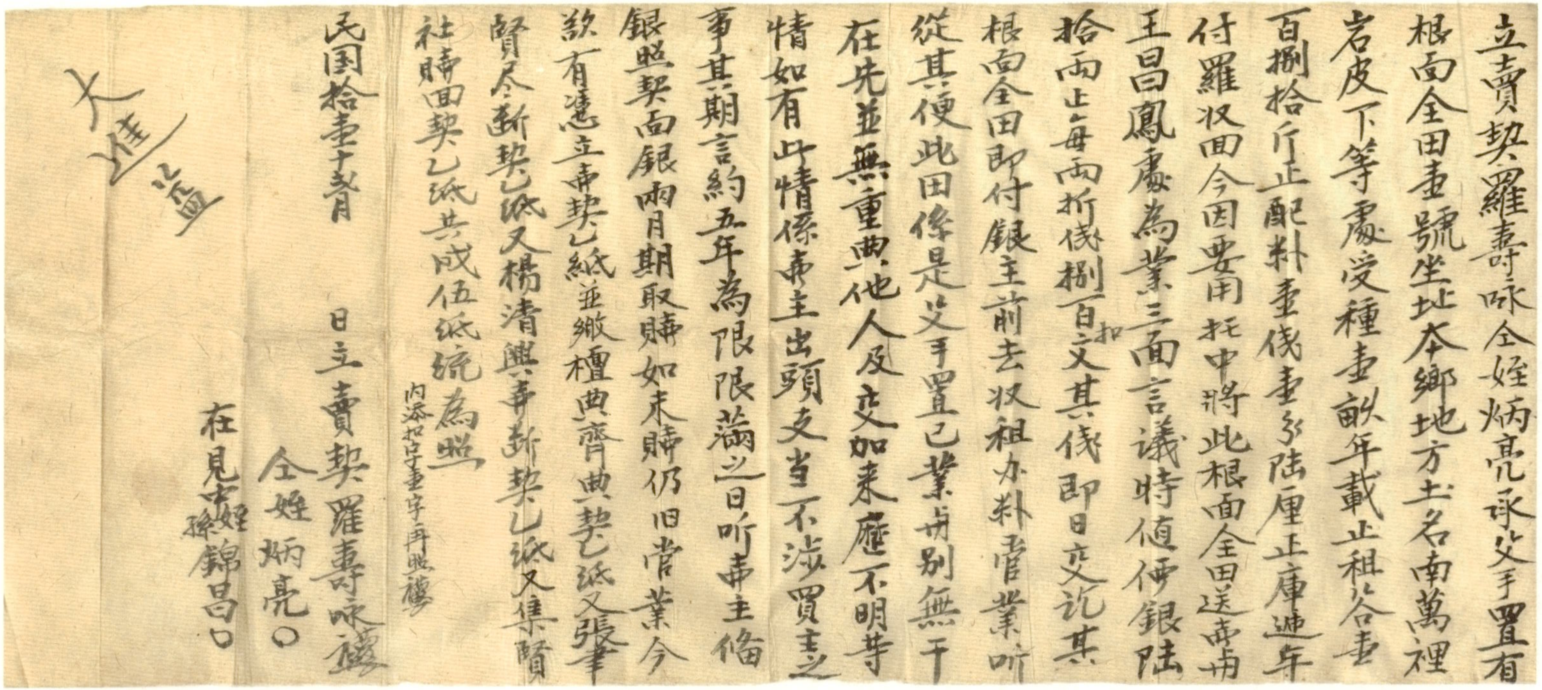
立賣契羅壽咏仝侄炳亮承父手置有
根面全田壹號坐址本鄉地方土名南萬裡
岩皮下等處受種壹畝年載止租谷壹
百捌拾斤正配料壹伐壹分陸厘正庫兩年
付羅收田今因要用托中將此根面全田送賣與
王昌鳳處為業三面言議時值價銀陸
拾兩正每兩折伐捌百文扣其伐即日交訖其
根面全田即付銀主前去收租办料管業聽
從其便此田係是父手置已業并別無干
在先並無重典他人及交加來歷不明等
情如有此情係賣主出頭支當不涉買主之
事其期言約五年為限限滿之日聽賣主備
銀照契面銀兩月期取贖如未贖仍旧管業今
欲有憑立賣契一紙並繳檀典齊典契一紙又張肇
賢尽斷契一紙又楊清興賣斷契一紙又集賢
社贖田契一紙共成伍紙繳為照
內添扣字壹字再照
民国拾壹年十弍月　日立賣契羅壽咏
仝侄炳亮○
在見堂侄孫錦昌○

7-4-5-6　民國十一年十二月羅壽咏等立賣根面全田契

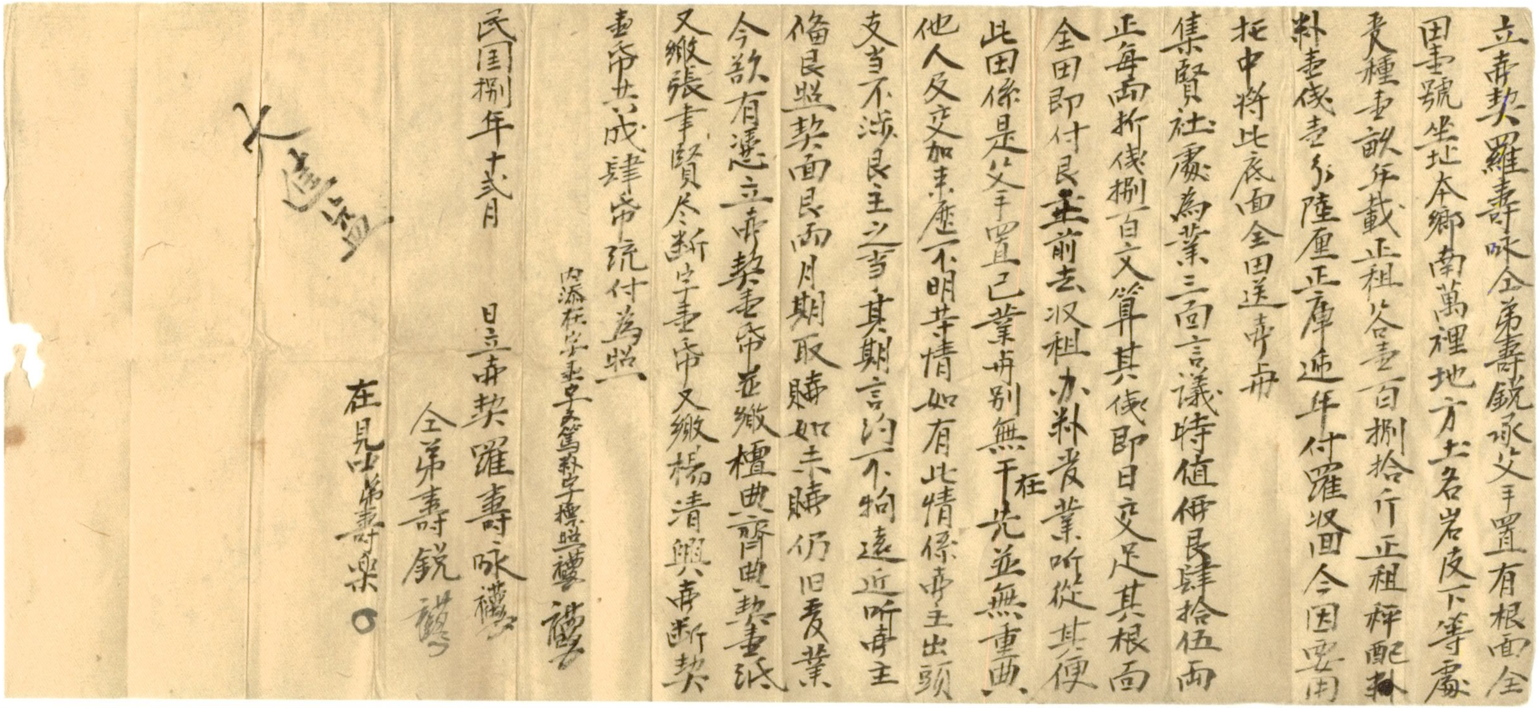
立賣契人羅壽咏仝弟壽銳承父手置有根面全
田壹號坐址本鄉南萬裡地方土名岩皮下等處
大種壹畝年載正租谷壹百捌拾斤正租秤配熟
料壹倆壹分陸厘正庫速年付羅𡊨面今因要用
托中將此根面全田送賣與
集賢社處為業三面言議時值佛艮肆拾伍兩
正每兩折錢捌百文算其錢即日交足其根面
全田即付艮主前去收租亦料管業聽從其便
此田係是父手置已業與別房無干在先並無重典
他人及交加未歷不明等情如有此情係賣主出頭
支當不涉艮主之事其期言約不拘遠近聽賣主
備艮照契面艮兩月期取贖如未贖仍舊管業
今欲有憑立賣契壹帋並繳檀典齊田契壹紙
又繳張事賢尽斷字壹帋又繳楊清興賣斷契
壹帋共成肆帋琉付為照
內添在字壹字又篤契字標照
民国捌年十二月　日立賣契羅壽咏
仝弟壽銳
在見中弟壽樂

7-4-5-5　民國八年十二月羅壽咏等立賣根面全田契

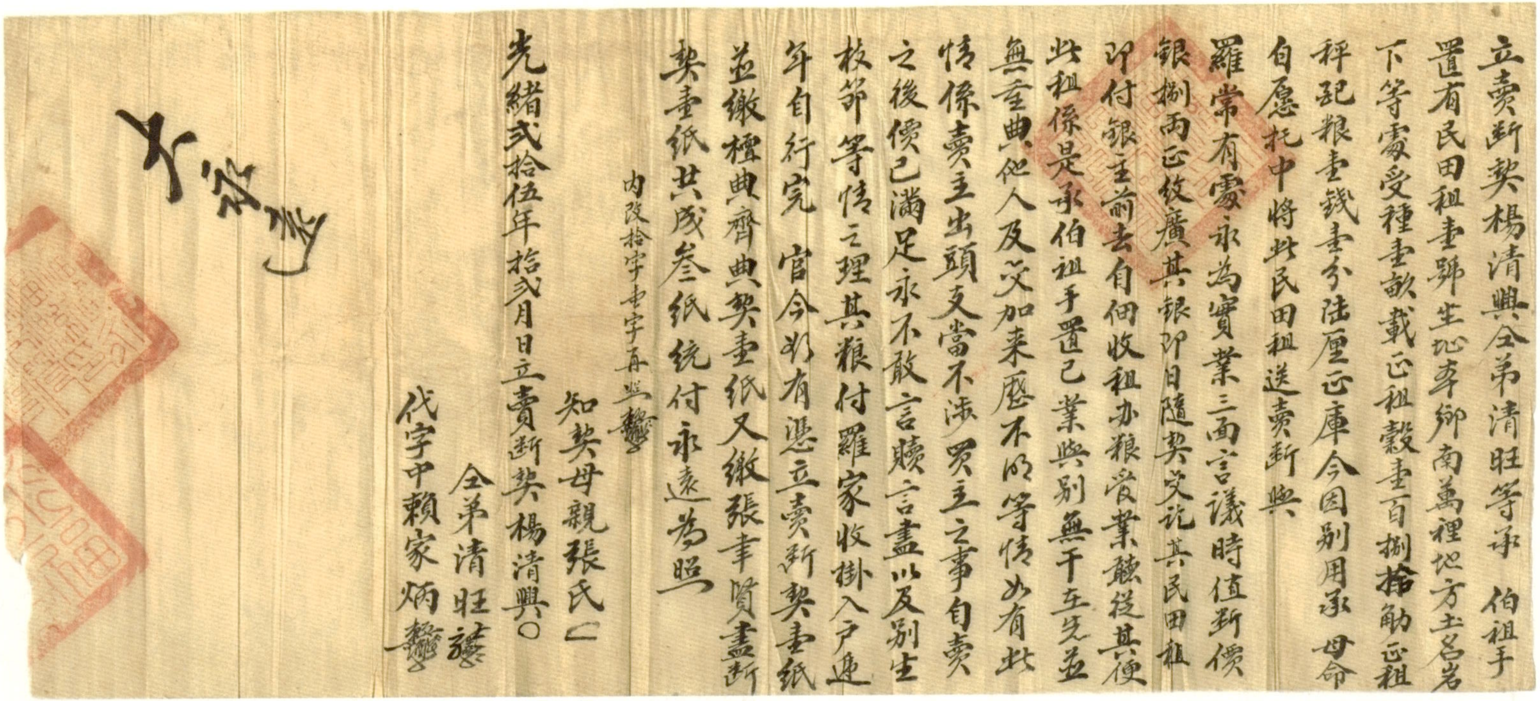
立賣斷契楊清興仝弟清旺等承 伯祖手
置有民田租壹號坐址本鄉南萬裡地方土名岩
下等處受種壹畝載正租穀壹百捌拾觔正租
秤配粮壹錢壹分陸厘正庫今因別用承 母命
自愿托中將此民田租送賣斷與
羅常有處永為實業三面言議時值斷價
銀捌兩正紋廣其銀即日隨契交訖其民田租
即付銀主前去自佃收租办粮管業聽從其便
此租係是承伯祖手置己業與別無干在先並
無重典他人及交加来歷不明等情如有此
情係賣主出頭支當不涉買主之事自賣
之後價已滿足永不敢言贖言盡以及別生
枝節等情之理其粮付羅家收掛入戶連
年自行完 官今欲有憑立賣斷契壹紙
並繳檀典齊典契壹紙又繳張聿賢盡斷
契壹紙共成叁紙統付永遠為照
内改拾字中字再照
光緒貳拾伍年拾貳月 日立賣斷契楊清興〇
知契母親張氏
仝弟清旺
代字中賴家炳

7-4-5-4 清光緒二十五年十二月楊清興等立賣斷民田租契（紅契）

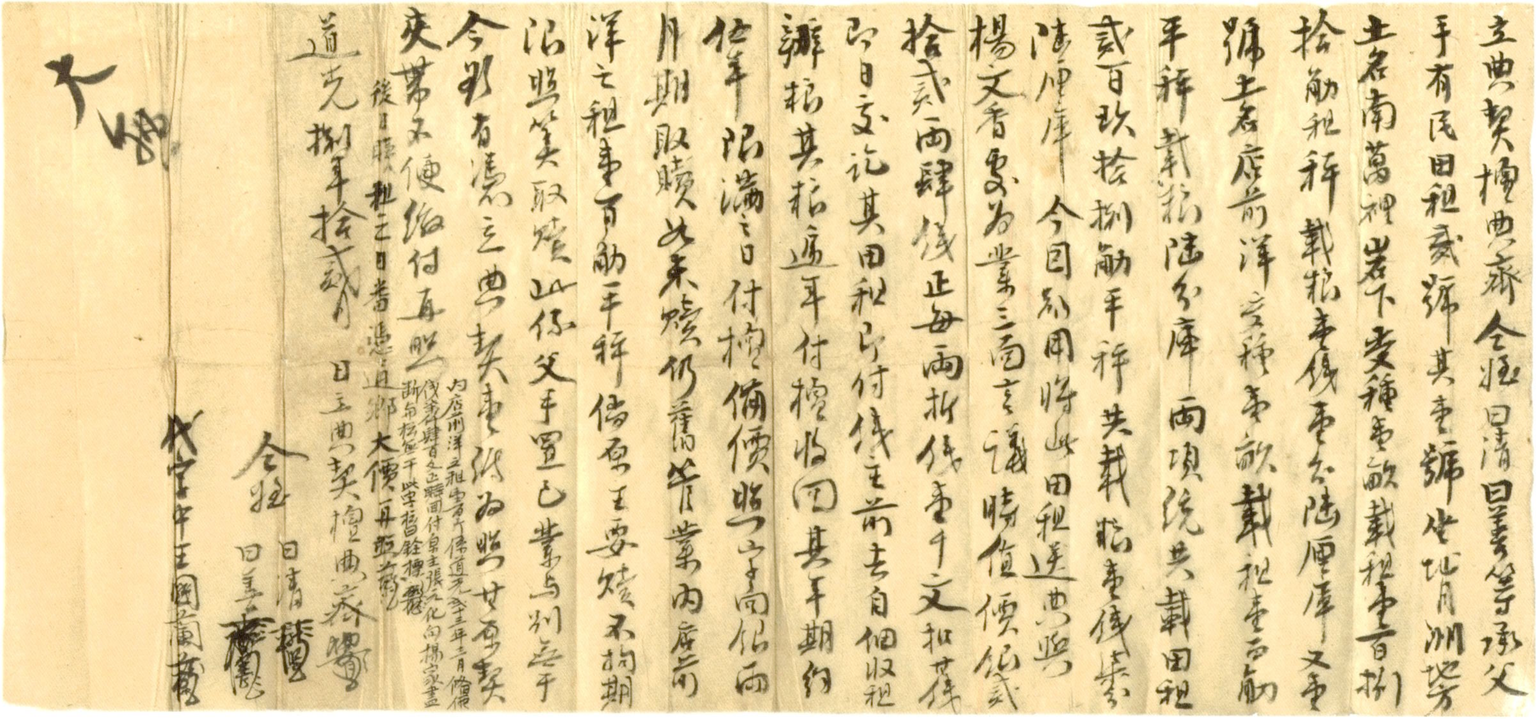

7-4-5-3　清道光八年十二月檀典齊等立典民田租契

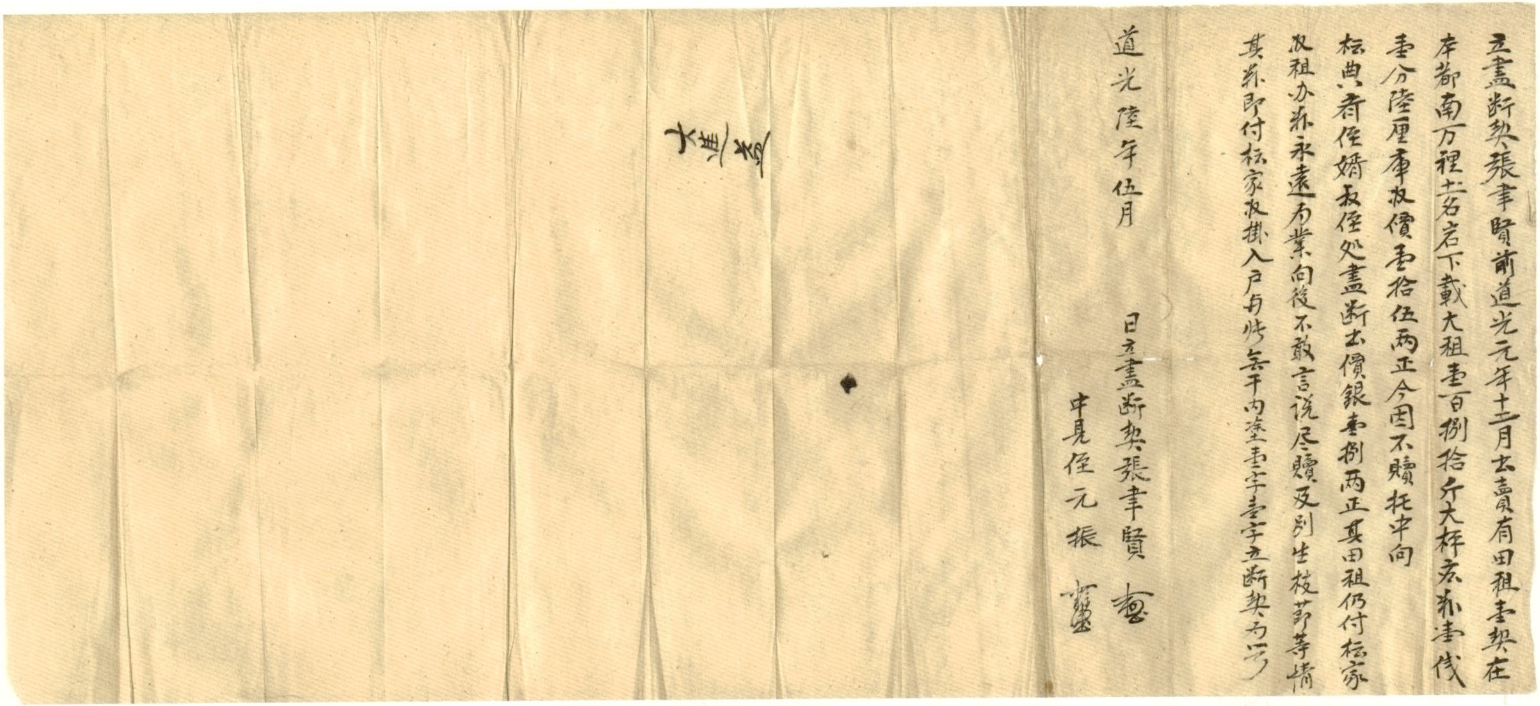
立盡斷契張聿賢前道光元年十二月出賣有田租壹契在
本都南万程土名岩下載大租壹百捌拾斤大秤系秫壹代
壹分陸厘庫紋價壹拾伍兩正今因不贖托中向
栝典侄婿叔侄處盡斷出價銀壹捌兩正其田租仍付栝家
收租办納永遠為業向後不敢言說尽贖及別生枝節等情
其亦即付栝家收掛入户自收無干内塗壹字壹字立斷契為照

道光陸年伍月　日立盡斷契張聿賢（押）
中見侄元振（押）

7-4-5-2　清道光六年五月張聿賢立盡斷田租契

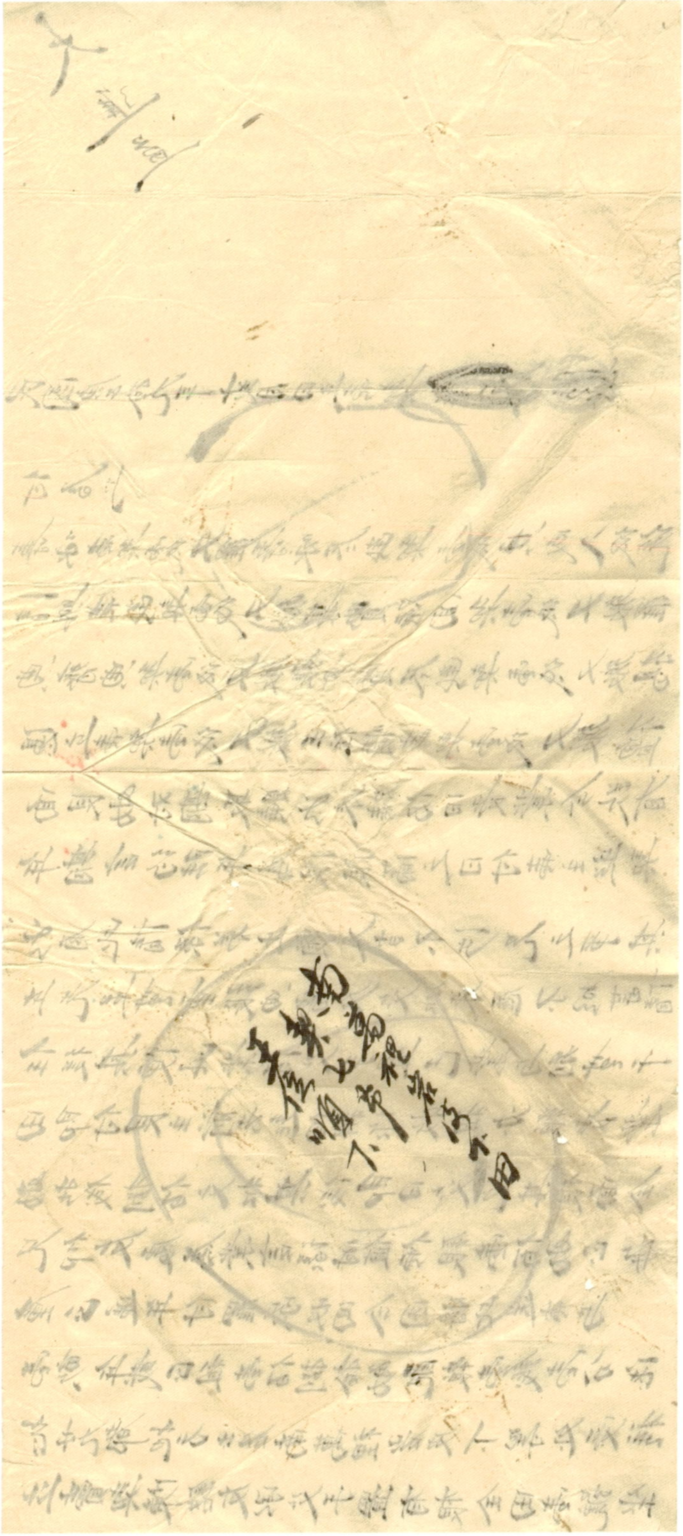

7–4–5–1　包契紙

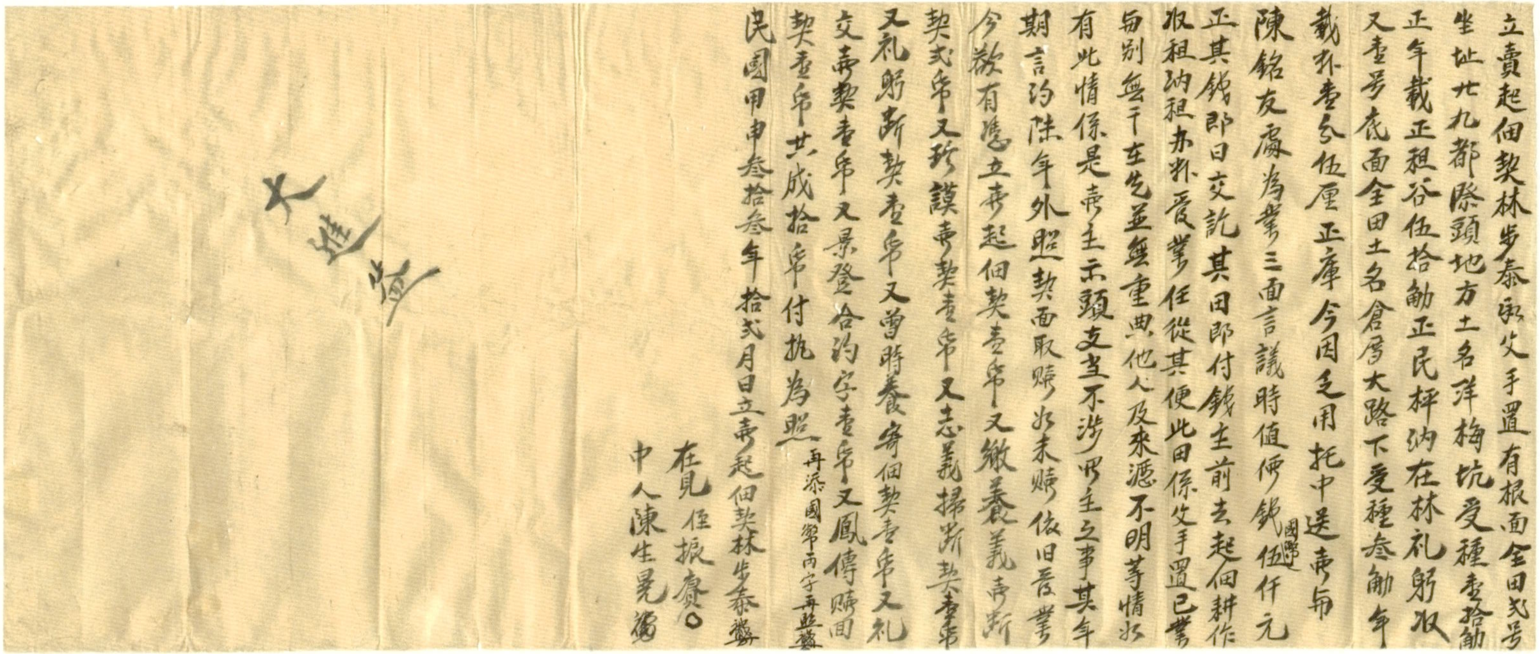

立賣起佃契林步泰承父手置有根面全田弍号
坐址廿九都際頭地方土名洋梅坑受種壹拾觔
正年載正租谷伍拾觔正民秤納在林礼躬收
又壹号在面全田土名倉厝大路下受種叁觔年
載外壹ㄙ伍厘正庫 今因乏用托中送賣與
陳銘友處為業 三面言議時值價錢國幣伍仟元
正其錢即日交訖 其田即付錢主前去起佃耕作
收租納租亦仍管業任從其便 此田係父手置已業
與别無干 在先並無重典他人及來歷不明等情 如
有此情係是賣主承頭支當不涉買主之事 其年
期言約陸年外照契面取贖 如未贖 依舊管業
今欲有憑立賣起佃契壹帋又繳養義賣斷
契弍帋又珍謨賣契壹帋又志義掃斷契壹帋
又礼躬斷契壹帋又曾時養寄佃契壹帋又礼
交賣契壹帋又景登合約字壹帋又鳳傳贖回
契壹帋共成拾帋付執為照 再添國幣丙字再照
民國甲申叁拾叁年拾弍月日立賣起佃契林步泰(押)
在見 侄 振賡〇
中人 陳生晃(押)

7-4-4-10 民國三十三年十二月林步泰立賣起佃根面全田契

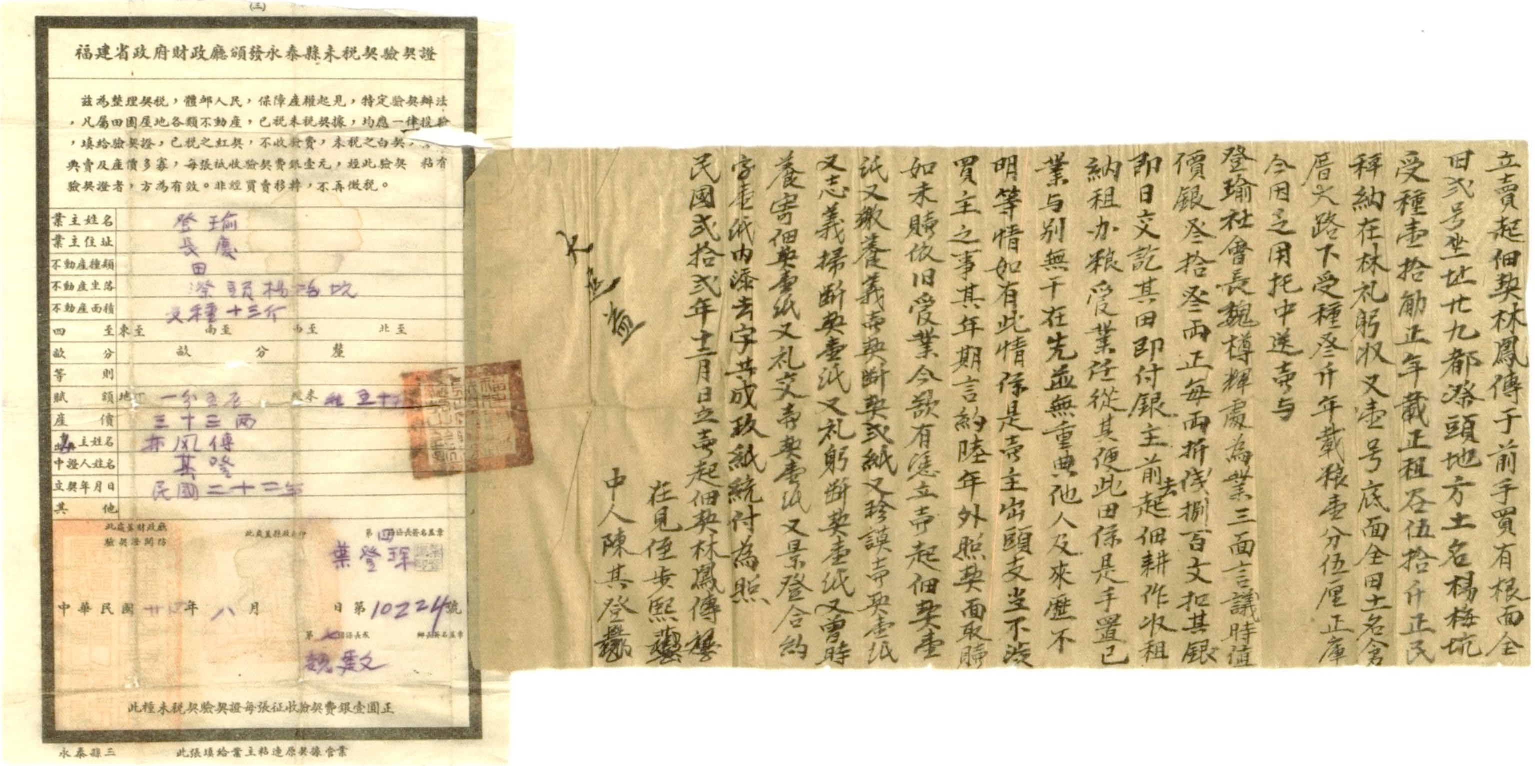

福建省政府財政廳頒發永泰縣未稅契驗契證

茲為整理契稅，體卹人民，保障產權起見，特定驗契辦法，凡屬田園屋地各類不動產，已稅未稅契據，均應一律投驗，填給驗契證，已稅之紅契，不收驗費，未稅之白契，……典賣及產價多寡，每張祇收驗契費銀壹元，經此驗契　粘有驗契證者，方為有效。非經買賣移粹，不再徵稅。

業主姓名	登瑜
業主住址	長慶
不動產種類	田
不動產坐落	漈頭楊梅坑
不動產面積	受種十三斤
四至	東至　南至　西至　北至
畝分	畝　分　釐
等則	
賦額	地丁 一分五厘　糧米
產價	三十三兩
賣主姓名	林鳳傳
中證人姓名	其登
立契年月日	民國二十二年
其他	

此處蓋財政廳驗契證關防　此處蓋縣政府印　第四區區長簽名蓋章 葉登琛

中華民國廿四年　八月　日第10224號

第七保保長　鄉長簽名蓋章 魏虁文

此種未稅契驗契證每張征收驗契費銀壹圓正

永泰縣三　此張填給業主粘連原契據會業

立賣起佃契林鳳傳，于前手買有根面全
田弍号，坐址廿九都漈頭地方，土名楊梅坑，
受種壹拾觔正，年載正租谷伍拾斤正，民
秤納在林礼躬收；又壹号，底面全田，土名倉
厝头路下，受種叁斤，年載粮壹分伍厘正，庫
今因乏用，托中送賣与
登瑜社會長魏樽輝處為業，三面言議，時值
價銀叁拾叁兩正，每兩折伐捌百文，扣其銀
即日交訖，其田即付銀主前去起佃耕作收租
納租办粮，受業任從其便。此田係是手置已
業，与別無干，在先並無重典他人，及來歷不
明等情；如有此情，係是賣主出頭支当，不涉
買主之事。其年期言約陸年外，照契面取贖，
如未贖，依旧受業。今欲有憑，立賣起佃契壹
紙，又緻養義賣契斷契弍紙，又珍謨賣契壹紙，
又志義掃斷契壹紙，又礼躬斷契壹紙，又曾時
養寄佃契壹紙，又礼交賣契壹紙，又景登合約
字壹紙，内添去字共成玖紙，統付為照。
民國弍拾弍年十二月　日立賣起佃契林鳳傳（押）
在見侄安熙（押）
中人陳其登（押）

7-4-4-9　民國二十二年十二月林鳳傳立賣起佃根面全田契（紅契）

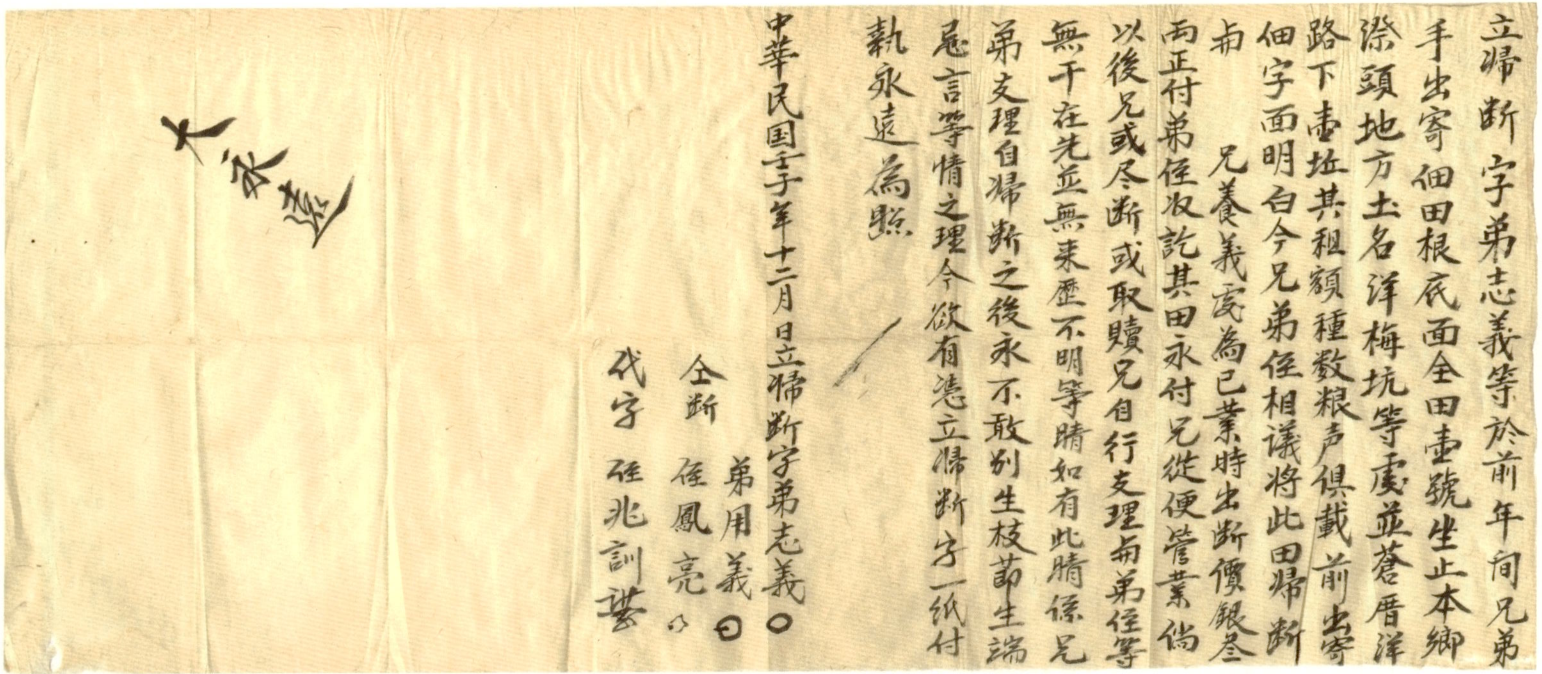
立歸断字弟志義等於前年間兄弟
手出寄佃田根底面全田壹號坐止本鄉
漈頭地方土名洋梅坑等處並蒼厝洋
路下壹坵共租額種數粮声俱載前出寄
佃字面明白今兄弟侄相議將此田歸断
弟　兄養義處為已業時出断價銀叁
两正付弟侄收訖其田永付兄從便管業倘
以後兄或盡断或取贖兄自行支理弟侄等
無干在先並無來歷不明等睛如有此睛係兄
弟支理自歸断之後永不敢別生枝節生端
兹言等情之理今欲有憑立歸断字一紙付
執永遠為照

中華民国壬子年十二月　日立歸断字弟志義〇
弟用義
全断　侄鳳亮
代字　侄兆訓

7-4-4-8　民國元年十二月林志義等立歸斷底面全田並佃田根字

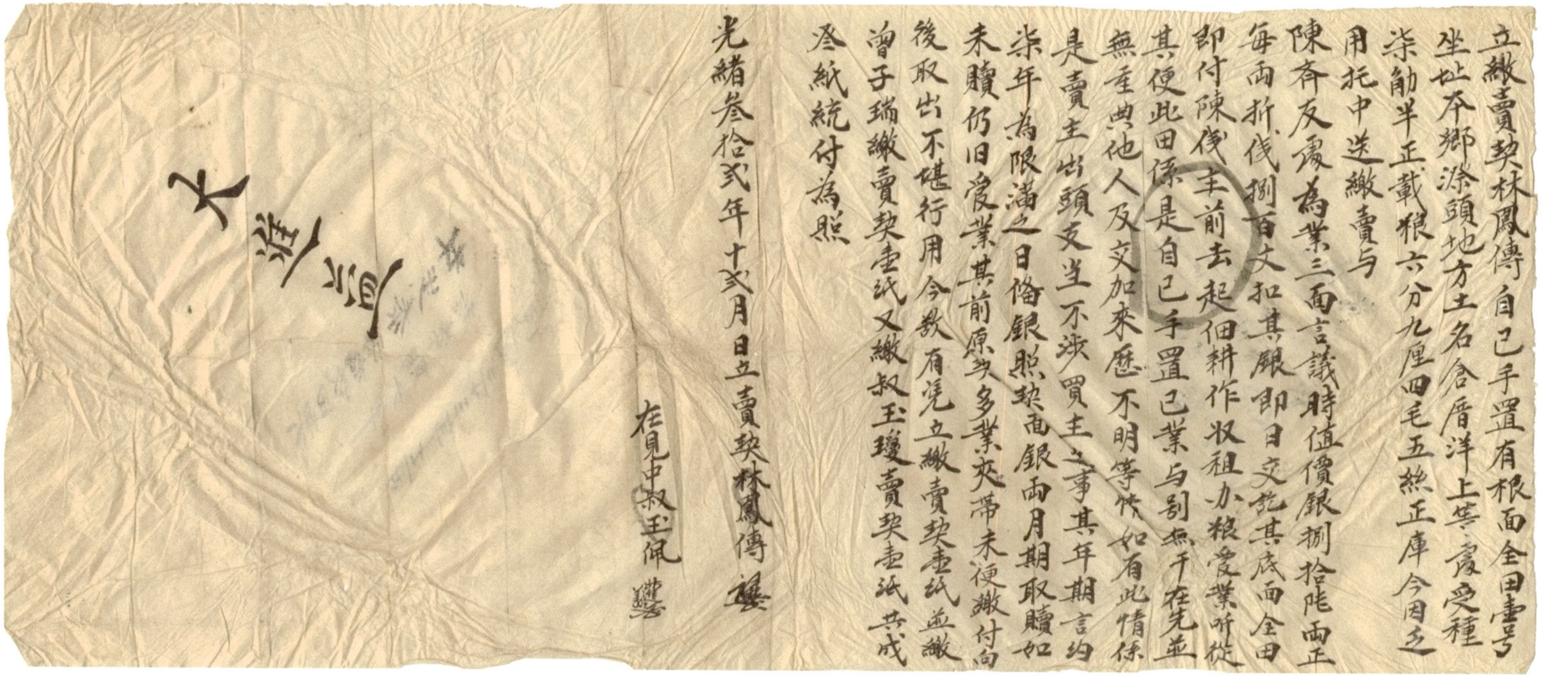

立繳賣契林鳳傳自己手置有根面全田壹号
坐址本鄉滁頭地方土名倉厝洋上等處受種
柒觔半正載粮六分九厘四毛五絲正庫今因乏
用托中送繳賣与
陳脊友處為業三面言議時值價銀捌拾陁正
每両折伐捌百文扣其銀即日交訖其底面全田
即付陳伐主前去起佃耕作収租办粮管業听從
其便此田係是自己手置己業与别無干在先並
無重典他人及交加來歷不明等情如有此情係
是賣主出頭支当不涉買主之事其年期言约
柒年為限滿之日備銀照契面銀両月期取贖如
未贖仍旧管業其前原契多業夾帶未便繳付向
後取出不堪行用今欲有凴立繳賣契壹紙並繳
曾子瑞繳賣契壹紙又繳叔玉璦賣契壹紙共成
叁紙統付為照

光緒叁拾弍年十弍月　日立賣契林鳳傳

在見中叔玉佩

7-4-4-7　清光緒三十二年十二月林鳳傳立繳賣根面全田契（廢契）

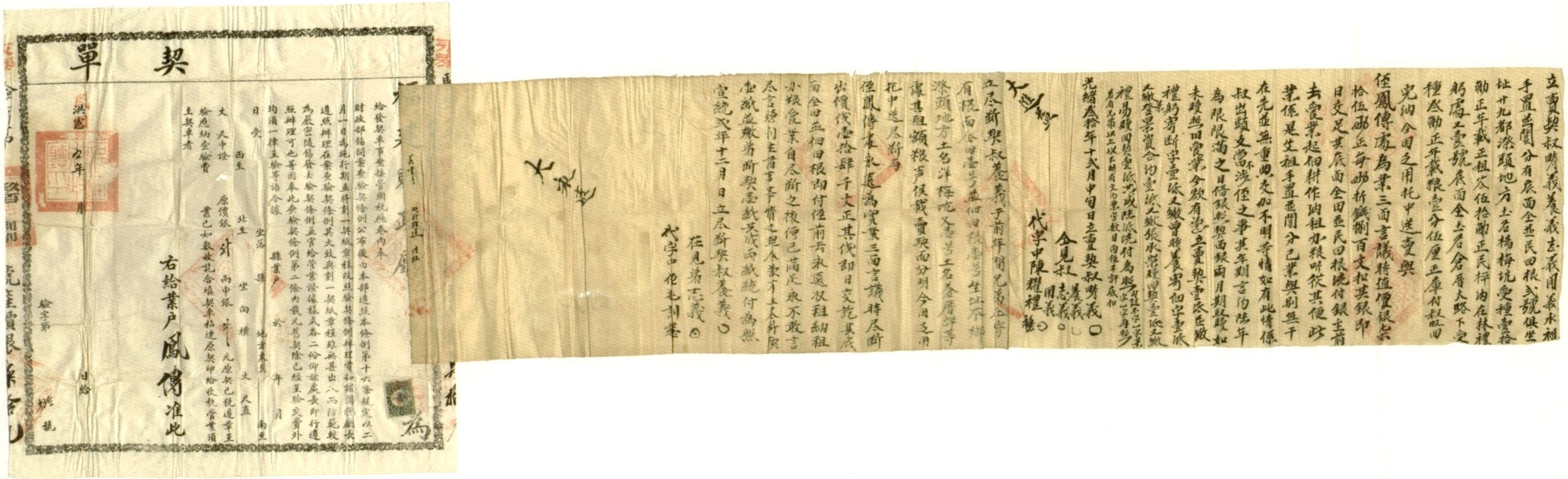

7-4-4-6　清光緒三十年十二月林晦義等立賣底面全並民田根契（紅契）

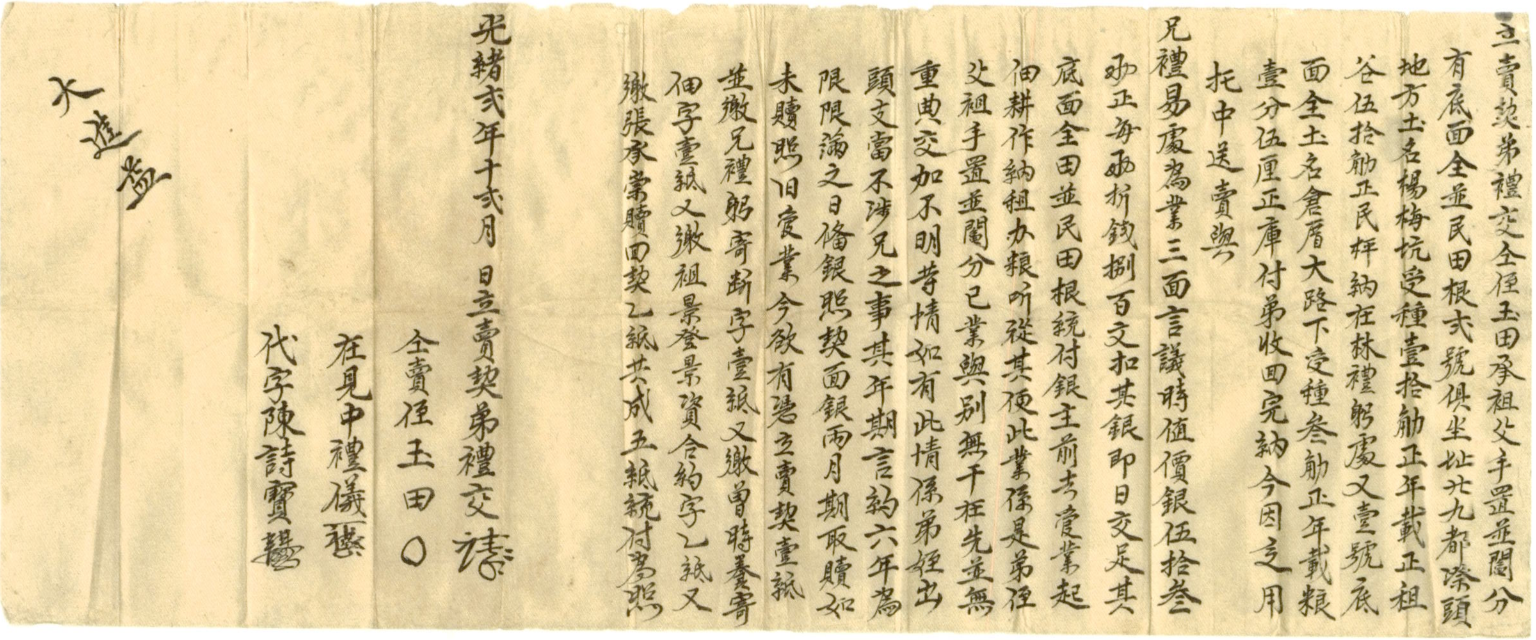
立賣契弟禮交仝侄玉田承祖父手置並閹分
有底面全並民田根弍號俱坐址廿九都漈頭
地方土名楊梅坑受種壹拾觔正年載正租
谷伍拾觔正民坪納在林禮躬處又壹號底
面全土名倉厝大路下受種叁觔正年載粮
壹分伍厘正庫付弟收回完納今因乏用
托中送賣與
兄禮易處爲業三面言議時值價銀伍拾叁
兩正每兩折錢捌百文扣其銀即日交足其
底面全田並民田根統付銀主前去管業起
佃耕作納租办粮所從其便此業係是弟侄
父祖手置並閹分已業與别無干在先並無
重典交加不明等情如有此情係弟侄出
頭支當不涉兄之事其年期言約六年爲
限限滿之日備銀照契面銀兩月期取贖如
未贖照旧受業今欲有憑立賣契壹紙
並繳兄禮躬寄斷字壹紙又繳曾時養寄
佃字壹紙又繳祖景登景資合約字乙紙又
繳張承棠贖回契乙紙共成五紙統付爲照

光緒弍年十弍月　日立賣契弟禮交（押）
仝賣侄玉田（押）
在見中禮儀（押）
代字陳詩寶（押）

大進登

7-4-4-5　清光緒二年十二月林禮交等立賣底面全並民田根契

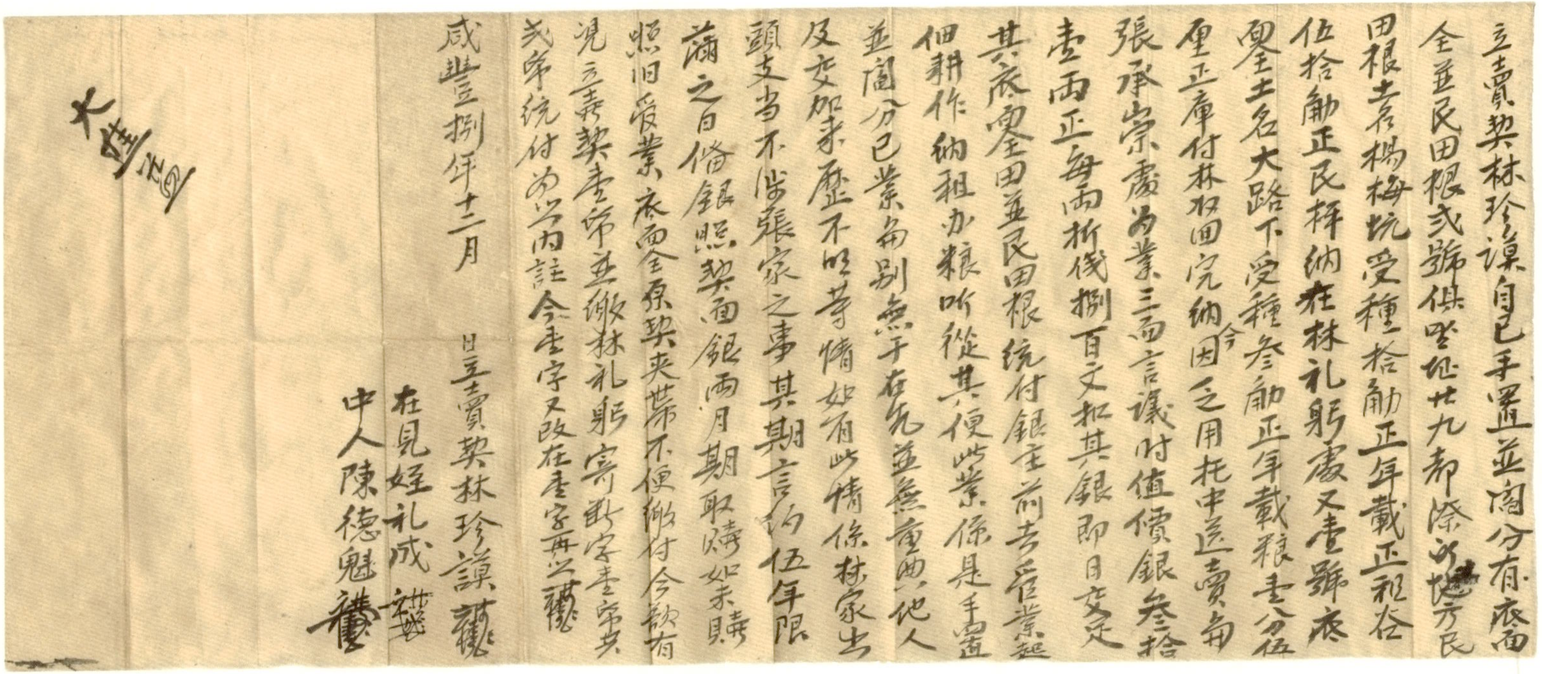

立賣契林珍謨自己手置並閣分有底面
全並民田根弍號，俱坐址廿九都漈頭境，方民
田根壹處楊梅坑，受種拾觔正，年載正租谷
伍拾觔正，民粮納在林礼財處；又壹號底
面全土名大路下，受種叁觔正，年載粮壹分伍
厘正，庫付林权回完納。今因乏用，托中送賣與
張承崇處為業，三面言議，時值價銀叁拾
壹兩正，每兩折錢捌百文，扣其銀即日交足。
其底面全田並民田根，統付銀主前去管業起
佃耕作，納租办粮，听從其便。此業係是手置
並閣分已業，與別無干，在先並無重典他人
及交加來歷不明等情，如有此情，係林家出
頭支當，不涉張家之事。其期言約伍年限
滿之日，備銀照契面銀兩，月期取贖，如未贖
照旧管業。底面全原契夾帶不便，俟付合歛有
憑。立賣契壹帋，並繳林礼財寄數字壹帋，共
弍帋，統付為照。内註今壹字，又改在壹字，再照。

咸豐捌年十二月　日立賣契林珍謨（押）
在見姪礼成（押）
中人陳德魁（押）

大吉昌

7-4-4-4　清咸豐八年十二月林珍謨立賣底面全並民田根契

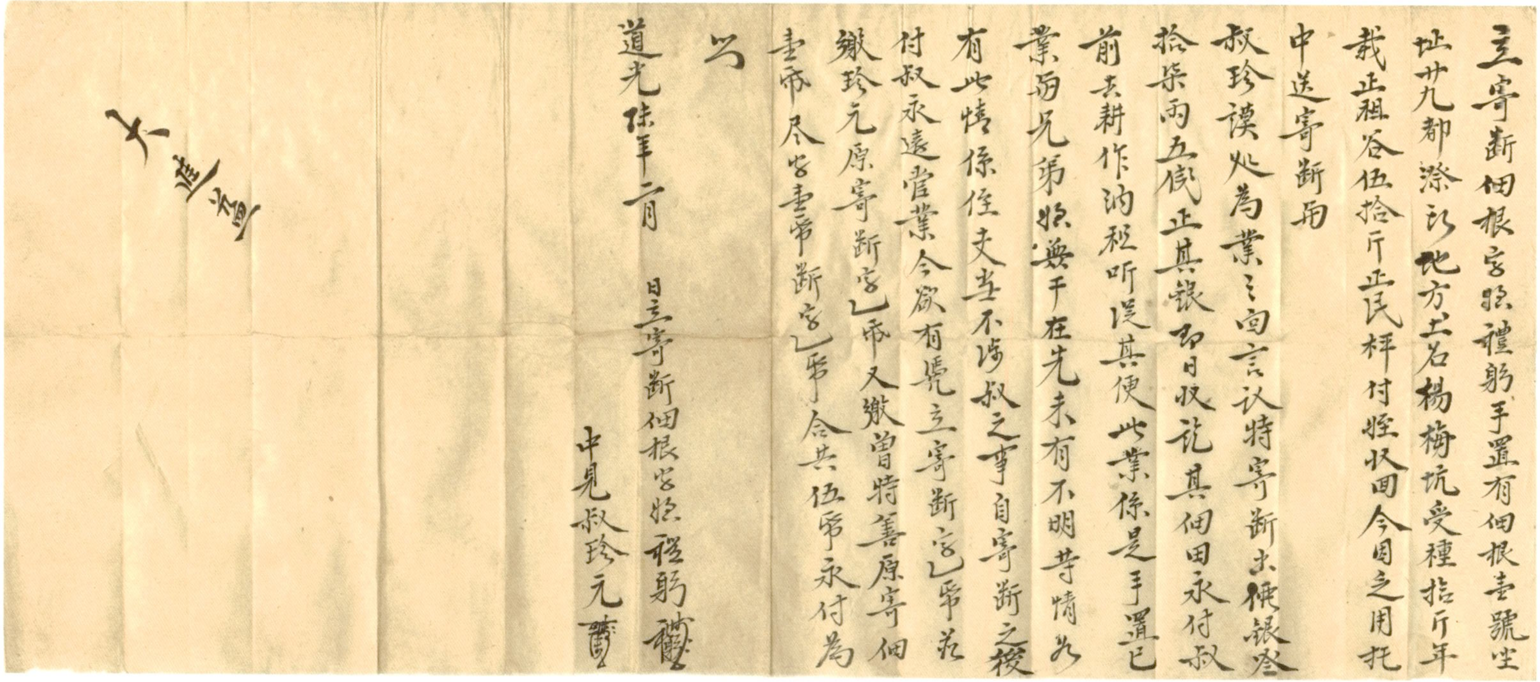

立寄斷佃根字人禮躬，手置有佃根壹號，坐
址廿九都漈头地方，土名楊梅坑，受種拾斤，年
載正租谷伍拾斤正，民秤，付姪收回。今因乏用，托
中送寄斷與
叔珍漢处為業，三面言议，特寄斷出佛銀叁
拾柒兩五錢正，其銀即日收訖，其佃田永付叔
前去耕作，納租听從其便。此業係是手置已
業，與兄弟姪無干，在先未有不明等情。如
有此情，係侄支当，不涉叔之事。自寄斷之後，
付叔永遠管業。今欲有凭，立寄斷字一帋，並
缴珍元原寄斷字一帋，又缴曾特善原寄佃
壹帋，尽寄壹帋，斷字一帋，合共伍帋，永付為
照。

道光陆年二月　日立寄斷佃根字人禮躬（押）

中見叔珍元（押）

大進昌

7-4-4-3　清道光六年二月林禮躬立寄斷佃根字

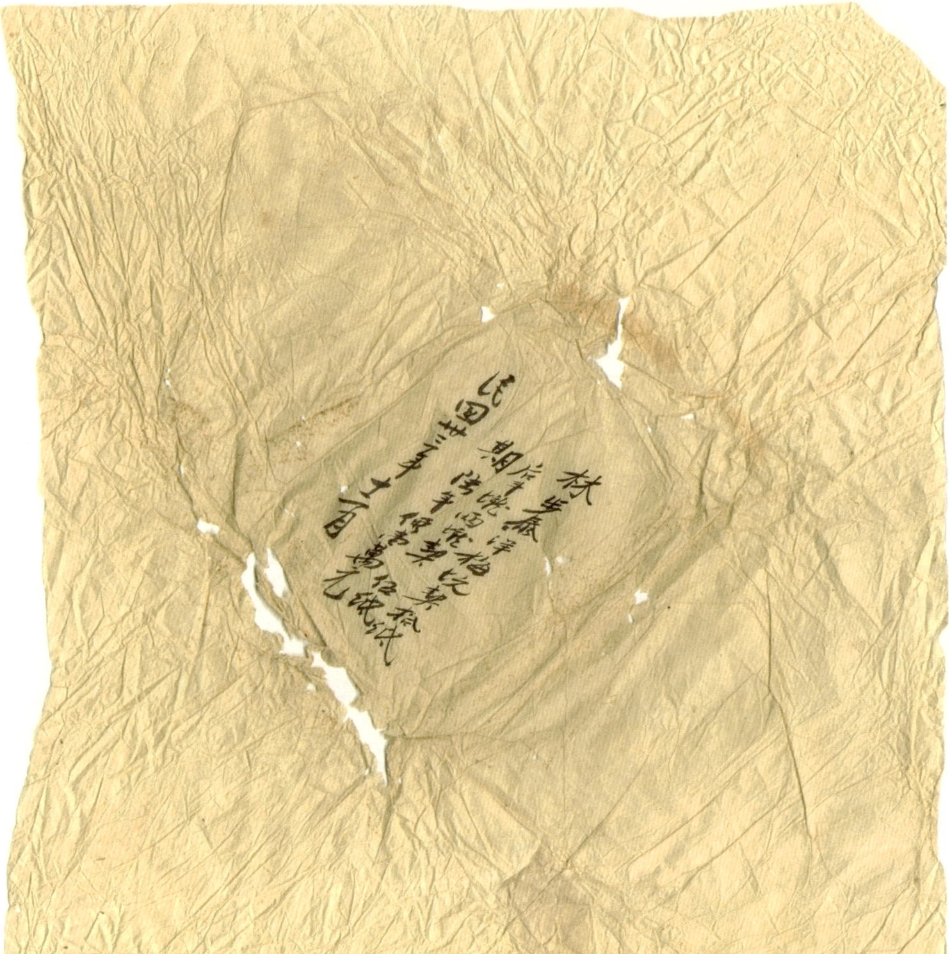

7-4-4-2　包契紙

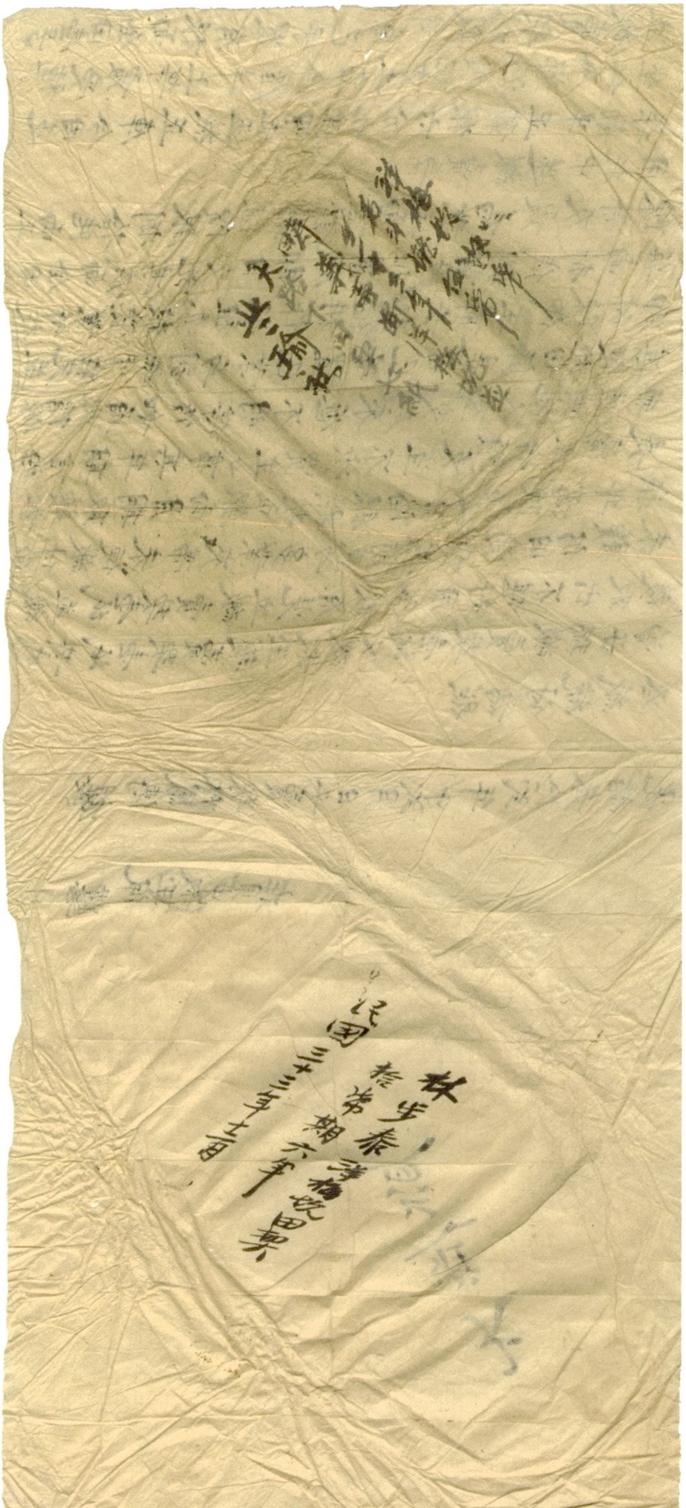

7-4-4-1　包契紙

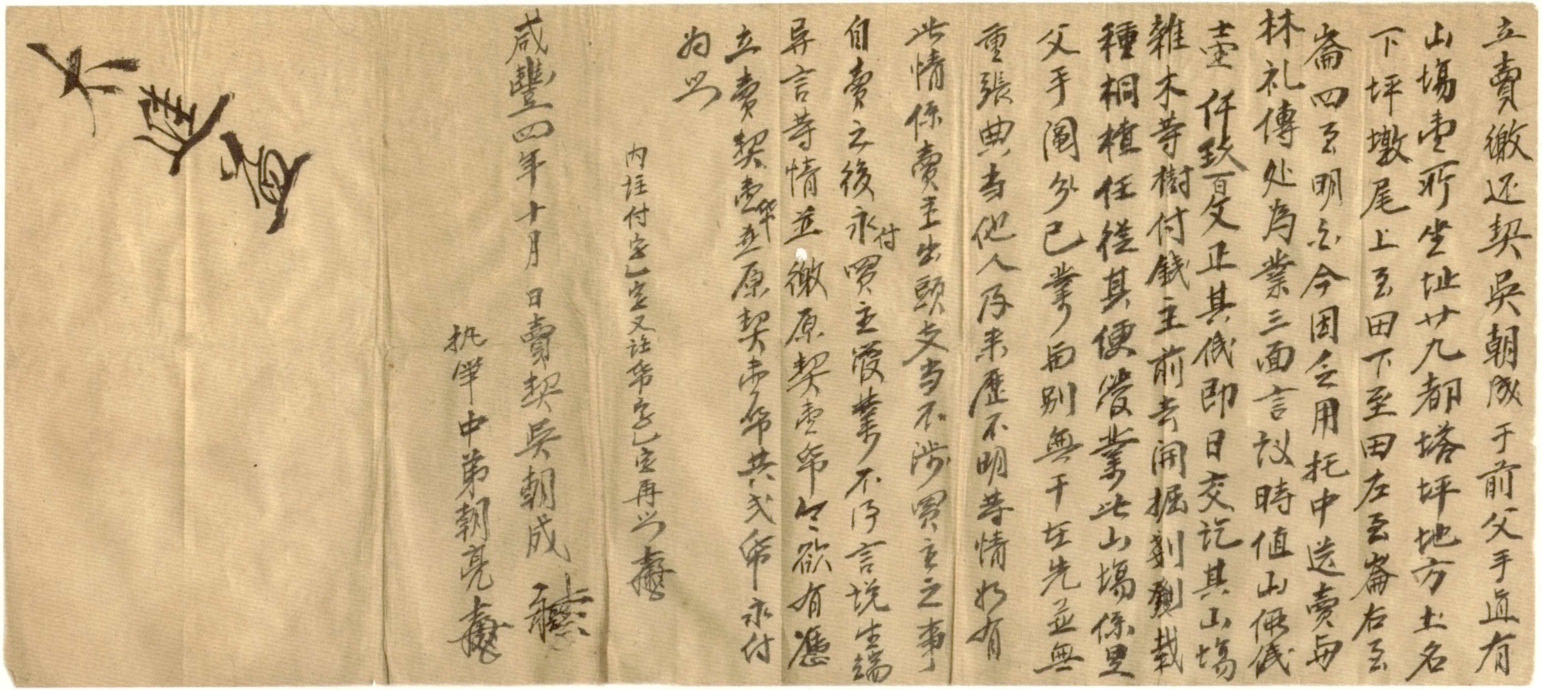
立賣繳还契吳朝成，于前父手置有
山場壹所，坐址廿九都墻坪地方，土名
下坪墩尾，上至田，下至田，左至崙，右至
崙，四至明白。今因乏用，托中送賣與
林礼傳处為業，三面言議時值山價錢
壹仟玖百文正，其錢即日交訖，其山場
雜木等樹，付錢主前去開掘剗栽
種桐植任從其便管業。此山場係里
父手鬮分己業，与别無干，在先並無
重張典當他人，除來歷不明等情，如有
此情，係賣主出頭支当，不涉買主之事。
自賣之後，永付買主管業，不得言說生端
异言等情，並繳原契壹帋。今欲有憑，
立賣契壹帋，並原契壹帋，共弍帋，永付
為照。
内注付字乙字，又註帋字乙字，再照。
咸豐四年十月　日立賣契吳朝成
執筆中弟朝亮

7-4-3-3　清咸豐四年十月吳朝成立賣繳還山場契

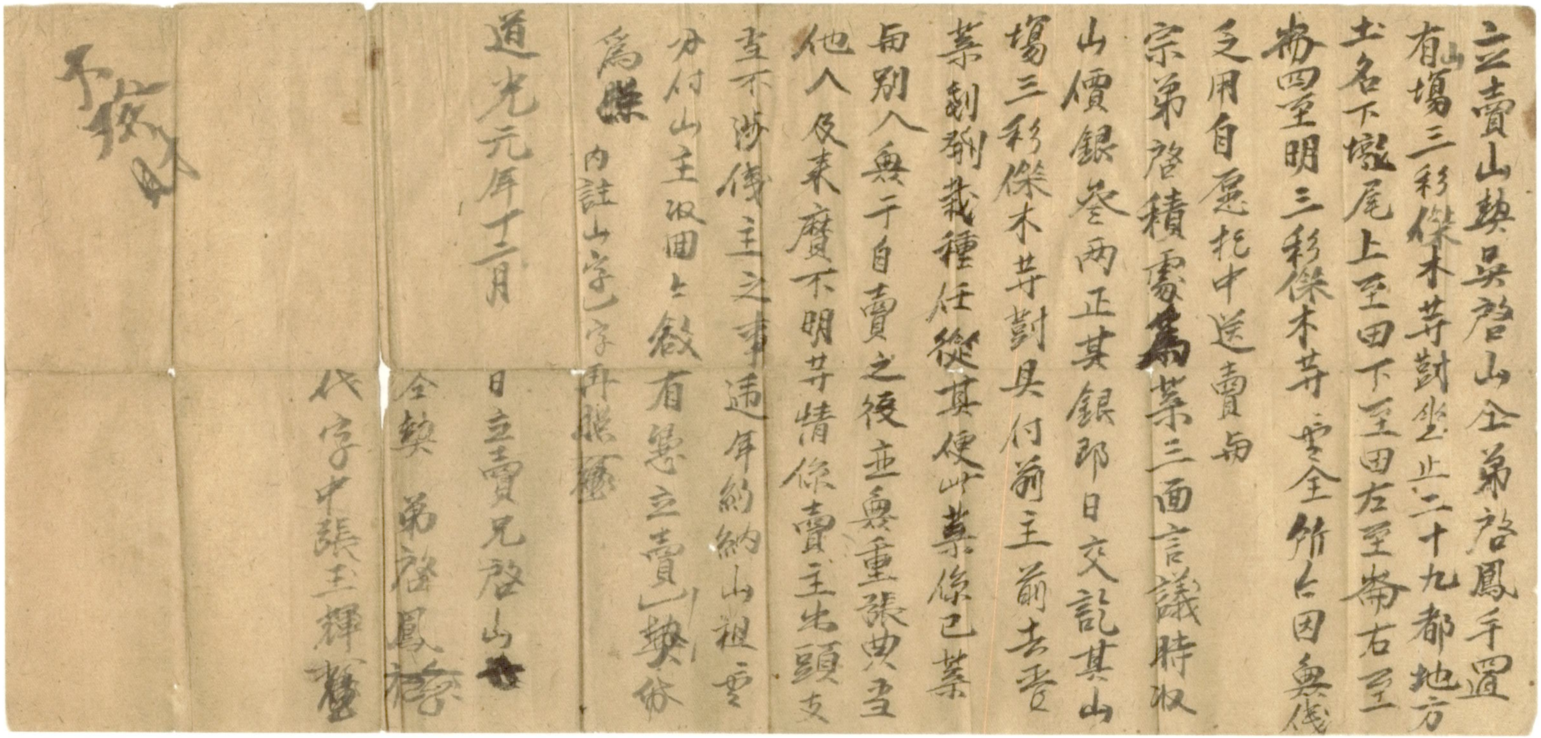
立賣山契吴啓山仝弟啓鳳手置
有山塲三彩傑木芽對坐址二十九都地方
土名下壠尾上至田下至田左至崙右至
崙四至明三彩傑木芽要全外亡因無錢
乏用自愿托中送賣與
宗弟啓積處爲業三面言議時价
山價銀叁兩正其銀即日交訖其山
塲三彩傑木芽對吳付前主前去管
業劄剃栽種任從其便此業係已業
与別人無干自賣之後並無重張典当
他人及來歷不明等情係賣主出頭支
当不涉買主之事逓年約納山祖要
办付山主收回之敍有憑立賣山契付
爲照
内註山字乙字再照
道光元年十二月　日立賣兄啓山（押）
仝契弟啓鳳（押）
代字中張玉輝（押）

7-4-3-2　清道光元年十二月吴啓山等立賣山場等契

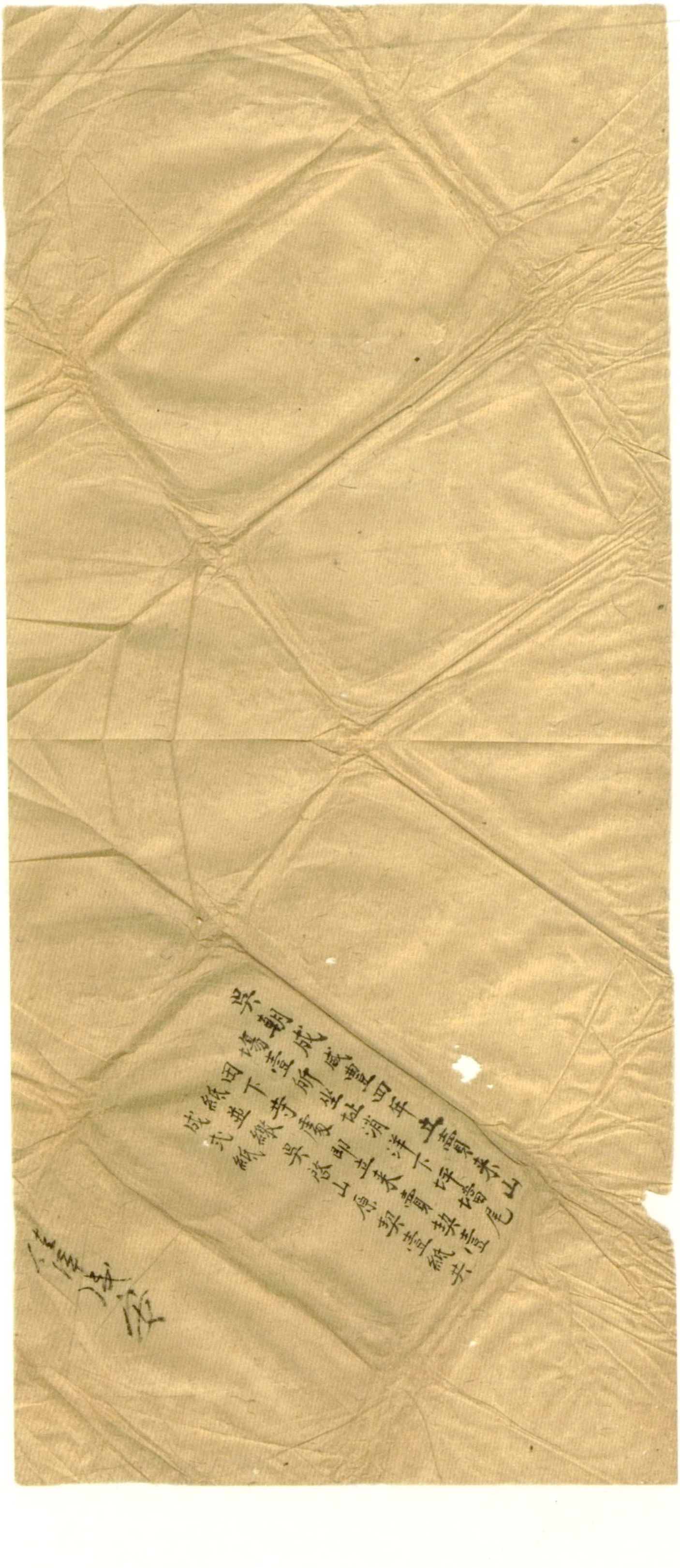
吳朝成咸豐四年十二月賣山
場壹所坐址消洋下坪場尾
田下手壹處即立賣契壹紙
係並繳吳啟山原契壹紙共
成弍紙

7-4-3-1　包契紙

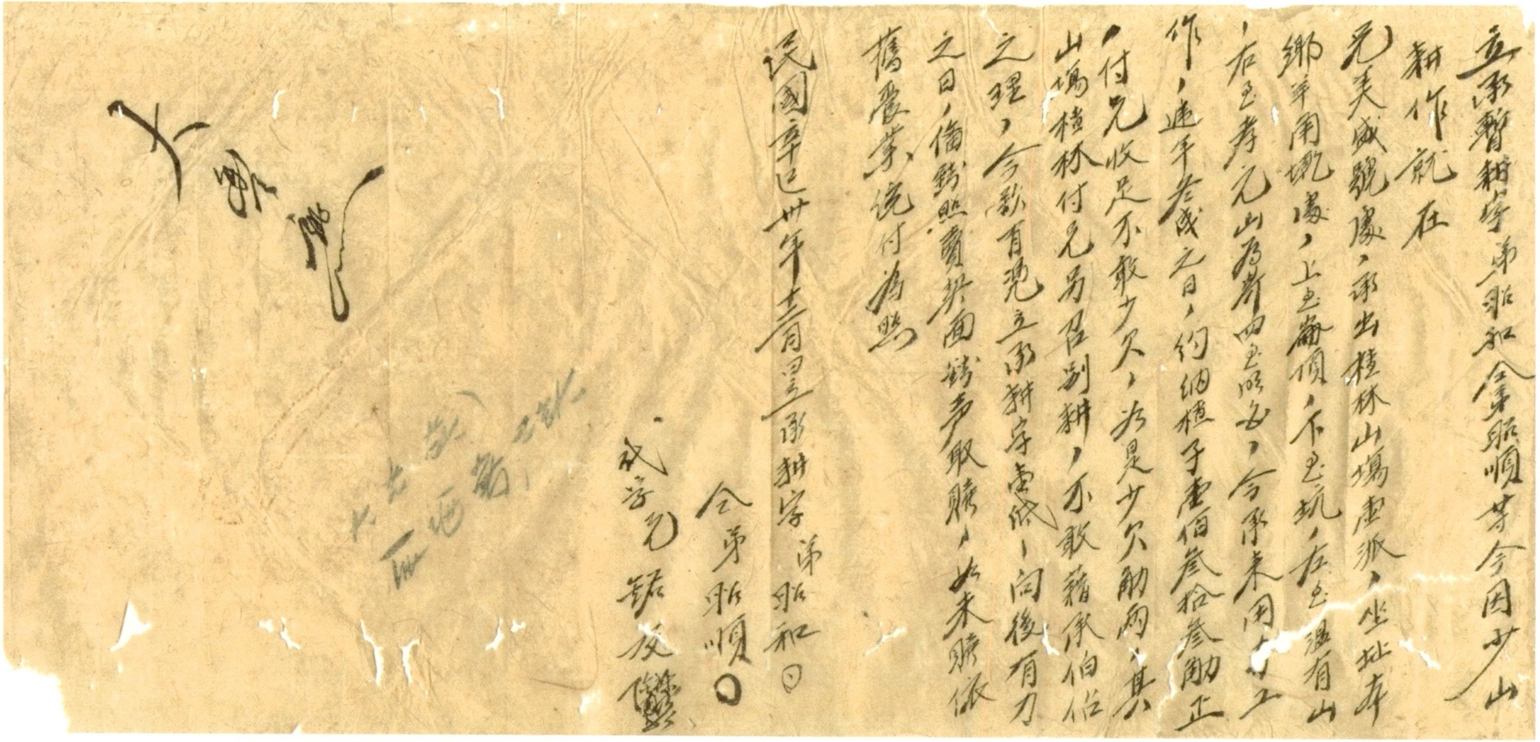

7-4-2-5　民國三十年十二月陳昭和等立承暫耕楂林山場字

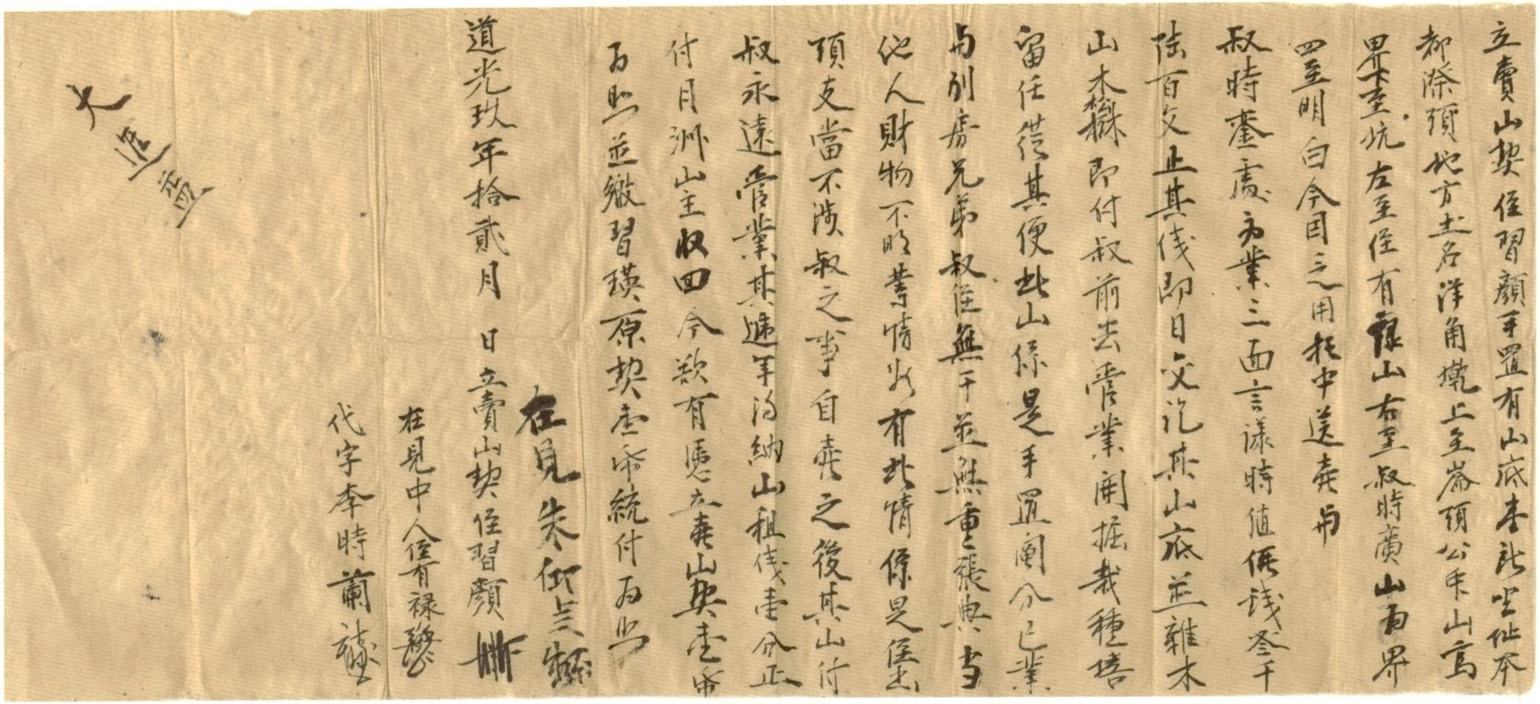
立賣山契侄習顏手置有山底坐址本
都漈頭地方土名洋角墘上至嵩頭公秉山高
界下至坑左至侄有路山右至叔時廣山為界
四至明白今因乏用托中送賣與
叔時奎處為業三面言議時値價錢叁千
陆百文正其錢即日交訖其山底並雜木
山木樹即付叔前去管業開掘栽種培
留任從其便此山係是手置閫分已業
與別房兄弟叔侄無干並無重張典當
他人財物不明等情如有此情係是侄出
頭支當不涉叔之事自賣之後其山付
叔永遠管業其逓年泗納山租錢壹分正
付月洲山主收回今欲有憑立賣山契壹帋
為照並繳習璜原契壹帋統付為照
在見朱伯兰[押]
道光玖年拾貳月　日立賣山契侄習顏[押]
在見中人侄有祿[押]
代字李時蘭[押]

7-4-2-4　清道光九年十二月曾習顏立賣山底契

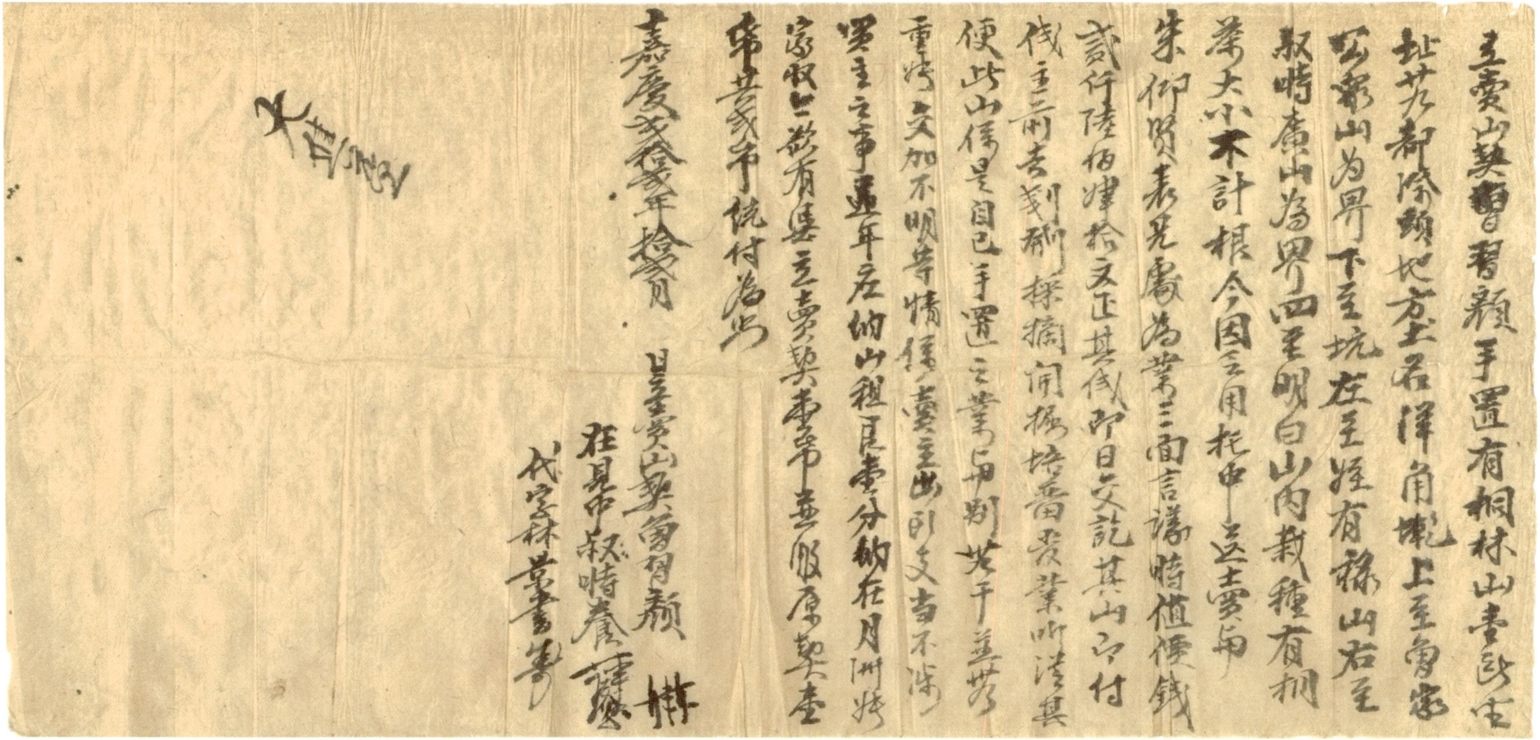
立賣山契曾習顏，手置有桐林山壹號，坐
址廿九都除頭地方，土名洋角𡶶，上至曾家
松乘山為界，下至坑，左至羅有祿山，右至
叔晴房山為界，四至明白。山內栽種有桐
茶大小木，不計根。今因乏用，托中立字賣與
朱仰賢表兄處為業。三面言議，時值價錢
貳仟陸佰肆拾文正。其錢即日交訖，其山亦付
錢主前去剗砍、採摘、開挖、培養，蓄業收租。其
便此山係是自己手置之業，與中剗無干，並無
重張交加不明等情。係賣主出頭支當，不涉
買主之事。逐年應納山租艮壹分，納在月洲將
家收。此欲有憑，立賣契壹帋，並繳原契壹
帋，共貳帋，一并付執為照。
嘉慶貳拾貳年拾貳月　日
立賣山契曾習顏　押
在見中叔晴房
代字林黃書

7-4-2-3　清嘉慶二十二年十二月曾習顏立賣桐林山契

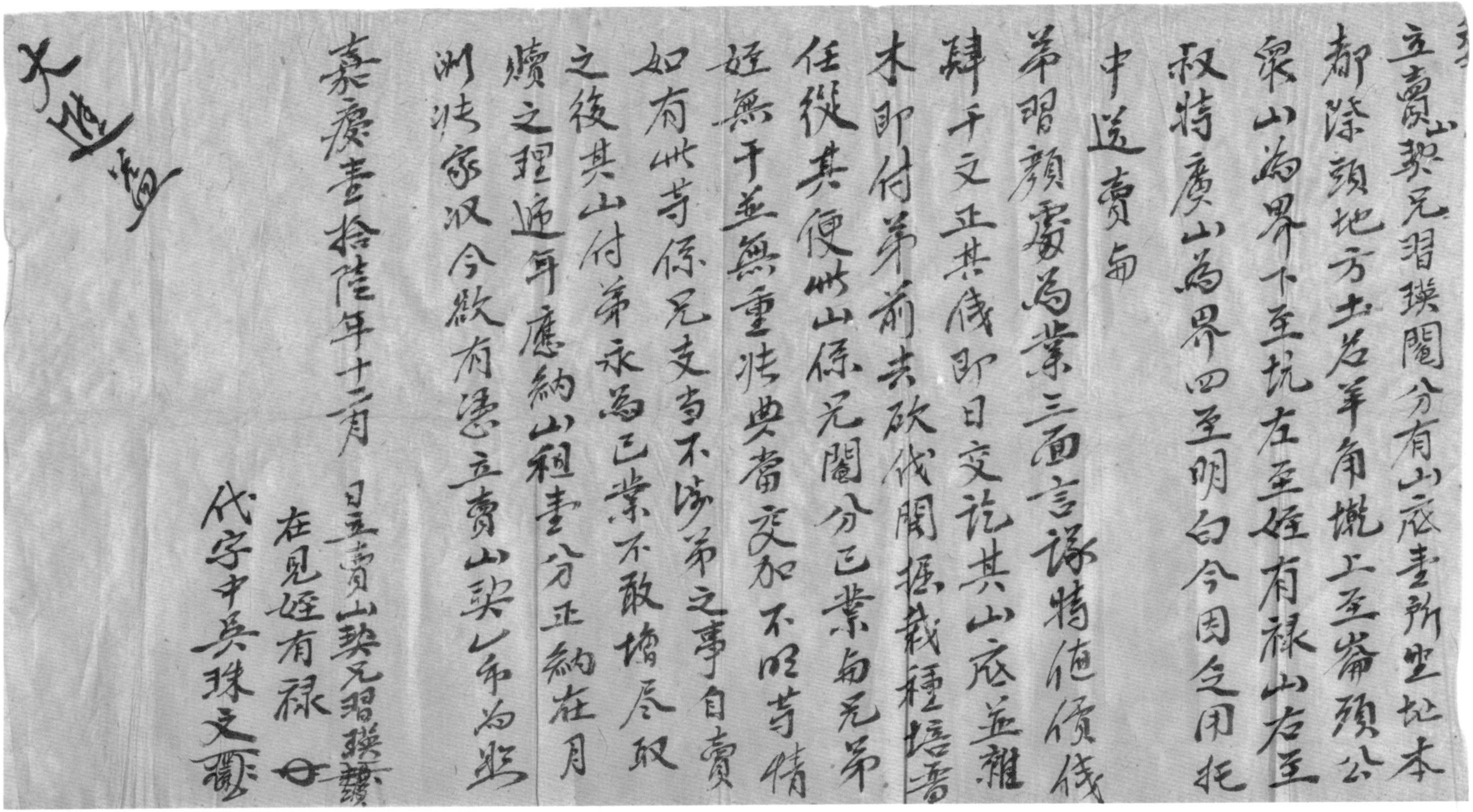

立賣山契兄習瑛鬮分有山底壹所坐址本
都漈頭地方土名羊角擴上至嶺頭公
眾山為界下至坑左至姪有祿山右至
叔特廣山為界四至明白今因乏用托
中送賣與
弟習顏處為業三面言議時值價錢
肆千文正其錢即日交訖其山底並雜
木即付弟前去砍伐開掘栽種培蓄
任從其便此山係兄鬮分已業與兄弟
姪無干並無重張典當交加不明等情
如有此等係兄支當不涉弟之事自賣
之後其山付弟永為已業不敢增盡取
贖之理逐年應納山租壹分正納在月
洲陳家收今欲有憑立賣山契一帋為照
嘉慶壹拾陸年十二月　日立賣山契兄習瑛（押）
在見姪有祿（押）
代字中吳珠文（押）

7-4-2-2　清嘉慶十六年十二月曾習瑛立賣山底契

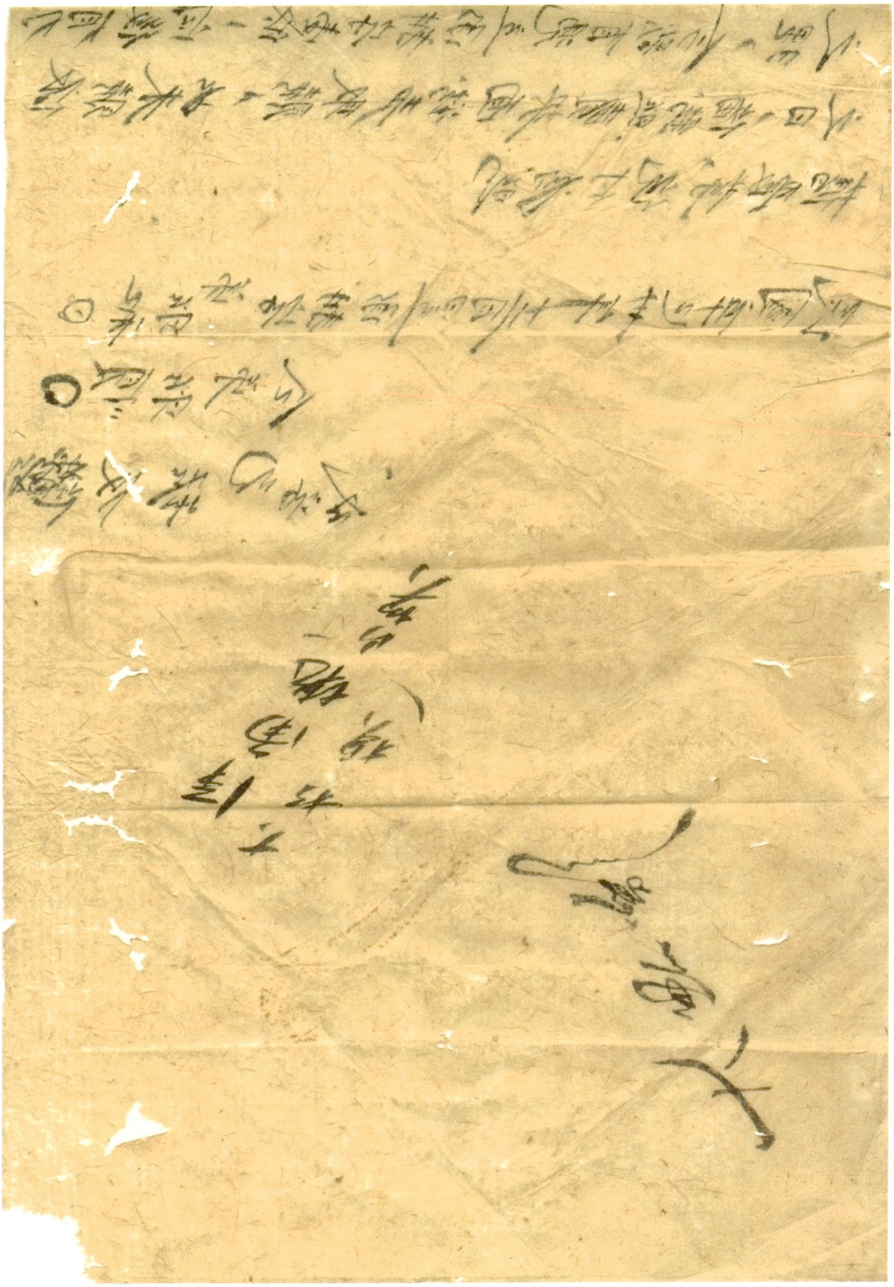

7-4-2-1　包契紙

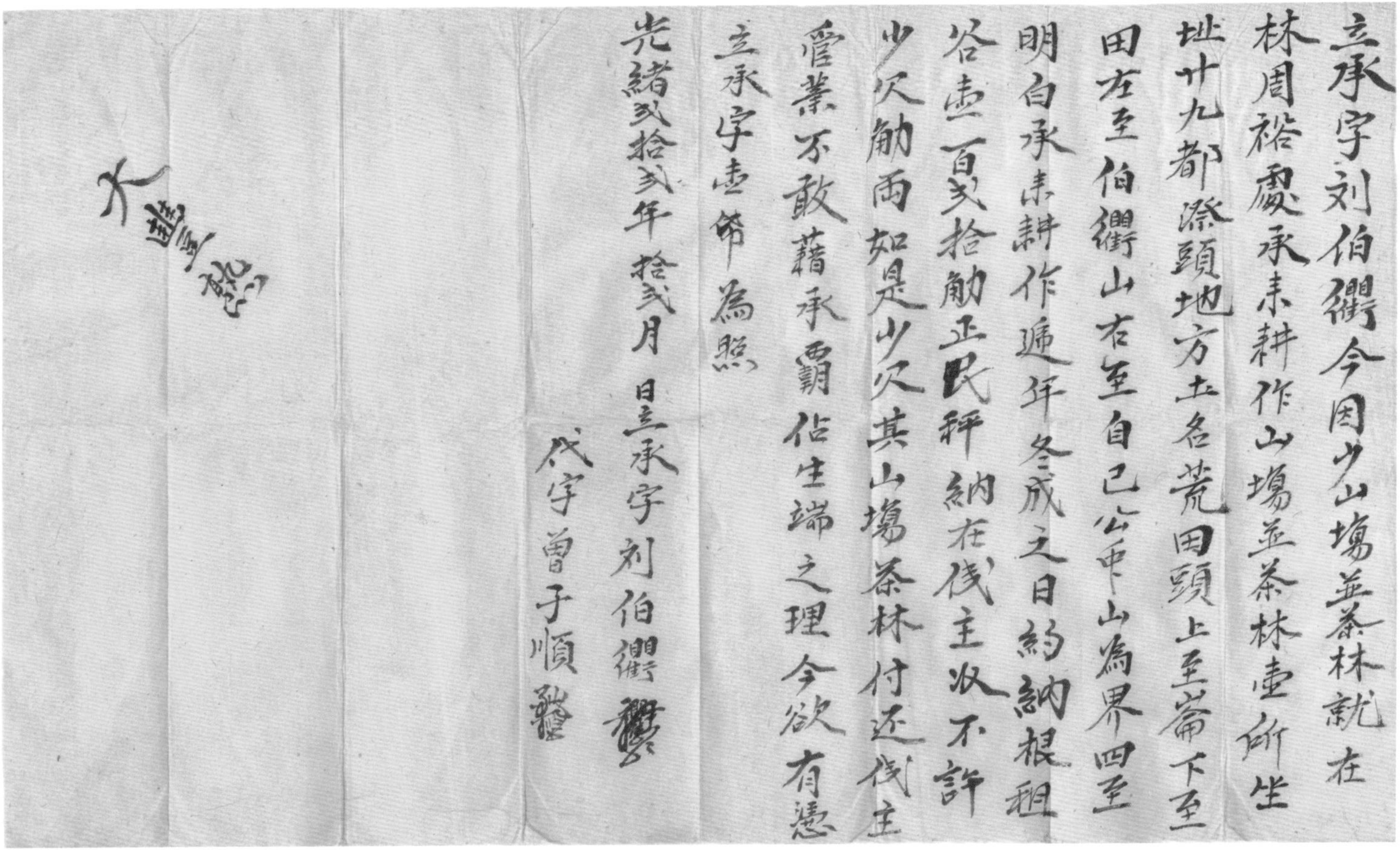

立承字刘伯衢今因少山場並茶林就在
林周裕處承耒耕作山場並茶林壹所坐
址廿九都漈頭地方土名荒田頭上至崙下至
田左至伯衢山右至自己公中山為界四至
明白承耒耕作逓年冬成之日約納根租
谷壹百貳拾觔正民秤納在伐主收不許
少欠觔两如是少欠其山場茶林付还伐主
管業不敢藉承覇佔生端之理今欲有憑
立承字壹帋為照
光緒貳拾貳年拾貳月　日立承字刘伯衢（押）
代字曾子順（押）
大吉（押）

7-4-1-5　清光緒二十二年十二月劉伯衢立承山場茶林字

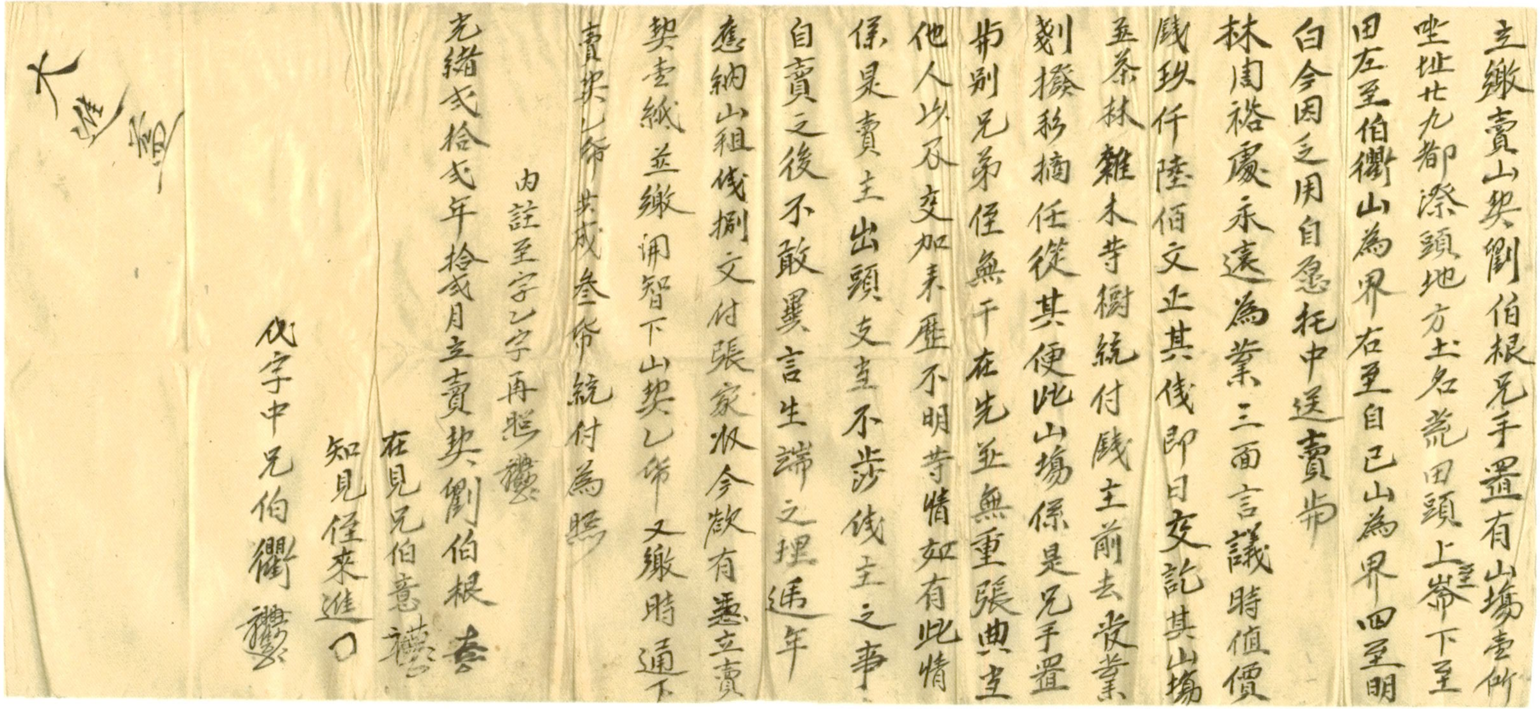
立繳賣山契劉伯根兄手置有山場壹所
坐址廿九都滲頭地方土名荒田頭上至嵛下至
田左至伯衢山為界右至自己山為界四至明
白今因乏用自急托中送賣與
林周裕處永遠為業三面言議時值價
錢玖仟陸佰文正其錢即日交訖其山場
並茶林雜木等樹統付錢主前去發業
劉掇移摘任從其便此山場係是兄手置
與別兄弟侄無干在先並無重張典當
他人以及交加來歷不明等情如有此情
係是賣主出頭支當不涉錢主之事
自賣之後不敢異言生端之理遞年
應納山租錢捌文付張家收今欲有憑立賣
契壹紙並繳佃智下山契乙紙 又繳時通下
賣契乙紙共成叁紙統付為照
內註至字乙字再照
光緒貳拾貳年拾貳月立賣契劉伯根
在見兄伯意
知見侄來進
代字中兄伯衢

7-4-1-4　清光緒二十二年十二月劉伯根立繳賣山場契

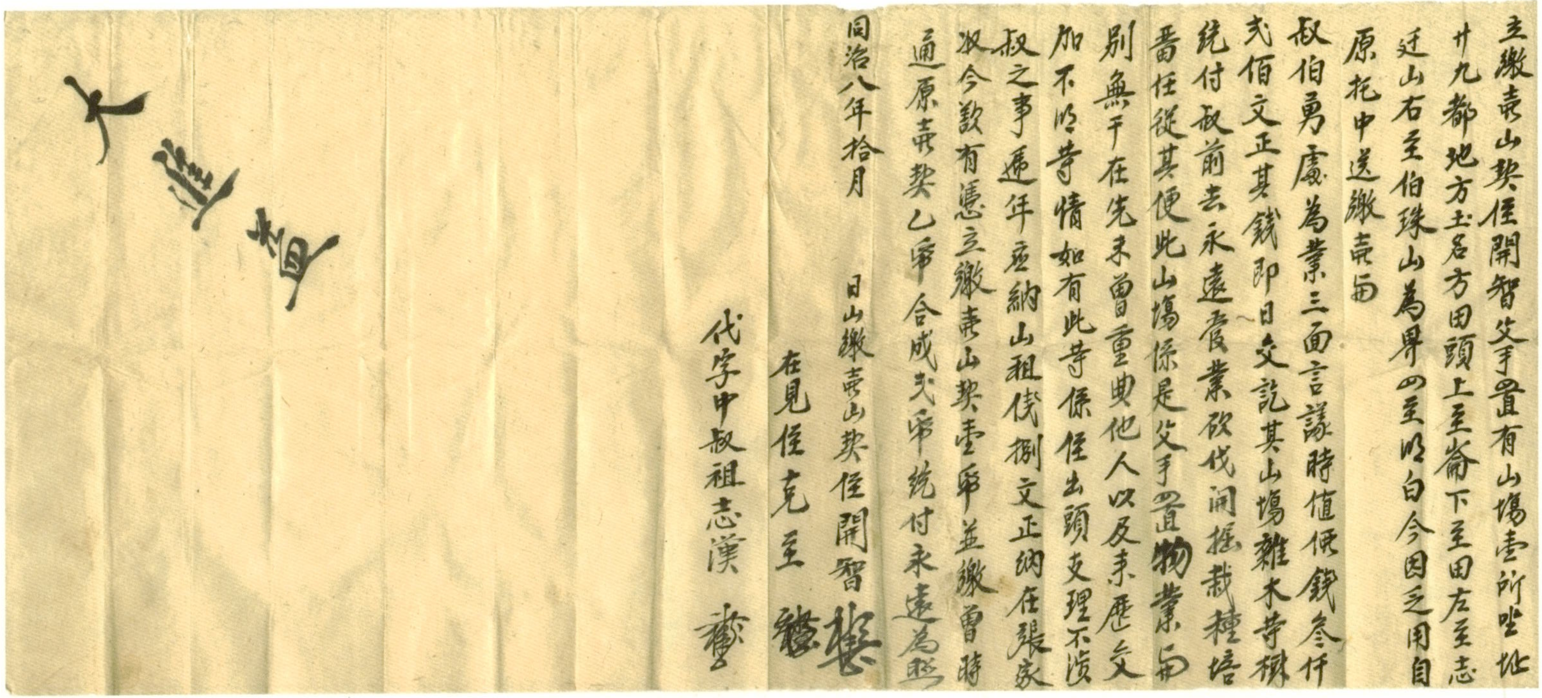
立繳賣山契侄開智父手置有山場壹所坐址
廿九都地方土名方田頭上至崙下至田左至志
廷山右至伯珠山為界四至明白今因乏用自
原托中送繳賣與
叔伯勇處為業三面言議時值價錢叁仟
弍佰文正其錢即日交訖其山場雜木苛樹
統付叔前去永遠管業砍伐開掘栽種培
畨任從其便此山場係是父手置物業與
別無干在先未曾重典他人以及未歷交
加不明等情如有此等係侄出頭支理不涉
叔之事逐年應納山租伕捌文正納在張家
收今欲有憑立繳賣山契壹帋並繳曾時
通原賣契乙帋合成弍帋統付永遠為照
同治八年拾月 日立繳賣山契侄開智
在見侄克至
代字中叔祖志漢
大吉昌

7-4-1-3 清同治八年十月劉開智立繳賣山場契

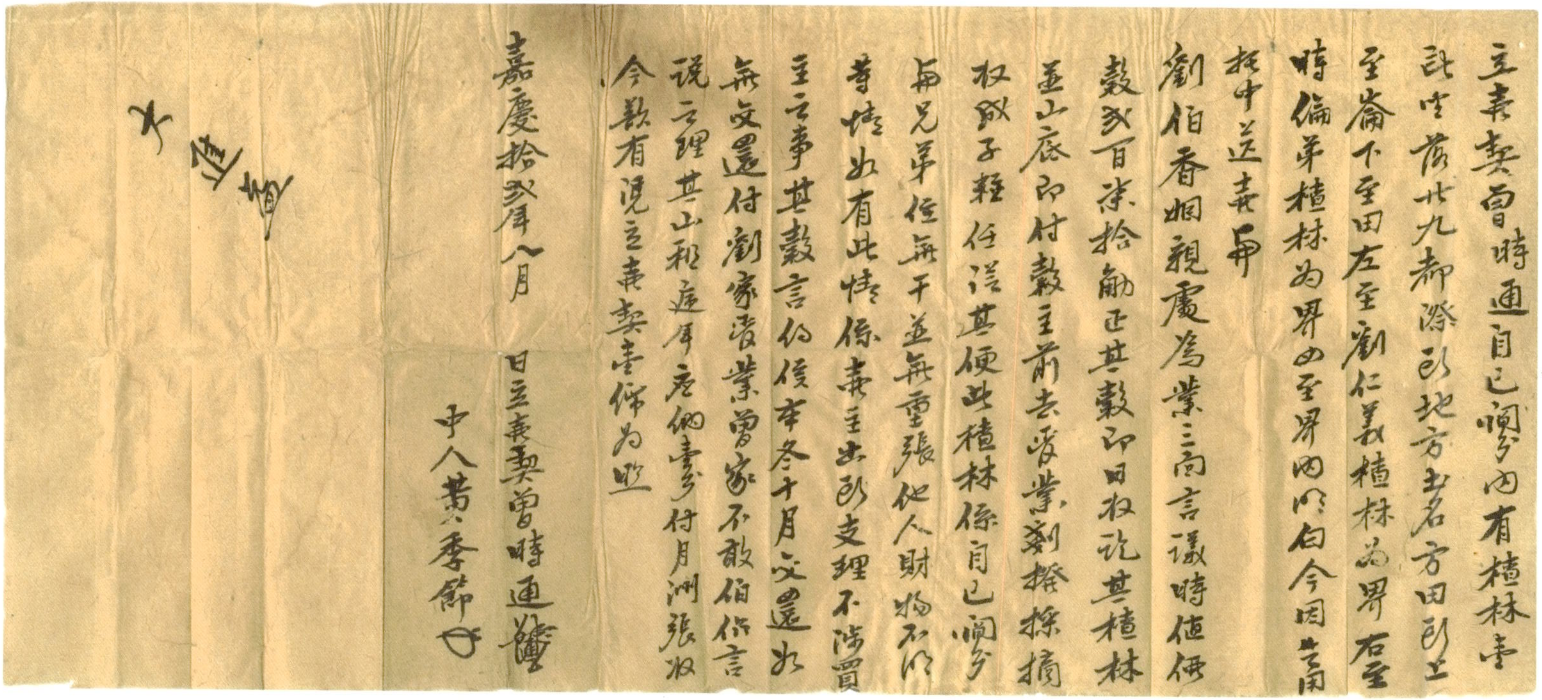
立賣契曾時通自己鬮分內有楂林壹
所坐落廿九都溪邊地方土名方田邊上
至崙下至田左至劉仁義楂林為界右至
時偏華楂林為界四至界內明白今因無銀
托中送賣與
劉伯香姻親處為業三面言議時值價
錢貳百柒拾觔正其錢即日收訖其楂林
並山底即付錢主前去管業劉搽採摘
收取子粒任從其便此楂林係自己鬮分
與兄弟侄無干並無重張他人財物不明
等情如有此情係賣主出頭支理不涉買
主之事其錢言約俟本冬十月交還收
如無交還付劉家管業曾家不敢佔言
說之理其山租逐年應納壹分付月洲張收
今欲有憑立賣契壹紙為照
嘉慶拾貳年八月　日立賣契曾時通（押）
中人黃季節（押）
大吉

7-4-1-2　清嘉慶十二年八月曾時通立賣楂林契

第七卷　永泰縣嵩口鎮漈頭村契約文書　第四帙　陳在成户

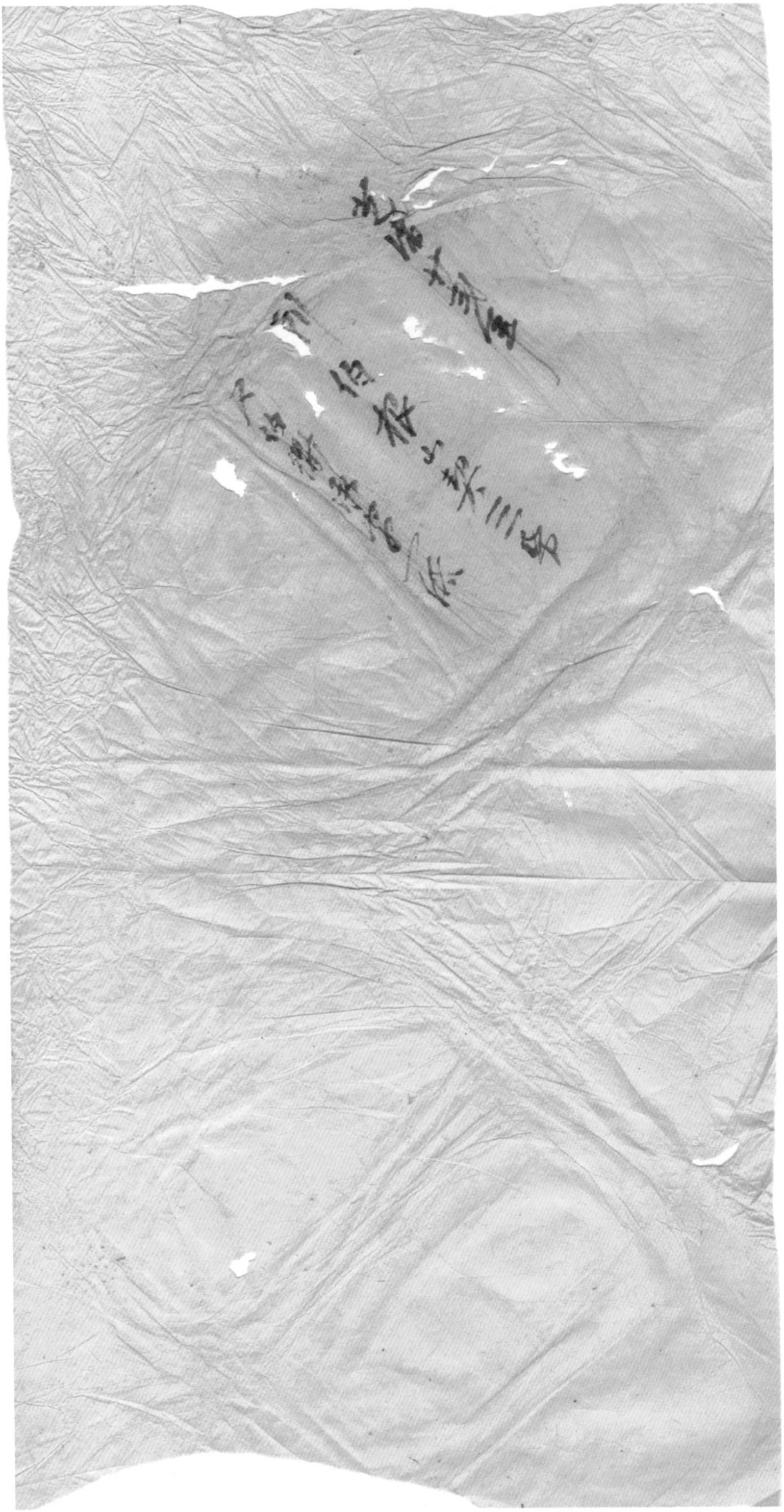

7-4-1-1　包契紙

第四帙　陳在成户

第七卷　永泰縣嵩口鎮漈頭村契約文書（六）

本卷主編　張澤宇　岳沁之

第五帙　陳在啓户

本冊目録

第七卷　永泰縣嵩口鎮漈頭村契約文書（六）

第四帙　陳在成户

八閩文庫

專題彙編 第二種

福建民間契約文書

厦門大學民間歷史文獻研究中心 編
鄭振滿 主編

33

海峽出版發行集團
THE STRAITS PUBLISHING & DISTRIBUTING GROUP
福建人民出版社

八閩文庫